INDICIS THOMISTICI
SUPPLEMENTUM

S. THOMAE AQUINATIS OPERA OMNIA

ut sunt in indice thomistico

additis 61 scriptis ex aliis medii aevi auctoribus

curante Roberto Busa S.I.

A.D. 1980

frommann-holzboog

S. THOMAE AQUINATIS
OPERA OMNIA

2

SUMMA CONTRA GENTILES
AUTOGRAPHI DELETA
SUMMA THEOLOGIAE

OPERUM TEXTUS
PER · IBM · AUTOMATUM
DENUO ORDINATUS ATQUE PHOTOCOMPOSITUS EST
EX INITIALI ILLA ELECTRONICA NOSTRA TRANSCRIPTIONE
UNDE IPSE INDEX THOMISTICUS PROCESSIT.

Professor in Facultate Philosophica «Aloisianum»
via Gonzaga 8, Gallarate, Italia

Friedrich Frommann Verlag Günther Holzboog KG
Stuttgart-Bad Cannstatt 1980
ISBN: 3-7728-0802-6

Impressum in Italia,
typis IBM automato photocompositis,
charta ab officinis «Cartiere Binda - Milano» confecta,
apud Hamilcaris Pizzi officinam typographicam mediolanensem.

HANC EDITIONEM PROMOVERUNT

1 *suo Patrocinio:*

Albareda Card. Anselmo OSB
Alfonsi Luigi
Andreotti Giulio
Angelini Arnaldo Maria
Arnaldi Francesco
Battaglia Felice
Biraghi Lossetti Ludovico
Boldrini Marcello
Boyer Charles SI
Cacciavillani Antonio
Caglioti Vincenzo
Calderini Aristide
Cappelletti Vincenzo
Carrelli Antonio
Dadda Luigi
Delitala Giacomo
Dell'Amore Giordano
Dezza Paolo SI
Dondaine Antoine OP
Dosi Mario
Faedo Alessandro
Ferrabino Aldo
Gemelli Agostino OFM
Lazzati Giuseppe
LUCIANI CARD. ALBINO
Maisonrouge Jacques G.
Martini Mons. Carlo Maria
MONTINI CARD. G. BATTISTA
O'Connor Mons. Martin
Pagliaro Antonino
Petrini Cattaneo Giannina
Petruzzellis Nicola
Polvani Giovanni
Quagliariello Ernesto
Raes Alfons SI
Riverso Renato
Salvini Giorgio
Severi Francesco
Stabilini Luigi
Stickler Alfons SDB
Vallauri Giancarlo
Vuccino Giulio

2 *in re Scientifica et Editoriali:*

Arnou Réné SI
Braga Ugo
Brugger Walter SI
de Contenson Pierre-Marie OP
Faller Otto SI
Giacon Carlo SI
Kaufman James
Lippi Luciano
Stefani Rev. Pietro
Zampolli Antonio

3 *in usu Electronici Automati:*

IBM Italia et IBM World Trade Corporation periti

4 *in re Oeconomica:*

Borlenghi Lorenzo
Caiani Ambrogio
Crespi Lucia
Cuccirelli Aldo Luigi
Labadini Pietro
Melloni Luigi
Moderatores IBM
Pensotti Carlo
Sardella Alessandro
Tasman Paul
Valentini Mario
Valera Giulio

5 *rem totam moderando:*

Pozzi Enrico SI

INDEX THOMISTICUS

SANCTI THOMAE AQUINATIS
OPERUM OMNIUM
INDICES
ET CONCORDANTIAE

in quibus verborum omnium et singulorum
formae et lemmata cum suis frequentiis et contextibus
variis modis referuntur quaeque

auspice PAULO VI Summo Pontifice

consociata plurium opera atque electronico IBM automato usus digessit
Robertus Busa SI
in Gallaratensi Facultate Philosophica Aloisiani Collegii Professor

A.D. 1974 - 1980

frommann-holzboog

Signa posita inter voces in parte superiore linearum indicant typologiam sermonis, qualem agnovimus et consignavimus. Quare:

signum° indicat initium citationis ad litteram;

signum″ indicat initium citationis ad sensum;

signum* indicat initium ubicationis auctoris et loci unde citatio derivata est;

signum′ indicat initium sermonis proprii ipsius auctoris, proprii vero quantum operis aut paragraphi natura patitur.

Illae in titulis denominationes partium, ut v.g. *ds qu ar lc,* carent numero quae vel sunt unicae vel continent prologos seu prooemia.

Numeri linearum |25| |50| |75| ... indicant numeros linearum in nostro textu electronico, illos scilicet qui adsunt in ubicationibus nostrarum concordantiarum.

In solo textu operis 006 ADL occurrunt alia duo signa:

* indicans finem loci integre deleti;

/ indicans deletiones partiales quas S. Thomas prius consecutive operatus erat, antequam totum illum locum complete deleret.
Quare deletiones quae asterisco separantur possunt in textu dissita occurrere nec ullam mutuam relationem habere; pertinent vero ad eumdem contextum illae quae separantur lineola obliqua.

SUMMA CONTRA GENTILES

----

005 SCG lb1 cp1

n. ' Quod sit officium sapientis.

n.1 ° Veritatem meditabitur guttur meum, et labia mea detestabuntur impium. * prov. 8-7.

n.2 " Multitudinis usus, quem in rebus nominandis sequendum * philosophus censet, ' communiter obtinuit ut sapientes dicantur qui res directe ordinant et eas bene gubernant. unde inter alia quae homines de sapiente concipiunt, * a philosopho ponitur quod ° sapientis est ordinare. ' omnium autem ordinatorum ad finem, gubernationis et ordinis regulam ex fine sumi necesse est: tunc enim unaquaeque res optime disponitur cum ad suum finem convenienter ordinatur; finis enim est bonum uniuscuiusque. unde videmus in artibus unam alterius esse gubernativam et quasi principem, ad quam pertinet eius finis: sicut medicinalis ars pigmentariae principatur et eam ordinat, propter hoc quod sanitas, circa quam medicinalis versatur, finis est omnium pigmentorum, quae arte pigmentaria conficiuntur. et simile apparet in arte gubernatoria respectu navifactivae; et in militari respectu equestris et omnis bellici apparatus. quae quidem artes aliis principantes architectonicae nominantur, quasi principales |25| artes: unde et earum artifices, qui architectores vocantur, nomen sibi vindicant sapientum.

n.3 ' Quia vero praedicti artifices, singularium quarundam rerum fines pertractantes, ad finem universalem omnium non pertingunt, dicuntur quidem sapientes huius vel illius rei, * secundum quem modum dicitur 1 cor. 3-10, ° ut sapiens architectus, fundamentum posui; ' nomen autem simpliciter sapientis illi soli reservatur cuius consideratio circa finem universi versatur, qui item est universitatis principium; * unde secundum philosophum, " sapientis est causas altissimas considerare.

n.4 ' Finis autem ultimus uniuscuiusque rei est qui intenditur a primo auctore vel motore ipsius. primus autem auctor et motor universi est intellectus, * ut infra ostendetur. ' oportet igitur ultimum finem universi esse bonum intellectus. hoc autem est veritas. oportet igitur veritatem esse ultimum finem totius universi; et circa eius considerationem principaliter sapientiam insistere. et ideo ad veritatis manifestationem divina sapientia carne induta se venisse in mundum testatur, * dicens, ioan. 18-37: ° ego in hoc natus sum, et ad hoc veni in mundum, ut testimonium perhibeam veritati.

n.5 " Sed et primam philosophiam * philosophus determinat " esse scientiam veritatis; ' non cuiuslibet, sed eius veritatis quae est origo omnis veritatis, scilicet quae pertinet ad primum principium essendi omnibus; unde et sua veritas est omnis veritatis principium; sic enim est dispositio rerum in veritate sicut in esse.

n.6 ' Eiusdem autem est unum contrariorum prosequi et aliud refutare sicut medicina, quae sanitatem operatur, aegritudinem excludit. unde sicut sapientis est veritatem praecipue de primo principio meditari et aliis disserere, ita eius est falsitatem contrariam impugnare.

n.7 * Convenienter ergo ex ore sapientiae duplex sapientis officium in verbis propositis demonstratur: " scilicet veritatem divinam, quae antonomastice est veritas, meditatam eloqui, * quod tangit cum dicit, ° veritatem meditabitur guttur meum; " et errorem contra veritatem impugnare, * quod tangit cum dicit, ° et labia mea detestabuntur impium, " per quod falsitas contra divinam veritatem designatur, quae religioni contraria est, quae etiam pietas nominatur, unde et falsitas contraria ei impietatis sibi nomen assumit.

005 SCG lb1 cp2

n. ' Quae sit in hoc opere auctoris intentio.

n.1 ' Inter omnia vero hominum studia sapientiae studium est perfectius, sublimius, utilius et iucundius. perfectius quidem, quia inquantum homo sapientiae studium dat, intantum verae beatitudinis iam aliquam partem habet * unde sapiens dicit, ° beatus vir qui in sapientia morabitur, * eccli. 14-22. ' sublimius autem est quia per ipsum homo praecipue ad divinam similitudinem accedit, quae " omnia in sapientia ' fecit: unde, quia similitudo causa est dilectionis, sapientiae studium praecipue deo per amicitiam coniungit; * propter quod sap. 7-14 dicitur quod ° sapientia infinitus thesaurus est hominibus, quo qui usi sunt, facti sunt participes amicitiae dei. ' utilius autem est quia per ipsam sapientiam ad immortalitatis regnum pervenitur: ° concupiscentia enim sapientiae deducet ad regnum perpetuum, * sap. 6-21. ' iucundius autem est quia ° non habet amaritudinem conversatio illius nec taedium convictus illius, sed laetitiam et gaudium, |25| * sap. 8-16.

n.2 ' Assumpta igitur ex divina pietate fiducia sapientis officium prosequendi, quamvis proprias vires excedat, propositum nostrae intentionis est veritatem quam fides catholica profitetur, pro nostro modulo manifestare, errores eliminando contrarios: * ut enim verbis hilarii utar, ° ego hoc vel praecipuum vitae meae officium debere me deo conscius sum, ut eum omnis sermo meus et sensus loquatur.

n.3 ' Contra singulorum autem errores difficile est procedere, propter duo. primo, quia non ita sunt nobis nota singulorum errantium dicta sacrilega ut ex his quae dicunt possimus rationes assumere ad eorum errores destruendos. * hoc enim modo usi sunt antiqui doctores in destructionem errorum gentilium quorum positiones scire poterant quia ' et ipsi gentiles fuerant, vel saltem inter gentiles conversati et in eorum doctrinis eruditi.

n.4 ' Secundo, quia * quidam eorum, ut mahumetistae et pagani, non conveniunt nobiscum in auctoritate alicuius scripturae, per quam possint convinci, ' sicut contra iudaeos disputare possumus per vetus testamentum, contra haereticos per novum. hi vero neutrum recipiunt. unde necesse est ad naturalem rationem recurrere, cui omnes assentire coguntur. quae tamen in rebus divinis deficiens est.

n.5 ' Simul autem veritatem aliquam investigantes ostendemus qui errores per eam excludantur: et quomodo demonstrativa veritas, fidei christianae religionis concordet.

005 SCG lb1 cp3

n. ' Quis modus sit possibilis divinae veritatis manifestandae.

n.1 ' Quia vero non omnis veritatis manifestandae modus est idem; ° disciplinati autem hominis est tantum de unoquoque fidem capere tentare, quantum natura rei permittit, * ut a philosopho, optime dictum boetius introducit, ' necesse est prius ostendere quis modus sit possibilis ad veritatem propositam manifestandam.

n.2 ' Est autem in his quae de deo confitemur duplex veritatis modus. quaedam namque vera sunt de deo quae omnem facultatem humanae rationis excedunt, ut deum esse trinum et unum. quaedam vero sunt ad quae etiam ratio naturalis pertingere potest, sicut est deum esse, deum esse unum, et alia huiusmodi; * quae etiam philosophi demonstrative de deo probaverunt, ducti naturalis lumine rationis.

n.3 ' Quod autem sint aliqua intelligibilium divinorum quae humanae rationis penitus excedant ingenium, evidentissime apparet.

n.4 ' Cum enim principium totius scientiae quam de aliqua re ratio percipit, sit intellectus substantiae ipsius, * eo quod, secundum doctrinam philosophi " demonstrationis principium est quod quid est; ' oportet quod secundum modum quo substantia rei intelligitur, sit modus eorum quae de re illa cognoscuntur. unde si intellectus humanus, alicuius rei substantiam comprehendit, puta lapidis vel trianguli, nullum intelligibilium illius rei facultatem humanae rationis excedet. quod quidem nobis circa deum non accidit. nam ad substantiam ipsius capiendam intellectus humanus naturali virtute pertingere non potest: cum intellectus nostri, secundum modum praesentis vitae, cognitio a sensu incipiat; et ideo ea quae in sensu non cadunt, non possunt humano intellectu capi, nisi quatenus ex sensibilibus earum cognitio colligitur. sensibilia autem ad hoc ducere intellectum nostrum non possunt ut in eis divina substantia videatur quid sit: cum sint effectus causae virtutem non aequantes. |25| ducitur tamen ex sensibilibus intellectus noster in divinam cognitionem ut cognoscat de deo quia est, et alia huiusmodi quae oportet attribui primo principio. sunt igitur quaedam intelligibilium divinorum quae humanae rationi sunt pervia; quaedam vero quae omnino vim humanae rationis excedunt.

n.5 ' Adhuc ex intellectuum gradibus idem facile est videre. duorum enim quorum unus alio rem aliquam intellectu subtilius intuetur, ille cuius intellectus est elevatior, multa intelligit quae alius omnino capere non potest: sicut patet in rustico, qui nullo modo philosophiae subtiles considerationes capere potest. intellectus autem angeli plus excedit intellectum humanum quam intellectus optimi philosophi intellectum rudissimi idiotae: quia haec distantia inter speciei humanae limites continetur, quos angelicus intellectus excedit. cognoscit quidem angelus deum ex nobiliori effectu quam homo: quanto ipsa substantia angeli, per quam in dei cognitionem ducitur naturali cognitione, est dignior rebus sensibilibus et etiam ipsa anima, per quam intellectus humanus in dei cognitionem ascendit. multoque amplius intellectus divinus excedit angelicum quam angelicus humanum. ipse enim intellectus divinus sua capacitate substantiam suam adaequat, et ideo perfecte |25| de se intelligit quid est, et omnia cognoscit quae de ipso intelligibilia sunt: non autem naturali cognitione angelus de deo cognoscit quid est, quia et ipsa substantia angeli, per quam in dei cognitionem ducitur, est effectus causae virtutem non adaequans. unde non omnia quae in seipso deus intelligit, angelus naturali cognitione capere potest: nec ad omnia quae angelus sua naturali virtute intelligit, humana ratio sufficit capienda. sicut igitur maximae amentiae esset idiota qui ea quae a philosopho proponuntur falsa esse assereret propter hoc quod ea capere non potest, ita, et multo amplius, nimiae stultitiae est homo si ea quae divinitus angelorum ministerio revelantur falsa esse suspicatur ex hoc quod ratione investigari non possunt.

n.6 ' Adhuc idem manifeste apparet ex defectu quem in rebus cognoscendis quotidie experimur. rerum enim sensibilium plurimas proprietates ignoramus, earumque proprietatum quas sensu apprehendimus rationes perfecte in pluribus invenire non possumus. multo igitur amplius illius excellentissimae substantiae omnia intelligibilia humana ratio investigare non sufficit.

n.7 * Huic etiam consonat dictum philosophi, qui in ii metaphys. asserit quod ° intellectus noster se habet ad prima entium, quae sunt manifestissima in natura, sicut oculus vespertilionis ad solem. * huic etiam veritati sacra scriptura testimonium perhibet. dicitur enim iob 11-7: ° forsitan vestigia dei comprehendes, et omnipotentem usque ad perfectum reperies? * et 36-26: ° ecce, deus magnus, vincens scientiam nostram. * et 1 cor. 13-9: ° ex parte cognoscimus.

n.8 ' Non igitur " omne quod de deo dicitur, quamvis ratione investigari non possit, statim quasi falsum abiiciendum est, * ut manichaei et plures infidelium putaverunt.

005 SCG lb1 cp4

n. ' Quod veritas divinorum ad quam naturalis ratio pertingit convenienter hominibus credenda proponitur.

n.1 ' Duplici igitur veritate divinorum intelligibilium existente, una ad quam rationis inquisitio pertingere potest, altera quae omne ingenium humanae rationis excedit, utraque convenienter divinitus homini credenda proponitur.

n.2 ' Hoc autem de illa primo ostendendum est quae inquisitioni rationis pervia esse potest: * ne forte alicui videatur, " ex quo ratione haberi potest, frustra id supernaturali inspiratione credendum traditum esse. ' sequerentur autem tria inconvenientia si huiusmodi veritas solummodo rationi inquirenda relinqueretur.

n.3 ' Unum est quod paucis hominibus dei cognitio inesset. a fructu enim studiosae inquisitionis, qui est inventio veritatis, plurimi impediuntur tribus de causis. quidam siquidem propter complexionis indispositionem, ex qua multi naturaliter sunt indispositi ad sciendum: unde nullo studio ad hoc pertingere possent ut summum gradum humanae cognitionis attingerent, qui in cognoscendo deum consistit. quidam vero impediuntur necessitate rei familiaris. oportet enim esse inter homines aliquos qui temporalibus administrandis insistant, qui tantum tempus in otio contemplativae inquisitionis non possent expendere ut ad summum fastigium humanae inquisitionis pertingerent, scilicet dei cognitionem. quidam autem impediuntur pigritia. ad cognitionem enim eorum quae de deo ratio investigare potest, multa praecognoscere oportet: cum fere totius philosophiae consideratio ad dei cognitionem ordinetur; propter quod metaphysica, quae circa divina versatur, inter philosophiae partes ultima remanet |25| addiscenda. sic ergo non nisi cum magno labore studii ad praedictae veritatis inquisitionem perveniri potest. quem quidem laborem pauci subire volunt pro amore scientiae, cuius tamen mentibus hominum naturalem deus inseruit appetitum.

n.4 ' Secundum inconveniens est quod illi qui ad praedictae veritatis inventionem pervenirent, vix post longum tempus pertingerent. tum propter huius veritatis profunditatem, ad quam capiendam per viam rationis non nisi post longum exercitium intellectus humanus idoneus invenitur. tum etiam propter multa quae praeexiguntur, * ut dictum est. ' tum etiam propter hoc quod tempore iuventutis, dum diversis motibus passionum anima fluctuat, non est apta ad tam altae veritatis cognitionem, sed ° in quiescendo fit prudens et sciens, * ut dicitur in vii physic.. ' remaneret igitur humanum genus, si sola rationis via ad deum cognoscendum pateret, in maximis ignorantiae tenebris: cum dei cognitio, quae homines maxime perfectos et bonos facit, non nisi quibusdam paucis, et his etiam post temporis longitudinem proveniret.

n.5 ' Tertium inconveniens est quod investigationi rationis humanae plerumque falsitas admiscetur, propter debilitatem intellectus nostri in iudicando, et phantasmatum permixtionem. et ideo apud multos in dubitatione remanerent ea quae sunt etiam verissime demonstrata dum vim demonstrationis ignorant; et praecipue cum videant a diversis qui sapientes dicuntur, diversa doceri. inter multa etiam vera quae demonstrantur, immiscetur aliquando aliquid falsum, quod non demonstratur, sed aliqua probabili vel sophistica ratione asseritur, quae interdum demonstratio reputatur. et ideo oportuit per viam fidei fixam certitudinem et puram veritatem de rebus divinis hominibus exhiberi.

n.6 ' Salubriter ergo divina providit clementia ut ea etiam quae ratio investigare potest, fide tenenda praeciperet: ut sic omnes de facili possent divinae cognitionis participes esse et absque dubitatione et errore.

n.7 * Hinc est quod ephes. 4-17 dicitur: ° iam non ambuletis sicut et gentes ambulant in vanitate sensus sui, tenebris obscuratum habentes intellectum. * et isaiae 54-13: ° ponam universos filios tuos doctos a domino.

005 SCG lb1 cp5

n. ' Quod ea quae ratione investigari non possunt

convenienter fide tenenda hominibus proponuntur.

n.1 * Videtur autem quibusdam fortasse " non debere homini ad credendum proponi illa quae ratio investigare non sufficit cum divina sapientia unicuique secundum modum suae naturae provideat. ' et ideo demonstrandum est quod necessarium sit homini divinitus credenda proponi etiam illa quae rationem excedunt.

n.2 ' Nullus enim desiderio et studio in aliquid tendit nisi sit ei praecognitum. quia ergo ad altius bonum quam experiri in praesenti vita possit humana fragilitas, homines per divinam providentiam ordinantur, * ut in sequentibus investigabitur, ' oportuit mentem evocari in aliquid altius quam ratio nostra in praesenti possit pertingere, ut sic disceret aliquid desiderare, et studio tendere in aliquid quod totum statum praesentis vitae excedit. et hoc praecipue christianae religioni competit, quae singulariter bona spiritualia et aeterna promittit: unde et in ea plurima humanum sensum excedentia proponuntur. lex autem vetus, quae temporalia promissa habebat, pauca proposuit quae humanae rationis inquisitionem excederent. secundum etiam hunc modum * philosophis cura fuit, ad hoc ut homines a sensibilium delectationibus ad honestatem perducerent, ostendere " esse alia bona his sensibilibus |25| potiora, quorum gustu multo suavius qui vacant activis vel contemplativis virtutibus delectantur.

n.3 ' Est etiam necessarium huiusmodi veritatem ad credendum hominibus proponi ad dei cognitionem veriorem habendam. tunc enim solum deum vere cognoscimus quando ipsum esse credimus supra omne id quod de deo cogitari ab homine possibile est: eo quod naturalem hominis cognitionem divina substantia excedit, * ut supra ostensum est. ' per hoc ergo quod homini de deo aliqua proponuntur quae rationem excedunt, firmatur in homine opinio quod deus sit aliquid supra id quod cogitare potest.

n.4 ' Alia etiam utilitas inde provenit, scilicet praesumptionis repressio, quae est mater erroris. sunt enim quidam tantum de suo ingenio praesumentes ut totam rerum naturam se reputent suo intellectu posse metiri, aestimantes scilicet totum esse verum quod eis videtur et falsum quod eis non videtur. ut ergo ab hac praesumptione humanus animus liberatus ad modestam inquisitionem veritatis perveniat, necessarium fuit homini proponi quaedam divinitus quae omnino intellectum eius excederent.

n.5 * Apparet etiam alia utilitas ex dictis philosophi in x ethicor.. " cum enim simonides quidam homini praetermittendam divinam cognitionem persuaderet et humanis rebus ingenium applicandum, oportere inquiens humana sapere hominem et mortalia mortalem; * contra eum philosophus dicit quod ° homo debet se ad immortalia et divina trahere quantum potest. * unde in xi de animal. dicit, quod, " quamvis parum sit quod de substantiis superioribus percipimus, tamen illud modicum est magis amatum et desideratum omni cognitione quam de substantiis inferioribus habemus. * dicit etiam in ii cael. et mund. quod " cum de corporibus caelestibus quaestiones possint solvi parva et topica solutione, contingit auditori ut vehemens sit gaudium eius. ' ex quibus omnibus apparet quod de rebus nobilissimis quantumcumque imperfecta cognitio maximam perfectionem animae confert.

n.6 ' Et ideo, quamvis ea quae supra rationem sunt ratio humana plene capere non possit, tamen multum sibi perfectionis acquiritur si saltem ea qualitercumque teneat fide.

n.7 * Et ideo dicitur eccli. 3-25: ° plurima supra sensum hominis ostensa sunt tibi. * et 1 cor. 2-11 ° quae sunt dei nemo novit nisi spiritus dei; nobis autem revelavit deus per spiritum suum.

005 SCG lb1 cp6

n. ' Quod assentire his quae sunt fidei non est levitatis quamvis supra rationem sint.

n.1 " Huiusmodi autem veritati, cui ratio humana experimentum non praebet, fidem adhibentes non leviter credunt, quasi indoctas fabulas secuti, * ut 2 petr. 1-16, dicitur.

n.2 ' Haec enim divinae sapientiae secreta ipsa divina sapientia, quae omnia plenissime novit, dignata est hominibus revelare: quae sui praesentiam et doctrinae et inspirationis veritatem, convenientibus argumentis ostendit, dum ad confirmandum ea quae naturalem cognitionem excedunt, opera visibiliter ostendit quae totius naturae superant facultatem; videlicet in mirabili curatione languorum, mortuorum suscitatione, caelestium corporum mirabili immutatione; et, quod est mirabilius, humanarum mentium inspiratione, ut idiotae et simplices, dono spiritus sancti repleti, summam sapientiam et facundiam in instanti consequerentur.

n.3 ' Quibus inspectis, praedictae probationis efficacia, non armorum violentia, non voluptatum promissione, et, quod est mirabilissimum, inter persecutorum tyrannidem, innumerabilis turba non solum simplicium, sed sapientissimorum hominum, ad fidem christianam convolavit, in qua omnem humanum intellectum excedentia praedicantur, voluptates carnis cohibentur et omnia quae in mundo sunt contemni docentur; quibus animos mortalium assentire et maximum miraculorum est, et manifestum divinae inspirationis opus, ut, contemptis visibilibus, sola invisibilia cupiantur.

n.4 ' Hoc autem non subito neque a casu, sed ex divina dispositione factum esse, manifestum est ex hoc quod hoc se facturum deus multis ante prophetarum praedixit oraculis, quorum libri penes nos in veneratione habentur, utpote nostrae fidei testimonium adhibentes.

n.5 * Huius quidem confirmationis modus tangitur hebr. 2-3 ° quae, " scilicet humana salus, ° cum initium accepisset enarrari per dominum, ab eis qui audierunt in nos confirmata est, contestante deo signis et portentis et variis spiritus sancti distributionibus.

n.6 ' Haec autem tam mirabilis mundi conversio ad fidem christianam indicium certissimum est praeteritorum signorum: ut ea ulterius iterari necesse non sit, cum in suo effectu appareant evidenter. esset enim omnibus signis mirabilius si ad credendum tam ardua, et ad operandum tam difficilia, et ad sperandum tam alta, mundus absque mirabilibus signis inductus fuisset a simplicibus et ignobilibus hominibus. quamvis non cesset deus etiam nostris temporibus, ad confirmationem fidei, per sanctos suos miracula operari.

n.7 * Hi vero qui sectas errorum introduxerunt processerunt via contraria: ut patet in mahumeto qui ' carnalium voluptatum promissis, ad quorum desiderium carnalis concupiscentia instigat, populus illexit. praecepta etiam tradidit promissis conformia, voluptati carnali habenas relaxans, in quibus in promptu est a carnalibus hominibus obediri. documenta etiam veritatis non attulit nisi quae de facili a quolibet mediocriter sapiente naturali ingenio cognosci possint: quin potius vera quae docuit multis fabulis et falsissimis doctrinis immiscuit. signa etiam non adhibuit supernaturaliter facta, quibus solis divinae inspirationi conveniens testimonium adhibetur, dum operatio visibilis quae non potest esse nisi divina, ostendit doctorem veritatis invisibiliter inspiratum: sed dixit se in armorum potentia missum, quae signa etiam latronibus et tyrannis non desunt. ei etiam non aliqui sapientes, in rebus |25| divinis et humanis exercitati, a principio crediderunt: sed homines bestiales in desertis morantes, omnis doctrinae divinae prorsus ignari, per quorum multitudinem alios armorum violentia in suam legem coegit. nulla etiam divina oracula praecedentium prophetarum ei testimonium perhibent: quin potius quasi omnia veteris et novi testamenti documenta fabulosa narratione depravat, ut patet eius legem inspicienti. unde astuto consilio libros veteris et novi testamenti suis sequacibus non reliquit legendos, ne per eos falsitatis argueretur. et sic patet quod eius dictis fidem adhibentes leviter credunt.

005 SCG lb1 cp7

n. ' Quod veritati fidei christianae non contrariatur veritas rationis.

n.1 ' Quamvis autem praedicta veritas fidei christianae humanae rationis capacitatem excedat, haec tamen quae ratio naturaliter indita habet, huic veritati contraria esse non possunt.

n.2 ' Ea enim quae naturaliter rationi sunt insita, verissima esse constat: in tantum ut nec esse falsa sit possibile cogitare. nec id quod fide tenetur, cum tam evidenter divinitus confirmatum sit, fas est credere esse falsum. quia igitur solum falsum vero contrarium est, ut ex eorum definitionibus inspectis manifeste apparet, impossibile est illis principiis quae ratio naturaliter cognoscit, praedictam veritatem fidei contrariam esse.

n.3 ' Item. illud idem quod inducitur in animam discipuli a docente, doctoris scientia continet: nisi doceat ficte, quod de deo nefas est dicere. principiorum autem naturaliter notorum cognitio nobis divinitus est indita: cum ipse deus sit nostrae auctor naturae. haec ergo principia etiam divina sapientia continet. quicquid igitur principiis huiusmodi contrarium est, divinae sapientiae contrariatur. non igitur a deo esse potest. ea igitur quae ex revelatione divina per fidem tenentur, non possunt naturali cognitioni esse contraria.

n.4 ' Adhuc. contrariis rationibus intellectus noster ligatur, ut ad veri cognitionem procedere nequeat. si igitur contrariae cognitiones nobis a deo immitterentur, ex hoc a veritatis cognitione noster intellectus impediretur. quod a deo esse non potest.

n.5 ' Amplius. ea quae sunt naturalia mutari non possunt, natura manente. contrariae autem opiniones simul eidem inesse non possunt. non igitur contra cognitionem naturalem aliqua opinio vel fides homini a deo immittitur.

n.6 * Et ideo apostolus dicit, rom. 10-8: ° prope est verbum in corde tuo et in ore tuo: hoc est verbum fidei, quod praedicamus. " sed quia superat rationem, * a nonnullis reputatur " quasi contrarium. * quod esse non potest. huic etiam auctoritas augustini concordat, qui in ii super gen. ad litt. dicit sic: ° illud quod veritas patefaciet, libris sanctis sive testamenti veteris sive novi nullo modo potest esse adversum. ' ex quo evidenter colligitur, quaecumque argumenta contra fidei documenta ponantur, haec ex principiis primis naturae inditis per se notis non recte procedere. unde nec demonstrationis vim habent, sed vel sunt rationes probabiles vel sophisticae. et sic ad ea solvenda locus relinquitur.

005 SCG lb1 cp8

n. ' Qualiter se habeat humana ratio ad veritatem fidei.

n.1 ' Considerandum etiam videtur quod res quidem sensibiles, ex quibus humana ratio cognitionis principium sumit, aliquale vestigium in se divinae imitationis retinent, ita tamen imperfectum quod ad declarandam ipsius dei substantiam omnino insufficiens invenitur. habent enim effectus suarum causarum suo modo similitudinem, cum " agens agat sibi simile: ' non tamen effectus ad perfectam agentis similitudinem semper pertingit. humana igitur ratio ad cognoscendum fidei veritatem, quae solum videntibus divinam substantiam potest esse notissima, ita se habet quod ad eam potest aliquas verisimilitudines colligere, quae tamen non sufficiunt ad hoc quod praedicta veritas quasi demonstrative vel per se intellecta comprehendatur.

n.2 ' Utile tamen est ut in huiusmodi rationibus, quantumcumque debilibus, se mens humana exerceat, dummodo desit comprehendendi vel demonstrandi praesumptio: quia de rebus altissimis etiam parva et debili consideratione aliquid posse inspicere iucundissimum est, * ut ex dictis apparet.

n.3 * Cui quidem sententiae auctoritas hilarii concordat, qui sic dicit in libro de trin., loquens de huiusmodi veritate: ° haec credendo incipe, procurre, persiste: etsi non perventurum sciam, gratulabor tamen profecturum. qui enim pie infinita prosequitur, etsi non contingat aliquando, semper tamen proficiet prodeundo. " sed ne te inferas in illud secretum, et arcano interminabilis nativitatis non te immergas, summam intelligentiae comprehendere praesumens: sed intellige incomprehensibilia esse.

005 SCG lb1 cp9

n. ' De ordine et modo procedendi in hoc opere.

n.1 ' Ex praemissis igitur evidenter apparet sapientis intentionem circa duplicem veritatem divinorum debere versari, et circa errores contrarios destruendos: ad quarum unam investigatio rationis pertingere potest, alia vero omnem rationis excedit industriam. dico autem duplicem veritatem divinorum, non ex parte ipsius dei, qui est una et simplex veritas; sed ex parte cognitionis nostrae, quae ad divina cognoscenda diversimode se habet.

n.2 ' Ad primae igitur veritatis manifestationem per rationes demonstrativas, quibus adversarius convinci possit, procedendum est. sed quia tales rationes ad secundam veritatem haberi non possunt, non debet esse ad hoc intentio ut adversarius rationibus convincatur: sed ut eius rationes, quas contra veritatem habet, solvantur; cum veritati fidei ratio naturalis contraria esse non possit, * ut ostensum est.

n.3 ' Singularis vero modus convincendi adversarium contra huiusmodi veritatem est ex auctoritate scripturae divinitus confirmata miraculis: quae enim supra rationem humanam sunt, non credimus nisi deo revelante.

n.4 ' Sunt tamen ad huiusmodi veritatem manifestandam rationes aliquae verisimiles inducendae, ad fidelium quidem exercitium et solatium, non autem ad adversarios convincendos: quia ipsa rationum insufficientia eos magis in suo errore confirmaret, dum aestimarent nos propter tam debiles rationes veritati fidei consentire.

n.5 ' Modo ergo proposito procedere intendentes, primum nitemur ad manifestationem illius veritatis quam fides profitetur et ratio investigat, inducentes rationes demonstrativas et probabiles, * quarum quasdam ex libris philosophorum et sanctorum collegimus ' per quas veritas confirmetur et adversarius convincatur.

n.6 ' Deinde, ut a manifestioribus ad minus manifesta fiat processus, ad illius veritatis manifestationem procedemus quae rationem excedit, solventes rationes adversariorum et rationibus probabilibus et auctoritatibus, quantum deus dederit, veritatem fidei declarantes.

n.7 ' Intendentibus igitur nobis per viam rationis prosequi ea quae de deo ratio humana investigare potest, primo, occurrit consideratio de his quae deo secundum seipsum conveniunt; secundo, vero, de processu creaturarum ab ipso; tertio, autem, de ordine creaturarum in ipsum sicut in finem.

n.8 ' Inter ea vero quae de deo secundum seipsum consideranda sunt, praemittendum est, quasi totius operis necessarium fundamentum, consideratio qua demonstratur deum esse. quo non habito, omnis consideratio de rebus divinis tollitur.

005 SCG lb1 cp10

n. ' De opinione dicentium quod deum esse demonstrari non potest cum sit per se notum.

n.1 * Haec autem consideratio qua quis nititur ad demonstrandum deum esse, superflua fortasse quibusdam videbitur, qui asserunt quod " deum esse per se notum est, ita quod eius contrarium cogitari non possit, et sic deum esse demonstrari non potest. * quod quidem videtur ex his.

n.2 " Illa enim per se esse nota dicuntur quae statim notis terminis cognoscuntur: sicut, cognito quid est totum et quid est pars, statim cognoscitur quod omne totum est maius sua parte. huiusmodi autem est hoc quod dicimus deum esse. nam nomine dei intelligimus aliquid quo maius cogitari non potest. hoc autem in intellectu formatur ab eo qui audit et intelligit nomen dei: ut sic saltem in intellectu iam deum esse oporteat. nec potest in intellectu solum esse: nam quod in intellectu et re est, maius est eo quod in solo intellectu est; deo autem nihil esse maius ipsa nominis ratio demonstrat. unde restat quod deum esse per se notum est, quasi ex ipsa significatione nominis manifestum.

n.3 “ Item. cogitari quidem potest quod aliquid sit quod non possit cogitari non esse. quod maius est evidenter eo quod potest cogitari non esse. sic ergo deo aliquid maius cogitari posset, si ipse posset cogitari non esse. quod est contra rationem nominis. relinquitur quod deum esse per se notum est.

n.4 “ Adhuc. propositiones illas oportet esse notissimas in quibus idem de seipso praedicatur, ut, homo est homo; vel quarum praedicata in definitionibus subiectorum includuntur, ut, homo est animal. in deo autem hoc prae aliis invenitur, * ut infra ostendetur, “ quod suum esse est sua essentia, ac si idem sit quod respondetur ad quaestionem quid est, et ad quaestionem an est. sic ergo cum dicitur, deus est, praedicatum vel est idem subiecto, vel saltem in definitione subiecti includitur. et ita deum esse per se notum erit.

n.5 “ Amplius. quae naturaliter sunt nota, per se cognoscuntur: non enim ad ea cognoscenda inquisitionis studio pervenitur. at deum esse naturaliter notum est: cum in deum naturaliter desiderium hominis tendat sicut in ultimum finem, * ut infra patebit. “ est igitur per se notum deum esse.

n.6 “ Item. illud per se notum oportet esse quo omnia alia cognoscuntur. deus autem huiusmodi est. sicut enim lux solis principium est omnis visibilis perceptionis, ita divina lux omnis intelligibilis cognitionis principium est: cum sit in quo primum maxime lumen intelligibile invenitur. oportet igitur quod deum esse per se notum sit.

n.7 * Ex his igitur et similibus aliqui opinantur “ deum esse sic per se notum existere ut contrarium mente cogitari non possit.

005 SCG lb1 cp11

n. ‘ Reprobatio praemissae opinionis et solutio rationum praemissarum.

n.1 * Praedicta autem opinio provenit. partim quidem ‘ ex consuetudine qua ex principio assueti sunt nomen dei audire et invocare. consuetudo autem, et praecipue quae est a puero, vim naturae obtinet: ex quo contingit ut ea quibus a pueritia animus imbuitur, ita firmiter teneat ac si essent naturaliter et per se nota. * partim vero contingit ex eo quod ‘ non distinguitur quod est notum per se simpliciter, et quod est quoad nos per se notum. nam simpliciter quidem deum esse per se notum est: cum hoc ipsum quod deus est, sit suum esse. sed quia hoc ipsum quod deus est mente concipere non possumus, remanet ignotum quoad nos. sicut omne totum sua parte maius esse, per se notum est simpliciter: ei autem qui rationem totius mente non conciperet, oporteret esse ignotum. et sic fit ut “ ad ea quae sunt notissima rerum, noster intellectus se habeat ut oculus noctuae ad solem, * ut ii metaphys. dicitur.

n.2 ‘ Nec oportet ut “ statim, cognita huius nominis deus significatione, deum esse sit notum, * ut prima ratio intendebat. ‘ primo quidem, quia non omnibus notum est, etiam concedentibus deum esse, quod deus sit id quo maius cogitari non possit: cum multi antiquorum mundum istum dixerint deum esse. * nec etiam ex interpretationibus huius nominis deus, quas damascenus ponit, aliquid huiusmodi intelligi datur. ‘ deinde quia, dato quod ab omnibus per hoc nomen deus intelligatur aliquid quo maius cogitari non possit, non necesse erit aliquid esse quo maius cogitari non potest in rerum natura. eodem enim modo necesse est poni rem, et nominis rationem. ex hoc autem quod mente concipitur quod profertur hoc nomine deus, non sequitur deum esse nisi in intellectu. unde nec oportebit id quo maius cogitari non potest esse nisi in intellectu. et ex hoc non sequitur quod sit aliquid in rerum natura quo maius cogitari non possit. et sic nihil inconveniens accidit |25| ponentibus deum non esse: non enim inconveniens est quolibet dato vel in re vel in intellectu aliquid maius cogitari posse, nisi ei qui concedit esse aliquid quo maius cogitari non possit in rerum natura.

n.3 ‘ Nec etiam oportet, * ut secunda ratio proponebat, “ deo posse aliquid maius cogitari si potest cogitari non esse. ‘ nam quod possit cogitari non esse, non ex imperfectione sui esse est vel incertitudine, cum suum esse sit secundum se manifestissimum: sed ex debilitate nostri intellectus, qui eum intueri non potest per seipsum, sed ex effectibus eius, et sic ad cognoscendum ipsum esse ratiocinando perducitur.

n.4 * Ex quo etiam tertia ratio solvitur. ‘ nam sicut nobis per se notum est quod totum sua parte sit maius, sic videntibus ipsam divinam essentiam per se notissimum est deum esse, ex hoc quod sua essentia est suum esse. sed quia eius essentiam videre non possumus, ad eius esse cognoscendum non per seipsum, sed per eius effectus pervenimus.

n.5 * Ad quartam etiam patet solutio. ‘ sic enim homo naturaliter deum cognoscit sicut naturaliter ipsum desiderat. desiderat autem ipsum homo naturaliter inquantum desiderat naturaliter beatitudinem, quae est quaedam similitudo divinae bonitatis. sic igitur non oportet quod deus ipse in se consideratus sit naturaliter notus homini, sed similitudo ipsius. unde oportet quod per eius similitudines in effectibus repertas in cognitionem ipsius homo ratiocinando perveniat.

n.6 * Ad quintam etiam de facili patet solutio. ‘ nam deus est quidem quo omnia cognoscuntur, non ita quod alia non cognoscantur nisi eo cognito, sicut in principiis per se notis accidit: sed quia per eius influentiam omnis causatur in nobis cognitio.

005 SCG lb1 cp12

n. ‘ De opinione dicentium quod deum esse demonstrari non potest sed sola fide tenetur.

n.1 * Est autem quaedam aliorum opinio praedictae positioni contraria, per quam etiam inutilis redderetur conatus probare intendentium deum esse. dicunt enim quod “ deum esse non potest per rationem inveniri, sed per solam viam fidei et revelationis est acceptum.

n.2 * Ad hoc autem dicendum moti sunt quidam propter debilitatem rationum quas aliqui inducebant ad probandum deum esse.

n.3 * Posset tamen hic error fulcimentum aliquod falso sibi assumere ex quorundam philosophorum dictis, qui ostendunt “ in deo idem esse essentiam et esse, scilicet id quod respondetur ad quid est, et ad quaestionem an est. via autem rationis perveniri non potest ut sciatur de deo quid est. unde nec ratione videtur posse demonstrari an deus sit.

n.4 “ Item. si principium ad demonstrandum an est, * secundum artem philosophi, “ oportet accipere quid significet nomen; ° ratio vero significata per nomen est definitio, * secundum philosophum, in iv metaph.; “ nulla remanebit via ad demonstrandum deum esse, remota divinae essentiae vel quidditatis cognitione.

n.5 “ Item. si demonstrationis principia a sensu cognitionis originem sumunt, * ut in posterioribus ostenditur, “ ea quae omnem sensum et sensibilia excedunt, videntur indemonstrabilia esse. huiusmodi autem est deum esse. est igitur indemonstrabile.

n.6 * Huius autem sententiae falsitas nobis ostenditur, ‘ tum ex demonstrationis arte, quae ex effectibus causas concludere docet. tum ex ipso scientiarum ordine. nam, “ si non sit aliqua scibilis substantia supra substantiam sensibilem, non erit aliqua scientia supra naturalem, * ut dicitur in iv metaph.. tum ex philosophorum studio, qui deum esse demonstrare conati sunt. tum etiam apostolica veritate asserente, rom. 1-20: ° invisibilia dei per ea quae facta sunt intellecta conspiciuntur.

n.7 * Nec hoc debet movere, quod “ in deo idem est essentia et esse, * ut prima ratio proponebat. ‘ nam hoc intelligitur de esse quo deus in seipso subsistit, quod nobis quale sit ignotum est, sicut eius essentia. non autem intelligitur de esse quod significat compositionem intellectus. sic enim esse deum sub demonstratione cadit, dum ex rationibus demonstrativis mens nostra inducitur huiusmodi propositionem de deo formare qua exprimat deum esse.

n.8 ‘ In rationibus autem quibus demonstratur deum esse, non oportet assumi pro medio divinam essentiam sive quidditatem, * ut secunda ratio proponebat: ‘ sed loco quidditatis accipitur pro medio effectus, sicut accidit in demonstrationibus quia; et ex huiusmodi effectu sumitur ratio huius nominis deus. nam omnia divina nomina imponuntur vel ex remotione effectuum divinorum ab ipso, vel ex aliqua habitudine dei ad suos effectus.

n.9 ‘ Patet etiam ex hoc quod, etsi deus sensibilia omnia et sensum excedat, eius tamen effectus, ex quibus demonstratio sumitur ad probandum deum esse, sensibiles sunt. et sic nostrae cognitionis origo in sensu est etiam de his quae sensum excedunt.

005 SCG lb1 cp13

n. ‘ Rationes ad probandum deum esse.

n.1 ‘ Ostenso igitur quod non est vanum niti ad demonstrandum deum esse, * procedamus ad ponendum rationes quibus tam philosophi quam doctores catholici deum esse probaverunt.

n.2 * Primo autem ponemus rationes quibus aristoteles procedit ad probandum deum esse. qui hoc probare intendit ex parte motus duabus viis.

n.3 * Quarum prima talis est: “ omne quod movetur, ab alio movetur. patet autem sensu aliquid moveri, utputa solem. ergo alio movente movetur. aut ergo illud movens movetur, aut non. si non movetur, ergo habemus propositum, quod necesse est ponere aliquod movens immobile. et hoc dicimus deum. si autem movetur, ergo ab alio movente movetur. aut ergo est procedere in infinitum: aut est devenire ad aliquod movens immobile. sed non est procedere in infinitum. ergo necesse est ponere aliquod primum movens immobile.

n.4 * In hac autem probatione sunt duae propositiones probandae: scilicet, quod “ omne motum movetur ab alio; et quod in moventibus et motis non sit procedere in infinitum.

n.5 * Quorum primum probat philosophus tribus modis. primo, sic. “ si aliquid movet seipsum, oportet quod in se habeat principium motus sui: alias, manifeste ab alio moveretur. oportet etiam quod sit primo motum: scilicet quod moveatur ratione sui ipsius, et non ratione suae partis, sicut movetur animal per motum pedis; sic enim totum non moveretur a se, sed sua pars, et una pars ab alia. oportet etiam ipsum esse divisibile, et habere partes: cum omne quod movetur sit divisibile, * ut probatur in vi physic..

n.6 * His suppositis sic arguit. “ hoc quod a seipso ponitur moveri, est primo motum. ergo ad quietem unius partis eius, sequitur quies totius. si enim, quiescente una parte, alia pars eius moveretur, tunc ipsum totum non esset primo motum, sed pars eius quae movetur alia quiescente. nihil autem quod quiescit quiescente alio, movetur a seipso: cuius enim quies ad quietem sequitur alterius, oportet quod motus ad motum alterius sequatur; et sic non movetur a seipso. ergo hoc quod ponebatur a seipso moveri, non movetur a seipso. necesse est ergo omne quod movetur, ab alio moveri.

n.7 * Nec obviat huic rationi quod forte aliquis posset dicere quod “ eius quod ponitur movere seipsum, pars non potest quiescere; et iterum quod partis non est quiescere vel moveri nisi per accidens; * ut avicenna calumniatur. quia vis rationis in hoc consistit, quod, “ si aliquid seipsum moveat primo et per se, non ratione partium, oportet quod suum moveri non dependeat ab aliquo; moveri autem ipsius divisibilis, sicut et eius esse, dependet a partibus; et sic non potest seipsum movere primo et per se. non requiritur ergo ad veritatem conclusionis inductae quod supponatur partem moventis seipsum quiescere quasi quoddam verum absolute: sed oportet hanc conditionalem esse veram, quod, si quiesceret pars, quod quiesceret totum. quae quidem potest esse vera etiam si antecedens sit impossibile: sicut ista conditionalis est vera, si homo est asinus, est irrationalis.

n.8 * Secundo, probat per inductionem, sic. “ omne quod movetur per accidens, non movetur a seipso. movetur enim ad motum alterius. similiter neque quod movetur per violentiam: ut manifestum est. neque quae moventur per naturam ut ex se mota, sicut animalia, quae constat ab anima moveri. nec iterum quae moventur per naturam ut gravia et levia. quia haec moventur a generante et removente prohibens. omne autem quod movetur, vel movetur per se, vel per accidens. et si per se, vel per violentiam, vel per naturam. et hoc, vel motum ex se, ut animal; vel non motum ex se, ut grave et leve. ergo omne quod movetur, ab alio movetur.

n.9 * Tertio, probat sic. “ nihil idem est simul actu et potentia respectu eiusdem. sed omne quod movetur, inquantum huiusmodi, est in potentia: quia ° motus est actus existentis in potentia secundum quod huiusmodi. “ omne autem quod movet est in actu, inquantum huiusmodi: quia nihil agit nisi secundum quod est in actu. ergo nihil est respectu eiusdem motus movens et motum. et sic nihil movet seipsum.

n.10 * Sciendum autem quod plato qui posuit “ omne movens moveri, * communius accepit nomen motus quam aristoteles. aristoteles enim “ proprie accepit motum secundum quod est actus existentis in potentia secundum quod huiusmodi: qualiter non est nisi divisibilium et corporum, * ut probatur in vi physic.. secundum platonem autem “ movens seipsum non est corpus: accipiebat enim motum pro qualibet operatione, ita quod intelligere et opinari sit quoddam moveri; * quem etiam modum loquendi aristoteles tangit in iii de anima. secundum hoc ergo dicebat “ primum movens seipsum movere quod intelligit se et vult vel amat se. * quod in aliquo non repugnat rationibus aristotelis: “ nihil enim differt devenire ad aliquod primum quod moveat se, * secundum platonem; “ et devenire ad primum quod omnino sit immobile, * secundum aristotelem.

n.11 * Aliam autem propositionem, scilicet quod “ in moventibus et motis non sit procedere in infinitum, * probat tribus rationibus.

n.12 * Quarum prima talis est. “ si in motoribus et motis proceditur in infinitum, oportet omnia huiusmodi infinita corpora esse: quia omne quod movetur est divisibile et corpus, * ut probatur in vi physic.. “ omne autem corpus quod movet motum, simul dum movet movetur. ergo omnia ista infinita simul moventur cum unum eorum movetur. sed unum eorum, cum sit finitum, movetur tempore finito. ergo omnia illa infinita moventur tempore finito. hoc autem est impossibile. ergo impossibile est quod in motoribus et motis procedatur in infinitum.

n.13 “ Quod autem sit impossibile quod infinita praedicta moveantur tempore finito, * sic probat. “ movens et motum oportet simul esse: ut probat inducendo in singulis speciebus motus. sed corpora non possunt simul esse nisi per continuitatem vel contiguationem. cum ergo omnia praedicta moventia et mota sint corpora, * ut probatum est, “ oportet quod sint quasi unum mobile per continuationem vel contiguationem. et sic unum infinitum movetur tempore finito. quod est impossibile, * ut probatur in vi physicorum.

n.14 * Secunda ratio ad idem probandum talis est.

" in moventibus et motis ordinatis, quorum scilicet unum per ordinem ab alio movetur, hoc necesse est inveniri, quod, remoto primo movente vel cessante a motione, nullum aliorum movebit neque movebitur: quia primum est causa movendi omnibus aliis. sed si sint moventia et mota per ordinem in infinitum, non erit aliquod primum movens, sed omnia erunt quasi media moventia. ergo nullum aliorum poterit moveri. et sic nihil movebitur in mundo.

n.15 * Tertia probatio in idem redit, nisi quod est ordine transmutato, incipiendo scilicet a superiori. et est talis. " id quod movet instrumentaliter, non potest movere nisi sit aliquid quod principaliter moveat. sed si in infinitum procedatur in moventibus et motis, omnia erunt quasi instrumentaliter moventia, quia ponentur sicut moventia mota, nihil autem erit sicut principale movens. ergo nihil movebitur.

n.16 * Et sic patet probatio utriusque propositionis quae supponebatur in prima demonstrationis via, qua probat aristoteles " esse primum motorem immobilem.

n.17 * Secunda via talis est. " si omne movens movetur, aut haec propositio est vera per se, aut per accidens. si per accidens, ergo non est necessaria: quod enim est per accidens verum, non est necessarium. contingens est ergo nullum movens moveri. sed si movens non movetur, non movet: ut adversarius dicit. ergo contingens est nihil moveri: nam, si nihil movet, nihil movetur. * hoc autem habet aristoteles pro impossibili, quod scilicet " aliquando nullus motus sit. ergo primum non fuit contingens: quia ex falso contingenti non sequitur falsum impossibile. et sic haec propositio, omne movens ab alio movetur, non fuit per accidens vera.

n.18 " Item, si aliqua duo sunt coniuncta per accidens in aliquo; et unum illorum invenitur sine altero, probabile est quod alterum absque illo inveniri possit: sicut, si album et musicum inveniuntur in socrate, et in platone invenitur musicum absque albo, probabile est quod in aliquo alio possit inveniri album absque musico. si igitur movens et motum coniunguntur in aliquo per accidens, motum autem invenitur in aliquo absque eo quod moveat, probabile est quod movens inveniatur absque eo quod moveatur. nec contra hoc potest ferri instantia de duobus quorum unum ab altero dependet: quia haec non coniunguntur per se, sed per accidens.

n.19 " Si autem praedicta propositio est vera per se, similiter sequitur impossibile vel inconveniens. quia vel oportet quod movens moveatur eadem specie motus qua movet, vel alia. si eadem, ergo oportebit quod alterans alteretur, et ulterius quod sanans sanetur, et quod docens doceatur, et secundum eandem scientiam. hoc autem est impossibile: nam docentem necesse est habere scientiam, addiscentem vero necesse est non habere; et sic idem habebitur ab eodem et non habebitur, quod est impossibile. si autem secundum aliam speciem motus movetur, ita scilicet quod alterans moveatur secundum locum, et movens secundum locum augeatur, et sic de aliis; cum sint finita genera et species motus, sequetur quod non sit abire in infinitum. et sic erit aliquod primum movens quod non movetur ab alio. * nisi forte aliquis dicat quod " fiat reflexio hoc modo quod, completis omnibus generibus et speciebus motus, iterum oporteat |25| redire ad primam: ut, si movens secundum locum alteretur et alterans augeatur, iterum augens moveatur secundum locum. * sed ex hoc sequetur idem quod prius: scilicet quod " id quod movet secundum aliquam speciem motus, secundum eandem moveatur, licet non immediate sed mediate.

n.20 " Ergo relinquitur quod oportet ponere aliquod primum quod non movetur ab alio exteriori.

n.21 " Quia vero, hoc habito quod sit primum movens quod non movetur ab alio exteriori, non sequitur quod sit penitus immobile, * ideo ulterius procedit aristoteles, dicendo quod " hoc potest esse dupliciter. uno modo, ita quod illud primum sit penitus immobile. quo posito, habetur propositum: scilicet, quod sit aliquod primum movens immobile. alio modo, quod illud primum moveatur a seipso. et hoc videtur probabile: quia quod est per se, semper est prius eo quod est per aliud; unde et in motis primum motum rationabile est per seipsum moveri, non ab alio.

n.22 " Sed, hoc dato, iterum idem sequitur. non enim potest dici quod movens seipsum totum moveatur a toto: quia sic sequerentur praedicta inconvenientia, scilicet quod aliquis simul doceret et doceretur, et similiter in aliis motibus; et iterum quod aliquid simul esset in potentia et actu, nam movens, inquantum huiusmodi, est actu, motum vero in potentia. relinquitur igitur quod una pars eius est movens tantum et altera mota. et sic habetur idem quod prius: scilicet quod aliquid sit movens immobile. non autem potest dici quod utraque pars moveat, ita quod una ab altera; neque quod una pars moveat seipsam et moveat alteram; neque quod totum moveat partem; neque quod pars moveat totum: quia sequerentur praemissa inconvenientia, scilicet quod aliquid simul moveret et moveretur secundum eandem speciem motus; et quod simul esset in potentia et actu; et ulterius quod totum non esset primo movens se, sed ratione partis. relinquitur ergo quod moventis seipsum oportet unam partem esse |25| immobilem et moventem aliam partem.

n.23 " Sed quia in moventibus se quae sunt apud nos, scilicet in animalibus, pars movens, scilicet anima, etsi sit immobilis per se, movetur tamen per accidens; * ulterius ostendit quod " primi moventis seipsum pars movens non movetur neque per se neque per accidens.

n.24 " Moventia enim se quae sunt apud nos, scilicet animalia, cum sint corruptibilia, pars movens in eis movetur per accidens. necesse est autem moventia se corruptibilia reduci ad aliquod primum movens se quod sit sempiternum. ergo necesse est aliquem motorem esse alicuius moventis seipsum qui neque per se neque per accidens moveatur.

n.25 " Quod autem necesse sit, * secundum suam positionem, " aliquod movens se esse sempiternum, patet. si enim motus est sempiternus, * ut ipse supponit, " oportet quod generatio moventium seipsa quae sunt generabilia et corruptibilia, sit perpetua. sed huius perpetuitatis non potest esse causa aliquod ipsorum moventium se: quia non semper est. nec simul omnia: tum quia infinita essent; tum quia non simul sunt. relinquitur igitur quod oportet esse aliquod movens seipsum perpetuum, quod causat perpetuitatem generationis in istis inferioribus moventibus se. et sic motor eius non movetur neque per se neque per accidens.

n.26 " Item, in moventibus se videmus quod aliqua incipiunt de novo moveri propter aliquem motum quo non movetur a seipso animal, sicut cibo digesto aut aere alterato: quo quidem motu ipse motor movens seipsum movetur per accidens. ex quo potest accipi quod nullum movens seipsum movetur semper cuius motor movetur per se vel per accidens. sed primum movens seipsum movetur semper: alias non posset motus esse sempiternus, cum omnis alius motus a motu primi moventis seipsum causetur. relinquitur igitur quod primum movens seipsum movetur a motore qui non movetur neque per se neque per accidens.

n.27 " Nec est contra hanc rationem quod motores inferiorum orbium movent motum sempiternum, et tamen dicuntur moveri per accidens. quia dicuntur moveri per accidens non ratione sui ipsorum, sed ratione suorum mobilium, quae sequuntur motum superioris orbis.

n.28 " Sed quia deus non est pars alicuius moventis seipsum, * ulterius aristoteles, in sua metaphysica, investigat " ex hoc motore qui est pars moventis seipsum, alium motorem separatum omnino, qui est deus. cum enim omne movens seipsum moveatur per appetitum, oportet quod motor qui est pars moventis seipsum, moveat propter appetitum alicuius appetibilis. quod est eo superius in movendo: nam appetens est quodammodo movens motum; appetibile autem est movens omnino non motum. oportet igitur esse primum motorem separatum omnino immobilem, qui deus est.

n.29 " Praedictos autem processus duo videntur infirmare. quorum primum est, quod procedunt ex suppositione aeternitatis motus: * quod apud catholicos supponitur esse falsum.

n.30 " Et ad hoc dicendum quod via efficacissima ad probandum deum esse est ex suppositione aeternitatis mundi, qua posita, minus videtur esse manifestum quod deus sit. nam si mundus et motus de novo incoepit, planum est quod oportet poni aliquam causam quae de novo producat mundum et motum: quia omne quod de novo fit, ab aliquo innovatore oportet sumere originem; cum nihil educat se de potentia in actum vel de non esse in esse.

n.31 " Secundum est, quod supponitur in praedictis demonstrationibus primum motum, scilicet corpus caeleste, esse motum ex se. ex quo sequitur ipsum esse animatum. * quod a multis non conceditur.

n.32 " Et ad hoc dicendum est quod, si primum movens non ponitur motum ex se, oportet quod moveatur immediate a penitus immobili. * unde etiam aristoteles sub disiunctione hanc conclusionem inducit: quod scilicet " oporteat vel statim devenire ad primum movens immobile separatum, vel ad movens seipsum, ex quo iterum devenitur ad movens primum immobile separatum.

n.33 * Procedit autem philosophus alia via in ii metaphys., ad ostendendum " non posse procedi in infinitum in causis efficientibus, sed esse devenire ad unam causam primam: et hanc dicimus deum. * et haec via talis est. " in omnibus causis efficientibus ordinatis primum est causa medii, et medium est causa ultimi: sive sit unum, sive plura media. remota autem causa, removetur id cuius est causa. ergo, remoto primo, medium causa esse non poterit. sed si procedatur in causis efficientibus in infinitum, nulla causarum erit prima. ergo omnes aliae tollentur, quae sunt mediae. hoc autem est manifeste falsum. ergo oportet ponere primam causam efficientem esse. quae deus est.

n.34 * Potest etiam alia ratio colligi ex verbis aristotelis. in ii enim metaphys. ostendit quod " ea quae sunt maxime vera, sunt et maxime entia. * in iv autem metaphys. ostendit " esse aliquid maxime verum, ex hoc quod videmus duorum falsorum unum altero esse magis falsum, unde oportet ut alterum sit etiam altero verius; hoc autem est secundum approximationem ad id quod est simpliciter et maxime verum. ex quibus concludi potest ulterius esse aliquid quod est maxime ens. et hoc dicimus deum.

n.35 * Ad hoc etiam inducitur a damasceno alia ratio sumpta ex rerum gubernatione: quam etiam innuit commentator in ii physicorum. et est talis. " impossibile est aliqua contraria et dissonantia in unum ordinem concordare semper vel pluries nisi alicuius gubernatione, ex qua omnibus et singulis tribuitur ut ad certum finem tendant. sed in mundo videmus res diversarum naturarum in unum ordinem concordare, non ut raro et a casu, sed ut semper vel in maiori parte. oportet ergo esse aliquem cuius providentia mundus gubernetur. et hunc dicimus deum.

005 SCG lb1 cp14

n. ' Quod ad cognitionem dei oportet uti via remotionis.

n.1 ' Ostenso igitur quod est aliquod primum ens, quod deum dicimus, oportet eius conditiones investigare.

n.2 ' Est autem via remotionis utendum praecipue in consideratione divinae substantiae. nam divina substantia omnem formam quam intellectus noster attingit, sua immensitate excedit: et sic ipsam apprehendere non possumus cognoscendo quid est. sed aliqualem eius habemus notitiam cognoscendo quid non est. tantoque eius notitiae magis appropinquamus, quanto plura per intellectum nostrum ab eo poterimus removere. tanto enim unumquodque perfectius cognoscimus, quanto differentias eius ad alia plenius intuemur: habet enim res unaquaeque in seipsa esse proprium ab omnibus aliis rebus distinctum. unde et in rebus quarum definitiones cognoscimus, primo eas in genere collocamus, per quod scimus in communi quid est; et postmodum differentias addimus, quibus a rebus aliis distinguatur; et sic perficitur substantiae rei completa notitia.

n.3 ' Sed quia in consideratione substantiae divinae non possumus accipere quid, quasi genus; nec distinctionem eius ab aliis rebus per affirmativas differentias accipere possumus, oportet eam accipere per differentias negativas. sicut autem in affirmativis differentiis una aliam contrahit, et magis ad completam designationem rei appropinquat secundum quod a pluribus differre facit; ita una differentia negativa per aliam contrahitur, quae a pluribus differre facit. sicut, si dicamus deum non esse accidens, per hoc ab omnibus accidentibus distinguitur; deinde si addamus ipsum non esse corpus, distinguemus ipsum etiam ab aliquibus substantiis; et sic per ordinem ab omni eo quod est praeter ipsum, per negationes huiusmodi distinguetur; et tunc de substantia eius erit propria consideratio cum cognoscetur ut ab omnibus distinctus. non tamen erit perfecta: quia non cognoscetur quid in se sit.

n.4 ' Ad procedendum igitur circa dei cognitionem per viam remotionis, accipiamus principium id quod ex superioribus iam manifestum est, scilicet quod deus sit omnino immobilis. * quod etiam auctoritas sacrae scripturae confirmat. dicitur enim malach. 3-6: ° ego deus, et non mutor; * iac. 1-17: ° apud quem non est transmutatio; * et num. 23-19: ° non est deus quasi homo, ut mutetur.

005 SCG lb1 cp15

n. ' Quod deus sit aeternus.

n.1 ' Ex hoc autem apparet ulterius deum esse aeternum.

n.2 ' Nam omne quod incipit esse vel desinit, per motum vel mutationem hoc patitur. * ostensum autem est ' deum esse omnino immutabilem. est igitur aeternus, carens principio et fine.

n.3 ' Item. illa sola tempore mensurantur quae moventur: eo quod ° tempus est numerus motus, * ut patet in iv physicorum. ' deus autem est omnino absque motu, * ut iam probatum est. ' tempore igitur non mensuratur. igitur in ipso non est prius et posterius accipere. non ergo habet esse post non esse, nec non esse post esse potest habere, nec aliqua successio in esse ipsius inveniri potest: quia haec sine tempore intelligi non possunt. est igitur carens principio et fine, totum esse suum simul habens. in quo ratio aeternitatis consistit.

n.4 ' Adhuc. si aliquando non fuit et postmodum fuit, ab aliquo eductus est de non esse in esse. non a seipso: quia quod non est non potest aliquid agere. si autem ab alio, illud est prius eo. * ostensum autem est ' deum esse primam causam. non igitur esse incoepit. unde nec esse desinet: quia quod semper fuit, habet virtutem semper essendi. est igitur aeternus.

n.5 ' Amplius. videmus in mundo quaedam quae sunt possibilia esse et non esse, scilicet generabilia et corruptibilia. omne autem quod est possibile esse, causam habet: quia, cum de se aequaliter se habeat ad duo, scilicet esse et non esse, oportet, si ei appropietur esse, quod hoc sit ex aliqua causa. sed in causis non est procedere in infinitum, * ut supra probatum est per rationem aristotelis. ' ergo oportet ponere aliquid quod sit necesse-esse. omne autem necessarium vel habet causam suae necessitatis aliunde; vel non, sed est per seipsum necessarium. non est autem procedere in infinitum in necessariis quae habent causam suae necessitatis aliunde. ergo oportet ponere aliquod primum necessarium, quod est per seipsum necessarium. et hoc deus est: cum sit causa

prima, * ut ostensum est. ‘ est igitur deus aeternus: cum omne necessarium per se sit aeternum.
n.6 * Ostendit etiam aristoteles “ ex sempiternitate temporis sempiternitatem motus. * ex quo iterum ostendit “ sempiternitatem substantiae moventis. ‘ prima autem substantia movens deus est. est igitur sempiternus. negata autem sempiternitate temporis et motus, adhuc manet ratio ad sempiternitatem substantiae. nam, si motus incoepit, oportet quod ab aliquo movente incoeperit. qui si incoepit, aliquo agente incoepit. et sic vel in infinitum ibitur; vel devenietur ad aliquid quod non incoepit.
n.7 * Huic autem veritati divina auctoritas testimonium perhibet. unde psalmus: ° tu autem, domine, in aeternum permanes. * et idem: ° tu autem idem ipse es, et anni tui non deficient.

005 SCG lb1 cp16

n. ‘ Quod in deo non est potentia passiva.
n.1 ‘ Si autem deus aeternus est, necesse est ipsum non esse in potentia.
n.2 ‘ Omne enim id in cuius substantia admiscetur potentia, secundum id quod habet de potentia potest non esse: quia quod potest esse, potest non esse. deus autem secundum se non potest non esse: cum sit sempiternus. in deo igitur non est potentia ad esse.
n.3 ‘ Adhuc. quamvis id quod quandoque est in potentia quandoque actu, prius sit tempore in potentia quam in actu, tamen simpliciter actus est prior potentia: quia potentia non educit se in actum, sed oportet quod educatur in actum per aliquid quod sit in actu. omne igitur quod est aliquo modo in potentia, habet aliquid prius se. deus autem est primum ens et prima causa, * ut ex supra dictis patet. ‘ non igitur habet in se aliquid potentiae admixtum.
n.4 ‘ Item. illud quod est per se necesse esse, nullo modo est possibile esse: quia quod est per se necesse esse, non habet causam; omne autem quod est possibile esse, habet causam, * ut supra ostensum est. ‘ deum autem est per se necesse esse. nullo igitur modo est possibile esse. nihil ergo potentiae in sua substantia invenitur.
n.5 ‘ Item. unumquodque agit secundum quod est actu. quod igitur non est totus actus, non toto se agit, sed aliquo sui. quod autem non toto se agit, non est primum agens: agit enim alicuius participatione, non per essentiam suam. primum igitur agens, quod deus est, nullam habet potentiam admixtam, sed est actus purus.
n.6 ‘ Adhuc. unumquodque, sicut natum est agere inquantum est actu, ita natum est pati inquantum est potentia: nam motus est “ actus potentia existentis. ‘ sed deus est omnino impassibilis ac immutabilis, * ut patet ex dictis. ‘ nihil ergo habet de potentia, scilicet passiva.
n.7 ‘ Item. videmus aliquid esse in mundo quod exit de potentia in actum. non autem educit se de potentia in actum: quia quod est potentia, nondum est; unde nec agere potest. ergo oportet esse aliquid aliud prius, qui educatur de potentia in actum. et iterum, si hoc est exiens de potentia in actum, oportet ante hoc aliquid aliud poni, quo reducatur in actum. hoc autem in infinitum procedere non potest. ergo oportet devenire ad aliquid quod est tantum actu et nullo modo in potentia. et hoc dicimus deum.

005 SCG lb1 cp17

n. ‘ Quod in deo non est materia.
n.1 ‘ Apparet etiam ex hoc deum non esse materiam.
n.2 ‘ Quia materia id quod est, in potentia est.
n.3 ‘ Item. materia non est agendi principium: “ unde efficiens et materia in idem non incidunt, * secundum philosophum. ‘ deo autem convenit esse primam causam effectivam rerum, * ut supra dictum est. ‘ ipse igitur materia non est.
n.4 ‘ Amplius. sequitur “ res naturales casu existere his qui omnia in materiam reducebant sicut in causam primam: * contra quos agitur in ii physicorum. ‘ si igitur deus, qui est prima causa, sit causa materialis rerum, sequitur omnia a casu existere.
n.5 ‘ Item. materia non fit causa alicuius in actu nisi secundum quod alteratur et mutatur. si igitur deus est immobilis, * ut probatum est, ‘ nullo modo potest esse rerum causa per modum materiae. * hanc autem veritatem fides catholica confitetur, qua ‘ deum non de sua substantia, sed de nihilo asserit cuncta creasse.
n.6 * In hoc autem insania david de dinando confunditur, qui ausus est dicere “ deum esse idem quod prima materia, ex hoc quod, si non esset idem, oporteret differre ea aliquibus differentiis, et sic non essent simplicia; nam in eo quod per differentiam ab alio differt, ipsa differentia compositionem facit.
n.7 * Hoc autem processit ex ignorantia qua “ nescivit quid inter differentiam et diversitatem intersit. differens enim, * ut in x metaph. determinatur, “ dicitur ad aliquid, nam omne differens aliquo est differens: diversum autem aliquid absolute dicitur, ex hoc quod non est idem. ‘ differentia igitur in his quaerenda est quae in aliquo conveniunt: oportet enim aliquid in eis assignari secundum quod differant; sicut duae species conveniunt in genere, unde oportet quod differentiis distinguantur. in his autem quae in nullo conveniunt, non est quaerendum quo differant, sed seipsis diversa sunt. sic enim et oppositae differentiae ab invicem distinguuntur: non enim participant genus quasi partem suae essentiae: et ideo non est quaerendum quibus differant, seipsis enim diversa sunt. sic etiam deus et materia prima distinguuntur, quorum unus est actus purus, aliud potentia pura, in nullo convenientiam |25| habentes.

005 SCG lb1 cp18

n. ‘ Quod in deo nulla est compositio.
n.1 ‘ Ex praemissis autem concludi potest quod in deo nulla sit compositio. nam in omni composito oportet esse actum et potentiam. non enim plura possunt simpliciter unum fieri nisi aliquid sit ibi actus, et aliud potentia. quae enim actu sunt, non uniuntur nisi quasi colligata vel congregata, quae non sunt unum simpliciter. in quibus etiam ipsae partes congregatae sunt sicut potentia respectu unionis: sunt enim unitae in actu postquam fuerint in potentia unibiles. in deo autem nulla est potentia. non est igitur in eo aliqua compositio.
n.2 ‘ Item. omne compositum posterius est suis componentibus. primum ergo ens, quod deus est, ex nullis compositum est.
n.3 ‘ Adhuc. omne compositum est potentia dissolubile, quantum est ex ratione compositionis: licet in quibusdam sit aliquid aliud dissolutioni repugnans. quod autem est dissolubile, est in potentia ad non esse. quod deo non competit: cum sit per se necesse-esse. non est igitur in eo aliqua compositio.
n.4 ‘ Amplius. omnis compositio indiget aliquo componente: si enim compositio est, ex pluribus est; quae autem secundum se sunt plura, in unum non convenirent nisi ab aliquo componente unirentur. si igitur compositus esset deus, haberet componentem: non enim ipse seipsum componere posset, quia nihil est causa sui ipsius; esset enim prius seipso, quod est impossibile. componens autem est causa efficiens compositi. ergo deus haberet causam efficientem. et sic non esset causa prima, * quod supra habitum est.
n.5 ‘ Item. in quolibet genere tanto aliquid est nobilius quanto simplicius: sicut in genere calidi ignis, qui non habet aliquam frigidi permixtionem. quod igitur est in fine nobilitatis omnium entium, oportet esse in fine simplicitatis. hoc autem quod est in fine nobilitatis omnium entium, dicimus deum, cum sit prima causa: causa enim est nobilior effectu. nulla igitur compositio ei accidere potest.
n.6 ‘ Praeterea. in omni composito bonum non est huius vel illius partis, sed totius,- et dico bonum secundum illam bonitatem quae est propria totius et perfectio eius: nam partes sunt imperfectae respectu totius: sicut partes hominis non sunt homo, partes etiam numeri senarii non habent perfectionem senarii, et similiter partes lineae non perveniunt ad perfectionem mensurae quae in tota linea invenitur. si ergo deus est compositus, perfectio et bonitas eius propria invenitur in toto, non autem in aliqua eius partium. et sic non erit in eo pure illud bonum quod est proprium ei. non est ergo ipse primum et summum bonum.
n.7 ‘ Item. ante omnem multitudinem oportet invenire unitatem. in omni autem composito est multitudo. igitur oportet id quod est ante omnia, scilicet deum, omni compositione carere.

005 SCG lb1 cp19

n. ‘ Quod in deo nihil est violentum neque praeter naturam.
n.1 * Ex hoc autem philosophus concludit quod “ in deo nihil potest esse violentum neque extra naturam. ‘ omne enim illud in quo aliquid violentum et praeter naturam invenitur, aliquid sibi additum habet: nam quod est de substantia rei non potest esse violentum neque praeter naturam. nullum autem simplex habet in se aliquid additum: ex hoc enim compositio relinqueretur. cum igitur deus sit simplex, * ut ostensum est, ‘ nihil in eo potest esse violentum neque praeter naturam.
n.2 ‘ Amplius. necessitas coactionis est necessitas ex alio. in deo autem non est necessitas ex alio, sed est per seipsum necessarium, et causa necessitatis aliis. igitur nihil in eo est coactum.
n.3 ‘ Adhuc. ubicumque est aliquid violentum, ibi potest esse aliquid praeter id quod rei per se convenit: nam violentum contrariatur ei quod est secundum naturam. sed in deo non est possibile esse aliquid praeter id quod secundum se ei convenit: cum secundum se sit necesse-esse, * ut ostensum est. ‘ non potest igitur in eo esse aliquid violentum.
n.4 ‘ Item. omne in quo est aliquid violentum vel innaturale, natum est ab alio moveri: nam violentum est “ cuius principium est extra nil conferente vim passo. ‘ deus autem est omnino immobilis, * ut ostensum est. ‘ igitur non potest in eo esse aliquid violentum vel innaturale.

005 SCG lb1 cp20

n. ‘ Quod deus non est corpus.
n.1 ‘ Ex praemissis etiam ostenditur quod deus non est corpus.
n.2 ‘ Omne enim corpus, cum sit continuum, compositum est et partes habens. deus autem non est compositus, * ut ostensum est. ‘ igitur corpus non est.
n.3 ‘ Praeterea. omne quantum est aliquo modo in potentia: nam continuum est potentia divisibile in infinitum; numerus autem in infinitum est augmentabilis. omne autem corpus est quantum. ergo omne corpus est in potentia. deus autem non est in potentia, sed actus purus, * ut ostensum est. ‘ ergo deus non est corpus.
n.4 ‘ Adhuc. si deus est corpus, oportet quod sit aliquod corpus naturale: nam “ corpus mathematicum non est per se existens, * ut philosophus probat, ‘ eo quod dimensiones accidentia sunt. non autem est corpus naturale: cum sit immobilis, * ut ostensum est; ‘ omne autem corpus naturale mobile est. deus igitur non est corpus.
n.5 ‘ Amplius. omne corpus finitum est: * quod tam de corpore circulari quam de recto probatur in i caeli et mundi. ‘ quodlibet autem corpus finitum intellectu et imaginatione transcendere possumus. si igitur deus est corpus, intellectus et imaginatio nostra aliquid maius deo cogitare possunt. et sic deus non est maior intellectu nostro. quod est inconveniens. non est igitur corpus.
n.6 ‘ Adhuc. cognitio intellectiva certior est quam sensitiva. invenitur autem aliquid subiectum sensui in rerum natura. igitur et intellectui. sed secundum ordinem obiectorum est ordo potentiarum, sicut et distinctio. ergo super omnia sensibilia est aliquid intelligibile in rerum natura existens. omne autem corpus in rebus existens est sensibile. igitur super omnia corpora est aliquid accipere nobilius. si igitur deus est corpus, non erit primum et maximum ens.
n.7 ‘ Praeterea. quolibet corpore non vivente res vivens est nobilior. quolibet autem corpore vivente sua vita est nobilior: cum per hoc habeat supra alia corpora nobilitatem. id igitur quo nihil est nobilius, corpus non est. hoc autem est deus. igitur non est corpus.
n.8 * Item. inveniuntur rationes philosophorum ad idem ostendendum procedentes ex aeternitate motus, in hunc modum. “ in omni motu sempiterno oportet quod primum movens non moveatur neque per se neque per accidens, * sicut ex supra dictis patet. “ corpus autem caeli movetur circulariter motu sempiterno. ergo primus motor eius non movetur neque per se neque per accidens. nullum autem corpus movet localiter nisi moveatur: eo quod oportet movens et motum esse simul; et sic corpus movens moveri oportet, ad hoc quod sit simul cum corpore moto. nulla etiam virtus in corpore movet nisi per accidens moveatur: quia, moto corpore, movetur per accidens virtus corporis. ergo primus motor caeli non est corpus neque virtus in corpore. hoc autem ad quod ultimo reducitur motus caeli sicut ad primum movens immobile, est deus. deus igitur non est corpus.
n.9 “ Adhuc. nulla potentia infinita est potentia in magnitudine. potentia primi motoris est potentia infinita. ergo non est in aliqua magnitudine. et sic deus, qui est primus motor, neque est corpus neque est virtus in corpore.
n.10 * Prima sic probatur. “ si potentia magnitudinis alicuius est infinita, aut ergo erit magnitudinis finitae; aut infinitae. magnitudo infinita nulla est, * ut probatur in iii phys. et in i caeli et mundi. “ magnitudinis autem finitae non est possibile esse potentiam infinitam. et sic in nulla magnitudine potest esse potentia infinita.
n.11 “ Quod autem in magnitudine finita non possit esse potentia infinita, sic probatur. aequalem effectum quem facit potentia minor in tempore maiori, facit potentia maior in tempore minori: qualiscumque sit ille effectus, sive sit secundum alterationem, sive secundum motum localem, sive secundum quemcumque alium motum. sed potentia infinita est maior omni potentia finita. ergo oportet quod in minori perficiat effectum, velocius movendo, quam potentia quaecumque finita. nec potest esse quod in minori quod sit temporis. relinquitur igitur quod hoc erit in indivisibili temporis. et sic movere et moveri et motus erunt in instanti. * cuius contrarium demonstratum est in vi physicorum.
n.12 “ Quod autem non possit potentia infinita magnitudinis finitae movere in tempore, sic iterum probatur. sit potentia infinita quae est a. accipiatur pars eius quae est ab. pars igitur ista movebit in tempore maiori. oportebit tamen esse aliquam proportionem huius temporis ad tempus in quo movet tota potentia: cum utrumque tempus sit finitum. sint igitur haec duo tempora in decupla proportione se ad invicem habentia: non enim quantum ad hanc rationem differt istam vel aliam proportionem dicere. si autem addatur ad potentiam praedictam finitam, diminui oportebit de tempore secundum proportionem additionis ad potentiam: cum maior potentia in minori tempore moveat. si ergo addatur decuplum, illa potentia movebit in tempore quod erit decima pars temporis in quo movebat prima pars accepta infinitae potentiae, scilicet ab. et tamen haec potentia quae est decuplum eius, est potentia finita: cum habeat proportionem determinatam ad potentiam finitam. relinquitur igitur |25| quod in aequali tempore movet potentia finita et infinita. quod est impossibile. non igitur potentia infinita magnitudinis finitae potest movere in tempore aliquo.
n.13 “ Quod autem potentia primi motoris sit infinita, sic probatur. nulla potentia finita potest movere

tempore infinito. sed potentia primi motoris movet in tempore infinito: quia motus primus est sempiternus. ergo potentia primi motoris est infinita. prima sic probatur. si aliqua potentia finita alicuius corporis movet tempore infinito, pars illius corporis, habens partem potentiae, movebit in tempore minori: quia quanto aliquid est maioris potentiae, tanto in maiori tempore motum continuare poterit; et sic pars praedicta movebit tempore finito, maior autem pars in maiori tempore movere poterit. et sic semper, secundum quod addetur ad potentiam motoris, addetur ad tempus secundum eandem proportionem. sed additio aliquoties facta perveniet ad quantitatem totius, vel etiam excedet. ergo et additio ex parte temporis perveniet ad quantitatem temporis in quo movet totum. tempus autem in quo totum movebat, dicebatur esse infinitum. ergo tempus finitum metietur tempus infinitum. quod est impossibile.

n.14 * Sed contra hunc processum plures sunt obiectiones.

n.15 * Quarum una est, quia “ potest poni quod illud corpus quod movet primum motum, non est divisibile: sicut patet de corpore caelesti. praedicta autem probatio procedit ex divisione eius.

n.16 ‘ Sed ad hoc dicendum quod conditionalis potest esse vera cuius antecedens est impossibile. et si quid est quod destruat veritatem talis conditionalis, est impossibile: sicut, si aliquis destrueret veritatem huius conditionalis, si homo volat, habet alas, esset impossibile. * et secundum modum hunc intelligendus est processus probationis praedictae. quia ‘ haec conditionalis est vera, si corpus caeleste dividitur, pars eius erit minoris potentiae quam totum. huius autem conditionalis veritas tollitur si ponatur primum movens esse corpus, propter impossibilia quae sequuntur. unde patet hoc esse impossibile. * et similiter potest responderi si fiat obiectio de augmento potentiarum finitarum. quia ‘ non est accipere in rerum natura potentias secundum omnem proportionem quam habet tempus ad tempus quodcumque. est tamen conditionalis vera, qua in praedicta probatione indigetur.

n.17 * Secunda obiectio est quia, “ etsi corpus dividitur, aliqua virtus potest esse alicuius corporis quae non dividitur diviso corpore: sicut anima rationalis non dividitur diviso corpore.

n.18 ‘ Et ad hoc est dicendum quod * per processum praedictum non probatur quod ‘ non sit deus coniunctus corpori sicut anima rationalis corpori humano: sed quod non est virtus in corpore sicut virtus materialis, quae dividitur ad divisionem corporis. unde etiam dicitur de intellectu humano quod non est corpus neque virtus in corpore. quod autem deus, non sit unitus corpori sicut anima, alterius rationis est.

n.19 * Tertia obiectio est quia, “ si cuiuslibet corporis est potentia finita, * ut in praedicto processu ostenditur; “ per potentiam autem finitam non potest aliquid durare tempore infinito: sequetur quod nullum corpus possit durare tempore infinito. et sic corpus caeleste de necessitate corrumpetur.

n.20 * Ad hoc autem a quibusdam respondetur quod “ corpus caeleste secundum potentiam suam potest deficere, sed perpetuitatem durationis acquirit ab alio quod est potentiae infinitae. * et huic solutioni videtur attestari plato, qui de corporibus caelestibus deum loquentem inducit in hunc modum: ° natura vestra estis dissolubilia, voluntate autem mea indissolubilia: quia voluntas mea maior est nexu vestro.

n.21 * Hanc autem solutionem improbat commentator, in xi metaph.. “ nam impossibile est, * secundum eum, “ quod id quod est de se possibile non esse, acquirat perpetuitatem essendi ab alio. sequeretur enim quod corruptibile mutetur in incorruptibilitatem. quod est impossibile * secundum ipsum. et ideo ipse in hunc modum respondet: quod “ in corpore caelesti omnis potentia quae est, finita est: non tamen oportet quod habeat omnem potentiam; est enim in corpore caelesti, * secundum aristotelem, in viii metaph., “ potentia ad ubi, sed non ad esse. et sic non oportet quod insit ei potentia ad non esse.

n.22 ‘ Sciendum tamen quod * haec responsio commentatoris non est sufficiens. quia, ‘ etsi detur quod in corpore caelesti non sit potentia quasi passiva ad esse, quae est potentia materiae, est tamen in eo potentia quasi activa, quae est virtus essendi: * cum expresse aristoteles dicat, in i caeli et mundi, quod “ caelum habet virtutem ut sit semper.

n.23 ‘ Et ideo melius dicendum est quod, cum potentia dicatur ad actum, oportet iudicare de potentia secundum modum actus. motus autem de sui ratione quantitatem habet et extensionem: unde duratio eius infinita requirit quod potentia movens sit infinita. esse autem non habet aliquam extensionem quantitatis: praecipue in re cuius esse est invariabile, sicut caelum. et ideo non oportet quod virtus essendi sit infinita in corpore finito, licet in infinitum duret: quia non differt quod per illam virtutem aliquid duret in uno instanti vel tempore infinito, cum esse illud invariabile non attingatur a tempore nisi per accidens.

n.24 * Quarta obiectio est de hoc quod “ non videtur esse necessarium quod id quod movet tempore infinito, habeat potentiam infinitam, in illis moventibus quae movendo non alterantur. quia talis motus nihil consumit de potentia eorum: unde non minore tempore movere possunt postquam aliquo tempore moverunt quam ante; sicut solis virtus finita est, et, quia in agendo eius virtus activa non minuitur, infinito tempore potest agere in haec inferiora, secundum naturam.

n.25 ‘ Et ad hoc dicendum est quod corpus non movet nisi motum, * ut probatum est. ‘ et ideo, si contingat corpus aliquod non moveri, sequetur ipsum non movere. in omni autem quod movetur est potentia ad opposita: quia termini motus sunt oppositi. et ideo, quantum est de se, omne corpus quod movetur possibile est non moveri. et quod possibile est non moveri, non habet de se ut perpetuo tempore moveatur. et sic nec quod in perpetuo tempore moveat.

n.26 * Procedit ergo praedicta demonstratio ‘ de potentia finita corporis finiti, quae non potest de se movere tempore infinito. sed corpus quod de se possibile est moveri et non moveri, movere et non movere, acquirere potest perpetuitatem motus ab aliquo. quod oportet esse incorporeum. et ideo oportet primum movens esse incorporeum. et sic nihil prohibet secundum naturam corpus finitum, quod acquirit ab alio perpetuitatem in moveri, habere etiam perpetuitatem in movere: nam et ipsum primum corpus caeleste, secundum naturam, potest perpetuo motu inferiora corpora caelestia revolvere, secundum quod sphaera movet sphaeram.

n.27 * Nec est inconveniens secundum commentatorem quod “ illud quod de se est in potentia moveri et non moveri, acquirat ab alio perpetuitatem motus, sicut ponebatur esse impossibile de perpetuitate essendi. nam motus est quidam defluxus a movente in mobile: et ideo potest aliquod mobile acquirere ab alio perpetuitatem motus, quam non habet de se. esse autem est aliquid fixum et quietum in ente: et ideo quod de se est in potentia ad non esse, non potest, * ut ipse dicit, “ secundum viam naturae acquirere ab alio perpetuitatem essendi.

n.28 * Quinta obiectio est quod “ per praedictum processum non videtur maior ratio quare non sit potentia infinita in magnitudine quam extra magnitudinem: nam utrobique sequetur quod moveat non in tempore.

n.29 ‘ Et ad hoc dicendum quod finitum et infinitum in magnitudine et tempore et motu inveniuntur secundum unam rationem, * sicut probatur in iii et in vi physic.: ‘ et ideo infinitum in uno eorum aufert proportionem finitam in aliis. in his autem quae carent magnitudine, non est finitum et infinitum nisi aequivoce. * unde praedictus modus demonstrandi in talibus potentiis locum non habet.

n.30 ‘ Aliter autem respondetur et melius, quod caelum habet duos motores: unum proximum, qui est finitae virtutis, et ab hoc habet quod motus eius sit finitae velocitatis; et alium remotum, qui est infinitae virtutis, a quo habet quod motus eius possit esse infinitae durationis. et sic patet quod potentia infinita quae non est in magnitudine, potest movere corpus non immediate in tempore. sed potentia quae est in magnitudine oportet quod moveat immediate: cum nullum corpus moveat nisi motum. unde, si moveret, sequeretur quod moveret in non tempore.

n.31 ‘ Potest adhuc melius dici quod potentia quae non est in magnitudine est intellectus, et movet per voluntatem. unde movet secundum exigentiam mobilis, et non secundum proportionem suae virtutis. potentia autem quae est in magnitudine non potest movere nisi per necessitatem naturae: * quia probatum est quod ‘ intellectus non est virtus corporea. et sic movet de necessitate secundum proportionem suae quantitatis. unde sequitur, si movet, quod moveat in instanti.

n.32 * Secundum hoc ergo, remotis praedictis obiectionibus, procedit demonstratio aristotelis.

n.33 ‘ Amplius. nullus motus qui est a movente corporeo potest esse continuus et regularis: eo quod movens corporale in motu locali movet attrahendo vel expellendo; id autem quod attrahitur vel expellitur non in eadem dispositione se habet ad moventem a principio motus usque ad finem, cum quandoque sit propinquius, quandoque remotius; et sic nullum corpus potest movere motum continuum et regularem. motus autem primus est continuus et regularis, * ut probatur in viii physic.. ‘ igitur movens primum motum non est corpus.

n.34 ‘ Item. nullus motus qui est ad finem qui exit de potentia in actum, potest esse perpetuus: quia, cum perventum fuerit ad actum, motus quiescit. si ergo motus primus est perpetuus, oportet quod sit ad finem qui sit semper et omnibus modis in actu. tale autem non est aliquod corpus neque aliqua virtus in corpore: cum omnia huiusmodi sint mobilia per se vel per accidens. igitur finis primi motus non est corpus neque virtus in corpore. finis autem primi motus est primum movens, quod movet sicut desideratum. hoc autem est deus. deus igitur neque est corpus neque virtus in corpore.

n.35 * Quamvis autem falsum sit, secundum fidem nostram, quod “ motus caeli sit perpetuus, * ut infra patebit; ‘ tamen verum est quod motus ille non deficiet neque propter impotentiam motoris, neque propter corruptionem substantiae mobilis, cum non videatur motus caeli per diuturnitatem temporis lentescere. * unde demonstrationes praedictae suam efficaciam non perdunt.

n.36 * Huic autem veritati demonstratae concordat divina auctoritas. dicitur enim ioan. 4-24: ° spiritus est deus, et eos qui eum adorant, in spiritu et veritate adorare oportet. * dicitur etiam 1 tim. 1-17: ° regi saeculorum immortali, invisibili, soli deo. * et rom. 1-20: ° invisibilia dei per ea quae facta sunt intellecta conspiciuntur: ‘ quae enim non visu sed intellectu conspiciuntur, incorporea sunt.

n.37 * Per hoc autem destruitur error primorum philosophorum naturalium, qui non ponebant nisi “ causas materiales, ut ignem vel aquam vel aliquid huiusmodi; et sic prima rerum principia corpora dicebant, et eadem vocabant deos.

n.38 * Inter quos etiam quidam fuerunt ponentes “ causas moventes amicitiam et litem. * qui etiam propter praedictas rationes confutantur. nam, “ cum lis et amicitia sint in corporibus * secundum eos, sequetur “ prima principia moventia esse virtutes in corpore.

n.39 * Ipsi etiam ponebant “ deum esse compositum ex quatuor elementis et amicitia. * per quod datur intelligi quod posuerunt “ deum esse corpus caeleste.

n.40 * Inter antiquos autem solus anaxagoras ad veritatem accessit, ponens “ intellectum moventem omnia.

n.41 * Hac etiam veritate redarguuntur gentiles ponentes “ ipsa elementa mundi et virtutes in eis existentes deos esse, ut solem, lunam, terram, aquam et huiusmodi, * occasionem habentes ex praedictis philosophorum erroribus.

n.42 * Praedictis etiam rationibus excluduntur deliramenta iudaeorum simplicium, tertulliani, vadianorum sive anthropomorphitarum haereticorum qui “ deum corporalibus lineamentis figurabant: * necnon et manichaeorum, qui “ quandam infinitam lucis substantiam per infinitum spatium distentam deum aestimabant.

n.43 * Quorum omnium errorum fuit occasio quod de divinis cogitantes ad imaginationem deducebantur, ‘ per quam non potest accipi nisi corporis similitudo. et ideo eam in incorporeis meditandis derelinquere oportet.

005 SCG lb1 cp21

n. ‘ Quod deus est sua essentia.

n.1 ‘ Ex praemissis autem haberi potest quod deus est sua essentia, quidditas seu natura.

n.2 ‘ In omni enim eo quod non est sua essentia sive quidditas, oportet aliquam esse compositionem. cum enim in unoquoque sit sua essentia, si nihil in aliquo esset praeter eius essentiam, totum quod res est esset eius essentia: et sic ipsum esset sua essentia. si igitur aliquid non esset sua essentia, oportet aliquid in eo esse praeter eius essentiam. et sic oportet in eo esse compositionem. unde etiam essentia in compositis significatur per modum partis, ut humanitas in homine. * ostensum est autem ‘ in deo nullam esse compositionem. deus igitur est sua essentia.

n.3 ‘ Adhuc. solum illud videtur esse praeter essentiam vel quidditatem rei quod non intrat definitionem ipsius: definitio enim significat quid est res. sola autem accidentia rei sunt quae in definitione non cadunt. sola igitur accidentia sunt in re aliqua praeter essentiam eius. in deo autem non sunt aliqua accidentia, * ut ostendetur. ‘ nihil igitur est in eo praeter essentiam eius. est igitur ipse sua essentia.

n.4 ‘ Amplius. formae quae de rebus subsistentibus non praedicantur, sive in universali sive in singulari acceptis, sunt formae quae non per se singulariter subsistunt in seipsis individuatae. non enim dicitur quod socrates aut homo aut animal sit albedo, quia albedo non est per se singulariter subsistens, sed individuatur per subiectum subsistens. similiter etiam formae naturales non subsistunt per se singulariter, sed individuantur in propriis materiis: unde non dicimus quod hic ignis, aut ignis, sit sua forma. ipsae etiam essentiae vel quidditates generum vel specierum individuantur per materiam signatam huius vel illius individui, licet etiam quidditas generis vel speciei formam includat et materiam in communi: unde non dicitur quod socrates, vel homo, sit humanitas. sed divina essentia est per se singulariter existens et in seipsa individuata: cum non sit in aliqua materia, * ut ostensum est. ‘ divina igitur essentia praedicatur de deo, ut dicatur: deus est sua essentia.

n.5 ‘ Praeterea. essentia rei vel est res ipsa vel se habet ad ipsam aliquo modo ut causa: cum res per suam essentiam speciem sortiatur. sed nullo modo potest esse aliquid causa dei: cum sit primum ens, * ut ostensum est. ‘ deus igitur est sua essentia.

n.6 ‘ Item. quod non est sua essentia, se habet secundum aliquid sui ad ipsam ut potentia ad actum. unde et per modum formae significatur essentia, ut puta, humanitas. sed in deo nulla est potentialitas, * ut supra ostensum est. ‘ oportet igitur quod ipse sit essentia.

005 SCG lb1 cp22

n. ‘ Quod in deo idem est esse et essentia.

n.1 ‘ Ex his autem quae supra ostensa sunt, ulterius probari potest quod in deo non est aliud essentia vel quidditas quam suum esse.

n.2 * Ostensum est enim supra ‘ aliquid esse quod per se necesse est esse, quod deus est. hoc igitur esse quod necesse est, si est alicui quidditati quae non est quod ipsum est, aut est dissonum illi quidditati seu repugnans, sicut per se existere quidditati albedinis: aut ei consonum sive affine, sicut albedini esse in alio. si primo modo, illi quidditati non conveniet esse quod est per se necesse: sicut nec albedini per se existere. si autem secundo modo, oportet quod vel esse huiusmodi dependeat ab essentia; vel utrumque ab alia causa; vel essentia ab esse. prima duo sunt contra rationem eius quod est per se necesse-esse: quia, si ab alio dependet, iam non est necesse esse. ex tertio vero sequitur quod illa quidditas accidentaliter adveniat ad rem quae per se necesse est esse: quia omne quod sequitur ad esse rei, est ei accidentale. et sic non erit eius quidditas. deus igitur non habet essentiam quae non sit suum esse.

n.3 * Sed contra hoc potest dici quod " illud esse non absolute dependet ab essentia illa, ut omnino non sit nisi illa esset: sed dependet quantum ad coniunctionem qua ei coniungitur. et sic illud esse per se necesse est, sed ipsum coniungi non per se necesse est.

n.4 * Haec autem responsio praedicta inconvenientia non evadit. quia ' si illud esse potest intelligi sine illa essentia, sequetur quod illa essentia accidentaliter se habet ad illud esse. sed id quod est per se necesse-esse est illud esse. ergo illa essentia se habet accidentaliter ad id quod est per se necesse esse. non ergo est quidditas eius. hoc autem quod est per per se necesse-esse, est deus. non igitur illa est essentia dei, sed aliqua essentia deo posterior. si autem non potest intelligi illud esse sine illa essentia, tunc illud esse absolute dependet ab eo a quo dependet coniunctio sua ad essentiam illam. et sic redit idem quod prius.

n.5 ' Item. unumquodque est per suum esse. quod igitur non est suum esse, non est per se necesse-esse. deus autem est per se necesse-esse. ergo deus est suum esse.

n.6 ' Amplius. si esse dei non est sua essentia, non autem pars eius esse potest, cum essentia divina sit simplex, * ut ostensum est, ' oportet quod huiusmodi esse sit aliquid praeter essentiam eius. omne autem quod convenit alicui quod non est de essentia eius, convenit ei per aliquam causam: ea enim quae per se non sunt unum, si coniungantur, oportet per aliquam causam uniri. esse igitur convenit illi quidditati per aliquam causam. aut igitur per aliquid quod est de essentia illius rei, sive per essentiam ipsam, aut per aliquid aliud. si primo modo, essentia autem est secundum illud esse, sequitur quod aliquid sit sibi ipsi causa essendi. hoc autem est impossibile: quia prius secundum intellectum est causam esse quam effectum; si ergo aliquid sibi ipsi esset causa essendi, intelligeretur esse antequam haberet esse, quod est impossibile:- nisi intelligatur quod aliquid sit sibi causa essendi secundum esse accidentale, quod esse est secundum quid. hoc enim non est impossibile: invenitur enim aliquod ens |25| accidentale causatum ex principiis sui subiecti, ante quod esse intelligitur esse substantiale subiecti. nunc autem non loquimur de esse accidentali, sed de substantiali. si autem illi conveniat per aliquam aliam causam; omne autem quod acquirit esse ab alia causa, est causatum, et non est causa prima; deus autem est prima causa non habens causam, * ut supra demonstratum est: ' igitur ista quidditas quae acquirit esse aliunde, non est quidditas dei. necesse est igitur quod dei esse quidditas sua sit.

n.7 ' Amplius. esse actum quendam nominat: non enim dicitur esse aliquid ex hoc quod est in potentia, sed ex eo quod est in actu. omne autem cui convenit actus aliquis diversum ab eo existens, se habet ad ipsum ut potentia ad actum: actus enim et potentia ad se invicem dicuntur. si ergo divina essentia est aliud quam suum esse, sequitur quod essentia et esse se habeant sicut potentia et actus. * ostensum est autem ' in deo nihil esse de potentia, sed ipsum esse purum actum. non igitur dei essentia est aliud quam suum esse.

n.8 ' Item. omne illud quod non potest esse nisi concurrentibus pluribus, est compositum. sed nulla res in qua est aliud essentia et aliud esse, potest esse nisi concurrentibus pluribus, scilicet essentia et esse. ergo omnis res in qua est aliud essentia et aliud esse, est composita. deus autem non est compositus, * ut ostensum est. ' ipsum igitur esse dei est sua essentia.

n.9 ' Amplius. omnis res est per hoc quod habet esse. nulla igitur res cuius essentia non est suum esse, est per essentiam suam, sed participatione alicuius, scilicet ipsius esse. quod autem est per participationem alicuius, non potest esse primum ens: quia id quod aliquid participat ad hoc quod sit, est eo prius. deus autem est primum ens, quo nihil est prius. dei igitur essentia est suum esse.

n.10 * Hanc autem sublimem veritatem moyses a domino est edoctus, qui cum quaereret a domino, exod. 3 dicens: ° si dixerint ad me filii israel, quod nomen eius? quid dicam eis? * dominus respondit: ° ego sum qui sum. sic dices filiis israel: qui est misit me ad vos, * ostendens " suum proprium nomen esse qui est. ' quodlibet autem nomen est institutum ad significandum naturam seu essentiam alicuius rei. unde relinquitur quod ipsum divinum esse est sua essentia vel natura.

n.11 * Hanc etiam veritatem catholici doctores professi sunt. ait namque hilarius, in libro de trin.: ° esse non est accidens deo, sed subsistens veritas, et manens causa, et naturalis generis proprietas. * boetius etiam dicit, in libro de trin., quod ° divina substantia est ipsum esse et ab ea est esse.

005 SCG lb1 cp23

n. ' Quod in deo non est accidens.

n.1 ' Ex hac etiam veritate de necessitate sequitur quod deo supra eius essentiam nihil supervenire possit, neque aliquid ei accidentaliter inesse.

n.2 ' Ipsum enim esse non potest participare aliquid quod non sit de essentia sua: quamvis id quod est possit aliquid aliud participare. nihil enim est formalius aut simplicius quam esse. et sic ipsum esse nihil participare potest. divina autem substantia est ipsum esse. ergo nihil habet quod non sit de sua substantia. nullum ergo accidens ei inesse potest.

n.3 ' Amplius. omne quod inest alicui accidentaliter, habet causam quare insit: cum sit praeter essentiam eius cui inest. si igitur aliquid accidentaliter sit in deo, oportet quod hoc sit per aliquam causam. aut ergo causa accidentis est ipsa divina substantia, aut aliquid aliud. si aliquid aliud, oportet quod illud agat in divinam substantiam: nihil enim inducit aliquam formam, vel substantialem vel accidentalem, in aliquo recipiente, nisi aliquo modo agendo in ipsum; eo quod agere nihil aliud est quam facere aliquid actu, quod quidem est per formam. ergo deus patietur et movebitur ab alio agente. * quod est contra praedeterminata. ' si autem ipsa divina substantia est causa accidentis quod sibi inest; impossibile est autem quod sit causa illius secundum quod est recipiens ipsum, quia sic idem secundum idem faceret seipsum in actu; ergo oportet, si in deo est aliquod accidens, quod secundum aliud et aliud recipiat et causet accidens illud, sicut corporalia recipiunt propria accidentia per naturam materiae et causant |25| per formam. sic igitur deus erit compositus. * cuius contrarium superius probatum est.

n.4 ' Item. omne subiectum accidentis comparatur ad ipsum ut potentia ad actum: eo quod accidens quaedam forma est faciens esse actu secundum esse accidentale. sed in deo nulla est potentialitas, * ut supra ostensum est. ' in eo igitur nullum accidens esse potest.

n.5 ' Adhuc. cuicumque inest aliquid accidentaliter, est aliquo modo secundum suam naturam mutabile: accidens enim de se natum est inesse et non inesse. si igitur deus habet aliquid accidentaliter sibi conveniens, sequetur quod ipse sit mutabilis. * cuius contrarium supra demonstratum est.

n.6 ' Amplius. cuicumque inest aliquod accidens, non est quidquid habet in se: quia accidens non est de essentia subiecti. sed deus est quidquid in se habet. in deo igitur nullum est accidens. media sic probatur. unumquodque nobilius invenitur in causa quam in effectu. deus autem est omnium causa. ergo quidquid est in eo, nobilissimo modo in eo invenitur. perfectissime autem convenit aliquid alicui quod est ipsummet: hoc enim perfectius est unum quam cum aliquid alteri substantialiter unitur ut forma materiae; quae etiam unio perfectior est quam cum aliquid accidentaliter inest. relinquitur ergo quod deus sit quidquid habet.

n.7 ' Item. substantia non dependet ab accidente: quamvis accidens dependeat a substantia. quod autem non dependet ab aliquo, potest aliquando inveniri sine illo. ergo potest aliqua substantia inveniri sine accidente. hoc autem praecipue videtur simplicissimae substantiae convenire, qualis est substantia divina. divinae igitur substantiae omnino accidens non inest.

n.8 * In hanc autem sententiam etiam catholici tractatores conveniunt. unde augustinus, in libro de trin., dicit quod ° in deo nullum est accidens.

n.9 * Ex hac autem veritate ostensa, error quorundam in lege sarracenorum loquentium confutatur, qui ponunt " quasdam intentiones divinae essentiae superadditas.

005 SCG lb1 cp24

n. ' Quod divinum esse non potest designari per additionem alicuius differentiae substantialis.

n.1 ' Ostendi etiam ex praedictis potest quod supra ipsum divinum esse non potest aliquid superaddi quod designet ipsum designatione essentiali, sicut designatur genus per differentias.

n.2 ' Impossibile est enim aliquid esse in actu nisi omnibus existentibus quibus esse substantiale designatur: non enim potest esse animal in actu quin sit animal rationale vel irrationale. * unde etiam platonici, ponentes ideas, non posuerunt " ideas per se existentes generum, quae designantur ad esse speciei per differentias essentiales; * sed posuerunt " ideas per se existentes solarum specierum, quae ad sui designationem non indigent essentialibus differentiis. ' si igitur divinum esse per aliquid aliud superadditum designetur designatione essentiali, ipsum esse non erit in actu nisi illo superaddito existente. sed ipsum esse divinum est sua substantia, * ut ostensum est. ' ergo substantia divina non potest esse in actu nisi aliquo superveniente. ex quo potest concludi quod non sit per se necesse-esse. * cuius contrarium supra ostensum est.

n.3 ' Item. omne illud quod indiget aliquo superaddito ad hoc quod possit esse, est in potentia respectu illius. sed divina substantia non est aliquo modo in potentia, * ut supra ostensum est. ' sed sua substantia est suum esse. igitur esse suum non potest designari aliqua designatione substantiali per aliquid sibi superadditum.

n.4 ' Amplius. omne illud per quod res consequitur esse in actu et est intrinsecum rei, vel est tota essentia rei, vel pars essentiae. quod autem designat aliquid designatione essentiali, facit rem esse actu et est intrinsecum rei designatae: alias per id designari non posset substantialiter. ergo oportet quod sit vel ipsa essentia rei, vel pars essentiae. sed si aliquid superadditur ad esse divinum, hoc non potest esse tota essentia dei: * quia iam ostensum est quod ' esse dei non est aliud ab essentia eius. relinquitur ergo quod sit pars essentiae divinae. et sic deus erit compositus ex partibus essentialiter. * cuius contrarium supra ostensum est.

n.5 ' Item. quod additur alicui ad designationem alicuius designatione essentiali, non constituit eius rationem, sed solum esse in actu: rationale enim additum animali acquirit animali esse in actu, non autem constituit rationem animalis inquantum est animal; nam differentia non intrat definitionem generis. sed si in deo addatur aliquid per quod designetur designatione essentiali, oportet quod illud constituat ei cui additur rationem propriae eius quidditatis seu naturae: nam quod sic additur, acquirit rei esse in actu; hoc autem, scilicet esse in actu, est ipsa divina essentia, * ut supra ostensum est. ' relinquitur ergo quod supra divinum esse nihil possit addi quod designet ipsum designatione essentiali, sicut differentia designat genus.

005 SCG lb1 cp25

n. ' Quod deus non est in aliquo genere.

n.1 ' Ex hoc autem de necessitate concluditur quod deus non sit in aliquo genere.

n.2 ' Nam omne quod est in aliquo genere, habet aliquid in se per quod natura generis designatur ad speciem: nihil enim est in genere quod non sit in aliqua eius specie. hoc autem in deo est impossibile, * ut ostensum est. ' impossibile est igitur deum esse in aliquo genere.

n.3 ' Amplius. si deus sit in genere, aut est in genere accidentis, aut in genere substantiae. in genere accidentis non est: accidens enim non potest esse primum ens et prima causa. in genere etiam substantiae esse non potest: quia substantia quae est genus, non est ipsum esse; alias omnis substantia esset esse suum, et sic non esset causata ab alio, quod esse non potest, * ut patet ex dictis. ' deus autem est ipsum esse. igitur non est in aliquo genere.

n.4 ' Item. quicquid est in genere secundum esse differt ab aliis quae in eodem genere sunt. alias genus de pluribus non praedicaretur. oportet autem omnia quae sunt in eodem genere, in quidditate generis convenire quia de omnibus genus in quod quid est praedicatur. esse igitur cuiuslibet in genere existentis est praeter generis quidditatem. hoc autem in deo impossibile est. deus igitur in genere non est.

n.5 ' Amplius. unumquodque collocatur in genere per rationem suae quidditatis: genus enim praedicatur in quid est. sed quidditas dei est ipsum suum esse. secundum quod non collocatur aliquid in genere: quia sic ens esset genus, quod significat ipsum esse. relinquitur igitur quod deus non sit in genere.

n.6 " Quod autem ens non possit esse genus, * probatur per philosophum in hunc modum. " si ens esset genus, oporteret differentiam aliquam inveniri per quam traheretur ad speciem. nulla autem differentia participat genus, ita scilicet quod genus sit in ratione differentiae, quia sic genus poneretur bis in definitione speciei: sed oportet differentiam esse praeter id quod intelligitur in ratione generis. nihil autem potest esse quod sit praeter id quod intelligitur per ens, si ens sit de intellectu eorum de quibus praedicatur. et sic per nullam differentiam contrahi potest. relinquitur igitur quod ens non sit genus. unde ex hoc de necessitate concluditur quod deus non sit in genere.

n.7 ' Ex quo etiam patet quod deus definiri non potest: quia omnis definitio est ex genere et differentiis.

n.8 ' Patet etiam quod non potest demonstratio de ipso fieri, nisi per effectum: quia principium demonstrationis est definitio eius de quo fit demonstratio.

n.9 * Potest autem alicui videri quod, " quamvis nomen substantiae deo proprie convenire non possit, quia deus non substat accidentibus; res tamen significata per nomen ei conveniat, et ita sit in genere substantiae. nam substantia est ens per se: quod deo constat convenire, * ex quo probatum est " ipsum non esse accidens.

n.10 * Sed ad hoc dicendum est ex dictis quod ' in definitione substantiae non est ens per se. ex hoc enim quod dicitur ens non posset esse genus: * quia iam probatum est quod ' ens non habet rationem generis. similiter nec ex hoc quod dicitur per se. quia hoc non videtur importare nisi negationem tantum: dicitur enim ens per se ex hoc quod non est in alio; quod est negatio pura. quae nec potest rationem generis constituere: quia sic genus non diceret quid est res, sed quid non est. oportet igitur quod ratio substantiae intelligatur hoc modo, quod substantia sit res cui conveniat esse non in subiecto; nomen autem rei a quidditate imponitur, sicut nomen entis ab esse; et sic in ratione substantiae intelligitur quod habeat quidditatem cui conveniat esse non in alio. hoc autem deo non convenit: nam non habet quidditatem nisi suum esse. unde relinquitur quod nullo modo est in genere substantiae. et sic nec in aliquo genere: * cum ostensum sit |25| ‘ ipsum non esse in genere accidentis.

005 SCG lb1 cp26

n. ‘ Quod deus non est esse formale omnium.

n.1 * Ex his autem confutatur quorundam error qui dixerunt “ deum nihil aliud esse quam esse formale uniuscuiusque rei.

n.2 ‘ Nam esse hoc dividitur per esse substantiae et esse accidentis. divinum autem esse neque est esse substantiae neque esse accidentis, * ut probatum est. ‘ impossibile est igitur deum esse illud esse quo formaliter unaquaeque res est.

n.3 ‘ Item. res ad invicem non distinguuntur secundum quod habent esse: quia in hoc omnia conveniunt. si ergo res differunt ad invicem, oportet quod vel ipsum esse specificetur per aliquas differentias additas, ita quod rebus diversis sit diversum esse secundum speciem: vel quod res differant per hoc quod ipsum esse diversis naturis secundum speciem convenit. sed primum horum est impossibile: quia enti non potest fieri aliqua additio secundum modum quo differentia additur generi, * ut dictum est. ‘ relinquitur ergo quod res propter hoc differant quod habent diversas naturas, quibus acquiritur esse diversimode. esse autem divinum non advenit alii naturae, sed est ipsa natura, * ut ostensum est. ‘ si igitur esse divinum esset formale esse omnium, oporteret omnia simpliciter esse unum.

n.4 ‘ Amplius. principium naturaliter prius est eo cuius est principium. esse autem in quibusdam rebus habet aliquid quasi principium: forma enim dicitur esse principium essendi; et similiter agens, quod facit aliqua esse actu. si igitur esse divinum sit esse uniuscuiusque rei, sequetur quod deus, qui est suum esse, habeat aliquam causam; et sic non sit necesse-esse per se. * cuius contrarium supra ostensum est.

n.5 ‘ Adhuc. quod est commune multis, non est aliquid praeter multa nisi sola ratione: sicut animal non est aliud praeter socratem et platonem et alia animalia nisi intellectu, qui apprehendit formam animalis expoliatam ab omnibus individuantibus et specificantibus; homo enim est quod vere est animal; alias sequeretur quod in socrate et platone essent plura animalia, scilicet ipsum animal commune, et homo communis, et ipse plato. multo igitur minus et ipsum esse commune est aliquid praeter omnes res existentes nisi in intellectu solum. si igitur deus sit esse commune, deus non erit aliqua res nisi quae sit in intellectu tantum. * ostensum autem est supra ‘ deum esse aliquid non solum in intellectu, sed in rerum natura. non est igitur deus ipsum esse commune omnium.

n.6 ‘ Item. generatio per se loquendo est via in esse, et corruptio via in non esse: non enim generationis terminus est forma et corruptionis privatio, nisi quia forma facit esse et privatio non esse; dato enim quod aliqua forma non faceret esse, non diceretur generari quod talem formam acciperet. si igitur deus sit omnium rerum esse formale, sequetur quod sit terminus generationis. quod est falsum: cum ipse sit aeternus, * ut supra ostensum est.

n.7 ‘ Praeterea. sequetur quod esse cuiuslibet rei fuerit ab aeterno. non igitur potest esse generatio vel corruptio. si enim sit, oportet quod esse praeexistens alicui rei de novo acquiratur. aut ergo alicui prius existenti: aut nullo modo prius existenti. si primo modo, “ cum unum sit esse omnium existentium * secundum positionem praedictam, sequetur quod “ res quae generari dicitur, non accipiat novum esse, sed novum modum essendi: ‘ quod non facit generationem, sed alterationem. si autem nullo modo prius existebat, sequetur quod fiat ex nihilo: quod est contra rationem generationis. * igitur haec positio omnino generationem et corruptionem destruit. et ideo patet eam esse impossibilem.

n.8 * Hunc etiam errorem sacra doctrina repellit, dum confitetur “ deum excelsum et elevatum, * ut dicitur isaiae 6-1; “ et eum super omnia esse, * ut rom. 9-5 habetur. ‘ si enim esse omnium, tunc est aliquid omnium, non autem super omnia. * hi etiam errantes eadem sententia procelluntur qua et idolatrae, qui ° incommunicabile nomen, “ scilicet dei, ° lignis et lapidibus imposuerunt, * ut habetur sap. 14-21. ‘ si enim deus est esse omnium, non magis dicetur vere lapis est ens, quam lapis est deus.

n.9 * Huic autem errori quatuor sunt quae videntur praestitisse fomentum.

n.10 * Primum est quarundam auctoritatum intellectus perversus. invenitur enim a dionysio dictum, iv cap. cael. hier.: ° esse omnium est superessentialis divinitas. * ex quo intelligere voluerunt “ ipsum esse formale omnium rerum deum esse, * non considerantes hunc intellectum ipsis verbis consonum esse non posse. ‘ nam si divinitas est omnium esse formale, non erit super omnia, sed inter omnia, immo aliquid omnium. “ cum ergo divinitatem super omnia dixit, ostendit secundum suam naturam ab omnibus distinctum et super omnia collocatum. * ex hoc vero quod dixit quod “ divinitas est esse omnium, * ostendit quod “ a deo in omnibus quaedam divini esse similitudo reperitur. * hunc etiam eorum perversum intellectum alibi apertius excludens, dixit in ii cap. de div. nom., quod “ ipsius dei neque tactus neque aliqua commixtio est ad res alias, sicut est puncti ad lineam vel figurae sigilli ad ceram.

n.11 * Secundum quod eos in hunc errorem promovit, est rationis defectus. “ quia enim id quod commune est per additionem specificatur vel individuatur, aestimaverunt divinum esse, cui nulla fit additio, non esse aliquod esse proprium, sed esse commune omnium; * non considerantes quod ‘ id quod commune est vel universale sine additione esse non potest, sed sine additione consideratur: non enim animal potest esse absque rationali differentia, quamvis absque his differentiis cogitetur. licet etiam cogitetur universale absque additione, non tamen absque receptibilitate additionis: nam si animali nulla differentia addi posset, genus non esset; et similiter est de omnibus aliis nominibus. divinum autem esse est absque additione non solum in cogitatione, sed etiam in rerum natura: nec solum absque additione, sed etiam absque receptibilitate additionis. unde ex hoc ipso quod additionem, non recipit nec recipere potest, magis concludi potest quod deus non sit esse commune, |25| sed proprium: etiam ex hoc ipso suum esse ab omnibus aliis distinguitur quod nihil ei addi potest. * unde commentator in libro de causis dicit quod “ causa prima ex ipsa puritate suae bonitatis ab aliis distinguitur et quodammodo individuatur.

n.12 * Tertium quod eos in hunc errorem induxit, ‘ est divinae simplicitatis consideratio. “ quia enim deus in fine simplicitatis est, aestimaverunt illud quod in ultimo resolutionis invenitur eorum quae fiunt in nobis, deum esse, quasi simplicissimum: non enim est in infinitum procedere in compositione eorum quae sunt in nobis. * in hoc etiam eorum deficit ratio, dum non attenderunt ‘ id quod in nobis simplicissimum invenitur, non tam rem completam, quam rei aliquid esse. deo autem simplicitas attribuitur sicut rei alicui perfectae subsistenti.

n.13 * Quartum etiam quod eos ad hoc inducere potuit, ‘ est modus loquendi quo dicimus deum in omnibus rebus esse: * non intelligentes quod ‘ non sic est in rebus quasi aliquid rei, sed sicut rei causa quae nullo modo suo effectui deest. non enim similiter dicimus esse formam in corpore, et nautam in navi.

005 SCG lb1 cp27

n. ‘ Quod deus non sit forma alicuius corporis.

n.1 ‘ Ostenso igitur quod deus non sit esse omnium, similiter ostendi potest quod deus non sit alicuius rei forma.

n.2 ‘ Nam divinum esse non potest esse alicuius quidditatis quae non sit ipsum esse, * ut ostensum est. ‘ quod autem est ipsum esse divinum, non est aliud quam deus. impossibile est igitur deum esse alicuius alterius formam.

n.3 ‘ Amplius. forma corporis non est ipsum esse, sed essendi principium. deus autem est ipsum esse. non ergo est deus forma corporis.

n.4 ‘ Item. ex unione formae et materiae resultat aliquid compositum, quod est totum respectu materiae et formae. partes autem sunt in potentia respectu totius. in deo autem nulla est potentialitas. impossibile est igitur deum esse formam unitam alicui rei.

n.5 ‘ Adhuc. quod per se habet esse, nobilius est eo quod habet esse in alio. omnis autem forma alicuius corporis habet esse in alio. cum igitur deus sit ens nobilissimum, quasi prima essendi causa, non potest esse alicuius forma.

n.6 ‘ Praeterea. hoc idem potest ostendi ex aeternitate motus, sic. si deus est forma alicuius mobilis, cum ipse sit primum movens, compositum erit movens seipsum. sed movens seipsum potest moveri et non moveri. utrumque igitur in ipso est. quod autem est huiusmodi, non habet motus indeficientiam ex seipso. oportet igitur supra movens seipsum ponere aliud primum movens, quod largiatur ei perpetuitatem motus. et sic deus, qui est primum movens, non est forma corporis moventis seipsum.

n.7 * Est autem hic processus utilis ponentibus aeternitatem motus. ‘ quo non posito, eadem conclusio haberi potest ex regularitate motus caeli. sicut enim movens seipsum potest quiescere et moveri, ita potest velocius et tardius moveri. necessitas igitur uniformitatis motus caeli dependet ex aliquo principio superiori omnino immobili, quod non est pars corporis moventis seipsum quasi aliqua forma eius.

n.8 * Huic autem veritati scripturae concordat auctoritas. dicitur enim in psalmo: ° elevata est magnificentia tua super caelos, deus. * et iob: 8 ° excelsior caelo est et quid facies? longior terra mensura eius est et profundior mari.

n.9 * Sic igitur gentilium error evacuatur, qui dicebant “ deum esse animam caeli vel etiam animam totius mundi, * et ex hoc errore, idolatriam defendebant, dicentes “ totum mundum esse deum, non ratione corporis, sed ratione animae, sicut homo dicitur sapiens non ratione corporis sed animae: * quo supposito, sequi opinabantur quod “ mundo et partibus eius non indebite divinus cultus exhibeatur. * commentator etiam dicit, in xi metaphys., quod ° hic locus fuit lapsus sapientum gentis zabiorum, “ idest idolatrarum * quia scilicet posuerunt “ deum esse formam caeli.

005 SCG lb1 cp28

n. ‘ De perfectione divina.

n.1 ‘ Licet autem ea quae sunt et vivunt, perfectiora sint quam ea quae tantum sunt, deus tamen qui non est aliud quam suum esse, est universaliter ens perfectum. et dico universaliter perfectum, cui non deest alicuius generis nobilitas.

n.2 ‘ Omnis enim nobilitas cuiuscumque rei est sibi secundum suum esse: nulla enim nobilitas esset homini ex sua sapientia nisi per eam sapiens esset, et sic de aliis. sic ergo secundum modum quo res habet esse, est suus modus in nobilitate: nam res secundum quod suum esse contrahitur ad aliquem specialem modum nobilitatis maiorem vel minorem, dicitur esse secundum hoc nobilior vel minus nobilis. igitur si aliquid est cui competit tota virtus essendi, ei nulla nobilitatum deesse potest quae alicui rei conveniat. sed rei quae est suum esse, competit esse secundum totam essendi potestatem: sicut, si esset aliqua albedo separata, nihil ei de virtute albedinis deesse posset; nam alicui albo aliquid de virtute albedinis deest ex defectu recipientis albedinem, quae eam secundum modum suum recipit, et fortasse non secundum totum posse albedinis. deus igitur, qui est suum esse, * ut supra probatum est, ‘ habet esse secundum totam virtutem ipsius esse. non potest ergo carere aliqua nobilitate quae |25| alicui rei conveniat.

n.3 ‘ Sicut autem omnis nobilitas et perfectio inest rei secundum quod est, ita omnis defectus inest ei secundum quod aliqualiter non est. deus autem, sicut habet esse totaliter, ita ab eo totaliter absistit non esse: quia per modum per quem habet aliquid esse, deficit a non esse. a deo ergo omnis defectus absistit. est igitur universaliter perfectus.

n.4 ‘ Illa vero quae tantum sunt, non sunt imperfecta propter imperfectionem ipsius esse absoluti: non enim ipsa habent esse secundum suum totum posse, sed participant esse per quendam particularem modum et imperfectissimum.

n.5 ‘ Item. omne imperfectum ab aliquo perfecto necesse est ut praecedatur: semen enim est ab animali vel a planta. igitur primum ens oportet esse perfectissimum. * ostensum est autem ‘ deum esse primum ens. est igitur perfectissimus.

n.6 ‘ Amplius. unumquodque perfectum est inquantum est actu; imperfectum autem secundum quod est potentia cum privatione actus. id igitur quod nullo modo est potentia sed est actus purus, oportet perfectissimum esse. tale autem deus est. est igitur perfectissimus.

n.7 ‘ Amplius. nihil agit nisi secundum quod est in actu. actio igitur consequitur modum actus in agente. impossibile est igitur effectum qui per actionem educitur, esse in nobiliori actu quam sit actus agentis: possibile est tamen actum effectus imperfectiorem esse quam sit actus causae agentis, eo quod actio potest debilitari ex parte eius in quod terminatur. in genere autem causae efficientis fit reductio ad unam primam quae deus dicitur, * ut ex dictis patet, ‘ a quo sunt omnes res, * ut in sequentibus ostendetur. ‘ oportet igitur quicquid actu est in quacumque re alia, inveniri in deo multo eminentius quam sit in re illa, non autem e converso. est igitur deus perfectissimus.

n.8 ‘ Item. in unoquoque genere est aliquid perfectissimum in genere illo, ad quod omnia quae sunt illius generis mensurantur: quia ex eo unumquodque ostenditur magis vel minus perfectum esse, quod ad mensuram sui generis magis vel minus appropinquat; sicut album dicitur esse mensura in omnibus coloribus, et virtuosus inter omnes homines. id autem quod est mensura omnium entium non potest esse aliud quam deus, qui est suum esse. ipsi igitur nulla deest perfectionum quae aliquibus rebus conveniat: alias non esset omnium communis mensura.

n.9 ‘ Hinc est quod, “ cum quaereret moyses divinam videre faciem seu gloriam, * responsum est ei a domino, ° ego ostendam tibi omne bonum, * ut habetur exod. 33-19, per hoc dans intelligere “ in se omnis bonitatis plenitudinem esse. * dionysius etiam, in v cap. de div. nom. dicit: ° deus non quodam modo est existens, sed simpliciter et incircumscriptive totum esse in seipso accepit et praeaccepit. ‘ sciendum tamen est quod perfectio deo convenienter attribui non potest si nominis significatio quantum ad sui originem attendatur: quod enim factum non est, nec perfectum posse dici videtur. sed quia omne quod fit, de potentia in actum deductum est et de non esse in esse quando factum est, tunc recte perfectum esse dicitur, quasi totaliter factum, quando potentia totaliter est ad actum reducta, ut nihil de non esse retineat, sed habeat esse completum. per quandam igitur nominis extensionem perfectum dicitur non solum quod fiendo pervenit ad actum completum, sed |25| id etiam quod est in actu completo absque omni factione. et sic deum perfectum esse dicimus, * secundum illud matth. 5-48: ° estote perfecti sicut et pater vester caelestis perfectus est.

005 SCG lb1 cp29

n. ‘De similitudine creaturarum.

n.1 ‘Ex hoc autem quomodo in rebus possit similitudo ad deum inveniri vel non possit, considerari potest.

n.2 ‘Effectus enim a suis causis deficientes non conveniunt cum eis in nomine et ratione, necesse est tamen aliquam inter ea similitudinem inveniri: de natura enim actionis est ut agens sibi simile agat cum unumquodque agat secundum quod actu est. unde forma effectus in causa excedente invenitur quidem aliqualiter, sed secundum alium modum et aliam rationem, ratione cuius causa aequivoca dicitur. sol enim in corporibus inferioribus calorem causat agendo secundum quod actu est; unde oportet quod calor a sole generatus aliqualem similitudinem obtineat ad virtutem activam solis, per quam calor in istis inferioribus causatur, ratione cuius sol calidus dicitur, quamvis non una ratione. et sic sol omnibus illis similis aliqualiter dicitur in quibus suos effectus efficaciter inducit: a quibus tamen rursus omnibus dissimilis est, inquantum huiusmodi effectus non eodem modo possident calorem et huiusmodi quo in sole invenitur. ita etiam et deus omnes perfectiones rebus tribuit, ac per hoc cum |25| omnibus similitudinem habet et dissimilitudinem simul.

n.3 * Et inde est quod sacra scriptura aliquando “ similitudinem inter eum et creaturam * commemorat, ut cum dicitur gen. 1-26: ° faciamus hominem ad imaginem et similitudinem nostram; “ aliquando similitudo negatur, * secundum illud isaiae 40-18: ° cui ergo similem fecistis deum, aut quam imaginem ponetis ei? * et in psalmo: ° deus, quis similis erit tibi?

n.4 * Huic autem rationi dionysius concordat, qui in ix cap. de div. nom. dicit: ° eadem similia sunt deo et dissimilia: “ similia quidem, secundum imitationem eius qui non est perfecte imitabilis, qualem in eis contingit esse; dissimilia autem, secundum quod causata habent minus suis causis.

n.5 ‘Secundum tamen hanc similitudinem convenientius dicitur deo creatura similis quam e converso. simile enim alicui dicitur quod eius possidet qualitatem vel formam. quia igitur id quod in deo perfecte est, in rebus aliis per quandam deficientem participationem invenitur, illud secundum quod similitudo attenditur, dei quidem simpliciter est, non autem creaturae. et sic creatura habet quod dei est: unde et deo recte similis dicitur. non autem sic potest dici deum habere quod creaturae est. unde nec convenienter dicitur deum creaturae similem esse: sicut nec hominem dicimus suae imagini esse similem, cui tamen sua imago recte similis enuntiatur.

n.6 ‘ Multo etiam minus proprie dicitur quod deus creaturae similetur. nam assimilatio motum ad similitudinem dicit et sic competit et quod ab alio accipit unde simile sit. creatura autem accipit a deo unde ei sit similis: non autem e converso. non igitur deus creaturae assimilatur, sed magis e converso.

005 SCG lb1 cp30

n. ‘Quae nomina de deo possint praedicari.

n.1 ‘Ex his etiam considerari potest quid de deo dici vel non dici possit, quidve de eo tantum dicatur, quid etiam de eo simul et aliis rebus.

n.2 ‘ Quia enim omnem perfectionem creaturae est in deo invenire sed per alium modum eminentiorem, quaecumque nomina absolute perfectionem absque defectu designant, de deo praedicantur et de aliis rebus: sicut est bonitas, sapientia, esse, et alia huiusmodi. quodcumque vero nomen huiusmodi perfectiones exprimit cum modo proprio creaturis, de deo dici non potest nisi per similitudinem et metaphoram, per quam quae sunt unius rei alteri solent adaptari, sicut aliquis homo dicitur lapis propter duritiam intellectus. huiusmodi autem sunt omnia nomina imposita ad designandum speciem rei creatae, sicut homo et lapis: nam cuilibet speciei debetur proprius modus perfectionis et esse. similiter etiam quaecumque nomina proprietates rerum designant quae ex propriis principiis specierum causatur. unde de deo dici non possunt nisi metaphorice. quae vero huiusmodi perfectiones exprimunt cum supereminentiae modo quo |25| deo conveniunt, de solo deo dicuntur: sicut summum bonum, primum ens, et alia huiusmodi.

n.3 ‘Dico autem aliqua praedictorum nominum perfectionem absque defectu importare, quantum ad illud ad quod significandum nomen fuit impositum: quantum enim ad modum significandi, omne nomen cum defectu est. nam nomine res exprimimus eo modo quo intellectu concipimus. intellectus autem noster, ex sensibus cognoscendi initium sumens, illum modum non transcendit qui in rebus sensibilibus invenitur, in quibus aliud est forma et habens formam, propter formae et materiae compositionem. forma vero in his rebus invenitur quidem simplex, sed imperfecta, utpote non subsistens: habens autem formam invenitur quidem subsistens, sed non simplex, immo concretionem habens. unde intellectus noster, quidquid significat ut subsistens, significat in concretione: quod vero ut simplex, significat non ut quod est, sed ut quo est. et sic in omni nomine a nobis dicto, quantum ad modum significandi, imperfectio invenitur, quae deo non competit, quamvis res significata aliquo eminenti modo |25| deo conveniat: ut patet in nomine bonitatis et boni; nam bonitas significat ut non subsistens, bonum autem ut concretum. et quantum ad hoc nullum nomen deo convenienter aptatur, sed solum quantum ad id ad quod significandum nomen imponitur. “possunt igitur, * ut dionysius docet, “ huiusmodi nomina et affirmari de deo et negari: ‘ affirmari quidem, propter nominis rationem; negari vero, propter significandi modum.

n.4 ‘ Modus autem supereminentiae quo in deo dictae perfectiones inveniuntur, per nomina a nobis imposita significari non potest nisi vel per negationem, sicut cum dicimus deum aeternum vel infinitum; vel etiam per relationem ipsius ad alia, ut cum dicitur prima causa, vel summum bonum. non enim de deo capere possumus quid est, sed quid non est, et qualiter alia se habeant ad ipsum, * ut ex supra dictis patet.

005 SCG lb1 cp31

n. ‘Quod divina perfectio et pluralitas nominum divinorum divinae simplicitati non repugnant.

n.1 ‘ Ex praedictis etiam videri potest quod divina perfectio et plura nomina dicta de deo ipsius simplicitati non repugnant.

n.2 ‘Sic enim omnes perfectiones in rebus aliis inventas deo attribui diximus sicut effectus in suis causis aequivocis inveniuntur. qui quidem effectus in suis causis sunt virtute, ut calor in sole. virtus autem huiusmodi nisi aliqualiter esset de genere caloris, sol per eam agens non sibi simile generaret. ex hac igitur virtute sol calidus dicitur, non solum quia calorem facit, sed quia virtus per quam hoc facit, est aliquid conforme calori. per eandem autem virtutem per quam sol facit calorem, facit et multos alios effectus in inferioribus corporibus, utpote siccitatem. et sic calor et siccitas, quae in igne sunt qualitates diversae, soli attribuuntur per unam virtutem. ita et omnium perfectiones, quae rebus aliis secundum diversas formas conveniunt, deo secundum unam eius virtutem attribui est necesse. quae item virtus non est aliud a sua essentia: cum ei nihil accidere possit, * ut probatum est. ‘ sic igitur sapiens deus dicitur non solum secundum hoc quod sapientiam efficit, sed quia, secundum quod |25| sapientes sumus, virtutem eius, qua sapientes nos facit, aliquatenus imitamur. non autem dicitur lapis, quamvis lapides fecerit, quia in nomine lapidis intelligitur modus determinatus essendi, secundum quem lapis a deo distinguitur. imitatur autem lapis deum ut causam secundum esse, secundum bonitatem, et alia huiusmodi, sicut et aliae creaturae.

n.3 ‘ Huius autem simile inveniri potest in potentiis cognoscitivis et in virtutibus operativis humanis. intellectus enim unica virtute cognoscit omnia quae pars sensitiva diversis potentiis apprehendit, et etiam alia multa. intellectus etiam, quanto fuerit altior, tanto aliquo uno plura cognoscere potest, ad quae cognoscenda intellectus inferior non pertingit nisi per multa. potestas etiam regia ad omnia illa extenditur ad quae diversae sub ipso potestates ordinem habent. sic igitur et deus per unum simplex suum esse omnimodam perfectionem possidet, quam res aliae, immo multo minorem, per quaedam diversa consequuntur.

n.4 ‘Ex quo patet necessitas plura nomina deo dandi. quia enim eum non possumus cognoscere naturaliter nisi ex effectibus deveniendo in ipsum, oportet quod nomina quibus perfectionem ipsius significamus, diversa sint, sicut et perfectiones in rebus inveniuntur diversae. si autem ipsam essentiam prout est possemus intelligere et ei nomen proprium adaptare, uno nomine tantum eam exprimeremus. quod promittitur his qui eum per essentiam videbunt, * zach. ult.: ° in die illa erit dominus unus et nomen eius unum.

005 SCG lb1 cp32

n. ‘Quod nihil de deo et rebus aliis univoce praedicatur.

n.1 ‘Ex his autem patet quod nihil de deo et rebus aliis potest univoce praedicari.

n.2 ‘Nam effectus qui non recipit formam secundum speciem similem ei per quam agens agit, nomen ab illa forma sumptum secundum univocam praedicationem recipere non potest: non enim univoce dicitur calidus ignis a sole generatus, et sol. rerum quarum deus est causa, formae ad speciem divinae virtutis non perveniunt: cum divisim et particulariter recipiant quod in deo simpliciter et universaliter invenitur. patet igitur quod de deo et rebus aliis nihil univoce dici potest.

n.3 ‘ Amplius. si aliquis effectus ad speciem causae pertingat, praedicationem nominis univoce non consequetur nisi secundum eundem essendi modum eandem specie formam suscipiat: non enim univoce dicitur domus quae est in arte, et in materia, propter hoc quod forma domus habet esse dissimile utrobique. res autem aliae, etiam si omnino similem formam consequerentur, non tamen consequuntur secundum eundem modum essendi: nam nihil est in deo quod non sit ipsum esse divinum, * ut ex dictis patet, ‘ quod in aliis rebus non accidit. impossibile est igitur aliquid univoce de deo et rebus aliis praedicari.

n.4 ‘ Adhuc. omne quod de pluribus univoce praedicatur, vel est genus, vel species, vel differentia, vel accidens aut proprium. de deo autem nihil praedicatur ut genus nec ut differentia, * ut supra ostensum est; ‘ et sic nec ut definitio, nec etiam ut species, quae ex genere et differentia constituitur. nec aliquid ei accidere potest, * ut supra demonstratum est: ‘ et ita nihil de eo praedicatur neque ut accidens neque ut proprium nam proprium de genere accidentium est. relinquitur igitur nihil de deo et rebus aliis univoce praedicari.

n.5 ‘ Item. quod univoce de pluribus praedicatur, utroque illorum ad minus secundum intellectum simplicius est. deo autem neque secundum rem neque secundum intellectum potest esse aliquid simplicius. nihil igitur univoce de deo et rebus aliis praedicatur.

n.6 ‘ Amplius. omne quod de pluribus praedicatur univoce, secundum participationem cuilibet eorum convenit de quo praedicatur: nam species participare dicitur genus, et individuum speciem. de deo autem nihil dicitur per participationem: nam omne quod participatur determinatur ad modum participati, et sic partialiter habetur et non secundum omnem perfectionis modum. oportet igitur nihil de deo et rebus aliis univoce praedicari.

n.7 ‘ Adhuc. quod praedicatur de aliquibus secundum prius et posterius, certum est univoce non praedicari: nam prius in definitione posterioris includitur: sicut substantia in definitione accidentis secundum quod est ens. si igitur diceretur univoce ens de substantia et accidente, oporteret quod substantia etiam poneretur in definitione entis secundum quod de substantia praedicatur. quod patet esse impossibile. nihil autem de deo et rebus aliis praedicatur eodem ordine, sed secundum prius et posterius: cum de deo omnia praedicentur essentialiter, dicitur enim ens quasi ipsa essentia, et bonus quasi ipsa bonitas; de aliis autem praedicationes fiunt per participationem, sicut socrates dicitur homo non quia sit ipsa humanitas, sed humanitatem habens. impossibile est igitur aliquid de deo et rebus aliis univoce dici.

005 SCG lb1 cp33

n. ‘Quod non omnia nomina dicuntur de deo et creaturis pure aequivoce.

n.1 ‘Ex praemissis etiam patet quod non quicquid de deo et rebus aliis praedicatur, secundum puram aequivocationem dicitur, sicut ea quae sunt a casu aequivoca.

n.2 ‘ Nam in his quae sunt a casu aequivoca, nullus ordo aut respectus attenditur unius ad alterum, sed omnino per accidens est quod unum nomen diversis rebus attribuitur: non enim nomen impositum uni significat ipsum habere ordinem ad aliud. sic autem non est de nominibus quae de deo dicuntur et creaturis. consideratur enim in huiusmodi nominum communitate ordo causae et causati, * ut ex dictis patet. ‘ non igitur secundum puram aequivocationem aliquid de deo et rebus aliis praedicatur.

n.3 ‘ Amplius. ubi est pura aequivocatio, nulla similitudo in rebus attenditur, sed solum unitas nominis. rerum autem ad deum est aliquis modus similitudinis, * ut ex supra dictis patet. ‘relinquitur igitur quod non dicuntur de deo secundum puram aequivocationem.

n.4 ‘ Item. quando unum de pluribus secundum puram aequivocationem praedicatur, ex uno eorum non possumus duci in cognitionem alterius: nam cognitio rerum non dependet ex vocibus, sed ex nominum ratione. ex his autem quae in rebus aliis inveniuntur in divinorum cognitionem pervenimus, * ut ex dictis patet. ‘non igitur secundum puram aequivocationem dicuntur huiusmodi de deo et aliis rebus.

n.5 ‘ Adhuc. aequivocatio nominis processum argumentationis impedit. si igitur nihil diceretur de deo et creaturis nisi pure aequivoce, nulla argumentatio fieri posset procedendo de creaturis ad deum. cuius contrarium patet ex omnibus loquentibus de divinis.

n.6 ‘ Amplius. frustra aliquod nomen de aliquo praedicatur nisi per illud nomen aliquid de eo intelligamus. sed si nomina dicuntur de deo et creaturis omnino aequivoce, nihil per illa nomina de deo intelligimus: cum significationes illorum nominum notae sint nobis solum secundum quod de creaturis dicuntur. frustra igitur diceretur aut probaretur de deo quod deus est ens, bonus, vel si quid aliud huiusmodi est.

n.7 * Si autem dicatur quod “ per huiusmodi nomina solum de deo cognoscimus quid non est, ut scilicet ea ratione dicatur vivens quia non est de genere rerum inanimatarum et sic de aliis; ‘ ad minus oportebit quod vivum de deo et creaturis dictum conveniat in negatione inanimati. et sic non erit pure aequivocum.

005 SCG lb1 cp34

n. ‘Quod ea quae dicuntur de deo et creaturis dicuntur analogice.

n.1 ‘ Sic igitur ex dictis relinquitur quod ea quae de deo et rebus aliis dicuntur, praedicantur neque univoce neque aequivoce, sed analogice: hoc est, secundum ordinem vel respectum ad aliquid unum. quod quidem dupliciter contingit: uno modo, secundum quod multa habent respectum ad aliquid unum: sicut secundum respectum ad unam sanitatem animal dicitur sanum ut eius subiectum, medicina ut eius effectivum, cibus ut conservativum, urina ut signum. alio modo, secundum quod duorum attenditur ordo vel respectus, non ad aliquid alterum, sed ad unum ipsorum: sicut ens de substantia et accidente dicitur secundum quod accidens ad substantiam respectum habet, non quod substantia et accidens ad aliquid tertium referantur. huiusmodi igitur nomina de deo et rebus aliis non dicuntur analogice secundum primum modum, oporteret enim aliquid deo ponere prius: sed modo secundo.

n.2 ‘In huiusmodi autem analogica praedicatione ordo attenditur idem secundum nomen et secundum rem quandoque, quandoque vero non idem. nam ordo nominis sequitur ordinem cognitionis: quia est signum intelligibilis conceptionis. quando igitur id quod est prius secundum rem, invenitur etiam cognitione prius, idem invenitur prius et secundum nominis rationem et secundum rei naturam: sicut substantia est prior accidente et natura, inquantum substantia est causa accidentis; et cognitione, inquantum substantia in definitione accidentis ponitur. et ideo ens dicitur prius de substantia quam de accidente et secundum rei naturam et secundum nominis rationem. quando vero id quod est prius secundum naturam, est posterius secundum cognitionem, tunc in analogicis non est idem ordo secundum rem et secundum nominis rationem: sicut virtus sanandi quae est in sanativis, prior est naturaliter sanitate quae est in animali, sicut causa effectu; sed quia |25| hanc virtutem per effectum cognoscimus, ideo etiam ex effectu nominamus. et inde est quod sanativum est prius ordine rei, sed animal dicitur per prius sanum secundum nominis rationem. sic igitur, quia ex rebus aliis in dei cognitionem pervenimus, res nominum de deo et rebus aliis dictorum per prius est in deo secundum suum modum, sed ratio nominis per posterius. unde et nominari dicitur a suis causatis.

005 SCG lb1 cp35

n. ‘Quod plura nomina dicta de deo non sunt synonyma.

n.1 ‘Ostenditur etiam ex dictis quod, quamvis nomina de deo dicta eandem rem significent, non tamen sunt synonyma: quia non significant rationem eandem.

n.2 ‘ Nam sicut diversae res uni simplici rei quae deus est similantur per formas diversas, ita intellectus noster per diversas conceptiones ei aliqualiter similatur, inquantum per diversas perfectiones creaturarum in ipsum cognoscendum perducitur. et ideo de uno, intellectus noster multa concipiens non est falsus neque vanus: quia illud simplex esse divinum huiusmodi est ut ei secundum formas multiplices aliqua similari possint, * ut supra ostensum est. ‘secundum autem diversas conceptiones diversa nomina intellectus adinvenit quae deo attribuit. et ita, cum non secundum eandem rationem attribuantur, constat ea non esse synonyma, quamvis rem omnino unam significent: non enim est eadem nominis significatio, cum nomen per prius conceptionem intellectus quam rem intellectam significet.

005 SCG lb1 cp36

n. ‘ Qualiter intellectus noster de deo propositionem formet.

n.1 ‘ Ex hoc etiam ulterius patet quod intellectus noster de deo simplici non in vanum enuntiationes format componendo et dividendo, quamvis deus omnino sit simplex.

n.2 ‘Quamvis namque intellectus noster in dei cognitionem per diversas conceptiones deveniat, * ut dictum est, ‘ intelligit tamen id quod omnibus eis respondet omnino unum esse: non enim intellectus modum quo intelligit rebus attribuit intellectis; sicut nec lapidi immaterialitatem, quamvis eum immaterialiter cognoscat. et ideo rei unitatem proponit per compositionem verbalem, quae est identitatis nota, cum dicit, deus est bonus vel bonitas: ita quod si qua diversitas in compositione est, ad intellectum referatur, unitas vero ad rem intellectam. et ex hac ratione quandoque intellectus noster enuntiationem de deo format cum aliqua diversitatis nota, praepositionem interponendo, ut cum dicitur, bonitas est in deo: quia et hic designatur aliqua diversitas, quae competit intellectui, et aliqua unitas, quam oportet ad rem referre.

005 SCG lb1 cp37

n. ‘Quod deus est bonus.

n.1 ‘Ex perfectione autem divina, quam ostendimus, bonitas ipsius concludi potest.

n.2 ‘ Id enim quo unumquodque bonum dicitur, est propria virtus eius: nam “ virtus est uniuscuiusque quae bonum facit habentem et opus eius bonum reddit. ‘ virtus autem est perfectio quaedam: ° tunc enim unumquodque perfectum dicimus quando attingit propriam virtutem, * ut patet in vii physicorum. ‘ex hoc igitur unumquodque bonum est quod perfectum est. et inde est quod unumquodque suam perfectionem appetit sicut proprium bonum. * ostensum est autem ‘deum esse perfectum. est igitur bonus.

n.3 * Item. ostensum est supra ‘esse aliquod primum movens immobile, quod deus est. movet autem sicut movens omnino immobile. quod movet sicut desideratum. deus igitur, cum sit primum movens immobile, est primum desideratum. desideratur autem dupliciter aliquid: aut quia est bonum; aut quia apparet bonum. quorum primum est quod est bonum: nam apparens bonum non movet per seipsum, sed secundum quod habet aliquam speciem boni; bonum vero movet per seipsum. primum igitur desideratum, quod deus est, est vere bonum.

n.4 ‘ Adhuc. ° bonum est quod omnia appetunt: * ut philosophus optime dictum introducit, i ethicorum. ‘ omnia autem appetunt esse actu secundum suum modum: quod patet ex hoc quod unumquodque secundum naturam suam repugnat corruptioni. esse igitur actu boni rationem constituit: unde et per privationem actus a potentia consequitur malum, quod est bono oppositum, * ut per philosophum patet, in ix metaphysicae. ‘deus autem est ens actu non in potentia, * ut supra ostensum est. ‘ est igitur vere bonus.

n.5 ‘ Amplius. communicatio esse et bonitatis ex bonitate procedit. quod quidem patet et ex ipsa natura boni, et ex eius ratione. naturaliter enim bonum uniuscuiusque est actus et perfectio eius. unumquodque autem ex hoc agit quod actu est. agendo autem esse et bonitatem in alia diffundit. unde et signum perfectionis est alicuius quod simile possit producere: * ut patet per philosophum in iv meteororum. ‘ ratio vero boni est ex hoc quod est appetibile. quod est finis. qui etiam movet agentem ad agendum. propter quod dicitur bonum esse diffusivum sui et esse. haec autem diffusio deo competit: * ostensum enim est supra quod ‘ aliis est causa essendi, sicut per se ens necesse. est igitur vere bonus.

n.6 * Hinc est quod in psalmo dicitur: ° quam bonus israel deus his qui recto sunt corde. * et thren. 3-25 dicitur: ° bonus est dominus sperantibus in se, animae quaerenti illum.

005 SCG lb1 cp38

n. ‘Quod deus est ipsa bonitas.

n.1 ‘Ex his autem haberi potest quod deus sit sua bonitas.

n.2 ‘ Esse enim actu in unoquoque est bonum ipsius. sed deus non solum est ens actu, sed est ipsum suum esse, * ut supra ostensum est. ‘est igitur ipsa bonitas, non tantum bonus.

n.3 ‘ Praeterea. perfectio uniuscuiusque est bonitas eius, * ut ostensum est. ‘ perfectio autem divini esse non attenditur secundum aliquid additum supra ipsum, sed quia ipsum secundum seipsum perfectum est, * ut supra ostensum est. ‘ bonitas igitur dei non est aliquid additum suae substantiae, sed sua substantia est sua bonitas.

n.4 ‘ Item. unumquodque bonum quod non est sua bonitas, participative dicitur bonum. quod autem per participationem dicitur, aliquid ante se praesupponit, a quo rationem suscipit bonitatis. hoc autem in infinitum non est possibile abire: quia in causis finalibus non proceditur in infinitum, infinitum enim repugnat fini; bonum autem rationem finis habet. oportet igitur devenire ad aliquod bonum primum, quod non participative sit bonum per ordinem ad aliquid aliud, sed sit per essentiam suam bonum. hoc autem deus est. est igitur deus sua bonitas.

n.5 ‘ Item. id quod est participare aliquid potest, ipsum autem esse nihil: quod enim participat potentia est, esse autem actus est. sed deus est ipsum esse, * ut probatum est. ‘ non est igitur bonus participative, sed essentialiter.

n.6 ‘ Amplius. omne simplex suum esse et id quod est unum habet: nam, si sit aliud et aliud, iam simplicitas tolletur. deus autem est omnino simplex, * ut ostensum est. ‘ igitur ipsum esse bonum non est aliud quam ipse. est igitur sua bonitas.

n.7 ‘ Per eadem etiam patet quod nullum aliud bonum est sua bonitas. * propter quod dicitur matth. 19-17: ° nemo bonus nisi solus deus.

005 SCG lb1 cp39

n. ‘Quod in deo non potest esse malum.

n.1 ‘ Ex hoc autem manifeste apparet quod in deo non potest esse malum.

n.2 ‘ Esse enim et bonitas, et omnia quae per essentiam dicuntur, nihil praeter se habent admixtum: licet id quod est vel bonum possit aliquid praeter esse et bonitatem habere. nihil enim prohibet quod est uni perfectioni suppositum, etiam alii supponi, sicut quod est corpus potest esse album et dulce: unaquaeque autem natura suae rationis termino concluditur, ut nihil extraneum intra se capere possit. deus autem est bonitas, non solum bonus, * ut ostensum est. ‘ non potest igitur in eo esse aliquid non bonitas. et ita malum in eo omnino esse non potest.

n.3 ‘ Amplius. id quod est oppositum essentiae alicuius rei, sibi omnino convenire non potest dum manet: sicut homini non potest convenire irrationalitas vel insensibilitas nisi homo esse desistat. sed divina essentia est ipsa bonitas, * ut ostensum est. ‘ergo malum, quod est bono oppositum, in eo locum habere non potest nisi esse desisteret. quod est impossibile: cum sit aeternus, * ut supra ostensum est.

n.4 ‘Adhuc. cum deus sit suum esse, nihil participative de ipso dici potest, * ut patet ex ratione supra inducta. ‘ si igitur malum de ipso dicatur; non dicetur participative, sed essentialiter. sic autem malum de nullo dici potest ut sit essentia alicuius: ei enim esse deficeret, quod bonum est, * ut ostensum est; ‘ in malitia autem non potest esse aliquid extraneum admixtum, sicut nec in bonitate. malum igitur de deo dici non potest.

n.5 ‘ Item. malum bono oppositum est. ratio autem boni in perfectione consistit. ergo ratio mali in imperfectione. defectus autem vel imperfectio in deo, qui est universaliter perfectus, esse non potest, * ut supra ostensum est. ‘ in deo igitur malum esse non potest.

n.6 ‘ Praeterea. perfectum est aliquid secundum quod est actu. ergo imperfectum erit secundum quod est deficiens ab actu. ergo malum vel privatio est, vel privationem includit. privationis autem subiectum est potentia. haec autem in deo esse non potest. igitur nec malum.

n.7 ‘Praeterea. si bonum est quod ab omnibus appetitur, igitur malum unaquaeque natura refugit inquantum huiusmodi. quod autem inest alicui contra motum naturalis appetitus, est violentum et praeter naturam. malum igitur in unoquoque est violentum et praeter naturam secundum quod est ei malum: etsi possit ei esse naturale secundum aliquid eius in rebus compositis. deus autem compositus non est, nec aliquid esse potest in eo violentum vel praeter naturam, * ut ostensum est. ‘ malum igitur in deo esse non potest.

n.8 * Hoc etiam sacra scriptura confirmat. dicitur enim prima canonica ioannis: ° deus lux est, et tenebrae in eo non sunt ullae. * et in iob 34-10: ° absit a deo impietas, et ab omnipotente iniquitas.

005 SCG lb1 cp40

n. ‘Quod deus est omnis boni bonum.

n.1 ‘Ostenditur etiam ex praedictis quod deus sit omnis boni bonum.

n.2 ‘ Bonitas enim uniuscuiusque est perfectio ipsius, * ut dictum est. ‘deus autem, cum sit simpliciter perfectus, sua perfectione omnes rerum perfectiones comprehendit, * ut ostensum est. ‘ sua igitur bonitas omnes bonitates comprehendit. et ita est omnis boni bonum.

n.3 ‘ Item. quod per participationem dicitur aliquale, non dicitur tale nisi inquantum habet quandam similitudinem eius quod per essentiam dicitur: sicut ferrum dicitur ignitum inquantum quandam similitudinem ignis participat. sed deus est bonus per essentiam, omnia vero alia per participationem, * ut ostensum est. ‘ igitur nihil dicetur bonum nisi inquantum habet aliquam similitudinem divinae bonitatis. est igitur ipse bonum omnis boni.

n.4 ‘ Adhuc. cum unumquodque appetibile sit propter finem; boni autem ratio consistat in hoc quod est appetibile: oportet quod unumquodque dicatur bonum vel quia est finis, vel quia ordinatur ad finem. finis igitur ultimus est a quo omnia rationem boni accipiunt. hoc autem deus est, * ut infra probabitur. ‘est igitur deus omnis boni bonum.

n.5 * Hinc est quod dominus, suam visionem moysi promittens, dicit, exodi 33-19: ° ego ostendam tibi omne bonum. * et sap. 8, dicitur de divina sapientia: ° venerunt mihi omnia bona pariter cum illa.

005 SCG lb1 cp41

n. ‘Quod deus sit summum bonum.

n.1 ‘Ex hoc autem ostenditur quod deus sit summum bonum.

n.2 ‘Nam bonum universale praeminet cuilibet bono particulari, sicut “ bonum gentis est melius quam bonum unius: ‘bonitas enim totius et perfectio praeminet bonitati et perfectioni partis. sed divina bonitas comparatur ad omnia alia sicut universale bonum ad particulare: cum sit “ omnis boni bonum, * ut ostensum est. ‘est igitur ipse summum bonum.

n.3 ‘ Praeterea. id quod per essentiam dicitur, verius dicitur quam id quod est per participationem dictum. sed deus est bonus per suam essentiam, alia vero per participationem, * ut ostensum est. ‘ est igitur ipse summum bonum.

n.4 ‘ Item. “ quod est maximum in unoquoque genere est causa aliorum quae sunt in illo genere: ‘ causa enim potior est effectu. ex deo autem omnia habent rationem boni, * ut ostensum est. ‘est igitur ipse summum bonum.

n.5 ‘ Amplius. sicut albius est quod est nigro impermixtius, ita melius est quod est malo impermixtius. sed deus est maxime malo impermixtus: quia in eo nec actu nec potentia malum esse potest, et hoc ei ex sua natura competit, * ut ostensum est. ‘ est igitur ipse summum bonum.

n.6 * Hinc est quod dicitur 1 reg. 2-2: ° non est sanctus ut est dominus.

005 SCG lb1 cp42

n. ‘Quod deus est unus.

n.1 ‘ Hoc autem ostenso, manifestum est deum non esse nisi unum.

n.2 ‘ Non enim possibile est esse duo summe bona. quod enim per superabundantiam dicitur, in uno tantum invenitur. deus autem est summum bonum, * ut ostensum est. ‘deus igitur est unus.

n.3 * Praeterea. ostensum est ‘deum esse omnino perfectum, cui nulla perfectio desit. si igitur sunt plures dii, oportet esse plura huiusmodi perfecta. hoc autem est impossibile: nam si nulli eorum deest aliqua perfectio, nec aliqua imperfectio admiscetur, quod requiritur ad hoc quod aliquid sit simpliciter perfectum, non erit in quo ad invicem distinguantur. impossibile est igitur plures deos ponere.

n.4 ‘ Item. quod sufficienter fit uno posito, melius est per unum fieri quam per multa. sed rerum ordo est sicut melius potest esse: non enim potentia agentis primi deest potentiae quae est in rebus ad perfectionem. sufficienter autem omnia complentur reducendo in unum primum principium. non est igitur ponere plura principia.

n.5 ‘ Amplius. impossibile est unum motum continuum et regularem a pluribus motoribus esse. nam, si simul movent, nullus eorum est perfectus motor, sed omnes se habent loco unius perfecti motoris: quod non competit in primo motore, perfectum enim est prius imperfecto. si autem non simul moveant, quilibet eorum est quandoque movens et quandoque non. ex quo sequitur quod motus non sit continuus neque regularis. motus enim continuus et unus est ab uno motore. motor etiam qui non semper movet, irregulariter invenitur movere: sicut patet in motoribus inferioribus, in quibus motus violentus in principio intenditur et in fine remittitur, motus autem naturalis e converso. “ sed primus motus est unus et continuus, * ut a philosophis probatum est. ‘ ergo oportet eius motorem primum esse unum.

n.6 ‘ Adhuc. substantia corporalis ordinatur ad spiritualem sicut ad suum bonum: nam est in ista bonitas plenior, cui corporalis substantia intendit assimilari, cum omne quod est desideret optimum quantum possibile est. sed omnes motus corporalis creaturae inveniuntur reduci ad unum primum, praeter quem non est alius primus qui nullo modo reducatur in ipsum. ergo praeter substantiam spiritualem quae est finis primi motus, non est aliqua quae non reducatur in ipsam. hoc autem nomine dei intelligimus. non est igitur nisi unus deus.

n.7 ‘ Amplius. omnium diversorum ordinatorum ad invicem, ordo eorum ad invicem est propter ordinem eorum ad aliquid unum: sicut ordo partium exercitus ad invicem est propter ordinem totius exercitus ad ducem. nam quod aliqua diversa in habitudine aliqua uniuntur, non potest esse ex propriis naturis secundum quod sunt diversa: quia ex hoc magis disiungerentur. nec potest esse ex diversis ordinantibus: quia non posset esse quod unum ordinem intenderent ex seipsis secundum quod sunt diversi. et sic vel ordo multorum ad invicem est per accidens: vel oportet reducere ad aliquod unum primum ordinans, qui ad finem quem intendit omnia alia ordinat. omnes autem partes huius mundi inveniuntur ordinatae ad invicem, secundum quod quaedam a quibusdam iuvantur sicut corpora inferiora moventur per superiora, et haec per substantias incorporeas, * ut ex supra dictis patet. ‘ nec hoc est per accidens: cum sit semper vel in maiori parte. igitur totus hic mundus non habet nisi unum ordinatorem et gubernatorem. sed praeter hunc mundum non est alius. non est igitur nisi unus omnium rerum gubernator, quem deum dicimus.

n.8 ‘ Adhuc. si sunt duo quorum utrumque est necesse-esse, oportet quod conveniant in intentione necessitatis essendi. oportet igitur quod distinguantur per aliquid quod additur uni tantum, vel utrique. et sic oportet vel alterum vel utrumque esse compositum. nullum autem compositum est necesse-esse, per seipsum, * sicut supra ostensum est. ‘ impossibile est igitur esse plura quorum utrumque sit necesse-esse. et sic nec plures deos.

n.9 ‘ Amplius. illud in quo differunt, ex quo ponuntur convenire in necessitate essendi, aut requiritur ad complementum necessitatis essendi aliquo modo, aut non. si non requiritur, ergo est aliquid accidentale: quia omne quod advenit rei nihil faciens ad esse ipsius, est accidens. ergo hoc accidens habet causam. aut ergo essentiam eius quod est necesse-esse, aut aliquid aliud. si essentiam eius, cum ipsa necessitas essendi sit essentia eius, * ut ex supra dictis patet, ‘ necessitas essendi erit causa illius accidentis. sed necessitas essendi invenitur in utroque. ergo utrumque habebit illud accidens. et sic non distinguentur secundum illud. si autem causa illius accidentis sit aliquid aliud, nisi ergo illud aliud esset, hoc accidens non esset. et nisi hoc accidens esset, distinctio praedicta non esset. ergo, nisi esset illud aliud, ista duo quae ponuntur necesse-esse, non essent duo sed unum. ergo esse proprium utriusque est dependens ab altero. et sic neutrum est necesse-esse per seipsum. si autem illud in quo distinguuntur sit necessarium ad necessitatem essendi complendam, aut hoc erit quia illud includitur in ratione necessitatis essendi, sicut animatum includitur in definitione animalis: aut hoc erit quia necessitas essendi specificatur per illud, sicut animal completur per rationale. si primo modo, oportet quod, ubicumque sit necessitas essendi, sit illud quod in eius ratione includitur: sicut cuicumque convenit animal, convenit animatum. et sic, cum ambobus praedictis attribuatur necessitas essendi, secundum illud distingui non poterunt. si autem secundo modo, hoc iterum esse non potest. nam differentia specificans genus non complet generis rationem, sed per eam acquiritur generi esse in actu: ratio enim animalis completa est ante additionem rationalis, sed non potest esse animal actu nisi sit rationale vel irrationale. sic ergo aliquid complet necessitatem essendi quantum ad esse in actu et non quantum ad intentionem necessitatis essendi. quod est impossibile, propter duo. primo, quia eius quod est necesse-esse, sua quidditas est suum esse, * ut supra probatum est. ‘ secundo, quia sic necesse-esse acquireret esse per aliquid aliud: quod est impossibile. non est igitur possibile ponere plura quorum quodlibet sit necesse-esse per seipsum.

n.10 ‘ Adhuc. si sunt duo dii, aut hoc nomen deus de utroque praedicatur univoce, aut aequivoce. si aequivoce, hoc est praeter intentionem praesentem: nam nihil prohibet rem quamlibet quolibet nomine aequivoce nominari, si usus loquentium admittat. si autem dicatur univoce, oportet quod de utroque praedicetur secundum unam rationem. et sic oportet quod in utroque sit una natura secundum rationem. aut igitur haec natura est in utroque secundum unum esse, aut secundum aliud et aliud. si secundum unum, ergo non erunt duo sed unum tantum: duorum enim non est unum esse si substantialiter distinguantur. si autem est aliud et aliud esse in utroque, ergo neutri erit sua quidditas suum esse. sed hoc oportet in deo ponere, * ut probatum est. ‘ ergo neutrum illorum duorum est hoc quod intelligimus nomine dei. sic igitur impossibile est ponere duos deos.

n.11 ‘ Amplius. nihil eorum quae conveniunt huic signato inquantum est hoc signatum, possibile est alii convenire: quia singularitas alicuius rei non est alteri praeter ipsum singulare. sed ei quod est necesse-esse sua necessitas essendi convenit inquantum est hoc signatum. ergo impossibile est quod alicui alteri conveniat. et sic impossibile est quod sint plura quorum quodlibet sit necesse-esse. et per consequens impossibile est esse plures deos. probatio mediae: si enim illud quod est necesse-esse non est hoc signatum inquantum est necesse-esse, oportet quod designatio sui esse non sit necessaria secundum se, sed ex alio dependeat. unumquodque autem secundum quod est actu est distinctum ab omnibus aliis: quod est esse hoc signatum. ergo quod est necesse-esse dependet ab alio quantum ad hoc quod est esse in actu. quod est contra rationem eius quod est necesse-esse. oportet igitur quod id quod est necesse-esse sit necesse-esse secundum hoc quod est hoc signatum.

n.12 ‘ Adhuc. natura significata hoc nomine deus aut est per seipsam individuata in hoc deo, aut per aliquid aliud. si per aliud oportet quod sit ibi compositio. si per seipsam, ergo impossibile est quod alteri conveniat: illud enim quod est individuationis principium, non potest esse pluribus commune. impossibile igitur est esse plures deos.

n.13 ‘ Amplius. si sunt plures dii, oportet quod natura deitatis non sit una numero in utroque. oportet igitur esse aliquid distinguens naturam divinam in hoc et in illo. sed hoc est impossibile: quia natura divina non recipit additionem neque differentiarum essentialium neque accidentium, * ut supra ostensum est; ‘ nec etiam natura divina est forma alicuius materiae, ut possit dividi ad materiae divisionem. impossibile est igitur esse plures deos.

n.14 ‘ Item. esse proprium uniuscuiusque rei est tantum unum. sed ipse deus est esse suum, * ut supra ostensum est. ‘ impossibile est igitur esse nisi unum deum.

n.15 ‘ Adhuc. secundum hunc modum res habet esse quo possidet unitatem: unde unumquodque suae divisioni pro posse repugnat, ne per hoc in non esse tendat. sed divina natura est potissime habens esse. est igitur in ea maxima unitas. nullo igitur modo in plura distinguitur.

n.16 ‘ Amplius. in unoquoque genere videmus multitudinem ab aliqua unitate procedere: et ideo in quolibet genere invenitur unum primum, quod est mensura omnium quae in illo genere inveniuntur. quorumcumque igitur invenitur in aliquo uno convenientia, oportet quod ab aliquo uno principio dependeant. sed omnia in esse conveniunt. oportet igitur esse unum tantum quod est rerum omnium principium. quod deus est.

n.17 ‘ Item. in quolibet principatu ille qui praesidet unitatem desiderat: unde inter principatus est potissima monarchia, sive regnum. multorum etiam membrorum unum est caput: ac per hoc evidenti signo apparet ei cui convenit principatus, unitatem deberi. unde et deum, qui est omnium causa, oportet unum simpliciter confiteri.

n.18 * Hanc autem confessionem divinae unitatis etiam ex sacris eloquiis accipere possumus. nam deut. 6-4 dicitur: ° audi, israel, dominus deus tuus deus unus est; * et exod. 20-3: ° non erunt tibi dii alii praeter me; * et ephes. 4-5: ° unus dominus, una fides, ‘ etc..

n.19 * Hac autem veritate repelluntur gentiles deorum multitudinem confitentes. quamvis plures eorum “ unum deum summum esse dicerent, a quo omnes alios quos deos nominabant causatos esse asserebant, omnibus substantiis sempiternis divinitatis nomen adscribentes, et praecipue ratione sapientiae et felicitatis et rerum gubernationis. * quae quidem consuetudo loquendi etiam in sacra scriptura invenitur, dum “ sancti angeli, aut etiam homines vel iudices, dii nominantur; * sicut illud psalmi: ° non est similis tibi in diis, domine; * et alibi, ° ego dixi, dii estis; * et multa huiusmodi per varia scripturae loca inveniuntur.

n.20 * Unde magis huic veritati videntur contrarii manichaei, “ duo prima ponentes principia, quorum alterum alterius causa non sit.

n.21 * Hanc etiam veritatem ariani suis erroribus impugnaverunt, dum confitentur “ patrem et filium non unum, sed plures deos esse: cum tamen filium verum deum * auctoritate scripturae credere cogantur.

005 SCG lb1 cp43

n. ‘ Quod deus est infinitus.

n.1 “ Cum autem infinitum quantitatem sequatur, * ut philosophi tradunt, ‘ non potest infinitas deo attribui ratione multitudinis: * cum ostensum sit ‘ solum unum deum esse, nullamque in eo compositionem vel partium vel accidentium inveniri. secundum etiam quantitatem continuam infinitus dici non potest: * cum ostensum sit ‘ eum incorporeum esse. relinquitur igitur investigare an secundum spiritualem magnitudinem esse infinitum ei conveniat.

n.2 ‘ Quae quidem spiritualis magnitudo quantum ad duo attenditur: scilicet quantum ad potentiam; et quantum ad propriae naturae bonitatem sive completionem. dicitur enim aliquid magis vel minus album secundum modum quo in eo sua albedo completur. pensatur etiam magnitudo virtutis ex magnitudine actionis vel factorum. harum autem magnitudinem una aliam consequitur: nam ex hoc ipso quo aliquid actu est, activum est; secundum igitur modum quo in actu suo completur, est modus magnitudinis suae virtutis. et sic relinquitur res spirituales magnas dici secundum modum suae completionis: * nam et augustinus dicit quod ° in his quae non mole magna sunt, idem est esse maius quod melius.

n.3 ‘ Ostendendum est igitur secundum huius magnitudinis modum deum infinitum esse. non autem sic ut infinitum privative accipiatur, sicut in quantitate dimensiva vel numerali: nam huiusmodi quantitas nata est finem habere; unde secundum subtractionem eius quod sunt nata habere, infinita dicuntur; et propter hoc in eis infinitum imperfectionem designat. sed in deo infinitum negative tantum intelligitur: quia nullus est perfectionis suae terminus sive finis, sed est summe perfectum. et sic deo infinitum attribui debet.

n.4 ‘ Omne namque quod secundum suam naturam finitum est, ad generis alicuius rationem determinatur. deus autem non est in aliquo genere, sed eius perfectio omnium generum perfectiones continet, * ut supra ostensum est. ‘ est igitur infinitus.

n.5 ‘ Amplius. omnis actus alteri inhaerens terminationem recipit ex eo in quo est: quia quod est in altero, est in eo per modum recipientis. actus igitur in nullo existens nullo terminatur: puta, si albedo esset per se existens, perfectio albedinis in ea non terminaretur, quominus haberet quicquid de perfectione albedinis haberi potest. deus autem est actus nullo modo in alio existens: quia nec est forma in materia, * ut probatum est; ‘ nec esse suum inhaeret alicui formae vel naturae, cum ipse sit suum esse, * ut supra ostensum est. ‘ relinquitur igitur ipsum esse infinitum.

n.6 ‘ Adhuc. in rebus invenitur aliquid quod est potentia tantum, ut materia prima; aliquid quod est actus tantum, ut deus, * sicut supra ostensum est; ‘ aliquid quod est actu et potentia, sicut res ceterae. sed potentia, cum dicatur ad actum, non potest actum excedere, sicut nec in unoquoque, ita nec simpliciter. cum igitur materia prima sit infinita in sua potentialitate, relinquitur quod deus, qui est actus purus, sit infinitus in sua actualitate.

n.7 ‘ Item. tanto actus aliquis perfectior est, quanto minus habet potentiae permixtum. unde omnis actus cui permiscetur potentia, habet terminum suae perfectionis: cui autem non permiscetur aliqua potentia, est absque termino perfectionis. deus autem est actus purus absque omni potentia, * ut supra ostensum est. ‘ est igitur infinitus.

n.8 ‘ Amplius. ipsum esse absolute consideratum infinitum est: nam ab infinitis et infinitis modis participari possibile est. si igitur alicuius esse sit finitum, oportet quod limitetur esse illud per aliquid aliud quod sit aliqualiter causa illius esse. sed esse divini non potest esse aliqua causa: quia ipse est necesse per seipsum. igitur esse suum est infinitum, et ipse infinitus.

n.9 ‘ Adhuc. omne quod habet aliquam perfectionem, tanto est perfectius quanto illam perfectionem plenius participat. sed non potest esse aliquis modus, nec etiam cogitari, quo plenius habeatur aliqua perfectio quam ab eo quod per suam essentiam est perfectum et cuius essentia est sua bonitas. hoc autem deus est. nullo igitur modo potest cogitari aliquid melius vel perfectius deo. est igitur infinitus in bonitate.

n.10 ‘ Amplius. intellectus noster ad infinitum in intelligendo extenditur: cuius signum est quod, qualibet quantitate finita data, intellectus noster maiorem excogitare potest. frustra autem esset haec ordinatio intellectus ad infinitum nisi esset aliqua res intelligibilis infinita. oportet igitur esse aliquam rem intelligibilem infinitam, quam oportet esse maximam rerum. et hanc dicimus deum. deus igitur est infinitus.

n.11 ‘ Item. effectus non potest extendi ultra suam

causam. intellectus autem noster non potest esse nisi a deo, qui est prima omnium causa. non igitur potest aliquid cogitare intellectus noster maius deo. si igitur omni finito potest aliquid maius cogitare, relinquitur deum finitum non esse.
n.12 ' Amplius. virtus infinita non potest esse in essentia finita: quia unumquodque agit per suam formam, quae vel est essentia eius vel pars essentiae; virtus autem principium actionis nominat. sed deus non habet virtutem activam finitam: movet enim in tempore infinito, quod non potest esse nisi a virtute infinita, * ut supra ostensum est. ' relinquitur igitur dei essentiam esse infinitam.
n.13 * Haec autem ratio est secundum ponentes aeternitatem mundi. qua non posita, adhuc magis confirmatur opinio de infinitate divinae virtutis. 'nam unumquodque agens tanto est virtuosius in agendo quanto potentiam magis remotam ab actu in actum reducit: sicut maiori virtute opus est ad calefaciendum aquam quam aerem. sed id quod omnino non est, infinite distat ab actu, nec est aliquo modo in potentia. igitur, si mundus factus est postquam omnino prius non erat, oportet factoris virtutem esse infinitam. * haec autem ratio, etiam secundum eos qui ponunt aeternitatem mundi, ' valet ad probandum infinitatem divinae virtutis. * confitentur enim " deum esse causam mundanae substantiae, quamvis eam sempiternam arbitrentur, dicentes hoc modo deum aeternum sempiterni mundi causam existere sicut pes ab aeterno fuisset causa vestigii si ab aeterno fuisset impressus in pulvere. * hac autem |25| positione facta, ' secundum rationem praedictam nihilominus sequitur dei virtutem esse infinitam. nam sive ex tempore, secundum nos, sive ab aeterno, * secundum eos, ' produxerit, nihil esse potest in re quod ipse non produxerit: cum sit universale essendi principium. et sic, nulla praesupposita materia vel potentia, produxit. oportet autem proportionem virtutis activae accipere secundum proportionem potentiae passivae: nam, quanto potentia passiva maior praeexistit vel praeintelligitur, tanto maiori virtute activa in actum completur. relinquitur igitur, cum virtus finita producat aliquem effectum praesupposita potentia materiae, quod dei virtus, quae nullam potentiam praesupponit, non sit finita, sed infinita: et ita essentia infinita.
n.14 ' Amplius. unaquaeque res tanto est diuturnior quanto eius esse causa est efficacior. illud igitur cuius diuturnitas est infinita, oportet quod habeat esse per causam efficaciae infinitae. sed diuturnitas dei est infinita: * ostensum est enim supra ' ipsum esse aeternum. cum igitur non habeat, aliam causam sui esse praeter seipsum, oportet ipsum esse infinitum.
n.15 * Huic autem veritati sacrae scripturae auctoritas testimonium perhibet. ait namque psalmista: ° magnus dominus et laudabilis nimis, et magnitudinis eius non est finis.
n.16 * Huic etiam veritati attestantur antiquissimorum philosophorum dicta, qui " omnes infinitum posuerunt primum rerum principium, * quasi ab ipsa veritate coacti. propriam enim vocem ignorabant, aestimantes, " infinitatem primi principii ad modum quantitatis discretae, * secundum democritum, qui posuit " atomos infinitos rerum principia, * et secundum anaxagoram, qui posuit " infinitas partes consimiles principia rerum; vel ad modum quantitatis continuae, * secundum illos qui posuerunt " aliquod elementum, vel confusum aliquod infinitum corpus, esse primum omnium principium. * sed cum ostensum sit per sequentium philosophorum studium quod " non est aliquod corpus infinitum; ' et huic coniungatur quod oportet esse primum principium aliquo modo infinitum: concluditur quod neque est corpus neque virtus in corpore infinitum quod est primum principium.

005 SCG lb1 cp44

n. ' Quod deus est intelligens.
n.1 ' Ex praemissis autem ostendi potest quod deus sit intelligens.
n.2 * Ostensum enim est supra quod ' in moventibus et motis non est possibile in infinitum procedere, sed oportet mobilia omnia reducere, ut probabile est, in unum primum movens seipsum. movens autem seipsum se movet per appetitum et apprehensionem: sola enim huiusmodi inveniuntur seipsa movere, utpote in quibus est moveri et non moveri. pars igitur movens in primo movente seipsum oportet et quod sit appetens et apprehendens. in motu autem qui est per appetitum et apprehensionem, appetens et apprehendens est movens motum: appetibile autem et apprehensum est movens non motum. cum igitur id quod est omnium primum movens, quod deum dicimus, sit movens omnino non motum, oportet quod comparetur ad motorem qui est pars moventis seipsum sicut appetibile ad appetentem. non autem sicut appetibile sensuali appetitu: nam appetitus sensibilis non est boni simpliciter, sed huius particulati boni, cum et apprehensio sensus non sit nisi particularis; id autem quod est |25| bonum et appetibile simpliciter, est prius eo quod est bonum et appetibile ut hic et nunc. oportet igitur primum movens esse appetibile ut intellectum. et ita oportet movens quod appetit ipsum, esse intelligens. multo igitur magis et ipsum primum appetibile erit intelligens: quia appetens ipsum fit intelligens actu per hoc quod ei tamquam intelligibili unitur. oportet igitur deum esse intelligentem facta suppositione quod " primum motum moveat seipsum, * ut philosophi voluerunt.
n.3 ' Adhuc. idem necesse est sequi si fiat reductio mobilium non in aliquod primum movens seipsum, sed in movens omnino immobile. nam primum movens est universale principium motus. oportet igitur, cum omne movens moveat per aliquam formam quam intendit in movendo, quod forma per quam movet primum movens, sit universalis forma et universale bonum. forma autem per modum universalem non invenitur nisi in intellectu. oportet igitur primum movens, quod deus est, esse intelligens.
n.4 ' Amplius. in nullo ordine moventium invenitur quod movens per intellectum sit instrumentum eius quod movet absque intellectu, sed magis e converso. omnia autem moventia quae sunt in mundo, comparantur ad primum movens, quod deus est, sicut instrumenta ad agens principale. cum igitur in mundo inveniantur multa moventia per intellectum, impossibile est quod primum movens moveat absque intellectu. necesse est igitur deum esse intelligentem.
n.5 ' Item. ex hoc aliqua res est intelligens quod est sine materia: cuius signum est quod formae fiunt intellectae in actu per abstractionem a materia. unde et intellectus est universalium et non singularium: quia materia est individuationis principium. formae autem intellectae in actu fiunt unum cum intellectu actu intelligente. unde, si ex hoc sunt formae intellectae in actu quod sunt sine materia, oportet rem aliquam ex hoc esse intelligentem quod est sine materia. * ostensum est autem supra ' deum esse omnino immaterialem. est igitur intelligens.
n.6 ' Adhuc. deo nulla perfectio deest quae in aliquo genere entium inveniatur, * ut supra ostensum est: ' nec ex hoc aliqua compositio in eo consequitur, * ut etiam ex superioribus patet. ' inter perfectiones autem rerum potissima est quod aliquid sit intellectivum: nam per hoc ipsum est quodammodo omnia, habens in se omnium perfectionem. deus igitur est intelligens.
n.7 ' Item. omne quod tendit determinate in aliquem finem, aut ipsum praestituit sibi finem, aut praestituitur ei finis ab alio: alias non magis in hunc quam in illum finem tenderet. naturalia autem tendunt in fines determinatos: non enim a casu naturales utilitates consequuntur: sic enim non essent semper aut in pluribus, sed raro; horum enim est casus. cum ergo ipsa non praestituant sibi finem, quia rationem finis non cognoscunt; oportet quod eis praestituatur finis ab alio, qui sit naturae institutor. hic autem est qui praebet omnibus esse, et est per seipsum necesse-esse, quem deum dicimus, * ut ex supra dictis patet. ' non autem posset naturae finem praestituere nisi intelligeret. deus igitur est intelligens.
n.8 ' Amplius. omne quod est imperfectum, derivatur ab aliquo perfecto: nam perfecta naturaliter sunt priora imperfectis, sicut actus potentia. sed formae in rebus particularibus existentes sunt imperfectae: quia partialiter, et non secundum communitatem suae rationis. oportet igitur quod deriventur ab aliquibus formis perfectis et non particulatis. tales autem formae esse non possunt nisi intellectae: cum non inveniatur aliqua forma in sua universalitate nisi in intellectu. et per consequens oportet eas esse intelligentes, si sint subsistentes: sic enim solum possunt esse operantes. deum igitur, qui est actus primus subsistens, a quo omnia alia derivantur, oportet esse intelligentem.
n.9 * Hanc autem veritatem etiam fides catholica confitetur. dicitur enim iob 9-4 de deo: ° sapiens corde est et fortis robore. * et 12-16: ° apud ipsum est fortitudo et sapientia. * in psalmo: ° mirabilis facta est scientia tua ex me. * et rom. 11-33: ° o altitudo divitiarum sapientiae et scientiae dei.
n.10 ' Huius autem fidei veritas in tantum apud homines invaluit ut ab intelligendo nomen dei imponerent: nam theos, quod secundum graecos deum significat, dicitur a theasthe, quod est considerare vel videre.

005 SCG lb1 cp45

n. ' Quod intelligere dei est sua essentia.
n.1 ' Ex hoc autem quod deus est intelligens, sequitur quod suum intelligere sit sua essentia.
n.2 ' Intelligere enim est actus intelligentis in ipso existens, non in aliud extrinsecum transiens, sicut calefactio transit in calefactum: non enim aliquid patitur intelligibile ex hoc quod intelligitur, sed intelligens perficitur. quicquid autem est in deo, est divina essentia. intelligere ergo dei est divina essentia, et divinum esse, et ipse deus: nam deus est sua essentia et suum esse.
n.3 ' Praeterea. intelligere comparatur ad intellectum sicut esse ad essentiam. sed esse divinum est eius essentia, * ut supra probatum est. ' ergo et intelligere divinum eius intellectus. intellectus autem divinus est dei essentia: alias esset accidens deo. oportet igitur quod intelligere divinum sit eius essentia.
n.4 ' Amplius. actus secundus est perfectior quam actus primus: sicut consideratio quam scientia. scientia autem vel intellectus dei est ipsa eius essentia, si est intelligens, * ut ostensum est: ' cum nulla perfectio conveniat ei participative, sed per essentiam, * ut ex superioribus patet. ' si igitur sua consideratio non sit sua essentia, aliquid erit sua essentia nobilius et perfectius. et sic non erit in fine perfectionis et bonitatis. unde non erit primum.
n.5 ' Adhuc. intelligere est actus intelligentis. si igitur deus intelligens non sit suum intelligere, oportet quod comparetur ad ipsum sicut potentia ad actum. et ita in deo erit potentia et actus. quod est impossibile, * ut supra probatum est.
n.6 ' Item. omnis substantia est propter suam operationem. si igitur operatio dei sit aliud quam divina substantia, erit finis eius aliquid aliud a se. et sic deus non erit sua bonitas: cum bonum cuiuslibet sit finis eius.
n.7 ' Si autem divinum intelligere est eius esse, necesse est quod intelligere eius sit simplex, aeternum et invariabile, et actu tantum existens, * et omnia quae de divino esse probata sunt. ' non est igitur deus in potentia intelligens, aut de novo aliquid intelligere incipiens, vel quamcumque mutationem aut compositionem in intelligendo habens.

005 SCG lb1 cp46

n. ' Quod deus per nihil aliud intelligit quam per suam essentiam.
n.1 ' Ex his autem quae supra ostensa sunt, evidenter apparet quod intellectus divinus nulla alia specie intelligibili intelligat quam sua essentia.
n.2 ' Species enim intelligibilis principium formale est intellectualis operationis: sicut forma cuiuslibet agentis principium est propriae operationis. divina autem operatio intellectualis est eius essentia, * ut ostensum est. ' esset igitur aliquid aliud divinae essentiae principium et causa si alia intelligibili specie quam sua essentia intellectus divinus intelligeret. * quod supra ostensis repugnat.
n.3 ' Adhuc. per speciem intelligibilem fit intellectus intelligens actu: sicut per speciem sensibilem sensus actu sentiens. comparatur igitur species intelligibilis ad intellectum sicut actus ad potentiam. si igitur intellectus divinus aliqua alia specie intelligibili intelligeret quam seipso, esset in potentia respectu alicuius. quod esse non potest, * ut supra ostensum est.
n.4 ' Amplius. species intelligibilis in intellectu praeter essentiam eius existens esse accidentale habet: ratione cuius scientia nostra inter accidentia computatur. in deo autem non potest aliquod esse accidens, * ut supra ostensum est. ' igitur non est in intellectu eius aliqua species praeter ipsam divinam essentiam.
n.5 ' Adhuc. species intelligibilis similitudo est alicuius intellecti. si igitur in intellectu divino sit aliqua intelligibilis species praeter essentiam ipsius, similitudo alicuius intellecti erit. aut igitur divinae essentiae: aut alterius rei. ipsius quidem divinae essentiae non potest esse: quia sic divina essentia non esset intelligibilis per seipsam, sed illa species faceret eam intelligibilem. nec etiam potest esse in intellectu divino species alia praeter essentiam ipsius quae sit alterius rei similitudo. illa enim similitudo imprimeretur ei ab aliquo. non autem a seipso: quia sic idem esset agens et patiens; essetque aliquod agens quod non suam sed alterius similitudinem induceret patienti, et sic non omne agens sibi simile ageret. nec ab alio: esset enim aliquod agens prius eo. ergo impossibile est quod in ipso sit aliqua species intelligibilis praeter ipsius essentiam.
n.6 ' Praeterea. intelligere dei est eius esse, * ut ostensum est. ' si igitur intelligeret per aliquam speciem quae non sit sua essentia, esset per aliquod aliud a sua essentia. quod est impossibile. non igitur intelligit per aliquam speciem quae non sit sua essentia.

005 SCG lb1 cp47

n. ' Quod deus intelligit perfecte seipsum.
n.1 ' Ex hoc autem ulterius patet quod ipse seipsum perfecte intelligit.
n.2 ' Cum enim per speciem intelligibilem intellectus in rem intellectam feratur, ex duobus perfectio intellectualis operationis dependet. unum est ut species intelligibilis perfecte rei intellectae conformetur. aliud est ut perfecte intellectui coniungatur: quod quidem tanto fit amplius quanto intellectus in intelligendo maiorem efficaciam habet. ipsa autem divina essentia quae est species intelligibilis qua intellectus divinus intelligit, est ipsi deo penitus idem; estque intellectui ipsius idem omnino. seipsum igitur deus perfectissime cognoscit.
n.3 ' Adhuc. res materialis intelligibilis efficitur per hoc quod a materia et materialibus conditionibus separatur. quod ergo est per sui naturam ab omni materia et materialibus conditionibus separatum, hoc est intelligibile secundum suam naturam. sed omne intelligibile intelligitur secundum quod est unum actu cum intelligente. ipse autem deus intelligens est, * ut probatum est. ' igitur, cum sit immaterialis omnino, et sibi ipsi maxime sit unum, maxime seipsum intelligit.
n.4 ' Item. ex hoc aliquid actu intelligitur quod intellectus in actu et intellectum in actu unum sunt. divinus autem intellectus est semper intellectus in actu: nihil enim est in potentia et imperfectum in deo. essentia autem dei secundum seipsam perfecte intelligibilis est, * ut ex dictis patet. ' cum igitur intellectus di-

vinus et essentia divina sint unum, * ex dictis, manifestum est quod ' deus perfecte seipsum intelligat: deus enim est et suus intellectus et sua essentia.
n.5 ' Adhuc. omne quod est in aliquo per modum intelligibilem, intelligitur ab eo. essentia autem divina est in deo per modum intelligibilem: nam esse naturale dei et esse intelligibile unum et idem est, cum esse suum sit suum intelligere. deus igitur intelligit essentiam suam. ergo seipsum: cum ipse sit sua essentia.
n.6 ' Amplius. actus intellectus, sicut et aliarum animae potentiarum, secundum obiecta distinguuntur. tanto igitur erit perfectior intellectus operatio quanto erit perfectius intelligibile. sed perfectissimum intelligibile est essentia divina: cum sit perfectissimus actus et prima veritas. operatio autem intellectus divini est etiam nobilissima: cum sit ipsum esse divinum, * ut ostensum est. ' deus igitur seipsum intelligit.
n.7 ' Adhuc. rerum omnium perfectiones in deo maxime inveniuntur. inter alias autem perfectiones in rebus creatis inventas maxima est intelligere deum: cum natura intellectualis aliis praemineat, cuius perfectio est intelligere; nobilissimum autem intelligibile deus est. deus igitur maxime seipsum intelligit.
n.8 * Hoc autem auctoritate divina confirmatur. ait namque apostolus, i cor. 2-10, quod ° spiritus dei scrutatur etiam profunda dei.

005 SCG lb1 cp48

n. ' Quod deus primo et per se solum seipsum cognoscit.
n.1 ' Ex praemissis autem apparet quod deus primo et per se solum seipsum cognoscit.
n.2 ' Illa enim solum res est primo et per se ab intellectu cognita cuius specie intelligit: operatio enim formae quae est operationis principium proportionatur. sed id quod deus intelligit nihil est aliud quam sua essentia, * ut probatum est. ' igitur intellectum ab ipso primo et per se nihil est aliud quam ipsemet.
n.3 ' Adhuc. impossibile est simul multa primo et per se intelligere: una enim operatio non potest simul multis terminari. deus autem seipsum quandoque intelligit, * ut probatum est. ' si igitur intelligat aliquid aliud quasi primo et per se intellectum, oportet quod intellectus eius mutetur de consideratione sui in considerationem illius. illud autem est eo ignobilius. sic igitur intellectus divinus mutatur in peius. quod est impossibile.
n.4 ' Amplius. operationes intellectus distinguuntur penes obiecta. si igitur deus intelligit se et aliud a se quasi principale obiectum, habebit plures operationes intellectuales. ergo vel sua essentia erit in plura divisa: vel aliquam operationem intellectualem habebit quae non est sua substantia. * quorum utrumque impossibile esse monstratum est. ' restat igitur nihil a deo esse cognitum quasi primo et per se intellectum, nisi suam essentiam.
n.5 ' Item. intellectus, secundum quod est differens a suo intellecto, est in potentia respectu illius. si igitur aliquid aliud sit intellectum a deo primo et per se, sequetur quod ipse sit in potentia respectu alicuius alterius. quod est impossibile, * ut ex dictis patet.
n.6 ' Praeterea. intellectum est perfectio intelligentis: secundum enim hoc intellectus perfectus est quod actu intelligit; quod quidem est per hoc quod est unum cum eo quod intelligitur. si igitur aliquid aliud a deo sit primo intellectum ab ipso, erit aliquid aliud perfectio ipsius, et eo nobilius. quod est impossibile.
n.7 ' Amplius. ex multis intellectis intelligentis scientia integratur. si igitur sunt multa scita a deo quasi principaliter cognita et per se, sequitur quod scientia dei sit ex multis composita. et sic vel erit divina essentia composita: vel scientia erit accidens deo. quorum utrumque impossibile esse * ex dictis manifestum est. ' relinquitur igitur quod id quod est primo et per se intellectum a deo, nihil est aliud quam sua substantia.
n.8 ' Adhuc. operatio intellectualis speciem et nobilitatem habet secundum id quod est per se et primo intellectum: cum hoc sit eius obiectum. si igitur deus aliud a se intelligeret quasi per se et primo intellectum, eius operatio intellectualis speciem et nobilitatem haberet secundum id quod est aliud ab ipso. hoc autem est impossibile: cum sua operatio sit eius essentia, * ut ostensum est. ' sic igitur impossibile est quod intellectum a deo primo et per se sit aliud ab ipso.

005 SCG lb1 cp49

n. ' Quod deus cognoscit alia a se.
n.1 ' Ex hoc autem quod seipsum cognoscit primo et per se, quod alia a se in seipso cognoscat ponere oportet.
n.2 ' Effectus enim cognitio sufficienter habetur per cognitionem suae causae: unde et " scire dicimur unumquodque cum causam cognoscimus. ' ipse autem deus est per suam essentiam causa essendi aliis. cum igitur suam essentiam plenissime cognoscat, oportet ponere quod etiam alia cognoscat.
n.3 ' Adhuc. omnis effectus in sua causa aliqualiter praeexistit similitudo: cum " omne agens agat sibi simile. ' omne autem quod est in aliquo, est in eo per modum eius in quo est. si igitur deus aliquarum rerum est causa, cum ipse sit secundum suam naturam intellectualis, similitudo causati sui in eo erit intelligibiliter. quod autem est in aliquo per modum intelligibilem, ab eo intelligitur. deus igitur res alias a se in seipso intelligit.
n.4 ' Amplius. quicumque cognoscit perfecte rem aliquam, cognoscit omnia quae de re illa vere possunt dici et quae ei conveniunt secundum suam naturam. deo autem secundum suam naturam convenit quod sit aliorum causa. cum igitur perfecte seipsum cognoscat, cognoscit se esse causam. quod esse non potest nisi cognoscat aliqualiter causatum. quod est aliud ab ipso: nihil enim sui ipsius causa est. ergo deus cognoscit alia a se.
n.5 ' Colligentes igitur has duas conclusiones, apparet deum cognoscere seipsum quasi primo et per se notum, alia vero sicut in essentia sua visa.
n.6 * Quam quidem veritatem expresse dionysius tradit, in vii cap. de div. nom., dicens: ° non secundum visionem singulis se immittit, sed secundum unam causae continentiam scit omnia. * et infra: ° divina sapientia seipsam cognoscens scit alia.
n.7 * Cui etiam sententiae attestari videtur scripturae sacrae auctoritas. nam in psalmo de deo dicitur: ° prospexit de excelso sancto suo, " quasi de seipso excelso alia videns.

005 SCG lb1 cp50

n. ' Quod deus habet propriam cognitionem de omnibus rebus.
n.1 * Quia vero quidam dixerunt quod " deus de aliis rebus non habet cognitionem nisi universalem, utpote cognoscens ea inquantum sunt entia, ex hoc quod naturam essendi cognoscit per cognitionem sui ipsius; ' restat ostendendum quod deus cognoscit omnes alias res prout ab invicem sunt distinctae et a deo. quod est cognoscere res secundum proprias rationes earum.
n.2 ' Ad huius autem ostensionem, deum esse causam omnis entis supponatur: * quod et ex supra dictis aliquatenus patet, et infra plenius ostendetur. ' sic igitur nihil in aliqua re esse potest quod non sit ab eo causatum vel mediate vel immediate. cognita autem causa, cognoscitur eius effectus. quicquid igitur est in quacumque re potest cognosci cognito deo et omnibus causis mediis quae sunt inter deum et res. sed deus seipsum cognoscit et omnes causas medias quae sunt inter ipsum et rem quamlibet. quod enim seipsum perfecte cognoscat, * iam ostensum est. ' seipso autem cognito, cognoscit quod ab ipso immediate est: quo cognito, cognoscit iterum quod ab illo immediate est: et sic de omnibus causis mediis usque ad ultimum effectum. ergo deus cognoscit quicquid est in re. hoc autem est habere propriam et completam cognitionem de re, cognoscere scilicet omnia quae in re sunt, communia et propria. deus ergo propriam de rebus cognitionem habet, secundum quod |25| sunt ab invicem distinctae.
n.3 ' Adhuc. omne quod agit per intellectum, habet cognitionem de re quam agit secundum propriam facti rationem: quia cognitio facientis determinat formam facto. deus autem causa est rerum per intellectum: cum suum esse sit suum intelligere, unumquodque autem agit inquantum est actu. cognoscit igitur causatum suum proprie, secundum quod est distinctum ab aliis.
n.4 ' Amplius. rerum distinctio non potest esse a casu: habet enim ordinem certum. oportet ergo ex alicuius causae intentione distinctionem in rebus esse. non autem ex intentione alicuius causae per necessitatem naturae agentis: quia natura determinatur ad unum, et sic nullius rei per naturae necessitatem agentis intentio potest esse ad multa inquantum distincta sunt. restat ergo quod distinctio in rebus provenit ex intentione alicuius causae cognoscentis. videtur autem intellectus proprium esse rerum distinctionem considerare: * unde et anaxagoras " distinctionis principium intellectum dixit. ' universalis autem rerum distinctio non potest esse ex intentione alicuius causarum secundarum: quia omnes huiusmodi causae sunt de universitate causatorum distinctorum. est igitur hoc primae causae, quae per seipsam ab omnibus aliis distinguitur, intendere distinctionem omnium rerum. deus igitur cognoscit res ut distinctas.
n.5 ' Item. quicquid deus cognoscit, perfectissime cognoscit: est enim in eo omnis perfectio sicut in simpliciter perfecto, * ut supra ostensum est. ' quod autem cognoscitur in communi tantum, non perfecte cognoscitur: ignorantur enim ea quae sunt praecipua illius rei, scilicet ultimae perfectiones, quibus perficitur proprium esse eius; unde tali cognitione magis cognoscitur res in potentia quam in actu. si igitur deus cognoscendo essentiam suam cognoscit omnia in universali, oportet quod etiam propriam habeat cognitionem de rebus.
n.6 ' Adhuc. quicumque cognoscit naturam aliquam, cognoscit per se accidentia illius naturae. " per se autem accidentia entis, inquantum est ens, sunt unum et multa, * ut probatur in iv metaph.. ' deus igitur, si cognoscendo essentiam suam cognoscit in universali naturam entis, sequitur quod cognoscat multitudinem. multitudo autem sine distinctione intelligi non potest. intelligit igitur res prout sunt ab invicem distinctae.
n.7 ' Amplius. quicumque cognoscit perfecte aliquam naturam universalem, cognoscit modum quo natura illa haberi potest: sicut qui cognoscit albedinem, scit quod recipit magis et minus. sed ex diverso modo essendi constituuntur diversi gradus entium. si igitur deus cognoscendo se cognoscit naturam universalem entis; non autem imperfecte, quia ab eo omnis imperfectio longe est, * ut supra probatum est: ' oportet quod cognoscat omnes gradus entium. et sic de rebus aliis a se habebit propriam cognitionem.
n.8 ' Praeterea. quicumque cognoscit perfecte aliquid, cognoscit omnia quae sunt in illo. sed deus cognoscit seipsum perfecte. ergo cognoscit omnia quae sunt in ipso secundum potentiam activam. sed omnia secundum proprias formas sunt in ipso secundum potentiam activam: cum ipse sit omnis entis principium. ipse igitur habet cognitionem propriam de omnibus rebus.
n.9 ' Adhuc. quicumque scit naturam aliquam, scit an illa natura sit communicabilis: non enim animalis naturam sciret perfecte qui nesciret eam pluribus communicabilem esse. divina autem natura communicabilis est per similitudinem. scit ergo deus quot modis eius essentiae aliquid simile esse potest. sed ex hoc sunt diversitates formarum quod divinam essentiam res diversimode imitantur: * unde philosophus " formam naturalem divinum quoddam nominat. ' deus igitur de rebus habet cognitionem secundum proprias formas.
n.10 ' Praeterea. apud homines et alios cognoscentes habetur cognitio de rebus prout in sua multitudine sunt ab invicem distinctae. si igitur deus res in sua distinctione non cognoscit, sequitur " eum insipientissimum esse: * sicut et illis qui ponebant " deum non cognoscere litem, quam omnes cognoscunt; * quod pro inconvenienti habet philosophus, in i de anima et in iii metaphysicae.
n.11 * Hoc etiam auctoritate scripturae canonicae edocemur. dicitur namque gen. 1-31: ° vidit deus cuncta quae fecerat, et erant valde bona. * et heb. 4-13: ° non est ulla creatura invisibilis in conspectu eius: omnia nuda et aperta sunt oculis eius.

005 SCG lb1 cp51

n. ' Rationes ad inquirendum qualiter multitudo intellectorum sit in intellectu divino.
n.1 ' Sed ne multitudo intellectorum in intellectum divinum compositionem inducat, investigandus est modus quo ista intellecta sint multa.
n.2 ' Non autem haec multitudo sic intelligi potest quasi multa intellecta habeant esse distinctum in deo. ista enim intellecta aut essent idem quod essentia divina: et sic in essentia dei poneretur aliqua multitudo, * quod supra multipliciter est remotum. ' aut essent superaddita essentiae divinae: et sic esset in deo aliquod accidens, * quod supra impossibile esse ostendimus.
n.3 ' Nec iterum potest poni " huiusmodi formas intelligibilia per se existere: * quod plato, praedicta inconvenientia vitans, videtur posuisse, introducendo ideas. ' nam formae rerum naturalium sine materia existere non possunt: cum nec sine materia intelligantur.
n.4 ' Quod etiam si poneretur, nec hoc sufficeret ad ponendum deum intelligere multitudinem. nam cum formae praedictae sint extra dei essentiam, si sine his deus multitudinem rerum intelligere non posset, quod ad perfectionem sui intellectus requiritur, sequeretur quod sua perfectio in intelligendo ab alio dependeret: et per consequens in essendo, cum suum esse sit suum intelligere. * cuius contrarium supra ostensum est.
n.5 ' Item. cum omne quod est praeter essentiam suam sit causatum ab eo, * ut infra ostendetur, ' necesse est, si formae praedictae extra deum sunt, ab eo causatas esse. ipse autem est causa rerum per intellectum, * ut infra ostendetur. ' ergo deum intelligere huiusmodi intelligibilia praeexigitur ordine naturae ad hoc quod huiusmodi intelligibilia sint. non igitur per hoc deus intelligit multitudinem quod intelligibilia multa per se existunt extra eum.
n.6 ' Adhuc. intelligibile in actu est intellectus in actu: sicut et sensibile in actu est sensus in actu. secundum vero quod intelligibile ab intellectu distinguitur, est utrumque in potentia, sicut et in sensu patet: nam neque visus est videns actu, neque visibile videtur actu, nisi cum visus informatur visibilis specie, ut sic ex visu et visibili unum fiat. si igitur intelligibilia dei sunt extra intellectum ipsius, sequetur quod intellectus suus sit in potentia, et similiter intelligibilia ipsius. et sic indigebit aliquo reducente in actu. quod est impossibile: nam hoc esset eo prius.
n.7 ' Praeterea. intellectum oportet esse in intelligente. non igitur sufficit ponere formas rerum per se existentes extra intellectum divinum ad hoc quod deus multitudinem rerum intelligat, sed oportet quod sint in ipso intellectu divino.
n.8 ' Ex eisdem etiam rationibus apparet quod non potest poni quod multitudo intelligibilium praedictorum sit in aliquo alio intellectu praeter divinum, vel animae vel angeli sive intelligentiae.
n.9 ' Nam sic intellectus divinus, quantum ad aliquam suam operationem, dependeret ab aliquo posteriori intellectu. quod etiam est impossibile.
n.10 ' Sicut etiam res in se subsistentes a deo sunt, ita

et quae rebus insunt. unde et ad esse praedictorum intelligibilium in aliquo posteriorum intellectuum praeexigitur intelligere divinum, per quod deus est causa.
n.11 ‘Sequetur etiam intellectum divinum esse in potentia: cum sua intelligibilia non sint ei coniuncta.
n.12 ‘Sicut etiam unicuique est proprium esse, ita et propria operatio. non igitur esse potest ut per hoc quod aliquis intellectus ad operandum disponitur, alius operationem intellectualem exequatur, sed ipsemet intellectus apud quem dispositio invenitur: sicut unumquodque est per essentiam suam, non per essentiam alterius. per hoc igitur quod intelligibilia multa sunt apud aliquem secundorum intellectuum, non poterit esse quod intellectus primus multitudinem cognoscat.

005 SCG lb1 cp53

n. ‘Solutio praemissae dubitationis.
n.1 ‘Praemissa autem dubitatio faciliter solvi potest, si diligenter inspiciatur qualiter res intellectae in intellectu existant.
n.2 ‘Et ut ab intellectu nostro ad divini intellectus cognitionem, prout est possibile, procedamus, considerandum est quod res exterior intellecta a nobis in intellectu nostro non existit secundum propriam naturam, sed oportet quod species eius sit in intellectu nostro, per quam fit intellectus in actu. existens autem in actu per huiusmodi speciem sicut per propriam formam, intelligit rem ipsam. non autem ita quod ipsum intelligere sit actio transiens in intellectum, sicut calefactio transit in calefactum, sed manet in intelligente: sed habet relationem ad rem quae intelligitur, ex eo quod species praedicta, quae est principium intellectualis operationis ut forma, est similitudo illius.
n.3 ‘Ulterius autem considerandum est quod intellectus, per speciem rei formatus, intelligendo format in seipso quandam intentionem rei intellectae, quae est ratio ipsius, quam significat definitio. et hoc quidem necessarium est: eo quod intellectus intelligit indifferenter rem absentem et praesentem, in quo cum intellectu imaginatio convenit; sed intellectus hoc amplius habet, quod etiam intelligit rem ut separatam a conditionibus materialibus, sine quibus in rerum natura non existit; et hoc non posset esse nisi intellectus sibi intentionem praedictam formaret.
n.4 ‘Haec autem intentio intellecta, cum sit quasi terminus intelligibilis operationis, est aliud a specie intelligibili quae facit intellectum in actu, quam oportet considerari ut intelligibilis operationis principium: licet utrumque sit rei intellectae similitudo. per hoc enim quod species intelligibilis quae est forma intellectus et intelligendi principium, est similitudo rei exterioris, sequitur quod intellectus intentionem formet illi rei similem: quia “ quale est unumquodque, talia operatur. ‘ et ex hoc quod intentio intellecta est similis alicui rei, sequitur quod intellectus, formando huiusmodi intentionem, rem illam intelligat.
n.5 ‘Intellectus autem divinus nulla alia specie intelligit quam essentia sua, * ut supra ostensum est. ‘ sed tamen essentia sua est similitudo omnium rerum. per hoc ergo sequitur quod conceptio intellectus divini, prout seipsum intelligit, quae est verbum ipsius, non solum sit similitudo ipsius dei intellecti, sed etiam omnium quorum est divina essentia similitudo. sic ergo per unam speciem intelligibilem, quae est divina essentia, et per unam intentionem intellectam, quae est verbum divinum, multa possunt a deo intelligi.

005 SCG lb1 cp54

n. ‘ Qualiter divina essentia una et simplex sit propria similitudo omnium intelligibilium.
n.1 ‘ Sed rursus difficile vel impossibile alicui videri potest quod unum et idem simplex, ut divina essentia, sit propria ratio sive similitudo diversorum.
n.2 ‘Nam, cum diversarum rerum sit distinctio ratione propriarum formarum, quod alicui secundum propriam formam simile fuerit, alteri necesse est ut dissimile inveniatur. secundum vero quod diversa aliquid commune habent, nihil prohibet ea similitudinem unam habere, sicut homo et asinus inquantum sunt animalia. ex quo sequetur quod deus de rebus propriam cognitionem non habeat, sed communem: nam secundum modum quo similitudo cogniti est in cognoscente, sequitur cognitionis operatio, sicut et calefactio secundum modum caloris; similitudo enim cogniti in cognoscente est sicut forma qua agitur. oportet igitur, si deus de pluribus propriam cognitionem habet, quod ipse sit propria ratio singulorum. quod qualiter sit investigandum est.
n.3 * Ut enim philosophus dicit, in viii metaph., “ formae et definitiones rerum, quae eas significant, sunt similes numeris. ‘ nam in numeris, una unitate addita vel subtracta, species numeri variatur: ut patet in binario et ternario. similiter autem est et in definitionibus: nam una differentia addita vel subtracta variat speciem; substantia enim sensibilis absque rationali, et rationali addito, specie differt.
n.4 ‘In his autem quae in se multa continent, non sic se habet intellectus ut natura. nam ea quae ad esse alicuius rei requiruntur illius rei natura divisa esse non patitur: non enim remanebit animalis natura si a corpore anima subtrahatur. intellectus vero ea quae sunt in esse coniuncta, interdum disiunctim accipere potest, quando unum eorum in alterius ratione non cadit. et per hoc in ternario potest considerare binarium tantum; et in animali rationali id quod est sensibile tantum. unde intellectus id quod plura complectitur potest accipere ut propriam rationem plurimorum, apprehendendo aliqua illorum absque aliis. potest enim accipere denarium ut propriam rationem novenarii, una unitate subtracta; et similiter ut propriam rationem singulorum numerorum infra inclusorum. similiter etiam in homine accipere potest proprium exemplar animalis irrationalis inquantum huiusmodi, et singularum specierum eius, nisi aliquas differentias adderent positivas.
n.5 * Propter hoc quidam philosophus, clemens nomine, dixit quod “ nobiliora in entibus, sunt minus nobilium exemplaria.
n.6 ‘ Divina autem essentia in se nobilitates omnium entium comprehendit, non quidem per modum compositionis, sed per modum perfectionis, * ut supra ostensum est. ‘ forma autem omnis, tam propria quam communis, secundum id quod aliquid ponit, est perfectio quaedam: non autem imperfectionem includit nisi secundum quod deficit a vero esse. intellectus igitur divinus id quod est proprium unicuique in essentia sua comprehendere potest, intelligendo in quo eius essentiam imitetur, et in quo ab eius perfectione deficit unumquodque: utpote, intelligendo essentiam suam ut imitabilem per modum vitae et non cognitionis, accipit propriam formam plantae; si vero ut imitabilem per modum cognitionis et non intellectus, propriam formam animalis; et sic de aliis. sic igitur patet quod essentia divina, inquantum est absolute perfecta, potest accipi ut propria ratio singulorum. unde per eam deus propriam cognitionem de omnibus habere potest.
n.7 ‘ Quia vero propria ratio unius distinguitur a propria ratione alterius; distinctio autem est pluralitatis principium: oportet in intellectu divino distinctionem quandam et pluralitatem rationum intellectarum considerare, secundum quod id quod est in intellectu divino est propria ratio diversorum. unde, cum hoc sit secundum quod deus intelligit proprium respectum assimilationis quam habet unaquaeque creatura ad ipsum, relinquitur quod rationes rerum in intellectu divino non sint plures vel distinctae nisi secundum quod deus cognoscit res pluribus et diversis modis esse assimilabiles sibi.
n.8 * Et secundum hoc augustinus dicit quod “ deus alia ratione facit hominem et alia equum; et rationes rerum pluraliter in mente divina esse dicit.
n.9 * In quo etiam aliqualiter salvatur platonis opinio ponentis “ ideas, secundum quas formarentur omnia quae in rebus materialibus existunt.

005 SCG lb1 cp55

n. ‘Quod deus omnia simul intelligit.
n.1 ‘Ex his autem ulterius apparet quod deus omnia simul intelligit.
n.2 ‘ Intellectus enim noster simul multa actu intelligere non potest, quia, cum “ intellectus in actu sit intellectum in actu, ‘ si plura simul actu intelligeret, sequeretur quod intellectus simul esset plura secundum unum genus, quod est impossibile. dico autem secundum unum genus: quia nihil prohibet idem subiectum informari diversis formis diversorum generum, sicut idem corpus est figuratum et coloratum. species autem intelligibiles, quibus intellectus formatur ad hoc quod sit ipsa intellecta in actu, omnes sunt unius generis: habent enim unam rationem essendi secundum esse intelligibile, licet res quarum sunt species in una essendi non conveniant ratione; unde nec contrariae sunt per contrarietatem rerum quae sunt extra animam. et inde est quod, quando aliqua multa accipiuntur quocumque modo unita, simul intelliguntur: simul enim intelligit totum continuum, non partem post partem; et similiter simul intelligit propositionem, non prius subiectum et postea praedicatum; quia secundum unam totius |25| speciem omnes partes cognoscit.
n.3 ‘ Ex his igitur accipere possumus quod quaecumque plura una specie cognoscuntur, simul possunt intelligi. omnia autem quae deus cognoscit, una specie cognoscit, quae est sua essentia. omnia igitur simul intelligere potest.
n.4 ‘ Item. vis cognoscitiva non cognoscit aliquid actu nisi adsit intentio: unde et phantasmata in organo conservata interdum non actu imaginamur, quia intentio non fertur ad ea; appetitus enim alias potentias in actum movet in agentibus per voluntatem. multa igitur ad quae simul intentio non fertur, non simul intuemur. quae autem oportet sub una intentione cadere, oportet simul esse intellecta: qui enim comparationem duorum considerat, intentionem ad utrumque dirigit et simul intuetur utrumque.
n.5 ‘ Omnia autem quae sunt in divina scientia sub una intentione necesse est cadere. intendit enim deus suam essentiam perfecte videre. quod est videre ipsam secundum totam virtutem suam, sub qua omnia concluduntur. deus igitur, videndo essentiam suam, simul omnia intuetur.
n.6 ‘ Amplius. intellectus successive multa considerantis impossibile est esse unam tantum operationem: cum enim operationes secundum obiecta differant, oportebit diversam esse operationem intellectus qua considerabitur primum, et qua considerabitur secundum. intellectus autem divini est una operatio, quae est sua essentia, * ut probatum est supra. ‘ non igitur successive, sed simul omnia sua cognita considerat.
n.7 ‘ Adhuc. successio sine tempore intelligi non potest, nec tempus sine motu: cum tempus sit “ numerus motus secundum prius et posterius. ‘ in deo autem impossibile est esse motum aliquem, * ut ex supra dictis haberi potest. ‘ nulla igitur est in consideratione divina successio. et sic omnia quae cognoscit simul considerat.
n.8 ‘ Item. intelligere dei est ipsum suum esse, * ut ex supra dictis patet. ‘ in esse autem divino non est prius et posterius, sed est totum simul, * ut supra ostensum est. ‘ igitur nec consideratio dei habet prius et posterius, sed omnia simul intelligit.
n.9 ‘ Praeterea. omnis intellectus intelligens unum post aliud est quandoque potentia intelligens et quandoque actu: dum enim intelligit primum in actu, intelligit secundum in potentia. intellectus autem divinus nunquam est in potentia sed semper actu intelligens. non igitur intelligit res successive, sed omnia simul intelligit.
n.10 * Huic autem veritati testimonium sacra scriptura affert: dicitur enim iac. 1-17, quod ° apud deum non est transmutatio nec vicissitudinis obumbratio.

005 SCG lb1 cp56

n. ‘Quod cognitio dei non est habitualis.
n.1 ‘Ex hoc autem apparet quod in deo non est habitualis cognitio.
n.2 ‘ In quibuscumque enim est habitualis cognitio, non omnia simul cognoscuntur, sed dum quaedam cognoscuntur actu, alia cognoscuntur habitu. deus autem omnia simul actu intelligit, * ut probatum est. ‘ non est igitur in eo habitualis cognitio.
n.3 ‘ Praeterea. habens habitum et non considerans est quodammodo in potentia, aliter tamen quam ante intelligere. * ostensum est autem quod ‘ intellectus divinus nullo modo est in potentia. nullo igitur modo est in ipso habitualis cognitio.
n.4 ‘ Adhuc. omnis intellectus habitualiter aliquid cognoscentis est aliud eius essentia quam sua operatio intellectualis, quae est ipsa consideratio: intellectui enim habitualiter cognoscenti deest sua operatio; non autem eius essentia deesse ei potest. in deo autem sua essentia est sua operatio, * ut supra ostensum est. ‘ non est igitur in eius intellectu habitualis cognitio.
n.5 ‘ Item. intellectus habitualiter tantum cognoscens non est in sua ultima perfectione: unde nec felicitas, quae est optimum, ponitur secundum habitum, sed secundum actum. si igitur deus est habitualiter cognoscens per suam substantiam, secundum suam substantiam consideratus non erit universaliter perfectus. * cuius contrarium ostensum est supra.
n.6 * Amplius. ostensum est quod ‘ ipse est intelligens per essentiam suam, non autem per aliquas species intelligibiles essentiae superadditas. omnis autem intellectus in habitu per aliquas species intelligit: nam habitus vel est habilitatio quaedam intellectus ad recipiendum species intelligibiles quibus actu fiat intelligens; vel est ordinata aggregatio ipsarum specierum existentium in intellectu non secundum completum actum, sed medio modo inter potentiam et actum. non est igitur in ipso habitualis scientia.
n.7 ‘ Praeterea. habitus quaedam qualitas est. deo autem non potest nec qualitas nec aliquod accidens accidere, * ut supra probatum est. ‘ non igitur deo competit habitualis cognitio.
n.8 ‘ Quia vero dispositio qua quis est habitu tantum considerans aut volens vel agens assimilatur dispositioni dormientis, * hinc est quod david, ut habitualem dispositionem a deo removeret, dicit: ° ecce, non dormitavit neque dormiet qui custodit israel. * hinc etiam est quod eccli. 23-28 dicitur: ° oculi domini multo sunt lucidiores super solem: ‘ nam sol semper est in actu lucendi.

005 SCG lb1 cp57

n. ‘Quod cognitio dei non est discursiva.
n.1 ‘ Ex hoc autem ulterius habetur quod divina consideratio non est ratiocinativa vel discursiva.
n.2 ‘ Tunc enim ratiocinativa est nostra consideratio quando ab uno considerato in aliud transimus, sicut syllogizando a principiis in conclusiones. non enim ex hoc aliquis ratiocinatur vel discurrit quod inspicit qualiter conclusio ex praemissis sequatur, simul utrumque considerans: hoc enim contingit non argumentando, sed argumenta iudicando; sicut nec cognitio materialis est ex hoc quod materialia diiudicat. * ostensum est autem quod ‘ deus non considerat unum post aliud quasi successive, sed simul omnia. non ergo eius cognitio est ratiocinativa vel discursiva: quamvis omnem discursum et ratiocinationem cognoscat.
n.3 ‘ Item. omnis ratiocinans alia consideratione intuetur principia et conclusionem: non enim oporteret, consideratis principiis, ad conclusionem procedere, si ex hoc ipso quod principia considerantur conclusiones etiam considerarentur. deus autem cognoscit omnia operatione una, quae est sua essentia, * ut supra probatum est. ‘ non est igitur sua cognitio

ratiocinativa.
n.4 ‘ Praeterea. omnis ratiocinativa cognitio habet aliquid de potentia et aliquid de actu: nam conclusiones in principiis sunt in potentia. in divino autem intellectu potentia locum non habet, * ut supra ostensum est. ‘ non est igitur eius intellectus discursivus.
n.5 ‘ Amplius. in omni scientia discursiva oportet aliquid esse causatum: nam principia sunt quodammodo causa efficiens conclusionis; unde et demonstratio dicitur “ syllogismus faciens scire. ‘ in divina autem scientia nihil potest esse causatum: cum sit ipse deus, * ut ex superioribus patet. ‘ dei igitur scientia non potest esse discursiva.
n.6 ‘ Adhuc. ea quae naturaliter cognoscuntur, absque ratiocinatione nobis sunt nota: sicut patet de primis principiis. sed in deo non potest esse cognitio nisi naturalis, immo nisi essentialis: sua enim scientia est sua essentia, * ut supra probatum est. ‘ dei igitur cognitio non est ratiocinativa.
n.7 ‘ Praeterea. omnem motum necesse est reduci in primum movens quod est movens tantum et non motum. illud igitur a quo est prima origo motus, oportet omnino esse movens non motum. hoc autem est intellectus divinus, * ut supra ostensum est. ‘ oportet igitur intellectum divinum omnino esse moventem non motum. ratiocinatio autem est quidam motus intellectus transeuntis ab uno in aliud. non est igitur divinus intellectus ratiocinativus.
n.8 ‘ Item. quod est supremum in nobis est inferius eo quod in deo est: nam inferius non attingit superius nisi in sui summo. supremum autem in nostra cognitione est, non ratio, sed intellectus, qui est rationis origo. dei igitur cognitio non est ratiocinativa, sed intellectualis tantum.
n.9 ‘ Amplius. a deo omnis defectus removendus est: eo quod ipse est simpliciter perfectus, * ut supra ostensum est. ‘ sed ex imperfectione intellectualis naturae provenit ratiocinativa cognitio. nam quod per aliud cognoscitur minus est notum eo quod per se cognoscitur; nec ad id quod per aliud est notum natura cognoscentis sufficit sine eo per quod fit notum. in cognitione autem ratiocinativa fit aliquid notum per aliud: quod autem intellectualiter cognoscitur per se est notum, et ad ipsum cognoscendum natura cognoscentis sufficit absque exteriori medio. unde manifestum est quod defectivus quidam intellectus est ratio. divina igitur scientia non est ratiocinativa.
n.10 ‘ Adhuc. absque rationis discursu comprehenduntur ea quorum species sunt in cognoscente: non enim visus discurrit ad lapidem cognoscendum cuius similitudo in visu est. divina autem essentia est omnium similitudo, * ut supra probatum est. ‘ non igitur procedit ad aliquid cognoscendum per rationis discursum.
n.11 ‘ Patet etiam solutio eorum quae discursum in divinam scientiam inducere videntur. tum ex hoc quod per essentiam suam alia novit. * quod quidem ostensum est ‘ non fieri discursive: cum eius essentia se habeat ad alia non sicut principium ad conclusiones, sed sicut species ad res cognitas. tum ex hoc quod * inconveniens forte aliquibus videretur si “ deus syllogizare non posset. habet enim syllogizandi scientiam tanquam iudicans, et non sicut syllogizando discurrens.
n.12 * Huic autem veritati, rationibus probatae, etiam sacra scriptura testimonium perhibet. dicitur enim hebr. 4-13: ° omnia nuda et aperta sunt oculis eius. ‘ quae enim ratiocinando scimus non sunt secundum se nobis nuda et aperta, sed ratione aperiuntur et nudantur.

005 SCG lb1 cp58

n. ‘ Quod deus non intelligit componendo et dividendo.
n.1 ‘ Per eadem etiam ostendi potest quod intellectus divinus non intelligit per modum intellectus componentis et dividentis.
n.2 ‘ Cognoscit enim omnia cognoscendo essentiam suam. essentiam autem suam non cognoscit componendo et dividendo: cognoscit enim seipsum sicut est: in ipso autem nulla est compositio. non igitur intelligit per modum intellectus componentis et dividentis.
n.3 ‘ Adhuc. ea quae intellectu componuntur et dividuntur nata sunt seorsum ab eo considerari: compositione enim et divisione opus non esset si in hoc ipso quod de aliquo apprehenderetur quid est, haberetur quid ei inesset vel non inesset. si igitur deus intelligeret per modum intellectus componentis et dividentis, sequeretur quod non uno intuitu omnia consideraret, sed seorsum unumquodque. * cuius contrarium supra est ostensum.
n.4 ‘ Amplius. in deo non potest esse prius et posterius. compositio autem et divisio posterior est consideratione eius quod quid est, quae est eius principium. in operatione igitur divini intellectus compositio et divisio esse non potest.
n.5 ‘ Item. proprium obiectum intellectus est quod quid est: unde circa hoc non decipitur intellectus nisi per accidens, circa compositionem autem et divisionem decipitur; sicut et sensus qui est propriorum semper est verus, in aliis autem fallitur. in intellectu autem divino non est aliquid per accidens, sed solum quod per se est. in divino igitur intellectu non est compositio et divisio sed solum simplex rei acceptio.
n.6 ‘ Amplius. propositionis per intellectum componentem et dividentem formatae compositio in ipso intellectu existit, non in re quae est extra animam. si igitur intellectus divinus de rebus iudicet per modum intellectus componentis et dividentis, erit intellectus ipse compositus. quod est impossibile, * ut ex supra dictis patet.
n.7 ‘ Item. intellectus componens et dividens diversis compositionibus diversa diiudicat: compositio enim intellectus compositionis terminos non excedit; unde compositione qua intellectus diiudicat hominem esse animal, non diiudicat triangulum esse figuram. compositio autem vel divisio operatio quaedam intellectus est. si igitur deus res considerat componendo et dividendo, sequetur quod suum intelligere non sit unum tantum sed multiplex. et sic etiam sua essentia non erit una tantum: cum sua operatio intellectualis sit sua essentia, * ut supra ostensum est.
n.8 ‘ Non autem propter hoc oportet nos dicere quod enuntiabilia ignorat. nam essentia sua, cum sit una et simplex, exemplar est omnium multiplicium et compositorum. et sic per ipsam deus omnem multitudinem et compositionem tam naturae quam rationis cognoscit.
n.9 * His autem sacrae scripturae auctoritas consonat. dicitur enim isaiae 55-8 ° non enim cogitationes meae cogitationes vestrae. * et tamen in psalmo dicitur: ° dominus scit cogitationes hominum, ‘ quas constat per compositionem et divisionem intellectus procedere. * dionysius etiam dicit, vii cap. de div. nom.: ° igitur divina sapientia, seipsam cognoscens, cognoscit omnia, et materialia immaterialiter et indivisibiliter divisibilia et multa unitive.

005 SCG lb1 cp59

n. ‘ Quod a deo non excluditur veritas enuntiabilium.
n.1 ‘ Ex hoc autem apparet quod, licet divini intellectus cognitio non se habeat ad modum intellectus componentis et dividentis, non tamen excluditur ab eo veritas, “ quae, * secundum philosophum, “ solum circa compositionem et divisionem intellectus est.
n.2 ‘ Cum enim veritas intellectus sit “ adaequatio intellectus et rei, secundum quod intellectus dicit esse quod est vel non esse quod non est, ‘ ad illud in intellectu veritas pertinet quod intellectus dicit, non ad operationem qua illud dicit. non enim ad veritatem intellectus exigitur ut ipsum intelligere rei aequetur, cum res interdum sit materialis, intelligere vero immateriale: sed illud quod intellectus intelligendo dicit et cognoscit, oportet esse rei aequatum, ut scilicet ita sit in re sicut intellectus dicit. deus autem sua simplici intelligentia, in qua non est compositio et divisio, cognoscit non solum rerum quidditates, sed etiam enuntiationes, * ut ostensum est. ‘ et sic illud quod intellectus divinus intelligendo dicit est compositio et divisio. non ergo excluditur veritas ab intellectu divino ratione suae simplicitatis.
n.3 ‘ Amplius. cum aliquod incomplexum vel dicitur vel intelligitur, ipsum quidem incomplexum, quantum est de se, non est rei aequatum nec rei inaequale: cum aequalitas et inaequalitas secundum comparationem dicantur; incomplexum autem, quantum est de se, non continet aliquam comparationem vel applicationem ad rem. unde de se nec verum nec falsum dici potest: sed tantum complexum, in quo designatur comparatio incomplexi ad rem per notam compositionis aut divisionis. intellectus tamen incomplexus, intelligendo quod quid est, apprehendit quidditatem rei in quadam comparatione ad rem: quia apprehendit eam ut huius rei quidditatem. unde, licet ipsum incomplexum, vel etiam definitio, non sit secundum se verum vel falsum, tamen intellectus apprehendens quod quid est dicitur quidem per se semper esse verus, * ut patet in iii de anima; ‘ etsi per accidens possit esse falsus, inquantum vel definitio includit aliquam complexionem, vel partium definitionis ad invicem, vel totius definitionis |25| ad definitum. unde definitio dicetur, secundum quod intelligitur ut huius vel illius rei definitio, secundum quod ab intellectu accipitur, vel simpliciter falsa, si partes definitionis non cohaereant invicem, ut si dicatur animal insensibile; vel falsa secundum hanc rem, prout definitio circuli accipitur ut trianguli. dato igitur, per impossibile, quod intellectus divinus solum incomplexa cognosceret, adhuc esset verus, cognoscendo suam quidditatem ut suam.
n.4 ‘ Adhuc. divina simplicitas perfectionem non excludit: quia in suo esse simplici habet quicquid perfectionis in aliis rebus per quandam aggregationem perfectionum seu formarum invenitur, * ut supra ostensum est. ‘ intellectus autem noster, apprehendendo incomplexa, nondum pertingit ad ultimam suam perfectionem, quia adhuc est in potentia respectu compositionis vel divisionis: sicut et in naturalibus simplicia sunt in potentia respectu commixtorum, et partes respectu totius. deus igitur secundum suam simplicem intelligentiam illam perfectionem cognitionis habet quam intellectus noster habet per utramque cognitionem, et complexorum et incomplexorum. sed veritas consequitur intellectum nostrum in sui perfecta cognitione, quando iam usque ad compositionem pervenit. ergo et in ipsa simplici dei intelligentia est veritas.
n.5 ‘ Item. cum deus omnis boni bonum sit, utpote omnes bonitates in se habens, * ut supra ostensum est, ‘ bonitas intellectus ei deesse non potest. ° sed verum est bonum intellectus: * ut patet per philosophum, in vi ethicorum. ‘ ergo veritas in deo est.
n.6 * Et hoc est quod dicitur in psalmo: ° est autem deus verax.

005 SCG lb1 cp60

n. ‘ Quod deus est veritas.
n.1 ‘ Ex praemissis autem apparet quod ipse deus est veritas.
n.2 ‘ Veritas enim quaedam perfectio est intelligentiae, sive intellectualis operationis, * ut dictum est. ‘ intelligere autem dei est sua substantia. ipsum etiam intelligere, cum sit divinum esse, * ut ostensum est, ‘ non supervenienti aliqua perfectione perfectum est, sed est per seipsum perfectum: * sicut et de divino esse supra ostensum est. ‘ relinquitur igitur quod divina substantia sit ipsa veritas.
n.3 ‘ Item. ° veritas est quaedam bonitas intellectus, * secundum philosophum. ‘ deus autem est sua bonitas, * ut supra ostensum est. ‘ ergo est etiam sua veritas.
n.4 ‘ Praeterea. de deo nihil participative dici potest: cum sit suum esse, quod nihil participat. sed veritas est in deo, * ut supra ostensum est. ‘ si igitur non dicatur participative, oportet quod dicatur essentialiter. deus ergo est sua veritas.
n.5 ‘ Amplius. “ licet verum proprie non sit in rebus sed in mente, * secundum philosophum, ‘ res tamen interdum vera dicitur, secundum quod proprie actum propriae naturae consequitur. * unde avicenna dicit, in sua metaphysica, quod ° veritas rei est proprietas esse uniuscuiusque rei quod stabilitum est ei, ‘ inquantum talis res nata est de se facere veram aestimationem, et inquantum propriam sui rationem quae est in mente divina, imitatur. sed deus est sua essentia. ergo, sive de veritate intellectus loquamur sive de veritate rei, deus est sua veritas.
n.6 * Hoc autem confirmatur auctoritate domini de se dicentis, ioan. 14-6: ° ego sum via, veritas et vita.

005 SCG lb1 cp61

n. ‘ Quod deus est purissima veritas.
n.1 ‘ Hoc autem ostenso, manifestum est quod in deo est pura veritas, cui nulla falsitas vel deceptio admisceri potest.
n.2 ‘ Veritas enim falsitatem non compatitur: sicut nec albedo nigredinem. deus autem non solum est verus, sed est ipsa veritas. ergo in eo falsitas esse non potest.
n.3 ‘ Amplius. intellectus non decipitur in cognoscendo quod quid est: sicut nec sensus in proprio sensibili. omnis autem cognitio divini intellectus se habet ad modum intellectus cognoscentis quod quid est, * ut ostensum est. ‘ impossibile est igitur in divina cognitione errorem sive deceptionem aut falsitatem esse.
n.4 ‘ Praeterea. intellectus in primis principiis non errat, sed in conclusionibus interdum, ad quas ex principiis primis ratiocinando procedit. intellectus autem divinus non est ratiocinativus aut discursivus, * ut supra ostensum est. ‘ non igitur potest esse in ipso falsitas aut deceptio.
n.5 ‘ Item. quanto aliqua vis cognoscitiva est altior, tanto eius proprium obiectum est universalius, plura sub se continens: unde illud quod visus cognoscit per accidens, sensus communis aut imaginatio apprehendit ut sub proprio obiecto contentum. sed vis divini intellectus est in fine sublimitatis in cognoscendo. ergo omnia cognoscibilia comparantur ad ipsum sicut cognoscibilia proprie et per se et non secundum accidens. in talibus autem virtus cognoscitiva non errat. in nullo igitur cognoscibili possibile est divinum intellectum errare.
n.6 ‘ Amplius. virtus intellectualis est quaedam perfectio intellectus in cognoscendo. secundum autem virtutem intellectualem non contingit intellectum falsum dicere, sed semper verum: verum enim dicere est bonus actus intellectus, virtutis autem est “ actum bonum reddere. ‘ sed divinus intellectus perfectior est per suam naturam quam intellectus humanus per habitum virtutis: est enim in fine perfectionis. relinquitur igitur quod in intellectu divino non potest esse falsitas.
n.7 ‘ Adhuc. scientia intellectus humani a rebus quodammodo causatur: unde provenit quod scibilia sunt mensura scientiae humanae; ex hoc enim verum est quod intellectus diiudicat, quia res ita se habet, et non e converso. intellectus autem divinus per suam scientiam est causa rerum. unde oportet quod scientia eius sit mensura rerum: sicut ars est mensura artificiatorum, quorum unumquodque in tantum perfectum est inquantum arti concordat. talis igitur est comparatio intellectus divini ad res qualis rerum ad intellectum humanum. falsitas autem causata ex inaequalitate intellectus humani et rei non est in rebus, sed in intellectu. si igitur non esset omnimoda adaequatio intellectus divini ad res, falsitas esset in rebus, non in intellectu divino. nec tamen in rebus est falsitas: quia quantum unumquodque habet de esse, tantum habet de veritate. nulla igitur inaequalitas est inter intellectum divinum et res; nec aliqua falsitas in intellectu divino esse potest.
n.8 ‘ Item. “ sicut verum est bonum intellectus, ita fal-

sum est malum ipsius: ' naturaliter enim appetimus verum cognoscere et refugimus falso decipi. malum autem in deo esse non potest, * ut probatum est. ' non potest igitur in eo esse falsitas.
n.9 * Hinc est quod dicitur rom. 3-4: ° est autem deus verax; * et num. 23-19: ° non est deus ut homo, ut mentiatur; * et i ioan. 1-5: ° deus lux est et tenebrae in eo non sunt ullae.

005 SCG lb1 cp62

n. ' Quod divina veritas est prima et summa veritas.
n.1 ' Ex his autem quae ostensa sunt manifeste habetur quod divina veritas sit prima et summa veritas.
n.2 ° Sicut enim est dispositio rerum in esse, ita et in veritate, * ut patet per philosophum, in ii metaph.: ' et hoc ideo quia verum et ens se invicem consequuntur; est enim verum " cum dicitur esse quod est vel non esse quod non est. ' sed divinum esse est primum et perfectissimum. ergo et sua veritas est prima et summa.
n.3 ' Item. quod per essentiam alicui convenit, perfectissime ei convenit. sed veritas deo attribuitur essentialiter, * ut ostensum est. ' sua igitur veritas est summa et prima veritas.
n.4 ' Praeterea. veritas in nostro intellectu ex hoc est quod adaequatur rei intellectae. " aequalitatis autem causa est unitas, * ut patet in v metaphysicae. ' cum igitur in intellectu divino sit omnino idem intellectus et quod intelligitur, sua veritas erit prima et summa veritas.
n.5 ' Amplius. illud quod est mensura in unoquoque genere, est perfectissimum illius generis: unde omnes colores mensurantur albo. sed divina veritas est mensura omnis veritatis. veritas enim nostri intellectus mensuratur a re quae est extra animam, ex hoc enim intellectus noster verus dicitur quod consonat rei: veritas autem rei mensuratur ad intellectum divinum, qui est causa rerum, * ut infra probabitur; ' sicut veritas artificiatorum ab arte artificis; tunc enim vera est arca quando consonat arti. cum etiam deus sit primus intellectus et primum intelligibile, oportet quod veritas intellectus cuiuslibet eius veritate mensuretur: ° si unumquodque mensuratur primo sui generis, * ut philosophus tradit, in x metaphysicae. ' divina igitur veritas est prima, summa et perfectissima veritas.

005 SCG lb1 cp63

n. ' Rationes volentium subtrahere deo cognitionem singularium.
n.1 * Sunt autem quidam qui " perfectioni divinae cognitionis singularium notitiam subtrahere nituntur. * ad quod quidem confirmandum septem viis procedunt.
n.2 * Prima est ex ipsa singularitatis conditione. " cum enim singularitatis principium sit materia signata, non videtur per aliquam virtutem immaterialem singularia posse cognosci, si omnis cognitio per quandam assimilationem fiat. unde et in nobis illae solae potentiae singularia apprehendunt quae materialibus organis utuntur, ut imaginatio et sensus et huiusmodi; intellectus autem noster, quia immaterialis est, singularia non cognoscit. multo igitur minus intellectus divinus singularium est cognoscitivus, qui maxime a materia recedit. et sic nullo modo videtur quod deus singularia cognoscere possit.
n.3 * Secunda est quod " singularia non semper sunt. aut igitur semper scientur a deo: aut quandoque scientur et quandoque non scientur. primum esse non potest: quia de eo quod non est non potest esse scientia, quae solum verorum est; ea autem quae non sunt, vera esse non possunt. secundum etiam esse non potest: quia divini intellectus cognitio est omnino invariabilis, * ut ostensum est.
n.4 * Tertia, ex eo quod " non omnia singularia de necessitate proveniunt, sed quaedam contingenter. unde de eis certa cognitio esse non potest nisi quando sunt. certa enim cognitio est quae falli non potest: cognitio autem omnis quae est de contingenti, cum futurum est, falli potest; potest enim evenire oppositum eius quod cognitione tenetur; si enim non posset oppositum evenire, iam necessarium esset. unde et de contingentibus futuris non potest esse in nobis scientia, sed coniecturalis aestimatio quaedam. supponere autem oportet omnem dei cognitionem esse certissimam et infallibilem, * ut supra ostensum est. " impassibile est etiam quod deus aliquid de novo cognoscere incipiat, propter eius immutabilitatem, * ut dictum est. " ex his igitur videtur sequi quod singularia contingentia non cognoscat.
n.5 * Quarta est ex hoc quod " quorundam singularium causa est voluntas. effectus autem, antequam sit, non potest nisi in sua causa cognosci: sic enim solum esse potest antequam in se esse incipiat. motus autem voluntatis a nullo possunt per certitudinem cognosci nisi a volente, in cuius potestate sunt. impossibile igitur videtur quod deus de huiusmodi singularibus quae causam ex voluntate sumunt, notitiam aeternam habeat.
n.6 * Quinta est ex singularium infinitate. " infinitum enim, inquantum huiusmodi, est ignotum: nam omne quod cognoscitur sub cognoscentis comprehensione quodammodo mensuratur; cum mensuratio nihil aliud sit quam quaedam certificatio rei mensuratae. unde omnis ars infinita repudiat. singularia autem sunt infinita, ad minus in potentia. impossibile igitur videtur quod deus singularia cognoscat.
n.7 * Sexta est ex ipsa vilitate singularium. " cum enim nobilitas scientiae ex nobilitate scibilis quodammodo pensetur, vilitas etiam scibilis in vilitatem scientiae redundare videtur. divinus autem intellectus nobilissimus est. non igitur eius nobilitas patitur quod deus quaedam vilissima inter singularia cognoscat.
n.8 * Septima est " ex malitia quae in quibusdam singularibus invenitur. cum enim cognitum sit aliquo modo in cognoscente; malum autem in deo esse non possit, * ut supra ostensum est: " videtur sequi quod deus malum et privationem omnino non cognoscat, sed solum intellectus qui est in potentia; privatio enim non nisi in potentia esse potest. et ex hoc sequitur quod non habeat deus de singularium notitiam, in quibus malum et privatio invenitur.

005 SCG lb1 cp64

n. ' Ordo dicendorum circa divinam cognitionem.
n.1 ' Ad huius autem erroris exclusionem; ut etiam divinae scientiae perfectio ostendatur; oportet diligenter veritatem inquirere circa singula praedictorum, ut ea quae sunt veritati contraria repellantur. primo, ergo, ostendemus quod divinus intellectus singularia cognoscit. secundo, quod cognoscit ea quae non sunt in actu. tertio, quod cognoscit contingentia futura infallibili cognitione. quarto, quod cognoscit motus voluntatis. quinto, quod cognoscit infinita. sexto, quod cognoscit quaelibet vilia et minima in entibus. septimo, quod cognoscit mala et privationes quaslibet vel defectus.

005 SCG lb1 cp65

n. ' Quod deus singularia cognoscat.
n.1 ' Primo igitur ostendemus quod singularium cognitio deo non potest deesse.
n.2 * Ostensum enim est supra quod ' deus cognoscit alia inquantum est causa eis. effectus autem dei sunt res singulares. hoc enim modo deus causat res, inquantum facit eas esse in actu: universalia autem non sunt res subsistentes, sed habent esse solum in singularibus, * ut probatur in vii metaphysicae. ' deus igitur cognoscit res alias a se non solum in universali, sed etiam in singulari.
n.3 ' Item. cognitis principiis ex quibus constituitur essentia rei, necesse est rem illam cognosci: sicut, cognita anima rationali et corpore tali, cognoscitur homo. singularis autem essentia constituitur ex materia designata et forma individuata: sicut socratis essentia ex hoc corpore et hac anima, ut essentia hominis universalis ex anima et corpore, * ut patet in vii metaphysicae. ' unde, sicut haec cadunt in definitione hominis universalis, ita illa caderent in definitione socratis si posset definiri. cuicumque igitur adest cognitio materiae, et eorum per quae materia designatur, et formae in materia individuatae, ei non potest deesse cognitio singularis. sed dei cognitio usque ad materiam et accidentia individuantia et formas pertingit. cum enim suum intelligere sit sua essentia, oportet quod intelligat omnia quae sunt quocumque modo in eius essentia; in qua quidem virtute sunt, sicut in prima origine, omnia quae esse quocumque modo habent, cum sit primum et universale essendi principium; |25| a quibus materia et accidens non sunt aliena, cum materia sit ens in potentia et accidens sit ens in alio. deo igitur cognitio singularium non deest.
n.4 ' Amplius. natura generis perfecte non potest cognosci nisi eius differentiae primae et passiones propriae cognoscantur: non enim perfecte sciretur natura numeri si par et impar ignorarentur. sed universale et singulare sunt differentiae, vel per se passiones entis. si igitur deus, cognoscendo essentiam suam, perfecte cognoscit naturam communem entis, oportet quod perfecte cognoscat universale et singulare. sicut autem non perfecte cognosceret universale si cognosceret intentionem universalitatis et non cognosceret rem universalem, ut hominem aut animal; ita non perfecte cognosceret singulare si cognosceret rationem singularitatis et non cognosceret hoc vel illud singulare. oportet igitur quod deus res singulares cognoscat.
n.5 ' Adhuc. sicut deus est ipsum suum esse, ita est suum cognoscere, * ut ostensum est. ' sed ex hoc quod est suum esse oportet quod in ipso inveniantur omnes perfectiones essendi sicut in prima essendi origine, * ut supra habitum est. ' ergo oportet quod in eius cognitione inveniatur omnis cognitionis perfectio sicut in primo cognitionis fonte. hoc autem non esset si ei singularium notitia deesset: cum in hoc aliquorum cognoscentium perfectio consistat. impossibile est igitur eum singularium notitiam non habere.
n.6 ' Praeterea. in omnibus virtutibus ordinatis hoc communiter invenitur quod virtus superior ad plura se extendit et tamen est unica, virtus vero inferior se extendit ad pauciora, et multiplicatur tamen respectu illorum: sicut patet in imaginatione et sensu; nam una vis imaginationis se extendit ad omnia quae quinque vires sensuum cognoscunt et ad plura. sed vis cognoscitiva in deo est superior quam in homine. quicquid ergo homo diversis viribus cognoscit, intellectu scilicet, imaginatione et sensu, hoc deus uno suo simplici intellectu considerat. est igitur singularium cognoscitivus, quae nos sensu et imaginatione apprehendimus.
n.7 ' Amplius. divinus intellectus ex rebus cognitionem non sumit, sicut noster, sed magis per suam cognitionem est causa rerum, * ut infra ostendetur: ' et sic eius cognitio quam de rebus aliis habet, est ad modum practicae cognitionis. practica autem cognitio non est perfecta nisi ad singularia perveniatur: nam practicae cognitionis finis est operatio, quae in singularibus est. divina igitur cognitio quam de aliis rebus habet, se usque ad singularia extendit.
n.8 ' Adhuc. primum mobile movetur a motore movente per intellectum et appetitum, * ut supra ostensum est. ' non autem posset motor aliquis per intellectum causare motum nisi cognosceret mobile inquantum natum est moveri secundum locum. hoc autem est inquantum est hic et nunc: et per consequens inquantum est singulare. intellectus igitur qui est motor primi mobilis, cognoscit primum mobile inquantum est singulare. qui quidem motor vel ponitur deus, et sic habetur propositum: vel aliquid quod est infra deum. cuius intellectus si potest cognoscere singulare sua virtute, quod noster intellectus non potest, multo magis hoc poterit intellectus dei.
n.9 ' Item. " agens honorabilius est patiente et acto, ' sicut actus potentia. forma igitur quae est inferioris gradus non potest agendo perducere suam similitudinem in gradum altiorem; sed forma superior poterit perducere agendo suam similitudinem in gradum inferiorem; sicut ex virtutibus incorruptibilibus stellarum producuntur formae corruptibiles in istis inferioribus, virtus autem corruptibilis non potest producere formam incorruptibilem. cognitio autem omnis fit per assimilationem cognoscentis et cogniti: in hoc tamen differt, quod assimilatio in cognitione humana fit per actionem rerum sensibilium in vires cognoscitivas humanas, in cognitione autem dei est e converso per actionem formae intellectus divini in res cognitas. forma igitur rei sensibilis, cum sit per suam materialitatem individuata, suae singularitatis similitudinem perducere non potest in hoc quod sit omnino immaterialis, sed solum usque ad vires quae organis materialibus utuntur; ad intellectum autem perducitur per virtutem intellectus |25| agentis, inquantum omnino a conditionibus materiae exuitur; et sic similitudo singularitatis formae sensibilis non potest pervenire usque ad intellectum humanum. similitudo autem formae intellectus divini, cum pertingat usque ad rerum minima, ad quae pertingit sua causalitas, pervenit usque ad singularitatem formae sensibilis et materialis. intellectus igitur divinus potest cognoscere singularia, non autem humanus.
n.10 * Praeterea. sequeretur inconveniens quod philosophus contra empedoclem inducit, scilicet " deum esse insipientissimum, si singularia non cognoscit, quae etiam homines cognoscunt.
n.11 * Haec autem probata veritas etiam scripturae sacrae auctoritate firmatur. dicitur enim hebr. 4-13: ° non est ulla creatura invisibilis in conspectu eius. * error etiam contrarius excluditur eccli. 16-16: ° non dicas: a deo abscondar, et ex summo quis mei memorabitur?
n.12 * Patet etiam ex dictis qualiter obiectio in contrarium facta non recte concludit. ' nam id quo intellectus divinus intelligit, etsi immateriale sit, est tamen et materiae et formae similitudo, sicut primum principium productivum utriusque.

005 SCG lb1 cp66

n. ' Quod deus cognoscit ea quae non sunt.
n.1 ' Deinde ostendendum est quod deo non deest notitia eorum etiam quae non sunt.
n.2 * Ut enim ex supra dictis patet, ' eadem est comparatio scientiae divinae ad res scitas quae scibilium ad scientiam nostram. est autem haec comparatio scibilis ad nostram scientiam, quod scibile potest esse absque eo quod eius scientia a nobis habeatur, * ut ponit exemplum philosophus, in praedicamentis, de circuli quadratura; ' non autem e converso. talis ergo erit comparatio divinae scientiae ad res alias quod etiam non existentium esse potest.
n.3 ' Item. cognitio divini intellectus comparatur ad res alias sicut cognitio artificis ad artificiata: cum per suam scientiam sit causa rerum. artifex autem suae artis cognitione etiam ea quae nondum sunt artificiata cognoscit: formae enim artis ex eius scientia effluunt in exteriorem materiam ad artificiatorum constitutionem; unde nihil prohibet in scientia artificis esse formas quae nondum exterius prodierunt. sic igitur nihil prohibet deum eorum quae non sunt notitiam habere.
n.4 ' Praeterea. deus cognoscit alia a se per suam essentiam inquantum est similitudo eorum quae ab eo procedunt, * ut ex dictis patet. ' sed, cum essentia dei sit infinitae perfectionis, * ut supra ostensum est; ' quaelibet autem alia res habeat esse et perfectionem terminatam: impossibile est quod universitas rerum aliarum adaequet essentiae divinae perfectionem. extendit igitur se vis suae repraesentationis ad multo plura quam ad ea qua sunt. si igitur deus totaliter virtutem et perfectionem essentiae suae cognoscit, extendit se eius cognitio non solum ad ea quae sunt, sed etiam ad ea qua non sunt.
n.5 ' Amplius. intellectus noster, secundum illam operationem qua cognoscit quod quid est, notitiam ha-

bere potest etiam eorum quae non sunt actu: potest enim leonis vel equi essentiam comprehendere omnibus huiusmodi animalibus interemptis. intellectus autem divinus cognoscit ad modum cognoscentis quod quid est non solum definitiones, sed etiam enuntiabilia, * ut ex supra dictis patet. ' potest igitur etiam eorum quae non sunt notitiam habere.

n.6 ' Adhuc. effectus aliquis in sua causa praenosci potest etiam antequam sit: sicut praenoscit astrologus eclipsim futuram ex consideratione ordinis caelestium motuum. sed cognitio dei est de rebus omnibus per causam: se enim cognoscendo, qui est omnium causa, alia quasi suos effectus cognoscit, * ut supra ostensum est. ' nihil igitur prohibet quin etiam quae nondum sunt cognoscat.

n.7 ' Amplius. intelligere dei successionem non habet, sicut nec eius esse. est igitur totum simul semper manens: quod de ratione aeternitatis est. temporis autem duratio successione prioris et posterioris extenditur. proportio igitur aeternitatis ad totam temporis durationem est sicut proportio indivisibilis ad continuum: non quidem eius indivisibilis quod terminus continui est, quod non adest cuilibet parti continui,- huius enim similitudinem habet instans temporis - sed eius indivisibilis quod extra continuum est, cuilibet tamen parti continui, sive puncto in continuo signato, coexistit: nam, cum tempus motum non excedat, aeternitas, quae omnino extra motum est, nihil temporis est.

n.8 ' Rursum, cum aeterni esse nunquam deficiat, cuilibet tempori vel instanti temporis praesentialiter adest aeternitas. cuius exemplum utcumque in circulo est videre: punctum enim in circumferentia signatum, etsi indivisibile sit, non tamen cuilibet puncto alii secundum situm coexistit simul, ordo enim situs continuitatem circumferentiae facit; centrum vero, quod est extra circumferentiam, ad quodlibet punctum in circumferentia signatum directe oppositionem habet. quicquid igitur in quacumque parte temporis est, coexistit aeterno quasi praesens eidem: etsi respectu alterius partis temporis sit praeteritum vel futurum. aeterno autem non potest aliquid praesentialiter coexistere nisi toti: quia successionis durationem non habet. quicquid igitur per totum decursum temporis agitur, divinus intellectus in tota sua aeternitate intuetur quasi praesens. nec tamen quod quadam parte temporis agitur, semper fuit existens. relinquitur igitur quod eorum quae secundum decursum temporis nondum sunt, |25| deus notitiam habet.

n.9 ' Per has igitur rationes apparet quod deus non entium notitiam habet. non tamen omnia non entia eandem habent habitudinem ad eius scientiam.

n.10 ' Ea enim quae non sunt nec erunt nec fuerunt, a deo sciuntur quasi eius virtuti possibilia. unde non cognoscit ea ut existentia aliqualiter in seipsis, sed ut existentia solum in potentia divina. * quae quidem a quibusdam dicuntur " a deo cognosci secundum notitiam simplicis intelligentiae.

n.11 ' Ea vero quae sunt praesentia, praeterita vel futura nobis, cognoscit deus secundum quod sunt in sua potentia, et in propriis causis, et in seipsis. et horum cognitio dicitur notitia visionis: non enim deus rerum quae apud nos nondum sunt, videt solum esse quod habent in suis causis, sed etiam illud quod habent in seipsis, inquantum eius aeternitas est praesens sua indivisibilitate omni tempori.

n.12 ' Et tamen esse quodcumque rei deus cognoscit per essentiam suam. nam sua essentia est repraesentabilis per multa quae non sunt nec erunt nec fuerunt. ipsa etiam est similitudo virtutis cuiuslibet causae, secundum quam praeexistunt effectus in causis. esse etiam cuiuslibet rei quod habet in seipsa, est ab ea exemplariter deductum.

n.13 ' Sic igitur non entia cognoscit deus inquantum aliquo modo habent esse: vel in potentia dei, vel in causis suis, vel in seipsis. quod rationi scientiae non obsistit.

n.14 * His autem quae praemissa sunt etiam scripturae sacrae auctoritas testimonium perhibet. dicitur enim eccli. 23-29: ° domino deo nostro, antequam crearentur, nota sunt omnia: sic et post perfectum cognoscit omnia. * et ier. 1-5: ° priusquam te formarem in utero novi te.

n.15 * Patet autem ex praemissis quod ' non cogimur dicere, * sicut quidam dixerunt, " deum universaliter singularia cognoscere, quia cognoscit ea in causis universalibus tantum, sicut qui cognosceret eclipsim hanc, non prout haec, sed prout provenit ex oppositione: * cum ostensum sit quod ' divina cognitio se extendit ad singularia prout sunt in seipsis.

005 SCG lb1 cp67

n. ' Quod deus cognoscit singularia contingentia futura.

n.1 ' Ex his autem iam aliqualiter patere potest quod contingentium singularium ab aeterno deus infallibilem scientiam habuit, nec tamen contingentia esse desistunt.

n.2 ' Contingens enim certitudini cognitionis non repugnat nisi secundum quod futurum est, non autem secundum quod praesens est. contingens enim, cum futurum est, potest non esse: et sic cognitio aestimantis ipsum futurum esse falli potest; falletur enim si non erit quod futurum esse aestimavit. ex quo autem praesens est, pro illo tempore non potest non esse: potest autem in futurum non esse, sed hoc non iam pertinet ad contingens prout praesens est, sed prout futurum est. unde nihil certitudini sensus deperit cum quis videt currere hominem, quamvis hoc dictum sit contingens. omnis igitur cognitio quae supra contingens fertur prout praesens est, certa esse potest. divini autem intellectus intuitus ab aeterno fertur in unumquodque eorum quae temporis cursu peraguntur prout praesens est, * ut supra ostensum est. ' relinquitur igitur quod de contingentibus nihil prohibet deum ab aeterno scientiam infallibilem habere.

n.3 ' Item. contingens a necessario differt secundum quod unumquodque in sua causa est: contingens enim sic in sua causa est ut non esse ex ea possit et esse; necessarium vero non potest ex sua causa nisi esse. secundum id vero quod utrumque eorum in se est, non differt quantum ad esse, supra quod fundatur verum: quia in contingenti, secundum id quod in se est, non est esse et non esse, sed solum esse, licet in futurum contingens possit non esse. divinus autem intellectus ab aeterno cognoscit res non solum secundum esse quod habent in causis suis, sed etiam secundum esse quod habent in seipsis. nihil igitur prohibet ipsum habere aeternam cognitionem de contingentibus et infallibilem.

n.4 ' Amplius. sicut ex causa necessaria certitudinaliter sequitur effectus, ita ex causa contingenti completa si non impediatur. sed, cum deus cognoscat omnia, * ut ex supra dictis patet, ' scit non solum causas contingentium, sed etiam ea quibus possunt impediri. scit igitur per certitudinem an contingentia sint vel non sint.

n.5 ' Adhuc. effectum excedere suae causae perfectionem non contingit, interdum tamen ab ea deficit. unde, cum in nobis ex rebus cognitio causetur, contingit interdum quod necessaria non per modum necessitatis cognoscimus, sed probabilitatis. sicut autem apud nos res sunt causa cognitionis, ita divina cognitio est causa rerum cognitarum. nihil igitur prohibet ea in se contingentia esse de quibus deus necessariam scientiam habet.

n.6 ' Praeterea. effectus non potest esse necessarius cuius causa est contingens: contingeret enim effectum esse remota causa. effectus autem ultimi causa est et proxima et remota. si igitur proxima fuerit contingens, eius effectum contingentem oportet esse, etiam si causa remota necessaria sit: sicut plantae non necessario fructificant, quamvis motus solis sit necessarius, propter causas intermedias contingentes. scientia autem dei, etsi sit causa rerum scitarum per ipsam, est tamen causa remota. eius igitur necessitati scitorum contingentia non repugnat: cum contingat causas intermedias contingentes esse.

n.7 ' Item. scientia dei vera non esset et perfecta si non hoc modo res evenirent sicut deus eas evenire cognoscit. deus autem, cum sit cognitor totius esse, cuius est principium, cognoscit unumquemque effectum non solum in se, sed etiam in ordine ad quaslibet suas causas. ordo autem contingentium ad suas causas proximas est ut contingenter ex eis proveniant. cognoscit igitur deus aliqua evenire et contingenter evenire. sic igitur divinae scientiae certitudo et veritas rerum contingentiam non tollit.

n.8 * Patet igitur ex dictis quomodo ' obiectio cognitionem contingentium in deo impugnans sit repellenda. non enim posteriorum variatio prioribus variabilitatem inducit: cum contingat ex causis necessariis primis effectus ultimos contingentes procedere. res autem a deo scitae non sunt priores eius scientia, sicut apud nos est, sed sunt ea posteriores. non igitur sequitur, si id quod est a deo scitum variari potest, quod eius scientia possit falli vel qualitercumque variari. secundum consequens igitur decipiemur si, quia nostra cognitio rerum variabilium variabilis est, propter hoc in omni cognitione hoc necessario accidere putetur.

n.9 ' Rursus, cum dicitur, deus scit, vel scivit, hoc futurum, medium quoddam accipitur inter divinam scientiam et rem scitam, scilicet tempus in quo est locutio, respectu cuius illud quod a deo scitum dicitur est futurum. non autem est futurum respectu divinae scientiae, quae, in momento aeternitatis existens, ad omnia praesentialiter se habet. respectu cuius, si tempus locutionis de medio subtrahatur, non est dicere hoc esse cognitum quasi non existens, ut locum habeat quaestio qua quaeritur an possit non esse: sed sic cognitum dicetur a deo ut iam in sua existentia visum. quo posito, non remanet praedictae quaestioni locus: quia quod iam est, non potest, quantum ad illud instans, non esse. deceptio igitur accidit ex hoc quod tempus in quo loquimur, coexistit aeternitati, vel etiam tempus praeteritum - quod designatur cum dicimus, deus scivit -: unde habitudo temporis praeteriti vel praesentis ad futurum aeternitati attribuitur, quae omnino ei non competit. et ex hoc accidit secundum accidens |25| falli.

n.10 ' Praeterea, si unumquodque a deo cognoscitur sicut praesentialiter visum, sic necessarium erit esse quod deus cognoscit, sicut necessarium est socratem sedere ex hoc quod sedere videtur. hoc autem non necessarium est absolute, vel, * ut a quibusdam dicitur, ° necessitate consequentis: ' sed sub conditione, vel ° necessitate consequentiae. ' haec enim conditionalis est necessaria: si videtur sedere, sedet. unde et, si conditionalis in categoricam transferatur, ut dicatur, quod videtur sedere, necesse est sedere, patet eam de dicto intellectam, et compositam, esse veram; de re vero intellectam, et divisam, esse falsam. et sic in his, et in omnibus similibus quae dei scientiam circa contingentia oppugnantes argumentantur, secundum compositionem et divisionem falluntur.

n.11 * Quod autem deus futura contingentia sciat, etiam auctoritate scripturae sacrae ostenditur. dicitur enim sap. 8-8, de divina sapientia: ° signa et monstra scit antequam fiant, et eventus temporum et saeculorum. * et eccli. 39-24: ° non est quicquam absconditum ab oculis eius: a saeculo usque in saeculum respicit. * et isaiae 48-5: ° praedixi tibi ex tunc: antequam venirent, indicavi tibi.

005 SCG lb1 cp68

n. ' Quod deus cognoscit motus voluntatis.

n.1 ' Deinde oportet ostendere quod deus cogitationes mentium et voluntates cordium cognoscat.

n.2 ' Omne enim quod quocumque modo est cognoscitur a deo, inquantum suam essentiam cognoscit, * ut supra ostensum est. ' ens autem quoddam est in anima, quoddam in rebus extra animam. cognoscit igitur deus omnes huiusmodi entis differentias, et quae sub eis continentur. ens autem in anima est quod est in voluntate vel cogitatione. relinquitur igitur quod deus ea quae sunt in cogitatione et voluntate cognoscat.

n.3 ' Amplius. sic deus cognoscendo suam essentiam alia cognoscit, sicut per cognitionem causae cognoscuntur effectus. omnia igitur deus cognoscit, suam essentiam cognoscendo, ad quae sua causalitas extenditur. extenditur autem ad operationes intellectus et voluntatis: nam, cum res quaelibet operetur per suam formam, a qua est aliquod esse rei, oportet fontale principium totius esse, a quo est etiam omnis forma, omnis operationis principium esse; cum effectus causarum secundarum in causas primas principalius reducantur. cognoscit igitur deus et cogitationes et affectiones mentis.

n.4 ' Item. sicut esse suum est primum et per hoc omnis esse causa, ita suum intelligere est primum, et per hoc omnis intellectualis operationis intellectualis causa. sicut igitur deus cognoscendo suum esse cognoscit esse cuiuslibet rei, ita cognoscendo suum intelligere et velle cognoscit omnem cogitationem et voluntatem.

n.5 ' Adhuc. deus non solum cognoscit res secundum quod in seipsis sunt, sed etiam secundum quod sunt in causis suis, * ut ex supra dictis patet: ' cognoscit enim ordinem causae ad suum effectum. sed artificialia sunt in artificibus per intellectum et voluntatem artificum, sicut res naturales sunt in suis causis per virtutes causarum sicut enim res naturales assimilant sibi suos effectus per suas virtutes activas, ita artifex per intellectum inducit formam artificiati, per quam assimilatur suae arti. et similis ratio est de omnibus quae a proposito aguntur. scit igitur deus et cogitationes et voluntates.

n.6 ' Item. deus non minus cognoscit substantias intelligibiles quam ipse, vel nos, substantias sensibiles: cum substantiae intellectuales sint magis cognoscibiles, puta magis in actu existentes. informationes autem et inclinationes substantiarum sensibilium cognoscuntur et a deo et a nobis. cum igitur cogitatio animae sit per informationem quandam ipsius; affectio autem sit quaedam inclinatio ipsius ad aliquid, nam et ipsam inclinationem rei naturalis appetitum naturalem dicimus; relinquitur quod deus cogitationes et affectiones cordium cognoscat.

n.7 * Hoc autem testimonio scripturae sacrae confirmatur. dicitur enim in psalmo: ° scrutans corda et renes deus; * prov. 15-11: ° infernus et perditio coram domino: quanto magis corda filiorum hominum. * ioan. 2-25: ° ipse sciebat quid esset in homine.

n.8 ' Dominium autem quod habet voluntas supra suos actus, per quod in eius est potestate velle vel non velle, excludit determinationem virtutis ad unum, et violentiam causae exterius agentis: non autem excludit influentiam superioris causae, a qua est ei esse et operari. et sic remanet causalitas in causa prima, quae deus est, respectu motuum voluntatis: ut sic deus, seipsum cognoscendo, huiusmodi cognoscere possit.

005 SCG lb1 cp69

n. ' Quod deus cognoscit infinita.

n.1 ' Post haec ostendendum est quod deus infinita cognoscit.

n.2 ' Cognoscendo enim se esse causam rerum alia a se cognoscit, * ut ex superioribus patet. ' ipse autem est causa infinitorum, si infinita sunt entia: est enim omnium eorum quae sunt causa. est igitur infinitorum cognoscitivus.

n.3 ' Item. deus suam virtutem perfecte cognoscit, * ut ex supra dictis patet. ' virtus autem non potest cognosci perfecte nisi cognoscantur omnia in quae potest: cum secundum ea quantitas virtutis quodammodo attendatur. sua autem virtus, cum sit infinita, * ut ostensum est supra, ' ad infinita se extendit. est igitur deus infinitorum cognitor.

n.4 ' Amplius. si dei cognitio ad omnia se extendit quae quocumque modo sunt, * ut ostensum est, ' oportet quod non solum cognoscat ens actu, sed etiam ens potentia. " sed in rebus naturalibus est infinitum in potentia, etsi non actu, * ut philosophus probat in iii physicorum. ' cognoscit igitur deus infinita: sicut unitas, quae est principium numeri, infinitas species numerorum cognosceret si cognosceret quicquid est in se in potentia; est enim unitas potentia omnis numerus.

n.5 ' Adhuc. deus essentia sua sicut quodam medio exemplari alia cognoscit. sed cum sit perfectionis infinitae, * ut supra ostensum est, ' ab ipso exemplari possunt infinita habentia perfectiones finitas: quia nec aliquod unum eorum, nec quotlibet plura exemplata perfectionem exemplaris adaequare possunt; et sic semper remanet novus modus quo aliquod exemplatum ipsam imitari possit. nihil igitur prohibet ipsum per essentiam suam infinita cognoscere.

n.6 ' Praeterea. esse dei est suum intelligere. sicut igitur suum esse est infinitum, * ut ostensum est, ' ita suum intelligere est infinitum. sicut autem se habet finitum ad finitum, ita infinitum ad infinitum. si igitur secundum intelligere nostrum, quod finitum est, finita capere possumus, et deus secundum suum intelligere infinita capere potest.

n.7 ' Amplius. ° intellectus cognoscens maximum intelligibile non minus cognoscit minora, sed magis, * ut patet per philosophum, in iii de anima: ' quod ex hoc provenit quia intellectus non corrumpitur ex excellenti intelligibili, sicut sensus, sed magis perficitur. sed si accipiantur infinita entia; sive sint eiusdem speciei, ut infiniti homines, sive infinitarum specierum; etiam si aliqua vel omnia essent infinita secundum quantitatem, si hoc esset possibile; universum eorum esset minoris infinitatis quam deus: nam quodlibet eorum et omnia simul haberent esse receptum et limitatum ad aliquam speciem vel genus, et sic secundum aliquid esset finitum; unde deficeret ab infinitate dei, qui est infinitus simpliciter, * ut supra ostensum est. ' cum igitur deus perfecte seipsum cognoscat, nihil prohibet eum etiam illam summam infinitorum cognoscere.

n.8 ' Adhuc. quanto aliquis intellectus est efficacior et limpidior in cognoscendo, tanto ex uno potest plura cognoscere: sicut et omnis virtus, quanto est fortior, tanto est magis unita. intellectus autem divinus secundum efficaciam sive perfectionem est infinitus, * ut ex superioribus patet. ' potest ergo per unum, quod est sua essentia, infinita cognoscere.

n.9 ' Praeterea. intellectus divinus est perfectus simpliciter: sicut et eius essentia. nulla igitur perfectio intelligibilis ei deest. sed id ad quod est in potentia intellectus noster est eius perfectio intelligibilis. est autem in potentia ad omnes species intelligibiles. species autem huiusmodi sunt infinitae: nam et numerorum species infinitae sunt et figurarum. relinquitur igitur quod deus omnia huiusmodi infinita cognoscat.

n.10 ' Item. cum intellectus noster sit cognoscitivus infinitorum in potentia, potest enim in infinitum species numerorum multiplicare; si intellectus divinus non cognosceret infinita etiam actu, sequeretur quod vel plurium esset cognoscitivus intellectus humanus quam divinus; vel quod intellectus divinus non cognosceret omnia actu quorum est cognoscitivus in potentia. quorum utrumque est impossibile, * ut ex supra dictis patet.

n.11 ' Adhuc. infinitum cognitioni repugnat inquantum repugnat numerationi: nam partes infiniti numerari secundum se impossibile est, quasi contradictionem implicans. cognoscere autem aliquid per numerationem suarum partium est intellectus successive cognoscentis partem post partem, non autem intellectus simul diversas partes comprehendentis. cum igitur intellectus absque successione cognoscat omnia simul, non magis impeditur cognoscere infinita quam finita.

n.12 ' Amplius. omnis quantitas in quadam multiplicatione partium consistit: et propter hoc numerus est prima quantitatum. ubi ergo pluralitas nullam differentiam operatur, ibi nec aliquid quod quantitatem consequitur aliquam differentiam facit. in cognitione autem dei plura hoc modo cognoscuntur ut unum: cum non per diversas species, sed per unam speciem, quae est dei essentia, cognoscantur. unde et simul multa cognoscuntur a deo. et ita in dei cognitione nullam differentiam pluralitas facit. ergo nec infinitum, quod quantitatem consequitur. nihil ergo differt ad intellectum divinum infinitorum et finitorum cognitio. et sic, cum cognoscat finita, nihil prohibet eum cognoscere etiam infinita.

n.13 * Huic autem consonat quod in psalmo dicitur: ° et sapientiae eius non est numerus.

n.14 * Patet autem ex praedictis quare ' intellectus noster infinitum non cognoscit, sicut intellectus divinus. differt enim intellectus noster ab intellectu divino quantum ad quatuor, quae hanc differentiam faciunt. primum est, quod intellectus noster simpliciter finitus est: divinus autem infinitus. secundum est, quia intellectus noster diversa per diversas species cognoscit. unde non potest in infinita secundum unam cognitionem, sicut intellectus divinus. tertium est ex hoc proveniens, quod intellectus noster, quia per diversas species diversa cognoscit, non potest simul multa cognoscere; et ita infinita cognoscere non posset nisi successive ea numerando. quod non est in intellectu divino, qui simul multa intuetur, quasi per unam speciem visa. quartum est, quia intellectus divinus est eorum quae sunt et quae non sunt, * ut ostensum est.

n.15 * Patet etiam quomodo verbum philosophi, qui dicit quod ° infinitum, secundum quod infinitum, est ignotum, * praesenti sententiae non obviat. " quia, cum infiniti ratio quantitati competat, * ut ipse dicit, ' infinitum ut infinitum cognosceretur si per mensurationem suarum partium notum esset: haec est enim propria cognitio quantitatis. sic autem deus non cognoscit. unde, ut ita dicatur, non cognoscit infinitum secundum quod est infinitum, sed secundum quod ad suam scientiam se habet ac si esset finitum, * ut ostensum est.

n.16 ' Sciendum tamen quod deus infinita non cognoscit scientia visionis, * ut verbis aliorum utamur, ' quia infinita nec sunt actu, nec fuerunt nec erunt; cum generatio ex neutra parte sit infinita, * secundum fidem catholicam. ' scit tamen infinita scientia simplicis intelligentiae. scit enim deus infinita quae nec sunt nec erunt nec fuerunt, quae tamen sunt in potentia creaturae. et scit etiam infinita quae sunt in sua potentia quae nec sunt nec erunt nec fuerunt.

n.17 ' Unde, quantum ad quaestionem de cognitione singularium pertinet, responderi posset per interemptionem maioris: non enim singularia sunt infinita. si tamen essent, nihil minus deus ea cognosceret.

005 SCG lb1 cp70

n. ' Quod deus vilia cognoscit.

n.1 ' Hoc autem habito, ostendendum est quod deus cognoscit vilia; et quod hoc nobilitati eius scientiae non repugnat.

n.2 ' Quando enim aliqua virtus activa est fortior, tanto in remotiora suam actionem extendit: ut etiam in sensibilium actionibus apparet. vis autem divini intellectus in cognoscendo res similatur virtuti activae: intellectus enim divinus non recipiendo a rebus cognoscit, sed magis per hoc quod eis influit. cum igitur sit infinitae virtutis in intelligendo, * ut ex praedictis patet, ' oportet quod eius cognitio usque ad remotissima extendatur. sed gradus nobilitatis et vilitatis in omnibus entibus attenditur secundum propinquitatem et distantiam a deo, qui est in fine nobilitatis. ergo quantumcumque vilissima in entibus deus, propter maximam virtutem sui intellectus, cognoscit.

n.3 ' Praeterea. omne quod est, in eo quod est vel quale quid est, actu est, et similitudo primi actus est, et ex hoc nobilitatem habet. quod etiam potentia est, ex ordine ad actum, nobilitatis est particeps: sic enim esse dicitur. relinquitur igitur quod unumquodque, in se consideratum, nobile est: sed vile dicitur respectu nobilioris. a deo autem distant nobilissimae aliarum rerum non minus quam ultimae rerum creatarum distent a supremis. si igitur haec distantia impediret divinam cognitionem, multo magis impediret illa. et sic sequeretur quod nihil deus cognosceret aliud a se. * quod supra improbatum est. ' si igitur aliquid aliud a se cognoscit, quantumcumque nobilissimum, pari ratione cognoscit quodlibet, quantumcumque dicatur vilissimum.

n.4 ' Amplius. bonum ordinis universi nobilius est qualibet parte universi: " cum partes singulae ordinentur ad bonum ordinis qui est in toto sicut ad finem, * ut per philosophum patet, in xi metaphysicae. ' si igitur deus cognoscit aliquam aliam naturam nobilem, maxime cognoscet ordinem universi. hic autem cognosci non potest nisi cognoscantur et nobiliora et viliora, in quorum distantiis et habitudinibus ordo universi consistit. relinquitur igitur quod deus cognoscit non solum nobilia, sed etiam ea quae vilia reputantur.

n.5 ' Adhuc. vilitas cognitorum in cognoscentem non redundat per se: hoc est enim de ratione cognitionis, ut cognoscens contineat species cogniti secundum modum suum. per accidens autem potest redundare in cognoscentem vilitas cognitorum: vel eo quod, dum vilia considerat, a nobilioribus abstrahitur cogitandis: vel eo quod ex consideratione vilium in aliquas indebitas affectiones inclinatur. quod quidem in deo esse non potest, * ut ex dictis patet. ' non igitur derogat divinae nobilitati vilium rerum cognitio, sed magis pertinet ad divinam perfectionem, secundum quod omnia in seipso praehabet, * ut supra ostensum est.

n.6 ' Adhuc. virtus aliqua non iudicatur parva quae in parva potest, sed quae ad parva determinatur: nam virtus quae in magna potest, etiam potest in parva. cognitio ergo quae simul potest in nobilia et vilia, non est iudicanda vilis, sed illa quae in vilia tantum potest, sicut in nobis accidit: nam alia consideratione consideramus divina et humana, et alia scientia est utriusque; unde, comparatione nobilioris, inferior vilior reputatur. in deo autem non est sic: nam eadem scientia et consideratione seipsum et omnia alia considerat. non igitur eius scientiae aliqua vilitas ascribitur ex hoc quod quaecumque vilia cognoscit.

n.7 * Huic autem consonat quod dicitur sap. 7 de divina sapientia, quod ° attingit ubique propter suam munditiam, et nihil inquinatum incurrit in illam.

n.8 * Patet autem ex praedictis quod ' ratio quae in oppositum obiiciebatur, ostensae veritati non repugnat. nobilitas enim scientiae attenditur secundum ea ad quae principaliter scientia ordinatur, et non ad omnia quaecumque in scientia cadunt: sub nobilissima enim scientiarum, apud nos, cadunt non solum suprema in entibus, sed etiam infima; nam philosophia prima considerationem suam extendit a primo ente usque ad ens in potentia, quod est ultimum in entibus. sic autem sub divina scientia comprehenduntur infima entium quasi cum principali cognitio simul nota: divina enim essentia est principale a deo cognitum, in quo omnia cognoscuntur, * ut supra ostensum est.

n.9 * Patet etiam quod haec veritas non repugnat dictis philosophi in xi metaphysicae. nam ibi intendit ostendere quod " divinus intellectus non cognoscit aliud a se quod sit sui intellectus perfectio quasi principale cognitum. * et secundum hunc modum dicit quod ° vilia melius ignorantur quam cognoscuntur: " quando scilicet est alia cognitio vilium et nobilium, et vilium consideratio considerationem nobilium impedit.

005 SCG lb1 cp71

n. ' Quod deus cognoscit mala.

n.1 ' Nunc restat ostendere quod deus cognoscat etiam mala.

n.2 ' Bono enim cognito, malum oppositum cognoscitur. sed deus cognoscit omnia particularia bona, quibus mala opponuntur. cognoscit igitur deus mala.

n.3 ' Praeterea. contrariorum rationes in anima non sunt contrariae: alias non simul essent in anima, nec simul cognoscerentur. ratio ergo qua cognoscitur malum, non repugnat bono, sed magis ad rationem boni pertinet. si igitur in deo, propter suam absolutam perfectionem, inveniuntur omnes rationes bonitatis, * ut supra probatum est, ' relinquitur quod in ipso sit ratio qua malum cognoscitur. et sic est etiam malorum cognoscitivus.

n.4 ' Item. " verum est bonum intellectus: ' ex hoc enim aliquis intellectus dicitur bonus quod verum cognoscit. verum autem non solum est bonum esse bonum, sed etiam malum esse malum: sicut enim verum est esse quod est, ita verum est non esse quod non est. bonum igitur intellectus etiam in cognitione mali consistit. sed, cum divinus intellectus sit perfectus in bonitate, non potest sibi deesse aliqua intellectualium perfectionum. adest igitur sibi malorum cognitio.

n.5 ' Amplius. deus cognoscit rerum distinctionem, * ut supra ostensum est. ' sed in ratione distinctionis est negatio: distincta enim sunt quorum unum non est aliud. unde et prima, quae seipsis distinguuntur, mutuo sui negationem includunt: ratione cuius negativae propositiones in eis sunt immediatae, ut, nulla quantitas est substantia. cognoscit igitur deus negationem. " privatio autem negatio quaedam est in subiecto determinato, * ut in iv metaphys. ostenditur. ' cognoscit igitur privationem. et per consequens malum, quod nihil est aliud quam privatio debitae perfectionis.

n.6 ' Praeterea. si deus cognoscit omnes species rerum, * ut supra probatum est, * et etiam a quibusdam philosophis conceditur et probatur, ' oportet quod cognoscat contraria: tum quia quorundam generum species sunt contrariae; tum quia differentiae generum sunt contrariae, * ut patet in x metaphysicae. " sed in contrariis includitur oppositio formae et privationis, * ut ibidem habetur. ' ergo oportet quod deus cognoscat privationem. et per consequens malum.

n.7 ' Adhuc. deus cognoscit non solum formam, sed etiam materiam, * ut supra ostensum est. ' materia autem, cum sit ens in potentia, cognosci perfecte non potest nisi cognoscatur ad quae eius potentia se extendat: sicut et in omnibus aliis potentiis accidit. extendit autem se potentia materiae et ad formam et privationem: quod enim potest esse, potest etiam non esse. ergo deus cognoscit privationem. et sic cognoscit per consequens malum.

n.8 ' Item. si deus cognoscit aliquid aliud a se, maxime cognoscet quod est optimum. hoc autem est ordo universi, ad quem sicut ad finem omnia particularia bona ordinantur. in ordine autem universi sunt quaedam quae sunt ad removendum nocumenta quae possent ex quibusdam aliis provenire: ut patet in his quae dantur animalibus ad defensionem. ergo huiusmodi nocumenta deus cognoscit. cognoscit igitur mala.

n.9 ' Praeterea. in nobis malorum cognitio nunquam vituperatur secundum id quod per se scientiae est, idest secundum iudicium quod habetur de malis: sed per accidens, secundum quod per malorum considerationem interdum aliquis ad mala inclinatur. hoc autem non est in deo: quia immutabilis est, * ut supra ostensum est. ' nihil igitur prohibet quin deus mala cognoscat.

n.10 * Huic autem consonat quod dicitur sap. 8, quod ° dei sapientiam non vincit malitia. * prov. 15-11 dicitur: ° infernus et perditio coram domino. * et in psalmo: ° delicta mea a te non sunt abscondita. * et iob 11-11 dicitur: ° ipse novit hominum vanitatem: et videns iniquitatem, nonne considerat?

n.11 ' Sciendum autem quod circa cognitionem mali et privationis aliter se habet intellectus divinus, atque aliter intellectus noster. nam cum intellectus noster singulas res per singulas species proprias cognoscat et diversas, id quod est in actu cognoscit per speciem intelligibilem, per quam fit intellectus in actu. unde et potentiam cognoscere potest, inquantum in potentia ad talem speciem quandoque se habet: ut sicut actum cognoscit per actum, ita etiam potentiam per potentiam cognoscat. et quia potentia est de ratione privationis, nam privatio est negatio, cuius subiectum est ens in potentia; sequitur quod intellectui nostro competat aliquo modo cognoscere privationem, inquantum est natus esse in potentia. licet etiam dici possit quod ex ipsa cognitione actus sequitur cognitio potentiae et privationis.

n.12 ' Intellectus autem divinus, qui nullo modo est in potentia, non cognoscit * modo praedicto ' privationem nec aliquid aliud. nam si cognosceret aliquid per speciem quae non est ipse, sequeretur de necessitate quod proportio eius ad illam speciem esset sicut proportio potentiae ad actum. unde oportet quod ipse intelligat solum per speciem quae est sua essentia. et per consequens quod intelligat se tantum sicut primum intellectum. intelligendo tamen se, cognoscit alia, * sicut supra ostensum est. ' non solum autem actus, sed potentias et privationes.

n.13 * Et hic est sensus verborum quae philosophus ponit in iii de anima, dicens: ° aut quomodo malum cognoscit, aut nigrum? contraria enim quodammodo cognoscit. oportet autem potentia esse cognoscens, et esse in ipso. si vero alicui non inest contrarium - " scilicet in potentia -, ° seipsum cognoscit, et actu est, et separabile. * nec oportet sequi expositionem averrois, qui vult quod ex hoc sequatur quod " intellectus qui est tantum in actu, nullo modo cognoscat privationem. * sed sensus est quod " non cognoscat privationem per hoc quod est in potentia ad aliquid aliud, sed per hoc quod cognoscit seipsum et est semper in actu.

n.14 ' Rursus sciendum quod, si deus hoc modo seipsum cognosceret quod, cognoscendo se, non cognosceret alia entia, quae sunt particularia bona, nullo modo cognosceret privationem aut malum. quia bono quod est ipse non est aliqua privatio opposita: cum privatio et suum oppositum sint nata esse circa idem, et sic ei quod est actus purus nulla privatio opponitur. et per consequens nec malum. unde, posito quod deus se solum cognoscat, cognoscendo bono quod est ipse non cognoscet malum. sed quia, cognoscendo se, cognoscit entia in quibus natae sunt esse privationes, necesse est ut cognoscat privationes opposita, et mala opposita particularibus bonis.

n.15 ' Sciendum etiam quod, sicut deus absque discursu intellectus cognoscendo se cognoscit alia, * ut supra ostensum est; ' ita etiam non oportet quod eius cognitio sit discursiva si per bona cognoscit mala. nam bonum est quasi ratio cognitionis mali. unde cognoscuntur mala per bona sicut res per suas definitiones: non sicut conclusiones per principia.

n.16 ' Nec etiam ad imperfectionem cognitionis divinae cedit si mala per privationem bonorum cognoscat. quia malum non dicit esse nisi inquantum est privatio boni. unde secundum hunc solum modum est cognoscibile: nam unumquodque, quantum habet de esse, tantum habet de cognoscibilitate.

005 SCG lb1 cp72

n. ' Quod deus est volens.

n.1 ' Expeditis his quae ad divini intellectus cognitionem pertinent, nunc restat considerare de dei voluntate.

n.2 ' Ex hoc enim quod deus est intelligens, sequitur quod sit volens. cum enim bonum intellectum sit obiectum proprium voluntatis, oportet quod bonum intellectum, inquantum huiusmodi, sit volitum. intellectum autem dicitur ad intelligentem. necesse est igitur quod intelligens bonum, inquantum huiusmodi, sit volens. deus autem intelligit bonum: cum enim sit perfecte intelligens, * ut ex supra dictis patet, ' intelligit ens simul cum ratione boni. est igitur volens.

n.3 ' Adhuc. cuicumque inest aliqua forma, habet per illam formam habitudinem ad ea quae sunt in rerum natura: sicut lignum album per suam albedinem est aliquibus simile et quibusdam dissimile. in intelligente autem et sentiente est forma rei intellectae et sensatae: cum omnis cognitio sit per aliquam similitudinem. oportet igitur esse habitudinem intelligentis et sentientis ad ea quae sunt intellecta et sensata secundum quod sunt in rerum natura. non autem hoc est per hoc quod intelligunt et sentiunt: nam per hoc magis attenditur habitudo rerum ad intelligentem et sentientem; quia intelligere et sentire est secundum quod res sunt in intellectu et sensu, secundum modum utriusque. habet autem habitudinem sentiens et intelligens ad rem quae est extra animam per voluntatem et appetitum. unde omnia sentientia et intelligentia appetunt et volunt: voluntas tamen proprie in intellectu est. cum igitur deus sit intelligens, oportet quod sit volens.

n.4 ' Amplius. illud quod consequitur omne ens, convenit enti inquantum est ens. quod autem est huiusmodi, oportet quod in eo maxime inveniatur quod est primum ens. cuilibet autem enti competit appetere suam perfectionem et conservationem sui esse: unicuique tamen secundum suum modum, intellectualibus quidem per voluntatem, animalibus per sensibilem appetitum, carentibus vero sensu per appetitum naturalem. aliter tamen quae habent, et quae non habent: nam ea quae non habent, appetitiva virtute sui generis desiderio tendunt ad acquirendum quod ei deest; quae autem habent, quietantur in ipso. hoc igitur primo enti, quod deus est, deesse non potest. cum igitur ipse sit intelligens, inest sibi voluntas, qua placet sibi suum esse et sua bonitas.

n.5 ' Item. intelligere, quanto perfectius est, tanto delectabilius est intelligenti. sed deus intelligit, et suum intelligere est perfectissimum, * ut supra ostensum est. ' ergo intelligere est ei delectabilissimum. delectatio autem intelligibilis est per voluntatem: sicut delectatio sensibilis est per concupiscentiae appetitum. est igitur in deo voluntas.

n.6 ' Praeterea. forma per intellectum considerata non movet nec aliquid causat nisi mediante voluntate, cuius obiectum est finis et bonum, a quo movetur aliquis ad agendum. unde intellectus speculativus non movet; neque imaginatio pura absque aestimatione. sed forma intellectus divini est causa motus et esse in aliis: agit enim res per intellectum, * ut infra ostendetur. ' oportet igitur quod ipse sit volens.

n.7 ' Item. in virtutibus motivis, in habentibus intellectum, prima invenitur voluntas: nam voluntas omnem potentiam applicat ad suum actum; intelligimus enim quia volumus, et imaginamur quia volumus, et sic de aliis. et hoc habet quia obiectum eius est finis:- quamvis intellectus, non secundum modum causae efficientis et moventis, sed secundum modum causae finalis, moveat voluntatem, proponendo sibi suum obiectum, quod est finis. primo igitur moventi convenit maxime habere voluntatem.

n.8 ' Praeterea. " liberum est quod sui causa est: ' et sic liberum habet rationem eius quod est per se. voluntas autem primo habet libertatem in agendo: inquantum enim voluntarie agit quis, dicitur libere agere quamcumque actionem. primo igitur agenti maxime competit per voluntatem agere, cui maxime convenit per se agere.

n.9 ' Amplius. finis et agens ad finem semper unius ordinis inveniuntur in rebus: unde et finis proximus, qui est proportionatus agenti, incidit in idem specie cum agente, tam in naturalibus quam in artificialibus; nam forma artis per quam artifex agit, est species formae quae est in materia, quae est finis artificis; et forma ignis generantis qua agit, est eiusdem speciei cum forma ignis geniti, quae est finis generationis. deo autem nihil coordinatur quasi eiusdem ordinis nisi ipse: alias essent plura prima, * cuius contrarium supra ostensum est. ' ipse est igitur primum agens propter finem qui est ipsemet. ipse igitur non solum est finis appetibilis, sed appetens, ut ita dicam, se finem, et appetitu intellectuali, cum sit intelligens: qui est voluntas. est igitur in deo voluntas.

n.10 * Hanc autem dei voluntatem scripturae sacrae testimonia confitentur. dicitur enim in psalmo: ° omnia quaecumque voluit, dominus fecit. * et rom. 9-19: ° voluntati eius quis resistit?

005 SCG lb1 cp73

n. ' Quod voluntas dei est eius essentia.

n.1 ' Ex hoc autem apparet quod sua voluntas non est aliud quam sua essentia.

n.2 ' Deo enim convenit esse volentem inquantum est intelligens, * ut ostensum est. ' est autem intelligens per essentiam suam, * ut supra probatum est. ' ergo et volens. est igitur voluntas dei ipsa eius essentia.

n.3 ' Adhuc. sicut intelligere est perfectio intelligentis, ita et velle volentis: utrumque enim est actio in agente manens, non autem transiens in aliquid passum, sicut calefactio. sed intelligere dei est eius esse, * ut supra probatum est: ' eo quod, cum esse divinum secundum se sit perfectissimum, nullam supervenientem perfectionem admittit, * ut supra ostensum est. ' est igitur et divinum velle esse ipsius. ergo et voluntas dei est eius essentia.

n.4 ' Amplius. cum omne agens agat inquantum actu est, oportet quod deus, qui est actus purus, per suam essentiam agat. velle autem est quaedam dei operatio. oportet igitur quod deus per essentiam suam sit volens. sua igitur voluntas est sua essentia.

n.5 ' Item. si voluntas esset aliquid additum divinae substantiae, cum divina substantia sit quid completum in esse, sequeretur quod voluntas adveniret ei quasi accidens subiecto; sequeretur quod divina substantia compararetur ad ipsam quasi potentia ad actum; et quod esset compositio in deo. * quae omnia supra improbata sunt. ' non est igitur possibile quod divina voluntas sit aliquid additum divinae essentiae.

005 SCG lb1 cp74

n. ' Quod principale volitum dei est divina essentia.

n.1 ' Ex hoc autem ulterius apparet quod principale divinae voluntatis volitum est eius essentia.

n.2 ' Bonum enim intellectum est obiectum voluntatis, * ut dictum est. ' id autem quod a deo principaliter intelligitur est divina essentia, * ut supra probatum est. ' divina igitur essentia est id de quo principaliter est divina voluntas.

n.3 ' Item. appetibile comparatur ad appetitum sicut movens ad motum, * ut supra dictum est. ' et similiter se habet volitum ad voluntatem: cum voluntas sit de genere appetitivarum potentiarum. si igitur voluntatis divinae sit aliud principale volitum quam ipsa dei essentia, sequetur quod aliquid aliud sit superius divina voluntate, quod ipsam movet. * cuius contrarium ex praedictis patet.

n.4 ' Praeterea. principale volitum est unicuique volenti causa volendi: cum enim dicimus, volo ambulare ut saner, causam nos reddere arbitramur; et si quaeratur, quare vis sanari, procedetur in assignatione causarum quousque perveniatur ad finem ultimum, qui est principale volitum, quod est causa volendi per seipsum. si igitur deus aliquid aliud principaliter velit quam seipsum, sequetur quod aliquid aliud sit ei causa volendi. sed suum velle est suum esse, * ut ostensum est. ' ergo aliquid aliud erit ei causa essendi. quod est contra rationem primi entis.

n.5 ' Adhuc. unicuique volenti principale volitum est suus ultimus finis: nam finis est per se volitus, et per quem alia fiunt volita. ultimus autem finis est ipse deus: quia ipse est summum bonum, * ut ostensum est. ' ipse igitur est principale volitum suae voluntatis.

n.6 ' Amplius. unaquaeque virtus ad suum obiectum principale secundum aequalitatem proportionatur: " nam virtus rei secundum obiecta mensuratur, * ut patet per philosophum, in i caeli et mundi. ' voluntas igitur ex aequo proportionatur suo principali obiecto: et similiter intellectus, et etiam sensus. divinae autem voluntati nihil ex aequo proportionatur nisi eius essentia. ergo principale obiectum divinae voluntatis est essentia divina.

n.7 ' Cum autem essentia divina sit dei intelligere et omnia alia quae in ipso esse dicuntur, manifestum est ulterius quod eodem modo principaliter vult se intelligere, se velle, se esse unum, et quicquid aliud est huiusmodi.

005 SCG lb1 cp75

n. ' Quod deus, volendo se, vult etiam alia.

n.1 ' Hinc autem ostendi potest quod, volendo se, vult etiam alia.

n.2 ' Cuius enim est velle finem principaliter, eius est velle ea quae sunt ad finem ratione finis. est autem ipse deus ultimus rerum finis, * ut ex praedictis aliquatenus patet. ' ex hoc igitur quod vult se esse, etiam alia vult, quae in ipsum sicut in finem ordinantur.

n.3 ' Item. unusquisque eius quod est propter ipsum ab ipso volitum et amatum, perfectionem desiderat: quae enim propter se amamus, volumus esse optima, et semper meliorari et multiplicari, quantum possibile est. ipse autem deus essentiam suam propter seipsam vult et amat. non autem secundum se augmentabilis et multiplicabilis est, * ut ex supra dictis est manifestum: ' sed solum multiplicabilis est secundum suam similitudinem, quae a multis participatur. vult igitur deus rerum multitudinem ex hoc quod suam essentiam et perfectionem vult et amat.

n.4 ' Amplius. quicumque amat aliquid secundum se et propter ipsum, amat per consequens omnia in quibus illud invenitur: ut qui amat dulcedinem propter ipsam, oportet quod omnia dulcia amet. sed deus suum esse secundum se et propter ipsum vult et amat, * ut supra ostensum est. ' omne autem aliud esse est quaedam sui esse secundum similitudinem participatio, * ut ex praedictis aliquatenus patet. ' relinquitur igitur quod deus, ex hoc ipso quod vult et amat se, vult et amat alia.

n.5 ' Adhuc. deus, volendo se, vult omnia quae in ipso sunt. omnia autem quodammodo praeexistunt in ipso per proprias rationes, * ut supra ostensum est. ' deus igitur, volendo se, etiam alia vult.

n.6 ' Item. quanto aliquid est perfectioris virtutis, tanto sua causalitas ad plura se extendit et in magis remotum, * ut supra dictum est. ' causalitas autem finis in hoc consistit quod propter ipsum alia desiderantur. quanto igitur finis est perfectior et magis volitus, tanto voluntas volentis finem ad plura extenditur ratione finis illius. divina autem essentia est perfectissima in ratione bonitatis et finis. igitur diffundet suam causalitatem maxime ad multa, ut propter ipsam multa sint volita; et praecipue a deo, qui eam secundum totam suam virtutem perfecte vult.

n.7 ' Praeterea. voluntas consequitur intellectum. sed deus intellectu suo intelligit se principaliter et in se intelligit alia. igitur similiter principaliter vult se, et, volendo se, vult omnia alia.

n.8 * Hoc autem auctoritate sacrae scripturae confirmatur. dicitur enim sap. 11-25: ° diligis enim omnia quae sunt, et nihil eorum odisti quae fecisti.

005 SCG lb1 cp76

n. ' Quod deus uno actu voluntatis se et alia velit.

n.1 ' Hoc autem habito, sequitur quod deus uno actu voluntatis se et alia velit.

n.2 ' Omnis enim virtus una operatione, vel uno actu, fertur in obiectum et in rationem formalem obiecti: sicut eadem visione videmus lumen et colorem, qui fit visibilis actu per lumen. cum autem aliquid volumus propter finem tantum, illud quod propter finem desideratur accipit rationem voliti ex fine: et sic finis comparatur ad ipsum sicut ratio formalis ad obiectum, ut lumen ad colorem. cum igitur deus omnia alia velit propter se sicut propter finem, * ut ostensum est, ' uno actu voluntatis vult se et alia.

n.3 ' Amplius. quod perfecte cognoscitur et desideratur, secundum totam suam virtutem cognoscitur et desideratur. finis autem virtus est non solum secundum quod in se desideratur, sed etiam secundum quod alia fiunt appetibilia propter ipsum. qui igitur perfecte desiderat finem, utroque modo ipsum desiderat. sed non est ponere aliquem actum dei volentis quo velit se et non velit se perfecte: cum in eo nihil sit imperfectum. quolibet igitur actu quo deus vult se, vult se absolute et alia propter se. alia vero a se non vult nisi inquantum vult se, * ut probatum est. ' relinquitur igitur quod se et alia non alio et alio actu voluntatis vult, sed uno et eodem.
n.4 * Adhuc. sicut ex supra dictis patet, ' in actu cognitivae virtutis discursus attenditur secundum quod semotim cognoscimus principia, et ex eis in conclusiones venimus: si enim in ipsis principiis intueremur conclusiones ipsa principia cognoscendo, non esset discursus, sicut nec quando aliquid videmus in speculo. sicut autem principia se habent ad conclusiones in speculativis, ita fines ad ea quae sunt ad finem in operativis et appetitivis: nam sicut conclusiones cognoscimus per principia, ita ex fine procedit appetitus et operatio eorum quae sunt ad finem. si igitur aliquis semotim velit finem et ea quae sunt ad finem, erit quidam discursus in eius voluntate. hunc autem in deo esse est impossibile: cum sit extra omnem motum. relinquitur igitur quod simul, et eodem actu voluntatis, deus vult se et alia.
n.5 ' Item. cum deus semper velit se, si alio actu vult se et alio alia, sequetur quod est impossibile: nam unius simplicis potentiae non sunt simul duae operationes.
n.6 ' Praeterea. in omni actu voluntatis volitum comparatur ad volentem ut movens ad motum. si igitur sit aliqua actio voluntatis divinae qua vult alia a se, diversa a voluntate qua vult se, in illo erit aliquid aliud movens divinam voluntatem. quod est impossibile.
n.7 ' Amplius. velle dei est suum esse, * ut probatum est. ' sed in deo non est nisi unum esse. ergo non est ibi nisi unum velle.
n.8 ' Item. velle competit deo secundum quod est intelligens. sicut igitur uno actu intelligit se et alia, inquantum essentia sua est exemplar omnium; ita uno actu vult se et alia, inquantum sua bonitas est ratio omnis bonitatis.

005 SCG lb1 cp77

n. ' Quod volitorum multitudo divinae simplicitati non repugnat.
n.1 ' Ex hoc autem sequitur quod volitorum multitudo non repugnat unitati et simplicitati divinae substantiae.
n.2 ' Nam actus secundum obiecta distinguuntur. si igitur volita plura quae deus vult inducerent in ipso aliquam multitudinem, sequeretur quod non esset in eo una tantum operatio voluntatis. * quod est contra praeostensa.
n.3 * Item. ostensum est quod ' deus alia vult inquantum vult bonitatem suam. hoc igitur modo comparantur aliqua ad voluntatem quo comprehenduntur a bonitate eius. sed omnia in bonitate eius unum sunt: sunt enim alia in ipso secundum modum eius, scilicet " materialia immaterialiter et multa unite, * ut ex supra dictis patet. ' relinquitur igitur quod multitudo volitorum non multiplicat divinam substantiam.
n.4 ' Praeterea. divinus intellectus et voluntas sunt aequalis simplicitatis: quia utrumque est divina substantia, * ut probatum est. ' multitudo autem intellectorum non inducit multitudinem in essentia divina, neque compositionem in intellectu eius. ergo neque multitudo volitorum inducit aut diversitatem in essentia divina, aut compositionem in eius voluntate.
n.5 ' Amplius. hoc inter cognitionem et appetitum interest, quod cognitio fit secundum quod cognitum est aliquo modo in cognoscente; appetitus autem non, sed e converso secundum quod appetitus refertur ad rem appetibilem, quam appetens quaerit vel in qua quiescit. " et propter hoc bonum et malum, quae respiciunt appetitum, sunt in rebus; verum autem et falsum, quae respiciunt cognitionem, sunt in mente; * ut philosophus dicit, in vi metaphysicae. ' quod autem aliquid ad multa se habeat, non repugnat simplicitati eius: cum et unitas sit multorum numerorum principium. multitudo ergo volitorum a deo non repugnat eius simplicitati.

005 SCG lb1 cp78

n. ' Quod divina voluntas ad singula bonorum se extendit.
n.1 ' Ex quo etiam apparet quod non oportet nos dicere, ad conservandam simplicitatem divinam, quod velit alia bona in quadam universalitate, inquantum vult se esse principium bonorum quae possunt ab ipso fluere, non autem velit ea in particulari.
n.2 ' Nam velle est secundum comparationem volentis ad rem volitam. non autem prohibet divina simplicitas quin possit comparari ad multa etiam particularia: dicitur enim deus optimum vel primum etiam respectu singularium. ergo sua simplicitas non prohibet quin etiam in speciali vel particulari alia a se velit.
n.3 ' Item. voluntas dei ad alia comparatur inquantum bonitatem participant ex ordine ad bonitatem divinam, quae est ratio volendi deo. sed non solum universitas bonorum, sed et singulum eorum a bonitate divina bonitatem sortitur, sicut et esse. voluntas igitur dei ad singula bonorum se extendit.
n.4 ' Amplius. * secundum philosophum, in xi metaph., " duplex bonum ordinis invenitur in universo: unum quidem secundum quod totum universum ordinatur ad id quod est extra universum, sicut exercitus ordinatur ad ducem; aliud secundum quod partes universi ordinantur ad invicem, sicut et partes exercitus. secundus autem ordo est propter primum. ' deus autem, ex hoc quod vult se ut finis est, vult alia quae ordinantur in ipsum ut in finem, * sicut probatum est. ' vult igitur bonum ordinis totius universi in ipsum, et bonum ordinis universi secundum partes suas ad invicem. bonum autem ordinis consurgit ex singulis bonis. vult igitur etiam singula bona.
n.5 ' Praeterea. si deus non vult singula bona ex quibus constat universum, sequitur quod in universo sit casu ordinis bonum: non est enim possibile quod aliqua pars universi omnia particularia bona componat in ordinem universi, sed sola universalis causa totius universi, quae deus est, qui per suam voluntatem agit, * ut infra ostendetur. ' quod autem ordo universi sit casualis, est impossibile: quia sequeretur quod multo magis alia posteriora essent casu. relinquitur igitur quod deus etiam singula bonorum vult.
n.6 ' Adhuc. bonum intellectum, inquantum huiusmodi, est volitum. sed deus intelligit etiam particularia bona, * ut supra probatum est. ' vult igitur etiam particularia bona.
n.7 * Hoc autem auctoritate scripturae confirmatur, quae, genesis I, ' ad singula opera complacentiam divinae voluntatis ostendit, * dicens: ° vidit deus lucem quod esset bona, ' et similiter de aliis operibus, et postea de omnibus simul: ° vidit deus cuncta quae fecerat, et erant valde bona.

005 SCG lb1 cp79

n. ' Quod deus vult etiam ea quae nondum sunt.
n.1 ' Si autem velle est per comparatione volentis ad volitum, * forte alicui potest videri quod " deus non velit nisi ea quae sunt: nam relativa oportet simul esse, et, uno interempto, interimitur alterum, * ut philosophus docet. ' si igitur velle est per comparationem volentis ad volitum, nullus potest velle nisi ea quae sunt.
n.2 ' Praeterea. voluntas dicitur ad volita, sicut et causa et creator. non autem potest dici etiam deus creator, vel dominus, vel pater, nisi eorum quae sunt. ergo nec potest dici velle nisi ea quae sunt.
n.3 * Ex hoc autem posset ulterius concludi, " si divinum velle est invariabile, sicut et suum esse, et non vult nisi ea quae actu sunt, quod nihil velit quod non semper sit.
n.4 * Dicunt autem ad haec quidam quod " ea quae non sunt in seipsis, sunt in deo et in eius intellectu. unde nihil prohibet etiam ea quae non sunt in seipsis, deum velle secundum quod in eo sunt.
n.5 * Hoc autem non videtur sufficienter dictum. ' nam secundum hoc dicitur quilibet volens aliquid velle, quod voluntas sua refertur ad volitum. si igitur divina voluntas non refertur ad volitum quod non est nisi secundum quod est in ipso vel in eius intellectu, sequetur quod deus non velit illud aliter nisi quia vult illud esse in se vel in eius intellectu. * hoc autem non intendunt loquentes sed quod " deus huiusmodi quae nondum sunt velit esse etiam in seipsis.
n.6 ' Rursum, si voluntas comparatur ad rem volitam per suum obiectum, quod est bonum intellectum; intellectus autem non solum intelligit bonum esse in se, sed etiam in propria natura: et voluntas comparabitur ad volitum non solum secundum quod est in cognoscente, sed etiam secundum quod est in seipso.
n.7 ' Dicamus igitur quod, cum bonum apprehensum moveat voluntatem, oportet quod ipsum velle sequatur conditionem apprehensionis: sicut et motus aliorum mobilium sequuntur conditiones moventis quod est causa motus. relatio autem apprehendentis ad apprehensum est consequens ad apprehensionem ipsam: per hoc enim refertur apprehendens ad apprehensum quod apprehendit ipsum. non autem solum apprehendens apprehendit rem secundum quod est in ipso, sed secundum quod est in propria natura: quia non solum cognoscimus rem intelligi a nobis, quod est eam esse in intellectu, sed eam esse vel fuisse vel futuram esse in propria natura. licet igitur tunc res illa non sit nisi in cognoscente, relatio tamen consequens apprehensionem est ad eam non prout est in cognoscente, sed prout est secundum propriam naturam, quam apprehendit apprehendens.
n.8 ' Voluntatis igitur divinae relatio est ad rem non existentem secundum quod est in propria natura secundum aliquod tempus, et non solum secundum quod est in deo cognoscente. vult igitur deus rem quae non est nunc, esse secundum aliquod tempus: et non solum vult secundum quod ipse eam intelligit.
n.9 ' Nec est simile de relatione volentis ad volitum, et creantis ad creatum, et facientis ad factum, aut domini ad subiectam creaturam. nam velle est actio in volente manens: unde non cogit intelligi aliquid extra existens. sed facere et creare et gubernare significant actionem terminatam ad exteriorem effectum, sine cuius existentia huiusmodi actio non potest intelligi.

005 SCG lb1 cp80

n. ' Quod deus de necessitate vult suum esse et suam bonitatem.
n.1 * Ex his autem quae supra ostensa sunt, ' sequitur quod deus de necessitate velit suum esse et suam bonitatem, nec possit contrarium velle.
n.2 * Ostensum est enim supra quod ' deus vult suum esse et suam bonitatem ut principale obiectum, quod est sibi ratio volendi alia. in omni igitur volito vult suum esse et suam bonitatem: sicut visus in omni colore videt lumen. impossibile est autem deum non velle aliquid actu: esset enim volens in potentia tantum; quod est impossibile, cum suum velle sit suum esse. necesse est igitur quod velit suum esse et suam bonitatem.
n.3 ' Item. quilibet volens de necessitate vult suum ultimum finem: sicut homo de necessitate vult suam beatitudinem, nec potest velle miseriam. sed deus vult se esse sicut ultimum finem, * ut ex praedictis patet. ' necessario igitur vult se esse, nec potest velle se non esse.
n.4 ' Amplius. in appetitivis et in operativis finis hoc modo se habet sicut principium indemonstrabile in speculativis: sicut enim ex principiis concluduntur in speculativis conclusiones, ita in activis et appetitivis ratio omnium agendorum et appetendorum ex fine sumitur. sed in speculativis intellectus de necessitate assentit primis principiis indemonstrabilibus, quorum contrariis nullo modo potest assentire. ergo voluntas necessario inhaeret fini ultimo, ut non possit contrarium velle. et sic, si divinae voluntati non est alius finis quam ipse, de necessitate vult se esse.
n.5 ' Adhuc. omnia, inquantum sunt, assimilantur deo, qui est primo et maxime ens. omnia autem, inquantum sunt, suo modo naturaliter diligunt suum esse. multo igitur magis deus suum esse diligit naturaliter. natura autem eius est per se necesse-esse, * ut supra probatum est. ' deus igitur ex necessitate vult se esse.
n.6 ' Praeterea. omnis perfectio et bonitas quae in creaturis est, deo convenit essentialiter, * ut supra probatum est. ' diligere autem deum est summa perfectio rationalis creaturae: cum per hoc quodammodo deo uniatur. ergo in deo essentialiter est. ergo ex necessitate diligit se. et sic vult se esse.

005 SCG lb1 cp81

n. ' Quod deus non de necessitate vult alia a se.
n.1 ' Si autem divina voluntas est divinae bonitatis et divini esse ex necessitate, * posset alicui videri quod " etiam aliorum ex necessitate esset: cum omnia alia velit volendo suam bonitatem, * ut supra probatum est. ' sed tamen recte considerantibus apparet quod non est aliorum ex necessitate.
n.2 ' Est enim aliorum ut ordinatorum ad finem suae bonitatis. voluntas autem non ex necessitate fertur in ea quae sunt ad finem, si finis sine his esse possit: non enim habet necesse medicus, ex suppositione voluntatis quam habet de sanando, illa medicamenta adhibere infirmo sine quibus nihilominus potest infirmum sanare. cum igitur divina bonitas sine aliis esse possit, quinimmo nec per alia ei aliquid accrescat; nulla inest ei necessitas ut alia velit ex hoc quod vult suam bonitatem.
n.3 ' Adhuc. cum bonum intellectum sit proprium obiectum voluntatis, cuiuslibet per intellectum concepti potest esse voluntas ubi salvatur ratio boni. unde, quamvis esse cuiuslibet, inquantum huiusmodi, bonum sit, non esse autem malum; ipsum tamen non esse alicuius potest cadere sub voluntate ratione alicuius boni adiuncti quod salvatur, licet non ex necessitate: est enim bonum aliquid esse, etiam alio non existente. solum igitur illud bonum voluntas, secundum sui rationem, non potest velle non esse, quo non existente tollitur totaliter ratio boni. tale autem nullum est praeter deum. potest igitur voluntas, secundum sui rationem, velle non esse quamcumque rem praeter deum. sed in deo est voluntas secundum totam suam facultatem: omnia enim in ipso sunt universaliter perfecta. potest igitur deus velle non esse quamcumque rem aliam praeter se. non igitur de necessitate vult esse alia a se.
n.4 ' Amplius. deus, volendo bonitatem suam, vult esse alia a se prout bonitatem eius participant. cum autem divina bonitas sit infinita, est infinitis modis participabilis, et aliis modis quam ab his creaturis quae nunc sunt participetur. si igitur, ex hoc quod vult bonitatem suam, vellet de necessitate ea quae ipsam participant, sequeretur quod vellet esse infinitas creaturas, infinitis modis participantes suam bonitatem. quod patet esse falsum: quia, si vellet, essent; cum sua voluntas sit principium essendi rebus, * ut infra ostendetur. ' non igitur ex necessitate vult etiam ea quae nunc sunt.
n.5 ' Item. sapientis voluntas, ex hoc quod est de causa, est de effectu qui ex causa de necessitate sequitur: stultum enim esset velle solem existere super terram, et non esse diei claritatem. sed effectum qui non ex necessitate sequitur ex causa, non est necesse aliquem velle ex hoc quod vult causam. a deo autem procedunt alia non ex necessitate, * ut infra ostende-

tur. ‘ non igitur necesse est quod deus alia velit ex hoc quod vult se.

n.6 ‘ Amplius. res procedunt a deo sicut artificiata ab artifice, * ut infra ostendetur. ‘ sed artifex, quamvis velit se habere artem, non tamen ex necessitate vult artificiata producere. ergo nec deus ex necessitate vult alia a se esse.

n.7 ‘ Est ergo considerandum quare deus alia a se ex necessitate sciat, non autem ex necessitate velit: cum tamen, ex hoc quod intelligit et vult se, intelligat et velit alia. huius autem ratio est: quod enim intelligens intelligat aliquid, est ex hoc quod intelligens se habet quodam modo; prout ex hoc aliquid actu intelligitur quod est eius similitudo in intelligente. sed quod volens aliquid velit, ex hoc est quod volitum aliquo modo se habet: volumus enim aliquid vel quia finis est, vel quia ad finem ordinatur. esse autem omnia in deo, ut in eo intelligi possent, ex necessitate requirit divina perfectio: non autem divina bonitas ex necessitate requirit alia esse, quae in ipsam ordinantur ut in finem. et ob hoc necesse est deum alia scire, non autem velle. unde nec omnia vult quae ad bonitatem ipsius ordinem habere possent: omnia autem scit quae ad essentiam eius, per quam intelligit, qualemcumque ordinem habent.

005 SCG lb1 cp82

n. ‘ Rationes ducentes ad inconveniens si deus alia a se non necessario velit.

n.1 * Videntur tamen sequi inconvenientia “ si deus ea quae vult non ex necessitate velit.

n.2 “ Si enim dei voluntas respectu aliquorum volitorum non determinetur quantum ad illa, videtur se ad utrumlibet habere. omnis autem virtus quae est ad utrumlibet est quodammodo in potentia: nam ad utrumlibet species est possibilis contingentis. erit igitur dei voluntas in potentia. non igitur erit dei substantia, in qua nulla est potentia, * ut supra ostensum est.

n.3 “ Adhuc. si ens in potentia, inquantum huiusmodi, natum est moveri, quia quod potest esse potest non esse; sequitur ulterius divinam voluntatem esse variabilem.

n.4 “ Praeterea. si naturale est deo aliquid circa causata sua velle, necessarium est. innaturale autem nihil in ipso esse potest: non enim in ipso potest esse aliquid per accidens neque violentum, * ut supra ostensum est.

n.5 “ Item. si quod est ad utrumlibet indifferenter se habens non magis in unum quam in aliud tendit nisi ab alio determinetur, oportet quod deus vel nihil eorum velit ad quae ad utrumlibet se habet, * cuius contrarium supra ostensum est; “ vel quod ab alio determinetur ad unum. et sic erit aliquid eo prius, quod ipsum determinet ad unum.

n.6 * Horum autem nullum necesse est sequi. ‘ ad utrumlibet enim esse alicui virtuti potest convenire dupliciter: uno modo, ex parte sui; alio modo, ex parte eius ad quod dicitur.

n.7 ‘ Ex parte quidem sui, quando nondum consecuta est suam perfectionem, per quam ad unum determinetur. unde hoc in imperfectionem virtutis redundat, et ostenditur esse potentialitas in ipsa: sicut patet in intellectu dubitantis, qui nondum assecutus est principia ex quibus ad alterum determinetur.

n.8 ‘ Ex parte autem eius ad quod dicitur, invenitur aliqua virtus ad utrumlibet esse quando perfecta operatio virtutis a neutro dependet, sed tamen utrumque esse potest: sicut ars, quae diversis instrumentis uti potest ad idem opus aequaliter perficiendum. hoc autem ad imperfectionem virtutis non pertinet, sed magis ad eius eminentiam: inquantum utrumlibet oppositorum excedit, et ob hoc determinatur ad neutrum, se ad utrumlibet habens. sic autem est in divina voluntate respectu aliorum a se: nam finis eius a nullo aliorum dependet, cum tamen ipsa fini suo perfectissime sit unita. non igitur oportet potentialitatem aliquam in divina voluntate poni.

n.9 ‘ Similiter autem nec mutabilitatem. si enim in divina voluntate nulla est potentialitas, non sic absque necessitate alterum oppositorum praeaccipit circa sua causata quasi consideretur in potentia ad utrumque, ut primo sit volens potentia utrumque et postmodum volens actu, sed semper est volens actu quicquid vult, non solum circa se sed etiam circa causata: sed quia volitum non habet necessarium ordinem ad divinam bonitatem, quae est proprium obiectum divinae voluntatis; per modum quo non necessaria, sed possibilia enuntiabilia dicimus quando non est necessarius ordo praedicati ad subiectum. unde cum dicitur, deus vult hoc causatum, manifestum est esse enuntiabile non necessarium, sed possibile, illo modo quo non dicitur aliquid possibile “ secundum aliquam potentiam, sed quod non necesse est esse nec impossibile est esse, * ut philosophus tradit in v metaph.: ‘ sicut triangulum habere duo latera aequalia est enuntiabile possibile, non tamen secundum aliquam potentiam, cum |25| in mathematicis non sit potentia neque motus. exclusio igitur necessitatis praedictae immutabilitatem divinae voluntatis non tollit.

n.10 * Quam scriptura sacra profitetur, i reg. 15-29: ° triumphator in israel poenitudine non flectetur.

n.11 ‘ Quamvis autem divina voluntas ad sua causata non determinetur, non tamen oportet dicere quod nihil eorum velit, aut quod ad volendum ab aliquo exteriori determinetur. cum enim bonum apprehensum voluntatem sicut proprium obiectum determinet; intellectus autem divinus non sit extraneus ab eius voluntate, cum utrumque sit sua essentia; si voluntas dei ad aliquid volendum per sui intellectus cognitionem determinetur, non erit determinatio voluntatis divinae per aliquid extraneum facta. intellectus enim divinus apprehendit non solum divinum esse, quod est bonitas eius, sed etiam alia bona, * ut supra ostensum est. ‘ quae quidem apprehendit ut similitudines quasdam divinae bonitatis et essentiae, non ut eius principia. et sic voluntas divina in illa tendit ut suae bonitati convenientia, non ut ad suam bonitatem necessaria.- sic autem et in nostra voluntate accidit: quod, cum ad aliquid inclinatur quasi necessarium simpliciter ad finem, quadam necessitate movetur in illud; |25| cum autem tendit in aliquid solum propter convenientiam quandam, non necessario in illud tendit. unde nec divina voluntas tendit in sua causata necessario.

n.12 ‘ Non etiam oportet propter praemissa innaturale aliquid in deo ponere. voluntas namque sua uno et eodem actu vult se et alia: sed habitudo eius ad se est necessaria et naturalis; habitudo autem eius ad alia est secundum convenientiam quandam, non quidem necessaria et naturalis, neque violenta aut innaturalis, sed voluntaria; quod enim voluntarium est, neque naturale neque violentum necesse est esse.

005 SCG lb1 cp83

n. ‘ Quod deus vult aliquid aliud a se necessitate suppositionis.

n.1 ‘ Ex his autem haberi potest quod, licet deus circa causata nihil necessario velit absolute, vult tamen aliquid necessario ex suppositione.

n.2 * Ostensum enim est ‘ divinam voluntatem immutabilem esse. in quolibet autem immutabili, si semel est aliquid, non potest postmodum non esse: hoc enim moveri dicimus quod aliter se habet nunc et prius. si igitur divina voluntas est immutabilis, posito quod aliquid velit, necesse est ex suppositione eum hoc velle.

n.3 ‘ Item. omne aeternum est necessarium. deum autem velle aliquid causatum esse est aeternum: sicut enim esse suum, ita et velle aeternitate mensuratur. est ergo necessarium. sed non absolute consideratum: quia voluntas dei non habet necessariam habitudinem ad hoc volitum. ergo est necessarium ex suppositione.

n.4 ‘ Praeterea. quicquid deus potuit, potest: virtus enim eius non minuitur, sicut nec eius essentia. sed non potest nunc non velle quod ponitur voluisse: quia non potest mutari sua voluntas. ergo nunquam potuit non velle quicquid voluit. est ergo necessarium ex suppositione eum voluisse quicquid voluit, sicut et velle: neutrum autem necessarium absolute, sed possibile * modo praedicto.

n.5 ‘ Amplius. quicumque vult aliquid, necessario vult ea quae necessario requiruntur ad illud, nisi sit ex parte eius defectus, vel propter ignorantiam, vel quia a recta electione eius quod est ad finem intentum abducatur per aliquam passionem. quae de deo dici non possunt. si igitur deus, volendo se, vult aliquid aliud a se, necessarium est eum velle omne illud quod ad volitum ab eo ex necessitate requiritur: sicut necessarium est deum velle animam rationalem esse, supposito quod velit hominem esse.

005 SCG lb1 cp84

n. ‘ Quod voluntas dei non est impossibilium secundum se.

n.1 ‘ Ex hoc apparet quod voluntas dei non potest esse eorum quae sunt secundum se impossibilia.

n.2 ‘ Huiusmodi enim sunt quae in seipsis repugnantiam habent: ut hominem esse asinum, in quo includitur rationale esse irrationale. quod autem repugnat alicui, excludit aliquid eorum quae ad ipsum requiruntur: sicut esse asinum excludit hominis rationem. si igitur necessario vult ea quae requiruntur ad hoc quod supponitur velle, impossibile est eum velle ea quae eis repugnant. et sic impossibile est eum velle ea quae sunt impossibilia simpliciter.

n.3 * Item. sicut supra ostensum est, ‘ deus, volendo suum esse, quod est sua bonitas, vult omnia alia inquantum habent eius similitudinem. secundum hoc autem quod aliquid repugnat rationi entis inquantum huiusmodi, non potest in eo salvari similitudo primi esse, scilicet divini, quod est fons essendi. non potest igitur deus velle aliquid quod repugnat rationi entis inquantum huiusmodi. sicut autem rationi hominis inquantum est homo repugnat esse irrationale, ita rationi entis inquantum huiusmodi repugnat quod aliquid sit simul ens et non ens. non potest igitur deus velle quod affirmatio et negatio sint simul verae. hoc autem includitur in omni per se impossibili, quod ad seipsum repugnantiam habet inquantum contradictionem implicat. voluntas igitur dei non potest esse per se impossibilium.

n.4 ‘ Amplius. voluntas non est nisi alicuius boni intellecti. illud igitur quod non cadit in intellectum, non potest cadere in voluntatem. sed ea quae sunt secundum se impossibilia non cadunt in intellectum, cum sibi ipsis repugnent: nisi forte per errorem non intelligentis rerum proprietatem, quod de deo dici non potest. in divinam igitur voluntatem non possunt cadere quae secundum se sunt impossibilia.

n.5 ‘ Adhuc. secundum quod unumquodque se habet ad esse, ita se habet ad bonitatem. sed impossibilia sunt quae non possunt esse. ergo non possunt esse bona. ergo nec volita a deo, qui non vult nisi ea quae sunt vel possunt esse bona.

005 SCG lb1 cp85

n. ‘ Quod divina voluntas non tollit contingentiam a rebus, neque eis necessitatem absolutam imponit.

n.1 ‘ Ex praedictis autem haberi potest quod divina voluntas contingentiam non tollit, nec necessitatem absolutam rebus imponit.

n.2 ‘ Vult enim deus omnia quae requiruntur ad rem quam vult, * ut dictum est. ‘ sed aliquibus rebus secundum modum suae naturae competit quod sint contingentes, non necessariae. igitur vult aliquas res esse contingentes. efficacia autem divinae voluntatis exigit ut non solum sit quod deus vult esse, sed etiam ut hoc modo sit sicut deus vult illud esse: nam et in agentibus naturalibus, cum virtus agens est fortis, assimilat sibi suum effectum non solum quantum ad speciem, sed etiam quantum ad accidentia, quae sunt quidam modi ipsius rei. igitur efficacia divinae voluntatis contingentiam non tollit.

n.3 ‘ Amplius. deus principalius vult bonum universitatis suorum effectuum quam aliquod bonum particulare: quanto in illo completior invenitur suae bonitatis similitudo. completio autem universi exigit ut sint aliqua contingentia: alias non omnes gradus entium in universo continerentur. vult igitur deus aliqua esse contingentia.

n.4 ‘ Adhuc. “ bonum universi in quodam ordine consideratur, * ut patet in xi metaphysicae. ‘ requirit autem ordo universi aliquas causas esse variabiles: cum corpora sint de perfectione universi, quae non movent nisi mota. a causa autem variabili effectus contingentes sequuntur: non enim potest esse effectus firmioris esse quam sua causa. unde videmus, quamvis causa remota sit necessaria, si tamen causa proxima sit contingens, effectum contingentem esse: sicut patet in his quae circa inferiora corpora accidunt; quae quidem contingentia sunt propter proximarum causarum contingentiam, quamvis causae remotae, quae sunt motus caelestes, sint ex necessitate. vult igitur deus aliqua contingenter evenire.

n.5 ‘ Praeterea. necessitas ex suppositione in causa non potest concludere necessitatem absolutam in effectu. deus autem vult aliquid in creatura non necessitate absoluta, sed solum necessitate quae est ex suppositione, * ut supra ostensum est. ‘ ex voluntate igitur divina non potest concludi in rebus creatis necessitas absoluta. haec autem sola excludit contingentiam: nam etiam contingentia ad utrumlibet redduntur ex suppositione necessaria; sicut socratem moveri, si currit, est necessarium. divina igitur voluntas non excludit a rebus volitis contingentiam.

n.6 ‘ Non igitur sequitur, si deus vult aliquid, quod illud de necessitate eveniat: sed quod haec conditionalis sit vera et necessaria, si deus aliquid vult, illud erit. consequens tamen non oportet esse necessarium.

005 SCG lb1 cp86

n. ‘ Quod divinae voluntatis potest ratio assignari.

n.1 ‘ Colligere autem ex praedictis possumus quod divinae voluntatis ratio assignari potest.

n.2 ‘ Finis enim est ratio volendi ea quae sunt ad finem. deus autem vult bonitatem suam tanquam finem, omnia autem alia vult tanquam ea quae sunt ad finem. sua igitur bonitas est ratio quare vult alia quae sunt diversa ab ipso.

n.3 ‘ Rursus. bonum particulare ordinatur ad bonum totius sicut ad finem, ut imperfectum ad perfectum. sic autem cadunt aliqua sub divina voluntate secundum quod se habent in ordine boni. relinquitur igitur quod bonum universi sit ratio quare deus vult unumquodque particulare bonum in universo.

n.4 * Item. sicut supra ostensum est, ‘ supposito quod deus aliquid velit, sequitur ex necessitate quod velit ea quae ad illud requiruntur. quod autem alii necessitatem imponit, est ratio quare illud sit. ratio igitur quare deus vult ea quae requiruntur ad unumquodque, est ut sit illud ad quod requiritur.

n.5 ‘ Sic igitur procedere possumus in assignando divinae voluntatis rationem: deus vult hominem habere rationem ad hoc quod homo sit; vult autem hominem esse ad hoc quod completio universi sit; vult autem bonum universi esse quia decet bonitatem ipsius.

n.6 ‘ Non tamen praedicta triplex ratio secundum eandem habitudinem procedit. nam bonitas divina neque dependet a perfectione universi, neque ex ea aliquid sibi accrescit. perfectio autem universi, licet ex aliquibus particularibus bonis ex necessitate dependeat, quae sunt essentiales partes universi, ex quibusdam tamen non dependet ex necessitate, sed tamen ex eis aliqua bonitas vel decor accrescit universo: sicut ex his quae sunt solum ad munimentum vel decorem aliarum partium universi. particulare autem bonum dependet ex necessitate ex his quae ad ipsum absolute requiruntur: licet et hoc etiam habeat quaedam quae sunt propter melius ipsius. aliquando igitur ratio divinae voluntatis continet solum decentiam; aliquando utilitatem; aliquando autem necessitatem quae est ex suppositione; necessitatem vero absolutam, solum cum vult seipsum.

005 SCG lb1 cp87

n. ‘Quod divinae voluntatis nihil potest esse causa.
n.1 ‘ Quamvis autem aliqua ratio divinae voluntatis assignari possit, non tamen sequitur quod voluntatis eius sit aliquid causa.
n.2 ‘Voluntati enim causa volendi est finis. finis autem divinae voluntatis est sua bonitas. ipsa igitur est deo causa volendi, quae est etiam ipsum suum velle.
n.3 ‘ Aliorum autem a deo volitorum nullum est deo causa volendi. sed unum eorum est alteri causa ut ordinem habeat ad divinam bonitatem. et sic intelligitur deus propter unum eorum aliud velle.
n.4 ‘ Patet tamen quod non oportet discursum aliquem ponere in dei voluntate. nam ubi est unus actus, non consideratur discursus: * ut supra circa intellectum ostensum est. ‘ deus autem uno actu vult et suam bonitatem et omnia alia: cum sua actio sit sua essentia.
n.5 * Per praedicta autem excluditur error quorundam dicentium “ omnia procedere a deo secundum simplicem voluntatem: ut de nullo oporteat rationem reddere nisi quia deus vult.
n.6 * Quod etiam scripturae divinae contrariatur, quae “ deum perhibet secundum ordinem sapientiae suae omnia fecisse: * secundum illud psalmi: ° omnia in sapientia fecisti. * et eccli. 1-10 dicitur quod ° deus effudit sapientiam suam super omnia opera sua.

005 SCG lb1 cp88

n. ‘Quod in deo est liberum arbitrium.
n.1 ‘Ex praedictis autem ostendi potest quod in deo liberum arbitrium invenitur.
n.2 ‘ Nam liberum arbitrium dicitur respectu eorum quae non necessitate quis vult, sed propria sponte: unde in nobis est liberum arbitrium respectu eius quod volumus currere vel ambulare. deus autem alia a se non ex necessitate vult, * ut supra ostensum est. ‘deo igitur liberum arbitrium habere competit.
n.3 ‘ Adhuc. voluntas divina in his ad quae secundum suam naturam non determinatur, inclinatur quodammodo per suum intellectum, * ut supra ostensum est. ‘sed ex hoc homo dicitur prae ceteris animalibus liberum arbitrium habere quod ad volendum iudicio rationis inclinatur, non impetu naturae sicut bruta. ergo in deo est liberum arbitrium.
n.4 * Item. secundum philosophum, in iii ethic., ° voluntas est finis, electio autem eorum quae ad finem sunt. ‘ cum igitur deus seipsum tanquam finem velit, alia vero sicut quae ad finem sunt, sequitur quod respectu sui habeat voluntatem tantum, respectu autem aliorum electionem. electio autem semper per liberum arbitrium fit. deo igitur liberum arbitrium competit.
n.5 ‘Praeterea. homo per hoc quod habet liberum arbitrium, dicitur suorum actuum dominus. hoc autem maxime competit primo agenti, cuius actus ab alio non dependet. ipse igitur deus liberum arbitrium habet.
n.6 ‘ Hoc etiam ex ipsa nominis ratione haberi potest. ° nam liberum est quod sui causa est, * secundum philosophum, in principio metaphysicae. ‘ hoc autem nulli magis competit quam primae causae, quae deus est.

005 SCG lb1 cp89

n. ‘Quod in deo non sunt passiones affectuum.
n.1 ‘Ex praemissis autem sciri potest quod passiones affectuum in deo non sunt.
n.2 “ Secundum enim intellectivam affectionem non est aliqua passio, sed solum secundum sensitivam, * ut probatur in vii physicorum. ‘nulla autem talis affectio in deo esse potest: cum desit sibi sensitiva cognitio, * ut per supra dicta est manifestum. ‘ relinquitur igitur quod in deo non sit affectiva passio.
n.3 ‘Praeterea. omnis affectiva passio secundum aliquam transmutationem corporalem fit: puta secundum constrictionem vel dilatationem cordis, aut secundum aliquid huiusmodi. quorum nullum in deo possibile est accidere: eo quod non sit corpus nec virtus in corpore, * ut supra ostensum est. ‘ non est igitur in ipso affectiva passio.
n.4 ‘Item. in omni affectiva passione patiens aliqualiter trahitur extra suam communem, aequalem vel connaturalem dispositionem: cuius signum est quod huiusmodi passiones, si intendantur, animalibus inferunt mortem. sed non est possibile deum extra suam naturalem conditionem aliqualiter trahi: cum sit omnino immutabilis, * ut supra ostensum est. ‘ patet igitur quod in deo huiusmodi passiones esse non possunt.
n.5 ‘Amplius. omnis affectio quae est secundum passionem, determinate in unum fertur, secundum modum et mensuram passionis: passio enim impetum habet ad aliquid unum, sicut et natura; et propter hoc ratione oportet eam reprimi et regulari. divina autem voluntas non determinatur secundum se ad unum in his quae creata sunt, nisi ex ordine suae sapientiae, * ut supra ostensum est. ‘ non est igitur in ipso passio secundum affectionem aliquam.
n.6 ‘ Adhuc. omnis passio est alicuius potentia existentis. deus autem est omnino liber a potentia: cum sit purus actus. est igitur agens tantum, et nullo modo aliqua passio in ipso locum habet.
n.7 ‘ Sic igitur omnis passio ratione generis a deo removetur.
n.8 ‘ Quaedam autem passiones removentur a deo non solum ratione sui generis, sed etiam ratione speciei. omnis enim passio ex obiecto speciem recipit. cuius igitur obiectum omnino est deo incompetens, talis passio a deo removetur etiam secundum rationem propriae speciei. talis autem est tristitia vel dolor: nam eius obiectum est malum iam inhaerens, sicut gaudii obiectum est bonum praesens et habitum. tristitia igitur et dolor ex ipsa sui ratione in deo esse non possunt.
n.9 ‘ Adhuc. ratio obiecti alicuius passionis non solum sumitur ex bono et malo, sed etiam ex hoc quod aliqualiter quis se habet ad alterum horum: sic enim spes et gaudium differunt. si igitur modus ipse se habendi ad obiectum qui in ratione passionis includitur, deo non competit, nec ipsa passio deo convenire potest, etiam ex ratione propriae speciei. spes autem, quamvis habeat obiectum bonum, non tamen bonum iam obtentum, sed obtinendum. quod quidem deo non potest competere, ratione suae perfectionis, quae tanta est quod ei additio fieri non potest. spes igitur in deo esse non potest, etiam ratione suae speciei. et similiter nec desiderium alicuius non habiti.
n.10 ‘ Amplius. sicut divina perfectio impedit potentiam additionis alicuius boni obtinendi a deo, ita etiam, et multo amplius, excludit potentiam ad malum. timor autem respicit malum quod potest imminere, sicut spes bonum obtinendum. duplici igitur ratione suae speciei timor a deo excluditur: et quia non est nisi existentis in potentia; et quia habet obiectum malum quod potest inesse.
n.11 ‘ Item. poenitentia mutationem affectus importat. igitur et ratio poenitentiae deo repugnat, non solum quia species tristitiae est, sed etiam quia mutationem voluntatis importat.
n.12 ‘ Praeterea. absque errore cognitivae virtutis esse non potest ut illud quod est bonum apprehendatur ut malum. nec est nisi in particularibus bonis ut alterius malum possit bonum existere alteri, in quibus “ corruptio unius est generatio alterius: ‘ universali autem bono ex nullo particulari bono aliquid deperit, sed per unumquodque repraesentatur. deus autem est universale bonum, cuius similitudinem participando omnia dicuntur bona. nullius igitur malum sibi potest esse bonum. nec potest esse ut id quod est simpliciter bonum et non est sibi malum, apprehendat ut malum: quia sua scientia est absque errore, * ut supra ostensum est. ‘ invidiam igitur in deo impossibile est esse, etiam secundum suae speciei rationem: non solum quia invidia species tristitiae est, sed etiam quia tristatur de bono alterius, et sic accipit bonum alterius tanquam malum sibi.
n.13 ‘ Adhuc. eiusdem rationis est tristari de bono et appetere malum: nam primum est ex hoc quod bonum aestimatur malum; secundum vero est ex hoc quod malum aestimatur bonum. ira autem est appetitus mali alterius ad vindictam. ira igitur a deo longe est secundum rationem suae speciei: non solum quia effectus tristitiae est; sed etiam quia est appetitus vindictae propter tristitiam ex iniuria illata conceptam.
n.14 ‘ Rursus, quaecumque aliae passiones harum species sunt vel ab eis causantur, pari ratione a deo excluduntur.

005 SCG lb1 cp90

n. ‘ Quod in deo sit delectatio et gaudium non tamen repugnat divinae perfectioni.
n.1 ‘ Sunt autem quaedam passiones quae, licet deo non conveniant secundum quod passiones, nihil tamen ex ratione suae speciei important repugnans divinae perfectioni. harum autem est gaudium et delectatio. est enim gaudium praesentis boni. neque igitur ratione obiecti, quod est bonum, neque ratione modi se habendi ad obiectum, quod est actu habitum, gaudium secundum suae speciei rationem divinae perfectioni repugnat.
n.2 ‘Ex hoc autem manifestum est quod gaudium vel delectatio proprie in deo sit. sicut enim bonum et malum apprehensum sunt obiectum appetitus sensibilis, ita et appetitus intellectivi. utriusque enim est prosequi bonum et fugere malum, vel secundum veritatem vel secundum aestimationem: nisi quod obiectum intellectivi appetitus est communius quam sensitivi, quia intellectivus appetitus respicit bonum vel malum simpliciter, appetitus autem sensitivus bonum vel malum secundum sensum; sicut etiam et intellectus obiectum est communius quam sensus. sed operationes appetitus speciem ex obiectis sortiuntur. inveniuntur igitur in appetitu intellectivo, qui est voluntas, similes operationes secundum rationem speciei operationibus appetitus sensitivi, in hoc differentes quod in appetitu sensitivo sunt passiones, propter coniunctionem eius ad organum corporale, in intellectivo autem sunt operationes simplices: sicut enim per passionem timoris, quae est in appetitu sensitivo, refugit quis |25| malum futurum, ita sine passione intellectivus appetitus idem operatur. cum igitur gaudium et delectatio deo non repugnent secundum suam speciem, sed solum inquantum passiones sunt; in voluntate autem sunt secundum suam speciem, non autem ut passiones: relinquitur quod etiam divinae voluntati non desint.
n.3 ‘Item. gaudium et delectatio est quaedam quietatio voluntatis in suo volito. deus autem in seipso, qui est suum principale volitum, maxime quietatur, utpote in se omnem sufficientiam habens. ipse igitur per suam voluntatem in se maxime gaudet et delectatur.
n.4 ‘ Praeterea. “ delectatio est quaedam operationis perfectio, * ut patet per philosophum, x ethic.: “ perficit enim operationem sicut pulchritudo iuventutem. ‘sed deus perfectissimam operationem habet in intelligendo, * ut ex praedictis patet. ‘ si igitur nostrum intelligere, propter suam perfectionem, est delectabile, divinum intelligere erit sibi delectabilissimum.
n.5 ‘Amplius. unumquodque naturaliter in suo simili gaudet, quasi in convenienti: nisi per accidens, inquantum est impeditivum propriae utilitatis, sicut “ figuli ad invicem corrixantur, ‘ pro eo quod unus impedit lucrum alterius. omne autem bonum est divinae bonitatis similitudo, * ut ex supra dictis patet: ‘nec ex aliquo bono sibi aliquid deperit. relinquitur igitur quod deus de omni bono gaudet.
n.6 ‘ Est igitur in eo proprie gaudium et delectatio. differunt autem gaudium et delectatio ratione. nam delectatio provenit ex bono realiter coniuncto: gaudium autem hoc non requirit, sed sola quietatio voluntatis in volito sufficit ad gaudii rationem. unde delectatio est solum de coniuncto bono, si proprie sumatur: gaudium autem de exteriori. ex quo patet quod deus proprie in seipso delectatur, gaudet autem et in se et in aliis.

005 SCG lb1 cp91

n. ‘Quod in deo sit amor.
n.1 ‘ Similiter autem oportet et amorem in deo esse secundum actum voluntatis eius.
n.2 ‘Hoc enim est proprie de ratione amoris, quod amans bonum amati velit. deus autem vult bonum suum et aliorum, * ut ex dictis patet. ‘secundum hoc igitur deus et se et alia amat.
n.3 ‘ Adhuc. ad veritatem amoris requiritur quod bonum alicuius vult prout est eius: cuius enim bonum aliquis vult solum prout in alterius bonum cedit, per accidens amatur; sicut qui vult vinum conservari ut illud bibat, aut hominem ut sibi sit utilis aut delectabilis, per accidens amat vinum aut hominem, per se autem seipsum. sed deus vult bonum uniuscuiusque secundum quod est eius: vult enim unumquodque esse secundum quod in se bonum est; licet etiam unum ordinet in utilitatem alterius. deus igitur vere amat et se et alia.
n.4 ‘ Amplius. cum unumquodque naturaliter velit aut appetat suo modo proprium bonum, si hoc habet amoris ratio quod amans velit aut appetat bonum amati, consequens est quod amans ad amatum se habeat sicut ad id quod est cum eo aliquo modo unum. ex quo videtur propria ratio amoris consistere in hoc quod affectus unius tendat in alterum sicut in unum cum ipso aliquo modo: * propter quod dicitur a dionysio quod “ amor est unitiva virtus. ‘quanto ergo id unde amans est unum cum amato est maius, tanto est amor intensior: magis enim amamus quos nobis unit generationis origo, aut conversationis usus, aut aliquid huiusmodi, quam eos quos solum nobis unit humanae naturae societas. et rursus, quanto id ex quo est unio est magis intimum amanti, tanto amor fit firmior: unde interdum amor qui est ex aliqua passione, fit intensior amore qui est ex naturali origine vel ex aliquo habitu, sed facilius transit. id autem unde omnia deo uniuntur, scilicet eius bonitas, quam omnia imitantur, est |25| maximum et intimum deo: cum ipse sit sua bonitas. est igitur in deo amor non solum verus, sed etiam perfectissimus et firmissimus.
n.5 ‘ Item. amor ex parte obiecti non importat aliquid repugnans deo: cum sit boni. nec ex modo se habendi ad obiectum: nam amor est alicuius rei non minus cum habetur, sed magis, quia bonum aliquod fit nobis affinius cum habetur; unde et motus ad finem in rebus naturalibus ex propinquitate finis intenditur (quandoque autem contrarium per accidens accidit, utpote quando in amato experimur aliquid quod repugnat amori: tunc enim minus amatur quando habetur). non igitur amor repugnat divinae perfectioni secundum rationem suae speciei. est igitur in deo.
n.6 ‘Praeterea. “ amoris est ad unionem movere, * ut dionysius dicit. ‘ cum enim, propter similitudinem vel convenientiam amantis et amati, affectus amantis sit quodammodo unitus amato, tendit appetitus in perfectionem unionis, ut scilicet unio quae iam inchoata est in affectu, compleatur in actu: unde et amicorum proprium est mutua praesentia et convictu et collocutionibus gaudere. deus autem movet omnia alia ad unionem: inquantum enim dat eis esse et alias perfectiones, unit ea sibi per modum quo possibile est. deus igitur et se et alia amat.
n.7 ‘ Adhuc. omnis affectionis principium est amor. gaudium enim et desiderium non est nisi amati boni; timor et tristitia non est nisi de malo quod contrariatur bono amato; ex his autem omnes aliae affectiones oriuntur. sed in deo est gaudium et delectatio, * ut supra ostensum est. ‘ergo in deo est amor.

n.8 * Posset autem alicui videri quod " deus non magis hoc quam illud amet. si enim intensio et remissio naturae mutabilis proprie est, deo competere non potest, a quo omnis mutabilitas procul est. rursus. nullum aliorum quae de deo per modum operationis dicuntur, secundum magis et minus de ipso dicitur: neque enim magis aliquid alio cognoscit, neque magis de hoc quam de illo gaudet.
n.9 ' Sciendum itaque quod, cum aliae operationes animae sint circa unum solum obiectum, solus amor ad duo obiecta ferri videtur. per hoc enim quod intelligimus vel gaudemus, ad aliquod obiectum aliqualiter nos habere oportet: amor vero aliquid alicui vult, hoc enim amare dicimur cui aliquod bonum volumus, * secundum modum praedictum. ' unde et ea quae concupiscimus, simpliciter quidem et proprie desiderare dicimur, non autem amare, sed potius nos ipsos, quibus ea concupiscimus: et ex hoc ipsa per accidens et improprie dicuntur amari. aliae igitur operationes secundum solum actionis vigorem secundum magis et minus dicuntur. quod in deo accidere non potest. nam vigor actionis secundum virtutem qua agitur mensuratur: omnis autem divina actio unius et eiusdem virtutis est. amor autem secundum magis et minus dupliciter dici potest. uno quidem modo, ex bono quod alicui volumus: secundum quod illum magis diligere dicimur cui volumus |25| maius bonum. alio modo ex vigore actionis: secundum quod dicimur illum magis diligere cui, etsi non maius bonum, aequale tamen bonum ferventius et efficacius volumus. primo quidem igitur modo, nihil prohibet dici quod deus aliquid alio magis diligat, secundum quod ei maius vult bonum. secundo autem modo dici non potest: * eadem ratione quae de aliis dicta est. patet igitur ex praedictis quod ' de nostris affectionibus nulla est quae in deo proprie possit esse nisi gaudium et amor:- quamvis haec etiam in eo non secundum passionem, sicut in nobis, sint.
n.10 " Quod autem in deo sit gaudium vel delectatio, * auctoritate scripturae confirmatur. dicitur enim in psalmo: ° delectationes in dextera tua usque in finem. * prov. 9: ° delectabar per singulos dies ludens coram eo, * dicit divina sapientia, quae deus est, * ut ostensum est. * luc. 15-10: ° gaudium est in caelo super uno peccatore poenitentiam agente. * philosophus etiam dicit, in vii ethic., quod ° deus semper gaudet una et simplici delectatione.
n.11 * Amorem etiam dei scriptura commemorat, deut. 33-3: ° dilexit populos; * ierem. 31-3: ° in caritate perpetua dilexi te; * ioan. 16-27: ° ipse enim pater amat vos. * philosophi etiam quidam posuerunt " rerum principium dei amorem. * cui consonat dionysii verbum, iv cap. de div. nom.; dicentis quod ° divinus amor non permisit ipsum sine germine esse.
n.12 ' Sciendum tamen etiam alias affectiones, quae secundum speciem suam divinae perfectioni repugnant, * in sacra scriptura ' de deo dici, non quidem proprie, * ut probatum est, ' sed metaphorice, propter similitudinem vel effectuum, vel alicuius affectionis praecedentis. dico autem effectuum, quia interdum voluntas ex sapientiae ordine in illum effectum tendit in quem aliquis ex passione defectiva inclinatur: iudex enim ex iustitia punit, sicut et iratus ex ira. dicitur igitur aliquando deus iratus, inquantum ex ordine suae sapientiae aliquem vult punire: * secundum illud psalmi: ° cum exarserit in brevi ira eius. ' misericors vero dicitur inquantum ex sua benevolentia miserias hominum tollit: sicut et nos propter misericordiae passionem facimus idem. * unde in psalmo: ° miserator et misericors dominus, patiens et multum misericors. ' poenitens etiam interdum dicitur, inquantum |25| secundum aeternum et immutabilem providentiae suae ordinem facit quae prius destruxerat, vel destruit quae prius fecit: sicut et poenitentia moti facere inveniuntur. * unde gen. 6-7: ° poenitet me fecisse hominem. * quod autem hoc proprie intelligi non possit, patet per hoc quod habetur i reg. 15-29: ° triumphator in israel non parcet, nec poenitudine flectetur. ' dico autem propter similitudinem affectionis praecedentis. nam amor et gaudium, quae in deo proprie sunt, principia sunt omnium affectionum: amor quidem per modum principii moventis: gaudium vero per modum finis; unde etiam irati punientes gaudent, quasi finem assecuti. dicitur igitur deus tristari, inquantum accidunt aliqua contraria his quae ipse amat et approbat: sicut et in nobis est tristitia de his quae nobis nolentibus acciderunt. * et hoc patet isaiae 59-15 ° vidit deus, et malum apparuit in oculis eius, quia non est iudicium. et vidit quia non est vir, et aporiatus est, quia non est qui occurrat.
n.13 * Ex praedictis autem excluditur error quorundam iudaeorum attribuentium " deo iram, tristitiam, poenitentiam, et omnes huiusmodi passiones, secundum proprietatem, * non distinguentes quid in scripturis sacris proprie et metaphorice dicatur.

005 SCG lb1 cp92

n. ' Quomodo in deo ponantur esse virtutes.
n.1 ' Consequens est autem dictis ostendere quomodo virtutes in deo ponere oportet. oportet enim, sicut esse eius est universaliter perfectum, omnium entium perfectiones in se quodammodo comprehendens, ita et bonitatem eius omnium bonitates in se quodammodo comprehendere. virtus autem est bonitas quaedam virtuosi: nam " secundum eam dicitur bonus, et opus eius bonum. ' oportet ergo bonitatem divinam omnes virtutes suo modo continere.
n.2 ' Unde nulla earum secundum habitum in deo dicitur, sicut in nobis. deo enim non convenit bonum esse per aliquid aliud ei superadditum, sed per essentiam suam: cum sit omnino simplex. nec etiam per aliquid suae essentiae additum agit: cum sua actio sit suum esse, * ut ostensum est. ' non est igitur virtus eius aliquis habitus, sed sua essentia.
n.3 ' Item. habitus imperfectus actus est, quasi medius inter potentiam et actum: unde et habentes habitum dormientibus comparantur. in deo autem est actus perfectissimus. actus igitur in eo non est sicut habitus, ut scientia: sed sicut considerare, quod est actus ultimus et perfectus.
n.4 ' Adhuc. habitus potentiae alicuius perfectivus est. in deo autem nihil est secundum potentiam, sed solum secundum actum. in eo igitur habitus esse non potest.
n.5 ' Praeterea. habitus de genere accidentis est. quod in deo omnino non est, * ut supra ostensum est. ' igitur nec virtus aliqua in deo secundum habitum dicitur, sed solum secundum essentiam.
n.6 ' Cum autem virtutes humanae sint quibus humana vita dirigitur; humana autem vita est duplex, contemplativa et activa: quae quidem ad activam vitam virtutes pertinent, prout hanc vitam perficiunt, deo competere non possunt. vita enim activa hominis in usu corporalium bonorum consistit: unde et virtutes vitam activam dirigunt quibus his bonis recte utimur. huiusmodi autem deo convenire non possunt. igitur nec huiusmodi virtutes prout hanc vitam dirigunt.
n.7 ' Adhuc. huiusmodi virtutes mores hominum secundum politicam conversationem perficiunt: unde illis qui politica conversatione non utuntur, convenire non multum videntur. multo igitur minus deo convenire possunt, cuius conversatio et vita longe est a modo humanae vitae.
n.8 ' Harum etiam virtutum quae circa activam vitam sunt, quaedam circa passiones nos dirigunt. quas in deo ponere non possumus. virtutes enim quae circa passiones sunt, ex ipsis passionibus speciem sortiuntur sicut ex propriis obiectis: unde et temperantia a fortitudine differt inquantum haec circa concupiscentias est, illa vero circa timores et audacias. in deo autem passiones non sunt, * ut ostensum est. ' igitur nec huiusmodi virtutes in deo esse possunt.
n.9 " Item. huiusmodi virtutes non in parte intellectiva animae sunt, sed in parte sensitiva, in qua sola passiones esse possunt, * ut probatur in vii physicorum. ' in deo autem non est sensitiva pars, sed solus intellectus. relinquitur igitur quod in deo huiusmodi virtutes esse non possint, etiam secundum proprias rationes.
n.10 ' Passionum autem circa quas virtutes sunt, quaedam sunt secundum inclinationem appetitus in aliquod corporale bonum quod est delectabile secundum sensum, sicut sunt cibi et potus et venerea; circa quorum concupiscentias est sobrietas, castitas, et universaliter temperantia et continentia. unde, quia corporales delectationes omnino a deo remotae sunt, virtutes praedictae nec proprie deo conveniunt, cum circa passiones sint; nec etiam metaphorice de deo dicuntur in scripturis, quia nec est accipere similitudinem ipsarum in deo secundum similitudinem alicuius effectus.
n.11 ' Quaedam vero passiones sunt secundum inclinationem appetitus in aliquod spirituale bonum, sicut est honor, dominium, victoria, vindicta, et alia huiusmodi: circa quorum spes, audacias et omnino appetitus sunt fortitudo, magnanimitas, mansuetudo, et aliae huiusmodi virtutes. quae quidem in deo proprie esse non possunt, eo quod circa passiones sunt: dicuntur tamen in scriptura metaphorice de deo, propter similitudinem effectus; * ut est illud i reg. 2-2: ° non est fortis sicut deus noster; * et mich. 6: ° quaerite mansuetum, quaerite bonum.

005 SCG lb1 cp93

n. ' Quod in deo sunt virtutes morales quae sunt circa actiones.
n.1 ' Sunt autem virtutes aliquae vitam activam hominis dirigentes quae non circa passiones, sed circa actiones sunt: ut veritas, iustitia, liberalitas, magnificentia, prudentia et ars.
n.2 ' Cum autem virtus ex obiecto vel materia speciem sortiatur; actiones autem quae sunt harum virtutum materiae vel obiecta, divinae perfectioni non repugnant: nec huiusmodi virtutes, secundum propriam speciem, habent aliquid propter quod a divina perfectione excludantur.
n.3 ' Item. huiusmodi virtutes perfectiones quaedam voluntatis et intellectus sunt, quae sunt principia operationum absque passione. in deo autem est voluntas et intellectus nulla carens perfectione. igitur haec deo deesse non possunt.
n.4 ' Amplius. eorum omnium quae a deo in esse procedunt, ratio propria in divino intellectu est, * ut supra ostensum est. ' ratio autem rei fiendae in mente facientis ars est: * unde philosophus dicit, in vi ethic., quod ° ars est recta ratio factibilium. ' est igitur proprie ars in deo. * et ideo dicitur sap. 7-21: ° omnium artifex docuit me sapientiam.
n.5 ' Item. divina voluntas, in his quae sunt alia ab ipso, determinatur ad unum per cognitionem suam, * ut supra ostensum est. ' cognitio autem ordinans voluntatem ad agendum prudentia est: * quia secundum philosophum, in vi ethic., ° prudentia est recta ratio agibilium. ' est igitur in deo prudentia. * et hoc est quod dicitur iob 26: ° apud ipsum est prudentia et fortitudo.
n.6 * Adhuc. ostensum est supra quod ' ex hoc quod deus vult aliquid, vult illa quae requiruntur ad ipsum. quod autem ad perfectionem alicuius requiritur, est debitum unicuique. est igitur in deo iustitia, cuius est " unicuique quod suum est distribuere. * unde in psalmo dicitur: ° iustus dominus et iustitias dilexit.
n.7 * Amplius. sicut supra ostensum est, ' finis ultimus propter quem deus vult omnia, nullo modo dependet ab his quae sunt ad finem, nec quantum ad esse nec quantum ad perfectionem aliquam. unde non vult alicui suam bonitatem communicare ad hoc ut sibi exinde aliquid accrescat, sed quia ipsum communicare est sibi conveniens sicut fonti bonitatis. " dare autem non propter aliquod commodum ex datione expectatum, sed propter ipsam bonitatem et convenientiam dationis, est actus liberalitatis, * ut patet per philosophum, in iv ethicorum. ' deus igitur est maxime liberalis: * et, ut avicenna dicit, " ipse solus liberalis proprie dici potest; ' nam omne aliud agens praeter ipsum ex sua actione aliquod bonum acquirit, quod est finis intentus. * hanc autem eius liberalitatem scriptura ostendit, dicens in psalmo: ° aperiente te manum tuam, omnia implebuntur bonitate; * et iac. 1-5: ° qui dat omnibus affluenter et non improperat.
n.8 ' Item. omnia quae a deo esse accipiunt, necesse est ut ipsius similitudinem gerant inquantum sunt, et bona sunt, et proprias rationes in divino intellectu habent, * ut supra ostensum est. ' hoc autem ad virtutem veritatis pertinet, * ut per philosophum in iv ethic. patet, ' ut in suis factis et dictis aliquis talem se exhibeat qualis est. est igitur in deo veritatis virtus. * unde rom. 3-4: ° est autem deus verax; * et in psalmo: ° omnes viae suae veritas.
n.9 ' Si quae autem virtutes sunt quae ad aliquas actiones ordinentur quae sunt subiectorum ad superiora, talia deo convenire non possunt: sicut obedientia, latria, vel aliquid huiusmodi quod superiori debetur.
n.10 ' Si etiam aliquarum ex praedictis virtutibus sint aliqui actus imperfecti, secundum illos deo attribui dictae virtutes non possunt. sicut prudentia quantum ad actum bene consiliandi deo non competit. " cum enim consilium sit quaedam quaestio, * ut dicitur in vi ethic.; ' divina autem cognitio non sit inquisitiva, * ut supra ostensum est: ' non potest sibi consiliari esse conveniens. * unde iob 26-3: ° cui dedisti consilium? forsitan ei qui non habet intelligentiam? * et isaiae 40-14: ° cum quo iniit consilium, et instruxit eum? ' secundum autem actum illum qui est de consiliatis iudicare et approbata eligere, nihil prohibet prudentiam de deo dici. dicitur tamen interdum consilium de deo. vel propter similitudinem occultationis: nam consilia occulte aguntur; unde quod est in divina sapientia occultum, per similitudinem consilium dicitur, * ut patet isaiae 25-1, secundum aliam litteram: ° consilium tuum antiquum verum fiat. ' vel inquantum consulentibus satisfacit: est enim etiam |25| sine discursu intelligentis instruere inquirentes.
n.11 ' Similiter etiam iustitia quantum ad commutationis actum deo competere non potest: cum ipse a nullo aliquid accipiat. * unde rom. 11-35: ° quis prior dedit illi, et retribuetur ei? * et iob 41-1: ° quis ante mihi dedit, ut reddam ei? ' per similitudinem tamen aliqua deo dare dicimur, inquantum nostra data deus acceptat. non igitur sibi competit commutativa iustitia, sed solum distributiva. * unde dionysius dicit, viii cap. de div. nom. quod ° iustitia laudatur deus sicut omnibus secundum dignitatem distribuens: * secundum illud matth. 25-15: ° dedit unicuique secundum propriam virtutem.
n.12 ' Scire autem oportet quod actiones circa quas sunt praedictae virtutes, secundum suas rationes ex rebus humanis non dependent: non enim de agendis iudicare, aliquid dare vel distribuere, solius hominis est, sed cuiuslibet intellectum habentis. secundum tamen quod ad res humanas contrahuntur, ex his quodammodo speciem sumunt: sicut curvum in naso facit speciem simi. virtutes igitur praedictae, secundum quod ordinant humanam vitam activam, ad has actiones ordinantur prout ad res humanas contrahuntur, ab eis speciem sumentes. secundum quem modum deo convenire non possunt. secundum vero quod actiones praedictae in sua communitate accipiuntur, possunt etiam rebus divinis aptari. sicut enim homo rerum humanarum, ut pecuniae vel honoris, distributor est, ita et deus omnium bonitatum universi. sunt igitur praedictae virtutes in deo universalioris extensionis quam in homine; nam sicut iustitia hominis se habet ad civitatem vel domum, |25| ita iustitia dei se habet ad totum universum. unde et divinae virtutes nostrarum exemplares dicuntur: nam quae sunt contracta et particulata, similitudines quaedam absolutorum entium sunt, sicut lumen candelae se habet ad lumen solis. aliae vero vir-

tutes, quae deo proprie non conveniunt, non habent exemplar in divina natura; sed solum in divina sapientia, quae omnium entium proprias rationes complectitur; sicut est de aliis corporalibus rebus.

005 SCG lb1 cp94

n. ' Quod in deo sunt virtutes contemplativae.
n.1 ' De contemplativis autem virtutibus dubium esse non potest quin deo maxime conveniant.
n.2 ' Si enim " sapientia in cognitione altissimarum causarum consistit, * secundum philosophum, in principio metaphysicae; ' ipse autem deus praecipue seipsum cognoscit, nec aliquid cognoscit nisi cognoscendo seipsum, * ut probatum est, ' qui est omnium prima causa: manifestum est quod sibi potissime sapientia debet adscribi. * unde iob 9-4: ° sapiens corde est: * et eccli. 1-1: ° omnis sapientia a domino deo est, et cum illo fuit semper. * philosophus etiam dicit, in principio metaphysicae, quod ° est divina possessio, non humana.
n.3 ' Item. si scientia est " rei cognitio per propriam causam; ' ipse autem omnium causarum et effectuum ordinem cognoscit, et per hoc singulorum proprias causas novit, * ut supra ostensum est: ' manifestum est quod in ipso proprie scientia est:- non tamen quae sit per ratiocinationem causata, sicut scientia nostra ex demonstratione causatur. * unde i reg. 2-3: ° deus scientiarum dominus est.
n.4 ' Adhuc. si immaterialis cognitio aliquarum rerum absque discursu intellectus est; deus autem huiusmodi cognitionem de omnibus habet, * ut supra ostensum est: ' est igitur in ipso intellectus. * unde iob 12-13: ° ipse habet consilium et intelligentiam.
n.5 ' Hae etiam virtutes in deo sunt exemplares nostrarum, sicut perfectum imperfecti.

005 SCG lb1 cp95

n. ' Quod deus non potest velle malum.
n.1 ' Ex his autem quae dicta sunt, ostendi potest quod deus non potest velle malum.
n.2 ' Virtus enim rei est secundum quam aliquis bene operatur. omnis autem operatio dei est operatio virtutis: cum sua virtus sit sua essentia, * ut supra ostensum est. ' non potest igitur malum velle.
n.3 ' Item. voluntas nunquam ad malum fertur nisi aliquo errore in ratione existente, ad minus in particulari eligibili. cum enim voluntatis obiectum sit bonum apprehensum, non potest voluntas ferri in malum nisi aliquo modo proponatur sibi ut bonum: et hoc sine errore esse non potest. in divina autem cognitione non potest esse error, * ut supra ostensum est. ' non igitur voluntas eius potest ad malum tendere.
n.4 ' Amplius. deus est summum bonum, * ut supra probatum est. ' summum autem bonum non patitur aliquod consortium mali: sicut nec summe calidum permixtionem frigidi. divina igitur voluntas non potest flecti ad malum.
n.5 ' Praeterea. cum bonum habeat rationem finis, malum non potest incidere in voluntate nisi per aversionem a fine. voluntas autem divina a fine averti non potest: cum nihil possit velle nisi volendo seipsum, * ut ostensum est. ' non potest igitur velle malum.
n.6 ' Et sic patet quod liberum arbitrium in ipso naturaliter stabilitum est in bono.
n.7 * Hoc autem est quod dicitur deut. 32-4: ° deus fidelis et absque iniquitate; * et hab. 1-13: ° mundi sunt oculi tui, domine, et respicere ad iniquitatem non potes.
n.8 * Per hoc autem confutatur error iudaeorum, qui in talmut dicunt " deum quandoque peccare et a peccato purgari; * et luciferianorum, qui dicunt " deum in luciferi deiectione peccasse.

005 SCG lb1 cp96

n. ' Quod deus nihil odit, nec odium alicuius rei ei convenire potest.
n.1 ' Ex hoc autem apparet quod odium alicuius rei deo convenire non potest.
n.2 ' Sicut enim amor se habet ad bonum, ita odium se habet ad malum: nam his quos amamus, bonum volumus; his vero quos odimus, malum. si igitur voluntas dei ad malum inclinari non potest, * ut ostensum est, ' impossibile est quod ipse rem aliquam odio habeat.
n.3 ' Item. voluntas dei in alia a se fertur, * ut supra ostensum est, ' inquantum, volendo et amando suum esse et suam bonitatem vult eam diffundi, secundum quod possibile est, per similitudinis communicationem. hoc igitur est quod deus in rebus aliis a se vult, ut in eis sit suae bonitatis similitudo. hoc autem est bonum uniuscuiusque rei, ut similitudinem divinam participet: nam quaelibet bonitas alia non est nisi quaedam similitudo primae bonitatis. igitur deus unicuique rei vult bonum. nihil igitur odit.
n.4 ' Adhuc. a primo ente omnia alia originem essendi sumunt. si igitur aliquid eorum quae sunt odio habet, vult illud non esse: quia hoc est unicuique bonum. vult igitur actionem suam non esse qua illud in esse producitur vel mediate vel immediate: * ostensum est enim supra quod, ' si deus aliquid vult, oportet quod illa velit quae ad illud requiruntur. hoc autem est impossibile. quod quidem patet, si res per voluntatem ipsius in esse procedant: quia tunc oportet actionem qua res producuntur esse voluntariam. similiter si naturaliter sit rerum causa: quia, sicut placet sibi sua natura, sic placet sibi omne illud quod sua natura requirit. nullam igitur rem deus odit.
n.5 ' Praeterea. illud quod invenitur in omnibus causis activis naturaliter, praecipue in primo agente necesse est inveniri. omnia autem agentia suo modo suos effectus amant, secundum quod huiusmodi: sicut parentes filios, poetae poemata, artifices sua opera. multo igitur magis deus nullam rem odit: cum ipse sit omnium causa.
n.6 * Hoc autem est quod dicitur sap. 11-25: ° diligis omnia quae sunt, et nihil odisti eorum quae fecisti.
n.7 ' Dicitur autem similitudinarie deus aliqua odire. et hoc dupliciter. primo modo, ex hoc quod deus, amando res, volens eorum bonum esse, vult contrarium malum non esse. unde malorum odium habere dicitur, nam quae non esse volumus, dicimur odio habere: * secundum illud zach. 8-17: ° unusquisque malum contra amicum suum ne cogitetis in cordibus vestris, et iuramentum mendax non diligatis: omnia enim haec sunt quae odi, dicit dominus. ' haec autem non sunt effectus ut res subsistentes, quarum proprie est odium vel amor. alius autem modus est ex hoc quod deus vult aliquod maius bonum quod esse non potest sine privatione minoris boni. et sic dicitur odire: cum magis hoc sit amare. sic enim, inquantum vult bonum iustitiae vel ordinis universi, quod esse non potest sine punitione vel corruptione aliquorum, dicitur illa odire quorum punitionem vult vel corruptionem: * secundum illud mal. 1-3: ° esau odio habui; * et illud psalmi: ° odisti omnes qui operantur iniquitatem; perdes omnes |25| qui loquuntur mendacium: virum sanguinum et dolosum abominatur dominus.

005 SCG lb1 cp97

n. ' Quod deus est vivens.
n.1 ' Ex his autem quae iam ostensa sunt, de necessitate habetur quod deus est vivens.
n.2 * Ostensum est enim ' deum esse intelligentem et volentem. intelligere autem et velle non nisi viventis est. est igitur deus vivens.
n.3 ' Adhuc. vivere secundum hoc aliquibus attributum est quod visa sunt per se, non ab alio moveri. et propter hoc illa quae videntur per se moveri, quorum motores vulgus non percipit, per similitudinem dicimus vivere: sicut aquam vivam fontis fluentis, non autem cisternae vel stagni stantis; et argentum vivum, quod motum quendam habere videtur. proprie enim illa sola per se moventur quae movent seipsa, composita ex motore et moto, sicut animata. unde haec sola proprie vivere dicimus: alia vero omnia ab aliquo exteriori moventur, vel generante, vel removente prohibens, vel impellente. et quia operationes sensibiles cum motu sunt, ulterius omne illud quod agit se ad proprias operationes, quamvis non sint cum motu, dicitur vivere: unde intelligere, appetere et sentire actiones vitae sunt. sed deus maxime non ab alio, sed a seipso operatur: cum sit prima causa agens. maxime igitur ei competit vivere.
n.4 ' Item. divinum esse omnem perfectionem essendi comprehendit, * ut supra ostensum est. ' vivere autem est quoddam esse perfectum: unde viventia in ordine entium non viventibus praeferuntur. divinum igitur esse est vivere. ipse igitur est vivens.
n.5 * Hoc etiam auctoritate divinae scripturae confirmatur. dicitur enim deut. 32-40, ex ore domini: ° dicam, vivo ego in aeternum; * et in psalmo: ° cor meum et caro mea exultaverunt in deum vivum.

005 SCG lb1 cp98

n. ' Quod deus est sua vita.
n.1 ' Ex hoc autem ulterius patet quod deus sit sua vita.
n.2 ' Vita enim viventis est ipsum vivere in quadam abstractione significatum: sicut cursus non est secundum rem aliud quam currere. " vivere autem viventium est ipsum esse eorum, * ut patet per philosophum, in ii de anima: ' cum enim ex hoc animal dicatur vivens quod animam habet, secundum quam habet esse, utpote secundum propriam formam, oportet quod vivere nihil sit aliud quam tale esse ex tali forma proveniens. deus autem est suum esse, * ut supra probatum est. ' est igitur suum vivere et sua vita.
n.3 " Item. ipsum intelligere est quoddam vivere, * ut patet per philosophum, in ii de anima: ' nam vivere est actus viventis. deus autem est suum intelligere, * sicut supra ostensum est. ' est igitur suum vivere et sua vita.
n.4 ' Amplius. si deus non esset sua vita, cum sit vivens, * ut ostensum est, ' sequeretur quod esset vivens per participationem vitae. omne autem quod est per participationem, reducitur ad id quod est per seipsum. deus igitur reduceretur in aliquod prius, per quod viveret. quod est impossibile, * ut ex dictis patet.
n.5 ' Adhuc. si sit vivens deus, * ut ostensum est, ' oportet in ipso esse vitam. si igitur non sit ipse sua vita, erit aliquid in ipso quod non est ipse. et sic erit compositus. * quod supra improbatum est. ' est igitur deus sua vita.
n.6 * Et hoc est quod dicitur ioan. 14-6: ° ego sum vita.

005 SCG lb1 cp99

n. ' Quod vita dei est sempiterna.
n.1 ' Ex hoc autem apparet quod vita eius sit sempiterna.
n.2 ' Nihil enim desinit vivere nisi per separationem vitae. nihil autem a seipso separari potest: omnis enim separatio fit per divisionem alicuius ab alio. impossibile est igitur quod deus deficiat vivere: cum ipse sit sua vita, * ut ostensum est.
n.3 ' Item. omne illud quod quandoque est et quandoque non est, est per aliquam causam: nihil enim seipsum de non esse in esse adducit, quia quod nondum est, non agit. divina autem vita non habet aliquam causam: sicut nec divinum esse. non igitur quandoque est vivens et quandoque non vivens, sed semper vivit. est igitur vita eius sempiterna.
n.4 ' Adhuc. in qualibet operatione operans manet, licet interdum operatio transeat secundum successionem: unde et in motu mobile manet idem subiecto in toto motu, licet non secundum rationem. ubi igitur actio est ipsum agens, oportet quod nihil ibi per successionem transeat, sed totum simul maneat. intelligere autem et vivere dei ipse est deus, * ut ostensum est. ' igitur eius vita non habet successionem, sed est tota simul. est igitur sempiterna.
n.5 ' Amplius. deus omnino immobilis est, * ut supra ostensum est. ' quod autem incipit aut desinit vivere, vel in vivendo successionem patitur, mutabile est: nam vita alicuius incipit per generationem, desinit autem per corruptionem, successio autem propter motum aliquem est. deus igitur neque incoepit vivere, neque desinet vivere, neque in vivendo successionem patitur. est igitur eius vita sempiterna.
n.6 * Hinc est quod dicitur deut. 32-40, ex ore domini: ° vivo ego in aeternum; * i ioan. ult.: ° hic est verus deus et vita aeterna.

005 SCG lb1 cp100

n. ' Quod deus est beatus.
n.1 ' Restat autem ex praemissis ostendere deum esse beatum.
n.2 ' Cuiuslibet enim intellectualis naturae proprium bonum est beatitudo. cum igitur deus sit intelligens, suum proprium bonum erit beatitudo. non autem comparatur ad proprium bonum sicut quod in bonum nondum habitum tendit, hoc enim est naturae mobilis et in potentia existentis: sed sicut quod iam obtinet proprium bonum. igitur beatitudinem non solum desiderat, sicut nos, sed ea fruitur. est igitur beatus.
n.3 ' Amplius. illud est maxime desideratum vel volitum ab intellectuali natura quod est perfectissimum in ipsa: et hoc est eius beatitudo. perfectissimum autem in unoquoque est operatio perfectissima eius: nam potentia et habitus per operationem perficiuntur; * unde et philosophus dicit ° felicitatem esse operationem perfectam.
n.4 ' Perfectio autem operationis dependet ex quatuor. primo, ex suo genere: ut scilicet sit manens in ipso operante. dico autem operationem in ipso manentem per quam non fit aliud praeter ipsam operationem: sicut videre et audire. huiusmodi enim sunt perfectiones eorum quorum sunt operationes, et possunt esse ultimum: quia non ordinantur ad aliquod factum quod sit finis. operatio vero vel actio ex qua sequitur aliquid actum praeter ipsam, est perfectio operati, non operantis, et comparatur ad ipsum sicut ad finem. et ideo talis operatio intellectualis naturae non est beatitudo sive felicitas. secundo, ex principio operationis: ut sit altissimae potentiae. unde secundum operationem sensus non est in nobis felicitas, sed secundum operationem intellectus et per habitum perfecti. tertio, ex operationis obiecto. et propter hoc in nobis ultima felicitas est in intelligendo altissimum intelligibile. |25| quarto, ex forma operationis: ut scilicet perfecte, faciliter, firmiter et delectabiliter operetur. talis autem est dei operatio: cum sit intelligens; et suus intellectus altissima virtutum sit, nec indiget habitu perficiente, quia in seipso perfectus est, * ut supra ostensum est; ' ipse autem seipsum intelligit, qui est summum intelligibilium; perfecte, absque omni difficultate, et delectabiliter. est igitur beatus.
n.5 ' Adhuc. per beatitudinem desiderium omne quietatur: quia, ea habita, non restat aliud desiderandum; cum sit ultimus finis. oportet igitur eum esse beatum qui perfectus est quantum ad omnia quae desiderare potest: * unde boetius dicit quod " beatitudo est status omnium bonorum congregatione perfectus. ' sed talis est divina perfectio quod omnem perfectionem in quadam simplicitate comprehendit, * ut supra ostensum est. ' ipse igitur est vere beatus.
n.6 ' Item. quandiu alicui deest aliquid quo indigeat, nondum beatus est: quia eius desiderium nondum est quietatum. quicumque igitur sibi sufficiens est, nullo indigens, ille beatus est. * ostensum est autem supra quod ' deus non indiget aliis: cum a nullo exteriori sua perfectio dependeat; nec alia vult propter se sicut propter finem quasi eis indigeat, sed solum quia hoc est conveniens suae bonitati. est igitur ipse beatus.
n.7 ' Praeterea. * ostensum est supra quod ' deus non potest velle aliquod impossibile. impossibile est autem ei aliquid advenire quod nondum habeat: cum ipse nullo modo sit in potentia, * ut ostensum est. ' i-

gitur nihil potest velle se habere quod non habeat. quicquid igitur vult, habet. nec aliquid male vult, * ut supra ostensum est. ‘ est igitur beatus: * secundum quod a quibusdam “ beatus esse perhibetur qui habet quicquid vult et nihil male vult.
n.8 * Eius etiam beatitudinem sacra scriptura protestatur, i tim. ult.: ° quem ostendet suis temporibus beatus et potens.

005 SCG lb1 cp101

n. ‘ Quod deus sit sua beatitudo.
n.1 ‘ Ex his autem apparet quod deus sit sua beatitudo.
n.2 ‘ Beatitudo enim eius est intellectualis operatio ipsius, * ut ostensum est. supra autem ostendimus quod ‘ ipsum dei intelligere sit sua substantia. ipse igitur est sua beatitudo.
n.3 ‘ Item. beatitudo, cum sit ultimus finis, est id quod quilibet natus habere, vel habens, principaliter vult. * ostensum est autem supra quod ‘ deus principaliter vult suam essentiam. sua igitur essentia est eius beatitudo.
n.4 ‘ Adhuc. unusquisque in beatitudinem suam ordinat quicquid vult: ipsa enim est quae propter aliud non desideratur, et ad quam terminatur motus desiderii unum propter aliud desiderantis, ne sit infinitus. cum igitur deus omnia alia velit propter suam bonitatem, quae est sua essentia, oportet quod ipse, sicut est sua essentia et sua bonitas, ita sit sua beatitudo.
n.5 ‘ Praeterea. duo summa bona esse est impossibile: si enim aliquid uni deesset quod alterum haberet, neutrum summum et perfectum esset. deus autem * ostensus est supra ‘ summum bonum esse. beatitudo etiam summum bonum ostendetur esse ex hoc quod est ultimus finis. ergo beatitudo et deus sunt idem. est igitur deus sua beatitudo.

005 SCG lb1 cp102

n. ‘ Quod beatitudo divina perfecta et singularis est excedens omnem aliam beatitudinem.
n.1 ‘ Ulterius autem ex praemissis considerari potest beatitudinis divinae excellentia.
n.2 ‘ Quanto enim aliquid propinquius est beatitudini, tanto perfectius beatum est. unde, etsi aliquis propter spem beatitudinis obtinendae beatus dicatur, nullo modo sua beatitudo comparatur eius beatitudini qui eam iam actu consecutus est. propinquissimum autem est beatitudini quod est ipsa beatitudo. * quod de deo ostensum est. ‘ ipse igitur est singulariter perfecte beatus.
n.3 ‘ Item. cum delectatio ex amore causetur, * ut ostensum est, ‘ ubi est maior amor, et maior delectatio in consecutione amati. sed unumquodque, ceteris paribus, plus se amat quam aliud: cuius signum est quod, quanto aliquid est alicui propinquius, magis naturaliter amatur. plus igitur delectatur deus in sua beatitudine, quae est ipsemet, quam alii beati in beatitudine quae non est quod ipsi sunt. magis igitur desiderium quiescit, et perfectior est beatitudo.
n.4 ‘ Praeterea. quod per essentiam est, potius est eo quod per participationem dicitur sicut natura ignis perfectius invenitur in ipso igne quam in rebus ignitis. deus autem per essentiam suam beatus est. quod nulli alii competere potest: nihil enim aliud praeter ipsum potest esse summum bonum, * ut ex praedictis patere potest; ‘ et sic oportet ut quicumque alius ab ipso beatus est, participatione beatus dicatur. divina igitur beatitudo omnem aliam beatitudinem excedit.
n.5 ‘ Amplius. beatitudo in perfecta operatione intellectus consistit, * ut ostensum est. ‘ nulla autem alia intellectualis operatio eius operationi comparari potest. quod patet non solum ex hoc quod est operatio subsistens: sed quia una operatione deus seipsum ita perfecte intelligit sicut est, et omnia alia, quae sunt et quae non sunt, bona et mala. in aliis autem intelligentibus intelligere ipsum non est subsistens, sed actus subsistentis. nec ipsum deum, qui est summum intelligibile, aliquis ita perfecte potest intelligere sicut perfecte est: cum nullius esse perfectum sit sicut esse divinum, nec alicuius operatio possit esse perfectior quam sua substantia. nec est aliquis alius intellectus qui omnia etiam quae deus facere potest, cognoscat: quia sic divinam potentiam comprehenderet. illa etiam quae intellectus alius cognoscit, non omnia una et eadem operatione cognoscit. incomparabiliter igitur deus supra omnia beatus est.
n.6 ‘ Item. quanto aliquid magis est unitum, tanto eius virtus et bonitas perfectior est. operatio autem successiva secundum diversas partes temporis dividitur. nullo igitur modo eius perfectio potest comparari perfectioni operationis quae est absque successione tota simul: et praecipue si non in momento transeat, sed in aeternum maneat. divinum autem intelligere est absque successione totum simul aeternaliter existens: nostrum autem intelligere successionem habet, inquantum adiungitur ei per accidens continuum et tempus. divina igitur beatitudo in infinitum excedit humanam: sicut duratio aeternitatis excedit nunc temporis fluens.
n.7 ‘ Adhuc. fatigatio, et occupationes variae quibus necesse est contemplationem nostram in hac vita interpolari, in qua consistit praecipue humana felicitas, si qua est praesentis vitae; errores, dubitationes, et casus varii quibus subiacet praesens vita; ostendunt omnino incomparabilem esse humanam felicitatem, praecipue huius vitae, divinae beatitudini.
n.8 ‘ Amplius. perfectio divinae beatitudinis considerari potest ex hoc quod omnes beatitudines complectitur secundum perfectissimum modum. de contemplativa quidem felicitate, habet perfectissimam sui et aliorum perpetuam considerationem. de activa vero, non vitae unius hominis, aut domus aut civitatis aut regni, sed totius universi gubernationem.
n.9 ‘ Falsa etiam felicitas et terrena non habet nisi quandam umbram illius perfectissimae felicitatis. “ consistit enim in quinque, * secundum boetium: “ scilicet in voluptate, divitiis, potestate, dignitate et fama. ‘ habet autem deus excellentissimam delectationem de se, et universale gaudium de omnibus bonis, absque contrarii admixtione. pro divitiis vero habet omnimodam sufficientiam in seipso omnium bonorum, * ut supra ostensum est. ‘ pro potestate habet infinitam virtutem. pro dignitate habet omnium entium primatum et regimen. pro fama habet admirationem omnis intellectus ipsum utcumque cognoscentis.
n.10 ‘ Ipsi igitur qui singulariter beatus est, honor sit et gloria in saecula saeculorum. amen.

005 SCG lb2 cp1

n. ‘ Continuatio sequentium ad praecedentia.
n.1 ° Meditatus sum in omnibus operibus tuis, et in factis manuum tuarum meditabar. * psalm. 142-5.
n.2 ‘ Rei cuiuslibet perfecta cognitio haberi non potest nisi eius operatio cognoscatur. ex modo enim operationis et specie mensura et qualitas virtutis pensatur, virtus vero naturam rei monstrat: secundum hoc enim unumquodque natum est operari quod actu talem naturam sortitur.
n.3 “ Est autem duplex rei operatio, * ut philosophus tradit, in ix metaphysicae: “ una quidem quae in ipso operante manet et est ipsius operantis perfectio, ut sentire, intelligere et velle; alia vero quae in exteriorem rem transit, quae est perfectio facti quod per ipsam constituitur, ut calefacere, secare et aedificare.
n.4 ‘ Utraque autem dictarum operationum competit deo: prima quidem in eo quod intelligit, vult, gaudet et amat; alia vero in eo quod res in esse producit, et eas conservat et regit. quia vero prima operatio perfectio operantis est, secunda vero perfectio facti; agens autem naturaliter prius est facto et causa ipsius: oportet quod prima dictarum operationum sit ratio secundae et eam praecedat naturaliter, sicut causa effectum. quod quidem in rebus humanis manifeste apparet: consideratio enim et voluntas artificis principium est et ratio aedificationis.
n.5 ‘ Prima igitur dictarum operationum, tanquam simplex operantis perfectio, operationis vindicat sibi nomen, vel etiam actionis: secunda vero, eo quod sit perfectio facti, factionis nomen assumit; unde manufacta dicuntur quae per actionem huiusmodi ab artifice in esse procedunt.
n.6 ‘ De prima quidem dei operatione in praecedenti libro iam diximus, ubi est actum de cognitione et voluntate divina. unde, ad completam divinae veritatis considerationem, restat nunc de secunda operatione tractare, per quam scilicet res producuntur et gubernantur a deo.
n.7 * Quem quidem ordinem ex praemissis verbis sumere possumus. praemittit namque “ primae operationis meditationem, * cum dicit, ° meditatus sum in omnibus operibus tuis: “ ut operatio ad divinum intelligere et velle referatur. * subiungit vero de factionis meditatione, cum dicit, ° et in factis manuum tuarum meditabar: “ ut per facta manuum ipsius intelligamus caelum et terram, et omnia quae procedunt in esse a deo sicut ab artifice manufacta procedunt.

005 SCG lb2 cp2

n. ‘ Quod consideratio creaturarum utilis est ad fidei instructionem.
n.1 ‘ Huiusmodi quidem divinorum factorum meditatio ad fidem humanam instruendam de deo necessaria est.
n.2 ‘ Primo quidem, quia ex factorum meditatione divinam sapientiam utcumque possumus admirari et considerare. ea enim quae arte fiunt, ipsius artis sunt repraesentativa, utpote ad similitudinem artis facta. deus autem sua sapientia res in esse produxit: * propter quod in psalmo dicitur: ° omnia in sapientia fecisti. ‘ unde ex factorum consideratione divinam sapientiam colligere possumus, sicut in rebus factis per quandam communicationem suae similitudinis sparsam. * dicitur enim eccli. 1-10: ° effudit illam, “ scilicet sapientiam, ° super omnia opera sua. * unde, cum psalmus diceret, ° mirabilis facta est scientia tua ex me: confortata est, et non potero ad eam: * et adiungeret “ divinae illuminationis auxilium * cum dicit. ° nox illuminatio mea etc.; “ ex consideratione divinorum operum se adiutum ad divinam sapientiam cognoscendam confitetur, * dicens: ° mirabilia opera tua, et anima mea cognoscet nimis.
n.3 ‘ Secundo, haec consideratio in admirationem altissimae dei virtutis ducit: et per consequens in cordibus hominum reverentiam dei parit. oportet enim quod virtus facientis eminentior rebus factis intelligatur. * et ideo dicitur sap. 13-4: ° si virtutem et opera eorum, “ scilicet caeli et stellarum et elementorum mundi, ° mirati sunt, “ scilicet philosophi, ° intelligant quoniam qui fecit haec, fortior est illis. * et rom. 1-20 dicitur: ° invisibilia dei per ea quae facta sunt intellecta conspiciuntur: sempiterna quoque virtus eius et divinitas. ‘ ex hac autem admiratione dei timor procedit et reverentia. * unde dicitur ierem. 10-6 ° magnum est nomen tuum in fortitudine. quis non timebit te, o rex gentium?
n.4 ‘ Tertio, haec consideratio animas hominum in amorem divinae bonitatis accendit. quicquid enim bonitatis et perfectionis in diversis creaturis particulariter distributum est, totum in ipso universaliter est adunatum, sicut in fonte totius bonitatis, * ut in primo libro ostensum est. ‘ si igitur creaturarum bonitas, pulchritudo et suavitas sic animos hominum allicit, ipsius dei fontana bonitas, rivulis bonitatum in singulis creaturis repertis diligenter comparata, animas hominum inflammatas totaliter ad se trahet. * unde in psalmo dicitur: ° delectasti me, domine, in factura tua, et in operibus manuum tuarum exsultabo. * et alibi de filiis hominum dicitur: ° inebriabuntur ab ubertate domus tuae, “ quasi totius creaturae, ° et sicut torrente voluptatis tuae potabis eos: quoniam apud te est fons vitae. * et sap. 13-1, dicitur contra quosdam: ° ex his quae videntur bona, “ scilicet creaturis, quae sunt bona per quandam participationem, ° non potuerunt intelligere eum qui est, “ scilicet vere bonus, immo ipsa bonitas, * ut in primo |25| ostensum est.
n.5 ‘ Quarto, haec consideratio homines in quadam similitudine divinae perfectionis constituit. * ostensum est enim in primo libro quod ‘ deus, cognoscendo seipsum, in se omnia alia intuetur. cum igitur christiana fides hominem de deo principaliter instruit, et per lumen divinae revelationis eum creaturarum cognitorem facit, fit in homine quaedam divinae sapientiae similitudo. * hinc est quod dicitur 2 cor. 3-18: ° nos vero omnes, revelata facie gloriam domini speculantes, in eandem imaginem transformamur.
n.6 ‘ Sic igitur patet quod consideratio creaturarum pertinet ad instructionem fidei christianae. * et ideo dicitur eccli. 42-15: ° memor ero operum domini, et quae vidi annuntiabo: in sermonibus domini opera eius.

005 SCG lb2 cp3

n. ‘ Quod cognoscere naturam creaturarum valet ad destruendum errores qui sunt circa deum.
n.1 ‘ Est etiam necessaria creaturarum consideratio non solum ad veritatis instructionem, sed etiam ad errores excludendos. errores namque qui circa creaturam sunt, interdum a fidei veritate abducunt, secundum quod verae dei cognitioni repugnant. hoc autem multipliciter contingit.
n.2 ‘ Primo quidem, ex hoc quod creaturarum naturam ignorantes in hoc pervertuntur quandoque quod id quod non potest nisi ab alio esse, primam causam et deum constituunt, nihil ultra creaturas quae videntur aestimantes: sicut fuerunt illi qui corpus quodcumque deum aestimaverunt; * de quibus dicitur sap. 13-2: ° qui aut ignem, aut spiritum, aut citatum aerem, aut gyrum stellarum, aut nimiam aquam, aut solem et lunam, deos putaverunt.
n.3 ‘ Secundo, ex hoc quod id quod dei solius est creaturis aliquibus adscribunt. quod etiam ex errore circa creaturas contingit. quod enim natura rei alicuius non patitur, ei non attribuitur nisi quia eius natura ignoratur: sicut si homini attribueretur habere tres pedes. quod autem solius dei est natura creaturae non patitur: sicut quod solius hominis est non patitur alterius rei natura. ex hoc ergo quod natura creaturae ignoratur, * praedictus error contingit. et contra hunc errorem dicitur sap. 14-21: ° incommunicabile nomen lignis et lapidibus imposuerunt. * in hunc errorem labuntur qui “ rerum creationem, vel futurorum cognitionem, vel miraculorum operationem, aliis causis quam deo adscribunt.
n.4 ‘ Tertio vero, ex hoc quod divinae virtuti in creaturas operanti aliquid detrahitur per hoc quod creaturae natura ignoratur. * sicut patet in his qui “ duo rerum principia ° constituunt; et qui “ res non ex divina voluntate, sed ex necessitate naturae a deo procedere * asserunt; et illi etiam qui “ res, vel omnes vel quasdam, divinae providentiae subtrahunt; aut eam posse praeter solitum cursum operari negant. haec enim omnia divinae derogant potestati. * contra quos dicitur iob 22-17: ° quasi nihil possit facere omnipotens, aestimabant eum; * et sap. 12-17: ° virtutem ostendis tu, qui non crederis esse in virtute consummatus.
n.5 ‘ Quarto. homo, qui per fidem in deum ducitur sicut in ultimum finem, ex hoc quod ignorat naturas rerum, et per consequens gradum sui ordinis in universo, aliquibus creaturis se putat esse subiectum quibus superior est: * ut patet in illis qui “ voluntates hominum astris supponunt, * contra quos dicitur ierem. 10-2, ° a signis caeli nolite metuere, quae gentes timent; * et in illis qui “ angelos creatores animarum existimant; et animas hominum esse mortales; et si qua similia hominum derogant dignitati.
n.6 * Sic ergo patet falsam esse quorundam sententiam qui dicebant “ nihil interesse ad fidei veritatem quid de creaturis quisque sentiret, dummodo circa

deum recte sentiatur, * ut augustinus narrat in libro de origine animae: ' nam error circa creaturas redundat in falsam de deo sententiam, et hominum mentes a deo abducit, in quem fides dirigere nititur, dum ipsas quibusdam aliis causis supponit.
n.7 ' Et ideo illis qui circa creaturas errant poenas sicut infidelibus * scriptura comminatur, dicens in psalmo: ° quoniam non intellexerunt opera domini et in opera manuum eius, destrues illos et non aedificabis eos; * et sap. 2-21 ° haec cogitaverunt et erraverunt, * et subiungit, 22 ° non iudicaverunt honorem animarum sanctarum.

005 SCG lb2 cp4

n. ' Quod aliter considerat de creaturis philosophus et theologus.
n.1 * Manifestum est autem ex praedictis quod ' considerationem circa creaturas habet doctrina fidei christianae inquantum in eis resultat quaedam dei similitudo, et inquantum error in ipsis inducit in divinorum errorem. et sic alia ratione subiiciuntur praedictae doctrinae, et philosophiae humanae. nam philosophia humana eas considerat secundum quod huiusmodi sunt: unde et secundum diversa rerum genera diversae partes philosophiae inveniuntur. fides autem christiana eas considerat, non inquantum huiusmodi, utpote ignem inquantum ignis est, sed inquantum divinam altitudinem repraesentat, et in ipsum deum quoquo modo ordinatur. * ut enim eccli. 42 dicitur: ° gloria domini plenum est opus eius. nonne dominus fecit enarrare sanctos omnia mirabilia sua?
n.2 ' Et propter hoc etiam alia circa creaturas et philosophus et fidelis considerat. philosophus namque considerat illa quae eis secundum naturam propriam conveniunt: sicut igni ferri sursum. fidelis autem ea solum considerat circa creaturas quae eis conveniunt secundum quod sunt ad deum relata: utpote, quod sunt a deo creata, quod sunt deo subiecta, et huiusmodi. unde non est ad imperfectionem doctrinae fidei imputandum si multas rerum proprietates praetermittat: ut caeli figuram, et motus qualitatem. sic enim nec naturalis circa lineam illas passiones considerat quas geometra: sed solum ea quae accidunt sibi inquantum est terminus corporis naturalis.
n.3 ' Si qua vero circa creaturas communiter a philosopho et fideli considerantur, per alia et alia principia traduntur. nam philosophus argumentum assumit ex propriis rerum causis: fidelis autem ex causa prima; ut puta, quia sic divinitus est traditum; vel quia hoc in gloriam dei cedit; vel quia dei potestas est infinita.
n.4 ' Unde et ipsa maxima sapientia dici debet, utpote super altissimam causam considerans: * secundum illud deut. 4-6: ° haec est sapientia vestra et intellectus coram populis.
n.5 ' Et propter hoc sibi, quasi principali, philosophia humana deservit. et ideo interdum ex principiis philosophiae humanae, sapientia divina procedit. nam et apud philosophos prima philosophia utitur omnium scientiarum documentis ad suum propositum ostendendum.
n.6 ' Exinde etiam est quod non eodem ordine utraque doctrina procedit. nam in doctrina philosophiae, quae creaturas secundum se considerat et ex eis, in dei cognitionem perducit, prima est consideratio de creaturis et ultima de deo. in doctrina vero fidei, quae creaturas non nisi in ordine ad deum considerat, primo est consideratio dei et postmodum creaturarum. et sic est perfectior: utpote dei cognitioni similior, qui seipsum cognoscens alia intuetur. unde, secundum hunc ordinem, post ea quae de deo in se in primo libro sunt dicta, de his quae ab ipso sunt restat prosequendum.

005 SCG lb2 cp5

n. ' Ordo dicendorum.
n.1 ' Erit autem hic prosecutionis ordo, ut primo agamus de productione rerum in esse; secundo, de earum distinctione; tertio vero de ipsarum rerum productarum et distinctarum natura, quantum ad fidei pertinet veritatem.

005 SCG lb2 cp6

n. ' Quod deo competit ut sit aliis principium essendi.
n.1 ' Supponentes igitur quae in superioribus ostensa sunt, ostendamus nunc quod competit deo ut sit aliis essendi principium et causa.
n.2 * Ostensum est enim supra, * per demonstrationem aristotelis, ' esse aliquam primam causam efficientem, quam deum dicimus. efficiens autem causa suos effectus ad esse conducit. deus igitur aliis essendi causa existit.
n.3 * Item. ostensum est in primo libro, * per rationem eiusdem, ' esse aliquod primum movens immobile, quod deum dicimus. primum autem movens in quolibet ordine motuum est causa omnium motuum qui sunt illius ordinis. cum igitur multa ex motibus caeli producantur in esse, in quorum ordine deum esse primum movens ostensum est, oportet quod deus sit multis rebus causa essendi.
n.4 ' Amplius. quod per se alicui convenit, universaliter ei inesse necesse est: sicut homini rationale, et igni sursum moveri. agere autem aliquem effectum per se convenit enti in actu: nam unumquodque agens secundum hoc agit quod in actu est. omne igitur ens actu natum est agere aliquid actu existens. sed deus est ens actu, * ut in primo libro ostensum est. ' igitur sibi competit agere aliquid ens actu, cui sit causa essendi.
n.5 ' Adhuc. signum perfectionis in rebus inferioribus est quod possunt sibi similia facere: * ut patet per philosophum, in iv meteororum. ' deus autem est maxime perfectus, * ut in primo libro ostensum est. ' ipsi igitur competit facere aliquid sibi simile ens in actu, ut sic sit causa essendi.
n.6 * Item. ostensum est in primo libro quod ' deus vult suum esse aliis communicare per modum similitudinis. " de perfectione autem voluntatis est quod sit actionis et motus principium: * ut patet in iii de anima. ' cum igitur divina voluntas sit perfecta, non deerit ei virtus communicandi esse suum alicui per modum similitudinis. et sic erit ei causa essendi.
n.7 ' Adhuc. quanto alicuius actionis principium est perfectius, tanto actionem suam potest in plura extendere et magis remota: ignis enim, si sit debilis, solum propinqua calefacit; si autem sit fortis, etiam remota. actus autem purus, qui deus est, perfectior est quam actus potentiae permixtus, sicut in nobis est. actus autem actionis principium est. cum igitur per actum qui in nobis est possumus non solum in actiones in nobis manentes, sicut sunt intelligere et velle, sed etiam in actiones quae in exteriora tendunt, per quas aliqua facta producimus; multo magis deus potest, per hoc quod actu est, non solum intelligere et velle, sed etiam producere effectum. et sic potest aliis esse causa essendi.
n.8 * Hinc est quod dicitur iob 5-9: ° qui facit magna et mirabilia et inscrutabilia absque numero.

005 SCG lb2 cp7

n. ' Quod in deo sit potentia activa.
n.1 ' Ex hoc autem apparet quod deus est potens, et quod ei convenienter potentia activa attribuitur.
n.2 ' Potentia enim activa est principium agendi in aliud secundum quod est aliud. deo autem convenit esse aliis principium essendi. ergo convenit sibi esse potentem.
n.3 ' Amplius. sicut potentia passiva sequitur ens in potentia, ita potentia activa sequitur ens in actu: unumquodque enim ex hoc agit quod est actu, patitur vero ex hoc quod est potentia. sed deo convenit esse actu. igitur convenit sibi potentia activa.
n.4 ' Adhuc. divina perfectio omnium perfectiones in se includit, * ut in primo libro ostensum est. ' virtus autem activa de perfectione rei est: unumquodque enim tanto maioris virtutis invenitur quanto perfectius est. virtus igitur activa deo non potest deesse.
n.5 ' Praeterea. omne quod agit potens est agere: nam quod non potest agere, impossibile est agere; et quod impossibile est agere, necesse est non agere. deus autem est agens et movens, * ut supra ostensum est. ' igitur potens est agere: et potentia ei convenienter adscribitur activa, sed non passiva.
n.6 * Hinc est quod in psalmo dicitur: ° potens es, domine. * et alibi: ° potentiam tuam deus, et iustitiam tuam usque in altissima quae fecisti magnalia.

005 SCG lb2 cp8

n. ' Quod dei potentia sit eius substantia.
n.1 ' Ex hoc autem ulterius concludi potest quod divina potentia sit ipsa dei substantia.
n.2 ' Potentia enim activa competit alicui secundum quod est actu. deus autem est actus ipse, non autem est ens actu per aliquem actum qui non sit quod est ipse: cum in eo nulla sit potentialitas, * ut in primo libro ostensum est. ' est igitur ipse sua potentia.
n.3 ' Adhuc. omnis potens qui non est sua potentia, est potens participatione potentiae alicuius. de deo autem nihil potest dici participative: cum sit ipsum suum esse, * ut in primo libro ostensum est. ' est igitur ipse sua potentia.
n.4 ' Amplius. potentia activa ad perfectionem rei pertinet, * ut ex praedictis patet. ' omnis autem divina perfectio in ipso suo esse continetur, * ut in primo libro ostensum est. ' divina igitur potentia non est aliud ab ipso esse eius. deus autem est suum esse, * ut in primo libro ostensum est. ' est igitur sua potentia.
n.5 ' Item. in rebus quarum potentiae non sunt earum substantiae, ipsae potentiae sunt accidentia: " unde potentia naturalis in secunda specie qualitatis * ponitur. ' in deo autem non potest esse aliquod accidens: * ut in primo ostensum est. ' deus igitur est sua potentia.
n.6 ' Praeterea. omne quod est per aliud, reducitur ad id quod est per se sicut ad primum. alia vero agentia reducuntur in deum sicut in primum agens. est igitur agens per se. quod autem per se agit, per suam essentiam agit. id autem quo quis agit, est eius activa potentia. ipsa igitur dei essentia est eius activa potentia.

005 SCG lb2 cp9

n. ' Quod dei potentia sit eius actio.
n.1 ' Ex hoc autem ostendi potest quod potentia dei non sit aliud quam sua actio.
n.2 ' Quae enim uni et eidem sunt eadem, sibi invicem sunt eadem. divina autem potentia est eius substantia, * ut ostensum est. ' eius etiam actio est eius substantia, * ut in primo libro ostensum est de intellectuali operatione: ' eadem enim ratio in aliis competit. igitur in deo non est aliud potentia et aliud actio.
n.3 ' Item. actio alicuius rei est complementum quoddam potentiae eius: comparatur enim ad potentiam sicut actus secundus ad primum. divina autem potentia non completur alio quam seipso: cum sit ipsa dei essentia. in deo igitur non est aliud potentia et aliud actio.
n.4 ' Amplius. sicut potentia activa est aliquid agens, ita essentia eius est aliquid ens. sed divina potentia est eius essentia, * ut ostensum est. ' ergo suum agere est suum esse. sed eius esse est sua substantia. et sic ut prius.
n.5 ' Adhuc. actio quae non est substantia agentis, inest ei sicut accidens subiecto: " unde et actio unum inter novem praedicamenta accidentis * computatur. ' in deo autem non potest esse aliquid per modum accidentis. in deo igitur sua actio non est aliud a sua substantia et sua potentia.

005 SCG lb2 cp10

n. ' Qualiter potentia in deo dicatur.
n.1 ' Quia vero nihil est sui ipsius principium, cum divina actio non sit aliud quam eius potentia, * manifestum est ex praedictis quod ' potentia non dicitur in deo sicut principium actionis, sed sicut principium facti. et quia potentia respectum ad alterum importat in ratione principii, " est enim potentia activa principium agendi in aliud, * ut patet per philosophum in v metaph.; ' manifestum est quod potentia dicitur in deo per respectum ad facta, secundum rei veritatem; non per respectum ad actionem nisi secundum modum intelligendi, prout intellectus noster diversis conceptionibus utrumque considerat, divinam scilicet potentiam et eius actionem. unde, si aliquae actiones deo conveniant quae non in aliquod factum transeant sed maneant in agente, respectu harum non dicetur in deo potentia nisi secundum modum intelligendi, non secundum rei veritatem. huiusmodi autem actiones sunt intelligere et velle. potentia igitur dei, proprie loquendo, non respicit huiusmodi actiones, sed solos effectus. |25| intellectus igitur et voluntas in deo non sunt ut potentiae, sed solum ut actiones.
n.2 * Patet etiam ex praedictis quod ' multitudo actionum quae deo attribuitur, ut intelligere, velle, producere res, et similia, non sunt diversae res: cum quaelibet harum actionum in deo sit ipsum eius esse, quod est unum et idem. quomodo autem multiplicitas significationis unius rei veritati non praeiudicet, * ex his quae in primo libro ostensa sunt, manifestum esse potest.

005 SCG lb2 cp11

n. ' Quod de deo dicitur aliquid relative ad creaturas.
n.1 ' Cum autem potentia deo conveniat respectu suorum effectuum; potentia autem rationem principii habeat, * ut dictum est; ' principium autem relative ad principiatum dicitur: manifestum est quod aliquid relative potest dici de deo in respectu suorum effectuum.
n.2 ' Item. non potest intelligi aliquid relative dici ad alterum nisi e converso illud relative diceretur ad ipsum. sed res aliae relative dicuntur ad deum: utpote secundum suum esse, quod a deo habent, * ut ostensum est, ' ab ipso dependentes. deus igitur e converso relative ad creaturas dicetur.
n.3 ' Adhuc. similitudo est relatio quaedam. deus autem, sicut et cetera agentia, sibi simile agit. dicitur igitur aliquid relative de ipso.
n.4 ' Amplius. scientia ad scitum relative dicitur. deus autem non solum sui ipsius, sed etiam aliorum scientiam habet. igitur aliquid relative dicitur de deo ad alia.
n.5 ' Adhuc. movens dicitur relative ad motum, et agens ad factum. deus autem est agens et movens non motum, * ut ostensum est. ' dicuntur igitur de ipso relationes.
n.6 ' Item. primum relationem quandam importat similiter summum. * ostensum est autem in primo ' ipsum esse primum ens et summum bonum.
n.7 ' Patet igitur quod multa de deo relative dicuntur.

005 SCG lb2 cp12

n. ' Quod relationes dictae de deo ad creaturas non sunt realiter in deo.
n.1 ' Huiusmodi autem relationes quae sunt ad suos effectus, realiter in deo esse non possunt.
n.2 ' Non enim in eo esse possent sicut accidentia in subiecto: cum in ipso nullum sit accidens * ut in primo libro ostensum est. ' nec etiam possent esse ipsa dei substantia. " cum enim relativa sint quae secundum suum esse ad aliud quodammodo se habent, * ut philosophus dicit in praedicamentis, ' oporteret quod dei substantia hoc ipsum quod est ad aliud diceretur. quod autem ipsum quod est ad aliud dicitur, quodammodo ab ipso dependet: cum nec esse nec intelligi sine eo possit. oporteret igitur quod dei substantia ab alio extrinseco esset dependens. et sic non esset per seipsum necesse-esse, * ut in primo libro ostensum est. ' non sunt igitur huiusmodi relationes se-

cundum rem in deo.
n.3 ' Item. * ostensum est in primo quod ' deus omnium entium est prima mensura. comparatur igitur deus ad alia entia sicut scibile ad scientiam nostram, quod eius mensura est: ° nam ex eo quod res est vel non est, opinio et oratio vera vel falsa est, * secundum philosophum in praedicamentis. ' scibile autem licet ad scientiam relative dicatur, tamen relatio secundum rem in scibili non est, sed in scientia tantum: * unde secundum philosophum, in v metaph., " scibile dicitur relative, non quia ipsum referatur, sed quia aliud refertur ad ipsum. ' dictae igitur relationes in deo non sunt realiter.
n.4 ' Adhuc. relationes praedictae dicuntur de deo non solum respectu eorum quae sunt actu, sed respectu eorum quae sunt in potentia: quia et eorum scientiam habet, et respectu eorum dicitur et primum ens et summum bonum. sed eius quod est actu ad id quod non est actu sed potentia, non sunt relationes reales: alias sequeretur quod essent infinitae relationes actu in eodem, cum numeri infiniti in potentia sint maiores binario, quibus omnibus ipse est prior. deus autem non aliter refertur ad ea quae sunt actu quam ad ea quae sunt potentia: quia non mutatur ex hoc quod aliqua producit. non igitur refertur ad alia per relationem realiter in ipso existentem.
n.5 ' Amplius. cuicumque aliquid de novo advenit, necesse est illud mutari, vel per se vel per accidens. relationes autem quaedam de novo dicuntur de deo: sicut quod est dominus aut gubernator huius rei quae de novo incipit esse. si igitur praedicaretur aliqua relatio realiter in deo existens, sequeretur quod aliquid deo de novo adveniret, et sic quod mutaretur vel per se vel per accidens. * cuius contrarium in primo libro ostensum est.

005 SCG lb2 cp13

n. ' Quomodo praedictae relationes de deo dicantur.
n.1 ' Non autem potest dici quod relationes praedictae sint existentes exterius quasi res aliquae extra deum.
n.2 ' Cum enim deus sit primum entium et summum bonorum, oporteret ad illas etiam relationes, quae sunt aliquae res, dei relationes alias considerare. et si illae iterum sint res aliquae, oportebit iterum tertias relationes adinvenire. et sic in infinitum. non igitur relationes quibus deus ad res alias refertur, sunt res aliquae extra deum existentes.
n.3 ' Item. duplex est modus quo aliquid denominative praedicatur. denominatur enim aliquid ab eo quod extra ipsum est, sicut a loco dicitur aliquis esse alicubi, et a tempore aliquando: aliquid vero denominatur ab eo quod inest, sicut ab albedine albus. a relatione vero non invenitur aliquid denominari quasi exterius existente, sed inhaerente: non enim denominatur aliquis pater nisi a paternitate quae ei inest. non igitur potest esse quod relationes quibus deus ad creaturas refertur, sint res aliquae extra ipsum. * cum igitur ostensum sit quod ' non sint in ipso realiter, et tamen dicuntur de eo, relinquitur quod et attribuantur solum secundum intelligentiae modum, ex eo quod alia referuntur ad ipsum. intellectus enim noster, intelligendo aliquid referri ad alterum, cointelligit relationem illius ad ipsum: quamvis secundum rem quandoque non referatur.
n.4 ' Et sic etiam patet quod alio modo dicuntur de deo praedictae relationes, et alia quae de deo praedicantur. nam omnia alia, ut sapientia, voluntas, eius essentiam praedicant: relationes vero praedictae minime, sed secundum modum intelligendi tantum. nec tamen intellectus est falsus. ex hoc enim ipso quod intellectus noster intelligit relationes divinorum effectuum terminari in ipsum deum, aliqua praedicat relative de ipso: sicut et scibile relative intelligimus et significamus ex hoc quod scientia refertur ad ipsum.
n.5 ' Patet etiam ex his quod divinae simplicitati non derogat si multae relationes de ipso dicuntur, quamvis eius essentiam non significent: quia sequuntur intelligendi modum. nihil enim prohibet intellectum nostrum intelligere multa, et multipliciter referri ad id quod est in se simplex, ut sic ipsum simplex sub multiplici relatione consideret. et quanto aliquid est magis simplex, tanto est maioris virtutis et plurium principium, ac per hoc multiplicius relatum intelligitur: sicut punctum plurium est principium quam linea, et linea quam superficies. hoc igitur ipsum quod multa relative de deo dicuntur, eius summae simplicitati attestatur.

005 SCG lb2 cp15

n. ' Quod deus sit omnibus causa essendi.
n.1 * Quia vero ostensum est quod ' deus est aliquibus essendi principium, oportet ulterius ostendere quod nihil praeter ipsum est nisi ab ipso.
n.2 ' Omne enim quod alicui convenit non secundum quod ipsum est, per aliquam causam convenit ei, sicut album homini: nam quod causam non habet, primum et immediatum est, unde necesse est ut sit per se et secundum quod ipsum. impossibile est autem aliquod unum duobus convenire et utrique secundum quod ipsum. quod enim de aliquo secundum quod ipsum dicitur, ipsum non excedit: sicut habere tres angulos duobus rectis aequales non excedit triangulum. si igitur aliquid duobus conveniat, non conveniet utrique secundum quod ipsum est. impossibile est igitur aliquod unum de duobus praedicari ita quod de neutro per causam dicatur, sed oportet vel unum esse alterius causam, sicut ignis est causa caloris corpori mixto, cum tamen utrumque calidum dicatur; vel oportet quod aliquod tertium sit causa utrique, sicut duabus candelis ignis est causa lucendi. esse autem dicitur de omni eo quod est. impossibile est igitur esse aliqua duo quorum neutrum habeat causam essendi, sed |25| oportet utrumque acceptorum esse per causam, vel alterum alteri esse causam essendi. oportet igitur quod ab illo cui nihil est causa essendi, sit omne illud quod quocumque modo est. deum autem * supra ostendimus ' huiusmodi ens esse cui nihil sit causa essendi. ab eo igitur est omne quod quocumque modo est. si autem dicatur quod ens non est praedicatum univocum, nihil minus praedicta conclusio sequitur. non enim de multis aequivoce dicitur, sed per analogiam: et sic oportet fieri reductionem in unum.
n.3 ' Amplius. quod alicui convenit ex sua natura, non ex alia causa, minoratum in eo et deficiens esse non potest. si enim naturae aliquid essentiale subtrahitur vel additur, iam altera natura erit: sicut et in numeris accidit, in quibus unitas addita vel subtracta speciem variat. si autem, natura vel quidditate rei integra manente, aliquid minoratum inveniatur, iam patet quod illud non simpliciter dependet ex illa natura, sed ex aliquo alio, per cuius remotionem minoratur. quod igitur alicui minus convenit quam aliis, non convenit ei ex sua natura tantum, sed ex alia causa. illud igitur erit causa omnium in aliquo genere cui maxime competit illius generis praedicatio: unde et quod maxime calidum est videmus esse causam caloris in omnibus calidis, et quod maxime lucidum causam omnium lucidorum. deus autem est maxime ens, * ut in primo libro ostensum est. ' ipse igitur est causa omnium de quibus ens praedicatur.
n.4 ' Adhuc. secundum ordinem effectuum oportet esse ordinem causarum: eo quod effectus causis suis proportionati sunt. unde oportet quod, sicut effectus proprii reducuntur in causas proprias, ita id quod commune est in effectibus propriis, reducatur in aliquam causam communem: sicut supra particulares causas generationis huius vel illius est sol universalis causa generationis; et rex est universalis causa regiminis in regno, supra praepositos regni et etiam urbium singularium. omnibus autem commune est esse. oportet igitur quod supra omnes causas sit aliqua causa cuius sit dare esse. prima autem causa deus est, * ut supra ostensum est. ' oportet igitur omnia quae sunt a deo esse.
n.5 ' Item. quod per essentiam dicitur, est causa omnium quae per participationem dicuntur: sicut ignis est causa omnium ignitorum inquantum huiusmodi. deus autem est ens per essentiam suam: quia est ipsum esse. omne autem aliud ens est ens per participationem: quia ens quod sit suum esse non potest esse nisi unum * ut in primo ostensum est. ' deus igitur est causa essendi omnibus aliis.
n.6 ' Praeterea. omne quod est possibile esse et non esse, habet causam aliquam: quia in se consideratum ad utrumlibet se habet; et sic oportet esse aliquod aliud quod ipsum ad unum determinet. unde, cum in infinitum procedi non possit, oportet quod sit aliquid necessarium quod sit causa omnium possibilium esse et non esse. necessarium autem quoddam est habens causam suae necessitatis: in quo etiam in infinitum procedi non potest; et sic est devenire ad aliquid quod est per se necesse-esse. hoc autem non potest esse nisi unum, * ut in primo libro ostensum est. ' et hoc est deus. oportet igitur omne aliud ab ipso reduci in ipsum sicut in causam essendi.
n.7 ' Amplius. deus secundum hoc factivus est rerum quod actu est, * ut supra ostensum est. ' ipse autem sua actualitate et perfectione omnes rerum perfectiones comprehendit, * ut in primo probatum est: ' et sic est virtualiter omnia. est igitur ipse omnium factivus. hoc autem non esset si aliquid aliud esset natum esse non ab ipso: nihil enim natum est esse ab alio et non ab alio; quia, si natum est non ab alio esse, est per seipsum necesse-esse, quod numquam potest ab alio esse. nihil igitur potest esse nisi a deo.
n.8 ' Item. imperfecta a perfectis sumunt originem: ut semen ab animali. deus autem est perfectissimum ens et summum bonum, * ut in primo ostensum est. ' ipse igitur est omnibus causa essendi: * praecipue cum ostensum sit quod ' tale non possit esse nisi unum.
n.9 * Hoc autem divina confirmat auctoritas. dicitur enim in psalmo: ° qui fecit caelum et terram, mare, et omnia quae in eis sunt. * et ioan. 1-3: ° omnia per ipsum facta sunt, et sine ipso factum est nihil. * et rom. 11-36: ° ex quo omnia, per quem omnia, et in quo omnia, ipsi gloria in saecula.
n.10 * Per hoc autem excluditur antiquorum naturalium error, qui ponebant " corpora quaedam non habere causam essendi. * et etiam quorundam qui dicunt " deum non esse causam substantiae caeli, sed solum motus.

005 SCG lb2 cp16

n. ' Quod deus ex nihilo produxit res in esse.
n.1 ' Ex hoc autem apparet quod deus res in esse produxit ex nullo praeexistente sicut ex materia.
n.2 ' Si enim est aliquid effectus dei, aut praeexistit aliquid illi, aut non. si non, habetur propositum: scilicet quod deus aliquem effectum producat ex nullo praeexistente. si autem aliquid illi praeexistit, aut est procedere in infinitum, quod non est possibile in causis naturalibus, * ut philosophus probat in ii metaphysicae: ' aut erit devenire ad aliquod primum quod aliud non praesupponit. quod quidem non potest esse nisi ipse deus. * ostensum est enim in primo libro quod ' ipse non est materia alicuius rei: nec potest esse aliud a deo cui deus non sit causa essendi, * ut ostensum est. ' relinquitur igitur quod deus in productione sui effectus non requirit materiam praeiacentem ex qua operetur.
n.3 ' Adhuc. unaquaeque materia per formam superinductam contrahitur ad aliquam speciem. operari ergo ex materia praeiacente superinducendo formam quocumque modo, est agentis ad aliquam determinatam speciem. tale autem agens est agens particulare: causae enim causatis proportionales sunt. agens igitur quod requirit ex necessitate materiam praeiacentem ex qua operetur, est agens particulare. deus autem est agens sicut causa universalis essendi, * ut supra ostensum est. ' igitur ipse in sua actione materiam praeiacentem non requirit.
n.4 ' Item. quanto aliquis effectus est universalior, tanto habet propriam causam altiorem: quia quanto causa est altior, tanto ad plura virtus eius extenditur. esse autem est universalius quam moveri: " sunt enim quaedam entium immobilia, * ut etiam philosophi tradunt, " ut lapides et huiusmodi. ' oportet ergo quod supra causam quae non agit nisi movendo et transmutando, sit illa causa quae est primum essendi principium. hoc autem ostendimus esse deum. deus igitur non agit tantum movendo et transmutando. omne autem quod non potest producere res in esse nisi ex materia praeiacente, agit solum movendo et transmutando: facere enim aliquid ex materia est per motum vel mutationem quandam. non ergo impossibile est producere res in esse sine materia praeiacente.
n.5 ' Praeterea. quod agit tantum per motum et mutationem non competit universali causae eius quod est esse: non enim per motum et mutationem fit ens ex non ente simpliciter, sed ens hoc ex non ente hoc. deus autem est universale essendi principium, * ut ostensum est. ' non igitur sibi competit agere tantum per motum aut per mutationem. neque igitur sibi competit indigere praeiacenti materia ad aliquid faciendum.
n.6 ' Amplius. " unumquodque agens sibi simile agit, ' quoquo modo. agit autem unumquodque agens secundum quod actu est. illius igitur agentis erit producere effectum causando aliquo modo formam materiae inhaerentem quod est actu per formam sibi inhaerentem, et non per totam substantiam suam: * unde philosophus, in vii metaph., probat quod " res materiales, habentes formas in materiis, generantur a materialibus agentibus habentibus formas in materia, non a formis per se existentibus. ' deus autem non est ens actu per aliquid sibi inhaerens, sed per totam suam substantiam, * ut supra probatum est. ' igitur proprius modus suae actionis est ut producat rem subsistentem totam, non solum rem inhaerentem, scilicet formam in materia. per hunc autem modum agit omne agens quod materiam in agendo non requirit. deus igitur materiam praeiacentem non requirit in sua actione.
n.7 ' Item. materia comparatur ad agens sicut recipiens actionem quae ab ipso est: actus enim qui est agentis ut a quo, est patientis ut in quo. igitur requiritur materia ab aliquo agente ut recipiat actionem ipsius: ipsa enim actio agentis in patiente recepta est actus patientis et forma, aut aliqua inchoatio formae, in ipso. deus autem non agit actione aliqua quam necesse sit in aliquo patiente recipi: quia sua actio est sua substantia, * ut supra probatum est. ' non igitur ad producendum effectum requirit materiam praeiacentem.
n.8 ' Praeterea. omne agens quod in agendo requirit materiam praeiacentem, habet materiam proportionatam suae actioni, ut quicquid est in virtute agentis, totum sit in potentia materiae: alias non posset in actum producere quicquid est in sua virtute activa, et sic frustra haberet virtutem ad illa. materia autem non habet talem proportionem ad deum. " non enim in materia est potentia ad quantitatem quamcumque, * ut patet per philosophum, in iii physicorum: ' cum tamen divina potentia sit simpliciter infinita, * ut in primo ostensum est. ' deus igitur non requirit materiam praeiacentem ex qua de necessitate agat.
n.9 ' Adhuc. diversarum rerum diversae sunt materiae: non enim est eadem materia spiritualium et corporalium, nec corporum caelestium et corruptibilium. quod quidem ex hoc patet quod recipere, quod est proprietas materiae, non eiusdem rationis est in praedictis: nam receptio quae est in spiritualibus est intelligibilis, sicut intellectus recipit species intelligibilium non secundum esse materiale; corpora vero caelestia recipiunt innovationem situs, non autem innovationem essendi, sicut corpora inferiora. non est igitur una materia quae sit in potentia ad esse universale. ipse autem deus est totius esse activus universaliter. ipsi igitur nulla materia proportionaliter re-

spondet. non igitur materiam ex necessitate requirit.
n.10 ‘ Amplius. quorumcumque in rerum natura est aliqua proportio et aliquis ordo, oportet unum eorum esse ab alio, vel ambo ab aliquo uno: oportet enim ordinem in uno constitui respondendo ad aliud; alias ordo vel proportio esset a casu, quem in primis rerum principiis ponere est impossibile, quia sequeretur magis omnia alia esse a casu. si igitur sit aliqua materia divinae actioni proportionata, oportet vel quod alterum sit ab altero, vel utrumque a tertio. sed cum deus sit primum ens et prima causa, nec potest esse ab aliqua tertia causa. relinquitur igitur, si invenitur aliqua materia proportionata divinae actioni, quod illius ipse sit causa.
n.11 ‘ Adhuc. quod est in entibus primum, oportet esse causam eorum quae sunt: si enim non essent causata, non essent ab ipso ordinata, * ut iam ostensum est. ‘ inter actum autem et potentiam talis est ordo quod, licet in uno et eodem quod quandoque est potentia quandoque actu, potentia sit prior tempore quam actus, licet actus sit prior natura; tamen simpliciter loquendo, oportet actum potentia priorem esse, quod patet ex hoc, quod potentia non reducitur in actum nisi per ens actu. sed materia est ens in potentia. ergo oportet quod deus, qui est actus purus, sit simpliciter ea prior: et per consequens causa ipsius. non ergo suae actioni praesupponitur materia ex necessitate.
n.12 ‘ Item. materia prima aliquo modo est: quia est ens in potentia. deus autem est causa omnium quae sunt, * ut supra ostensum est. ‘ deus igitur est causa materiae primae. cui nulla praeexistit. divina igitur actio naturam praeexistentem non requirit.
n.13 * Hanc autem veritatem divina scriptura confirmat, dicens, gen. 1-1: ° in principio creavit deus caelum et terram. ‘ nihil enim est aliud creare quam absque materia praeiacenti aliquid in esse producere.
n.14 * Ex hoc autem confutatur error antiquorum philosophorum qui ponebant “ materiae omnino nullam causam esse, eo quod actionibus particularium agentium semper videbant aliquid actioni praeiacere: * ex quo opinionem sumpserunt, “ omnibus communem, quod ex nihilo nihil fit. * quod quidem in particularibus agentibus verum est. “ ad universalis autem agentis, quod est totius esse activum, cognitionem nondum pervenerant, ‘ quem nihil in sua actione praesupponere necesse est.

005 SCG lb2 cp17

n. ‘ Quod creatio non est motus neque mutatio.
n.1 ‘ Hoc autem ostenso, manifestum est quod dei actio, quae est absque materia praeiacente et creatio vocatur, non sit motus neque mutatio, proprie loquendo.
n.2 ‘ Motus enim omnis vel mutatio est “ actus existentis in potentia secundum quod huiusmodi. ‘ in hac autem actione non praeexistit aliquid in potentia quod suscipiat actionem, * ut iam ostensum est. ‘ igitur non est motus neque mutatio.
n.3 ‘ Item. extrema motus vel mutationis cadunt in eundem ordinem: vel quia sunt sub uno genere, sicut contraria, ut patet in motu augmenti et alterationis et secundum locum lationis; vel quia communicant in una potentia materiae, ut privatio et forma in generatione et corruptione. neutrum autem potest dici in creatione: potentia enim ibi non est, nec aliquid eiusdem generis quod praesupponatur creationi, * ut probatum est. ‘ igitur non est ibi neque motus neque mutatio.
n.4 ‘ Praeterea. in omni mutatione vel motu oportet esse aliquid aliter se habens nunc et prius: hoc enim ipsum nomen mutationis ostendit. ubi autem tota substantia rei in esse producitur, non potest esse aliquod idem aliter et aliter se habens: quia illud esset non productum, sed productioni praesuppositum. non est ergo creatio mutatio.
n.5 ‘ Adhuc. oportet quod motus vel mutatio durationе praecedat id quod fit per mutationem vel motum: quia factum esse est principium quietis et terminus motus. unde oportet omnem mutationem esse motum vel terminum motus, qui est successivus. et propter hoc, quod fit non est: quia, quandiu durat motus, aliquid fit et non est; in ipso autem termino motus, in quo incipit quies, iam non fit aliquid, sed factum est. in creatione autem non potest hoc esse: quia, si ipsa creatio praecederet ut motus vel mutatio, oporteret sibi praestitui aliquod subiectum; quod est contra rationem creationis. creatio igitur non est motus neque mutatio.

005 SCG lb2 cp18

n. ‘ Quomodo solvantur ea quae contra creationem obiiciuntur.
n.1 * Ex hoc autem apparet vanitas impugnantium “ creationem per rationes sumptas ex natura motus vel mutationis: * utpote quod oportet “ creationem, sicut ceteros motus vel mutationes, esse in aliquo subiecto; * et quod oportet “ non esse transmutari in esse, sicut ignis transmutatur in aerem.
n.2 ‘ Non enim est creatio mutatio, sed ipsa dependentia esse creati ad principium a quo statuitur. et sic est de genere relationis. unde nihil prohibet eam in creato esse sicut in subiecto.
n.3 ‘ Videtur tamen creatio esse mutatio quaedam secundum modum intelligendi tantum: inquantum scilicet intellectus noster accipit unam et eandem rem ut non existentem prius, et postea existentem.
n.4 ‘ Apparet autem, si creatio relatio quaedam est, quod res quaedam est: et neque increata est; neque alia relatione creata. cum enim effectus creatus realiter dependeat a creante, oportet huiusmodi relationem esse rem quandam. omnis autem res a deo in esse producitur. est igitur in esse a deo producta. non tamen alia creatione creata, quam ipsa creatura prima quae per eam creata dicitur. quia accidentia et formae, sicut per se non sunt, ita nec per se creantur, cum creatio sit productio entis: sed, sicut in alio sunt, ita aliis creatis creantur. praeterea. relatio non refertur per aliam relationem, quia sic esset abire in infinitum: sed per seipsam refertur, quia essentialiter relatio est. non igitur alia creatione opus est, qua ipsa creatio creetur, et sic in infinitum procedatur.

005 SCG lb2 cp19

n. ‘ Quod in creatione non sit successio.
n.1 ‘ Apparet etiam ex praedictis quod omnis creatio absque successione est.
n.2 ‘ Nam successio propria est motui. creatio autem non est motus; nec terminus motus, sicut mutatio. igitur nulla est in ipsa successio.
n.3 ‘ Item. in omni motu successivo est aliquid medium inter eius extrema: quia medium est ad quod continue motum primo venit quam ad ultimum. inter esse autem et non esse, quae sunt quasi extrema creationis, non potest esse aliquid medium. igitur non est ibi aliqua successio.
n.4 ‘ Adhuc. “ in omni factione in qua est successio, fieri est ante factum esse: * ut probatur in vi physicorum. ‘ hoc autem in creatione non potest accidere. quia fieri quod praecederet factum esse creaturae, indigeret aliquo subiecto. quod non posset esse ipsa creatura de cuius creatione loquimur, quia illa non est ante factum esse: nec etiam in factore, non enim moveri est actus moventis, sed moti. relinqueretur igitur quod fieri haberet pro subiecto aliquam materiam facti praeexistentem. quod est contra creationis rationem. impossibile est igitur in creatione successionem esse.
n.5 ‘ Amplius. omnem factionem successivam in tempore oportet esse: prius enim et posterius in motu numerantur tempore. simul autem dividitur tempus, et motus, et id super quod transit motus. quod quidem in motu locali manifestum est: nam in medietate temporis regulariter motum pertransit medium magnitudinis. divisio autem in formis respondens divisioni temporis attenditur secundum intensionem et remissionem: ut, si aliquid in tanto tempore tantum calefit, in minori minus. secundum hoc igitur potest esse successio in motu, vel quacumque factione, quod id secundum quod est motus, est divisibile: vel secundum quantitatem, sicut in motu locali et in augmento; vel secundum intensionem et remissionem, sicut in alteratione. hoc autem secundum contingit dupliciter: uno modo, quia ipsa forma quae est terminus motus, est divisibilis secundum intensionem et remissionem, sicut patet cum aliquid movetur ad albedinem; alio modo, quia talis divisio contingit in dispositionibus ad |25| talem formam, sicut fieri ignis successivum est propter alterationem praecedentem circa dispositiones ad formam. ipsum autem esse substantiale creaturae non est divisibile modo praedicto: quia “ substantia non suscipit magis et minus. ‘ nec in creatione praecedunt dispositiones, materia non praeexistente: nam dispositio ex parte materiae est. relinquitur igitur quod in creatione non possit esse aliqua successio.
n.6 ‘ Praeterea. successio in rerum factionibus ex defectu materiae provenit, quae non convenienter est a principio ad receptionem formae disposita: unde, quando materia iam perfecte disposita est ad formam, eam recipit in instanti. et inde est quod, quia diaphanum semper est in ultima dispositione ad lucem, statim ad praesentiam lucidi in actu illuminatur; nec aliquis motus praecedit ex parte illuminabilis, sed solum motus localis ex parte illuminantis, per quem fit praesens. in creatione autem nihil praeexigitur ex parte materiae: nec aliquid deest agenti ad agendum quod postea per motum ei adveniat, cum sit immobilis, * ut in primo huius operis ostensum est. ‘ relinquitur igitur quod creatio sit in instanti. unde simul aliquid, dum creatur, creatum est: sicut simul illuminatur et illuminatum est.
n.7 * Et inde est quod scriptura divina “ creationem rerum in indivisibili factam * pronunciat, dicens: ° in principio creavit deus caelum et terram; “ quod quidem principium * basilius “ principium temporis exponit; quod oportet esse indivisibile, * ut in vi physicorum probatur.

005 SCG lb2 cp20

n. ‘ Quod nullum corpus potest creare.
n.1 ‘ Ex hoc autem evidenter apparet quod nullum corpus potest aliquid per modum creationis producere.
n.2 ‘ Nullum enim corpus agit nisi moveatur: eo quod oporteat agens et patiens esse simul, vel faciens et factum; ° simul autem sunt quae in eodem loco sunt, * ut habetur in v phys.; ‘ locum autem non acquirit corpus nisi per motum. nullum autem corpus movetur nisi in tempore. quicquid igitur fit per actionem corporis, fit successive. creatio autem, * ut ostensum est ‘ non habet successionem. nihil igitur potest a corpore quocumque per modum creationis produci.
n.3 ‘ Praeterea. omne agens quod agit inquantum movetur, de necessitate movet illud in quod agit: factum enim et passum consequitur dispositionem facientis et agentis, eo quod “ omne agens agit sibi simile, ‘ unde, si agens, non in eadem dispositione se habens, agit inquantum per motum variatur, oportet quod etiam in patiente et facto quaedam renovatio dispositionum fiat, quod sine motu esse non potest. omne autem corpus non movet nisi motum, * ut probatum est. ‘ nihil igitur fit a corporis actione nisi per motum vel mutationem facti. creatio autem non est mutatio nec motus, * ut ostensum est. ‘ igitur nullum corpus potest aliquid causare creando.
n.4 ‘ Item. cum agens et factum oporteat sibi esse similia, non potest esse productivum totius substantiae facti quod non tota sua substantia agit: * sicut e converso probat philosophus, in vii metaph., quod “ forma sine materia, quae tota se agit, non potest esse causa proxima generationis, secundum quam sola forma in actum educitur. ‘ nullum autem corpus tota sua substantia agit, etsi totum agat: quia, cum omne agens agat per formam qua actu est, illud solum per totam suam substantiam agere poterit cuius est tota substantia forma; quod de nullo corpore potest dici, cum omne corpus habeat materiam, eo quod omne corpus est mutabile. ergo nullum corpus potest aliquid producere secundum totam eius substantiam: quod est de ratione creationis.
n.5 ‘ Amplius. creare non est nisi potentiae infinitae. tanto enim est maioris potentiae agens aliquod, quanto potentiam magis ab actu distantem in actum reducere potest: ut quod potest ex aqua ignem facere, quam quod ex aere. unde, ubi omnino potentia praeexistens subtrahitur, exceditur omnis determinatae distantiae proportio, et sic necesse est potentiam agentis quae aliquid instituit nulla potentia praeexistente, excedere omnem proportionem quae posset considerari ad potentiam agentis aliquid ex materia facientis. “ nulla autem potentia corporis est infinita: * ut probatur a philosopho in viii physicorum. ‘ nullum igitur corpus potest aliquid creare, quod est ex nihilo aliquid facere.
n.6 ‘ Adhuc. “ movens et motum, faciens et factum, oportet simul esse: * ut probatur in vii physicorum. ‘ corpus autem agens non potest adesse suo effectui nisi per contactum, quo tangentium ultima fiunt simul. unde impossibile est aliquod corpus agere nisi tangendo. tactus autem alicuius ad alterum est. et sic, ubi non est aliquid praeexistens praeter agens, sicut in creatione accidit, tactus esse non potest. nullum igitur corpus potest agere creando.
n.7 * Patet igitur falsitas positionis quorundam dicentium “ substantiam caelestium corporum causam materiae elementorum esse: ‘ cum materia causam habere non possit nisi id quod creando agit; eo quod ipsa est primum motus et mutationis subiectum.

005 SCG lb2 cp21

n. ‘ Quod solius dei est creare.
n.1 ‘ Ex praemissis etiam ostendi potest ulterius quod creatio est propria dei actio, et quod eius solius est creare.
n.2 ‘ Cum enim secundum ordinem agentium sit ordo actionum, eo quod nobilioris agentis nobilior est actio: oportet quod prima actio sit primi agentis propria. creatio autem est prima actio: eo quod nullam aliam praesupponit, omnes autem aliae praesupponunt eam. est igitur creatio propria dei solius actio, qui est agens primum.
n.3 ‘ Item. ex hoc ostensum est quod deus creat res, quia nihil potest esse praeter ipsum ab eo non causatum. hoc autem nulli alii convenire potest: cum nihil aliud sit universalis causa essendi. soli igitur deo competit creatio, sicut propria eius actio.
n.4 ‘ Adhuc. effectus suis causis proportionaliter respondent: ut scilicet effectus in actu causis actualibus attribuamus, et effectus in potentia causis quae sunt in potentia; “ et similiter effectus particulares causis particularibus, universalibus vero universales; * ut docet philosophus, in ii physicorum. ‘ esse autem est causatum primum: quod ex ratione suae communitatis apparet. causa igitur propria essendi est agens primum et universale, quod deus est. alia vero agentia non sunt causa essendi simpliciter, sed causa essendi hoc, ut hominem vel album. esse autem simpliciter per creationem causatur, quae nihil praesupponit: quia non potest aliquid praeexistere quod sit extra ens simpliciter. per alias factiones fit hoc ens vel tale: nam ex ente praeexistente fit hoc ens vel tale. ergo creatio est propria dei actio.
n.5 ‘ Amplius. quicquid est causatum secundum aliquam naturam, non potest esse prima causa illius naturae, sed secunda et instrumentalis. socrates enim, quia habet suae humanitatis causam, non potest esse prima humanitatis causa: quia, cum humanitas sua sit ab aliquo causata, sequeretur quod esset sui ipsius causa, cum sit id quod est per humanitatem. et ideo oportet quod generans univocum sit quasi agens instrumentale respectu eius quod est causa primaria totius speciei. et inde est quod oportet omnes causas inferiores agentes reduci in causas superiores

sicut instrumentales in primarias. omnis autem alia substantia praeter deum habet esse causatum ab alio, * ut supra probatum est. ‘ impossibile est igitur quod sit causa essendi nisi sicut instrumentalis et agens in virtute alterius. instrumentum autem numquam adhibetur nisi ad causandum aliquid per viam motus: est enim ratio instrumenti quod sit movens motum. creatio autem non est motus, * ut ostensum est. ‘nulla igitur |25| substantia praeter deum potest aliquid creare.

n.6 ‘ Item. instrumentum adhibetur propter convenientiam eius cum causato, ut sit medium inter causam primam et causatum et attingat utrumque, et sic influentia primi perveniat ad causatum per instrumentum. unde oportet quod sit aliquid recipiens primi influentiam in eo quod per instrumentum causatur. quod est contra rationem creationis: nam nihil praesupponit. relinquitur igitur quod nihil aliud praeter deum potest creare, neque sicut principale agens neque sicut instrumentum.

n.7 ‘ Praeterea. omne agens instrumentale exequitur actionem principalis agentis per aliquam actionem propriam et connaturalem sibi: sicut calor naturalis generat carnem dissolvendo et digerendo, et serra operatur ad perfectionem scamni secando. si igitur aliqua creatura sit quae operatur ad creationem sicut instrumentum primi creantis, oportet quod hoc operetur per aliquam actionem debitam et propriam suae naturae. effectus autem respondens actioni propriae instrumenti est prior in via generationis quam effectus respondens principali agenti, ex quo provenit quod primo agenti finis ultimus respondet: prius enim est sectio ligni quam forma scamni, et digestio cibi quam generatio carnis. oportebit igitur aliquid esse effectum per propriam operationem instrumentalis creantis quod sit prius in via generationis quam esse, quod est effectus respondens actioni primi creantis. hoc autem est impossibile: nam quanto aliquid est communius, tanto est prius in via generationis; “sicut prius est animal quam |25| homo in generatione hominis, * ut philosophus dicit, in libro de generatione animalium. impossibile est ergo quod ‘ aliqua creatura creet, neque sicut principale agens neque instrumentaliter.

n.8 ‘ Item. quod est secundum aliquam naturam causatum, non potest esse simpliciter illius naturae causa, esset enim sui ipsius causa: potest autem esse causa illius naturae in hoc, sicut plato est causa humanae naturae in socrate, non autem simpliciter, eo quod ipse est causatus in humana natura. quod autem est causa alicuius in hoc, est attribuens naturam communem alicui per quod specificatur vel individuatur. quod non potest esse per creationem, quae nihil praesupponit cui aliquid attribuatur per actionem. impossibile est igitur aliquod ens creatum esse causam alterius per creationem.

n.9 ‘ Amplius. cum omne agens agat secundum quod actu est, oportet modum actionis esse secundum modum actus ipsius rei: unde calidum quod magis est in actu caloris, magis calefacit. cuiuscumque igitur actus determinatur ad genus et speciem et accidens, eius virtutem oportet esse determinatam ad effectus similes agenti inquantum huiusmodi: eo quod “ omne agens agit sibi simile. ‘ nihil autem quod habet esse determinatum, potest esse simile alteri eiusdem generis vel speciei nisi secundum rationem generis vel speciei: nam secundum quod est hoc aliquid, unumquodque est ab alio distinctum. nihil igitur cuius esse finitum est, potest per suam actionem esse causa alterius nisi quantum ad hoc quod habet genus vel speciem: non autem quantum ad hoc quod subsistit ab aliis distinctum. omne igitur agens finitum praesupponit ad suam actionem hoc unde causatum suum individualiter subsistit. non ergo creat: sed solum hoc est agentis cuius esse est infinitum, quod est omnis entis comprehendens |25| similitudinem, * ut supra ostensum est.

n.10 ‘ Adhuc. cum omne quod fit ad hoc fiat ut sit, oportet, si aliquid fieri dicatur quod prius fuerit, quod hoc non fiat per se, sed per accidens, per se vero illud quod prius non fuit: ut, si ex albo fiat nigrum, fit quidem et nigrum et coloratum, sed nigrum per se, quia fit ex non nigro, coloratum autem per accidens, nam prius coloratum erat. sic igitur, cum fit aliquod ens, ut homo vel lapis, homo quidem fit per se, quia ex non homine: ens autem per accidens, quia non ex non ente simpliciter, sed ex non ente hoc, * ut philosophus dicit, in i physicorum. ‘ cum igitur aliquid fit omnino ex non ente, ens per se fiet. oportet igitur quod ab eo quod est per se causa essendi: nam effectus proportionaliter reducuntur in causas. hoc autem est primum ens solum, quod est causa entis inquantum huiusmodi: alia vero sunt causa essendi per accidens, et huius esse per se. cum igitur producere ens non ex ente praeexistente sit creare, oportet quod solius dei sit creare.

n.11 ‘ Huic autem veritati sacrae scripturae auctoritas attestatur, quae deum omnia creasse affirmat, * gen. 1-1: ° in principio creavit deus caelum et terram. * damascenus etiam, in secundo sui libri, dicit: ° quicumque vero aiunt angelos creatores esse cuiuscumque substantiae, hi omnes sunt patris sui diaboli: creaturae enim existentes non sunt creatores. * per haec autem destruitur quorundam philosophorum error qui dixerunt “ deum creasse primam substantiam separatam, et ab ea fuisse creatam secundam, et sic quodam ordine usque ad ultimam.

005 SCG lb2 cp22

n. ‘ Quod deus omnia possit.

n.1 ‘ Ex hoc autem apparet quod divina virtus non determinatur ad aliquem unum effectum.

n.2 ‘ Si enim solius dei creare est, ab ipso immediate producta esse oportet quaecumque a sua causa produci non possunt nisi per modum creationis. huiusmodi autem sunt omnes substantiae separatae, quae non sunt compositae ex materia et forma, quas esse nunc supponatur; et similiter omnis materia corporalis. haec igitur, tam diversa existentia, praedictae virtutis immediatus effectus sunt. nulla autem virtus producens immediate plures effectus non ex materia, est determinata ad unum effectum. dico autem immediate: quia, si per media produceret, posset provenire diversitas ex parte mediarum causarum. dico etiam non ex materia: quia idem agens et eadem actione causat diversos effectus secundum materiae diversitatem, sicut calor ignis, qui indurat lutum et dissolvit ceram. dei igitur virtus non est determinata ad unum effectum.

n.3 ‘ Item. omnis virtus perfecta ad ea omnia se extendit ad quae suus per se et proprius effectus se extendere potest: sicut aedificativa ad omnia se extendit, si perfecta sit, quae possunt rationem habere domus. virtus autem divina est per se causa essendi, et esse est eius proprius effectus, * ut ex dictis patet. ‘ ergo ad omnia illa se extendit quae rationi entis non repugnant: si enim in quendam tantum effectum virtus eius posset, non esset per se causa entis inquantum huiusmodi, sed huius entis. rationi autem entis repugnat oppositum entis, quod est non ens. omnia igitur deus potest quae in se rationem non entis non includunt. haec autem sunt quae contradictionem implicant. relinquitur igitur quod quicquid contradictionem non implicat, deus potest.

n.4 ‘ Adhuc. omne agens agit inquantum actu est. secundum igitur modum actus uniuscuiusque agentis est modus suae virtutis in agendo: homo enim generat hominem, et ignis ignem. deus autem est actus perfectus, in se omnium perfectiones habens, * ut supra ostensum est. ‘ est igitur sua virtus activa perfecta, ad omnia se habens quaecumque non repugnant rationi eius quod est esse in actu. hoc autem est solum quod contradictionem implicat. omnia igitur praeter haec deus potest.

n.5 ‘ Amplius. omni potentiae passivae respondet potentia activa. potentia enim propter actum est, sicut materia propter formam. non potest autem ens in potentia consequi quod sit actu nisi per virtutem alicuius existentis in actu. otiosa igitur esset potentia nisi esset virtus activa agentis quae eam in actum reducere posset: cum tamen nihil sit otiosum in rebus naturae. et per hunc modum videmus quod omnia quae sunt in potentia materiae generabilium et corruptibilium, possunt reduci in actum per virtutem activam quae est in corpore caelesti, quod est primum activum in natura. sicut autem corpus caeleste est primum agens respectu corporum inferiorum, ita deus est primum agens respectu totius entis creati. quicquid igitur est in potentia entis creati, totum hoc deus per suam virtutem activam facere potest. in potentia autem entis creati est omne quod enti creato non repugnat: sicut in potentia naturae humanae sunt omnia quae naturam humanam non tollunt. omnia igitur deus potest.

n.6 ‘ Praeterea. quod effectus aliquis non subsit potentiae alicuius agentis, potest ex tribus contingere. uno modo, per hoc quod non habet cum agente affinitatem vel similitudinem: agens enim omne agit sibi simile aliquo modo. unde virtus quae est in semine hominis, non potest producere brutum vel plantam: hominem autem potest, qui tamen praedicta excedit. alio modo, propter excellentiam effectus, qui transcendit proportionem virtutis activae: sicut virtus activa corporalis non potest producere substantiam separatam. tertio modo, propter materiam determinatam ad effectum, in quam agens agere non potest: sicut carpentarius non potest facere serram, quia sua arte non potest agere in ferrum, ex quo fit serra. nullo autem istorum modorum potest aliquis effectus subtrahi divinae virtuti. neque enim propter dissimilitudinem effectus aliquid ei impossibile esse potest: cum omne |25| ens, inquantum habet esse, sit ei simile, * ut supra ostensum est. ‘ nec etiam propter effectus excellentiam: * cum ostensum sit quod ‘ deus est supra omnia entia in bonitate et perfectione. nec iterum propter defectum materiae: cum ipse sit causa materiae, quae non possibilis est causari nisi per creationem. ipse etiam in agendo non requirit materiam: cum, nullo praeexistente, rem in esse producat. et sic propter materiae defectum eius actio impediri non potest ab effectus productione. restat igitur quod divina virtus non determinetur ad aliquem effectum, sed simpliciter omnia potest: quod est eum esse omnipotentem.

n.7 * Hinc est quod etiam divina scriptura fide tenendum hoc tradit. dicitur enim gen. 17-1, ex ore dei: ° ego deus omnipotens: ambula coram me et esto perfectus; * et iob 42-2: ° scio quia omnia potes; * et lucae 1-37, ex ore angeli: ° non erit impossibile apud deum omne verbum.

n.8 * Per hoc autem evacuatur quorundam philosophorum error qui posuerunt “ a deo immediate produci unum effectum tantum, quasi virtus eius ad illius productionem determinata esset; et quod deus non potest aliud facere nisi secundum quod cursus rerum naturalium se habet; * de quibus dicitur iob 22-17: ° quasi nihil posset omnipotens, aestimabant eum.

005 SCG lb2 cp23

n. ‘ Quod deus non agat ex necessitate naturae.

n.1 ‘ Ex hoc autem ostenditur quod deus agit in creaturis non per necessitatem naturae, sed per arbitrium voluntatis.

n.2 ‘ Omnis enim agentis per necessitatem naturae virtus determinatur ad unum effectum. et inde est quod omnia naturalia semper eveniunt eodem modo, nisi sit impedimentum: non autem voluntaria. divina autem virtus non ordinatur ad unum effectum tantum, * ut supra ostensum est. ‘ deus igitur non agit per necessitatem naturae, sed per voluntatem.

n.3 ‘ Adhuc. quicquid non implicat contradictionem, subest divinae potentiae, * ut ostensum est. ‘ multa autem non sunt in rebus creatis quae tamen, si essent, contradictionem non implicarent: sicut patet praecipue circa numerum, quantitates et distantias stellarum et aliorum corporum, in quibus si aliter se haberet ordo rerum, contradictio non implicaretur. multa igitur subsunt divinae virtuti quae in rerum natura non inveniuntur. quicumque autem eorum quae potest facere quaedam facit et quaedam non facit, agit per electionem voluntatis, et non per necessitatem naturae. deus igitur non agit per necessitatem naturae, sed per voluntatem.

n.4 ‘ Item. unumquodque agens hoc modo agit secundum quod similitudo facti est in ipso: “ omne enim agens agit sibi simile. ‘ omne autem quod est in altero, est in eo per modum eius in quo est. cum igitur deus sit per essentiam suam intelligens, * ut supra probatum est, ‘ oportet quod similitudo effectus sui sit in eo per modum intelligibilem. igitur per intellectum agit. intellectus autem non agit aliquem effectum nisi mediante voluntate, cuius obiectum est bonum intellectum, quod movet agentem ut finis. deus igitur per voluntatem agit, non per necessitatem naturae.

n.5 * Amplius. secundum philosophum, in ix metaph., “ duplex est actio: una quae manet in agente et est perfectio ipsius, ut videre: alia quae transit in exteriora et est perfectio facti, sicut comburere in igne. ‘ divina autem actio non potest esse de genere illarum actionum quae non sunt in agente: cum sua actio sit sua substantia, * ut supra ostensum est. ‘ oportet igitur quod sit de genere illarum actionum quae sunt in agente et sunt quasi perfectio ipsius. huiusmodi autem non sunt nisi actiones cognoscentis et appetentis, deus igitur cognoscendo et volendo operatur. non igitur per necessitatem naturae, sed per arbitrium voluntatis.

n.6 ‘ Adhuc. deum agere propter finem ex hoc manifestum esse potest quod universum non est a casu, sed ad aliquod bonum ordinatur: * ut per philosophum patet, in xi metaphysicae. ‘ primum autem agens propter finem oportet esse agens per intellectum et voluntatem: ea enim quae intellectu carent, agunt propter finem sicut in finem ab alio directa. quod quidem in artificialibus patet: nam sagittae motus est ad determinatum signum ex directione sagittantis. simile autem esse oportet et in naturalibus. ad hoc enim quod aliquid directe in finem debitum ordinetur, requiritur cognitio ipsius finis, et eius quod est ad finem, et debitae proportionis inter utrumque: quod solum intelligentis est. cum igitur deus sit primum agens, non agit per necessitatem naturae, sed intellectum et voluntatem.

n.7 ‘ Praeterea. quod per se agit, prius est eo quod per aliud agit: omne enim quod est per aliud, reduci oportet in id quod per se est, ne in infinitum procedatur. quod autem suae actionis non est dominus, non per se agit: agit enim quasi ab alio actus, non quasi seipsum agens. oportet igitur primum agens hoc modo agere quod sui actus dominus sit. non est autem aliquis sui dominus actus nisi per voluntatem. oportet igitur deum, qui est primum agens, per voluntatem agere, non per naturae necessitatem.

n.8 ‘ Adhuc. primo agenti debetur prima actio: sicut et primo mobili primus motus. sed naturaliter actio voluntatis est prior quam actio naturae. illud enim naturaliter prius est quod est perfectius: licet in uno quodam sit tempore posterius. actio autem agentis per voluntatem est perfectior: quod ex hoc patet quod perfectiora sunt ea apud nos quae per voluntatem agunt, quam quae per naturae necessitatem. ergo deo, qui est primus agens, debetur actio quae est per voluntatem.

n.9 ‘ Amplius. ex hoc idem apparet quod, ubi coniungitur utraque actio, superior est virtus quae agit per voluntatem ea quae agit per naturam et utitur ea quasi instrumento: nam in homine superior est intellectus, qui agit per voluntatem, quam anima vegetabilis, quae agit per naturae necessitatem. divina autem virtus est suprema in omnibus entibus. ergo ipsa agit in res omnes per voluntatem, non per naturae necessitatem.

n.10 ‘ Item. voluntas habet pro obiecto bonum secundum rationem boni: natura autem non attingit ad communem boni rationem, sed ad hoc bonum quod est sua perfectio. cum igitur omne agens agat secundum quod ad bonum intendit, quia finis movet agentem; oportet quod agens per voluntatem ad agens per necessitatem naturae comparetur sicut agens universale ad agens particulare. agens autem particulare se habet ad agens universale sicut eo posterius, et sicut eius instrumentum. ergo oportet quod primum agens sit voluntarium, et non per necessitatem naturae agens.

n.11 * Hanc etiam veritatem divina scriptura nos docet. dicitur enim in psalmo: ° omnia quaecumque voluit dominus fecit; * et ephes. 1-11: ° qui operatur omnia secundum propositum voluntatis suae. * et hilarius, in libro de synodis: ° omnibus creaturis substantiam voluntas dei attulit. * et infra: ° talia enim cuncta creata sunt, qualia deus ea esse voluit.

n.12 * Per haec autem removetur error quorundam philosophorum qui dicebant " deum agere per naturae necessitatem.

005 SCG lb2 cp24

n. ' Quod deus agit secundum suam sapientiam.

n.1 ' Ex hoc autem apparet quod deus effectus suos producit secundum suam sapientiam.

n.2 ' Voluntas enim ad agendum ex aliqua apprehensione movetur: bonum enim apprehensum est obiectum voluntatis. deus autem est agens per voluntatem, * ut ostensum est. ' cum igitur in deo non sit nisi intellectualis apprehensio; nihilque intelligat nisi intelligendo se, quem intelligere est sapientem esse: relinquitur quod omnia deus secundum suam sapientiam operatur.

n.3 ' Item. " omne agens agit sibi simile. ' unde oportet quod secundum hoc agat unumquodque agens secundum quod habet similitudinem sui effectus: sicut ignis calefacit secundum modum sui caloris. sed in quolibet agente per voluntatem, inquantum huiusmodi, est similitudo sui effectus secundum intellectus apprehensionem: si enim secundum naturae dispositionem solum inesset similitudo effectus agenti voluntario, non ageret nisi unum, quia ratio naturalis unius est una tantum. omne igitur agens voluntarium producit effectum secundum rationem sui intellectus. deus autem agit per voluntatem, * ut ostensum est. ' igitur per sapientiam sui intellectus res in esse producit.

n.4 * Amplius. secundum philosophum, in i metaph., " ordinare sapientis est: ' ordinatio enim aliquorum fieri non potest nisi per cognitionem habitudinis et proportionis ordinatorum ad invicem, et ad aliquid altius eius, quod est finis eorum; ordo enim aliquorum ad invicem est propter ordinem eorum ad finem. cognoscere autem habitudines et proportiones aliquorum ad invicem est solius habentis intellectum; iudicare autem de aliquibus per causam altissimam sapientiae est. et sic oportet quod omnis ordinatio per sapientiam alicuius intelligentis fiat. unde et in mechanicis ordinatores aedificiorum sapientes illius artificii dicuntur. res autem quae sunt a deo productae, ordinem ad invicem habent non casualem, cum sit semper vel in pluribus. et sic patet quod deus res in esse produxit eas ordinando. deus igitur per suam sapientiam res in esse produxit.

n.5 ' Adhuc. ea quae sunt a voluntate, vel sunt agibilia, sicut actus virtutum, qui sunt perfectiones operantis: vel transeunt in exteriorem materiam, quae factibiles dicuntur. et sic patet quod res creatae sunt a deo sicut factae. " factibilium autem ratio est ars, * sicut philosophus dicit. ' comparantur igitur omnes res creatae ad deum sicut artificiata ad artificem. sed artifex per ordinem suae sapientiae et intellectus artificiata in esse producit. ergo et deus omnes creaturas per ordinem sui intellectus fecit.

n.6 * Hoc autem divina auctoritate confirmatur. nam dicitur in psalmo: ° omnia in sapientia fecisti; * et proverb. 3-19: ° dominus sapientia fundavit terram.

n.7 * Per haec autem excluditur quorundam error qui dicebant " omnia ex simplici divina voluntate dependere, absque aliqua ratione.

005 SCG lb2 cp25

n. ' Qualiter omnipotens dicatur quaedam non posse.

n.1 ' Ex praemissis autem accipi potest quod, quamvis deus sit omnipotens, aliqua tamen dicitur non posse. * ostensum enim est supra ' in deo esse potentiam activam: potentiam vero passivam in eo non esse * iam supra in primo fuerat probatum. ' secundum autem utramque potentiam dicimur posse. illa igitur deus non potest quae posse potentiae passivae est. quae autem huiusmodi sint, investigandum est.

n.2 ' Primo quidem igitur potentia activa ad agere est, potentia autem passiva ad esse. unde in illis solis est potentia ad esse quae materiam habent contrarietati subiectam. cum igitur in deo passiva potentia non sit, quicquid ad suum esse pertinet, deus non potest. non potest igitur deus esse corpus, aut aliquid huiusmodi.

n.3 ' Adhuc. huius potentiae passivae motus actus est. deus igitur, cui potentia passiva non competit, mutari non potest.

n.4 ' Potest autem ulterius concludi quod non potest mutari secundum singulas mutationis species: ut quod non potest augeri vel minui, aut alterari, aut generari aut corrumpi.

n.5 ' Amplius. cum deficere quoddam corrumpi sit, sequitur quod in nullo deficere potest.

n.6 ' Praeterea. defectus omnis secundum privationem aliquam est. privationis autem subiectum potentia materiae est. nullo igitur modo potest deficere.

n.7 ' Adhuc. cum fatigatio sit per defectum virtutis, oblivio autem per defectum scientiae, patet quod neque fatigari neque oblivisci potest.

n.8 ' Amplius. neque vinci aut violentiam pati. haec enim non sunt nisi eius quod natum est moveri.

n.9 ' Similiter autem neque poenitere potest, neque irasci aut tristari: cum haec omnia in passionem et defectum sonent.

n.10 ' Rursus. quia potentiae activae obiectum et effectus est ens factum, nulla autem potentia operationem habet ubi deficit ratio sui obiecti, sicut visus non videt deficiente visibili in actu: oportet quod deus dicatur non posse quicquid est contra rationem entis inquantum est ens, vel facti entis inquantum est factum. quae autem sint huiusmodi, inquirendum est.

n.11 ' Primo quidem igitur contra rationem entis est quod entis rationem tollit. tollitur autem ratio entis per suum oppositum: sicut ratio hominis per opposita eius vel particularum ipsius. oppositum autem entis est non ens. hoc igitur deus non potest, ut faciat simul unum et idem esse et non esse: quod est contradictoria esse simul.

n.12 ' Adhuc. contradictio contrariis et privative oppositis includitur: sequitur enim, si est album et nigrum, quod sit album et non album; et si est videns et caecum, quod sit videns et non videns. unde eiusdem rationis etiam est quod deus non possit facere opposita simul inesse eidem secundum idem.

n.13 ' Amplius. ad remotionem cuiuslibet principii essentialis sequitur remotio ipsius rei. si igitur deus non potest facere rem simul esse et non esse, nec etiam potest facere quod rei desit aliquod suorum principiorum essentialium ipsa remanente: sicut quod homo non habeat animam.

n.14 ' Praeterea. cum principia quarundam scientiarum, ut logicae, geometriae et arithmeticae, sumantur ex solis principiis formalibus rerum, ex quibus essentia rei dependet, sequitur quod contraria horum principiorum deus facere non possit: sicut quod genus non sit praedicabile de specie; vel quod lineae ductae a centro ad circumferentiam non sint aequales; aut quod triangulus rectilineus non habeat tres angulos aequales duobus rectis.

n.15 ' Hinc etiam patet quod deus non potest facere quod praeteritum non fuerit. nam hoc etiam contradictionem includit: eiusdem namque necessitatis est aliquid esse dum est, et aliquid fuisse dum fuit.

n.16 ' Sunt etiam quaedam quae repugnant rationi entis facti inquantum huiusmodi. quae etiam deus facere non potest: nam omne quod facit deus, oportet esse factum.

n.17 ' Ex hoc autem patet quod deus non potest facere deum. nam de ratione entis facti est quod esse suum ex alia causa dependeat. quod est contra rationem eius quod dicitur deus, * ut ex superioribus patet.

n.18 ' Eadem etiam ratione, non potest deus facere aliquid aequale sibi. nam illud cuius esse ab alio non dependet, potius est in essendo et in ceteris dignitatibus eo quod ab alio dependet, quod ad rationem entis facti pertinet.

n.19 ' Similiter etiam deus facere non potest quod aliquid conservetur in esse sine ipso. nam conservatio esse uniuscuiusque dependet a causa sua. unde oportet quod, remota causa, removeatur effectus. si igitur res aliqua posset esse quae a deo non conservaretur in esse, non esset effectus eius.

n.20 ' Rursus. quia ipse est per voluntatem agens, illa non potest facere quae non potest velle. quae autem velle non possit, considerari potest si accipiamus qualiter in divina voluntate necessitas esse possit: nam quod necesse est esse, impossibile est non esse; et quod impossibile est esse, necesse est non esse.

n.21 ' Patet autem ex hoc quod non potest deus facere se non esse, vel non esse bonum aut beatum, quia de necessitate vult se esse, bonum esse et beatum, * ut in primo ostensum est.

n.22 * Item ostensum est supra quod ' deus non potest velle aliquod malum. unde patet quod deus peccare non potest.

n.23 * Similiter ostensum est supra quod ' dei voluntas non potest esse mutabilis. sic igitur non potest facere id quod est a se volitum, non impleri.

n.24 ' Sciendum tamen quod hoc alio modo dicitur non posse a praemissis. nam praemissa simpliciter deus nec velle nec facere potest. huiusmodi autem potest quidem deus vel facere vel velle, si eius voluntas vel potentia absolute consideretur, non autem si considerentur praesupposita voluntate de opposito: nam voluntas divina respectu creaturarum necessitatem non habet nisi ex suppositione, * ut in primo ostensum est. ' et ideo omnes istae locutiones, deus non potest facere contraria his quae disposuit facere, et quaecumque similiter dicuntur, intelliguntur composite: sic enim implicant suppositionem divinae voluntatis de opposito. si autem intelliguntur divise, sunt falsae: quia respiciunt potentiam et voluntatem dei absolute.

n.25 ' Sicut autem deus agit per voluntatem, ita et per intellectum et scientiam * ut ostensum est. ' pari igitur ratione non potest facere quae se facturum non praescivit, aut dimittere quae se facturum praescivit, qua non potest facere quae facere non vult, aut dimittere quae vult. et eodem modo conceditur et negatur utrumque: ut scilicet praedicta non posse dicatur, non quidem absolute, sed sub conditione vel ex suppositione.

005 SCG lb2 cp26

n. ' Quod divinus intellectus non coartatur ad determinatos effectus.

n.1 * Quoniam autem ostensum est quod ' divina potentia ad determinatos effectus non limitatur, ac per hoc quod ex necessitate naturae non agit, sed per intellectum et voluntatem; ne cui forte videatur quod eius intellectus vel scientia ad determinatos effectus solummodo possit extendi, et sic agat ex necessitate scientiae, quamvis non ex necessitate naturae: restat ostendere quod eius scientia vel intellectus nullis effectuum limitibus coartatur.

n.2 * Ostensum est enim supra quod ' deus omnia alia quae ab eo procedere possunt comprehendit suam essentiam intelligendo, in qua omnia huiusmodi esse necessarium est per aliqualem similitudinem, sicut effectus virtute sunt in causa. si igitur potentia divina ad effectus determinatos non coartatur, * ut supra ostensum est, ' necessarium est et de eius intellectu similem sententiam proferre.

n.3 ' Adhuc. divinae essentiae infinitatem * supra ostendimus. ' infinitum autem, quantalibet adiectione finitorum facta, adaequari non potest quin infinitum excedat quantalibet finita, si etiam numero infinita existant. nihil autem aliud praeter deum constat esse secundum essentiam infinitum: cum omnia alia secundum essentiae rationem sub determinatis generibus et speciebus concludantur. quotcumque igitur et quanticumque divini effectus comprehendantur, semper in divina essentia est ut eos excedat. et ita plurium ratio esse possit. divinus igitur intellectus, qui perfecte divinam essentiam cognoscit, * ut supra ostensum est, ' omnem finitatem effectuum transcendit. non igitur ex necessitate ad hos vel illos effectus coartatur.

n.4 * Item. supra ostensum est quod ' divinus intellectus infinitorum est cognitor. deus autem per sui intellectus scientiam res producit in esse. causalitas igitur divini intellectus ad finitos effectus non coartatur.

n.5 ' Amplius. si divini intellectus causalitas ad effectus aliquos, quasi de necessitate agens, artaretur, hoc esset respectu illorum qui ab eo producuntur in esse. hoc autem esse non potest: * cum supra ostensum sit quod ' deus intelligit etiam quae nunquam sunt nec erunt nec fuerunt. non igitur deus agit ex necessitate sui intellectus vel scientiae.

n.6 ' Praeterea. divina scientia comparatur ad res ab ipso productas sicut scientia artificis ad res artificiatas. quaelibet autem ars se extendit ad omnia quae possunt contineri sub genere subiecto illius artis: sicut ars aedificatoria ad omnes domos. genus autem subiectum divinae arti est ens: cum ipse per suum intellectum sit universale principium entis, * ut ostensum est. ' igitur intellectus divinus ad omnia quibus entis ratio non repugnat, suam causalitatem extendit: huiusmodi enim omnia, quantum est de se, nata sunt sub ente contineri. non igitur divinus intellectus ad aliquos determinatos effectus coartatur.

n.7 * Hinc est quod in psalmo dicitur: ° magnus dominus, et magna virtus eius, et sapientiae eius non est numerus.

n.8 * Per haec autem excluditur quorundam philosophorum positio dicentium quod " ex hoc quod deus seipsum intelligit, fluit ab ipso de necessitate talis rerum dispositio: quasi non suo arbitrio limitet singula et universa disponat, * sicut fides catholica profitetur.

n.9 ' Sciendum tamen quod, quamvis divinus intellectus ad certos effectus non coartatur, ipse tamen sibi statuit determinatos effectus quos per suam sapientiam ordinate producat: * sicut sapientiae 11-21 dicitur: ° omnia in numero, pondere et mensura disposuisti, domine.

005 SCG lb2 cp27

n. ' Quod divina voluntas ad determinatos effectus non artatur.

n.1 ' Ex his etiam ostendi potest quod nec eius voluntas, per quam agit, ad determinatos effectus necessitatem habet.

n.2 ' Voluntatem enim suo obiecto proportionatam esse oportet. obiectum autem voluntatis est bonum intellectum, * ut patet ex supra dictis. ' voluntas igitur ad quaelibet se nata est extendere quae ei intellectus sub ratione boni proponere potest. si igitur intellectus divinus ad certos effectus non coartatur, * ut ostensum est, ' relinquitur quod nec divina voluntas determinatos effectus ex necessitate producit.

n.3 ' Praeterea. nihil agens per voluntatem producit aliquid non volendo. * ostensum est autem supra quod ' deus circa alia a se nihil vult ex necessitate absoluta. non igitur ex necessitate divinae voluntatis aliqui effectus procedunt, sed ex eius libera dispositione.

005 SCG lb2 cp28

n. ‘ Qualiter in rerum productione debitum inveniatur.

n.1 ‘ Ostendere etiam ex praedictis oportet quod deus non ex necessitate operatus est in rerum creatione quasi ex debito iustitiae res in esse produxerit.

n.2 “ Iustitia enim, * secundum philosophum, in v ethic., “ ad alterum est, cui debitum reddit. ‘ universali autem rerum productioni nihil praesupponitur cui aliquid debeatur. ipsa igitur universalis rerum productio ex debito iustitiae provenire non potuit.

n.3 ‘ Item. cum iustitiae actus sit “ reddere unicuique quod suum est, ‘ actum iustitiae praecedit actus quo aliquid alicuius suum efficitur, sicut in rebus humanis patet: aliquis enim laborando meretur suum effici quod retributor per actum iustitiae sibi reddit. ille igitur actus quo primo aliquid suum alicuius efficitur, non potest esse actus iustitiae. sed per creationem res creata primo incipit aliquid suum habere. non igitur creatio ex debito iustitiae procedit.

n.4 ‘ Praeterea. nullus debet aliquid alteri nisi per hoc quod aliqualiter dependet ab ipso, vel aliquid accipit ab eo vel ab altero, ratione cuius alteri debet: sic enim filius est debitor patri, quia accipit esse ab eo; dominus ministro, quia ab eo accipit famulatum quo indiget; omnis homo proximo propter deum, a quo bona cuncta suscepimus. sed deus a nullo dependet, nec indiget aliquo quod ab altero suscipiat, * ut ex supra dictis manifeste apparet. ‘ deus igitur non produxit res in esse ex aliquo iustitiae debito.

n.5 ‘ Amplius. in quolibet genere quod est propter se est prius eo quod est propter aliud. illud igitur quod est primum simpliciter inter omnes causas, est causa propter seipsum tantum. quod autem agit ex debito iustitiae, non agit propter seipsum tantum: agit enim propter illud cui debet. deus igitur, cum sit prima causa et primum agens, res in esse non produxit ex debito iustitiae.

n.6 * Hinc est quod rom. 11 dicitur: ° quis prior dedit illi, et retribuetur ei? quoniam ex ipso et per ipsum et in ipso sunt omnia. * et iob 41-2: ° quis ante dedit mihi, ut reddam ei? omnia quae sub caelo sunt, mea sunt.

n.7 * Per haec autem excluditur error quorundam probare nitentium quod “ deus non potest facere nisi quod facit, quia non potest facere nisi quod debet. ‘ non enim ex debito iustitiae res operatur, * ut ostensum est.

n.8 ‘ Licet autem universalem rerum productionem nihil creatum praecedat cui aliquid debitum esse possit, praecedit tamen aliquid increatum, quod est creationis principium. quod quidem dupliciter considerari potest. ipsa enim divina bonitas praecedit ut finis et primum motivum ad creandum: * secundum augustinum, qui dicit: ° quia deus bonus est, sumus. ‘ scientia autem eius et voluntas praecedunt sicut ea quibus res in esse producuntur. si igitur ipsam divinam bonitatem absolute consideremus, nullum debitum in creatione rerum invenimus. dicitur enim uno modo aliquid alicui debitum ex ordine alterius ad ipsum, quod scilicet in ipsum debet referre quod ab ipso accepit: sicut debitum est benefactori quod ei de beneficiis gratiae agantur, inquantum ille qui accepit beneficium hoc ei debet. hic tamen modus debiti in rerum creatione locum non habet: cum non sit aliquid |25| praeexistens cui possit competere aliquid deo debere, nec aliquod eius beneficium praeexistat. alio modo dicitur aliquid alicui debitum secundum se: hoc enim est ex necessitate alicui debitum quod ad eius perfectionem requiritur; sicut homini debitum est habere manus vel virtutem, quia sine his perfectus esse non potest. divina autem bonitas nullo exteriori indiget ad sui perfectionem. non est igitur per modum necessitatis ei debita creaturarum productio.

n.9 ‘ Adhuc. deus sua voluntate res in esse producit, * ut supra ostensum est. ‘ non est autem necessarium, si deus suam bonitatem vult esse, quod velit alia a se produci: huius enim conditionalis antecedens est necessarium, non autem consequens; * ostensum est enim in primo libro quod ‘ deus ex necessitate vult suam bonitatem esse, non autem ex necessitate vult alia. igitur non ex necessitate debetur divinae bonitati creaturarum productio.

n.10 * Amplius. ostensum est quod ‘ deus producit res in esse non ex necessitate naturae, neque ex necessitate scientiae, neque voluntatis, neque iustitiae. nullo igitur modo necessitatis divinae bonitati est debitum quod res in esse producantur.

n.11 ‘ Potest tamen dici esse sibi debitum per modum cuiusdam condecentiae. iustitia autem proprie dicta debitum necessitatis requirit: quod enim ex iustitia alicui redditur, ex necessitate iuris ei debetur. sicut igitur creaturarum productio non potest dici fuisse ex debito iustitiae quo deus creaturae sit debitor, ita nec ex tali iustitiae debito quo suae bonitati sit debitor, si iustitia proprie accipiatur. large tamen iustitia accepta, potest dici in creatione rerum iustitia, inquantum divinam condecet bonitatem.

n.12 ‘ Si vero divinam dispositionem consideremus qua deus disposuit suo intellectu et voluntate res in esse producere, sic rerum productio ex necessitate divinae dispositionis procedit: non enim potest esse quod deus aliquid se facturum disposuerit quod postmodum ipse non faciat; alias eius dispositio vel esset mutabilis vel infirma. eius igitur dispositioni ex necessitate debetur quod impleatur. sed tamen hoc debitum non sufficit ad rationem iustitiae proprie dictae in rerum creatione, in qua considerari non potest nisi actio dei creantis: “ eiusdem autem ad seipsum non est iustitia proprie dicta, * ut patet per philosophum, in v ethicorum. ‘ non igitur proprie dici potest quod deus ex debito iustitiae res in esse produxerit, ea ratione quia per scientiam et voluntatem se disposuit producturum.

n.13 ‘ Si autem alicuius creaturae productio consideretur, poterit ibi debitum iustitiae inveniri ex comparatione posterioris creaturae ad priorem. dico autem priorem non solum tempore, sed natura.

n.14 ‘ Sic igitur in primis divinis effectibus producendis debitum non invenitur. in posteriorum vero productione invenitur debitum, ordine tamen diverso. nam si illa quae sunt priora naturaliter, sint etiam priora in esse, posteriora ex prioribus debitum trahunt: debitum enim est ut, positis causis, habeant actiones per quas producunt effectus. si vero quae sunt priora naturaliter, sint posteriora in esse, tunc e converso priora debitum trahunt a posterioribus: sicut medicinam debitum est praecedere ad hoc quod sanitas consequatur. utrobique autem hoc commune existit, quod debitum sive necessitas sumitur ab eo quod est prius natura, circa id quod est natura posterius.

n.15 ‘ Necessitas autem quae est a posteriori in esse licet sit prius natura, non est absoluta necessitas, sed conditionalis: ut, si hoc debeat fieri, necesse est hoc prius esse. secundum igitur hanc necessitatem in creaturarum productione debitum invenitur tripliciter. primo, ut sumatur conditionatum debitum a tota rerum universitate ad quamlibet eius partem quae ad perfectionem requiritur universi. si enim tale universum fieri deus voluit, debitum fuit ut solem et lunam faceret, et huiusmodi sine quibus universum esse non potest. secundo, ut sumatur conditionis debitum ex una creatura ad aliam: ut, si animalia et plantas deus esse voluit, debitum fuit ut caelestia corpora faceret, ex quibus conservantur; et si hominem esse voluit, oportuit facere plantas et animalia, et alia huiusmodi quibus homo indiget ad esse perfectum; quamvis et haec et illa ex mera deus fecerit voluntate. tertio, ut in unaquaque creatura sumatur |25| conditionale debitum ex suis partibus et proprietatibus et accidentibus, ex quibus dependet creatura quantum ad esse vel quantum ad aliquam sui perfectionem: sicut, supposito quod deus hominem facere vellet, debitum ex hac suppositione fuit ut animam et corpus in eo coniungeret, et sensus, et alia huiusmodi adiumenta, tam intrinseca quam extrinseca, ei praeberet. in quibus omnibus, si recte attenditur, deus creaturae debitor non dicitur, sed suae dispositioni implendae.

n.16 ‘ Invenitur autem et alius necessitatis modus in rerum natura secundum quod aliquid dicitur necessarium absolute. quae quidem necessitas dependet ex causis prioribus in esse: sicut ex principiis essentialibus, et ex causis efficientibus sive moventibus. sed iste modus necessitatis in prima rerum creatione locum habere non potest quantum ad causas efficientes. ibi enim solus deus causa efficiens fuit, cuius est solius creare, * ut supra ostensum est; ‘ ipse autem non necessitate naturae, sed voluntate operatur creando, * ut supra ostensum est; ‘ ea vero quae voluntate fiunt, necessitatem habere non possunt nisi ex sola finis suppositione, secundum quam debitum est fini ut ea sint per quae pervenitur ad finem. sed quantum ad causas formales vel materiales, nihil prohibet etiam in prima rerum creatione necessitatem absolutam inveniri. ex hoc enim quod aliqua corpora ex elementis fuerunt composita, necessarium |25| fuit ea calida aut frigida esse. et ex hoc quod aliqua superficies producta est triangularis figurae, necessarium fuit quod tres angulos aequales duobus rectis haberet. haec autem necessitas est secundum ordinem effectus ad causam creatam materialem vel formalem. unde secundum hanc deus debitor dici non potest, sed magis in creaturam necessitatis debitum cadit. in rerum autem propagatione, ubi iam creatura efficiens invenitur, potest esse necessitas absoluta a causa efficiente creata: sicut ex motu solis inferiora corpora necessario immutantur. sic igitur ex praedictis debiti rationibus iustitia naturalis in rebus invenitur et quantum ad rerum creationem, et quantum ad earum propagationem. et ideo deus dicitur iuste et rationabiliter omnia condidisse et gubernare.

n.17 * Sic igitur per praedicta excluditur duplex error. eorum scilicet qui, “ divinam potentiam limitantes, dicebant deum non posse facere nisi quae facit, quia sic facere debet; * et eorum qui dicunt quod “ omnia sequuntur simplicem voluntatem, absque aliqua alia ratione vel quaerenda in rebus vel assignanda.

005 SCG lb2 cp30

n. ‘ Qualiter in rebus creatis esse potest necessitas absoluta.

n.1 ‘ Licet autem omnia ex dei voluntate dependeant sicut ex prima causa, quae in operando necessitatem non habet nisi ex sui propositi suppositione, non tamen propter hoc absoluta necessitas a rebus excluditur, ut sit necessarium nos fateri omnia contingentia esse:- * quod posset alicui videri, ex hoc quod “ a causa sua non de necessitate absoluta fluxerunt: ‘ cum soleat in rebus esse contingens effectus qui ex causa sua non de necessitate procedit. sunt enim quaedam in rebus creatis quae simpliciter et absolute necesse est esse.

n.2 ‘ Illas enim res simpliciter et absolute necesse est esse in quibus non est possibilitas ad non esse. quaedam autem res sic sunt a deo in esse productae ut in earum natura sit potentia ad non esse. quod quidem contingit ex hoc quod materia in eis est in potentia ad aliam formam. illae igitur res in quibus vel non est materia, vel, si est, non est possibilis ad aliam formam, non habent potentiam ad non esse. eas igitur absolute et simpliciter necesse est esse.

n.3 * Si autem dicatur quod “ ea quae sunt ex nihilo, quantum est de se in nihilum tendunt; et sic omnibus creaturis inest potentia ad non esse:- * manifestum est hoc non sequi. ‘ dicuntur enim res creatae eo modo in nihilum tendere quo sunt ex nihilo. quod quidem non est nisi secundum potentiam agentis. sic igitur et rebus creatis non inest potentia ad non esse: sed creatori inest potentia ut eis det esse vel eis desinat esse influere; cum non ex necessitate naturae agat ad rerum productionem, sed ex voluntate, * ut ostensum est.

n.4 ‘ Item. ex quo res creatae ex divina voluntate in esse procedunt, oportet eas tales esse quales deus eas esse voluit. per hoc autem quod dicitur deum produxisse res in esse per voluntatem, non per necessitatem, non tollitur quin voluerit aliquas res esse quae de necessitate sint et aliquas quae sint contingenter, ad hoc quod sit in rebus diversitas ordinata. nihil igitur prohibet res quasdam divina voluntate productas necessarias esse.

n.5 ‘ Adhuc. ad divinam perfectionem pertinet quod rebus creatis suam similitudinem indiderit, nisi quantum ad illa quae repugnant ei quod est esse creatum: “ agentis enim perfecti est producere sibi simile quantum possibile est. ‘ esse autem necesse simpliciter non repugnat ad rationem esse creati: nihil enim prohibet aliquid esse necesse quod tamen suae necessitatis causam habet, sicut conclusiones demonstrationum. nihil igitur prohibet quasdam res sic esse productas a deo ut tamen eas esse sit necesse simpliciter. immo hoc divinae perfectioni attestatur.

n.6 ‘ Amplius. quanto aliquid magis distat ab eo quod per seipsum est ens, scilicet deo, tanto magis propinquum est ad non esse. quanto igitur aliquid est propinquius deo, tanto magis recedit a non esse. quae autem iam sunt, propinqua sunt ad non esse per hoc quod habent potentiam ad non esse. illa igitur quae sunt deo propinquissima, et per hoc a non esse remotissima, talia esse oportet, ad hoc quod sit rerum ordo completus, ut in eis non sit potentia ad non esse. talia autem sunt necessaria absolute. sic igitur aliqua creata de necessitate habent esse.

n.7 ‘ Sciendum est itaque quod, si rerum creatarum universitas consideretur prout sunt a primo principio, inveniuntur dependere ex voluntate, non ex necessitate principii, nisi necessitate suppositionis, * sicut dictum est. ‘ si vero comparentur ad principia proxima, inveniuntur necessitatem habere absolutam. nihil enim prohibet aliqua principia non ex necessitate produci, quibus tamen positis, de necessitate sequitur talis effectus: sicut mors animalis huius absolutam necessitatem habet propter hoc quod iam ex contrariis est compositum, quamvis ipsum ex contrariis componi non fuisset necessarium absolute. similiter autem quod tales rerum naturae a deo producerentur, voluntarium fuit: quod autem, eis sic statutis, aliquid proveniat vel existat, absolutam necessitatem habet.

n.8 ‘ Diversimode autem ex diversis causis necessitas sumitur in rebus creatis. nam quia sine suis essentialibus principiis, quae sunt materia et forma, res esse non potest, quod ex ratione principiorum essentialium rei competit, absolutam necessitatem in omnibus habere necesse est.

n.9 ‘ Ex his autem principiis, secundum quod sunt essendi principia, tripliciter sumitur necessitas absoluta in rebus. uno quidem modo, per ordinem ad esse eius cuius sunt.

n.10 ‘ Et quia materia, secundum id quod est, ens in potentia est; quod autem potest esse, potest etiam et non esse: ex ordine materiae necessario res aliquae corruptibiles existunt; sicut animal quia ex contrariis compositum est, et ignis quia eius materia est contrariorum susceptiva.

n.11 ‘ Forma autem, secundum id quod est, actus est: et per eam res actu existunt. unde ex ipsa provenit necessitas ad esse in quibusdam. quod contingit vel quia res illae sunt formae non in materia: et sic non inest ei potentia ad non esse, sed per suam formam semper sunt in virtute essendi; sicut est in substantiis separatis. vel quia formae earum sua perfectione adaequant totam potentiam materiae, ut sic non remaneat potentia ad aliam formam, nec per consequens ad non esse: sicut est in corporibus caelestibus. in quibus vero forma non complet totam potentiam materiae, remanet adhuc in materia potentia ad aliam formam. et ideo non est in eis necessitas essendi, sed virtus essendi consequitur in eis victoriam formae super materia: ut patet in elementis et elementatis. forma enim elementi non attingit materiam secundum totum eius posse: non enim fit susceptiva formae elementi unius nisi per hoc quod subiicitur alteri parti contrarietatis. forma vero mixti attingit |25| materiam secundum quod disponitur per determinatum modum mixtionis. idem autem subiectum oportet esse contrariorum et mediorum omnium, quae sunt ex commixtione extremorum. unde manifestum est quod omnia quae vel contrarium habent vel ex contrariis sunt, corruptibilia sunt. quae autem huiusmodi non sunt, sempiterna sunt: nisi per accidens corrumpantur, sicut formae quae non subsistunt sed esse earum est per hoc quod insunt materiae.

n.12 ‘ Alio vero modo ex principiis essentialibus est in rebus absoluta necessitas per ordinem ad partes materiae vel formae, si contingat huiusmodi principia in aliquibus non simplicia esse. quia enim materia propria hominis est corpus commixtum et complexionatum et organizatum, necessarium est absolute hominem quodlibet elementorum et humorum et organorum principalium in se habere. similiter, si homo est animal rationale mortale, et haec est natura vel forma hominis, necessarium est ipsum et animal et rationale esse.

n.13 ‘ Tertio modo est in rebus necessitas absoluta per ordinem principiorum essentialium ad proprietates consequentes materiam vel formam: sicut necesse est serram, quia ex ferro est, duram esse; et hominem disciplinae perceptibilem esse.

n.14 ‘ Necessitas vero agentis consideratur et quantum ad ipsum agere; et quantum ad effectum consequentem. prima autem necessitatis consideratio similis est necessitati accidentis quam habet ex principiis essentialibus. sicut enim alia accidentia ex necessitate principiorum essentialium procedunt, ita et actio ex necessitate formae per quam agens est actu: sic enim agit ut actu est. differenter tamen hoc accidit in actione quae in ipso agente manet, sicut intelligere et velle; et in actione quae in alterum transit, sicut calefacere. nam in primo genere actionis, sequitur ex forma per quam agens fit actu, necessitas actionis ipsius: quia ad eius esse nihil extrinsecum requiritur in quod actio terminetur. cum enim sensus fuerit factus in actu per speciem sensibilem, necesse est ipsum sentire; et similiter cum intellectus est in actu per speciem intelligibilem. in secundo autem genere actionis, sequitur ex forma necessitas actionis quantum |25| ad virtutem agendi: si enim ignis sit calidus, necessarium est ipsum habere virtutem calefaciendi, tamen non necesse est ipsum calefacere; eo quod ab extrinseco impediri potest. nec ad propositum differt utrum agens sit unus tantum ad actionem sufficiens per suam formam vel oporteat multos agentes ad unam actionem agendam congregari, sicut multi homines ad trahendam navim: nam omnes sunt ut unus agens, qui fit actu per adunationem eorum ad actionem unam.

n.15 ‘ Necessitas autem quae est a causa agente vel movente in effectu vel moto, non tantum dependet a causa agente, sed etiam a conditione ipsius moti et recipientis actionem agentis, cui vel nullo modo inest potentia ad recipiendum talis actionis effectum, sicut lanae ut ex ea fiat serra; vel est potentia impedita per contraria agentia, vel per contrarias dispositiones inhaerentes mobili aut formas, maiori impedimento quam sit virtus agentis in agendo, sicut ferrum non liquefit a debili calido. oportet igitur, ad hoc quod sequatur effectus, quod in passo sit potentia ad recipiendum, et in agente sit victoria supra passum, ut possit ipsum transmutare ad contrariam dispositionem. et si quidem effectus consequens in passum ex victoria agentis supra ipsum fuerit contrarius naturali dispositioni patientis, erit necessitas violentiae: sicut cum lapis proiicitur sursum. si vero non fuerit contraria naturali dispositioni ipsius subiecti, non erit necessitas |25| violentiae, sed ordinis naturalis: sicut est in motu caeli, qui est a principio agente extrinseco, non tamen est contra naturalem dispositionem mobilis, et ideo non est motus violentus, sed naturalis. similiter est in alteratione corporum inferiorum a corporibus caelestibus: nam naturalis inclinatio est in corporibus inferioribus ad recipiendam impressionem corporum superiorum. sic etiam est in generatione elementorum: nam forma inducenda per generationem non est contraria primae materiae, quae est generationis subiectum, licet sit contraria formae abiiciendae; non enim materia sub forma contraria existens est generationis subiectum.

n.16 * Ex praedictis igitur patet quod ‘ necessitas quae est ex causa agente, in quibusdam dependet ex dispositione agentis tantum; in quibusdam vero ex dispositione agentis et patientis. si igitur talis dispositio secundum quam de necessitate sequitur effectus, fuerit necessaria absolute et in agente et in patiente, erit necessitas absoluta in causa agente: sicut in his quae agunt ex necessitate et semper. si autem non fuerit absolute necessaria sed possibilis removeri, non erit necessitas ex causa agente nisi ex suppositione dispositionis utriusque debitae ad agendum: sicut in his quae impediuntur interdum in sua operatione vel propter defectum virtutis, vel propter violentiam alicuius contrarii; unde non agunt semper et ex necessitate, sed ut in pluribus.

n.17 ‘ Ex causa autem finali consequitur in rebus necessitas dupliciter. uno quidem modo, prout est primum in intentione agentis. et quantum ad hoc, eodem modo est necessitas ex fine et ab agente: agens enim in tantum agit in quantum finem intendit, tam in naturalibus quam in voluntariis. in rebus enim naturalibus, intentio finis competit agenti secundum suam formam, per quam finis est sibi conveniens: unde oportet quod secundum virtutem formae tendat res naturalis in finem; sicut grave secundum mensuram gravitatis tendit ad medium. in rebus autem voluntariis, tantum voluntas inclinat ad agendum propter finem quantum intendit finem: licet non semper tantum inclinetur ad agendum haec vel illa quae sunt propter finem quantum appetit finem, quando finis non solum per haec vel illa haberi potest, sed pluribus modis. alio vero modo est ex fine necessitas secundum quod est posterius in esse. et haec est necessitas non absoluta, sed conditionata: sicut dicimus necesse fore ut serra |25| sit ferrea si debet habere serrae opus.

005 SCG lb2 cp31

n. ‘ Quod non est necessarium creaturas semper fuisse.

n.1 ‘ Ex praemissis autem restat ostendere quod non est necessarium res creatas ab aeterno fuisse.

n.2 ‘ Si enim creaturarum universitatem, vel quamcumque unam creaturam, necesse est esse, oportet quod necessitatem istam habeat ex se, vel ex alio. ex se quidem eam habere non potest. * ostensum est enim supra quod ‘ omne ens oportet esse a primo ente. quod autem non habet esse a se, impossibile est quod necessitatem essendi a se habeat: quia quod necesse est esse, impossibile est non esse; et sic quod de se habet quod sit necesse-esse, de se habet quod non possit esse non ens; et per consequens, quod non sit non ens; et ita quod sit ens. si autem haec necessitas creaturae est ab alio, oportet quod sit ab aliqua causa quae sit extrinseca: quia quicquid accipiatur intrinsecum creaturae, habet esse ab alio. causa autem extrinseca est vel efficiens, vel finis. ex efficiente vero sequitur quod effectum necesse sit esse, per hoc quod agentem necesse est agere: per actionem enim agentis effectus a causa efficiente dependet. |25| si igitur agentem non necesse sit agere ad productionem effectus, nec effectum necesse est esse absolute. deus autem non agit ex aliqua necessitate ad creaturarum productionem, * ut supra ostensum est. ‘ non est igitur absolute necesse creaturam esse necessitate pendente a causa efficiente. similiter nec necessitate pendente a causa finali. ea enim quae sunt ad finem, necessitatem a fine non recipiunt nisi secundum quod finis sine eis vel non potest esse, sicut conservatio vitae sine cibo; vel non ita bene esse, sicut iter sine equo. finis autem divinae voluntatis, ex qua res in esse processerunt, non potest aliud esse quam sua bonitas, * ut in primo ostensum est. ‘ quae quidem a creaturis non dependet: nec quantum ad esse, cum sit per se necesse-esse; nec quantum ad bene esse, cum sit secundum se perfecta simpliciter; * quae omnia supra ostensa sunt. ‘ non est igitur creaturam esse absolute necessarium. nec igitur necessarium est ponere creaturam semper fuisse.

n.3 ‘ Adhuc. quod est ex voluntate, non est absolute necessarium, nisi forte quando voluntatem hoc velle est necessarium. deus autem non per necessitatem naturae, sed per voluntatem producit creaturas in esse, * ut probatum est: ‘ nec ex necessitate vult creaturas esse, * ut in primo ostensum est. ‘ non igitur est absolute necessarium creaturam esse. neque ergo necessarium est eas semper fuisse.

n.4 * Amplius. ostensum est supra quod ‘ deus non agit aliqua actione quae sit extra ipsum, quasi ab ipso exiens et in creaturam terminata, sicut calefactio exit ab igne et terminatur in ligna: sed eius velle est eius agere; et hoc modo sunt res, secundum quod deus vult eas esse. sed non est necessarium quod deus velit creaturam semper fuisse: cum etiam non sit necessarium deum velle quod creatura sit omnino, * ut in primo ostensum est. ‘ non igitur est necessarium quod creatura semper fuerit.

n.5 ‘ Item. ab agente per voluntatem non procedit aliquid ex necessitate nisi per rationem alicuius debiti. ex nullo autem debito deus creaturam producit, si absolute universalis creaturae productio consideretur, * ut supra ostensum est. ‘ non igitur ex necessitate deus creaturam producit. nec igitur necessarium est, si deus sempiternus est, quod creaturam ab aeterno produxerit.

n.6 * Praeterea. ostensum est supra quod ‘ absoluta necessitas in rebus creatis non est per ordinem ad primum principium quod per se necesse est esse, scilicet deum, sed per ordinem ad alias causas, quae non sunt per se necesse-esse. necessitas autem ordinis ad id quod non est per se necesse esse, non cogit aliquid semper fuisse: sequitur enim, si aliquid currit, quod moveatur; non tamen necesse est quod semper motum fuerit, quia ipsum currere non est per se necessarium. nihil ergo cogit creaturas semper fuisse.

005 SCG lb2 cp32

n. ‘ Rationes volentium probare aeternitatem mundi ex parte dei acceptae.

n.1 * Sed quia multorum positio fuit quod “ mundus semper et ex necessitate fuerit, * et hoc demonstrare conati sunt, restat rationes eorum ponere, ‘ ut ostendatur quod non de necessitate concludunt mundi sempiternitatem. primo, autem, ponentur rationes quae sumuntur ex parte dei. secundo, quae sumuntur ex parte creaturae. tertio, quae sumuntur a modo factionis rerum, secundum quem ponuntur de novo incipere esse.

n.2 * Ex parte autem dei, ad aeternitatem mundi ostendendam sumuntur rationes huiusmodi.

n.3 “ Omne agens quod non semper agit, movetur per se vel per accidens. per se quidem, sicut ignis qui non semper comburebat, incipit comburere vel quia de novo accenditur; vel quia de novo transfertur, ut sit propinquum combustibili. per accidens autem, sicut motor animalis incipit de novo movere animal aliquo novo motu facto circa ipsum: vel ex interiori, sicut, cum animal expergiscitur digestione completa, incipit moveri; vel ab exteriori, sicut cum de novo veniunt actiones inducentes ad aliquam actionem de novo inchoandam. deus autem non movetur neque per se neque per accidens, * ut in primo probatum est. “ deus igitur semper eodem modo agit. ex sua autem actione res creatae in esse consistunt. semper igitur creaturae fuerunt.

n.4 “ Adhuc. effectus procedit a causa agente per actionem eius. sed actio dei est aeterna: alias fieret de potentia agente actu agens; et oporteret quod reduceretur in actum ab aliquo priori agente, quod est impossibile. ergo res a deo creatae ab aeterno fuerunt.

n.5 “ Amplius. posita causa sufficienti, necesse est effectum poni. si enim adhuc, posita causa, non necesse est effectum poni, possibile igitur erit, causa posita, effectum esse et non esse; consecutio igitur effectus ad causam erit possibilis tantum; quod autem est possibile, indiget aliquo quo reducatur in actum; oportebit igitur ponere aliquam causam qua fiat ut effectus reducatur in actum; et sic prima causa non erat sufficiens. sed deus est causa sufficiens productionis creaturarum: alias non esset causa, sed magis in potentia se ad causam haberet; aliquo enim addito fieret causa; quod patet esse impossibile. videtur igitur necessarium quod, cum deus ab aeterno fuerit, quod creatura etiam fuerit ab aeterno.

n.6 “ Item. agens per voluntatem non retardat suum propositum exequi de aliquo faciendo nisi propter aliquid in futurum expectatum quod nondum adest: et hoc quandoque est in ipso agente, sicut cum expectatur perfectio virtutis ad agendum, aut sublatio alicuius impedientis virtutem; quandoque vero est extra agentem, sicut cum expectatur praesentia alicuius coram quo actio fiat; vel saltem cum expectatur praesentia alicuius temporis opportuni quod nondum adest. si enim voluntas sit completa, statim potentia exequitur, nisi sit defectus in ipsa: sicut ad imperium voluntatis statim sequitur motus membri, nisi sit defectus potentiae motivae exequentis motum. et per hoc patet quod, cum aliquis vult aliquid facere et non statim fiat, oportet quod vel hoc sit propter defectum potentiae, qui expectatur removendus; vel quia voluntas non est completa ad hoc faciendum. dico autem complementum voluntatis esse, quando vult hoc absolute facere omnibus modis: voluntas autem incompleta est, quando aliquis |25| non vult facere hoc absolute, sed existente aliqua conditione quae nondum adest; vel nisi subtracto impedimento quod adest. constat autem quod quicquid deus nunc vult quod sit, ab aeterno voluit quod sit: non enim novus motus voluntatis ei advenire potest. nec aliquis defectus vel impedimentum potentiae eius adesse potuit: nec aliquid aliud expectari potuit ad universalis creaturae productionem, cum nihil aliud sit increatum nisi ipse solus, * ut supra ostensum est. “ necessarium igitur videtur quod ab aeterno creaturam in esse produxerit.

n.7 “ Praeterea. agens per intellectum non praeeligit unum alteri nisi propter eminentiam unius ad alterum. sed ubi nulla est differentia, non potest, esse praeeminentia. ubi igitur nulla est differentia, non fit praeelectio unius ad alterum. et propter hoc ab agente ad utrumlibet se habente aequaliter nulla erit actio, sicut nec a materia: talis enim potentia similatur potentiae materiae. non entis autem ad non ens nulla potest esse differentia. unum igitur non ens non est alteri praeeligibile. sed praeter totam universitatem creaturarum nihil est nisi aeternitas dei. in nihilo autem non possunt assignari aliquae differentiae momentorum, ut in uno magis oporteat aliquid fieri quam in alio. similiter nec in aeternitate, quae tota est uniformis et simplex, * ut in primo ostensum est. “ relinquitur igitur quod voluntas dei aequaliter se habet ad producendum creaturam per totam aeternitatem. aut igitur voluntas sua est de hoc quod nunquam creatura sub aeternitate eius constituatur: aut quod semper. constat |25| autem quod non est voluntas eius de hoc quod nunquam creatura sub esse eius aeterno constituatur: cum pateat creaturas voluntate eius esse institutas. relinquitur igitur de necessitate, ut videtur, quod creatura semper fuit.

n.8 “ Adhuc. ea quae sunt ad finem, necessitatem ha-

bent ex fine: et maxime in his quae voluntate aguntur. oportet igitur quod, fine eodem modo se habente, ea quae sunt ad finem eodem modo se habeant vel producantur, nisi adveniat nova habitudo eorum ad finem. finis autem creaturarum ex divina voluntate prodeuntium est divina bonitas, quae sola potest esse divinae voluntatis finis. cum igitur bonitas divina in tota aeternitate eodem modo se habeat in se et in comparatione ad divinam voluntatem videtur quod eodem modo creaturae in esse producantur a divina voluntate in tota aeternitate: non enim potest dici quod aliqua nova relatio eis advenerit ad finem, si penitus ponantur non fuisse ante aliquod determinatum tempus, a quo incoepisse ponuntur.
n.9 “ Adhuc. cum bonitas divina perfectissima sit, non hoc modo dicitur quod omnia a deo processerunt propter bonitatem eius, ut ei aliquid ex creaturis accresceret: sed quia bonitatis est ut seipsam communicet prout possibile est, in quo ipsa bonitas manifestatur. cum autem omnia bonitatem dei participent inquantum habent esse, secundum quod diuturniora sunt, magis dei bonitatem participant; unde et esse perpetuum speciei dicitur divinum esse. bonitas autem divina infinita est. eius igitur est ut se in infinitum communicet, non aliquo determinato tempore tantum. hoc igitur videtur ad divinam bonitatem pertinere, ut creaturae aliquae ab aeterno fuerint.
n.10 * Haec igitur sunt ex parte dei accepta per quae videtur quod “ creaturae semper fuerint.

005 SCG lb2 cp33

n. ‘ Rationes volentium probare aeternitatem mundi sumptae ex parte creaturarum.
n.1 * Sunt autem et alia, ex parte creaturarum accepta, quae idem ostendere videntur.
n.2 “ Quae enim non habent potentiam ad non esse, impossibile est ea non esse. quaedam autem sunt in creaturis in quibus non est potentia ad non esse. non enim potest esse potentia ad non esse nisi in illis quae habent materiam contrarietati subiectam: potentia enim ad esse et non esse est potentia ad privationem et formam, quorum subiectum est materia; privatio vero semper adiungitur formae contrariae, cum impossibile sit materiam esse absque omni forma. sed quaedam creaturae sunt in quibus non est materia contrarietati subiecta: vel quia omnino non habent materiam, sicut substantiae intellectuales, * ut infra ostendetur; “ vel non habent contrarium, sicut corpora caelestia; quod eorum motus ostendit, qui contrarium non habet. quasdam igitur creaturas impossibile est non esse. ergo eas necesse est semper esse.
n.3 “ Item. unaquaeque res tantum durat in esse quanta est sua virtus essendi: nisi per accidens, sicut in his quae violenter corrumpuntur. sed quaedam creaturae sunt quibus inest virtus essendi non ad aliquod determinatum tempus, sed ad semper essendum: sicut corpora caelestia et intellectuales substantiae; incorruptibilia enim sunt, cum contrarium non habeant. relinquitur igitur quod eis competit semper esse. quod autem incipit esse, non semper est. eis ergo non competit ut esse incipiant.
n.4 “ Adhuc. quandocumque aliquid de novo incipit moveri, oportet quod movens, vel motum, vel utrumque, aliter se habeat nunc quando est motus, quam prius quando non erat motus: est enim habitudo vel relatio quaedam moventis ad motum secundum quod est movens actu; relatio autem nova non incipit sine mutatione utriusque vel alterius saltem extremorum. quod autem se aliter habet nunc et prius, movetur. ergo oportet, ante motum qui de novo incipit, alium motum praecedere in mobili vel in movente. oportet igitur quod quilibet motus vel sit aeternus, vel habeat alium motum ante se. motus igitur semper fuit. ergo et mobilia. et sic creaturae semper fuerunt. deus enim omnino immobilis est, * ut in primo ostensum est.
n.5 “ Praeterea. omne agens, quod generat sibi simile, intendit conservare esse perpetuum in specie, quod non potest perpetuo conservari in individuo. impossibile est autem naturae appetitum vanum esse. oportet igitur quod rerum generabilium species sint perpetuae.
n.6 “ Adhuc. si tempus est perpetuum, oportet motum esse perpetuum: cum sit numerus motus. et per consequens mobilia esse perpetua: cum motus sit actus mobilis. sed tempus oportet esse perpetuum. non enim potest intelligi esse tempus quin sit nunc: sicut nec linea potest intelligi sine puncto. nunc autem semper est finis praeteriti et principium futuri: haec enim est definitio ipsius nunc. et sic quodlibet nunc datum habet ante se tempus prius et posterius. et ita nullum potest esse primum neque ultimum. relinquitur igitur quod mobilia, quae sunt substantiae creatae, sint ab aeterno.
n.7 “ Item. oportet vel affirmare vel negare. si igitur ad negationem alicuius sequitur eius positio, oportet illud esse semper. tempus autem est huiusmodi. nam, si tempus non semper fuit, est accipere prius non esse ipsius quam esse; et similiter, si non sit semper futurum, oportet quod non esse eius sit posterius ad esse eius. prius autem et posterius non potest esse secundum durationem nisi tempus sit: nam numerus prioris et posterioris tempus est. et sic oportebit tempus fuisse antequam inciperet, et futurum esse postquam desinet. oportet igitur tempus esse aeternum. tempus autem est accidens: quod sine subiecto esse non potest. subiectum autem eius non est deus, qui est supra tempus: cum sit omnino immobilis, * ut in primo probatum est. “ relinquitur igitur aliquam substantiam creatam aeternam esse.
n.8 “ Amplius. multae propositiones sic se habent quod qui eas negat, oportet quod eas ponat: sicut qui negat veritatem esse, ponit veritatem esse: ponit enim suam negativam esse veram quam profert. et simile est de eo qui negat hoc principium, contradictionem non esse simul: negans enim hoc dicit negationem quam ponit esse veram, oppositam autem affirmationem falsam, et sic non de eodem utrumque verificari. si igitur id ad cuius remotionem sequitur sua positio, oportet esse semper, * ut probatum est, “ sequitur quod praedictae propositiones, et omnes quae ex eis sequuntur, sint sempiternae. hae autem propositiones non sunt deus. ergo oportet aliquid praeter deum esse aeternum.
n.9 * Hae igitur et huiusmodi rationes sumi possunt ex parte creaturarum quod “ creaturae fuerint semper.

005 SCG lb2 cp34

n. ‘ Rationes ad probandum aeternitatem mundi ex parte factionis.
n.1 * Possunt etiam sumi aliae rationes, ex parte ipsius factionis, ad idem ostendendum.
n.2 “ Quod enim ab omnibus communiter dicitur, impossibile est totaliter esse falsum. falsa enim opinio infirmitas quaedam intellectus est: sicut et falsum iudicium de sensibili proprio ex infirmitate sensus accidit. defectus autem per accidens sunt: quia praeter naturae intentionem. quod autem est per accidens, non potest esse semper et in omnibus: sicut iudicium quod de saporibus ab omni gustu datur, non potest esse falsum. ita iudicium quod ab omnibus de veritate datur, non potest esse erroneum. communis autem sententia est omnium philosophorum ex nihilo nihil fieri. oportet igitur hoc esse verum. si igitur aliquid sit factum, oportet ex aliquo esse factum. quod si etiam factum sit, oportet etiam et hoc ex alio fieri. non potest autem hoc in infinitum procedere: quia sic nulla generatio compleretur, cum non sit possibile infinita transire. oportet igitur devenire ad aliquod primum quod non sit factum. omne autem ens quod non semper fuit, oportet esse factum. ergo oportet illud ex quo primo omnia |25| fiunt, esse sempiternum. hoc autem non est deus: quia ipse non potest esse materia alicuius rei, * ut in primo probatum est. “ relinquitur igitur quod aliquid extra deum sit aeternum, scilicet prima materia.
n.3 “ Amplius. si aliquid non se habet eodem modo nunc et prius, oportet illud esse aliqualiter mutatum: hoc enim est moveri, non eodem modo se nunc et prius habere. omne autem quod de novo incipit esse, non eodem modo se habet nunc et prius. oportet igitur hoc per aliquem motum accidere vel mutationem. omnis autem motus vel mutatio in aliquo subiecto est: est enim actus mobilis. cum autem motus sit prius eo quod fit per motum, cum ad hoc terminetur motus, oportet ante quodlibet factum praeexistere aliquod subiectum mobile. et cum hoc non sit possibile in infinitum procedere, oportet devenire ad aliquod primum subiectum non de novo incipiens sed semper existens.
n.4 “ Adhuc. omne quod de novo esse incipit, antequam esset, possibile erat ipsum esse: si enim non, impossibile erat ipsum esse, et necesse non esse; et sic semper fuisset non ens et nunquam esse incoepisset. sed quod est possibile esse, est subiectum potentia ens. oportet igitur ante quodlibet de novo incipiens praeexistere subiectum potentia ens. et cum hoc in infinitum procedere non possit, oportet ponere aliquod primum subiectum quod non incoepit esse de novo.
n.5 “ Item. nulla substantia permanens est dum fit: ad hoc enim fit ut sit; non igitur fieret, si iam esset. sed dum fit, oportet aliquid esse quod sit factionis subiectum: non enim factio, cum sit accidens, sine subiecto esse potest. omne igitur quod fit, habet aliquod subiectum praeexistens. et cum hoc in infinitum ire non possit, sequetur primum subiectum non esse factum, sed sempiternum. ex quo ulterius sequitur aliquid praeter deum esse aeternum: cum ipse subiectum factionis aut motus esse non possit.
n.6 * Hae igitur rationes sunt quibus aliqui tanquam demonstrationibus inhaerentes, dicunt “ necessarium res creatas semper fuisse. * in quo fidei catholicae contradicunt, quae ponit ‘ nihil praeter deum semper fuisse, sed omnia esse coepisse praeter unum deum aeternum.

005 SCG lb2 cp35

n. ‘ Solutio rationum supra positarum et primo earum quae sumebantur ex parte dei.
n.1 ‘ Oportet igitur ostendere praemissas rationes non ex necessitate concludere. et primo, illas quae ex parte agentis sumuntur.
n.2 ‘ Non enim oportet quod “ per se vel per accidens deus moveatur si effectus eius de novo esse incipiunt: * ut prima ratio procedebat. ‘ novitas enim effectus indicare potest mutationem agentis inquantum demonstrat novitatem actionis: non enim potest esse quod in agente sit nova actio nisi aliquo modo moveatur, saltem de otio in actum. novitas autem divini effectus non demonstrat novitatem actionis in deo: cum actio sua sit sua essentia, * ut supra ostensum est. ‘ unde neque novitas effectus mutationem dei agentis demonstrare potest.
n.3 ‘ Nec tamen oportet quod, “ si primo agentis actio sit aeterna, quod eius effectus sit aeternus: * ut secunda ratio concludebat. * ostensum est enim supra quod ‘ deus agit voluntate in rerum productione. non autem ita quod sit aliqua alia ipsius actio media, sicut in nobis actio virtutis motivae est media inter actum voluntatis et effectum, * ut in praecedentibus ostensum est: ‘ sed oportet quod suum intelligere et velle sit suum facere. effectus autem ab intellectu et voluntate sequitur secundum determinationem intellectus et imperium voluntatis. sicut autem per intellectum determinatur rei factae quaecumque alia conditio, ita et praescribitur ei tempus: non enim solum ars determinat ut hoc tale sit, sed ut tunc sit; sicut medicus ut tunc potio detur. unde, si eius velle per se esset efficax ad effectum producendum, sequeretur de novo effectus ab antiqua voluntate, nulla actione de novo existente. nihil igitur prohibet dicere actionem dei ab aeterno fuisse, effectum autem non ab aeterno, sed tunc |25| cum ab aeterno disposuit.
n.4 ‘ Ex quo etiam patet quod, “ etsi deus sit sufficiens causa productionis rerum in esse, non tamen oportet quod eius effectus aeternus ponatur, eo existente aeterno: * ut tertia ratio concludebat. ‘ posita enim causa sufficienti, ponitur eius effectus, non autem effectus extraneus a causa: hoc enim esset ex insufficientia causae, ac si calidum non calefaceret. proprius autem effectus voluntatis est ut sit hoc quod voluntas vult: si autem aliquid aliud esset quam voluntas velit, non poneretur effectus proprius causae, sed alienus ab ea. voluntas autem, * ut dictum est, ‘ sicut vult hoc esse tale, ita vult hoc esse tunc. unde non oportet, ad hoc quod voluntas sit sufficiens causa, quod effectus sit quando voluntas est, sed quando voluntas effectum esse disponit. in his autem quae a causa naturaliter agente procedunt, secus est: quia actio naturae est secundum quod ipsa est; unde ad esse causae sequi oportet effectum. voluntas autem agit non secundum modum sui esse, sed secundum modum sui propositi. et ideo, sicut effectus naturalis |25| agentis sequitur esse agentis, si sit sufficiens, ita effectus agentis per voluntatem sequitur modum propositi.
n.5 ‘ Ex his etiam patet quod “ divinae voluntatis non retardatur effectus, quamvis non semper fuerit, voluntate existente: * ut quarta ratio supponebat. ‘ nam sub voluntate divina cadit non solum quod eius effectus sit, sed quod tunc sit. hoc igitur volitum quod est tunc creaturam esse, non retardatur: quia tunc incoepit creatura esse quando deus ab aeterno disposuit.
n.6 “ Non est autem ante totius creaturae inchoationem diversitatem aliquam partium alicuius durationis accipere: * ut in quinta ratione supponebatur. ‘ nam nihil mensuram non habet nec durationem. dei autem duratio, quae est aeternitas, non habet partes, sed est simplex omnino, non habens prius et posterius, cum deus sit immobilis: * ut in primo ostensum est. ‘ non est igitur comparare inchoationem totius creaturae ad aliqua diversa signata in aliqua praeexistente mensura, ad quae initium creaturarum similiter vel dissimiliter se possit habere, ut oporteat rationem esse apud agentem quare in hoc signato illius durationis creaturam in esse produxerit, et non in alio praecedenti vel sequenti. quae quidem ratio requireretur si aliqua duratio in partes divisibilis esset praeter totam creaturam productam: sicut accidit in particularibus agentibus, a quibus producitur effectus in tempore, non autem ipsum tempus. deus autem simul in esse produxit et creaturam et tempus. non est igitur ratio quare nunc et non |25| prius in hoc consideranda: sed solum quare non semper. sicut per simile in loco apparet. particularia enim corpora, sicut in tempore determinato, ita et in loco determinato producuntur; et quia habent extra se tempus et locum, a quibus continentur, oportet esse rationem quare magis in hoc loco et in hoc tempore producuntur quam in alio: in toto autem caelo, extra quod non est locus, et cum quo universalis locus omnium producitur, non est ratio consideranda quare hic et non ibi constitutum est; * quam rationem quia quidam considerandam putabant, deciderunt in errorem, ut ponerent “ infinitum in corporibus. ‘ et similiter in productione totius creaturae, extra quam non est tempus, et cum qua simul tempus producitur, non est attendenda ratio quare nunc et non prius, ut per hoc ducamur ad concedendam temporis infinitatem: sed solum quare non semper, vel quare post non esse, vel cum aliquo principio.
n.7 ‘ Ad hoc autem inquirendum, * sexta ratio inducebatur “ ex parte finis, qui solus inducere potest necessitatem in his quae voluntate aguntur. ‘ finis autem divinae voluntatis non potest esse nisi eius bonitas. non autem agit propter hunc finem producendum in esse, sicut artifex agit propter constitutionem artificiati: cum bonitas eius sit aeterna et immutabilis, ita quod ei nihil accrescere potest. nec etiam posset dici quod propter eius meliorationem deus agat. nec etiam agit propter hunc finem acquirendum sibi, sicut rex pugnat ut acquirat civitatem: ipse enim est

sua bonitas. restat igitur quod agat propter finem inquantum effectum producit ad participationem finis. in producendo igitur res sic propter finem, uniformis habitudo finis ad agentem non est consideranda ut ratio operis sempiterni: sed magis est attendenda habitudo finis ad effectum qui fit propter finem; ut taliter producatur effectus qualiter convenientius ordinetur ad finem. * unde per hoc quod " finis uniformiter se habet ad agentem, |25| * non potest concludi quod " effectus sit sempiternus.
n.8 * Nec est necessarium " effectum divinum semper fuisse, * propter hoc quod " sic convenientius ordinetur ad finem, * ut septima ratio procedere videbatur: ' sed convenientius ordinatur ad finem per hoc quod est non semper fuisse. omne enim agens producens effectum in participationem suae formae, intendit in eo inducere suam similitudinem. sic igitur divinae voluntati conveniens fuit in suae bonitatis participationem creaturam producere, ut sua similitudine divinam bonitatem repraesentaret. non autem potest esse talis repraesentatio per modum aequalitatis, sicut effectus univocus suam causam repraesentat, ut sic oporteat ab infinita bonitate aeternos effectus produci: sed sicut excedens repraesentatur ab eo quod exceditur. excessus autem divinae bonitatis supra creaturam per hoc maxime exprimitur quod creaturae non semper fuerunt. ex hoc enim apparet expresse quod omnia alia praeter ipsum eum habent sui esse auctorem; et quod virtus eius non obligatur ad huiusmodi effectus producendos, |25| sicut natura ad effectus naturales; et per consequens quod est voluntate agens et intelligens. * quorum contraria quidam posuerunt, aeternitatem creaturarum supponentes.
n.9 ' Sic igitur ex parte agentis nihil est quod aeternitatem creaturarum nos ponere cogat.

005 SCG lb2 cp36

n. ' Solutio rationum quae sumuntur ex parte rerum factarum.
n.1 ' Similiter etiam nec ex parte creaturae est aliquid quod nos ad eius aeternitatem ponendam de necessitate inducat.
n.2 ' Necessitas enim essendi quae in creaturis invenitur, * ex quo prima ratio ad hoc sumitur, ' est necessitas ordinis, * ut in praecedentibus est ostensum. ' necessitas autem ordinis non cogit ipsum cui talis inest necessitas, semper fuisse, * ut supra ostensum est. ' licet enim substantia caeli, per hoc quod caret potentia ad non esse, habeat necessitatem ad esse, haec tamen necessitas sequitur eius substantiam. unde, substantia eius iam in esse instituta, talis necessitas impossibilitatem non essendi inducit: non autem facit esse impossibile caelum non esse, in consideratione qua agitur de productione substantiae ipsius.
n.3 ' Similiter etiam virtus essendi semper, * ex qua procedebat secunda ratio, ' praesupponit substantiae productionem. unde, cum de productione substantiae caeli agitur, talis virtus sempiternitatis argumentum sufficiens esse non potest.
n.4 " Motus etiam sempiternitatem * non cogit nos ponere ratio consequenter inducta. ' iam enim patet quod absque mutatione dei agentis potest esse quod novum agat non sempiternum. si autem possibile est aliquid ab eo agi de novo, patet quod et moveri: nam novitas motus dispositionem voluntatis aeternae sequitur de motu non semper essendo.
n.5 ' Similiter etiam intentio naturalium agentium ad specierum perpetuitatem, * ex quo quarta ratio procedebat, ' praesupponit naturalia agentia iam producta. unde locum non habet haec ratio nisi in rebus naturalibus iam in esse productis, non autem cum de rerum productione agitur. utrum autem necesse sit ponere generationem perpetuo duraturam, * in sequentibus ostendetur.
n.6 * Ratio etiam quinta, ex tempore inducta, aeternitatem motus magis supponit quam probet. " cum enim prius et posterius et continuitas temporis sequatur prius et posterius et continuitatem motus, * secundum aristotelis doctrinam, ' patet quod idem instans est principium futuri et finis praeteriti quia aliquid signatum in motu est principium et finis diversarum partium motus. non oportebit igitur omne instans huiusmodi esse, nisi omne signum in tempore acceptum sit medium inter prius et posterius in motu, quod est ponere motum sempiternum. * ponens autem " motum non esse sempiternum, * potest dicere " primum instans temporis esse principium futuri et nullius praeteriti finem. ' nec repugnat successioni temporis quod ponatur in ipso aliquod nunc principium et non finis propter hoc quod linea, in qua ponitur punctus aliquis principium et non finis, est stans, et non fluens: quia etiam in motu aliquo particulari, qui etiam non est stans sed fluens, signari aliquid potest ut principium motus tantum et |25| non ut finis: aliter enim omnis motus esset perpetuus, quod est impossibile.
n.7 " Quod autem prius ponitur non esse temporis quam eius esse si tempus incoepit, * non cogit nos dicere quod " ponitur tempus esse si ponatur non esse, * ut sexta ratio concludebat. ' nam prius quod dicimus antequam tempus esset, non ponit aliquam temporis partem in re, sed solum in imaginatione. cum enim dicimus quod tempus habet esse post non esse, intelligimus quod non fuit aliqua pars temporis ante hoc nunc signatum: sicut, cum dicimus quod supra caelum nihil est, non intelligimus quod aliquis locus sit extra caelum qui possit dici supra respectu caeli, sed quod non est locus eo superior. utrobique autem imaginatio potest mensuram aliquam rei existenti apponere: ratione cuius, " sicut non est ponenda quantitas corporis infinita, * ut dicitur in iii phys., ' ita nec tempus aeternum.
n.8 ' Veritas autem propositionum quam oportet concedere etiam propositiones negantem, * ex qua septima ratio procedebat, ' habet necessitatem ordinis qui est praedicati ad subiectum. unde non cogit aliquam rem esse semper: nisi forte intellectum divinum, in quo est radix omnis veritatis, * ut in primo ostensum est.
n.9 ' Patet igitur quod * rationes ex creaturis inductae non cogunt ad mundi aeternitatem ponendam.

005 SCG lb2 cp37

n. ' Solutio rationum quae sumebantur ex parte factionis rerum.
n.1 ' Restat autem ostendere quod nec ex parte productionis rerum aliqua ratio sumpta cogere possit ad idem.
n.2 * Communis enim philosophorum positio ponentium " ex nihilo nihil fieri, * ex quo prima ratio procedebat, veritatem habet secundum illud fieri quod ipsi considerabant. " quia enim omnis nostra cognitio a sensu incipit, qui singularium est, a particularibus considerationibus ad universales consideratio humana profecit. unde principium rerum perquirentes particulares factiones entium tantum consideraverunt, inquirentes qualiter vel hic ignis vel hic lapis fiat. * et ideo primi, magis extrinsece quam oportebat fieri rerum considerantes, posuerunt " rem fieri solum secundum quasdam accidentales dispositiones, ut rarum, densum, et huiusmodi, * dicentes per consequens " fieri nihil esse nisi alterari, propter hoc quod ex ente in actu unumquodque fieri intelligebant. * posteriores vero, magis intrinsece, rerum factionem considerantes, ad fieri rerum secundum substantiam processerunt, ponentes quod " non oportet aliquid |25| fieri ex ente in actu nisi per accidens, sed per se ex ente in potentia. hoc autem fieri, quod est entis ex qualicumque ente, est factio entis particularis: quod quidem fit inquantum est hoc ens, ut homo vel ignis, non autem inquantum est universaliter; ens enim prius erat, quod in hoc ens transmutatur. profundius autem ad rerum originem ingredientes, consideraverunt ad ultimum totius entis creati ab una prima causa processionem: * ut ex rationibus hoc ostendentibus supra positis patet. ' in hac autem processione totius entis a deo non est possibile fieri aliquid ex aliquo alio praeiacente: non enim esset totius entis creati factio. * et hanc quidem factionem non attigerunt primi naturales, quorum erat communis sententia " ex nihilo nihil fieri. * vel, si qui eam attigerunt, " non proprie nomen factionis ei competere consideraverunt, ' cum nomen factionis motum vel mutationem importet, in hac autem totius entis origine ab uno primo ente intelligi non potest |50| transmutatio unius entis in aliud, * ut ostensum est. ' propter quod nec ad naturalem philosophum pertinet huiusmodi rerum originem considerare: sed ad philosophum primum, qui considerat ens commune et ea quae sunt separata a motu. nos tamen sub quadam similitudine etiam ad illam originem nomen factionis transferimus, ut dicamus ea facta quorumcumque essentia vel natura ab aliis originem habet.
n.3 ' Ex quo patet quod * nec secunda ratio de necessitate concludit, " quae ex ratione motus sumebatur. ' nam creatio mutatio dici non potest nisi secundum metaphoram, prout creatum consideratur habere esse post non esse: ratione cuius aliquid ex alio fieri dicitur etiam eorum quae invicem transmutationem non habent, ex hoc solo quod unum eorum est post alterum, sicut dies ex nocte. * nec ratio motus inducta ad hoc aliquid facere potest: ' nam quod nullo modo est, non se habet aliquo modo; * ut possit concludi quod, " quando incipit esse, alio modo se habeat nunc et prius.
n.4 ' Ex hoc etiam patet quod non oportet " aliquam potentiam passivam praecedere esse totius entis creati, * ut tertia ratio concludebat. ' hoc enim est necessarium in illis quae per motum essendi principium sumunt: eo quod motus est " actus existentis in potentia. ' possibile autem fuit ens creatum esse, antequam esset, per potentiam agentis, per quam et esse incoepit. vel propter habitudinem terminorum, in quibus nulla repugnantia invenitur: quod quidem possibile " secundum nullam potentiam dicitur, * ut patet per philosophum, in v metaph.. ' hoc enim praedicatum quod est esse, non repugnat huic subiecto quod est mundus vel homo, sicut commensurabile repugnat diametro: et sic sequitur quod non sit impossibile esse, et per consequens quod sit possibile esse antequam esset, etiam nulla potentia existente. in his autem quae per motum fiunt, oportet prius fuisse possibile per aliquam passivam potentiam: * in quibus philosophus, in vii metaphys., hac utitur ratione.
n.5 ' Patet etiam ex hoc quod * nec quarta ratio ad propositum concludit. ' nam fieri non simul est cum esse rei in his quae per motum fiunt, in quorum fieri successio invenitur. in his autem quae non fiunt per motum, non est prius fieri quam esse.
n.6 ' Sic igitur evidenter apparet quod nihil prohibet ponere mundum non semper fuisse. * quod fides catholica ponit: gen. 1-1: ° in principio creavit deus caelum et terram. * et prov. 8-12 de deo dicitur: ° antequam quicquam faceret a principio etc..

005 SCG lb2 cp38

n. ' Rationes quibus quidam conantur ostendere mundum non esse aeternum.
n.1 * Sunt autem quaedam rationes a quibusdam inductae ad probandum " mundum non semper fuisse, * sumptae ex his.
n.2 " Deum enim esse omnium rerum causam est demonstratum. causam autem oportet duratione praecedere ea quae per actionem causae fiunt.
n.3 " Item. cum totum ens a deo sit creatum, non potest dici factum esse ex aliquo ente, et sic relinquitur quod sit factum ex nihilo. et per consequens quod habeat esse post non esse.
n.4 " Adhuc. quia infinita non est transire. si autem mundus semper fuisset, essent iam infinita pertransita: quia quod praeteritum est, pertransitum est; sunt autem infiniti dies vel circulationes solis praeteritae, si mundus semper fuit.
n.5 " Praeterea. sequitur quod infinito fiat additio: cum ad dies vel circulationes praeteritas quotidie de novo addatur.
n.6 " Amplius. sequitur quod in causis efficientibus sit procedere in infinitum, si generatio fuit semper, quod oportet dicere mundo semper existente: nam filii causa est pater, et huius alius, et sic in infinitum.
n.7 " Rursus. sequetur quod sint infinita: scilicet infinitorum hominum praeteritorum animae immortales.
n.8 * Hae autem rationes quia non usquequaque de necessitate concludunt, licet probabilitatem habeant, sufficit tangere solum, ne videatur fides catholica in vanis rationibus constituta, et non potius in solidissima dei doctrina. ' et ideo conveniens videtur ponere qualiter obvietur eis per eos qui aeternitatem mundi posuerunt.
n.9 * Quod enim primo dicitur, " agens de necessitate praecedere effectum qui per suam operationem fit, * verum est in his quae agunt aliquid per motum: ' quia effectus non est nisi in termino motus; agens autem necesse est esse etiam cum motus incipit. in his autem quae in instanti agunt, hoc non est necesse: sicut simul dum sol est in puncto orientis, illuminat nostrum hemisphaerium.
n.10 * Quod etiam secundo dicitur, non est efficax. ' ei enim quod est ex aliquo aliquid fieri, contradictorium quod oportet dare si hoc non detur, est non ex aliquo fieri: non autem hoc quod est ex nihilo, nisi sub sensu primi; * ex quo concludi non potest quod " fiat post non esse.
n.11 * Quod etiam tertio ponitur, non est cogens. ' nam infinitum, etsi non sit simul in actu, potest tamen esse in successione: quia sic quodlibet infinitum acceptum finitum est. quaelibet igitur circulatio praecedentium transiri potuit: quia finita fuit. in omnibus autem simul, si mundus semper fuisset, non esset accipere primam. et ita nec transitum, qui semper exigit duo extrema.
n.12 * Quod etiam quarto proponitur, debile est. ' nam nihil prohibet infinito ex ea parte additionem fieri qua est finitum. ex hoc autem quod ponitur tempus aeternum, sequitur quod sit infinitum ex parte ante, sed finitum ex parte post: nam praesens est terminus praeteriti.
n.13 * Quod etiam quinto obiicitur, non cogit. " quia causas agentes in infinitum procedere est impossibile, * secundum philosophos, " in causis simul agentibus: ' quia oporteret effectum dependere ex actionibus infinitis simul existentibus. et huiusmodi sunt causae per se infinitae: quia earum infinitas ad causatum requiritur. " in causis autem non simul agentibus, hoc non est impossibile, * secundum eos qui ponunt generationem perpetuam. ' haec autem infinitas accidit causis: accidit enim patri socratis quod sit alterius filius vel non filius. non autem accidit baculo, inquantum movet lapidem, quod sit motus a manu: movet enim inquantum est motus.
n.14 * Quod autem de animabus obiicitur difficilius est. sed tamen ratio non est multum utilis: quia multa supponit. quidam namque aeternitatem mundi ponentium posuerunt " etiam humanas animas non esse post corpus. * quidam vero quod " ex omnibus animabus non manet nisi intellectus separatus: vel agens, * secundum quosdam; " vel etiam possibilis, * secundum alios. quidam autem posuerunt " circulationem in animabus, dicentes quod eaedem animae post aliqua saecula in corpora revertuntur. * quidam vero pro inconvenienti non habent quod " sint aliqua infinita actu in his quae ordinem non habent.
n.15 ' Potest autem efficacius procedi ad hoc ostendendum ex fine divinae voluntatis, * ut supra tactum est. ' finis enim divinae voluntatis in rerum productione est eius bonitas inquantum per causata manifestatur. potissime autem manifestatur divina virtus et bonitas per hoc quod res aliae praeter ipsum non semper fuerunt. ex hoc enim ostenditur manifeste quod res aliae praeter ipsum ab ipso esse habent, quia non semper fuerunt. ostenditur etiam quod non agit per necessitatem naturae; et quod virtus sua est

infinita in agendo. hoc igitur convenientissimum fuit divinae bonitati, ut rebus creatis principium durationis daret.
n.16 * Ex his autem quae praedicta sunt, vitare possumus diversos errores gentilium philosophorum. quorum quidam posuerunt " mundum aeternum. * quidam " materiam mundi aeternam, ex qua ex aliquo tempore mundus coepit generari: vel a casu; vel ab aliquo intellectu; aut etiam amore aut lite. * ab omnibus enim his ponitur " aliquid praeter deum aeternum. * quod fidei catholicae repugnat.

005 SCG lb2 cp39

n. ' Quod distinctio rerum non est a casu.
n.1 ' Expeditis autem his quae ad rerum productionem pertinent, restat prosequi ea quae sunt consideranda in rerum distinctione. in quibus primo oportet ostendere quod rerum distinctio non est a casu.
n.2 ' Casus enim non contingit nisi in possibilibus aliter se habere: quae enim sunt ex necessitate et semper, non dicimus esse a casu. * ostensum est autem supra ' quasdam res creatas esse in quarum natura non est possibilitas ad non esse: sicut sunt substantiae immateriales, et absque contrarietate. substantias igitur eorum impossibile est esse a casu. sunt autem per suam substantiam ab invicem distinctae. earum igitur distinctio non est a casu.
n.3 ' Amplius. cum casus sit tantum in possibilibus aliter se habere; principium autem huiusmodi possibilitatis est materia, non autem forma, quae magis determinat possibilitatem materiae ad unum; ea quorum distinctio est a forma, non distinguuntur casu: sed forte ea quorum distinctio est a materia. specierum autem distinctio est a forma: singularium autem eiusdem speciei a materia. distinctio igitur rerum secundum speciem non potest esse a casu: sed forte aliquorum individuorum casus potest esse distinctivus.
n.4 ' Adhuc. cum materia sit principium et causa rerum casualium, * ut ostensum est, ' in eorum factione potest esse casus quae ex materia generantur. * ostensum est autem supra quod ' prima rerum productio in esse non est ex materia. in ea igitur casus locum habere non potest. oportet autem quod prima rerum productio cum distinctione fuerit: cum multa inveniantur in rebus creatis quae neque ex invicem generantur, neque ex aliquo uno communi, quia non conveniunt in materia. non est igitur possibile quod rerum distinctio sit a casu.
n.5 ' Item. causa per se prior est ea quae est per accidens. si igitur posteriora sint a causa per se determinata, inconveniens est dicere priora esse a causa per accidens indeterminata. distinctio autem rerum praecedit naturaliter motus et operationes rerum: determinati enim motus et operationes sunt rerum determinatarum et distinctarum. motus autem et operationes rerum sunt a causis per se et determinatis: cum inveniantur aut semper aut in pluribus ex suis causis eodem modo procedere. ergo et distinctio rerum est a causa per se et determinata: non a casu, quae est causa per accidens indeterminata.
n.6 ' Amplius. cuiuslibet rei procedentis ab agente per intellectum et voluntatem, forma est ab agente intenta. ipsa autem universitas creaturarum deum habet auctorem, qui est agens per voluntatem et intellectum, * ut ex praemissis patet. ' nec in virtute sua defectus aliquis esse potest, ut sic deficiat a sua intentione: cum sua virtus sit infinita, * ut supra ostensum est. ' oportet igitur quod forma universi sit a deo intenta et volita. non est igitur a casu: casu enim esse dicimus quae praeter intentionem agentis sunt. forma autem universi consistit in distinctione et ordine partium eius. non est igitur distinctio rerum a casu.
n.7 ' Adhuc. id quod est bonum et optimum in effectu, est finis productionis ipsius. sed bonum et optimum universi consistit in ordine partium eius ad invicem, qui sine distinctione esse non potest: per hunc enim ordinem universum in sua totalitate constituitur, quae est optimum ipsius. ipse igitur ordo partium universi et distinctio earum est finis productionis universi. non est igitur distinctio rerum a casu.
n.8 * Hanc autem veritatem sacra scriptura profitetur: ut patet gen. 1, ubi, cum primo dicatur, ° in principio creavit deus caelum et terram, * subiungit, ° distinxit deus lucem a tenebris, * et sic de aliis: " ut non solum rerum creatio, sed etiam rerum distinctio a deo esse ostendatur, non a casu, sed quasi bonum et optimum universi. * unde subditur: ° vidit deus cuncta quae fecerat, et erant valde bona.
n.9 * Per haec autem excluditur opinio antiquorum naturalium ponentium " causam materialem solum et unam, ex qua omnia fiebant raritate et densitate. * hos enim necesse est dicere " distinctionem rerum quas in universo videmus, non ex alicuius ordinante intentione provenisse, sed ex materiae fortuito motu. * similiter etiam excluditur opinio democriti et leucippi ponentium " infinita principia materialia, scilicet indivisibilia corpora eiusdem naturae sed differentia figuris, ordine et positione, ex quorum concursu - quem oportebat esse fortuitum, cum causam agentem negarent - ponebant esse diversitatem in rebus, propter tres praedictas atomorum differentias, scilicet figurae, ordinis et positionis; * unde sequebatur " distinctionem rerum esse fortuitam. * quod ex praemissis patet esse falsum.

005 SCG lb2 cp40

n. ' Quod materia non est prima causa distinctionis rerum.
n.1 ' Ex hoc autem ulterius apparet quod rerum distinctio non est propter materiae diversitatem sicut propter primam causam.
n.2 ' Ex materia enim nihil determinatum provenire potest nisi casualiter: eo quod materia ad multa possibilis est; ex quibus si unum tantum proveniat, hoc ut in paucioribus contingens necesse est esse; huiusmodi autem est quod casualiter evenit, et praecipue sublata intentione agentis. * ostensum est autem quod ' rerum distinctio non est a casu. relinquitur igitur quod non sit propter materiae diversitatem sicut propter primam causam.
n.3 ' Adhuc. ea quae sunt ex intentione agentis, non sunt propter materiam sicut propter primam causam. causa enim agens prior est in causando quam materia: quia materia non fit actu causa nisi secundum quod est mota ab agente. unde, si aliquis effectus consequitur dispositionem materiae et intentionem agentis, non est ex materia sicut ex causa prima. et propter hoc videmus quod ea quae reducuntur in materiam sicut in causam primam, sunt praeter intentionem agentis: sicut monstra et alia peccata naturae. forma autem est ex intentione agentis. quod ex hoc patet: agens enim agit sibi simile secundum formam; et si aliquando hoc deficiat, hoc est a casu propter materiam. formae igitur non consequuntur dispositionem materiae sicut primam causam: sed magis e converso materiae sic disponuntur ut sint tales formae. distinctio autem rerum secundum speciem est per formas. distinctio igitur rerum non est propter materiae diversitatem sicut propter primam causam.
n.4 ' Amplius. distinctio rerum non potest provenire ex materia nisi in illis quae ex materia praeexistente fiunt. multa autem sunt ab invicem distincta in rebus quae non possunt ex praeexistente materia fieri: sicut patet de corporibus caelestibus, quae non habent contrarium, ut eorum motus ostendit. non igitur potest esse prima causa distinctionis rerum diversitas materiae.
n.5 ' Item. quaecumque habentia sui esse causam distinguuntur, habent causam suae distinctionis: unumquodque enim secundum hoc fit ens secundum quod fit unum in se indivisum et ab aliis distinctum. sed si materia sui diversitate est causa distinctionis rerum, oportet ponere materias in se esse distinctas. constat autem quod materia quaelibet habet esse ab alio, per hoc quod supra ostensum est omne quod qualitercumque est, a deo esse. ergo aliud est causa distinctionis in materiis. non igitur prima causa distinctionis rerum potest esse diversitas materiae.
n.6 ' Adhuc. cum omnis intellectus agat propter bonum, non agit melius propter vilius, sed e converso: et simile est de natura. omnes autem res procedunt a deo per intellectum agente, * ut ex supra dictis patet. ' sunt igitur a deo viliora propter meliora, et non e converso. forma autem nobilior est materia: cum sit perfectio et actus eius. ergo non producit tales formas rerum propter tales materias, sed magis tales materias produxit ut sint tales formae. non igitur distinctio specierum in rebus, quae est secundum formam, est propter materiam: sed magis materiae sunt creatae diversae ut diversis formis conveniant.
n.7 * Per hoc autem excluditur opinio anaxagorae ponentis " infinita principia materialia, a principio quidem commixta in uno confuso, quae postmodum intellectus separando rerum distinctionem constituit: * et quorumcumque aliorum ponentium " diversa principia materialia ad distinctionem rerum causandam.

005 SCG lb2 cp41

n. ' Quod distinctio rerum non est propter contrarietatem agentium.
n.1 ' Ex praemissis etiam ostendi potest quod causa distinctionis rerum non est diversitas, aut etiam contrarietas agentium.
n.2 ' Si enim diversi agentes ex quibus procedit rerum diversitas, sunt ordinati ad invicem, oportet quod huius ordinis sit aliqua una causa: nam multa non uniuntur nisi per aliquod unum. et sic illud ordinans est prima causa et una distinctionis rerum. si vero diversi agentes non sint ad invicem ordinati, concursus eorum ad diversitatem rerum producendam erit per accidens. distinctio igitur rerum erit casualis. cuius contrarium * supra ostensum est.
n.3 ' Item. a diversis causis non ordinatis non procedunt effectus ordinati, nisi forte per accidens: diversa enim, inquantum huiusmodi, non faciunt unum. res autem distinctae inveniuntur habere ordinem ad invicem non casualiter: cum ut in pluribus unum ab alio iuvetur. impossibile est igitur quod distinctio rerum sic ordinatarum sit propter diversitatem agentium non ordinatorum.
n.4 ' Amplius. quaecumque habent causam suae distinctionis, non possunt esse prima causa distinctionis rerum. sed si plura agentia ex aequo accipiantur, necesse est quod habeant causam suae distinctionis: habent enim causam essendi, cum omnia entia sint ab uno primo ente * ut supra ostensum est; ' idem autem est causa essendi alicui et distinctionis eius ab aliis, * sicut ostensum est. ' non potest igitur esse prima causa distinctionis rerum diversitas agentium.
n.5 ' Item. si diversitas rerum procedat a diversitate vel contrarietate diversorum agentium, " maxime hoc videtur, * quod et plures ponunt, " de contrarietate boni et mali, ita quod omnia bona procedant a bono principio, mala autem a malo: bonum enim et malum sunt in omnibus generibus. ' non potest autem esse unum primum principium omnium malorum. cum enim ea quae sunt per aliud, reducantur ad ea quae sunt per se, oportebit primum activum malorum esse per se malum. per se autem dicimus tale quod per essentiam suam tale est. eius igitur essentia non erit bona. hoc autem est impossibile. omne enim quod est, inquantum est ens, necesse est esse bonum: esse namque suum unumquodque amat et conservari appetit; signum autem est, quia contra pugnat unumquodque suae corruptioni; " bonum autem est quod omnia appetunt. ' non potest igitur distinctio in rebus procedere a duobus contrariis principiis quorum unum sit bonum et aliud malum.
n.6 ' Adhuc. omne agens agit inquantum est actu. inquantum vero est actu, unumquodque perfectum est. perfectum vero omne, inquantum huiusmodi, bonum dicimus. omne igitur agens, inquantum huiusmodi, bonum est. si quid igitur per se malum est, non poterit esse agens. si autem est malorum principium primum, oportet esse per se malum, * ut ostensum est. ' impossibile est igitur distinctionem in rebus procedere a duobus principiis, bono et malo.
n.7 ' Amplius. si omne ens, inquantum huiusmodi, bonum est, malum igitur, inquantum est malum, est non ens. non entis autem, inquantum huiusmodi, non est ponere causam agentem: cum omne agens agat inquantum est ens actu: agit autem unumquodque sibi simile. mali igitur, inquantum est huiusmodi, non est ponere causam per se agentem. non est igitur fieri reductionem malorum in unam primam causam quae per se sit causa omnium malorum.
n.8 ' Adhuc. quod educitur praeter intentionem agentis, non habet causam per se, sed incidit per accidens: sicut cum quis invenit thesaurum fodiens ad plantandum. sed malum in effectu aliquo non potest provenire nisi praeter intentionem agentis: cum omne agens ad bonum intendat; " bonum enim est quod omnia appetunt. ' malum igitur non habet causam per se, sed per accidens incidit in effectibus causarum. non igitur est ponere unum primum principium omnium malorum.
n.9 ' Praeterea. contrariorum agentium sunt contrariae actiones. eorum igitur quae per unam actionem producuntur, non sunt ponenda principia contraria. bonum autem et malum eadem actione producuntur: eadem enim actione aqua corrumpitur et aer generatur. non sunt igitur, propter differentiam boni et mali in rebus inventam, ponenda principia contraria.
n.10 ' Amplius. quod omnino non est, nec bonum nec malum est. quod autem est, inquantum est, bonum est, * ut ostensum est. ' oportet igitur malum esse aliquid inquantum est non ens. hoc autem est ens privatum. malum igitur, inquantum huiusmodi, est ens privatum; et ipsum malum est ipsa privatio. privatio autem non habet causam per se agentem: quia omne agens agit inquantum habet formam; et sic oportet per se effectum agentis esse habens formam, cum agens agat sibi simile, nisi per accidens. relinquitur igitur quod malum non habet causam per se agentem, sed incidit per accidens in effectibus causarum per se agentium.
n.11 ' Non est igitur unum primum et per se malorum principium: sed primum omnium principium est unum primum bonum, in cuius effectibus consequitur malum per accidens.
n.12 * Hinc est quod isaiae 45 dicitur: ° ego dominus, et non est alter deus: formans lucem et creans tenebras, faciens pacem et creans malum. ego dominus faciens omnia haec. * et eccli. 11-14: ° bona et mala, vita et mors, paupertas et honestas, a deo sunt. * et eodem 33-15: ° contra malum bonum est. sic et contra virum iustum peccator. et sic intuere in omnia opera altissimi duo contra duo, unum contra unum. ' dicitur autem deus ° facere mala, ' vel ° creare, ' inquantum creat ea quae secundum se bona sunt, et tamen aliis sunt nociva: sicut lupus, quamvis in sua specie quoddam bonum naturae sit, tamen ovi est malus; et similiter ignis aquae, inquantum est eius corruptivus. et per similem modum est causa malorum in hominibus quae poenae dicuntur. * unde dicitur amos 3-6: ° si est malum in civitate quod dominus non fecerit? * et hoc est quod gregorius dicit: ° etiam mala, quae nulla sua natura subsistunt, creantur a domino: sed creare mala dicitur cum res in se bonas creatas nobis male agentibus |25| in flagellum format.
n.13 * Per hoc autem excluditur error ponentium prima principia contraria. qui error primo incoepit ab empedocle. posuit enim " duo prima principia agentia, amicitiam et litem, quorum amicitiam dixit esse causam generationis, litem vero corruptionis: * ex quo videtur, ut aristoteles dicit, in i metaphys., hic " duo, bonum et malum, primus principia contraria * posuisse. posuit autem et pythagoras " duo prima, bonum et malum: sed non per modum principiorum

agentium, sed per modum formalium principiorum. * ponebat enim “ haec duo esse genera sub quibus omnia alia comprehenderentur: * ut patet per philosophum, in i metaphysicae.

n.14 * Hos autem antiquissimorum philosophorum errores, qui etiam per posteriores philosophos sunt sufficienter exclusi, quidam perversi sensus homines doctrinae christianae adiungere praesumpserunt. quorum primus fuit marchius, a quo marchiani sunt dicti, qui sub nomine christiano haeresim condidit, opinatus “ duo sibi adversa principia, * quem secuti sunt cerdoniani; et postmodum marchianistae; et ultimo manichaei, qui hunc errorem maxime diffuderunt.

005 SCG lb2 cp42

n. ‘ Quod causa prima distinctionis rerum non est secundorum agentium ordo.

n.1 ‘ Ex eisdem etiam ostendi potest quod rerum distinctio non causatur ex ordine secundorum agentium: * sicut quidam dicere voluerunt quod “ deus, cum sit unus et simplex, facit tantum unum effectum, quae est substantia primo causata; quae, quia simplicitati primae causae adaequari non potest, cum non sit actus purus sed habeat aliquid de potentia admixtum, habet aliquam multiplicitatem, ut ex ea iam pluralitas aliqua possit prodire; et sic semper effectibus a simplicitate causarum deficientibus, dum multiplicantur effectus, diversitas rerum constituitur, ex quibus universum consistit.

n.2 * Haec igitur positio “ toti rerum diversitati non unam causam assignat, sed singulas causas determinatis effectibus: totam autem diversitatem rerum ex concursu omnium causarum procedere ponit. ‘ ea autem a casu esse dicimus quae ex concursu diversarum causarum proveniunt et non ex aliqua una causa determinata. “ distinctio igitur rerum et ordo universi erit a casu.

n.3 ‘ Amplius. id quod est optimum in rebus causatis, reducitur ut in primam causam in id quod est optimum in causis: oportet enim effectus proportionales esse causis. optimum autem in omnibus entibus causatis est ordo universi, in quo bonum universi consistit: sicut et in rebus humanis “ bonum gentis est divinius quam bonum unius. ‘ oportet igitur ordinem universi sicut in causam propriam reducere in deum, quem * supra ostendimus ‘ esse summum bonum. non igitur rerum distinctio, in qua ordo consistit universi, causatur ex causis secundis, sed magis ex intentione causae primae.

n.4 ‘ Adhuc. absurdum videtur id quod est optimum in rebus reducere sicut in causam in rerum defectum. optimum autem in rebus causatis est distinctio et ordo ipsarum, * ut ostensum est. * inconveniens igitur est dicere quod “ talis distinctio ex hoc causetur quod secundae causae deficiunt a simplicitate causae primae.

n.5 ‘ Item. in omnibus causis agentibus ordinatis, ubi agitur propter finem, oportet quod fines causarum secundarum sint propter finem causae primae: sicut finis militaris et equestris et frenifactricis est propter finem civilis. processus autem entium a primo ente est per actionem ordinatam ad finem: cum sit per intellectum, * ut ostensum est; ‘ intellectus autem omnis propter finem agit. si igitur in productione rerum sunt aliquae causae secundae, oportet quod fines earum et actiones sint propter finem causae primae, qui est ultimus finis in rebus causatis. hoc autem est distinctio et ordo partium universi, qui est quasi ultima forma. non igitur est distinctio in rebus et ordo propter actiones secundarum causarum: sed magis actiones secundarum causarum sunt propter ordinem et distinctionem in rebus constituendam.

n.6 ‘ Adhuc. si distinctio partium universi et ordo earum est proprius effectus causae primae, quasi ultima forma et optimum in universo, oportet rerum distinctionem et ordinem esse in intellectu causae primae: in rebus enim quae per intellectum aguntur, forma quae in rebus factis producitur, provenit a forma simili quae est in intellectu; sicut domus quae est in materia, a domo quae est in intellectu. forma autem distinctionis et ordinis non potest esse in intellectu agente nisi sint ibi formae distinctorum et ordinatorum. sunt igitur in intellectu divino formae diversarum rerum distinctarum et ordinatarum: nec hoc simplicitati ipsius repugnat, * ut supra ostensum est. ‘ si igitur ex formis quae sunt in intellectu proveniant res extra animam, in his quae per intellectum aguntur, poterunt a prima causa immediate causari plura et diversa, non obstante divina simplicitate, * propter quam quidam in praedictam positionem inciderunt.

n.7 ‘ Item. actio agentis per intellectum terminatur ad formam quam intelligit, non ad aliam, nisi per accidens et a casu. deus autem est agens per intellectum, * ut ostensum est: ‘ nec potest eius actio esse casualis, cum non possit in sua actione deficere. oportet igitur quod producat effectum suum ex hoc quod ipsum effectum intelligit et intendit. sed per quam rationem intelligit unum effectum, potest et multos effectus alios a se intelligere. potest igitur statim multa causare absque medio.

n.8 * Amplius. sicut supra ostensum est, ‘ virtus divina non limitatur ad unum effectum: et hoc eius simplicitati convenit; quia quanto aliqua virtus est magis unita, tanto est magis infinita, ad plura se potens extendere. quod autem ex uno non fiat nisi unum, non oportet nisi quando agens ad unum effectum determinatur. * non oportet igitur dicere quod, “ quia deus est unus et omnino simplex, ex ipso multitudo provenire non possit nisi mediantibus aliquibus ab eius simplicitate deficientibus.

n.9 * Praeterea. ostensum est supra quod ‘ solus deus potest creare. multa autem sunt rerum quae non possunt procedere in esse nisi per creationem: sicut omnia quae non sunt composita ex forma et materia contrarietati subiecta; huiusmodi enim ingenerabilia oportet esse, cum omnis generatio sit ex contrario et ex materia. talia autem sunt omnes intellectuales substantiae, et omnia corpora caelestia, et etiam ipsa materia prima. oportet igitur ponere omnia huiusmodi immediate a deo sumpsisse sui esse principium.

n.10 * Hinc est quod dicitur gen. 1-1: ° in principio creavit deus caelum et terram; * iob 37-18: ° tu forsitan fabricatus es caelos, qui solidissimi quasi aere fundati sunt?

n.11 * Excluditur autem ex praedictis opinio avicennae, qui dicit quod “ deus, intelligens se, produxit unam intelligentiam primam, in qua iam est potentia et actus; quae, inquantum intelligit deum, producit intelligentiam secundam; inquantum vero intelligit se secundum quod est in actu, producit animam orbis; inquantum vero intelligit se secundum quod est in potentia, producit substantiam orbis primi. * et sic inde procedens “ diversitatem rerum causari instituit per causas secundas.

n.12 * Excluditur etiam opinio quorundam antiquorum haereticorum, qui dicebant “ deum non creasse mundum, sed angelos. * cuius erroris dicitur primo simon magus fuisse inventor.

005 SCG lb2 cp43

n. ‘ Quod rerum distinctio non est per aliquem de secundis agentibus inducentem in materiam diversas formas.

n.1 * Sunt autem quidam moderni haeretici qui dicunt “ deum omnium visibilium creasse materiam, sed per aliquem angelum diversis formis fuisse distinctam. * cuius opinionis falsitas manifeste apparet.

n.2 ‘ Non enim caelestia corpora, in quibus nulla contrarietas invenitur, ex aliqua materia possunt esse formata: omne enim quod fit ex materia praeexistenti, oportet ex contrario fieri. * impossibile est igitur quod “ ex aliqua materia prius a deo creata angelus aliquis caelestia corpora formaverit.

n.3 ‘ Amplius. caelestia corpora aut in nulla materia conveniunt cum corporibus inferioribus, aut non conveniunt in aliqua materia nisi prima: non enim caelum est ex elementis compositum, nec naturae elementaris; quod eius motus ostendit, a motibus omnium elementorum diversus. materia autem prima non potest praefuisse per seipsam ante omnia corpora formata: cum non sit nisi potentia tantum; omne enim esse in actu est ab aliqua forma. * impossibile est igitur quod “ ex materia prius a deo creata aliquis angelus omnia visibilia corpora formaverit.

n.4 ‘ Adhuc. omne quod fit, ad hoc fit quod sit: est enim fieri via in esse. sic igitur unicuique causato convenit fieri sicut sibi convenit esse. esse autem non convenit formae tantum nec materiae tantum, sed composito: materia enim non est nisi in potentia; forma vero est qua aliquid est, est enim actus. unde restat quod compositum proprie sit. eius igitur solius est fieri, non materiae praeter formam. non est igitur aliud agens creans materiam solam, et aliud inducens formam.

n.5 ‘ Item. prima inductio formarum in materia non potest esse ab aliquo agente per motum tantum: omnis enim motus ad formam est ex forma determinata in formam determinatam; quia materia non potest esse absque omni forma, et sic praesupponitur aliqua forma in materia. sed omne agens ad formam solam materialem oportet quod sit agens per motum: cum enim formae materiales non sint per se subsistentes, sed earum esse sit inesse materiae, non possunt produci in esse nisi vel per creationem totius compositi, vel per transmutationem materiae ad talem vel talem formam. * impossibile est igitur quod “ prima inductio formarum in materia sit ab aliquo creante formam tantum: sed ab eo qui est creator totius compositi.

n.6 ‘ Adhuc. motus ad formam est posterior naturaliter motu secundum locum: cum sit “ actus magis imperfecti, * ut probat philosophus. ‘ posteriora autem in entibus naturali ordine causantur a prioribus. motus igitur ad formam causatur a motu secundum locum. primus autem motus secundum locum est motus caelestis. omnis igitur motus ad formam fit mediante motu caelesti. ea igitur quae non possunt fieri mediante motu caelesti, non possunt fieri ab aliquo agente qui non potest agere nisi per motum: qualem oportet esse agentem qui non potest agere nisi inducere formam in materia, * ut ostensum est. ‘ per motum autem caelestem non possunt produci multae formae sensibiles nisi mediantibus determinatis principiis suppositis: sicut animalia quaedam non fiunt nisi ex semine. prima igitur institutio harum formarum, ad quarum productionem non sufficit motus caelestis sine praeexistentia similium formarum in specie, oportet quod sit a solo creante.

n.7 ‘ Item. sicut idem est motus localis partis et totius, ut totius terrae et unius glebae, ita mutatio generationis est eadem totius et partis. partes autem horum generabilium et corruptibilium generantur acquirentes formas in actu a formis quae sunt in materia, non autem a formis extra materiam existentibus, cum oporteat generans esse simile generato: * ut probat philosophus in vii metaphysicae. ‘ neque igitur totalis acquisitio formarum in materia potest fieri per motum ab aliqua substantia separata, cuiusmodi est angelus: sed vel oportet quod hoc fiat mediante agente corporeo; vel a creante, qui agit sine motu.

n.8 ‘ Adhuc. sicut esse est primum in effectibus, ita respondet primae causae ut proprius effectus. esse autem est per formam, et non per materiam. prima igitur causalitas formarum maxime est primae causae attribuenda.

n.9 ‘ Amplius. cum omne agens agat sibi simile, ab illo acquirit effectus formam cui per formam acquisitam similatur: sicut domus in materia ab arte, quae est species domus in anima. sed omnia similantur deo qui est actus purus, inquantum habent formas, per quas fiunt in actu: “ et inquantum formas appetunt, divinam similitudinem appetere * dicuntur. absurdum est igitur dicere quod “ rerum formatio ad aliquem pertineat quam ad creatorem omnium deum.

n.10 * Et inde est quod, ad excludendum istum errorem, gen. 1, moyses, postquam dixerat “ deum in principio caelum et terram creasse, subdidit quomodo omnia in proprias species formando distinxerit. * et apostolus dicit, coloss. 1-16, quod ° in christo condita sunt universa: sive quae in caelis sunt sive quae in terris, sive visibilia sive invisibilia.

005 SCG lb2 cp44

n. ‘ Quod distinctio rerum non processit ex meritorum vel demeritorum diversitate.

n.1 ‘ Nunc superest ostendere quod “ rerum distinctio non processit ex diversis motibus liberi arbitrii rationalium creaturarum: * ut posuit origenes, in libro periarchon. volens enim resistere antiquorum haereticorum obiectionibus et erroribus, qui ostendere nitebantur “ diversam naturam boni et mali esse in rebus ex contrariis actoribus, propter multam distantiam inventam tam in rebus naturalibus quam in rebus humanis, quam nulla merita praecessisse videntur, scilicet quod quaedam corpora sunt lucida, quaedam obscura, quidam homines ex barbaris, quidam ex christianis nascuntur; * coactus est ponere “ omnem diversitatem in rebus inventam ex diversitate meritorum, secundum dei iustitiam, processisse. * dicit enim quod “ deus ex sola sua bonitate primo omnes creaturas aequales produxit, et omnes spirituales et rationales; quae per liberum arbitrium diversimode sunt motae, quaedam adhaerentes deo plus vel minus, quaedam ab eo recedentes vel magis vel minus; et secundum hoc diversi gradus in substantiis |25| spiritualibus ex divina iustitia sunt subsecuti, ut quidam essent angeli secundum diversos ordines, quidam animae humanae etiam secundum diversos status, quidam etiam daemones in statibus diversis; et propter diversitatem rationalium creaturarum dicebat diversitatem corporalium creaturarum deum instituisse, ut nobilioribus corporibus nobiliores spirituales substantiae adiungerentur, ut diversimode corporalis creatura spiritualium substantiarum diversitati quibuslibet modis aliis deserviret.

n.2 * Haec autem opinio falsa esse manifeste convincitur. ‘ quanto enim aliquid est melius in effectibus, tanto est prius in intentione agentis. optimum autem in rebus creatis est perfectio universi, quae consistit in ordine distinctarum rerum: in omnibus enim perfectio totius praeminet perfectioni singularium partium. igitur diversitas rerum ex principali intentione primi agentis provenit, non ex diversitate meritorum.

n.3 ‘ Adhuc. si omnes creaturae rationales a principio fuerunt aequales creatae, oportet dicere quod una earum in sua operatione ab alia non dependeret. quod autem provenit ex concursu diversarum causarum quarum una ab alia non dependet, est casuale. * igitur, secundum praedictam positionem, “ talis distinctio et ordo rerum est casualis. * quod est impossibile, * ut supra ostensum est.

n.4 ‘ Amplius. quod est alicui naturale, non acquiritur ab eo per voluntatem: motus enim voluntatis, sive liberi arbitrii, praesupponit existentiam volentis, ad quam eius naturalia exiguntur. si igitur per motum liberi arbitrii acquisitus est diversus gradus rationalium creaturarum, nulli creaturae rationali erit suus gradus naturalis, sed accidentalis. hoc autem est impossibile. cum enim differentia specifica sit unicuique naturalis, sequetur quod omnes substantiae rationales creatae sint unius speciei, scilicet angeli, daemones, et animae humanae, et animae caelestium corporum * (quae origenes animata ponebat). ‘ et hoc esse falsum diversitas actionum naturalium declarat: non enim est idem modus quo naturaliter intelligit intellectus humanus, qui sensu et phantasia indiget, et intellectus angelicus et anima solis; nisi forte fingamus angelos et caelestia corpora habere carnes et ossa et alias huiusmodi partes, ad hoc quod possint organa sensuum habere, quod est absurdum. relinquitur igitur quod " diversitas substantiarum |25| intellectualium non consequitur diversitatem meritorum, quae sunt secundum motus liberi arbitrii.

n.5 ' Adhuc. si ea quae sunt naturalia non acquiruntur per motum liberi arbitrii; animam autem rationalem tali corpori uniri acquiritur ei propter praecedens meritum vel demeritum secundum motum liberi arbitrii: sequetur quod coniunctio huius animae ad hoc corpus non sit naturalis. ergo nec compositum est naturale. " homo autem, et sol, * secundum origenem, " et astra, sunt composita ex substantiis rationalibus et corporibus talibus. ' ergo omnia huiusmodi, quae sunt nobilissima inter corporeas substantias, sunt innaturalia.

n.6 ' Item. si huic substantiae rationali non convenit inquantum est talis substantia huic corpori uniri, sed magis inquantum est sic merita, huic corpori uniri non est ei per se, sed per accidens. ex his autem quae per accidens uniuntur non resultat aliqua species, quia non fit ex eis unum per se: non enim est aliqua species homo albus vel homo vestitus. relinquitur igitur quod homo non sit aliqua species: nec sol, nec luna, nec aliquid huiusmodi.

n.7 ' Amplius. ea quae ad merita consequuntur, possunt in melius vel in peius mutari: merita enim et demerita possunt augeri vel minui; * et praecipue secundum origenem, qui dicebat " liberum arbitrium cuiuslibet creaturae semper esse in utramque partem flexibile. si igitur anima rationalis hoc corpus consecuta est propter praecedens meritum vel demeritum, * sequetur quod " possit iterum coniungi alteri corpori: et non solum quod anima humana assumat aliud corpus humanum, sed etiam quod assumat quandoque corpus sidereum; * quod est secundum pythagoricas fabulas, " quamlibet animam quodlibet corpus ingredi. * hoc autem et secundum philosophiam apparet esse erroneum, secundum quam " determinatis formis et motoribus assignantur determinatae materiae et determinata mobilia: * et secundum fidem haereticum, ' quae animam in resurrectione idem corpus resumere praedicat quod deponit.

n.8 ' Praeterea. cum multitudo sine diversitate esse non possit, si fuerunt a principio creaturae rationales in quadam multitudine constitutae, oportuit eis aliquam diversitatem fuisse. aliquid ergo habuit una earum quod non habuit altera. et sic hoc ex diversitate meriti non procedat, pari ratione nec fuit necesse ut gradus diversitas ex meritorum diversitate proveniret.

n.9 ' Item. omnis distinctio est aut secundum divisionem quantitatis, quae in solis corporibus est, " unde in substantiis primo creatis, * secundum origenem, " esse non potuit: ' aut secundum divisionem formalem. quae sine graduum diversitate esse non potest: cum talis divisio reducatur ad privationem et formam; et sic oportet quod altera formarum condivisarum sit melior et altera vilior. * unde, secundum philosophum, " species rerum sunt sicut numeri, quorum unus alteri addit aut minuit. ' sic igitur, si fuerunt a principio multae substantiae rationales creatae, oportet quod fuerit in eis gradus diversitas.

n.10 ' Item. si creaturae rationales sine corporibus subsistere possunt, non fuit necessarium propter diversa merita rationalium creaturarum diversitatem in natura corporali institui: quia et sine diversitate corporum poterat diversus gradus in substantiis rationalibus inveniri. si autem creaturae rationales sine corporibus subsistere non possunt, ergo a principio simul cum creatura rationali est etiam creatura corporalis instituta. maior est autem distantia corporalis creaturae ad spiritualem quam spiritualium creaturarum ad invicem. si igitur a principio deus tam magnam distantiam in suis creaturis instituit absque aliquibus meritis praecedentibus, non oportuit merita diversa praecedere ad hoc quod in diversis gradibus creaturae rationales instituerentur.

n.11 ' Adhuc. si diversitas creaturae corporalis respondet diversitati creaturae rationalis, pari ratione et uniformitati rationalium creaturarum responderet uniformitas naturae corporalis. fuisset ergo natura corporalis creata etiam si diversa merita rationalis creaturae non praecessissent, sed uniformis. fuisset igitur creata materia prima, quae est omnibus corporibus communis, sed sub una tantum forma. sunt autem in ipsa plures formae in potentia. remansisset igitur imperfecta, sola una eius forma reducta in actum. quod non est conveniens divinae bonitati.

n.12 ' Item. si diversitas corporalis creaturae sequitur diversos motus liberi arbitrii rationalis creaturae, oportebit dicere quod causa quare est tantum unus sol in mundo, sit quia una tantum rationalis creatura sic mota est per liberum arbitrium ut tali corpori mereretur adiungi. hoc autem fuit a casu, quod una tantum sic peccaret. est igitur a casu quod sit unus sol in mundo, et non ad necessitatem corporalis naturae.

n.13 " Praeterea. cum creatura spiritualis non mereatur descendere nisi per peccatum; descendit autem a sua sublimitate, in qua indivisibilis est, per hoc quod visibilibus corporibus unitur: * videtur sequi quod " visibilia corpora sint eis adiuncta propter peccatum. * quod videtur propinquum errori manichaeorum ponentium " haec visibilia ex malo principio processisse.

n.14 * Huic etiam opinioni auctoritas sacrae scripturae manifeste contradicit. quia " in singulis operibus visibilium creaturarum * tali modo loquendi utitur moyses, ° videns deus quod esset bonum, * etc.; et postmodum de cunctis simul subiungit: ° vidit deus cuncta quae fecerat, et erant valde bona. * ex quo manifeste datur intelligi quod " creaturae corporales et visibiles ideo sunt factae quia bonum est eas esse, quod est consonum divinae bonitati: et non propter aliqua creaturarum rationalium merita vel peccata.

n.15 * Videtur autem origenes non perpendisse quod, ' cum aliquid non ex debito, sed liberaliter damus, non est contra iustitiam si inaequalia damus, nulla diversitate meritorum pensata: cum retributio merentibus debeatur. deus autem, * ut supra ostensum est, ' ex nullo debito, sed ex mera liberalitate res in esse produxit. unde diversitas creaturarum diversitatem meritorum non praesupponit.

n.16 ' Item, cum bonum totius sit melius quam bonum partium singularium, non est optimi factoris diminuere bonum totius ut aliquarum partium augeat bonitatem: non enim aedificator fundamento tribuit eam bonitatem quam tribuit tecto, ne domum faciat ruinosam. factor igitur omnium, deus, non faceret totum universum in suo genere optimum, si faceret omnes partes aequales: quia multi gradus bonitatis in universo deessent, et sic esset imperfectum.

005 SCG lb2 cp45

n. ' Quae sit prima causa distinctionis rerum secundum veritatem.

n.1 ' Ostendi autem ex praedictis potest quae sit vere prima distinctionis rerum causa.

n.2 ' Cum enim omne agens intendat suam similitudinem in effectum inducere secundum quod effectus capere potest, tanto hoc agit perfectius quanto agens perfectius est: patet enim quod quanto aliquid est calidius, tanto facit magis calidum; et quanto est aliquis melior artifex, formam artis perfectius inducit in materiam. deus autem est perfectissimum agens. suam igitur similitudinem in rebus creatis ad deum pertinebat inducere perfectissime, quantum naturae creatae convenit. sed perfectam dei similitudinem non possunt consequi res creatae secundum unam solam speciem creaturae: quia, cum causa excedat effectum, quod est in causa simpliciter et unite, in effectu invenitur composite et multipliciter, nisi effectus pertingat ad speciem causae; quod in proposito dici non potest, non enim creatura potest esse deo aequalis. oportuit igitur esse multiplicitatem et varietatem in rebus creatis, ad hoc quod inveniretur in eis dei similitudo perfecta secundum modum suum.

n.3 ' Amplius. sicut quae fiunt ex materia sunt in potentia materiae passiva, ita quae fiunt ab agente oportet esse in potentia activa agentis. non autem potentia passiva materiae perfecte reduceretur in actum si ex materia fieret unum tantum eorum ad quae materia est in potentia. ergo, si aliquis agens cuius potentia est ad plures effectus, faceret unum illorum tantum, potentia eius non ita complete reduceretur in actum sicut cum facit plura. per hoc autem quod potentia activa reducitur in actum, effectus consequitur similitudinem agentis. ergo non esset perfecta dei similitudo in universo si esset unus tantum gradus omnium entium. propter hoc igitur est distinctio in rebus creatis, ut perfectius dei similitudinem consequantur per multa quam per unum.

n.4 ' Adhuc. quanto aliquid in pluribus est deo simile, tanto perfectius ad eius similitudinem accedit. in deo autem est bonitas, et diffusio bonitatis in alia. perfectius igitur accedit res creata ad dei similitudinem si non solum bona est sed etiam ad bonitatem aliorum agere potest, quam si solum in se bona esset: sicut similius est soli quod lucet et illuminat quam quod lucet tantum. non autem posset creatura ad bonitatem alterius creaturae agere nisi esset in rebus creatis pluralitas et inaequalitas: quia agens est aliud a patiente, et honorabilius eo. oportuit igitur, ad hoc quod in creaturis esset perfecta dei imitatio, quod diversi gradus in creaturis invenirentur.

n.5 ' Item. plura bona uno bono finito sunt meliora: habent enim hoc et adhuc amplius. omnis autem creaturae bonitas finita est: est enim deficiens ab infinita dei bonitate. perfectius est igitur universum creaturarum si sunt plures, quam si esset unus tantum gradus rerum. summo autem bono competit facere quod melius est. ergo conveniens ei fuit ut plures faceret creaturarum gradus.

n.6 ' Adhuc. bonitas speciei excedit bonitatem individui, sicut formale id quod est materiale. magis igitur addit ad bonitatem universi multitudo specierum quam multitudo individuorum in una specie. est igitur ad perfectionem universi pertinens non solum quod multa sint individua, sed quod sint etiam diversae rerum species; et per consequens diversi gradus in rebus.

n.7 ' Item. omne quod agit per intellectum, repraesentat speciem sui intellectus in re facta: sic enim agens per artem sibi facit simile. deus autem fecit creaturam ut agens per intellectum, et non per necessitatem naturae, * ut supra ostensum est. ' species igitur intellectus divini repraesentatur in creatura per ipsum facta. intellectus autem multa intelligens non sufficienter repraesentatur in uno tantum. cum igitur intellectus divinus multa intelligat, * ut in primo probatum est, ' perfectius seipsum repraesentat si plures universorum graduum creaturas producat quam si unum tantum produxisset.

n.8 ' Amplius. operi a summe bono artifice facto non debuit deesse summa perfectio. sed bonum ordinis diversorum est melius quolibet illorum ordinatorum per se sumpto: est enim formale respectu singularium, sicut perfectio totius respectu partium. non debuit ergo bonum ordinis operi dei deesse. hoc autem bonum esse non posset, si diversitas et inaequalitas creaturarum non fuisset.

n.9 ' Est igitur diversitas et inaequalitas in rebus creatis non a casu; non ex materiae diversitate; non propter interventum aliquarum causarum, vel meritorum; sed ex propria dei intentione perfectionem creaturae dare volentis qualem possibile erat eam habere.

n.10 * Hinc est quod dicitur gen. 1-31: ° vidit deus cuncta quae fecerat, et erant valde bona: * cum de singulis dixisset quod sunt ° bona. " quia singula quidem sunt in suis naturis bona: simul autem omnia ° valde bona, " propter ordinem universi, quae est ultima et nobilissima perfectio in rebus.

005 SCG lb2 cp46

n. ' Quod oportuit ad perfectionem universi aliquas creaturas intellectuales esse.

n.1 ' Hac igitur existente causa diversitatis in rebus, restat nunc de rebus distinctis prosequi, quantum ad fidei veritatem pertinet: quod erat tertium a nobis propositorum. et ostendemus primo, quod ex divina dispositione perfectionem rebus creatis secundum suum modum optimam assignante, consequens fuit quod quaedam creaturae intellectuales fierent, in summo rerum vertice constitutae.

n.2 ' Tunc enim effectus maxime perfectus est quando in suum redit principium: unde et circulus inter omnes figuras, et motus circularis inter omnes motus, est maxime perfectus, quia in eis ad principium reditur. ad hoc igitur quod universum creaturarum ultimam perfectionem consequatur, oportet creaturas ad suum redire principium. redeunt autem ad suum principium singulae et omnes creaturae inquantum sui principii similitudinem gerunt secundum suum esse et suam naturam, in quibus quandam perfectionem habent: sicut et omnes effectus tunc maxime perfecti sunt quando maxime similantur causae agenti, ut domus quando maxime similatur arti, et ignis quando maxime similatur generanti. cum igitur intellectus dei creaturarum productionis principium sit, * ut supra ostensum est, ' necesse fuit ad creaturarum perfectionem quod aliquae creaturae essent intelligentes.

n.3 ' Amplius. perfectio secunda in rebus addit supra primam. sicut autem esse et natura rei consideratur secundum primam perfectionem, ita operatio secundum perfectionem secundam. oportuit igitur, ad consummatam universi perfectionem, esse aliquas creaturas quae in deum redirent non solum secundum naturae similitudinem, sed etiam per operationem. quae quidem non potest esse nisi per actum intellectus et voluntatis: quia nec ipse deus aliter erga seipsum operationem habet. oportuit igitur, ad perfectionem optimam universi, esse aliquas creaturas intellectuales.

n.4 ' Adhuc. ad hoc quod perfecte divinae bonitatis repraesentatio per creaturas fieret, oportuit, * ut supra ostensum est, ' non solum quod res bonae fierent, sed etiam quod ad aliorum bonitatem agerent. assimilatur autem perfecte aliquid alteri in agendo quando non solum est eadem species actionis, sed etiam idem modus agendi. oportuit igitur, ad summam rerum perfectionem, quod essent aliquae creaturae quae agerent hoc modo quo deus agit. * ostensum est autem supra quod ' deus agit per intellectum et voluntatem. oportuit igitur aliquas creaturas esse intelligentes et volentes.

n.5 ' Amplius. similitudo effectus ad causam agentem attenditur secundum formam effectus quae praeexistit in agente: agens enim agit sibi simile in forma secundum quam agit. forma autem agentis recipitur quidem in effectu quandoque secundum eundem modum essendi quo est in agente, sicut forma ignis generati eundem essendi habet modum cum forma ignis generantis; quandoque vero secundum alium modum essendi, sicut forma domus quae est intelligibiliter in mente artificis, recipitur materialiter in domo quae est extra animam. patet autem perfectiorem esse primam similitudinem quam secundam. perfectio autem universitatis creaturarum consistit in similitudine ad deum: sicut etiam perfectio cuiuslibet effectus in similitudine ad causam agentem. requirit igitur summa universi perfectio non solum secundam assimilationem creaturae ad deum, sed primam, quantum possibile est. forma autem per quam deus agit creaturam, est forma intelligibilis in ipso: est enim agens per intellectum, * ut supra |25| ostensum est. ' oportet igitur ad summam perfectionem universi esse aliquas creaturas in quibus secundum esse intelligibile forma divini intellectus exprimatur. et hoc est esse creaturas secundum suam naturam intellectuales.

n.6 ' Item. ad productionem creaturarum nihil aliud

movet deum nisi sua bonitas, quam rebus aliis communicare voluit secundum modum assimilationis ad ipsum, * ut ex dictis patet. ‘ similitudo autem unius invenitur in altero dupliciter: uno modo, quantum ad esse naturae, sicut similitudo caloris ignei est in re calefacta per ignem; alio modo, secundum cognitionem, sicut similitudo ignis est in visu vel tactu. ad hoc igitur quod similitudo dei perfecte esset in rebus modis possibilibus, oportuit quod divina bonitas rebus per similitudinem communicaretur non solum in essendo, sed cognoscendo. cognoscere autem divinam bonitatem solus intellectus potest. oportuit igitur esse creaturas intellectuales.
n.7 ‘ Adhuc. in omnibus decenter ordinatis habitudo secundorum ad ultima imitatur habitudinem primi ad omnia secunda et ultima, licet quandoque deficienter. * ostensum est autem quod ‘ deus in se omnes creaturas comprehendit. et hoc repraesentatur in corporalibus creaturis, licet per alium modum: semper enim invenitur superius corpus comprehendens et continens inferius; tamen secundum extensionem quantitatis; cum deus omnes creaturas simplici modo, et non quantitatis extensione, contineat. ut igitur nec in hoc modo continendi dei imitatio creaturis deesset, factae sunt creaturae intellectuales, quae creaturas corporales continerent, non extensione quantitatis, sed simpliciter per modum intelligibilem: nam quod intelligitur est in intelligente, et eius intellectuali operatione comprehenditur.

005 SCG lb2 cp47

n. ‘ Quod substantiae intellectuales sunt volentes.
n.1 ‘ Has autem substantias intellectuales necesse est esse volentes.
n.2 ‘ Inest enim omnibus appetitus boni: cum “ bonum sit quod omnia appetunt, * ut philosophi tradunt. ‘ huiusmodi autem appetitus in his quidem quae cognitione carent, dicitur naturalis appetitus: sicut dicitur quod lapis appetit esse deorsum. in his autem quae cognitionem sensitivam habent, dicitur appetitus animalis, qui dividitur in concupiscibilem et irascibilem. in his vero quae intelligunt, dicitur appetitus intellectualis seu rationalis, qui est voluntas. substantiae igitur intellectuales creatae habent voluntatem.
n.3 ‘ Adhuc. quod est per aliud, reducitur in id quod est per se tanquam in prius: * unde et, secundum philosophum, in viii phys., “ mota ab alio reducuntur in prima moventia seipsa; ‘ in syllogismis etiam conclusiones, quae sunt notae ex aliis, reducuntur in prima principia, quae sunt nota per seipsa. inveniuntur autem in substantiis creatis quaedam quae non agunt seipsa ad operandum, sed aguntur vi naturae, sicut inanimata, plantae et animalia bruta: non enim est in eis agere et non agere. oportet ergo quod fiat reductio in aliqua prima quae seipsa agant ad operandum. prima autem in rebus creatis sunt substantiae intellectuales, * ut supra ostensum est. ‘ hae igitur substantiae se agunt ad operandum. hoc autem est proprium voluntatis, per quam substantia aliqua est domina sui actus, utpote in ipsa existens agere et non agere. substantiae igitur intellectuales creatae habent voluntatem.
n.4 ‘ Amplius. principium cuiuslibet operationis est forma per quam aliquid est actu: cum omne agens agat inquantum est actu. oportet igitur quod secundum modum formae sit modus operationis consequentis formam. forma igitur quae non est ab ipso agente per formam, causat operationem cuius agens non est dominus. si qua vero fuerit forma quae sit ab eo qui per ipsam operatur, operationis etiam consequentis operans dominium habebit. formae autem naturales, ex quibus sequuntur motus et operationes naturales, non sunt ab his quorum sunt formae, sed ab exterioribus agentibus totaliter: cum per formam naturalem unumquodque esse habeat in sua natura; nihil autem potest esse sibi causa essendi. et ideo quae moventur naturaliter, non movent seipsa: non enim grave movet seipsum deorsum, sed generans, quod dedit ei formam. in animalibus etiam brutis formae sensatae vel imaginatae moventes non sunt adinventae ab ipsis animalibus brutis, sed |25| sunt receptae in eis ab exterioribus sensibilibus, quae agunt in sensum, et diiudicatae per naturale aestimatorium. unde, licet quodammodo dicantur movere seipsa, inquantum eorum una pars est movens et alia est mota, tamen ipsum movere non est eis ex seipsis, sed partim ex exterioribus sensatis et partim a natura. inquantum enim appetitus movet membra, dicuntur seipsa movere, quod habent supra inanimata et plantas; inquantum vero ipsum appetere de necessitate sequitur in eis ex formis acceptis per sensum et iudicium naturalis aestimationis, non sibi sunt causa quod moveant. unde non habent dominium sui actus. forma autem intellecta, per quam substantia intellectualis operatur, est ab ipso intellectu, utpote per ipsum concepta et quodammodo excogitata: ut patet de forma artis, quam artifex concipit et excogitat et per eam operatur. substantiae igitur intellectuales seipsas agunt ad operandum, ut habentes suae operationis dominium. habent igitur voluntatem.
n.5 ‘ Item. activum oportet esse proportionatum passivo, et motivum mobili. sed in habentibus cognitionem vis apprehensiva se habet ad appetitivam sicut motivum ad mobile: nam apprehensum per sensum vel imaginationem vel intellectum, movet appetitum intellectualem vel animalem. apprehensio autem intellectiva non determinatur ad quaedam, sed est omnium: * unde et de intellectu possibili philosophus dicit, in iii de anima, quod ° est quo est omnia fieri. ‘ appetitus igitur intellectualis substantiae est ad omnia se habens. hoc autem est proprium voluntatis, ut ad omnia se habeat: * unde in iii ethicorum philosophus dicit quod ° est et possibilium et impossibilium. ‘ substantiae igitur intellectuales habent voluntatem.

005 SCG lb2 cp48

n. ‘ Quod substantiae intellectuales sunt liberi arbitrii in agendo.
n.1 ‘ Ex hoc autem apparet quod praedictae substantiae sunt liberi arbitrii in operando.
n.2 ‘ Quod enim arbitrio agant, manifestum est: eo quod per cognitionem intellectivam iudicium habent de operandis. libertatem autem necesse est eas habere, si habent dominium sui actus, * ut ostensum est. ‘ sunt igitur praedictae substantiae liberi arbitrii in agendo.
n.3 “ Item. liberum est quod sui causa est. ‘ quod ergo non est sibi causa agendi, non est liberum in agendo. quaecumque autem non moventur neque agunt nisi ab aliis mota, non sunt sibi ipsis causa agendi. sola ergo moventia se ipsa libertatem in agendo habent. et haec sola iudicio agunt: nam movens seipsum dividitur in movens et motum; movens autem est appetitus ab intellectu vel phantasia aut sensu motus, quorum est iudicare. horum igitur haec sola libere iudicant quaecumque in iudicando seipsa movent. nulla autem potentia iudicans seipsam ad iudicandum movet nisi supra actum suum reflectatur: oportet enim, si se ad iudicandum agit, quod suum iudicium cognoscat. quod quidem solius intellectus est. sunt igitur animalia irrationalia quodammodo liberi quidem motus sive actionis, non autem liberi iudicii; inanimata autem, quae solum ab aliis moventur, neque etiam liberae actionis aut motus; intellectualia vero non solum actionis, sed etiam liberi iudicii, quod est liberum arbitrium habere.
n.4 ‘ Adhuc. forma apprehensa est principium movens secundum quod apprehenditur sub ratione boni vel convenientis: actio enim exterior in moventibus seipsa procedit ex iudicio quo iudicatur aliquid esse bonum vel conveniens per formam praedictam. si igitur iudicans ad iudicandum seipsum moveat, oportet quod per aliquam altiorem formam apprehensam se moveat ad iudicandum. quae quidem esse non potest nisi ipsa ratio boni vel convenientis, per quam de quolibet determinato bono vel convenienti iudicatur. illa igitur sola se ad iudicandum movent quae communem boni vel convenientis rationem apprehendunt. haec autem sunt sola intellectualia. sola igitur intellectualia se non solum ad agendum, sed etiam ad iudicandum movent. sola igitur ipsa sunt libera in iudicando, quod est liberum arbitrium habere.
n.5 ‘ Amplius. a conceptione universali non sequitur motus et actio nisi mediante particulari apprehensione: eo quod motus et actio circa particularia est. intellectus autem est naturaliter universalium apprehensivus. ad hoc igitur quod ex apprehensione intellectus sequatur motus aut quaecumque actio, oportet quod universalis intellectus conceptio applicetur ad particularia. sed universale continet in potentia multa particularia. potest igitur applicatio conceptionis intellectualis fieri ad plura et diversa. iudicium igitur intellectus de agibilibus non est determinatum ad unum tantum. habent igitur omnia intellectualia liberum arbitrium.
n.6 ‘ Praeterea. iudicii libertate carent aliqua vel propter hoc quod nullum habent iudicium, sicut quae cognitione carent, ut lapides et plantae: vel quia habent iudicium a natura determinatum ad unum, sicut irrationalia animalia; naturali enim existimatione iudicat ovis lupum sibi nocivum, et ex hoc iudicio fugit ipsum; similiter autem in aliis. quaecumque igitur habent iudicium de agendis non determinatum a natura ad unum, necesse est liberi arbitrii esse. huiusmodi autem sunt omnia intellectualia. intellectus enim apprehendit non solum hoc vel illud bonum, sed ipsum bonum commune. unde, cum intellectus per formam apprehensam moveat voluntatem; in omnibus autem movens et motum oporteat esse proportionata; voluntas substantiae intellectualis non erit determinata a natura nisi ad bonum commune. quicquid igitur offeretur sibi sub ratione boni, poterit voluntas inclinari in illud, nulla determinatione naturali in contrarium prohibente. omnia igitur intellectualia liberam voluntatem habent ex iudicio |25| intellectus venientem. quod est liberum arbitrium habere, * quod definitur esse “ liberum de ratione iudicium.

005 SCG lb2 cp49

n. ‘ Quod substantia intellectualis non sit corpus.
n.1 ‘ Ex praemissis autem ostenditur quod nulla substantia intellectualis est corpus.
n.2 ‘ Nullum enim corpus invenitur aliquid continere nisi per commensurationem quantitatis: unde et, si se toto totum aliquid continet, et partem parte continet, maiorem quidem maiore, minorem autem minore. intellectus autem non comprehendit rem aliquam intellectam per aliquam quantitatis commensurationem: cum se toto intelligat et comprehendat totum et partem, maiora in quantitate et minora. nulla igitur substantia intelligens est corpus.
n.3 ‘ Amplius. nullum corpus potest alterius corporis formam substantialem recipere nisi per corruptionem suam formam amittat. intellectus autem non corrumpitur, sed magis perficitur per hoc quod recipit formas omnium corporum: perficitur enim in intelligendo; intelligit autem secundum quod habet in se formas intellectorum. nulla igitur substantia intellectualis est corpus.
n.4 ‘ Adhuc. principium diversitatis individuorum eiusdem speciei est divisio materiae secundum quantitatem: forma enim huius ignis a forma illius ignis non differt nisi per hoc quod est in diversis partibus in quas materia dividitur; nec aliter quam divisione quantitatis, sine qua substantia est indivisibilis. quod autem recipitur in corpore, recipitur in eo secundum quantitatis divisionem. ergo forma non recipitur in corpore nisi ut individuata. si igitur intellectus esset corpus, formae rerum intelligibiles non reciperentur in eo nisi ut individuatae. intelligit autem intellectus res per formas earum quas penes se habet. non ergo intellectus intelligit universalia, sed solum particularia. quod patet esse falsum. nullus igitur intellectus est corpus.
n.5 ‘ Item. nihil agit nisi secundum suam speciem: eo quod forma est principium agendi in unoquoque. si igitur intellectus sit corpus, actio eius ordinem corporum non excedet. non igitur intelligeret nisi corpora. hoc autem patet esse falsum: intelligimus enim multa quae non sunt corpora. intellectus igitur non est corpus.
n.6 ‘ Adhuc. si substantia intelligens est corpus, aut est finitum, aut infinitum. “ corpus autem esse infinitum actu est impossibile, * ut in physicis probatur. ‘ est igitur finitum corpus, si corpus esse ponatur. hoc autem est impossibile. in nullo enim corpore finito potest esse potentia infinita, * ut supra probatum est. ‘ potentia autem intellectus est quodammodo infinita in intelligendo: in infinitum enim intelligit species numerorum augendo, et similiter species figurarum et proportionum; cognoscit etiam universale, quod est virtute infinitum secundum suum ambitum, continet enim individua quae sunt potentia infinita. intellectus igitur non est corpus.
n.7 ‘ Amplius. impossibile est duo corpora se invicem continere: cum continens excedat contentum. duo autem intellectus se invicem continent et comprehendunt, dum unus alium intelligit. non est igitur intellectus corpus.
n.8 ‘ Item. nullius corporis actio reflectitur super agentem: * ostensum est enim in physicis quod “ nullum corpus a seipso movetur nisi secundum partem, ita scilicet quod una pars eius sit movens et alia mota. ‘ intellectus autem supra seipsum agendo reflectitur: intelligit enim seipsum non solum secundum partem, sed secundum totum. non est igitur corpus.
n.9 “ Adhuc. actio corporis ad actionem non terminatur, nec motus ad motum: * ut in physicis est probatum. ‘ actio autem substantiae intelligentis ad actionem terminatur: intellectus enim, sicut intelligit rem, ita intelligit se intelligere, et sic in infinitum. substantia igitur intelligens non est corpus.
n.10 * Hinc est quod sacra scriptura “ substantias intellectuales spiritus * nominat: per quem modum consuevit “ deum incorporeum * nominare, secundum illud ioan. 4-24, ° deus spiritus est. * dicitur autem sap. 7-22 ° est autem in illa, “ scilicet divina sapientia, ° spiritus intelligentiae, qui capiat omnes spiritus intelligibiles.
n.11 * Per hoc autem excluditur error antiquorum naturalium, qui “ nullam substantiam nisi corpoream esse ponebant: unde et animam dicebant esse corpus, vel ignem vel aerem vel aquam, vel aliud huiusmodi.
n.12 * Quam quidem opinionem in fidem christianam quidam inducere sunt conati, dicentes “ animam esse corpus effigiatum, sicut corpus exterius figuratur.

005 SCG lb2 cp50

n. ‘ Quod substantiae intellectuales sunt immateriales.
n.1 ‘ Ex hoc autem apparet quod substantiae intellectuales sunt immateriales.
n.2 ‘ Unumquodque enim ex materia et forma compositum est corpus. diversas enim formas materia non nisi secundum diversas partes recipere potest. quae quidem diversitas partium esse in materia non potest nisi secundum quod per dimensiones in materia existentes una communis materia in plures dividitur: subtracta enim quantitate, substantia indivisibilis est. * ostensum est autem quod ‘ nulla substantia intelligens est corpus. relinquitur igitur quod non sit ex materia et forma composita.
n.3 ‘ Amplius. sicut homo non est sine hoc homine, ita materia non est sine hac materia. quicquid igitur in rebus est subsistens ex materia et forma compositum, est compositum ex forma et materia individuali. intellectus autem non potest esse compositus ex materia et forma individuali. species enim rerum intellectarum fiunt intelligibiles actu per hoc quod a

materia individuali abstrahuntur. secundum autem quod sunt intelligibiles actu, fiunt unum cum intellectu. unde et intellectum oportet esse absque materia individuali. non est igitur substantia intelligens ex materia et forma composita.
n.4 ' Adhuc. actio cuiuslibet ex materia et forma compositi non est tantum formae, nec tantum materiae, sed compositi: eius enim est agere cuius est esse; esse autem est compositi per formam; unde et compositum per formam agit. si igitur substantia intelligens sit composita ex materia et forma, intelligere erit ipsius compositi. actus autem terminatur ad aliquid simile agenti: unde et compositum generans non generat formam, sed compositum. si igitur intelligere sit actio compositi, non intelligetur nec forma nec materia, sed tantum compositum. hoc autem patet esse falsum. non est igitur substantia intelligens composita ex materia et forma.
n.5 ' Item. formae rerum sensibilium perfectius esse habent in intellectu quam in rebus sensibilibus: sunt enim simpliciores et ad plura se extendentes; per unam enim formam hominis intelligibilem, omnes homines intellectus cognoscit. forma autem perfecte in materia existens facit esse actu tale, scilicet vel ignem, vel coloratum: si autem non faciat aliquid esse tale, est imperfecte in illo, sicut forma coloris in aere ut in deferente, et sicut virtus primi agentis in instrumento. si igitur intellectus sit ex materia et forma compositus, formae rerum intellectarum facient intellectum esse actu talis naturae quale est quod intelligitur. * et sic sequitur error empedoclis, qui dicebat quod " ignem igne cognoscit anima, et terra terram, * et sic de aliis. quod patet esse inconveniens. ' non est igitur intelligens substantia composita ex materia et forma.
n.6 ' Praeterea. omne quod est in aliquo est in eo per modum recipientis. si igitur intellectus sit compositus ex materia et forma, formae rerum erunt in intellectu materialiter, sicut sunt extra animam. sicut igitur extra animam non sunt intelligibiles actu, ita nec existentes in intellectu.
n.7 ' Item. formae contrariorum, secundum esse quod habent in materia, sunt contrariae: unde et se invicem expellunt. secundum autem quod sunt in intellectu, non sunt contrariae: sed unum contrariorum est ratio intelligibilis alterius, quia unum per aliud cognoscitur. non igitur habent esse materiale in intellectu. ergo intellectus non est compositus ex materia et forma.
n.8 ' Adhuc. materia non recipit aliquam formam de novo nisi per motum vel mutationem. intellectus autem non movetur per hoc quod recipit formas, sed magis perficitur et quiescens intelligit, impeditur autem in intelligendo per motum. non igitur recipiuntur formae in intellectu sicut in materia vel in re materiali. unde patet quod substantiae intelligentes immateriales sunt, sicut et incorporeae.
n.9 * Hinc est quod dionysius dicit, iii cap. de div. nom.: ° propter divinae bonitatis radios substiterunt intellectuales omnes substantiae, quae sicut incorporales et immateriales intelliguntur.

005 SCG lb2 cp51

n. ' Quod substantia intellectualis non sit forma materialis.
n.1 ' Per eadem autem ostenditur quod naturae intellectuales sunt formae subsistentes, non autem existentes in materia quasi esse earum a materia dependeat.
n.2 ' Formae enim secundum esse a materia dependentes non ipsae proprie habent esse, sed composita per ipsas. si igitur naturae intellectuales essent huiusmodi formae, sequeretur quod haberent esse materiale, sicut et si essent ex materia et forma compositae.
n.3 ' Adhuc. formae quae per se non subsistunt, non possunt per se agere, agunt autem composita per eas. si igitur naturae intellectuales huiusmodi formae essent, sequeretur quod ipsae non intelligerent, sed composita ex eis et materia. et sic intelligens esset compositum ex materia et forma. * quod est impossibile, * ut ostensum est.
n.4 ' Amplius. si intellectus esset forma in materia et non per se subsistens, sequeretur quod id quod recipitur in intellectu reciperetur in materia: huiusmodi enim formae quae habent esse materiae obligatum, non recipiunt aliquid quod in materia non recipiatur. cum igitur receptio formarum in intellectu non sit receptio formarum in materia, impossibile est quod intellectus sit forma materialis.
n.5 ' Praeterea. dicere quod intellectus sit forma non subsistens sed materiae immersa, idem est secundum rem et si dicatur quod intellectus sit compositus ex materia et forma, differt autem solum secundum nomen: nam primo modo, dicetur intellectus ipsa forma compositi; secundo vero modo, dicetur intellectus ipsum compositum. si igitur falsum est intellectum esse compositum ex materia et forma, falsum erit quod sit forma non subsistens sed materialis.

005 SCG lb2 cp52

n. ' Quod in substantiis intellectualibus creatis differt esse et quod est.
n.1 ' Non est autem opinandum quod, quamvis substantiae intellectuales non sint corporeae, nec ex materia et forma compositae, nec in materia existentes sicut formae materiales, quod propter hoc divinae simplicitati adaequentur. invenitur enim in eis aliqua compositio ex eo quod non est idem in eis esse et quod est.
n.2 ' Si enim esse est subsistens, nihil praeter ipsum esse ei adiungitur. quia etiam in his quorum esse non est subsistens, quod inest existenti praeter esse eius, est quidem existenti unitum, non autem est unum cum esse eius, nisi per accidens, inquantum est unum subiectum habens esse et id quod est praeter esse: sicut patet quod socrati, praeter suum esse substantiale, inest album, quod quidem diversum est ab eius esse substantiali; non enim idem est esse socratem et esse album, nisi per accidens. si igitur non sit esse in aliquo subiecto, non remanebit aliquis modus quo possit ei uniri illud quod est praeter esse. esse autem, inquantum est esse, non potest esse diversum: potest autem diversificari per aliquid quod est praeter esse; sicut esse lapidis est aliud ab esse hominis. illud ergo quod est esse subsistens, non potest esse nisi unum tantum. * ostensum est autem quod ' deus est suum esse subsistens. nihil igitur aliud praeter ipsum potest esse suum esse. oportet igitur in omni substantia quae est |25| praeter ipsum, esse aliud ipsam substantiam et esse eius.
n.3 ' Amplius. natura communis, si separata intelligatur, non potest esse nisi una: quamvis habentes naturam illam plures possint inveniri. si enim natura animalis per se separata subsisteret, non haberet ea quae sunt hominis vel quae sunt bovis: iam enim non esset animal tantum, sed homo vel bos. remotis autem differentiis constitutivis specierum, remanet natura generis indivisa: quia eaedem differentiae quae sunt constitutivae specierum sunt divisivae generis. sic igitur, si hoc ipsum quod est esse sit commune sicut genus, esse separatum per se subsistens non potest esse nisi unum. si vero non dividatur differentiis, sicut genus, sed per hoc quod est huius vel illius esse, ut veritas habet; magis est manifestum quod non potest esse per se existens nisi unum. relinquitur igitur quod, cum deus sit esse subsistens, nihil aliud praeter ipsum est suum esse.
n.4 ' Adhuc. impossibile est quod sit duplex esse omnino infinitum: esse enim quod omnino est infinitum, omnem perfectionem essendi comprehendit; et sic, si duobus talis adesset infinitas, non inveniretur quo unum ab altero differret. esse autem subsistens oportet esse infinitum: quia non terminatur aliquo recipiente. impossibile est igitur esse aliquod esse subsistens praeter primum.
n.5 ' Item. si sit aliquod esse per se subsistens, nihil competit ei nisi quod est entis inquantum est ens: quod enim dicitur de aliquo non inquantum huiusmodi, non convenit ei nisi per accidens, ratione subiecti; unde, si separatum a subiecto ponatur, nullo modo ei competit. esse autem ab alio causatum non competit enti inquantum est ens: alias omne ens esset ab alio causatum; et sic oporteret procedere in infinitum in causis, quod est impossibile, * ut supra ostensum est. ' illud igitur esse quod est subsistens, oportet quod sit non causatum. nullum igitur ens causatum est suum esse.
n.6 ' Amplius. substantia uniuscuiusque est ei per se et non per aliud: unde esse lucidum actu non est de substantia aeris, quia est ei per aliud. sed cuilibet rei creatae suum esse est ei per aliud: alias non esset causatum. nullius igitur substantiae creatae suum esse est sua substantia.
n.7 ' Item. cum omne agens agat inquantum est actu, primo agenti, quod est perfectissimum, competit esse in actu perfectissimo modo. tanto autem aliquid est perfectius in actu quanto talis actus est in via generationis posterior: actus enim est tempore potentia posterior in uno et eodem quod de potentia ad actum procedit. perfectius quoque est in actu quod est ipse actus quam quod est habens actum: hoc enim propter illud actu est. * his igitur sic positis, constat ex supra ostensis quod ' deus solus est primum agens. sibi ergo soli competit esse in actu perfectissimo modo, ut scilicet sit ipse actus perfectissimus. hic autem est esse, ad quod generatio et omnis motus terminatur: omnis enim forma et actus est in potentia antequam esse acquirat. soli igitur deo competit quod sit ipsum esse: sicut soli competit quod sit primum agens.
n.8 ' Amplius. ipsum esse competit primo agenti secundum propriam naturam: esse enim dei est eius substantia * ut supra ostensum est. ' quod autem competit alicui secundum propriam naturam suam, non convenit aliis nisi per modum participationis: sicut calor aliis corporibus ab igne. ipsum igitur esse competit omnibus aliis a primo agente per participationem quandam. quod autem competit alicui per participationem, non est substantia eius. impossibile est igitur quod substantia alterius entis praeter agens primum sit ipsum esse.
n.9 * Hinc est quod exodi 3-14 " proprium nomen dei ponitur esse qui est: ' quia eius solius proprium est quod sua substantia non sit aliud quam suum esse.

005 SCG lb2 cp53

n. ' Quod in substantiis intellectualibus creatis est actus et potentia.
n.1 ' Ex hoc autem evidenter apparet quod in substantiis intellectualibus creatis est compositio actus et potentiae.
n.2 ' In quocumque enim inveniuntur aliqua duo quorum unum est complementum alterius, proportio unius eorum ad alterum est sicut proportio potentiae ad actum: nihil enim completur nisi per proprium actum. in substantia autem intellectuali creata inveniuntur duo: scilicet substantia ipsa; et esse eius, quod non est ipsa substantia, * ut ostensum est. ' ipsum autem esse est complementum substantiae existentis: unumquodque enim actu est per hoc quod esse habet. relinquitur igitur quod in qualibet praedictarum substantiarum sit compositio actus et potentiae.
n.3 ' Amplius. quod inest alicui ab agente, oportet esse actum: agentis enim est facere aliquid actu. * ostensum est autem supra quod ' omnes aliae substantiae habent esse a primo agente: et per hoc ipsae substantiae causatae sunt quod esse ab alio habent. ipsum igitur esse inest substantiis causatis ut quidam actus ipsarum. id autem cui actus inest, potentia est: nam actus, inquantum huiusmodi, ad potentiam refertur. in qualibet igitur substantia creata est potentia et actus.
n.4 ' Item. omne participans aliquid comparatur ad ipsum quod participatur ut potentia ad actum: per id enim quod participatur fit participans actu tale. * ostensum autem est supra quod ' solus deus est essentialiter ens, omnia autem alia participant ipsum esse. comparatur igitur substantia omnis creata ad suum esse sicut potentia ad actum.
n.5 ' Praeterea. assimilatio alicuius ad causam agentem fit per actum: agens enim agit sibi simile inquantum est actu. assimilatio autem cuiuslibet substantiae creatae ad deum est per ipsum esse, * ut supra ostensum est. ' ipsum igitur esse comparatur ad omnes substantias creatas sicut actus earum. ex quo relinquitur quod in qualibet substantia creata sit compositio actus et potentiae.

005 SCG lb2 cp54

n. ' Quod non est idem componi ex substantia et esse, et materia et forma.
n.1 ' Non est autem eiusdem rationis compositio ex materia et forma, et ex substantia et esse: quamvis utraque sit ex potentia et actu.
n.2 ' Primo quidem, quia materia non est ipsa substantia rei, nam sequeretur " omnes formas esse accidentia, * sicut antiqui naturales opinabantur: ' sed materia est pars substantiae.
n.3 ' Secundo autem quia ipsum esse non est proprius actus materiae, sed substantiae totius. eius enim actus est esse de quo possumus dicere quod sit. esse autem non dicitur de materia, sed de toto. unde materia non potest dici quod est, sed ipsa substantia est id quod est.
n.4 ' Tertio, quia nec forma est ipsum esse, sed se habent secundum ordinem: comparatur enim forma ad ipsum esse sicut lux ad lucere, vel albedo ad album esse.
n.5 ' Deinde quia ad ipsam etiam formam comparatur ipsum esse ut actus. per hoc enim in compositis ex materia et forma dicitur forma esse principium essendi, quia est complementum substantiae, cuius actus est ipsum esse: sicut diaphanum est aeri principium lucendi quia facit eum proprium subiectum luminis.
n.6 ' Unde in compositis ex materia et forma nec materia nec forma potest dici ipsum quod est, nec etiam ipsum esse. forma tamen potest dici quo est, secundum quod est essendi principium; ipsa autem tota substantia est ipsum quod est; et ipsum esse est quo substantia denominatur ens.
n.7 ' In substantiis autem intellectualibus, quae non sunt ex materia et forma compositae, * ut ostensum est, ' sed in eis ipsa forma est substantia subsistens, forma est quod est, ipsum autem esse est actus et quo est.
n.8 ' Et propter hoc in eis est unica tantum compositio actus et potentiae, quae scilicet est ex substantia et esse, * quae a quibusdam dicitur " ex quod est et esse; vel ex quod est et quo est.
n.9 ' In substantiis autem compositis ex materia et forma est duplex compositio actus et potentiae: prima quidem ipsius substantiae, quae componitur ex materia et forma; secunda vero ex ipsa substantia iam composita et esse, quae etiam potest dici " ex quod est et esse; vel ex quod est et quo est.
n.10 ' Sic igitur patet quod compositio actus et potentiae est in plus quam compositio formae et materiae. unde materia et forma dividunt substantiam naturalem: potentia autem et actus dividunt ens commune. et propter hoc quaecumque quidem consequuntur potentiam et actum inquantum huiusmodi, sunt communia substantiis materialibus et immaterialibus creatis: sicut recipere et recipi, perficere et perfici. quaecumque vero sunt propria materiae et formae inquantum huiusmodi, sicut generari et corrumpi et alia huiusmodi, haec sunt propria substantiarum materialium, et nullo modo conveniunt substantiis immaterialibus creatis.

005 SCG lb2 cp55

n. ' Quod substantiae intellectuales sunt incorruptibi-

les.
n.1 ‘ Ex hoc autem aperte ostenditur quod omnis substantia intellectualis est incorruptibilis.
n.2 ‘ Omnis enim corruptio est per separationem formae a materia: simplex quidem corruptio per separationem formae substantialis; corruptio autem secundum quid per separationem formae accidentalis. forma enim manente, oportet rem esse: per formam enim substantia fit proprium susceptivum eius quod est esse. ubi autem non est compositio formae et materiae, ibi non potest esse separatio earundem. igitur nec corruptio. * ostensum est autem quod ‘ nulla substantia intellectualis est composita ex materia et forma. nulla igitur substantia intellectualis est corruptibilis.
n.3 ‘ Amplius. quod per se alicui competit, de necessitate et semper et inseparabiliter ei inest: sicut rotundum per se quidem inest circulo, per accidens autem aeri; unde aes quidem fieri non rotundum est possibile, circulum autem non esse rotundum est impossibile. esse autem per se consequitur ad formam: per se enim dicimus secundum quod ipsum; unumquodque autem habet esse secundum quod habet formam. substantiae igitur quae non sunt ipsae formae, possunt privari esse, secundum quod amittunt formam: sicut aes privatur rotunditate secundum quod desinit esse circulare. substantiae vero quae sunt ipsae formae, nunquam possunt privari esse: sicut, si aliqua substantia esset circulus, nunquam posset fieri non rotunda. * ostensum est autem supra quod ‘ substantiae intellectuales sunt ipsae formae subsistentes. impossibile est igitur quod esse desinant. sunt igitur incorruptibiles.
n.4 ‘ Adhuc. in omni corruptione, remoto actu, manet potentia: non enim corrumpitur aliquid in omnino non ens, sicut nec generatur aliquid ex omnino non ente. in substantiis autem intellectualibus, * ut ostensum est, ‘ actus est ipsum esse, ipsa autem substantia est sicut potentia. si igitur substantia intellectualis corrumpatur, remanebit post suam corruptionem. quod est omnino impossibile. omnis igitur substantia intellectualis est incorruptibilis.
n.5 ‘ Item. in omni quod corrumpitur, oportet quod sit potentia ad non esse. si quid igitur est in quo non est potentia ad non esse, hoc non potest esse corruptibile. in substantia autem intellectuali non est potentia ad non esse. * manifestum est enim ex dictis quod ‘ substantia completa est proprium susceptivum ipsius esse. proprium autem susceptivum alicuius actus ita comparatur ut potentia ad actum illum quod nullo modo est in potentia ad oppositum: sicut ignis ita comparatur ad calorem ut potentia ad actum quod nullo modo est in potentia ad frigus. unde nec in ipsis substantiis corruptibilibus est potentia ad non esse in ipsa substantia completa nisi ratione materiae. in substantiis autem intellectualibus non est materia, sed ipsae sunt substantiae completae simplices. igitur in eis non est potentia ad non esse. sunt igitur incorruptibiles.
n.6 ‘ Praeterea. in quibuscumque est compositio potentiae et actus, id quod tenet locum primae potentiae, sive primi subiecti, est incorruptibile: unde etiam in substantiis corruptibilibus materia prima est incorruptibilis. sed in substantiis intellectualibus id quod tenet locum primae potentiae et subiecti, est ipsa earum substantia completa. igitur substantia ipsa est incorruptibilis. nihil autem est corruptibile nisi per hoc quod sua substantia corrumpitur. igitur omnes intellectuales naturae sunt incorruptibiles.
n.7 ‘ Amplius. omne quod corrumpitur vel corrumpitur per se, vel corrumpitur per accidens. substantiae autem intellectuales non possunt per se corrumpi. omnis enim corruptio est a contrario. agens enim, cum agat secundum quod est ens actu, semper agendo ducit ad aliquid esse actu. unde, si per huiusmodi esse actu aliquid corrumpatur desinens esse actu, oportet quod hoc contingat per contrarietatem eorum ad invicem: nam “ contraria sunt quae mutuo se expellunt. ‘ et propter hoc oportet omne quod corrumpitur per se, vel habere contrarium, vel esse ex contrariis compositum. neutrum autem horum substantiis intellectualibus convenit. cuius signum est, quia in intellectu ea etiam quae secundum suam naturam sunt contraria, desinunt esse contraria: album enim et nigrum in intellectu non sunt contraria; non enim se expellunt, immo magis se consequuntur, per intellectum enim unius eorum intelligitur aliud. substantiae igitur |25| intellectuales non sunt corruptibiles per se. similiter autem neque per accidens. sic enim corrumpuntur accidentia et formae non subsistentes. * ostensum autem est supra quod ‘ substantiae intellectuales sunt subsistentes. sunt igitur omnino incorruptibiles.
n.8 ‘ Adhuc. corruptio est mutatio quaedam. “ quam oportet esse terminum motus, * ut in physicis est probatum. ‘ unde oportet quod omne quod corrumpitur moveatur. * ostensum est autem in naturalibus quod “ omne quod movetur est corpus. ‘ oportet igitur omne quod corrumpitur esse corpus, si per se corrumpatur: vel aliquam formam seu virtutem corporis a corpore dependentem, si corrumpatur per accidens. substantiae autem intellectuales non sunt corpora, neque virtutes seu formae a corpore dependentes. ergo neque per se neque per accidens corrumpuntur. sunt igitur omnino incorruptibiles.
n.9 ‘ Item. omne quod corrumpitur, corrumpitur per hoc quod aliquid patitur: nam et ipsum corrumpi est quoddam pati. nulla autem substantia intellectualis potest pati tali passione quae ducat ad corruptionem. nam pati recipere quoddam est. quod autem recipitur in substantia intellectuali, oportet quod recipiatur in ea per modum ipsius, scilicet intelligibiliter. quod vero sic in substantia intellectuali recipitur, est perficiens substantiam intellectualem, et non corrumpens eam: intelligibile enim est perfectio intelligentis. substantia igitur intelligens est incorruptibilis.
n.10 ‘ Praeterea. sicut sensibile est obiectum sensus, ita intelligibile est obiectum intellectus. sensus autem propria corruptione non corrumpitur nisi propter excellentiam sui obiecti: sicut visus a valde fulgidis, et auditus a fortibus sonis, et sic de aliis. dico autem propria corruptione: quia sensus corrumpitur etiam per accidens propter corruptionem subiecti. qui tamen modus corruptionis non potest accidere intellectui: cum non sit actus corporis ullius quasi a corpore dependens, * ut supra ostensum est. ‘ patet autem quod nec corrumpitur per excellentiam sui obiecti: quia qui intelligit valde intelligibilia, non minus intelligit minus intelligibilia, sed magis. intellectus igitur nullo modo est corruptibilis.
n.11 ‘ Amplius. intelligibile est propria perfectio intellectus: unde “ intellectus in actu et intelligibile in actu sunt unum. ‘ quod igitur convenit intelligibili inquantum est intelligibile, oportet convenire intellectui inquantum huiusmodi: quia perfectio et perfectibile sunt unius generis. intelligibile autem, inquantum est intelligibile, est necessarium et incorruptibile: necessaria enim perfecte sunt intellectu cognoscibilia; contingentia vero, inquantum huiusmodi, non nisi deficienter; habetur enim de eis non scientia, sed opinio; unde et corruptibilium intellectus scientiam habet secundum quod sunt incorruptibilia, inquantum scilicet sunt universalia. oportet igitur intellectum esse incorruptibilem.
n.12 ‘ Adhuc. unumquodque perficitur secundum modum suae substantiae. ex modo igitur perfectionis alicuius rei potest accipi modus substantiae ipsius. intellectus autem non perficitur per motum, sed per hoc quod est extra motum existens: “ perficimur enim secundum intellectivam animam scientia et prudentia, sedatis permutationibus et corporalibus et animae passionum; * ut patet per philosophum, in vii physicorum. ‘ modus igitur substantiae intelligentis est quod esse suum sit supra motum, et per consequens supra tempus. esse autem cuiuslibet rei corruptibilis subiacet motui et tempori. impossibile est igitur substantiam intelligentem esse corruptibilem.
n.13 ‘ Praeterea. impossibile est naturale desiderium esse inane: “ natura enim nihil facit frustra. ‘ sed quilibet intelligens naturaliter desiderat esse perpetuum: non solum ut perpetuetur esse secundum speciem, sed etiam individuum. quod sic patet. naturalis enim appetitus quibusdam quidem inest ex apprehensione: sicut lupus naturaliter desiderat occisionem animalium ex quibus pascitur, et homo naturaliter desiderat felicitatem. quibusdam vero absque apprehensione, ex sola inclinatione naturalium principiorum, quae naturalis appetitus in quibusdam dicitur: sicut grave appetit esse deorsum. utroque autem modo inest rebus naturale desiderium essendi: cuius signum est quia et ea quae cognitione carent, resistunt corrumpentibus secundum virtutem suorum principiorum naturalium; et ea quae cognitionem habent, resistunt eisdem secundum modum suae cognitionis. illa igitur cognitione carentia quorum principiis inest virtus ad conservandum esse perpetuum ita quod maneant semper eadem secundum numerum, |25| naturaliter appetunt esse perpetuum etiam secundum idem numero. quorum autem principia non habent ad hoc virtutem, sed solum ad conservandum esse perpetuum secundum idem specie, etiam sic naturaliter appetunt perpetuitatem. hanc igitur differentiam oportet et in his inveniri quibus desiderium essendi cum cognitione inest: ut scilicet illa quae non cognoscunt esse nisi ut nunc, desiderant esse ut nunc; non autem semper, quia esse sempiternum non apprehendunt. desiderant tamen esse perpetuum speciei: tamen absque cognitione; quia virtus generativa, quae ad hoc deservit, praeambula est, et non subiacens cognitioni. illa igitur quae ipsum esse perpetuum cognoscunt et apprehendunt, desiderant ipsum naturali desiderio. hoc autem convenit omnibus substantiis intelligentibus. omnes igitur substantiae intelligentes naturali desiderio appetunt esse semper. ergo impossibile est quod esse deficiant.
n.14 ‘ Adhuc. quaecumque incipiunt esse et desinunt, per eandem potentiam habent utrumque: eadem enim est potentia ad esse et ad non esse. sed substantiae intelligentes non potuerunt incipere esse nisi per potentiam primi agentis: non enim sunt ex materia, quae potuerit praefuisse, * ut ostensum est. ‘ igitur nec est aliqua potentia ad non esse earum nisi in primo agente, secundum quod potest non influere eis esse. sed ex hac sola potentia nihil potest dici corruptibile. tum quia res dicuntur necessariae et contingentes secundum potentiam quae est in eis, et non secundum potentiam dei, * ut supra ostensum est. ‘ tum etiam quia deus, qui est institutor naturae, non subtrahit rebus id quod est proprium naturis earum; * ostensum est autem quod ‘ proprium naturis intellectualibus est quod sint perpetuae; unde hoc eis a deo non subtrahetur. sunt igitur substantiae intellectuales ex omni parte incorruptibiles.
n.15 * Hinc est quod in psalmo: laudate dominum de caelis, “ connumeratis angelis et caelestibus corporibus, * subiungitur: ° statuit ea in aeternum et in saeculum saeculi, * per quod praedictorum perpetuitas designatur.
n.16 * Dionysius etiam, in iv cap. de div. nom., dicit quod ° propter divinae bonitatis radios substiterunt intelligibiles et intellectuales substantiae, et sunt et vivunt, et habent vitam indeficientem et imminorabilem, ab universa corruptione et generatione et morte mundae existentes, et elevatae ab instabili et fluxa variatione.

005 SCG lb2 cp56

n. ‘ Per quem modum substantia intellectualis possit corpori uniri.
n.1 ‘ Cum autem supra ostensum sit substantiam intellectualem non esse corpus neque virtutem aliquam a corpore dependentem, restat investigandum utrum aliqua substantia intellectualis corpori possit uniri.
n.2 ‘ Est autem primo manifestum quod substantia intellectualis non potest corpori uniri per modum mixtionis. quae enim miscentur, oportet ad invicem alterata esse. quod non contingit nisi in his quorum est materia eadem, quae possunt esse activa et passiva ad invicem. substantiae autem intellectuales non communicant in materia cum corporalibus: sunt enim immateriales, * ut supra ostensum est. ‘ non sunt igitur corpori miscibiles. adhuc. quae miscentur, mixtione iam facta, non manent actu, sed virtute tantum: nam si actu manerent, non esset mixtio, sed confusio tantum; unde corpus mixtum ex elementis nullum eorum est. hoc autem impossibile est accidere substantiis intellectualibus: sunt enim incorruptibiles, * ut supra ostensum est. ‘ non igitur potest substantia intellectualis uniri corpori per modum mixtionis.
n.3 ‘ Similiter autem patet quod substantia intellectualis non potest uniri corpori per modum contactus proprie sumpti. tactus enim non nisi corporum est: sunt enim tangentia quorum sunt ultima simul, ut puncta aut lineae aut superficies, quae sunt corporum ultima. non igitur per modum contactus substantia intellectualis corpori uniri potest.
n.4 ‘ Ex hoc autem relinquitur quod neque continuatione, neque compositione aut colligatione, ex substantia intellectuali et corpore unum fieri possit. omnia enim haec sine contactu esse non possunt.
n.5 ‘ Est tamen quidam modus contactus quo substantia intellectualis corpori uniri potest. corpora enim naturalia tangendo se alterant: et sic ad invicem uniuntur non solum secundum ultima quantitatis, sed etiam secundum similitudinem qualitatis aut formae, dum alterans formam suam imprimit in alteratum. et quamvis, si considerentur solum ultima quantitatis, oporteat in omnibus mutuum esse tactum, tamen, si attendatur ad actionem et passionem, invenientur aliqua esse tangentia tantum et aliqua tacta tantum: corpora enim caelestia tangunt quidem hoc modo elementaria corpora, inquantum ea alterant: non autem tanguntur ab eis, quia ab eis non patiuntur. si igitur sint aliqua agentia quae quantitatis ultimis non tangant, dicentur nihilominus tangere, inquantum agunt: * secundum quem modum dicimus quod “ contristans nos tangit. ‘ hoc igitur modo tangendi possibile est uniri substantiam intellectualem corpori per contactum. agunt enim substantiae intellectuales in corpora et |25| movent ea, cum sint immateriales et magis in actu existentes.
n.6 ‘ Hic autem tactus non est quantitatis, sed virtutis. unde differt hic tactus a tactu corporeo in tribus. primo quidem, quia hoc tactu id quod est indivisibile potest tangere divisibile. quod in tactu corporeo non potest accidere: nam puncto non potest tangi nisi indivisibile aliquid. substantia autem intellectualis, quamvis sit indivisibilis, potest tangere quantitatem divisibilem, inquantum agit in ipsam. alio enim modo est indivisibile punctum, et substantia intellectualis. punctum quidem sicut quantitatis terminus: et ideo habet situm determinatum in continuo, ultra quem porrigi non potest. substantia autem intellectualis est indivisibilis quasi extra genus quantitatis existens. unde non determinatur ei indivisibile aliquid quantitatis ad tangendum. secundo, quia tactus quantitatis est solum secundum ultima: tactus autem virtutis est ad totum quod tangitur. sic enim tangitur secundum quod patitur et movetur. |25| hoc autem fit secundum quod est in potentia. potentia vero est secundum totum, non secundum ultima totius. unde totum tangitur. ex quo patet tertia differentia. quia in tactu quantitatis, qui fit secundum extrema, oportet esse tangens extrinsecum ei quod tangitur; et non potest incedere per ipsum, sed impeditur ab eo. tactus autem virtutis, qui competit substantiis intellectualibus, cum sit ad intima, facit substantiam tangentem esse intra id quod tangitur, et incedentem per ipsum absque impedimento.
n.7 ‘ Sic igitur substantia intellectualis potest corpori uniri per contactum virtutis. quae autem uniuntur se-

cundum talem contactum, non sunt unum simpliciter. sunt enim unum in agendo et patiendo: quod non est esse unum simpliciter. sic enim dicitur unum quomodo et ens. esse autem agens non significat esse simpliciter. unde nec esse unum in agendo est esse unum simpliciter. unum autem simpliciter tripliciter dicitur: vel sicut indivisibile; vel sicut continuum; vel sicut quod est ratione unum. ex substantia autem intellectuali et corpore non potest fieri unum quod sit indivisibile: oportet enim illud esse compositum ex duobus. neque iterum quod sit continuum: quia partes continui quantae sunt. relinquitur igitur inquirendum utrum ex substantia intellectuali et corpore possit sic fieri unum sicut quod est ratione unum. ex duobus autem permanentibus non fit aliquid ratione unum nisi sicut ex forma substantiali et materia: ex subiecto enim et |25| accidente non fit ratione unum; non enim est eadem ratio hominis et albi. hoc igitur inquirendum relinquitur, utrum substantia intellectualis corporis alicuius forma substantialis esse possit.

n.8 ' Videtur autem rationabiliter considerantibus hoc esse impossibile.

n.9 ' Ex duabus enim substantiis actu existentibus non potest fieri aliquid unum: actus enim cuiuslibet est id quo ab altero distinguitur. substantia autem intellectualis est substantia actu existens, * ut ex praemissis apparet. 'similiter autem et corpus. non igitur potest aliquid unum fieri, ut videtur, ex substantia intellectuali et corpore.

n.10 ' Adhuc. forma et materia in eodem genere continentur: omne enim genus per actum et potentiam dividitur. substantia autem intellectualis et corpus sunt diversa genera. non igitur videtur possibile unum esse formam alterius.

n.11 ' Amplius. omne illud cuius esse est in materia, oportet esse materiale. sed si substantia intellectualis est forma corporis, oportet quod esse eius sit in materia corporali: non enim esse formae est praeter esse materiae. sequetur igitur quod substantia intellectualis non sit immaterialis, * ut supra ostensum est.

n.12 ' Item. impossibile est illud cuius esse est in corpore, esse a corpore separatum. " intellectus autem ostenditur * a philosophis " esse separatus a corpore, et quod neque est corpus neque virtus in corpore. ' non est igitur intellectualis substantia forma corporis: sic enim esse eius esset in corpore.

n.13 ' Adhuc. cuius esse est commune corpori, oportet et operationem corpori communem esse: unumquodque enim agit secundum quod est ens; nec virtus operativa rei potest esse sublimior quam eius essentia, cum virtus essentiae principia consequatur. si autem substantia intellectualis sit forma corporis, oportet quod esse eius sit sibi et corpori commune: ex forma enim et materia fit aliquid unum simpliciter, quod est secundum esse unum. erit igitur et operatio substantiae intellectualis communis corpori, et virtus eius virtus in corpore. * quod ex praemissis patet esse impossibile.

005 SCG lb2 cp57

n. ' Positio platonis de unione animae intellectualis ad corpus.

n.1 * Ex his autem et similibus rationibus aliqui moti, dixerunt quod " nulla substantia intellectualis potest esse forma corporis. * sed quia huic positioni ipsa hominis natura contradicere videbatur, " qui ex anima intellectuali et corpore videtur esse compositus, * excogitaverunt quasdam vias per quas naturam hominis salvarent.

n.2 * Plato igitur posuit, et eius sequaces, quod " anima intellectualis non unitur corpori sicut forma materiae, sed solum sicut motor mobili, dicens animam esse in corpore sicut nautam in navi. et sic unio animae et corporis non esset nisi per contactum virtutis, * de quo supra dictum est.

n.3 * Hoc autem videtur inconveniens. ' secundum praedictum enim contactum non fit aliquid unum simpliciter, * ut ostensum est. ' ex unione autem animae et corporis fit homo. relinquitur igitur quod homo non sit unum simpliciter: et per consequens nec ens simpliciter, sed ens per accidens.

n.4 * Ad hoc autem evitandum, plato posuit quod " homo non sit aliquid compositum ex anima et corpore: sed quod ipsa anima utens corpore sit homo; sicut petrus non est aliquid compositum ex homine et indumento, sed homo utens indumento.

n.5 * Hoc autem esse impossibile ostenditur. ' animal enim et homo sunt quaedam sensibilia et naturalia. hoc autem non esset si corpus et eius partes non essent de essentia hominis et animalis, sed tota essentia utriusque esset anima, * secundum positionem praedictam: ' anima enim non est aliquid sensibile neque materiale. impossibile est igitur hominem et animal esse animam utentem corpore, non autem aliquid ex corpore et anima compositum.

n.6 ' Item. impossibile est quod eorum quae sunt diversa secundum esse, sit operatio una. dico autem operationem unam, non ex parte eius in quod terminatur actio, sed secundum quod egreditur ab agente: multi enim trahentes navim unam actionem faciunt ex parte operati, quod est unum, sed tamen ex parte trahentium sunt multae actiones, quia sunt diversi impulsus ad trahendum, cum enim actio consequatur formam et virtutem, oportet quorum sunt diversae formae et virtutes, esse et actiones diversas. quamvis autem animae sit aliqua operatio propria, in qua non communicat corpus, sicut intelligere; sunt tamen aliquae operationes communes sibi et corpori, ut timere et irasci et sentire et huiusmodi: haec enim accidunt secundum aliquam transmutationem alicuius determinatae partis corporis, ex quo patet quod simul sunt animae et corporis operationes. oportet igitur ex anima et corpore unum fieri, et quod non sint secundum esse diversa.

n.7 * Huic autem rationi secundum platonis sententiam obviatur. " nihil enim inconveniens est moventis et moti, quamvis secundum esse diversorum, esse eundem actum: nam motus est idem actus moventis sicut a quo est, moti autem sicut in quo est. * sic igitur plato posuit " praemissas operationes esse animae corporique communes: ut videlicet sint animae sicut moventis et corporis sicut moti.

n.8 * Sed hoc esse non potest. quia, ut probat philosophus in ii de anima, ° sentire accidit in ipso moveri a sensibilibus exterioribus. ' unde non potest homo sentire absque exteriori sensibili: sicut non potest aliquid moveri absque movente. organum igitur sensus movetur et patitur in sentiendo, sed ab exteriori sensibili. illud autem quo patitur est sensus; quod ex hoc patet, quia carentia sensu non patiuntur a sensibilibus tali modo passionis. sensus igitur est virtus passiva ipsius organi. anima igitur sensitiva non se habet in sentiendo sicut movens et agens, sed sicut id quo patiens patitur. quod impossibile est esse diversum secundum esse a patiente. non est igitur anima sensibilis secundum esse diversa a corpore animato.

n.9 ' Praeterea. licet motus sit communis actus moventis et moti, tamen alia operatio est facere motum et recipere motum: unde et " duo praedicamenta ponuntur facere et pati. ' si igitur in sentiendo anima sensitiva se habet ut agens et corpus ut patiens, alia erit operatio animae et alia corporis. anima igitur sensitiva habebit aliquam operationem propriam. habebit igitur et subsistentiam propriam. non igitur, destructo corpore, esse desinet. animae igitur sensitivae, etiam irrationabilium animalium, erunt immortales. quod quidem improbabile videtur. * tamen a platonis opinione non discordat, * sed de hoc infra erit locus quaerendi.

n.10 ' Amplius. mobile non sortitur speciem a suo motore. si igitur anima non coniungitur corpori nisi sicut motor mobili, corpus et partes eius non consequuntur speciem ab anima. abeunte igitur anima, remanebit corpus et partes eius eiusdem speciei. hoc autem est manifeste falsum: nam caro et os et manus et huiusmodi partes post abscessum animae non dicuntur nisi aequivoce; cum nulli harum partium propria operatio adsit, quae speciem consequitur. non igitur unitur anima corpori solum sicut motor mobili, vel sicut homo vestimento.

n.11 ' Adhuc. mobile non habet esse per suum motorem, sed solummodo motum. si igitur anima uniatur corpori solummodo ut motor, corpus movebitur quidem ab anima, sed non habebit esse per eam. vivere autem est quoddam esse viventis. non igitur corpus vivet per animam.

n.12 ' Item. mobile neque generatur per applicationem motoris ad ipsum, neque per eius separationem corrumpitur: cum non dependeat mobile a motore secundum esse, sed secundum moveri tantum. si igitur anima uniatur corpori solum ut motor, sequetur quod in unione animae et corporis non erit aliqua generatio, neque in separatione corruptio. et sic mors, quae consistit in separatione animae et corporis, non erit corruptio animalis. quod est manifeste falsum.

n.13 ' Praeterea. omne movens seipsum ita se habet quod in ipso est moveri et non moveri, et movere et non movere. " sed anima, * secundum platonis opinionem, " movet corpus sicut movens seipsum. ' est ergo in potestate animae movere corpus vel non movere. si igitur non unitur ei nisi sicut motor mobili, erit in potestate animae separari a corpore cum voluerit, et iterum uniri ei cum voluerit. quod patet esse falsum.

n.14 ' Quod autem ut forma propria anima corpori uniatur, sic probatur. illud quo aliquid fit de potentia ente actu ens, est forma et actus ipsius. corpus autem per animam fit actu ens de potentia existente: vivere enim est esse viventis; semen autem ante animationem est vivens solum in potentia, per animam autem fit vivens actu. est igitur anima forma corporis animati.

n.15 ' Amplius. quia tam esse quam etiam operari non est solum formae neque solum materiae, sed coniuncti, esse et agere duobus attribuitur, quorum unum se habet ad alterum sicut forma ad materiam: dicimus enim quod homo est sanus corpore et sanitate, et quod est sciens scientia et anima, quorum scientia est forma animae scientis, et sanitas corporis sani. vivere autem et sentire attribuitur animae et corpori: dicimur enim et vivere et sentire anima et corpore. sed anima tamen sicut principio vitae et sensus. est igitur anima forma corporis.

n.16 ' Adhuc. similiter se habet tota anima sensitiva ad totum corpus sicut pars ad partem. pars autem ita se habet ad partem quod est forma et actus eius: visus enim est forma et actus oculi. ergo anima est forma et actus corporis.

005 SCG lb2 cp58

n. ' Quod nutritiva, sensitiva et intellectiva non sunt in homine tres animae.

n.1 * Potest autem praedictis rationibus secundum opinionem platonis obviari quantum ad praesentem intentionem pertinet. ponit enim plato " non esse eandem animam in nobis intellectivam, nutritivam et sensitivam. unde, etsi anima sensitiva sit forma corporis, non oportebit propter hoc dicere quod aliqua intellectualis substantia forma corporis esse possit.

n.2 * Quod autem hoc sit impossibile, sic ostendendum est.

n.3 ' Quae attribuuntur alicui eidem secundum diversas formas, praedicantur de invicem per accidens: album enim dicitur esse musicum per accidens, quia socrati accidit albedo et musica. si igitur anima intellectiva, sensitiva et nutritiva sunt diversae virtutes aut formae in nobis, ea quae secundum has formas nobis conveniunt, de invicem praedicabuntur per accidens. sed secundum animam intellectivam dicimur homines, secundum sensitivam animalia, secundum nutritivam viventia. erit igitur haec praedicatio per accidens, homo est animal; vel, animal est vivum. est autem per se: nam homo secundum quod est homo, animal est; et animal secundum quod est animal, vivum est. est igitur aliquis ab eodem principio homo, animal et vivum.

n.4 * Si autem dicatur quod, " etiam praedictis animabus diversis existentibus, non sequitur praedictae praedicationes fore per accidens, eo quod animae illae ad invicem ordinem habent: * hoc iterum removetur. ' nam ordo sensitivi ad intellectivum, et nutritivi ad sensitivum, est sicut ordo potentiae ad actum: nam intellectivum sensitivo, et sensitivum nutritivo posterius secundum generationem est; prius enim in generatione fit animal quam homo. si igitur iste ordo facit praedicationes praedictas esse per se, hoc non erit secundum illum modum dicendi per se qui accipitur secundum formam, sed secundum illum qui accipitur secundum materiam et subiectum, sicut dicitur superficies colorata. hoc autem est impossibile. quia in isto modo dicendi per se, id quod est formale praedicatur per se de subiecto: ut cum dicimus, superficies est alba, vel, numerus est par. et iterum in hoc modo dicendi per se subiectum ponitur in definitione praedicati: sicut numerus in definitione paris. ibi autem e contrario accidit. |25| non enim homo per se praedicatur de animali, sed e converso: et iterum non ponitur subiectum in definitione praedicati, sed e converso. non igitur praedictae praedicationes dicuntur per se ratione dicti ordinis.

n.5 ' Praeterea. ab eodem aliquid habet esse et unitatem: unum enim consequitur ad ens. cum igitur a forma unaquaeque res habeat esse, a forma etiam habebit unitatem. si igitur ponantur in homine plures animae sicut diversae formae, homo non erit unum ens, sed plura. nec ad unitatem hominis ordo formarum sufficiet. quia esse unum secundum ordinem non est esse unum simpliciter: cum unitas ordinis sit minima unitatum.

n.6 * Item. adhuc redibit praedictum inconveniens, ' ut scilicet ex anima intellectiva et corpore non fiat unum simpliciter, sed secundum accidens tantum. omne enim quod advenit alicui post esse completum, advenit ei accidentaliter: cum sit extra essentiam eius. quaelibet autem forma substantialis facit ens completum in genere substantiae: facit enim ens actu et hoc aliquid. quicquid igitur post primam formam substantialem advenit rei, accidentaliter adveniet. cum igitur anima nutritiva sit forma substantialis, vivum enim substantialiter de homine praedicatur et de animali; sequetur quod anima sensitiva adveniat accidentaliter, et similiter intellectiva. et sic neque animal neque homo significant unum simpliciter, neque aliquod genus aut speciem in praedicamento substantiae.

n.7 " Amplius. si homo, * secundum platonis sententiam, " non est aliquid ex anima et corpore compositum, sed est anima utens corpore, aut hoc intelligitur solum de anima intellectiva, aut de tribus animabus, si tres sunt, sive de duabus earum. si autem de tribus vel duabus, * sequitur quod " homo non sit unum, sed sit duo vel tria: est enim tres animae, vel saltem duae. * si autem hoc intelligatur " de anima intellectiva tantum, ita scilicet quod intelligatur anima sensitiva esse forma corporis, et anima intellectiva utens corpore animato et sensificato sit homo, * sequentur adhuc inconvenientia: scilicet quod " homo non sit animal, sed utatur animali, nam per animam sensitivam aliquid est animal; et quod homo non sentiat, sed utatur re sentiente. * quae cum sint inconvenientia, impossibile est " tres animas substantia differentes esse in nobis, intellectivum, sensitivum et nutritivum.

n.8 ' Adhuc. ex duobus aut pluribus non potest fieri unum si non sit aliquid uniens, nisi unum eorum se habeat ad alterum ut actus ad potentiam: sic enim ex materia et forma fit unum, nullo vinculo extraneo eos colligante. si autem in homine sint plures animae, non se habent ad invicem ut materia et forma, sed omnes ponuntur ut actus quidam et principia actionum. oportet igitur, si uniantur ad faciendum aliquid unum, puta hominem vel animal, quod sit aliquid uniens. hoc autem non potest esse corpus: cum magis corpus uniatur per animam; cuius signum est quod discedente anima, corpus dissolvitur. relinquitur igitur quod oportet aliquid formalius esse quod facit ex illis pluribus unum. et hoc magis erit anima quam illa plura quae per ipsum uniuntur. si igitur hoc iterum est habens partes diversas, et non est unum secundum se, oportet adhuc esse aliquid uniens. cum igitur non sit abire in infinitum, oportet devenire ad aliquid quod sit secundum se unum. et hoc maxime est |25| anima. oportet igitur in uno homine vel animali unam tantum animam esse.

n.9 " Item. si id quod est ex parte animae in homine, est ex pluribus congregatum, oportet quod sicut totum congregatum se habet ad totum corpus, ita singula ad singulas partes corporis. * quod etiam a positione platonis non discordat: ponebat enim " animam rationalem in cerebro, nutritivam in hepate, concupiscibilem in corde. * hoc autem apparet esse falsum, dupliciter. ' primo quidem quia aliqua pars animae est quae non potest attribui alicui parti corporis, scilicet intellectus, de quo supra ostensum est quod non est actus alicuius partis corporis. secundo, quia manifestum est quod in eadem parte corporis apparent diversarum partium animae operationes: sicut patet in animalibus quae decisa vivunt, quia eadem pars habet motum et sensum et appetitum quo movetur; et similiter eadem pars plantae decisa nutritur, augetur et germinat; ex quo apparet quod diversae partes animae in una et eadem parte corporis sint. non igitur sunt diversae animae in nobis, diversis partibus |25| corporis attributae.

n.10 ' Amplius. diversae vires quae non radicantur in uno principio, non impediunt se invicem in agendo, nisi forte earum actiones essent contrariae: quod in proposito non contingit. videmus autem quod diversae actiones animae impediunt se: cum enim una est intensa, altera remittitur. oportet igitur quod istae actiones, et vires quae sunt earum proxima principia, reducantur in unum principium. hoc autem principium non potest esse corpus: tum quia aliqua actio est in qua non communicat corpus, scilicet intelligere; tum quia, si principium harum virium et actionum esset corpus inquantum huiusmodi, invenirentur in omnibus corporibus, quod patet esse falsum. et sic relinquitur quod sit principium earum forma aliqua una, per quam hoc corpus est tale corpus. quae est anima. relinquitur igitur quod omnes actiones animae quae sunt in nobis, ab anima una procedunt. et sic non sunt in nobis plures animae.

n.11 * Huic autem consonat quod dicitur in libro de ecclesiast. dogmatibus: ° neque duas animas esse credimus in uno homine, sicut iacobus et alii syrorum scribunt, unam animalem, qua animatur corpus, et immixta sit sanguini, et alteram spiritualem, quae rationem ministret: sed dicimus unam eandemque esse animam in homine quae et corpus sua societate vivificat, et semetipsam sua ratione disponat.

005 SCG lb2 cp59

n. ' Quod intellectus possibilis hominis non est substantia separata.

n.1 * Fuerunt autem et alii alia adinventione utentes in sustinendo quod " substantia intellectualis non possit uniri corpori ut forma. * dicunt enim quod " intellectus, etiam quem aristoteles possibilem vocat, est quaedam substantia separata non coniuncta nobis ut forma.

n.2 * Et hoc confirmare nituntur, primo, ex verbis aristotelis qui dicit, de hoc intellectu loquens, quod " est separatus, et immixtus corpori, et simplex, et impassibilis: quae non possent dici de eo si esset forma corporis.

n.3 * Item, per demonstrationem eiusdem qua probat quod, " quia intellectus possibilis recipit omnes species rerum sensibilium ut in potentia ad ea existens, oportet quod omnibus careat. sicut pupilla, quae recipit omnes species colorum, caret omni colore: si enim haberet de se aliquem colorem, ille color prohiberet videri alios colores; quinimmo nihil videretur nisi sub illo colore. et simile contingeret de intellectu possibili, si haberet de se aliquam formam seu naturam de rebus sensibilibus. hoc autem oporteret esse, si esset mixtus alicui corpori. et similiter si esset forma alicuius corporis: quia, cum ex forma et materia fiat unum, oportet quod forma participet aliquid de natura eius cuius est forma. * impossibile est igitur " intellectum possibilem esse mixtum corpori, aut esse actum seu formam alicuius corporis.

n.4 " Adhuc. si esset forma alicuius corporis materialis, esset eiusdem generis receptio huius intellectus, et receptio materiae primae. id enim quod est alicuius corporis forma, non recipit aliquid absque sua materia. materia autem prima recipit formas individuales: immo per hoc individuantur quod sunt in materia. intellectus igitur possibilis reciperet formas ut sunt individuales. et sic non cognosceret universalia. * quod patet esse falsum.

n.5 " Praeterea. materia prima non est cognoscitiva formarum quas recipit. si ergo eadem esset receptio intellectus possibilis et materiae primae, nec intellectus possibilis cognosceret formas receptas. * quod est falsum.

n.6 * Amplius. impossibile est " in corpore esse virtutem infinitam: * ut probatur ab aristotele in viii physicor.. " intellectus autem possibilis est quodammodo virtutis infinitae: iudicamus enim per ipsum res infinitas secundum numerum, inquantum per ipsum cognoscimus universalia, sub quibus comprehenduntur particularia infinita in potentia. non est igitur intellectus possibilis virtus in corpore.

n.7 * Ex his autem motus est averroes et quidam antiqui, ut ipse dicit, ad ponendum " intellectum possibilem, quo intelligit anima, esse separatum secundum esse a corpore, et non esse formam corporis.

n.8 " Sed quia hic intellectus nihil ad nos pertineret, nec per ipsum intelligeremus, nisi nobiscum aliquo modo coniungeretur; * determinat etiam " modum quo continuatur nobiscum, dicens quod species intellecta in actu est forma intellectus possibilis, sicut visibile in actu est forma potentiae visivae. unde ex intellectu possibili et forma intellecta in actu fit unum. cuicumque igitur coniungitur forma intellecta praedicta, coniungitur intellectus possibilis. coniungitur autem nobis mediante phantasmate, quod est subiectum quoddam illius formae intellectae. per hunc igitur modum etiam intellectus possibilis nobiscum continuatur.

n.9 * Quod autem haec frivola sint et impossibilia facile est videre. ' habens enim intellectum est intelligens. intelligitur autem id cuius species intelligibilis intellectui unitur. per hoc igitur quod species intelligibilis intellectui unita est in homine per aliquem modum, non habebit homo quod sit intelligens, sed solum quod intelligatur ab intellectu separato.

n.10 ' Praeterea. sic species intellecta in actu est forma intellectus possibilis, sicut species visibilis in actu est forma potentiae visivae, sive ipsius oculi. " species autem intellecta comparatur ad phantasma sicut species visibilis in actu ad coloratum quod est extra animam: * et hac similitudine ipse utitur, et etiam aristoteles. ' similis igitur continuatio est intellectus possibilis per formam intelligibilem ad phantasma quod in nobis est, et potentiae visivae ad colorem qui est in lapide. haec autem continuatio non facit lapidem videre, sed solum videri. ergo et praedicta continuatio intellectus possibilis nobiscum non facit nos intelligere, sed intelligi solum. planum autem est quod proprie et vere dicitur quod homo intelligit: non enim intellectus naturam investigaremus nisi per hoc quod nos intelligimus. non igitur sufficiens est praedictus continuationis modus.

n.11 ' Adhuc. omne cognoscens per virtutem cognoscitivam coniungitur obiecto, et non e converso: sicut et operans omne per virtutem operativam coniungitur operato. homo autem est intelligens per intellectum sicut per virtutem cognoscitivam. non igitur coniungitur per formam intelligibilem intellectui, sed magis per intellectum intelligibili.

n.12 ' Amplius. id quo aliquid operatur, oportet esse formam eius: nihil enim agit nisi secundum quod est actu; actu autem non est aliquid nisi per id quod est forma eius; * unde et aristoteles probat " animam esse formam, per hoc quod animal per animam vivit et sentit. ' homo autem intelligit, et non nisi per intellectum: * unde et aristoteles, " inquirens de principio quo intelligimus, tradit nobis naturam intellectus possibilis. ' oportet igitur intellectum possibilem formaliter uniri nobis, et non solum per suum obiectum.

n.13 " Praeterea. intellectus in actu et intelligibile in actu sunt unum: sicut sensus in actu et sensibile in actu. ' non autem intellectus in potentia et intelligibile in potentia: sicut nec sensus in potentia et sensibile in potentia. species igitur rei, secundum quod est in phantasmatibus, non est intelligibilis actu: non enim sic est unum cum intellectu in actu sed secundum quod est a phantasmatibus abstracta; sicut nec species coloris est sensata in actu secundum quod est in lapide, sed solum secundum quod est in pupilla. sic autem solum " continuatur nobiscum species intelligibilis secundum quod est in phantasmatibus, * secundum positionem praedictam. ' non igitur continuatur nobiscum secundum quod est unum cum intellectu possibili ut forma eius. igitur non potest esse medium quo continuetur intellectus possibilis nobiscum: quia secundum quod continuatur cum intellectu possibili, non continuatur nobiscum, nec e converso.

n.14 * Patet autem eum qui hanc positionem induxit, aequivocatione deceptum fuisse. ' colores enim extra animam existentes, praesente lumine, sunt visibiles actu ut potentes movere visum: non autem ut actu sensata, secundum quod sunt unum cum sensu in actu. et similiter phantasmata per lumen intellectus agentis fiunt actu intelligibilia, ut possint movere intellectum possibilem: non autem ut sint intellecta actu, secundum quod sunt unum cum intellectu possibili facto in actu.

n.15 ' Item. ubi invenitur altior operatio viventis, ibi invenitur altior species vitae, correspondens illi actioni. in plantis enim invenitur sola actio ad nutritionem pertinens. in animalibus autem invenitur altior actio, scilicet sentire et moveri secundum locum: unde et animal vivit altiori specie vitae. sed adhuc in homine invenitur altior operatio ad vitam pertinens quam in animali, scilicet intelligere. ergo homo habebit altiorem speciem vitae. sed vita est per animam. habebit igitur homo altiorem animam, qua vivit, quam sit anima sensibilis. nulla autem est altior quam intellectus. est igitur intellectus anima hominis. et per consequens forma ipsius.

n.16 ' Adhuc. quod consequitur ad operationem alicuius rei, non largitur alicui speciem: quia operatio est actus secundus; forma autem per quam aliquid habet speciem, est actus primus. " unio autem intellectus possibilis ad hominem, * secundum positionem praedictam, " consequitur hominis operationem: fit enim mediante phantasia, quae, * secundum philosophum, " est motus factus a sensu secundum actum. ' ex tali igitur unione non consequitur homo speciem. non igitur differt homo specie a brutis animalibus per hoc quod est intellectum habens.

n.17 ' Amplius. si homo speciem sortitur per hoc quod est rationalis et intellectum habens, quicumque est in specie humana, est rationalis et intellectum habens. sed puer, etiam antequam ex utero egrediatur, est in specie humana: in quo tamen nondum sunt phantasmata, quae sint intelligibilia actu. non igitur est homo intellectum habens per hoc quod intellectus continuatur homini mediante specie intelligibili cuius subiectum est phantasma.

005 SCG lb2 cp60

n. ' Quod homo non sortitur speciem per intellectum passivum, sed per intellectum possibilem.

n.1 * His autem rationibus obviatur secundum praedictam positionem. dicit enim praedictus averroes quod " homo differt specie a brutis per intellectum quem * aristoteles vocat " passivum, qui est ipsa vis cogitativa, quae est propria homini, loco cuius alia animalia habent quandam aestimativam naturalem. huius autem cogitativae virtutis est distinguere intentiones individuales, et comparare eas ad invicem: sicut intellectus qui est separatus et immixtus, comparat et distinguit inter intentiones universales. et quia per hanc virtutem, simul cum imaginativa et memorativa, praeparantur phantasmata ut recipiant actionem intellectus agentis, a quo fiunt intelligibilia actu, sicut sunt aliquae artes praeparantes materiam artifici principali; ideo praedicta virtus vocatur nomine intellectus et rationis, de qua medici dicunt quod habet sedem in media cellula capitis. et secundum dispositionem huius virtutis differt homo unus ab alio in ingenio et in aliis quae pertinent |25| ad intelligendum. et per usum huius et exercitium acquirit homo habitum scientiae. unde habitus scientiarum sunt in hoc intellectu passivo sicut in subiecto. et hic intellectus passivus a principio adest puero, per quem sortitur speciem humanam, antequam actu intelligat.

n.2 * Quod autem haec sint falsa, et abusive dicta, evidenter apparet. " operationes enim vitae comparantur ad animam ut actus secundi ad primum: * ut patet per aristotelem, in ii de anima. ' actus autem primus in eodem praecedit tempore actum secundum: sicut scientia est ante considerare. in quocumque igitur invenitur aliqua operatio vitae, oportet in eo ponere aliquam partem animae quae comparetur ad illam operationem sicut actus primus ad secundum. sed homo habet propriam operationem supra alia animalia, scilicet intelligere et ratiocinari, " quae est operatio hominis inquantum est homo, * ut aristoteles dicit, in i ethicorum. ' ergo oportet in homine ponere aliquod principium quod proprie dat speciem homini, quod se habeat ad intelligere sicut actus primus ad secundum. hoc autem non potest esse intellectus passivus praedictus: quia principium praedictae operationis oportet esse " impassibile et non mixtum corpori, * ut philosophus probat; ' cuius contrarium |25| apparet de intellectu passivo. non igitur est possibile quod per virtutem cogitativam, quae dicitur intellectus passivus, homo speciem sortiatur, per quam ab aliis animalibus differat.

n.3 ' Adhuc. quod est passio partis sensitivae, non potest ponere in altiori genere vitae quam sit vita sensitiva: sicut quod est passio animae nutritivae, non ponit in altiori genere vitae quam sit vita nutritiva. constat autem quod " phantasia, et huiusmodi potentiae quae ad ipsam consequuntur, ut memorativa et consimiles, sunt passiones partis sensitivae: * ut philosophus probat in libro de memoria. ' non igitur per praedictas virtutes, vel aliquam earum, aliquod animal potest poni in altiori genere vitae quam sit vita sensitiva. homo autem est in altiori genere vitae: * quod patet per philosophum, in ii de anima, qui, " distinguens genera vitae, superaddit intellectivum, quod homini attribuit, sensitivo, quod attribuit communiter omni animali. ' non igitur homo est vivens vita sibi propria per virtutem cogitativam praedictam.

n.4 " Amplius. omne movens seipsum, * secundum quod probat philosophus, in viii physic., " componitur ex movente et moto. ' homo autem, sicut et alia animalia, est movens seipsum. ergo movens et motum sunt partes ipsius. primum autem movens in homine est intellectus: nam intellectus suo intelligibili movet voluntatem. nec potest dici quod solus intellectus passivus sit movens: quia intellectus passivus est solum particularium; in movendo autem accipitur et universalis opinio, quae est intellectus possibilis, et particularis, quae potest esse intellectus passivi; * ut patet per aristotelem, in iii de anima et in vii eth.. ‘ergo intellectus possibilis est aliqua pars hominis. et est dignissimum et formalissimum in ipso. igitur ab eo speciem sortitur, et non ab intellectu passivo.

n.5 ‘ Adhuc. intellectus possibilis probatur non esse actus corporis alicuius propter hoc quod est cognoscitivus omnium formarum sensibilium in universali. nulla igitur virtus cuius operatio se extendere potest ad universalia omnium formarum sensibilium, potest esse actus alicuius corporis. voluntas autem est huiusmodi: omnium enim eorum quae intelligimus possumus habere voluntatem, saltem ea cognoscendi. apparet etiam actus voluntatis in universali: ° odimus enim, * ut dicit aristoteles in sua rhetorica, ° in universali latronum genus, irascimur autem particularibus tantum. ‘ voluntas igitur non potest esse actus alicuius partis corporis, nec consequi aliquam potentiam quae sit actus corporis. omnis autem pars animae est actus alicuius corporis praeter solum intellectum proprie dictum. igitur voluntas in intellectiva parte est: * unde et aristoteles dicit, in iii de anima, quod ° voluntas in ratione est, irascibilis autem et concupiscibilis in parte sensitiva. ‘ propter quod et actus concupiscibilis et irascibilis cum |25| passione sunt: non autem actus voluntatis, sed cum electione. voluntas autem hominis non est extrinseca ab homine, quasi in quadam substantia separata fundata, sed est in ipso homine. aliter enim non esset dominus suarum actionum, quia ageretur voluntate cuiusdam substantiae separatae; et in ipso essent tantum potentiae appetitivae cum passione operantes, scilicet irascibilis et concupiscibilis, quae sunt in parte sensitiva, sicut et in ceteris animalibus, quae magis aguntur quam agant. hoc autem est impossibile, et destructivum totius moralis philosophiae et politicae conversationis. oportet igitur intellectum possibilem in nobis esse, per quem a brutis differamus, et non solum secundum intellectum passivum.

n.6 ‘ Item. sicut nihil est potens agere nisi per potentiam activam in ipso existentem, ita nihil potens est pati nisi per potentiam passivam quae in ipso est: combustibile enim est potens comburi non solum quia est aliquid potens comburere ipsum, sed etiam quia habet in se potentiam ut comburatur. “ intelligere autem quoddam pati est * ut dicitur in iii de anima. ‘cum igitur puer sit potentia intelligens, etsi non actu intelligat, oportet quod sit in eo aliqua potentia qua sit potens intelligere. haec autem potentia est intellectus possibilis. oportet igitur quod puero iam sit coniunctus intellectus possibilis antequam actu intelligat. non est igitur continuatio intellectus possibilis cum homine per formam intellectam in actu, sed ipse intellectus possibilis inest homini a principio sicut aliquid eius.

n.7 * Huic autem rationi respondet averroes praedictus. dicit enim quod “ puer dicitur potentia intelligens duplici ratione. uno modo, quia phantasmata quae sunt in ipso, sunt intelligibilia in potentia. alio modo, quia intellectus possibilis est potens continuari cum ipso: et non quia intellectus sit iam unitus ei.

n.8 * Ostendendum est autem quod uterque modus sit insufficiens. ‘alia enim est potentia qua agens potest agere, et alia potentia qua patiens potest pati, et ex opposito dividuntur. ex eo igitur quod convenit alicui quod possit agere, non competit ei quod possit pati. posse autem intelligere est posse pati: “cum intelligere quoddam pati sit, * secundum philosophum. ‘ non igitur dicitur puer potens intelligere ex eo quod phantasmata in eo possunt esse intellecta in actu: cum hoc pertineat ad posse agere; phantasmata enim movent intellectum possibilem.

n.9 ‘ Adhuc. potentia consequens speciem alicuius non competit ei secundum id quod speciem non largitur. posse autem intelligere consequitur speciem humanam: est enim intelligere operatio hominis inquantum huiusmodi. phantasmata autem non dant speciem humanam, sed magis consequuntur operationem hominis. non ergo ratione phantasmatum potest dici puer potentia intelligens.

n.10 ‘Similiter autem neque potest dici puer posse intelligere quia intellectus possibilis potest continuari cum ipso. sic enim aliquis dicitur potens agere vel pati per potentiam activam vel passivam, sicut dicitur albus per albedinem. non autem dicitur aliquis albus antequam albedo sit ei coniuncta. ergo neque dicitur aliquis potens agere vel pati antequam potentia activa vel passiva ei adsit. non ergo de puero posset dici quod est potens intelligere antequam intellectus possibilis, qui est potentia intelligendi, sit ei continuatus.

n.11 ‘ Praeterea. aliter dicitur aliquis potens operari antequam habeat naturam qua operetur, et aliter postquam iam habet naturam sed impeditur per accidens ab operando: sicut aliter dicitur corpus potens ferri sursum antequam sit leve, et aliter postquam iam est generatum leve sed impeditur in suo motu. puer autem est in potentia intelligens non quasi nondum habens naturam intelligendi, sed habens impedimentum ut non intelligat: impeditur enim ab intelligendo “ propter multimodos motus in ipso existentes, * ut dicitur in vii physicorum. ‘ non igitur propter hoc dicitur potens intelligere quia intellectus possibilis, qui est intelligendi principium, potest continuari sibi: sed quia iam est continuatus et impeditur ab actione propria; unde, impedimento remoto, statim intelligit.

n.12 “ Item. habitus est quo quis operatur cum voluerit. ‘oportet igitur eiusdem esse habitum, et operationem quae est secundum habitum. sed considerare intelligendo, quod est actus huius habitus qui est scientiae, non potest esse intellectus passivi, sed est ipsius intellectus possibilis: ad hoc enim quod aliqua potentia intelligat, oportet quod non sit actus corporis alicuius. ergo et habitus scientiae non est in intellectu passivo sed in intellectu possibili. scientia autem in nobis est, secundum quam dicimur scientes. ergo et intellectus possibilis est in nobis, et non secundum esse a nobis separatus.

n.13 ‘ Adhuc. scientiae assimilatio est scientis ad rem scitam. rei autem scitae, inquantum est scita, non assimilatur sciens nisi secundum species universales: scientia enim de huiusmodi est. species autem universales non possunt esse in intellectu passivo, cum sit potentia utens organo, sed solum in intellectu possibili. scientia igitur non est in intellectu passivo, sed solum in intellectu possibili.

n.14 “ Amplius. intellectus in habitu, * ut adversarius confitetur, “ est effectus intellectus agentis. ‘ intellectus autem agentis effectus sunt intelligibilia actu, quorum proprium recipiens est intellectus possibilis, ad quem comparatur agens “ sicut ars ad materiam, * ut aristoteles dicit, in iii de anima. ‘ oportet igitur intellectum in habitu, qui est habitus scientiae, esse in intellectu possibili, non passivo.

n.15 ‘ Praeterea. impossibile est quod perfectio superioris substantiae dependeat ab inferiori. perfectio autem intellectus possibilis dependet ab operatione hominis: dependet enim a phantasmatibus, quae movent intellectum possibilem. non est igitur intellectus possibilis aliqua substantia superior homine. ergo oportet quod sit aliquid hominis ut actus et forma ipsius.

n.16 ‘ Adhuc. quaecumque sunt separata secundum esse, habent etiam separatas operationes: nam res sunt propter suas operationes, sicut actus primus propter secundum; * unde aristoteles dicit, in i de anima, quod, “ si aliqua operationum animae est sine corpore, quod possibile est animam separari. ‘ operatio autem intellectus possibilis indiget corpore: * dicit enim philosophus, in iii de anima, quod “ intellectus potest agere per seipsum, scilicet intelligere, quando est factus in actu per speciem a phantasmatibus abstractam, quae non sunt sine corpore. ‘ igitur intellectus possibilis non est omnino a corpore separatus.

n.17 ‘ Amplius. cuicumque competit aliqua operatio secundum naturam, sunt ei a natura attributa ea sine quibus illa operatio compleri non potest: * sicut aristoteles probat, in ii libro de caelo, quod, “ si stellae moverentur motu progressivo ad modum animalium, quod natura dedisset eis organa motus progressivi. ‘ sed operatio intellectus possibilis completur per organa corporea, in quibus necesse est esse phantasmata. natura igitur intellectum possibilem corporeis univit organis. non est igitur secundum esse a corpore separatus.

n.18 ‘ Item. si sit secundum esse a corpore separatus, magis intelliget substantias quae sunt a materia separatae quam formas sensibiles: quia sunt magis intelligibiles, et magis ei conformes. non potest autem intelligere substantias omnino a materia separatas, quia eorum non sunt aliqua phantasmata: “ hic autem intellectus nequaquam sine phantasmate intelligit, * ut aristoteles dicit, in iii de anima; “ sunt enim ei phantasmata sicut sensibilia sensui, sine quibus sensus non sentit. ‘ non est igitur substantia a corpore separata secundum esse.

n.19 ‘ Adhuc. in omni genere tantum se extendit potentia passiva quantum potentia activa illius generis: unde non est aliqua potentia passiva in natura cui non respondeat aliqua potentia activa naturalis. sed intellectus agens non facit intelligibilia nisi phantasmata. ergo nec intellectus possibilis movetur ab aliis intelligibilibus nisi a speciebus a phantasmatibus abstractis. et sic substantias separatas intelligere non potest.

n.20 ‘ Amplius. in substantiis separatis sunt species rerum sensibilium intelligibiliter, per quas de sensibilibus scientiam habent. si igitur intellectus possibilis intelligit substantias separatas, in eis acciperet sensibilium cognitionem. non ergo acciperet eam a phantasmatibus: quia “ natura non abundat superfluis.

n.21 * Si autem dicatur quod “ substantiis separatis non adest cognitio sensibilium, ‘ saltem oportebit dicere quod eis adsit altior cognitio. quam oportet non deesse intellectui possibili, si praedictas substantias intelligit. habebit igitur duplicem scientiam: unam per modum substantiarum separatarum, aliam a sensibus acceptam. quarum altera superflueret.

n.22 ‘ Praeterea. intellectus possibilis est “ quo intelligit anima, * ut dicitur in iii de anima. “ si igitur intellectus possibilis intelligit substantias separatas, et nos intelligimus eas. * quod patet esse falsum: “ habemus enim nos ad eas “ sicut oculus noctuae ad solem, * ut aristoteles dicit.

n.23 * His autem respondetur, secundum positionem praedictam. “ intellectus enim possibilis, secundum quod est in se subsistens, intelligit substantias separatas: et est in potentia ad eas sicut diaphanum ad lucem. secundum autem quod continuatur nobis, a principio est in potentia ad formas a phantasmatibus abstractas. unde nos a principio non intelligimus per eum substantias separatas.

n.24 * Sed hoc stare non potest. “ intellectus enim possibilis ex hoc dicitur, * secundum eos, “ continuari nobis, quod perficitur per species intelligibiles a phantasmatibus abstractas. ‘ prius igitur est considerare intellectum ut in potentia ad huiusmodi species quam ut continuetur nobis. non igitur per hoc quod continuatur nobis, est in potentia ad huiusmodi species.

n.25 ‘ Praeterea. secundum hoc, esse in potentia ad praedictas species non esset ei secundum se conveniens, sed per aliud. per ea autem quae non conveniunt alicui secundum se, non debet aliquid definiri. non igitur ratio intellectus possibilis est ex hoc quod “ possibilis est ad praedictas species, * ut definit ipsum aristoteles in iii de anima.

n.26 ‘ Adhuc. impossibile est intellectum possibilem simul multa intelligere nisi unum per aliud intelligat; non enim una potentia pluribus actibus simul perficitur nisi secundum ordinem. si igitur intellectus possibilis intelligat substantias separatas et species a phantasmatibus separatas, oportet quod vel intelligat per species huiusmodi substantias separatas, vel e converso. quocumque autem detur, sequitur quod nos intelligamus substantias separatas. quia si nos intelligimus naturas sensibilium inquantum intelligit eas intellectus possibilis; intellectus autem possibilis intelligit eas per hoc quod intelligit substantias separatas; et similiter nos intelligemus. et similiter si sit e converso. hoc autem est manifeste falsum. non igitur intellectus possibilis intelligit substantias separatas. non est igitur substantia separata.

005 SCG lb2 cp61

n. ‘ Quod praedicta positio est contra sententiam aristotelis.

n.1 * Sed quia huic positioni averroes praestare robur auctoritatis nititur propter hoc quod dicit aristotelem ita sensisse, ‘ ostendemus manifeste quod * praedicta opinio est contra sententiam aristotelis.

n.2 * Primo quidem, quia aristoteles in ii de anima, definit animam dicens quod ° est actus primus physici corporis organici potentia vitam habentis: * et postea subiungit quod “ haec est definitio universaliter dicta de omni anima; * non sicut praedictus averroes fingit, sub dubitatione hoc proferens; ut patet ex exemplaribus graecis et translatione boetii.

n.3 * Postmodum autem, in eodem capitulo, subiungit ° esse quasdam partes animae separabiles. ‘ quae non sunt nisi intellectivae. relinquitur igitur quod illae partes sunt actus corporis. * nec est contra hoc quod postea subiungit: ° de intellectu autem et perspectiva potentia nihil est adhuc manifestum, sed videtur animae alterum genus esse. * non enim per hoc vult “ intellectum alienare a communi definitione animae, sed a propriis naturis aliarum partium: ‘ sicut qui dicit quod alterum genus animalis est volatile a gressibili, non aufert a volatili communem definitionem animalis. * unde, ut ostenderet in quo dixerit ° alterum, * subiungit: ° et hoc solum contingit separari sicut perpetuum a corruptibili. * nec est intentio aristotelis ut commentator praedictus fingit, dicere quod “ nondum est manifestum de intellectu utrum intellectus sit anima, sicut de aliis principiis. * non enim textus verus habet, “ nihil est declaratum sive, nihil est dictum, sed, nihil est manifestum: * quod intelligendum est quantum |25| ad id quod est “ proprium ei, non quantum ad communem definitionem. si autem, * ut ipse dicit, “ anima aequivoce dicitur de intellectu et aliis, primo distinxisset aequivocationem, postea definivisset, * sicut est consuetudo sua. alias procederet in aequivoco. ‘ quod non est in scientiis demonstrativis.

n.4 * Item. in ii de anima “ intellectum numerat inter potentias animae. * et in auctoritate etiam praedicta nominat “ perspectivam potentiam. ‘ non est igitur intellectus extra animam humanam, sed est quaedam potentia eius.

n.5 * Item. in iii de anima, incipiens loqui “ de intellectu possibili, nominat eum partem animae, * dicens: ° de parte autem animae qua cognoscit anima et sapit. * in quo manifeste ostendit quod “ intellectus possibilis sit aliquid animae.

n.6 * Adhuc autem manifestius per id quod postea subiungit, declarans “ naturam intellectus possibilis, * dicens: ° dico autem intellectum quo opinatur et intelligit anima. * in quo manifeste ostenditur “ intellectum esse aliquid animae humanae, quo anima humana intelligit.

n.7 * Est igitur praedicta positio contra sententiam aristotelis, et contra veritatem. unde tanquam fictitia repudianda est.

005 SCG lb2 cp62

n. ‘ Contra opinionem alexandri de intellectu possibili.

n.1 * His igitur verbis aristotelis consideratis, alexander posuit “ intellectum possibilem esse aliquam virtutem in nobis, * ut sic definitio communis de anima assignata ab aristotele in ii de anima, possit sibi convenire. quia vero intelligere non poterat “ aliquam substantiam intellectualem esse corporis formam, posuit praedictam virtutem non esse fundatam in aliqua intellectuali substantia; et consequentem commixtionem elementorum in corpore humano. determinatus enim mixtionis humani corporis modus facit hominem esse in potentia ad recipiendum influentiam intellectus agentis, qui semper est in actu, et secundum ipsum est quaedam substantia separata, ex qua influentia homo fit intelligens actu. id autem in homine per quod est potentia intelligens, est intellectus possibilis. * et sic videbatur sequi quod " ex commixtione determinata in nobis sit intellectus possibilis.

n.2 * Videtur autem in primo aspectu haec positio verbis et demonstrationi aristotelis esse contraria. ostendit enim aristoteles in iii de anima, ut dictum est, quod " intellectus possibilis est immixtus corpori. * hoc autem est impossibile dici ' de aliqua virtute consequente mixtionem elementorum: quod enim huiusmodi est, oportet quod in ipsa elementorum commixtione fundetur, sicut videmus de sapore et odore et aliis huiusmodi. * non igitur positio praedicta alexandri potest stare cum verbis et demonstratione aristotelis, ut videtur.

n.3 * Ad hoc autem alexander dicit quod " intellectus possibilis est ipsa praeparatio in natura humana ad recipiendum influentiam intellectus agentis. praeparatio autem ipsa non est aliqua natura sensibilis determinata, neque est mixta corpori. est enim relatio quaedam, et ordo unius ad aliud.

n.4 * Sed hoc manifeste discordat ab intentione aristotelis. probat enim aristoteles " ex hoc intellectum possibilem non habere determinate aliquam naturam sensibilium, et per consequens non esse mixtum corpori, quia est receptivus omnium formarum sensibilium et cognoscitivus earum. * quod de praeparatione non potest intelligi: quia ' eius non est recipere, sed magis praeparari. * non igitur demonstratio aristotelis procedit " de praeparatione, sed de aliquo recipiente praeparato.

n.5 * Amplius. si ea quae dicit aristoteles " de intellectu possibili, conveniunt ei inquantum est praeparatio, et non ex natura subiecti praeparati, * sequetur quod " omni praeparationi conveniant. ' in sensu autem est praeparatio quaedam ad sensibilia in actu recipienda. ergo et idem dicendum est de sensu et intellectu possibili. * cuius contrarium manifeste subiungit aristoteles, ostendens " differentiam inter receptionem sensus et intellectus ex hoc quod sensus corrumpitur ex excellentia obiectorum, non autem intellectus.

n.6 * Item. aristoteles attribuit " possibili intellectui pati ab intelligibili, suscipere species intelligibiles, esse in potentia ad eas. * comparat etiam " eum tabulae in qua nihil est scriptum. * quae quidem omnia non possunt dici de praeparatione, ' sed de subiecto praeparato. * est igitur contra intentionem aristotelis quod " intellectus possibilis sit praeparatio ipsa.

n.7 " Adhuc. agens est nobilius patiente et faciens facto, ' sicut actus potentia. quanto autem aliquid est immaterialius, tanto est nobilius. non potest igitur effectus esse immaterialior sua causa. omnis autem virtus cognoscitiva, inquantum huiusmodi, est immaterialis: unde et de sensu, qui est infimus in ordine virtutum cognoscitivarum, * dicit aristoteles, in ii de anima, quod " est susceptivus sensibilium specierum sine materia. ' impossibile est igitur a commixtione elementorum causari aliquam virtutem cognoscitivam. intellectus autem possibilis est suprema virtus cognoscitiva in nobis: * dicit enim aristoteles, in iii de anima, quod " intellectus possibilis est quo cognoscit et intelligit anima. ' intellectus igitur possibilis non causatur ex commixtione elementorum.

n.8 ' Amplius. si principium alicuius operationis ab aliquibus causis procedit, oportet operationem illam non excedere causas illas: cum causa secunda agat virtute primae. operatio autem animae nutritivae etiam excedit virtutem qualitatum elementarium: * probat enim aristoteles, in ii de anima, quod ° ignis non est causa augmenti, sed concausa aliquo modo, principalis autem causa est anima, " ad quam comparatur calor sicut instrumentum ad artificem. ' non igitur potest anima vegetabilis produci ex commixtione elementorum. multo igitur minus sensus et intellectus possibilis.

n.9 ' Item. intelligere est quaedam operatio in qua impossibile est communicare aliquod organum corporeum. haec autem operatio attribuitur animae, vel etiam homini: dicitur enim quod anima intelligit, vel, homo per animam. oportet igitur aliquod principium in homine esse, a corpore non dependens, quod sit principium talis operationis. praeparatio autem sequens commixtionem elementorum a corpore dependet manifeste. non est igitur praeparatio tale principium. est autem intellectus possibilis: * dicit enim aristoteles, in iii de anima, quod " intellectus possibilis est quo anima opinatur et intelligit. ' non est igitur intellectus possibilis praeparatio.

n.10 * Si autem dicatur quod " principium praedictae operationis in nobis est species intelligibilis facta in actu ab intellectu agente: * hoc videtur non sufficere. ' quia, cum homo de potentia intelligente fiat actu intelligens, oportet quod non solum intelligat per speciem intelligibilem, per quam fit actu intelligens, sed per aliquam potentiam intellectivam, quae sit praedictae operationis principium: sicut et in sensu accidit. " haec autem potentia * ab aristotele " ponitur intellectus possibilis. ' intellectus igitur possibilis est non dependens a corpore.

n.11 ' Praeterea. species non est intelligibilis actu nisi secundum quod est depurata ab esse materiali. hoc autem non potest accidere dum fuerit in aliqua potentia materiali, quae scilicet sit causata ex principiis materialibus, vel quae sit actus materialis organi. oportet igitur poni aliquam potentiam intellectivam in nobis immaterialem. quae est intellectus possibilis.

n.12 " Adhuc. intellectus possibilis * ab aristotele dicitur " pars animae. ' anima autem non est praeparatio, sed actus: praeparatio enim est " ordo potentiae ad actum. ' sequitur tamen ad actum aliqua praeparatio ad ulteriorem actum: sicut ad actum diaphanitatis sequitur ordo ad actum lucis. intellectus igitur possibilis non est ipsa praeparatio, sed actus quidam.

n.13 ' Amplius. homo consequitur speciem et naturam humanam secundum partem animae sibi propriam, quae quidem est intellectus possibilis. nihil autem consequitur speciem et naturam secundum quod est in potentia, sed secundum quod est in actu. cum igitur praeparatio nihil sit aliud quam ordo potentiae ad actum, impossibile est quod intellectus possibilis nihil sit aliud quam praeparatio quaedam in natura humana existens.

005 SCG lb2 cp63

n. ' Quod anima non sit complexio, * ut posuit galenus.

n.1 * Praedictae autem opinioni alexandri de intellectu possibili, propinqua est galeni medici de anima. dicit enim " animam esse complexionem. * ad hoc autem dicendum motus est per hoc quod " videmus ex diversis complexionibus causari in nobis diversas passiones quae attribuuntur animae: aliquam enim complexionem habentes, ut cholericam, de facili irascuntur; melancholici vero de facili tristantur. * unde et per easdem rationes haec opinio improbari potest per quas improbata est opinio alexandri, et per aliquas proprias.

n.2 * Ostensum est enim supra quod ' operatio animae vegetabilis, et cognitio sensitiva, excedit virtutem qualitatum activarum et passivarum, et multo magis operatio intellectus. complexio autem causatur ex qualitatibus activis et passivis. non potest igitur complexio esse principium operationum animae. unde impossibile est quod aliqua anima sit complexio.

n.3 ' Adhuc. complexio, cum sit quiddam constitutum ex contrariis qualitatibus quasi medium inter eas, impossibile est quod sit forma substantialis: nam " substantiae nihil est contrarium, nec suscipit magis et minus. ' anima autem est forma substantialis, et non accidentalis: alias per animam non sortiretur aliquid genus vel speciem. anima igitur non est complexio.

n.4 ' Adhuc. complexio non movet corpus animalis motu locali: sequeretur enim motum dominantis, et sic semper deorsum ferretur. anima autem movet animal in omnem partem. non est igitur anima complexio.

n.5 ' Amplius. anima regit corpus et repugnat passionibus, quae complexionem sequuntur. ex complexione enim aliqui sunt magis aliis ad concupiscentias vel iras apti, qui tamen magis ab eis abstinent, propter aliquid refrenans: ut patet in continentibus. hoc autem non facit complexio. non est igitur anima complexio.

n.6 * Deceptus autem fuisse videtur ex hoc quod non consideravit ' aliter passiones attribui complexioni, et aliter animae. complexioni namque attribuuntur sicut disponenti, et quantum ad id quod est materiale in passionibus, sicut fervor sanguinis et huiusmodi: animae autem tanquam principali causae, ex parte eius quod est in passionibus formale, sicut in ira appetitus vindictae.

005 SCG lb2 cp64

n. ' Quod anima non sit harmonia.

n.1 * Similis autem praedictae positioni est positio dicentium " animam esse harmoniam. * non enim intellexerunt " animam esse harmoniam sonorum, sed contrariorum, ex quibus videbant componi corpora animata. * quae quidem opinio in libro de anima videtur attribui empedocli. gregorius autem nyssenus attribuit eam dinarcho. unde et improbatur sicut et praecedens; et adhuc propriis rationibus.

n.2 ' Omne enim corpus mixtum harmoniam habet et complexionem. nec harmonia potest movere corpus aut regere ipsum, vel repugnare passionibus: sicut nec complexio. intenditur etiam et remittitur: sicut et complexio. ex quibus omnibus ostenditur quod anima non sit harmonia, sicut nec complexio.

n.3 ' Adhuc. ratio harmoniae magis convenit qualitatibus corporis quam animae: nam sanitas est harmonia quaedam humorum; fortitudo, nervorum et ossium; pulchritudo, membrorum et colorum. non autem potest assignari qualium harmonia sit sensus aut intellectus, et cetera quae ad animam pertinent. non est igitur anima harmonia.

n.4 ' Amplius. harmonia dicitur dupliciter: uno modo, ipsa compositio; alio modo, ratio compositionis. anima autem non est compositio: quia oporteret quod unaquaeque pars animae esset compositio aliquarum partium corporis; quod non est assignare. similiter non est ratio compositionis: quia, cum in diversis partibus corporis sint diversae rationes seu proportiones compositionis, singulae partes corporis haberent singulas animas; aliam enim animam haberet os et caro et nervus, cum sint secundum diversam proportionem composita. quod patet esse falsum. non est igitur anima harmonia.

005 SCG lb2 cp65

n. ' Quod anima non sit corpus.

n.1 * Fuerunt autem et alii magis errantes, ponentes " animam esse corpus. * quorum opiniones licet fuerint diversae et variae, sufficit eas hic communiter reprobare.

n.2 ' Viventia enim, cum sint quaedam res naturales, sunt composita ex materia et forma. componuntur autem ex corpore et anima, quae facit viventia actu. ergo oportet alterum istorum esse formam, et alterum materiam. corpus autem non potest esse forma: quia corpus non est in altero sicut in materia et subiecto. anima igitur est forma. ergo non est corpus: cum nullum corpus sit forma.

n.3 ' Adhuc. impossibile est duo corpora esse simul. anima autem non est seorsum a corpore dum vivit. non est igitur anima corpus.

n.4 ' Amplius. omne corpus divisibile est. omne autem divisibile indiget aliquo continente et uniente partes eius. si igitur anima sit corpus, habebit aliquid aliud continens et illud magis erit anima: videmus enim, anima recedente, corpus dissolvi. et si hoc iterum sit divisibile, oportebit vel devenire ad aliquod indivisibile et incorporeum, quod erit anima: vel erit procedere in infinitum, quod est impossibile. non est igitur anima corpus.

n.5 * Item. sicut supra probatum est, * et in viii physicorum probatur, " omne movens seipsum componitur ex duobus, quorum alterum est movens et non motum, et alterum est motum. ' sed animal est movens seipsum: movens autem in ipso est anima, motum autem est corpus. anima igitur est movens non motum. nullum autem corpus movet nisi motum, * ut supra probatum est. ' anima igitur non est corpus.

n.6 * Praeterea. supra ostensum est quod ' intelligere non potest esse actio alicuius corporis. est autem actus animae. anima igitur, ad minus intellectiva, non est corpus.

n.7 * Ea autem quibus aliqui conati sunt probare " animam esse corpus, * facile est solvere. ostendunt enim " animam esse corpus, per hoc quod filius similatur patri etiam in accidentibus animae: cum tamen filius generetur a patre per decisionem corporalem. et quia anima compatitur corpori. et quia separatur a corpore: separari autem est corporum se tangentium.

n.8 * Sed contra hoc iam dictum est quod ' complexio corporis est aliqualiter causa animae passionum per modum disponentis. anima etiam non compatitur corpori nisi per accidens: quia, cum sit forma corporis, movetur per accidens moto corpore. separatur etiam anima a corpore, non sicut tangens a tacto, sed sicut forma a materia. quamvis et aliquis tactus sit incorporei ad corpus, * ut supra ostensum est.

n.9 * Movit etiam ad hanc positionem multos quia crediderunt quod " non est corpus, non esse, * imaginationem transcendere non valentes, ' quae solum circa corpora versatur.

n.10 * Unde haec opinio, sap. 2, ex persona insipientium proponitur, dicentium de anima: ° fumus et flatus est in naribus nostris, et sermo scintillae ad movendum cor.

005 SCG lb2 cp66

n. ' Contra ponentes intellectum et sensum esse idem.

n.1 * His autem propinquum fuit quod quidam antiquorum philosophorum " intellectum a sensu differre * non opinabantur. quod quidem impossibile est.

n.2 ' Sensus enim in omnibus animalibus invenitur. alia autem animalia ab homine intellectum non habent. quod ex hoc apparet, quia non operantur diversa et opposita, quasi intellectum habentia; sed, sicut a natura mota, determinatas quasdam operationes, et uniformes in eadem specie, sicut omnis hirundo similiter nidificat. non est igitur idem intellectus et sensus.

n.3 ' Adhuc. sensus non est cognoscitivus nisi singularium: cognoscit enim omnis sensitiva potentia per species individuales, cum recipiat species rerum in organis corporalibus. intellectus autem est cognoscitivus universalium, ut per experimentum patet. differt igitur intellectus a sensu.

n.4 ' Amplius. cognitio sensus non se extendit nisi ad corporalia. quod ex hoc patet, quia qualitates sensibiles, quae sunt propria obiecta sensuum, non sunt nisi in corporalibus; sine eis autem sensus nihil cognoscit. intellectus autem cognoscit incorporalia: sicut sapientiam, veritatem, et relationes rerum. non est igitur idem intellectus et sensus.

n.5 ' Item. nullus sensus seipsum cognoscit, nec suam operationem: " visus enim non videt seipsum, nec videt se videre, sed hoc superioris potentiae est, * ut probatur in libro de anima. ' intellectus autem cogno-

scit seipsum, et cognoscit se intelligere. non est igitur idem intellectus et sensus.
n.6 ‘ Praeterea. sensus corrumpitur ab excellenti sensibili. intellectus autem non corrumpitur ab excellentia intelligibilis: quinimmo qui intelligit maiora, potest melius postmodum minora intelligere. est igitur alia virtus sensitiva et intellectiva.

005 SCG lb2 cp67

n. ‘ Contra ponentes intellectum possibilem esse imaginationem.
n.1 * Huic autem opinioni affine fuit quod quidam posuerunt “ intellectum possibilem non esse aliud quam imaginationem. * quod quidem patet esse falsum.
n.2 ‘ Imaginatio enim est etiam in aliis animalibus. cuius signum est quod, abeuntibus sensibilibus, fugiunt vel persequuntur ea; quod non esset nisi in eis imaginaria apprehensio sensibilium remaneret. intellectus autem in eis non est, cum nullum opus intellectus in eis appareat. non est igitur idem imaginatio et intellectus.
n.3 ‘ Adhuc. imaginatio non est nisi corporalium et singularium: cum phantasia sit ° motus factus a sensu secundum actum, * ut dicitur in libro de anima. ‘ intellectus autem universalium et incorporalium est. non est igitur intellectus possibilis imaginatio.
n.4 ‘ Amplius. impossibile est idem esse movens et motum. “ sed phantasmata movent intellectum possibilem sicut sensibilia sensum: * ut aristoteles dicit, in iii de anima. ‘ impossibile est igitur quod sit idem intellectus possibilis et imaginatio.
n.5 * Praeterea. probatum est in iii de anima quod “ intellectus non est actus alicuius partis corporis. ‘ imaginatio autem habet organum corporale determinatum. non est igitur idem imaginatio et intellectus possibilis.
n.6 * Hinc est quod dicitur iob 35-11: ° qui docet nos super iumenta terrae, et super volucres caeli erudit nos. * per quod datur intelligi quod ‘ hominis est aliqua virtus cognoscitiva supra sensum et imaginationem, quae sunt in aliis animalibus.

005 SCG lb2 cp68

n. ‘ Qualiter substantia intellectualis possit esse forma corporis.
n.1 ‘ Ex praemissis igitur rationibus concludere possumus quod intellectualis substantia potest uniri corpori ut forma.
n.2 “ Si enim substantia intellectualis non unitur corpori solum ut motor, * ut plato posuit, “ neque continuatur ei solum per phantasmata, * ut dixit averroes, “ sed ut forma; neque tamen intellectus quo homo intelligit, est praeparatio in humana natura, * ut dixit alexander; “ neque complexio, * ut galenus; “ neque harmonia, * ut empedocles; “ neque corpus, vel sensus, vel imaginatio, * ut antiqui dixerunt: ‘ relinquitur quod anima humana sit intellectualis substantia corpori unita ut forma. quod quidem sic potest fieri manifestum.
n.3 ‘ Ad hoc enim quod aliquid sit forma substantialis alterius, duo requiruntur. quorum unum est, ut forma sit principium essendi substantialiter ei cuius est forma: principium autem dico, non factivum, sed formale, quo aliquid est et denominatur ens. unde sequitur aliud, scilicet quod forma et materia conveniant in uno esse: quod non contingit de principio effectivo cum eo cui dat esse. et hoc esse est in quo subsistit substantia composita, quae est una secundum esse, ex materia et forma constans. non autem impeditur substantia intellectualis, per hoc quod est subsistens, * ut probatum est, ‘ esse formale principium essendi materiae, quasi esse suum communicans materiae. non est enim inconveniens quod idem sit esse in quo subsistit compositum et forma ipsa: cum compositum non sit nisi per formam, nec seorsum utrumque subsistat.
n.4 * Potest autem obiici quod “ substantia intellectualis esse suum materiae corporali communicare non possit, ut sit unum esse substantiae intellectualis et materiae corporalis: diversorum enim generum est diversus modus essendi; et nobilioris substantiae nobilius esse.
n.5 ‘ Hoc autem convenienter diceretur si eodem modo illud esse materiae esset sicut est substantiae intellectualis. non est autem ita. est enim materiae corporalis ut recipientis et subiecti ad aliquid altius elevati: substantiae autem intellectualis ut principii, et secundum propriae naturae congruentiam. nihil igitur prohibet substantiam intellectualem esse formam corporis humani, quae est anima humana.
n.6 ‘ Hoc autem modo mirabilis rerum connexio considerari potest. semper enim invenitur infimum supremi generis contingere supremum inferioris generis: sicut quaedam infima in genere animalium parum excedunt vitam plantarum, sicut ostrea, quae sunt immobilia, et solum tactum habent, et terrae in modum plantarum adstringuntur; * unde et beatus dionysius dicit, in vii cap. de div. nom., quod “ divina sapientia coniungit fines superiorum principiis inferiorum. ‘ est igitur accipere aliquid supremum in genere corporum, scilicet corpus humanum aequaliter complexionatum, quod attingit ad infimum superioris generis, scilicet ad animam humanam, quae tenet ultimum gradum in genere intellectualium substantiarum, ut ex modo intelligendi percipi potest. et inde est quod anima intellectualis dicitur esse “ quasi quidam horizon et confinium corporeorum et incorporeorum, ‘ inquantum est substantia incorporea, corporis tamen forma. |25| non autem minus est aliquid unum ex substantia intellectuali et materia corporali quam ex forma ignis et eius materia, sed forte magis: quia quanto forma magis vincit materiam, ex ea et materia efficitur magis unum.
n.7 ‘ Quamvis autem sit unum esse formae et materiae, non tamen oportet quod materia semper adaequet esse formae. immo, quanto forma est nobilior, tanto in suo esse superexcedit materiam. quod patet inspicienti operationes formarum, ex quarum consideratione earum naturas cognoscimus: unumquodque enim operatur secundum quod est. unde forma cuius operatio superexcedit conditionem materiae, et ipsa secundum dignitatem sui esse superexcedit materiam.
n.8 ‘ Invenimus enim aliquas infimas formas, quae in nullam operationem possunt nisi ad quam se extendunt qualitates quae sunt dispositiones materiae, ut calidum, frigidum, humidum et siccum, rarum, densum, grave et leve, et his similia: sicut formae elementorum. unde istae sunt formae omnino materiales, et totaliter immersae materiae.
n.9 ‘ Super has inveniuntur formae mixtorum corporum, quae licet non se extendant ad aliqua operata quae non possunt compleri per qualitates praedictas, interdum tamen operantur illos effectus altiori virtute, quam sortiuntur ex corporibus caelestibus, quae consequitur eorum speciem: sicut adamas trahit ferrum.
n.10 ‘ Super has iterum inveniuntur aliquae formae quarum operationes extenduntur ad aliqua operata quae excedunt virtutem qualitatum praedictarum, quamvis qualitates praedictae organice ad harum operationes deserviant: sicut sunt animae plantarum, quae etiam assimilantur non solum virtutibus corporum caelestium in excedendo qualitates activas et passivas, sed ipsis motoribus corporum caelestium, inquantum sunt principia motus rebus viventibus, quae movent seipsas.
n.11 ‘ Supra has formas inveniuntur aliae formae similes superioribus substantiis non solum in movendo, sed etiam aliqualiter in cognoscendo; et sic sunt potentes in operationes ad quas nec organice qualitates praedictae deserviunt, tamen operationes huiusmodi non complentur nisi mediante organo corporali; sicut sunt animae brutorum animalium. sentire enim et imaginari non completur calefaciendo et infrigidando: licet haec sint necessaria ad debitam organi dispositionem.
n.12 ‘ Super omnes autem has formas invenitur forma similis superioribus substantiis etiam quantum ad genus cognitionis, quod est intelligere: et sic est potens in operationem quae completur absque organo corporali omnino. et haec est anima intellectiva: nam intelligere non fit per aliquod organum corporale. unde oportet quod illud principium quo homo intelligit, quod est anima intellectiva, et excedit conditionem materiae corporalis, non sit totaliter comprehensa a materia aut ei immersa, sicut aliae formae materiales. quod eius operatio intellectualis ostendit, in qua non communicat materia corporalis. quia tamen ipsum intelligere animae humanae indiget potentiis quae per quaedam organa corporalia operantur, scilicet imaginatione et sensu, ex hoc ipso declaratur quod naturaliter unitur corpori ad complendam speciem humanam.

005 SCG lb2 cp69

n. ‘ Solutio rationum quibus supra probatur quod substantia intellectualis non potest uniri corpori ut forma.
n.1 * His autem consideratis, non est difficile solvere quae contra praedictam unionem supra opposita sunt.
n.2 * In prima enim ratione falsum supponitur. ‘ non enim corpus et anima sunt duae substantiae actu existentes, sed ex eis duobus fit una substantia actu existens: corpus enim hominis non est idem actu praesente anima, et absente; sed anima facit ipsum actu esse.
n.3 * Quod autem secundo obiicitur, “ formam et materiam in eodem genere contineri, * non sic verum est ‘ quasi utrumque sit species unius generis: sed quia sunt principia eiusdem speciei. sic igitur substantia intellectualis et corpus, quae seorsum existentia essent diversorum generum species, prout uniuntur, sunt unius generis ut principia.
n.4 ‘ Non autem oportet “ substantiam intellectualem esse formam materialem, quamvis esse eius sit in materia: * ut tertia ratio procedebat. ‘ non enim est in materia sicut materiae immersa, vel a materia totaliter comprehensa, sed alio modo, * ut dictum est.
n.5 ‘ Nec tamen per hoc quod substantia intellectualis unitur corpori ut forma, * removetur quod a philosophis dicitur, “ intellectum esse a corpore separatum. ‘ est enim in anima considerare et ipsius essentiam, et potentiam eius. secundum essentiam quidem suam dat esse tali corpori: secundum potentiam vero operationes proprias efficit. si igitur operatio animae per organum corporale completur, oportet quod potentia animae quae est illius operationis principium, sit actus illius partis corporis per quam operatio eius completur: sicut visus est actus oculi. si autem operatio eius non compleatur per organum corporale, potentia eius non erit actus alicuius corporis. et per hoc dicitur intellectus esse separatus: non quin substantia animae cuius est potentia intellectus, sive anima intellectiva, sit corporis actus ut forma dans tali corpori esse.
n.6 ‘ Non est autem necessarium, si anima secundum suam substantiam est forma corporis, quod “ omnis eius operatio fiat per corpus, ac per hoc omnis eius virtus sit alicuius corporis actus: * ut quinta ratio procedebat. * iam enim ostensum est quod ‘ anima humana non sit talis forma quae sit totaliter immersa materiae, sed est inter omnes alias formas maxime supra materiam elevata. unde et operationem producere potest absque corpore, idest, quasi non dependens a corpore in operando: quia nec etiam in essendo dependet a corpore.
n.7 * Eodem etiam modo patet quod ea quibus averroes suam opinionem confirmare nititur, non probant “ substantiam intellectualem corpori non uniri ut formam.
n.8 * Verba enim aristotelis quae dicit de intellectu possibili, quod “ est impassibilis et immixtus et separatus, * non cogunt confiteri quod “ substantia intellectiva non sit unita corpori ut forma dans esse. * verificantur enim etiam si dicatur quod “ intellectiva potentia, * quam aristoteles vocat “ potentiam perspectivam, ‘ non sit alicuius organi actus quasi per ipsum suam exercens operationem. * et hoc etiam sua demonstratio declarat: “ ex operatione enim intellectuali qua omnia intelligit, ostendit ipsum immixtum esse vel separatum: ‘ operatio autem pertinet ad potentiam ut ad principium.
n.9 * Unde patet quod nec demonstratio aristotelis hoc concludit, quod “ substantia intellectiva non uniatur corpori sicut forma. ‘ si enim ponamus substantiam animae secundum esse corpori sic unitam, intellectum autem nullius organi actum esse, non sequetur quod intellectus habeat aliquam naturam, de naturis dico sensibilium: cum non ponatur harmonia, vel ratio alicuius organi, * sicut de sensu dicit aristoteles, in ii de anima, quod “ est quaedam ratio organi. ‘ non enim habet intellectus operationem communem cum corpore. * quod autem per hoc quod aristoteles dicit “ intellectum esse immixtum vel separatum, * non intendat excludere ‘ ipsum esse partem sive potentiam animae quae est forma totius corporis, * patet per hoc quod dicit in fine primi de anima, contra illos qui dicebant “ animam in diversis partibus corporis diversas sui partes habere: ° si tota anima omne corpus continet, convenit et partium unamquamque aliquid corporis continere. hoc |25| autem videtur impossibile. qualem enim partem aut quomodo intellectus continet, grave est fingere.
n.10 ‘ Patet etiam quod, ex quo intellectus nullius partis corporis actus est, quod non sequitur receptionem eius esse receptionem materiae primae: ex quo eius receptio et operatio est omnino absque organo corporali.
n.11 ‘ Nec etiam infinita virtus intellectus tollitur: cum non ponatur virtus in magnitudine, sed in substantia intellectuali fundata, * ut dictum est.

005 SCG lb2 cp70

n. ‘ Quod secundum dicta aristotelis oportet ponere intellectum uniri corpori ut formam.
n.1 * Et quia averroes maxime nititur suam opinionem confirmare per verba et demonstrationem aristotelis, ‘ ostendendum restat quod necesse est dicere, * secundum opinionem aristotelis, “ intellectum secundum suam substantiam alicui corpori uniri ut formam.
n.2 * Probat enim aristoteles, in libro physicorum, quod “ in motoribus et motis impossibile est procedere in infinitum. * unde concludit quod “ necesse est devenire ad aliquod primum motum, quod vel moveatur ab immobili motore, vel moveat seipsum. * et de his duobus accipit secundum, scilicet quod “ primum mobile moveat seipsum: ea ratione, quia quod est per se, semper est prius eo quod est per aliud. * deinde ostendit quod “ movens seipsum de necessitate dividitur in duas partes, quarum una est movens et alia est mota. oportet igitur primum seipsum movens componi ex duabus partibus, quarum una est movens et alia mota. omne autem huiusmodi est animatum. primum igitur mobile, scilicet caelum, est animatum, * secundum opinionem aristotelis. unde et in ii de caelo dicitur expresse quod “ caelum est animatum, et propter hoc oportet in eo ponere differentias positionis non solum quoad nos, sed etiam secundum se.
n.3 * Inquiramus igitur, secundum opinionem aristotelis, “ qua anima sit caelum animatum.
n.4 * Probat autem in xi metaphysicae, quod “ in motu caeli est considerare aliquid quod movet omnino immotum, et aliquid quod movet motum. id autem quod movet omnino immotum, movet sicut desiderabile: nec dubium quin ab eo quod movetur. * ostendit autem quod ‘ non sicut desiderabile desiderio concupiscentiae, quod est desiderium sensus, sed sicut desiderabile intellectuali desiderio: * unde dicit quod “ primum movens non motum est desiderabile et intellectuale. igitur id quod ab eo movetur, scili-

cet caelum, est desiderans et intelligens nobiliori modo quam nos, * ut subsequenter probat. " est igitur caelum compositum, * secundum opinionem aristotelis, " ex anima intellectuali et corpore. * et hoc significat in ii de anima, ubi dicit quod ° quibusdam inest intellectivum et intellectus: ut hominibus, et si aliquid huiusmodi est alterum, aut honorabilius, " scilicet caelum.
n.5 * Constat autem quod " caelum non habet animam sensitivam, * secundum opinionem aristotelis: " haberet enim diversa organa, quae non competunt simplicitati caeli. * et ad hoc significandum, subiungit aristoteles quod ° quibus de numero corruptibilium inest intellectus, insunt omnes aliae potentiae: * ut daret intelligere quod " aliqua incorruptibilia habent intellectum quae non habent alias potentias animae, scilicet corpora caelestia.
n.6 ' Non poterit igitur dici quod intellectus continuetur corporibus caelestibus per phantasmata: sed oportebit dicere quod intellectus secundum suam substantiam uniatur corpori caelesti ut forma.
n.7 " Sic igitur et corpori humano, quod est inter omnia corpora inferiora nobilissimum, et aequalitate suae complexionis caelo, ab omni contrarietate absoluto, simillimum, * secundum intentionem aristotelis " substantia intellectualis unitur non per aliqua phantasmata sed ut forma ipsius.
n.8 ' Hoc autem quod dictum est de animatione caeli, non diximus quasi asserendo secundum fidei doctrinam, ad quam nihil pertinet sive sic sive aliter dicatur. * unde augustinus, in libro enchiridion, dicit: ° nec illud quidem certum habeo, utrum ad eandem societatem, " scilicet angelorum, ° pertineant sol et luna et cuncta sidera: quamvis nonnullis lucida esse corpora, non cum sensu vel intelligentia, videantur.

005 SCG lb2 cp71

n. ' Quod anima immediate unitur corpori.
n.1 ' Ex praemissis autem concludi potest quod anima immediate corpori unitur, nec oportet ponere " aliquod medium quasi animam corpori uniens: vel phantasmata, * sicut dicit averroes; " vel potentias ipsius, * sicut quidam dicunt; " vel etiam spiritum corporalem, * sicut alii dixerunt.
n.2 * Ostensum est enim quod ' anima unitur corpori ut forma eius. forma autem unitur materiae absque omni medio: per se enim competit formae quod sit actus talis corporis, et non per aliquid aliud. unde nec est aliquid unum faciens ex materia et forma nisi agens, " quod potentiam reducit ad actum, * ut probat aristoteles, in viii metaphysicae: ' nam materia et forma habent se ut potentia et actus.
n.3 ' Potest tamen dici aliquid esse medium inter animam et corpus, etsi non in essendo, tamen in movendo et in via generationis. in movendo quidem, quia in motu quo anima movet corpus, est quidam ordo mobilium et motorum. anima enim omnes operationes suas efficit per suas potentias: unde mediante potentia movet corpus; et adhuc membra mediante spiritu; et ulterius unum organum mediante alio organo. in via autem generationis dispositiones ad formam praecedunt formam in materia, quamvis sint posteriores in essendo. unde et dispositiones corporis quibus fit proprium perfectibile talis formae, hoc modo possunt dici mediae inter animam et corpus.

005 SCG lb2 cp72

n. ' Quod anima sit tota in toto et tota in qualibet parte.
n.1 ' Per eadem autem ostendi potest animam totam in toto corpore esse, et totam in singulis partibus.
n.2 ' Oportet enim proprium actum in proprio perfectibili esse. " anima autem est actus corporis organici, ' non unius organi tantum. est igitur in toto corpore, et non in una parte tantum, secundum suam essentiam, secundum quam est forma corporis.
n.3 ' Sic autem anima est forma totius corporis quod etiam est forma singularium partium. si enim esset forma totius et non partium, non esset forma substantialis talis corporis: sicut forma domus, quae est forma totius et non singularium partium, est forma accidentalis. quod autem sit forma substantialis totius et partium, patet per hoc quod ab ea sortitur speciem et totum et partes. unde, ea abscedente, neque totum neque partes remanent eiusdem speciei: nam oculus mortui et caro eius non dicuntur nisi aequivoce. si igitur anima est actus singularium partium; actus autem est in eo cuius est actus: relinquitur quod sit secundum suam essentiam in qualibet parte corporis.
n.4 ' Quod autem tota, manifestum est. cum enim totum dicatur per relationem ad partes, oportet totum diversimode accipi sicut diversimode accipiuntur partes. dicitur autem pars dupliciter: uno quidem modo, inquantum dividitur aliquid secundum quantitatem, sicut bicubitum est pars tricubiti; alio modo, inquantum dividitur aliquid secundum divisionem essentiae, sicut forma et materia dicuntur partes compositi. dicitur ergo totum et secundum quantitatem, et secundum essentiae perfectionem. totum autem et pars secundum quantitatem dicta formis non conveniunt nisi per accidens, scilicet inquantum dividuntur divisione subiecti quantitatem habentis. totum autem vel pars secundum perfectionem essentiae invenitur in formis per se. de hac igitur totalitate loquendo, quae per se formis competit, in qualibet forma apparet quod est tota in toto et tota in qualibet parte eius: nam albedo, sicut secundum totam rationem albedinis est in toto corpore, ita et in qualibet parte eius. secus autem |25| est de totalitate quae per accidens attribuitur formis: sic enim non possumus dicere quod tota albedo sit in qualibet parte. si igitur est aliqua forma quae non dividatur divisione subiecti, sicut sunt animae animalium perfectorum, non erit opus distinctione, cum eis non competat nisi una totalitas: sed absolute dicendum est eam totam esse in qualibet parte corporis. nec est hoc difficile apprehendere ei qui intelligit animam non sic esse indivisibilem ut punctum; neque sic incorporeum corporeo coniungi sicut corpora ad invicem coniunguntur; * ut supra expositum est.
n.5 ' Non est autem inconveniens animam, cum sit quaedam forma simplex, esse actum partium tam diversarum. quia unicuique formae aptatur materia secundum suam congruentiam. quanto autem aliqua forma est nobilior et simplicior, tanto est maioris virtutis. unde anima, quae est nobilissima inter formas inferiores, etsi simplex in substantia, est multiplex in potentia et multarum operationum. unde indiget diversis organis ad suas operationes complendas, quorum diversae animae potentiae proprii actus esse dicuntur: sicut visus oculi, auditus aurium, et sic de aliis. propter quod animalia perfecta habent maximam diversitatem in organis, plantae vero minimam.
n.6 * Hac igitur occasione a quibusdam philosophis dictum est " animam esse in aliqua parte corporis: * sicut ab ipso aristotele, in libro de causa motus animalium, dicitur " esse in corde, quia aliqua potentiarum eius illi parti corporis attribuitur. ' vis enim motiva, * de qua aristoteles in libro illo agebat, ' est principaliter in corde, per quod anima in totum corpus motum et alias huiusmodi operationes diffundit.

005 SCG lb2 cp73

n. ' Quod intellectus possibilis non est unus in omnibus hominibus.
n.1 ' Ex praemissis autem evidenter ostenditur non esse " unum intellectum possibilem omnium hominum qui sunt et qui erunt et qui fuerunt: * ut averroes, in iii de anima, fingit.
n.2 * Ostensum est enim quod ' substantia intellectus unitur corpori humano ut forma. impossibile est autem unam formam esse nisi unius materiae: quia proprius actus in propria potentia fit; sunt enim ad invicem proportionata. non est igitur intellectus unus omnium hominum.
n.3 ' Adhuc. unicuique motori debentur propria instrumenta: alia enim sunt instrumenta tibicinis, alia architectoris. " intellectus autem comparatur ad corpus ut motor ipsius: * sicut aristoteles determinat in iii de anima. ' sicut igitur impossibile est quod architector utatur instrumentis tibicinis, ita impossibile est quod intellectus unius hominis sit intellectus alterius.
n.4 * Praeterea. aristoteles, in i de anima, reprehendit antiquos de hoc quod, dicentes de anima, nihil de proprio susceptibili dicebant: ° quasi esset contingens, secundum pythagoricas fabulas, quamlibet animam quodlibet corpus indui. ' non est igitur possibile quod anima canis ingrediatur corpus lupi, vel anima hominis aliud corpus quam hominis. sed quae est proportio animae hominis ad corpus hominis, eadem est proportio animae huius hominis ad corpus huius hominis. non est igitur possibile animam huius hominis ingredi aliud corpus quam istius hominis. sed anima huius hominis est per quam hic homo intelligit: ° homo enim per animam intelligit * secundum sententiam aristotelis in i de anima. ' non est igitur unus intellectus istius et illius hominis.
n.5 ' Amplius. ab eodem aliquid habet esse et unitatem: unum enim et ens se consequuntur. sed unumquodque habet esse per suam formam. ergo et unitas rei sequitur unitatem formae. impossibile est igitur diversorum individuorum esse formam unam. forma autem huius hominis est anima intellectiva. impossibile est igitur omnium hominum esse unum intellectum.
n.6 * Si autem dicatur quod " anima sensitiva huius hominis sit alia ab anima sensitiva illius, et pro tanto non est unus ° homo, " licet sit unus intellectus: * hoc stare non potest. ' propria enim operatio cuiuslibet rei consequitur et demonstrat speciem ipsius. " sicut autem animalis propria operatio est sentire, ita hominis propria operatio est intelligere: * ut aristoteles dicit, in i ethicorum. " unde oportet quod, sicut hoc individuum est animal propter sensum, * secundum aristotelem, in ii de anima; " ita sit homo propter id quo intelligit. id autem quo intelligit anima, vel homo per animam, est intellectus possibilis, * ut dicitur in iii de anima. ' est igitur hoc individuum homo per intellectum possibilem. si igitur hic homo habet aliam animam sensitivam cum alio homine, non autem alium intellectum possibilem, sed unum et eundem, sequetur quod sint duo animalia, sed non duo homines. quod patet impossibile esse. non est igitur unus intellectus |25| possibilis omnium hominum.
n.7 * His autem rationibus respondet commentator praedictus, in iii de anima, dicens quod " intellectus possibilis continuatur nobiscum per formam suam, scilicet per speciem intelligibilem, cuius unum subiectum est phantasma in nobis existens, quod est in diversis diversum. et sic intellectus possibilis numeratur in diversis, non ratione suae substantiae, sed ratione suae formae.
n.8 * Quod autem haec responsio nulla sit, apparet per ea * quae supra dicta sunt. ostensum est enim supra quod ' non est possibile hominem intelligere si sic solum intellectus possibilis continuaretur nobiscum.
n.9 ' Dato autem quod praedicta continuatio sufficeret ad hoc quod homo esset intelligens, * adhuc responsio dicta rationes supra dictas non solvit. secundum enim dictam positionem, " nihil ad intellectum pertinens remanebit numeratum secundum multitudinem hominum nisi solum phantasma. et hoc ipsum phantasma non erit numeratum secundum quod est intellectum in actu: quia sic est in intellectu possibili, et est abstractum a materialibus conditionibus per intellectum agentem. phantasma autem, secundum quod est intellectum in potentia, non excedit gradum animae sensitivae. adhuc igitur non remanebit alius hic homo ab illo nisi per animam sensitivam. * et sequetur praedictum inconveniens, quod " non sint plures homines hic et ille.
n.10 ' Praeterea. nihil sortitur speciem per id quod est in potentia, sed per id quod est actu. phantasma autem, secundum quod est numeratum, est tantum in potentia ad esse intelligibile. ergo per phantasma, secundum quod numeratur, non sortitur hoc individuum speciem animalis intellectivi, quod est ratio hominis. et sic remanebit illud quod speciem humanam dat, non esse numeratum in diversis.
n.11 " Adhuc. illud per quod speciem sortitur unumquodque vivens, est perfectio prima, et non perfectio secunda: * ut patet per aristotelem, in ii de anima. ' phantasma autem non est perfectio prima, sed perfectio secunda: " est enim phantasia motus factus a sensu secundum actum, * ut dicitur in libro de anima. ' non est igitur ipsum phantasma quod numeratur, a quo homo speciem habet.
n.12 ' Amplius. phantasmata quae sunt intellecta in potentia, diversa sunt. illud autem quo aliquid speciem sortitur, oportet esse unum: nam species una est unius. non igitur per phantasmata, prout ponuntur numerari in diversis, ut sunt intellecta in potentia, homo speciem sortitur.
n.13 ' Item. illud quo homo sortitur speciem, oportet semper esse manens in eodem individuo dum durat: alias individuum non semper esset unius et eiusdem speciei, sed quandoque huius, quandoque illius. phantasmata autem non semper eadem manent in uno homine, sed quaedam de novo adveniunt, et quaedam praeexistentia abolentur. individuum igitur hominis neque per phantasma sortitur speciem; neque per ipsum continuatur principio suae speciei, quod est intellectus possibilis.
n.14 * Si autem dicatur quod " hic homo non sortitur speciem ab ipsis phantasmatibus, sed a virtutibus in quibus sunt phantasmata, scilicet imaginativa, memorativa et cogitativa, quae est propria homini, * quam aristoteles in iii de anima, " passivum intellectum * vocat: adhuc sequuntur eadem inconvenientia. ' quia, cum virtus cogitativa habeat operationem solum circa particularia, quorum intentiones dividit et componit, et habeat organum corporale per quod agit, non transcendit genus animae sensitivae. homo autem ex anima sensitiva non habet quod sit homo, sed quod sit animal. adhuc igitur relinquitur quod numeretur in nobis solum id quod competit homini inquantum est animal.
n.15 ' Praeterea. virtus cogitativa, cum operetur per organum, non est id quo intelligimus: cum intelligere non sit operatio alicuius organi. id autem quo intelligimus, est illud quo homo est homo: cum intelligere sit propria operatio hominis consequens eius speciem. " non est igitur hoc individuum homo per virtutem cogitativam: neque haec virtus est id per quod homo substantialiter differt a brutis, * ut commentator praedictus fingit.
n.16 ' Adhuc. virtus cogitativa non habet ordinem ad intellectum possibilem, quo intelligit homo, nisi per suum actum quo praeparantur phantasmata ut per intellectum agentem fiant intelligibilia actu et perficientia intellectum possibilem. operatio autem ista non semper eadem manet in nobis. impossibile est igitur quod homo per eam vel continuetur principio speciei humanae; vel per eam habeat speciem. * sic igitur patet quod praedicta responsio omnino confutanda est.
n.17 ' Item. id quo aliquid operatur aut agit, est principium ad quod sequitur operatio non solum quantum ad esse ipsius, sed etiam quantum ad multitudinem aut unitatem: ab eodem enim calore non est nisi unum calefacere, sive una calefactio activa; quamvis possit esse multiplex calefieri, sive multae calefactiones passivae, secundum diversitatem calefactorum simul per unum calorem. " intellectus autem possibilis est quo intelligit anima: * ut dicit aristoteles in iii de anima. ' si igitur intellectus possibilis huius et illius hominis sit unus et idem numero, necesse erit etiam intelligere utriusque esse unum et idem. quod patet esse impossibile: nam diversorum individuorum impossibile est esse operationem u-

nam. impossibile est igitur intellectum possibilem esse unum huius et illius.

n.18 * Si autem dicatur quod " ipsum intelligere multiplicatur secundum diversitatem phantasmatum: * hoc stare non potest. * sicut enim dictum est, ' unius agentis una actio multiplicatur solum secundum diversa subiecta in quae transit illa actio. " intelligere autem et velle, et huiusmodi, non sunt actiones transeuntes in exteriorem materiam, sed manent in ipso agente quasi perfectiones ipsius agentis: * ut patet per aristotelem in ix metaphysicae. ' non potest igitur unum intelligere intellectus possibilis multiplicari per diversitatem phantasmatum.

n.19 ' Praeterea. phantasmata se habent ad intellectum possibilem ut activum quodammodo ad passivum: * secundum quod aristoteles dicit, in iii de anima, quod ° intelligere quoddam pati est. ' pati autem ipsum patientis diversificatur secundum diversas formas activorum sive species, non secundum diversitatem eorum in numero. in uno enim passivo sequitur simul a duobus activis, scilicet calefaciente et desiccante, calefieri et desiccari: non autem a duobus calefacientibus sequitur in uno calefactibili duplex calefieri, sed unum tantum; nisi forte sint diversae species caloris. cum enim calor duplex unius speciei non possit esse in uno subiecto; motus autem numeratur secundum terminum ad quem: si sit unius temporis et eiusdem subiecti, non poterit esse duplex calefieri in uno subiecto. et hoc dico, nisi sit alia species caloris: sicut ponitur in semine calor ignis, caeli et animae. ex diversitate igitur phantasmatum intellectus possibilis non multiplicatur nisi secundum diversarum specierum intelligentiam: |25| ut dicamus quod aliud est eius intelligere prout intelligit hominem, et prout intelligit equum. sed horum unum intelligere simul convenit omnibus hominibus. ergo adhuc sequetur quod idem intelligere numero sit huius hominis et illius.

n.20 ' Adhuc. intellectus possibilis intelligit hominem, non secundum quod est hic homo, sed inquantum est homo simpliciter, secundum rationem speciei. haec autem ratio una est, quantumcumque phantasmata hominis multiplicentur, vel in uno homine vel in diversis, secundum diversa individua hominis, quorum proprie sunt phantasmata. multiplicatio igitur phantasmatum non potest esse causa quod multiplicetur ipsum intelligere intellectus possibilis respectu unius speciei. et sic adhuc remanebit una actio numero diversorum hominum.

n.21 ' Item. proprium subiectum habitus scientiae est intellectus possibilis: quia eius actus est considerare secundum scientiam. accidens autem, si sit unum, non multiplicatur nisi secundum subiectum. si igitur intellectus possibilis sit unus omnium hominum, necesse erit quod scientiae habitus idem secundum speciem, puta habitus grammaticae, sit idem numero in omnibus hominibus. quod est inopinabile. non est igitur intellectus possibilis unus in omnibus.

n.22 * Sed ad hoc dicunt quod " subiectum habitus scientiae non est intellectus possibilis, sed intellectus passivus et virtus cogitativa. * quod quidem esse non potest. nam, sicut probat aristoteles, in ii ethicorum, ° ex similibus actibus fiunt similes habitus, et similes etiam actus reddunt. ' ex actibus autem intellectus possibilis fit habitus scientiae in nobis: et ad eosdem actus potentes sumus secundum habitum scientiae. habitus igitur scientiae est in intellectu possibili, non passivo.

n.23 ' Adhuc. scientia est de conclusionibus demonstrationum: " nam demonstratio est syllogismus faciens scire, * ut aristoteles dicit in i posteriorum. ' conclusiones autem demonstrationum sunt universales, sicut et principia. erit igitur in illa virtute quae est cognoscitiva universalium. intellectus autem passivus non est cognoscitivus universalium, sed particularium intentionum. non est igitur subiectum habitus scientiae.

n.24 * Praeterea. contra hoc sunt plures rationes adductae supra, ' cum de unione intellectus possibilis ad hominem ageretur.

n.25 * Videtur autem ex hoc fuisse deceptio in ponendo " habitum scientiae in intellectu passivo esse, ' quia homines inveniuntur promptiores vel minus prompti ad scientiarum considerationes secundum diversam dispositionem virtutis cogitativae et imaginativae. sed ista promptitudo dependet ab illis virtutibus sicut ex dispositionibus remotis: prout etiam dependet a bonitate tactus et corporis complexione; * secundum quod dicit aristoteles, in ii de anima, " homines boni tactus et mollis carnis esse bene aptos mente. ' ex habitu autem scientiae inest facultas considerandi sicut ex proximo principio actus: oportet enim quod habitus scientiae perficiat potentiam qua intelligimus, " ut agat cum voluerit faciliter, ' sicut et alii habitus potentias in quibus sunt.

n.26 ' Item. dispositiones praedictarum virtutum sunt ex parte obiecti, scilicet phantasmatis, quod propter bonitatem harum virtutum praeparatur ad hoc quod faciliter fiat intelligibile actu per intellectum agentem. dispositiones autem quae sunt ex parte obiectorum, non sunt habitus, sed quae sunt ex parte potentiarum: non enim dispositiones quibus terribilia fiunt toleranda, sunt habitus fortitudinis; sed dispositio qua pars animae, scilicet irascibilis, disponitur ad terribilia sustinenda. ergo manifestum est quod " habitus scientiae non est in intellectu passivo, * ut commentator praedictus dicit, ' sed magis in intellectu possibili.

n.27 " Item. si unus est intellectus possibilis omnium hominum, oportet ponere intellectum possibilem semper fuisse, si homines semper fuerunt, * sicut ponunt: " et multo magis intellectum agentem, quia ° agens est honorabilius patiente, * ut aristoteles dicit. " sed si agens est aeternum, et recipiens aeternum, oportet recepta esse aeterna. ergo species intelligibiles ab aeterno fuerunt in intellectu possibili. non igitur de novo recipit aliquas species intelligibiles. ad nihil autem sensus et phantasia sunt necessaria ad intelligendum nisi ut ab eis accipiantur species intelligibiles. sensus igitur non erit necessarius ad intelligendum, neque phantasia. * et redibit opinio platonis, quod " scientiam non acquirimus per sensus, sed ab eis excitamur ad rememorandum prius scita.

n.28 * Sed ad hoc respondet commentator praedictus, quod " species intelligibiles habent duplex subiectum: ex uno quorum habent aeternitatem, scilicet ab intellectu possibili; ab alio autem habent novitatem, scilicet a phantasmate; sicut etiam speciei visibilis subiectum est duplex, scilicet res extra animam et potentia visiva.

n.29 * Haec autem responsio stare non potest. ' impossibile enim est quod actio et perfectio aeterni dependeat ab aliquo temporali. phantasmata autem temporalia sunt, de novo quotidie in nobis facta ex sensu. impossibile est igitur quod species intelligibiles, quibus intellectus possibilis fit actu et operatur, dependeant a phantasmatibus, sicut species visibilis dependet a rebus quae sunt extra animam.

n.30 ' Amplius. nihil recipit quod iam habet: quia " recipiens oportet esse denudatum a recepto, * secundum aristotelem. ' sed species intelligibiles ante meum sentire vel tuum fuerunt in intellectu possibili: non enim qui fuerunt ante nos intellexissent, nisi intellectus possibilis fuisset reductus in actum per species intelligibiles. * nec potest dici quod " species illae prius receptae in intellectu possibili, esse cessaverunt: ' quia intellectus possibilis non solum recipit; sed conservat quod recipit, * unde in iii de anima dicitur esse ° locus specierum. ' igitur ex phantasmatibus nostris non recipiuntur species in intellectu possibili. frustra igitur per intellectum agentem fiunt intelligibilia actu nostra phantasmata.

n.31 " Item. receptum est in recipiente per modum recipientis. ' sed intellectus secundum se est supra motum. ergo quod recipitur in eo, recipitur fixe et immobiliter.

n.32 ' Praeterea. cum intellectus sit superior virtus quam sensus, oportet quod sit magis unita: et ex hoc videmus quod unus intellectus habet iudicium de diversis generibus sensibilium, quae ad diversas potentias sensitivas pertinet. unde accipere possumus quod operationes pertinentes ad diversas potentias sensitivas, in uno intellectu adunantur. potentiarum autem sensitivarum quaedam recipiunt tantum, ut sensus: quaedam autem retinent, ut imaginatio et memoria; " unde et thesauri dicuntur. ' oportet igitur quod intellectus possibilis et recipiat, et retineat recepta.

n.33 ' Amplius. in rebus naturalibus vanum est dicere quod id ad quod pervenitur per motum, non permaneat, sed statim esse desinat: * propter quod repudiatur positio dicentium " omnia semper moveri; ' oportet enim motum ad quietem terminari. multo igitur minus dici potest quod receptum in intellectu possibili non conservetur.

n.34 ' Adhuc. si ex phantasmatibus quae sunt in nobis intellectus possibilis non recipit aliquas species intelligibiles, quia iam recepit a phantasmatibus eorum qui fuerunt ante nos; pari ratione, a nullorum phantasmatibus recipit quos alii praecesserunt. sed quoslibet aliqui alii praecesserunt, " si mundus est aeternus, * ut ponunt. ' nunquam igitur intellectus possibilis recipit aliquas species a phantasmatibus. * frustra igitur ponitur " intellectus agens * ab aristotele, ut faciat " phantasmata esse intelligibilia actu.

n.35 * Praeterea. ex hoc videtur sequi quod " intellectus possibilis non indigeat phantasmatibus ad intelligendum. nos autem per intellectum possibilem intelligimus. neque igitur nos sensu et phantasmate indigebimus ad intelligendum. * quod est manifeste falsum et contra sententiam aristotelis.

n.36 * Si autem dicatur quod, " pari ratione, non indigeremus phantasmate ad considerandum ea quorum species intelligibiles sunt in intellectu conservatae, etiam si intellectus possibiles sint plures in diversis: * quod est contra aristotelem, qui dicit quod ° nequaquam sine phantasmate intelligit anima: * patet quod non est conveniens obviatio. ' intellectus enim possibilis, sicut et quaelibet substantia, operatur secundum modum suae naturae. secundum autem suam naturam est forma corporis. unde intelligit quidem immaterialia, sed inspicit ea in aliquo materiali. cuius signum est, quod in doctrinis universalibus exempla particularia ponuntur, in quibus quod dicitur inspiciatur. alio ergo modo se habet intellectus possibilis ad phantasma quo indiget, ante speciem intelligibilem: et alio modo postquam recepit speciem intelligibilem. ante enim, indiget eo ut ab eo accipiat speciem intelligibilem: unde se habet ad intellectum |25| possibilem ut obiectum movens. sed post speciem in eo receptam, indiget eo quasi instrumento sive fundamento suae speciei: unde se habet ad phantasmata sicut causa efficiens; secundum enim imperium intellectus formatur in imaginatione phantasma conveniens tali speciei intelligibili, in quo resplendet species intelligibilis sicut exemplar in exemplato sive in imagine. si ergo intellectus possibilis semper habuisset species, nunquam compararetur ad phantasmata sicut recipiens ad obiectum motivum.

n.37 " Item. intellectus possibilis est quo anima et homo intelligit, * secundum aristotelem. ' si autem intellectus possibilis est unus omnium ac aeternus, oportet quod in ipso iam sint receptae omnes species intelligibiles eorum quae a quibuslibet hominibus sunt scita vel fuerunt. quilibet igitur nostrum, qui per intellectum possibilem intelligit, immo cuius intelligere est ipsum intelligere intellectus possibilis, intelliget omnia quae sunt vel fuerunt a quibuscumque intellecta. quod patet esse falsum.

n.38 * Ad hoc autem commentator praedictus respondet, dicens quod " nos non intelligimus per intellectum possibilem nisi secundum quod continuatur nobis per nostra phantasmata. et quia non sunt eadem phantasmata apud omnes nec eodem modo disposita, nec quicquid intelligit unus, intelligit alius. * et videtur haec responsio consonare praemissis. ' nam etiam si intellectus possibilis non est unus, non intelligimus ea quorum species sunt in intellectu possibili nisi adsint phantasmata ad hoc disposita.

n.39 * Sed quod dicta responsio non possit totaliter inconveniens evitare, sic patet. ' cum intellectus possibilis factus est actu per speciem intelligibilem receptam, " potest agere per seipsum, * ut dicit aristoteles, in iii de anima. ' unde videmus quod illud cuius scientiam semel accepimus, est in potestate nostra iterum considerare cum volumus. nec impedimur propter phantasmata: quia in potestate nostra est formare phantasmata accommoda considerationi quam volumus; nisi forte esset impedimentum ex parte organi cuius est, sicut accidit in phreneticis et lethargicis, qui non possunt habere liberum actum phantasiae et memorativae. * et propter hoc aristoteles dicit, in viii phys., quod " ille qui iam habet habitum scientiae, licet sit potentia considerans, non indiget motore qui reducat eum de potentia in actum, nisi removente prohibens, sed potest ipse exire in actum considerationis ut vult. ' si autem in intellectu possibili sunt species intelligibiles omnium |25| scientiarum, quod oportet dicere si est unus et aeternus, necessitas phantasmatum ad intellectum possibilem erit sicut est illius qui iam habet scientiam ad considerandum secundum scientiam illam, quod etiam sine phantasmatibus non posset. cum igitur quilibet homo intelligat per intellectum possibilem secundum quod est reductus in actum per species intelligibiles, quilibet homo poterit considerare, cum voluerit, scita omnium scientiarum. quod est manifeste falsum: sic enim nullus indigeret doctore ad acquirendum scientiam. non est igitur unus et aeternus intellectus possibilis.

005 SCG lb2 cp74

n. ' De opinione avicennae, qui posuit formas intelligibiles non conservari in intellectu possibili.

n.1 * Praedictis vero rationibus obviare videntur quae avicenna ponit. dicit enim, in suo libro de anima, quod " in intellectu possibili non remanent species intelligibiles nisi quandiu actu intelliguntur.

n.2 * Quod quidem ex hoc probare nititur, quia, " quandiu formae apprehensae manent in potentia apprehensiva, actu apprehenduntur: ex hoc enim fit sensus in actu, quod est idem cum sensato in actu, et similiter intellectus in actu est intellectum in actu. unde videtur quod, quandocumque sensus vel intellectus est factus unum cum sensato vel intellecto, secundum quod habet formam ipsius, fit apprehensio in actu per sensum vel per intellectum. vires autem quae conservant formas non apprehensas in actu, dicit non esse vires apprehensivas, sed thesauros virtutum apprehensivarum: sicut imaginatio, quae est thesaurus formarum apprehensarum per sensum; et memoria, quae est, * secundum ipsum, " thesaurus intentionum apprehensarum absque sensu, sicut cum ovis apprehendit inimicitiam lupi. hoc autem contingit huiusmodi virtutibus quod conservant formas non apprehensas actu, inquantum habent quaedam organa corporea, in quibus recipiuntur |25| formae receptione propinqua apprehensioni. et propter hoc, virtus apprehensiva, convertens se ad huiusmodi thesauros, apprehendit in actu. constat autem quod intellectus possibilis est virtus apprehensiva, et quod non habet organum corporeum. * unde concludit quod " impossibile est quod species intelligibiles conserventur in intellectu possibili, nisi quandiu intelligit actu. oportet ergo quod vel ipsae species intelligibiles conserventur in aliquo organo corporeo, sive in aliqua virtute habente organum corporeum; vel oportet quod formae intelligibiles sint per se existentes, ad quas comparetur intellectus possibilis noster sicut speculum ad res quae videntur in speculo; vel oportet quod species intelligibiles fluant in intellectum possibilem de novo ab aliquo agente separato, quandocumque actu intelligit. * primum autem horum trium est impossibile: quia ' formae existentes in potentiis utentibus organis corporalibus, sunt intelligibiles in potentia tantum. |50| * secundum autem est opinio platonis, quam reprobat aristoteles, in metaphysica. unde concludit tertium: quod “ quandocumque intelligimus actu, fluunt species intelligibiles in intellectum possibilem nostrum ab intellectu agente, * quem ponit ipse “ quandam substantiam separatam.

n.3 * Si vero aliquis obiiciat contra eum quod “ tunc non est differentia inter hominem cum primo addiscit, et cum postmodum vult considerare in actu quae prius didicit: * respondet quod “ addiscere nihil aliud est quam ° acquirere perfectam habitudinem coniungendi se intelligentiae agenti ad recipiendum ab eo formam intelligibilem. “ et ideo ante addiscere est nuda potentia in homine ad talem receptionem: addiscere vero est sicut ° potentia adaptata.

n.4 * Videtur etiam huic positioni consonare quod aristoteles, in libro de memoria, ostendit “ memoriam non esse in parte intellectiva, sed in parte animae sensitiva. ex quo videtur quod conservatio specierum intelligibilium non pertineat ad partem intellectivam.

n.5 * Sed si diligenter consideretur, haec positio, quantum ad originem, parum aut nihil differt a positione platonis. posuit enim plato “ formas intelligibiles esse quasdam substantias separatas, a quibus scientia fluebat in animas nostras. * hic autem ponit “ ab una substantia separata, quae est intellectus agens secundum ipsum, scientiam in animas nostras fluere. non autem differt, quantum ad modum acquirendi scientiam, utrum ab una vel pluribus substantiis separatis scientia nostra causetur: utrobique enim sequetur quod scientia nostra non causetur a sensibilibus. cuius contrarium apparet per hoc quod qui caret aliquo sensu, caret scientia sensibilium quae cognoscuntur per sensum illum.

n.6 * Dicere autem quod “ per hoc quod intellectus possibilis inspicit singularia quae sunt in imaginatione, illustratur luce intelligentiae agentis ad cognoscendum universale; et quod actiones virium inferiorum, scilicet imaginationis et memorativae et cogitativae, sunt aptantes animam ad recipiendam emanationem intelligentiae agentis, * est novum. ‘ videmus enim quod anima nostra tanto magis disponitur ad recipiendum a substantiis separatis, quanto magis a corporalibus et sensibilibus removetur: per recessum enim ab eo quod infra est, acceditur ad id quod supra est. * non igitur est verisimile quod “ per hoc quod anima respicit ad phantasmata corporalia, quod disponatur ad recipiendam influentiam intelligentiae separatae.

n.7 * Plato autem radicem suae positionis melius est prosecutus. posuit enim quod “ sensibilia non sunt disponentia animam ad recipiendum influentiam formarum separatarum, sed solum expergefacientia intellectum ad considerandum ea quorum scientiam habebat ab exteriori causatam. * ponebat enim quod “ a principio a formis separatis causabatur scientia in animabus nostris omnium scibilium: unde addiscere dixit esse quoddam reminisci. * et hoc necessarium est secundum eius positionem. “ nam, cum substantiae separatae sint immobiles et semper eodem modo se habentes, semper ab eis resplendet scientia rerum in anima nostra, quae est eius capax.

n.8 “ Amplius. quod recipitur in aliquo, est in eo per modum recipientis. esse autem intellectus possibilis est magis firmum quam esse materiae corporalis. cum igitur formae fluentes in materiam corporalem ab intelligentia agente, * secundum ipsum, “ conserventur in ea, multo magis conservantur in intellectu possibili.

n.9 “ Adhuc. cognitio intellectiva est perfectior sensitiva. si igitur in sensitiva cognitione est aliquid conservans apprehensa, multo fortius hoc erit in cognitione intellectiva.

n.10 “ Item. videmus quod diversa quae in inferiori ordine potentiarum pertinent ad diversas potentias, in superiori ordine pertinent ad unum: sicut sensus communis apprehendit sensata omnium sensuum propriorum. apprehendere igitur et conservare, quae in parte animae sensitivae pertinent ad diversas potentias, oportet quod in suprema potentia, scilicet in intellectu, uniantur.

n.11 “ Praeterea. intelligentia agens, * secundum ipsum, “ influit omnes scientias. si igitur addiscere nihil est aliud quam aptari ut uniatur intelligentiae agenti, qui addiscit unam scientiam, non magis addiscit illam quam aliam. * quod patet esse falsum.

n.12 * Patet etiam quod haec opinio est contra sententiam aristotelis, qui dicit, in iii de anima, quod “ intellectus possibilis est locus specierum: quod nihil aliud est dicere quam ipsum esse thesaurum intelligibilium specierum, * ut verbis avicennae utamur.

n.13 * Item. postea subiungit quod “ quando intellectus possibilis acquirit scientiam, est potens operari per seipsum, licet non actu intelligat. non igitur indiget influentia alicuius superioris agentis.

n.14 * Dicit etiam, in viii physicorum, quod “ ante addiscere est homo in potentia essentiali ad scientiam, et ideo indiget motore per quem reducatur in actu: non autem, postquam iam addidicit, indiget per se motore. ergo non indiget influentia intellectus agentis.

n.15 * Dicit etiam, in iii de anima, quod ° phantasmata se habent ad intellectum possibilem sicut sensibilia ad sensum. * unde patet quod “ species intelligibiles sunt in intellectu possibili a phantasmatibus, non a substantia separata.

n.16 * Rationes autem quae videntur in contrarium esse, non est difficile solvere. ‘ intellectus enim possibilis est in actu perfecto secundum species intelligibiles cum considerat actu: cum vero non considerat actu, non est in actu perfecto secundum illas species, sed se habet medio modo inter potentiam et actum. * et hoc est quod aristoteles dicit, in iii de anima, quod, ° cum haec pars, “ scilicet intellectus possibilis, ° unaquaeque fiat, sciens dicitur secundum actum. hoc autem accidit cum possit operari per seipsum. est quidem et tunc potentia similiter quodammodo, non tamen similiter et ante addiscere aut invenire.

n.17 ‘ Memoria vero in parte sensitiva ponitur, quia est alicuius prout cadit sub determinato tempore: non est enim nisi praeteriti. et ideo, cum non abstrahat a singularibus conditionibus, non pertinet ad partem intellectivam, quae est universalium. sed per hoc non excluditur quin intellectus possibilis sit conservativus intelligibilium, quae abstrahunt ab omnibus conditionibus particularibus.

005 SCG lb2 cp75

n. ‘ Solutio rationum quibus videtur probari unitas intellectus possibilis.

n.1 * Ad probandum autem unitatem intellectus possibilis quaedam rationes adducuntur, quas oportet ostendere efficaces non esse.

n.2 * Videtur enim quod “ omnis forma quae est una secundum speciem et multiplicatur secundum numerum, individuetur per materiam: quae enim sunt unum specie et multa secundum numerum, conveniunt in forma et distinguuntur secundum materiam. si igitur intellectus possibilis in diversis hominibus sit multiplicatus secundum numerum, cum sit unus secundum speciem, oportet quod sit individuatus in hoc et in illo per materiam. non autem per materiam quae sit pars sui: quia sic esset receptio eius de genere receptionis materiae primae, et reciperet formas individuales; quod est contra naturam intellectus. relinquitur ergo quod individuetur per materiam quae est corpus hominis cuius ponitur forma. omnis autem forma individuata per materiam cuius est actus, est forma materialis. oportet enim quod esse cuiuslibet rei dependeat ab eo a quo dependet individuatio eius: sicut enim principia communia sunt de essentia speciei, ita principia individuantia |25| sunt de essentia huius individui. sequitur ergo quod intellectus possibilis sit forma materialis. et per consequens quod non recipiat aliquid nec operetur sine organo corporali. quod etiam est contra naturam intellectus possibilis. igitur intellectus possibilis non multiplicatur in diversis hominibus, sed est unus omnium.

n.3 “ Item. si intellectus possibilis esset alius in hoc et in illo homine, oporteret quod species intellecta esset alia numero in hoc et in illo, una vero in specie: cum enim specierum intellectarum in actu proprium subiectum sit intellectus possibilis, oportet quod, multiplicato intellectu possibili, multiplicentur species intelligibiles secundum numerum in diversis. species autem aut formae quae sunt eaedem secundum speciem et diversae secundum numerum, sunt formae individuales. quae non possunt esse formae intelligibiles: quia intelligibilia sunt universalia, non particularia. impossibile est igitur intellectum possibilem esse multiplicatum in diversis individuis hominum. necesse est igitur quod sit unus in omnibus.

n.4 “ Adhuc. magister scientiam quam habet transfundit in discipulum. aut igitur eandem numero: aut aliam numero diversam, non specie. secundum videtur impossibile esse: quia sic magister causaret scientiam suam in discipulo sicut causat formam suam in alio generando sibi simile in specie; quod videtur pertinere ad agentia materialia. oportet ergo quod eandem scientiam numero causet in discipulo. quod esse non posset nisi esset unus intellectus possibilis utriusque. necesse igitur videtur intellectum possibilem esse unum omnium hominum.

n.5 * Sicut autem praedicta positio veritatem non habet, * ut ostensum est, * ita rationes positae ad ipsam confirmandam facile solubiles sunt.

n.6 ‘ Confitemur enim intellectum possibilem esse unum specie in diversis hominibus, plures autem secundum numerum: ut tamen non fiat in hoc vis, quod partes hominis non ponuntur in genere vel specie secundum se, sed solum ut sunt principia totius. nec tamen sequitur quod sit forma materialis secundum esse dependens a corpore. sicut enim animae humanae secundum suam speciem competit quod tali corpori secundum speciem uniatur, ita haec anima differt ab illa numero solo ex hoc quod ad aliud numero corpus habitudinem habet. et sic individuantur animae humanae, et per consequens intellectus possibilis, qui est potentia animae, secundum corpora, non quasi individuatione a corporibus causata.

n.7 * Secunda vero ratio ipsius deficit, ex hoc quod “ non distinguit inter id quo intelligitur, et id quod intelligitur. ‘ species enim recepta in intellectu possibili non habet se ut quod intelligitur. cum enim de his quae intelliguntur sint omnes artes et scientiae, sequeretur quod “ omnes scientiae essent de speciebus existentibus in intellectu possibili. * quod patet esse falsum: ‘ nulla enim scientia de eis aliquid considerat nisi rationalis et metaphysica. sed tamen per eas quaecumque sunt in omnibus scientiis cognoscuntur. habet se igitur species intelligibilis recepta in intellectu possibili in intelligendo sicut id quo intelligitur, non sicut id quod intelligitur: sicut et species coloris in oculo non est id quod videtur, sed id quo videmus. id vero quod intelligitur, est ipsa ratio rerum existentium extra animam: sicut et res extra animam existentes visu corporali videntur. ad hoc enim inventae sunt artes et scientiae ut res in suis naturis existentes cognoscantur.

n.8 ‘ Nec tamen oportet quod, “ quia scientiae sunt de universalibus, quod universalia sint extra animam per se subsistentia: * sicut plato posuit. ‘ quamvis enim ad veritatem cognitionis necesse sit ut cognitio rei respondeat, non tamen oportet ut idem sit modus cognitionis et rei. quae enim coniuncta sunt in re, interdum divisim cognoscuntur: simul enim una res est et alba et dulcis; visus tamen cognoscit solam albedinem, et gustus solam dulcedinem. sic etiam et intellectus intelligit lineam in materia sensibili existentem, absque materia sensibili: licet et cum materia sensibili intelligere possit. haec autem diversitas accidit secundum diversitatem specierum intelligibilium in intellectu receptarum: quae quandoque est similitudo quantitatis tantum, quandoque vero substantiae sensibilis quantae. similiter autem, licet natura generis et speciei nunquam sit nisi in his individuis, intelligit tamen intellectus naturam speciei et generis non intelligendo principia individuantia: et hoc est intelligere universalia. |25| et sic haec duo non repugnant, quod universalia non subsistant extra animam: et quod intellectus, intelligens universalia, intelligat res quae sunt extra animam. quod autem intelligat intellectus naturam generis vel speciei denudatam a principiis individuantibus, contingit ex conditione speciei intelligibilis in ipso receptae, quae est immaterialis effecta per intellectum agentem, utpote abstracta a materia et conditionibus materiae, quibus aliquid individuatur. et ideo potentiae sensitivae non possunt cognoscere universalia: quia non possunt recipere formam immaterialem, cum recipiant semper in organo corporali.

n.9 ‘ Non igitur oportet “ esse numero unam speciem intelligibilem huius intelligentis et illius: * ad hoc enim sequeretur “ esse unum intelligere numero huius et illius, ‘ cum operatio sequatur formam quae est principium speciei. sed oportet, ad hoc quod sit unum intellectum, quod sit unius et eiusdem similitudo. et hoc est possibile si species intelligibiles sint numero diversae: nihil enim prohibet unius rei fieri plures imagines differentes; et ex hoc contingit quod unus homo a pluribus videtur. non igitur repugnat cognitioni universali intellectus quod sint diversae species intelligibiles in diversis.

n.10 ‘ Nec propter hoc oportet quod, si species intelligibiles sint plures numero et eaedem specie, quod non sint intelligibiles actu, sed potentia tantum, sicut alia individua. non enim hoc quod est esse individuum, repugnat ei quod est esse intelligibile actu: oportet enim dicere ipsum intellectum possibilem et agentem, si ponuntur quaedam substantiae separatae corpori non unitae per se subsistentes, quaedam individua esse, et tamen intelligibilia sunt. sed id quod repugnat intelligibilitati est materialitas: cuius signum est quod, ad hoc quod fiant formae rerum materialium intelligibiles actu, oportet quod a materia abstrahantur. et ideo in illis in quibus individuatio fit per hanc materiam signatam, individuata non sunt intelligibilia actu. si autem individuatio fiat non per materiam, nihil prohibet ea quae sunt individua esse actu intelligibilia. species autem intelligibiles individuantur per suum subiectum, qui est intellectus possibilis, sicut et omnes aliae formae. unde, cum intellectus possibilis |25| non sit materialis, non tollitur a speciebus individuatis per ipsum quin sint intelligibiles actu.

n.11 ‘ Praeterea. in rebus sensibilibus, sicut non sunt intelligibilia actu individua quae sunt multa in una specie, ut equi vel homines; ita nec individua quae sunt unica in sua specie, ut hic sol et haec luna. eodem autem modo individuantur species per intellectum possibilem sive sint plures intellectus possibiles sive unus: sed non eodem modo multiplicantur in eadem specie. nihil igitur refert, quantum ad hoc quod species receptae in intellectu possibili sint intelligibiles actu, utrum intellectus possibilis sit unus in omnibus, aut plures.

n.12 “ Item. intellectus possibilis, * secundum commentatorem praedictum, “ est ultimus in ordine intelligibilium substantiarum, quae quidem * secundum ipsum “ sunt plures. ‘ nec potest dici quin aliquae superiorum substantiarum habeant cognitionem eorum quae intellectus possibilis cognoscit: “ in motoribus enim orbium, * ut ipse etiam dicit, “ sunt formae eorum quae causantur per orbis motum. ‘ adhuc igitur remanebit, licet intellectus possibilis sit unus, quod formae intelligibiles multiplicentur in diversis intellectibus.

n.13 * Licet autem dixerimus quod ‘ species intelligibilis in intellectu possibili recepta, non sit quod intelligitur, sed quo intelligitur; non tamen removetur quin per reflexionem quandam intellectus seipsum intelligat, et suum intelligere, et speciem qua intelligit. suum autem intelligere intelligit dupliciter: uno modo in particulari, intelligit enim se nunc intelligere; alio modo in universali, secundum quod ratiocinatur de ipsius actus natura. unde et intellectum et speciem intelligibilem intelligit eodem modo dupliciter: et percipiendo se esse et habere speciem intelligibilem, quod est cognoscere in particulari; et considerando suam et speciei intelligibilis naturam, quod est cognoscere in universali. et secundum hoc de intellectu et intelligibili tractatur in scientiis.

n.14 * Per haec autem quae dicta sunt * etiam tertiae rationis apparet solutio. quod enim dicit " scientiam in discipulo et magistro esse numero unam, * partim quidem vere dicitur, partim autem non. 'est enim numero una quantum ad id quod scitur: non tamen quantum ad species intelligibiles quibus scitur, neque quantum ad ipsum scientiae habitum. non tamen oportet quod eodem modo magister causet scientiam in discipulo sicut ignis generat ignem. non enim idem est modus eorum quae a natura generantur, et eorum quae ab arte. ignis quidem enim generat ignem naturaliter, reducendo materiam de potentia in actum suae formae: magister vero causat scientiam in discipulo per modum artis; ad hoc enim datur ars demonstrativa, * quam aristoteles in posterioribus tradit; " demonstratio enim est syllogismus faciens scire.

n.15 ' Sciendum tamen quod, * secundum quod aristoteles in vii metaphysicae docet, " artium quaedam sunt in quarum materia non est aliquod principium agens ad effectum artis producendum, sicut patet in aedificativa: ' non enim est in lignis et lapidibus aliqua vis activa movens ad domus constitutionem, sed aptitudo passiva tantum. aliqua vero est ars in cuius materia est aliquod activum principium movens ad producendum effectum artis, sicut patet in medicativa: nam in corpore infirmo est aliquod activum principium ad sanitatem. et ideo effectum artis primi generis nunquam producit natura, sed semper fit ab arte: sicut domus omnis est ab arte. effectus autem artis secundi generis fit et ab arte, et a natura sine arte: multi enim per operationem naturae, sine arte medicinae, sanantur. in his autem quae possunt fieri et arte et natura, " ars imitatur naturam: ' si quis enim ex frigida causa infirmetur, natura eum calefaciendo sanat; unde et medicus, si eum |25| curare debeat, calefaciendo sanat. huic autem arti similis est ars docendi. in eo enim qui docetur, est principium activum ad scientiam: scilicet intellectus, et ea quae naturaliter intelliguntur, scilicet prima principia. et ideo scientia acquiritur dupliciter: et sine doctrina, per inventionem; et per doctrinam. docens igitur hoc modo incipit docere sicut inveniens incipit invenire: offerendo scilicet considerationi discipuli principia ab eo nota, quia " omnis disciplina ex praeexistenti fit cognitione, 'et illa principia in conclusiones deducendo; et proponendo exempla sensibilia, ex quibus in anima discipuli formentur phantasmata necessaria ad intelligendum. et quia exterior operatio docentis nihil operaretur nisi adesset principium intrinsecum scientiae, quod inest nobis divinitus, * ideo apud theologos dicitur quod " homo docet ministerium exhibendo, deus autem interius operando: ' sicut et medicus dicitur " naturae minister ' in sanando. sic igitur causatur scientia in discipulo per magistrum, non modo naturalis actionis, sed artificialis, * ut |50| dictum est.

n.16 * Praeterea, cum commentator praedictus ponat " habitus scientiarum esse in intellectu passivo sicut in subiecto, ' unitas intellectus possibilis nihil facit ad hoc quod sit una scientia numero in discipulo et magistro. intellectus enim passivum constat non esse eundem in diversis: cum sit potentia materialis. * unde haec ratio non est ad propositum, secundum eius positionem.

005 SCG lb2 cp76

n. ' Quod intellectus agens non sit substantia separata, sed aliquid animae.

n.1 ' Ex his etiam concludi potest quod " nec intellectus agens est unus in omnibus, * ut alexander etiam ponit, et avicenna, qui non ponunt " intellectum possibilem esse unum omnium.

n.2 ' Cum enim agens et recipiens sint proportionata, oportet quod unicuique passivo respondeat proprium activum. intellectus autem possibilis comparatur ad agentem ut proprium passivum sive susceptivum ipsius: habet enim se ad eum agens " sicut ars ad materiam, * ut dicitur in iii de anima. 'si igitur intellectus possibilis est aliquid animae humanae, multiplicatum secundum multitudinem individuorum, * ut ostensum est; ' et intellectus agens erit etiam eiusmodi, et non erit unus omnium.

n.3 ' Adhuc. intellectus agens non facit species intelligibiles actu ut ipse per eas intelligat, maxime sicut substantia separata, cum non sit in potentia: sed ut per eas intelligat intellectus possibilis. non igitur facit eas nisi tales quales competunt intellectui possibili ad intelligendum. tales autem facit eas qualis est ipse: nam " omne agens agit sibi simile. 'est igitur intellectus agens proportionatus intellectui possibili. et sic, cum intellectus possibilis sit pars animae, intellectus agens non erit substantia separata.

n.4 ' Amplius. sicut materia prima perficitur per formas naturales, quae sunt extra animam, ita intellectus possibilis perficitur per formas intellectas in actu. sed formae naturales recipiuntur in materia prima, non per actionem alicuius substantiae separatae tantum, sed per actionem formae eiusdem generis, scilicet quae est in materia: " sicut haec caro generatur per formam quae est in his carnibus et in his ossibus, * ut probat aristoteles in vii metaphysicae. 'si igitur intellectus possibilis sit pars animae et non sit substantia separata, * ut probatum est, 'intellectus agens, per cuius actionem fiunt species intelligibiles in ipso, non erit aliqua substantia separata, sed aliqua virtus activa animae.

n.5 * Item. plato posuit " scientiam in nobis causari ab ideis, quas ponebat esse quasdam substantias separatas: * quam quidem positionem aristoteles improbat in i metaphysicae. 'constat autem quod scientia nostra dependet ab intellectu agente sicut ex primo principio. " si igitur intellectus agens esset quaedam substantia separata, * nulla esset vel modica differentia inter opinionem istam et platonicam a philosopho improbatam.

n.6 ' Adhuc. si intellectus agens est quaedam substantia separata, oportet quod eius actio sit continua et non intercisa: vel saltem oportet dicere quod non continuetur et intercidatur ad nostrum arbitrium. actio autem eius est facere phantasmata intelligibilia actu. aut igitur hoc semper faciet, aut non semper: si non semper, non tamen hoc faciet ad arbitrium nostrum. sed tunc intelligimus actu quando phantasmata fiunt intelligibilia actu. ergo oportet quod vel semper intelligamus; vel quod non sit in potestate nostra actu intelligere.

n.7 ' Praeterea. comparatio substantiae separatae ad omnia phantasmata quae sunt in quibuscumque hominibus, est una: sicut comparatio solis est una ad omnes colores. res autem sensibiles similiter sentiunt scientes et inscii: et per consequens eadem phantasmata sunt in utrisque. similiter igitur fient intelligibilia ab intellectu agente. uterque ergo similiter intelliget.

n.8 * Potest autem dici quod " intellectus agens semper agit quantum in se est, sed non semper phantasmata fiunt intelligibilia actu, sed solum quando sunt ad hoc disposita. disponuntur autem ad hoc per actum cogitativae virtutis, cuius usus est in nostra potestate. et ideo intelligere actu est in nostra potestate. et ob hoc etiam contingit quod non omnes homines intelligunt ea quorum habent phantasmata: quia non omnes habent actum virtutis cogitativae convenientem, sed solum qui sunt instructi et consueti.

n.9 * Videtur autem quod haec responsio non sit omnino sufficiens. " haec enim dispositio quae fit per cogitativam ad intelligendum, oportet quod sit vel dispositio intellectus possibilis ad recipiendum formas intelligibiles ab intellectu agente fluentes, * ut avicenna dicit, " vel quia disponuntur phantasmata ut fiant intelligibilia actu, * sicut averroes et alexander dicunt. primum autem horum non videtur esse conveniens. quia ' intellectus possibilis secundum suam naturam est in potentia ad species intelligibiles actu: unde comparatur ad eas sicut diaphanum ad lucem vel ad species coloris. non autem indiget aliquid in cuius natura est recipere formam aliquam, disponi ulterius ad formam illam: nisi forte sint in eo contrariae dispositiones, sicut materia aquae disponitur ad formam aeris per remotionem frigiditatis et densitatis. nihil autem contrarium est in intellectu possibili quod possit impedire cuiuscumque speciei intelligibilis susceptionem: nam " species intelligibiles etiam contrariorum |25| in intellectu non sunt contrariae, * ut probat aristoteles in vii metaphysicae, ' cum unum sit ratio cognoscendi aliud. falsitas autem quae accidit in iudicio intellectus componentis et dividentis, provenit, non ex eo quod in intellectu possibili sint aliqua intellecta, sed ex eo quod ei aliqua desunt. non igitur, quantum in se est, intellectus possibilis indiget aliqua praeparatione ut suscipiat species intelligibiles ab intellectu agente fluentes.

n.10 ' Praeterea. colores facti visibiles actu per lucem pro certo imprimunt suam similitudinem in diaphano, et per consequens in visum. si igitur ipsa phantasmata illustrata ab intellectu agente non imprimerent suas similitudines in intellectum possibilem, sed solum disponunt ipsum ad recipiendum; " non esset comparatio phantasmatum ad intellectum possibilem sicut colorum ad visum, * ut aristoteles ponit.

n.11 * Item. secundum hoc " phantasmata non essent per se necessaria ad intelligendum, * et per consequens " nec sensus: sed solum per accidens, quasi excitantia et praeparantia intellectum possibilem ad recipiendum. * quod est opinionis platonicae, et contra ordinem generationis artis et scientiae quem ponit aristoteles, in i metaph. et ult. poster., dicens quod ° ex sensu fit memoria, ex multis memoriis unum experimentum; ex multis experimentis universalis acceptio, quae est principium scientiae et artis.

n.12 * Est autem haec positio avicennae consona his quae de generatione rerum naturalium dicit. ponit enim quod " omnia agentia inferiora solum per suas actiones praeparant materiam ad suscipiendas formas quae effluunt in materias ab intelligentia agente separata. * unde et, eadem ratione, ponit quod " phantasmata praeparant intellectum possibilem, formae autem intelligibiles fluunt a substantia separata.

n.13 * Similiter autem quod " per cogitativam disponuntur phantasmata * ad hoc quod " fiant intelligibilia actu et moventia intellectum possibilem, * conveniens non videtur " si intellectus agens ponatur substantia separata. * hoc enim videtur esse conforme positioni dicentium quod " inferiora agentia sunt solum disponentia ad ultimam perfectionem, ultima autem perfectio est ab agente separato: * quod est contra sententiam aristotelis in vii metaphysicae. ' non enim videtur imperfectius se habere anima humana ad intelligendum, quam inferiora naturae ad proprias operationes.

n.14 ' Amplius. effectus nobiliores in istis inferioribus producuntur non solum ab agentibus superioribus, sed requirunt agentia sui generis: " hominem enim generat sol et homo. ' et similiter videmus in aliis animalibus perfectis quod quaedam ignobilia animalia ex solis tantum actione generantur, absque principio activo sui generis: sicut patet in animalibus generatis ex putrefactione. intelligere autem est nobilissimus effectus qui est in istis inferioribus. non igitur sufficit ponere ad ipsum agens remotum, nisi etiam ponatur agens proximum. * haec tamen ratio contra avicennam non procedit: nam ipse ponit " omne animal posse generari absque semine.

n.15 ' Adhuc. intentio effectus demonstrat agentem. unde animalia generata ex putrefactione non sunt ex intentione naturae inferioris, sed superioris tantum, quia producuntur ab agente superiori tantum: * propter quod aristoteles, in vii metaph., dicit " ea fieri casu. ' animalia autem quae fiunt ex semine, sunt ex intentione naturae superioris et inferioris. hic autem effectus qui est abstrahere formas universales a phantasmatibus, est in intentione nostra, non solum in intentione agentis remoti. igitur oportet in nobis ponere aliquod proximum principium talis effectus. hoc autem est intellectus agens. non est igitur substantia separata, sed aliqua virtus animae nostrae.

n.16 ' Item. in natura cuiuslibet moventis est principium sufficiens ad operationem naturalem eiusdem: et si quidem operatio illa consistat in actione, adest ei principium activum, sicut patet de potentiis animae nutritivae in plantis; si vero operatio illa consistat in passione, adest ei principium passivum, sicut patet de potentiis sensitivis in animalibus. homo autem est perfectissimus inter omnia inferiora moventia. eius autem propria et naturalis operatio est intelligere: quae non completur sine passione quadam, inquantum intellectus patitur ab intelligibili; et etiam sine actione, inquantum intellectus facit intelligibilia in potentia esse intelligibilia in actu. oportet igitur in natura hominis esse utriusque proprium principium scilicet intellectum agentem et possibilem; et neutrum secundum esse ab anima hominis separatum esse.

n.17 " Adhuc. si intellectus agens est quaedam substantia separata, * manifestum est quod " est supra naturam hominis. ' operatio autem quam homo exercet sola virtute alicuius supernaturalis substantiae, est operatio supernaturalis: ut miracula facere et prophetare, et alia huiusmodi quae divino munere homines operantur. cum igitur homo non possit intelligere nisi virtute intellectus agentis, si intellectus agens est quaedam substantia separata, sequetur quod intelligere non sit operatio naturalis homini. et sic homo non poterit definiri per hoc quod est intellectivus aut rationalis.

n.18 ' Praeterea. nihil operatur nisi per aliquam virtutem quae formaliter in ipso est: * unde aristoteles, in ii de anima, ostendit quod " quo vivimus et sentimus, est forma et actus. ' sed utraque actio, scilicet intellectus possibilis et intellectus agentis, convenit homini: homo enim abstrahit a phantasmatibus, et recipit mente intelligibilia in actu; non enim aliter in notitiam harum actionum venissemus nisi eas in nobis experiremur. oportet igitur quod principia quibus attribuuntur hae actiones, scilicet intellectus possibilis et agens, sint virtutes quaedam in nobis formaliter existentes.

n.19 * Si autem dicatur quod " hae actiones attribuuntur homini inquantum praedicti intellectus continuantur nobis, * ut averroes dicit, * iam supra ostensum est quod " continuatio intellectus possibilis nobiscum, si sit quaedam substantia separata, * qualem ipse intelligit, ' non sufficit ad hoc quod per ipsum intelligamus. similiter etiam patet de intellectu agente. comparatur enim intellectus agens ad species intelligibiles receptas in intellectu possibili, sicut ars ad formas artificiales quae per artem ponuntur in materia: * ut patet ex exemplo aristotelis in iii de anima. ' formae autem artis non consequuntur actionem artis, sed solum similitudinem formalem: unde nec subiectum harum formarum potest per huiusmodi formas actionem artificis facere. ergo nec homo, per hoc quod sunt in ipso species intelligibiles actu factae ab intellectu agente, potest facere operationem intellectus agentis.

n.20 ' Adhuc. unumquodque quod non potest exire in propriam operationem nisi per hoc quod movetur ab exteriori principio, magis agitur ad operandum quam seipsum agat. unde animalia irrationalia magis aguntur ad operandum quam seipsa agant, quia omnis operatio eorum dependet a principio extrinseco movente: sensus enim, motus a sensibili exteriori, imprimit in phantasiam, et sic per ordinem procedit in omnibus potentiis usque ad motivas. operatio autem propria hominis est intelligere: cuius primum principium est intellectus agens, qui facit species intelligibiles, a quibus patitur quodammodo intellectus possibilis, qui factus in actu, movet voluntatem. “si igitur intellectus agens est quaedam substantia extra hominem, tota operatio hominis dependet a principio extrinseco. non igitur erit homo agens seipsum, sed actus ab alio. et sic non erit dominus suarum operationum; nec merebitur laudem aut vituperium; et peribit tota scientia moralis et conversatio politica; * quod est inconveniens. “non est |25| igitur intellectus agens substantia separata ab homine.

005 SCG lb2 cp77

n. ‘Quod non est impossibile intellectum possibilem et agentem in una substantia animae convenire.

n.1 * Videbitur autem forsan alicui hoc esse impossibile, quod “una et eadem substantia, scilicet nostrae animae, sit in potentia ad omnia intelligibilia, quod pertinet ad intellectum possibilem, et faciat ea actu, quod est intellectus agentis: cum nihil agat secundum quod est in potentia, sed secundum quod est actu. * unde non videbitur quod “agens et possibilis intellectus possint in una substantia animae convenire.

n.2 ‘Si quis autem recte inspiciat, nihil inconveniens aut difficile sequitur. nihil enim prohibet hoc respectu illius esse secundum quid in potentia et secundum aliud in actu, sicut in rebus naturalibus videmus: aer enim est actu humidus et potentia siccus, terra autem e converso. haec autem comparatio invenitur esse inter animam intellectivam et phantasmata. habet enim anima intellectiva aliquid in actu ad quod phantasma est in potentia: et ad aliquid est in potentia quod in phantasmatibus actu invenitur. habet enim substantia animae humanae immaterialitatem, et, * sicut ex dictis patet, ‘ex hoc habet naturam intellectualem: quia omnis substantia immaterialis est huiusmodi. ex hoc autem nondum habet quod assimiletur huic vel illi rei determinate, quod requiritur ad hoc quod anima nostra hanc vel illam rem determinate cognoscat: omnis enim cognitio fit secundum similitudinem cogniti in cognoscente. remanet igitur ipsa anima intellectiva in potentia ad determinatas |25| similitudines rerum cognoscibilium a nobis, quae sunt naturae rerum sensibilium. et has quidem determinatas naturas rerum sensibilium praesentant nobis phantasmata. quae tamen nondum pervenerunt ad esse intelligibile: cum sint similitudines rerum sensibilium etiam secundum conditiones materiales, quae sunt proprietates individuales, et sunt etiam in organis materialibus. non igitur sunt intelligibilia actu. et tamen, quia in hoc homine cuius similitudinem repraesentant phantasmata, est accipere naturam universalem denudatam ab omnibus conditionibus individuantibus, sunt intelligibilia in potentia. sic igitur habent intelligibilitatem in potentia, determinationem autem similitudinis rerum in actu. e contrario autem erat in anima intellectiva. est igitur in anima intellectiva virtus activa in phantasmata, faciens ea intelligibilia actu: et haec potentia animae vocatur intellectus agens. est etiam in ea virtus quae est in potentia ad determinatas similitudines rerum sensibilium: et haec est potentia intellectus possibilis.

n.3 ‘Differt tamen hoc quod invenitur in anima, ab eo quod invenitur in agentibus naturalibus. quia ibi unum est in potentia ad aliquid secundum eundem modum quo in altero actu invenitur: nam materia aeris est in potentia ad formam aquae eo modo quo est in aqua. et ideo corpora naturalia, quae communicant in materia, eodem ordine agunt et patiuntur ad invicem. anima autem intellectiva non est in potentia ad similitudines rerum quae sunt in phantasmatibus per modum illum quo sunt ibi: sed secundum quod illae similitudines elevantur ad aliquid altius, ut scilicet sint abstractae a conditionibus individuantibus materialibus, ex quo fiunt intelligibiles actu. et ideo actio intellectus agentis in phantasmate praecedit receptionem intellectus possibilis. et sic principalitas actionis non attribuitur phantasmatibus, sed intellectui agenti. * propter quod aristoteles dicit quod “se habet ad possibilem sicut ars ad materiam.

n.4 ‘Huius autem exemplum omnino simile esset si oculus, simul cum hoc quod est diaphanum et susceptivus colorum, haberet tantum de luce quod posset colores facere visibiles actu: sicut quaedam animalia dicuntur sui oculi luce sufficienter sibi illuminare obiecta; propter quod de nocte vident magis, in die vero minus; sunt enim debilium oculorum, quia parva luce moventur, ad multam autem confunduntur. cui etiam simile est in intellectu nostro quod “ad ea quae sunt manifestissima, se habet sicut oculus noctuae ad solem: ‘ unde parvum lumen intelligibile quod est nobis connaturale, sufficit ad nostrum intelligere.

n.5 ‘Quod autem lumen intelligibile nostrae animae connaturale sufficiat ad faciendum actionem intellectus agentis, patet si quis consideret necessitatem ponendi intellectum agentem. inveniebatur enim anima in potentia ad intelligibilia, sicut sensus ad sensibilia: sicut enim non semper sentimus, ita non semper intelligimus. “haec autem intelligibilia quae anima intellectiva humana intelligit, * plato posuit “esse intelligibilia per seipsa, scilicet ideas: * unde non erat ei necessarium ponere “intellectum agentem ad intelligibilia. * si autem hoc esset verum, oporteret quod, “quanto aliqua sunt secundum se magis intelligibilia, magis intelligerentur a nobis. * quod patet esse falsum: ‘ nam magis sunt nobis intelligibilia quae sunt sensui proximiora, quae in se sunt minus intelligibilia. * unde aristoteles fuit motus ad ponendum quod “ea quae sunt nobis intelligibilia, non sunt aliqua existentia intelligibilia per seipsa, sed quod fiunt ex sensibilibus. * unde oportuit quod poneret “virtutem quae hoc faceret. et haec est intellectus |25| agens. ‘ad hoc ergo ponitur intellectus agens, ut faceret intelligibilia nobis proportionata. hoc autem non excedit modum luminis intelligibilis nobis connaturalis. unde nihil prohibet ipsi lumini nostrae animae attribuere actionem intellectus agentis: * et praecipue cum aristoteles “ intellectum agentem * comparet “lumini.

005 SCG lb2 cp78

n. ‘Quod non fuit sententia aristotelis de intellectu agente quod sit substantia separata, sed magis quod sit aliquid animae.

n.1 * Quia vero plures opinioni supra positae assentiunt credentes eam fuisse opinionem aristotelis ostendendum est ex verbis eius quod ipse hoc non sensit “de intellectu agente, quod sit substantia separata.

n.2 * Dicit enim, primo, quod, ° sicut in omni natura est aliquid quasi materia in unoquoque genere, et hoc est in potentia ad omnia quae sunt illius generis; et altera causa est quasi efficiens, quod facit omnia quae sunt illius generis, sicut se habet ars ad materiam: necesse est et in anima esse has differentias. et huiusmodi quidem, “scilicet quod in anima est sicut materia, ° est intellectus “(possibilis) ° in quo fiunt omnia intelligibilia. ille vero, “qui in anima est sicut efficiens causa, ° est intellectus in quo est omnia facere “(scilicet intelligibilia in actu), idest intellectus agens, ° qui est sicut habitus, “et non sicut potentia. * qualiter autem dixerit “intellectum agentem habitum, * exponit subiungens quod ° est sicut lumen: quodam enim modo lumen facit potentia colores esse actu colores, “inquantum scilicet facit eos visibiles actu: ‘hoc autem circa intelligibilia attribuitur intellectui agenti.

n.3 * Ex his manifeste habetur quod “intellectus agens non sit substantia separata, sed magis aliquid animae: * expresse enim dicit quod “intellectus possibilis et agens sunt differentiae animae, * et quod “sunt in anima. neutra ergo earum est substantia separata.

n.4 * Adhuc. ratio eius hoc idem ostendit. quia “in omni natura in qua invenitur potentia et actus, est aliquid quasi materia, quod est in potentia ad ea quae sunt illius generis, et aliquid quasi agens, quod reducit potentiam in actum, sicut in artificialibus est ars et materia. sed anima intellectiva est quaedam natura in qua invenitur potentia et actus: cum quandoque sit actu intelligens et quandoque in potentia. est igitur in natura animae intellectivae aliquid quasi materia, quod est in potentia ad omnia intelligibilia, quod dicitur intellectus possibilis: et aliquid quasi causa efficiens, quod facit omnia in actu, et dicitur intellectus agens. uterque igitur intellectus, * secundum demonstrationem aristotelis, “est in natura animae, et non aliquid separatum secundum esse a corpore cuius anima est actus.

n.5 * Amplius. aristoteles dicit quod “intellectus agens est sicut habitus quod est lumen. ‘habitus autem non significatur ut aliquid per se existens, sed alicuius habentis. non est igitur intellectus agens aliqua substantia separatim per se existens, sed est aliquid animae humanae.

n.6 * Non autem intelligitur littera aristotelis “ut habitus dicatur esse effectus intellectus agentis, ut sit sensus: agens facit hominem intelligere omnia, quod est sicut habitus. ° haec enim est definitio habitus, * ut commentator averroes ibidem dicit, ° quod habens habitum intelligat per ipsum quod est sibi proprium ex se et quando voluerit, absque hoc quod indigeat in eo aliquo extrinseco. * expresse enim assimilat “habitui non ipsum factum, sed intellectum quo est omnia facere.

n.7 * Nec tamen intelligendum est quod “intellectus agens sit habitus per modum quo habitus est in secunda specie qualitatis, * secundum quod quidam dixerunt “intellectum agentem esse habitum principiorum. quia habitus ille principiorum est acceptus a sensibilibus, * ut probat aristoteles in ii posteriorum: ‘et sic oportet quod sit effectus intellectus agentis, cuius est phantasmata, quae sunt intellecta in potentia, facere intellecta in actu. * sed accipitur “habitus secundum quod dividitur contra privationem et potentiam: sicut omnis forma et actus potest dici habitus. * et hoc apparet, quia dicit “hoc modo intellectum agentem esse habitum ° sicut lumen habitus est.

n.8 * Deinde subiungit, quod ° hic intellectus, “scilicet agens, ° est separatus et immixtus et impassibilis et substantia actu ens. * horum autem quatuor quae attribuit intellectui agenti, duo supra expresse de intellectu possibili dixerat, scilicet quod “sit immixtus et quod sit separatus. * tertium, scilicet quod “sit impassibilis, * sub distinctione dixerat: ostendit enim primo quod “non est passibilis sicut sensus; * et postmodum ostendit quod, “communiter accipiendo pati, passibilis est, inquantum scilicet est in potentia ad intelligibilia. * quartum vero omnino negaverat de intellectu possibili, dicendo quod ° erat in potentia ad intelligibilia, et nihil horum erat actu ante intelligere. “sic igitur in duobus primis intellectus possibilis convenit cum agente; in tertio partim convenit et partim differt; in quarto autem omnino differt agens a possibili. * has quatuor conditiones agentis probat per unam rationem, subiungens: ° semper enim honorabilius est agens patiente, et principium, “scilicet activum, ° materia. * supra enim |25| dixerat quod “intellectus agens est sicut causa efficiens, et possibilis sicut materia. * per hoc autem medium concluduntur duo prima, sic: “agens est honorabilius patiente et materia. sed possibilis, qui est sicut patiens et materia, est separatus et immixtus, ut supra probatum est. ergo multo magis agens. alia vero per hoc medium sic concluduntur: agens in hoc est honorabilius patiente et materia, quod comparatur ad ipsum sicut agens et actu ens ad patiens et ens in potentia. intellectus autem possibilis est patiens quodammodo et potentia ens. intellectus igitur agens est agens non patiens, et actu ens. * patet autem quod nec ex his verbis aristotelis haberi potest quod “intellectus agens sit quaedam substantia separata: sed quod sit separatus * hoc modo quo supra dixit “de possibili, scilicet ut non habeat organum. * quod autem dicit quod “est substantia actu ens, * non repugnat ei quod “substantia animae est in potentia, * ut supra ostensum est.

n.9 * Deinde subiungit: ° idem autem est secundum actum scientia rei. * in quo commentator dicit quod “differt intellectus agens a possibili: nam in intellectu agente idem est intelligens et intellectum; non autem in possibili. * hoc autem manifeste est contra intentionem aristotelis. nam supra eadem verba dixerat de intellectu possibili, ubi dixit de intellectu possibili quod ° ipse intelligibilis est sicut intelligibilia: in his enim quae sine materia sunt, idem est intellectus et quod intelligitur; scientia namque speculativa, et quod speculatum est, idem est. * manifeste enim per hoc quod “intellectus possibilis, prout est actu intelligens, idem est cum eo quod intelligitur, * vult ostendere quod “intellectus possibilis intelligitur sicut alia intelligibilia. * et parum supra dixerat quod “intellectus possibilis ° est potentia quodammodo intelligibilia, sed nihil actu est antequam intelligat: * ubi expresse dat intelligere quod “per hoc quod intelligit actu, fit ipsa intelligibilia. |25| * nec est mirum si hoc dicit de intellectu possibili: quia hoc etiam supra dixerat de sensu et sensibili secundum actum. * “sensus enim fit actu per speciem sensatam in actu; et similiter intellectus possibilis fit actu per speciem intelligibilem actu; et hac ratione intellectus in actu dicitur ipsum intelligibile in actu. ‘ est igitur dicendum quod, * postquam aristoteles determinavit de intellectu possibili et agente, hic incipit determinare de intellectu in actu, dicens quod ° scientia in actu est idem rei scitae in actu.

n.10 * Deinde dicit: ° qui vero secundum potentiam, tempore prior in uno est: omnino autem, neque in tempore. “qua quidem distinctione inter potentiam et actum * in pluribus locis utitur: “scilicet quod actus secundum naturam est prior potentia; tempore vero, in uno et eodem quod mutatur de potentia in actum, est prior potentia actu; simpliciter vero loquendo, non est potentia etiam tempore prior actu, quia potentia non reducitur in actum nisi per actum. * dicit ergo quod ° intellectus qui est secundum potentiam, “scilicet possibilis, prout est in potentia, ° prior est tempore “quam intellectus in actu: et hoc dico ° in uno et eodem. non tamen omnino, “idest universaliter: quia intellectus possibilis reducitur in actum per intellectum agentem, qui est actu, * ut dixit, “et iterum per aliquem intellectum possibilem factum actu; * unde dixit in iii physic., quod “ante addiscere indiget aliquis docente ut reducatur de potentia in actum. * sic igitur in verbis istis ostendit “ordinem intellectus possibilis, prout est in potentia, |25| ad intellectum in actu.

n.11 * Deinde dicit: ° sed non aliquando quidem intelligit, et aliquando non intelligit. * in quo ostendit “differentiam intellectus in actu et intellectus possibilis. * supra enim dixit de intellectu possibili quod “non semper intelligit, sed quandoque non intelligit, quando est in potentia ad intelligibilia; quandoque intelligit, quando scilicet est actu ipsa. intellectus autem per hoc fit actu quod est ipsa intelligibilia, * ut iam dixit. “unde non competit ei quandoque intelligere et quandoque non intelligere.

n.12 * Deinde subiungit: ° separatum autem hoc solum quod vere est. * quod non potest intelligi “de agente: non enim ipse solus est separatus; * quia iam idem dixerat “de intellectu possibili. * nec potest intelligi de possibili: quia iam idem dixerat de agente. relinquitur ergo quod dicatur de eo quod “comprehendit utrumque, scilicet de intellectu in actu, * de quo loquebatur: “quia hoc solum in anima nostra est separatum, non utens organo, quod pertinet ad intellectum in actu; idest, illa pars animae qua intelligimus actu, comprehendens possibilem et agentem. * et ideo subiungit quod ° hoc solum animae est immortale et perpetuum: “ quasi a corpore non dependens, cum sit separatum.

005 SCG lb2 cp79

n. ‘ Quod anima humana, corrupto corpore, non corrumpitur.

n.1 ‘ Ex praemissis igitur manifeste ostendi potest animam humanam non corrumpi, corrupto corpore.

n.2 * Ostensum est enim supra ‘ omnem substantiam intellectualem esse incorruptibilem. anima autem hominis est quaedam substantia intellectualis, * ut ostensum est. ‘ oportet igitur animam humanam incorruptibilem esse.

n.3 ‘ Adhuc. nulla res corrumpitur ex eo in quo consistit sua perfectio: hae enim mutationes sunt contrariae, scilicet ad perfectionem et corruptionem. perfectio autem animae humanae consistit in abstractione quadam a corpore. perficitur enim anima scientia et virtute: secundum scientiam autem tanto magis perficitur quanto magis immaterialia considerat; virtutis autem perfectio consistit in hoc quod homo corporis passiones non sequatur, sed eas secundum rationem temperet et refraenet. non ergo corruptio animae consistit in hoc quod a corpore separetur.

n.4 * Si autem dicatur quod “ perfectio animae consistit in separatione eius a corpore secundum operationem, corruptio autem in separatione secundum esse, * non convenienter obviatur. ‘ operatio enim rei demonstrat substantiam et esse ipsius: quia unumquodque operatur secundum quod est ens, et propria operatio rei sequitur propriam ipsius naturam. non potest igitur perfici operatio alicuius rei nisi secundum quod perficitur eius substantia. si igitur anima secundum operationem suam perficitur in relinquendo corpus, incorporea substantia sua in esse suo non deficiet per hoc quod a corpore separatur.

n.5 ‘ Item. proprium perfectivum hominis secundum animam est aliquid incorruptibile. propria enim operatio hominis, inquantum huiusmodi, est intelligere: per hanc enim differt a brutis et plantis et inanimatis. intelligere autem universalium est et incorruptibilium inquantum huiusmodi. perfectiones autem oportet esse perfectibilibus proportionatas. ergo anima humana est incorruptibilis.

n.6 ‘ Amplius. impossibile est appetitum naturalem esse frustra. sed homo naturaliter appetit perpetuo manere. quod patet ex hoc quod esse est quod ab omnibus appetitur: homo autem per intellectum apprehendit esse non solum ut nunc, sicut bruta animalia, sed simpliciter. consequitur ergo homo perpetuitatem secundum animam, qua esse simpliciter et secundum omne tempus apprehendit.

n.7 ‘ Item. unumquodque quod recipitur in aliquo, recipitur in eo secundum modum eius in quo est. formae autem rerum recipiuntur in intellectu possibili prout sunt intelligibiles actu. sunt autem intelligibiles actu prout sunt immateriales, universales, et per consequens incorruptibiles. ergo intellectus possibilis est incorruptibilis. sed, * sicut supra est probatum, ‘ intellectus possibilis est aliquid animae humanae. est igitur anima humana incorruptibilis.

n.8 ‘ Adhuc. esse intelligibile est permanentius quam esse sensibile. sed id quod se habet in rebus sensibilibus per modum primi recipientis, est incorruptibile secundum suam substantiam, scilicet materia prima. multo igitur fortius intellectus possibilis, qui est receptivus formarum intelligibilium. ergo et anima humana, cuius intellectus possibilis est pars, est incorruptibilis.

n.9 “ Amplius. faciens est honorabilius facto: * ut etiam aristoteles dicit. ‘ sed intellectus agens facit actu intelligibilia: * ut ex praemissis patet. ‘ cum igitur intelligibilia actu, inquantum huiusmodi, sint incorruptibilia, multo fortius intellectus agens erit incorruptibilis. ergo et anima humana, cuius lumen est intellectus agens, * ut ex praemissis patet.

n.10 ‘ Item. nulla forma corrumpitur nisi vel ex actione contrarii, vel per corruptionem sui subiecti, vel per defectum suae causae: per actionem quidem contrarii, sicut calor destruitur per actionem frigidi; per corruptionem autem sui subiecti, sicut, destructo oculo destruitur vis visiva; per defectum autem causae, sicut lumen aeris deficit deficiente solis praesentia, quae erat ipsius causa. sed anima humana non potest corrumpi per actionem contrarii: non est enim ei aliquid contrarium; cum per intellectum possibilem ipsa sit cognoscitiva et receptiva omnium contrariorum. similiter autem neque per corruptionem sui subiecti: * ostensum est enim supra quod ‘ anima humana est forma non dependens a corpore secundum suum esse. similiter autem neque per deficientiam suae causae: quia non potest habere aliquam causam nisi aeternam, * ut infra ostendetur. ‘ nullo igitur modo anima humana corrumpi potest.

n.11 ‘ Adhuc. si anima corrumpitur per corruptionem corporis, oportet quod eius esse debilitetur per debilitatem corporis. si autem aliqua virtus animae debilitetur debilitato corpore, hoc non est nisi per accidens, inquantum scilicet virtus animae indiget organo corporali: sicut visus debilitatur debilitato organo, per accidens tamen. quod ex hoc patet. si enim ipsi virtuti per se accideret aliqua debilitas, nunquam restauraretur organo reparato: videmus autem quod, quantumcumque vis visiva videatur debilitata, si organum reparetur, quod vis visiva restauratur; * unde dicit aristoteles, in i de anima, quod, ° si senex accipiat oculum iuvenis, videret utique sicut iuvenis. ‘ cum igitur intellectus sit virtus animae quae non indiget organo, * ut ex praemissis patet, ‘ ipse non debilitatur, neque per se neque per accidens, per senium vel per aliquam aliam debilitatem corporis. si autem in operatione intellectus accidit fatigatio aut impedimentum propter infirmitatem corporis, hoc non est propter debilitatem ipsius |25| intellectus, sed propter debilitatem virium quibus intellectus indiget, scilicet imaginationis, memorativae et cogitativae virtutum. patet igitur quod intellectus est incorruptibilis. ergo et anima humana, quae est intellectiva quaedam substantia.

n.12 * Hoc etiam apparet per auctoritatem aristotelis. dicit enim, in i de anima, quod ° intellectus videtur substantia quaedam esse, et non corrumpi. * quod autem hoc non possit intelligi “ de aliqua substantia separata quae sit intellectus possibilis vel agens, * ex praemissis haberi potest.

n.13 * Praeterea apparet ex ipsis verbis aristotelis in xi metaphysicae. ubi dicit, contra platonem loquens, quod ° causae moventes praeexistunt, causae vero formales sunt simul cum his quorum sunt causae: quando enim sanatur homo, tunc sanitas est, “ et non prius: * contra hoc quod plato posuit “ formas rerum praeexistere rebus. * et his dictis, postmodum subdit: ° si autem et posterius aliquid manet, perscrutandum est. nam in quibusdam nihil prohibet: ut si est anima tale; non omnis, sed intellectus. * ex quo patet, cum loquatur de formis, quod vult “ intellectum, qui est forma hominis, post materiam remanere, scilicet post corpus.

n.14 * Patet autem ex praemissis aristotelis verbis quod, licet ponat “ animam esse formam, * non tamen ponit “ eam non subsistentem et per consequens corruptibilem, * sicut gregorius nyssenus ei imponit: “ nam a generalitate aliarum formarum animam intellectivam * excludit, dicens ° eam post corpus remanere, et substantiam quandam esse.

n.15 * Praemissis autem sententia catholicae fidei concordat. dicitur enim in libro de ecclesiast. dogmatibus: ° solum hominem credimus habere animam substantivam, quae et exuta corpore vivit, et sensus suos atque ingenia vivaciter tenet; neque cum corpore moritur, sicut arabs asserit; neque post modicum intervallum, sicut zenon; quia substantialiter vivit.

n.16 * Per hoc autem excluditur error impiorum, ex quorum persona salomon dicit, sap. 2-2: ° ex nihilo nati sumus, et post hoc erimus tanquam non fuerimus; * et ex quorum persona salomon dicit, eccle. 3-19: ° unus est interitus hominum et iumentorum, et aequa utriusque conditio. sicut moritur homo, sic et illa moriuntur. similiter spirant omnia, et nihil habet homo iumento amplius. * quod enim non ex persona sua sed impiorum dicat, patet per hoc quod in fine libri quasi determinando subiungit: ° donec revertatur pulvis in terram suam unde erat, et spiritus redeat ad eum qui dedit illum. * infinitae etiam sunt auctoritates sacrae scripturae quae immortalitatem animae protestantur.

005 SCG lb2 cp80

n. ‘ Rationes probantes animam corrumpi corrupto corpore (et solutio ipsarum).

n.1 * Videtur autem quibusdam rationibus posse probari “ animas humanas non posse remanere post corpus.

n.2 “ Si enim animae humanae multiplicantur secundum multiplicationem corporum, * ut supra ostensum est, “ destructis ergo corporibus, non possunt animae in sua multitudine remanere. * unde oportet alterum duorum sequi: aut quod “ totaliter anima humana esse desinat; * aut quod “ remaneat una tantum. * quod videtur esse secundum opinionem illorum qui ponunt “ esse incorruptibile solum illud quod est unum in omnibus hominibus: sive hoc sit intellectus agens tantum, * ut alexander dicit; “ sive cum agente etiam possibilis, * ut dicit averroes.

n.3 “ Amplius. ratio formalis est causa diversitatis secundum speciem. sed, si remanent multae animae post corporum corruptionem, oportet eas esse diversas: sicut enim idem est quod est unum secundum substantiam, ita diversa sunt quae sunt multa secundum substantiam. non potest autem esse in animabus remanentibus post corpus diversitas nisi formalis: non enim sunt compositae ex materia et forma, * ut supra probatum est de omni substantia intellectuali. * relinquitur igitur quod “ sunt diversae secundum speciem. non autem per corruptionem corporis mutantur animae ad aliam speciem: quia omne quod mutatur de specie in speciem, corrumpitur. * relinquitur ergo quod “ etiam antequam essent a corporibus separatae, erant secundum speciem diversae. composita autem sortiuntur speciem secundum formam. ergo et individua hominum erant secundum speciem diversa. * quod est inconveniens. ergo impossibile videtur quod “ animae humanae multae remaneant post corpora.

n.4 * Adhuc. videtur omnino esse impossibile, secundum ponentes “ aeternitatem mundi, * ponere quod “ animae humanae in sua multitudine remaneant post mortem corporis. si enim mundus est ab aeterno, motus fuit ab aeterno. ergo et generatio est aeterna. sed si generatio est aeterna, infiniti homines mortui sunt ante nos. si ergo animae mortuorum remanent post mortem in sua multitudine, oportet dicere animas infinitas esse nunc in actu hominum prius mortuorum. * hoc autem est impossibile: “ nam infinitum actu non potest esse in natura. * relinquitur igitur, “ si mundus est aeternus, quod animae non remaneant multae post mortem.

n.5 “ Item. ° quod advenit alicui et discedit ab eo praeter sui corruptionem, advenit ei accidentaliter: * haec enim est definitio accidentis. “ si ergo anima non corrumpitur corpore abscedente, sequetur quod anima accidentaliter corpori uniatur. ergo homo est ens per accidens, qui est compositus ex anima et corpore. * et sequetur alterius quod “ non sit aliqua species humana: non enim ex his quae coniunguntur per accidens, fit species una; nam homo albus non est aliqua species.

n.6 “ Amplius. impossibile est aliquam substantiam esse cuius non sit aliqua operatio. sed omnis operatio animae finitur cum corpore. * quod quidem patet per inductionem. “ nam virtutes animae nutritivae operantur per qualitates corporeas, et per instrumentum corporeum, et in ipsum corpus quod perficitur per animam, quod nutritur et augetur, et ex quo deciditur semen ad generationem. operationes etiam omnes potentiarum quae pertinent ad animam sensitivam, complentur per organa corporalia: et quaedam earum complentur cum aliqua transmutatione corporali, sicut quae dicuntur animae passiones, ut amor, gaudium et huiusmodi. intelligere autem etsi non sit operatio per aliquod organum corporale exercita, tamen obiecta eius sunt phantasmata, quae ita se habent ad ipsam ut colores ad visum: unde, sicut visus non potest videre sine coloribus, ita anima intellectiva non potest intelligere sine phantasmatibus. indiget etiam anima ad intelligendum virtutibus praeparantibus phantasmata ad hoc |25| quod fiant intelligibilia actu, scilicet virtute cogitativa et memorativa: de quibus constat quod, cum sint actus quorundam organorum corporis per quae operantur, quod non possunt remanere post corpus. * unde et aristoteles dicit quod ° nequaquam sine phantasmate intelligit anima; * et quod ° nihil intelligit sine intellectu passivo, * quem vocat “ virtutem cogitativam, qui est corruptibilis. * et propter hoc dicit, in i de anima, quod ° intelligere hominis corrumpitur quodam interius corrupto, “ scilicet phantasmate vel passivo intellectu. * et in iii de anima, dicitur quod ° non reminiscimur, “ post mortem, eorum quae scivimus in vita. * sic igitur patet quod “ nulla operatio animae potest remanere post mortem. neque igitur substantia eius manet: cum nulla substantia possit esse absque operatione.

n.7 * Has autem rationes, quia falsum concludunt, * ut ex praemissis est ostensum, ‘ tentandum est solvere.

n.8 ‘ Ac primo sciendum est quod quaecumque oportet esse invicem coaptata et proportionata, simul recipiunt multitudinem vel unitatem, unumquodque ex sua causa. si igitur esse unius dependeat ab altero, unitas vel multiplicatio eius etiam ex illo dependet: alioquin, ex alia causa extrinseca. formam igitur et materiam semper oportet esse ad invicem proportionata et quasi naturaliter coaptata: quia proprius actus in propria materia fit. unde semper oportet quod materia et forma consequantur se invicem in multitudine et unitate. si igitur esse formae dependet a materia, multiplicatio ipsius a materia dependet, et similiter unitas. si autem non, erit quidem necessarium multiplicari formam secundum multiplicationem materiae, idest simul cum materia, et proportionem ipsius: non autem ita quod dependeat unitas vel multitudo ipsius formae a materia. * ostensum est autem quod ‘ anima humana est forma secundum suum esse a materia non dependens. unde sequitur quod multiplicantur |25| quidem animae secundum quod multiplicantur corpora, non tamen multiplicatio corporum erit causa multiplicationis animarum. * et ideo non oportet quod, “ destructis corporibus, cesset pluralitas animarum: * ut prima ratio concludebat.

n.9 * Ex quo etiam de facili patet responsio ad secundam rationem. ‘ non enim quaelibet formarum diversitas facit diversitatem secundum speciem, sed solum illa quae est secundum principia formalia, vel secundum diversam rationem formae: constat enim quod alia est essentia formae huius ignis et illius, nec tamen est alius ignis neque alia forma secundum speciem. multitudo igitur animarum a corporibus separatarum consequitur quidem diversitatem formarum secundum substantiam, quia alia est substantia huius animae et illius: non tamen ista diversitas procedit ex diversitate principiorum essentialium ipsius animae, nec est secundum diversam rationem animae; sed est secundum diversam commensurationem animarum ad corpora; haec enim anima est commensurata huic corpori et non illi, illa autem alii, et sic de omnibus. huiusmodi autem commensurationes remanent in animabus etiam pereuntibus corporibus: sicut et ipsae earum substantiae manent, quasi a corporibus secundum esse |25| non dependentes. sunt enim animae secundum substantias suas formae corporum: alias accidentaliter corpori unirentur, et sic ex anima et corpore non fieret unum per se, sed unum per accidens. inquantum autem formae sunt, oportet eas esse corporibus commensuratas. unde patet quod ipsae diversae commensurationes manent in animabus separatis: et per consequens pluralitas.

n.10 * Occasione autem tertiae rationis inductae, aliqui aeternitatem mundi ponentes in diversas opiniones extraneas inciderunt. quidam enim conclusionem simpliciter concesserunt, dicentes " animas humanas cum corporibus penitus interire. * alii vero dixerunt quod " de omnibus animabus remanet aliquid unum separatum quod est omnibus commune: scilicet intellectus agens, * secundum quosdam; " vel cum eo intellectus possibilis, * secundum alios. alii autem posuerunt " animas in sua multitudine post corpora remanere: * sed, ne cogerentur animarum ponere infinitatem, dixerunt " easdem animas diversis corporibus uniri post determinatum tempus. * et haec fuit platonicorum opinio, * de qua infra agetur. * quidam vero, omnia praedicta vitantes, dixerunt " non esse inconveniens animas separatas actu existere infinitas. esse enim infinitum actu in his quae non habent ad invicem |25| ordinem, est esse infinitum per accidens: * quod ponere non reputant inconveniens. et est positio avicennae et algazelis. quid autem horum aristoteles senserit, ab eo expresse non invenitur: cum tamen expresse mundi aeternitatem ponat. ultima tamen praedictarum opinionum principiis ab eo positis non repugnat. nam in iii phys. et in i caeli et mundi, probat " non esse infinitum actu in corporibus naturalibus, non autem in substantiis immaterialibus. * certum tamen est circa hoc nullam difficultatem pati catholicae fidei professores, qui " aeternitatem mundi * non ponunt.

n.11 * Non est etiam necessarium, quod " si anima manet corpore destructo, quod fuerit ei accidentaliter unita: * ut quarta ratio concludebat. accidens enim describitur: " quod potest adesse et abesse praeter corruptionem subiecti compositi ex materia et forma. ' si autem referatur ad principia subiecti compositi, verum non invenitur. constat enim " materiam primam ingenitam et incorruptibilem esse: * ut probat aristoteles in i physicorum. ' unde, recedente forma, manet in sua essentia. non tamen forma accidentaliter ei uniebatur, sed essentialiter: uniebatur enim ei secundum esse unum. similiter autem anima unitur corpori secundum esse unum, * ut supra ostensum est. ' unde, licet maneat post corpus, substantialiter ei unitur, non accidentaliter. quod autem materia prima non remanet actu post formam nisi secundum actum alterius formae, anima autem humana manet in actu eodem, ex hoc contingit quod anima humana est forma et actus, materia autem prima potentia ens.

n.12 * Quod autem quinta ratio proponebat, " nullam operationem posse remanere in anima si a corpore separetur, * dicimus esse falsum: ' manent enim operationes illae quae per organa non exercentur. huiusmodi autem sunt intelligere et velle. quae autem per organa corporea exercentur, sicut sunt operationes potentiarum nutritivae et sensitivae, non manent.

n.13 ' Sciendum tamen est quod alio modo intelligit anima separata a corpore et corpori unita, sicut et alio modo est: unumquodque enim secundum hoc agit secundum quod est. esse quidem animae humanae dum est corpori unita, etsi sit absolutum a corpore non dependens, tamen stramentum quoddam ipsius et subiectum ipsum recipiens est corpus. unde et consequenter operatio propria eius, quae est intelligere, etsi non dependeat a corpore quasi per organum corporale exercita, habet tamen obiectum in corpore, scilicet phantasma. unde, quandiu est anima in corpore, non potest intelligere sine phantasmate: nec etiam reminisci nisi per virtutem cogitativam et memorativam, per quam phantasmata praeparantur, * ut ex dictis patet. ' et propter hoc intelligere, quantum ad hunc modum, et similiter reminisci, destruitur corpore destructo. esse vero separatae animae est ipsi soli absque corpore. unde nec eius operatio, |25| quae est intelligere, explebitur per respectum ad aliqua obiecta in corporeis organis existentia, quae sunt phantasmata: sed intelliget per seipsam, ad modum substantiarum quae sunt totaliter secundum esse a corporibus separatae, * de quibus infra agetur. ' a quibus etiam tanquam a superioribus, uberius influentiam recipere poterit ad perfectius intelligendum. cuius signum etiam in iuvenibus apparet. nam anima, quando impeditur ab occupatione circa corpus proprium, redditur habilior ad intelligendum aliqua altiora: unde et virtus temperantiae, quae a corporeis delectationibus retrahit animam, praecipue facit homines ad intelligendum aptos. homines etiam dormientes, quando corporeis sensibus non utuntur, nec est aliqua perturbatio humorum aut fumositatum impediens, percipiunt de futuris, ex superiorum impressione, aliqua quae modum ratiocinationis humanae excedunt. et hoc multo magis accidit in syncopizantibus |50| et exstasim passis: quanto magis fit retractio a corporeis sensibus. nec immerito hoc accidit. quia, cum anima humana, * ut supra ostensum est, ' in confinio corporum et incorporearum substantiarum, " quasi in horizonte existens aeternitatis et temporis, ' recedens ab infimo, appropinquat ad summum. unde et, quando totaliter erit a corpore separata, perfecte assimilabitur substantiis separatis quantum ad modum intelligendi, et abunde influentiam eorum recipiet.

n.14 ' Sic igitur, etsi intelligere nostrum secundum modum praesentis vitae, corrupto corpore corrumpatur, succedet tamen alius modus intelligendi altior.

n.15 " Reminisci autem, cum sit actus per corporeum organum exercitus, * ut in libro de memoria et reminisc. aristoteles probat, ' non poterit post corpus in anima remanere: nisi " reminisci ' aequivoce sumatur pro intelligentia eorum quae quis prius novit; quam oportet animae separatae adesse etiam eorum quae novit in vita, cum species intelligibiles in intellectu possibili indelebiliter recipiantur, * ut supra ostensum est.

n.16 ' Circa alias vero animae operationes, sicut est amare, gaudere, et alia huiusmodi, est aequivocatio cavenda. nam quandoque sumuntur ut sunt animae passiones. et sic sunt actus sensibilis appetitus secundum concupiscibilem vel irascibilem, cum aliqua permutatione corporali. " et sic in anima manere non possunt post mortem: * ut aristoteles probat in libro de anima. ' sumuntur autem quandoque pro simplici actu voluntatis, qui est absque passione. * unde aristoteles dicit, in vii ethic., quod ° deus una simplici operatione gaudet; * et in x, quod " in contemplatione sapientiae est delectatio admirabilis; * et in viii, ° amorem amicitiae ab amatione, " quae est passio, * distinguit. ' cum vero voluntas sit potentia non utens organo, sicut nec intellectus, palam est huiusmodi, secundum quod sunt actus voluntatis, in anima separata remanere.

n.17 * Sic igitur ex praedictis rationibus concludi non potest " animam hominis esse mortalem.

005 SCG lb2 cp82

n. ' Quod animae brutorum animalium non sunt immortales.

n.1 ' Ex his autem quae dicta sunt, evidenter ostenditur brutorum animas non esse immortales.

n.2 * Iam enim ostensum est quod ' nulla operatio sensitivae partis esse sine corpore potest. in animabus autem brutorum non est invenire aliquam operationem superiorem operationibus sensitivae partis: non enim intelligunt neque ratiocinantur. quod ex hoc apparet, quia omnia animalia eiusdem speciei similiter operantur, quasi a natura motae et non ex arte operantes: omnis enim hirundo similiter facit nidum, et omnis aranea similiter telam. nulla igitur est operatio animae brutorum quae possit esse sine corpore. cum igitur omnis substantia aliquam operationem habeat, non poterit anima bruti absque corpore esse. ergo, pereunte corpore, perit.

n.3 ' Item. omnis forma separata a materia est intellecta in actu: sic enim intellectus agens facit species intelligibiles actu, inquantum abstrahit eas, * ut ex supra dictis patet. ' sed, si anima bruti manet corrupto corpore, erit forma a materia separata. ergo erit forma intellecta in actu. sed ° in separatis a materia idem est intelligens et intellectum, * ut aristoteles dicit, in iii de anima. ' ergo anima bruti, si post corpus manet, erit intellectualis. quod est impossibile.

n.4 ' Adhuc. in qualibet re quae potest pertingere ad aliquam perfectionem, invenitur naturalis appetitus illius perfectionis: " bonum enim est quod omnia appetunt, ' ita tamen quod " unumquodque proprium bonum. ' in brutis autem non invenitur aliquis appetitus ad esse perpetuum, nisi ut perpetuentur secundum speciem, inquantum in eis invenitur appetitus generationis, per quam species perpetuatur, qui quidem invenitur et in plantis et in rebus inanimatis: non autem quantum ad proprium appetitum animalis inquantum est animal, qui est appetitus apprehensionem consequens. nam, cum anima sensitiva non apprehendat nisi hic et nunc, impossibile est quod apprehendat esse perpetuum. neque ergo appetit appetitu animali. non est igitur anima bruti capax perpetui esse.

n.5 ' Amplius. cum " delectationes operationes perficiant, * ut patet per aristotelem in x ethic., ' ad hoc ordinatur operatio cuiuslibet rei sicut in finem in quo sua delectatio figitur. delectationes autem brutorum animalium omnes referuntur ad conservantia corpus: non enim delectantur in sonis, odoribus et aspectibus, nisi secundum quod sunt indicativa ciborum vel venereorum, circa quae est omnis eorum delectatio. tota igitur operatio eorum ordinatur ad conservationem esse corporei sicut in finem. non igitur est eis aliquod esse absque corpore.

n.6 * Huic autem sententiae doctrina catholicae fidei concordat. dicitur enim gen. 9, de anima bruti, ° anima illius in sanguine est: * quasi dicat: ° ex sanguinis permanentia esse illius dependet. * et in libro de ecclesiast. dogmatibus: ° solum hominem dicimus animam substantivam habere, " idest per se vitalem: ° brutorum animas cum corporibus interire.

n.7 * Aristoteles etiam, in ii de anima, dicit quod ° intellectiva pars animae separatur ab aliis sicut incorruptibile a corruptibili.

n.8 * Per hoc autem excluditur positio platonis, qui posuit " etiam brutorum animas immortales.

n.9 * Videtur tamen posse probari " brutorum animas esse immortales. cuius enim est aliqua operatio per se separatim, et ipsum est per se subsistens. sed animae sensitivae in brutis est aliqua operatio per se in qua non communicat corpus, scilicet movere: nam movens componitur ex duobus, quorum unum est movens et alterum est motum; unde, cum corpus sit motum, relinquitur quod anima sola sit movens. ergo est per se subsistens. non igitur potest per accidens corrumpi, corpore corrupto: illa enim solum per accidens corrumpuntur quae per se non habent esse. per se autem non potest corrumpi: cum neque contrarium habeat, neque sit ex contrariis composita. * relinquitur igitur quod " sit omnino incorruptibilis.

n.10 * Ad hoc etiam videbatur redire platonis ratio qua probabat " omnem animam esse immortalem: quia scilicet anima est movens seipsum; omne autem movens seipsum oportet esse immortale. corpus enim non moritur nisi abscedente eo a quo movebatur; idem autem a seipso non potest discedere; * unde sequitur, secundum ipsum, quod " movens seipsum non possit mori. et sic relinquebatur quod anima omnis motiva esset immortalis, etiam brutorum. * ideo autem hanc rationem in idem redire diximus cum praemissa, quia cum, secundum platonis positionem, " nihil moveat nisi motum, illud quod est seipsum movens, est per seipsum motivum, et sic habet aliquam operationem per se.

n.11 " Non solum autem in movendo, sed etiam in sentiendo * ponebat plato " animam sensitivam propriam operationem habere. * dicebat enim quod " sentire est motus quidam ipsius animae sentientis: et ipsa, sic mota, movebat corpus ad sentiendum. * unde, definiens sensum, dicebat quod " est motus animae per corpus.

n.12 * Haec autem quae dicta sunt, patet esse falsa. ' non enim sentire est movere, sed magis moveri: nam ex potentia sentiente fit animal actu sentiens per sensibilia, a quibus sensus immutantur. non autem potest dici similiter sensum pati a sensibili sicut patitur intellectus ab intelligibili, ut sic sentire possit esse operatio animae absque corporeo instrumento, sicut est intelligere: nam intellectus apprehendit res in abstractione a materia et materialibus conditionibus, quae sunt individuationis principia; non autem sensus. quod exinde apparet quia sensus est particularium, intellectus vero universalium. unde patet quod sensus patiuntur a rebus secundum quod sunt in materia: non autem intellectus, sed secundum quod sunt abstractae. passio igitur intellectus est absque materia corporali, non autem passio sensus.

n.13 ' Adhuc. diversi sensus sunt susceptivi diversorum sensibilium: sicut visus colorum, auditus sonorum. haec autem diversitas manifeste ex dispositione diversa organorum contingit: nam organum visus oportet esse in potentia ad omnes colores, organum auditus ad omnes sonos. si autem haec receptio fieret absque organo corporali, eadem potentia esset omnium sensibilium susceptiva: nam virtus immaterialis se habet aequaliter, quantum de se est, ad omnes huiusmodi qualitates; unde intellectus, qui non utitur organo corporali, omnia sensibilia cognoscit. sentire igitur non fit absque organo corporeo.

n.14 ' Praeterea. sensus corrumpitur ab excellentia sensibilium: non autem intellectus, quia " qui intelligit altiora intelligibilium, non minus poterit alia speculari, sed magis. ' alterius igitur generis est passio sensus a sensibili, et intellectus ab intelligibili. intellectus quidem passio fit absque organo corporali: passio vero sensus cum organo corporali, cuius harmonia solvitur per sensibilium excellentiam.

n.15 * Quod autem plato dixit, " animam esse moventem seipsam, ' certum esse videtur ex hoc quod circa corpora apparet. nullum enim corpus videtur movere nisi sit motum. * unde plato ponebat " omne movens moveri. et quia non itur in infinitum ut unumquodque motum ab alio moveatur, ponebat primum movens in unoquoque ordine movere seipsum. * et ex hoc sequebatur " animam, quae est primum movens in motibus animalium, esse aliquod movens seipsum.

n.16 * Hoc autem patet esse falsum, dupliciter: ' primo quidem, * quia probatum est quod ' omne quod movetur per se, est corpus. unde, cum anima non sit corpus, impossibile est ipsam moveri nisi per accidens.

n.17 ' Secundo quia, cum movens inquantum huiusmodi sit actu, motum autem inquantum huiusmodi sit in potentia; nihil autem potest esse secundum idem actu et potentia: impossibile erit quod idem secundum idem sit movens et motum, sed oportet, si aliquid dicitur movens seipsum, quod una pars eius sit movens et alia pars sit mota. et hoc modo dicitur animal movere seipsum: quia anima est movens, et corpus est motum. * sed quia plato " animam non ponebat esse corpus, * licet uteretur nomine " motus, ' qui proprie corporum est, * non tamen de hoc motu proprie dicto intelligebat, sed accipiebat " motum communius pro qualibet operatione: * prout etiam aristoteles dicit, in iii de anima, quod ° sentire et intelligere sunt motus quidam. sic autem motus non est actus existentis in potentia, sed actus perfecti. * unde, cum dicebat " animam movere seipsam, * intendebat per hoc dicere quod " ipsa operatur absque adminiculo corporis, ' e contrario ei quod accidit in aliis formis, quae non agunt absque materia: |25| non enim calor calefacit separatim, sed calidum. * ex quo volebat concludere " omnem animam motivam esse immortalem: ' nam quod per se habet operationem, et per se habet operationem, et per se existentiam habere potest.

n.18 * Sed iam ostensum est quod ' operatio animae brutalis, quae est sentire, non potest esse sine corpore. multo autem magis hoc apparet in operatione eius quod est appetere. nam omnia quae ad appetitum sensitivae partis pertinent, manifeste cum transmutatione aliqua corporis fiunt: unde et passiones animae dicuntur.

n.19 ' Ex quibus sequitur quod nec ipsum movere sit operatio animae sensitivae absque organo. non enim movet anima brutalis nisi per sensum et appetitum. nam virtus quae dicitur exequens motum, facit membra esse obedientia imperio appetitus: unde magis sunt virtutes perficientes corpus ad moveri, quam virtutes moventes.

n.20 ' Sic igitur patet quod nulla operatio animae brutalis potest esse absque corpore. ex quo de necessitate concludi potest quod anima brutalis cum corpore intereat.

005 SCG lb2 cp83

n. ' Quod anima humana incipiat cum corpore.

n.1 ' Sed quia eaedem res inveniuntur et esse incipere et finem essendi habere, * potest alicui videri quod, " ex quo anima humana finem essendi non habet, quod nec principium essendi habuerit, sed fuerit semper. * quod quidem videtur his rationibus posse probari.

n.2 " Nam illud quod nunquam esse desinet, habet virtutem ut sit semper. quod autem habet virtutem ut sit semper nunquam de eo verum est dicere ° non esse: " quia quantum se extendit virtus essendi, tantum res durat in esse. omne autem quod incoepit esse, est aliquando verum dicere ° non esse. " quod igitur nunquam desinet esse, nec esse aliquando incipiet.

n.3 " Adhuc. veritas intelligibilium, sicut est incorruptibilis, ita, quantum est de se, est aeterna: est enim necessaria; omne autem necessarium est aeternum, quia quod necesse est esse, impossibile est non esse. ex incorruptibilitate autem veritatis intelligibilis ostenditur anima secundum esse incorruptibilis. pari ergo ratione, ex eius aeternitate potest probari animae aeternitas.

n.4 " Amplius. illud non est perfectum cui plurimae suarum principalium partium desunt. patet autem principales partes universi esse intellectuales substantias, * in quarum genere ostensum est supra " esse animas humanas. si igitur quotidie de novo tot animae humanae esse incipiant quot homines nascuntur, patet quotidie universo plurimas principalium partium addi, et plurimas ei deesse. sequitur igitur universum esse imperfectum. * quod est impossibile.

n.5 * Adhuc etiam quidam argumentantur ex auctoritate sacrae scripturae. dicitur enim gen. 1, quod ° deus die septimo complevit opus suum quod fecerat, et requievit ab omni opere quod patrarat. " hoc autem non esset si quotidie novas animas faceret. non igitur de novo animae humanae esse incipiunt, sed a principio mundi fuerunt.

n.6 * Propter has ergo et similes rationes quidam, " aeternitatem mundi * ponentes, dixerunt " animam humanam, sicut est incorruptibilis, ita et ab aeterno fuisse. * unde qui posuerunt " animas humanas in sui multitudine esse immortales, * scilicet platonici, posuerunt " easdem ab aeterno fuisse, et nunc quidem corporibus uniri, nunc autem a corporibus absolvi, hac vicissitudine secundum determinata annorum curricula observata. * qui vero posuerunt " animas humanas esse immortales secundum aliquid unum quod ex omnibus hominibus manet post mortem, posuerunt hoc ipsum unum ab aeterno fuisse: sive hoc sit intellectus agens tantum, * ut posuit alexander " sive, cum eo, etiam intellectus possibilis, * ut posuit averroes. hoc etiam videntur sonare et aristotelis verba: nam, de intellectu loquens, dicit " ipsum non solum incorruptibilem, sed etiam perpetuum esse.

n.7 * Quidam vero catholicam fidem profitentes, platonicorum doctrinis imbuti, viam mediam tenuerunt. quia enim, secundum fidem catholicam, " nihil est aeternum praeter deum, humanas quidem animas aeternas non posuerunt, sed eas cum mundo, sive potius ante mundum visibilem, creatas fuisse, et tamen eas de novo corporibus alligari. * quam quidem positionem primus inter christianae fidei professores origenes posuisse invenitur, et post eum plures ipsum sequentes. quae quidem opinio usque hodie apud haereticos manet: quorum manichaei " eas etiam aeternas * asserunt, cum platone, " et de corpore ad corpus transire.

n.8 * Sed de facili ostendi potest praemissas positiones non esse veritate subnixas. " quod enim non sit unus omnium intellectus possibilis neque agens, * iam supra ostensum est. * unde restat contra istas positiones procedere quae dicunt " plures animas esse hominum, * et tamen ponunt " eas ante corpora extitisse, sive ab aeterno sive a mundi constitutione. * quod quidem videtur inconveniens his rationibus.

n.9 * Ostensum est enim supra ' animam uniri corpori ut formam et actum ipsius. actus autem, licet sit naturaliter prior potentia, tamen, in uno et eodem, tempore est posterior: movetur enim aliquid de potentia in actum. prius igitur fuit semen, quod est potentia vivum, quam esset anima, quae est actus vitae.

n.10 ' Adhuc. unicuique formae naturale est propriae materiae uniri: alioquin constitutum ex forma et materia esset aliquid praeter naturam. prius autem attribuitur unicuique quod convenit ei secundum naturam, quam quod convenit ei praeter naturam: quod enim convenit alicui praeter naturam inest ei per accidens, quod autem convenit secundum naturam inest ei per se; quod autem per accidens est, semper posterius est eo quod est per se. animae igitur prius convenit esse unitam corpori quam esse a corpore separatam. non igitur creata fuit ante corpus cui unitur.

n.11 ' Amplius. omnis pars a suo toto separata est imperfecta. anima autem, cum sit forma, * ut probatum est, ' est pars speciei humanae. igitur, existens per se absque corpore, est imperfecta. perfectum autem est prius imperfecto in rerum naturalium ordine. non igitur competit naturae ordini quod anima fuerit prius creata a corpore exuta, quam corpori unita.

n.12 ' Amplius. si animae sunt creatae absque corporibus, quaerendum est quomodo sint corporibus unitae. aut enim hoc fuit violenter: aut per naturam. si autem violenter; omne autem violentum est contra naturam: unio igitur animae ad corpus est praeter naturam. homo igitur, qui ex utroque componitur, est quid innaturale. quod patet esse falsum. praeterea, substantiae intellectuales altioris ordinis sunt quam corpora caelestia. in corporibus autem caelestibus nihil invenitur violentum neque contrarium. multo igitur minus in substantiis intellectualibus. si autem naturaliter animae sunt corporibus unitae, naturaliter igitur animae in sui creatione appetierunt corporibus uniri. appetitus autem naturalis statim prodit in actum nisi sit aliquid impediens, sicut patet in motu gravium et levium: natura enim semper uno modo operatur. statim igitur a principio suae creationis fuissent corporibus unitae nisi esset aliquid impediens. sed omne impediens executionem |25| naturalis appetitus, est violentiam inferens. per violentiam igitur fuit quod animae essent aliquo tempore a corporibus separatae. quod est inconveniens. tum quia in illis substantiis non potest esse aliquid violentum, * ut ostensum est. ' tum quia violentum, et quod est contra naturam, cum sit per accidens, non potest esse prius eo quod est secundum naturam, neque totam speciem consequens.

n.13 ' Praeterea. cum unumquodque naturaliter appetat suam perfectionem, materiae est appetere formam, et non e converso. anima autem comparatur ad corpus sicut forma ad materiam, * ut supra ostensum est. ' non igitur unio animae ad corpus fit per appetitum animae, sed magis per appetitum corporis.

n.14 * Si autem dicatur quod " utrumque est animae naturale, scilicet uniri corpori et esse a corpore separatum, pro diversis temporibus:- * hoc videtur esse impossibile. ' quia ea quae naturaliter variantur circa subiectum, sunt accidentia: sicut iuventus et senectus. " si igitur uniri corpori et separari a corpore naturaliter circa animam varietur, erit accidens animae corpori uniri. et sic ex hac unione homo constitutus non erit ens per se, sed per accidens.

n.15 ' Praeterea. omne illud cui accidit alteritas aliqua secundum diversitatem temporum, est subiectum caelesti motui, quem sequitur totus temporis cursus. substantiae autem intellectuales et incorporeae, inter quas sunt animae separatae, excedunt totum ordinem corporum. unde non possunt esse subiectae caelestibus motibus. impossibile est igitur quod, secundum diversa tempora, naturaliter uniantur quandoque et separentur quandoque, vel naturaliter nunc hoc, nunc illud appetant.

n.16 * Si autem dicatur quod " neque per violentiam neque per naturam corporibus uniuntur, sed spontanea voluntate:- * hoc esse non potest. ' nullus enim vult in statum peiorem venire nisi deceptus. anima autem separata est altioris status quam corpori unita: * et praecipue secundum platonicos qui dicunt quod " ex unione corporis patitur oblivionem eorum quae prius scivit, et retardatur a contemplatione pura veritatis. ' non igitur volens corpori unitur nisi decepta. deceptionis autem nulla in ea causa potest existere: * cum ponatur, secundum eos, " scientiam omnem habere. * nec posset dici quod " iudicium ex universali scientia procedens in particulari eligibili subvertatur propter passiones, sicut accidit in incontinentibus: ' quia passiones huiusmodi non sunt absque corporali transmutatione; unde non possunt esse in anima separata. relinquitur ergo quod anima, si fuisset ante corpus, non uniretur corpori propria voluntate.

n.17 ' Praeterea. omnis effectus procedens ex concursu duarum voluntatum ad invicem non ordinatarum, est effectus casualis: sicut patet cum aliquis, intendens emere, obviat in foro creditori illuc non ex condicto venienti. voluntas autem propria generantis, ex qua dependet generatio corporis, non habet ordinem cum voluntate animae separatae uniri volentis. cum igitur absque utraque voluntate unio corporis et animae fieri non possit, sequitur quod sit casualis. et ita generatio hominis non est a natura, sed a casu. quod patet esse falsum: cum sit ut in pluribus.

n.18 * Si autem rursus dicatur " quod non ex natura, neque ex propria voluntate anima corpori unitur, sed ex divina ordinatione:- * hoc etiam non videtur conveniens, " si animae ante corpora fuerunt creatae. ' unumquodque enim deus instituit secundum convenientem modum suae naturae: * unde et gen. 1, de singulis creatis dicitur, ° videns deus quod esset bonum, * et simul de omnibus, ° vidit deus cuncta quae fecerat, et erant valde bona. ' si igitur animas creavit a corporibus separatas, oportet dicere quod hic modus essendi sit convenientior naturae earum. non est autem ad ordinationem divinae bonitatis pertinens res ad inferiorem statum reducere, sed magis ad meliorem promovere. non igitur ex divina ordinatione factum fuisset quod anima corpori uniretur.

n.19 ' Praeterea. non pertinet ad ordinem divinae sapientiae cum superiorum detrimento ea quae sunt infima nobilitare. infima autem in rerum ordine sunt corpora generabilia et corruptibilia. non igitur fuisset conveniens ordini divinae sapientiae, ad nobilitandum humana corpora, animas praeexistentes eis unire: cum hoc sine detrimento earum esse non possit, * ut ex dictis patet.

n.20 * Hoc autem origenes considerans, cum poneret " animas humanas a principio fuisse creatas, * dixit quod " ordinatione divina animae corporibus sunt unitae, sed in earum poenam. nam ante corpora eas peccasse existimavit; et pro quantitate peccati corporibus nobilioribus vel minus nobilibus eas esse, quasi quibusdam carceribus, inclusas.

n.21 * Sed haec positio stare non potest. ' poena enim bono naturae adversatur, et ex hoc dicitur mala. si igitur unio animae et corporis est quoddam poenale, non est bonum naturae. quod est impossibile: est enim intentum per naturam; nam ad hoc naturalis generatio terminatur. et iterum sequeretur quod esse hominem non esset bonum secundum naturam: * cum tamen gen. 1-31 dicatur, post hominis creationem, ° vidit deus cuncta quae fecerat, et erant valde bona.

n.22 ' Praeterea. ex malo non provenit bonum nisi per accidens. si igitur propter peccatum animae separatae hoc constitutum est, quod anima corpori uniatur, cum hoc sit quoddam bonum, per accidens erit. casuale igitur fuit quod homo fieret. quod derogat divinae sapientiae, * de qua dicitur, sap. 11-21, quod ° omnia in numero, pondere et mensura instituit.

n.23 * Adhuc autem et hoc repugnat manifeste apostolicae doctrinae. dicitur enim rom. 9 de iacob et esau, quod, ° cum nondum nati essent aut aliquid boni aut mali egissent, dictum est, quod maior serviet minori. " non igitur, antequam hoc verbum diceretur, aliquid eorum animae peccaverant: cum tamen hoc post eorum conceptionem dictum fuerit, * ut patet gen. 25-23.

n.24 ' Sunt autem supra, cum de distinctione rerum ageretur, * plura contra origenis positionem inducta, ' quae etiam hic possent assumi. et ideo, eis praetermissis, ad alia transeundum est.

n.25 ' Item. necesse est dicere quod anima humana aut indigeat sensibus: aut non. videtur autem manifeste per id quod experimur, quod indigeat sensibus: quia qui caret sensu aliquo, non habet scientiam de sensibilibus quae cognoscuntur per sensum illum; sicut caecus natus nullam scientiam habet nec aliquid intelligit de coloribus. et praeterea, si non sunt necessarii humanae animae sensus ad intelligendum, non inveniretur in homine aliquis ordo sensitivae et intellectivae cognitionis. cuius contrarium experimur: nam ex sensibus fiunt in nobis memoriae, ex quibus experimenta de rebus accipimus, per quae ad comprehendendum universalia scientiarum et artium principia pervenimus. si ergo anima humana ad intelligendum sensibus indiget; natura autem nulli deficit in necessariis ad propriam operationem explendam, sicut animalibus habentibus animam sensitivam et motivam, dat convenientia organa sensus et motus: non fuisset |25| anima humana sine necessariis adminiculis sensuum instituta. sensus autem non operantur sine organis corporeis, * ut ex dictis patet. ' non igitur fuit instituta anima sine organis corporeis. " si autem anima humana non indiget sensibus ad intelligendum, * et propter hoc dicitur " absque corpore fuisse creata; * oportet dicere quod, " antequam corpori uniretur, omnium scientiarum veritates intelligebat per seipsam. * quod et platonici concesserunt, dicentes " ideas, quae sunt formae rerum intelligibiles separatae * secundum platonis sententiam, " causam scientiae esse: unde anima separata, cum nullum impedimentum adesset, plenarie omnium scientiarum cognitionem accipiebat. ' oportet igitur dicere quod, ' dum corpori unitur, cum inveniatur ignorans, oblivionem praehabitae scientiae patiatur. * quod etiam platonici confitentur: huius rei signum esse dicentes quod " quilibet, quantumcumque ignoret, ordinate interrogatus de his quae in scientiis traduntur, veritatem respondet; ' sicut, cum aliquis iam oblito aliquorum quae prius |50| scivit, seriatim proponit ea quae prius fuerat oblitus, in eorum memoriam ipsum reducit. * ex quo etiam sequebatur quod " discere non esset aliud quam reminisci. * sic igitur ex hac positione de necessitate concluditur quod “ unio corporis animae praestet intelligentiae impedimentum. ‘ nulli autem rei natura adiungit aliquid propter quod sua operatio impediatur: sed magis ea per quae fiat convenientior. non igitur erit unio corporis et animae naturalis. et sic homo non erit res naturalis, nec eius generatio naturalis. quae patet esse falsa.

n.26 ‘ Praeterea. ultimus finis rei cuiuslibet est illud ad quod res pervenire nititur per suas operationes. sed per omnes proprias operationes ordinatas et rectas homo pervenire nititur in veritatis contemplationem: nam operationes virtutum activarum sunt quaedam praeparationes et dispositiones ad virtutes contemplativas. finis igitur hominis est pervenire ad contemplationem veritatis. propter hoc igitur anima est unita corpori: quod est esse hominem. non igitur per hoc quod unitur corpori, scientiam habitam perdit, sed magis ei unitur ut scientiam acquirat.

n.27 ‘ Item. si aliquis scientiarum ignarus de his quae ad scientias pertinent interrogetur, non respondebit veritatem nisi de universalibus principiis, quae nullus ignorat, sed sunt ab omnibus eodem modo et naturaliter cognita. postmodum autem ordinate interrogatus, respondebit veritatem de his quae sunt propinqua principiis, habito respectu ad principia; et sic deinceps quousque virtutem primorum principiorum ad ea de quibus interrogatur, applicare potest. ex hoc igitur manifeste apparet quod per principia prima,-in eo qui interrogatur, causatur cognitio de novo. non igitur prius habitae notitiae reminiscitur.

n.28 ‘ Praeterea. si ita esset animae naturalis cognitio conclusionum sicut principiorum, eadem esset sententia apud omnes de conclusionibus sicut de principiis: quia quae sunt naturalia, sunt eadem apud omnes. non est autem apud omnes eadem sententia de conclusionibus, sed solum de principiis. patet igitur quod cognitio principiorum est nobis naturalis, non autem conclusionum. quod autem non est naturale nobis, acquirimus per id quod est naturale: sicut etiam in exterioribus per manus instituimus omnia artificialia. non ergo conclusionum scientia est in nobis nisi ex principiis acquisita.

n.29 ‘ Adhuc. cum natura semper ordinetur ad unum, unius virtutis oportet esse naturaliter unum obiectum: sicut visus colorem, et auditus sonum. intellectus igitur cum sit una vis, est eius unum naturale obiectum, cuius per se et naturaliter cognitionem habet. hoc autem oportet esse id sub quo comprehenduntur omnia ab intellectu cognita: sicut sub colore comprehenduntur omnes colores, qui sunt per se visibiles. quod non est aliud quam ens. naturaliter igitur intellectus noster cognoscit ens, et ea quae sunt per se entis inquantum huiusmodi; in qua cognitione fundatur primorum principiorum notitia, “ ut non esse simul affirmare et negare, ‘ et alia huiusmodi. haec igitur sola principia intellectus noster naturaliter cognoscit, conclusiones autem per ipsa: sicut per colorem cognoscit visus tam communia quam sensibilia per accidens.

n.30 ‘ Praeterea. id quod per sensum in nobis acquiritur, non infuit animae ante corpus. sed ipsorum principiorum cognitio in nobis ex sensibilibus causatur: nisi enim aliquod totum sensu percepissemus, non possemus intelligere quod totum esset maius parte; sicut nec caecus natus aliquid percipit de coloribus. ergo nec ipsorum principiorum cognitio affuit animae ante corpus. multo igitur minus aliorum. * non igitur firma est platonis ratio quod “ anima fuit antequam corpori uniretur.

n.31 “ Item. si omnes animae praeextiterunt corporibus quibus uniuntur, * consequens videtur quod “ eadem anima secundum vicissitudinem temporum diversis corporibus uniatur. * quod quidem aperte consequitur ponentes aeternitatem mundi. ‘ si enim generatio hominum est sempiterna, oportet infinita corpora humana generari et corrumpi secundum totum temporis decursum. aut ergo oportebit dicere animas praeextitisse actu infinitas, si singulae animae singulis corporibus uniuntur: aut oportebit dicere, si animae sunt finitae, quod eaedem uniantur nunc his, nunc illis corporibus. * idem autem videtur sequi si ponantur “ animae praefuisse corporibus, et tamen generatio non sit aeterna. ‘ etsi enim ponatur humana generatio non semper fuisse, tamen nulli dubium est quin secundum naturam in infinitum possit durare: sic enim est unusquisque naturaliter institutus, nisi per accidens impediatur, ut, sicut est ab alio generatus, ita possit alium generare. hoc |25| autem esset impossibile, si, animabus existentibus finitis, una pluribus corporibus uniri non possit. * unde et plures ponentium “ animas ante corpora, ponunt transitum animae de corpore in corpus. * hoc autem est impossibile. ‘ non igitur animae ante corpora praeextiterunt. quod autem sit impossibile unam animam diversis corporibus uniri, sic patet. animae enim humanae non differunt specie ab invicem, sed numero solo: alioquin et homines specie differrent. differentia autem secundum numerum est secundum principia materialia. oportet igitur diversitatem animarum secundum aliquid materiale sumi. non autem ita quod ipsius animae sit materia pars: * ostensum est enim supra quod ‘ est substantia intellectualis, et quod nulla talis substantia materiam habet. relinquitur ergo quod secundum ordinem ad diversas materias quibus animae uniuntur, diversitas et pluralitas animarum sumatur, * eo modo quo supra |50| dictum est. ‘ si igitur sunt diversa corpora, necesse est quod habeant diversas animas sibi unitas. non igitur una pluribus unitur.

n.32 * Adhuc. ostensum est supra ‘ animam uniri corpori ut formam. formas autem oportet esse propriis materiis proportionatas: cum se habeant ad invicem sicut potentia et actus; proprius enim actus propriae potentiae respondet. non ergo una anima pluribus corporibus unitur.

n.33 ‘ Amplius. virtutem motoris oportet esse suo mobili proportionatam: non enim quaecumque virtus movet quodcumque mobile. anima autem, etsi non sit forma corporis, non tamen potest dici quod non sit motor ipsius: animatum enim ab inanimato distinguimus sensu et motu. oportet igitur secundum diversitatem corporum esse diversitatem animarum.

n.34 ‘ Item. in his quae generantur et corrumpuntur, impossibile est per generationem reiterari idem numero: cum enim generatio et corruptio sit motus in substantiam, in his quae generantur et corrumpuntur non manet substantia eadem, sicut manet in his quae secundum locum moventur. sed si una anima diversis corporibus generatis unitur successive, redibit idem numero homo per generationem. * quod platoni de necessitate sequitur, qui dixit “ hominem esse animam corpore indutam. * sequitur etiam et aliis quibuscumque: quia, ‘ cum unitas rei sequatur formam, sicut et esse, oportet quod illa sint unum numero quorum est forma numero una. non igitur est possibile unam animam diversis corporibus uniri. ex quo etiam sequitur quod nec animae fuerunt ante corpora.

n.35 * Huic autem veritati catholicae fidei sententia concordat. dicitur enim in psalmo: ° qui finxit singillatim corda eorum: ‘ quia scilicet unicuique seorsum deus animam fecit, non autem simul omnes creavit, neque unam diversis corporibus adiunxit. * hinc etiam in libro de ecclesiast. dogmatibus dicitur: ° animas hominum dicimus non esse ab initio inter ceteras intellectuales naturas, nec simul creatas, sicut origenes fingit.

005 SCG lb2 cp84

n. ‘ Solutio rationum praemissarum.

n.1 * Rationes autem quibus probatur “ animas ab aeterno fuisse, vel saltem corporibus praeextitisse, * facile est solvere.

n.2 * Quod enim primo dicitur, “ animam habere virtutem ut sit semper, ‘ concedi oportet: sed sciendum quod virtus et potentia rei non se extendit ad id quod fuit, sed ad id quod est vel erit; unde et in praeteritis possibilitas locum non habet. non igitur ex hoc quod anima habet virtutem ut sit semper, potest concludi quod semper fuerit; sed quod semper erit.

n.3 ‘ Praeterea. ex virtute non sequitur id ad quod est virtus, nisi supposita virtute. quamvis igitur anima habeat virtutem ut sit semper, non tamen potest concludi quod anima sit semper, nisi postquam hanc virtutem accepit. * si autem sumatur quod “ hanc virtutem ab aeterno habuerit, ‘ erit petitum id quod oportebit probari, scilicet quod fuerit ab aeterno.

n.4 * Quod vero secundo obiicitur, “ de aeternitate veritatis, quam intelligit anima, ‘ considerare oportet quod intellectae veritatis aeternitas potest intelligi dupliciter: uno modo, quantum ad id quod intelligitur; alio modo, quantum ad id quo intelligitur. et si quidem veritas intellecta sit aeterna quantum ad id quod intelligitur, sequetur aeternitas rei quae intelligitur, non autem intelligentis. si autem veritas intellecta sit aeterna quantum ad id quo intelligitur, sequeretur intelligentem animam esse aeternam. sic autem veritas intellecta non est aeterna, sed primo modo: * ex praemissis enim patet ‘ species intelligibiles quibus anima nostra intelligit veritatem, de novo nobis advenire ex phantasmatibus per intellectum agentem. unde non potest concludi quod anima sit aeterna: sed quod veritates intellectae fundentur in aliquo aeterno; fundantur enim in prima veritate, sicut in causa universali contentiva omnis veritatis. ad hoc autem aeternum comparatur anima, non sicut subiectum ad |25| formam, sed sicut res ad proprium finem: nam verum est bonum intellectus et finis ipsius. ex fine autem argumentum accipere possumus de rei duratione, sicut et de initio rei argumentari possumus per causam agentem: quod enim est ordinatum ad finem sempiternum, oportet esse capax perpetuae durationis. unde potest probari ex aeternitate veritatis intelligibilis immortalitas animae, non autem eius aeternitas. quod vero etiam non possit probari ex aeternitate agentis, * patet ex his quae supra dicta sunt cum de aeternitate creaturarum quaereretur.

n.5 * Quod etiam tertio obiicitur, de perfectione universi, necessitatem non habet. ‘ universi enim perfectio attenditur quantum ad species, non autem quantum ad individua: cum continue universo plurima individua addantur praeexistentium specierum. animae autem humanae non sunt diversae secundum speciem, sed solum numero, * ut probatum est. ‘ unde non repugnat perfectioni universi si animae de novo creentur.

n.6 * Ex quo etiam patet solutio ad id quod quarto obiicitur. simul enim dicitur, gen. 1, quod ° deus consummavit opera sua, * et quod ° requievit ab omni opere quod patrarat. ‘ sicut ergo consummatio sive perfectio creaturarum secundum species consideratur et non secundum individua, ita quies dei est intelligenda secundum cessationem a novis speciebus condendis: non autem a novis individuis, quorum similia secundum speciem praecesserunt. et sic, cum omnes animae humanae sint unius speciei sicut et omnes homines, non repugnat praedictae quieti si deus quotidie novas animas creat.

n.7 ‘ Sciendum autem est quod * ab aristotele non invenitur dictum quod “ intellectus humanus sit aeternus: * quod tamen dicere consuevit in his quae secundum suam opinionem semper fuerunt. dicit autem “ ipsum esse perpetuum: ‘ quod quidem potest dici de his quae semper erunt, etiam si non semper fuerunt. * unde et in xi metaphys., “ cum animam intellectivam a conditione aliarum formarum * exciperet, non dixit quod “ haec forma fuerit ante materiam, * quod tamen plato de ideis dicebat, et sic videbatur conveniens materiae in qua loquebatur ut aliquid tale de anima diceret: sed dixit quod ° manet post corpus.

005 SCG lb2 cp85

n. ‘ Quod anima non sit de substantia dei.

n.1 ‘ Ex his etiam patet animam non esse de substantia dei.

n.2 * Ostensum est enim supra ‘ divinam substantiam esse aeternam, nec aliquid eius de novo incipere. animae autem humanae non fuerunt ante corpora, * ut ostensum est. ‘ non igitur anima potest esse de substantia divina.

n.3 * Amplius. ostensum est supra quod ‘ deus nullius rei forma esse potest. anima autem humana est forma corporis, * ut ostensum est. ‘ non igitur est de substantia divina.

n.4 ‘ Praeterea. omne illud ex quo fit aliquid, est in potentia ad id quod fit ex eo. substantia autem dei non est in potentia ad aliquid: cum sit purus actus, * ut supra ostensum est. ‘ impossibile est igitur quod ex substantia dei fiat anima, vel quodcumque aliud.

n.5 ‘ Adhuc. illud ex quo fit aliquid, aliquo modo mutatur. deus autem est omnino immobilis, * ut supra probatum est. ‘ impossibile est igitur quod ex eo aliquid fieri possit.

n.6 ‘ Amplius. in anima manifeste apparet variatio secundum scientiam et virtutem et eorum opposita. deus autem est omnino invariabilis, et per se et per accidens. non igitur anima potest esse de substantia divina.

n.7 * Item. supra ostensum est quod ‘ deus est actus purus, in quo nulla potentialitas invenitur. in anima autem humana invenitur et potentia et actus: est enim in ea intellectus possibilis, qui est potentia ad omnia intelligibilia, et intellectus agens, * ut ex supra dictis patet. ‘ non est igitur anima humana de natura divina.

n.8 ‘ Item. cum substantia divina sit omnino impartibilis, non potest aliquid substantiae eius esse anima nisi sit tota substantia eius. substantiam autem divinam impossibile est esse nisi unam, * ut supra ostensum est. ‘ sequitur igitur quod omnium hominum sit tantum anima una quantum ad intellectum. * et hoc supra improbatum est. ‘ non est igitur anima de substantia divina.

n.9 * Videtur autem haec opinio ex triplici fonte processisse.

n.10 * Quidam enim posuerunt “ nullam substantiam incorpoream esse. unde nobilissimum corporum deum esse dicebant, sive hoc esset aer, sive ignis, sive quodcumque aliud principium ponebant, et de natura huius corporis animam esse * dicebant: nam omnes id quod ponebant principium, animae attribuebant, ut patet per aristotelem in i de anima. et sic sequebatur “ animam esse de substantia divina. * et ex hac radice pullulavit positio manichaei, qui existimavit “ deum esse quandam lucem corpoream per infinita spatia distensam, cuius quandam particulam humanam animam esse * dicebat. * haec autem positio supra improbata est, et per hoc quod ostensum est ‘ deum non esse corpus; * et per hoc quod ostensum est ‘ animam etiam humanam corpus non esse, nec aliquam intellectualem substantiam.

n.11 * Quidam vero posuerunt “ intellectum omnium hominum esse unum, vel agentem tantum, vel agentem et possibilem simul, * sicut supra dictum est. “ et quia quamlibet substantiam separatam * antiqui “ deum esse * dicebant, sequebatur “ animam nostram, idest intellectum quo intelligimus, esse divinae naturae. * unde et a quibusdam nostri temporis christianae fidei professoribus, ponentibus “ intellectum agentem separatum, * dictum est expresse quod “ intellectus agens sit deus. * haec autem positio de unitate intellectus nostri * supra improbata est.

n.12 * Potuit autem et ex ipsa similitudine animae nostrae ad deum haec opinio nasci. ‘ intelligere enim, quod maxime aestimatur proprium dei, nulli substantiae in mundo inferiori convenire invenitur nisi homini, propter animam. * unde videri potuit “ animam ad naturam divinam pertinere. * et praesertim apud homines in quorum opinionibus erat firmatum quod “ anima hominis esset immortalis.

n.13 * Ad hoc etiam coadiuvare videtur quod gen. 1-26, postquam dictum est: ° faciamus hominem ad imaginem et similitudinem nostram, * subditur: ° for-

mavit deus hominem de limo terrae, et inspiravit in faciem eius spiraculum vitae. * ex quo quidam accipere voluerunt quod " anima sit de natura divina. qui enim in faciem alterius spirat, idem numero quod in ipso erat, in alium emittit. * et sic videtur scriptura innuere quod " aliquid divinum a deo in hominem ad ipsum vivificandum immissum sit.
n.14 * Sed similitudo praedicta non ostendit " hominem esse aliquid substantiae divinae: ' cum in intelligendo defectum multipliciter patiatur, quod de deo dici non potest. * unde haec similitudo magis est indicativa cuiusdam imperfectae imaginis quam alicuius consubstantialitatis. quod etiam scriptura innuit cum dicit " ad imaginem dei hominem factum. * unde et inspiratio praedicta " processum vitae a deo in hominem secundum quandam similitudinem demonstrat, non secundum unitatem substantiae. propter quod et in faciem spiritus vitae dicitur inspiratus: quia, cum in hac parte corporis sint plurium sensuum organa sita, in ipsa facie evidentius vita monstratur. sic igitur deus inspirasse in faciem hominis spiraculum dicitur, quia spiritum vitae homini dedit, non eum ex sua substantia decidendo. nam et qui corporaliter insufflat in faciem alicuius, unde videtur sumpta esse metaphora, aerem in faciem eius impellit, non autem aliquam suae substantiae partem in ipsum immittit.

005 SCG lb2 cp86

n. ' Quod anima humana non traducatur cum semine.
n.1 ' Ex praemissis autem ostendi potest quod anima humana non traducitur cum semine, quasi per coitum seminata.
n.2 ' Quorumcumque enim principiorum operationes non possunt esse sine corpore, nec eorum initium sine corpore esse potest: sic enim res habet esse sicut et operatur, cum unumquodque operetur inquantum est ens. e contrario vero, quorum principiorum operationes sunt sine corpore, eorum generatio non est per generationem corporis. operatio autem animae nutritivae et sensitivae non potest esse sine corpore, * ut ex praemissis patet. ' operatio autem animae intellectivae non fit per organum corporeum, * ut supra habitum est. ' igitur anima nutritiva et sensitiva per generationem corporis generatur: non autem anima intellectiva. sed traductio seminis ad corporis generationem ordinatur. igitur anima nutritiva et sensitiva esse incipiunt per seminis traductionem, non autem intellectiva.
n.3 ' Adhuc. si anima humana per traductionem seminis esse inciperet, hoc non posset esse nisi dupliciter. uno modo, ut intelligeretur esse in semine actu, quasi per accidens divisa ab anima generantis, sicut semen dividitur a corpore: ut videmus in animalibus anulosis, quae decisa vivunt, in quibus est anima una in actu et multae in potentia; diviso autem corpore animalis praedicti, in qualibet parte vivente incipit anima esse actu. alio modo, ut intelligatur in semine esse virtus productiva animae intellectivae: ut sic anima intellectiva ponatur esse in semine virtute, sed non actu. primum autem horum est impossibile, duplici ratione. primo quia, cum anima intellectiva sit perfectissima animarum et maximae virtutis, eius proprium perfectibile est corpus habens magnam diversitatem in organis, per quae possunt multiplices eius operationes expleri. unde non potest esse quod fiat |25| actu in semine deciso: quia nec etiam animae brutorum perfectorum per decisionem multiplicantur, prout contingit in animalibus anulosis. secundo quia, cum intellectus, qui est propria et principalis virtus animae intellectivae, non sit alicuius partis corporis actus, non potest dividi per accidens secundum corporis divisionem. unde nec anima intellectiva. secundum etiam est impossibile. virtus enim activa quae est in semine, agit ad generationem animalis transmutando corpus: non enim aliter agere potest virtus quae est in materia. sed omnis forma quae incipit esse per transmutationem materiae, habet esse a materia dependens: transmutatio enim materiae reducit eam de potentia in actum, et sic terminatur ad esse actu materiae, quod est per unionem formae; unde, si per hoc etiam incipiat esse formae simpliciter, esse formae non erit nisi in hoc quod est uniri materiae, et sic erit secundum esse a materia dependens. si igitur anima humana producatur in esse per virtutem |50| activam quae est in semine, sequitur quod esse suum sit dependens a materia, sicut esse aliarum formarum materialium. * cuius contrarium supra ostensum est. ' nullo igitur modo anima intellectiva producitur in esse per seminis traductionem.
n.4 ' Amplius. omnis forma quae educitur in esse per materiae transmutationem, est forma educta de potentia materiae: hoc enim est materiam transmutari, de potentia in actum reduci. anima autem intellectiva non potest educi de potentia materiae: * iam enim supra ostensum est quod ' ipsa anima intellectiva excedit totum posse materiae, cum habeat aliquam operationem absque materia, * ut supra ostensum est. ' non igitur anima intellectiva educitur in esse per transmutationem materiae. et sic, neque per actionem virtutis quae est in semine.
n.5 ' Praeterea. nulla virtus activa agit ultra suum genus. sed anima intellectiva excedit totum genus corporum: cum habeat operationem supra omnia corpora elevatam, quae est intelligere. nulla igitur virtus corporea potest producere animam intellectivam. sed omnis actio virtutis quae est in semine, est per aliquam virtutem corpoream: agit enim virtus formativa mediante triplici calore, ignis, caeli, et calore animae. non igitur potest produci in esse anima intellectiva per virtutem quae est in semine.
n.6 ' Praeterea. ridiculum est dicere aliquam intellectualem substantiam vel per divisionem corporis dividi, vel etiam ab aliqua virtute corporea produci. sed anima humana est quaedam intellectualis substantia, * ut supra ostensum est. ' non igitur potest dici quod dividatur per divisionem seminis, neque quod producatur in esse a virtute activa quae est in semine. et sic nullo modo per seminis traductionem anima humana incipit esse.
n.7 ' Praeterea. si generatio alicuius est causa quod aliquid sit, corruptio eius erit causa quod illud esse desinat. corruptio autem corporis non est causa quod anima humana esse desinat: cum sit immortalis, * ut supra ostensum est. ' neque igitur generatio corporis est causa quod anima incipiat esse. sed traductio seminis est propria causa generationis corporis. non est igitur traductio seminis causa generationis animae in esse.
n.8 * Per hoc autem excluditur error apollinaris et sequacium eius, qui dixerunt " animas ab animabus generari, sicut a corporibus corpora.

005 SCG lb2 cp87

n. ' Quod anima humana producatur in esse a deo per creationem.
n.1 ' Ex his autem quae dicta sunt, ostendi potest quod solus deus animam humanam producit in esse.
n.2 ' Omne enim quod in esse producitur vel generatur per se aut per accidens, vel creatur. anima autem humana non generatur per se: cum non sit composita ex materia et forma, * ut supra ostensum est. ' neque generatur per accidens: cum enim sit forma corporis, generaretur per corporis generationem, quae est ex virtute activa seminis; * quod improbatum est. ' cum ergo anima humana de novo esse incipiat, non enim est aeterna, nec praeexistit corpori, * ut supra ostensum est, ' relinquitur quod exeat in esse per creationem. * ostensum est autem supra quod ' solus deus potest creare. solus igitur ipse animam humanam in esse producit.
n.3 ' Amplius. omne illud cuius substantia non est suum esse, habet sui esse auctorem, * ut supra ostensum est. ' anima autem humana non est suum esse: hoc enim solius dei est, * ut supra ostensum est. ' habet igitur causam activam sui esse. sed quod per se habet esse, per se etiam agitur: quod vero non habet esse per se, sed solum cum alio, non per se fit, sed alio facto; sicut forma ignis fit igne generato. anima autem humana hoc habet proprium inter alias formas, quod est in suo esse subsistens, et esse quod est sibi proprium, corpori communicat. anima igitur per se habet suum fieri, praeter modum aliarum formarum, quae fiunt per accidens compositis factis. sed, cum anima humana non habeat materiam partem sui, non potest fieri ex aliquo sicut ex materia. relinquitur ergo quod ex nihilo fiat. et sic, creatur. cum igitur creatio sit opus proprium dei, * ut supra ostensum est, ' sequitur quod a solo deo immediate creatur.
n.4 ' Adhuc. eorum quae sunt unius generis, est idem modus prodeundi in esse, * ut supra probatum est. ' anima autem est de genere substantiarum intellectualium, quae non possunt aliter intelligi prodire in esse nisi per viam creationis. anima igitur humana exit in esse per creationem a deo.
n.5 ' Item. quicquid producitur in esse ab aliquo agente, acquirit ab ipso vel aliquid quod est principium essendi in tali specie, vel ipsum esse absolutum. anima autem non potest sic produci in esse quasi acquiratur ei aliquid quod sit principium essendi, sicut contingit in rebus compositis ex materia et forma, quae generantur per hoc quod acquirunt formam in actu: non enim habet anima aliquid in seipsa quod sit sibi principium essendi, cum sit substantia simplex, * ut supra ostensum est. ' relinquitur igitur quod non producatur in esse ab aliquo agente nisi per hoc quod consequitur ab ipso esse absolute. ipsum autem esse est proprius effectus primi et universalis agentis: secunda enim agentia agunt per hoc quod imprimunt similitudines suarum formarum in rebus factis, quae sunt formae factorum. anima igitur non potest produci in esse nisi a primo et universali agente, quod est deus.
n.6 ' Praeterea. finis rei respondet principio eius: tunc enim res perfecta est cum ad proprium principium pertingit, vel per similitudinem vel quocumque modo. finis autem animae humanae et ultima perfectio eius est quod per cognitionem et amorem transcendat totum ordinem creaturarum et pertingat ad primum principium, quod deus est. igitur ab eo habet propriae suae originis principium.
n.7 * Hoc etiam innuere videtur sacra scriptura, gen. 1. " cum enim, de institutione aliorum animalium loquens, eorum animas aliis causis adscribat, * utpote cum dicit: ° producant aquae reptile animae viventis, * et similiter de aliis, ad hominem veniens, " animam eius a deo creari * ostendit, dicens: ° formavit deus hominem de limo terrae, et inspiravit in faciem eius spiraculum vitae.
n.8 * Per hoc autem excluditur error ponentium " animas ab angelis esse creatas.

005 SCG lb2 cp88

n. ' Rationes ad probandum quod anima humana causetur ex semine.
n.1 * Sunt autem quaedam quae praemissis videntur esse adversa.
n.2 " Cum enim homo sit animal inquantum habet animam sensitivam: ratio autem animalis univoce homini et aliis animalibus conveniat; videtur quod anima sensitiva hominis sit eiusdem generis cum animabus aliorum animalium. quae autem sunt unius generis, eundem modum habent prodeundi in esse. anima igitur sensitiva hominis, sicut et aliorum animalium, per virtutem quae est in semine in esse procedit. est autem idem secundum substantiam anima intellectiva et sensitiva in homine, * ut supra ostensum est. * videtur igitur quod " etiam anima intellectiva per virtutem seminis producatur.
n.3 * Praeterea. sicut docet aristoteles in libro de generatione animalium, " prius tempore est fetus animal quam homo. sed, cum est animal et non homo, habet animam sensitivam et non intellectivam; quam quidem sensitivam non est dubium ex virtute activa seminis produci, sicut et in ceteris animalibus contingit. illa autem met anima sensitiva est in potentia ut sit intellectiva, sicut et illud animal est in potentia ut sit animal rationale: * nisi forte dicatur quod " anima intellectiva superveniens sit alia in substantia, * quod supra improbatum est. " videtur ergo quod substantia animae intellectivae sit ex virtute quae est in semine.
n.4 " Item. anima, cum sit forma corporis, unitur corpori secundum suum esse. sed ad ea quae sunt unum secundum esse, terminatur una actio et unius agentis: si enim sunt diversa agentia, et per consequens diversae actiones, sequetur quod sint facta diversa secundum esse. oportet igitur unius agentis unam actionem terminari ad esse animae et corporis. constat autem quod corpus fit per actionem virtutis quae est in semine. ergo et ab eadem est anima, quae est eius forma, et non ab agente separato.
n.5 " Amplius. homo generat sibi simile secundum speciem per virtutem quae est in semine deciso. omne autem agens univocum generat sibi simile in specie per hoc quod causat formam generati, a qua est eius species. anima igitur humana, a qua est species hominis, producitur ex virtute quae est in semine.
n.6 * Item. apollinaris sic argumentatur. " quicumque dat complementum operi, cooperatur agenti. sed, si animae creantur a deo, ipse dat complementum generationi puerorum qui quandoque ex adulteris nascuntur. ergo deus adulteris cooperatur. * quod sibi inconveniens videtur.
n.7 * Inveniuntur autem in libro qui gregorio nysseno inscribitur, quaedam rationes ad hoc idem probandum. argumentatur autem sic. " ex anima et corpore fit unum, quod est homo unus. si igitur anima fiat prius quam corpus, aut corpus prius quam anima, idem erit prius et posterius seipso; quod videtur impossibile. simul igitur fit corpus et anima. sed corpus incipit fieri in decisione seminis. ergo et per decisionem seminis anima in esse producitur.
n.8 " Adhuc. imperfecta videtur esse operatio agentis qui non totam rem in esse producit, sed solum eius alteram partem. si igitur deus animam in esse produceret, corpus vero virtute seminis formaretur, quae duo sunt partes unius, scilicet hominis, utriusque operatio, scilicet dei et seminativae virtutis, imperfecta videretur. quod patet esse inconveniens. ab una igitur et eadem causa producitur anima et corpus hominis. constat autem corpus hominis produci virtute seminis. ergo et anima.
n.9 " Item. in omnibus quae generantur ex semine, omnes partes rei generatae simul comprehenduntur virtute in semine, licet actu non appareant: ° sicut videmus in tritico, aut in quolibet alio semine, quod herba et culmus et internodia et fructus et aristae virtute comprehenduntur in primo semine, et postea protenditur semen et declaratur, quadam consequentia naturali, ad perfectionem, non assumens aliquid extrinsecum. " constat autem animam esse partem hominis. in semine igitur hominis virtute continetur anima humana, non autem ex aliqua exteriori causa principium sumit.
n.10 " Amplius. eorum quorum invenitur idem processus et terminus, oportet esse idem originis principium. sed in generatione hominis idem processus corporis et animae, et idem terminus invenitur: secundum enim quod figuratio et quantitas membrorum procedit, et animae operationes magis ac magis manifestantur; nam prius apparet operatio animae nutritivae, et postmodum operatio animae sensitivae, et tandem, corpore completo, operatio animae intellectivae. ergo idem est principium corporis et animae. sed principium originis corporis est per decisionem seminis. ergo et principium originis animae.
n.11 " Adhuc. quod configuratur alicui, constituitur ex actione eius cui configuratur: sicut cera quae configuratur sigillo, accipit hanc configurationem ex impressione sigilli. constat autem corpus hominis, et cuiuslibet animalis, esse propriae animae configura-

tum: talis est enim organorum dispositio qualis competit ad operationes animae per eas exercendas. corpus igitur formatur ex actione animae. * unde et aristoteles dicit, in ii de anima, quod ° anima est efficiens causa corporis. " hoc autem non esset nisi anima esset in semine: nam corpus per virtutem quae est in semine constituitur. est igitur anima humana in semine hominis. et ita ex decisione seminis originem habet.

n.12 " Item. nihil vivit nisi per animam. semen autem est vivum. quod patet ex tribus. primo quidem, quia a vivente deciditur. secundo, quia in semine apparet calor vitalis et operatio vitae, quae sunt rei viventis indicia. tertio, quia semina plantarum terrae mandata, nisi in se vitam haberent, ex terra, quae est exanimis, non possent calescere ad vivendum. est igitur anima in semine. et sic ex decisione seminis originem capit.

n.13 " Amplius. si anima non est ante corpus, * ut ostensum est; " neque incipit esse cum seminis decisione: sequitur quod prius formetur corpus, et postea ei infundatur anima de novo creata. sed si hoc est verum, sequitur ulterius quod anima sit propter corpus: quod enim est propter aliud, invenitur eo posterius; sicut vestimenta fiunt propter hominem. hoc autem est falsum: nam magis corpus est propter animam; finis enim semper nobilior est. oportet igitur dicere quod anima simul cum decisione seminis oriatur.

005 SCG lb2 cp89

n. ' Solutio rationum praemissarum.

n.1 ' Ad faciliorem vero praemissarum rationum solutionem, praemittenda sunt quaedam ad exponendum ordinem et processum generationis humanae, et generaliter animalis.

n.2 ' Primo itaque sciendum est * falsam esse opinionem quorundam dicentium quod " opera vitae quae apparent in embryone ante ultimum complementum, non sunt ex aliqua anima, vel virtute animae, in eo existente, sed ex anima matris. ' si enim hoc esset verum, iam embryo non esset animal: cum omne animal ex anima et corpore constet. operationes etiam vitae non proveniunt a principio activo extrinseco, sed ab intranea virtute, in quo praecipue a non viventibus viventia videntur discerni, quorum est proprie movere seipsa. quod enim nutritur, assimilat sibi nutrimentum: unde oportet in nutrito esse virtutem nutritionis activam, cum " agens sibi simile agat. ' et multo est hoc manifestius in operibus sensus: nam videre et audire convenit alicui per virtutem aliquam in ipso existentem, non in alio. unde, cum embryo inveniatur nutriri ante ultimum complementum, et etiam sentire, non potest hoc attribui animae matris.

n.3 * Neque tamen potest dici quod " in semine ab ipso principio sit anima secundum suam essentiam completam, cuius tamen operationes non appareant propter organorum defectum. ' nam, cum anima uniatur corpori ut forma, non unitur nisi corpori cuius est proprie actus. " est autem anima actus corporis organici. ' non est igitur ante organizationem corporis in semine anima actu, sed solum potentia sive virtute. * unde et aristoteles dicit, in ii de anima, quod ° semen et fructus sic sunt potentia vitam habentia quod abiiciunt animam, " idest anima carent: ° cum tamen id cuius anima est actus, sit potentia vitam habens, non tamen abiiciens animam.

n.4 * Sequeretur etiam, " si a principio anima esset in semine, quod generatio animalis esset solum per decisionem: ' sicut est in animalibus anulosis, quod ex uno fiunt duo. semen enim, si statim cum est decisum animam haberet, iam haberet formam substantialem. omnis autem generatio substantialis praecedit formam substantialem, non eam sequitur: si quae vero transmutationes formam substantialem sequuntur, non ordinantur ad esse generati, sed ad bene esse ipsius. sic igitur generatio animalis compleretur in ipsa decisione seminis: omnes autem transmutationes sequentes essent ad generationem impertinentes.

n.5 * Sed adhuc magis est ridiculum si hoc de anima rationali dicatur. ' tum quia impossibile est ut dividatur secundum divisionem corporis, ad hoc ut in deciso semine esse possit. tum quia sequeretur quod in omnibus pollutionibus ex quibus conceptus non sequitur, nihilominus rationales animae multiplicarentur.

n.6 * Neque etiam dici potest, quod quidam dicunt: " etsi a principio decisionis in semine non sit anima actu, sed virtute, propter deficientiam organorum; tamen ipsammet virtutem seminis, quod est corpus organizabile, etsi non organizatum, esse proportionaliter semini animam in potentia, sed non actu; et quia vita plantae pauciora requirit organa quam vita animalis, primo semine sufficienter ad vitam plantae organizato, ipsam praedictam virtutem fieri animam vegetabilem; deinde, organis magis perfectis et multiplicatis, eandem perduci ut sit anima sensitiva; ulterius autem, forma organorum perfecta, eandem animam fieri rationalem, non quidem per actionem virtutis seminis, sed ex influxu exterioris agentis, * propter quod suspicantur aristotelem dixisse ° intellectum ab extrinseco esse, * in libro de generatione animalium. secundum enim hanc positionem, sequeretur quod " aliqua virtus eadem numero nunc esset anima vegetabilis tantum, et |25| postmodum anima sensitiva: et sic ipsa forma substantialis continue magis ac magis perficeretur. * et ulterius sequeretur quod " non simul, sed successive educeretur forma substantialis de potentia in actum. * et ulterius quod " generatio esset motus continuus, sicut et alteratio. quae omnia sunt impossibilia in natura.

n.7 * Sequeretur etiam adhuc maius inconveniens, scilicet quod " anima rationalis esset mortalis. ' nihil enim formaliter alicui rei corruptibili adveniens facit ipsum esse incorruptibile per naturam: alias corruptibile mutaretur in incorruptibile, quod est impossibile, " cum differant secundum genus, * ut dicitur in x metaphysicae. ' substantia autem animae sensibilis, cum ponatur esse per accidens generata a corpore generato in processu praedicto, de necessitate est corruptibilis ad corruptionem corporis. si igitur ipsamet fit rationalis quodam lumine intrinsecus inducto, quod formaliter se habet ad ipsam, est enim sensitivum potentia intellectivum; de necessitate sequitur quod anima rationalis, corpore corrupto, corrumpitur. * quod est impossibile: * ut supra probatum est, * et fides catholica docet.

n.8 ' Non igitur ipsamet virtus quae cum semine deciditur et dicitur formativa, est anima, neque in processu generationis fit anima: sed, cum ipsa fundetur sicut in proprio subiecto in spiritu cuius est semen contentivum, sicut quoddam spumosum, operatur formationem corporis prout agit ex vi animae patris, cui attribuitur generatio sicut principali generanti, non ex vi animae concepti, etiam postquam anima inest; non enim conceptum generat seipsum, sed generatur a patre. et hoc patet discurrenti per singulas virtutes animae. non enim potest attribui animae embryonis ratione virtutis generativae: tum quia vis generativa non habet suam operationem nisi completo opere nutritivae et augmentativae, quae ei deserviunt, cum generare sit iam perfecti; tum quia opus generativae non ordinatur ad perfectionem ipsius individui, sed ad speciei conservationem. nec etiam potest attribui virtuti nutritivae, cuius opus est assimilare nutrimentum |25| nutrito, quod hic non apparet: non enim nutrimentum in processu formationis trahitur in similitudinem praeexistentis, sed perducitur ad perfectiorem formam et viciniorem similitudini patris. similiter nec augmentativae: ad quam non pertinet mutatio secundum formam, sed solum secundum quantitatem. de sensitiva autem et intellectiva particula, patet quod non habet aliquod opus formationi tali appropriatum. relinquitur igitur quod formatio corporis, praecipue quantum ad primas et principales partes, non est ab anima geniti, nec a virtute formativa agente ex vi eius, sed agente ex vi animae generativae patris, cuius opus est facere simile generanti secundum speciem.

n.9 ' Haec igitur vis formativa eadem manet in spiritu praedicto a principio formationis usque in finem. species tamen formati non manet eadem: nam primo habet formam seminis, postea sanguinis, et sic inde quousque veniat ad ultimum complementum. licet enim generatio simplicium corporum non procedat secundum ordinem, eo quod quodlibet eorum habet formam immediatam materiae primae; in generatione tamen corporum aliorum, oportet esse generationum ordinem, propter multas formas intermedias, inter primam formam elementi et ultimam formam ad quam generatio ordinatur. et ideo sunt multae generationes et corruptiones sese consequentes.

n.10 ' Nec est inconveniens si aliquid intermediorum generatur et statim postmodum interrumpitur: quia intermedia non habent speciem completam, sed sunt ut in via ad speciem; et ideo non generantur ut permaneant, sed ut per ea ad ultimum generatum perveniatur. nec est mirum si tota generationis transmutatio non est continua, sed sunt multae generationes intermediae: quia hoc etiam accidit in alteratione et augmento; non enim est tota alteratio continua, neque totum augmentum, sed " solum motus localis est vere continuus, * ut patet in viii physicorum.

n.11 ' Quanto igitur aliqua forma est nobilior et magis distans a forma elementi, tanto oportet esse plures formas intermedias, quibus gradatim ad formam ultimam veniatur, et per consequens plures generationes medias. et ideo in generatione animalis et hominis in quibus est forma perfectissima, sunt plurimae formae et generationes intermediae, et per consequens corruptiones, " quia generatio unius est corruptio alterius. ' anima igitur vegetabilis, quae primo inest, cum embryo vivit vita plantae, corrumpitur, et succedit anima perfectior, quae est nutritiva et sensitiva simul, et tunc embryo vivit vita animalis; hac autem corrupta, succedit anima rationalis ab extrinseco immissa, licet praecedentes fuerint virtute seminis.

n.12 * His igitur visis, facile est respondere ad obiecta.

n.13 * Quod enim primo obiicitur, " oportere animam sensitivam eundem modum originis in homine et in brutis habere, ex eo quod animal de eis univoce praedicatur:- * dicimus hoc necessarium non esse. ' etsi enim anima sensitiva in homine et bruto conveniant secundum generis rationem, differunt tamen specie, sicut et ea quorum sunt formae: sicut enim animal quod est homo, ab aliis animalibus specie differt per hoc quod est rationale, ita anima sensitiva hominis ab anima sensitiva bruti specie differt per hoc quod est etiam intellectiva. anima igitur in bruto habet id quod est sensitivum tantum; et per consequens nec esse nec eius operatio supra corpus elevatur; unde oportet quod simul cum generatione corporis generetur, et cum corruptione corrumpatur. anima autem sensitiva in homine, cum habeat supra sensitivam naturam vim intellectivam, ex qua oportet ut ipsa substantia animae sit secundum esse et operationem supra corpus elevata; neque per generationem corporis |25| generatur, neque per eius corruptionem corrumpitur. diversus ergo modus originis in animabus praedictis non est ex parte sensitivi, ex quo sumitur ratio generis: sed ex parte intellectivi, ex quo sumitur differentia speciei. unde non potest concludi diversitas generis, sed sola diversitas speciei.

n.14 * Quod vero secundo obiicitur, " conceptum prius esse animal quam hominem, ' non ostendit rationalem animam cum semine propagari. nam anima sensitiva per quam animal erat, non manet, sed ei succedit anima quae est simul sensitiva et intellectiva, ex qua est animal et homo simul, * ut ex dictis patet.

n.15 * Quod vero tertio obiicitur, " diversorum agentium actiones non terminari ad unum factum, ' intelligendum est de diversis agentibus non ordinatis. si enim ordinata sint ad invicem, oportet eorum esse unum effectum: nam causa agens prima agit in effectum causae secundae agentis vehementius quam etiam ipsa causa secunda; unde videmus quod effectus qui per instrumentum agitur a principali agente, magis proprie attribuitur principali agenti quam instrumento. contingit autem quandoque quod actio principalis agentis pertingit ad aliquid in operato ad quod non pertingit actio instrumenti: sicut vis vegetativa ad speciem carnis perducit, ad quam non potest perducere calor ignis, qui est eius instrumentum, licet operetur disponendo ad eam resolvendo et consumendo. cum igitur omnis virtus naturae activa comparetur ad deum sicut instrumentum ad primum et principale agens, nihil prohibet in uno et eodem generato quod est homo, actionem naturae ad aliquid hominis |25| terminari, et non ad totum quod fit actione dei. corpus igitur hominis formatur simul et virtute dei quasi principalis agentis et primi, et etiam virtute seminis quasi agentis secundi: sed actio dei producit animam humanam, quam virtus seminis producere non potest, sed disponit ad eam.

n.16 * Unde patet solutio ad quartum. ' sic enim homo sibi simile in specie generat, inquantum virtus seminis eius dispositive operatur ad ultimam formam, ex qua homo speciem sortitur.

n.17 ' Deum vero adulteris cooperari in actione naturae, nihil est inconveniens. non enim natura adulterorum mala est, sed voluntas. actio autem quae est ex virtute seminis ipsorum est naturalis, non voluntaria. unde non est inconveniens si deus illi operationi cooperatur ultimam perfectionem inducendo.

n.18 * Quod vero sexto obiicitur, patet quod non de necessitate concludit. ' etsi enim detur quod corpus hominis formetur prius quam anima creetur, aut e converso, non sequitur quod idem homo sit prior seipso: non enim homo est suum corpus, neque sua anima. sequitur autem quod aliqua pars eius sit altera prior. quod non est inconveniens: nam materia tempore est prior forma; materiam dico secundum quod est in potentia ad formam, non secundum quod actu est per formam perfecta, sic enim est simul cum forma. corpus igitur humanum, secundum quod est in potentia ad animam, utpote cum nondum habet animam, est prius tempore quam anima: tunc autem non est humanum actu, sed potentia tantum. cum vero est humanum actu, quasi per animam humanam perfectum, non est prius neque posterius anima, sed simul cum ea.

n.19 ' Neque etiam sequitur, si anima ex virtute seminis non producitur sed solum corpus, " quod sit imperfecta operatio tam dei quam naturae, * ut septima ratio procedebat. ' virtute enim dei utrumque fit, et corpus et anima: licet formatio corporis sit ab eo mediante virtute seminis naturali, animam autem immediate producat. neque etiam sequitur quod actio virtutis seminis sit imperfecta: cum perficiat hoc ad quod est.

n.20 ' Sciendum est etiam in semine virtute contineri omnia illa quae virtutem corpoream non excedunt, sicut faenum, culmus, internodia, et similia. ex quo concludi non potest quod " id hominis quod totam virtutem corpoream excedit, in semine virtute contineatur, * ut octava ratio concludebat.

n.21 ' Quod autem operationes animae videntur proficere in processu generationis humanae sicut proficiunt corporis partes, non ostendit " animam humanam et corpus idem principium habere, * sicut nona ratio procedebat: ' sed ostendit quod dispositio partium corporis est necessaria ad animae operationem.

n.22 * Quod autem decimo obiicitur, " corpus animae configurari, et ob hoc animam sibi corpus simile praeparare: * partim quidem est verum, partim autem falsum. ' si enim intelligatur de anima generantis, est verum quod dicitur: falsum autem si intelligatur de anima generati. non enim virtute animae generati formatur corpus quantum ad primas et praecipuas partes, sed virtute animae generantis, * ut supra probatum est. ‘ similiter enim et omnis materia suae formae configuratur: non tamen haec configuratio fit ex actione generati, sed ex actione formae generantis.

n.23 * Quod autem undecimo obiicitur “ de seminis vita in principio decisionis:- * patet quidem ex dictis ‘ non esse vivum nisi in potentia: unde tunc animam actu non habet, sed virtute. in processu autem generationis habet animam vegetabilem et sensibilem ex virtute seminis: quae non manent, sed transeunt, anima rationali succedente.

n.24 ‘ Neque etiam, si formatio corporis animam praecedit humanam, sequitur quod “ anima sit propter corpus, * ut duodecima ratio inferebat. ‘ est enim aliquid propter alterum dupliciter. uno modo propter eius operationem, sive conservationem vel quicquid huiusmodi est quod consequitur ad esse: et huiusmodi sunt posteriora eo propter quod sunt; sicut vestimenta sunt propter hominem, et instrumenta propter artificem. alio modo est aliquid propter alterum, idest, propter esse eius: et sic quod est propter alterum, est prius tempore et natura posterius. hoc autem modo corpus est propter animam: sicut et omnis materia propter formam. secus autem esset si “ ex anima et corpore non fieret unum secundum esse: * sicut dicunt qui ponunt “ animam non esse corporis formam.

005 SCG lb2 cp90

n. ‘ Quod nulli alii corpori nisi humano unitur substantia intellectualis ut forma.

n.1 ‘ Quia vero ostensum est substantiam aliquam intellectualem corpori uniri ut formam, scilicet animam humanam, inquirendum restat utrum alicui alteri corpori aliqua substantia intellectualis ut forma uniatur. et quidem de corporibus caelestibus, quod sint animata anima intellectuali, * superius, est ostensum quid de hoc aristoteles senserit, et quod augustinus hoc sub dubio dereliquit. ‘ unde praesens inquisitio circa corpora elementaria versari debet.

n.2 ‘ Quod autem nulli corpori elementari substantia intellectualis uniatur ut forma nisi humano, evidenter apparet. si enim alteri corpori uniatur, aut unitur corpori mixto, aut simplici. non autem potest uniri corpori mixto. quia oporteret illud corpus maxime esse aequalis complexionis, secundum suum genus, inter cetera corpora mixta: cum videamus tanto corpora mixta nobiliores formas habere quanto magis ad temperamentum mixtionis perveniunt; et sic, quod habet formam nobilissimam, utpote substantiam intellectualem, si sit corpus mixtum, oportet esse temperatissimum. unde etiam videmus quod mollities carnis et bonitas tactus, quae aequalitatem complexionis demonstrant, sunt signa boni intellectus. complexio autem maxime aequalis est complexio corporis humani. oportet igitur, si substantia intellectualis uniatur alicui corpori mixto, quod illud sit eiusdem naturae cum corpore humano. forma etiam eius esset eiusdem naturae cum anima humana, si esset substantia intellectualis. non igitur |25| esset differentia secundum speciem inter illud animal et hominem.

n.3 ‘ Similiter autem neque corpori simplici, puta aeri aut aquae aut igni aut terrae, uniri potest substantia intellectualis ut forma. unumquodque enim horum corporum est simile in toto et partibus: eiusdem enim naturae et speciei est pars aeris et totus aer, etenim eundem motum habet; et similiter de aliis. similibus autem motoribus similes formae debentur. si igitur aliqua pars alicuius dictorum corporum sit animata anima intellectuali, puta aeris, totus aer et omnes partes eius, eadem ratione, erunt animata. hoc autem manifeste apparet falsum: nam nulla operatio vitae apparet in partibus aeris vel aliorum simplicium corporum. non igitur alicui parti aeris, vel similium corporum, substantia intellectualis unitur ut forma.

n.4 ‘ Adhuc. si alicui simplicium corporum unitur aliqua substantia intellectualis ut forma, aut habebit intellectum tantum: aut habebit alias potentias, utpote quae pertinent ad partem sensitivam aut nutritivam, sicut est in homine. si autem habet intellectum tantum, frustra unitur corpori. omnis enim forma corporis habet aliquam propriam operationem per corpus. intellectus autem non habet aliquam operationem ad corpus pertinentem, nisi secundum quod movet corpus: intelligere enim ipsum non est operatio quae per organum corporis exerceatur; et eadem ratione, nec velle. elementorum etiam motus sunt a moventibus naturalibus, scilicet a generantibus, et non movent seipsa. unde non oportet quod, propter eorum motum, sint animata. si autem habet substantia intellectualis quae ponitur uniri elemento aut parti eius, alias animae partes, cum partes illae sint partes aliquorum organorum, oportebit in corpore elementi invenire diversitatem |25| organorum. quod repugnat simplicitati ipsius. non igitur substantia intellectualis potest uniri ut forma alicui elemento aut parti eius.

n.5 ‘ Amplius. quanto aliquod corpus est propinquius materiae primae, tanto est ignobilius: utpote magis in potentia existens, et minus in actu completo. elementa autem ipsa sunt propinquiora materiae primae quam corpora mixta: cum et ipsa sint mixtorum corporum materia proxima. sunt igitur elementorum corpora ignobiliora secundum suam speciem corporibus mixtis. cum igitur nobilioris corporis sit nobilior forma, impossibile est quod nobilissima forma, quae est anima intellectiva, sit unita corporibus elementorum.

n.6 ‘ Item. si corpora elementorum, aut aliquae partes eorum, essent animata nobilissimis animabus, quae sunt animae intellectivae, oporteret quod, quanto aliqua corpora essent viciniora elementis, essent propinquiora ad vitam. hoc autem non apparet, sed magis contrarium: nam plantae minus habent de vita quam animalia, cum tamen sint propinquiores terrae; et mineralia, quae sunt adhuc propinquiora, nihil habent de vita. non igitur substantia intellectualis unitur alicui elemento, vel parti eius, ut forma.

n.7 ‘ Adhuc. omnium moventium corruptibilium vita per excellentiam contrarietatis corrumpitur: nam animalia et plantae mortificantur ab excellenti calido et frigido, humido aut sicco. in corporibus autem elementorum praecipue sunt excellentiae harum contrarietatum. non igitur est possibile quod in eis sit vita. impossibile igitur est quod substantia intellectiva uniatur eis ut forma.

n.8 ‘ Amplius. elementa etsi secundum totum sint incorruptibilia, tamen singulae partes sunt corruptibiles, utpote contrarietatem habentes. si igitur aliquae partes elementorum habeant sibi unitas substantias cognoscentes, maxime videtur quod assignetur eis vis discretiva corrumpentium. quae quidem est sensus tactus, qui est discretivus calidi et frigidi et similium contrarietatum: propter quod et, quasi necessarius ad praeservationem a corruptione, omnibus animalibus inest. hunc autem sensum impossibile est inesse corpori simplici: cum oporteat organum tactus non habere actu contrarietates, sed potentia; quod contingit solum in mixtis et temperatis. non igitur est possibile aliquas partes elementorum esse animatas anima intellectiva.

n.9 ‘ Item. omne corpus vivens aliquo modo secundum animam localiter movetur: nam corpora caelestia, si tamen sint animata, moventur circulariter; animalia perfecta motu progressivo; ostrea autem motu dilatationis et constrictionis; plantae autem motu augmenti et decrementi, qui sunt aliquo modo secundum locum. sed in elementis non apparet aliquis motus qui sit ab anima, sed solum motus naturales. non sunt igitur corpora viventia.

n.10 * Si autem dicatur quod “ substantia intellectualis, etsi non uniatur corpori elementi aut parti eius ut forma, unitur tamen ei ut motor. * primum quidem, in aere hoc dici impossibile est. ‘ cum enim pars aeris non sit per seipsam terminabilis, non potest aliqua pars eius determinata motum proprium habere, propter quem sibi substantia intellectualis uniatur.

n.11 ‘ Praeterea. si aliqua substantia intellectualis unitur alicui corpori naturaliter sicut motor proprio mobili, oportet virtutem motivam illius substantiae limitari ad corpus mobile cui naturaliter unitur: nam cuiuslibet motoris proprii virtus non excedit in movendo proprium mobile. ridiculum autem videtur dicere quod virtus alicuius substantiae intellectualis non excedat in movendo aliquam determinatam partem alicuius elementi, aut aliquod corpus mixtum. non videtur igitur dicendum quod aliqua substantia intellectualis uniatur alicui corpori elementari naturaliter ut motor, nisi sibi etiam uniatur ut forma.

n.12 ‘ Item. motus corporis elementaris potest ex aliis principiis causari quam ex substantia intellectuali. superfluum igitur esset propter huiusmodi motus naturaliter substantias intellectuales corporibus elementaribus uniri.

n.13 * Per hoc autem excluditur opinio apuleii, et quorundam platonicorum, qui dixerunt ° daemonia esse animalia corpore aerea, mente rationabilia, animo passiva, tempore aeterna; * et quorundam gentilium ponentium “ elementa esse animata, ‘ unde et eis cultum divinum instituebant. * excluditur etiam opinio dicens “ angelos et daemones habere corpora naturaliter sibi unita, de natura superiorum vel inferiorum elementorum.

005 SCG lb2 cp91

n. ‘ Quod sunt aliquae substantiae intellectuales corporibus non unitae.

n.1 ‘ Ex praemissis autem ostendi potest esse aliquas substantias intellectuales corporibus penitus non unitas.

n.2 * Ostensum est enim supra, ‘ corporibus corruptis, intellectus substantiam, quasi perpetuam, remanere. “ et si quidem substantia intellectus quae remanet, sit una omnium, * sicut quidam dicunt, ‘ de necessitate consequitur eam esse secundum suum esse a corpore separatum. et sic habetur propositum, quod substantia intellectualis aliqua sine corpore subsistat. si autem plures animae intellectivae remaneant, corporibus destructis, conveniet aliquibus substantiis intellectualibus absque corpore subsistere: * praesertim cum ostensum sit quod ‘ animae non transeant de corpore ad corpus. convenit autem animabus esse a corporibus separatas per accidens: cum naturaliter sint formae corporum. “ eo autem quod est per accidens, oportet prius esse id quod est per se. ‘ sunt igitur aliquae substantiae intellectuales, animabus secundum naturam priores, quibus per se inest sine corporibus |25| subsistere.

n.3 ‘ Amplius. omne quod est de ratione generis, oportet de ratione speciei esse: sunt autem quaedam quae sunt de ratione speciei, non autem de ratione generis; sicut rationale est de ratione hominis, non autem de ratione animalis. quicquid autem est de ratione speciei, non autem de ratione generis, non est necesse omnibus speciebus generis inesse: multae enim species sunt irrationabilium animalium. substantiae autem intellectuali secundum suum genus convenit quod sit per se subsistens, cum habeat per se operationem: * sicut superius est ostensum. ‘ de ratione autem rei per se subsistentis non est quod alteri uniatur. non est igitur de ratione substantiae intellectualis secundum suum genus quod sit corpori unita: etsi sit hoc de ratione alicuius intellectualis substantiae, quae est anima. sunt igitur aliquae substantiae intellectuales corporibus non unitae.

n.4 ‘ Adhuc. natura superior in suo infimo contingit naturam inferiorem in eius supremo. natura autem intellectualis est superior corporali. attingit autem eam secundum aliquam partem sui, quae est anima intellectiva. oportet igitur quod, sicut corpus perfectum per animam intellectivam est supremum in genere corporum, ita anima intellectiva, quae unitur corpori, sit infima in genere substantiarum intellectualium. sunt igitur aliquae substantiae intellectuales non unitae corporibus, superiores secundum naturae ordinem anima.

n.5 ‘ Item. si est aliquid imperfectum in aliquo genere, invenitur ante illud, secundum naturae ordinem, aliquid in genere illo perfectum: perfectum enim natura prius est imperfecto. formae autem quae sunt in materiis, sunt actus imperfecti: quia non habent esse completum. sunt igitur aliquae formae quae sunt actus completi per se subsistentes, et speciem completam habentes. omnis autem forma per se subsistens absque materia, est substantia intellectualis: immunitas enim materiae confert esse intelligibile, * ut ex praemissis patet. ‘ sunt ergo aliquae substantiae intellectuales corporibus non unitae: omne enim corpus materiam habet.

n.6 ‘ Amplius. substantia potest esse sine quantitate, licet quantitas sine substantia esse non possit: “ substantia enim aliorum generum prima est tempore, ratione et cognitione. ‘ sed nulla substantia corporea est sine quantitate. possunt igitur esse quaedam in genere substantiae omnino absque corpore. omnes autem naturae possibiles in rerum ordine inveniuntur: aliter enim esset universum imperfectum. “ in sempiternis etiam non differt esse et posse. ‘ sunt igitur aliquae substantiae absque corporibus subsistentes; post primam substantiam, quae deus est, qui non est in genere, * ut supra ostensum est; ‘ et supra animam, quae est corpori unita.

n.7 ‘ Adhuc. si ex aliquibus duobus invenitur aliquid compositum; et alterum eorum invenitur per se quod est minus perfectum: et alterum, quod est magis perfectum et minus reliquo indigens, per se invenitur. invenitur autem aliqua substantia composita ex substantia intellectuali et corpore, * ut ex praemissis patet. ‘ corpus autem invenitur per se: sicut patet in omnibus corporibus inanimatis. multo igitur fortius inveniuntur substantiae intellectuales corporibus non unitae.

n.8 ‘ Item. substantiam rei oportet esse proportionatam suae operationi: quia operatio est actus et bonum substantiae operantis. sed intelligere est propria operatio substantiae intellectualis. oportet igitur substantiam intellectualem talem esse quae competat praedictae operationi. intelligere autem, cum sit operatio per organum corporeum non exercita, non indiget corpore nisi inquantum intelligibilia sumuntur a sensibilibus. hic autem est imperfectus modus intelligendi: perfectus enim modus intelligendi est ut intelligantur ea quae sunt secundum naturam suam intelligibilia; quod autem non intelligantur nisi ea quae non sunt secundum se intelligibilia, sed fiunt intelligibilia per intellectum, est imperfectus modus intelligendi. si igitur ante omne imperfectum oportet esse perfectum aliquid in genere illo, oportet quod ante animas humanas, quae intelligunt accipiendo a phantasmatibus, sint aliquae intellectuales substantiae intelligentes ea quae sunt secundum se intelligibilia, non accipientes |25| cognitionem a sensibilibus, ac per hoc omnino a corporibus secundum suam naturam separatae.

n.9 * Praeterea. aristoteles argumentatur sic in xi metaphysicae. “ motum continuum, regularem et, quantum in se est, indeficientem, oportet esse a motore qui non movetur neque per se neque per accidens, * ut supra probatum est. “ plures etiam motus oportet a pluribus motoribus esse. motus autem caeli est continuus, regularis, et, quantum in se est, indeficiens est: et praeter primum motum, sunt multi tales motus in caelo, sicut per considerationes astrologorum probatur. oportet igitur esse plures motores qui non moveantur neque per se neque per accidens. nullum autem corpus movet nisi motum, * ut supra probatum est. “ motor autem incorporeus unitus corpori, movetur per accidens ad motum corporis: sicut patet de anima. oportet igitur esse plures motores

qui neque sint corpora neque sint corporibus uniti. motus autem caelestes sunt ab aliquo intellectu, * ut supra probatum est. " sunt igitur plures substantiae intellectuales corporibus non |25| unitae.
n.10 * His autem concordat sententia dionysii, iv cap. de div. nom., dicentis de angelis quod, ° sicut immateriales, et incorporei intelliguntur.
n.11 * Per hoc autem excluditur error sadducaeorum, qui dicebant ° spiritum non esse. * et positio antiquorum naturalium, qui dicebant " omnem substantiam corpoream esse. * positio etiam origenis qui dixit quod " nulla substantia, post trinitatem divinam, absque corpore potest subsistere. * et omnium aliorum ponentium " omnes angelos, bonos et malos, habere corpora naturaliter sibi unita.

005 SCG lb2 cp92

n. ' De multitudine substantiarum separatarum.
n.1 ' Sciendum est autem quod * aristoteles probare nititur " non solum esse aliquas substantias intellectuales absque corpore, sed quod sunt eiusdem numeri cuius sunt motus deprehensi in caelo, neque pauciores.
n.2 * Probat enim quod " non sunt aliqui motus in caelo qui a nobis deprehendi non possint, per hoc quod omnis motus qui est in caelo, est propter motum alicuius stellae, quae sensibilis est: orbes enim deferunt stellas; motus autem deferentis est propter motum delati. * item probat quod " non sunt aliquae substantiae separatae a quibus non proveniant aliqui motus in caelo: quia, cum motus caelestes ordinentur ad substantias separatas sicut ad fines, si essent aliae substantiae separatae quam illae quas numerat, essent aliqui motus in eas ordinati sicut in fines; aliter essent motus imperfecti. * unde ex his concludit quod " non sunt plures substantiae separatae quam motus deprehensi, et qui possunt deprehendi, in caelo: praesertim cum non sint plura corpora caelestia eiusdem speciei, ut sic etiam possint esse plures motus nobis incogniti.
n.3 * Haec autem probatio non habet necessitatem. " in his enim quae sunt ad finem, sumitur necessitas ex fine, * sicut ipsemet docet in ii physicorum: " non autem e converso. unde, si motus caelestes ordinantur in substantias separatas sicut in fines, * ut ipsemet dicit, ' non potest concludi necessario numerus substantiarum praedictarum ex numero motuum. potest enim dici quod sunt aliquae substantiae separatae altioris naturae quam illae quae sunt proximi fines motuum caelestium: sicut, si instrumenta artificialia sunt propter homines qui per ea operantur, nihil prohibet esse alios homines qui per instrumenta huiusmodi non operantur immediate, sed imperant operantibus. * et ideo ipse aristoteles hanc rationem non inducit quasi necessariam, sed tanquam probabilem: dicit enim: ° quare substantias et principia immobilia rationabile est tot aestimare: necessarium enim dimittatur fortioribus dicere.
n.4 ' Restat igitur ostendendum quod sunt multo plures substantiae intellectuales a corporibus separatae quam sint motus caelestes.
n.5 ' Substantiae enim intellectuales secundum suum genus transcendunt omnem naturam corpoream. oportet igitur accipere gradum in praedictis substantiis secundum elevationem earum supra corpoream naturam. sunt autem quaedam intellectuales substantiae elevatae supra corpoream substantiam secundum sui generis naturam tantum, quae tamen corporibus uniuntur ut formae, * ut ex praemissis patet. ' et quia esse substantiarum intellectualium secundum suum genus nullam a corpore dependentiam habet, * ut supra probatum est, ' invenitur altior gradus dictarum substantiarum, quae etsi non uniantur corporibus ut formae, sunt tamen proprii motores aliquorum corporum determinatorum. similiter autem natura substantiae intellectualis non dependet a movendo: cum movere sit consequens ad principalem eorum operationem, quae est intelligere. erit igitur et aliquis gradus altior substantiarum intellectualium, quae non sunt proprii motores aliquorum corporum, sed superiores motoribus.
n.6 ' Amplius. sicut agens per naturam agit per suam formam naturalem, ita agens per intellectum agit per formam intellectus: ut patet in his qui agunt per artem. sicut igitur agens per naturam est proportionatum patienti ratione suae formae naturalis, ita agens per intellectum est proportionatum patienti et facto per formam intellectus: ut scilicet huiusmodi sit forma intellectiva quod possit induci per actionem agentis in materiam recipientem. " oportet igitur proprios motores orbium, qui per intellectum movent, * si in hoc opinionem aristotelis sustinere volumus, " tales intelligentias habere quales sunt explicabiles per motus orbium, et producibiles in rebus naturalibus. ' sed supra huiusmodi conceptiones intelligibiles est accipere aliquas universaliores: intellectus enim universalius apprehendit formas rerum quam sit esse earum in rebus; unde videmus quod universalior est forma intellectus speculativi quam practici, et inter artes practicas universalior est conceptio artis imperantis quam |25| exequentis. oportet autem substantiarum intelligibilium gradus accipere secundum gradum intellectualis operationis quae est eis propria. sunt igitur aliquae substantiae intellectuales supra illas quae sunt proprii et proximi motores determinatorum orbium.
n.7 ' Adhuc. ordo universi exigere videtur ut illud quod est in rebus nobilius, excedat quantitate vel numero ignobiliora: ignobiliora enim videntur esse propter nobiliora. unde oportet quod nobiliora, quasi propter se existentia, multiplicentur quantum possibile est. et ideo videmus quod corpora incorruptibilia, scilicet caelestia, in tantum excedunt corruptibilia, scilicet elementaria, ut quasi haec non habeant notabilem quantitatem in comparatione ad illa. sicut autem caelestia corpora digniora sunt elementaribus, ut incorruptibilia corruptibilibus; ita substantiae intellectuales omnibus corporibus, ut immobile et immateriale mobili et materiali. excedunt igitur in numero intellectuales substantiae separatae omnium rerum materialium multitudinem. non igitur comprehenduntur numero caelestium motuum.
n.8 ' Item. species rerum materialium non multiplicantur per materiam, sed per formam. formae autem quae sunt extra materiam, habent esse completius et universalius quam formae quae sunt in materia: nam formae in materia recipiuntur secundum materiae capacitatem. non videntur igitur esse minoris multitudinis formae quae sunt extra materiam, quas dicimus substantias separatas, quam sint species materialium rerum.
n.9 ' Non autem propter hoc dicimus quod " substantiae separatae sint species istorum sensibilium: * sicut platonici senserunt. " cum enim non possent ad praedictarum substantiarum notitiam pervenire nisi ex sensibilibus, apposuerunt istas substantias esse eiusdem speciei cum istis, vel magis species istarum: ' sicut, si aliquis non videret solem et lunam et alia astra, et audiret esse quaedam corpora incorruptibilia, nominaret ea nominibus istorum corporum corruptibilium, existimans ea esse eiusdem speciei cum istis. quod non esset possibile. similiter etiam impossibile est substantias immateriales esse eiusdem speciei cum materialibus, vel species ipsarum: cum materia sit de ratione speciei horum sensibilium, licet non haec materia, quae est proprium principium individui; sicut de ratione speciei hominis sunt carnes et ossa, non autem hae carnes et haec ossa, quae sunt principia socratis et platonis. sic igitur non dicimus substantias separatas esse species istorum sensibilium: sed | 25 | esse alias species nobiliores istis, quanto purum est nobilius permixto. et tunc illas substantias esse plures oportet istis speciebus rerum materialium.
n.10 ' Adhuc. magis est aliquid multiplicabile secundum suum esse intelligibile quam secundum suum esse materiale. multa enim intellectu capimus quae in materia esse non possunt: ex quo contingit quod cuilibet rectae lineae finitae potest mathematice fieri additio, non autem naturaliter; raritas etiam corporum, velocitas motuum, et diversitas figurarum, in infinitum augeri comprehenditur secundum intellectum, quamvis sit impossibile in natura sic esse. substantiae autem separatae sunt in esse intelligibili secundum suam naturam. maior igitur multiplicitas in eis est possibilis quam in rebus materialibus, secundum proprietatem et rationem pensatam generis utriusque. " in perpetuis autem non differt esse et posse. ' excedit igitur multitudo substantiarum separatarum multitudinem materialium corporum.
n.11 * His autem attestatur sacra scriptura. dicitur enim dan. 7-10: ° millia millium ministrabant ei, et decies millies centena millia assistebant ei. * et dionysius, 14 cap. cael. hier., dicit quod " numerus illarum substantiarum excedit omnem materialem multitudinem.
n.12 * Per hoc autem excluditur error dicentium " substantias separatas secundum numerum motuum caelestium, aut secundum numerum sphaerarum caelestium esse. * et error rabbi moysi, qui dixit " numerum angelorum qui in scriptura ponitur, non esse numerum substantiarum separatarum, sed virtutum in istis inferioribus: ' sicut si vis concupiscibilis dicatur spiritus concupiscentiae, et sic de aliis.

005 SCG lb2 cp93

n. ' Quod in substantiis separatis non sunt multae unius speciei.
n.1 ' Ex his autem quae de istis substantiis praemissa sunt, ostendi potest quod non sunt plures substantiae separatae unius speciei.
n.2 * Ostensum est enim supra quod ' substantiae separatae sunt quaedam quidditates subsistentes. species autem rei est quam significat definitio, quae est " signum quidditatis rei. ' unde quidditates subsistentes sunt species subsistentes. plures ergo substantiae separatae esse non possunt nisi sint plures species.
n.3 ' Adhuc. quaecumque sunt idem specie differentia autem numero, habent materiam: differentia enim quae ex forma procedit, inducit diversitatem speciei; quae autem ex materia, inducit diversitatem secundum numerum. substantiae autem separatae non habent omnino materiam, neque quae sit pars earum, neque cui uniantur ut formae. impossibile est igitur quod sint plures unius speciei.
n.4 ' Amplius. ad hoc sunt plura individua in una specie in rebus corruptibilibus, ut natura speciei, quae non potest perpetuo conservari in uno individuo, conservetur in pluribus: unde etiam in corporibus incorruptibilibus non est nisi unum individuum in una specie. substantiae autem separatae natura potest conservari in uno individuo: eo quod sunt incorruptibiles, * ut supra ostensum est. ' non igitur oportet esse plura individua in illis substantiis eiusdem speciei.
n.5 ' Item. id quod est speciei in unoquoque, dignius est eo quod est individuationis principium, praeter rationem speciei existens. multiplicatio igitur specierum plus addit nobilitatis universo quam multiplicatio individuorum in una specie. perfectio autem universi maxime consistit in substantiis separatis. magis igitur competit ad perfectionem universi quod sint plures secundum speciem diversae, quam quod sint multae secundum numerum in eadem specie.
n.6 ' Praeterea. substantiae separatae sunt perfectiores quam corpora caelestia. sed in corporibus caelestibus, propter eorum perfectionem, non invenitur nisi unum individuum unius speciei: tum quia unumquodque eorum constat ex tota materia suae speciei; tum quia in uno individuo est perfecte virtus speciei ad complendum illud in universo ad quod illa species ordinatur, sicut praecipue patet in sole et luna. multo igitur magis in substantiis separatis non invenitur nisi unum individuum in una specie.

005 SCG lb2 cp94

n. ' Quod substantia separata et anima non sunt unius speciei.
n.1 ' Ex his autem ulterius ostenditur quod anima non est eiusdem speciei cum substantiis separatis.
n.2 ' Maior enim est differentia animae humanae a substantia separata quam unius substantiae separatae ab alia. sed substantiae separatae omnes ad invicem specie differunt, * ut ostensum est. ' multo igitur magis substantia separata ab anima.
n.3 ' Amplius. unaquaeque res habet proprium esse secundum rationem suae speciei: quorum enim est diversa ratio essendi, horum est diversa species. esse autem animae humanae et substantiae separatae non est unius rationis: nam in esse substantiae separatae non potest communicare corpus, sicut potest communicare in esse animae humanae, quae secundum esse unitur corpori ut forma materiae. anima igitur humana differt specie a substantiis separatis.
n.4 ' Adhuc. quod habet secundum seipsum speciem, non potest esse eiusdem speciei cum eo quod non habet secundum se speciem, sed est pars speciei. substantia autem separata habet per seipsam speciem: anima autem non, sed est pars speciei humanae. impossibile est igitur quod anima sit eiusdem speciei cum substantiis separatis: nisi forte homo esset eiusdem speciei cum illis, quod patet esse impossibile.
n.5 ' Praeterea. ex propria operatione rei percipitur species eius: operatio enim demonstrat virtutem, quae indicat essentiam. propria autem operatio substantiae separatae et animae intellectivae est intelligere. est autem omnino alius modus intelligendi substantiae separatae et animae: nam anima intelligit a phantasmatibus accipiendo; non autem substantia separata, cum non habeat organa corporea, in quibus oportet esse phantasmata. non sunt igitur anima humana et substantia separata unius speciei.

005 SCG lb2 cp95

n. ' Quomodo accipiatur genus et species in substantiis separatis.
n.1 ' Oportet autem considerare secundum quid diversificatur species in substantiis separatis. in rebus enim materialibus quae sunt diversarum specierum unius generis existentes, ratio generis ex principio materiali sumitur, differentia speciei a principio formali: natura enim sensitiva, ex qua sumitur ratio animalis, est materiale in homine respectu naturae intellectivae, ex qua sumitur differentia specifica hominis, scilicet rationale. si igitur substantiae separatae non sunt ex materia et forma compositae, * ut ex praemissis, patet, ' non apparet secundum quid in eis genus et differentia specifica accipi possit.
n.2 ' Scire igitur oportet quod diversae rerum species gradatim naturam entis possident. statim enim in prima entis divisione invenitur hoc quidem perfectum, scilicet ens per se et ens actu: aliud vero imperfectum, scilicet ens in alio et ens in potentia. et eodem modo discurrenti per singula apparet unam speciem super aliam aliquem gradum perfectionis adiicere: sicut animalia super plantas, et animalia progressiva super animalia immobilia; in coloribus etiam una species alia perfectior invenitur, secundum quod est albedini propinquior. * propter quod aristoteles, in viii metaph., dicit quod ° definitiones rerum sunt sicut numerus, in quo unitas subtracta vel addita speciem numeri variat: ' per quem modum in definitionibus, si una differentia subtrahatur vel addatur, diversa species invenitur.
n.3 ' Ratio igitur determinatae speciei consistit in hoc quod natura communis in determinato gradu entis collocatur. et quia in rebus ex materia et forma compositis forma est quasi terminus, id autem quod terminatur per eam est materia vel materiale: oportet quod ratio generis sumatur ex materiali, differentia vero specifica ex formali. et ideo ex differentia et genere fit unum sicut ex materia et forma. et sicut una et eadem est natura quae ex materia et forma constituitur, ita differentia non addit quandam extraneam naturam super genus, sed est quaedam determinatio ipsius naturae generis: ut, si genus accipia-

tur animal pedes habens, differentia eius est animal duos pedes habens; quam quidem differentiam nihil extraneum super genus addere, manifestum est.

n.4 ‘ Unde patet quod accidit generi et differentiae quod determinatio quam differentia importat, ex alio principio causetur quam natura generis, ex hoc quod natura quam significat definitio, est composita ex materia et forma sicut ex terminante et terminato. si igitur est aliqua natura simplex, ipsa quidem per seipsam erit terminata, nec oportebit quod habeat duas partes, quarum una sit terminans et alia terminata. ex ipsa igitur ratione naturae sumetur ratio generis: ex terminatione autem eius secundum quod est in tali gradu entium, sumetur eius differentia specifica. ex quo etiam patet quod, si aliqua natura est non terminata, sed infinita in se, * sicut supra ostensum est de natura divina, ‘ non est in ea accipere neque genus neque speciem; * quod est consonum his quae supra, de deo ostendimus. patet etiam ex praemissis quod, ‘ cum diversae species in substantiis separatis accipiantur secundum quod diversos gradus |25| sortiuntur; in una autem specie non sunt plura individua: quod non sunt in substantiis separatis duae aequales secundum ordinem, sed una naturaliter est altera superior. * unde et iob 38-33 dicitur: ° numquid nosti ordinem caeli? * et dionysius dicit, x cap. caelestis hierarchiae, quod “ sicut in tota angelorum multitudine est hierarchia suprema, media et infima; ita in qualibet hierarchia est ordo supremus, medius et infimus; et in quolibet ordine supremi, medii et infimi.

n.5 * Per hoc autem excluditur positio origenis, qui dixit “ a principio omnes substantias spirituales aequales creatas fuisse, inter quas etiam animas connumerat: diversitas autem quae in huiusmodi substantiis invenitur, quod quaedam est unita corpori, quaedam non unita, et quaedam altior, quaedam vero inferior, provenit ex differentia meritorum. * ostensum est enim ‘ hanc differentiam graduum naturalem esse; et quod anima non est eiusdem speciei cum substantiis separatis; nec ipsae substantiae separatae ad invicem; nec etiam secundum ordinem naturae aequales.

005 SCG lb2 cp96

n. ‘ Quod substantiae separatae non accipiunt cognitionem a sensibilibus.

n.1 ‘ Ex praemissis ostendi potest quod substantiae separatae non accipiunt intellectivam cognitionem de rebus ex sensibilibus.

n.2 ‘ Sensibilia enim secundum suam naturam nata sunt apprehendi per sensum, sicut intelligibilia per intellectum. omnis igitur substantia cognoscitiva ex sensibilibus cognitionem accipiens, habet cognitionem sensitivam: et per consequens habet corpus naturaliter unitum, cum cognitio sensitiva sine organo corporeo esse non possit. substantiae autem separatae non habent corpora naturaliter sibi unita, * ut superius est ostensum. ‘ non igitur intellectivam cognitionem ex rebus sensibilibus sumunt.

n.3 ‘ Amplius. altioris virtutis oportet esse altius obiectum. virtus autem intellectiva substantiae separatae est altior quam vis intellectiva animae humanae: cum intellectus animae humanae sit infimus in ordine intellectuum, * ut ex praemissis patet. ‘ intellectus autem animae humanae obiectum est phantasma, * ut supra dictum est: ‘ quod est superius in ordine obiectorum quam res sensibilis extra animam existens, sicut ex ordine virtutum cognoscitivarum apparet. obiectum igitur substantiae separatae non potest esse res existens extra animam, ut ab ea immediate accipiat cognitionem; neque phantasma. relinquitur igitur quod obiectum intellectus substantiae separatae sit aliquid altius phantasmate. nihil autem est altius phantasmate in ordine obiectorum cognoscibilium nisi id quod est intelligibile actu. substantiae igitur separatae non accipiunt cognitionem intellectivam a sensibilibus, sed intelligunt ea quae sunt per seipsa etiam intelligibilia.

n.4 ‘ Adhuc. secundum ordinem intellectuum est ordo intelligibilium. sed ea quae sunt secundum seipsa intelligibilia, sunt superiora in ordine intelligibilium his quae non sunt intelligibilia nisi quia nos facimus ea intelligibilia. eiusmodi autem oportet esse omnia intelligibilia a sensibilibus accepta: nam sensibilia non sunt secundum se intelligibilia. huiusmodi autem intelligibilia sunt quae intelligit intellectus noster. intellectus igitur substantiae separatae, cum sit superior intellectu nostro, non intelligit intelligibilia a sensibilibus accepta, sed quae sunt secundum se intelligibilia actu.

n.5 ‘ Amplius. modus operationis propriae alicuius rei proportionaliter respondet modo substantiae et naturae ipsius. substantia autem separata est intellectus per se existens, non in corpore aliquo. operatio igitur intellectualis eius erit intelligibilium quae non sunt fundata in aliquo corpore. omnia autem intelligibilia a sensibilibus accepta sunt in aliquibus corporibus aliqualiter fundata: sicut intelligibilia nostra in phantasmatibus, quae sunt in organis corporeis. substantiae igitur separatae non accipiunt cognitionem ex sensibilibus.

n.6 ‘ Adhuc. sicut materia prima est infimum in ordine rerum sensibilium, et per hoc est in potentia tantum ad omnes formas sensibiles; ita intellectus possibilis, infimus in ordine intelligibilium existens, est in potentia ad omnia intelligibilia, * ut ex praemissis patet. ‘ sed ea quae sunt in ordine sensibilium supra materiam primam, habent in actu suam formam, per quam constituuntur in esse sensibili. substantiae igitur separatae, quae sunt in ordine intelligibilium supra intellectum possibilem humanum, sunt actu in esse intelligibili: intellectus enim accipiens cognitionem a sensibilibus, non est actu in esse intelligibili, sed in potentia. substantia igitur separata non accipit cognitionem a sensibilibus.

n.7 ‘ Adhuc. perfectio naturae superioris non dependet a natura inferiori. perfectio autem substantiae separatae, cum sit intellectualis, est in intelligendo. earum igitur intelligere non dependet a rebus sensibilibus, sic quod ab eis cognitionem accipiat.

n.8 ‘ Patet autem ex hoc quod in substantiis separatis non est intellectus agens et possibilis, nisi forte aequivoce. intellectus enim possibilis et agens in anima intellectiva inveniuntur propter hoc quod accipit cognitionem intellectivam a sensibilibus: nam intellectus agens est qui facit species a sensibilibus acceptas esse intelligibiles actu; intellectus autem possibilis est qui est in potentia ad omnes formas sensibilium cognoscendas. cum igitur substantiae separatae non accipiant cognitionem a sensibilibus, non est in eis intellectus agens et possibilis. * unde et aristoteles, in iii de anima, “ intellectum possibilem et agentem * inducens, dicit “ eos in anima oportere poni.

n.9 ‘ Item manifestum est in eisdem quod localis distantia cognitionem substantiae separatae impedire non potest. localis enim distantia per se comparatur ad sensum: non autem ad intellectum, nisi per accidens, inquantum a sensu accipit; nam sensibilia secundum determinatam distantiam movent sensum. intelligibilia autem actu, secundum quod movent intellectum, non sunt in loco, cum sint a materia corporali separata. cum igitur substantiae separatae non accipiant intellectivam cognitionem a sensibilibus, in eorum cognitionem distantia localis nihil operatur.

n.10 ‘ Palam est etiam quod intellectuali operationi eorum non admiscetur tempus. sicut enim intelligibilia actu sunt absque loco, ita etiam sunt absque tempore: nam tempus consequitur motum localem; unde non mensurat nisi ea quae aliqualiter sunt in loco. et ideo intelligere substantiae separatae est supra tempus: operationi autem intellectuali nostrae adiacet tempus, ex eo quod a phantasmatibus cognitionem accipimus, quae determinatum respiciunt tempus. et inde est quod in compositione et divisione semper noster intellectus adiungit tempus praeteritum vel futurum: non autem in intelligendo quod quid est. intelligit enim quod quid est abstrahendo intelligibilia a sensibilium conditionibus: unde secundum illam operationem, neque sub tempore neque sub aliqua conditione sensibilium rerum intelligibile comprehendit. componit autem aut dividit applicando intelligibilia prius abstracta ad res: et in hac applicatione necesse est cointelligi tempus.

005 SCG lb2 cp97

n. ‘ Quod intellectus substantiae separatae semper intelligit actu.

n.1 ‘ Ex hoc autem apparet quod intellectus substantiae separatae est semper intelligens actu.

n.2 ‘ Quod enim est quandoque in actu, quandoque in potentia, mensuratur tempore. intellectus autem substantiae separatae est supra tempus, * ut probatum est. ‘ non est igitur quandoque intelligens actu et quandoque non.

n.3 ‘ Amplius. omnis substantia vivens habet aliquam operationem vitae in actu ex sua natura quae inest ei semper, licet aliae quandoque insint ei in potentia: sicut animalia semper nutriuntur, licet non semper sentiant. substantiae autem separatae sunt substantiae viventes, * ut ex praemissis patet: ‘ nec habent aliam operationem vitae nisi intelligere. oportet igitur quod ex sua natura sint sicut intelligentes actu semper.

n.4 “ Item. substantiae separatae movent per intellectum corpora caelestia, * secundum philosophorum doctrinam. ‘ motus autem corporum caelestium est semper continuus. intelligere igitur substantiarum separatarum est continuum et semper.

n.5 ‘ Hoc autem idem sequitur etsi non ponantur moventes corpora caelestia: cum sint altiores corporibus caelestibus. unde, si propria operatio corporis caelestis, quae est motus ipsius, est continua; multo magis propria operatio substantiarum separatarum, quae est intelligere.

n.6 ‘ Amplius. omne quod quandoque operatur et quandoque non operatur, movetur per se vel per accidens. unde et hoc “ quod nos quandoque intelligimus, quandoque non, provenit ex alteratione quae est circa partem sensibilem, * ut dicitur in viii physicorum. ‘ sed substantiae separatae non moventur per se, quia non sunt corpora: neque moventur per accidens, quia non sunt unitae corporibus. igitur operatio propria, quae est intelligere, est in eis continua, non intercisa.

005 SCG lb2 cp98

n. ‘ Quomodo una substantia separata intelligit aliam.

n.1 ‘ Si autem substantiae separatae intelligunt ea quae sunt per se intelligibilia, * ut ostensum est; ‘ per se autem intelligibilia sunt substantiae separatae, immunitas enim a materia facit aliquid esse per se intelligibile, * ut ex superioribus patet: ‘ consequitur quod substantiae separatae intelligant, sicut propria obiecta, substantias separatas. unaquaeque igitur et seipsam et alias cognoscet.

n.2 ‘ Seipsam quidem unaquaeque earum aliter cognoscit quam intellectus possibilis seipsum. intellectus enim possibilis est ut potentia existens in esse intelligibili; fit autem actu per speciem intelligibilem, sicut materia prima fit actu in esse sensibili per formam naturalem. nihil autem cognoscitur secundum quod est potentia tantum, sed secundum quod est actu: unde et forma est principium cognitionis rei quae per eam fit actu; similiter autem potentia cognoscitiva fit actu cognoscens per speciem aliquam. intellectus igitur possibilis noster non cognoscit seipsum nisi per speciem intelligibilem, qua fit actu in esse intelligibili: * et propter hoc dicit aristoteles, in iii de anima, quod ° est cognoscibilis sicut et alia, “ scilicet per species a phantasmatibus acceptas, ‘ sicut per formas proprias. substantiae autem separatae sunt secundum suam naturam ut actu existentes in esse intelligibili. unde unaquaeque earum seipsam per essentiam suam cognoscit, non per aliquam speciem alterius rei.

n.3 ‘ Cum autem omnis cognitio sit secundum quod in cognoscente est similitudo cogniti; una autem substantiarum separatarum sit similis alteri secundum communem naturam generis, differant autem ab invicem secundum speciem, * ut ex praemissis apparet: ‘ videtur sequi quod una earum aliam non cognoscat quantum ad propriam rationem speciei, sed solum quantum ad communem generis rationem.

n.4 * Dicunt ergo quidam quod “ una substantiarum separatarum est causa effectiva alterius. in qualibet autem causa effectiva oportet esse similitudinem sui effectus, et similiter in quolibet effectu oportet esse similitudinem suae causae: eo quod unumquodque agens agit sibi simile sic igitur in superiori substantiarum separatarum est similitudo inferioris sicut in causa est similitudo effectus: in inferiori autem similitudo superioris est sicut in effectu est similitudo suae causae. in causis autem non univocis similitudo effectus est in causa eminentius, causae autem in effectu inferiori modo. tales autem causas oportet esse substantias separatas superiores inferiorum: cum non sint unius speciei in diversis gradibus constitutae. cognoscit igitur substantia separata inferior superiorem secundum modum substantiae cognoscentis, non secundum modum substantiae cognitae, sed inferiori modo: superior autem inferiorem eminentiori modo. * et hoc est quod in libro de causis |25| dicitur, quod ° intelligentia scit quod est sub se et quod est supra se, per modum suae substantiae: quia alia est causa alterius.

n.5 * Sed cum superius sit ostensum quod ‘ substantiae separatae intellectuales non sunt compositae ex materia et forma, non possunt causari nisi per modum creationis. creare autem solius dei est, * ut supra ostensum est. ‘ non poterit igitur una substantiarum separatarum esse alterius causa.

n.6 * Praeterea. ostensum est quod ‘ principales partes universi omnes sunt a deo immediate creatae. non est igitur una earum ab alia. unaquaeque autem substantiarum separatarum est de principalibus partibus universi, multo amplius quam sol vel luna: cum unaquaeque earum habeat propriam speciem, et nobiliorem quam quaevis species corporalium rerum. non igitur una earum causatur ab alia, sed omnes immediate a deo.

n.7 ‘ Sic igitur, * secundum praedicta, ‘ quaelibet substantiarum separatarum cognoscit deum, naturali cognitione, secundum modum suae substantiae, per quam similes sunt deo sicut causae. deus autem cognoscit eas sicut propria causa, earum omnium in se similitudinem habens. non autem hoc modo una substantiarum separatarum poterit cognoscere aliam: cum una non sit causa alterius.

n.8 ‘ Considerandum est igitur quod, cum nulla huiusmodi substantiarum secundum suam essentiam sit sufficiens principium cognitionis omnium aliarum rerum, unicuique earum, supra propriam substantiam, oportet superaddere quasdam intelligibiles similitudines, per quas quaelibet earum aliam in propria natura cognoscere possit.

n.9 ‘ Hoc autem sic manifestum esse potest. est enim proprium obiectum intellectus ens intelligibile: quod quidem comprehendit omnes differentias et species entis possibiles; quicquid enim esse potest, intelligi potest. cum autem omnis cognitio fiat per modum similitudinis, non potest totaliter suum obiectum intellectus cognoscere nisi habeat in se similitudinem totius entis et omnium differentiarum eius. talis autem similitudo totius entis esse non potest nisi natura infinita, quae non determinatur ad aliquam speciem vel genus entis, sed est universale principium et virtus activa totius entis: qualis est sola natura divina, * ut in primo ostensum est. ‘ omnis autem alia natura, cum sit terminata ad aliquod genus et speciem entis, non potest esse universalis similitudo totius entis. relinquitur igitur quod solus deus per suam essentiam omnia cognoscat; quaelibet autem substantiarum separatarum per suam naturam cognoscit, perfecta cognitione, suam speciem tantum; |25| intellectus autem possibilis nequaquam, sed per intelligibilem speciem, * ut supra dictum est.

n.10 ' Ex hoc autem quod substantia aliqua est intellectualis, comprehensiva est totius entis. unde, cum substantia separata per suam naturam non fiat actu comprehendens totum ens, ipsa, in sua substantia considerata, est quasi potentia ad similitudines intelligibiles quibus totum ens cognoscitur, et illae similitudines erunt actus eius inquantum est intellectualis. non autem est possibile quin istae similitudines sint plures: * quia iam ostensum est quod ' totius entis universalis perfecta similitudo esse non potest nisi infinita; sicut autem natura substantiae separatae non est infinita sed terminata, ita similitudo intelligibilis in ea existens non potest esse infinita, sed terminata ad aliquam speciem vel genus entis; unde ad comprehensionem totius entis requiruntur plures huiusmodi similitudines. quanto autem aliqua substantia separata est superior, tanto eius natura est divinae naturae similior; et ideo est minus contracta, utpote propinquius accedens ad ens universale perfectum et bonum; et propter hoc, universaliorem boni |25| et entis participationem habens. et ideo similitudines intelligibiles in substantia superiori existentes sunt minus multiplicatae et magis universales. * et hoc est quod dionysius, xii cap. caelestis hierarchiae, dicit, quod " angeli superiores habent scientiam magis universalem; * et in libro de causis dicitur quod ° intelligentiae superiores habent formas magis universales. ' summum autem huius universalitatis est in deo, qui per unum, scilicet per essentiam suam, omnia cognoscit: infimum autem in intellectu humano, qui ad unumquodque intelligibile indiget specie intelligibili propria et ei coaequata.

n.11 ' Non est igitur per formas universaliores apud substantias superiores imperfectior cognitio, sicut apud nos. per similitudinem enim animalis, per quam cognoscimus aliquid in genere tantum, imperfectiorem cognitionem habemus quam per similitudinem hominis, per quam cognoscimus speciem completam: cognoscere enim aliquid secundum genus tantum, est cognoscere imperfecte et quasi in potentia, cognoscere autem in specie est cognoscere perfecte et in actu. intellectus autem noster, quia infimum gradum tenet in substantiis intellectualibus, adeo particulatas similitudines requirit quod unicuique cognoscibili proprio oportet respondere propriam similitudinem in ipso: unde per similitudinem animalis non cognoscit rationale, et per consequens nec hominem, nisi secundum quid. similitudo autem intelligibilis quae est in substantia separata, est universalioris virtutis, ad plura repraesentanda sufficiens. et ideo non facit imperfectiorem cognitionem, sed perfectiorem: est enim universalis virtute, |25| ad modum formae agentis in causa universali, quae quanto fuerit universalior, tanto ad plura se extendit et efficacius producit. per similitudinem igitur unam cognoscit et animal et differentias animalis: aut etiam universaliori modo et contractiori, secundum ordinem substantiarum praedictarum.

n.12 ' Exempla igitur huius * ut dictum est, ' in duobus extremis accipere possumus, scilicet in intellectu divino et humano. deus enim per unum, quod est sua essentia, cognoscit omnia: homo autem ad diversa cognoscenda diversas similitudines requirit. qui etiam, quanto altioris fuerit intellectus, tanto ex paucioribus plura cognoscere potest: unde his qui sunt tardi intellectus, oportet exempla particularia adducere ad cognitionem de rebus sumendam.

n.13 ' Cum autem substantia separata, in sua natura considerata, sit in potentia ad similitudines quibus totum ens cognoscatur, non est aestimandum quod sit denudata ab omnibus huiusmodi similitudinibus: " haec est enim dispositio intellectus possibilis antequam intelligat, * ut dicitur in iii de anima. ' neque est etiam aestimandum quod aliquas earum habeat in actu, et alias in potentia tantum: sicut materia prima in corporibus inferioribus habet unam formam in actu et alias in potentia; et sicut intellectus possibilis noster cum iam sumus scientes, est actu secundum aliqua intelligibilia, secundum alia vero in potentia. cum enim illae substantiae separatae non moveantur neque per se neque per accidens, * ut ostensum est, ' omne quod est in eis in potentia, oportet esse in actu: alias exirent de potentia in actum, et sic moverentur per se vel per accidens. est igitur in eis potentia et actus quantum ad esse intelligibile, sicut in corporibus caelestibus quantum ad esse naturale. materia |25| enim corporis caelestis ita perficitur per suam formam quod non remanet in potentia ad aliquas formas: et similiter intellectus substantiae separatae totaliter perficitur per formas intelligibiles, quantum ad cognitionem naturalem. intellectus autem possibilis noster proportionaliter se habet corporibus corruptibilibus, quibus unitur ut forma: sic enim fit actu habens quasdam formas intelligibiles quod remanet in potentia ad alias. * et propter hoc dicitur in libro de causis, quod ° intelligentia est plena formis: ' quia scilicet tota potentialitas intellectus eius est completa per formas intelligibiles. et sic per huiusmodi intelligibiles species una substantia separata aliam intelligere potest.

n.14 * Forte autem alicui videri potest quod, " cum substantia separata per essentiam sit intelligibilis, non oportet ponere quod per aliquas species intelligibiles una ab alia intelligatur, sed per essentiam ipsius substantiae intellectae. hoc enim quod substantia aliqua per speciem intelligibilem cognoscatur, videtur accidere substantiis materialibus ex hoc quod non sunt per suam essentiam intelligibiles actu: unde oportet quod per intentiones abstractas intelligantur. * huic etiam videtur consonare dictum philosophi dicentis, in xi metaph., quod ° in substantiis separatis a materia non differt intellectus, intelligere, et quod intelligitur.

n.15 ' Hoc autem si concedatur, habet dubitationes non paucas. primo quidem, quia ° intellectus in actu est intellectum in actu, * secundum doctrinam aristotelis. ' difficile est autem videre quomodo una substantia separata sit unum alteri dum intelligit ipsam.

n.16 ' Adhuc. omne agens vel operans operatur per suam formam, cui operatio respondet, sicut calefactio calori: unde et illud videmus cuius specie visus informatur. non videtur autem esse possibile quod una substantia separata sit forma alterius: cum habeat unaquaeque esse separatum ab alia. impossibile igitur videtur quod una videatur ab altera per essentiam suam.

n.17 ' Amplius. intellectum est perfectio intelligentis. non potest autem inferior substantia esse perfectio superioris. sequeretur igitur quod superior inferiorem non intelligeret, si per essentiam suam unaquaeque intelligeretur, et non per speciem aliam.

n.18 ' Item. intelligibile est intra intellectum quantum ad id quod intelligitur. nulla autem substantia illabitur menti nisi solus deus, qui est in omnibus per essentiam, praesentiam et potentiam. impossibile igitur videtur quod substantia separata per essentiam suam intelligatur ab alia, et non per similitudinem eius in ipsa.

n.19 * Et hoc quidem oportet verum esse secundum sententiam aristotelis, qui ponit quod " intelligere contingit per hoc quod intellectum in actu sit unum cum intellectu in actu. unde substantia separata, quamvis sit per se intelligibilis actu, non tamen secundum se intelligitur nisi ab intellectu cui est unum. sic autem substantia separata seipsam intelligit per essentiam suam. et secundum hoc est idem intellectus, et intellectum, et intelligere. * secundum autem positionem platonis, " intelligere fit per contactum intellectus ad rem intelligibilem. sic igitur una substantia separata potest aliam per eius essentiam intelligere, dum eam spiritualiter contingit: superior quidem inferiorem, quasi eam sua virtute concludens et continens; inferior vero superiorem, quasi eam capiens ut sui perfectionem. * unde et dionysius dicit, iv cap. de div. nom., quod " superiores substantiae intelligibiles sunt quasi cibus inferiorum.

005 SCG lb2 cp99

n. ' Quod substantiae separatae cognoscunt materialia.

n.1 ' Per dictas igitur formas intelligibiles substantia separata non solum cognoscit alias substantias separatas, sed etiam species rerum corporalium.

n.2 ' Cum enim intellectus earum sit perfectus naturali perfectione, utpote totus in actu existens, oportet quod suum obiectum, scilicet ens intelligibile, universaliter comprehendat. sub ente autem intelligibili comprehenduntur etiam species rerum corporalium. eas igitur substantia separata cognoscit.

n.3 ' Adhuc. cum species rerum distinguantur sicut species numerorum, * ut supra habitum est, ' oportet quod in specie superiori contineatur aliqualiter quod est in inferiori, sicut maior numerus continet minorem. cum igitur substantiae separatae sint supra substantias corporales, oportet quod ea quae sunt in substantiis corporalibus per modum materialem, sint in substantiis separatis per modum intelligibilem: quod enim est in aliquo, est in eo per modum eius in quo est.

n.4 " Item. si substantiae separatae movent corpora caelestia, * ut philosophi ponunt, ' quicquid provenit ex motu corporum caelestium attribuitur ipsis corporibus sicut instrumentis, eo quod movent mota; substantiis autem separatis moventibus sicut principalibus agentibus. agunt autem et movent per intellectum. sunt igitur causantes ea quae fiunt per motum corporum caelestium sicut artifex operatur per sua instrumenta. formae igitur eorum quae generantur et corrumpuntur, sunt intelligibiliter in substantiis separatis. * unde et boetius, in libro de trinitate, dicit quod ° ex formis quae sunt sine materia, venerunt formae quae sunt in materia. ' cognoscunt igitur substantiae separatae non solum substantias separatas, sed etiam species rerum materialium. nam, si cognoscunt species generabilium et corruptibilium corporum, tanquam propriorum effectuum, multo magis species corporum caelestium, quasi propriorum instrumentorum.

n.5 ' Quia vero intellectus substantiae separatae est in actu, habens omnes similitudines ad quas est in potentia; habet autem virtutem comprehendendi omnes species et differentias entis: necesse est quod substantia separata quaelibet cognoscat omnes res naturales et totum ordinem earum.

n.6 ' Cum autem " intellectus in actu perfecto sit intellectum in actu, * potest alicui videri quod " substantia separata non intelligat res materiales: inconveniens enim videtur quod res materialis sit perfectio substantiae separatae.

n.7 ' Sed si recte consideretur, res intellecta est perfectio intelligentis secundum suam similitudinem quam habet in intellectu: non enim lapis qui est extra animam, est perfectio intellectus possibilis nostri. similitudo autem rei materialis in intellectu substantiae separatae est immaterialiter, secundum modum substantiae separatae, non secundum modum substantiae materialis. unde non est inconveniens si haec similitudo dicatur esse perfectio intellectus substantiae separatae, sicut propria forma eius.

005 SCG lb2 cp100

n. ' Quod substantiae separatae cognoscunt singularia.

n.1 ' Quia vero similitudines rerum in intellectu substantiae separatae sunt universaliores quam in intellectu nostro, et efficaciores ad hoc quod per eas aliquid cognoscatur, per similitudines rerum materialium substantiae separatae non solum cognoscunt res materiales secundum rationem generis vel speciei, sicut intellectus noster, sed etiam secundum individua.

n.2 ' Cum enim species rerum in intellectu existentes oporteat esse immateriales, non poterunt, secundum quod sunt in intellectu nostro, esse principium cognoscendi singularia, quae per materiam individuantur, eo quod species intellectus nostri in tantum sunt contractae virtutis quod una ducit solum in cognitionem unius. unde, sicut similitudo naturae generis non potest ducere in cognitionem generis et differentiae, ut per eam species cognoscatur; ita similitudo naturae speciei non potest ducere in cognitionem principiorum individuantium, quae sunt principia materialia, ut per eam individuum in sua singularitate cognoscatur. similitudo vero intellectus substantiae separatae, cum sit universalis virtutis, quasi quaedam una et immaterialis existens, potest ducere in cognitionem principiorum speciei et individuantium, ita quod per eam substantia separata non solum naturam generis et speciei, sed etiam individui, cognoscere possit per suum intellectum. nec sequitur quod forma per quam cognoscit, sit materialis; |25| vel quod sint infinitae, secundum numerum individuorum.

n.3 ' Adhuc. quod potest inferior virtus, potest et superior, sed eminentius. unde virtus inferior operatur per multa, virtus superior operatur per unum tantum. virtus enim, quanto est superior, tanto magis colligitur et unitur; e contrario vero virtus inferior dividitur et multiplicatur; unde videmus quod diversa genera sensibilium, quae quinque sensus exteriores percipiunt, una vis sensus communis apprehendit. anima autem humana est inferior ordine naturae quam substantia separata. ipsa autem cognoscitiva est universalium et singularium per duo principia, scilicet per sensum et intellectum. substantia igitur separata, quae est altior, cognoscit utrumque altiori modo per unum principium, scilicet per intellectum.

n.4 ' Item. species rerum intelligibiles contrario ordine perveniunt ad intellectum nostrum, et ad intellectum substantiae separatae. ad intellectum enim nostrum perveniunt per viam resolutionis, per abstractionem a conditionibus materialibus et individuantibus: unde per eas singularia cognosci non possunt a nobis. ad intellectum autem substantiae separatae perveniunt species intelligibiles quasi per viam compositionis: habet enim species intelligibiles ex assimilatione sui ad primam intelligibilem speciem intellectus divini, quae quidem non est a rebus abstracta, sed rerum factiva. est autem factiva non solum formae, sed materiae, quae est individuationis principium. species igitur intellectus substantiae separatae totam rem respiciunt, et non solum principia speciei, sed etiam principia individuantia. non est igitur singularium cognitio subtrahenda substantiis separatis, licet intellectus noster singularia cognoscere non possit.

n.5 " Praeterea. si corpora caelestia moventur a substantiis separatis, * secundum philosophorum positionem, ' cum substantiae separatae agant et moveant per intellectum, oportet quod cognoscant mobile quod movent: quod est quoddam particulare; nam universalia immobilia sunt. situs etiam, qui renovantur per motum, sunt quaedam singularia, quae non possunt ignorari a substantia movente per intellectum. oportet igitur dicere quod substantiae separatae singularia cognoscant istarum materialium rerum.

005 SCG lb2 cp101

n. ' Utrum substantiae separatae naturali cognitione cognoscant omnia simul.

n.1 ' Quia vero " intellectus in actu est intellectum in actu, sicut sensus in actu est sensibile in actu; ' idem autem non potest simul esse multa in actu; impossibile videtur quod intellectus substantiae separatae habeat species intelligibilium diversas, * sicut iam supra dictum est.

n.2 ' Sed sciendum est quod non omne illud est intellectum in actu cuius species intelligibilis actu est in intellectu. cum enim substantia intelligens sit etiam volens, ac per hoc sit domina sui actus, in potestate ipsius est, postquam habet speciem intelligibilem, ut ea utatur ad intelligendum actu; vel, si habet plures, ut utatur una ipsarum. unde et ea quorum scientiam habemus, non omnia actu consideramus. substantia igitur intellectualis, per plures species cognoscens, utitur una, qua vult, ac per hoc simul actu cognoscit omnia quae per unam speciem cognoscit: omnia enim sunt ut unum intelligibile inquantum sunt per unum cognita; sicut et intellectus noster simul cognoscit multa ad invicem composita vel relata ut unum quiddam. ea vero quae per diversas species cognoscit, non cognoscit simul. et ideo, sicut est intellectus unus, ita est intellectum in actu unum. est igitur in intellectu substantiae separatae quaedam intelligentiarum successio. non tamen motus, proprie loquendo: |25| cum non succedat actus potentiae, sed actus actui.

n.3 ‘ Intellectus autem divinus, quia per unum, quod est sua essentia, omnia cognoscit, et sua actio est sua essentia, omnia simul intelligit. unde in intelligentia eius non cadit aliqua successio, sed suum intelligere est totum simul perfectum, permanens per omnia saecula saeculorum. amen.

005 SCG lb3 cp1

n.1 ° Deus magnus dominus et rex magnus super omnes deos. quoniam non repellet dominus plebem suam. quia in manu eius sunt omnes fines terrae, et altitudines montium ipsius sunt. quoniam ipsius est mare et ipse fecit illud, et siccam manus eius formaverunt. * psalm. xciv.

n.2 ‘ Unum esse primum entium, totius esse perfectionem plenam possidens, quod deum dicimus, * in superioribus est ostensum, ‘ qui ex sui perfectionis abundantia omnibus existentibus esse largitur, ut non solum primum entium, sed et principium omnium esse comprobetur. esse autem aliis tribuit non necessitate naturae, sed secundum suae arbitrium voluntatis, * ut ex superioribus est manifestum. ‘ unde consequens est ut factorum suorum sit dominus: nam super ea quae nostrae voluntati subduntur, dominamur. hoc autem dominium super res a se productas perfectum habet, utpote qui ad eas producendas nec exterioris agentis adminiculo indiget, nec materiae fundamento: cum sit totius esse universalis effector.

n.3 ‘ Eorum autem quae per voluntatem producuntur agentis, unumquodque ab agente in finem aliquem ordinatur: bonum enim et finis est obiectum proprium voluntatis, unde necesse est ut quae ex voluntate procedunt, ad finem aliquem ordinentur. finem autem ultimum unaquaeque res per suam consequitur actionem, quam oportet in finem dirigi ab eo qui principia rebus dedit per quae agunt.

n.4 ‘ Necesse est igitur ut deus, qui est in se universaliter perfectus et omnibus entibus ex sua potestate esse largitur, omnium entium rector existat, a nullo utique directus: nec est aliquid quod ab eius regimine excusetur, sicut nec est aliquid quod ab ipso esse non sortiatur. est igitur, sicut perfectus in essendo et causando, ita etiam et in regendo perfectus.

n.5 ‘ Huius vero regiminis effectus in diversis apparet diversimode, secundum differentiam naturarum. quaedam namque sic a deo producta sunt ut, intellectum habentia, eius similitudinem gerant et imaginem repraesentent: unde et ipsa non solum sunt directa, sed et seipsa dirigentia secundum proprias actiones in debitum finem. quae si in sua directione divino subdantur regimini, ad ultimum finem consequendum ex divino regimine admittuntur: repelluntur autem si secus in sua directione processerint. alia vero, intellectu carentia, seipsa in suum finem non dirigunt, sed ab alio diriguntur. quorum quaedam, incorruptibilia existentia, sicut in esse naturali pati non possunt defectum, ita in propriis actionibus ab ordine in finem eis praestitutum nequaquam exorbitant, sed indeficienter regimini primi regentis subduntur: sicut sunt corpora caelestia, quorum motus semper uniformiter procedunt. alia vero, corruptibilia existentia, naturalis |25| esse pati possunt defectum, qui tamen per alterius profectum suppletur: nam, uno corrupto, aliud generatur. et similiter in actionibus propriis a naturali ordine deficiunt, qui tamen defectus per aliquod bonum inde proveniens compensatur. ex quo apparet quod nec illa quae ab ordine primi regiminis exorbitare videntur, potestatem primi regentis evadunt: nam et haec corruptibilia corpora, sicut ab ipso deo condita sunt, ita potestati eius perfecte subduntur.

n.6 * Hoc igitur, divino repletus spiritu, psalmista considerans, ut nobis divinum regimen demonstraret, primo describit nobis “ primi regentis perfectionem: naturae quidem, * in hoc quod dicit ° deus, “ potestatis, * in hoc quod dicit ° magnus dominus, “ quasi nullo indigens ad suae potestatis effectum producendum; auctoritatis, * in hoc quod dicit ° rex magnus super omnes deos, “ quia, etsi sint multi regentes, omnes tamen eius regimini subduntur. * secundo autem nobis describit “ regiminis modum. ‘ et quidem quantum ad intellectualia, quae, eius regimen sequentia, ab ipso consequuntur ultimum finem, qui est ipse: * et ideo dicit, ° quia non repellet dominus plebem suam. ‘ quantum vero ad corruptibilia, quae, etiam si exorbitent interdum a propriis actionibus, a potestate tamen primi regentis non excluduntur, * dicit, ° quia in manu eius sunt omnes fines terrae. |25| ‘ quantum vero ad caelestia corpora, quae omnem altitudinem terrae excedunt, idest corruptibilium corporum, et semper rectum ordinem divini regiminis servant, * dicit, ° et altitudines montium ipsius sunt. * tertio vero ipsius universalis regiminis rationem assignat: quia ‘ necesse est ut ea quae a deo sunt condita, ab ipso etiam regantur. * et hoc est quod dicit, ° quoniam ipsius est mare ‘ etc..

n.7 ‘ Quia ergo in primo libro de perfectione divinae naturae prosecuti sumus; in secundo autem de perfectione potestatis ipsius, secundum quod est rerum omnium productor et dominus: restat in hoc tertio libro prosequi de perfecta auctoritate sive dignitate ipsius, secundum quod est rerum omnium finis et rector. erit ergo hoc ordine procedendum: ut primo agatur de ipso secundum quod est rerum omnium finis. secundo, de regimine universali ipsius, secundum quod omnem creaturam gubernat. tertio, de speciali regimine, prout gubernat creaturas intellectum habentes.

005 SCG lb3 cp2

n. ‘ Quod omne agens agit propter finem.

n.1 ‘ Ostendendum est igitur primo, quod omne agens in agendo intendit aliquem finem.

n.2 ‘ In his enim quae manifeste propter finem agunt, hoc dicimus esse finem in quod tendit impetus agentis: hoc enim adipiscens dicitur adipisci finem, deficiens autem ab hoc dicitur deficere a fine intento; sicut patet in medico agente ad sanitatem, et homine currente ad certum terminum. nec differt, quantum ad hoc, utrum quod tendit in finem sit cognoscens, vel non: sicut enim signum est finis sagittantis, ita est finis motus sagittae. omnis autem agentis impetus ad aliquid certum tendit: non enim ex quacumque virtute quaevis actio procedit, sed a calore quidem calefactio, a frigore autem infrigidatio; unde et actiones secundum diversitatem activorum specie differunt. actio vero quandoque quidem terminatur ad aliquod factum, sicut aedificatio ad domum, sanatio ad sanitatem: quandoque autem non, sicut intelligere et sentire. et si quidem actio terminatur ad aliquod factum, impetus agentis tendit per actionem in illud factum: si autem non terminatur ad aliquod factum, impetus agentis |25| tendit in ipsam actionem. oportet igitur quod omne agens in agendo intendat finem: quandoque quidem actionem ipsam; quandoque aliquid per actionem factum.

n.3 ‘ Adhuc. in omnibus agentibus propter finem, hoc esse ultimum finem dicimus, ultra quod agens non quaerit aliquid: sicut actio medici est usque ad sanitatem, ea vero consecuta, non conatur ad aliquid ulterius. sed in actione cuiuslibet agentis est invenire aliquid ultra quod agens non quaerit aliquid: alias enim actiones in infinitum tenderent; quod quidem est impossibile, quia, cum “ infinita non sit pertransire, ‘ agens agere non inciperet; nihil enim movetur ad id ad quod impossibile est pervenire. omne igitur agens agit propter finem.

n.4 ‘ Amplius. si actiones agentis procedant in infinitum, oportet quod vel ex istis actionibus sequatur aliquod factum, vel non. si quidem sequatur aliquod factum, esse illius facti sequetur post infinitas actiones. quod autem praeexigit infinita, impossibile est esse: cum “ non sit infinita pertransire. ‘ quod autem impossibile est esse, impossibile est fieri: et quod impossibile est fieri, impossibile est facere. impossibile est igitur quod agens incipiat facere aliquod factum ad quod praeexiguntur actiones infinitae. si autem ex illis actionibus non sequitur aliquod factum, oportet ordinem huiusmodi actionum esse vel secundum ordinem virtutum activarum, sicut si homo sentit ut imaginetur, imaginatur autem ut intelligat, intelligit autem ut velit: vel secundum ordinem obiectorum, sicut considero corpus ut considerem animam, quam considero ut considerem substantiam separatam, quam considero ut considerem deum. “ non autem est possibile procedere in infinitum neque in virtutibus activis, sicut neque in formis |25| rerum, * ut probatur in ii metaph., ‘ forma enim est agendi principium: neque in obiectis, sicut neque in entibus, cum sit unum primum ens, * ut supra probatum est. ‘ non est igitur possibile quod actiones in infinitum procedant. oportet igitur esse aliquid quo habito conatus agentis quiescat. omne igitur agens agit propter finem.

n.5 ‘ Item. in his quae agunt propter finem, omnia intermedia inter primum agens et ultimum finem sunt fines respectu priorum et principia activa respectu sequentium. si igitur conatus agentis non est ad aliquid determinatum, sed actiones, * sicut dictum est, ‘ procedunt in infinitum, oportet principia activa in infinitum procedere. quod est impossibile, * ut supra ostensum est. ‘ necesse est igitur quod conatus agentis sit ad aliquid determinatum.

n.6 ‘ Adhuc. omne agens vel agit per naturam, vel per intellectum. de agentibus autem per intellectum non est dubium quin agant propter finem: agunt enim praeconcipientes in intellectu id quod per actionem consequuntur, et ex tali praeconceptione agunt; hoc enim est agere per intellectum. sicut autem in intellectu praeconcipiente existit tota similitudo effectus ad quem per actiones intelligentis pervenitur, ita in agente naturali praeexistit similitudo naturalis effectus, ex qua actio ad hunc effectum determinatur: nam ignis generat ignem, et oliva olivam. sicut igitur agens per intellectum tendit in finem determinatum per suam actionem, ita agens per naturam. omne igitur agens agit propter finem.

n.7 ‘ Amplius. peccatum non invenitur nisi in his quae sunt propter finem: nec enim imputatur alicui ad peccatum si deficiat ab eo ad quod non est; medico enim imputatur ad peccatum si deficiat a sanando, non autem aedificatori aut grammatico. sed peccatum invenimus in his quae fiunt secundum artem, sicut cum grammaticus non recte loquitur; et in his quae sunt secundum naturam, sicut patet in partubus monstruosis. ergo tam agens secundum naturam, quam agens secundum artem et a proposito, agit propter finem.

n.8 ‘ Item. si agens non tenderet ad aliquem effectum determinatum, omnes effectus essent ei indifferentes. quod autem indifferenter se habet ad multa, non magis unum eorum operatur quam aliud: unde a contingente ad utrumque non sequitur aliquis effectus nisi per aliquid determinetur ad unum. impossibile igitur esset quod ageret. omne igitur agens tendit ad aliquem determinatum effectum, quod dicitur finis eius.

n.9 ‘ Sunt autem aliquae actiones quae non videntur esse propter finem, sicut actiones ludicrae et contemplatoriae, et actiones quae absque attentione fiunt, sicut confricatio barbae et huiusmodi: * ex quibus aliquis opinari potest quod “ sit aliquod agens non propter finem. ‘ sed sciendum quod actiones contemplativae non sunt propter alium finem, sed ipsae sunt finis. actiones autem ludicrae interdum sunt finis, cum quis solum ludit propter delectationem quae in ludo est: quandoque autem sunt propter finem, ut cum ludimus ut postmodum melius studeamus. actiones autem quae fiunt sine attentione, non sunt ab intellectu, sed ab aliqua subita imaginatione vel naturali principio: sicut inordinatio humoris pruritum excitantis est causa confricationis barbae, quae fit sine attentione intellectus. et haec ad aliquem finem tendunt, licet praeter ordinem intellectus.

n.10 * Per hoc autem excluditur antiquorum naturalium error; qui ponebant “ omnia fieri ex necessitate materiae, causam finalem a rebus penitus subtrahentes.

005 SCG lb3 cp3

n. ‘ Quod omne agens agit propter bonum.

n.1 ‘ Ex hoc autem ulterius ostendendum est quod omne agens agit propter bonum.

n.2 ‘ Inde enim manifestum est omne agens agere propter finem, quia quodlibet agens tendit ad aliquod determinatum. id autem ad quod agens determinate tendit, oportet esse conveniens ei: non enim tenderet in ipsum nisi propter aliquam convenientiam ad ipsum. quod autem est conveniens alicui, est ei bonum. ergo omne agens agit propter bonum.

n.3 ‘ Praeterea. finis est in quo quiescit appetitus agentis vel moventis, et eius quod movetur. hoc autem est de ratione boni, ut terminet appetitum: nam “ bonum est quod omnia appetunt. ‘ omnis ergo actio et motus est propter bonum.

n.4 ‘ Adhuc. omnis actio et motus ad esse aliquo modo ordinari videtur: vel ut conservetur secundum speciem vel individuum; vel ut de novo acquiratur. hoc autem ipsum quod est esse, bonum est. et ideo omnia appetunt esse. omnis igitur actio et motus est propter bonum.

n.5 ‘ Amplius. omnis actio et motus est propter aliquam perfectionem. si enim ipsa actio sit finis, manifestum est quod est perfectio secunda agentis. si autem actio sit transmutatio exterioris materiae, manifestum est quod movens intendit aliquam perfectionem inducere in re mota; in quam etiam tendit mobile, si sit motus naturalis. hoc autem dicimus esse bonum quod est esse perfectum. omnis igitur actio et motus est propter bonum.

n.6 ‘ Item. omne agens agit secundum quod est actu. agendo autem tendit in sibi simile. igitur tendit in actum aliquem. actus autem omnis habet rationem boni: nam malum non invenitur nisi in potentia deficiente ab actu. omnis igitur actio est propter bonum.

n.7 ‘ Adhuc. agens per intellectum agit propter finem sicut determinans sibi finem: agens autem per naturam, licet agat propter finem, * ut probatum est, ‘ non tamen determinat sibi finem, cum non cognoscat rationem finis, sed movetur in finem determinatum sibi ab alio. agens autem per intellectum non determinat sibi finem nisi sub ratione boni: intelligibile enim non movet nisi sub ratione boni, quod est obiectum voluntatis. ergo et agens per naturam non movetur neque agit propter aliquem finem nisi secundum quod est bonum: cum agenti per naturam determinetur finis ab aliquo appetitu. omne igitur agens propter bonum agit.

n.8 ‘ Item. eiusdem rationis est fugere malum et appetere bonum: sicut eiusdem rationis est moveri a deorsum et moveri sursum. omnia autem inveniuntur malum fugere: nam agentia per intellectum hac ratione aliquid fugiunt, quia apprehendunt illud ut malum; omnia autem agentia naturalia, quantum habent de virtute, tantum resistunt corruptioni, quae est malum uniuscuiusque. omnia igitur agunt propter bonum.

n.9 ‘ Adhuc. quod provenit ex alicuius agentis actione praeter intentionem ipsius, dicitur a casu vel fortuna accidere. videmus autem in operibus naturae accidere vel semper vel frequentius quod melius est: sicut in plantis folia sic esse disposita ut protegant fructus; et partes animalium sic disponi ut animal salvari possit. si igitur hoc evenit praeter intentionem naturalis agentis, hoc erit a casu vel fortuna. sed hoc est impossibile: nam ea quae accidunt semper vel frequenter, non sunt casualia neque fortuita, sed quae accidunt in paucioribus. naturale igitur agens intendit ad id quod melius est. et multo manifestius quod agit per intellectum. omne igitur agens intendit bonum in agendo.

n.10 ‘ Item. omne quod movetur ducitur ad terminum motus a movente et agente. oportet igitur movens et motum ad idem tendere. quod autem movetur, cum sit in potentia, tendit ad actum, et ita ad perfectum et bonum: per motum enim exit de potentia in actum. ergo et movens et agens semper in movendo et agendo intendit bonum.

n.11 * Hinc est quod philosophi definientes bonum dixerunt: ° bonum est quod omnia appetunt. * et dionysius, iv cap., de divinis nominibus, dicit quod ° omnia bonum et optimum concupiscunt.

005 SCG lb3 cp4

n. ‘Quod malum est praeter intentionem in rebus.

n.1 ‘Ex hoc autem apparet quod malum in rebus incidit praeter intentionem agentium.

n.2 ‘ Quod enim ex actione consequitur diversum ab eo quod erat intentum ab agente, manifestum est praeter intentionem accidere. malum autem diversum est a bono, quod intendit omne agens. est igitur malum praeter intentionem eveniens.

n.3 ‘ Item. defectus in effectu et actione consequitur aliquem defectum in principiis actionis: sicut ex aliqua corruptione seminis sequitur partus monstruosus, et ex curvitate cruris sequitur claudicatio. agens autem agit secundum quod habet de virtute activa, non secundum id quod defectum virtutis patitur. secundum autem quod agit, sic intendit finem. intendit igitur finem correspondentem virtuti. quod igitur sequitur respondens defectui virtutis, erit praeter intentionem agentis. hoc autem est malum. accidit igitur malum praeter intentionem.

n.4 ‘ Adhuc. ad idem tendit motus mobilis et motio moventis. mobile autem tendit per se ad bonum: ad malum autem per accidens et praeter intentionem. quod quidem maxime in generatione et corruptione apparet. materia enim, cum est sub una forma, est in potentia ad formam aliam et privationem formae iam habitae: sicut, cum est sub forma aeris, est in potentia ad formam ignis et privationem formae aeris. et ad utrumque transmutatio materiae terminatur simul: ad formam quidem ignis secundum quod generatur ignis, ad privationem autem formae aeris secundum quod corrumpitur aer. non autem intentio et appetitus materiae est ad privationem, sed ad formam: non enim tendit ad impossibile; est autem impossibile materiam tantum sub privatione esse, esse vero eam sub forma est possibile. igitur quod terminetur ad privationem est praeter intentionem; terminatur autem ad eam inquantum pervenit ad formam quam intendit, quam privatio alterius formae de necessitate consequitur. transmutatio igitur |25| materiae in generatione et corruptione per se ordinatur ad formam, privatio vero consequitur praeter intentionem. et similiter oportet esse in omnibus motibus. et ideo in quolibet motu est generatio et corruptio secundum quid: sicut, cum aliquid alteratur de albo in nigrum, corrumpitur album et fit nigrum. bonum autem est secundum quod materia est perfecta per formam, et potentia per actum proprium: malum autem secundum quod est privata actu debito. omne igitur quod movetur intendit in suo motu pervenire ad bonum, pervenit autem ad malum praeter intentionem. igitur, cum omne agens et movens intendat ad bonum, malum provenit praeter intentionem agentis.

n.5 ‘ Amplius. in agentibus per intellectum et aestimationem quamcumque, intentio sequitur apprehensionem: in illud enim tendit intentio quod apprehenditur ut finis. si igitur perveniatur ad aliquid quod non habet speciem apprehensam, erit praeter intentionem: sicut, si aliquis intendat comedere mel, et comedat fel credens illud esse mel, hoc erit praeter intentionem. sed omne agens per intellectum tendit ad aliquid secundum quod accipit illud sub ratione boni, * sicut ex superioribus patet. ‘ si ergo illud non sit bonum, sed malum, hoc erit praeter intentionem. agens igitur per intellectum non operatur malum nisi praeter intentionem. cum igitur tendere ad bonum sit commune agenti per intellectum et per naturam, malum non consequitur ex intentione alicuius agentis nisi praeter intentionem.

n.6 * Hinc est quod dionysius dicit, iv cap. de div. nom., quod ° malum est praeter intentionem et voluntatem.

005 SCG lb3 cp5

n. ‘ Rationes quibus videtur probari quod malum non sit praeter intentionem (et solutio ipsarum).

n.1 * Sunt autem quaedam quae huic sententiae adversarii videntur.

n.2 “ Quod enim accidit praeter intentionem agentis, dicitur esse fortuitum et casuale et in paucioribus accidens. malum autem fieri non dicitur fortuitum et casuale, neque ut in paucioribus accidens, sed semper vel in pluribus. in naturalibus enim semper generationi corruptio adiungitur. in agentibus etiam per voluntatem in pluribus peccatum accidit: cum ° difficile sit secundum virtutem agere, sicut attingere centrum in circulo, * ut dicit aristoteles, in ii ethicorum. “ non igitur videtur malum esse proveniens praeter intentionem.

n.3 * Item. aristoteles in iii eth., expresse dicit quod ° malitia est voluntarium. * et hoc probat per hoc quod “ aliquis voluntarie operatur iniusta, irrationabile autem est operantem voluntarie iniusta non velle iniustum esse, et voluntarie stuprantem non velle incontinentem esse; et per hoc quod legislatores puniunt malos quasi voluntarie operantes mala. non videtur igitur malum praeter voluntatem vel intentionem esse.

n.4 “ Praeterea. omnis motus naturalis habet finem intentum a natura. corruptio autem est mutatio naturalis, sicut et generatio. finis igitur eius, qui est privatio habens rationem mali, est intentus a natura: sicut etiam forma et bonum, quae sunt generationis finis.

n.5 * Ut autem positarum rationum solutio manifestior fiat, ‘ considerandum est quod malum considerari potest vel in substantia aliqua, vel in actione ipsius. malum quidem in substantia aliqua est ex eo quod deficit ei aliquid quod natum est et debet habere: si enim homo non habet alas, non est ei malum, quia non est natus eas habere; si etiam homo capillos flavos non habet, non est malum, quia etsi natus sit habere, non tamen est debitum ut habeat; est tamen malum si non habeat manus, quas natus est et debet habere, si sit perfectus, quod tamen non est malum avi. omnis autem privatio, si proprie et stricte accipiatur, est eius quod quis natus est habere et debet habere. in privatione igitur sic accepta semper est ratio mali.

n.6 ‘ Materia autem, cum sit potentia ad omnes formas, omnes quidem nata est habere, nulla tamen est ei debita: cum sine quavis una earum possit esse perfecta in actu. quaelibet tamen earum est debita alicui eorum quae ex materia constituuntur: nam non potest esse aqua nisi habeat formam aquae, nec potest esse ignis nisi habeat formam ignis. privatio igitur formae huiusmodi, comparata ad materiam, non est malum materiae: sed comparata ad id cuius est forma, est malum eius, sicut privatio formae ignis est malum ignis.

n.7 ‘ Et quia tam privationes quam habitus et formae non dicuntur esse nisi secundum quod sunt in subiecto, si quidem privatio sit malum per comparationem ad subiectum in quo est, erit malum simpliciter: sin autem, erit malum alicuius, et non simpliciter. hominem igitur privari manu, est malum simpliciter: materia autem privari forma aeris, non est malum simpliciter, sed est malum aeris. privatio autem ordinis aut commensurationis debitae in actione, est malum actionis. et quia cuilibet actioni est debitus aliquis ordo et aliqua commensuratio, necesse est ut talis privatio in actione simpliciter malum existat.

n.8 ‘ His igitur visis, sciendum est quod non “ omne quod est praeter intentionem, oportet esse fortuitum vel casuale, * ut prima ratio proponebat. ‘ si enim quod est praeter intentionem, sit consequens ad id quod est intentum vel semper vel frequenter, non eveniet fortuito vel casualiter: sicut in eo qui intendit dulcedine vini frui, si ex potatione vini sequatur ebrietas, non erit fortuitum nec casuale; esset autem casuale si sequeretur ut in paucioribus.

n.9 ‘ Malum ergo corruptionis naturalis, etsi sequatur praeter intentionem generantis, consequitur tamen semper: nam semper formae unius est adiuncta privatio alterius. unde corruptio non evenit casualiter neque ut in paucioribus: licet privatio quandoque non sit malum simpliciter, sed alicuius, * ut dictum est. ‘ si autem sit talis privatio quae privet id quod est debitum generato, erit casuale et simpliciter malum, sicut cum nascuntur partus monstruosi: hoc enim non consequitur de necessitate ad id quod est intentum, sed est ei repugnans; cum agens intendat perfectionem generati.

n.10 ‘ Malum autem actionis accidit in naturalibus agentibus ex defectu virtutis activae. unde si agens habet virtutem defectivam, hoc malum consequitur praeter intentionem, sed non erit casuale, quia de necessitate est consequens ad talem agentem: si tamen tale agens vel semper vel frequenter patitur hunc virtutis defectum. erit autem casuale si hic defectus raro talem comitatur agentem.

n.11 ‘ In agentibus autem voluntariis intentio est ad bonum aliquod particulare, si debet sequi actio: nam universalia non movent, sed particularia, in quibus est actus. si igitur illud bonum quod intenditur, habeat coniunctam privationem boni secundum rationem vel semper vel frequenter, sequitur malum morale non casualiter, sed vel semper vel frequenter: sicut patet in eo qui vult uti femina propter delectationem, cui delectationi adiuncta est inordinatio adulterii; unde malum adulterii non sequitur casualiter. esset autem casuale malum si ad id quod intendit, sequeretur aliquod peccatum ut in paucioribus: sicut cum quis, proiiciens ad avem, interficit hominem.

n.12 ‘ Quod autem huiusmodi bona aliquis intendat ut in pluribus quibus privationes boni secundum rationem consequuntur, ex hoc provenit quod plures vivunt secundum sensum, eo quod sensibilia sunt nobis manifesta, et magis efficaciter moventia in particularibus, in quibus est operatio: ad plura autem talium bonorum sequitur privatio boni secundum rationem.

n.13 ‘ Ex quo patet quod, licet malum praeter intentionem sit, est tamen voluntarium, * ut secunda ratio proponit, ‘ licet non per se, sed per accidens. intentio enim est ultimi finis, quem quis propter se vult: voluntas autem est eius etiam quod quis vult propter aliud, etiam si simpliciter non vellet; sicut qui proiicit merces in mari causa salutis, non intendit proiectionem mercium, sed salutem, proiectionem autem vult non simpliciter, sed causa salutis. similiter propter aliquod bonum sensibile consequendum aliquis vult facere inordinatam actionem, non intendens inordinationem, neque volens eam simpliciter, sed propter hoc. et ideo hoc modo malitia et peccatum dicuntur esse voluntaria, sicut proiectio mercium in mari.

n.14 * Eodem autem modo patet solutio ad tertiam obiectionem. ‘ nunquam enim invenitur mutatio corruptionis sine mutatione generationis: et per consequens nec finis corruptionis sine fine generationis. natura ergo non intendit finem corruptionis seorsum a fine generationis, sed simul utrumque. non enim est de intentione naturae absoluta quod non sit aqua, sed quod sit aer, quo existente non est aqua. hoc ergo quod est esse aerem, intendit natura secundum se: quod vero est non esse aquam, non intendit nisi inquantum est coniunctum ei quod est esse aerem. sic igitur privationes a natura non sunt secundum se intentae, sed secundum accidens: formae vero secundum se.

n.15 * Patet ergo ex praemissis quod ‘ illud quod est simpliciter malum, omnino est praeter intentionem in operibus naturae, sicut partus monstruosi: quod vero non est simpliciter, sed alicui malum, non est intentum a natura secundum se, sed secundum accidens.

005 SCG lb3 cp7

n. ‘Quod malum non est aliqua essentia.

n.1 ‘Ex his autem apparet quod nulla essentia est secundum se mala.

n.2 ‘ Malum enim, * ut dictum est, ‘ nihil est aliud quam privatio eius quod quis natus est et debet habere: sic enim apud omnes est usus huius nominis malum. privatio autem non est aliqua essentia, sed est “ negatio in substantia. ‘ malum igitur non est aliqua essentia in rebus.

n.3 ‘ Adhuc. unumquodque secundum suam essentiam habet esse. inquantum autem habet esse, habet aliquid boni: nam, si “ bonum est quod omnia appetunt, ‘ oportet ipsum esse bonum dicere, cum omnia esse appetant. secundum hoc igitur unumquodque bonum est quod essentiam habet. bonum autem et malum opponuntur. nihil igitur est malum secundum quod essentiam habet. nulla igitur essentia mala est.

n.4 ‘ Amplius. omnis res vel est agens, vel est facta. malum autem non potest esse agens: quia quicquid agit, agit inquantum est actu existens et perfectum. et similiter non potest esse factum: nam cuiuslibet generationis terminus est forma et bonum. nulla igitur res secundum suam essentiam est mala.

n.5 ‘ Item. nihil tendit ad suum contrarium: unumquodque enim appetit quod est sibi simile et conveniens. omne autem ens agendo intendit bonum, * ut ostensum est. ‘ nullum igitur ens, inquantum huiusmodi, est malum.

n.6 ‘ Adhuc. omnis essentia est alicui rei naturalis. si enim est in genere substantiae, est ipsa natura rei. si vero sit in genere accidentis, oportet quod ex principiis alicuius substantiae causetur, et sic illi substantiae erit naturalis: licet forte alteri substantiae non sit naturalis, sicut caliditas est naturalis igni, licet sit innaturalis aquae. quod autem est secundum se malum, non potest esse alicui naturale. de ratione enim mali est privatio eius quod est alicui natum inesse et debitum ei. malum igitur, cum sit eius quod est naturale privatio, non potest esse alicui naturale. unde et quicquid naturaliter inest alicui, est ei bonum, et malum si ei desit. nulla igitur essentia est secundum se mala.

n.7 ‘ Amplius. quicquid habet essentiam aliquam, aut ipsummet est forma, aut habet formam aliquam: per formam enim collocatur unumquodque in genere vel specie. forma autem, inquantum huiusmodi, habet rationem bonitatis: cum sit principium actionis; et finis quem intendit omne faciens; et actus quo unumquodque habens formam perfectum est. quicquid igitur habet essentiam aliquam, inquantum huiusmodi, est bonum. malum igitur non habet essentiam aliquam.

n.8 ‘ Item. ens per actum et potentiam dividitur. actus autem, inquantum huiusmodi, bonum est: quia secundum quod aliquid est actu, secundum hoc est perfectum. potentia etiam bonum aliquid est: tendit enim potentia ad actum, ut in quolibet motu appa-

ret; et est etiam actui proportionata, non ei contraria; et est in eodem genere cum actu; et privatio non competit ei nisi per accidens. omne igitur quod est, quocumque modo sit, inquantum est ens, bonum est. malum igitur non habet aliquam essentiam.
n.9 * Amplius. probatum est in secundo huius, quod ‘ omne esse, quocumque modo sit, est a deo. deum autem esse perfectam bonitatem, * in primo ostendimus. ‘ cum igitur boni effectus malum esse non possit, impossibile est aliquod ens, inquantum est ens, esse malum.
n.10 * Hinc est quod gen. 1-31 dicitur: ° vidit deus cuncta quae fecerat, et erant valde bona; * et eccle. 3-11: ° cuncta fecit bona in tempore suo; * et i tim. 4-4: ° omnis creatura dei bona. * et dionysius, cap. iv de div. nom., dicit quod ° malum non est existens, “ scilicet per se, ° nec aliquid in existentibus, “ quasi accidens, sicut albedo vel nigredo.
n.11 * Per hoc autem excluditur error manichaeorum, ponentium “ aliquas res secundum suas naturas esse malas.

005 SCG lb3 cp8

n. ‘ Rationes quibus videtur probari quod malum sit natura vel res aliqua (et solutio ipsarum).
n.1 * Videtur autem quibusdam rationibus praedictae sententiae posse obviari.
n.2 “ Ex propria enim differentia specifica unumquodque speciem sortitur. malum autem est differentia specifica in aliquibus generibus, scilicet in habitibus et actibus moralibus: sicut enim virtus secundum suam speciem est bonus habitus, ita contrarium vitium est malus habitus secundum suam speciem; et similiter de actibus virtutum et vitiorum. malum igitur est dans speciem aliquibus rebus. est igitur aliqua essentia, et aliquibus rebus naturalis.
n.3 “ Praeterea. utrumque contrariorum est natura quaedam: si enim nihil poneret, alterum contrariorum esset privatio vel negatio pura. sed bonum et malum dicuntur esse contraria. malum igitur est natura aliqua.
n.4 ‘ Item. “ bonum et malum dicuntur esse genera contrariorum * ab aristotele, in praedicamentis. “ cuiuslibet autem generis est essentia et natura aliqua: nam non entis non sunt species neque differentiae, et ita quod non est, non potest esse genus. malum igitur est aliqua essentia et natura.
n.5 “ Adhuc. omne quod agit, est res aliqua. malum autem agit inquantum malum: repugnat enim bono et corrumpit ipsum. malum igitur, inquantum malum, est res aliqua.
n.6 “ Amplius. in quibuscumque invenitur magis et minus, oportet quod sint res aliquae habentes ordinem: negationes enim et privationes non suscipiunt magis et minus. invenitur autem inter mala unum altero peius. oportet igitur, ut videtur, quod malum sit res aliqua.
n.7 “ Praeterea. res et ens convertuntur. est autem malum in mundo. ergo est res aliqua et natura.
n.8 * Has autem rationes non difficile est solvere. ‘malum enim et bonum in moralibus specificae differentiae ponuntur, * ut prima ratio proponebat, ‘ quia moralia a voluntate dependent: secundum hoc enim aliquid ad genus moris pertinet, quod est voluntarium. voluntatis autem obiectum est finis et bonum. unde a fine speciem moralia sortiuntur: sicut et naturales actiones a forma principii activi, ut calefactio a calore. quia igitur bonum et malum dicuntur secundum universalem ordinem ad finem, vel privationem ordinis, oportet quod in moralibus primae differentiae sint bonum et malum. unius autem generis oportet esse unam mensuram primam. moralium autem mensura est ratio. oportet igitur quod a fine rationis dicantur aliqua in moralibus bona vel mala. quod igitur in moralibus sortitur speciem a fine qui est secundum rationem, dicitur secundum speciem suam bonum: quod vero sortitur speciem a fine contrario fini rationis, dicitur secundum speciem suam malum. finis autem ille, etsi tollat finem rationis, est tamen aliquod bonum: sicut delectabile secundum sensum, vel aliquid huiusmodi. unde et in aliquibus animalibus sunt bona; et homini etiam cum sunt secundum rationem moderata; et contingit quod est malum uni, esse bonum alteri. et ideo nec malum, secundum quod est differentia specifica in genere moralium, importat aliquid quod sit secundum essentiam suam malum: sed aliquid quod secundum se est bonum, malum autem homini, inquantum privat ordinem rationis, quod est hominis bonum.
n.9 ‘ Ex quo etiam patet quod malum et bonum sunt contraria secundum quod in genere moralium accipiuntur: non autem simpliciter accepta, * sicut secunda ratio proponebat, ‘ sed malum privatio est boni, inquantum est malum.
n.10 * Eodem etiam modo potest accipi dictum quod “ malum et bonum, prout sunt in moralibus, sunt genera contrariorum, * ex quo tertia ratio procedebat. ‘ omnium enim contrariorum moralium vel utrumque est malum, sicut prodigalitas et illiberalitas; vel unum bonum et alterum malum, sicut liberalitas et illiberalitas. est igitur malum morale et genus et differentia, non secundum quod est privatio boni rationis, ex quo dicitur malum; sed ex natura actionis vel habitus ordinati ad aliquem finem qui repugnat debito fini rationis; sicut homo caecus est hominis individuum non inquantum est caecus, sed inquantum est hic homo; et irrationale est differentia animalis non propter privationem rationis, sed ratione talis naturae ad quam sequitur remotio rationis. * potest etiam dici quod aristoteles dicit “ malum et bonum esse genera, * non secundum propriam opinionem, cum “ inter prima decem genera, in quorum quolibet invenitur aliqua contrarietas, ea non connumeret; * sed secundum opinionem pythagorae, qui posuit “ bonum et malum esse prima genera et prima principia, et in utroque eorum posuit esse decem prima contraria: sub bono quidem finitum, par, unum, dextrum, masculinum, quiescens, rectum, lucem, quadratum, et ultimo bonum; sub malo autem, infinitum, impar, plurale, sinistrum, femininum, motum, curvum, tenebras, altera parte longius, et ultimo malum. * sic autem et in pluribus librorum logicorum locis utitur exemplis, secundum sententiam aliorum philosophorum, quasi probabilibus secundum illud tempus. habet tamen et hoc dictum aliquam veritatem: ‘ nam impossibile est quod probabiliter dicitur, secundum totum esse falsum. omnium enim contrariorum unum est perfectum, et alterum diminutum, quasi privationem quandam habens admixtam: sicut album et calidum sunt perfecta, frigidum vero et nigrum sunt imperfecta, quasi cum privatione significata. quia igitur omnis diminutio et privatio ad rationem mali pertinet; omnis autem perfectio et complementum ad rationem boni: semper in contrariis alterum sub bono videtur comprehendi, alterum ad rationem mali accedere. et secundum hoc bonum et malum genera contrariorum omnium esse videntur.
n.11 ‘ Per hoc etiam patet qualiter malum repugnat bono, * ex quo quarta ratio procedebat. ‘ secundum enim quod formae et fini, quae habent rationem boni, et sunt agendi vera principia, est adiuncta privatio contrariae formae et finis contrarii, actio quae sequitur ex tali forma et tali fine, attribuitur privationi et malo: per accidens quidem, nam privatio, secundum quod huiusmodi, non est alicuius actionis principium. * propter quod bene in iv cap. de div. nom., dicit dyonisius, quod ° malum non pugnat contra bonum nisi virtute boni, secundum se vero est impotens et infirmum, “ quasi nullius actionis principium. ‘ malum tamen corrumpere dicitur bonum non solum agendo virtute boni, * sicut expositum est: ‘ sed formaliter secundum se, sicut dicitur caecitas corrumpere visum quia est ipsa visus corruptio; per quem modum dicitur albedo parietem colorare quia est ipse parietis color.
n.12 ‘ Dicitur autem aliquid altero magis et minus malum, per recessum a bono. sic enim quae privationem important, intenduntur et remittuntur, sicut inaequale et dissimile: dicitur enim inaequalius quod est ab aequalitate magis distans; et similiter dissimilius magis a similitudine recedens. unde et magis malum dicitur quod est magis privatum bono, quasi magis a bono distans. privationes autem intenduntur non quasi aliquam essentiam habentes, sicut qualitates et formae, * ut quinta ratio procedebat, ‘ sed per augmentum causae privantis: sicut aer tenebrosior est quanto plura fuerint interposita obstacula lucis, sic enim longius a lucis participatione distat.
n.13 ‘ Dicitur etiam malum esse in mundo, non quasi essentiam aliquam habeat, vel res quaedam existat, * ut sexta ratio procedebat: ‘ sed ea ratione qua dicitur quod res aliqua mala est ipso malo; sicut caecitas et quaelibet privatio esse dicitur quia animal caecitate est caecum. ens enim dupliciter dicitur, * ut philosophus in metaphysica docet. ‘ uno modo, secundum quod significat essentiam rei, et dividitur per decem praedicamenta: et sic nulla privatio potest dici ens. alio modo, secundum quod significat veritatem compositionis: et sic malum et privatio dicitur ens, inquantum privatione dicitur aliquid esse privatum.

005 SCG lb3 cp10

n. ‘ Quod causa mali est bonum.
n.1 ‘ Ex praemissis autem concludi potest quod malum non causatur nisi a bono.
n.2 ‘ Si enim alicuius mali est causa malum; malum autem non agit nisi virtute boni, * ut probatum est: ‘ oportet ipsum bonum esse causam primariam mali.
n.3 ‘ Adhuc. quod non est, nullius est causa. omnem igitur causam oportet esse ens aliquod. malum autem non est ens aliquod, * ut probatum est. ‘ malum igitur non potest esse alicuius causa. oportet igitur si ab aliquo causetur malum, quod illud sit bonum.
n.4 ‘ Item. quicquid est proprie et per se alicuius causa, tendit in proprium effectum. si igitur malum esset per se alicuius causa, tenderet in proprium effectum, scilicet malum. hoc autem est falsum: * nam ostensum est quod ‘ omne agens intendit bonum. malum igitur per se non est causa alicuius, sed solum per accidens. omnis autem causa per accidens reducitur ad causam per se. solum autem bonum potest esse per se causa, sed malum non potest esse per se causa. malum igitur causatum est a bono.
n.5 ‘ Praeterea. omnis causa vel est materia, vel forma, vel agens, vel finis. malum autem non potest esse neque materia neque forma: * ostensum est enim supra quod ‘ tam ens actu, quam ens in potentia, est bonum. similiter non potest esse agens: cum unumquodque agat secundum quod est actu et formam habet. neque etiam potest esse finis: cum sit praeter intentionem, * ut probatum est. ‘ malum igitur non potest esse alicuius causa. si igitur aliquid sit causa mali, oportet quod sit a bono causatum.
n.6 ‘ Cum autem malum et bonum sint opposita; “ unum autem oppositorum non potest esse causa alterius nisi per accidens, sicut frigidum calefacit, * ut dicitur in viii physicorum: ‘ sequitur quod bonum non possit esse causa activa mali nisi per accidens.
n.7 ‘ Hoc autem accidens in naturalibus potest esse et ex parte agentis; et ex parte effectus. ex parte quidem agentis, sicut cum agens patitur defectum virtutis, ex quo sequitur quod actio sit defectiva et effectus deficiens: ut, cum virtus membri digerentis est debilis, sequitur imperfecta decoctio et humor indigestus, quae sunt quaedam mala naturae. accidit autem agenti, inquantum est agens, quod virtutis defectum patiatur: non enim agit secundum quod deficit ei virtus, sed secundum quod habet aliquid de virtute; si enim penitus virtute careret, omnino non ageret. sic igitur malum causatur per accidens ex parte agentis, inquantum agens est deficientis virtutis. propter quod dicitur quod malum non habet causam efficientem, sed deficientem: quia malum non sequitur ex causa agente nisi inquantum est deficientis virtutis, et secundum hoc non est efficiens. in idem autem redit si defectus actionis et effectus proveniat ex defectu instrumenti, vel cuiuscumque alterius quod requiritur ad actionem agentis, sicut cum virtus motiva producit claudicationem propter tibiae curvitatem: utroque enim agens agit, et virtute et instrumento.
n.8 ‘ Ex parte vero effectus, malum ex bono causatur per accidens, tum ex parte materiae effectus; tum ex parte formae ipsius. si enim materia sit indisposita ad recipiendam impressionem agentis, necesse est defectum sequi in effectu: sicut cum monstruosi partus sequuntur propter materiae indigestionem. nec hoc imputatur ad aliquem defectum agentis, si materiam indispositam non transmutat ad actum perfectum: unicuique enim agenti naturali est virtus determinata secundum modum suae naturae, quam si non excedat, non propter hoc erit deficiens in virtute, sed tunc solum quando deficit a mensura virtutis sibi debitae per naturam.
n.9 ‘ Ex parte autem formae effectus, per accidens malum incidit inquantum formae alicui de necessitate adiungitur privatio alterius formae, unde simul cum generatione unius rei, necesse est alterius rei sequi corruptionem. sed hoc malum non est malum effectus intenti ab agente, * sicut in praecedentibus patet, ‘ sed alterius rei
n.10 ‘ Sic igitur in naturalibus patet quod malum per accidens tantum causatur a bono. eodem autem modo et in artificialibus accidit. “ ars enim in sua operatione imitatur naturam, ‘ et similiter peccatum in utraque invenitur.
n.11 ‘ In moralibus autem videtur aliter se habere. non enim ex defectu virtutis sequi videtur morale vitium: cum infirmitas virtutis morale vitium vel totaliter tollat, vel saltem diminuat; infirmitas enim non meretur poenam, quae culpae debetur, sed magis misericordiam et ignoscentiam; voluntarium enim oportet esse moris vitium, non necessarium. si tamen diligenter consideretur, invenitur quantum ad aliquid simile, quantum vero ad aliquid dissimile. dissimile quidem quantum ad hoc, quod vitium morale in sola actione consideratur, non autem in aliquo effectu producto: nam virtutes morales non sunt factivae, sed activae. artes autem factivae sunt: * et ideo dictum est quod ‘ in eis similiter peccatum accidit sicut in natura. malum igitur morale non consideratur ex materia vel forma effectus, sed solum consequitur ex agente.
n.12 ‘ In actionibus autem moralibus inveniuntur per ordinem quatuor activa principia. quorum unum est virtus executiva, scilicet vis motiva, qua moventur membra ad exequendum imperium voluntatis. unde haec vis a voluntate movetur, quae est aliud principium. voluntas vero movetur ex iudicio virtutis apprehensivae, quae iudicat hoc esse bonum vel malum, quae sunt voluntatis obiecta, unum ad prosequendum movens, aliud ad fugiendum. ipsa autem vis apprehensiva movetur a re apprehensa. primum igitur activum principium in actionibus moralibus est res apprehensa; secundum vis apprehensiva; tertium voluntas; quartum vis motiva, quae exequitur imperium rationis.
n.13 ‘ Actus autem virtutis exequentis iam praesupponit bonum vel malum morale. non enim ad mores huiusmodi actus exteriores pertinent nisi secundum quod sunt voluntarii. unde, si voluntatis sit actus bonus, et actus exterior bonus dicetur: malus autem, si ille sit malus. nihil autem ad malitiam moralem pertineret si actus exterior deficiens esset defectu ad voluntatem non pertinente: claudicatio enim non est vitium moris, sed naturae. huiusmodi igitur virtutis exequentis defectus moris vitium vel totaliter excusat, vel minuit. actus vero quo res movet apprehensivam virtutem, immunis est a vitio moris: movet enim secundum ordinem naturalem visibile visum, et quodlibet obiectum potentiam passivam. ipse etiam actus apprehensivae virtutis, in se consideratus, morali vitio caret: cum eius defectus vitium morale vel excu-

set vel minuat, sicut et defectus exequentis virtutis; pariter enim infirmitas et ignorantia excusant peccatum vel minuunt. |25| relinquitur igitur quod morale vitium in solo actu voluntatis primo et principaliter inveniatur: et rationabiliter etiam ex hoc actus moralis dicatur, quia voluntarius est. in actu igitur voluntatis quaerenda est radix et origo peccati moralis.

n.14 * Videtur autem hanc inquisitionem consequi difficultas. “ cum enim actus deficiens proveniat propter defectum activi principii, oportet praeintelligere defectum in voluntate ante peccatum morale. qui quidem defectus si sit naturalis, semper inhaeret voluntati: semper igitur voluntas in agendo moraliter peccabit; quod actus virtutum falsum esse ostendunt. si autem defectus sit voluntarius, iam est peccatum morale, cuius causa iterum inquirenda restabit: et sic ratio in infinitum deducet. ‘oportet ergo dicere quod defectus in voluntate praeexistens non sit naturalis, ne sequatur voluntatem in quolibet actu peccare; neque etiam casualis et fortuitus, non enim esset in nobis morale peccatum, casualia enim sunt impraemeditata et extra rationem. est igitur voluntarius. non tamen peccatum morale: ne cogamur in infinitum procedere. quod quidem qualiter esse possit, considerandum est.

n.15 ‘ Cuiuslibet siquidem activi principii perfectio virtutis ex superiori activo dependet: agens enim secundum agit per virtutem primi agentis. cum igitur secundum agens manet sub ordine primi agentis, indeficienter agit: deficit autem in agendo si contingat ipsum ab ordine primi agentis deflecti; sicut patet in instrumento cum deficit a motu agentis. * dictum est autem quod ‘in ordine actionum moralium duo principia voluntatem praecedunt: scilicet vis apprehensiva; et obiectum apprehensum, quod est finis. cum autem unicuique mobili respondeat proprium motivum, non quaelibet vis apprehensiva est debitum motivum cuiuslibet appetitus, sed huius haec, et illius alia. sicut igitur appetitus sensitivi proprium motivum est vis apprehensiva sensualis, ita voluntatis proprium motivum est ratio ipsa.

n.16 ‘ Rursus, cum ratio multa bona et multos fines apprehendere possit; cuiuslibet autem sit proprius finis: et voluntatis erit finis et primum motivum, non bonum quodlibet, sed bonum quoddam determinatum. cum igitur voluntas tendit in actum mota ex apprehensione rationis repraesentantis sibi proprium bonum, sequitur debita actio. cum autem voluntas in actionem prorumpit ad apprehensionem apprehensivae sensualis; vel ipsius rationis aliquod aliud bonum repraesentantis a proprio bono diversum; sequitur in actione voluntatis peccatum morale.

n.17 ‘Praecedit igitur in voluntate peccatum actionis defectus ordinis ad rationem; et ad proprium finem. ad rationem quidem, sicut cum, ad subitam apprehensionem sensus, voluntas in bonum delectabile secundum sensum tendit. ad finem vero debitum, sicut cum ratio in aliquod bonum ratiocinando devenit quod non est, vel nunc vel hoc modo, bonum, et tamen voluntas in illud tendit quasi in proprium bonum. hic autem ordinis defectus voluntarius est: nam in potestate ipsius voluntatis est velle et non velle. itemque est in potestate ipsius quod ratio actu consideret, vel a consideratione desistat; aut quod hoc vel illud consideret. nec tamen iste defectus est malum morale: si enim ratio nihil consideret, vel consideret bonum quodcumque, nondum est peccatum, quousque voluntas in finem indebitum tendat. quod iam est voluntatis actus.

n.18 ‘ Sic igitur tam in naturalibus quam in moralibus patet quod malum a bono non causatur nisi per accidens.

005 SCG lb3 cp11

n. ‘Quod malum fundatur in bono.

n.1 ‘ Ex praemissis etiam ostendi potest quod omne malum est in aliquo bono fundatum.

n.2 ‘ Malum enim non potest esse per se existens: cum non sit essentiam habens, * ut supra ostensum est. ‘oportet igitur quod malum sit in aliquo subiecto. omne autem subiectum, cum sit substantia quaedam, bonum quoddam est, * ut ex praemissis patet. ‘omne igitur malum in bono aliquo est.

n.3 ‘ Adhuc. malum privatio quaedam est, * ut ex praemissis patet. ‘privatio autem et forma privata in eodem subiecto sunt. subiectum autem formae est ens in potentia ad formam, quod bonum est: nam in eodem genere sunt potentia et actus. privatio igitur, quae malum est, est in bono aliquo sicut in subiecto.

n.4 ‘ Amplius. “ ex hoc dicitur aliquid malum, quia nocet. ‘ non autem nisi quia nocet bono: nocere enim malo bonum est, cum corruptio mali sit bona. non autem noceret, formaliter loquendo, bono, nisi esset in bono: sic enim caecitas homini nocet inquantum in ipso est. oportet igitur quod malum sit in bono.

n.5 ‘Item. malum non causatur nisi a bono, et per accidens tantum. omne autem quod est per accidens, reducitur ad id quod est per se. oportet igitur semper cum malo causato, quod est effectus boni per accidens, esse bonum aliquod quod est effectus boni per se, ita quod sit fundamentum eius: nam quod est per accidens, fundatur supra id quod est per se.

n.6 ‘ Sed cum bonum et malum sint opposita; unum autem oppositorum non possit esse alterius subiectum, sed expellat ipsum: * videbitur alicui primo aspectu “ esse inconveniens si bonum subiectum mali esse dicatur. ‘ non est autem inconveniens, si veritas perquiratur. nam bonum communiter dicitur sicut et ens: cum omne ens, inquantum huiusmodi, sit bonum, * ut probatum est. ‘ non est autem inconveniens ut non ens sit in ente sicut in subiecto: privatio enim quaelibet est non ens, et tamen subiectum eius est substantia, quae est ens aliquod. non tamen non ens est in ente sibi opposito sicut in subiecto. caecitas enim non est non ens universale, sed non ens hoc, quo scilicet tollitur visus: non est igitur in visu sicut in subiecto, sed in animali. similiter autem malum non est sicut in subiecto in bono sibi opposito, sed hoc per malum tollitur: sed in aliquo alio bono; sicut malum moris est in bono naturae; malum autem |25| naturae, quod est privatio formae, est in materia, quae est bonum sicut ens in potentia.

005 SCG lb3 cp12

n. ‘Quod malum non totaliter consumit bonum.

n.1 ‘ Patet autem ex praedictis quod, quantumcumque multiplicetur malum, nunquam potest totum bonum consumere.

n.2 ‘ Semper enim oportet quod remaneat mali subiectum, si malum remanet. subiectum autem mali est bonum. manet igitur semper bonum.

n.3 ‘ Sed cum contingat malum in infinitum intendi; semper autem per intensionem mali minuatur bonum: videtur in infinitum per malum diminui bonum. bonum autem quod per malum diminui potest, oportet esse finitum: nam infinitum bonum non est capax mali, * ut in primo libro ostensum est. ‘ videtur igitur quod quandoque totum tollatur bonum per malum: nam si ex finito aliquid infinities tollatur, oportet illud quandoque per ablationem consumi.

n.4 * Non autem potest dici, ut dicunt quidam, quod “ sequens ablatio, secundum eandem proportionem facta qua et prior, in infinitum procedens, bonum non possit consumere, sicut in continui divisione contingit: ‘ nam si ex bicubitali linea dimidium subtraxeris, itemque ex residuo dimidium, et sic in infinitum procedas, semper aliquid adhuc dividendum remanebit. sed tamen in hoc divisionis processu semper posterius subtractum oportet esse minus secundum quantitatem: dimidium enim totius, quod prius subtrahebatur, maius est secundum quantitatem absolutam quam dimidium dimidii, licet eadem proportio maneat. hoc autem in diminutione qua bonum per malum diminuitur, nequaquam potest accidere. nam quanto bonum magis per malum fuerit diminutum, erit infirmius: et sic per secundum malum magis diminui poterit. rursusque malum sequens contingit esse aequale, vel maius priore: unde non semper secundo subtrahetur a bono per malum minor boni quantitas, proportione |25| servata eadem.

n.5 ‘ Est igitur aliter dicendum. * ex praemissis enim manifestum est quod ‘malum totaliter bonum cui oppositum est tollit, sicut caecitas visum: oportet autem quod remaneat bonum quod est mali subiectum. quod quidem, inquantum subiectum est, habet rationem boni, secundum quod est potentia ad actum boni quod privatur per malum. quanto igitur minus fuerit in potentia ad illud bonum, tanto minus erit bonum. subiectum autem fit minus potentia ad formam, non quidem per solam subtractionem alicuius partis subiecti; neque per hoc quod aliqua pars potentiae subtrahatur; sed per hoc quod potentia impeditur per contrarium actum ne in actum formae exire possit, sicut subiectum tanto est minus potentia frigidum, quanto in eo magis calor augetur. diminuitur igitur bonum per malum magis apponendo contrarium quam de bono aliquid subtrahendo: * quod etiam convenit his quae sunt dicta de malo. diximus enim quod ‘ malum incidit praeter intentionem |25| agentis, quod semper intendit aliquod bonum, ad quod sequitur exclusio alterius boni, quod est ei oppositum. quanto igitur illud bonum intentum ad quod praeter intentionem agentis sequitur malum, magis multiplicatur, tanto potentia ad bonum contrarium diminuitur magis: et sic magis per malum dicitur diminui bonum.

n.6 ‘ Haec autem diminutio boni per malum non potest in naturalibus in infinitum procedere. nam formae naturales et virtutes omnes terminatae sunt, et perveniunt ad aliquem terminum ultra quem porrigi non possunt. non potest igitur neque forma aliqua contraria, neque virtus contrarii agentis in infinitum augeri, ut ex hoc sequatur in infinitum diminutio boni per malum.

n.7 ‘In moralibus autem potest ista diminutio in infinitum procedere. nam intellectus et voluntas in suis actibus terminos non habent. potest enim intellectus intelligendo in infinitum procedere: unde mathematicae numerorum species et figurarum infinitae dicuntur. et similiter voluntas in volendo in infinitum procedit: qui enim vult furtum committere, potest iterum velle illud committere, et sic in infinitum. quanto autem voluntas magis in fines indebitos tendit, tanto difficilius redit ad proprium et debitum finem: quod patet in his in quibus per peccandi consuetudinem iam est habitus vitiorum inductus. in infinitum igitur per malum moris bonum naturalis aptitudinis diminui potest. nunquam tamen totaliter tolletur, sed semper naturam remanentem comitatur.

005 SCG lb3 cp13

n. ‘Quod malum habet aliquo modo causam.

n.1 ‘ Ex praedictis autem ostendi potest quod, etsi malum non habeat causam per se, cuiuslibet tamen mali oportet esse causam per accidens.

n.2 ‘Quicquid enim est in aliquo ut in subiecto, oportet quod habeat aliquam causam: causatur enim vel ex subiecti principiis, vel ex aliqua extrinseca causa. malum autem est in bono sicut in subiecto, * ut ostensum est. ‘oportet igitur quod malum habeat causam.

n.3 ‘ Item. quod est in potentia ad utrumque oppositorum, non constituitur in actu alicuius eorum nisi per aliquam causam: nulla enim potentia facit se esse in actu. malum autem est privatio eius quod quis natus est et debet habere: ex hoc enim unumquodque dicitur malum esse. est igitur malum in subiecto quod est in potentia ad ipsum et ad suum oppositum. oportet igitur quod malum habeat aliquam causam.

n.4 ‘ Adhuc. quicquid inest alicui praeter suam naturam, advenit ei ex aliqua alia causa: omnia enim in his quae sunt sibi naturalia permanent nisi aliquid aliud impediat; unde lapis non fertur sursum nisi ab aliquo proiiciente, nec aqua calefit nisi ab aliquo calefaciente. malum autem semper inest praeter naturam eius cui inest: cum sit privatio eius quod natum est aliquid et debet habere. igitur oportet quod malum semper habeat aliquam causam, vel per se vel per accidens.

n.5 ‘ Amplius. omne malum consequitur ad aliquod bonum: sicut corruptio sequitur ad aliquam generationem. sed omne bonum habet aliquam causam, praeter primum bonum, in quo non est aliquod malum, * ut in primo libro ostensum est. ‘ omne igitur malum habet aliquam causam, ad quam sequitur per accidens.

005 SCG lb3 cp14

n. ‘Quod malum est causa per accidens.

n.1 ‘Ex eisdem etiam patet quod malum, etsi non sit causa per se, est tamen causa per accidens.

n.2 ‘Si enim aliquid est causa alicuius per se, id quod accidit ei, est causa illius per accidens: sicut album quod accidit aedificatori, est causa domus per accidens. omne autem malum est in aliquo bono. bonum autem omne est alicuius aliquo modo causa: materia enim est quodammodo causa formae, et quodammodo e converso; et similiter est de agente et fine. unde non sequitur processus in infinitum in causis, si quodlibet est alicuius causa, propter circulum inventum in causis et causatis secundum species diversas causarum. malum igitur est per accidens causa.

n.3 ‘ Adhuc. malum est privatio quaedam, * ut ex praedictis patet. ‘ privatio autem est principium per accidens in rebus mobilibus, sicut materia et forma per se. malum igitur est alicuius causa per accidens.

n.4 ‘ Praeterea. ex defectu causae sequitur defectus in effectu. defectus autem in causa est aliquod malum. non tamen potest esse causa per se: quia res non est causa per hoc quod est deficiens, sed per hoc quod est ens; si enim tota deficeret, nullius esset causa. malum igitur est alicuius causa non per se, sed per accidens.

n.5 ‘Item. secundum omnes species causarum discurrendo, invenitur malum esse per accidens causa. in specie quidem causae efficientis quia propter causae agentis deficientem virtutem sequitur defectus in effectu et actione. in specie vero causae materialis, quia ex materiae indispositione causatur in effectu defectus. in specie vero causae formalis, quia uni formae semper adiungitur alterius formae privatio. in specie vero causae finalis, quia indebito fini adiungitur malum, inquantum per ipsum finis debitus impeditur.

n.6 ‘Patet igitur quod malum est causa per accidens, et non potest esse causa per se.

005 SCG lb3 cp15

n. ‘Quod non est summum malum.

n.1 ‘ Ex hoc autem patet quod non potest esse aliquod summum malum, quod sit omnium malorum principium.

n.2 ‘Summum enim malum oportet esse absque consortio omnis boni: sicut et summum bonum est quod est omnino separatum a malo. non potest autem esse aliquod malum omnino separatum a bono: * cum ostensum sit quod ‘malum fundatur in bono. ergo nihil est summe malum.

n.3 ‘ Adhuc. si aliquid est summe malum, oportet quod per essentiam suam sit malum: sicut et summe bonum est quod per suam essentiam bonum est. hoc autem est impossibile: cum malum non habeat aliquam essentiam, * ut supra probatum est. ‘ impossibile est igitur ponere summum malum, quod sit malorum principium.

n.4 ‘Item. illud quod est primum principium, non est ab aliquo causatum. omne autem malum causatur a bono, * ut ostensum est. ‘ non est igitur malum primum principium.

n.5 ‘ Amplius. malum non agit nisi virtute boni, * ut ex praemissis patet. ‘ primum autem principium agit

virtute propria. malum igitur non potest esse primum principium.
n.6 ' Praeterea. cum " id quod est per accidens, sit posterius eo quod est per se, ' impossibile est quod sit primum id quod est per accidens. malum autem non evenit nisi per accidens et praeter intentionem, * ut probatum est. ' impossibile est igitur quod malum sit primum principium.
n.7 ' Adhuc. omne malum habet causam per accidens, * ut probatum est. ' primum autem principium non habet causam neque per se neque per accidens. malum igitur non potest esse primum principium in aliquo genere.
n.8 ' Item. " causa per se prior est ea quae per accidens. ' sed malum non est causa nisi per accidens, * ut ostensum est. ' malum igitur non potest esse primum principium.
n.9 * Per hoc autem excluditur error manichaeorum, ponentium " aliquod summum malum, quod est principium primum omnium malorum.

005 SCG lb3 cp16

n. ' Quod finis cuiuslibet rei est bonum.
n.1 ' Si autem omne agens agit propter bonum, * ut supra probatum est, ' sequitur ulterius quod cuiuslibet entis bonum sit finis. omne enim ens ordinatur in finem per suam actionem: oportet enim quod vel ipsa actio sit finis; vel actionis finis est etiam finis agentis. quod est eius bonum.
n.2 ' Amplius. finis rei cuiuslibet est in quod terminatur appetitus eius. appetitus autem cuiuslibet rei terminatur ad bonum: * sic enim philosophi diffiniunt bonum, ° quod omnia appetunt. ' cuiuslibet igitur rei finis est aliquod bonum.
n.3 ' Item. illud ad quod aliquid tendit cum extra ipsum fuerit, et in quo quiescit cum ipsum habuerit, est finis eius. unumquodque autem, si perfectione propria careat, in ipsam movetur, quantum in se est: si vero eam habeat, in ipsa quiescit. finis igitur uniuscuiusque rei est eius perfectio. perfectio autem cuiuslibet est bonum ipsius. unumquodque igitur ordinatur in bonum sicut in finem.
n.4 ' Praeterea. eodem modo ordinantur in finem ea quae cognoscunt finem, et ea quae finem non cognoscunt: licet quae cognoscunt finem, per se moveantur in finem; quae autem non cognoscunt, tendunt in finem quasi ab alio directa, sicut patet de sagittante et sagitta. sed ea quae cognoscunt finem, semper ordinantur in bonum sicut in finem: nam voluntas, quae est appetitus finis praecogniti, non tendit in aliquid nisi sub ratione boni, quod est eius obiectum. ergo et ea quae finem non cognoscunt, ordinantur in bonum sicut in finem. finis igitur omnium est bonum.

005 SCG lb3 cp17

n. ' Quod omnia ordinantur in unum finem, qui est deus.
n.1 ' Ex hoc autem apparet quod omnia ordinantur in unum bonum sicut in ultimum finem.
n.2 ' Si enim nihil tendit in aliquid sicut in finem nisi inquantum ipsum est bonum, ergo oportet quod bonum inquantum bonum sit finis. quod igitur est summum bonum, est maxime omnium finis. sed summum bonum est unum tantum, quod est deus: * ut in primo libro probatum est. ' omnia igitur ordinantur sicut in finem in unum bonum quod est deus.
n.3 ' Item. " quod est maximum in unoquoque genere, est causa omnium illorum quae sunt illius generis; ' sicut ignis, qui est calidissimus, est causa caliditatis in aliis corporibus. summum igitur bonum, quod est deus, est causa bonitatis in omnibus bonis. ergo et est causa cuiuslibet finis quod sit finis: cum quicquid est finis, sit huiusmodi inquantum est bonum. " propter quod autem est unumquodque, et illud magis. ' deus igitur maxime est omnium rerum finis.
n.4 ' Adhuc. in quolibet genere causarum causa prima est magis causa quam causa secunda: nam causa secunda non est causa nisi per causam primam. illud igitur quod est causa prima in ordine causarum finalium, oportet quod sit magis causa finalis cuiuslibet quam causa finalis proxima. sed deus est prima causa in ordine causarum finalium: cum sit summum in ordine bonorum. est igitur magis finis uniuscuiusque rei quam aliquis finis proximus.
n.5 ' Amplius. in omnibus finibus ordinatis oportet quod ultimus finis sit finis omnium praecedentium finium: sicut, si potio conficitur ut detur aegroto, datur autem ut purgetur, purgatur autem ut extenuetur, extenuatur autem ut sanetur; oportet quod sanitas sit finis et extenuationis et purgationis et aliorum praecedentium. sed omnia inveniuntur in diversis gradibus bonitatis ordinata sub uno summo bono, quod est causa omnis bonitatis: ac per hoc, cum bonum habeat rationem finis, omnia ordinantur sub deo sicut fines praecedentes sub fine ultimo. oportet igitur quod omnium finis sit deus.
n.6 ' Praeterea. bonum particulare ordinatur in bonum commune sicut in finem: esse enim partis est propter esse totius; unde et " bonum gentis est divinius quam bonum unius hominis. ' bonum autem summum, quod est deus, est bonum commune, cum ex eo universorum bonum dependeat: bonum autem quo quaelibet res bona est, est bonum particulare ipsius et aliorum quae ab ipso dependent. omnes igitur res ordinantur sicut in finem in unum bonum, quod est deus.
n.7 ' Item. ad ordinem agentium sequitur ordo in finibus: nam sicut supremum agens movet omnia secunda agentia, ita ad finem supremi agentis oportet quod ordinentur omnes fines secundorum agentium: quidquid enim agit supremum agens, agit propter finem suum. agit autem supremum actiones omnium inferiorum agentium, movendo omnes ad suas actiones, et per consequens ad suos fines. unde sequitur quod omnes fines secundorum agentium ordinentur a primo agente in finem suum proprium. agens autem primum rerum omnium est deus, * ut in secundo probatum est. ' voluntatis autem ipsius nihil aliud finis est quam sua bonitas, quae est ipsemet, * ut in primo probatum est. ' omnia igitur quaecumque sunt facta vel ab ipso immediate, vel mediantibus causis secundis, in deum ordinantur sicut in finem. omnia autem entia sunt huiusmodi: * nam, sicut in secundo probatur, ' nihil esse potest quod ab ipso non habeat esse. omnia igitur ordinantur in |25| deum sicut in finem.
n.8 ' Adhuc. finis ultimus cuiuslibet facientis, inquantum est faciens, est ipsemet: utimur enim factis a nobis propter nos; et si aliquid aliquando propter aliud homo faciat, hoc refertur in bonum suum vel utile vel delectabile vel honestum. deus autem est causa factiva rerum omnium, quorundam quidem immediate, quorundam autem mediantibus aliis causis, * ut ex praemissis est manifestum. ' est igitur ipsemet finis rerum omnium.
n.9 ' Praeterea. finis inter alias causas primatum obtinet, et ab ipso omnes aliae causae habent quod sint causae in actu: agens enim non agit nisi propter finem, * ut ostensum est. ' ex agente autem materia in actum formae reducitur: unde materia fit actu huius rei materia, et similiter forma huius rei forma, per actionem agentis, et per consequens per finem. finis etiam posterior est causa quod praecedens finis intendatur ut finis: non enim movetur aliquid in finem proximum nisi propter finem postremum. est igitur finis ultimus prima omnium causa. esse autem primam omnium causam necesse est primo enti convenire, quod deus est, * ut supra ostensum est. ' deus igitur est ultimus omnium finis.
n.10 * Hinc est quod dicitur proverb. 16-4: ° universa propter semetipsum operatus est deus. * et apoc. ult.: ° ego sum alpha et omega, primus et novissimus.

005 SCG lb3 cp18

n. ' Quomodo deus sit finis rerum.
n.1 ' Restat igitur inquirendum quomodo deus sit omnium finis. quod quidem ex praemissis fiet manifestum.
n.2 ' Sic enim est ultimus finis omnium rerum quod tamen est prius omnibus in essendo. finis autem aliquis invenitur qui, etiam si primatum obtineat in causando secundum quod est in intentione, est tamen in essendo posterius. quod quidem contingit in quolibet fine quem agens sua actione constituit: sicut medicus constituit sanitatem per suam actionem in infirmo, quae tamen est finis eius. aliquis autem finis invenitur qui, sicut est praecedens in causando, ita etiam in essendo praecedit: sicut dicitur finis id quod aliquid sua actione vel motu acquirere intendit, ut locum sursum ignis per suum motum, et civitatem rex per pugnam. deus igitur sic est finis rerum sicut aliquid ab unaquaque re suo modo obtinendum.
n.3 ' Adhuc. deus est simul ultimus rerum finis, et primum agens, * ut ostensum est. ' finis autem per actionem agentis constitutus, non potest esse primum agens, sed est magis effectus agentis. non potest igitur deus sic esse finis rerum quasi aliquid constitutum, sed solum quasi aliquid praeexistens obtinendum.
n.4 ' Amplius. si aliquid agat propter rem aliquam iam existentem, et per eius actionem aliquid constituatur, oportet quod rei propter quam agit aliquid acquiratur ex actione agentis: sicut si milites pugnant propter ducem, cui acquiritur victoria, quam milites suis actionibus causant. deo autem non potest aliquid acquiri ex actione cuiuslibet rei: est enim sua bonitas omnino perfecta, * ut in primo libro ostensum est. ' relinquitur igitur quod deus sit finis rerum, non sicut aliquid constitutum aut effectum a rebus, neque ita quod aliquid ei a rebus acquiratur, sed hoc solo modo, quia ipse rebus acquiritur.
n.5 ' Item. oportet quod eo modo effectus tendat in finem quo agens propter finem agit. deus autem qui est primum agens omnium rerum, non sic agit quasi sua actione aliquid acquirat, sed quasi sua actione aliquid largiatur: quia non est in potentia ut aliquid acquirere possit, sed solum in actu perfecto, ex quo potest elargiri. res igitur non ordinantur in deum sicut in finem cui aliquid acquiratur, sed ut ab ipso ipsummet suo modo consequantur, cum ipsemet sit finis.

005 SCG lb3 cp19

n. ' Quod omnia intendunt assimilari deo.
n.1 ' Ex hoc autem quod acquirunt divinam bonitatem, res creatae similes deo constituuntur. si igitur res omnes in deum sicut in ultimum finem tendunt ut ipsius bonitatem consequantur, sequitur quod ultimus rerum finis sit deo assimilari.
n.2 ' Amplius. agens dicitur esse finis effectus inquantum effectus tendit in similitudinem agentis: unde " forma generantis est finis generationis. ' sed deus ita est finis rerum quod est etiam primum agens earum. omnia igitur intendunt, sicut ultimum finem, deo assimilari.
n.3 ' Item. in rebus evidenter apparet quod esse appetunt naturaliter: unde et si qua corrumpi possunt, naturaliter corrumpentibus resistunt, et tendunt illuc ubi conserventur, sicut ignis sursum et terra deorsum. secundum hoc autem esse habent omnia quod deo assimilantur, qui est ipsum esse subsistens: cum omnia sint solum quasi esse participantia. omnia igitur appetunt quasi ultimum finem deo assimilari.
n.4 ' Praeterea. res omnes creatae sunt quaedam imagines primi agentis, scilicet dei: " agens enim agit sibi simile. ' perfectio autem imaginis est ut repraesentet suum exemplar per similitudinem ad ipsum: ad hoc enim imago constituitur. sunt igitur res omnes propter divinam similitudinem consequendam sicut propter ultimum finem.
n.5 ' Adhuc. omnis res per suum motum vel actionem tendit in aliquod bonum sicut in finem, * ut supra ostensum est. ' in tantum autem aliquid de bono participat, in quantum assimilatur primae bonitati, quae deus est. omnia igitur per motus suos et actiones tendunt in divinam similitudinem sicut in finem ultimum.

005 SCG lb3 cp20

n. ' Quomodo res imitentur divinam bonitatem.
n.1 ' Patet ergo ex his quae dicta sunt quod assimilari ad deum est ultimus omnium finis. id autem quod proprie habet rationem finis, est bonum. tendunt igitur res in hoc quod assimilentur deo proprie inquantum est bonus.
n.2 ' Bonitatem autem creaturae non assequuntur eo modo sicut in deo est, licet divinam bonitatem unaquaeque res imitetur secundum suum modum. divina enim bonitas simplex est, quasi tota in uno consistens. ipsum enim divinum esse omnem plenitudinem perfectionis obtinet, * ut in primo libro probatum est. ' unde, cum unumquodque in tantum sit bonum in quantum est perfectum, ipsum divinum esse est eius perfecta bonitas: idem enim est deo esse, vivere, sapientem esse, beatum esse, et quicquid aliud ad perfectionem et bonitatem pertinere videtur, quasi tota divina bonitas sit ipsum divinum esse. rursumque ipsum divinum esse est ipsius dei existentis substantia. in aliis autem rebus hoc accidere non potest. * ostensum est enim in secundo quod ' nulla substantia creata est ipsum suum esse. unde, si secundum quod res quaelibet est, bona est; non est autem earum aliqua suum esse: nulla earum est sua bonitas, sed earum quaelibet bonitatis participatione |25| bona est, sicut et ipsius esse participatione est ens.
n.3 ' Rursus. non omnes creaturae in uno gradu bonitatis constituuntur. nam quorundam substantia forma et actus est: scilicet cui secundum id quod est, competit esse actu et bonum esse. quorundam vero substantia ex materia et forma composita est: cui competit actu esse et bonum esse, sed secundum aliquid sui, scilicet secundum formam. divina igitur substantia sua bonitas est; substantia vero simplex bonitatem participat secundum id quod est; substantia autem composita secundum aliquid sui.
n.4 ' In hoc autem tertio gradu substantiarum iterum diversitas invenitur quantum ad ipsum esse. nam quorundam ex materia et forma compositorum totam materiae potentiam forma adimplet, ita quod non remanet in materia potentia ad aliam formam: et per consequens nec in aliqua alia materia potentia ad hanc formam. et huiusmodi sunt corpora caelestia, quae ex tota materia sua constant. quorundam vero forma non replet totam materiae potentiam: unde adhuc in materia remanet potentia ad aliam formam; et in alia materiae parte remanet potentia ad hanc formam; sicut patet in elementis et elementatis. quia vero privatio est negatio in substantia eius quod substantiae potest inesse, manifestum est quod cum hac forma quae non implet totam materiae potentiam, adiungitur privatio formae: quae quidem adiungi non potest substantiae cuius forma implet totam materiae potentiam; neque illi quae est forma per suam essentiam; |25| et multo minus illi cuius essentia est ipsum suum esse. cum autem manifestum sit quod motus non potest esse ubi non est potentia ad aliud, quia motus est " actus existentis in potentia; ' itemque manifestum sit quod malum est ipsa privatio boni planum est quod in hoc ultimo substantiarum ordine est bonum mutabile et permixtionem mali oppositi habens; quod in superioribus substantiarum ordinibus accidere non potest. possidet igitur haec substantia ultimo modo dicta, sicut ultimum gradum in esse, ita ultimum gradum in bonitate.
n.5 ' Inter partes etiam huius substantiae ex materia et forma compositae, bonitatis ordo invenitur. cum enim materia sit ens in potentia secundum se considerata, forma vero sit actus eius; substantia vero composita sit actu existens per formam: forma quidem erit secundum se bona, substantia vero compo-

sita prout actu habet formam; materia vero secundum quod est in potentia ad formam. et licet unumquodque sit bonum inquantum est ens, non tamen oportet quod materia, quae est ens solum in potentia, sit bona solum in potentia. ens enim absolute dicitur, bonum autem etiam in ordine consistit: non enim solum aliquid bonum dicitur quia est finis, vel quia est obtinens finem; sed, etiam si nondum ad finem pervenerit, dummodo sit ordinatum in finem, ex hoc ipso dicitur bonum. materia ergo non potest simpliciter dici ens ex hoc quod est potentia ens, in quo importatur ordo ad esse: potest autem ex hoc simpliciter dici bona, propter ordinem ipsum. in quo apparet quod bonum quodammodo |25| amplioris est ambitus quam ens: * propter quod dionysius dicit, iv cap. de div. nom., quod ° bonum se extendit ad existentia et non existentia. ' nam et ipsa non existentia, scilicet materia secundum quod intelligitur privationi subiecta, appetit bonum, scilicet esse. ex quo patet quod etiam sit bona: nihil enim appetit bonum nisi bonum.

n.6 ' Est et alio modo creaturae bonitas a bonitate divina deficiens. * nam, sicut dictum est, ' deus in ipso suo esse summam perfectionem obtinet bonitatis. res autem creata suam perfectionem non possidet in uno, sed in multis: " quod enim est in supremo unitum, multiplex in infimis invenitur. ' unde deus secundum idem dicitur esse virtuosus, sapiens et operans, creatura vero secundum diversa: tantoque perfecta bonitas alicuius creaturae maiorem multiplicitatem requirit, quanto magis a prima bonitate distans invenitur. si vero perfectam bonitatem non potest attingere, imperfectam retinebit in paucis. et inde est quod, licet primum et summum bonum sit omnino simplex; substantiaeque ei in bonitate propinquae, sint pariter et quantum ad simplicitatem vicinae: infimae tamen substantiae inveniuntur simpliciores quibusdam superioribus eis, sicut elementa animalibus et hominibus, quia non possunt pertingere ad perfectionem cognitionis et intellectus, quam consequuntur animalia |25| et homines.

n.7 * Manifestum est ergo ex dictis quod, ' licet deus secundum suum simplex esse perfectam et totam suam bonitatem habeat, creaturae tamen ad perfectionem suae bonitatis non pertingunt per solum suum esse, sed per plura. unde, licet quaelibet earum sit bona inquantum est, non tamen potest simpliciter bona dici si aliis careat quae ad ipsius bonitatem requiruntur: sicut homo qui, virtute spoliatus, vitiis est subiectus, dicitur quidem bonus secundum quid, scilicet inquantum est ens et inquantum est homo, non tamen bonus simpliciter, sed magis malus. non igitur cuilibet creaturarum idem est esse et bonum esse simpliciter: licet quaelibet earum bona sit inquantum est. deo vero simpliciter idem est esse et esse bonum.

n.8 ' Si autem res quaelibet tendit in divinae bonitatis similitudinem sicut in finem; divinae autem bonitati assimilatur aliquid quantum ad omnia quae ad propriam pertinent bonitatem; bonitas autem rei non solum in esse suo consistit, sed in omnibus aliis quae ad suam perfectionem requiruntur, * ut ostensum est: ' manifestum est quod res ordinantur in deum sicut in finem non solum secundum esse substantiale, sed etiam secundum ea quae ei accidunt pertinentia ad perfectionem; et etiam secundum propriam operationem, quae etiam pertinet ad perfectionem rei.

005 SCG lb3 cp21

n. ' Quod res intendunt naturaliter assimilari deo in hoc quod est causa.

n.1 ' Ex his autem apparet quod res intendunt divinam similitudinem etiam in hoc quod sunt causae aliorum.

n.2 ' Tendit enim in divinam similitudinem res creata per suam operationem. per suam autem operationem una res fit causa alterius. ergo in hoc etiam res intendunt divinam similitudinem, ut sint aliis causae.

n.3 ' Adhuc. res tendunt in divinam similitudinem inquantum est bonus, * ut supra dictum est. ' ex bonitate autem dei est quod aliis esse largitur: unumquodque enim agit inquantum est actu perfectum. desiderant igitur generaliter res in hoc deo assimilari, ut sint aliorum causae.

n.4 ' Amplius. ordo ad bonum boni rationem habet, * ut ex dictis est manifestum. ' unumquodque autem per hoc quod est causa alterius, ordinatur ad bonum: bonum enim solum causatur per se, malum autem per accidens tantum, * ut ostensum est. ' esse igitur aliorum causa est bonum. secundum autem quodlibet bonum ad quod aliquid tendit, intendit divinam similitudinem: cum quodlibet bonum creatum sit ex participatione divinae bonitatis. intendunt igitur res divinam similitudinem in hoc quod sunt aliorum causae.

n.5 ' Item. eiusdem rationis est quod effectus tendat in similitudinem agentis, et quod agens assimilet sibi effectum: tendit enim effectus in finem in quem dirigitur ab agente. agens autem intendit sibi assimilare patiens non solum quantum ad esse ipsius, sed etiam quantum ad causalitatem: sicut enim ab agente conferuntur effectui naturali principia per quae subsistat, ita principia per quae aliorum sit causa; sicut enim animal, dum generatur, accipit a generante virtutem nutritivam, ita etiam virtutem generativam. effectus igitur tendit in similitudinem agentis non solum quantum ad speciem ipsius, sed etiam quantum ad hoc quod sit aliorum causa. sic autem tendunt res in similitudinem dei sicut effectus in similitudinem agentis, * ut ostensum est. ' intendunt igitur res naturaliter assimilari deo in hoc quod sunt causae aliorum.

n.6 ' Praeterea. tunc maxime perfectum est unumquodque quando potest alterum sibi simile facere: illud enim perfecte lucet quod alia illuminare potest. unumquodque autem tendens in suam perfectionem, tendit in divinam similitudinem. per hoc igitur unumquodque tendit in divinam similitudinem, quod intendit aliorum causa esse. quia vero causa, inquantum huiusmodi, superior est causato, manifestum est quod tendere in divinam similitudinem per hunc modum ut sit aliorum causa, est superiorum in entibus.

n.7 ' Item. prius est unumquodque in se perfectum quam possit alterum causare, * ut iam dictum est. ' haec igitur perfectio ultimo accidit rei, ut aliorum causa existat. cum igitur per multa tendat res creata in divinam similitudinem, hoc ultimum ei restat, ut divinam similitudinem quaerat per hoc quod sit aliorum causa. * unde dionysius dicit, iii cap. caelestis hierarchiae, quod ° omnium divinius est dei cooperatorem fieri: * secundum quod apostolus dicit, i corinth. 3-9: ° dei adiutores sumus.

005 SCG lb3 cp22

n. ' Quomodo diversimode res ordinantur in suos fines.

n.1 ' Ex praemissis autem manifestum esse potest quod ultimum per quod res unaquaeque ordinatur ad finem, est eius operatio: diversimode tamen, secundum diversitatem operationis.

n.2 ' Nam quaedam operatio est rei ut aliud moventis, sicut calefacere et secare. quaedam vero est operatio rei ut ab alio motae, sicut calefieri et secari. quaedam vero operatio est perfectio operantis actu existentis in aliud transmutandum non tendens: quorum primo differunt a passione et motu; secundo vero, ab actione transmutativa exterioris materiae. huiusmodi autem operatio est sicut intelligere, sentire et velle. unde manifestum est quod ea quae moventur vel operantur tantum, sine hoc quod moveant vel faciant, tendunt in divinam similitudinem quantum ad hoc quod sint in seipsis perfecta; quae vero faciunt et movent, inquantum huiusmodi, tendunt in divinam similitudinem in hoc quod sint aliorum causae; quae vero per hoc quod moventur movent, intendunt divinam similitudinem quantum ad utrumque.

n.3 ' Corpora autem inferiora, secundum quod moventur motibus naturalibus, considerantur ut mota tantum, non autem ut moventia, nisi per accidens: accidit enim lapidi quod, descendens, aliquod obvians impellat. et similiter est in alteratione et aliis motibus. unde finis motus eorum est ut consequantur divinam similitudinem quantum ad hoc quod sint in seipsis perfecta, utpote habentia propriam formam et proprium ubi.

n.4 ' Corpora vero caelestia movent mota. unde finis motus eorum est consequi divinam similitudinem quantum ad utrumque. quantum quidem ad propriam perfectionem, inquantum corpus caeleste sit in aliquo ubi in actu in quo prius erat in potentia. nec propter hoc minus suam perfectionem consequitur, quamvis ad ubi in quo prius erat actu, remaneat in potentia. similiter enim et materia prima in suam perfectionem tendit per hoc quod acquirit in actu formam quam prius habebat in potentia, licet et aliam habere desinat quam prius actu habebat: sic enim successive materia omnes formas suscipit ad quas est in potentia, ut tota eius potentia reducatur in actum successive, quod simul fieri non poterat. unde, cum corpus caeleste sit in potentia ad ubi sicut materia prima ad formam, perfectionem suam consequitur per hoc quod eius potentia tota ad ubi reducitur in actum successive, quod simul non poterat fieri.

n.5 ' Inquantum vero movendo movent, est finis motus eorum consequi divinam similitudinem in hoc quod sint causae aliorum. sunt autem aliorum causae per hoc quod causant generationem et corruptionem et alios motus in istis inferioribus. motus igitur corporum caelestium, inquantum movent, ordinantur ad generationem et corruptionem quae est in istis inferioribus. non est autem inconveniens quod corpora caelestia moveant ad generationem horum inferiorum, quamvis haec inferiora corpora sint caelestibus corporibus indigniora, cum tamen finem oporteat esse potiorem eo quod est ad finem. generans enim agit ad formam generati: cum tamen generatum non sit dignius generante, sed in agentibus univocis sit eiusdem speciei cum ipso. intendit enim generans formam generati, quae est generationis finis, non quasi ultimum finem: sed similitudinem esse divini in perpetuatione speciei, et in diffusione bonitatis suae, per hoc quod aliis formam speciei |25| suae tradit, et aliorum sit causa. similiter autem corpora caelestia, licet sint digniora inferioribus corporibus, tamen intendunt generationem eorum, et formas generatorum in actum educere per suos motus, non quasi ultimum finem: sed per hoc ad divinam similitudinem intendentes quasi ad ultimum finem, in hoc quod causae aliorum existant.

n.6 ' Considerandum autem quod unumquodque, inquantum participat similitudinem divinae bonitatis, quae est obiectum voluntatis eius, intantum participat de similitudine divinae voluntatis, per quam res producuntur in esse et conservantur. superiora autem divinae bonitatis similitudinem participant simplicius et universalius: inferiora vero particularius et magis divisim. unde et inter corpora caelestia et inferiora non attenditur similitudo secundum aequiparantiam, sicut in his quae sunt unius speciei: sed sicut universalis agentis ad particularem effectum. sicut igitur agentis particularis in istis inferioribus intentio contrahitur ad bonum huius speciei vel illius, ita intentio corporis caelestis fertur ad bonum commune substantiae corporalis, quae per generationem conservatur et multiplicatur et augetur.

n.7 ' Cum vero, * ut dictum est, ' quaelibet res mota, inquantum movetur, tendat in divinam similitudinem ut sit in se perfecta; perfectum autem sit unumquodque inquantum fit actu: oportet quod intentio cuiuslibet in potentia existentis sit ut per motum tendat in actum. quanto igitur aliquis actus est posterior et magis perfectus, tanto principalius in ipsum appetitus materiae fertur. unde oportet quod in ultimum et perfectissimum actum quem materia consequi potest, tendat appetitus materiae quo appetit formam, sicut in ultimum finem generationis. in actibus autem formarum gradus quidam inveniuntur. nam materia prima est in potentia primo ad formam elementi. sub forma vero elementi existens est in potentia ad formam mixti: propter quod elementa sunt materia mixti. sub forma autem mixti considerata, est in potentia ad animam vegetabilem: nam talis corporis anima actus est. itemque anima vegetabilis est potentia ad sensitivam; sensitiva vero |25| ad intellectivam. quod processus generationis ostendit: primo enim in generatione est fetus vivens vita plantae, postmodum vero vita animalis, demum vero vita hominis. post hanc autem formam non invenitur in generabilibus et corruptibilibus posterior forma et dignior. ultimus igitur finis generationis totius est anima humana, et in hanc tendit materia sicut in ultimam formam. sunt ergo elementa propter corpora mixta; haec vero propter viventia; in quibus plantae sunt propter animalia; animalia vero propter hominem. homo igitur est finis totius generationis.

n.8 ' Quia vero per eadem res generatur et conservatur in esse, secundum ordinem praemissum in generationibus rerum est etiam ordo in conservationibus earundem. unde videmus quod corpora mixta sustentantur per elementorum congruas qualitates: plantae vero ex mixtis corporibus nutriuntur; animalia ex plantis nutrimentum habent; et quaedam etiam perfectiora et virtuosiora ex quibusdam imperfectioribus et infirmioribus. homo vero utitur omnium rerum generibus ad sui utilitatem. quibusdam quidem ad esum, quibusdam vero ad vestitum: unde et a natura nudus est institutus, utpote potens ex aliis sibi vestitum praeparare; sicut etiam nullum sibi congruum nutrimentum natura praeparavit nisi lac, ut ex diversis rebus sibi cibum conquireret. quibusdam vero ad vehiculum: nam in motus celeritate, et in fortitudine ad sustinendos labores, multis animalibus infirmior invenitur, quasi aliis animalibus ad auxilium sibi praeparatis. et super hoc omnibus sensibilibus |25| utitur ad intellectualis cognitionis perfectionem. * unde et de homine in psalmo dicitur, ad deum directo sermone: ° omnia subiecisti sub pedibus eius. * et aristoteles dicit, in i politicorum, quod " homo habet naturale dominium super omnia animalia.

n.9 ' Si igitur motio ipsius caeli ordinatur ad generationem; generatio autem tota ordinatur ad hominem sicut in ultimum finem huius generis: manifestum est quod finis motionis caeli ordinatur ad hominem sicut in ultimum finem in genere generabilium et mobilium.

n.10 * Hinc est quod deuteron. 4-19, dicitur quod " deus corpora caelestia fecit in ministerium cunctis gentibus.

005 SCG lb3 cp23

n. ' Quod motus caeli est a principio intellectivo.

n.1 ' Ex praemissis etiam ostendi potest primum motivum motus caeli esse aliquid intellectivum.

n.2 ' Nihil enim secundum propriam speciem agens intendit formam altiorem sua forma; intendit enim " omne agens sibi simile. ' corpus autem caeleste, secundum quod agit per motum suum, intendit ultimam formam, quae est intellectus humanus, quae quidem est altior omni corporali forma, * ut ex praemissis patet. ' corpus igitur caeli non agit ad generationem secundum propriam speciem, sicut agens principale, sed secundum speciem alicuius superioris agentis intellectualis, ad quod se habet corpus caeleste sicut instrumentum ad agens principale. agit autem caelum ad generationem secundum quod movetur. movetur igitur corpus caeleste ab aliqua intellectuali substantia.

n.3 ' Adhuc. omne quod movetur, necesse est ab alio moveri, * ut superius probatum est. ' corpus igitur caeli ab alio movetur. aut ergo illud aliud est omnino separatum ab eo: aut est ei unitum, ita quod compositum ex caelo et movente dicatur movere seipsum, inquantum una pars eius est movens et alia mota. si autem sic est; omne autem movens seipsum est vivum et animatum: sequitur quod caelum sit animatum. non autem alia anima quam intellectuali: non enim nutritiva, cum in eo non sit generatio et corruptio; neque sensitiva, cum non habeat organorum diversitatem. sequitur ergo quod moveatur ab anima intellectiva. si autem movetur a motore extrinseco, aut illud erit corporeum, aut incorporeum. et si quidem corporeum, non movet nisi motum: nullum enim corpus movet nisi motum, * ut ex superioribus patet. ‘oportebit ergo et illud ab alio moveri. cum autem non sit procedere in infinitum in corporibus, oportebit devenire ad primum movens incorporeum. quod |25| autem est penitus a corpore separatum, oportet esse intellectuale, * ut ex superioribus patet. ‘motus igitur caeli, quod est primum corporeum, est ab intellectuali substantia.

n.4 “ Item. corpora gravia et levia moventur a generante et removente prohibens, * ut probatur in viii physicorum: ‘ non enim potest esse quod forma in eis sit movens et materia mota, nihil enim movetur nisi corpus. sicut autem elementorum corpora sunt simplicia, et non est in eis compositio nisi materiae et formae, ita et corpora caelestia sunt simplicia. si igitur moventur sicut gravia et levia, oportet quod moveantur a generante per se, et a removente prohibens per accidens. hoc autem est impossibile: nam illa corpora ingenerabilia sunt, utpote non habentia contrarietatem; et motus eorum impediri non possunt. oportet igitur quod moveantur illa corpora a moventibus per apprehensionem. non autem sensitivam, * ut ostensum est. ‘ergo intellectivam.

n.5 ‘Amplius. si principium motus caeli est sola natura, absque apprehensione aliqua, oportet quod principium motus caeli sit forma caelestis corporis, sicut et in elementis: licet enim formae simplices non sint moventes, sunt tamen principia motuum, ad eas enim consequuntur motus naturales, sicut et omnes aliae naturales proprietates. non autem potest esse quod motus caelestis sequatur formam caelestis corporis sicut principium activum. sic enim forma est principium motus localis, inquantum alicui corpori, secundum suam formam, debetur aliquis locus, in quem movetur ex vi suae formae tendentis in locum illum, quam quia dat generans, dicitur esse motor: sicut igni secundum suam formam competit esse sursum. corpori autem caelesti, secundum suam formam, non magis congruit unum ubi quam aliud. non igitur motus caelestis principium est sola natura. oportet igitur quod principium motus eius sit aliquid per apprehensionem movens.

n.6 ‘ Adhuc. natura semper ad unum tendit: unde quae sunt a natura, semper sunt eodem modo, nisi impediantur; quod est in paucioribus. quod igitur ex sui ratione habet difformitatem, impossibile est quod sit finis in quem tendit natura. motus autem secundum rationem suam est huiusmodi: quod enim movetur, inquantum huiusmodi, dissimiliter se habet et nunc et prius. impossibile est igitur quod natura intendat motum propter seipsum. intendit igitur quietem per motum, quae se habet ad motum sicut unum ad multa: quiescit enim “ quod similiter se habet nunc et prius. ‘ si igitur motus caeli sit a natura tantum, esset ordinatus in aliquam quietem. cuius contrarium apparet: cum sit continuus. non est igitur motus caeli a natura sicut a principio activo, sed magis a substantia intelligente.

n.7 ‘Item. omni motui qui est a natura sicut a principio activo, oportet quod, si accessus ad aliquid est naturalis, quod recessus ab eodem sit innaturalis et contra naturam: sicut grave accedit deorsum naturaliter, recedit autem inde contra naturam. si igitur motus caeli esset naturalis, cum tendat ad occidentem naturaliter, contra naturam ab occidente recedens in orientem rediret. hoc autem est impossibile: in motu enim caelesti nihil est violentum et contra naturam. impossibile est igitur quod principium activum motus caelestis sit natura. est igitur principium activum eius aliqua vis apprehensiva, et per intellectum, * ut ex praedictis patet. ‘ movetur igitur corpus caeleste a substantia intellectuali.

n.8 ‘Non tamen est negandum motum caelestem esse naturalem. dicitur enim esse motus aliquis naturalis, non solum propter activum principium, sed etiam propter passivum: sicut patet in generatione simplicium corporum. quae quidem non potest dici naturalis ratione principii activi: movetur enim id naturaliter a principio activo cuius principium activum est intra, natura enim est “principium motus in eo in quo est; ‘ principium autem activum in generatione simplicis corporis est extra. non est igitur naturalis ratione principii activi, sed solum ratione principii passivi, quod est materia, cui inest naturalis appetitus ad formam naturalem. sic ergo motus caelestis corporis, quantum ad activum principium, non est naturalis, sed magis voluntarius et intellectualis: quantum vero ad principium passivum est naturalis, nam corpus caeleste habet naturalem aptitudinem ad talem motum.

n.9 ‘Hoc autem manifeste apparet si habitudo consideretur caelestis corporis ad suum ubi. patitur enim et movetur unumquodque secundum quod est in potentia, agit vero et movet secundum quod est actu. corpus autem caeleste, secundum suam substantiam consideratum, invenitur ut in potentia indifferenter se habens ad quodlibet ubi, sicut materia prima ad quamlibet formam, * sicut praedictum est. ‘aliter autem est de corpore gravi et levi, quod, in sua natura consideratum, non est indifferens ad omnem locum, sed ex ratione suae formae determinatur sibi locus. natura igitur corporis gravis et levis est principium activum motus eius: natura vero corporis caelestis est motus ipsius passivum principium. unde non debet alicui videri quod violenter moveatur, sicut corpora gravia et levia, quae a nobis moventur per intellectum. corporibus enim gravibus et levibus inest naturalis aptitudo ad contrarium motum ei quo moventur a nobis, et ideo a nobis moventur per violentiam: |25| licet motus corporis animalis, quo movetur ab anima, non sit ei violentus inquantum est animatum, etsi sit ei violentus inquantum est grave quoddam. corpora autem caelestia non habent aptitudinem ad motum contrarium, sed ad illum quo moventur a substantia intelligente. unde simul est voluntarius, quantum ad principium activum; et naturalis, quantum ad principium passivum.

n.10 ‘Quod autem motus caeli est voluntarius secundum activum principium, non repugnat unitati et conformitati caelestis motus, ex hoc quod voluntas ad multa se habet, et non est determinata ad unum. quia sicut natura determinatur ad unum per suam virtutem, ita voluntas determinatur ad unum per suam sapientiam, qua voluntas dirigitur infallibiliter ad unum finem.

n.11 * Patet etiam ex praemissis quod ‘in motu caelesti non est contra naturam neque accessus ad aliquod ubi, neque recessus ab eo. hoc enim accidit in motu gravium et levium propter duo: primo quidem, quia intentio naturae est determinata in gravibus et levibus ad unum locum, unde, sicut naturaliter tendit in ipsum, ita contra naturam recedit ab eo. secundo, quia duo motus quorum unus accedit ad terminum, et alter recedit, sunt contrarii. si autem accipiatur in motu gravium et levium non ultimus locus, sed medius, sicut ad ipsum acceditur naturaliter, ita ab ipso naturaliter receditur: quia totum stat sub una intentione naturae; et non sunt motus contrarii, sed unus et continuus. ita autem est in motu caelestium corporum: quia naturae intentio non est ad aliquod ubi determinatum, * ut iam dictum est; ‘ motus etiam quo recedit corpus circulariter motum ab aliquo signo, non est contrarius motui quo illuc accedit, sed est unus |25| motus et continuus. unde quodlibet ubi in motu caeli est sicut medium, et non sicut extremum in motu recto.

n.12 ‘Non differt autem, quantum ad praesentem intentionem, utrum corpus caeleste moveatur a substantia intellectuali coniuncta, quae sit anima eius, vel a substantia separata; et utrum unumquodque corporum caelestium moveatur a deo immediate, vel nullum, sed mediantibus substantiis intellectualibus creatis; aut primum tantum immediate a deo, alia vero mediantibus substantiis creatis; dummodo habeatur quod motus caelestis est a substantia intellectuali.

005 SCG lb3 cp24

n. ‘Quomodo appetunt bonum etiam quae cognitione carent.

n.1 ‘Si autem corpus caeleste a substantia intellectuali movetur, * ut ostensum est; ‘motus autem corporis caelestis ordinatur ad generationem in inferioribus: necesse est quod generationes et motus istorum inferiorum procedant ex intentione substantiae intelligentis. in idem enim fertur intentio principalis agentis, et instrumenti. caelum autem est causa inferiorum motuum secundum suum motum, quo movetur a substantia intellectuali. sequitur ergo quod sit sicut instrumentum intellectualis substantiae. sunt igitur formae et motus inferiorum corporum a substantia intellectuali causatae et intentae sicut a principali agente, a corpore vero caelesti sicut ab instrumento.

n.2 ‘Oportet autem quod species eorum quae causantur et intenduntur ab intellectuali agente, praeexistant in intellectu ipsius: sicut formae artificiatorum praeexistunt in intellectu artificis, et ex eis deriventur in effectus. omnes igitur formae quae sunt in istis inferioribus, et omnes motus, derivantur a formis intellectualibus quae sunt in intellectu alicuius substantiae, vel aliquarum. * et propter hoc dicit boetius, in libro de trin., quod ° formae quae sunt in materia, venerunt a formis quae sunt sine materia. * et quantum ad hoc verificatur dictum platonis, quod “ formae separatae sunt principia formarum quae sunt in materia: * licet plato posuerit “eas per se subsistentes, et causantes immediate formas sensibilium; ‘ nos vero ponamus eas in intellectu existentes, et causantes formas inferiores per motum caeli.

n.3 ‘Quia vero omne quod movetur ab aliquo per se, non secundum accidens, dirigitur ab eo in finem sui motus; corpus autem caeleste movetur a substantia intellectuali; corpus autem caeleste causat per sui motum omnes motus in istis inferioribus: necessarium est quod corpus caeleste dirigatur in finem sui motus per substantiam intellectualem, et per consequens omnia inferiora corpora in proprios fines.

n.4 ‘Sic igitur non est difficile videre qualiter natura-lia corpora cognitione carentia moveantur et agant propter finem. tendunt enim in finem sicut directa in finem a substantia intelligente, per modum quo sagitta tendit ad signum directa a sagittante. sicut enim sagitta consequitur inclinationem ad finem determinatum ex impulsione sagittantis, ita corpora naturalia consequuntur inclinationem in fines naturales ex moventibus naturalibus, ex quibus sortiuntur suas formas et virtutes et motus.

n.5 ‘ Unde etiam patet quod quodlibet opus naturae est opus substantiae intelligentis: nam effectus principalius attribuitur primo moventi dirigenti in finem, quam instrumentis ab eo directis. et propter hoc operationes naturae inveniuntur ordinate procedere ad finem, sicut operationes sapientis.

n.6 ‘Planum igitur fit quod ea etiam quae cognitione carent, possunt operari propter finem; et appetere bonum naturali appetitu; et appetere divinam similitudinem; et propriam perfectionem. non est autem differentia sive hoc sive illud dicatur. nam per hoc quod tendunt in suam perfectionem, tendunt ad bonum: cum unumquodque in tantum bonum sit in quantum est perfectum. secundum vero quod tendit ad hoc quod sit bonum, tendit in divinam similitudinem: deo enim assimilatur aliquid inquantum bonum est. bonum autem hoc vel illud particulare habet quod sit appetibile inquantum est similitudo primae bonitatis. propter hoc igitur tendit in proprium bonum, quia tendit in divinam similitudinem, et non e converso. unde patet quod omnia appetunt divinam similitudinem quasi ultimum finem.

n.7 ‘ Bonum autem suum cuiuslibet rei potest accipi multipliciter. uno quidem modo, secundum quod est eius proprium ratione individui. et sic appetit animal suum bonum cum appetit cibum, quo in esse conservatur. alio modo, secundum quod est eius ratione speciei. et sic appetit proprium bonum animal inquantum appetit generationem prolis et eius nutritionem, vel quicquid aliud operetur ad conservationem vel defensionem individuorum suae speciei. tertio vero modo, ratione generis. et sic appetit proprium bonum in causando agens aequivocum: sicut caelum. quarto autem modo, ratione similitudinis analogiae principiatorum ad suum principium. et sic deus, qui est extra genus, propter suum bonum omnibus rebus dat esse.

n.8 ‘Ex quo patet quod quanto aliquid est perfectioris virtutis, et eminentius in gradu bonitatis, tanto appetitum boni communiorem habet, et magis in distantibus a se bonum quaerit et operatur. nam imperfecta ad solum bonum proprii individui tendunt; perfecta vero ad bonum speciei; perfectiora vero ad bonum generis; deus autem, qui est perfectissimus in bonitate, ad bonum totius entis. * unde non immerito dicitur a quibusdam quod “ bonum, inquantum huiusmodi, est diffusivum: ‘quia quanto aliquid invenitur melius, tanto ad remotiora bonitatem suam diffundit. et quia “in quolibet genere quod est perfectissimum est exemplar et mensura omnium quae sunt illius generis, ‘ oportet quod deus, qui est in bonitate perfectissimus et suam bonitatem communissime diffundens, in sua diffusione sit exemplar omnium bonitatem diffundentium. inquantum autem unumquodque bonitatem diffundit in alia, fit aliorum causa. hinc etiam patet quod unumquodque tendens ad hoc quod sit aliorum causa, tendit in divinam |25| similitudinem, et nihilominus tendit in suum bonum.

n.9 ‘Non est ergo inconveniens si motus corporum caelestium, et actiones motorum eorum, dicantur esse aliqualiter propter haec corpora quae generantur et corrumpuntur, quae sunt eis indigniora. non enim sunt propter haec sicut propter ultimum finem: sed, intendentes horum generationem, intendunt suum bonum, et divinam similitudinem tanquam ultimum finem.

005 SCG lb3 cp25

n. ‘Quod intelligere deum est finis omnis intellectualis substantiae.

n.1 ‘ Cum autem omnes creaturae, etiam intellectu carentes, ordinentur in deum sicut in finem ultimum; ad hunc autem finem pertingunt omnia inquantum de similitudine eius aliquid participant: intellectuales creaturae aliquo specialiori modo ad ipsum pertingunt, scilicet per propriam operationem intelligendo ipsum. unde oportet quod hoc sit finis intellectualis creaturae, scilicet intelligere deum.

n.2 ‘Ultimus enim finis cuiuslibet rei est deus, * ut ostensum est. ‘intendit igitur unumquodque sicut ultimo fini deo coniungi quanto magis sibi possibile est. vicinius autem coniungitur aliquid deo per hoc quod ad ipsam substantiam eius aliquo modo pertingit, quod fit dum aliquid quis cognoscit de divina substantia, quam dum consequitur eius aliquam similitudinem. substantia igitur intellectualis tendit in divinam cognitionem sicut in ultimum finem.

n.3 ‘ Item. propria operatio cuiuslibet rei est finis eius: est enim secunda perfectio ipsius; unde quod ad propriam operationem bene se habet, dicitur virtuosum et bonum. intelligere autem est propria operatio substantiae intellectualis. ipsa igitur est finis eius. quod igitur est perfectissimum in hac operatione, hoc est ultimus finis: et praecipue in operationibus quae non ordinantur ad aliqua operata, sicut est intelligere et sentire. cum autem huiusmodi operationes ex obiectis speciem recipiant, per quae etiam cognoscuntur, oportet quod tanto sit perfectior aliqua istarum operationum, quanto eius obiectum est perfectius. et sic intelligere perfectissimum intelligibile, quod deus est, est perfectissimum in genere huius operationis quae est intelligere. cognoscere igitur deum intelligendo est ultimus finis cuiuslibet intellectualis substantiae.

n.4 * Potest autem aliquis dicere " intellectualis quidem substantiae ultimum finem consistere in intelligendo optimum intelligibile: non tamen illud quod est optimum intelligibile huius vel illius intellectualis substantiae, est optimum intelligibile simpliciter, sed quanto aliqua intellectualis substantia est altior, tanto suum intelligibile optimum est altius. et ideo forte suprema intellectualis substantia creata habet pro intelligibili optimo illud quod est optimum simpliciter, unde eius felicitas erit in intelligendo deum: cuiuslibet vero inferioris substantiae intellectualis felicitas erit intelligere aliquod inferius intelligibile, quod est tamen altissimum eorum quae ab ipsa intelliguntur. et praecipue intellectus humani videtur quod non sit intelligere optimum intelligibile simpliciter, propter eius debilitatem: habet enim se ad cognoscendum illud quod est maximum intelligibile sicut oculus noctuae ad solem.

n.5 ' Sed manifeste apparet quod finis cuiuslibet substantiae intellectualis, etiam infimae, est intelligere deum. * ostensum est enim supra quod ' omnium entium ultimus finis in quem tendunt, est deus. intellectus autem humanus, etsi sit infimus in ordine intellectualium substantiarum, est tamen superior omnibus intellectu carentibus. cum ergo nobilioris substantiae non sit ignobilior finis, erit etiam intellectus humani finis ipse deus. unumquodque autem intelligens consequitur suum finem ultimum per hoc quod ipsum intelligit, * ut ostensum est. ' intelligendo igitur pertingit intellectus humanus ad deum sicut ad finem.

n.6 ' Adhuc. sicut res intellectu carentes tendunt in deum sicut in finem per viam assimilationis, ita substantiae intellectuales per viam cognitionis, * ut ex praedictis patet. ' res autem intellectu carentes, etsi tendant in similitudinem proximorum agentium, non tamen ibi quiescit naturae intentio, sed habet pro fine assimilationem ad summum bonum, * ut ex dictis patet, ' etsi imperfectissime ad hanc similitudinem possint pertingere. intellectus igitur quantumcumque modicum possit de divina cognitione percipere, illud erit sibi pro ultimo fine, magis quam perfecta cognitio inferiorum intelligibilium.

n.7 ' Amplius. unumquodque maxime desiderat suum finem ultimum. intellectus autem humanus magis desiderat, et amat, et delectatur in cognitione divinorum, quamvis modicum quidem de illis percipere possit, quam in perfecta cognitione quam habet de rebus infimis. est igitur ultimus finis hominis intelligere quoquo modo deum.

n.8 ' Adhuc. unumquodque tendit in divinam similitudinem sicut in proprium finem. illud igitur per quod unumquodque maxime deo assimilatur, est ultimus finis eius. deo autem assimilatur maxime creatura intellectualis per hoc quod intellectualis est: hanc enim similitudinem habet prae ceteris creaturis, et haec includit omnes alias. in genere autem huius similitudinis magis assimilatur deo secundum quod intelligit actu, quam secundum quod intelligit in habitu vel potentia: quia deus semper actu intelligens est, * ut in primo probatum est. ' et in hoc quod intelligit actu, maxime assimilatur deo secundum quod intelligit ipsum deum: nam ipse deus intelligendo se intelligit omnia alia, * ut in primo probatum est. ' intelligere igitur deum est ultimus finis omnis intellectualis substantiae.

n.9 ' Item. quod est tantum propter aliud diligibile, est propter illud quod est tantum propter se diligibile: non enim est abire in infinitum in appetitu naturae, quia desiderium naturae frustraretur, cum non sit possibile pertransire infinita. omnes autem scientiae et artes et potentiae practicae sunt tantum propter aliud diligibiles: nam in eis finis non est scire, sed operari. scientiae autem speculativae sunt propter seipsas diligibiles: nam finis earum est ipsum scire. nec invenitur aliqua actio in rebus humanis quae non ordinetur ad alium finem, nisi consideratio speculativa. nam etiam ipsae actiones ludicrae, quae videntur absque fine fieri, habent aliquem finem debitum, scilicet ut per eas quodammodo mente relevati, magis simus postmodum potentes ad studiosas operationes: alias esset semper ludendum, si ludus propter se quaereretur, quod est inconveniens. ordinantur igitur artes practicae ad speculativas, et similiter omnis humana operatio ad speculationem intellectus, sicut |25| ad finem. in omnibus autem scientiis et artibus ordinatis ad illam videtur pertinere ultimus finis quae est praeceptiva et architectonica aliarum: sicut ars gubernatoria, ad quam pertinet finis navis, qui est usus ipsius, est architectonica et praeceptiva respectu navisfactivae. hoc autem modo se habet philosophia prima ad alias scientias speculativas, nam ab ipsa omnes aliae dependent, utpote ab ipsa accipientes sua principia, et directionem contra negantes principia: ipsaque prima philosophia tota ordinatur ad dei cognitionem sicut ad ultimum finem, unde et scientia divina nominatur. est ergo cognitio divina finis ultimus omnis humanae cognitionis et operationis.

n.10 ' Adhuc. in omnibus agentibus et moventibus ordinatis oportet quod finis primi agentis et motoris sit ultimus finis omnium: sicut finis ducis exercitus est finis omnium sub eo militantium. inter omnes autem hominis partes, intellectus invenitur superior motor: nam intellectus movet appetitum, proponendo ei suum obiectum; appetitus autem intellectivus, qui est voluntas, movet appetitus sensitivos, qui sunt irascibilis et concupiscibilis, unde et concupiscentiae non obedimus nisi voluntatis imperium adsit; appetitus autem sensitivus, adveniente consensu voluntatis, movet iam corpus. finis igitur intellectus est finis omnium actionum humanarum. " finis autem et bonum intellectus est verum: ' et per consequens ultimus finis primum verum. est igitur ultimus finis totius hominis, et omnium operationum et desideriorum eius, cognoscere primum verum, quod est deus.

n.11 ' Amplius. naturaliter inest omnibus hominibus desiderium cognoscendi causas eorum quae videntur: unde propter admirationem eorum quae videbantur, quorum causae latebant, homines primo philosophari coeperunt, invenientes autem causam quiescebant. nec sistit inquisitio quousque perveniatur ad primam causam: et " tunc perfecte nos scire arbitramur quando primam causam cognoscimus. ' desiderat igitur homo naturaliter cognoscere primam causam quasi ultimum finem. prima autem omnium causa deus est. est igitur ultimus finis hominis cognoscere deum.

n.12 ' Praeterea. cuiuslibet effectus cogniti naturaliter homo scire causam desiderat. intellectus autem humanus cognoscit ens universale. desiderat igitur naturaliter cognoscere causam eius, quae solum deus est, * ut in secundo probatum est. ' non est autem aliquis assecutus finem ultimum quousque naturale desiderium quiescat. non sufficit igitur ad felicitatem humanam, quae est ultimus finis, qualiscumque intelligibilis cognitio, nisi divina cognitio adsit, quae terminat naturale desiderium sicut ultimus finis. est igitur ultimus finis hominis ipsa dei cognitio.

n.13 ' Amplius. corpus, quod naturali appetitu tendit in suum ubi, tanto vehementius et velocius movetur, quanto magis appropinquat fini: * unde probat aristoteles in I de caelo, quod " motus naturalis rectus non potest esse ad infinitum, quia non magis moveretur postea quam prius. ' quod igitur vehementius in aliquid tendit post quam prius, non movetur ad infinitum, sed ad aliquid determinatum tendit. hoc autem invenimus in desiderio sciendi: quanto enim aliquis plura scit, tanto maiori desiderio affectat scire. tendit igitur desiderium naturale hominis in sciendo ad aliquem determinatum finem. hoc autem non potest esse aliud quam nobilissimum scibile, quod deus est. est igitur cognitio divina finis ultimus hominis.

n.14 ' Ultimus autem finis hominis, et cuiuslibet intellectualis substantiae, felicitas sive beatitudo nominatur: hoc enim est quod omnis substantia intellectualis desiderat tanquam ultimum finem, et propter se tantum. est igitur beatitudo et felicitas ultima cuiuslibet substantiae intellectualis cognoscere deum.

n.15 * Hinc est quod dicitur matth. 5-8: ° beati mundo corde, quoniam ipsi deum videbunt. * et ioan. 17-3: ° haec est vita aeterna, ut cognoscant te, deum verum.

n.16 * Huic etiam sententiae aristoteles in ultimo ethicorum, concordat, ubi " ultimam hominis felicitatem dicit esse speculativam, quantum ad speculationem optimi speculabilis.

005 SCG lb3 cp26

n. ' Utrum felicitas consistat in actu voluntatis.

n.1 ' Quia vero intellectualis substantia sua operatione pertingit ad deum non solum intelligendo, sed etiam per actum voluntatis, desiderando et amando ipsum et in ipso delectationem habendo, * potest alicui videri quod " ultimus finis, et ultima hominis felicitas, non sit in cognoscendo deum, sed magis in amando, vel aliquo alio actu voluntatis se habendo ad ipsum:

n.2 " Praecipue cum obiectum voluntatis sit bonum, quod habet rationem finis; verum autem, quod est obiectum intellectus, non habet rationem finis nisi inquantum et ipsum est bonum. unde non videtur homo consequi ultimum finem per actum intellectus, sed magis per actum voluntatis.

n.3 " Praeterea. ultima perfectio operationis est delectatio, ° quae perficit operationem sicut pulchritudo iuventutem, * ut in x eth. philosophus dicit. " si igitur perfecta operatio est ultimus finis, videtur quod ultimus finis magis sit secundum operationem voluntatis quam intellectus.

n.4 " Adhuc. delectatio videtur ita propter se desiderari quod nunquam propter aliud: stultum enim est quaerere ab aliquo quare velit delectari. haec autem est conditio ultimi finis: ut scilicet propter se quaeratur. est igitur ultimus finis magis in operatione voluntatis quam intellectus, ut videtur.

n.5 " Item. in appetitu ultimi finis maxime omnes concordant: cum sit naturalis. plures autem quaerunt delectationem quam cognitionem. magis igitur videtur esse finis delectatio quam cognitio.

n.6 " Amplius. voluntas videtur esse altior potentia quam intellectus: nam voluntas movet intellectum ad suum actum; intellectus enim actu considerat quae habitu tenet, cum aliquis voluerit. actio igitur voluntatis videtur nobilior quam actio intellectus. magis igitur videtur ultimus finis, quae est beatitudo, consistere in actu voluntatis quam in actu intellectus.

n.7 * Hoc autem esse impossibile manifeste ostenditur.

n.8 ' Cum enim beatitudo sit proprium bonum intellectualis naturae, oportet quod secundum id intellectuali naturae conveniat quod est sibi proprium. appetitus autem non est proprium intellectualis naturae, sed omnibus rebus inest: licet sit diversimode in diversis. quae tamen diversitas procedit ex hoc quod res diversimode se habent ad cognitionem. quae enim omnino cognitione carent, habent appetitum naturalem tantum. quae vero habent cognitionem sensitivam, et appetitum sensibilem habent, sub quo irascibilis et concupiscibilis continetur. quae vero habent cognitionem intellectivam, et appetitum cognitioni proportionalem habent, scilicet voluntatem. voluntas igitur, secundum quod est appetitus, non est proprium intellectualis naturae: sed solum secundum quod ab intellectu dependet. intellectus autem secundum se proprius est intellectuali naturae. beatitudo igitur vel felicitas in actu intellectus consistit substantialiter et principaliter, magis quam in actu voluntatis.

n.9 ' Adhuc. in omnibus potentiis quae moventur a suis obiectis, obiecta sunt naturaliter priora actibus illarum potentiarum: sicut motor naturaliter prior est quam moveri ipsius mobilis. talis autem potentia est voluntas: appetibile enim movet appetitum. obiectum igitur voluntatis est prius naturaliter quam actus eius. primum igitur eius obiectum praecedit omnem actum ipsius. non potest ergo actus voluntatis primum volitum esse. hoc autem est ultimus finis, qui est beatitudo. impossibile est igitur quod beatitudo sive felicitas sit ipse actus voluntatis.

n.10 ' Praeterea. in omnibus potentiis quae possunt converti in suos actus, prius oportet quod actus illius potentiae feratur in obiectum aliud, et postmodum feratur in suum actum. si enim intellectus intelligit se intelligere, prius oportet poni quod intelligat rem aliquam, et consequenter quod intelligat se intelligere: nam ipsum intelligere quod intellectus intelligit, alicuius obiecti est; unde oportet quod vel procedatur in infinitum, vel, si est devenire ad primum intellectum, hoc non erit ipsum intelligere, sed aliqua res intelligibilis. similiter oportet quod primum volitum non sit ipsum velle, sed aliquid aliud bonum. primum autem volitum intellectualis naturae est ipsa beatitudo sive felicitas: nam propter hanc volumus quaecumque volumus. impossibile est igitur felicitatem essentialiter in actu voluntatis consistere.

n.11 ' Amplius. unumquodque secundum ea quae constituunt substantiam eius, habet naturae suae veritatem: differt enim verus homo a picto per ea quae substantiam hominis constituunt. vera autem beatitudo non differt a falsa secundum actum voluntatis: nam eodem modo se habet voluntas in desiderando vel amando vel delectando, quicquid sit illud quod sibi proponitur ut summum bonum, sive vere sive falso; utrum autem vere sit summum bonum quod ut tale proponitur vel falso, hoc differt ex parte intellectus. beatitudo igitur, sive felicitas, in intellectu essentialiter magis quam in actu voluntatis consistit.

n.12 ' Item. si aliquis actus voluntatis esset ipsa felicitas, hic actus esset aut desiderare, aut amare, aut delectari. impossibile est autem quod desiderare sit ultimus finis. est enim desiderium secundum quod voluntas tendit in id quod nondum habet: hoc autem contrariatur rationi ultimi finis. amare etiam non potest esse ultimus finis. amatur enim bonum non solum quando habetur, sed etiam quando non habetur, ex amore enim est quod non habitum desiderio quaeratur: et si amor iam habiti perfectior sit, hoc causatur ex hoc quod bonum amatum habetur. aliud igitur est habere bonum quod est finis, quam amare, quod ante habere est imperfectum, post habere vero perfectum. similiter autem nec delectatio est ultimus finis. ipsum enim habere bonum causa est delectationis: vel dum bonum nunc habitum sentimus; vel dum prius habitum memoramur; vel dum in futuro habendum speramus. non est igitur delectatio ultimus |25| finis. nullus ergo actus voluntatis potest esse substantialiter ipsa felicitas.

n.13 ' Adhuc. si delectatio esset ultimus finis, ipsa secundum seipsam esset appetenda. hoc autem est falsum. refert enim quae delectatio appetatur ex eo ad quod consequitur delectatio: nam delectatio quae consequitur bonas et appetendas operationes, bona est et appetenda; quae autem malas, mala et fugienda. habet igitur quod sit bona et appetenda ex alio. non est igitur ipsa ultimus finis, qui est felicitas.

n.14 ' Adhuc. rectus ordo rerum convenit cum ordine naturae: nam res naturales ordinantur in suum finem absque errore. in naturalibus autem est delectatio propter operationem, et non e converso. videmus enim quod natura illis operationibus animalium delectationem apposuit quae sunt manifeste ad fines necessarios ordinatae, sicut in usu ciborum, qui ordinatur ad conservationem individui, et in usu venereorum, qui ordinatur ad conservationem speciei: nisi enim adesset delectatio, animalia a praedictis usi-

bus necessariis abstinerent. impossibile ergo est quod delectatio sit ultimus finis.
n.15 ' Item. delectatio nihil aliud esse videtur quam quietatio voluntatis in aliquo bono convenienti, sicut desiderium est inclinatio voluntatis in aliquod bonum consequendum. sicut autem homo per voluntatem inclinatur in finem et quietatur in illo, ita corpora naturalia habent inclinationes naturales in fines proprios, quae quidem quietantur fine iam adepto. ridiculum autem est dicere quod finis motus corporis gravis non sit esse in loco proprio, sed quietatio inclinationis qua in hoc tendebat. si enim hoc principaliter natura intenderet ut inclinatio quietaretur, non daret eam; dat autem eam ut per hoc tendat in locum proprium; quo consecuto, quasi fine, sequitur inclinationis quietatio. et sic quietatio talis non est finis, sed concomitans finem. nec igitur delectatio est finis ultimus, sed concomitans ipsum. multo igitur magis nec aliquis voluntatis actus est felicitas.
n.16 ' Adhuc. si alicuius rei sit aliqua res exterior finis, illa eius operatio dicetur etiam finis ultimus per quam primo consequitur rem illam: sicut his quibus pecunia est finis, dicitur etiam possidere pecuniam finis, non autem amare, neque concupiscere. finis autem ultimus substantiae intellectualis est deus. illa igitur operatio hominis est substantialiter eius beatitudo vel felicitas, per quam primo attingit ad deum. hoc autem est intelligere: nam velle non possumus quod non intelligimus. est igitur ultima felicitas hominis in cognoscendo deum per intellectum substantialiter, non in actu voluntatis.
n.17 ' Iam igitur per ea quae dicta sunt, patet solutio in contrarium obiectorum.
n.18 ' Non enim, si " felicitas per hoc quod habet rationem summi boni, est obiectum voluntatis, propter hoc necesse est quod sit substantialiter ipse actus voluntatis: * ut prima ratio procedebat. ' immo ex hoc ipso quod est primum obiectum, sequitur quod non sit actus eius, * ut ex dictis apparet.
n.19 ' Neque etiam oportet quod " omne id quo res quocumque modo perficitur, sit finis illius rei: * sicut secunda ratio procedebat. ' est enim aliquid perfectio alicuius dupliciter: uno modo, ut habentis iam speciem; alio modo, ut ad speciem habendam. sicut perfectio domus secundum quod iam habet speciem, est id ad quod species domus ordinatur, scilicet habitatio: non enim domus fieret nisi propter hoc; unde et in definitione domus oportet hoc poni, si debeat definitio esse perfecta. perfectio vero ad speciem domus, est tam id quod ordinatur ad speciem constituendam, sicut principia substantialia ipsius; quam id quod ordinatur ad speciei conservationem, sicut apodiacula, quae fiunt ad sustentationem domus; quam etiam illa quae faciunt ad hoc quod usus domus sit convenientior, sicut pulchritudo domus. illud igitur quod est perfectio rei secundum quod iam habet speciem, est finis ipsius: ut habitatio est finis domus. et similiter propria operatio cuiuslibet rei, quae est quasi usus eius, est |25| finis ipsius. quae autem sunt perfectiones rei ad speciem, non sunt finis rei: immo res est finis ipsarum; materia enim et forma sunt propter speciem. licet enim forma sit finis generationis, non tamen est finis iam generati et speciem habentis: immo ad hoc quaeritur forma ut species sit completa. similiter conservantia rem in sua specie, ut sanitas et vis nutritiva, licet perficiant animal, non tamen sunt finis animalis, sed magis e converso. ea etiam quibus aptatur res ad proprias operationes speciei perficiendas, et ad debitum finem congruentius consequendum, non sunt finis rei, sed magis e converso: sicut pulchritudo hominis, et robur corporis, et alia huiusmodi, * de quibus dicit philosophus, in i ethicorum, quod " organice deserviunt felicitati. ' delectatio autem est perfectio operationis, non ita quod ad ipsam ordinetur operatio secundum suam speciem, sed ordinatur ad alios fines, sicut comestio ordinatur secundum suam speciem ad conservationem individui: sed est similis perfectioni quae ordinatur ad speciem rei; nam propter delectationem attentius et decentius |50| operationi insistimus in qua delectamur. * unde in x ethicorum philosophus dicit quod ° delectatio perficit operationem sicut decor iuventutem, ' qui quidem est propter eum qui inest iuventus, et non e converso.
n.20 ' Neque autem quod " delectationem non propter aliud volunt homines sed propter seipsam, est sufficiens signum quod delectatio sit ultimus finis: * sicut tertia ratio concludebat. ' nam delectatio, etsi non sit ultimus finis, est tamen ultimum finem concomitans: cum ex adeptione finis delectatio consurgat.
n.21 ' Non autem plures quaerunt delectationem quae est in cognoscendo, quam cognitionem. sed plures sunt qui quaerunt delectationes sensibiles quam cognitionem intellectus et delectationem ipsam consequentem: quia ea quae exterius sunt, magis nota pluribus existunt, eo quod a sensibilibus incipit humana cognitio.
n.22 * Quod autem quinta ratio proponit, " voluntatem esse altiorem intellectu, quasi eius motivam, * falsum esse manifestum est. ' nam primo et per se intellectus movet voluntatem: voluntas enim, inquantum huiusmodi, movetur a suo obiecto, quod est bonum apprehensum. voluntas autem movet intellectum quasi per accidens, inquantum scilicet intelligere ipsum apprehenditur ut bonum, et sic desideratur a voluntate, ex quo sequitur quod intellectus actu intelligit. et in hoc ipso intellectus voluntatem praecedit: nunquam enim voluntas desideraret intelligere nisi prius intellectus ipsum intelligere apprehenderet ut bonum. et iterum, voluntas movet intellectum ad operandum in actu per modum quo agens movere dicitur; intellectus autem voluntatem per modum quo finis movet, nam bonum intellectum est finis voluntatis; agens autem est posterior in movendo quam finis, nam agens non movet nisi propter finem. unde apparet intellectum simpliciter esse altiorem voluntate: voluntatem |25| vero intellectu per accidens et secundum quid.

005 SCG lb3 cp27

n. ' Quod felicitas humana non consistit in delectationibus carnalibus.
n.1 ' Ex praemissis autem apparet quod impossibile est felicitatem humanam consistere in delectationibus corporalibus, quarum praecipuae sunt in cibis et venereis.
n.2 * Ostensum est enim quod ' secundum naturae ordinem delectatio est propter operationem, et non e converso. si igitur operationes non fuerint ultimus finis, delectationes consequentes eas neque sunt ultimus finis, neque concomitantes ultimum finem. constat autem quod operationes quas consequuntur praedictae delectationes, non sunt ultimus finis: ordinantur enim ad aliquos fines manifestos; sicut comestio ad conservationem corporis, coitus autem ad generationem prolis. delectationes igitur praemissae non sunt ultimus finis, neque ultimum finem concomitantes. non est igitur in his ponenda felicitas.
n.3 ' Adhuc. voluntas est superior quam appetitus sensitivus: movet enim ipsum, * sicut superius dictum est. ' in actu autem voluntatis non consistit felicitas, * sicut iam supra ostensum est. ' multo igitur minus in delectationibus praedictis, quae sunt in appetitu sensitivo.
n.4 ' Amplius. felicitas est quoddam bonum hominis proprium: non enim bruta possunt dici felicia, nisi abusive. delectationes autem praemissae sunt communes hominibus et brutis. non est igitur in eis ponenda felicitas.
n.5 ' Item. ultimus finis est nobilissimum eorum quae ad rem pertinent: habet enim rationem optimi. hae autem delectationes non conveniunt homini secundum id quod est nobilissimum in ipso, quod est intellectus, sed secundum sensum. non est igitur in talibus delectationibus ponenda felicitas.
n.6 ' Praeterea. summa perfectio hominis esse non potest in hoc quod coniungitur rebus se inferioribus, sed per hoc quod coniungitur alicui rei altiori: finis enim est melior eo quod est ad finem. delectationes autem praemissae consistunt in hoc quod homo secundum sensum coniungitur aliquibus se inferioribus, scilicet sensibilibus quibusdam. non est igitur in talibus delectationibus felicitas ponenda.
n.7 ' Amplius. quod non est bonum nisi secundum quod est moderatum, non est secundum se bonum, sed accipit bonitatem a moderante. usus autem praedictarum delectationum non est bonus homini nisi sit moderatus: aliter enim hae delectationes se invicem impedirent. non sunt igitur hae delectationes secundum se bonum hominis. quod autem est summum bonum, est per se bonum: quia quod per se bonum est, melius est eo quod per aliud. non sunt igitur tales delectationes summum hominis bonum, quod est felicitas.
n.8 ' Item. in omnibus quae per se dicuntur, sequitur magis ad magis, si simpliciter sequatur ad simpliciter: sicut, si calidum calefacit, magis calidum magis calefacit, et maxime calidum maxime calefaciet. si igitur delectationes praemissae essent secundum se bonae, oporteret quod maxime uti eis esset optimum. hoc autem patet esse falsum: nam nimius usus earum reputatur in vitium, et est etiam corporis noxius, et similium delectationum impeditivus. non sunt igitur per se bonum hominis. in eis igitur non consistit humana felicitas.
n.9 ' Praeterea. actus virtutum sunt laudabiles ex hoc quod ad felicitatem ordinantur. si igitur in delectationibus praemissis consisteret humana felicitas, actus virtutis magis esset laudabilis in accedendo ad has delectationes quam in abstinendo ab eis. hoc autem patet esse falsum: nam actus temperantiae maxime laudatur in abstinendo a delectationibus; unde ab hoc denominatur. non est igitur in delectationibus praemissis hominis felicitas.
n.10 ' Amplius. finis ultimus cuiuslibet rei deus est, * ut ex praemissis patet. ' illud igitur oportet ultimum finem hominis poni, per quod maxime appropinquat ad deum. per praedictas autem delectationes homo impeditur a maxima appropinquatione ad deum, quae fit per contemplationem, quam maxime praedictae delectationes impediunt, utpote ad sensibilia maxime hominem immergentes, et per consequens ab intelligibilibus retrahentes. non est igitur in delectationibus corporalibus felicitas humana ponenda.
n.11 * Per hoc autem excluditur error epicureorum " in his voluptatibus felicitatem hominis ponentium: * ex quorum persona dicit salomon, eccle. 5-17: ° hoc itaque visum est mihi bonum, ut comedat quis et bibat et fruatur laetitia ex labore suo et haec est pars illius. * et sap. 2-9: ° ubique relinquamus signa laetitiae: quoniam haec est pars nostra, et haec est sors nostra. * excluditur etiam error cerinthianorum qui " in ultima felicitate, post resurrectionem, mille annos in regno christi secundum carnales ventris voluptates fabulantur futuros: unde et chiliastae (quasi millenarii), sunt appellati. * excluduntur etiam iudaeorum et saracenorum fabulae, quae " retributiones iustorum in praedictis voluptatibus ponunt: felicitas enim est virtutis praemium.

005 SCG lb3 cp28

n. ' Quod felicitas non consistit in honoribus.
n.1 ' Ex praedictis etiam patet quod nec in honoribus est summum bonum hominis, quod est felicitas.
n.2 ' Finis enim ultimus hominis, et sua felicitas, est eius perfectissima operatio, * ut ex superioribus patet. ' honor autem hominis non consistit in sua operatione, sed alterius ad ipsum, qui ei reverentiam exhibet. non est igitur felicitas hominis in honoribus ponenda.
n.3 ' Adhuc. quod est propter alterum bonum et desiderabile, non est ultimus finis. tale autem est honor: non enim aliquis recte honoratur nisi propter aliquod aliud bonum in eo existens. et propter hoc homines honorari quaerunt, quasi boni alicuius quod in eis est testimonium habere volentes: unde et magis gaudent homines a magnis et sapientibus honorari. non est igitur in honoribus felicitas hominis ponenda.
n.4 ' Amplius. ad felicitatem per virtutem pervenitur. operationes autem virtutum sunt voluntariae: aliter enim non essent laudabiles. oportet igitur felicitatem esse aliquod bonum ad quod homo sua voluntate perveniat. hoc autem quod honorem assequatur, non est in potestate hominis, sed magis in potestate honorantis. non est igitur in honoribus felicitas humana ponenda.
n.5 ' Item. esse dignum honore non potest nisi bonis inesse. honorari autem possunt etiam mali. melius est igitur fieri honore dignum quam honorari. non est igitur honor summum hominis bonum.
n.6 ' Praeterea. summum bonum est perfectum bonum. perfectum autem bonum non compatitur aliquod malum. cui autem non inest aliquod malum, impossibile est esse malum. impossibile est igitur esse malum cui adest summum bonum. potest autem aliquis malus honorem consequi. non est igitur honor summum hominis bonum.

005 SCG lb3 cp29

n. ' Quod felicitas hominis non consistit in gloria.
n.1 ' Ex quo etiam apparet quod nec in gloria, quae est in celebritate famae, consistit summum hominis bonum.
n.2 ° Est enim gloria, * secundum tullium ° frequens de aliquo fama cum laude: * et secundum ambrosium, ° clara cum laude notitia. ' ad hoc autem homines volunt innotescere cum laude et claritate quadam, ut ab eis quibus innotescunt honorentur. est igitur gloria propter honorem quaesita. si igitur honor non est summum bonum, multo minus gloria.
n.3 ' Adhuc. laudabilia bona sunt secundum quae aliquis ostenditur ordinatus ad finem. qui autem ordinatur ad finem, nondum est ultimum finem assecutus. laus igitur non attribuitur ei qui iam est ultimum finem assecutus: sed magis honor, * ut philosophus dicit, in i ethicorum. ' non potest igitur gloria esse summum bonum: cum principaliter in laude consistat.
n.4 ' Amplius. cognoscere nobilius est quam cognosci: non enim cognoscunt nisi quae sunt nobiliora in rebus; cognoscuntur autem infima. non potest igitur summum hominis bonum esse gloria, quae consistit in hoc quod aliquis cognoscatur.
n.5 ' Item. cognosci aliquis non desiderat nisi in bonis: in malis autem quaerit latere. cognosci igitur bonum est et desiderabile propter bona quae in aliquo cognoscuntur. illa igitur sunt meliora. non est igitur gloria, quae in hoc consistit quod aliquis cognoscatur, summum hominis bonum.
n.6 ' Praeterea. summum bonum oportet esse perfectum: cum quietet appetitum: cognitio autem famae, in qua gloria humana consistit, est imperfecta: est enim plurimum incertitudinis et erroris habens. non potest igitur talis gloria esse summum bonum.
n.7 ' Item. id quod est summum hominis bonum, oportet esse stabilissimum in rebus humanis: naturaliter enim desideratur diuturna boni constantia. gloria autem, quae in fama consistit, est instabilissima: nihil enim est mutabilius opinione et laude humana. non est igitur talis gloria summum hominis bonum.

005 SCG lb3 cp30

n. ' Quod felicitas hominis non consistit in divitiis.
n.1 ' Ex hoc autem apparet quod nec divitiae sunt summum hominis bonum.
n.2 ' Non enim appetuntur divitiae nisi propter aliud: per se enim nihil boni inferunt, sed solum cum utimur eis, vel ad corporis sustentationem, vel ad aliquid huiusmodi. quod autem est summum bonum, est propter se desideratum, et non propter aliud. non sunt igitur divitiae summum hominis bonum.
n.3 ' Adhuc. eorum possessio vel conservatio non po-

test esse summum hominis bonum quae maxime conferunt homini in hoc quod emittuntur. divitiae autem in hoc maxime conferunt quod expenduntur: hoc enim earum usus est. non potest igitur divitiarum possessio esse summum hominis bonum.

n.4 ' Amplius. actus virtutis laudabilis est secundum quod ad felicitatem accedit. magis autem est laudabilis actus liberalitatis et magnificentiae, quae sunt circa pecunias, ex hoc quod pecuniae emittuntur, quam ex hoc quod conservantur: unde et ab hoc nomina harum virtutum sumuntur. non consistit igitur hominis felicitas in possessione divitiarum.

n.5 ' Item. illud in cuius consecutione summum hominis bonum est, oportet esse homine melius. divitiis autem homo est melior: cum sint res quaedam ad usum hominis ordinatae. non est igitur in divitiis summum hominis bonum.

n.6 ' Praeterea. summum hominis bonum fortunae non subiacet: nam fortuita absque studio rationis eveniunt; oportet autem quod per rationem homo proprium finem consequatur. in consecutione autem divitiarum maximum locum habet fortuna. non est igitur in divitiis humana felicitas constituta.

n.7 ' Amplius. hoc evidens fit per hoc quod divitiae involuntarie amittuntur; et quod malis advenire possunt, quos necesse est summo bono carere; et quod instabiles sunt; * et alia huiusmodi, quae ex superioribus rationibus colligi possunt.

005 SCG lb3 cp31

n. ' Quod felicitas non consistit in potentia mundana.

n.1 ' Similiter autem nec mundana potentia summum hominis bonum esse potest: cum etiam in ea obtinenda plurimum fortuna possit; et instabilis sit; et non subiaceat hominis voluntati; et plerumque malis adveniat; quae summo bono repugnant, * ut ex praemissis patet.

n.2 ' Item. homo maxime dicitur bonus secundum quod ad summum bonum attingit. secundum autem quod habet potentiam, non dicitur neque bonus neque malus: non enim est bonus omnis qui potest bona facere; neque malus est aliquis ex hoc quod potest mala facere. summum igitur bonum non consistit in hoc quod est esse potentem.

n.3 ' Adhuc. omnis potentia ad alterum est. summum autem bonum non est ad alterum. non est igitur potentia summum hominis bonum.

n.4 ' Amplius. illud quo quis potest et bene et male uti, non potest esse summum hominis bonum: melius enim est quo nullus male uti potest. potentia autem aliquis bene et male uti potest: nam " potestates rationales ad opposita sunt. ' non est igitur potestas humana summum hominis bonum.

n.5 ' Praeterea. si aliqua potestas est summum bonum, oportet illam esse perfectissimam. potestas autem humana est imperfectissima: radicatur enim in hominum voluntatibus et opinionibus, in quibus est maxima inconstantia. et quanto maior reputatur potestas, tanto a pluribus dependet: quod etiam ad eius debilitatem pertinet; cum quod a multis dependet, destrui multipliciter possit. non est igitur in potestate mundana summum hominis bonum.

n.6 ' Felicitas igitur hominis in nullo exteriori bono consistit: cum omnia exteriora bona, quae dicuntur bona fortunae, sub praedictis contineantur.

005 SCG lb3 cp32

n. ' Quod felicitas non consistit in bonis corporis.

n.1 ' Quod autem nec in corporis bonis, cuiusmodi sunt sanitas, pulchritudo et robur, sit hominis summum bonum, per similia manifeste apparet. haec enim etiam bonis et malis communia sunt; et instabilia sunt; et voluntati non subiacent.

n.2 ' Praeterea. anima est melior corpore, quod non vivit, nec praedicta bona habet, nisi per animam. bonum igitur animae, sicut intelligere et alia huiusmodi, est melius quam bonum corporis. non est igitur corporis bonum summum hominis bonum.

n.3 ' Adhuc. haec bona sunt homini et aliis animalibus communia. felicitas autem est proprium hominis bonum. non est igitur in praemissis bonis hominis felicitas.

n.4 ' Amplius. multa animalia, quantum ad bona corporis, sunt homine potiora: quaedam enim sunt velociora homine, quaedam robustiora, et sic de aliis. si igitur in his esset summum hominis bonum, non esset homo optimum animalium: quod patet esse falsum. non est igitur felicitas humana in bonis corporis consistens.

005 SCG lb3 cp33

n. ' Quod felicitas humana non consistit in sensu.

n.1 ' Per eadem etiam apparet quod neque summum hominis bonum est in bonis sensitivae partis. nam haec etiam bona sunt homini et aliis animalibus communia.

n.2 ' Item. intellectus est melior sensu. bonum igitur intellectus est melius quam bonum sensus. non igitur summum hominis bonum in sensu consistit.

n.3 ' Adhuc. maximae delectationes secundum sensum sunt in cibis et venereis, in quibus oporteret esse summum bonum, si in sensu esset. non est autem in his. non est igitur in sensu summum hominis bonum.

n.4 ' Amplius. sensus diliguntur propter utilitatem, et propter cognitionem. tota autem utilitas sensuum ad corporis bona refertur. cognitio autem sensus ad intellectivam ordinatur: unde animalia intellectu carentia non delectantur in sentiendo nisi per comparationem ad utilitatem ad corpus pertinentem, secundum quod per sensus cognitionem consequuntur cibos vel venerea. non est igitur in parte sensitiva summum hominis bonum, quod est felicitas.

005 SCG lb3 cp34

n. ' Quod ultima hominis felicitas non consistit in actibus virtutum moralium.

n.1 ' Apparet autem quod nec in operationibus moralibus consistit ultima felicitas hominis.

n.2 ' Felicitas enim humana non est ad ulteriorem finem ordinabilis, si sit ultima. omnes autem operationes morales sunt ordinabiles ad aliquid aliud. quod patet ex his quae inter eas sunt praecipuae. operationes enim fortitudinis quae sunt in rebus bellicis, ordinantur ad victoriam et ad pacem: stultum enim esset propter se tantum bellare. similiter operationes iustitiae ordinantur ad pacem inter homines servandam, per hoc quod unusquisque quiete quod suum est possidet. et similiter patet in omnibus aliis. non est igitur in operationibus moralibus ultima hominis felicitas.

n.3 ' Adhuc. virtutes morales ad hoc sunt ut per eas conservetur medium in passionibus intrinsecis et exterioribus rebus. non est autem possibile quod modificatio passionum vel rerum exteriorum sit ultimus finis humanae vitae: cum ipsae passiones et exteriores res sint ad aliud ordinabiles. non est igitur possibile quod in actibus virtutum moralium sit ultima hominis felicitas.

n.4 ' Amplius. cum homo sit homo ex eo quod est rationem habens, oportet quod proprium eius bonum, quod est felicitas, sit secundum id quod est proprium rationi. magis autem est proprium rationis quod ipsa in se habet, quam quod in alio facit. cum igitur bonum moralis virtutis sit quoddam a ratione in rebus aliis a se institutum, non poterit esse optimum hominis, quod est felicitas: sed magis bonum quod est in ipsa ratione situm.

n.5 * Item. ostensum est supra quod ' finis omnium rerum ultimus est assimilari ad deum. illud igitur secundum quod homo maxime assimilatur deo, erit eius felicitas. hoc autem non est secundum actus morales: cum tales actus deo attribui non possint nisi metaphorice; non enim deo convenit habere passiones, vel aliqua huiusmodi, circa quae sunt actus morales. non est igitur ultima felicitas hominis, quae est ultimus eius finis, consistens in actibus moralibus.

n.6 ' Praeterea. felicitas est proprium hominis bonum. illud igitur quod est maxime proprium hominis inter omnia bona humana respectu aliorum animalium, est in quo quaerenda est eius ultima felicitas. huiusmodi autem non est virtutum moralium actus: nam aliqua animalia aliquid participant vel liberalitatis vel fortitudinis; intellectualis autem actionis nullum animal aliquid participat. non est igitur ultima hominis felicitas in actibus moralibus.

005 SCG lb3 cp35

n. ' Quod ultima felicitas non sit in actu prudentiae.

n.1 ' Ex hoc etiam apparet quod neque in actu prudentiae est ultima hominis felicitas.

n.2 ' Actus enim prudentiae est solum circa ea quae sunt moralium virtutum. non est autem in actibus moralium virtutum ultima hominis felicitas. neque igitur in actu prudentiae.

n.3 ' Adhuc. ultima felicitas hominis est in optima hominis operatione. optima autem hominis operatio, secundum id quod est proprium hominis, est in comparatione ad perfectissima obiecta. operatio autem prudentiae non est circa obiecta perfectissima intellectus vel rationis: non enim est circa necessaria, sed circa contingentia operabilia. non est igitur in eius operatione ultima hominis felicitas.

n.4 ' Amplius. quod ordinatur ad alterum sicut ad finem, non est ultima hominis felicitas. operatio autem prudentiae ordinatur ad alterum sicut ad finem: tum quia omnis practica cognitio, sub qua continetur prudentia, ordinatur ad operationem; tum etiam quia " prudentia facit hominem bene se habere in his quae sunt ad finem eligenda, * sicut patet per aristotelem, in vi ethicorum. ' non est igitur in operatione prudentiae ultima hominis felicitas.

n.5 " Item. animalia irrationabilia non participant aliquid felicitatis: * sicut probat aristoteles in i ethicor.. " participant autem quaedam eorum aliquid prudentiae: * ut patet per eundem in i metaphysicae. ' igitur felicitas non consistit in operatione prudentiae.

005 SCG lb3 cp36

n. ' Quod felicitas non consistit in operatione artis.

n.1 ' Patet etiam quod neque in operatione artis.

n.2 ' Quia etiam artis cognitio practica est. et ita ad finem ordinatur, et ipsa non est ultimus finis.

n.3 ' Praeterea. operationum artis fines sunt artificiata. quae non possunt esse ultimus finis humanae vitae: cum magis nos sumus fines omnium artificialium; omnia enim propter hominis usum fiunt. non potest igitur in operatione artis esse ultima felicitas.

005 SCG lb3 cp37

n. ' Quod ultima felicitas hominis consistit in contemplatione dei.

n.1 ' Si igitur ultima felicitas hominis non consistit in exterioribus, quae dicuntur bona fortunae; neque in bonis corporis; neque in bonis animae quantum ad sensitivam partem; neque quantum ad intellectivam secundum actum moralium virtutum; neque secundum intellectuales quae ad actionem pertinent, scilicet artem et prudentiam: relinquitur quod ultima hominis felicitas sit in contemplatione veritatis.

n.2 ' Haec enim sola operatio hominis est sibi propria; et in ea nullo modo aliquod aliorum animalium communicat.

n.3 ' Haec etiam ad nihil aliud ordinatur sicut ad finem: cum contemplatio veritatis propter seipsam quaeratur.

n.4 ' Per hanc etiam operationem homo suis superioribus coniungitur per similitudinem: quia haec tantum de operationibus humanis in deo et in substantiis separatis est.

n.5 ' Hac etiam operatione ad illa superiora contingit, cognoscendo ipsa quocumque modo.

n.6 ' Ad hanc etiam operationem sibi homo magis est sufficiens: utpote ad eam in parum auxilio exteriorum rerum egens.

n.7 ' Ad hanc etiam omnes aliae humanae operationes ordinari videntur sicut ad finem. ad perfectionem enim contemplationis requiritur incolumitas corporis, ad quam ordinantur artificialia omnia quae sunt necessaria ad vitam. requiritur etiam quies a perturbationibus passionum, ad quam pervenitur per virtutes morales et per prudentiam; et quies ab exterioribus perturbationibus, ad quam ordinatur totum regimen vitae civilis. ut sic, si recte considerentur, omnia humana officia servire videantur contemplantibus veritatem.

n.8 ' Non est autem possibile quod ultima hominis felicitas consistat in contemplatione quae est secundum intellectum principiorum, quae est imperfectissima, sicut maxime universalis, rerum cognitionem in potentia continens; et est principium, non finis humani studii, a natura nobis proveniens, non secundum studium veritatis. neque etiam secundum scientias quae sunt de rebus infimis: cum oporteat felicitatem esse in operatione intellectus per comparationem ad nobilissima intelligibilia. relinquitur igitur quod in contemplatione sapientiae ultima hominis felicitas consistat, secundum divinorum considerationem.

n.9 ' Ex quo etiam patet inductionis via quod supra rationibus est probatum, quod ultima felicitas hominis non consistit nisi in contemplatione dei.

005 SCG lb3 cp38

n. ' Quod felicitas humana non consistit in cognitione dei quae communiter habetur a pluribus.

n.1 ' Inquirendum autem relinquitur in quali dei cognitione ultima felicitas substantiae intellectualis consistit. est enim quaedam communis et confusa dei cognitio, quae quasi omnibus hominibus adest: sive hoc sit per hoc quod " deum esse sit per se notum, sicut alia demonstrationis principia, * sicut quibusdam videtur, * ut in primo libro dictum est; ' sive, quod magis verum videtur, quia naturali ratione statim homo in aliqualem dei cognitionem pervenire potest. videntes enim homines res naturales secundum ordinem certum currere; cum ordinatio absque ordinatore non sit, percipiunt, ut in pluribus, aliquem esse ordinatorem rerum quas videmus. quis autem, vel qualis, vel si unus tantum est ordinator naturae, nondum statim ex hac communi consideratione habetur: sicut, cum videmus hominem moveri et alia opera agere, percipimus ei inesse quandam causam harum operationum quae aliis rebus non inest, et hanc causam animam nominamus; nondum tamen scientes quid sit anima, si est corpus, vel qualiter operationes |25| praedictas efficiat.

n.2 ' Non est autem possibile hanc cognitionem dei ad felicitatem sufficere.

n.3 ' Felicis enim operationem oportet esse absque defectu. haec autem cognitio est multorum errorum admixtionem suscipiens. * quidam enim " rerum mundanarum non alium ordinatorem esse crediderunt quam corpora caelestia: unde corpora caelestia deos esse dixerunt. * quidam vero ulterius " ipsa elementa et quae ex eis generantur: quasi aestimantes motus et operationes naturales quas habent, non ab alio ordinatore eis inesse, sed ab eis alia ordinari. * quidam vero, " humanos actus non alicuius ordinationi subesse credentes nisi humanae, homines qui alios ordinant, deos esse dixerunt. ' ista igitur dei cognitio non sufficit ad felicitatem.

n.4 ' Amplius. felicitas est finis humanorum actuum. ad praedictam autem cognitionem non ordinantur humani actus sicut ad finem: immo quasi statim a principio omnibus adest. non igitur in hac dei cognitione felicitas consistit.

n.5 ' Item. nullus propter hoc vituperabilis apparet quia felicitate careat: quinimmo carentes ea et in ipsam tendentes laudantur. ex hoc autem quod praedicta dei cognitione aliquis caret, maxime vituperabilis apparet: designatur enim per hoc maxime hominis stoliditas, quod tam manifesta dei signa non percipit; sicut stolidus reputaretur qui, hominem videns, eum habere animam non comprehenderet. * unde et in psalmo dicitur: ° dixit insipiens in corde suo: non est deus. ‘ non est igitur haec dei cognitio quae ad felicitatem sufficiat.

n.6 ‘ Amplius. cognitio quae habetur de re tantum in communi, non secundum aliquid sibi proprium, est imperfectissima, sicut cognitio quae haberetur de homine ex hoc quod movetur: est enim huiusmodi cognitio per quam res cognoscitur in potentia tantum; propria enim in communibus potentia continentur. felicitas autem est operatio perfecta; et summum hominis bonum oportet esse secundum id quod est actu, et non secundum quod est potentia tantum; nam potentia per actum perfecta habet boni rationem. non est igitur praemissa dei cognitio ad felicitatem nostram sufficiens.

005 SCG lb3 cp39

n. ‘ Quod felicitas humana non consistit in cognitione dei quae habetur per demonstrationem.

n.1 ‘ Rursus, est quaedam alia dei cognitio, altior quam praemissa, quae de deo per demonstrationem habetur, per quam magis ad propriam ipsius cognitionem acceditur: cum per demonstrationem removeantur ab eo multa, per quorum remotionem ab aliis discretus intelligitur. ostendit enim demonstratio deum esse immobilem, aeternum, incorporeum, omnino simplicem, unum, * et alia huiusmodi, quae in libro primo de deo ostendimus. ‘ ad propriam autem alicuius rei cognitionem pervenitur non solum per affirmationes, sed etiam per negationes: sicut enim proprium hominis est esse animal rationale, ita proprium eius est non esse inanimatum neque irrationale. sed hoc interest inter utrumque cognitionis propriae modum, quod, per affirmationes propria cognitione de re habita, scitur quid est res, et quomodo ab aliis separatur: per negationes autem habita propria cognitione de re, scitur quod est ab aliis discreta, tamen quid sit remanet ignotum. talis autem est propria cognitio quae de deo habetur per demonstrationes. |25| non est autem nec ista ad ultimam hominis felicitatem sufficiens.

n.2 ‘ Ea enim quae sunt alicuius speciei, perveniunt ad finem illius speciei ut in pluribus: ea enim quae sunt a natura, sunt semper vel in pluribus, deficiunt autem in paucioribus propter aliquam corruptionem. felicitas autem est finis humanae speciei: cum omnes homines ipsam naturaliter desiderent. felicitas igitur est quoddam commune bonum possibile provenire omnibus hominibus, nisi accidat aliquibus impedimentum quo sint orbati. ad praedictam autem cognitionem de deo habendam per viam demonstrationis pauci perveniunt, propter impedimenta huius cognitionis, * quae in principio libri tetigimus. ‘ non est igitur talis dei cognitio essentialiter ipsa humana felicitas.

n.3 ‘ Adhuc. esse in actu est finis existentis in potentia, * ut ex praemissis patet. ‘ felicitas igitur, quae est ultimus finis, est actus cui non adiungitur potentia ad ulteriorem actum. talis autem cognitio per viam demonstrationis de deo habita remanet adhuc in potentia ad aliquod ulterius de deo cognoscendum, vel eadem nobiliori modo: posteriores enim conati sunt aliquid ad divinam cognitionem pertinens adiungere his quae a prioribus invenerunt tradita. non est igitur talis cognitio ultima humana felicitas.

n.4 ‘ Amplius. felicitas omnem miseriam excludit: nemo enim simul miser et felix esse potest. deceptio autem et error magna pars miseriae est: hoc est enim quod omnes naturaliter fugiunt. praedictae autem cognitioni quae de deo habetur, multiplex error adiungi potest: quod patet in multis qui aliqua vera de deo per viam demonstrationis cognoverunt, qui, suas aestimationes sequentes, dum demonstratio eis deesset, in errores multiplices inciderunt. si autem aliqui fuerunt qui sic de divinis veritatem invenerunt demonstrationis via quod eorum aestimationi nulla falsitas adiungeretur, patet eos fuisse paucissimos: quod non congruit felicitati, quae est communis finis. non igitur est in hac cognitione de deo ultima hominis felicitas.

n.5 ‘ Praeterea. felicitas in operatione perfecta consistit. ad perfectionem autem cognitionis requiritur certitudo: unde “ scire aliter non dicimur nisi cognoscamus quod impossibile est aliter se habere, * ut patet in i posteriorum. ‘ cognitio autem praedicta multum incertitudinis habet, quod demonstrat diversitas sententiarum de divinis eorum qui haec per viam demonstrationis invenire conati sunt. non est igitur in tali cognitione ultima felicitas.

n.6 ‘ Item. voluntas cum consecuta fuerit ultimum finem, quietatur eius desiderium. ultimus autem finis omnis cognitionis humanae est felicitas. illa igitur cognitio dei essentialiter est ipsa felicitas, qua habita non restabit alicuius scibilis desideranda cognitio. talis autem non est cognitio quam philosophi per demonstrationes de deo habere potuerunt: quia adhuc, illa cognitione habita, alia desideramus scire, quae per hanc cognitionem nondum sciuntur. non est igitur in tali cognitione dei felicitas.

n.7 ‘ Adhuc. finis cuiuslibet existentis in potentia est ut ducatur in actum: ad hoc enim tendit per motum, quo movetur in finem. tendit autem unumquodque ens in potentia ad hoc quod sit actu secundum quod est possibile. aliquid enim est existens in potentia cuius tota potentia potest reduci in actum: unde huius finis est ut totaliter in actum reducatur; sicut grave, extra medium existens, est in potentia ad proprium ubi. aliquid vero cuius potentia tota non potest simul in actum reduci, sicut patet de materia prima: unde per suum motum appetit successive in actum diversarum formarum exire, quae sibi, propter earum diversitatem, simul inesse non possunt. intellectus autem noster est in potentia ad omnia intelligibilia, * ut in secundo dictum est. ‘ duo autem intelligibilia possunt simul in intellectu possibili existere secundum actum primum, qui est scientia: licet forte non secundum actum secundum, qui est consideratio. ex quo patet quod tota potentia intellectus possibilis potest reduci simul in actum. hoc igitur |25| requiritur ad eius ultimum finem, qui est felicitas. hoc autem non facit praedicta cognitio quae de deo per demonstrationem haberi potest: quia, ea habita, adhuc multa ignoramus. non est igitur talis cognitio dei sufficiens ad ultimam felicitatem.

005 SCG lb3 cp40

n. ‘ Quod felicitas humana non consistit in cognitione dei quae est per fidem.

n.1 ‘ Est autem et alia dei cognitio, quantum ad aliquid superior cognitione praedicta, qua scilicet deus ab hominibus per fidem cognoscitur. quae quidem quantum ad hoc cognitionem quae de deo per demonstrationem habetur, excedit, quia quaedam de deo per fidem cognoscimus ad quae, propter sui eminentiam, ratio demonstrans pervenire non potest, * sicut in principio huius operis dictum est. ‘ non est autem possibile neque in hac dei cognitione ultimam hominis felicitatem consistere.

n.2 ‘ Felicitas enim est perfecta intellectus operatio, * sicut ex dictis patet. ‘ in cognitione autem fidei invenitur operatio intellectus imperfectissima quantum ad id quod est ex parte intellectus, quamvis maxima perfectio inveniatur ex parte obiecti: non enim intellectus capit illud cui assentit credendo. non est igitur neque in hac dei cognitione ultima hominis felicitas.

n.3 * Item. ostensum est supra quod ‘ ultima felicitas non consistit principaliter in actu voluntatis. in cognitione autem fidei principalitatem habet voluntas: intellectus enim assentit per fidem his quae sibi proponuntur, quia vult, non autem ex ipsa veritatis evidentia necessario tractus. non est igitur in hac cognitione ultima hominis felicitas.

n.4 ‘ Adhuc. qui credit, assensum praebet his quae sibi ab alio proponuntur, quae ipse non videt: unde fides magis habet cognitionem auditui similem quam visioni. non autem crederet aliquis non visis ab alio propositis nisi aestimaret eum perfectiorem cognitionem habere de propositis quam ipse habeat qui non videt. aut igitur aestimatio credentis est falsa: aut oportet quod proponens habeat perfectiorem cognitionem propositorum. quod et si ipse solum cognoscit ea quasi ab alio audiens, non potest hoc in infinitum procedere: esset enim vanus et absque certitudine fidei assensus; non enim inveniretur aliquod primum ex se certum, quod certitudinem fidei credentium afferret. non est autem possibile fidei cognitionem esse falsam neque vanam, * ut ex dictis patet in principio libri: ‘ et tamen, si esset falsa et vana, in tali cognitione felicitas non posset consistere. est igitur aliqua hominis cognitio de deo altior cognitione fidei: sive ipse homo proponens fidem immediate videat veritatem, sicut christo credimus; sive |25| a vidente immediate accipiat, sicut credimus apostolis et prophetis. cum igitur in summa dei cognitione felicitas hominis consistat, impossibile est quod consistat in fidei cognitione.

n.5 ‘ Amplius. per felicitatem, cum sit ultimus finis, naturale desiderium quietatur. cognitio autem fidei non quietat desiderium, sed magis ipsum accendit: quia unusquisque desiderat videre quod credit. non est igitur in cognitione fidei ultima hominis felicitas.

n.6 ‘ Praeterea. cognitio de deo dicta est finis inquantum ultimo fini rerum, scilicet deo, coniungit. per cognitionem autem fidei non fit res credita intellectui praesens perfecte: quia fides de absentibus est, non de praesentibus. * unde et apostolus dicit 2 cor. 5, quod ° quandiu per fidem ambulamus, peregrinamur a domino. ‘ fit tamen per fidem deus praesens affectui, cum voluntarie credens deo assentiat: * secundum quod dicitur ephes. 3-17, ° habitare christum per fidem in cordibus nostris. ‘ non est ergo possibile quod in cognitione fidei ultima felicitas humana consistat.

005 SCG lb3 cp41

n. ‘ Utrum in hac vita homo possit intelligere substantias separatas per studium et inquisitionem scientiarum speculativarum.

n.1 ‘ Habet autem et adhuc aliam cognitionem de deo intellectualis substantia. * dictum est enim in secundo libro quod ‘ intellectualis substantia separata, cognoscendo essentiam suam, cognoscit et quod est supra se, et quod est sub se secundum modum suae substantiae. quod praecipue necesse est si illud quod est supra ipsam, sit causa eius: cum oporteat in effectibus similitudinem inveniri causae. unde, cum deus sit causa omnium substantiarum intellectualium creatarum, * ut ex superioribus patet, ‘ necesse est quod intellectuales substantiae separatae, cognoscendo suam essentiam, cognoscant per modum visionis cuiusdam ipsum deum: res enim illa per intellectum visionis modo cognoscitur, cuius similitudo in intellectu existit, sicut et similitudo rei corporaliter visae est in sensu videntis. quicumque ergo intellectus apprehendit substantiam separatam cognoscendo de ea quid est, videt deum altiori modo quam aliqua praedictarum cognitionum |25| cognoscatur.

n.2 * Quia ergo quidam posuerunt “ ultimam felicitatem hominis esse in hac vita per hoc quod cognoscunt substantias separatas, ‘ considerandum est utrum homo in hac vita possit substantias separatas cognoscere. hoc autem quaestionem habet. intellectus enim noster, secundum statum praesentem, nihil intelligit sine phantasmate, quod ita se habet ad intellectum possibilem, quo intelligimus, sicut se habent colores ad visum, * ut patet ex his quae in secundo tractata sunt. ‘ si igitur per cognitionem intellectivam quae est ex phantasmatibus, possit pervenire aliquis nostrum ad intelligendas substantias separatas, possibile erit quod aliquis in hac vita intelligat ipsas substantias separatas; et per consequens, videndo ipsas substantias separatas, participabit modum illius cognitionis quo substantia separata, intelligens se, intelligit deum. si autem per cognitionem quae est ex phantasmatibus, nullo modo possit pervenire ad intelligendas substantias separatas, non |25| erit possibile quod homo in statu huius vitae praedictum modum divinae cognitionis assequatur.

n.3 “ Quod autem ex cognitione quae est per phantasmata, ad intelligendum substantias pervenire possimus, * aliqui diversimode posuerunt. avempace namque posuit quod “ per studium speculativarum scientiarum possumus, ex his intellectis quae per phantasmata cognoscimus, pervenire ad intelligendas substantias separatas. possumus enim actione intellectus extrahere quidditatem rei cuiuslibet habentis quidditatem quae non est sua quidditas. est enim intellectus natus cognoscere quamlibet quidditatem inquantum est quidditas: cum intellectus proprium obiectum sit quod quid est. si autem illud quod primo per intellectum possibilem intelligitur, est aliquid habens quidditatem, possumus per intellectum possibilem abstrahere quidditatem illius primo intellecti; et si illa quidditas habeat quidditatem, possibile erit iterum abstrahere quidditatem illius quidditatis; et cum non sit procedere in infinitum, oportet quod stetur alicubi. potest igitur intellectus noster pervenire |25| via resolutionis ad cognoscendam quidditatem non habentem aliquam quidditatem. talis autem est quidditas substantiae separatae. potest igitur intellectus noster, per cognitionem horum sensibilium quae ex phantasmatibus accipitur, pervenire ad intelligendas substantias separatas.

n.4 * Procedit autem ad idem ostendendum per aliam similem viam. ponit enim quod “ intellectum unius rei, ut puta equi, apud me et apud te multiplicatur solum per multiplicationem specierum spiritualium, quae sunt diversae in me et in te. oportet igitur quod intellectum quod non sustentatur in aliqua huiusmodi specie, sit idem apud te et apud me. sed quidditas intellecti quam intellectus noster natus est abstrahere, * ut probatum est, “ non habet aliquam speciem spiritualem et individualem: cum quidditas intellecti non sit quidditas individui, neque spiritualis neque corporalis, cum intellectum, inquantum est huiusmodi, sit universale. intellectus igitur noster natus est intelligere quidditatem cuius intellectus est unus apud omnes. talis autem est quidditas substantiae separatae. est igitur intellectus noster natus cognoscere substantiam separatam.

n.5 * Si autem diligenter consideretur, viae istae frivolae invenientur. ‘ cum enim intellectum, inquantum huiusmodi, sit universale, oportet quod quidditas intellecti sit quidditas alicuius universalis, scilicet generis vel speciei. quidditas autem generis vel speciei horum sensibilium, cuius cognitionem intellectivam per phantasmata accipimus, comprehendit in se materiam et formam. est igitur omnino dissimilis quidditati substantiae separatae, quae est simplex et immaterialis. non est igitur possibile quod per hoc quod intelligitur quidditas rei sensibilis per phantasmata, intelligatur quidditas substantiae separatae.

n.6 ‘ Praeterea. non est eiusdem rationis forma quae secundum esse non potest separari ab aliquo subiecto, cum illa quae separatur secundum esse a tali subiecto, licet utraque secundum considerationem accipiatur absque tali subiecto. non enim est eadem ratio magnitudinis, et substantiae separatae, nisi ponamus “ magnitudines separatas medias inter species et sensibilia, * sicut aliqui platonici posuerunt. ‘ quidditas autem generis vel speciei rerum sensibilium non potest separari secundum esse ab hac individuali materia: * nisi forte, secundum platonicos, ponamus “ rerum species separatas, * quod est ab aristotele improbatum. ‘ est igitur omnino dissimilis quidditas praedicta substantiis separatis, quae nullo modo sunt in materia. non igitur per hoc quod hae quidditates intelliguntur substantiae separatae intelligi possunt.

n.7 ‘ Adhuc. si quidditas substantiae separatae detur esse eiusdem rationis cum quidditate generis vel speciei istorum sensibilium, non poterit dici quod sit eiusdem rationis secundum speciem nisi dicamus quod “ species horum sensibilium sint ipsae substantiae separatae, * sicut platonici posuerunt. ‘ remanet igitur quod non erunt eiusdem rationis nisi quantum ad rationem quidditatis inquantum est quidditas. haec autem est ratio communis, generis scilicet et substantiae. non igitur per has quidditates de substantiis separatis aliquid intelligi poterit nisi remotum genus ipsarum. cognito autem genere, non propter hoc cognoscitur species nisi in potentia. non poterit igitur intelligi substantia separata per intellectum quidditatum horum sensibilium.

n.8 ‘ Amplius. maior est distantia substantiae separatae a sensibilibus quam unius sensibilis ab alio. sed intelligere quidditatem unius sensibilis non sufficit ad intelligendam quidditatem alterius sensibilis: caecus enim natus, per hoc quod intelligit quidditatem soni, nullo modo potest pervenire ad intelligendam quidditatem coloris. multo igitur minus per hoc quod intelligat aliquis quidditatem sensibilis substantiae, poterit intelligere quidditatem substantiae separatae.

n.9 ‘ Item. si etiam ponamus quod substantiae separatae orbes moveant, ex quorum motibus causantur formae sensibilium, hic modus cognitionis substantiae separatae ex sensibilibus non sufficit ad sciendam quidditatem ipsarum. nam per effectum scitur causa vel ratione similitudinis quae est inter effectum et causam: vel inquantum effectus demonstrat virtutem causae. ratione autem similitudinis, ex effectu non poterit sciri de causa quid est, nisi sit agens unius speciei: sic autem non se habent substantiae separatae ad sensibilia. ratione autem virtutis, hoc etiam non potest esse nisi quando effectus adaequat virtutem causae: tunc enim per effectum tota virtus causae cognoscitur; virtus autem rei demonstrat substantiam ipsius. hoc autem in proposito dici non potest: nam virtutes substantiarum separatarum excedunt effectus sensibiles omnes quos intellectu comprehendimus, sicut virtus universalis effectum particularem. non est igitur possibile quod per sensibilium intellectum devenire possumus ad intelligendum substantias |25| separatas.

n.10 ‘ Adhuc. omnia intelligibilia in quorum cognitionem devenimus per inquisitionem et studium, ad aliquam scientiarum speculativarum pertinent. si igitur per hoc quod intelligimus naturas et quidditates istorum sensibilium, pervenimus ad intelligendas substantias separatas, oportet quod intelligere substantias separatas contingat per aliquam scientiarum speculativarum. hoc autem non videmus: non est enim aliqua speculativa scientia quae doceat de aliqua substantiarum separatarum quid est, sed solum quia sunt. non est igitur possibile quod per hoc quod intelligimus naturas sensibilium, perveniamus ad intelligendas substantias separatas.

n.11 * Si autem dicatur quod “ est possibile esse aliquam talem speculativam scientiam quamvis adhuc non sit inventa, * hoc nihil est: quia ‘ non est possibile per aliqua principia nobis nota ad intelligendas substantias praedictas devenire. “ omnia enim propria principia cuiuscumque scientiae dependent ex principiis primis indemonstrabilibus per se notis, quorum cognitionem a sensibilibus accipimus, * ut patet in fine posteriorum. ‘ sensibilia autem non sufficienter ducunt in cognitionem rerum immaterialium, * ut per superiores rationes est probatum. ‘ non est ergo possibile aliquam scientiam esse per quam ad intelligendas substantias separatas perveniri possit.

005 SCG lb3 cp42

n. ‘ Quod non possumus in hac vita intelligere substantias separatas sicut ponit alexander.

n.1 * Quia vero alexander posuit quod “ intellectus possibilis est generabilis et corruptibilis, utpote quaedam praeparatio naturae humanae consequens commixtionem elementorum, * ut in secundo habitum est; “ non est autem possibile ut talis virtus supra materialia elevetur: * posuit quod “ intellectus possibilis noster nunquam potest pervenire ad intelligendas substantias separatas; * posuit tamen quod “ nos, secundum statum praesentis vitae, possumus substantias separatas intelligere.

n.2 * Quod quidem ostendere nitebatur hoc modo. “ unumquodque quando pervenerit ad complementum in sua generatione, et ad ultimam perfectionem suae substantiae, complebitur operatio sua propria, sive actio sive passio: sicut enim operatio substantiam sequitur, ita operationis perfectio perfectionem substantiae; unde animal, cum fuerit ex toto perfectum, poterit per se ambulare. intellectus autem habitualis, qui nihil est aliud quam species intelligibiles factae per intellectum agentem existentes in intellectu possibili, operatio est duplex: una ut faciat intellecta in potentia esse intellecta in actu, quam habet ex parte intellectus agentis; secunda est intelligere intellecta in actu; haec enim duo homo potest facere per habitum intellectualem. quando igitur complebitur generatio intellectus in habitu, complebitur in ipso utraque praemissarum operationum. semper autem accedit ad complementum suae generationis, dum novas species intellectas acquirit. |25| et sic necesse est quod quandoque sua generatio compleatur, nisi sit impedimentum: quia nulla generatio est ad infinitum tendens. complebitur igitur quandoque utraque operationum intellectus in habitu, per hoc quod omnia intellecta in potentia faciet in actu, quod est complementum primae operationis; et per hoc quod intelliget omnia intelligibilia, et separata et non separata.

n.3 “ Cum autem intellectus possibilis non possit intelligere substantias separatas, * secundum eius opinionem, * ut iam dictum est; * intendit quod “ intelligemus per intellectum in habitu substantias separatas, inquantum intellectus agens, qui ab ipso ponitur substantia separata, fiet forma intellectus in habitu et nobis ipsis; ita quod per eum intelligemus sicut nunc intelligimus per intellectum possibilem; et, cum de virtute intellectus agentis sit facere omnia intellecta in actu quae sunt intelligibilia potentia, et intelligere substantias separatas, in statu illo intelligemus substantias separatas, et omnia intelligibilia non separata.

n.4 ‘ Et secundum hoc, “ per hanc cognitionem quae est ex phantasmatibus, pervenimus in cognitionem substantiae separatae; non quasi et ipsa phantasmata et intellecta per ea sint medium aliquod ad cognoscendas substantias separatas, prout accidit in scientiis speculativis, * sicut posuit opinio superior; “ sed inquantum species intelligibiles sunt quaedam dispositiones in nobis ad talem formam quae est intellectus agens. * et hoc est primum in quo differunt hae duae opiniones. “ unde, quando intellectus in habitu fuerit perfectus per huiusmodi species intelligibiles in nobis factas ab intellectu agente, fiet ipse intellectus agens nobis forma, * ut dictum est. * et nominat “ ipsum intellectum adeptum, * de quo dicunt aristotelem dicere quod “ sit ab extrinseco. et sic, licet in scientiis speculativis non sit perfectio ultima humana, * sicut superior ponebat opinio; “ per eas tamen homo disponitur ad ultimam perfectionem consequendam. * et hoc est secundum |25| in quo differt secunda opinio a prima. tertio autem differt per hoc quod, secundum primam opinionem, “ intelligere intellectum agentem est causa quod continuetur nobiscum. * secundum vero hanc secundam opinionem, est e converso: “ nam propter hoc quod nobiscum continuatur ut forma, intelligimus ipsum et alias substantias separatas.

n.5 * Haec autem irrationabiliter dicuntur. “ intellectus enim in habitu, sicut intellectus possibilis, * ponitur ab alexandro “ esse generabilis et corruptibilis. aeternum autem non potest fieri forma generabilis et corruptibilis, * secundum eum: propter hoc enim ponit “ intellectum possibilem, qui unitur nobis ut forma, esse generabilem et corruptibilem, intellectum vero agentem, qui est incorruptibilis, esse substantiam separatam. cum igitur intellectus agens, * secundum alexandrum, “ ponatur esse quaedam substantia separata aeterna, impossibile erit quod intellectus agens fiat forma intellectus in habitu.

n.6 ‘ Praeterea. forma intellectus, inquantum est intellectus, est intelligibile, sicut forma sensus est sensibile: non enim recipit aliquid intellectus, per se loquendo, nisi intelligibiliter sicut nec sensus nisi sensibiliter. si igitur non potest intellectus agens esse intelligibile per intellectum in habitu, impossibile erit quod sit forma eius.

n.7 ‘ Item. intelligere aliquo tripliciter dicimur. uno modo, sicut intelligimus intellectu, qui est virtus a qua egreditur talis operatio: unde et ipse intellectus intelligere dicitur, et ipsum intelligere intellectus fit intelligere nostrum. alio modo, sicut specie intelligibili: qua quidem dicimur intelligere, non quasi ipsa intelligat, sed quia vis intellectiva per eam perficitur in actu, sicut vis visiva per speciem coloris. tertio modo, sicut medio per cuius cognitionem devenimus in cognitionem alterius. si igitur homo quandoque per intellectum agentem intelligat substantias separatas, oportet aliquo modorum dictorum hoc dici. non autem dicitur hoc modo tertio: * quia non concedit alexander quod “ intelligat intellectum agentem vel intellectus possibilis, vel intellectus in habitu. ‘ nec etiam secundo modo: quia intelligere per speciem intelligibilem attribuitur virtuti |25| intellectivae cuius illa species intelligibilis est forma; * non autem concedit alexander quod “ intellectus possibilis, vel intellectus in habitu, intelligat substantias separatas; ‘ unde non potest esse quod sic intelligamus substantias separatas per intellectum agentem sicut intelligimus aliqua per speciem intelligibilem. si autem sicut per virtutem intellectivam, oportet quod ipsum intelligere intellectus agentis sit intelligere hominis. hoc autem esse non potest nisi ex substantia intellectus agentis et substantia hominis fiat unum secundum esse: impossibile enim est, si sint duae substantiae secundum esse diversae, quod operatio unius sit operatio alterius. erit igitur intellectus agens unum secundum esse cum homine. non autem secundum esse accidentale: quia iam non esset intellectus agens substantia, sed accidens; sic enim ex colore et corpore fit unum secundum esse accidentale. relinquitur igitur quod intellectus agens sit cum homine unum secundum esse substantiale. erit igitur vel anima humana, vel pars eius, et non aliqua substantia separata, * sicut alexander ponit. non igitur |50| secundum opinionem alexandri potest poni quod “ homo intelligat substantias separatas.

n.8 ‘ Amplius. si intellectus agens quandoque fiet forma istius hominis, ita quod per ipsum intelligere possit, eadem ratione poterit fieri forma alterius hominis per ipsum similiter intelligentis. sequetur ergo quod duo homines simul per intellectum agentem intelligent sicut per formam suam. hoc autem est ita quod ipsum intelligere intellectus agentis sit intelligere intelligentis per ipsum, * ut iam dictum est. ‘ erit ergo idem intelligere duorum intelligentium. quod est impossibile.

n.9 * Ratio etiam sua frivola omnino est. primo quidem quia, ‘ quando perficitur generatio alicuius generis, oportet quod perficiatur sua operatio, sed tamen secundum modum sui generis, non autem secundum modum generis altioris: cum enim perficitur generatio aeris, habet generationem et motum completum sursum, non tamen ut moveatur ad locum ignis. similiter autem, cum completur generatio intellectus in habitu, complebitur eius operatio, quae est intelligere, secundum suum modum: non autem secundum modum quo intelligunt substantiae separatae, ut scilicet intelligat substantias separatas. unde ex generatione intellectus in habitu non potest concludi quod homo quandoque intelligat substantias separatas.

n.10 ‘ Secundo, quia eiusdem virtutis est complementum operationis cuius est operatio ipsa. si igitur intelligere substantias separatas sit complementum operationis intellectus in habitu, sequitur quod intellectus in habitu intelligat quandoque substantias separatas. * quod alexander non ponit: sequeretur enim quod ‘ intelligere substantias separatas contingeret per scientias speculativas, quae sub intellectu in habitu comprehenduntur.

n.11 ‘ Tertio, quia eorum quae generari incipiunt, completur generatio ut in pluribus: cum omnes generationes rerum sint a causis determinatis, quae consequuntur effectus suos vel semper vel in maiori parte. si igitur ad completionem generationis sequitur etiam complementum actionis, oportet etiam quod operatio completa consequatur ea quae generantur vel semper, vel in maiori parte. intelligere autem substantias separatas non consequuntur qui ad generationem intellectus in habitu student, neque in pluribus neque semper: quinimmo nullus professus est se ad hanc perfectionem pervenisse. non est igitur complementum operationis intellectus in habitu intelligere substantias separatas.

005 SCG lb3 cp43

n. ‘ Quod non possumus in hac vita intelligere substantias separatas sicut ponit averroes.

n.1 * Quia vero maxima difficultas est in opinione alexandri ex hoc quod ponit “ intellectum possibilem in habitu totaliter corruptibilem, * averroes faciliorem viam se existimavit adinvenisse ad ostendendum quod “ quandoque intelligamus substantias separatas, * ex hoc quod ponit “ intellectum possibilem incorruptibilem, et a nobis secundum esse separatum, sicut et intellectum agentem.

n.2 * Ostendit enim primo, quod “ necesse est ponere quod intellectus agens se habeat ad principia naturaliter cognita a nobis vel sicut agens ad instrumentum, vel sicut forma ad materiam. intellectus enim in habitu, quo intelligimus, non solum habet hanc actionem quae est intelligere, sed etiam hanc quae est facere intellecta in actu: utrumque enim experimur in nostra potestate existere. hoc autem quod est facere intellecta in actu magis proprie notificat intellectum in habitu quam intelligere: quia prius est facere intellecta in actu quam intelligere. sunt autem quaedam in nobis facta intellecta in actu naturaliter, non ex studio aut ex nostra voluntate, sicut prima intelligibilia. haec autem facere intellecta actu non contingit per intellectum in habitu, per quem fiunt intellecta in actu ea quae scimus ex studio: sed magis sunt initium intellectus in habitu; unde et habitus horum intelligibilium ab * aristotele, in vi ethicorum, “ intellectus dicitur. fiunt autem intellecta in actu per solum intellectum agentem. |25| per haec autem fiunt intellecta in actu alia, quae ex studio scimus. facere igitur haec consequentia intellecta in actu est actio et intellectus in habitu, quantum ad prima principia; et ipsius intellectus agentis. una autem actio non est duorum nisi unum eorum comparetur ad alterum sicut agens ad instrumentum, vel sicut forma ad materiam. oportet igitur quod intellectus agens comparetur ad prima principia intellectus in habitu vel sicut agens ad instrumentum, vel sicut forma ad materiam.

n.3 * Quod quidem qualiter possit esse sic ostendit. “ intellectus possibilis, cum sit, secundum eius positionem, quaedam substantia separata, intelligit intellectum agentem et alias substantias separatas, et etiam prima intellecta speculativa. est igitur subiectum utrorumque. quaecumque autem conveniunt in uno subiecto, alterum eorum est sicut forma alterius: sicut, cum color et lux sint in diaphano sicut in subiecto, oportet quod alterum, scilicet lux, sit quasi forma alterius, scilicet coloris. hoc autem necesse est quando habent ordinem ad invicem: non in his quae per accidens coniunguntur in eodem subiecto, sicut albedo et musica. sunt autem intellecta speculativa et intellectus agens ordinem ad invicem habentia: cum intellecta speculativa sint facta intellecta in actu per intellectum agentem. habet se igitur intellectus agens ad intellecta speculativa quasi forma ad materiam. |25| oportet igitur quod, cum intellecta speculativa sint nobis copulata per phantasmata, quae sunt quoddam subiectum ipsorum, quod etiam intellectus agens continuetur nobiscum, inquantum est forma intellectorum speculativorum. quando igitur intellecta speculativa sunt in nobis solum in potentia, intellectus agens continuatur nobiscum solum in potentia. quando autem aliqua intellecta speculativa sunt in nobis in actu et aliqua in potentia, continuatur nobis partim actu et partim in potentia: et tunc dicimur moveri ad continuationem praedictam: quia quanto plura intellecta in actu fuerint in nobis facta, perfectius intellectus agens continuatur nobis. hic autem profectus et motus ad continuationem fit per studium in scientiis speculativis, per quas vera intellecta acquirimus, et falsae opiniones excluduntur, quae sunt extra ordinem huius motus, sicut monstruosa extra ordinem naturalis operationis. unde et ad hunc profectum iuvant se homines, sicut iuvant se invicem in scientiis speculativis. quando ergo omnia intellecta in potentia |50| fuerint in nobis facta in actu, tunc intellectus agens perfecte copulabitur nobis ut forma, et intelligemus per ipsum perfecte, sicut nunc perfecte intelligimus per intellectum in habitu. unde, cum ad intellectum agentem pertineat intelligere substantias separatas, intelligemus tunc substantias separatas, sicut nunc intelligimus intellecta speculativa. et haec erit ultima hominis felicitas, in qua homo erit sicut quidam deus.

n.4 * Huius autem positionis destructio ex praemissis sufficienter apparet: ‘ procedit enim ex suppositione multorum quae in superioribus sunt improbata. primo quidem, * supra ostensum est quod ‘ intellectus possibilis non est aliqua substantia separata a nobis secundum esse. unde non oportebit quod sit subiectum substantiarum separatarum: * praecipue cum aristoteles dicat quod ‘ intellectus possibilis est in quo est omnia fieri; ‘ unde videtur quod sit subiectum solum illorum quae sunt facta intellecta.

n.5 * Item. de intellectu agente etiam supra ostensum est quod ‘ non est aliqua substantia separata, sed pars animae: * cui aristoteles attribuit “ hanc operationem, scilicet facere intellecta in actu, ‘ quae est in nostra potestate. unde non oportebit quod intelligere per intellectum agentem sit nobis causa quod possimus intelligere substantias separatas: alias semper intelligeremus eas.

n.6 “ Adhuc. si intellectus agens est substantia separata, non copulatur nobiscum nisi per species factas intellectas in actu, * secundum eius positionem, “ sicut nec intellectus possibilis: licet intellectus possibilis se habeat ad illas species sicut materia ad formam, intellectus autem agens e converso sicut forma ad materiam. species autem factae intellectae in actu copulantur nobiscum, secundum eius positionem, propter phantasmata, quae ita se habent ad intellectum possibilem sicut colores ad visum, ad intellectum vero agentem sicut colores ad lucem, * ut ex verbis aristotelis in iii de anima patet. “ non autem lapidi, in quo est color, potest attribui neque actio visus ut videat, neque actio solis ut illuminet. * ergo, secundum positionem praedictam, “ homini non poterit attribui neque actio intellectus possibilis ut intelligat; neque actio intellectus agentis ut intelligat substantias separatas, vel ut faciat intellecta in actu.

n.7 * Amplius. secundum positionem praemissam, “ intellectus agens non ponitur continuari nobiscum ut forma nisi per hoc quod est forma speculativorum intellectorum, quorum etiam ponitur forma per hoc quod eadem actio est intellectus agentis et illorum intellectorum, scilicet facere intellecta actu. non igitur poterit esse forma nobis nisi secundum quod communicant in actione eius intellecta speculativa. haec autem non communicant in operatione eius quae est intelligere substantias separatas, cum sint species rerum sensibilium: * nisi redeamus ad opinionem avempace, quod “ quidditates substantiarum separatarum possint cognosci per ea quae intelligimus de istis sensibilibus. nullo igitur modo per viam praedictam poterimus intelligere substantias separatas.

n.8 “ Praeterea. intellectus agens secundum alium ordinem comparatur ad intellecta speculativa, quorum est factivus; et ad substantias separatas, quarum non est factivus, sed cognoscitivus tantum, * secundum eius positionem. “ non igitur oportet, si copuletur nobis per hoc quod est factivus intellectorum speculativorum, quod copuletur nobis secundum quod est cognoscitivus substantiarum separatarum: sed in tali processu est deceptio manifeste secundum accidens.

n.9 “ Adhuc. si per intellectum agentem cognoscimus substantias separatas, hoc non est inquantum intellectus agens est forma huius vel illius intellecti speculativi, sed inquantum fit forma nobis: sic enim per ipsum possumus intelligere. fit autem forma nobis etiam per prima intellecta speculativa, * secundum quod ipse dicit. “ ergo statim a principio homo potest per intellectum agentem intelligere substantias separatas.

n.10 * Si autem dicatur quod “ non fit nobis perfecte forma per quaedam intellecta speculativa intellectus agens, ut per ipsum possimus intelligere substantias separatas: ‘ hoc non est nisi quia illa intellecta speculativa non adaequant perfectionem intellectus agentis in intelligendo substantias separatas. sed nec omnia intellecta speculativa simul accepta adaequant illam perfectionem intellectus agentis secundum quod intelligit substantias separatas: cum omnia haec non sint intelligibilia nisi inquantum sunt facta intellecta; illa vero sunt intelligibilia secundum suam naturam. non igitur per hoc quod omnia speculativa intelligibilia sciemus, oportebit quod ita perfecte intellectus agens fiat nobis forma quod per ipsum intelligamus substantias separatas. vel, si hoc non requiritur, oportebit dicere quod, intelligendo quodlibet intelligibile, intelligamus substantias separatas.

005 SCG lb3 cp44

n. ‘ Quod ultima felicitas hominis non consistit in cognitione substantiarum separatarum qualem praedictae opiniones fingunt.

n.1 ‘ Non est autem possibile neque “ felicitatem humanam in tali cognitione substantiarum separatarum ponere * sicut praedicti philosophi posuerunt.

n.2 ‘ Vanum enim est quod est ad finem quem non potest consequi. cum igitur finis hominis sit felicitas, in quam tendit naturale ipsius desiderium, non potest poni felicitas hominis in eo ad quod homo pervenire non potest: alioquin sequeretur quod homo esset in vanum, et naturale eius desiderium esset inane, quod est impossibile. quod autem intelligere substantias separatas homini sit impossibile * secundum praedictas positiones, * ex dictis est manifestum. ‘ non est igitur in tali cognitione substantiarum separatarum felicitas hominis constituta.

n.3 “ Praeterea. ad hoc quod intellectus agens uniatur nobis ut forma ita quod per ipsum intelligamus substantias separatas, requiritur quod generatio intellectus in habitu sit completa, * secundum alexandrum; “ vel quod omnia intellecta speculativa sint facta in nobis in actu, * secundum averroem; quae duo in idem redeunt, ‘ nam secundum hoc intellectus in habitu generatur in nobis, secundum quod intellecta speculativa fiunt in nobis in actu. omnes autem species rerum sensibilium sunt intellectae in potentia. ad hoc igitur quod intellectus agens copuletur alicui, oportet quod intelligat in actu per intellectum speculativum omnes naturas rerum sensibilium, et omnes virtutes, operationes et motus eorum. quod non est possibile aliquem hominem scire per principia scientiarum speculativarum, “ per quas movemur ad continuationem intellectus agentis, * ut ipsi dicunt: ‘ cum ex his quae nostris sensibus subsunt, ex quibus sumuntur principia scientiarum speculativarum, non possit perveniri ad omnia praedicta cognoscenda. |25| est igitur impossibile quod aliquis homo ad illam continuationem perveniat * per modum ab eis assignatum. ‘ non est igitur possibile quod in tali continuatione sit hominis felicitas.

n.4 ‘ Adhuc. dato quod “ talis continuatio hominis ad intellectum agentem sit possibilis * qualem ipsi describunt, ‘ planum est quod talis perfectio paucissimis hominum advenit; in tantum quod nec ipsi, nec aliqui, quantumcumque in scientiis speculativis studiosi et periti, ausi sunt talem perfectionem de se profiteri. quinimmo omnes plurima a se asserunt ignorata: * sicut aristoteles “ quadraturam circuli, et rationes ordinis caelestium corporum, in quibus, * ut ipsemet dicit in ii de caelo, “ non nisi topicas rationes reddere potest; et quid sit in eis necessarium et eorum motoribus, aliis reservat * in xi metaphysicae. ‘ felicitas autem est quoddam commune bonum, ad quod plures pervenire possunt, “ nisi sint orbati, * ut aristoteles dicit in i ethicorum. ‘ et hoc etiam verum est de omni fine naturali alicuius speciei, quod ipsum consequuntur ea quae sunt illius speciei ut in pluribus. non est ergo possibile quod ultima hominis felicitas in continuatione praedicta consistat.

n.5 * Patet autem quod nec aristoteles, cuius sententiam sequi conantur praedicti philosophi, “ in tali continuatione ultimam felicitatem hominis * opinatus est esse. probat enim in i ethicorum quod “ felicitas hominis est operatio ipsius secundum virtutem perfectam: * unde necesse fuit quod de virtutibus determinaret, quas divisit in virtutes morales et intellectuales. ostendit autem in x quod “ ultima felicitas hominis est in speculatione. ‘ unde patet quod non est in actu alicuius virtutis moralis; nec prudentiae nec artis, quae tamen sunt intellectuales. relinquitur ergo quod sit operatio secundum sapientiam, quae est praecipua inter tres residuas intellectuales, quae sunt sapientia, scientia et intellectus, * ut ostendit in vi ethicorum: unde et in x ethicorum “ sapientem iudicat esse felicem. sapientia autem, * secundum ipsum, “ est una de scientiis speculativis, caput aliarum, * ut dicit in vi ethicorum: et in principio metaphysicae scientiam quam in illo libro |25| tradere intendit, sapientiam nominat. patet ergo quod opinio aristotelis fuit quod “ ultima felicitas quam homo in vita ista acquirere potest, sit cognitio de rebus divinis qualis per scientias speculativas haberi potest. ille autem posterior modus cognoscendi res divinas, non per viam scientiarum speculativarum, sed quodam generationis ordine naturali, * est confictus ab expositoribus quibusdam.

005 SCG lb3 cp45

n. ‘ Quod non possumus in hac vita intelligere substantias separatas.

n.1 ‘ Quia ergo secundum modos praedictos substantiae separatae non possunt cognosci a nobis in vita ista, inquirendum restat utrum aliquo modo in vita ista substantias ipsas separatas intelligere possimus.

n.2 * Quod autem hoc sit possibile nititur ostendere themistius per locum a minori. “ substantiae enim separatae sunt magis intelligibiles quam materialia: haec enim sunt intelligibilia inquantum sunt facta intellecta in actu per intellectum agentem; illa vero sunt secundum seipsa intelligibilia. si ergo intellectus noster comprehendit haec materialia, multo magis natus est intelligere illas substantias separatas.

n.3 * Haec autem ratio, secundum diversas opiniones de intellectu possibili, diversimode iudicanda est. “ si enim intellectus possibilis non sit virtus a materia dependens; et sit iterum secundum esse a corpore separatus, * ut averroes ponit, sequetur quod “ nullum necessarium ordinem ad res materiales habeat; unde quae sunt magis intelligibilia in seipsis, erunt sibi magis intelligibilia. * sed tunc sequi videtur quod, “ cum nos a principio per intellectum possibilem intelligamus, quod a principio intelligamus, substantias separatas: * quod patet esse falsum.

n.4 * Sed hoc inconveniens evitare averroes nititur, secundum ea quae de eius opinione praedicta sunt: quae patet esse falsa ex praemissis.

n.5 ‘ Si autem intellectus possibilis non est a corpore separatus secundum esse, ex hoc ipso quod est tali corpori unitus secundum esse, habet quendam necessarium ordinem ad materialia, ut nisi per illa ad aliorum cognitionem pervenire non possit. unde non sequitur, si substantiae separatae sint in seipsis magis intelligibiles, quod propter hoc sint magis intelligibiles intellectui nostro. * et hoc demonstrant verba aristotelis in ii metaphysicae. dicit enim ibidem quod “ difficultas intelligendi res illas accidit ex nobis, non ex illis: ° nam intellectus noster se habet ad manifestissima rerum sicut se habet oculus vespertilionis ad lucem solis. ‘ unde, cum per materialia intellecta non possint intelligi substantiae separatae, * ut supra ostensum est, ‘ sequetur quod intellectus possibilis noster nullo modo possit intelligere substantias separatas.

n.6 ‘ Hoc etiam apparet ex ordine intellectus possibilis ad agentem. potentia enim passiva ad illa solum est in potentia in quae potest proprium eius activum: omni enim potentiae passivae respondet potentia activa in natura; alias potentia passiva esset frustra, cum non possit reduci in actum nisi per activam; unde videmus quod visus non est susceptivus nisi colorum, qui illuminantur per lucem. intellectus autem possibilis, cum sit virtus quodammodo passiva, habet proprium agens sibi respondens, scilicet intellectum agentem, qui ita se habet ad intellectum possibilem sicut se habet lux ad visum. non est igitur intellectus possibilis in potentia nisi ad illa intelligibilia quae sunt facta per intellectum agentem. * unde et aristoteles, in iii de anima, describens utrumque intellectum, dicit quod “ intellectus possibilis est quo est omnia fieri, agens vero quo est omnia facere; ut ad eadem utriusque potentia referri intelligatur, huius activa, illius passiva. ‘ cum ergo substantiae separatae non sint factae intellectae in actu per intellectum agentem, sed solum |25| materialia, ad haec sola se extendit possibilis intellectus. non igitur per ipsum possumus intelligere substantias separatas.

n.7 * Propter quod et aristoteles congruo exemplo usus est: “ nam oculus vespertilionis nunquam potest videre lucem solis. * quamvis averroes hoc exemplum depravare nitatur, dicens quod “ simile non est de intellectu nostro ad substantias separatas, et oculo vespertilionis ad lucem solis, quantum ad impossibilitatem, sed solum quantum ad difficultatem. * quod tali ratione probat ibidem. “ quia si illa quae sunt intellecta secundum se, scilicet substantiae separatae, essent nobis impossibiles ad intelligendum, frustra essent: sicut si esset aliquod visibile quod nullo visu videri posset.

n.8 * Quae quidem ratio quam frivola sit, apparet. ‘ etsi enim a nobis nunquam illae substantiae intelligerentur, tamen intelliguntur a seipsis. unde nec frustra intelligibiles essent: sicut nec sol frustra visibilis est, * ut aristoteles exemplum prosequamur, ‘ quia non potest ipsum videre vespertilio; cum possit ipsum videre homo et alia animalia.

n.9 ‘ Sic ergo intellectus possibilis, si ponitur corpori unitus secundum esse, non potest intelligere substantias separatas. interest tamen qualiter de substantia ipsius sentiatur. “ si enim ponatur esse quaedam virtus materialis generabilis et corruptibilis, * ut quidam posuerunt, sequitur quod “ ex sua substantia determinatur ad intelligendum materialia. ‘ unde necesse est quod nullo modo intelligere possit substantias separatas: quia impossibile erit ipsum esse separatum. si autem intellectus possibilis, quamvis sit corpori unitus, est tamen incorruptibilis et a materia non dependens secundum suum esse, * sicut supra ostendimus; ‘ sequitur quod obligatio ad intelligendas res materiales accidat ei ex unione ad corpus. unde, cum anima a corpore tali fuerit separata, intellectus possibilis intelligere poterit ea quae sunt secundum se intelligibilia, scilicet substantias separatas, per lumen intellectus agentis, quae est similitudo in anima intellectualis luminis quod est in substantiis |25| separatis.

n.10 * Et haec est sententia nostrae fidei ‘ de intelligendo substantias separatas a nobis post mortem, et non in hac vita.

005 SCG lb3 cp46

n. ‘Quod anima in hac vita non intelligit seipsam per seipsam.

n.1 * Videtur autem difficultas quaedam contra praedicta afferri ex quibusdam augustini verbis, quae diligenter pertractanda sunt. dicit enim in ix de trinitate libro: ° mens, sicut corporearum rerum notitias per sensus corporis colligit, sic incorporearum rerum per semetipsam. ergo et seipsam per seipsam novit: quoniam est incorporea. * ex his enim verbis videtur quod “ mens nostra se per seipsam intelligat, et intelligendo se, intelligat substantias separatas: * quod est contra praeostensa. ‘ inquirere ergo oportet quomodo anima nostra per seipsam intelligat se.

n.2 ‘ Impossibile est autem dici quod per seipsam intelligat de se quid est. per hoc enim fit potentia cognoscitiva actu cognoscens, quod est in ea id quo cognoscitur. et si quidem sit in ea in potentia, cognoscit in potentia; si autem in actu, cognoscit actu; si autem medio modo, cognoscit habitu. ipsa autem anima semper sibi adest actu, et nunquam in potentia vel in habitu tantum. si igitur per seipsam anima seipsam cognoscit quid est, semper actu intelliget de se quid est. quod patet esse falsum.

n.3 ‘ Adhuc. si anima per seipsam cognoscit de se quid est; omnis autem homo animam habet: omnis igitur homo cognoscit de anima quid est. quod patet esse falsum.

n.4 ‘ Amplius. cognitio quae fit per aliquid naturaliter nobis inditum, est naturalis: sicut principia indemonstrabilia, quae cognoscuntur per lumen intellectus agentis. si igitur nos de anima scimus quid est per ipsam animam, hoc erit naturaliter notum. in his autem quae sunt naturaliter nota, nullus potest errare: in cognitione enim principiorum indemonstrabilium nullus errat. nullus igitur erraret circa animam quid est, si hoc anima per seipsam cognosceret. quod patet esse falsum: * cum multi opinati sint “ animam esse hoc vel illud corpus, * et aliqui “ numerum, vel harmoniam. ‘ non igitur anima per seipsam cognoscit de se quid est.

n.5 ‘ Amplius. in quolibet ordine, “ quod est per se est prius eo quod est per aliud, et principium eius. ‘ quod ergo est per se notum, est prius notum omnibus quae per aliud cognoscuntur, et principium cognoscendi ea: sicut primae propositiones conclusionibus. si igitur anima per seipsam de se cognoscit quid est, hoc erit per se notum, et per consequens primo notum et principium cognoscendi alia. hoc autem patet esse falsum: nam quid est anima non supponitur in scientia quasi notum, sed proponitur ex aliis quaerendum. non igitur anima de seipsa cognoscit quid est per seipsam.

n.6 * Patet autem quod nec ipse augustinus hoc voluit. dicit enim in x libro de trin. quod ° anima, cum sui notitiam quaerit, non velut absentem se quaerit cernere, sed praesentem se curat discernere: non ut cognoscat se, quasi non norit; sed ut dignoscat ab eo quod alterum novit. * ex quo dat intelligere quod “ anima per se cognoscit seipsam quasi praesentem, non quasi ab aliis distinctam. * unde et in hoc dicit aliquos errasse, quod “ animam non distinxerunt ab illis quae sunt ab ipsa diversa. ‘ per hoc autem quod scitur de re quid est, scitur res prout est ab aliis distincta: unde et definitio, quae significat quid est res, distinguit definitum ab omnibus aliis. * non igitur voluit augustinus quod “ anima de se cognoscat quid est per seipsam.

n.7 * Sed nec aristoteles hoc voluit. dicit enim in iii de anima, quod ° intellectus possibilis intelligit se sicut alia. ‘ intelligit enim se per speciem intelligibilem, qua fit actu in genere intelligibilium. in se enim consideratus, est solum in potentia ad esse intelligibile: nihil autem cognoscitur secundum quod est in potentia, sed secundum quod est actu. unde substantiae separatae, quarum substantiae sunt ut aliquid actu ens in genere intelligibilium, de se intelligunt quid sunt per suas substantias: intellectus vero possibilis noster per speciem intelligibilem, per quam fit actu intelligens. * unde et aristoteles, in iii de anima, “ ex ipso intelligere demonstrat naturam intellectus possibilis, scilicet quod sit immixtus et incorruptibilis, * ut ex praemissis patet.

n.8 * Sic igitur, secundum intentionem augustini, “ mens nostra per seipsam novit seipsam inquantum de se cognoscit quod est. ‘ ex hoc enim ipso quod percipit se agere, percipit se esse; agit autem per seipsam, unde per seipsam de se cognoscit quod est.

n.9 ‘ Sic ergo et de substantiis separatis anima, cognoscendo seipsam, cognoscit quia sunt: non autem quid sunt, quod est earum substantias intelligere. cum enim de substantiis separatis hoc quod sint intellectuales quaedam substantiae cognoscamus, vel per demonstrationem vel per fidem, neutro modo hanc cognitionem accipere possemus nisi hoc ipsum quod est esse intellectuale, anima nostra ex seipsa cognosceret. unde et scientia de intellectu animae oportet uti ut principio ad omnia quae de substantiis separatis cognoscimus.

n.10 ‘ Non autem oportet quod, si per scientias speculativas possumus pervenire ad sciendum de anima quid est, quod possimus ad sciendum quod quid est de substantiis separatis per huiusmodi scientias pervenire: nam intelligere nostrum, per quod pervenimus ad sciendum de anima nostra quid est, multum est remotum ab intelligentia substantiae separatae. potest tamen per hoc quod scitur de anima nostra quid est, perveniri ad sciendum aliquod genus remotum substantiarum separatarum: quod non est earum substantias intelligere.

n.11 ‘ Sicut autem de anima scimus quia est per seipsam, inquantum eius actus percipimus; quid autem sit, inquirimus ex actibus et obiectis per principia scientiarum speculativarum: ita etiam de his quae sunt in anima nostra, scilicet potentiis et habitibus, scimus quidem quia sunt, inquantum actus percipimus; quid vero sint, ex ipsorum actuum qualitate invenimus.

005 SCG lb3 cp47

n. ‘ Quod non possumus in hac vita videre deum per essentiam.

n.1 ‘ Si autem alias substantias separatas in hac vita intelligere non possumus, propter connaturalitatem intellectus nostri ad phantasmata, multo minus in hac vita divinam essentiam videre possumus, quae transcendit omnes substantias separatas.

n.2 ‘ Huius autem signum hinc etiam accipi potest, quia quanto magis mens nostra ad contemplanda spiritualia elevatur, tanto magis abstrahitur a sensibilibus. ultimus autem terminus quo contemplatio pertingere potest, est divina substantia. unde oportet mentem quae divinam substantiam videt, totaliter a corporalibus sensibus esse absolutam, vel per mortem vel per aliquem raptum. * hinc est quod dicitur ex persona dei, exodi 33-20: ° non videbit me homo et vivet.

n.3 * Quod autem in sacra scriptura “ aliqui deum vidisse dicuntur, ‘ oportet intelligi hoc fuisse vel per aliquam imaginariam visionem; seu etiam corporalem, prout scilicet per aliquas corporeas species, vel exterius apparentes vel interius formatas in imaginatione, divinae virtutis praesentia demonstrabatur; vel etiam secundum quod aliqui per spirituales effectus aliquam cognitionem de deo intelligibilem perceperunt.

n.4 * Difficultatem autem afferunt quaedam verba augustini, ex quibus videtur quod “ in hac vita possimus intelligere ipsum deum. * dicit enim in ix libro de trin., quod ° in aeterna veritate, ex qua omnia temporalia facta sunt, formam secundum quam sumus, et secundum quam vel in nobis vel in corporibus vera et recta ratione aliquid operamur, visu mentis aspicimus, atque inde conceptam rerum veracem notitiam apud nos habemus. * in xii etiam confessionum dicit: ° si ambo videmus verum esse quod dicis, et ambo videmus verum esse quod dico, ubi quaeso, id videmus? nec ego utique in te, nec tu in me. sed ambo in ipsa quae supra mentes nostras est, incommutabili veritate. * in libro etiam de vera religione dicit quod ° secundum veritatem divinam de omnibus iudicamus. * in libro autem soliloquiorum dicit quod ° prius est veritas cognoscenda, per quam possunt alia cognosci. * quod de veritate divina intelligere videtur. videtur ergo ex verbis eius quod “ ipsum deum, qui sua veritas est, videamus, et per ipsum alia cognoscamus. * ad idem etiam pertinere videntur verba eiusdem quae ponit in xii de trin., sic dicens: ° rationis est iudicare de istis corporalibus secundum rationes incorporales et sempiternas, quae, nisi supra mentem humanam essent, incommutabiles profecto non essent. ‘ rationes autem incommutabiles et sempiternae alibi quam in deo esse non possunt: cum solus deus, secundum fidei doctrinam, sit sempiternus. * videtur igitur sequi quod “ deum in ista vita videre possimus, et per hoc quod eum et in eo rationes rerum videmus, de aliis iudicemus.

n.5 * Non est autem credendum quod augustinus hoc in verbis praemissis senserit, quod “ in hac vita deum per suam essentiam intelligere possimus. ‘ qualiter igitur illam incommutabilem veritatem, vel istas rationes aeternas, in hac vita videamus, et secundum eam de aliis iudicemus, inquirendum est.

n.6 “ Veritatem quidem in anima esse, * ipse augustinus in libro soliloquiorum confitetur: “ unde ex aeternitate veritatis immortalitatem animae probat. ‘ non solum autem sic veritas est in anima sicut deus per essentiam in rebus omnibus dicitur; neque sicut in rebus omnibus est per suam similitudinem, prout unaquaeque res in tantum dicitur vera inquantum ad dei similitudinem accedit: non enim in hoc anima rebus aliis praeferretur. est ergo speciali modo in anima inquantum veritatem cognoscit. sicut igitur animae et res aliae verae quidem dicuntur in suis naturis, secundum quod similitudinem illius summae naturae habent, quae est ipsa veritas, cum sit suum intellectum esse: ita id quod per animam cognitum est, verum est inquantum illius divinae veritatis quam deus cognoscit, similitudo quaedam existit in ipso. * unde et glossa super illud psalmi, ° diminutae sunt veritates a filiis hominum, * dicit quod, ° sicut ab una facie resultant multae in speculo, ita ab una prima veritate resultant multae veritates in mentibus hominum. ‘ quamvis autem diversa a diversis cognoscuntur et creduntur vera, tamen quaedam sunt vera in quibus omnes homines concordant, sicut sunt prima principia intellectus tam speculativi quam practici: secundum quod universaliter in mentibus omnium divinae veritatis quasi quaedam imago resultat. inquantum ergo quaelibet mens quicquid per certitudinem cognoscit, in his principiis intuetur, secundum quae de omnibus iudicatur, facta resolutione in ipsa, dicitur omnia in divina veritate vel in rationibus aeternis videre, et secundum eas de omnibus iudicare. * et hunc sensum confirmant augustini verba in libro soliloquiorum, qui dicit quod ° scientiarum spectamina videntur in divina veritate sicut haec visibilia in lumine solis, ‘ quae constat non videri in ipso corpore solis, sed per lumen, quod est similitudo solaris claritatis in aere et similibus corporibus relicta.

n.7 * Ex his ergo verbis augustini non habetur quod “ deus videatur secundum suam substantiam in hac vita, sed solum sicut in speculo. * quod et apostolus de cognitione huius vitae confitetur, dicens, i cor. 13-12: ° videmus nunc per speculum in aenigmate.

n.8 ‘ Quamvis autem hoc speculum quod est mens humana, de propinquiori dei similitudinem repraesentet quam inferiores creaturae, tamen cognitio dei quae ex mente humana accipi potest, non excedit illud genus cognitionis quod ex sensibilibus sumitur: cum et ipsa anima de seipsa cognoscat quid est per hoc quod naturas intelligit sensibilium, * ut dictum est. ‘ unde nec per hanc viam cognosci deus altiori modo potest quam sicut causa cognoscitur per effectum.

005 SCG lb3 cp48

n. ‘ Quod ultima hominis felicitas non sit in hac vita.

n.1 ‘ Si ergo humana felicitas ultima non consistit in cognitione dei qua communiter ab omnibus vel pluribus cognoscitur secundum quandam aestimationem confusam, neque iterum in cognitione dei qua cognoscitur per viam demonstrationis in scientiis speculativis, neque in cognitione dei qua cognoscitur per fidem, * ut in superioribus est ostensum; ‘ non est autem possibile in hac vita ad altiorem dei cognitionem pervenire ut per essentiam cognoscatur, vel saltem ita quod aliae substantiae separatae intelligantur, ut ex his posset deus quasi de propinquiori cognosci, * ut ostensum est; ‘ oportet autem in aliqua dei cognitione felicitatem ultimam poni, * ut supra probatum est: ‘ impossibile est quod in hac vita sit ultima hominis felicitas.

n.2 ‘ Item. ultimus finis hominis terminat eius appetitum naturalem, ita quod, eo habito, nihil aliud quaeritur: si enim adhuc movetur ad aliud, nondum habet finem in quo quiescat. hoc autem in hac vita non est possibile accidere. quanto enim plus aliquis intelligit, tanto magis in eo desiderium intelligendi augetur, quod est hominibus naturale: nisi forte aliquis sit qui omnia intelligat. quod in hac vita nulli unquam accidit qui esset solum homo, nec est possibile accidere: cum in hac vita substantias separatas, quae sunt maxime intelligibilia, cognoscere non possimus, * ut ostensum est. ‘ non est igitur possibile ultimam hominis felicitatem in hac vita esse.

n.3 ‘ Adhuc. omne quod movetur in finem, desiderat naturaliter stabiliri et quiescere in illo: unde a loco quo corpus naturaliter movetur, non recedit nisi per motum violentum, qui contrariatur appetitui. felicitas autem est ultimus finis, quem homo naturaliter desiderat. est igitur hominis desiderium naturale ad hoc quod in felicitate stabiliatur. nisi igitur cum felicitate pariter immobilem stabilitatem consequatur, nondum est felix, eius desiderio naturali nondum quiescente. cum igitur aliquis felicitatem consequitur, pariter stabilitatem et quietem consequetur: unde et omnium haec est de felicitate conceptio, quod de sui ratione stabilitatem requirat; * propter quod philosophus dicit, in i eth., quod ° non aestimamus felicem esse chamaeleontem quendam. ‘ in vita autem ista non est aliqua certa stabilitas: cuilibet enim, quantumcumque felix dicatur, possibile est infirmitates et infortunia accidere, quibus impeditur ab operatione, quaecumque sit illa, in qua ponitur felicitas. non est igitur possibile in hac vita esse ultimam hominis felicitatem.

n.4 ‘ Amplius. inconveniens videtur et irrationabile quod tempus generationis alicuius rei sit magnum, tempus autem durationis ipsius sit parvum: sequeretur enim quod natura in maiori tempore suo fine privaretur; unde videmus quod animalia quae parvo tempore vivunt, parvum etiam tempus ad hoc quod perficiantur habent. si autem felicitas consistat in perfecta operatione secundum virtutem perfectam, vel intellectualem vel moralem, impossibile est eam advenire homini nisi post tempus diuturnum. et hoc maxime in speculativis apparet, in quibus ultima felicitas hominis ponitur, * ut ex dictis patet: ‘ nam vix in ultima aetate homo ad perfectum in speculatione scientiarum pervenire potest. tunc autem, ut plurimum, modicum restat humanae vitae. non est igitur possibile in hac vita ultimam hominis felicitatem esse.

n.5 ‘ Praeterea. felicitatem perfectum quoddam bonum omnes confitentur: alias appetitum non quietaret. perfectum autem bonum est quod omnino caret admixtione mali: sicut perfecte album est quod est omnino impermixtum nigro. non est autem possibile quod homo in statu istius vitae omnino sit immunis a malis: non solum corporalibus, quae sunt fames, sitis, aestus et frigus, et alia huiusmodi; sed etiam a malis animae. nullus enim invenitur qui non aliquando inordinatis passionibus inquietetur; qui non aliquando praetereat medium, in quo virtus consistit, vel in plus vel in minus; qui non etiam in aliquibus decipiatur; vel saltem ignoret quae scire desiderat; aut etiam debili opinione concipiat ea de quibus certitudinem habere vellet. non est igitur aliquis in hac vita felix.

n.6 ‘ Adhuc. homo naturaliter refugit mortem, et tristatur de ipsa: non solum ut nunc, cum eam sentit, eam refugiens, sed etiam cum eam recogitat. hoc autem quod non moriatur, homo non potest assequi in hac vita. non est igitur possibile quod homo in hac vita sit felix.

n.7 ‘ Amplius. felicitas ultima non consistit in habitu, sed in operatione: habitus enim propter actus sunt. sed impossibile est in hac vita continue agere quamcumque actionem. impossibile est igitur in hac vita hominem totaliter esse felicem.

n.8 ‘ Item. quanto aliquid est magis desideratum et dilectum, tanto eius amissio maiorem dolorem vel tristitiam affert. felicitas autem maxime desideratur et amatur. maxime igitur eius amissio tristitiam habet. sed si sit in hac vita ultima felicitas, certum est quod amitteretur, saltem per mortem. et non est certum utrum duratura sit usque ad mortem: cum cuilibet homini possibile sit in hac vita accidere morbos quibus totaliter ab operatione virtutis impeditur, sicut phrenesim et alios huiusmodi, quibus impeditur rationis usus. semper igitur talis felicitas habebit tristitiam naturaliter annexam. non erit igitur perfecta felicitas.

n.9 * Potest autem aliquis dicere quod, “ cum felicitas sit bonum intellectualis naturae, perfecta et vera felicitas est illorum in quibus natura intellectualis perfecta invenitur, idest in substantiis separatis: in hominibus autem invenitur imperfecta, per modum participationis cuiusdam. ad veritatem enim intelligendam plene, non nisi per quendam inquisitionis motum pertingere possunt; et ad ea quae sunt secundum naturam maxime intelligibilia, omnino deficiunt, * sicut ex dictis patet. “ unde nec felicitas, secundum suam perfectam rationem, potest hominibus adesse: sed aliquid ipsius participant, etiam in hac vita. * et haec videtur fuisse sententia aristotelis de felicitate. unde in i ethicorum, ubi inquirit “ utrum infortunia tollant felicitatem, ostenso quod felicitas sit in operibus virtutis, quae maxime permanentes in hac vita esse videntur, concludit illos quibus talis perfectio in hac vita adest, esse beatos ut homines, quasi non simpliciter ad felicitatem pertingentes, sed modo humano.

n.10 * Quod autem praedicta responsio rationes praemissas non evacuet ostendendum est.

n.11 ‘ Homo enim etsi naturae ordine substantiis separatis sit inferior, creaturis tamen irrationabilibus superior est. perfectiori igitur modo suum finem ultimum consequitur quam illa. illa vero sic perfecte suum finem ultimum consequuntur quod nihil aliud quaerunt: grave enim, cum fuerit in suo ubi, quiescit; animalia etiam cum fruuntur delectabilibus secundum sensum, eorum naturale desiderium quietatur. oportet igitur multo fortius quod, cum homo pervenerit ad suum finem ultimum, naturale eius desiderium quietetur. sed hoc non potest fieri in vita ista. ergo homo non consequitur felicitatem, prout est finis proprius eius, in hac vita, * ut ostensum est. ‘ oportet ergo quod consequatur post hanc vitam.

n.12 ‘ Adhuc. impossibile est naturale desiderium esse inane: “ natura enim nihil facit frustra. ‘ esset autem inane desiderium naturae si nunquam posset impleri. est igitur implebile desiderium naturale hominis. non autem in hac vita, * ut ostensum est. ‘ oportet igitur quod impleatur post hanc vitam. est igitur felicitas ultima hominis post hanc vitam.

n.13 ‘ Amplius. quandiu aliquid movetur ad perfectionem, nondum est in ultimo fine. sed omnes homines in cognoscendo veritatem semper se habent ut moti et tendentes ad perfectionem: quia illi qui sequuntur, superinveniunt aliqua illis quae a prioribus sunt inventa, * sicut etiam dicitur in ii metaphysicae. ‘ non igitur homines in cognitione veritatis sic se habent quasi in ultimo fine existentes. cum igitur in speculatione, per quam quaeritur cognitio veritatis, maxime videatur ultima felicitas hominis in hac vita consistere, * sicut etiam ipse aristoteles probat in x eth., ‘ impossibile est dicere quod homo in hac vita ultimum suum finem consequatur.

n.14 ‘ Praeterea. omne quod est in potentia, intendit exire in actum. quandiu igitur non est ex toto factum in actu, non est in suo fine ultimo. intellectus autem noster est in potentia ad omnes formas rerum cognoscendas: reducitur autem in actum cum aliquam earum cognoscit. ergo non erit ex toto in actu, nec in ultimo suo fine, nisi quando omnia, saltem ista materialia, cognoscit. sed hoc non potest homo assequi per scientias speculativas, quibus in hac vita veritatem cognoscimus. non est igitur possibile quod ultima felicitas hominis sit in hac vita.

n.15 * Propter has autem et huiusmodi rationes, alexander et averroes posuerunt “ ultimam hominis felicitatem non esse in cognitione humana, quae est per scientias speculativas, sed per continuationem cum substantia separata, quam esse credebant possibilem homini in hac vita. * quia vero aristoteles vidit quod “ non est alia cognitio hominis in hac vita quam per scientias speculativas, posuit hominem non consequi felicitatem perfectam, sed suo modo.

n.16 * In quo satis apparet quantam angustiam patiebantur hinc inde eorum praeclara ingenia. ‘ a quibus angustiis liberabimur si ponamus, * secundum probationes praemissas, ‘ hominem ad veram felicitatem post hanc vitam pervenire posse, anima hominis immortali existente in quo statu anima intelliget per modum quo intelligunt substantiae separatae, * sicut in secundo huius operis ostensum est.

n.17 ‘ Erit igitur ultima felicitas hominis in cognitione dei quam habet humana mens post hanc vitam, per modum quo ipsum cognoscunt substantiae separatae. * propter quod, matth. 5-12, “ dominus mercedem nobis in caelis promittit; * et matth. 22-30, dicit quod “ sancti erunt sicut angeli, qui vident semper deum in caelis, * ut dicitur matth. 18-10.

005 SCG lb3 cp49

n. ‘ Quod substantiae separatae non vident deum per essentiam ex hoc quod cognoscunt eum per suam essentiam.

n.1 ‘ Oportet autem inquirere utrum haec ipsa cognitio qua substantiae separatae, et animae post mortem, cognoscunt deum per suas essentias, sufficiat ad ipsarum ultimam felicitatem.

n.2 ‘ Ad cuius veritatis indaginem, primo ostendendum est quod per talem modum cognitionis non cognoscitur divina essentia.

n.3 ‘ Contingit enim ex effectu cognoscere causam multipliciter. uno modo, secundum quod effectus sumitur ut medium ad cognoscendum de causa quod sit, et quod talis sit: sicut accidit in scientiis, quae causam demonstrant per effectum. alio modo, ita quod in ipso effectu videatur causa, inquantum similitudo causae resultat in effectu: sicut homo videtur in speculo propter suam similitudinem. et differt hic modus a primo. nam in primo sunt duae cognitiones, effectus et causae, quarum una est alterius causa: nam cognitio effectus est causa quod cognoscatur eius causa. in modo autem secundo una est visio utriusque: simul enim dum videtur effectus, videtur et causa in ipso. tertio modo, ita quod ipsa similitudo causae in effectu sit forma qua cognoscit causam suus effectus: sicut si arca haberet intellectum, et per formam suam cognosceret artem a qua talis forma, velut eius similitudo, processit. nullo autem istorum modorum |25| per effectum potest cognosci de causa quid est, nisi sit effectus causae adaequatus, in quo tota virtus causae exprimatur. substantiae autem separatae cognoscunt deum per suas substantias sicut causa cognoscitur per effectum: non autem primo modo, quia sic eorum cognitio esset discursiva, sed secundo modo, inquantum una videt deum in alia; et modo tertio, inquantum quaelibet earum videt deum in seipsa. nulla autem earum est effectus adaequans virtutem dei, * ut in secundo libro ostensum est. ‘ non est igitur possibile quod per hunc modum cognitionis ipsam divinam essentiam videant.

n.4 ‘ Amplius. similitudo intelligibilis per quam intelligitur aliquid secundum suam substantiam, oportet quod sit eiusdem speciei, vel magis species eius; sicut forma domus quae est in mente artificis, est eiusdem speciei cum forma domus quae est in materia, vel potius species eius; non enim per speciem hominis intelligitur de asino vel equo quid est. sed ipsa natura substantiae separatae non est idem specie cum natura divina, quinimmo nec genere, * ut in primo libro ostensum est. ‘ non est igitur possibile quod substantia separata intelligat divinam substantiam per propriam naturam.

n.5 ‘ Item. omne creatum ad aliquod genus vel speciem terminatur. divina autem essentia est infinita, comprehendens in se omnem perfectionem totius esse, * ut in primo libro ostensum est. ‘ impossibile est igitur quod per aliquid creatum divina substantia videatur.

n.6 ‘ Praeterea. omnis intelligibilis species per quam intelligitur quidditas vel essentia alicuius rei, comprehendit in repraesentando rem illam: unde et orationes significantes quod quid est terminos et definitiones vocamus. impossibile est autem quod aliqua similitudo creata taliter deum repraesentet: cum quaelibet similitudo creata sit alicuius generis determinati, non autem deus, * ut in primo ostensum est. ‘ non est igitur possibile quod per aliquam similitudinem creatam divina substantia intelligatur.

n.7 ‘ Amplius. divina substantia est suum esse * ut in primo ostensum est. ‘ ipsum autem esse substantiae separatae est aliud quam sua substantia, * ut in secundo probatum est. ‘ essentia igitur substantiae separatae non est sufficiens medium quo deus per essentiam videri possit.

n.8 ‘ Cognoscit tamen substantia separata per suam substantiam de deo quia est; et quod est omnium causa; et eminentem omnibus; et remotum ab omnibus, non solum quae sunt, sed etiam quae mente creata concipi possunt. ad quam etiam cognitionem de deo nos utcumque pertingere possumus: per effectus enim de deo cognoscimus quia est et quod causa aliorum est, aliis supereminens, et ab omnibus remotus. et hoc est ultimum et perfectissimum nostrae cognitionis in hac vita, * ut dionysius dicit, in libro de mystica theologia, “ cum deo quasi ignoto coniungimur: ‘ quod quidem contingit dum de eo quid non sit cognoscimus, quid vero sit penitus manet ignotum. unde et ad huius sublimissimae cognitionis ignorantiam demonstrandam, * de moyse dicitur, exodi 20-21, quod ° accessit ad caliginem in qua est deus.

n.9 ‘ Quia vero natura inferior in sui summo non nisi ad infimum superioris naturae attingit oportet quod haec ipsa cognitio sit eminentior in substantiis separatis quam in nobis. quod per singula patet. nam quanto propinquior et expressior alicuius causae effectus cognoscitur, tanto evidentius apparet de causa eius quod sit. substantiae autem separatae, quae per seipsas deum cognoscunt, sunt propinquiores effectus, et expressius dei similitudinem gerentes, quam effectus per quos nos deum cognoscimus. certius ergo sciunt substantiae separatae et clarius quam nos, quod deus est.

n.10 ‘ Rursus: cum per negationes ad propriam cognitionem rei quoquo modo deveniatur, * ut supra dictum est, ‘ quanto plura et magis propinqua quis ab aliquo remota esse cognoverit, tanto magis ad propriam ipsius cognitionem accedit: sicut magis accedit ad propriam hominis cognitionem qui scit eum non esse neque inanimatum neque insensibilem, quam qui scit solum eum non esse inanimatum, licet neuter sciat de homine quid sit. substantiae autem separatae plura cognoscunt quam nos, et quae sunt deo magis propinqua: et per consequens suo intellectu plura et magis propinqua a deo removent quam nos. magis igitur accedunt ad propriam ipsius cognitionem quam nos: licet nec ipsae, per hoc quod seipsas intelligunt, divinam substantiam videant.

n.11 ‘ Item: tanto aliquis alicuius altitudinem magis novit, quanto altioribus scit eum esse praelatum: sicut, etsi rusticus sciat regem esse summum in regno, quia tamen non cognoscit nisi quaedam infima regni officia, cum quibus aliquid habet negotii, non ita cognoscit regis eminentiam sicut aliquis qui omnium principum regni dignitates novit, quibus scit regem esse praelatum; quamvis neuter altitudinem regiae dignitatis comprehendat. nos autem nescimus nisi quaedam infima entium. licet ergo sciamus deum omnibus entibus eminere, non tamen ita cognoscimus eminentiam divinam sicut substantiae separatae, quibus altissimi rerum ordines noti sunt, et eis omnibus superiorem deum esse cognoscunt.

n.12 ‘ Ulterius: manifestum est quod causalitas alicuius causae, et virtus eius, tanto magis cognoscitur, quanto plures et maiores eius effectus innotescunt. ex quo manifestum fit quod substantiae separatae causalitatem dei et eius virtutem magis cognoscunt quam nos, licet nos omnium entium eum esse causam sciamus.

005 SCG lb3 cp50

n. ‘ Quod in naturali cognitione quam habent substantiae separatae de deo non quiescit earum naturale desiderium.

n.1 ‘ Non potest autem esse quod in tali dei cognitione quiescat naturale desiderium substantiae separatae.

n.2 ‘ Omne enim quod est imperfectum in aliqua specie, desiderat consequi perfectionem speciei illius: qui enim habet opinionem de re aliqua, quae est imperfecta illius rei notitia, ex hoc ipso incitatur ad desiderandum illius rei scientiam. praedicta autem cognitio quam substantiae separatae habent de deo, non cognoscentes ipsius substantiam, est imperfecta cognitionis species: non enim arbitramur nos aliquid cognoscere si substantiam eius non cognoscamus; unde et praecipuum in cognitione alicuius rei est scire de ea quid est. ex hac igitur cognitione quam habent substantiae separatae de deo, non quiescit naturale desiderium, sed incitatur magis ad divinam substantiam videndam.

n.3 ‘ Item. ex cognitione effectuum incitatur desiderium ad cognoscendum causam: unde homines philosophari incoeperunt causas rerum inquirentes. non quiescit igitur sciendi desiderium, naturaliter omnibus substantiis intellectualibus inditum, nisi, cognitis substantiis effectuum, etiam substantiam causae cognoscant. per hoc igitur quod substantiae separatae cognoscunt omnium rerum quarum substantias vident, esse deum causam, non quiescit desiderium naturale in ipsis, nisi etiam ipsius dei substantiam videant.

n.4 ‘ Adhuc. “ sicut se habet quaestio propter quid ad quaestionem quia, ita se habet quaestio quid est ad quaestionem an est: nam quaestio propter quid quaerit medium ad demonstrandum quia est aliquid, puta quod luna eclipsatur; et similiter quaestio quid est quaerit medium ad demonstrandum an est, * secundum doctrinam traditam in ii posteriorum. ‘ videmus autem quod videntes quia est aliquid, naturaliter scire desiderant propter quid. ergo et cognoscentes an est aliquid, naturaliter scire desiderant quid est ipsum, quod est intelligere eius substantiam. non igitur quietatur naturale sciendi desiderium in cognitione dei qua scitur de ipso solum quia est.

n.5 ‘ Amplius. nihil finitum desiderium intellectus quietare potest. quod exinde ostenditur quod intellectus, quolibet finito dato, aliquid ultra molitur: unde qualibet linea finita data, aliquam maiorem molitur apprehendere et similiter in numeris; et haec est ratio infinitae additionis in numeris et lineis mathematicis. altitudo autem et virtus cuiuslibet substantiae creatae finita est. non igitur intellectus substantiae separatae quiescit per hoc quod cognoscit sub-

stantias creatas quantumcumque eminentes, sed adhuc naturali desiderio tendit ad intelligendum substantiam quae est altitudinis infinitae, * ut in primo libro ostensum est de substantia divina.
n.6 ' Praeterea. sicut naturale desiderium inest omnibus intellectualibus naturis ad sciendum, ita inest eis naturale desiderium ignorantiam seu nescientiam pellendi. substantiae autem separatae, * sicut iam dictum est, ' cognoscunt, praedicto cognitionis modo, substantiam dei esse supra se et supra omne id quod ab eis intelligitur: et per consequens sciunt divinam substantiam sibi esse ignotam. tendit igitur naturale ipsorum desiderium ad intelligendum divinam substantiam.
n.7 ' Item. quanto aliquid est fini propinquius, tanto maiori desiderio tendit ad finem: unde videmus quod motus naturalis corporum in fine intenditur. intellectus autem substantiarum separatarum propinquiores sunt divinae cognitioni quam noster intellectus. intensius igitur desiderant dei cognitionem quam nos. nos autem, quantumcumque sciamus deum esse, * et alia quae supra dicta sunt, ' non quiescimus desiderio, sed adhuc desideramus eum per essentiam suam cognoscere. multo igitur magis substantiae separatae hoc naturaliter desiderant. non igitur in cognitione dei praedicta earum desiderium quietatur.
n.8 ' Ex quibus concluditur quod ultima felicitas substantiae separatae non est in illa cognitione dei qua eum cognoscunt per suas substantias: cum adhuc earum desiderium ducat eas usque ad dei substantiam.
n.9 ' In quo etiam satis apparet quod in nullo alio quaerenda est ultima felicitas quam in operatione intellectus: cum nullum desiderium tam in sublime ferat sicut desiderium intelligendae veritatis. omnia namque nostra desideria vel delectationis, vel cuiuscumque alterius quod ab homine desideratur, in aliis rebus quiescere possunt: desiderium autem praedictum non quiescit nisi ad summum rerum cardinem et factorem deum pervenerit. * propter quod convenienter sapientia dicit, eccli. 24-7: ° ego in altissimis habitavi, et thronus meus in columna nubis. * et proverb. 9-3 dicitur quod ° sapientia per ancillas suas vocat ad arcem. ' erubescant igitur qui felicitatem hominis, tam altissime sitam, in infimis rebus quaerunt.

005 SCG lb3 cp51

n. ' Quomodo deus per essentiam videatur.
n.1 ' Cum autem impossibile sit naturale desiderium esse inane, quod quidem esset si non esset possibile pervenire ad divinam substantiam intelligendam, quod naturaliter omnes mentes desiderant; necesse est dicere quod possibile sit substantiam dei videri per intellectum, et a substantiis intellectualibus separatis, et ab animabus nostris.
n.2 ' Modus autem huius visionis satis iam ex dictis qualis esse debeat, apparet. * ostensum enim est supra quod ' divina substantia non potest videri per intellectum aliqua specie creata. unde oportet, si dei essentia videatur, quod per ipsammet essentiam divinam intellectus ipsam videat: ut sit in tali visione divina essentia et quod videtur, et quo videtur.
n.3 ' Cum autem intellectus substantiam aliquam intelligere non possit nisi fiat actu secundum aliquam speciem informantem ipsum quae sit similitudo rei intellectae, * impossibile videri potest alicui quod " per essentiam divinam intellectus creatus possit videre ipsam dei substantiam quasi per quandam speciem intelligibilem: cum divina essentia sit quiddam per seipsum subsistens; * et in primo ostensum sit quod " deus nullius potest esse forma.
n.4 ' Ad huius igitur intelligentiam veritatis, considerandum est quod substantia quae est per seipsam subsistens, est vel forma tantum, vel compositum ex materia et forma. illud igitur quod ex materia et forma compositum est, non potest alterius esse forma: quia forma in eo est iam contracta ad illam materiam, ut alterius rei forma esse non possit. illud autem quod sic est subsistens ut tamen solum sit forma, potest alterius esse forma, dummodo esse suum sit tale quod ab aliquo alio participari possit, * sicut in secundo ostendimus de anima humana. ' si vero esse suum ab altero participari non posset, nullius rei forma esse posset: sic enim per suum esse determinatur in seipso, sicut quae sunt materialia per materiam. hoc autem, sicut in esse substantiali vel naturali invenitur, sic et in esse intelligibili considerandum est. cum enim intellectus perfectio sit verum, illud intelligibile erit ut forma tantum in genere intelligibilium quod est veritas ipsa. quod convenit soli deo nam cum verum sequatur ad esse, illud tantum |25| sua veritas est quod est suum esse, quod est proprium soli deo, * ut in secundo ostensum est. ' alia igitur intelligibilia subsistentia sunt non ut pura forma in genere intelligibilium, sed ut formam in subiecto aliquo habentes: est enim unumquodque eorum verum, non veritas; sicut et est ens, non autem ipsum esse. manifestum est igitur quod essentia divina potest comparari ad intellectum creatum ut species intelligibilis qua intelligit: quod non contingit de essentia alicuius alterius substantiae separatae. nec tamen potest esse forma alterius rei secundum esse naturale: sequeretur enim quod, simul cum alio iuncta, constitueret unam naturam; quod esse non potest, cum essentia divina in se perfecta sit in sui natura. species autem intelligibilis, unita intellectui, non constituit aliquam naturam, sed perficit ipsum ad intelligendum: quod perfectioni divinae essentiae non repugnat.
n.5 * Haec igitur visio immediata dei repromittitur nobis in scriptura, i cor. 13-12: ° videmus nunc per speculum in aenigmate: tunc autem facie ad faciem. ' quod corporali modo nefas est intelligere, ut in ipsa divinitate corporalem faciem imaginemur: * cum ostensum sit ' deum incorporeum esse; neque etiam sit possibile ut nostra corporali facie deum videamus, cum visus corporalis, qui in facie nostra residet, non nisi rerum corporalium esse possit. sic igitur facie ad faciem deum videbimus, quia immediate eum videbimus, sicut hominem quem facie ad faciem videmus.
n.6 ' Secundum autem hanc visionem maxime deo assimilamur, et eius beatitudinis participes sumus: nam ipse deus per suam essentiam suam substantiam intelligit, et haec est eius felicitas. * unde dicitur i ioan. 3-2: ° cum autem apparuerit, similes ei erimus et videbimus eum sicuti est. * et luc. 22, dominus dicit: ° ego dispono vobis sicut disposuit mihi pater meus mensam, ut edatis et bibatis super mensam meam in regno meo. " quod quidem non de corporali cibo vel potu intelligi potest, sed de eo qui in mensa sapientiae sumitur, * de quo a sapientia dicitur, proverb. 9-5: ° comedite panes meos, et bibite vinum quod miscui vobis. ' super mensam ergo dei manducant et bibunt qui eadem felicitate fruuntur qua deus felix est, videntes eum illo modo quo ipse videt seipsum.

005 SCG lb3 cp52

n. ' Quod nulla creata substantia potest sua naturali virtute pervenire ad videndum deum per essentiam.
n.1 ' Non est autem possibile quod ad illum visionis divinae modum aliqua creata substantia ex virtute propria possit attingere.
n.2 ' Quod enim est superioris naturae proprium, non potest consequi natura inferior nisi per actionem superioris naturae cuius est proprium: sicut aqua non potest esse calida nisi per actionem ignis. videre autem deum per ipsam essentiam divinam est proprium naturae divinae: operari enim per propriam formam est proprium cuiuslibet operantis. nulla igitur intellectualis substantia potest videre deum per ipsam divinam essentiam nisi deo hoc faciente.
n.3 ' Amplius. forma alicuius propria non fit alterius nisi eo agente: agens enim facit sibi simile inquantum formam suam alteri communicat. videre autem substantiam dei impossibile est nisi ipsa divina essentia sit forma intellectus qua intelligit, * ut probatum est. ' impossibile est igitur quod aliqua substantia creata ad illam visionem perveniat nisi per actionem divinam.
n.4 ' Adhuc. si aliqua duo debeant ad invicem copulari quorum unum sit formale et aliud materiale, oportet quod copulatio eorum compleatur per actionem quae est ex parte eius quod est formale, non autem per actionem eius quod est materiale: forma enim est principium agendi, materia vero principium patiendi. ad hoc autem quod intellectus creatus videat dei substantiam, oportet quod ipsa divina essentia copuletur intellectui ut forma intelligibilis, * sicut probatum est. ' non est igitur possibile ad hanc visionem perveniri ab aliquo intellectu creato nisi per actionem divinam.
n.5 ' Item. " quod est per se, causa est eius quod est per aliud. ' intellectus autem divinus per seipsum divinam substantiam videt: nam intellectus divinus est ipsa divina essentia, qua dei substantia videtur, * ut in primo probatum est. ' intellectus autem creatus videt divinam substantiam per essentiam dei, quasi per aliud a se. haec igitur visio non potest advenire intellectui creato nisi per actionem dei.
n.6 ' Praeterea. quidquid excedit limites alicuius naturae, non potest sibi advenire nisi per actionem alterius: sicut aqua non tendit sursum nisi ab aliquo alio mota. videre autem dei substantiam transcendit limites omnis naturae creatae: nam cuilibet naturae intellectuali creatae proprium est ut intelligat secundum modum suae substantiae; substantia autem divina non potest sic intelligi, * ut supra ostensum est. ' impossibile est ergo perveniri ab aliquo intellectu creato ad visionem divinae substantiae nisi per actionem dei, qui omnem creaturam transcendit.
n.7 * Hinc est quod rom. 6-23 dicitur: ° gratia dei vita aeterna. ' in ipsa enim divina visione ostendimus esse hominis beatitudinem, quae vita aeterna dicitur: ad quam sola dei gratia dicimur pervenire, quia talis visio omnem creaturae facultatem excedit, nec est possibile ad eam pervenire nisi divino munere; quae autem sic adveniunt creaturae, dei gratiae deputantur. * et ioan. 14-21 dominus dicit: ° ego manifestabo ei meipsum.

005 SCG lb3 cp53

n. ' Quod intellectus creatus indiget aliqua influentia divini luminis ad hoc quod deum per essentiam videat.
n.1 ' Oportet autem quod ad tam nobilem visionem intellectus creatus per aliquam divinae bonitatis influentiam elevetur.
n.2 ' Impossibile est enim quod id quod est forma alicuius rei propria, fiat alterius rei forma, nisi res illa participet aliquam similitudinem illius cuius est propria forma: sicut lux non fit actus alicuius corporis nisi aliquid participet de diaphano. essentia autem divina est propria forma intelligibilis intellectus divini, et ei proportionata: nam haec tria in deo unum sunt, intellectus, quo intelligitur, et quod intelligitur. impossibile est igitur quod ipsa essentia fiat intelligibilis forma alicuius intellectus creati, nisi per hoc quod aliquam divinam similitudinem intellectus creatus participat. haec igitur divinae similitudinis participatio necessaria est ad hoc quod dei substantia videatur.
n.3 ' Adhuc. nihil est susceptivum formae sublimioris nisi per aliquam dispositionem ad illius capacitatem elevetur: proprius enim actus in propria potentia fit. essentia autem divina est forma altior omni intellectu creato. ad hoc igitur quod essentia divina fiat intelligibilis species alicuius intellectus creati, quod requiritur ad hoc quod divina substantia videatur, necesse est quod intellectus creatus aliqua dispositione sublimiori ad hoc elevetur.
n.4 ' Amplius. si aliqua duo prius fuerint non unita et postmodum uniantur, oportet quod hoc fiat per mutationem utriusque, vel alterius tantum. si autem ponatur quod intellectus aliquis creatus de novo incipiat dei substantiam videre, oportet, * secundum praemissa, ' quod divina essentia copuletur ei de novo ut intelligibilis species. impossibile est autem quod divina essentia moveatur, * sicut supra ostensum est. ' oportet igitur quod talis unio incipiat esse per mutationem intellectus creati. quae quidem mutatio aliter esse non potest nisi per hoc quod intellectus creatus aliquam dispositionem de novo acquirat. idem autem sequitur si detur quod a principio suae creationis tali visione aliquis creatus intellectus potiatur. nam si talis visio facultatem naturae creatae excedit, * ut probatum est, ' potest intelligi quivis intellectus creatus in specie suae naturae consistere absque hoc quod dei substantiam videat. unde, sive a principio sive postmodum deum videre incipiat, oportet eius naturae |25| aliquid superaddi.
n.5 ' Item. nihil potest ad altiorem operationem elevari nisi per hoc quod eius virtus fortificatur. contingit autem dupliciter alicuius virtutem fortificari. uno modo, per simplicem intensionem ipsius virtutis: sicut virtus activa calidi augetur per intensionem caloris, ut possit efficere vehementiorem actionem in eadem specie. alio modo, per novae formae appositionem: sicut diaphani virtus augetur ad hoc quod possit illuminare, per hoc quod fit lucidum actu per formam lucis receptam in ipso de novo. et hoc quidem virtutis augmentum requiritur ad alterius speciei operationem consequendam. virtus autem intellectus creati naturalis non sufficit ad divinam substantiam videndam, * ut ex dictis patet. ' oportet ergo quod augeatur ei virtus, ad hoc quod ad talem visionem perveniat. non sufficit autem augmentum per intensionem naturalis virtutis: quia talis visio non est eiusdem rationis cum visione naturali intellectus creati; quod ex distantia visorum |25| patet. oportet igitur quod fiat augmentum virtutis intellectivae per alicuius novae dispositionis adeptionem.
n.6 ' Quia vero in cognitionem intelligibilium ex sensibilibus pervenimus, etiam sensibilis cognitionis nomina ad intelligibilem cognitionem transumimus: et praecipue quae pertinent ad visum, qui inter ceteros sensus nobilior est et spiritualior, ac per hoc intellectui affinior; et inde est quod ipsa intellectualis cognitio visio nominatur. et quia corporalis visio non completur nisi per lucem, ea quibus intellectualis visio perficitur, lucis nomen assumunt: * unde et aristoteles, in iii de anima, " intellectum agentem luci assimilat, ' ex eo quod intellectus agens facit intelligibilia in actu, sicut lux facit quodammodo visibilia actu. illa igitur dispositio qua intellectus creatus ad intellectualem divinae substantiae visionem extollitur, congrue lux gloriae dicitur: non propter hoc quod faciat intelligibile in actu, sicut lux intellectus agentis; sed per hoc quod facit intellectum potentem actu intelligere.
n.7 * Hoc autem est lumen de quo in psalmo dicitur: ° in lumine tuo videbimus lumen, " scilicet divinae substantiae. * et apoc. 22 dicitur: ° civitas, " scilicet beatorum, ° non eget sole neque luna: nam claritas dei illuminavit illam. * et isaiae 60 dicitur: ° non erit tibi amplius sol ad lucendum per diem, nec splendor lunae illuminabit te: sed erit tibi dominus in lucem sempiternam, et deus tuus in gloriam tuam. ' inde est etiam, quia deo idem esse est quod intelligere, et est omnibus causa intelligendi, quod dicitur esse lux, * ioan. 1-9: ° erat lux vera, quae illuminat omnem hominem venientem in hunc mundum; * et i ioan. 1-5: ° deus lux est; * et in psalmo: ° amictus lumine sicut vestimento. ' et propter hoc etiam " tam deus quam angeli * in sacra scriptura " in figuris igneis describuntur, propter ignis claritatem.

005 SCG lb3 cp54

n. ' Rationes quibus videtur probari quod deus non possit videri per essentiam, et solutiones earum.
n.1 * Obiiciet autem aliquis contra praedicta.
n.2 " Nullum enim lumen adveniens visui potest vi-

sum elevare ad videndum ea quae naturalem facultatem visus corporalis excedunt: non enim potest visus videre nisi colorata. divina autem substantia excedit omnem intellectus creati capacitatem, etiam magis quam intellectus excedat capacitatem sensus. nullo igitur lumine superveniente intellectus creatus elevari poterit ad divinam substantiam videndam.
n.3 “ Praeterea. lumen illud quod in intellectu creato recipitur, creatum aliquid est. et ipsum ergo in infinitum a deo distat. non potest igitur per huiusmodi lumen intellectus creatus ad divinae substantiae visionem elevari.
n.4 “ Item. si hoc quidem potest facere lumen praedictum propter hoc quod est divinae substantiae similitudo, cum omnis intellectualis substantia, ex hoc ipso quod intellectualis est, divinam similitudinem gerat ipsa natura cuiuslibet intellectualis substantiae ad visionem divinam sufficiet.
n.5 “ Adhuc. si lumen illud creatum est; nihil autem prohibet quod est creatum alicui rei creatae connaturale esse; poterit aliquis intellectus creatus esse qui suo connaturali lumine divinam substantiam videbit. * cuius contrarium ostensum est.
n.6 “ Amplius. infinitum inquantum huiusmodi, ignotum est. * ostensum est autem in primo “ deum esse infinitum. non igitur potest divina substantia per lumen praedictum videri.
n.7 “ Adhuc. oportet esse proportionem intelligentis ad rem intellectam. non est autem aliqua proportio intellectus creati, etiam lumine praedicto perfecti, ad substantiam divinam: cum adhuc remaneat distantia infinita. non potest igitur intellectus creatus ad divinam substantiam videndam per lumen aliquod elevari.
n.8 * Ex his autem et similibus rationibus aliqui moti sunt ad ponendum quod “ divina substantia nunquam ab aliquo intellectu creato videtur. * quae quidem positio ‘ et veram creaturae rationalis beatitudinem tollit, quae non potest esse nisi in visione divinae substantiae, * ut ostensum est; * et auctoritati sacrae scripturae contradicit, * ut ex superioribus patet. * unde tanquam falsa et haeretica abiicienda est.
n.9 * Rationes autem praedictas non difficile est solvere. ‘ divina enim substantia non sic est extra facultatem creati intellectus quasi aliquid omnino extraneum ab ipso, sicut est sonus a visu, vel substantia immaterialis a sensu, nam divina substantia est primum intelligibile, et totius intellectualis cognitionis principium: sed est extra facultatem intellectus creati sicut excedens virtutem eius, sicut excellentia sensibilium sunt extra facultatem sensus. * unde et philosophus in ii metaphys., dicit quod ° intellectus noster se habet ad rerum manifestissima sicut oculus noctuae ad lucem solis. ‘ indiget igitur confortari intellectus creatus aliquo divino lumine ad hoc quod divinam essentiam videre possit. * per quod prima ratio solvitur.
n.10 ‘ Huiusmodi autem lumen intellectum creatum ad dei visionem exaltat, non propter eius indistantiam a divina substantia, sed propter virtutem quam a deo sortitur ad talem effectum: “ licet secundum suum esse a deo in infinitum distet, * ut secunda ratio proponebat. ‘ non enim hoc lumen intellectum creatum deo coniungit secundum esse, sed secundum intelligere solum.
n.11 ‘ Quia vero ipsius dei proprium est ut suam substantiam perfecte cognoscat, lumen praedictum dei similitudo est quantum ad hoc quod ad dei substantiam videndam perducit. hoc autem modo nulla intellectualis substantia similitudo dei esse potest. cum enim nullius substantiae creatae simplicitas sit aequalis divinae, impossibile est quod totam suam perfectionem creata substantia habeat in eodem: hoc enim est proprium dei, * ut in primo ostensum est, ‘ qui secundum idem est ens, intelligens et beatus. aliud igitur oportet esse in substantia intellectuali creata lumen quo divina visione beatificatur; et aliud quodcumque lumen quo in specie suae naturae completur, et proportionaliter suae substantiae intelligit. * ex quo patet solutio tertiae rationis.
n.12 * Quarta vero solvitur per hoc quod ‘ visio divinae substantiae omnem naturalem virtutem excedit, * ut ostensum est. ‘ unde et lumen quo intellectus creatus perficitur ad divinae substantiae visionem, oportet esse supernaturale.
n.13 ‘ Neque autem “ divinae substantiae visionem impedire potest quod deus dicitur esse infinitus, * ut quinta ratio proponebat. ‘ non enim dicitur infinitus privative, sicut quantitas. huiusmodi enim infinitum rationabiliter est ignotum: quia est quasi materia carens forma, quae est cognitionis principium. sed dicitur infinitus negative, quasi forma per se subsistens non limitata per materiam recipientem. unde quod sic infinitum est, maxime cognoscibile est secundum se.
n.14 ‘ Proportio autem intellectus creati est quidem ad deum intelligendum, non secundum commensurationem aliquam proportione existente, sed secundum quod proportio significat quamcumque habitudinem unius ad alterum, ut materiae ad formam, vel causae ad effectum. sic autem nihil prohibet esse proportionem creaturae ad deum secundum habitudinem intelligentis ad intellectum, sicut et secundum habitudinem effectus ad causam. * unde patet solutio sextae obiectionis.

005 SCG lb3 cp55

n. ‘ Quod intellectus creatus non comprehendit divinam substantiam.
n.1 ‘ Quia vero cuiuslibet actionis modus sequitur efficaciam activi principii, magis enim calefacit cuius calor virtuosior est; oportet quod etiam modus cognitionis sequatur efficaciam principii cognoscendi.
n.2 ‘ Lumen autem praedictum est quoddam divinae cognitionis principium: cum per ipsum elevetur intellectus creatus ad divinam substantiam videndam. oportet ergo quod modus divinae visionis commensuretur virtuti praedicti luminis. lumen autem praedictum multo deficit in virtute a claritate divini intellectus. impossibile est ergo quod per huiusmodi lumen ita perfecte divina substantia videatur sicut eam videt intellectus divinus. intellectus autem divinus substantiam illam videt ita perfecte sicut perfecte visibilis est: veritas enim divinae substantiae, et claritas intellectus divini, sunt aequalia; immo magis sunt unum. impossibile est igitur quod intellectus creatus per lumen praedictum videat divinam substantiam ita perfecte sicut perfecte est visibilis. omne autem quod comprehenditur ab aliquo cognoscente, cognoscitur ab eo ita perfecte sicut cognoscibile est: qui enim novit quod triangulus habet tres angulos aequales duobus rectis, quasi opinabile quoddam probabili ratione, quia sic a sapientibus dicitur, |25| nondum hoc comprehendit; sed solum ille qui hoc novit quasi quoddam scibile, per medium quod est causa. impossibile est igitur quod intellectus creatus divinam substantiam comprehendat.
n.3 ‘ Adhuc. virtus finita non potest adaequare in sua operatione obiectum infinitum. substantia autem divina est quoddam infinitum per comparationem ad omnem intellectum creatum: cum omnis intellectus creatus sub certa specie terminetur. impossibile est ergo quod visio alicuius intellectus creati adaequet in videndo divinam substantiam, scilicet ita perfecte ipsam videndo sicut visibilis est. nullus igitur intellectus creatus ipsam comprehendit.
n.4 ‘ Amplius. omne agens in tantum perfecte agit in quantum perfecte participat formam quae est operationis principium. forma autem intelligibilis qua divina substantia videtur, est ipsa divina essentia: quae etsi fiat forma intelligibilis intellectus creati, non tamen intellectus creatus capit ipsam secundum totum posse eius. non igitur ita perfecte ipsam videt sicut ipsa visibilis est. non ergo comprehenditur ab intellectu creato.
n.5 ‘ Item. nullum comprehensum excedit terminos comprehendentis. si igitur intellectus creatus divinam substantiam comprehenderet, divina substantia non excederet limites intellectus creati: quod est impossibile. impossibile est igitur quod intellectus creatus divinam substantiam comprehendat.
n.6 ‘ Non autem sic dicitur quod divina substantia ab intellectu creato videtur, non tamen comprehenditur, quasi aliquid eius videatur et aliquid non videatur: cum divina substantia sit simplex omnino. sed quia non ita perfecte ab intellectu creato videtur sicut visibilis est: per quem modum dicitur opinans conclusionem demonstrativam cognoscere sed non comprehendere, quia non perfecte ipsam cognoscit, scilicet per modum scientiae, licet nulla pars eius sit quam non cognoscat.

005 SCG lb3 cp56

n. ‘ Quod nullus intellectus creatus, videndo deum, videt omnia quae in eo videri possunt.
n.1 ‘ Ex hoc autem apparet quod intellectus creatus, etsi divinam substantiam videat, non tamen omnia cognoscit quae per divinam substantiam cognosci possunt.
n.2 ‘ Tunc enim solum necesse est quod, cognito aliquo principio, omnes eius effectus cognoscantur per ipsum, quando principium comprehenditur intellectu: sic enim principium aliquod secundum suam totam virtutem cognoscitur, quando omnes effectus eius cognoscuntur ex ipso. per divinam autem essentiam alia cognoscuntur sicut cognoscitur effectus ex causa. cum igitur intellectus creatus non possit divinam substantiam cognoscere sic quod ipsam comprehendat, non est necesse quod videndo ipsam, omnia videat quae per ipsam cognosci possunt.
n.3 ‘ Item. quanto aliquis intellectus est altior, tanto plura cognoscit, vel secundum rerum multitudinem, vel saltem secundum earundem rerum plures rationes. intellectus autem divinus excedit omnem intellectum creatum. plura igitur cognoscit quam aliquis intellectus creatus. non autem cognoscit aliquid nisi per hoc quod suam essentiam videt, * ut in primo ostensum est. ‘ plura igitur sunt cognoscibilia per essentiam divinam quam aliquis intellectus creatus per ipsam videre possit.
n.4 ‘ Adhuc. quantitas virtutis attenditur secundum ea in quae potest. idem igitur est cognoscere omnia in quae potest aliqua virtus, et ipsam virtutem comprehendere. divinam autem virtutem, cum sit infinita, non potest aliquis creatus intellectus comprehendere, sicut nec essentiam eius, * ut probatum est. ‘ neque igitur intellectus creatus potest cognoscere omnia in quae divina virtus potest. omnia autem in quae divina virtus potest, sunt per essentiam divinam cognoscibilia: omnia enim cognoscit deus, et non nisi per essentiam suam. non igitur intellectus creatus, videns divinam substantiam, videt omnia quae in dei substantia videri possunt.
n.5 ‘ Amplius. nulla virtus cognoscitiva cognoscit rem aliquam nisi secundum rationem proprii obiecti: non enim visu cognoscimus aliquid nisi inquantum est coloratum. ‘ proprium autem obiectum intellectus est quod quid est, idest substantia rei, * ut dicitur in iii de anima. ‘ igitur quicquid intellectus de aliqua re cognoscit, cognoscit per cognitionem substantiae illius rei: “ unde in qualibet demonstratione per quam innotescunt nobis propria accidentia, principium accipimus quod quid est, * ut dicitur in i posteriorum. ‘ si autem substantiam alicuius rei intellectus cognoscat per accidentia, * sicut dicitur in i de anima, quod ° accidentia magnam partem conferunt ad cognoscendum quod quid est; ‘ hoc est per accidens, inquantum cognitio intellectus oritur a sensu, et sic per sensibilium accidentium cognitionem oportet ad substantiae intellectum pervenire; propter quod hoc non habet locum in mathematicis, sed in naturalibus tantum. quicquid igitur est in re quod non potest cognosci per cognitionem substantiae eius, oportet esse intellectui |25| ignotum. quid autem velit aliquis volens, non potest cognosci per cognitionem substantiae ipsius: nam voluntas non tendit in sua volita omnino naturaliter; propter quod voluntas et natura duo principia activa ponuntur. non potest igitur aliquis intellectus cognoscere quid volens velit, nisi forte per aliquos effectus, sicut, cum videmus aliquem voluntarie operantem, scimus quid voluerit; aut per causam, sicut deus voluntates nostras sicut et alios suos effectus, cognoscit per hoc quod est nobis causa volendi; aut per hoc quod aliquis alteri suam voluntatem insinuat, ut cum aliquis loquendo suum affectum exprimit. cum igitur multa ex simplici dei voluntate dependeant, * ut partim ex superioribus patet, et adhuc erit amplius manifestum; ‘ intellectus creatus, etsi dei substantiam videat, non tamen omnia cognoscit quae deus per suam substantiam videt.
n.6 * Potest autem aliquis contra praedicta obiicere quod “ dei substantia maius est aliquid quam omnia quae ipse facere, vel intelligere, vel velle potest, praeter seipsum: unde, si intellectus creatus dei substantiam videre potest, multo magis possibile est quod omnia cognoscat quae deus, praeter seipsum, vel intelligit, vel vult, vel facere potest.
n.7 ‘ Sed, si diligenter consideretur non est eiusdem rationis aliquid cognosci in seipso, et in sua causa: quaedam enim in seipsis de facili cognoscibilia sunt quae tamen in suis causis non de facili cognoscuntur. verum est igitur quod maius est intelligere divinam substantiam quam quicquid est aliud praeter ipsam, quod in seipso cognosci potest. perfectioris tamen cognitionis est cognoscere divinam substantiam et in ea eius effectus videre, quam cognoscere divinam substantiam sine hoc quod effectus videantur in ipsa. et hoc quidem quod divina substantia videatur, absque comprehensione ipsius fieri potest. quod autem omnia quae per ipsam intelligi possunt, cognoscantur, hoc absque ipsius comprehensione non potest accidere, * ut ex praedictis patet.

005 SCG lb3 cp57

n. ‘ Quod omnis intellectus, cuiuscumque gradus, particeps esse potest divinae visionis.
n.1 ‘ Cum autem ad visionem divinae substantiae intellectus creatus quodam supernaturali lumine sublimetur, * ut patet ex dictis, ‘ non est aliquis intellectus creatus ita secundum suam naturam infimus, qui non ad hanc visionem possit elevari.
n.2 * Ostensum enim est quod ‘ lumen illud non potest esse alicui creaturae connaturale, sed omnem creatam naturam excedit secundum virtutem. quod autem fit virtute supernaturali, non impeditur propter naturae diversitatem, cum divina virtus sit infinita: unde in sanatione infirmi quae fit miraculose, non differt utrum aliquis multum vel parum infirmetur. diversus ergo gradus naturae intellectualis non impedit quin infimum in tali natura ad illam visionem perduci possit praedicto lumine.
n.3 ‘ Adhuc. distantia intellectus secundum ordinem naturae supremi ad deum est infinita in perfectione et bonitate. eius autem distantia ad intellectum infimum est finita: finiti enim ad finitum non potest esse infinita distantia. distantia igitur quae est inter infimum intellectum creatum et supremum, est quasi nihil in comparatione ad illam distantiam quae est inter supremum intellectum creatum et deum. quod autem est quasi nihil, non potest variationem sensibilem facere: sicut distantia quae est inter centrum terrae et visum, est quasi nihil in comparatione ad distantiam quae est inter visum nostrum et octavam sphaeram, ad quam tota terra comparata obtinet locum puncti; et propter hoc nulla sensibilis variatio fit per hoc quod astrologi in suis demonstrationibus utuntur visu nostro quasi centro terrae. nihil ergo differt quicumque intellectus sit qui ad dei visionem per lumen praedictum elevetur, utrum summus, vel infimus, vel medius.
n.4 * Item. supra probatum est quod ‘ omnis intellectus naturaliter desiderat divinae substantiae visionem. naturale autem desiderium non potest esse inane. quilibet igitur intellectus creatus potest pervenire ad divinae substantiae visionem, non impediente inferioritate naturae.

n.5 * Hinc est quod matth. 22-30, " dominus hominibus repromittit gloriam angelorum: ° erunt, * inquit, de hominibus loquens, ° sicut angeli dei in caelo. * et apoc. 20, " eadem mensura hominis et angeli esse perhibetur. * propter quod et fere ubique in sacra scriptura " angeli in forma hominum describuntur: vel in toto, sicut patet de angelis qui apparuerunt abrahae in similitudine virorum, * gen. 18-2; " vel in parte, sicut patet de animalibus, * ezech. 1-8, de quibus dicitur quod ° manus hominis erant sub pennis eorum.
n.6 * Per hoc autem excluditur error quorundam qui dicebant quod " anima humana, quantumcumque elevetur, non potest ad aequalitatem superiorum intellectuum pervenire.

005 SCG lb3 cp58

n. ' Quod unus alio perfectius deum videre potest.
n.1 ' Quia vero modus operationis consequitur formam quae est operationis principium; visionis autem qua intellectus creatus divinam substantiam videt, principium quoddam est lumen praedictum, * ut ex dictis patet: ' necesse est quod secundum modum huius luminis sit modus divinae visionis. possibile est autem huius luminis diversos esse participationis gradus, ita quod unus eo perfectius illustretur quam alius. possibile igitur est quod unus deum videntium eum perfectius alio videat, quamvis uterque videat eius substantiam.
n.2 ' Adhuc. in quocumque genere est aliquod summum, quod excedit alia, est etiam invenire magis et minus, secundum maiorem propinquitatem vel distantiam ab ipso: sicut aliqua sunt magis et minus calida secundum quod magis vel minus appropinquant ad ignem, qui est summe calidus. deus autem suam substantiam perfectissime videt, utpote qui solus eam comprehendit, * ut supra ostensum est. ' igitur et eum videntium unus alio magis vel minus substantiam eius videt, secundum quod magis vel minus ei appropinquat.
n.3 ' Amplius. lumen gloriae ex hoc ad divinam visionem elevat, quod est quaedam similitudo intellectus divini, * sicut iam dictum est. ' contingit autem aliquid magis vel minus assimilari deo. possibile est igitur aliquem perfectius vel minus perfecte divinam substantiam videre.
n.4 ' Item. cum finis proportionaliter respondeat his quae sunt ad finem, oportet quod sicut aliqua diversimode praeparantur ad finem, ita diversimode participent finem. visio autem divinae substantiae est ultimus finis cuiuslibet intellectualis substantiae, * ut ex dictis patet. ' intellectuales autem substantiae non omnes aequaliter praeparantur ad finem: quaedam enim sunt maioris virtutis, et quaedam minoris; virtus autem est via ad felicitatem. oportet igitur quod in visione divina sit diversitas, quod quidam perfectius, quidam minus perfecte divinam substantiam videant.
n.5 * Hinc est quod, ad hanc felicitatis differentiam designandam, dominus dicit, io. 14-2: ° in domo patris mei mansiones multae sunt.
n.6 * Per hoc autem excluditur error quorundam qui dicunt " omnia praemia esse aequalia.
n.7 ' Sicut autem ex modo visionis apparet diversus gradus gloriae in beatis, ita ex eo quod videtur apparet gloria eadem: nam cuiuslibet felicitas ex hoc est quod dei substantiam videt, * ut probatum est. ' idem ergo est quod omnes beatos facit: non tamen ab eo omnes aequaliter beatitudinem capiunt.
n.8 * Unde praedictis non obviat quod dominus, matth. 20-10 " omnibus laborantibus in vinea, licet non aequaliter laboraverint, idem tamen praemium redditum docet, scilicet denarium: ' quia idem est quod omnibus datur in praemium ad videndum et fruendum, scilicet deus.
n.9 ' In quo etiam considerandum est quod quodammodo contrarius est ordo corporalium et spiritualium motuum. omnium enim corporalium motuum est idem numero primum subiectum, fines vero diversi. spiritualium vero motuum, scilicet intellectualium apprehensionum et voluntatum, sunt quidem diversa subiecta prima, finis vero numero idem.

005 SCG lb3 cp59

n. ' Quomodo videntes divinam substantiam omnia videant.
n.1 ' Quia vero visio divinae substantiae est ultimus finis cuiuslibet intellectualis substantiae, * ut patet ex dictis; ' omnis autem res cum pervenerit ad ultimum finem, quiescit appetitus eius naturalis: oportet quod appetitus naturalis substantiae intellectualis divinam substantiam videntis omnino quiescat. est autem appetitus naturalis intellectus ut cognoscat omnium rerum genera et species et virtutes, et totum ordinem universi: quod demonstrat humanum studium circa singula praedictorum. quilibet igitur divinam substantiam videntium cognoscet omnia supradicta.
n.2 ' Amplius. in hoc intellectus et sensus differt, * ut patet in iii de anima, ' quod sensus ab excellentibus sensibilibus corrumpitur vel debilitatur, ut postmodum minora sensibilia percipere non possit: intellectus autem, quia non corrumpitur nec impeditur a suo obiecto, sed solum perficitur, postquam intellexit maius intelligibile, non minus poterit alia intelligibilia intelligere, sed magis. summum autem in genere intelligibilium est divina substantia. intellectus igitur qui per lumen divinum elevatur ad videndam dei substantiam, multo magis eodem lumine perficitur ad omnia alia intelligenda quae sunt in rerum natura.
n.3 ' Adhuc. esse intelligibile non est minoris ambitus quam esse naturale, sed forte maioris: intellectus enim natus est omnia quae sunt in rerum natura intelligere, et quaedam intelligit quae non habent esse naturale, sicut negationes et privationes. quaecumque igitur requiruntur ad perfectionem esse naturalis, requiruntur ad perfectionem esse intelligibilis, vel etiam plura. perfectio autem esse intelligibilis est cum intellectus ad suum ultimum finem pervenerit: sicut perfectio esse naturalis in ipsa rerum institutione consistit. omnia igitur quae deus ad perfectionem universi produxit, intellectui se videnti manifestat.
n.4 ' Item. quamvis videntium deum unus alio perfectius eum videat, * ut ostensum est, ' quilibet tamen ita perfecte eum videt quod impletur tota capacitas naturalis: quinimmo ipsa visio omnem capacitatem naturalem excedit, * ut ostensum est. ' oportet igitur quod quilibet videns divinam substantiam in ipsa substantia divina cognoscat omnia ad quae se extendit sua capacitas naturalis. capacitas autem naturalis cuiuslibet intellectus se extendit ad cognoscenda omnia genera et species et ordinem rerum. haec igitur quilibet deum videntium in divina substantia cognoscet.
n.5 * Hinc est quod dominus moysi petenti divinae substantiae visionem respondet, exod. 33-19: ° ego ostendam tibi omne bonum. * et gregorius dicit: ° quid est quod nesciant qui scientem omnia sciunt?
n.6 ' Si autem praemissa diligenter considerentur, patet quod quodam modo videntes divinam substantiam omnia vident, quodam vero modo non. si enim per omnia illa intelligantur quae ad universi perfectionem pertinent, * manifestum est ex dictis quod ' videntes divinam substantiam omnia vident, * ut rationes modo inductae ostendunt. ' cum enim intellectus sit quodammodo omnia, quaecumque ad perfectionem naturae pertinent, omnia etiam pertinent ad perfectionem esse intelligibilis: * propter quod, secundum augustinum, super gen. ad litt., " quaecumque facta sunt per dei verbum ut in propria natura subsisterent, fiebant etiam in intelligentia angelica ut ab angelis intelligerentur. ' de perfectione autem naturalis esse sunt naturae specierum, et earum proprietates et virtutes: ad naturas enim specierum intentio naturae fertur; individua enim sunt propter speciem. pertinet igitur ad perfectionem intellectualis substantiae ut omnium specierum naturas et virtutes et propria accidentia cognoscat. hoc igitur |25| in finali beatitudine consequetur per divinae essentiae visionem. per cognitionem autem naturalium specierum, et individua sub speciebus huiusmodi existentia cognoscuntur ab intellectu deum vidente, * ut ex his quae dicta sunt supra de cognitione dei et angelorum, potest esse manifestum. ' si vero per omnia intelligantur omnia quae deus, suam essentiam videndo, cognoscit, nullus intellectus creatus omnia in dei substantia videt, * ut superius est ostensum.
n.7 ' Hoc autem considerari potest quantum ad plura. primo, quantum ad ea quae deus facere potest, sed nec fecit nec facturus est umquam. omnia enim huiusmodi cognosci non possunt nisi eius virtus comprehenderetur: quod non est possibile alicui intellectui creato, * ut supra ostensum est. * hinc est quod iob 11 dicitur: ° forsitan vestigia dei comprehendes, et omnipotentem usque ad perfectum reperies? excelsior caelo est, et quid facies? profundior inferno, et unde cognosces? longior terra mensura eius, et latior mari. * non enim haec dicuntur " quasi dimensionibus quantitatis deus sit magnus: ' sed quia eius virtus non limitatur ad omnia quae magna esse videntur, quin possit etiam maiora facere. secundo, quantum ad rationes rerum factarum: quas omnes cognoscere non potest intellectus nisi divinam bonitatem comprehendat. ratio enim cuiuslibet rei factae sumitur ex fine quem faciens intendit. finis autem omnium a deo factorum divina bonitas |25| est. ratio igitur rerum factarum est ut divina bonitas diffundatur in rebus. sic igitur aliquis omnes rationes rerum creatarum cognosceret, si cognosceret omnia bona quae in rebus creatis, secundum ordinem divinae sapientiae, provenire possunt. quod esset divinam bonitatem et sapientiam comprehendere: quod nullus intellectus creatus potest. * hinc est quod dicitur eccle. 8-17: ° intellexi quod omnium operum dei non possit homo invenire rationem. ' tertio, quantum ad ea quae ex sola dei voluntate dependent: sicut praedestinatio, electio et iustificatio, et alia huiusmodi quae ad sanctificationem pertinent creaturae. * hinc est quod dicitur i cor. 2-11: ° quae sunt hominis nemo novit nisi spiritus hominis, qui in ipso est. ita et quae sunt dei nemo novit nisi spiritus dei.

005 SCG lb3 cp60

n. ' Quod videntes deum omnia simul vident in ipso.
n.1 * Cum autem ostensum sit quod ' intellectus creatus, divinam substantiam videns, in ipsa dei substantia omnes species rerum intelligat; quaecumque autem una specie videntur, oportet simul et una visione videri, cum visio principio visionis respondeat: necesse est ut intellectus qui divinam substantiam videt, non successive, sed simul omnia contempletur.
n.2 ' Item. summa et perfecta felicitas intellectualis naturae in dei visione consistit, * ut supra ostensum est. ' felicitas autem non est secundum habitum, sed secundum actum: cum sit ultima perfectio et ultimus finis. ea igitur quae videntur per visionem divinae substantiae, qua beati sumus, omnia secundum actum videntur. non ergo unum prius et aliud posterius.
n.3 ' Adhuc. unaquaeque res, cum pervenerit ad suum ultimum finem, quiescit: cum omnis motus sit ad acquirendum finem. ultimus autem finis intellectus est visio divinae substantiae, * ut supra ostensum est. ' intellectus igitur divinam substantiam videns non movetur de uno intelligibili in aliud. omnia igitur quae per hanc visionem cognoscit, simul actu considerat.
n.4 ' Amplius. in divina substantia intellectus omnes rerum species cognoscit, * ut ex dictis patet. ' quorundam autem generum sunt species infinitae: sicut numerorum, figurarum et proportionum. intellectus igitur in divina substantia videt infinita. non autem omnia ea videre posset nisi simul videret: quia " infinita non est transire. ' oportet igitur quod omnia quae intellectus in divina substantia videt, simul videat.
n.5 * Hinc est quod dicit augustinus, in xv de trin.: ° non erunt tunc volubiles nostrae cogitationes, ab aliis in alia euntes et redeuntes: sed omnem scientiam nostram uno simul conspectu videbimus.

005 SCG lb3 cp61

n. ' Quod per visionem dei aliquis fit particeps vitae aeternae.
n.1 ' Ex hoc autem apparet quod per visionem praedictam intellectus creatus vitae aeternae fit particeps.
n.2 ' In hoc enim aeternitas a tempore differt, quod tempus in quadam successione habet esse, aeternitatis vero esse est totum simul. * iam autem ostensum est quod ' in praedicta visione non est aliqua successio, sed omnia quae per illam videntur, simul et uno intuitu videntur. illa ergo visio in quadam aeternitatis participatione perficitur. est autem illa visio quaedam vita: actio enim intellectus est vita quaedam. fit ergo per illam visionem intellectus creatus vitae aeternae particeps.
n.3 ' Item. per obiecta actus specificantur. obiectum autem visionis praedictae est divina substantia secundum seipsam, non secundum aliquam eius similitudinem creatam, * ut supra ostensum est. ' esse autem divinae substantiae in aeternitate est, vel magis est ipsa aeternitas. ergo et visio praedicta in participatione aeternitatis est.
n.4 ' Adhuc. si aliqua actio sit in tempore, hoc erit vel propter principium actionis, quod est in tempore, sicut actiones rerum naturalium sunt temporales: vel propter operationis terminum, sicut substantiarum spiritualium, quae sunt supra tempus, quas exercent in res tempori subditas. visio autem praedicta non est in tempore ex parte eius quod videtur: cum hoc sit substantia aeterna. neque ex parte eius quo videtur: quod etiam est substantia aeterna. neque etiam ex parte videntis, quod est intellectus, cuius esse non subiacet tempori: cum sit incorruptibile, * ut supra probatum est. ' est igitur visio illa secundum aeternitatis participationem, utpote omnino transcendens tempus.
n.5 " Amplius. anima intellectiva est creata in confinio aeternitatis et temporis, * ut in libro de causis dicitur, * et ex praemissis potest esse manifestum: ' quia est ultima in ordine intellectuum, et tamen eius substantia est elevata supra materiam corporalem, non dependens ab ipsa. sed actio eius secundum quam coniungitur inferioribus, quae sunt in tempore, est temporalis. ergo actio eius secundum quam coniungitur superioribus, quae sunt supra tempus, aeternitatem participat. talis autem est maxime visio qua divinam substantiam videt. ergo per huiusmodi visionem fit in participatione aeternitatis: et, eadem ratione, quicumque alius intellectus creatus deum videt.
n.6 * Hinc est quod dominus dicit, io. 17-3: ° haec est vita aeterna, ut cognoscant te, verum deum unum.

005 SCG lb3 cp62

n. ' Quod videntes deum in perpetuum eum videbunt.
n.1 ' Ex hoc autem apparet quod illi qui ultimam felicitatem consequuntur ex visione divina, nunquam ab illa decident.
n.2 " Omne enim quod quandoque est et quandoque non est, tempore mensuratur: * ut patet in iv physicorum. ' visio autem praedicta, quae intellectuales creaturas beatas facit, non est in tempore, sed in aeternitate. impossibile est ergo quod ex quo illius particeps aliquis fit, ipsam amittat.
n.3 ' Adhuc. creatura intellectualis non pervenit ad ultimum finem nisi quando eius naturale desiderium quietatur. sicut autem naturaliter desiderat felicitatem, ita naturaliter desiderat felicitatis perpetuitatem: cum enim in sua substantia sit perpetua, illud quod propter se desiderat et non propter aliud, desiderat ut semper habendum. non igitur esset felicitas ultimus finis nisi perpetuo permaneret.
n.4 ' Amplius. omne illud quod cum amore posside-

tur, si sciatur quod quandoque amittatur, tristitiam infert. visio autem praedicta, quae beatos facit, cum sit maxime delectabilis et maxime desiderata, maxime a possidentibus eam amatur. impossibile ergo esset eos non tristari si scirent se quandoque eam amissuros. si autem non esset perpetua, hoc scirent: * iam enim ostensum est quod, ' videndo divinam substantiam, etiam alia cognoscunt quae naturaliter sunt; unde multo magis cognoscunt qualis illa visio sit, utrum perpetua vel quandoque desitura. non ergo talis visio adesset eis sine tristitia. et ita non esset vera felicitas, quae ab omni malo immunem reddere debet, * ut supra ostensum est.

n.5 ' Item. quod movetur naturaliter ad aliquid sicut ad finem sui motus, non removetur ab eo nisi per violentiam, sicut grave cum proiicitur sursum. * constat autem ex praedictis quod ' omnis substantia intellectualis naturali desiderio tendit ad illam visionem. non ergo ab illa deficiet nisi per violentiam. nihil autem tollitur per violentiam alicuius nisi virtus auferentis sit maior virtute causantis. visionis autem divinae causa est deus, * ut supra probatum est. ' ergo, cum nulla virtus divinam virtutem excedat, impossibile est quod illa visio per violentiam tollatur. in perpetuum ergo durabit.

n.6 ' Adhuc. si aliquis videre desinat quod prius videbat, aut hoc erit quia deficit ei facultas videndi, sicut cum aliquis moritur vel caecatur, vel aliqualiter aliter impeditur; aut erit quia non vult amplius videre, sicut cum quis avertit visum a re quam prius videbat; vel quia obiectum subtrahitur. et hoc communiter verum est, sive de visione sensus, sive de intellectuali visione loquamur. substantiae autem intellectuali videnti deum non potest deesse facultas deum videndi: neque per hoc quod esse desinat, cum sit perpetua, * ut supra ostensum est; ' neque per defectum luminis quo deum videt, cum lumen illud incorruptibiliter recipiatur, secundum conditionem et recipientis et dantis. neque potest deesse ei voluntas tali visione fruendi, ex quo percipit in illa visione esse suam ultimam felicitatem: sicut non potest velle non esse felix. nec etiam videre desinet per subtractionem obiecti: quia obiectum illud, quod est deus, semper eodem modo se habet; nec elongatur a nobis nisi inquantum nos elongamur ab ipso. impossibile |25| est igitur quod visio illa dei, quae beatos facit, unquam deficiat.

n.7 ' Praeterea. impossibile est quod aliquis a bono quo fruitur velit discedere nisi propter aliquod malum quod in fruitione illius boni aestimat, saltem propter hoc quod aestimatur impeditivum maioris boni: sicut enim nihil desiderat appetitus nisi sub ratione boni, ita nihil fugit nisi sub ratione mali. sed in fruitione illius visionis non potest esse aliquod malum: cum sit optimum ad quod creatura intellectualis pervenire potest. neque etiam potest esse quod ab eo qui illa fruitur visione, aestimetur in ea esse aliquod malum, vel aliquid eo melius: cum visio illius summae veritatis omnem falsam aestimationem excludat. impossibile est igitur quod substantia intellectualis quae deum videt, unquam illa visione carere velit.

n.8 ' Item. fastidium alicuius quo prius aliquis delectabiliter fruebatur, accidit propter hoc quod res illa aliquam immutationem facit in re, corrumpendo vel debilitando virtutem ipsius. et propter hoc vires sensibiles, quibus accidit fatigatio in suis actionibus propter immutationem corporalium organorum a sensibilibus; a quibus etiam, si fuerint excellentia, corrumpuntur; fastidiunt post aliquod tempus frui eo quod prius delectabiliter sentiebant. et propter hoc etiam in intelligendo fastidium patimur post longam vel vehementem meditationem, quia fatigantur potentiae utentes corporalibus organis, sine quibus consideratio intellectus nunc compleri non potest. divina autem substantia non corrumpit, sed maxime perficit intellectum. neque ad eius visionem concurrit aliquis actus qui per organa corporalia exerceatur. impossibile est igitur quod illius visionis aliquem fastidiat qui prius ea delectabiliter fruebatur.

n.9 ' Amplius. nihil quod cum admiratione consideratur, potest esse fastidiosum: quia quandiu admiratione est, adhuc desiderium movet. divina autem substantia a quolibet intellectu creato semper cum admiratione videtur: cum nullus intellectus creatus eam comprehendat. impossibile est igitur quod substantia intellectualis illam visionem fastidiat. et ita non potest esse quod per propriam voluntatem ab illa visione desistat.

n.10 ' Adhuc. si aliqua duo fuerunt prius unita et postmodum separantur, oportet quod hoc accidat per mutationem alicuius eorum: relatio enim, sicut non incipit esse de novo absque mutatione alterius relatorum, ita nec absque alterius mutatione de novo esse desistit. intellectus autem creatus videt deum per hoc quod ei quodammodo unitur, * ut ex dictis patet. ' si ergo visio illa desinat, unione huiusmodi desinente, oportet quod hoc fiat per mutationem divinae substantiae, vel intellectus ipsam videntis. quorum utrumque est impossibile: nam divina substantia immutabilis est, * ut in primo libro ostensum est; ' substantia etiam intellectualis elevatur supra omnem mutationem cum dei substantiam videt. impossibile est igitur quod aliquis decidat ab illa felicitate qua dei substantiam videt.

n.11 ' Item. quanto aliquid est deo propinquius, qui est omnino immobilis, tanto est minus mutabile, et magis perseverans: unde " quaedam corpora, propter hoc quod longe distant a deo, non possunt in perpetuum durare, * sicut dicitur in ii de generatione. ' sed nulla creatura potest deo vicinius appropinquare quam quae eius substantiam videt. creatura igitur intellectualis quae dei substantiam videt, summam immutabilitatem consequetur. non igitur possibile est quod unquam ab illa visione deficiat.

n.12 * Hinc est quod in psalm. dicitur: ° beati qui habitant in domo tua, domine: in saecula saeculorum laudabunt te. * et alibi: ° non commovebitur in aeternum qui habitat in ierusalem. * et isaiae 33-20 ° oculi tui videbunt ierusalem civitatem opulentam, tabernaculum quod nequaquam transferri poterit, nec auferentur clavi eius in sempiternum, et omnes funiculi eius non rumpentur: quia solummodo ibi magnificus dominus deus noster. * et apoc. 3-12: ° qui vicerit, faciam illum columnam in templo dei mei, et foras non egredietur amplius.

n.13 * Per haec autem excluditur error platonicorum, qui dicebant " separatas animas, postquam felicitatem ultimam adeptae fuissent, iterum ad corpora incipere velle redire; et, finita felicitate illius vitae, iterum miseriis huius vitae involvi. * et etiam error origenis, qui dixit " animas et angelos, post beatitudinem, iterum posse ad miseriam devenire.

005 SCG lb3 cp63

n. ' Qualiter in illa ultima felicitate omne desiderium hominis completur.

n.1 ' Ex praemissis autem evidenter apparet quod in illa felicitate quae provenit ex visione divina, omne desiderium humanum impletur, * secundum illud psalmi, ° qui replet in bonis desiderium tuum; ' et omne humanum studium ibi suam consummationem accipit. quod quidem patet discurrenti per singula.

n.2 ' Est enim quoddam desiderium hominis inquantum intellectualis est, de cognitione veritatis: quod quidem desiderium homines prosequuntur per studium contemplativae vitae. et hoc quidem manifeste in illa visione consummabitur, quando, per visionem primae veritatis, omnia quae intellectus naturaliter scire desiderat, ei innotescent, * ut ex supra dictis apparet.

n.3 ' Est etiam quoddam hominis desiderium secundum quod habet rationem, qua inferiora disponere potest: quod prosequuntur homines per studium activae et civilis vitae. quod quidem desiderium principaliter ad hoc est, ut tota hominis vita secundum rationem disponatur, quod est vivere secundum virtutem: cuiuslibet enim virtuosi finis in operando est propriae virtutis bonum, sicut fortis ut fortiter agat. hoc autem desiderium tunc omnino complebitur: quia ratio in summo vigore erit, divino lumine illustrata, ne a recto deficere possit. consequuntur etiam civilem vitam quaedam bona quibus homo indiget ad civiles operationes. sicut honoris sublimitas: quam homines inordinate appetentes, superbi et ambitiosi fiunt. ad summam autem honoris altitudinem per illam visionem homines sublimantur, inquantum deo quodam modo uniuntur, * ut supra ostensum est. ' et propter hoc, sicut ipse deus rex saeculorum |25| est, ita et beati ei coniuncti reges dicuntur, * apoc. 20-6: ° regnabunt cum christo. ' consequitur etiam civilem vitam aliud appetibile, quod est famae celebritas: per cuius inordinatum appetitum homines inanis gloriae cupidi dicuntur. beati autem per illam visionem redduntur celebres, non secundum hominum, qui et decipi et decipere possunt, opinionem sed secundum verissimam cognitionem et dei et omnium beatorum. " et ideo illa beatitudo * in sacra scriptura frequentissime " gloria nominatur: * sicut in psalmo dicitur: ° exultabunt sancti in gloria. ' est etiam et aliud in civili vita appetibile, scilicet divitiae: per cuius inordinatum appetitum et amorem homines illiberales et iniusti fiunt. in illa autem beatitudine est bonorum omnium sufficientia: inquantum beati perfruuntur illo qui comprehendit omnium bonorum perfectionem. * propter quod dicitur sap. 7-11: ° venerunt mihi omnia bona pariter cum illa. * unde et in psalmo dicitur: ° gloria et divitiae in domo eius.

n.4 ' Est etiam tertium hominis desiderium, quod est sibi et aliis animalibus commune, ut delectationibus perfruatur: quod homines maxime prosequuntur secundum vitam voluptuosam; et per eius immoderantiam homines intemperati et incontinentes fiunt. in illa vero felicitate est delectatio perfectissima: tanto quidem perfectior ea quae secundum sensus est, qua etiam bruta animalia perfrui possunt, quanto intellectus est altior sensu; quanto etiam illud bonum in quo delectabimur, maius est omni sensibili bono, et magis intimum, et magis continue delectans; quanto etiam illa delectatio est magis pura ab omni permixtione contristantis, aut sollicitudinis alicuius molestantis; * de qua dicitur in psalmo: ° inebriabuntur ab ubertate domus tuae, et torrente voluptatis tuae potabis eos.

n.5 ' Est etiam et naturale desiderium, omnibus rebus commune, per quod conservationem sui desiderant, secundum quod possibile est: per cuius immoderantiam homines timidi redduntur, et nimis a laboribus sibi parcentes. quod quidem desiderium tunc omnino complebitur, quando beati perfectam sempiternitatem consequentur, ab omni nocumento securi: * secundum illud isaiae 49-10 et apoc. 21: ° non esurient neque sitient amplius, neque cadet super illos sol neque ullus aestus.

n.6 ' Sic igitur patet quod per visionem divinam consequuntur intellectuales substantiae veram felicitatem, in qua omnino desideria quietantur, et in qua est plena sufficientia omnium bonorum, " quae, * secundum aristotelem, " ad felicitatem requiritur. * unde et boetius dicit quod ° beatitudo est status omnium bonorum congregatione perfectus.

n.7 ' Huius autem ultimae et perfectae felicitatis in hac vita nihil est adeo simile sicut vita contemplantium veritatem, secundum quod est possibile in hac vita. * et ideo philosophi, qui de illa felicitate ultima plenam notitiam habere non potuerunt, " in contemplatione quae est possibilis in hac vita, ultimam felicitatem hominis posuerunt. propter hoc etiam, inter alias vitas, * in scriptura divina " magis contemplativa commendatur, * dicente domino, lucae 10-42: ° maria optimam partem elegit, " scilicet contemplationem veritatis, ° quae non auferetur ab ea. ' incipit enim contemplatio veritatis in hac vita, sed in futura consummatur: activa vero et civilis vita huius vitae terminos non transcendit.

005 SCG lb3 cp64

n. ' Quod deus sua providentia gubernat res.

n.1 ' Ex his autem quae praemissa sunt, sufficienter habetur quod deus est rerum omnium finis. ex quo haberi potest ulterius quod ipse sua providentia gubernet vel regat universa.

n.2 ' Quandocumque enim aliqua ordinantur ad aliquem finem, omnia dispositioni illius subiacent ad quem principaliter pertinet ille finis, sicut in exercitu apparet: omnes enim partes exercitus, et eorum opera, ordinantur ad bonum ducis, quod est victoria, sicut in ultimum finem; et propter hoc ad ducem pertinet totum exercitum gubernare. similiter ars quae est de fine, imperat et dat leges arti quae est de his quae sunt ad finem ut civilis militari, et militaris equestri, et ars gubernatoria navifactivae. cum igitur omnia ordinentur ad bonitatem divinam sicut in finem, * ut ostensum est, ' oportet quod deus, ad quem principaliter illa bonitas pertinet, sicut substantialiter habita et intellecta et amata, sit gubernator omnium rerum.

n.3 ' Adhuc. quicumque facit aliquid propter finem, utitur illo ad finem. * ostensum autem est supra quod ' omnia quae habent esse quocumque modo, sunt effectus dei; et quod deus omnia facit propter finem qui est ipse. ipse igitur utitur omnibus dirigendo ea in finem. hoc autem est gubernare. est igitur deus per suam providentiam omnium gubernator.

n.4 * Amplius. ostensum est quod ' deus est primum movens non motum. primum autem movens non minus movet quam secunda moventia, sed magis: quia sine eo non movent alia. omnia autem quae moventur, moventur propter finem, * ut supra ostensum est. ' movet igitur deus omnia ad fines suos. et per intellectum: * ostensum enim est supra quod ' non agit per necessitatem naturae, sed per intellectum et voluntatem. nihil est autem aliud regere et gubernare per providentiam quam movere per intellectum aliqua ad finem. deus igitur per suam providentiam gubernat et regit omnia quae moventur in finem: sive moveantur corporaliter; sive spiritualiter, sicut desiderans dicitur moveri a desiderato.

n.5 * Item. probatum est quod ' corpora naturalia moventur et operantur propter finem, licet finem non cognoscant, ex hoc quod semper vel frequentius accidit in eis quod melius est; et non aliter fierent si fierent per artem. impossibile est autem quod aliqua non cognoscentia finem operentur propter finem et ordinate perveniant in ipsum nisi sint mota ab aliquo habente cognitionem finis: sicut sagitta dirigitur ad signum a sagittante. oportet ergo quod tota operatio naturae ab aliqua cognitione ordinetur. et hoc quidem vel mediate vel immediate oportet reducere in deum: oportet enim quod omnis inferior ars et cognitio a superiori principia accipiat, sicut etiam in scientiis speculativis et operativis apparet. deus igitur sua providentia mundum gubernat.

n.6 ' Adhuc. ea quae sunt secundum suam naturam distincta, in unum ordinem non conveniunt nisi ab uno ordinante colligantur in unum. in universitate autem rerum sunt res distinctas et contrarias naturas habentes, quae tamen omnes in unum ordinem conveniunt, dum quaedam operationes quorundam excipiunt, quaedam etiam a quibusdam iuvantur vel imperantur. oportet igitur quod sit universorum unus ordinator et gubernator.

n.7 ' Amplius. eorum quae circa caelestium corporum motus apparent, ratio assignari non potest ex necessitate naturae: cum quaedam eorum habeant plures motus quibusdam, et omnino difformes. oportet igitur quod illorum motuum ordinatio sit ab aliqua providentia. et per consequens omnium inferiorum motuum et operationum, qui per illos motus disponuntur.

n.8 ' Item. quanto aliquid propinquius est causae, tanto plus participat de effectu ipsius. unde, si aliquid tanto participatur perfectius ab aliquibus quanto alicui rei magis appropinquant, signum est quod illa res sit causa illius quod diversimode participatur: sicut, si aliqua magis sunt calida secundum quod magis appropinquant igni, signum est quod ignis sit causa caloris. inveniuntur autem tanto aliqua perfectius ordinata esse, quanto magis sunt deo propinqua: nam in corporibus inferioribus, quae sunt maxime a deo distantia naturae dissimilitudine, invenitur esse defectus aliquando ab eo quod est secundum cursum naturae, sicut patet in monstruosis et aliis casualibus; quod nunquam accidit in corporibus caelestibus, quae tamen sunt aliquo modo mutabilia; quod non accidit in substantiis intellectualibus separatis. manifestum est ergo quod deus est causa totius ordinis rerum. est igitur ipse per suam providentiam gubernator totius universitatis rerum.

n.9 * Adhuc. sicut supra probatum est, ‘ deus res omnes in esse produxit, non ex necessitate naturae, sed per intellectum et voluntatem. intellectus autem et voluntatis ipsius non potest esse alius finis ultimus nisi bonitas eius, ut scilicet eam rebus communicaret, * sicut ex praemissis apparet. ‘ res autem participant divinam bonitatem per modum similitudinis, inquantum ipsae sunt bonae. “ id autem quod est maxime bonum in rebus causatis, est bonum ordinis universi, quod est maxime perfectum, * ut philosophus dicit: cui etiam consonat scriptura divina, gen. 1, cum dicitur, ° vidit deus cuncta quae fecerat, et erant valde bona, * cum de singulis operibus dixisset simpliciter quod ° erant bona. ‘ bonum igitur ordinis rerum causatarum a deo est id quod est praecipue volitum et causatum a deo. nihil autem aliud est gubernare aliqua quam eis ordinem imponere. ipse igitur deus omnia suo intellectu et voluntate gubernat.

n.10 ‘ Amplius. unumquodque intendens aliquem finem, magis curat de eo quod est propinquius fini ultimo: quia hoc etiam est finis aliorum. ultimus autem finis divinae voluntatis est bonitas ipsius, cui propinquissimum in rebus creatis est bonum ordinis totius universi: cum ad ipsum ordinetur, sicut ad finem, omne particulare bonum huius vel illius rei, sicut minus perfectum ordinatur ad id quod est perfectius; unde et quaelibet pars invenitur esse propter suum totum. id igitur quod maxime curat deus in rebus creatis, est ordo universi. est igitur gubernator ipsius.

n.11 ‘ Item. quaelibet res creata consequitur suam ultimam perfectionem per operationem propriam: nam oportet quod ultimus finis et perfectio rei sit vel ipsa operatio, vel operationis terminus aut effectus, “ forma vero secundum quam res est, est perfectio prima, * ut patet in ii de anima. ‘ ordo autem rerum causatarum secundum distinctionem naturarum et gradum ipsarum, procedit ex divina sapientia, * sicut in secundo est ostensum. ‘ ergo et ordo operationum, per quas res causatae magis appropinquant ad ultimum finem. ordinare autem actiones aliquarum rerum ad finem, est gubernare ipsa. deus igitur per suae sapientiae providentiam rebus gubernationem et regimen praestat.

n.12 * Hinc est quod sacra scriptura deum dominum et regem profitetur, secundum illud psalmi, ° dominus ipse est deus, * et item, ° rex omnis terrae deus: ‘ regis enim et domini est suo imperio regere et gubernare subiectos. * unde et rerum cursum sacra scriptura divino praecepto adscribit, iob 9-7, ° qui praecipit soli et non oritur, et stellas claudit quasi sub signaculo; * et in psalmo, ° praeceptum posuit et non praeteribit.

n.13 * Per hoc autem excluditur error antiquorum naturalium, qui dicebant “ omnia ex necessitate materiae provenire: * ex quo sequebatur “ omnia casu accidere, et non ex aliquo providentiae ordine.

005 SCG lb3 cp65

n. ‘ Quod deus conservat res in esse.

n.1 ‘ Ex eo autem quod deus res sua providentia regit, sequitur quod in esse conservet.

n.2 ‘ Ad gubernationem enim aliquorum pertinet omne illud per quod suum finem consequuntur: secundum hoc enim aliqua regi vel gubernari dicuntur, quod ordinantur in finem. in finem autem ultimum quem deus intendit, scilicet bonitatem divinam, ordinantur res non solum per hoc quod operantur, sed etiam per hoc quod sunt: quia inquantum sunt, divinae bonitatis similitudinem gerunt, quod est finis rerum, * ut supra ostensum est. ‘ ad divinam igitur providentiam pertinet quod res conserventur in esse.

n.3 ‘ Item. oportet quod idem sit causa rei, et conservationis ipsius: nam conservatio rei non est nisi continuatio esse ipsius. * ostensum est autem supra quod ‘ deus per suum intellectum et voluntatem est causa essendi omnibus rebus. igitur per suum intellectum et voluntatem conservat res omnes in esse.

n.4 ‘ Item. nullum particulare agens univocum potest esse simpliciter causa speciei: sicut hic homo non potest esse causa speciei humanae; esset enim causa omnis hominis, et per consequens sui ipsius, quod est impossibile. est autem causa hic homo huius hominis, per se loquendo. hic autem homo est per hoc quod natura humana est in hac materia, quae est individuationis principium. hic igitur homo non est causa hominis nisi inquantum est causa quod forma humana fiat in hac materia. hoc autem est esse principium generationis huius hominis. patet ergo quod nec hic homo, nec aliquod aliud agens univocum in natura, est causa nisi generationis huius vel illius rei. oportet autem ipsius speciei humanae esse aliquam per se causam agentem: quod ipsius compositio ostendit, et ordinatio partium, quae eodem modo se habet in omnibus, nisi per accidens impediatur. et eadem ratio est de omnibus aliis speciebus rerum naturalium. haec autem causa est deus, vel mediate vel immediate: * ostensum enim est |25| quod ‘ ipse est prima omnium rerum causa. oportet ergo quod ipse hoc modo se habeat ad species rerum sicut se habet hic generans in natura ad generationem, cuius est per se causa. generatio autem cessat, cessante operatione generantis. ergo et omnes species rerum cessarent, cessante operatione divina. igitur ipse per suam operationem conservat res in esse.

n.5 ‘ Adhuc. licet alicui existenti accidat motus, tamen motus est praeter esse rei. nullum autem corporeum est causa alicuius rei nisi inquantum movetur: “ quia nullum corpus agit nisi per motum, * ut aristoteles probat. ‘ nullum igitur corpus est causa esse alicuius rei inquantum est esse, sed est causa eius quod est moveri ad esse, quod est fieri rei. esse autem cuiuslibet rei est esse participatum: cum non sit res aliqua praeter deum suum esse, * ut supra probatum est. ‘ et sic oportet quod ipse deus, qui est suum esse, sit primo et per se causa omnis esse. sic igitur se habet ad esse rerum operatio divina, sicut motio corporis moventis ad fieri et moveri rerum factarum vel motarum. impossibile autem est quod fieri et moveri alicuius rei maneat, cessante motione moventis. impossibile ergo est quod esse alicuius rei remaneat nisi per operationem divinam.

n.6 ‘ Amplius. sicut opus artis praesupponit opus naturae, ita opus naturae praesupponit opus dei creantis: nam materia artificialium est a natura, naturalium vero per creationem a deo. artificialia autem conservantur in esse virtute naturalium: sicut domus per soliditatem lapidum. omnia igitur naturalia non conservantur in esse nisi virtute dei.

n.7 ‘ Item. impressio agentis non remanet in effectu, cessante actione agentis, nisi vertatur in naturam effectus. formae enim generatorum, et proprietates ipsorum, usque in finem manent in eis post generationem, quia efficiuntur eis naturales. et similiter habitus sunt difficile mobiles, quia vertuntur in naturam: dispositiones autem et passiones, sive corporales sive animales, manent aliquantum post actionem agentis, sed non semper, quia insunt ut in via ad naturam. quod autem pertinet ad naturam superioris generis, nullo modo manet post actionem agentis: sicut lumen non manet in diaphano, recedente illuminante. esse autem non est natura vel essentia alicuius rei creatae, sed solius dei, * ut in primo ostensum est. ‘ nulla igitur res remanere potest in esse, cessante operatione divina.

n.8 ‘ Adhuc. circa rerum originem duplex est positio: una fidei, quod res de novo fuerint a deo productae in esse; * et positio quorundam philosophorum, quod “ res a deo ab aeterno effluxerint. ‘ secundum autem utramque positionem oportet dicere quod res conserventur in esse a deo. nam si res a deo productae sunt in esse postquam non fuerant, oportet quod esse rerum divinam voluntatem consequatur, et similiter non esse: quia permisit res non esse quando voluit, et fecit res esse cum voluit. tandiu igitur sunt quandiu eas esse vult. sua igitur voluntas conservatrix est rerum. si autem res ab aeterno a deo effluxerunt, non est dare tempus aut instans in quo primo a deo effluxerint. aut igitur nunquam a deo productae sunt: aut semper a deo esse earum procedit quandiu sunt. sua igitur operatione res in esse conservat.

n.9 * Hinc est quod dicitur hebr. 1-3: ° portans omnia verbo virtutis suae. * et augustinus dicit, iv super gen. ad litt.: ° creatoris potentia, et omnipotentis atque omnitenentis virtus, causa est subsistendi omnis creaturae. quae virtus ab eis quae creata sunt regendis si aliquando cessaret, simul et eorum cessaret species, omnisque natura concideret. neque enim sicut structuram aedium cum fabricaverit quis, abscedit atque, illo cessante atque abscedente, stat opus eius, ita mundus vel in ictu oculi stare poterit, si ei regimen deus subtraxerit.

n.10 * Per hoc autem excluditur quorundam loquentium in lege maurorum positio, qui, ad hoc quod sustinere possent “ mundum dei conservatione indigere, posuerunt omnes formas esse accidentia, et quod nullum accidens durat per duo instantia, ut sic semper rerum formatio esset in fieri: quasi res non indigeret causa agente nisi dum est in fieri. * unde et aliqui eorum ponere dicuntur quod “ corpora indivisibilia, ex quibus omnes substantias dicunt esse compositas, quae sola, * secundum eos, “ firmitatem habent, possunt ad horam aliquam remanere, si deus suam gubernationem rebus subtraheret. * quorum etiam quidam dicunt quod “ res esse non desineret nisi deus in ipsa accidens desitionis causaret. * quae omnia patet esse absurda.

005 SCG lb3 cp66

n. ‘ Quod nihil dat esse nisi inquantum agit in virtute divina.

n.1 ‘ Ex hoc autem manifestum est quod omnia inferiora agentia non dant esse nisi inquantum agunt in virtute divina.

n.2 ‘ Nihil enim dat esse nisi inquantum est ens actu. deus autem conservat res in esse per suam providentiam, * ut ostensum est. ‘ ex virtute igitur divina est quod aliquid det esse.

n.3 ‘ Amplius. quando aliqua agentia diversa sub uno agente ordinantur, necesse est quod effectus qui ab eis communiter fit, sit eorum secundum quod uniuntur in participando motum et virtutem illius agentis: non enim plura faciunt unum nisi inquantum unum sunt; sicut patet quod omnes qui sunt in exercitu operantur ad victoriam causandam, quam causant secundum quod sunt sub ordinatione ducis, cuius proprius effectus victoria est. * ostensum est autem in primo quod ‘ primum agens est deus. cum igitur esse sit communis effectus omnium agentium, nam omne agens facit esse actu; oportet quod hunc effectum producunt inquantum ordinantur sub primo agente, et agunt in virtute ipsius.

n.4 ‘ Adhuc. in omnibus causis agentibus ordinatis illud quod est ultimum in generatione et primum in intentione, est proprius effectus primi agentis: sicut forma domus, quae est proprius effectus aedificatoris, posterius provenit quam praeparatio caementi et lapidis et lignorum, quae fiunt per artifices inferiores, qui subsunt aedificatori. in omni autem actione esse in actu est principaliter intentum, et ultimum in generatione: nam, eo habito, quiescit agentis actio et motus patientis. est igitur esse proprius effectus primi agentis, scilicet dei: et omnia quae dant esse, hoc habent inquantum agunt in virtute dei.

n.5 ‘ Amplius. ultimum in bonitate et perfectione inter ea in quae potest agens secundum, est illud in quod potest ex virtute agentis primi: nam complementum virtutis agentis secundi est ex agente primo. quod autem est in omnibus effectibus perfectissimum, est esse: quaelibet enim natura vel forma perficitur per hoc quod est actu; et comparatur ad esse in actu sicut potentia ad actum. ipsum igitur esse est quod agentia secunda agunt in virtute agentis primi.

n.6 ‘ Item. secundum ordinem causarum est ordo effectuum. primum autem in omnibus effectibus est esse: nam omnia alia sunt quaedam determinationes ipsius. igitur esse est proprius effectus primi agentis, et omnia alia agunt ipsum inquantum agunt in virtute primi agentis. secunda autem agentia, quae sunt quasi particulantes et determinantes actionem primi agentis, agunt sicut proprios effectus alias perfectiones, quae determinant esse.

n.7 ‘ Praeterea. quod est per essentiam tale, est propria causa eius quod est per participationem tale: sicut ignis est causa omnium ignitorum. deus autem solus est ens per essentiam suam, omnia autem alia sunt entia per participationem: nam in solo deo esse est sua essentia. esse igitur cuiuslibet existentis est proprius effectus eius, ita quod omne quod producit aliquid in esse, hoc facit inquantum agit in virtute dei.

n.8 * Hinc est quod dicitur sap. 1-14: ° creavit deus ut essent omnia. * et in pluribus scripturae locis dicitur quod “ deus omnia facit. * in libro etiam de causis dicitur quod “ nec intelligentia dat esse nisi inquantum est divina, idest, inquantum agit in virtute divina.

005 SCG lb3 cp67

n. ‘ Quod deus est causa operandi omnibus operantibus.

n.1 ‘ Ex hoc autem apparet quod deus causa est omnibus operantibus ut operentur. omne enim operans est aliquo modo causa essendi, vel secundum esse substantiale, vel accidentale. nihil autem est causa essendi nisi inquantum agit in virtute dei, * ut ostensum est. ‘ omne igitur operans operatur per virtutem dei.

n.2 ‘ Adhuc. omnis operatio quae consequitur aliquam virtutem, attribuitur sicut causae illi rei quae dedit illam virtutem: sicut motus gravium et levium naturalis consequitur formam ipsorum, secundum quam sunt gravia et levia, et ideo causa motus ipsorum dicitur esse generans, qui dedit formam. omnis autem virtus cuiuscumque agentis est a deo, sicut a primo principio omnis perfectionis. ergo, cum omnis operatio consequatur aliquam virtutem, oportet quod cuiuslibet operationis causa sit deus.

n.3 ‘ Amplius. manifestum est quod omnis actio quae non potest permanere cessante impressione alicuius agentis, est ab illo agente: sicut manifestatio colorum non posset esse cessante actione solis qua aerem illuminat, unde non est dubium quin sol sit causa manifestationis colorum. et similiter patet de motu violento, qui cessat cessante violentia impellentis. sicut autem deus non solum dedit esse rebus cum primo esse incoeperunt, sed quandiu sunt, esse in eis causat, res in esse conservans, * ut ostensum est; ‘ ita non solum cum primo res conditae sunt, eis virtutes operativas dedit, sed semper eas in rebus causat. unde, cessante influentia divina, omnis operatio cessaret. omnis igitur rei operatio in ipsum reducitur sicut in causam.

n.4 ‘ Item. quicquid applicat virtutem activam ad agendum, dicitur esse causa illius actionis: artifex enim applicans virtutem rei naturalis ad aliquam actionem, dicitur esse causa illius actionis, sicut coquus decoctionis, quae est per ignem. sed omnis applicatio virtutis ad operationem est principaliter et primo a deo. applicantur enim virtutes operativae ad proprias operationes per aliquem motum vel corporis, vel animae. primum autem principium utriusque motus est deus. est enim primum movens omnino immobile, * ut supra ostensum est. ' similiter etiam omnis motus voluntatis quo applicantur aliquae virtutes ad operandum, reducitur in deum sicut in primum appetibile et in primum volentem. omnis igitur operatio debet attribui deo sicut primo et principali agenti.

n.5 ' Adhuc. in omnibus causis agentibus ordinatis semper oportet quod causae sequentes agant in virtute causae primae: sicut in rebus naturalibus corpora inferiora agunt in virtute corporum caelestium; et in rebus voluntariis omnes artifices inferiores operantur secundum imperium supremi architectoris. in ordine autem causarum agentium deus est prima causa, * ut in primo ostensum est. ' ergo omnes causae inferiores agentes agunt in virtute ipsius. causa autem actionis magis est illud cuius virtute agitur quam etiam illud quod agit: sicut principale agens magis quam instrumentum. deus igitur principalius est causa cuiuslibet actionis quam etiam secundae causae agentes.

n.6 ' Item. omne operans per suam operationem ordinatur ad finem ultimum: oportet enim quod vel operatio ipsa sit finis; vel operatum, quod est operationis effectus. ordinare autem res in finem est ipsius dei, * sicut supra ostensum est. ' oportet igitur dicere quod omne agens virtute divina agat. ipse est igitur qui est causa actionis omnium rerum.

n.7 * Hinc est quod dicitur isaiae 26-12, ° omnia opera nostra operatus es in nobis, domine; * et ioan. 15-5, ° sine me nihil potestis facere, * et philip. 2-13, ° deus est qui operatur in nobis velle et perficere pro bona voluntate. ' et hac ratione frequenter in scripturis naturae effectus operationi divinae attribuuntur, quia ipse est qui operatur in omni operante per naturam vel per voluntatem: * sicut illud iob 10-10 ° nonne sicut lac mulsisti me, et sicut caseum me coagulasti? pelle et carnibus vestisti me, ossibus et nervis compegisti me; * et in psalmo, ° intonuit de caelo dominus, et altissimus dedit vocem suam, grando et carbones ignis.

005 SCG lb3 cp68

n. ' Quod deus est ubique.

n.1 ' Ex hoc autem apparet quod necesse est deum esse ubique et in omnibus rebus.

n.2 " Movens enim et motum oportet esse simul, * ut probat philosophus in vii physicorum. ' deus autem omnia movet ad suas operationes, * ut ostensum est. ' est igitur in omnibus rebus.

n.3 ' Item. omne quod est in loco, vel in re quacumque, aliquo modo contingit ipsam: res enim corporea est in aliquo sicut in loco secundum contactum quantitatis dimensivae; res autem incorporea in aliquo esse dicitur secundum contactum virtutis, cum careat dimensiva quantitate. sic igitur se habet res incorporea ad hoc quod sit in aliquo per virtutem suam, sicut se habet res corporea ad hoc quod sit in aliquo per quantitatem dimensivam. si autem esset aliquod corpus habens quantitatem dimensivam infinitam, oporteret illud esse ubique. ergo, si sit aliqua res incorporea habens virtutem infinitam, oportet quod sit ubique. * ostensum est autem in primo ' deum esse infinitae virtutis. est igitur ubique.

n.4 ' Adhuc. sicut se habet causa particularis ad particularem effectum, ita se habet causa universalis ad universalem effectum. oportet autem causam particularem proprio effectui particulari adesse simul: sicut ignis per suam essentiam calefacit, et anima per suam essentiam vitam corpori confert. cum igitur deus sit causa universalis totius esse, * ut in secundo ostensum est, ' oportet quod in quocumque est invenire esse, ei adsit divina praesentia.

n.5 ' Amplius. quodcumque agens est praesens tantum uni suorum effectuum, eius actio non potest derivari ad alia nisi illo mediante, eo quod agens et patiens oportet esse simul: sicut vis motiva non movet alia membra nisi mediante corde. si igitur deus esset praesens uni tantum suorum effectuum, utpote primo mobili, quod ab eo immediate movetur, sequeretur quod eius actio non posset ad alia derivari nisi illo mediante. hoc autem est inconveniens. si enim alicuius agentis actio non potest derivari ad alia nisi mediante aliquo primo, oportet quod illud proportionaliter respondeat agenti secundum totam eius virtutem, aliter enim non posset agens tota sua virtute uti: sicut videmus quod omnes motus quos potest causare virtus motiva, expleri possunt per cor. non est autem aliqua creatura per quam posset expleri quicquid divina virtus facere potest: cum divina virtus excedat in infinitum quamlibet rem creatam, * ut apparet ex his quae in primo ostensa sunt. ' inconveniens est igitur dicere quod divina actio non se extendat ad alia nisi mediante uno primo. non est igitur praesens in uno tantum suorum effectuum, sed in omnibus. eadem enim ratione opinabitur si quis dicat eum esse in aliquibus, et non in omnibus: quia quotcumque effectus divini accipiantur, non sufficienter explere poterunt divinae virtutis executionem.

n.6 ' Praeterea. necesse est ut causa agens sit simul cum suo effectu proximo et immediato. in qualibet autem re est aliquis effectus proximus et immediatus ipsius dei. * ostensum est enim in secundo quod ' solus deus creare potest. in qualibet autem re est aliquid quod per creationem causatur: in rebus quidem corporalibus prima materia; in rebus autem incorporeis simplices earum essentiae; * ut apparet ex his quae in secundo sunt determinata. ' oportet igitur simul deum adesse in omnibus rebus: praesertim cum ea quae de non esse ad esse produxit, continuo et semper in esse conservet, * ut ostensum est.

n.7 * Hinc est quod dicitur ier. 24, ° caelum et terram ego impleo; * et in psalmo, ° si ascendero in caelum, tu illic es; et si descendero ad infernum, ades.

n.8 * Per hoc autem excluditur error quorundam dicentium " deum in aliqua parte mundi determinata esse, puta in primo caelo et in parte orientis, unde est principium motus caeli. * quorum tamen dictum sustineri posset si sane accipiatur: ' ut scilicet non intelligamus deum aliqua determinata mundi parte esse conclusum; sed quia omnium corporearum motionum principium, secundum naturae ordinem, ab aliqua determinata incipit parte, deo movente. * propter quod et in sacra scriptura " deus dicitur specialiter esse in caelo: * secundum illud isaiae ult., ° caelum mihi sedes est; * et in psalmo, ° caelum caeli domino, ' etc.. sed ex hoc quod, praeter naturae ordinem, etiam in infimis corporibus deus aliquid operatur quod virtute caelestis corporis causari non potest, manifeste ostenditur deum non solum caelesti corpori, sed etiam infimis rebus immediate adesse.

n.9 ' Non est autem aestimandum deum sic esse ubique quod per locorum spatia dividatur, quasi una pars eius sit hic et alia alibi, sed totus ubique est. deus enim, cum sit omnino simplex, partibus caret. neque sic simplex est quemadmodum punctus, qui est terminus continui, et propter hoc determinatum situm in continuo habet: unde non potest unus punctus nisi in uno loco indivisibili esse. deus autem indivisibilis est quasi omnino extra genus continui existens. unde non determinatur ad locum, vel magnum vel parvum, ex necessitate suae essentiae, quasi oporteat eum esse in aliquo loco: cum ipse fuerit ab aeterno ante omnem locum. sed immensitate suae virtutis attingit omnia quae sunt in loco: cum sit universalis causa essendi, * ut dictum est. ' sic igitur ipse totus est ubicumque est: quia per simplicem suam virtutem universa attingit. non est tamen aestimandum quod sic sit in rebus quasi in rebus mixtus: * ostensum est enim in primo quod ' neque materia neque forma est alicuius. sed est in omnibus per modum causae agentis.

005 SCG lb3 cp69

n. ' De opinione eorum qui rebus naturalibus proprias subtrahunt actiones.

n.1 * Ex hoc autem quidam occasionem errandi sumpserunt, putantes quod " nulla creatura habet aliquam actionem in productione effectuum naturalium: ita scilicet quod ignis non calefacit, sed deus causat calorem praesente igne; * et similiter dicunt " in omnibus aliis effectibus naturalibus.

n.2 * Hunc autem errorem rationibus confirmare conati sunt, ostendentes " nullam formam, neque substantialem neque accidentalem, nisi per viam creationis produci in esse. non enim possunt formae et accidentia fieri ex materia: cum non habeant materiam partem sui. unde, si fiunt, oportet quod fiant ex nihilo, quod est creari. et quia creatio solius dei actus est, * ut in secundo ostensum est, " sequi videtur quod solus deus tam formas substantiales quam accidentales in natura producat.

n.3 * Huic autem positioni partim etiam quorundam philosophorum opinio concordavit. " quia enim omne quod per se non est, ab eo quod est per se derivatum invenitur, videtur quod formae rerum quae non sunt per se existentes sed in materia, proveniant ex formis quae per se sine materia sint: quasi formae in materia existentes sint quaedam participationes illarum formarum quae sine materia sunt. * et propter hoc plato posuit " species rerum sensibilium esse quasdam formas separatas, quae sunt causae essendi his sensibilibus, secundum quod eas participant.

n.4 * Avicenna, vero posuit " omnes formas substantiales ab intelligentia agente effluere. accidentales autem formas esse ponebat materiae dispositiones, quae ex actione inferiorum agentium materiam disponentium proveniebant: in quo a priore stultitia declinabat.

n.5 * Huius autem signum esse videbatur quod " nulla virtus activa invenitur esse in istis corporibus nisi accidentalis forma, sicut qualitates activae et passivae, quae non videntur esse ad hoc sufficientes quod formas substantiales causare possint.

n.6 " Inveniuntur etiam quaedam in istis inferioribus quae non generantur ex sibi similibus, sicut animalia ex putrefactione generata. unde videtur quod horum formae ex altioribus principiis proveniant. et pari ratione aliae formae, quarum quaedam sunt multo nobiliores.

n.7 * Quidam vero ad hoc argumentum assumunt " ex naturalium corporum imbecillitate ad agendum. nam omnis corporis forma est adiuncta quantitati. quantitas autem impedit actionem et motum: cuius signum ponunt quia quantum additur in quantitate alicui corpori, tanto fit ponderosius, et tardatur motus eius. * unde ex hoc concludunt quod " nullum corpus sit activum, sed passivum tantum.

n.8 * Hoc etiam ostendere nituntur per hoc quod " omne patiens est subiectum agenti; et omne agens praeter primum, quod creat, requirit subiectum inferius se. nulla autem substantia est inferior corporali. unde videtur quod nullum corpus sit activum.

n.9 * Addunt etiam ad hoc quod " corporalis substantia est in ultima distantia a primo agente: * unde non videtur eis quod " virtus activa perveniat usque ab substantiam corporalem; sed, sicut deus est agens tantum, ita substantia corporalis, cum sit infima in genere rerum, sit passiva tantum.

n.10 * Propter has igitur rationes ponit avicebron, in libro fontis vitae, quod " nullum corpus est activum; sed virtus substantiae spiritualis, pertransiens per corpora, agit actiones quae per corpora fieri videntur.

n.11 * Quidam etiam loquentes in lege maurorum dicuntur ad hoc rationem inducere quod " etiam accidentia non sint ex actione corporum, quia accidens non transit a subiecto in subiectum. * unde reputant impossibile quod " calor transeat a corpore calido in aliud corpus ab ipso calefactum: * sed dicunt " omnia huiusmodi accidentia creari a deo.

n.12 * Ad praemissas autem positiones multa inconvenientia sequuntur. " si enim nulla inferior causa, et maxime corporalis, aliquid operatur, sed deus operatur in omnibus solus; ' deus autem non variatur per hoc quod operatur in rebus diversis: non sequetur diversus effectus ex diversitate rerum in quibus deus operatur. hoc autem ad sensum apparet falsum: non enim ex appositione calidi sequitur infrigidatio, sed calefactio tantum; neque ex semine hominis sequitur generatio nisi hominis. non ergo causalitas effectuum inferiorum est ita attribuenda divinae virtuti quod subtrahatur causalitas inferiorum agentium.

n.13 ' Item. contra rationem sapientiae est ut sit aliquid frustra in operibus sapientis. si autem res creatae nullo modo operarentur ad effectus producendos, sed solus deus operaretur omnia immediate, frustra essent adhibitae ab ipso aliae res ad producendos effectus. * repugnat igitur praedicta positio divinae sapientiae.

n.14 ' Adhuc. quod dat alicui aliquod principale, dat eidem omnia quae consequuntur ad illud: sicut causa quae dat corpori elementari gravitatem, dat ei motum deorsum. facere autem aliquid actu consequitur ad hoc quod est esse actu, ut patet in deo: ipse enim est actus purus, et est etiam prima causa essendi omnibus, * ut supra ostensum est. ' si igitur communicavit aliis similitudinem suam quantum ad esse, inquantum res in esse produxit, consequens est quod communicaverit eis similitudinem suam quantum ad agere, ut etiam res creatae habeant proprias actiones.

n.15 ' Amplius. perfectio effectus demonstrat perfectionem causae: maior enim virtus perfectiorem effectum inducit. deus autem est perfectissimum agens. oportet igitur quod res ab ipso creatae perfectionem ab ipso consequantur. detrahere ergo perfectioni creaturarum est detrahere perfectioni divinae virtutis. " sed si nulla creatura habet aliquam actionem ad aliquem effectum producendum, ' multum detrahitur perfectioni creaturae: ex abundantia enim perfectionis est quod perfectionem quam aliquid habet, possit alteri communicare. detrahit igitur haec positio divinae virtuti.

n.16 ' Item. sicut est boni bonum facere, ita est summi boni aliquid optime facere. deus autem est summum bonum, * ut in primo ostensum est. ' igitur eius est optime facere omnia. melius autem est quod bonum alicui collatum sit multorum commune, quam quod sit proprium: " quia bonum commune semper invenitur esse divinius quam bonum unius tantum. ' sed bonum unius fit multis commune si ab uno in alia derivatur, quod non potest esse nisi inquantum diffundit ipsum in alia per propriam actionem: si vero potestatem non habet illud in alia transfundendi, manet sibi ipsi proprium. sic igitur deus rebus creatis suam bonitatem communicavit ut una res, quod accepit, possit in aliam transfundere. detrahere ergo actiones proprias rebus, est divinae bonitati derogare.

n.17 ' Adhuc. subtrahere ordinem rebus creatis est eis subtrahere id quod optimum habent: nam singula in seipsis sunt bona, simul autem omnia sunt optima, propter ordinem universi; semper enim totum est melius partibus et finis ipsarum. si autem rebus subtrahantur actiones, subtrahitur ordo rerum ad invicem: rerum enim quae sunt diversae secundum suas naturas, non est colligatio in ordinis unitatem nisi per hoc quod quaedam agunt et quaedam patiuntur. inconveniens igitur est dicere quod res non habeant proprias actiones.

n.18 ' Amplius. si effectus non producuntur ex actione rerum creatarum, sed solum ex actione dei, impossibile est quod per effectus manifestetur virtus alicuius causae creatae: non enim effectus ostendit virtutem causae nisi ratione actionis quae, a virtute procedens, ad effectum terminatur. natura autem causae non cognoscitur per effectum nisi inquantum per ipsum cognoscitur virtus eius, quae naturam consequitur. " si igitur res creatae non habeant actiones ad producendos effectus, sequetur quod nunquam natura alicuius rei creatae poterit cognosci per effectum. ‘ et sic subtrahitur nobis omnis cognitio scientiae naturalis, in qua praecipue demonstrationes per effectum sumuntur.

n.19 ‘ Item. apparet per inductionem in omnibus quod “simile agat suum simile. ‘id autem quod generatur in rebus inferioribus non est forma tantum, sed compositum ex materia et forma: nam omnis generatio ex aliquo est, scilicet ex materia, et ad aliquid, scilicet formam. oportet ergo quod generans non sit forma tantum, sed compositum ex materia et forma. “ non igitur species rerum separatae, * ut platonici posuerunt; “ neque intelligentia agens, * ut posuit avicenna, “ est causa formarum quae sunt in materiis, ‘ sed magis hoc compositum ex materia et forma.

n.20 ‘ Item. si agere sequitur ad esse in actu, inconveniens est quod actus perfectior actione destituatur. perfectior autem actus est forma substantialis quam accidentalis. si igitur formae accidentales quae sunt in rebus corporalibus habent proprias actiones, multo magis forma substantialis habet aliquam propriam actionem. non est autem eius propria actio disponere materiam: quia hoc fit per alterationem, ad quam sufficiunt formae accidentales. igitur forma substantialis generantis est principium actionis ut forma substantialis introducatur in generatum.

n.21 * Rationes autem quas inducunt facile est solvere. ‘ cum enim ad hoc aliquid fiat ut sit, sicut forma non dicitur ens quasi ipsa habeat esse, sed quia per eam compositum est; ita nec forma proprie fit, sed incipit esse per hoc quod compositum sit reductum de potentia in actum, qui est forma.

n.22 * Neque etiam oportet ut “ omne quod habet aliquam formam quasi participatam, recipiat eam immediate ab eo quod est essentialiter forma: ‘ sed immediate quidem ab alio quod habet similem formam, simili modo scilicet participatam, quod tamen agat in virtute illius formae separatae, si qua sit talis. “ sic enim agens similem sibi effectum producit.

n.23 * Similiter etiam non oportet quod, “ quia omnis actio inferiorum corporum fit per qualitates activas et passivas, quae sunt accidentia, quod non producatur ex actione eorum nisi accidens. ‘ quia illae formae accidentales, sicut causantur a forma substantiali, quae simul cum materia est causa omnium propriorum accidentium, ita agunt virtute formae substantialis. quod autem agit in virtute alterius, producit effectum similem non sibi tantum, sed magis ei in cuius virtute agit: sicut ex actione instrumenti fit in artificiato similitudo formae artis. ex quo sequitur quod ex actione formarum accidentalium producuntur formae substantiales, inquantum agunt instrumentaliter in virtute substantialium formarum.

n.24 ‘ In animalibus autem quae ex putrefactione generantur, causatur forma substantialis ex agente corporali, scilicet corpore caelesti, quod est primum alterans, unde oportet quod omnia moventia ad formam in istis inferioribus, agant in virtute illius. et propter hoc, ad producendas aliquas formas imperfectas sufficit virtus caelestis, absque agente univoco. ad producendas autem formas perfectiores, sicut sunt animae animalium perfectorum, requiritur etiam cum agente caelesti agens univocum: talia enim animalia non generantur nisi ex semine. * et propter hoc dicit aristoteles, in ii phys., quod ° homo generat hominem et sol.

n.25 * Non est autem verum quod “ quantitas impediat actionem formae, ‘ nisi per accidens: inquantum scilicet omnis quantitas continua est in materia; forma autem in materia existens, cum sit minoris actualitatis, est per consequens minoris virtutis in agendo. unde corpus quod habet minus de materia et plus de forma, scilicet ignis, est magis activum. supposito autem modo actionis quam forma in materia existens habere potest, quantitas coauget magis quam minuat actionem. nam quanto corpus calidum fuerit maius, supposita aeque intensa caliditate, tanto magis calefacit; et supposita gravitate aeque intensa, quanto maius fuerit corpus grave, tanto velocius movebitur motu naturali; et inde est quod tardius movetur motu innaturali. quod ergo corpora gravia sunt tardioris motus innaturalis cum fuerint maioris quantitatis, non ostendit quod quantitas impediat actionem, sed magis quod coaugeat ipsam.

n.26 * Non oportet etiam quod “ corpus omne careat actione propter hoc quod in ordine rerum substantia corporalis est infima secundum suum genus. ‘ quia etiam inter corpora unum est superius altero, et formalius et magis activum: sicut ignis respectu inferiorum corporum. nec tamen etiam infimum corpus excluditur ab agendo. manifestum est enim quod corpus non potest agere se toto, cum sit compositum ex materia, quae est ens in potentia, et ex forma, quae est actus: agit enim unumquodque secundum quod est actu. et propter hoc omne corpus agit secundum suam formam: ad quam comparatur aliud corpus, scilicet patiens, secundum suam materiam ut subiectum, inquantum materia eius est in potentia ad formam agentis. si autem e converso ad formam corporis patientis sit in potentia materia corporis agentis, erunt agentia et patientia ad invicem: sicut accidit in duobus corporibus elementaribus. sin autem, erit unum tantum agens, et alterum tantum patiens respectu illius: sicut est comparatio corporis caelestis |25| ad corpus elementare. sic igitur corpus agens agit in subiectum non ratione totius corporis, sed formae per quam agit.

n.27 * Non est etiam verum quod “ corpora sint in ultima remotione a deo. ‘ cum enim deus sit actus purus, secundum hoc aliqua magis vel minus ab eo distant, quod sunt plus vel minus in actu vel in potentia. illud igitur in entibus est extreme distans a deo quod est potentia tantum, scilicet materia prima. unde eius est pati tantum et non agere. corpora vero, cum sint composita ex materia et forma, accedunt ad divinam similitudinem inquantum habent formam, * quam aristoteles, in i phys., nominat ° divinum quiddam. ‘ et propter hoc, secundum quod habent formam, agunt: secundum vero quod habent materiam, patiuntur.

n.28 * Ridiculum autem est dicere quod “ ideo corpus non agat quia accidens non transit de subiecto in subiectum. ‘ non enim hoc modo dicitur corpus calidum calefacere quod idem numero calor qui est in calefaciente corpore, transeat ad corpus calefactum: sed quia virtute caloris qui est in corpore calefaciente, alius calor numero fit actu in corpore calefacto, qui prius erat in eo in potentia. agens enim naturale non est traducens propriam formam in alterum subiectum: sed reducens subiectum quod patitur, de potentia in actum.

n.29 ‘ Non igitur auferimus proprias actiones rebus creatis, quamvis omnes effectus rerum creatarum deo attribuamus quasi in omnibus operanti.

005 SCG lb3 cp70

n. ‘ Quomodo idem effectus sit a deo et a natura agente.

n.1 * Quibusdam autem difficile videtur ad intelligendum quod ‘ effectus naturales et deo attribuantur et naturali agenti.

n.2 “ Nam una actio a duobus agentibus non videtur progredi posse. si igitur actio per quam effectus naturalis producitur, procedit a corpore naturali, non procedit a deo.

n.3 “ Item. quod potest fieri sufficienter per unum, superfluum est si per multa fiat: videmus enim quod natura non facit per duo instrumenta quod potest facere per unum. cum igitur virtus divina sufficiens sit ad producendos effectus naturales, superfluum est adhibere ad eosdem effectus producendos etiam naturales virtutes: vel, si virtus naturalis sufficienter proprium effectum producit, superfluum est quod divina ad eundem effectum agat.

n.4 “ Praeterea. si deus totum effectum naturalem producit, nihil relinquitur de effectu naturali agenti ad producendum. non videtur igitur esse possibile quod eosdem effectus deus producere dicatur quos res naturales producunt.

n.5 * Haec autem difficultatem non afferunt si praemissa considerentur. ‘ in quolibet enim agente est duo considerare, scilicet rem ipsam quae agit, et virtutem qua agit: sicut ignis calefacit per calorem. virtus autem inferioris agentis dependet a virtute superioris agentis, inquantum superius agens dat virtutem ipsam inferiori agenti per quam agit; vel conservat eam; aut etiam applicat eam ad agendum, sicut artifex applicat instrumentum ad proprium effectum; cui tamen non dat formam per quam agit instrumentum, nec conservat, sed dat ei solum motum. oportet ergo quod actio inferioris agentis non solum sit ab eo per virtutem propriam, sed per virtutem omnium superiorum agentium: agit enim in virtute omnium. et sicut agens infimum invenitur immediatum activum, ita virtus primi agentis invenitur immediata ad producendum effectum: nam virtus infimi agentis non habet quod producat hunc effectum ex se, sed ex virtute proximi superioris; et virtus illius hoc habet |25| ex virtute superioris; et sic virtus supremi agentis invenitur ex se productiva effectus, quasi causa immediata; sicut patet in principiis demonstrationum, quorum primum est immediatum. sicut igitur non est inconveniens quod una actio producatur ex aliquo agente et eius virtute, ita non est inconveniens quod producatur idem effectus ab inferiori agente et deo: ab utroque immediate, licet alio et alio modo.

n.6 ‘ Patet etiam quod, etsi res naturalis producat proprium effectum, non est superfluum quod deus illum producat: quia res naturalis non producit ipsum nisi virtute divina. neque est superfluum, si deus per seipsum potest omnes effectus naturales producere, quod per quasdam alias causas producantur. non enim hoc est ex insufficientia divinae virtutis, sed ex immensitate bonitatis ipsius, per quam suam similitudinem rebus communicare voluit non solum quantum ad hoc quod essent, sed etiam quantum ad hoc quod aliorum causae essent: his enim duobus modis creaturae communiter omnes divinam similitudinem consequuntur, * ut supra ostensum est. ‘ per hoc etiam decor ordinis in rebus creatis apparet.

n.7 ‘ Patet etiam quod non sic idem effectus causae naturali et divinae virtuti attribuitur quasi partim a deo, et partim a naturali agente fiat, sed totus ab utroque secundum alium modum: sicut idem effectus totus attribuitur instrumento, et principali agenti etiam totus.

005 SCG lb3 cp71

n. ‘ Quod divina providentia non excludit totaliter malum a rebus.

n.1 ‘ Ex his autem apparet quod divina providentia, qua res gubernat, non impedit quin corruptio et defectus et malum in rebus inveniatur.

n.2 ‘ Divina enim gubernatio, qua deus operatur in rebus, non excludit operationem causarum secundarum, * sicut iam ostensum est. ‘ contingit autem provenire defectum in effectu propter defectum causae secundae agentis, absque eo quod sit defectus in primo agente: sicut cum in effectu artificis habentis perfecte artem, contingit aliquis defectus propter instrumenti defectum; et sicut hominem cuius vis motiva est fortis, contingit claudicare, non propter defectum virtutis motivae, sed propter tibiae curvitatem. contingit igitur in his quae aguntur et gubernantur a deo, aliquem defectum et aliquod malum inveniri, propter defectum agentium secundorum, licet in ipso deo nullus sit defectus.

n.3 ‘ Amplius. perfecta bonitas in rebus creatis non inveniretur nisi esset ordo bonitatis in eis, ut scilicet quaedam sint aliis meliora: non enim implerentur omnes gradus possibiles bonitatis; neque etiam aliqua creatura deo similaretur quantum ad hoc quod alteri emineret. tolleretur etiam summus decor a rebus, si ab eis ordo distinctorum et disparium tolleretur. et quod est amplius, tolleretur multitudo a rebus, inaequalitate bonitatis sublata: cum per differentias quibus res ad invicem differunt, unum altero melius existat; sicut animatum inanimato, et rationale irrationali. et sic, si aequalitas omnimoda esset in rebus, non esset nisi unum bonum creatum: quod manifeste perfectioni derogat creaturae. gradus autem bonitatis superior est ut aliquid sit bonum quod non possit a bonitate deficere: inferior autem eo est quod potest a bonitate deficere. utrumque igitur gradum bonitatis perfectio universi requirit. ad providentiam autem gubernantis pertinet perfectionem in rebus gubernatis servare, non autem eam minuere. igitur non |25| pertinet ad divinam providentiam ut omnino excludat a rebus potentiam deficiendi a bono. hanc autem potentiam sequitur malum: quia quod potest deficere, quandoque deficit. et ipse defectus boni malum est, * ut supra ostensum est. ‘ non est igitur ad divinam providentiam pertinens ut omnino malum a rebus prohibeat.

n.4 ‘ Adhuc. optimum in gubernatione qualibet est ut rebus gubernatis secundum modum suum provideatur: in hoc enim regiminis iustitia consistit. sicut igitur esset contra rationem humani regiminis si impedirentur a gubernatore civitatis homines agere secundum sua officia - nisi forte quandoque ad horam, propter aliquam necessitatem,- ita esset contra rationem divini regiminis si non sineret res creatas agere secundum modum propriae naturae. ex hoc autem quod creaturae sic agunt, sequitur corruptio et malum in rebus: cum, propter contrarietatem et repugnantiam quae est in rebus, una res sit alterius corruptiva. non est igitur ad divinam providentiam pertinens malum omnino a rebus gubernatis excludere.

n.5 ‘ Item. impossibile est quod agens operetur aliquod malum nisi propter hoc quod intendit aliquod bonum, * sicut ex superioribus apparet. ‘ prohibere autem cuiuscumque boni intentionem universaliter a rebus creatis, non pertinet ad providentiam eius qui est omnis boni causa: sic enim multa bona subtraherentur ab universitate rerum; sicut, si subtraheretur igni intentio generandi sibi simile, ad quam sequitur hoc malum quod est corruptio rerum combustibilium, tolleretur hoc bonum quod est generatio ignis, et conservatio ipsius secundum suam speciem. non est igitur divinae providentiae malum totaliter a rebus excludere.

n.6 ‘ Adhuc. multa bona sunt in rebus quae, nisi mala essent, locum non haberent: sicut non esset patientia iustorum si non esset malignitas persequentium; nec esset locus iustitiae vindicanti si delicta non essent; in rebus etiam naturalibus non esset unius generatio nisi esset alterius corruptio. si ergo malum totaliter ab universitate rerum per divinam providentiam excluderetur, oporteret etiam bonorum multitudinem diminui. quod esse non debet: quia virtuosius est bonum in bonitate quam in malitia malum, * sicut ex superioribus patet. ‘ igitur non debet per divinam providentiam totaliter malum excludi a rebus.

n.7 ‘ Amplius. bonum totius praeminet bono partis. ad providum igitur gubernatorem pertinet negligere aliquem defectum bonitatis in parte, ut fiat augmentum bonitatis in toto: sicut artifex abscondit fundamenta sub terra ut tota domus habeat firmitatem. sed si malum a quibusdam partibus universi subtraheretur, multum deperiret perfectionis universi, cuius pulchritudo ex ordinata malorum et bonorum adunatione consurgit, dum mala ex bonis deficientibus proveniunt, et tamen ex eis quaedam bona consequuntur, ex providentia gubernantis: sicut et silentii interpositio facit cantilenam esse suavem. non igitur per divinam providentiam debuit malum a rebus excludi.

n.8 ‘ Adhuc. res aliae, et praecipue inferiores, ad bonum hominis ordinantur sicut ad finem. si autem nulla mala essent in rebus, multum de bono hominis diminueretur, et quantum ad cognitionem, et quantum ad boni desiderium vel amorem. nam bonum ex comparatione mali magis cognoscitur; et dum aliqua mala perpetimur, ardentius bona optamus; sicut quantum bonum sit sanitas, infirmi maxime cognoscunt; qui etiam ad eam magis exardent quam sani. non igitur pertinet ad divinam providentiam mala a rebus totaliter excludere.

n.9 * Propter quod dicitur, isaiae 45-7: ° faciens pacem et creans malum. * et amos 3-6: ° non est malum in civitate quod deus non faciat.

n.10 * Per haec autem excluditur quorundam error qui, “ propter hoc quod mala in mundo evenire videbant, * dicebant “ deum non esse: * sicut boetius, in i de cons., introducit quendam philosophum quaerentem: ° si deus est, unde malum? ‘ esset autem e contrario arguendum: si malum est, deus est. non enim esset malum sublato ordine boni, cuius privatio est malum. hic autem ordo non esset, si deus non esset.

n.11 * Tollitur etiam et erroris occasio per praemissa illis qui “ divinam providentiam usque ad haec corruptibilia extendi negabant, propter hoc quod in eis multa mala evenire conspiciebant; sola autem incorruptibilia divinae providentiae subdi dicebant, in quibus nullus defectus, nec malum aliquod invenitur. * per haec etiam tollitur errandi occasio manichaeis, qui “ duo prima principia agentia * posuerunt, “ bonum et malum, quasi malum sub providentia boni dei locum habere non posset.

n.12 * Solvitur etiam et quorundam dubitatio: “ utrum scilicet actiones malae sint a deo? * nam cum ostensum sit ‘ omne agens actionem suam producere inquantum agit virtute divina, et ex hoc, deum esse omnium et effectuum et actionum causam; * itemque ostensum sit quod ‘ malum et defectus in his quae providentia divina reguntur, accidat ex conditione secundarum causarum, in quibus potest esse defectus: manifestum est quod actiones malae, secundum quod deficientes sunt, non sunt a deo, sed a causis proximis deficientibus; quantum autem ad id quod de actione et entitate habent, oportet quod sint a deo; sicut claudicatio est a virtute motiva quantum ad id quod habet de motu, quantum vero ad id quod habet de defectu, est ex curvitate cruris.

005 SCG lb3 cp72

n. ‘ Quod divina providentia non excludit contingentiam a rebus.

n.1 ‘ Sicut autem divina providentia non excludit universaliter malum a rebus, ita etiam non excludit contingentiam, nec necessitatem rebus imponit.

n.2 * Iam enim ostensum est quod ‘ operatio providentiae qua deus operatur in rebus, non excludit causas secundas, sed per eas impletur, inquantum agunt virtute dei. ex causis autem proximis aliqui effectus dicuntur necessarii vel contingentes, non autem ex causis remotis: nam fructificatio plantae est effectus contingens propter causam proximam, quae est vis germinativa, quae potest impediri et deficere; quamvis causa remota, scilicet sol, sit causa ex necessitate agens. cum igitur inter causas proximas multae sint quae deficere possunt, non omnes effectus qui providentiae subduntur, erunt necessarii, sed plurimi sunt contingentes.

n.3 ‘ Adhuc. ad divinam providentiam pertinet ut gradus entium qui possibiles sunt, adimpleantur, * ut ex supra dictis patet. ‘ ens autem dividitur per contingens et necessarium: et est per se divisio entis. si igitur divina providentia excluderet omnem contingentiam, non omnes gradus entium conservarentur.

n.4 ‘ Amplius. quanto aliqua sunt propinquiora deo, tanto magis de similitudine ipsius participant: et quanto magis distant, tanto magis a similitudine ipsius deficiunt. illa autem quae sunt deo propinquissima, sunt omnino immobilia: scilicet substantiae separatae, quae maxime ad dei similitudinem accedunt, qui est omnino immobilis. quae autem sunt his proxima, et moventur immediate ab his quae semper eodem modo se habent, quandam immobilitatis speciem retinent, in hoc quod semper eodem modo moventur, sicut corpora caelestia. consequitur ergo quod ea quae consequuntur ad ista, et ab eis sunt mota, longius ab immobilitate dei distant, ut scilicet non semper eodem modo moveantur. et in hoc ordinis pulchritudo apparet. omne autem necessarium, inquantum huiusmodi, semper eodem modo se habet. repugnaret igitur divinae providentiae, ad quam pertinet ordinem in rebus statuere et conservare, si omnia ex necessitate evenirent.

n.5 ‘ Praeterea. quod necessarium est esse, semper est. nullum autem corruptibile semper est. si igitur divina providentia hoc requirit quod omnia sint necessaria, sequitur quod nihil sit in rebus corruptibile: et per consequens nec generabile. subtraheretur ergo a rebus tota pars generabilium et corruptibilium. quod perfectioni derogat universi.

n.6 ‘ Adhuc. in omni motu est quaedam generatio et corruptio: nam in eo quod movetur, aliquid incipit et aliquid desinit esse. si igitur omnis generatio et corruptio subtraheretur, subtracta contingentia rerum, * ut ostensum est, ‘ consequens est quod etiam motus subtraheretur a rebus, et omnia mobilia.

n.7 ‘ Item. debilitatio virtutis alicuius substantiae, et eius impedimentum ex aliquo contrario agente, est ex aliqua eius immutatione. si ergo divina providentia non impedit motum a rebus, neque etiam impedietur debilitatio virtutis ipsarum, aut impedimentum ex resistentia alterius. ex virtutis autem debilitate, et eius impedimento, contingit quod res naturalis non semper eodem modo operatur, sed quandoque deficit ab eo quod competit sibi secundum suam naturam, ut sic naturales effectus non ex necessitate proveniant. non igitur pertinet ad providentiam divinam quod rebus provisis necessitatem imponat.

n.8 ‘ Amplius. in his quae providentia debite reguntur, non debet esse aliquid frustra. cum igitur manifestum sit causas aliquas esse contingentes, ex eo quod impediri possunt ut non producant suos effectus, patet quod contra rationem providentiae esset quod omnia ex necessitate contingerent. non igitur divina providentia necessitatem rebus imponit, contingentiam a rebus universaliter excludens.

005 SCG lb3 cp73

n. ‘ Quod divina providentia non excludit arbitrii libertatem.

n.1 ‘ Ex quo etiam patet quod providentia voluntatis libertati non repugnat.

n.2 ‘ Cuiuslibet enim providentis gubernatio ad perfectionem rerum gubernatarum ordinatur vel adipiscendam, vel augendam, vel conservandam. quod igitur perfectionis est, magis conservandum est per providentiam quam quod est imperfectionis et defectus. in rebus autem inanimatis causarum contingentia ex imperfectione et defectu est: secundum enim suam naturam sunt determinata ad unum effectum, quem semper consequuntur nisi sit impedimentum vel ex debilitate virtutis, vel ex aliquo exteriori agente, vel ex materiae indispositione; et propter hoc causae naturales agentes non sunt ad utrumque, sed ut frequentius eodem modo suum effectum producunt, deficiunt autem raro. quod autem voluntas sit causa contingens, ex ipsius perfectione provenit: quia non habet virtutem limitatam ad unum, sed habet in potestate producere hunc effectum vel illum; propter quod est contingens ad utrumlibet. magis igitur pertinet ad providentiam divinam conservare libertatem voluntatis quam contingentiam in naturalibus causis.

n.3 ‘ Amplius. ad providentiam divinam pertinet ut rebus utatur secundum modum earum. modus autem agendi cuiuslibet rei consequitur formam eius, quae est principium actionis. forma autem per quam agit voluntarie agens, non est determinata: agit enim voluntas per formam apprehensam ab intellectu, nam bonum apprehensum movet voluntatem ut eius obiectum; intellectus autem non habet unam formam effectus determinatam, sed de ratione sua est ut multitudinem formarum comprehendat. et propter hoc voluntas multiformes effectus producere potest. non igitur ad rationem providentiae pertinet quod excludat voluntatis libertatem.

n.4 ‘ Item. per gubernationem cuiuscumque providentis res gubernatae deducuntur ad finem convenientem: * unde et de providentia divina gregorius nyssenus dicit quod ° est voluntas dei per quam omnia quae sunt, convenientem deductionem accipiunt. ‘ finis autem ultimus cuiuslibet creaturae est ut consequatur divinam similitudinem, * sicut supra ostensum est. ‘ esset igitur providentiae repugnans si alicui rei subtraheretur illud per quod assequitur similitudinem divinam. agens autem voluntarium assequitur divinam similitudinem in hoc quod libere agit: * ostensum est enim in primo ‘ liberum arbitrium in deo esse. non igitur per providentiam subtrahitur voluntatis libertas.

n.5 ‘ Adhuc. providentia est multiplicativa bonorum in rebus gubernatis. illud ergo per quod multa bona subtraherentur a rebus, non pertinet ad providentiam. si autem libertas voluntatis tolleretur, multa bona subtraherentur. tolleretur enim laus virtutis humanae, quae nulla est si homo libere non agit. tolleretur etiam iustitia praemiantis et punientis, si non libere homo ageret bonum vel malum. cessaret etiam circumspectio in consiliis, quae de his quae ex necessitate aguntur, frustra tractantur. esset igitur contra providentiae rationem si subtraheretur voluntatis libertas.

n.6 * Hinc est quod dicitur eccli. 15-14 ° deus ab initio constituit hominem, et reliquit eum in manu consilii sui. * et iterum: 18 ° ante hominem vita et mors, bonum et malum: quod placuerit ei, dabitur illi.

n.7 * Per haec autem excluditur opinio stoicorum, qui ° secundum ordinem quendam causarum intransgressibilem, quem graeci ymarmenen vocabant, “ omnia ex necessitate dicebant provenire.

005 SCG lb3 cp74

n. ‘ Quod divina providentia non excludit fortunam et casum.

n.1 ‘ Ex praemissis etiam apparet quod divina providentia non subtrahit a rebus fortunam et casum.

n.2 ‘ In his enim quae in minori parte accidunt, dicitur esse fortuna et casus. si autem non provenirent aliqua ut in minori parte, omnia ex necessitate acciderent: nam ea quae sunt contingentia ut in pluribus, in hoc solo a necessariis differunt, quod possunt in minori parte deficere. esset autem contra rationem providentiae divinae si omnia ex necessitate contingerent, * ut ostensum est. ‘ igitur et contra rationem providentiae divinae esset si nihil foret fortuitum et casuale in rebus.

n.3 ‘ Amplius. contra rationem providentiae esset si res providentiae subiectae non agerent propter finem: cum providentiae sit omnia ordinare in finem. esset etiam contra perfectionem universi si nulla res corruptibilis esset, nec aliqua virtus deficere potens, * ut ex supra dictis patet. ‘ ex hoc autem quod aliquod agens propter finem deficit ab eo quod intendit, sequitur aliqua casu contingere. esset igitur contra rationem providentiae, et perfectionis rerum, si non essent aliqua casualia.

n.4 ‘ Adhuc. multitudo et diversitas causarum ex ordine divinae providentiae et dispositionis procedit. supposita autem causarum diversitate, oportet unam alteri quandoque concurrere per quam impediatur, vel iuvetur, ad suum effectum producendum. ex concursu autem duarum vel plurium causarum contingit aliquid casualiter evenire, dum finis non intentus ex concursu alicuius causae provenit: sicut inventio debitoris ab eo qui ibat ad forum causa emendi aliquid, provenit ex hoc quod debitor etiam ad forum ivit. non est igitur divinae providentiae contrarium quod sint aliqua fortuita et casualia in rebus.

n.5 ‘ Item. quod non est, non potest esse alicuius causa. unde oportet quod unumquodque, sicut se habet ad esse, ita se habeat ad hoc quod sit causa. oportet igitur quod secundum diversitatem ordinis in entibus sit etiam diversitas ordinis in causis. ad perfectionem autem rerum requiritur quod non solum sint in rebus entia per se, sed etiam entia per accidens: res enim quae non habent in sua substantia ultimam perfectionem, oportet quod perfectionem aliquam consequantur per accidentia; et tanto per plura, quanto magis distant a simplicitate dei. ex hoc autem quod aliquod subiectum habet multa accidentia, sequitur quod sit aliquod ens per accidens: nam subiectum et accidens, et etiam duo accidentia unius subiecti, sunt unum et ens per accidens; sicut homo albus, et musicum album. oportet igitur ad perfectionem rerum quod sint etiam causae quaedam per accidens. ea autem quae ex causis aliquibus procedunt per accidens, dicuntur accidere a casu vel fortuna. non est igitur contra rationem | 25 | providentiae, quae perfectionem rerum conservat, ut aliqua fiant a casu vel fortuna.

n.6 ‘ Praeterea. ad ordinem divinae providentiae pertinet ut sit ordo et gradus in causis. quanto autem aliqua causa est superior, tanto est maioris virtutis: unde eius causalitas ad plura se extendit. nullius autem causae naturalis intentio se extendit ultra virtutem eius: esset enim frustra. oportet ergo quod intentio causae particularis non se extendat ad omnia quae contingere possunt. ex hoc autem contingit aliquid casualiter vel fortuito, quod eveniunt aliqua praeter intentionem agentium. ordo igitur divinae providentiae exigit quod sit casus et fortuna in rebus.

n.7 * Hinc est quod dicitur eccle. 9-11: ° vidi nec velocium esse cursum ‘ etc., ° sed tempus casumque in omnibus, “ scilicet inferioribus.

005 SCG lb3 cp75

n. ‘ Quod providentia dei sit singularium contingentium.

n.1 ‘ Ex his autem quae ostensa sunt, manifestum fit quod divina providentia pervenit usque ad singularia generabilium et corruptibilium.

n.2 ‘ Non enim videtur horum non esse providentia nisi propter eorum contingentiam, et quia multa in eis casualiter et fortuito eveniunt: in hoc enim solum differunt ab incorruptibilibus et universalibus corruptibilium, quorum dicunt providentiam esse. providentiae autem non repugnat contingentia, et casus et fortuna, neque voluntarium, * ut ostensum est. ‘ nihil igitur prohibet et horum providentiam esse, sicut incorruptibilium et universalium.

n.3 ‘ Adhuc. si deus horum singularium providentiam non habet, aut hoc est quia non cognoscit ea; aut quia non potest; aut quia non vult eorum curam habere. non autem potest dici quod deus singularia non cognoscat: * ostensum enim est supra quod ‘ deus eorum notitiam habet. neque etiam potest dici quod deus eorum curam habere non possit: cum eius potentia sit infinita, * ut supra probatum est. ‘ nec etiam haec singularia gubernationis non capacia sunt: cum videamus ea gubernari rationis industria, sicut patet in hominibus; et per naturalem instinctum, sicut patet in apibus et multis animalibus brutis, quae quodam naturali instinctu gubernantur. neque etiam potest dici quod deus non velit ea gubernare: cum voluntas ipsius sit universaliter omnis boni; bonum autem eorum quae gubernantur, in ordine gubernationis maxime consistit. non igitur potest dici quod deus horum singularium curam non habeat.

n.4 ‘ Amplius. omnes causae secundae, in hoc quod causae existunt, divinam similitudinem consequuntur, * ut ex supra dictis patet. ‘ invenitur autem hoc communiter in causis producentibus aliquid, quod curam habent eorum quae producunt: sicut animalia naturaliter nutriunt foetus suos. deus igitur curam habet eorum quorum causa existit. est autem causa etiam istorum particularium, * ut ex supra dictis patet. ‘ habet igitur eorum curam.

n.5 * Item. ostensum est supra quod ‘ deus in rebus creatis non ex necessitate naturae agit, sed per voluntatem et intellectum. ea autem quae aguntur per intellectum et voluntatem, curae providentis subduntur, quae in hoc consistere videtur quod per intellectum aliqua dispensentur. divinae ergo providentiae subduntur ea quae ab ipso aguntur. * ostensum est autem supra quod ‘ deus operatur in omnibus causis secundis, et omnes earum effectus reducuntur in deum sicut in causam: et sic oportet quod ea quae in istis singularibus aguntur, sint ipsius opera. igitur haec singularia, et motus et operationes ipsorum, divinae providentiae subiacent.

n.6 ‘ Praeterea. stulta est providentia alicuius qui non curat ea sine quibus ea quae curat esse non possunt. constat autem quod, si omnia deficerent particularia, quod universalia eorum remanere non possent. si igitur deus universalia tantum curat, singularia vero ista omnino derelinquit, stulta et imperfecta erit eius providentia.

n.7 * Si autem dicat aliquis quod “ horum singularium deus curam habet usque ad hoc quod conserventur in esse, non autem quantum ad alia: * hoc omnino esse non potest. ‘ nam omnia alia quae circa singularia accidunt, ad eorum conservationem vel corruptionem ordinantur. si ergo deus habet curam singularium quantum ad eorum conservationem, habet curam omnium circa ea contingentium.

n.8 * Potest autem aliquis dicere quod “ sola cura universalium sufficit ad particularium conservationem in esse. provisa sunt enim cuilibet speciei ea per quae quodlibet individuum speciei illius potest conservari in esse: sicut data sunt animalibus organa ad cibum sumendum et digerendum, et cornua ad protegendum se. utilitates autem horum non deficiunt nisi in minori parte: cum ea quae sunt a natura, producant effectus suos vel semper, vel frequenter. et sic non possunt omnia individua deficere, etsi aliquod deficiat.

n.9 * Sed secundum hanc rationem, “ omnia quae circa individua contingunt, providentiae subiacebunt, sicut et conservatio eorum in esse: ‘ quia circa singularia alicuius speciei nihil potest accidere quod non reducatur aliquo modo ad principia illius speciei. sic igitur singularia non magis subiacent divinae providentiae quantum ad conservationem in esse, quam quantum ad alia.

n.10 ‘ Praeterea. in comparatione rerum ad finem talis ordo apparet quod accidentia sunt propter substantias, ut per ea perficiantur; in substantiis vero materia est propter formam; per hanc enim participat divinam bonitatem, propter quam omnia facta sunt, * ut supra ostensum est. ‘ ex quo patet quod singularia sunt propter naturam universalem. cuius signum est quod in his in quibus potest natura universalis conservari per unum individuum, non sunt multa individua unius speciei: sicut patet in sole et luna. cum autem providentia sit ordinativa aliquorum in finem, oportet quod ad providentiam pertineant et fines, et ea quae sunt ad finem. subiacent igitur providentiae non solum universalia, sed etiam singularia.

n.11 ‘ Adhuc. haec est differentia inter cognitionem speculativam et practicam, quod cognitio speculativa, et ea quae ad ipsam pertinent, perficiuntur in universali; ea vero quae pertinent ad cognitionem practicam, perficiuntur in particulari: nam finis speculativae est veritas, quae primo et per se in immaterialibus consistit et in universalibus; finis vero practicae est operatio, quae est circa singularia. unde medicus non curat hominem in universali, sed hunc hominem: et ad hoc est tota scientia medicinae ordinata. constat autem quod providentia ad practicam cognitionem pertinet: cum sit ordinativa rerum in finem. esset igitur imperfectissima dei providentia si in universalibus consisteret, et usque ad singularia non perveniret.

n.12 ‘ Item. cognitio speculativa magis perficitur in universali quam in particulari: quia magis sciuntur universalia quam particularia; et propter hoc universalissimorum principiorum cognitio omnibus est communis. ille vero perfectior est in scientia speculativa qui non solum universalem, sed propriam cognitionem de rebus habet: nam qui cognoscit in universali tantum, cognoscit rem solum in potentia. propter quod discipulus de universali cognitione principiorum reducitur in propriam cognitionem conclusionum per magistrum, qui utramque cognitionem habet: sicut aliquid reducitur de potentia in actum per ens actu. multo igitur magis in scientia practica perfectior est qui non solum in universali, sed etiam in particulari res disponit ad actum. divina igitur providentia, quae est perfectissima, usque ad singularia se extendit.

n.13 ‘ Amplius. cum deus sit causa entis inquantum est ens, * ut supra ostensum est, ‘ oportet quod ipse sit provisor entis inquantum est ens: providet enim rebus inquantum est causa earum. quicquid ergo quocumque modo est, sub eius providentia cadit. singularia autem sunt entia, et magis quam universalia: quia universalia non subsistunt per se, sed sunt solum in singularibus. est igitur divina providentia etiam singularium.

n.14 ‘ Item. res creatae providentiae divinae subduntur prout ab ipso in finem ultimum ordinantur, qui est bonitas sua. participatio ergo divinae bonitatis a rebus creatis est per providentiam divinam. bonitatem autem divinam participant etiam singularia contingentia. oportet ergo quod etiam ad ea divina providentia se extendat.

n.15 * Hinc est quod dicitur matth. 6: ° duo passeres asse veneunt, et unus ex eis non cadit in terra sine patre meo. * et sap. 8-1: ° attingit a fine usque ad finem fortiter: “ idest, a primis creaturis usque ad infimas earum. * ezechiel etiam 9-9 arguitur opinio quorundam qui dicebant, ° dereliquit dominus terram, dominus non videt; * et iob 22-14, ° circa cardines caeli perambulat, nec nostra considerat.

n.16 * Per haec autem excluditur opinio quorundam qui dixerunt quod “ divina providentia non se extendit usque ad haec singularia. * quam quidem opinionem quidam aristoteli imponunt, licet ex verbis eius haberi non possit.

005 SCG lb3 cp76

n. ‘ Quod providentia dei sit omnium singularium immediate.

n.1 * Quidam autem concesserunt “ providentiam divinam usque ad haec singularia procedere, sed quibusdam mediantibus causis. * posuit enim plato, ut gregorius nyssenus dicit, “ triplicem providentiam. quarum prima est summi dei, qui primo et principaliter provvidet propriis, idest omnibus spiritualibus et intellectualibus; consequenter vero toti mundo quantum ad genera et species, et universales causas, quae sunt corpora caelestia. secunda vero est qua providetur singularibus animalium et plantarum, et aliorum generabilium et corruptibilium, quantum ad eorum generationem et corruptionem et alias mutationes. quam quidem providentiam * plato attribuit “ diis qui caelum circumeunt. * aristoteles vero “ horum causalitatem attribuit obliquo circulo. tertiam vero providentiam ponit rerum quae ad humanam vitam pertinent. quam quidem attribuit quibusdam daemonibus circa terram existentibus, qui sunt, * secundum ipsum, “ humanarum actionum custodes. |25| * sed tamen, secundum platonem, “ secunda et tertia providentia a prima dependet: nam deus summus secundos et tertios statuit provisores.

n.2 * Haec autem positio catholicae fidei consonat quantum ad hoc quod ‘ omnium providentiam reducit in deum sicut in primum auctorem. * videtur autem sententiae fidei repugnare quantum ad hoc, quod “ non omnia particularia divinae providentiae immediate dicit esse subiecta. * quod ex praemissis ostendi potest.

n.3 ‘ Habet enim deus immediatam singularium cognitionem, non quasi ea in suis causis cognoscens tantum, sed etiam in seipsis, * sicut in primo huius operis ostensum est. ‘ inconveniens autem videtur quod, singularia cognoscens, eorum ordinem non velit, in quo bonum praecipuum eorum constat: cum voluntas sua sit totius bonitatis principium. oportet ergo quod, sicut immediate singularia cognoscit, ita immediate eorum ordinem statuat.

n.4 ‘ Amplius. ordo qui per providentiam in rebus gubernatis statuitur, ex ordine illo provenit quem provisor in sua mente disponit: sicut et forma artis quae fit in materia, ab ea procedit quae est in mente artificis. oportet autem, ubi sunt multi provisores unus sub alio, quod ordinem conceptum superior inferiori tradat: sicut ars inferior accipit principia a superiori. si igitur secundi et tertii provisores ponuntur esse sub primo provisore, qui est deus summus, oportet quod ordinem statuendum in rebus a summo deo accipiant. non est autem possibile quod iste ordo sit in eis perfectior quam in summo deo: quinimmo omnes perfectiones per modum descensus ab eo in alia proveniunt, * ut ex superioribus patet. ‘ oportet autem quod ordo rerum sit in secundis provisoribus non solum in universali, sed etiam quantum ad singularia: alias non possent sua providentia in singularibus ordinem statuere. multo igitur magis ordo singularium est in divinae providentiae |25| dispositione.

n.5 ‘ Adhuc. in his quae humana providentia reguntur, invenitur quod aliquis superior provisor circa quaedam magna et universalia per seipsum excogitat qualiter sint ordinanda, minimorum vero ordinem ipse non excogitat, sed aliis inferioribus excogitandum relinquit. et hoc quidem contingit propter eius defectum: inquantum vel singularium minimorum conditiones ignorat; vel non sufficit ad omnium ordinem excogitandum, propter laborem et temporis prolixitatem quae requireretur. huiusmodi autem defectus longe sunt a deo: nam ipse omnia singularia cognoscit; nec in intelligendo laborat, aut tempus requirit, cum intelligendo seipsum, omnia alia cognoscat, * sicut supra ostensum est. ‘ ipse igitur omnium et singularium ordinem excogitat. eius igitur providentia est omnium singularium immediate.

n.6 ‘ Item. in rebus humanis inferiores provisores per suam industriam ordinem excogitant in his quorum gubernatio eis a praesidente committitur. quam quidem industriam a praesidente homine non habent, nec usum ipsius: si vero a superiore eam haberent, iam ordinatio per superiorem fieret, ipsi autem essent illius ordinationis non provisores, sed executores. * constat autem per supra dicta quod ‘ omnis sapientia et intellectus a summo deo in omnibus intelligentibus causatur; nec intellectus aliquis potest aliquid intelligere nisi virtute divina, sicut nec aliquod agens operatur nisi inquantum agit in virtute ipsius. est igitur ipse deus immediate sua providentia omnia dispensans: quicumque vero sub ipso provisores dicuntur, sunt providentiae ipsius executores.

n.7 ‘ Praeterea. superior providentia dat regulas providentiae inferiori: sicut politicus dat regulas et leges duci exercitus, qui dat leges et regulas centurionibus et tribunis. si igitur sub prima providentia dei summi sunt aliae providentiae, oportet quod deus illis secundis vel tertiis provisoribus det regulas sui regiminis. aut ergo dat eis regulas et leges universales, aut particulares. si autem dat eis universales regulas regiminis, cum universales regulae non possint semper ad particularia applicari, maxime in rebus mobilibus, quae non semper eodem modo se habent; oporteret quod illi provisores secundi vel tertii quandoque praeter regulas sibi datas ordinarent de rebus suae provisioni subiectis. haberent ergo iudicium super regulas acceptas: quando secundum eas oporteret agere, et quando eas praetermittere oporteret. quod esse non potest: quia hoc iudicium ad superiorem pertinet; nam eius est interpretari leges et dispensare in eis, cuius est eas condere. hoc igitur iudicium de regulis universalibus datis, oportet |25| quod fiat per supremum provisorem. quod quidem esse non posset si se ordinationi horum singularium immediate non immisceret. oportet igitur, secundum hoc, quod sit horum immediatus provisor. si vero secundi et tertii provisores a summo provisore particulares regulas et leges accipiunt, manifeste apparet quod horum singularium ordinatio fit immediate per divinam providentiam.

n.8 ‘ Amplius. semper provisor superior habet iudicium de his quae ab inferioribus provisoribus ordinantur: utrum sint bene ordinata necne. si igitur secundi provisores vel tertii sunt sub deo primo provisore, oportet quod deus iudicium habeat de his quae ab his ordinantur. quod quidem esse non potest, si horum singularium ordinem non consideret. habet igitur ipse per seipsum curam de his singularibus.

n.9 ‘ Adhuc. si deus per seipsum immediate haec inferiora singularia non curat, hoc non est nisi vel quia ea despicit; vel “ ne eis eius dignitas inquinetur, * ut quidam dicunt. ‘ hoc autem irrationabile est. nam dignius est provide aliquorum ordinationem excogitare, quam in eis operari. si igitur deus in omnibus operatur, * sicut supra ostensum est, ‘ nec in hoc aliquid eius dignitati derogatur, quinimmo pertinet ad eius universalem et summam virtutem; nullo modo despiciendum est ei, vel eius dignitatem commaculat, si circa haec singularia immediate providentiam habeat.

n.10 ‘ Item. omnis sapiens qui provide sua virtute utitur, in agendo moderatur suae virtutis usum, ordinans ad quid et quantum perveniat: alias virtus in agendo sapientiam non sequeretur. * constat autem ex praemissis quod ‘ divina virtus in operando usque ad infima rerum pervenit. igitur divina sapientia est ordinativa qui, et quot, et qualiter ex eius virtute progrediantur effectus, etiam in infimis rebus. est igitur ipse immediate sua providentia omnium rerum ordinem excogitans.

n.11 * Hinc est quod dicitur rom. 13-1: ° quae a deo sunt, ordinata sunt. * et iudith. 9-4: ° tu fecisti priora, et illa post illa cogitasti, et hoc factum est quod ipse voluisti.

005 SCG lb3 cp77

n. ‘ Quod executio divinae providentiae fit mediantibus causis secundis.

n.1 ‘ Attendendum est autem quod ad providentiam duo requiruntur: ordinatio, et ordinis executio. quorum primum fit per virtutem cognoscitivam: unde qui perfectioris cognitionis sunt, ordinatores aliorum dicuntur, “ sapientis enim est ordinare. ‘ secundum vero fit per virtutem operativam. e contrario autem se habet in his duobus: nam tanto perfectior est ordinatio, quanto magis descendit ad minima; minimorum autem executio condecet inferiorem virtutem, effectui proportionatam. in deo autem quantum ad utramque summa perfectio invenitur: est enim in eo perfectissima sapientia ad ordinandum, virtus perfectissima ad operandum. oportet ergo quod ipse omnium ordines per sapientiam suam disponat, etiam minimorum: exequatur vero minima per alias inferiores virtutes, per quas ipse operetur, sicut virtus universalis et altior per inferiorem et particularem virtutem. conveniens est igitur quod sint inferiores agentes divinae providentiae executores.

n.2 * Item. ostensum est supra quod ‘ divina operatio non excludit operationes causarum secundarum. ea vero quae ex operationibus causarum secundarum proveniunt, divinae providentiae subiacent: cum deus omnia singularia ordinet per seipsum, * ut ostensum est. ‘ sunt igitur secundae causae divinae providentiae executrices.

n.3 ‘ Adhuc. quanto virtus alicuius agentis est fortior, tanto in magis remota suam operationem extendit: sicut ignis, quanto est maior, magis remota calefacit. hoc autem non contingit in agente quod non agit per medium: quia quidlibet in quod agit, est sibi proximum. cum igitur virtus divinae providentiae sit maxima, per aliqua media ad ultima suam operationem perducere debet.

n.4 ‘ Amplius. ad dignitatem regentis pertinet ut habeat multos ministros, et diversos sui regiminis executores: quia tanto altius et maius ostendetur suum dominium, quanto plures in diversis gradibus ei subduntur. nulla autem dignitas alicuius regentis est comparabilis dignitati divini regiminis. conveniens igitur est quod per diversos gradus agentium fiat divinae providentiae executio.

n.5 ‘ Praeterea. convenientia ordinis perfectionem providentiae demonstrat: cum ordo sit proprius providentiae effectus. ad convenientiam autem ordinis pertinet ut nihil inordinatum relinquatur. perfectio igitur divinae providentiae requirit ut excessum aliquarum rerum supra alias ad ordinem convenientem reducat. hoc autem fit cum ex abundantia aliquorum magis habentium, provenit aliquod bonum minus habentibus. cum igitur perfectio universi requirat quod quaedam aliis abundantius divinam bonitatem participent, * ut supra ostensum est, ‘ exigit divinae providentiae perfectio ut per ea quae plenius divinam bonitatem participant, executio divini regiminis compleatur.

n.6 ‘ Adhuc. nobilior est ordo causarum quam effectuum: sicut et causa potior est effectu. magis igitur in eo perfectio providentiae demonstratur. si autem non essent aliquae causae mediae exequentes divinam providentiam non esset in rebus ordo causarum, sed effectuum tantum. exigit igitur divinae providentiae perfectio quod sint causae mediae executrices ipsius.

n.7 * Hinc est quod in psalmo dicitur: ° benedicite domino omnes virtutes eius, ministri eius, qui facitis voluntatem eius; * et alibi: ° ignis, grando, nix, spiritus procellarum, quae faciunt verbum eius.

005 SCG lb3 cp78

n. ‘ Quod mediantibus creaturis intellectualibus aliae creaturae reguntur a deo.

n.1 ‘ Quia vero ad providentiam divinam pertinet ut ordo servetur in rebus; congruus autem ordo est ut a supremis ad infima proportionaliter descendatur: oportet quod divina providentia secundum quandam proportionem usque ad res ultimas perveniat. haec autem proportio est ut, sicut supremae creaturae sunt sub deo et gubernantur ab ipso, ita inferiores creaturae sint sub superioribus et regantur ab ipsis. inter omnes autem creaturas sunt supremae intellectuales, * sicut ex superioribus patet. ‘ exigit igitur divinae providentiae ratio ut ceterae creaturae per creaturas rationales regantur.

n.2 ‘ Amplius. quaecumque creatura exequitur divinae providentiae ordinem, hoc habet inquantum participat aliquid de virtute primi providentis: sicut et instrumentum non movet nisi inquantum per motum participat aliquid de virtute principalis agentis. quae igitur amplius de virtute divinae providentiae participant, sunt executiva divinae providentiae in illa quae minus participant. creaturae autem intellectuales plus aliis de ipsa participant: nam, cum ad providentiam requiratur et dispositio ordinis, quae fit per cognoscitivam virtutem, et executio, quae fit per operativam, creaturae rationales utramque virtutem participant, reliquae vero creaturae virtutem operativam tantum. per creaturas igitur rationales omnes aliae creaturae sub divina providentia reguntur.

n.3 ‘ Adhuc. cuicumque datur a deo aliqua virtus, datur ei in ordine ad effectum ipsius virtutis: sic enim optime omnia disponuntur, dum unumquodque ordinatur ad omnia bona quae ex ipso nata sunt provenire. virtus autem intellectiva de se est ordinativa et regitiva: unde videmus quod, quando coniunguntur in eodem, virtus operativa sequitur regimen intellectivae virtutis; sicut in homine videmus quod ad imperium voluntatis moventur membra. idem etiam apparet si in diversis existant: nam illi homines qui excedunt in virtute operativa, oportet quod dirigantur ab illis qui in virtute intellectiva excedunt. exigit igitur divinae providentiae ratio quod creaturae aliae per intellectuales creaturas regantur.

n.4 ‘ Item. virtutes particulares natae sunt moveri a virtutibus universalibus: ut patet tam in arte quam in natura. constat autem quod virtus intellectiva est universalior omni alia virtute operativa: nam virtus intellectiva continet formas universales, omnis autem virtus operativa tantum est ex aliqua forma propria operantis. oportet igitur quod per virtutes intellectuales moveantur et regantur omnes aliae creaturae.

n.5 ‘ Praeterea. in omnibus potentiis ordinatis una est directiva alterius, quae magis rationem cognoscit: unde videmus in artibus quod ars illa ad quam pertinet finis, ex quo sumitur ratio totius artificii, dirigit illam, et imperat ei, quae artificium operatur, sicut ars gubernatoria navifactivae; et illa quae formam inducit, imperat ei quae materiam disponit. instrumenta vero, quae non cognoscunt aliquam rationem, reguntur tantum. cum igitur solae intellectuales creaturae rationes ordinis creaturarum cognoscere possint, earum erit regere et gubernare omnes alias creaturas.

n.6 “ Adhuc. quod est per se, est causa eius quod est per aliud. ‘ solae autem creaturae intellectuales operantur per seipsas, utpote suarum operationum per liberum voluntatis arbitrium dominae existentes: aliae vero creaturae ex necessitate naturae operantur, tanquam ab alio motae. creaturae igitur intellectuales per suam operationem sunt motivae et regitivae aliarum creaturarum.

005 SCG lb3 cp79

n. ‘ Quod substantiae intellectivae inferiores reguntur per superiores.

n.1 ‘ Cum autem inter creaturas intellectuales quaedam sint aliis altiores, * ut ex superioribus patet, ‘ oportet quod etiam inferiores intellectualium naturarum per superiores gubernentur.

n.2 ‘ Adhuc. virtutes magis universales sunt motivae virtutum particularium, * sicut dictum est. ‘ superiores autem inter intellectuales naturas habent formas magis universales, * ut supra ostensum est. ‘ sunt igitur ipsae regitivae inferiorum intellectualium naturarum.

n.3 ‘ Item. potentia intellectiva quae est propinquior principio, semper invenitur regitiva intellectualis virtutis quae magis a principio distat. quod quidem apparet tam in scientiis speculativis quam in activis: scientia enim speculativa quae accipit ab alia principia ex quibus demonstrat, dicitur esse illi subalternata; et scientia activa quae est propinquior fini, “ qui est principium in operativis, ‘ est architectonica respectu magis distantis. cum ergo inter intellectuales substantias quaedam sint primo principio, scilicet deo, propinquiores, * ut in secundo ostensum est, ‘ ipsae erunt aliarum regitivae.

n.4 ‘ Adhuc. superiores intellectuales substantiae perfectius divinae sapientiae influentiam in seipsis recipiunt: cum unumquodque recipiat aliquid secundum modum suum. per sapientiam autem divinam omnia gubernantur. et sic oportet quod ea quae magis divinam sapientiam participant, sint gubernativa eorum quae minus participant. substantiae igitur intellectuales inferiores gubernantur per superiores.

n.5 ‘ Dicuntur ergo superiores spiritus et angeli, inquantum inferiores spiritus dirigunt quasi eis annuntiando, nam angeli quasi nuntii dicuntur; et ministri, inquantum per suam operationem exequuntur, etiam in corporalibus, divinae providentiae ordinem, nam minister est ° quasi instrumentum animatum, * secundum philosophum. et hoc est quod dicitur in psalmo. ° qui facit angelos suos spiritus, et ministros suos flammam ignis.

005 SCG lb3 cp80

n. ‘ De ordinatione angelorum ad invicem.

n.1 ‘ Cum autem corporalia per spiritualia regantur, * ut ostensum est, ‘ corporalium autem est quidam ordo: oportet quod superiora corpora per superiores intellectuales substantias regantur, inferiora vero per inferiores. quia etiam quanto aliqua substantia est superior, tanto virtus eius est universalior; virtus vero intellectualis substantiae est universalior virtute corporis: superiores quidem inter intellectuales substantias habent virtutes non explicabiles per aliquam virtutem corpoream, et ideo non sunt corporibus unitae; inferiores vero habent virtutes particulatas explicabiles per aliqua corporea instrumenta, et ideo oportet quod corporibus uniantur.

n.2 ‘ Sicut autem superiores inter substantias intellectuales sunt universalioris virtutis, ita etiam perfectius divinam dispositionem ab ipso recipiunt, in hoc quod usque ad singula ordinis rationem cognoscunt per hoc quod a deo accipiunt. haec autem divinae ordinationis manifestatio divinitus facta usque ad ultimas intellectualium substantiarum pertingit: * sicut dicitur iob 25-3: ° nunquid est numerus militum eius, et super quem non splendet lumen eius? ‘ sed inferiores intellectus non in ea perfectione ipsam recipiunt quod per eam singula quae ad ordinem providentiae spectant, ab ipsis exequenda, cognoscere possint, sed solum in quadam communitate: quantoque sunt inferiores, tanto per primam illuminationem divinitus acceptam minus in speciali divini ordinis cognitionem accipiunt; in tantum quod intellectus humanus, qui est infimus secundum naturalem cognitionem, solum quorundam universalissimorum notitiam habet. sic igitur substantiae intellectuales |25| superiores perfectionem cognitionis praedicti ordinis immediate consequuntur a deo, quam quidem perfectionem oportet quod aliae inferiores per eas consequantur: * sicut supra diximus quod ‘ universalis discipuli cognitio per cognitionem magistri, qui in speciali cognoscit, perducitur ad perfectum.

n.3 * Hinc est quod dionysius “ de supremis intellectualibus substantiis, quas ° primae hierarchiae, “ idest sacri principatus * nominat, 7 cap. cael. hier., dicit quod ° non per alias substantias sanctificatae, sed ab ipsa divinitate, in ipsam immediate extenduntur et ad immaterialem et invisibilem pulchritudinem, quantum fas est, in contemplationem adducuntur et ad divinorum operum scibiles rationes; * et per has dicit ° suppositas caelestium essentiarum dispositiones eruditi. ‘ sic ergo altiores intellectus in altiori principio cognitionis perfectionem suscipiunt.

n.4 ‘ In qualibet autem dispositione providentiae ipsa ordinatio effectuum ex forma agentis derivatur: oportet enim effectus a causa secundum aliquam similitudinem procedere. quod autem agens suae formae similitudinem effectibus communicet, est propter aliquem finem. primum ergo principium in dispositione providentiae est finis; secundum, forma agentis; tertium, ipsa dispositio ordinis effectuum. supremum igitur in ordine intellectus est quod in fine ordinis ratio attendatur; secundum autem, quod in forma; tertium vero, quod ipsa ordinis dispositio in seipsa, non in aliquo altiori principio cognoscatur. unde et ars quae considerat finem, est architectonica respectu eius quae considerat formam, sicut gubernatoria respectu navis factivae; ea vero quae considerat formam, respectu eius quae considerat solum ordines motuum qui ordinantur ad formam, sicut navis factiva respectu manu artificum.

n.5 ‘ Sic ergo inter illos intellectus qui immediate in ipso deo perfectam cognitionem ordinis providentiae divinae percipiunt, est quidam ordo, quia supremi et primi ordinis providentiae rationem percipiunt in ipso ultimo fine, qui est divina bonitas; quidam tamen eorum aliis clarius. * et isti dicuntur “ seraphim, quasi ardentes vel incendentes, quia per incendium designari solet intensio amoris vel desiderii, quae sunt de fine. * unde dionysius dicit, 7 cap. cael. hier., quod “ ex hoc eorum nomine designatur mobilitas eorum circa divina, fervens et flexibilis, et reductio inferiorum in deum, ‘ sicut in finem.

n.6 ‘ Secundi autem rationem ordinis providentiae in ipsa forma divina perfecte cognoscunt. * et hi dicuntur “ cherubim, quod interpretatur scientiae plenitudo: ‘ scientia enim per formam scibilis perficitur. * unde dicit dionysius quod “ talis nominatio significat, quod sunt ° contemplativi in prima operatrice virtute divinae pulchritudinis.

n.7 ‘ Tertii vero ipsam dispositionem divinorum iudiciorum in seipsa considerant. * et hi dicuntur ° throni: ‘ nam per thronum potestas iudiciaria designatur, * secundum illud: ° sedes super thronum et iudicas iustitiam. * unde dicit dionysius quod “ per hanc nominationem designatur quod sunt deiferi, et ad omnes divinas susceptiones familiariter aperti.

n.8 ‘ Non autem sic praemissa intelligenda sunt quasi aliud sit divina bonitas, aliud divina essentia, et aliud eius scientia rerum dispositionem continens: sed quia secundum haec alia et alia est eius consideratio.

n.9 ‘ Inter ipsos etiam inferiores spiritus, qui divini ordinis per eos exequendi perfectam cognitionem per superiores spiritus consequuntur, oportet ordinem esse. nam quae inter ea sunt altiora, virtutis etiam sunt universalioris in cognoscendo: unde cognitionem ordinis providentiae in principiis et causis magis universalibus adipiscuntur; inferiores vero in causis magis particularibus; altioris enim intellectus esset homo qui ordinem omnium naturalium considerare posset in corporibus caelestibus, quam qui indiget ad perfectam cognitionem ad inferiora corpora prospicere. illi igitur qui in causis universalibus, quae sunt mediae inter deum, qui est universalissima causa, et causas particulares, possunt ordinem providentiae perfecte cognoscere, medii sunt inter illos qui in ipso deo rationem praedicti ordinis considerare sufficiunt, et eos qui in causis particularibus necesse habent considerare. “ et hi * a dionysio “ ponuntur in media hierarchia, quae, sicut a suprema dirigitur, ita dirigit infimam: * ut dicit in 8 cap. cael. hier..

n.10 ‘ Inter has etiam intellectuales substantias oportet quod ordo quidam existat. nam ipsa universalis providentiae dispositio distribuitur quidem, primo, in multos executores. quod quidem fit per ordinem ° dominationum: ‘ dominorum enim est praecipere quid alii exequantur. * unde dionysius dicit, 8 cap. cael. hier., quod ° nomen dominationis designat aliquam anagogen superpositam omni servituti, et omni subiectione superiorem.

n.11 ‘ Secundo autem, ab operante et exequente distribuitur et multiplicatur ad varios effectus. quod quidem fit per ordinem ° virtutum, “ quarum nomen, * ut dionysius ibidem dicit, “ significat ° quandam fortem virilitatem in omnes deiformes operationes, non relinquentem suimet imbecillitate aliquem deiformem motum. ‘ in quo patet quod principium universalis operationis ad hunc ordinem pertinet. unde videtur quod ad hunc ordinem pertineat motus caelestium corporum, ex quibus, sicut ex quibusdam universalibus causis, consequuntur particulares effectus in natura: “ et ideo virtutes caelorum nominantur * luc. 21-26, ubi dicitur: ° virtutes caelorum movebuntur. ‘ ad eos etiam spiritus pertinere videtur executio divinorum operum quae praeter naturae ordinem fiunt, nam ista sunt sublimissima in divinis ministeriis: * propter quod gregorius dicit quod ° virtutes dicuntur illi spiritus per quos signa frequentius fiunt. ‘ et si quid aliud universale et primum est in ministeriis divinis exequendis, conveniens est | 25 | ad hunc ordinem pertinere.

n.12 ‘ Tertio vero, universalis providentiae ordo, iam in effectibus institutus, inconfusus custoditur, dum cohibentur ea quae possent hunc ordinem perturbare. quod quidem pertinet ad ordinem ° potestatum. * unde dionysius ibidem dicit quod “ nomen potestatum importat quandam bene ordinatam et inconfusam circa divinas susceptiones ordinationem. * et ideo gregorius dicit quod “ ad hunc ordinem pertinet contrarias potestates arcere.

n.13 ‘ Infimi autem inter superiores intellectuales substantias sunt qui ordinem divinae providentiae ut in particularibus causis cognoscibilem divinitus accipiunt: et hi immediate rebus humanis praeponuntur. * unde de eis dionysius dicit quod “ ista tertia dispositio spirituum humanis hierarchiis per consequentiam praecipit. ‘ per res autem humanas intelligendae sunt omnes inferiores naturae et causae particulares, quae ad hominem ordinantur et in usum hominis cedunt, * sicut patet ex praemissis.

n.14 ' Inter hos etiam quidam ordo existit. nam in rebus humanis est aliquod bonum commune, quod quidem est bonum civitatis vel gentis, quod videtur ad ° principatuum ' ordinem pertinere. * unde dionysius eodem capitulo dicit quod " nomen principatuum designat quiddam ductivum cum ordine sacro. * propter quod et dan. 10, fit mentio " de michaele principe iudaeorum, et principe persarum, et graecorum. ' et sic dispositio regnorum, et mutatio dominationis a gente in gentem, ad ministerium huius ordinis pertinere oportet. instructio etiam eorum qui inter homines existunt principes, de his quae ad administrationem sui regiminis pertinent, ad hunc ordinem spectare videtur.

n.15 ' Est etiam aliquod humanum bonum quod non in communitate consistit, sed ad unum aliquem pertinet secundum seipsum, non tamen uni soli utile, sed multis: sicut quae sunt ab omnibus et singulis credenda et observanda, sicut ea quae sunt fidei, et cultus divinus, et alia huiusmodi. et hoc ad ° archangelos ' pertinet, * de quibus gregorius dicit quod ° summa nuntiant: ' sicut gabrielem archangelum nominamus, qui virgini verbi incarnationem nuntiavit ab omnibus credendam.

n.16 ' Quoddam vero humanum bonum est ad unumquemque singulariter pertinens. et huiusmodi ad ordinem pertinent ° angelorum, * de quibus gregorius dicit quod ° infima nuntiant: " unde et hominum custodes esse dicuntur, * secundum illud psalmi: ° angelis suis deus mandavit de te, ut custodiant te in omnibus viis tuis. * unde et dionysius dicit quod " archangeli medii sunt inter principatus et angelos, habentes aliquid commune cum utrisque: cum principatibus quidem, inquantum inferioribus angelis ducatum praestant, nec immerito, quia quae sunt propria in humanis, secundum ea quae sunt communia dispensari oportet; cum angelis vero, quia annuntiant angelis, et per angelos nobis, quorum est manifestare hominibus, quae ad eos pertinent secundum uniuscuiusque analogiam. ' propter quod et commune nomen ultimus ordo quasi speciale sibi assumit: quia scilicet officium habet nobis immediate nuntiandi. et propter hoc archangeli nomen compositum habent ex utroque: dicuntur enim archangeli |25| quasi principes angeli.

n.17 * Assignat autem et gregorius aliter " caelestium spirituum ordinationem: nam principatus inter medios spiritus * connumerat, " post dominationes immediate; virtutes vero inter infimos, ante archangelos. * sed, diligenter inspicientibus, utraque ordinatio in modico differt. nam secundum gregorium, " principatus dicuntur, non qui gentibus praeponuntur, sed ° qui etiam ipsis bonis spiritibus principantur, " quasi primi existentes in ministeriorum divinorum executione: * dicit enim quod ° principari est inter alios priorem existere. * hoc autem, secundum assignationem ante dictam, diximus " ad virtutum ordinem pertinere. virtutes autem, * secundum gregorium, " sunt quae ad quasdam particulares operationes ordinantur, cum in aliquo speciali casu, praeter communem ordinem, oportet aliqua miraculose fieri. * secundum quam rationem " satis convenienter cum infimis ordinantur.

n.18 * Utraque autem ordinatio ex verbis apostoli auctoritatem habere potest. dicit enim ephes. 1-20 ° constituens illum, " scilicet christum, ° ad dexteram suam in caelestibus, supra omnem principatum et potestatem et virtutem et dominationem. ' in quo patet quod, " ascendendo, supra principatus potestates * posuit, " et supra has virtutes, supra quas dominationes * collocavit. quem ordinem dionysius observavit. ad colossenses autem, loquens de christo, dicit: ° sive throni, sive dominationes, sive principatus, sive potestates, omnia per ipsum et in ipso creata sunt. ' in quo patet quod, " a thronis incipiens, descendendo, sub eis dominationes, sub quibus principatus, et sub his potestates * posuit. quem ordinem gregorius observavit. " de seraphim autem * fit mentio isaiae 6; " de cherubim, * ezech. 1; " de archangelis, * in canonica iudae, ° cum michael archangelus cum diabolo disputans ' etc.; " de angelis autem * in psalmis, * ut dictum est.

n.19 ' Est autem in omnibus ordinatis virtutibus hoc commune, quod in vi superioris virtutis omnes inferiores agunt. unde id quod diximus ad seraphim ordinem pertinere, omnes inferiores ex virtute ipsius exequuntur. et similiter etiam est in aliis ordinibus considerandum.

005 SCG lb3 cp81

n. ' De ordinatione hominum ad invicem et ad alia.

n.1 ' Inter alias vero intellectuales substantias humanae animae infimum gradum habent: quia, * sicut supra dictum est, ' in prima sui institutione cognitionem ordinis providentiae divinae in sola quadam universali cognitione suscipiunt; ad perfectam vero ordinis secundum singula cognitionem, oportet quod ex ipsis rebus, in quibus ordo divinae providentiae iam particulariter institutus est, perducatur. unde oportuit quod haberet organa corporea, per quae a rebus corporalibus cognitionem hauriret. ex quibus tamen, propter debilitatem intellectualis luminis, perfectam notitiam eorum quae ad hominem spectant, adipisci non valent nisi per superiores spiritus adiuventur, hoc exigente divina dispositione, ut inferiores per superiores spiritus perfectionem acquirant, * ut supra ostensum est. ' quia tamen aliquid homo de lumine intellectuali participat, ei secundum providentiae divinae ordinem subduntur animalia bruta, quae intellectu nullo modo participant. * unde dicitur gen. 1-26: ° faciamus hominem ad imaginem et similitudinem |25| nostram, " scilicet secundum quod intellectum habet, ° et praesit piscibus maris, et volatilibus caeli, et bestiis terrae.

n.2 ' Animalia vero bruta, etsi intellectu careant, quia tamen cognitionem aliquam habent, plantis, et aliis quae cognitione carent, secundum divinae providentiae ordinem praeferuntur. * unde dicitur gen. 1-29 ° ecce, dedi vobis omnem herbam afferentem semen super terram, et universa ligna quae habent in semetipsis sementem generis sui, ut sint vobis in escam, et cunctis animantibus terrae.

n.3 ' Inter ea vero quae penitus cognitione carent, unum subiacet alteri secundum quod est unum altero potentius in agendo. non enim participant aliquid de dispositione providentiae, sed solum de executione.

n.4 ' Quia vero homo habet et intellectum et sensum et corporalem virtutem, haec in ipso ad invicem ordinantur, secundum divinae providentiae dispositionem, ad similitudinem ordinis qui in universo invenitur, nam virtus corporea subditur sensitivae et intellectivae virtuti, velut exequens earum imperium; ipsa sensitiva potentia intellectivae subditur, et eius imperio continetur.

n.5 ' Ex eadem autem ratione, et inter ipsos homines ordo invenitur. nam illi qui intellectu praeminent, naturaliter dominantur; " illi vero qui sunt intellectu deficientes, corpore vero robusti, a natura videntur instituti ad serviendum; * sicut aristoteles dicit in sua politica. cui etiam concordat sententia salomonis, qui dicit, proverb. 11-29: ° qui stultus est, serviet sapienti. * et exod. 18 dicitur: ° provide de omni plebe viros sapientes et timentes deum, qui iudicent populum omni tempore.

n.6 ' Sicut autem in operibus unius hominis ex hoc inordinatio provenit quod intellectus sensualem virtutem sequitur; sensualis vero virtus propter corporis indispositionem trahitur ad corporis motum, ut in claudicantibus apparet: ita et in regimine humano inordinatio provenit ex eo quod non propter intellectus praeminentiam aliquis praeest, sed vel robore corporali dominium sibi usurpat, vel propter sensualem affectionem aliquis ad regendum praeficitur. * quam quidem inordinationem nec salomon tacet, qui dicit, eccle. 10-5 ° est et malum quod vidi sub sole, quasi per errorem egrediens a facie principis, positum stultum in dignitate sublimi. ' huiusmodi autem inordinatio divinam providentiam non excludit: provenit enim, permissione divina, ex defectu inferiorum agentium; * sicut et de aliis malis dictum est. ' neque per huiusmodi inordinationem totaliter naturalis ordo pervertitur: nam stultorum dominium infirmum est, nisi sapientum consilio roboretur. * unde dicitur proverb. |25| 20-18: ° cogitationes consiliis roborabuntur et gubernaculis tractanda sunt bella; * et 24-5 ° vir sapiens fortis est et vir doctus validus et robustus: quia cum dispositione initur bellum, et erit salus ubi multa consilia. ' et quia consilians regit eum qui consilium accipit, et quodammodo ei dominatur, * dicitur proverb. 17-2, quod ° servus sapiens dominabitur filiis stultis.

n.7 ' Patet ergo quod divina providentia ordinem omnibus rebus imponit: * ut sic verum sit quod dicit apostolus, rom. 13-1: ° quae a deo sunt, ordinata sunt.

005 SCG lb3 cp82

n. ' Quod inferiora corpora reguntur a deo per corpora caelestia.

n.1 ' Sicut autem in substantiis intellectualibus est superius et inferius, ita etiam in substantiis corporalibus. substantiae autem intellectuales reguntur a superioribus, ut dispositio divinae providentiae proportionaliter descendat usque ad infima, * sicut iam dictum est. ' ergo, pari ratione, inferiora corpora per superiora disponuntur.

n.2 ' Amplius. quanto aliquod corpus est superius loco, tanto invenitur esse formalius et propter hoc etiam rationabiliter est locus inferioris, nam formae est continere, sicut et loci; aqua enim est formalior terra, aer aqua, ignis aere. sed corpora caelestia sunt omnibus loco superiora. ipsa igitur sunt magis formalia omnibus aliis. ergo magis activa. agunt ergo in inferiora corpora. et sic per ea inferiora disponuntur.

n.3 ' Item. quod est in sua natura perfectum absque contrarietate, est universalioris virtutis quam illud quod in sua natura non perficitur nisi cum contrarietate: contrarietas enim est ex differentiis determinantibus et contrahentibus genus; unde in acceptione intellectus, quia est universalis, species contrariorum non sunt contrariae, cum sint simul. corpora autem caelestia sunt in suis naturis absque omni contrarietate perfecta: non enim sunt levia neque gravia, neque calida neque frigida. corpora vero inferiora non perficiuntur in suis naturis nisi cum aliqua contrarietate. et hoc etiam motus eorum demonstrant: nam motui circulari corporum caelestium non est aliquid contrarium, unde nec in eis violentia esse potest; motui autem inferiorum corporum contrarii sunt, scilicet motus deorsum motui sursum. corpora ergo caelestia sunt universalioris virtutis quam corpora inferiora. universales autem virtutes sunt motivae particularium, * sicut ex dictis patet. ' corpora igitur caelestia movent et disponunt corpora inferiora.

n.4 * Adhuc. ostensum est supra quod ' per substantias intellectuales alia omnia reguntur. corpora autem caelestia sunt similiora substantiis intellectualibus quam alia corpora, inquantum sunt incorruptibilia. sunt etiam eis propinquiora, inquantum ab eis immediate moventur, * ut supra ostensum est. ' per ipsa igitur reguntur inferiora corpora.

n.5 ' Praeterea. oportet primum principium motus esse aliquid immobile. quae ergo magis accedunt ad immobilitatem, debent esse aliorum motiva. corpora autem caelestia magis accedunt ad immobilitatem primi principii quam inferiora: quia non moventur nisi una specie motus, scilicet motu locali; alia vero corpora moventur omnibus speciebus motus. corpora igitur caelestia sunt motiva et regitiva inferiorum corporum.

n.6 " Amplius. primum in quolibet genere est causa eorum quae sunt post. ' inter omnes autem alios motus, primus est motus caeli. primo quidem, quia motus localis est primus inter omnes motus. et tempore: quia " solus potest esse perpetuus, * ut probatur in viii phys.. ' et naturaliter: quia sine eo non potest esse aliquis aliorum; non enim augmentatur aliquid nisi praeexistente alteratione, per quam quod prius erat dissimile, convertatur et fiat simile; neque alteratio potest esse nisi praeexistente loci mutatione, quia ad hoc quod fiat alteratio, oportet quod alterans magis sit propinquum alterato nunc quam prius. est etiam perfectione prior: quia motus localis non variat rem secundum aliquid ei inhaerens, sed solum secundum aliquid extrinsecum; et propter hoc est rei iam perfectae. secundo, quia etiam inter motus locales est motus circularis prior. et tempore: quia " solus ipse potest esse perpetuus, * ut probatur in viii phys.. ' et naturaliter: quia est magis |25| simplex et unus, cum non distinguatur in principium, medium et finem, sed totus sit quasi medium. et etiam perfectione: quia reflectitur ad principium. tertio, quia solus motus caeli invenitur semper regularis et uniformis: in motibus enim naturalibus gravium et levium fit additio velocitatis in fine, in violentis autem additio tarditatis. oportet ergo quod motus caeli sit causa omnium aliorum motuum.

n.7 ' Adhuc. sicut se habet immobile simpliciter ad motum simpliciter, ita se habet immobile secundum hunc motum ad motum talem. id autem quod est immobile simpliciter, est principium omnis motus, * ut supra probatum est. ' quod ergo est immobile secundum alterationem, est principium omnis alterationis. corpora autem caelestia sola inter corporalia sunt inalterabilia: quod demonstrat dispositio eorum, quae semper eadem invenitur. est ergo corpus caeleste causa omnis alterationis in his quae alterantur. alteratio autem in his inferioribus est principium omnis motus: nam per alterationem pervenitur ad augmentum et generationem; generans autem est motor per se in motu locali gravium et levium. oportet ergo quod caelum sit causa omnis motus in istis inferioribus corporibus.

n.8 ' Sic ergo patet quod corpora inferiora a deo per corpora caelestia reguntur.

005 SCG lb3 cp83

n. ' Epilogus praedictorum.

n.1 ' Ex omnibus autem quae ostensa sunt colligere possumus quod, quantum ad ordinis excogitationem rebus imponendum, deus omnia per seipsum disponit. * unde super illud iob 33, ° quem posuit alium super orbem quem fabricatus est? * dicit gregorius: ° mundum quippe per seipsum regit qui per seipsum condidit. * et boetius, in iii de consol.: ° deus per se solum cuncta disponit.

n.2 ' Sed quantum ad executionem, inferiora per superiora dispensat. corporalia quidem per spiritualia. * unde gregorius dicit, in iv dialog.: ° in hoc mundo visibili nihil nisi per invisibilem creaturam disponi potest. ' inferiores vero spiritus per superiores. * unde dicit dionysius, iv cap. cael. hier., quod ° caelestes essentiae intellectuales primo in seipsas divinam edunt illuminationem, et in nos deferunt quae supra nos sunt manifestationes. ' inferiora etiam corpora per superiora. * unde dicit dionysius, iv cap., de div. nom., quod ° sol generationem visibilium corporum confert, et ad vitam ipsam movet, et nutrit et auget et perficit, et mundat et renovat.

n.3 * De his autem omnibus simul dicit augustinus, in iii de trin.: ° quemadmodum corpora crassiora et inferiora per subtiliora et potentiora quodam ordine reguntur, ita omnia corpora per spiritum vitae rationalem; et spiritus rationalis peccator per spiritum rationalem iustum.

005 SCG lb3 cp84

n. ' Quod corpora caelestia non imprimant in intellectus nostros.

n.1 ' Ex his autem quae praemissa sunt, in promptu apparet quod eorum quae sunt circa intellectum, corpora caelestia causae esse non possunt. * iam enim ostensum est quod ‘ divinae providentiae ordo est ut per superiora regantur inferiora et moveantur. intellectus autem naturae ordine omnia corpora excedit: * ut etiam ex praedictis patet. ‘ impossibile est igitur quod corpora caelestia agant in intellectum directe. non igitur possunt esse causa per se eorum quae sunt circa intellectum.

n.2 “ Adhuc. nullum corpus agit nisi per motum: * ut probatur in viii physicor.. ‘ quae autem sunt immobilia, non causantur ex motu: nihil enim causatur ex motu alicuius agentis nisi inquantum movet passum dum movetur. quae igitur sunt omnino extra motum, non possunt esse causata a corporibus caelestibus. sed ea quae sunt circa intellectum, sunt omnino extra motum, per se loquendo, * sicut patet per philosophum in vii phys.: ° quinimmo per quietem a motibus fit anima prudens et sciens, * ut ibidem dicitur. ‘ impossibile est ergo quod corpora caelestia sint per se causa eorum quae circa intellectum sunt.

n.3 ‘ Amplius. si nihil causatur ab aliquo corpore nisi inquantum movet dum movetur, oportet omne illud quod recipit impressionem alicuius corporis, moveri. “ nihil autem movetur nisi corpus, * ut probatur in vi phys.. ‘ oportet ergo omne quod recipit impressionem alicuius corporis, esse corpus, vel aliquam virtutem corpoream. * ostensum est autem in secundo quod ‘ intellectus neque est corpus neque virtus corporea. impossibile est igitur quod corpora caelestia directe imprimant in intellectum.

n.4 ‘ Item. omne quod movetur ab aliquo, reducitur ab eo de potentia in actum. nihil autem reducitur ab aliquo de potentia in actum nisi per id quod est actu. oportet ergo omne agens et movens esse aliquo modo in actu respectu eorum ad quae passum et motum est in potentia. corpora autem caelestia non sunt actu intelligibilia: cum sint quaedam singularia sensibilia. cum igitur intellectus noster non sit in potentia nisi ad intelligibilia in actu, impossibile est quod corpora caelestia directe agant in intellectum.

n.5 ‘ Adhuc. propria operatio rei consequitur naturam ipsius, quae rebus generatis per generationem acquiritur, simul cum propria operatione: sicut patet de gravi et levi, quae habent statim proprium motum in termino suae generationis, nisi sit aliquid impediens, ratione cuius generans dicitur movens. illud ergo quod secundum principium suae naturae non est subiectum actionibus corporum caelestium, neque secundum suam operationem potest esse eis subiectum. pars autem intellectiva non causatur ab aliquibus principiis corporalibus, sed est omnino ab extrinseco, * ut supra est probatum. ‘ operatio igitur intellectus non subiacet directe corporibus caelestibus.

n.6 ‘ Amplius. ea quae causantur ex motibus caelestibus, tempori subduntur, quod est “ numerus primi motus caelestis. ‘ quae igitur omnino abstrahunt a tempore, non sunt caelestibus subiecta. intellectus autem in sua operatione abstrahit a tempore, sicut et a loco: considerat enim universale, quod est abstractum ab hic et nunc. non igitur operatio intellectualis subditur caelestibus motibus.

n.7 ‘ Adhuc. nihil agit ultra suam speciem. ipsum autem intelligere transcendit speciem et formam cuiuscumque corporis agentis: quia omnis forma corporea est materialis et individuata; ipsum autem intelligere habet speciem a suo obiecto, quod est universale et immateriale. unde nullum corpus per formam suam corpoream intelligere potest. multo igitur minus potest quodcumque corpus causare ipsum intelligere in alio.

n.8 ‘ Item. secundum illud quo aliquid unitur superioribus, non est inferioribus subiectum. anima autem nostra, secundum quod intelligit, unitur substantiis intellectualibus, quae sunt superiores ordine naturae corporibus caelestibus: non enim potest anima nostra intelligere nisi secundum quod lumen intellectuale inde sortitur. impossibile est ergo quod intellectualis operatio directe motibus caelestibus subdatur.

n.9 ‘ Praeterea. huic rei fidem faciet si consideremus ea quae a philosophis circa hoc sunt dicta. * antiqui enim philosophi naturales, ut democritus, empedocles, et huiusmodi, posuerunt quod “ intellectus non differt a sensu: * ut patet in iv metaph., et in iii de anima. et ideo sequebatur quod, “ cum sensus sit quaedam virtus corporea sequens corporum transmutationem, quod ita esset etiam de intellectu. * et propter hoc dixerunt quod, “ cum transmutatio inferiorum corporum sequatur transmutationem corporum superiorum, intellectualis operatio sequatur corporum caelestium motus: * secundum illud homeri: ° talis est intellectus in diis et hominibus terrenis qualem in die ducit pater virorum deorumque: “ idest sol; vel magis iupiter, quem dicebant summum deum, intelligentes per ipsum totum caelum, * ut patet per augustinum, in libro de civitate dei.

n.10 * Hinc etiam processit stoicorum opinio, qui dicebant “ cognitionem intellectus causari ex hoc quod imagines corporum nostris mentibus imprimuntur, sicut speculum quoddam, vel sicut pagina recipit litteras impressas, absque hoc quod aliquid agat: * ut boetius narrat in v de consolatione. secundum quorum sententiam sequebatur quod “ maxime ex impressione corporum caelestium intellectuales notiones nobis imprimerentur. * unde et stoici fuerunt qui praecipue “ necessitate quadam fatali hominum vitam duci * posuerunt. sed haec positio inde falsa apparet, ut boetius ibidem dicit, quia “ intellectus componit et dividit, et comparat suprema ad infima et cognoscit universalia et simplices formas, quae in corporibus non inveniuntur. ‘ et sic manifestum est quod intellectus non est sicut recipiens tantum imagines corporum, sed habet aliquam virtutem corporibus altiorem: nam sensus exterior, qui solum imagines corporum recipit, ad praedicta non se extendit.

n.11 * Omnes autem sequentes philosophi, “ intellectum a sensu discernentes, causam nostrae scientiae non aliquibus corporibus, sed rebus immaterialibus * attribuerunt: sicut plato posuit “ causam nostrae scientiae esse ideas; * aristoteles autem ° intellectum agentem.

n.12 * Ex his omnibus est accipere quod ponere “ corpora caelestia esse causam nobis intelligendi, * est consequens opinioni eorum qui ponebant “ intellectum a sensu non differre: * ut patet etiam per aristotelem, in libro de anima. hanc autem opinionem manifestum est esse falsam. igitur manifestum est et eam esse falsam quae ponit “ corpora caelestia esse nobis causa intelligendi directe.

n.13 * Hinc est etiam quod sacra scriptura “ causam nostrae intelligentiae attribuit, non alicui corpori, sed deo: * iob 35-10 ° ubi est deus qui fecit me, qui dedit carmina in nocte, qui docet nos super iumenta terrae, super volucres caeli erudit nos? * et in psalmo, ° qui docet hominem scientiam.

n.14 ‘ Sciendum est tamen quod, licet corpora caelestia directe intelligentiae nostrae causae esse non possint, aliquid tamen ad hoc operantur indirecte. licet enim intellectus non sit virtus corporea, tamen in nobis operatio intellectus compleri non potest sine operatione virtutum corporearum, quae sunt imaginatio et vis memorativa et cogitativa, * ut ex superioribus patet. ‘ et inde est quod, impeditis harum virtutum operationibus propter aliquam corporis indispositionem, impeditur operatio intellectus: sicut patet in phreneticis et lethargicis, et aliis huiusmodi. et propter hoc etiam bonitas dispositionis corporis humani facit aptum ad bene intelligendum, inquantum ex hoc praedictae vires fortiores existunt: * unde dicitur in ii de anima quod ° molles carne bene aptos mente videmus. ‘ dispositio autem corporis humani subiacet caelestibus motibus. * dicit enim augustinus, in v de civitate dei, quod ° non usquequaque absurde dici potest ad solas corporum differentias afflatus quosdam valere sidereos. |25| * et damascenus dicit in secundo libro, quod “ alii et alii planetae ° diversas complexiones et habitus et dispositiones in nobis constituunt. ‘ et ideo indirecte corpora caelestia ad bonitatem intelligentiae operantur. et sic, sicut medici possunt iudicare de bonitate intellectus ex corporis complexione sicut ex dispositione proxima, ita astrologus ex motibus caelestibus sicut ex causa remota talis dispositionis. * et per hunc modum potest verificari quod ptolomaeus in centilogio dicit: ° cum fuerit mercurius in nativitate alicuius in aliqua domorum saturni, et ipse fortis in esse suo, dat bonitatem intelligentiae medullitus in rebus.

005 SCG lb3 cp85

n. ‘ Quod corpora caelestia non sunt causae voluntatum et electionum nostrarum.

n.1 ‘ Ex hoc autem ulterius apparet quod corpora caelestia non sunt causa voluntatum nostrarum neque nostrarum electionum.

n.2 “ Voluntas enim in parte intellectiva animae est: * ut patet per philosophum in iii de anima. ‘ si igitur corpora caelestia non possunt imprimere directe in intellectum nostrum, * ut ostensum est, ‘ neque etiam in voluntatem nostram directe imprimere poterunt.

n.3 ‘ Amplius. omnis electio et actualis voluntas in nobis immediate ex apprehensione intelligibili causatur: “ bonum enim intellectum est obiectum voluntatis, * ut patet in iii de anima “ et propter hoc non potest sequi perversitas in eligendo nisi intellectus iudicium deficiat in particulari eligibili, * ut patet per philosophum in vii ethicorum. ‘ corpora autem caelestia non sunt causa intelligentiae nostrae. ergo neque electionis nostrae possunt esse causa.

n.4 ‘ Item. quaecumque ex impressione corporum caelestium in istis inferioribus eveniunt, naturaliter contingunt: cum haec inferiora sint naturaliter sub illis ordinata. si ergo electiones nostrae eveniunt ex impressione corporum caelestium, oportet quod naturaliter eveniant: ut scilicet sic naturaliter homo eligat operari suas operationes, sicut naturali instinctu bruta operantur, et naturaliter corpora inanimata moventur. non ergo erunt propositum et natura duo principia agentia, sed unum tantum, quod est natura. * cuius contrarium patet per aristotelem in ii physicorum. non est igitur verum quod “ ex impressione corporum caelestium nostrae electiones proveniant.

n.5 ‘ Praeterea. ea quae naturaliter fiunt, determinatis mediis perducuntur ad finem, unde semper eodem modo contingunt: natura enim determinata est ad unum. electiones autem humanae diversis viis tendunt in finem, tam in moralibus quam in artificialibus. non igitur electiones humanae sunt naturaliter.

n.6 ‘ Amplius. ea quae naturaliter fiunt, ut plurimum recte fiunt: natura enim non deficit nisi in paucioribus. si igitur homo naturaliter eligeret, ut in pluribus electiones essent rectae. quod patet esse falsum. non igitur homo naturaliter eligit. quod oporteret si ex impulsu corporum caelestium eligeret.

n.7 ‘ Item. ea quae sunt eiusdem speciei, non diversificantur in operationibus naturalibus quae naturam speciei consequuntur: unde omnis hirundo similiter facit nidum, et omnis homo similiter intelligit prima principia, quae sunt naturaliter nota. electio autem est operatio consequens speciem humanam. si igitur homo naturaliter eligeret, oporteret quod omnes homines eodem modo eligerent. quod patet esse falsum, tam in moralibus quam in artificialibus.

n.8 ‘ Adhuc. virtutes et vitia sunt electionum principia propria: nam virtuosus et vitiosus differunt ex hoc quod contraria eligunt. virtutes autem politicae et vitia non sunt nobis a natura, sed ex assuetudine: * ut probat philosophus, in ii ethic., ex hoc quod “ quales operationes assuescimus, et maxime a puero, ad tales habitum habemus. ‘ ergo electiones nostrae non sunt nobis a natura. non ergo causantur ex impressione corporum caelestium, secundum quam res naturaliter procedunt.

n.9 ‘ Adhuc. corpora caelestia non imprimunt directe nisi in corpora, * ut ostensum est. ‘ si igitur sint causa electionum nostrarum, aut hoc erit inquantum imprimunt in corpora nostra, aut inquantum imprimunt in exteriora. neutro autem modo sufficienter possunt esse causa electionis nostrae. non enim est sufficiens causa nostrae electionis quod aliqua corporalia nobis exterius praesententur: patet enim quod ad occursum alicuius delectabilis, puta cibi vel mulieris, temperatus non movetur ad eligendum ipsum, intemperatus autem movetur. similiter etiam non sufficit ad nostram electionem quaecumque immutatio possit esse in nostro corpore ab impressione caelestis corporis: cum per hoc non sequantur in nobis nisi quaedam passiones, vel magis vel minus vehementes; passiones autem, quantumcumque vehementes, non sunt causa sufficiens electionis, quia per easdem passiones incontinens inducitur ad eas sequendum per electionem, continens autem non inducitur. non potest igitur dici quod corpora caelestia sunt causae nostrarum |25| electionum.

n.10 ‘ Amplius. nulla virtus datur alicui rei frustra. homo autem habet virtutem iudicandi et consiliandi de omnibus quae per ipsum operabilia sunt, sive in usu exteriorum rerum, sive in admittendo vel repellendo intrinsecas passiones. quod quidem frustra esset, si electio nostra causaretur a corporibus caelestibus, non existens in nostra potestate. non igitur corpora caelestia sunt causa nostrae electionis.

n.11 ‘ Praeterea. homo naturaliter est animal politicum, vel sociale. quod quidem ex hoc apparet quod unus homo non sufficit sibi si solus vivat, propterea quod natura in paucis homini providit sufficienter, dans ei rationem, per quam posset sibi omnia necessaria ad vitam praeparare, sicut cibum, indumenta, et alia huiusmodi ad quae omnia operanda non sufficit unus homo. unde naturaliter est inditum homini ut in societate vivat. sed ordo providentiae non aufert alicui rei quod est sibi naturale, sed magis unicuique providetur secundum suam naturam, * ut ex dictis patet. ‘ non igitur per ordinem providentiae sic est homo ordinatus ut vita socialis tollatur. tolleretur autem si electiones nostrae ex impressionibus corporum caelestium provenirent, sicut naturales instinctus aliorum animalium. frustra etiam darentur leges et praecepta vivendi, si homo suarum electionum dominus non esset. frustra etiam adhiberentur poenae et praemia bonis aut malis, ex |25| quo non est in nobis haec vel illa eligere. his autem desinentibus, statim socialis vita corrumpitur. non igitur homo est sic secundum ordinem providentiae institutus ut electiones eius ex motibus caelestium corporum proveniant.

n.12 ‘ Adhuc. electiones hominum ad bona et mala se habent. si igitur electiones nostrae ex motibus stellarum provenirent, sequeretur quod stellae per se essent causa malarum electionum. quod autem est malum, non habet causam in natura: nam malum incidit ex defectu alicuius causae, et non habet causam per se, * ut supra ostensum est. ‘ non igitur est possibile quod electiones nostrae directe et per se a corporibus caelestibus proveniant sicut ex causis.

n.13 * Potest autem aliquis huic rationi obviare dicendo quod “ omnis mala electio ex alicuius boni appetitu provenit, * ut supra ostensum est: “ sicut electio adulteri provenit appetitu boni delectabilis quod est in venereis. ad quod quidem bonum universale aliqua stella movet. et hoc necessarium est ad generationes animalium perficiendas: nec debuit hoc commune bonum praetermitti propter malum particulare huius, qui ex hoc instinctu eligit malum.

n.14 * Haec autem responsio sufficiens non est, si ponantur “ corpora caelestia per se causa electionum nostrarum, utpote per se imprimentia in intellectum et voluntatem. ‘ nam impressio universalis causae recipitur in unoquoque secundum modum suum. effectus ergo stellae moventis ad delectationem quae est in coniunctione ordinata ad generationem, recipietur in quolibet secundum modum proprium sibi: sicut videmus quod “ diversa animalia habent diversa tempora et diversos modos commixtionis, secundum congruentiam suae naturae, * ut aristoteles dicit in libro de historiis animalium. ' recipient ergo intellectus et voluntas impressionem illius stellae secundum modum suum. cum autem aliquid appetitur secundum modum, intellectus et rationis, non accidit peccatum in electione, quae quidem semper ex hoc mala est quod non est secundum rationem rectam. non igitur, si corpora caelestia essent causa electionum nostrarum, esset unquam in nobis electio mala.

n.15 ' Amplius. nulla virtus activa se extendit ad ea quae sunt supra speciem et naturam agentis: quia omne agens agit per suam formam. sed ipsum velle transcendit omnem speciem corporalem, sicut et ipsum intelligere: sicut enim intelligimus universalia, ita et voluntas nostra in aliquod universale fertur, puta quod " odimus omne latronum genus, * ut philosophus dicit in sua rhetorica. ' nostrum igitur velle non causatur a corpore caelesti.

n.16 ' Praeterea. ea quae sunt ad finem, proportionantur fini. electiones autem humanae ordinantur ad felicitatem sicut ad ultimum finem. quae quidem non consistit in aliquibus corporalibus bonis, sed in hoc quod anima coniungatur per intellectum rebus divinis: * ut supra ostensum est, * tam secundum sententiam fidei, quam secundum philosophorum opiniones. ' corpora igitur caelestia non possunt esse causa electionum nostrarum.

n.17 * Hinc est quod dicitur ier. 10-2 ° a signis caeli nolite metuere, quae gentes timent: quia leges populorum vanae sunt.

n.18 * Per haec autem excluditur positio stoicorum, qui ponebant " omnes actus nostros, et etiam electiones nostras, secundum corpora caelestia disponi. * quae etiam fuisse dicitur positio antiqua pharisaeorum apud iudaeos. priscillianistae etiam huius erroris rei fuerunt, ut dicitur in libro de haeresibus. haec etiam fuit opinio antiquorum naturalium, qui ponebant " sensum et intellectum non differre. * unde empedocles dixit quod ° voluntas augetur in hominibus, sicut in aliis animalibus, ad praesens, " idest, secundum praesens momentum, ex motu caeli causante tempus, * ut aristoteles introducit in libro de anima.

n.19 ' Sciendum tamen est quod, licet corpora caelestia non sint directe causa electionum nostrarum quasi directe in voluntates nostras imprimentia, indirecte tamen ex eis aliqua occasio nostris electionibus praestatur, secundum quod habent impressionem super corpora. et hoc dupliciter. uno quidem modo, secundum quod impressiones corporum caelestium in exteriora corpora est nobis occasio alicuius electionis: sicut, cum per corpora caelestia disponitur aer ad frigus intensum, eligimus calefieri ad ignem, vel aliqua huiusmodi facere quae congruunt tempori. alio modo, secundum quod imprimunt in corpora nostra: ad quorum immutationem insurgunt in nobis aliqui motus passionum: vel per eorum impressionem efficimur habiles ad aliquas passiones, sicut cholerici sunt proni ad iram; vel etiam secundum quod ex eorum impressione causatur in nobis aliqua dispositio corporalis quae est occasio alicuius electionis, sicut |25| cum, nobis infirmantibus, eligimus accipere medicinam.

n.20 ' Interdum etiam ex corporibus caelestibus actus humanus causatur inquantum ex indispositione corporis aliqui amentes efficiuntur, usu rationis privati. in quibus proprie electio non est, sed moventur aliquo naturali instinctu, sicut et bruta. manifestum autem est, et experimento cognitum, quod tales occasiones, sive sint exteriores sive sint interiores, non sunt causa necessaria electionis: cum homo per rationem possit eis resistere vel obedire. sed plures sunt qui impetus naturales sequuntur, pauciores autem, scilicet soli sapientes, qui occasiones male agendi et naturales impetus non sequuntur. * et propter hoc dicit ptolomaeus in centilogio quod ° anima sapiens adiuvat opus stellarum; * et quod ° non poterit astrologus dare iudicia secundum stellas nisi vim animae et complexionem naturalem bene cognoverit; * et quod ° astrologus non debet dicere rem specialiter, sed universaliter: ' quia scilicet impressio stellarum in pluribus sortitur effectum, qui non resistunt inclinationi quae |25| est ex corpore; non autem semper in hoc vel in illo, qui forte per rationem naturali inclinationi resistit.

005 SCG lb3 cp86

n. ' Quod corporales effectus in istis inferioribus non sequuntur ex necessitate a corporibus caelestibus.

n.1 ' Non solum autem corpora caelestia humanae electioni necessitatem inferre non possunt, sed nec etiam corporales effectus in istis inferioribus ex necessitate ab eis procedunt. impressiones enim causarum universalium recipiuntur in effectibus secundum recipientium modum. haec autem inferiora sunt fluxibilia et non semper eodem modo se habentia: propter materiam, quae est in potentia ad plures formas; et propter contrarietatem formarum et virtutum. non igitur impressiones corporum caelestium recipiuntur in istis inferioribus per modum necessitatis.

n.2 ' Item. a causa remota non sequitur effectus de necessitate nisi etiam sit causa media necessaria: sicut et in syllogismis ex maiori de necesse et minori de contingenti non sequitur conclusio de necesse. corpora autem caelestia sunt causae remotae: proximae autem causae inferiorum effectuum sunt virtutes activae et passivae in istis inferioribus, quae non sunt causae necessariae, sed contingentes; possunt enim deficere ut in paucioribus. non ergo ex corporibus caelestibus sequuntur in istis inferioribus corporibus effectus de necessitate.

n.3 ' Praeterea. motus caelestium corporum semper est eodem modo. si igitur effectus caelestium corporum in istis inferioribus ex necessitate proveniret, semper eodem modo se haberent quae in inferioribus sunt. non autem semper eodem modo se habent, sed ut in pluribus. non ergo ex necessitate proveniunt.

n.4 ' Adhuc. ex multis contingentibus non potest fieri unum necessarium: quia, sicut quodlibet contingentium per se deficere potest ab effectu, ita et omnia simul. constat autem quod singula quae in istis inferioribus fiunt ex impressione caelestium corporum, sunt contingentia. non igitur connexio eorum quae in inferioribus contingunt ex impressione caelestium corporum, est necessaria: manifestum est enim quod quodlibet eorum potest impediri.

n.5 ' Amplius. corpora caelestia sunt agentia naturaliter, quae requirunt materiam in quam agant. non igitur ex actione corporum caelestium tollitur id quod materia requirit. materia autem in quam agunt corpora caelestia, sunt corpora inferiora: quae, cum sint corruptibilia secundum suam naturam, sicut deficere possunt ab esse, ita ab operari; et sic eorum natura hoc habet ut non ex necessitate producant effectus. non igitur ex necessitate proveniunt effectus caelestium corporum etiam in corporibus inferioribus.

n.6 * Aliquis autem forte dicat quod " necessarium est ut effectus caelestium corporum compleantur, nec tamen per hoc tollitur possibilitas a rebus inferioribus, eo quod quilibet effectus est in potentia antequam fiat, et tunc dicitur possibilis, quando autem iam est in actu, transit a possibilitate in necessitatem; et totum hoc subiacet caelestibus motibus; et sic non tollitur quin aliquando effectus sit possibilis, licet necessarium sit effectum illum quandoque produci:- * sic enim albumasar, in primo libro sui introductorii, defendere nititur ° possibile.

n.7 * Non est autem possibile quod per hunc modum possibile defendatur. ' possibile enim quoddam est quod ad necessarium sequitur. nam quod necesse est esse, possibile est esse: quod enim non possibile est esse, impossibile est esse; et quod impossibile est esse, necesse est non esse; igitur quod necesse est esse, necesse est non esse. hoc autem est impossibile. ergo impossibile est quod aliquid necesse sit esse, et tamen non sit possibile illud esse. ergo possibile esse sequitur ad necesse esse.

n.8 ' Hoc autem possibile non est necessarium defendere contra hoc quod effectus ex necessitate causari dicuntur, sed possibile quod opponitur necessario, prout dicitur possibile quod potest esse et non esse. non dicitur autem aliquid per hunc modum possibile vel contingens ex hoc solum quod quandoque sit in potentia et quandoque in actu, * ut praedicta responsio supponit: ' nam sic etiam in motibus caelestibus est possibile et contingens: non enim semper est coniunctio vel oppositio solis aut lunae in actu, sed quandoque quidem in actu, quandoque autem in potentia; quae tamen necessaria sunt, cum de his dentur demonstrationes. sed possibile vel contingens quod opponitur necessario, hoc in sua ratione habet, quod non sit necesse illud fieri quando non est. quod quidem est quia non de necessitate sequitur ex causa sua. sic enim dicimus quod socratem sessurum esse est contingens, ipsum autem esse moriturum est necessarium, quia secundum horum ex causa |25| sua de necessitate sequitur, non autem primum. si ergo ex motibus caelestibus de necessitate sequitur quod eorum effectus sint quandoque futuri, tollitur possibile et contingens quod necessario opponitur.

n.9 ' Sciendum est autem quod " ad probandum effectus caelestium corporum ex necessitate provenire, * avicenna, in sua metaphysica, utitur tali ratione. " si aliquis effectus caelestium corporum impeditur, oportet quod hoc sit per aliquam causam voluntariam vel naturalem. omnis autem causa voluntaria vel naturalis reducitur ad aliquod caeleste principium. ergo impedimentum etiam effectuum caelestium corporum procedit ex aliquibus caelestibus principiis. impossibile est ergo quod, si totus ordo caelestium simul accipiatur, quod effectus eius unquam cassetur. * unde concludit quod " corpora caelestia faciunt necessario esse debere effectus in his inferioribus, tam voluntarios quam naturales.

n.10 * Haec autem ratio, ut aristoteles in ii phys. dicit, fuit quorundam antiquorum, qui " negabant casum et fortunam, per hoc quod cuiuslibet effectus est aliqua causa determinata; posita autem causa, ponitur effectus de necessitate; et sic, cum omnia ex necessitate proveniant, non est aliquid fortuitum neque casuale.

n.11 * Hanc autem rationem ipse solvit in vi metaphys., negando duas propositiones quibus haec ratio utitur. quarum una est quod, " posita causa quacumque, necesse sit eius effectum poni. ' hoc enim non oportet in omnibus causis: quia aliqua causa, licet sit per se et propria causa et sufficiens alicuius effectus, potest tamen impediri ex concursu alterius causae, ut non sequatur effectus. * alia propositio est, quam negat, quod " non omne quod est quocumque modo, habet causam per se, sed solum ea quae sunt per se; quae autem sunt per accidens, non habent aliquam causam; ' sicut quod sit musicum, habet aliquam causam in homine, quod autem homo sit simul albus et musicus, non habet aliquam causam. quaecumque enim sunt simul propter aliquam causam, ordinem habent ad invicem ex illa causa: quae autem sunt per accidens, non habent ordinem ad invicem. non igitur sunt ex aliqua causa per se agente, sed solum per accidens hoc evenit: accidit enim docenti |25| musicam quod doceat hominem album, est enim praeter eius intentionem, sed intendit docere disciplinae susceptibilem.

n.12 ' Sic igitur, proposito aliquo effectu, dicemus quod habuit aliquam causam ex qua non de necessitate sequebatur: quia poterat impediri ex aliqua alia causa concurrente per accidens. et licet illam causam concurrentem sit reducere in aliquam causam altiorem, tamen ipsum concursum, qui impedit, non est reducere in aliquam causam. et sic non potest dici quod impedimentum huius effectus vel illius procedat ex aliquo caelesti principio. unde non oportet dicere quod effectus corporum caelestium ex necessitate proveniant in istis inferioribus.

n.13 * Hinc est quod damascenus dicit, in secundo libro, quod ° corpora caelestia non sunt causa generationis alicuius eorum quae fiunt, neque corruptionis eorum quae corrumpuntur: " quia scilicet non ex necessitate ex eis effectus proveniunt.

n.14 * Aristoteles etiam dicit, in ii de somno et vigilia, quod ° eorum quae in corporibus sunt signorum etiam caelestium, velut aquarum et ventorum, multa non eveniunt. si enim alius vehementior isto accidat motus a quo futurum est signum, non fit: sicut et multa consulta bene, quae fieri expediebat, dissoluta sunt propter alias digniores inchoationes. * ptolomaeus etiam, in quadripartito, dicit: ° rursus, nec aestimare debemus quod superiora procedant inevitabiliter, ut ea quae divina dispositione contingunt et quae nullatenus sunt vitanda, necnon quae veraciter et ex necessitate proveniunt. * in centilogio etiam dicit: ° haec iudicia quae tibi trado, sunt media inter necessarium et possibile.

005 SCG lb3 cp87

n. ' Quod motus caelestis corporis non sit causa electionum nostrarum ex virtute animae moventis, * ut quidam dicunt.

n.1 * Est tamen attendendum quod avicenna vult quod " motus caelestium corporum sint etiam nostrarum electionum causae, non quidem per occasionem tantum, * sicut supra dictum est, " sed per se. * ponit enim " corpora caelestia esse animata. unde oportet, cum motus caelestis sit ab anima et sit motus corporis, quod sicut, inquantum est motus corporis, habet virtutem transmutandi corpora, ita, inquantum est ab anima, habeat virtutem imprimendi in animas nostras, et sic motus caelestis sit causa nostrarum voluntatum et electionum. * ad quod etiam redire videtur positio albumasar, in primo sui introductorii.

n.2 * Haec autem positio irrationabilis est. ' omnem enim effectum, qui est per instrumentum aliquod ab efficiente procedens, oportet esse proportionatum instrumento, sicut et agenti: non enim quolibet instrumento utimur ad quemlibet effectum. unde illud non potest fieri per aliquod instrumentum ad quod nullo modo se extendit actio instrumenti. actio autem corporis nullo modo se extendit ad immutationem intellectus et voluntatis, * ut ostensum est: ' nisi forte per accidens, inquantum ex his immutatur corpus, * sicut praedictum est. ' impossibile est ergo quod anima caelestis corporis, si sit animatum, in intellectum et voluntatem imprimat mediante motu caelestis corporis.

n.3 ' Amplius. causa agens particularis similitudinem in agendo gerit causae agentis universalis, et est exemplum eius. si autem anima humana in aliam animam humanam aliquid per operationem corporalem imprimeret, sicut cum per significationem vocis suam intelligentiam pandit, actio corporalis quae est ab una anima non pervenit ad aliam nisi mediante corpore: vox enim prolata immutat organum auditus, et, sic a sensu percepta, pervenit eius significatum usque ad intellectum. si igitur anima caelestis aliquid imprimat in animas nostras per motum corporeum, actio illa non perveniet ad animam nostram nisi per immutationem corporis nostri. quae quidem non est causa electionum nostrarum, sed occasio tantum, * sicut ex praemissis patet. ' non igitur erit motus caelestis causa nostrae electionis nisi per occasionem tantum.

n.4 " Item. cum movens et motum oporteat esse simul, * ut probatur in vii phys., ' oportet quod a primo movente perveniat motus usque ad ultimum quod movetur, quodam ordine: ut scilicet movens per id quod est sibi proximum, moveat illud quod est ab eo distans. corpori autem caelesti, quod moveri ponitur ab anima sibi coniuncta, propinquius est corpus nostrum quam anima, quae non habet ordinem ad corpus caeleste nisi mediante corpore:- quod ex hoc patet, quia intellectus separati nullum ordi-

nem habent ad corpus caeleste, nisi forte moventis ad motum. immutatio igitur corporis caelestis ab anima eius procedens non pertingit ad animam nostram nisi mediante corpore. ad motum autem corporis non movetur anima nisi per accidens, nec immutationem corporis sequitur electio nisi per occasionem, * ut dictum est. ' motus igitur caelestis non potest esse causa electionis nostrae per hoc quod est ab anima.
n.5 * Praeterea. secundum positionem avicennae, et quorundam aliorum philosophorum, " intellectus agens est quaedam substantia separata, quae quidem agit in animas nostras inquantum facit intellecta in potentia esse intellecta in actu. ' hoc autem fit per abstractionem ab omnibus materialibus dispositionibus: * ut patet ex his quae dicta sunt in secundo. ' quod igitur agit directe in animam, non agit in eam per motum corporeum, sed magis per abstractionem ab omni corporeo. anima igitur caeli, si sit animatum, non potest esse causa electionum vel intelligentiarum nostrarum per motum caeli.
n.6 ' Per easdem etiam rationes potest probari quod motus caeli non sit causa electionum nostrarum per virtutem substantiae separatae, * si quis ponat " caelum non esse animatum, sed a substantia separata moveri.

005 SCG lb3 cp88

n. ' Quod substantiae separatae creatae non possunt esse causa directe electionum et voluntatum nostrarum, sed solus deus.
n.1 ' Non est autem aestimandum quod animae caelorum, si quae sint, vel quaecumque aliae intellectuales substantiae separatae creatae, possint directe voluntatem nobis immittere, aut electionis nostrae causa esse.
n.2 ' Omnium enim creatorum actiones sub ordine divinae providentiae continentur: unde praeter leges ipsius agere non possunt. est autem providentiae lex ut unumquodque immediate a proxima sibi causa moveatur. causa igitur superior creata, tali ordine praetermisso, nec movere nec aliquid agere potest. proximum autem motivum voluntatis est bonum intellectum, quod est suum obiectum, et movetur ab ipso sicut visus a colore. nulla igitur substantia creata potest movere voluntatem nisi mediante bono intellecto. hoc autem est inquantum manifestat ei aliquid esse bonum ad agendum: quod est persuadere. nulla igitur substantia creata potest agere in voluntatem, vel esse causa electionis nostrae, nisi per modum persuadentis.
n.3 ' Item. ab illo agente aliquid natum est moveri et pati per cuius formam reduci potest in actum: nam omne agens agit per formam suam. voluntas autem reducitur in actum per appetibile, quod motum desiderii eius quietat. in solo autem bono divino quietatur desiderium voluntatis sicut in ultimo fine, * ut ex supra dictis patet. ' solus igitur deus potest movere voluntatem per modum agentis.
n.4 ' Adhuc. sicut in re inanimata se habet inclinatio naturalis ad proprium finem, quae et appetitus naturalis dicitur; ita se habet in substantia intellectuali voluntas, quae dicitur appetitus intellectualis. inclinationes autem naturales dare non est nisi illius qui naturam instituit. ergo et voluntatem inclinare in aliquid non est nisi eius qui est naturae intellectualis causa. hoc autem solius dei est, * sicut ex superioribus patet. ' ipse igitur solus voluntatem nostram ad aliquid inclinare potest.
n.5 " Amplius. violentum, * ut dicitur in iii ethic., " est cuius principium est extra, nil conferente vim passo. ' si igitur voluntas moveatur ab aliquo exteriori principio, erit violentus motus:- dico autem moveri a principio extrinseco quod moveat per modum agentis, et non per modum finis. violentum autem voluntario repugnat. impossibile est ergo quod voluntas moveatur a principio extrinseco quasi ab agente, sed oportet quod omnis motus voluntatis ab interiori procedat. nulla autem substantia creata coniungitur animae intellectuali quantum ad sua interiora nisi solus deus, qui solus est causa esse ipsius, et sustinens eam in esse. a solo igitur deo potest motus voluntarius causari.
n.6 ' Adhuc. violentum opponitur naturali et voluntario motui: quia utrumque oportet quod sit a principio intrinseco. agens autem exterius sic solum naturaliter movet, inquantum causat in mobili intrinsecum principium motus: sicut generans, quod dat formam gravitatis corpori gravi generato, movet ipsum naturaliter deorsum. nihil autem aliud extrinsecum movere potest absque violentia corpus naturale: nisi forte per accidens, sicut removens prohibens; quod magis utitur motu naturali vel actione quam causaret ipsum. illud igitur solum agens potest causare motum voluntatis absque violentia, quod causat principium intrinsecum huius motus, quod est potentia ipsa voluntatis. hoc autem est deus, qui animam solus creat, * ut in secundo ostensum est. ' solus igitur deus potest movere voluntatem, per modum agentis, absque violentia.
n.7 * Hinc est quod dicitur prov. 21-1: ° cor regis in manu domini, et quocumque voluerit inclinabit illud. * et philip. 2-13: ° deus est qui operatur in nobis velle et perficere, pro bona voluntate.

005 SCG lb3 cp89

n. ' Quod motus voluntatis causatur a deo, et non solum potentia voluntatis.
n.1 * Quidam vero, non intelligentes qualiter ' motum voluntatis deus in nobis causare possit absque praeiudicio libertatis voluntatis, * coacti sunt has auctoritates male exponere: ut scilicet dicerent quod ° deus causat in nobis velle et perficere, " inquantum causat nobis virtutem volendi, non autem sic quod faciat nos velle hoc vel illud; * sicut origenes exponit in iii periarchon, liberum arbitrium defendens contra auctoritates praedictas.
n.2 * Et ex hoc processisse videtur opinio quorundam qui dicebant quod " providentia non est de his quae subsunt libero arbitrio, scilicet de electionibus, sed providentia refertur ad exteriores eventus. non enim qui eligit aliquid consequi vel perficere, puta aedificare vel ditari, semper poterit ad hoc pervenire: et sic eventus actionum nostrarum non subiacent libero arbitrio, sed providentia disponuntur.
n.3 * Quibus quidem auctoritatibus sacrae scripturae resistitur evidenter. dicitur enim isaiae 26-12: ° omnia opera nostra operatus es in nobis, domine. ' unde non solum virtutem volendi a deo habemus, sed etiam operationem.
n.4 * Praeterea. hoc ipsum quod salomon dicit, ° quocumque voluerit, vertet illud * ostendit " non solum divinam causalitatem ad potentiam voluntatis extendi, sed etiam ad actum ipsius.
n.5 ' Item. deus non solum dat rebus virtutes, sed etiam nulla res potest propria virtute agere nisi agat in virtute ipsius, * ut supra ostensum est. ' ergo homo non potest virtute voluntatis sibi data uti nisi inquantum agit in virtute dei. illud autem in cuius virtute agens agit, est causa non solum virtutis, sed etiam actus. quod in artifice apparet, in cuius virtute agit instrumentum, etiam quod ab hoc artifice propriam formam non accepit, sed solum ab ipso applicatur ad actum. deus igitur est causa nobis non solum voluntatis, sed etiam volendi.
n.6 ' Amplius. perfectius invenitur ordo in spiritualibus quam in corporalibus. in corporalibus autem omnis motus causatur a primo motu. oportet igitur quod et in spiritualibus omnis motus voluntatis a prima voluntate causetur, quae est voluntas dei.
n.7 * Adhuc. superius est ostensum quod ' deus est causa omnis actionis, et operatur in omni agente. est igitur causa motuum voluntatis.
n.8 * Item. argumentatur ad hoc aristoteles, in viii eudemicae ethicae, per hunc modum. " huius quod aliquis intelligat et consilietur et eligat et velit, oportet aliquid esse causam: quia omne novum oportet quod habeat aliquam causam. si autem est causa eius aliud consilium et alia voluntas praecedens, cum non sit procedere in his in infinitum, oportet devenire ad aliquid primum. huiusmodi autem primum oportet esse aliquid quod est melius ratione. nihil autem est melius intellectu et ratione nisi deus. ' est igitur deus primum principium nostrorum consiliorum et voluntatum.

005 SCG lb3 cp90

n. ' Quod electiones et voluntates humanae subduntur divinae providentiae.
n.1 ' Ex quo patet quod oportet etiam voluntates humanas et electiones divinae providentiae subditas esse.
n.2 ' Omnia enim quae deus agit, ex ordine providentiae suae agit. cum igitur ipse sit causa electionis et voluntatis nostrae, electiones et voluntates nostrae divinae providentiae subduntur.
n.3 ' Amplius. omnia corporalia per spiritualia administrantur, * sicut superius est ostensum. ' spiritualia autem agunt in corporalia per voluntatem. si igitur electiones et motus voluntatum intellectualium substantiarum ad dei providentiam non pertinent, sequitur quod etiam corporalia ipsius providentiae subtrahantur. et sic totaliter nulla erit providentia.
n.4 ' Item. quanto aliqua sunt nobiliora in universo, tanto oportet quod magis participent ordine, in quo bonum universi consistit. * unde aristoteles, in ii phys., arguit antiquos philosophos, qui ponebant " casum et fortunam in constitutione caelestium corporum, non autem in inferioribus rebus. ' substantiae autem intellectuales sunt nobiliores substantiis corporalibus. si ergo substantiae corporales, quantum ad suas substantias et actiones, cadunt sub ordine providentiae, multo magis substantiae intellectuales.
n.5 ' Praeterea. ea quae sunt propinquiora fini, magis cadunt sub ordine qui est ad finem: nam eis mediantibus etiam alia ordinantur in finem. actiones autem substantiarum intellectualium propinquius ordinantur in deum sicut in finem, quam actiones aliarum rerum, * sicut supra ostensum est. ' magis igitur cadunt actiones intellectualium substantiarum sub ordine providentiae, qua deus omnia in seipsum ordinat, quam actiones aliarum rerum.
n.6 ' Adhuc. gubernatio providentiae ex amore divino procedit, quo deus res a se creatas amat: in hoc enim praecipue consistit amor, quod " amans amato bonum velit. ' quanto ergo deus aliqua magis amat, magis sub eius providentia cadunt. * hoc autem et sacra scriptura docet in psalmo, dicens, ° custodit dominus omnes diligentes se; * et etiam philosophus tradit, in x ethicorum, dicens quod " deus maxime curat de his qui diligunt intellectum, tanquam de suis amicis. ' ex quo etiam habetur quod maxime substantias intellectuales amet. sub eius igitur providentia cadunt earum voluntates et electiones.
n.7 ' Amplius. bona interiora hominis, quae ex voluntate et actione dependent, sunt magis propria homini quam illa quae extra ipsum sunt, ut adeptio divitiarum, vel si quid aliud est huiusmodi: unde per haec homo dicitur esse bonus, non autem per illa. si igitur electiones humanae et voluntatis motus non cadunt sub divina providentia, sed solum exteriores proventus, verius erit quod res humanae sint extra providentiam, quam quod providentiae subsint. * quod quidem ex persona blasphemantium inducitur, iob 22-14, ° circa cardines caeli considerat, nec nostra considerat; * et ezech. 9-9, ° dereliquit dominus terram, dominus non videt; * et thren. 3-37, ° quis est iste qui dixit ut fieret, domino non iubente?
n.8 * Videntur autem quaedam in sacra doctrina secundum praedictam sententiam sonare. dicitur enim eccli. 15-14: ° deus ab initio constituit hominem, et reliquit illum in manu consilii sui. * et infra: 17 ° proposuit tibi aquam et ignem: ad quod volueris, porrige manum tuam. ante hominem vita et mors, bonum et malum: quod placuerit ei, dabitur illi. * et deut. 30-15: ° considera quod hodie proposuerit in conspectu tuo vitam et bonum, et e contrario mortem et malum. * haec autem verba ad hoc inducuntur " ut hominem esse liberi arbitrii ostendatur: non ut eius electiones a divina providentia subtrahantur.
n.9 * Et similiter quod gregorius nyssenus dicit, in libro quem de homine fecit, ° providentia est eorum quae non sunt in nobis, non autem eorum quae sunt in nobis; * et damascenus eum sequens, dicit in secundo libro, quod ° ea quae sunt in nobis deus praenoscit, sed non praedeterminat, * exponenda sunt ut intelligantur " ea quae sunt in nobis divinae providentiae determinationi non esse subiecta quasi ab ea necessitatem accipientia.

005 SCG lb3 cp91

n. ' Quomodo res humanae ad superiores causas reducantur.
n.1 ' Ex his ergo quae supra ostensa sunt, colligere possumus quomodo humana ad superiores causas reducuntur, et non aguntur fortuito.
n.2 ' Nam electiones et voluntatum motus immediate a deo disponuntur. cognitio vero humana ad intellectum pertinens a deo mediantibus angelis ordinatur. ea vero quae ad corporalia pertinent, sive sint interiora sive exteriora, in usum hominis venientia, a deo mediantibus angelis et caelestibus corporibus dispensantur.
n.3 ' Huius autem ratio generaliter una est. nam oportet omne multiforme, et mutabile, et deficere potens, reduci sicut in principium in aliquod uniforme, et immobile, et deficere non valens. omnia autem quae in nobis sunt, inveniuntur esse multiplicia, variabilia, et defectibilia.
n.4 ' Patet enim quod electiones nostrae multiplicitatem habent: cum in diversis et a diversis diversa eligantur. mutabiles etiam sunt: tum propter animi levitatem, qui non est firmatus in ultimo fine; tum etiam propter mutationem rerum quae nos extra circumstant. quod autem defectibiles sint, hominum peccata testantur. divina autem voluntas uniformis est, quia unum volendo, omnia alia vult; et immutabilis et indeficiens: * ut in primo ostensum est. ' oportet ergo omnium voluntatum et electionum motus in divinam voluntatem reduci. non autem in aliquam aliam causam: quia solus deus nostrarum voluntatum et electionum causa est.
n.5 ' Similiter autem intelligentia nostra multiplicationem habet: quia ex multis sensibilibus veritatem intelligibilem quasi congregamus. est etiam mutabilis: quia ex uno in aliud discurrendo procedit, ex notis ad ignota proveniens. est etiam defectibilis, propter permixtionem phantasiae et sensus: ut errores hominum ostendunt. angelorum autem cognitiones sunt uniformes: quia ab ipso uno veritatis fonte, scilicet deo, accipiunt veritatis cognitionem. est etiam immobilis: quia non discurrendo ab effectibus in causas, aut e converso, sed simplici intuitu puram veritatem de rebus intuentur. est etiam indefectibilis: cum ipsas rerum naturas seu quidditates intueantur per seipsas, circa quas non potest intellectus errare, sicut nec sensus circa propria sensibilia. nos autem quidditates rerum ex accidentibus et effectibus coniectamus. oportet ergo quod nostra intellectualis cognitio reguletur per angelorum cognitionem.
n.6 ' Rursus, de corporibus humanis, et exterioribus quibus homines utuntur, manifestum est quod est in eis multiplicitas commixtionis et contrarietatis; et non semper eodem modo moventur, quia motus eorum non possunt esse continui; et quod defectibilia sunt per alterationem et corruptionem. corpora autem caelestia sunt uniformia, utpote simplicia et absque omni contrarietate existentia. motus etiam eorum sunt uniformes, continui, et semper eodem modo se habentes. nec in eis potest esse corruptio aut alteratio. unde necessarium est quod corpora nostra, et alia quae in usum nostrum veniunt, per motus caelestium corporum regulentur.

005 SCG lb3 cp92

n. ‘ Quomodo dicitur aliquis bene fortunatus, et quomodo adiuvetur homo ex superioribus causis.

n.1 ‘ Ex his autem apparere potest quomodo aliquis possit dici bene fortunatus.

n.2 ‘ Dicitur enim alicui homini bene secundum fortunam contingere, quando aliquod bonum accidit sibi praeter intentionem: sicut cum aliquis, fodiens in agro, invenit thesaurum, quem non quaerebat. contingit autem aliquem operantem praeter intentionem operari propriam, non tamen praeter intentionem alicuius superioris, cui ipse subest: sicut, si dominus aliquis praecipiat alicui servo quod vadat ad aliquem locum quo ipse alium servum iam miserat, illo ignorante, inventio conservi est praeter intentionem servi missi, non autem praeter intentionem domini mittentis; et ideo, licet per comparationem ad hunc servum sit fortuitum et casuale, non autem per comparationem ad dominum, sed est aliquid ordinatum. cum igitur homo sit ordinatus secundum corpus sub corporibus caelestibus; secundum intellectum vero sub angelis; secundum voluntatem autem sub deo: potest contingere aliquid praeter intentionem hominis quod tamen est secundum ordinem caelestium corporum, vel dispositionem angelorum, vel etiam dei. quamvis autem deus solus directe ad electionem hominis operetur, tamen actio angeli operatur aliquid ad electionem hominis per modum persuasionis; actio vero corporis caelestis per modum disponentis, inquantum corporales impressiones caelestium corporum in corpora nostra disponunt ad aliquas electiones. quando igitur aliquis ex impressione superiorum causarum, secundum praedictum modum, inclinatur ad aliquas electiones sibi utiles, quarum tamen utilitatem propria ratione non cognoscit; et cum hoc, ex lumine intellectualium substantiarum, illuminatur intellectus eius ad eadem agenda; et ex divina operatione inclinatur voluntas eius ad aliquid eligendum sibi utile cuius rationem ignorat: dicitur esse bene fortunatus; et e contrario male fortunatus, quando ex superioribus causis ad contraria eius electio inclinatur; * sicut de quodam dicitur ierem. 22-30: ° scribe virum istum sterilem, qui in diebus suis non prosperabitur.

n.3 ‘ Sed in hoc est attendenda differentia. nam impressiones corporum caelestium in corpora nostra causant in nobis naturales corporum dispositiones. et ideo ex dispositione relicta ex corpore caelesti in corpore nostro dicitur aliquis non solum bene fortunatus aut male, sed etiam bene naturatus vel male: * secundum quem modum philosophus dicit, in magnis moralibus, quod “ bene fortunatum est esse bene naturatum. ‘ non enim potest intelligi quod hoc ex natura intellectus diversa procedat, quod unus utilia sibi eligit et alius nociva praeter rationem propriam, cum natura intellectus et voluntatis in omnibus hominibus sit una: diversitas enim formalis induceret diversitatem secundum speciem; diversitas autem materialis inducit diversitatem secundum numerum. unde secundum quod intellectus hominis illustratur ad aliquid agendum, vel voluntas a deo instigatur, non dicitur homo bene natus sed magis custoditus vel gubernatus.

n.4 ‘ Rursus, attendenda est circa hoc alia differentia. nam operatio angeli, et corporis caelestis, est solum sicut disponens ad electionem: operatio autem dei est sicut perficiens. cum autem dispositio quae est ex corporis qualitate, vel intellectus persuasione, necessitatem ad eligendum non inducat, non semper homo eligit illud quod angelus custodiens intendit, neque illud ad quod corpus caeleste inclinat. semper tamen hoc homo eligit secundum quod deus operatur in eius voluntate. unde custodia angelorum interdum cassatur, * secundum illud ierem. 51-9: ° curavimus babylonem, et non est curata; ‘ et multo magis inclinatio caelestium corporum; divina vero providentia semper est firma.

n.5 ‘ Est etiam et alia differentia consideranda. nam cum corpus caeleste non disponat ad electionem nisi inquantum imprimit in corpora nostra, ex quibus homo incitatur ad eligendum per modum quo passiones inducunt ad electionem; omnis dispositio ad electionem quae est ex corporibus caelestibus, est per modum alicuius passionis; sicut cum quis inducitur ad aliquid eligendum per odium vel amorem, vel iram, vel aliquid huiusmodi. ab angelo vero disponitur aliquis ad eligendum per modum intelligibilis considerationis, absque passione. quod quidem contingit dupliciter. quandoque enim illuminatur intellectus hominis ab angelo ad cognoscendum solum quod aliquid est bonum fieri, non autem instruitur de ratione propter quam est bonum, quae sumitur ex fine. et ideo quandoque homo aestimat quod aliquid sit bonum fieri, “ si tamen quaereretur quare, responderet se nescire. ‘ unde, quando perveniet in finem utilem quem non praeconsideravit, erit sibi fortuitum. quandoque vero per illuminationem angeli instruitur et quod hoc sit bonum, et de ratione quare est bonum, quae pendet ex fine. et sic, quando perveniet ad finem quem praeconsideravit, non erit fortuitum. sciendum est etiam quod vis activa spiritualis naturae, sicut est altior quam corporalis, ita etiam est universalior. unde non ad omnia ad quae se extendit humana electio, se extendit dispositio caelestis corporis.

n.6 ‘ Rursumque, virtus humanae animae, vel etiam angeli, est particularis in comparatione ad virtutem divinam, quae quidem est universalis respectu omnium entium. sic igitur aliquod bonum accidere potest homini et praeter propriam intentionem; et praeter inclinationem caelestium corporum; et praeter angelorum illuminationem; non autem praeter divinam providentiam, quae est gubernativa sicut et factiva entis inquantum est ens, unde oportet quod omnia sub se contineat. sic ergo aliquid fortuitum bonum vel malum potest contingere homini et per comparationem ad ipsum; et per comparationem ad caelestia corpora; et per comparationem ad angelos; non autem per comparationem ad deum. nam per comparationem ad ipsum, non solum in rebus humanis, sed nec in aliqua re potest esse aliquid casuale et improvisum.

n.7 ‘ Quia vero fortuita sunt quae sunt praeter intentionem; bona autem moralia praeter intentionem esse non possunt, cum in electione consistant: respectu eorum non potest dici aliquis bene vel male fortunatus; licet respectu eorum possit aliquis dici bene vel male natus, quando ex naturali dispositione corporis est aptus ad electiones virtutum vel vitiorum. respectu autem exteriorum bonorum, quae praeter intentionem homini evenire possunt, potest dici homo et bene natus, et bene fortunatus, et a deo gubernatus, et ab angelis custoditus.

n.8 ‘ Consequitur autem homo ex superioribus causis et aliud auxilium, quantum ad exitus suarum actionum. cum enim homo et eligere habeat, et prosequi quae eligit, in utroque a causis superioribus adiuvatur interdum, vel etiam impeditur. secundum electionem quidem, * ut dictum est, ‘ inquantum homo vel disponitur ad aliquid eligendum per caelestia corpora; vel quasi illustratur per angelorum custodiam; vel etiam inclinatur per operationem divinam. secundum executionem vero, inquantum homo consequitur ex aliqua superiori causa robur et efficaciam ad implendum quod elegit. quae quidem non solum a deo et ab angelis esse potest, sed etiam a corporibus caelestibus, inquantum talis efficacia in corpore sita est. manifestum est enim quod etiam inanimata corpora quasdam vires et efficacias a caelestibus corporibus consequuntur, etiam praeter eas quae ad qualitates activas et passivas elementorum consequuntur, quas etiam non est dubium caelestibus corporibus esse subiectas: sicut quod magnes attrahat ferrum, habet ex virtute caelestis corporis, et lapides quidam et herbae alias occultas virtutes. unde nihil prohibet quod etiam aliquis homo habeat ex impressione caelestis corporis aliquam efficaciam in aliquibus corporalibus faciendis, quas alius non habet: puta medicus in sanando, et agricola in plantando, et miles in pugnando.

n.9 ‘ Hanc autem efficaciam multo perfectius deus hominibus largitur ad sua opera efficaciter exequenda. quantum ergo ad primum auxilium, quod est in eligendo, dicitur deus hominem dirigere. quantum vero ad secundum auxilium, dicitur hominem confortare. * et haec duo auxilia tanguntur simul in psalmo, ubi dicitur, ° dominus illuminatio mea, et salus mea, quem timebo? * quantum ad primum; ° dominus protector vitae meae, a quo trepidabo? * quantum ad secundum.

n.10 ‘ Sed inter haec duo auxilia est differentia duplex. prima quidem, quia ex auxilio primo adiuvatur homo tam in his quae virtuti hominis subduntur, quam etiam in aliis. sed secundum auxilium ad illa tantum se extendit ad quae virtus hominis valet. quod enim homo fodiens sepulcrum inveniat thesaurum, ex nulla hominis virtute procedit: unde respectu talis proventus, adiuvari potest homo in hoc quod instigetur ad quaerendum ubi est thesaurus; non autem in hoc quod ei aliqua virtus detur ad thesaurum inveniendum. in hoc autem quod medicus sanet, vel miles in pugna vincat, potest adiuvari et in hoc quod eligat convenientia ad finem, et in hoc quod efficaciter exequatur per virtutem a superiori causa adeptam. unde primum auxilium est universalius. secunda differentia est, quia secundum auxilium datur ad prosequendum efficaciter ea quae intendit. unde, cum fortuita sint praeter intentionem, ex tali auxilio non potest dici homo, proprie loquendo, bene fortunatus, sicut potest dici ex primo, * ut supra ostensum est.

n.11 ‘ Contingit autem homini bene vel male secundum fortunam, quandoque quidem ipso solo agente, sicut cum fodiens in terram invenit thesaurum quiescentem: quandoque autem actione alterius causae concurrente, sicut cum aliquis vadens ad forum causa emendi, invenit debitorem, quem non credebat invenire. in primo autem eventu, homo adiuvatur ad hoc quod aliquid sibi bene contingat, secundum hoc solum quod dirigitur in eligendo illud cui coniunctum est per accidens aliquod commodum quod provenit praeter intentionem. in secundo autem eventu, oportet quod uterque agens dirigatur ad eligendum actionem vel motum unde sibi occurrant.

n.12 ‘ Oportet autem et aliud considerare circa ea quae praedicta sunt. * dictum est enim quod ‘ ad hoc quod homini aliquid bene contingat vel male secundum fortunam, et ex deo est, et ex corpore caelesti esse potest: inquantum homo a deo inclinatur ad eligendum aliquid cui coniunctum est aliquod commodum vel incommodum quod eligens non praeconsiderat; et inquantum a corpore caelesti ad tale aliquid eligendum disponitur. hoc autem commodum vel incommodum quidem, relatum ad electionem hominis, est fortuitum; relatum ad deum, rationem amittit fortuiti; non autem relatum ad corpus caeleste. quod sic patet. non enim aliquis eventus amittit rationem fortuiti nisi reducatur in causam per se. virtus autem caelestis corporis est causa agens, non per modum intellectus et electionis, sed per modum naturae. naturae autem est proprium tendere ad unum. si ergo aliquis effectus non est unus, non potest per se esse causa eius aliqua virtus naturalis. cum autem aliqua duo sibi per accidens coniunguntur, non sunt vere unum, sed solum per accidens. unde huius coniunctionis nulla causa naturalis per se causa esse potest. sit ergo quod iste homo ex impressione caelestis corporis instigetur, per modum passionis, * ut dictum est, ‘ ad fodiendum sepulcrum. sepulcrum autem, et locus thesauri, non sunt unum nisi per accidens: quia non habent aliquem ordinem ad invicem. unde virtus caelestis corporis non potest per se inclinare ad hoc totum, quod iste fodiat sepulcrum et locum ubi est thesaurus. sed aliquis per intellectum agens potest esse causa inclinationis in hoc totum: quia intelligentis est multa ordinare in unum. patet etiam quod etiam homo qui sciret thesaurum esse ibi, posset alium ignorantem mittere ad fodiendum sepulcrum in loco eodem, ut, praeter intentionem suam, inveniret thesaurum. sic ergo huiusmodi fortuiti eventus, reducti in causam divinam, amittunt rationem fortuiti: reducti vero in causam caelestem, nequaquam.

n.13 ‘ Per eandem etiam rationem apparet quod homo non potest esse bene fortunatus universaliter ex virtute corporis caelestis, sed solum quantum ad hoc vel illud. dico autem universaliter, ut aliquis homo habeat in natura sua, ex impressione caelestis corporis, ut eligat semper, vel in pluribus, aliqua quibus sint coniuncta per accidens aliqua commoda vel incommoda. natura enim non ordinatur nisi ad unum. “ ea autem secundum quae homini accidit bene vel male secundum fortunam, non sunt reducibilia in aliquid unum, sed sunt indeterminata et infinita: * ut philosophus docet in ii phys., ‘ et ad sensum patet. non est ergo possibile quod aliquis habeat in natura sua eligere semper ea ad quae etiam per accidens sequuntur aliqua commoda. sed potest esse quod ex inclinatione caelesti inclinetur ad eligendum aliquid cui coniungitur per accidens aliquod commodum; et ex alia inclinatione aliud; et ex tertia tertium; non autem ita quod ex una inclinatione ad omnia. ex una autem divina dispositione potest homo ad omnia dirigi.

005 SCG lb3 cp93

n. ‘ De fato: an sit, et quid sit.

n.1 ‘ Ex his autem quae praemissa sunt, apparet quid sit de fato sentiendum.

n.2 ‘ Videntes enim homines multa in hoc mundo per accidens contingere, si causae particulares considerentur, * posuerunt quidam quod “ nec etiam ab aliquibus superioribus causis ordinentur. * et his videbatur “ fatum nihil esse omnino.

n.3 * Quidam vero “ ea in aliquas altiores causas reducere sunt conati, ex quibus cum quadam dispositione ordinate procedant. et hi fatum posuerunt: quasi ea quae videntur a casu contingere, sint ab aliquo effata, sive praelocuta, et praeordinata ut essent.

n.4 * Horum ergo quidam “ omnia quae hic accidunt a casu contingentia, reducere sunt conati sicut in causas in caelestia corpora, etiam electiones humanas, vim dispositionis siderum, cui omnia cum quadam necessitate subdi ponebant, fatum appellantes. * quae quidem positio impossibilis est, et a fide aliena, * ut ex superioribus patet.

n.5 * Quidam vero “ in dispositionem divinae providentiae omnia reducere voluerunt, quaecumque in his inferioribus a casu contingere videntur. unde omnia fato agi dixerunt, ordinationem quae est in rebus ex divina providentia fatum nominantes. * unde boetius dicit quod ° fatum est inhaerens rebus mobilibus dispositio, per quam providentia suis quaeque nectit ordinibus. * in qua fati descriptione, “ dispositio pro ordinatione ponitur. ‘ in rebus autem inhaerens ponitur ut distinguatur fatum a providentia: nam ipsa ordinatio secundum quod in mente divina est, nondum rebus impressa, providentia est; secundum vero quod iam est explicata in rebus, fatum nominatur. * mobilibus autem dicit ut ostendat quod “ ordo providentiae rebus contingentiam et mobilitatem non aufert, * ut quidam posuerunt.

n.6 * Secundum hanc ergo acceptionem, “ negare fatum est providentiam divinam negare. ‘ sed quia cum infidelibus nec nomina debemus habere communia, ne ex consortio nominum possit sumi erroris occasio; nomine fati non est a fidelibus utendum, * ne videamur illis assentire qui male de fato senserunt, omnia necessitati siderum subiicientes. unde augustinus dicit, in v de civitate dei: ° si quis voluntatem vel potestatem dei fati nomine appellat, sententiam teneat, linguam corrigat. * et gregorius, secundum eundem intellectum, dicit: ° absit a fidelium mentibus ut fatum aliquid esse dicant.

005 SCG lb3 cp94

n. ‘De certitudine divinae providentiae.

n.1 ‘Difficultas autem quaedam ex praemissis suboritur. si enim omnia quae hic inferius aguntur, etiam contingentia, providentiae divinae subduntur, oportet, ut videtur, vel providentiam non esse certam; vel omnia ex necessitate contingere.

n.2 * Ostendit enim philosophus, in vi metaph., quod, “si omnem effectum ponimus habere aliquam causam per se; * et iterum quod, “qualibet causa per se posita, necessarium sit effectum poni: sequetur quod omnia futura ex necessitate eveniant. si enim quilibet effectus habeat causam per se, quodlibet futurum erit reducere in aliquam causam praesentem vel praeteritam. sicut, si quaeratur de aliquo utrum sit occidendus a latronibus, huius effectus praecedit causa occursus latronum; hunc autem effectum iterum praecedit alia causa, scilicet quod ipse exivit domum; hunc autem adhuc alia, quod vult quaerere aquam; quam quidem praecedit causa, scilicet sitis; et haec causatur ex comestione salsorum; quod iam est vel fuit. si ergo, causa posita, necesse est effectum poni, necesse est, si comedit salsa, quod sitiat; et si sitit, quod velit quaerere aquam; et si vult quaerere aquam, quod exeat domum; et si exit domum, quod occurrant ei latrones; et si occurrunt, quod occidatur. ergo, de primo ad ultimum, necesse est hunc comedentem salsa a latronibus occidi. * concludit ergo philosophus “non esse verum quod, posita causa, necesse sit effectum poni: quia aliquae causae sunt quae possunt deficere. neque iterum verum est quod omnis effectus habeat per se causam: quia quod est per accidens, scilicet istum volentem aquam quaerere occurrere latronibus, non habet aliquam causam. * ex hac autem ratione apparet quod “omnes effectus qui reducuntur in aliquam causam per se, praesentem vel praeteritam, qua posita necesse sit effectum poni, ex necessitate contingunt. vel ergo oportet dicere quod non omnes effectus divinae providentiae subdantur. et sic providentia non est de omnibus. * quod prius fuit ostensum. “vel non est necessarium ut, providentia posita, effectus eius ponatur. et sic providentia non est certa. aut est necessarium quod omnia ex necessitate contingant. providentia enim non solum est in praesenti tempore vel praeterito, sed aeterno: quia nihil potest esse in deo non aeternum.

n.3 “Adhuc. si divina providentia est certa, oportet hanc conditionalem esse veram: si deus providit hoc, hoc erit. huius autem conditionalis antecedens est necessarium: quia est aeternum. ergo consequens est necessarium: oportet enim omnis conditionalis consequens esse necessarium cuius antecedens est necessarium; et ideo consequens est sicut conclusio antecedentis; quicquid autem ex necessario sequitur, oportet esse necessarium. sequitur igitur, si divina providentia est certa, quod omnia ex necessitate proveniant.

n.4 “Amplius. sit aliquid esse provisum a deo, puta quod talis sit regnaturus. aut ergo possibile est accidere quod non regnet: aut non. si quidem non est possibile ipsum non regnare, ergo impossibile est ipsum non regnare: ergo necessarium est eum regnare. si autem possibile est eum non regnare; possibili autem posito, non sequitur aliquid impossibile; sequitur autem divinam providentiam deficere; non est igitur impossibile divinam providentiam deficere. aut igitur oportet, si omnia sunt provisa a deo, quod divina providentia non sit certa; aut quod omnia ex necessitate eveniant.

n.5 * Item. argumentatur sic tullius, in libro de divinatione. “si omnia a deo provisa sunt, certus est ordo causarum. si autem hoc verum est, omnia fato aguntur. quod si omnia fato aguntur, nihil est in nostra potestate, nullum est voluntatis arbitrium. sequitur igitur quod tollatur liberum arbitrium, si divina providentia sit certa. et eodem modo sequetur quod omnes causae contingentes tollantur.

n.6 “Praeterea. divina providentia causas medias non excludit, * ut supra ostensum est. “inter causas autem sunt aliquae contingentes et deficere valentes. deficere igitur potest providentiae effectus. non est igitur dei providentia certa.

n.7 ‘Oportet autem, ad horum solutionem, aliqua repetere ex his quae supra posita sunt: ut manifestum fiat quod nihil divinam providentiam effugit; et quod ordo divinae providentiae omnino immutari non potest; nec tamen oportet quod ea quae ex providentia divina proveniunt, ex necessitate cuncta eveniant.

n.8 ‘ Primo namque considerandum est quod, cum deus sit omnium existentium causa, rebus omnibus conferens esse, oportet quod suae providentiae ordo omnes res complectatur. quibus enim esse largitus est, oportet quod et conservationem largiatur, et perfectionem conferat in ultimo fine.

n.9 ‘Cum autem in quolibet providente duo considerari oporteat, scilicet ordinis praemeditationem, et praemeditati ordinis institutionem in rebus quae providentiae subduntur, quorum primum ad cognoscitivam virtutem pertinet, aliud vero ad operativam: hoc inter utrumque differt, quod in praemeditando ordinem, tanto est providentia perfectior, quanto magis usque ad minima ordo providentiae potest produci. quod enim nos omnium particularium ordinem praemeditari non possumus circa ea quae sunt disponenda a nobis, ex defectu nostrae cognitionis provenit, quae cuncta singularia complecti non potest, tanto autem in providendo unusquisque solertior habetur, quanto plura singularia praemeditari potest; cuius autem provisio in solis universalibus consisteret, parum de prudentia participaret. simile autem in omnibus operativis artibus considerari potest. sed in hoc quod ordo praemeditatus rebus imponitur, tanto est dignior et perfectior providentia gubernantis, quanto est universalior, et per plura ministeria suam explicat praemeditationem: quia et ipsa ministeriorum dispositio magnam partem provisi ordinis habet. oportet autem quod divina providentia in summo perfectionis consistat: quia ipse est simpliciter et universaliter perfectus, * ut in primo libro ostensum est. ‘in providendo igitur suae sapientiae meditatione sempiterna omnia ordinat quantumcumque minima videantur: quaecumque vero rerum aliquid operantur, instrumentaliter agunt ab eo mota, et ei obtemperando ministrant, ad ordinem providentiae, ab aeterno, ut ita dicam, excogitatum, explicandum in rebus. si autem omnia quae agere possunt, necesse est ut in agendo ei ministrent, impossibile est quod aliquod agens divinae providentiae executionem impediat sibi contrarium agendo. neque etiam possibile est divinam providentiam impediri per defectum alicuius agentis vel patientis: cum omnis virtus activa vel passiva sit in rebus secundum divinam dispositionem causata. impossibile est etiam quod impediatur divinae providentiae executio per providentis mutationem: cum deus sit omnino immutabilis, * ut supra ostensum est. ‘ relinquitur ergo quod divina provisio omnino cassari non potest.

n.10 ‘Deinceps autem considerandum est quod omne agens intendit ad bonum et melius secundum quod potest, * ut supra ostensum est. ‘bonum autem et melius non eodem modo consideratur in toto et partibus. in toto enim bonum est integritas, quae ex partium ordine et compositione relinquitur. unde melius est toti quod sit inter partes eius disparitas, sine qua ordo et perfectio totius esse non potest, quam quod omnes partes essent aequales, unaquaque earum perveniente ad gradum nobilissimae partis: quaelibet autem pars inferioris gradus, in se considerata, melior esset si esset in gradu superioris partis. sicut patet in corpore humano: dignior enim pars esset pes si oculi pulchritudinem et virtutem haberet; corpus autem totum esset imperfectius, si ei officium pedis deesset. ad aliud igitur tendit intentio particularis agentis, et universalis: nam particulare agens tendit ad bonum partis absolute, et facit eam quanto meliorem potest; universale autem agens tendit ad bonum totius. unde aliquis defectus est praeter intentionem particularis agentis, qui est secundum intentionem agentis universalis. sicut patet quod generatio feminae est praeter intentionem naturae particularis, idest, huius virtutis quae est in hoc semine, quae ad hoc tendit quod perficiat conceptum quanto magis potest: est autem de intentione naturae universalis, idest, virtutis universalis agentis ad generationem inferiorum, quod femina generetur, sine qua generatio multorum animalium compleri non posset. et eodem modo corruptio, et diminutio, et omnis defectus, est de intentione naturae universalis, non autem naturae particularis: nam quaelibet res fugit defectum, tendit vero ad perfectionem, quantum in se est. patet ergo quod de intentione agentis particularis est quod effectus suus fiat perfectus quantumcumque potest in genere suo: de intentione autem naturae universalis est quod hic effectus fiat perfectus tali perfectione, puta perfectione masculi, ille autem perfectione feminae. inter partes autem totius universi prima distinctio apparet secundum contingens et necessarium: superiora enim in entibus sunt necessaria et incorruptibilia et immobilia; a qua quidem conditione tanto magis deficiunt, quanto in inferiori gradu constituuntur; ita quod infima corrumpuntur quidem quantum ad esse suum, moventur vero quantum ad suas dispositiones, suos etiam effectus non de necessitate, sed contingenter producunt. quodlibet igitur agens quod est pars universi, intendit quantum potest in suo esse et naturali dispositione persistere, et suum stabilire effectum: deus autem, qui est universi gubernator, intendit quod effectum eius hic quidem stabiliatur per modum necessitatis, hic autem contingenter. et secundum hoc diversas eis causas adaptat, his quidem necessarias, his autem contingentes. cadit igitur sub ordine divinae providentiae non solum hunc effectum esse, sed hunc effectum esse contingenter, alium autem necessario. et secundum hoc, quaedam eorum quae divinae providentiae subduntur sunt necessaria, quaedam vero contingentia, non autem omnia necessaria.

n.11 ‘Patet ergo quod, etsi divina providentia est per se causa huius effectus futuri; et est in praesenti vel praeterito, magis autem ab aeterno: * non sequitur, ut prima ratio procedebat, quod “effectus iste sit de necessitate futurus; ‘est enim divina providentia per se causa quod hic effectus contingenter proveniat. et hoc cassari non potest.

n.12 ‘Ex quo etiam patet quod haec conditionalis est vera, si deus providit hoc futurum, hoc erit: * sicut secunda ratio procedebat. ‘sed sic erit sicut deus providit illud esse futurum. providit autem illud esse futurum contingenter. sequitur ergo infallibiliter quod erit contingenter, et non necessario.

n.13 ‘Patet etiam quod hoc quod ponitur esse provisum a deo ut sit futurum, si sit de genere contingentium, poterit non esse secundum se consideratum: sic enim provisum est ut sit contingens, potens non esse. non tamen est possibile quod ordo providentiae deficiat quin contingenter eveniat. * et sic tertia ratio solvitur. unde potest poni quod “iste non sit regnaturus si secundum se consideretur: ‘non autem si consideretur ut provisum.

n.14 * Illud etiam quod tullius obiicit, secundum praemissa frivolum apparet. ‘cum enim divinae providentiae non solum subdantur effectus, sed etiam causae et modi essendi, * sicut ex praemissis patet, * non sequitur quod, “si omnia divina providentia aguntur, quod nihil sit in nobis. ‘sic enim sunt a deo provisa ut per nos libere fiant.

n.15 ‘Neque autem “defectibilitas causarum secundarum, quibus mediantibus effectus providentiae producuntur, certitudinem divinae providentiae potest auferre, * ut quinta ratio procedebat: ‘cum ipse deus in omnibus operetur, et pro suae arbitrio voluntatis, * ut supra ostensum est. ‘ unde ad eius providentiam pertinet ut causas defectibiles quandoque sinat deficere, quandoque eas a defectu conservet.

n.16 ‘ Ea vero quae ad necessitatem provisorum a deo possent assumi ex certitudine scientiae, * supra soluta sunt, cum de dei scientia ageretur.

005 SCG lb3 cp95

n. ‘ Quod immobilitas divinae providentiae utilitatem orationis non excludit.

n.1 ‘Considerare etiam oportet quod, sicut providentiae immobilitas necessitatem rebus provisis non imponit, ita etiam nec orationis utilitatem excludit. non enim ad hoc oratio ad deum funditur ut aeterna providentiae dispositio immutetur, hoc enim impossibile est: sed ut aliquis illud quod desiderat, assequatur a deo.

n.2 ‘ Piis enim desideriis rationalis creaturae conveniens est quod deus assentiat, non tanquam desideria nostra moveant immobilem deum: sed ex sua bonitate procedit ut convenienter desiderata perficiat. cum enim omnia naturaliter bonum desiderent, * ut supra probatum est; ‘ad supereminentiam autem divinae bonitatis pertinet quod esse, et bene esse, omnibus ordine quocam distribuat: consequens est ut, secundum suam bonitatem, desideria pia, quae per orationem explicantur, adimpleat.

n.3 ‘Adhuc. ad moventem pertinet ut id quod movetur, perducat ad finem: unde et per eandem naturam aliquid movetur ad finem, et consequitur finem, et in eo quiescit. omne autem desiderium est quidam motus ad bonum. qui quidem non potest rebus inesse nisi a deo, qui est per essentiam suam bonus, et fons bonitatis: movens enim omne movet ad aliquid simile sibi. ad deum igitur pertinet, secundum suam bonitatem, quod desideria convenientia, quae per orationes explicantur, ad effectum convenientem perducat.

n.4 ‘Item. quanto aliqua sunt propinquiora moventi, tanto efficacius impressionem moventis assequuntur: nam et quae propinquiora sunt igni, magis ab ipso calefiunt. substantiae autem intellectuales propinquiores sunt deo quam substantiae naturales inanimatae. efficacior est igitur impressio divinae motionis in substantiis intellectualibus quam in substantiis aliis naturalibus. corpora autem naturalia in tantum participant de motione divina quod naturalem boni appetitum consequuntur ex eo, et etiam appetitus impletionem, quod quidem fit dum proprios fines consequuntur. multo igitur magis intellectuales substantiae desideriorum suorum, quae per orationem deo offeruntur, impletionem consequuntur.

n.5 ‘ Amplius. de ratione amicitiae est quod amans velit impleri desiderium amati, inquantum vult eius bonum et perfectionem: * propter quod dicitur quod “amicorum est idem velle. * ostensum est autem supra quod ‘deus suam creaturam amat; et tanto magis unamquamque quanto plus de eius bonitate participat, quae est primum et principale amatum ab ipso. vult igitur impleri desideria rationalis creaturae, quae perfectissime divinam bonitatem participat inter ceteras creaturas. sua autem voluntas est perfectiva rerum: est enim causa rerum per suam voluntatem, * ut supra ostensum est. ‘ad bonitatem igitur divinam pertinet ut impleat desideria rationalis creaturae sibi per orationem proposita.

n.6 ‘ Praeterea. bonum creaturae derivatum est secundum quandam similitudinem a bonitate divina. hoc autem maxime commendabile in hominibus apparet, ut iuste petentibus assensum non denegent: ex hoc enim vocantur liberales, clementes, misericordes et pii. maxime igitur hoc ad divinam bonitatem pertinet, ut pias orationes exaudiat.

n.7 * Hinc est quod dicitur in psalmo: ° voluntatem timentium se faciet, et orationes eorum exaudiet, et salvos faciet eos. * et matth. 7-8, dominus dicit: ° omnis qui petit accipit, et qui quaerit invenit, et pulsanti aperietur.

n.8 ‘ Non est autem inconveniens si quandoque etiam petitiones orantium non admittantur a deo.

n.9 * Ea enim ratione ostensum est quod ‘ deus desideria rationalis creaturae adimplet, inquantum desiderat bonum. quandoque autem contingit quod id quod petitur non est verum bonum, sed apparens, simpliciter autem malum. non est igitur talis oratio deo exaudibilis. * hinc est quod dicitur iac. 4-3: ° petitis et non accipitis, eo quod male petatis.

n.10 ‘ Similiter autem ex hoc quod deus ad desiderandum movet, ostensum est conveniens esse quod desideria impleat. mobile autem ad finem motus non perducitur a movente nisi motus continuetur. si igitur motus desiderii per orationis instantiam non continuetur, non est inconveniens si oratio effectum debitum non sortiatur. * hinc est quod dominus dicit, lucae 18-1: ° quoniam oportet semper orare, et non deficere. * et i thess. 5-17, dicit apostolus: ° sine intermissione orate.

n.11 * Rursus. ostensum est quod ‘ deus rationalis creaturae decenter desiderium implet inquantum ei appropinquat. appropinquat autem ei aliquis per contemplationem, et devotam affectionem, et humilem et firmam intentionem. illa igitur oratio quae sic deo non appropinquat, non est a deo exaudibilis. * unde et in psalmo dicitur: ° respexit in orationem humilium; * iac. 1-6: ° postulet autem in fide, nihil haesitans.

n.12 * Item. ostensum est quod ‘ ratione amicitiae, deus vota piorum exaudit. qui igitur a dei amicitia declinat, non est dignum ut eius oratio exaudiatur. * hinc est quod prov. 28-9 dicitur: ° qui declinat aurem suam ne audiat legem, oratio eius erit execrabilis. * et isaiae 1-15: ° cum multiplicaveritis orationes, non exaudiam: manus enim vestrae sanguine plenae sunt.

n.13 ‘ Ex hac etiam radice procedit quod quandoque aliquis dei amicus non auditur quando pro his rogat qui non sunt dei amici: * secundum illud ierem. 7-16: ° tu ergo noli orare pro populo hoc, nec assumas pro eis laudem et orationem, et non obsistas mihi: quia non exaudiam te.

n.14 ‘ Contingit autem quandoque quod aliquis ex amicitia denegat quod petitur ab amico, quia cognoscit hoc ei esse nocivum, vel contrarium ei magis expedire: ut medicus infirmanti quandoque negat quod petit, considerans quod non expedit ei ad salutem corporis consequendam. unde, cum ostensum sit quod deus ex amore quem ad creaturam rationalem habet, eius desideria impleat sibi per orationem proposita, non est mirandum si quandoque eorum etiam quos praecipue diligit, petitionem non implet, ut impleat quod petenti magis expedit ad salutem. “ propter quod a paulo stimulum carnis non amovit, quamvis hoc ter peteret, ‘ providens hoc ei esse utile ad humilitatis conservationem, * ut habetur ii cor. 12-8-9. unde et matth. 20-22, quibusdam dominus dicit: ° nescitis quid petatis. * et rom. 8-26 dicitur: ° nam quid oremus sicut oportet, nescimus. * et propter hoc augustinus dicit, in epist. ad paul. et ther.: ° bonus dominus, qui non tribuit saepe quod volumus, ut quod mallemus attribuat.

n.15 * Patet igitur ex praemissis quod ‘ aliquorum quae fiunt a deo, causa sunt orationes et pia desideria. * ostensum est autem supra quod ‘ divina providentia causas alias non excludit: quin potius ordinat eas ad hoc quod ordo quem apud se statuit, rebus imponatur; et sic causae secundae non repugnant providentiae, sed magis providentiae exequuntur effectum. sic igitur orationes apud deum efficaces sunt, nec tamen ordinem immutabilem divinae providentiae solvunt: quia et hoc ipsum quod tali petenti hoc concedatur, sub ordine divinae providentiae cadit. simile est ergo dicere non esse orandum ut aliquid consequamur a deo quia ordo suae providentiae est immutabilis, ac si diceretur quod non est ambulandum ut perveniamus ad locum, nec comedendum ut nutriamur: quae omnia patent esse absurda.

n.16 * Excluditur ergo ex praemissis duplex error circa orationem. quidam enim dixerunt “ nullum esse orationis fructum. * quod quidem dicebant tam illi qui “ negabant divinam providentiam omnino, * sicut epicurei; quam illi “ qui res humanas divinae providentiae subtrahebant, * sicut aliqui peripateticorum; necnon et illi “ qui omnia quae providentiae subsunt, ex necessitate contingere * arbitrabantur, sicut stoici. ex his enim omnibus sequitur quod “ nullus sit orationis fructus, * et per consequens quod “ omnis deitatis cultus fiat in vanum: * qui quidem error tangitur malach. 3-14: ° dixistis, * inquit, ° vanus est qui servit deo. et quod emolumentum quia custodivimus praecepta eius, et quia ambulavimus tristes coram domino exercituum? * quidam vero e contrario “ divinam dispositionem orationibus vertibilem esse * dicebant: sicut et aegyptii dicebant quod “ fatum orationibus et quibusdam imaginibus, subfumigationibus, sive incantationibus, vertebatur.

n.17 * Et ad hunc sensum pertinere videntur quaedam quae in scripturis divinis dicuntur, secundum id quod prima facie apparet ex eis. dicitur enim isaiae 38 quod “ isaias, ex mandato domini, dixit ezechiae regi, ° haec dicit dominus: dispone domui tuae, quia morieris tu, et non vives; * et quod “ post orationem ezechiae, factum est verbum domini ad isaiam dicens, ° vade, et dic ezechiae: audivi orationem tuam. ecce, ego adiiciam super dies tuos quindecim annos. * et ierem. 18 dicitur ex persona domini: ° repente loquar adversus gentem et adversus regnum, ut eradicem et destruam et disperdam illud. si poenitentiam egerit gens illa a malo suo, quod locutus sum adversus eam, agam et ego poenitentiam super malo quod cogitavi ut facerem ei. * et ioelis 2-13 ° convertimini ad dominum deum vestrum, quia benignus et misericors est. quis scit si convertatur et ignoscat deus?

n.18 * Haec autem si secundum suam superficiem intelligantur, ad inconveniens ducunt. sequitur enim primo, quod “ voluntas dei sit mutabilis. * item, quod “ aliquid ex tempore deo adveniat. * et ulterius, quod “ aliqua quae temporaliter in creaturis sunt, sint causa alicuius existentis in deo. * quae sunt manifeste impossibilia, * sicut ex superioribus patet.

n.19 * Adversantur etiam auctoritatibus sacrae scripturae, quae infallibilem continent veritatem et expressam. dicitur enim num. 23-19: ° non est deus quasi homo, ut mentiatur; nec ut filius hominis, ut mutetur. dixit ergo, et non faciet? locutus est, et non implebit? * et i reg. 15-29: ° triumphator in israel non parcet, et poenitudine non flectetur: neque enim homo est, ut agat poenitentiam. * et malach. 3-6: ° ego dominus, et non mutor.

n.20 ‘ Si quis autem diligenter consideret circa praedicta, inveniet quod omnis error qui in his accidit, ex hoc provenit quod non consideratur differentia inter universalem ordinem et particularem. cum enim omnes effectus ordinem ad invicem habeant secundum quod in una causa conveniunt, oportet tanto esse communiorem ordinem, quanto est universalior causa. unde ab universali causa, quae deus est, ordo proveniens necesse est quod omnia complectatur. nihil igitur prohibet aliquem particularem ordinem vel per orationem, vel per aliquem alium modum immutari: est enim extra illum ordinem aliquid quod possit ipsum immutare. * propter quod non est mirum si aegyptii, “ reducentes rerum humanarum ordinem in corpora caelestia, posuerunt fatum ex stellis proveniens aliquibus orationibus et ritibus posse immutari: ‘ nam extra caelestia corpora, et supra ea, est deus, qui potest impedire caelestium corporum effectum qui in istis inferioribus ex |25| illorum impressione secuturus erat. sed extra ordinem complectentem omnia, non potest poni aliquid per quod possit ordo ab universali causa dependens everti. * propter quod stoici, qui “ in deum sicut in causam universalem omnium ordinis rerum reductionem considerabant, ponebant quod ordo institutus a deo nulla ratione potest immutari. * sed in hoc iterum a consideratione universalis ordinis recedebant, quod ponebant “ orationes ad nihil utiles esse, tanquam arbitrarentur voluntates hominum et eorum desideria, ex quibus orationes procedunt, sub illo universali ordine non comprehendi. * cum enim dicunt quod, “ sive orationes fiant sive non, nihilominus idem effectus sequitur in rebus ex universali ordine rerum, manifeste ab illo universali ordine vota orantium sequestrant. ‘ si enim haec sub illo ordine comprehendantur, sicut per alias causas, ita et per haec, ex divina ordinatione, aliqui effectus sequentur. idem ergo erit excludere orationis effectum, et omnium aliarum causarum. quod si aliis causis immobilitas divini ordinis effectus non subtrahit, neque orationum |50| efficaciam tollit. valent igitur orationes, non quasi ordinem aeternae dispositionis immutantes, sed quasi sub tali ordine etiam ipsae existentes.

n.21 ‘ Nihil autem prohibet per orationum efficaciam aliquem particularem ordinem alicuius inferioris causae mutari, deo faciente, qui omnes supergreditur causas, unde sub nulla necessitate ordinis alicuius causae continetur, sed, e converso, omnis necessitas ordinis inferioris causae continetur sub ipso quasi ab eo institutus. inquantum ergo per orationem immutatur aliquid de ordine inferiorum causarum instituto a deo, propter orationes piorum, dicitur deus converti, vel poenitere: non quod aeterna eius dispositio mutetur, sed quia mutatur aliquis eius effectus. * unde et gregorius dicit quod ° non mutat deus consilium etsi quandoque mutet sententiam: ‘ non, inquam, illam quae exprimit dispositionem aeternam; sed illam sententiam quae exprimit ordinem inferiorum causarum, secundum quem ezechias erat moriturus, vel gens aliqua pro suis peccatis evertenda. talis autem sententiae mutatio dicitur transumptiva locutione dei poenitentia, inquantum deus ad similitudinem poenitentis se habet, cuius est |25| mutare quod fecerat. per quem modum dicitur etiam metaphorice irasci, inquantum puniendo facit irascentis effectum.

005 SCG lb3 cp97

n. ‘ Quomodo dispositio providentiae habeat rationem.

n.1 ‘ Ex his autem quae praemissa sunt, manifeste videri potest quod ea quae sunt per divinam providentiam dispensata, sequuntur aliquam rationem.

n.2 * Ostensum enim est quod ‘ deus per suam providentiam omnia ordinat in divinam bonitatem sicut in finem: non autem hoc modo quod suae bonitati aliquid per ea quae fiunt accrescat, sed ut similitudo suae bonitatis, quantum possibile est, imprimatur in rebus. quia vero omnem creatam substantiam a perfectione divinae bonitatis deficere necesse est, ut perfectius divinae bonitatis similitudo rebus communicaretur, oportuit esse diversitatem in rebus, ut quod perfecte ab uno aliquo repraesentari non potest, per diversa diversimode perfectiori modo repraesentaretur: nam et homo, cum mentis conceptum uno vocali verbo videt sufficienter exprimi non posse, verba diversimode multiplicat ad exprimendam per diversa suae mentis conceptionem. et in hoc etiam divinae perfectionis eminentia considerari potest, quod perfecta bonitas, quae in deo est unite et simpliciter, in creaturis esse non potest nisi secundum modum diversum et per plura. res autem per hoc diversae sunt, quod formas habent diversas, |25| a quibus speciem sortiuntur. sic igitur ex fine sumitur ratio diversitatis formarum in rebus.

n.3 ‘ Ex diversitate autem formarum sumitur ratio ordinis rerum. cum enim forma sit secundum quam res habet esse; res autem quaelibet secundum quod habet esse, accedat ad similitudinem dei, qui est ipsum suum esse simplex: necesse est quod forma nihil sit aliud quam divina similitudo participata in rebus; * unde convenienter aristoteles, in i physic., de forma loquens, dicit quod ° est divinum quoddam et appetibile. ‘ similitudo autem ad unum simplex considerata diversificari non potest nisi secundum quod magis vel minus similitudo est propinqua vel remota. quanto autem aliquid propinquius ad divinam similitudinem accedit, perfectius est. unde in formis differentia esse non potest nisi secundum quod una perfectior existit quam alia: * propter quod aristoteles, in viii metaphys., “ definitiones, per quas naturae rerum et formae significantur, assimilat numeris, in quibus species variantur per additionem vel subtractionem unitatis, ‘ ut ex hoc detur |25| intelligi quod formarum diversitas diversum gradum perfectionis requirit. et hoc evidenter apparet naturas rerum speculanti. inveniet enim, si quis diligenter consideret, gradatim rerum diversitatem compleri: nam supra inanimata corpora inveniet plantas; et super has irrationalia animalia; et super has intellectuales substantias; et in singulis horum inveniet diversitatem secundum quod quaedam sunt aliis perfectiora, in tantum quod ea quae sunt suprema inferioris generis, videntur propinqua superiori generi, et e converso, sicut animalia immobilia sunt similia plantis; * unde et dionysius dicit, vii cap. de div. nom., quod ° divina sapientia coniungit fines primorum principiis secundorum. ‘ unde patet quod rerum diversitas exigit quod non sint omnia aequalia, sed sit ordo in rebus et gradus.

n.4 ‘ Ex diversitate autem formarum, secundum quas rerum species diversificantur, sequitur et operationum differentia. cum enim unumquodque agat secundum quod est actu, quae enim sunt in potentia, secundum quod huiusmodi, inveniuntur actionis expertia; est autem unumquodque ens actu per formam: oportet quod operatio rei sequatur formam ipsius. oportet ergo, si sunt diversae formae, quod habeant diversas operationes.

n.5 ‘ Quia vero per propriam actionem res quaelibet ad proprium finem pertingit, necesse est et proprios fines diversificari in rebus: quamvis sit finis ultimus omnibus communis.

n.6 ‘ Sequitur etiam ex diversitate formarum diversa habitudo materiae ad res. cum enim formae diversae sint secundum quod quaedam sunt aliis perfectiores, sunt inter eas aliquae in tantum perfectae quod sunt per se subsistentes et perfectae, ad nihil indigentes materiae fulcimento. quaedam vero per se perfecte subsistere non possunt, sed materiam pro fundamento requirunt: ut sic illud quod subsistit non sit forma tantum, neque materia tantum, quae per se non est ens actu, sed compositum ex utroque.

n.7 ‘ Non autem possent materia et forma ad aliquid unum constituendum convenire nisi esset aliqua proportio inter ea. si autem proportionata oportet ea esse, necesse est quod diversis formis diversae materiae respondeant. unde fit ut quaedam formae requirant materiam simplicem, quaedam vero materiam compositam; et secundum diversas formas, diversam partium compositionem oportet esse, congruentem ad speciem formae et ad operationem ipsius.

n.8 ‘ Ex diversa autem habitudine ad materiam sequitur diversitas agentium et patientium. cum enim agat unumquodque ratione formae, patiatur vero et moveatur ratione materiae, oportet quod illa quorum formae sunt perfectiores et minus materiales, agant in illa quae sunt magis materialia, et quorum formae sunt imperfectiores.

n.9 ‘ Ex diversitate autem formarum et materiarum et agentium sequitur diversitas proprietatum et accidentium. cum enim substantia sit causa accidentis, sicut perfectum imperfecti, oportet quod ex diversis principiis substantialibus diversa accidentia propria consequantur. rursus, cum ex diversis agentibus sint diversae impressiones in patientibus, oportet quod secundum diversa agentia, diversa sint accidentia quae ab agentibus imprimuntur.

n.10 * Patet ergo ex dictis quod, ‘ cum per divinam providentiam rebus creatis diversa accidentia, et actiones et passiones, et collocationes distribuantur, non hoc absque ratione accidit. * hinc est quod sacra scriptura “ rerum productionem et gubernationem sapientiae et prudentiae divinae attribuit. * dicitur enim prov. 3-19 ° dominus sapientia fundavit terram, stabilivit caelos prudentia. sapientia illius eruperunt abyssi, et nubes rore concrescunt. * et sap. 8-1 dicitur de dei sapientia quod ° attingit a fine usque ad finem fortiter, et disponit omnia suaviter. * et 11-21 eiusdem dicitur: ° omnia in mensura, numero et pondere disposuisti: “ ut per ° mensuram “ quantitatem, sive modum aut gradum perfectionis uniuscuiusque rei intelligamus; per ° numerum “ vero pluralitatem et diversitatem specierum, consequentem ex diversis perfectionis gradibus; per ° pondus “ vero inclinationes diversas ad proprios fines et operationes, et agentia et patientia, et accidentia quae sequuntur distinctionem specierum.

n.11 ‘In praedicto autem ordine, secundum quem ratio divinae providentiae attenditur, primum esse diximus divinam bonitatem, quasi ultimum finem, qui est primum principium in agendis; dehinc vero rerum numerositatem; ad quam constituendam necesse est gradus diversos in formis et materiis, et agentibus et patientibus, et actionibus et accidentibus esse. sicut ergo prima ratio divinae providentiae simpliciter est divina bonitas. ita prima ratio in creaturis est earum numerositas, ad cuius institutionem et conservationem omnia alia ordinari videntur. * et secundum hoc rationabiliter videtur esse a boetio dictum, in principio suae arithmeticae, quod ° omnia quaecumque a primaeva rerum natura constituta sunt, ex numerorum videntur ratione esse formata.

n.12 ‘ Est autem considerandum quod operativa ratio et speculativa partim quidem conveniunt, partim vero differunt. conveniunt quidem in hoc quod, sicut ratio speculativa incipit ab aliquo principio et per media devenit ad conclusionem intentam, ita ratio operativa incipit ab aliquo primo et per aliqua media pervenit ad operationem vel operatum quod intenditur. principium autem in speculativis est forma et quod quid est: in operativis vero finis, quod quandoque quidem est forma, quandoque aliquid aliud. principium etiam in speculativis semper oportet esse necessarium: in operativis autem quandoque quidem est necessarium, quandoque autem non; necessarium enim est hominem velle felicitatem ut finem, non necessarium autem velle domus aedificationem. similiter in demonstrativis semper posteriora ad priora de necessitate sequuntur: non autem in operativis semper, sed tunc solum quando ad finem non nisi per hanc |25| viam perveniri potest; sicut necessarium est volenti aedificare domum quod quaerat ligna, sed quod quaerat ligna abiegna, hoc ex simplici voluntate ipsius dependet, non autem ex ratione domus aedificandae.

n.13 ‘Sic igitur quod deus suam bonitatem amet, hoc necessarium est: sed hoc non necessario sequitur, quod per creaturas repraesentetur, cum sine hoc divina bonitas sit perfecta. unde quod creaturae in esse producantur, etsi ex ratione divinae bonitatis originem habeat, tamen ex simplici dei voluntate dependet. supposito autem quod deus creaturis suam bonitatem communicare, secundum quod est possibile, velit per similitudinis modum: ex hoc rationem accipit quod sint creaturae diversae. non autem ex necessitate sequitur quod secundum hanc vel illam perfectionis mensuram, aut secundum hunc vel illum numerum rerum. supposito autem ex divina voluntate quod hunc numerum in rebus statuere velit, et hanc unicuique rei perfectionis mensuram: ex hoc rationem accipit quod habeat formam talem et materiam talem. et similiter in consequentibus patet.

n.14 ‘ Manifestum igitur fit quod providentia secundum rationem quandam res dispensat: et tamen haec ratio sumitur ex suppositione voluntatis divinae.

n.15 * Sic igitur per praemissa duplex error excluditur. eorum scilicet qui credunt quod “ omnia simplicem voluntatem sequuntur absque ratione. * qui est error loquentium in lege saracenorum, ut rabbi moyses dicit: secundum quos “ nulla differentia est quod ignis calefaciat et infrigidet, nisi quia deus ita vult. * excluditur etiam error eorum qui dicunt “ causarum ordinem ex divina providentia secundum modum necessitatis provenire. * quorum utrumque patet esse falsum ex dictis.

n.16 * Sunt autem quaedam verba scripturae quae videntur “ simplici voluntati divinae omnia attribuere. quae non dicuntur ad hoc ut ratio tollatur a providentiae dispensatione, sed ut omnium primum principium dei voluntas ostendatur, * sicut iam supra dictum est. * sicut est illud psalmi, ° omnia quaecumque voluit dominus, fecit; * et iob 11, ° quis ei dicere potest: cur ita facis? * et rom. 9-19, ° voluntati enim eius quis resistit? * et augustinus dicit, iii de trin.: ° non nisi dei voluntas causa est prima sanitatis et aegritudinis; praemiorum atque poenarum, gratiarum atque retributionum.

n.17 ‘ Sic ergo, cum quaeritur propter quid de aliquo naturali effectu, possumus reddere rationem ex aliqua proxima causa: dum tamen, sicut in primam causam, reducamus omnia in voluntatem divinam. sicut, si quaeratur, quare lignum est calefactum ad praesentiam ignis? dicitur, quia calefactio est naturalis actio ignis. hoc autem, quia calor est proprium accidens eius. hoc autem consequitur propriam formam eius. et sic inde, quousque perveniatur ad divinam voluntatem. unde, si quis respondet quaerenti quare lignum calefactum est, quia deus voluit: convenienter quidem respondet si intendit reducere quaestionem in primam causam; inconvenienter vero si intendit omnes alias excludere causas.

005 SCG lb3 cp98

n. ‘ Quomodo deus possit facere praeter ordinem suae providentiae, et quomodo non.

n.1 ‘ Ex praemissis autem accipi potest duplicis ordinis consideratio: quorum unus quidem dependet ex prima omnium causa, unde et omnia complectitur; alius autem particularis, qui ex aliqua causa creata dependet, et continet illa quae causae illi subduntur. et hic quidem multiplex est, secundum diversitatem causarum quae inter creaturas inveniuntur. unus tamen eorum sub altero continetur: sicut et causarum una sub altera existit. unde oportet quod omnes particulares ordines sub illo universali ordine contineantur, et ab illo descendant qui invenitur in rebus secundum quod a prima causa dependent. huius exemplum in politicis considerari potest. nam omnes domestici unius patrisfamilias ordinem quendam ad invicem habent secundum quod ei subduntur; rursus, tam ipse paterfamilias, quam omnes alii qui sunt suae civitatis, ordinem quendam ad invicem habent, et ad principem civitatis; qui iterum, cum omnibus qui sunt in regno aliquo, ordinem habent ad regem.

n.2 ‘ Ordinem autem universalem, secundum quem omnia ex divina providentia ordinantur, possumus considerare dupliciter: scilicet quantum ad res quae subduntur ordini; et quantum ad ordinis rationem, quae ex principio ordinis dependet.

n.3 * Ostensum est autem in secundo quod ‘res ipsae quae a deo sub ordine ponuntur, proveniunt ab ipso non sicut ab agente per necessitatem naturae, vel cuiuscumque alterius, sed ex simplici voluntate, maxime quantum ad primam rerum institutionem. relinquitur ergo quod praeter ea quae sub ordine divinae providentiae cadunt, deus aliqua facere potest; non enim est eius virtus ad has res obligata.

n.4 ‘ Si autem consideremus praedictum ordinem quantum ad rationem a principio dependentem, sic praeter ordinem illum deus facere non potest. ordo enim ille procedit, * ut ostensum est, ‘ ex scientia et voluntate dei omnia ordinante in suam bonitatem sicut in finem. non est autem possibile quod deus aliquid faciat quod non sit ab eo volitum: cum creaturae ab ipso non prodeant naturaliter, sed per voluntatem, * ut ostensum est. ‘ neque etiam est possibile ab eo aliquid fieri quod eius scientia non comprehendatur: cum voluntas esse non possit nisi de aliquo noto. neque iterum est possibile quod in creaturis aliquid faciat quod in suam bonitatem non sit ordinatum sicut in finem: cum sua bonitas sit proprium obiectum voluntatis ipsius. similiter autem, cum deus sit omnino immutabilis, impossibile est quod aliquid velit cum prius noluerit; aut aliquid de novo incipiat scire, vel in suam ordinet bonitatem.

n.5 ‘ Nihil igitur deus facere potest quin sub ordine suae providentiae cadat: sicut non potest aliquid facere quod eius operationi non subdatur. potest tamen alia facere quam ea quae subduntur eius providentiae vel operationi, si absolute consideretur eius potestas: sed nec potest facere aliqua quae sub ordine providentiae ipsius ab aeterno non fuerint, eo quod mutabilis esse non potest.

n.6 * Hanc autem distinctionem quidam non considerantes, in diversos errores inciderunt. quidam enim “ immobilitatem divini ordinis ad res ipsas quae ordini subduntur, extendere conati sunt, * dicentes quod “ omnia necesse est esse sicut sunt: * in tantum quod quidam dixerunt quod “ deus non potest alia facere quam quae facit. * contra quod est quod habetur matth. 26-53: ° an non possum rogare patrem meum, et exhibebit mihi plus quam duodecim legiones angelorum? * quidam autem, e converso, “ mutabilitatem rerum quae divinae providentiae subiiciuntur, in mutabilitatem divinae providentiae transtulerunt, de eo carnaliter sapientes quod deus, ad modum carnalis hominis, sit in sua voluntate mutabilis. * contra quod dicitur num. 23-19: ° non est deus ut homo, ut mentiatur: nec quasi filius hominis, ut mutetur. * alii vero “ contingentia divinae providentiae subtraxerunt. * contra quos dicitur thren. 3-37: ° quis est iste qui dixit ut fieret |25| aliquid, domino non iubente?

005 SCG lb3 cp99

n. ‘ Quod deus potest operari praeter ordinem rebus inditum, producendo effectus absque causis proximis.

n.1 ‘ Restat autem ostendere quod praeter ordinem ab ipso rebus inditum agere possit.

n.2 ‘ Est enim ordo divinitus institutus in rebus ut inferiora per superiora moveantur a deo, * ut supra dictum est. ‘ potest autem deus praeter hunc ordinem facere: ut scilicet ipse effectum aliquem in inferioribus operetur, nihil ad hoc agente superiori agente. in hoc enim differt agens secundum necessitatem naturae, ab agente secundum voluntatem, quod ab agente secundum necessitatem naturae effectus non potest sequi nisi secundum modum virtutis activae: unde agens quod est maximae virtutis, non potest immediate producere effectum aliquem parvum, sed producit effectum suae virtuti proportionatum; in quo tamen invenitur quandoque minor virtus quam in causa, et sic per multa media tandem a causa suprema provenit aliquis parvus effectus. in agente autem per voluntatem non est sic. nam agens per voluntatem statim sine medio potest producere quemcumque effectum qui suam non excedat virtutem: artifex enim perfectissimus potest facere opus quale faciat artifex imperfectus. |25| deus autem operatur per voluntatem, et non per necessitatem naturae, * ut supra ostensum est. ‘ igitur minores effectus, qui fiunt per causas inferiores, potest facere immediate absque propriis causis.

n.3 ‘ Adhuc. virtus divina comparatur ad omnes virtutes activas sicut virtus universalis ad virtutes particulares, * sicut per supra dicta patet. ‘ virtus autem activa universalis ad particularem effectum producendum determinari potest dupliciter. uno modo, per causam mediam particularem: sicut virtus activa caelestis corporis determinatur ad effectum generationis humanae per virtutem particularem quae est in semine; sicut et in syllogismis virtus propositionis universalis determinatur ad conclusionem particularem per assumptionem particularem. alio modo, per intellectum, qui determinatam formam apprehendit, et eam in effectum producit. divinus autem intellectus non solum est cognoscitivus suae essentiae, quae est quasi universalis virtus activa; neque etiam tantum universalium et primarum causarum; sed omnium particularium, * sicut per supra dicta patet. ‘ potest igitur producere immediate omnem effectum |25| quem producit quodcumque particulare agens.

n.4 ‘ Amplius. cum accidentia consequantur principia substantialia rei, oportet quod ille qui immediate substantiam rei producit, possit immediate circa ipsam rem operari quaecumque ad substantiam ipsius consequuntur: generans enim, quod dat formam, dat omnes proprietates et motus consequentes. * ostensum autem est supra quod ‘ deus, in prima rerum institutione, omnes res per creationem immediate in esse produxit. potest igitur immediate unamquamque rem movere ad aliquem effectum absque mediis causis.

n.5 ‘ Item. ordo rerum profluit a deo in res secundum quod est praeexcogitatus in intellectu ipsius: sicut videmus in rebus humanis quod princeps civitatis ordinem apud se praemeditatum civibus imponit. intellectus autem divinus non est determinatus ad hunc ordinem ex necessitate, ut nullum alium ordinem intelligere possit: cum et nos alium ordinem per intellectum apprehendere possumus; potest enim intelligi a nobis quod deus hominem absque semine ex terra formet. potest igitur deus, praeter inferiores causas, effectum illis causis proprium operari.

n.6 ‘ Praeterea. licet ordo rebus inditus a providentia divina divinam bonitatem suo modo repraesentet, non tamen ipsam repraesentat perfecte: cum non pertingat bonitas creaturae ad aequalitatem bonitatis divinae. quod autem non repraesentatur perfecte per aliquod exemplatum, potest iterum praeter hoc alio modo repraesentari. repraesentatio autem divinae bonitatis in rebus est finis productionis rerum a deo, * ut supra ostensum est. ‘ non est igitur voluntas divina determinata ad hunc ordinem causarum et effectuum, ut non possit velle effectum aliquem in inferioribus producere immediate absque aliis causis.

n.7 ‘ Adhuc. universa creatura magis est deo subdita quam corpus humanum sit subditum animae eius: nam anima est corpori proportionata ut forma ipsius, deus autem omnem proportionem creaturae excedit. ex hoc autem quod anima imaginatur aliquid et vehementer afficitur ad illud, sequitur aliquando immutatio in corpore ad sanitatem vel aegritudinem absque actione principiorum corporalium quae sunt nata in corpore aegritudinem vel sanitatem causare. multo igitur magis ex voluntate divina potest effectus aliquis sequi in creaturis absque causis quae natae sunt, secundum naturam, illum effectum producere.

n.8 ‘ Praeterea. secundum naturae ordinem, virtutes activae elementorum sub virtutibus activis corporum caelestium ordinantur. proprium autem effectum virtutum elementarium interdum virtus caelestis efficit absque actione elementi: sicut patet cum sol calefacit absque ignis actione. multo igitur magis et divina virtus, absque actione causarum creatarum, potest producere proprios effectus earum.

n.9 * Si autem quis dicat quod, “ cum ordinem istum rebus deus indiderit, non potest esse absque mutatione ipsius ut, praeter ordinem ab ipso statutum, operetur in rebus effectus absque propriis causis producendo: * ex ipsa rerum natura repelli potest. ‘ ordo enim inditus rebus a deo, secundum id est quod in rebus frequenter accidere solet, non autem ubique secundum id quod est semper: multae enim naturalium causarum effectus suos producunt eodem modo ut frequenter, non autem ut semper; nam quandoque, licet ut in paucioribus, aliter accidit, vel propter defectum virtutis agentis, vel propter materiae indispositionem, vel propter aliquod fortius agens; sicut cum natura in homine generat digitum sextum. non autem propter hoc deficit aut mutatur providentiae ordo: nam et hoc ipsum quod naturalis ordo, institutus secundum ea quae sunt frequenter, quandoque deficiat, providentiae subest divinae. si ergo per aliquam virtutem creatam fieri |25| potest ut ordo naturalis mutetur ab eo quod est frequenter ad id quod est raro, absque mutatione providentiae divinae; multo magis divina virtus quandoque aliquid facere

potest, sine suae providentiae praeiudicio, praeter ordinem naturalibus inditum rebus a deo.
n.10 ‘ Hoc enim ipsum ad suae virtutis manifestationem facit interdum. nullo enim modo melius manifestari potest quod tota natura divinae subiecta est voluntati, quam ex hoc quod quandoque ipse praeter naturae ordinem aliquid operatur: ex hoc enim apparet quod ordo rerum processit ab eo non per necessitatem naturae, sed per liberam voluntatem. nec debet haec ratio frivola reputari, quod deus aliquid facit in natura ad hoc quod se mentibus hominum manifestet: * cum supra ostensum sit quod ‘ omnes creaturae corporales ad naturam intellectualem ordinentur quodammodo sicut in finem; ipsius autem intellectualis naturae finis est divina cognitio, * ut in superioribus est ostensum. ‘ non est ergo mirum si, ad cognitionem de deo intellectuali naturae praebendam, fit aliqua immutatio in substantia corporali.

005 SCG lb3 cp100

n. ‘ Quod ea quae deus facit praeter naturae ordinem non sunt contra naturam.
n.1 ‘ Considerandum tamen videtur quod, licet deus interdum praeter ordinem rebus inditum aliquid operetur, nihil tamen facit contra naturam.
n.2 ‘ Cum enim deus sit actus purus, omnia vero alia habeant aliquid de potentia admixtum, oportet quod deus comparetur ad omnia sicut movens ad motum, et activum ad id quod est in potentia. quod autem est in potentia secundum ordinem naturalem in respectu alicuius agentis, si aliquid imprimatur in ipsum ab illo agente, non est contra naturam simpliciter, etsi sit aliquando contrarium particulari formae quae corrumpitur per huiusmodi actionem: cum enim generatur ignis et corrumpitur aer igne agente, est generatio et corruptio naturalis. quicquid igitur a deo fit in rebus creatis, non est contra naturam, etsi videatur esse contra ordinem proprium alicuius naturae.
n.3 ‘ Adhuc. cum deus sit primum agens, * ut supra ostensum est, ‘ omnia quae sunt post ipsum, sunt quasi quaedam instrumenta ipsius. ad hoc autem sunt instrumenta instituta ut deserviant actioni principalis agentis, dum moventur ab ipso: unde talis instrumenti materia et forma esse debet ut sit competens actioni quam intendit principale agens. et propter hoc non est contra naturam instrumenti ut moveatur a principali agente, sed est ei maxime conveniens. neque igitur est contra naturam cum res creatae moventur qualitercumque a deo: sic enim institutae sunt ut ei deserviant.
n.4 ‘ Praeterea. in agentibus etiam corporalibus hoc videtur, quod motus qui sunt in inferioribus corporibus ex impressione superiorum, non sunt violenti neque contra naturam, quamvis non videantur convenientes motui naturali quem corpus inferius habet secundum proprietatem suae formae: non enim dicimus quod fluxus et refluxus maris sit motus violentus, cum sit ex impressione caelestis corporis, licet naturalis motus aquae sit solum ad unam partem, scilicet ad medium. multo igitur magis quicquid a deo fit in qualibet creatura, non potest dici violentum neque contra naturam.
n.5 ‘ Item. prima mensura essentiae et naturae cuiuslibet rei est deus, sicut primum ens, quod est omnibus causa essendi. cum autem per mensuram de unaquaque re sumatur iudicium, oportet hoc dici naturale unicuique rei per quod conformatur suae mensurae. hoc igitur erit naturale unicuique rei quod ei a deo inditum est. ergo et si eidem rei a deo aliquid aliter imprimatur, non est contra naturam.
n.6 ‘ Amplius. omnes creaturae comparantur ad deum sicut artificiata ad artificem, * ut ex praemissis patet. ‘ unde tota natura est sicut quoddam artificiatum divinae artis. non est autem contra rationem artificii si artifex aliter aliquid operetur in suo artificio, etiam postquam ei primam formam dedit. neque ergo est contra naturam si deus in rebus naturalibus aliquid operetur aliter quam consuetus cursus naturae habet.
n.7 * Hinc est quod augustinus dicit: ° deus, creator et conditor omnium naturarum, nihil contra naturam facit: quia id est naturale cuique rei quod facit a quo est omnis modus, numerus et ordo naturae.

005 SCG lb3 cp101

n. ‘ De miraculis.
n.1 ‘ Haec autem quae praeter ordinem communiter in rebus statutum quandoque divinitus fiunt, miracula dici solent: admiramur enim aliquid cum, effectum videntes, causam ignoramus. et quia causa una et eadem a quibusdam interdum est cognita et a quibusdam ignota, inde contingit quod videntium simul aliquem effectum, aliqui mirantur et aliqui non mirantur: astrologus enim non miratur videns eclipsim solis, quia cognoscit causam; ignarus autem huius scientiae necesse habet admirari, causam ignorans. sic igitur est aliquid mirum quoad hunc, non autem quoad illum. illud ergo simpliciter mirum est quod habet causam simpliciter occultam: et hoc sonat nomen miraculi, quod scilicet sit de se admiratione plenum, non quoad hunc vel illum tantum. causa autem simpliciter occulta omni homini est deus: * probatum enim est supra quod ‘ eius essentiam nullus homo in statu huius vitae intellectu capere potest. illa igitur proprie miracula dicenda sunt quae divinitus fiunt |25| praeter ordinem communiter observatum in rebus.
n.2 ‘ Horum autem miraculorum diversi sunt gradus et ordines. nam summum gradum inter miracula tenent in quibus aliquid fit a deo quod natura nunquam facere potest: sicut quod duo corpora sint simul, quod sol retrocedat aut stet, quod mare divisum transeuntibus iter praebeat. et inter haec etiam ordo attenditur. nam quanto maiora sunt illa quae deus operatur, et quanto magis sunt remota a facultate naturae, tanto miraculum maius est: sicut maius est miraculum quod sol retrocedat quam quod mare dividatur.
n.3 ‘ Secundum autem gradum in miraculis tenent illa in quibus deus aliquid facit quod natura facere potest, sed non per illum ordinem. opus enim naturae est quod aliquod animal vivat, videat et ambulet: sed quod post mortem vivat, post caecitatem videat, post debilitatem claudus ambulet, hoc natura facere non potest, sed deus interdum miraculose operatur. inter haec etiam miracula gradus attenditur, secundum quod illud quod fit, magis est a facultate naturae remotum.
n.4 ‘ Tertius autem gradus miraculorum est cum deus facit quod consuetum est fieri operatione naturae, tamen absque principiis naturae operantibus: sicut cum aliquis a febre curabili per naturam, divina virtute curatur; et cum pluit sine operatione principiorum naturae.

005 SCG lb3 cp102

n. ‘ Quod solus deus facit miracula.
n.1 ‘ Ex praemissis autem ostendi potest quod miracula facere solus deus potest.
n.2 ‘ Quod enim est sub ordine totaliter constitutum, non potest supra ordinem illum operari. omnis autem creatura constituta est sub ordine quem deus in rebus statuit. nulla ergo creatura potest supra hunc ordinem operari. quod est miracula facere.
n.3 ‘ Item. quando aliqua virtus finita proprium effectum operatur ad quem determinatur, non est miraculum: licet possit esse mirum alicui qui illam virtutem non comprehendit; sicut mirum videtur ignaris quod magnes trahit ferrum, vel quod aliquis parvus piscis sit retinens navem. omnis autem creaturae potentia est limitata ad aliquem determinatum effectum, vel ad aliquos. quicquid igitur virtute cuiuscumque creaturae fiat, non potest dici miraculum proprium, etsi sit mirum virtutem illius creaturae non comprehendenti. quod autem fit virtute divina, quae, cum sit infinita, de se incomprehensibilis est, vere miraculum est.
n.4 ‘ Amplius. omnis creatura in sua actione requirit subiectum aliquod in quod agat: solius enim dei est ex nihilo aliquid facere, * ut supra ostensum est. ‘ nihil autem quod requirit in sua actione subiectum, potest agere nisi illa ad quae subiectum illud est in potentia: hoc enim agens in subiectum aliquod operatur, ut educat illud de potentia in actum. nulla igitur creatura, sicut nec creare potest, ita nec agere in aliqua re nisi quod est in potentia illius rei. fiunt autem multa miracula divinitus dum in re aliqua fit divina virtute quod non est in potentia illius rei: sicut quod mortuus reviviscat, quod sol retrocedat, quod duo corpora sint simul. haec igitur miracula nulla virtute creata fieri possunt.
n.5 ‘ Adhuc. subiectum in quod agitur, ordinem habet et ad agens quod reducit ipsum de potentia in actum, et ad actum in quem reducitur. sicut ergo subiectum aliquod est in potentia ad aliquem determinatum actum, et non ad quemlibet, ita non potest reduci de potentia in actum determinatum nisi per agens aliquod determinatum: requiritur enim agens diversimode ad reducendum in diversum actum; nam, cum aer sit potentia ignis et aqua, alio agente fit actu ignis, et actu aqua. similiter etiam patet quod materia corporalis in actum aliquem perfectum non reducitur a sola virtute universali agente, sed oportet esse aliquod agens proprium, per quod determinetur impressio universalis virtutis ad determinatum effectum; in actum autem minus perfectum potest reduci materia corporalis sola virtute universali, absque particulari agente: animalia enim perfecta non generantur ex sola virtute caelesti, sed requiritur determinatum semen; ad generationem vero quorundam imperfectorum animalium sola |25| virtus caelestis sufficit, sine semine. effectus igitur qui in his inferioribus fiunt, si sint nati fieri a causis superioribus universalibus sine operatione causarum particularium inferiorum, non est miraculum si sic fiant: sicut non est miraculum quod animalia ex putrefactione sine semine nascantur. si autem non sunt nati fieri per solas causas superiores, requiruntur ad eorum complementum causae inferiores particulares. cum autem aliquis effectus producitur ab aliqua causa superiori mediantibus propriis principiis, non est miraculum. nullo igitur modo virtute superiorum creaturarum aliqua miracula fieri possunt.
n.6 ‘ Amplius. eiusdem rationis esse videtur quod aliquid operetur ex subiecto; et quod operetur id ad quod est in potentia subiectum; et quod ordinate operetur per determinata media. nam subiectum non fit in potentia propinqua ad ultimum nisi cum fuerit actu in media: sicut cibus non est statim potentia caro, sed cum fuerit conversus in sanguinem. omnis autem creatura necesse habet subiecto ad hoc quod aliquid faciat: nec potest facere nisi ad quod subiectum est in potentia, * ut ostensum est. ‘ ergo non potest facere aliquid nisi subiectum reducat in actum per determinata media. miracula igitur, quae fiunt ex hoc quod aliquis effectus producitur non illo ordine quo naturaliter fieri potest, virtute creaturae fieri non possunt.
n.7 ‘ Adhuc. inter species motus ordo quidam naturalis attenditur: nam primus motuum est motus localis, unde et causa aliorum existit; “ primum enim in quolibet genere causa invenitur eorum quae in illo genere consequuntur. ‘ omnis autem effectus qui in his inferioribus producitur, per aliquam generationem vel alterationem necesse est ut producatur. oportet igitur quod per aliquid localiter motum hoc proveniat, si fiat ab aliquo agente incorporali, quod proprie localiter moveri non possit. effectus autem qui fiunt a substantiis incorporeis per corporea instrumenta, non sunt miraculosi: corpora enim non operantur nisi naturaliter. non igitur substantiae creatae incorporeae possunt aliqua miracula facere propria virtute. et multo minus substantiae corporeae, quarum omnis actio naturalis est.
n.8 ‘ Solius igitur dei est miracula facere. ipse enim est superior ordine quo universa continentur, sicut a cuius providentia totus hic ordo fluit. eius etiam virtus, cum sit omnino infinita, non determinatur ad aliquem specialem effectum; neque ad hoc quod effectus ipsius producatur aliquo determinato modo vel ordine.
n.9 * Hinc est quod in psalmo dicitur de deo: ° qui facit mirabilia magna solus.

005 SCG lb3 cp103

n. ‘ Quo modo substantiae spirituales aliqua mirabilia operantur, quae tamen non sunt vere miracula.
n.1 * Fuit autem positio avicennae quod “ substantiis separatis multo magis obedit materia ad productionem alicuius effectus, quam contrariis agentibus in materia. * unde ponit quod “ ad apprehensionem praedictarum substantiarum sequitur interdum effectus aliquis in istis inferioribus, vel pluviarum, vel sanitatis alicuius infirmi, absque aliquo corporeo agente medio.
n.2 * Cuius quidem signum “ ab anima nostra accepit, quae cum fuerit fortis in sua imaginatione, ad solam apprehensionem immutatur corpus: sicut cum quis ambulans super trabem in alto positam, cadit de facili, quia imaginatur casum ex timore; non autem caderet si esset trabs illa posita super terram, unde casum timere non posset. manifestum est etiam quod ad solam apprehensionem animae calescit corpus, sicut accidit in concupiscentibus vel iratis; aut etiam infrigidatur, sicut accidit in timentibus. quandoque etiam immutatur ex forti apprehensione ad aliquam aegritudinem, puta febrem, vel etiam lepram. * et per hunc modum dicit quod, “ si anima sit pura, non subiecta corporalibus passionibus, et fortis in sua apprehensione, obedit apprehensioni eius non solum corpus proprium, sed etiam corpora exteriora: adeo quod ad eius apprehensionem sanetur aliquis infirmus, vel aliquid huiusmodi aliud accidat. |25| * et hoc ponit “ esse causam fascinationis: quia scilicet anima alicuius vehementer affecta in malivolentia, habet impressionem nocumenti in aliquem, maxime puerum, qui propter corporis teneritudinem est facile susceptivus impressionis. * unde vult quod “ multo amplius ad apprehensionem substantiarum separatarum, quas ponit animas vel motores orbium, sequantur aliqui effectus in istis inferioribus absque actione alicuius corporalis agentis.
n.3 * Haec autem positio satis consona est aliis suis positionibus. ponit enim quod “ omnes formae substantiales effluunt in haec inferiora a substantia separata; et quod corporalia agentia non sunt nisi disponentia materiam ad suscipiendam impressionem agentis separati. * quod quidem non est verum secundum aristotelis doctrinam, qui probat in vii metaphys., quod “ formae quae sunt in materia, non sunt a formis separatis, sed a formis quae sunt in materia: sic enim invenietur similitudo inter faciens et factum.
n.4 * Exemplum etiam quod sumitur de impressione animae in corpus, non multum adiuvat eius intentionem. ‘ non enim ex apprehensione sequitur aliqua immutatio corporis nisi apprehensioni adiuncta fuerit affectio aliqua, ut gaudii vel timoris, aut concupiscentiae, aut alterius passionis. huiusmodi autem passiones accidunt cum aliquo determinato motu cordis, ex quo consequitur ulterius immutatio totius corporis, vel secundum motum localem vel secundum alterationem aliquam. unde adhuc remanet quod apprehensio substantiae spiritualis non alterat corpus nisi mediante motu locali.
n.5 * Quod autem de fascinatione inducit, ‘ non ob hoc accidit quod apprehensio unius immediate immutet corpus alterius: sed quia, mediante motu cordis, immutat corpus coniunctum; cuius immutatio pervenit ad oculum, a quo infici potest aliquid extrinsecum, praecipue si sit facile immutabile; sicut etiam oculus menstruatae inficit speculum.
n.6 ‘ Substantia igitur spiritualis creata propria virtute nullam formam inducere potest in materiam cor-

poralem, quasi materia ad hoc sibi obediente ut exeat in actum alicuius formae, nisi per motum localem alicuius corporis. est enim hoc in virtute substantiae spiritualis creatae, ut corpus obediat sibi ad motum localem. movendo autem localiter aliquod corpus, adhibet aliqua naturaliter activa ad effectus aliquos producendos: sicut etiam ars fabrilis adhibet ignem ad mollificationem ferri. hoc autem non est miraculosum, proprie loquendo. unde relinquitur quod substantiae spirituales creatae non faciant miracula propria virtute.

n.7 ‘ Dico autem propria virtute: quia nihil prohibet huiusmodi substantias, inquantum agunt in virtute divina, miracula facere. quod etiam ex hoc videtur, quod “ unus ordo angelorum specialiter deputatur, * ut gregorius dicit, “ ad miracula facienda. * qui etiam dicit quod “ quidam sancti miracula interdum faciunt ex potestate, ‘ non solum ex intercessione.

n.8 ‘ Considerandum tamen est quod, cum res aliquas naturales vel angeli vel daemones adhibent ad aliquos determinatos effectus, utuntur eis quasi instrumentis quibusdam, sicut et medicus utitur ut instrumentis aliquibus herbis ad sanandum. ex instrumento autem procedit non solum suae virtuti correspondens effectus, sed etiam ultra propriam virtutem, inquantum agit in virtute principalis agentis: serra enim, aut securis, non posset facere lectum nisi inquantum agunt ut motae ab arte ad talem effectum; nec calor naturalis posset carnem generare nisi virtute animae vegetabilis, quae utitur ipso quasi quodam instrumento. conveniens est igitur quod ex ipsis rebus naturalibus proveniant aliqui altiores effectus ex hoc quod spirituales substantiae eis utuntur quasi instrumentis quibusdam.

n.9 ‘ Sic ergo, licet tales effectus simpliciter miracula dici non possint, quia ex naturalibus causis proveniunt, mirabiles tamen nobis redduntur dupliciter. uno modo, ex hoc quod per spirituales substantias tales causae modo nobis inconsueto ad effectus proprios apponuntur: unde et ingeniosorum artificum opera mira redduntur cum ab aliis non percipitur qualiter operantur. alio modo, ex hoc quod causae naturales appositae ad effectus aliquos producendos, aliquid virtutis sortiuntur ex hoc quod sunt instrumenta spiritualium substantiarum. et hoc magis accedit ad rationem miraculi.

005 SCG lb3 cp104

n. ‘ Quod opera magorum non sunt solum ex impressione caelestium corporum.

n.1 * Fuerunt autem quidam dicentes quod “ huiusmodi opera nobis mirabilia quae per artes magicas fiunt, non ab aliquibus spiritualibus substantiis fiunt, sed ex virtute caelestium corporum. * cuius signum videtur quod “ ab exercentibus huiusmodi opera stellarum certus situs consideratur. adhibentur etiam quaedam herbarum et aliarum corporalium rerum auxilia, quasi ad praeparandam inferiorem materiam ad suscipiendam influentiam virtutis caelestis.

n.2 * Hoc autem expresse apparentibus adversatur. ‘ cum enim non sit possibile ex aliquibus corporeis principiis intellectum causari, * ut supra probatum est, ‘ impossibile est quod effectus qui sunt proprii intellectualis naturae, ex virtute caelestis corporis causentur. in huiusmodi autem operationibus magorum apparent quaedam quae sunt propria rationalis naturae opera: redduntur enim responsa de furtis sublatis, et de aliis huiusmodi, quod non posset fieri nisi per intellectum. non est igitur verum omnes huiusmodi effectus ex sola virtute caelestium corporum causari.

n.3 ‘ Praeterea. ipsa loquela proprius actus est rationalis naturae. apparent autem aliqui colloquentes hominibus in praedictis operationibus, et ratiocinantes de diversis. non est igitur possibile quod huiusmodi fiant sola virtute caelestium corporum.

n.4 * Si quis autem dicat quod “ huiusmodi apparentiae non sunt secundum sensum exteriorem, sed secundum imaginationem tantum: * hoc quidem, primo, non videtur verum. ‘ non enim alicui apparent formae imaginatae quasi res verae, nisi fiat alienatio ab exterioribus sensibus: quia non potest esse quod similitudinibus intendatur tanquam rebus, nisi ligato naturali iudicatorio sensus. huiusmodi autem collocutiones et apparitiones fiunt ad homines qui utuntur libere sensibus exterioribus. non est igitur possibile quod huiusmodi visa vel audita sint secundum imaginationem tantum.

n.5 ‘ Deinde, ex quibuscumque formis imaginatis non potest alicui provenire intellectualis cognitio ultra facultatem naturalem vel acquisitam sui intellectus: quod etiam in somniis patet, in quibus, etsi sit aliqua praesignatio futurorum, non tamen quicumque videns somnia, eorum significata intelligit. per huiusmodi autem visa vel audita quae apparent in operibus magorum, plerumque advenit alicui intellectualis cognitio aliquorum quae sui intellectus facultatem excedunt: sicut revelatio occultorum thesaurorum, manifestatio futurorum, et quandoque etiam de aliquibus documentis scientiae alicuius vera respondentur. oportet ergo quod vel illi apparentes et colloquentes non videantur secundum imaginationem tantum: vel saltem quod hoc fiat virtute alicuius intellectus superioris, quod homo per huiusmodi imaginationes in cognitionem talium adducatur; et non fiat hoc virtute solum caelestium corporum.

n.6 ‘ Adhuc. quod virtute caelestium corporum fit, est effectus naturalis: nam formae naturales sunt quae in inferioribus causantur ex virtute caelestium corporum. quod igitur nulli rei potest esse naturale, non potest fieri virtute caelestium corporum. quaedam autem talia fieri dicuntur per operationes praedictas: sicut quod ad praesentiam alicuius quaecumque sera ei pandatur, quod aliquis invisibilis reddatur, et multa huiusmodi narrantur. non est igitur possibile hoc fieri virtute caelestium corporum.

n.7 ‘ Amplius. cuicumque virtute caelestium corporum confertur quod posterius est, confertur et ei quod prius est. moveri autem ex se consequitur ad habere animam: animatorum enim proprium est quod moveant seipsa. impossibile est igitur fieri virtute caelestium corporum quod aliquod inanimatum per se moveatur. fieri autem hoc per magicas artes dicitur, quod aliqua statua per se moveatur, aut vocem emittat. non est ergo possibile quod effectus magicarum artium fiat virtute caelesti.

n.8 * Si autem dicatur quod “ statua illa sortitur aliquod principium vitae virtute caelestium corporum, * hoc est impossibile. ‘ principium enim vitae in omnibus viventibus est forma substantialis: “ vivere enim est esse viventibus, * ut philosophus dicit, in ii de anima. ‘ impossibile est autem quod aliquid recipiat aliquam formam substantialem de novo nisi amittat formam quam prius habuit: “ generatio enim unius est corruptio alterius. ‘ in fabricatione autem alicuius statuae non abiicitur aliqua forma substantialis, sed fit transmutatio solum secundum figuram, quae est accidens: manet enim forma cupri, vel alicuius huiusmodi. non est igitur possibile quod huiusmodi statuae sortiantur aliquod principium vitae.

n.9 ‘ Adhuc. si aliquid per principium vitae moveatur, necesse est quod habeat sensum: “ movens enim est sensus vel intellectus. ‘ intellectus autem in generabilibus et corruptibilibus non est sine sensu. sensus autem non potest esse ubi non est tactus: nec tactus sine organo medie temperato. talis autem temperies non invenitur in lapide vel cera vel metallo, ex quo fit statua. non est igitur possibile quod huiusmodi statuae moveantur per principium vitae.

n.10 ‘ Amplius. viventia perfecta non solum generantur virtute caelesti, sed etiam ex semine: “ homo enim generat hominem et sol. ‘ quae vero ex sola virtute caelesti sine semine generantur, sunt animalia generata ex putrefactione, quae inter alia ignobiliora sunt. si igitur per virtutem caelestem solam huiusmodi statuae sortiuntur principium vitae, per quod moveant seipsa, oportet ea esse ignobilissima inter animalia. quod tamen esset falsum, si per principium vitae intrinsecum operarentur: nam in earum actibus apparent nobiles operationes, cum respondeant de occultis. non est igitur possibile quod operentur vel moveantur per principium vitae.

n.11 ‘ Item. effectum naturalem virtute caelestium corporum productum contingit inveniri absque artis operatione: etsi enim aliquo artificio aliquis operetur ad generationem ranarum, vel aliquorum huiusmodi, contingit tamen generari ranas absque omni artificio. si ergo virtute caelestium corporum huiusmodi statuae, quae per artem nigromanticam fiunt, sortiantur principium vitae, erit invenire generationem talium absque huiusmodi arte. hoc autem non invenitur. manifestum est igitur quod huiusmodi statuae non habent principium vitae, neque moventur virtute caelestis corporis.

n.12 * Per haec autem excluditur positio hermetis, qui sic dixit, ut augustinus refert, viii de civitate dei: ° deus sicut effector est deorum caelestium, ita homo fictor est deorum qui in templis sunt, humana proximitate contenti: statuas dico animatas, sensu et spiritu plenas, tantaque facientes et talia; statuas futurorum praescias; easdem de somniis et multis aliis rebus praedicentes; imbecillitates hominibus facientes, eosque curantes; tristitiam laetitiamque dantes pro meritis.

n.13 * Haec etiam positio auctoritate divina destruitur. dicitur enim in psalmo: ° simulacra gentium argentum et aurum, opera manuum hominum. os habent et non loquentur: neque enim est spiritus in ore ipsorum.

n.14 ‘ Non videtur autem omnino negandum quin in praedictis ex virtute caelestium corporum aliquid virtutis esse possit: ad illos tamen solos effectus quos virtute caelestium corporum aliqua inferiora corpora producere possunt.

005 SCG lb3 cp105

n. ‘ Unde magorum operationes efficaciam habeant.

n.1 ‘ Investigandum autem relinquitur unde artes magicae efficaciam habeant. quod quidem facile perpendi potest si modus operationis earum attendatur.

n.2 ‘ In suis enim operationibus utuntur vocibus quibusdam significativis ad determinatos effectus producendos. vox autem, inquantum est significativa, non habet virtutem nisi ex aliquo intellectu: vel ex intellectu proferentis; vel ex intellectu eius ad quem profertur. ex proferentis quidem intellectu, sicut si aliquis intellectus sit tantae virtutis quod sua conceptione res possit causare, quam quidem conceptionem vocis officio producendis effectibus quodammodo praesentat. ex intellectu autem eius ad quem sermo dirigitur, sicut cum per significationem vocis in intellectu receptam, audiens inducitur ad aliquid faciendum. non autem potest dici quod voces illae significativae a magis prolatae efficaciam habeant ex intellectu proferentis. cum enim virtus essentiam consequatur, virtutis diversitas essentialium principiorum diversitatem ostendit. intellectus autem communiter hominum huius dispositionis invenitur quod eius cognitio ex rebus causatur, magis quam sua conceptione res causare possit. si igitur sint |25| aliqui homines qui verbis conceptionem sui intellectus exprimentibus res possint transmutare propria virtute, erunt alterius speciei, et dicentur aequivoce homines.

n.3 ‘ Amplius. virtus faciendi non acquiritur per disciplinam, sed solum cognitio aliquid faciendi. per disciplinam autem aliqui acquirunt quod huiusmodi operationes magicas efficiant. non igitur est in eis ad huiusmodi effectus producendos virtus aliqua, sed cognitio sola.

n.4 * Si quis autem dicat quod “ huiusmodi homines sua nativitate, ex virtute stellarum, sortiuntur prae ceteris virtutem praedictam, ita quod, quantumcumque alii instruantur qui hoc ex nativitate non habent, efficaces in huiusmodi operibus esse non possunt: ‘ primo quidem dicendum est quod corpora caelestia super intellectum imprimere non possunt, * ut supra ostensum est. ‘ non igitur ex virtute stellarum sortiri potest intellectus alicuius hanc virtutem quod repraesentatio suae conceptionis per vocem sit alicuius effectiva.

n.5 * Si autem dicatur quod “ etiam imaginatio aliquid in prolatione vocum significativarum operatur, super quam possunt corpora caelestia imprimere, cum eius operatio sit per organum corporale: * hoc non potest esse ‘ quantum ad omnes effectus qui per huiusmodi artes fiunt. * ostensum est enim quod ‘ non possunt omnes huiusmodi effectus virtute stellarum produci. ergo neque ex virtute stellarum aliquis sortiri potest hanc virtutem ut eosdem effectus producat.

n.6 ‘ Relinquitur igitur quod effectus huiusmodi compleantur per aliquem intellectum ad quem sermo proferentis huiusmodi voces dirigitur. huius autem signum est: nam huiusmodi significativae voces quibus magi utuntur, invocationes sunt, supplicationes, adiurationes, aut etiam imperia, quasi ad alterum colloquentis.

n.7 ‘ Item. in observationibus huius artis utuntur quibusdam characteribus et figuris determinatis. figura autem nullius actionis principium est neque passionis: alias, mathematica corpora essent activa et passiva. non ergo potest per figuras determinatas disponi materia ad aliquem effectum naturalem suscipiendum. non ergo utuntur magi figuris aliquibus quasi dispositionibus. relinquitur ergo quod utantur eis solum quasi signis: non enim est aliquid tertium dare. signis autem non utimur nisi ad alios intelligentes. habent igitur magicae artes efficaciam ab alio intelligente, ad quem sermo magi dirigitur.

n.8 * Si quis autem dicat quod “ figurae aliquae appropriantur aliquibus caelestium corporum; et ita corpora inferiora determinantur per aliquas figuras ad aliquorum caelestium corporum impressiones suscipiendas: * videtur non rationabiliter dici. ‘ non enim ordinatur aliquod patiens ad suscipiendam impressionem agentis nisi per hoc quod est in potentia. illa ergo tantum determinant ipsum ad specialem impressionem suscipiendum, per quae in potentia fit quodammodo. per figuras autem non disponitur materia ut sit in potentia ad aliquam formam: quia figura abstrahit, secundum suam rationem, ab omni materia et forma sensibili, cum sit quoddam mathematicum. non ergo per figuras vel characteres determinatur aliquod corpus ad suscipiendam aliquam influentiam caelestis corporis.

n.9 ‘ Praeterea. figurae aliquae appropriantur corporibus caelestibus ut effectus ipsorum: nam figurae inferiorum corporum causantur a corporibus caelestibus. praedictae autem artes non utuntur characteribus aut figuris quasi effectibus caelestium corporum, sed sunt effectus hominis operantis per artem. appropriatio igitur figurarum ad aliqua caelestia corpora nihil ad propositum facere videtur.

n.10 ‘ Item. per figuras non disponitur aliqualiter materia naturalis ad formam, * ut ostensum est. ‘ corpora igitur in quibus sunt impressae huiusmodi figurae, sunt eiusdem habilitatis ad recipiendam influentiam caelestem cum aliis corporibus eiusdem speciei. quod autem aliquid agat in unum eorum quae sunt aequaliter disposita, propter aliquid sibi appropriatum ibi inventum, et non in aliud, non est operantis per necessitatem naturae, sed per electionem. patet ergo quod huiusmodi artes figuris utentes ad effectus aliquos producendos, non habent efficaciam ab aliquo agente per naturam, sed ab aliqua intellectuali substantia per intellectum agente.

n.11 * Hoc etiam demonstrat “ et ipsum nomen quod talibus figuris imponunt, characteres eos dicentes. character enim signum est. * in quo datur intelligi quod “ figuris huiusmodi non utuntur nisi ut signis exhibitis alicui intellectuali naturae.

n.12 ‘ Quia vero figurae in artificialibus sunt quasi formae specificae, * potest aliquis dicere quod “ nihil prohibet quin constitutionem figurae, quae dat speciem imagini, consequatur aliqua virtus ex influentia caelesti, non secundum quod figura est, sed secundum quod causat speciem artificiati, quod adipiscitur virtutem ex stellis. 'sed de litteris quibus inscribitur aliquid in imagine, et aliis characteribus, nihil aliud potest dici quam quod signa sunt. unde non habent ordinem nisi ad aliquem intellectum. quod etiam ostenditur per sacrificia, prostrationes, et alia huiusmodi quibus utuntur, quae non possunt esse nisi signa reverentiae exhibitae alicui intellectuali naturae.

005 SCG lb3 cp106

n. 'Quod substantia intellectualis quae praestat efficaciam magicis operibus, non est bona secundum virtutem.

n.1 'Est autem ulterius inquirendum quae sit haec intellectualis natura, cuius virtute tales operationes fiunt.

n.2 'Et primo quidem apparet quod non sit bona et laudabilis. praestare enim patrocinium aliquibus quae sunt contraria virtuti, non est alicuius intellectus bene dispositi. hoc autem fit in huiusmodi artibus: fiunt enim plerumque ad adulteria, furta, homicidia, et alia huiusmodi maleficia procuranda; unde utentes his artibus malefici vocantur. non est ergo bene disposita secundum virtutem intellectualis natura cuius auxilio huiusmodi artes innituntur.

n.3 'Item. non est intellectus bene dispositi secundum virtutem familiarem esse et patrocinium exhibere sceleratis, et non quibuslibet optimis viris. huiusmodi autem artibus utuntur plerumque homines scelerati. non igitur intellectualis natura cuius auxilio hae artes efficaciam habent, est bene disposita secundum virtutem.

n.4 'Adhuc. intellectus bene dispositi est reducere homines in ea quae sunt hominum propria bona, quae sunt bona rationis. abducere igitur ab istis, pertrahendo ad aliqua minima bona, est intellectus indecenter dispositi. per huiusmodi autem artes non adipiscuntur homines aliquem profectum in bonis rationis, quae sunt scientiae et virtutes: sed in quibusdam minimis, sicut in inventione furtorum et deprehensione latronum, et his similibus. non igitur substantiae intellectivae quarum auxilio hae artes utuntur, sunt bene dispositae secundum virtutem.

n.5 'Amplius. in operationibus praedictarum artium illusio quaedam videtur, et irrationabilitas: requirunt enim huiusmodi artes hominem re venerea non attrectatum, cum tamen plerumque adhibeantur ad illicitos concubitus conciliandos. in operatione autem intellectus bene dispositi nihil irrationabile et sibi diversum apparet. non igitur huiusmodi artes utuntur patrocinio intellectus bene dispositi secundum virtutem.

n.6 'Praeterea. non est bene dispositus secundum intellectum qui per aliqua scelera commissa provocatur ad auxilium alicui ferendum. hoc autem fit in istis artibus: nam aliqui in executione earum leguntur innocentes pueros occidisse. non igitur sunt boni intellectus quorum auxilio ista fiunt.

n.7 'Item. bonum proprium intellectus est veritas. cum igitur boni sit bonum adducere, cuiuslibet intellectus bene dispositi esse videtur alios perducere ad veritatem. in operationibus autem magorum pleraque fiunt quibus ludificentur homines et decipiantur. intellectus igitur cuius auxilio utuntur, non est bene dispositus secundum morem.

n.8 'Adhuc. intellectus bene dispositus veritate allicitur, in qua delectatur, non autem mendaciis. magi autem in suis invocationibus utuntur quibusdam mendaciis, quibus alliciant eos quorum auxilio utuntur: comminantur enim quaedam impossibilia, sicut quod, " nisi ille qui invocatur opem ferat, invocans caelum comminuet, aut sidera deponet; * ut narrat porphyrius in epistola ad anebontem. 'illae igitur intellectuales substantiae quibus adiuvantibus operationes magorum perficiuntur, non videntur bene dispositae secundum intellectum.

n.9 'Amplius. non videtur esse habentis intellectum bene dispositum ut, si sit superior, imperanti sibi subdatur sicut inferior: aut si sit inferior, ut sibi ab eo quasi superiori supplicari patiatur. magi autem invocant eos quorum auxilio utuntur suppliciter, quasi superiores: cum autem advenerint, imperant eis quasi inferioribus. nullo igitur modo videntur bene dispositi secundum intellectum.

n.10 * Per haec autem excluditur gentilium error, qui "huiusmodi operationes diis attribuebant.

005 SCG lb3 cp107

n. 'Quod substantia intellectualis cuius auxilio magicae artes utuntur, non est mala secundum suam naturam.

n.1 'Non est autem possibile quod sit naturalis malitia in substantiis intelligentibus quarum auxilio magicae artes operantur.

n.2 'In illud enim in quod aliquid tendit secundum suam naturam, non tendit per accidens, sed per se: sicut grave deorsum. sed si huiusmodi intellectuales substantiae sint secundum suam naturam malae, naturaliter in malum tendent. non igitur per accidens, sed per se tendent ad malum. hoc autem est impossibile: * ostensum est enim supra quod 'omnia per se tendunt ad bonum, et nihil tendit ad malum nisi per accidens. non igitur huiusmodi intellectuales substantiae sunt secundum suam naturam malae.

n.3 'Adhuc. quicquid est in rebus, oportet quod vel causa vel causatum sit: alioquin ad alia ordinem non haberet. aut igitur huiusmodi substantiae sunt causae tantum, aut etiam causata. si autem causae; malum autem non potest esse causa alicuius nisi per accidens, * ut supra ostensum est; 'omne autem quod est per accidens, oportet reduci ad id quod est per se: oportet quod in eis sit aliquid prius quam eorum malitia, per quod sint causae. primum autem in unoquoque est eius natura et essentia. non igitur secundum suam naturam sunt malae huiusmodi substantiae. idem etiam sequitur si sunt causata. nam nullum agens agit nisi intendens ad bonum. malum ergo non potest esse effectus alicuius causae nisi per accidens. quod autem causatur per accidens tantum, non potest esse secundum naturam: cum omnis natura determinatum modum habeat quo procedit in esse. non est igitur possibile quod huiusmodi substantiae sint malae secundum |25| suam naturam.

n.4 'Amplius. unumquodque entium habet proprium esse secundum modum suae naturae. esse autem, inquantum huiusmodi, est bonum: cuius signum est quod "omnia esse appetunt. 'si igitur huiusmodi substantiae secundum suam naturam essent malae, nullum esse haberent.

n.5 * Item. ostensum est supra quod 'nihil potest esse quin a primo ente esse habeat; et quod primum ens est summum bonum. cum autem " omne agens, 'inquantum huiusmodi, " agat sibi simile, 'oportet quod ea quae a primo ente sunt, bona sint. praedictae igitur substantiae, secundum quod sunt et naturam aliquam habent, non possunt esse malae.

n.6 'Adhuc. impossibile est aliquid esse quod sit universaliter privatum participatione boni: cum enim idem sit appetibile et bonum, si aliquid esset omnino expers boni, nihil haberet in se appetibile; unicuique autem est appetibile suum esse. oportet igitur quod, si aliquid secundum suam naturam dicatur malum, quod hoc non sit quasi simpliciter malum, sed quia est malum huic, vel quantum ad hoc: sicut venenum non est simpliciter malum, sed huic, cui est nocivum; unde quod est uni venenum, est alteri cibus. hoc autem contingit ex eo quod bonum particulare quod est proprium huius, est contrarium bono particulari quod est proprium alterius: sicut calor, qui est bonum ignis, est contrarium frigori, quod est bonum aquae, et destruit ipsum. illud igitur quod secundum suam naturam ordinatur in bonum non particulare, sed simpliciter, impossibile est quod neque secundum hunc modum possit naturaliter dici malum. tale autem est omnis intellectus: nam eius bonum est in propria operatione, quae est universalium, et eorum |25| quae sunt simpliciter. non est igitur possibile quod aliquis intellectus sit secundum suam naturam malus, non solum simpliciter, sed nec secundum quid.

n.7 'Item. in unoquoque habente intellectum, naturali ordine intellectus movet appetitum: proprium enim obiectum voluntatis est bonum intellectum. bonum autem voluntatis est in eo quod sequitur intellectum: sicut in nobis bonum est quod est secundum rationem, quod autem est praeter hoc, malum est. naturali igitur ordine substantia intellectualis vult bonum. impossibile est igitur quod illae substantiae intellectuales quarum auxilio magicae artes utuntur, sint naturaliter malae.

n.8 'Praeterea. cum voluntas tendat in bonum intellectum naturaliter, sicut in proprium obiectum et finem, impossibile est quod aliqua intellectualis substantia malam secundum naturam habeat voluntatem, nisi intellectus eius naturaliter erret circa iudicium boni. nullus autem intellectus talis potest esse: falsa enim iudicia in operationibus intellectus sunt sicut monstra in rebus naturalibus, quae non sunt secundum naturam, sed praeter naturam; nam bonum intellectus, et eius finis naturalis est cognitio veritatis. impossibile est igitur quod aliquis intellectus sit qui naturaliter in iudicio veri decipiatur. non igitur possibile est quod sit aliqua substantia intellectualis habens naturaliter malam voluntatem.

n.9 'Adhuc. nulla potentia cognoscitiva deficit a cognitione sui obiecti nisi propter aliquem defectum aut corruptionem suam, cum secundum propriam rationem ad cognitionem talis obiecti ordinetur: sicut visus non deficit a cognitione coloris nisi aliqua corruptione circa ipsum existente. omnis autem defectus et corruptio est praeter naturam: quia natura intendit esse et perfectionem rei. impossibile est igitur quod sit aliqua virtus cognoscitiva quae naturaliter deficiat a recto iudicio sui obiecti. proprium autem obiectum intellectus est verum. impossibile est igitur quod sit aliquis intellectus naturaliter circa cognitionem veri oberrans. neque igitur voluntas aliqua naturaliter potest a bono deficere.

n.10 * Hoc etiam auctoritate scripturae firmatur. dicitur enim i tim. 4-4: ° omnis creatura dei bona. * et gen. 1-31: ° vidit deus cuncta quae fecerat, et erant valde bona.

n.11 * Per haec autem excluditur error manichaeorum ponentium " huiusmodi substantias intellectuales, quas daemones consueto nomine dicimus vel diabolos, esse naturaliter malas. * excluditur etiam opinio quam porphyrius narrat, in epistola ad anebontem, dicens ° quosdam opinari esse quoddam spirituum genus, cui exaudire magos sit proprium, natura fallax, omniforme, simulans deos et daemones et animas defunctorum. et hoc est quod efficiat haec omnia quae videntur esse vel bona vel prava. ceterum circa ea quae vere sunt bona, nihil opitulari: immo vero ista nec nosse. sed et mala conciliare et insimulare, atque impedire nonnunquam virtutis sedulos sectatores, et plenum esse temeritatis et fastus, gaudere nidoribus, adulationibus capi. * haec quidem porphyrii verba " malitiam daemonum, quorum auxilio artes magicae utuntur, * satis aperte declarant. in hoc autem solo reprehensibilia sunt, quod "hanc malitiam naturaliter eis * dicit "inesse.

005 SCG lb3 cp108

n. 'Rationes quibus probari videtur quod in daemonibus non possit esse peccatum.

n.1 'Si autem in daemonibus non est naturalis malitia; * ostensum autem est 'eos esse malos: necessario relinquitur quod sint voluntate mali. oportet igitur inquirere quomodo hoc possibile sit. videtur enim omnino hoc impossibile esse.

n.2 * Ostensum est enim in secundo 'nullam substantiam intellectualem esse corpori naturaliter unitam nisi animam humanam: * vel secundum quosdam, " animas corporum caelestium, 'de quibus inconveniens est aestimare quod sint malae, cum motus caelestium corporum sit ordinatissimus, et totius ordinis naturalis quodammodo principium. omnis autem alia cognoscitiva potentia praeter intellectum utitur organis corporalibus animatis. non est ergo possibile quod in huiusmodi substantiis sit aliqua virtus cognoscitiva nisi intellectus. quicquid igitur cognoscunt, intelligunt. in eo autem quod quis intelligit, non errat: ex defectu enim intelligendi provenit omnis error. non potest igitur esse aliquis error in cognitione substantiarum talium. nullum autem voluntatis peccatum potest esse absque errore: quia voluntas semper tendit in bonum apprehensum; unde, nisi in apprehensione boni erretur, non potest esse in voluntate peccatum. videtur igitur quod in huiusmodi substantiis non possit esse voluntatis peccatum.

n.3 'Adhuc. in nobis peccatum voluntatis accidit circa ea de quibus in universali scientiam veram habemus, per hoc quod in particulari impeditur iudicium rationis ex aliqua passione rationem ligante. hae autem passiones in daemonibus esse non possunt: quia hae passiones sunt partis sensitivae, quae nullam habet operationem sine organo corporali. si igitur huiusmodi substantiae separatae habent rectam scientiam in universali, impossibile est quod per defectum cognitionis in particulari voluntas in malum tendat.

n.4 'Amplius. nulla virtus cognoscitiva circa proprium obiectum decipitur, sed solum circa extraneum: visus enim non decipitur in iudicio colorum; sed, dum homo per visum iudicat de sapore vel de specie rei, in hoc deceptio accidit. proprium autem obiectum intellectus est quidditas rei. in cognitione igitur intellectus deceptio accidere non potest, si puras rerum quidditates apprehendat, sed omnis deceptio intellectus accidere videtur ex hoc quod apprehendit formas rerum permixtas phantasmatibus, ut in nobis accidit. talis autem modus cognoscendi non est in substantiis intellectualibus corpori non unitis: quia phantasmata non possunt esse absque corpore. non est igitur possibile quod in substantiis separatis accidat error in cognitione. ergo neque peccatum voluntatis.

n.5 'Item. in nobis falsitas accidit in operatione intellectus componentis et dividentis, ex hoc quod non absolute rei quidditatem apprehendit, sed rei apprehensae aliquid componit. in operatione autem intellectus qua apprehendit quod quid est, non accidit falsum nisi per accidens, secundum quod in hac etiam operatione permiscetur aliquid de operatione intellectus componentis et dividentis. quod quidem contingit inquantum intellectus noster non statim, sed cum quodam inquisitionis ordine ad cognoscendam quidditatem alicuius rei pertingit: sicut cum primo apprehendimus animal, et dividentes per opposita differentias, altera relicta, unam generi apponimus, quousque perveniamus ad definitionem speciei. in quo quidem processu potest falsitas accidere, si accipiatur ut differentia generis quod non est generis differentia. sic autem procedere ad cognoscendum de aliquo quid est, est intellectus ratiocinando discurrentis de uno ad aliud. quod non competit substantiis intellectualibus separatis, * ut supra |25| ostensum est. 'non videtur igitur quod possit aliquis error accidere in cognitione huiusmodi substantiarum. unde nec in voluntate earum peccatum accidere potest.

n.6 'Praeterea. cum nullius rei appetitus tendat nisi in proprium bonum, impossibile videtur id cuius est singulariter unum solum bonum, quod in suo appetitu erret. et propter hoc, etsi peccatum accidat in rebus naturalibus propter defectum contingentem in executione appetitus, nunquam peccatum accidit in appetitu naturali: semper enim lapis tendit deorsum, sive perveniat sive impediatur. in nobis autem peccatum accidit in appetendo, quia, cum sit natura nostra composita ex spiritali et corporali, sunt in nobis plura bona: aliud enim est bonum nostrum secundum intellectum, et aliud secundum sensum, vel etiam secundum corpus. horum autem diversorum quae sunt hominis bona, ordo quidam est, secundum quod id quod est minus principale, ad principalius referendum est. unde peccatum voluntatis in nobis accidit cum, tali ordine non servato, appetimus id quod est nobis bonum secundum quid, contra id quod est bonum simpliciter. talis autem compositio et diversitas bonorum non est in substantiis |25| separatis: quinimmo omne eorum bonum est secundum intellectum. non est igitur in eis possibile quod sit peccatum voluntatis, ut videtur.

n.7 ‘ Adhuc. in nobis peccatum voluntatis accidit ex superabundantia vel defectu, in quorum medio virtus consistit. unde in his in quibus non est accipere superabundantiam et defectum, sed solum medium, non contingit voluntatem peccare: nullus enim peccare potest in appetendo iustitiam, nam ipsa iustitia medium quoddam est. substantiae autem intellectuales separatae non possunt appetere nisi bona intellectualia: ridiculum enim est dicere quod bona corporalia appetant qui secundum suam naturam incorporei sunt, aut bona sensibilia quibus non est sensus. in bonis autem intellectualibus non est accipere superabundantiam: nam secundum se media sunt superabundantiae et defectus; sicut verum medium est inter duos errores, quorum unus est secundum plus, alter secundum minus; unde et sensibilia et corporalia bona in medio sunt prout secundum rationem sunt. non videtur igitur quod substantiae intellectuales separatae secundum voluntatem peccare possint.

n.8 ‘ Amplius. magis a defectibus remota videtur substantia incorporea quam corporalis. in substantiis autem corporeis quae sunt a contrarietate remotae, nullus defectus accidere potest: scilicet in corporibus caelestibus. multo igitur minus in substantiis separatis, et a contrarietate remotis, et a materia, et a motu, ex quibus videtur defectus aliquis posse contingere, aliquod peccatum contingere potest.

005 SCG lb3 cp109

n. ‘ Quod in daemonibus possit esse peccatum, et qualiter.

n.1 ‘ Quod autem in daemonibus sit peccatum voluntatis, * manifestum est ex auctoritate sacrae scripturae. dicitur enim i ioan. 3-3, quod ° diabolus ab initio peccat. * et ioan. 8-44, de diabolo dicitur quod ° est mendax, et pater mendacii * et quod ° homicida erat ab initio. * et sap. 2-24 dicitur quod ° invidia diaboli mors introivit in orbem terrarum.

n.2 * Si quis autem sequi vellet platonicorum positiones, facilis esset via ad solvendum praedicta. dicunt enim “ daemones esse animalia corpore aerea: et sic, cum habeant sibi corpora unita, potest in eis etiam esse pars sensitiva. unde et passiones, quae nobis sunt causa peccati, eis attribuunt, scilicet iram, odium, et alia huiusmodi: * propter quod dicit apuleius quod ° sunt animo passiva.

n.3 “ Praeter hoc etiam quod uniti corporibus esse perhibentur, * secundum positiones platonis “ forte posset in eis aliud genus cognitionis poni quam intellectus. * nam secundum platonem, “ etiam anima sensitiva incorruptibilis est. unde oportet quod habeat operationem cui non communicet corpus. et sic nihil prohibet operationem sensitivae animae inveniri in substantia aliqua intellectuali, quamvis corpori non unita: et per consequens passiones. et sic manet in eis eadem radix peccandi quae est in nobis.

n.4 * Sed utrumque praemissorum est impossibile. ‘ quod enim non sint aliquae aliae substantiae intellectuales unitae corporibus praeter animas humanas, * ostensum est supra. ‘ quod autem operationes sensitivae animae non possint esse sine corpore, hinc apparet quod, corrupto aliquo organo sentiendi, corrumpitur operatio una sensus: sicut, corrupto oculo, visio deficit. propter quod et, corrupto organo tactus, sine quo non potest esse animal, oportet quod animal moriatur.

n.5 * Ad evidentiam igitur praemissae dubitationis, considerandum est quod, ‘ sicut est ordo in causis agentibus, ita etiam in causis finalibus: ut scilicet secundarius finis a principali dependeat, sicut secundarium agens a principali dependet. accidit autem peccatum in causis agentibus quando secundarium agens exit ab ordine principalis agentis: sicut, cum tibia deficit propter suam curvitatem ab executione motus quem virtus appetitiva imperabat, sequitur claudicatio. sic igitur et in causis finalibus, cum finis secundarius non continetur sub ordine principalis finis, est peccatum voluntatis, cuius obiectum est bonum et finis.

n.6 ‘ Quaelibet autem voluntas naturaliter vult illud quod est proprium volentis bonum, scilicet ipsum esse perfectum, nec potest contrarium huius velle. in illo igitur volente nullum potest voluntatis peccatum accidere cuius proprium bonum est ultimus finis, quod non continetur sub alterius finis ordine, sed sub eius ordine omnes alii fines continentur. huiusmodi autem volens est deus, cuius esse est summa bonitas, quae est ultimus finis. in deo igitur peccatum voluntatis esse non potest.

n.7 ‘ In quocumque autem alio volente, cuius proprium bonum necesse est sub ordine alterius boni contineri, potest peccatum accidere voluntatis, si in sua natura consideratur. licet enim naturalis inclinatio voluntatis insit unicuique volenti ad volendum et amandum sui ipsius perfectionem, ita quod contrarium huius velle non possit; non tamen sic est ei inditum naturaliter ut ita ordinet suam perfectionem in alium finem quod ab eo deficere non possit: cum finis superior non sit suae naturae proprius, sed superioris naturae. relinquitur igitur suo arbitrio quod propriam perfectionem in superiorem ordinet finem. in hoc enim differunt voluntatem habentia ab his quae voluntate carent, quod habentia voluntatem ordinant se et sua in finem, unde et liberi arbitrii esse dicuntur: quae autem voluntate carent, non ordinant se in finem, sed ordinantur a superiori agente, quasi ab alio acta in finem, non autem a seipsis.

n.8 ‘ Potuit igitur in voluntate substantiae separatae esse peccatum ex hoc quod proprium bonum et perfectionem in ultimum finem non ordinavit, sed inhaesit proprio bono ut fini. et quia ex fine necesse est quod regulae actionis sumantur, consequens est ut ex seipsa, in qua finem constituit, alia regulari disponeret, et ut eius voluntas ab alio superiori non regularetur. hoc autem soli deo debetur. * et secundum hoc intelligendum est quod “ appetiit dei aequalitatem: ‘ non quidem ut bonum suum esset divino bono aequale; hoc enim in intellectu cadere non poterat; et hoc appetendo appeteret se non esse, cum distinctio specierum secundum diversos gradus rerum proveniat, * ut ex supra dictis apparet. ‘ velle autem alios regulare, et voluntatem suam a superiori non regulari, est velle praeesse, et quodammodo non subiici, quod est peccatum superbiae. unde convenienter dicitur quod primum peccatum daemonis fuit superbia. |25| sed quia ex uno errore circa principium varius et multiplex error consequitur, ex prima inordinatione voluntatis quae fuit in daemone, consecutum est multiplex peccatum in voluntate ipsius: et odii ad deum, ut resistentem suae superbiae, et punientem iustissime suam culpam; et invidiae ad hominem; et multa alia huiusmodi.

n.9 ‘ Considerandum est etiam quod, cum proprium alicuius bonum habet ordinem ad plura superiora, liberum est volenti ut ab ordine alicuius superiorum recedat et alterius ordinem non derelinquat, sive sit superior sive inferior: sicut miles, qui ordinatur sub rege et sub duce exercitus, potest voluntatem suam ordinare in bonum ducis et non regis, aut e converso. sed si dux ab ordine regis recedat, bona erit voluntas militis recedentis a voluntate ducis et dirigentis voluntatem suam in regem, mala autem voluntas militis sequentis voluntatem ducis contra voluntatem regis: ordo enim inferioris principii dependet ab ordine superioris. substantiae autem separatae non solum ordinantur sub deo, sed una etiam earum ordinatur sub alia, a prima usque ad ultimam, * ut in secundo ostensum est. ‘ et quia in quolibet volente sub deo potest esse peccatum voluntatis, si in sua natura consideretur, possibile fuit quod aliqua de superioribus, aut etiam suprema inter omnes, peccaret secundum |25| voluntatem. et hoc quidem satis probabile est: non enim in suo bono quievisset sicut in fine nisi suum bonum valde perfectum esset. potuit igitur fieri quod de inferioribus aliquae, per propriam voluntatem, bonum suum ordinarent in ipsam, recedentes a divino ordine, quae similiter peccaverunt: aliae vero, servantes in motu suae voluntatis divinum ordinem, ab ordine peccantis, quamvis superioris secundum naturae ordinem, recte recederent. quomodo vero in bonitate vel malitia immobiliter utrorumque voluntas perseverat, * ostendetur in quarto: ‘ hoc enim pertinet ad poenas vel praemia bonorum vel malorum.

n.10 ‘ Hoc autem differt inter hominem et substantiam separatam, quod in uno homine sunt plures appetitivae virtutes, quarum una sub altera ordinatur. quod quidem in substantiis separatis non contingit: una tamen earum est sub altera. peccatum autem in voluntate contingit qualitercumque appetitus inferior deflectatur. sicut igitur peccatum in substantiis separatis esset vel per hoc quod deflecteretur ab ordine divino, vel per hoc quod aliqua earum inferior deflecteretur ab ordine alicuius superioris sub ordine divino manentis; ita in homine uno contingit peccatum dupliciter: uno modo, per hoc quod voluntas humana bonum proprium non ordinat in deum: quod quidem peccatum est commune et sibi et substantiae separatae. alio modo, per hoc quod bonum inferioris appetitus non regulatur secundum superiorem: puta quando delectabilia carnis, in quae concupiscibilis tendit, volumus non secundum ordinem rationis. huiusmodi autem peccatum non contingit in substantiis |25| separatis esse.

005 SCG lb3 cp110

n. ‘ Solutio praemissarum rationum.

n.1 * Sic ergo quae obiecta sunt non difficile est solvere.

n.2 * Non enim cogimur dicere quod “ error fuerit in intellectu substantiae separatae iudicando bonum quod bonum non sit: ‘ sed non considerando bonum superius, ad quod proprium bonum referendum erat. cuius quidem inconsiderationis ratio esse potuit voluntas in proprium bonum intense conversa: est enim liberum voluntati in hoc vel illud converti.

n.3 ‘ Patet etiam quod non appetiit aliquod bonum nisi unum, quod est sibi proprium: sed in hoc fuit peccatum, quod praetermisit superius bonum, in quod debuit ordinari. sicut enim in nobis peccatum est ex hoc quod bona inferiora, scilicet corporis, appetimus absque ordine rationis, ita in diabolo peccatum fuit ex hoc quod proprium bonum non retulit ad divinum bonum.

n.4 ‘ Patet etiam quod medium virtutis praetermisit, inquantum se superioris ordini non subdidit, et sic sibi plus dedit quam debuit, deo autem minus quam ei deberetur, cui omnia debent esse subiecta ut primae regulae ordinanti. manifestum igitur est quod in peccato illo non est praetermissum medium per superabundantiam passionis, sed solum per inaequalitatem iustitiae, quae est circa operationes. in substantiis enim separatis operationes esse possunt, passiones vero nequaquam.

n.5 * Non etiam oportet, “ si in superioribus corporibus nullus potest esse defectus, quod propter hoc in substantiis separatis peccatum esse non possit. ‘ corpora enim, et omnia quae ratione carent, aguntur tantum, non autem agunt seipsa: non enim sui actus dominium habent. unde non possunt exire a regula prima ipsa agentis et moventis, nisi per hoc quod rectitudinem primae regulae sufficienter suscipere non possunt. quod quidem contingit ex indispositione materiae. et propter hoc superiora corpora, in quibus indispositio materiae locum non habet, numquam a rectitudine primae regulae deficere possunt. substantiae vero rationales, sive intellectuales, non tantum aguntur, sed etiam agunt se ad proprios actus. quod quidem tanto magis invenitur in eis quanto perfectior est ipsarum natura: quorum enim natura perfectior est, est et perfectior virtus in agendo. unde naturae perfectio non impedit quin peccatum in eis accidere possit modo praedicto: ex hoc scilicet quod seipsis inhaerent, ordinem |25| superioris agentis non attendentes.

005 SCG lb3 cp111

n. ‘ Quod speciali quadam ratione creaturae rationales divinae providentiae subduntur.

n.1 ‘ Ex his quidem quae supra determinata sunt, manifestum est quod divina providentia ad omnia se extendit. oportet tamen aliquam rationem providentiae specialem observari circa intellectuales et rationales naturas, prae aliis creaturis. praecellunt enim alias creaturas et in perfectione naturae, et in dignitate finis. in perfectione quidem naturae, quia sola creatura rationalis habet dominium sui actus, libere se agens ad operandum; ceterae vero creaturae ad opera propria magis aguntur quam agant; * ut ex supra dictis patet. ‘ in dignitate autem finis, quia sola creatura intellectualis ad ipsum finem ultimum universi sua operatione pertingit, scilicet cognoscendo et amando deum: aliae vero creaturae ad finem ultimum pertingere non possunt nisi per aliqualem similitudinis ipsius participationem. omnis autem ratio operis variatur secundum diversitatem finis, et eorum quae |25| operationi subiiciuntur: sicut ratio operandi per artem diversa est secundum diversitatem finis et materiae; aliter enim operatur medicus ad aegritudinem pellendam, et ad sanitatem confirmandam; atque aliter in corporibus diversimode complexionatis. et similiter oportet in regimine civitatis diversam rationem ordinis observari secundum diversas conditiones eorum qui subiiciuntur regimini, et secundum diversa ad quae ordinantur: oportet enim aliter disponi milites, ut sint praeparati ad pugnam; et artifices, ut bene se habeant circa sua opera. sic igitur et alia est ordinis ratio secundum quam creaturae rationales providentiae divinae subduntur: et alia secundum quam ordinantur ceterae creaturae.

005 SCG lb3 cp112

n. ‘ Quod creaturae rationales gubernantur propter seipsas, aliae vero in ordine ad eas.

n.1 ‘ Primum igitur, ipsa conditio intellectualis naturae, secundum quam est domina sui actus, providentiae curam requirit qua sibi propter se provideatur: aliorum vero conditio, quae non habent dominium sui actus, hoc indicat, quod eis non propter ipsa cura impendatur, sed velut ad alia ordinatis. quod enim ab altero tantum agitur, rationem instrumenti habet; quod vero per se agit, habet rationem principalis agentis. instrumentum autem non quaeritur propter seipsum, sed ut eo principale agens utatur. unde oportet quod omnis operationis diligentia quae circa instrumenta adhibetur, ad principale agens referatur sicut ad finem: quod autem circa principale agens vel ab ipso vel ab alio adhibetur, inquantum est principale agens, propter ipsum est. disponuntur igitur a deo intellectuales creaturae quasi propter se procuratae, creaturae vero aliae quasi ad rationales creaturas ordinatae.

n.2 ‘ Adhuc. quod dominium sui actus habet, liberum est in agendo “ liber enim est qui sui causa est: ‘ quod autem quadam necessitate ab alio agitur ad operandum, servituti subiectum est. omnis igitur alia creatura naturaliter servituti subiecta est: sola intellectualis natura libera est. in quolibet autem regimine, liberis providetur propter seipsos: servis autem ut sint in usum liberorum. sic igitur per divinam providentiam intellectualibus creaturis providetur propter se, ceteris autem creaturis propter ipsas.

n.3 ‘ Amplius. quandocumque sunt aliqua ordinata

ad finem aliquem, si qua inter illa ad finem pertingere non possunt per seipsa, oportet ea ordinari ad illa quae finem consequuntur, quae propter se ordinantur in finem: sicut finis exercitus est victoria, quam milites consequuntur per proprium actum pugnando, qui soli propter se in exercitu quaeruntur; omnes autem alii, ad alia officia deputati, puta ad custodiendum equos, ad parandum arma, propter milites in exercitu quaeruntur. * constat autem ex praemissis ‘finem ultimum universi deum esse, quem sola intellectualis natura consequitur in seipso, eum scilicet cognoscendo et amando, * ut ex dictis patet. ‘sola igitur intellectualis natura est propter se quaesita in universo, alia autem omnia propter ipsam.

n.4 ‘ Item. in quolibet toto partes principales propter se exiguntur ad constitutionem totius: aliae vero ad conservationem, vel ad aliquam meliorationem earum. inter omnes autem partes universi, nobiliores sunt intellectuales creaturae: quia magis ad similitudinem divinam accedunt. naturae ergo intellectuales sunt propter se a divina providentia procuratae, alia vero omnia propter ipsas.

n.5 ‘ Praeterea. manifestum est partes omnes ordinari ad perfectionem totius: non enim est totum propter partes, sed partes propter totum sunt. naturae autem intellectuales maiorem habent affinitatem ad totum quam aliae naturae: nam unaquaeque intellectualis substantia est quodammodo omnia, inquantum totius entis comprehensiva est suo intellectu: quaelibet autem alia substantia particularem solam entis participationem habet. convenienter igitur alia propter substantias intellectuales providentur a deo.

n.6 ‘ Adhuc. sicut agitur unumquodque cursu naturae, ita natum est agi. sic autem videmus res cursu naturae currere quod substantia intellectualis omnibus aliis utitur propter se: vel ad intellectus perfectionem, quia in eis veritatem speculatur; vel ad suae virtutis executionem et scientiae explicationem, ad modum quo artifex explicat artis suae conceptionem in materia corporali; vel etiam ad corporis sustentationem, quod est unitum animae intellectuali, sicut in hominibus patet. manifestum est ergo quod propter substantias intellectuales omnia divinitus providentur.

n.7 ‘ Amplius. quod aliquis propter se quaerit, semper illud quaerit: quod enim per se est, semper est; quod vero aliquis propter aliud quaerit, non oportet quod semper illud quaerat, sed secundum quod competit ei propter quod quaeritur. esse autem rerum ex divina voluntate profluxit, * ut ex superioribus est manifestum. ‘ quae igitur semper sunt in entibus, sunt propter se a deo volita: quae autem non semper, non propter se, sed propter aliud. substantiae autem intellectuales maxime accedunt ad hoc quod sint semper, quia sunt incorruptibiles. sunt etiam immutabiles, nisi solum secundum electionem. ergo substantiae intellectuales gubernantur quasi propter se, aliae vero propter ipsas.

n.8 ‘ Non est autem ei quod praemissis rationibus est ostensum contrarium, quod omnes partes universi ad perfectionem totius ordinantur: sic enim ad perfectionem totius omnes partes ordinantur, inquantum una deservit alteri. sicut in corpore humano apparet quod pulmo in hoc est de perfectione corporis, quod deservit cordi: unde non est contrarium pulmonem esse propter cor, et propter totum animal. et similiter non est contrarium alias naturas esse propter intellectuales, et propter perfectionem universi: si enim deessent ea quae requirit substantiae intellectualis perfectio, non esset universum completum.

n.9 ‘ Similiter etiam praedictis non obviat quod individua sunt propter proprias species. per hoc enim quod ad suas species ordinantur, ordinem habent ulterius ad intellectualem naturam. non enim aliquod corruptibilium ordinatur ad hominem propter unum individuum hominis tantum, sed propter totam humanam speciem. toti autem humanae speciei non posset aliquod corruptibilium deservire nisi secundum suam speciem totam. ordo igitur quo corruptibilia ordinantur ad hominem, requirit quod individua ordinentur ad speciem.

n.10 ‘ Per hoc autem quod dicimus substantias intellectuales propter se a divina providentia ordinari, non intelligimus quod ipsa ulterius non referantur in deum et ad perfectionem universi. sic igitur propter se procurari dicuntur et alia propter ipsa, quia bona quae per divinam providentiam sortiuntur, non eis sunt data propter alterius utilitatem; quae vero aliis dantur, in eorum usum ex divina ordinatione cedunt.

n.11 * Hinc est quod dicitur deut. 4-19: ° ne videas solem et lunam et cetera astra, et errore deceptus, adores ea quae creavit dominus deus tuus in ministerium cunctis gentibus quae sub caelo sunt. * et in psalmo dicitur: ° omnia subiecisti sub pedibus eius; oves et boves universas, insuper et pecora campi. * et sap. 12-18 dicitur: ° tu autem, dominator virtutis, cum tranquillitate iudicas, et cum magna reverentia disponis nos.

n.12 * Per haec autem excluditur error ponentium “ homini esse peccatum si animalia bruta occidat. ‘ ex divina enim providentia naturali ordine in usum hominis ordinantur. unde absque iniuria eis utitur homo, vel occidendo, vel quolibet alio modo. * propter quod et dominus dixit ad noe, gen. 9-3: ° sicut olera virentia dedi vobis omnem carnem.

n.13 * Si qua vero in sacra scriptura inveniantur “ prohibentia aliquid crudelitatis in animalia bruta committi, sicut de ave cum pullis non occidenda: ‘ hoc fit vel ad removendum hominis animum a crudelitate in homines exercenda, ne aliquis, exercendo crudelia circa bruta, ex hoc procedat ad homines; vel quia in temporale damnum hominis provenit animalibus illata laesio, sive inferentis sive alterius; vel propter aliquam significationem, * sicut apostolus exponit illud “ de non alligando ore bovis triturantis.

005 SCG lb3 cp113

n. ‘ Quod rationalis creatura dirigitur a deo ad suos actus non solum secundum ordinem ad speciem, sed etiam secundum quod congruit individuo.

n.1 ‘ Ex hoc autem apparet quod sola rationalis creatura dirigitur a deo ad suos actus non solum secundum congruentiam speciei, sed etiam secundum congruentiam individui. omnis enim res propter suam operationem esse videtur: operatio enim est ultima perfectio rei. sic igitur unumquodque a deo ad suum actum ordinatur secundum quod divinae providentiae substat. creatura autem rationalis divinae providentiae substat sicut secundum se gubernata et provisa, non solum propter speciem, sicut aliae corruptibiles creaturae: quia individuum quod gubernatur solum propter speciem, non gubernatur propter seipsum; creatura autem rationalis propter seipsam gubernatur, * ut ex dictis manifestum est. ‘ sic igitur solae rationales creaturae directionem a deo ad suos actus accipiunt non solum propter speciem, sed secundum individuum.

n.2 ‘ Adhuc. quaecumque directionem habent in suis actibus solum secundum quod pertinent ad speciem, non est in ipsis agere vel non agere: quae enim consequuntur speciem, sunt communia et naturalia omnibus individuis sub specie contentis; naturalia autem non sunt in nobis. si igitur homo haberet directionem in suis actionibus solum secundum congruentiam speciei, non esset in ipso agere vel non agere, sed oporteret quod sequeretur inclinationem naturalem toti speciei communem, ut contingit in omnibus irrationalibus creaturis. manifestum est igitur quod rationalis creaturae actus directionem habet non solum secundum speciem, sed etiam secundum individuum.

n.3 * Amplius. sicut supra ostensum est, ‘ divina providentia ad omnia singularia se extendit, etiam minima. quibuscumque igitur sunt aliquae actiones praeter inclinationem speciei, oportet quod per divinam providentiam regulentur in suis actibus praeter directionem quae pertinet ad speciem. sed in rationali creatura apparent multae actiones ad quas non sufficit inclinatio speciei: cuius signum est quod non similes sunt in omnibus, sed variae in diversis. oportet igitur quod rationalis creatura dirigatur a deo ad suos actus non solum secundum speciem, sed etiam secundum individuum.

n.4 ‘ Item. deus unicuique naturae providet secundum ipsius capacitatem: tales enim singulas creaturas condidit quales aptas esse cognovit ut per suam gubernationem pervenirent ad finem. sola autem creatura rationalis est capax directionis qua dirigitur ad suos actus non solum secundum speciem, sed etiam secundum individuum: habet enim intellectum et rationem, unde percipere possit quomodo diversimode sit aliquid bonum vel malum secundum quod congruit diversis individuis, temporibus et locis. sola igitur creatura rationalis dirigitur a deo ad suos actus non solum secundum speciem, sed etiam secundum individuum.

n.5 ‘ Praeterea. creatura rationalis sic providentiae divinae subiacet quod non solum ea gubernatur, sed etiam rationem providentiae utcumque cognoscere potest: unde sibi competit etiam aliis providentiam et gubernationem exhibere. quod non contingit in ceteris creaturis, quae solum providentiam participant inquantum providentiae subduntur. per hoc autem quod aliquis facultatem providendi habet, potest etiam suos actus dirigere et gubernare. participat igitur rationalis creatura divinam providentiam non solum secundum gubernari, sed etiam secundum gubernare: gubernat enim se in suis actibus propriis, et etiam alia. omnis autem inferior providentia divinae providentiae subditur quasi supremae. gubernatio igitur actuum rationalis creaturae inquantum sunt actus personales, ad divinam providentiam pertinet.

n.6 ‘ Item. actus personales rationalis creaturae sunt proprie actus qui sunt ab anima rationali. anima autem rationalis non solum secundum speciem est perpetuitatis capax, sicut aliae creaturae, sed etiam secundum individuum. actus ergo rationalis creaturae a divina providentia diriguntur non solum ea ratione qua ad speciem pertinent, sed etiam inquantum sunt personales actus.

n.7 ‘ Hinc est quod, licet divinae providentiae omnia subdantur, tamen * in scripturis sacris “ specialiter ei hominum cura attribuitur: * secundum illud psalmi 8-5: ° quid est homo quod memor es eius? * et i cor. 9-9: ° nunquid deo cura est de bobus? ‘ quae quidem ideo dicuntur, quia de humanis actibus deus curam habet non solum prout ad speciem pertinent, sed etiam secundum quod sunt actus personales.

005 SCG lb3 cp114

n. ‘ Quod divinitus hominibus leges dantur.

n.1 ‘ Ex hoc autem apparet quod necessarium fuit homini divinitus legem dari. sicut enim actus irrationalium creaturarum diriguntur a deo ea ratione qua ad speciem pertinent, ita actus hominum diriguntur a deo secundum quod ad individuum pertinent, * ut ostensum est. ‘ sed actus creaturarum irrationalium, prout ad speciem pertinent, diriguntur a deo quadam naturali inclinatione, quae naturam speciei consequitur. ergo, supra hoc, dandum est aliquid hominibus quo in suis personalibus actibus dirigantur. et hoc dicimus legem.

n.2 ‘ Adhuc. rationalis creatura, * ut dictum est, ‘ sic divinae providentiae subditur quod etiam similitudinem quandam divinae providentiae participat, inquantum se in suis actibus et alia gubernare potest. id autem quo aliquorum actus gubernantur, dicitur lex. conveniens igitur fuit hominibus a deo legem dari.

n.3 ‘ Item. cum lex nihil aliud sit quam quaedam ratio et regula operandi, illis solum convenit dari legem qui sui operis rationem cognoscunt. hoc autem convenit solum rationali creaturae. soli igitur rationali creaturae fuit conveniens dari legem.

n.4 ‘ Praeterea. illis danda est lex in quibus est agere et non agere. hoc autem convenit soli rationali creaturae. sola igitur rationalis creatura est susceptiva legis.

n.5 ‘ Amplius. cum lex nihil aliud sit quam ratio operis; cuiuslibet autem operis ratio a fine sumitur: ab eo unusquisque legis capax suscipit legem a quo ad finem perducitur; sicut inferior artifex ab architectore, et miles a duce exercitus. sed creatura rationalis finem suum ultimum in deo et a deo consequitur, * ut ex superioribus patet. ‘ fuit igitur conveniens a deo legem hominibus dari.

n.6 * Hinc est quod dicitur ierem. 31-33: ° dabo legem meam in visceribus eorum * et oseae 8-12: ° scribam eis multiplices leges meas.

005 SCG lb3 cp115

n. ‘ Quod lex divina principaliter hominem ordinat in deum.

n.1 ‘ Ex hoc autem sumi potest ad quid lex divinitus data principaliter tendat.

n.2 ‘ Manifestum est enim quod unusquisque legislator ad suum finem principaliter per leges homines dirigere intendit: sicut dux exercitus ad victoriam et rector civitatis ad pacem. finis autem quem deus intendit, est ipsemet deus. lex igitur divina hominem principaliter in deum ordinare intendit.

n.3 ‘ Adhuc. lex, * sicut dictum est, ‘ est quaedam ratio divinae providentiae gubernantis rationali creaturae proposita. sed gubernatio providentis dei singula ad proprios fines ducit. per legem igitur divinitus datam homo ad suum finem praecipue ordinatur. finis autem humanae creaturae est adhaerere deo: in hoc enim felicitas eius consistit, * sicut supra ostensum est. ‘ ad hoc igitur principaliter lex divina hominem dirigit, ut deo adhaereat.

n.4 ‘ Amplius. intentio cuiuslibet legislatoris est eos quibus legem dat, facere bonos: unde praecepta legis debent esse de actibus virtutum. illi igitur actus a lege divina praecipue intenduntur qui sunt optimi. sed inter omnes humanos actus illi sunt optimi quibus homo adhaeret deo, utpote fini propinquiores. ergo ad hos actus praecipue lex divina homines ordinat.

n.5 ‘ Item. illud praecipuum debet esse in lege ex quo lex efficaciam habet. sed lex divinitus data ex hoc apud homines efficaciam habet quod homo subditur deo: non enim aliquis alicuius regis lege artatur qui ei subditus non est. hoc igitur praecipuum in divina lege esse debet, ut mens humana deo adhaereat.

n.6 * Hinc est quod dicitur deut. 10-12: ° et nunc, israel, quid dominus deus tuus petit a te, nisi ut timeas dominum deum tuum, et ambules in viis eius, et diligas eum, ac servias domino deo tuo in toto corde tuo et in tota anima tua?

005 SCG lb3 cp116

n. ‘ Quod finis legis divinae est dilectio dei.

n.1 ‘ Quia vero intentio divinae legis ad hoc principaliter est ut homo deo adhaereat; homo autem potissime adhaeret deo per amorem: necesse est quod intentio divinae legis principaliter ordinetur ad amandum.

n.2 ‘ Quod autem per amorem homo maxime deo adhaereat, manifestum est. duo enim sunt in homine quibus deo potest adhaerere, intellectus scilicet et voluntas: nam secundum inferiores animae partes deo adhaerere non potest, sed inferioribus rebus. adhaesio autem quae est per intellectum, completionem recipit per eam quae est voluntatis: quia per voluntatem homo quodammodo quiescit in eo quod intellectus apprehendit. voluntas autem adhaeret alicui rei vel propter amorem, vel propter timorem: sed differenter. nam ei quidem cui inhaeret propter timorem, inhaeret propter aliud: ut scilicet evitet malum quod, si non adhaereat ei, imminet. ei vero cui adhaeret propter amorem, adhaeret propter seipsum. quod autem est propter se, principalius est eo quod est propter aliud. adhaesio igitur amoris ad deum est potissimus modus ei adhaerendi. hoc igitur est

potissime intentum in divina |25| lege.
n.3 ‘ Item. finis cuiuslibet legis, et praecipue divinae, est homines facere bonos. homo autem dicitur bonus ex eo quod habet voluntatem bonam, per quam in actum reducit quicquid boni in ipso est. voluntas autem est bona ex eo quod vult bonum: et praecipue maximum bonum, quod est finis. quanto igitur huiusmodi bonum magis voluntas vult, tanto magis homo est bonus. sed magis vult homo id quod vult propter amorem, quam id quod vult propter timorem tantum: nam quod vult propter timorem tantum, dicitur mixtum involuntario; sicut aliquis vult in mari proiectionem mercium propter timorem. ergo amor summi boni, scilicet dei, maxime facit bonos, et est maxime intentum in divina lege.
n.4 ‘ Praeterea. bonitas hominis est per virtutem: “ virtus enim est quae bonum facit habentem. ‘ unde et lex intendit homines facere virtuosos; et praecepta legis sunt de actibus virtutum. sed de conditione virtutis est ut virtuosus et firmiter et delectabiliter operetur. hoc autem maxime facit amor: nam ex amore aliquid firmiter et delectabiliter facimus. amor igitur boni est ultimum intentum in lege divina.
n.5 ‘ Adhuc. legislatores imperio legis editae movent eos quibus lex datur. in omnibus autem quae moventur ab aliquo primo movente, tanto aliquid perfectius movetur quanto magis participat de motione primi moventis, et de similitudine ipsius. deus autem, qui est legis divinae dator, omnia facit propter suum amorem. qui igitur hoc modo tendit in ipsum, scilicet amando, perfectissime movetur in ipsum. omne autem agens intendit perfectionem in eo quod agit. hic igitur est finis totius legislationis, ut homo deum amet.
n.6 * Hinc est quod dicitur i tim. 1-5: ° finis praecepti caritas est. * et matth. 22, dicitur quod ° primum et maximum mandatum in lege est, diliges dominum deum tuum. ‘ inde est etiam quod “ lex nova, tanquam perfectior, dicitur lex amoris: lex autem vetus, tanquam imperfectior, lex timoris.

005 SCG lb3 cp117

n. ‘ Quod divina lege ordinamur ad dilectionem proximi.
n.1 ‘ Ex hoc autem sequitur quod divina lex dilectionem proximi intendat.
n.2 ‘ Oportet enim esse unionem affectus inter eos quibus est unus finis communis. communicant autem homines in uno ultimo fine beatitudinis, ad quem divinitus ordinantur. oportet igitur quod uniantur homines ad invicem mutua dilectione.
n.3 ‘ Adhuc. quicumque diligit aliquem, consequens est ut etiam diligat dilectos ab eo, et eos qui coniuncti sunt ei. homines autem dilecti sunt a deo, quibus sui ipsius fruitionem quasi ultimum finem praedisposuit. oportet igitur ut sicut aliquis fit dilector dei, ita etiam fiat dilector proximi.
n.4 “ Amplius. cum homo sit naturaliter animal sociale, ‘ indiget ab aliis hominibus adiuvari ad consequendum proprium finem. quod convenientissime fit dilectione mutua inter homines existente. ex lege igitur dei, quae homines in ultimum finem dirigit, praecipitur in nobis mutua dilectio.
n.5 ‘ Item. ad hoc quod homo divinis vacet, indiget tranquillitate et pace. ea vero quae pacem perturbare possunt, praecipue per dilectionem mutuam tolluntur. cum igitur lex divina ad hoc ordinet homines ut divinis vacent, necessarium est quod ex lege divina in hominibus mutua dilectio procedat.
n.6 ‘ Praeterea. lex divina profertur homini in auxilium legis naturalis. est autem omnibus hominibus naturale ut se invicem diligant. cuius signum est quod quodam naturali instinctu homo cuilibet homini, etiam ignoto, subvenit in necessitate, puta revocando ab errore viae, erigendo a casu, et aliis huiusmodi: “ ac si omnis homo omni homini esset naturaliter familiaris et amicus. ‘ igitur ex divina lege mutua dilectio hominibus praecipitur.
n.7 * Hinc est quod dicitur ioan. 15-12: ° hoc est praeceptum meum, ut diligatis invicem; * et i ioan. 4-21: ° hoc mandatum habemus a deo, ut qui diligit deum, diligat et fratrem suum. * et matth. 22-39 dicitur ° secundum mandatum est, diliges proximum tuum.

005 SCG lb3 cp118

n. ‘ Quod per divinam legem homines ad rectam fidem obligantur.
n.1 ‘ Ex hoc autem apparet quod per divinam legem homines ad rectam fidem obligantur.
n.2 ‘ Sicut enim amationis corporalis principium est visio quae est per oculum corporalem, ita etiam dilectionis spiritualis initium esse oportet visionem intelligibilem diligibilis spiritualis. visio autem illius spiritualis diligibilis quod est deus, in praesenti haberi non potest a nobis nisi per fidem: eo quod naturalem rationem excedit; et praecipue secundum quod in eius fruitione nostra beatitudo consistit. oportet igitur quod ex lege divina in fidem rectam inducamur.
n.3 ‘ Item. lex divina ad hoc ordinat hominem ut sit totaliter subditus deo. sed sicut homo subditur deo amando quantum ad voluntatem, ita subditur deo credendo quantum ad intellectum. non autem credendo aliquid falsum: quia a deo, qui est veritas, nullum falsum homini proponi potest; unde qui credit aliquod falsum, non credit deo. ex lege igitur divina ordinantur homines ad fidem rectam.
n.4 ‘ Adhuc. quicumque errat circa aliquid quod est de essentia rei, non cognoscit illam rem: sicut si aliquis apprehenderet animal irrationale aestimans hoc esse hominem, non cognosceret hominem. secus autem esset si erraret circa aliquod accidentium eius. sed in compositis, qui errat circa aliquod principiorum essentialium, etsi non cognoscat rem simpliciter, tamen cognoscit eam secundum quid: sicut qui existimat hominem esse animal irrationale, cognoscit eum secundum genus suum. in simplicibus autem hoc non potest accidere, sed quilibet error totaliter excludit cognitionem rei. deus autem est maxime simplex. ergo quicumque errat circa deum, non cognoscit deum: sicut qui credit deum esse corpus, nullo modo cognoscit deum, sed apprehendit aliquid aliud loco dei. secundum autem quod aliquid cognoscitur, secundum hoc amatur et desideratur. qui ergo errat circa deum, nec amare potest deum, nec desiderare ipsum ut finem. cum igitur lex divina ad hoc tendat ut homines ament et | 25 | desiderent deum, oportet quod ex lege divina homines obligentur ad rectam fidem habendam de deo.
n.5 ‘ Amplius. falsa opinio ita se habet in intelligibilibus sicut vitium virtuti oppositum in moralibus: nam “ bonum intellectus est verum. ‘sed ad legem divinam pertinet vitia prohibere. ergo ad eam etiam pertinet falsas opiniones de deo, et de his quae sunt dei, excludere.
n.6 * Hinc est quod dicitur hebr. 11-6: ° sine fide impossibile est placere deo. * et exodi 20-2, “ antequam alia praecepta legis ponantur, praestituitur recta fides de deo, * cum dicitur: ° audi israel: dominus deus tuus unus est.
n.7 * Per hoc autem excluditur error quorundam dicentium quod “ nihil refert ad salutem hominis cum quacumque fide serviat deo.

005 SCG lb3 cp119

n. ‘ Quod per quaedam sensibilia mens nostra dirigitur in deum.
n.1 ‘ Quia vero connaturale est homini ut per sensus cognitionem accipiat, et difficillimum est sensibilia transcendere, provisum est divinitus homini ut etiam in sensibilibus rebus divinorum ei commemoratio fieret, ut per hoc hominis intentio magis revocaretur ad divina, etiam illius cuius mens non est valida ad divina in seipsis contemplanda.
n.2 ‘ Et propter hoc instituta sunt sensibilia sacrificia: quae homo deo offert, non propter hoc quod deus eis indigeat, sed ut repraesentetur homini quod et seipsum et omnia sua debet referre in ipsum sicut in finem, et sicut in creatorem et gubernatorem et dominum universorum.
n.3 ‘ Adhibentur etiam homini quaedam sanctificationes per quasdam res sensibiles, quibus homo lavatur aut ungitur, aut pascitur vel potatur, cum sensibilium verborum prolatione: ut homini repraesentetur per sensibilia intelligibilium donorum processum in ipso ab extrinseco fieri et a deo, cuius nomen sensibilibus vocibus exprimitur.
n.4 ‘ Exercentur etiam ab hominibus quaedam sensibilia opera, non quibus deum excitet, sed quibus seipsum provocet in divina: sicut prostrationes, genuflexiones, vocales clamores, et cantus. quae non fiunt quasi deus his indigeat, qui omnia novit, et cuius voluntas est immutabilis, et affectum mentis, non motum corporis propter se acceptat: sed ea propter nos facimus, ut per haec sensibilia opera intentio nostra dirigatur in deum, et affectio accendatur. simul etiam per haec deum profitemur animae et corporis nostri auctorem, cui et spiritualia et corporalia obsequia exhibemus.
n.5 * Propter hoc non est mirum si haeretici qui “ corporis nostri deum esse auctorem negant, huiusmodi corporalia obsequia deo exhibita reprehendunt. * in quo etiam apparet quod “ se homines esse non meminerunt, dum sensibilium sibi repraesentationem necessariam non iudicant ad interiorem cognitionem et affectionem. ‘ nam experimento apparet quod per corporales actus anima excitatur ad aliquam cogitationem vel affectionem. unde manifestum est convenienter etiam corporalibus quibusdam nos uti ad mentis nostrae elevationem in deum.
n.6 ‘ In his autem corporalibus deo exhibendis cultus dei consistere dicitur. illa enim colere dicimur quibus per nostra opera studium adhibemus. circa deum autem adhibemus studium nostro actu, non quidem ut proficiamus ei, sicut cum alias res nostris operibus colere dicimur: sed quia per huiusmodi actus proficimur in deum. et quia per interiores actus directe in deum tendimus, ideo interioribus actibus proprie deum colimus. sed tamen et exteriores actus ad cultum dei pertinent, inquantum per huiusmodi actus mens nostra elevatur in deum, * ut dictum est.
n.7 ‘ Hinc etiam dei cultus religio nominatur: quia huiusmodi actibus quodammodo se homo ligat, ut ab eo non evagetur. et quia etiam quodam naturali instinctu se obligatum sentit ut deo suo modo reverentiam impendat, a quo est sui esse et omnis boni principium.
n.8 ‘ Hinc etiam est quod religio etiam nomen accipit pietatis. nam pietas est per quam honorem debitum parentibus impendimus. unde convenienter quod deo, parenti omnium, honor exhibeatur, pietatis esse videtur. propter quod, qui his quae ad dei cultum pertinent adversantur, impii dicuntur.
n.9 ‘ Quia vero deus non solum est nostri esse causa et principium, sed totum nostrum esse in potestate ipsius est; et totum quod in nobis est, ipsi debemus; ac per hoc vere dominus noster est: id quod in honorem dei exhibemus, servitium dicitur.
n.10 ‘ Est autem deus dominus non per accidens, sicut hominis homo, sed per naturam. et ideo aliter debetur servitium deo: et aliter homini, cui per accidens subdimur, et qui habet aliquod particulare in rebus dominium, et a deo derivatum. unde servitium quod deo debetur, specialiter apud graecos latria vocatur.

005 SCG lb3 cp120

n. ‘ Quod latriae cultus soli deo est exhibendus.
n.1 * Fuerunt autem aliqui qui “ latriae cultum non solum primo rerum principio exhibendum aestimaverunt, sed omnibus etiam creaturis quae supra hominem sunt. * unde quidam, licet opinarentur “ deum esse unum primum et universale rerum principium, latriam tamen exhibendam aestimaverunt, primo quidem post summum deum, substantiis intellectualibus caelestibus, quas deos vocabant: sive essent substantiae omnino a corporibus separatae; sive essent animae orbium aut stellarum. secundo, etiam quibusdam substantiis intellectualibus quas unitas credebant corporibus aereis, quas daemones esse dicebant: et tamen, quia supra homines eas esse credebant, sicut corpus aereum est supra terrestre, huiusmodi etiam substantias colendas divino cultu ab hominibus ponebant; et in comparatione ad homines deos illas esse dicebant, quasi medias inter homines et deos. et quia animas bonorum, per hoc quod a corpore separantur, in statum altiorem | 25 | quam sit status praesentis vitae transire credebant, etiam animabus mortuorum, quas heroas aut manes vocabant, divinum cultum exhibendum esse opinabantur.
n.2 * Quidam vero, “ deum esse animam mundi * aestimantes, crediderunt quod “ toti mundo et singulis eius partibus esset cultus divinitatis exhibendus: non tamen propter corpus, sed propter animam, quam deum esse dicebant; sicut et homini sapienti honor exhibetur non propter corpus, sed propter animam.
n.3 * Quidam vero “ etiam ea quae infra hominem sunt secundum naturam, homini tamen colenda esse dicebant divino cultu, inquantum in eis participatur aliquid virtutis superioris naturae. unde, cum quasdam imagines per homines factas sortiri crederent aliquam virtutem supernaturalem, vel ex influentia caelestium corporum, vel ex praesentia aliquorum spirituum, dicebant huiusmodi imaginibus divinum cultum esse exhibendum. quas etiam imagines deos vocabant. propter quod et idololatrae sunt dicti: quia latriae cultum idolis, idest imaginibus, impendebant.
n.4 ‘ Est autem irrationabile ponentibus unum tantum primum principium separatum, cultum divinum alteri exhibere. cultum enim deo exhibemus, * ut dictum est, ‘ non quia ipse hoc indigeat, sed ut in nobis firmetur etiam per sensibilia opinio vera de deo. opinio autem de hoc quod deus sit unus, supra omnia exaltatus, per sensibilia firmari non potest in nobis nisi per hoc quod ei aliquid separatim exhibemus, quod dicimus cultum divinum. patet ergo quod vera opinio de uno principio debilitatur si cultus divinus pluribus exhibeatur.
n.5 * Praeterea. sicut dictum est supra, ‘ huiusmodi cultus exterior homini necessarius est ad hoc quod anima hominis excitetur in spiritualem reverentiam dei. ad hoc autem quod animus hominis ad aliquid moveatur, multum operatur consuetudo: nam ad consueta facilius movemur. habet autem hoc humana consuetudo, quod honor qui exhibetur ei qui summum locum in republica tenet, puta regi vel imperatori, nulli alii exhibetur. est igitur animus hominis excitandus ad hoc quod aestimet esse unum summum rerum principium, per hoc quod ei aliquid exhibeat quod nulli alteri exhibetur. et hoc dicimus latriae cultum.
n.6 ‘ Item. si cultus latriae alicui deberetur quia est superior, et non quia est summus; cum hominum unus alio sit superior, et etiam angelorum, sequeretur quod unus homo exhibere latriam alteri deberet, et angelo angelus. et cum ille inter homines qui superior est quantum ad unum, sit inferior quantum ad aliud, sequeretur quod mutuo sibi homines latriam exhiberent. quod est inconveniens.
n.7 ‘ Adhuc. secundum hominum consuetudinem, pro speciali beneficio specialis retributio debetur. est autem quoddam speciale beneficium quod homo a deo summo percipit, scilicet creationis suae: * ostensum enim est in secundo libro quod ‘ solus deus creator est. debet ergo homo aliquid deo speciale reddere in recognitionem beneficii specialis. et hoc est latriae cultus.
n.8 ‘ Amplius. latria servitium dicitur. servitium autem domino debetur. dominus autem est proprie et vere qui aliis praecepta operandi dispensat, et a nullo regulam operandi sumit: qui enim exequitur quod a superiori fuerit dispositum, magis est minister quam dominus. deus autem, qui est summum rerum

principium, per suam providentiam omnia ad debitas actiones disponit, * ut supra ostensum est: * unde et in sacra scriptura " et angeli et superiora corpora ministrare dicuntur ' et deo, cuius ordinationem exequuntur, et nobis, in quorum utilitatem eorum actiones proveniunt. non est igitur cultus latriae, qui summo debetur domino, exhibendus nisi summo rerum principio.

n.9 ' Item. inter alia quae ad latriam pertinent, singulare videtur esse sacrificium: nam genuflexiones, prostrationes, et alia huiusmodi honoris indicia, etiam hominibus exhiberi possunt, licet alia intentione quam deo; sacrificium autem nullus offerendum censuit alicui nisi quia eum deum aestimavit, aut aestimare se finxit. exterius autem sacrificium repraesentativum est interioris veri sacrificii, secundum quod mens humana seipsam deo offert. offert autem se mens nostra deo quasi suae creationis principio, quasi suae operationis actori, quasi suae beatitudinis fini. quae quidem conveniunt soli summo rerum principio: * ostensum enim est supra quod ' animae rationalis causa creatrix solus deus summus est; ipse etiam solus voluntatem hominis potest inclinare ad quodcumque voluerit, * ut supra ostensum est; patet etiam ex superioribus quod ' in eius solius fruitione ultima hominis consistit felicitas. soli igitur summo deo homo sacrificium et latriae cultum offerre debet, non autem substantiis quibuscumque |25| spiritualibus.

n.10 * Licet autem positio quae ponit " deum summum non esse aliud quam animum mundi, * a veritate recedat, * ut supra ostensum est; * illa vero quae ponit " deum esse separatum, et ab ipso existere omnes alias intellectuales substantias, sive separatas sive corpori coniunctas, * sit vera: haec tamen positio rationabilius movetur " ad exhibendum latriae cultum rebus diversis. exhibendo enim diversis rebus latriae cultum, videtur uni summo deo latriam exhibere, ad quem, * secundum eorum positionem, " diversae partes mundi comparantur sicut ad animam hominis diversa corporis membra. * sed etiam ei ratio obviat. dicunt enim " mundo non esse exhibendum latriae cultum ratione corporis, sed ratione animae, quam deum esse dicunt. ' licet autem corpus mundi divisibile sit in partes diversas, anima tamen indivisibilis est. non est igitur divinitatis cultus exhibendus diversis rebus, sed uni tantum.

n.11 ' Adhuc. si mundus ponitur animam habere quae totum animet et omnes partes ipsius, non potest hoc intelligi de anima nutritiva vel sensitiva: quia harum partium animae operationes non competunt omnibus partibus universi. et dato etiam quod haberet mundus animam sensitivam vel nutritivam, non propter huiusmodi animam deberet ei latriae cultus: sicut nec brutis animalibus nec plantis. * relinquitur ergo quod hoc quod dicunt " deum, cui debetur latria, esse animam mundi, intelligatur de anima intellectuali. ' quae quidem anima non est perfectio determinatarum partium corporis, sed aliquo modo respicit totum. quod etiam in nostra anima, quae est ignobilior, patet: non enim intellectus habet aliquod organum corporale, * ut probatur in iii de anima. " non igitur exhibendus esset cultus divinitatis diversis partibus mundi, sed toti mundo, propter animam eius, * secundum eorum radicem.

n.12 " Amplius. si, * secundum eorum positionem, " una tantum sit anima, quae totum mundum animat et partes omnes ipsius; mundus autem non dicitur deus nisi propter animam: ' erit ergo unus tantum deus. et sic cultus divinitatis non debetur nisi uni. " si vero sit una anima totius, et diversae partes iterum habeant diversas animas, * oportet eos dicere quod " animae partium sub anima totius ordinentur: ' eadem enim est proportio perfectionum et perfectibilium. existentibus autem pluribus substantiis intellectualibus ordinatis, illi tantum debetur latriae cultus quae summum locum in eis tenet, * ut ostensum est contra aliam positionem. ' non erit igitur exhibendus latriae cultus partibus mundi, sed solum toti.

n.13 ' Praeterea. manifestum est quasdam partes mundi non habere animam propriam. eis igitur non erit exhibendus cultus. * et tamen ipsi colebant " omnia mundi elementa: scilicet terram, aquam, ignem, et alia huiusmodi inanimata corpora.

n.14 ' Item. manifestum est quod superius non debet inferiori latriae cultum. homo autem superior est ordine naturae ad minus omnibus inferioribus corporibus, quanto perfectiorem habet formam. non igitur ab homine esset latriae cultus exhibendus inferioribus corporibus, si propter proprias eorum animas eis cultus deberetur.

n.15 * Eadem autem inconvenientia sequi necesse est si quis dicat quod " singulae partes mundi habent proprias animas, non autem totum habet aliquam unam communem. oportebit enim quod suprema pars mundi habeat animam nobiliorem, cui soli, * secundum praemissa, " debebitur latriae cultus.

n.16 * His autem positionibus irrationabilior, est illa quae dicit " imaginibus esse latriae cultum exhibendum. si enim huiusmodi imagines habent virtutem aut aliquam dignitatem ex corporibus caelestibus, non propter hoc eis debetur latriae cultus: cum nec ipsis corporibus debeatur, nisi forte propter eorum animas, * ut quidam posuerunt. " hae autem imagines ponuntur virtutem aliquam consequi ex corporibus caelestibus secundum eorum corporalem virtutem.

n.17 ' Praeterea. manifestum est quod non consequuntur ex corporibus caelestibus tam nobilem perfectionem sicut est anima rationalis. sunt ergo infra gradum dignitatis cuiuslibet hominis. non igitur ab homine debetur eis aliquis cultus.

n.18 ' Amplius. causa potior est effectu. harum autem imaginum factores sunt homines. non igitur homo debet eis aliquem cultum.

n.19 * Si autem dicatur, quod " huiusmodi imagines habent aliquam virtutem aut dignitatem ex hoc quod eis adhaerent aliquae spirituales substantiae * hoc etiam non sufficit: ' cum nulli spirituali substantiae debeatur latriae cultus nisi soli summae.

n.20 ' Praeterea. nobiliori modo anima rationalis adhaeret hominis corpori quam aliqua spiritualis substantia adhaereat praedictis imaginibus. adhuc igitur homo remanet in maiori dignitate quam praedictae imagines.

n.21 ' Adhuc. cum huiusmodi imagines interdum ad aliquos noxios effectus fiant, manifestum est quod, si per aliquas spirituales substantias effectum sortiantur, quod illae spirituales substantiae sunt vitiosae. quod etiam manifestius probatur per hoc: in responsionibus decipiunt, et aliqua contraria virtuti exigunt a suis cultoribus. et sic sunt bonis hominibus inferiores. non ergo eis debetur latriae cultus.

n.22 * Manifestum est ergo ex dictis quod ' latriae cultus soli uni summo deo debetur. * hinc est quod dicitur exod. 22-20: ° qui immolat diis occidetur, praeter domino soli. * et deut. 6-13: ° dominum deum tuum adorabis, et illi soli servies. * et rom. 1, dicitur de gentilibus: ° docentes enim se esse sapientes, stulti facti sunt, et mutaverunt gloriam incorruptibilis dei in similitudinem imaginis corruptibilis hominis et volucrum et quadrupedum et serpentum. * et infra: ° qui commutaverunt veritatem dei in mendacium, et coluerunt et servierunt creaturae potius quam creatori, qui est super omnia deus benedictus in saecula.

n.23 ' Quia ergo indebitum est quod latriae cultus alteri exhibeatur quam primo rerum principio, ad indebita autem incitare non est nisi rationalis creaturae male dispositae: manifestum est quod ad praedictas indebitas culturas instinctu daemonum homines provocati fuerunt, qui se etiam loco dei hominibus colendos exhibuerunt, divinum appetentes honorem. * hinc est quod dicitur in psalmo: ° omnes dii gentium daemonia. * et i cor. 10-20: ° quae immolant gentes daemoniis, et non deo.

n.24 ' Quia igitur haec est principalis legis divinae intentio ut homo deo subdatur, et ei singularem reverentiam exhibeat non solum corde, sed etiam ore et opere corporali; " ideo primitus, * exod. 20, " ubi lex divina proponitur, interdicitur cultus plurium deorum, * ubi dicitur: 3 ° non habebis deos alienos coram me, et non facies tibi sculptile, neque omnem similitudinem. " secundo, indicitur homini ne irreverenter divinum nomen ore pronuntiet, ad confirmationem scilicet alicuius falsi: * et hoc est quod dicitur: 7 ° non assumes nomen dei in vanum. " tertio, indicitur requies secundum aliquod tempus ab exterioribus exercitiis, ut mens divinae contemplationi vacet: * et ideo dicitur: 8 ° memento ut diem sabbati sanctifices.

005 SCG lb3 cp121

n. ' Quod divina lex ordinat hominem secundum rationem circa corporalia et sensibilia.

n.1 ' Sicut autem per corporalia et sensibilia mens hominis elevari potest in deum, si quis eis in reverentiam dei debito modo utatur, ita etiam eorum indebitus usus mentem a deo vel totaliter abstrahit, dum in inferioribus rebus constituitur voluntatis finis; vel mentis intentionem a deo retardat, dum ultra quam necesse sit, ad huiusmodi res afficimur. est autem divina lex ad hoc principaliter data ut homo adhaereat deo. pertinet igitur ad legem divinam ordinare hominem circa corporalium et sensibilium affectionem et usum.

n.2 ' Adhuc. sicut mens hominis ordinatur sub deo, ita corpus sub anima ordinatur, et inferiores vires sub ratione. pertinet autem ad divinam providentiam, cuius quaedam ratio homini a deo proposita divina lex est, ut singula suum ordinem teneant. est igitur sic homo ordinandus lege divina ut inferiores vires rationi subdantur; et corpus animae; et exteriores res ad necessitatem homini deserviant.

n.3 ' Amplius. quaelibet lex recte proposita inducit ad virtutem. virtus autem in hoc consistit, quod tam interiores affectiones, quam corporalium rerum usus, ratione regulentur. est igitur hoc lege divina statuendum.

n.4 ' Praeterea. ad unumquemque legislatorem pertinet ea lege statuere sine quibus lex observari non potest. cum autem lex rationi proponatur, homo legem non sequeretur nisi alia omnia quae pertinent ad hominem, rationi subderentur. pertinet igitur ad legem divinam praecipere ut omnia quae sunt hominis, rationi subdantur.

n.5 * Hinc est quod dicitur rom. 12-1: ° rationabile obsequium vestrum; * et i thess. 4-3: ° haec est voluntas dei, sanctificatio vestra.

n.6 * Per haec autem excluditur quorundam error dicentium " illa solum esse peccata, quibus proximus aut offenditur aut scandalizatur.

005 SCG lb3 cp122

n. ' Qua ratione fornicatio simplex secundum legem divinam sit peccatum: et quod matrimonium sit naturale.

n.1 * Ex hoc autem apparet vanam esse rationem quorundam dicentium " fornicationem simplicem non esse peccatum. * dicunt enim: " sit aliqua mulier a viro soluta, quae sub nullius potestate, ut patris vel alicuius alterius, existat. si quis ad eam accedat ea volente, non facit illi iniuriam: quia sibi placet, et sui corporis habet potestatem. alteri non facit iniuriam: quia sub nullius potestate ponitur esse. non videtur igitur esse peccatum.

n.2 * Non videtur autem esse responsio sufficiens si quis dicat quod " facit iniuriam deo. ' non enim deus a nobis offenditur nisi ex eo quod contra nostrum bonum agimus * ut dictum est. ' hoc autem non apparet esse contra hominis bonum. unde ex hoc non videtur deo aliqua iniuria fieri.

n.3 * Similiter etiam non videtur sufficiens responsio quod " per hoc fiat iniuria proximo, qui scandalizatur. ' contingit enim de aliquo quod secundum se non est peccatum, aliquem scandalizari: et sic fit peccatum per accidens. nunc autem non agimus an fornicatio simplex sit peccatum per accidens, sed per se.

n.4 * Oportet igitur ex superioribus solutionem quaerere. dictum est enim quod ' deus uniuscuiusque curam habet secundum id quod est ei bonum. est autem bonum uniuscuiusque quod finem suum consequatur: malum autem eius est quod a debito fine divertat. sicut autem in toto, ita et in partibus hoc considerari oportet: ut scilicet unaquaeque pars hominis, et quilibet actus eius, finem debitum sortiatur. semen autem, etsi sit superfluum quantum ad individui conservationem, est tamen necessarium quantum ad propagationem speciei. alia vero superflua, ut egestio, urina, sudor, et similia, ad nihil necessaria sunt: unde ad bonum hominis pertinet solum quod emittantur. non hoc autem solum quaeritur in semine, sed ut emittatur ad generationis utilitatem, ad quam coitus ordinatur. frustra autem esset hominis generatio nisi et debita nutritio sequeretur: quia generatum non permaneret, debita nutritione subtracta. sic igitur ordinata esse seminis debet emissio ut sequi possit et generatio |25| conveniens, et geniti educatio.

n.5 ' Ex quo patet quod contra bonum hominis est omnis emissio seminis tali modo quod generatio sequi non possit. et si ex proposito hoc agatur, oportet esse peccatum. dico autem modum ex quo generatio sequi non potest secundum se: sicut omnis emissio seminis sine naturali coniunctione maris et feminae; propter quod huiusmodi peccata contra naturam dicuntur. si autem per accidens generatio ex emissione seminis sequi non possit, non propter hoc est contra naturam, nec peccatum: sicut si contingat mulierem sterilem esse.

n.6 ' Similiter etiam oportet contra bonum hominis esse si semen taliter emittatur quod generatio sequi possit, sed conveniens educatio impediatur. est enim considerandum quod in animalibus in quibus sola femina sufficit ad prolis educationem, mas et femina post coitum nullo tempore commanent, sicut patet in canibus. quaecumque vero animalia sunt in quibus femina non sufficit ad educationem prolis, mas et femina simul post coitum commanent quousque necessarium est ad prolis educationem et instructionem: sicut patet in quibusdam avibus, quarum pulli non statim postquam nati sunt possunt sibi cibum quaerere. cum enim avis non nutriat lacte pullos, quod in promptu est, velut a natura praeparatum, sicut in quadrupedibus accidit, sed oportet quod cibum aliunde pullis quaerat, et praeter hoc, incubando eos foveat: non sufficeret ad hoc sola femella. unde ex divina providentia est naturaliter inditum mari in talibus animalibus, ut commaneat femellae |25| ad educationem fetus. manifestum est autem quod in specie humana femina minime sufficeret sola ad prolis educationem: cum necessitas humanae vitae multa requirat quae per unum solum parari non possunt. est igitur conveniens secundum naturam humanam ut homo post coitum mulieri commaneat, et non statim abscedat, indifferenter ad quamcumque accedens, sicut apud fornicantes accidit.

n.7 ' Non autem huic rationi obstat quod aliqua mulier suis divitiis potens est ut sola nutriat fetum. quia rectitudo naturalis in humanis actibus non est secundum ea quae per accidens contingunt in uno individuo, sed secundum ea quae totam speciem consequuntur.

n.8 ' Rursus considerandum est quod in specie humana proles non indiget solum nutritione quantum ad corpus, ut in aliis animalibus; sed etiam instructione quantum ad animam. nam alia animalia naturaliter habent suas prudentias, quibus sibi providere possunt: homo autem ratione vivit, quam per longi temporis experimentum ad prudentiam pervenire oportet; unde necesse est ut filii a parentibus, quasi iam expertis, instruantur. nec huius instructionis sunt capaces mox geniti, sed post longum tempus, et praecipue cum ad annos discretionis perveniunt. ad hanc etiam instructionem longum tempus requiritur. et tunc etiam, propter impetus passionum, quibus corrumpitur aestimatio prudentiae, indigent non solum instructione, sed etiam repressione. ad haec autem mulier sola non sufficit, sed magis in hoc requiritur opus maris, in quo est et ratio perfectior ad instruendum, et virtus potentior ad castigandum. oportet igitur in specie humana non per parvum tempus insistere promotioni prolis, sicut in avibus, |25| sed per magnum spatium vitae. unde, cum necessarium sit marem feminae commanere in omnibus animalibus quousque opus patris necessarium est proli, naturale est homini quod non ad modicum tempus, sed diuturnam societatem habeat vir ad determinatam mulierem. hanc autem societatem matrimonium vocamus. est igitur matrimonium homini naturale et fornicarius coitus, qui est praeter matrimonium, est contra hominis bonum. et propter hoc oportet ipsum esse peccatum.

n.9 ‘ Nec tamen oportet reputari leve peccatum esse si quis seminis emissionem procuret praeter debitum generationis et educationis finem, propter hoc quod aut leve aut nullum peccatum est si quis aliqua sui corporis parte utatur ad alium usum quam ad eum ad quem est ordinata secundum naturam, ut si quis, verbi gratia, manibus ambulet, aut pedibus aliquid operetur manibus operandum: quia per huiusmodi inordinatos usus bonum hominis non multum impeditur; inordinata vero seminis emissio repugnat bono naturae, quod est conservatio speciei. unde post peccatum homicidii, quo natura humana iam in actu existens destruitur, huiusmodi genus peccati videtur secundum locum tenere, quo impeditur generatio humanae naturae.

n.10 ‘ Haec autem quae praemissa sunt, divina auctoritate firmantur. quod enim emissio seminis ex qua proles sequi non potest, sit illicita, patet. * dicitur enim levit. 18-22 ° cum masculo non commisceberis coitu femineo; * et: 23 ° cum omni pecore non coibis. * et i cor. 6-10: ° neque molles, neque masculorum concubitores, regnum dei non possidebunt.

n.11 ‘ Quod etiam fornicatio, et omnis coitus praeter propriam uxorem, sit illicitus patet. * dicitur enim deut. 23-17: ° non erit meretrix de filiabus israel, nec scortator de filiis israel. * et tobiae 4-13: ° attende tibi ab omni fornicatione, et praeter uxorem tuam, non patiaris crimen scire. * et i cor. 6-18: ° fugite fornicationem.

n.12 * Per haec autem excluditur error dicentium “ in emissione seminis non esse maius peccatum quam in aliarum superfluitatum emissione; * et dicentium “ fornicationem non esse peccatum.

005 SCG lb3 cp123

n. ‘ Quod matrimonium debet esse indivisibile.

n.1 ‘ Si quis autem recte consideret, praedicta ratio non solum ad hoc perducere videtur ut societas maris et feminae in humana natura, quam matrimonium appellamus, sit diuturna, sed etiam quod sit per totam vitam.

n.2 ‘ Possessiones enim ad conservationem naturalis vitae ordinantur: et quia naturalis vita, quae conservari non potest in patre perpetuo, quasi quadam successione, secundum speciei similitudinem, conservatur in filio, secundum naturam est conveniens ut in his quae sunt patris, succedat et filius. naturale est igitur ut sollicitudo patris ad filium maneat usque ad finem vitae suae. si igitur sollicitudo patris de filio causat etiam in avibus commanentiam maris et feminae, ordo naturalis requirit quod usque ad finem vitae in humana specie pater et mater simul commaneant.

n.3 ‘ Videtur etiam aequitati repugnare si praedicta societas dissolvatur. femina enim indiget mare non solum propter generationem, sicut in aliis animalibus, sed etiam propter gubernationem: quia mas est et ratione perfectior, et virtute fortior. mulier vero ad viri societatem assumitur propter necessitatem generationis. cessante igitur fecunditate mulieris et decore, impeditur ne ab alio assumatur. si quis igitur, mulierem assumens tempore iuventutis, quo et decor et fecunditas ei adsunt, eam dimittere possit postquam aetate provecta fuerit, damnum inferet mulieri, contra naturalem aequitatem.

n.4 ‘ Item. manifeste apparet inconveniens esse si mulier virum dimittere possit: cum mulier naturaliter viro subiecta sit tanquam gubernatori; non est autem in potestate eius qui alteri subiicitur, ut ab eius regimine discedat. contra naturalem igitur ordinem esset si mulier virum deserere posset. si ergo vir deserere posset mulierem, non esset aequa societas viri ad mulierem, sed servitus quaedam ex parte mulieris.

n.5 ‘ Praeterea. hominibus naturalis quaedam sollicitudo inest de certitudine prolis: quod propter hoc necessarium est, quia filius diuturna patris gubernatione indiget. quaecumque igitur certitudinem prolis impediunt, sunt contra naturalem instinctum humanae speciei. si autem vir posset mulierem dimittere, vel mulier virum, et alteri copulari, impediretur certitudo prolis, dum mulier a primo cognita, postmodum a secundo cognosceretur. est igitur contra naturalem instinctum speciei humanae quod mulier a viro separetur. sic igitur non solum diuturnam, sed etiam individuam oportet esse in humana specie maris et feminae coniunctionem.

n.6 ‘ Amplius. amicitia, quanto maior, tanto est firmior et diuturnior. inter virum autem et uxorem maxima amicitia esse videtur: adunantur enim non solum in actu carnalis copulae, quae etiam inter bestias quandam suavem societatem facit, sed etiam ad totius domesticae conversationis consortium; unde, in signum huius, homo propter uxorem “ etiam patrem et matrem dimittit, * ut dicitur gen. 2-24. ‘ conveniens igitur est quod matrimonium sit omnino indissolubile.

n.7 ‘ Ulterius autem considerandum est quod inter naturales actus sola generatio ad bonum commune ordinatur: nam comestio, et aliarum superfluitatum emissio, ad individuum pertinent; generatio vero ad conservationem speciei. unde, cum lex instituatur ad bonum commune, ea quae pertinent ad generationem, prae aliis oportet legibus ordinari et divinis et humanis. leges autem positae oportet quod ex naturali instinctu procedant, si humanae sunt: sicut etiam in scientiis demonstrativis omnis humana inventio ex principiis naturaliter cognitis initium sumit. si autem divinae sunt, non solum instinctum naturae explicant, sed etiam defectum naturalis instinctus supplent: sicut ea quae divinitus revelantur, superant naturalis rationis capacitatem. cum igitur instinctus naturalis sit in specie humana ad hoc quod coniunctio maris et feminae sit individua, et quod sit una unius, oportuit hoc lege humana ordinatum esse. lex autem divina supernaturalem quandam rationem apponit ex significatione inseparabilis |25| coniunctionis christi et ecclesiae, quae est una unius. sic igitur inordinationes circa actum generationis non solum instinctui naturali repugnant, sed etiam leges divinas et humanas transgrediuntur. unde circa hoc magis ex inordinatione peccatur quam circa sumptionem cibi, aut alterius huiusmodi.

n.8 ‘ Quia vero necesse est ad id quod est optimum in homine, alia omnia ordinari, coniunctio maris et feminae non solum sic ordinata est legibus secundum quod ad prolem generandam pertinet, ut est in aliis animalibus, sed etiam secundum quod convenit ad bonos mores, quos ratio recta disponit vel quantum ad hominem secundum se, vel secundum quod homo est pars domesticae familiae, aut civilis societatis. ad quos quidem bonos mores pertinet individua coniunctio maris et feminae. sic enim erit fidelior amor unius ad alterum, dum cognoscunt se indivisibiliter coniunctos. erit etiam utrique sollicitior cura in rebus domesticis, dum se perpetuo commansuros in earundem rerum possessione existimant. subtrahuntur etiam ex hoc discordiarum origines, quas oporteret accidere, si vir uxorem dimitteret, inter eum et propinquos uxoris: et fit firmior inter affines dilectio. tolluntur etiam adulteriorum occasiones, quae darentur si vir uxorem dimittere posset, aut e converso: per hoc enim daretur via facilior |25| sollicitandi matrimonia aliena.

n.9 * Hinc est quod dicitur matth. 5-32, et 19-6, et i cor. 7-10: ° ego autem dico vobis, uxorem a viro non discedere.

n.10 * Per hoc autem excluditur consuetudo dimittentium uxores. ‘ quod tamen in veteri lege permissum fuit iudaeis propter eorum duritiam: quia scilicet proni erant ad occisionem uxorum. permissum ergo fuit minus malum, ad excludendum maius malum.

005 SCG lb3 cp124

n. ‘ Quod matrimonium debeat esse unius ad unam.

n.1 ‘ Considerandum etiam videtur quod innatum est mentibus omnium animalium quae coitu utuntur, quod consortium in compari non compatiuntur: unde propter coitum pugnae in animalibus existunt. et quidem quantum ad omnia animalia est una communis ratio, quia quodlibet animal desiderat libere frui voluptate coitus, sicut et voluptate cibi: quae quidem libertas impeditur per hoc quod ad unam plures accedunt, aut e converso; sicut et in libertate fruendi cibo impeditur aliquod animal si cibum quem ipsum sumere cupit, aliud animal usurpet. et ideo similiter propter cibum et propter coitum animalia pugnant. in hominibus autem est ratio specialis: quia, * ut dictum est, ‘ homo naturaliter desiderat certus esse de prole; quae quidem certitudo omnino tolleretur si plures essent unius. ex naturali igitur instinctu procedit quod sit una unius.

n.2 ‘ Sed in hoc differentia consideranda est. quantum enim ad hoc quod una femina a pluribus maribus non cognoscatur, utraque praedictarum rationum concurrit. sed quantum ad hoc quod unus mas plures feminas non cognoscat, non facit ratio secunda: non enim certitudo prolis impeditur si unus mas plures feminas cognoscat. facit autem contra hoc ratio prima: nam sicut libertas utendi femina ad libitum a mare tollitur si femina habeat alium, ita et eadem libertas a femina tollitur si mas habeat plures. et ideo, quia certitudo prolis est principale bonum quod ex matrimonio quaeritur, nulla lex aut consuetudo humana permisit quod una esset plurium uxor. “ fuit etiam hoc inconveniens reputatum apud antiquos romanos, * de quibus refert maximus valerius “ quod credebant nec propter sterilitatem coniugalem fidem debere dissolvi.

n.3 ‘ Item. in omni animalis specie in qua patri inest aliqua sollicitudo de prole, unus mas non habet nisi unam feminam, sicut patet in omnibus avibus quae simul nutriunt pullos: non enim sufficeret unus mas auxilium praestare in educatione prolis pluribus feminis. in animalibus autem in quibus maribus nulla est sollicitudo de prole, indifferenter mas habet plures feminas, et femina plures mares: sicut in canibus, gallinis, et huiusmodi. cum autem masculo inter omnia animalia maior sit cura de prole in specie humana, manifestum est quod naturale est homini quod unus mas unam feminam habeat, et e converso.

n.4 ‘ Adhuc. amicitia in quadam aequalitate consistit. si igitur mulieri non licet habere plures viros, quia hoc est contra certitudinem prolis; liceret autem viro habere plures uxores: non esset liberalis amicitia uxoris ad virum, sed quasi servilis. et haec etiam ratio experimento comprobatur: quia apud viros habentes plures uxores, uxores quasi ancillariter habentur.

n.5 ‘ Praeterea. amicitia intensa non habetur ad multos: * ut patet per philosophum in viii ethicorum. ‘ si igitur uxor habet unum virum tantum, vir autem habet plures uxores, non erit aequalis amicitia ex utraque parte. non igitur erit amicitia liberalis, sed quodammodo servilis.

n.6 * Amplius. sicut dictum est, ‘ matrimonium in hominibus oportet ordinari secundum quod competit ad bonos mores. est autem contra bonos mores quod unus habeat plures uxores: quia ex hoc sequitur discordia in domestica familia, ut experimento patet. non est igitur conveniens quod unus homo habeat plures uxores.

n.7 * Hinc est quod dicitur gen. 2-24: ° erunt duo in carne una.

n.8 * Per hoc autem excluditur consuetudo habentium plures uxores; et opinio platonis qui posuit “ uxores debere esse communes. * quem in nova lege secutus est nicolaus, unus ex septem diaconibus.

005 SCG lb3 cp125

n. ‘ Quod matrimonium non debet fieri inter propinquos.

n.1 ‘ Propter huiusmodi etiam causas rationabiles ordinatum est legibus quod certae personae a matrimonio excludantur, quae sunt secundum originem coniunctae.

n.2 ‘ Nam cum in matrimonio sit diversarum personarum coniunctio, illae personae quae se debent reputare quasi unum propter eandem originem, convenienter a matrimonio excluduntur, ut, dum se per hoc unum esse recognoscunt, ferventius se diligant.

n.3 ‘ Item. cum ea quae inter virum et uxorem aguntur, quandam naturalem verecundiam habeant, ab his mutuo agendis illas personas prohiberi oportuit quibus, propter coniunctionem sanguinis, reverentia debetur. * quae quidem ratio videtur in veteri lege inducta per hoc quod dicitur: ° turpitudinem sororis tuae non discooperies, * et similiter de aliis.

n.4 ‘ Praeterea. ad corruptionem bonorum morum pertinet quod homines sint nimis dediti voluptatibus coitus: quia, cum haec voluptas maxime mentem absorbeat, impediretur ratio ab his quae recte agenda essent. sequeretur autem nimius voluptatis usus si liceret homini per coitum coniungi illis personis quibus commorandi habet necessitatem, sicut sororibus et aliis propinquis: quia talibus occasio coitus subtrahi non posset. conveniens igitur fuit bonis moribus ut talis coniunctio legibus inhiberetur.

n.5 ‘ Adhuc. delectatio coitus “ maxime corrumpit existimationem prudentiae. ‘ multiplicatio igitur talis delectationis repugnat bonos mores. talis autem delectatio augetur per amorem personarum quae coniunguntur. esset igitur contrarium bonis moribus propinquis coniungi: quia in eis adiungeretur amor qui est ex communione originis et connutritione, amori concupiscentiae; et, multiplicato amore, necesse esset animam magis delectationibus subdi.

n.6 ‘ Amplius. in societate humana hoc est maxime necessarium ut sit amicitia inter multos. multiplicatur autem amicitia inter homines dum personae extraneae per matrimonia colligantur. conveniens igitur fuit legibus ordinari quod matrimonia contraherentur cum extraneis personis, et non cum propinquis.

n.7 ‘ Adhuc. inconveniens est ut illis personis aliquis socialiter iungatur quibus naturaliter debet esse subiectus. naturale autem est quod aliquis parentibus sit subiectus. ergo inconveniens esset quod cum parentibus aliquis matrimonium contraheret: cum in matrimonio sit quaedam coniunctio socialis.

n.8 * Hinc est quod dicitur levit. 18-6: ° omnis homo ad proximam sanguinis sui non accedat.

n.9 * Per haec autem excluditur consuetudo eorum qui propinquis suis se carnaliter commiscent.

n.10 ‘ Sciendum est autem quod, sicut naturalis inclinatio est ad ea quae sunt ut in pluribus, ita et lex posita est secundum id quod in pluribus accidit. non est praedictis rationibus contrarium si in aliquo aliter possit accidere: non enim propter bonum unius debet praetermitti bonum multorum, cum “ bonum multitudinis semper sit divinius quam bonum unius. ‘ ne tamen defectus qui in aliquo uno posset accidere, omnino absque medela remaneat, residet apud legislatores, et eis similes, auctoritas dispensandi in eo quod communiter est statutum, secundum quod est necessarium in aliquo casu particulari. et si quidem lex sit humana, per homines similem potestatem habentes dispensari potest. si autem lex sit divinitus posita, auctoritate divina dispensatio fieri potest: sicut in veteri lege ex dispensatione indultum videtur uxores plures habere et concubinas, et uxoris repudium.

005 SCG lb3 cp126

n. ‘ Quod non omnis carnalis commixtio est peccatum.

n.1 ‘Sicut autem contra rationem est ut aliquis carnali coniunctione utatur contra id quod convenit proli generandae et educandae, ita etiam secundum rationem est quod aliquis carnali coniunctione utatur secundum quod congruit ad generationem et educationem prolis. lege autem divina haec solum prohibita sunt quae rationi adversantur, * ut ex supra dictis patet. ‘ inconveniens est igitur dicere quod omnis carnalis coniunctio sit peccatum.

n.2 ‘ Adhuc. cum membra corporis sint quaedam animae instrumenta, cuiuslibet membri finis est usus eius: sicut et cuiuslibet alterius instrumenti. quorundam autem membrorum corporis usus est carnalis commixtio. carnalis igitur commixtio est finis quorundam membrorum corporis. illud autem quod est finis aliquarum naturalium rerum, non potest esse secundum se malum: quia ea quae naturaliter sunt, ex divina providentia ordinantur ad finem, * ut ex supra dictis patet. ‘ impossibile est igitur quod carnalis commixtio sit secundum se mala.

n.3 ‘ Amplius. naturales inclinationes insunt rebus a deo, qui cuncta movet. impossibile est igitur quod naturalis inclinatio alicuius speciei sit ad id quod est secundum se malum. sed omnibus animalibus perfectis inest naturalis inclinatio ad coniunctionem carnalem. impossibile est igitur quod carnalis commixtio sit secundum se mala.

n.4 ‘ Item. illud sine quo non potest esse aliquid quod est bonum et optimum, non est secundum se malum. sed perpetuitas speciei non conservatur in animalibus nisi per generationem, quae est ex commixtione carnali. impossibile est igitur quod commixtio carnalis sit secundum se mala.

n.5 * Hinc est quod dicitur i cor. 7-28: ° mulier non peccat si nubat.

n.6 * Per hoc autem excluditur error quorundam dicentium “ omnem carnalem coniunctionem esse illicitam: unde totaliter matrimonium et nuptias damnant. * quorum quidam hoc ideo dicunt quia credunt “ corporalia non a bono, sed a malo principio esse.

005 SCG lb3 cp127

n. ‘ Quod nullius cibi usus est peccatum secundum se.

n.1 ‘ Sicut autem venereorum usus absque peccato est, si secundum rationem fiat, ita etiam et usus ciborum. fit autem unumquodque secundum rationem quando ordinatur secundum quod congruit debito fini. finis autem debitus sumptionis ciborum est conservatio corporis per nutrimentum. quicumque igitur cibus hoc facere potest, absque peccato potest sumi. nullius igitur cibi sumptio secundum se est peccatum.

n.2 ‘ Adhuc. nullius rei usus secundum se malus est nisi res ipsa secundum se mala sit. nullus autem cibus secundum naturam malus est: quia omnis res secundum suam naturam bona est, * ut supra ostensum est. ‘ potest autem aliquis cibus esse alicui malus inquantum contrariatur salubritati ipsius secundum corpus. nullius igitur cibi sumptio, secundum quod est talis res, est peccatum secundum se: sed potest esse peccatum si praeter rationem aliquis ipso utatur contra suam salutem.

n.3 ‘ Amplius. uti rebus ad hoc ad quod sunt, non est secundum se malum. sunt autem plantae propter animalia; animalium vero quaedam propter alia; et omnia propter hominem, * sicut ex superioribus patet. ‘ uti igitur vel plantis vel animalium carnibus vel ad esum, vel ad quicquid aliud sunt homini utilia, non est secundum se peccatum.

n.4 ‘ Item. defectus peccati ab anima derivatur ad corpus, et non e converso: peccatum enim dicimus secundum quod deordinatur voluntas. cibi autem immediate ad corpus pertinent, non ad animam. non igitur ciborum sumptio secundum se potest esse peccatum, nisi quatenus repugnat rectitudini voluntatis. quod quidem contingit uno modo, propter repugnantiam ad proprium finem ciborum: sicut cum aliquis, propter delectationem quae est in cibis, utitur cibis contrariantibus corporis saluti, vel secundum speciem ciborum, vel secundum quantitatem. alio modo, secundum quod repugnat conditioni eius qui utitur cibis, vel eorum cum quibus conversatur: puta cum quis accuratius cibis utitur quam sua facultas sustineat; et aliter quam eorum mores habeant cum quibus convivit. tertio modo, secundum quod cibi sunt aliqua lege prohibiti propter aliquam causam specialem: puta in veteri lege quidam cibi prohibebantur propter |25| significationem; et in aegypto prohibebatur antiquitus comestio carnis bovinae, ne agricultura impediretur. vel etiam secundum quod aliquae regulae prohibent aliquibus cibis uti, ad concupiscentiam refraenandam.

n.5 * Hinc est quod dominus dicit, matth. 15-11: ° quod intrat in os, non coinquinat hominem. * et i cor. 10-25 dicitur: ° omne quod in macello venit manducate, nihil interrogantes propter conscientiam. * et i tim. 4-4 dicitur: ° omnis creatura dei bona est, et nihil reiiciendum quod cum gratiarum actione percipitur.

n.6 * Per hoc autem excluditur quorundam error qui “ usum quorundam ciborum secundum se dicunt esse illicitum. * de quibus apostolus dicit ibidem: ° in novissimis temporibus discedent quidam a fide: prohibentium nubere, abstinere a cibis, quos deus creavit ad percipiendum cum gratiarum actione.

n.7 ‘ Quia vero usus ciborum et venereorum non est secundum se illicitus, sed solum secundum quod exit ab ordine rationis illicitus esse potest; ea vero quae exterius possidentur, necessaria sunt ad sumptionem ciborum, ad educationem prolis et sustentationem familiae, et ad alias corporis necessitates: consequens est quod nec secundum se etiam divitiarum possessio est illicita, si ordo rationis servetur; ita scilicet quod iuste homo possideat quae habet; quod in eis finem voluntatis suae non constituat; quod eis debito modo utatur, ad suam et aliorum utilitatem. * hinc est quod apostolus, i tim. ult., “ divites non condemnat, sed eis certam regulam divitiis utendi tradit, * dicens: ° divitibus huius saeculi praecipe non alta sapere, neque sperare in incerto divitiarum: bene agere, divites fieri in operibus bonis, facile tribuere, communicare. * et eccli. 31-8: ° beatus dives qui inventus est sine macula, et qui post aurum non abiit, nec speravit in pecunia et thesauris.

n.8 * Per hoc etiam excluditur quorundam error qui, ut augustinus dicit in libro de haeresibus, ° apostolicos se arrogantissime vocaverunt, eo quod in suam communionem non acciperent utentes coniugibus, et res proprias possidentes, quales habet catholica ecclesia, et monachos et clericos plurimos. sed ideo isti haeretici sunt, quoniam, se ab ecclesia separantes, nullam spem putant eos habere qui utuntur his rebus quibus ipsi carent.

005 SCG lb3 cp128

n. ‘ Quomodo secundum legem dei homo ordinatur ad proximum.

n.1 ‘ Ex his ergo quae dicta sunt, manifestum est quod secundum legem divinam homo inducitur ut ordinem rationis servet in omnibus quae in eius usum venire possunt. inter omnia autem quae in usum hominis veniunt, praecipua sunt etiam alii homines. “ homo enim naturaliter est animal sociale: ‘ indiget enim multis quae per unum solum parari non possunt. oportet igitur quod ex lege divina instituatur homo ut secundum ordinem rationis se habeat ad alios homines.

n.2 ‘ Adhuc. finis divinae legis est ut homo deo adhaereat. iuvatur autem unus homo in hoc ex alio tam quantum ad cognitionem, quam etiam quantum ad affectionem: iuvant enim se homines mutuo in cognitione veritatis; et unus alium provocat ad bonum, et retrahit a malo. * unde prov. 27-17 dicitur: ° ferrum ferro acuitur, et homo exacuit faciem amici sui. * et eccle. 4 dicitur: 9 ° melius est duos esse quam unum: habent enim emolumentum societatis; si unus ceciderit, ab altero fulcietur. vae soli: qui cum ceciderit, non habet sublevantem. et si dormierint duo, fovebunt se mutuo: unus quomodo calefiet? et si quis praevaluerit contra unum, duo resistunt ei. ‘ oportuit igitur lege divina ordinari societatem hominum ad invicem.

n.3 ‘ Amplius. lex divina est quaedam ratio divinae providentiae ad homines gubernandos. ad divinam autem providentiam pertinet singula quae ei subsunt, sub debito ordine continere: ut scilicet suum locum et gradum teneat unumquodque. lex igitur divina sic homines ad invicem ordinat ut unusquisque suum ordinem teneat. quod est homines pacem habere ad invicem: “ pax enim hominum nihil aliud est quam ordinata concordia, * ut augustinus dicit.

n.4 ‘ Item. quandocumque aliqua ordinantur sub aliquo, oportet illa concorditer esse ordinata ad invicem: alias se invicem impedirent in consecutione finis communis; sicut patet in exercitu, qui concorditer ordinatur ad victoriam, quae est finis ducis. unusquisque autem homo per legem divinam ordinatur ad deum. oportuit igitur per legem divinam inter homines, ne se invicem impedirent, ordinatam concordiam esse, quod est pax.

n.5 * Hinc est quod in psalmo dicitur: ° qui posuit fines tuos pacem. * et dominus dicit, ioan. 16-33: ° haec locutus sum vobis ut in me pacem habeatis.

n.6 ‘ Tunc autem ordinata concordia inter homines servatur, quando unicuique quod suum est redditur: quod est iustitiae. * et ideo dicitur isaiae 32-17: ° opus iustitiae pax. ‘ oportuit igitur per legem divinam iustitiae praecepta dari, ut unusquisque alteri redderet quod suum est, et abstineret a nocumentis alteri inferendis. inter homines autem maxime aliquis est parentibus debitor. et ideo inter praecepta legis quae nos ad proximum ordinant, * exod. 20, primo ponitur, ° honora patrem tuum et matrem tuam: * in quo intelligitur praecipi “ ut tam parentibus quam etiam aliis unusquisque reddat quod debet, * secundum illud rom. 13-7: ° reddite omnibus debita. ‘ deinde ponuntur praecepta quibus praecipitur abstinendum esse a nocumentis proximo inferendis. ut neque factis eum offendamus in persona propria, * quia dictum est, ° non occides; ‘ neque in persona coniuncta, * quia scriptum est, ° non moechaberis; ‘ neque etiam exterioribus rebus, * quia | 25 | scriptum est, ° non furtum facies. ‘ prohibemur etiam ne contra iustitiam proximum verbo offendamus: * quia scriptum est, ° non loqueris contra proximum tuum falsum testimonium. ‘ et quia deus etiam cordium iudex est, prohibemur ne corde proximum offendamus, “ concupiscendo scilicet uxorem, aut aliquam rem eius.

n.7 ‘ Ad huiusmodi autem iustitiam observandam, quae lege divina statuitur, dupliciter homo inclinatur: uno modo, ab interiori; alio modo, ab exteriori. ab interiori quidem, dum homo voluntarius est ad observandum ea quae praecipit lex divina. quod quidem fit per amorem hominis ad deum et proximum: qui enim diligit aliquem, sponte et delectabiliter ei reddit quod debet, et etiam liberaliter superaddit. unde tota legis impletio ex dilectione dependet: * secundum illud apostoli rom. 13-10: ° plenitudo legis est dilectio. * et dominus dicit, matth. 22-40, quod ° in duobus praeceptis, “ scilicet in dilectione dei et proximi, ° universa lex pendet. ‘ sed quia aliqui interius non sunt sic dispositi ut ex seipsis sponte faciant quod lex iubet, ab exteriori trahendi sunt ad iustitiam legis implendam. quod quidem fit dum timore poenarum, non liberaliter, sed serviliter legem implent. * unde dicitur isaiae 26-9: ° cum feceris iudicia tua in terra, “ scilicet puniendo malos, ° iustitiam discent |25| omnes habitatores orbis.

n.8 ‘ Primi igitur sibi ipsi sunt lex, habentes caritatem, quae eos loco legis inclinat et liberaliter operari facit. lex igitur exterior non fuit necessarium quod propter eos poneretur: sed propter illos qui ex seipsis non inclinantur ad bonum. * unde dicitur i tim. 1-9: ° iusto lex non est posita, sed iniustis. * quod non est sic intelligendum “ quasi iusti non teneantur ad legem implendam, * ut quidam male intellexerunt: “ sed quia isti inclinantur ex seipsis ad iustitiam faciendam, etiam sine lege.

005 SCG lb3 cp129

n. ‘ Quod in humanis actibus sunt aliqua recta secundum naturam, et non solum quasi lege posita.

n.1 ‘ Ex praemissis autem apparet quod ea quae divina lege praecipiuntur, rectitudinem habent non solum quia sunt lege posita, sed etiam secundum naturam.

n.2 ‘ Ex praeceptis enim legis divinae mens hominis ordinatur sub deo; et omnia alia quae sunt in homine, sub ratione. hoc autem naturalis ordo requirit, quod inferiora superioribus subdantur. sunt igitur ea quae lege divina praecipiuntur, secundum se naturaliter recta.

n.3 ‘ Praeterea. homines ex divina providentia sortiuntur naturale iudicatorium rationis ut principium propriarum operationum. naturalia autem principia ad ea ordinantur quae sunt naturaliter. sunt igitur aliquae operationes naturaliter homini convenientes, quae sunt secundum se rectae, et non solum quasi lege positae.

n.4 ‘ Praeterea. quorumcumque est natura determinata, oportet esse operationes determinatas, quae illi naturae conveniant: propria enim operatio uniuscuiusque naturam ipsius sequitur. constat autem hominum naturam esse determinatam. oportet igitur esse aliquas operationes secundum se homini convenientes.

n.5 ‘ Adhuc. cuicumque est aliquid naturale, oportet esse naturale id sine quo illud haberi non potest: “ natura enim non deficit in necessariis. ‘ est autem homini naturale quod sit animal sociale: quod ex hoc ostenditur, quia unus homo solus non sufficit ad omnia quae sunt humanae vitae necessaria. ea igitur sine quibus societas humana conservari non potest, sunt homini naturaliter convenientia. huiusmodi autem sunt, unicuique quod suum est conservare, et ab iniuriis abstinere. sunt igitur aliqua in humanis actibus naturaliter recta.

n.6 * Amplius. supra ostensum est quod ‘ homo naturaliter hoc habet, quod utatur rebus inferioribus ad suae vitae necessitatem. est autem aliqua mensura determinata secundum quam usus praedictarum rerum humanae vitae est conveniens, quae quidem mensura si praetermittatur, fit homini nocivum: sicut apparet in sumptione inordinata ciborum. sunt igitur aliqui actus humani naturaliter convenientes, et aliqui naturaliter inconvenientes.

n.7 ‘ Item. secundum naturalem ordinem corpus hominis est propter animam, et inferiores vires animae propter rationem: sicut et in aliis rebus materia est propter formam, et instrumenta propter principalem agentem. ex eo autem quod est ad aliud ordinatum, debet ei auxilium provenire, non autem aliquod impedimentum. est igitur naturaliter rectum quod sic procuretur ab homine corpus, et etiam inferiores vires animae, quod ex hoc actus rationis et bonum ipsius minime impediatur, magis autem iuvetur: si autem secus acciderit, erit naturaliter peccatum. violentiae igitur et comessationes; et inordinatus venereorum usus, per quem actus rationis impeditur; et subdi passionibus, quae liberum iudicium rationis esse non sinunt, sunt naturaliter mala.

n.8 ‘ Praeterea. unicuique naturaliter conveniunt ea quibus tendit in suum finem naturalem: quae autem e contrario se habent, sunt ei naturaliter inconve-

nientia. * ostensum est autem supra quod ' homo naturaliter ordinatur in deum sicut in finem. ea igitur quibus homo inducitur in cognitionem et amorem dei, sunt naturaliter recta: quae autem e contrario se habent, sunt naturaliter homini mala.
n.9 ' Patet igitur quod bonum et malum in humanis actibus non solum sunt secundum legis positionem, sed secundum naturalem ordinem.
n.10 * Hinc est quod in psalmo dicitur, quod ° iudicia domini sunt vera, iustificata in semetipsis.
n.11 * Per haec autem excluditur positio dicentium quod " iusta et recta sunt solum lege posita.

005 SCG lb3 cp130

n. ' De consiliis quae dantur in lege divina.
n.1 ' Quia vero optimum hominis est ut mente deo adhaereat et rebus divinis; impossibile autem est quod homo intense circa diversa occupetur: ad hoc quod liberius feratur in deum mens hominis, dantur in divina lege consilia, quibus homines ab occupationibus praesentis vitae retrahantur, quantum possibile est terrenam vitam agenti. hoc autem non est ita necessarium homini ad iustitiam ut sine eo iustitia esse non possit: non enim virtus et iustitia tollitur si homo secundum ordinem rationis corporalibus et terrenis rebus utatur. et ideo huiusmodi divinae legis admonitiones dicuntur consilia, non praecepta, inquantum suadetur homini ut, propter meliora, minus bona praetermittat.
n.2 ' Occupatur autem humana sollicitudo, secundum communem modum humanae vitae, circa tria: primo quidem, circa propriam personam, quid agat, aut ubi conversetur; secundo autem, circa personas sibi coniunctas, praecipue uxorem et filios; tertio, circa res exteriores procurandas, quibus homo indiget ad sustentationem vitae. ad amputandam igitur sollicitudinem circa res exteriores, datur in lege divina consilium paupertatis: ut scilicet res huius mundi abiiciat, quibus animus eius sollicitudine aliqua implicari posset. * hinc est quod dominus dicit, matth. 19-21: ° si vis perfectus esse, vade, vende omnia quae habes et da pauperibus, et veni, sequere me. ' ad amputandam autem sollicitudinem uxoris et filiorum, datur homini consilium de virginitate vel continentia. * hinc est quod dicitur i cor. 7-25: ° de virginibus autem praeceptum domini non habeo, consilium autem do. * et huius consilii rationem assignans, subdit: ° qui sine uxore est, sollicitus est |25| quae sunt domini, quomodo placeat deo: qui autem cum uxore est, sollicitus est quae sunt mundi, quomodo placeat uxori, et divisus est. ' ad amputandam autem sollicitudinem hominis etiam circa seipsum, datur consilium obedientiae, per quam homo dispositionem suorum actuum superiori committit. * propter quod dicitur hebr. ult.: ° obedite praepositis vestris et subiacete eis: ipsi enim pervigilant, quasi rationem reddituri pro animabus vestris.
n.3 ' Quia vero summa perfectio humanae vitae in hoc consistit quod mens hominis deo vacet; ad hanc autem mentis vacationem praedicta tria maxime videntur disponere: convenienter ad perfectionis statum pertinere videntur; non quasi ipsae sint perfectiones, sed quia sunt dispositiones quaedam ad perfectionem, quae consistit in hoc quod deo vacetur. * et hoc expresse ostendunt verba domini paupertatem suadentis, cum dicit, ° si vis perfectus esse, vade et vende omnia quae habes et da pauperibus, et sequere me, " quasi in sua sequela perfectionem vitae constituens.
n.4 ' Possunt etiam dici perfectionis effectus et signa. cum enim mens vehementer amore et desiderio alicuius rei afficitur, consequens est quod alia postponat. ex hoc igitur quod mens hominis amore et desiderio ferventer in divina fertur, in quo perfectionem constare manifestum est, consequitur quod omnia quae ipsum possunt retardare quominus feratur in deum, abiiciat: non solum rerum curam, et uxoris et prolis affectum, sed etiam sui ipsius. * et hoc significant verba scripturae. dicitur enim cant. 8-7: ° si dederit homo omnem substantiam domus suae ad mercandam dilectionem, quasi nihil computabit eam. * et matth. 13-45 ° simile est regnum caelorum homini negotiatori quaerenti bonas margaritas: inventa autem una pretiosa margarita, abiit et vendidit omnia quae habuit, et comparavit eam. * et philipp. 3-7 ° quae mihi aliquando fuerunt lucra, arbitratus sum ut stercora ut christum lucrifacerem.
n.5 ' Quia igitur praedicta tria dispositiones ad perfectionem sunt, et perfectionis effectus et signa, convenienter qui praedicta tria deo vovent, in statu perfectionis esse dicuntur.
n.6 ' Perfectio autem ad quam praedicta disponunt, in vacatione mentis circa deum consistit. unde et praedictorum professores religiosi dicuntur, quasi se deo et sua in modum cuiusdam sacrificii dicantes: et quantum ad res, per paupertatem; et quantum ad corpus, per continentiam; et quantum ad voluntatem, per obedientiam. religio enim in cultu divino consistit, * ut supra dictum est.

005 SCG lb3 cp131

n. ' De errore impugnantium voluntariam paupertatem.
n.1 * Fuerunt autem aliqui " paupertatis propositum improbantes, contra evangelicam doctrinam. * quorum primus vigilantius invenitur: quem tamen postmodum aliqui sunt secuti ° dicentes se esse legis doctores, non intelligentes neque quae loquuntur neque de quibus affirmant. * qui ad hoc his et similibus rationibus sunt inducti.
n.2 " Naturalis enim appetitus requirit ut unumquodque animal sibi provideat in necessariis suae vitae: unde animalia quae non quolibet tempore anni necessaria vitae invenire possunt, quodam naturali instinctu, ea quae sunt vitae suae necessaria congregant illo tempore quo inveniri possunt, et ea conservant; sicut patet de apibus et formicis. homines autem ad suae vitae conservationem multis indigent quae non omni tempore inveniri possunt. inest igitur naturaliter homini quod congreget et conservet ea quae sunt sibi necessaria. est igitur contra legem naturalem omnia congregata dispergere per paupertatem.
n.3 " Adhuc. naturalem affectum habent omnia ad ea quibus esse suum conservatur, inquantum omnia esse appetunt. sed per substantiam exteriorum bonorum vita hominis conservatur. sicut igitur ex naturali lege unusquisque suam vitam conservare tenetur, ita et exteriorem substantiam. sicut igitur est contra legem naturae quod aliquis sibi manus iniiciat, ita et quod aliquis necessaria vitae sibi subtrahat per voluntariam paupertatem.
n.4 " Amplius. homo naturaliter est animal sociale, * ut supra dictum est. " societas autem inter homines conservari non posset nisi unus alium iuvaret. est igitur naturale hominibus quod unus alium in necessitatibus iuvet. ab hoc autem auxilio ferendo se faciunt impotentes qui exteriorem substantiam abiiciunt, per quam plurimum aliis auxilium fertur. est igitur contra naturalem instinctum, et contra misericordiae et caritatis bonum, quod homo per voluntariam paupertatem omnem substantiam mundi abiiciat.
n.5 " Item. si habere substantiam huius mundi malum est; bonum est autem proximos liberare a malo, malum autem eos in malum inducere: consequens est quod dare alicui indigenti substantiam huius mundi sit malum, auferre autem habenti sit bonum. quod inconveniens est. est igitur bonum habere substantiam huius mundi. eam igitur per voluntariam paupertatem totaliter abiicere malum est.
n.6 " Praeterea. occasiones malorum vitandae sunt. est autem paupertas occasio mali: quia propter eam ad furta, adulationes et periuria, et his similia, aliqui inducuntur. non est igitur paupertas voluntate assumenda, sed magis ne adveniat vitanda.
n.7 " Adhuc. cum virtus consistat in medio, utroque extremo corrumpitur. est autem virtus liberalitas, quae dat danda et retinet retinenda. vitium autem est in minus illiberalitas, quae retinet retinenda et non retinenda. est autem et vitium in plus quod omnia dentur. quod faciunt qui voluntarie paupertatem assumunt. est ergo hoc vitiosum, et prodigalitati simile.
n.8 * Hae autem rationes auctoritate scripturae confirmari videntur. dicitur enim prov. 30-8 ° mendicitatem et divitias ne dederis mihi, tribue tantum victui meo necessaria: ne forte, satiatus, illiciar ad negandum, et dicam: quis est dominus? et egestate compulsus, furer, et periurem nomen dei mei.

005 SCG lb3 cp132

n. ' De modis vivendi eorum qui voluntariam paupertatem sequuntur.
n.1 * Videtur autem haec quaestio magis urgeri si quis specialius exsequatur " modos quibus necesse est vivere eos qui voluntariam paupertatem sectantur.
n.2 " Est enim unus modus vivendi quod possessiones singulorum vendantur, et de pretio omnes communiter vivant. quod quidem sub apostolis observatum videtur in ierusalem: * dicitur enim act. 4-34 ° quotquot possessores agrorum aut domorum, vendentes afferebant pretia eorum quae vendebant, et ponebant ante pedes apostolorum: dividebant autem singulis prout cuique opus erat. " hoc autem modo non videtur efficienter provideri humanae vitae.
n.3 " Primo quidem, quia non est facile quod plures habentes magnas possessiones hanc vitam assumant. et si conferatur inter multos pretium quod ex possessionibus paucorum divitum assumptum est, non sufficiet in multum tempus.
n.4 " Deinde, quia possibile et facile est huiusmodi pretium, vel fraude dispensatorum, vel furto aut rapina, deperire. remanebunt igitur illi qui paupertatem talem sectantur, absque sustentatione vitae.
n.5 " Item. multa accidentia sunt quibus homines coguntur locum mutare. non igitur erit facile providere his quos oportet forte per diversa loca dispergi, de pretio sumpto ex possessionibus in commune redacto.
n.6 " Est autem alius modus vivendi ut possessiones habeant communes, ex quibus singulis provideatur prout eis opus fuerit sicut in monasteriis plurimis observatur. sed nec hic modus videtur conveniens.
n.7 " Possessiones enim terrenae sollicitudinem afferunt: et propter procurationem fructuum; et propter defensionem earum contra fraudes et violentias; et tanto maiorem, et a pluribus oportet habere sollicitudinem, quanto maiores possessiones esse oportet quae sufficiant ad plurium sustentationem. deperit igitur in hoc modo finis voluntariae paupertatis: ad minus quantum ad multos, quos oportet circa procurandas possessiones esse sollicitos.
n.8 " Item. communis possessio solet esse causa discordiae. non enim videntur litigare qui nihil habent commune, ut hispani et persae, sed qui simul aliquid habent commune: propter quod etiam inter fratres sunt iurgia. discordia autem maxime impedit vacationem mentis circa divina, * ut supra dictum est. " videtur igitur modus iste vivendi impedire finem voluntariae paupertatis.
n.9 " Adhuc autem est tertius modus vivendi, ut de laboribus manuum suarum vivant qui voluntariam paupertatem sectantur. quem quidem vivendi modum paulus apostolus sequebatur, et aliis observandum suo exemplo et institutione dimisit. * dicitur enim ii thess., 3-8 ° non gratis panem manducavimus ab aliquo, sed in labore et fatigatione, nocte et die operantes, ne quem vestrum gravaremus: non quasi non habuerimus potestatem, sed ut nosmetipsos formam daremus vobis ad imitandum nos. nam et cum essemus apud vos, hoc denuntiabamus vobis: quoniam si quis non vult operari, non manducet. " sed nec iste modus vivendi videtur esse conveniens.
n.10 " Labor enim manualis necessarius est ad sustentationem vitae secundum quod per ipsum aliquid acquiritur. vanum autem videtur quod quis, relinquens illud quod necessarium est, iterum acquirere laboret. si igitur post voluntariam paupertatem necessarium est iterum acquirere unde aliquis sustentetur per laborem manualem, vanum fuit illa dimittere omnia quae quis habebat ad sustentationem vitae.
n.11 " Adhuc. voluntaria paupertas ad hoc consulitur ut per eam aliquis disponatur ad expeditius sequendum christum, per hoc quod a sollicitudinibus saecularibus liberat. maiorem autem sollicitudinem requirere videtur quod aliquis proprio labore victum acquirat, quam quod his quae habuit utatur ad sustentationem vitae: et praecipue si habuit possessiones moderatas, aut etiam aliqua mobilia, ex quibus in promptu erat ut sumeret victus necessaria. non igitur vivere de laboribus manuum videtur esse conveniens proposito assumentium voluntariam paupertatem.
n.12 * Ad hoc autem accedit quod etiam dominus, " sollicitudinem terrenorum a discipulis removens sub similitudine volucrum et liliorum agri, videtur eis laborem interdicere manualem. * dicit enim: ° respicite volatilia caeli, quae neque serunt neque metunt neque congregant in horrea. * et iterum: ° considerate lilia agri quomodo crescunt: non laborant neque nent.
n.13 " Videtur etiam hic modus vivendi insufficiens. nam multi sunt perfectionem vitae desiderantes quibus non suppetit facultas aut ars, ut possint labore manuum vitam transigere, quia non sunt in his nutriti nec instructi. sic enim melioris conditionis essent ad perfectionem vitae capessendam rustici et opifices, quam qui sapientiae studio vacaverunt, et in divitiis et deliciis, quas propter christum deserunt, sunt nutriti. contingit etiam aliquos voluntariam paupertatem assumentes infirmari, aut alias impediri quominus operari possent. sic ergo remanerent destituti necessariis vitae.
n.14 " Item. non modici temporis labor sufficit ad necessaria vitae quaerenda: quod patet in multis qui totum tempus ad hoc expendunt, vix tamen sufficientem sustentationem acquirere possunt. si autem voluntariam paupertatem sectantes oporteret labore manuali victum acquirere, sequeretur quod circa huiusmodi laborem maius tempus suae vitae consumerent; et per consequens impedirentur ab aliis magis necessariis actionibus, quae etiam magnum tempus requirunt, sicut sunt studium sapientiae, et doctrina, et alia huiusmodi spiritualia exercitia. et sic paupertas voluntaria magis impediret perfectionem vitae quam ad ipsam disponeret.
n.15 * Si quis autem dicat quod " labor manualis necessarius est ad tollendum otium: hoc non sufficit ad propositum. melius enim esset tollere otium per occupationes in virtutibus moralibus, quibus deserviunt organice divitiae, puta in eleemosynis faciendis et aliis huiusmodi, quam per laborem manualem. praeterea. vanum esset dare consilium de paupertate ad hoc solum quod homines pauperes facti abstinerent ab otio, vitam suam laboribus manualibus occupantes, nisi ad hoc daretur quod nobilioribus exercitiis vacarent quam illa quae sunt secundum vitam hominum communem.
n.16 * Si vero aliquis dicat quod " necessarius est labor manualis ad carnis concupiscentias domandas: hoc non est ad propositum. quaerimus enim utrum sit necessarium quod victum per manualem laborem voluntariam paupertatem sectantes acquirant. praeterea. possibile est multis aliis modis concupiscentias carnis domare: scilicet per ieiunia, vigilias, et alia huiusmodi. labore etiam manuali ad hunc finem uti possent etiam divites, qui non habent necesse laborare propter victum quaerendum.
n.17 " Invenitur autem et alius modus vivendi: ut scilicet voluntariam paupertatem sectantes vivant de his quae ab aliis inferuntur qui ad hanc perfectionem voluntariae paupertatis proficere volunt divitias retinentes. et hunc modum videtur dominus cum suis discipulis observasse: * legitur enim lucae 8,

quod “ mulieres quaedam sequebantur christum, et ° ministrabant illi de facultatibus suis. “ sed iste etiam modus vivendi non videtur conveniens.

n.18 “ Non enim videtur rationabile quod aliquis dimittat sua, et vivat de alieno.

n.19 “ Praeterea. inconveniens videtur quod aliquis ab aliquo accipiat, et nihil ei rependat: in dando enim et recipiendo aequalitas iustitiae servatur. potest autem sustineri quod illi de his quae ab aliis inferuntur vivant, qui eis serviunt in aliquo officio. propter quod ministri altaris et praedicatores, qui doctrinam et alia divina populo dant, non inconvenienter videntur ab eis sustentationem vitae accipere: ° dignus enim est operarius cibo suo, * ut dominus dicit, matth. 10-10. propter quod apostolus dicit, i cor. 9, quod ° dominus ordinavit his qui evangelium annuntiant, ut de evangelio vivant; sicut et qui altari deserviunt, cum altario participantur. “ illi ergo qui in nullo officio populo ministrant, inconveniens videtur si a populo necessaria vitae accipiant.

n.20 “ Item. iste modus vivendi videtur esse aliis damnosus. sunt enim quidam quos ex necessitate oportet aliorum beneficiis sustentari, qui propter paupertatem et infirmitatem sibi non possunt sufficere. quorum beneficia oportet quod minuantur, si illi qui voluntarie paupertatem assumunt, ex his quae ab aliis dantur debeant sustentari: cum homines non sufficiant, nec sint prompti ad subveniendum magnae multitudini pauperum. * unde et apostolus, i tim. 4, mandat quod, “ si quis habet viduam ad se pertinentem, eam sustentet, ut ecclesia sufficiat his quae verе viduae sunt. est igitur inconveniens ut homines paupertatem eligentes hunc modum vivendi assumant.

n.21 “ Adhuc. ad perfectionem virtutis maxime requiritur animi libertas: hac enim sublata, de facili homines alienis peccatis communicant: vel expresse consentiendo, aut per adulationem laudando, vel saltem dissimulando. huic autem libertati magnum praeiudicium generatur ex praedicto modo vivendi: non enim potest esse quin homo vereatur offendere eum cuius beneficiis vivit. praedictus igitur modus vivendi impedit perfectionem virtutis, quae est finis voluntariae paupertatis. et ita non videtur competere voluntarie pauperibus.

n.22 “ Amplius. eius quod ex alterius voluntate dependet, facultatem non habemus. sed ex voluntate dantis dependet quod ex propriis det. non igitur sufficienter providetur in facultate sustentationis vitae voluntariis pauperibus per hunc modum vivendi.

n.23 “ Praeterea. necesse est quod pauperes qui ex his quae ab aliis dantur sustentari debent, necessitates suas aliis exponant, et necessaria petant. huiusmodi autem mendicitas reddit contemptibiles mendicantes, et etiam graves: homines enim superiores se aestimant illis qui per eos sustentari necesse habent; et cum difficultate dant plurimi. oportet autem eos qui perfectionem vitae assumunt, in reverentia haberi et diligi, ut sic homines eos facilius imitentur, et virtutis statum aemulentur: si autem contrarium accidat, etiam virtus ipsa contemnitur. est igitur nocivus modus ex mendicitate vivendi in his qui propter perfectionem virtutis voluntarie paupertatem assumunt.

n.24 “ Praeterea. perfectis viris non solum sunt vitanda mala, sed etiam ea quae mali speciem habent: * nam apostolus dicit, rom. 12: ° ab omni specie mali abstinete vos. * et philosophus dicit, quod “ virtuosus non solum debet fugere turpia, sed etiam quae turpia videntur. mendicitas autem habet speciem mali: cum multi propter quaestum mendicent. non est igitur hic modus vivendi perfectis viris assumendus.

n.25 “ Item. ad hoc datur consilium de paupertate voluntaria ut mens hominis, a sollicitudine terrenorum retracta, liberius deo vacet. hic autem modus ex mendicitate vivendi habet plurimam sollicitudinem: maioris enim esse videtur sollicitudinis acquirere aliena quam propriis uti. non ergo videtur esse conveniens hic modus vivendi paupertatem voluntariam assumentibus.

n.26 “ Si quis autem mendicitatem laudare velit propter humilitatem videtur omnino irrationabiliter loqui. laudatur enim humilitas secundum quod contemnitur terrena altitudo, quae consistit in divitiis, honoribus, fama, et huiusmodi: non autem secundum quod contemnitur altitudo virtutis, respectu cuius oportet nos magnanimos esse. esset igitur vituperanda humilitas si quis propter humilitatem aliquid faceret quod altitudini virtutis derogaret. derogat autem ei mendicitas: tum quia virtuosius est dare quam accipere; tum quia habet speciem turpis, * ut dictum est. “ non est igitur propter humilitatem mendicitas laudanda.

n.27 * Fuerunt etiam aliqui qui perfectionem vitae sectantibus dicebant “ nullam sollicitudinem esse habendam neque mendicando, neque laborando, neque sibi aliquid reservando, sed oportere eos a solo deo sustentationem vitae expectare: * propter hoc quod dicitur matth. 6-25: ° nolite solliciti esse animae vestrae, quid manducetis aut bibatis, aut corpori vestro, quid induamini * et iterum: ° nolite in crastinum cogitare. “ hoc autem videtur omnino irrationabile.

n.28 “ Stultum enim est velle finem, et praetermittere ea quae sunt ordinata ad finem. ad finem autem comestionis ordinatur sollicitudo humana, per quam sibi victum procurat. qui igitur absque comestione vivere non possunt, aliquam sollicitudinem de victu quaerendo debent habere.

n.29 “ Praeterea. sollicitudo terrenorum non est vitanda nisi quia impedit contemplationem aeternorum. non potest autem homo mortalem carnem gerens vivere quin multa agat quibus contemplatio interrumpatur: sicut dormiendo, comedendo, et alia huiusmodi faciendo. neque igitur praetermittenda est sollicitudo eorum quae sunt necessaria ad vitam, propter impedimentum contemplationis.

n.30 “ Sequitur etiam mira absurditas. pari enim ratione potest dicere quod non velit ambulare, aut aperire os, ad edendum aut fugere lapidem cadentem aut gladium irruentem, sed expectare quod deus operetur. quod est deum tentare. non est igitur sollicitudo victus totaliter abiicienda.

005 SCG lb3 cp133

n. ‘ Quomodo paupertas sit bona.

n.1 ‘ Ut autem circa praemissa veritas manifestetur, quid de paupertate sentiendum sit, ex divitiis consideremus. exteriores quidem divitiae sunt necessariae ad bonum virtutis: cum per eas sustentemus corpus, et aliis subveniamus. oportet autem quod ea quae sunt ad finem, ex fine bonitatem accipiant. necesse ergo est quod exteriores divitiae sint aliquod bonum hominis, non tamen principale, sed quasi secundarium: nam finis principaliter bonum est, alia vero secundum quod ordinantur in finem. * propter hoc quibusdam visum est quod “ virtutes sint maxima bona hominis, exteriores autem divitiae quaedam minima bona. ‘ oportet autem quod ea quae sunt ad finem, modum accipiant secundum exigentiam finis. in tantum igitur divitiae bonae sunt, in quantum proficiunt ad usum virtutis: si vero iste modus excedatur, ut per eas impediatur usus virtutis, non iam inter bona sunt computanda, sed inter mala. unde accidit quibusdam bonum esse habere divitias, qui eis utuntur ad virtutem: quibusdam vero malum esse |25| eas habere, qui per eas a virtute retrahuntur, vel nimia sollicitudine, vel nimia affectione ad ipsas, vel etiam mentis elatione ex eis consurgente.

n.2 ‘ Sed, cum sint virtutes activae vitae et contemplativae, aliter utraeque divitiis exterioribus indigent. nam virtutes contemplativae indigent ad solam sustentationem naturae: virtutes autem activae indigent et ad hoc, et ad subveniendum aliis, cum quibus convivendum est. unde et contemplativa vita etiam in hoc perfectior est, quod paucioribus indiget. ad quam quidem vitam pertinere videtur quod totaliter homo divinis rebus vacet: quam perfectionem doctrina christi homini suadet. unde hanc perfectionem sectantibus minimum de exterioribus divitiis sufficit, quantum scilicet necesse est ad sustentationem naturae. * unde et apostolus dicit, i timoth. 6-8: ° habentes alimenta et quibus tegamur, his contenti simus.

n.3 ‘ Paupertas igitur laudabilis est inquantum hominem liberat ab illis vitiis quibus aliqui per divitias implicantur. inquantum autem sollicitudinem tollit quae ex divitiis consurgit, est utilis quibusdam, qui scilicet sunt ita dispositi ut circa meliora occupentur: quibusdam vero nociva, qui, ab hac sollicitudine liberati, in peiores occupationes cadunt. * unde gregorius dicit, in vi moral.: ° saepe qui, occupati bene, humanis usibus viverent, gladio suae quietis extincti sunt. ‘ inquantum vero paupertas aufert bonum quod ex divitiis provenit, scilicet subventionem aliorum et sustentationem propriam, simpliciter malum est: nisi inquantum subventio qua in temporalibus proximis subvenitur, per maius bonum potest recompensari, scilicet per hoc quod homo, divitiis carens, liberius potest divinis et spiritualibus vacare. bonum autem sustentationis propriae adeo necessarium est quod nullo alio bono recompensari potest: nullius enim boni obtentu debet homo sibi sustentationem vitae subtrahere.

n.4 ‘ Paupertas igitur talis laudabilis est cum homo, per eam a sollicitudinibus terrenis liberatus, liberius divinis et spiritualibus vacat: ita tamen quod cum ea remaneat facultas homini per licitum modum sustentandi seipsum, ad quod non multa requiruntur. et quanto modus vivendi in paupertate minorem sollicitudinem exigit, tanto paupertas est laudabilior: non autem quanto paupertas fuerit maior. non enim paupertas secundum se bona est: sed inquantum liberat ab illis quibus homo impeditur quominus spiritualibus intendat. unde secundum modum quo homo per eam liberatur ab impedimentis praedictis, est mensura bonitatis ipsius. et hoc est commune in omnibus exterioribus, quod in tantum bona sunt in quantum proficiunt ad virtutem, non autem secundum seipsa.

005 SCG lb3 cp134

n. ‘ Solutio rationum supra inductarum contra paupertatem.

n.1 ‘ His autem visis, rationes praemissas quibus paupertas impugnatur, dissolvere non difficile est.

n.2 “ Quamvis enim homini naturaliter insit appetitus congregandi ea quae sunt necessaria ad vitam, * ut prima ratio proponebat, ‘ non tamen hoc modo quod oporteat quemlibet circa hoc opus occupari. nec enim in apibus omnes eidem vacant officio: sed quaedam colligunt mel, quaedam ex cera domos constituunt, reges etiam circa haec opera non occupantur. et similiter necesse est in hominibus esse. quia enim multa necessaria sunt ad hominis vitam, ad quae unus homo per se sufficere non posset, necessarium est per diversos diversa fieri: puta, ut quidam sint agricultores, quidam animalium custodes, quidam aedificatores, et sic de aliis. et quia vita hominum non solum indiget corporalibus, sed magis spiritualibus, necessarium est etiam ut quidam vacent spiritualibus rebus, ad meliorationem aliorum: quos oportet a cura temporalium absolutos esse. haec autem distributio diversorum officiorum |25| in diversas personas fit divina providentia, secundum quod quidam inclinantur magis ad hoc officium quam ad alia.

n.3 ‘ Sic ergo patet quod qui temporalia relinquunt, non sibi subtrahunt sustentationem vitae: * ut secunda ratio procedebat. ‘ remanet enim eis spes probabilis suae vitae sustentandae, vel ex labore proprio, vel ex aliorum beneficiis, sive accipiant ea in possessionibus communibus, sive in victu quotidiano. sicut enim “ quod per amicos possumus, per nos aliqualiter possumus, * ut philosophus dicit, ‘ ita et quod ab amicis habetur, a nobis aliqualiter habetur.

n.4 ‘ Oportet autem inter homines ad invicem esse amicitiam secundum quod sibi invicem subserviunt, vel in spiritualibus vel terrenis officiis. est autem maius subvenire alteri in spiritualibus quam in temporalibus: quanto spiritualia sunt temporalibus potiora, et magis necessaria ad finem beatitudinis consequendum. unde qui subtrahit sibi facultatem subveniendi aliis in temporalibus per voluntariam paupertatem ut acquirat spiritualia, per quae utilius potest aliis subvenire, non facit contra bonum societatis humanae: * ut tertia ratio concludebat.

n.5 * Patet autem ex praedictis quod ‘ divitiae quoddam bonum hominis sunt secundum quod ordinantur ad bonum rationis, non autem secundum se. unde nihil prohibet paupertatem melius esse, si per hoc ad perfectius bonum aliquis ordinetur. * et sic solvitur ratio quarta.

n.6 ‘ Et quia neque divitiae, neque paupertas, neque aliquid exteriorum est secundum se hominis bonum, sed solum secundum quod ordinantur ad bonum rationis; nihil prohibet ex quolibet eorum aliquod vitium oriri, quando non veniunt in usum hominis secundum regulam rationis. nec tamen propter hoc sunt simpliciter mala iudicanda, sed malus usus eorum. et sic neque paupertas est abiicienda propter aliqua vitia quae occasionaliter ex ea quandoque procedunt: * ut quinta ratio ostendere nitebatur.

n.7 ‘ Hinc etiam considerandum est quod medium virtutis non accipitur secundum quantitatem exteriorum quae in usum veniunt, sed secundum regulam rationis. unde quandoque contingit quod illud quod est extremum secundum quantitatem rei exterioris, secundum regulam rationis est medium. neque enim est aliquis qui ad maiora tendat quam magnanimus, vel qui in sumptibus magnificum magnitudine superet. medium ergo tenent non quantitate sumptus, aut alicuius huiusmodi, sed inquantum non transcendunt regulam rationis, nec ab ea deficiunt. quae quidem regula non solum metitur quantitatem rei quae in usum venit, sed conditionem personae, et intentionem eius, opportunitatem loci et temporis, et alia huiusmodi quae in actibus virtutum requiruntur. non igitur aliquis per voluntariam paupertatem contrariatur virtuti, quamvis omnia deserat. nec hoc prodigaliter facit: cum hoc faciat debito fine, et aliis debitis conditionibus servatis. plus enim est seipsum morti exponere, quod tamen aliquis per virtutem |25| fortitudinis operatur debitas circumstantias servans, quam omnia sua relinquere debito fine. * et sic solvitur ratio sexta.

n.8 * Quod autem ex verbis salomonis inducitur, non est contrarium. manifestum enim est quod loquitur “ de coacta paupertate, quae furandi solet esse occasio.

005 SCG lb3 cp135

n. ‘ Solutio eorum quae obiiciebantur contra diversos modos vivendi eorum qui assumunt voluntariam paupertatem.

n.1 ‘ Post haec autem considerandum est de modis quibus oportet vivere eos qui paupertatem voluntariam sectantur.

n.2 ‘ Et quidem primus modus, ut scilicet de pretio possessionum venditarum omnes communiter vivant, sufficiens est, non tamen ad longum tempus. et ideo apostoli hunc modum vivendi fidelibus in ierusalem instituerunt, quia praevidebant per spiritum sanctum quod non diu in ierusalem simul commorari deberent, tum propter persecutiones futuras a iudaeis, tum etiam propter instantem destructionem civitatis et gentis: unde non fuit necessarium nisi ad modicum tempus fidelibus providere. et propter hoc, transeuntes ad gentes, in quibus firmanda et perduratura erat ecclesia, hunc modum vivendi non leguntur instituisse.

n.3 ‘ Non est autem contra hunc modum vivendi fraus quae potest per dispensatores committi. hoc enim est commune in omni modo vivendi in quibus aliqui ad invicem convivunt: in hoc autem tanto minus, quanto difficilius contingere videtur quod perfectionem vitae sectantes fraudem committant. adhibetur etiam contra hoc remedium per providam fidelium dispensatorum institutionem. unde sub apostolis electi sunt stephanus et alii, qui ad hoc officium idonei reputabantur.

n.4 ‘ Est autem et secundus modus vivendi conveniens paupertatem voluntariam assumentibus: ut scilicet de possessionibus communibus vivant.

n.5 ‘ Nec per hunc modum aliquid deperit perfectioni ad quam tendunt paupertatem voluntariam assumentes. potest enim fieri per unius eorum vel paucorum sollicitudinem ut possessiones modo debito procurentur, et sic alii, absque temporalium sollicitudine remanentes, libere possunt spiritualibus vacare, quod est fructus voluntariae paupertatis. nec etiam illis deperit aliquid de perfectione vitae qui hanc sollicitudinem pro aliis assumunt: quod enim amittere videntur in defectu quietis, recuperant in obsequio caritatis, in quo etiam perfectio vitae consistit.

n.6 ‘ Nec etiam per hunc modum vivendi concordia tollitur occasione communium possessionum. tales enim debent paupertatem voluntariam assumere qui temporalia contemnant; et tales pro temporalibus communibus discordare non possunt; praesertim cum ex temporalibus nihil praeter necessaria vitae debeant expectare; et cum dispensatores oporteat esse fideles. nec propter hoc quod aliqui hoc modo vivendi abutuntur, hic modus vivendi potest improbari: cum etiam bonis male utantur mali, sicut et malis bene utuntur boni.

n.7 ‘Tertius etiam modus vivendi paupertatem voluntariam assumentibus convenit: ut scilicet de labore manuum vivant.

n.8 ‘ Non enim vanum est temporalia dimittere ut iterum acquirantur per laborem manuum: * sicut prima ratio in contrarium proponebat. ‘ quia divitiarum possessio et sollicitudinem requirebant in procurando, vel saltem custodiendo, et affectum hominis ad se trahebant: quod non accidit dum aliquis per laborem manuum quotidianum victum acquirere studet.

n.9 ‘ Patet autem quod ad acquirendum per laborem manuum victum quantum sufficit ad naturae sustentationem, modicum tempus sufficit, et modica sollicitudo necessaria est. sed ad divitias congregandas, vel superfluum victum conquirendum per laborem manuum, sicut saeculares artifices intendunt, oportet multum tempus impendere et magnam sollicitudinem adhibere. * in quo patet solutio secundae rationis.

n.10 * Considerandum autem quod dominus in evangelio “ non laborem prohibuit, sed sollicitudinem mentis pro necessariis vitae. * non enim dixit, “ nolite laborare: sed, ° nolite solliciti esse. * quod a minori probat. “ si enim ex divina providentia sustentantur aves et lilia, quae inferioris conditionis sunt, et non possunt laborare illis operibus quibus homines sibi victum acquirunt; multo magis providebit hominibus, qui sunt digniores conditionis, et quibus dedit facultatem per proprios labores victum quaerendi; ut sic non oporteat anxia sollicitudine de necessariis huius vitae affligi. * unde patet quod per verba domini quae inducebantur, “ huic modo vivendi non derogatur.

n.11 ‘ Nec etiam iste modus vivendi potest reprobari propter hoc quod non sufficiat. quia hoc ut in paucioribus accidit, quod aliquis non possit tantum labore manuum acquirere quod sufficiat ad necessarium victum, vel propter infirmitatem, vel propter aliquid huiusmodi. non est autem, propter defectum qui in paucioribus accidit, aliqua ordinatio repudianda: hoc enim et in naturalibus et in voluntariis ordinationibus accidit. nec est aliquis modus vivendi per quem ita provideatur homini quin quandoque possit deficere: nam et divitiae furto aut rapina possunt auferri, sicut et qui de labore manuum vivit potest debilitari. remanet tamen aliquod remedium circa dictum modum vivendi: ut scilicet ei cuius labor ad proprium victum non sufficit, subveniatur vel per alios eiusdem societatis, qui plus possunt laborare quam eis necessarium sit; vel etiam per eos qui divitias possident, secundum legem caritatis et amicitiae naturalis, qua unus homo alteri subvenit indigenti. * unde et, cum apostolus dixisset, ii thess. |25| 3-10, ° qui non vult operari, non manducet; ‘ propter illos qui sibi non sufficiunt ad victum quaerendum proprio labore, * subdit admonitionem ad alios, dicens: ° vos autem nolite deficere benefacientes.

n.12 ‘ Cum etiam ad necessarium victum pauca sufficiant, non oportet eos qui modicis sunt contenti, magnum tempus occupare in necessariis quaerendis labore manuum. et ita non impediuntur multum ab aliis operibus spiritualibus, propter quae paupertatem voluntariam assumpserunt: et praecipue cum, manibus operando, possint de deo cogitare et eum laudare, et alia huiusmodi facere quae singulariter sibi viventes observare oportet. sed et, ne omnino in spiritualibus operibus impediantur, possunt etiam aliorum fidelium beneficiis adiuvari.

n.13 ‘ Licet autem voluntaria paupertas non assumatur propter otium tollendum aut carnem macerandam opere manuali, quia hoc etiam divitias possidentes facere possent; non est tamen dubium quin labor manualis ad praedicta valeat, etiam submota victus necessitate. tamen otium per alias occupationes utiliores potest auferri, et carnis concupiscentia validioribus remediis edomari. unde propter huiusmodi causas non imminet necessitas laborandi his qui alias habent, vel habere possunt, unde licite vivant. sola enim necessitas victus cogit manibus operari: * unde et apostolus dicit, ii thess. 3-10: ° qui non vult operari, non manducet.

n.14 ‘Quartus etiam modus vivendi, de his quae ab aliis inferuntur, est conveniens illis qui paupertatem voluntariam assumunt.

n.15 ‘ Non enim hoc est inconveniens, ut qui sua dimisit propter aliquid quod in utilitatem aliorum vergit, de his quae ab aliis dantur sustentetur. nisi enim hoc esset, societas humana permanere non posset: si enim aliquis circa sua propria tantum sollicitudinem gereret, non esset qui communi utilitati deserviret. opportunum est igitur humanae societati quod illi qui, praetermissa propriorum cura, utilitati communi deserviunt, ab his quorum utilitati deserviunt, sustententur: propter hoc enim et milites de stipendiis aliorum vivunt, et rectoribus reipublicae de communi providetur. qui autem voluntariam paupertatem assumunt ut christum sequantur, ad hoc utique omnia dimittunt ut communi utilitati deserviant, sapientia et eruditione et exemplis populum illustrantes, vel oratione et intercessione sustentantes.

n.16 ‘ Ex quo etiam patet quod non turpiter vivunt de his quae ab aliis dantur, ex quo ipsi maiora rependunt, ad sustentationem temporalia accipientes, et in spiritualibus aliis proficientes. * unde et apostolus dicit, ii cor. 8-14: ° vestra abundantia, “ scilicet in temporalibus, ° illorum inopiam suppleat, “ in eisdem: ° ut et illorum abundantia, “ scilicet in spiritualibus, ° vestrae inopiae sit supplementum. ‘ qui enim alterum iuvat, particeps fit operis eius et in bono et in malo.

n.17 ‘ Dum autem exemplis suis alios provocant ad virtutem, fit ut hi qui eorum exemplis proficiunt, minus ad divitias afficiantur, dum vident alios propter perfectionem vitae divitias omnino deserere. quanto autem aliquis minus divitias amat, et est virtuti magis intentus, tanto facilius divitias in aliorum etiam necessitates distribuit. unde qui, paupertatem voluntariam assumentes, de his quae ab aliis dantur vivunt, magis fiunt aliis pauperibus utiles, alios ad misericordiae opera verbis et exemplis provocando, quam fiant damnosi, ad sustentationem vitae aliorum beneficia accipientes.

n.18 ‘ Patet etiam quod homines in virtute perfecti, quales esse oportet qui voluntariam paupertatem sectantur, divitias contemnentes, libertatem animi non perdunt propter aliqua modica quae ad sustentationem vitae ab aliis accipiunt: cum homo libertatem animi non perdat nisi propter ea quae in affectu suo dominantur. unde propter ea quae homo contemnit, si sibi dentur, libertatem non perdit.

n.19 ‘ Licet autem sustentatio eorum qui vivunt de his quae ab aliis dantur, ex voluntate dantium dependeat, non tamen propter hoc insufficiens est ad sustentandam vitam pauperum christi. non enim dependet ex voluntate unius, sed ex voluntate multorum. non est autem probabile quod in multitudine fidelis populi non sint multi qui prompto animo subveniant necessitatibus eorum quos in reverentia habent propter perfectionem virtutis.

n.20 ‘ Non est autem inconveniens si etiam necessitates suas exponant et necessaria petant, vel pro aliis vel pro se. hoc enim apostoli fecisse leguntur: non solum ab illis quibus praedicabant necessaria accipientes, quod magis potestatis erat quam mendicitatis, propter ordinationem domini ut “ qui evangelio deserviunt, de evangelio vivant; ‘ sed etiam pro pauperibus qui erant in ierusalem, qui sua dimittentes, in paupertate vivebant, nec tamen gentibus praedicabant; sed eorum spiritualis conversatio poterat illis valere a quibus sustentabantur. * unde apostolus “ talibus, non ex necessitate sed ex voluntate dantium, persuadet in eleemosynis subveniendum: ‘ quod nihil est aliud quam mendicare. haec autem mendicitas non reddit homines contemptibiles si moderate fiat, ad necessitatem, non ad superfluitatem, et sine importunitate: considerata conditione personarum a quibus petitur, et loci et temporis; quod necesse est observari ab his qui perfectionem vitae sectantur.

n.21 ‘ Ex quo etiam patet quod talis mendicitas non habet aliquam speciem turpis. quam haberet si cum importunitate et indiscrete fieret, ad voluptatem vel superfluitatem.

n.22 ‘ Manifestum est autem quod mendicitas cum quadam abiectione est. sicut enim pati ignobilius est quam agere, ita accipere quam dare, et regi et obedire quam gubernare et imperare: quamvis, propter aliquid adiunctum, possit recompensatio fieri. ea vero quae abiectionis sunt sponte assumere, ad humilitatem pertinet: non quidem simpliciter, sed secundum quod necessarium est. cum enim humilitas sit virtus, nihil indiscrete operatur. non est igitur humilitatis, sed stultitiae, si quis quodcumque abiectum assumpserit: sed si id quod necessarium est fieri propter virtutem, aliquis propter abiectionem non recusat; puta si caritas, exigit quod proximis aliquod abiectum officium impendatur, hoc per humilitatem aliquis non recuset. si igitur necessarium est ad perfectionem pauperis vitae sectandam quod aliquis mendicet, hanc abiectionem ferre humilitatis est. quandoque etiam abiecta assumere virtutis est, etsi nostrum officium non requirat, |25| ut alios nostro exemplo provocemus quibus incumbit, ut id facilius ferant: nam et dux interdum militis officio fungitur ut alios provocet. quandoque etiam abiectis utimur secundum virtutem ut medicina quadam. puta, si alicuius animus ad immoderatam extollentiam sit pronus, utiliter, debita moderatione servata, abiectis utitur, vel sponte vel ab aliis impositis, ad elationem animi comprimendam: dum per haec quae gerit, sibi ipsi quodammodo parificat etiam infimos homines, qui circa vilia officia occupantur.

n.23 * Est autem omnino irrationabilis error illorum qui putant “ omnem sibi sollicitudinem a domino interdictam de victu quaerendo. ‘ omnis enim actus sollicitudinem requirit. si igitur homo nullam sollicitudinem de rebus corporalibus habere debet, sequitur quod nihil corporale agere debeat: quod neque possibile, neque rationabile est observari. deus enim unicuique rei ordinavit actionem secundum proprietatem suae naturae. homo autem ex spirituali et corporali natura conditus est. necessarium est igitur, secundum divinam ordinationem, ut et corporales actiones exerceat et spiritualibus intendat: et tanto perfectior est quanto plus spiritualibus intendit. non est tamen hic modus perfectionis humanae quod nihil corporale agatur quia, cum corporales actiones ordinentur ad ea quae sunt necessaria ad conservationem vitae, si quis eas praetermittit, vitam suam negligit, quam quilibet conservare tenetur. |25| expectare autem a deo subsidium in his in quibus aliquis se potest per propriam actionem iuvare, praetermissa propria actione, est insipientis et deum tentantis. hoc enim ad divinam bonitatem pertinet, ut rebus provideat, non immediate omnia faciendo, sed alia movendo ad proprias actiones, * ut supra ostensum est. ‘ non ergo est expectandum a deo ut, omni actione qua sibi aliquis subvenire potest praetermissa, deus ei subveniat: hoc enim divinae ordinationi repugnat, et bonitati ipsius.

n.24 ‘ Sed quia, licet in nobis sit agere, non tamen in nobis est ut actiones nostrae debitum finem sortiantur, propter impedimenta quae possunt contingere; hoc dispositioni divinae subiacet, quid cuique ex actione sua proveniat. praecipit ergo dominus nos non debere esse sollicitos de eo quod ad deum pertinet, scilicet de eventibus nostrarum actionum: non autem prohibuit nos esse sollicitos de eo quod ad nos pertinet, scilicet de nostro opere. non igitur contra praeceptum domini agit qui de iis quae ab ipso agenda sunt sollicitudinem habet: sed ille qui sollicitus est de his quae possunt emergere etiam si ipse proprias actiones exequatur, ita quod debitas actiones praetermittat ad obviandum huiusmodi eventibus, contra quos debemus in dei providentia sperare, per quam etiam aves et herbae sustentantur; * talem enim sollicitudinem habere, videtur pertinere ad errorem gentilium, qui “ divinam providentiam negant. * propter quod dominus concludit quod “ non simus solliciti in crastinum. * per |25| quod non prohibuit quin “ conservemus ea quae sunt nobis in crastinum necessaria suo tempore, sed ne de futuris eventibus sollicitaremur, cum quadam desperatione divini auxilii: vel ne praeoccupet hodie sollicitudinem quae erit habenda in crastino, quia quilibet dies suam sollicitudinem habet; * unde subditur, ° sufficit diei malitia sua.

n.25 ‘ Sic igitur patet quod diversis modis convenientibus vivere possunt qui voluntariam paupertatem sectantur. inter quos tanto aliquis laudabilior est, quanto magis a sollicitudine temporalium, et occupatione circa ea, hominis animum reddit immunem.

005 SCG lb3 cp136

n. ‘ De errore eorum qui perpetuam continentiam impugnant.

n.1 “ Sicut autem contra paupertatis perfectionem, ita et contra continentiae bonum * quidam perversi sensus homines sunt locuti. quorum quidam bonum continentiae his et similibus rationibus excludere nituntur.

n.2 “ Viri enim et mulieris coniunctio ad bonum speciei ordinatur. divinius autem est bonum speciei quam bonum individui. magis ergo peccat qui omnino abstinet ab actu quo conservatur species quam peccaret si abstineret ab actu quo conservatur individuum, sicut sunt comestio et potus, et alia huiusmodi.

n.3 “ Adhuc. ex divina ordinatione dantur homini membra ad generationem apta; et etiam vis concupiscibilis incitans; et alia huiusmodi ad hoc ordinata. videtur igitur contra divinam ordinationem agere qui omnino ab actu generationis abstinet.

n.4 “ Item. si bonum est quod unus contineat, melius est quod multi, optimum autem quod omnes. sed ex hoc sequitur quod genus humanum deficiat. non igitur bonum est quod aliquis homo omnino contineat.

n.5 “ Amplius. castitas, sicut et aliae virtutes, in medietate consistunt. sicut igitur contra virtutem agit qui omnino concupiscentias insequitur, et intemperatus est; ita contra virtutem agit qui omnino a concupiscentiis abstinet, et insensibilis est.

n.6 “ Praeterea. non est possibile quin in homine concupiscentiae venereorum aliquae oriantur: cum naturales sint. resistere autem omnino concupiscentiis, et quasi continuam pugnam habere, maiorem inquietudinem animo tribuit quam si aliquis moderate concupiscentiis uteretur. cum igitur inquietudo animi maxime perfectioni virtutis repugnet, videtur perfectioni virtutis adversari quod aliquis perpetuam continentiam servet.

n.7 * Haec igitur contra perpetuam continentiam obiici videntur. quibus etiam adiungi potest praeceptum domini, quod primis parentibus legitur esse datum, genesis 1-28 et 9-1: ° crescite et multiplicamini, et replete terram. * quod non est revocatum, sed magis videtur esse a domino in evangelio confirmatum, matth. 19-6, ubi dicitur: ° quod deus coniunxit, homo non separet, * de coniunctione matrimonii loquens. “ contra hoc autem praeceptum expresse faciunt qui perpetuam continentiam servant. videtur igitur esse illicitum perpetuam continentiam servare.

n.8 * Haec autem non difficile est solvere secundum ea quae praemissa sunt.

n.9 ‘ Considerandum enim est quod alia ratio est habenda in his quae ad necessitatem uniuscuiusque hominis pertinent: atque alia in his quae pertinent ad multitudinis necessitatem. in his enim quae ad uniuscuiusque hominis necessitatem pertinent, oportet quod cuilibet provideatur. huiusmodi autem sunt cibus et potus, et alia quae ad sustentationem individui pertinent. unde necessarium est quod quilibet cibo et potu utatur. in his autem quae necessaria sunt multitudini, non oportet quod cuilibet de multitudine attribuatur: neque etiam est possibile. patet enim multa esse necessaria multitudini hominum, ut cibus, potus, vestimentum, domus, et alia huiusmodi, quae impossibile est quod per unum procurentur. et ideo oportet diversorum esse diversa officia: sicut et in corpore diversa membra ad diversos actus ordinantur. quia ergo generatio non est de necessitate individui, sed de necessitate totius speciei, non est necessarium quod omnes homines actibus generationis vacent; sed quidam, ab |25| his actibus abstinentes, aliis officiis mancipentur, puta militiae vel contemplationi.

n.10 * Ex quo patet solutio ad secundum. ‘ ex divina enim providentia dantur homini ea quae sunt toti speciei necessaria: nec tamen oportet quod quilibet homo quolibet illorum utatur. data est enim homini industria aedificandi, virtus ad pugnandum: nec tamen oportet quod omnes sint aedificatores aut milites. similiter, licet homini divinitus sint provisa virtus generativa et ea quae ad actum eius ordinantur, non tamen oportet quod quilibet actui generationis intendat.

n.11 * Unde etiam patet solutio ad tertium. ‘ ab his enim quae multitudini sunt necessaria, quamvis quantum ad singulos melius sit quod abstineat, melioribus deditus; non tamen est bonum quod omnes abstineant. sicut et in ordine universi apparet: quamvis enim substantia spiritualis sit melior quam corporalis, non tamen esset melius universum in quo essent solae substantiae spirituales, sed imperfectius. et quamvis sit melior oculus pede in corpore animalis, non tamen esset perfectum animal nisi haberet et oculum et pedem. ita etiam nec multitudo humani generis haberet statum perfectum nisi essent aliqui intendentes generationis actibus, et aliqui ab his abstinentes et contemplationi vacantes.

n.12 * Quod autem quarto obiicitur, quod “ necesse est virtutem in medio esse: * solvitur per id quod supra iam de paupertate dictum est. ‘ medium enim virtutis non accipitur semper secundum quantitatem rei quae ordinatur ratione, sed secundum regulam rationis, quae debitum finem attingit, et circumstantias convenientes metitur. et sic, ab omnibus venereorum delectationibus abstinere praeter rationem, vitium insensibilitatis dicitur. si autem secundum rationem fiat, virtus est, quae communem hominis modum excedit: facit enim homines esse in quadam divinae similitudinis participatione; unde virginitas angelis dicitur esse cognata.

n.13 * Ad quintum dicendum quod ‘ sollicitudo et occupatio quam habent hi qui coniugio utuntur, de uxoribus, filiis, et necessariis vitae acquirendis, est continua. inquietatio autem quam homo patitur ex pugna concupiscentiarum, est ad aliquam horam. quae etiam minoratur per hoc quod ei aliquis non consentit: nam quanto aliquis magis delectabilibus utitur, tanto magis crescit in eo delectabilis appetitus. debilitantur etiam concupiscentiae per abstinentias, et alia exercitia corporalia quae conveniunt his qui continentiae propositum habent. usus etiam corporalium delectabilium magis abducit mentem a sua altitudine et impedit a contemplatione spiritualium, quam inquietudo quae provenit resistendo concupiscentiis horum delectabilium: quia per usum delectabilium, et maxime venereorum, mens maxime carnalibus inhaeret; cum delectatio faciat quiescere appetitum in re delectabili. et ideo his qui ad contemplationem divinorum, et cuiuscumque veritatis, intendunt, maxime nocivum est venereis |25| deditos esse, et maxime utile ab eis abstinere. nihil autem prohibet, quamvis universaliter dicatur uni homini melius esse continentiam servare quam matrimonio uti, quin alicui illud melius sit. * unde et dominus, facta de continentia mentione, dicit: ° non omnes capiunt verbum hoc, sed qui potest capere capiat.

n.14 * Ad id etiam quod de praecepto primis parentibus dato ultimo positum est, * patet responsio per ea quae dicta sunt. ‘ praeceptum enim illud respicit inclinationem naturalem quae est in hominibus ad conservandum speciem per actum generationis: quod tamen non est necessarium per omnes exequi, sed per aliquos, * ut dictum est.

n.15 ‘ Sicut autem non expedit cuilibet a matrimonio abstinere, ita etiam nec expedit omni tempore, quando necessaria est multiplicatio generis: vel propter hominum paucitatem, sicut in principio quo humanum genus coepit multiplicari; sive propter paucitatem fidelis populi, quando oportebat ipsum per carnalem generationem multiplicari, ut fuit in veteri testamento. et ideo consilium de continentia perpetua observanda reservatum est temporibus novi testamenti, quando fidelis populus per spiritualem generationem multiplicatur.

n.16 * Fuerunt autem et alii qui, “ licet continentiam perpetuam non improbarent, tamen ei statum matrimonii adaequabant: * quod est haeresis ioviniani. * sed huius erroris falsitas satis ex praedictis apparet: ‘ cum per continentiam homo reddatur habilior ad mentis elevationem in spiritualia et divina; et quodammodo supra statum hominis ponatur, in quadam similitudine angelorum.

n.17 ‘ Nec obstat quod aliqui perfectissimae virtutis viri matrimonio usi sunt, ut abraham, isaac et iacob: quia quanto virtus mentis est fortior, tanto minus potest per quaecumque a sua altitudine deiici. nec tamen, quia ipsi matrimonio usi sunt, minus contemplationem veritatis et divinorum amaverunt: sed, secundum quod conditio temporis requirebat, matrimonio utebantur ad multiplicationem populi fidelis.

n.18 ‘ Nec tamen perfectio alicuius personae est sufficiens argumentum ad perfectionem status: cum aliquis perfectiori mente possit uti minori bono quam alius maiori. non igitur, quia abraham vel moyses perfectior fuit multis qui continentiam servant, propter hoc status matrimonii est perfectior quam status continentiae, vel ei aequalis.

005 SCG lb3 cp138

n. ‘ Contra eos qui vota impugnant.

n.1 * Quibusdam autem visum est “ stultum esse obligare se voto ad obediendum alicui, aut ad quodcumque servandum. unumquodque enim bonum, quanto liberius agitur, tanto virtuosius esse videtur. quanto autem e maiori necessitate quis ad aliquid observandum adstringitur, tanto minus libere id agi videtur. videtur igitur derogari laudabilitati virtuosorum actuum per hoc quod ex necessitate obedientiae vel voti fiunt.

n.2 * Videntur autem huiusmodi homines “ necessitatis rationem ignorare. ‘ est enim duplex necessitas. quaedam coactionis. et haec laudem virtuosorum actuum diminuit, quia voluntario contrariatur: coactum enim est quod est voluntati contrarium. est autem quaedam necessitas ex interiori inclinatione proveniens. et haec laudem virtuosi actus non minuit, sed auget: facit enim voluntatem magis intense tendere in actum virtutis. patet enim quod habitus virtutis, quanto fuerit perfectior, tanto vehementius voluntatem facit tendere in bonum virtutis, et minus ab eo deficere. quod si ad finem perfectionis devenerit, quandam necessitatem infert ad bene agendum, sicut est in beatis, qui peccare non possunt, * ut infra patebit: ‘ nec tamen propter hoc aut libertati voluntatis aliquid deperit, aut actus bonitati.

n.3 ‘ Est autem et alia necessitas ex fine: sicut cum dicitur alicui necesse esse habere navem ut transeat mare. patet autem quod nec haec necessitas libertatem voluntatis diminuit, nec actuum bonitatem. quin potius quod quis agit quasi necessarium ad finem, ex hoc ipso laudabile est: et tanto laudabilius, quanto finis fuerit melior.

n.4 ‘ Patet autem quod necessitas observandi quae quis vovit, aut obediendi ei cui se supposuit, non est necessitas coactionis; nec etiam ex interiori inclinatione proveniens, sed ex ordine ad finem: est enim necessarium voventi hoc vel illud agere, si debet votum impleri, aut obedientia servari. cum igitur hi fines laudabiles sint, utpote quibus homo deo se subiicit, necessitas praedicta nihil diminuit de laude virtutis.

n.5 ‘ Est autem ulterius considerandum quod, dum implentur aliqua quae quis vovit, vel quae sibi praecipiuntur ab eo cui se subdidit propter deum, maiori laude et remuneratione sunt digna. contingit enim unum actum duorum vitiorum esse, dum actus unius vitii ad finem alterius vitii ordinatur: ut, cum quis furatur ut fornicetur, actus quidem secundum speciem suam est avaritiae, secundum intentionem vero luxuriae. eodem autem modo et in virtutibus contingit quod actus unius virtutis ad aliam virtutem ordinatur: sicut, cum quis sua dat ut cum altero amicitiam habeat caritatis, actus quidem ex sua specie est liberalitatis, ex fine autem caritatis. huiusmodi autem actus maiorem laudem habet ex maiore virtute, scilicet ex caritate, quam ex liberalitate. unde, etsi remittatur in eo quod liberalitatis est ex eo quod ad caritatem ordinatur, laudabilior, et maiori mercede dignus erit quam si liberalius ageretur non in ordine ad caritatem.

n.6 ‘ Ponamus ergo aliquem opus aliquod virtutis agentem, puta ieiunantem, vel continentem se a venereis:- et quidem si absque voto haec faciat, erit actus vel castitatis vel abstinentiae; si autem ex voto, refertur ulterius ad aliam virtutem, cuius est deo aliquid vovere, scilicet ad religionem, quae potior est castitate vel abstinentia, utpote faciens nos recte habere ad deum. erit ergo actus abstinentiae vel continentiae laudabilior in eo qui ex voto facit, etiam si non ita delectetur in abstinentia vel continentia, ex eo quod delectatur in potiori virtute, quae est religio.

n.7 ‘ Item. id quod potissimum est in virtute, est debitus finis: nam ex fine principaliter ratio boni manat. si ergo finis fuerit eminentior, etiam si in actu aliquis se remissius habeat, erit eius actus virtuosior: sicut, si aliquis proponat propter bonum virtutis longam viam agere, alius autem brevem, laudabilior erit qui maius aliquid propter virtutem intendit, licet in progressu viae lentius procedat. si autem aliquis facit aliquid propter deum, illum actum deo offert: sed si ex voto hoc faciat, non solum actum, sed etiam potentiam offert deo. et sic patet quod propositum suum est ad aliquid maius deo exhibendum. erit ergo actus eius virtuosior ratione maioris boni intenti, etiam si in executione alius videatur ferventior.

n.8 ‘ Praeterea. voluntas praecedens actum manet virtute in tota prosecutione actus, et ipsum laudabilem reddit, etiam quando de proposito voluntatis propter quod actum incipit, in executione operis non cogitabit: non enim oportet ut qui propter deum aliquod iter arripit, in qualibet parte itineris de deo cogitet actu. patet autem quod ille qui vovet se aliquid facturum, intensius illud voluit quam qui simpliciter facere disponit: quia non solum facere voluit, sed voluit se firmare ut non deficeret a faciendo. ex hac igitur voluntatis intentione redditur executio voti cum intensione quadam laudabilis, etiam quando voluntas vel non actu fertur in opus, vel fertur remisse.

n.9 ‘ Sic ergo laudabilius fit quod e voto fit, quam quod fit sine voto: ceteris tamen paribus.

005 SCG lb3 cp139

n. ‘ Quod neque merita neque peccata sint paria.

n.1 ‘ Ex his autem manifestum est quod neque omnia bona opera, neque omnia peccata sunt paria. consilium enim non datur nisi de meliori bono. dantur autem consilia in lege divina de paupertate, continentia, et aliis huiusmodi, * ut supra dictum est. ‘ haec igitur meliora sunt quam matrimonio uti et temporalia possidere: secundum quae tamen contingit virtuose agere, ordine rationis servato, * ut supra ostensum est. ‘ non igitur omnes actus virtutum sunt pares.

n.2 ‘ Adhuc. actus speciem recipiunt ex obiectis. quanto igitur obiectum est melius, tanto et actus erit virtuosior secundum speciem suam. finis autem melior est his quae sunt ad finem: quorum tanto aliquid melius est, quanto est fini propinquius. inter actus igitur humanos ille est optimus qui in ultimum finem, scilicet deum, immediate fertur. post quem, tanto actus melior est secundum suam speciem, quanto obiectum est deo propinquius.

n.3 ‘ Amplius. bonum in actibus humanis est secundum quod ratione regulantur. contingit autem aliquos aliis ad rationem magis accedere: quanto actus qui sunt ipsius rationis, magis habent de bono rationis quam actus inferiorum virium, quibus ratio imperat. sunt igitur inter actus humanos aliqui aliis meliores.

n.4 ‘ Item. praecepta legis optime ex dilectione implentur, * ut supra dictum est. ‘ contingit autem aliquem alio ex maiori dilectione quod faciendum est facere. erit igitur virtuosorum actuum unus alio melior.

n.5 ‘ Praeterea. si ex virtute actus hominis boni redduntur; contingit autem intensiorem esse eandem in uno quam in alio: oportet quod humanorum actuum sit unus alio melior.

n.6 ‘ Item. si ex virtutibus actus humani boni redduntur, oportet meliorem esse actum qui est melioris virtutis. contingit autem virtutem unam altera meliorem esse: puta magnificentiam liberalitate, et magnanimitatem moderantia. erit igitur humanorum actuum unus alio melior.

n.7 * Hinc est quod dicitur i cor. 7-38: ° qui matrimonio iungit virgines suas, bene facit: qui autem non iungit, melius facit.

n.8 ‘ Ex eisdem etiam rationibus apparet quod non omnia peccata sunt paria: cum per unum peccatum magis discedatur a fine quam per aliud; et magis pervertatur ordo rationis; et maius nocumentum proximo inferatur.

n.9 * Hinc est quod dicitur ezech. 16-47: ° sceleratiora fecisti illis in omnibus viis tuis.

n.10 * Per hoc autem excluditur quorundam error dicentium “ omnia merita et peccata paria esse.

n.11 “ Quod tamen omnes virtuosi actus sint aequales, * ex hoc videbatur aliquam rationem habere, quia “ omnis actus virtuosus est ex fine boni. unde, si omnium bonorum actuum est idem finis boni, oportet omnes aequaliter bonos esse.

n.12 ‘ Licet autem sit unus finis ultimus boni, actus tamen qui ex illo bonitatem habent, diversum bonitatis gradum accipiunt. est enim in his bonis quae ad ultimum finem ordinantur, differentia gradus, secundum quod quaedam sunt aliis meliora, et fini ultimo propinquiora. unde et in voluntate et actibus eius gradus bonitatis erit, secundum diversitatem bonorum ad quae terminatur voluntas et eius actus, licet ultimus finis sit idem.

n.13 * Similiter etiam quod omnia peccata sint paria, videtur ex hoc habere rationem, quia " peccatum in actibus humanis accidit ex hoc solo quod aliquis praeterit regulam rationis. ita autem praeterit regulam rationis qui in modico a ratione recedit, sicut qui in magno. videtur igitur peccatum esse aequale sive in modico sive in magno peccetur.

n.14 * Huic autem rationi videtur suffragari quod " in humanis iudiciis agitur. nam si alicui statuatur limes quem non transgrediatur, nihil refert apud iudicem sive multum sive modicum sit transgressus: sicut non refert, ex quo pugil limites campi exivit, utrum longius progrediatur. ex quo igitur aliquis regulam rationis pertransiit, non refert utrum in modico vel in magno ipsam transiverit.

n.15 ' Sed si quis diligenter inspiciat, in omnibus quorum perfectio et bonum in quadam commensuratione consistit, quanto magis a debita commensuratione receditur, tanto maius erit malum. sicut sanitas consistit in debita commensuratione humorum; et pulchritudo in debita proportione membrorum; veritas autem in commensuratione intellectus vel sermonis ad rem. patet autem quod quanto est maior inaequalitas in humoribus, tanto est maior infirmitas; et quanto est maior inordinatio in membris, tanto est maior turpitudo; et quanto magis a veritate receditur, tanto est maior falsitas; non enim est tam magna falsitas aestimantis tria esse quinque, sicut eius qui aestimat tria esse centum. bonum autem virtutis in quadam commensuratione consistit: est enim medium, secundum debitam limitationem circumstantiarum, inter contraria vitia constitutum. quanto igitur magis ab hac harmonia receditur, tanto est maior malitia.

n.16 ' Non est autem simile virtutem transgredi, et terminos a iudice positos transire. nam virtus est secundum se bonum: unde virtutem transgredi est secundum se malum. et ideo oportet quod magis a virtute recedere sit maius malum. transgredi autem terminum hunc a iudice positum, non est secundum se malum, sed per accidens, inquantum scilicet est prohibitum. in his autem quae sunt per accidens, non est necessarium quod, " si simpliciter sequitur ad simpliciter, et magis sequatur ad magis, ' sed solum in his quae sunt per se: non enim sequitur, si album est musicum, quod magis album sit magis musicum; sequitur autem, si album est disgregativum visus, quod magis album sit magis disgregativum visus.

n.17 ' Est autem hoc inter peccatorum differentias attendendum, quod quoddam est mortale, et quoddam veniale. mortale autem est quod animam spirituali vita privat. cuius quidem vitae ratio ex duobus sumi potest, secundum similitudinem vitae naturalis. vivit enim corpus naturaliter per hoc quod animae unitur, quae est ei principium vitae. corpus autem, vivificatum per animam, ex seipso movetur: sed corpus mortuum vel immobile manet, vel ab exteriori tantum movetur. sic igitur et voluntas hominis, cum per rectam intentionem ultimo fini coniungitur, quod est eius obiectum et quodammodo forma, et vivida est; et, cum per dilectionem deo et proximo inhaeret, ex interiori principio movetur ad agendum recta. intentione autem ultimi finis et dilectione remota, anima fit velut mortua: quia non movetur ex seipsa ad agendum recta, sed vel omnino ab eis agendis desistit, vel ad ea agenda solum ab exteriori inducitur, scilicet metu poenarum. quaecumque igitur peccata intentioni ultimi finis |25| et dilectioni opponuntur, mortalia sunt. si vero, his salvis, aliquis in aliquo recto ordine rationis deficiat, non erit mortale peccatum, sed veniale.

005 SCG lb3 cp140

n. ' Quod actus hominis puniuntur vel praemiantur a deo.

n.1 ' Ex praemissis autem manifestum est quod actus hominis puniuntur vel praemiantur a deo.

n.2 ' Eius enim est punire vel praemiare cuius est legem imponere: legis enim latores per praemia et poenas ad observantiam legis inducunt. sed ad divinam providentiam pertinet ut legem hominibus poneret, * ut ex supra dictis patet. ' ergo ad deum pertinet homines punire vel praemiare.

n.3 ' Praeterea. ubicumque est aliquis debitus ordo ad finem, oportet quod ordo ille ad finem ducat, recessus autem ab ordine finem excludat: ea enim quae sunt ex fine, necessitatem sortiuntur ex fine; ut scilicet ea necesse sit esse, si finis debeat sequi; et eis absque impedimento existentibus, finis consequatur. deus autem imposuit actibus hominum ordinem aliquem in respectu ad finem boni, * ut ex praedictis patet. ' oportet igitur quod, si ordo ille recte positus est, quod incedentes per illum ordinem finem boni consequantur, quod est praemiari: recedentes autem ab illo ordine per peccatum, a fine boni excludi, quod est puniri.

n.4 ' Adhuc. sicut res naturales ordini divinae providentiae subduntur, ita et actus humani, * ut ex praedictis patet. ' utrobique autem contingit debitum ordinem servari, vel etiam praetermitti: hoc tamen interest, quod observatio vel transgressio debiti ordinis est in potestate humanae voluntatis constituta; non autem in potestate naturalium rerum est quod a debito ordine deficiant vel ipsum sequantur. oportet autem effectus causis per convenientiam respondere. sicut igitur res naturales, cum in eis debitus ordo naturalium principiorum et actionum servatur, sequitur ex necessitate naturae conservatio et bonum in ipsis, corruptio autem et malum cum a debito et naturali ordine receditur; ita etiam in rebus humanis oportet quod, cum homo voluntarie servat ordinem legis divinitus impositae, consequatur bonum, non velut ex necessitate, sed ex dispensatione gubernantis, quod est praemiari; et e converso malum, cum ordo legis fuerit praetermissus, et hoc est puniri.

n.5 ' Amplius. ad perfectam dei bonitatem pertinet quod nihil in rebus inordinatum relinquat: unde in rebus naturalibus videmus contingere quod omne malum sub ordine alicuius boni concluditur; sicut corruptio aeris est ignis generatio, et occisio ovis est pastus lupi. cum igitur actus humani divinae providentiae subdantur, sicut et res naturales; oportet malum quod accidit in humanis actibus, sub ordine alicuius boni concludi. hoc autem convenientissime fit per hoc quod peccata puniuntur. sic enim sub ordine iustitiae, quae ad aequalitatem reducit, comprehenduntur ea quae debitam quantitatem excedunt. excedit autem homo debitum suae quantitatis gradum dum voluntatem suam divinae voluntati praefert, satisfaciendo ei contra ordinationem dei. quae quidem inaequalitas tollitur dum, contra voluntatem suam, homo aliquid pati cogitur secundum ordinationem divinam. oportet igitur quod peccata humana puniantur divinitus: et, eadem ratione, bona facta remunerationem accipiant.

n.6 ' Item. divina providentia non solum disponit rerum ordinem, sed etiam movet omnia ad ordinis ab eo dispositi executionem, * ut supra ostensum est. ' voluntas autem a suo obiecto movetur, quod est bonum vel malum. ad divinam igitur providentiam pertinet quod hominibus bona proponat in praemium, ut voluntas ad recte procedendum moveatur: et mala proponat in poenam, ad hoc quod inordinationem vitet.

n.7 ' Praeterea. divina providentia hoc modo res ordinavit quod una alteri prosit. convenientissime autem homo proficit ad finem boni tam ex bono alterius hominis quam ex malo, dum excitatur ad bene agendum per hoc quod videt bene operantes praemiari; et dum revocatur a male agendo per hoc quod videt male agentes puniri. ad divinam igitur providentiam pertinet quod mali puniantur, et boni praemientur.

n.8 * Hinc est quod dicitur exod. 20-5 ° ego sum deus tuus, visitans iniquitatem patrum in filios, et faciens misericordiam his qui diligunt me et custodiunt praecepta mea. * et in psalmo: ° tu reddes unicuique iuxta opera sua. * et rom. 2-6 ° reddet unicuique secundum opera sua: his quidem qui sunt secundum patientiam boni operis, gloriam et honorem; his autem qui non acquiescunt veritati, credunt autem iniquitati, iram et indignationem.

n.9 * Per hoc autem excluditur error quorundam dicentium quod " deus non punit. * dicebant enim marcion et valentinus " alium esse deum bonum: et alium esse deum iustum, qui punit.

005 SCG lb3 cp141

n. ' De differentia et ordine poenarum.

n.1 ' Quia vero, * sicut ex dictis patet, ' praemium est quod voluntati proponitur quasi finis quo excitatur ad bene agendum; e contrario poena voluntati proponitur ut a malo retrahatur, quasi aliquid fugiendum malum: sicut de ratione praemii est quod sit bonum voluntati consonum, ita de ratione poenae est quod sit malum et contrarium voluntati. malum autem est privatio boni. unde oportet quod secundum differentiam et ordinem bonorum, sit etiam differentia et ordo poenarum.

n.2 ' Est autem summum bonum hominis felicitas, quae est ultimus finis eius: quantoque aliquid est huic fini propinquius, tanto praeeminet inter hominis bonum. huic autem propinquissimum est virtus, et si quid est aliud quod ad bonam operationem hominem proficiat, qua pervenitur ad beatitudinem. consequitur autem et debita dispositio rationis, et virium ei subiectarum. post hoc autem et corporis incolumitas, quae necessaria est ad expeditam operationem. demum autem ea quae exterius sunt, quibus quasi adminiculantibus utimur ad virtutem.

n.3 ' Erit igitur maxima poena hominem a beatitudine excludi. post hanc autem, virtute privari, et perfectione quacumque naturalium virtutum animae ad bene agendum. dehinc autem, naturalium potentiarum animae deordinatio. post hoc autem, corporis nocumentum. demum autem, exteriorum bonorum sublatio.

n.4 ' Sed quia de ratione poenae est non solum quod sit privativa boni, sed etiam quod sit contraria voluntati; non autem cuiuslibet hominis voluntas existimat bona secundum quod sunt: contingit interdum quod id quod est maioris boni privativum, est minus contrarium voluntati, et propter hoc minus poenale esse videtur. et inde est quod plures homines, qui bona sensibilia et corporalia magis aestimant et cognoscunt quam intellectualia et spiritualia, plus timent corporales poenas quam spirituales. secundum quorum aestimationem contrarius ordo videtur poenarum ordini supradicto. apud hos enim maxima poena aestimantur laesiones corporis, et damna rerum exteriorum: deordinatio autem animae, et damnum virtutis, et amissio fruitionis divinae, in qua consistit ultima hominis felicitas, aut modicum aut nihil reputatur ab eis.

n.5 ' Hinc autem procedit quod hominum peccata a deo puniri non aestimant: quia vident plerumque peccatores incolumitate corporis vigere, et exteriori fortuna potiri, quibus interdum homines virtuosi privantur.

n.6 ' Quod recte considerantibus mirum videri non debet. cum enim bona exteriora ad inferiora ordinentur, corpus autem ad animam; in tantum exteriora et corporalia bona sunt homini bona, in quantum ad bonum rationis proficiunt; secundum vero quod bonum rationis impediunt, homini vertuntur in mala. novit autem rerum dispositor deus mensuram virtutis humanae. unde interdum homini virtuoso corporalia et exteriora bona ministrat in adiutorium virtutis: et in hoc ei beneficium praestat. interdum vero ei praedicta subtrahit, eo quod considerat huiusmodi esse sibi ad impedimentum virtutis et fruitionis divinae: ex hoc enim exteriora bona vertuntur homini in mala, * ut dictum est; ' unde et eorum amissio, eadem ratione, homini vertitur in bonum. si ergo omnis poena malum est; non est autem malum hominem exterioribus et corporalibus bonis privari secundum quod expedit ad profectum virtutis: non erit hoc homini virtuoso poena si privetur exterioribus bonis |25| in adiumentum virtutis. e contrario autem erit malis in poenam si eis exteriora bona concedantur, quibus provocantur ad malum. * unde et sap. 14-11 dicitur quod ° creaturae dei in odium factae sunt, et in tentationem animae hominum, et in muscipulam pedibus insipientium. ' quia vero de ratione poenae est non solum quod sit malum, sed quod sit contrarium voluntati; amissio corporalium et exteriorum bonorum, etiam quando est homini in profectum virtutis et non in malum, dicitur poena abusive, ex eo quod est contra voluntatem.

n.7 ' Ex inordinatione autem hominis contingit quod homo non aestimet res secundum quod sunt, sed corporalia spiritualibus praeferat. inordinatio autem talis aut est culpa, aut ex aliqua culpa praecedente procedit. unde consequenter patet quod poena non sit in homine, etiam secundum quod est contra voluntatem, nisi culpa praecedente.

n.8 ' Hoc etiam ex alio patet. quia ea quae sunt secundum se bona, non verterentur homini in malum per abusum, nisi aliqua inordinatione in homine existente.

n.9 ' Item, quod oporteat ea quae voluntas acceptat eo quod sunt naturaliter bona, homini subtrahi ad profectum virtutis, provenit ex aliqua hominis deordinatione, quae vel est culpa, vel sequitur culpam. manifestum enim est quod per peccatum praecedens fit quaedam inordinatio in affectu humano, ut facilius postmodum ad peccatum inclinetur. non ergo est absque culpa etiam quod oportet hominem adiuvari ad bonum virtutis per id quod est ei quodammodo poenale, inquantum est absolute contra voluntatem ipsius, licet quandoque sit volitum secundum quod ratio respicit finem. sed de hac inordinatione in natura humana existente ex peccato originali, * posterius dicetur. ' nunc autem intantum manifestum sit quod deus punit homines pro peccatis: et quod non punit absque culpa.

005 SCG lb3 cp142

n. ' Quod non omnia praemia et poenae sunt aequales.

n.1 ' Cum autem divina iustitia id exigat quod, ad aequalitatem in rebus servandam, pro culpis poenae reddantur, et pro bonis actibus praemia; oportet, si est gradus in virtuosis actibus et in peccatis, * ut ostensum est, ' quod sit etiam gradus praemiorum et poenarum. aliter enim non servaretur aequalitas, si non plus peccanti maior poena, aut melius agenti maius praemium redderetur: eiusdem enim rationis esse videtur quod differenter retribuatur secundum differentiam boni et mali, et secundum differentiam boni et melioris, vel mali et peioris.

n.2 ' Praeterea. talis est aequalitas distributivae iustitiae, ut inaequalibus inaequalia reddantur. non ergo esset iusta recompensatio per poenas et praemia, si omnia praemia et omnes poenae essent aequales.

n.3 ' Adhuc. praemia et poenae a legislatore proponuntur ut homines a malis ad bona trahantur, * ut ex supra dictis patet. ' oportet autem homines non solum trahi ad bona et retrahi a malis, sed etiam bonos allici ad meliora, et malos retrahi a peioribus. quod non fieret si praemia et poenae essent aequalia. oportet igitur et poenas et praemia inaequalia esse.

n.4 ' Amplius. sicut per dispositiones naturales aliquid disponitur ad formam, ita per opera bona et mala aliquis disponitur ad poenas et praemia. sed hoc habet ordo quem divina providentia statuit in rebus, quod magis disposita perfectiorem formam consequuntur. ergo, secundum diversitatem bonorum o-

perum vel malorum, oportet quod sit diversitas poenarum et praemiorum.
n.5 ' Item. contingit excessum esse in operibus bonis et malis dupliciter: uno modo, secundum numerum, prout unus alio plura habet opera bona vel mala; alio modo, secundum qualitatem operum, prout unus alio vel melius vel peius opus habet. oportet autem quod excessui qui est secundum numerum operum, respondeat excessus praemiorum vel poenarum: alias non fieret recompensatio in divino iudicio pro omnibus quae quis agit, si aliqua mala remanerent impunita et aliqua bona irremunerata. pari ergo ratione, excessui qui est secundum inaequalitatem operum, inaequalitas praemiorum et poenarum respondet.
n.6 * Hinc est quod dicitur deut. 25-2: ° pro mensura peccati erit et plagarum modus. * et isaiae 27-8: ° in mensura contra mensuram, cum abiecta fuerit, vindicabo eam.
n.7 * Per hoc autem excluditur error quorundam dicentium " in futuro omnia praemia et poenas esse aequales.

005 SCG lb3 cp143

n. ' De poena quae debetur peccato mortali et veniali per respectum ad ultimum finem.
n.1 ' Est autem ex praedictis manifestum quod dupliciter contingit peccare. uno modo, sic quod totaliter intentio mentis abrumpatur ab ordine ad deum, qui dicitur ultimus finis bonorum: et hoc est peccatum mortale. alio modo, sic quod, manente ordine humanae mentis ad ultimum finem, impedimentum aliquod afferatur quo retardatur ne libere tendat in finem: et hoc dicitur peccatum veniale. si ergo secundum differentiam peccatorum oportet esse differentiam poenarum, consequens est quod ille qui mortaliter peccat, sit puniendus sic quod excidat ab hominis fine: qui autem peccat venialiter, non ita quod excidat, sed ita quod retardetur, aut difficultatem patiatur, in adipiscendo finem. sic enim iustitiae servatur aequalitas: ut quo modo homo peccando voluntarie a fine divertit, ita poenaliter, contra suam voluntatem, in finis adeptione impediatur.
n.2 ' Adhuc. sicut est voluntas in hominibus, ita est inclinatio naturalis in rebus naturalibus. si autem ab aliqua re naturali tollatur inclinatio eius ad finem, omnino finem illum consequi non potest: sicut corpus grave, cum gravitatem amiserit per corruptionem et factum fuerit leve, non perveniet ad medium. si autem fuerit in suo motu impeditum, inclinatione ad finem manente, remoto prohibente, perveniet ad finem. in eo autem qui peccat mortaliter, omnino avertitur intentio voluntatis a fine ultimo: in illo autem qui venialiter peccat, manet intentio conversa ad finem, sed aliqualiter impeditur, ex hoc quod plus debito inhaeret his quae sunt ad finem. igitur ei qui peccat mortaliter, haec poena debetur, ut omnino excludatur a consecutione finis: ei autem qui peccat venialiter, quod difficultatem aliquam patiatur antequam ad finem perveniat.
n.3 ' Amplius. cum aliquis consequitur aliquod bonum quod non intendebat, est a fortuna et casu. si igitur ille cuius intentio est aversa a fine ultimo, finem ultimum assequatur, erit hoc a fortuna et casu. hoc autem est inconveniens. quia ultimus finis est bonum intellectus. fortuna autem intellectui repugnat: quia fortuita absque ordinatione intellectus proveniunt. inconveniens autem est quod intellectus suum finem consequatur non per viam intelligibilem. non ergo consequetur finem ultimum qui, peccans mortaliter, habet intentionem aversam ab ultimo fine.
n.4 ' Item. materia non consequitur formam ab agente nisi fuerit ad formam disposita. finis autem et bonum est perfectio voluntatis sicut forma materiae. voluntas igitur non consequetur ultimum finem nisi fuerit disposita convenienter. disponitur autem ad finem voluntas per intentionem et desiderium finis. non igitur consequetur finem cuius intentio a fine avertitur.
n.5 ' Praeterea. in his quae sunt ordinata ad finem, talis habitudo invenitur quod, si finis est vel erit, necesse est ea quae sunt ad finem fore; si autem ea quae sunt ad finem non sunt, nec finis erit: si enim finis esse potest etiam non existentibus illis quae sunt ad finem, frustra per huiusmodi media quaeritur finis. confessum est autem apud omnes quod homo per opera virtutum, in quibus praecipuum est intentio finis debiti, consequitur ultimum finem suum, qui est felicitas. si ergo aliquis contra virtutem agat, ab intentione ultimi finis aversus, conveniens est quod ultimo fine privetur.
n.6 * Hinc est quod dicitur matth. 7-23: ° discedite a me, omnes qui operamini iniquitatem.

005 SCG lb3 cp144

n. ' Quod per peccatum mortale ultimo fine aliquis in aeternum privatur.
n.1 ' Oportet autem hanc poenam qua quis privatur ultimo fine, esse interminabilem.
n.2 ' Privatio enim alicuius non est nisi quando natum est haberi: non enim catulus mox natus dicitur visu privatus. ultimum autem finem consequi non est homo aptus natus in hac vita, * ut probatum est. ' privatio ergo huiusmodi finis oportet quod sit post hanc vitam. sed post hanc vitam non remanet homini facultas adipiscendi ultimum finem. anima enim indiget corpore ad consecutionem sui finis: inquantum per corpus perfectionem acquirit et in scientia et in virtute. anima autem, postquam a corpore fuerit separata, non redit iterum ad hunc statum quod per corpus perfectionem accipiat, * sicut dicebant transcorporationem ponentes, * contra quos superius, disputatum est. ' necesse est igitur quod ille qui hac poena punitur ut ultimo fine privetur, in aeternum privatus remaneat.
n.3 ' Adhuc. si aliquid privatur eo quod est in natura eius ut habeatur, impossibile est illud reparari nisi fiat resolutio in praeiacentem materiam, ut iterum aliud de novo generetur: sicut cum animal amittit visum aut alium sensum. impossibile est autem quod id quod iam generatum est, iterum generetur, nisi prius corrumpatur: et tunc ex eadem materia poterit aliud integrum generari, non idem numero, sed specie. res autem spiritualis, ut anima vel angelus, non potest resolvi per corruptionem in aliquam praeiacentem materiam, ut iterum generetur aliud idem specie. si igitur privetur eo quod est in natura ipsius ut habeat, oportet quod in perpetuum maneat talis privatio. est autem in natura animae et angeli ordo ad ultimum finem, qui est deus. si ergo ab hoc ordine decidat per aliquam poenam, in perpetuum talis poena manebit.
n.4 ' Item. naturalis aequitas hoc habere videtur, quod unusquisque privetur bono contra quod agit: ex hoc enim reddit se tali bono indignum. et inde est quod, secundum civilem iustitiam, qui contra rempublicam peccat, societate reipublicae privatur omnino, vel per mortem vel per exilium perpetuum: nec attenditur quanta fuerit mora temporis in peccando, sed quid sit contra quod peccavit. eadem autem est comparatio totius vitae praesentis ad rempublicam terrenam, et totius aeternitatis ad societatem beatorum, qui, * ut supra ostensum est, ' ultimo fine aeternaliter potiuntur. qui ergo contra ultimum finem peccat, et contra caritatem, per quam est societas beatorum et tendentium in beatitudinem, in aeternum debet puniri, quamvis aliqua brevi temporis mora peccaverit.
n.5 " Praeterea. apud divinum iudicium voluntas pro facto computatur: quia, sicut homines vident ea quae exterius aguntur, ita deus inspicit hominum corda. ' qui autem propter aliquod temporale bonum aversus est ab ultimo fine, qui in aeternum possidetur, praeposuit fruitionem temporalem illius boni temporalis aeternae fruitioni ultimi finis. unde patet quod multo magis voluisset in aeternum illo bono temporali frui. ergo, secundum divinum iudicium, ita puniri debet ac si aeternaliter peccasset. nulli autem dubium est quin pro aeterno peccato aeterna poena debeatur. debetur igitur ei qui ab ultimo fine avertitur, poena aeterna.
n.6 ' Adhuc. eadem iustitiae ratione poena peccatis redditur, et bonis actibus praemium. " praemium autem virtutis est beatitudo. ' quae quidem est aeterna, * ut supra ostensum est. ' ergo et poena qua quis a beatitudine excluditur, debet esse aeterna.
n.7 * Hinc est quod dicitur matth. 25-46: ° ibunt hi in supplicium aeternum, iusti autem in vitam aeternam.
n.8 * Per hoc autem excluditur error dicentium " poenas malorum quandoque esse terminandas. * quae quidem positio ortum habuisse videtur a positione quorundam philosophorum, qui dicebant " omnes poenas purgatorias esse, et ita quandoque terminandas.
n.9 * Videbatur autem hoc persuasibile: " tum ex humana consuetudine. poenae enim humanis legibus inferuntur ad emendationem vitiorum: unde sicut medicinae quaedam sunt. tum etiam ratione. si enim poena non propter aliud infertur a puniente, sed propter se tantum, sequitur quod in poenis propter se delectetur: quod bonitati divinae non congruit. oportet igitur poenas propter aliud inferri. nec videtur alius convenientior finis quam emendatio vitiorum. * videtur igitur convenienter dici " omnes poenas purgatorias esse, et per consequens quandoque terminandas: cum illud quod est purgabile, accidentale sit rationi creaturae, et possit removeri absque consumptione substantiae.
n.10 ' Est autem concedendum quod poenae inferuntur a deo non propter se, quasi deus in ipsis delectetur, sed propter aliud: scilicet propter ordinem imponendum creaturis, in quo bonum universi consistit. exigit autem hoc ordo rerum, ut proportionaliter omnia divinitus dispensentur: * propter quod dicitur in libro sapientiae, quod " deus omnia facit in pondere, numero et mensura. ' sicut autem praemia proportionaliter respondent actibus virtuosis, ita poenae peccatis. et quibusdam peccatis proportionantur poenae sempiternae, * ut ostensum est. ' infligit igitur deus pro quibusdam peccatis poenas aeternas, ut debitus ordo servetur in rebus, qui eius sapientiam demonstrat.
n.11 * Si quis tamen concedat " omnes poenas ad emendationem morum induci, et non propter aliud: * non tamen propter hoc cogitur ponere " omnes poenas purgatorias et terminabiles esse. ' nam et secundum leges humanas aliqui morte puniuntur, non quidem ad emendationem sui, sed aliorum. * hinc est quod prov. 19-25 dicitur: ° pestilente flagellato, stultus sapientior erit. ' quidam etiam, secundum humanas leges, a civitate perpetuo exilio excluduntur, ut, eis subtractis, civitas purior reddatur. * unde dicitur prov. 22-10: ° eiice derisorem, et exibit cum eo iurgium, cessabuntque causae et contumeliae. ' nihil igitur prohibet, etiam si poenae non nisi ad emendationem morum adhibeantur, quin, secundum divinum iudicium, aliqui debeant a societate bonorum perpetuo separari et in aeternum puniri, ut ex perpetuae poenae timore homines peccare desistant, et bonorum societas purior ex eorum separatione reddatur: * sicut dicitur apoc. 22-27: ° non intrabit in eam, " idest in ierusalem |25| caelestem, per quam designatur societas bonorum, ° aliquid coinquinatum, aut faciens abominationem et mendacium.

005 SCG lb3 cp145

n. ' Quod peccata puniuntur etiam per experientiam alicuius nocivi.
n.1 ' Non solum autem qui contra deum peccant, puniendi sunt per hoc quod a beatitudine perpetuo excluduntur, sed per experimentum alicuius nocivi. poena enim debet proportionaliter culpae respondere, * ut supra ostensum est. ' in culpa autem non solum avertitur mens ab ultimo fine, sed etiam indebite convertitur in alia quasi in fines. non solum ergo puniendus est qui peccat per hoc quod excludatur a fine, sed etiam per hoc quod ex aliis rebus sentiat nocumentum.
n.2 ' Amplius. poenae inferuntur pro culpis ut timore poenarum homines a peccatis retrahantur, * ut supra dictum est. ' nullus autem timet amittere id quod non desiderat adipisci. qui ergo habent voluntatem aversam ab ultimo fine, non timent excludi ab illo. non ergo per solam exclusionem ab ultimo fine a peccando revocarentur. oportet igitur peccantibus etiam aliam poenam adhiberi, quam timeant peccantes.
n.3 ' Item. si quis eo quod est ad finem inordinate utitur, non solum fine privatur, sed etiam aliud nocumentum incurrit: ut patet in cibo inordinate assumpto, qui non solum firmitatem non confert, sed etiam aegritudinem inducit. qui autem in rebus creatis finem constituit, eis non utitur secundum quod debet, referendo scilicet ad ultimum finem. non ergo solum debet puniri per hoc quod beatitudine careat, sed etiam per hoc quod aliquod nocumentum ab ipsis experiatur.
n.4 ' Praeterea. sicut recte agentibus debentur bona, ita perverse agentibus debentur mala. sed illi qui recte agunt, in fine ab eis intento percipiunt perfectionem et gaudium. e contrario ergo debetur haec poena peccantibus, ut ex his in quibus sibi finem constituunt, afflictionem accipiant et nocumentum.
n.5 * Hinc est quod divina scriptura " peccatoribus comminatur non solum exclusionem a gloria, sed etiam afflictionem ex aliis rebus. * dicitur enim matth. 25-41: ° discedite a me, maledicti, in ignem aeternum, qui paratus est diabolo et angelis eius. * et in psalmo 10-7: ° pluet super peccatores laqueos: ignis, sulphur, et spiritus procellarum pars calicis eorum.
n.6 * Per hoc autem excluditur opinio algazelis, qui posuit quod " peccatoribus haec sola poena reddetur, quod affligentur amissione ultimi finis.

005 SCG lb3 cp146

n. ' Quod iudicibus licet poenas inferre.
n.1 ' Quia vero poenas a deo inflictas aliqui parvipendunt, propter hoc quod, sensibilibus dediti, solum ea quae videntur curant; ideo per divinam providentiam ordinatum est ut in terris sint homines qui per poenas sensibiles et praesentes aliquos ad observantiam iustitiae cogant. quos manifestum est non peccare dum malos puniunt. nullus enim peccat ex hoc quod iustitiam facit. iustum autem est malos puniri: quia per poenam culpa ordinatur, * ut ex supra dictis patet. ' non igitur iudices peccant malos puniendo.
n.2 ' Adhuc. homines qui in terris super alios constituuntur, sunt quasi divinae providentiae executores: deus enim, per suae providentiae ordinem, per superiora inferiora exequitur, * ut ex supra dictis patet. ' nullus autem ex hoc quod exequitur ordinem divinae providentiae, peccat. habet autem hoc ordo divinae providentiae, ut boni praemientur et mali puniantur, * ut ex supra dictis patet. ' non igitur homines qui aliis praesunt, peccant ex hoc quod bonos remunerant et puniunt malos.
n.3 ' Amplius. bonum non indiget malo, sed e converso. illud igitur quod est necessarium ad conservationem boni, non potest esse secundum se malum. ad conservationem autem concordiae inter homines necessarium est quod poenae malis infligantur. punire igitur malos non est secundum se malum.
n.4 ' Item. bonum commune melius est quam bonum particulare unius. subtrahendum est igitur bonum particulare ut conservetur bonum commune. vita autem quorundam pestiferorum impedit commune bonum, quod est concordia societatis humanae. subtrahendi igitur sunt huiusmodi homines per mortem ab hominum societate.
n.5 ' Praeterea. sicut medicus in sua operatione intendit sanitatem, quae consistit in ordinata concordia

humorum, ita rector civitatis intendit in sua operatione pacem, quae consistit in civium ordinata concordia. medicus autem abscindit membrum putridum bene et utiliter, si per ipsum immineat corruptio corporis. iuste igitur et absque peccato rector civitatis homines pestiferos occidit, ne pax civitatis turbetur.

n.6 * Hinc est quod apostolus dicit, i cor. 5-6: ° nescitis quia modicum fermentum totam massam corrumpit? * et post pauca subdit: ° auferte malum ex vobis ipsis. * et rom. 13-4, dicitur de potestate terrena quod ° non sine causa gladium portat: dei enim minister est, vindex in iram ei qui male agit. * et i petr. 2, dicitur: ° subiecti estote omni humanae creaturae propter deum: sive regi, quasi praecellenti; sive ducibus, quasi missis ad vindictam malefactorum, laudem vero bonorum.

n.7 * Per hoc autem excluditur error quorundam dicentium " vindictas corporales non licite fieri. * qui ad sui fulcimentum erroris inducunt quod dicitur exod. 20-13: ° non occides. * quod etiam matth. 5-21 resumitur. inducunt etiam quod dicitur matth. 13-30, quod " dominus ministris volentibus zizaniam colligere de medio tritici, respondit: ° sinite utraque crescere usque ad messem. " per zizaniam autem ° filii nequam " intelliguntur, per messem autem ° saeculi finis, * ut ibidem dicitur. " non igitur mali subtrahendi sunt de medio bonorum per occisionem. * inducunt etiam quod " homo quandiu in mundo est, potest in melius transmutari. non ergo est per occisionem subtrahendus a mundo, sed ad poenitentiam reservandus.

n.8 * Haec autem frivola sunt. nam in lege quae dicit, ° non occides, * postmodum subditur: ° maleficos non patieris vivere. * ex quo datur intelligi " occisionem hominum iniustam prohibitam esse. * quod etiam ex verbis domini apparet matth. 5. nam cum dixisset, ° audistis quia dictum est antiquis, non occides, * subiunxit: 22 ° ego autem dico vobis, qui irascitur fratri suo * etc.. ex quo dat intelligere " illam occisionem esse prohibitam quae procedit ex ira, non autem illam quae procedit ex zelo iustitiae. * quod etiam dominus dicit, ° sinite utraque crescere usque ad messem, * qualiter intelligendum sit, apparet per id quod sequitur: ° ne forte, colligentes zizania, eradicetis simul et triticum. " ibi ergo interdicitur malorum occisio ubi hoc sine periculo bonorum fieri non potest. ' quod plerumque contingit quando mali nondum discernuntur a bonis per manifesta peccata; vel quando timetur periculum ne mali multos bonos post se trahant. quod vero mali, quandiu vivunt, emendari |25| possunt, non prohibet quin iuste possint occidi: quia periculum quod de eorum vita imminet, est maius et certius quam bonum quod de eorum emendatione expectatur. habent etiam in ipso mortis articulo facultatem ut per poenitentiam convertantur ad deum. quod si adeo sunt obstinati quod etiam in mortis articulo cor eorum a malitia non recedit, satis probabiliter aestimari potest quod nunquam a malitia resipiscant.

005 SCG lb3 cp147

n. ' Quod homo indiget divino auxilio ad beatitudinem consequendam.

n.1 ' Quia vero ex superioribus manifestum est quod divina providentia aliter disponit creaturas rationales quam res alias secundum quod in conditione naturae propriae ab aliis differunt, restat ostendendum quod etiam ex dignitate finis altior gubernationis modus a divina providentia eis adhibetur.

n.2 ' Manifestum est autem quod secundum convenientiam suae naturae, ad altiorem participationem finis perveniunt. quia enim intellectualis naturae sunt, per suam operationem intelligibilem veritatem attingere possunt: quod aliis rebus non competit, quae intellectu carent. et quidem secundum quod ad intelligibilem veritatem naturali operatione perveniunt, manifestum est eis aliter provideri divinitus quam aliis rebus: inquantum homini datus est intellectus et ratio, per quae veritatem et discernere et investigare possit; datae sunt etiam ei vires sensitivae, et interiores et exteriores, quibus ad investigandam veritatem adiuvetur; datus est etiam ei loquelae usus, per cuius officium veritatem quam aliquis mente concipit, alteri manifestare possit; ut sic homines seipsos iuvent in cognitione veritatis, sicut et in aliis rebus necessariis vitae, cum sit homo " animal naturaliter sociale.

n.3 ' Sed ulterius ultimus finis hominis in quadam veritatis cognitione constitutus est quae naturalem facultatem ipsius excedit: ut scilicet ipsam primam veritatem videat in seipsa, * sicut supra ostensum est. ' hoc autem inferioribus creaturis non competit, ut scilicet ad finem pervenire possint qui eorum facultatem naturalem excedat. oportet igitur ut etiam ex hoc fine attendatur diversus gubernationis modus circa homines, et alias inferiores creaturas. ea enim quae sunt ad finem, necesse est fini esse proportionata. si igitur homo ordinatur in finem qui eius facultatem naturalem excedat, necesse est ei aliquod auxilium divinitus adhiberi supernaturale, per quod tendat in finem.

n.4 ' Adhuc. res inferioris naturae in id quod est proprium superioris naturae non potest perduci nisi virtute illius superioris naturae: sicut luna, quae ex se non lucet, fit lucida virtute et actione solis; et aqua, quae per se non calet, fit calida virtute et actione ignis. videre autem ipsam primam veritatem in seipsa ita transcendit facultatem humanae naturae, quod est proprium solius dei, * ut supra ostensum est. ' indiget igitur homo auxilio divino ad hoc quod in dictum finem perveniat.

n.5 ' Item. unaquaeque res per operationem suam ultimum finem consequitur. operatio autem virtutem sortitur ex principio operante: unde per actionem seminis generatur aliquid in determinata specie, cuius virtus in semine praeexistit. non potest igitur homo per operationem suam pervenire in ultimum finem suum, qui transcendit facultatem naturalium potentiarum, nisi eius operatio ex divina virtute efficaciam capiat perducendi ad finem praedictum.

n.6 ' Amplius. nullum instrumentum secundum virtutem propriae formae perducere potest ad ultimam perfectionem, sed solum secundum virtutem principalis agentis: quamvis secundum propriam virtutem aliquam dispositionem facere possit ad ultimam perfectionem. a serra enim secundum rationem propriae formae est sectio ligni, sed forma scamni est ab arte, quae utitur instrumento: similiter resolutio et consumptio in corpore animalis est a calore ignis, sed generatio carnis, et determinatio augmenti, et alia huiusmodi, sunt ab anima vegetabili, quae utitur calore igneo sicut instrumento. sub deo autem, qui est primus intellectus et volens, ordinantur omnes intellectus et voluntates sicut instrumenta sub principali agente. oportet igitur quod eorum operationes efficaciam non habeant respectu ultimae perfectionis, quae est adeptio finalis beatitudinis, nisi per virtutem divinam. indiget igitur rationalis natura divino auxilio ad consequendum ultimum finem.

n.7 ' Praeterea. homini adsunt impedimenta plurima perveniendi ad finem. impeditur enim debilitate rationis, quae de facili trahitur in errorem, per quem a recta via perveniendi in finem excluditur. impeditur etiam ex passionibus partis sensitivae, et ex affectionibus quibus ad sensibilia et inferiora trahitur, quibus quanto magis inhaeret, longius ab ultimo fine distat: haec enim infra hominem sunt, finis autem hominis superior eo existit. impeditur etiam plerumque corporis infirmitate ab executione virtuosorum actuum, quibus ad beatitudinem tenditur. indiget igitur auxilio divino homo ne per huiusmodi impedimenta totaliter ab ultimo fine deficiat.

n.8 * Hinc est quod dicitur ioan. 6-44: ° nemo potest venire ad me nisi pater, qui misit me, traxerit illum; * et 15-4: ° sicut palmes non potest ferre fructum a semetipso nisi manserit in vite, sic nec vos nisi in me manseritis.

n.9 * Per hoc autem excluditur error pelagianorum qui dixerunt quod " per solum liberum arbitrium homo poterat dei gloriam promereri.

005 SCG lb3 cp148

n. ' Quod per auxilium divinae gratiae homo non cogitur ad virtutem.

n.1 * Posset autem videri alicui quod " per divinum auxilium aliqua coactio homini inferatur ad bene agendum, * ex hoc quod dictum est, ° nemo potest venire ad me nisi pater, qui misit me, traxerit eum; * et ex hoc dicitur rom. 8-14, ° qui spiritu dei aguntur, hi filii dei sunt * et ii cor. 5-14, ° caritas christi urget nos. " trahi enim, et agi, et urgeri, coactionem importare videntur.

n.2 * Hoc autem non esse verum manifeste ostenditur. ' divina enim providentia rebus omnibus providet secundum modum eorum, * ut supra ostensum est. ' est autem proprium homini, et omni rationali naturae, quod voluntarie agat et suis actibus dominetur, * ut ex supra dictis patet. ' huic autem coactio contrariatur. non igitur deus suo auxilio hominem cogit ad recte agendum.

n.3 ' Adhuc. divinum auxilium sic intelligitur ad bene agendum homini adhiberi, quod in nobis nostra opera operatur, sicut causa prima operatur operationes causarum secundarum, et agens principale operatur actionem instrumenti: * unde dicitur isaiae 26-12: ° omnia opera nostra operatus es in nobis, domine. ' causa autem prima causat operationem causae secundae secundum modum ipsius. ergo et deus causat in nobis nostra opera secundum modum nostrum, qui est ut voluntarie, et non coacte agamus. non igitur divino auxilio aliquis cogitur ad recte agendum.

n.4 ' Amplius. homo per voluntatem ordinatur in finem: obiectum enim voluntatis est bonum et finis. auxilium autem divinum nobis ad hoc praecipue impenditur ut consequamur finem. eius ergo auxilium non excludit a nobis actum voluntatis, sed ipsum praecipue in nobis facit: * unde et apostolus dicit, philipp. 2-13: ° deus est qui operatur in nobis velle et perficere, pro bona voluntate. ' coactio autem excludit in nobis actum voluntatis: coacte enim agimus cuius contrarium volumus. non ergo deus suo auxilio nos cogit ad recte agendum.

n.5 ' Item. homo pervenit ad ultimum suum finem per actus virtutum: " felicitas enim virtutis praemium ponitur. ' actus autem coacti non sunt actus virtutum: nam in virtute praecipuum est electio, quae sine voluntario esse non potest, cui violentum contrarium est. non igitur divinitus homo cogitur ad recte agendum.

n.6 ' Praeterea. ea quae sunt ad finem, debent esse fini proportionata. finis autem ultimus, qui est felicitas, non competit nisi voluntarie agentibus, qui sunt domini sui actus: unde neque inanimata, neque bruta animalia felicia dicimus, sicut nec fortunata aut infortunata, nisi secundum metaphoram. auxilium igitur quod homini datur divinitus ad felicitatem consequendam, non est coactivum.

n.7 * Hinc est quod deut. 30 dicitur: ° considera quod hodie proposuerit dominus in conspectu tuo vitam et bonum, et e contrario mortem et malum: ut diligas dominum deum tuum, et ambules in viis eius. si autem aversum fuerit cor tuum et audire nolueris, praedico tibi hodie quod pereas. * et eccli. 15-18 dicitur: ° ante hominem est vita et mors, bonum et malum. quod placuerit ei, dabitur illi.

005 SCG lb3 cp149

n. ' Quod divinum auxilium homo promereri non potest.

n.1 ' Ex dictis autem manifeste ostenditur quod auxilium divinum homo promereri non potest. quaelibet enim res ad id quod supra ipsam est, materialiter se habet. materia autem non movet seipsam ad suam perfectionem sed oportet quod ab alio moveatur. homo igitur non movet seipsum ad hoc quod adipiscatur divinum auxilium, quod supra ipsum est, sed potius ad hoc adipiscendum a deo movetur. motio autem moventis praecedit motum mobilis ratione et causa. non igitur propter hoc nobis datur auxilium divinum quia nos ad illud per bona opera promovemus, sed potius ideo nos per bona opera proficimus, quia divino auxilio praevenimur.

n.2 ' Adhuc. agens instrumentale non disponit ad perfectionem inducendam a principali agente nisi secundum quod agit ex virtute principalis agentis: sicut calor ignis non magis praeparat materiam ad formam carnis quam ad aliam formam, nisi inquantum agit in virtute animae. sed anima nostra operatur sub deo sicut agens instrumentale sub principali agente. non igitur potest se anima praeparare ad suscipiendum effectum divini auxilii nisi secundum quod agit ex virtute divina. praevenitur igitur divino auxilio ad bene operandum, magis quam divinum auxilium praeveniat, quasi merendo illud vel se praeparando ad illud.

n.3 ' Amplius. nullum agens particulare potest universaliter praevenire actionem primi universalis agentis: eo quod omnis actio particularis agentis originem habet ab universali agente; sicut in istis inferioribus omnis motus praevenitur a motu caelesti. sed anima humana ordinatur sub deo sicut particulare agens sub universali. impossibile est ergo esse aliquem rectum motum in ipsa quem non praeveniat actio divina. * unde et ioan. 15-5, dominus dicit: ° sine me nihil potestis facere.

n.4 ' Item. merces proportionatur merito: cum in retributione mercedis aequalitas iustitiae observetur. effectus autem divini auxilii, qui facultatem naturae excedit, non est proportionatus actibus quos homo ex naturali facultate producit. non igitur per huiusmodi actus potest homo praedictum auxilium mereri.

n.5 ' Praeterea. cognitio praecedit voluntatis motum. cognitio autem supernaturalis finis est homini a deo: cum per rationem naturalem in ipsum attingere homo non possit, eo quod facultatem naturalem excedit. oportet ergo quod motus voluntatis nostrae in ultimum finem auxilium divinum praeveniat.

n.6 * Hinc est quod dicitur tit. 3-5: ° non ex operibus iustitiae quae fecimus nos, sed secundum suam misericordiam salvos nos fecit. * et rom. 9-16: ° non est volentis, " scilicet velle, ° nec currentis " scilicet currere, ° sed miserentis dei: ' quia scilicet oportet quod ad bene volendum et operandum homo divino praeveniatur auxilio; sicut consuetum est quod effectus aliquis non attribuitur proximo operanti, sed primo moventi; attribuitur enim victoria duci, quae labore militum perpetratur. * non ergo per huiusmodi verba excluditur " liberum voluntatis arbitrium, * sicut quidam male intellexerunt, " quasi homo non sit dominus suorum actuum interiorum et exteriorum: sed ostenditur deo esse subiectum. * et thren. 4 dicitur: ° converte nos, domine, ad te, et convertemur: * per quod patet quod " conversio nostra ad deum praevenitur auxilio dei nos convertentis.

n.7 * Legitur tamen zach. 1-3, ex persona dei dictum, ° convertimini ad me, et convertar ad vos: ' non quin dei operatio nostram conversionem praeveniat, * ut dictum est, ' sed quia conversionem nostram, qua ad ipsum convertimur, adiuvat subsequenter, eam roborando ut ad effectum perveniat, et stabiliendo ut finem debitum consequatur.

n.8 * Per hoc autem excluditur error pelagianorum, qui dicebant " huiusmodi auxilium propter merita nobis dari; et quod iustificationis nostrae initium ex nobis sit, consummatio autem a deo.

005 SCG lb3 cp150

n. ' Quod praedictum divinum auxilium gratia nominatur, et quid sit gratia gratum faciens.

n.1 ' Quia vero hoc quod datur alicui absque suis meritis praecedentibus, gratis ei dicitur dari; cum divinum auxilium homini exhibitum omne meritum humanum praeveniat * ut ostensum est, ‘ consequitur quod hoc auxilium gratis homini impendatur, et ex hoc convenienter gratiae nomen accepit. * unde et apostolus dicit, rom. 11-6: ° si gratia est, iam non ex operibus: alioquin gratia iam non est gratia.

n.2 ‘ Est autem et alia ratio propter quam praedictum dei auxilium gratiae nomen accepit. dicitur enim aliquis alicui esse gratus, quia est ei dilectus: unde et qui ab aliquo diligitur, dicitur gratiam eius habere. est autem de ratione dilectionis ut diligens bonum velit ei quem diligit, et operetur. et quidem deus bona vult et operatur circa omnem creaturam: ipsum enim esse creaturae, et omnis eius perfectio, est a deo volente et operante, * ut supra ostensum est; * unde dicitur sap. 11-25: ° diligis omnia quae sunt, et nihil odisti eorum quae fecisti. ‘ sed specialis ratio divinae dilectionis ad illos consideratur quibus auxilium praebet ad hoc quod consequantur bonum quod ordinem naturae eorum excedit, scilicet perfectam fruitionem non alicuius boni creati, sed sui ipsius. hoc igitur auxilium convenienter gratia dicitur, non solum quia gratis datur, * ut ostensum est: ‘ sed etiam quia hoc auxilio homo speciali quadam praerogativa redditur deo gratus. * unde et apostolus dicit, ephes. 1-5 ° praedestinavit nos in adoptionem |25| filiorum, secundum propositum voluntatis suae, in laudem gloriae gratiae suae, in qua gratificavit nos in dilecto filio suo.

n.3 ‘ Oportet autem hanc gratiam aliquid in homine gratificato esse, quasi quandam formam et perfectionem ipsius. quod enim in aliquem finem dirigitur, oportet quod habeat continuum ordinem in ipsum: nam movens continue mutat quousque mobile per motum finem sortiatur. cum igitur auxilio divinae gratiae homo dirigatur in ultimum finem, * ut ostensum est, ‘ oportet quod continue homo isto auxilio potiatur, quousque ad finem perveniat. hoc autem non esset si praedictum auxilium participaret homo secundum aliquem motum aut passionem, et non secundum aliquam formam manentem, et quasi quiescentem in ipso: motus enim et passio talis non esset in homine nisi quando actu converteretur in finem; quod non continue ab homine agitur, ut praecipue patet in dormientibus. est ergo gratia gratum faciens aliqua forma et perfectio in homine manens, etiam quando non operatur.

n.4 ‘ Adhuc. dilectio dei est causativa boni quod in nobis est: sicut dilectio hominis provocatur et causatur ex aliquo bono quod in dilecto est. sed homo provocatur ad specialiter aliquem diligendum propter aliquod speciale bonum in dilecto praeexistens. ergo ubi ponitur specialis dilectio dei ad hominem, oportet quod consequenter ponatur aliquod speciale bonum homini a deo collatum. cum igitur, secundum praedicta, gratia gratum faciens designet specialem dilectionem dei ad hominem, oportet quod aliqua specialis bonitas et perfectio per hoc homini inesse designetur.

n.5 ‘ Amplius. unumquodque ordinatur in finem sibi convenientem secundum rationem suae formae: diversarum enim specierum diversi sunt fines. sed finis in quem homo dirigitur per auxilium divinae gratiae, est supra naturam humanam. ergo oportet quod homini superaddatur aliqua supernaturalis forma et perfectio, per quam convenienter ordinetur in finem praedictum.

n.6 ‘ Item. oportet quod homo ad ultimum finem per proprias operationes perveniat. unumquodque autem operatur secundum propriam formam. oportet igitur, ad hoc quod homo perducatur in ultimum finem per proprias operationes, quod superaddatur ei aliqua forma, ex qua eius operationes efficaciam aliquam accipiant promerendi ultimum finem.

n.7 ‘ Praeterea. divina providentia omnibus providet secundum modum suae naturae, * ut ex supra dictis patet. ‘ est autem hic modus proprius hominum, quod ad perfectionem suarum operationum oportet eis inesse, super naturales potentias, quasdam perfectiones et habitus, quibus quasi connaturaliter et faciliter et delectabiliter bonum et bene operentur. igitur auxilium gratiae, quod homo a deo consequitur ad perveniendum in ultimum finem, aliquam formam et perfectionem homini inesse designat.

n.8 “ Hinc est quod gratia dei * in scriptura “ quasi lux quaedam designatur: * dicit enim apostolus ephes. 5-8: ° eratis aliquando tenebrae: nunc autem lux in domino. ‘ decenter autem perfectio per quam homo promovetur in ultimum finem, quae in dei visione consistit, dicitur lux, quae est principium videndi.

n.9 * Per hoc autem excluditur opinio quorundam dicentium quod “ gratia dei nihil in homine ponit: sicut nihil in aliquo ponitur ex hoc quod dicitur gratiam regis habere, sed solum in rege diligente. * patet ergo eos fuisse deceptos ex hoc quod “ non attenderunt differentiam inter dilectionem divinam et humanam. ‘ divina enim dilectio est causativa boni quod in aliquo diligit: non semper autem humana.

005 SCG lb3 cp151

n. ‘ Quod gratia gratum faciens causat in nobis dilectionem dei.

n.1 ‘ Ex praemissis autem manifestum fit quod per auxilium gratiae divinae gratum facientis hoc homo consequitur, quod deum diligat.

n.2 ‘ Gratia enim gratum faciens est in homine divinae dilectionis effectus. proprius autem divinae dilectionis effectus in homine esse videtur quod deum diligat. hoc enim est praecipuum in intentione diligentis, ut a dilecto reametur: ad hoc enim praecipue studium diligentis tendit, ut ad sui amorem dilectum attrahat; et nisi hoc accidat, oportet dilectionem dissolvi. igitur ex gratia gratum faciente hoc in homine sequitur, quod deum diligat.

n.3 ‘ Adhuc. eorum quorum est unus finis, oportet aliquam unionem esse inquantum ordinantur ad finem: unde et in civitate homines per quandam concordiam adunantur ut possint consequi reipublicae bonum; et milites in acie oportet uniri et concorditer agere ad hoc quod victoriam, quae est communis finis, consequantur. finis autem ultimus, ad quem homo per auxilium divinae gratiae perducitur, est visio dei per essentiam, quae propria est ipsius dei: et sic hoc finale bonum communicatur homini a deo. non potest igitur homo ad hunc finem perduci nisi uniatur deo per conformitatem voluntatis. quae est proprius effectus dilectionis: nam “ amicorum proprium est idem velle et nolle, et de eisdem gaudere et dolere. ‘ per gratiam ergo gratum facientem homo constituitur dei dilector: cum per eam homo dirigatur in finem ei communicatum a deo.

n.4 ‘ Amplius. cum finis et bonum sit proprium obiectum appetitus sive affectus, oportet quod per gratiam gratum facientem, quae hominem dirigit in ultimum finem, affectus hominis principaliter perficiatur. principalis autem perfectio affectus est dilectio. cuius signum est, quod omnis motus affectus ab amore derivatur: nullus enim desiderat, aut sperat, aut gaudet, nisi propter bonum amatum; similiter autem neque aliquis refugit, aut timet, aut tristatur, aut irascitur, nisi propter id quod contrariatur bono amato. principalis ergo effectus gratiae gratum facientis est ut homo deum diligat.

n.5 ‘ Item. forma per quam res ordinatur in aliquem finem, assimilat quodammodo rem illam fini: sicut corpus per formam gravitatis acquirit similitudinem et conformitatem ad locum ad quem naturaliter movetur. * ostensum est autem quod ‘ gratia gratum faciens est forma quaedam in homine per quam ordinatur ad ultimum finem, qui deus est. per gratiam ergo homo dei similitudinem consequitur. similitudo autem est dilectionis causa: “ omne enim simile diligit sibi simile. ‘ per gratiam ergo homo efficitur dei dilector.

n.6 ‘ Praeterea. ad perfectionem operationis requiritur quod aliquis constanter et prompte operetur. hoc autem praecipue facit amor: propter quem etiam difficilia levia videntur. cum igitur ex gratia gratum faciente oporteat hominis operationes perfectas fieri, * ut ex dictis patet, ‘ necessarium est quod per eandem gratiam dei dilectio constituatur in nobis.

n.7 * Hinc est quod apostolus dicit, rom. 5-5: ° caritas dei diffusa est in cordibus nostris per spiritum sanctum, qui datus est nobis. “ dominus etiam dilectoribus suis visionem suam repromittit, * dicens, ioan. 14-21: ° qui diligit me, diligetur a patre meo: et ego diligam eum, et manifestabo ei meipsum.

n.8 ‘ Unde patet quod gratia, quae ad finem divinae visionis dirigit, dilectionem dei causat in nobis.

005 SCG lb3 cp152

n. ‘ Quod divina gratia causat in nobis fidem.

n.1 ‘ Ex hoc autem quod divina gratia caritatem in nobis causat, necessarium est quod etiam in nobis fides per gratiam causetur.

n.2 ‘ Motus enim quo per gratiam in ultimum finem dirigimur, est voluntarius, non violentus, * ut supra ostensum est. ‘ voluntarius autem motus in aliquid esse non potest nisi sit cognitum. oportet igitur quod per gratiam in nobis cognitio ultimi finis praestituatur, ad hoc quod voluntarie dirigamur in ipsum. haec autem cognitio non potest esse secundum apertam visionem in statu isto, * ut supra probatum est. ‘ oportet igitur quod sit cognitio per fidem.

n.3 ‘ Amplius. in quolibet cognoscente modus cognitionis consequitur modum propriae naturae: unde alius modus cognitionis est angeli, hominis, et bruti animalis, secundum quod eorum naturae diversae sunt, * ut ex praemissis patet. ‘ sed homini, ad consequendum ultimum finem, additur aliqua perfectio super propriam naturam, scilicet gratia, * ut ostensum est. ‘ oportet igitur quod etiam super cognitionem naturalem hominis, addatur in eo aliqua cognitio quae rationem naturalem excedat. et haec est cognitio fidei, quae est de his quae non videntur per rationem naturalem.

n.4 ‘ Item. quandocumque ab aliquo agente movetur aliquid ad id quod est proprium illi agenti, oportet quod a principio ipsum mobile subdatur impressionibus agentis imperfecte, quasi alienis et non propriis sibi, quousque fiant ei propriae in termino motus: sicut lignum ab igne primo calefit, et ille calor non est proprius ligno, sed praeter naturam ipsius; in fine autem, quando iam lignum ignitum est, fit ei calor proprius et connaturalis. et similiter, cum aliquis a magistro docetur, oportet quod a principio conceptiones magistri recipiat non quasi eas per se intelligens, sed per modum credulitatis, quasi supra suam capacitatem existentes: in fine autem, quando iam edoctus fuerit, eas poterit intelligere. * sicut autem ex dictis patet, ‘ auxilio divinae gratiae dirigimur in ultimum finem. ultimus autem finis est manifesta visio primae veritatis in seipsa: * ut supra ostensum est. ‘ oportet igitur quod, antequam ad istum finem veniatur, intellectus hominis deo subdatur per modum |25| credulitatis, divina gratia hoc faciente.

n.5 * Praeterea. in principio huius operis positae sunt ‘ utilitates propter quas necessarium fuit divinam veritatem hominibus per modum credulitatis proponi. ex quibus etiam concludi potest quod necessarium fuit fidem esse divinae gratiae effectum in nobis.

n.6 * Hinc est quod apostolus dicit, ad ephes. 2-8: ° gratia salvati estis per fidem. et hoc non ex vobis: dei enim donum est.

n.7 * Per hoc autem excluditur error pelagianorum, qui dicebant quod “ initium fidei in nobis non erat a deo, sed a nobis.

005 SCG lb3 cp153

n. ‘ Quod divina gratia causat in nobis spem.

n.1 ‘ Ex eisdem etiam ostendi potest quod oportet in nobis per gratiam spem futurae beatitudinis causari.

n.2 ‘ Dilectio enim quae est ad alios, provenit in homine ex dilectione hominis ad seipsum, inquantum ad amicum aliquis se habet sicut ad se. diligit autem aliquis seipsum inquantum vult sibi bonum: sicut alium diligit inquantum vult ei bonum. oportet igitur quod homo, per hoc quod circa proprium bonum afficitur, perducatur ad hoc quod afficiatur circa bonum alterius. per hoc igitur quod aliquis ab alio sperat bonum, fit homini via ut illum diligat a quo bonum sperat, secundum seipsum: diligitur enim aliquis secundum seipsum quando diligens bonum eius vult, etiam si nihil ei inde proveniat. cum igitur per gratiam gratum facientem causetur in homine quod deum propter se diligat, consequens fuit ut etiam per gratiam homo spem de deo adipisceretur. amicitia vero, qua quis alium secundum se diligit, etsi non sit propter propriam utilitatem, habet tamen multas utilitates consequentes, secundum quod unus amicorum alteri subvenit ut sibi ipsi. unde oportet |25| quod, cum aliquis alium diligit, et cognoscit se ab eo diligi, quod de eo spem habeat. per gratiam autem ita constituitur homo dei dilector, secundum caritatis affectum, quod etiam instruitur per fidem quod a deo praediligatur: * secundum illud quod habetur 1 ioan. 4-10: ° in hoc est dilectio, non quasi nos dilexerimus deum, sed quoniam ipse prior dilexit nos. ‘ consequitur igitur ex dono gratiae quod homo de deo spem habeat. ex quo etiam patet quod, sicut spes est praeparatio hominis ad veram dei dilectionem, ita et e converso ex caritate homo in spe confirmatur.

n.3 ‘ Amplius. in omni diligente causatur desiderium ut uniatur suo dilecto inquantum possibile est: et hinc est quod delectabilissimum est amicis convivere. si ergo per gratiam homo dei dilector constituitur, oportet quod in eo causetur desiderium unionis ad deum, secundum quod possibile est. fides autem, quae causatur ex gratia, declarat possibilem esse unionem hominis ad deum secundum perfectam fruitionem, in qua beatitudo consistit. huius igitur fruitionis desiderium in homine consequitur ex dei dilectione. sed desiderium rei alicuius molestat animam desiderantis nisi adsit spes de consequendo. conveniens igitur fuit ut in hominibus in quibus dei dilectio et fides causatur per gratiam, quod etiam causetur spes futurae beatitudinis adipiscendae.

n.4 ‘ Item. in his quae ordinantur ad aliquem finem desideratum, si aliqua difficultas emerserit, solatium affert spes de fine consequendo: sicut amaritudinem medicinae aliquis leviter fert propter spem sanitatis. in processu autem quo in beatitudinem tendimus, quae est finis omnium desideriorum nostrorum, multa difficilia imminent sustinenda: nam virtus, per quam ad beatitudinem itur, circa difficilia est. ad hoc igitur ut levius et promptius homo in beatitudinem tenderet, necessarium fuit ei spem de obtinenda beatitudine adhibere.

n.5 ‘ Praeterea. nullus movetur ad finem ad quem aestimat esse impossibile perveniri. ad hoc igitur quod aliquis pergat in finem aliquem, oportet quod afficiatur ad finem illum tanquam possibilem haberi: et hic est affectus spei. cum igitur per gratiam dirigatur homo in ultimum finem beatitudinis, necessarium fuit ut per gratiam imprimeretur humano affectui spes de beatitudine consequenda.

n.6 * Hinc est quod dicitur 1 petri 1-3 ° regeneravit nos in spem vivam, in hereditatem immarcescibilem, conservatam in caelis. * et rom. 8-24 dicitur: ° spe salvi facti sumus.

005 SCG lb3 cp154

n. ‘ De donis gratiae gratis datae; in quo de divinationibus daemonum.

n.1 ‘ Quia vero ea quae homo per se non videt, cognoscere non potest nisi ea recipiat ab eo qui videt; fides autem est de his quae non videmus: oportet cognitionem eorum de quibus est fides, ab eo derivari qui ea ipse videt. hic autem deus est, qui seipsum perfecte comprehendit, et naturaliter suam essentiam videt: de deo enim fidem habemus. oportet igitur ea quae per fidem tenemus, a deo in nos pervenire. cum autem quae a deo sunt, ordine quodam agantur, * ut supra ostensum est, ‘ in manifestatione eorum quae sunt fidei, ordinem quendam observari oportuit: scilicet ut quidam immediate a deo reciperent, alii vero ab his, et sic per ordinem usque ad ultimos.

n.2 ‘ In quibuscumque autem est aliquis ordo, oportet quod, quanto aliquid est propinquius primo principio, tanto virtuosius inveniatur. quod in hoc ordine manifestationis divinae apparet. invisibilia enim, quorum visio beatos facit, de quibus fides est, primo a deo revelantur angelis beatis per apertam visionem, * ut ex supra dictis patet.

n.3 ‘ Deinde, angelorum interveniente officio, manifestantur quibusdam hominibus, non quidem per apertam visionem, sed per quandam certitudinem provenientem ex revelatione divina.

n.4 ‘ Quae quidem revelatio fit quodam interiori et intelligibili lumine mentem elevante ad percipiendum ea ad quae per lumen naturale intellectus pertingere non potest. sicut enim per lumen naturale intellectus redditur certus de his quae lumine illo cognoscit, ut de primis principiis; ita et de his quae supernaturali lumine apprehendit, certitudinem habet. haec autem certitudo necessaria est ad hoc quod aliis proponi possint ea quae divina revelatione percipiuntur: non enim cum securitate aliis proferimus de quibus certitudinem non habemus. cum praedicto autem lumine mentem interius illustrante, adsunt aliquando in divina revelatione aliqua exteriora vel interiora cognitionis auxilia: utpote aliquis sermo, vel exterius sensibiliter auditus, qui divina virtute formetur; aut etiam interius per imaginationem, deo faciente, perceptus; sive etiam aliqua corporaliter visa exterius a deo formata, vel etiam interius in imaginatione descripta; ex quibus homo, per lumen interius menti impressum, cognitionem accipit divinorum. unde |25| huiusmodi auxilia sine interiori lumine ad cognitionem divinorum non sufficiunt: lumen autem interius sufficit sine istis.

n.5 ‘ Haec autem invisibilium dei revelatio ad sapientiam pertinet, quae proprie est cognitio divinorum. * et ideo dicitur sap. 7 quod ° sapientia dei per nationes in animas sanctas se transfert: neminem enim diligit deus nisi eum qui cum sapientia inhabitat. * et eccli. 15-5 dicitur: ° implevit eum dominus spiritu sapientiae et intellectus.

n.6 ‘ Sed quia ° invisibilia dei per ea quae facta sunt intellecta conspiciuntur, ‘ per divinam gratiam non solum revelantur hominibus divina, sed etiam aliqua de rebus creatis: quod ad scientiam pertinere videtur. * unde dicitur sap. 7-17: ° ipse dedit mihi horum quae sunt scientiam veram: ut sciam dispositionem orbis terrarum, et virtutes elementorum. * et ii paralip. 1-12, dominus dixit ad salomonem: ° scientia et sapientia data sunt tibi.

n.7 ‘ Ea vero quae homo cognoscit, in notitiam alterius producere convenienter non potest nisi per sermonem. quia igitur illi qui a deo revelationem accipiunt, secundum ordinem divinitus institutum, alios instruere debent; necessarium fuit ut etiam his gratia locutionis daretur, secundum quod exigeret utilitas eorum qui erant instruendi. * unde dicitur isaiae 50-4: ° dominus dedit mihi linguam eruditam, ut sciam sustentare eum qui lapsus est verbo. * et dominus discipulis dicit, luc. 21-15: ° ego dabo vobis os et sapientiam, cui non poterunt resistere et contradicere omnes adversarii vestri. ‘ et propter hoc etiam, quando oportuit per paucos veritatem fidei in diversis gentibus praedicari, instructi sunt quidam divinitus ut linguis variis loquerentur: * sicut dicitur act. 2-4: ° repleti sunt omnes spiritu sancto, et coeperunt loqui variis linguis, prout spiritus sanctus dabat eloqui illis.

n.8 ‘ Sed quia sermo propositus confirmatione indiget ad hoc quod recipiatur, nisi sit per se manifestus; ea autem quae sunt fidei, sunt humanae rationi immanifesta: necessarium fuit aliquid adhiberi quo confirmaretur sermo praedicantium fidem. non autem confirmari poterat per aliqua principia rationis, per modum demonstrationis: cum ea quae sunt fidei, rationem excedant. oportuit igitur aliquibus indiciis confirmari praedicantium sermonem quibus manifeste ostenderetur huiusmodi sermonem processisse a deo, dum praedicantes talia operarentur, sanando infirmos, et alias virtutes operando, quae non posset facere nisi deus. * unde dominus, discipulos ad praedicandum mittens, dixit, matth. cap. 10-8: ° infirmos curate, mortuos suscitate, leprosos mundate, daemones eiicite. * et marci ult. dicitur: ° illi autem profecti praedicaverunt ubique, domino cooperante, et sermonem confirmante sequentibus signis.

n.9 ‘ Fuit autem et alius confirmationis modus: ut, dum praedicatores veritatis vera invenirentur dicere de occultis quae postmodum manifestari possunt, eis crederetur vera dicentibus de his quae homines experiri non possunt. unde necessarium fuit donum prophetiae, per quod futura, et ea quae communiter homines latent, deo revelante, possent cognoscere et aliis indicare: ut sic, dum in his invenirentur vera dicere, in his quae sunt fidei eis crederetur. * unde apostolus dicit i cor. 14-24 ° si omnes prophetent, intret autem quis infidelis vel idiota convincitur ab omnibus, diiudicatur ab omnibus: occulta enim cordis eius manifesta fiunt, et ita cadens in faciem adorabit deum, pronuntians quod deus vere in vobis sit.

n.10 ‘ Non autem per hoc prophetiae donum sufficiens testimonium fidei adhiberetur, nisi esset de his quae a solo deo cognosci possunt: sicut et miracula talia sunt quod solus deus ea potest operari. huiusmodi autem praecipue sunt in rebus inferioribus occulta cordium, quae solus deus cognoscere potest, * ut supra ostensum est; ‘ et futura contingentia, quae etiam soli divinae cognitioni subsunt, quia ea in seipsis videt, cum sint ei praesentia ratione suae aeternitatis, * ut supra ostensum est.

n.11 ‘ Possunt tamen aliqua futura contingentia etiam ab hominibus praecognosci: non quidem inquantum futura sunt, sed inquantum in causis suis praeexistunt; quibus cognitis, vel secundum seipsas, vel per aliquos effectus earum manifestos, quae signa dicuntur, de aliquibus effectibus futuris potest ab homine praecognitio haberi; sicut medicus praecognoscit mortem vel sanitatem futuram ex statu virtutis naturalis, quam cognoscit pulsu, urina, et huiusmodi signis. huiusmodi autem cognitio futurorum partim quidem certa est: partim vero incerta. sunt enim quaedam causae praeexistentes ex quibus futuri effectus ex necessitate consequuntur: sicut, praeexistente compositione ex contrariis in animali, ex necessitate sequitur mors. quibusdam vero causis praeexistentibus, sequuntur futuri effectus non ex necessitate, sed ut frequenter: sicut ex semine hominis in matricem proiecto, ut in pluribus, sequitur homo perfectus; quandoque tamen monstra generantur, propter |25| aliquod impedimentum superveniens operationi naturalis virtutis. primorum igitur effectuum praecognitio certa habetur: horum autem qui posterius dicti sunt, non est praecognitio infallibiliter certa. praecognitio autem quae de futuris habetur ex revelatione divina, secundum gratiam prophetalem, est omnino certa: sicut et divina praecognitio est certa. non enim deus praecognoscit futura solum prout sunt in suis causis, sed infallibiliter, secundum quod sunt in seipsis, * sicut superius ostensum est. ‘ unde et cognitio prophetica per eundem modum datur homini de futuris cum certitudine perfecta. nec tamen haec certitudo repugnat contingentiae futurorum, sicut nec certitudo scientiae divinae, * ut supra ostensum est.

n.12 ‘ Revelantur tamen aliquando aliqui futuri effectus prophetis, non secundum quod sunt in seipsis, sed secundum quod sunt in causis suis. et tunc nihil prohibet, si causae impediantur ne perveniant ad suos effectus, quin etiam prophetae praenuntiatio immutetur: * sicut isaias praenuntiavit ezechiae aegrotanti, ° dispone domui tuae, quia morieris et non vives, ‘ qui tamen sanatus est; * et ionas propheta praenuntiavit quod ° post quadraginta dies ninive subverteretur, ‘ nec tamen est subversa. praenuntiavit igitur isaias mortem futuram ezechiae secundum ordinem dispositionis corporis et aliarum causarum inferiorum ad istum effectum; et ionas subversionem ninive secundum exigentiam meritorum; utrobique tamen aliter evenit secundum operationem dei liberantis et sanantis.

n.13 ‘ Sic igitur prophetica denuntiatio de futuris sufficiens est fidei argumentum: quia, licet homines aliqua de futuris praecognoscant, non tamen de futuris contingentibus est praecognitio cum certitudine, sicut est praecognitio prophetiae. etsi enim aliquando fiat prophetae revelatio secundum ordinem causarum ad aliquem effectum, simul tamen, vel postea, fit eidem revelatio de eventu futuri effectus, qualiter sit immutandus: sicut isaiae revelata fuit sanatio ezechiae, et ionae liberatio ninivitarum.

n.14 ‘ Maligni autem spiritus, veritatem fidei corrumpere molientes, sicut abutuntur operatione miraculorum ut errorem inducant et argumentum verae fidei debilitent, tamen non vere miracula faciendo, sed ea quae hominibus miraculosa apparent, * ut supra ostensum est: ‘ ita etiam abutuntur prophetica praenuntiatione, non quidem vere prophetando, sed praenuntiando aliqua secundum ordinem causarum homini occultarum, ut videantur futura praecognoscere in seipsis. et licet ex causis naturalibus effectus contingentes proveniant, praedicti tamen spiritus, subtilitate intellectus sui, magis possunt cognoscere quam homines quando et qualiter effectus naturalium causarum impediri possint: et ideo in praenuntiando futura mirabiliores et veraciores apparent quam homines quantumcumque scientes. inter causas autem naturales, supremae, et a cognitione nostra magis remotae, sunt vires caelestium corporum: quas praedictis spiritibus cognitas esse secundum proprietatem suae naturae, * ex superioribus |25| patet. ‘ cum ergo omnia inferiora corpora secundum vires et motum superiorum corporum disponantur, possunt praedicti spiritus multo magis quam aliquis astrologus, praenuntiare ventos et tempestates futuras, corruptiones aeris, et alia huiusmodi quae circa mutationes inferiorum corporum accidunt ex motu superiorum corporum causata. et licet caelestia corpora super partem intellectivam animae directe non possint imprimere, * ut supra ostensum est, ‘ plurimi tamen sequuntur impetus passionum et inclinationes corporales, in quas efficaciam habere caelestia corpora manifestum est: solum enim sapientum, quorum parvus est numerus, est huiusmodi passionibus ratione obviare. et inde est quod etiam de actibus hominum multa praedicere possunt: licet quandoque et ipsi in praenuntiando deficiant, propter arbitrii libertatem.

n.15 ‘ Ea vero quae praecognoscunt, praenuntiant quidem non mentem illustrando, sicut fit in revelatione divina: non enim eorum intentio est ut mens humana perficiatur ad veritatem cognoscendam, sed magis quod a veritate avertatur. praenuntiant autem quandoque quidem secundum imaginationis immutationem, vel in dormiendo, sicut cum per somnia aliquorum futurorum indicia monstrant; sive in vigilando, sicut in arreptitiis et phreneticis patet, qui aliqua futura praenuntiant; aliquando vero per aliqua exteriora indicia, sicut per motus et garritus avium, et per ea quae apparent in extis animalium, et in punctorum quorundam descriptione, et in similibus, quae sorte quadam fieri videntur; aliquando autem visibiliter apparendo, et sermone sensibili praenuntiando futura.

n.16 ‘ Et licet horum ultimum manifeste per malignos spiritus fiat, * tamen alia quidam reducere conantur in aliquas causas naturales. dicunt enim quod, “ cum corpus caeleste moveat ad aliquos effectus in istis inferioribus, ex eiusdem corporis impressione in aliquibus rebus illius effectus signa quaedam apparent: caelestem enim impressionem diversae res diversimode recipiunt. * secundum hoc ergo dicunt quod “ immutatio quae fit a corpore caelesti in aliqua re, potest accipi ut signum immutationis alterius rei. * et ideo dicunt quod “ motus qui sunt praeter deliberationem rationis, ut visa somniantium et eorum qui sunt mente capti, et motus et garritus avium, et descriptiones punctorum cum quis non deliberat quot puncta debeat describere, sequuntur impressionem corporis caelestis. * et ideo dicunt quod “ huiusmodi possunt esse signa effectuum futurorum qui ex motu caeli causantur.

n.17 * Sed quia hoc modicam rationem habet, ‘ magis aestimandum est quod praenuntiationes quae ex huiusmodi signis fiunt, ab aliqua intellectuali substantia originem habeant, cuius virtute disponuntur praedicti motus praeter deliberationem existentes, secundum quod congruit observationi futurorum. et licet quandoque haec disponantur voluntate divina, ministerio bonorum spirituum, quia et a deo multa per somnia revelantur, sicut pharaoni et nabuchodonosor; et “ sortes quae mittuntur in sinu, quandoque etiam a domino temperantur, * ut salomon dicit: ‘ tamen plerumque ex operatione spirituum malignorum accidunt; * ut et sancti doctores dicunt, et etiam ipsi gentiles censuerunt; dicit enim maximus valerius quod “ observatio auguriorum et somniorum et huiusmodi ad religionem pertinent, qua idola colebantur. * et ideo in veteri lege, “ simul cum idololatria, haec omnia prohibebantur: * dicitur enim deut. 18-9 ° ne imitari velis abominationes illarum gentium, “ quae scilicet idolis serviebant; ° nec inveniatur |25| in te qui lustret filium suum aut filiam ducens per ignem; aut qui ariolos sciscitetur, et observet somnia atque auguria; nec sit maleficus neque incantator; neque qui pythones consulat nec divinos, et quaerat a mortuis veritatem.

n.18 ‘ Attestatur autem praedicationi fidei prophetia per alium modum: inquantum scilicet aliqua fide tenenda praedicantur quae temporaliter aguntur, sicut nativitas christi, passio et resurrectio, et huiusmodi; et ne huiusmodi ficta a praedicantibus esse credantur, aut casualiter evenisse, ostenduntur longe ante per prophetas praedicta. * unde apostolus dicit, rom. 1-1 ° paulus, servus iesu christi, vocatus apostolus, segregatus in evangelium dei, (quod ante promiserat per prophetas suos in scripturis sanctis) de filio suo, qui factus est ei ex semine david secundum carnem.

n.19 ‘ Post gradum autem illorum qui immediate revelationem a deo recipiunt, est necessarius alius gratiae gradus. quia enim homines revelationem a deo accipiunt non solum pro praesenti tempore, sed etiam ad instructionem omnium futurorum, necessarium fuit ut non solum ea quae ipsis revelantur, sermone narrarentur praesentibus; sed etiam scriberentur ad instructionem futurorum. unde et oportuit aliquos esse qui huiusmodi scripta interpretarentur. quod divina gratia esse oportet, sicut et ipsa revelatio per gratiam dei fuit. * unde et gen. 40-8 dicitur: ° numquid non dei est interpretatio?

n.20 ‘ Sequitur autem ultimus gradus: eorum scilicet qui ea quae aliis sunt revelata, et per alios interpretata, fideliter credunt. hoc autem dei donum esse * superius ostensum est.

n.21 ‘ Quia vero per malignos spiritus aliqua similia fiunt his quibus fides confirmatur, tam in signorum operatione quam in futurorum revelatione, * ut supra dictum est, ‘ ne per huiusmodi homines decepti mendacio credant, necessarium est ut adiutorio divinae gratiae instruantur de huiusmodi spiritibus discernendis: * secundum quod dicitur i ioan. 4-1: ° nolite omni spiritui credere, sed probate spiritus, si ex deo sunt.

n.22 ‘ Hos autem gratiae effectus, ad instructionem et confirmationem fidei ordinatos, * apostolus enumerat i ad cor. 12, dicens: ° alii per spiritum datur sermo sapientiae, alii autem sermo scientiae, secundum eundem spiritum; alteri fides, in eodem spiritu; alii gratia sanitatum, in uno spiritu; alii operatio virtutum; alii prophetia; alii discretio spirituum; alii genera linguarum; alii interpretatio sermonum.

n.23 * Per hoc autem excluditur error quorundam manichaeorum, qui dicunt " corporalia miracula non esse a deo facta. * simul etiam excluditur eorum error quantum ad hoc quod dicunt " prophetas non esse spiritu dei locutos. * excluditur etiam error priscillae et montani, qui dicebant " prophetas, tanquam arreptitios, non intellexisse quae loquebantur. * quod divinae revelationi non congruit, ' secundum quam mens principalius illuminatur.
n.24 ' In praemissis autem gratiae effectibus consideranda est quaedam differentia. nam etsi omnibus gratiae nomen competat, quia gratis, absque praecedenti merito, conferuntur; solus tamen dilectionis effectus ulterius nomen gratiae meretur ex hoc quod gratum deo facit: * dicitur enim proverb. 8-17: ° ego diligentes me diligo. ' unde fides et spes, et alia quae ad fidem ordinantur, possunt esse in peccatoribus, qui non sunt deo grati: sola autem dilectio est proprium donum iustorum, quia ° qui manet in caritate, in deo manet, et deus in eo, * ut dicitur i ioan. 4-16.
n.25 ' Est autem et alia differentia in praedictis effectibus gratiae consideranda. nam quidam eorum sunt ad totam vitam hominis necessarii, utpote sine quibus salus esse non potest: sicut credere, sperare, diligere, et praeceptis dei obedire. et ad hos effectus necesse est habituales quasdam perfectiones hominibus inesse, ut secundum eas agere possint cum fuerit tempus. alii vero effectus sunt necessarii, non per totam vitam, sed certis temporibus et locis: sicut facere miracula, praenuntiare futura, et huiusmodi. et ad hos non dantur habituales perfectiones, sed impressiones quaedam fiunt a deo quae cessant actu cessante, et eas oportet iterari cum actus iterari fuerit opportunum: sicut prophetae mens in qualibet revelatione novo lumine illustratur; et in qualibet miraculorum operatione oportet adesse novam efficaciam divinae virtutis.

005 SCG lb3 cp155

n. 'Quod homo indiget auxilio gratiae ad perseverandum in bono.
n.1 ' Indiget etiam homo divinae gratiae auxilio ad hoc quod perseveret in bono.
n.2 ' Omne enim quod de se est variabile, ad hoc quod figatur in uno, indiget auxilio alicuius moventis immobilis. homo autem variabilis est et de malo in bonum, et de bono in malum. ad hoc igitur quod immobiliter perseveret in bono, quod est perseverare, indiget auxilio divino.
n.3 ' Adhuc. ad illud quod excedit vires liberi arbitrii, indiget homo auxilio divinae gratiae. sed virtus liberi arbitrii non se extendit ad hunc effectum qui est perseverare finaliter in bono. quod sic patet. potestas enim liberi arbitrii est respectu eorum quae sub electione cadunt. quod autem eligitur, est aliquod particulare operabile. particulare autem operabile est quod est hic et nunc. quod igitur cadit sub potestate liberi arbitrii, est aliquid ut nunc operandum. perseverare autem non dicit aliquid ut nunc operabile, sed continuationem operationis per totum tempus. iste igitur effectus qui est perseverare in bono, est supra potestatem liberi arbitrii. indiget igitur homo ad perseverandum in bono auxilio divinae gratiae.
n.4 ' Amplius. licet homo per voluntatem et liberum arbitrium sit dominus sui actus, non tamen est dominus suarum naturalium potentiarum. et ideo, licet liber sit ad volendum vel ad non volendum aliquid, non tamen volendo facere potest quod voluntas in eo quod vult, ad id quod vult vel eligit immobiliter se habeat. hoc autem requiritur ad perseverantiam: ut scilicet voluntas in bono immobiliter permaneat. perseverantia igitur non est in potestate liberi arbitrii. oportet igitur adesse homini auxilium divinae gratiae ad hoc ut perseveret.
n.5 ' Praeterea. si sunt plura agentia successive, quorum scilicet unum agat post actionem alterius; continuitas actionis istorum non potest causari ex aliquo uno ipsorum, quia nullum eorum semper agit; nec ex omnibus, quia non simul agunt; unde oportet quod causetur ab aliquo superiori quod semper agat: * sicut philosophus probat, in viii phys., quod " continuitas generationis in animalibus causatur ab aliquo superiori sempiterno. ' ponamus autem aliquem perseverantem in bono. in eo igitur sunt multi motus liberi arbitrii tendentes in bonum, sibi invicem succedentes usque ad finem. huius igitur continuationis boni, quod est perseverantia, non potest esse causa aliquis istorum motuum: quia nullus eorum semper durat. nec omnes simul: quia non simul sunt, non possunt igitur simul aliquid causare. relinquitur ergo quod ista continuatio causetur ab aliquo superiori. indiget igitur homo auxilio superioris gratiae ad perseverandum in bono.
n.6 ' Item. si sint multa ordinata ad unum finem, totus ordo eorum quousque pervenerint ad finem, est a primo agente dirigente in finem. in eo autem qui perseverat in bono, sunt multi motus et multae actiones pertingentes ad unum finem. oportet igitur quod totus ordo istorum motuum et actionum causetur a primo dirigente in finem. * ostensum est autem quod ' per auxilium divinae gratiae diriguntur in ultimum finem. igitur per auxilium divinae gratiae est totus ordo et continuatio bonorum operum in eo qui perseverat in bono.
n.7 * Hinc est quod dicitur ad philipp. 1-6: ° qui coepit in vobis opus bonum, perficiet usque in diem iesu christi; * et i petri ult.: ° deus omnis gratiae, qui vocavit nos in aeternum gloriam suam, modicum passos ipse perficiet, confirmabit solidabitque.
n.8 * Inveniuntur etiam in sacra scriptura " multae orationes quibus a deo petitur perseverantia: * sicut in psalmo, ° perfice gressus meos in semitis tuis, ut non moveantur vestigia mea; * et ii ad thess. 2-16, ° deus, pater noster, exhortetur corda vestra, et confirmet in omni opere et sermone bono. * hoc etiam ipsum in oratione dominica petitur, maxime cum dicitur, ° adveniat regnum tuum: ' non enim nobis adveniet regnum dei nisi in bono fuerimus perseverantes. derisorium autem esset aliquid a deo petere cuius ipse dator non esset. est igitur perseverantia hominis a deo.
n.9 * Per hoc autem excluditur error pelagianorum, qui dixerunt quod " ad perseverandum in bono sufficit homini liberum arbitrium, nec ad hoc indiget auxilio gratiae.
n.10 ' Sciendum tamen est quod, cum etiam ille qui gratiam habet, petat a deo ut perseveret in bono; sicut liberum arbitrium non sufficit ad istum effectum qui est perseverare in bono, sine exteriori dei auxilio, ita nec ad hoc sufficit aliquis habitus nobis infusus. habitus enim qui nobis infunduntur divinitus, secundum statum praesentis vitae, non auferunt a libero arbitrio totaliter mobilitatem ad malum: licet per eos liberum arbitrium aliqualiter stabiliatur in bono. et ideo, cum dicimus hominem indigere ad perseverandum finaliter auxilio gratiae, non intelligimus quod, super gratiam habitualem prius infusam ad bene operandum, alia desuper infundatur ad perseverandum: sed intelligimus quod, habitis omnibus habitibus gratuitis, adhuc indiget homo divinae providentiae auxilio exterius gubernantis.

005 SCG lb3 cp156

n. ' Quod ille qui decidit a gratia per peccatum, potest iterum per gratiam reparari.
n.1 ' Ex his autem apparet quod per auxilium gratiae homo, etiam si non perseveraverit, sed in peccatum ceciderit, potest reparari ad bonum.
n.2 ' Eiusdem enim virtutis est continuare salutem alicuius, et interruptam reparare: sicut enim per virtutem naturalem continuatur sanitas in corpore, ita per eandem virtutem naturalem sanitas interrupta reparatur. homo autem perseverat in bono auxilio divinae gratiae, * ut ostensum est. ' igitur, si per peccatum lapsus fuerit, eiusdem gratiae auxilio poterit reparari.
n.3 ' Adhuc. agens quod non requirit dispositionem in subiecto, potest suum effectum imprimere in subiectum qualitercumque dispositum: et propter hoc deus, qui in agendo non requirit subiectum dispositum, potest absque dispositione subiecti formam naturalem inducere; utpote dum caecum illuminat, mortuum vivificat, et sic de similibus. sed sicut non requirit dispositionem naturalem in subiecto corporeo, ita non requirit meritum in voluntate ad gratiam conferendam: quia sine meritis datur, * ut ostensum est. ' ergo gratiam gratum facientem, per quam peccata tolluntur, deus alicui conferre potest etiam postquam a gratia cecidit per peccatum.
n.4 ' Amplius. haec sola homo recuperare amissa non potest quae per generationem ei adveniunt, sicut potentias naturales et membra: eo quod homo non potest iterum generari. auxilium autem gratiae datur homini non per generationem, sed postquam iam est. potest igitur post amissionem gratiae per peccatum, iterum reparari ad peccata delenda.
n.5 ' Item. gratia est quaedam habitualis dispositio in anima, * ut ostensum est. ' sed habitus acquisiti per actus, si amittantur, possunt iterum reacquiri per actus per quos acquisiti sunt. multo igitur magis gratia deo coniungens et a peccato liberans, si amittatur, divina operatione reparari potest.
n.6 ' Praeterea. in operibus dei non est aliquid frustra, sicut nec in operibus naturae: hoc enim et natura habet a deo. frustra autem aliquid moveretur, nisi posset pervenire ad finem motus. necessarium est ergo quod id quod natum est moveri ad aliquem finem, sit possibile venire in finem illum. sed homo postquam in peccatum cecidit, quandiu status huius vitae durat, remanet in eo aptitudo ut moveatur ad bonum: cuius signa sunt desiderium de bono, et dolor de malo, quae adhuc in homine remanent post peccatum. est igitur possibile hominem post peccatum iterum redire ad bonum quod gratia in homine operatur.
n.7 ' Amplius. nulla potentia passiva invenitur in rerum natura quae non possit reduci in actum per aliquam potentiam activam naturalem. multo igitur minus est aliqua potentia in anima humana quae non sit reducibilis in actum per potentiam activam divinam. manet autem in anima humana, etiam post peccatum potentia ad bonum: quia per peccatum non tolluntur potentiae naturales, quibus anima ordinatur ad suum bonum. potest igitur per divinam potentiam reparari in bono. et sic auxilio gratiae homo potest consequi remissionem peccatorum.
n.8 * Hinc est quod dicitur isaiae 1-18, ° si fuerint peccata vestra ut coccinum, quasi nix dealbabuntur; * et proverb. 10-12, ° universa delicta operit caritas. ' hoc etiam quotidie a domino non frustra petimus, * dicentes: ° dimitte nobis debita nostra.
n.9 * Per hoc autem excluditur error novatianorum, qui dixerunt quod " de peccatis quae homo post baptismum peccat, homo veniam consequi non potest.

005 SCG lb3 cp157

n. ' Quod homo a peccato liberari non potest nisi per gratiam.
n.1 ' Ex eisdem etiam ostendi potest quod homo a peccato mortali resurgere non potest nisi per gratiam.
n.2 ' Per peccatum enim mortale homo ab ultimo fine avertitur. in ultimum autem finem homo non ordinatur nisi per gratiam. per solam igitur gratiam homo potest a peccato resurgere.
n.3 ' Adhuc. offensa non nisi per dilectionem tollitur. sed per peccatum mortale homo dei offensam incurrit: * dicitur enim quod " deus peccatores odit, ' inquantum vult eos privare ultimo fine, quem his quos diligit praeparat. non ergo homo potest a peccato mortali resurgere nisi per gratiam, per quam fit quaedam amicitia inter deum et hominem.
n.4 * Ad hoc etiam induci possunt omnes rationes superius positae de gratiae necessitate.
n.5 * Hinc est quod dicitur isaiae 43-25: ° ego sum ipse qui deleo iniquitates tuas propter me; * et in psalmo: ° remisisti iniquitatem plebis tuae: operuisti omnia peccata eorum.
n.6 * Per hoc autem excluditur error pelagianorum, qui dixerunt " hominem posse a peccato resurgere per liberum arbitrium.

005 SCG lb3 cp158

n. ' Qualiter homo a peccato liberatur.
n.1 ' Quia vero homo non potest ad unum oppositorum redire nisi recedat ab alio, ad hoc quod homo auxilio gratiae ad statum rectitudinis redeat, necessarium est quod a peccato, per quod a rectitudine declinaverat, recedat. et quia homo in ultimum finem dirigitur et ab eo avertitur praecipue per voluntatem, non solum necessarium est quod homo exteriori actu a peccato recedat, peccare desinens, sed etiam quod recedat voluntate, ad hoc quod per gratiam a peccato resurgat. voluntate autem homo a peccato recedit dum et de praeterito poenitet, et futurum vitare proponit. necessarium est igitur quod homo a peccato resurgens et de peccato praeterito poeniteat, et futura vitare proponat. si enim non proponeret desistere a peccato, non esset peccatum secundum se contrarium voluntati. si vero vellet desistere a peccato, non tamen doleret de peccato praeterito, non esset illud idem peccatum quod fecit, contrarium voluntati. est autem contrarius motus quo ab aliquo receditur, motui quo ad illud pervenitur: |25| sicut dealbatio contraria est denigrationi. unde oportet quod per contraria voluntas recedat a peccato his per quae in peccatum inclinata fuit. fuit autem inclinata in peccatum per appetitum et delectationem circa res inferiores. oportet igitur quod a peccato recedat per aliqua poenalia, quibus affligatur propter hoc quod peccavit: sicut enim per delectationem tracta fuit voluntas ad consensum peccati, sic per poenas confirmatur in abominatione peccati.
n.2 ' Item. videmus quod etiam bruta animalia a maximis voluptatibus retrahuntur per dolores verberum. oportet autem eum qui a peccato resurgit, non solum detestari peccatum praeteritum, sed etiam vitare futurum. est igitur conveniens ut affligatur pro peccato, ut sic magis confirmetur in proposito vitandi peccata.
n.3 ' Praeterea. ea quae cum labore et poena acquirimus, magis amamus, et diligentius conservamus: unde illi qui per proprium laborem acquirunt pecunias, minus eas expendunt quam qui sine labore accipiunt, vel a parentibus, vel quocumque alio modo. sed homini resurgenti a peccato hoc maxime necessarium est ut statum gratiae et dei amorem diligenter conservet, quem negligenter peccando amisit. est ergo conveniens ut laborem et poenam sustineat pro peccatis commissis.
n.4 ' Adhuc. ordo iustitiae hoc requirit ut peccato poena reddatur. ex hoc autem quod ordo servatur in rebus, sapientia dei gubernantis apparet. pertinet igitur ad manifestationem divinae bonitatis et dei gloriam quod pro peccato poena reddatur. sed peccator peccando contra ordinem divinitus institutum facit, leges dei praetergrediendo. est igitur conveniens ut hoc recompenset in seipso puniendo quod prius peccaverat: sic enim totaliter extra inordinationem constituetur.
n.5 ' Per hoc ergo patet quod, postquam homo per gratiam remissionem peccati consecutus est, et ad statum gratiae reductus, remanet obligatus, ex dei iustitia, ad aliquam poenam pro peccato commisso. quam quidem poenam si propria voluntate a se exegerit, per hoc deo satisfacere dicitur: inquantum cum labore et poena ordinem divinitus institutum consequitur, pro peccato se puniendo, quem peccando transgressus fuerat propriam voluntatem sequendo. si autem a se hanc poenam non exigat, cum ea quae divinae providentiae subiacent, inordinata remanere non possint, haec poena infligetur ei a deo. nec talis poena satisfactoria dicetur, cum non fuerit ex electione patientis: sed dicetur purgatoria, quia, a-

lio puniente, quasi purgabitur, dum quicquid inordinatum fuit in eo, ad debitum ordinem reducetur. * hinc est quod apostolus dicit, i ad cor. 11-31 ° si nosmetipsos diiudicaremus, non utique iudicaremur: cum autem iudicamur, a domino corripimur, ut non cum hoc mundo |25| damnemur.
n.6 ' Considerandum tamen quod, cum mens a peccato avertitur, tam vehemens potest esse peccati displicentia, et inhaesio mentis ad deum, quod non remanebit obligatio ad aliquam poenam. nam, * ut ex praedictis colligi potest, ' poena quam quis patitur post peccati remissionem, ad hoc necessaria est ut mens firmius bono inhaereat, homine per poenas castigato, poenae enim medicinae quaedam sunt; et ut etiam ordo iustitiae servetur, dum qui peccavit, sustinet poenam. dilectio autem ad deum sufficit mentem hominis firmare in bono, praecipue si vehemens fuerit: displicentia autem culpae praeteritae, cum fuerit intensa, magnum affert dolorem. unde per vehementiam dilectionis dei, et odii peccati praeteriti, excluditur necessitas satisfactoriae vel purgatoriae poenae: et, si non sit tanta vehementia quod totaliter poenam excludat, tamen, quanto vehementius fuerit, tanto minus de poena sufficiet.
n.7 " Quae autem per amicos facimus, per nos ipsos facere videmur: ' quia amicitia ex duobus facit unum per affectum, et praecipue dilectio caritatis. et ideo, sicut per seipsum, ita et per alium potest aliquis satisfacere deo: praecipue cum necessitas fuerit. nam et poenam quam amicus propter ipsum patitur, reputat aliquis ac si ipse pateretur: et sic poena ei non deest, dum patienti amico compatitur; et tanto amplius, quanto ipse est ei causa patiendi. et iterum affectio caritatis in eo qui pro amico patitur, facit magis satisfactionem deo acceptam quam si pro se pateretur: hoc enim est promptae caritatis, illud autem est necessitatis. ex quo accipitur quod unus pro alio satisfacere potest, dum uterque in caritate fuerit. * hinc est quod apostolus dicit, galat. 6-2: ° alter alterius onera portate, et sic adimplebitis legem christi.

005 SCG lb3 cp159
n. ' Quod rationabiliter homini imputatur si ad deum non convertatur, quamvis hoc sine gratia non possit.
n.1 ' Cum autem, * sicut ex praemissis habetur, ' in finem ultimum aliquis dirigi non possit nisi auxilio divinae gratiae; sine qua etiam nullus potest habere ea quae sunt necessaria ad tendendum in ultimum finem, sicut est fides, spes, dilectio, et perseverantia: * potest alicui videri quod " non sit homini imputandum si praedictis careat; praecipue cum auxilium divinae gratiae mereri non possit, nec ad deum converti nisi deus eum convertat; nulli enim imputatur quod ab alio dependet. * quod si hoc concedatur, plura inconvenientia consequi manifestum est. sequetur enim quod " ille qui fidem non habet, nec spem, nec dilectionem dei, nec perseverantiam in bono, non sit poena dignus: * cum expresse dicatur, ioann. 3-36: ° qui incredulus est filio, non videbit vitam, sed ira dei manet super eum. ' et cum nullus ad beatitudinis finem sine praemissis perveniat, * sequetur ulterius quod " aliqui homines sint qui nec beatitudinem consequantur, nec poenam patiantur a deo. * cuius |25| contrarium ostenditur ex eo quod dicitur matth. 25, quod " omnibus in divino iudicio existentibus dicetur, ° venite, possidete paratum vobis regnum; * vel, ° discedite in ignem aeternum.
n.2 ' Ad huius dubitationis solutionem considerandum est quod, licet aliquis per motum liberi arbitrii divinam gratiam nec promereri nec advocari possit, potest tamen seipsum impedire ne eam recipiat: * dicitur enim de quibusdam, iob 21-14, ° dixerunt deo: recede a nobis, scientiam viarum tuarum nolumus; * et iob 24-13, ° ipsi fuerunt rebelles lumini. ' et cum hoc sit in potestate liberi arbitrii, impedire divinae gratiae receptionem vel non impedire, non immerito in culpam imputatur ei qui impedimentum praestat gratiae receptioni. deus enim, quantum in se est, paratus est omnibus gratiam dare, ° vult enim omnes homines salvos fieri, et ad cognitionem veritatis venire, * ut dicitur i ad tim. 2-4: ' sed illi soli gratia privantur qui in seipsis gratiae impedimentum praestant; sicut, sole mundum illuminante, in culpam imputatur ei qui oculos claudit, si ex hoc aliquod malum sequatur, licet videre non possit nisi lumine solis praeveniatur.

005 SCG lb3 cp160
n. ' Quod homo in peccato existens sine gratia peccatum vitare non potest.
n.1 * Quod autem dictum est, ' in potestate liberi arbitrii esse ne impedimentum gratiae praestet, competit his in quibus naturalis potentia integra fuerit. si autem per inordinationem praecedentem declinaverit ad malum, non erit omnino in potestate eius nullum impedimentum gratiae praestare. etsi enim, ad aliquod momentum, ab aliquo peccati actu particulari possit abstinere propria potestate: si tamen diu sibi relinquitur, in peccatum cadet, per quod gratiae impedimentum praestatur. cum enim mens hominis a statu rectitudinis declinaverit, manifestum est quod recessit ab ordine debiti finis. illud igitur quod deberet esse in affectu praecipuum, tanquam ultimus finis, efficitur minus dilectum illo ad quod mens inordinate conversa est sicut in ultimum finem. quandocumque igitur occurrerit aliquid conveniens inordinato fini, repugnans autem fini debito, eligetur, nisi reducatur ad debitum ordinem, ut finem debitum omnibus praeferat, quod est gratiae effectus. dum autem eligitur aliquid quod |25| repugnat ultimo fini, impedimentum praestat gratiae, quae dirigit in finem. unde manifestum est quod, post peccatum, non potest homo abstinere ab omni peccato, antequam per gratiam ad debitum ordinem reducatur.
n.2 ' Praeterea. cum mens inclinata fuerit ad aliquid, non se iam habet aequaliter ad utrumque oppositorum, sed magis ad illud ad quod est inclinata. illud autem ad quod mens magis se habet, eligit, nisi per rationis discussionem ab eo quadam sollicitudine abducatur: unde et in repentinis signum interioris habitus praecipue accipi potest. non est autem possibile mentem hominis continue in ea vigilantia esse ut per rationem discutiat quicquid debet velle vel agere. unde consequitur quod mens aliquando eligat id ad quod est inclinata, inclinatione manente. et ita, si inclinata fuerit in peccatum, non stabit diu quin peccet, impedimentum gratiae praestans, nisi ad statum rectitudinis reducatur.
n.3 ' Ad hoc etiam operantur impetus corporalium passionum; et appetibilia secundum sensum; et plurimae occasiones male agendi; quibus de facili homo provocatur ad peccandum, nisi retrahatur per firmam inhaesionem ad ultimum finem, quam gratia facit.
n.4 * Unde apparet stulta pelagianorum opinio, qui dicebant " hominem in peccato existentem sine gratia posse vitare peccata. * cuius contrarium apparet ex hoc quod psalmus petit: ° dum defecerit virtus mea, ne derelinquas me. * et dominus orare nos docet: ° et ne nos inducas in tentationem, sed libera nos a malo.
n.5 ' Quamvis autem illi qui in peccato sunt, vitare non possint per propriam potestatem quin impedimentum gratiae ponant, * ut ostensum est, ' nisi auxilio gratiae praeveniantur; nihilominus tamen hoc eis imputatur ad culpam, quia hic defectus ex culpa praecedente in eis relinquitur; sicut ebrius ab homicidio non excusatur quod per ebrietatem committit, quam sua culpa incurrit.
n.6 ' Praeterea, licet ille qui est in peccato, non habeat hoc in propria potestate quod omnino vitet peccatum, habet tamen in potestate nunc vitare hoc vel illud peccatum, * ut dictum est. ' unde quodcumque committat, voluntarie committit. et ita non immerito ei imputatur ad culpam.

005 SCG lb3 cp161
n. ' Quod deus aliquos a peccato liberat, et aliquos in peccato relinquit.
n.1 ' Licet autem ille qui peccat impedimentum gratiae praestet, et, quantum ordo rerum exigit, gratiam non deberet recipere: tamen, quia deus praeter ordinem rebus inditum operari potest, sicut cum caecum illuminat vel mortuum resuscitat; interdum, ex abundantia bonitatis suae, etiam eos qui impedimentum gratiae praestant, auxilio suo praevenit, avertens eos a malo et convertens ad bonum. et sicut non omnes caecos illuminat, nec omnes languidos sanat, ut et in illis quos curat, opus virtutis eius appareat, et in aliis ordo naturae servetur; ita non omnes qui gratiam impediunt, auxilio suo praevenit ut avertantur a malo et convertantur ad bonum, sed aliquos, in quibus vult suam misericordiam apparere, ita quod in aliis iustitiae ordo manifestetur. * hinc est quod apostolus dicit, rom. 9-22: ° volens deus ostendere iram, et notam facere potentiam suam, sustinuit in multa patientia vasa irae apta in interitum, ut ostenderet divitias gloriae suae in vasa misericordiae, quae praeparavit in gloriam.
n.2 ' Cum autem deus hominum qui in eisdem peccatis detinentur, hos quidem praeveniens convertat, illos autem sustineat, sive permittat secundum ordinem rerum procedere, non est ratio inquirenda quare hos convertat et non illos. hoc enim ex simplici voluntate eius dependet: sicut ex simplici eius voluntate processit quod, cum omnia fierent ex nihilo, quaedam facta sunt aliis digniora; et sicut ex simplici voluntate procedit artificis ut ex eadem materia, similiter disposita, quaedam vasa format ad nobiles usus, et quaedam ad ignobiles. * hinc est quod apostolus dicit, ad rom. 9-21: ° an non habet potestatem figulus luti ex eadem massa facere aliud quidem vas in honorem, aliud vero in contumeliam?
n.3 * Per hoc autem excluditur error origenis, qui dicebat " hos ad deum converti et non alios, propter aliqua opera quae animae eorum fecerant antequam corporibus unirentur. * quae quidem positio * in secundo libro diligentius improbata est.

005 SCG lb3 cp162
n. ' Quod deus nemini est causa peccandi.
n.1 ' Quamvis autem quosdam peccatores deus ad se non convertat, sed in peccatis, secundum eorum merita, eos relinquat, non tamen eos ad peccandum inducit.
n.2 ' Homines enim peccant per hoc quod deviant ab ipso, qui est ultimus finis, * ut ex superioribus patet. ' cum autem omne agens agat ad proprium finem et sibi convenientem, impossibile est quod, deo agente, aliqui avertantur ab ultimo fine, qui deus est. impossibile igitur est quod deus aliquos peccare faciat.
n.3 ' Item. bonum causa mali esse non potest. sed peccatum est hominis malum: contrariatur enim proprio hominis bono, quod est vivere secundum rationem. impossibile est igitur quod deus sit alicui causa peccandi.
n.4 ' Praeterea. omnis sapientia et bonitas hominis derivatur a sapientia et bonitate divina, sicut quaedam similitudo ipsius. repugnat autem sapientiae et bonitati humanae quod aliquem peccare faciat. igitur multo magis divinae.
n.5 ' Adhuc. peccatum omne ex aliquo defectu provenit proximi agentis, non autem ex influentia primi agentis: sicut peccatum claudicationis provenit ex dispositione tibiae, non autem ex virtute motiva; cum tamen ex ea sit quicquid de perfectione motus in claudicatione apparet. proximum autem agens peccati humani est voluntas. est igitur defectus peccati ex voluntate hominis, non autem a deo, qui est primus agens: a quo tamen est quicquid ad perfectionem actionis pertinet in actu peccati.
n.6 * Hinc est quod dicitur eccli. 15-12: ° non dicas, ille me implanavit. non enim necessarii sunt ei homines impii. * et infra 21 ° nemini mandavit impie agere, et nemini dedit spatium peccandi. * et iac. 1-13 dicitur: ° nemo, cum tentatur, dicat quoniam a deo tentetur: deus enim intentator malorum est.
n.7 * Inveniuntur tamen quaedam in scripturis ex quibus videtur quod " deus sit aliquibus causa peccandi. * dicitur enim exod 10-1, ° ego induravi cor pharaonis et servorum illius * et isaiae 6-10, ° excaeca cor populi huius, et aures eius aggrava: ne forte videant oculis suis et convertantur, et sanem eos * et isaiae 63-17, ° errare nos fecisti de viis tuis, indurasti cor nostrum, ne timeremus te. * et rom. 1-28, dicitur: ° tradidit illos deus in reprobum sensum, ut faciant quae non conveniunt. * quae omnia secundum hoc intelligenda sunt, quod " deus aliquibus non confert auxilium ad vitandum peccatum, quod aliis quibusdam confert.
n.8 ' Hoc autem auxilium non solum est infusio gratiae, sed etiam exterior custodia, per quam occasiones peccandi homini ex divina providentia tolluntur, et provocantia ad peccatum comprimuntur. adiuvat etiam deus hominem contra peccatum per naturale lumen rationis, et alia naturalia bona quae homini confert. cum ergo haec auxilia aliquibus subtrahit, pro merito suae actionis, secundum quod eius iustitia exigit, dicitur eos obdurare vel excaecare, vel aliquid eorum quae dicta sunt.

005 SCG lb3 cp163
n. ' De praedestinatione, reprobatione, et electione divina.
n.1 * Quia ergo ostensum est quod ' divina operatione aliqui diriguntur in ultimum finem per gratiam adiuti, aliqui vero, eodem auxilio gratiae deserti, ab ultimo fine decidunt; omnia autem quae a deo aguntur, ab aeterno per eius sapientiam provisa et ordinata sunt, * ut supra ostensum est: ' necesse est praedictam hominum distinctionem ab aeterno a deo esse ordinatam. secundum ergo quod quosdam ab aeterno praeordinavit ut dirigendos in ultimum finem, dicitur eos praedestinasse. * unde apostolus dicit ad ephes. 1-5: ° qui praedestinavit nos in adoptionem filiorum, secundum propositum voluntatis suae. ' illos autem quibus ab aeterno disposuit se gratiam non daturum, dicitur reprobasse, vel odio habuisse: * secundum illud quod habetur malach. 1-2 ° iacob dilexi, esau odio habui. ' ratione vero ipsius distinctionis, secundum quod quosdam reprobavit et quosdam praedestinavit, attenditur divina electio: |25| * de qua dicitur ephes. 1-4: ° elegit nos in ipso ante mundi constitutionem.
n.2 ' Sic igitur patet quod praedestinatio et electio et reprobatio est quaedam pars divinae providentiae, secundum quod homines ex divina providentia ordinantur in ultimum finem. unde per eadem manifestum esse potest quod praedestinatio et electio necessitatem non inducunt, * quibus et supra ostensum est quod ' divina providentia contingentiam a rebus non aufert.
n.3 ' Quod autem praedestinatio et electio causam non habent ex aliquibus humanis meritis, potest fieri manifestum, non solum ex hoc quod gratia dei, quae est praedestinationis effectus, meritis non praevenitur, sed omnia merita praecedit humana, * ut ostensum est: ' sed etiam manifestari potest ex hoc quod divina voluntas et providentia est prima causa eorum quae fiunt, nil autem potest esse causa voluntatis et providentiae divinae, licet effectuum providentiae, et similiter praedestinationis, unus possit alterius esse causa.
n.4 ° Quis enim, * ut apostolus dicit, ° prior dedit illi, et retribuetur ei? quoniam ex ipso, et in ipso, et per ipsum sunt omnia. ipsi honor et gloria in saecula saeculorum. amen.

005 SCG lb4 cp1
n.1 ° Ecce, haec ex parte dicta sunt viarum eius, et cum vix parvam stillam sermonum eius audiverimus, quis poterit tonitruum magnitudinis eius intueri. * iob, 26-14.
n.2 ' Intellectus humanus, a rebus sensibilibus conna-

turaliter sibi scientiam capiens, ad intuendam divinam substantiam in seipsa, quae super omnia sensibilia, immo super omnia alia entia improportionaliter elevatur, pertingere per seipsum non valet.
n.3 ‘ Sed quia perfectum hominis bonum est ut quoquo modo deum cognoscat, ne tam nobilis creatura omnino in vanum esse videretur, velut finem proprium attingere non valens, datur homini quaedam via per quam in dei cognitionem ascendere possit: ut scilicet, quia omnes rerum perfectiones quodam ordine a summo rerum vertice deo descendunt, ipse, ab inferioribus incipiens et gradatim ascendens, in dei cognitionem proficiat; nam et in corporalibus motibus eadem est via qua descenditur et ascenditur, ratione principii et finis distincta.
n.4 ‘ Praedicti autem descensus perfectionum a deo duplex est ratio. una quidem ex parte primae rerum originis: nam divina sapientia, ut perfectio esset in rebus, res produxit in ordine, ut creaturarum universitas ex summis rerum et infimis compleretur. alia vero ratio ex ipsis rebus procedit. nam cum causae sint nobiliores effectibus, prima quidem causata deficiunt a prima causa, quae deus est, quae tamen suis effectibus praeminent; et sic deinceps quousque ad ultima rerum perveniatur.
n.5 ‘ Et quia in summo rerum vertice deo perfectissima unitas invenitur; et unumquodque, quanto est magis unum, tanto est magis virtuosum et dignius: consequens est ut quantum a primo principio receditur, tanto maior diversitas et variatio inveniatur in rebus. oportet igitur processum emanationis a deo uniri quidem in ipso principio, multiplicari autem secundum res infimas, ad quas terminatur. et ita, secundum diversitatem rerum, apparet viarum diversitas, quasi ab uno principio inchoatarum, et terminatarum ad diversa.
n.6 ‘ Per has igitur vias intellectus noster in dei cognitionem ascendere potest, sed propter debilitatem intellectus nostri, nec ipsas vias perfecte cognoscere possumus. nam cum sensus unde nostra cognitio incipit, circa exteriora accidentia versetur, quae sunt secundum se sensibilia, ut color et odor et huiusmodi; intellectus vix per huiusmodi exteriora potest ad perfectam notitiam inferioris naturae pervenire, etiam illarum rerum quarum accidentia sensu perfecte comprehendit. multo igitur minus pertingere poterit ad comprehendendum naturas illarum rerum quarum pauca accidentia capimus sensu; et adhuc minus illorum quorum accidentia sensu capi non possunt, etsi per quosdam deficientes effectus percipiantur. sed etsi ipsae naturae rerum essent nobis cognitae, ordo tamen earum, secundum quod a divina providentia et ad invicem disponuntur et diriguntur in finem, tenuiter nobis notus esse potest: cum ad cognoscendam rationem |25| divinae providentiae non pertingamus. si igitur ipsae viae imperfecte cognoscuntur a nobis, quomodo per eas ad perfecte cognoscendum ipsarum viarum principium poterimus pervenire? quod quia sine proportione excedit vias praedictas, etiam si vias ipsas cognosceremus perfecte, nondum tamen perfecta principii cognitio nobis adesset.
n.7 ‘ Quia igitur debilis erat dei cognitio ad quam homo per vias praedictas intellectuali quodam quasi intuitu pertingere poterat, ex superabundanti bonitate, ut firmior esset hominis de deo cognitio, quaedam de seipso hominibus revelavit quae intellectum humanum excedunt.
n.8 ‘ In qua quidem revelatione, secundum congruentiam hominis, quidam ordo servatur, ut paulatim de imperfecto veniat ad perfectum: sicut in ceteris rebus mobilibus accidit. primo igitur sic homini revelantur ut tamen non intelligantur, sed solum quasi audita credantur: quia intellectus hominis secundum hunc statum, quo sensibilibus est connexus, ad ea intuenda quae omnes proportiones sensus excedunt, omnino elevari non potest. sed cum a sensibilium connexione fuerit liberatus, tunc elevabitur ad ea quae revelantur intuenda.
n.9 ‘ Est igitur triplex cognitio hominis de divinis. quarum prima est secundum quod homo naturali lumine rationis, per creaturas in dei cognitionem ascendit. secunda est prout divina veritas, intellectum humanum excedens, per modum revelationis in nos descendit, non tamen quasi demonstrata ad videndum, sed quasi sermone prolata ad credendum. tertia est secundum quod mens humana elevabitur ad ea quae sunt revelata perfecte intuenda.
n.10 * Hanc igitur triplicem cognitionem iob in verbis propositis insinuat. quod enim dicit, ° ecce, haec ex parte dicta sunt viarum eius, “ ad illam cognitionem pertinet qua per vias creaturarum in dei cognitionem noster intellectus ascendit. et quia has vias imperfecte cognoscimus, * recte adiunxit, ° ex parte. ex parte enim cognoscimus: * sicut apostolus dicit, 1 cor. 13-9.
n.11 * Quod vero subdit, ° et cum vix parvam stillam sermonum eius audiverimus, “ ad secundam cognitionem pertinet, prout divina nobis credenda per modum locutionis revelantur: ° fides enim, * ut dicitur rom. 10-17, ° est ex auditu, auditus autem per verbum dei; * de quo etiam dicitur ioan. 17-17, ° sanctifica eos in veritate: sermo tuus veritas est. “ sic igitur, quia revelata veritas de divinis non videnda, sed credenda proponitur, * recte dicit, ° audiverimus. ‘ quia vero haec imperfecta cognitio effluit ab illa perfecta cognitione qua divina veritas in seipsa videtur, dum a deo nobis mediantibus angelis revelatur, ° qui vident faciem patris, * recte nominat ° stillam. * unde et ioel 3-18 dicitur: ° in die illa stillabunt montes dulcedinem. ‘ sed quia non omnia mysteria quae in prima veritate visa angeli et alii beati cognoscunt, sed quaedam pauca nobis revelantur, * signanter addit, ° parvam. * dicitur enim eccli. 43-35 ° quis magnificat eum sicut est ab initio? multa abscondita sunt maiora his: pauca |25| enim vidimus operum eius. * et dominus discipulis dicit, ioan. 16-12: ° multa habeo vobis dicere, sed non potestis portare modo. ‘ haec etiam pauca quae nobis revelantur, sub quibusdam similitudinibus et obscuritatibus verborum nobis proponuntur: ut ad ea quomodocumque capienda soli studiosi perveniant, alii vero quasi occulta venerentur, et increduli lacerare non possint: * unde dicit apostolus, i ad cor. 13-12: ° videmus nunc per speculum in aenigmate. * signanter igitur addit, ° vix “ ut difficultas ostenderetur.
n.12 * Quod vero subdit, ° quis poterit tonitruum magnitudinis eius intueri? “ ad tertiam cognitionem pertinet, qua prima veritas cognoscetur, non sicut credita, sed sicut visa: ° videbimus enim eum sicuti est, * ut dicitur i ioan. 3-2. unde dicit, ° intueri. ‘ nec aliquid modicum de divinis mysteriis percipietur, sed ipsa maiestas divina videbitur, et omnis bonorum perfectio: * unde dominus ad moysen dixit, exodi 33-19: ° ego ostendam tibi omne bonum. * recte ergo dicit, ° magnitudinis. ‘ non autem proponetur veritas homini aliquibus velaminibus occultata, sed omnino manifesta: * unde dominus discipulis suis dicit, ioan. 16-25: ° venit hora cum iam non in proverbiis loquar vobis, sed palam de patre annuntiabo vobis. * signanter ergo dicit, ° tonitruum, “ ad manifestationem insinuandam.
n.13 ‘ Competunt autem verba praemissa nostro proposito. nam in praecedentibus de divinis sermo est habitus secundum quod ad cognitionem divinorum naturalis ratio per creaturas pervenire potest: imperfecte tamen, et secundum proprii possibilitatem ingenii, * ut sic possimus dicere cum iob, ° ecce, haec ex parte dicta sunt viarum eius. ‘ restat autem sermo habendus de his quae nobis revelata sunt divinitus ut credenda, excedentia intellectum humanum.
n.14 ‘ Circa quae qualiter procedendum sit, praemissa verba nos docent. cum enim huiusmodi veritatem ° vix audiverimus ‘ in sermonibus sacrae scripturae quasi ° stillam parvam ‘ ad nos descendentem; nec possit aliquis in huius vitae statu ° tonitruum magnitudinis intueri; ‘ erit hic modus servandus, ut ea quae in sermonibus sacrae scripturae sunt tradita, quasi principia sumantur; et sic ea quae in sermonibus praedictis occulte nobis traduntur, studeamus utcumque mente capere, a laceratione infidelium defendendo; ut tamen praesumptio perfecte cognoscendi non adsit; probanda enim sunt huiusmodi auctoritate sacrae scripturae, non autem ratione naturali. sed tamen ostendendum est quod rationi naturali non sunt opposita, ut ab impugnatione infidelium defendantur. qui etiam modus in principio huius operis praedeterminatus est.
n.15 ‘ Quia vero naturalis ratio per creaturas in dei cognitionem ascendit, fidei vero cognitio a deo in nos e converso divina revelatione descendit; est autem eadem via ascensus et descensus: oportet eadem via procedere in his quae supra rationem creduntur, qua in superioribus processum est circa ea quae ratione investigantur de deo: ut primo scilicet ea tractentur quae de ipso deo supra rationem credenda proponuntur, sicut est confessio trinitatis. secundo autem, de his quae supra rationem a deo sunt facta, sicut opus incarnationis, et quae consequuntur ad ipsam. tertio vero, ea quae supra rationem in ultimo hominum fine expectantur, sicut resurrectio et glorificatio corporum, perpetua beatitudo animarum, et quae his connectuntur.

005 SCG lb4 cp2

n. ‘ Quod sit generatio, paternitas et filiatio in divinis.
n.1 ‘ Principium autem considerationis a secreto divinae generationis sumentes, quid de ea secundum sacrae scripturae documenta teneri debeat, praemittamus. dehinc vero ea quae contra veritatem fidei infidelitas adinvenit argumenta ponamus: quorum solutione subiecta, huius considerationis propositum consequemur.
n.2 * Tradit igitur nobis sacra scriptura “ in divinis paternitatis et filiationis nomina, iesum christum filium dei contestans. * quod in scriptura novi testamenti frequentissime invenitur. dicitur enim matth. 11-27: ° nemo novit filium nisi pater: neque patrem quis novit nisi filius. * ab hoc marcus suum evangelium coepit, dicens: ° initium evangelii iesu christi, filii dei. * ioannes etiam evangelista hoc frequenter ostendit: dicitur enim ioan. 3-35: ° pater diligit filium, et omnia dedit in manu eius; * et ioan. 5-21: ° sicut pater suscitat mortuos et vivificat, sic et filius quos vult vivificat. * paulus etiam apostolus haec verba frequenter interserit: dicit enim, rom. 1, ° se segregatum in evangelium dei, (quod ante promiserat per prophetas suos in scripturis sanctis) de filio suo; * et ad hebr. 1-1: ° multifariam multisque modis olim deus loquens patribus in prophetis, novissime diebus istis locutus est nobis in filio.
n.3 * Hoc etiam traditur, licet rarius, in scriptura veteris testamenti. dicitur enim proverb. 30-4: ° quod nomen eius? et quod nomen filii eius, si nosti? * in psalmo etiam legitur: ° dominus dixit ad me, filius meus es tu. * et iterum: ° ipse invocavit me, pater meus es tu.
n.4 * Et quamvis haec duo ultima verba aliqui vellent ad sensum alium retorquere, ut quod dicitur, ° dominus dixit ad me, filius meus es tu, “ ad ipsum david referatur; * quod vero dicitur, ° ipse invocavit me, pater meus es tu, “ salomoni attribuatur: tamen ea quae coniunguntur utrique, hoc non omnino ita esse ostendunt. neque enim david potest competere * quod additur, ° ego hodie genui te; * et quod subditur, ° dabo tibi gentes hereditatem tuam, et possessionem tuam terminos terrae, “ cum eius regnum usque ad terminos terrae non fuerit dilatatum, * ut historia libri regum declarat. “ neque etiam salomoni potest omnino competere * quod dicitur, ° ipse invocavit me, pater meus es tu: * cum subdatur ° ponam in saeculum saeculi sedem eius, et thronum eius sicut dies caeli. * unde datur intelligi quod, quia quaedam praemissis verbis annexa “ david vel salomoni possint congruere, quaedam vero nequaquam, quod de david et salomone |25| * haec verba dicantur, secundum morem scripturae, “ in alterius figuram, in quo universa compleantur.
n.5 “ Quia vero nomina patris et filii generationem aliquam consequuntur, ipsum etiam divinae generationis nomen * scriptura non tacuit. nam in psalmo, ut dictum est, legitur: ° ego hodie genui te. * et proverb. 8, dicitur: ° nondum erant abyssi et ego iam concepta eram: ante omnes colles ego parturiebar; * vel secundum aliam litteram: ° ante omnes colles generavit me dominus. * dicitur etiam isaiae ult.: ° numquid ego, qui alios parere facio, ipse non pariam? dicit dominus. si ego, qui generationem ceteris tribuo, sterilis ero? ait dominus deus. * et licet dici possit hoc esse referendum “ ad multiplicationem filiorum israel de captivitate revertentium in terram suam, * quia praemittitur, ° parturivit et peperit sion filios suos, ‘ tamen hoc proposito non obsistit. ad quodcumque enim ratio aptetur, ipsa tamen ratio, quae ex dei ore inducitur, firma et stabilis manet: ut, si ipse aliis generationem tribuat, sterilis non sit. nec esset conveniens ut qui alios vere generare |25| facit, ipse non vere, sed per similitudinem generet: cum oporteat nobilius esse aliquid in causa quam in causatis, * ut ostensum est. * ioan. etiam 1 dicitur: ° vidimus gloriam eius quasi unigeniti a patre, et iterum: unigenitus filius, qui est in sinu patris, ipse enarravit. * et paulus dicit, hebr. 1-6: ° et cum iterum introducit primogenitum in orbem terrae, dicit: et adorent eum omnes angeli dei.

005 SCG lb4 cp3

n. ‘ Quod filius dei sit deus.
n.1 ‘ Considerandum tamen quod * praedictis nominibus divina scriptura utitur etiam ad creationem rerum ostendendam: dicitur enim iob 38-29 ° quis est pluviae pater? vel quis genuit stillas roris? de cuius utero egressa est glacies? et gelu de caelo quis genuit? * ne igitur nihil aliud ex paternitatis, filiationis et generationis vocabulis intelligeretur quam creationis efficacia, addidit scripturae auctoritas ut “ eum quem filium et genitum nominabat, etiam deum esse non taceret, ut sic praedicta generatio aliquid amplius quam creatio intelligeretur. * dicitur enim ioan. 1-1: ° in principio erat verbum, et verbum erat apud deum, et deus erat verbum. * et quod verbi nomine filius intelligatur, ex consequentibus ostenditur: nam subdit: ° verbum caro factum est, et habitavit in nobis, et vidimus gloriam eius, gloriam quasi unigeniti a patre. * et paulus dicit, tit. 3-4: ° apparuit benignitas et humanitas salvatoris nostri dei.
n.2 * Hoc etiam veteris testamenti scriptura non tacuit, christum deum nominans. dicitur enim in psalmo: ° sedes tua, deus, in saeculum saeculi, virga directionis virga regni tui: dilexisti iustitiam, et odisti iniquitatem. * et quod ad christum dicatur, patet per id quod subditur: ° propterea unxit te deus, deus tuus, oleo laetitiae prae consortibus tuis. * et isaiae 9-6 dicitur: ° parvulus natus est nobis, et filius datus est nobis, et factus est principatus super humerum eius; et vocabitur nomen eius admirabilis, consiliarius, deus fortis, pater futuri saeculi, princeps pacis.
n.3 * Sic igitur ex sacra scriptura docemur “ filium dei, a deo genitum, deum esse. filium autem dei iesum christum petrus confessus est, * ei dicens: ° tu es christus, filius dei vivi. ‘ ipse igitur et unigenitus est, et deus est.

005 SCG lb4 cp4

n. ‘ Quid opinatus sit photinus de filio dei, et eius improbatio.
n.1 * Huius autem doctrinae veritatem quidam perversi homines suo sensu metiri praesumentes, de praemissis vanas et varias opiniones conceperunt.
n.2 * Quorum quidem consideraverunt “ hanc esse scripturae consuetudinem, eos qui divina gratia iustificantur, filios dei dici: * secundum illud ioan. 1-12, ° dedit eis potestatem filios dei fieri, his qui credunt in nomine eius. * et rom. 8-16, dicitur: ° ipse enim spi-

ritus testimonium reddit spiritui nostro quod sumus filii dei. * et 1 ioan. 3-1: ° videte qualem caritatem dedit nobis pater, ut filii dei nominemur et simus. " quos etiam a deo genitos esse scriptura non tacet. * dicitur enim iac. 1-18: ° voluntarie genuit nos verbo veritatis. * et 1 ioan. 3-9, dicitur: ° omnis qui natus est ex deo, peccatum non facit, quoniam semen ipsius in eo manet. " et, quod est mirabilius, eiusdem nomen divinitatis adscribitur. * dominus enim dixit ad moysen: ° ego constitui te deum pharaonis. * et in psalmo: ° ego dixi, dii estis, et filii excelsi omnes; * et, sicut dominus dicit, ioan. 10-35: ° illos dixit deos ad quos sermo dei factus est.

n.3 * Per hunc ergo modum, opinantes " iesum christum purum hominem esse, et ex maria virgine initium sumpsisse, et per beatae vitae meritum divinitatis honorem prae ceteris fuisse adeptum, aestimaverunt eum, similiter aliis hominibus, per adoptionis spiritum dei filium; et per gratiam ab eo genitum; et per quandam assimilationem ad deum in scripturis dici deum, non per naturam, sed per consortium quoddam divinae bonitatis, * sicut et de sanctis dicitur ii petr. 1-4: ° ut efficiamini divinae consortes naturae, fugientes eius quae in mundo est concupiscentiae corruptionem.

n.4 * Hanc autem positionem sacrae scripturae auctoritate confirmare nitebantur.

n.5 * Dicit enim dominus, matth. ult.: ° data est mihi omnis potestas in caelo et in terra. ' quod si ante tempora deus esset, potestatem ex tempore non accepisset.

n.6 * Item, rom. 1, dicitur de filio quod ° factus est ei, " scilicet deo, ° ex semine david secundum carnem; * et quod ° praedestinatus est filius dei in virtute. " quod autem praedestinatur et factum est, videtur non esse aeternum.

n.7 * Item. apostolus dicit, ad philipp. 2-8: ° factus est obediens usque ad mortem, mortem autem crucis: propter quod deus exaltavit illum, et dedit illi nomen quod est super omne nomen. * ex quo videtur ostendi quod " propter obedientiae et passionis meritum divino sit honore donatus, et super omnia exaltatus.

n.8 * Petrus etiam dicit, act. 2-36: ° certissime ergo sciat omnis domus israel quia dominum eum et christum deus fecit hunc iesum, quem vos crucifixistis. * videtur igitur " ex tempore deus esse factus, non ante tempora natus.

n.9 * Adducunt etiam in fulcimentum suae opinionis ea quae in scripturis de christo ad defectum pertinere videntur: sicut quod " femineo portatur utero, et profectum aetatis accepit, esuriem passus est, et lassitudine fatigatus, et morti subiectus; quod sapientia profecit, iudicii se nescire diem confessus est, et mortis terrore concussus est; et alia huiusmodi, quae deo per naturam existenti convenire non possent. * unde concludunt quod " per meritum honorem divinum adeptus est per gratiam, non quod esset naturae divinae.

n.10 * Hanc autem positionem primo adinvenerunt quidam antiqui haeretici, cerinthus et ebion; quam postea paulus samosatenus instauravit; et postea a photino est confirmata, ut qui hoc dogmatizant, photiniani nuncupentur.

n.11 * Diligenter autem verba sacrae scripturae considerantibus apparet non hunc sensum in ea contineri quem praedicti homines sua opinione conceperunt. nam cum salomon dicat, ° nondum erant abyssi et ego iam concepta eram, * satis ostendit " hanc generationem ante omnia corporalia extitisse. * unde relinquitur quod ' filius a deo genitus initium essendi a maria non sumpsit. * et licet haec, et alia similia testimonia depravare conati fuerint perversa expositione, dicentes " haec secundum praedestinationem debere intelligi, quia scilicet ante mundi conditionem dispositum fuit ut ex maria virgine dei filius nasceretur, non quod dei filius fuerit ante mundum; convincantur quod non solum in praedestinatione, sed etiam realiter fuerit ante mariam. * nam post praemissa verba salomonis subiungitur: ° quando appendebat fundamenta terrae, cum eo eram cuncta componens: ' si autem in sola praedestinatione fuisset, nihil agere potuisset. |25| * hoc etiam ex verbis ioannis evangelistae habetur: nam cum praemisisset, ° in principio erat verbum, " quo nomine filius intelligitur, * ut ostensum est; * ne quis hoc secundum praedestinationem accipere possit, subdit: ° omnia per ipsum facta sunt, et sine ipso factum est nihil, ' quod verum esse non posset nisi realiter ante mundum extitisset. * item, filius dei dicit, ioan., 3-13: ° nemo ascendit in caelum nisi qui descendit de caelo, filius hominis, qui est in caelo; * et iterum, ioan. 6-38: ° descendi de caelo, non ut faciam voluntatem meam, sed voluntatem eius qui misit me. ' apparet ergo eum fuisse antequam de caelo descenderet.

n.12 * Praeterea. secundum praedictam positionem, " homo per vitae meritum profecit in deum. * apostolus autem e converso ostendit quod, " cum deus esset, factus est homo. * dicit enim, ad philipp. 2-6 ° cum in forma dei esset, non rapinam arbitratus est esse se aequalem deo: sed semetipsum exinanivit, formam servi accipiens, in similitudinem hominum factus, et habitu inventus ut homo. * repugnat igitur praedicta positio apostolicae sententiae.

n.13 ' Adhuc. inter ceteros qui dei gratiam habuerunt, moyses eam habuit copiose, * de quo dicitur exod. 33-11, quod ° loquebatur ei dominus facie ad faciem, sicut loqui solet homo ad amicum suum. ' si igitur iesus christus non diceretur dei filius nisi propter gratiam adoptionis, sicut alii sancti, eadem ratione moyses filius diceretur et christus, licet etiam abundantiori gratia christus fuerit dotatus: nam et inter alios sanctos, unus alio maiori gratia repletur, et tamen omnes eadem ratione filii dei dicuntur. moyses autem non eadem ratione dicitur filius qua christus. distinguit enim apostolus christum a moyse sicut filium a servo: * dicitur enim ad hebr. 3-5: ° moyses quidem fidelis erat in tota domo eius tanquam famulus, in testimonium eorum quae dicenda erant: christus autem tanquam filius in domo sua. ' manifestum est ergo quod christus non dicitur dei filius per adoptionis gratiam, sicut alii sancti.

n.14 ' Similis etiam ratio ex pluribus aliis scripturae locis colligi potest, quae quodam singulari modo christum prae aliis dei filium nominat, quandoque quidem, absque aliis, singulariter eum ° filium ' nominat: * sicut vox patris intonuit in baptismo, ° hic est filius meus dilectus, in quo mihi complacui. ' quandoque eum ° unigenitum ' nominat: * sicut ioan. 1-14, ° vidimus eum quasi unigenitum a patre; * et iterum, ° unigenitus, qui est in sinu patris, ipse enarravit. ' si autem communi modo, sicut et alii, filius diceretur, unigenitus dici non posset. quandoque etiam et ° primogenitus ' nominatur, ut quaedam derivatio filiationis ab eo in alios ostendatur: * secundum illud rom. 8-29: ° quos praescivit et praedestinavit fieri conformes imagini filii eius, ut sit ipse primogenitus in multis fratribus; * et gal. 4-4 dicitur: ° misit deus filium suum ut adoptionem filiorum reciperemus. ' alia ergo ratione ipse est filius, per cuius filiationis similitudinem |25| alii filii dicuntur.

n.15 ' Amplius. quaedam opera in scripturis sacris ita deo proprie attribuuntur quod alteri convenire non possunt, sicut sanctificatio animarum, et remissio peccatorum: * dicitur enim levit. 20-8: ° ego dominus, qui sanctifico vos; * et isaiae 43-25: ° ego sum qui deleo iniquitates vestras propter me. ' utrumque autem horum christo scriptura attribuit. * dicitur enim ad hebr. 2-11: ° qui sanctificat et qui sanctificantur, ex uno omnes; * et ad hebr. ult.: ° iesus, ut sanctificaret per suum sanguinem populum, extra portam passus est. " ipse etiam dominus de se protestatus est quod haberet potestatem remittendi peccata, et miraculo confirmavit, * ut habetur matth. 9-6. ' hoc etiam angelus de ipso praenuntiavit, ° ipse, * inquiens, ° salvum faciet populum suum a peccatis eorum. ' non igitur christus, et sanctificans et peccata remittens, sic dicitur deus sicut dicuntur dii hi qui sanctificantur, et quorum peccata remittuntur: sed sicut virtutem et naturam divinitatis habens.

n.16 * Illa vero scripturae testimonia quibus ostendere nitebantur quod " christus non esset deus per naturam, * efficacia non sunt ad eorum propositum ostendendum. ' confitemur enim in christo dei filio, post incarnationis mysterium, duas naturas, humanam scilicet et divinam. unde de eo dicuntur et quae dei sunt propria, ratione divinae naturae; et quae ad defectum pertinere videntur, ratione humanae naturae, * ut infra plenius explanabitur. ' nunc autem, ad praesentem considerationem de divina generatione, hoc sufficiat monstratum esse secundum scripturas quod christus dei filius et deus dicitur non solum sicut purus homo per gratiam adoptionis, sed propter divinitatis naturam.

005 SCG lb4 cp5

n. ' Opinio sabellii de filio dei, et eius improbatio.

n.1 ' Quia vero omnium de deo recte sentientium haec est fixa mentis conceptio, quod non possit esse nisi unus deus, * quidam, " ex scripturis concipientes quod christus sit vere et naturaliter deus ac dei filius, unum deum esse confessi sunt christum dei filium et deum patrem: nec tamen quod deus filius dicatur secundum suam naturam aut ab aeterno, sed ex tunc filiationis nomen accepit ex quo de maria virgine natus est per incarnationis mysterium. et sic omnia quae christus secundum carnem sustinuit, deo patri attribuebant: puta esse filium virginis, conceptum et natum esse ex ipsa, passum, mortuum et resurrexisse, et alia omnia quae scripturae de christo secundum carnem loquuntur.

n.2 * Hanc autem positionem confirmare nitebantur scripturae auctoritatibus.

n.3 * Dicitur enim exod. 20: ° audi, israel, dominus deus tuus deus unus est. * et deut. 32-39: ° videte quod ego sum solus, et non est alius praeter me. * et ioan. 5: ° pater in me manens, ipse facit opera * et 14-9 ° qui videt me, videt et patrem; et, ego in patre, et pater in me est. * ex quibus omnibus concipiebant " deum patrem ipsum filium dici ex virgine incarnatum.

n.4 * Haec autem fuit opinio sabellianorum, qui et patripassiani sunt dicti, eo quod " patrem passum esse * confitentur, asserentes " ipsum patrem esse christum.

n.5 * Haec autem positio, etsi a praedicta differat " quantum ad christi divinitatem, nam haec christum verum et naturalem deum esse confitetur, * quod prima negabat; tamen quantum ad generationem et filiationem, utraque est conformis opinio: nam sicut prima positio " asserit filiationem et generationem qua christus filius dicitur, non fuisse ante mariam, ita et haec opinio confitetur. * neutra igitur positio " generationem et filiationem ad divinam naturam refert, sed solum ad naturam humanam. * habet etiam et hoc proprium ista positio, quod, " cum dicitur filius dei, non designatur aliqua subsistens persona, sed quaedam proprietas superveniens praeexistenti personae: nam ipse pater, secundum quod carnem sumpsit ex virgine, filii nomen accepit; non quasi filius sit aliqua subsistens persona a persona patris distincta.

n.6 * Huius autem positionis falsitas manifeste ostenditur auctoritate scripturae. " nam christus non solum virginis filius * dicitur in scripturis, " sed etiam filius dei: * ut ex superioribus patet. * hoc autem esse non potest, " ut idem sit filius sui ipsius: cum enim filius generetur a patre, generans autem det esse genito, sequeretur quod idem esset dans et accipiens esse; * quod omnino esse non potest. " non est igitur deus pater ipse filius, ' sed alius est filius et alius pater.

n.7 * Item. dominus dicit: ° descendi de caelo, non ut faciam voluntatem meam, sed voluntatem eius qui misit me, * ioan. 6-38; et 17-5: ° clarifica me, pater, apud temetipsum. * ex quibus omnibus, et similibus, ostenditur " filius esse alius a patre.

n.8 * Potest autem dici secundum hanc positionem, quod " christus dicitur filius dei patris solum secundum humanam naturam: quia scilicet ipse deus pater humanam naturam quam assumpsit, creavit et sanctificavit. sic igitur ipse secundum divinitatem sui ipsius secundum humanitatem dicitur pater. * et ita etiam nihil prohibet " eundem secundum humanitatem distinctum esse a seipso secundum divinitatem.

n.9 * Sed secundum hoc sequetur quod " christus dicatur filius dei sicut et alii homines, vel ratione creationis, vel ratione sanctificationis. * ostensum est autem quod ' alia ratione christus dicitur dei filius quam alii sancti. * non igitur modo praedicto potest intelligi quod " ipse pater sit christus et filius sui ipsius.

n.10 ' Praeterea. ubi est unum suppositum subsistens, pluralis praedicatio non recipitur. christus, autem de se et de patre pluraliter loquitur, * dicens: ° ego et pater unum sumus. ' non est ergo filius ipse pater.

n.11 ' Adhuc. si filius a patre non distinguitur nisi per incarnationis mysterium, ante incarnationem omnino nulla distinctio erat. invenitur autem ex sacra scriptura etiam ante incarnationem filius a patre fuisse distinctus. * dicitur enim ioan. 1-1: ° in principio erat verbum, et verbum erat apud deum, et deus erat verbum. ' verbum igitur, quod apud deum erat, aliquam distinctionem ab ipso habebat: habet enim hoc consuetudo loquendi, ut alius apud alium esse dicatur. * similiter etiam proverb. 8-30, genitus a deo dicit: ° cum eo eram componens omnia. " in quo rursus associatio et quaedam distinctio * designatur. dicitur etiam osee 1-7 ° domui iuda miserebor, et salvabo eos in domino deo suo: " ubi deus pater de salvandis in deo filio populis loquitur quasi de persona a se distincta, quae dei nomine digna habeatur. * dicitur etiam gen. 1-26: ° faciamus hominem ad imaginem et similitudinem nostram: " in quo expresse pluralitas et distinctio facientium |25| hominem designatur. ' homo autem per scripturas a solo deo conditus esse docetur. et sic dei patris et dei filii pluralitas et distinctio fuit etiam ante christi incarnationem. non igitur ipse pater filius dicitur propter incarnationis mysterium.

n.12 ' Amplius. vera filiatio ad ipsum suppositum pertinet eius qui dicitur filius: non enim manus vel pes hominis filiationis nomen proprie accipit, sed ipse homo, cuius ista sunt partes. paternitatis autem et filiationis nomina distinctionem requirunt in illis de quibus dicuntur: sicut et generans et genitum. oportet igitur, si aliquis vere dicitur filius, quod supposito a patre distinguatur. christus autem vere est dei filius: * dicitur enim 1 ioan. ult.: ° ut simus in vero filio eius iesu christo. ' oportet igitur quod christus sit supposito distinctus a patre. non igitur ipse pater est filius. adhuc. post incarnationis mysterium pater de filio protestatur: ° hic est filius meus dilectus. ' haec autem demonstratio ad suppositum refertur. christus igitur secundum suppositum est alius a patre.

n.13 * Ea vero quibus sabellius suam positionem nititur confirmare, id quod intendit non ostendunt, * ut infra plenius ostendetur. * non enim per hoc quod " deus est unus, vel quod pater est in filio et filius in patre, * habetur quod " filius et pater sit unum supposito: ' potest enim et duorum supposito distinctorum aliqua unitas esse.

005 SCG lb4 cp6

n. ' De opinione arii circa filium dei.

n.1 * Cum autem doctrinae sacrae non congruat quod " filius dei a maria initium sumpserit, * ut photinus dicebat; " neque ut is qui ab aeterno deus fuit et pater est, per carnis assumptionem filius esse coeperit, * ut sabellius dixerat: fuerunt alii hanc de divina generatione quam scriptura tradit opinionem sumentes, quod " filius dei ante incarnationis mysterium extiterit, et etiam ante mundi conditionem; et quia iste filius a deo patre est alius, aestimaverunt eum non esse eiusdem naturae cum deo patre; * non enim intelligere poterant, nec credere volebant, quod " aliqui duo, secundum personam distincti, habeant unam essentiam et naturam. et quia sola natura dei patris, secundum fidei doctrinam, aeterna creditur, crediderunt naturam filii non ab aeterno extitisse, licet fuerit filius ante alias creaturas. et quia omne quod non est aeternum, ex nihilo factum est et a deo creatum, filium dei ex nihilo factum esse, et creaturam * praedicabant. | 25 | sed quia auctoritate scripturae cogebantur ut etiam filium deum nominarent, * sicut in superioribus est expressum, * dicebant " eum unum cum deo patre, non quidem per naturam, sed per quandam consensus unionem, et per divinae similitudinis participationem super ceteras creaturas. unde, cum supremae creaturae, quas angelos dicimus, in scripturis et dii et filii dei nominentur, * secundum illud iob 38-4 ° ubi eras cum me laudarent astra matutina, et iubilarent omnes filii dei? * et in psalmo, ° deus stetit in synagoga deorum, " hunc dei filium et deum prae aliis dici oportebat, utpote nobiliorem inter ceteras creaturas, in tantum quod per eum deus pater omnem aliam condiderit creaturam.

n.2 * Hanc autem positionem confirmare nitebantur sacrae scripturae documentis.

n.3 * Dicit enim filius, ioan. 17-3, ad patrem loquens: ° haec est vita aeterna, ut cognoscant te solum deum verum. " solus ergo pater deus verus est. cum ergo filius non sit pater, filius deus verus esse non potest.

n.4 " Item. apostolus dicit, i ad tim. ult.: ° serves mandatum sine macula irreprehensibile usque in adventum domini nostri iesu christi, quem suis temporibus ostendet beatus et solus potens rex regum et dominus dominantium, qui solus habet immortalitatem et lucem habitat inaccessibilem, * in quibus verbis ostenditur " distinctio dei patris ostendentis ad christum ostensum. solus ergo deus pater ostendens est potens rex regum et dominus dominantium, et solus habet immortalitatem et lucem habitat inaccessibilem. solus ergo pater deus verus est. non ergo filius.

n.5 * Praeterea. dominus dicit, ioan. 14-28: ° pater maior me est; * et apostolus dicit " filium patri esse subiectum, * i ad cor. 15-28: ° cum omnia subiecta illi fuerint, tunc ipse filius subiectus erit illi, " scilicet patri, ° qui sibi subiecit omnia. " si autem esset una natura patris et filii, esset etiam una magnitudo et maiestas: non enim filius esset minor patre, nec patri subiectus. relinquitur ergo ex scripturis quod filius non sit eiusdem naturae cum patre ut credebant.

n.6 " Adhuc. natura patris non patitur indigentiam. in filio autem indigentia invenitur: ostenditur enim ex scripturis quod a patre recipit; recipere autem indigentis est. * dicitur enim matth. 11-27: ° omnia tradita sunt mihi a patre meo, * et ioan. 3-35: ° pater diligit filium, et omnia dedit in manu eius. * videtur igitur " filius non esse eiusdem naturae cum patre.

n.7 " Amplius. doceri et adiuvari indigentis est. filius autem a patre docetur et iuvatur. * dicitur enim ioan. 5-19: ° non potest filius a se facere quicquam, nisi quod viderit patrem facientem; * et infra: 20 ° pater diligit filium, et omnia demonstrat ei quae ipse facit; * et ioan. 15-15, filius dicit discipulis: ° omnia quaecumque audivi a patre meo, nota feci vobis. " non igitur videtur esse eiusdem naturae filius cum patre.

n.8 " Praeterea. praeceptum recipere, obedire, orare, et mitti, inferioris esse videtur. * haec autem de filio leguntur. dicit enim filius, ioan. 14-31: ° sicut mandatum dedit mihi pater, sic facio. * et philipp. 2-8: ° factus est obediens patri usque ad mortem. * et ioan. 14-16: ° ego rogabo patrem, et alium paracletum dabit vobis. * et gal. 4-4, dicit apostolus: ° cum venit plenitudo temporis, misit deus filium suum. " est ergo filius minor patre, et ei subiectus.

n.9 " Item. filius clarificatur a patre: * sicut ipse dicit, ioan. 12-28: ° pater, clarifica nomen tuum; * et sequitur: ° venit vox de caelo, et clarificavi, et iterum clarificabo. * apostolus etiam dicit, ad rom. 8-11, quod ° deus suscitavit iesum christum a mortuis. * et petrus dicit, act. 2-33, quod ° est dextera dei exaltatus. * ex quibus videtur quod " sit patre inferior.

n.10 " Praeterea. in natura patris nullus defectus esse potest. in filio autem invenitur defectus potestatis: * dicit enim matth. 20-23: ° sedere ad dexteram meam vel sinistram, non est meum dare vobis, sed quibus paratum est a patre meo. " defectus etiam scientiae: * dicit enim ipse, marc. 13-32: ° de die autem illa et hora nemo scit, neque angeli in caelo, neque filius, nisi pater. " invenitur etiam in eo defectus quietae affectionis: cum in eo * scriptura asserat " tristitiam fuisse, et iram, et alias huiusmodi passiones. non igitur videtur filius esse eiusdem naturae cum patre.

n.11 * Adhuc. expresse in scripturis invenitur quod " filius dei sit creatura. * dicit enim eccli. 24-12: ° dixit mihi creator omnium, et qui creavit me, requievit in tabernaculo meo. * et iterum: ° ab initio et ante saecula creata sum. " est igitur filius creatura.

n.12 " Praeterea. filius creaturis connumeratur. * dicitur enim eccli. 24-5, ex persona sapientiae: ° ego ex ore altissimi prodii, primogenita ante omnem creaturam. * et apostolus, ad coloss. 1-15, dicit de filio quod est ° primogenitus creaturae. * videtur ergo quod " filius ordinem cum creaturis habeat, quasi primum inter eas obtinens gradum.

n.13 " Amplius. filius dicit, * ioan. 17-22, " pro discipulis ad patrem orans: ° ego claritatem quam dedisti mihi, dedi eis, ut sint unum, sicut et nos unum sumus. " sic igitur pater et filius unum sunt sicut discipulos unum esse volebat. non autem volebat discipulos esse per essentiam unum. non ergo pater et filius sunt per essentiam unum. * et sic sequitur quod " sit creatura, et patri subiectus.

n.14 * Est autem haec positio arii et eunomii. et videtur a platonicorum dictis exorta, qui ponebant " summum deum, patrem et creatorem omnium rerum, a quo primitus effluxisse * dicebant " quandam mentem, in qua essent omnium rerum formae, superiorem omnibus aliis rebus, quam paternum intellectum * nominabant; " et post hanc, animam mundi; et deinde alias creaturas. quod ergo in scripturis sacris de dei filio dicitur, hoc de mente praedicta * intelligebant: " et praecipue quia sacra scriptura dei filium dei sapientiam nominat et verbum dei. * cui etiam opinioni consonat positio avicennae, qui " supra animam primi caeli ponit intelligentiam primam, moventem primum caelum, supra quam ulterius deum in summo * ponebat.

n.15 * Sic igitur ariani " de dei filio * suspicati sunt quod " esset quaedam creatura supereminens omnibus aliis creaturis, qua mediante deus omnia creasset: * praecipue cum etiam quidam philosophi posuerunt " quodam ordine res a primo principio processisse, ita quod per primum creatum omnia alia sint creata.

005 SCG lb4 cp7

n. ' Improbatio opinionis arii de filio dei.

n.1 * Hanc autem positionem divinae scripturae repugnare manifeste potest percipere, si quis sacrarum scripturarum dicta diligenter consideret.

n.2 * Cum enim scriptura divina " et christum dei filium, et angelos dei filios nominet, alia tamen et alia ratione: * unde apostolus, hebr. 1-5, dicit: ° cui dixit aliquando angelorum, filius meus es tu, ego hodie genui te? " quod ad christum asserit esse dictum. * secundum autem positionem praedictam, " eadem ratione angeli filii dicerentur et christus: utrisque enim nomen filiationis competeret secundum quandam sublimitatem naturae, in qua creati sunt a deo.

n.3 ' Nec obstat si christus sit excellentioris naturae prae aliis angelis: quia etiam inter angelos ordines diversi inveniuntur, * ut ex superioribus patet, ' et tamen omnibus eadem filiationis ratio competit. " non igitur christus filius dei dicitur * secundum quod asserit praedicta positio.

n.4 ' Item. cum ratione creationis nomen filiationis divinae multis conveniat, quia omnibus angelis et sanctis; si etiam christus eadem ratione filius diceretur, non esset unigenitus, licet, propter excellentiam suae naturae, inter ceteros primogenitus posset dici. * asserit autem eum scriptura " esse unigenitum, * ioan. 1-14: ° vidimus eum quasi unigenitum a patre. ' non igitur ratione creationis dei filius dicitur.

n.5 ' Amplius. nomen filiationis proprie et vere generationem viventium consequitur, in quibus genitum ex substantia generantis procedit: alias enim nomen filiationis non secundum veritatem, sed potius secundum similitudinem accipitur, cum filios dicimus aut discipulos, aut hos quorum gerimus curam. si igitur christus non diceretur filius nisi ratione creationis, cum id quod creatur a deo, non ex substantia dei derivetur, christus vere filius dici non posset. " dicitur autem verus filius, * i ioan. ult.: ° ut simus, * inquit, ° in vero filio eius, iesu christo. ' non igitur dei filius dicitur, quasi a deo creatus in quantacumque naturae excellentia, sed quasi ex dei substantia genitus.

n.6 ' Praeterea. si christus ratione creationis filius dicitur, non erit verus deus: nihil enim creatum deus potest dici nisi per quandam similitudinem ad deum. ipse autem iesus christus est verus deus: * cum enim ioannes dixisset, ° ut simus in vero filio eius, * subdit: ° hic est verus deus et vita aeterna. ' non igitur christus filius dei dicitur ratione creationis.

n.7 * Amplius. apostolus, ad rom. 9-5, dicit: ° ex quibus christus est secundum carnem, qui est super omnia deus benedictus in saecula, amen. * et tit. 2-13: ° expectantes beatam spem, et adventum gloriae magni dei et salvatoris nostri iesu christi. * et ierem. 23 dicitur: ° suscitabo david germen iustum * et postea subditur, ° et hoc est nomen quod vocabunt eum, dominus iustus noster, * ubi in hebraeo habetur " nomen tetragrammaton, quod de solo deo certum est dici. ' ex quibus apparet quod filius dei est verus deus.

n.8 ' Praeterea. si christus verus filius est, de necessitate sequitur quod sit verus deus. non enim vere filius potest dici quod ab alio gignitur, etiam si de substantia generantis nascatur nisi in similem speciem generantis procedat: oportet enim quod filius hominis homo sit. si igitur christus est verus filius dei, oportet quod sit verus deus. non est igitur aliquid creatum.

n.9 ' Item. nulla creatura recipit totam plenitudinem divinae bonitatis: * quia, sicut ex superioribus patet, ' perfectiones a deo in creaturas per modum cuiusdam descensus procedunt. christus autem habet in se totam plenitudinem divinae bonitatis: * dicit enim apostolus, ad coloss. 2-9: ° in ipso habitat omnis plenitudo divinitatis. ' christus ergo non est creatura.

n.10 ' Adhuc. licet intellectus angeli perfectiorem cognitionem habeat quam intellectus hominis, tamen multum deficit ab intellectu divino. intellectus autem christi non deficit in cognitione ab intellectu divino: * dicit enim apostolus, ad coloss. 2-3, quod ° in christo sunt omnes thesauri sapientiae et scientiae absconditi. ' non est igitur christus filius dei creatura.

n.11 ' Amplius. quicquid deus habet in seipso, est eius essentia, * ut in primo ostensum est. ' omnia autem quae habet pater, sunt filii: * dicit enim ipse filius, ioan. 16-15: ° omnia quae habet pater, mea sunt; * et ioan. 17-10, ad patrem loquens, ait: ° mea omnia tua sunt, et tua mea sunt. ' est ergo eadem essentia et natura patris et filii. non est igitur filius creatura.

n.12 * Praeterea. apostolus dicit, philipp. 2, quod " filius, antequam exinaniret semetipsum formam servi accipiens, in forma dei erat. ' per formam autem dei non aliud intelligitur quam natura divina: sicut per formam servi non intelligitur aliud quam humana natura. est ergo filius in natura divina. non est igitur creatura.

n.13 ' Item. nihil creatum potest esse deo aequale. filius autem est patri aequalis. * dicitur enim ioan. 5-18: ° quaerebant eum iudaei interficere, quia non solum solvebat sabbatum, sed et patrem suum dicebat deum, aequalem se deo faciens. * haec est autem evangelistae narratio, ° cuius testimonium verum est, " quod christus filium dei se dicebat et deo aequalem, et propterea eum iudaei persequebantur. ' nec dubium est alicui christiano quin illud quod christus de se dixit, verum sit: * cum et apostolus dicat, philipp. 2-6, ° hoc non fuisse rapinam, quod aequalem se esse patri arbitratus est. ' est ergo filius aequalis patri. non est igitur creatura.

n.14 * Amplius. in psalmo legitur " non esse similitudinem alicuius ad deum etiam inter angelos qui filii dei dicuntur: ° quis, * inquit, ° similis deo in filiis dei? * et alibi: ° deus, quis similis erit tibi? " quod de perfecta similitudine accipi oportet: * quod patet ex his quae in primo libro tractata sunt. ' christus autem perfectam sui similitudinem ad patrem ostendit etiam in vivendo: * dicitur enim ioan. 5-26: ° sicut pater habet vitam in semetipso, sic dedit et filio vitam habere in semetipso. ' non est igitur christus computandus inter filios dei creatos.

n.15 ' Adhuc. nulla substantia creata repraesentat deum quantum ad eius substantiam: quicquid enim ex perfectione cuiuscumque creaturae apparet, minus est quam quod deus est; unde per nullam creaturam sciri potest de deo ° quid est. ' filius autem repraesentat patrem: * dicit enim de eo apostolus, ad coloss. 1-15, quod ° est imago invisibilis dei. ' et ne aestimetur esse imago deficiens, essentiam dei non repraesentans, per quam non possit cognosci de deo ° quid est, ' sicut vir dicitur ° imago dei, * i ad cor. 11-7; ' ostenditur perfecta esse imago, ipsam dei substantiam repraesentans, * hebr. 1-3, dicente apostolo: ° cum sit splendor gloriae, et figura substantiae eius. ' non est igitur filius creatura.

n.16 ' Praeterea. nihil quod est in aliquo genere, est universalis causa eorum quae sunt in genere illo, sicut universalis causa hominum non est aliquis homo, nihil enim est sui ipsius causa: sed sol, qui est extra genus humanum, est universalis causa generationis humanae, et ulterius deus. filius autem est universalis causa creaturarum: * dicitur enim ioan. 1-3: ° omnia per ipsum facta sunt; * et proverb. 8-30, dicit sapientia genita: ° cum eo eram componens omnia, * et apostolus dicit, ad coloss. 1-16: ° in ipso condita sunt universa in caelo et in terra. ' ipse igitur non est de genere creaturarum.

n.17 * Item. ex ostensis in secundo libro manifestum est quod ' substantiae incorporeae, quas angelos dicimus, non possunt aliter fieri quam per creationem; * et etiam ostensum est quod ' nulla substantia potest creare nisi solus deus. sed dei filius iesus christus est causa angelorum, eos in esse producens: * dicit enim apostolus: ° sive throni, sive dominationes, sive principatus, sive potestates, omnia per ipsum et in ipso creata sunt. ' ipse igitur filius non est creatura.

n.18 ' Praeterea. cum propria actio cuiuslibet rei sequatur naturam ipsius, nulli competit propria actio alicuius rei cui non competit illius rei natura: quod enim non habet humanam speciem, nec actionem humanam habere potest. propriae autem actiones dei conveniunt filio: sicut creare, * ut iam ostensum est; ' continere et conservare omnia in esse; et peccata purgare; quae propria esse dei * ex superioribus patet. * dicitur autem de filio, ad coloss. 1-17, quod ° omnia in ipso constant; * et ad hebr. 1-3, dicitur quod ° portat omnia verbo virtutis suae, purgationem peccatorum faciens. ' filius igitur dei est naturae divinae, et non est creatura.

n.19 * Sed quia posset arianus dicere quod " haec filius facit non tanquam principale agens, sed sicut instrumentum principalis agentis, quod per propriam virtutem non agit, sed solum per virtutem principalis agentis, * hanc rationem dominus excludit, ioan. 5-19, dicens: ° quaecumque pater facit haec et filius similiter facit. ' sicut igitur pater per se operatur et propria virtute, ita et filius.

n.20 * Ulterius etiam ex hoc verbo concluditur, quod " sit eadem virtus et potestas filii et patris. * non solum enim dicit quod " filius similiter operatur sicut et pater, sed quod eadem et similiter. ' idem autem non potest esse operatum eodem modo a duobus agentibus nisi vel dissimiliter, sicut idem fit a principali agente et instrumento: vel, si similiter, oportet quod conveniant in una virtute. quae quidem virtus quandoque congregatur ex diversis virtutibus in diversis agentibus inventis, sicut patet in multis trahentibus navem: omnes enim similiter trahunt, et quia virtus cuiuslibet imperfecta est et insufficiens ad istum effectum, ex diversis virtutibus congregatur una virtus omnium, quae sufficit ad trahendum navem. hoc autem non potest dici in patre et filio: virtus enim dei patris non est imperfecta, sed infinita, * ut in primo ostensum est. ' oportet igitur quod eadem numero sit virtus patris et filii. et cum virtus consequatur naturam rei, oportet quod eadem numero sit natura et |25| essentia patris et filii. * quod etiam ex praecedentibus concludi potest. ' nam si in filio est natura divina, * ut multipliciter ostensum est; ' cum natura divina multiplicari non possit, * ut in primo libro ostensum est: ' sequitur de necessitate quod sit eadem numero natura et essentia in patre et filio.

n.21 ' Item. ultima nostra beatitudo in solo deo est; in quo etiam solo spes hominis debet poni; et cui soli est honor latriae exhibendus, * ut in tertio libro ostensum est. ' beatitudo autem nostra in dei filio est. * dicit enim, ioan. 17-3: ° haec est vita aeterna, ut cognoscant te, " scilicet patrem, ° et quem misisti, iesum christum. * et i ioan. ult., dicitur de filio quod est ° verus deus et vita aeterna. ' certum est autem nomine vitae aeternae in scripturis sacris ultimam beatitudinem significari. * dicit etiam isaias de filio, ut apostolus inducit: ° erit radix iesse, et qui exurget regere gentes, in eo gentes sperabunt. * dicitur etiam in psalmo: ° et adorabunt eum omnes reges, omnes gentes servient ei. * et ioan. 5-23 dicitur: ° omnes honorificent filium sicut honorificant patrem. * et iterum in psalmo dicitur: ° adorate eum omnes angeli eius: * quod de filio apostolus introducit hebr. 1-6. ' manifestum est igitur filium dei verum deum esse.

n.22 * Ad hoc etiam ostendendum valent ea quae superius contra photinum inducta sunt ad ostendendum " christum deum esse non factum, sed verum.

n.23 * Ex praemissis igitur et consimilibus sacrae scripturae documentis ecclesia catholica docta, ' christum verum et naturalem dei filium confitetur, aeternum, patri aequalem, et verum deum, eiusdem essentiae et naturae cum patre, genitum, non creatum nec factum.

n.24 ' Unde patet quod sola ecclesiae catholicae fides vere confitetur generationem in deo, dum ipsam generationem filii ad hoc refert quod filius accepit divinam naturam a patre. * alii vero haeretici " ad aliquam extraneam naturam hanc generationem * referunt: photinus quidem et sabellius " ad humanam; * arius autem " non ad humanam, sed ad quandam naturam creatam digniorem ceteris creaturis. * differt etiam arius a sabellio et photino quod hic " generationem praedictam asserit ante mundum fuisse; * illi vero " eam fuisse negant ante nativitatem ex virgine. * sabellius tamen a photino differt in hoc, quod sabellius " christum verum deum confitetur et naturalem, * non autem photinus neque arius: sed photinus " purum hominem; * arius autem " quasi commixtum ex quadam excellentissima creatura divina et humana. * hi tamen " aliam esse personam patris et filii * confitentur, quod sabellius negat.

n.25 * Fides ergo catholica, media via incedens, confitetur, cum ario et photino, contra sabellium, ' aliam personam patris et filii, et filium genitum, patrem vero omnino ingenitum: * cum sabellio vero, contra photinum et arium, ' christum verum et naturalem deum et eiusdem naturae cum patre, licet non eiusdem personae. ex quo etiam indicium veritatis catholicae sumi potest: " nam vero, * ut philosophus dicit, " etiam falsa attestantur: falsa vero non solum a veris, sed etiam ab invicem distant.

005 SCG lb4 cp8

n. ' Solutio ad auctoritates quas arius pro se inducebat.

n.1 ' Quia vero veritas veritati contraria esse non potest, manifestum est * ea quae ex scripturis veritatis ab arianis introducta sunt ad suum errorem confirmandum, eorum sententiae accommoda non esse. * cum enim ex scripturis divinis ostensum sit ' patris et filii eandem numero essentiam esse et naturam divinam, secundum quam uterque verus dicitur deus, oportet patrem et filium non duos deos, sed unum deum esse. si enim plures dii essent, oporteret per consequens divinitatis essentiam in utroque partitam esse sicut in duobus hominibus est alia et alia humanitas numero: et praecipue cum non sit aliud divina natura et aliud ipse deus, * ut supra ostensum est; ' ex quo de necessitate consequitur quod, existente una natura divina in patre et filio, quod sint pater et filius unus deus. licet ergo patrem confiteamur deum, et filium deum, non tamen recedimus a sententia qua ponitur unus solus |25| deus, * quam in primo et rationibus et auctoritatibus firmavimus. ' unde, etsi sit unus solus verus deus, tamen hoc et de patre et de filio praedicari confiteamur.

n.2 * Cum ergo dominus, ad patrem loquens, dicit, ° ut cognoscant te solum deum verum, * non sic intelligendum est quod " solus pater sit verus deus, quasi filius non sit verus deus, * quod tamen manifeste scripturae testimonio probatur: sed quod " illa quae est una sola vera deitas patri conveniat, ita tamen quod non excludatur inde et filius. * unde signanter non dicit dominus, ° ut cognoscant solum deum verum, " quasi solus ipse sit deus; * sed dixit, ° ut cognoscant te, * et addit ° solum verum deum, * ut ostenderet " patrem, cuius se filium protestabatur, esse deum in quo invenitur illa quae sola est vera divinitas. ' et quia oportet verum filium eiusdem naturae esse cum patre, magis sequitur quod illa quae sola est vera divinitas filio conveniat, quam ab ea filius excludatur. * unde et ioannes, in fine primae suae canonicae, quasi haec verba domini exponens, " utrumque istorum vero filio attribuit quae hic dominus dicit de patre, scilicet quod sit verus deus, et quod in eo sit vita aeterna, * dicens: ° ut cognoscamus |25| verum deum, et simus in vero filio eius. hic est verus deus, et vita aeterna. ' si tamen confessus esset filius quod solus pater esset verus deus, non propter hoc a vera divinitate filius excludi intelligendus esset: nam quia pater et filius sunt unus deus, * ut ostensum est, ' quicquid ratione divinitatis de patre dicitur, idem est ac si de filio diceretur, et e converso. * non enim propter hoc quod dominus dicit, matth. 11-27, ° nemo novit filium nisi pater, neque patrem quis novit nisi filius, * intelligitur " vel pater a sui cognitione excludi, vel filius.

n.3 ' Ex quo etiam patet quod * vera filii divinitas non excluditur ex verbis apostoli quibus dicit, ° quem suis temporibus ostendet beatus et solus potens, rex regum et dominus dominantium. " non enim in his verbis pater nominatur, sed id quod est commune patri et filio. * nam quod et filius sit ° rex regum et dominus dominantium, * manifeste ostenditur apoc. 19-13, ubi dicitur: ° vestitus erat veste aspersa sanguine, et vocabatur nomen eius: verbum dei * et postea subditur: ° et habet in vestimento et in femore suo scriptum: rex regum et dominus dominantium. * nec ab hoc quod subditur, ° qui solus habet immortalitatem, ' excluditur filius: cum et sibi credentibus immortalitatem conferat; * unde dicitur ioan. 11-26: ° qui credit in me, non morietur in aeternum. * sed et hoc quod subditur, ° quem nemo hominum vidit, sed nec videre potest, * certum est filio convenire: cum dominus dicat, matth. 11-27: ° nemo novit filium nisi pater. ' cui non obstat quod visibilis apparuit: |25| hoc enim secundum carnem factum est. est autem invisibilis secundum deitatem, sicut et pater: * unde apostolus, in eadem epistola, dicit: ° manifeste magnum est pietatis sacramentum, quod manifestatum est in carne. ' nec cogit quod haec de solo patre dicta intelligamus quia dicitur quasi oporteat alium esse ostendentem et alium ostensum. nam et filius seipsum ostendit: * dicit enim ipse, ioan. 14-21: ° qui diligit me, diligetur a patre meo, et ego diligam eum, et manifestabo ei meipsum. * unde et ei dicimus: ° ostende faciem tuam, et salvi erimus.

n.4 * Quod autem dominus dicit, ° pater maior me est, * qualiter sit intelligendum, apostolus docet. " cum enim maius referatur ad minus, * oportet intelligi " hoc dici de filio secundum quod est minoratus. * ostendit autem apostolus " eum esse minoratum secundum assumptionem formae servilis, ita tamen quod deo patri aequalis existat secundum formam divinam: * dicit enim, ad philipp. 2-6 ° cum in forma dei esset, non rapinam arbitratus est esse se aequalem deo, sed semetipsum exinanivit, formam servi accipiens. ' nec est mirum si ex hoc pater eo maior dicatur, cum " etiam ab angelis eum minoratum * apostolus dicat, hebr. 2-9: ° eum * inquit, ° qui modico ab angelis minoratus est, vidimus iesum, propter passionem mortis, gloria et honore coronatum. ' ex quo etiam patet quod secundum eandem rationem dicitur filius esse patri subiectus, scilicet secundum humanam naturam. * quod ex ipsa circumstantia litterae apparet. praemiserat enim apostolus: ° per hominem mors, et per hominem resurrectio |25| mortuorum; * et postea subiunxerat quod ° unusquisque resurget in suo ordine: primum christus, deinde ii qui sunt christi; * et postea addit, ° deinde finis, cum tradiderit regnum deo et patri; * et ostenso " quale sit hoc regnum, quia scilicet oportet ei omnia esse subiecta * consequenter subiungit: ° cum subiecta illi fuerint omnia, tunc ipse filius subiectus erit ei qui subiecit sibi omnia. * ipse ergo contextus litterae, ostendit hoc de christo debere intelligi secundum quod " est homo: sic enim mortuus est et resurrexit. ' nam secundum divinitatem, cum omnia faciat quae facit pater * ut ostensum est, ' etiam ipse sibi subiecit omnia: * unde apostolus dicit ad philipp. 3-20 ° salvatorem expectamus dominum iesum christum, qui reformabit corpus humilitatis nostrae configuratum corpori claritatis suae, secundum operationem qua possit sibi subiicere omnia.

n.5 ' Ex eo autem quod pater filio dare dicitur in scripturis, ex quo sequitur ipsum recipere, non potest ostendi aliqua indigentia esse in ipso, sed hoc requiritur ad hoc quod filius sit: non enim filius dici posset nisi a patre genitus esset; omne autem genitum a generante naturam recipit generantis. per hoc ergo quod pater filio dare dicitur, nihil aliud intelligitur quam filii generatio, secundum quam pater filio dedit suam naturam. et hoc ipsum ex eo quod datur, intelligi potest. * dicit, enim dominus, ioan. 10-29: ° pater quod dedit mihi, maius omnibus est. ' id autem quod maius omnibus est, divina natura est, in qua filius est patri aequalis. quod ipsa verba domini ostendunt. * praemiserat enim quod " oves suas nullus de manu eius rapere posset; * ad cuius probationem inducit verbum propositum, scilicet quod " id quod est sibi a patre datum, maius omnibus sit, et quia de manu patris, * ut subiungit, " nemo rapere potest. * ex hoc sequitur quod " nec etiam de manu filii. ' non autem sequeretur |25| nisi per id quod est sibi a patre datum, esset patri aequalis. * unde, ad hoc clarius explicandum subdit: ° ego et pater unum sumus. * similiter etiam apostolus, ad philipp. 2-9, dicit: ° et dedit illi nomen quod est super omne nomen, ut in nomine iesu omne genu flectatur, caelestium, terrestrium et infernorum. ' nomen autem omnibus nominibus altius, quod omnis creatura veneratur, non est aliud quam nomen divinitatis. ex hac ergo datione generatio ipsa intelligitur, secundum quam pater filio veram divinitatem dedit. idem etiam ostenditur ex hoc quod omnia sibi dicit esse data a patre. non autem essent sibi data omnia, nisi omnis plenitudo divinitatis, quae est in patre, esset in filio. sic igitur ex hoc quod sibi patrem dedisse asserit, se verum filium confitetur, * contra sabellium. ' ex magnitudine vero eius quod datur, patri se confitetur esse aequalem, * ut arius confundatur. ' patet igitur quod talis donatio indigentiam |50| in filio non designat. non enim ante fuit filius quam sibi daretur: cum generatio eius sit ipsa donatio. neque plenitudo dati hoc patitur, ut indigere possit ille cui constat esse donatum. nec obviat praedictis quod " ex tempore filio pater dedisse * legitur in scripturis: sicut dominus post resurrectionem dicit discipulis, ° data est mihi omnis potestas in caelo et in terra; * et apostolus, ad philipp. 2, dicit quod ° propter hoc deus christum exaltavit et dedit illi nomen quod est super omne nomen, quia factus fuerat obediens usque ad mortem, ' quasi hoc nomen non habuerit ab aeterno. est enim consuetus scripturae modus ut aliqua dicantur esse vel fieri quando innotescunt. hoc autem quod filius ab aeterno universalem potestatem et nomen divinum acceperit, post resurrectionem, praedicantibus discipulis, mundo est manifestatum. et hoc etiam verba domini ostendunt. * dicit enim dominus, ioan. 17-5: ° clarifica me, pater, apud temetipsum, claritate quam habui priusquam mundus fieret. ' petit enim ut sua gloria, quam ab aeterno |75| a patre recepit ut deus, in eo iam homine facto esse declaretur.

n.6 ' Ex hoc autem manifestum est quomodo filius doceatur, cum non sit ignorans. * ostensum est enim in primo libro quod ' intelligere et esse in deo idem sunt. unde communicatio divinae naturae est etiam intelligentiae communicatio. communicatio autem intelligentiae demonstratio, vel locutio, sive doctrina potest dici. per hoc ergo quod filius sua nativitate a patre naturam divinam acceperit, dicitur vel a patre audivisse, vel pater ei demonstrasse, vel si quid aliud simile legitur in scripturis: non quod prius filius ignorans aut nesciens fuerit, et postmodum eum pater docuerit. * confitetur enim apostolus, i ad cor. 1-24, ° christum dei virtutem et dei sapientiam: ' non est autem possibile quod sapientia sit ignorans, neque quod virtus infirmetur. * ideo etiam quod dicitur, ° non potest filius a se facere quicquam, " nullam infirmitatem agendi demonstrat in filio: ' sed quia, cum deo non sit aliud agere quam esse, nec sua actio sit aliud quam sua essentia * ut supra |25| probatum est, ' ita dicitur quod filius non possit a se agere sed agat a patre, sicut quod non potest a se esse, sed solum a patre: si enim a se esset, iam filius non esset. sicut ergo filius non potest non esse filius, ita a se agere non potest. quia vero eandem naturam accipit filius quam pater, et ex consequenti eandem virtutem, licet filius a se non sit nec a se operetur, tamen per se est et per se operatur: quia sicut est per propriam naturam, quam accepit a patre, ita per propriam naturam, a patre acceptam, operatur. * unde postquam dominus dixerat, ° non potest filius a se facere quicquam, * ut ostenderet quod, " licet non a se, tamen per se filius operatur, * subiungit: ° quaecumque ille fecerit, " scilicet pater, ° haec et filius similiter facit.

n.7 ' Ex praemissis etiam apparet qualiter pater praecipiat filio; aut filius obediat patri; aut patrem oret; aut mittatur a patre. haec enim omnia filio conveniunt secundum quod est patri subiectus, quod non est nisi secundum humanitatem assumptam, * ut ostensum est. ' pater ergo filio praecipit ut subiecto sibi secundum humanam naturam. et hoc etiam verba domini manifestant. * nam cum dominus dicat: ° ut cognoscat mundus quia diligo patrem, et sicut mandatum dedit mihi pater, sic facio, * quod sit istud mandatum ostenditur per id quod subditur, ° surgite, eamus hinc: " hoc enim dixit ad passionem accedens, ' mandatum autem patiendi manifestum est filio non competere nisi secundum humanam naturam. * similiter, ubi ait, ° si praecepta mea servaveritis, manebitis in dilectione mea: sicut et ego praecepta patris mei servavi, et maneo in eius dilectione, ' manifestum est haec praecepta ad filium pertinere prout a patre diligebatur ut homo, sicut ipse discipulos ut homines diligebat. |25| et quod praecepta patris ad filium accipienda sint secundum humanam naturam a filio assumptam, * apostolus ostendit, dicens " filium obedientem patri fuisse in his quae pertinent ad humanam naturam: * dicit enim, ad philipp. 2-8: ° factus est obediens patri usque ad mortem. * ostendit etiam apostolus quod " orare filio conveniat secundum humanam naturam. * dicit enim, ad hebr. 5-7, quod ° in diebus carnis suae preces supplicationesque ad eum qui possit eum salvum a morte facere, cum clamore valido et lacrimis offerens, exauditus est pro sua reverentia. " secundum quid etiam missus a patre * dicatur, apostolus ostendit, ad gal. 4-4, dicens: ° misit deus filium suum factum ex muliere. " eo ergo dicitur missus quo est factus ex muliere: ' quod quidem secundum carnem assumptam certum est sibi convenire. patet igitur quod per haec omnia non potest ostendi filius patri esse subiectus nisi secundum humanam naturam. sed tamen sciendum est quod filius mitti a patre dicitur etiam invisibiliter inquantum | 50 | deus, sine praeiudicio aequalitatis quam habet ad patrem: * ut infra ostendetur, cum agetur de missione spiritus sancti.

n.8 ' Similiter etiam patet quod per hoc quod " filius a patre clarificatur; ' vel " suscitatur; ' vel " exaltatur, ' non potest ostendi quod filius sit minor patre, nisi secundum humanam naturam. non enim filius clarificatione indiget quasi de novo claritatem accipiens, " cum eam profiteatur se ante mundum habuisse: ' sed oportebat quod sua claritas, quae sub infirmitate carnis erat occultata, per carnis glorificationem et miraculorum operationem manifestaretur in fide credentium populorum. * unde de eius occultatione dicitur isaiae 53-3: ° vere absconditus est vultus eius. unde nec reputavimus eum. ' similiter autem secundum hoc christus suscitatus est quod est passus et mortuus, idest secundum carnem. * dicitur enim i petr. 4-1: christo passo in carne, et vos eadem cogitatione armamini. ' exaltari etiam eum oportuit secundum hoc quod fuit humiliatus. * nam et apostolus dicit, philipp. 2-8: ° humiliavit semetipsum factus obediens usque ad mortem, propter |25| quod deus exaltavit illum. ' sic ergo per hoc quod pater clarificat filium, suscitat et exaltat, filius non ostenditur minor patre, nisi secundum humanam naturam. nam secundum divinam naturam, qua est patri aequalis, est eadem virtus patris et filii, et eadem operatio. unde et ipse filius propria virtute se exaltat: * secundum illud psalmi: ° exaltare, domine, in virtute tua. ' ipse seipsum suscitat: * quia de se dicit, ioan. 10-18: ° potestatem habeo ponendi animam meam, et iterum sumere eam. ' ipse etiam non solum seipsum clarificat, sed etiam patrem: * dicit enim ioan. 17-1: ° clarifica filium tuum, ut et filius tuus clarificet te; ' non quod pater velamine carnis assumptae sit occultatus, sed suae invisibilitate naturae. quo etiam modo filius est occultus secundum divinam naturam: nam patri et filio commune est * quod dicitur isaiae 45-15: ° vere tu es deus absconditus, sanctus israel, salvator. ' filius autem patrem clarificat, non claritatem ei dando, sed eum mundo manifestando: * nam et ipse |50| ibidem dicit: ° manifestavi nomen tuum hominibus.

n.9 ' Non est autem credendum quod in dei filio sit aliquis potestatis defectus: * cum ipse dicat: ° data est mihi omnis potestas in caelo et in terra. * unde quod ipse dicit: ° sedere ad dexteram meam vel sinistram non est meum dare vobis, sed quibus paratum est a patre meo, * non ostendit quod " filius distribuendarum caelestium sedium potestatem non habeat: cum per huiusmodi sessionem participatio vitae aeternae intelligatur, cuius collationem ad se pertinere * ostendit cum dicit, ioan. 10-27 ° oves meae vocem meam audiunt, et ego cognosco eas, et sequuntur me, et ego vitam aeternam do eis. * dicitur etiam ioan. 5-22, quod ° pater omne iudicium dedit filio; ' ad iudicium autem pertinet ut pro meritis aliqui in caelesti gloria collocentur: * unde et matth. 25-33 dicitur quod ° filius hominis statuet oves a dextris et haedos a sinistris. ' pertinet ergo ad potestatem filii statuere aliquem vel a dextris vel a sinistris: sive utrumque referatur ad differentem gloriae participationem; sive unum referatur ad |25| gloriam, et alterum referatur ad poenam. oportet igitur ut verbi propositi sensus ex praemissis sumatur. praemittitur namque quod mater filiorum zebedaei accesserat ad iesum petens ut unus filiorum eius sederet ad dextram et alius ad sinistram: et ad hoc petendum mota videbatur ex quadam fiducia propinquitatis carnalis quam habebat ad hominem christum. dominus ergo sua responsione non dixit quod ad eius potestatem non pertineret dare quod petebatur, sed quod ad eum non pertinebat illis dare pro quibus rogabatur. non enim dixit, sedere ad dextram meam vel sinistram non est meum dare alicui: quin potius ostendit quod suum erat hoc dare illis quibus erat paratum a patre suo. non enim hoc dare ad eum pertinebat secundum quod erat filius virginis, sed secundum quod erat filius dei. et ideo non erat suum hoc dare aliquibus propter hoc quod ad eum pertinebant secundum quod erat filius virginis, scilicet secundum propinquitatem carnalem: sed propter hoc quod pertinebant ad eum secundum quod |50| erat filius dei, quibus scilicet paratum erat a patre per praedestinationem aeternam. sed quod etiam haec praeparatio ad potestatem filii pertineat, * ipse dominus confitetur dicens, ioan. 14-2: ° in domo patris mei mansiones multae sunt. si quo minus, dixissem vobis: quia vado parare vobis locum. ' mansiones autem multae sunt diversi gradus participandae beatitudinis, qui ab aeterno a deo in praedestinatione praeparati sunt. * cum ergo dominus dicit, quod ° si in aliquo minus esset, " idest, si deficerent praeparatae mansiones hominibus ad beatitudinem introducendis; * et subdit, ° dixissem, quia vado parare vobis locum; * ostendit " huiusmodi praeparationem ad suam potestatem pertinere. * neque etiam potest intelligi quod " filius horam adventus sui ignoret: cum in eo sint ° omnes thesauri sapientiae et scientiae absconditi, * ut apostolus dicit; " et cum id quod maius est perfecte cognoscat, scilicet patrem. * sed hoc intelligendum est quia " filius, inter homines homo constitutus, ad modum ignorantis se habuit, dum discipulis | 75 | non revelavit. * est enim consuetus modus loquendi in scripturis ut ' deus dicatur aliquid cognoscere si illud cognoscere facit: * sicut habetur gen. 22-12: ° nunc cognovi quod timeas dominum " idest, nunc cognoscere feci. ' et sic, per oppositum, filius nescire dicitur quod non facit nos scire. ° tristitia ' vero et ° timor, ' et alia huiusmodi, manifestum est ad christum pertinere secundum quod homo. unde per hoc nulla minoratio potest in divinitate filii deprehendi.

n.10 * Quod autem dicitur " sapientia ° esse creata " primo quidem, potest intelligi, non de sapientia quae est filius dei, sed de sapientia quam deus indidit creaturis. * dicitur enim eccli. 1-9 ° ipse creavit eam, " scilicet sapientiam, ° spiritu sancto, et effudit illam super omnia opera sua. * potest etiam referri " ad naturam creatam assumptam a filio: * ut sit sensus, ° ab initio et ante saecula creata sum, " idest, praevisa sum creaturae uniri. ' vel, per hoc quod sapientia et creata et genita nuncupatur, modus divinae generationis nobis insinuatur. in generatione enim quod generatur accipit naturam generantis, quod perfectionis est: sed in generationibus quae sunt apud nos, generans ipse mutatur, quod imperfectionis est. in creatione vero creans non mutatur, sed creatum non recipit naturam creantis. * dicitur ergo " simul filius creatus et genitus, ut ex creatione accipiatur immutabilitas patris, et ex generatione unitas naturae in patre |25| et filio. * et sic huiusmodi scripturae intellectum synodus exposuit: ut per hilarium patet.

n.11 * Quod vero filius dicitur ° primogenitus creaturae, * non ex hoc est quod " filius sit in ordine creaturarum: ' sed quia filius est a patre et a patre accipit, a quo sunt et accipiunt creaturae. sed filius accipit a patre eandem naturam: non autem creaturae. unde et filius non solum ° primogenitus ' dicitur, sed etiam ° unigenitus, ' propter singularem modum accipiendi.

n.12 * Per hoc autem quod dominus ad patrem dicit de discipulis, ° ut sint unum sicut et nos unum sumus, * ostenditur quidem quod " pater et filius sunt unum eo modo quo discipulos unum esse oportet, scilicet per amorem: ' hic tamen unionis modus non excludit essentiae unitatem, sed magis eam demonstrat. * dicitur enim ioan. 3-35: ° pater diligit filium, et omnia dedit in manu eius: " per quod plenitudo divinitatis ostenditur esse in filio, * ut dictum est.

n.13 * Sic igitur patet quod testimonia scripturarum quae ariani pro se assumebant, non repugnant veritati quam fides catholica confitetur.

005 SCG lb4 cp9

n. ' Solutio ad auctoritates photini et sabellii.

n.1 * Ex his autem consideratis, apparet quod nec ea quae photinus et sabellius pro suis opinionibus ex sacris scripturis adducebant, eorum errores confirmare possunt.

n.2 * Nam quod dominus post resurrectionem dicit, matth. ult., ° data est mihi omnis potestas in caelo et in terra, * non ideo dicitur quia " tunc de novo hanc potestatem acceperat: sed quia potestas quam filius dei ab aeterno acceperat, in eodem homine facto apparere incoeperat per victoriam quam de morte habuerat resurgendo.

n.3 * Quod vero apostolus dicit, ad rom. 1 de filio loquens, ° qui factus est ei ex semine david, * manifeste ostenditur qualiter sit intelligendum, ex eo quod additur, ° secundum carnem. * non enim dixit quod " filius dei esset simpliciter factus: sed quod factus esset ° ex semine david secundum carnem, " per assumptionem humanae naturae; * sicut ioan. dicitur, ° verbum caro factum est. * unde etiam patet quod hoc quod sequitur, ° qui praedestinatus est filius dei in virtute, " secundum humanam naturam ad filium pertinet. quod enim humana natura filio dei uniretur, ut sic homo possit dici filius dei, non fuit ex humanis meritis, sed ex gratia dei praedestinantis.

n.4 * Similiter etiam quod idem apostolus, ad philipp. dicit, quod " deus christum propter passionis meritum exaltavit, ad humanam naturam referendum est, in qua fuerat humilitas passionis. * unde et quod subditur, ° dedit illi nomen quod est super omne nomen, * ad hoc referendum est quod " nomen conveniens filio ex nativitate aeterna, manifestandum esset in fide populorum convenire filio incarnato.

n.5 * Per quod et manifestum est, quod id quod dicit petrus, quod ° deus iesum et christum et dominum fecit, " ad filium referendum est secundum humanam naturam, in qua incoepit id habere ex tempore quod in natura divinitatis habuit ab aeterno.

n.6 * Quod etiam sabellius introducit de unitate deitatis, ° audi, israel dominus deus tuus, deus unus est; * et, ° videte quod ego sim solus, et non sit alius deus praeter me * sententiae catholicae fidei non repugnat, quae " patrem et filium non duos deos, sed unum deum esse confitetur, * ut dictum est. * similiter etiam quod dicitur, ° pater in me manens, ipse facit opera, * et ° ego in patre, et pater in me est, * non ostendit unitatem personae, ut volebat sabellius, sed unitatem essentiae, quam arius negabat. ' si enim esset una persona patris et filii, non congrue diceretur pater esse in filio et filius in patre: cum non dicatur proprie idem suppositum in seipso esse, sed solum ratione partium; quia enim partes in toto sunt, et quod convenit partibus solet attribui toti, quandoque dicitur aliquod totum esse in seipso. hic autem modus loquendi non competit in divinis, in quibus partes esse non possunt, * ut in primo ostensum est. ' relinquitur igitur, cum |25| pater in filio et filius in patre esse dicatur quod pater et filius non sint idem supposito. sed ex hoc ostenditur quod patris et filii sit essentia una. hoc enim posito, manifeste apparet qualiter pater est in filio et filius in patre. nam cum pater sit sua essentia, quia in deo non est aliud essentia et essentiam habens, * ut in primo ostensum est, ' relinquitur quod in quocumque sit essentia patris, sit pater: et eadem ratione, in quocumque est essentia filii, est filius. unde, cum essentia patris sit in filio, et essentia filii in patre, eo quod una est essentia utriusque, * ut fides catholica docet; ' sequitur manifeste quod pater sit in filio et filius sit in patre. * et sic eodem verbo et sabellii et arii error confutatur.

005 SCG lb4 cp10

n. ' Rationes contra generationem et processionem divinam.

n.1 ' Omnibus igitur diligenter consideratis, manifeste apparet hoc nobis de generatione divina in sacris scripturis proponi credendum, quod pater et filius, etsi personis distinguantur, sunt tamen unus deus, et unam habent essentiam seu naturam. quia vero a creaturarum natura hoc invenitur valde remotum, ut aliqua duo supposito distinguantur et tamen eorum sit una essentia; humana ratio ex creaturarum proprietatibus procedens, multipliciter in hoc secreto divinae generationis patitur difficultatem.

n.2 " Nam cum generatio nobis nota mutatio quaedam sit, cui opponitur corruptio, difficile videtur in deo generationem ponere, qui est immutabilis, incorruptibilis, et aeternus, * ut ex superioribus patet.

n.3 " Amplius. si generatio mutatio est, oportet omne quod generatur, mutabile esse. quod autem mutatur, exit de potentia in actum: nam motus est actus existentis in potentia secundum quod huiusmodi. si igitur filius dei est genitus, videtur quod neque aeternus sit, tanquam de potentia in actum exiens; neque verus deus, ex quo non est actus purus, sed aliquid potentialitatis habens.

n.4 " Adhuc. genitum naturam accipit a generante. si ergo filius genitus est a deo patre, oportet quod naturam quam habet, a patre acceperit. non est autem possibile quod acceperit a patre aliam naturam numero quam pater habet et similem specie, sicut fit in generationibus univocis, ut cum homo generat hominem, et ignis ignem: * supra enim ostensum est quod " impossibile est esse plures numero deitates. * videtur etiam esse impossibile quod " receperit eandem naturam numero quam pater habet. quia si recipit partem eius, sequitur divinam naturam esse divisibilem; si autem totam, * videtur sequi quod " natura divina, si sit tota transfusa in filium, desinat esse in patre; et sic pater generando corrumpitur. * neque iterum potest dici quod " natura divina per quandam exuberantiam effluat a patre in filium, sicut aqua fontis effluit in rivum et fons non evacuatur: quia natura divina, sicut non potest dividi, ita nec augeri. |25| * videtur ergo reliquum esse quod " filius naturam a patre acceperit, non eandem numero nec specie quam pater habet, sed omnino alterius generis: sicut accidit in generatione aequivoca, ut, cum animalia ex putrefactione nata virtute solis generantur, ad huius speciem non attingunt. * sequitur ergo quod " dei filius neque verus filius sit, cum non habeat speciem patris: neque verus deus, cum non recipiat divinam naturam.

n.5 " Item. si filius recipit naturam a deo patre, oportet quod in eo aliud sit recipiens, et aliud natura recepta: nihil enim recipit seipsum. filius igitur non est sua essentia vel natura. non est igitur verus deus.

n.6 " Praeterea. si filius non est aliud quam essentia divina; cum essentia divina sit subsistens, * ut in primo probatum est; " constat autem quod etiam pater est ipsa essentia divina: videtur relinqui quod pater et filius conveniant in eadem re subsistente. res autem subsistens in intellectualibus naturis vocatur persona. * sequitur igitur, " si filius est ipsa divina essentia, quod pater et filius conveniant in persona. si autem filius non est ipsa divina essentia, non est verus deus: * hoc enim de deo probatum est in primo libro. * videtur igitur quod " vel filius non sit verus deus, * ut dicebat arius: “ vel non sit alius personaliter a patre, * ut sabellius asserebat.

n.7 “ Adhuc. illud quod est principium individuationis in unoquoque, impossibile est inesse alteri quod supposito distinguatur ab eo: quod enim in multis est, non est individuationis principium. ista autem essentia dei est per quam deus individuatur: non enim essentia dei est forma in materia, ut per materiam individuari posset. non est igitur aliud in deo patre per quod individuetur, quam sua essentia. eius igitur essentia in nullo alio supposito esse potest. aut igitur non est in filio: et sic filius non est verus deus, * secundum arium. “ aut filius non est alius supposito a patre: et sic est eadem persona utriusque, * secundum sabellium.

n.8 “ Amplius. si pater et filius sunt duo supposita, sive duae personae, et tamen sunt in essentia unum, oportet in eis esse aliquid praeter essentiam per quod distinguantur: nam essentia communis utrique ponitur; quod autem commune est, non potest esse distinctionis principium. oportet igitur id quo distinguuntur pater et filius, esse aliud ab essentia divina. est ergo persona filii composita ex duobus, et similiter persona patris: scilicet ex essentia communi, et ex principio distinguente. uterque igitur est compositus. neuter ergo est verus deus.

n.9 * Si quis autem dicat quod “ distinguuntur sola relatione, prout unus est pater et alius filius; quae autem relative praedicantur, non aliquid videntur praedicare in eo de quo dicuntur, sed magis ad aliquid; et sic per hoc compositio non inducitur:- * videtur quod haec responsio non sit sufficiens ad praedicta inconvenientia vitanda.

n.10 “ Nam relatio non potest esse absque aliquo absoluto: in quolibet enim relativo oportet intelligi quod ad se dicitur, praeter id quod ad aliud dicitur; sicut servus aliquid est absolute, praeter id quod ad dominum dicitur. relatio igitur illa per quam pater et filius distinguuntur, oportet quod habeat aliquod absolutum in quo fundetur. aut .igitur illud absolutum est unum tantum: aut sunt duo absoluta. si est unum tantum, in eo non potest fundari duplex relatio: nisi forte sit relatio identitatis, quae distinctionem operari non potest, sicut dicitur idem eidem idem. si ergo sit talis relatio quae distinctionem requirat, oportet quod praeintelligatur absolutorum distinctio. non ergo videtur possibile quod personae patris et filii solis relationibus distinguantur.

n.11 “ Praeterea. oportet dicere quod relatio illa quae filium distinguit a patre, aut sit res aliqua: aut sit in solo intellectu. si autem sit res aliqua; non autem videtur esse illa res quae est divina essentia, quia divina essentia communis est patri et filio; erit ergo in filio aliqua res quae non est eius essentia. et sic non est verus deus: * ostensum est enim in primo quod “ nihil est in deo quod non sit sua essentia. si autem illa relatio sit in intellectu tantum, non ergo potest personaliter distinguere filium a patre: quae enim personaliter distinguuntur, realiter oportet distingui.

n.12 “ Item. omne relativum dependet a suo correlativo. quod autem dependet ab altero, non est verus deus. si igitur personae patris et filii relationibus distinguantur, neuter erit verus deus.

n.13 “ Adhuc. si pater est deus et filius est deus, oportet quod hoc nomen deus de patre et filio substantialiter praedicetur: cum divinitas accidens esse non possit. praedicatum autem substantiale est vere ipsum de quo praedicatur: nam cum dicitur, homo est animal, quod vere homo est, animal est; et similiter, cum dicitur, socrates est homo, quod vere socrates est, homo est. * ex quo videtur sequi quod “ impossibile sit ex parte subiectorum inveniri pluralitatem, cum unitas sit ex parte substantialis praedicati: non enim socrates et plato sunt unus homo, licet sint unum in humanitate; neque homo et asinus sunt unum animal, licet sint unum in animali. si ergo pater et filius sunt duae personae, impossibile videtur quod sint unus deus.

n.14 “ Amplius. opposita praedicata pluralitatem ostendunt in eo de quo praedicantur. de deo autem patre et de deo filio opposita praedicantur: nam pater est deus ingenitus et generans, filius autem est deus genitus. non igitur videtur esse possibile quod pater et filius sint unus deus.

n.15 * Haec igitur et similia sunt ex quibus aliqui, divinorum mysteria propria ratione metiri volentes, divinam generationem impugnare nituntur. ‘ sed quia veritas in seipsa fortis est et nulla impugnatione convellitur, oportet intendere ad ostendendum quod veritas fidei ratione superari non possit.

005 SCG lb4 cp11

n. ‘ Quomodo accipienda sit generatio in divinis, et quae de filio dei dicuntur in scripturis.

n.1 ‘ Principium autem huius intentionis hinc sumere oportet, quod secundum diversitatem naturarum diversus emanationis modus invenitur in rebus: et quanto aliqua natura est altior, tanto id quod ex ea emanat, magis ei est intimum.

n.2 ‘ In rebus enim omnibus inanimata corpora infimum locum tenent: in quibus emanationes aliter esse non possunt nisi per actionem unius eorum in aliquod alterum. sic enim ex igne generatur ignis, dum ab igne corpus extraneum alteratur, et ad qualitatem et speciem ignis perducitur.

n.3 ‘ Inter animata vero corpora proximum locum tenent plantae, in quibus iam emanatio ex interiori procedit inquantum scilicet humor plantae intraneus in semen convertitur, et illud semen, terrae mandatum, crescit in plantam. iam ergo hic primus gradus vitae invenitur: nam viventia sunt quae seipsa movent ad agendum; illa vero quae non nisi exteriora movere possunt, omnino sunt vita carentia. in plantis vero hoc indicium vitae est, quod id quod in ipsis est, movet ad aliquam formam. est tamen vita plantarum imperfecta: quia emanatio in eis licet ab interiori procedat, tamen paulatim ab interioribus exiens quod emanat, finaliter omnino extrinsecum invenitur. humor enim arboris primo ab arbore egrediens fit flos; et tandem fructus ab arboris cortice discretus, sed ei colligatus; perfecto autem fructu, omnino ab arbore separatur, et in terram cadens, sementina virtute producit aliam plantam. si quis etiam diligenter consideret, |25| primum huius emanationis principium ab exteriori sumitur: nam humor intrinsecus arboris per radices a terra sumitur, de qua planta suscipit nutrimentum.

n.4 ‘ Ultra plantarum vero vitam, altior gradus vitae invenitur, qui est secundum animam sensitivam: cuius emanatio propria, etsi ab exteriori incipiat, in interiori terminatur; et quanto emanatio magis processerit, tanto magis ad intima devenitur. sensibile enim exterius formam suam exterioribus sensibus ingerit; a quibus procedit in imaginationem; et ulterius in memoriae thesaurum. in quolibet tamen huius emanationis processu, principium et terminus pertinent ad diversa: non enim aliqua potentia sensitiva in seipsam reflectitur. est ergo hic gradus vitae tanto altior quam vita plantarum, quanto operatio huius vitae magis in intimis continetur: non tamen est omnino vita perfecta, cum emanatio semper fiat ex uno in alterum.

n.5 ‘ Est igitur supremus et perfectus gradus vitae qui est secundum intellectum: nam intellectus in seipsum reflectitur, et seipsum intelligere potest. sed et in intellectuali vita diversi gradus inveniuntur. nam intellectus humanus, etsi seipsum cognoscere possit, tamen primum suae cognitionis initium ab extrinseco sumit: quia non est intelligere sine phantasmate, * ut ex superioribus patet. ‘ perfectior igitur est intellectualis vita in angelis, in quibus intellectus ad sui cognitionem non procedit ex aliquo exteriori, sed per se cognoscit seipsum. nondum tamen ad ultimam perfectionem vita ipsorum pertingit: quia, licet intentio intellecta sit eis omnino intrinseca, non tamen ipsa intentio intellecta est eorum substantia; quia non est idem in eis intelligere et esse, * ut ex superioribus patet. ‘ ultima igitur perfectio vitae competit deo, in quo non est aliud intelligere et aliud esse, * ut supra ostensum |25| est, ‘ et ita oportet quod intentio intellecta in deo sit ipsa divina essentia.

n.6 ‘ Dico autem intentionem intellectam id quod intellectus in seipso concipit de re intellecta. quae quidem in nobis neque est ipsa res quae intelligitur; neque est ipsa substantia intellectus; sed est quaedam similitudo concepta in intellectu de re intellecta, quam voces exteriores significant; unde et ipsa intentio verbum interius nominatur, quod est exteriori verbo significatum. et quidem quod praedicta intentio non sit in nobis res intellecta, inde apparet quod aliud est intelligere rem, et aliud est intelligere ipsam intentionem intellectam, quod intellectus facit dum super suum opus reflectitur: unde et aliae scientiae sunt de rebus, et aliae de intentionibus intellectis. quod autem intentio intellecta non sit ipse intellectus in nobis, ex hoc patet quod esse intentionis intellectae in ipso intelligi consistit: non autem esse intellectus nostri, cuius esse non est suum intelligere.

n.7 ‘ Cum ergo in deo sit idem esse et intelligere, intentio intellecta in ipso est ipse eius intellectus. et quia intellectus in eo est res intellecta, intelligendo enim se intelligit omnia alia, * ut in primo ostensum est; ‘ relinquitur quod in deo intelligente seipsum sit idem intellectus, et res quae intelligitur, et intentio intellecta.

n.8 ‘ His igitur consideratis, utcumque concipere possumus qualiter sit divina generatio accipienda. patet enim quod non est possibile sic accipi generationem divinam sicut in rebus inanimatis generatio invenitur, in quibus generans imprimit suam speciem in exteriorem materiam. oportet enim, * secundum positionem fidei, ‘ quod filius a deo genitus veram habeat deitatem, et sit verus deus. ipsa autem deitas non est forma materiae inhaerens; neque deus est ex materia existens; * ut in primo probatum est. ‘ similiter autem non potest accipi divina generatio ad modum generationis quae in plantis invenitur, et etiam in animalibus, quae communicant cum plantis in nutritiva et generativa virtute. separatur enim aliquid quod erat in planta vel animali, ad generationem similis in specie, quod in fine generationis est omnino extra generantem. a deo autem, cum indivisibilis sit, non potest aliquid separari. ipse etiam filius a deo genitus non est extra patrem |25| generantem, sed in eo: * sicut ex superioribus auctoritatibus patet. ‘ neque etiam potest generatio divina intelligi secundum modum emanationis quae invenitur in anima sensitiva. non enim deus ab aliquo exteriori accipit ut in alterum influere possit: non enim esset primum agens. operationes etiam animae sensitivae non complentur sine corporalibus instrumentis: deum autem manifestum est incorporeum esse. relinquitur igitur quod generatio divina secundum intellectualem emanationem sit intelligenda.

n.9 ‘ Hoc autem sic manifestari oportet. * manifestum est enim ex his quae in primo declarata sunt, quod ‘ deus seipsum intelligit. omne autem intellectum, inquantum intellectum, oportet esse in intelligente: significat enim ipsum intelligere apprehensionem eius quod intelligitur per intellectum; unde etiam intellectus noster, seipsum intelligens, est in seipso, non solum ut idem sibi per essentiam, sed etiam ut a se apprehensum intelligendo. oportet igitur quod deus in seipso sit ut intellectum in intelligente. intellectum autem in intelligente est intentio intellecta et verbum. est igitur in deo intelligente seipsum verbum dei quasi deus intellectus: sicut verbum lapidis in intellectu est lapis intellectus. * hinc est quod ioan. 1-1 dicitur: ° verbum erat apud deum.

n.10 ‘ Quia vero intellectus divinus non exit de potentia in actum, sed semper est actu existens, * ut in primo probatum est; ‘ ex necessitate oportet quod semper seipsum intellexerit. ex hoc autem quod se intelligit, oportet quod verbum ipsius in ipso sit, * ut ostensum est. ‘ necesse est igitur semper verbum eius in deo extitisse. est igitur coaeternum deo verbum ipsius, nec accedit ei ex tempore, sicut intellectui nostro accedit ex tempore verbum interius conceptum, quod est intentio intellecta. * hinc est quod ioan. 1-1 dicitur: ° in principio erat verbum.

n.11 ‘ Cum autem intellectus divinus non solum sit semper in actu, sed etiam sit ipse actus purus, * ut in primo probatum est; ‘ oportet quod substantia intellectus divini sit ipsum suum intelligere, quod est actus intellectus; esse autem verbi interius concepti, sive intentionis intellectae, est ipsum suum intelligi. idem ergo esse est verbi divini, et intellectus divini; et per consequens ipsius dei, qui est suus intellectus. esse autem dei est eius essentia vel natura, quae idem est quod ipse deus, * ut in primo ostensum est. ‘ verbum igitur dei est ipsum esse divinum et essentia eius, et ipse verus deus. non autem sic est de verbo intellectus humani. cum enim intellectus noster seipsum intelligit, aliud est esse intellectus, et aliud ipsum eius intelligere: substantia enim intellectus erat in potentia intelligens antequam intelligeret actu. sequitur ergo quod aliud sit esse intentionis intellectae, et aliud intellectus ipsius: cum intentionis intellectae esse sit ipsum intelligi. unde oportet |25| quod in homine intelligente seipsum, verbum interius conceptum non sit homo verus, naturale hominis esse habens; sed sit homo intellectus tantum, quasi quaedam similitudo hominis veri ab intellectu apprehensa. ipsum vero verbum dei, ex hoc ipso quod est deus intellectus, est verus deus, habens naturaliter esse divinum: eo quod non est aliud naturale esse dei et aliud eius intelligere, * ut dictum est. * hinc est quod ioan. 1-1 dicitur: ° deus erat verbum. * quod quia absolute dicitur, demonstrat “ verbum dei verum deum * debere intelligi. ‘ verbum enim hominis non posset dici simpliciter et absolute homo, sed secundum quid, scilicet homo intellectus: unde haec falsa esset, homo est verbum; sed haec vera potest esse, homo intellectus est verbum. * cum ergo dicitur, ° deus erat verbum, * ostenditur “ verbum divinum non solum esse intentionem intellectam, sicut verbum nostrum; sed etiam rem in natura existentem et subsistentem. deus enim verus res subsistens est: cum maxime sit per se ens.

n.12 ‘ Non sic autem natura dei est in verbo ut sit una specie et numero differens. sic enim verbum habet naturam dei sicut intelligere dei est ipsum esse eius, * ut dictum est. ‘ intelligere autem est ipsum esse divinum. verbum igitur habet ipsam essentiam divinam non solum specie, sed numero eandem. item, natura quae est una secundum speciem, non dividitur in plura secundum numerum nisi propter materiam. divina autem natura omnino immaterialis est. impossibile est igitur quod natura divina sit una specie et numero differens. verbum igitur dei in eadem natura numero communicat cum deo. propter quod verbum dei, et deus cuius est verbum, non sunt duo dii, sed unus deus. nam quod apud nos duo habentes humanam naturam sint duo homines, ex hoc contingit quod natura humana numero dividitur in duobus. * ostensum est autem in primo libro ‘ ea quae in creaturis divisa sunt, in deo simpliciter |25| unum esse: sicut in creatura aliud est essentia et esse; et in quibusdam est etiam aliud quod subsistit in sua essentia, et eius essentia sive natura, nam hic homo non est sua humanitas nec suum esse; sed deus est sua essentia et suum esse.

n.13 ‘ Et quamvis haec in deo unum sint verissime, tamen in deo est quicquid pertinet ad rationem vel subsistentis, vel essentiae, vel ipsius esse: convenit enim ei non esse in aliquo, inquantum est subsistens; esse quid, inquantum est essentia; et esse in actu, ratione ipsius esse. oportet igitur, cum in deo sit idem intelligens, et intelligere, et intentio intellecta, quod est verbum ipsius; quod verissime in deo sit et quod pertinet ad rationem intelligentis; et quod pertinet ad rationem eius quod est intelligere; et quod pertinet ad rationem intentionis intellectae, sive verbi. est autem de ratione interioris verbi, quod est intentio intellecta, quod procedat ab intelligente secundum suum intelligere, cum sit quasi terminus intellectualis operationis: intellectus enim intelligendo concipit et format intentionem sive rationem intellectam, quae est interius verbum. oportet igitur quod a deo secundum ipsum suum intelligere procedat verbum ipsius. comparatur igitur verbum dei ad deum intelligentem, |25| cuius est verbum, sicut ad eum a quo est: hoc enim est de ratione verbi. cum igitur in deo intelligens, intelligere, et intentio intellecta, sive verbum, sint per essentiam unum, et per hoc necesse sit quod quodlibet horum sit deus; remanet tamen sola distinctio relationis, prout verbum refertur ad concipientem ut a quo est. * hinc est quod evangelista, quia dixerat, ° deus erat verbum; " ne omnino distinctio sublata intelligeretur verbi a deo dicente sive concipiente verbum, * subiunxit: ° hoc erat in principio apud deum: * quasi dicat: " hoc verbum, quod deum esse dixi, aliquo modo distinctum est a deo dicente, ut sic possit dici apud deum esse.

n.14 ' Verbum autem interius conceptum est quaedam ratio et similitudo rei intellectae. similitudo autem alicuius in altero existens vel habet rationem exemplaris, si se habeat ut principium: vel habet potius rationem imaginis, si se habeat ad id cuius est similitudo sicut ad principium. utriusque autem exemplum in nostro intellectu perspicitur. quia enim similitudo artificiati existens in mente artificis est principium operationis per quam artificiatum constituitur, comparatur ad artificiatum ut exemplar ad exemplatum: sed similitudo rei naturalis in nostro intellectu concepta comparatur ad rem cuius similitudo existit ut ad suum principium, quia nostrum intelligere a sensibus principium accipit, qui per res naturales immutantur. cum autem deus et seipsum intelligat et alia, * ut in primo ostensum est, ' eius intelligere principium est rerum intellectarum ab ipso, cum ab eo causentur per intellectum et voluntatem: sed ad intelligibile quod est ipse, comparatur ut ad |25| principium; est enim hoc intelligibile idem cum intellectu intelligente, cuius quaedam emanatio est verbum conceptum. oportet igitur quod verbum dei comparetur ad res alias intellectas a deo sicut exemplar; et ad ipsum deum, cuius est verbum, sicut eius imago. * hinc est quod de verbo dei dicitur, coloss. 1-15, quod est ° imago invisibilis dei.

n.15 ' Est autem differentia inter intellectum et sensum: nam sensus apprehendit rem quantum ad exteriora eius accidentia, quae sunt color, sapor, quantitas, et alia huiusmodi; sed intellectus ingreditur ad interiora rei. et quia omnis cognitio perficitur secundum similitudinem quae est inter cognoscens et cognitum, oportet quod in sensu sit similitudo rei sensibilis quantum ad eius accidentia: in intellectu vero sit similitudo rei intellectae quantum ad eius essentiam. verbum igitur in intellectu conceptum est imago vel exemplar substantiae rei intellectae. cum ergo verbum dei sit imago dei, * ut ostensum est, ' necesse est quod sit imago dei quantum ad eius essentiam. * hinc est quod apostolus dicit, hebr. 1-3, quod est ° figura substantiae dei.

n.16 ' Imago autem alicuius rei est duplex. est enim aliqua imago quae non communicat in natura cum eo cuius est imago: sive sit imago eius quantum ad exteriora accidentia, sicut statua aenea est imago hominis, nec tamen est homo; sive sit imago quantum ad substantiam rei; ratio enim hominis in intellectu non est homo, * nam, ut philosophus dicit, " lapis non est in anima sed species lapidis. ' imago autem alicuius rei quae eandem naturam habet cum re cuius est imago, est sicut filius regis, in quo imago patris apparet et est eiusdem naturae cum ipso. * ostensum est autem quod ' verbum dei est imago dicentis quantum ad ipsam eius essentiam; et quod in eadem natura cum dicente communicat. relinquitur igitur quod verbum dei non solum sit imago, sed etiam filius. non enim sic esse imaginem alicuius ut eiusdem naturae cum illo sit, in aliquo invenitur qui filius dici non possit, dummodo hoc in viventibus accipiatur: nam quod procedit ex aliquo vivente in similitudinem speciei, dicitur |25| filius eius. * hinc est quod in psalmo dicitur: ° dominus dixit ad me, filius meus es tu.

n.17 ' Rursus considerandum est quod, cum in qualibet natura processio filii a patre sit naturalis, ex quo verbum dei filius dei dicitur, oportet quod naturaliter a patre procedat. * et hoc quidem supra dictis convenit: ' ut ex his quae in intellectu nostro accidunt, perspici potest. intellectus enim noster aliqua naturaliter cognoscit: sicut prima intelligibilium principia, quorum intelligibiles conceptiones, quae verba interiora dicuntur, naturaliter in ipso existunt et ex eo procedunt. sunt etiam quaedam intelligibilia quae non naturaliter intellectus noster cognoscit, sed in eorum cognitionem ratiocinando pertingit: et horum conceptiones in intellectu nostro naturaliter non existunt, sed cum studio quaeruntur. manifestum est autem quod deus seipsum naturaliter intelligit, sicut et naturaliter est: suum enim intelligere est suum esse, * ut in primo probatum est. ' verbum igitur dei seipsum intelligentis naturaliter ab ipso procedit. et cum verbum dei sit eiusdem naturae cum deo dicente, et sit similitudo |25| ipsius; sequitur quod hic naturalis processus sit in similitudinem eius a quo est processio cum identitate naturae. haec est autem verae generationis ratio in rebus viventibus, quod id quod generatur, a generante procedat ut similitudo ipsius et eiusdem naturae cum ipso. est ergo verbum dei genitum vere a deo dicente: et eius processio generatio vel nativitas dici potest. * hinc est quod in psalmo dicitur: ° ego hodie genui te: " idest, in aeternitate, quae semper est praesens, ' et nulla est in ea ratio praeteriti et futuri. * unde patet falsum esse quod ariani dixerunt, quod " pater genuit filium voluntate. ' quae enim voluntate sunt, non naturalia sunt.

n.18 ' Considerandum est etiam quod id quod generatur, quandiu in generante manet, dicitur esse conceptum. verbum autem dei ita est a deo genitum quod tamen ab ipso non recedit, sed in eo manet, * ut ex superioribus patet. ' recte ergo verbum dei potest dici a deo conceptum. * hinc est quod proverb. 8-24, dei sapientia dicit: ° nondum erant abyssi, et ego iam concepta eram. ' est autem differentia inter conceptionem verbi dei, et materialem conceptionem quae apud nos in animalibus invenitur. nam proles, quandiu concepta est et in utero clauditur, nondum habet ultimam perfectionem, ut per se subsistat a generante secundum locum distinctum: unde oportet quod in corporali generatione animalium aliud sit genitae prolis conceptio, atque aliud partus ipsius, secundum quem etiam loco separatur proles genita a generante, ab utero generantis egrediens. verbum autem dei, in ipso deo dicente existens, est perfectum, in se subsistens, distinctum a deo dicente: non enim expectatur |25| ibi localis distinctio, sed sola relatione distinguuntur, * ut dictum est. ' idem est ergo in generatione verbi dei et conceptio et partus. * et ideo, postquam ex ore sapientiae dictum est, ° ego iam concepta eram, * post pauca subditur: ° ante colles ego parturiebar. ' sed quia conceptio et partus in rebus corporalibus cum motu sunt, oportet in eis quandam successionem esse: cum conceptionis terminus sit esse concepti in concipiente; terminus autem partus sit esse eius qui paritur distinctum a pariente. necesse est igitur in corporalibus quod id quod concipitur, nondum sit; et id quod parturitur, in parturiendo non sit a parturiente distinctum. conceptio autem et partus intelligibilis verbi non est cum motu, nec cum successione: unde simul dum concipitur, est; et simul dum parturitur, distinctum est; sicut quod illuminatur, simul dum illuminatur, illuminatum est, eo quod in illuminatione successio nulla est. et cum hoc inveniatur in intelligibili verbo nostro, multo magis competit verbo dei: non solum |50| quia intelligibilis conceptio et partus est; sed quia in aeternitate existit utrumque, in qua prius et posterius esse non possunt. * hinc est quod, postquam ex ore sapientiae dictum est, ° ante colles ego parturiebar; * ne intelligeretur quod, " dum parturiretur, non esset, * subditur: ° quando praeparabat caelos, aderam: ' ut sic, cum in generatione carnali animalium prius aliquid concipiatur, deinde parturiatur, et deinde conveniat sibi adesse parturienti, quasi sibi consociatum ut ab eo distinctum; haec omnia in divina generatione simul esse intelligantur; nam verbum dei simul concipitur, parturitur et adest. et quia quod paritur, ex utero procedit, sicut generatio verbi dei, ad insinuandam perfectam distinctionem eius a generante, dicitur partus, simili ratione dicitur generatio ex utero, * secundum illud psalmi: ° ex utero ante luciferum genui te. ' quia tamen non est talis distinctio verbi a dicente quae impediat verbum esse in dicente, * ut ex dictis patet; * sicut ad insinuandam distinctionem verbi, dicitur |75| " parturiri, vel ex utero genitum esse; * ita, ad ostendendum quod " talis distinctio non excludit verbum esse in dicente, * dicitur ioan. 1-18, quod est ° in sinu patris.

n.19 ' Attendendum est autem quod generatio carnalis animalium perficitur per virtutem activam et passivam: et ab activa quidem virtute dicitur pater, a passiva vero dicitur mater. unde eorum quae ad generationem prolis requiruntur, quaedam conveniunt patri, quaedam conveniunt matri: dare enim naturam et speciem prolis competit patri; concipere autem et parturire competit matri, tanquam patienti et recipienti. cum autem processio verbi secundum hoc dicta sit esse quod deus seipsum intelligit; ipsum autem divinum intelligere non est per aliquam virtutem passivam, sed quasi activam, quia intellectus divinus non est in potentia, sed actu tantum: in generatione verbi dei non competit ratio matris, sed solum patris. unde quae in generatione carnali distinctim patri et matri conveniunt, omnia in generatione verbi patri attribuuntur in sacris scripturis: * dicitur enim " pater et dare filio vitam, et concipere et parturire.

005 SCG lb4 cp12

n. ' Quomodo filius dei dicatur dei sapientia.

n.1 ' Quia vero ea quae de sapientia divina dicuntur, ad generationem verbi adduximus, consequens est ostendere quod per divinam sapientiam, ex cuius persona, praemissa verba proponuntur, verbum dei intelligi possit.

n.2 ' Et ut a rebus humanis ad divinorum cognitionem perveniamus, considerare oportet quod sapientia in homine dicitur habitus quidam quo mens nostra perficitur in cognitione altissimorum: et huiusmodi sunt divina. cum vero secundum sapientiae habitum in intellectu nostro aliqua formatur conceptio de divinis, ipsa conceptio intellectus, quae est interius verbum, sapientiae nomen accipere solet: secundum illum modum loquendi quo actus et effectus nominibus habituum a quibus procedunt, nominantur; quod enim iuste fit, interdum iustitia dicitur; et quod fit fortiter, fortitudo; et generaliter quod virtuose fit, virtus dicitur. et per hunc modum, quod sapienter excogitatur, dicitur sapientia alicuius.

n.3 ' In deo autem sapientiam quidem oportet dici, ex eo quod seipsum cognoscit: sed quia non cognoscit se per aliquam speciem nisi per essentiam suam, quinimmo et ipsum eius intelligere est eius essentia, sapientia dei habitus esse non potest, sed est ipsa dei essentia. * manifestum est autem ex dictis quod ' dei filius est verbum et conceptio dei intelligentis seipsum. sequitur igitur quod ipsum dei verbum, tanquam sapienter mente divina conceptum, proprie concepta seu genita sapientia dicatur: * unde apostolus " christum dei sapientiam * nominat, i ad cor. 1-24.

n.4 ' Ipsum autem sapientiae verbum mente conceptum est quaedam manifestatio sapientiae intelligentis: sicut et in nobis omnes habitus per actus manifestantur. quia ergo divina sapientia lux dicitur, prout in puro actu cognitionis consistit; lucis autem manifestatio splendor ipsius est ab ea procedens: convenienter et verbum divinae sapientiae splendor lucis nominatur, * secundum illud apostoli de filio dicentis: ° cum sit splendor gloriae. " unde et filius manifestationem patris sibi adscribit, * ioan. 17-6, dicens: ° pater, manifestavi nomen tuum hominibus.

n.5 ' Sed tamen, licet filius, qui est dei verbum, proprie sapientia concepta dicatur; nomen tamen sapientiae absolute dictum oportet esse commune patri et filio: cum sapientia quae per verbum resplendet sit patris essentia, * ut dictum est ' essentia vero patris sit sibi et filio communis.

005 SCG lb4 cp13

n. ' Quod non est nisi unus filius in divinis.

n.1 ' Quia vero deus, intelligendo seipsum omnia alia intelligit, * ut in primo ostensum est; ' seipsum autem uno et simplici intuitu intelligit, cum suum intelligere sit suum esse necesse est verbum dei esse unicum tantum. cum autem in divinis nihil aliud sit filii generatio quam verbi conceptio, sequitur quod una sola sit generatio in divinis, et unicus filius solus a patre genitus. * unde ioan. 1-14 dicitur: ° vidimus eum quasi unigenitum a patre; * et iterum: ° unigenitus, qui est in sinu patris, ipse nobis enarravit.

n.2 * Videtur tamen ex praemissis sequi quod " et verbi divini sit aliud verbum, et filii sit alius filius. * ostensum est enim quod " verbum dei sit verus deus. oportet igitur omnia quae deo conveniunt, verbo dei convenire. deus autem ex necessitate seipsum intelligit. et verbum igitur dei seipsum intelligit. si igitur ex hoc quod deus seipsum intelligit, verbum ab eo genitum in deo ponitur, consequi videtur quod etiam et verbo, inquantum seipsum intelligit, aliud verbum attribuatur. et sic verbi erit verbum, et filii filius; et illud verbum, si deus est, iterum seipsum intelliget et habebit aliud verbum; et sic in infinitum generatio divina procedet.

n.3 * Huius autem solutio ex praemissis haberi potest. cum enim ostensum sit quod ' verbum dei sit deus, * ostensum tamen est quod ' non est alius deus a deo cuius est verbum, sed unus omnino, hoc solo ab eo distinctum quod ab eo est ut verbum procedens. sicut autem verbum non est alius deus, ita nec est alius intellectus, et per consequens nec aliud intelligere: unde nec aliud verbum. nec tamen sequitur quod sit verbum sui ipsius, secundum quod verbum seipsum intelligit. nam in hoc solo verbum a dicente distinguitur, * ut dictum est, ' quod est ab ipso. omnia ergo alia communiter attribuenda sunt deo dicenti, qui est pater, et verbo, quod est filius, propter hoc quod etiam verbum est deus: sed hoc solum, ut ab eo sit verbum, adscribendum est proprie patri; et hoc quod est esse a deo dicente, attribuendum est proprie filio.

n.4 ' Ex quo etiam patet quod filius non est impotens, etsi generare filium non possit, cum tamen pater generet filium. nam eadem potentia est patris et filii, sicut et eadem divinitas. et cum generatio in divinis sit intelligibilis verbi conceptio, secundum scilicet quod deus intelligit seipsum, oportet quod potentia ad generandum in deo sit sicut potentia ad intelligendum seipsum. et cum intelligere seipsum in deo sit unum et simplex, oportet et potentiam intelligendi seipsum, quae non est aliud quam suus actus, esse unam tantum. ex eadem ergo potentia est et quod verbum concipiatur et quod dicens verbum concipiat. unde ex eadem potentia est quod pater generet, et quod filius generetur. nullam ergo potentiam habet pater quam non habeat filius; sed pater habet ad generare generativam potentiam, filius autem ad generari; quae sola relatione differre ex dictis patet.

n.5 * Sed quia apostolus " filium dei * dicit " verbum habere, * ex quo sequi videtur quod " filii sit filius, et verbi verbum; * considerandum est qualiter verba apostoli hoc dicentis sint intelligenda. dicit enim hebr. 1-2 ° diebus istis locutus est nobis in filio, * et postea: ° qui, cum sit splendor gloriae et figura substantiae eius, portans omnia verbo virtutis suae, *etc.. huius autem intellectum sumere oportet ex his quae iam dicta sunt. dictum est enim quod 'conceptio sapientiae, quae est verbum, sapientiae sibi vindicat nomen. ulterius autem procedentibus apparet quod etiam exterior effectus ex conceptione sapientiae proveniens sapientia dici potest, per modum quo effectus nomen causae sibi assumit: dicitur enim sapientia alicuius esse non solum id quod sapienter excogitat, sed etiam id quod sapienter facit. ex quo contingit ut etiam explicatio divinae sapientiae per opus in rebus creatis dei sapientia dicatur: *secundum illud eccli. 1-9 ° ipse creavit illam, " scilicet sapientiam, ° spiritu sancto *et postea |25| dicit, ° et effudit illam super omnia opera sua. 'sic igitur et id quod ex verbo efficitur, verbi accipit nomen: nam et in nobis expressio interioris verbi per vocem, dicitur verbum, quasi sit verbum verbi, quia est interioris verbi ostensivum. sic igitur non solum divini intellectus conceptio dicitur verbum, quod est filius, sed etiam explicatio divini conceptus per opera exteriora, verbum verbi nominatur. et sic oportet intelligi quod filius portet omnia ° verbo virtutis suae, *sicut et id quod in psalmo legitur: ° ignis, grando, nix, glacies, spiritus procellarum, quae faciunt verbum eius: " quia scilicet per virtutes creaturarum explicantur divinae conceptionis effectus in rebus.

n.6 'Cum vero deus, intelligendo seipsum, omnia alia intelligat, *ut dictum est, 'oportet quod verbum in deo conceptum ex eo quod seipsum intelligit, sit etiam verbum omnium rerum. non tamen eodem modo est verbum dei, et aliarum rerum. nam dei quidem verbum est ex eo procedens: aliarum autem rerum, non sicut ex eis procedens, non enim deus a rebus scientiam sumit, sed magis per suam scientiam res in esse producit, *ut supra ostensum est. 'oportet igitur quod verbum dei omnium quae facta sunt, ratio perfecta existat. qualiter autem singulorum ratio esse possit, *ex his quae in primo libro tractata sunt, manifestum est, ubi ostensum est quod 'deus omnium propriam cognitionem habet.

n.7 'Quicumque autem facit aliquid per intellectum, operatur per rationem rerum factarum quam apud se habet: domus enim quae est in materia, fit ab aedificatore per rationem domus quam habet in mente. *ostensum est autem supra quod 'deus res in esse produxit, non naturali necessitate, sed quasi per intellectum et voluntatem agens. fecit igitur deus omnia per verbum suum, quod est ratio rerum factarum ab ipso. *hinc est quod dicitur ioan. 1-3: ° omnia per ipsum facta sunt. *cui consonat quod moyses, mundi originem describens, in singulis operibus tali utitur modo loquendi, ° dixit deus, fiat lux, et facta est lux; dixit deus, fiat firmamentum; 'et sic de aliis. *quae omnia psalmista comprehendit, dicens, ° dixit, et facta sunt: "dicere enim est verbum producere. *sic ergo intelligendum est quod ° deus dixit et facta sunt, " quia verbum produxit, per quod res in esse produxit, sicut per earum rationem perfectam.

n.8 'Sed quia idem est causa conservationis rerum et productionis ipsarum, sicut omnia per verbum facta sunt, ita omnia per dei verbum conservantur in esse. *unde psalmista dicit: ° verbo domini caeli firmati sunt; *et apostolus dicit, ad hebr. 1-3, de filio, quod ° portat omnia verbo virtutis suae; *quod quidem qualiter accipi oporteat, iam dictum est.

n.9 'Sciendum tamen quod verbum dei in hoc differt a ratione quae est in mente artificis, quia verbum dei deus subsistens est: ratio autem artificiati in mente artificis non est res subsistens, sed solum intelligibilis forma. formae autem non subsistenti non competit proprie ut agat, agere enim rei perfectae et subsistentis est: sed est eius ut ea agatur, est enim forma principium actionis quo agens agit. ratio igitur domus in mente artificis non agit domum: sed artifex per eam domum facit. verbum autem dei, quod est ratio rerum factarum a deo, cum sit subsistens, agit, non solum per ipsum aliquid agitur. *et ideo dei sapientia loquitur, prov. 8-30: ° cum eo eram cuncta componens; *et ioan. 5-17, dominus dicit: ° pater meus operatur, et ego operor.

n.10 'Considerandum est etiam quod res facta per intellectum praeexistit in ratione intellecta ante etiam quam sit in seipsa: prius enim domus est in ratione artificis quam perducatur in actum, verbum autem dei est ratio omnium eorum quae a deo sunt facta, *ut ostensum est. 'oportet igitur quod omnia quae sunt facta a deo, praeextiterint in verbo dei antequam sint etiam in propria natura. quod autem est in aliquo est in eo per modum eius in quo est, et non per proprium modum: domus enim in mente artificis intelligibiliter et immaterialiter existit. res igitur intelligendae sunt in verbo dei praeextitisse secundum modum verbi ipsius. est autem modus ipsius verbi quod sit unum, simplex, immateriale, et non solum vivens, sed etiam vita: cum sit suum esse. oportet igitur quod res factae a deo praeextiterint in verbo dei ab aeterno, immaterialiter, et absque omni compositione, et quod nihil aliud in eo sint quam ipsum verbum, quod est vita. *propter quod dicitur ioan. 1-3 ° quod factum est, in ipso vita erat, " idest, |25| in verbo.

n.11 'Sicut autem operans per intellectum per rationem quam apud se habet, res in esse producit; ita etiam qui alium docet, per rationem quam apud se habet, scientiam causat in illo: cum scientia discipuli sit deducta a scientia docentis, sicut imago quaedam ipsius. deus autem non solum est causa per intellectum suum omnium quae naturaliter subsistunt, sed etiam omnis intellectualis cognitio ab intellectu divino derivatur, *sicut ex superioribus patet. 'oportet igitur quod per verbum dei, quod est ratio intellectus divini, causetur omnis intellectualis cognitio. *propter quod dicitur ioan. 1-4: ° vita erat lux hominum: 'quia scilicet ipsum verbum, quod vita est, et in quo omnia vita sunt, manifestat, ut lux quaedam, mentibus hominum veritatem. nec est ex defectu verbi quod non omnes homines ad veritatis cognitionem perveniunt, sed aliqui tenebrosi existunt. provenit autem hoc |25| ex defectu hominum, qui ad verbum non convertuntur, nec eum plene capere possunt: unde adhuc in hominibus tenebrae remanent, vel maiores vel minores, secundum quod magis et minus convertuntur ad verbum et capiunt ipsum. *unde ioannes, ut omnem defectum a manifestativa verbi virtute excludat, cum dixisset quod ° vita est lux hominum, *subiungit quod ° in tenebris lucet, et tenebrae eam non comprehenderunt. 'non enim tenebrae sunt ex hoc quod verbum non luceat, sed ex hoc quod aliqui lucem verbi non capiunt: sicut, luce corporei solis per orbem diffusa, tenebrae sunt ei qui oculos vel clausos vel debiles habet.

n.12 'Haec igitur sunt quae de generatione divina, et de virtute unigeniti filii dei, ex sacris scripturis edocti, utcumque concipere possumus.

005 SCG lb4 cp14

n. 'Solutio ad rationes supra inductas contra generationem divinam.

n.1 'Quia vero veritas omnem falsitatem excludit et dubietatem dissolvit, in promptu iam fit ea dissolvere quae circa generationem divinam difficultatem afferre videbantur.

n.2 *Iam enim ex dictis patet quod 'in deo generationem intelligibilem ponimus, non autem talem qualis est in materialibus rebus, quarum generatio mutatio quaedam est, corruptioni opposita: quia neque verbum in intellectu nostro cum aliqua mutatione concipitur, neque habet oppositam corruptionem; cui quidem conceptioni similem esse filii dei generationem, *iam patet ex dictis.

n.3 'Similiter etiam verbum quod in mente nostra concipitur, non exit de potentia in actum nisi quatenus intellectus noster procedit de potentia in actum. nec tamen verbum oritur ex intellectu nostro nisi prout existit in actu: simul autem cum in actu existit, est in eo verbum conceptum. intellectus autem divinus nunquam est in potentia, sed solum in actu *ut supra ostensum est. 'generatio igitur verbi ipsius non est secundum exitum de potentia in actum: sed sicut oritur actus ex actu, ut splendor ex luce, et ratio intellecta ex intellectu in actu. unde etiam apparet quod generatio non prohibet dei filium esse verum deum, aut ipsum esse aeternum. quin magis necesse est ipsum esse coaeternum deo, cuius est verbum: quia intellectus in actu nunquam est sine verbo.

n.4 'Et quia filii dei generatio non est materialis, sed intelligibilis, *stulte iam dubitatur " si pater totam naturam dedit aut partem. 'manifestum est enim quod, si deus se intelligit, oportet quod tota plenitudo ipsius contineatur in verbo. nec tamen substantia filio data desinit esse in patre: quia nec etiam apud nos desinit esse propria natura in re quae intelligitur, ex hoc quod verbum nostri intellectus ex ipsa re intellecta habet ut intelligibiliter eandem naturam contineat.

n.5 'Ex hoc etiam quod divina generatio non est materialis, manifestum est quod non oportet in filio dei esse aliud recipiens, et aliud naturam receptam. hoc enim in materialibus generationibus accidere necesse est inquantum materia generati recipit formam generantis. in generatione autem intelligibili non sic est. non enim sic verbum ab intellectu exoritur quod pars eius praeintelligatur ut recipiens, et pars eius ab intellectu effluat, sed totaliter verbum ab intellectu originem habet: sicut et in nobis totaliter unum verbum ex aliis oritur, ut conclusio ex principiis. ubi autem totaliter aliquid ex alio oritur, non est assignare recipiens et receptum, sed totum quod exoritur ab eo est a quo oritur.

n.6 'Similiter etiam patet quod non excluditur divinae generationis veritas ex hoc quod in deo plurium subsistentium distinctio esse non possit. essentia enim divina, etsi subsistens sit, non tamen potest separari a relatione quam oportet in deo intelligi ex hoc quod verbum conceptum divinae mentis est ab ipso deo dicente. nam et verbum est divina essentia, *ut ostensum est; 'et deus dicens, a quo est verbum, est etiam divina essentia; non alia et alia, sed eadem numero. huiusmodi autem relationes non sunt accidentia in deo, sed res subsistentes: deo enim nihil accidere potest, *ut supra probatum est. 'sunt igitur plures res subsistentes, si relationes considerentur: est autem una res subsistens, si consideretur essentia. et propter hoc dicimus unum deum, quia est una essentia subsistens: et plures personas, propter distinctionem subsistentium relationum. personarum enim distinctio, etiam in rebus humanis, non attenditur secundum essentiam speciei, sed secundum ea quae sunt naturae |25| speciei adiuncta: in omnibus enim personis hominum est una speciei natura, sunt tamen plures personae, propter hoc quod distinguuntur homines in his quae sunt adiuncta naturae. non ergo in divinis dicenda est una persona propter unitatem essentiae subsistentis: sed plures, propter relationes.

n.7 'Ex hoc autem patet quod id quod est quasi individuationis principium, non sequitur esse in alio: nam neque essentia divina est in alio deo, neque paternitas est in filio.

n.8 'Quamvis autem duae personae, patris scilicet et filii, non distinguantur essentia, sed relatione, non tamen relatio est aliud quam essentia secundum rem: cum relatio in deo accidens esse non possit. *nec hoc impossibile reputabitur si quis diligenter consideret ea quae in primo determinata sunt, ubi ostensum est quod 'in deo sunt omnium entium perfectiones, non secundum compositionem aliquam, sed secundum simplicis essentiae unitatem. nam diversae perfectiones quas res creata per multas obtinet formas, deo competunt secundum unam et simplicem eius essentiam. homo enim aliquis per aliam formam vivit, et per aliam est sapiens, et per aliam est iustus: quae omnia deo per essentiam suam conveniunt. sicut igitur sapientia et iustitia in homine quidem sunt accidentia, in deo autem sunt idem quod divina essentia: sic aliqua relatio, puta paternitatis et filiationis, etsi in hominibus sit accidens, in deo est divina essentia.

n.9 'Non autem ideo dicitur quod divina sapientia sit eius essentia, cum in nobis sapientia super essentiam addat, quasi divina sapientia a nostra sapientia deficiat: sed quia eius essentia nostram essentiam excedit, ita quod id ad quod essentia nostra non sufficit, scilicet scire et iustum esse, deus secundum suam essentiam habet perfecte. oportet igitur quod quicquid nobis convenit secundum essentiam et sapientiam distinctum, simul deo secundum essentiam suam attribuatur. et similis ratio in aliis est observanda. cum igitur divina essentia sit ipsa paternitatis vel filiationis relatio, oportet quod quicquid est paternitatis proprium deo conveniat, licet paternitas sit ipsa essentia. est autem hoc proprium paternitatis, ut a filiatione distinguatur: dicitur enim pater ad filium quasi ad alium, et haec est ratio patris ut sit filii pater. licet ergo deus pater sit divina essentia, et similiter deus filius, ex hoc tamen quod est pater, distinguitur a filio, licet sint unum ex hoc quod uterque est divina essentia.

n.10 'Ex hoc etiam patet quod relatio in divinis non est absque absoluto. aliter tamen comparatur ad absolutum in deo quam in rebus creatis. nam in rebus creatis comparatur relatio ad absolutum sicut accidens ad subiectum: non autem in deo, sed per modum identitatis, sicut est et de aliis quae de deo dicuntur. idem autem subiectum non potest oppositas relationes in se habere, ut sit idem homo pater et filius. sed essentia divina, propter omnimodam eius perfectionem, idem est et sapientiae et iustitiae et aliis huiusmodi, quae apud nos in diversis generibus continentur. et similiter nihil prohibet unam essentiam esse idem et paternitati et filiationi, et patrem et filium unum deum esse, licet pater non sit filius: eadem enim essentia est quae est res habens esse naturaliter, et verbum intelligibile sui ipsius.

n.11 *Ex his etiam quae dicta sunt, potest esse manifestum quod 'relationes in deo sunt secundum rem, et non solo intellectu. omnis enim relatio quae consequitur propriam operationem alicuius rei, aut potentiam aut quantitatem aut aliquid huiusmodi, realiter in eo existit: aliter enim esset in eo solo intellectu, sicut apparet de scientia et scibili. relatio enim scientiae ad scibile consequitur actionem scientis, non autem actionem scibilis, scibile enim eodem modo se habet, quantum in se est, et quando intelligitur et quando non intelligitur: et ideo relatio in sciente realiter est, in scibili autem secundum intellectum tantum; dicitur enim quod intelligitur scibile ad scientiam relative ex eo quod scientia refertur ad ipsum. simile quoque apparet in dextro et sinistro. in animalibus enim distinctae sunt virtutes ex quibus relatio dextri et sinistri consurgit: propter quod talis relatio vere et realiter in animali existit; unde, qualitercumque vertatur animal, semper relatio eodem modo manet, nunquam enim pars dextra sinistra dicetur. |25| res vero inanimatae, quae praedictis virtutibus carent, non habent in se huiusmodi relationem realiter existentem sed nominantur secundum relationem dextri aut sinistri ex eo quod animalia aliquo modo se habent ad ipsam: unde eadem columna nunc dextra, nunc sinistra dicitur, secundum quod animal ex diverso situ ei comparatur. relatio autem verbi ad deum dicentem, cuius est verbum, in deo ponitur ex hoc quod deus seipsum intelligit, quae quidem operatio in deo est, vel magis est ipse deus, *ut supra ostensum est. 'relinquitur igitur praedictas relationes in deo esse vere et realiter, et non solum secundum intellectum nostrum.

n.12 'Quamvis autem in deo ponatur esse relatio, non tamen sequitur quod in deo sit aliquid habens esse dependens. in nobis enim relationes habent esse dependens, quia earum esse est aliud ab esse substantiae: unde habent proprium modum essendi secundum propriam rationem, sicut et in aliis accidentibus contingit. quia enim omnia accidentia sunt formae quaedam substantiae superadditae, et a principiis substantiae causatae; oportet quod eorum esse sit superadditum supra esse substantiae, et ab ipso dependens; et tanto uniuscuiusque eorum esse est prius vel posterius, quanto forma accidentalis, secundum propriam rationem, fuerit propinquior substantiae vel magis perfecta. propter quod et relatio realiter substantiae adveniens et postremum et imperfectissimum esse habet: postremum quidem, quia non solum praeexigit esse substantiae, sed etiam esse aliorum accidentium, ex quibus causatur relatio, sicut unum in quantitate causat aequalitatem, et unum in qualitate similitudinem; imperfectissimum autem, quia propria relationis ratio consistit in eo quod est ad alterum, unde esse eius proprium, quod substantiae superaddit, non solum dependet ab esse substantiae, sed etiam ab esse alicuius exterioris. haec autem in divinis locum non habent: quia non est in deo aliquod aliud esse quam substantiae; quicquid enim in deo est, substantia est. sicut igitur esse sapientiae in deo non est esse dependens a substantia, quia esse sapientiae est esse substantiae; ita nec esse relationis est esse dependens neque a substantia, neque ab alio exteriori, quia etiam esse relationis est esse substantiae. non igitur per hoc quod relatio in deo ponitur, sequitur quod sit in eo aliquod esse dependens; sed solum quod in deo sit respectus aliquis, in quo ratio relationis consistit; sicut ex hoc quod sapientia in deo ponitur, non sequitur quod sit in eo aliquid accidentale, sed solum perfectio quaedam in qua ratio sapientiae consistit. per quod etiam patet quod ex imperfectione quae in relationibus creatis esse videtur, non sequitur quod personae divinae sint imperfectae, quae relationibus distinguuntur: sed sequitur quod divinarum personarum minima sit distinctio.

n.13 * Patet etiam ex praedictis quod, ' licet deus de patre et filio substantialiter praedicetur, non tamen sequitur, si pater et filius sint plures quidam, quod sint plures dii. sunt enim plures propter distinctionem subsistentium relationum: sed tamen sunt unus deus propter unitatem essentiae subsistentis. hoc autem in hominibus non contingit, ut plures aliqui sint unus homo: quia essentia humanitatis non est una numero in utroque; neque essentia humanitatis est subsistens, ut humanitas sit homo.

n.14 ' Ex hoc autem quod in deo est essentiae unitas et relationum distinctio, manifestum fit quod nihil prohibet in uno deo opposita quaedam inveniri: illa dumtaxat opposita quae relationis distinctionem consequuntur, ut generans et genitum, quae opponuntur relative, et genitum et ingenitum, quae opponuntur ut affirmatio et negatio. ubicumque enim est aliqua distinctio, oportet inveniri negationis et affirmationis oppositionem. quae enim secundum nullam affirmationem et negationem differunt, penitus indistincta sunt: oportet enim quod quantum ad omnia unum esset quod et alterum, et sic essent penitus idem, et nullo modo distincta.

n.15 ' Haec igitur de generatione divina dicta sufficiant.

005 SCG lb4 cp15

n. ' De spiritu sancto, quod sit in divinis.

n.1 * Divinae autem scripturae auctoritas " non solum nobis in divinis patrem et filium annuntiat, sed his duobus spiritum sanctum connumerat. * dicit enim dominus, matthaei ult.: ° euntes docete omnes gentes, baptizantes eos in nomine patris et filii et spiritus sancti; * et i ioannis 5-7: ° tres sunt qui testimonium dant in caelo, pater, verbum et spiritus sanctus. * huius etiam spiritus sancti processionem quandam sacra scriptura commemorat. dicit enim ioannis 15-26: ° cum venerit paraclitus, quem ego mittam vobis a patre, spiritum veritatis, qui a patre procedit, ille testimonium perhibebit de me.

005 SCG lb4 cp16

n. ' Rationes ex quibus aliqui spiritum sanctum existimaverunt esse creaturam.

n.1 * Opinati sunt autem quidam " spiritum sanctum creaturam esse, aliis creaturis excelsiorem: * ad cuius assertionem sacrae scripturae testimoniis utebantur.

n.2 * Dicitur enim amos 4-13, secundum litteram septuaginta: ° ecce formans montes, et creans spiritum, et annuntians homini verbum eius. * et zach. 12-1: ° dicit dominus, extendens caelum, et fundans terram, et creans spiritum hominis in eo. * videtur igitur quod " spiritus sanctus sit creatura.

n.3 * Adhuc. dicit dominus, ioan. 16-13, de spiritu sancto loquens: ° non loquetur a semetipso, sed quaecumque audiet, loquetur: * ex quo videtur quod " nihil ultroneae potestatis auctoritate loquatur, sed iubenti per ministerium famuletur; loqui enim quae quis audit, famulantis esse videtur. * videtur igitur " spiritus sanctus esse creatura deo subiecta.

n.4 " Item. mitti inferioris esse videtur: cum in mittente importetur auctoritas. spiritus autem sanctus a patre et filio mittitur. * dicit enim dominus, ioan. 14-26: ° paraclitus spiritus sanctus, quem mittet pater in nomine meo, ille vos docebit omnia; et * ioan. 15-26: ° cum venerit paraclitus, quem ego mittam vobis a patre. " spiritus ergo sanctus et patre et filio minor esse videtur.

n.5 " Adhuc. scriptura divina, filium patri associans in his quae divinitatis esse videntur, de spiritu sancto mentionem non facit: * ut patet matth. 11-27, cum dominus dicit: ° nemo novit filium nisi pater, neque patrem quis novit nisi filius, " de spiritu sancto mentione non facta. * et ioan. 17-3 dicitur: ° haec est vita aeterna, ut cognoscant te, solum deum verum, et quem misisti, iesum christum, " ubi etiam de spiritu sancto mentio non fit. * apostolus etiam, ad rom. 1-7, dicit: ° gratia vobis et pax a deo patre nostro, et domino iesu christo; * et i ad cor. 8-6: ° nobis unus deus pater, ex quo omnia et nos in illo et unus dominus iesus christus, per quem omnia et nos per ipsum: " in quibus etiam nihil de spiritu sancto dicitur. * videtur igitur " spiritus sanctus deus non esse.

n.6 " Amplius. omne quod movetur creatum est: * ostensum est enim in primo " deum immobilem esse. spiritui autem sancto scriptura divina motum attribuit. * dicitur enim gen. 1-2: ° spiritus domini ferebatur super aquas. * et ioel. 2-28: ° effundam de spiritu meo super omnem carnem. * videtur igitur " spiritus sanctus creatura esse.

n.7 " Praeterea. omne quod potest augeri vel dividi, mutabile est et creatum. haec autem spiritui sancto in scripturis sacris attribui videntur. * dicit enim dominus, num. 11, ad moysen: ° congrega mihi septuaginta viros de senioribus israel, et auferam de spiritu tuo, tradamque eis. * et iv reg. 2, dicitur quod " eliseus ab elia petiit, ° obsecro quod fiat spiritus tuus duplex in me " et elias respondit, ° si videris quando tollar a te, erit quod petisti. * videtur ergo " spiritus sanctus esse mutabilis, et non esse deus.

n.8 " Item. in deum tristitia cadere non potest: cum tristitia passio quaedam sit, deus autem impassibilis est. cadit autem tristitia in spiritum sanctum. * unde apostolus dicit, ephes. 4-30: ° nolite contristare spiritum sanctum dei. * et isaiae 63-10 dicitur: ° ipsi ad iracundiam provocaverunt, et afflixerunt spiritum sanctum eius. * videtur igitur " spiritus sanctus deus non esse.

n.9 " Adhuc. deo non convenit orare, sed magis orari. spiritui autem sancto orare convenit: * dicitur enim ad rom. 8-26: ° ipse spiritus postulat pro nobis gemitibus inenarrabilibus. " spiritus ergo sanctus non esse deus videtur.

n.10 " Amplius. nullus congrue donat nisi id cuius habet dominium. sed deus pater dat spiritum sanctum, et similiter filius. * dicit enim dominus, lucae 11-13: ° pater vester de caelo dabit spiritum bonum petentibus se; * et act. 5-32, petrus dicit quod ° deus spiritum sanctum dedit obedientibus sibi. * ex his igitur videtur quod " spiritus sanctus deus non sit.

n.11 " Item. si spiritus sanctus verus deus est, oportet quod naturam divinam habeat: et sic, cum spiritus sanctus ° a patre procedat, * ut dicitur ioan. 15-26, " necesse est quod ab eo naturam divinam accipiat. quod autem accipit naturam eius a quo producitur, ab eo generatur: proprium enim est geniti ut in similem speciem sui principii producatur. spiritus ergo sanctus genitus erit, et per consequens filius. * quod sanae fidei repugnat.

n.12 " Praeterea. si spiritus sanctus naturam divinam a patre accipit et non quasi genitus, oportet divinam naturam duobus modis communicari: scilicet per modum generationis, quo procedit filius; et per illum modum quo procedit spiritus sanctus. hoc autem uni naturae competere non videtur, ut duobus modis communicetur, si quis universas naturas inspiciat. oportet igitur, ut videtur, cum spiritus sanctus, naturam per generationem non accipiat quod nullo modo accipiat eam. et sic videtur non esse verus deus.

n.13 * Fuit autem haec positio arii, " qui filium et spiritum sanctum dixit esse creaturas; filium tamen maiorem spiritu sancto, et spiritum sanctum eius ministrum; sicut et filium minorem patre esse dicebat. * quem etiam quantum ad spiritum sanctum secutus est macedonius, qui ° de patre et filio recte sensit quod unius eiusdemque substantiae sint, sed hoc de spiritu sancto credere noluit, creaturam eum esse dicens. * unde quidam " macedonianos semiarianos vocant, eo quod cum arianis in parte conveniunt, et in parte differunt ab eisdem.

005 SCG lb4 cp17

n. ' Quod spiritus sanctus sit verus deus.

n.1 * Ostenditur autem evidentibus scripturae testimoniis quod " spiritus sanctus sit deus. ' nulli enim templum consecratur nisi deo: * unde et in psalmo dicitur: ° deus in templo sancto suo. ' deputatur autem templum spiritui sancto: * dicit enim apostolus, i ad cor. 6-19: ° an nescitis quoniam membra vestra templum sunt spiritus sancti? ' spiritus ergo sanctus deus est. et praecipue cum membra nostra, quae templum spiritus sancti esse dicit, sint membra christi: * nam supra praemiserat: ° nescitis quoniam corpora vestra membra sunt christi? ' inconveniens autem esset, cum christus sit verus deus, * ut ex superioribus patet, ' quod membra christi templum spiritus sancti essent, nisi spiritus sanctus deus esset.

n.2 ' Item. a sanctis latriae servitus non nisi vero deo exhibetur: * dicitur enim deut. 6-13: ° dominum deum tuum timebis, et illi soli servies. ' serviunt autem sancti spiritui sancto: * dicit enim apostolus, philipp. 3-3: ° nos sumus circumcisio, qui spiritui deo servimus. * et licet quidam libri habeant, ° qui spiritu domini servimus, * tamen graeci libri, et antiquiores latini, habent, ° qui spiritui deo servimus. * et ex ipso graeco apparet quod hoc de servitute latriae intelligendum est, ' quae soli deo debetur. est igitur spiritus sanctus verus deus, cui latria debetur.

n.3 ' Adhuc. sanctificare homines proprium dei opus est: * dicitur enim levit. 22-32: ° ego dominus, qui sanctifico vos. ' est autem spiritus sanctus qui sanctificat: * dicit enim apostolus, i cor. 6-11: ° abluti estis, sanctificati estis, iustificati estis, in nomine domini nostri iesu christi, et in spiritu dei nostri; * et ii ad thess. 2-13, dicitur: ° elegit nos deus primitias in salutem in sanctificatione spiritus et fide veritatis. ' oportet igitur spiritum sanctum deum esse.

n.4 ' Amplius. sicut vita naturae corporis est per animam, ita vita iustitiae ipsius animae est per deum: * unde dominus dicit, ioan. 6-58: ° sicut misit me vivens pater, et ego vivo propter patrem, et qui manducat me, et ipse vivet propter me. ' huiusmodi autem vita est per spiritum sanctum: * unde ibidem subditur: ° spiritus est qui vivificat; * et ad rom. 8-13, dicit apostolus: ° si spiritu facta carnis mortificaveritis, vivetis. ' spiritus ergo sanctus divinae naturae est.

n.5 ' Praeterea. dominus, in argumentum suae divinitatis contra iudaeos, qui sustinere non poterant ut se deo aequalem faceret, asserit in se esse resuscitandi virtutem: * dicens, ioan. 5-21: ° sicut pater suscitat mortuos et vivificat, sic et filius quos vult vivificat. ' virtus autem resuscitativa ad spiritum sanctum pertinet: * dicit enim apostolus, rom. 8-11: ° si spiritus eius qui suscitavit iesum christum a mortuis, habitat in vobis, qui suscitavit iesum christum a mortuis, vivificabit et mortalia corpora vestra, propter inhabitantem spiritum eius in vobis. ' spiritus ergo sanctus est divinae naturae.

n.6 ' Item. creatio solius dei opus est, * ut supra ostensum est. ' pertinet autem creatio ad spiritum sanctum: * dicitur enim in psalmo: ° emitte spiritum tuum, et creabuntur; * et iob 33-4, dicitur: ° spiritus dei fecit me; * et eccli. 1-9, dicitur de deo: ° ipse creavit illam, " scilicet sapientiam, ° spiritu sancto. ' est ergo spiritus sanctus divinae naturae.

n.7 * Adhuc. apostolus dicit, i ad cor. 2-10 ° spiritus omnia scrutatur, etiam profunda dei. quis enim scit quae sunt hominis nisi spiritus hominis, qui in ipso est? ita et quae dei sunt nemo cognovit nisi spiritus dei. ' comprehendere autem omnia profunda dei non est alicuius creaturae: * quod patet ex hoc quod dominus dicit, matth. 11-27: ° nemo novit filium nisi pater, neque patrem quis novit nisi filius. * et isaiae 24-16, ex persona dei, dicitur: ° secretum meum mihi. ' ergo spiritus sanctus non est creatura.

n.8 * Praeterea. secundum praedictam apostoli comparationem, " spiritus sanctus se habet ad deum sicut spiritus hominis ad hominem. ' spiritus autem hominis intrinsecus est homini, et non est extraneae naturae ab ipso, sed est aliquid eius. igitur et spiritus sanctus non est naturae extraneae a deo.

n.9 * Amplius. si quis conferat verba apostoli praemissa verbis isaiae prophetae, manifeste percipiet " spiritum sanctum deum esse. * dicitur enim isaiae 64-4: ° oculus non vidit, deus, absque te, quae praeparasti expectantibus te. * quae quidem verba apostolus cum introduxisset, subiungit verba praemissa scilicet quod ° spiritus scrutatur profunda dei. * unde manifestum est quod " spiritus sanctus illa profunda dei cognoscit quae praeparavit expectantibus eum. si ergo haec nullus vidit praeter deum, * ut isaias dicit, ' manifestum est spiritum sanctum deum esse.

n.10 * Item. isaiae 6 dicitur: ° audivi vocem dei dicentis: quem mittam, et quis ibit nobis? et dixi: ecce ego sum, mitte me. et dixit: vade, et dices populo huic: audite audientes et nolite intelligere. * haec autem verba paulus spiritui sancto attribuit: unde dicitur act. ult., quod paulus dixit iudaeis: ° bene spiritus sanctus locutus est per isaiam prophetam dicens: vade ad populum istum et dic ad eos: aure audietis et non intelligetis. ' manifestum est ergo spiritum sanctum deum esse.

n.11 * Adhuc. ex sacris scripturis apparet " deum esse qui locutus est per prophetas: * dicitur enim num. 12-6, ex ore dei: ° si quis fuerit inter vos propheta domini, in visione apparebo ei, vel per somnium loquar ad illum; * et in psalmo dicitur: ° audiam quid loquatur in me dominus deus. * manifeste autem ostenditur " spiritum sanctum locutum esse in prophetis. * dicitur enim act. 1-16: ° oportet enim impleri scripturam quam praedixit spiritus sanctus per os david. * et matth. 22, dominus dicit: ° quomodo dicunt scribae christum filium david esse? ipse enim dicebat in spiritu sancto: dixit dominus domino meo, sede a dextris meis. * et ii petr. 1-21 dicitur: ° non enim voluntate humana allata est aliquando prophetia, sed spiritu sancto inspirati locuti sunt sancti dei homines. * manifeste ergo ex scripturis colligitur " spiritum sanctum deum esse.

n.12 " Item. revelatio mysteriorum proprium opus dei * ostenditur in scripturis: dicitur enim dan. 2-28: ° est deus in caelo revelans mysteria. ' mysteriorum autem revelatio opus spiritus sancti ostenditur: * dicitur enim i ad cor. 2-10: ° nobis revelavit deus per spiritum suum; * et 14-2 dicitur: ° spiritus loquitur mysteria. ' spiritus ergo sanctus deus est.

n.13 ' Praeterea. interius docere proprium opus dei est: * dicitur enim in psalmo de deo: ° qui docet hominem scientiam; * et dan. 2-21: ° dat sapientiam sapientibus, et scientiam intelligentibus disciplinam. ' hoc autem proprium opus spiritus sancti esse manifestum est: * dicit enim dominus, ioan. 14-26: ° paraclitus spiritus sanctus, quem mittet pater in nomine meo, ille vos docebit omnia. ' spiritus ergo sanctus est divinae naturae.
n.14 ' Adhuc. quorum est eadem operatio, oportet esse eandem naturam. est autem eadem operatio filii et spiritus sancti. " quod enim christus in sanctis loquatur, * apostolus ostendit, ii ad cor. ult., dicens: ° an experimentum quaeritis eius qui in me loquitur, christus? ' hoc etiam opus spiritus sancti esse manifeste apparet: * dicitur enim matth. 10-20: ° non vos estis qui loquimini, sed spiritus patris vestri, qui loquitur in vobis. ' est ergo eadem natura filii et spiritus sancti, et per consequens patris: * cum ostensum sit ' patrem et filium unam esse naturam.
n.15 ' Amplius. inhabitare mentes sanctorum proprium dei est: * unde apostolus dicit, ii ad cor. 6-16: ° vos estis templum dei vivi, sicut dicit dominus. quoniam inhabitabo in illis. * hoc autem idem apostolus spiritui sancto attribuit: dicit enim, i ad cor. 3-16: ° nescitis quia templum dei estis, et spiritus sanctus habitat in vobis? ' est ergo spiritus sanctus deus.
n.16 ' Item. esse ubique proprium dei est, * qui dicit ier. 23-24: ° caelum et terram ego impleo. ' hoc spiritui sancto convenit. * dicitur enim sap. 1-7: ° spiritus domini replevit orbem terrarum; * et in psalmo: ° quo ibo a spiritu tuo? et quo a facie tua fugiam? si ascendero in caelum, tu illic es, * etc.. dominus etiam discipulis dicit, act. 1-8: ° accipietis virtutem supervenientis spiritus sancti in vos, et eritis mihi testes in ierusalem, et in omni iudaea et samaria, et usque ad ultimum terrae. ' ex quo patet quod spiritus sanctus ubique est, qui ubicumque existentes inhabitat. spiritus ergo sanctus deus est.
n.17 * Praeterea. expresse in scriptura " spiritus sanctus deus nominatur. * dicit enim petrus, act. 5-3: ° anania, cur tentavit satanas cor tuum mentiri te spiritui sancto? * et postea subdit: ° non es mentitus hominibus, sed deo. ' spiritus ergo sanctus est deus.
n.18 * Item. i ad cor. 14-2 dicitur: ° qui loquitur lingua, non hominibus loquitur, sed deo: nemo enim audit, spiritus autem loquitur mysteria, * ex quo dat intelligere quod " spiritus sanctus loquebatur in his qui variis linguis loquebantur. * postmodum autem dicit: ° in lege scriptum est: quoniam in aliis linguis et labiis aliis loquar populo huic, et nec sic exaudiet me, dicit dominus. ' spiritus ergo sanctus, qui loquitur mysteria diversis labiis et linguis, deus est.
n.19 * Adhuc. post pauca subditur: ° si omnes prophetent, intret autem quis infidelis vel idiota, convincitur ab omnibus, diiudicatur ab omnibus: occulta enim cordis eius manifesta fiunt, et ita, cadens in faciem, adorabit deum, pronuntians quod vere deus in vobis sit. * patet autem per id quod praemisit, quod ° spiritus loquitur mysteria, " quod manifestatio occultorum cordis a spiritu sancto sit. quod est proprium divinitatis signum: * dicitur enim ierem. 17-9 ° pravum est cor hominis et inscrutabile: quis cognoscet illud? ego dominus, scrutans corda et probans renes. " unde ex hoc indicio etiam infidelis perpendere dicitur quod ille qui haec occulta cordium loquitur, sit deus. ' ergo spiritus sanctus deus est.
n.20 * Item. parum post dicit: ° spiritus prophetarum prophetis subiecti sunt; non enim est dissensionis deus, sed pacis. " gratiae autem prophetarum, quas ° spiritus prophetarum * nominavit, " a spiritu sancto sunt. spiritus ergo sanctus, qui huiusmodi gratias sic distribuit ut ex eis non dissensio, sed pax sequatur, deus esse * ostenditur in hoc quod dicit, ° non est dissensionis deus, sed pacis.
n.21 ' Amplius. adoptare in filios dei non potest esse opus alterius nisi dei. nulla enim creatura spiritualis dicitur filius dei per naturam, sed per adoptionis gratiam: unde et hoc opus filio dei, qui verus deus est, * apostolus attribuit, ad gal. 4, dicens: ° misit deus filium suum, ut adoptionem filiorum reciperemus. ' spiritus autem sanctus est adoptionis causa: * dicit enim apostolus, ad rom. 8-15: ° accepistis spiritum adoptionis filiorum, in quo clamamus, abba (pater). ' ergo spiritus sanctus non est creatura, sed deus.
n.22 ' Item. si spiritus sanctus non est deus, oportet quod sit aliqua creatura. planum est autem quod non est creatura corporalis. nec etiam spiritualis. nulla enim creatura spirituali creaturae infunditur: cum creatura non sit participabilis sed magis participans. spiritus autem sanctus infunditur sanctorum mentibus, quasi ab eis participatus: * legitur enim " et christus eo plenus fuisse, et etiam apostoli. ' non est ergo spiritus sanctus creatura, sed deus.
n.23 * Si quis autem dicat " praedicta opera, quae sunt dei, spiritui sancto attribui non per auctoritatem ut deo, sed per ministerium quasi creaturae: * expresse hoc esse falsum apparet ex his quae apostolus dicit, i cor. 12-6, dicens: ° divisiones operationum sunt, idem vero deus qui operatur omnia in omnibus; * et postea, connumeratis diversis donis dei, subdit: ° haec omnia operatur unus atque idem spiritus, dividens singulis prout vult. * ubi manifeste expressit " spiritum sanctum deum esse: * tum ex eo quod " spiritum sanctum operari dicit quae supra dixerat deum operari; * tum ex hoc quod " eum pro suae voluntatis arbitrio operari confitetur. ' manifestum est igitur spiritum sanctum deum esse.

005 SCG lb4 cp18

n. ' Quod spiritus sanctus sit subsistens persona.
n.1 * Sed quia quidam " spiritum sanctum asserunt non esse personam subsistentem, sed vel ipsam divinitatem patris et filii, * ut quidam macedoniani dixisse perhibentur; " vel etiam aliquam accidentalem perfectionem mentis a deo nobis donatam, puta sapientiam vel caritatem, vel aliquid huiusmodi, quae participantur a nobis sicut quaedam accidentia creata: ' contra hoc ostendendum est spiritum sanctum non esse aliquid huiusmodi.
n.2 ' Non enim formae accidentales proprie operantur, sed magis habens eas pro suae arbitrio voluntatis: homo enim sapiens utitur sapientia cum vult. sed spiritus sanctus operatur pro suae arbitrio voluntatis, * ut ostensum est. ' non igitur est aestimandus spiritus sanctus velut aliqua accidentalis perfectio mentis.
n.3 ' Item. spiritus sanctus, ut ex scripturis docemur, causa est omnium perfectionum humanae mentis. * dicit enim apostolus, ad rom. 5-5: ° caritas dei diffusa est in cordibus nostris per spiritum sanctum, qui datus est nobis; * et i ad cor. 12-8 ° alii per spiritum datur sermo sapientiae, alii sermo scientiae, secundum eundem spiritum, ' et sic de aliis. non ergo spiritus sanctus est aestimandus quasi aliqua accidentalis perfectio mentis humanae, cum ipse omnium huiusmodi perfectionum causa existat.
n.4 " Quod autem in nomine spiritus sancti designetur essentia patris et filii, ut sic a neutro personaliter distinguatur, * repugnat his quae divina scriptura de spiritu sancto tradit. dicitur enim ioan. 15-26, quod " spiritus sanctus procedit a patre; * et ioan. 16-14, quod " accipit a filio: ' quod non potest de divina essentia intelligi, cum essentia divina a patre non procedat, nec a filio accipiat. oportet igitur dicere quod spiritus sanctus sit subsistens persona.
n.5 * Item. sacra scriptura manifeste de spiritu sancto loquitur tanquam de persona divina subsistente: dicitur enim act. 13-2: ° ministrantibus illis domino et ieiunantibus, dicit illis spiritus sanctus: segregate mihi barnabam et saulum in opus ad quod assumpsi eos; * et infra: ° et ipsi quidem, missi a spiritu sancto, abierunt; * et act. 15-28, dicunt apostoli: ° visum est spiritui sancto et nobis nihil ultra imponere oneris vobis ' etc.; * quae de spiritu sancto non dicerentur nisi esset subsistens persona. ' est igitur spiritus sanctus subsistens persona.
n.6 ' Amplius. cum pater et filius sint personae subsistentes et divinae naturae, spiritus sanctus non connumeraretur eisdem nisi et ipse esset persona subsistens in divina natura. connumeratur autem eisdem: * ut patet matth. ult., dicente domino discipulis, ° euntes docete omnes gentes, baptizantes eos in nomine patris et filii et spiritus sancti; * et ii ad cor. ult., ° gratia domini nostri iesu christi, et caritas dei, et communicatio sancti spiritus, sit semper cum omnibus vobis; * et i ioan. ult., ° tres sunt qui testimonium dant in caelo, pater, verbum et spiritus sanctus, et hi tres unum sunt. * ex quo manifeste ostenditur quod " non solum sit persona subsistens, sicut pater et filius, sed etiam cum eis essentiae habeat unitatem.
n.7 * Posset autem aliquis contra praedicta calumniari, dicens " aliud esse spiritum dei, et aliud spiritum sanctum. * nam in quibusdam praemissarum auctoritatum nominatur ° spiritus dei, * in quibusdam vero ° spiritus sanctus. * sed quod idem sit ° spiritus dei et spiritus sanctus, * manifeste ostenditur ex verbis apostoli dicentis, i ad cor. 2-10, ubi, cum praemisisset, ° nobis revelavit deus per spiritum sanctum, * ad huius confirmationem inducit: ° spiritus enim omnia scrutatur, etiam profunda dei; * et postea concludit: ° ita et quae sunt dei, nemo novit nisi spiritus dei; * ex quo manifeste apparet quod " idem sit spiritus sanctus et spiritus dei. * idem apparet ex hoc quod matth. 10-20, dominus dicit: ° non estis vos qui loquimini, sed spiritus patris vestri qui loquitur in vobis. * loco autem horum verborum marcus dicit: ° non estis vos loquentes, sed spiritus sanctus. * manifestum est igitur " idem esse spiritum sanctum et spiritum dei.
n.8 * Sic ergo, cum ex praemissis auctoritatibus multipliciter appareat " spiritum sanctum non esse creaturam, sed verum deum; ' manifestum est quod non cogimur dicere eodem modo esse intelligendum quod spiritus sanctus mentes sanctorum impleat et eos inhabitet, sicut diabolus aliquos implere vel inhabitare dicitur: * habetur enim ioan. 13-27, de iuda, quod ° post bucellam introivit in eo satanas; * et act. 5-3 dicit petrus, ut quidam libri habent: ° anania, cur implevit satanas cor tuum? ' cum enim diabolus creatura sit, * ut ex superioribus est manifestum, ' non implet aliquem participatione sui; neque potest mentem inhabitare per suam substantiam; sed dicitur aliquos implere per effectum suae malitiae, * unde et paulus dicit ad quendam, act. 13-10: ° o plene omni dolo et omni fallacia. ' spiritus autem sanctus, cum deus sit, per suam substantiam mentem inhabitat, et sui participatione bonos facit: ipse enim est sua bonitas, cum sit deus; quod de nulla creatura verum esse potest. |25| nec tamen per hoc removetur quin per effectum suae virtutis sanctorum impleat mentes.

005 SCG lb4 cp19

n. ' Quomodo intelligenda sunt quae de spiritu sancto dicuntur.
n.1 ' Sanctarum igitur scripturarum testimoniis edocti, hoc firmiter de spiritu sancto tenemus, quod verus sit deus, subsistens, et personaliter distinctus a patre et filio. oportet autem considerare qualiter huiusmodi veritas utcumque accipi debeat, ut ab impugnationibus infidelium defendatur.
n.2 ' Ad cuius evidentiam praemitti oportet quod in qualibet intellectuali natura oportet inveniri voluntatem. intellectus enim fit in actu per formam intelligibilem inquantum est intelligens, sicut res naturalis fit actu in esse naturali per propriam formam. res autem naturalis per formam qua perficitur in sua specie, habet inclinationem in proprias operationes et proprium finem, quem per operationes consequitur: " quale enim est unumquodque, talia operatur, ' et in sibi convenientia tendit. unde etiam oportet quod ex forma intelligibili consequatur in intelligente inclinatio ad proprias operationes et proprium finem. haec autem inclinatio in intellectuali natura voluntas est, quae est principium operationum quae in nobis sunt, quibus intelligens propter finem operatur: finis enim et bonum est voluntatis obiectum. oportet igitur in quolibet intelligente inveniri etiam voluntatem.
n.3 ' Cum autem ad voluntatem plures actus pertinere videantur, ut desiderare, delectari, odire, et huiusmodi, omnium tamen amor et unum principium et communis radix invenitur. quod ex his accipi potest. voluntas enim, * ut dictum est, ' sic se habet in rebus intellectualibus sicut naturalis inclinatio in rebus naturalibus, quae et naturalis appetitus dicitur. ex hoc autem oritur inclinatio naturalis, quod res naturalis habet affinitatem et convenientiam secundum formam, quam diximus esse inclinationis principium, cum eo ad quod movetur, sicut grave cum loco inferiori. unde etiam hinc oritur omnis inclinatio voluntatis, quod per formam intelligibilem aliquid apprehenditur ut conveniens vel afficiens. affici autem ad aliquid, inquantum huiusmodi, est amare ipsum. omnis igitur inclinatio voluntatis, et etiam appetitus sensibilis, ex amore originem habet. ex hoc enim quod aliquid amamus, desideramus illud si absit, gaudemus autem cum adest, et tristamur cum ab eo impedimur, et odimus quae |25| nos ab amato impediunt, et irascimur contra ea.
n.4 ' Sic igitur quod amatur non solum est in intellectu amantis, sed etiam in voluntate ipsius: aliter tamen et aliter. in intellectu enim est secundum similitudinem suae speciei: in voluntate autem amantis est sicut terminus motus in principio motivo proportionato per convenientiam et proportionem quam habet ad ipsum. sicut in igne quodammodo est locus sursum ratione levitatis, secundum quam habet proportionem et convenientiam ad talem locum: ignis vero generatus est in igne generante per similitudinem suae formae.
n.5 * Quia igitur ostensum est quod ' in omni natura intellectuali est voluntas; deus autem intelligens est, * ut in primo ostensum est: ' oportet quod in ipso sit voluntas: non quidem quod voluntas dei sit aliquid eius essentiae superveniens, sicut nec intellectus, * ut supra ostensum est, ' sed voluntas dei est ipsa eius substantia. et cum intellectus etiam dei sit ipsa eius substantia, sequitur quod una res sint in deo intellectus et voluntas. qualiter autem quae in aliis rebus plures res sunt, in deo sint una res, * ex his quae in primo dicta sunt, potest esse manifestum.
n.6 * Et quia ostensum est in primo quod ' operatio dei sit ipsa eius essentia; et essentia dei sit eius voluntas: sequitur quod in deo non est voluntas secundum potentiam vel habitum, sed secundum actum. * ostensum est autem quod ' omnis actus voluntatis in amore radicatur. unde oportet quod in deo sit amor.
n.7 * Et quia, ut in primo ostensum est, ' proprium obiectum divinae voluntatis est eius bonitas, necesse est quod deus primo et principaliter suam bonitatem et seipsum amet. * cum autem ostensum sit quod ' amatum necesse est aliqualiter esse in voluntate amantis; ipse autem deus seipsum amat: necesse est quod ipse deus sit in sua voluntate ut amatum in amante. est autem amatum in amante secundum quod amatur; amare autem quoddam velle est; velle autem dei est eius esse, sicut et voluntas eius est eius esse; esse igitur dei in voluntate sua per modum amoris, non est esse accidentale, sicut in nobis, sed essentiale. unde oportet quod deus, secundum quod consideratur ut in sua voluntate existens, sit vere et substantialiter deus.
n.8 ' Quod autem aliquid sit in voluntate ut amatum in amante, ordinem quendam habet ad conceptionem qua ab intellectu concipitur, et ad ipsam rem cuius intellectualis conceptio dicitur verbum: non enim amaretur aliquid nisi aliquo modo cognosceretur; nec solum amati cognitio amatur, sed secundum quod in se bonum est. necesse est igitur quod amor quo deus est in voluntate divina ut amatum in amante, et a verbo dei, et a deo cuius est verbum, procedat.
n.9 * Cum autem ostensum sit quod ' amatum in a-

mante non est secundum similitudinem speciei, sicut intellectum in intelligente; omne autem quod procedit ab altero per modum geniti, procedit secundum similitudinem speciei a generante: relinquitur quod processus rei ad hoc quod sit in voluntate sicut amatum in amante, non sit per modum generationis, sicut processus rei ad hoc quod sit in intellectu habet rationem generationis, * ut supra ostensum est. ‘ deus igitur procedens per modum amoris, non procedit ut genitus. neque igitur filius dici potest.
n.10 ‘ Sed quia amatum in voluntate existit ut inclinans, et quodammodo impellens intrinsecus amantem in ipsam rem amatam; impulsus autem rei viventis ab interiori ad spiritum pertinet: convenit deo per modum amoris procedenti ut spiritus dicatur eius, quasi quadam spiratione existente.
n.11 * Hinc est quod apostolus “ spiritui et amori impulsum quendam attribuit: * dicit enim, rom. 8-14: ° qui spiritu dei aguntur, hi filii dei sunt; * et ii ad cor. 5-14. ° caritas christi urget nos.
n.12 ‘ Quia vero omnis intellectualis motus a termino denominatur; amor autem praedictus est quo deus ipse amatur: convenienter deus per modum amoris procedens dicitur spiritus sanctus; ea enim quae deo dicata sunt, sancta dici consueverunt.

005 SCG lb4 cp20

n. ‘ De effectibus attributis spiritui sancto in scripturis respectu totius creaturae.
n.1 ‘ Oportet autem, secundum convenientiam praedictorum, considerare effectus quos spiritui sancto sacra scriptura attribuit.
n.2 * Ostensum est enim in superioribus quod ‘ bonitas dei est eius ratio volendi quod alia sint, et per suam voluntatem res in esse producit. amor igitur quo suam bonitatem amat, est causa creationis rerum; * unde et quidam antiqui philosophi “ amorem deorum causam omnium esse * posuerunt, ut patet in i metaph.; et dionysius dicit, iv cap. de div. nom., quod ° divinus amor non permisit ipsum sine germine esse. * habitum est autem ex praemissis quod ‘ spiritus sanctus procedit per modum amoris quo deus amat seipsum. igitur spiritus sanctus est principium creationis rerum. * et hoc significatur in psalmo: ° emitte spiritum tuum et creabuntur.
n.3 ‘ Ex hoc etiam quod spiritus sanctus per modum amoris procedit; amor autem vim quandam impulsivam et motivam habet: motus qui est a deo in rebus, spiritui sancto proprie attribui videtur. prima autem mutatio in rebus a deo existens intelligitur secundum quod ex materia creata informi species diversas produxit. * unde hoc opus spiritui sancto sacra scriptura attribuit: dicitur enim gen. 1-2: ° spiritus domini ferebatur super aquas. * vult enim augustinus “ per aquas intelligi materiam primam super quam spiritus domini ferri dicitur, non quasi ipse moveatur, sed quia est motionis principium.
n.4 ‘ Rursus. rerum gubernatio a deo secundum quandam motionem esse intelligitur, secundum quod deus omnia dirigit et movet in proprios fines. si igitur impulsus et motio ad spiritum sanctum ratione amoris pertinet, convenienter rerum gubernatio et propagatio spiritui sancto attribuitur. * unde iob 33-4 dicitur: ° spiritus domini fecit me * et in psalmo: ° spiritus tuus bonus deducet me in terram rectam.
n.5 ‘ Et quia gubernare subditos proprius actus domini est, convenienter spiritui sancto dominium attribuitur. * dicit enim apostolus, ii ad cor. 3-17: ° spiritus autem dominus est. * et in symbolo fidei dicitur: ° credo in spiritum sanctum dominum.
n.6 ‘ Item. vita maxime in motu manifestatur: moventia enim seipsa vivere dicimus, et universaliter quaecumque a seipsis aguntur ad operandum. si igitur ratione amoris spiritui sancto impulsio et motio competit, convenienter etiam sibi attribuitur vita. * dicitur enim ioan. 6-64: ° spiritus est qui vivificat; * et ezech. 37-6: ° dabo vobis spiritum et vivetis, * et in symbolo fidei “ nos in spiritum sanctum vivificantem * credere profitemur. ‘ quod etiam et nomini spiritus consonat: nam etiam corporalis vita animalium est per spiritum vitalem a principio vitae in cetera membra diffusum.

005 SCG lb4 cp21

n. ‘ De effectibus attributis spiritui sancto in sacra scriptura respectu rationalis creaturae, quantum ad ea quae deus nobis largitur.
n.1 ‘ Considerandum est etiam, quantum ad effectus quos proprie in natura rationali facit, quod ex hoc quod divinae perfectioni utcumque assimilamur, huiusmodi perfectio a deo nobis dari dicitur: sicut sapientia a deo nobis donatur secundum quod divinae sapientiae utcumque assimilamur. cum igitur spiritus sanctus procedat per modum amoris quo deus seipsum amat, * ut ostensum est; ‘ ex hoc quod huic amori assimilamur deum amantes, spiritus sanctus a deo nobis dari dicitur. * unde apostolus dicit, rom. 5-5: ° caritas dei diffusa est in cordibus nostris per spiritum sanctum, qui datus est nobis.
n.2 ‘ Sciendum tamen est quod ea quae a deo in nobis sunt, reducuntur in deum sicut in causam efficientem et exemplarem. in causam quidem efficientem, inquantum virtute operativa divina aliquid in nobis efficitur. in causam quidem exemplarem, secundum quod id quod in nobis a deo est, aliquo modo deum imitatur. cum ergo eadem virtus sit patris et filii et spiritus sancti, sicut et eadem essentia; oportet quod omne id quod deus in nobis efficit, sit, sicut a causa efficiente, simul a patre et filio et spiritu sancto. verbum tamen sapientiae, quo deum cognoscimus, nobis a deo immissum, est proprie repraesentativum filii. et similiter amor quo deum diligimus, est proprium repraesentativum spiritus sancti. et sic caritas quae in nobis est, licet sit effectus patris et filii et spiritus sancti, tamen quadam speciali ratione dicitur esse in nobis per spiritum sanctum. quia vero effectus divini non solum divina operatione esse incipiunt, sed etiam |25| per eam tenentur in esse, * ut ex superioribus patet, ‘ nihil autem operari potest ubi non est, oportet enim operans et operatum in actu esse simul, sicut movens et motum: necesse est ut, ubicumque est aliquis effectus dei, ibi sit ipse deus effector. unde, cum caritas, qua deum diligimus, sit in nobis per spiritum sanctum, oportet quod ipse etiam spiritus sanctus in nobis sit, quandiu caritas in nobis est. * unde apostolus dicit, i cor. 3-16: ° nescitis quoniam templum dei estis, et spiritus sanctus habitat in vobis? ‘ cum igitur per spiritum sanctum dei amatores efficiamur; omne autem amatum in amante est, inquantum huiusmodi: necesse est quod per spiritum sanctum pater etiam et filius in nobis habitent. * unde dominus dicit, ioan. 14-23: ° ad eum veniemus, “ scilicet diligentem deum, ° et mansionem apud eum faciemus. * et i ioan. 3-24, dicitur: ° in hoc scimus quoniam manet in nobis de spiritu quem dedit nobis.
n.3 ‘ Rursus. manifestum est quod deus maxime amat illos quos sui amatores per spiritum sanctum constituit, non enim tantum bonum nisi amando conferret, * unde proverb. 8-17 dicitur ex persona domini: ° ego diligentes me diligo; non quasi nos prius dilexerimus deum, sed quoniam ipse prior dilexit nos, * ut dicitur i ioan. 4-10. ‘ omne autem amatum in amante est. necesse est igitur quod per spiritum sanctum non solum deus sit in nobis, sed etiam nos in deo. * unde dicitur i ioan. 4-16: ° qui manet in caritate in deo manet, et deus in eo; * et iterum: ° in hoc intelligimus quoniam in eo manemus, et ipse in nobis, quoniam de spiritu suo dedit nobis.
n.4 ‘ Est autem hoc amicitiae proprium, quod amico aliquis sua secreta revelet. cum enim amicitia coniungat affectus, et duorum faciat quasi cor unum, non videtur extra cor suum aliquis illud protulisse quod amico revelat: * unde et dominus dicit discipulis, ioan. 15-15: ° iam non dicam vos servos, sed amicos meos: quia omnia quae audivi a patre meo, nota feci vobis. ‘ quia igitur per spiritum sanctum amici dei constituimur, convenienter per spiritum sanctum hominibus dicuntur revelari divina mysteria. * unde apostolus dicit, i ad cor. 2-9 ° scriptum est quod oculus non vidit, nec auris audivit, nec in cor hominis ascendit, quae praeparavit deus diligentibus se; nobis autem revelavit deus per spiritum sanctum. ‘ et quia ex his quae homo novit, formatur eius loquela, convenienter etiam per spiritum sanctum homo loquitur divina mysteria: * secundum illud i cor. 14-2: ° spiritu loquitur mysteria; * et matth. 10-20: ° non enim vos estis qui loquimini, sed spiritus patris vestri qui loquitur in vobis. * et de prophetis dicitur |25| ii petr. 1-21, quod ° spiritu sancto inspirati locuti sunt sancti dei homines. * unde etiam in symbolo fidei dicitur de spiritu sancto: ° qui locutus est per prophetas.
n.5 ‘ Non solum autem est proprium amicitiae quod amico aliquis revelet sua secreta propter unitatem affectus, sed eadem unitas requirit quod etiam ea quae habet, amico communicet: quia, cum homo amicum habeat ut se alterum, necesse est quod ei subveniat sicut et sibi sua ei communicans; unde et proprium amicitiae esse ponitur velle et facere bonum amico; * secundum illud i ioan. 3-17: ° qui habuerit substantiam huius mundi, et viderit fratrem suum necessitatem habentem, et clauserit viscera sua ab eo: quomodo caritas dei manet in eo? ‘ hoc autem maxime in deo habet locum, cuius velle est efficax ad effectum. et ideo convenienter omnia dona dei per spiritum sanctum nobis donari dicuntur: * secundum illud i cor. 12-8: ° alii datur per spiritum sermo sapientiae; alii autem sermo scientiae secundum eundem spiritum; * et postea, multis enumeratis: ° haec omnia operatur unus atque idem spiritus, dividens singulis prout vult.
n.6 ‘ Manifestum est autem quod, sicut ad hoc quod corpus aliquod ad locum ignis perveniat, oportet quod igni assimiletur levitatem acquirens, ex qua motu ignis proprio moveatur; ita ad hoc quod homo ad beatitudinem divinae fruitionis, quae deo propria est secundum suam naturam, perveniat, necesse est, primo quidem quod per spirituales perfectiones deo assimiletur; et deinde secundum eas operetur; et sic tandem praedictam beatitudinem consequetur. dona autem spiritualia nobis per spiritum sanctum dantur, * ut ostensum est. ‘ et sic per spiritum sanctum deo configuramur; et per ipsum ad bene operandum habiles reddimur; et per eundem ad beatitudinem nobis via paratur. * quae tria apostolus insinuat nobis, ii cor. 1, dicens: ° unxit nos deus; et signavit nos; et dedit pignus spiritus in cordibus nostris. * et ephes. 1-13 ° signati estis spiritu promissionis sancto, qui est pignus hereditatis nostrae. ‘ signatio enim ad similitudinem configurationis pertinere videtur; |25| unctio autem ad habilitatem hominis ad perfectas operationes; pignus autem ad spem qua ordinamur in caelestem hereditatem, quae est beatitudo perfecta.
n.7 ‘ Et quia ex benevolentia quam quis habet ad aliquem, contingit quod eum sibi adoptat in filium, ut sic ad eum hereditas adoptantis pertineat; convenienter spiritui sancto adoptio filiorum dei attribuitur; * secundum illud rom. 8-15: ° accepistis spiritum adoptionis filiorum, in quo clamamus, abba (pater).
n.8 ‘ Per hoc autem quod aliquis alterius amicus constituitur, omnis offensa removetur, amicitiae enim offensa contrariatur: * unde dicitur proverb. 10-12: ° universa delicta operit caritas. ‘ cum igitur per spiritum sanctum dei amici constituamur, consequens est quod per ipsum nobis a deo remittantur peccata: * et ideo dominus dicit discipulis, ioan. 20-22: ° accipite spiritum sanctum: quorum remiseritis peccata, remittentur. * et ideo matth. 12-31, “ blasphemantibus in spiritum sanctum peccatorum remissio denegatur, ‘ quasi non habentibus illud per quod homo remissionem consequitur peccatorum.
n.9 ‘ Inde etiam est quod per spiritum sanctum dicimur renovari, et purgari, sive lavari: * secundum illud psalmi: ° emitte spiritum tuum et creabuntur, et renovabis faciem terrae; * et ephes. 4-23: ° renovamini spiritu mentis vestrae; * et isaiae 4-4: ° si abluerit dominus sordes filiorum sion, et sanguinem filiarum laverit de medio eius, in spiritu iudicii et spiritu ardoris.

005 SCG lb4 cp22

n. ‘ De effectibus attributis spiritui sancto secundum quod movet creaturam in deum.
n.1 ‘ His igitur consideratis quae per spiritum sanctum in sacris scripturis nobis a deo fieri dicuntur, oportet considerare quomodo per spiritum sanctum moveamur in deum.
n.2 ‘ Et primo quidem, hoc videtur esse amicitiae maxime proprium, simul conversari ad amicum. conversatio autem hominis ad deum est per contemplationem ipsius: * sicut et apostolus dicebat, philipp. 3-20: ° nostra conversatio in caelis est. ‘ quia igitur spiritus sanctus nos amatores dei facit, consequens est quod per spiritum sanctum dei contemplatores constituamur. * unde apostolus dicit, ii cor. 3-18: ° nos autem omnes, revelata facie gloriam dei speculantes, in eandem imaginem transformamur a claritate in claritatem, tanquam a domini spiritu.
n.3 ‘ Est autem et amicitiae proprium quod aliquis in praesentia amici delectetur, et in eius verbis et factis gaudeat, et in eo consolationem contra omnes anxietates inveniat: unde in tristitiis maxime ad amicos consolationis causa confugimus. quia igitur spiritus sanctus dei nos amicos constituit, et eum in nobis habitare facit et nos in ipso, * ut ostensum est, ‘ consequens est ut per spiritum sanctum gaudium de deo et consolationem habeamus contra omnes mundi adversitates et impugnationes. * unde et in psalmo dicitur: ° redde mihi laetitiam salutaris tui, et spiritu principali confirma me; * et rom. 14-17: ° regnum dei est iustitia et pax et gaudium in spiritu sancto, * et act. 9-31 dicitur: ° ecclesia habebat pacem et aedificabatur, ambulans in timore dei, et consolatione spiritus sancti replebatur. “ et ideo dominus spiritum sanctum paraclitum, idest consolatorem, * nominat, ioan. 14-26: ° paraclitus autem spiritus sanctus, ‘ etc..
n.4 ‘ Similiter autem et amicitiae proprium est consentire amico in his quae vult. voluntas autem dei nobis per praecepta ipsius explicatur. pertinet igitur ad amorem quo deum diligimus, ut eius mandata impleamus: * secundum illud ioan. 14-15: ° si diligitis me, mandata mea servate. ‘ unde, cum per spiritum sanctum dei amatores constituamur, per ipsum etiam quodammodo agimur ut praecepta dei impleamus: * secundum illud apostoli, rom. 8-14: ° qui spiritu dei aguntur, hi filii dei sunt.
n.5 ‘ Considerandum tamen est quod a spiritu sancto filii dei aguntur non sicut servi, sed sicut liberi. cum enim liber “ sit qui sui causa est, ‘ illud libere agimus quod ex nobis ipsis agimus. hoc vero est quod ex voluntate agimus: quod autem agimus contra voluntatem, non libere, sed serviliter agimus; sive sit violentia absoluta, ut “ quando totum principium est extra, nihil conferente vim passo, ‘ puta cum aliquis vi impellitur ad motum; sive sit violentia voluntario mixta, ut cum aliquis vult facere vel pati quod minus est contrarium voluntati, ut evadat quod magis voluntati contrariatur. spiritus autem sanctus sic nos ad agendum inclinat ut nos voluntarie agere faciat, inquantum nos amatores dei constituit. filii igitur dei libere a spiritu sancto aguntur ex amore, non serviliter ex timore. * unde apostolus, rom. 8-15, dicit: ° non accepistis spiritum servitutis iterum in timore, sed spiritum adoptionis filiorum.
n.6 ‘ Cum autem voluntas ordinetur in id quod est vere bonum, sive propter passionem sive propter malum habitum aut dispositionem homo ab eo quod est vere bonum avertatur, serviliter agit, inquantum a quodam extraneo inclinatur, si consideretur ipse ordo naturalis voluntatis. sed si consideretur actus voluntatis ut inclinatae in apparens bonum, libere agit cum sequitur passionem aut habitum corruptum; serviliter autem agit si, tali voluntate manente, propter timorem legis in contrarium positae, abstinet ab eo

quod vult. cum igitur spiritus sanctus per amorem voluntatem inclinet in verum bonum, in quod naturaliter ordinatur, tollit et servitutem qua, servus passionis et peccati effectus, contra ordinem voluntatis agit; et servitutem qua, contra motum suae voluntatis, secundum legem agit, quasi legis servus, non amicus. * propter quod apostolus dicit, ii cor. 3-17: ° ubi spiritus domini, ibi libertas; * et galat. 5-18: ° si spiritu ducimini, non estis sub lege.

n.7 ‘ Hinc est quod spiritus sanctus facta carnis mortificare dicitur, secundum quod per passionem carnis a vero bono non avertimur, in quod spiritus sanctus per amorem nos ordinat: * secundum illud rom. 8-13: ° si spiritu facta carnis mortificaveritis, vivetis.

005 SCG lb4 cp23

n. ‘ Solutio rationum supra inductarum contra divinitatem spiritus sancti.

n.1 ‘ Restat autem solvere supra positas rationes, quibus concludi videbatur quod spiritus sanctus sit creatura, et non deus.

n.2 ‘ Circa quod considerandum est primo, quod nomen spiritus a respiratione animalium sumptum videtur, in qua aer cum quodam motu infertur et emittitur. unde nomen spiritus ad omnem impulsum et motum vel cuiuscumque aerei corporis trahitur: et sic ventus dicitur spiritus, * secundum illud psalmi, ° ignis, grando, nix, glacies, spiritus procellarum, quae faciunt verbum eius. ‘ sic etiam vapor tenuis diffusus per membra ad eorum motus, spiritus vocatur. rursus, quia aer invisibilis est, translatum est ulterius spiritus nomen ad omnes virtutes et substantias invisibiles et motivas. et propter hoc et anima sensibilis, et anima rationalis, et angeli, et deus, spiritus dicuntur: et proprie deus per modum amoris procedens, quia amor virtutem quandam motivam insinuat. * sic igitur quod amos dicit, ° creans spiritum, “ de vento * intelligit: ut nostra translatio expressius habet; quod etiam consonat ei quod praemittitur, ° formans montes. |25| * quod vero zacharias de deo dicit, quod est ° creans, * vel ° fingens spiritum hominis in eo, “ de anima humana * intelligit. unde concludi non potest quod “ spiritus sanctus sit creatura.

n.3 * Similiter autem nec ex hoc quod dominus dicit de spiritu sancto, ° non loquetur a semetipso, sed quaecumque audiet loquetur, * concludi potest quod “ sit creatura. * ostensum est enim quod ‘ spiritus sanctus est deus de deo procedens. unde oportet quod essentiam suam ab alio habeat: * sicut et de filio dei dictum est supra. ‘ et sic, cum in deo et scientia et virtus et operatio dei sit eius essentia, omnis filii et spiritus sancti scientia et virtus et operatio est ab alio: sed filii a patre tantum, spiritus autem sancti a patre et filio. quia igitur una de operationibus spiritus sancti est quod loquatur in sanctis viris, * ut ostensum est, * propter hoc dicitur quod ° non loquitur a semetipso, “ quia a se non operatur. ‘ audire autem ipsius est accipere scientiam, sicut et essentiam, a patre et filio, eo quod nos per auditum scientiam accipimus: est enim consuetum in scriptura ut divina per modum humanorum tradantur. * nec movere oportet quod dicit, ° audiet, * quasi de |25| futuro loquens, ‘ cum accipere spiritum sanctum sit aeternum: nam aeterno verba cuiuslibet temporis aptari possunt, eo quod aeternitas totum tempus complectitur.

n.4 * Secundum eadem etiam apparet quod ‘ missio qua spiritus sanctus mitti dicitur a patre et filio, * non potest concludere “ eum esse creaturam. * dictum est enim supra quod ‘ filius dei secundum hoc missus fuisse dicitur, quod in carne visibili hominibus apparuit, et sic novo quodam modo fuit in mundo, quo prius non fuerat, scilicet visibiliter, in quo tamen fuerat semper invisibiliter ut deus. quod autem hoc filius ageret, ei a patre fuit: unde et secundum hoc a patre dicitur missus. sic autem et spiritus sanctus visibiliter apparuit: vel in specie columbae super christum in baptismo; vel in linguis igneis super apostolos. et licet non fuerit factus columba vel ignis, sicut filius factus est homo; tamen sicut in signis quibusdam ipsius in huiusmodi visibilibus speciebus apparuit; et sic etiam ipse quodam novo modo, scilicet visibiliter, in mundo fuit. et hoc ei fuit a patre et filio: unde et ipse a patre et filio dicitur missus. quod non minorationem in ipso, sed processionem ostendit.

n.5 ‘ Est tamen et alius modus quo tam filius quam spiritus sanctus invisibiliter mitti dicuntur. * patet enim ex dictis quod ‘ filius procedit a patre per modum notitiae, qua deus cognoscit seipsum; et spiritus sanctus procedit a patre et filio per modum amoris, quo deus amat seipsum. * unde, sicut dictum est, ‘ cum aliquis per spiritum sanctum amator dei efficitur, spiritus sanctus est inhabitator ipsius: et sic quodam novo modo in homine est, scilicet secundum novum proprium effectum ipsum inhabitans. et quod hunc effectum in homine faciat spiritus sanctus, est ei a patre et filio: et propter hoc a patre et filio invisibiliter dicitur mitti. et pari ratione, in mente hominis filius dicitur mitti invisibiliter, cum aliquis sic in divina cognitione constituitur quod ex tali cognitione dei amor procedat in homine. unde patet quod nec iste etiam modus missionis in filio aut spiritu sancto minorationem inducit, sed solum processionem ab alio.

n.6 ‘ Similiter etiam nec spiritum sanctum a divinitate excludit quod pater et filius interdum connumerantur, non facta mentione de spiritu sancto: sicut nec filium a divinitate excludit quod interdum fit mentio de patre, non facta mentione de filio. per hoc enim tacite scriptura insinuat quod quicquid, ad divinitatem pertinens, de uno trium dicitur, de omnibus est intelligendum, eo quod sunt unus deus. nec etiam potest deus pater sine verbo et amore intelligi, nec e converso: et propter hoc in uno trium omnes tres intelliguntur. unde et interdum fit mentio de solo filio, in eo quod commune est tribus: * sicut est illud matth. 11-27, ° neque patrem quis novit nisi filius: ‘ cum tamen et pater et spiritus sanctus patrem cognoscant. * similiter etiam de spiritu sancto dicitur i cor. 2-11: ° quae sunt dei, nemo novit nisi spiritus dei, ‘ cum tamen certum sit quod ab hac cognitione divinorum neque pater neque filius excludantur.

n.7 * Patet etiam quod non potest ostendi “ spiritus sanctus esse creatura * per hoc quod de ipso in scriptura sacra “ aliqua ad motum pertinentia dicta inveniuntur. * sunt enim accipienda metaphorice. sic enim et deo aliquando scriptura sacra motum attribuit: ut est illud gen. 3-8, ° cum audissent vocem domini deambulantis in paradiso; et * 18-21, ° descendam, et videbo utrum clamorem opere compleverint. * quod ergo dicitur, ° spiritus domini ferebatur super aquas, * intelligendum est eo modo dictum esse sicut dicitur quod “ voluntas fertur in volitum, et amor in amatum. * quamvis et hoc quidam “ non de spiritu sancto, sed de aere * intelligere velint, “ qui habet naturalem locum super aquam, unde ad eius multimodas transmutationes significandas, * dictum est quod ° ferebatur super aquas. * quod etiam dicitur, ° effundam de spiritu meo super omnem carnem, * ea ratione dictum esse oportet intelligi “ qua spiritus sanctus dicitur mitti hominibus a patre vel filio, * ut dictum est. “ in verbo autem |25| effusionis abundantia effectus spiritus sancti intelligitur; et quod non stabit in uno, sed ad plures deveniet, a quibus etiam quodammodo in alios derivetur, sicut patet in his quae corporaliter effunduntur.

n.8 * Similiter autem quod dicitur, ° auferam de spiritu tuo tradamque eis, “ non ad ipsam essentiam seu personam spiritus sancti referendum est, cum indivisibilis sit: sed ad ipsius effectus, secundum quos in nobis habitat, ‘ qui in homine possunt augeri et minui; non tamen ita quod id quod subtrahitur uni, idem numero alteri conferatur sicut in rebus corporalibus accidit; sed quia aliquid simile potest accrescere uni in quo alii decrescit. nec tamen requiritur quod ad hoc quod accrescat uni, alteri subtrahatur: quia res spiritualis potest simul absque detrimento cuiuslibet a pluribus possideri. * unde nec intelligendum est quod “ de donis spiritualibus oportuerit aliquid subtrahi moysi ad hoc quod aliis conferretur, sed ad actum sive ad officium referendum est: quia quod spiritus sanctus prius per solum moysen effecerat, postea per plures implevit. * sic etiam nec elisaeus petiit “ ut spiritus sancti essentia seu persona duplicata augeretur: sed ut duos effectus spiritus sancti qui fuerant in elia, scilicet prophetia et operatio |25| miraculorum, essent etiam in ipso. ‘ quamvis etiam non sit inconveniens quod effectum spiritus sancti unus alio abundantius participet, secundum duplam vel quantamcumque aliam proportionem: cum mensura utriusque sit finita. “ non tamen hoc praesumpsisset elisaeus petere, ut in effectu spiritualis superaret magistrum.

n.9 * Patet etiam ex consuetudine sacrae scripturae quod “ per quandam similitudinem humani animi passiones transferuntur in deum: * sicut dicitur in psalmo: ° iratus est furore dominus in populum suum. * dicitur enim “ deus iratus per similitudinem effectus: ‘ punit enim, quod et irati faciunt; * unde et ibidem subditur: ° et tradidit eos in manus gentium. “ sic et spiritus sanctus contristari dicitur per similitudinem effectus: ‘ deserit enim peccatores, sicut contristati deserunt contristantes.

n.10 * Est etiam consuetus modus loquendi in sacra scriptura ut “ illud deo attribuatur quod in homine facit: * secundum illud gen. 22-12: ° nunc cognovi quod timeas dominum, “ idest, nunc cognoscere feci. * et hoc modo dicitur quod “ spiritus sanctus postulat, quia postulantes facit: ‘ facit enim amorem dei in cordibus nostris, ex quo desideramus ipso frui, et desiderantes postulamus.

n.11 ‘ Cum autem spiritus sanctus procedat per modum amoris quo seipsum deus amat; eodem autem amore deus se et alia propter suam bonitatem amat: manifestum est quod ad spiritum sanctum pertinet amor quo deus nos amat. similiter etiam et amor quo nos deum amamus: cum nos dei faciat amatores, * ut ex dictis patet. ‘ et quantum ad utrumque, spiritui sancto competit donari. ratione quidem amoris quo deus nos amat, eo modo loquendi quo unusquisque dicitur dare amorem suum alicui cum eum amare incipit:- quamvis deus neminem ex tempore amare incipiat, si respiciatur ad voluntatem divinam qua nos amat; effectus tamen sui amoris ex tempore causatur in aliquo, cum eum ad se trahit. ratione autem amoris quo nos deum amamus, quia hunc amorem spiritus sanctus facit in nobis: unde secundum hunc amorem in nobis habitat, * ut ex dictis patet, ‘ et sic eum habemus ut cuius ope fruimur. et quia hoc est spiritui sancto a patre et filio, quod per amorem quem in nobis |25| causat, in nobis sit et habeatur a nobis, convenienter dicitur a patre et filio nobis dari. nec per hoc patre et filio minor ostenditur: sed ab ipsis habet originem. dicitur etiam et a seipso dari nobis, inquantum amorem secundum quem nos inhabitat, simul cum patre et filio in nobis causat.

n.12 ‘ Quamvis autem spiritus sanctus verus sit deus, et veram naturam divinam habeat a patre et filio, non tamen oportet quod filius sit. filius enim dicitur aliquis ex eo quod genitus est: unde, si res aliqua naturam alterius ab eo acciperet non per genituram, sed per alium quemcumque modum, ratione filiationis careret; ut puta si aliquis homo, virtute sibi divinitus ad hoc concessa, faceret hominem ex aliqua sui corporis parte, vel etiam exteriori modo, sicut facit artificiata, productus homo producentis filius non diceretur, quia non procederet ab eo ut natus. processio autem spiritus sancti rationem nativitatis non habet, * ut supra ostensum est. ‘ unde spiritus sanctus, licet a patre et filio divinam naturam habeat, non tamen eorum filius dici potest.

n.13 ‘ Quod autem in sola natura divina pluribus modis natura communicatur, rationabile est. quia in solo deo eius operatio est suum esse. unde, cum in eo, sicut in qualibet intellectuali natura, sit intelligere et velle, id quod procedit in eo per modum intellectus ut verbum, aut amoris et voluntatis ut amor, oportet quod habet esse divinum, et sit deus. et sic tam filius quam spiritus sanctus est verus deus.

n.14 ‘ Haec igitur de spiritus sancti divinitate dicta sint. alia vero quae circa eius processionem difficultatem habent, ex his quae de nativitate filii dicta sunt, considerare oportet.

005 SCG lb4 cp24

n. ‘ Quod spiritus sanctus procedat a filio.

n.1 * Quidam vero circa spiritus sancti processionem errare inveniuntur, dicentes “ spiritum sanctum a filio non procedere. ‘ et ideo ostendendum est spiritum sanctum a filio procedere.

n.2 * Manifestum est enim ex sacra scriptura quod “ spiritus sanctus est spiritus filii: * dicitur enim rom. 8-9: ° si quis spiritum christi non habet, hic non est eius. * sed ne aliquis posset dicere quod “ alius sit spiritus qui procedit a patre, et alius qui est filii, * ostenditur ex verbis eiusdem apostoli quod “ idem spiritus sanctus sit patris et filii. * nam hoc quod inductum est, ° si quis spiritum christi non habet, hic non est eius, * subiunxit postquam dixerat, ° si spiritus dei habitat in nobis, * etc.. non autem potest dici “ spiritus sanctus esse spiritus christi ex hoc solo quod eum habuit tanquam homo, * secundum illud luc. 4-1, ° iesus, plenus spiritu sancto, regressus est a iordane. * dicitur enim galat. 4-6: ° quoniam estis filii dei, misit deus spiritum filii sui in corda vestra, clamantem, abba (pater). ‘ ex hoc ergo spiritus sanctus nos facit filios dei, inquantum est spiritus filii dei. efficimur autem filii dei adoptivi per |25| assimilationem ad filium dei naturalem: * secundum illud rom. 8-29: ° quos praescivit, et praedestinavit fieri conformes imaginis filii eius, ut sit ipse primogenitus in multis fratribus. ‘ sic igitur est spiritus sanctus spiritus christi, inquantum est filius dei naturalis. non potest autem secundum aliam habitudinem spiritus sanctus dici spiritus filii dei nisi secundum aliquam originem: quia haec sola distinctio in divinis invenitur. necesse est igitur dicere quod spiritus sanctus sic sit filii quod ab eo procedat.

n.3 ‘ Item. spiritus sanctus a filio mittitur: * secundum illud ioan. 15-26: ° cum venerit paraclitus, quem ego mittam vobis a patre. ‘ mittens autem auctoritatem aliquam habet in missum. oportet igitur dicere quod filius habeat aliquam auctoritatem respectu spiritus sancti. non autem dominii vel maioritatis, sed secundum solam originem. sic igitur spiritus sanctus est a filio. * si quis autem dicat quod “ etiam filius mittitur a spiritu sancto, * quia dicitur luc. 4-18.21, quod dominus dixit in se impletum illud isaiae, ° spiritus domini super me, evangelizare pauperibus misit me: ‘ sed considerandum est quod filius a spiritu sancto mittitur secundum naturam assumptam. spiritus autem sanctus non assumpsit naturam creatam, ut secundum eam possit dici missus a filio, vel filius habere auctoritatem respectu ipsius. relinquitur igitur quod respectu personae aeternae filius super spiritum sanctum auctoritatem habeat.

n.4 * Amplius. ioan. 16-14, dicit filius de spiritu sancto: ° ille me clarificabit, quia de meo accipiet. * non autem potest dici quod “ accipiat id quod est filii, non tamen accipiat a filio: * utputa si dicatur quod “ accipiat essentiam divinam, quae est filii a patre; * unde et subditur, ° omnia quaecumque habet pater, mea sunt. propterea dixi vobis quia de meo accipiet:- ‘ si enim omnia quae patris sunt et filii sunt, oportet quod auctoritas patris, secundum quam est principium spiritus sancti, sit et filii. sicut ergo spiritus sanctus accipit de eo quod est patris a patre, ita accipit de eo quod est filii a filio.

n.5 * Ad hoc etiam induci possunt auctoritates doctorum ecclesiae, etiam graecorum. dicit enim athanasius: ° spiritus sanctus a patre et filio, non factus nec creatus nec genitus, sed procedens. * cyrillus etiam, in epistola sua, quam synodus chalcedonensis recepit, dicit: ° spiritus veritatis nominatur et est spiritus veritatis et profluit ab eo, sicut denique et ex deo patre. * didymus etiam dicit, in libro de spiritu sancto: ° neque quid est aliud filius exceptis his quae ei dantur a patre; neque alia est spiritus sancti substantia praeter id quod ei datur a filio.

n.6 * Ridiculosum est autem quod quidam concedunt “ spiritum sanctum esse a filio, vel profluere ab ipso, sed non procedere ab ipso. ‘ verbum enim processionis inter omnia quae ad originem pertinent, magis invenitur esse commune: quicquid enim quocumque modo est ab aliquo, ab ipso procedere dicimus. et quia divina melius per communia quam per specialia designantur, verbum processionis in origine divinarum personarum maxime est accommodum. * unde si concedatur quod “ spiritus sanctus sit a filio, vel profluat ab eo, * sequitur quod “ ab eo procedat.

n.7 * Item. habetur in determinatione quinti concilii: ° sequimur per omnia sanctos patres et doctores ecclesiae, athanasium, hilarium, basilium, gregorium theologum et gregorium nyssenum, ambrosium, augustinum, theophilum, ioannem constantin., cyrillum, leonem, proclum: et suscipimus omnia quae de recta fide et condamnatione haereticorum exposuerunt. * manifestum est autem ex multis auctoritatibus augustini, et praecipue in libro de trinitate, et super ioannem, quod “ spiritus sanctus sit a filio. ‘ oportet igitur concedi quod spiritus sanctus sit a filio sicut et a patre.

n.8 ‘ Hoc etiam evidentibus rationibus apparet. in rebus enim, remota materiali distinctione, quae in divinis personis locum habere non potest, non invenitur aliqua distingui nisi per aliquam oppositionem. quae enim nullam oppositionem habent ad invicem, simul esse possunt in eodem, unde per ea distinctio causari non potest: album enim et triangulare, licet diversa sint, quia tamen non opponuntur, in eodem esse contingit. * oportet autem supponere, secundum fidei catholicae documenta, quod ‘ spiritus sanctus a filio distinguatur: aliter enim non esset trinitas, sed dualitas in personis. oportet igitur huiusmodi distinctionem per aliquam oppositionem fieri. non autem oppositione affirmationis et negationis: quia sic distinguuntur entia a non entibus. nec etiam oppositione privationis et habitus: quia sic distinguuntur perfecta ab imperfectis. neque etiam oppositione contrarietatis. quia sic distinguuntur quae sunt secundum formam diversa: “ nam contrarietas, * ut philosophi docent, “ est differentia secundum formam. quae quidem differentia divinis personis non convenit, cum earum sit una forma, sicut una essentia: * secundum illud apostoli, philipp. 2-6, de filio dicentis, ° qui cum in forma dei esset, “ scilicet patris. ‘ relinquitur igitur unam personam divinam ab alia non distingui nisi oppositione relationis: sic enim filius a patre distinguitur secundum oppositionem relativam patris et filii. non enim in divinis personis alia relativa oppositio esse potest nisi secundum originem. nam relative opposita vel supra quantitatem fundatur, ut duplum et dimidium; vel super actionem et passionem, ut dominus et servus, movens et motum, pater et filius. rursus, relativorum quae super quantitatem fundantur, quaedam fundantur super diversam quantitatem, ut duplum et dimidium, maius et minus; quaedam super ipsam unitatem, ut idem, quod significat unum in substantia; et aequale, quod significat unum in quantitate; et simile, quod significat unum in qualitate. divinae igitur personae distingui non possunt relationibus fundatis super diversitatem quantitatis: quia sic tolleretur trium personarum aequalitas. neque iterum relationibus quae fundantur super unum: quia huiusmodi relationes distinctionem non causant, immo magis ad convenientiam pertinere inveniuntur, etsi forte aliqua eorum distinctionem praesupponunt. in relationibus vero omnibus super actionem vel passionem fundatis, semper alterum est ut subiectum, et inaequale secundum virtutem, nisi solum in relationibus originis, in quibus nulla minoratio designatur, eo quod invenitur aliquid producere sibi simile et aequale secundum naturam et virtutem. relinquitur igitur quod divinae personae distingui non possunt nisi oppositione relativa secundum originem. oportet igitur quod, si spiritus sanctus a filio distinguitur, quod sit ab eo: non enim est dicere quod filius sit a spiritu sancto, cum spiritus sanctus magis filii esse dicatur, et a filio detur.

n.9 ‘ Item. a patre est filius et spiritus sanctus. oportet igitur patrem referri et ad filium et ad spiritum sanctum ut principium ad id quod est a principio. refertur autem ad filium ratione paternitatis, non autem ad spiritum sanctum: quia tunc spiritus sanctus esset filius; paternitas enim non dicitur nisi ad filium. oportet igitur in patre esse aliam relationem qua referatur ad spiritum sanctum, et vocetur spiratio. similiter, cum in filio sit quaedam relatio qua refertur ad patrem, quae dicitur filiatio, oportet quod in spiritu sancto sit etiam alia relatio qua referatur ad patrem, et dicatur processio. et sic secundum originem filii a patre sint duae relationes, una in originante, alia in originato, scilicet paternitas et filiatio; et aliae duae ex parte originis spiritus sancti, scilicet spiratio et processio. paternitas igitur et spiratio non constituunt duas personas, sed ad unam personam patris pertinent: quia non habent oppositionem ad invicem. neque igitur filiatio et processio duas personas constituerent, sed ad unam pertinerent, nisi haberent oppositionem ad invicem. non est autem dare aliam oppositionem nisi secundum originem. oportet igitur quod sit oppositio originis inter filium et spiritum sanctum, ita quod unus sit ab alio.

n.10 ‘ Adhuc. quaecumque conveniunt in aliquo communi, si distinguantur ad invicem, oportet quod distinguantur secundum aliquas differentias per se, et non per accidens, pertinentes ad illud commune: sicut homo et equus conveniunt in animali, et distinguuntur ab invicem, non per album et nigrum, quae se habent per accidens ad animal, sed per rationale et irrationale, quae per se animal pertinent; quia, cum animal sit quod habet animam, oportet quod hoc distinguatur per hoc quod est habere animam talem vel talem, utputa rationalem vel irrationalem. manifestum est autem quod filius et spiritus sanctus conveniunt in hoc quod est esse ab alio, quia uterque est a patre: et secundum hoc pater convenienter differt ab utroque, inquantum est innascibilis. si igitur spiritus sanctus distinguatur a filio, oportet quod hoc sit per differentias quae per se dividant hoc quod est ens ab alio. quae quidem non possunt esse nisi differentiae eiusdem generis scilicet ad originem pertinentes, ut unus eorum sit ab alio. relinquitur igitur quod ad hoc quod spiritus sanctus distinguatur a filio, necesse est quod sit a filio.

n.11 * Amplius. si quis dicat “ spiritum sanctum distingui a filio, non quia sit a filio, sed propter diversam originem utriusque a patre:- * in idem hoc realiter redire necesse est. ‘ si enim spiritus sanctus est alius a filio, oportet quod alia sit origo vel processio utriusque. duae autem origines non possunt distingui nisi per terminum, vel principium, vel subiectum. sicut origo equi differt ab origine bovis ex parte termini: secundum quod hae duae origines terminantur ad naturas specie diversas. ex parte autem principii: ut si supponamus in eadem specie animalis quaedam generari ex virtute activa solis tantum; quaedam autem, simul cum hac, ex virtute activa seminis. ex parte vero subiecti, differt generatio huius equi et illius secundum quod natura speciei in diversa materia recipitur. haec autem distinctio quae est ex parte subiecti, in divinis personis locum habere non potest: cum sint omnino immateriales. similiter etiam ex parte termini, ut ita liceat loqui, non potest esse processionum distinctio: quia unam et eandem divinam naturam quam accipit filius nascendo, accipit spiritus sanctus procedendo. relinquitur igitur quod utriusque originis distinctio esse non potest nisi ex parte principii. manifestum est autem quod principium originis filii est pater solus. si igitur processionis spiritus sancti principium sit solus pater, non erit alia processio spiritus sancti a generatione filii: et sic nec spiritus sanctus distinctus a filio. ad hoc igitur quod sint aliae processiones et alii procedentes, necesse est dicere quod spiritus sanctus non sit a solo patre, sed a patre et filio.

n.12 * Si quis vero iterum dicat quod “ differunt processiones secundum principium inquantum pater producit filium per modum intellectus ut verbum, spiritum autem sanctum per modum voluntatis quasi amorem:- ‘ secundum hoc oportebit dici quod secundum differentiam voluntatis et intellectus in deo patre distinguantur duae processiones et duo procedentes. sed voluntas et intellectus in deo patre non distinguuntur secundum rem, sed solum secundum rationem: * ut in primo libro ostensum est. ‘ sequitur igitur quod duae processiones et duo procedentes differant solum ratione. ea vero quae solum ratione differunt, de se invicem praedicantur: verum enim dicetur quod divina voluntas est intellectus eius, et e converso. * verum ergo, erit dicere quod “ spiritus sanctus est filius et e converso: * quod est sabellianae impietatis. non igitur sufficit ad distinctionem spiritus sancti et filii dicere quod “ filius procedat per modum intellectus, et spiritus sanctus per modum voluntatis, * nisi cum hoc dicatur quod “ spiritus sanctus sit a filio.

n.13 * Praeterea. ex hoc ipso quod dicitur quod “ spiritus sanctus procedit per modum voluntatis, et filius per modum intellectus, ‘ sequitur quod spiritus sanctus sit a filio. nam amor procedit a verbo: eo quod nihil amare possumus nisi verbo cordis illud concipiamus.

n.14 ‘ Item. si quis diversas species rerum consideret, in eis quidam ordo ostenditur: prout viventia sunt supra non viventia, et animalia supra plantas, et homo super alia animalia, et in singulis horum diversi gradus inveniuntur secundum diversas species; * unde et plato “ species rerum dixit esse numeros qui specie variantur per additionem vel subtractionem unitatis. ‘ unde in substantiis immaterialibus non potest esse distinctio nisi secundum ordinem. in divinis autem personis, quae sunt omnino immateriales, non potest esse alius ordo nisi originis. non igitur sunt duae personae ab una procedentes, nisi una earum procedat ab altera. et sic oportet spiritum sanctum procedere a filio.

n.15 ‘ Adhuc. pater et filius, quantum ad unitatem essentiae, non differunt nisi in hoc quod hic est pater et hic est filius. quicquid igitur praeter hoc est, commune est patri et filio. esse autem principium spiritus sancti est praeter rationem paternitatis et filiationis: nam alia relatio est qua pater est pater, et qua pater est principium spiritus sancti, * ut supra dictum est. ‘ esse igitur principium spiritus sancti est commune patri et filio.

n.16 ‘ Amplius. quicquid non est contra rationem alicuius, non est impossibile ei convenire, nisi forte per accidens. esse autem principium spiritus sancti non est contra rationem filii. neque inquantum est deus: quia pater est principium spiritus sancti. neque inquantum est filius: eo quod alia est processio spiritus sancti et filii; non est autem repugnans id quod est a principio secundum unam processionem, esse principium processionis alterius. relinquitur igitur quod non sit impossibile filium esse principium spiritus sancti. quod autem non est impossibile, potest esse. * in divinis autem non differt esse et posse. ‘ ergo filius est principium spiritus sancti.

005 SCG lb4 cp25

n. ‘ Rationes ostendere volentium quod spiritus sanctus non procedat a filio, et solutio ipsarum.

n.1 * Quidam vero, pertinaciter veritati resistere volentes, quaedam in contrarium inducunt, quae vix responsione sunt digna. dicunt enim quod “ dominus, de processione spiritus sancti loquens, eum a patre procedere dixit, nulla mentione facta de filio: * ut patet ioan. 15-26, ubi dicitur: ° cum venerit paraclitus, quem ego mittam vobis a patre, spiritum veritatis, qui a patre procedit. “ unde, cum de deo nihil sit sentiendum nisi quod in scriptura traditur, non est dicendum quod spiritus sanctus procedat a filio.

n.2 * Sed hoc omnino frivolum est. ‘ nam propter unitatem essentiae, quod in scripturis de una persona dicitur, et de alia oportet intelligi, nisi repugnet proprietati personali ipsius, etiam si dictio exclusiva adderetur. * licet enim dicatur, matth. 11-27, quod ° nemo novit filium nisi pater, “ non tamen a cognitione filii vel ipse filius, vel spiritus sanctus excluditur. * unde etiam si diceretur in evangelio quod “ spiritus sanctus non procedit nisi a patre, * non per hoc removeretur quin “ procederet a filio: cum hoc proprietati filii non repugnet, * ut ostensum est. “ nec est mirum si dominus spiritum sanctum a patre procedere dixit, de se mentione non facta: quia omnia ad patrem referre solet, a quo habet quicquid habet; * sicut cum dicit, ioan. 7-16: ° mea doctrina non est mea, sed eius qui misit me, patris. * et multa huiusmodi in verbis domini inveniuntur, ad commendandam “ in patre auctoritatem principii. * nec tamen in auctoritate praemissa omnino reticuit “ se esse spiritus sancti principium: * cum dixit eum ° spiritum veritatis, * se autem prius dixerat ° veritatem.

n.3 * Obiiciunt etiam quod “ in quibusdam conciliis invenitur sub interminatione anathematis prohibitum ne aliquid addatur in symbolo in conciliis ordinato: in quo tamen de processione spiritus sancti a filio mentio non habetur. * unde arguunt “ latinos anathematis reos, qui hoc in symbolo addiderunt.

n.4 * Sed haec efficaciam non habent. nam in determinatione synodi chalcedonensis, dicitur quod “ patres apud constantinopolim congregati doctrinam nicaenae synodi corroboraverunt, ° non quasi aliquid minus esset inferentes, sed de spiritu sancto intellectum eorum, adversum eos qui dominum eum respuere tentaverunt, scripturarum testimoniis declarantes. ‘ et similiter dicendum est quod “ processio spiritus sancti a filio * implicite continetur in constantinopolit. symbolo, in hoc quod ibi dicitur quod ° procedit a patre: “ quia quod de patre intelligitur, oportet et de filio intelligi, * ut dictum est. ‘ et ad hoc addendum sufficit auctoritas romani pontificis, per quam etiam inveniuntur antiqua concilia esse confirmata.

n.5 * Inducunt etiam quod “ spiritus sanctus, cum sit simplex, non potest esse a duobus; * et quod “ spiritus sanctus, si perfecte procedat a patre, non procedit a filio; et alia huiusmodi. * quae facile est solvere etiam parum in theologicis exercitato. ‘ nam pater et filius sunt unum principium spiritus sancti, propter unitatem divinae virtutis, et una productione producunt spiritum sanctum: sicut etiam tres personae sunt unum principium creaturae, et una actione creaturam producunt.

005 SCG lb4 cp26

n. ‘ Quod non sunt nisi tres personae in divinis pater, filius et spiritus sanctus.

n.1 * Ex his igitur quae dicta sunt, accipere oportet quod ‘ in divina natura tres personae subsistunt, pater et filius et spiritus sanctus, et quod hi tres sunt unus deus, solis relationibus ad invicem distincti. pater enim a filio distinguitur paternitatis relatione, et innascibilitate; filius autem a patre relatione filiationis; pater autem et filius a spiritu sancto spiratione, ut dicatur; spiritus autem sanctus a patre et filio processione amoris, qua ab utroque procedit.

n.2 ‘ Praeter has tres personas non est quartam in divina natura ponere. personae enim divinae, cum in essentia conveniant, non possunt distingui nisi per relationem originis, * ut ex dictis patet. ‘ has autem originis relationes accipere oportet, non secundum processionem in exteriora tendentem, sic enim procedens non esset coessentiale suo principio: sed oportet quod processio interius consistat. quod autem aliquid procedat manens intra suum principium, invenitur solum in operatione intellectus et voluntatis, * ut ex dictis patet. ‘ unde personae divinae multiplicari non possunt nisi secundum quod exigit proces-

sio intellectus et voluntatis in deo. non est autem possibile quod in deo sit nisi una processio secundum intellectum: eo quod suum intelligere est unum et simplex et perfectum, quia intelligendo se intelligit omnia alia. et sic non potest esse in deo nisi una verbi processio. similiter autem oportet et processionem amoris esse unam tantum: quia etiam divinum velle est unum et simplex, amando enim |25| se amat omnia alia. non est igitur possibile quod sint in deo nisi duae personae procedentes: una per modum intellectus ut verbum, scilicet filius; et alia per modum amoris, ut spiritus sanctus. est etiam et una persona non procedens, scilicet pater. solum igitur tres personae in trinitate esse possunt.
n.3 ' Item. si secundum processionem oportet personas divinas distingui; modus autem personae quantum ad processiones non potest esse nisi triplex; ut scilicet sit aut omnino non procedens, quod patris est; aut a non procedente procedens, quod filii est; aut a procedente procedens, quod spiritus sancti est: impossibile est igitur ponere plures quam tres personas.
n.4 ' Licet autem in aliis viventibus possint relationes originis multiplicari, ut scilicet sint in natura humana plures patres et plures filii, in divina natura hoc omnino impossibile est esse. nam filiatio, cum in una natura sit unius speciei, non potest multiplicari nisi secundum materiam aut subiectum, sicut est etiam de aliis formis. unde, cum in deo non sit materia aut subiectum; et ipsae relationes sint subsistentes, * ut ex supra dictis patet: ' impossibile est quod in deo sint plures filiationes. et eadem ratio est de aliis. et sic in deo sunt solum tres personae.
n.5 * Si quis autem obiiciens dicat quod " in filio, cum sit perfectus deus, est virtus intellectiva perfecta, et sic potest producere verbum; et similiter, cum in spiritu sancto sit bonitas infinita, quae est communicationis principium, poterit alteri divinae personae naturam divinam communicare:- ' considerare debet quod filius est deus ut genitus, non ut generans: unde virtus intellectiva est in eo ut in procedente per modum verbi, non ut in producente verbum. et similiter, cum spiritus sanctus sit deus ut procedens, est in eo bonitas infinita ut in persona accipiente, non ut in communicante alteri bonitatem infinitam. non enim distinguuntur ab invicem nisi solis relationibus, * ut ex supra dictis patet. ' tota igitur plenitudo divinitatis est in filio, et eadem numero quae est in patre: sed cum relatione nativitatis, sicut in patre cum relatione generationis activae. unde, si relatio patris attribueretur filio, omnis distinctio tolleretur. et eadem ratio est de spiritu sancto.
n.6 ' Huius autem divinae trinitatis similitudinem in mente humana possumus considerare. ipsa enim mens, ex hoc quod se actu intelligit, verbum suum concipit in seipsa: quod nihil aliud est quam ipsa intentio intelligibilis mentis, quae et mens intellecta dicitur, in mente existens. quae dum ulterius seipsam amat, seipsam producit in voluntate ut amatum. ulterius autem non procedit intra se, sed concluditur circulo, dum per amorem redit ad ipsam substantiam a qua processio incoeperat per intentionem intellectam: sed fit processio ad exteriores effectus, dum ex amore sui procedit ad aliquid faciendum. et sic tria in mente inveniuntur: mens ipsa, quae est processionis principium, in sua natura existens; et mens concepta in intellectu; et mens amata in voluntate. non tamen haec tria sunt una natura: quia intelligere mentis non est eius esse, nec eius velle est eius esse aut intelligere. et propter hoc etiam mens intellecta et mens amata non sunt personae: cum non sint subsistentes. mens etiam ipsa, in sua natura existens, non |25| est persona: cum non sit totum quod subsistit, sed pars subsistentis, scilicet hominis.
n.7 ' In mente igitur nostra invenitur similitudo trinitatis divinae quantum ad processionem, quae " multiplicat trinitatem * cum ex dictis manifestum sit ' esse in divina natura deum ingenitum, qui est totius divinae processionis principium, scilicet patrem; et deum genitum per modum verbi in intellectu conceptí, scilicet filium; et deum per modum amoris procedentem, scilicet spiritum sanctum. ulterius autem intra divinam naturam nulla processio invenitur, sed solum processio in exteriores effectus. in hoc autem deficit a repraesentatione divinae trinitatis, quod pater et filius et spiritus sanctus sunt unius naturae, et singulis horum est persona perfecta, eo quod intelligere et velle sunt ipsum esse divinum, * ut ostensum est. ' et propter hoc, sic consideratur divina similitudo in homine sicut similitudo herculis in lapide: quantum ad repraesentationem formae, non quantum ad convenientiam naturae. unde et in mente hominis dicitur esse imago dei: * secundum illud gen. 1-26: ° faciamus hominem |25| ad imaginem et similitudinem nostram.
n.8 ' Invenitur etiam in aliis rebus divinae trinitatis similitudo: prout quaelibet res in sua substantia una est: et specie quadam formatur; et ordinem aliquem habet. * sicut autem ex dictis patet, ' conceptio intellectus in esse intelligibili est sicut informatio speciei in esse naturali: amor autem est sicut inclinatio vel ordo in re naturali. unde et species naturalium rerum a remotis repraesentat filium: ordo autem spiritum sanctum. et ideo, propter remotam repraesentationem et obscuram in irrationabilibus rebus, dicitur in eis esse trinitatis vestigium, non imago: * secundum illud iob 11-7: ° numquid vestigia dei comprehendes ' etc..
n.9 ' Et haec de divina trinitate ad praesens dicta sufficiant.

005 SCG lb4 cp27

n. ' De incarnatione verbi secundum traditionem sacrae scripturae.
n.1 * Quoniam autem supra, cum de generatione divina ageretur, dictum est ' dei filio, domino iesu christo, quaedam secundum divinam naturam, quaedam secundum humanam convenire, quam ex tempore assumendo, dei aeternus filius voluit incarnari: de ipso nunc incarnationis mysterio restat dicendum. quod quidem inter divina opera maxime rationem excedit: nihil enim mirabilius excogitari potest divinitus factum quam quod verus deus, dei filius, fieret homo verus. et quia inter omnia mirabilissimum est, consequitur quod ad huius maxime mirabilis fidem omnia alia miracula ordinentur: cum " id quod est in unoquoque genere maximum, causa aliorum esse videatur.
n.2 ' Hanc autem dei incarnationem mirabilem, auctoritate divina tradente, confitemur. * dicitur enim ioan. 1-14: ° verbum caro factum est, et habitavit in nobis.- * et apostolus paulus, philipp. 2, dicit, de filio dei loquens: ° cum in forma dei esset, non rapinam arbitratus est se esse aequalem deo: sed semetipsum exinanivit formam servi accipiens, in similitudinem hominum factus, et habitu inventus ut homo.
n.3 ' Hoc etiam ipsius domini iesu christi verba manifeste ostendunt: cum de se quandoque loquatur humilia et humana, * ut est illud, ° pater maior me est, ' et ° tristis est anima mea usque ad mortem, ' quae ei secundum humanitatem assumptam conveniunt; quandoque vero sublimia et divina, * ut est illud, ° ego et pater unum sumus, ' et ° omnia quae habet pater, mea sunt, ' quae certum est ei secundum naturam divinam competere.
n.4 * Ostendunt etiam hoc ipsius domini facta quae de ipso leguntur. " quod enim timuit, tristatus est, esuriit, mortuus est, pertinet ad humanam naturam. quod propria potestate infirmos sanavit, quod mortuos suscitavit, et quod elementis mundi efficaciter imperavit, quod daemones expulit, quod peccata dimisit, quod a mortuis cum voluit resurrexit, quod denique caelos ascendit divinam in eo virtutem demonstrant.

005 SCG lb4 cp28

n. ' De errore photini circa incarnationem.
n.1 * Quidam autem, scripturarum sensum depravantes, " circa domini nostri iesu christi divinitatem et humanitatem * perversum sensum conceperunt.
n.2 * Fuerunt enim quidam, ut ebion et cerinthus, et postea paulus samosatenus et photinus, qui " in christo solum naturam humanam confitentur; divinitatem vero non per naturam, sed per quandam excellentem divinae gloriae participationem, quam per opera meruerat, in eo fuisse confingunt, * ut superius dictum est.
n.3 ' Sed, ut alia praetermittamus * quae contra positionem huiusmodi dicta sunt superius, haec positio incarnationis mysterium tollit.
n.4 * Non enim, secundum positionem huiusmodi, " deus carnem assumpsisset, ut fieret homo: sed magis homo carnalis deus factus fuisset. * et sic non verum esset quod ioannes dicit. ° verbum caro factum est: * sed magis e contrario, " caro verbum facta fuisset.
n.5 " Similiter etiam non convenirent dei filio exinanitio aut descensio, sed magis homini glorificatio et ascensio, * et sic non verum esset quod apostolus dicit, ° qui cum in forma dei esset, exinanivit semetipsum formam servi accipiens: " sed sola exaltatio hominis in divinam gloriam, * de qua postmodum subditur, ° propter quod et deus exaltavit illum.
n.6 * Neque verum esset quod dominus dicit, ° descendi de caelo, * sed solum quod ait, ° ascendo ad patrem meum: * cum tamen utrumque scriptura coniungat. dicit enim dominus, ioan. 3-13: ° nemo ascendit in caelum nisi qui de caelo descendit, filius hominis, qui est in caelo; * et ephes. 4-10, ° qui descendit, ipse est qui ascendit super omnes caelos.
n.7 ' Sic etiam non conveniret filio quod missus esset a patre neque quod a patre exiverit ut veniret in mundum, sed solum quod ad patrem iret: * cum tamen ipse utrumque coniungat, dicens, ioan. 16-5, ° vado ad eum qui misit me; * et iterum 28, ° exivi a patre et veni in mundum et iterum relinquo mundum et vado ad patrem; ' in quorum utroque et humanitas et divinitas comprobatur.

005 SCG lb4 cp29

n. ' De errore manichaeorum circa incarnationem.
n.1 * Fuerunt autem et alii qui, veritate incarnationis negata, quandam fictitiam incarnationis similitudinem introduxerunt. dixerunt enim manichaei " dei filium non verum corpus, sed phantasticum assumpsisse. unde nec verus homo esse potuit, sed apparens: neque ea quae secundum hominem gessit, sicut quod natus est, quod comedit, bibit, ambulavit, passus est et sepultus, in veritate fuisse, sed in quadam simulatione, consequitur. et sic patet quod totum incarnationis mysterium ad quandam fictionem * deducunt.
n.2 * Haec autem positio primo quidem scripturae auctoritatem evacuat. " cum enim carnis similitudo caro non sit, neque similitudo ambulationis ambulatio, et in ceteris similiter, mentitur scriptura * dicens, ° verbum caro factum est, " si solum phantastica caro fuit. mentitur etiam dicens iesum christum ambulasse, comedisse, mortuum fuisse et sepultum, si haec in sola phantastica apparitione contigerunt. ' si autem vel in modico auctoritati sacrae scripturae derogetur, iam nihil fixum in fide nostra esse poterit, quae sacris scripturis innititur, * secundum illud ioan. 20-31: ° haec scripta sunt ut credatis.
n.3 * Potest autem aliquis dicere " scripturae quidem sacrae veritatem non deesse, dum id quod apparuit, refert ac si factum fuisset: quia rerum similitudines aequivoce ac figurate ipsarum rerum nominibus nuncupantur, sicut homo pictus aequivoce dicitur homo; * et ipsa sacra scriptura consuevit hoc modo loquendi uti, ut est illud i cor. 10-4, ° petra autem erat christus. ' plurima autem corporalia in scripturis de deo inveniuntur dici propter similitudinem solam: sicut quod nominatur agnus vel leo, vel aliquid huiusmodi.
n.4 ' Sed licet rerum similitudines aequivoce rerum sibi nomina interdum assumant, non tamen competit sacrae scripturae ut narrationem unius facti totam sub tali aequivocatione proponat, ita quod ex aliis scripturae locis manifesta veritas haberi non possit: quia ex hoc non eruditio hominum, sed magis deceptio sequeretur; * cum tamen apostolus dicat, rom. 15-4, quod ° quaecumque scripta sunt, ad nostram doctrinam scripta sunt; * et ii tim. 3-16, ° omnis scriptura divinitus inspirata utilis est ad docendum et erudiendum. ' esset praeterea tota evangelica narratio poetica et fabularis si rerum similitudines apparentes quasi res ipsas narraret: * cum tamen dicatur ii petr. 1-16: ° non enim indoctas fabulas secuti notam fecimus vobis domini nostri iesu christi virtutem.
n.5 ' Sicubi vero scriptura narrat aliqua quae apparentiam et non rerum existentiam habuerunt, ex ipso more narrationis hoc intelligere facit. * dicitur enim gen. 18-2: ° cumque elevasset oculos, " abraham scilicet, ° apparuerunt tres viri, * ex quo datur intelligi quod " secundum apparentiam viri fuerunt. unde et in eis deum adoravit et deitatem confessus est, * dicens, 27 ° loquar ad dominum meum, cum sim pulvis et cinis; * et iterum, 25 ° non est tuum hoc, qui iudicas omnem terram. * quod vero isaias et ezechiel et alii prophetae aliqua descripserunt quae imaginarie visa sunt, errorem non generat: quia huiusmodi ponunt non in narratione historiae, sed in descriptione propheticae. et tamen semper aliquid addunt per quod apparitio designatur: sicut isaiae 6-1, ° vidi dominum sedentem * etc.; ezech. 1-3, ° facta est super me manus domini et vidi * etc., ezech. 8-3, ° emissa similitudo manus apprehendit me et adduxit et veni in ierusalem in visione dei.
n.6 ' Quod etiam aliqua in scripturis de rebus divinis per similitudinem dicuntur, errorem generare non potest. tum quia similitudines sumuntur a rebus tam vilibus ut manifestum sit quod haec secundum similitudinem, et non secundum rerum existentiam dicuntur. tum quia inveniuntur aliqua proprie dicta in scripturis per quae veritas expresse manifestatur quae sub similitudinibus in locis aliis occultatur. quod quidem in proposito non accidit: * nam nulla scripturae auctoritas veritatem eorum quae de humanitate christi leguntur, excludit.
n.7 * Forte autem quis dicat quod hoc datur intelligi per hoc quod apostolus dicit, rom. 8-3: ° misit deus filium suum in similitudinem carnis peccati. * vel per hoc quod dicit philipp. 2-7: ° in similitudinem hominum factus, et habitu inventus ut homo. * hic autem sensus per ea quae adduntur excluditur. non enim dicit solum ° in similitudinem carnis, * sed addit ° peccati: ' quia christus veram quidem carnem habuit, sed non carnem peccati, quia in eo peccatum non fuit, sed similem carni peccati, quia carnem passibilem habuit, qualis est facta caro hominis ex peccato. * similiter fictionis intellectus excluditur ab hoc quod dicit ° in similitudinem hominum factus, * per hoc quod dicitur, ° formam servi accipiens. ' manifestum est enim " formam pro natura poni, et non pro similitudine, * ex hoc quod dixerat, ° qui cum in forma dei esset, " ubi pro natura ponitur forma: non enim ponunt quod christus fuerit similitudinarie deus. * excluditur etiam fictionis intellectus per hoc quod subdit, ° factus obediens usque |25| ad mortem. ' non ergo similitudo accipitur pro similitudine apparentiae, sed pro naturali similitudine speciei: sicut omnes homines similes specie dicuntur.
n.8 * Magis autem sacra scriptura expresse phantasmatis suspicionem excludit. dicitur enim matth. 14-26, quod ° videntes discipuli iesum ambulantem supra mare, turbati sunt, dicentes, quia phantasma est, et prae timore clamaverunt. * quam quidem eorum suspicionem dominus consequenter removit: unde subditur, 27 ° statimque iesus locutus est eis, dicens: habete fiduciam, ego sum, nolite timere. ' quamvis non rationabile videatur quod aut discipulos lateret quod non nisi corpus phantasticum assumpsisset, cum eos ad hoc elegerit ut de eo testimonium perhiberent veritatis ex his quae viderant et au-

dierant: aut si eos non latebat, aestimatio phantasmatis non incussisset tunc eis timorem.
n.9 ' Adhuc autem expressius suspicionem phantastici corporis a mentibus discipulorum removit dominus post resurrectionem. * dicitur enim lucae ult. quod ° disciPuli, conturbati et conterriti, aestimabant se spiritum videre, " dum scilicet viderunt iesum. ° et dixit eis: quid turbati estis, et cogitationes ascendunt in corda vestra? videte manus meas et pedes meos, quia ego ipse sum. palpate et videte: quia spiritus carnem et ossa non habet, sicut me videtis habere. " frustra enim se palpandum praebuit, si non nisi corpus phantasticum habuisset.
n.10 ' Item. apostoli seipsos idoneos christi testes ostendunt: * dicit enim petrus, act. 10-40 ° hunc, " scilicet iesum, ° deus suscitavit tertia die, et dedit eum manifestum fieri non omni populo, sed testibus praeordinatis a deo, nobis qui manducavimus et bibimus cum illo postquam resurrexit a mortuis. * et ioannes apostolus, in principio suae epistolae, dicit: ° quod vidimus oculis nostris, quod perspeximus, et manus nostrae contrectaverunt de verbo vitae, hoc testamur. ' non potest autem efficax sumi testimonium veritatis per ea quae non in rei existentia, sed solum in apparentia sunt gesta. si igitur corpus christi fuit phantasticum, et non vere manducavit et bibit, neque vere visus est et palpatus, sed phantastice tantum, invenitur non esse idoneum testimonium apostolorum de christo. ° et sic inanis est eorum praedicatio, inanis est et fides nostra, * ut dicit paulus i cor. 15-14.
n.11 ' Amplius autem, si christus verum corpus non habuit, non vere mortuus est. ergo nec vere resurrexit. sunt igitur apostoli falsi testes christi, praedicantes mundo ipsum resurrexisse. * unde apostolus ibidem dicit: 15 ° invenimur autem et falsi testes dei: quoniam testimonium diximus adversus deum, quod suscitaverit iesus, quem non suscitavit.
n.12 ' Praeterea. falsitas non est idonea via ad veritatem: * secundum illud eccli. 34-4: ° a mendace quid verum dicetur? ' adventus autem christi in mundum ad veritatis manifestationem fuit: * dicit enim ipse, ioan. 18-37: ° ego autem in hoc natus sum, et ad hoc veni, ut testimonium perhibeam veritati. ' non igitur in christo fuit aliqua falsitas. fuisset autem si ea quae dicuntur de ipso, in apparentia tantum fuissent: nam " falsum est quod non est ut videtur. ' omnia igitur quae de christo dicuntur, secundum rei existentiam fuerunt.
n.13 * Adhuc. rom. 5-9, dicitur quod ° iustificati sumus in sanguine christi; * et apoc. 5-9, dicitur: ° redemisti nos, domine, in sanguine tuo. ' si igitur christus non habuit verum sanguinem, neque vere pro nobis ipsum fudit. neque igitur vere iustificati, neque vere redempti sumus. ad nihil igitur utile est esse in christo.
n.14 ' Item. si non nisi phantasia intelligendus est adventus christi in mundum, nihil novum in christi adventu accidit: nam et in veteri testamento deus apparuit moysi et prophetis secundum multiplices figuras, * ut etiam scriptura novi testamenti testatur. hoc autem totam doctrinam novi testamenti evacuat. ' non igitur corpus phantasticum, sed verum filius dei assumpsit.

005 SCG lb4 cp30

n. ' De errore valentini circa incarnationem.
n.1 * His autem et valentinus propinque de mysterio incarnationis sensit. dixit enim quod " christus non terrenum corpus habuit, sed de caelo portavit: et quod nihil de virgine matre accepit, sed per eam quasi aquaeductum transivit. * occasionem autem sui erroris ex quibusdam verbis sacrae scripturae accepisse videtur. dicitur enim ioan. 3-13 ° nemo ascendit in caelum nisi qui de caelo descendit, filius hominis, qui est in caelo.... qui de caelo venit, super omnes est. * et ioan. 6-38, dicit dominus: ° descendi de caelo, non ut faciam voluntatem meam, sed voluntatem eius qui misit me. et * i cor. 15-47: ° primus homo de terra, terrenus; secundus homo de caelo, caelestis. * quae omnia sic intelligi volunt ut " christus de caelo etiam secundum corpus descendisse credatur.
n.2 * Procedit autem tam haec valentini positio, quam manichaeorum praemissa, ex una falsa radice: quia credebant quod " haec omnia terrena a diabolo sint creata. ° unde, cum filius dei in hoc apparuerit ut dissolvat opera diaboli, * sicut dicitur i ioan. 3-8, ' non ei competebat ut de creatura diaboli corpus assumeret: * cum etiam paulus dicat, ii cor. 6-14 ° quae societas lucis ad tenebras? quae autem conventio christi ad belial?
n.3 ' Et quia quae ab eadem radice procedunt, similes fructus producunt, * in idem falsitatis inconveniens relabitur haec positio cum praedicta. ' uniuscuiusque enim speciei sunt determinata essentialia principia, materiam dico et formam, ex quibus constituitur ratio speciei in his quae sunt ex materia et forma composita. sed sicut caro humana et os et huiusmodi sunt materia propria hominis, ita ignis, aer, aqua et terra, et huiusmodi, qualia sentimus, sunt materia carnis et ossis et huiusmodi partium. " si igitur corpus christi non fuit terrenum, non fuit in ipso vera caro et verum os, sed omnia secundum apparentiam tantum. et ita etiam non fuit verus homo, sed apparens: * cum tamen, * ut dictum est, * ipse dicat: ° spiritus carnem et ossa non habet, sicut me videtis habere.
n.4 ' Adhuc. corpus caeleste secundum suam naturam est incorruptibile et inalterabile, et extra suum ubi non potest transferri. non autem decuit quod dei filius dignitati naturae assumptae aliquid detraheret, sed magis quod eam exaltaret. non igitur corpus caeleste aut incorruptibile ad inferiora portavit, sed magis assumptum terrenum corpus et passibile incorruptibile reddidit et caeleste.
n.5 * Item. apostolus dicit, rom. 1-3, de filio dei, quod ° factus est ex semine david secundum carnem. ' sed corpus david terrenum fuit. ergo et corpus christi.
n.6 * Amplius. idem apostolus dicit, galat. 4-4, quod ° deus misit filium suum factum ex muliere. * et matth. 1-16, dicitur quod ° iacob genuit ioseph, virum mariae, de qua natus est iesus, qui vocatur christus. ' non autem vel ex ea factus, vel de ea natus diceretur, si solum per eam sicut per fistulam transisset, nihil ex ea assumens. ex ea igitur corpus assumpsit.
n.7 ' Praeterea. non posset dici mater iesu maria, * quod evangelista testatur, ' nisi ex ea aliquid accepisset.
n.8 * Adhuc. apostolus dicit, hebr. 2-11 ° qui sanctificat, " scilicet christus, ° et qui sanctificantur, " scilicet fideles christi, ° ex uno omnes. propter quam causam non confunditur eos vocare fratres, dicens: narrabo nomen tuum fratribus meis. * et infra: 14 ° quia ergo pueri communicaverunt carni et sanguini, et ipse similiter participavit eisdem. " si autem christus corpus caeleste solum habuit, manifestum est, cum nos corpus terrenum habeamus, quod non sumus ex uno cum ipso, et per consequens neque fratres eius possumus dici. neque etiam ipse participavit carni et sanguini: nam notum est quod caro et sanguis ex elementis inferioribus componuntur, et non sunt naturae caelestis. * patet igitur contra apostolicam sententiam praedictam positionem esse.
n.9 * Ea vero quibus innituntur, manifestum est frivola esse. ' non enim christus descendit de caelo secundum corpus aut animam, sed secundum quod deus. * et hoc ex ipsis verbis domini accipi potest. cum enim diceret, ioan. 3-13, ° nemo ascendit in caelum nisi qui descendit de caelo, * adiunxit, ° filius hominis, qui est in caelo: * in quo ostendit " se ita descendisse de caelo quod tamen in caelo esse non desierit. ' hoc autem proprium deitatis est, ut ita in terris sit quod et caelum impleat: * secundum illud ier. 23-24: ° caelum et terram ego impleo. ' non ergo filio dei, inquantum deus est, descendere de caelo competit secundum motum localem: nam quod localiter movetur, sic ad unum locum accedit quod recedit ab altero. dicitur igitur filius dei descendisse secundum hoc quod terrenam substantiam sibi copulavit: * sicut et apostolus " eum exinanitum dicit, ' inquantum formam servi accepit, ita tamen quod divinitatis naturam non perdidit.
n.10 * Id vero quod pro radice huius positionis assumunt, ex superioribus patet esse falsum. * ostensum est enim in secundo libro quod ' ista corporalia non a diabolo, sed a deo sunt facta.

005 SCG lb4 cp31

n. ' De errore apollinaris circa corpus christi.
n.1 * Irrationabilius autem his circa incarnationis mysterium apollinaris erravit in hoc tamen cum praedictis concordans, quod " corpus christi non fuit de virgine assumptum, * sed, quod est magis impium, " aliquid verbi dicit in carnem christi fuisse conversum: * occasionem erroris sumens ex eo quod dicitur ioan. 1-14, ° verbum caro factum est, * quod sic intelligendum putavit " quasi ipsum verbum sit conversum in carnem, * sicut et intelligitur illud quod legitur ioan. 2-9, ° ut gustavit architriclinus aquam vinum factam, * quod ea ratione dicitur, quia " conversa est aqua in vinum.
n.2 * Huius autem erroris impossibilitatem * ex his quae supra ostensa sunt, * facile est deprehendere. * ostensum est enim supra quod ' deus omnino immutabilis est. omne autem quod in aliud convertitur, manifestum est mutari. cum igitur verbum dei sit verus deus, * ut ostensum est, ' impossibile est quod verbum dei fuerit in carnem mutatum.
n.3 ' Item. verbum dei, cum sit deus, simplex est: * ostensum est enim supra ' in deo compositionem non esse. si igitur aliquid verbi dei sit conversum in carnem, oportet totum verbum conversum esse. quod autem in aliud convertitur, desinit esse id quod prius fuit: sicut aqua conversa in vinum, iam non est aqua sed vinum. " igitur post incarnationem, * secundum positionem praedictam, " verbum dei penitus non erit. * quod apparet impossibile: ' tum ex hoc quod verbum dei est aeternum, * secundum illud ioan. 1-1, ° in principio erat verbum; ' tum quia post incarnationem christus verbum dei dicitur, * secundum illud apoc. 19-13, ° vestitus erat veste aspersa sanguine, et vocabatur nomen eius: verbum dei.
n.4 ' Amplius. eorum quae non communicant in materia et in genere uno, impossibile est fieri conversionem in invicem: non enim ex linea fit albedo, quia sunt diversorum generum; neque corpus elementare potest converti in aliquod corporum caelestium, vel in aliquam incorpoream substantiam, aut e converso, cum non conveniant in materia. verbum autem dei, cum sit deus, non convenit neque in genere neque in materia cum quocumque alio: eo quod deus neque in genere est, neque materiam habet. impossibile est igitur verbum dei fuisse in carnem conversum, vel in quodcumque aliud.
n.5 ' Praeterea. de ratione carnis, ossis et sanguinis et huiusmodi partium est quod sit ex determinata materia. " si igitur verbum dei sit in carnem conversum, * secundum positionem praedictam, sequetur quod " in christo non fuerit vera caro nec aliquid aliud huiusmodi. et sic etiam non erit verus homo, sed apparens tantum, et alia huiusmodi * quae supra contra valentinum posuimus.
n.6 * Patet igitur hoc quod ioannes dicit, ° verbum caro factum est, * non sic intelligendum esse quasi " verbum sit conversum in carnem: ' sed quia carnem assumpsit, ut cum hominibus conversaretur et eis visibilis appareret. * unde et subditur: ° et habitavit in nobis et vidimus gloriam eius etc.: * sicut et in baruch de deo dicitur quod ° in terris visus est, et cum hominibus conversatus est.

005 SCG lb4 cp32

n. ' De errore arii et apollinaris circa animam christi.
n.1 * Non solum autem circa corpus christi, sed etiam circa eius animam aliqui male sensisse inveniuntur.
n.2 * Posuit enim arius quod " in christo non fuit anima, sed quod solam carnem assumpsit, cui divinitas loco animae fuit. * et ad hoc ponendum necessitate quadam videtur fuisse inductus. cum enim vellet asserere quod " filius dei sit creatura et minor patre, * ad hoc probandum illa scripturarum assumpsit testimonia quae, " infirmitatem humanam ostendunt in christo. * et ne aliquis eius probationem refelleret, dicendo " assumpta ab eo testimonia christo non secundum divinam naturam, sed humanam convenire, nequiter animam removit a christo, ut, cum quaedam corpori humano convenire non possint, sicut quod miratus est, quod timuit, quod oravit, necessarium fiat huiusmodi in ipsum filium dei minorationem inferre. * assumpsit autem in suae positionis assertionem praemissum verbum ioannis dicentis, ° verbum caro factum est: * ex quo accipere volebat quod " solam carnem verbum assumpserit, non autem animam. * et in hac positione etiam apollinaris eum secutus est.
n.3 * Manifestum est autem ex praemissis hanc positionem impossibilem esse. * ostensum est enim supra quod ' deus forma corporis esse non potest. cum igitur verbum dei sit deus, * ut ostensum est, ' impossibile est quod verbum dei sit forma corporis, ut sic carni pro anima esse possit.
n.4 * Utilis autem est haec ratio contra apollinarem, qui " verbum dei verum deum esse * confitebatur: et licet hoc arius negaret, tamen etiam contra eum praedicta ratio procedit. ' quia non solum deus non potest esse forma corporis, sed nec etiam " aliquis supercaelestium spirituum, inter quos supremum filium dei * arius ponebat:- nisi forte secundum positionem origenis, qui posuit " humanas animas eiusdem speciei et naturae cum supercaelestibus spiritibus esse. * cuius opinionis falsitatem supra ostendimus.
n.5 ' Item. subtracto eo quod est de ratione hominis, verus homo esse non potest. manifestum est autem animam principaliter de ratione hominis esse: cum sit eius forma. si igitur christus animam non habuit, verus homo non fuit: * cum tamen apostolus " eum hominem asserat, * dicens, i ad tim. 2-5: ° unus est mediator dei et hominum, homo christus iesus.
n.6 ' Adhuc. ex anima non solum ratio hominis, sed et singularium partium eius dependet: unde, remota anima, oculus, caro et os hominis mortui aequivoce dicuntur, " sicut oculus pictus aut lapideus. ' si igitur in christo non fuit anima, necesse est quod nec vera caro in eo fuerit, nec aliqua alia partium hominis: cum tamen dominus haec in se esse perhibeat, * dicens, lucae, ult.: ° spiritus carnem et ossa non habet, sicut me videtis habere.
n.7 ' Amplius. quod generatur ex aliquo vivente, filius eius dici non potest nisi in eandem speciem procedat: non enim vermis dicitur filius animalis ex quo generatur. sed si christus animam non habuit, non fuit eiusdem speciei cum aliis hominibus: quae enim secundum formam differunt, eiusdem speciei esse non possunt. " non igitur dici poterit quod christus sit filius mariae virginis, aut quod illa sit mater eius. * quod tamen in evangelica scriptura asseritur.
n.8 ' Praeterea. * in evangelio expresse dicitur quod " christus animam habuit: * sicut est illud matth. 26-38, ° tristis est anima mea usque ad mortem; * et ioan. 12-27, ° nunc anima mea turbata est.
n.9 * Et ne forte dicant " ipsum filium dei animam dici, eo quod, * secundum eorum positionem, " loco animae carni sit: * sumendum est quod dominus dicit, ioan. 10-18, ° potestatem habeo ponendi animam meam, et iterum sumendi eam; * ex quo intelligitur " aliud esse quam animam in christo, quod habuit potestatem ponendi animam suam et sumendi. ' non autem fuit in potestate corporis quod uniretur filio dei vel separaretur ab eo: cum hoc etiam naturae potestatem excedat. oportet igitur intelligi in christo aliud fuisse animam, et aliud divinitatem filii dei, cui merito talis potestas tribuitur.
n.10 ' Item. tristitia, ira et huiusmodi passiones sunt

animae sensitivae: * ut patet per philosophum in vii phys.. haec autem in christo fuisse ex evangeliis comprobatur. ‘ oportet igitur in christo fuisse animam sensitivam: de qua planum est quod differt a natura divina filii dei.
n.11 * Sed quia potest dici “ humana in evangeliis metaphorice dici de christo, * sicut et de deo in plerisque locis sacrae scripturae loquuntur, accipiendum est aliquid quod necesse sit ut proprie dictum intelligatur. ‘ sicut enim alia corporalia * quae de christo evangelistae narrant, ‘ proprie intelliguntur et non metaphorice, ita oportet non metaphorice de ipso intelligi quod manducaverit et esurierit. esurire autem non est nisi habentis animam sensitivam: cum esuries sit appetitus cibi. oportet igitur quod christus habuit animam sensitivam.

005 SCG lb4 cp33

n. ‘ De errore apollinaris dicentis animam rationalem non fuisse in christo, et de errore origenis dicentis animam christi ante mundum fuisse creatam.
n.1 * His autem testimoniis evangelicis apollinaris convictus, confessus est “ in christo animam sensitivam fuisse: tamen sine mente et intellectu, ita quod verbum dei fuerit illi animae loco intellectus et mentis.
n.2 * Sed nec hoc sufficit ad inconvenientia praedicta vitanda. ‘ homo enim speciem sortitur humanam ex hoc quod mentem humanam et rationem habet. si igitur christus haec non habuit, verus homo non fuit, nec eiusdem speciei nobiscum. anima autem ratione carens ad aliam speciem pertinet quam anima rationem habens. * est enim secundum philosophum, viii metaphys., quod “ in definitionibus et speciebus quaelibet differentia essentialis addita vel subtracta variat speciem, sicut in numeris unitas. ‘ rationale autem est differentia specifica. si igitur in christo fuit anima sensitiva sine ratione, non fuit eiusdem speciei cum anima nostra, quae est rationem habens. nec ipse igitur christus fuit eiusdem speciei nobiscum.
n.3 ‘ Adhuc. inter ipsas animas sensitivas ratione carentes diversitas secundum speciem existit: quod patet ex animalibus irrationalibus, quae ab invicem specie differunt, quorum tamen unumquodque secundum propriam animam speciem habet. sic igitur anima sensitiva ratione carens est quasi unum genus sub se plures species comprehendens. nihil autem est in genere quod non sit in aliqua eius specie. si igitur anima christi fuit in genere animae sensitivae ratione carentis, oportet quod contineretur sub aliqua specierum eius: utpote quod fuerit in specie animae leonis aut alicuius alterius beluae. quod est omnino absurdum.
n.4 ‘ Amplius. corpus comparatur ad animam sicut materia ad formam, et sicut instrumentum ad principale agens. oportet autem materiam proportionatam esse formae, et instrumentum principali agenti. ergo secundum diversitatem animarum oportet et corporum diversitatem esse. quod et secundum sensum apparet: nam in diversis animalibus inveniuntur diversae dispositiones membrorum, secundum quod conveniunt diversis dispositionibus animarum. si ergo in christo non fuit anima qualis est anima nostra, nec etiam membra habuisset sicut sunt membra humana.
n.5 ‘ Praeterea. * cum secundum apollinarem “ verbum dei sit verus deus, ei admiratio competere non potest: ‘ nam ea admiramur quorum causam ignoramus. similiter autem nec admiratio animae sensitivae competere potest: cum ad animam sensitivam non pertineat sollicitari de cognitione causarum. in christo autem admiratio fuit, * sicut ex evangeliis probatur: dicitur enim matth. 8-10, quod “ audiens iesus verba centurionis miratus est. ‘ oportet igitur, praeter divinitatem verbi et animam sensitivam, in christo aliquid ponere secundum quod admiratio ei competere possit, scilicet mentem humanam.
n.6 * Manifestum est igitur ex praedictis quod ‘ in christo verum corpus humanum et vera anima humana fuit. * sic igitur quod ioannes dicit, ° verbum caro factum est, * non sic intelligitur “ quasi verbum sit in carnem conversum; * neque sic quod “ verbum carnem solam assumpserit; aut cum anima sensitiva, sine mente; * sed secundum consuetum modum scripturae, “ ponitur pars pro toto, * ut sic dictum sit, ° verbum caro factum est, “ ac si diceretur, verbum homo factum est; nam et anima interdum pro homine * ponitur in scriptura, dicitur enim exod. 1-5, ° erant omnes animae quae egressae sunt de femore iacob septuaginta, “ similiter etiam caro pro toto homine * ponitur, dicitur enim isaiae 40-5, ° videbit omnis caro pariter quod os domini locutum est. * sic igitur et hic “ caro pro toto homine * ponitur, ad exprimendam “ humanae naturae infirmitatem, quam verbum dei assumpsit.
n.7 ‘ Si autem christus humanam carnem et humanam animam habuit, * ut ostensum est, ‘ manifestum est animam christi non fuisse ante corporis eius conceptionem. * ostensum est enim quod ‘ humanae animae propriis corporibus non praeexistunt. * unde patet falsum esse origenis dogma, dicentis “ animam christi ab initio, ante corporales creaturas, cum omnibus aliis spiritualibus creaturis creatam et a verbo dei assumptam, et demum, circa fines saeculorum, pro salute hominum carne fuisse indutam.

005 SCG lb4 cp34

n. ‘ De errore theodori mopsuesteni et nestorii circa unionem verbi ad hominem.
n.1 * Ex praemissis igitur apparet quod “ christo nec divina natura defuit, * ut ebion, cerinthus et photinus dixerunt; “ nec verum corpus humanum, * secundum errorem manichaei atque valentini; “ nec etiam humana anima, * sicut posuerunt arius et apollinaris. ‘ his igitur tribus substantiis in christo convenientibus, scilicet divinitate, anima humana, et vero humano corpore, circa horum unionem quid sentiendum sit secundum scripturarum documenta, inquirendum restat.
n.2 * Theodorus igitur mopsuestenus et nestorius eius sectator, talem sententiam de praedicta unione protulerunt. dixerunt enim quod “ anima humana et corpus humanum verum naturali unione convenerunt in christo ad constitutionem unius hominis eiusdem speciei et naturae cum aliis hominibus; et quod in hoc homine deus habitavit sicut in templo suo, scilicet per gratiam, sicut et in aliis hominibus sanctis; * unde dicitur ioan. 2-19, quod ipse iudaeis dixit, ° solvite templum hoc, et in tribus diebus excitabo illud, * et postea evangelista, quasi exponens, subdit, 21 ° ille autem dicebat de templo corporis sui; * et apostolus, coloss. 1-19, dicit quod ° in ipso complacuit omnem plenitudinem habitare. “ et ex hoc consecuta est ulterius quaedam affectualis unio inter hominem illum et deum, dum et homo ille bona sua voluntate deo inhaesit, et deus sua voluntate illum acceptavit, * secundum illud ioan. 8-29, ° qui me misit, mecum est, et non reliquit me solum, quia quae placita sunt ei |25| facio semper; “ ut sic intelligatur talis esse unio hominis illius ad deum, qualis est unio * de qua apostolus dicit, i ad cor. 6-17, ° qui adhaeret deo, unus spiritus est. “ et sicut ex hac unione nomina quae proprie deo conveniunt, ad homines transferuntur, ut dicantur dii, et filii dei, et domini, et sancti, et christi, * sicut ex diversis locis scripturae patet; “ ita et nomina divina homini illi conveniunt, ut, propter dei inhabitationem et unionem affectus, dicatur et deus, et dei filius, et dominus, et sanctus, et christus. sed tamen, quia in illo homine maior plenitudo gratiae fuit quam in aliis hominibus sanctis, fuit prae ceteris templum dei, et arctius deo secundum affectum unitus, et singulari quodam privilegio divina nomina participavit. et propter hanc excellentiam gratiae, constitutus est in participatione divinae dignitatis et honoris, ut scilicet coadoretur deo. et sic, * secundum praedicta, “ oportet quod alia sit persona verbi dei, et alia persona |50| illius hominis qui verbo dei coadoretur. et si dicatur una persona utriusque, hoc erit propter unionem affectualem praedictam: ut sic dicatur homo ille et dei verbum una persona, sicut dicitur de viro et muliere quod iam non sunt duo, sed una caro. et quia talis unio non facit ut quod de uno dicitur, de altero dici possit, non enim quicquid convenit viro, verum est de muliere, aut e converso; ideo in unione verbi et illius hominis hoc observandum putant, quod ea quae sunt propria illius hominis, ad humanam naturam pertinentia, de verbo dei, aut de deo, convenienter dici non possunt; sicut homini illi convenit quod sit natus de virgine, quod passus, mortuus et sepultus, et huiusmodi; quae omnia asserunt de deo, vel de dei verbo, dici non debere. sed quia sunt quaedam nomina quae, etsi deo principaliter conveniant, communicantur tamen hominibus per aliquem modum, sicut christus, dominus, sanctus, et etiam filius dei, de huiusmodi nominibus secundum eos nihil prohibet praedicta praedicari. convenienter enim dicimus * secundum eos |75| “ quod christus, vel dominus gloriae, vel sanctus sanctorum, vel dei filius, sit natus de virgine, passus, mortuus et sepultus. unde et beatam virginem non matrem dei vel verbi dei, sed matrem christi nominandam esse * dicunt.
n.3 * Sed si quis diligenter consideret, praedicta positio veritatem incarnationis excludit. non enim secundum praedicta “ verbum dei fuit homini illi unitum nisi secundum inhabitationem per gratiam, ex qua consequitur unio voluntatum. ‘ inhabitatio autem verbi dei in homine non est verbum dei incarnari. habitavit enim verbum dei, et deus ipse, in omnibus sanctis a constitutione mundi, * secundum illud apostoli ii ad cor. 6-16, ° vos estis templum dei vivi: sicut dicit dominus: quoniam inhabitabo in illis: ‘ quae tamen inhabitatio incarnatio dici non potest; alioquin frequenter ab initio mundi deus incarnatus fuisset. nec hoc etiam ad incarnationis rationem sufficit si verbum dei, aut deus, pleniori gratia habitavit in illo homine: quia “ magis et minus speciem non diversificant unionis. ‘ cum igitur christiana religio in fide incarnationis fundetur, evidenter apparet |25| quod * praedicta positio fundamentum christianae religionis tollit.
n.4 ‘ Praeterea. * ex ipso modo loquendi scripturarum, falsitas praedictae positionis apparet. “ inhabitationem enim verbi dei in sanctis hominibus consuevit * sacra scriptura his modis significare: ° locutus est dominus ad moysen; dicit dominus ad moysen; factum est verbum domini ad ieremiam “ (aut ad aliquem aliorum prophetarum); ° factum est verbum domini in manu aggaei prophetae. * nunquam autem legitur quod “ verbum domini factum sit vel moyses, vel ieremias, vel aliquis aliorum. ‘ hoc autem modo singulariter unionem dei verbi ad carnem christi * designat evangelista, dicens, ° verbum caro factum est, * ut supra expositum est. ‘ manifestum est igitur quod non solum per modum inhabitationis verbum dei in homine christo fuit, * secundum traditiones scripturae.
n.5 ‘ Item. omne quod factum est aliquid, est illud quod factum est: sicut quod factum est homo, est homo; et quod factum est album est album. sed verbum dei factum est homo, * ut ex praemissis habetur. ‘ igitur verbum dei est homo. impossibile est autem ut duorum differentium persona aut hypostasi vel supposito, unum de altero praedicetur: cum enim dicitur, homo est animal, id ipsum quod animal est, homo est; et cum dicitur, homo est albus, ipse homo albus esse significatur, licet albedo sit extra rationem humanitatis. et ideo nullo modo dici potest quod socrates sit plato, vel aliquod aliud singularium eiusdem vel alterius speciei. si igitur ° verbum caro factum est, “ idest homo, * ut evangelista testatur; impossibile est quod “ verbi dei et illius hominis sint duae personae, vel duae hypostases, vel duo supposita.
n.6 ‘ Adhuc. pronomina demonstrativa ad personam referuntur, vel hypostasim vel suppositum: nemo enim diceret, ego curro, alio currente; nisi forte figurative, utpote quod alius loco eius curreret. sed ille homo qui dictus est iesus, * dicit de se, ° antequam abraham fieret, ego sum, * ioan. 8-58; et ioan. 10-30, ° ego et pater unum sumus; ‘ et plura alia quae manifeste ad divinitatem verbi pertinent. ergo manifestum est quod persona illius hominis loquentis et hypostasis est ipsa persona filii dei.
n.7 * Amplius. ex superioribus patet quod “ neque corpus christi de caelo descendit, * secundum errorem valentini; “ neque anima, * secundum errorem origenis. ‘ unde restat quod ad verbum dei pertineat quod dicitur descendisse, non motu locali, sed ratione unionis ad inferiorem naturam, * ut supra dictum est. ‘ sed ille homo, ex persona sua loquens, dicit se descendisse de caelo, * ioan. 6-51: ° ego sum panis vivus, qui de caelo descendi. ‘ necesse est igitur personam et hypostasim illius hominis esse personam verbi dei.
n.8 ‘ Item. manifestum est quod ascendere in caelum christo homini convenit, “ qui videntibus apostolis elevatus est, * ut dicitur act. 1-9. ‘ descendere autem de caelo verbo dei convenit. * sed apostolus dicit, ephes. 4-10: ° qui descendit, ipse est et qui ascendit. ‘ ipsa igitur est persona et hypostasis illius hominis, quae est persona et hypostasis verbi dei.
n.9 ‘ Adhuc. ei quod originem habet ex mundo, et quod non fuit antequam esset in mundo, non convenit venire in mundum. sed homo christus secundum carnem originem habet ex mundo, quia verum corpus humanum et terrenum habuit, * ut ostensum est. ‘ secundum animam vero non fuit antequam esset in mundo: habuit enim veram animam humanam, de cuius natura est ut non sit antequam corpori uniatur. relinquitur igitur quod homini illi ex sua humanitate non conveniat venire in mundum. * ipse autem “ se dicit venisse in mundum: ° exivi, * inquit, ° a patre, et veni in mundum, * ioan. 16-28. ‘ manifestum est igitur quod id quod verbo dei convenit, de homine illo dicitur vere: nam quod verbo dei conveniat venire in mundum, * manifeste ostendit ioannes evangelista, dicens: ° in mundo erat, et mundus per ipsum factus est, et mundus eum non cognovit: in propria venit. ‘ oportet igitur personam et hypostasim illius hominis loquentis esse personam et hypostasim verbi dei.
n.10 * Item apostolus dicit, hebr. 10-5: ° ingrediens mundum dicit: hostiam et oblationem noluisti, corpus autem aptasti mihi. ‘ ingrediens autem mundum verbum dei est, * ut ostensum est. ‘ ipsi igitur dei verbo corpus aptatur ut scilicet sit proprium corpus eius. quod dici non posset nisi esset eadem hypostasis dei verbi et illius hominis. oportet igitur esse eandem hypostasim dei verbi et illius hominis.
n.11 ‘ Amplius. omnis mutatio vel passio conveniens corpori alicuius, potest attribui ei cuius est corpus: si enim corpus petri vulneretur, flagelletur, aut moriatur, potest dici quod petrus vulneratur, flagellatur, aut moritur. sed corpus illius hominis fuit corpus verbi dei, * ut ostensum est. ‘ ergo omnis passio quae in corpore illius hominis facta fuit, potest verbo dei attribui. recte igitur dici potest quod verbum dei, et deus, est passus, crucifixus, mortuus et sepultus. * quod ipsi negabant.
n.12 * Item. apostolus dicit, hebr. 2-10: ° decebat eum propter quem omnia, et per quem omnia, qui multos filios in gloriam adduxerat, auctorem salutis eorum, per passionem consummari: * ex quo habetur quod “ ille propter quem sunt omnia, et per quem sunt omnia, et qui homines in gloriam adducit, et qui est auctor salutis humanae, passus est et mortuus. ‘ sed haec quatuor singulariter sunt dei, et nulli alii attribuuntur: * dicitur enim proverb. 16-4, ° universa propter semetipsum operatus est dominus; * et ioan. 1-3, de verbo dei dicitur, ° omnia per ipsum facta sunt; * et in psalmo, ° gratiam et gloriam dabit dominus; * et alibi, ° salus autem iustorum a domino. * manifestum est igitur recte dici ° deum, dei verbum, esse

passum et mortuum.

n.13 ‘Praeterea. licet aliquis homo participatione dominii dominus dici possit, nullus tamen homo, neque creatura aliqua, potest dici dominus gloriae: quia gloriam futurae beatitudinis solus deus ex natura possidet, alii vero per donum gratiae; * unde et in psalmo dicitur, ° dominus virtutum ipse est rex gloriae. * sed apostolus dicit “dominum gloriae esse crucifixum, * i ad cor. 2-8. ‘ vere igitur dici potest quod deus sit crucifixus.

n.14 ‘ Adhuc. verbum dei dicitur dei filius per naturam, * ut ex supra dictis patet: ‘ homo autem, propter inhabitationem dei, dicitur dei filius per gratiam adoptionis. “ sic igitur in domino iesu christo, * secundum positionem praedictam, “ est accipere utrumque filiationis modum: nam verbum inhabitans est dei filius per naturam; homo inhabitatus est dei filius per gratiam adoptionis. ‘ unde homo ille non potest dici proprius, vel unigenitus dei filius, sed solum dei verbum, quod, secundum proprietatem nativitatis, singulariter a patre genitum est. attribuit autem scriptura proprio et unigenito dei filio passionem et mortem. * dicit enim apostolus, rom. cap. 8-32: ° proprio filio suo non pepercit, sed pro nobis omnibus tradidit illum. * et ioan. 3-16: ° sic deus dilexit mundum ut filium suum unigenitum daret, ut omnis qui credit in illum non pereat, sed habeat vitam aeternam. * et quod loquatur “ de traditione ad mortem, * patet per id quod eadem verba supra praemiserat “ de filio hominis crucifixo, * dicens: ° sicut moyses |25| exaltavit serpentem in deserto, ita oportet exaltari filium hominis, ut omnis qui credit in illum etc.. * et apostolus mortem christi indicium divinae dilectionis ad mundum esse ostendit, dicens, rom. 5-8 ° commendat suam caritatem deus in nobis, quoniam, cum adhuc inimici essemus, christus pro nobis mortuus est. * recte igitur dici potest quod ‘ verbum dei, deus, sit passus et mortuus.

n.15 ‘ Item. ex hoc dicitur aliquis filius alicuius matris, quia corpus eius ex ea sumitur, licet anima non sumatur ex matre, sed ab exteriori sit. corpus autem illius hominis ex virgine matre sumptum est: * ostensum est autem ‘corpus illius hominis esse corpus filii dei naturalis, idest verbi dei. convenienter igitur dicitur quod beata virgo sit mater verbi dei, et etiam dei, licet divinitas verbi a matre non sumatur: non enim oportet quod filius totum quod est de sua substantia a matre sumat, sed solum corpus.

n.16 * Amplius. apostolus dicit, ad galat. 4-4: ° misit deus filium suum factum ex muliere: * ex quibus verbis ostenditur “ qualiter missio filii dei sit intelligenda: eo enim dicitur missus quo factus est ex muliere. * quod quidem verum esse non posset nisi ‘ filius dei ante fuisset quam factus esset ex muliere: quod enim in aliquid mittitur, prius esse intelligitur quam sit in eo quo mittitur. “ sed homo ille, filius adoptivus, * secundum nestorium, “ non fuit antequam natus esset ex muliere. * quod ergo dicit, ° misit deus filium suum, “ non potest intelligi de filio adoptivo, sed oportet quod intelligatur de filio naturali, idest de deo dei verbo. ‘ sed ex hoc quod aliquis factus est ex muliere, dicitur filius mulieris. deus ergo, dei verbum, est filius mulieris.

n.17 * Sed forte dicet aliquis “ non debere verbum apostoli sic intelligi quod dei filius ad hoc sit missus ut sit factus ex muliere: sed ita quod dei filius qui est factus ex muliere et sub lege, ad hoc sit missus ut eos qui sub lege erant redimeret. * et secundum hoc, quod dicit ° filium suum, “ non oportebit intelligi de filio naturali, sed de homine illo qui est filius adoptionis. * sed hic sensus excluditur ex ipsis apostoli verbis. ‘ non enim a lege potest absolvere nisi ille qui supra legem existit, qui est auctor legis. lex autem a deo posita est. solius igitur dei est a servitute legis eripere. * hoc autem attribuit apostolus filio dei de quo loquitur. ‘ filius ergo dei * de quo loquitur, ‘ est filius naturalis. verum est ergo dicere quod naturalis dei filius, idest deus dei verbum, est factus ex muliere.

n.18 ‘ Praeterea. idem patet per hoc quod redemptio humani generis ipsi deo attribuitur * in psalmo: ° redemisti me, domine deus veritatis.

n.19 ‘ Adhuc. adoptio filiorum dei fit per spiritum sanctum: * secundum illud rom. 8-15: ° accepistis spiritum adoptionis filiorum. ‘ spiritus autem sanctus non est donum hominis, sed dei. adoptio ergo filiorum non causatur ab homine, sed a deo. causatur autem a filio dei misso a deo et facto ex muliere: * quod patet per id quod apostolus subdit, ° ut adoptionem filiorum reciperemus. ‘ oportet igitur verbum apostoli intelligi de filio dei naturali. deus igitur, dei verbum, factus est ex muliere, idest ex virgine matre.

n.20 * Item. ioannes dicit: ° verbum caro factum est. ‘ non autem habet carnem nisi ex muliere. verbum igitur factum est ex muliere, idest ex virgine matre. virgo igitur est mater dei verbi.

n.21 * Amplius. apostolus dicit, rom. 9-5, quod ° christus est ex patribus secundum carnem, qui est super omnia deus benedictus in saecula. ‘ non autem est ex patribus nisi mediante virgine. deus igitur, qui est super omnia, est ex virgine secundum carnem. virgo igitur est mater dei secundum carnem.

n.22 * Adhuc. apostolus dicit, philipp. 2 de christo iesu, quod ° cum in forma dei esset, exinanivit semetipsum, formam servi accipiens, in similitudinem hominum factus. * ubi manifestum est si, secundum nestorium, “ christum dividamus in duos, scilicet in hominem illum qui est filius adoptivus, et in filium dei naturalem, qui est verbum dei, * quod non potest intelligi de homine illo. “ ille enim homo, si purus homo sit, non prius fuit in forma dei, ut postmodum in similitudinem hominum fieret: sed magis e converso homo existens divinitatis particeps factus est, in quo non fuit exinanitus, sed exaltatus. oportet igitur quod intelligatur de verbo dei, quod prius fuerit ab aeterno in forma dei, idest in natura dei, et postmodum exinanivit semetipsum, in similitudinem hominum factus. * non potest autem intelligi “ ista exinanitio per solam inhabitationem verbi dei in homine iesu christo. ‘ nam verbum dei in omnibus sanctis, a principio mundi, habitavit per gratiam, nec tamen dicitur exinanitum: |25| quia deus sic suam bonitatem creaturis communicat quod nihil ei subtrahitur, sed magis quodammodo exaltatur, secundum quod eius sublimitas ex bonitate creaturarum apparet, et tanto amplius quanto creaturae fuerint meliores. unde, si verbum dei plenius habitavit in homine christo quam in aliis sanctis, minus etiam hic quam in aliis convenit exinanitio verbi. manifestum est igitur quod “ unio verbi ad humanam naturam non est intelligenda secundum solam inhabitationem verbi dei in homine illo, * ut nestorius dicebat: “ sed secundum hoc quod verbum dei vere factum est homo. ‘ sic enim solum habebit locum exinanitio: ut scilicet dicatur verbum dei exinanitum, idest parvum factum, non amissione propriae magnitudinis, sed assumptione humanae parvitatis; sicut si anima praeexisteret corpori, et diceretur fieri substantia corporea quae est homo, non mutatione propriae naturae, sed assumptione naturae corporeae.

n.23 ‘ Praeterea. manifestum est quod spiritus sanctus in homine christo habitavit: * dicitur enim lucae 4-1, quod ° iesus plenus spiritu sancto regressus est a iordane. “ si igitur incarnatio verbi secundum hoc solum intelligenda est quod verbum dei in homine illo plenissime habitavit, necesse erit dicere quod etiam spiritus sanctus erit incarnatus. * quod est omnino alienum a doctrina fidei.

n.24 ‘ Adhuc. manifestum est verbum dei in sanctis angelis habitare, qui participatione verbi intelligentia replentur. * dicit autem apostolus, hebr. 2-16: ° nusquam angelos apprehendit, sed semen abrahae apprehendit. ‘ manifestum est igitur quod assumptio humanae naturae a verbo non est secundum solam inhabitationem accipienda.

n.25 * Adhuc. si, secundum positionem nestorii, “ christus separaretur in duos secundum hypostasim differentes, idest in verbum dei et hominem illum, impossibile est quod verbum dei christus dicatur. ‘ quod patet tum ex modo loquendi scripturae, quae nunquam ante incarnationem deum, aut dei verbum, nominat christum. tum etiam ex ipsa nominis ratione. dicitur enim christus quasi unctus. “ unctus autem intelligitur oleo exultationis, idest spiritu sancto, * ut petrus exponit, act. 10-38. non autem potest dici quod “ verbum dei sit unctum spiritu sancto: quia sic spiritus sanctus esset maior filio, ut sanctificans sanctificato. ‘ oportebit igitur quod hoc nomen christus solum pro homine illo possit intelligi. * quod ergo dicit apostolus, ad philipp. 2-5, ° hoc sentite in vobis quod et in christo iesu, “ ad hominem illum referendum est. * subdit autem, 6 ° qui cum in forma dei esset, non rapinam arbitratus est esse se aequalem deo. * verum est igitur dicere quod ‘ homo ille |25| est in forma, idest in natura dei, et aequalis deo. licet autem homines dicantur dii, vel filii dei, propter inhabitantem deum, nunquam tamen dicitur quod sint aequales deo. patet igitur quod homo christus non per solam inhabitationem dicitur deus.

n.26 ‘Item. licet nomen dei ad sanctos homines transferatur propter inhabitationem gratiae, nunquam tamen opera quae sunt solius dei, sicut creare caelum et terram, vel aliquid huiusmodi, de aliquo sanctorum propter inhabitationem gratiae dicitur. christo autem homini attribuitur omnium creatio. * dicitur enim hebr. 3-1 ° considerate apostolum et pontificem confessionis nostrae iesum christum, qui fidelis est ei qui fecit illum sicut et moyses, in omni domo illius: * quod oportet “ de homine illo, et non de dei verbo * intelligi * tum quia ostensum est quod, * secundum positionem nestorii, “ verbum dei christus dici non potest; tum quia verbum dei non est factum, sed genitum. * addit autem apostolus: 3 ° ampliori gloria iste prae moyse dignus habitus est, quanto ampliorem honorem habet domus qui fabricavit illam. ‘ homo igitur christus fabricavit domum dei. * quod consequenter apostolus probat, subdens: 4 ° omnis namque domus fabricatur ab aliquo: qui autem omnia creavit, deus est. * sic igitur apostolus |25| probat quod “ homo christus fabricavit domum dei, per hoc quod deus creavit omnia. * quae probatio nulla esset ‘ nisi christus esset deus creans omnia. sic igitur homini illi attribuitur creatio universorum: quod est proprium opus dei. est igitur homo christus ipse deus secundum hypostasim, et non ratione inhabitationis tantum.

n.27 ‘ Amplius. manifestum est quod homo christus, loquens de se, multa divina dicit et supernaturalia: * ut est illud ioan. 6-40, ° ego resuscitabo illum in novissimo die; * et ioan. 10-28, ° ego vitam aeternam do eis. ‘ quod quidem esset summae superbiae, si ille homo loquens non esset secundum hypostasim ipse deus, sed solum haberet deum inhabitantem. hoc autem homini christo non competit, * qui de se dicit, matth. 11-29: ° discite a me quia mitis sum et humilis corde. ‘ est igitur eadem persona hominis illius et dei.

n.28 * Praeterea. sicut legitur in scripturis quod “ homo ille est exaltatus, * dicitur enim act. 2-33, ° dextera igitur dei exaltatus etc., * ita legitur quod “ deus sit exinanitus, * philipp. 2-7, ° exinanivit semetipsum etc.. ‘ sicut igitur sublimia possunt dici de homine illo ratione unionis, ut quod sit deus, quod resuscitet mortuos, et alia huiusmodi; ita de deo possunt dici humilia, ut quod sit natus de virgine, passus, mortuus et sepultus.

n.29 ‘ Adhuc. relativa tam verba quam pronomina idem suppositum referunt. * dicit autem apostolus, coloss. 1-16, loquens de filio dei, ° in ipso condita sunt universa in caelo et in terra, visibilia et invisibilia; * et postea subdit, 18 ° et ipse est caput corporis ecclesiae, qui est principium, primogenitus ex mortuis. * manifestum est autem quod hoc quod dicitur, ° in ipso condita sunt universa, “ ad verbum dei pertinet: * quod autem dicitur, ° primogenitus ex mortuis, “ homini christo competit. ‘ sic igitur dei verbum et homo christus sunt unum suppositum, et per consequens una persona; et oportet quod quicquid dicitur de homine illo, dicatur de verbo dei, et e converso.

n.30 * Item. apostolus dicit, i ad cor. 8-6: ° unus est dominus iesus christus, per quem omnia. ‘ manifestum est autem quod iesus, nomen illius hominis per quem omnia, convenit verbo dei. sic igitur verbum dei et homo ille sunt unus dominus, “ nec duo domini nec duo filii, * ut nestorius dicebat. ‘ et ex hoc ulterius sequitur quod verbi dei et hominis sit una persona.

n.31 * Si quis autem diligenter consideret, haec nestorii opinio quantum ad incarnationis mysterium, parum differt ab opinione photini. “ quia uterque hominem illum deum dici asserebat solum propter inhabitationem gratiae: * quamvis photinus dixerit quod “ ille homo nomen divinitatis et gloriam per passionem et bona opera meruit; * nestorius autem confessus est quod “ a principio suae conceptionis huiusmodi nomen et gloriam habuit, propter plenissimam habitationem dei in ipso. * circa generationem autem aeternam verbi multum differebant: nam nestorius eam confitebatur; photinus vero negabat omnino.

005 SCG lb4 cp35

n. ‘ Contra errorem eutychetis.

n.1 * Quia ergo, sicut multipliciter ostensum est, ‘ ita oportet mysterium incarnationis intelligi quod verbi dei et hominis sit una eademque persona, relinquitur quaedam circa huius veritatis considerationem difficultas. naturam enim divinam necesse est ut sua personalitas consequatur. similiter autem videtur et de humana natura: nam omne quod subsistit in intellectuali vel rationali natura, habet rationem personae. unde non videtur esse possibile quod sit una persona et sint duae naturae, divina et humana.

n.2 * Ad huius autem difficultatis solutionem diversi diversas positiones attulerunt. eutyches enim, ut unitatem personae contra nestorium servaret in christo, dicit “ in christo esse etiam unam naturam, ita quod, quamvis ante unionem essent duae naturae distinctae, divina et humana, in unione tamen coierunt in unam naturam. * et sic dicebat “ christi personam ex duabus naturis esse, non autem in duabus naturis subsistere. * propter quod in chalcedonensi synodo est condemnatus.

n.3 * Huius autem positionis falsitas ex multis apparet. * ostensum enim est supra quod ‘ in christo iesu et corpus fuit, et anima rationalis, et divinitas. et manifestum est quod corpus christi, etiam post unionem, non fuit ipsa verbi divinitas: nam corpus christi, etiam post unionem, palpabile fuit, et corporeis oculis visibile, et lineamentis membrorum distinctum; quae omnia aliena sunt a divinitate verbi, * ut ex superioribus patet. ‘ similiter etiam anima christi post unionem aliud fuit a divinitate verbi: quia anima christi, etiam post unionem, passionibus tristitiae et doloris et irae affecta fuit; quae etiam divinitati verbi nullo modo convenire possunt, * ut ex praemissis patet. ‘ anima autem humana et corpus constituunt humanam naturam. sic igitur, etiam post unionem, humana natura in christo fuit aliud a divinitate verbi, quae est natura divina. sunt igitur in christo, etiam post unionem, duae naturae.

n.4 ‘Item. natura est secundum quam res aliqua dicitur res naturalis. dicitur autem res naturalis ex hoc quod habet formam, sicut et res artificialis: non enim dicitur domus antequam habeat formam artis, et similiter non dicitur equus antequam habeat formam naturae suae. forma igitur rei naturalis est eius natura. oportet autem dicere quod in christo sint duae formae, etiam post unionem. * dicit enim apostolus, philipp. 2, de christo iesu, quod, ° cum in forma dei esset, formam servi accepit. ‘ non autem potest dici quod sit eadem forma dei, et forma servi: nihil enim accipit quod iam habet; et sic, si eadem est forma dei et forma servi, cum iam formam dei habuisset, non accepisset formam servi. neque iterum potest dici quod forma dei in christo per unionem sit corrupta: quia sic christus post unionem non esset deus. neque iterum potest dici quod forma servi sit corrupta in unione: quia sic non accepisset formam servi. sed nec dici potest quod forma servi sit permixta formae dei: quia quae permiscentur, |25| non manent integra, sed partim utrumque corrumpitur; unde non diceret quod accepisset formam servi, sed aliquid eius. * et sic oportet dicere, secundum verba apostoli, quod ‘ in christo, etiam post unionem, fuerunt duae formae. ergo duae naturae.

n.5 ‘ Amplius. nomen naturae primo impositum est ad significandum ipsam generationem nascentium. et exinde translatum est ad significandum principium generationis huiusmodi. et inde ad significandum principium motus intrinsecum mobili. et quia huiusmodi principium est materia vel forma, ulterius natura dicitur forma vel materia rei naturalis habentis in se principium motus. et quia forma et materia constituunt essentiam rei naturalis, extensum est nomen naturae ad significandum essentiam cuiuscumque rei in natura existentis: ut sic natura alicuius rei dicatur “ essentia, quam significat definitio. ‘ et hoc modo hic de natura est quaestio: sic enim dicimus humanam naturam esse in christo et divinam.

n.6 “ Si igitur, * ut eutyches posuit, “ humana natura et divina fuerunt duae ante unionem, sed ex eis in unione conflata est una natura, * oportet hoc esse “ aliquo modorum secundum quos ex multis natum est unum fieri.

n.7 ‘ Fit autem unum ex multis, uno quidem modo, secundum ordinem tantum: sicut ex multis domibus fit civitas, et ex multis militibus fit exercitus. alio modo, ordine et compositione: sicut ex partibus domus coniunctis et parietum colligatione fit domus. sed hi duo modi non competunt ad constitutionem unius naturae ex pluribus. ea enim quorum forma est ordo vel compositio, non sunt res naturales, ut sic eorum unitas possit dici unitas naturae.

n.8 ‘ Tertio modo, ex pluribus fit unum per commixtionem: sicut ex quatuor elementis fit corpus mixtum. hic etiam modus nullo modo competit ad propositum. primo quidem, quia mixtio non est nisi eorum quae communicant in materia, et quae agere et pati ad invicem nata sunt. quod quidem hic esse non potest: * ostensum est enim in primo libro quod ‘ deus immaterialis et omnino impassibilis est. secundo, quia ex his quorum unum multum excedit aliud, mixtio fieri non potest: si quis enim guttam vini mittat in mille amphoras aquae, non erit mixtio, sed corruptio vini; propter quod etiam nec ligna in fornacem ignis missa dicimus misceri igni, sed ab igne consumi, propter excellentem ignis virtutem. divina autem natura in infinitum humanam excedit: cum virtus dei sit infinita, * ut in primo ostensum est. ‘ nullo igitur modo posset fieri mixtio utriusque naturae. |25| tertio quia, dato quod fieret mixtio, neutra natura remaneret salvata: miscibilia enim in mixto non salvantur, si sit vera mixtio. facta igitur permixtione utriusque naturae, divinae scilicet et humanae, neutra natura remaneret, sed aliquod tertium: et sic christus neque esset deus neque homo. * non igitur sic potest intelligi quod eutyches dixit, “ ante unionem fuisse duas naturas, post unionem vero unam in domino iesu christo, quasi ex duabus naturis sit constituta una natura. * relinquitur ergo quod hoc intelligatur hoc modo, quod “ altera tantum earum post unionem remanserit. aut igitur fuit in christo sola natura divina, et id quod videbatur in eo humanum fuit phantasticum, * ut manichaeus dixit; “ aut divina natura conversa est in humanam, * ut apollinaris dixit; * contra quos supra disputavimus. * relinquitur igitur hoc esse impossibile, “ ante unionem fuisse duas naturas in christo, post unionem vero |50| unam.

n.9 ‘ Amplius. nunquam invenitur ex duabus naturis manentibus fieri unam: eo quod quaelibet natura est quoddam totum, ea vero ex quibus aliquid constituitur, cadunt in rationem partis; unde, cum ex anima et corpore fiat unum, neque corpus neque anima natura dici potest, sicut nunc loquimur de natura, quia neutrum habet speciem completam, sed utrumque est pars unius naturae. cum igitur natura humana sit quaedam natura completa, et similiter natura divina, impossibile est quod concurrant in unam naturam, nisi vel utraque vel altera corrumpatur. quod esse non potest: * cum ex supra dictis pateat ‘ unum christum et verum deum et verum hominem esse. impossibile est igitur in christo unam esse tantum naturam.

n.10 ‘ Item. ex duobus manentibus una natura constituitur vel sicut ex partibus corporalibus, sicut ex membris constituitur animal: quod hic dici non potest, cum divina natura non sit aliquid corporeum. vel sicut ex materia et forma constituitur aliquid unum, sicut ex anima et corpore animal. quod etiam non potest in proposito dici: * ostensum est enim in primo libro quod ‘ deus neque materia est, neque alicuius forma esse potest. si igitur christus est verus deus et verus homo, * ut ostensum est, ‘ impossibile est quod in eo sit una natura tantum.

n.11 ‘ Adhuc. subtractio vel additio alicuius essentialis principii variat speciem rei: et per consequens mutat naturam, quae nihil est aliud quam “ essentia, quam significat definitio, * ut dictum est. ‘ et propter hoc videmus quod differentia specifica addita vel subtracta definitioni, facit differre secundum speciem: sicut animal rationale, et ratione carens, specie differunt; sicut et in numeris unitas addita vel subtracta facit aliam speciem numeri. forma autem est essentiale principium. omnis igitur formae additio facit aliam speciem et aliam naturam, sicut nunc loquimur de natura. si igitur divinitas verbi addatur humanae naturae sicut forma, faciet aliam naturam. et sic christus non erit humanae naturae, sed cuiusdam alterius: sicut corpus animatum est alterius naturae quam id quod est corpus tantum.

n.12 ‘ Adhuc. ea quae non conveniunt in natura, non sunt similia secundum speciem, ut homo et equus. si autem natura christi sit composita ex divina et humana, manifestum est quod non erit natura christi in aliis hominibus. ergo non erit similis nobis secundum speciem. * quod est contra apostolum dicentem, hebr. 2-17, quod ° debuit per omnia fratribus assimilari.

n.13 ‘ Praeterea. ex forma et materia semper constituitur una species, quae est praedicabilis de pluribus actu vel potentia, quantum est de ratione speciei. si igitur humanae naturae divina natura quasi forma adveniat, oportebit quod ex commixtione utriusque quaedam communis species resultet, quae sit a multis participabilis. quod patet esse falsum: non enim est nisi unus iesus christus, deus et homo. non igitur divina et humana natura in christo constituerunt unam naturam.

n.14 * Amplius. hoc etiam videtur a fide alienum esse quod eutyches dixit, “ ante unionem in christo fuisse duas naturas. cum enim humana natura ex anima et corpore constituatur, sequeretur quod vel anima, vel corpus, aut utrumque, ante christi incarnationem fuerint. * quod per supra dicta patet esse falsum. * est igitur fidei contrarium dicere quod “ ante unionem fuerint duae naturae christi, et post unionem una.

005 SCG lb4 cp36

n. ‘ De errore macarii antiocheni ponentis unam tantum voluntatem in christo.

n.1 * Fere autem in idem redire videtur et macarii antiocheni positio, dicentis “ in christo esse unam tantum operationem et voluntatem.

n.2 ‘ Cuiuslibet enim naturae est aliqua operatio propria: nam forma est operationis principium, secundum quam unaquaeque natura habet propriam speciem. unde oportet quod, sicut diversarum naturarum sunt diversae formae, ita sint et diversae actiones. “ si igitur in christo sit una tantum actio, sequitur quod in eo sit una tantum natura: * quod est eutychianae haeresis. relinquitur igitur falsum esse quod “ in christo sit una tantum operatio.

n.3 ‘ Item. in christo est divina natura perfecta, per quam consubstantialis est patri; et humana natura perfecta, secundum quam est unius speciei nobiscum. sed de perfectione divinae naturae est voluntatem habere, * ut in primo ostensum est: ‘ similiter etiam de perfectione humanae naturae est quod habeat voluntatem, per quam est homo liberi arbitrii. oportet igitur in christo esse duas voluntates.

n.4 ‘ Adhuc. voluntas est una pars potentialis animae humanae, sicut et intellectus. “ si igitur in christo non fuit alia voluntas praeter voluntatem verbi, pari ratione nec fuit in eo intellectus praeter intellectum verbi. * et sic redibit positio apollinaris.

n.5 ‘ Amplius. si in christo fuit tantum una voluntas, oportet quod in eo fuerit solum voluntas divina: non enim verbum voluntatem divinam, quam ab aeterno habuit, amittere potuit. ad voluntatem autem divinam non pertinet mereri: quia meritum est alicuius in perfectionem tendentis. sic igitur christus nihil, neque sibi neque nobis, sua passione meruisset. * cuius contrarium docet apostolus, philipp. 2, dicens: ° factus est obediens patri usque ad mortem, propter quod et deus exaltavit illum.

n.6 ‘ Praeterea. si in christo voluntas humana non fuit, sequitur quod neque secundum naturam assumptam liberi arbitrii fuerit: nam secundum voluntatem est homo liberi arbitrii. sic igitur non agebat christus homo ad modum hominis, sed ad modum aliorum animalium, quae libero arbitrio carent. nihil igitur in eius actibus virtuosum et laudabile, aut nobis imitandum, fuit. * frustra igitur dicit, matth. 11-29: ° discite a me, quia mitis sum et humilis corde; * et ioan. 13-15: ° exemplum dedi vobis, ut quemadmodum ego feci, ita et vos faciatis.

n.7 ‘ Adhuc. in uno homine puro, quamvis sit suppositio unus, sunt tamen plures et appetitus et operationes, secundum diversa naturalia principia. nam secundum rationalem partem, inest ei voluntas; secundum sensitivam, irascibilis et concupiscibilis; et rursus naturalis appetitus consequens vires naturales. similiter autem et secundum oculum videt, secundum aurem audit, pede ambulat, lingua loquitur, et mente intelligit: quae sunt operationes diversae. et hoc ideo est, quia operationes non multiplicantur solum secundum diversa subiecta operantia, sed etiam secundum diversa principia quibus unum et idem subiectum operatur, a quibus etiam operationes speciem trahunt. divina vero natura multo plus distat ab humana quam naturalia principia humanae naturae ab invicem. est igitur alia et alia voluntas et operatio divinae et humanae naturae in christo, licet ipse christus sit in utraque natura unus.

n.8 * Item. ex auctoritate scripturae manifeste ostenditur “ in christo duas voluntates fuisse. * dicit enim ipse, ioan. 6-38: ° descendi de caelo non ut faciam voluntatem meam, sed voluntatem eius qui misit me, et * lucae 22-42: ° non mea voluntas, sed tua fiat; ‘ ex quibus patet quod in christo fuit quaedam voluntas propria eius, praeter voluntatem patris. manifestum est autem quod in eo fuit voluntas quaedam communis sibi et patri: patris enim et filii, sicut est una natura, ita etiam est una voluntas. sunt igitur in christo duae voluntates.

n.9 ‘ Idem autem et de operationibus patet. fuit enim in christo una operatio sibi et patri communis, * cum ipse dicat, ioan. 5-19: ° quaecumque pater facit haec et similiter filius facit. ‘ est autem in eo et alia operatio, quae non convenit patri, ut dormire, esurire, comedere, et alia huiusmodi, quae christus humanitus fecit vel passus est, * ut evangelistae tradunt. ‘ non igitur fuit in christo una tantum operatio.

n.10 * Videtur autem haec positio ortum habuisse ex hoc quod eius auctores nescierunt distinguere “ inter id quod est simpliciter unum, et ordine unum. * viderunt enim “ voluntatem humanam in christo omnino sub voluntate divina ordinatam fuisse, ita quod nihil voluntate humana christus voluit nisi quod eum velle voluntas divina disposuit. similiter etiam nihil christus secundum humanam naturam operatus est, vel agendo vel patiendo, nisi quod voluntas divina disposuit: * secundum illud ioan. 8-29: ° quae placita sunt ei, facio semper. “ humana etiam operatio christi quandam efficaciam divinam ex unione divinitatis consequebatur, sicut actio secundarii agentis consequitur efficaciam quandam ex principali agente: et ex hoc contigit quod quaelibet eius actio vel passio fuit salubris. * propter quod dionysius “ humanam christi operationem vocat ° theandricam, “ idest dei-virilem; et etiam quia est dei et hominis. |25| * videntes igitur “ humanam voluntatem et operationem christi sub divina ordinari infallibili ordine, iudicaverunt in christo esse tantum voluntatem et operationem unam; quamvis non sit idem, * ut dictum est, “ ordinis unum et simpliciter unum.

005 SCG lb4 cp37

n. ‘ Contra eos qui dixerunt ex anima et corpore non esse aliquid unum constitutum in christo.

n.1 * Ex praemissis igitur manifestum est quod ‘ in christo est tantum una persona, * secundum fidei assertionem, ‘ et duae naturae, * contra id quod nestorius et eutyches posuerunt. sed quia hoc alienum videtur ab his quae naturalis ratio experitur, fuerunt quidam posteriores talem de unione positionem asserentes. “ quia enim ex unione animae et corporis constituitur homo, sed ex hac anima et ex hoc corpore hic homo, quod hypostasim et personam designat, * volentes evitare ne cogerentur in christo ponere “ aliquam hypostasim vel personam praeter hypostasim vel personam verbi, dixerunt quod anima et corpus non fuerunt unita in christo, nec ex eis aliqua substantia facta est. * et per hoc nestorii haeresim vitare volebant. rursus, quia hoc impossibile videtur quod “ aliquid sit substantiale alicui et non sit de natura eius quam prius habuit, absque mutatione ipsius; verbum autem omnino immutabile est: * ne cogerentur ponere “ animam et corpus assumpta pertinere ad naturam |25| verbi quam habuit ab aeterno, posuerunt quod verbum assumpsit animam humanam et corpus modo accidentali, sicut homo assumit indumentum; * per hoc errorem eutychetis excludere volentes.

n.2 * Sed haec positio omnino doctrinae fidei repugnat. ‘ anima enim et corpus sua unione hominem constituunt: forma enim materiae adveniens speciem constituit. “ si igitur anima et corpus non fuerint unita in christo, christus non fuit homo: * contra apostolum dicentem i ad tim. 2-5: ° mediator dei et hominum homo christus iesus.

n.3 ‘ Item. unusquisque nostrum ea ratione homo dicitur quia est ex anima rationali et corpore constitutus. “ si igitur christus non ea ratione dicitur homo, sed solum quia habuit animam et corpus licet non unita, aequivoce dicetur homo, et non erit eiusdem speciei nobiscum: * contra apostolum dicentem, hebr. 2-17, quod ° debuit per omnia fratribus assimilari.

n.4 ‘ Adhuc. non omne corpus pertinet ad humanam naturam, sed solum corpus humanum. non est autem corpus humanum nisi quod est per unionem animae rationalis vivificatum: neque enim oculus, aut manus, aut pes, vel caro et os, anima separata, dicuntur nisi aequivoce. * non igitur poterit dici quod “ verbum assumpsit naturam humanam, si corpus animae non unitum assumpsit.

n.5 * Amplius. anima humana naturaliter unibilis est corpori. anima igitur quae nunquam corpori unitur ad aliquid constituendum, non est anima humana: “ quia quod est praeter naturam, non potest esse semper. si igitur anima christi non est unita corpori eius ad aliquid constituendum, relinquitur quod non sit anima humana. et sic in christo non fuit humana natura.

n.6 “ Praeterea. si verbum unitum est animae et corpori accidentaliter sicut indumento, natura humana non fuit natura verbi. verbum igitur, post unionem, non fuit subsistens in duabus naturis: sicut neque homo indutus dicitur in duabus naturis subsistere. * quod quia eutyches dixit, in chalcedonensi synodo est damnatus.

n.7 ' Item. indumenti passio non refertur ad indutum: non enim dicitur homo nasci quando induitur, neque vulnerari si vestimentum laceretur. " si igitur verbum assumpsit animam et corpus sicut homo indumentum, non poterit dici quod deus sit natus aut passus propter corpus assumptum.

n.8 " Adhuc. si verbum assumpsit humanam naturam solum ut indumentum, quo posset hominum oculis apparere, frustra animam assumpsisset, quae secundum suam naturam invisibilis est.

n.9 " Amplius. secundum hoc non aliter assumpsisset filius carnem humanam quam spiritus sanctus columbae speciem in qua apparuit. * quod patet esse falsum: " nam spiritus sanctus non dicitur factus columba, neque minor patre, ' sicut filius dicitur factus homo, et minor patre secundum naturam assumptam.

n.10 * Item. si quis diligenter consideret ad hanc positionem diversarum haeresum inconvenientia sequuntur. ex eo enim quod dicit " filium dei unitum animae et carni accidentali modo, sicut hominem vestimento, * convenit cum opinione nestorii, qui " secundum inhabitationem dei verbi in homine unionem esse factam asseruit: non enim deum esse indutum potest intelligi per tactum corporeum, sed solum per gratiam inhabitantem. * ex hoc etiam quod dixit " accidentalem unionem verbi ad animam et carnem humanam, * sequitur quod " verbum post unionem non fuit subsistens in duabus naturis, * quod eutyches dixit: " nihil enim subsistit in eo quod sibi accidentaliter unitur. * ex eo vero quod dicit " animam et carnem non uniri ad aliquid constituendum * convenit partim quidem cum ario et apollinari, qui posuerunt " corpus christi non animatum anima rationali; * et partim cum manichaeo, qui posuit " christum |25| non verum hominem, sed phantasticum fuisse. si enim anima non est unita carni ad alicuius constitutionem, phantasticum erat quod videbatur christus similis aliis hominibus ex unione animae et corporis constitutis.

n.11 * Sumpsit autem haec positio occasionem ex verbo apostoli dicentis, philipp. 2-7: ° habitu inventus ut homo. * non enim intellexerunt hoc secundum metaphoram dici. ' quae autem metaphorice dicuntur, non oportet secundum omnia similia esse. habet igitur natura humana assumpta quandam indumenti similitudinem, inquantum verbum per carnem visibilem videbatur, sicut homo videtur per indumentum: non autem quantum ad hoc quod unio verbi ad humanam naturam in christo fuerit modo accidentali.

005 SCG lb4 cp38

n. ' Contra eos qui ponunt duo supposita vel duas hypostases in una persona christi.

n.1 * Hanc igitur positionem, propter praedicta inconvenientia, alii quidem vitantes, posuerunt " ex anima et carne in domino iesu christo unam substantiam constitutam esse, scilicet hominem quendam eiusdem speciei aliis hominibus; quem quidem hominem unitum dicunt verbo dei, non quidem in natura, sed in persona, ut scilicet sit una persona verbi dei et illius hominis; sed quia homo ille quaedam individua substantia est, quod est esse hypostasim et suppositum, * dicunt quidam " in christo aliam esse hypostasim et suppositum illius hominis et verbi dei, sed unam personam utriusque; ratione cuius unitatis dicunt verbum dei de homine illo praedicari, et hominem illum de dei verbo; ut sit sensus, verbum dei est homo, idest, persona verbi dei est persona hominis, et e converso; et hac ratione, quicquid de verbo dei praedicatur, dicunt de homine illo posse praedicari, et e converso, cum quadam tamen replicatione, ut, cum dicitur, deus est passus, sit sensus, homo, qui est deus propter unitatem personae, est passus; et, homo |25| creavit stellas, idest, ille qui est homo.

n.2 * Sed haec positio de necessitate in errorem nestorii delabitur. ' si enim differentia personae et hypostasis attendatur, invenitur persona esse non alienum ab hypostasi, sed quaedam pars eius. nihil enim aliud est persona quam hypostasis talis naturae scilicet rationalis: * quod patet ex definitione boetii dicentis quod ° persona est rationalis naturae individua substantia: ' ex quo patet quod, licet non omnis hypostasis sit persona, omnis tamen hypostasis humanae naturae persona est. " si igitur ex sola unione animae et corporis constituta est in christo quaedam substantia particularis quae est hypostasis, scilicet ille homo, * sequitur quod " ex eadem unione sit constituta persona. sic igitur in christo erunt duae personae, una illius hominis de novo constituta, et alia aeterna verbi dei. * quod est nestorianae impietatis.

n.3 ' Item. etsi hypostasis illius hominis non posset dici persona, tamen idem est hypostasis verbi dei quod persona. " si igitur hypostasis verbi dei non est illius hominis, neque etiam persona verbi dei erit persona illius hominis. * et sic falsum erit quod dicunt, quod " persona illius hominis est persona verbi dei.

n.4 ' Adhuc. dato quod persona esset aliud ab hypostasi verbi dei vel hominis, non posset alia differentia inveniri nisi quod persona supra hypostasim addit proprietatem aliquam: nihil enim ad genus substantiae pertinens addere potest, cum hypostasis sit completissimum in genere substantiae, quod dicitur substantia prima. " si igitur unio facta est secundum personam et non secundum hypostasim, * sequitur quod " non sit facta unio nisi secundum aliquam proprietatem accidentalem. * quod iterum redit in errorem nestorii.

n.5 * Amplius. cyrillus dicit, in epistola ad nestorium, quae est in ephesina synodo approbata: ° si quis non confitetur carni secundum subsistentiam unitum ex deo patre verbum, unumque esse christum cum sua carne, eundem videlicet deum simul et hominem, anathema sit. * et fere ubique in synodalibus scriptis hoc errori nestorii deputatur, qui posuit " duas in christo hypostases.

n.6 * Praeterea. damascenus, in iii libro, dicit: ° ex duabus naturis perfectis dicimus esse factam unionem: non secundum prosopicam, " idest personalem, ° ut dei inimicus dicit nestorius, sed secundum hypostasim. * unde patet expresse quod haec fuit positio nestorii, " confiteri unam personam et duas hypostases.

n.7 ' Item. hypostasis et suppositum oportet idem esse. nam de prima substantia, quae est hypostasis, omnia alia praedicantur: scilicet et universalia in genere substantiae, et accidentia, * secundum philosophum in praedicamentis. " si igitur in christo non sunt duae hypostases, per consequens neque duo supposita.

n.8 " Adhuc. si verbum et homo ille supposito differunt, oportet quod, supposito homine illo, non supponatur verbum dei, nec e converso. sed distinctis suppositis, necesse est et ea quae de ipsis dicuntur, distingui: nam supposito hominis non conveniunt praedicta praedicata divina nisi propter verbum, neque e converso. separatim igitur accipienda erunt quae de christo in scripturis dicuntur, divina scilicet et humana: * quod est contra sententiam cyrilli, in synodo confirmatam, dicentis: ° si quis personis duabus vel subsistentiis vel eas quae sunt in evangelicis et apostolicis scripturis impertit voces, aut de christo a sanctis dictas, aut ab ipso de se; et quasdam quidem velut homini praeter illud ex deo verbum specialiter intellecto applicat, quasdam vero velut deo decibiles, soli ex deo patre verbo, anathema sit.

n.9 * Amplius. secundum positionem praedictam, " ea quae verbo dei conveniunt per naturam, de illo homine non dicerentur nisi per quandam associationem in una persona: hoc enim significat replicatio interposita * cum sic exponunt, " homo ille creavit stellas, idest, filius dei, qui est homo ille, et similiter de aliis huiusmodi. * unde, cum dicitur, " homo ille est deus, sic intelligitur: homo ille verbo deus existit. * huiusmodi autem locutiones condemnat cyrillus, dicens: ° si quis audet dicere assumptum hominem coadorari oportere dei verbo, conglorificari, et coappellari deum, quasi alterum alteri (id enim quod est co semper quoties additur hoc intelligi cogit); et non magis una adoratione honorificat emanuelem, et unam ei glorificationem adhibet, secundum quod factum est caro verbum: anathema sit.

n.10 " Praeterea. si homo ille supposito est aliud a dei verbo, non potest ad personam verbi pertinere nisi per assumptionem qua assumptus est a verbo. * sed hoc est alienum a recto sensu fidei. dicitur enim in ephesina synodo, ex verbis felicis papae et martyris: ° credimus in deum nostrum iesum de virgine maria natum, quia ipse est dei sempiternus filius et verbum, et non homo a deo assumptus, ut alter sit praeter illum. neque enim hominem assumpsit dei filius, ut sit alter praeter ipsum: sed deus existens perfectus, factus simul et homo perfectus, incarnatus de virgine.

n.11 ' Item. quae sunt plura supposito, simpliciter plura sunt, nec sunt unum nisi secundum quid. " si igitur in christo sunt duo supposita, * sequitur quod " sit simpliciter duo, et non secundum quid. quod est solvere iesum: ' quia unumquodque intantum est inquantum unum est; quod igitur non est simpliciter unum, non est simpliciter ens.

005 SCG lb4 cp39

n. ' Quid catholica fides sentiat de incarnatione christi.

n.1 * Ex supra dictis igitur manifestum est quod, * secundum catholicae fidei traditionem, oportet dicere quod ' in christo sit natura divina perfecta et humana natura perfecta, ex anima scilicet rationali et humana carne constituta; et quod hae duae naturae unitae sunt in christo " non per solam inhabitationem; neque accidentali modo, ut homo unitur vestimento; neque in sola personali habitudine et proprietate; ' sed secundum unam hypostasim et suppositum unum. * hoc enim solum modo salvari possunt ea quae in scripturis circa incarnationem traduntur. cum enim scriptura sacra indistincte " quae sunt dei homini illi attribuat, et quae sunt illius hominis deo, * ut ex praemissis patet; ' oportet unum et eundem esse de quo utraque dicantur.

n.2 ' Sed quia opposita de eodem secundum idem dici vere non possunt; divina autem et humana quae de christo dicuntur, oppositionem habent, utpote passum et impassibile, mortuum et immortale, et cetera huiusmodi; necesse est quod secundum aliud et aliud divina et humana praedicentur de christo. sic igitur quantum ad id de quo utraque praedicantur, non est distinctio facienda, sed invenitur unitas. quantum autem ad id secundum quod praedicantur, distinctio est facienda. naturales autem proprietates praedicantur de unoquoque secundum eius naturam: sicut de hoc lapide ferri deorsum secundum naturam gravitatis. cum igitur aliud et aliud sit secundum quod divina et humana praedicantur de christo, necesse est dicere in christo esse duas naturas inconfusas et impermixtas. id autem de quo praedicantur proprietates naturales secundum naturam propriam ad genus substantiae pertinentem, est hypostasis et suppositum illius naturae. quia igitur indistinctum est et unum id de quo humana et divina praedicantur |25| circa christum, necesse est dicere christum esse unam hypostasim et unum suppositum humanae et divinae naturae. sic enim vere et proprie de homine illo praedicabuntur divina, secundum hoc quod homo ille importat suppositum non solum humanae naturae, sed divinae: et e converso de verbo dei praedicantur humana inquantum est suppositum humanae naturae.

n.3 ' Ex quo etiam patet quod, licet filius sit incarnatus, non tamen oportet neque patrem neque spiritum sanctum esse incarnatum: cum incarnatio non sit facta secundum unionem in natura, in qua tres personae divinae conveniunt, sed secundum hypostasim et suppositum, prout tres personae distinguuntur. et sic, sicut in trinitate sunt plures personae subsistentes in una natura, ita in mysterio incarnationis est una persona subsistens in pluribus naturis.

005 SCG lb4 cp40

n. ' Obiectiones contra fidem incarnationis.

n.1 * Sed contra hanc catholicae fidei sententiam, plures difficultates concurrunt, propter quas adversarii fidei incarnationem impugnant.

n.2 * Ostensum est enim in primo libro quod " deus neque corpus est, neque virtus in corpore. si autem carnem assumpsit, * sequitur quod " vel sit mutatus in corpus, vel quod sit virtus in corpore, post incarnationem. * impossibile igitur videtur " deum fuisse incarnatum.

n.3 " Item. omne quod acquirit novam naturam, est substantiali mutationi subiectum: secundum hoc enim aliquid generatur, quod naturam aliquam acquirit. si igitur hypostasis filii dei fiat de novo subsistens in natura humana, * videtur quod " esset substantialiter mutata.

n.4 " Adhuc. nulla hypostasis alicuius naturae extenditur extra naturam illam: quin potius natura invenitur extra hypostasim, utpote multas hypostases sub se habens. si igitur hypostasis filii dei sit per incarnationem facta hypostasis humanae naturae, * sequitur quod " filius dei non sit ubique post incarnationem: cum humana natura ubique non sit.

n.5 " Amplius. rei unius et eiusdem non est nisi unum quod quid est: hoc enim significat substantiam rei, quae unius una est. sed natura cuiuslibet rei est quod quid est eius: natura enim rei est quam significat definitio. * impossibile est igitur, ut videtur, quod " una hypostasis in duabus naturis subsistat.

n.6 " Praeterea. in his quae sunt sine materia, non potest esse aliud quidditas rei et res, * ut supra ostensum est. " et hoc praecipue est in deo, qui est non solum sua quidditas, sed etiam suum esse. sed humana natura non potest esse idem quod divina hypostasis. * ergo impossibile esse videtur quod " divina hypostasis subsistat in humana natura.

n.7 " Item. natura est simplicior et formalior hypostasi quae in ea subsistit: nam per additionem alicuius materialis natura communis individuatur ad hanc hypostasim. si igitur divina hypostasis subsistat in humana natura, * videtur sequi quod " humana natura sit simplicior et formalior quam divina hypostasis. * quod est omnino impossibile.

n.8 " Adhuc. in his solum quae sunt ex materia et forma composita, differre invenitur singulare et quidditas eius: ex eo quod singulare est individuatum per materiam designatam, quae in quidditate et natura speciei non includitur; in signatione enim socratis includitur haec materia, non autem in ratione humanae naturae. omnis igitur hypostasis in natura humana subsistens est constituta per materiam signatam. quod de divina hypostasi dici non potest. * non est igitur possibile, ut videtur, quod " hypostasis verbi dei subsistat in humana natura.

n.9 " Amplius. anima et corpus in christo non fuerunt minoris virtutis quam in aliis hominibus. sed in aliis hominibus ex sua unione constituunt suppositum, hypostasim et personam. igitur in christo ex unione animae et corporis constituitur suppositum, hypostasis et persona. non autem suppositum, hypostasis et persona dei verbi, quae est aeterna. igitur in christo est aliud suppositum, hypostasis et persona, praeter suppositum, hypostasim et personam dei verbi, * ut videtur.

n.10 " Praeterea. sicut ex anima et corpore constituitur humana natura in communi, ita ex hac anima et ex hoc corpore constituitur hic homo, quod est hypostasis hominis. sed in christo fuit haec anima et hoc corpus. igitur ex eorum unione constituta est hypostasis, * ut videtur. “ et sic idem quod prius.

n.11 “ Item. hic homo qui est christus, prout consideratur ex anima solum et carne consistens, est quaedam substantia. non autem universalis. ergo particularis. ergo est hypostasis.

n.12 “ Adhuc. si idem est suppositum humanae et divinae naturae in christo, oportet quod de intellectu hominis qui est christus, sit hypostasis divina. non autem est de intellectu aliorum hominum. homo igitur aequivoce de christo dicetur et aliis. et sic non erit eiusdem speciei nobiscum.

n.13 “ Amplius. in christo tria inveniuntur, * ut ex dictis patet: “ scilicet corpus, anima et divinitas. anima autem, cum sit nobilior corpore, non est suppositum corporis, sed magis forma eius. neque igitur id quod est divinum, est suppositum humanae naturae, sed magis formaliter se habet ad ipsam.

n.14 “ Praeterea. omne quod advenit alicui post esse completum, advenit ei accidentaliter. sed, cum verbum dei sit ab aeterno, manifestum est quod caro assumpta advenit ei post esse completum. igitur advenit ei accidentaliter.

005 SCG lb4 cp41

n. ‘ Quomodo oporteat intelligere incarnationem filii dei.

n.1 * Ad horum igitur solutionem considerandam, paulo altius inchoandum est. cum enim eutyches “ unionem dei et hominis factam esse posuerit in natura; * nestorius autem “ nec in natura nec in persona; * fides autem catholica hoc teneat, quod ‘ sit facta unio in persona, non in natura: necessarium videtur praecognoscere quid sit uniri in natura, et quid sit uniri in persona.

n.2 ‘ Natura igitur licet multis modis dicatur - nam et generatio viventium, et principium generationis et motus, et materia et forma natura dicuntur: item et aliquando natura dicitur quod quid est rei, continens ea quae ad speciei pertinent integritatem; sic enim dicimus naturam humanam communem esse omnibus hominibus, et similiter in ceteris:- illa ergo uniuntur in natura ex quibus constituitur integritas speciei alicuius: sicut anima et corpus humanum uniuntur ad constituendum speciem animalis, et universaliter quaecumque sunt partes speciei.

n.3 ‘ Est autem impossibile quod alicui speciei in sua integritate iam constitutae aliquid extraneum uniatur in unitatem naturae, nisi species solvatur. cum enim species sint sicut numeri, in quibus quaelibet unitas addita vel subtracta variat speciem si quid ad speciem iam perfectam addatur, necesse est iam aliam speciem esse: sicut si substantiae animatae tantum addatur sensibile, erit alia species; nam animal et planta diversae species sunt. contingit tamen id quod non est de integritate speciei, in aliquo individuo sub illa specie contento reperiri: sicut album et vestitum in socrate vel platone, aut digitus sextus, vel aliquid huiusmodi. unde nihil prohibet aliqua uniri in individuo quae non uniuntur in una integritate speciei: sicut humana natura et albedo et musica in socrate, et huiusmodi, quae dicuntur esse unum subiecto. et quia individuum in genere substantiae dicitur hypostasis, in substantiis autem rationalibus dicitur etiam persona, convenienter |25| omnia huiusmodi dicuntur uniri secundum hypostasim, vel etiam secundum personam. sic igitur patet quod nihil prohibet aliqua non unita esse secundum naturam, uniri autem secundum hypostasim vel personam.

n.4 * Audientes autem haeretici “ in christo unionem dei et hominis esse factam, * contrariis viis incesserunt ad hoc exponendum, praetermisso tramite veritatis. aliqui enim “ hanc unionem aestimaverunt ad modum eorum quae uniuntur in unam naturam: * sicut arius et apollinaris, ponentes quod “ verbum erat corpori christi pro anima, sive pro mente; * et sicut eutyches, qui posuit “ ante incarnationem duas naturas dei et hominis, post incarnationem vero unam.

n.5 * Sed eorum dictum omnino impossibilitatem continet. ‘ manifestum est enim naturam verbi ab aeterno in sua integritate perfectissimam esse, nec omnino corrumpi aut mutari posse. unde impossibile est aliquid extrinsecum a natura divina, utpote naturam humanam vel aliquam partem eius, in unitatem naturae ei advenire.

n.6 * Alii vero, huius positionis impossibilitatem videntes, in viam contrariam diverterunt. “ ea enim quae habenti aliquam naturam adveniunt nec tamen pertinent ad integritatem naturae illius, vel accidentia esse videntur, ut albedo et musica; vel accidentaliter se habere ad ipsum, sicut anulus, vestimentum, domus, et similia. * consideraverunt autem, quod, “ cum humana natura verbo dei adveniat nec ad eius naturae integritatem pertineat, necesse est, * ut putaverunt, quod “ humana natura accidentalem unionem haberet ad verbum. et quidem manifestum est quod non potest inesse verbo ut accidens: tum quia deus non est susceptivum accidentis, * ut supra probatum est; “ tum quia humana natura, cum sit de genere substantiae, nullius accidens esse potest. unde reliquum videbatur quod humana natura adveniret verbo, non sicut accidens, sed sicut accidentaliter se habens ad ipsum. * posuit igitur nestorius quod “ humana natura christi se habebat ad verbum sicut templum quoddam: |25| ita quod secundum solam inhabitationem erat intelligenda unio verbi ad humanam naturam. et quia templum seorsum habet suam individuationem ab eo qui inhabitat templum; individuatio autem conveniens humanae naturae est personalitas: reliquum erat quod alia esset personalitas humanae naturae, et alia verbi. et sic verbum et ille homo erant duae personae.

n.7 * Quod quidem inconveniens alii vitare volentes, “ circa humanam naturam talem dispositionem * introduxerunt “ ut ei personalitas proprie convenire non possit, * dicentes “ animam et corpus, in quibus integritas humanae naturae consistit, a verbo sic esse assumpta ut corpori anima non esset unita ad aliquam substantiam constituendam: * ne cogerentur dicere “ illam substantiam sic constitutam rationem personae habere. unionem vero verbi ad animam et corpus posuerunt sicut ad ea quae accidentaliter se habent, puta induti ad indumentum, * in hoc quodammodo nestorium imitantes.

n.8 * His igitur remotis per supra dicta, necessarium est ponere “ talem fuisse unionem verbi et hominis ut neque ex duabus una natura conflata sit; neque verbi ad humanam naturam talis fuerit unio sicut est alicuius substantiae, puta hominis, ad exteriora, quae accidentaliter se habent ad ipsum, ut domus et vestimentum; ‘ sed verbum in humana natura sicut in sibi propria facta per incarnationem, subsistere ponatur; ut et corpus illud vere sit corpus verbi dei; et similiter anima; et verbum dei vere sit homo.

n.9 ‘ Et quamvis haec unio perfecte ab homine non valeat explicari, tamen, secundum modum et facultatem nostram, conabimur aliquid dicere ad aedificationem fidei, ut circa hoc mysterium fides catholica ab infidelibus defendatur.

n.10 ‘ In omnibus autem rebus creatis nihil invenitur huic unioni tam simile sicut unio animae ad corpus: “ et maior esset similitudo, * ut etiam augustinus dicit, contra felicianum, “ si esset unus intellectus in omnibus hominibus, * ut quidam posuerunt, secundum quos oporteret dicere quod “ intellectus praeexistens hoc modo de novo conceptui hominis uniatur ut ex utroque fiat una persona, ‘ sicut ponimus verbum praeexistens humanae naturae in personam unam uniri. unde et propter hanc similitudinem utriusque unionis, * athanasius dicit, in symbolo quod, ° sicut anima rationalis et caro unus est homo, ita deus et homo unus est christus.

n.11 ‘ Sed cum anima rationalis uniatur corpori et sicut materiae et sicut instrumento, non potest esse similitudo quantum ad primum modum unionis: sic enim ex deo et homine fieret una natura, cum materia et forma proprie naturam constituant speciei. relinquitur ergo ut attendatur similitudo secundum quod anima unitur corpori ut instrumento. * ad quod etiam dicta antiquorum doctorum concordant, qui “ humanam naturam in christo organum quoddam divinitatis * posuerunt, ‘ sicut et ponitur corpus organum animae.

n.12 ‘ Aliter enim est animae organum corpus et eius partes, et aliter exteriora instrumenta. haec enim dolabra non est proprium instrumentum, sicut haec manus: per dolabram enim multi possunt operari, sed haec manus ad propriam operationem huius animae deputatur. propter quod manus est organum unitum et proprium: dolabra autem instrumentum exterius et commune. sic igitur et in unione dei et hominis considerari potest. omnes enim homines comparantur ad deum ut quaedam instrumenta quibus operatur: ° ipse enim est qui operatur in nobis velle et perficere pro bona voluntate, * secundum apostolum, philipp. 2-13. ‘ sed alii homines comparantur ad deum quasi instrumenta extrinseca et separata: moventur enim a deo non ad operationes proprias sibi tantum, sed ad operationes communes omni rationali naturae, ut est intelligere veritatem, diligere bona, et operari iusta. sed humana natura in christo assumpta est ut instrumentaliter operetur ea quae sunt operationes propriae solius dei, sicut est |25| mundare peccata, illuminare mentes per gratiam, et introducere in perfectionem vitae aeternae. comparatur igitur humana natura christi ad deum sicut instrumentum proprium et coniunctum, ut manus ad animam.

n.13 ‘ Nec discrepat a rerum naturalium consuetudine quod aliquid sit naturaliter proprium instrumentum alicuius quod tamen non est forma ipsius. nam lingua, prout est instrumentum locutionis, est proprium organum intellectus: * qui tamen prout philosophus probat, “ nullius partis corporis actus est. ‘ similiter etiam invenitur aliquod instrumentum quod ad naturam speciei non pertinet, et tamen ex parte materiae competit huic individuo: ut sextus digitus vel aliquid huiusmodi. nihil igitur prohibet hoc modo ponere unionem humanae naturae ad verbum quod humana natura sit quasi verbi instrumentum non separatum sed coniunctum, nec tamen humana natura ad naturam verbi pertinet, nec verbum est eius forma; pertinet tamen ad eius personam.

n.14 ‘ Praedicta tamen exempla non sic posita sunt ut omnimoda similitudo in his sit requirenda: intelligendum est enim verbum dei multo sublimius et intimius humanae naturae potuisse uniri quam anima qualicumque proprio instrumento, praecipue cum toti humanae naturae mediante intellectu coniunctum dicatur. et licet verbum dei sua virtute penetret omnia, utpote omnia conservans et portans, creaturis tamen intellectualibus, quae proprie verbo perfrui possunt et eius participes esse, ex quadam similitudinis affinitate, et eminentius et ineffabilius potest uniri.

005 SCG lb4 cp42

n. ‘ Quod assumptio humanae naturae maxime competebat verbo dei.

n.1 ‘ Ex quo etiam patet quod humanae naturae assumptio potissime competit personae verbi. nam, si assumptio naturae humanae ad salutem hominum ordinatur; ultima autem salus hominis est ut secundum intellectivam partem perficiatur contemplatione veritatis primae: oportuit per verbum, quod secundum emanationem intellectualem a patre procedit, humanam naturam assumi.

n.2 ‘ Rursus. affinitas quaedam videtur maxime verbi ad humanam naturam. homo enim propriam speciem sortitur secundum quod rationalis est. verbum autem rationi affine est: * unde apud graecos “ logos verbum et ratio dicitur. ‘ convenientissime igitur verbum rationali naturae unitum est: “ nam et propter affinitatem praedictam, * divina scriptura “ nomen imaginis et verbo attribuit et homini; * dicit enim apostolus, coloss. 1-15. de verbo, quod ° est imago invisibilis dei; “ et idem de homine, * i cor. 11-7, quod ° vir est imago dei.

n.3 ‘ Habet etiam verbum non solum ad rationalem naturam, sed etiam universaliter ad omnem creaturam quandam affinitatis rationem: cum verbum contineat rationes omnium creatorum a deo, sicut et artifex homo conceptione sui intellectus rationes artificiatorum comprehendit. sic igitur omnes creaturae nihil aliud sunt quam realis quaedam expressio et repraesentatio eorum quae in conceptione divini verbi comprehenduntur: “ propter quod et omnia per verbum facta esse * dicuntur. ‘ convenienter igitur verbum creaturae, scilicet humanae naturae, unitum est.

005 SCG lb4 cp43

n. ‘ Quod humana natura assumpta a verbo non praeextitit assumptioni, sed in ipsa conceptione fuit assumpta.

n.1 ‘ Cum autem verbum humanam naturam assumpserit in unitatem personae, * ut ex dictis iam patet, ‘ oportuit humanam naturam non praeexistere antequam verbo uniretur.

n.2 ‘ Si enim praeexisteret, cum natura praeexistere non possit nisi in individuo, oportuisset esse aliquod individuum illius humanae naturae praeexistentis ante unionem. individuum autem humanae naturae est hypostasis et persona. erit igitur dicere quod humana natura assumenda a verbo in aliqua hypostasi vel persona praeextitisset. si igitur natura illa assumpta fuisset manente priori hypostasi vel persona, remansissent post unionem duae hypostases vel personae, una verbi, et alia hominis. et sic non esset facta unio in hypostasi vel persona. * quod est contra sententiam fidei. ‘ si vero hypostasis vel persona illa non remaneret in qua natura assumenda a verbo praeextitisset, hoc sine corruptione accidere non potuisset: nullum enim singulare desinit esse hoc quod est nisi per corruptionem. sic igitur oportuisset illum hominem corrumpi qui unioni praeextitisset: et per consequens humanam naturam in eo existentem. impossibile igitur fuit quod verbum assumeret in unitatem personae aliquem hominem praeexistentem.

n.3 ‘ Simul autem et derogaretur perfectioni incarnationis dei verbi, si aliquid eorum quae naturalia sunt homini, ei deesset. est autem naturale homini ut nascatur nativitate humana. hoc autem dei verbum non haberet si hominem praeexistentem assumpsisset: nam ille homo in sua nativitate purus homo extitisset, unde eius nativitas verbo non posset attribui, nec beata virgo mater verbi dici posset. * fides autem catholica “ per omnia sine peccato similem eum nobis in naturalibus confitetur, dicens filium dei, * secundum apostolum, “ factum ex muliere et natum, et virginem matrem dei. ‘ non igitur hoc decuit, ut praeexistentem hominem assumeret.

n.4 ‘ Hinc etiam apparet quod ab ipso conceptionis principio naturam humanam sibi univit. quia sicut humanatio dei verbi requirit quod verbum dei sit natum nativitate humana, ad hoc quod sit verus homo et naturalis per omnia in naturalibus nobis conformis, ita requirit quod dei verbum sit conceptum conceptione humana: non enim secundum naturae ordinem homo nascitur nisi prius concipiatur. si autem natura humana assumenda prius in qualicumque statu concepta fuisset quam verbo uniretur, illa conceptio verbo dei attribui non posset, ut diceretur conceptum conceptione humana. oportuit igitur quod ab ipso conceptionis principio verbum dei humanae naturae uniretur.

n.5 ‘ Rursum. in generatione humana virtus activa agit ad complementum humanae naturae in aliquo determinato individuo. si autem verbum dei non a principio conceptionis humanam naturam assumpsisset, virtus activa in generatione, ante unionem, suam actionem ordinasset ad aliquod individuum humanae naturae, quod est hypostasis vel persona humana; post unionem autem, oportuisset ordinari totam generationem ad aliam hypostasim vel personam, scilicet dei verbum, quod nascebatur in humana natura. sic igitur non fuisset una numero generatio: utpote

ad duas personas ordinata. nec fuisset uniformis secundum totum: quod a naturae ordine videtur alienum. non igitur fuit conveniens quod verbum dei post conceptionem humanam naturam assumeret, sed in ipsa conceptione.
n.6 ' Item. hoc videtur generationis humanae ordo requirere, ut qui concipitur ipse idem nascatur, et non alius: cum conceptio ad nativitatem ordinetur. unde, si filius dei natus est nativitate humana, oportet etiam quod filius dei sit conceptione humana conceptus, et non purus homo.

005 SCG lb4 cp44

n. ' Quod natura assumpta a verbo in ipsa conceptione fuit perfecta quantum ad animam et corpus.
n.1 ' Ulterius autem ex hoc manifestum est quod in ipso conceptionis principio anima rationalis corpori fuit unita.
n.2 ' Verbum enim dei mediante anima rationali corpus assumpsit: corpus enim hominis non magis assumptibile est a deo quam alia corpora nisi propter animam rationalem. non igitur verbum dei assumpsit corpus absque anima rationali. cum igitur verbum dei assumpserit corpus ab ipso conceptionis principio, oportuit quod in ipso conceptionis principio anima rationalis corpori uniretur.
n.3 ' Item. posito eo quod est posterius in generatione, necesse est et id quod est prius secundum generationis ordinem, poni. posterius autem in generatione est id quod est perfectissimum. perfectissimum autem est ipsum individuum generatum, quod in generatione humana est hypostasis vel persona, ad cuius constitutionem ordinantur et anima et corpus. posita igitur personalitate hominis generati, necesse est quidem existere et corpus et animam rationalem. personalitas autem hominis christi non est alia quam personalitas dei verbi. verbum autem dei in ipsa conceptione univit sibi corpus humanum. fuit ergo ibi personalitas illius hominis. ergo oportuit quod et anima rationalis adesset.
n.4 ' Inconveniens etiam fuisset ut verbum, quod est fons et origo omnium perfectionum et formarum, alicui rei informi et nondum perfectionem naturae habenti uniretur. quicquid autem fit corporeum, ante animationem est informe et nondum perfectionem naturae habens. non igitur fuit conveniens ut verbum dei uniretur corpori nondum animato. et sic a principio conceptionis oportuit animam illam corpori uniri.
n.5 ' Ex hoc etiam apparet quod corpus illud assumptum a principio conceptionis fuit formatum, si nihil informe dei verbum assumere debuit. similiter autem anima requirit propriam materiam: sicut et quaelibet alia forma naturalis. est autem propria materia animae corpus organizatum: est enim anima " entelechia corporis organici physici potentia vitam habentis. ' si igitur anima a principio conceptionis corpori fuit unita, * ut ostensum est, ' necessarium fuit ut corpus a principio conceptionis organizatum et formatum esset. et etiam organizatio corporis ordine generationis praecedit animae rationalis introductionem. unde, posito posteriori, necesse fuit et ponere prius.
n.6 ' Crementum autem quantitatis usque ad debitam mensuram, nihil prohibet sequi corporis animationem. sic igitur circa conceptionem hominis assumpti sentiendum est, quod in ipso conceptionis principio fuit corpus organizatum et formatum, sed nondum habens debitam quantitatem.

005 SCG lb4 cp45

n. ' Quod christum decuit nasci ex virgine.
n.1 ' Per hoc autem patet quod necesse fuit hominem illum ex virgine matre nasci, absque naturali semine.
n.2 ' Semen enim viri requiritur in generatione humana tanquam principium activum, propter virtutem activam quae in ipso est. sed virtus activa in generatione corporis christi non potuit esse naturalis, * secundum praedicta: ' quia virtus naturalis non subito perficit totam corporis formationem, sed ad hoc indiget tempore; corpus autem christi in ipso principio suae conceptionis fuit formatum et organizatum, * ut ostensum est. ' relinquitur igitur quod generatio christi humana fuit absque naturali semine.
n.3 ' Item. semen maris, in generatione animalis cuiuscumque, trahit ad se materiam quam mater ministrat, quasi virtus quae est in semine maris intendat sui ipsius complementum ut finem totius generationis; unde et, completa generatione, ipsum semen, immutatum et completum, est proles quae nascitur. sed in generatione humana christi fuit ultimus generationis terminus unio ad divinam personam, non autem aliqua persona seu hypostasis humana constituenda, * ut ex dictis patet. ' non igitur in hac generatione potuit esse activum principium semen viri, sed sola virtus divina: ut sicut semen viri, in generatione communi hominum, in suam subsistentiam trahit materiam a matre ministratam, ita eandem materiam, in generatione christi, verbum dei ad suam unionem assumpsit.
n.4 ' Similiter autem manifestum est quod conveniens erat ut in ipsa generatione humana verbi dei, aliqua proprietas spiritualis generationis verbi reluceret. verbum autem, secundum quod a dicente progreditur, sive interius conceptum sive exterius prolatum, corruptionem dicenti non affert, sed magis perfectionis plenitudo per verbum attenditur in dicente. conveniens igitur fuit ut sic verbum dei secundum humanam generationem conciperetur et nasceretur, ut matris integritas non corrumperetur. cum hoc etiam manifestum est quod verbum dei, quo omnia constituta sunt, et quo omnia in sua integritate conservantur, sic nasci decuit ut per omnia matris integritatem servaret. conveniens igitur fuit hanc generationem fuisse ex virgine.
n.5 ' Neque tamen hic generationis modus verae et naturali humanitati christi derogat, licet aliter quam alii homines generatus sit. manifestum est enim, cum virtus divina infinita sit, * ut supra probatum est; ' et per eam omnes causae virtutem producendi effectum sortiantur: quod quicumque effectus per quamcumque causam producitur, potest per deum absque illius causae adminiculo produci eiusdem speciei et naturae. sicut igitur virtus naturalis quae est in humano semine producit hominem verum, speciem et humanam naturam habentem; ita virtus divina, quae talem virtutem semini dedit, absque huius virtute potest effectus illius virtutis producere, constituendo verum hominem, speciem et naturam humanam habentem.
n.6 * Si vero aliquis dicat quod, " cum homo naturaliter generatus habeat corpus naturaliter constitutum ex semine maris et eo quod femina subministrat, quicquid sit illud, corpus christi non fuit eiusdem naturae cum nostro, si non est ex maris semine generatum:- * ad hoc manifesta responsio est, secundum aristotelis positionem, dicentis quod " semen maris non intrat materialiter in constitutionem concepti, sed est solum activum principium, materia vero corporis tota ministratur a matre. ' et sic, quantum ad materiam corpus christi non differt a corpore nostro: nam etiam corpora nostra materialiter constituta sunt ex eo quod est sumptum ex matre.
n.7 * Si vero aliquis praedictae positioni aristotelis repugnet, adhuc praedicta obiectio efficaciam non habet. ' similitudo enim aliquorum aut dissimilitudo in materia non attenditur secundum statum materiae in principio generationis, sed secundum conditionem materiae iam praeparatae, prout est in termino generationis. non enim differt secundum materiam aer ex terra, vel ex aqua generatus: quia licet aqua et terra in principio generationis differentia sint, tamen per actionem generantis ad unam dispositionem reducuntur. sic igitur divina virtute materia quae solum ex muliere sumitur, potest reduci, in fine generationis, ad eandem dispositionem quam habet materia si sumatur simul ex mare et femina. unde non erit aliqua dissimilitudo, propter diversitatem materiae, inter corpus christi, quod divina virtute formatum est ex materia a sola matre assumpta, et corpora nostra, quae virtute naturae formantur ex materia, etiam si ab utroque parente assumantur. manifestum est enim quod [25] plus differt a materia quae ex viro et muliere simul assumitur, limus terrae, de quo deus primum hominem formavit quem utique constat fuisse verum hominem et nobis per omnia similem, quam materia sumpta solum ex femina, ex qua corpus christi formatum est. unde nativitas christi ex virgine nihil derogat veritati humanitatis ipsius, nec similitudini eius ad nos. licet enim virtus naturalis requirat determinatam materiam ad determinatum effectum ex ea producendum, virtus tamen divina, quae potest ex nihilo cuncta producere, in agendo ad materiam determinatam non coartatur.
n.8 ' Similiter etiam nec per hoc aliquid deperit dignitati matris christi quod virgo concepit et peperit, quin vera et naturalis mater filii dei dicatur. virtute enim divina faciente, materiam naturalem ad generationem corporis christi ministravit, quod solum ex parte matris requiritur: ea vero quae in aliis matribus ad corruptionem virginitatis faciunt, non ordinantur ad id quod matris est, sed solum ad id quod patris est, ut semen maris ad locum generationis perveniat.

005 SCG lb4 cp46

n. ' Quod christus natus est de spiritu sancto.
n.1 ' Quamvis autem omnis divina operatio qua aliquid in creaturis agitur, sit toti trinitati communis, * ut ex supra habitis ostensum est, ' formatio tamen corporis christi, quae divina virtute perfecta est, convenienter spiritui sancto attribuitur, licet sit toti trinitati communis.
n.2 ' Hoc enim congruere videtur incarnationi verbi. nam sicut verbum nostrum in mente conceptum invisibile est, exterius autem voce prolatum sensibile fit; ita verbum dei secundum generationem aeternam in corde patris invisibiliter existit, per incarnationem autem nobis sensibile factum est. unde verbi dei incarnatio est sicut vocalis verbi nostri expressio. expressio autem vocalis verbi nostri fit per spiritum nostrum, per quem vox verbi nostri formatur. conveniens igitur et per spiritum filii dei eius carnis formatio dicitur facta.
n.3 ' Convenit etiam hoc et generationi humanae. virtus enim activa quae est in semine humano, ad se trahens materiam quae fluit a matre, per spiritum operatur: fundatur enim huiusmodi virtus in spiritu, propter cuius continentiam semen spumosum oportet esse et album. verbum igitur dei, sibi carnem assumens ex virgine, convenienter hoc per spiritum suum dicitur carnem assumendo formare.
n.4 ' Convenit etiam hoc ad insinuandam causam ad incarnationem verbi moventem. quae quidem nulla alia esse potuit nisi immensus amor dei ad hominem, cuius naturam sibi voluit in unitate personae copulare. in divinis autem spiritus sanctus est qui procedit ut amor, * ut supra dictum est. ' conveniens igitur fuit ut incarnationis opus spiritui sancto attribuatur.
n.5 ' Solet etiam in sacra scriptura omnis gratia spiritui sancto attribui, quia quod gratis datur, ex amore donantis videtur esse collatum. nulla autem maior est gratia homini collata quam quod deo in persona uniretur. convenienter igitur hoc opus spiritui sancto appropriatur.

005 SCG lb4 cp47

n. ' Quod christus non fuit filius spiritus sancti secundum carnem.
n.1 ' Quamvis autem christus de spiritu sancto et virgine conceptus dicatur, non potest tamen dici spiritus sanctus pater christi secundum generationem humanam, sicut virgo dicitur mater eius.
n.2 ' Spiritus enim sanctus non produxit humanam naturam in christo ex sua substantia, sed sola sua virtute operatus est ad eius productionem. non ergo potest dici spiritus sanctus pater christi secundum humanam generationem.
n.3 ' Esset etiam inductivum erroris si christus spiritus sancti filius diceretur. manifestum est enim quod verbum dei secundum hoc habet personam distinctam quod est filius dei patris. si igitur secundum humanam naturam spiritus sancti filius diceretur, daretur intelligi quod christus esset duo filii: nam verbum dei spiritus sancti filius esse non potest. et sic, cum filiationis nomen ad personam pertineat, non ad naturam, sequeretur quod in christo essent duae personae. * quod est a fide catholica alienum.
n.4 ' Inconveniens etiam esset ut auctoritas patris et nomen ad personam aliam transferretur. quod contingit si spiritus sanctus pater christi diceretur.

005 SCG lb4 cp48

n. ' Quod non sit dicendum christum esse creaturam.
n.1 ' Ulterius etiam manifestum est quod, quamvis humana natura a verbo assumpta sit aliqua creatura, non tamen potest simpliciter enuntiari christum esse creaturam.
n.2 ' Creari enim est fieri quoddam. cum autem fieri terminetur ad esse simpliciter, eius est fieri quod habet esse subsistens: et huiusmodi est individuum completum in genere substantiae, quod quidem in natura intellectuali dicitur persona aut etiam hypostasis. formae vero et accidentia, et etiam partes, non dicuntur fieri nisi secundum quid, cum et esse non habeant in se subsistens, sed subsistant in alio: unde, cum aliquis fit albus, non dicitur fieri simpliciter, sed secundum quid. in christo autem non est alia hypostasis vel persona nisi verbi dei, quae est increata, * ut ex praemissis manifestum est. ' non igitur simpliciter potest enuntiari quod christus sit creatura: licet cum additione possit hoc dici, ut dicatur creatura secundum quod homo, vel, secundum humanam naturam.
n.3 ' Licet autem de subiecto quod est individuum in genere substantiae, non simpliciter dicatur fieri quod est proprium eius propter accidentia vel partes, sed solum secundum quid; tamen simpliciter praedicantur de subiecto quaecumque consequuntur naturaliter ad accidentia vel ad partes secundum propriam rationem; dicitur enim simpliciter homo esse videns, quia hoc consequitur ad oculum; et crispus, propter capillos; et visibilis, propter colorem. sic igitur et ea quae consequuntur proprie ad humanam naturam, simpliciter possunt enuntiari de christo: sicut quod est homo, quod est visibilis, quod ambulavit, et omnia huiusmodi. quod autem est personae proprium, de christo non enuntiatur ratione humanae naturae nisi cum aliqua additione, vel expressa vel subintellecta.

005 SCG lb4 cp49

n. ' Solutio rationum contra incarnationem superius positarum.
n.1 * His igitur habitis, * ea quae contra incarnationis fidem supra opposita sunt, facile solvuntur.
n.2 * Ostensum est enim * incarnationem verbi non sic esse intelligendam quod " verbum sit in carnem conversum, aut sit corpori unitum ut forma. unde non est consequens ex hoc quod verbum est incarnatum, quod vere deus sit corpus vel virtus in corpore, * ut prima ratio procedebat.
n.3 * Similiter etiam non consequitur quod " verbum sit substantialiter mutatum per hoc quod naturam humanam assumpsit. ' nulla enim mutatio in ipso verbo dei facta est, sed solum in humana natura quae est a verbo assumpta, secundum quam competit verbo et generatum esse temporaliter et natum, non autem secundum seipsum.
n.4 * Quod etiam tertio proponitur, necessitatem non habet. ' hypostasis enim non extenditur extra terminos illius naturae ex qua subsistentiam habet. non

autem verbum dei subsistentiam habet ex natura humana, sed magis naturam humanam ad suam subsistentiam vel personalitatem trahit: non enim per illam, sed in illa subsistit. unde nihil prohibet verbum dei esse ubique, licet humana natura a verbo dei assumpta ubique non sit.

n.5 * Ex hoc etiam solvitur quartum. ‘ cuiuslibet enim rei subsistentis oportet esse unam naturam tantum per quam simpliciter esse habeat. et sic verbum dei per solam naturam divinam simpliciter esse habet: non autem per humanam naturam, sed per eam habet quod sit hoc, scilicet quod sit homo.

n.6 * Quintum etiam solvitur per hoc idem. impossibile est enim quod “ natura per quam verbum subsistit, sit aliud quam ipsa persona verbi. ‘ subsistit autem per naturam divinam: non autem per naturam humanam, sed eam ad suam subsistentiam trahit ut in ea subsistat, * ut dictum est. * unde non oportet quod “ natura humana sit idem quod persona verbi.

n.7 * Hinc etiam excluditur id quod sexto obiiciebatur. ‘ hypostasis enim est minus simplex, vel re vel intellectu, quam natura per quam constituitur in esse: re quidem, cum hypostasis non est sua natura; intellectu autem solo in illis in quibus idem est hypostasis et natura. hypostasis autem verbi non constituitur simpliciter per humanam naturam, ut per eam sit: sed per eam solum habet verbum quod sit homo. non igitur oportet quod natura humana sit simplicior quam verbum inquantum est verbum: sed solum inquantum verbum est hic homo.

n.8 * Ex quo etiam patet solutio ad id quod septimo obiicitur. ‘ non enim oportet quod hypostasis dei verbi simpliciter sit constituta per materiam signatam, sed solum inquantum est hic homo. sic enim solum per humanam naturam constituitur, * ut dictum est.

n.9 ‘ Quod autem anima et corpus in christo ad personalitatem verbi trahuntur, non constituentia aliquam personam praeter personam verbi, non pertinet ad minorationem virtutis, * ut octava ratio procedebat, ‘ sed ad dignitatem maiorem. unumquodque enim melius esse habet cum suo digniori unitur, quam cum per se existit: sicut anima sensibilis nobilius esse habet in homine quam in aliis animalibus, in quibus est forma principalis, non tamen in homine.

n.10 * Hinc etiam solvitur quod nono obiiciebatur. ‘ in christo enim vere quidem fuit haec anima et hoc corpus: non tamen ex eis constituta est persona aliqua praeter personam dei verbi, quia sunt ad personalitatem dei verbi assumpta; sicut et corpus, cum est sine anima, propriam speciem habet, sed cum unitur animae, ab ea speciem sortitur.

n.11 * Ex hoc etiam solvitur quod decimo proponebatur. ‘ manifestum est enim quod hic homo qui est christus, substantia quaedam est non universalis, sed particularis. et hypostasis quaedam est, non tamen alia hypostasis quam hypostasis verbi: quia humana natura ab hypostasi verbi assumpta est ut verbum subsistat tam in humana natura quam in divina. id autem quod in humana natura subsistit, est hic homo. unde ipsum verbum supponitur cum dicitur hic homo. * sed si quis eandem obiectionem ad humanam naturam transferat, dicens “ eam esse substantiam quandam non universalem sed particularem, et per consequens hypostasim:- * manifeste decipitur. ‘ nam humana natura etiam in socrate vel platone non est hypostasis: sed id quod in ea subsistit, hypostasis est. quod autem substantia sit et particularis, non secundum illam significationem dicitur qua hypostasis est particularis substantia. “ substantia enim, * secundum philosophum, |25| “ dicitur dupliciter: scilicet pro supposito in genere substantiae, quod dicitur hypostasis; et de eo quod quid est, quod est natura rei. ‘ sed neque partes alicuius substantiae sic dicuntur particulares substantiae quasi sint per se subsistentes, sed subsistunt in toto. unde nec hypostases possunt dici: cum nulla earum sit substantia completa. alias sequeretur quod in uno homine tot essent hypostases quot sunt partes.

n.12 * Quod vero undecimo oppositum fuit, ex eo solvitur quod ‘ aequivocatio inducitur ex diversitate formae significata per nomen, non autem ex diversitate suppositionis: “ non enim hoc nomen homo aequivoce sumitur ex eo quod quandoque supponit pro platone, quandoque pro socrate. ‘ hoc igitur nomen homo, et de christo et de aliis hominibus dictum, semper eandem formam significat, scilicet naturam humanam. unde univoce praedicatur de eis: sed suppositio tantum variatur, in hoc quod quidem secundum quod pro christo sumitur, supponit hypostasim increatam; secundum vero quod pro aliis sumitur, supponit hypostasim creatam.

n.13 “ Neque etiam hypostasis verbi dicitur esse suppositum humanae naturae quasi subiiciatur ei ut formaliori, * sicut duodecima ratio proponebat. hoc enim esset necessarium “ si hypostasis verbi per naturam humanam simpliciter constitueretur in esse. * quod patet esse falsum: ‘ dicitur enim hypostasis verbi humanae naturae supponi prout eam ad suam subsistentiam trahit, sicut aliquid trahitur ad alterum nobilius cui unitur.

n.14 * Non tamen sequitur quod “ humana natura accidentaliter verbo adveniat, ex hoc quod verbum ab aeterno praeextitit, * sicut ultima ratio concludebat. ‘ sic enim verbum humanam naturam assumpsit ut vere sit homo. esse autem hominem est esse in genere substantiae. quia igitur ex unione naturae humanae hypostasis verbi habet quod sit homo, non advenit ei accidentaliter: nam accidentia esse substantiale non conferunt.

005 SCG lb4 cp50

n. ‘ Quod peccatum originale traducatur a primo parente in posteros.

n.1 * Ostensum est igitur in praemissis * non esse impossibile quod fides catholica de incarnatione filii dei praedicat. ‘ consequens autem est ostendere quod conveniens fuit filium dei naturam assumpsisse humanam.

n.2 * Huius autem convenientiae rationem apostolus assignare videtur ex peccato originali, quod in omnes pertransit: dicit enim rom. 5-19: ° sicut per inobedientiam unius hominis peccatores constituti sunt multi, ita et per unius hominis obedientiam iusti constituentur multi. * sed quia pelagiani haeretici peccatum originale negaverunt, ‘ ostendendum est homines cum peccato originali nasci.

n.3 * Et primo quidem assumendum est quod dicitur gen. 2-15 ° tulit dominus deus hominem et posuit eum in paradiso, praecepitque ei dicens: ex omni ligno paradisi comede, de ligno autem scientiae boni et mali ne comedas: in quacumque autem die comederis ex eo, morte morieris. ‘ sed quia adam nec eo die quo comedit actu mortuus est, * oportet sic intelligi quod dicitur, ° morte morieris: “ idest, necessitati mortis eris addictus. * quod quidem frustra diceretur “ si homo ex institutione suae naturae necessitatem moriendi haberet. ‘ oportet igitur dicere quod mors, et necessitas moriendi, sit poena homini pro peccato inflicta. poena autem non infligitur iuste nisi pro culpa. in quibuscumque igitur invenitur haec poena, necesse est ut in eis inveniatur aliqua culpa. sed in omni homine invenitur haec poena, etiam a principio suae nativitatis: ex tunc enim nascitur necessitati mortis addictus; unde et aliqui mox post nativitatem moriuntur, “ de utero translati ad tumulum. ‘ ergo in eis est aliquod peccatum. sed non peccatum actuale: |25| quia non habent pueri usum liberi arbitrii, sine quo nihil imputatur homini ad peccatum, * ut ex his quae dicta sunt in tertio libro apparet. ‘ necesse est igitur dicere quod in eis sit peccatum per originem traductum.

n.4 * Hoc etiam expresse apparet ex verbis apostoli rom. 5-12: ° sicut per unum hominem in hunc mundum peccatum intravit, et per peccatum mors, ita et in omnes homines mors pertransiit, in quo omnes peccaverunt.

n.5 * Non potest autem dici quod “ per unum hominem in mundum peccatum intraverit per modum imitationis. ‘ quia sic peccatum non pervenisset nisi ad eos qui peccando primum hominem imitantur: et, cum mors per peccatum in mundum intraverit, non perveniret mors nisi ad eos qui peccant in similitudinem primi hominis peccantis. * sed ad hoc excludendum, apostolus subdit quod ° regnavit mors ab adam usque ad moysen etiam in eos qui non peccaverunt in similitudinem praevaricationis adae. * non ergo intellexit apostolus quod “ per unum hominem peccatum in mundum intraverit per modum imitationis, sed per modum originis.

n.6 * Praeterea. si secundum imitationem apostolus loqueretur “ de introitu peccati in mundum, potius dixisset per diabolum peccatum intrasse in mundum quam per unum hominem: * sicut etiam expresse dicitur sap. 2-24 ° invidia diaboli mors introivit in orbem terrarum: imitantur autem illum qui sunt ex parte illius.

n.7 * Adhuc. in psalmo david dicit: ° ecce, in iniquitatibus conceptus sum, et in peccatis concepit me mater mea. * quod non potest intelligi de peccato actuali: cum ‘ david ex legitimo matrimonio conceptus et natus dicatur. oportet igitur ut hoc ad peccatum originale referatur.

n.8 * Amplius. iob 14-4 dicitur: ° quis potest facere mundum de immundo conceptum semine? nonne tu qui solus es? ‘ ex quo manifeste accipi potest quod ex immunditia humani seminis aliqua immunditia ad hominem ex semine conceptum perveniat. quod oportet intelligi de immunditia peccati, pro qua sola homo in iudicium deducitur: * praemittitur enim: 3 ° et dignum ducis super huiuscemodi aperire oculos tuos, et adducere eum tecum in iudicium? ‘ sic igitur aliquod peccatum est quod homo contrahit ab ipsa sui origine, quod originale dicitur.

n.9 ‘ Item. baptismus et alia sacramenta ecclesiae sunt quaedam remedia contra peccatum, * ut infra patebit. ‘ exhibetur autem baptismus, secundum communem ecclesiae consuetudinem, pueris recenter natis. frustra igitur exhiberetur nisi in eis esset aliquod peccatum. non est autem in eis peccatum actuale: quia carent usu liberi arbitrii, sine quo nullus actus homini in culpam imputatur. oportet igitur dicere in eis esse peccatum per originem traductum: cum in operibus dei et ecclesiae nihil sit vanum et frustra.

n.10 * Si autem dicatur quod “ baptismus infantibus datur, non ut a peccato mundentur, sed ut ad regnum dei perveniant, quo perveniri non potest sine baptismo, * cum dominus dicat, ioan. 3-5, ° nisi quis renatus fuerit ex aqua et spiritu sancto, non potest introire in regnum dei:- * hoc vanum est. ‘ nullus enim a regno dei excluditur nisi propter aliquam culpam. finis enim omnis rationalis creaturae est ut ad beatitudinem perveniat, quae esse non potest nisi in regno dei. quod quidem nihil est aliud quam ordinata societas eorum qui divina visione fruuntur, in qua vera beatitudo consistit, * ut patet ex his quae in tertio sunt ostensa. ‘ nihil autem a fine suo deficit nisi propter aliquod peccatum. si igitur pueri nondum baptizati ad regnum dei pervenire non possunt, oportet dicere esse in eis aliquod peccatum.

n.11 * Sic igitur, secundum catholicae fidei traditionem, ‘ tenendum est homines nasci cum peccato originali.

005 SCG lb4 cp51

n. ‘ Obiectiones contra peccatum originale.

n.1 * Sunt autem quaedam quae huic veritati adversari videntur.

n.2 “ Peccatum enim unius aliis non imputatur ad culpam: * unde ezech. 18-20 dicitur quod ° filius non portat iniquitatem patris. “ et huius ratio est quia non laudamur neque vituperamur nisi ex his quae in nobis sunt. haec autem sunt quae nostra voluntate committimus. non igitur peccatum primi hominis toti humano generi imputatur.

n.3 * Si vero quis dicat quod, “ uno peccante, omnes peccaverunt in ipso * ut apostolus dicere videtur, “ et sic uni non imputatur peccatum alterius, sed suum peccatum:- * hoc etiam, ut videtur, stare non potest. “ quia illi qui ex adam nati sunt, quando adam peccavit, in eo nondum erant actu, sed virtute tantum, sicut in prima origine. peccare autem, cum sit agere, non competit nisi existenti in actu. non igitur in adam omnes peccaverunt.

n.4 * Si autem ita dicatur “ nos in adam peccasse quasi originaliter ab eo in nos peccatum proveniat simul cum natura:- * hoc etiam impossibile videtur. “ accidens enim, cum de subiecto ad subiectum non transeat, non potest traduci nisi subiectum traducatur. subiectum autem peccati anima rationalis est, quae non traducitur in nos ex primo parente, sed a deo singillatim creatur in unoquoque, * ut in secundo ostensum est. “ non igitur per originem peccatum ad nos ab adam derivari potest.

n.5 “ Adhuc. si peccatum a primo parente in alios derivatur quia ab eo originem trahunt, cum christus a primo parente originem duxerit, videtur quod ipse etiam peccato originali subiectus fuerit. * quod est alienum a fide.

n.6 “ Praeterea. quod consequitur aliquid secundum suam originem naturalem, est ei naturale. quod autem est alicui naturale, non est peccatum in ipso: sicut in talpa non est peccatum quod visu caret. non igitur per originem a primo homine peccatum ad alios potuit derivari.

n.7 “ Si autem dicatur quod peccatum a primo parente in posteros derivatur per originem, non inquantum est naturalis, sed inquantum est vitiata:- * hoc etiam, ut videtur, stare non potest. “ defectus enim in opere naturae non accidit nisi per defectum alicuius naturalis principii: sicut per corruptionem aliquam quae est in semine, causantur monstrosi partus animalium. non est autem dare alicuius naturalis principii corruptionem in humano semine. non videtur igitur quod aliquod peccatum ex vitiata origine derivetur in posteros a primo parente.

n.8 “ Item. peccata quae proveniunt in operibus naturae per corruptionem alicuius principii, non fiunt semper vel frequenter, sed ut in paucioribus. si igitur per vitiatam originem peccatum a primo parente in posteros derivetur, non derivabitur in omnes, sed in aliquos paucos.

n.9 “ Praeterea. si per vitiatam originem aliquis defectus in prole proveniat, eiusdem generis oportet esse illum defectum cum vitio qui est in origine: quia effectus sunt conformes suis causis. origo autem, sive generatio humana, cum sit actus potentiae generativae, quae nullo modo participat rationem, non potest habere in se vitium quod pertineat ad genus culpae: quia in his solis actibus potest esse virtus vel vitium qui subduntur aliqualiter rationi; unde non imputatur homini ad culpam si propter vitiatam originem, nascatur leprosus vel caecus. nullo igitur modo defectus culpabilis provenire potest a primo parente in posteros per vitiatam originem.

n.10 “ Adhuc. naturae bonum per peccatum non tollitur: unde etiam in daemonibus manent naturalia bona, * ut dionysius dicit. “ generatio autem est actus naturae. non igitur per peccatum primi hominis vitiari potuit humanae generationis origo, ut sic peccatum primi hominis ad posteros derivaretur.

n.11 “ Amplius. homo generat sibi similem secundum speciem. in his ergo quae non pertinent ad generationem speciei, non oportet filium assimilari parentibus. peccatum autem non potest pertinere ad rationem speciei: quia peccatum non est eorum quae sunt secundum naturam, sed magis corruptio naturalis ordinis. non igitur oportet quod ex primo homine peccante alii peccatores nascantur.

n.12 “ Praeterea. filii magis similantur proximis parentibus quam remotis. contingit autem quandoque quod proximi parentes sunt sine peccato, et in actu etiam generationis nullum peccatum committitur. non igitur propter peccatum primi parentis peccatores omnes nascuntur.

n.13 " Deinde, si peccatum a primo homine in alios derivatum est; maioris autem virtutis in agendo est bonum quam malum, * ut supra ostensum est: " multo magis satisfactio adae, et iustitia eius, per eum ad alios transivit.
n.14 " Adhuc. si peccatum primi hominis per originem propagatur in posteros, pari etiam ratione peccata aliorum parentum ad posteros deveniunt. et sic semper posteriores essent magis onerati peccatis quam priores. quod praecipue ex hoc sequi necesse est, si peccatum transit a parente in prolem, et satisfactio transire non potest.

005 SCG lb4 cp52
n. 'Solutio obiectionum positarum.
n.1 * Ad horum igitur solutionem, praemittendum est quod 'peccati originalis in humano genere probabiliter quaedam signa apparent. cum enim deus humanorum actuum sic curam gerat ut bonis operibus praemium et malis poenam retribuat, * ut in superioribus est ostensum, 'ex ipsa poena possumus certificari de culpa. patitur autem communiter humanum genus diversas poenas, et corporales et spirituales. inter corporales potissima est mors, ad quam omnes aliae ordinantur: scilicet fames, sitis, et alia huiusmodi. inter spirituales autem est potissima debilitas rationis, ex qua contingit quod homo difficulter pervenit ad veri cognitionem, et de facili labitur in errorem; et appetitus bestiales omnino superare non potest, sed multoties obnubilatur ab eis.
n.2 * Posset tamen aliquis dicere " huiusmodi defectus, tam corporales quam spirituales, non esse poenales, sed naturales defectus ex necessitate materiae consequentes. necesse est enim corpus humanum, cum sit ex contrariis compositum, corruptibile esse; et sensibilem appetitum in ea quae sunt secundum sensum delectabilia moveri, quae interdum sunt contraria rationi; et cum intellectus possibilis sit in potentia ad omnia intelligibilia, nullum eorum habens in actu, sed ex sensibus natus ea acquirere, difficulter ad scientiam veritatis pertingere, et de facili propter phantasmata a vero deviare. 'sed tamen si quis recte consideret, satis probabiliter poterit aestimare, divina providentia supposita, quae singulis perfectionibus congrua perfectibilia coaptavit, quod deus superiorem naturam inferiori ad hoc coniunxit ut ei dominaretur; et si quod huius dominii impedimentum ex defectu naturae contingeret, eius speciali et supernaturali beneficio tolleretur; ut scilicet, |25| cum anima rationalis sit altioris naturae quam corpus, tali conditione credatur corpori esse coniuncta quod in corpore aliquid esse non possit contrarium animae, per quam corpus vivit; et similiter, si ratio in homine appetitui sensuali coniungitur et aliis sensitivis potentiis, quod ratio a sensitivis potentiis, non impediatur, sed magis eis dominetur.
n.3 ' Sic igitur, * secundum doctrinam fidei, ' ponimus hominem a principio taliter esse institutum quod, quandiu ratio hominis deo esset subiecta, et inferiores vires ei sine impedimento deservirent, et corpus ab eius subiectione impediri non posset per aliquod impedimentum corporale, deo et sua gratia supplente quod ad hoc perficiendum natura minus habebat; ratione autem aversa a deo, et inferiores vires a ratione repugnarent, et corpus vitae, quae est per animam, contrarias passiones susciperet.
n.4 ' Sic igitur huiusmodi defectus, quamvis naturales homini videantur, absolute considerando humanam naturam ex parte eius quod est in ea inferius, tamen, considerando divinam providentiam et dignitatem superioris partis humanae naturae, satis probabiliter probari potest huiusmodi defectus esse poenales. et sic colligi potest humanum genus peccato aliquo originaliter esse infectum.
n.5 * His igitur visis respondendum est ad ea quae in contrarium sunt obiecta.
n.6 'Non enim est inconveniens quod, uno peccante, peccatum in omnes dicimus per originem esse propagatum, quamvis unusquisque ex proprio actu laudetur vel vituperetur: * ut prima ratio procedebat. ' aliter enim est in his quae sunt unius individui, et aliter in his quae sunt totius naturae speciei: nam ° participatione speciei sunt plures homines velut unus homo, * ut porphyrius dicit. 'peccatum igitur quod ad aliquod individuum sive personam hominis pertinet, alteri non imputatur ad culpam nisi peccanti: quia personaliter unus ab alio divisus est. si quod autem peccatum est quod ipsam naturam speciei respiciat, non est inconveniens quod ex uno propagetur in alterum: sicut et natura speciei per unum aliis communicatur. cum autem peccatum malum quoddam sit rationalis naturae; malum autem est privatio boni: secundum illud bonum quod privatur, iudicandum est peccatum aliquod ad naturam communem, vel ad aliquam personam propriam pertinere. peccata igitur |25| actualia, quae communiter ab hominibus aguntur, adimunt aliquod bonum personae peccantis, puta gratiam et ordinem debitum partium animae: unde personalia sunt, nec, uno peccante, alteri imputatur. primum autem peccatum primi hominis non solum peccantem destituit proprio et personali bono, scilicet gratia et debito ordine animae, sed etiam bono ad naturam communem pertinente. * ut enim supra dictum est, ' sic natura humana fuit instituta in sui primordio quod inferiores vires perfecte rationi subiicerentur, ratio deo, et animae corpus, deo per gratiam supplente id quod ad hoc deerat per naturam. huiusmodi autem beneficium, * quod a quibusdam " originalis iustitia dicitur, ' sic primo homini collatum fuit ut ab eo simul cum natura humana propagaretur in posteros. ratione autem per peccatum primi hominis se subtrahente a subiectione divina, subsecutum est quod nec inferiores vires perfecte rationi subiiciantur, nec animae corpus: et hoc non tantum in primo peccante, sed idem defectus consequens pervenit ad |50| posteros, ad quos etiam dicta originalis iustitia perventura erat. sic igitur peccatum primi hominis, a quo omnes alii * secundum doctrinam fidei ' sunt derivati, et personale fuit, inquantum ipsum primum hominem proprio bono privavit; et naturale, inquantum abstulit sibi et suis posteris consequenter beneficium collatum toti humanae naturae. sic igitur huiusmodi defectus in aliis consequens ex primo parente, etiam in aliis rationem culpae habet, prout omnes homines computantur unus homo per participationem naturae communis. sic enim invenitur voluntarium huiusmodi peccatum voluntate primi parentis quemadmodum et actio manus rationem culpae habet ex voluntate primi moventis, quod est ratio: ut sic aestimentur in peccato naturae diversi homines quasi naturae communis partes, sicut in peccato personali diversae unius hominis partes.
n.7 * Secundum hoc igitur verum est dicere quod, ° uno peccante, omnes peccaverunt in ipso, * ut apostolus dicit: secundum quod secunda ratio proponebat. ' non quod essent actu in ipso alii homines, sed virtute, sicut in originali principio. nec dicuntur peccasse in eo quasi aliquem actum exercentes: sed inquantum pertinent ad naturam ipsius, quae per peccatum corrupta est.
n.8 * Nec tamen sequitur, " si peccatum a primo parente propagatur in posteros, cum subiectum peccati sit anima rationalis, quod anima rationalis simul cum semine propagetur: * secundum processum tertiae rationis. ' hoc enim modo propagatur hoc peccatum naturae quod originale dicitur, sicut et ipsa natura speciei, quae, quamvis per animam rationalem perficiatur, non tamen propagatur cum semine, sed solum corpus ad susceptionem talis animae aptum natum, * ut in secundo ostensum est.
n.9 " Et licet christus a primo parente secundum carnem descenderit, non tamen inquinationem originalis peccati incurrit, * ut quarta ratio concludebat: ' quia materiam humani corporis solum a primo parente suscepit; virtus autem formativa corporis eius non fuit a primo parente derivata, sed fuit virtus spiritus sancti, * ut supra ostensum est. ' unde naturam humanam non ab adam accepit sicut ab agente: licet eam de adam susceperit sicut de materiali principio.
n.10 'Considerandum est etiam quod praedicti defectus per naturalem originem traducuntur ex eo quod natura destituta est auxilio gratiae, quod ei fuerat in primo parente collatum ad posteros simul cum natura derivandum. et quia haec destitutio ex voluntario peccato processit, defectus consequens suscipit culpae rationem. sic igitur defectus huiusmodi et culpabiles sunt per comparationem ad primum principium, quod est peccatum adae; et naturales sunt per comparationem ad naturam iam destitutam; * unde et apostolus dicit, ephes. 2-3: ° eramus natura filii irae. * et per hoc solvitur ratio quinta.
n.11 * Patet igitur secundum praedicta quod ' vitium originis ex quo peccatum originale causatur, provenit ex defectu alicuius principii, scilicet gratuiti doni quod naturae humanae in sui institutione fuit collatum. quod quidem donum quodammodo fuit naturale: non quasi ex principiis naturae causatum, sed quia sic fuit homini datum ut simul cum natura propagaretur. * obiectio autem sexta procedebat secundum quod " naturale dicitur quod ex principiis naturae causatur.
n.12 * Procedit etiam septima ratio, per modum eundem, " de defectu principii naturalis quod pertinet ad naturam speciei: quod enim ex defectu huiusmodi naturalis principii provenit, accidit ut in paucioribus. ' sed defectus originalis peccati provenit ex defectu principii superadditi principiis speciei, * ut dictum est.
n.13 ' Sciendum est etiam quod in actu generativae virtutis non potest esse vitium de genere actualis peccati, quod ex voluntate singularis personae dependet, eo quod actus generativae virtutis non obedit rationi vel voluntati, * ut octava ratio procedebat. ' sed vitium originalis culpae, quae ad naturam pertinet, nihil prohibet in actu generativae potentiae inveniri: cum et actus generativae potentiae naturales dicantur.
n.14 * Quod vero nono obiicitur, de facili solvi potest secundum praemissa. ' per peccatum enim non tollitur bonum naturae quod ad speciem naturae pertinet: sed bonum naturae quod per gratiam superadditum fuit, potuit per peccatum primi parentis auferri, * ut supra dictum est.
n.15 * Patet etiam ex eisdem de facili solutio ad decimam rationem. 'quia cum privatio et defectus sibi invicem correspondeant, ea ratione in peccato originali filii parentibus similantur, qua etiam donum, a principio naturae praestitum, fuisset a parentibus in posteros propagatum: quia licet ad rationem speciei non pertineret, tamen ex divina gratia datum fuit primo homini ut ab eo in totam speciem derivandum.
n.16 ' Considerandum est etiam quod, licet aliquis per gratiae sacramenta sic ab originali peccato mundetur ut ei non imputetur ad culpam, quod est personaliter ipsum a peccato originali liberari, non tamen natura totaliter sanatur: et ideo secundum actum naturae peccatum originale transmittitur in posteros. sic igitur in homine generante inquantum est persona quaedam, non est originale peccatum; " et contingit etiam in actu generationis nullum esse actuale peccatum, * ut undecima ratio proponebat; ' sed inquantum homo generans est naturale generationis principium, infectio originalis peccati, quod naturam respicit, in eo manet et in actu generationis ipsius.
n.17 'Sciendum etiam est quod peccatum actuale primi hominis in naturam transivit: quia natura in eo erat beneficio naturae praestito adhuc perfecta. sed per peccatum ipsius natura hoc beneficio destituta, actus eius simpliciter personalis fuit. unde non potuit satisfacere pro tota natura, neque bonum naturae reintegrare per suum actum: sed solum satisfacere aliquatenus potuit pro eo quod ad ipsius personam spectabat. * ex quo patet solutio ad duodecimam rationem.
n.18 * Similiter autem et ad tertiamdecimam: quia ' peccata posteriorum parentum inveniunt naturam destitutam beneficio primitus ipsi naturae concesso. unde ex eis non sequitur aliquis defectus qui propagetur in posteros, sed solum qui personam peccantis inficiat.
n.19 ' Sic igitur non est inconveniens, neque contra rationem, peccatum originale in hominibus esse: * ut pelagianorum haeresis confundatur, quae " peccatum originale negavit.

005 SCG lb4 cp53
n. ' Rationes quibus videtur probari quod non fuit conveniens deum incarnari.
n.1 ' Quia vero incarnationis fides ab infidelibus stultitia reputatur, * secundum illud apostoli, i cor. 1-21, ° placuit deo per stultitiam praedicationis salvos facere credentes; ' stultum autem videtur aliquid praedicare, non solum quia est impossibile, sed etiam quia est indecens: * insistunt infideles ad incarnationis impugnationem, non solum nitentes ostendere esse impossibile quod fides catholica praedicat, sed etiam incongruum esse, et divinam bonitatem non decere.
n.2 " Est enim divinae bonitati conveniens ut omnia suum ordinem teneant. est autem hic ordo rerum, ut deus sit super omnia exaltatus, homo autem inter infimas creaturas contineatur. non igitur decet divinam maiestatem humanae naturae uniri.
n.3 " Item. si conveniens fuit deum hominem fieri, oportuit hoc esse propter aliquam utilitatem inde provenientem. sed quaecumque utilitas detur, cum deus omnipotens sit, hanc utilitatem producere potuit sola sua voluntate. cum igitur unumquodque fieri conveniat quam brevissime potest, non oportuit quod deus propter huiusmodi utilitatem humanam naturam sibi uniret.
n.4 " Adhuc. cum deus sit universalis omnium causa, ad utilitatem totius universitatis rerum eum praecipue intendere oportet. sed assumptio humanae naturae solum ad utilitatem hominis pertinet. non igitur fuit conveniens quod, si alienam naturam deus assumere debuit, quod solum naturam humanam assumpserit.
n.5 " Amplius. quanto aliquid est alicui magis simile, tanto ei convenientius unitur. deo autem similior et propinquior est angelica natura quam humana. non igitur conveniens fuit assumere naturam humanam, angelica praetermissa.
n.6 " Praeterea. id quod est praecipuum in homine est intelligentia veritatis. in quo videtur homini impedimentum praestari si deus humanam naturam assumpsit: * datur enim ei ex hoc erroris occasio, ut consentiat his qui posuerunt " deum non esse super omnia corpora exaltatum. non igitur hoc ad humanae naturae utilitatem conveniebat, quod deus humanam naturam assumeret.
n.7 " Item. experimento discere possumus quod circa incarnationem dei plurimi errores sunt exorti. videtur igitur humanae saluti conveniens non fuisse quod deus incarnaretur.
n.8 " Adhuc. inter omnia quae deus fecit, istud videtur esse maximum, quod ipsemet carnem assumpserit. ex maximo autem opere maxima debet expectari utilitas. si igitur incarnatio dei ad salutem hominum ordinatur, videtur fuisse conveniens quod ipse totum humanum genus salvasset: cum etiam omnium hominum salus vix videatur esse competens utilitas pro qua tantum opus fieri debuisset.
n.9 " Amplius. si propter salutem hominum deus humanam naturam assumpsit, videtur fuisse conveniens ut eius divinitas hominibus per sufficientia indicia manifestaretur. hoc autem non videtur contigisse: nam per aliquos alios homines, solo auxilio divinae virtutis absque unione dei ad eorum naturam, inveniuntur similia miracula esse facta, vel etiam maiora quam fecerit christus. non igitur videtur dei incarnatio sufficienter procurata fuisse ad humanam salutem.

n.10 “ Praeterea. si hoc necessarium fuit humanae saluti quod deus carnem assumeret, cum a principio mundi homines fuerint, videtur quod a principio mundi humanam naturam assumere debuit, et non quasi in fine temporum: videtur enim omnium praecedentium hominum salus praetermissa fuisse.
n.11 “ Item. pari ratione, usque ad finem mundi debuisset cum hominibus conversari, ut homines sua praesentia erudiret et gubernaret.
n.12 “ Adhuc. hoc maxime hominibus utile est, ut futurae beatitudinis in eis spes fundetur. hanc autem spem magis ex deo incarnato concepisset, si carnem immortalem et impassibilem et gloriosam assumpsisset, et omnibus ostendisset. non igitur videtur fuisse conveniens quod carnem mortalem et infirmam assumpserit.
n.13 “ Amplius. videtur fuisse conveniens, ad ostendendum quod omnia quae in mundo sunt, sint a deo, quod ipse abundantia rerum mundanarum usus fuisset, in divitiis et in maximis honoribus vivens. * cuius contraria de ipso leguntur: quod “ pauperem et abiectam vitam duxit, et probrosam mortem sustinuit. non igitur videtur esse conveniens quod fides de deo incarnato praedicat.
n.14 “ Praeterea. ex hoc quod ipse abiecta passus est, eius divinitas maxime fuit occultata: cum tamen hoc maxime necessarium fuerit hominibus ut eius divinitatem cognoscerent, si ipse fuit deus incarnatus. non igitur videtur quod fides praedicat humanae saluti convenire.
n.15 * Si quis autem dicat quod “ propter obedientiam patris filius dei mortem sustinuit, * hoc non videtur rationabile. “ obedientia enim impletur per hoc quod obediens se conformat voluntati praecipientis. voluntas autem dei patris irrationabilis esse non potest. si igitur non fuit conveniens deum hominem factum mortem pati, quia mors contraria esse videtur divinitati, quae vita est, huius rei ratio ex obedientia ad patrem * convenienter assignari non potest.
n.16 “ Praeterea. voluntas dei non est ad mortem hominum, etiam peccatorum, sed magis ad vitam: * secundum illud ezech. 18: ° nolo mortem peccatoris, sed magis ut convertatur et vivat. “ multo igitur minus potuit esse voluntas dei patris ut homo perfectissimus morti subiiceretur.
n.17 “ Amplius. impium et crudele videtur innocentem praecepto ad mortem inducere: et praecipue pro impiis, qui morte sunt digni. homo autem christus iesus innocens fuit. impium igitur fuisset si praecepto dei patris mortem subiisset.
n.18 * Si vero aliquis dicat “ hoc necessarium fuisse propter humilitatem demonstrandam, * sicut apostolus videtur dicere, philipp. 2, quod ° christus humiliavit semetipsum factus obediens usque ad mortem: * nec haec quidem ratio conveniens videtur. “ primum quidem, quia in eo commendanda est humilitas qui habet superiorem, cui subiici possit: quod de deo dici non potest. non igitur conveniens fuit dei verbum humiliari usque ad mortem.
n.19 “ Item. satis homines ad humilitatem informari poterant verbis divinis, quibus est fides omnimoda adhibenda, et exemplis humanis. non igitur ad demonstrandum humilitatis exemplum necessarium fuit verbum dei aut carnem sumere, aut mortem subire.
n.20 * Si quis autem iterum dicat quod “ propter nostrorum peccatorum purgationem necessarium fuit christum mortem subire et alia quae videntur esse abiecta, * sicut apostolus dicit quod ° traditus est propter peccata nostra, * et iterum, ° mortuus est ad multorum exhaurienda peccata: * nec hoc videtur esse conveniens. “ primo quidem, quia per solam dei gratiam hominum peccata purgantur.
n.21 “ Deinde quia, si aliqua satisfactio requirebatur, conveniens fuit ut ille satisfaceret qui peccavit: quia in iusto dei iudicio unusquisque onus suum debet portare.
n.22 “ Item. si conveniens fuit ut aliquis homine puro maior pro homine satisfaceret, sufficiens fuisse videtur si angelus, carne assumpta, huiusmodi satisfactionem implesset: cum angelus naturaliter sit superior homine.
n.23 “ Praeterea. peccatum non expiatur peccato, sed magis augetur. si igitur per mortem christus satisfacere debuit, talis debuit eius mors esse in qua nullus peccaret: ut scilicet non violenta morte, sed naturaliter moreretur.
n.24 “ Adhuc. si pro peccatis hominum christum mori oportuit, cum frequenter homines peccent, oportuisset eum frequenter mortem subire.
n.25 * Si quis autem dicat quod “ specialiter propter peccatum originale necessarium fuit christum nasci et pati, quod quidem totam naturam humanam infecerat, homine primo peccante:- * hoc impossibile videtur. “ si enim alii homines ad satisfaciendum pro peccato originali sufficientes non sunt, nec mors christi pro peccatis humani generis satisfactoria fuisse videtur: quia et ipse secundum humanam naturam mortuus est, non secundum divinam.
n.26 “ Praeterea. si christus pro peccatis humani generis sufficienter satisfecit, iniustum videtur esse quod homines adhuc poenas patiantur, * quas pro peccato scriptura divina inductas esse commemorat.
n.27 “ Adhuc. si christus sufficienter pro peccatis humani generis satisfecit, non essent ultra remedia pro absolutione peccatorum quaerenda. quaeruntur autem semper ab omnibus qui suae salutis curam habent. non igitur videtur sufficienter christum peccata hominum abstulisse.
n.28 * Haec igitur sunt, et similia, ex quibus alicui videri potest ea quae de incarnatione fides catholica praedicat, “ divinae maiestati et sapientiae convenientia non fuisse.

005 SCG lb4 cp54

n. ‘ Quod conveniens fuit deum incarnari.
n.1 ‘ Si quis autem diligenter et pie incarnationis mysteria consideret, inveniet tantam sapientiae profunditatem quod humanam cognitionem excedat: * secundum illud apostoli: ° quod stultum est dei, sapientius est hominibus. ‘ unde fit ut pie consideranti semper magis ac magis admirabiles rationes huius mysterii manifestantur.
n.2 ‘ Primum igitur hoc considerandum est, quod incarnatio dei efficacissimum fuit auxilium homini ad beatitudinem tendenti. * ostensum est enim in tertio quod ‘ perfecta beatitudo hominis in immediata dei visione consistit. * posset autem alicui videri quod “ homo ad hunc statum nunquam possit pertingere quod intellectus humanus immediate ipsi divinae essentiae uniretur ut intellectus intelligibili, propter immensam distantiam naturarum: et sic circa inquisitionem beatitudinis homo tepesceret, ipsa desperatione detentus. ‘ per hoc autem quod deus humanam naturam sibi unire voluit in persona, evidentissime hominibus demonstratur quod homo per intellectum deo potest uniri, ipsum immediate videndo. fuit igitur convenientissimum quod deus humanam naturam assumeret ad spem hominis in beatitudinem sublevandam. unde post incarnationem christi homines coeperunt magis ad caelestem beatitudinem aspirare: * secundum quod ipse dicit, ioan. 10-10: ° ego veni ut vitam habeant, et abundantius |25| habeant.
n.3 ‘ Simul etiam per hoc homini auferuntur impedimenta beatitudinem adipiscendi. cum enim perfecta hominis beatitudo in sola dei fruitione consistat, * ut supra ostensum est, ‘ necessarium est quod quicumque his quae infra deum sunt inhaeret finaliter, a verae beatitudinis participatione impediatur. ad hoc autem homo deduci poterat quod rebus infra deum existentibus inhaereret ut fini, ignorando suae dignitatem naturae. ex hoc enim contingit quod quidam, considerantes se secundum naturam corpoream et sensitivam, quam cum aliis animalibus habent communem, in rebus corporalibus et delectationibus carnis quandam beatitudinem bestialem requirunt. quidam vero, considerantes quarundam creaturarum excellentiam super homines quantum ad aliqua, earum cultui se adstrinxerunt: colentes mundum et partes eius, propter magnitudinem quantitatis et temporis diuturnitatem; vel spirituales substantias, angelos et daemones, propter hoc quod hominem excedere inveniuntur |25| tam in immortalitate quam in acumine intellectus, aestimantes in his, utpote supra se existentibus, hominis beatitudinem esse quaerendam. quamvis autem quantum ad aliquas conditiones homo aliquibus creaturis existat inferior: ac etiam infimis creaturis in quibusdam assimiletur: tamen secundum ordinem finis, nihil homine existit altius nisi solus deus, in quo solo perfecta hominis beatitudo consistit. hanc igitur hominis dignitatem, quod scilicet immediata dei visione beatificandus sit, convenientissime deus ostendit per hoc quod ipse immediate naturam humanam assumpsit. unde ex incarnatione dei hoc consecutum videmus, quod magna pars hominum, cultu angelorum, daemonum, et quarumcumque creaturarum praetermisso, spretis etiam voluptatibus carnis et corporalibus omnibus, ad solum deum colendum se dedicaverunt, in quo solo beatitudinis complementum expectant; * secundum quod apostolus monet: ° quae sursum sunt quaerite, ubi christus est in dextera dei sedens; quae sursum sunt sapite, non quae super terram.
n.4 ‘ Adhuc. quia beatitudo perfecta hominis in tali cognitione dei consistit quae facultatem omnis intellectus creati excedit, * ut in tertio ostensum est, ‘ necessarium fuit quandam huiusmodi cognitionis praelibationem in homine esse, qua dirigeretur in illam plenitudinem cognitionis beatae: quod quidem fit per fidem, * ut in tertio ostensum est. ‘ cognitionem autem qua homo in ultimum finem dirigitur, oportet esse certissimam, eo quod est principium omnium quae ordinantur in ultimum finem: sicut et principia naturaliter nota certissima sunt. certissima autem cognitio alicuius esse non potest nisi vel illud sit per se notum, sicut nobis prima demonstrationis principia; vel in ea quae per se nota sunt resolvatur, qualiter nobis certissima est demonstrationis conclusio. id autem quod de deo nobis per fidem tenendum proponitur, non potest esse homini per se notum: cum facultatem humani intellectus excedat. oportuit igitur hoc homini manifestari per eum cui sit per se notum. et quamvis omnibus divinam essentiam videntibus |25| sit quodammodo per se notum, tamen ad certissimam cognitionem habendam oportuit reductionem fieri in primum huius cognitionis principium, scilicet in deum, cui est naturaliter per se notum, et a quo omnibus innotescit: sicut et certitudo scientiae non habetur nisi per resolutionem in prima principia indemonstrabilia. oportuit igitur hominem, ad perfectam certitudinem consequendam de fidei veritate, ab ipso deo instrui homine facto, ut homo, secundum modum humanum, divinam instructionem perciperet. * et hoc est quod dicitur ioan. 1-18: ° deum nemo vidit unquam: unigenitus, qui est in sinu patris, ipse enarravit. * et ipse dominus dicit, ioan. 18-37: ° ego ad hoc natus sum et veni in mundum, ut testimonium perhibeam veritati. ‘ propter quod videmus post christi incarnationem evidentius et certius homines in divina cognitione esse instructos: * secundum illud isaiae 11-9: ° repleta est terra scientia domini.
n.5 ‘ Item. cum beatitudo hominis perfecta in divina fruitione consistat, oportuit affectum hominis ad desiderium divinae fruitionis disponi: sicut videmus homini beatitudinis desiderium naturaliter inesse. desiderium autem fruitionis alicuius rei ex amore illius rei causatur. necessarium igitur fuit hominem, ad perfectam beatitudinem tendentem, ad amorem divinum induci. nihil autem sic ad amorem alicuius nos inducit sicut experimentum illius ad nos. amor autem dei ad homines nullo modo efficacius homini potuit demonstrari quam per hoc quod homini uniri voluit in persona: est enim proprium amoris unire amantem cum amato, inquantum possibile est. necessarium igitur fuit homini, ad beatitudinem perfectam tendenti, quod deus fieret homo.
n.6 ‘ Amplius. cum amicitia in quadam aequalitate consistat, ea quae multum inaequalia sunt, in amicitia copulari non posse videntur. ad hoc igitur quod familiarior amicitia esset inter hominem et deum, expediens fuit homini quod deus fieret homo, quia etiam naturaliter homo homini amicus est: ut sic, “ dum visibiliter deum cognoscimus, in invisibilium amorem rapiamur.
n.7 ‘ Similiter etiam manifestum est quod beatitudo virtutis est praemium. oportet igitur ad beatitudinem tendentes secundum virtutem disponi. ad virtutem autem et verbis et exemplis provocamur. exempla autem alicuius et verba tanto efficacius ad virtutem inducunt, quanto de eo firmior bonitatis habetur opinio. de nullo autem homine puro infallibilis opinio bonitatis haberi poterat: quia etiam sanctissimi viri in aliquibus inveniuntur defecisse. unde necessarium fuit homini, ad hoc quod in virtute firmaretur, quod a deo humanato doctrinam et exempla virtutis acciperet. * propter quod ipse dominus dicit, ioan. 13-15: ° exemplum dedi vobis, ut quemadmodum ego feci, ita et vos faciatis.
n.8 ‘ Item. sicut virtutibus homo ad beatitudinem disponitur, ita et peccatis impeditur. peccatum autem virtuti contrarium, impedimentum affert beatitudini, non solum inordinationem quandam animae inducens secundum quod eam ab ordine debiti finis abducit, sed etiam deum offendens, a quo beatitudinis praemium expectatur, secundum quod deus humanorum actuum curam habet, et peccatum contrarium est caritati divinae. * ut in tertio plenius ostensum est. ‘ et insuper huius offensae homo conscientiam habens, per peccatum fiduciam accedendi ad deum amittit, quae necessaria est ad beatitudinem consequendam. necessarium est igitur humano generi, quod peccatis abundat, ut ei remedium aliquod adhibeatur contra peccata. hoc autem remedium adhiberi non potest nisi per deum, qui et voluntatem hominis movere potest in bonum, ut eam ad debitum ordinem reducat, et offensam in se commissam potest remittere; offensa enim non remittitur nisi per eum in quem offensa committitur. ad hoc autem quod homo |25| a conscientia offensae praeteritae liberetur, oportet quod sibi de remissione offensae per deum constet. non autem per certitudinem ei constare potest nisi a deo de hoc certificetur. conveniens igitur fuit, et humano generi ad beatitudinem consequendam expediens, quod deus fieret homo, ut sic et remissionem peccatorum consequeretur per deum, et huius remissionis certitudinem per hominem deum. * unde et ipse dominus dicit, matth. 9-6: ° ut autem sciatis quia filius hominis habet potestatem dimittendi peccata * etc.; et apostolus, hebr. 9-14, dicit quod ° sanguis christi emundabit conscientias nostras ab operibus mortuis, ad serviendum deo viventi.
n.9 ‘ Adhuc. ex traditione ecclesiae docemur totum humanum genus peccato esse infectum. habet autem hoc ordo divinae iustitiae, * ut ex superioribus patet, ‘ quod peccatum sine satisfactione non remittatur a deo. satisfacere autem pro peccato totius humani generis nullus homo purus poterat: quia quilibet homo purus aliquid minus est tota generis humani universitate. oportuit igitur, ad hoc quod humanum genus a peccato communi liberaretur, quod aliquis satisfaceret qui et homo esset, cui satisfactio competeret; et aliquid supra hominem, ut eius meritum sufficiens esset ad satisfaciendum pro peccato totius humani generis. maius autem homine, quantum ad ordinem beatitudinis, nihil est nisi solus deus: nam angeli licet sint superiores quantum ad conditionem naturae, non tamen quantum ad ordinem finis, quia eodem beatificantur. necessarium igitur fuit homini ad beatitudinem consequendam, quod deus homo fieret ad peccatum humani generis tollendum. |25| * et hoc est quod ioannes baptista dixit de christo: ° ecce agnus dei: ecce qui tollit peccata mundi. * et apostolus, ad romanos dicit: ° sicut

peccatum ex uno in omnes in condemnationem, ita gratia ex uno in omnes ad iustificationem.
n.10 ‘ Haec igitur sunt, et similia, ex quibus aliquis concipere potest non fuisse incongruum bonitati divinae deum hominem fieri, sed expedientissimum fuisse humanae saluti.

005 SCG lb4 cp55

n. ‘ Solutio rationum supra positarum contra convenientiam incarnationis.
n.1 * Ea vero quae contra hoc superius sunt opposita, non difficile est solvere.
n.2 “ Non enim est contrarium ordini rerum deum hominem fieri, * ut prima ratio procedebat. ‘ quia quamvis natura divina in infinitum naturam humanam excedat, tamen homo secundum ordinem suae naturae habet ipsum deum pro fine, et natus est ei per intellectum uniri; cuius unionis exemplum et documentum quoddam fuit unio dei ad hominem in persona; servata tamen proprietate utriusque naturae, ut nec excellentiae divinae naturae aliquid deperiret, nec humana natura per exaltationem aliquam extra terminos suae speciei traheretur.
n.3 ‘ Considerandum etiam quod, propter perfectionem et immobilitatem divinae bonitatis, nihil dignitatis deo deperit ex hoc quod aliqua creatura quantumcumque ei appropinquat, etsi hoc creaturae accrescat. sic enim ipsis creaturis suam bonitatem communicat quod ex hoc ipse nullum patitur detrimentum.
n.4 ‘ Similiter etiam, licet ad omnia facienda dei voluntas sufficiat, tamen divina sapientia exigit ut rebus singulis secundum earum congruentiam provideatur a deo: rebus enim singulis proprias causas convenienter instituit. “ unde licet deus sola sua voluntate efficere potuerit in humano genere omnes utilitates quas ex dei incarnatione dicimus provenisse, * ut secunda ratio proponebat: ‘ tamen congruebat humanae naturae ut huiusmodi utilitates inducerentur per deum hominem factum, * sicut ex inductis rationibus aliquatenus apparere potest.
n.5 * Ad tertiam etiam rationem patet responsio. ‘ homo enim, cum sit constitutus ex spirituali et corporali natura, quasi quoddam confinium tenens utriusque naturae, ad totam creaturam pertinere videtur quod fit pro hominis salute. nam inferiores creaturae corporales in usum hominis cedere videntur et ei quodammodo esse subiectae. superior autem creatura spiritualis, scilicet angelica, commune habet cum homine ultimi finis consecutionem, * ut ex superioribus patet. ‘ et sic conveniens videtur ut universalis omnium causa illam creaturam in unitatem personae assumeret in qua magis communicat cum omnibus creaturis. considerandum est etiam quod solius rationalis naturae est per se agere: creaturae enim irrationales magis aguntur naturali impetu quam agant per seipsas. unde magis sunt in ordine instrumentalium causarum quam se habeant per modum principalis agentis. assumptionem autem talis creaturae a deo oportuit esse quae per se agere posset tanquam agens principale. nam ea quae |25| agunt sicut instrumenta, agunt inquantum sunt mota ad agendum: principale vero agens ipsum per se agit. si quid igitur agendum fuit divinitus per aliquam irrationalem creaturam, suffecit, secundum huius creaturae conditionem, quod solum moveretur a deo: non autem quod assumeretur in persona ut ipsamet ageret, quia hoc eius naturalis conditio non recepit, sed solum conditio rationalis naturae. non igitur fuit conveniens quod deus aliquam irrationalem naturam assumeret, sed rationalem, scilicet angelicam vel humanam.
n.6 “ Et quamvis angelica natura quantum ad naturales proprietates inveniatur excellentior quam humana natura, * ut quarta ratio proponebat, ‘ tamen humana congruentius fuit assumpta. primo quidem, quia in homine peccatum expiabile esse potest: eo quod eius electio non immobiliter fertur in aliquid, sed a bono potest perverti in malum, et a malo reduci in bonum: sicut etiam in hominis ratione contingit, quae, quia ex sensibilibus et per signa quaedam colligit veritatem, viam habet ad utrumque oppositorum. angelus autem, sicut habet immobilem apprehensionem, quia per simplicem intellectum immobiliter cognoscit, ita etiam habet immobilem electionem: unde vel in malum omnino non fertur; vel, si in malum feratur, immobiliter fertur; unde eius peccatum expiabile esse non potest. cum igitur praecipua causa videatur divinae incarnationis esse expiatio peccatorum, * ut ex scripturis divinis docemur, ‘ congruentius fuit humanam naturam quam angelicam assumi a deo. |25| secundo, quia assumptio creaturae a deo est in persona, non in natura, * ut ex superioribus patet. ‘ convenientius igitur assumpta est hominis natura quam angelica: quia in homine aliud est natura et persona, cum sit ex materia et forma compositus; non autem in angelo, qui immaterialis est. tertio, quia angelus, secundum proprietatem suae naturae, propinquior erat ad deum cognoscendum quam homo, cuius cognitio a sensu oritur. sufficiebat igitur quod angelus a deo intelligibiliter instrueretur de veritate divina. sed conditio hominis requirebat ut deus sensibiliter hominem de seipso homine instrueret. quod per incarnationem est factum. ipsa etiam distantia hominis a deo magis repugnare videbatur fruitioni divinae. et ideo magis indiguit homo quam angelus assumi a deo, ad spem de beatitudine concipiendam. homo etiam, cum sit creaturarum terminus, quasi omnes alias creaturas naturali generationis ordine praesupponens, |50| convenienter primo rerum principio unitur, ut quadam circulatione perfectio rerum concludatur.
n.7 “ Ex hoc autem quod deus humanam naturam assumpsit, non datur erroris occasio, * ut quinta ratio proponebat. ‘ quia assumptio humanitatis, * ut supra habitum est, ‘ facta est in unitate personae: non in unitate naturae, * ut sic oporteat nos consentire his qui posuerunt “ deum non esse super omnia exaltatum, dicentes deum esse animam mundi, vel aliquid huiusmodi.
n.8 “ Licet autem circa incarnationem dei sint aliqui errores exorti, * ut sexto obiiciebatur, ‘ tamen manifestum est multo plures errores post incarnationem fuisse sublatos. sicut enim ex creatione rerum, a divina bonitate procedente, aliqua mala sunt consecuta, quod competebat conditioni creaturarum, quae deficere possunt; ita etiam non est mirum si, manifestata divina veritate, sunt aliqui errores exorti ex defectu mentium humanarum. qui tamen errores exercuerunt fidelium ingenia ad diligentius divinorum veritatem exquirendam et intelligendam: sicut et mala quae in creaturis accidunt, ordinat deus ad aliquod bonum.
n.9 ‘ Quamvis autem omne bonum creatum, divinae bonitati comparatum, exiguum inveniatur, tamen quia in rebus creatis nihil potest esse maius quam salus rationalis creaturae, quae consistit in fruitione ipsius bonitatis divinae; cum ex incarnatione divina consecuta sit salus humana, non parum utilitatis praedicta incarnatio attulit mundo, * ut septima ratio procedebat. ‘ nec oportuit propter hoc quod ex incarnatione divina omnes homines salvarentur: sed tantum illi qui praedictae incarnationi adhaerent per fidem et fidei sacramenta. est siquidem incarnationis divinae virtus sufficiens ad omnium hominum salutem: sed quod non omnes ex hoc salvantur, ex eorum indispositione contingit, quod incarnationis fructum in se suscipere nolunt, incarnato deo per fidem et amorem non inhaerendo. non enim erat hominibus subtrahenda libertas arbitrii, per quam possunt vel inhaerere vel non inhaerere deo incarnato: ne bonum hominis coactum esset, et per hoc |25| absque merito et illaudabile redderetur.
n.10 ‘ Praedicta etiam dei incarnatio sufficientibus indiciis hominibus manifestata est. divinitas enim nullo modo convenientius manifestari potest quam per ea quae sunt propria dei. est autem dei proprium quod naturae leges immutare possit, supra naturam aliquid operando, cuius ipse est auctor. convenientissime igitur probatur aliquid esse divinum per opera quae supra leges naturae fiunt, sicut quod caeci illuminentur, leprosi mundentur, mortui suscitentur. huiusmodi quidem opera christus effecit. * unde et ipse per haec opera quaerentibus ° tu es qui venturus es, an alium expectamus? * suam divinitatem demonstravit, dicens: ° caeci vident, claudi ambulant, surdi audiunt etc.. ‘ alium autem mundum creare necesse non erat: nec ratio divinae sapientiae, nec rerum natura hoc habebat. * si autem dicatur, ut octava ratio proponebat, quod “ huiusmodi miracula etiam per alios esse facta leguntur: ‘ tamen considerandum est quod multo differentius et divinius |25| christus effecit. nam alii orando haec fecisse leguntur: christus autem imperando, quasi ex propria potestate. et non solum ipse haec fecit, sed et aliis eadem et maiora faciendi tribuit potestatem, qui ad solam invocationem nominis christi huiusmodi miracula faciebant. et non solum corporalia miracula per christum facta sunt, sed etiam spiritualia, quae sunt multo maiora: scilicet quod per christum, et ad invocationem nominis eius, spiritus sanctus daretur, quo accenderentur corda caritatis divinae affectu; et mentes instruerentur subito in scientia divinorum; et linguae simplicium redderentur disertae, ad divinam veritatem hominibus proponendam. huiusmodi autem opera indicia sunt expressa divinitatis christi, quae nullus purus homo facere potuit. * unde apostolus, ad hebr., dicit quod ° salus hominum, cum initium accepisset enarrari per dominum, per eos qui audierunt in nos confirmata est, attestante deo signis et virtutibus et variis spiritus sancti distributionibus.
n.11 ‘ Licet autem saluti totius humani generis dei incarnatio necessaria foret, non tamen oportuit quod “ a principio mundi deus incarnaretur, * ut nono obiiciebatur. ‘ primo quidem, quia per deum incarnatum oportebat hominibus medicinam afferri contra peccata, * ut superius habitum est. ‘ contra peccatum autem alicui convenienter medicina non affertur nisi prius suum defectum recognoscat: ut sic per humilitatem homo, de seipso non praesumens, iactet spem suam in deum, a quo solo potest sanari peccatum, * ut supra habitum est. ‘ poterat autem homo de seipso praesumere et quantum ad scientiam, et quantum ad virtutem. relinquendus igitur aliquando fuit sibi, ut experiretur quod ipse sibi non sufficeret ad salutem: neque per scientiam naturalem, quia ante tempus legis scriptae, homo legem naturae transgressus est; neque per virtutem propriam, quia, data sibi cognitione peccati per legem, adhuc ex infirmitate peccavit. et sic oportuit ut demum homini, neque de scientia neque de virtute praesumenti, |25| daretur efficax auxilium contra peccatum per christi incarnationem: scilicet gratia christi, per quam et instrueretur in dubiis, ne in cognitione deficeret; et roboraretur contra tentationum insultus, ne per infirmitatem deficeret. sic igitur factum est quod essent tres status humani generis: primus ante legem; secundus sub lege; tertius sub gratia. deinde per deum incarnatum praecepta et documenta perfecta hominibus danda erant. requirit autem hoc conditio humanae naturae, quod non statim ad perfectum ducatur, sed manuducatur per imperfecta ut ad perfectionem perveniat: quod in instructione puerorum videmus, qui primo de minimis instruuntur, nam a principio perfecta capere non valent. similiter etiam, si alicui multitudini aliqua inaudita proponerentur et magna, non statim caperet nisi ad ea assuesceret prius per aliqua minora. sic igitur conveniens fuit ut a principio humanum genus instrueretur de his quae pertinent ad suam salutem per aliqua levia et minora documenta per patriarchas et legem et prophetas, |50| et tandem, in consummatione temporum, perfecta doctrina christi proponeretur in terris: * secundum quod apostolus dicit, ad gal.: ° at ubi venit plenitudo temporis, misit deus filium suum in terris. * et ibidem dicitur quod ° lex paedagogus noster fuit in christo, sed iam non sumus sub paedagogo. ‘ simul etiam considerandum est quod, sicut adventum magni regis oportet aliquos nuntios praecedere, ut praeparentur subditi ad eum reverentius suscipiendum; ita oportuit adventum dei in terras multa praecedere, quibus homines essent parati ad deum incarnatum suscipiendum. quod quidem factum est dum per praecedentia promissa et documenta hominum mentes dispositae sunt, ut facilius ei crederent qui ante praenuntiatus erat, et desiderantius susciperetur propter priora promissa.
n.12 ‘ Et licet adventus dei incarnati in mundum esset maxime necessarius humanae saluti, * tamen non fuit necessarium quod “ usque ad finem mundi cum hominibus conversaretur, * ut decima ratio proponebat. ‘ hoc enim derogasset reverentiae quam homines debebant deo incarnato exhibere: dum, videntes ipsum carne indutum aliis hominibus similem, nihil de eo ultra alios homines aestimassent. sed eo, post mira quae gessit in terris, suam praesentiam hominibus subtrahente, magis ipsum revereri coeperunt. propter quod etiam suis discipulis plenitudinem spiritus sancti non dedit quandiu cum eis conversatus fuit, quasi per eius absentiam eorum animis ad spiritualia munera magis praeparatis. * unde ipse eis dicebat: ° si non abiero, paraclitus non veniet ad vos: si autem abiero, mittam eum ad vos.
n.13 “ Non oportuit autem deum carnem impassibilem et immortalem suscipere, * secundum quod undecima ratio proponebat: ‘ sed magis passibilem et mortalem. primo quidem, quia necessarium erat hominibus quod beneficium incarnationis cognoscerent, ut ex hoc ad divinum amorem inflammarentur. oportuit autem, ad veritatem incarnationis manifestandam, quod carnem similem aliis hominibus sumeret, scilicet passibilem et mortalem. si enim impassibilem et immortalem carnem suscepisset, visum fuisset hominibus, qui talem carnem non noverant, quod aliquod phantasma esset, et non veritas carnis. secundo, quia necessarium fuit deum carnem assumere ut pro peccato humani generis satisfaceret. contingit autem unum pro alio satisfacere, * ut in tertio ostensum est, ‘ ita tamen quod poenam pro peccato alteri debitam ipse, sibi non debitam, voluntarie assumat. poena autem consequens humani generis peccatum est mors |25| et aliae passibilitates vitae praesentis, * sicut supra dictum est: * unde et apostolus dicit, ad rom.: ° per unum hominem peccatum in hunc mundum intravit, et per peccatum mors. ‘ oportuit igitur ut carnem passibilem et mortalem deus assumeret absque peccato, ut sic, patiendo et moriendo, pro nobis satisfaceret et peccatum auferret. * et hoc est quod apostolus dicit, ad rom., quod ° deus misit filium suum in similitudinem carnis peccati, “ idest, habentem carnem similem peccatoribus, scilicet passibilem et mortalem; * et subdit, ° ut de peccato damnaret peccatum in carne, “ idest, ut per poenam quam in carne pro peccato nostro sustinuit, peccatum a nobis auferret. ‘ tertio, quia per hoc quod carnem passibilem et mortalem habuit, efficacius dedit nobis exempla virtutis, passiones carnis fortiter superando, et eis virtuose utendo. quarto, quia per hoc magis ad spem immortalitatis erigimur, quod ipse de statu carnis passibilis et mortalis mutatus est in impassibilitatem et immortalitatem carnis: |50| quod etiam de nobis sperare possumus, qui carnem gerimus passibilem et mortalem. si vero a principio carnem impassibilem et immortalem assumpsisset, nulla daretur occasio immortalitatem sperandi his qui in seipsis mortalitatem et corruptibilitatem experiuntur. hoc etiam mediatoris officium requirebat quod, cum commune haberet nobiscum passibilem carnem et mortalem, cum deo vero virtutem et gloriam: ut auferens a nobis quod nobiscum commune habebat, scilicet passionem et mortem, ad id nos duceret quod sibi et deo erat commune. fuit enim mediator ad coniungendum nos deo.
n.14 * Similiter etiam non fuit expediens quod “ deus incarnatus vitam in hoc mundo ageret opulentam et

honoribus seu dignitatibus sublimem, * ut duodecima ratio concludebat. ' primo quidem, quia ad hoc venerat ut mentes hominum, terrenis deditas, a terrenis abstraheret et ad divina elevaret. unde oportuit, ut suo exemplo homines in contemptum divitiarum et aliorum quae mundani desiderant duceret, quod inopem et privatam vitam ageret in hoc mundo. secundo quia, si divitiis abundasset et in aliqua maxima dignitate constitutus fuisset, id quod divine gessit magis potentiae saeculari quam virtuti divinitatis fuisset attributum. unde efficacissimum argumentum suae divinitatis fuit quod absque adminiculo potentiae saecularis totum mundum in melius commutavit.
n.15 * Unde patet etiam solutio ad id quod decimotertio obiiciebatur.
n.16 ' Non est autem procul a vero quod filius dei incarnatus obediens praecepto patris mortem sustinuit, * secundum doctrinam apostoli. ' praeceptum enim dei est ad homines de operibus virtutum: et quanto aliquis perfectius actum virtutis exequitur, tanto magis deo obedit. inter alias autem virtutes praecipua caritas est, ad quam omnes aliae referuntur. christus igitur, dum actum caritatis perfectissime implevit, deo maxime obediens fuit. nullus enim est actus caritatis perfectior quam quod homo pro amore alicuius etiam mortem sustineat: * secundum quod ipsemet dominus dicit: ° maiorem caritatem nemo habet quam quod animam suam ponat quis pro amicis suis. ' sic igitur invenitur christus, mortem sustinens pro salute hominum et ad gloriam dei patris, deo maxime obediens fuisse, actum caritatis perfectum exequendo. * nec hoc repugnat divinitati ipsius, ut quartadecima ratio procedebat. ' sic enim facta est unio in persona ut proprietas |25| utriusque naturae maneret, divinae scilicet et humanae, * ut supra habitum est. ' et ideo, patiente christo etiam mortem et alia quae humanitatis sunt, divinitas impassibilis mansit, quamvis, propter unitatem personae, dicamus deum passum et mortuum. cuius exemplum aliqualiter in nobis apparet, quia, moriente carne, anima remanet immortalis.
n.17 ' Sciendum est etiam quod, " licet voluntas dei non sit ad mortem hominum, * ut quintadecima ratio proponebat, ' est tamen ad virtutem, per quam homo mortem fortiter sustinet, et ex caritate periculis mortis se obiicit. et sic voluntas dei fuit de morte christi, inquantum christus eam ex caritate suscepit et fortiter sustinuit.
n.18 ' Unde patet quod " non fuit impium et crudele quod deus pater christum mori voluit, * ut sextadecima ratio concludebat. ' non enim coegit invitum, sed complacuit ei voluntas qua ex caritate christus mortem suscepit. et hanc etiam caritatem in eius anima operatus est.
n.19 * Similiter etiam non inconvenienter dicitur quod ' propter humilitatem demonstrandam christus mortem crucis voluit pati. " et revera quidem humilitas in deum non cadit, * ut decimaseptima ratio proponebat: quia ' virtus humilitatis in hoc consistit ut aliquis infra suos terminos se contineat, ad ea quae supra se sunt non se extendens, sed superiori se subiiciat; unde patet quod deo humilitas convenire non potest, qui superiorem non habet, sed ipse super omnia existit. si autem aliquis vel aequali vel inferiori se ex humilitate aliquando subiiciat, hoc est quia secundum aliquid eum qui simpliciter vel aequalis vel inferior est, superiorem se arbitratur. quamvis igitur christo secundum divinam naturam humilitatis virtus non competat, competit tamen sibi secundum humanam naturam, et eius humilitas ex eius divinitate laudabilior redditur: dignitas enim personae adiicit ad laudem humilitatis; puta quando, pro aliqua necessitate, expedit aliquem magnum aliqua infima |25| pati. nulla autem tanta dignitas esse potest hominis quam quod sit deus. unde hominis dei humilitas maxime laudabilis invenitur, dum abiecta sustinuit quae pro salute hominum ipsum pati expediebat. erant enim homines, propter superbiam, mundanae gloriae amatores. ut igitur hominum animos ab amore mundanae gloriae in amorem divinae gloriae transmutaret, voluit mortem sustinere, non qualemcumque, sed abiectissimam. sunt enim quidam qui, etsi mortem non timeant, abhorrent tamen mortem abiectam. ad quam etiam contemnendam dominus homines animavit suae mortis exemplo.
n.20 " Et licet homines ad humilitatem informari potuerint divinis sermonibus instructi, * ut decimaoctava ratio proponebat: ' tamen ad agendum magis provocant facta quam verba et tanto efficacius facta movent, quanto certior opinio bonitatis habetur de eo qui huiusmodi operatur. unde, licet aliorum hominum multa humilitatis exempla invenirentur, tamen expedientissimum fuit ut ad hoc hominis dei provocarentur exemplo, quem constat errare non potuisse; et cuius humilitas tanto est mirabilior quanto maiestas sublimior.
n.21 * Manifestum est etiam ex praedictis quod ' oportuit christum mortem pati, non solum ut exemplum praeberet mortem contemnendi propter veritatis amorem, sed ut etiam aliorum peccata purgaret. quod quidem factum est dum ipse, qui absque peccato erat, mortem peccato debitam pati voluit, ut in se poenam aliis debitam, pro aliis satisfaciendo, susciperet. " et quamvis sola dei gratia sufficiat ad remittendum peccata, * ut decimanona ratio proponebat, ' tamen in remissione peccati exigitur etiam aliquid ex parte eius cui peccatum remittitur: ut scilicet satisfaciat ei quem offendit. et quia alii homines pro seipsis hoc facere non poterant, christus hoc pro omnibus fecit, mortem voluntariam ex caritate patiendo.
n.22 " Et quamvis in puniendo peccata oportet illum puniri qui peccavit, * ut vigesima ratio proponebat, ' tamen in satisfaciendo unus potest alterius poenam ferre. quia dum poena pro peccato infligitur, pensatur eius qui punitur iniquitas: in satisfactione vero, dum quis, ad placandum eum quem offendit, voluntarie poenam assumit, satisfacientis caritas et benevolentia aestimatur, quae maxime apparet cum quis pro alio poenam assumit. et ideo deus satisfactionem unius pro alio acceptat, * ut etiam in tertio libro ostensum est.
n.23 ' Satisfacere autem pro toto humano genere, * ut supra ostensum est, ' nullus homo purus poterat: " nec ad hoc angelus sufficiebat, * ut vigesimaprima ratio procedebat. ' angelus enim, licet quantum ad aliquas proprietates naturales sit homine potior, tamen quantum ad beatitudinis participationem, in quam per satisfactionem reducendus erat, est ei aequalis. et iterum: non plene redintegraretur hominis dignitas, si angelo pro homine satisfacienti obnoxius redderetur.
n.24 ' Sciendum autem est quod mors christi virtutem satisfaciendi habuit ex caritate ipsius, qua voluntarie mortem sustinuit, non ex iniquitate occidentium, qui eum occidendo peccaverunt: " quia peccatum non deletur peccato, * ut vigesimasecunda ratio proponebat.
n.25 ' Et quamvis mors christi pro peccato satisfactoria fuerit, " non tamen toties eum mori oportuit quoties homines peccant, * ut vigesimatertia ratio concludebat. ' quia mors christi sufficiens fuit ad omnium expianda peccata: tum propter eximiam caritatem qua mortem sustinuit; tum propter dignitatem personae satisfacientis, quae fuit deus et homo. manifestum est autem etiam in rebus humanis quod, quanto persona est altior, tanto poena quam sustinet pro maiori computatur, sive ad humilitatem et caritatem patientis, sive ad culpam inferentis.
n.26 ' Ad satisfaciendum autem pro peccato totius humani generis mors christi sufficiens fuit. " quia, quamvis secundum humanam naturam solum mortuus fuerit, * ut vigesimaquarta ratio proponebat, ' tamen ex dignitate personae patientis, quae est persona filii dei, mors eius redditur pretiosa. * quia, ut supra dictum est, ' sicut maioris est criminis alicui personae inferre iniuriam quae maioris dignitatis existit, ita virtuosius est, et ex maiori caritate procedens, quod maior persona pro aliis se subiiciat voluntariae passioni.
n.27 ' Quamvis autem christus pro peccato originali sua morte sufficienter satisfecerit, * non est tamen inconveniens quod " poenalitates ex peccato originali consequentes remaneant adhuc in omnibus qui etiam redemptionis christi participes fiunt: * ut vigesimaquinta ratio procedebat. ' hoc enim congruenter et utiliter factum est ut poena remaneret, etiam culpa sublata. primo quidem, ut esset conformitas fidelium ad christum, sicut membrorum ad caput. unde sicut christus prius multas passiones sustinuit, et sic ad immortalitatis gloriam pervenit; sic decuit ut fideles eius prius passionibus subiacerent, et sic ad immortalitatem pervenirent, quasi portantes in seipsis insignia passionis christi, ut similitudinem gloriae eius consequerentur; * sicut apostolus, ad rom., dicit: ° heredes quidem dei, coheredes autem christi. si tamen compatimur, ut et simul glorificemur. ' secundo quia, si homines venientes ad iesum statim immortalitatem et impassibilitatem consequerentur, plures homines |25| ad christum accederent magis propter haec corporalia beneficia quam propter spiritualia bona. quod est contra intentionem christi, venientis in mundum ut homines ab amore corporalium ad spiritualia transferret. tertio quia, si accedentes ad christum statim impassibiles et immortales redderentur, hoc quodammodo compelleret homines ad fidem christi suscipiendam. et sic meritum fidei minueretur.
n.28 " Quamvis autem sufficienter pro peccatis humani generis sua morte satisfecerit, * ut vigesimasexta ratio proponebat, ' sunt tamen unicuique remedia propriae salutis quaerenda. mors enim christi est quasi quaedam universalis causa salutis: sicut peccatum primi hominis fuit quasi universalis causa damnationis. oportet autem universalem causam applicari ad unumquemque specialiter, ut effectum universalis causae percipiat. effectus igitur peccati primi parentis pervenit ad unumquemque per carnis originem: effectus autem mortis christi pertingit ad unumquemque per spiritualem regenerationem, per quam homo christo quodammodo coniungitur et incorporatur. et ideo oportet quod unusquisque quaerat regenerari per christum, et alia suscipere in quibus virtus mortis christi operatur.
n.29 ' Ex quo patet quod effluxus salutis a christo in homines non est per naturae propaginem, sed per studium bonae voluntatis, qua homo christo adhaeret. et sic quod a christo unusquisque consequitur, est personale bonum. unde non derivatur ad posteros, sicut peccatum primi parentis, quod cum naturae propagine producitur. et inde est quod, " licet parentes sint a peccato originali mundati per christum, * non tamen est inconveniens quod " eorum filii cum peccato originali nascantur, et sacramentis salutis indigeant, * ut vigesimaseptima ratio concludebat.
n.30 ' Sic igitur ex praemissis aliquatenus patet quod * ea quae circa mysterium incarnationis fides catholica praedicat, neque impossibilia neque incongrua inveniuntur.

005 SCG lb4 cp56

n. ' De necessitate sacramentorum.
n.1 * Quia vero, sicut iam dictum est, ' mors christi est quasi universalis causa humanae salutis; universalem autem causam oportet applicari ad unumquemque effectum: necessarium fuit exhiberi hominibus quaedam remedia per quae eis beneficium mortis christi quodammodo coniungeretur. huiusmodi autem esse dicuntur ecclesiae sacramenta.
n.2 ' Huiusmodi autem remedia oportuit cum aliquibus visibilibus signis tradi. primo quidem, quia sicut ceteris rebus ita etiam homini deus providet secundum eius conditionem. est autem talis hominis conditio quod ad spiritualia et intelligibilia capienda naturaliter per sensibilia deducitur. oportuit igitur spiritualia remedia hominibus sub signis sensibilibus dari. secundo quia instrumenta oportet esse primae causae proportionata. prima autem et universalis causa humanae salutis est verbum incarnatum, * ut ex praemissis apparet. ' congruum igitur fuit ut remedia quibus universalis causae virtus pertingit ad homines, illius causae similitudinem haberent: ut scilicet in eis virtus divina invisibiliter operaretur sub visibilibus signis. tertio, quia homo in peccatum lapsus erat rebus visibilibus indebite inhaerendo. ne igitur crederetur visibilia ex sui natura mala esse, et propter hoc eis inhaerentes |25| peccasse, per ipsa visibilia congruum fuit quod hominibus remedia salutis adhiberentur: ut sic appareret ipsa visibilia ex sui natura bona esse, velut a deo creata, sed hominibus noxia fieri secundum quod eis inordinate inhaerent, salutifera vero secundum quod ordinate eis utuntur.
n.3 * Ex hoc autem excluditur error quorundam haereticorum qui " omnia huiusmodi visibilia a sacramentis ecclesiae volunt esse removenda. * nec mirum, quia ipsi iidem opinantur " omnia visibilia ex sui natura mala esse, et ex malo auctore producta: * quod in secundo libro reprobavimus.
n.4 ' Nec est inconveniens quod per res visibiles et corporales spiritualis salus ministretur: quia huiusmodi visibilia sunt quasi quaedam instrumenta dei incarnati et passi; instrumentum autem non operatur ex virtute suae naturae, sed ex virtute principalis agentis, a quo applicatur ad operandum. sic igitur et huiusmodi res visibiles salutem spiritualem operantur, non ex proprietate suae naturae, sed ex institutione ipsius christi, ex qua virtutem instrumentalem consequuntur.

005 SCG lb4 cp57

n. ' De distinctione sacramentorum veteris et novae legis.
n.1 ' Deinde considerandum est quod, cum huiusmodi visibilia sacramenta ex passione christi efficaciam habeant et ipsam quodammodo repraesentent, talia ea esse oportet ut congruant saluti factae per christum. haec autem salus, ante christi incarnationem et mortem, erat quidem promissa, sed non exhibita: sed verbum incarnatum et passum est salutem huiusmodi operatum. sacramenta igitur quae incarnationem christi praecesserunt, talia esse oportuit ut significarent et quodammodo repromitterent salutem: sacramenta autem quae christi passionem consequuntur, talia esse oportet ut salutem hominibus exhibeant, et non solum significando demonstrent.
n.2 * Per hoc autem evitatur iudaeorum opinio, qui credunt " sacramenta legalia, propter hoc quod a deo sunt instituta, in perpetuum esse servanda: cum deus non poeniteat, non mutetur. ' fit autem absque mutatione disponentis vel poenitentia, quod diversa disponat secundum congruentiam temporum diversorum: sicut paterfamilias alia praecepta tradit filio parvulo, et alia iam adulto. sic et deus congruenter alia sacramenta et praecepta ante incarnationem tradidit, ad significandum futura: alia post incarnationem, ad exhibendum praesentia et rememorandum praeterita.
n.3 * Magis autem irrationabilis est nazaraeorum et ebionitarum error qui " sacramenta legalia simul cum evangelio dicebant esse servanda, * quia huiusmodi error quasi contraria implicat. " dum enim servant evangelica sacramenta, profitentur incarnationem et alia christi mysteria iam esse perfecta: dum autem etiam sacramenta legalia servant, profitentur ea esse futura.

005 SCG lb4 cp58

n. ' De numero sacramentorum novae legis.
n.1 * Quia vero, ut dictum est, ' remedia spiritualis salutis sub signis sensibilibus sunt hominibus tradita, conveniens etiam fuit ut distinguerentur remedia quibus provideretur spirituali vitae, secundum similitudinem corporalis.
n.2 ' In vita autem corporali duplicem ordinem inve-

nimus: sunt enim propagatores et ordinatores corporalis vitae in aliis; et sunt qui propagantur et ordinantur secundum corporalem vitam.

n.3 ' Vitae autem corporali et naturali tria sunt per se necessaria, et quartum per accidens. oportet enim primo, quod per generationem seu nativitatem res aliqua vitam accipiat; secundo, quod per augmentum ad debitam quantitatem et robur perveniat; tertio, ad conservationem vitae per generationem adeptae, et ad augmentum, est necessarium nutrimentum. et haec quidem sunt per se necessaria naturali vitae: quia sine his vita corporalis perfici non potest; unde et animae vegetativae quae est vivendi principium, tres vires naturales assignantur, scilicet generativa, augmentativa, et nutritiva. sed quia contingit aliquod impedimentum circa vitam corporalem, ex quo res viva infirmatur, per accidens necessarium est quartum, quod est sanatio rei viventis aegrotae.

n.4 ' Sic igitur et in vita spirituali primum est spiritualis generatio, per baptismum; secundum est spirituale augmentum perducens ad robur perfectum, per sacramentum confirmationis; tertium est spirituale nutrimentum, per eucharistiae sacramentum. restat quartum, quod est spiritualis sanatio, quae fit vel in anima tantum per poenitentiae sacramentum; vel ex anima derivatur ad corpus, quando fuerit opportunum, per extremam unctionem. haec igitur pertinent ad eos qui in vita spirituali propagantur et conservantur.

n.5 ' Propagatores autem et ordinatores corporalis vitae secundum duo attenduntur: scilicet secundum originem naturalem, quod ad parentes pertinet; et secundum regimen politicum, per quod vita hominis pacifica conservatur, et hoc pertinet ad reges et principes.

n.6 ' Sic igitur est et in spirituali vita. sunt enim quidam propagatores et conservatores spiritualis vitae secundum spirituale ministerium tantum, ad quod pertinet ordinis sacramentum; et secundum corporalem et spiritualem simul, quod fit per sacramentum matrimonii, quo vir et mulier conveniunt ad prolem generandam et educandam ad cultum divinum.

005 SCG lb4 cp59

n. ' De baptismo.

n.1 ' Secundum hoc igitur apparere potest circa sacramenta singula et effectus proprius uniuscuiusque et materia conveniens. et primo quidem circa spiritualem generationem, quae per baptismum fit, considerandum est quod generatio rei viventis est mutatio quaedam de non vivente ad vitam. vita autem spirituali privatus est homo in sua origine per peccatum originale, * ut supra dictum est; ' et adhuc quaecumque peccata sunt addita abducunt a vita. oportuit igitur baptismum, qui est spiritualis generatio, talem virtutem habere quod et peccatum originale, et omnia actualia peccata commissa tollat.

n.2 ' Et quia signum sensibile sacramenti congruum debet esse ad repraesentandum spiritualem sacramenti effectum, foeditatis autem ablutio in rebus corporalibus facilius et communius fit per aquam: idcirco baptismus convenienter in aqua confertur per verbum dei sanctificata.

n.3 ' Et quia generatio unius est alterius corruptio; et quod generatur priorem formam amittit et proprietates ipsam consequentes: necesse est quod per baptismum, qui est spiritualis generatio, non solum peccata tollantur, quae sunt spirituali vitae contraria, sed etiam omnes peccatorum reatus. et propter hoc baptismus non solum a culpa abluit, sed etiam ab omni reatu poenae absolvit. unde baptizatis satisfactio non iniungitur pro peccatis.

n.4 ' Item, cum per generationem res formam acquirat, simul acquirit et operationem consequentem formam, et locum ei congruentem: ignis enim, mox generatus, tendit sursum sicut in proprium locum. et ideo, cum baptismus sit spiritualis generatio, statim baptizati idonei sunt ad spirituales actiones, sicut ad susceptionem aliorum sacramentorum, et ad alia huiusmodi; et statim eis debetur locus congruus spirituali vitae, qui est beatitudo aeterna. et propter hoc baptizati, si decedant, statim in beatitudine recipiuntur. unde dicitur quod baptismus aperit ianuam caeli.

n.5 ' Considerandum est etiam quod unius rei est una tantum generatio. unde, cum baptismus sit spiritualis generatio, unus homo est semel tantum baptizandus.

n.6 ' Manifestum est etiam quod infectio, quae per adam in mundum intravit, semel tantum hominem inquinat. unde et baptismus, qui contra eam principaliter ordinatur, iterari non debet. hoc etiam commune est, quod, ex quo res aliqua semel consecrata est, quandiu manet, ulterius consecrari non debet, ne consecratio inefficax videatur. unde, cum baptismus sit quaedam consecratio hominis baptizati, non est iterandum baptisma.

n.7 * Per quod excluditur error donatistarum, vel rebaptizantium.

005 SCG lb4 cp60

n. ' De confirmatione.

n.1 ' Perfectio autem spiritualis roboris in hoc proprie consistit, quod homo fidem christi confiteri audeat coram quibuscumque, nec inde retrahatur propter confusionem aliquam vel terrorem: fortitudo enim inordinatum timorem repellit. sacramentum igitur quo spirituale robur regenerato confertur, eum quodammodo instituit pro fide christi propugnatorem. et quia pugnantes sub aliquo principe eius insignia deferunt, hi qui confirmationis sacramentum suscipiunt signo christi insigniuntur, videlicet signo crucis, quo pugnavit et vicit. hoc autem signum in fronte suscipiunt, in signum quod publice fidem christi confiteri non erubescant.

n.2 ' Haec autem insignitio fit ex confectione olei et balsami, quae chrisma vocatur, non irrationabiliter. nam per oleum spiritus sancti virtus designatur, quo et christus unctus nominatur, ut sic a christo christiani dicantur, quasi sub ipso militantes. in balsamo autem, propter odorem, bona fama ostenditur, quam necesse est habere eos qui inter mundanos conversantur, ad fidem christi publice confitendam, quasi in campum certaminis de secretis ecclesiae sinibus producti.

n.3 ' Convenienter etiam hoc sacramentum a solis pontificibus confertur, qui sunt quodammodo duces exercitus christiani: nam et apud saecularem militiam ad ducem exercitus pertinet ad militiam eligendo quosdam adscribere; ut sic qui hoc sacramentum suscipiunt, ad spiritualem militiam quodammodo videantur adscripti. unde et eis manus imponitur, ad designandam derivationem virtutis a christo.

005 SCG lb4 cp61

n. ' De eucharistia.

n.1 ' Sicut autem corporalis vita materiali alimento indiget, non solum ad quantitatis augmentum, sed etiam ad naturam corporis sustentandam, ne propter resolutiones continuas dissolvatur et eius virtus depereat; ita necessarium fuit in spirituali vita spirituale alimentum habere, quo regenerati et in virtutibus conserventur, et crescant.

n.2 ' Et quia spirituales effectus sub similitudine visibilium congruum fuit nobis tradi, * ut dictum est, ' huiusmodi spirituale alimentum nobis traditur sub speciebus illarum rerum quibus homines communius ad corporale alimentum utuntur. huiusmodi autem sunt panis et vinum. et ideo sub speciebus panis et vini hoc traditur sacramentum.

n.3 ' Sed considerandum est quod aliter generans generato coniungitur et aliter nutrimentum nutrito in corporalibus rebus. generans enim non oportet secundum substantiam generato coniungi, sed solum secundum similitudinem et virtutem: sed alimentum oportet nutrito secundum substantiam coniungi. unde, ut corporalibus signis spirituales effectus respondeant, mysterium verbi incarnati aliter nobis coniungitur in baptismo, qui est spiritualis regeneratio; atque aliter in hoc eucharistiae sacramento, quod est spirituale alimentum. in baptismo enim continetur verbum incarnatum solum secundum virtutem: sed in eucharistiae sacramento confitemur ipsum secundum substantiam contineri.

n.4 ' Et quia complementum nostrae salutis factum est per passionem christi et mortem, per quam eius sanguis a carne separatus est, separatim nobis traditur sacramentum corporis eius sub specie panis, et sanguinis sub specie vini; ut sic in hoc sacramento passionis dominicae memoria et repraesentatio habeatur. * et secundum hoc impletur quod dominus dixit, ioan. 6-56: ° caro mea vere est cibus, et sanguis meus vere est potus.

005 SCG lb4 cp62

n. ' De errore infidelium circa sacramentum eucharistiae.

n.1 " Sicut autem, christo proferente haec verba, quidam discipulorum turbati sunt, dicentes, ° durus est hic sermo. quis potest eum audire? * ita et contra doctrinam ecclesiae insurrexerunt haeretici veritatem huius negantes. dicunt enim " in hoc sacramento non realiter esse corpus et sanguinem christi, sed significative tantum: * ut sic intelligatur quod " christus dixit, demonstrato pane, ° hoc est corpus meum, " ac si diceret, hoc est signum, vel figura corporis mei; * secundum quem modum et apostolus dixit, i cor. 10-4, ° petra autem erat christus, " idest, christi figura; * et ad hunc intellectum referunt quicquid in scripturis invenitur similiter dici.

n.2 * Huius autem opinionis occasionem assumunt ex verbis domini, qui " de sui corporis comestione et sanguinis potatione, ut scandalum discipulorum quod obortum fuerat sopiretur, * quasi seipsum exponens, dixit: ° verba quae ego locutus sum vobis, spiritus et vita sunt: * quasi ea quae dixerat, non ad litteram, sed secundum spiritualem sensum intelligenda essent.

n.3 * Inducuntur etiam ad dissentiendum ex multis difficultatibus quae ad hanc ecclesiae doctrinam sequi videntur, propter quas hic sermo christi et ecclesiae durus eis apparet.

n.4 * Et primo quidem, difficile videtur " quomodo verum corpus christi in altari esse incipiat. aliquid enim incipit esse ubi prius non fuit, dupliciter: vel per motum localem, vel per conversionem alterius in ipsum; ut patet in igne, qui alicubi esse incipit vel quia ibi de novo accenditur, vel quia illuc de novo apportatur. manifestum est autem verum corpus christi non semper in hoc altari fuisse: * confitetur enim ecclesia " christum in suo corpore ascendisse in caelum. videtur autem impossibile dici quod aliquid hic de novo convertatur in corpus christi. nihil enim videtur converti in praeexistens: cum id in quod aliquid convertitur, per huiusmodi conversionem esse incipiat. manifestum est autem corpus christi praeextitisse, utpote in utero virginali conceptum. non igitur videtur esse possibile quod in altari de novo esse incipiat per conversionem alterius in ipsum. similiter autem, nec per loci mutationem. quia omne quod localiter movetur, |25| sic incipit esse in uno loco quod desinit esse in alio, in quo prius fuit. oportebit igitur dicere quod, cum christus incipit esse in hoc altari, in quo hoc sacramentum peragitur, desinat esse in caelo, quo ascendendo pervenerat. amplius. nullus motus localis terminatur simul ad duo loca. manifestum est autem hoc sacramentum simul in diversis altaribus celebrari. non est ergo possibile, quod per motum localem corpus christi, ibi esse incipiat.

n.5 * Secunda difficultas ex loco accidit. " non enim semotim partes alicuius in diversis locis continentur, ipso integro permanente. manifestum est autem in hoc sacramento seorsum esse panem et vinum in locis separatis. si igitur caro christi sit sub specie panis, et sanguis sub specie vini, videtur sequi quod christus non remaneat integer, sed semper cum hoc sacramentum agitur, eius sanguis a corpore separetur. adhuc. impossibile videtur quod maius corpus in loco minoris includatur. manifestum est autem verum corpus christi esse maioris quantitatis quam panis qui in altari offertur. impossibile igitur videtur quod verum corpus christi totum et integrum sit ubi videtur esse panis. si autem ibi est non totum, sed aliqua pars eius, redibit primum inconveniens, quod semper dum hoc sacramentum agitur, corpus christi per partes discerpatur. amplius. impossibile est unum corpus in pluribus locis existere. manifestum est autem hoc sacramentum in pluribus locis |25| celebrari. impossibile igitur videtur quod corpus christi in hoc sacramento veraciter contineatur. * nisi forte quis dicat quod " secundum aliquam particulam est hic, et secundum aliam alibi. ad quod iterum sequitur quod per celebrationem huius sacramenti corpus christi dividatur in partes: cum tamen nec quantitas corporis christi sufficere videatur ad tot particulas ex eo dividendas, in quot locis hoc sacramentum peragitur.

n.6 * Tertia difficultas est ex his quae in hoc sacramento sensu percipimus. " sentimus enim manifeste, etiam post consecrationem, in hoc sacramento omnia accidentia panis et vini, scilicet colorem, saporem, odorem, figuram, quantitatem et pondus: circa quae decipi non possumus, quia sensus circa propria sensibilia non decipitur. huiusmodi autem accidentia in corpore christi esse non possunt sicut in subiecto; similiter etiam nec in aere adiacenti: quia, cum plurima eorum sint accidentia naturalia, requirunt subiectum determinatae naturae, non qualis est natura corporis humani vel aeris. nec possunt per se subsistere: cum accidentis esse sit inesse. accidentia etiam, cum sint formae, individuari non possunt nisi per subiectum. unde remoto subiecto, essent formae universales. relinquitur igitur huiusmodi accidentia esse in suis determinatis subiectis, scilicet in substantia panis et vini. est igitur |25| ibi substantia panis et vini, et non substantia corporis christi: cum impossibile videatur duo corpora esse simul.

n.7 * Quarta difficultas accidit " ex passionibus et actionibus quae apparent in pane et vino post consecrationem sicut et ante. nam vinum, si in magna quantitate sumeretur, calefaceret, et inebriaret: panis autem et confortaret et nutriret. videntur etiam, si diu et incaute serventur, putrescere; et a muribus comedi; comburi etiam possunt et in cinerem redigi et vaporem; quae omnia corpori christi convenire non possunt; cum fides ipsum impassibilem praedicet. impossibile igitur videtur quod corpus christi in hoc sacramento substantialiter contineatur.

n.8 * Quinta difficultas videtur specialiter accidere " ex fractione panis: quae quidem sensibiliter apparet, nec sine subiecto esse potest. absurdum etiam videtur dicere quod illius fractionis subiectum sit corpus christi. non igitur videtur ibi esse corpus christi, sed solum substantia panis et vini.

n.9 * Haec igitur et huiusmodi sunt propter quae doctrina christi et ecclesiae circa hoc sacramentum dura esse videtur.

005 SCG lb4 cp63

n. ' Solutio praemissarum difficultatum, et primo quoad conversionem panis in corpus christi.

n.1 ' Licet autem divina virtus sublimius et secretius in hoc sacramento operetur quam ab homine perquiri possit, ne tamen doctrina ecclesiae circa hoc sacramentum, infidelibus impossibilis videatur, conandum est ad hoc quod omnis impossibilitas excludatur.

n.2 ' Prima igitur occurrit consideratio, per quem modum verum christi corpus esse sub hoc sacramento incipiat.

n.3 * Impossibile autem est quod " hoc fiat per motum localem corporis christi. * tum quia sequeretur quod " in caelo esse desineret quandocumque hoc agitur sacramentum. * tum quia " non posset simul hoc sacramentum agi, nisi in uno loco: ' cum unus motus localis non nisi ad unum terminum finiatur. tum etiam quia motus localis instantaneus esse non potest, sed tempore indiget. consecratio autem perficitur in ultimo instanti prolationis verborum.

n.4 ' Relinquitur igitur dicendum quod verum corpus christi esse incipiat in hoc sacramento per hoc quod substantia panis convertitur in substantiam corporis christi, et substantia vini in substantiam sanguinis eius.

n.5 * Ex hoc autem apparet falsam esse opinionem, tam eorum qui dicunt "substantiam panis simul cum substantia corporis christi in hoc sacramento existere; * quam etiam eorum qui ponunt "substantiam panis in nihilum redigi, vel in primam materiam resolvi. * ad utrumque enim sequitur quod " corpus christi in hoc sacramento esse incipere non possit nisi per motum localem: * quod est impossibile, * ut ostensum est. " praeterea, si substantia panis simul est in hoc sacramento cum vero corpore christi, potius christo dicendum fuit, hic est corpus meum, quam, ° hoc est corpus meum: "cum per hic demonstretur substantia quae videtur, quae quidem est substantia panis, si in sacramento cum corpore christi remaneat. * similiter etiam impossibile videtur quod " substantia panis omnino in nihilum redeat. multum enim de natura corporea primo creata iam in nihilum rediisset ex frequentatione huius mysterii. ' nec est decens ut in sacramento salutis divina virtute aliquid in |25| nihilum redigatur. neque etiam " in materiam primam substantiam panis est possibile resolvi: ' cum materia prima sine forma esse non possit. nisi forte per materiam primam prima elementa corporea intelligantur. in quae quidem si substantia panis resolveretur, necesse esset hoc ipsum percipi sensu: cum elementa corporea sensibilia sint. esset etiam ibi localis transmutatio et corporalis alteratio contrariorum, quae instantanea esse non possunt.

n.6 ' Sciendum tamen est quod praedicta conversio panis in corpus christi alterius modi est ab omnibus conversionibus naturalibus. nam in qualibet conversione naturali manet subiectum, in quo succedunt sibi diversae formae, vel accidentales, sicut cum album in nigrum convertitur, vel substantiales, sicut cum aer in ignem: unde conversiones formales nominantur. sed in conversione praedicta subiectum transit in subiectum, et accidentia manent: unde haec conversio substantialis nominatur. et quidem qualiter haec accidentia maneant et quare, posterius perscrutandum est.

n.7 ' Nunc autem considerare oportet quomodo subiectum in subiectum convertatur. quod quidem natura facere non potest. omnis enim naturae operatio materiam praesupponit per quam substantia individuatur; unde natura facere non potest quod haec substantia fiat illa, sicut quod hic digitus fiat ille digitus. sed materia subiecta est virtuti divinae: cum per ipsam producatur in esse. unde divina virtute fieri potest quod haec individua substantia in illam praeexistentem convertatur. sicut enim virtute naturalis agentis, cuius operatio se extendit tantum ad immutationem formae, et existentia subiecti supposita, hoc totum in illud totum convertitur secundum variationem speciei et formae, utpote hic aer in hunc ignem generatum: ita virtute divina, quae materiam non praesupponit, sed eam producit, et haec materia convertitur in illam, et per consequens hoc individuum in illud: individuationis enim principium materia est, sicut forma est principium speciei.

n.8 ' Hinc autem manifestum est quod in conversione praedicta panis in corpus christi non est aliquod subiectum commune permanens post conversionem: cum transmutatio fiat secundum primum subiectum, quod est individuationis principium. necesse est tamen aliquid remanere, ut verum sit quod dicitur, ° hoc est corpus meum, ' quae quidem verba sunt huius conversionis significativa et factiva. et quia substantia panis non manet, nec aliqua prior materia, * ut ostensum est: ' necesse est dicere quod maneat id quod est praeter substantiam panis. huiusmodi autem est accidens panis. remanent igitur accidentia panis, etiam post conversionem praedictam.

n.9 ' Inter accidentia vero quidam ordo considerandus est. nam inter omnia accidentia propinquius inhaeret substantiae quantitas dimensiva. deinde qualitates in substantia recipiuntur quantitate mediante, sicut color mediante superficie: unde et per divisionem quantitatis, per accidens dividuntur. ulterius autem qualitates sunt actionum et passionum principia; et relationum quarundam, ut sunt pater et filius, dominus et servus, et alia huiusmodi. quaedam vero relationes immediate ad quantitates consequuntur: ut maius et minus, duplum et dimidium, et similia. sic igitur accidentia panis, post conversionem praedictam, remanere ponendum est ut sola quantitas dimensiva sine subiecto subsistat, et in ipsa qualitates fundentur sicut in subiecto, et per consequens actiones, passiones et relationes. accidit igitur in hac conversione contrarium ei quod in naturalibus mutationibus accidere solet, in quibus substantia manet ut mutationis subiectum, accidentia vero variantur: hic autem e converso accidens |25| manet, et substantia transit.

n.10 ' Huiusmodi autem conversio non potest proprie dici motus, * sicut a naturali consideratur, ' ut subiectum requirat, sed est quaedam substantialis successio, sicut in creatione est successio esse et non esse, * ut in secundo dictum est.

n.11 ' Haec igitur est una ratio quare accidens panis remanere oportet: ut inveniatur aliquod manens in conversione praedicta.

n.12 ' Est autem et propter aliud necessarium. si enim substantia panis in corpus christi converteretur et panis accidentia transirent, ex tali conversione non sequeretur quod corpus christi, secundum suam substantiam, esset ubi prius fuit panis: nulla enim relinqueretur habitudo corporis christi ad locum praedictum. sed cum quantitas dimensiva panis remanet post conversionem, per quam panis hunc locum sortiebatur, substantia panis in corpus christi mutata fit corpus christi sub quantitate dimensiva panis; et per consequens locum panis quodammodo sortitur, mediantibus tamen dimensionibus panis. possunt et aliae rationes assignari. et quantum ad fidei rationem quae de invisibilibus est. et eius meritum quod circa hoc sacramentum tanto maius est quanto invisibilius agitur, corpore christi sub panis accidentibus occultato. et propter commodiorem et honestiorem |25| usum huius sacramenti. esset enim horrori sumentibus, et abominationi videntibus, si corpus christi in sua specie a fidelibus sumeretur. unde sub specie panis et vini, quibus communius homines utuntur ad esum et potum, corpus christi proponitur manducandum, et sanguis potandus.

005 SCG lb4 cp64

n. ' Solutio eorum quae obiiciebantur ex parte loci.

n.1 ' His igitur consideratis circa modum conversionis, ad alia solvenda nobis aliquatenus via patet. * dictum est enim quod ' locus in quo hoc agitur sacramentum, attribuitur corpori christi ratione dimensionum panis, remanentium post conversionem substantiae panis in corpus christi. secundum hoc igitur ea quae christi sunt necesse est esse in loco praedicto, secundum quod exigit ratio conversionis praedictae.

n.2 ' Considerandum est igitur in hoc sacramento aliquid esse ex vi conversionis, aliquid autem ex naturali concomitantia. ex vi quidem conversionis est in hoc sacramento illud ad quod directe conversio terminatur: sicut sub speciebus panis corpus christi, in quod substantia panis convertitur, ut per verba consecrationis patet, * cum dicitur, ° hoc est corpus meum; ' et similiter sub specie vini est sanguis christi, * cum dicitur, ° hic est calix sanguinis mei ' etc.. sed ex naturali concomitantia sunt ibi omnia alia ad quae conversio non terminatur, sed tamen ei in quod terminatur sunt realiter coniuncta. manifestum est enim quod conversio panis non terminatur in divinitatem christi, neque in eius animam; sed tamen sub specie panis est anima christi et eius divinitas propter unionem utriusque ad corpus christi.

n.3 ' Si vero in triduo mortis christi hoc sacramentum celebratum fuisset, non fuisset sub specie panis anima christi, quia realiter non erat corpori eius unita: et similiter nec sub specie panis fuisset sanguis, nec sub specie vini corpus, propter separationem utriusque in morte. nunc autem, quia corpus christi in sua natura non est sine sanguine, sub utraque specie continetur corpus et sanguis: sed sub specie panis continetur corpus ex vi conversionis, sanguis autem ex naturali concomitantia: sub specie autem vini e converso.

n.4 * Per eadem etiam patet solutio ad id quod obiiciebatur " de inaequalitate corporis christi ad locum panis. ' substantia enim panis directe convertitur in substantiam corporis christi: dimensiones autem corporis christi sunt in sacramento ex naturali concomitantia, non autem ex vi conversionis, cum dimensiones panis remaneant. sic igitur corpus christi non comparatur ad hunc locum mediantibus dimensionibus propriis, ut eis oporteat adaequari locum: sed mediantibus dimensionibus panis remanentibus, quibus locus adaequatur.

n.5 * Inde etiam patet solutio ad id quod obiiciebatur de pluralitate locorum. ' corpus enim christi per suas proprias dimensiones in uno tantum loco existit: sed mediantibus dimensionibus panis in ipsum transeuntis in tot locis in quot huiusmodi conversio fuerit celebrata: non quidem divisum per partes, sed integrum in unoquoque; nam quilibet panis consecratus in integrum corpus christi convertitur.

005 SCG lb4 cp65

n. ' Solutio eorum quae obiiciebantur ex parte accidentium.

n.1 ' Sic igitur difficultate soluta quae ex loco accidit, inspiciendum est de ea quae ex accidentibus remanentibus esse videtur. non enim negari potest accidentia panis et vini remanere: cum sensus hoc infallibiliter demonstret.

n.2 ' Neque his corpus christi aut sanguis afficitur: quia hoc sine eius alteratione esse non posset, nec talium accidentium capax est. similiter autem et substantia aeris. unde relinquitur quod sint sine subiecto. tamen per modum praedictum: ut scilicet sola quantitas dimensiva sine subiecto subsistat, et ipsa aliis accidentibus praebeat subiectum.

n.3 ' Nec est impossibile quod accidens virtute divina subsistere possit sine subiecto. idem enim est iudicandum de productione rerum, et conservatione earum in esse. divina autem virtus potest producere effectus quarumcumque causarum secundarum sine ipsis causis secundis: sicut potuit formare hominem sine semine, et sanare febrem sine operatione naturae. quod accidit propter infinitatem virtutis eius, et quia omnibus causis secundis largitur virtutem agendi. unde et effectus causarum secundarum conservare potest in esse sine causis secundis. et hoc modo in hoc sacramento accidens conservat in esse, sublata substantia quae ipsum conservabat.

n.4 ' Quod quidem praecipue dici potest de quantitatibus dimensivis: " quas * etiam platonici posuerunt " per se subsistere, propter hoc quod secundum intellectum separantur. ' manifestum est autem quod plus potest deus in operando quam intellectus in apprehendendo.

n.5 ' Habet autem et hoc proprium quantitas dimensiva inter accidentia reliqua, quod ipsa secundum se individuatur. quod ideo est, quia positio, quae est ordo partium in toto, in eius ratione includitur: est enim quantitas " positionem habens. ' ubicumque autem intelligitur diversitas partium eiusdem speciei, necesse est intelligi individuationem: nam quae sunt unius speciei, non multiplicantur nisi secundum individuum; et inde est quod non possunt apprehendi multae albedines nisi secundum quod sunt in diversis subiectis; possunt autem apprehendi multae lineae, etiam si secundum se considerentur: diversus enim situs, qui per se lineae inest, ad pluralitatem linearum sufficiens est.

n.6 ' Et quia sola quantitas dimensiva de sui ratione habet unde multiplicatio individuorum in eadem specie possit accidere, prima radix huiusmodi multiplicationis ex dimensione esse videtur: quia et in genere substantiae multiplicatio fit secundum divisionem materiae; quae nec intelligi posset nisi secundum quod materia sub dimensionibus consideratur; " nam, remota quantitate, substantia omnis indivisibilis est, * ut patet per philosophum in i physicorum.

n.7 ' Manifestum est autem quod in aliis generibus accidentium, multiplicantur individua eiusdem speciei ex parte subiecti. et sic relinquitur quod, cum in huiusmodi sacramento ponamus dimensiones per se subsistere; et alia accidentia in eis sicut in subiecto fundari: non oportet nos dicere quod accidentia huiusmodi individuata non sint; remanet enim in ipsis dimensionibus individuationis radix.

005 SCG lb4 cp66

n. ' Solutio eorum quae obiiciebantur ex parte actionis et passionis.

n.1 ' His autem consideratis, quae ad quartam difficultatem pertinent consideranda sunt. circa quae aliquid quidem est quod de facili expediri potest: aliquid quidem est quod maiorem difficultatem praetendit.

n.2 ' Quod enim in hoc sacramento eaedem actiones appareant quae prius in substantia panis et vini apparebant, puta quod similiter immutent sensum, similiter etiam alterent aerem circumstantem, vel quodlibet aliud, odore aut colore: * satis conveniens videtur ex his quae posita sunt. dictum est enim quod ' in hoc sacramento remanent accidentia panis et vini: inter quae sunt qualitates sensibiles, quae sunt huiusmodi actionum principia.

n.3 ' Rursus, circa passiones aliquas, puta quae fiunt secundum alterationes huiusmodi accidentium, non magna etiam difficultas accidit, si praemissa supponantur. * cum enim praemissum sit quod ' alia accidentia in dimensionibus fundantur sicut in subiecto, per eundem modum circa huiusmodi subiectum alteratio aliorum accidentium considerari potest, sicut si esset ibi substantia; ut puta si vinum esset calefactum et infrigidaretur, aut mutaret saporem, aut aliquod huiusmodi.

n.4 ' Sed maxima difficultas apparet circa generationem et corruptionem quae in hoc sacramento videtur accidere. nam si quis in magna quantitate hoc sacramentali cibo uteretur, sustentari posset, et vino etiam inebriari, * secundum illud apostoli i cor. 11-21, ° alius esurit, alius ebrius est: ' quae quidem accidere non possent nisi ex hoc sacramento caro et sanguis generaretur; nam nutrimentum convertitur in substantiam nutriti;- = quamvis quidam dicant " hominem sacramentali cibo non posse nutriri, sed solum confortari et refocillari, sicut cum ad odorem vini confortatur. ' sed haec quidem confortatio ad horam accidere potest: non autem sufficit ad sustentandum hominem, si diu sine cibo permaneat. experimento autem de facili inveniretur hominem diu sacramentali cibo sustentari posse.

n.5 * Mirandum etiam videtur cur " negent hominem hoc sacramentali cibo posse nutriri, refugientes hoc sacramentum in carnem et sanguinem posse converti: cum ad sensum appareat quod per putrefactionem vel combustionem in aliam substantiam, scilicet cineris et pulveris, convertatur.

n.6 * Quod quidem difficile tamen videtur: eo quod " nec videatur possibile quod ex accidentibus fiat substantia: nec credi fas sit quod substantia corporis christi, quae est impassibilis, in aliam substantiam convertatur.

n.7 * Si quis autem dicere velit quod, " sicut miraculose panis in corpus christi convertitur, ita miraculose

accidentia in substantiam convertuntur: primum quidem, hoc non videtur miraculo esse conveniens, quod hoc sacramentum putrescat, vel per combustionem dissolvatur; deinde, quia putrefactio et combustio consueto naturae ordine huic sacramento accidere inveniuntur: quod non solet esse in his quae miraculose fiunt.
n.8 * Ad hanc dubitationem tollendam quaedam famosa positio est adinventa, quae a multis tenetur. dicunt enim quod, " cum contingit hoc sacramentum in carnem converti aut sanguinem per nutrimentum, vel in cinerem per combustionem aut putrefactionem, non convertuntur accidentia in substantiam; neque substantia corporis christi; sed redit, divino miraculo, substantia panis quae prius fuerat, et ex ea generantur illa in quae hoc sacramentum converti invenitur.
n.9 * Sed hoc quidem omnino stare non potest. * ostensum est enim supra quod ' substantia panis in substantiam corporis christi convertitur. quod autem in aliquid conversum est, redire non potest nisi e converso illud reconvertatur in ipsum. " si igitur substantia panis redit, * sequitur quod " substantia corporis christi reconvertitur in panem. * quod est absurdum.
n.10 " Adhuc, si substantia panis redit, * necesse est quod " vel redeat speciebus panis manentibus; vel speciebus panis iam destructis. ' speciebus quidem panis durantibus, substantia panis redire non potest: quia quandiu species manent, manet sub eis substantia corporis christi; * sequeretur ergo quod " simul esset ibi substantia panis et substantia corporis christi. ' similiter etiam neque, corruptis speciebus panis, substantia panis redire potest: tum quia substantia panis non est sine propriis speciebus; tum quia, destructis speciebus panis, iam generata est alia substantia, ad cuius generationem ponebatur quod substantia panis rediret.
n.11 ' Melius igitur dicendum videtur quod in ipsa consecratione, sicut substantia panis in corpus christi miraculose convertitur, ita miraculose accidentibus confertur quod subsistant, quod est proprium substantiae: et per consequens quod omnia possint facere et pati quae substantia posset facere et pati, si substantia adesset. unde sine novo miraculo, et inebriare et nutrire, et incinerari et putrefieri possunt, eodem modo et ordine ac si substantia panis et vini adesset.

005 SCG lb4 cp67

n. ' Solutio eorum quae obiiciebantur ex parte fractionis.
n.1 ' Restat autem ea quae ad quintam difficultatem pertinent speculari. manifestum est autem secundum praedicta, quod fractionis subiectum ponere possumus dimensiones per se subsistentes. nec tamen, huiusmodi dimensionibus fractis, frangitur substantia corporis christi: eo quod totum corpus christi sub qualibet portione remaneat.
n.2 ' Quod quidem, etsi difficile videatur tamen secundum ea quae praemissa sunt, expositionem habet. * dictum est enim supra quod ' corpus christi est in hoc sacramento per substantiam suam ex vi sacramenti; dimensiones autem corporis christi sunt ibi ex naturali concomitantia quam ad substantiam habent; e contrario ei secundum quod corpus naturaliter est in loco; nam corpus naturale est in loco mediantibus dimensionibus quibus loco commensuratur.
n.3 ' Alio autem modo se habet aliquid substantiale ad id in quo est; et alio modo aliquid quantum. nam quantum totum ita est in aliquo toto quod totum non est in parte, sed pars in parte, sicut totum in toto. unde et corpus naturale sic est in toto loco totum quod non est totum in qualibet parte loci, sed partes corporis partibus loci aptantur: eo quod est in loco mediantibus dimensionibus. si autem aliquid substantiale sit in aliquo toto totum, etiam totum est in qualibet parte eius: sicut tota natura et species aquae in qualibet parte aquae est, et tota anima est in qualibet corporis parte.
n.4 ' Quia igitur corpus christi est in sacramento ratione suae substantiae, in quam conversa est substantia panis dimensionibus eius manentibus; sicut tota species panis erat sub qualibet parte dimensionum, ita integrum corpus christi est sub qualibet parte earundem. non igitur fractio illa, seu divisio, attingit ad corpus christi, ut sit in illo sicut in subiecto: sed subiectum eius sunt dimensiones panis vel vini remanentes, sicut et aliorum accidentium ibidem remanentium diximus eas esse subiectum.

005 SCG lb4 cp68

n. ' Solutio auctoritatis inductae.
n.1 ' His igitur difficultatibus remotis, manifestum est quod id quod ecclesiastica traditio habet circa sacramentum altaris, nihil continet impossibile deo, qui omnia potest.
n.2 ' Nec etiam contra ecclesiae traditionem est * verbum domini dicentis " ad discipulos, qui de hac doctrina scandalizati videbantur: ° verba quae ego locutus sum vobis, spiritus et vita sunt. * non enim per hoc dedit intelligere quod " vera caro sua in hoc sacramento manducanda fidelibus non traderetur: sed quia non traditur manducanda carnaliter, ut scilicet, sicut alii cibi carnales, in propria specie dilacerata sumeretur; sed quia quodam spirituali modo sumitur, praeter consuetudinem aliorum ciborum carnalium.

005 SCG lb4 cp69

n. ' Ex quali pane et vino debet confici hoc sacramentum.
n.1 * Quia vero, ut supra dictum est, ' ex pane et vino hoc sacramentum conficitur, necesse est eas conditiones servari in pane et vino, ut ex eis hoc sacramentum confici possit, quae sunt de ratione panis et vini. vinum autem non dicitur nisi liquor qui ex uvis exprimitur: nec panis proprie dicitur nisi qui ex granis tritici conficitur. alii vero qui dicuntur panes, pro defectu panis triticei, ad eius supplementum, in usum venerunt: et similiter alii liquores in usum vini. unde nec ex alio pane nec ex alio vino hoc sacramentum confici posset: neque etiam si pani et vino tanta alienae materiae admixtio fieret quod species solveretur.
n.2 ' Si qua vero huiusmodi pani et vino accidunt quae non sunt de ratione panis et vini, manifestum est quod, his praetermissis, potest verum confici sacramentum. unde, cum esse fermentatum vel azymum non sit de ratione panis, sed utrolibet existente species panis salvetur, ex utrolibet pane potest confici sacramentum. et propter hoc diversae ecclesiae diversum in hoc usum habent: et utrumque congruere potest significationi sacramenti. * nam, ut gregorius dicit in registro: ° romana ecclesia offert azymos panes, propterea quod dominus sine ulla commixtione carnem suscepit. sed caeterae ecclesiae offerunt fermentatum: pro eo quod verbum patris indutum est carne, et est verus deus et verus homo, sicut et fermentum commiscetur farinae.
n.3 ' Congruit tamen magis puritati corporis mystici, idest ecclesiae, quae in hoc sacramento configuratur, usus azymi panis: * secundum illud apostoli, i cor. 5-7 ° pascha nostrum immolatus est christus. itaque epulemur in azymis sinceritatis et veritatis.
n.4 * Per hoc autem excluditur error quorundam graecorum, qui dicunt " in azymo sacramentum hoc celebrari non posse. * quod etiam evidenter evangelii auctoritate destruitur. dicitur enim matth. 25-17; et marc. 14-12; et luc. 22-7, quod " dominus prima die azymorum pascha cum discipulis suis comedit, et tunc hoc sacramentum instituit. cum autem non esset licitum secundum legem quod prima die azymorum fermentatum in domibus iudaeorum inveniretur, * ut patet exodi 12-15, " dominus autem, quandiu fuit in mundo, legem servavit: ' manifestum est quod panem azymum in corpus suum convertit, et discipulis sumendum dedit. stultum est igitur improbare in usu ecclesiae latinorum quod dominus in ipsa institutione huius sacramenti servavit.
n.5 * Sciendum tamen quod quidam dicunt " ipsum praevenisse diem azymorum, propter passionem imminentem: et tunc fermentato pane eum usum fuisse. * quod quidem ostendere nituntur ex duobus. primo ex hoc quod dicitur ioan. 13-1 quod " ante diem festum paschae dominus cum discipulis cenam celebravit, in qua corpus suum consecravit, * sicut apostolus tradit i cor. 11-23. unde videtur quod " christus cenam celebraverit ante diem azymorum: et sic in consecratione sui corporis usus fuerit pane fermentato. * hoc etiam confirmare volunt per hoc quod habetur ioan. 18-28, quod " sexta feria, qua christus est crucifixus, iudaei non intraverunt praetorium pilati, ut non contaminarentur, sed manducarent pascha. pascha autem dicuntur azyma. * ergo concludunt quod " cena fuit celebrata ante azyma.
n.6 ' Ad hoc autem respondetur quod, * sicut dominus mandat exodi 12, " festum azymorum septem diebus celebrabatur, inter quos dies prima erat sancta atque solemnis praecipue inter alias, quod erat quintadecima die mensis. ' sed quia apud iudaeos solemnitates a praecedenti vespere incipiebant, ideo quartadecima die ad vesperam incipiebant comedere azyma, et comedebant per septem subsequentes dies. * et ideo dicitur in eodem capitulo: ° primo mense, quartadecima die mensis ad vesperam, comedetis azyma, usque ad diem vigesimam primam eiusdem mensis ad vesperam. septem diebus fermentatum non invenietur in domibus vestris. ' et eadem quartadecima die ad vesperas immolabatur agnus paschalis. " prima ergo dies azymorum * a tribus evangelistis, matthaeo, marco, luca, " dicitur quartadecima dies mensis: quia ad vesperam comedebant azyma, et tunc ° immolabatur pascha, " idest agnus paschalis: * et hoc erat secundum ioannem, ° ante diem festum paschae, " idest ante diem quintam decimam diem mensis, qui erat solemnior |25| inter omnes, in quo iudaei volebant comedere pascha, idest panes azymos paschales, non autem agnum paschalem. * et sic nulla discordia inter evangelistas existente, ' planum est quod christus ex azymo pane corpus suum consecravit in cena. unde manifestum fit quod rationabiliter latinorum ecclesia pane azymo utitur in hoc sacramento.

005 SCG lb4 cp70

n. ' De sacramento poenitentiae. et primo, quod homines post gratiam sacramentalem acceptam peccare possunt.
n.1 ' Quamvis autem per praedicta sacramenta hominibus gratia conferatur, non tamen per acceptam gratiam impeccabiles fiunt.
n.2 ' Gratuita enim dona recipiuntur in anima sicut habituales dispositiones: non enim homo secundum ea semper agit. nihil autem prohibet eum qui habitum habet, agere secundum habitum vel contra eum: sicut grammaticus potest secundum grammaticam recte loqui, vel etiam contra grammaticam loqui incongrue. et ita est etiam de habitibus virtutum moralium: potest enim qui iustitiae habitum habet, et contra iustitiam agere. quod ideo est quia usus habituum in nobis ex voluntate est: voluntas autem ad utrumque oppositorum se habet. manifestum est igitur quod suscipiens gratuita dona peccare potest contra gratiam agendo.
n.3 ' Adhuc. impeccabilitas in homine esse non potest sine immutabilitate voluntatis. immutabilitas autem voluntatis non potest homini competere nisi secundum quod attingit ultimum finem. ex hoc enim voluntas immutabilis redditur quod totaliter impletur, ita quod non habet quo divertat ab eo in quo est firmata. impletio autem voluntatis non competit homini nisi ut finem ultimum attingenti: quandiu enim restat aliquid ad desiderandum, voluntas impleta non est. sic igitur homini impeccabilitas non competit antequam ad ultimum finem perveniat. quod quidem non datur homini in gratia quae in sacramentis confertur: quia sacramenta sunt in adiutorium hominis secundum quod est in via ad finem. non igitur ex gratia in sacramentis percepta aliquis impeccabilis redditur.
n.4 ' Amplius. omne peccatum ex quadam ignorantia contingit: * unde dicit philosophus quod ° omnis malus est ignorans; * et in proverbiis dicitur: ° errant qui operantur malum. ' tunc igitur solum homo securus potest esse a peccato secundum voluntatem, quando secundum intellectum securus est ab ignorantia et errore. manifestum est autem quod homo non redditur immunis ab omni ignorantia et errore per gratiam in sacramentis perceptam: hoc enim est hominis secundum intellectum illam veritatem inspicientis quae est certitudo omnium veritatum; quae quidem inspectio est ultimus hominis finis, * ut in tertio ostensum est. ' non igitur per gratiam sacramentorum homo impeccabilis redditur.
n.5 ' Item. ad alterationem hominis quae est secundum malitiam et virtutem, multum operatur alteratio quae est secundum animae passiones: nam ex eo quod ratione passiones animae refrenantur et ordinantur, homo virtuosus fit vel in virtute conservatur: ex eo vero quod ratio sequitur passiones, homo redditur vitiosus. quandiu igitur homo est alterabilis secundum animae passiones, est etiam alterabilis secundum vitium et virtutem. alteratio autem quae est secundum animae passiones, non tollitur per gratiam in sacramentis collatam, sed manet in homine quandiu anima passibili corpori unitur. manifestum est igitur quod per sacramentorum gratiam homo impeccabilis non redditur.
n.6 ' Praeterea. superfluum videtur eos admonere ne peccent qui peccare non possunt. sed per evangelicam et apostolicam doctrinam admonentur fideles iam per sacramenta spiritus sancti gratiam consecuti: * dicitur enim hebr. 12-15: ° contemplantes ne quis desit gratiae dei, ne qua radix amaritudinis, sursum germinans, impediat; * et ephes. 4-30: ° nolite contristare spiritum sanctum dei, in quo signati estis; * et i cor. 10-12: ° qui se existimat stare, videat ne cadat. * ipse etiam apostolus de se dicit: ° castigo corpus meum et in servitutem redigo: ne forte, cum aliis praedicaverim, ipse reprobus efficiar. ' non igitur per gratiam in sacramentis perceptam homines impeccabiles redduntur.
n.7 * Per hoc excluditur quorundam haereticorum error, qui dicunt quod " homo, postquam gratiam spiritus percepit, peccare non potest: et si peccat, nunquam gratiam spiritus sancti habuit.
n.8 * Assumunt autem in fulcimentum sui erroris quod dicitur i cor. 13-8: ° caritas nunquam excidit. * et i ioan. 3-6 dicitur: ° omnis qui in eo manet non peccat; et omnis qui peccat, non vidit nec cognovit eum. * et infra expressius: ° omnis qui est ex deo, peccatum non facit: quoniam semen ipsius in eo manet, et non potest peccare, quoniam ex deo natus est.
n.9 * Sed haec ad eorum propositum ostendendum efficacia non sunt. non enim dicitur quod ° caritas nunquam excidit, * propter hoc quod " ille qui habet caritatem, eam quandoque non amittat, * cum dicatur apoc. 2-4, ° habeo adversum te pauca, quod caritatem tuam primam reliquisti. * sed ideo dictum est quod ° caritas nunquam excidit, " quia, cum cetera dona spiritus sancti de sui ratione imperfectionem habentia, utpote spiritus prophetiae et huiusmodi, evacuentur cum venerit quod perfectum est, caritas in illo perfectionis statu remanebit.
n.10 * Ea vero quae ex epistola ioannis inducta sunt, ideo dicuntur quia ' dona spiritus sancti quibus homo adoptatur vel renascitur in filium dei, quantum est de se, tantam habent virtutem quod hominem sine peccato conservare possunt, nec homo peccare potest secundum ea vivens. potest tamen contra ea agere, et ab eis discedendo peccare. * sic enim dictum est, " qui natus est ex deo, non potest peccare, * sicut

si diceretur quod " calidum non potest infrigidare: 'id tamen quod est calidum, potest fieri frigidum, et sic infrigidabit. * vel sicut si diceretur, " iustus non iniusta agit: scilicet, inquantum est iustus.

005 SCG lb4 cp71

n. ' Quod homo peccans post sacramentorum gratiam potest converti per gratiam.

n.1 ' Ex praemissis autem apparet ulterius quod homo post sacramentalem gratiam susceptam in peccatum cadens, iterum reparari potest ad gratiam.

n.2 * Ut enim ostensum est, ' quandiu hic vivitur, voluntas mutabilis est secundum vitium et virtutem. sicut igitur post acceptam gratiam potest peccare, ita et a peccato, ut videtur, potest ad virtutem redire.

n.3 ' Item. manifestum est bonum esse potentius malo: nam " malum non agit nisi in virtute boni, * ut supra in tertio est ostensum. ' si igitur voluntas hominis a statu gratiae per peccatum avertitur, multo magis per gratiam potest a peccato revocari.

n.4 ' Adhuc. immobilitas voluntatis non competit alicui quandiu est in via. sed quandiu hic homo vivit, est in via tendendi in ultimum finem. non igitur habet immobilem voluntatem in malo, ut non possit per divinam gratiam reverti ad bonum.

n.5 ' Amplius. manifestum est quod a peccatis quae quis ante gratiam perceptam in sacramentis commisit, per sacramentorum gratiam liberatur: * dicit enim apostolus, i ad cor. 6-9 ° neque fornicarii, neque idolis servientes, neque adulteri, etc., regnum dei possidebunt. et hoc quidem fuistis aliquando, sed abluti estis, sed sanctificati estis, sed iustificati estis in nomine domini nostri iesu christi, et in spiritu dei nostri. ' manifestum est etiam quod gratia in sacramentis collata naturae bonum non minuit, sed auget. pertinet autem hoc ad bonum naturae, quod a peccato reducibilis sit in statum iustitiae: nam potentia ad bonum quoddam bonum est. igitur, si contingat peccare post gratiam perceptam, adhuc homo reducibilis erit ad statum iustitiae.

n.6 ' Adhuc. si peccantes post baptismum ad gratiam redire non possunt, tollitur eis spes salutis. desperatio autem est via ad libere peccandum: * dicitur enim ad ephes. 4-19 de quibusdam quod ° desperantes tradiderunt semetipsos impudicitiae, in operationem omnis immunditiae et avaritiae. * periculosissima est igitur haec positio, quae in tantam sentinam vitiorum homines inducit.

n.7 * Praeterea. ostensum est supra quod ' gratia in sacramentis percepta non constituit hominem impeccabilem. si igitur post gratiam in sacramentis perceptam peccans ad statum iustitiae redire non posset, periculosum esset sacramenta percipere. quod patet esse inconveniens. non igitur peccantibus post sacramenta percepta reditus ad iustitiam denegatur.

n.8 * Hoc etiam auctoritate sacrae scripturae confirmatur. dicitur enim i ioan. 2-1: ° filioli mei, haec scribo vobis ut non peccetis. sed et si quis peccaverit, advocatum habemus apud patrem, iesum christum iustum, et ipse est propitiatio pro peccatis nostris: * quae quidem verba manifestum est quod " fidelibus iam renatis proponebantur. * paulus etiam de corinthio fornicario scribit ii cor. 2-6 ° sufficit illi qui eiusmodi est obiurgatio haec quae fit a pluribus, ita ut e contrario magis doleatis et consolemini. * et infra, 7-9, dicit: ° gaudeo, non quia contristati estis, sed quia contristati estis ad poenitentiam. * dicitur etiam ier. 3-1: ° tu autem fornicata es cum amatoribus multis: tamen revertere ad me, dicit dominus. * et thren. ult.: ° converte nos, domine, ad te, et convertemur, innova dies nostros sicut a principio. * ex quibus omnibus apparet quod, ' si fideles post gratiam lapsi fuerint, iterum patet eis reditus ad salutem.

n.9 * Per hoc autem excluditur error novatianorum, qui " peccantibus post baptismum indulgentiam denegabant.

n.10 * Ponebant autem sui erroris occasionem ex eo quod dicitur hebr. 6-4 ° impossibile est eos qui semel sunt illuminati, et gustaverunt donum caeleste, et participes sunt facti spiritus sancti, gustaverunt nihilominus bonum verbum dei, virtutesque saeculi venturi, et prolapsi sunt renovari rursum ad poenitentiam.

n.11 * Sed ex quo sensu hoc apostolus dixerit, apparet ex hoc quod subditur: ° rursus crucifigentes sibimetipsis filium dei, et ostentui habentes. " ea igitur ratione qui prolapsi sunt post gratiam perceptam renovari rursus ad poenitentiam non possunt, quia filius dei rursus crucifigendus non est. denegatur igitur illa renovatio in poenitentiam per quam homo simul crucifigitur christo. quod quidem est per baptismum: * dicitur enim rom. 6-3: ° quicumque baptizati sumus in christo iesu, in morte ipsius baptizati sumus. ' sicut igitur christus non est iterum crucifigendus, ita qui peccat post baptismum, non est rursus baptizandus. potest tamen rursus converti ad gratiam per poenitentiam. * unde et apostolus non dixit quod " impossibile sit eos qui semel lapsi sunt, rursus revocari vel converti ad poenitentiam, sed quod impossibile sit renovari, quod baptismo attribuere solet, * ut patet tit. 3-5: ° secundum misericordiam suam salvos nos fecit, per lavacrum regenerationis et renovationis spiritus sancti.

005 SCG lb4 cp72

n. ' De necessitate poenitentiae et partium eius.

n.1 ' Ex hoc igitur apparet quod, si aliquis post baptismum peccet, remedium sui peccati per baptismum habere non potest. et quia abundantia divinae misericordiae, et efficacia gratiae christi, hoc non patitur ut absque remedio dimittatur, institutum est aliud sacramentale remedium, quo peccata purgentur. et hoc est poenitentiae sacramentum, quod est quaedam velut spiritualis sanatio. sicut enim qui vitam naturalem per generationem adepti sunt, si aliquem morbum incurrant qui sit contrarius perfectioni vitae, a morbo curari possunt, non quidem sic ut iterato nascantur, sed quadam alteratione sanantur; ita baptismus, qui est spiritualis regeneratio, non reiteratur contra peccata post baptismum commissa, sed poenitentia, quasi quadam spirituali alteratione, sanantur.

n.2 ' Considerandum est autem quod corporalis sanatio quandoque quidem ab intrinseco totaliter est: sicut quando aliquis sola virtute naturae curatur. quandoque autem ab intrinseco et extrinseco simul: ut puta quando naturae operatio iuvatur exteriori beneficio medicinae. quod autem totaliter ab extrinseco curetur, non contingit: habet enim adhuc in seipso principia vitae, ex quibus sanitas quodammodo in ipso causatur. in spirituali vero curatione accidere non potest quod totaliter ab intrinseco fiat: * ostensum est enim in tertio quod ' a culpa homo liberari non potest nisi auxilio gratiae. similiter etiam neque potest esse quod spiritualis curatio sit totaliter ab exteriori: non enim restitueretur sanitas mentis nisi ordinati motus voluntatis in homine causarentur. oportet igitur in poenitentiae sacramento spiritualem salutem et ab interiori et ab exteriori procedere.

n.3 ' Hoc autem sic contingit. ad hoc enim quod aliquis a morbo corporali curetur perfecte, necesse est quod ab omnibus incommodis liberetur quae per morbum incurrit. sic igitur et spiritualis curatio poenitentiae perfecta non esset nisi homo ab omnibus detrimentis sublevaretur in quae inductus est per peccatum. primum autem detrimentum quod homo ex peccato sustinet, est deordinatio mentis: secundum quod mens avertitur ab incommutabili bono, scilicet a deo, et convertitur ad peccatum. secundum autem est quod reatum poenae incurrit: * ut enim in tertio ostensum est, ' a iustissimo rectore deo pro qualibet culpa poena debetur. tertium est quaedam debilitatio naturalis boni: secundum quod homo peccando redditur pronior ad peccandum, et tardior ad bene agendum.

n.4 ' Primum igitur quod in poenitentia requiritur, est ordinatio mentis: ut scilicet mens convertatur ad deum, et avertatur a peccato, dolens de commisso, et proponens non committendum: quod est de ratione contritionis.

n.5 ' Haec vero mentis reordinatio sine gratia esse non potest: nam mens nostra debite ad deum converti non potest sine caritate, caritas autem sine gratia haberi non potest, * ut patet ex his quae in tertio dicta sunt. ' sic igitur per contritionem et offensa dei tollitur et a reatu poenae aeternae liberatur, qui cum gratia et caritate esse non potest: non enim aeterna poena est nisi per separationem a deo, cui gratia et caritate homo coniungitur. haec igitur mentis reordinatio, quae in contritione consistit, ex interiori procedit, idest a libero arbitrio, cum adiutorio divinae gratiae.

n.6 * Quia vero supra ostensum est quod ' meritum christi pro humano genere patientis ad expiationem omnium peccatorum operatur, necesse est ad hoc quod homo de peccato sanetur, quod non solum mente deo adhaereat, sed etiam mediatori dei et hominum iesu christo, in quo datur remissio omnium peccatorum: nam in conversione mentis ad deum salus spiritualis consistit, quam quidem salutem consequi non possumus nisi per medicum animarum nostrarum iesum christum, qui salvat " populum suum a peccatis eorum. ' cuius quidem meritum sufficiens est ad omnia peccata totaliter tollenda, ipse est enim " qui tollit peccata mundi, * ut dicitur ioan. 1-29: ' sed tamen non omnes effectum remissionis perfecte consequuntur, sed unusquisque in tantum consequitur in quantum christo pro peccatis patienti coniungitur.

n.7 ' Quia igitur coniunctio nostri ad christum in baptismo non est secundum operationem nostram, quasi ab interiori, quia nulla res seipsam generat ut sit; sed a christo, qui " nos regenerat in spem vivam: ' remissio peccatorum in baptismo fit secundum potestatem ipsius christi nos sibi coniungentis perfecte et integre, ut non solum impuritas peccati tollatur, sed etiam solvatur penitus omnis poenae reatus; nisi forte per accidens in his qui non consequuntur effectum sacramenti propter hoc quod ficte accedunt.

n.8 ' In hac vero spirituali sanatione christo coniungimur secundum operationem nostram divina gratia informatam. unde non semper totaliter, nec omnes aequaliter remissionis effectum per hanc coniunctionem consequimur. potest enim esse conversio mentis in deum et ad meritum christi, et in detestationem peccati, tam vehemens quod perfecte remissionem peccati homo consequitur non solum quantum ad expurgationem culpae, sed etiam quantum ad remissionem totius poenae. hoc autem non semper contingit. unde quandoque, per contritionem amota culpa, et reatu poenae aeternae soluto, * ut dictum est, ' remanet obligatio ad aliquam poenam temporalem, ut iustitia dei salvetur, secundum quam culpa ordinatur per poenam.

n.9 ' Cum autem subire poenam pro culpa iudicium quoddam requirat, oportet quod poenitens, qui se christo sanandum commisit, christi iudicium in taxatione poenae expectet: quod quidem per suos ministros exhibet christus, sicut et cetera sacramenta. nullus autem potest iudicare de culpis quas ignorat. necessarium igitur fuit confessionem institui, quasi secundam partem huius sacramenti, ut culpa poenitentis innotescat christi ministro.

n.10 ' Oportet igitur ministrum cui fit confessio, iudiciariam potestatem habere vice christi, " qui constitutus est iudex vivorum et mortuorum. ' ad iudiciariam autem potestatem duo requiruntur: scilicet auctoritas cognoscendi de culpa, et potestas absolvendi vel condemnandi. et haec duo dicuntur duae claves ecclesiae, scilicet scientia discernendi, et potentia ligandi et solvendi, quas dominus petro commisit, * iuxta illud matth. 16-19: ° tibi dabo claves regni caelorum. ' non autem sic intelligitur petro commisisse ut ipse solus haberet, sed ut per eum derivarentur ad alios: alias non esset sufficienter fidelium saluti provisum.

n.11 ' Huiusmodi autem claves a passione christi efficaciam habent, per quam scilicet christus nobis aperuit ianuam regni caelestis. et ideo, sicut sine baptismo, in quo operatur passio christi, non potest hominibus esse salus, vel realiter suscepto, vel secundum propositum desiderato, " quando necessitas, non contemptus, sacramentum excludit; ' ita peccantibus post baptismum salus esse non potest nisi clavibus ecclesiae se subiiciant, vel actu confitendo et iudicium ministrorum ecclesiae subeundo, vel saltem huius rei propositum habendo, ut impleatur tempore opportuno, * qua, ut dicit petrus, act. 4-12 ° non est aliud nomen datum hominibus, in quo oporteat nos salvos fieri, nisi in nomine domini nostri iesu christi.

n.12 * Per hoc autem excluditur quorundam error qui dixerunt " hominem posse peccatorum veniam consequi sine confessione et proposito confitendi: vel quod per praelatos ecclesiae dispensari potest quod ad confessionem aliquis non teneatur. ' non enim hoc possunt praelati ecclesiae, ut claves frustrentur ecclesiae, in quibus tota eorum potestas consistit: neque ut sine sacramento a passione christi virtutem habente, aliquis remissionem peccatorum consequatur; hoc enim est solius christi, qui est sacramentorum institutor et auctor. sicut igitur dispensari non potest per praelatos ecclesiae ut aliquis sine baptismo salvetur, ita nec quod aliquis remissionem sine confessione et absolutione consequatur.

n.13 ' Considerandum tamen est quod sicut baptismus efficaciam aliquam habet ad remissionem peccati etiam antequam actu suscipiatur, dum est in proposito ipsum suscipiendi - licet postmodum pleniorem effectum conferat et in adeptione gratiae et in remissione culpae, cum actu suscipitur; et quandoque in ipsa susceptione baptismi confertur gratia, et remittitur culpa, ei cui prius remissa non fuit,- sic et claves ecclesiae efficaciam habent in aliquo antequam eis se actu subiiciat, si tamen habeat propositum ut se eis subiiciat; pleniorem tamen gratiam et remissionem consequitur dum se eis actu subiicit confitendo, et absolutionem percipiendo; et nihil prohibet quin aliquando virtute clavium alicui confesso in ipsa absolutione gratia conferatur, per quam ei culpa dimittitur.

n.14 ' Quia igitur etiam in ipsa confessione et absolutione plenior effectus gratiae et remissionis confertur ei qui prius, propter bonum propositum, utrumque obtinuit; manifestum est quod virtute clavium minister ecclesiae, absolvendo, aliquid de poena temporali dimittit, cuius debitor remansit poenitens post contritionem. ad residuum vero sua iniunctione obligat poenitentem: cuius quidem obligationis impletio satisfactio dicitur, quae est tertia poenitentiae pars; per quam homo totaliter a reatu poenae liberatur, dum poenam exsolvit quam debuit; et ulterius debilitas naturalis boni curatur, dum homo a malis abstinet et bonis assuescit; deo spiritum subiiciendo per orationem, carnem vero domando per ieiunium, ut sit subiecta spiritui; et rebus exterioribus, per eleemosynarum largitionem, proximos sibi adiungendo, a quibus fuit separatus per culpam.

n.15 ' Sic igitur patet quod minister ecclesiae in usu clavium iudicium quoddam exercet. nulli autem iudicium committitur nisi in sibi subiectos. unde manifestum est quod non " quilibet sacerdos quemlibet potest absolvere a peccato, * ut quidam mentiuntur: ' sed eum tantum in quem accepit potestatem.

005 SCG lb4 cp73

n. ' De sacramento extremae unctionis.

n.1 ' Quia vero corpus est animae instrumentum; instrumentum autem est ad usum principalis agentis: necesse est quod talis sit dispositio instrumenti ut competat principali agenti; unde et corpus disponitur secundum quod congruit animae. ex infirmitate igitur animae, quae est peccatum, interdum infirmitas derivatur ad corpus, hoc divino iudicio dispensante. quae quidem corporalis infirmitas interdum utilis est ad animae sanitatem: prout homo infirmitatem corporalem sustinet humiliter et patienter, et ei quasi in poenam satisfactoriam computatur. est etiam quandoque impeditiva spiritualis salutis, prout ex infirmitate corporali impediuntur virtutes. conveniens igitur fuit ut contra peccatum aliqua spiritualis medicina adhiberetur, secundum quod ex peccato derivatur infirmitas corporalis, per quam quidem spiritualem medicinam sanatur infirmitas corporalis aliquando, cum scilicet expedit ad salutem. et ad hoc ordinatum est sacramentum extremae unctionis, * de quo dicitur iacob. |25| 5-14 ° infirmatur quis in vobis: inducat presbyteros ecclesiae, et orent super eum, ungentes eum oleo in nomine domini; et oratio fidei sanabit infirmum.

n.2 ‘ Nec praeiudicat virtuti sacramenti si aliquando infirmi quibus hoc sacramentum confertur, non ex toto ab infirmitate corporali curantur: quia quandoque sanari corporaliter, etiam digne hoc sacramentum sumentibus, non est utile ad spiritualem salutem. nec tamen inutiliter sumunt, quamvis corporalis sanitas non sequatur. cum enim hoc sacramentum sic ordinetur contra infirmitatem corporis inquantum consequitur ex peccato, manifestum est quod contra alias sequelas peccati hoc sacramentum ordinatur, quae sunt pronitas ad malum et difficultas ad bonum: et tanto magis quanto huiusmodi infirmitates animae sunt propinquiores peccato quam infirmitas corporalis. et quidem huiusmodi infirmitates spirituales per poenitentiam sunt curandae, prout poenitens per opera virtutis, quibus satisfaciendo utitur, a malis retrahitur et ad bonum inclinatur. sed quia homo, vel per negligentiam, aut propter occupationes varias vitae, aut etiam propter temporis brevitatem, aut propter | 25 | alia huiusmodi, praedictos defectus in se perfecte non curat, salubriter ei providetur, ut per hoc sacramentum praedicta curatio compleatur, et a reatu poenae temporalis liberetur, ut sic nihil in eo remaneat quod in exitu animae a corpore eam possit a perceptione gloriae impedire. * et ideo iacobus addit: ° et alleviabit eum dominus. ‘ contingit etiam quod homo omnium peccatorum quae commisit, notitiam vel memoriam non habet, ut possint per poenitentiam singula expurgari. sunt etiam quotidiana peccata, sine quibus praesens vita non agitur. a quibus oportet hominem in suo exitu per hoc sacramentum emundari, ut nihil inveniatur in eo quod perceptioni gloriae repugnet. * et ideo addit iacobus quod, ° si in peccatis sit, dimittentur ei.

n.3 ‘ Unde manifestum est quod hoc sacramentum est ultimum, et quodammodo consummativum totius spiritualis curationis, quo homo quasi ad percipiendam gloriam praeparatur. unde et extrema unctio nuncupatur.

n.4 ‘ Ex quo manifestum est quod hoc sacramentum non quibuscumque infirmantibus est exhibendum, sed illis tantum qui ex infirmitate videntur propinquare ad finem. qui tamen, si convaluerint, iterato potest hoc sacramentum eis conferri, si ad similem statum devenerint. non enim huius sacramenti unctio est ad consecrandum, sicut unctio confirmationis, ablutio baptismi, et quaedam aliae unctiones, quae ideo nunquam iterantur quia consecratio semper manet, dum res consecrata durat, propter efficaciam divinae virtutis consecrantis. ordinatur autem huius sacramenti inunctio ad sanandum: medicina autem sanativa toties iterari debet quoties infirmitas iteratur.

n.5 ‘ Et licet aliqui sint in statu propinquo morti etiam absque infirmitate, ut patet in his qui damnantur ad mortem, qui tamen spiritualibus effectibus huius sacramenti indigerent: non tamen est exhibendum, nisi infirmanti, cum sub specie corporalis medicinae exhibeatur, quae non competit nisi corporaliter infirmato; oportet enim in sacramentis significationem servari. sicut igitur requiritur in baptismo ablutio corpori exhibita, ita in hoc sacramento requiritur medicatio infirmitati corporali apposita. unde etiam oleum est specialis materia huius sacramenti, quia habet efficaciam ad sanandum corporaliter mitigando dolores: sicut aqua, quae corporaliter abluit, est materia sacramenti in quo fit spiritualis ablutio.

n.6 ‘ Inde etiam manifestum est quod, sicut medicatio corporalis adhibenda est ad infirmitatis originem, ita haec unctio illis partibus corporis adhibetur ex quibus infirmitas peccati procedit: sicut sunt instrumenta sensuum et manus et pedes, quibus opera peccati exercentur, et, secundum quorundam consuetudinem, renes, in quibus vis libidinis viget.

n.7 ‘ Quia vero per hoc sacramentum peccata dimittuntur; peccatum autem non dimittitur, nisi per gratiam: manifestum est quod in hoc sacramento gratia confertur.

n.8 ‘ Ea vero, in quibus gratia illuminans mentem confertur exhibere solum pertinet ad sacerdotes, “ quorum ordo est illuminativus, * ut dionysius dicit. ‘ nec requiritur ad hoc sacramentum episcopus: cum per hoc sacramentum non conferatur excellentia status, sicut in illis quorum est minister episcopus.

n.9 ‘ Quia tamen hoc sacramentum perfectae curationis effectum habet, et in eo requiritur copia gratiae; competit huic sacramento quod multi sacerdotes intersint, et quod oratio totius ecclesiae ad effectum huius sacramenti coadiuvet. * unde iacobus dicit: ° inducat presbyteros ecclesiae, et oratio fidei sanabit infirmum. ‘ si tamen unus solus presbyter adsit, intelligitur hoc sacramentum perficere in virtute totius ecclesiae, cuius minister existit, et cuius personam gerit.

n.10 ‘ Impeditur autem huius sacramenti effectus per fictionem suscipientis, sicut contingit in aliis sacramentis.

005 SCG lb4 cp74

n. ‘ De sacramento ordinis.

n.1 ‘ Manifestum est autem ex praedictis, quod in omnibus sacramentis de quibus iam actum est, spiritualis confertur gratia sub sacramento visibilium rerum. omnis autem actio debet esse proportionata agenti. oportet igitur quod praedictorum dispensatio sacramentorum fiat per homines visibiles, spiritualem virtutem habentes. non enim angelis competit sacramentorum dispensatio, sed hominibus visibili carne indutis: * unde et apostolus dicit, ad hebr. 5-1: ° omnis pontifex, ex hominibus assumptus, pro hominibus constituitur in his quae sunt ad deum.

n.2 ‘ Huius etiam ratio aliunde sumi potest. sacramentorum enim institutio et virtus a christo initium habet: * de ipso enim dicit apostolus, ad ephes. 5, quod ° christus dilexit ecclesiam, et seipsum tradidit pro ea, ut illam sanctificaret, mundans eam lavacro aquae in verbo vitae. ‘ manifestum est etiam quod christus sacramentum sui corporis et sanguinis in cena dedit, et frequentandum instituit; quae sunt principalia sacramenta. quia igitur christus corporalem sui praesentiam erat ecclesiae subtracturus, necessarium fuit ut alios institueret sibi ministros, qui sacramenta fidelibus dispensarent: * secundum illud apostoli i ad cor. 4-1: ° sic nos existimet homo ut ministros christi, et dispensatores mysteriorum dei. ‘ unde discipulis consecrationem sui corporis et sanguinis commisit, * dicens: ° hoc facite in meam commemorationem; ‘ eisdem potestatem tribuit peccata remittendi, * secundum illud ioan. 20-23: ° quorum remiseritis peccata, remittuntur eis; ‘ eisdem etiam docendi et baptizandi iniunxit |25| officium, * dicens matth. ult.: ° euntes docete omnes gentes, baptizantes eos. ‘ minister autem comparatur ad dominum sicut instrumentum ad principale agens: sicut enim instrumentum movetur ab agente ad aliquid efficiendum, sic minister movetur imperio domini ad aliquid exequendum. oportet autem instrumentum esse proportionatum agenti. unde et ministros christi oportet esse ei conformes. christus autem, ut dominus, auctoritate et virtute propria nostram salutem operatus est, inquantum fuit deus et homo: ut secundum id quod homo est, ad redemptionem nostram pateretur; secundum autem quod deus, passio eius nobis fieret salutaris. oportet igitur et ministros christi homines esse, et aliquid divinitatis eius participare secundum aliquam spiritualem potestatem: nam et instrumentum aliquid participat de virtute principalis agentis. * de hac autem potestate apostolus dicit, ii ad cor. ult., quod ° potestatem dedit ei dominus in aedificationem, et non in destructionem.

n.3 ‘ Non est autem dicendum quod potestas huiusmodi sic data sit christi discipulis quod per eos ad alios derivanda non esset: “ data est enim eis ad ecclesiae aedificationem, * secundum apostoli dictum. ‘ tandiu igitur oportet hanc potestatem perpetuari, quandiu necesse est aedificari ecclesiam. hoc autem necesse est post mortem discipulorum christi usque ad saeculi finem. sic igitur data fuit discipulis christi spiritualis potestas ut per eos deveniret ad alios. unde et dominus discipulos in persona aliorum fidelium alloquebatur: * ut patet per id quod habetur marc. 13-37: ° quod vobis dico, omnibus dico; * et matth. ult., dominus discipulis dixit: ° ecce, ego vobiscum sum usque ad consummationem saeculi.

n.4 ‘ Quia igitur haec spiritualis potestas a christo in ministros ecclesiae derivatur; spirituales autem effectus in nos a christo derivati, sub quibusdam sensibilibus signis explentur, * ut ex supra dictis patet: ‘ oportuit etiam quod haec spiritualis potestas sub quibusdam sensibilibus signis hominibus traderetur. huiusmodi autem sunt certae formae verborum et determinati actus, utputa impositio manuum, inunctio, et porrectio libri vel calicis, aut alicuius huiusmodi quod ad executionem spiritualis pertinet potestatis. quandocunque autem aliquid spirituale sub signo corporali traditur, hoc dicitur sacramentum. manifestum est igitur quod in collatione spiritualis potestatis quoddam sacramentum peragitur, quod dicitur ordinis sacramentum.

n.5 ‘ Ad divinam autem liberalitatem pertinet ut cui confertur potestas ad aliquid operandum, conferantur etiam ea sine quibus huiusmodi operatio convenienter exerceri non potest. administratio autem sacramentorum, ad quae ordinatur spiritualis potestas, convenienter non fit nisi aliquis ad hoc a divina gratia adiuvetur. et ideo in hoc sacramento confertur gratia: sicut et in aliis sacramentis.

n.6 ‘ Quia vero potestas ordinis ad dispensationem sacramentorum ordinatur; inter sacramenta autem nobilissimum et consummativum aliorum est eucharistiae sacramentum, * ut ex dictis patet: ‘ oportet quod potestas ordinis consideretur praecipue secundum comparationem ad hoc sacramentum; nam “ unumquodque denominatur a fine.

n.7 ‘ Eiusdem autem virtutis esse videtur aliquam perfectionem tribuere, et ad susceptionem illius materiam praeparare: sicut ignis virtutem habet et ut formam suam transfundat in alterum, et ut materiam disponat ad formae susceptionem. cum igitur potestas ordinis ad hoc se extendat ut sacramentum corporis christi conficiat et fidelibus tradat, oportet quod eadem potestas ad hoc se extendat quod fideles aptos reddat et congruos ad huius sacramenti perceptionem. redditur autem aptus et congruus fidelis ad huius sacramenti perceptionem per hoc quod est a peccato immunis: non enim potest aliter christo spiritualiter uniri, cui sacramentaliter coniungitur hoc sacramentum percipiendo. oportet igitur quod potestas ordinis se extendat ad remissionem peccatorum, per dispensationem illorum sacramentorum quae ordinantur ad peccati remissionem, cuiusmodi sunt baptismus et poenitentia, * ut ex dictis patet. unde, ut dictum est, ‘ dominus discipulis, quibus commisit sui |25| corporis consecrationem, dedit etiam potestatem remittendi peccata. quae quidem potestas per claves intelligitur, * de quibus dominus petro, matth. 16-19, dixit: ° tibi dabo claves regni caelorum. ‘ caelum enim unicuique clauditur et aperitur per hoc quod peccato subiacet, vel a peccato purgatur: unde et usus harum clavium dicitur esse ligare et solvere, scilicet a peccatis. * de quibus quidem clavibus supra dictum est.

005 SCG lb4 cp75

n. ‘ De distinctione ordinum.

n.1 ‘ Considerandum est autem quod potestas quae ordinatur ad aliquem principalem effectum, nata est habere sub se inferiores potestates sibi deservientes. quod manifeste in artibus apparet: arti enim quae formam artificialem inducit, deserviunt artes quae disponunt materiam; et illa quae formam inducit, deservit arti ad quam pertinet artificiati finis; et ulterius quae ordinatur ad citeriorem finem, deservit illi ad quam pertinet ultimus finis: sicut ars quae caedit ligna, deservit navifactivae; et haec gubernatoriae; quae iterum deservit oeconomicae, vel militari, aut alicui huiusmodi, secundum quod navigatio ad diversos fines ordinari potest.

n.2 ‘ Quia igitur potestas ordinis principaliter ordinatur ad corpus christi consecrandum et fidelibus dispensandum, et ad fideles a peccatis purgandos; oportet esse aliquem principalem ordinem, cuius potestas ad hoc principaliter se extendat, et hic est ordo sacerdotalis; alios autem qui eidem serviant aliqualiter materiam disponendo, et hi sunt ordines ministrantium. quia vero sacerdotalis potestas, * ut dictum est, ‘ se extendit ad duo, scilicet ad corporis christi consecrationem, et ad reddendum fideles idoneos per absolutionem a peccatis ad eucharistiae perceptionem; oportet quod inferiores ordines ei deserviant vel in utroque, vel in altero tantum. et manifestum est quod tanto aliquis inter inferiores ordines superior est, quanto sacerdotali ordini deservit in pluribus, vel in aliquo digniori.

n.3 ‘ Infimi igitur ordines deserviunt sacerdotali ordini solum in populi praeparatione: ostiarii quidem arcendo infideles a coetu fidelium; lectores autem instruendo catechumenos de fidei rudimentis, unde eis scriptura veteris testamenti legenda committitur; exorcistae autem purgando eos qui iam instructi sunt, sed aliqualiter a daemone impediuntur a perceptione sacramentorum.

n.4 ‘ Superiores vero ordines sacerdotali deserviunt et in praeparatione populi, et ad consummationem sacramenti. nam acolythi habent ministerium super vasa non sacra, in quibus sacramenti materia praeparatur: unde eis urceoli in sua ordinatione traduntur. subdiaconi autem habent ministerium super vasa sacra, et super dispositionem materiae nondum consecratae. diaconi autem ulterius habent aliquod ministerium super materiam iam consecratam, prout sanguinem christi dispensant fidelibus. et ideo hi tres ordines, scilicet sacerdotum, diaconorum et subdiaconorum, sacri dicuntur, quia accipiunt ministerium super aliqua sacra. deserviunt etiam superiores ordines in praeparatione populi. unde et diaconibus committitur evangelica doctrina populo proponenda; subdiaconibus apostolica; acolythis ut circa utrumque exhibeant quod pertinet ad solemnitatem doctrinae, ut scilicet |25| luminaria deferant, et alia huiusmodi administrent.

005 SCG lb4 cp76

n. ‘ De episcopali potestate: et quod in ea unus sit summus.

n.1 ‘ Quia vero omnium horum ordinum collatio cum quodam sacramento perficitur, * ut dictum est; ‘ sacramenta vero ecclesiae sunt per aliquos ministros ecclesiae dispensanda: necesse est aliquam superiorem potestatem esse in ecclesia alicuius altioris ministerii, quae ordinis sacramentum dispenset. et haec est episcopalis potestas, quae, etsi quidem quantum ad consecrationem corporis christi non excedat sacerdotis potestatem; excedit tamen eam in his quae pertinent ad fideles. nam et ipsa sacerdotalis potestas ab episcopali derivatur; et quicquid arduum circa populum fidelem est agendum episcopis reservatur; quorum auctoritate etiam sacerdotes possunt hoc quod eis agendum committitur. unde et in

his quae sacerdotes agunt, utuntur rebus per episcopum consecratis: ut in eucharistiae consecratione utuntur consecratis per episcopum calice, altari et pallis. sic igitur manifestum est quod summa regiminis fidelis populi ad episcopalem pertinet dignitatem.
n.2 ‘ Manifestum est autem quod quamvis populi distinguantur per diversas dioeceses et civitates, tamen, sicut est una ecclesia, ita oportet esse unum populum christianum. sicut igitur in uno speciali populo unius ecclesiae requiritur unus episcopus, qui sit totius populi caput; ita in toto populo christiano requiritur quod unus sit totius ecclesiae caput.
n.3 ‘ Item. ad unitatem ecclesiae requiritur quod omnes fideles in fide conveniant. circa vero ea quae fidei sunt, contingit quaestiones moveri. per diversitatem autem sententiarum divideretur ecclesia, nisi in unitate per unius sententiam conservaretur. exigitur igitur ad unitatem ecclesiae conservandam quod sit unus qui toti ecclesiae praesit. manifestum est autem, quod christus ecclesiae in necessariis non defecit, quam dilexit, et pro qua sanguinem suum fudit: * cum et de synagoga dicatur per dominum: ° quid ultra debui facere vineae meae, et non feci? * isaiae 5-4. ‘ non est igitur dubitandum quin ex ordinatione christi unus toti ecclesiae praesit.
n.4 ‘ Adhuc. nulli dubium esse debet quin ecclesiae regimen sit optime ordinatum: utpote per eum dispositum “ per quem reges regnant et legum conditores iusta decernunt. ‘ optimum autem regimen multitudinis est ut regatur per unum: quod patet ex fine regiminis, qui est pax; pax enim et unitas subditorum est finis regentis; unitatis autem congruentior causa est unus quam multi. manifestum est igitur regimen ecclesiae sic esse dispositum ut unus toti ecclesiae praesit.
n.5 ‘ Amplius. ecclesia militans a triumphanti ecclesia per similitudinem derivatur: * unde et ioannes in apocalypsi, “ vidit ierusalem descendentem de caelo; * et moysi dictum est quod “ faceret omnia secundum exemplar ei in monte monstratum. ‘ in triumphanti autem ecclesia unus praesidet, qui etiam praesidet in toto universo, scilicet deus: * dicitur enim apoc. 21-3: ° ipsi populus eius erunt, et ipse cum eis erit eorum deus. ‘ ergo et in ecclesia militante unus est qui praesidet universis.
n.6 * Hinc est quod oseae 1-11 dicitur: ° congregabuntur filii iuda et filii israel pariter, et ponent sibi caput unum. * et dominus dicit, ioan. 10-16: ° fiet unum ovile et unus pastor.
n.7 * Si quis autem dicat quod “ unum caput et unus pastor est christus, qui est unus unius ecclesiae sponsus: * non sufficienter respondet. ‘ manifestum est enim quod omnia ecclesiastica sacramenta ipse christus perficit: ipse enim est qui baptizat; ipse qui peccata remittit; ipse est verus sacerdos, qui se obtulit in ara crucis, et cuius virtute corpus eius in altari quotidie consecratur: et tamen, quia corporaliter non cum omnibus fidelibus praesentialiter erat futurus, elegit ministros, per quos praedicta fidelibus dispensaret, * ut supra dictum est. ‘ eadem igitur ratione, quia praesentiam corporalem erat ecclesiae subtracturus, oportuit ut alicui committeret qui loco sui universalis ecclesiae gereret curam. * hinc est quod petro dixit ante ascensionem: ° pasce oves meas, * ioan. ult.; et ante passionem: ° tu iterum conversus, confirma fratres tuos * lucae 22-32; et ei soli promisit: ° tibi dabo claves regni caelorum; * ut ostenderetur “ potestas clavium per eum ad alios derivanda, |25| ad conservandam ecclesiae unitatem.
n.8 * Non potest autem dici quod, “ etsi petro hanc dignitatem dederit, tamen ad alios non derivatur. ‘ manifestum est enim quod christus ecclesiam sic instituit ut esset usque ad finem saeculi duratura: * secundum illud isaiae 9-7: ° super solium david, et super regnum eius sedebit, ut confirmet illud et corroboret in iudicio et iustitia, amodo et usque in sempiternum. ‘ manifestum est igitur quod ita illos qui tunc erant in ministerio constituit, ut eorum potestas derivaretur ad posteros, pro utilitate ecclesiae, usque ad finem saeculi: * praesertim cum ipse dicat, matth. ult.: ° ecce, ego vobiscum sum usque ad consummationem saeculi.
n.9 * Per hoc autem excluditur quorundam praesumptuosus error, qui “ se subducere nituntur ab obedientia et subiectione petri, successorem eius romanum pontificem universalis ecclesiae pastorem non recognoscentes.

005 SCG lb4 cp77

n. ‘ Quod per malos ministros sacramenta dispensari possunt.
n.1 ‘ Ex his quae praemissa sunt manifestum est quod ministri ecclesiae potentiam quandam in ordinis susceptione divinitus suscipiunt ad sacramenta fidelibus dispensanda.
n.2 ‘ Quod autem alicui rei per consecrationem acquiritur, perpetuo in eo manet: unde nihil consecratum iterato consecratur. potestas igitur ordinis perpetuo in ministris ecclesiae manet. non ergo tollitur per peccatum. possunt ergo etiam a peccatoribus, et malis, dummodo ordinem habeant, ecclesiastica sacramenta conferri.
n.3 ‘ Item. nihil potest in id quod eius facultatem excedit nisi accepta aliunde potestate. quod tam in naturalibus quam in civilibus patet: non enim aqua calefacere potest nisi accipiat virtutem calefaciendi ab igne; neque balivus cives coercere potest nisi accepta potestate a rege. ea autem quae in sacramentis aguntur, facultatem humanam excedunt, * ut ex praemissis patet. ‘ ergo nullus potest sacramenta dispensare, quantumcumque sit bonus, nisi potestatem accipiat dispensandi. bonitati autem hominis malitia opponitur et peccatum. ergo nec per peccatum ille qui potestatem accepit, impeditur quo minus sacramenta dispensare possit.
n.4 ‘ Adhuc. homo dicitur bonus vel malus secundum virtutem vel vitium, quae sunt habitus quidam. habitus autem a potentia in hoc differt quod per potentiam sumus potentes aliquid facere: per habitum autem non reddimur potentes vel impotentes ad aliquid faciendum, sed habiles vel inhabiles ad id quod possumus bene vel male agendum. per habitum igitur neque datur neque tollitur nobis aliquid posse: sed hoc per habitum acquirimus, ut bene vel male aliquid agamus. non igitur ex hoc quod aliquis est bonus vel malus, est potens vel impotens ad dispensandum sacramenta, sed idoneus vel non idoneus ad bene dispensandum.
n.5 ‘ Amplius. quod agit in virtute alterius, non assimilat sibi patiens, sed principali agenti: non enim domus assimilatur instrumentis quibus artifex utitur, sed arti ipsius. ministri autem ecclesiae in sacramentis non agunt in virtute propria, sed in virtute christi, * de quo dicitur ioan. 1-33: ° hic est qui baptizat. ‘ unde et sicut instrumentum ministri agere dicuntur: minister enim est sicut instrumentum animatum. non igitur malitia ministrorum impedit quin fideles salutem per sacramenta consequantur a christo.
n.6 ‘ Praeterea. de bonitate vel malitia alterius hominis homo iudicare non potest: hoc enim solius dei est, qui occulta cordis rimatur. si igitur malitia ministri impedire posset sacramenti effectum, non posset homo habere fiduciam certam de sua salute, nec conscientia eius remaneret libera a peccato. inconveniens etiam videtur quod spem suae salutis in bonitate puri hominis quis ponat: * dicitur enim ierem. 17-5: ° maledictus homo qui confidit in homine. ‘ si autem homo salutem consequi per sacramenta non speraret nisi a bono ministro dispensata, videretur spem suae salutis aliqualiter in homine ponere. ut ergo spem nostrae salutis in christo ponamus, qui est deus et homo, confitendum est quod sacramenta sunt salutaria ex virtute christi, sive per bonos sive per malos ministros dispensentur.
n.7 ‘ Hoc etiam apparet per hoc quod dominus etiam malis praelatis obedire docet, quorum tamen non sunt opera imitanda: * dicit enim matthaeus 23-2 ° super cathedram moysi sederunt scribae et pharisaei. quae ergo dixerint vobis, servate et facite; secundum autem opera eorum nolite facere. ‘ multo autem magis obediendum est aliquibus propter hoc quod suscipiunt ministerium a christo, quam propter cathedram moysi. est ergo etiam malis ministris obediendum. quod non esset nisi in eis ordinis potestas maneret, propter quam eis obeditur. habent ergo potestatem dispensandi sacramenta etiam mali.
n.8 * Per hoc autem excluditur quorundam error dicentium quod “ omnes boni possunt sacramenta ministrare, et nulli mali.

005 SCG lb4 cp78

n. ‘ De sacramento matrimonii.
n.1 ‘ Quamvis autem homines per sacramenta restaurentur ad gratiam, non tamen mox restaurantur ad immortalitatem: * cuius rationem supra, ostendimus. ‘ quaecumque autem corruptibilia sunt, perpetuari non possunt nisi per generationem. quia igitur populum fidelium perpetuari oportebat usque ad mundi finem, necessarium fuit hoc per generationem fieri, per quam etiam humana species perpetuatur.
n.2 ‘ Considerandum est autem quod, quando aliquid ad diversos fines ordinatur, indiget habere diversa dirigentia in finem: quia finis est proportionatus agenti. generatio autem humana ordinatur ad multa: scilicet ad perpetuitatem speciei; et ad perpetuitatem alicuius boni politici, puta ad perpetuitatem populi in aliqua civitate; ordinatur etiam ad perpetuitatem ecclesiae, quae in fidelium collectione consistit. unde oportet quod huiusmodi generatio a diversis dirigatur. inquantum igitur ordinatur ad bonum naturae, quod est perpetuitas speciei, dirigitur in finem a natura inclinante in hunc finem: et sic dicitur esse naturae officium. inquantum vero ordinatur ad bonum politicum, subiacet ordinationi civilis legis. inquantum igitur ordinatur ad bonum ecclesiae, oportet quod subiaceat regimini ecclesiastico. ea autem quae populo per ministros ecclesiae dispensantur, sacramenta dicuntur. matrimonium igitur secundum |25| quod consistit in coniunctione maris et feminae intendentium prolem ad cultum dei generare et educare est ecclesiae sacramentum: unde et quaedam benedictio nubentibus per ministros ecclesiae adhibetur.
n.3 ‘ Et sicut in aliis sacramentis per ea quae exterius aguntur, spirituale aliquid figuratur; sic et in hoc sacramento per coniunctionem maris et feminae coniunctio christi et ecclesiae figuratur: * secundum illud apostoli, ad ephes. 5-32: ° sacramentum hoc magnum est: ego autem dico in christo et ecclesia.
n.4 ‘ Et quia sacramenta efficiunt quod figurant, credendum est quod nubentibus per hoc sacramentum gratia conferatur, per quam ad unionem christi et ecclesiae pertineant: quod eis maxime necessarium est, ut sic carnalibus et terrenis intendant quod a christo et ecclesia non disiungantur.
n.5 ‘ Quia igitur per coniunctionem maris et feminae christi et ecclesiae coniunctio designatur, oportet quod figura significato respondeat. coniunctio autem christi et ecclesiae est unius ad unam perpetuo habendam: est enim una ecclesia, * secundum illud cant. 6-8: ° una est columba mea, perfecta mea; ‘ nec unquam christus a sua ecclesia separabitur, * dicit enim ipse matth. ult.: ° ecce, ego vobiscum sum usque ad consummationem saeculi; * et ulterius: ° semper cum domino erimus, * ut dicitur i ad thess. 4-17. ‘ necesse est igitur quod matrimonium, secundum quod est ecclesiae sacramentum, sit unius ad unam indivisibiliter habendam. et hoc pertinet ad fidem, qua sibi invicem vir et uxor obligantur.
n.6 ‘ Sic igitur tria sunt bona matrimonii, secundum quod est ecclesiae sacramentum: scilicet proles, ad cultum dei suscipienda et educanda; fides, prout unus vir uni uxori obligatur; et sacramentum, secundum quod indivisibilitatem habet matrimonialis coniunctio, inquantum est coniunctionis christi et ecclesiae sacramentum.
n.7 * Cetera autem quae in matrimonio consideranda sunt, supra in tertio libro pertractavimus.

005 SCG lb4 cp79

n. ‘ Quod per christum resurrectio corporum sit futura.
n.1 * Quia vero supra ostensum est quod ‘ per christum liberati sumus ab his quae per peccatum primi hominis incurrimus, peccante autem primo homine, non solum in nos peccatum derivatum est, sed etiam mors, quae est poena peccati, * secundum illud apostoli, ad rom. 5-12: ° per unum hominem peccatum in hunc mundum intravit, et per peccatum mors: ‘ necessarium est quod per christum ab utroque liberemur, et a culpa scilicet et a morte. * unde ibidem dicit apostolus: ° si in unius delicto mors regnavit per unum, multo magis accipientes abundantiam donationis et iustitiae, in vitam regnabunt per unum iesum christum.
n.2 ‘ Ut igitur utrumque nobis in seipso demonstraret, et mori et resurgere voluit: mori quidem voluit ut nos a peccato purgaret, * unde apostolus dicit, hebr. 9-27: ° quemadmodum statutum est hominibus semel mori, sic et christus semel oblatus est ad multorum exhaurienda peccata; ‘ resurgere autem voluit ut nos a morte liberaret * unde apostolus, i cor. 15-20 ° christus resurrexit a mortuis, primitiae dormientium. quoniam quidem per hominem mors, et per hominem resurrectio mortuorum.
n.3 ‘ Effectum igitur mortis christi in sacramentis consequimur quantum ad remissionem culpae: * dictum est enim supra quod ‘ sacramenta in virtute passionis christi operantur.
n.4 ‘ Effectum autem resurrectionis christi quantum ad liberationem a morte in fine saeculi consequemur, quando omnes per christi virtutem resurgemus. * unde dicit apostolus, i cor. 15-12 ° si christus praedicatur quod resurrexit a mortuis, quomodo quidam dicunt in vobis quoniam resurrectio mortuorum non est? si autem resurrectio mortuorum non est, neque christus resurrexit, si autem christus non resurrexit, inanis est praedicatio nostra, inanis est et fides nostra. ‘ est igitur de necessitate fidei credere resurrectionem mortuorum futuram.
n.5 * Quidam vero hoc perverse intelligentes, “ resurrectionem corporum futuram non credunt: sed quod de resurrectione legitur in scripturis, ad spiritualem resurrectionem referre conantur, secundum quod aliqui a morte peccati resurgunt per gratiam.
n.6 * Hic autem error ab ipso apostolo reprobatur. dicit enim ii tim. 2-16 ° profana et vaniloquia devita, multum enim proficiunt ad impietatem, et sermo eorum ut cancer serpit: ex quibus est hymenaeus et philetus, qui a veritate fidei exciderunt, dicentes resurrectionem iam factam esse: * quod non poterat intelligi nisi de resurrectione spirituali. est ergo contra veritatem fidei ponere “ resurrectionem spiritualem, et negare corporalem.
n.7 * Praeterea. manifestum est ex his quae apostolus corinthiis dicit, quod praemissa verba de resurrectione corporali sunt intelligenda. nam post pauca subdit: ° seminatur corpus animale, surget corpus spirituale, * ubi manifeste corporis resurrectionem tangit; et postmodum subdit: ° oportet corruptibile hoc induere incorruptionem, et mortale hoc induere immortalitatem. ‘ hoc autem corruptibile et mortale est corpus. corpus igitur est quod resurget.
n.8 * Adhuc. dominus, ioan. 5-25, utramque resurrectionem promittit. dicit enim: ° amen, amen dico vobis, quia venit hora, et nunc est, quando mortui audient vocem filii dei, et qui audierint, vivent: “ quod ad resurrectionem spiritualem animarum pertinere videtur, quae tunc iam fieri incipiebat, dum aliqui per fidem christo adhaerebant. * sed postmodum corporalem resurrectionem exprimit dicens: ° venit hora in qua omnes qui in monumentis sunt audient vocem filii dei. ‘ manifestum est enim quod animae in monumentis non sunt, sed corpora. * praedicitur

ergo hic corporum resurrectio.
n.9 * Expresse etiam corporum resurrectio praenuntiatur a iob. dicitur enim iob 19-25: ° scio quod redemptor meus vivit, et in novissimo die de terra surrecturus sum, et rursus circumdabor pelle mea et in carne mea videbo deum.
n.10 ' Ad ostendendum etiam resurrectionem carnis futuram evidens ratio suffragatur, * suppositis his quae in superioribus sunt ostensa. ostensum est enim in secundo ' animas hominum immortales esse. remanent igitur post corpora a corporibus absolutae. * manifestum est etiam ex his quae in secundo dicta sunt, quod ' anima corpori naturaliter unitur: est enim secundum suam essentiam corporis forma. est igitur contra naturam animae absque corpore esse. nihil autem quod est contra naturam, potest esse perpetuum. non igitur perpetuo erit anima absque corpore. cum igitur perpetuo maneat, oportet eam corpori iterato coniungi: quod est resurgere. immortalitas igitur animarum exigere videtur resurrectionem corporum futuram.
n.11 * Adhuc. ostensum est supra, in tertio, ' naturale hominis desiderium ad felicitatem tendere. felicitas autem ultima est felicis perfectio. cuicumque igitur deest aliquid ad perfectionem, nondum habet felicitatem perfectam, quia nondum eius desiderium totaliter quietatur: omne enim imperfectum perfectionem consequi naturaliter cupit. anima autem a corpore separata est aliquo modo imperfecta, sicut omnis pars extra suum totum existens: anima enim naturaliter est pars humanae naturae. non igitur potest homo ultimam felicitatem consequi nisi anima iterato corpori coniungatur: * praesertim cum ostensum sit quod ' in hac vita homo non potest ad felicitatem ultimam pervenire.
n.12 * Item. sicut in tertio ostensum est, ' ex divina providentia peccantibus poena debetur, et bene agentibus praemium. in hac autem vita homines ex anima et corpore compositi peccant vel recte agunt. debetur igitur hominibus et secundum animam et secundum corpus praemium vel poena. manifestum est autem quod in hac vita praemium ultimae felicitatis consequi non possunt, * ex his quae in tertio ostensa sunt. ' multoties etiam peccata in hac vita non puniuntur: * quinimmo, ut dicitur iob 21-7: ° hic impii vivunt, confortati sunt, sublimatique divitiis. ' necessarium est igitur ponere iteratam animae ad corpus coniunctionem, ut homo in corpore et anima praemiari et puniri possit.

005 SCG lb4 cp80

n. ' Obiectiones contra resurrectionem.
n.1 * Sunt autem quaedam quae resurrectionis fidem impugnare videntur.
n.2 " In nullo enim naturalium rerum invenitur id quod corruptum est idem numero redire in esse: sicut nec ab aliqua privatione ad habitum videtur posse rediri. et ideo, quia quae corrumpuntur eadem numero iterari non possunt, natura intendit ut id quod corrumpitur idem specie per generationem conservetur. cum igitur homines per mortem corrumpantur, ipsumque corpus hominis usque ad prima elementa resolvatur: non videtur quod idem numero homo possit reparari ad vitam.
n.3 " Item. impossibile est esse idem numero cuius aliquod essentialium principiorum idem numero esse non potest: nam essentiali principio variato, variatur essentia rei, per quam res, sicut est, ita et una est. quod autem omnino redit in nihilum, idem numero resumi non potest: potius enim erit novae rei creatio quam eiusdem reparatio. videntur autem plura principiorum essentialium hominis per eius mortem in nihilum redire. et primo quidem ipsa corporeitas, et forma mixtionis: cum corpus manifeste dissolvatur. deinde pars animae sensitivae et nutritiva, quae sine corporeis organis esse non possunt. ulterius autem in nihilum videtur redire ipsa humanitas, quae dicitur esse forma totius, anima a corpore separata. impossibile igitur videtur quod homo idem numero resurgat.
n.4 " Adhuc. quod non est continuum, idem numero esse non videtur. quod quidem non solum in magnitudinibus et motibus manifestum est, sed etiam in qualitatibus et formis: si enim post sanitatem aliquis infirmatus, iterato sanetur, non redibit eadem sanitas numero. manifestum est autem quod per mortem esse hominis aufertur: cum corruptio sit mutatio de esse in non esse. impossibile est igitur quod esse hominis idem numero reiteretur. neque igitur erit idem homo numero: quae enim sunt eadem numero, secundum esse sunt idem.
n.5 " Amplius. si idem hominis corpus reparatur ad vitam, pari ratione oportet quod quicquid in corpore hominis fuit, eidem restituatur. ad hoc autem maxima indecentia sequitur: non solum propter capillos et ungues et pilos, qui manifeste quotidiana praecisione tolluntur; sed etiam propter alias partes corporis, quae occulte per actionem naturalis caloris resolvuntur; quae omnia si restituantur homini resurgenti, indecens magnitudo consurget. non videtur igitur quod homo sit post mortem resurrecturus.
n.6 " Praeterea. contingens est quandoque aliquos homines carnibus humanis vesci; et solum tali nutrimento nutriri; et sic nutritos filios generare. caro igitur eadem in pluribus hominibus invenitur. non est autem possibile quod in pluribus resurgat. nec aliter videtur esse universalis resurrectio et integra, si unicuique non restituetur quod hic habuit. videtur igitur impossibile quod sit hominum resurrectio futura.
n.7 " Item. illud quod est commune omnibus existentibus in aliqua specie videtur esse naturale illi speciei. non est autem hominis resurrectio naturalis: non enim aliqua virtus naturalis agentis sufficit ad hoc agendum. non igitur communiter omnes homines resurgent.
n.8 " Adhuc. si per christum liberamur et a culpa et a morte, quae est peccati effectus, illi soli videntur liberandi esse a morte per resurrectionem qui fuerunt participes mysteriorum christi, quibus liberarentur a culpa. hoc autem non est omnium hominum. non igitur omnes homines resurgent, ut videtur.

005 SCG lb4 cp81

n. ' Solutio praemissarum obiectionum.
n.1 ' Ad horum igitur solutionem, considerandum est quod deus, * sicut supra dictum est, ' in institutione humanae naturae, aliquid corpori humano attribuit supra id quod ei ex naturalibus principiis debebatur: scilicet incorruptibilitatem quandam, per quam convenienter suae formae coaptaretur, ut sicut animae vita perpetua est, ita corpus per animam posset perpetuo vivere.
n.2 ' Et talis quidem incorruptibilitas, etsi non esset naturalis quantum ad activum principium, erat tamen quodammodo naturalis ex ordine ad finem, ut scilicet materia proportionaretur suae naturali formae, quae est finis materiae.
n.3 ' Anima igitur, praeter ordinem suae naturae, a deo aversa, subtracta est dispositio quae eius corpori divinitus indita erat, ut sibi proportionaliter responderet, et secuta est mors. est igitur mors quasi per accidens superveniens homini per peccatum, considerata institutione humanae naturae.
n.4 ' Hoc autem accidens sublatum est per christum, qui merito suae passionis mortem moriendo destruxit. ex hoc igitur consequitur quod divina virtute, quae corpori incorruptionem dedit, iterato corpus de morte ad vitam reparetur.
n.5 ' Secundum hoc igitur ad primum dicendum quod virtus naturae deficiens est a virtute divina, sicut virtus instrumenti a virtute principalis agentis. quamvis igitur operatione naturae hoc fieri non possit, ut corpus corruptum reparetur ad vitam, tamen virtute divina id fieri potest. nam quod natura hoc facere non possit, ideo est quia natura semper per formam aliquam operatur. quod autem habet formam, iam est. cum vero corruptum est, formam amisit, quae poterat esse actionis principium. unde operatione naturae, quod corruptum est idem numero reparari non potest. sed divina virtus, quae res produxit in esse, sic per naturam operatur quod absque ea effectum naturae producere potest, * ut superius est ostensum. ' unde, cum virtus divina maneat eadem etiam rebus corruptis, potest corrupta in integrum reparare.
n.6 * Quod vero secundo obiicitur, impedire non potest quin ' homo idem numero resurgere possit. nullum enim principiorum essentialium hominis per mortem omnino cedit in nihilum: nam anima rationalis, quae est hominis forma, manet post mortem, * ut superius est ostensum; ' materia etiam manet, quae tali formae fuit subiecta, sub dimensionibus eisdem ex quibus habebat ut esset individualis materia. ex coniunctione igitur eiusdem animae numero ad eandem materiam numero, homo reparabitur.
n.7 ' Corporeitas autem dupliciter accipi potest. uno modo, secundum quod est forma substantialis corporis, prout in genere substantiae collocatur. et sic corporeitas cuiuscumque corporis nihil est aliud quam forma substantialis eius, secundum quam in genere et specie collocatur, ex qua debetur rei corporali quod habeat tres dimensiones. non enim sunt diversae formae substantiales in uno et eodem, per quarum unam collocetur in genere supremo, puta substantiae; et per aliam in genere proximo, puta in genere corporis vel animalis; et per aliam in specie puta hominis aut equi. quia si prima forma faceret esse substantiam, sequentes formae iam advenirent ei quod est hoc aliquid in actu et subsistens in natura: et sic posteriores formae non facerent hoc aliquid, sed essent in subiecto quod est hoc aliquid sicut formae accidentales. oportet igitur, quod corporeitas, prout est forma substantialis in homine, non sit aliud quam anima rationalis, quae in sua materia hoc requirit, quod habeat tres dimensiones: |25| est enim actus corporis alicuius. alio modo accipitur corporeitas prout est forma accidentalis, secundum quam dicitur corpus quod est in genere quantitatis. et sic corporeitas nihil aliud est quam tres dimensiones, quae corporis rationem constituunt. etsi igitur haec corporeitas in nihilum cedit, corpore humano corrupto, tamen impedire non potest quin idem numero resurgat: eo quod corporeitas primo modo dicta non in nihilum cedit, sed eadem manet.
n.8 ' Similiter etiam forma mixti dupliciter accipi potest. uno modo ut per formam mixti intelligatur forma substantialis corporis mixti. et sic, cum in homine non sit alia forma substantialis quam anima rationalis, * ut ostensum est: ' non poterit dici quod forma mixti, prout est forma substantialis, homine moriente cedat in nihilum. alio modo dicitur forma mixti qualitas quaedam composita et contemperata ex mixtione simplicium qualitatum, quae ita se habet ad formam substantialem corporis mixti sicut se habet qualitas simplex ad formam substantialem corporis simplicis. unde etsi forma mixtionis sic dicta in nihilum cedat, non praeiudicat unitati corporis resurgentis.
n.9 ' Sic etiam dicendum est et de parte nutritiva, et sensitiva. si enim per partem sensitivam et nutritivam intelligantur ipsae potentiae, quae sunt proprietates naturales animae, vel magis compositi, corrupto corpore corrumpuntur: nec tamen per hoc impeditur unitas resurgentis. si vero per partes praedictas intelligatur ipsa substantia animae sensitivae et nutritivae, utraque earum est eadem cum anima rationali. non enim sunt in homine tres animae, sed una tantum, * ut in secundo libro ostensum est.
n.10 ' De humanitate vero, non est intelligendum quod sit quaedam forma consurgens ex coniunctione formae ad materiam, quasi realiter sit alia ab utroque: quia, cum " per formam materia fiat hoc aliquid actu, * ut dicitur ii de anima, ' illa tertia forma consequens non esset substantialis, sed accidentalis. * dicunt autem quidam quod " forma partis eadem est et forma totius: ' sed dicitur forma partis secundum quod facit materiam esse in actu; forma vero totius dicitur secundum quod complet speciei rationem. et secundum hoc, humanitas non est aliud realiter quam anima rationalis. unde patet quod, corrupto corpore, non cedit in nihilum. sed quia humanitas est essentia hominis; essentia autem rei est quam significat definitio; definitio autem rei naturalis non significat tantum formam, sed formam et materiam: necessarium est quod humanitas aliquid significet compositum ex materia et forma, sicut et homo. differenter tamen. nam humanitas |25| significat principia essentialia speciei, tam formalia quam materialia, cum praecisione principiorum individualium, dicitur enim humanitas secundum quam aliquis est homo; homo autem non est aliquis ex hoc quod habet principia individualia, sed ex hoc solum quod habet principia essentialia speciei. humanitas igitur significat sola principia essentialia speciei. unde significatur per modum partis. homo autem significat quidem principia essentialia speciei, sed non excludit principia individuantia a sui significatione: nam homo dicitur qui habet humanitatem, ex quo non excluditur quin alia habere possit. et propter hoc homo significatur per modum totius: significat enim principia speciei essentialia in actu, individuantia vero in potentia. socrates vero significat utraque in actu, sicut et differentiam genus habet potestate, species vero actu. unde patet quod et homo redit idem numero in resurrectione, et humanitas eadem numero, propter animae rationalis permanentiam et materiae unitatem.
n.11 * Quod vero tertio obiicitur, quod " esse non est unum quia non est continuum: * falso innititur fundamento. ' manifestum est enim quod materiae et formae unum est esse: non enim materia habet esse in actu nisi per formam. differt tamen quantum ad hoc anima rationalis ab aliis formis. nam esse aliarum formarum non est nisi in concretione ad materiam: non enim excedunt materiam neque in esse, neque in operari. anima vero rationalis, manifestum est quod excedit materiam in operari: habet enim aliquam operationem absque participatione organi corporalis, scilicet intelligere. unde et esse suum non est solum in concretione ad materiam. esse igitur eius, quod erat compositi, manet in ipsa corpore dissoluto: et reparato corpore in resurrectione, in idem esse reducitur quod remansit in anima.
n.12 * Quod etiam quarto obiicitur, resurgentis unitatem non tollit. ' quod enim non impedit unitatem secundum numerum in homine dum continue vivit, manifestum est quod non potest impedire unitatem resurgentis. in corpore autem hominis, quandiu vivit, non semper sunt eaedem partes secundum materiam, sed solum secundum speciem; secundum vero materiam partes fluunt et refluunt: nec propter hoc impeditur quin homo sit unus numero a principio vitae usque in finem. cuius exemplum accipi potest ex igne, qui, dum continue ardet, unus numero dicitur, propter hoc quod species eius manet, licet ligna consumantur et de novo apponantur. sic etiam est in humano corpore. nam forma et species singularium partium eius continue manet per totam vitam: sed materia partium et resolvitur per actionem caloris naturalis, et de novo adgeneratur per alimentum. non est igitur alius numero homo secundum diversas aetates, quamvis non quicquid materialiter est in homine secundum unum statum sit in eo secundum |25| alium. sic igitur non requiritur ad hoc quod resurgat homo numero idem, quod quicquid fuit materialiter in eo secundum totum tempus vitae suae resumatur: sed tantum ex eo quantum sufficit ad complementum debitae quantitatis; et praecipue illud resumendum videtur quod perfectius fuit sub forma et specie humanitatis consistens. si quid vero defuit ad complementum debitae quantitatis, vel quia aliquis praeventus est morte antequam natura ipsum ad perfectam quantitatem deduceret, vel quia forte aliquis mutilatus est membro; aliunde hoc divina supplebit potentia. nec tamen hoc impediet resurgentis corpo-

ris unitatem: quia etiam opere naturae super id quod puer habet, aliquid additur aliunde, ut ad perfectam perveniat quantitatem, nec talis additio facit alium numero; idem enim numero est homo et puer et adultus.

n.13 ' Ex quo etiam patet quod nec " resurrectionis fidem impedire potest etiam si aliqui carnibus humanis vescantur, * ut quinto obiiciebatur. ' non enim est necessarium, * ut ostensum est, quod ' quicquid fuit in homine materialiter, resurgat in eo: et iterum, si aliquid deest, suppleri potest per potentiam dei. caro igitur comesta resurget in eo in quo primo fuit anima rationali perfecta. in secundo vero, si non solis carnibus humanis est pastus sed et aliis cibis, resurgere poterit in eo tantum de alio quod ei materialiter advenit, quod erit necessarium ad debitam quantitatem corporis restaurandam. si vero solis humanis carnibus sit pastus, resurget in eo quod a generantibus traxit: et quod defuerit, supplebitur omnipotentia creatoris. quod et si parentes ex solis humanis carnibus pasti fuerint, ut sic et eorum semen, quod est superfluum alimenti, ex carnibus alienis generatum sit: resurget quidem semen in eo qui est natus ex semine, loco cuius ei cuius carnes comestae sunt, supplebitur |25| aliunde. hoc enim in resurrectione servabitur: quod si aliquid materialiter fuit in pluribus hominibus, resurget in eo ad cuius perfectionem magis pertinebat. unde si fuit in uno ut radicale semen ex quo est generatus, in alio vero sicut superveniens nutrimentum, resurget in eo qui est generatus ex hoc sicut ex semine. si vero in uno fuit ut pertinens ad perfectionem individui, in alio ut deputatum ad perfectionem speciei: resurget in eo ad quem pertinebat secundum perfectionem individui. unde semen resurget in genito, et non in generante: et costa adae resurget in eva, non in adam, in quo fuit sicut in naturae principio. si autem secundum eundem perfectionis modum fuit in utroque, resurget in eo in quo primitus fuit.

n.14 ' Ad id vero quod sexto obiectum est, * ex his quae dicta sunt iam patet solutio. ' resurrectio enim quantum ad finem naturalis est, inquantum naturale est animae esse corpori unitam: sed principium eius activum non est naturale, sed sola virtute divina causatur.

n.15 ' Nec etiam negandum est omnium resurrectionem esse futuram, quamvis non omnes per fidem christo adhaereant, nec eius mysteriis sint imbuti. filius enim dei propter hoc naturam humanam assumpsit ut eam repararet. id igitur quod est defectus naturae, in omnibus reparabitur, unde omnes a morte redibunt ad vitam. sed defectus personae non reparabitur nisi in illis qui christo adhaeserunt: vel per proprium actum, credendo in ipsum; vel saltem per fidei sacramentum.

005 SCG lb4 cp82

n. ' Quod homines resurgent immortales.

n.1 ' Ex quo etiam patet quod in futura resurrectione homines non sic resurgent ut sint iterum morituri.

n.2 ' Necessitas enim moriendi est defectus in naturam humanam ex peccato proveniens. christus autem, merito suae passionis, naturae defectus reparavit qui in ipsam ex peccato provenerunt. * ut enim dicit apostolus rom. 5-15: ° non sicut delictum, ita et donum. si enim unius delicto multi mortui sunt, multo magis gratia dei, in gratia unius hominis iesu christi in plures abundavit. * ex quo habetur quod " efficacius est meritum christi ad tollendum mortem, quam peccatum adae ad inducendum. ' illi igitur qui per meritum christi resurgent a morte liberati, mortem ulterius non patientur.

n.3 ' Praeterea. illud quod in perpetuum duraturum est, non est destructum. si igitur homines resurgentes adhuc iterum morientur, ut sic mors in perpetuum duret, nullo modo mors per mortem christi destructa est. est autem destructa: nunc quidem in causa * quod dominus per osee praedixerat dicens: ° ero mors tua, o mors, * oseae 13-14; ' ultimo autem destruetur in actu, * secundum illud: ° novissime inimica destruetur mors, * i cor. 15-26. ' est igitur secundum fidem ecclesiae hoc tenendum, quod resurgentes non iterum morientur.

n.4 ' Adhuc. effectus similatur suae causae. resurrectio autem christi causa est futurae resurrectionis, * ut dictum est. ' sic autem resurrexit christus ut non ulterius moreretur, * secundum illud rom. 6-9: ° christus resurgens ex mortuis iam non moritur. ' homines igitur sic resurgent ut ulterius non moriantur.

n.5 ' Amplius. si homines resurgentes iterum moriantur, aut iterum ab illa morte iterato resurgent, aut non. si non resurgent, remanebunt perpetuo animae separatae, quod est inconveniens, * ut supra dictum est, ' ad quod evitandum ponuntur primo resurgere: vel, si post secundam mortem non resurgant, nulla erit ratio quare post primam resurgant. si autem post secundam mortem iterato resurgent, aut resurgent iterum morituri, aut non. si non iterum morituri, eadem ratione hoc erit ponendum in prima resurrectione. si vero iterum morituri, procedet in infinitum alternatio mortis et vitae in eodem subiecto. quod videtur inconveniens. oportet enim quod intentio dei ad aliquid determinatum feratur: ipsa autem mortis et vitae alternatio successiva est quasi quaedam transmutatio, quae finis esse non potest; est enim contra rationem motus quod sit finis, cum omnis motus in aliud tendat.

n.6 ' Praeterea. intentio inferioris naturae in agendo ad perpetuitatem fertur. omnis enim naturae inferioris actio ad generationem ordinatur, cuius quidem finis est ut conservetur esse perpetuum speciei: unde natura non intendit hoc individuum sicut ultimum finem, sed speciei conservationem in ipso. et hoc habet natura inquantum agit in virtute dei, quae est prima radix perpetuitatis. " unde etiam finis generationis * esse ponitur a philosopho, " ut generata participent esse divinum secundum perpetuitatem. ' multo igitur magis actio ipsius dei ad aliquid perpetuum tendit. resurrectio autem non ordinatur ad perpetuitatem speciei: haec enim per generationem poterat conservari. oportet igitur quod ordinetur ad perpetuitatem individui. non autem secundum animam tantum: hoc enim iam anima habebat ante resurrectionem. ergo secundum compositum. homo igitur resurgens perpetuo vivet.

n.7 ' Adhuc. anima et corpus diverso ordine comparari videntur secundum primam hominis generationem, et secundum resurrectionem eiusdem. nam secundum generationem primam, creatio animae sequitur generationem corporis: praeparata enim materia corporali per virtutem decisi seminis, deus animam creando infundit. in resurrectione autem corpus animae praeexistenti coaptatur. prima autem vita, quam homo per generationem adipiscitur, sequitur conditionem corruptibilis corporis in hoc quod per mortem privatur. vita igitur quam homo resurgendo adipiscitur, erit perpetua, secundum conditionem incorruptibilis animae.

n.8 ' Item. si in infinitum succedant sibi in eodem vita et mors, ipsa alternatio vitae et mortis habebit speciem circulationis cuiusdam. omnis autem circulatio in rebus generabilibus et corruptibilibus a prima circulatione incorruptibilium corporum causatur: nam prima circulatio in motu locali invenitur, et secundum eius similitudinem ad motus alios derivatur. causabitur igitur alternatio mortis et vitae a corpore caelesti. quod esse non potest: quia reparatio corporis mortui ad vitam facultatem actionis naturae excedit. non igitur est ponenda huiusmodi alternatio vitae et mortis: nec per consequens, quod resurgentia corpora moriantur.

n.9 ' Amplius. quaecumque succedunt sibi in eodem subiecto, habent determinatam mensuram suae durationis secundum tempus. omnia autem huiusmodi subiecta sunt motui caeli, quem tempus consequitur. anima autem separata non est subiecta motui caeli: quia excedit totam naturam corporalem. alternatio igitur separationis eius et unionis ad corpus non subiacet motui caeli. non igitur est talis circulatio in alternatione mortis et vitae, qualis sequitur si resurgentes iterum moriantur. resurgent igitur de cetero non morituri.

n.10 * Hinc est quod dicitur isaiae 25-8: ° praecipitabit dominus mortem in sempiternum, * et apoc. 21-4: ° mors ultra non erit.

n.11 * Per hoc autem excluditur error quorundam antiquorum gentilium, qui credebant ° eadem temporum temporaliumque rerum volumina repeti, verbi gratia: sicut in isto saeculo plato philosophus in urbe atheniensi, et in eadem schola, quae academica dicta est, discipulos docuit, ita per innumerabilia retro saecula, multis quidem prolixis intervallis, sed tamen certis, et idem plato, et eadem civitas, et eadem schola, iidemque discipuli repetiti, et per innumerabilia demum saecula repetendi sunt, * ut augustinus introducit in xii de civ. dei. ad quod, ut ipse ibidem dicit, quidam referre volunt illud quod dicitur eccle. 1-9 ° quid est quod fuit? ipsum quod futurum est. quid est quod factum est? ipsum quod faciendum est. nihil sub sole novum, nec valet quisquam dicere, ecce hoc recens est: iam enim praecessit in saeculis quae fuerunt ante nos. * quod quidem non sic intelligendum est quod " eadem numero per generationes varias repetantur, sed similia specie: * ut augustinus ibidem solvit. |25| et aristoteles, in fine de generatione, hoc ipsum docuit, contra praedictam sectam loquens.

005 SCG lb4 cp83

n. ' Quod in resurgentibus non erit usus ciborum neque venereorum.

n.1 ' Ex praemissis autem ostenditur quod apud homines resurgentes non erit venereorum et ciborum usus.

n.2 ' Remota enim vita corruptibili, necesse est removeri ea quae corruptibili vitae deserviunt. manifestum est autem quod ciborum usus corruptibili vitae deservit: ad hoc enim cibos assumimus ut corruptio quae posset accidere ex consumptione naturalis humidi, evitetur. est etiam in praesenti ciborum usus necessarius ad augmentum: quod post resurrectionem in hominibus non erit, quia omnes in debita quantitate resurgent, * ut ex dictis patet. ' similiter commixtio maris et feminae corruptibili vitae deservit, ordinatur enim ad generationem per quam quod perpetuo conservari non potest secundum individuum, in specie conservatur. * ostensum est autem quod ' resurgentium vita incorruptibilis erit. non igitur in resurgentibus erit ciborum neque venereorum usus.

n.3 ' Adhuc. vita resurgentium non minus ordinata erit quam praesens vita, sed magis: quia ad illam homo perveniet solo deo agente: hanc autem consequitur cooperante natura. sed in hac vita ciborum usus ordinatur ad aliquem finem: ad hoc enim cibus assumitur ut per digestionem convertatur in corpus. si igitur tunc erit ciborum usus, oportebit quod ad hoc sit quod convertatur in corpus. cum ergo a corpore nihil resolvatur, eo quod corpus erit incorruptibile; oportebit dicere quod totum quod convertitur ex alimento, transeat in augmentum. resurget autem homo in debita quantitate, * ut supra dictum est. ' ergo perveniet ad immoderatam quantitatem: immoderata est enim quantitas quae debitam quantitatem excedit.

n.4 ' Amplius. homo resurgens in perpetuum vivet. aut igitur semper cibo utetur: aut non semper, sed per aliquod determinatum tempus. si autem semper cibo utetur, cum cibus in corpus conversus a quo nihil resolvitur necesse sit quod augmentum faciat secundum aliquam dimensionem, oportebit dicere quod corpus hominis resurgentis in infinitum augeatur. quod non potest esse: quia augmentum est motus naturalis; intentio autem virtutis naturalis moventis nunquam est ad infinitum, sed semper est ad aliquid certum; * quia, ut dicitur in ii de anima, ° omnium natura constantium terminus est et magnitudinis et augmenti. ' si autem non semper cibo utetur homo resurgens, semper autem vivet, erit aliquod tempus dare in quo cibo non utetur. quare hoc a principio faciendum est. non igitur homo resurgens cibo utetur. si autem non utetur cibo, sequitur quod neque venereorum usum habebit, ad quem requiritur decisio seminis. a corpore autem resurgentis semen decidi non poterit. neque |25| ex substantia eius. tum quia hoc est contra rationem seminis: esset enim semen ut corruptum et a natura recedens; et sic non posset esse naturalis actionis principium, * ut patet per philosophum in libro de generatione animalium. ' tum etiam quia a substantia illorum corporum incorruptibilium existentium nihil resolvi poterit. neque etiam semen esse poterit superfluum alimenti, si resurgentes cibis non utantur, * ut ostensum est. ' non igitur in resurgentibus erit venereorum usus.

n.5 ' Item. venereorum usus ad generationem ordinatur. si igitur post resurrectionem erit venereorum usus, nisi sit frustra, sequitur quod tunc etiam erit hominum generatio, sicut et nunc. multi igitur homines erunt post resurrectionem qui ante resurrectionem non fuerunt. frustra igitur tantum differtur resurrectio mortuorum, ut omnes simul vitam accipiant qui eandem habent naturam.

n.6 ' Amplius. si post resurrectionem erit hominum generatio, aut igitur illi qui generabuntur iterum corrumpentur: aut incorruptibiles erunt et immortales. si autem erunt incorruptibiles et immortales multa inconvenientia sequuntur. primo quidem, oportebit ponere quod illi homines sine peccato nascantur originali, cum necessitas moriendi sit poena consequens peccatum originale: * quod est contra apostolum dicentem rom. 5-12, quod ° per unum hominem peccatum in omnes homines pervenit et mors. ' deinde sequitur quod non omnes indigeant redemptione quae est a christo, si aliqui sine peccato originali et necessitate moriendi nascantur: et sic christus non erit omnium hominum caput, * quod est contra sententiam apostoli dicentis i cor. 15-22, quod ° sicut in adam omnes moriuntur, ita et in christo omnes vivificabuntur. ' sequitur etiam et aliud inconveniens, ut quorum est similis generatio, non sit similis generationis terminus: homines enim per generationem |25| quae est ex semine nunc quidem consequuntur corruptibilem vitam; tunc autem immortalem. si autem homines qui tunc nascentur, corruptibiles erunt et morientur: si iterato non resurgunt, sequetur quod eorum animae perpetuo remanebunt a corporibus separatae; quod est inconveniens, cum sint eiusdem speciei cum animabus hominum resurgentium. si autem et ipsi resurgent, debuit et eorum resurrectio ab aliis expectari, ut simul omnibus qui unam naturam participant, beneficium conferatur resurrectionis, quod ad naturae reparationem pertinet, * ut ex dictis patet. ' et praeterea non videtur esse aliqua ratio quare aliqui expectentur ad simul resurgendum, si non omnes expectantur.

n.7 ' Adhuc. si homines resurgentes venereis utentur et generabunt, aut hoc erit semper: aut non semper. si semper, sequetur quod multiplicatio hominum erit in infinitum. intentio autem naturae generantis post resurrectionem non poterit esse ad alium finem quam ad multiplicationem hominum: non enim erit ad conservationem speciei per generationem, cum homines incorruptibiliter sint victuri. sequetur igitur quod intentio naturae generantis sit ad infinitum: quod est impossibile. si vero non semper generabunt, sed ad aliquod determinatum tempus, post illud igitur tempus non generabunt. quare et a principio hoc eis attribuendum est, ut venereis non utantur nec generent.

n.8 * Si quis autem dicat quod " in resurgentibus erit usus ciborum et venereorum, non propter conservationem vel augmentum corporis, neque propter conservationem speciei vel multiplicationem hominum, sed propter solam delectationem quae in his actibus

existit, ne aliqua delectatio hominibus in ultima remuneratione desit:- * patet quidem multipliciter hoc inconvenienter dici.
n.9 ' Primo quidem, quia vita resurgentium ordinatior erit quam vita nostra, * ut supra dictum est. ' in hac autem vita inordinatum et vitiosum est si quis cibis et venereis utatur propter solam delectationem, et non propter necessitatem sustentandi corporis, vel prolis procreandae. et hoc rationabiliter: nam delectationes quae sunt in praemissis actionibus, non sunt fines actionum, sed magis e converso; natura enim ad hoc ordinavit delectationes in istis actibus, ne animalia, propter laborem, ab istis actibus necessariis naturae desisterent: quod contingeret nisi delectatione provocarentur. est ergo ordo praeposterus et indecens si operationes propter solas delectationes exerceantur. nullo igitur modo hoc in resurgentibus erit, quorum vita ordinatissima ponitur.
n.10 ' Adhuc. vita resurgentium ad conservandam perfectam beatitudinem ordinatur. beatitudo autem et felicitas hominis non consistit in delectationibus corporalibus, quae sunt delectationes ciborum et venereorum, * ut in tertio libro ostensum est. ' non igitur oportet ponere in vita resurgentium huiusmodi delectationes esse.
n.11 ' Amplius. actus virtutum ordinantur ad beatitudinem sicut ad finem. si igitur in statu futurae beatitudinis essent delectationes ciborum et venereorum, quasi ad beatitudinem pertinentes, sequeretur quod in intentione eorum qui virtuosa agunt, essent aliqualiter delectationes praedictae. quod rationem temperantiae excludit: est enim contra temperantiae rationem ut aliquis a delectationibus nunc abstineat ut postmodum eis magis frui possit. redderetur igitur omnis castitas impudica, et omnis abstinentia gulosa. si vero praedictae delectationes erunt, non tamen quasi ad beatitudinem pertinentes, ut oporteat eas esse intentas ab his qui virtuosa agunt:- hoc esse non potest. quia omne quod est, vel est propter alterum, vel propter seipsum. praedictae autem delectationes non erunt propter alterum: non enim erunt propter actiones ordinatas ad finem naturae, * ut iam ostensum est. ' relinquitur igitur, quod erunt propter seipsas. omne autem quod est huiusmodi, vel est beatitudo vel pars beatitudinis. |25| oportet igitur, si delectationes praedictae in vita resurgentium erunt, quod ad beatitudinem eorum pertineant. quod esse non potest, * ut ostensum est. ' nullo igitur modo huiusmodi delectationes erunt in futura vita.
n.12 ' Praeterea. ridiculum videtur delectationes quaerere corporales, in quibus nobiscum animalia bruta communicant, ubi expectantur delectationes altissimae, in quibus cum angelis communicamus, quae erunt in dei visione, quae nobis et angelis erit communis, * ut in tertio libro ostensum est. * nisi forte quis dicere velit " beatitudinem angelorum esse imperfectam, quia desunt eis delectationes brutorum: * quod est omnino absurdum. hinc est quod dominus dicit, matth. 22-30, quod ° in resurrectione neque nubent neque nubentur, sed erunt sicut angeli dei.
n.13 * Per hoc autem excluditur error iudaeorum et saracenorum, qui ponunt quod " in resurrectione homines cibis et venereis utentur, sicut et nunc. * quos etiam quidam christiani haeretici sunt secuti, ponentes " regnum christi futurum in terris terrenum per mille annos, in quo spatio temporis ° dicunt eos qui tunc resurrexerint, immoderatissime carnalibus epulis vacaturos, in quibus sit cibus tantus ac potus ut non solum nullam modestiam teneant, sed modum quoque ipsius incredulitatis excedant. nullo autem modo ista possunt nisi a carnalibus credi. hi autem qui spirituales sunt, istos ista credentes chiliastas appellant, graeco vocabulo, quod, verbum e verbo exprimentes, nos possumus millenarios nuncupare, * ut augustinus dicit, xx de civitate dei.
n.14 * Sunt autem quaedam quae huic opinioni suffragari videntur. et primo quidem, quia " adam ante peccatum vitam habuit immortalem: et tamen et cibis et venereis uti potuit in illo statu, * cum ante peccatum illi sit dictum: ° crescite et multiplicamini, * et iterum: ° de omni ligno quod est in paradiso comede.
n.15 " Deinde ipse christus post resurrectionem legitur comedisse et bibisse. * dicitur enim luc. ult., quod ° cum manducasset coram discipulis, sumens reliquias dedit eis. * et actuum 10, dicit petrus: ° hunc, " scilicet iesum, ° deus suscitavit tertia die, et dedit eum manifestum fieri, non omni populo, sed testibus praeordinatis a deo, nobis, qui manducavimus et bibimus cum illo, postquam resurrexit a mortuis.
n.16 * Sunt etiam quaedam auctoritates quae " ciborum usum in huiusmodi statu hominibus repromittere videntur. * dicitur enim isaiae 25-6: ° faciet dominus exercituum omnibus populis in monte hoc convivium pinguium medullatorum, vindemiae defaecatae. * et quod intelligatur quantum ad statum resurgentium, patet ex hoc quod postea subditur: ° praecipitabit mortem in sempiternum, et auferet dominus deus omnem lacrymam ab omni facie. * dicitur etiam isaiae 65-13: ° ecce, servi mei comedent, et vos esurietis. ecce, servi mei bibent, et vos sitietis. * et quod hoc referendum sit ad statum futurae vitae, patet ex eo quod postea subditur: ° ecce, ego creabo caelum novum, et terram novam ' etc.. * dominus etiam dicit, matth. 26-29: ° non bibam amodo de hoc genimine vitis usque in diem illum cum illud bibam vobiscum novum in regno patris mei. * et luc. 22 dicit: ° ego dispono vobis, sicut disposuit mihi pater meus, regnum: ut edatis et bibatis super mensam meam |25| in regno meo. * apocalypsis etiam 22-2, dicitur quod ° ex utraque parte fluminis, " quod erit in civitate beatorum, ° erit lignum vitae, afferens fructus duodecim. * et 20, dicitur: ° vidi animas decollatorum propter testimonium iesu, et vixerunt et regnaverunt cum christo mille annis. ceteri mortuorum non vixerunt donec consummarentur mille anni. * ex quibus omnibus praedictorum haereticorum opinio confirmari videtur.
n.17 * Haec autem non difficile est solvere. quod enim primo obiicitur, de adam, efficaciam non habet. ' adam enim perfectionem quandam habuit personalem, nondum tamen erat natura humana totaliter perfecta, nondum multiplicato humano genere. institutus ergo fuit adam in tali perfectione quae competebat principio totius humani generis. et ideo oportuit quod generaret ad multiplicationem humani generis; et per consequens quod cibis uteretur. sed perfectio resurgentium erit natura humana totaliter ad suam perfectionem perveniente, numero electorum iam completo. et ideo generatio locum non habebit, nec alimenti usus. propter quod et alia erit immortalitas et incorruptio resurgentium, et alia quae fuit in adam. resurgentes enim sic immortales erunt et incorruptibiles ut mori non possint, nec ex eorum corporibus aliquid resolvi. adam autem sic fuit immortalis ut posset non mori si non peccaret, et posset |25| mori si peccaret: et eius immortalitas sic conservari poterat, non quod nihil resolvetur ab eius corpore, sed ut contra resolutionem humidi naturalis ei subveniri posset per ciborum assumptionem, ne ad corruptionem corpus eius perveniret.
n.18 ' De christo autem dicendum est quod post resurrectionem comedit, non propter necessitatem, sed ad demonstrandum suae resurrectionis veritatem. unde cibus ille non fuit conversus in carnem, sed resolutus in praeiacentem materiam. haec autem causa comedendi non erit in resurrectione communi.
n.19 * Auctoritates vero quae " ciborum usum post resurrectionem repromittere videntur, * spiritualiter intelligendae sunt. proponit enim nobis divina scriptura intelligibilia sub similitudine sensibilium, ° ut animus noster ex his quae novit, discat incognita amare. * et secundum hunc modum " delectatio quae est in contemplatione sapientiae, et assumptio veritatis intelligibilis in intellectum nostrum, per usum ciborum * in sacra scriptura consuevit designari: secundum illud proverb. 9, quod de sapientia dicitur: ° miscuit vinum, et proposuit mensam suam. et insipientibus locuta est, venite, comedite panem meum, et bibite vinum quod miscui vobis. * et eccli. 15-3 dicitur: ° cibabit illum pane vitae et intellectus, et aqua sapientiae salutaris potabit illum. * de ipsa etiam sapientia dicitur proverb. 3-18: ° lignum vitae est his qui apprehenderint eam: et qui tenuerit eam, beatus. * non igitur praedictae auctoritates cogunt dicere quod " resurgentes cibis utantur.
n.20 * Hoc tamen quod positum est de verbis domini quae habentur matth. 26-29 potest et aliter intelligi: ut referatur ad hoc quod " ipse cum discipulis post resurrectionem comedit, et bibit novum quidem vinum, idest, novo modo, scilicet non propter necessitatem, sed propter resurrectionis demonstrationem. * et dicit, ° in regno patris mei, " quia in resurrectione christi regnum immortalitatis demonstrari incoepit.
n.21 * Quod vero in apocalypsi dicitur de mille annis et prima resurrectione martyrum, intelligendum est quod " prima resurrectio est animarum, prout a peccatis resurgunt: * secundum illud apostoli, ephes. 5-14: ° exsurge a mortuis, et illuminabit te christus. " per mille autem annos intelligitur totum tempus ecclesiae, in quo martyres regnant cum christo, et alii sancti, tam in praesenti ecclesia, quae regnum dei dicitur, quam etiam in caelesti patria quantum ad animas: ' millenarius enim perfectionem significat, quia est numerus cubicus et radix eius est denarius qui solet etiam perfectionem significare.
n.22 ' Sic ergo manifestum fit quod resurgentes non vacabunt cibis et potibus, neque venereis actibus.
n.23 ' Ex quo ultimo haberi potest quod omnes occupationes activae vitae cessabunt, quae ordinari videntur ad usum ciborum et venereorum et ad alia quae sunt necessaria corruptibili vitae. sola ergo occupatio contemplativae vitae in resurgentibus remanebit. * propter quod luc. 10-42, dicitur de maria contemplante quod ° optimam partem elegit, quae non auferetur ab ea. * inde est etiam quod dicitur iob 7-9 ° qui descendit ad inferos, non ascendet, nec revertetur ultra in domum suam, neque cognoscet eum amplius locus eius, * in quibus verbis talem resurrectionem iob negat qualem quidam posuerunt, dicentes quod " post resurrectionem homo redibit ad similes occupationes quas nunc habet, ut scilicet aedificet domos, et alia huiusmodi exerceat officia.

005 SCG lb4 cp84

n. ' Quod corpora resurgentium erunt eiusdem naturae.
n.1 * Occasione autem praemissorum quidam circa conditiones resurgentium erraverunt. quia enim " corpus ex contrariis compositum videtur ex necessitate corrumpi, * fuerunt aliqui qui dixerunt " homines resurgentes huiusmodi corpora ex contrariis composita non habere.
n.2 * Quorum aliqui posuerunt " corpora nostra non in natura corporali resurgere, sed transmutari in spiritum: * moti ex eo quod apostolus dicit, i cor. 15-44: ° seminatur corpus animale, surget spirituale. * alii vero ex eodem verbo sunt moti ut dicerent quod " corpora nostra in resurrectione erunt subtilia, et aeri et ventis similia. nam et spiritus aer dicitur: ut sic spiritualia aerea intelligantur. * alii vero dixerunt quod " in resurrectione animae resument corpora, non quidem terrena, sed caelestia: * occasionem accipientes ex eo quod apostolus dicit, i cor. 15-40, de resurrectione loquens: ° sunt corpora caelestia, et corpora terrestria. * quibus omnibus suffragari videtur quod apostolus ibidem dicit, quod ° caro et sanguis regnum dei non possidebunt. * et sic videtur quod " corpora resurgentium non habebunt carnem et sanguinem, et per consequens nec aliquos humores.
n.3 * Sed harum opinionum error manifeste apparet. ' nostra enim resurrectio conformis erit resurrectioni christi, * secundum illud apostoli, philipp. 3-21: ° reformabit corpus humilitatis nostrae configuratum corpori claritatis suae. ' christus autem post resurrectionem habuit corpus palpabile, ex carnibus et ossibus consistens: * quia, ut dicitur lucae ult. post resurrectionem discipulis dixit: ° palpate et videte: quia spiritus carnem et ossa non habet, sicut me videtis habere. ' ergo et alii homines resurgentes corpora palpabilia habebunt, ex carnibus et ossibus composita.
n.4 ' Adhuc. anima unitur corpori sicut forma materiae. omnis autem forma habet determinatam materiam: oportet enim esse proportionem actus et potentiae. cum igitur anima sit eadem secundum speciem, videtur quod habeat eandem materiam secundum speciem. erit ergo idem corpus secundum speciem post resurrectionem et ante. et sic oportet quod sit consistens ex carnibus et ossibus, et aliis huiusmodi partibus.
n.5 * Amplius. cum in definitione rerum naturalium, quae significat essentiam speciei, ponatur materia, necessarium est quod, variata materia secundum speciem, varietur species rei naturalis. homo autem res naturalis est. si igitur post resurrectionem non habebit corpus consistens ex carnibus et ossibus et huiusmodi partibus, sicut nunc habet, non erit qui resurget eiusdem speciei, sed dicetur homo tantum aequivoce.
n.6 ' Item. magis distat ab anima unius hominis corpus alterius speciei, quam corpus humanum alterius hominis. sed anima non potest iterato uniri corpori alterius hominis, * ut in secundo ostensum est. ' multo igitur minus poterit in resurrectione uniri corpori alterius speciei.
n.7 ' Praeterea. ad hoc quod homo idem numero resurgat, necessarium est quod partes eius essentiales sint eaedem numero. si igitur corpus hominis resurgentis non erit ex his carnibus et his ossibus ex quibus nunc componitur, non erit homo resurgens idem numero.
n.8 * Has autem omnes falsas opiniones manifestissime iob excludit, dicens: ° rursum circumdabor pelle mea, et in carne mea videbo deum, quem visurus sum ego ipse, et non alius.
n.9 * Habent autem et singulae praedictarum opinionum propria inconvenientia.
n.10 * Ponere enim " corpus transire in spiritum * est omnino impossibile. ' non enim transeunt in invicem nisi quae in materia communicant. spiritualium autem et corporalium non potest esse communicatio in materia: cum substantiae spirituales sint omnino immateriales, * ut in secundo ostensum est. ' impossibile est igitur quod corpus humanum transeat in substantiam spiritualem.
n.11 ' Item. si transeat in substantiam spiritualem corpus humanum, aut transibit in ipsam substantiam spiritualem quae est anima: aut in aliquam aliam. si in ipsam, tunc post resurrectionem non esset in homine nisi anima, sicut et ante resurrectionem. non igitur immutaretur conditio hominis per resurrectionem. si autem transibit in aliam substantiam spiritualem, sequetur quod ex duabus substantiis spiritualibus efficietur aliquid unum in natura: quod est omnino impossibile, quia quaelibet substantia spiritualis est per se subsistens.
n.12 * Similiter etiam impossibile est quod " corpus hominis resurgentis sit quasi aereum et ventis simile.
n.13 ' Oportet enim corpus hominis, et cuiuslibet animalis, habere determinatam figuram et in toto et in partibus. corpus autem habens determinatam figuram oportet quod sit in se terminabile: quia figura est quae termino vel terminis comprehenditur; aer autem non est in se terminabilis, sed solum termino alieno terminatur. * non est ergo possibile quod " corpus hominis resurgentis sit aereum et ventis simile.
n.14 ' Praeterea. corpus hominis resurgentis oportet esse tactivum: quia sine tactu nullum est animal. oportet autem ut resurgens sit animal, si sit homo.

corpus autem aereum non potest esse tactivum, sicut nec aliquod aliud corpus simplex: cum oporteat corpus per quod fit tactus, esse medium inter qualitates tangibiles, ut sit quodammodo in potentia ad eas, * ut philosophus probat in libro de anima. impossibile est igitur quod " corpus hominis resurgentis sit aereum et simile ventis.
n.15 ' Ex quo etiam apparet quod non poterit esse corpus caeleste.
n.16 ' Oportet enim corpus hominis, et cuiuslibet animalis, esse susceptivum tangibilium qualitatum, * ut iam dictum est. ' hoc autem corpori caelesti non potest convenire quod non est neque calidum neque frigidum, neque humidum neque siccum, neque aliquid huiusmodi, vel actu vel potentia, * ut probatur in i de caelo. ' corpus igitur hominis resurgentis non erit corpus caeleste.
n.17 ' Adhuc. corpora caelestia sunt incorruptibilia, et transmutari non possunt a sua naturali dispositione. " naturaliter autem eis debetur figura sphaerica * ut probatur in ii de caelo et mundo. ' non est igitur possibile quod accipiant figuram quae naturaliter humano corpori debetur. impossibile est igitur quod corpora resurgentium sint de natura caelestium corporum.

005 SCG lb4 cp85

n. ' Quod corpora resurgentium erunt alterius dispositionis.
n.1 ' Quamvis autem corpora resurgentium sint futura eiusdem speciei cuius nunc sunt corpora nostra, tamen aliam dispositionem habebunt.
n.2 ' Et primo quidem quantum ad hoc, quod omnia resurgentium corpora, tam bonorum quam malorum, incorruptibilia erunt.
n.3 ' Cuius quidem ratio triplex est: una quidem sumitur ex fine resurrectionis. ad hoc enim resurgent tam boni quam mali, ut etiam in propriis corporibus praemium consequantur vel poenam pro his quae gesserunt dum vixerunt in corpore. praemium autem bonorum, quod est felicitas, erit perpetuum; similiter etiam peccato mortali debetur poena perpetua: * quorum utrumque patet ex his quae in tertio determinata sunt. ' oportet igitur quod utrumque corpus incorruptibile recipiatur. alia ratio potest sumi a causa formali resurgentium, quae est anima. * dictum est enim supra quod, ' ne anima in perpetuum remaneat a corpore separata, iterato per resurrectionem corpus resumet. quia igitur in hoc perfectioni animae providetur quod corpus recipiat, conveniens erit ut corpus secundum quod competit animae disponatur. est autem anima incorruptibilis. unde et corpus ei incorruptibile reddetur. |25| tertia vero ratio sumi potest ex causa activa resurrectionis. deus enim, qui corpora iam corrupta reparabit ad vitam, multo fortius hoc corporibus praestare poterit, ut recuperata vita in eis perpetuo conservetur. in cuius rei exemplum, etiam corpora corruptibilia, cum voluit, a corruptione servavit illaesa, sicut corpora trium puerorum in fornace.
n.4 ' Sic igitur intelligenda est incorruptibilitas futuri status, quia hoc corpus, quod nunc corruptibile est, incorruptibile divina virtute reddetur: ita quod anima in ipsum perfecte dominabitur, quantum ad hoc quod ipsum vivificet; nec talis communicatio vitae a quocumque alio poterit impediri. * unde et apostolus dicit, i cor. 15-53: ° oportet corruptibile hoc induere incorruptionem, et mortale hoc induere immortalitatem.
n.5 ' Non igitur " per hoc homo resurgens immortalis erit quod aliud corpus incorruptibile resumat, * ut praedictae opiniones posuerunt: ' sed quia hoc ipsum corpus quod nunc est corruptibile, incorruptibile fiet.
n.6 * Sic igitur intelligendum est quod apostolus dicit: ° caro et sanguis regnum dei non possidebunt, " quod in statu resurgentium corruptio tolletur carnis et sanguinis, substantia tamen carnis et sanguinis remanente. * unde subiungit: ° neque corruptio incorruptelam possidebit.

005 SCG lb4 cp86

n. ' De qualitate corporum glorificatorum.
n.1 ' Quamvis autem merito christi defectus naturae in resurrectione tollatur ab omnibus communiter tam bonis quam malis, remanebit tamen differentia inter bonos et malos quantum ad ea quae personaliter utrisque conveniunt. est autem de ratione naturae quod anima humana sit corporis forma, ipsum vivificans et in esse conservans: sed ex personalibus actibus meretur anima in gloriam divinae visionis elevari, vel ab ordine huius gloriae propter culpam excludi. disponetur igitur corpus communiter omnium secundum condecentiam animae: ut scilicet forma incorruptibilis esse incorruptibile corpori tribuat, contrariorum compositione non obstante: eo quod materia corporis humani divina virtute animae humanae quantum ad hoc subiicietur omnino. sed ex claritate et virtute animae ad divinam visionem elevatae, corpus sibi unitum aliquid amplius consequitur. erit enim totaliter subiectum animae, divina virtute hoc faciente, non solum quantum ad esse, sed etiam quantum ad |25| actiones et passiones, et motus, et corporeas qualitates.
n.2 ' Sicut igitur anima divina visione fruens quadam spirituali claritate replebitur, ita per quandam redundantiam ex anima in corpus, ipsum corpus suo modo claritatis gloriae induetur. * unde dicit apostolus, i cor. 15-43: ° seminatur corpus in ignobilitate, surget in gloria: ' quia corpus nostrum nunc est opacum, tunc autem erit clarum; * secundum illud matth. 13-43: ° fulgebunt iusti sicut sol in regno patris eorum.
n.3 ' Anima etiam quae divina visione fruetur, ultimo fini coniuncta, in omnibus experietur suum desiderium adimpletum. et quia ex desiderio animae movetur corpus, consequens erit ut corpus omnino spiritui ad nutum obediat. unde corpora resurgentium beatorum futura erunt agilia. * et hoc est quod apostolus dicit ibidem: ° seminatur in infirmitate, surget in virtute. ' infirmitatem enim experimur in corpore quia invalidum invenitur ad satisfaciendum desiderio animae in motibus et actionibus quas anima imperat: quae infirmitas totaliter tunc tolletur, virtute redundante in corpus ex anima deo coniuncta. * propter quod etiam sap. 3-7, dicitur de iustis, quod ° tanquam scintillae in arundineto discurrent: ' non quod motus sit in eis propter necessitatem, cum nullo indigeant qui deum habent, sed ad virtutis demonstrationem.
n.4 ' Sicut autem anima deo fruens habebit desiderium adimpletum quantum ad omnis boni adeptionem, ita etiam eius desiderium impletum erit quantum ad remotionem omnis mali: quia cum summo bono locum non habet aliquod malum. et corpus igitur perfectum per animam, proportionaliter animae, immune erit ab omni malo, et quantum ad actum et quantum ad potentiam. quantum ad actum quidem, quia nulla in eis erit corruptio, nulla deformitas, nullus defectus. quantum ad potentiam vero, quia non poterunt pati aliquid quod eis sit molestum. et propter hoc impassibilia erunt. quae tamen impassibilitas non excludit ab eis passionem quae est de ratione sensus: utentur enim sensibus ad delectationem secundum illa quae statui incorruptionis non repugnant. * ad hanc igitur eorum impassibilitatem ostendendam apostolus dicit: ° seminatur in corruptione, surget in incorruptione.
n.5 ' Rursus, anima deo fruens ipsi perfectissime adhaerebit, et eius bonitatem participabit in summo, secundum suum modum: sic igitur et corpus perfecte subdetur animae, et eius proprietates participabit quantum possibile est, in perspicuitate sensuum, in ordinatione corporei appetitus, et in omnimoda perfectione naturae: tanto enim aliquid perfectius est in natura, quanto eius materia perfectius subditur formae. * et propter hoc dicit apostolus: ° seminatur corpus animale, surget corpus spirituale. ' spirituale quidem corpus resurgentis erit: " non quia sit spiritus, * ut quidam male intellexerunt, " sive per spiritum intelligatur spiritualis substantia, sive aer aut ventus: ' sed quia erit omnino subiectum spiritui; sicut et nunc dicitur corpus animale, non quia sit anima, sed quia animalibus passionibus subiacet, et alimonia indiget.
n.6 * Patet igitur ex praedictis quod, ' sicut anima hominis elevabitur ad gloriam spirituum caelestium ut deum per essentiam videat, * sicut in tertio est ostensum; ' ita eius corpus sublimabitur ad proprietates caelestium corporum, inquantum erit clarum, impassibile, absque difficultate et labore mobile, et perfectissime sua forma perfectum. * et propter hoc apostolus dicit " resurgentium corpora esse caelestia, non quantum ad naturam, sed quantum ad gloriam. * unde cum dixisset quod ° sunt corpora caelestia, et sunt terrestria, * subiungit quod ° alia est caelestium gloria, alia terrestrium. ' sicut autem gloria in quam humana anima sublevatur, excedit naturalem virtutem caelestium spirituum, * ut in tertio est ostensum; ' ita gloria resurgentium corporum excedit naturalem perfectionem caelestium corporum, ut sit maior claritas, impassibilitas firmior, agilitas facilior et dignitas naturae perfectior.

005 SCG lb4 cp87

n. ' De loco corporum glorificatorum.
n.1 ' Quia vero locus debet proportionari locato, consequens est quod, cum corpora resurgentium proprietatem caelestium corporum consequentur, etiam in caelis locum habeant: vel magis super omnes caelos, ut simul cum christo sint, cuius virtute ad hanc gloriam perducentur, * de quo dicit apostolus, ad ephes. 4-10: ° qui ascendit super omnes caelos, ut adimpleret omnia.
n.2 * Frivolum autem videtur contra hanc divinam promissionem ex naturali elementorum positione argumentari, quasi " impossibile sit corpus hominis, cum sit terrenum et secundum suam naturam infimum locum habens, supra elementa levia elevari. ' manifestum est enim quod ex virtute animae est quod corpus ab ipsa perfectum elementorum inclinationes non sequatur. ipsa enim anima sua virtute etiam nunc continet corpus, quandiu vivimus, ne ex contrarietate elementorum dissolvatur; et virtute etiam animae motivae corpus in altum elevatur; et tanto amplius quanto virtus motiva fortior fuerit. manifestum est autem quod tunc anima perfectae virtutis erit, quando deo per visionem coniungetur. non igitur debet grave videri si tunc virtute animae corpus et ab omni corruptione servetur immune, et supra quaecumque corpora elevetur.
n.3 * Neque etiam huic promissioni divinae impossibilitatem affert quod " corpora caelestia frangi non possunt, ut super ea gloriosa corpora subleventur. ' quia a virtute divina hoc fiet, ut gloriosa corpora simul cum aliis corporibus esse possint: cuius rei indicium in corpore christi praecessit, dum ad discipulos ianuis clausis intravit.

005 SCG lb4 cp88

n. ' De sexu et aetate resurgentium.
n.1 ' Non est tamen aestimandum quod " in corporibus resurgentium desit sexus femineus, * ut aliqui putaverunt. ' quia, cum per resurrectionem sint reparandi defectus naturae, nihil eorum quae ad perfectionem naturae pertinent, a corporibus resurgentium auferetur. sicut autem alia corporis membra ad integritatem humani corporis pertinent, ita et ea quae generationi deserviunt, tam in maribus quam in feminis. resurgent ergo membra huiusmodi in utrisque.
n.2 ' Neque tamen huic obviat quod usus horum membrorum non erit, * ut supra ostensum est. ' quia si propter hoc haec membra in resurgentibus non erunt, pari ratione nec omnia membra quae nutrimento deserviunt, in resurgentibus essent: quia nec ciborum usus post resurrectionem erit. sic igitur magna pars membrorum corpori resurgentis deesset. erunt igitur omnia membra huiusmodi, quamvis eorum usus non sit, ad integritatem naturalis corporis restituendam. unde frustra non erunt.
n.3 ' Similiter etiam nec infirmitas feminei sexus perfectioni resurgentium obviat. non enim est infirmitas per recessum a natura, sed a natura intenta. et ipsa etiam naturae distinctio in hominibus perfectionem naturae demonstrabit et divinam sapientiam, omnia cum quodam ordine disponentem.
n.4 * Nec etiam cogit ad hoc verbum apostoli quod dicit ephes. 4-13: ° donec occurramus omnes in unitatem fidei et agnitionis filii dei, in virum perfectum, in mensuram aetatis plenitudinis christi. * non enim hoc ideo dictum est quia " quilibet in illo occursu quo resurgentes exibunt obviam christo in aera, sit sexum virilem habiturus: sed ad designandam perfectionem ecclesiae et virtutem. tota enim ecclesia erit quasi vir perfectus christo occurrens: * ut ex praecedentibus et sequentibus patet.
n.5 ' In aetate autem christi, quae est aetas iuvenilis, oportet omnes resurgere, propter perfectionem naturae quae in hac sola aetate consistit. puerilis enim aetas nondum perfectionem naturae consecuta est per augmentum: senilis vero aetas iam ab eo recessit, per decrementum.

005 SCG lb4 cp89

n. ' De qualitate corporum resurgentium in damnatis.
n.1 ' Ex his autem rationabiliter considerare possumus qualis futura sit conditio corporum resurgentium in damnandis.
n.2 ' Oportet enim et illa corpora animabus damnandorum proportionata esse. animae autem malorum naturam quidem bonam habent, utpote a deo creatam: sed voluntatem habebunt inordinatam, et a fine proprio deficientem. corpora igitur eorum, quantum ad id quod naturae est, integra reparabuntur: quia videlicet in aetate perfecta resurgent, absque omni diminutione membrorum, et absque omni defectu et corruptione quam error naturae aut infirmitas introduxit. * unde apostolus dicit i cor. 15-52: ° mortui resurgent incorrupti: * quod manifestum est de omnibus debere intelligi, tam bonis quam malis, ex his quae praecedunt et sequuntur in littera.
n.3 ' Quia vero eorum anima erit secundum voluntatem a deo aversa, et fine proprio destituta, eorum corpora non erunt spiritualia, quasi spiritui omnino subiecta, sed magis eorum anima per affectum erit carnalis. nec ipsa corpora erunt agilia, quasi sine difficultate animae obedientia: sed magis erunt ponderosa et gravia, et quodammodo animae importabilia, sicut et ipsae animae a deo per inobedientiam sunt aversae. remanebunt etiam passibilia sicut nunc, vel etiam magis: ita tamen quod patientur quidem a rebus sensibilibus afflictionem, non tamen corruptionem; sicut et ipsorum animae torquebuntur, a naturali desiderio beatitudinis totaliter frustratae. erunt etiam eorum corpora opaca et tenebrosa: sicut et eorum animae a lumine divinae cognitionis erunt alienae. * et hoc est quod apostolus dicit i cor. 15-51, quod ° omnes resurgemus, sed non omnes immutabimur: ' soli enim boni immutabuntur ad gloriam, malorum vero corpora absque |25| gloria resurgent.
n.4 * Forte autem alicui potest impossibile videri quod " malorum corpora sint passibilia, non tamen corruptibilia: cum omnis passio, magis facta abiiciat a substantia: ' videmus enim quod, si corpus diu in igne permaneat, finaliter consumetur; dolor etiam si sit nimis intensus, animam a corpore separat. sed hoc totum accidit supposita transmutabilitate materiae de forma in formam. corpus autem humanum post resurrectionem non erit transmutabile de forma in formam, neque in bonis neque in malis: quia in utrisque totaliter perficietur ab anima quantum ad esse naturae, ita ut iam non sit possibile hanc formam a tali corpore removeri, neque aliam introdu-

ci, divina virtute corpus animae totaliter subiiciente. unde et potentia quae est in prima materia ad omnem formam, in corpore humano remanebit quodammodo ligata per virtutem animae, ne possit in actum alterius formae reduci. sed quia damnatorum corpora quantum ad aliquas conditiones non erunt animae totaliter subiecta, |25| affligentur secundum sensum a contrarietate sensibilium. affligentur enim ab igne corporeo, inquantum qualitas ignis propter sui excellentiam contrariatur aequalitati complexionis et harmoniae quae est sensui connaturalis, licet eam solvere non possit. non tamen talis afflictio animam a corpore poterit separare: cum corpus semper sub eadem forma necesse sit remanere.

n.5 ' Sicut autem corpora beatorum propter innovationem gloriae supra caelestia corpora elevabuntur; ita et locus infimus, et tenebrosus, et poenalis, proportionaliter deputabitur corporibus damnatorum. * unde et in psalm. dicitur: ° veniat mors super eos, et descendant in infernum viventes. * et apoc. 20 dicitur quod ° diabolus, qui seducebat eos, missus est in stagnum ignis et sulphuris, ubi et bestia et pseudopropheta cruciabuntur die ac nocte in saecula saeculorum.

005 SCG lb4 cp90

n. ' Quomodo substantiae incorporeae patiantur ab igne corporeo.

n.1 * Sed potest venire in dubium quomodo " diabolus, qui incorporeus est, et animae damnatorum ante resurrectionem, ab igne corporali possint pati a quo patientur in inferno corpora damnatorum * sicut et dominus dicit, matth. 25-41: ° ite, maledicti, in ignem aeternum qui paratus est diabolo et angelis eius.

n.2 * Non igitur sic aestimandum est quod " substantiae incorporeae ab igne corporeo pati possint quod earum natura corrumpatur per ignem, vel alteretur, aut qualitercumque aliter transmutetur, sicut nunc nostra corpora corruptibilia patiuntur ab igne: ' substantiae enim incorporeae non habent materiam corporalem, ut possint a rebus corporeis immutari: neque etiam formarum sensibilium susceptivae sunt, nisi intelligibiliter; talis autem susceptio non est poenalis, sed magis perfectiva et delectabilis.

n.3 * Neque etiam potest dici quod " patiantur ab igne corporeo afflictionem ratione alicuius contrarietatis, sicut corpora post resurrectionem patientur, ' quia substantiae incorporeae organa sensuum non habent, neque potentiis sensitivis utuntur.

n.4 ' Patiuntur igitur ab igne corporeo substantiae incorporeae per modum alligationis cuiusdam. possunt enim alligari spiritus corporibus vel per modum formae sicut anima corpori humano alligatur, ut det ei vitam: vel etiam absque hoc quod sit eius forma, sicut necromantici, virtute daemonum, spiritus alligant imaginibus aut huiusmodi rebus. multo igitur magis virtute divina spiritus damnandi igni corporeo alligari possunt. et hoc ipsum est eis in afflictionem, quod sciunt se rebus infimis alligatos in poenam.

n.5 ' Est etiam conveniens quod damnati spiritus poenis corporalibus puniuntur. omne enim peccatum rationalis creaturae ex hoc est quod deo obediendo non subditur. poena autem proportionaliter debet culpae respondere: ut voluntas per poenam in contrario eius affligatur quod diligendo peccavit. est igitur conveniens poena naturae rationali peccanti ut rebus se inferioribus, scilicet corporalibus, quodammodo alligata subdatur.

n.6 ' Item. peccato quod in deum committitur non solum poena damni, sed etiam poena sensus debetur, * ut in tertio ostensum est: ' poena enim sensus respondet culpae quantum ad conversionem inordinatam ad commutabile bonum, sicut poena damni respondet culpae quantum ad aversionem ab incommutabili bono. creatura autem rationalis, et praecipue humana anima, peccat inordinate se ad corporalia convertendo. ergo conveniens poena est ut per corporalia affligatur.

n.7 ' Praeterea. si poena afflictiva peccato debetur, quam dicimus poenam sensus, oportet quod ex illo haec poena proveniat quod potest afflictionem inferre. nihil autem afflictionem infert nisi inquantum est contrarium voluntati. non est autem contrarium naturali voluntati rationalis naturae quod spirituali substantiae coniungatur: quinimmo hoc est delectabile ei, et ad eius perfectionem pertinens; est enim coniunctio similis ad simile, et intelligibilis ad intellectum; nam omnis substantia spiritualis secundum se intelligibilis est. est autem contrarium naturali voluntati spiritualis substantiae ut corpori subdatur, a quo, secundum ordinem suae naturae, libera esse debet. conveniens est igitur ut substantia spiritualis per corporalia puniatur.

n.8 ' Hinc etiam apparet quod, licet * corporalia quae de praemiis beatorum in scripturis leguntur, spiritualiter intelliguntur, * sicut dictum est de promissione ciborum et potuum; * quaedam tamen corporalia quae scriptura peccantibus comminatur in poenam, corporaliter sunt intelligenda, et quasi proprie dicta. ' non enim est conveniens quod natura superior per usum inferioris praemietur, sed magis per hoc quod superiori coniungitur: punitur autem convenienter natura superior per hoc quod cum inferioribus deputatur.

n.9 ' Nihil tamen prohibet * quaedam etiam quae de damnatorum poenis in scripturis dicta corporaliter leguntur, spiritualiter accipi, et velut per similitudinem dicta: sicut quod dicitur isaiae ult.: ° vermis eorum non morietur: " potest enim per vermem intelligi conscientiae remorsus, quo etiam impii torquebuntur; ' non enim est possibile quod corporeus vermis spiritualem corrodat substantiam, neque etiam corpora damnatorum quae incorruptibilia erunt. ° fletus etiam et stridor dentium * in spiritualibus substantiis non nisi metaphorice intelligi possunt: quamvis in corporibus damnatorum, post resurrectionem, nihil prohibeat corporaliter ea intelligi; ita tamen quod " per fletum non intelligatur lacrimarum deductio, quia ab illis corporibus resolutio nulla fieri potest, sed solum dolor cordis et conturbatio oculorum et capitis, prout in fletibus esse solet.

005 SCG lb4 cp91

n. ' Quod animae statim post separationem a corpore poenam vel praemium consequuntur.

n.1 ' Ex his autem accipere possumus quod statim post mortem animae hominum recipiunt pro meritis vel poenam vel praemium.

n.2 ' Sunt enim animae separatae susceptibiles poenarum non solum spiritualium, sed etiam corporalium, * ut ostensum est. ' quod autem sint susceptibiles gloriae, * manifestum est ex his quae in tertio sunt tractata. ' ex hoc enim quod anima separatur a corpore, fit capax visionis divinae, ad quam, dum esset coniuncta corruptibili corpori, pervenire non poterat. in visione autem dei ultima hominis beatitudo consistit, quae est virtutis praemium. nulla autem ratio esset quare differretur poena et praemium, ex quo utriusque anima particeps esse potest. statim igitur cum anima separatur a corpore, praemium vel poenam recipit pro his quae in corpore gessit.

n.3 ' Adhuc. in vita ista est status merendi vel demerendi: unde comparatur militiae, et diebus mercenarii, * ut patet iob 7-1: ° militia est vita hominis super terram: et sicut mercenarii dies eius. ' sed post statum militiae et laborem mercenarii statim debetur praemium vel poena bene vel male certantibus: * unde et levit. 19-13, dicitur: ° non morabitur opus mercenarii tui apud te usque mane. * dominus etiam dicit ioel ult.: ° cito velociter reddam vicissitudinem vobis super caput vestrum. ' statim igitur post mortem animae vel praemium consequuntur vel poenam.

n.4 ' Amplius. secundum ordinem culpae et meriti convenienter est ordo in poena et praemio. meritum autem et culpa non competit corpori nisi per animam: nihil enim habet rationem meriti vel demeriti nisi inquantum est voluntarium. igitur tam praemium quam poena convenienter ab anima derivatur ad corpus: non autem animae convenit propter corpus. nulla igitur ratio est quare in punitione vel praemiatione animarum expectetur resumptio corporum: quin magis conveniens videtur ut animae, in quibus per prius fuit culpa et meritum, prius etiam puniantur vel praemientur.

n.5 ' Item. eadem dei providentia creaturis rationalibus praemia debentur et poena, qua rebus naturalibus perfectiones eis debitae adhibentur. sic est autem in rebus naturalibus quod unumquodque statim recipit perfectionem cuius est capax, nisi sit impedimentum vel ex parte recipientis, vel ex parte agentis. cum igitur animae statim cum fuerint separatae a corpore sint capaces et gloriae et poenae, statim utrumque recipient, nec differtur vel bonorum praemium vel malorum poena quousque animae corpora reassumant.

n.6 ' Considerandum tamen est quod ex parte bonorum aliquod impedimentum esse potest, ne animae statim a corpore absolutae ultimam mercedem recipiant, quae in dei visione consistit. ad illam enim visionem creatura rationalis elevari non potest nisi totaliter fuerit depurata: cum illa visio totam facultatem naturalem creaturae excedat. * unde sap. 7-25, dicitur de sapientia quod ° nihil inquinatum incurrit in illam * et isaiae 35-8, dicitur: ° non transibit per eam pollutus. ' polluitur autem anima per peccatum, inquantum rebus inferioribus inordinate coniungitur. a qua quidem pollutione purificatur in hac vita per poenitentiam et alia sacramenta, * ut supra dictum est. ' quandoque vero contingit quod purificatio talis non totaliter perficitur in hac vita, sed remanet adhuc debitor poenae: vel propter negligentiam aliquam aut occupationem; aut etiam quia homo morte praevenitur. nec tamen propter hoc meretur totaliter excludi a praemio: quia haec absque peccato mortali contingere possunt, per quod |25| solum tollitur caritas, cui praemium vitae aeternae debetur, * ut apparet ex his quae in tertio dicta sunt. ' oportet igitur quod post hanc vitam purgentur, antequam finale praemium consequantur. purgatio autem haec fit per poenas, sicut et in hac vita per poenas satisfactorias purgatio completa fuisset: alioquin melioris conditionis essent negligentes quam solliciti, si poenam quam hic pro peccatis non implent, non sustineant in futuro. retardantur igitur animae bonorum qui habent aliquid purgabile in hoc mundo, a praemii consecutione, quousque poenas purgatorias sustineant. et haec est ratio quare purgatorium ponimus.

n.7 * Huic autem positioni suffragatur dictum apostoli i cor. 3-15: ° si cuius opus arserit, detrimentum patietur, ipse autem salvus erit, sic tamen quasi per ignem. ' ad hoc etiam est consuetudo ecclesiae universalis, quae pro defunctis orat: quae quidem oratio inutilis esset si purgatorium post mortem non ponatur. non enim orat ecclesia pro his qui iam sunt in termino boni vel mali, sed pro his qui nondum ad terminum pervenerunt.

n.8 ' Quod autem statim post mortem animae consequantur poenam vel praemium si impedimentum non sit, * auctoritatibus scripturae confirmatur. dicitur enim iob 21-13, de malis: ° ducunt in bonis dies suos: et in puncto ad inferna descendunt; * et lucae 16-22: ° mortuus est dives, et sepultus est in inferno; " infernus autem est locus ubi animae puniuntur. * similiter etiam et de bonis patet. ut enim habetur lucae 23-43, dominus in cruce pendens latroni dixit: ° hodie mecum eris in paradiso; " per paradisum autem intelligitur praemium quod repromittitur bonis, * secundum illud apoc. 2-7: ° vincenti dabo edere de ligno vitae quod est in paradiso dei mei.

n.9 * Dicunt autem quidam quod " per paradisum non intelligitur ultima remuneratio, quae erit in caelis, * secundum illud matth. 5-12: ° gaudete et exultate, quoniam merces vestra copiosa est in caelis; " sed aliqualis remuneratio quae erit in terra. nam paradisus locus quidam terrenus esse videtur, * ex hoc quod dicitur gen. 2-8, quod ° plantaverat dominus deus paradisum voluptatis, in quo posuit hominem quem formaverat. * sed si quis recte verba sacrae scripturae consideret, inveniet quod ' ipsa finalis retributio, quae in caelis promittitur sanctis, statim post hanc vitam datur. * apostolus enim ii cor. 4, cum de finali gloria locutus fuisset, dicens quod ° id quod in praesenti est tribulationis nostrae momentaneum et leve, supra modum in sublimitate aeternum gloriae pondus operatur in nobis, non contemplantibus nobis ea quae videntur, sed ea quae non videntur; quae enim videntur temporalia sunt, quae autem non videntur aeterna, * quae manifestum est de finali gloria dici, quae est in caelis; ut ostenderet |25| quando et qualiter haec gloria habeatur, subiungit: ° scimus enim quoniam si terrestris domus nostra huius habitationis dissolvatur, quod aedificationem ex deo habemus, domum non manufactam, sed aeternam in caelis; * per quod manifeste dat intelligere quod, " dissoluto corpore, anima ad aeternam et caelestem mansionem perducitur, quae nihil aliud est quam fruitio divinitatis, sicut angeli fruuntur in caelis.

n.10 * Si quis autem contradicere velit, dicens " apostolum non dixisse, quod statim, dissoluto corpore, domum aeternam habeamus in caelis in re, sed solum in spe, tandem habituri in re: * manifeste hoc est contra intentionem apostoli: quia ' etiam dum hic vivimus habituri sumus caelestem mansionem secundum praedestinationem divinam; et iam eam habemus in spe, * secundum illud rom. 8-24: ° spe enim salvi facti sumus. * frustra igitur addidit: ° si terrena domus nostra huius habitationis dissolvatur; * suffecisset enim dicere: ° scimus quod aedificationem habemus ex deo * etc.. rursus expressius hoc apparet ex eo quod subditur: ° scientes quoniam, dum sumus in corpore, peregrinamur a domino: per fidem enim ambulamus, et non per speciem. audemus autem, et bonam voluntatem habemus magis peregrinari a corpore, et praesentes esse ad dominum. ' frustra autem vellemus ° peregrinari a corpore, ' idest separari, nisi statim essemus praesentes ad dominum. non autem |25| sumus praesentes nisi quando videmus per speciem: quandiu enim ambulamus per fidem et non per speciem, ° peregrinamur a domino, * ut ibidem dicitur. ' statim igitur cum anima sancta a corpore separatur, deum per speciem videt: quod est ultima beatitudo, * ut in tertio est ostensum. * hoc autem idem ostendunt et verba eiusdem apostoli, philipp. 1-23, dicentis: ° desiderium habens dissolvi et esse cum christo. ' christus autem in caelis est. * sperabat igitur apostolus " statim post corporis dissolutionem se perventurum ad caelum.

n.11 * Per hoc autem excluditur error quorundam graecorum, qui purgatorium negant, et dicunt " animas ante corporum resurrectionem neque ad caelum ascendere, neque in infernum demergi.

005 SCG lb4 cp92

n. ' Quod animae sanctorum post mortem habent voluntatem immutabilem in bono.

n.1 ' Ex his autem apparet quod animae, statim cum a corpore fuerint separatae, immobiles secundum voluntatem redduntur: ut scilicet ulterius voluntas hominis mutari non possit, neque de bono in malum, neque de malo in bonum.

n.2 ' Quandiu enim anima de bono in malum vel de malo in bonum mutari potest, est in statu pugnae et militiae: oportet enim ut sollicite resistat malo, ne ab ipso vincatur; vel conetur ut ab eo liberetur. sed statim cum anima a corpore separatur, non erit in statu militiae vel pugnae, sed recipiendi praemium vel poenam pro eo quod legitime vel illegitime certavit: * ostensum est enim quod ' statim vel praemium vel poenam consequitur. non igitur ulterius anima secundum voluntatem vel de bono in malum, vel de malo in bonum mutari potest.

n.3 * Item. ostensum est in tertio quod ‘ beatitudo, quae in dei visione consistit, perpetua est: * et similiter in eodem ostensum est quod ‘ peccato mortali debetur poena aeterna. sed anima beata esse non potest si voluntas eius recta non fuerit: desinit enim esse recta per hoc quod a fine avertitur; non potest autem simul esse quod a fine avertatur, et fine fruatur. oportet igitur rectitudinem voluntatis in anima beata esse perpetuam, ut non possit transmutari de bono in malum.

n.4 ‘ Amplius. naturaliter creatura rationalis appetit esse beata: unde non potest velle non esse beata. potest tamen per voluntatem deflecti ab eo in quo vera beatitudo consistit, quod est voluntatem esse perversam. et hoc quidem contingit quia id in quo vera beatitudo est, non apprehenditur sub ratione beatitudinis, sed aliquid aliud, in quo voluntas inordinata deflectitur sicut in finem: puta, qui ponit finem suum in voluptatibus corporalibus, aestimat eas ut optimum, quod est ratio beatitudinis. sed illi qui iam beati sunt, apprehendunt id in quo vere beatitudo est sub ratione beatitudinis et ultimi finis: alias in hoc non quiesceret appetitus, et per consequens non essent beati. quicumque igitur beati sunt, voluntatem deflectere non possunt ab eo in quo est vera beatitudo. non igitur possunt perversam voluntatem habere.

n.5 ‘ Item. cuicumque sufficit id quod habet, non quaerit aliquid extra ipsum. sed quicumque est beatus, sufficit ei id in quo est vera beatitudo, alias non impleretur eius desiderium. ergo quicunque est beatus, nihil aliud quaerit quod non pertineat ad id in quo vera beatitudo consistit. nullus autem habet perversam voluntatem nisi per hoc quod vult aliquid quod repugnat ei in quo vera beatitudo consistit. nullus igitur beati voluntas potest mutari in malum.

n.6 ‘ Praeterea. peccatum in voluntate non accidit sine aliquali ignorantia intellectus: nihil enim volumus nisi bonum verum vel apparens; * propter quod dicitur proverb. 14-22: ° errant qui operantur malum; * et philosophus iii ethic., dicit quod ° omnis malus ignorans. ‘ sed anima quae est vere beata, nullo modo potest esse ignorans: cum in deo omnia videat quae pertinent ad suam perfectionem. nullo igitur modo potest malam voluntatem habere: praecipue cum illa dei visio semper sit in actu, * ut in tertio est ostensum.

n.7 ‘ Adhuc. intellectus noster circa conclusiones aliquas errare potest antequam in prima principia resolutio fiat, in quae resolutione iam facta, scientia de conclusionibus habetur, quae falsa esse non potest. “ sicut autem se habet principium demonstrationis in speculativis, ita se habet finis in appetitivis. ‘ quandiu igitur finem ultimum non consequimur, voluntas nostra potest perverti: non autem postquam ad fruitionem ultimi finis pervenerit, quod est propter se ipsum desiderabile, sicut prima principia demonstrationum sunt per se nota.

n.8 ‘ Amplius. bonum, inquantum huiusmodi, diligibile est. quod igitur apprehenditur ut optimum, est maxime diligibile. sed substantia rationalis beata videns deum, apprehendit ipsum ut optimum. ergo maxime ipsum diligit. hoc autem habet ratio amoris, quod voluntates se amantium sint conformes. voluntates igitur beatorum sunt maxime conformes deo: quod facit rectitudinem voluntatis, cum divina voluntas sit prima regula omnium voluntatum. voluntates igitur deum videntium non possunt fieri perversae.

n.9 ‘ Item. quandiu aliquid est natum moveri ad alterum, nondum habet ultimum finem. si igitur anima beata posset adhuc transmutari de bono in malum, nondum esset in ultimo fine. quod est contra beatitudinis rationem. manifestum est igitur quod animae quae statim post mortem fiunt beatae, redduntur immutabiles secundum voluntatem.

005 SCG lb4 cp93

n. ‘ Quod animae malorum post mortem habent voluntatem immutabilem in malo.

n.1 ‘ Similiter etiam et animae quae statim post mortem efficiuntur in poenis miserae, redduntur immutabiles secundum voluntatem.

n.2 * Ostensum est enim in tertio quod ‘ peccato mortali debetur poena perpetua. non autem esset poena perpetua animarum quae damnantur, si possent voluntatem mutare in melius: quia iniquum esset quod ex quo bonam voluntatem haberent, perpetuo punirentur. voluntas igitur animae damnatae non potest mutari in bonum.

n.3 ‘ Praeterea. ipsa inordinatio voluntatis quaedam poena est, et maxime afflictiva: quia, in quantum habet inordinatam voluntatem aliquis, displicent ei quae recte fiunt, et damnatis displicebit quod voluntas dei impletur in omnibus, cui peccando restiterunt. igitur inordinata voluntas nunquam ab eis tolletur.

n.4 ‘ Adhuc. voluntatem a peccato mutari in bonum non contingit nisi per gratiam dei, * ut patet ex his quae in tertio dicta sunt. ‘ sicut autem bonorum animae admittuntur ad perfectam participationem divinae bonitatis, ita damnatorum animae a gratia totaliter excluduntur. non igitur poterunt mutare in melius voluntatem.

n.5 ‘ Praeterea. sicut boni in carne viventes omnium suorum operum et desideriorum finem constituunt in deo, ita mali in aliquo indebito fine avertente eos a deo. sed animae separatae bonorum immobiliter inhaerebunt fini quem in hac vita sibi praestituerunt, scilicet deo. ergo et animae malorum immobiliter inhaerebunt fini quem sibi elegerunt. sicut igitur bonorum voluntas non poterit fieri mala, ita nec malorum poterit fieri bona.

005 SCG lb4 cp94

n. ‘ De immutabilitate voluntatis in animabus in purgatorio detentis.

n.1 ‘ Sed quia quaedam animae sunt quae statim post separationem ad beatitudinem non perveniunt, nec tamen sunt damnatae, sicut illae quae secum aliquid purgabile deferunt, * ut dictum est; ‘ ostendendum est quod nec etiam huiusmodi animae separatae possunt secundum voluntatem mutari. beatorum enim et damnatorum animae habent immobilem voluntatem ex fine cui adhaeserunt, * ut ex dictis patet: ‘ sed animae quae secum aliquid purgabile deferunt, in fine non discrepant ab animabus beatis: decedunt enim cum caritate, per quam inhaeremus deo ut fini. ergo etiam ipsaemet immobilem voluntatem habebunt.

005 SCG lb4 cp95

n. ‘ De immutabilitate voluntatis communiter in omnibus animabus post separationem a corpore.

n.1 ‘ Quod autem ex fine in omnibus animabus separatis sequatur immobilitas voluntatis, sic manifestum esse potest.

n.2 “ Finis enim, * ut dictum est, “ se habet in appetitivis sicut prima principia demonstrationis in speculativis. ‘ huiusmodi autem principia naturaliter cognoscuntur; et error qui circa huiusmodi principia accideret, ex corruptione naturae proveniret. unde non posset homo mutari de vera acceptione principiorum in falsam, aut e converso, nisi per mutationem naturae: non enim qui errat circa principia, revocari potest per aliqua certiora, sicut revocatur homo ab errore qui est circa conclusiones. et similiter nec posset aliquis a vera acceptione principiorum per aliqua magis apparentia seduci. sic igitur et se habet circa finem. quia unusquisque naturaliter habet desiderium ultimi finis.

n.3 ‘ Et hoc quidem sequitur in universali naturam rationalem, ut beatitudinem appetat: sed quod hoc vel illud sub ratione beatitudinis et ultimi finis desideret, ex aliqua speciali dispositione naturae contingit; * unde philosophus dicit quod ° qualis unusquisque est talis et finis videtur ei. ‘ si igitur dispositio illa per quam aliquid desideratur ab aliquo ut ultimus finis, ab eo removeri non possit, non poterit immutari voluntas eius quantum ad desiderium finis illius.

n.4 ‘ Huiusmodi autem dispositiones removeri possunt a nobis quandiu est anima corpori coniuncta. quod enim aliquid appetatur a nobis ut ultimus finis, contingit quandoque ex eo quod sic disponimur aliqua passione, quae cito transit: unde et desiderium finis de facili removetur, ut in continentibus apparet. quandoque autem disponimur ad desiderium alicuius finis boni vel mali per aliquem habitum: et ista dispositio non de facili tollitur, unde et tale desiderium finis fortius manet, ut in temperatis apparet; et tamen dispositio habitus in hac vita auferri potest.

n.5 ‘ Sic ergo manifestum est quod, dispositione manente qua aliquid desideratur ut ultimus finis, non potest illius finis desiderium moveri: quia ultimus finis maxime desideratur; unde non potest aliquis a desiderio ultimi finis revocari per aliquid desiderabile magis. anima autem est in statu mutabili quandiu corpori unitur: non autem postquam fuerit a corpore separata. dispositio enim animae movetur per accidens secundum aliquem motum corporis: cum enim corpus deserviat animae ad proprias operationes, ad hoc ei est naturaliter datum est ut in ipso existens perficiatur, quasi ad perfectionem mota. quando igitur erit a corpore separata, non erit in statu ut moveatur ad finem, sed ut in fine adepto quiescat. immobilis igitur erit voluntas eius quantum ad desiderium ultimi finis.

n.6 ‘ Ex ultimo autem fine dependet tota bonitas vel malitia voluntatis: quia bona quaecumque aliquis vult in ordine ad bonum finem, bene vult: mala autem quaecumque in ordine ad malum finem, male vult. non est igitur voluntas animae separatae mutabilis de bono in malum: licet sit mutabilis de uno volito in aliud, servato tamen ordine ad eundem ultimum finem.

n.7 ‘ Ex quo apparet quod talis immobilitas voluntatis libero arbitrio non repugnat, cuius actus est eligere: electio enim est eorum quae sunt ad finem, non autem ultimi finis. sicut igitur non repugnat nunc libero arbitrio quod immobili voluntate desideramus beatitudinem et miseriam fugimus in communi, ita non erit contrarium libero arbitrio quod voluntas immobiliter fertur in aliquid determinatum sicut in ultimum finem: quia sicut nunc immobiliter nobis inhaeret natura communis, per quam beatitudinem appetimus in communi; ita tunc immobiliter manebit illa specialis dispositio per quam hoc vel illud desideratur ut ultimus finis.

n.8 ‘ Substantiae autem separatae, scilicet angeli, propinquiores sunt, secundum naturam in qua creantur, ultimae perfectioni quam animae: quia non indigent acquirere scientiam ex sensibus, neque pervenire ratiocinando de principiis ad conclusiones, sicut animae; sed per species inditas statim possunt in contemplationem veritatis pervenire. et ideo statim quod debito fini, vel indebito adhaeserunt, immobiliter in eo permanserunt.

n.9 ‘ Non est tamen aestimandum quod animae, postquam resument corpora in resurrectione, immobilitatem voluntatis amittant, sed in ea perseverant: * quia, ut supra dictum est, ‘ corpora in resurrectione disponentur secundum exigentiam animae, non autem animae immutabuntur per corpora.

005 SCG lb4 cp96

n. ‘ De finali iudicio.

n.1 ‘ Ex praemissis igitur apparet quod duplex est retributio pro his quae homo in vita gerit: una secundum animam, quam aliquis percipit statim cum anima fuerit a corpore separata; alia vero retributio erit in resumptione corporum, secundum quod quidam impassibilia et gloriosa corpora, quidam vero passibilia resument et ignobilia. et prima quidem retributio singillatim fit singulis, secundum quod divisim singuli moriuntur. secunda autem retributio simul omnibus fiet, secundum quod omnes simul resurgent. omnis autem retributio qua diversa redduntur secundum diversitatem meritorum, iudicium requirit. necesse est ergo duplex esse iudicium: unum, quo divisim singulis quantum ad animam redditur poena vel praemium; aliud autem commune, secundum quod, quantum ad animam et corpus, reddetur omnibus simul quod meruerunt.

n.2 ‘ Et quia christus sua humanitate, secundum quam passus est et resurrexit, nobis et resurrectionem et vitam aeternam promeruit; sibi competit illud commune iudicium, quo resurgentes vel praemiantur vel puniuntur. * propterea de eo dicitur ioan. 5-27: ° potestatem dedit ei iudicium facere, quia filius hominis est.

n.3 ‘ Oportet autem iudicium proportionale esse his de quibus iudicatur. et quia finale iudicium erit de praemio vel poena visibilium corporum, conveniens est ut illud iudicium visibiliter agatur. unde etiam christus in forma humanitatis iudicabit, quam omnes possint videre, tam boni quam mali. visio autem divinitatis eius beatos facit, * ut in tertio est ostensum: ‘ unde a solis bonis poterit videri. iudicium autem animarum, quia de invisibilibus est, invisibiliter agitur.

n.4 ‘ Licet autem christus in illo finali iudicio auctoritatem habeat iudicandi, iudicabunt tamen simul cum illo, velut iudicis assessores, qui ei prae ceteris adhaeserunt, scilicet apostoli, * quibus dictum est, matth. 19-28: ° vos qui secuti estis me, sedebitis super sedes iudicantes duodecim tribus israel; ‘ quae promissio etiam ad illos extenditur, qui apostolorum vestigia imitantur.

005 SCG lb4 cp97

n. ‘ De statu mundi post iudicium.

n.1 ‘ Peracto igitur finali iudicio, natura humana totaliter in suo termino constituetur. quia vero omnia corporalia sunt quodammodo propter hominem, * ut in tertio est ostensum, ‘ tunc etiam totius creaturae corporeae conveniens est ut status immutetur, ut congruat statui hominum qui tunc erunt. et quia tunc homines incorruptibiles erunt, a tota creatura corporea tolletur generationis et corruptionis status. * et hoc est quod dicit apostolus, rom. 8-21, quod ° ipsa creatura liberabitur a servitute corruptionis in libertatem gloriae filiorum dei.

n.2 ‘ Generatio autem et corruptio in inferioribus corporibus ex motu caeli causatur. ad hoc igitur quod in inferioribus cesset generatio et corruptio, oportet etiam quod motus caeli cesset. * et propter hoc dicitur apoc. 10-6, quod ° tempus amplius non erit.

n.3 ‘ Non debet autem impossibile videri quod motus caeli cesset. non enim motus caeli sic est naturalis sicut motus gravium et levium, ut ab aliquo interiori activo principio inclinetur ad motum: sed dicitur naturalis, inquantum habet in sua natura aptitudinem ad talem motum; principium autem illius motus est aliquis intellectus, * ut in tertio est ostensum. ‘ movetur igitur caelum sicut ea quae a voluntate moventur. voluntas autem movet propter finem. finis autem motus caeli non potest esse ipsum moveri: motus enim, cum semper in aliud tendat, non habet rationem ultimi finis. nec potest dici quod finis caelestis motus sit, ut corpus caeleste reducatur secundum ubi de potentia in actum: quia haec potentia nunquam potest tota in actum reduci: quia dum corpus caeleste est actu in uno ubi, est in potentia ad aliud; sicut est et de potentia materiae primae respectu formarum. sicut igitur finis naturae in generatione non est reducere materiam de |25| potentia in actum, sed aliquid quod ad hoc consequitur, scilicet perpetuitas rerum, per quam ad divinam similitudinem accedunt; ita finis motus caelestis non est reduci de potentia in actum, sed aliquid consequens ad hanc reductionem, scilicet assimilari deo in causando. omnia autem generabilia et corruptibilia, quae causantur per motum caeli, ad hominem ordinantur quodammodo sicut in finem, * ut in tertio est ostensum. ‘ motus igitur caeli praecipue est propter generationem hominum: in hoc enim maxime divinam similitudinem consequitur in causando, quia forma hominis, scilicet anima rationalis, immediate creatur a deo, * ut in secundo est ostensum. ‘ non autem potest esse finis multiplicatio animarum in infinitum: quia infinitum contrariatur rationi finis. nihil igitur inconveniens sequitur si, certo numero hominum completo, ponamus motum caeli desistere.

n.4 ‘ Cessante tamen motu caeli et generatione et corruptione ab elementis, eorum substantia remanebit, ex immobilitate divinae bonitatis: “ creavit enim res ut essent. ‘ unde esse rerum quae aptitudinem habent ad perpetuitatem, in perpetuum remanebit. habent autem naturam ut sint perpetua, secundum totum et partem, corpora caelestia; elementa vero secundum totum, licet non secundum partem, quia secundum partem corruptibilia sunt; homines vero secundum partem, licet non secundum totum, nam anima rationalis incorruptibilis est, compositum autem corruptibile. haec igitur secundum substantiam remanebunt in illo ultimo statu mundi, quae quoquo modo ad perpetuitatem aptitudinem habent, deo supplente sua virtute quod eis ex propria infirmitate deest.

n.5 ‘ Alia vero animalia, et plantae, et corpora mixta, quae totaliter sunt corruptibilia, et secundum totum et partem, nullo modo in illo incorruptionis statu remanebunt. * sic igitur intelligendum est quod apostolus dicit, i cor. 7-31: ° praeterit figura huius mundi, “ quia haec species mundi quae nunc est, cessabit: substantia vero remanebit. * sic etiam intelligitur quod dicitur iob 14-12: ° homo, cum dormierit, non resurget donec atteratur caelum: “ idest, donec ista dispositio caeli cesset qua movetur et in aliis motum causat.

n.6 ‘ Quia vero inter alia elementa maxime activum est ignis, et corruptibilium consumptivum; consumptio eorum quae in futuro statu remanere non debent, convenientissime fiet per ignem. * et ideo secundum fidem ponitur quod ‘ finaliter mundus per ignem purgabitur, non solum a corruptibilibus corporibus, sed etiam ab infectione quam locus iste incurrit ex habitatione peccatorum. * et hoc est quod dicitur ii petri 3-7: ° caeli qui nunc sunt et terra eodem verbo repositi sunt, igni reservati, in diem iudicii: “ ut per caelos non ipsum firmamentum intelligamus, in quo sunt sidera, sive fixa sive errantia, sed istos caelos aereos terrae vicinos.

n.7 ‘ Quia igitur creatura corporalis finaliter disponetur per congruentiam ad hominis statum; homines autem non solum a corruptione liberabuntur, sed etiam gloria induentur, * ut ex dictis patet: ‘ oportebit quod etiam creatura corporalis quandam claritatis gloriam suo modo consequatur.

n.8 * Et hinc est quod dicitur apoc. 21-1: ° vidi caelum novum et terram novam; * et isaiae 65-17 ° ego creabo caelos novos, et terram novam, et non erunt in memoria priora, et non ascendent super cor: sed gaudebitis et exsultabitis usque in sempiternum. ‘ amen.

AUTOGRAPHI DELETA

----

006 ADL 3s pg205

l.9 ‘ ad primum ergo dicendum quod gratia unionis dicitur quidem gratia quantum ad causam quia eam nulla merita praecedunt, sed naturalis quantum ad effectum * ut dictum est. ‘ gratia autem habitualis dicitur quidem naturalis quantum ad primum modum, non per proprietatem sed per similitudinem; quantum ad secundum dicitur gratia ratione humanae naturae, naturalis ratione divinae. et per hoc...#

006 ADL 3s pg206

l.15 * responsio. dicendum quod sicut dictum est * prima opinio ponebat quod “ ex anima et corpore non tantum constituebatur humanitas sed homo, et hoc totum erat assumptum; et quia homo praedicatur de christo * ponebat quod “ de christo praedicatur assumptum et assumens similiter, scilicet persona verbi; et quia assumptum et assumens sunt duo, * ideo ponebat quod “ christus est illa duo, est tamen unus masculine propter unitatem personae. * sed non videtur esse magna ratio quare ‘ masculinum genus magis designet personam quam hypostasim, nisi forte propter maiorem perfectionem in persona quam in hypostasi. sed quia constitutum ex anima et carne unita, secundum quod unio ipsorum praeintelligitur ad assumptionem, non constituunt hominem sed humanitatem, homo autem constituitur per unionem ad personam divinam, ideo homo quod praedicatur de christo non ponit in numerum cum filio dei vel cum deo sed per hominem supponitur; et propter hoc ex hoc quod christus est deus et homo non dicitur esse duo, humana autem natura quae ponit in numerum cum divina non praedicatur de christo sicut nec de aliquo alio homine quamvis divina natura de ipso praedicetur. unde non remanet aliquis modus secundum quem christus possit dici duo, sed est unum neutraliter, non tantum unus masculine. ad primum ergo dicendum quod christus dicitur esse aliud et aliud, idest alterius et alterius naturae. ad secundum dicendum quod differentia est in christo naturarum et numerus, sed illae duae naturae non praedicantur de christo sed altera earum tantum. |25| ad tertium dicendum quod quamvis in christo sint duae unitates sicut et duae naturae, est tamen unum quod subsistit in duabus naturis et per duas unitates denominatur, loquendo de unitatibus naturalibus; sed unitas personalis est una tantum. ad quartum dicendum quod essentia una praedicatur de tribus personis in recto quia pater est essentia divina et similiter filius et spiritus sanctus, et ideo dicuntur esse unum; sed duae naturae non praedicantur in recto de christo, sed una in recto et in obliquo, scilicet divina, quia christus est divina natura propter hoc quod persona non differt realiter a natura, et est divinae naturae propter diversum modum significandi; humana vero natura praedicatur in obliquo tantum, dicitur enim christus humanae naturae hypostasis, non autem humana natura. ad quintum dicendum quod cum dicitur christus est aliquid quod est mater, li aliquid non praedicat de christo tantum naturam sed suppositum naturae. relativum autem non repraesentat antecedens nisi formaliter, quia mater non est idem suppositum cum filio sed eandem naturam habet; et ideo non sequitur quod christus sit duo sed quod habeat duas naturas.#

006 ADL 3s pg208

l.4 ‘ ad tertium dicendum quod sicut in divinis personis hoc quod pertinet ad naturam secundum rem convenit personae, ut esse sapientem vel bonum, non autem quod pertinet ad rationem naturae, ut hoc quod est / commune / non generare neque generari, ita etiam est in proposito; quia illud quod pertinet ad humanam naturam secundum rem convenit christo secundum quod homo, ut esse passibile vel mortale, non autem illud quod convenit naturae secundum rationem naturae qua contra personam dividitur. non enim sequitur si natura humana in christo non est per se / existe- / subsistens, quod hoc etiam conveniat christo secundum quod homo; individuum autem convenit humanae naturae in christo quasi rei non subsistenti. unde hoc modo accipiendo individuum non convenit christo secundum quod homo.#

006 ADL 3s pg209

l.4 ‘ responsio. dicendum quod filio dei nullatenus convenit esse creaturam, neque secundum quod nos creationem accipimus, * neque secundum quod aliqui philosophi acceperunt. ‘ nos enim de ratione creationis esse dicimus ut id quod creatur non semper fuerit sed habeat esse post non esse ordine durationis. * avicenna vero ponit quod “ de ratione creationis non est quod id quod creatur sit ex nihilo, idest post nihil ordine durationis, sed ordine naturae; in quantum scilicet id quod creatur in se consideratum non habet esse sed est nihil, unde ordine naturae non esse vel nihil est sibi prius quam esse, quod ab alio habet; secundum quem modum caelum, quod semper fuisse sentit, creatum dicit. * et similiter commentator in libro de substantia orbis, “ factum. ‘ sed neutrum istorum filio dei convenire potest; quia generatio, quam consequitur filiationis nomen, processionem naturalem dicit. in his autem quae procedunt naturaliter, quandocumque natura secundum quam fit processio perfecta et sufficiens est, oportet quod sit processio. unde cum natura divina numquam fuerit non perfecta vel non sufficiens ad generationem, generatio semper fuit; et sic etiam filius semper fuit. sicut autem quod procedit per viam naturae coaequatur naturae illi, si sit perfecta et sufficiens, in duratione, ita etiam in perfectione. sicut enim naturae non est determinare quando operandum sit et quando non, sed quandocumque potest operatur, ita etiam naturae non est determinare: tantum communicandum est et tantum non; sed perfectam sui similitudinem communicat si potest. quod autem non possit, est vel ex materiae defectu vel ex defectu agentis. eum autem qui materiam non requirit ex qua operatur et qui |25| est infinitae potentiae, neuter defectus impedire potest; unde sequitur quod si aliquid procedat a deo per viam naturae, quod illud sit aequale ipsi deo. * et hoc est quod hilarius dicit in libro de synodis: ° omnibus creaturis substantiam voluntas dei attulit sed filio natura dedit. * et ideo subiungit: ° talia creata sunt cuncta qualia deus esse voluit, filius autem natus ex deo substitit qualis est deus. ‘ sed non potest esse quod natura divina una specie numero differat, quia natura divina est ipsum esse divinum; unde non potest esse quod sit ipsa una et esse non sit unum, quod requiritur in his quae sunt eadem specie, diversa secundum numerum. ergo relinquitur quod filius habeat eandem naturam numero quam pater, et idem esse. unde sicut esse patris non praesupponit non esse secundum naturam, ita nec esse filii. patet ergo quod ex hoc ipso quod / dicitur / est verus filius patris, quod sacra scriptura docet, oportet ponere quod sit coaeternus et consubstantialis et sic eius esse non praecedatur a non esse nec tempore nec natura. unde nullo modo est creatura. * et ignorantia horum duorum induxit arrium in errorem. tum quia credidit quod “ illud quod procedit ab aliquo de necessitate sequatur ipsum duratione, deceptus ex his quae per motum fiunt, in quibus factum non est nisi in termino motus quem praecedit tempore principium motus et / gn- / faciens inchoans motum; * tum etiam quia non potuit videre qualiter “ id quod est a deo sit ei aequale et consubstantiale, deceptus ex his quae per voluntatem producta talia sunt qualia deus voluit.#

006 ADL 3s pg210

l.27 ‘ potest intelligi tripliciter: primo ipsa persona verbi quae data est naturae humanae ut in ea subsisteret, * secundum quod dicitur phil. 2 quod ° datum est ei nomen super omne nomen; ‘ et sic iterum gratia unionis est gratia increata. secundo ipsa / relatio / unio / unionis / quae / quodda- / quaedam relatio creata est. tertio modo potest dici gratia unionis aliqua qualitas quae sit in natura assumpta per quam disponatur ad unionem quamvis unionem nulla creatura perficere possit. sed aliquid potest disponere...#

006 ADL 3s pg211

l.5 ‘ vel aliter: quadrupliciter. uno modo ipsa natura divinitatis unita humanae, et de hoc dono * dicitur phil. 2 ° dedit illi nomen quod est super omne nomen; ‘ et sic gratia unionis increata est. alio modo potest dici ipsa (---) quae creatum quoddam est, * ut supra dist. 5 dictum est. ‘ tertio modo unionem quam licet tota trinitas fecerit, tamen spiritu sancto appropriatur, * ut supra dist. 4 dictum est, ‘ qui est proprie donum dei; unde potest dici gratia unionis; et sic iterum increata est gratia unionis. quarto modo potest dici gratia unionis ad unionem disponens.#

l.20 ‘ ad secundum dicendum quod gratia creata est illud quo nos deo unimur, quia per gratiam ei assimilamur; sed gratia creata non est id quo natura humana deo unitur in persona, sed id quod decet eam unitam, vel id quod consequitur unitatem in persona, scilicet relatio unionis.#

l.28 ‘ responsio. dicendum ad primam quaestionem quod si gratia unionis dicatur ipsa voluntas dei gratuita, sic constat quod est eadem gratia unionis et capitis. si autem dicatur gratia unionis ipsa unio et christus dicatur caput secundum quod deus, adhuc erit eadem. si autem dicatur christus caput secundum quod homo, sic erit alia et alia, quia gratia secundum quam meruit fuit aliud quam ipsa unio. si autem dicatur gratia unionis id quod decuit naturam unitam, sic etiam sunt idem, quia hoc decuit naturam unitam ut tantam plenitudinem gratiae haberet quod aliis influere posset.#

l.37 ‘ ad secundam quaestionem dicendum quod gratia capitis, prout est caput secundum naturam humanam, est eadem gratia secundum substantiam et gratia singularis, sed differt ratione, dupliciter: primo quantum ad diversas comparationes, quia gratia singularis est secundum quod in se ipso perfectus est, gratia autem capitis secundum quod aliis influit; secundo quantum ad hoc quod gratia capitis addit supra gratiam singularem plenitudinem tantam qua possit in alios effluere. unde patet responsio ad duo prima, quia procedunt de unitate secundum essentiam.#

006 ADL 3s pg212

l.26 ‘ ad secundam quaestionem dicendum quod omnis operatio egreditur ab aliqua potentia, sed tamen aliqua potentia producit actum mediante habitu, aliqua non. cuius ratio est quia sunt quaedam potentiae pure activae, et tales / non / producunt actum mediante habitu / immediate actum producunt / non mediante aliquo habitu, quia non oportet quod aliquid recipiant ad hoc quod agant / sicut ignis per virtutem suam sine aliquo habitu calefacit. aliquae autem potentiae sunt passivae, et quia nihil agit nisi secundum quod perfectum est et passivum non est perfectum nisi / medi- / postquam recipit impressionem activi, ideo huiusmodi potentiae non operantur nisi mediante aliquo addito / scilicet impressione activorum in ipsas / sicut sensus mediante specie / sensitivi / sensibilis et lumine; et / lucidum / diaphanum non illuminat nisi illuminatum in actu. sed tamen hoc quod superadditur potentiae aliquando dicitur habitus, aliquando non. habitus enim dicitur proprie quando ex potentia adveniente illo addito sequitur / aliquid / operatio / non necessitate sed / secundum ordinationem voluntatis. * et ideo dicit commentator / in tertio de anima / quod “ habitus est quo quis agit cum voluerit. ‘ sed potentiae quae natae sunt agere per habitum quaedam quandoque agere possunt sine habitu, scilicet potentiae illae quae habent aliquas superiores quibus moventur et diriguntur, quia illae superiores potentiae sunt eis loco habituum, sicut voluntas quae regitur ratione producit actum virtutis sine habitu propter regimen rationis et ratio considerat sine habitu scientiae propter / lumen intellectus agentis / intellectum dirigentem./ et simile est de potentiis in quibus sunt plures habitus ordinati, quia per habitum superiorem |25| potest determinari scientia ad / habitum / actum inferioris habitus etiam illo habitu non existente, sicut per geometriam posset aliquis considerare aliquam conclusionem perspectivae etiam carens habitu perspectivae./ sed non exit perfecta operatio nisi quando forma potentiae superioris regentis quodammodo imprimitur et sigillatur in ipsa inferiori potentia ut ordo superioris potentiae efficiatur inferiori quasi forma; et tunc producit operationem perfectam sine difficultate et cum delectatione. et sic patent quatuor conditiones habitus: scilicet quod est perfectio potentiae, in quantum potentiae superadditur; item quod eo non semper agitur, in quantum subditur ordinationi voluntatis; item quod est difficile mobilis, in quantum est quaedam forma impressa in potentia, manens in ipsa; item quod reddit operationem delectabilem, in quantum / tollitur / operatio redditur conveniens et similis potentiae, ratione formae impressae. * patet ergo ex dictis quod ‘ omnis potentia passiva operatur mediante habitu si eius operatio nata sit ordinari per voluntatem. et quia unumquodque patitur et recipit secundum quod est in potentia, agit autem secundum quod est in actu, ideo omnis potentia quae / in natura sua / non potest esse in actu / omnium illorum / secundum / id / quod operatur / totam ad quod sua operatio se extendit / oportet quod sit passiva et receptiva. et ideo sensus qui operatur circa omnia sensibilia oportet quod sit potentia passiva, quia non potest esse in actu omnium sensibilium, secundum quod huiusmodi. sed intellectus operatur circa esse absolute, quia omne ens intelligibile est. unde nullus intellectus potest intelligere sine receptione alicuius quod largo modo dicimus passionem, nisi ille intellectus in quo nulla cadit potentia / esse / in esse. hoc autem est intellectus divinus |50| tantum / qui quasi fons essendi praehabet omnia entia / quia in omni alio est potentia et actus. et ideo omnis alius intellectus oportet quod per / habitum intelligat / aliquid additum intelligat, sive illud sit naturaliter inditum, sive superveniens aliunde. unde dico quod anima christi oportet quod intelligat per habitum creatum; qui quidem habitus in duobus consistit: scilicet in lumine intelligibili et in similitudinibus rerum intellectarum.#

006 ADL 3s pg214

l.23 ‘ ad primum ergo dicendum quod quia angelus habet potentialitatem / in suo / ammixtam quantum ad suum esse, ideo habet esse limitatum et propter hoc non potest esse secundum suam essentiam similitudo omnis entis. unde per suam essentiam non potest cognoscere res; et ideo oportet quod per species rerum cognoscat, * secundum quod dicitur in libro de causis quod “ intelligentia est plena formis. ‘ sed quia est prima / lux / natura intellectualis creata, ideo ipsa natura angeli est quaedam lux intellectualis;/ unde / quod quidem lumen intellectuale / quae quidem est in anima rationali per participationem ut lumen quoddam, secundum quod natura animae rationalis attingit ad naturam intellectualem in summo sui./ * unde philosophus dicit in tertio de anima quod “ lumen intellectus agentis est in anima ut habitus quidam./ * et secundum hoc intelligo verbum maximi quod “ angeli quantum ad cognitionem naturalem non cognoscunt per habitum sed quod habitus concernit lumen intellectuale superadditum. ‘ cognoscunt tamen per habitum quantum ad species rerum. anima autem christi quod sit superior angelis, non habet ex natura animae, quia sic / homo / quaelibet anima esset superior angelis; sicut nec corpus eius habet ex natura corporis quod sit nobilius nostris animabus sed ex unione. unde omnia quae superadduntur a deo in anima christi et in angelis sunt eminentius in anima christi quam in angelis.#

006 ADL 3s pg215

l.21 ‘ ad secundum dicendum quod consideratio hominis non est ex intellectu agente tantum neque ex possibili tantum sed ex utroque simul. sed operatio quae est intellectus agentis tantum est facere / species intelle- / intellecta / intelligibilia in actu; et operatio intellectus possibilis tantum est / fac- / recipere eas. et ideo intellectus possibilis est subiectum habitus scientiae, non autem intellectus agens / sed / est / causa habitus /. quamvis autem...#

l.35 ‘ quia cum illud quod est in deo unum et simplex recipiatur ut multiplicatum in creatura qualibet, similitudo ipsius dei non potest / esse / imprimi in aliqua creatura secundum unam speciem aut formam, sed secundum multas et particulariter. unde cum visio dei qua videtur ab anima christi sit ipsius secundum quod est in se unus, et non sit ex parte, impossibile est quod per speciem fiat quae sit similitudo cogniti.#

l.45 ‘ vel dicendum quod scientia rerum in proprio genere non habet annexam imperfectionem viae, quia etiam in patria erit, quamvis sit minus perfecta quam / cognitio / visio in verbo, et ideo non est simile de fide.#

006 ADL 3s pg216

l.20 ‘ ad quartum dicendum quod aliqua substantia finita potest habere potentiam cognoscendi infinita, non autem potentiam faciendi; quia cognitio de rebus est secundum quod sunt in cognoscente in quo quodammodo uniuntur et quasi ab infinitate in unitatem congregantur; sed potentia. ad quartum dicendum quod scientia dei et potentia est infinita dupliciter: et quantum ad efficaciam in agendo et cognoscendo et quantum ad obiecta utriusque. animae autem christi non est communicata neque scientia neque potentia infinita quantum ad efficaciam; sed quantum ad obiecta potuit sibi communicari scientia infinita, quamvis non sit communicata. quantum autem ad / potentiam / obiecta potentiae non potuit sibi communicari potentia infinita. cuius ratio est, quia / substantia / creaturae non est / in creatura non / est / potest esse / virtus / infinita / infinitum / simpliciter / in actu / et per se; potest autem esse ibi “ infinitum per accidens, * ut dicunt philosophi, “ et in potentia. ‘ quantitas autem virtutis per se commensuratur / ad id quod ponit in actu et / ad actum secundum quod egreditur / a potentia / a virtute /, et ad obiectum secundum quod / potentia a- / virtus aliquid circa ipsum ponit. cum igitur efficacia virtutis sit secundum ipsum exitum actus a / potentia / virtute, efficacia infinita induceret per se infinitatem in virtute; et ideo nulla virtus creata neque activa neque cognoscitiva potest habere efficaciam infinitam. ex parte autem obiectorum contingit quod virtus ponit quantum ex parte sui est unum aliquid circa diversa obiecta; unde illa pluralitas obiectorum per accidens respicit potentiam, et ideo secundum illa non attenditur quantitas potentiae. et propter hoc, |25| si aliqua virtus activa non diminuitur in agendo neque debilitatur, potest infinita agere secundum speciem eandem in quantum ponit circa ipsa unam suam similitudinem. et similiter posset facere diversas species et infinitas si renovarentur in eo similitudines secundum quas agit infinite per successionem; sicut si homo / semper / in infinitum viveret et adderet semper angulum ad angulum in aliqua figura, sic enim faceret infinitas species. sed quod secundum unam formam quam actu habet infinitas species produceret, hoc non potest esse nisi sit essentia infinita et potentia infinita simpliciter et per se. et quia scientia diversorum est in quantum ponitur unum lumen circa omnia, secundum quod fiunt intelligibilia in actu vel etiam secundum successionem specierum in anima, quae ex intelligendo non debilitatur, ideo, quamvis sit virtutis finitae et essentiae, tamen potest sibi communicari scientia infinitorum, non tamen potentia omnium.#

006 ADL 3s pg218

l.11 ‘ responsio. dicendum quod * sicut damascenus dicit in secundo libro, “ passio est motus / ab / ex / alio in aliud. ‘ sed quia nomen passionis a receptione sumitur, dicitur enim a patin graece quod est recipere, dicitur proprie passio motus non omnis sed secundum quem imprimitur aliquid in / age- / patiente ab aliquo exteriori agente. * et propter hoc dicit philosophus in primo de generatione quod “ solus motus alterationis passio dicitur; ‘ motus enim localis non transmutat aliquid intrinsecum rei; motus vero augmenti est secundum hoc quod id quod iam inest scilicet nutrimentum conversum in maiorem quantitatem protenditur. unde secundum / sui / perfectam rationem / passionis / alteratio passio dicitur. hinc autem translatum est nomen passionis ad ipsas qualitates secundum quas fit alteratio,/ quia / secundum quod / formae nominantur ex / actibus) motibus / propriis. alteratio autem cum sit motus in qualitate requirit / tria / quatuor /: unum ex parte subiecti quod alteratur, ut scilicet sit res / naturalis / quae possit esse subiectum motus; cuiusmodi sunt res materiales. aliud ex parte / terminorum / termini a quo /, ut scilicet una qualitas abiciatur / et altera inducatur / quae prius inerat /. tertium ex parte / moventis / termini ad quem /, ut scilicet / sit / qualitas / aliunde / adveniens / sit / ex ex- / ab intrinseco agente imprimente in ipso /. quartum est ex parte moventis, ut scilicet / patiens / agens assimilet sibi patiens. et secundum hoc inveniuntur diversa genera passionum. dicitur enim uno modo passio communissime quantum ad receptionem tantum / sine hoc quod sint / quae tamen non / sine hoc quod / sicut intellectus possibilis recipit species intelligibilium / que tamen |25| ei extraneae esse non possunt sed perfectiones eius quia omne quod recipitur in intellectu recipitur per modum veri quod est perfectio intellectus./ alio modo adhuc magis proprie dicitur passio secundum receptionem et assimilationem ad rem unde fit receptio; et sic delectatio et amor / intelligibil- / qui est in parte intellectiva potest dici passio, quia huiusmodi consequuntur in parte intellectiva ex convenientia apprehensi ad / rem / apprehendentem secundum quod est bonum ei; et hoc deficiebat in primo modo.#

006 ADL 3s pg219

l.12 ‘ responsio. dicendum quod ad huius evidentiam oportet tria scire: scilicet quorum sit proprie pati, qualiter in aliqua anima possit esse passio, et qualiter anima christi est passibilis. * cum autem dicat damascenus quod “ passio est motus ex alio in aliud, non quilibet motus est passio sed solum alteratio proprie loquendo, * ut dicit philosophus in primo de generatione; ‘ quia in hoc solo motu aliquid a re abicitur et aliquid imprimitur, quod est de ratione passionis. motus enim localis est secundum id quod est extra rem scilicet locus; motus vero augmenti secundum hoc quod / ex e- / id quod iam inest, scilicet nutrimentum, producitur in maiorem quantitatem augmentatum. ad hoc autem quod aliquid alteretur / tria / quatuor / quinque / requiruntur. scilicet ut alterabile sit / res subsistens, quia quod non subsistit non movetur. item quod sit / corpus, quia alias alterans non posset sibi advenire in maiori propinquitate nunc quam prius; secundum quem modum motus localis est causa alterationis quia res incorporea non habet situm determinatum. item quod / habeat contrarietatem / una qualitas expellatur et alia introducatur, quod est quia est motus in qualitate. et ex hoc sequitur quartum, scilicet quod alterabili sit aliquid contrarium quod agat ad remotionem alicuius qualitatis in ipso. et haec / quatuor / quinque / requiruntur ad hoc quod aliquid proprie patiatur et per se. et adhuc / quintum / sextum / secundum quod passio propriissime accipitur, ut scilicet qualitas abiecta sit / conveniens / de perfectione patientis, qualitas autem adveniens sit extranea. quod quidem magis requiritur in passione quam in alteratione quia alteratio |25| cum sit species motus respicit tantum duos terminos indifferenter, passio autem cum / concernat respectum / determinet / motum in patiente per respectum ad agentem, concernit quid conveniat patienti et quid non. et propter hoc infirmationes dicuntur passiones, non autem sanationes proprie loquendo. et similiter proprie passio dicitur ubi res alterata trahitur extra modum sibi naturalem. ex hoc ergo de facili potest patere...#

006 ADL 3s pg221

l.38 ‘ sed quia nihil abicitur / quod erat quarta conditio / nec iterum sensus omnino movetur a sensibili ut scilicet recipiat aliquid ab eo per modum rei / unde non habet contrarietatem ad sensum, q- / quod erat prima conditio,/ nec sensibile in quantum huiusmodi habet aliquam contrarietatem ad sensum, quod erat / secun- / quinta / quarta / quinta conditio passionis / ideo non proprie dicitur pati...#

006 ADL 3s pg222

l.12 ‘ et moyses non affligebatur ex ieiunio xl dierum quando cum deo loquebatur;#

l.15 ‘ praeterea. ignis inferni magis est inflictivus doloris quam aliqua res huius saeculi; sed corpus christi si fuisset in inferno non doluisset; ergo nec per aliquam poenam sibi illatam vere doluit. praeterea. corpus christi fuit purius quam corpus adae; sed propter sui puritatem corpus adae pati dolorem non potuit; ergo multo minus corpus christi. praeterea. omne agens est nobilius patiente; sed nihil fuit dignius corpore christi; ergo pati dolorem ab aliquo corpore laedente non potuit.#

l.23 ‘ ad secundam quaestionem dicendum quod dolor et tristitia sunt de malo praesenti, sicut gaudium et delectatio de bono praesenti, spes autem de bono futuro, timor de / bono / malo / futuro. in hoc tamen differunt dolor et tristitia quod dolor proprie sequitur apprehensionem sensus exterioris, tristitia autem apprehensionem sensus interioris. et inde est quod tristamur de eo quod futurum timemus, non autem dolemus, quia quod est futurum potest esse praesens in imaginatione, non autem in sensu nisi forte vehementia imaginationis trahat ad se sensum, sicut accidit in mente captis et dormientibus. et tamen quando ad rationem transferuntur dicitur ibi et dolor et tristitia; non quae sit passio, quae non est nata esse nisi in parte sensitiva proprie loquendo * ut dictum est, ‘ sed aliquid oppositum delectationi rationis, quod causatur ex repugnantia voluntatis ad id quod apprehenditur, sicut delectatio ex convenientia. secundum hoc ergo dicendum quod dolor potest hic accipi dupliciter. uno modo secundum quod consequitur ex sensu laesionis, et sic dolor per se et directe non fuit in christo nisi quantum ad sensum tactus, sed indirecte quantum ad omnes alias vires animae quia * sicut dictum est ‘ ea quae faciunt dolorem in tactu sunt dissolventia complexionem corporis per quam anima corpori coniungitur secundum sui essentiam. et quia omnes potentiae radicantur in essentia animae, ideo ista laesio ad omnes potentias animae pervenit quantum ad earum esse quod habent in anima coniuncta corpori, non quantum ad earum operationem, quia visus non percipit istud dissolvens nisi in quantum sua operatio debilitatur ex |25| ipso / ipsa / dissolvente / laesione, et sic de aliis. alio modo possumus loqui de dolore secundum quod consequitur ex apprehensione alicuius virium interiorum et praecipue rationis. et sic sciendum est quod ad dolorem / animae / qui sit in intellectu duo requiruntur / sicut et in delectatione /: unum est quod apprehensum / quod dolorem inducit / delectans / sit / repugnans / conveniens / voluntati rationis;/ aliud est / et similiter oportet quod dolorem inducens sit repugnans. aliud est quod natura rationis aut intellectus quodammodo refloreat et perficiatur ex affectu ad rem apprehensum, et per contrarium requiritur in dolore quod natura rationis impressionem contrariam / sentiat / suscipiat ex affectu ad apprehensum, alias non erit afflictatio vel dolor ex apprehensione eius quod repugnat voluntati. sicut angelorum voluntati repugnat quod aliquis peccet, nec tamen inde affliguntur vel dolent quia eorum natura adeo imbuta est iocunditate divinae fruitionis quod contraria impressio ibi esse non potest. quantum autem ad primum dictorum sciendum est quod voluntas rationis proportionatur bono apprehenso secundum rationem quod est obiectum eius et bonum apprehensum a ratione nisi sit error in ratione, qui non fuit in ratione christi./ res autem / bonum autem in ipsa re potest considerari dupliciter. uno modo bonum quod inest ei absolute: et hoc bonum apprehendit ratio / in prima apprehensione / apprehensione absoluta, et voluntas eodem modo fertur in ipsum. alio modo bonum inest rei in ordine ad aliud, sicut sectio vulneris est bona non in se sed in ordine ad sanitatem: et sic ratio apprehendit hoc bonum ex collatione unius ad alterum; et similiter voluntas fertur in ipsum. et hoc modo dicitur ratio |50| ut ratio et voluntas ut ratio, quia operatio rationis et voluntatis in collatione quadam consistit, quae rationis propria est; primo autem modo dicitur ratio et voluntas ut natura quia sine collatione operatur ut natura. unde ratio ut ratio (natura) quantum ad voluntatem consequentem refugit sectionem vulneris ut secundum se malum sed ratio ut ratio appetit ut bonum secundum ordinem ad aliud. et secundum hoc patet quod mors vel passio repugnabat voluntati vel rationi christi quantum ad primum modum, non autem quantum ad secundum. similiter sciendum est quod in christo propter / unitatem / unionem ad deum in persona non refundebatur aliquid ex una potentia in aliam nisi secundum / ordinationem deitatis / ordinem / quod expediebat nostrae redemptioni; unde gaudium fruitionis non refundebatur in essentiam animae ut faceret eam non susceptibilem impressionis contrariae, scilicet doloris et laesionis, * sicut dictum est quod ‘laesio corporis ad eam pertingebat; refundebatur tamen in alias vires quantum ad hoc quod animae superioris imperium sequerentur. et ideo tota anima christi patiebatur quantum ad hoc quod dolor sensibilis ad totam animam perveniebat et quantum ad dolorem rationis dissentientis quodammodo passioni; et tota etiam fruebatur in quantum fruitio ad omnes vires quodam (modo) perveniebat et in quantum ipsa natura reflorebat ex tali gaudio.#

006 ADL 3s pg224

l.12 ‘ ad quintum dicendum quod dolor passionis non opponitur directe gaudio fruitionis, immo magis se habet materialiter ad ipsum, quia secundum quod deo fruebatur gaudebat de omnibus quae deo placebant et quia dolor passionis deo gratus fuit, ideo secundum quod fruebatur de dolore passionis gaudebat, sicut etiam paenitenti indicitur ut semper doleat et de dolore gaudeat. * sed quia philosophus dicit in vii ethicorum quod “ omnis tristitia omni delectationi repugnat et eam impedit quamvis non omnis delectatio aliam delectationem promoveat, ‘ ideo adhuc addendum est quod in aliis hominibus potentiae quae sunt ordinatae ad invicem dupliciter impediuntur: uno modo impeditur una potentia a suo actu per vehementiam alterius potentiae in suo actu, sicut qui vehementer circa sensum occupatur ab intelligendo retrahitur vel impeditur; et inde est quod una delectatio impedit aliam, sicut delectatio sensus impedit delectationem rationis. alio modo impeditur una potentia ex defectu alterius ordinatae ad ipsam, sicut ex corruptione imaginationis propter laesionem organi impeditur operatio intellectus; et inde est quod tristitia etiam quae est in sensu impedit delectationem quae est ex operatione intellectus. in christo autem aliter fuit, quia ex una potentia non impediebatur alia neque refundebatur aliquid ex uno in aliud nisi quantum ipse volebat. et ideo ex gaudio fruitionis quae erat in superiori parte animae non fiebat refusio in inferiores partes neque in essentiam animae, ut tolleretur passibilitas quae erat ex unione ad corpus; et per consequens passio usque ad ipsam rationem superiorem perveniebat in quantum in essentia animae fundabatur. et ita passio animae gaudium fruitionis non impediebat, nec secundum idem inerat gaudium et |25| passio, sed gaudium ex ordine ipsius ad obiectum, passio autem vel dolor ex ordine ipsius ad essentiam animae.#

006 ADL 3s pg225

l.7 ‘ ad secundum dicendum quod diversi homines sunt quidem distincti quantum ad personas sed sunt coniuncti in natura. unde sicut ex peccato adae non potuit causari in posteris peccatum personale, quod est actuale, sed peccatum originale, quod est peccatum naturae, in quantum naturam ab ipso traxerunt, ita etiam meritum christi se extendit ad naturam directe in quantum ratione divinitatis sua operatio est potens in totam naturam, et non ad praemium personale, nisi quatenus fundatur persona in natura et quod est personae in eo quod est naturae.#

l.21 ‘ responsio. dicendum quod * sicut dicitur 2a petri 2: ° a quo quis victus est, huius et servus addictus est. ‘ unde secundum hoc aliquis in diaboli servitutem devenit secundum quod ab eo victus est. pugnam autem victoria sequitur. unde sciendum est quod diabolus dupliciter hominum genus impugnavit. primo impugnavit simul totam humanam naturam in primis parentibus. et quia de eis victoriam sumpsit in quantum eos ad peccatum inclinavit, ideo tota humana natura ex primis parentibus per vitiatam originem traducta in servitutem diaboli devenit, in hoc scilicet quod humanum genus ad quod volebat / adduxerat / deduxerat, ut scilicet paradisum ingredi non possent. et hoc dominium diabolo christus totaliter abstulit per suam passionem quantum ad sufficientiam, quia omnes qui eius passioni per caritatem et fidem vel fidei sacramenta coniunguntur ab hac servitute liberantur in quantum eis ianua aperitur. secundo impugnat singulariter unumquemque et nunc vincit, nunc vincitur. unde ex hac pugna non competit sibi dominium in omnes.#

006 ADL 3s pg226

l.8 ‘ ad secundam quaestionem dicendum quod poena temporalis est duplex. una quae / consequitur / debetur peccato originali, et haec / fundatur super corruptione naturae, sicut fames, sitis et caetera huiusmodi / quae sequuntur ex principiis naturae corruptae /. alia est poena temporalis quae debetur / quae debetur personae ratione culpae originalis vel ratione actualis / culpae veniali vel ex genere vel ex eventu, scilicet quae per confessionem facta est venialis vel per contritionem. christi ergo passio sufficiens fuit quantum in se est ad tollendum omnem poenam, quia per eam satisfecit sufficienter pro omnibus peccatis, sed per efficientiam poena illa quae in corruptione naturae fundatur non tollitur quousque ipsa corruptio naturae tolletur secundum se, quod erit simul / in omnibus / in resurrectione gloriosa quantum ad omnes qui vim passionis christi in se susceperunt christo per fidem et caritatem coniuncti. nunc autem dum singulariter / curantur / curatio / per passionem christi liberantur, non fit curatio quantum ad ea quae naturae sunt nisi in quantum natura inficit hanc personam; unde curantur quantum ad actus personales et quantum ad ea quae personae debentur.#

l.27 ‘poena autem / temporalis / quae peccato actuali debetur diminuitur per passionem christi et tanto plus quanto est maior / caritas / participatio passionis christi. et ideo potest esse tanta contritio quod totam poenam temporalem aufert. ad primum ergo dicendum quod poena temporalis iniungitur vel ad exercitium virtutis, ut homo christo passo conformetur, et ut quanto eius similior passioni fuerit tanto redemptionis, quae per passionem eius est, magis particeps fiat; vel ad delendum reliquias peccati, quae per contraria delectationibus peccati tolluntur. ad secundum dicendum #

l.39 ‘poena autem illa quae personae debetur totaliter tollitur quando aliquis baptizatur quia baptismus efficaciam habet a passione christi, per quam homo renascitur in christo, sed peccata quae postmodum committit #

l.43 ‘poena autem illa quae personae debetur tollitur secundum quod persona passioni christi coniungitur / coniungitur autem passioni dupliciter. uno modo / in / per / baptismo / baptismum) in quo ipsius passionis sacramentum sumit consepultus cum christo per baptismum in morte. unde totaliter a poena illa liberatur quia baptismus non requirit gemitum exteriorem, interiorem autem requirit ne fictus accedat./ in / alio modo / conf- / coniungitur per conformitatem passionis sicut in paenitentia. unde poena temporalis necessaria est ut conformet nos christo patienti non solum per modum sacramenti sed secundum similitudinem rei; tamen poena illa minuitur ex virtute passionis christi. ad primum ergo dicendum quod poena temporalis #

006 ADL 3s pg227

l.13 ‘ ad secundam quaestionem dicendum quod “poena * ut dicit augustinus “ est malum in quantum nocet naturae bonae. ‘ nocet autem in quantum adimit aliquod bonum. si ergo adimat aliquod bonum aeternum dicitur aeterna quodammodo, in quantum scilicet ille qui poenam patitur non potest se ab hac poena liberare etiam si ab alio liberari possit, quamvis illa magis proprie dicatur poena aeter- #

l.25 ‘ad secundum dicendum quod “ natura * ut dicit damascenus “ dupliciter potest considerari: vel secundum quod est / in se / nuda in contemplatione vel secundum quod est in individuis, ‘ et hoc iterum dupliciter quia vel secundum quod est in omnibus individuis illius speciei vel secundum quod est in uno individuo. illud ergo quod consequitur ad naturam secundum se, invenitur in omnibus individuis; haec enim sunt essentialia principia constituentia naturam. similiter etiam ea quae inveniuntur in natura prout est in omnibus individuis eiusdem speciei. sed illud quod consequitur naturam in aliquo individuo consideratam non oportet quod omnibus individuis conveniat. corruptio autem naturae per peccatum originale fuit de consequentibus humanam naturam secundum quod fuit in illo individuo a quo omnes alii propagantur. unde si aliquis homo non de genere adam fieret originale peccatum non haberet; similiter etiam reparatio fit naturae prout est in illis individuis qui medicinae reparantis participes fiunt. et hoc dico quantum ad efficientiam reparationis, sed quantum ad sufficientiam medicina reparans omnes homines reparavit et quod aliqui reparati non sunt hoc contingit ex hoc quod medicinam neglexerunt, non propter insufficientiam medicinae.#

006 ADL 3s pg446

l.11 ‘ responsio. dicendum quod / * sicut dicit commentator in secundo physicorum “ omne quod est ad utrumlibet / omne quod est indeterminatum ad multa in quantum huiusmodi est in potentia. ‘ cum ergo / omne / nihil agat secundum quod est in potentia sed secundum quod est in actu, ex eo quod est indeterminatum ad multa non egreditur aliqua actio, * et propter hoc dicit commentator in secundo physicorum quod “ ex eo quod est ad utrumlibet nihil fit. ‘ ad hoc ergo quod aliquid tale operationem educat, per aliquid additum oportet quod ad unum determinetur. quod autem aliquid determinetur ad aliquam operationem contingit dupliciter. uno modo ex aliquo superiori movente, sicut instrumentum ab artifice movetur ad aliquam operationem determinate; vel ita quod in instrumento non sit aliqua dispositio repugnans motui quo movetur ab agente, vel quod in eo sit dispositio ad contrarium, sicut quando grave instrumentum movetur sursum. alio modo ex aliqua forma inhaerente, sicut in his quae agunt ex seipsis. sciendum ergo quod potentiae quibus actus humanos exercemus, et cognitivae et affectivae, sunt non determinatae ad unum, sicut patet de intellectu possibili et voluntate et aliis huiusmodi. et quia supremae potentiae non possunt determinari ad unum ex aliquo superiori, oportet quod determinentur ex aliqua forma inhaerente; et propter hoc intellectus determinatur per species intelligibiles et per lumen intellectus agentis, secundum quod ex eis constituitur habitus principiorum / et primorum intellectorum / et sine hoc habitu non potest in aliquem actum exire. sed vires inferiores aliquando determinantur ad actus proprios per hoc tantum |25| quod sunt motae a superioribus, sicut quando aliquis non habens habitum scientiae considerat aliquid eorum quae ad scientiam pertinent naturali habitu * (sicut dicit philosophus in primo elenchorum quod “ etiam idiotae dialectica utuntur), ‘ et sicut aliquis non habens habitum fortitudinis facit actum fortem ex ipso dictamine rationis. sed quia in ipsis inferioribus potentiis est aliqua contraria inclinatio ad ea ad quae moventur ex superioribus (sicut in ratione propter imaginationem ex qua contingit falsitas, est inclinatio ad quaedam quae videntur et tamen sunt contraria intellectui principiorum, et similiter in irascibili et concupiscibili est inclinatio ad contraria eorum ad quae movet voluntas rationis, scilicet ad bona sensibilia), ideo accidit impedimentum in istis operationibus, et quandoque error, sicut ex obliquitate instrumentorum. et ideo oportet quod similitudo superiorum potentiarum imprimatur et quasi sigilletur ut forma quaedam in inferioribus potentiis, et tunc inferiores potentiae etiam ex se ipsis habent determinationem ad actus ad quos movent superiores. et sic illae actiones efficiuntur eis connaturales et non accidit impedimentum nec error in perficiendo dictos actus, sed subito et delectabiliter perficiuntur. et hae formae sunt habitus.#

006 ADL 3s pg447

l.35 ‘ad quintum dicendum quod * sicut supra dist. 14 dictum est, ‘ in habitibus cognitivis non solum requiritur species intelligibilis sed etiam lumen intellectus agentis quo intellectus possibilis vel ratio perficitur ad opus, et similiter in affectivis potentiis requiritur aliqua qualitas quae ad opus perficiat, quamvis non species.#

006 ADL 3s pg448

l.4 ‘ responsio. dicendum quod sicut supra dictum est, habitus ad hoc sunt necessarii ut potentiae quae / non sunt determin- / indifferenter se habent ad multa / per / potentiam / naturam non sunt determinatae ad / unum / actum / bonum / perfectum determinentur per habitum. contingit autem quandoque quod inferior potentia non est determinata ad illum actum / bonum / perfectum / sed superior...#

l.12 ‘ essentiam autem alicuius rei intellectus noster tripliciter / cogn- / comprehendit. uno modo comprehendit essentias rerum / sensibilium / quae cadunt in sensum / depurando ab / abstrahendo ab omnibus individuantibus...#

l.29 ‘videtur quod non omnis virtus in nobis sit habitus: “ omne enim quod est, habet virtutem ad hoc quod sit, vel semper vel in tempore determinato, * ut dicitur in primo caeli et mundi. ‘sed virtus qua aliquid est non est habitus, immo forma sua substantialis. ergo non omnis virtus est habitus. praeterea. corpus nostrum, cum in eo abundet terra, est grave. “ sed omni gravi est virtus qua moveatur deorsum, * ut dicitur in secundo caeli et mundi, ‘ et haec est sua gravitas. ergo gravitas est virtus quaedam et non est habitus, ergo idem quod prius. praeterea. vis videtur idem esse quod virtus. sed potentiae animae dicuntur vires. ergo possunt dici virtutes. ergo non omnis virtus in nobis est habitus. praeterea. non laudamur neque meremur nisi propter virtutes. sed non laudamur neque meremur ex hoc quod sumus habiles ad aliquid faciendum sicut neque ex hoc quod sumus potentes, sed ex hoc quod agimus. ergo sicut potentia non est virtus, ita nec habitus sed solum actus. praeterea. “virtus est circa difficile, * ut dicitur in secundo ethicorum. ‘sed omnis habitus tollit difficultatem. ergo habitus non potest esse virtus, sed magis actus qui non est ex habitu. * sed contra est quod augustinus dicit quod “ virtus est bona qualitas mentis, ‘ sed omnis qualitas mentis est habitus, ergo virtus est habitus. * praeterea. hoc patet per philosophi diffinitionem in secundo ethicorum, ubi dicit quod “ virtus est habitus voluntarius vel |25| electivus, etc.. ‘ praeterea. actus virtutum non sunt in dormiente, sed sunt ibi virtutes, ergo virtutes non sunt actus sed habitus. responsio. dicendum quod nomen virtutis secundum primam sui impositionem videtur in quandam violentiam sonare; * unde / dicit philosophus / in tertio caeli et mundi quod “ motus accidentalis, idest violentus, est qui est a virtute non cum auxilio naturae,/ * et sic sumitur in ps. °qui confidunt in virtute sua etc../ ‘ sed quia non potest aliquid alteri violentiam inferre nisi per potentiam perfectam per quam agat et non patiatur, inde tractum est nomen virtutis ad significandum omnem potentiam perfectam, sive qua potest in se ipso / stare,/ sive qua potest operari; * et sic dicitur in primo caeli et mundi quod “ virtus est ultimum potentiae et / mensuratur ex hoc quod maxime potest, ‘ sicut dicitur virtutem suam ponere ad levandum pondus qui non potest ultra ferre./ et quia / mala operatio / contingit ex defectu potentiae / agentis, ideo ultimum potentiae est ut actum bonum educat;/ * et propter hoc / dicit philosophus / in secundo ethicorum quod “ virtus est quae bonum facit habentem et bonum opus / reddit, * et in / secundo / vii physicorum quod “ est dispositio perfecti ad optimum,/ ‘ scilicet in quod potest./ virtus / autem / humana erit quae perficiet / potentiam humanam / ad actum / perfectum, (de his) enim virtutibus loquimur. quia autem potentiae / rationales / humanae / * ut ex praedictis patet / ‘ non sunt perfectae ex habitu / non possunt in actum perfectum nisi per habitum,/ ideo habitus / * ut prius dictum est, ‘ ideo virtutes potentiarum sunt ipsi habitus quibus / disponuntur / perficiuntur ad actus illos, et non sunt virtutes ipsi actus, quia virtutis nomen dicitur per ordinem ad |50| aliud sicut et nomen potentiae, actus autem non est ordinatus ad aliud in quantum huiusmodi. ad primum ergo dicendum quod virtus essendi dicitur virtus secundum quod per eam aliquis potest stare in se ipso ne corrumpatur, virtus autem secundum quod nunc loquimur de virtutibus, est secundum quam aliquis potest facere perfectam operationem et stare in illa. ad secundum dicendum quod gravitas potest dici virtus, sed non est ad operationem quae est hominis in quantum homo; et ideo de tali virtute non loquimur hic. ad tertium dicendum quod potentiae animae possunt dici vires vel virtutes in quantum perficiunt potentias corporales ad actus qui exercentur per organa, sed sic non loquimur hic de virtute. ad quartum dicendum quod actibus laudamur et meremur; sed totam illam bonitatem ex qua sunt laudabiles actus vel meritorii, causant in eis habitus et non potentiae sufficienter. et ideo habitus dicuntur virtutes, et non potentiae. ad quintum dicendum quod virtus dicitur esse circa difficile quod habet difficultatem ex natura rei; quod tamen propter virtutem fit facile operanti, et delectabile.#

006 ADL 3s pg450

l.16 ‘ virtus essendi / vis idem quod virtus / in naturalibus ipsae potentiae dicuntur virtutes #

006 ADL 3s pg451

l.2 ‘ ad quartum sic proceditur. videtur quod habitus / speculativi / non possint dici virtutes, quia, * ut dicitur in secundo ethicorum “ virtus est habitus voluntarius et circa / delectationes / et tristitias. ‘ hoc autem non competit habitibus / speculativis./ ergo non sunt virtutes. * praeterea. philosophus in quarto topicorum “ dividit scientiam contra virtutem, quasi diversa genera non / subalternata./ ‘ sed talium unum non praedicatur de alio. ergo scientia et alii habitus / speculativi non sunt virtutes. * praeterea. sicut dicit philosophus in secundo metaphysicae “ speculationis finis est veritas. ‘ sed virtus dicitur per ordinem ad bonum, quia bonum facit habentem / etc. / et opus eius bonum reddit. ergo / habitus / speculativi / non sunt virtutes./ praeterea. virtus dicitur in ordine ad operationem./ sed habitus / speculativi / non / incli- / ordinantur ad / operandum,/ sed / tantum / ad / cognitionem./ ergo non sunt virtutes./ praeterea. ignorantia non diminuit meritum, immo magis in aliquibus excusat peccatum. sed omne oppositum virtuti tollit vel diminuit meritum. ergo / ignoran- / habitus intellectivi, quibus opponitur ignorantia, non sunt virtutes. * sed contra est quod philosophus “ praeter virtutes morales ponit quasdam intellectuales, sub quibus ordinat sapientiam, scientiam et intellectum, quae sunt habitus speculativi / ergo habit- / * ut patet in primo et vj ethicorum. ‘ ergo habitus speculativi sunt virtutes. praeterea. contemplatio / est nobilior / actione./ si ergo habitus / regentes / |25| in vita activa dicuntur virtutes, multo / amplius / habitus / regentes in / vita / contemplativa. responsio. dicendum quod * sicut ex praedictis patet, ‘ virtus / proprie dicitur / habitus perficiens potentiam ad actum bonum. contingit autem actum aliquem / esse / dici / bonum dupliciter. uno modo / quasi / formaliter./ cum autem / actus / speciem / recipiat / ex ratione obiecti,/ ille actus formaliter / erit / bonus, cuius obiectum est bonum secundum rationem boni. et quia bonum / in ratione boni / est obiectum voluntatis, ideo per hunc modum non / dicitur / actus bonus nisi actus voluntatis,/ sive sit elicitus a voluntate, sicut hoc ipsum velle, sive sit imperatus a voluntate, quia actus imperatus a voluntate participat modum voluntatis sicut actio instrumenti participat modum principalis agentis. sed cum omnes actus animae praeter actus nutritivae imperentur a voluntate, non eodem modo actus imperati participant ex voluntate bonitatem vel malitiam. quidam enim actus imperati recipiunt ex voluntate bonitatem / per accidens et non per se / in generali et non quantum ad speciem actus, sicut intelligere; si enim aliquis voluntate bona / intel- / consideret aliquod intelligibile, illa consideratio erit bona in quantum est volita, et potest esse meritoria, non tamen oportebit quod sit bona consideratio, quia non bene intelligit. quidam vero actus imperati recipiunt ex voluntate bonitatem / in s- / etiam quantum ad speciem actus, sicut patet in actibus irascibilis et concupiscibilis; et hoc contingit quia irascibilis et concupiscibilis pertinent ad idem genus animae, scilicet ad partem appetitivam, et sunt naturaliter ordinatae sub voluntate rationis. intellectus autem ad aliud genus animae pertinet et est naturaliter prior voluntate. |50| et sic dicentur virtutes tantum illi habitus qui ordinant ad actus voluntarios qui habent bonitatem secundum suam speciem ex bonitate voluntatis, et hoc modo habitus speculativi non sunt virtutes, nec etiam omnes habitus / intellectivi / quae sunt in intellectu practico. sed prudentia dicetur isto modo virtus, in quantum est ordinativa appetitus, ponens ipsum in medio, et in quantum electio, quae ad ipsam pertinet, est permixta appetitui. ars autem mechanica, quamvis sit in intellectu practico, non erit virtus per modum istum, quia non est ordinativa appetitus sed exterioris rei, artificiati scilicet. et sic quasi communiter sumuntur virtutes./ alio modo / dicitur actus bonus quasi / materialiter,/ quia est congruus potentiae operantis; sicut bonus actus ignis est ferri sursum, quia terminus huius motus est aliquid quod est bonum igni, scilicet esse sursum, non tamen sub ratione boni. et similiter bonus actus intellectus speculativi est ut intelligat veritatem, quia hoc ipsum quod est verum est bonum intellectus, quamvis intellectus non tendat in illud secundum rationem boni sed secundum rationem veri. et hoc modo habitus speculativi possunt dici virtutes, quia per ipsos intellectus perficitur ad actum bonum in genere illo, qui est dicere verum, * ut patet per philosophum in vj ethicorum. ‘ ad primum ergo dicendum quod * illa verba intelliguntur de virtute morali de qua philosophus ibi agit, “ quae / dicitur virtus etiam secundum primum modum. ‘ ad secundum dicendum quod * philosophus accipit ibi “ virtutem secundum quod communiter accipitur, quantum ad primum modum. ‘ ad tertium dicendum quod ipsa veritas est / quoddam / bonum intellectus,/ quamvis non sit obiectum intellectus in quantum est / verum sed in quantum / |75| bonum sed in quantum est verum. ad quartum dicendum quod etiam ipsum / cogn- / intelligere est quidam actus ad quem ordinat habitus speculativus. tamen, si volumus vim facere in verbo, sciendum quod homo dicitur operari, agere et facere. facere autem dicitur secundum quod aliquid extra se operatur, sicut sunt artificiata; * et ideo dicit philosophus in vj ethicorum quod “ ars est recta ratio factibilium. ‘ agere autem dicitur secundum hoc quod est dominus sui actus; * unde philosophus dicit in vj ethicorum quod “ bruta non participant aliquem actum, * et damascenus dicit quod “ non agunt sed aguntur. ‘ et quia homo est dominus suorum actuum per voluntatem, ideo secundum hunc modum dicitur proprie actus operationes dependentes a voluntate, * ut dictum est; * et propter hoc dicit philosophus in vj ethicorum quod “ prudentia est recta ratio agibilium. ‘ operatio autem dicitur communiter in omnibus, et magis proprie quanto magis est separata a motu; et secundum hoc operatio magis proprie dicetur in speculativis. ad quintum dicendum quod meritum consistit penes voluntatem, et similiter demeritum. * unde obiectio illa procedit de virtute secundum primum modum.#

006 ADL 3s pg453

l.2 ‘ ad primum sic proceditur. videtur quod morales virtutes ab intellectualibus non distinguantur./ “ morales enim a / consuetudine / dicuntur,/ * ut in secundo ethicorum dicit philosophus./ ‘ sed consuetudo / requiritur etiam in intellectualibus virtutibus; “ quia usus vel / consuetudo, * ut dicit victorinus, “ facit facilitatem / ad agendum, et in memorabilibus etiam multum consuetudo valet, * ut dicit philosophus in libro de memoria. ‘ ergo morales ab intellectualibus / non distinguuntur. praeterea. ad scientiam moralem nihil pertinet nisi morale. sed virtutes intellectuales ad ipsam pertinent. ergo sunt morales. “ praeterea. prudentia / * a philosopho / “ inter intellectuales virtutes ponitur * in vj ethicorum. ‘ hic autem ponitur inter cardinales, quae morales dicuntur. ergo virtutes morales ab intellectualibus non distinguuntur. praeterea. sicut opera virtutum a nobis fiunt, ita opera artificialia. sed ad dirigendum in artificialibus sufficit ars, quae est virtus intellectualis. ergo ad dirigendum in operibus virtutum sufficit virtus intellectualis, et ita morales ab intellectualibus non distinguuntur. “ praeterea. virtutis moralis proprium esse videtur, * secundum philosophum in secundo ethicorum, “ ut sit circa delectationes et tristitias. ‘ sed / tristitia / delectatio invenitur in omnibus actibus virtutum intellectualium, sicut patet de delectatione quae est in considerando. ergo virtutes morales ab intellectualibus non distinguuntur. praeterea. omnis virtus moralis consistit in medio. “ sed medium determinatur secundum rationem rectam, * ut philosophus dicit in j ethicorum./ ‘ ergo,/ cum / ratio / rectificetur per virtutes intellectuales, videtur quod / morales ab |25| intellectualibus non distinguantur. sed contra accidentia per se diversificantur ex suis subiectis, cum subiecta in eorum diffinitionibus ponantur. “ sed subiectum moralis virtutis est rationale per participationem, intellectualis vero rationale per essentiam, * ut dicitur in fine primi ethicorum. ‘ ergo morales ab intellectualibus distinguuntur. praeterea. quorum generatio est diversa, ipsa quoque differre necesse est, sicut animalia quae generantur ex putrefactione et ex semine. sed virtutes morales generantur ab assuetudine, intellectuales autem per doctrinam et experientiam. ergo morales ab intellectualibus differunt. praeterea. principia operandi ex suis operibus cognoscuntur. “ sed virtutes morales operantur per modum naturae, * ut dicit tullius; ‘ hoc autem intellectualibus convenire non potest. ergo morales ab intellectualibus distinguuntur. responsio. dicendum / quod mos dupliciter dicitur. uno modo / secundum quod / est idem quod consuetudo; consuetudo autem importat frequentiam quandam et / diuturnitatem / circa ea quae / sunt in nobis / facere vel non facere, ea enim quae semel / facimus, vel quae frequenter a natura,/ consueta non dicuntur. sed quia / non est aliquid in nobis facere vel non facere nisi per voluntatem et appetitum,/ inde tractum est nomen moris ad significandum actus / voluntatis / vel / appetitus in quantum huiusmodi. et quamvis omnis actus consuetus sit voluntarius et omnis actus voluntarius possit esse consuetus, tamen consuetudo principaliter importat diuturnitatem praesupponens illud quod est voluntatis. sed mos quantum ad secundam significationem principaliter respicit id quod est voluntatis; unde aliquis actus, |50| etiam si semel fiat, moralis dicitur secundum ordinem ad voluntatem. et quamvis in aliis animalibus non sit voluntas et per consequens nec mos proprie loquendo, tamen dicuntur mores animalium in quantum eorum actus sunt similes actibus voluntatis secundum quod ordinant aliqua ad finem aliquem./ * et ideo etiam philosophus dicit quod / ‘ et sic etiam apud graecos hoc nomen ethos dupliciter sumitur;/ unde / secundum quod importat diuturnitatem dicitur / inde / febris ethica, secundum autem quod importat morem dicitur inde scientia ethica, quam nos dicimus moralem. sic ergo loquendo de more, actus noster ita se habet ad hoc quod sit moralis, sicut se habet ad voluntatem./ est enim aliquis actus voluntatis sicut a voluntate elicitus, sicut omnia quae ad affectum pertinent, et aliquis sicut a voluntate elicitus (imperatus), sicut actus intellectus et exteriores actus qui per voluntatem imperantur. et sic / actus / qui sunt / eliciti / a voluntate sunt / morales / in eo quod tales actus,/ sicut velle, eligere et huiusmodi, actus / autem / imperati / a voluntate / non sunt morales / in eo quod tales actus, sed in eo quod a voluntate imperati, sicut currere in quantum huiusmodi non est actus moralis, et similiter intelligere, nisi in quantum imperati sunt a voluntate, * ut dictum est. ‘ ad hos ergo actus morales habitus mentis / trip- / quatuor modis se potest habere. aliquis enim habitus elicit actum voluntatis et habet eum pro materia, sicut temperantia, cuius actus est / velle moderate se habere circa concupiscentias / appetere moderatas concupiscentias, et talis virtus propriissime dicitur moralis. aliquis vero habitus neque elicit actum voluntatis neque eum pro materia, sicut scientia, quae elicit actum intellectus et habet materiam res necessarias, et iste habitus nullo modo |75| potest dici virtus moralis sed intellectualis tantum. aliquis vero habitus habet actus voluntarios pro materia sed non elicit eos, sicut prudentia, quae est directiva eorum quae ad affectum pertinent sed ipsa elicit actum rationis; unde prudentia est media inter intellectuales et morales, quia quantum ad materiam convenit cum moralibus, quantum ad actum et subiectum cum intellectualibus. * et propter hoc etiam philosophus dicit in vj ethicorum quod “ prudentia est recta ratio agibilium; ‘ agibilia enim proprie dicuntur actus voluntatis, unde ea quae non habent voluntatem non dicuntur agere sed agi. aliquis vero habitus elicit / vel praesupponit / actum voluntatis sed non habet eos pro materia principaliter sed deum, sicut (fides et) spes, et fides quodammodo, secundum quod actus eius praesupponit per se loquendo actum voluntatis, quia nullus credit nisi volens. sed quia distinctio habituum est penes materiam vel obiecta ex quibus specificantur actus, ideo communiter dicuntur morales omnes illae quae habent pro materia actus morales, sive eliciant actum voluntatis sive non./ * unde iiij / ‘ ad primum ergo dicendum quod virtutes morales non dicuntur proprie a consuetudine sed a more quantum ad secundam significationem. sed tamen, * ut ibidem dicit philosophus, “ parum differt hoc a consuetudine. * et ideo alia translatio antiqua posuit “ consuetudinales loco moralium./ ‘ ad secundum dicendum./ sed etiam consuetudo non competit virtutibus intellectualibus nisi secundum quod eorum actus sunt in nobis, quod maxime pertinet ad voluntatem. ad secundum dicendum quod virtutes intellectuales non pertinent ad scientiam moralem nisi secundum quod eorum actus imperantur a voluntate, |100| sicut etiam militaris et alia exteriora exercitia continentur sub civili. ad tertium dicendum quod prudentia potest et intellectualis et moralis dici, * ut dictum est. ‘ ad quartum dicendum quod opera virtutum habent actus voluntarios pro materia proxima, non autem ars; sed habet pro materia vel actus exteriores, sicut / praedicandi / illae artes / quae opera / in quibus operationes sunt / operat- / fines, sicut in arte cantandi, vel etiam res exteriores, sicut illae artes in quibus sunt fines operata, ut aedificatoria; et ideo ars nullo modo ponitur virtus moralis, sicut prudentia ponitur./ ad quartum dicendum quod virtutes morales habent delectationes sicut materiam, intellectuales autem non, sed sicut consequentes ex earum actibus. ad quintum dicendum / et quia materia virtutum moralium propria sunt / actus aff- / ea quae ad affectum pertinent,/ act- / exteriora autem non nisi secundum / quae sunt intrinseca ipsi operanti, exteriora autem non nisi secundum quod ab affectu operantur, ideo bonum in actibus virtutum non consideratur solum in quid fiat, sed in qualiter se habeat faciens ad faciendum. unde oportet non solum haberi virtutem per quam sciatur quid / faciendum / agendum / est sed etiam virtutem exequentem, et ideo prudentiae / dirigenti / respondent aliae morales exequentes. sed artis operatio est circa exteriora, “ et sic bonum in actu artis consideratur in quid fiat, non quomodo se habeat faciens ad id quod facit, * ut dicit philosophus in iij / ij ethicorum. ‘ et ideo praeter artem dirigentem in illis actibus non oportet habere aliquas virtutes exequentes. ad quartum (quintum) dicendum quod virtutes intellectuales habent delectationem consequentem actum, non autem ut materiam sicut morales |125| virtutes. ad sextum dicendum quod quamvis virtus intellectualis ponat medium dirigendo et ostendendo, tamen oportet quod sint virtutes aliae quae exequantur et inclinent in illud medium, * ut dictum est.#

006 ADL 3s pg456

l.1 ‘ ad primum dicendum quod isti habitus habent deum pro obiecto secundum quod in se ipso consideratur; et quamvis naturaliter non hic per creaturas cognoscatur, tamen in patria per gratiam divinam ipsum in essentia sua videbimus, non mediante aliqua creatura, et immediate ipso fruemur. et huius fruitionis quaedam praelibatio sunt virtutes theologicae, sicut inclinatio ad finem est quaedam inchoatio finis. ad quintum dicendum quod principia cognoscuntur per alium habitum quam conclusiones, scilicet per intellectum, quia, * ut supra dictum est, dist. 14, ‘ intellectus creatus non potest aliquid cognoscere sine habitu; tamen ille habitus est naturalis, quia cognitio cuius est principium est naturae nostrae proportionata. sed in affectu non procedit aliquis habitus naturalis finis, quia voluntas habet potentiam praecedentem, scilicet intellectum, per quem determinatur ad finem illum / sed improportionate #

l.23 ‘ superficies est substantia color- #

l.28 ‘ humilitas contra prospera; sed timor et ordine prior est his quae ad affectum pertinent in quantum per eum fit recessus a malo, sed tamen fidem sequitur, quae ostendit quid timendum sit; et iterum firmitatem praestat contra peccatorum impugnationem, quia ° qui timet deum recedit a malo, * eccli..#

006 ADL 3s pg457

l.8 ‘ responsio. dicendum ad primam quaestionem quod in agentibus ordinatis / agentia inferiora agunt propter finem intentum / “ fines agentium secundorum ordinantur ad finem agentis primi, sicut totum universum ordinatur ad bonum quod deus est, * ut philosophus dicit in xj metaph., “ quasi exercitus ad bonum ducis./ ‘ finis autem habet duplicem ordinem ad ea quae sunt ad finem: est enim prius natura et posterius in adeptione./ et ideo actio primi agentis est et prior et posterior. prior in movendo, quia actiones / omnes / secundorum agentium fundantur super actione primi agentis, quae cum sit una communiter omnes firmans, specificatur eius effectus in hoc et in illo secundum exigentiam illius, sicut uno praecepto ducis praecipientis bellum unus accipit gladium, alius parat equum, et sic de aliis;/ “ et sic etiam esse quod est commune omnibus et specificatur diversimode in diversis * attribuitur a philosophis “ actioni primae causae./ ‘ est autem posterior / in coniungendo / ordinando / utendo / illis / aliorum actibus ad finem proprium, et sic / e converso / actio primi agentis est formalis et completiva respectu / priorum / omnium praecedentium actionum./ omnes actiones / pri- / aliorum agentium modificantur per actionem primi agentis. cum ergo in viribus animae voluntas habeat / rationem / locum primi motoris,/ eo quod eius obiectum est finis,/ actio eius est prior quodammodo actibus aliarum virium in quantum imperat eos, et est posterior in quantum utitur eis. et ideo actus voluntatis uno modo / specificatur / accipit / modum et / determinationem ex viribus inferioribus, secundum quod intellectus exequitur imperium eius credendo, irascibilis abstinendo ab ira, et sic de aliis;/ alio vero modo / et haec / est / modificatio / determinatio / seu formatio actus |25| est secundum / speciem / rationem potentiae./ alio vero modo actus uniuscuiusque potentiae recipit modum ex actu voluntatis, et sic illud quod / ponitur / relinquitur ex voluntate in actibus aliarum potentiarum est formale /. alio vero modo actus aliarum virium modificantur ex voluntate in quantum imponit eis modum secundum quem congruunt ad usum quo utitur eis in finem, et iste modus quem voluntas imponit, formaliter se habet ad actum illius potentiae. * patet ergo ex dictis quod, ‘ cum credere sit actus intellectus secundum quod est motus a voluntate, quod habet duplicem formam: unam ex natura potentiae quae exequitur imperium voluntatis secundum modum suum, et ex hac forma fides habet rationem fidei; aliam vero formam habet ex voluntate secundum hoc quod voluntas utitur isto actu in finem suum, et ex hac forma fidei actus habet quod sit bonus in ordine ad finem / quia autem / et respectu huius formae prima forma materialis est. quia autem caritas voluntatem perficit in ordine, ideo per modum istum fides per caritatem formatur, sicut et aliae virtutes quae imperium voluntatis sequuntur.#

006 ADL 3s pg458

l.15 ‘ et si aliquis / praedicatorem / instructorem non haberet, deus illi revelaret / si quod in se est faceret / nisi ex culpa sua removeret.#

006 ADL 3s pg459

l.6 ‘ responsio. dicendum quod spes ad appetitum pertinet, cum attendat rationem boni, * ut in littera dicitur. ‘ sciendum autem quod ea quae ad appetitum pertinent / praecipue sensitivum / quadrupliciter / differre inveniuntur septem modis. primo ex hoc quod potest significari motus appetitivae virtutis simpliciter, non consignificando aliquam dispositionem relictam in appetente ex actione appetibilis in appetitum, vel potest significari cum dispositione illa, et quantum ad hoc differt appetere ab omnibus aliis. secundo (ex hoc) quod dispositio consignificata relinquitur ab appetibili vel secundum rationem bonitatis et convenientiae tantum, sicut amare, gaudere et huiusmodi, vel secundum ammixtionem difficultatis ad bonitatem et convenientiam, in quo consistit ratio ardui, sicut / sperare / audere et confidere. tertio ex hoc quod dispositio consignificata in actu appetitus relinquitur ab appetibili secundum quod est apprehensum, sicut concupiscere et desiderare, vel secundum quod est realiter coniunctum, sicut gaudium et delectatio. quarto ex hoc quod / illud appetibile / apprehendens appetibile vel est in motu ad ipsum appetibile, “ sicut concupiscere et desiderare, quod est rei non habitae, * ut dicit augustinus, ‘ vel est / quasi / in termino iam habens illud quod appetit, et sic ex apprehensione boni habiti causatur amor. quinto / ex hoc / ex differentia boni et mali, sicut differt amor et odium, gaudium a tristitia, spes a timore. sexto / secundum simplex et compositum / ex hoc quod in nomine passionis importatur excessus, sicut audacia, praesumptio et voluptas, vel passio sine excessu significatur, sicut delectatio, amor et huiusmodi. septimo secundum simplex et compositum, sicut ira differt a tristitia; tristitia enim est simplex passio ex |25| coniunctione / convenientis / nocivi, sed dolor #

l.39 ‘ passionum ergo in concupiscibili existentium quaedam causantur / ex hoc quod appetibile est praesens in apprehensione, quaedam autem ex hoc quod est praesens secundum rem. eorum autem quae / sunt praesens / causantur / ex apprehensione appetibilis, quaedam autem ex ipso appetibili praesente. quae autem causantur ex apprehensione appetibilis, vel causantur ex apprehensione ipsius nondum habiti, vel iam habiti. ex quibus colligitur tria esse genera passionum quae in concupiscibili sunt, quorum unumquodque ulterius dividitur per bonum et malum. passio ergo / prima concupiscibilis / causata ex apprehensione boni nondum habiti est / concupiscentia vel / desiderium; passio vero / secunda / causata ex apprehensione mali nondum habiti innominata est, dicatur autem fuga vel vitatio; passio vero tertia causata ex apprehensione boni habiti est amor, cui contrariatur quarta quae est odium; passio vero quinta causata ex / apprehensione / ipso appetibili praesente est delectatio vel gaudium;/ passio / sexta vero est contraria, quae est dolor vel tristitia. sciendum tamen quod bonum quod oportet esse secundum rem praesens ad delectationem est duplex: unum est ipsa res naturae quae est conveniens sensui, vel e contrario, et ex hoc causatur delectatio naturalis; et quia res non coniungitur nobis per aliquem sensum nisi per / gustum et / tactum,/ ideo delectatio et dolor / et gustum ut est quidam tactus, * ideo dicit avicenna quod “ solae delectationes tactus sunt simpliciter delectationes, * et aristoteles dicit quod “ circa eas tantum est temperantia et continentia; ‘ et harum delectationum est proprie concupiscibilis. aliud est ipsa operatio conveniens potentiae animae, et hae dicuntur delectationes animales, et |25| hae inveniuntur in omnibus potentiis./ primae ergo dicuntur tantum delectationes et dolores, sed secundae dicuntur / in primis ergo convenit doloris et delectationis nomen, in secundis autem magis gaudii et tristitiae.#

006 ADL 3s pg460

l.37 ‘ earum autem passionum quae in irascibili sunt, per se loquendo non est invenire aliquas quae causentur ex ipsa re praesente vel ex apprehensione eius iam habitae, * ut dictum est, ‘ nisi mediante concupiscibili,/ quia cum irascibilis sit quasi vindex concupiscibilis, laesivum praesens quod facit passionem / ad quam / defendendam et roborandam / irascibilis ordinatur. passio ergo quae est in irascibili distinguitur sic: quia / vel / uno modo / causatur ex apprehensione rei nondum habitae, vel bonae / quae difficulter habetur /, et sic est spes, vel malae / et sic est timor / quae difficulter vitatur, et sic est timor./ alio / et hae passiones sunt simpliciter ipsius irascibilis. alio modo causatur passio in irascibili ex passione relicta in concupiscibili ex praesentia sui appetibilis; irascibilis autem servit concupiscibili et in bono et in malo: in bono ut propter difficultatem non dimittatur, in malo ut / propter difficultatem / non obstante difficultate resistatur. ex quo autem appetibile iam praesens est #

006 ADL 3s pg461

l.8 ‘ responsio. dicendum quod de ratione virtutis strictissime acceptae, secundum quod communiter in usu est nomen virtutis,/ tria / quatuor / requiruntur. primum est quod / actus ad quem perficit ille habitus / pertineat ad aliquam potentiam rationalem vel per essentiam vel per participationem; alias non esset / virtus / humana / humanum quid. secundum est quod / determinet potentiam ad unum / importet / ordinet potentiam ad aliquid / ad / quod est / secundum se ordinatum./ bonum / illius potentiae; alias / hominis; alias non esset bona qualitas. tertium est quod determinet potentiam ad illud unum, faciens in ea inclinationem ut in ipsum tendat per modum naturae; alias non esset habitus. quartum est ut actus eius / dependeat ex volun- / praesupponat actum voluntatis, vel includat; alias non esset meritorius, cum principium merendi sit in voluntate. haec autem quatuor in spe inveniuntur. cum enim, * ut ex dictis patet,/ ‘ non pos- / sit vel in irascibili, quae est rationalis per participationem, vel in affectu intellectivae partis / quod est / quae / qui / pertinet ad partem rationalem per essentiam, constat quod spes est in potentia aliquo modo rationali. ordinat etiam potentiam ad id quod est optimum homini, quia est expectatio futurae beatitudinis. similiter etiam spes etiam de ratione nominis / ponit / importat quandam inclinationem determinatam in aliquid, secundum quod addit certitudinem supra expectationem. praesupponit etiam vel includit voluntatis actum, quia nullus sperat nisi quod vult, cum spes sit de bono aestimato. unde patet quod spes virtus est. ad primum ergo dicendum quod nulla passio potest esse neque virtus neque vitium neque donum neque fructus. unde nomina passionum quae |25| ad / virtutes / praedicta extenduntur, aequivoce sumuntur secundum quod significant passionem et secundum quod significant virtutem vel vitium. ratio autem praedictae extensionis nominum est duplex. quandoque enim virtus, quae est in medio passionum, magis appropinquat ad unam passionem quam ad aliam, sicut fortis magis habet actum similem audaciae quam timori; et ideo ipsa virtus fortitudinis quandoque dicitur audacia, et oppositum vitium dicitur timor, et similiter vitium oppositum / le- / mansuetudini dicitur ira. aliquando vero contingit ex hoc quod nomina passionum sensitivae partis, * ut prius dictum est, ‘ transumuntur ad significandum actus voluntatis; unde habitus perficientes ad actus voluntatis nominantur nominibus illarum passionum ex quarum similitudine actus voluntatis nomina sortiuntur, et ita est de spe et amore. unde accidit quatuor principalibus passionibus quod nomine unius nominetur virtus vel donum vel vitium vel fructus.#

006 ADL 3s pg462

l.8 ‘ praeterea. virtus theologica habet idem pro obiecto et fine. sed obiectum spei est arduum, quod non potest habere rationem finis, quia habet bonitatem ordinatam ad aliud, * ut supra dictum est. ‘ ergo spes non est virtus theologica. ad secundum dicendum quod arduum dicitur aliquid habens difficultatem. nulla autem res / dum / postquam habetur difficultatem habet. unde obiectum spei est finis / secundum quod / nondum habitus, sicut et obiectum fidei est primum verum nondum visum. fides ergo et spes sunt de eo quod est finis ultimus secundum rem,/ sed non sub ratione illa prout est finis ultimus / sed in quantum est obiectum operationis antequam perveniatur ad ipsum. operatio autem quae est circa finem antequam perveniatur ad ipsum, ordinatur ad operationem quae est de fine cum perventum ad ipsum fuerit; et ideo obiectum fidei et spei, quantum ad rationem quam habet ex natura rei, non ordinatur ad aliud, sed quantum ad rationem quam habet ex comparatione eius cuius est finis ad ipsum, quia finis non habitus in quantum huiusmodi ordinatur ad finem / non / habitum, et verum non visum in quantum huiusmodi ordinatur ad verum visum, quamvis res sit eadem utrobique.#

006 ADL 3s pg609

l.10 ' praeterea. operatio concupiscibilis praesupponit rationem sui obiecti sicut et operatio cuiuslibet alterius potentiae. sed obiectum concupiscibilis est bonum. ergo ad motum concupiscibilis praesupponitur quod illud quod concupiscitur sit bonum et ei qui concupiscit / praeterea. obiectum concupiscibilis est bonum / aut ergo bonum sub ratione qua est bonum concu- / concupiscenti conveniens; aut ergo sub ratione qua est conveniens concupiscibili, aut prout est conveniens communiter concupiscenti. si primo modo: bonum autem unicuique potentiae conveniens est per comparationem ad suum actum, sicut bonum conveniens visui quod est bonum ad videndum. ergo obiectum concupiscibilis non erit bonum sub alia ratione nisi quia est bonum ad concupiscendum. sed per prius desideratur illud ad quod aliquid est bonum quam quod est bonum ad illud, sicut finis his quae sunt ad finem. ergo per prius concupiscibilis concupiscit se concupiscere quam illud quod est bonum ad concupiscendum. sed actus simpliciter tendens in obiectum praecedit reflexionem actus super actum. ergo prius naturaliter concupiscit aliquod bonum quam concupiscat se concupiscere, sicut prius naturaliter video quam video me videre; ergo bonum sub ratione qua est bonum ad concupiscendum non est principaliter obiectum concupiscibilis sed bonum quod est absolute conveniens concupiscenti. sed quicquid est bonum secundum unamquamque potentiam est concupiscenti conveniens. ergo appetere bonum uniuscuiusque potentiae pertinet ad concupiscibilem, et eadem ratione amor. et ita amor non erit nisi in concupiscibili.#

006 ADL 3s pg610

l.10 ' ad secundum dicendum quod / amor / bonum est perfectio appetentis in quantum conveniens est sibi secundum quamcumque partem eius, et est etiam perfectio appetitus in quantum est obiectum eius. unde bonum informat et ipsum appetentem secundum illam partem secundum quam est sibi conveniens, et sic causatur delectatio; unde consequitur coniunctionem rei, * ut dictum est. ' informat etiam bonum appetitum, et sic causatur amor. * unde supra dictum est quod ' consequitur apprehensionem, loquendo de amore in cognoscentibus, in quibus proprie invenitur. et quia appetitus rei praecedit, ad minus in via generationis consecutionem ipsius, ---. quandoque autem delectatio praecedit ordine naturae (sicut finis ea quae sunt ad finem), quando aliquid propter delectationem suam amatur, et secundum hoc delectatio causa est amoris. sed hoc accidit quia in his quae amantur propter delectationem, delectatio ipsa amatur principaliter, non illa quae delectant, et tunc delectatio accipitur ut quoddam bonum quod est obiectum amoris. sed quia non solum delectatio habet rationem boni, ideo contingit aliquid aliud amari quam delectationem, et tunc res delectans est finis amoris, non ipsa delectatio, quia amans transformat magis se in amatum quam e converso; delectatio autem est effectus amati convenientis in amato (amante) quando iam coniunctum est ei, unde ipsam non quaerit qui vere aliquid amat, sed ipsum amatum./ est etiam amor vehementior passio quam delectatio./ et ita amor aliquo modo semper praecedit et causat delectationem, delectatio autem quandoque per accidens causat amorem et praecedit ipsum. unde amor simpliciter prior est.#

l.38 ' ad secundum dicendum quod perfectum et imperfectum possunt dupliciter considerari: vel in uno aliquo, et sic perfectum praecedit imperfectum natura sed imperfectum praecedit duratione vel in via generationis, vel possunt considerari simpliciter, et sic perfectum etiam in via generationis et durationis praecedit quia omne imperfectum ab aliquo perfecto exordium sumpsit. consideratio ergo voluntatis et intellectus in quantum sunt proprietates quaedam eius in quo sunt, est consideratio ipsorum secundum esse eorum et etiam hic non attenditur nisi ordo naturae; unde secundum hoc intellectus et perfectior et prior naturaliter est quam voluntas. consideratio vero eorum secundum ordinem ad actus est consideratio quasi in via generationis; et sic intellectus / humanus / est prior voluntate humana, sed sequitur voluntatem divinam ordinantem ipsum ad suum actum naturalem per appetitum naturalem ei inditum.#

006 ADL 3s pg611

l.13 ' ad xij dicendum quod hoc quod voluntas non cogitur, ex hoc contingit quod / tenet gradum / ultim- / primum / habet infinitatem quandam in inclinatione ad res alias, unde operatio sua non determinatur / per aliam / per aliud, quod est cogi, sed ipsa determinat operationes aliorum, quod est movere omnes alias potentias; * et in hac consideratione dictum est quod ' voluntas intellectum excedit. ad xiij dicendum quod amor proprie loquendo non est nisi in illis in quibus est cognitio, sed tamen participative etiam ad alia extenditur, non autem cognitio, quia / cognitio / inclinatio vel ordo rei ad rem / potest esse,/ ad quam pertinet amor, potest esse / ex alio non a se ipso, secundum quod dicitur appetitus in carentibus cognitione; esse / essendi / autem / perfectio / non est nisi ex his quae insunt, et ad hoc pertinet cognitio.#

l.33 ' sciendum autem quod amor est alicuius rei dupliciter: uno modo alicuius rei inhaerentis ad quam / intellectus / se trahit affectus ut ipsam participet, sicut quod quis amat dulcedinem in vino et delectationem in muliere; et iste amor dicitur concupiscentiae proprie loquendo./ quia autem amor est / unitivus affectuum / informans appetitum ex ipso amato, appetitus autem / ad / rei / rem / praesentiam / ipsam ordinatur / includuntur autem ab amore sive dilectione quaecumque ex necessitate amoris consequuntur. cum autem amor, * ut prius dictum est, ' faciat amatum quasi formam / amantis / appetitus amantis, oportet eandem proportionem amati existere ad appetitum amantis quae est formae naturalis ad appetitum naturalem. forma autem in naturalibus et est terminus motus in quantum ante consecutionem formae omnia propter ipsam natura operatur et in ipsa iam habita appetitus naturalis quietatur, et est principium operationis rei iam habentis formam, quia secundum exigentiam formae res operatur./ amans autem / amor autem terminatur quandoque ad ipsum amantem, et alia quae extra se ipsum sunt ad se ipsum retorquet,/ sicut accidit / unde illa quae / sicut ea quae propter delectationem vel lucrum amare dicitur. unde ea non proprie amat sed se ipsum, alia vero sibi desiderat, et propter hoc horum amatorum concupiscentia dicitur; unde amor sui includit concupiscentiam eorum quae propter se diligit aliquis. quandoque vero terminatur amor ad aliquid extra se, et tunc / amor alia / amans alia in illud amatum retorquet; et secundum affectum, in quantum appetit ei bona quae non habet et congaudet de his quae habet, et sic includitur in amore benivolentia ad amicum; et iterum |25| secundum effectum, in quantum ad ipsum bona operatur et se ipsum et sua ei communicat, et sic includitur beneficentia. oportet etiam ut amatum efficiatur regula appetitui in his quae eligit, sicut forma rei naturali, et ex hac parte includitur concordia in amore, secundum quam aliquis vult et operatur eadem quae amicus in his quae voluntati subiacent, qua amor ligat, non in opinionibus quae voluntatem praecedunt, cum sint in intellectu; " unde opiniones / diversae / eaedem / de caelestibus et speculativis non pertinent ad amicitiam, * ut dicitur in ix ethicorum.#

006 ADL 3s pg612

l.32 ' ad primum ergo dicendum, quod amicitia quaelibet concupiscentiam seu desiderium includit, quia in amicitia qua / amicus / amor quo quis diligit amicum in amantem retorquetur, est concupiscentia illius rei secundum quam amatus in amantem retorquetur, ut lucri vel delectationis; in amicitia autem qua amor amantis in amato figitur, est concupiscentia ipsius rei amatae ut se in ipsam trahat et non e converso. et ideo amicus concupiscit videre amicum et simul cum eo conversari, et quamvis ex hoc sequatur maxima delectatio, non tamen amicus ad hanc delectationem oculum habet principaliter, sed ad rem amatam. * augustinus ergo in praedicta diffinitione " diffinit caritatem secundum statum viae, in qua deus est nobis absens; unde per caritatem concupiscimus ei praesentes fieri, quod fit per visionem. unde tamquam principale desideratum praeposuit visionem dei, et quasi secundarium subiunxit fruitionem.#

006 ADL 3s pg613

l.7 ' corrigendum. de hoc quod potest esse concupiscentia etiam ad alterum #

l.20 ' voluntas autem habet bonum pro obiecto, unde quantum in se est, naturaliter est determinata ad bonum quod est naturae humanae proportionatum. sed defectus potest esse ex hoc quod ratio non recte demonstrat bonum, cum voluntas sit boni vel apparentis; vel ex hoc quod appetitus sensitivus trahitur in id quod est bonum secundum sensum non autem secundum rationem. * et ideo philosophi non posuerunt " aliquam virtutem in voluntate sicut in subiecto, sed vel in ratione, sicut / iustitiam / prudentiam, vel in concupiscibili et irascibili, sicut temperantiam et fortitudinem. sed finis * quem theologi considerant " est supra facultatem naturae, et ideo voluntas secundum suam naturam non est determinata ad illud; propter quod oportet quod per aliquam virtutem ad illud determinetur. * et ideo ponunt " aliquam virtutem in voluntate sicut in subiecto.#

l.37 ' et ideo oportet alias rationes assignare; potest autem huius ratio ex iam dictis haberi duplex. una est ex modo suae formationis, quia non formatur nisi per refluxum ab essentia animae in voluntatem, qui quidem non est per / actum / operationem hominis, sed per quandam naturalem consequentiam, sicut etiam potentiae ab essentia animae progrediuntur. unde hanc formationem nulla virtus potest amittere quandiu manet. sed aliae virtutes formantur mediante caritate, cuius forma in aliis virtutibus participatur per actum voluntatis. et quia actus voluntatis variabilis est / per peccatum, ideo / ideo aliarum virtutum formatio impediri potest, non autem caritatis, sed quandocumque est, formata est.#

006 ADL 3s pg614

l.20 ' responsio. dicendum quod ratio mercedis consistit in hoc quod aliquid operanti redditur; unde consideratio mercedis pertinet ad amorem quo quis bonum sibi desiderat et ad se retorquet, qui est amor concupiscentiae. hic autem amor quo quis amat aliquid retorquendo ad se ordinatur ad amorem quo quis se ipsum diligit; ex hoc enim quod aliquis se diligit, contingit quod bonum sibi vult et alia in se ipsum retorquet. benivolentia autem quam quisque ad se ipsum habet non excluditur ab illa benivolentia quam quisque habet ad deum, sed sub illa consistit et ad illam ordinatur. et ideo caritas quam aliquis habet ad deum non omnino excludit respectum ad mercedem, dummodo principaliter in ipsam non respiciatur./ responsio. dicendum quod amor benivolentiae non retorquetur ab amato in aliquid aliud, sed in ipso amato terminatur. amor autem alicuius ut finis in amantem retorquetur, quia amatur in quantum amans per ipsum perficitur; et ideo amor alicuius ut finis vel merces vel praemium non pertinet ad amorem benivolentiae, sed ad amorem / amicitiae / concupiscentiae. et ideo ordo benivolentiarum non attenditur secundum rationem finis sed secundum rationem diligibilis. ratio autem diligibilis est proprium bonum, quod magis invenitur in deo quam etiam in ipso amante, * ut ex dictis patet; ' unde plus diligitur deus amore benivolentiae quam ipse amans se ipsum diligat, * ut dictum est. ' concupiscentiae autem amor ordinatur ad amorem benivolentiae quam quisque habet ad se ipsum, et horum amorum gradus accipitur secundum rationem finis, quia id quod desideratur adipiscendum ut finis summe concupiscitur, illud autem quod desideratur ut ad finem tanto magis concupiscitur quanto / propinquior / propinquius est / finis / fini, |25| vel per similitudinem quam habet ad ipsum, vel in quantum ducit ad ipsum finem proxime. unde in hoc etiam ordine amoris deus in quantum est finis participandus, prout dicitur etiam merces et praemium et beatitudo nostra, summe concupiscitur, et alia secundum quod ordinantur in ipsum nisi sit amor / fal- / errans. omnia autem accidentia, * ut supra dictum est, ' non possunt diligi nisi amore concupiscentiae / * ut supra dictum est./ ex praedictis ergo potest patere quod ' dilectio caritatis quam habemus ad deum amorem mercedis non excludit totaliter, quia concupiscentia mercedis reducitur ad amorem benivolentiae quem quis habet ad se ipsum,/ quem / quam caritas dilectionis ad deum non excludit, sed eam sub se compatitur. sed si amor mercedis ponatur finis benivolentiae quam quis habet ad deum, hoc quodam modo / com- / patitur caritas, quodam vero modo non patitur; quia ponere mercedem finem / am- / dilectionis benivolentiae quem habemus ad deum contingit dupliciter. uno (modo) ita quod ponatur finis dilectionis ex parte ipsius amati, hoc est dictu ut velim divinum bonum esse et salvari ut mihi mercedem retribuat; et hoc non patitur caritas, quia iam amor quem habemus ad deum poneretur extra rationem benivolentiae, in quantum ad aliud ipsum amatum ordinaretur. alio modo ex parte ipsius dilectionis; et quia dilectio ipsa operatio quaedam est et accidens, et ita amore concupiscentiae amandum, potest ista actio referri in mercedem sicut in finem; non autem in mercedem temporalem sed in mercedem quae est ipse deus, alias bona operatio minus amaretur quam bonum temporale. sic ergo patet quod caritas dei compatitur secum amorem mercedis, non ita quod merces ponatur finis amati, sed quod ponatur finis amoris et omnium quae propter amantem amantur. |50| et quamvis non compatiatur mercedem temporalem sicut finem bonorum spiritualium, compatitur tamen eam sicut finem bonorum aliorum, secundum quod unum temporale est finis alterius.#

006 ADL 3s pg615

l.44 ' solutio autem probationis est quam philosophus ibidem ponit. sicut enim scientia est circa aliud quam operatio peccati, quia scientia circa universalia, operatio autem circa particularia, ita etiam caritatis obiectum proprium est incommutabile bonum, peccati autem bonum commutabile. scientia autem vincitur a peccato in eo quod affectio alicuius delectabilis secundum sensum, ut luxuriae vel alicuius huiusmodi quae connaturalis est nobis, insurgens, secundum quod aliquam speciem boni habet non invenit scientiam resistentem, quia vel non considerat quis vel sua consideratio in universali et in speculatione consistit; et hoc non est ex defectu scientiae sed ex defectu eius qui habet scientiam, in quantum scientia non utitur secundum quod potest ea uti./ habet enim / facultatem / virtutem / et quia ratio universalis ad particulare opus non deducitur, ideo in particulari non invenitur alia ratio boni nisi quam affectio concupiscentiae facit. et propter hoc ratio, secundum hoc quod invenit de ratione boni, eligit et errat in electione; et haec est ignorantia qua omnis malus ignorans est. similiter etiam #

006 ADL 3s pg616

l.24 ' hic est duplex quaestio: prima de ipsis virtutibus, secunda de / causis / his quae circumstant / virtutum / virtutes. circa primum quaeruntur v / vj /: primo utrum istae virtutes quae hic enumerantur sint morales virtutes, et qualiter morales virtutes / ab intellectualibus / distinguantur ab aliis generibus virtutum, secundo utrum sint virtutes ab invicem distinctae /, tertio de actibus propriis earum /, quarto / tertio / utrum istae virtutes prae aliis debeant dici cardinales,/ quinto / quarto / de aliis virtutibus quae ad has reducuntur,/ sexto / quinto / quae harum sit principalior. deinde quaeritur / de causis virtutum / de his quae circumstant virtutes. et circa hoc quaeruntur sex: primo de materia vel obiectis virtutum, secundo de actibus, tertio de subiecto, quarto de causa efficiente, quinto de medio, sexto utrum virtutes evacuentur.#

006 ADL 3s pg617

l.2 ‘ de distinctione earum - de causa efficiente - de medio - de - ne; et quae et quot - de comparatione ad invicem - de materia - de actibus - de subiectis.#

l.21 ‘ ad secundum sic proceditur. videtur quod istae quatuor virtutes quae hic ponuntur non sint distinctae ab invicem, sed sint una virtus. * augustinus enim dicit in libro de moribus ecclesiae: ° nihil virtutem esse affirmaverim nisi summum amorem dei. ‘ sed amor dei, qui est caritas, est una virtus. ergo omnes istae virtutes sunt tantum una virtus. praeterea. ad temperantiam pertinet modum imponere, ad iustitiam autem rectitudinem servare, ad fortitudinem non / diff- / deficere in difficultatibus, ad prudentiam sapienter eligere. sed haec quatuor oportet quod concurrant ad quemlibet actum virtutis. ergo quilibet actus virtutis procedit a quatuor virtutibus cardinalibus, et ita videtur quod sint una tantum virtus, quia potentiae distinguuntur per actus. praeterea. quaecumque conveniunt in aliquo uno principali formali sunt idem secundum speciem. sed formaliter ratio virtutis completur ex ratione, * quia philosophus dicit in vj eth. quod “ cum accipiant virtutes naturales intellectum, fiunt complete virtutes. ‘ ergo nec distinguuntur a prudentia, quae rationem perficit, nec ab invicem. praeterea. * sicut supra dictum est, ‘ virtutes morales habent pro materia ea quae ad voluntatem et affectum pertinent. sed haec non differunt ex parte voluntatis, sed ex parte rerum exteriorum ad quas anima afficitur. ergo, cum illae accidentaliter se habeant ad genus moris, videtur quod penes haec non possint esse diversae virtutes. praeterea. quaelibet harum virtutum videtur idem esse quod virtus in communi, quia “ prudentia in diffinitione |25| virtutis accipitur, * ut patet in secundo eth.: ‘ est enim virtus habitus electivus in medietate consistens ut sapiens determinabit; sapiens autem agibilium est prudens. “ similiter etiam iustitia est idem quod virtus omnis substantia, * ut dicit philosophus in / iij / v eth. tullius etiam dicit in primo / rhet. / de officiis quod “ temperantiae convenit proprie ratio honesti; honestum autem / in omnibus virtutibus / genus / forti- / virtutis est. * sap. etiam viij “ per virtutem intelligitur fortitudo. ‘ ergo videtur quod hae virtutes non differant secundum substantiam sed solum ratione. sed contra. quia distinctio est causa numeri. sed omnes dicunt esse has virtutes quatuor. ergo oportet quod sint distinctae ab invicem. praeterea. accidentia quae sunt in diversis subiectis oportet esse diversa. sed hae virtutes in diversis subiectis sunt, quia fortitudo in / concupiscibili / irascibili, temperantia in concupiscibili, prudentia in rationali. ergo sunt diversae virtutes. praeterea. habitus diversificantur per actus et actus per obiecta. sed (istae quatuor) diversa obiecta habent et diversos actus, * sicut patet in littera. ‘ ergo sunt diversae virtutes./ responsio. dicendum quod, cum unumquodque quod est ad finem determinetur secundum exigentiam finis, potentiae et habitus,/ qui / quae ordinantur ad actus sicut ad ultimam suam perfectionem, oportet quod secundum actus diversos distinguantur, sicut etiam / materiae potentiae / distinguuntur per relationes ad diversas formas. non autem quaelibet diversitas actuum facit differentiam potentiarum et habituum, sed illa tantum quae est ex diversitate obiectorum, a quibus actus (specificantur) specificiantur, sicut motus a terminis./ non autem quaelibet / differentia terminorum facit diversam speciem motus,/ sed |50| solum illa / quae attenditur secundum illam rationem secundum quam / est terminus motus./ unde quod descensus terminetur ad aquam vel ad terram, non facit diversam speciem motus localis, quia motus localis non erat ad terram vel / ad / aquam in quantum huiusmodi, sed in quantum deorsum sunt;/ sed / generationes / sunt diversae / secundum speciem quae / ad aquam vel ad terram terminantur, * ratione praedicta./ ‘ unde et / obiecta non diversificant actus secundum speciem nisi sit diversitas secundum illam rationem secundum quam / terminatur ad ea actus;/ videre enim album et nigrum non sunt diversi actus secundum speciem, quia / visio est utriusque secundum quod colorata. unde / quanto aliqui habitus vel / aliquae / potentiae sunt immaterialiores, tanto minus / multiplicantur,/ quia attendunt universaliorem rationem obiecti, sicut / patet de imaginatione et sensibus./ potentia autem / actus autem diversimode comparatur ad potentiam et habitum. quia / potentia est principium / actus / absolute, habitus / autem / est principium / actus secundum quod / prompte / egreditur a potentia, quia habitus est quo quis agit cum voluerit; quae quidem facilitas vel promptitudo est ex hoc quod ea quibus pervenitur ad illum actum sunt quasi / cognata / connaturalia facta illi potentiae./ et ideo / diversitas obiecti / secundum illam rationem qua / est terminus actus / simpliciter,/ diversificat actum prout / egred- / proportionatur potentiae, et per consequens ipsas potentias; sed diversitas obiecti / secundum / illam rationem qua comparatur ad principia agendi quibus faciliter operatio in ipsum terminatur, diversificat actum secundum quod proportionatur habitui, et per consequens diversificat habitum. unde materiae scientiarum diversificantur |75| secundum quod sunt terminabiles / per diversa media et / per diversa / principia;/ unde mathematica est alia scientia quam / naturalis,/ quia naturalis scientia / ex his quae apparent in sensu demonstrat,/ et praecipue per effectus,/ mathematica autem / ab- / non./ sicut autem / media sunt principia / in speculativis,/ ex quibus in conclusiones procedimus,/ ita fines sunt / principia in operativis, ex quorum voluntate / procedimus in ea quae sunt ad finem./ unde / habitus / sp- / operativi distinguuntur / materiae vel obiecta habituum operativorum sunt diversa secundum diversam comparationem ad finem / finem autem dico non remotum sed proximum /. et quia prima diversitas quae ex ratione finis provenit est bonum et malum, ideo secundum hanc quasi primam differentiam / virtutes a vitiis distinguuntur; bonum autem / circa quod est virtus humana / est bonum / rationi competens, secundum quam homo est homo. quia autem ratio collativa est et ad multa circumspicit, sicut ad finem et ad simul conversantes et ad ipsum operantem et ad huiusmodi, ideo hoc bonum multa complectitur: requirit / verum / rectum / verum / iudicium ex parte rationis ordinantis, rectitudinem ex commensuratione ad finem vel aliquid quod est extra, modum ex collimitatione circumstantiarum, ex qua quaedam pulcritudo resultat sicut ex proportione membrorum decor corporis; ex parte vero ipsius operantis requirit firmitatem propter difficultatem quae consistit in prosecutione huius boni. ista autem diversimode inveniuntur in diversis materiis, et ideo ratio boni quod est obiectum virtutis diversimode invenitur in diversis materiis, et propter hoc oportet esse diversas virtutes circa illas diversas materias, in quibus non potest eadem ratione aliquid praedictorum | 100 | inveniri. contingit autem quod in aliqua materia attenditur bonum principaliter secundum unum istorum quod etiam principalius in illa materia invenitur quam in aliis, et secundum aliud potissime attenditur bonum in alia materia; sicut in delectationibus tactus praecipue attenditur bonum ut modus servetur, propter hoc quod inclinatio ad eas est naturalis, et ideo virtus quae est circa illas delectationes a modo nomen accepit et dicitur temperantia. et quamvis sit specialis virtus secundum quod habet specialem materiam, tamen quia omnia quae sunt in aliquo genere reducuntur quodam modo ad illud quod est potissimum in illo genere, ideo omnis moderatio etiam in quacumque materia attribuitur temperantiae et similiter pulcritudo et honestum et quicquid est huiusmodi. in timoribus autem et audaciis, quae sunt circa pericula mortis, praecipue hoc rationem boni facit ut homo persistat, quia naturaliter homo fugit huiusmodi; et ideo virtus quae circa praedicta est a persistendo nomen accepit et fortitudo dicitur, et ad ipsam reducitur omnis sustinentia cuiuscumque difficilis, quod de se natum est inducere ad fugam, quamvis haec sit in qualibet virtute. similiter in operationibus quibus homo unus alteri communicat, praecipue ratio boni consistit in rectitudine et aequalitate; et ideo virtus quae circa hanc materiam est a rectitudine et aequalitate nomen habet, scilicet iustitia, quae in graeco a regula dicitur, et ad ipsam etiam reducitur quicquid rectitudinis et aequalitatis in aliis virtutibus invenitur. de prudentia vero aliter est, quia / eius actus / ad ipsam pertinet / recte / recta / rationari / ratiocinari de omnibus moralibus; unde / quicquid cognitionis / ad ipsam pertinet proprie omnis directio / activa / vel |125| etiam modificatio / virtuti- / in moribus active; sed / passiva etiam / participata etiam rectitudo et moderatio ab ipsa in aliis virtutibus reducitur ad ipsam sicut ad causam. secundum hoc ergo sciendum est quod / de / praedictis virtutibus / contingit loqui / attribuitur aliquid / dupliciter: uno modo quod est proprium secundum speciem illius virtutis, et alio modo secundum quod quaelibet dictarum virtutum vendicat sibi illud quod est virtutis communiter, non quasi sibi proprium sed sicut quod praecipue in ipsa invenitur; et hoc non tollit quin sint speciales virtutes et ad invicem distinctae. ad primum ergo dicendum quod, * sicut supra dictum est, ‘ duplex est amor: unus naturalis, et hic invenitur in omnibus viribus; unde talis amor non appropriatur uni virtuti sed est communis omnibus secundum quod quaelibet tendit in suum obiectum et finem. * et si de hoc amore loquitur augustinus, patet quod non probatur quod “ sit tantum una virtus. ‘ alius amor est gratuitus, qui ad virtutem caritatis pertinet; et hic quidem amor invenitur in omnibus virtutibus, non quasi idem per essentiam eis, sed in quantum participatur in omnibus virtutibus aliquid eius secundum quod sunt imperatae a caritate quae est radix earum. ad secundum dicendum quod illa non pertinent ad virtutes singulas quasi propria eis, sed sicut principaliter in eis inventa. ad tertium dicendum quod quamvis illud quod est rationis participatum in aliis virtutibus sit completivum earum quantum ad rationem virtutis humanae in genere, tamen variatur secundum diversam materiam / in qua ponitur / ex qua speciem propriam recipit unaquaeque virtus./ ad quartum dicendum / --- ab invicem et a prudentia, |150| sicut quod habet materiam determinatam ab eo quod non determinat sibi materiam. ad quartum dicendum quod quando forma recipitur in diversis materiis secundum eandem rationem ab aliquo agente, tunc materia non diversificat speciem sicut nec rationem formae. quando autem / aliquid / forma / formale / recipitur in diversis materiis et non secundum eandem rationem, tunc diversificatur species, non propter diversitatem materiae per se loquendo, sed propter diversam rationem formae quam diversitas materiae causat, sicut diaphanum diversimode proportionatum recipiens lucem facit diversas species coloris et ab invicem et a luce. ita etiam ea quae sunt rationis in diversis materiis moralibus non uno modo aptantur, et ideo oportet quod diversae virtutes sunt circa diversas materias et ab invicem distinctae et a prudentia, a qua aliae virtutes id quod est rationis participant. ad quintum dicendum quod ea quae sunt communia omnibus virtutibus diversimode ad singulas praedictarum virtutum reducuntur. quia ad prudentiam ea quae rationis sunt reducuntur sicut ad causam; unde ipsa secundum quod est specialis virtus potest poni in communi diffinitione moralium virtutum quasi universalis causa. sed ad temperantiam et fortitudinem reducitur illud quod invenitur per se communiter in omnibus virtutibus non sicut ad causam sed sicut minus ad maius et perfectius; unde fortitudo et temperantia neque sunt generales per essentiam neque per modum causae. sed ad iustitiam reducitur eodem modo aliquid quod est essentialiter in omnibus virtutibus, sicut rectitudo respectu finis, et aequalitas proportionis respectu unius virium animae ad aliam, et praeter hoc reducitur ad ipsam eodem modo illud quod accidentaliter |175| invenitur in omnibus virtutibus, sicut aequalitas ad alium hominem; quod iustitia essentialiter habet in quantum est sicut circa propriam materiam circa illa quorum usus non est nisi in communicatione ad alterum. et quia illud quod accidit virtuti per nomen virtutis non significatur, sed ea tantum quae essentialiter in virtute inveniuntur, ideo oportet quod virtus communis assumat sibi nomen iustitiae, secundum quod / assumit / ordinat actum suum ad alterum; “ et sic iustitia est idem quod omnis virtus differens ratione, * ut dicit philosophus in v eth., ‘ sed haec aequivoce dicitur ab illa quae est specialis virtus, una de quatuor. unde patet quod prudentia est / universalis / generalis per modum causae et secundum quod est specialis virtus; iustitia vero est generalis per essentiam sed non secundum quod est / generalis / specialis virtus; temperantia autem et fortitudo neutro modo, * ut dictum est.#

006 ADL 3s pg621

l.33 ‘ ad primum ergo dicendum quod / ira non potest esse principalis passio irascibilis / nec / quod in irascibili sunt tria genera passionum, * sicut supra dictum est. ‘ primum est respectu boni ardui, scilicet spes et desperatio; secundum respectu mali difficilis, scilicet audacia et timor; tertium est ex malo illato procedens / scilicet ira / in aliquod arduum, sicut est vindicta / vel victoria /, scilicet ira. et ab hac passione denominatur potentia; tum quia haec passio est composita et complectitur quodam modo / alias / alia / duas / duas / passiones / passionum genera /; tum quia / in hoc terminatur / est ultima passionum irascibilis, ab ultimo autem et completo fit denominatio./ sed in primo genere passionum potest inveniri principalis passio, scilicet spes, quia in bonum potest esse / non tamen ira potest esse principalis passio, quia consequitur ex aliis passionibus, * ut dictum est, ‘ nec potest esse materia principalis virtutis, quia est #

006 ADL 3s pg622

l.6 ‘ ad secundum dicendum quod timoris secundum quod est passio semper obiectum est malum, * et de hoc philosophus loquebatur; ‘ sed timoris spiritualis quandoque non est obiectum malum sed bonum excellens, a quo homo per quandam reverentiam resilit in se ipsum. * et ideo damascenus, qui intendebat de timore in genere, non posuit malum in diffinitione eius.#

l.13 ‘ sicut in / mundano / naturali / timore #

006 ADL 3s pg623

l.36 ‘ in viventibus enim / generans / primo / ex generante descinditur aliquid quod est sufficiens ad / generandum / generationem quantum ad / principia / principium activum et passivum; quamvis in quibusdam idem sit quod utrumque ministrat, sicut in plantis quae non habent sexum distinctum, in quibusdam autem / ab uno generantium /, quae scilicet habent sexum distinctum, a mare ministratur principium activum, a femina principium materiale, et ambo sunt quasi unus generans, sicut...#

006 ADL g1 pga

* philosophus in primo metaphysicae illud ponit # ‘ a quo ratio boni derivatur # * in principio metaphysicae # in ii metaphysicae # cui quidem philosophicae sententiae concordat dictum augustini x confessionum, quod “ beatitudo est gaudium de veritate, * cum tamen sapientem in ii libro de libero arbitrio definiat “ eum qui de beatitudine et his quae ad eam pertinent recte sentit # haec autem duo officia sapientis * philosophus ponit in i elenchorum, scilicet “ non mentiri de quibus novit et mentientem manifestare posse # ‘ unde non facile

006 ADL g1 pgb

‘ per eam impugnantur errores, praecipue contra fidem # sine # et # unde eius cognitio ad metaphysicam pertinet quae tanquam aliarum finis inter omnes scientias # et sic # quo etiam modo # utitur #

006 ADL g1 pg6a

‘ et # move- # immo necessarium # aut # quod est # docens # non est # finitae species # |25| sed # sed cum primum movens magis moveat quam aliquod secundum # moveret # quia mo- # in- # cum aliquod superiorum moventium eadem specie motus moveat, quia cum primum movens magis moveat quam secundum, unumquodque motorum non solum movebitur motu quem proximus motor movet, sed etiam omnibus motibus quibus superiores motores movent. haec autem omnia sunt fictitia vel impossibilia.# quod # tertia via talis est. illud quod est per se prius est eo quod est per aliud. hoc autem potest esse dupliciter #

006 ADL g1 pg6b

‘ seipsum # * si autem aliquis cavilletur dicens quod “ utraque pars movetur, una scilicet ab altera, “ hoc non potest esse propter quatuor. primo quia sic tolletur primum movens, nam una pars non erit principalior in movendo quam alia / cum neutra sit propinquior mobili, quod est de ratione secundi moventis / cum utraque moveat et moveatur / remoto autem principali motore, tollitur totus motus, * ut ex praemissis patet, ‘ quia instrumentum non movet sine principali motore. “ secundo quia, cum de ratione moventis primi / sit quod / esse ponatur quod moveatur a se, ‘ si moveatur ab alio, hoc est per accidens; per accidens ergo est unam illarum moveri ab alia;/ quod autem / et sic potest non esse, quia quae sunt per accidens non sunt necessaria; ergo motus totus cessabit, * quod |25| reputat impossibile / ‘ nisi ponatur quod illa pars movens non moveatur /. tertio quia specialiter non est necessarium ut movens contra moveatur a suo mobili, sed, * sicut ostensum est supra, ‘ oportet reduci mobilia vel in aliquod primum penitus immobile vel in aliquod movens seipsum. quarto quia sequentur praedicta inconvenientia, quod scilicet docens doceatur dum docet, et alia huiusmodi./ similiter non / * si iterum aliquis dicat quod “ prima pars moventis seipsum non movetur a secunda sed a seipsa, ‘ hoc non potest esse propter duo./ primo / quia quod ipsum totum dicatur seipsum movere, aut / dicitur / convenit ei ratione sui ipsius, aut ratione partis. si secundo modo, ergo non est / primum / ut ponebatur primum per se motum, sed pars / est / eius, quod enim movetur ratione partis non est primo motum. si autem primo modo, partibus igitur accidit p- movere / seipsum / seipsas /: ergo non est necessarium, et sic idem quod prius. secundo quia, si totum movet totum, ergo movet quamlibet partem; et una pars eius movetur a seipsa; igitur illa pars movebitur et a se et a toto, et sic idem movebitur a duobus motoribus, quod est impossibile. et per hoc etiam patet quod non potest dici quod totum moveat / pars / partem vel pars totum, quia sic esset per accidens movens seipsum. relinquitur igitur quod oportet unam partem moventis seipsum esse immobilem. tertia via est qua ostenditur quod / move- / est aliquis / primus motor / qui / non movetur neque per se neque per accidens. cum enim inveniantur in hoc mundo multa moventia,

006 ADL g1 pg7a

‘ sicut omnia animalia / oportet / quae sunt corruptibilia,/ q- / oportet quod motores ipsorum, quae sunt animae, aut sint / corruptibiles aut incorruptibiles / semper aut non /, * nam plato “ incorruptibiles esse posuit. ‘ constat autem / quod / si huiusmodi motores non sunt corpora, * ut probatur in libro de anima, quod ‘ etiam si non semper sunt, non possunt incipere aut desinere esse ita quod per se generentur et corrumpantur, sed per accidens, nam nihil per se movetur nisi corpus, * ut probatur in vi phis.. ‘ ex quo potest accipi quod illi motores moventium seipsa qui moventur per accidens non semper sunt. sed necesse est aliquem motorem alicuius moventis seipsum esse qui semper sit.# oportet # quia enim # cum si- # |25| aliquem motorem huiusmodi # horum # scilicet animalia # erit perpetuus # quarta via est quia # qui # accidens #† quod secundi # posteriores †# caelorum # motoris / mobilisque # * praeterea. ostensum est supra ‘ esse unum primum necessarium quod non habet suae necessitatis causam, sed est per seipsum necessarium, et hoc deus est. nullum autem compositum potest esse huiusmodi, cum necessitas compositi ex componentibus causetur et ab eis dependeat. deus igitur compositus non est, sed simplex.# ex his autem ostendi potest quod in deo nihil est violentum neque praeter naturam. nullum enim violentum potest esse sempiternum: nam ea quae per violentiam insunt per accidens adveniunt, huiusmodi autem necessaria esse non possunt neque sempiterna. si igitur deus sempiternus est, nec aliquid in eo esse potest nisi sempiternum, quia non cadit sub tempore, * ut ostensum est, ‘ nihil in ipso potest esse violentum neque extra naturam. praeterea. violentia in aliquo esse non potest quod passioni non subiacet, unde et vim passa dicuntur / in / quibus violentia fit. deus autem non potest pati, cum sit omnino immobilis, * ut probatum est, ‘ pati enim moveri est. nihil igitur in deo est violentum neque praeter naturam.# ulterius ostenditur #

006 ADL g1 pg7b

‘ amplius. in eo quod non est natum pati, violentum aliquid vel innaturale esse non potest, unde et violenta vim passa dicuntur. pati autem non potest aliquid nisi / secundum / quod est in potentia. cum igitur deus nullo modo sit in potentia / vi- / ut ostensum est, manifestum est in eo aliquid violentum vel innaturale esse non posse. adhuc. nullum violentum vel innaturale potest esse sempiternum, nam huiusmodi per accidens insunt, quae autem per accidens sunt, non sunt necessaria neque sempiterna. cum igitur deus sit sempiternus / nec in eo possit aliquid / * ut ostensum est ‘ nec in eo aliquid esse possit non sempiternum, quia simplex est,/ vi- / nihil in eo esse poterit violentum vel innaturale.# est possibile # secundum se # est # * hinc est quod philosophus dicit in v metaph. quod “ in his quae sunt sempiterna et immobilia, nihil est vi neque praeter naturam.# ‘ potentia # tempore # et finiti eiusdem generis necesse sit esse aliquam proportionem.# secundum # unam # ex quo # potest # pass- # po- # * tertio # ‘ hoc modo accipere potentiam # esse # non potest esse sine quantitate infinita, et ideo in virtute movente requiritur quod # quae # secundum esse # quantum # ex quo est # * a quibusdam # ‘ a quo habet # non movet corpus # unde non oportet quod moveat in non tempore:# q- #

006 ADL g1 pg8a

‘ et sic # * et rationis / et auctoritatis divinae et rationis humanae adminiculo # ut augustinus narrat de marco varrone.# ‘ ydolat- # sequitur # gentilium # ex praedictis autem alicui videri posset quod deus esset imperfectissimum. si enim quae sunt et vivunt perfectiora sunt hiis quae tantum sunt, videtur deus imperfectissimus esse, si ipse non est aliud quam suum esse, cui tamen nihil superaddi potest. et ideo ostendendum est quod deus est universaliter perfectus # simpliciter # perfect- # “ quando / nulla / nobilitas quae est in unoquoque genere non est extra ipsum, * ut dicit philosophus in v metaph., quod etiam commentator ibidem deo convenire dicit # ‘ esse secundum totum suum posse # res #† secundum suum totum posse suum idest esse †# haberet # |50| capacitatis # cum habeat # non igitur # aliquid # non est # sicut autem deo # nulla autem nobilitate caret.# ex hoc ex quo imperfectissimus videbatur. nam # sed,# partic- # unde semen # esse # |75| adhuc. duorum imperfectorum illud est /

006 ADL g1 pg8b

‘ imperfectius cui non potest fieri aliqua additio / imperfectissimum quod ad perfectionem reduci non potest. deus autem / si est imperfectus / ad maiorem perfectionem quam habet nullo modo reduci potest, tum quia non est mutabilis, tum quia additionem non recipit. si igitur non est in fine perfectionis, sequetur ipsum esse imperfectissimum,/ quod,/ etiam imperfectius materia prima, quae per additionem formae perfici potest. quod esse non potest, quia agens honorabilius est patiente et movens moto.# in genere autem causarum agentium reducitur ad aliquam primam, * ut supra ostensum est,# ‘ deficere # causarum # ex qua sunt # in unoquoque genere / illud quod est mensura / illius generis / in aliquo genere / est # hoc # illius generis # quia # illam # deus est * ut ex supra dictis patet # ‘ adhuc. omne imperfectum naturaliter tendit / in per- / ad perfectionem, ut in omnibus per inductionem apparet. si igitur aliquod imperfectum sit quod perfectionem non consequatur, hoc erit vel propter aliquod impediens extrinsecum, vel propter repugnantiam suae naturae, quae talis perfectionis capax esse non potest. deus autem nullam perfectionem consequi potest quam non habeat, sic enim mutabilis esset et ei posset fieri additio, * quae supra sunt improbata. ‘ nec impeditur a consecutione aliquo exteriori prohibente, quia illud esset eo potentius. nec propter naturae suae conditionem, quia natura sua est ipsum esse, cui nulla repugnat perfectio. nulla igitur perfectio deo deest, et omnis imperfectio ab eo procul abstit. est ergo perfectissimus./ hanc etiam veritatem tam admirabilem dominus famulo suo moysi insinuavit cui # * eandem etiam veritatem # subtiliter exprimit dicens # ‘ quia / scilicet / quicquid ad perfectionem essendi in diversis rebus invenitur pertinere, hoc totum a deo plenissime possidetur.# potentia # id q- # nihil de potentia habens # aliqua # evidenter apparet # quia tamen,# invenire # ex hoc quod # quae aequivoca dicitur # et # per eandem autem |75| virtutem qua sol causat calorem causat etiam alias qualitates. unde

006 ADL g1 pg9a

‘ una et eadem virtus solis in quantum continet virtualiter diversos effectus, facit solem omnibus similem rebus in quibus sol effectus suos efficaciter inducit # sol # quod sol habet # habetur / sed in sole multo eminentius # secundum illud unum suum simplex esse quod est ipse, omnibus omnia # omnibus est # * cuius / cui etiam # testis # in nono / nono capitulo # ‘ et d- # proprie # et sic defectum a similitudine aliqualiter importare videtur, qui quidem defectus non deo sed aliis rebus convenit, per / quem convenientia / quarum defectum perfectio similitudinis impeditur # similetur # nomina de # proprie # quicquid # sine aliqua imperfectionis admixtione,# non inconvenienter # quae etiam et de creaturis dicuntur # quia talibus nominibus / exprimitur absolute illud secundum quod / exprimuntur perfectiones secundum quas / res / aliquae / aliae / deo similantur,# quicquid # * sicut etiam et scriptura sacra interdum aliqua deo attribuit ‘ et ideo omnia.# |50| alicuius alterius # et huiusmodi / et quae ipsam consequuntur / vel quae ipsum defectum creaturae vel aliquam proprietatem seu defectum rei alicuius quae constat de deo dici non posse nisi secundum metaphoram, * qualiter in sacra scriptura quandoque deo attribui inveniuntur # ‘ et # humanitus # per quam # de- #

006 ADL g1 pg9b

‘ per habitud- # quoc # ef- quod # per- # plur- # patet etiam # quo modo # plurium nominum de ipso dictorum veritas # summae # nullatenus # repugnat / repugnent # in quibus sunt secundum aliam et eminentiorem rationem.# est de genere # caloris # |25| sic enim et lapis diceretur simili ratione #† suam †# per quem lapis est # deum non imitatur sed ab eo # quae de deo modo supra dicto praedicantur # multo plura # homo etiam # etiam multo # sic igitur patet quod nihil de deo et rebus aliis univoce dici potest, nam effectus qui ac speciem causae non pertingit / et ad similem modum essendi / univocam praedicationem non recipit eorum quae praedicantur de causa / unde animalia virtute solis / generantur / ex |50| putrefactione generata / unde ignis virtute solis generatus / quia ad speciem solis non perducuntur / eius nominis praedicationem nullatenus suscipiunt / caloris eius praedicationem univoce non suscipit / quia / nec alicuius proprietatis ipsius. domus vero quae est in materia, quamvis / ad / speciem domus attingat quae est in arte, quia tamen dissimile esse consequitur, praedicationem quidem eiusdem nominis recipit, sed non secundum unam rationem, non enim univoce dicitur domus quae est in anima et quae est in materia, sicut nec animal pictum et verum. res autem quarum deus est causa # sic igitur # formam non recipit # nam calor ignis non attingit ad speciem virtutis solaris, quamvis ipsam aliquatenus imitatur.# di- # sicut nulla / aliarum naturarum / aliarum creaturarum / est homini secundum speciem similis, quia in homine aliqualiter uniuntur naturarum perfectiones quae in singulis sigillatim existunt.#

006 ADL g1 pg10a

‘ secundum # est dissimilis # hoc autem # accidere non potest # aliquibus # accidens # nec # quia # et sic # prius et # patet # et prius.# |25| differentiam # sic enim quod dicitur non conveniret ei secundum suam totam virtutem,# et non universaliter # qui ei competere potest.# nam prior praedicatio in ratione posterioris includitur, cum non praedicetur de posteriori nisi praesupposito priori, sicut, cum dicitur,/ substantia est / accidens est ens, includitur in hac praedicatione substantia, cum accidens non dicatur ens nisi per hoc quod substantiae inest; in ratione vero prioris praedicationis nihil includitur. unde quod / per / secundum / prius et posterius praedicatur, non potest secundum unam rationem praedicari, et ita nec univoce # cum per derivationem ab eo / cum rerum omnium perfectiones quae per nomina quaelibet exprimuntur, ab eo deriventur in rebus # inquantum aliquam formam vel naturam participant,# con- / non tamen # attribuitur # absque hoc quod in impositione unius nominis / aliqua / ad unum aliqua habeatur consideratio de altero / non enim quando nomen uni imponitur habetur aliqua de altero consideratio # nam praedicantur secundum ordinem causae et causati / nam ex his quae nobis sunt nota nomina in deum transferimus # creat- # rerum #

006 ADL g1 pg10b

‘ aliquo modo # voce # sicut ex consideratione intellectus nostri / pervenitur / pervenimus / in cognitionem intellectus divini, et sic de aliis # impossibile est igitur # creatis # adhuc. probationes / de re / super re aliqua ad hoc inducuntur quod aliqua cognitio de re illa habeatur. inveniuntur autem probationes / ad os- / philosophorum praecipuorum / de- / ad ostendendum deum esse, deum vivere, et alia huiusmodi. frustra igitur huiusmodi probationes fierent nisi ex hoc aliqua cognitio homini acquireretur. si autem haec / secundum puram aequivoc- / pure aequivoce de deo et rebus aliis praedicentur, nulla penitus per huiusmodi nobis cognitio acquiritur, nam noster intellectus huiusmodi non cognoscit nisi secundum quod in rebus / in / istis inveniuntur, a quibus scientiam accipit. nihil igitur plus acquiritur nobis de cognitione dei per hoc quod probatur ipsum vivere quam cognoscenti animal latrabile acquireretur de cognitione stellae ex hoc solo quod sciret eam canem nominari. frustra igitur omnes probationes de rebus divinis adducuntur. quod si verum est, qua ratione poterit / ostendere / ostendi / nihil / de deo et rebus / univoce / aliis omnia |25| aequivoce praedicari? haec igitur positio / seipsam / sibi ipsi fidem aufert. * dicet autem forte aliquis ‘ per hoc quod deum viventem probamus, hoc nobis cognitionis accrescere quod intelligamus deum non esse sicut res inanimatas, ut lapidem vel aliquid huiusmodi. sed nec hoc ipsum de deo cognoscere possumus si huiusmodi nomina de ipso aequivoce praedicantur. nam non viventia a viventibus excluduntur secundum quod carent vita quam viventia habent. si igitur aliquid dicatur vivens omnino aequivoce,/ scire / sciri non poterit an / sit illud sicut / illud sit sicut non viventia quae sunt apud nos, quae ex hoc dicuntur non viventia quod hanc vitam non habent quae in viventibus quae apud nos sunt invenitur. sic igitur nec aliquam affirmationem nec aliquam negationem de deo scire poterimus, et erimus in omnimoda ignorantia ipsius.# de creatur- # in hoc # praeterea,/ si / omnis negatio in aliquam affirmationem reducitur sicut ad suae cognitionis principium,/ unde conclusio neg- / negativa enim conclusio inferri non potest nisi altera praemissarum affirmativa existente. si igitur omnes affirmationes in deo sunt nobis |50| ignotae, oportet et negationes esse / omnino / ignotas.# plurium # quia # non autem in huiusmodi # re # et cognitione # substantia invenitur prior / in entitate / accidente in entis praedicatione # per prius, prior est,# |75| ordi- #

006 ADL g1 pg11a

‘ autem # etsi rem unam significent non tamen # in # et ex hoc deum utcumque cognoscimus # ipsum # nam diversa de deo concipit quae ad rem eandem, quae deus est, refert, non falso neque inane, et ita compositionem de deo format non quasi intelligens deum esse compositum, sed deum simplicem / modo / composite intelligens. |25| hoc enim ad veritatem intellectus exigitur quod rei intellectae non alium modum attribuat quam habet in sua natura, non autem requiritur ut idem sit modus intelligentis qui est modus rei intellectae: modus / enim intelligendi intellectus / enim intellectus / in intelligendo res materiales est immaterialis, non tamen immaterialem modum rebus attribuit, ut scilicet iudicet eas esse immateriales, sic enim esset falsus vel vanus. et similiter modus intellectus in intelligendo divinam simplicitatem est compositus,/ quamvis / nec tamen illam compositionem deo attribuit, ut / intellect- / iudicet deum esse compositum.# de rei intellectae unitate iudicium # simplicitatem # b # divinae autem / cons- / perfectionis consideratio in bonitatis ipsius cognitionem adducit. unumquodque enim secundum hoc bonum esse dicitur quod perfectum est. unde et per suam virtutem, quae est rei perfectio, res quaelibet bona esse censetur. deus autem est ens perfectum. igitur ei bonitas attribuenda est. adhuc. unumquodque secundum quod actu est, bonum esse dicitur; secundum / q- / vero quod ab |50| actu per privationem deficit, in malitiam cadit; secundum vero quod in potentia consideratur, ad utrumque se habet. unde omnia esse actu appetunt, privationem vero refugiunt maxime. deus autem est actus absque potentia, et per consequens absque omni privatione. est igitur bonus, omni carens malitiae permixtione. amplius. “ bonum definitur quod omnia appetunt. ‘ appetibile autem movet appetentem. primum igitur movens / immotum / immobile, quod deus est, * ut supra ostensum est, ‘ oportet bonum esse. item. res corporales per hoc bonae sunt quod formam aliquam habent, tantoque meliores quanto forma earum est immaterialior, vel earum virtus quaecumque minus a materialibus elementis dependens. deo igitur, qui est forma immaterialis et incorporea, bonitas deesse non potest. amplius. omnia divisionem refugiunt, unitatem vero appetunt, quasi per unitatem esse habeant: ex quo datur intelligi quod unumquodque, quanto est simplicius / ceteris /, tanto in bonitate excellentius, dummodo perfectio adsit; propter quod ignem aeri praeponimus, aerem vero aquae. deus autem est in fine simplicitatis, * ut supra ostensum est. ‘ est igitur et in fine bonitatis. dei etiam bonitatem * omnes scripturae sacrae commendant./ ps- / unde in ps., quam bonus israel deus; et apostolus ro. ii, ° an divitias bonitatis eius

006 ADL g1 pg11b

° contemnis? * ex hac autem veritate notificata confunditur manichaeorum error ponentium “ aliquem deum qui sit secundum suam naturam malus. * quod praemissis rationibus contradicit, ‘ nam deum oportet esse simplicem, entem actu, et alia huiusmodi, * per quae dei bonitas ostensa est. ‘ ex his igitur manifestum est quod deus non solum est bonus, sed etiam in fine bonitatis. hoc autem non esset nisi essentialiter bonus esset: nam quod per suam essentiam bonum est, melius est eo quod per aliquid participatum bonum fit. deus igitur per suam essentiam bonus est. adhuc. unumquodque secundum hoc / quod / bonum est quod esse habet: unde omnia esse appetunt et amant. deus autem est ipsum suum esse. est igitur sua substantia sua bonitas. adhuc. bonum habet rationem finis: quod patet ex hoc quod omnia bonum appetunt. secundum igitur ordinem aliquorum in genere causae finalis est ordo eorum in bonitate. deus autem est ultimus rerum finis, sicut --- * ut infra ostendetur. ‘ in quolibet autem causarum genere infimum non est causa / nisi per ordinem / --- per ordinem ad supremum, quod est absolute causa, quia eius causalitas ex alio non dependet --- igitur deus est bonus absolute per seipsum, alia vero omnia secundum ordinem --- cum enim bonitas uniuscuiusque consideretur non solum secundum primam perfectionem --- dicimus enim aliquem bonum simpliciter quidem ex hoc quod est iustus --- ens inquantum homo, ut patet in iniustis./ in rebus autem aliis / in deo --- ut in aliis rebus, sed quicquid aliis secundum utramque --- essentiam suam, eo quod accidens in eo esse non potest, ut supra --- modo bonus, non quasi bonitatem |25| participans --- * ut dicitur matth. xix, ° nemo bonus nisi # * ut per philosophum patet in primo eth..# ‘ deum # p- # primum # esse actu # d- # re- # realiter quidem # secund- # * hanc autem eius bonitatem admiratur psalmista dicens # ‘ per haec # sua # dicitur # * ut probat philosophus in ii metaph..# ‘ adhuc. si unumquodque bonum est inquantum est actu, ut ostensum est, illud quod erit actus purus absque omni potentia erit bonitas pura. deus autem est huiusmodi, * ut supra ostensum est. ‘ est igitur ipse pura bonitas.#

006 ADL g1 pg12a

‘ quod enim parti- / * secundum boetium in li. de epd..# ut patet per boetium in libro de epd..# ut patet per boetium in libro de epd..# sed essentiae,# ergo,# non habet # nam # nullus autem # autem # privatio # conatum # illam cui # secundum naturam aliquam illius # hinc est quod philosophus dicit in ix metaph. quod “ in his quae sunt a principio sempiterna, nihil inest nec malum nec peccatum nec corruptum.# ‘ est # bonitates # est habens qui- # igitur,# bonum autem dicat- # alias ab aliqua causa dependeret sua bonitas et non esset per essentiam bonus / * quod improbatum est / cuius contrarium probatum est # ‘ amplius. unumquodque / agit secundum / agens agit secundum rationem boni, * ut ostensum est supra. ‘ sed deus est primum movens et agens, * ut supra ostensum est, ‘ ad quod omnia agentia et moventia reducuntur. igitur ipse est primum bonum, ad quod omnia bona reducuntur. est igitur omnis boni bonum.# ostendens #

006 ADL g1 pg12b

* ut per philosophum patet in principio eth..# ‘ ad p- # * ut patet in / primo / secundo metaph. # ‘ id autem ex # ex sua natura # malu- # ex his autem quae supra ostensa sunt restat ostendere non esse deum nisi unum.# tantum # nemini # si enim esset possibile melius esse, foret, quia in sempiternis non differt esse et posse / nulla enim possibilis bonitas universaliter rebus omnibus deesset, invenitur enim ad minus in primo principio, cuius esse est universaliter perfectum, * ut ostensum est / ‘ si enim esset in rebus potentia ad aliquam bonitatem # sed # |50| motus autem / nam si successive moverent, non posset esse continuatio, intercederet enim quies media / aut uno signo utentur ut duobus scilicet instanti / in / quo / nam inter instans in quo ultimo moveret unus et / in primo prin- / inter instans in quo primo moveret alius, necesse esset cadere tempus medium, quod esset tempus quietis si non esset idem. si autem esset idem,/ in / illo instanti / esset / uterentur movendo ut duobus, scilicet ut principio unius et fine alterius motionis, et sic motio non esset continua, unde nec motus.# nam sic imperfectum esset prius perfecto # nisi sit aliqua causa superior quae faciat ut in eodem instanti in quo unum desinit movere alterum incipiat, cui motus quasi primo motori erit attribuendus. sequitur etiam quod non sit regularis, quia / non / si non movet semper, est ergo movens motum aliquo modo, maxime si moveat per naturam, et sic / quandoque / deficiet paulatim a dispositione movendi, unde motus erit tardior #

006 ADL g1 pg13a

‘ nam motus violentus in pri- # naturalis in principio f- # hic autem deus est, vel a deo motus per modum desiderii, * ut supra / dictum est / probatum est./ ‘ relinquitur igitur deum esse unum tantum. adhuc. non est aliquod bonum in rerum natura quod non sit ab aliquo desideratum, sic enim universum non esset perfectum./ sed omne quod desiderat aliquid aliquo modo movetur in illud./ omne autem desiderium / rei mobilis / per motum aliquem manifestatur, nam quod desiderat aliquid movetur in illud.# purior # non est igitur aliqua substantia / corporalis / spiritualis quae per aliquem motum alicuius corporis non indicatur sicut finis per id quod est ad finem, vel sicut motor per motum.# cum enim motus deferentis |25| sit propter delatum, manifestaretur ille alius / motus per aliquid delatum #† quod non tu- / motus per aliquod corpus delatum. --- motus orbis solis manifestatur nobis per diversum situm solaris corporis, numquam autem per situs corporum quos videmus manifestatur nobis aliquis motus qui non reducatur in motum mobilis †# scilicet aliquod primum ens incorporeum ab alio non dependens, ut ex praedictis patet.# * haec autem ratio videtur convenienter procedere secundum intentionem aristotelis, qui ponit “ numerum substantiarum spiritualium secundum numerum motuum caelestium, * unde etiam sumitur ex verbis eius in xi metaph.: non autem secundum fidei sententiam, per quam ponimus ‘ multo plures substantias spirituales deo ministrantes quam sint motus caelestium corporum. hee tamen omnes habent ordinem ad illam spiritualem substantiam quae per motum primum manifestatur. * unde si praedictae rationi addatur quod ‘ omnis substantia spiritualis manifestatur per aliquem motum corporalem vel ad sic manifestatam aliquo modo ordinatur, * procedet etiam secundum sententiam fidei, et erit contra positionem “ plurium deorum quorum unus non sit causa alterius.# ‘ propriis naturis # cum sint # nec |50| potest esse / * ut aristoteles probat.# ‘ non enim est conveniens ponere aliquam / causam / rem / quae per effectum aliquem se manifestare non posset. amplius./ nomine dei intelligitur ab omnibus aliquid cuius esse non est ab alio dependens per modum quo causatum dependet a causa, eo quod / omnes / qui de deo loquuntur / nomine dei intelligunt primam causam / nec alteri nomen deitatis attribuunt nisi propter propinquitatem vel similitudinem ad id quod estimant primam causam. id igitur quod vere deus est, a nullo dependens est./ omne autem quod non dependet ab alio sicut a causa / amplius. deum / est necesse esse / per seipsum / * sicut ex supra dictis patet. ‘ si igitur sunt / duo vel / plures dii, oportet esse / duo vel / plura simul quorum utrumque sit / per se / necesse esse. et sic in istis / duobus vel / pluribus oportet duo intelligere, scilicet esse discretum / uniuscuiusque / utriusque / eorum, et eorum concomitantia adinvicem, per quam dicuntur simul inveniri / in rerum natura./ necessitas autem non potest attribui istis duobus nisi tribus modis. uno modo ut necessitas attribuatur utrique quantum ad utrumque, idest quod unumquodque eorum sit in se consideratum necessarium, et iterum concomitantia eius ad alterum sit necessaria; alio modo ut concomitantia unius ad alterum sit necessaria et utrumque eorum secundum se consideratum

006 ADL g1 pg13b

‘ non sit necessarium; tertio modo ita quod utrumque sit necessarium per seipsum quantum ad suum esse discretum, sed concomitantia non sit necessaria sed possibilis. quartum autem, scilicet quod / quantum / quantum ad utrumque sit possibilitas et non necessitas, poni non potest, ex quo / uterque / utrumque / eorum ponitur necesse esse. primum autem horum esse non potest, quia contradictionem implicat: ex hoc enim aliquid dicitur esse necesse per se quod non indiget ad suum esse quod aliquid aliud sit; igitur esse suum potest esse sine quolibet alio; concomitantia igitur eius ad aliud est possibilis et non necessaria. similiter secundum esse non potest, quia sic utrumque eorum erit necesse esse per aliud tantum et non per seipsum; utrumque igitur erit / aut- / possibile per se et necessarium per aliud; ergo / uni eorum / acquiritur necessitas ex alio; aut igitur secundum quod illud aliud habet necessitatem, aut secundum quod habet possibilitatem; non secundum quod habet necessitatem, quia necessitas etiam illius non est ei nisi ex hoc quod dicitur acquirere necessitatem ex / eo / illo,/ sic enim neutri eorum necessitas acquireretur / vel aliquid erit causa sui ipsius, quod est impossibile, nam quod est causa causae etiam est causa effectus /; similiter unum non potest acquirere necessitatem ex alio secundum quod illud aliud habet possibilitatem; sic enim possibilitas illius esset causa necessitatis huius, possibilitatis autem illius non est causa aliquid quod sit ex parte huius; ergo hoc absolute est necesse esse ex alio, et est causatum, et illud aliud erit simpliciter eius causa, et sic non erunt aequalia in necessitate essendi. |25| et praeterea, si ex possibilitate illius acquiritur huic necessitas essendi, possibilitas autem essendi illius est etiam eo non non existente, ergo etiam eo non existente, hoc est necesse esse, et sic / non se concomitantur / concomitantia eorum non erit necessaria. si autem ponatur tertium, scilicet quod / nemo / utrumque eorum sit necessarium per seipsum et concomitantia eorum sit possibilis, non necessaria, oportet quod habeat concomitantia huiusmodi aliquam causam. non autem causa eius potest esse alterum eorum, quia sic, posito / aliquo eorum / eo / sequeretur quod esset concomitantia praedicta / et ita esse uni / aut alteri / non posset esse sine concomitantia praedicta / quae sine esse alterius esse non potest / et ita sequeretur quod illud quod est causa habitudinis praedictae esse causa / illi / esse /

quod sine habitudine tali / eius sine quo habitudo talis / non potest intelligi,/ et sic unum eorum erit causatum et aliud causa./ relinquitur ergo quod haec habitudo accidentaliter se habeat ad utrumque, et ita erit ex aliqua tertia causa coniungente illa duo./ neuter / neutrum / ergo eorum erit prima causa sed habebit causam superiorem. sic igitur non potest poni quod sint plura quorum / utrum- / quodlibet sit necesse esse. et ita oportet ponere unum deum tantum.# que # ergo conveniunt # praeter esse suum completum est accidens # |50| aut # ostens- # utriusque # ponitur # ergo # duo pr- # item. si necessitas essendi attribuitur alicui, aut necessitas essendi habebit necessariam habitudinem ad illud cui attribuitur, aut non./ si habet necessariam habitudinem ad illud cui attribuitur aut non./ si habet necessariam habitudinem ad illud, ergo non

006 ADL g1 pg14a

'potest inveniri in alio. si autem non habet necessariam habitudinem ad illud, ergo convenit ei possibiliter, et sic illud non erit per se necesse esse. si autem dicatur quod secundum hoc quaelibet proprietas non inveniretur nisi in uno individuo, quia quaelibet proprietas dependet a suo subiecto: dicendum est quod proprietas secundum rationem suam dependet a subiecto communi,/ sed / sed secundum esse suum dependet ab hoc subiecto demonstrato, sicut risibilitas secundum suam rationem dependet ab homine / inquantum est,/ unde / praeter / extra hominem non invenitur, sed haec risibilitas secundum esse suum dependet ab hoc homine, unde secundum idem esse non invenitur extra hunc hominem: si autem ipsum esse risibilitatis esset ratio eius secundum hoc patet / quod / quod nunquam inveniretur extra hunc hominem. sic autem est de necessitate essendi, * ut ex dictis patet. 'ergo necessitas essendi absoluta non potest inveniri nisi in aliquo uno demonstrato. et sic est tantum unus deus. potest autem et iuxta hoc alia probatio sumi talis.# oportet # unam rationem # ergo neutrum ill- # |25| deitatis # est enim per se necesse esse.# non est necesse esse inquantum est hoc signatum, ab alio ergo erit ei necesse esse, et ab alio esse signatum. sed est necesse esse per seipsum. ergo habet designationem / sui esse / ab alio. et sic esse proprium, quo ab aliis discernitur, acquiritur sibi ab alio. non est ergo necesse esse per seipsum # nam # est # unde / hoc autem quod est necesse esse convenit esse in actu./ oportet ergo # secundum hoc # |50| sed nihil distinguitur ab alio nisi per id a quo suum esse dependet,/ oport-,/ quia unumquodque per id per quod est, est etiam est unum, idest indistinctum in se et ab aliis distinctum. oportebit igitur quod natura divina secundum suum esse ab alio dependeat. non autem dependet ab alio sicut a differentia, eo quod est natura completa. nec sicut ab accidente, quia deo nihil accidere potest, * ut ostensum est. 'nec sicut a materia recipiente, quia immaterialem esse deum * supra demonstravimus. 'nec sicut a causa, quia est necesse esse per se. nullo igitur modo potest esse ut sint plures dii # impossibile est igitur in ea multi- # non enim multa in unum genus conveniunt / nisi / ex hoc quod / sunt multa / aliquid unum est unde illud derivatur / a quo / in quo uniuntur.# et hoc deus dicitur # hoc ipsum evidentissimo signo declaratur nam # viri etiam in uxorum consortio / null- / nolunt consortem habere, quamvis contingat unius viri esse plures uxores.# |75| qui #

006 ADL g1 pg14b

' magis autem # dicuntur # restat autem ostendere quo modo deus infinitus dicatur, eius unitate probata.# virtutem # dicitur # ut hoc sit ei esse esse infinitum quod # esset # esse autem divinum # nec forma sua est # cum sit immaterialis,# item. quamvis " infinitum quod privative dicitur et in imperfectionem sonat, * secundum philosophum in tertio phis., " sit cuius quantitatem accipientibus semper est aliquid extra accipere, 'secundum tamen quod nunc accipimus infinitum per viam perfectionis, oportet infinitum esse extra quod nihil est accipere. nihil autem est accipere extra deum, nam impossibile est aliud esse necesse esse per se / ipsum / praeter ipsum, nec est possibile aliquid fore possibile esse nisi habens esse ab eo quod per se necesse est esse, * ut ex supra dictis patet. 'nihil igitur potest esse quod non sit ab ipso. quod autem ab ipso est, in ipso continetur perfectius quam sit in seipso, * ut ex supra dictis patet. 'extra ipsum igitur deum nihil accipi potest. est igitur infinitus.# infinit- # abs- # participat # ergo quod nullo modo perfectius habere potest habere # et perfectione absolutum,# sua # et perfectione absoluta. amplius. omni finito potest aliquid maius cogitari per intellectum,/ nam intellectus,/ ex quo declaratur quod intellectus noster habet quandam infinitatem respectu sui intelligibilis. intelligibile autem est res. omni autem potentiae respondet suus actus, cum potentia ad actum dicatur./ omni igitur potentiae / cum igitur intelligibile sit actus et perfectio intellectus, oportet ponere aliquam rem intelligibilem infinitam. infiniti autem principium non potest esse aliquid finitum, cum nihil agat ultra seipsum. oportet autem omne aliud quod est praeter deum, ab ipso esse. est igitur ipse infinitus.# cum nihil sit nisi ab ipso # oportet # in- # inquantum actu est, unde oportet quod secundum modum illum sit actus quo habet virtutem ad agendum # |75| infinitam #

006 ADL g1 pg15a

* secundum ponentes aeternitatem mundi,# * de / cum de eius incorporalitate tractaretur.# ' quia nihil habet de potentia # nec habet aliquid de potentia.# factoris # tenet / valet # * ut augustinus narrabat in x de ci.. dei.# ' potentiarum propo- # vel qualicumque # proportiones # est # praeexistit # qualiscumque autem potentiae ab actu quantumcumque |25| remotae, nulla est proportio ad nullam potentiam, sicut nec entis ad non ens. relinquitur quod nec virtutis activae quae non potest agere nisi / ex / aliqua potentia passiva praesupposita vel praeintellecta, ad illam quae agit nulla praesupposita vel praeintellecta. omnis autem / potentiae / finitae virtutis ad aliam finitam est aliqua proportio.# de potentia materiae # virtus quae dei est # passiv- # sit # item. quod de se finitum est non potest alteri infinitatem largiri. sed " quaedam sunt quorum duratio est infinita, vel ex utraque parte * secundum ponentes aeternitatem mundi, 'vel ex parte finis * secundum nos, 'sicut substantia caeli, animae rationales, et alia huiusmodi. cum igitur haec / omnia / non habeant esse nec / perfection- / permanentiam a se sed a deo, oportet deum esse infinitum.# sui # diuturnitatem # vel # etiam # fuerit # doctrinam # de necessitate # * sicut aristoteles demonstrat # ' his igitur perscrutatis de his quae ad divinae substantiae cognitionem pertinent per viam remotionis, inquirendum est de his / qui / quae ad operationem eius pertinent, in quibus procedendum est / per / praecipue per viam similitudinis. inter quae primo ostendemus / ex praemissis autem sequitur / deum esse intelligentem./ quod quidem sic probatur ex his quae supra dicta sunt./ * ostensum est / enim supra / 'primum movens esse omnino immobile. nihil / est / autem invenitur movens omnino immobile nisi appetibile. nam omne quod movet, movet per naturam vel appetitum. nam quod movet ex natura, de necessitate movet, natura enim est principium ad unum determinata, et sic non est in movente per / suam / modum naturae movere et non movere. non est ergo movens ex se, et sic movet ex altero, quod dat ei virtutem movendi. est ergo movens motum omne quod per naturam movet. quod autem movet per appetitum, movetur ab appetibili, nam appetibile comparatur

006 ADL g1 pg15b

' ad appetitum ut movens ad motum. oportet igitur id quod est primo movens /† esse appeten- † necesse esse appeti / movere sicut appetibile movet. appetitur ergo vel a se, vel ab alio. et detur primo quod / ab alio / a se. ergo secundum hoc primum movens est appetens sive desiderans. duplex autem est desiderium, sensus et intellectus. non autem est possibile quod id quod est primum movens ut appetens desideret desiderio sensuali, sed intellectuali:/ nam desiderium sensuale est eius quod videtur bonum / nam id quod appetitur desiderio sensus iudicatur / a nobi- / bonum quia est delectabile sensui, et ita quis est appetibile,/ nam /, quod autem desiderat intellectus iudicatur bonum non quia est desiderabile vel appetibile, sed ideo desideratur quia est bonum. prius autem est illud bonum quod ideo desideratur quia est bonum, quam illud quod ideo est bonum quia desideratur vel delectat, nam quod est per se prius est quam quod est per aliud. ergo primum / appetib- / appetibile est appetibile appetitu intellectuali. et ipsum appetibile suppositum est esse appetens. ergo ipsum primum movens, quod est primum appetibile, appetit appetitu intellectuali, et ita est intelligens. accipimus autem nunc appetere large pro omni operatione appetitivae virtutis, sive sit amor vel delectatio vel quicquid huiusmodi. si autem detur quod appetens huiusmodi appetibile sit aliud / a pr- / ab ipso, oportebit per rationem praedictam quod illud sit intelligens. ergo primum movens, quod erat appetibile, est intelligibile. nec est intelligibile quia intelligitur, alias non esset primum intelligibile, * sicut et de bono dictum est. 'ergo est de se intelligibile. et illud aliud quod intelligit | 25 | ipsum non / intelligit / est intelligens nisi inquantum assumit primum intelligibile. ipsum ergo primum intelligibile illi alio causa intelligendi. ergo ipse est magis intelligens. oportet ergo primum movens non motum, quod deus est, esse intelligens. adhuc. omnis substantia quae est absque materia est intelligens. deus autem est huiusmodi, * ut supra probatum est. 'deus igitur est intelligens. probatio mediae. intellectus in actu et intelligibile in actu sunt unum, sicut sensus in actu et sensibile in actu: nam oportet intelligibile / in act- / intellectui actu uniri ad hoc quod actu intelligat, et sensibile sensui ad hoc quod sentiat. sed aliquid ex hoc fit intelligibile in actu quod / est / abstrahitur a materia et ab omnibus materiae conditionibus. ergo intellectum in actu esse convenit alicui ex eodem, scilicet ex hoc quod est sine materia. item. omne quod est in altero est in eo per modum eius in quo est./ quod igitur est in substantia immateriali est in eo immaterialiter./ sed haec est causa / quod / quod aliquid cognoscatur ab aliquo, quod est in eo immaterialiter. unde sensus est susceptivus specierum sine materia, sed non / con- / sine conditionibus materiae omnino, cum recipiat speciem in organo corporali, et ideo est quidem cognoscitivus sed non intellectivus, nam intellectus absque omni corporali organo species intelligibiles habet. in nutritivo autem non accipitur aliquid nisi materialiter, et propter hoc nullo modo cognoscit. quod igitur est in aliquo immaterialiter et absque omni organo corporali, est in eo intelligibiliter. sed deus et immaterialis et incorporeus est / qui- / * ut ex supra dictis patet. 'quicquid igitur est in eo est ibi per modum intelligibilem. est ergo intelligens. adhuc. forma est principium agendi in agente, nam |50| unumquodque agit secundum quod est actu. actio igitur sive operatio sequitur formam / quae / agentis inquantum est agens. secundum igitur modum operationis est modus formae quae est principium operandi. sed operatio intelligibilis adaequat / operationem / naturam rei intellectae secundum rationem communem: non enim / secundum / intelligitur natura lapidis secundum esse quod habet in hoc vel in illo determinate,/ secundum / sed secundum rationem communem qua in omnibus invenitur. forma igitur quae est intelligendi principium. forma igitur intelligibilis per quam intelligitur est retinens vim communitatis naturae. est igitur denudata ab omnibus quibus natura contrahitur ad hoc vel ad illud individuum. huiusmodi autem sunt materia et materiae conditiones. oportet igitur formam intelligibilem esse absque materia et omnibus materiae conditionibus / igitur et intelligens / et ex hoc fit intelligibilis. igitur intelligens aliquid aptum natum est ex hoc quod est immateriale, et sic omnis substantia quae est sine materia est intelligens. deus igitur est intelligens. amplius. nulla virtus infinita est virtus in magnitudine, * ut probatum est supra. ' intellectus autem est quodam modo infinitae virtutis, inquantum universale cognoscit, quod est infinitum in potentia, utpote ab infinitis particularibus participabile. intellectus igitur non est virtus in magnitudine. haec autem est proprietas intellectus per quam ab omnibus aliis distinguitur, scilicet quod est cognoscitivus universalis. si ergo hoc competit ei inquantum est / in nulla / absque magnitudine, nec aliter inesse posset, oportet omne quod est absque

006 ADL g1 pg16a

'magnitudine habere naturam intellectivam. deus igitur, qui caret omni magnitudine, est intelligens.# aliter enim non esset in ipso moveri et non moveri # moventem q- # sicut et a- # et # id quod est app- # oportet igitur ponere # intellectum ex # sed # quae apud nos # quod q- # quodam modo # m- # mosuas # totius # deus # naturalibus rebus # finem.# perf- # oportet igitur ab aliquo intellectu omnes res effluere. illud autem a quo omnia primo effluunt deus est. igitur deus est intelligens " non enim possunt universalia esse substantiae subsistentes,/ * ut philosophus probat / sicut platonici posuerunt, ut paristoteles probat in vii metaph. # ' adhuc. ordo rerum in veritate est sicut ordo rerum in esse. ab eo igitur omnia habent veritatem a quo habent esse. " sed veritas non est nisi in mente, * secundum philosophum in vi eth. metaph.: 'non enim |50| aliquid dicitur verum nisi secundum consonantiam rei et intellectus. illud igitur a quo omnia esse habent / esse / scilicet deum / oportet esse intellectum. deus igitur est intelligens./ hunc # nam # quod # * hanc autem veritatem negare nullus praesumpsit / ' nisi de / deum esse confitentium, * nisi / p- / antiquissimi naturales, qui " deos nominabant prima rerum materialia principia, ut ignem vel aquam vel aliquid huiusmodi pure corporale, * inter quos primus anaxagoras " primum rerum principium posuit intellectum, * et in hoc / vel apud / ab aristotele prae aliis commendatur./ ' nunc autem ostendendum est quod in deo sit idem intelligens et intellectum.# ex hoc autem ulterius habetur quod deus sit vivens, nam intelligere quoddam vivere est. adhuc / cuiuslibet / hoc inter viventia et non

006 ADL g1 pg16b

'viventia distare invenitur quod cuiuslibet viventis operatio in ipso vivente principium sufficiens habet, non viventia vero non operantur neque moventis ex se ipsis, sed indigent exteriori amminiculo ad operandum, vel generante vel removente prohibens vel saltem apponente materiam ad operandum. illud igitur quod habet operationem nullo exteriori indigens est vivens./ hoc autem / tale autem est deus, oportet enim operans ex se esse prius operante ex alio. deus igitur est vivens. amplius. quanto aliquae substantiae sunt perfectiores et nobiliores, sunt / simpl- / perfectissimo propinquiores. substantiae autem viventes in rerum ordine non viventibus praeponuntur. oportet igitur primam et perfectissimam substantiam esse viventem, quae deus est. item. divinum esse infinitum est. igitur nihil quod ad perfectionem essendi pertineat deo deesse potest, * ut ex superioribus patet. ' vivere autem denominat modum essendi nobilissimum inter alios nobis notos. hic igitur modus essendi deo non deest. est igitur vivens. * hoc etiam auctoritate divina confirmatur. dicitur enim deut. xxxii ex ore dei, ° levabo ad caelum manum meam et dicam, vivo ego in aeternum. * et in ps., ° cor meum et caro mea exultaverunt in deum vivum. * et io. v, ° sicut pater habet vitam in semetipso, sic dedit et filio vitam habere.# ‘ nunc autem ostendendum est quod suum intelligere / idest intellectualis operatio / non est aliud quam / su- / ipsa / sua essentia. operatio |25| enim oportet quod sit vel in operante vel in operato. in operato autem esse non potest nisi per hoc quod ab operante in / operantem / operatum transit, prout scilicet operans operatum movet. illa igitur operatio quae non transit in operatum est in operante tantum. talis autem est operatio intellectualis, scilicet intelligere vel considerare. igitur est in intelligente tantum. in deo autem non potest esse aliquid quod / s- / non sit sua essentia, quia ipse non habet aliquod accidens, * ut ex supra ostensis patet. ‘ relinquitur igitur quod ipsum intelligere dei est sua esse et suum esse, et est ipse deus.# transiens # mutatur # suum # scientia quam # vel esse, * ut ex supra ostensis haberi potest # ‘ simplic- # adhuc. intellectus qui non est sua operatio est in potentia |50| respectu operationis, et operatio est actus eius./ si igitur / sed in deo nulla est potentia / cum sit / sed est purus actus, * ut supra ostensum est. ‘ igitur suus intellectus est suum intelligere, et sic suum intelligere est sua essentia.# actus # deus non erit # item. si / intellectus divin- / divina essentia non est suum intelligere, oportet quod sit aliquid causa ei intelligendi, nam quod in se est diversum ab essentia alicuius non unietur ei nisi / aliq- / per aliquam causam. sed ipsa essentia intelligentis non sufficit ad hoc quod sit causa / intellectivae / intelligendi secundum actum, si ipsa non est suum intelligere: erit enim in potentia respectu intellectualis operationis / et sic non sufficit quod sit ea causa, cum nihil se educat / nihil autem se educit / de potentia in actum. oportet igitur ponere, si intellectus divinus non est suum intelligere, quod aliquid aliud sit ei causa intelligendi./ cum autem / et sic erit / ei / habens aliquam perfectionem ab alio, quod est impossibile ei quod est in fine perfectionis. igitur sua operatio / non est / intellectualis non est aliud quam

006 ADL g1 pg17a

‘ sua essentia. amplius. ab uno naturali ordine non procedit nisi unum: naturalis enim virtus ad unum determinata est propter similitudinem principiati a principio. si igitur operatio dei non sit idem quod suum esse, oportet quod virtus quae est operationis principium non / est / sit divina essentia. virtus autem quae non est essentia eius cuius est, qualitas accidentalis eius est. deus igitur habebit aliquod accidens, quod est impossibile, * ut ex supra dictis patet. ‘ oportet igitur quod operatio divina sit suum esse. hoc autem est eius essentia, ut / ex / in / supra dictis ostens- / * supra ostensum est. ‘ intelligere igitur dei est sua essentia. adhuc. omne agens per intellectum exteriorem effectum producit mediante intellectuali operatione. finitum autem non potest esse causa infiniti. si igitur alicuius agentis / inf- / per intellectum virtus sit infinita respectu operationis exterioris, oportet esse causa infinita respectu operationis intellectualis. * ostensum est autem ‘deum esse virtutis infinitae in movendo. est igitur et in intelligendo virtutis infinitae. sua igitur intellectualis operatio infinita est secundum illam quantitatem qua unus alio dicitur perspicacius et perfectius intelligere. nihil autem aliud potest esse infinitum quam / essentia / esse divinum, cum omne aliud esse sit receptum et per consequens limitatum. relinquitur igitur divinam operationem esse idem quod esse / dei / et essentia / divina / eius.# res # quod est impossibile. non igitur eius operatio intellectualis, nec aliqua alia, est aliud quam sua substantia # |25| summum bonum # sit finis # impossibile # etiam # * hoc autem ostenso, ‘ manifestum est quod deo idem sit esse et vivere et beate vivere. nam operatio intellectiva, si sit perfecta, felicitas est. ipsa autem divina essentia est operatio intellectualis infinita secundum efficaciam intelligendi, * ut ostensum est. ‘ est igitur divina substantia ipsa sua beatitudo. adhuc. uniuscuiusque / beati sua beat- / potentis ad beatitudinem pervenire / sua / beatitudo est eius finis ultimus, cum propter se tantum desideretur. omnis autem intellectualiter vivens natus est beatitudinem habere, quod ostendit naturale beatitudinis desiderium. cum igitur deus sit intelligens, si ipse non sit sua beatitudo, aliquid aliud praeter deum erit finis eius et ultimum desideratum illius, et sic ipse non erit perfectissimus nec primum movens nullo modo ab alio motum. quod est impossibile, * ut supra ostensum est. ‘ deus igitur est sua beatitudo. amplius. oportet primum rerum principium summe perfectum esse, * ut ex supra dictis patet. ‘haec autem perfectio in primo |50| principio non invenitur secundum aliqua diversa sed secundum eius esse, * ut etiam supra ostensum est. ‘cum igitur beatitudo non sit aliud quam bonum perfectum et summum, utpote summe desideratum, oportet ipsum divinum esse suam beatitudinem fore. item. si beatitudo deo competit et ipse sua beatitudo non est, aut igitur beatitudinem ab extrinseco accipit, aut sui natura habet. si ab extrinseco accipit, illud quod ei dat beatitudinem erit eo perfectius, quod est impossibile. si autem sui natura habet,/ sui / sua igitur natura est beatitudinis eius principium. autem non potest esse imperfectius eo quod est a principio. cum igitur beatitudo sit summum bonum, divina natura erit summum bonum. duo vero summe bona esse impossibile est: nam si aliquid uni deest quod alterum habeat, non erit perfectum neque summum bonum; si vero non desit alteri quicquid ab uno habetur, diversa esse non potest. sequitur igitur ex praedictis quod deus sit sua beatitudo. adhuc. si beatitudo deo competit nec sua substantia sit, oportet quod ei accidat. * ostensum est autem quod ‘ accidentibus subiici non potest. deus igitur est sua beatitudo. amplius. omne quod per participationem dicitur, reducitur ad aliquid per essentiam dictum, cum imperfectum a perfecto sumat originem. si igitur sunt aliqui beati non essentialiter sed participative, oportet devenire ad primum, qui sit per suam essentiam beatus./ adhuc. illud propter quod omnia desiderantur est ipsa beatitudo. omnia autem desiderantur propter bonum. ergo bonitas beatitudo est. deus autem est sua / * hinc est quod in sacra scriptura ‘singulariter “beatus et potens * ostenditur / ‘ quia ipse / * prima tim. ult., ‘quia ipse sua potentia est et sua |75| beatitudo.#

006 ADL g1 pg17b

‘ oportet # seipso # si igitur # in # si igitur # quia nihil sibi ipsi est simile, intellectus autem divinus est ipsa eius essentia, * ut probatum est,/ ‘ nec etiam esse potest,/ non enim esse potest ut duae formae unius speciei in eodem inveniantur, quod oporteret si sibi aliquid simile foret, nam inesset sibi forma principalis et alia forma per quam consimilitudo attenderetur eiusdem speciei # spe- # quia,/ non enim esset omnino / move- / immobilis # intellectum est perfectio intelligentis # aliquid # maxime conformis, cum sit # pari ratione # coniunctissima utpote # et praecipue cum virtus eius in intelligendo sit infinita, * ut supra ostensum est.# ‘ se a # omnibus # in intelligente # ergo deus seipsum cognoscit # maxime # item. intellectus quandoque est in potentia, quandoque in actu, et similiter intellectum quandoque est in potentia, quandoque in actu. intellectus / autem et / igitur / autem / in potentia et intelligibile in potentia differunt, sed quando idem / actus / actu intellectus intelligit et res / act- / aliqua, ut lapis, actu intelligitur, tunc intellectus et intellectum efficiuntur unum. secundum hoc ergo solum / etiam / intellectus / et intelligibile a / ab intelligibili distinguitur, quod est in potentia. sed intellectus divinus non est in potentia ullo modo, ut ex supra dictis patet. ergo ipse / s- / est suum intellectum omnibus modis. et ita seipsum deus intelligit. adhuc. res aliqua / dupliciter consi- / materialis dupliciter considerari potest,/ secundum quod,/ scilicet secundum quod est in materia, et secundum quod ratio eius est in intellectu. non autem ab intellectu distinguitur ex ea parte qua est ratio in intellectu,/ immo,/ sed magis ei unitur. ex hac ergo sola parte res ab intellectu actu intelligente distinguitur, quod est in materia. omnis igitur res immaterialis ab intellectu actu intelligente non distinguitur, immo in eis ipsum intellectum est / intelligens / intellectus actu intelligens. deus igitur seipsum intelligit.# |75| ut #

006 ADL g1 pg18a

‘ speciem recipit # actus # adhuc. beatitudinem deo convenire * supra ostensum est, ‘ et quod etiam ei conveniat secundum quod est actu intelligens, manifestum est: beatitudo enim, cum nominet ultimam completionem, non est secundum potentiam / vel / vel habitum, sed secundum actum / et perf- / nobilissimum,/ qualis est,/ talis autem est operatio intellectualis, cum sit simplicissima et prima origo aliarum rationalium operationum. aut igitur / convenit / deus beatus est secundum quod actu intelligit se, aut secundum quod actu aliud intelligit. si secundum quod actu aliud intelligit, per illud ergo intellectum beatus erit. non ergo habebit suae beatitudinis sufficientiam in seipso, et sic non erit perfecte beatus. est igitur beatus ex hoc quod seipsum intelligit.# maxima est # ex hoc autem quod intellectum a deo est ipsa intellectus substantia, sequi / etiam / videtur quod intellectum a deo non sit aliud ab ipso. quod quidem aliqualiter verum est et aliqualiter falsum. dicitur namque aliquid intelligi primo et in se, aliquid vero quasi per posterius et in alio: cuius exemplum etiam in visu corporali apparet, nam speculum primo et per se videtur,/ ymago in s- / res autem cuius ymago resultat in speculo videtur quasi per posterius et in alio. sic etiam et per intellectum primo et per se cognoscitur illud quod determinat intellectus actum, quicquid sit illud, sed per posterius et quasi in alio quicquid eo cognito innotescit, sive sit pars sive proprietas vel effectus. quod igitur est a deo primo et per se intellectum nihil est nisi sua essentia. quod sic patet. intellectum enim est perfectio intelligentis, nam in intellecto actu intellectus operatio completur, quae est ultima intelligentis perfectio. si igitur aliquid aliud a deo intelligatur ab eo quasi principale et per se intellectum, aliquid aliud erit ipsius perfectio, * quod impossibile patet esse ex dictis. ‘ adhuc. illa solum # seip- # informatur ad intelligendum # |50| primum intell- per s- # su- # qui est # scie- # accipit # principale # quod intelligeret # et beatitudo #

006 ADL g1 pg18b

‘ sed # suum # res / intellectuales, causatae,/ in deo intellectualiter existit # ratione essentiae suae, cum agat per suam essentiam, utpote primum agens.# in seipso / in essentia sua # item. omnis causa activa secundum proprietatem sui esse agit,/ aliter enim,/ agit enim unumquodque secundum quod actu est, et / sic / propter hoc / similitudo causae in effectu relinquitur. sed deus secundum suum esse intellectivus est./ agit / causat igitur res per intellectum. omne autem quod per intellectum agit, cognoscit id / q- / cuius causa est. deus igitur non solum se sed etiam alia cognoscit.# naturam aliquam # praeterea. cognita perfecte natura aliqua, cognoscuntur omnia in quibus invenitur natura illa secundum quod eam habent. deus autem perfecte cognoscit naturam entitatis inquantum cognoscit seipsum, qui est ipsum esse. deus igitur non solum se sed etiam alia cognoscit inquantum entia sunt.# praedictas duas conclusiones # quidem alia a se non quasi primo et per se nota sed # alia # sed tamen non est dicendum quod in intellectu eius sit discursus aut successio sicut in intellectu nostro, quamvis primo et per se seipsum intelligat, rem vero causatam quasi per posterius cognoscendo essentiam suam. non enim ex hoc constituitur discursiva sive collativa aut argumentativa cognitio quod aliquid cognoscitur aliquo sicut similitudine eius quod cognoscitur, alias visiva cognitio, quae fit per similitudinem rei visae, esset discursiva, quod patet esse falsum. sed ex ipsa essentia divina cognoscitur res causata sicut ex propria similitudine, * ut |50| dictum est,/ ‘non ergo,/ non sicut duarum rerum cognitarum una ex alia. non ergo est / successio / discursus / in intellectu divino, quamvis cognoscendo essentiam suam cognoscat alia. item./ cognitio / discursus rationis est ex noto ad ignotum processus, vel saltem ex uno considerato in non consideratum. cum ergo / considerantur duo / consideratur simul duorum notorum ad invicem comparatio, non est ex hoc aliquis discursus quod unum in alio inspicitur ut effectus in causa vel e converso. sed deus / ex essentia sua / non procedit ex cognitione essentiae suae in cognitionem rerum sicut ex noto ad ignotum vel ex considerato ad non consideratum, cum non alia specie informetur intellectus eius nisi sua essentia,/ * sicut / ut supra ostensum est, ‘quod oporteret si nova cognitio vel consideratio ei adveniret. considerat tamen considerationem essentiae suae ad rem causatam et e converso, inquantum scit se esse causam. non ergo ex hoc potest poni in eius cognitione aliquis discursus. praeterea. operatio primi moventis simpliciter non consistit in moveri sed in movere tantum, alias haberet superiorem motorem, cum omne motum alio moveatur, * ut supra ostensum est. probatum autem est supra quod ‘ deus est primum movens. ergo suum intelligere non erit moveri, sed magis omnis motus principium. discursus autem rationis est quidam intelligibilis motus quo ex uno intellecto in aliud tenditur. impossibile est igitur esse aliquem discursum in eius intellectu. amplius. quod in uno perfectam sufficientiam invenit, ex eo in aliud non / tendit / discurrit, cum motus indigentiae attestetur. sed intellectus

006 ADL g1 pg19a

‘ divinus in essentia sua invenit perfectam sufficientiam, est enim simpliciter perfecta, * ut supra ostensum est. ‘ non igitur ex ea in aliquid aliud discurrit. rursus. omnis intellectus ab uno in aliud discurrens est in potentia, conclusiones enim ab intellectu discurrente in principiis solum potentia cognoscuntur. sed / intellectus divinus / in deo nulla est potentia, * ut supra probatum est. ‘ non est ergo intellectus eius discursivus. adhuc. omnis scientia quae habetur per discursum, est scientia causata, nam intellectus principiorum causa est scientiae conclusionis. si ergo deus aliqua discurrendo cognosceret, esset in eo aliqua scientia causata. sua autem essentia non est causata, * ut supra ostensum est. ‘ talis ergo scientia non esset sua essentia, et sic deus esset subiectum accidentis, * cuius contrarium supra ostensum est. ‘ item. notitia quae nobis naturaliter inest, absque discursu a nobis habetur, ad cognoscenda enim principia naturaliter cognita ratio non discurrit. sed omnium quae deus cognoscit notitia non solum est ei naturalis, immo est eius natura, * ut ostensum est. ‘ nihil ergo discursive cognoscit. * huic attestatur quod dio. dicit vii c. de di. no..# ‘ex hoc autem quod dei notitia non est discursiva, manifeste apparet quod in ea non est successio, nam ex hoc intellectus discursivus est quod unum prius et aliud posterius cognoscit vel considerat. |25| adhuc. ubi nulla est diversitas, non potest esse successio, quia idem non est prius seipso. sed intelligere dei est una et eadem operatio nullam diversitatem habens, cum sit ipsa divina essentia, quae est una et simplex, * ut probatum est. ‘non ergo intelligit aliquid prius et aliquid posterius. praeterea. simul res cognoscitur cum intellectus cognoscibilis specie informatur / si / ut patet in visu. si ergo deus prius cognosceret unum quam aliud, prius informaretur specie unius quam specie alterius, et sic intellectus eius informaretur alia specie quam sua essentia. item. “eadem est dispositio in esse et veritate, * secundum philosophum in secundo metaph., ‘ et per consequens in essendo et cognoscendo, nam “ unumquodque cognoscit inquantum est actu, * ut probatur in ix metaph.. ' sed talis est dispositio in essendo quod deus similiter se habet ad omnia, non autem omnia similiter ad ipsum, * ut patet in libro de causis. ' ergo et intellectus eius similiter se habet ad omnia quae cognoscit, non per prius et posterius. sed cognita non similiter se habent ad ipsum, nam per prius ab eo cognosci dicuntur quae magis accedunt ad perfectam rationem cognoscibilitatis, quae in sua essentia summe invenitur. et propter hoc ipsa est primum a deo cognitum.# aut enim ipse est |50| immediata causa omnium rerum, aut mediantibus aliis est causa aliorum. ponatur ergo primo # aut igitur causa est omnium immediate, aut quorundam mediantibus aliis.# sed cognitis omnib- # de omnibus # distinctam # potentia enim intelli- / cum sit intellectualis secundum suam essentiam intelligens, unumquodque / enim / autem / agit secundum modum suae essentiae # praeter intentionem proveniens, quia, cum in distinctione rerum mundus compleatur, sequeretur " mundum factum esse a casu. * ut democritus ponebat, ' quod esse impossibile infra ostendetur # alicuius causae ponere intentionem # prove- #

006 ADL g1 pg19b

' actio naturae # eius intentio / non potest esse / in aliqua una re non # non autem alicuius causarum secundarum est de numero causatorum distinctorum,/ nec / unde ad ipsam non pertinet universalem rerum distinctionem intendere.# enim # secundum quam,# cum suum intelligere sit suum esse, quod est perfectissimum. quod autem / non / est in potentia, non potest perfecte cognosci nisi sciantur omnia ad quae est in potentia, quia cognoscere potentiam est cognoscere ordinem eius ad actum. deus autem cognoscendo se cognoscit naturam entis universalem. quaelibet autem natura universalis est in potentia respectu eorum per quae / ad / et ad quae sua communitas determinatur, unde et genus potestate differentias continet. ergo deus cognoscit omnia per quae communitas entis determinatur. cognoscit igitur unumquodque in propria specie secundum quod est ab alio distinctum. nec obest ad propositum quod potentia praedicta non est naturalis sed intelligibilis: quia sicut in deo non est potentia naturalis absque actu propter complementum sui esse, ita nec potentia intelligibilis propter complementum |25| sui intellectus, qui est sua essentia./ nec potest dici quod propter hoc non sit in potentia,/ quia non est,/ in deo cognitio universalis, quia non est natus aliam cognitionem de rebus habere: quia, cum sit perfectus simpliciter, * ut supra ostensum est, ' nulla perfectio est alicuius generis quae ei nata non sit convenire; hoc autem est perfectionis in omni alio cognoscente quod cognoscit res proprie et distincte. talis ergo perfectio deo deesse non potest, non enim perfectio / est / huius vel alterius, sed cognoscentis inquantum huiusmodi.# quasi # habet # cognoscendo,# amplius. totum cognosci non potest nisi partes cognoscantur. oportet autem quod deus cognoscendo seipsum cognoscat effectum suum immediatum, quia propria causa cognita / et perfecte / effectus proximus ignorari non potest. primum autem ab eo causatum est compositum: alias esset in eo idem quod est et esse, et sic non esset causatum, esset enim per se necesse esse. cognoscit igitur ea quae in praedicto effectu compositionem faciunt, et sic cognoscit multitudinem et distinctionem./ item.# * ut ex supra dictis patere potest.# ' naturam aliquam # illa # naturam suam # * in primo phis..# ' d- # accidit # a- # formae multorum intellectorum #

006 ADL g1 pg20a

' sicut formae intelligibiles diversae sunt in intellectu humano. formae enim illae # superadditae # * hoc etiam repugnat his quae superius de dei intellectu sunt ostensa. ostensum namque est quod. ' deus cognoscit se tantum sicut principaliter et per se notum, alia vero / in seip- / sicut in seipso nota. quod non erit si / formae aliorum intelligibilium / alia intelligibilia / sint distincte apud / intelligentem / deum,/ nam illud per se et primo ab aliquo intelligitur / cuius forma / quod / per se et distinctim est apud intelligentem.# non # * ut aristoteles manifeste probat.# ' et / praeterea intellectus cognoscens in actu est cognoscibile in actu tam apud sensum quam apud intellectum. hoc autem est secundum quod formae cognitorum uniuntur cognoscentibus, sicut species sensibilium sunt in sensu et species intelligibilium in intellectu. si igitur formae rerum sunt actu extra deum existentes, nullo modo per eas intelligit res in actu,# * supra ostensum est et # |25| ex supra dictis patet et # ' h- # apud eum # cum vero # ad hoc intellectus aliquid intelligit # et similiter apparet de al- # autem # ad # q- # sunt # ut igitur intelligi possit quo modo deus absque sui intellectus |50| compositione multitudinem cognoscat, oportet paulisper descendere ad nostram cognitionem, ut ex his quae circa nos sunt ad divini intellectus cognitionem aliqualiter pertingamus. sciendum siquidem est quod omnis operatio per quam quis actu agit in aliquid extrinsecum vel actu patitur ab eodem, requirit non solum operantem existere, sed etiam / illud q- / operationis obiectum: ignis enim calefacere non potest nisi / p- / materia calefactibili praesente, nec aer illuminari nisi sole praesente. operationes autem animae, sensibilis dico et intellectivae, non sunt tales nec in exteriorem materiam transeuntes,/ sicut,/ sed in operante persistunt, sicut intelligere et velle: velle enim et intelligere non sunt / perfectiones / actus / tales / voliti vel intellecti, sed intelligentis et volentis, calefactio vero est actus calefactibilis, per quem actu fit. * et hoc etiam philosophus docet in ix metaph.. ' invenitur tamen inter has operationes aliqua quae consistit in hoc quod ab exteriori actualis passio fiat, sicut patet in sensu, qui sentit per hoc quod actu a sensibili movetur, unde absque sensibilis praesentia sensus sentire non potest. hoc autem nequaquam apud alias vires accidit, nam vel non moventur sed magis movent, vel, si moventur, ab aliqua potentia interiori moventur: unde et imaginari possumus et intelligere et velle res / quae non sunt praesto nobis / absentes./ harum igitur potentiarum / operationes / operatio / non terminantur ad res exteriores neque sicut ad principium agens neque sicut ad subiectum patiens, sed ad eas terminatur sola

006 ADL g1 pg20b

' relatio potentiae operantis, quae quidem relatio consequitur formam operantis per quam operatur: sicut imaginatio per formam relictam a sensu habet operationem propriam in imaginatione consistentem, ad rem vero exteriorem quam imaginatur, habet relationem per formam qua informatur, et ex hac relatione contingit quod imaginando cognoscit rem imaginatam. et similiter intellectus per formam intelligibilem qua intelligit, refertur quadam similitudinis relatione ad rem extra quam / cognoscendo / intelligendo cognoscit. * unde et dicitur quod ' scientia est assimilatio scientis ad rem scitam. forma igitur quae est in intelligente non / est / se habet ad intelligere ut quod intelligitur, sed ut quo intelligitur, quod enim intelligitur extra est: si autem sit ut quod intelligitur, hoc est per quandam reflexionem, inquantum intellectus intelligendo rem intelligit se intelligere et ulterius redit ad cognoscendam speciem qua intelligit. ex hac autem specie intelligibili qua primo intellectus informatur, procedit, componendo vel dividendo vel qualitercumque conferendo, ad inveniendum aliquam formam intelligibilem / quae se habet ad intellectum ut q- / quae dicitur per intellectum formata. et hoc patet tam in intellectu speculativo quam practico. intellectus enim speculativus ex aliquibus communibus quae cognoscit,/ utpote / per hoc quod est eorum speciebus informatus, definitionem investigat, quandam formam intelligibilem formans quam / intell- / accipit quasi essentiam definiti. similiter intellectus practicus formam artificiati excogitat ex aliquibus praeconceptis quae per aliquarum specierum informationem cognovit. sic etiam et imaginatio, informata speciebus a |25| sensu secundum actum relictis, novam formam adinvenit componendo vel dividendo, quam nunquam sensu percepit, sicut montes aureos vel chimaeram. huiusmodi autem forma se habet primo quidem, ut intellecta, secundum quod intelligentis operatio ad eam intelligitur per relationem aliquam terminari; secundo vero ut quo intelligitur, prout per huiusmodi formam excogitatam relatio quaedam similitudinis innascitur intelligenti ad rem exteriorem quae per huiusmodi formam cognoscitur. sic igitur respectu secundorum cognitorum in intelligente duplex intelligibilis forma consideratur, una qua intelligit tantum, utpote per eam ad intelligendum formata, alia qua intelligit et quae intelligitur simul, utpote per intellectum formata et intellectum rei exteriori conformans. respectu vero primorum intellectorum est una tantum forma qua intelligitur, quae / non / habet se ut quo intelligitur in prima intellectus operatione, sed in secunda, per quam intellectus supra seipsum redit, se habet etiam ut quod intelligitur. sic igitur quilibet intellectus per hoc intelligit quod ex specie qua intelligit consequitur ipsum quaedam relatio conformitatis ad rem intellectam. intellectus autem divinus non alia specie intelligit quam essentia sua, * ut probatum est. ' ex hoc ergo differt a nostro, qui specie intelligit quae non est sua essentia, et simplicitate et ordine. simplicitate quidem, quia secundum unum et idem, scilicet suam essentiam, rebus omnibus conformatur, noster vero diversis secundum diversa: unde multitudo intellectorum compositionem nostro / intellectui / inducit intellectui, non divino. ordine vero, quia ad illud intellectum primo respectus intelligentis consequitur cuius species per quam intelligitur est propria similitudo. species autem per quam |50| intellectus noster intelligit, est similitudo rei exterioris intellectae, unde primo ipsa intelligitur; se vero intellectus intelligit supra se redeundo, quia inquantum ei species rei intellectae unitur, fit etiam species eius, et sic etiam ad seipsum ex ea respectus aliquis secundario consideratur. species autem per quam deus intelligit est ipsa essentia sua, quae primo habet respectum ad ipsum, per posterius vero ad alia; et ideo ipse primo seipsum intelligit, et in se intelligit alia, secundum quod, intelligendo essentiam suam, intelligit respectus qui eius ad alia sunt vel esse possunt; non enim intelligit aliquid aliud a se quasi primo et in se intellectum, * ut supra probatum est. ' cum autem aliquid in alio intelligitur et non per seipsum, ex specie intelligibili qua intellectus informatur, consequitur quaedam habitudo intelligentis ad primum intellectum non solum prout secundum se consideratur, sed prout habet habitudinem ad ea quae in ipso cognoscuntur: aliter habitudo illius primi cogniti ad ea quae / p- / in ipso cognoscuntur, ignota remaneret; sicut ex specie intelligibili totius et partis cognoscitur non solum / hab- / hoc principium, omne totum est maius sua parte, sed etiam habitudo eius ad conclusiones quae in illo cognoscuntur. deus igitur per essentiam suam non solum suam essentiam cognoscit sed respectus eius ad omnia quae sunt. ipsa igitur essentia divina, considerata / ut est / prout est, accipitur ut prima species qua intelligitur; ut autem ipsamet est intellecta secundum se, consideratur ut res cuius cognitio /† natural- †/ habetur;

006 ADL g1 pg21a

' ut autem est intellecta cum respectu ad rem / extra / aliam, consideratur ut forma excogitata per intellectum quae est quod intelligitur et quo intelligitur res quae est extra. ne autem huiusmodi obstaculo abducamur a sententia veritatis, accipiendum est " duplex esse actionis genus, * quod et philosophus tradit in ix metaph.. ' est enim quaedam actio in exteriorem materiam transiens, quae et factio nominatur, quia per eam aliquod operatum extra animam constituitur, sicut actio ignis qua generat ignem, et actio fabri qua facit cultellum. quaedam vero actio est / per quam nihil constituitur / exterius non transiens ut per eam aliquid constituatur, sed est quaedam agentis emanatio secundum quod est actu, et haec sibi proprie nomen vendicat actionis vel operationis, * secundum quod philosophus in vi eth. " actionem contra factionem distinguit, ' ut si diceretur quod actio videntis est videre. actio vero cognitionis et appetitus ad secundum genus pertinent actionis: non enim animal sentiendo constituit vel immutat / nisi forte per accidens / nisi forte per accidens / id quod sentitur, sed ex eo quod sensus fit actu per similitudinem sensibilis, emanat actio sentiendi, et similiter est de aliis. unde et huiusmodi actiones sunt ceterarum nobilissimae quanto agens nobilius est patiente inquantum huiusmodi;/ hae / aliae enim actiones sunt perfectiones et actus non agentium sed actorum, hae vero ipsorum agentium perfectiones / existere / existunt, utpote in ipsis manentes. et ex / ipso / inde est quod huiusmodi actiones in ipsis agentibus consistentes sunt principia |25| motus quo animalia movent / seipso / seipsa./ et si ad aliquam praedictarum actionum res extra animam / praesentialiter / requiritur, sicut in sensu, hoc non est ut recipiat sensus actionem, sed ut imprimat similitudinem per quam sensus efficiatur in actu. unde praesentia rei quae est extra animam, non requiritur in aliis potentiis quae non immediate species a rebus accipiunt. intelligere igitur non est in aliquid constituendo vel in aliquid immutando quod actionem recipiat intellectus, sed est quaedam emanatio / ex similitudine rei intellectae / intellectus actu existentis per similitudinem intellecti./ et ideo / unde non dicitur aliquid intellectum quia sit quaedam res in quam transeat actio intellectus, sed quia similitudo / intellectus / eius / est apud intelligentem. non ergo oportet ad hoc quod deus multitudinem / intelligit / intelligat / aliquas formas intelligibiles / existentes / ponere quae sint quasi intellecta divina: neque in ipso intellectu divino,/ ut sic in eius intellectum compositio inducatur /; " neque per se subsistentes, * ut plato posuit; " neque in aliis intellectibus, * ut quidam alii posuerunt; ' sed hoc quod est deum per essentiam suam pluribus esse similem, sufficit in ipso ad multitudinem cognoscendam; intellecta enim aliter esse non oportet nisi per suam similitudinem in intellectu ad hoc quod intelligantur, et per suam essentiam in propria natura ad hoc quod vere / esse / intelligantur. ex dictis igitur patet quod multitudo intellectorum a deo non inducit compositionem in ipsum: neque realem, cum intellecta non sint quasi res quaedam apud / in- / ipsum existentes; neque rationalem, sicut habitus scientiae nostrae multiplex est ex multitudine obiectorum; nam primo et per se intellectum a deo est unum tantum, |50| * ut supra probatum est, ' alia vero ab eo intelliguntur ut in illo uno visa, * ut supra ostendimus.# ' nobis # similitudo eius # sib- # quae in tell- # |75| ab

006 ADL g1 pg21b

' altero # et # nisi simul # et ideo acci- # in con- # dixit # " sed non prima, * ut dicebat, propter quod a dio. v c. de di. no. reprobatur.# ' positive # a / se / sua # rationem # propria ratio # esse # et # ex his / ulterius / videri potest / quod / qualiter / in divina mente omnium formae vel rationes / quae ideae dicuntur in mente divina / esse possint absque aliqua intellectus divini compositione. sunt enim in eo ut intellecta in intelligente./ quod sic patet / forma / enim / vel ratio respectum importat ad id cuius est. si ergo sit propria forma vel ratio, oportet quod proprium respectum / respectu eius / ad idem includat. essentia autem divina ad hanc rem proprium respectum non habet nisi quatenus / intelligit / continet in se virtute illud solum / quod / secundum quod haec res ipsam imitatur. hoc autem non potest fieri nisi per intellectum, ut scilicet hoc distincte ab aliis quae in eodem virtualiter continentur, accipiatur. relinquitur quod divina essentia non est propria ratio illius vel illius rei nisi secundum quod est intellecta ut sic imitabilis prout haec res eam imitatur. ponere ergo plures rationes rerum in deo nihil est aliud quam ponere deum intelligere essentiam suam esse pluribus modis imitabilem a rebus. hos autem modos imitabilitatis intelligit ex intellectu absoluto suae essentiae, in cuius perfectione continetur virtualiter omnis perfectio secundum quam creatura esse participat, sicut ex principiis, in quibus conclusiones virtute consistunt, intellectus noster conclusionum accipit veritatem. et hoc per simile videri potest in homine qui per artem suam artificiatum quodcumque |50| producit. habet enim apud se formam artificiati, secundum quam operatur, “ nam domus quae est in materia est a domo quae est in mente, * secundum philosophum in vii metaph.. ‘ haec autem forma est in mente ut per intellectum artificis excogitata, in cuius excogitationem deducitur ex aliqua praecedenti cognitione, scilicet finis, ex quo ratio omnis artificiati sumenda est, et per hanc formam sibi notam in / noti / factionem et cognitionem devenit illius domus quae est in materia. et sic forma illa est primo quod intelligitur et secundo quo intelligitur. sic et deus per notitiam suae essentiae, quae est finis et principium omnium, comprehendit propriam huius vel illius rei rationem, per quam ipsam operatur et cognoscit. in quo etiam evidenter apparet “ eandem esse dispositionem et ordinem in esse et veritate, * quod philosophus in secundo metaph. dicit: ‘ nam sicut divina essentia est principium essendi omnibus rebus, sic / cognitio / rerum aliarum cognitio et veritas derivatur a cognitione essentiae divinae. ea autem quae ponuntur in intellectu ut intellecta tantum, non ponuntur in eo ut res quaedam, nam intellectus / non / intelligendo / intelligit constituendo aliquid, ut dictum est. * et propter hoc philosophus in / vii / vi / metaph., “ ens quod est in mente distinguit ab ente quod dividitur per x genera rerum. ‘ id autem / ex / quo intelligit intellectus est res aliqua, cum sit principium formale suae operationis, sicut in nobis species qua formatur intellectus in actu. sed hoc in deo non est nisi essentia sua, per quam similis est et huiusmodi rationibus intellectis et rebus quae sunt extra animam. unde patet quod ex hoc quod huiusmodi formae rerum in deo ponuntur, non ponitur aliqua rerum pluralitas in ipso, sed ad hoc sufficit |75| una et simplex eius essentia./ huc / * huic etiam consonat quod commentator

006 ADL g1 pg22a

* dicit, quod “ sicut omnes formae sunt in potentia in prima materia, ita sunt actu in primo motore; et quod omnes res sunt in eo sicut artificiata apud artificem. * et secundum hunc etiam modum verificatur quod plato dixit “ de ydeis: nam formae in mente artificis existentes sunt ydeae, idest formae extra res artificiatorum. * sic etiam verum est aliqualiter quod boetius dicit in principio arismet., quod “ ad exemplar numeri sunt condita universa, ‘ quia ex multitudine formarum intellectarum a deo rerum prodiit multitudo. * hiis etiam consonant dicta sanctorum. augustinus namque dicit quod “ verbum est ars patris plena rationibus rerum. * apostolus etiam dicit quod “ omnia in deo sunt, * ro. xi, * quod etiam / iuxta prae- / secundum praedicta intelligi potest. * in evangelio etiam legitur io. primo, ° quod factum est in ipso vita erat, * quia scilicet “ res factae a deo sunt in deo, ‘ non tamen alia res quam sua essentia, quae est eius vita, * ut ex supra dictis patet. ‘ patet etiam ex hoc quod res unaquaeque tanto nobilius est deo quanto nobilior est divina essentia quam essentia cuiuscumque facti a deo, nam res in deo non sunt aliud quam divina essentia, * unde et anselmus dicit quod “ creatura in creatore est creantis essentia; ‘ sicut etiam res materiales nobilius sunt in intellectu nostro, in quo sunt immaterialiter, quam in seipsis, in quibus sunt materialiter. * unde et plato posuit “ verius esse hominem ydealem quam hominem in materia existentem, * forte veritatem non intelligens, si posuit “ per se ydeas existere, * sed a veritate coactus eam a longe tangens. ‘ quamvis autem res / materiales / nobilius esse habeant in / deo quam / mente divina vel humana quam in seipsis, non |25| tamen ex hoc quod in mente sunt concludi potest ea esse simpliciter, quia ibi non habent proprium esse suae naturae, ex quo dicuntur esse simpliciter, sed quoddam esse nobilius.# pluralitas seu distinctio rationum # ex his autem ostendi potest quod deus, cum multorum cognitionem habeat,/ non / cognoscit ea succ- / considerat ea / successive sed / simul./ quaecumq- / ex hoc enim contingit quod intellectus noster multa simul / cognoscere, con-, inte- / considerare non potest, quia intellectus in actu est intellectum in actu. nam intellectus fit actu per speciem rei intellectae, quae comparatur ad intellectum sicut forma ad materiam, per quam fit res actu. non est autem possibile quod idem sit simul multa actu in eodem genere, sicut quod idem corpus sit figuratum simul diversis figuris, vel quod sit coloratum simul secundum idem diversis coloribus. species autem intelligibiles omnes / sunt / unius generis, sicut |50| non sunt contrariae contrarietate eorum quorum sunt species, alias non simul animae adesset scientia /† alibi †/ albi et nigri, ita non sunt / di- / genere differentes per differentiam rerum. et propter hoc, quando multa quocumque modo ut unum accipiuntur, simul sub nostram considerationem cadunt, sicut partes continui in toto et termini in propositione. si igitur aliquis intellectus est qui una specie multa / possit intelligere, poterit,/ cognoscat, omnia simul considerabit. * ostensum est autem quod ‘ deus / una sp- / per essentiam suam, quae una est, omnia cognoscit. non igitur successive, sed simul ea considerat. item. intellectus in actu perfecte / speciei / non est / q- / nisi quando actu considerat: quae enim non considerat aut omnino ignorat, et sic respectu eorum est in potentia pura # ex his autem ostenditur manifeste quod intellectus divinus non est aliquo modo in potentia. nam sensus / et intellectus / secundum hoc / fiunt / fit sensus / in / actu quod unitur sibi suum sensibile per speciem quae sensum informat, et similiter est de intellectu. unde oportet quod intellectus in quo est idem modis omnibus intellectus et intellectum, nullo modo sit in potentia. talis autem intellectus divinus, cum non intelligat per speciem aliam nisi per suam essentiam. restat igitur quod

006 ADL g1 pg22b

‘ nullo modo est in potentia. item./ omne / nihil quod est in potentia fit actu per seipsum. si igitur intellectus divinus sit in potentia quantum est in se, oportebit esse aliquid aliud quod ipsum ad actum reducat,/ et hoc labori- / et ipsum in actu teneat, et hoc laboriosum est invenire: oporteret enim illud per quod in actum reduceretur, esse magis actu et per consequens nobilius et prius. amplius. intellectus in potentia existentis actus est sua perfectio, quae est eo nobilior. intellectu autem divino non potest esse aliquid nobilius, * ut ex superioribus probatum est. ‘ non potest igitur / secundum suam / eius intellectus esse aliquo modo in potentia./ praeterea / adhuc. intellectum in potentia existentem possibile est aliquo modo moveri, nam motus est actus existentis in potentia. et hoc in nostro intellectu apparet, addiscere namque quoddam moveri est. motus autem non potest esse in deo, * cum ostensum sit ‘ ipsum esse omnino immobilem. nullo igitur modo intellectus eius est in potentia./ praeterea. intellectus noster quia est in potentia, suum intelligere est quodam modo pati / recipit enim aliquid./ passio autem quocumque modo accepta longe est a deo, nam semper agens in quantum huiusmodi praeminet patienti. nullo igitur modo intellectus divinus est in potentia. item. intelligere divinum est suum esse, * ut supra probatum est. ‘ in esse autem eius non est aliqua potentia, * ut etiam in superioribus est ostensum. ‘ nullo igitur modo intellectus divinus est in potentia. * hinc est quod / iob xxvi dicitur / cui ded- / scriptura divina testatur, ‘ deum a nullo scientiam accipere vel qualemcumque cognitionem: * dicitur enim iob xxvi, ° cui dedisti consilium, forsitan ei qui non |25| habet intelligentiam? ‘ et ys. xl, ° quis adiuvit spiritum domini, aut quis consiliarius eius fuit et ost. illi? cum quo iniit consilium et instruxit eum et docuit eum / viam / semitam iustitiae, et erudivit eum scientiam, et viam prudentiae ostendit illi?# ‘ hoc autem ostenso, manifestum est quod / in cognitione / cognitio / divini intellectus nullo modo mutatur neque variatur. omnis enim motus et mutatio est alicuius in potentia existentis. si igitur in intellectu divino nulla est potentialitas, fit manifestum quod in eo nulla potest esse / variatio / mutatio. adhuc. secundum nullum praedicamentum fit aliqua variatio ex sola alicuius exterioris mutatione nisi secundum ad aliquid: fit enim aliquis alicui dexter qui prius erat sinister, per motum eius respectu cuius dicitur dexter vel sinister / et n- / etiam absque motu sui. scientia autem et consideratio intellectus non / consistit / consistunt in sola relatione scientis ad scibile, sed important aliquam dispositionem existentem in sciente: unde et scientia qualitas quaedam intellectus nostri est, consideratio autem actus eius. non potest igitur aliqua variatio accidere circa / con- / scientiam vel considerationem alicuius scientis absque mutatione aliquali ipsius. deus autem est omnino immobilis, * sicut supra ostensum est. ‘ nulla igitur variatio in eius cognitione accidere potest. nihil tamen prohibet quin circa relationem quae est scientiae divinae ad res scitas aliqua varietas attendatur |50| per mutationem rerum scitarum, ut si dicatur quod deus praescivit quaedam quae nunc non praescit, quia res illae desierunt esse futurae. amplius. divinum intelligere est suum esse, * ut supra ostensum est. ‘ in esse autem suo variationem non patitur, * ut supra ostensum est. ‘ relinquitur igitur quod nec in sua cognitione./ co- / item. cognitio scientis sequitur formam intelligibilem per quam intellectus intelligit. illa igitur similiter se habente, cognitio intellectus variari non potest, nisi forte per accidens,/ vel / sicut in nobis accidit cognitionem intellectivam impediri propter / tra- / corruptionem organorum praecedentium potentiarum, ut imaginationis vel memoriae, quae in deo non sunt, vel etiam propter transmutationem rerum / ex / cognitarum, ex qua contingit quod eadem opinio prius sit vera et postmodum falsa, quod etiam in deo dici non potest, quia sua scientia non dependet a rebus ut nostra. cum igitur id quo deus intelligit sit sua essentia, quae est omnino invariabilis, * ut ostensum est, ‘ relinquitur quod in cognitione dei nulla possit esse variatio. praeterea. omnem motum oportet reduci ad aliquod primum omnino immobile, * ut ex supra dictis patet./ ‘ sed / primum autem movens movet per suum intellectum, * ut supra est ostensum. ‘ oportet ergo cognitionem primi moventis omnino esse immobilem. * hoc autem sacrae scripturae auctoritas confirmat. dicitur enim sap. vii “ de divina sapientia quod est in illa spiritus stabilis; ‘ et eccl. xlii, ° magnalia sapientiae suae decoravit, quae est ante saeculum et usque in saeculum, neque adiectum est neque minuitur.#

006 ADL g1 pg23a

‘ quicumque enim / intellectus / intelligit unum / simplicit- / post aliud, est quandoque in potentia vel in habitu, nam dum considerat primum, vel omnino secundum ignorat et sic est in potentia respectu eius, vel scit quidem sed non considerat, et sic est in habitu. si vero actu considerat, iam simul utrumque considerat et non unum post aliud. divinus autem intellectus nunquam est nec in potentia nec in habitu. non igitur considerat unum post aliud, sed omnia quae quandocumque cognoscit simul intuetur. praeterea # non enim differunt # secundum # coniungens # quia eas # in qua omnia videntur, sicut in speculo perfecte viso videntur omnia quae in |25| speculo apparent # cum # quae omnia sibi subiicit # esse # ex # quae cognoscit # ex hoc autem ulterius ostenditur quod non est in eo habitualis scientia, nam / ex hoc autem ulterius ostenditur quod non est in eo habitualis scientia. huiusmodi enim scientia aliquam variationem habet: non enim similiter se habet intellectus habitu cognoscens. frustra autem esset habitus qui nunquam prodiret in actum. si igitur divina cognitio est omnino variationis expers, habitualis cognitio in eo locum non habet.# deus # dum quaedam # |50| potentia # actu # tantum # cognoscens # quam sua operatio # in habitu dee- # habit- # optimum entium # sui intellectus # ultimum # essentia autem dei et eius intellectus non potest nisi secundum ultimum et completum actum esse, cum ipse sit perfectissime ens.#

006 ADL g1 pg23b

‘ aliqua # ex # non # sint # una # sunt enim quodam modo / ad / conclusionis materia.# alias esset in infinitum procedere, si omnia nota ratiocinando sciremus./ sed omnis dei cognitio # nec in eo accidens locum habet, * ut etiam supra ostensum est.# * et aristoteles probat in xi metaph. # ‘ comparatio autem ratiocinativae scientiae ad simplicem intellectus intuitum est sicut comparatio moventis moti ad movens non motum, nam sicut ex ratiocinatione movetur / aliquis / intellectus ad concludendum, ita ex principiis ad ratiocinandum. igitur divinus intellectus non est ratiocinans, sed simplici intuitu considerans tantum.# infimum, si tamen in eo aliquid infimum esse potest,# superioris infimum # intellectu- # * cui consonat verbum ysaac dicentis quod “ ratio oritur in verbo intelligentiae.# ‘ item. felicitas est ultimum felicis complementum, |50| cum sit ultimus finis. cognitio autem qua intellectus cognoscit principia non est eius ultimum complementum, nam completur eius cognitio cum ad conclusiones fuerit perventum. non consistit igitur felicitas intellectus in considerando illud quod se habet ad alia cognoscibilia sicut principium ad conclusiones. sed felicitas divina in hoc consistit quod cognoscit se ipsum, nam ipse est nobilissimum intelligibile, et etiam intelligere est nobilissima operatio intelligentis. deus igitur non / hoc cogn- / ratiocinando per essentiam suam alia cognoscit sicut per principia cognoscuntur conclusiones, sed simpliciter intuendo, sicut per speciem rei res ipsa videtur. hiis autem si adiungatur quod deus alia cognoscit non nisi per essentiam suam, sequetur quod eius cognitio nullo modo sit discursiva vel ratiocinativa. patebit # subtiliter autem consideranti ex dictis apparet quod / in intellectu divino non est actio / intellectus divini operatio non est similis operationi nostri intellectus qua propositiones formamus, quae dicitur compositio et divisio “ vel secunda / * secundum / a quibusdam, ‘ sed tantum similis illi operationi qua intellectus noster cognoscit quod quid est, * quae quidem dicitur “ indivisibilium intelligentia, vel formatio intellectus, vel etiam imaginatio per intellectum a quibusdam. ‘ operatio enim intellectus

006 ADL g1 pg24a

‘ componentis et dividentis est secundum processum ex uno in aliud./ intellectus / cum enim intellectus rem aliquam intellexerit, procedit ex hoc ut attribuat ei aliquid sibi conveniens secundum id quod intellectum est de ipso / quod quidem fit evidens intellectui./ * unde in tertio de anima dicitur ab aristotele, quod “ in huiusmodi operatione intellectus prius / conside- / divisa in intellectu, et postea fit complexio, sicut / et / in capitibus germinatorum quae * ponit empedocles “ prius fuisse divisa et postmodum per amicitiam composita. ‘ quod autem sit conveniens rei intellectae / aliquid, hoc,/ hoc vel illud attribui quandoque fit intellectui evidens ex ipso intellectu eius cui attribuit, “ sicut accidit in principiis per se notis, quae cognoscimus dum terminos cognoscimus, * ut dicitur in libro posteriorum; ‘ quandoque autem per aliquod medium assumptum, sicut accidit # sed per modum intellectus considerantis “ quod quid est. ‘ ex eo enim quod intellectus considerat “ quid est, ‘ procedit ad componendum vel dividendum. hoc enim facit per hoc quod compositorum vel divisorum differentiam vel convenientiam pensat. quod quidem fieri non potest nisi de eis cognoscatur quid sunt. unde et prima demonstrationis principia cognitis terminis innotescunt. conclusiones / vero / etiam / ex definitione / medii termini sciun- / quasi ex medio termino sciuntur. si igitur divinus intellectus de rebus iudicet per modum intellectus componentis et dividentis, erit ex uno in aliud procedens. * cuius contrarium |25| ostensum est.# ‘ sc- # * unde secundum philosophum in tertio de anima “ haec operatio intellectus similis est illi operationi naturae qua prius divisa in unum componuntur, * sicut posuit empedocles quod “ multa capita germinatorum fuerint prius divisa quae postea per amicitiam sunt coniuncta.# ‘ praeterea. in omni intellectu in quo duae praedictae operationes coniunguntur, operatio qua consideratur “ quid est, ‘ est in potentia respectu eius operationis qua fit compositio et divisio, nam termini sunt propositionis materia. omnis igitur intellectus componens et dividens est aliquo modo in potentia. intellectus autem divinus nullo modo est in potentia. non igitur intelligit per modum intellectus componentis et dividentis.# id quod est simpliciter primum / et perfectissimum, et nobile / et nobilissimum / nihil in se habet posterius / et minus nobile /: si enim haberet, iam non esset primum secundum se sed ratione alicuius quod in ipso esset, et sic illud esset per se simpliciter primum. intellectus autem ratiocinatio posterior est compositione vel divisione eiusdem,/ et haec est,/ cum exinde ducatur.# nihil # etiam # qui est simpliciter primus, nec ratiocinatio nec # |50| quod purum est in se alienum non habet, nec in eo quod per se omnino est, aliquid per accidens esse potest. sed deus est per se et purus intellectus, cum suum esse sit suum intelligere, * ut supra ostensum est. ‘ quod igitur per accidens ad intellectum pertinet, hoc in divino intellectu esse non potest, sed solum quod est intellectui proprium.# autem # adhuc. in quolibet genere oportet primam mensuram certissimam esse, cum ex ea alia iudicentur. id autem quod est certissimum in intelligibilibus est consideratio eius “ quod quid est, ‘ cum ei non adveniat falsitas, nisi per accidens, inquantum implicat aliquam falsam compositionem, ut si dicatur quod homo est animal insensibile. ergo sola consideratio eius “ quod quid est ‘ potest esse prima mensura in genere intelligibilium. sed divinus intellectus est mensura prima in genere intelligibilium et nullo modo mensuratus. non est

006 ADL g1 pg24b

‘ igitur in ipso compositio et divisio, sed solum consideratio simplex eius “ quod quid est.# ‘ propositio # formata # sic ab eodem intellectu intelligitur in quo # non enim animal et homo sic sunt extra animam divisa ut in mente componi possint sicut duae partes alicuius totius, sed homo est id quod vere animal est. unde et verum et falsum, quae compositionem praedictam sequuntur, non in re sed in mente esse dicuntur, * ut patet in vi metaph.. ‘ intellectum autem divinum prout est in intelligente est omnino idem quod intellectus, secundum autem quod est extra in re contingit diversum esse.# non eadem # per # praeterea./ ostens- / consideratio alicuius rei per suam essentiam non est per intellectum componentem et dividentem, sed per simplicem intelligentiam, nisi forte per accidens, inquantum investigando ex aliquibus propositionibus intellectus noster procedit ad cognoscendum alicuius rei essentiam, quod in divino intellectu accidere non potest. * supra autem ostensum est / quod ‘ deus per essentiam suam omnia / quod deus / inquantum intelligit essentiam suam / omnia alia cognoscit inquantum intelligit essentiam |25| suam. non igitur intelligit res componendo et dividendo, sed ad modum intellectus qui considerat “ quod quid est.# ‘ autem quod # habet # vi metaph. # per quam significatur # quo aliquod incomplexum rei comparatur # intelligens # ut comparatam # compositionem #

006 ADL g1 pg25a

‘ consideraret # intellectus # * ut supra,# * unde et philosophus in tertio de anima comparat “ compositionem intellectus / compar- / compositioni quae est in rebus naturalibus.# ‘ cognitionem # * et alibi, ° omnes viae tuae veritas.# ‘ si enim # * ut patet per boe. in li. de epd..# ‘ ut s- # et ita # de intellectu dicatur # * ut patet per # in vi metaph. # ‘ et hoc est # et suus actus.# auct- # hoc autem ostenso, manifestum est quod in divina cognitione deceptio aut falsitas esse non potest./ hoc autem ostenso manifestum est quod in divina cognitione est pura veritas, cui nulla falsitas |50| aut error vel deceptio admisceri potest.# intellectus autem divinus # enim # in cognoscendo # * ut / a / probatur a philosopho in vi phis..# ‘ ad plura se # ut sensibile # eius proprium obiectum # illud quod est principium et causa in quolibet genere est mensura omnium quae sunt in genere illo, nam unumquodque tanto perfectius est quanto magis |75| suae causae virtutem recipit in se, unde et unitas omnium numerorum

006 ADL g1 pg25b

‘ principium est. ex hoc igitur quod # res scitae sunt men- # intellectus # e converso autem de intellectu divino # qui # s- # disconvenientia # et rei # autem non # est # sed solum veritas.# proprium subiectum potentia est, intellectus autem divinus non est / in / potentia, sed actus purus, * ut ostensum est # adhuc / suum / divinum / intelligere est suum esse, ut supra ostensum est. ‘ esse autem divinum est perfectissimum, nullius / imperfectionis / defectus / capax. neque igitur in intelligendo deficere potest. nulla ergo falsitas est in eius intellectu.# ve- # illud # q- # deus # esse # suus # sua # et # |50| * et ideo dicitur in apoc. esdr. quod “ super omnia fortior est veritas.# * ex quorum persona dicitur / in / iob xxii, ° circa cardines caeli perambulat nec nostra considerat.# ‘ quinque # cum non sit in eo aliqua vis cognoscitiva corporali organo utens, * ut supra ostensum est.# ‘ et sic erit scientia de eo quod non est,# si primo modo sequetur quod # quia variatio scientiae esse non potest sine variatione scientis, non enim scientia est / relatio / de illis relationibus quae dicuntur / quandoque / convenire et non convenire absque mutatione eius de quo dicuntur, sicut dextrum et sinistrum, est enim scientia aliquid scientis. deum autem esse omnino immutabilem * supra ostensum est # |75| ‘ quia inter

006 ADL g1 pg26a

‘ singularia multa sunt contingentia # quia si ei falsi- # cum in eo nullus defectus esse possit,# ad nullam causam determinatam reduci videntur, cum sint omnino in potestate volentis. unde antequam sint non videntur posse cognosci: cum autem sunt, per sui praesentiam sive per experientiam quandam cognoscuntur a volente / tantum / non / ab aliis vero possunt per aliquos effectus cognosci # deus # quodam # materialita- # divina autem notitia nobil- # cum igitur # tanta # cum sit privatio,# in quo nulla passiva potentia invenitur, quae sola capax privationis est # quinto quod cognoscit quaelibet vilia et minima in entibus.# in entibus # nunc igitur # |50| inquantum huiusmodi # subsistentes # quod, subsistere autem non est universalium # * philosophus # ‘ singulare autem # in sua singularitate # secundum suam # definitio # quae eius definitionem intrarent si deficiretur,/ sicut # ex hoc enim alia a se cognoscit, * ut supra ostensum est, ‘ per suam essentiam, quia sua essentia est omnium exemplar quae quocumque / esse / modo esse habent, sicut primum et universale essendi principium.# intelligit # nullus naturam #

006 ADL g1 pg26b

‘ adhuc. cum divina cognitio sit eius essentia, * ut supra ostensum est, ‘ oportet quod, sicut est perfectus in essendo, ita sit perfectus in cognoscendo. talis est autem eius perfectio in essendo, * ut supra ostensum est, ‘ quod in ipso omnium generum perfectiones inveniuntur adhuc. sicut divina essentia est prima origo / essendo / essendi / ita divina cognitio est prima origo omnis cognitionis # et # intell- # ad # nulla # et mensura ipsarum # habet # ab intellectu # * per demonstrationes philosophi.# ‘ per # |25| singulare # nisi forte casu moveret.# causa # h- # aliquid / quod / in quo ipsum intelligere causatur ex intelligibili quod est deus. * oportet igitur, ut philosophus in xi metaph. concludit, quod “ illud intelligibile divinum multo magis intelligat # ‘ et # form- # cog- # ex # quousque / cum ad ea # divinus # intell- # habet # flu- # terminatam # de rebus # effectus s- #

006 ADL g1 pg27a

‘ vel # tempori # alio # sed ordo circumferentiae # quae tempori convenit, ex quo contingit quod aliquid / parti / est parti temporis praesens, non autem toti, sed respectu alterius praeteritum vel futurum.# solum # in # virtute./ et haec cognitio,/ unde # nobis # et in /† vel †/ suis # cognoscit / videt / solum esse # nec tamen / est eius / aliqua cognoscit nisi per essentiam suam, nam # quocumque modo res # multis # inquantum # cognoscere autem non entia esse non entia est / eiusdem rationis / eodem modo sicut / cognoscimus / cognoscuntur / entia esse entia, cum affirmatio virtute contineat: scito enim quod homo animal est, haberi potest quod non est lapis. unde negativa non nisi per affirmativam |50| concludi potest.# * et / ro. iv, ° qui vocat ea quae non sunt tanquam ea quae sunt.# ‘ sic / deo singularium notitiam adesse quod ea universaliter tantum cognosceret, si modus ad rem cognitam referatur: sic enim # tali # * quod quidem asserere conantur / per hoc / ex duobus. ‘ quorum unum est quod cognitio singularis prout est singulare, non potest esse nisi per potentiam quae non omnino accipiat formam denudatam a conditionibus materialibus. hoc autem competit soli potentiae utenti organo corporali, quod in deo dici non potest. aliud est quia singulare, quod temporis variationi subiacet, non potest, ut videtur, cognosci in sua singularitate et prout est hic et nunc, nisi / intellectu intell- / potentia temporali successione accipiente hoc nunc esse et posterius non esse. * quae quidem ex dictis patet ‘ efficaciam non habere, * cum ostensum sit ‘ deum per suam / essentiam / immaterialem essentiam, quae tamen est omnium materialium similitudo, omnia etiam materialia cognoscere, et in sua invariabili aeternitate / omne / totum temporis cursum cognoscere. si vero universalitatis modus ad cognoscentem

006 ADL g1 pg27b

‘ referatur, sic verum est quod singularia non nisi universaliter cognoscit, quia per suam essentiam, quae est omnium universalis causa, sicut etiam materialia dicitur immaterialiter cognoscere et temporalia intemporaliter # quando autem praesens # in- # unumquodque # certitudo # |25| nisi ipsum esse,/ nisi per acc-,/ sicut et in necessariis accidit, nisi per accidens inquantum in causis contingentis est ut ab esse deficere possit, quae quidem consideratio iam erit contingentis prout in sua causa est. cognitio igitur contingentis deficit a certitudine et infallibilitate scientiae, quae de necessariis est, secundum quod in causa sua cognoscitur, non autem secundum quod cognoscitur in se ipso, sicut apprehendit ipsum sensus # tamen. amplius. omnis effectus respectu suae causae sufficientis necessarius est: posita enim propria causa et sufficienti, necesse est effectum poni. si enim non, possibile erit igitur, posita causa, effectum esse et non esse. oportebit igitur aliquid addi quae causam ad alterum determinet. hoc tamen interest inter necessarium et contingens quod necessarium habet habitudinem / ad suam / necessariam ad suas causas per se si solae sumantur, contingens autem non nisi cum causis per se sumantur causae per accidens. causa enim contingentis impediri potest. oportet ergo ad hoc quod contingens proveniat, quod concurrat cum causa per se etiam remotio impedimenti, quod pertinet ad causam per accidens,/ causa / causam / enim contingentis non / impedita / impeditam / de necessita- / necesse est semper effectum semper / produci / producere./ |50| quod quidem in necessariis non requiritur, quia eorum causae impediri non / potest / possunt. sicut igitur effectus necessarius cognosci potest certitudinaliter cognita per se causa eius, ita effectus contingens, si cognoscantur cum causis per se etiam causae per accidens. sed deus omnes causas cognoscit et per se et per accidens, * cum ostensum sit ‘ ipsum ab aeterno omnium entium notitiam habere. habet igitur certam cognitionem de contingentibus ab aeterno.# vel propter defectum recipientis, vel propter imperfectionem causae mediae, vel propter ordinem essendi.# in nobis # necessitatis # ut voluntatem vel aliquid huiusmodi.# contingit # non solum # sed necessario eam ponit.#

006 ADL g1 pg28a

‘ effectus # sed post- # priores # in nostra cognitione # vel # rursum # hoc # existit # omnino non esse # etiam # simul est # |25| incidit # vi- # esse # circa # ipse enim sui ipsius perfectus cognitor est,/ unde oportet,/ quod non esset nisi perfecte cognosceret quicquid in ipso quocumque modo est. nec etiam suum intelligere esset sua essentia si aliquid esset in sua essentia quod non esset in sua cognitione. omne autem quod quocumque modo est, in ipso est sicut effectus est virtute in causa, cum ipse sit universale essendi principium.# igitur # aliquid,#† potentia / actu, et huius quodcam est secundum --- quoddam †# praeterea. divinus intellectus est mensura omnium intelligibilium, sicut virtuosus est mensura omnium humanarum actionum. sicut igitur ea quae sunt simpliciter meliora sunt virtuoso meliora, non autem cuicumque, cum ea quae sunt simpliciter bona pravis mala videantur, ita / oportet quod / ea quae sunt simpliciter / meliora / intelligibiliora magis oportet deo esse intelligibilia, non autem nobis, nam ea quae sunt maxime intelligibilia sunt / deo / nobis minus intelligibilia propter defectum intellectus nostri. sed ea quae sunt in intellectu sunt magis intelligibilia quam ea quae sunt in rebus materialibus extra animam, cum haec sint intelligibilia potentia, illa sint intelligibilia actu. si igitur deus haec materialia cognoscit, * ut ostensum est, ‘ multo magis oportet quod cognoscat ea quae sunt in anima per cogitationem et voluntatem.# nos # vel etiam quam nos,/ deus autem,#

006 ADL g1 pg28b

‘ cum # non autem oportet, si etiam deus motum voluntatis ignoraret, quod eorum singularium quae a voluntate et cogitatione proveniunt ei notitia deesset, cum, * sicut supra ostensum est, ‘ non solum cognoscat deus res prout sunt in suis causis, sed etiam prout sunt in seipsis: possunt autem in seipsis cognosci artificiata etiam si voluntas ignoretur agentis, sicut a nobis cognoscuntur, qui potius voluntatem / artificum / artificis ex operibus eius utcumque coniicimus quam ex voluntate et cogitatione artificis in artificiatorum notitiam veniamus. hoc autem praecipue in deo locum habet, qui res cognoscit per se omnium universalem et primam causam, “ a qua omnes causae virtutem causandi accipiunt, et eis retrahentibus / operationes / influentiam suam a causatis, adhuc remanet influxus primae causae in omnia, * ut probatur in libro de causis./ ‘ rursus non oportet # non excludit # non # ad unum # quod in particularitatem virtutis sonet, excludit # non oportet, nihil im- # nihil igitur # alia cognosc- # potest # per- # sed nihil # infinitum # ad finita se # poterit # si autem # essent infinita # essent minus in |50| infinitate # in # essent finita # unde # multo magis non est difficile # tant- # si igitur intelligere divinum # sit infinitum # poterit # infinitatis esse # item. quanto aliqua virtus magis ad infinitatem accedit, tanto magis infinitatis fit particeps, virtus enim per diffusionem et multiplicationem dividitur et minoratur. unde sensus, qui est virtus in materia, non / est infinitorum / capit infinitum. intellectus autem noster, qui est immaterialis, capit infinitum, sed in potentia, nam universale / est in-,/ cuius est intellectus capax,/ ex / est infinita particularia in potentia./ intellectus autem divin- / et hoc rationabiliter accidit. nam intellectus noster, quamvis sit a materia separatus, est tamen in potentia. intellectus autem divinus est in fine unitatis, immaterialitatis et actualitatis. igitur est comprehensivus non solum infinitorum in potentia, sed etiam actu./ si enim / alias eius intellectus esset aliquo modo in potentia.# nihil est, |75| nihil igitur,#

006 ADL g1 pg29a

‘ praesertim quae ex sensibilibus accipiuntur, * unde philosophus dicit quod “ est quo est omnia fieri.# ‘ in potentia # non esset # esset # est # puta # ad # se habent # et non # |25| et in eo ratio mensurae, quae propria est quantitatis, primo invenitur.# pluralitas # * secundum philosophum.# ‘ infinita # cognoscit # * et quod augustinus dicit, quod “ divinae sapientiae / sunt infinita finita / numerorum species sunt finitae, ‘ quia scilicet non differt ad eius cognitionem eas esse finitas vel infinitas.# ad # diff- / divinus est infinitus,# autem # et ideo ad determinata intelligibilia vis sua se extendit, non ad infinita, sicut # qui est # unde infinitum sua imperfectione essendi / non,/ quia secundum aliquid |50| est et secundum aliquid non est, divinae cognitioni non repugnat, quod de nobis dici non potest.# suae scientiae est # quamvis # nec # mundus # notitiae # prout scit etiam quae non sunt # principalem # non enim deus,# his # sed attestatur.# sicut autem # quia et in intellectu nostro quod supremum est agens est, possibile vero quod inferius, nec #

006 ADL g1 pg29b

‘ a se # a primo qui est # scil- # quod nihil dicitur vile # nobilissimae # et # adhuc. iudicium de re non debet / dari / sumi per id quod competit ei per accidens, sed magis per id quod competit |25| ei per se:/ magis enim / iudicamus / enim / naturam hominis per hoc quod est rationalis / quam / non / per hoc quod est album. secundum id autem quod per se cognitioni convenit, non in eius vilitatem redundat si ad vilia se / extendit / extendat /, sed forte secundum aliqua quae conveniunt ei per accidens. per se enim cognitioni convenit ut cognoscens comprehendat et contineat / rationem / immaterialiter speciem / cogniti, non secundum modum cogniti, sed secundum modum cognoscentis. haec enim est cognitionis radix, quae omni cognitioni conveniens est: nam nisi cognitum esset aliquo modo in cognoscente, non posset a cognoscente progredi operatio pertinens ad rem cognitam, cum omnis operatio conformetur formae operantis. rursum, si materialiter forma rei cognitae in cognoscente esset, terminaretur ad cognoscentem, et non esset in eo ut alicuius alterius, et sic non posset aliud cognosci per ipsam. iterum, si hoc modo esset in cognoscente sicut in cognito, sequeretur quod cognitum semper cognosceret se eodem modo quo a cognoscente cognoscitur, quod patet esse falsum. contineri autem in deo omnium perfectiones immaterialiter et sublimiori modo quam sint in rebus quarum sunt, non derogat divinae nobilitati, sed in hoc eius perfectio absoluta consistit, * ut supra ostensum est. ‘ relinquitur igitur quod deus vilia cognoscit, et hoc est de nobilitate suae scientiae. item. cognitum ad cognitionem non operatur nisi secundum speciem suam quae est in cognoscente. ibi ergo vilitas rei cognitae / in cognitionem / in vilitatem cognitionis poterit redundare ubi cognitio fit secundum speciem quam res cognita impressit,/ sed deus non cognoscit res,/ vel saltem aequalis gradus cum re cognita. hoc |50| autem in divina cognitione esse non potest, nam deus non cognoscit res per species a rebus sumptas nec per aliquam aliam speciem quam per suam essentiam, quae est omnium similitudo. vilitas igitur rei cognitae in nullo derogat nobilitati divinae scientiae. praeterea. cum omnis cognitio, inquantum huiusmodi, ad perfectionem pertineat cognoscentis, per hoc interdum consideratio aliquarum rerum repudiatur quod impedit rerum nobiliorum considerationem. sed hoc in deo esse non potest, nam simul, non successive omnia sua cognita considerat, * ut ostensum est./ ‘ similiter etiam / non ergo vilitas rerum cognitarum nobilitati divinae scientiae derogare potest.# sp- # actiones # quam # quae vero in parva tantum modo potest, ex eorum proportione mensuratur.#

006 ADL g1 pg30a

‘ qu- # att- # ordo enim in nobilitate # et quasi ex aequo,/ alias philosophia prima esset,# habet # quae # per accidens # quasi scilicet excludunt nobiliorum cognitionem et secundum ea scientiae nobilitas mensuratur # et / una / unius consideratio / per aliam / considerationem / impeditur,# non # sed magis homogeneae ut / p-,# * ut habetur a philosopho in vii metaph..# ut per philosophum patet in vi eth../ ‘ ergo # ex hoc # et in his quae seipsis # sicut patet in prima posteriorum./ sed deus cognoscit, igitur,# quaedam privatio est # probatur # ergo oportet quod deus cognoscat,# extra se # in quo quidem sunt ali- # * ut patet per philosophum in xi metaph..# ‘ nullo igitur modo aliquid # * et in iob, ° videns iniquitatem nonne considerat,/ * dicitur de deo;/ et in iob de deo dicitur, ° videns iniquitatem nonne considerat? * et dio. vii c. de di. no. / comp- / dicit quod “ deus hoc modo per se cognoscit omnia sicut tenebrae cognoscuntur per lucem # ‘ est #

006 ADL g1 pg30b

‘ relinquitur quod # cognosca- # est ad / intellectus # cognoscat # intellectus # hoc # * sicut supra ostensum est ‘ de intellectu divino,# separabili # * sensum commentatoris ibidem # ‘ cognoscat # scit # |25| particularia # contrarium aut # unde # solum in actu # ideo # pri- / bona # quia /† tunc †/ optime unumquodque cognoscitur,# sicut # habet # ita # prosequi ea quae ad voluntatem spectat # has enim duas operationes invenimus in substantia intelligente, ex qua propinquius ad dei cognitionem |50| accedimus sicut ex proximiori suo causato. ostendemus autem primo deum esse volentem. * quod ex praedictis manifestum esse potest. ‘ obiectum enim in actu cuiuslibet potentiae simul est cum ipsa potentia et quodam modo unum cum ipsa, sicut sensibile in actu / idem est cum / et sensus in actu sunt simul, et similiter intelligibile actu et intellectus in actu, immo sunt quodam modo unum. in quocumque igitur invenitur obiectum actuale sensus vel intellectus vel voluntatis, ibi est sensus, intellectus / vel / voluntas. “ obiectum autem actuale voluntatis est bonum intellectum, * ut patet in tertio de anima. ‘ hoc autem in deo est, quia ipse est intelligens suam bonitatem, quae est suum esse. ergo in eo est voluntas.# non # similitudinis vel dissimilitudinis # fit autem hoc per hoc #

006 ADL g1 pg31a

‘ adhuc # sicut et in omnibus aliis apparet # secundum suum mo- # nostrum # sed intelligere dei est perfectissimum # ergo,# amplius. appetibile est duplex, concupiscibile et / actuale / intellectuale. quae duo in nobis apparet esse diversa et interdum contraria, cum per concupiscentiam trahimur ad contrarium eius / quod / ad quod movemur per intellectum. horum autem duorum naturaliter prius est appetibile intellectuale quam concupiscibile. cum enim appetibile sit bonum inquantum huiusmodi, illud erit prius in ordine appetibilium quod per prius habet rationem boni. quae quidem per prius invenitur in appetibili intellectuali quam concupiscibili, quod quidem / est bonum / bonum dicitur inquantum videtur bonum, intellectuale autem appetibile dicitur bonum quia est secundum se bonum, hoc autem manifestum est naturaliter prius / ip- / esse, sicut quod est per se eo quod est per accidens. oportet igitur primum appetibile esse intellectuale. non autem aliud quam primum intellectuale: omne enim intellectuale est ens actu, et per consequens perfectum et bonum, |25| et sic / omnis / non potest esse aliquod intellectuale non appetibile ante / primum / intellectuale quod est appetibile primum. relinquitur igitur quod idem est primum intellectuale et primum appetibile. sicut / igitur / autem / se habet primum intellectuale ad primum intellectum, ita se habet primum appetibile ad primum appetitum intelligibilem, qui est voluntas. primum autem intellectuale est ipse primus intellectus, nullus enim posterior intellectus ei adaequatur. ergo et primum appetibile est ipsa voluntas prima, nec aliquis appetitus posterior ipsum adaequat. si igitur idem est primum intellectuale et primum appetibile, idem erit primus intellectus et prima voluntas, et primus intelligens et primum volens. primum autem intelligens deus est. deus igitur est volens primum.# ad voluntatem re- # cum enim operatio ex fine dependeat, qui movet efficientem, finis autem habeat rationem boni, oportet formam intellectam rationem boni accipere ad hoc quod sit operationis principium, sicut et / alia / aliae formae activae sunt operationis principium inquantum sunt actus quidam agentium perfectorum per eas / et ex hoc / secundum quod / habent rationem boni. forma autem intellectus accipit rationem boni ex / hoc quod / ordine ad voluntatem, cuius obiectum est bonum. oportet igitur formam intellectam ad voluntatem referri sub / voluntate / ratione / boni, ad hoc quod sit alicuius causa # apud nos # |50| haec enim forma est ipsemet / * ut supra / ‘ qui per se est necesse esse, a quo dependet omne / quod / aliud ab ipso # referatur ad voluntatem, et sic oportet quod / in ipso # in omni rerum coordinatione id quod est prius magis competit primo simpliciter quam id quod est posterius: unde primum simpliciter est substantia et simplex et ens actu, haec enim in suis coordinationibus sunt aliis priora. sed # prior etiam intellectu in movendo,# et sensus sentit / et sentimus # quamvis secundum rationem causae fi- # efficienti cum conveniat intellectus, * ut probatum est,# ‘ ei # sibi # voluntas # et per consequens rationem prioris.# nam omnes aliae vires habent eam a voluntate,# libe- / scilicet #

006 ADL g1 pg31b

‘ primum movens nullo modo motum est appetibile. deus autem est huiusmodi movens. ergo est appetibile, et per consequens finis.# autem # est spe- # forma # * ut supra probatum est:# ‘ quod # innumera # * et alia sunt innumera, quae longum prosequi, et ideo demittantur ad praesens.# ‘ oportet enim voluntatem dei, quae est primum operans propter finem, esse coordinatum eius fini secundum aequalitatem ei respondens. essentiae autem divinae, quae est primum |25| appetibile et primum et perfectum bonum, nihil est aequale quod non sit ipsa.# est autem inte-,# adhuc. voluntas deo competit inquantum est intelligens. sed in eo idem est intelligere et esse, * ut supra ostensum est. ‘ ergo etiam velle ipsius non est aliud quam suum esse. amplius. primum ens oportet esse perfectissimum, * ut supra ostensum est. ‘ nihil igitur potest comparari ad ipsum sicut perfectio ipsius quod sit aliud ab eo./ velle autem et intelligere sunt perfectiones, sed / actus autem qui est operatio est perfectio operantis, et praecipue velle et intelligere: cum enim non transeant in exteriorem materiam sed maneant in operante, non sunt actus alicuius passi, sicut motus est actus mobilis a movente, sed solum sunt actus operantis. impossibile est igitur quod velle primi entis, scilicet dei, sit aliud ab esse eius. praeterea. illud quod est per se stans in quolibet genere est prius eo quod est in alio: unde esse dei, quod est primum, est esse per se stans, esse autem / in / cuiuslibet alterius est esse in altero receptum. sicut autem deus est primum ens, ita est primus volens. ergo etiam / esse s- / velle suum non est in alio receptum, sed est per se stans. ipse igitur est suum velle. item. deus est suum esse. quicquid igitur convenit enti inquantum est ens, hoc non est additum divinae substantiae, sed est ipsa eius substantia. voluntas autem qua vult se esse convenit deo inquantum est ens, * ut supra ostensum est. ‘ igitur divina voluntas est eius substantia. amplius. |50| primi operantis est quod per suam essentiam operetur: quod enim operatur per virtutem quae non est sua essentia, operatur per aliquid participatum ex virtute alterius, alias enim sua essentia esset ei sufficiens ad operationem, cuius principium / oportet esse / sufficit si sit ens actu secundum genus illud. primum autem operans non operatur in virtute alterius, sed “ magis alia quae sunt post ipsum operantur in virtute ipsius, * ut probatur in libro de causis. ‘ velle autem dei intelligitur ut quaedam operatio / primi o- / eius qui est primum operans. igitur non est per virtutem aliquam additam essentiae eius. virtus autem per quam volumus, est ipsa voluntas. dei igitur voluntas non est aliquid additum divinae substantiae. adhuc./ divinum esse est / divina substantia est universaliter perfectum,/ * ut supra ostens-,/ ‘ in hoc quod in ipsa omnes perfectiones quae decent primum principium uniuntur, * ut supra ostensum est. ‘ voluntas autem est deo conveniens, * ut ostensum est. ‘ igitur ipsa includitur in perfectione divinae substantiae. non est ergo aliquid ei additum.# s- # etiam #

006 ADL g1 pg32a

* hoc etiam auctoritate augustini confirmatur, qui dicit...# ‘ volens enim volito est actu volens, sicut intelligens intelligibili. si igitur volitum divinae voluntatis est aliud quam divina essentia, alio erit volens quam sua essentia. sua autem essentia est ens. aliud igitur erit suum velle et suum esse. * cuius contrarium iam ostensum est.# ‘ in quod # * et s- / sicut patet per philosophum in tertio de anima et in xi metaph. # ‘ voluntas ad # cuius # |25| ambulo ut saner,# principaliter # ultimus finis ex aequo respondet primo principio activo # proportion- # item. * supra ostensum est quod ‘ primum appetibile et primum intelligibile est idem. primum autem intelligibile est divina essentia, quam principaliter intelligit / divinus / primus intellectus, scilicet divinus. primum igitur appetibile est divina essentia. et hanc igitur principaliter vult primus volens.# a de- # ex hoc autem quod vult se e- # ex hoc enim quod vult essentiam suam, vult quicquid in perfectione suae essentiae includitur. sed ipsa actio |50| qua producit res / vult / est sua essentia. vult igitur ipsam productionem et per consequens res productas. praeterea # et erit.# quod quis propter se vul- # unde # se # per # est autem hoc modo,# hanc igitur # principaliter / propter ipsum # se # adhuc. in deo sunt rerum omnium propriae rationes, * ut supra ostensum est. ‘ si

006 ADL g1 pg32b

‘ igitur volendo et amando se principaliter et propter seipsum, vult et amat omnia quae ipso sunt, vult etiam et amat proprias rerum rationes in se existentes. vult igitur omnem earum perfectionem quae possibilis est. sed aliquis modus perfectionis earum est secundum quod explicantur in actum per productionem rerum quarum sunt rationes, sic enim suam actualem causalitatem consequuntur et esse omnibus modis in actu. vult igitur deus ex hoc quod vult se esse, etiam alia esse.# volens # aliqua # sicut etiam in virtutibus materialibus patet, nam ignis quanto calidior tanto magis in remotum calorem suum diffundit.# ratione # ipsam # secundum suam virtutem totam # deus # * et post, ° quo modo autem posset aliquid permanere nisi tu voluisses?# ' uno # colorem # consideratur # perf- # desiderium # eius # consideratur # deus igitur qui perfecte vult seipsum illo actu quo se # quia si suum velle est sua essentia, oportet quod quicquid quocumque modo continetur in eius essentia complectatur actus volendi # et secundum quod est aliis ratio volendi. licet autem alio actu voluntatis possit quis velle finem absolute, et ea quae sunt propter |50| finem, tamen finem ut est ratio volendi / his / ea / quae sunt ad finem, eodem actu voluntatis oportet velle cum his quae sunt ad finem. quocumque igitur actu voluntatis deus vult se, vult etiam ea quae sunt / ad / in ipsum ordinata sicut in finem # nec # item. duas perfectas operationes simul egredi ab eadem simplici potentia impossibile est: nam si sit operatio perfecta, ei quantitas virtutis propriae adaequatur, cum mensuretur secundum id ad quod est. cum autem deus vult se absolute, perfecte vult se, eo quod suum velle est sua voluntas et sua essentia. si igitur alia operatione velit se ut finem rerum vel etiam res alias, sequetur quod non simul assit ei utraque operatio voluntatis. erit igitur in eius / operatione / voluntate successio, et sic erit in tempore,/ * quod supra / quod ex praedictis patet esse impossibile.# ' operatione # esse # intelligendo se intelligit alia per hoc quod est # una #

006 ADL g1 pg33a

' volunta- # plural- / non inducat aliquam multitudinem in divina substantia # deus # haberent # alia # suum # deus # sicut # bonum |25| autem secundum # secundum # extra # voluntati # inquantum # app- # fit # nihil autem prohibet ips- # secundum hoc # primus autem # cum velit se ut finis est # etiam # si, vult # frustra enim iste ordo accideret si voluntate divina ad illud non ordinaretur, sicut accidit quando finis desideratus provenit ex his quae non erant volita propter finem illum.# vel casu etiam / accidit / accidet huiusmodi ordinis bonum.# qui operetur #

006 ADL g1 pg33b

' essent # cognoscit # " bonum intellectum est obiectum / bon- / voluntatis, * ut per philosophum patet in tertio de anima. ' voluntas autem divina, cum sit perfecta, adaequat suum obiectum. cum igitur bonum intellectum a deo sit sua essentia inquantum est ratio singularium, voluntas etiam volet bonitatem eandem secundum quod est singularium bonorum ratio. et sic volet etiam singula.# poss- # quod deus non / cognoscat / velit esse, divina voluntas # sicut # non # usquequaque verum # dicunt # deo # esse # in deo # secundum in- # duplicem esse relationem, unam / q- / rei, quae ex dependentia rerum ad invicem consurgit, aliam autem rationis, quam ratio adinvenit inter aliqua duo. sicut autem ad relationem / natural- / naturae vel realem requiritur utrumque extremum esse actu in propria natura, ita ad relationem rationis requiritur utrumque extremum esse / actu / a / ratione comprehensum, sive utrumque sit actu in rerum natura, sive alterum, sive neutrum. ratio autem non comprehendit esse in propria natura / etiam quod nondum / vel in praeterito vel futuro etiam quod non est actu, et non solum / esse / comprehendit illud esse in seipso. et secundum hoc relatio / relationis / rationis / est / attenditur ad id quod non est / potest esse / absolute, non secundum quod est in ratione; sicut patet cum dicitur, cesar fuit prior augusto, prioritas enim attenditur secundum rationem non inter comprehensiones rationis, quia / rationes / |50| ratio comprehendit utrumque simul, sed inter ipsas res comprehensas, quamvis neutrum sit actu. et simile est si alterum tantum sit actu, sicut si dicam, ego sum prior antichristo./ voluntas / relatio autem voluntatis — ad volita est relatio rationis non rei # enim # potentiae # et in virtute gressiva, quae se habet indifferenter ut ad diversas partes moveat, antequam determinetur ad unum per imperium voluntatis; et in ipsa voluntate cui / vel non / vel nondum statutus est finis per rationem, vel non sunt ei determinatae viae quibus finem intentum consequi posset, unde vacillat inter duo.#

006 ADL g1 pg34a

' et voluntas quae diversis viis potest aequaliter pervenire ad finem / q- # ex qua fit / ut / quod # excedat # abs- # sed # subiectum non necessaria / subiecti ratio non dependet aliqualiter a praedicato. illa enim enuntiabilia per se necessaria sunt / qu-, in,/ quorum praedicata in diffinitionibus subiectorum ponuntur, vel secundum se / vel secundum causam suam ut,/ ut quando genus praedicatur de / subiecto / specie; vel saltem secundum |25| causam suam, ut quando passio quae causatur ex subiecti principiis, de eodem praedicatur. ratio namque perfectionis divinae voluntatis non / includit volitum / dependet a volito causato, * sicut ostensum est # ' dicendi possibile # per hoc etiam patet quod deum velle hoc causatum, etsi non sit necessarium absolute,/ est tamen,/ ex hoc quod hoc volitum non habet ordinem necessarium ad divinam voluntatem, est tamen necessarium ex suppositione qua supponitur deum hoc velle: impossibile enim est quod deus aliquid velle / incipit / incipiat aut desinat, propter immutabilitatem et aeternitatem suae voluntatis.# per # autem # et per se voluntatis obiectum,# et # con- # sed spontanee # quasi ex hoc sibi sit aliquid melius, sed solum spontanee, quia est sibi conveniens. * et hoc significant verba scrip. gen. primo, " vidit deus lucem quod esset bona * etc.. non dicitur quod ' esset melius sic esse, vel quasi sibi necessarium.# autem # est # conditione / vel # non potest aliquid # quidquid # ordinate # sine quo h- #

006 ADL g1 pg34b

' si enim necessario vult ea quae requiruntur ad id quod supponitur velle,# eidem # his quae supponitur velle.# inquantum retinent / quae # sui esse.# et in quo est esse secundum perfectum suum posse, * ut supra ostensum est.# ' alia # |25| amplius. voluntas dei circa ea quae ipsius sunt necessariam determinationem habet,/ nihil igitur circa se,/ * ut ostensum est. ' nihil igitur circa se potest velle nisi quod est. alia autem vult ratione sui ipsius, sicut / ea / eorum quae sunt ad finem voluntas est propter finem. quod quidem ad electionem pertinet, nam " electio est eorum quae ad finem, voluntas vero proprie finis, * ut patet in tertio eth.. " electio autem non potest esse impossibilium, * ut ibidem habetur, ' sed solum eorum quae in eligente sunt. nullo igitur modo voluntas dei potest esse impossibilium. adhuc. nulla voluntas alicuius impossibilis esse potest nisi vel inquantum creditur possibile, vel saltem inquantum apprehenditur ut possibile, sicut cum dico, vellem hoc si esset possibile. et hoc ideo, quia voluntas est boni sicut obiecti, et per hoc non potest esse nisi entis, cui repugnat per se impossibile. deus autem non potest credere aliquod impossibile esse possibile. quod etiam est per se impossibile intellectu non potest apprehendi ut possibile, etsi vocum significationes apprehendantur. voluntas igitur dei, quae semper sequitur suum intellectum, non potest esse per se impossibilium.# nisi per errorem,# quid signif- # naturam # praedicta necessitas divinae voluntatis # non # illud quod supponitur velle # sit, fit, fiat quod deus,# similat # sed magis eam concludit.# qui quidem ordo / attenditur / praecipue complectitur ordinem causarum ad suos effectus. qui quidem / hic autem / ordo requirit ut a causa / proxima # * ut supra # ' sequantur # |75| quod #

006 ADL g1 pg35a

' in effectibus patet # requirit autem ordo universi aliqua esse mobilia et variabilia, sicut et esse corpora, nam corpus non potest agere nec movere nisi motum, * ut supra probatum est.# ' esse # non potest concludere ne- # non # * ut supra ostensum est # ' in deo nisi n- # nisi # est # illud quod est optimum et perfectum in # deus autem vult bonum universi et unumquodque particulare bonum, * ut supra ostensum est.# ' deus # nam ab eodem aliquid habet / esse et / necessitatem et esse.# necessitatem / utilitates # aliqua # |50| sicut et cuilibet potentiae motae a suo obiecto.# alia vero quae vult deus, quae videntur esse / quasi / fines / vel / medii, quia ordinantur in bonitatem divinam et alia ordinatur in ipsa, non alio actu vult deus quam suam bonitatem, ut saltim dici possit quod saltim quantum ad aliquem actum aliquid aliud sit ei causa volendi: nam si uno actu velimus finem ultimum et multos alios fines et volita ordinata in ipsos, solus ultimus finis est / ei / causa volendi.# ex quo etiam # propter praemissa.# * et augustinus etiam dicit quod " voluntas dei irrationabilis esse non potest.# ' naturae # quasi voluntati in sua natura consideratae utrumque sit indifferens,/ s-,# non est

006 ADL g1 pg35b

' respectu beatitudinis appetendae sed # etsi suum esse velit / ex n- / necessario necessitate naturae,# tamen # suam voluntatem # s- # * his etiam sanctorum documenta consonant, praecipue augustini, " qui in deo liberum arbitrium ponit.# ' divina autem voluntas non est affectio consequens sensum, sed solum intellectum, * ut ex praemissis |25| haberi potest, ' nec aliqua # alia # non enim per deliberationem est,# indiget # cuius etiam est motus.# sed est # s- # alias # non differrent # impedit # " quod non est privatio actus in potentia, * ut patet |50| in ix metaph..# ' sicut divinae perfectioni / in omni eo quod movetur est potentia ad utrumque extremorum motus. sed # mo- # ef- # a- / scilicet de malo in bonum ad minus secundum aestimationem.# et per hoc habet obiectum malum quod est praesens vel ut praesens accipitur,# sibi # sic etiam non posset in deo esse passio gaudii.# poenae alicuius per quam fiat vindicta # scilicet # secundum, non #

006 ADL g1 pg36a

' sui generis im- # bon- # similiter autem et amor # intellectus # est # intellectus # appetitu # si # gaudet,# delectato,/ sed # ipso # interiori # et de interiori / etiam # et amor secundum rationem suae speciei deo non repugnat, sed solum secundum quod passio est. unde nihil prohibet # dici # |50| ipsius # secundum hoc enim unumquodque amare dicitur quod aliquid appetit vel vult. non tamen hoc sufficit, sed oportet in volente vel appetente aliquid esse per quod huiusmodi velle stabiliatur quasi / naturale / connaturale / et consentaneum effectum / * quia secundum philosophum in viii eth. / " benivolentia / enim / nondum / qua quis alicui bonum vult, nondum amor est, ' nisi stabiliatur vel per / habitum / passionem vel per habitum vel per naturam, ut sic quodam modo talis voluntas ex intimis procedat:/ quale enim unumquodque est tale appetit / ex eo enim quod unumquodque est, aliquem proprium habet appetitum, non enim idem appetit ignis et terra, neque iustus et iniustus. velle autem divinum quo suum et aliorum bonum vult est ei stabilitum, utpote suae naturae conveniens, vel magis sua natura existens,/ igitur se,/ * ut supra ostensum est. ' igitur / etiam / et se et alia amat. adhuc. sicut intellectus non stabilitur in aliquo nisi per prima principia, ita voluntas non firmatur in aliquo nisi per finem, cum finis in / appetens / appetitu locum principii habeat. si igitur amor dicit quoddam velle vel appetere stabilitum, * ut ostensum est, ' non erit principaliter nisi finis, nec aliorum nisi in ordine ad finem. pars autem non potest esse ultimus finis / sed / cum sit imperfecta, sed magis / totum / quod perfectum est. ac per hoc forma vel perfectio quaelibet non est finis ultimus, sed esse perfectum: non enim sanitatem appetimus nisi ut sani simus. in hoc igitur tendit amor, nec aliorum dicitur nisi per accidens inquantum pertinent ad hoc: sicut homo se

006 ADL g1 pg36b

' ipsum amat inquantum vult se habere aliquod bonum, puta sanitatem, cibum vel possessionem,/ si autem,/ haec autem ex consequenti amare dicitur inquantum vult se habere ea. propter quod res quas propter utile vel delectabile diligimus, non proprie amamus, sed nos ipsos amando eas amare dicimur. proprie autem et vere amicitia dicitur quae secundum virtutem est, qua volumus illos habere bonum quos diligere dicimur. hoc autem verissime deo competit: nam sua bonitas est ipsum esse bonum, et hoc vult; aliorum etiam bonum vult eis esse, non sibi, cum ex eis nihil ei accrescat. ipse igitur, cum velit suum et aliorum bonum, verissime se et alia amat.# * ut ostensum est # quod quis vult # si enim ali- # velit # est # ipso # alterum # proprie # un- # secundum quod # aliquid est # perfectior # eos # finis et # * ut ostensum est;# ' voluntas vel appetitus stabilitur in aliquo volito ex aliquo inhaerente # inest bonum # etiam / et in rebus naturalibus natura perficitur habito fine # nisi forte # amplius. " amoris est ad unionem movere,/ * ut dio. dicit / ' cum enim affectus amantis iam sit unitus amato / amplius. similitudo / enim / est ratio appetendi aliquid vel volendi. quod etiam secundum potentiam activam et passivam considerari potest: nam agens naturale quodam naturali appetitu inclinatur ut agat |50| sibi simile;/ potentia / ens etiam potentia appetit naturali appetitu perfectionem non quamlibet, sed cuius / app- / aptitudinem habet, iam quasi quadam inchoatione illius perfectionis in illo existente. si igitur amor est est quidam appetitus stabilitus, proveniens erit amor ex similitudinis confirmatione, quae est causa appetendi. unde similia se invicem / dil- / amare videntur. in deo ad seipsum est similitudo absque omni dissimilitudine, cum in ipso nulla sit partium diversitas: si tamen similitudinem fas est dicere ubi est perfecta unitas. alia etiam omnia non habent esse nisi in quantum habent eius similitudinem. relinquitur igitur quod ipse deus et sui ipsius et aliorum maxime amativus sit.# * iv c. de di. no. # ' per hoc quod est stabilitus in ipso,# iam af- # facit # unum # possibilem # scilicet similitudinis. suam ad seipsum unionem praecipue vult, est enim suum esse.# item. delectatio / affectus / effectus est amoris et / gaudiu- / gaudii, causantur enim ex adeptione vel coniunctione convenientis, cuius appetitus est amor. unde et absentia amati

006 ADL g1 pg37a

' tristitiam facit, sicut convenientis / remotionem / remotio, praesentia autem gaudium. in deo autem est delectatio / * ut ostensum est /. ' est igitur et amor.# divina autem voluntas est primum principium omnium affectionum et appetituum. sibi igitur maxime competit amor. amplius. illud quod consequitur omnia entia, oportet maxime inveniri in primo ente, quod est omnibus principium essendi, * ut supra ostensum est. ' amor autem omnibus entibus competit secundum aliquem modum, per hoc enim unumquodque suae conservationi studet, et convertitur ad alia ut ab eis recipiat vel eis tribuat. deo igitur maxime competit amor. ex praemissis autem rationibus solvi potest quaestio qua quaeritur si deus aliquid alio magis diligat. quod quidem / s- / videtur si similitudo dilectionis est ratio, est enim aliquid alio sibi similius. e contra vero # qua # dictum # * dicitur # xxxiv # ' eis # aliq- # sicut # * qui in eorum talmut continetur,# ' proprie quidem nulla / eorum / earum secundum habitum in deo dicitur sicut / et / in nobis. virtus enim alicuius est secundum quam bonum ipsum redditur et opus eius.# q- # q- # b-, secundum quam habens # habentis # virtuosus # virt- # autem # alias accidentaliter bonus esset et non principium bonorum omnium # per essentiam etiam su- #

006 ADL g1 pg37b

'd- # secundum # deo,# non est # * hoc / autem / etiam / auctoritate philosophi patet in x eth. ° actiones, inquit, quales attribuere debitum est deo vel diis? utrum iustas? vel ridiculi apparebunt communicantes, et depositiones dantes, et quaecumque talia alia? * et similiter prosequitur de aliis virtutibus. unde concludit, ° pertranseuntibus autem omnia apparebunt utique quae circa actiones parva et indigna deo vel diis.# ' autem # etiam # sola intellectiva pars animae similitudinem habet # |25| rursus. passiones quae sunt virtutum materiae / et penes, et vitam, et pen- / penes obiecta differunt, quorum quaedam sunt corporalia, quaedam animalia: animalia, ut honor, dominium, et huiusmodi; corporalia vero, ut cibus / ut / et potus. hee igitur virtutes quae circa / obiecta / passiones / sunt circa huiusmodi / sunt corporalia / obiecta habentes, speciali ratione / excludentur / excluduntur / a deo, non solum ratione obiecti proximi, quod est passio, sed etiam obiecti remoti, quod est corporale aliquod bonum vel malum, cuius usus deo competere non potest, qui est omnino incorporeus./ item / inter has / autem / passiones / quaedam / quae obiecta corporalia habent, quaedam differentia consideratur ex parte effectus: nam quaedam / h- / earum inclinant ad passibiles / et defectibiles / et infirmas / operationes, sicut concupiscentia venereorum et ciborum, quaedam vero ad quasdam / potentes / robustas actiones / sicut audacia ad aggrediendum, ira ad vindicandum. si igitur nihil infirmum et passibile deo convenire potest, ex ipsa ratione actionis quae consequitur passionem, quaedam virtutes a deo removentur. hee igitur virtutes secundum omnia a deo removentur, non solum quia habitus, sed quia circa humanam vitam sunt, et in hac circa passiones,/ unde / non quascumque, sed quae corporale motivum habent et passibilem et infirmum effectum. unde hee deo convenire non possunt / ut pote secundum / suam / suae speciei rationem, quam ab obiectis trahunt, quae sunt passiones, deo repugnantes /, nec etiam metaphorice / de ipso dicuntur / ut pote nihil simile deo habentes. * unde in sacra scriptura ' nec castus nec sobrius aut temperatus vel continens deus dicitur: circa tales enim passiones huiusmodi virtutes sunt. |50| virtutes autem quae circa passiones sunt quae motivum / spi- / animale vel spirituale habent, sicut magnanimitas et humilitas, quibus bene nos habemus ad honorem vel dominium secundum passiones fiduciae vel praesumptionis, deo quidem convenire non possunt proprie, eo quod circa passiones sunt: quia tamen spiritualia bona, ut honor et dominium, deo competunt,/ et / habent aliquid unde divinae perfectioni similentur, et ideo de deo metaphorice dici possunt, ut dicamus deum magnanimum inquantum vult sibi maximum honorem, humilem autem inquantum ultra suam mensuram de se non praesumit sed ea quae infra vires suas sunt interdum operatur. similiter autem et virtutes quae sunt circa passiones quarum motivum est aliquid corporale et tamen effectum habent aliquam operationem robustam, sicut fortitudo, quae est circa audacias, et mansuetudo, quae est circa iras, de deo dici possunt, etsi non proprie, tamen metaphorice, propter similitudinem / actorum / actionis, ut dicatur fortis inquantum nihil est quod ipsius conatum reprimere possit, * unde dicitur primo reg. ii, ° non est fortis sicut deus noster; ' mansuetus autem vel mitis, inquantum parcit nec per poenae demissionem ei aliquid derogatur, * unde mich. iii, ° quaerite mansuetum, quaerite bonum.# ' huiusmodi # esse #

006 ADL g1 pg38a

'quae q- # circa # ac- # omnis # quod divinae # amplius. divina voluntas ad ea quae sunt / prae- / alia ab ipso determinatur per suam cognitionem, * ut supra ostensum est. ' cognitio autem ordinans voluntatem ad agenda est prudentia, * quia secundum philosophum # ' deo est # in intellectu # item. divina voluntas in his quae sunt # praeter ipsum deum # praeter ipsum agit ad aliquem finem # ipso # iv # in # religio # aliq- # consili- # non # ei # dare # morales # * ut supra dictum est / ' et auct-.# virtutes igitur praedictae deo proprie / aptantur / attribuuntur: non enim a rebus humanis speciem trahunt sicut a proximis obiectis, ut erat de virtutibus quae circa passiones sunt, sed ab actionibus, quae a rebus humanis non non contractae speciem sumunt.# universaliores # quod est # quodam modo #

006 ADL g1 pg38b

'in # est # si autem aliquis virtutem habens non bene operetur, illa operatio non est secundum virtutem. virtus autem in deo non est secundum habitum sed secundum essentiam, * ut probatum est. ' ipse est etiam sua essentia.# igitur # * ut patet per philosophum in vi eth..# ' in aliquod # per cognitionem # amplius. voluntas nostra ad malum non inclinatur nisi secundum quod a rectitudine rationis abducitur: velle enim aliquid secundum rectam rationem virtutis / est /. praedicta autem abductio in deo esse non potest, quia voluntas ibi non est / alia / aliud quam cognitio recta. non igitur voluntas dei potest ad malum inclinari. adhuc. voluntas nunquam abducitur rectitudine rationis nisi per aliquam passionem quae iudicium rationis absorbet. passiones autem in deo non sunt, * ut ostensum est. ' non igitur voluntas eius potest inclinari ad malum.# igitur # potest # impossibile est quod ip- # non # nisi † secundum hoc quod † ad se ipsum se habet, hoc autem est,# suam # creata # * sicut supra ostensum est,# ' quod est per seipsum necesse esse,# ipsius non esse #

006 ADL g1 pg39a

'sine quibus illud esse n- # sive crea- # amoris sunt susceptiva # quod autem odiant / aliquando / est propter aliquod innaturale accidens, quod in deo esse non potest.# enim # vult # proprie / quidem / autem / hoc non dicitur. odium enim, sicut et amor, non est proprie eius quod alicui volumus / siv- / boni vel mali, sicut supra ostensum est, sed magis eius cui illud volumus. unde eorum quae non subsistunt sed inhaerent tantum, non est proprie amor vel odium, sed secundum haec aliquos amare vel odire dicimur inquantum / ea / volumus illa talibus inesse. hic igitur est primus modus.# inquantum privationem minoris boni deus vult volendo maius bonum # igitur # improprie # supra # * unde et philosophus dicit in primo de anima quod " animatum a non animato distinguimus sensu et motu, quamvis sensus non est contradistinctivum, ' nam in quibusdam invenitur vita in quibus non invenitur sensus, sicut in plantis.# unde improprie dicuntur vivere. " sed sicut motum ab alio reducitur in movens seipsum, * secundum philosophos,/ ' ita movens,/ * ut supra habitum est, ' ita movens seipsum ulterius reducitur in motorem omnino immobilem, qui circa se |50| operatur, intelligendo se et volendo se / et per se non ab alio motus movendo./ hic igitur multo nobilius vivit, quanto intelligere se est melius quam movere se. amplius. movens est causa moto quod moveatur. si igitur quod movetur ex se vivit, multo magis quod per se ipsum movet non ab alio motus vivit. tale autem est primus motor, qui est deus, * ut supra est ostensum. ' ipse igitur vivit.# quaedam # * et io. v, ° sicut pater habet vitam in semetipso etc..# ' sed solum secundum differentiam abstractionis et concretionis.# in deo # primum per # q- #

006 ADL g1 pg39b

'sed # divinam vitam deficere # enim # sed ipse deus est sibi causa vivendi # id quod est # amplius. licet id quod actu est, mutari possit, ipse tamen actus omnino immobilis est: quia id quod actu est unum, potest esse potentia aliud; actus vero omnino potentiae expers est, quae sola est subiectum motus, nam motus est actus potentia existentis. deus autem non solum est actus, sed est actus ipse, est enim vita, ut ostensum est. nullus igitur motus in eo esse potest. igitur nec |25| successio, quae sine motu non est. est igitur vita eius / sempiterna et ita tota / tota simul et ita sempiterna.# defic-, des- # * ecci. xviii, ° qui vivit in aeternum creavit omnia simul;# " perfecta enim virtutis operatio est beatitudo / * sicut / ut philosophus in eth. tradit: ' si enim unicuique existenti in potentia proprius actus est eius finis, operatio / propria / autem / propria / est ultimus actus, ipsa erit ultimus finis uniuscuiusque, si sit perfecta.# finis ultimus # his enim solum competit propriarum operationum dominos esse per voluntatem.# suus ultimus finis # ad finem # finem # non # in / finem # amplius. " perfectae virtutis operatio est beatitudo |50| intellectualis naturae, * ut philosophus in eth. tradit, ' hoc enim est in re perfectissimum.# unumquodque naturaliter appetit et vult suam perfectionem, hoc enim est uniuscuiusque bonum.#† igitur †# ultimo # perfectissimum autem in un-, ultima autem perfectio uniuscuiusque # in ipso manens,# quae sunt substantiae perfectiones # * unde dicit philosophus in secundo caeli et mundi quod " omnis res est propter suam operationem # ' igitur # operatio # * ut patet per philosophum in ix metaph../ perfectio autem # ut scilicet # |75| operationis, ut scilicet habeat delectationem / superinductam / adiunctam,

006 ADL g1 pg40a

* quae quidem " perficit operationem sicut pulcritudo iuventutem, * ut philosophus dicit # ' igitur operatio beatitudinis est. huiusmodi # nam / in- / ipsum intelligere * supra ostendimus ' et quod est operatio in intelligente manens # autem # est # * cum / ut ex praedictis patet;# ' praecipue # quod # delectatio etiam ei non deest, * ut supra ostensum est # ' cum # quietetur # sicut quo habito nihil # eo # sicut # et in omnibus sibi sufficiens.# restat # potest esse # nisi seipso,# autem # * perhib- # ' deus # ° qui solus habet etc..# ' est # nunc # et propter quod omnia alia vult.# et propter ipsam omnia alia vult.# haec # propter # desiderium # sit # velit / volendo / propter / se, * ut supra ostensum est, ' ipse est sua beatitudo # si autem nihil |50| eorum quae habet unum deesset alteri, duo non essent sed unum. in aliis etiam quod supereminentiam dicitur, in uno tantum invenitur, sicut calidissimum in igne.# nec finis divinae voluntatis potest esse nisi bonum summum simpliciter.# * et haec est ratio boetii in tertio de conso..#

006 ADL g1 pg40b

' propinque # beatitudinis # profectus # quia # habet # propinque # aliu- # ill- # considerari p- # per se stans # alius,# adhuc. " hominis beatitudo principaliter in contemplatione consistit, * ut philosophus probat. ' in hac autem vita non potest / homo / continue contemplationi intendere, tum propter quietem quae necessaria est, tum propter alias necessarias occupationes. et sic non est homo, secundum illam / be- / etiam beatitudinem quae in hac vita possibilis est, semper et continue beatus, cum " beatitudo non sit secundum habitum sed secundum actum, * ut philosophus / dicit / probat. ' deus autem semper seipsum actu contemplatur. sua igitur beatitudo incomparabiliter nostram excedit, si qua in hac vita possibilis est. adhuc. in nobis, si quid in praesenti felicitatis inest, perfectam stabilitatis fortitudinem non habet, propter innumeras hominum variationes et ex parte animae et ex parte corporis. ammiscentur etiam multam quae beatitudinem perturbant, ut tristitiae, labores,/ opiniones fal- / errores et dubitationes. haec autem omnia a deo sunt procul: incertitudo quidem / * ut aristoteles dicit / ' propter immutabilitatem /; alia vero quia de operationibus ad affectum pertinentibus non sunt in deo nisi amor et delectatio sive gaudium; intellectus vero eius nihil intelligit nisi per summam omnium causam, et sic / omnis / eius intelligere est sapientiae absque omni errore. sua igitur |50| beatitudo inextimabiliter nostram excedit.# quia ex ipsa diffusione dividitur aliquid et per consequens minuitur.# sua #

006 ADL g2 pga

' namque rei # evidenter demonstrat # * in superiori libro dictum est et # ' operationem # prima quidem # prima # per opera # intelligamus # * ut ostensum est;# ' unde et de deo # scilicet sapientiam.# cum enim actio facientis sit perfectio facti, virtus autem facientis intelligatur actionis principium et causa # unde # et illuminat #

006 ADL g2 pgb

' unde et quando speculatio erit perfecta, fiet perfecta similitudo quae est nostra felicitas. * unde i ioan. iii: ° cum apparuerit, similes ei erimus et videbimus eum sicuti est.# fidei # * unde dicitur deut. iv: ° non vidistis aliquam similitudinem in die qua locutus est nobis dominus de medio ignis. ' is. xxx: ° cui similem fecisti deum aut quam imaginem ponetis ei?# ' errant # quod maxime necessarium est contra infideles qui dixerunt deo: ° scientiam viarum tuarum nolumus * iob xxxi. ' sic enim et circa rotunditatem terrae, quam communiter astrologus et naturalis considerat, interdum naturalis utitur principiis astrologiae et e converso principiis naturalis philosophiae astrologus.# deducta de potentia in actum per motus inferiores quorum motus caeli est causa # ipse # eo quod simpliciter deus perfectus est,# activa non # aliud ab #

006 ADL g2 pg41a

' principii * ut patet per definitionem quam philosophus ponit ' in * v metaph. # ' non # s- # tendant # in ipso # ig- # unum et idem # dem- # quia autem #

006 ADL g2 pg41b

' creaturae #† relativa / sunt simul natura / opposita se ponunt.†# et ad seipsum et # praeterea. identitas relatio quaedam est. deus autem maxime sibi est idem, cum in eo nulla sit diversitas. unde et omnia quae de ipso dicuntur, sibi invicem sunt eadem. dicitur igitur aliquid relative de deo # * ut patet per philosophum in v metaph. et in iv phis..# ' ut primum # iam # * ostensum est autem # ' de deo dici # secundum suum #

006 ADL g2 pg42a

' cuius contrarium est # praeterea, omne quod ad alterum dicitur, secundum hoc ipsum quod est, aliquid aliud praesupponit quod ad aliud non dicitur, nam absolutum prius est quam relativum. si igitur in deo essent relationes / secundum rem / praedictae secundum rem essentialiter de deo dictae, oporteret quod aliquid esset prius quam divina essentia, et sic quod non esset primum ens. * cuius contrarium in primo ostensum est.# ' de- # quae deus / est.# scibile autem ad scientiam non refertur, sed scientia ad ipsum refertur / dicit # scientia # quod # ipsa # alia referuntur # et # alia # actu causa huius rei quae de / melior hac re # illae etiam relationes / quae / per quas ad seipsum refertur et sibi idem dicitur, realiter in ipso esse non possunt. si enim aliquid per relationem realiter in ipso existentem sibi idem diceretur, illa etiam relatio pari ratione sibi idem esset eadem per aliam relationem, quia eadem ratione unumquodque sibi idem est. et sic oporteret infinitas relationes ponere: infinita autem actu esse est impossibile. praeterea. cum relatio oppositio quaedam sit, oppositio autem diversitatem praesupponat, eo modo in aliquibus / non / poterit esse relatio quo non est ibi diversitas. eiusdem autem ad seipsum non est diversitas secundum rem, sed solum secundum diversam sui acceptionem. relatio igitur qua aliquid ad seipsum refertur, non / dicitur / est res aliqua, sed est secundum rationem tantum.# sunt # res quae sunt # aliquas # sunt # ad aliquid # existentes.# secundum # nostrae # non enim attribuit ei per viam compositionis, ut scilicet intelligat illas / res / relationes / quae / quasi res quasdam in ipso esse, sed per modum simplici intelligentiae, intelligendo ipsum ut terminum quendam / relatorum / relationum / aliorum ad ipsum, sicut et mathematicus apprehendit ut separata que non separata sunt, nec tamen est falsitas. non enim ex hoc est falsitas quod alius est modus rei in essendo / int- / et intellectus in intelligendo, sic enim fere semper esset falsitas, nam materialia

006 ADL g2 pg42b

' intelligit intellectus immaterialiter secundum suum modum. est autem in hoc falsitas quod iudicium intellectus non concordat rei, cum iudicat esse quod non est vel non esse quod est.# deu- # prae- # id quod in se simplex est intelligere ut multipliciter relatum, sicut et quod compositum est materiae intelligit ut a materia separatum. praeterea videmus # dicitur # intell- # si quae autem / aliae / relationes de deo / secundum / realiter dicantur et non solum secundum intelligentiae modum, posterius inquiremus.# nunc autem ad propositum revertentes, — ostendemus deum non solum aliquibus esse causam essendi sed # |25| inest # ac per hoc # unicuique # secundum se # praedicatur eidem convertibile est.# secundum aliquid commune de eis dicetur et # sit # ratio # ad aliquod unum,# secundum suam naturam # natura # * ut patet in viii metaph. # ' id quod # esse # e- # si autem dicatur quod natura huius rei est principium talis esse, sicut anima principium vivendi, et sic potest esse quod absque minoratione ut sic / minorem / esse huius rei deficientius # ducuntur erit quaedam absque motu / quae erit perfecta./ hoc autem maxime competit primae rerum productioni, quae est creatio, nam perfecta simpliciter priora sunt imperfectis. non est igitur creatio neque mutatio neque motus.# ubicumque est # oportet aliquid # praecedere # cum iam factum est, in eo quod factum est quiescitur, quies autem

006 ADL g2 pg43a

' non est simul cum motu # proprie dictam # successive # aliquid duratione praecedere # hoc esset # quae #† inanitas †# et # motum et mutationem esse # creat- # |25| unde # quae simul cum subiecto concreatur, non per aliquam aliam creationem / quam / et sic # in subiecto etiam creato # dicitur # pri- # cre-, relatio # et # creata # nam # effectio # aliis # sed per seipsam # autem # subita est # oportet igitur creationem in instanti esse sicut actionem perfectam.# subiectum # quod est contra creationis # non # secundum autem divisionem temporis # successione # vel # secundum # primus enim actus est primae potentiae # quando # |75| igitur in

006 ADL g2 pg43b

' instanti # * metap- # ' secundum enim dispositiones agentis sequitur dispositio in f- # mov- # d- # |25| non # non # sit # aliter # si enim # ut # sit # cum # oporteat # s- nec # possit # facto # non enim corpus potest producere nisi corpus, cum nihil ultra suam speciem agat.# ubi ig- # item. illud quod per creationem producitur oportet esse primo productum, cum creatio nihil in creato praesupponat. |50| in eo autem quod tactu fit, non potest accipi primum factum, quia / to- / cum duo corpora se secundum totum / facere / tangere non possint, tangitur totum ratione partis, quae tanto / prior tactu / per prius tacta / est quanto / propinque / propinquior / est tangenti. propinquissima autem accipi non potest, propter nullam corporis partem indivisibilem esse. et sic nulla potest esse primo tacta, et per consequens nec primo facta. nihil igitur quod tactu fit potest esse creatum. si igitur corpus non agat nisi tangendo, non potest esse quod per actionem corporis aliquid creetur.# qu- # p- # * hinc etiam contra quosdam errantes dicitur sap. xiii, ° neque operibus attendentes / cogn- / agnoverunt quis esset eorum artifex, sed aut ignem aut spiritum aut citatum aerem aut girum stellarum deos putaverunt.# ' autem # in exterius transeunt #

006 ADL g2 pg44a

' ab eo # in / causas # non nisi # actiones # inquantum # et # est causata inquantum # enim # |25| et sic # ab # nam / ad hoc / id quod per instrumentum causatur est affinius primo quam instrumento / non enim effectus similatur instrumento, sed principali agenti./ hoc autem non est sine motu quod in aliquo praeexistenti aliquid recipiatur.# nec creatio motus est, * ut probatum est, ' neque aliquid # op- # scampni # exequatur # op- # op- # * xvi de animalibus # ' sicut # creet.# ad # effectum similem generis et speciei # ex # s- # est # cui inest # hoc etiam apparet si ordinem entium consideremus. nam oportet quod causae primae respondeat pro effectu causatum primum. primum autem causatum est esse. et cum genera decem secundum diversos modos essendi qui / diversis / competunt diversis naturis et formis diversorum generum distinguantur, completus modus essendi, qui est per se subsistere, soli substantiae debetur, quae est primum / ens / entis genus. primi igitur agentis erit unicuique enti praebere id unde subsistit: aliorum vero agentium dare ea quibus subsistens formatur. ex quo etiam patet quod solum primum agens est creans.# inquantum huiusmodi non sit #

006 ADL g2 pg44b

' sed non tale.# hoc # aliq- # non autem differt ad propositam rationem quae producuntur semper fuerint / * ut quidam dicunt / ' vel non, quia utroque modo oportet quod illud quod non ex praeexistente producitur causetur per se secundum quod est ens. praeterea. cuiuslibet agentis determinati secundum naturam alicuius generis et speciei est virtus ad determinatum effectum, unumquodque enim quale est talia agit. oportet igitur proportionem esse aliquam agentis huiusmodi ad suum effectum, aliter enim non magis hunc quam alium effectum faceret. sicut autem agens refertur ad factum inquantum actu est, ita effectus refertur ad causam agentem inquantum potentia est, opposita enim habitudo agentis et effectus est. potentia igitur effectus praesupponitur ad / causationem / productionem effectus, sicut et proportio quae est inter causam agentem et effectum. nullum igitur agens quod est in determinato genere vel specie causat nisi reducendo de potentia in actum, quod est movere, non creare. solus autem deus / per hoc quod est ipsum suum esse / qui est suum esse / non determinatur ad aliquod genus. nihil igitur praeter ipsum potest creare, sed omnes aliae causae / agentes / causant movendo.# * ecci. xviii, ° qui vivit in aeternum creavit omnia simul.# ' a qua # " quae est corporalium inferiorum creatrix.# ' non # di- # omnis # sec- / causarum mediarum # producit # habere # se ex- # ad # non igitur # principalius # tanquam,# nec potest # corporalis # omnium entium creatoru- # respectu # deo possibile est # esse et # similitudin- # aliquam /; sic enim # |75| alio modo per hoc quod

006 ADL g2 pg45a

' excedit # generativa # generare # sed # ag- # fieri extra divinam virtu- # effici- # in agendo materia omnis ab eo solo sit utpote # possit # diceb-, opina-, posuere # et per hoc se- # se habet # * de quibus dicitur primae cor. primo, ° nonne stultam fecit deus sapientiam huius mundi: * glossa, ° sapientia mundi est quae impossibile deo iudicat quod in naturis rerum non videt.# ' etiam # arbit- # in productione suarum creaturarum.# si enim ad plura se haberet non magis unum quam alterum produceret, hoc enim sola electione fieri potest ut agens quod potest in plura unum prae aliis agat, quae quidem electio non est naturae sed voluntatis.# quanti- # potest igitur deus facere # sunt # contradictionem non implicant # exteriorem # quod est # est obiectum.# alia quae # cum sit sua substantia * ut supra ostensum est # ' huiusmodi autem ac- # per # ord- # philos- # non potest esse natura, licet et ipsa propter finem agat #

006 ADL g2 pg45b

' d- # hoc modo autem non agit nisi ag- # coniunguntur # quae est s- # naturam # deus # divina # sibi p- # intendat # ° dixit et facta sunt,# ' ordinem # |25| semper enim actio secundi agentis procedit secundum regulam agentis primi nisi sit defectus in medio agente, sicut quandoque propter defectum / organ- / instrumenti artificis operatio impeditur. intellectus autem comparatur ad voluntatem sicut primum agens ad secundum, voluntas enim agit sicut mota a bono per intellectum apprehenso./ semper / oportet igitur quod operatio voluntatis sit secundum intellectum nisi sit defectus in voluntate, sicut homo aliquando contra scientiam agit propter inordinationem voluntatis, quae sequitur bonum apprehensum / per sensum / ut delectabile sensus contra ordinem rationis. talis autem defectus in divina voluntate esse non potest, cum in deo non possit esse aliquis defectus, nec possit velle malum, * ut supra ostensum est. ' relinquitur igitur quod quicquid deus facit, secundum ordinem sapientiae suae facit.# in eius autem # suam # a casu # quod a sua causa quae naturas earum instituit # deus # autem / igitur # non # suum intellectum res # res # deus # * ostensum est # |75| ' utrumque #

006 ADL g2 pg46a

' quae # ad potentiam # " unde et in omni moto necesse est aliquo modo ymaginari materiam, * ut dicitur in secundo et xi metaph. # ' gene- # nullus igitur defectus inesse # causa est # cum in omnibus / oppositis / contrariis et privative oppositis includatur # cum deo maxime competat primam causam esse # quod quidem contingit dupliciter * ut ostensum est supra,/ ' q- / * cum de dei voluntate agebatur. ' uno quidem modo respectu sui ipsius, nam necessario vult se esse, vel se esse bonum # contra id quod statuit faciendum # coniuncte accipiendo.# sicut # absolute # |50| simili etiam modo potest dici quod deus non potest facere contra ea quae praescivit se facturum, nam sicut actio dei praesupponit voluntatem, ita etiam praesupponit scientiam, et utraque est immutabilis, unde eadem est ratio voluntatis et intellectus.# et eodem modo loquendi # deus non agit # determinatur # per modum # in causa # |75| ratione #

006 ADL g2 pg46b

' comprehendit # et eorum etiam quae.# nata est con- # qui dixerunt # deus # talis # omnia et # suae sapientiae ordinem # et mensur- # |25| et quia eius / dispositio int- / intellectus et scientia immutabilis est, * ut supra ostensum est, ' sequitur / ex / circa divini intellectus operationem quaedam immutabilitatis necessitas, per quam aliquid necessarium dicitur non / simpliciter sed / absolute sed conditionaliter vel ex suppositione: sicut, si virtus divini intellectus consideretur absolute, nullo supposito, indifferenter se habet ad hoc quod in tali numero vel maiori aut minori species rerum producat; supposito autem quod talem numerum speciebus rerum suo intellectu praefixerit, impossibile est / ipsum alium / quod ab eo hic numerus rebus non praefigatur. et ideo sequitur / ex / sub conditione necessitas in omnibus quae divino intellectu statuuntur, quamvis etiam in se contingentia esse videantur. haec enim conditionalis est vera et necessaria, si deus disponit hoc futurum, hoc erit.# coartatur # sicut mobile suo mot-.# * in tertio de anima per philosophum # ' nostra # per modum boni propo- # nec / sicut autem |50| humana / voluntas / voluntatis virtus ab intellectus virtute non deficit, ita nec divinae.# libertate # * hinc est quod dicitur ro. ix, ° voluntati eius quis resistit. * et hest. ° non est qui possit tuae resistere voluntati.# ' iustitiae # quod ei debet # servo # causarum est propter #

006 ADL g2 pg47a

' movens # creati- # * quod augustinus # ' dispo- # creaturarum productio, ad ipsam comparata, necessitatis debitum habere non potest # creat- # voluntati # voluntati # |25| reddit # quantum ad hoc esse in # * sicut et anselm. dicit, ° cum parcis peccatoribus, iustum est, decet enim te.# ' in rerum autem propagatione ex debito divinae dispositionis implendae iustitia potest inveniri. ibi enim iam non sola dei operatio invenitur, sed etiam motus creaturae in divinae dispositionis impletionem tendens, et hoc ex necessitate debet creatura deo disponenti.# consideratio # ratione ord- # quod # omnis / autem / enim / causa naturaliter est prior effectu, etiam finis./ quod enim in intentione agentis prius est, naturaliter prius esse oportet; quamvis etiam quandoque contingat / idem / posterius tempore idem esse / in uno et eodem individuo quod de imperfecto perducitur ad perfectum./ ea enim quae posteriora in intentione sunt ab illis rationem trahunt quae primo intenduntur, unumquodque enim quod ad finem est, tale |50| esse debet quale congruat fini, sicut ad secandum fit serra ferreos dentes habens, et ad incisionem cibi fiunt dentes anteriores acuti. non autem / res / eodem modo in finem ordinantur creatum quo creaturae ordinantur in ultimum finem. nam finis ultimus, qui deus est, non indiget, neque ut sit neque ut congruentius sit, eo quod propter ipsum est, cum in se ipso contineat omnem plenitudinem bonitatis: finis autem / in rebus / creatus ex his quae sunt propter ipsum consequitur congruentiam aliquam vel nobilitatem essendi, et quandoque etiam ipsum esse. etsi igitur nullum divinae bonitatis sit debitum / secundum se / ut creaturae producantur, a quibus nihil acquirit, est tamen uni creaturae debitum ut / aliq- / alia creatura sit quae in ipsam ordinatur, a qua eius dependet perfectio quoquo modo. nec quantum ad hoc refert an illud cuius perfectio dependet ab altero, sit eius finis vel qualiscumque effectus: debitum / enim / est enim ad esse alicuius id sine quo illud esse non potest./ sic igitur quod primum in divinis operibus occurrit debitum esse non potest, cum nihil praecedat / quod sine ipso esse / quod sine illo esse non posset # prima rerum productione # posteriora non sunt debita ad esse priorum, sed e converso, debitum est enim, si res aliqua / fieri d- / esse debeat, praeexistere efficientes causas materiales et formales #

006 ADL g2 pg47b

' posteriora sunt debita ad esse priorum # in esse posterius # debitum autem sive necessitas quae est # quae autem est ex eo quod est prius in esse et secundum naturam, est necessitas absoluta, sicut necesse est animal esse corruptibile si est ex contrariis compositum. sic igitur in p- rerum productione secundum utrumque modum necessitatis debitum inveniri potest, secundum quidem absolutam necessitatem, sicut debitum fuit quod deus produceret aliqua mobilia si materiam rebus concreavit, secundum / etiam / autem / conditionalem necessitatem est igitur / in creaturarum igitur productione debitum non invenitur nisi ex conditione et hoc quidem tripliciter.# a deo debui- # quamvis simpliciter et absolute debitum non fuerit / quod deus huiusmodi faceret / sed ex sola voluntate divina processit, sicut et ipsum etiam universum. hanc autem necessitatem a fine / necesse / manifestum / est sumi: ad bonum enim universi singulae partes eius ordinantur sicut in finem, * ut etiam philosophus tradit in xi metaph..# ' facere # eorum esse dependet # nec non et creare # per se # accidentibus # quantum ad ipsas substantias # praedictam # in eis calorem # super- # in eo anguli # creaturae # absolute # assumpta,# sequitur # * hinc est quod dicitur sap. xi, ° omnia in / numero / pondere et numero et mensura disposuisti.# ' tam #

quam #

006 ADL g2 pg48a

' deus # patitur # propositionis # ex quo # illud enim solet # immo in rebus quaedam sunt # possibilitas # quam ad illam per quam perficitur in esse.# |25| hoc autem # dic- # rationi # esse autem necesse non repugnat rationi # ei # non # nisi # in quibus non sit potentia # necesse esse absolute # item.# dependet # primi principii # consid- # |50| positionem aliquorum principiorum non ex necessitate secundum talem / compositionem / cursum / fieri / qua / quo / tamen / posita / existente # stabilitis # quamvis # ex- # et si quidem talis necessitas # omnis necce- # consequitur rem necessitas ad non esse, quae est corruptibilitas necessaria secundum quam #

006 ADL g2 pg48b

' dupliciter # tantum # forma # adaequat # ea † ad necess- † materiae inexistente # in materia,# nihilominus # rei ad essendum # non totaliter # suum # formae # sub quibus existens consideratur ut propria materia talis formae, sicut per calidum et siccum et rarum et huiusmodi fit materia disposita et propria formae ignis.# eadem autem materia est # |25| et per consequens # absolute # in # absoluta necessitate # in se habere # per ordinem ad # et # quia animal rationale est,# ex utroque autem / invenitur / necessitatem considerat naturalis / necessi- / cum formam in materia consideret./ materia vero non solum / praedicta vero essentialia principia non solum sunt rerum principia quantum ad suum esse, sed etiam quantum ad suum fieri / materia / diversimode tamen; nam materia comparatur ad fieri rei sicut subiectum, nam omne quod fit ex ente in potentia, et motus et mutatio existentis in potentia actus est; forma vero se habet in fieri rei ut terminus.# causae agentis et in ipsa et in effectu, in ipsa quidem secundum quod necessarium est ipsum agere, in effectu autem secundum quod est necesse |50| effectum ab ipso procedere # considerationi # cuiuscumque # et # ut simpliciter sit # quo # et voluntas, cum est in actu per hoc quod est mota a fine, necesse est eam velle.# non ut simpliciter sit, sed secundum quid, secundum scilicet quod in agente est # ipsum calefacere quantum in se est, non tamen simpliciter, eo quod calefactio in passo / est / consummatur, ex cuius parte potest esse impedimentum # tamen # unum # ipsam / congregationem # ad #

006 ADL g2 pg49a

' actu # sed a disp- # vel # recipiendam talem actionem # ce- # contrarias # motori # introductus # actio # accidit # contrarius # dis-, naturam mo- # motu # incli-, apt-,# causae agentis # s- # secundum motum eius # fi- # sic enim movet agentem.# eadem # sequitur # hoc est magis manifestum,/ nam secundum eandem mensuram,# ea quae sunt # inclinatur ad finem # vel quod est finis,/ contingit # suam formam et rationem, et sic / in fine / ex fine consideratur necessitas in his quae sunt propter finem immediate non mediante agente # materia autem et forma non sunt solum principia essendi, sed etiam fiendi. unde ab eis potest considerari necessitas in rebus non solum absoluta secundum quod sunt essendi principia, * ut supra dictum est,/ ' sed etiam conditionata secundum quod sunt fiendi |50| principia / sed modo consimili agenti et fini, quae sunt fiendi principia. forma / enim / est finis generationis: unde ab ipsa trahitur necessitas in factione rerum sicut a fine. materia vero, prout est generationis subiectum, consideratur ut in potentia / tantum / existens. possibile autem huiusmodi opponitur ad necesse, nam quod sic possibile est esse, possibile est non esse. unde ex ea non est necessitas aliqua in rerum generatione / nisi ex ea simul et agente,/ ipsa enim non movet se ad formam, sed movetur ab agente./ unde / et ideo ex ea simul et agente potest aliqua necessitas sumi ad effectum; ut, si sit talis motus agentis ex tali materia proveniet talis effectus. magis autem in ipsa materia inducitur necessitas ex forma et fine; si enim talis forma sit futura, necesse est materiam talem esse.# a deo in esse productas.# semper fuisse # oportet quod / absolute consideratam / huiusmodi # |75| ab a- #

006 ADL g2 pg49b

' semper # cum / semper / sempiternitas sit esse continuatum semper # qua necesse est creaturam semper fuisse # esset # extrinseca # et quod / quae / haec autem # nec eadem ratione # semper # semper # per suam voluntatem,# nec refert ad propositum utrum agat aliqua actione media / vel non / sicut homo qui voluntate movet baculum mediante virtute motiva, vel nulla alia actione media, sed suum velle sit eius facere, * sicut supra ostensum est. ' constat / enim / quod / voluntate cessante / cessante prima actione, quae est / volun- / ipsum velle, cessabit actio media. si igitur creaturam necesse est esse / semper / oportet quod deum hoc velle sit necesse. non autem est necesse absolute deum velle quod creatura sit, * ut in primo libro ostensum est.# ' semper # vel non ita bene esse. finis autem div- # illa # omne illud oportet esse perpetuum ad cuius / privadestru- / remotionem sequitur eius / positio / esse # enim # intelligi # et sic oportebit tempus ess- # relin- # s- # quod # multae veritates creatae multa veritatum # ab aet- # per # naturam # non # relinquitur igitur # et per consequens alia, cum materia non possit esse sine forma.# |75| dicimus,#

006 ADL g2 pg50a

' alio modo # sicut etiam ipse forma prior est,/ mobile autem est simul cum mot- # oportet cuilibet facto praes- # fuerit # esse potuit # impossibile esse # quae,# in quibus primus error accidit ex hoc quod mens non elevatur supra agentia quae agunt in tempore, in quibus novitas accidere potest et ex parte agentis, quod de novo incipit agere, quod absque aliquali mutatione eius accidere non potest, et etiam ex parte facti, quod de novo incipit esse. primum autem agens, quod est deus, est omnino supra tempus elevatum, * ut in primo probatum est. ' unde / in eius / non potest novitas accidere in eius actione, quae est supra tempus, quasi de novo incipiat agere, ut sic sit necesse ipsum mutari vel per se vel per accidens, ut prima ratio concludebat./ accidit / quod quidem sequeretur si nova actio in eo inciperet.# aliquis motus # div- # action- # s- # suum # seq- # voliti # ita,# voliti # divina voluntas # secunda # res # cum autem tunc incipit esse effectus.# partes enim durationis / se habent / diversae secundum prius et posterius distinguuntur, cum impossibile sit duas partes durationis simul esse nisi altera contineat alteram, sicut annus continet diem./ in deo autem / in duratione autem dei / prius et posterius esse non potest, cum sit omnino immobilis: prius enim et posterius in tempore causatur ex priori et posteriori in

006 ADL g2 pg50b

' motu # hac part- # apud eum # in ipso # oportet quaerere # supra # constitutus # ex ratione # ei / etiam # in hac # ag- # solum # sed ma- # semper # etiam # suam # unus # quod ess- # si enim # si enim # cre- # liberamur # ab aliq- # oportet # cum magis determinet # eorum quae secundum formam distinguuntur #

006 ADL g2 pg51a

' productio # inconveniens igitur est # per se # motum et operationem # indu- # nisi talis forma sequatur vel ex defectu virtutis agentis / ex quo contingit / qui non potest perducere ad perfectum suam intentionem, vel ex defectu instrumenti, vel ex indispositione materiae, vel ex / ali- / concursu alicuius exterioris agentis, qui impedit actionem principalis agentis, his enim modis contingit quod forma intenta ab agente non inducatur in effectum.# est # * ut supra ostensum est: ' ipse etiam est # * ut etiam supra probatum est. ' nec per indispositionem materiae sua actio impeditur; cum materiam in sua actione non praesupponat, sed simul materia et forma producatur, ut supra ostensum est. nec etiam instrumentum vel contrarium agens / accipit / accipi potest quod non sit de universitate creaturarum, |25| cum omne / aliud / ens / ab / aliud ab eo sit, * ut supra probatum est # ' effectus # quod licet sit verum etiam in rebus naturalibus, tamen manifestissimum est in agentibus per voluntatem.# est igitur # ab ipso # q- # athoma # figura # fortui- # ut # ut i- # propter materiam sicut propter primam causam # sicut # procedit # non ex, in # d- # substantiae # ex materia # et dist- # materia #

006 ADL g2 pg51b

' formas # est # talis distinctio in rebus sequatur # * et ideo dicitur sap. i, ° creavit deus ut essent omnia, ' quia scilicet " ut compleatur universorum esse omnia creata sunt ex quibus res consistunt.# ' dicentis # conf- # hoc quod # diversitas # au- # res diversas producentes # in quo omnes uniuntur # |25| seinvic- # in aliquo nisi per aliquam causam unientem # illa causa uniens et # diversitatem / diversa agentia ad diversitatem effectuum producendam # distinctio igitur rerum provenit ex concursu diversarum causarum adinvicem non ordinatarum. quod autem sic ex diversarum causarum concursu procedit, est per accidens et casuale / ad / concursus enim ille causarum, ex quo est sine ordine, est per accidens,/ et / ex eo autem quod est ~~per accidens quod sequitur per~~ accidens oportet esse # casualium # ea quae / procedunt a div-, causantur a div-,/ procedunt a diversis causis non habentibus ordinem adinvicem non possunt uniri in aliquo ordine nisi forte per accidens, unius enim oportet esse / in eodem, secundum,/ causam unam secundum idem genus causae, vel plura / ut unum / quae sint aliquo modo unum: diversa enim inquantum huiusmodi non faciunt unum, cum unumquodque agat sibi simile. et sic / o- / unitas ordinis in his quae sunt a pluribus causis non ordinatis non potest esse nisi casualiter absque causa determinata # possint # |50| sunt # oportet quod omnia sint ab aliquo priori agente vel alia ab uno eorum, eo quod omne ens est a primo ente, * ut supra ostensum est # ' item. si sit diversitas agentium prima causa distinctionis entium, oportet hanc diversitate accipi secundum primam / rer- / differentiam in rebus existentem. haec autem est secundum bonum et malum, quae sunt in omnibus generibus et non determinantur ad aliquod unum genus entis sicut alia contraria. non potest autem esse / distinctio / differentia primorum agentium secundum bonum et malum, ita quod ab uno sint omnia bona et ab alio omnia mala, sicut a duobus primis principiis. nam si / q- / est primum principium distinctionis malorum a bonis, oportet ipsum per se esse distinctum a bonis, omne enim quod est per aliud oportet reduci ad id quod est per se sicut in primam causam, quia quod non est per se huiusmodi, habet causam ut sit tale. erit igitur per suam essentiam a bonis distinctum, hoc enim per se esse dicimus.#

006 ADL g2 pg52a

' est # oportet # malorum a bonis # nihil igitur est # quod # malum # boni et mali # h- # agat # incipit # consequi # |25| aliquid # intendit enim sibi simile # s- # e- # effectus autem per accidens non reducuntur in unam causam per se et determinatam, quia entis per accidens nulla causa est determinata, alias provenirent per se et non per accidens.# item. si propter differentiam boni et mali quae invenitur in rebus / oportet / ponenda sunt principia contraria bonum et malum,/ oportet dicere / sequitur de necessitate quod malum non sit principium alicuius boni, nec bonum alicuius mali./ sed si ex actione / hoc autem est impossibile. malum enim nunquam producitur sine aliquo bono:/ quod / corruptio enim / quae non est / unius non est sine generatione alterius, et sic malum corrupti est cum / g- / bono generati. et sic oportet quod idem sit principium et boni et mali. non igitur / oportet ponere / sunt ponenda contraria principia / ad / propter / hoc quod bonum et malum in rebus invenitur.# oportet pon- # quod enim est uni bonum est alteri malum, sicut deiectio unius / hostium / hostis est / vic- / exaltatio alterius # item. materia nulli formarum quae in ipsam |50| inducitur / contrarie / contraria esse potest, contrarium enim non fit ex contrario sicut ex materia. agens autem quod ex materia aliquid facit, similem sibi formam in / materiam / materia inducit. materia igitur non est / agenti con- / facienti aliquid ex materia / contrarie / contraria nisi per accidens, scilicet ratione alterius formae, propter quam dicitur quod agens est contrarium patienti. malum autem non potest esse nisi in bono: non enim est malum aliquid si non nocet, non autem nocet nisi ei in quo est, nam quod omnino est expers mali nullum nocumentum ex malo recipit. oportet igitur malum esse in eo cui nocet / malum /. non autem est aliquid malum nisi ex eo quod nocet bono,/ quod enim,/ malum enim inquantum malum non nocet malo, sed est sibi conveniens. sic igitur oportet quod malum sit in bono. non est igitur per se malum quod agit malum.# esse aliquid non ens # s- # aliquid # qui # |75| * philosophus dicit in p- # ' haec #

006 ADL g2 pg52b

' primo # principiorum # principia # * videtur autem et haec positio ad illam aliqualiter accedere quae " bonum et malum duo contraria agentia ponebat. ' cum enim effectus agenti simileтur in forma, primoque agenti prima forma respondeat ut proprius effectus, qui est maxime conveniens, sicut esse diximus proprium dei effectum,/ oportet dicentem / * qui " duo generalissima, bonum et malum, * ponit, ad hoc tendere videtur quod " sint bonum et malum prima principia contraria./ " ex his autem philosophorum opinionibus hanc # ' quidam perversi # diligent- # in doctrinam christianam # quos et auctoritas et ratio sufficienter confutat, * ut ex praemissis apparet.# ' sicut quidam dicere voluerunt # iam # et in rebus # oportet attribui # simpliciter # ipsum bon- # habet causam causas secundas de, pro causa defectum causarum secundarum, pro causa # dispo- # a- # sint propter # propter hoc # ordo # ultimus finis # rebus # proveniunt # ponunt / secundum / ordinem quendam secundarum causarum / di- / rerum diversitatem a deo causari # si igitur # nec quod est per accidens possit esse ante id quod est per se.# |75| rem aliquam #

006 ADL g2 pg53a

' non per hoc quod intelligit seipsum tantum # sed, potest autem # alios # determinatur # ex eius simplicitate provenit # est # quod # non # * sacrae scripturae auctoritate promulgatur quod " deus omnia fecit * ps. # ps. ° qui fecit caelum et terram, mare et omnia quae in eis sunt; * prov. viii, ° quando praeparabat caelos aderam, cum eo eram cuncta componens; * ys. xl, ° levate in excelsum oculos vestros et videte quis creavit haec; * ier. x, ° prudentia |25| sua extendit caelos; * et quod inducitur he. primo, ° opera manuum tuarum sunt caeli; * ac. xvii, ° deus, qui fecit mundum, caeli et terrae cum sit dominus, ' etc..# intelligentiam # * ut patet in libro de haeresibus.# ' proprias # " praeter dei veri voluntatem materiam huiusmodi secundum diversas formas # ' cum # ut forte veritas habet,# sensibili # ad hoc quod sit fit # autem # et aliud # est ad determinatam formam a determinata forma, est # in tali motu # quod non est crea- # nisi sit creans, quia, cum fieri / proprie et principaliter / non sit formarum, * ut ostensum est, ' oportet quod vel totum compositum creetur, vel fiat compositum per transmutationem materiae de forma in formam. impossibile est igitur quod ponatur unus creator et alius formator visibilium.# perfecta enim sunt priora naturaliter imperfectis #

006 ADL g2 pg53b

'non # ut prob- # ag- # non agit per motum # causalitas igitur formarum prima # omnia # distinxerat # *primo # sic igitur praedictus error rationibus et auctoritate / sufficienter / aperte convincitur esse falsus.# scilicet marchionis, valentiniani et basilidis # volebant # ' in rebus # ut # nascantur # deum # in corp- #† cum et †# deserv- # huius # opinionis # falsitas # cum enim deus omnia propter suam faciat bonitatem,/ cum non sit alius / quae est obiectum et / finis suae / bonitatis sive / voluntatis / quam eius bonitas /, illud solum in rebus ex prima dei intentione invenitur quod / propter solum / solam dei bonitatem causam habet. " propter solam autem suam bonitatem fecit deus, * ut orig. dicit, " creaturas rationales a principio |50| omnes aequales, ordinem vero diversitatis creaturarum non propter / suam / solam suam bonitatem, sed propter suam bonitatem simul et propter diversos motus rationabilium creaturarum. * secundum hoc igitur " ordo diversitatis rerum non est de prima dei intentione, sed quasi de secundaria. 'hoc autem est impossibile, quia # e- # in # diversitatis # sicut enim bon- # non # quae sine naturalibus eius esse non potest # diversitas # status # enim # hom- #

006 ADL g2 pg54a

' sicut autem ex hoc quod aliquae substantiae creatae sunt intellectuales sequitur eas esse incorporeas, immateriales et incorruptibiles, ita sequitur eas esse volentes. cuilibet enim rei cuius perfectio ab alio dependet inest inclinatio quaedam ad id per quod perficitur, unumquodque enim tendit / in su- / naturaliter in suam perfectionem. substantiae autem intellectualis creatae perfectio ab alio dependet, * ut ex supra dictis est manifestum. ' inest igitur sibi inclinatio ad illud a quo perficitur. talis autem inclinatio # concupiscentiam # iram # s- # similiter in praedicationibus per accidens non proceditur in infinitum, sed fit reductio ad praedicationem per se, * ut probatur in iv metaph. # agendum # entibus # ipso # in quo est # tale # |50| in his # dividuntur in diversas partes quarum # agentibus # per quod ab # per ipsum intellectum # adinventa # non enim forma per quam intellectus fit actu — inest a natura. sed forma concepta per intellectum est operationis principium #

006 ADL g2 pg54b

* non determinatus ad haec vel illa, sicut concupiscibilis determinatur ad delectabilia sensus.# praeterea. in qualibet re tria inveniuntur, scilicet esse eius proprium, et operatio ipsius, et ordo eius ad alia; quorum secundum sequitur primum, quia unumquodque inquantum est ens operatur; tertium autem consequitur ad secundum, quia per operationem suam una res ad aliam ordinatur. ubi est igitur diversus modus essendi et operandi, ibi oportet esse diversum modum ordinis ad alia. substantiae autem intellectuales habent proprium modum essendi praeter alias substantias creatas, quia sunt immateriales et formae per se stantes. habent etiam propriam operationem, quia intelligunt. relinquitur igitur quod etiam eis assit proprius modus ordinis ad alia. ordinatur autem res una ad aliam per proprium appetitum, qui est inclinatio quaedam in aliud, * ut dictum est. ' habent igitur substantiae intellectuales, sicut eminentius esse ceteris et eminentiorem operationem, ita et eminentiorem appetitum. eminentissimus autem appetitus est voluntas; cuius signum est quia ipse imperat et utitur aliis. substantiae igitur intellectuales habent voluntatem. ex hoc autem apparet quod sunt liberi arbitrii. hoc enim est habere liberum arbitrium / quod / habere dominium sui actus, ita quod |25| in ipso sit agere et non agere. substantiae autem intellectuales habent dominium sui actus, * ut ostensum est. 'sunt igitur liberi arbitrii. item. in his quae habent cognitionem apprehensum movet appetitum, * ut dictum est. 'sed cum proprium obiectum appetitus sit bonum vel aliquid pertinens ad rationem boni, omnis autem potentia moveatur a suo obiecto, apprehensum non potest movere appetitum nisi apprehendatur sub ratione boni vel convenientis. hoc autem non potest esse nisi sit aliqua virtus quae iudicet hoc esse bonum vel conveniens. quaecumque igitur ex cognitione appetitum habent per quem agunt, iudicio agunt. hoc autem iudicium si sit ex natura determinatum, liberum esse non potest, liberum enim est quod sui causa est, iudicium autem quod est ex natura determinatum non dependet ex iudicante sed ex determinatione naturae. quod autem ex natura non est determinatum, oportet quod ex iudicante dependeat. est igitur liberum. quod autem est additum supra id ad quod naturalis cognitio determinatur, non cadit sub iudicio ex natura determinato. iudicium enim per vim cognoscitivam fit. cognitio autem intellectiva naturaliter determinatur ad universale, et sic singulare operabile, de quo oportet fieri iudicium in agendo, est est additum supra id de quo est cognitio naturalis intellectus. e contrario autem est de cognitione intellectiva, quae naturaliter determinatur ad hoc singulare. iudicium igitur / intellectus / sensus de hoc singulari operabili non est liberum, sed ex natura determinatum. iudicium autem intellectus de eodem est liberum. substantiae igitur intellectuales sunt / liberi arb- / liberi iudicii sive arbitrii, quod idem est. adhuc. agens per intellectum agit propter finem. iudicium igitur de agendis in his quae agunt per intellectum, |50| est iudicium de his quae sunt propter finem. sed iudicium intellectus de his quae sunt propter finem, non est a natura determinatum: natura enim / nihil f-, quae nihil,/ quia nihil superflue facit,/ non / si dat alicui ea / q- / per quae sufficienter aliquid / acquiri / haberi potest, non dat sibi ipsum simul quod per illa habetur; unde, quia homini dedit manus, per quas potest sibi arma praeparare, non dedit sibi arma naturalia, sicut dedit aliis animalibus. habent autem substantiae intellectuales a natura principia per quae possunt ordinare aliqua in finem, inquantum cognoscunt / et / rationem finis et eius quod est ad finem, et proportionem unius ad alterum, quod quidem habentibus sensum tantum non potest convenire./ substantiae igitur intellectu- / animalia igitur bruta non habent liberum iudicium de agendis, sed solum substantiae intellectuales. amplius. natura est principium ad unum determinatum. ibi igitur solum / posset, potest esse / est determinatum a natura iudicium de agendis propter finem, ubi / est determinata via / sunt determinatae viae / perveniendi ad finem.#

006 ADL g2 pg55a

'nam liberum est quod causa sui est.# cum # sit # sed sola mov- # eorum autem quae movent seipsa # quod solum ab alio movetur, liberum esse non potest. oportet igitur omne quod est liberum a se moveri. omne autem movens et agens habet formam aliquam per quam movet et agit, quia omnis actio est a forma. quod autem movetur non potest habere actu formam quae est principium |25| motus secundum esse naturae / sed / est / enim / in potentia ad illam, nondum enim quod calefit est actu calidum; forma autem in potentia existens non sufficit ut sit principium movendi. oportet igitur, si in eo quod movetur debeat esse aliqua forma quae sit principium / s- / movens ipsum, quod sit in eo per modum / intentionis / speciei cognoscibilis, sicut forma sanitatis est in medico sanante etiam cum seipsum sanat. sola igitur cognitionem habentia movent seipsa per formam apprehensam. haec autem # est secundum quam iudicatur de actione vel motu # igitur # hoc autem iudicium # sicut per formam praedictam se movet ad agendum.# ad # |50| sunt li- # ipsam # in quod movetur voluntas ab intellectu sicut in proprium obiectum.# oportet autem # sive sit verum bonum sive apparens tantum # indeterminato et libero # item. quanto aliqua forma est / propinquio- / magis materialis, tanto est debilior in agendo et pauciorum operationum: materia enim, cum sit ens in potentia, quantum est de se minuit virtutem agentis, non enim est agere nisi actu entis. sed intellectus est omnino immaterialis, * ut supra ostensum est. ' est igitur eius virtus maxima in agendo, et plurimarum actionum effectiva. non igitur determinatur ad hoc vel illud, sed indifferenter se habet ad opposita, quod est liberum arbitrium habere. substantiae igitur intellectuales sunt liberi arbitrii.#

006 ADL g2 pg55b

'per additionem unitatis # po- # duorum autem intellectuum unus # alius # actio # in # nomine # homo exterior fig- # materia # intellectus etiam # sicut igitur comp- # sunt in intellectu quam # |50| inquantum # qualis # quod # alterius # non igitur # in materia # et #

006 ADL g2 pg56a

' quae sunt sic # intellectus # consequeretur # nulla forma # nisi inquantum, nisi in materia.# in intellectu # materiae obligata # si diceretur quod intellectus non esset compositus ex materia et forma sed esset # * ostensum enim est in primo quod ' deus est / suum esse / hoc ipsum quod est esse. impossibile est autem quod sit esse subsistens nisi unum: esse enim inquantum est esse differentiam non habet, sicut nec aliqua natura subsistens potest esse nisi una.# habens # praeter # nec # inquantum idem est sortes qui habet esse substantiale et esse accidentale / album / albi.# |50| quam # diversimode # sicut # separatim # sep- # quae sunt generis / his # * et propter hoc etiam plato non posuit " ydeas generum, sed specierum tantum, ne cogeretur naturam generis ponere unam praeter omnes species, et sic esset / bis / pluries abstracta, semel in se et semel in speciebus diversis.# ' vel species # evidentia # sicut impossibile est esse duo corpora omnino infinita, ita et # in corporalibus quidem magnitudinibus hoc est impossibile quia, si / sit / esset / magnitudo actu infinita. nullum relinqueret locum a se non occupatum ubi aliud infinitum esse posset, et similiter #

006 ADL g2 pg56b

' uterque duorum # ens # * iam enim ostensum est quod id # 'aliqua natura # non unitur ei # unitur # supra # q- # amplius. omne quod est per se inquantum huiusmodi non est per aliud, potest autem id quod est per se secundum unum, esse per aliud secundum aliud, sicut homo est quidem rationalis per se, sensibilis autem inquantum est animal, et aer est quidem subtilis per se, lucidus autem actu per aliud. unumquodque autem separatum est per se secundum quod separatum est. haec est enim sua substantia, quae est per se unicuique. illud igitur quod est separatum in unoquoque separato inest ei per se et non per aliud. " si ergo esset aliquid in quo natura humana esset separata, * sicut plato ponebat " ydeam hominis, ' non esset homo per aliud quasi aliud participans, esset autem animal per aliud et ens per aliud, quia natura animalis et entis in eo non esset separata. si igitur aliquid est quod |25| est ipsum suum esse separatum, hoc nullo modo est per aliud. non ergo est causatum, hoc enim causatum dicimus quod est per aliud. nulla igitur substantia causata est suum esse.# intellectualis # adhuc. unumquodque quod habet aliquid ab altero / sub / in se consideratum est in potentia ad illud, omne enim agens inquantum huiusmodi est actu, actus autem refertur ad potentiam. omne autem ens causatum habet esse ab alio./ ergo omne ens causatum est in potentia./ ergo substantia cuiuslibet entis causati comparatur ad esse quod habet ad / adhuc. omne quod habet aliquid ab altero comparatur ad illud quod ab altero habet sicut potentia ad actum et sicut subiectum ad propriam perfectionem sicut enim actio agentis procedit ab actu agentis, ita terminatur ad actum eius quod agitur. unde sicut id quo agens agit est actus eius, ita id quod est ab agente est actus eius quod agitur. omne autem ens aliud a deo habet esse ab ipso, * ut supra probatum est. 'substantia igitur cuiuslibet entis comparatur ad ipsum esse eius sicut potentia et subiectum ad perfectionem ad actum. nulla igitur res causata est suum esse. quamvis autem omnis substantia creata comparetur ad suum esse ut potentia ad actum, non / est / tamen in qualibet substantia creata est potentia ad esse / et / ad non esse propter hoc / quod / quia quod potest esse potest non esse. esse enim est talis actus qui perficit totam potentiam substantiae intellectualis, et sic non remanet potentia ad non esse. nec iterum opinandum est quod ipsam |50| substantiam suam non habeat substantia intellectualis a deo sicut et suum esse, quia dicimus quod est in potentia ad suum esse quod habet a deo. hoc enim est substantiam esse a deo quod substantiae acquiri esse per deum, non quemadmodum materiae praeexistenti acquiritur esse ab agente per novam formam quam acquirit, quia materiae potentia ad formam est potentia ad hoc determinatum esse quod est per hanc formam, unde potuit esse materia praeexistens habens esse alterius modi sub alia forma; sed potentia quae intelligitur in substantia tota / ad esse / respectu sui esse est ad esse simpliciter,/ unde / quia determinatio essendi est per ipsam naturam substantiae, et ita non potest intelligi sic in potentia substantia quaelibet ad suum esse sicut praeexistens actui, sed sicut perfecta per actum essendi.# oportet primum agens, primo agenti debetur ultimus modus existendi in actu # de- # in his enim quae / procedunt de potentia / sunt / de / e potentia et actu #

006 ADL g2 pg57a

' ultimus ad quem # unde omnis forma vel actus est in potentia antequam perveniatur ad esse # esse # esse.# si aliqua dispositio ab aliquo agente producatur in aliquibus rebus, id quod est principium talis dispositionis in rebus recipientibus / oportet esse / convenit agenti secundum propriam suam naturam, sicut raritas causatur in corporibus ab igne, est autem principium raritatis in corporibus rarefactis calor, hoc enim corpora rarefiunt, et ideo calor convenit igni secundum suam naturam. esse autem actu est dispositio inventa in rebus omnibus a primo agente, hic enim est / proprius effectus agentis / proprium agenti / quod facit esse actu. ipsum autem esse est per quod omnia fiunt actu, nam et ipsae formae vel actus sunt in potentia et non in actu antequam perveniatur ad esse.# igitur # sicut calor igni # adhuc. omne agens agit sibi simile, nisi per accidens aliter eveniat. oportet igitur quod omnis effectus similetur agenti secundum quod est eius effectus, sicut calefactum similatur calefacienti inquantum est calidum. omnia autem entia causata sunt effectus primi agentis inquantum / |25| sunt ent- / acceperunt esse ab ipso, universali enim causae proprie respondet universalis effectus. omnia igitur entia causata / sunt entia / habent esse / per assimilationem ad primum agens. primum autem agens non est agens univocum, cum sit unum tantum, * ut supra ostensum est. ' impossibile est igitur quod / esse / ipsum esse sit substantia alicuius entis causati: effectus enim assimilatus agenti secundum suam substantiam et naturam est effectus univocus, cum unumquodque ex sua substantia in specie vel genere collocetur.# in, substantiae,# esse # * ut etiam ex supra dictis patet # ' adhuc. agens inquantum agens refertur ad factum inquantum est factum. agens autem inquantum est agens est actu. actus autem inquantum huiusmodi refertur ad potentiam. omne igitur factum inquantum huiusmodi est ut potentia per comparationem ad agens. per hoc autem fit quod ab agente in actum producitur. in omni igitur facto est compositio potentiae et actus. * ostensum autem est supra quod ' omnia alia praeter deum sunt ab ipso. in omnibus igitur aliis existentibus est compositio actus et potentiae.# esse # eius,# actus autem est alicui # alterum # dicuntur enim similia quae communicant in forma # ad potentiam # patet quod # potentia et actu # idem aliquid componi # ut #

006 ADL g2 pg57b

' compo- # e- # lucis # quod # et quasi potentia,# dicuntur # esse finem et / finitum et infinitum, prout potentia de se infinita est, finis autem eius est actus, qui tamen per potentiam quodam modo finitur, secundum quod receptum ad naturam secundum mensuram recipientis limitatur.# in # formae # igitur # corruptio fit # per naturam.# est ita p- # sed in eius # inducit # h- # videm- # esse # quia, intelligendo enim unum eorum # sit corpus, si corrump- # substantia # in corpore et # recipitur #

006 ADL g2 pg58a

' sic # convenire intel- # constat # perf- # sensus autem, et si sit aliquorum incorruptibilium, non tamen inquantum sunt incorruptibilia, sed inquantum sunt lucida.# et naturae et passionum # item. cum nihil agat nisi secundum quod habet esse actu, oportet id cuius virtus activa est aliquo modo infinita, habere etiam esse suae substantiae quodam modo infinitum / nam et per v- / unde et per virtutem rei de natura substantiae eius iudicamus. sed virtus substantiae intelligentis invenitur esse in sua operatione aliquo modo infinita, tum quia cognoscit universale, quod est comprehensivum infinitorum, tum quia / in intelligendo / intellectiva est infinitorum, ut patet in multiplicatione numerorum, figurarum, proportionum / et in additione quantitatis supra quantitatem / et mensurarum. ergo et esse substantiae intelligentis oportet esse / inf- / quodammodo infinitum. esse autem rei corruptibilis nullo modo est infinitum. oportet igitur substantiam intelligentem esse incorruptibilem.# desiderant # quae autem # semper in spec- # in com-, tamen s- # sicut # invitatis # * apostolus etiam prima tess. iv dicit, ° et sic semper cum domino / erit / erimus, " in quo perpetuitas etiam animarum designatur.# * et postmodum de animabus humanis subiungit quod " habent vitam substantialem et indeficientem. * ab aliis etiam ecclesiae doctoribus ad hoc plurima dicta inveniuntur, quae longum et inutile esset hic ponere, cum evidens sit " incorruptibilitatem intellectualis substantiae esse unum de principalioribus fidei fundamentis.# ' mixtio enim / non potest esse nisi corporum / cum quadam quantitatis divisione fit, unde et facile divisibilia sunt bene miscibilia. talis autem divisio non est nisi corporum, et per consequens nec mixtio. nulla autem substantia intellectualis / potest esse / est corpus, * ut supra ostensum est. ' non potest igitur alicui

006 ADL g2 pg58b

' per modum mixtionis uniri. item # reli- # incorporeorum autem ultima non sunt, non enim sunt eis # ut sic simul esse eorum ultima / possunt / possint.# adhuc # secundum hunc modum # non # quae sint solum # quae / quamvis # quia omnino careant quantitate, vel quia sint secundum / quantitatem / situm distantia # et hic quidem # punctum # contingere # in contactu # corpus # aliqua mensura quantitat- # est in- # intrinsecam ei q- # sunt unum # unum # unum # continuum non absque quantitate est # est # per se actu subsi-,# in diversis generibus # posse # aliud ab # sit materia # cuius # nihil agat ultra suam speciem et # ex # principiis # ex his #

006 ADL g2 pg59a

* et in praemissa positione nihilo minus remanerent.# ' fiet # fiet # item. ex movente et moto non fit unum / quod / secundum rationem quod sit species una. si igitur anima uniatur corpori solum ut motor mobili, sequetur quod hominis non sit ratio una, et per consequens quod homo non sit aliqua species.# sortes # esse videtur # animal # ab anima tantum # esse # enim # quae # sit # diversas # * plato # ' sensiendo # sensiendo # aliud # sensiendo # nihil habet esse # non # ita # ita # item. quicquid sit de aliis animabus, ridiculum videtur dicere quod intellectus, qui est substantia quaedam spiritualis, habeat virtutem motivam corpori obligatam, ut non possit movere vel a movendo desistere cum voluerit. sic igitur, si anima corpori tantum ut motor coniungitur, saltem intellectualis anima poterit a corpore separari vel ei iterum uniri iuxta suae beneplacitum voluntatis. ex hiis igitur rationibus apparet quod anima non unitur corpori solum ut motor mobili vel ut homo indumento./ quod autem u- # sibi # * ex rationibus aristotelis # ' sicut #

006 ADL g2 pg59b

' tres animas # sentire sit in nobis # eas nobis # nisi # ibi autem e contrario accidit, nam animal per se praedicatur de homine, non autem e converso. non igitur praedictae praedicationes dicuntur per se ratione dicti ordinis. praeterea.# praedicti # si ig- # et sic, hac obviatione remota, remanebit quod anima intellectiva uniatur corpori ut forma./ si autem dicatur quod praedicta tria non sunt unum secundum ordinem tantum, sed ex eis fit una forma simpliciter, oportebit poni aliquid quod faciat illa tria esse unum. non enim ex pluribus quae sunt in actu fit unum nisi aliquo uniente. praedicta autem tria ponuntur ut actus quidam / non / non / autem ita / quod se habeant sicut potentia et actus. non autem potest dici quod corpus unum faciat illa tria esse unum. non enim anima per corpus fit unum, sed magis corpus per animam. cuius signum est quod, abeunte anima, corpus dissolvitur # sit actus alteri # aut igitur # erit iterum non # ergo # in h- # homi- # * ponebant #

006 ADL g2 pg60a

' et s- # quaelibet # ut # unde et vis quae est eius principium non est actus corporis.# quod # * sic igitur ponere " plures animas in homine * est et rationi contrarium et rectae fidei adversum. ' hoc autem remoto, sequitur / animam / ex praemissis rationibus animam rationalem / hominis formam / corpori uniri ut formam.# et hoc conf- # corporis nostri.# * et secundum anax. # aristotelis # ' et est # potentia enim cognoscitiva nihil cognoscit nisi sub specie informante ipsam.# forma alicuius corporis # eadem rece- # simul # finito # forma # exi- # magis / etiam / quam ex materia et forma, nam ex materia et forma consurgit aliquod tertium, non autem ex intellectu possibili et forma intellecta in actu.# et # coniungitur # cognoscens # enim forma # quae e- # proprie homo # intellectus, de intellectu quaereremus #

006 ADL g2 pg60b

* unde et aristoteles dicit quod " melius est dicere hominem intelligere per animam.# ' sufficit # suum operatum # mediante actione.# qui est virtus intellectiva intellectui # formaliter # non nisi # forma igitur # forma igitur intellectus # adhuc. impressiones activorum fiunt in propriis / activis / passivis / et non e converso. " phantasmata autem comparantur ad intellectum possibilem ut motiva et activa ad passiva et mota, sicut et colores ad visum, * ut aristoteles dicit. ' impressiones igitur phantasmatum fiunt in intellectu possibili, non aliquid ab intellectu possibili / fit / est in phantasmatibus. non igitur per hoc quod intellectus possibilis movetur a phantasmatibus continuatur nobiscum, sed magis phantasmata nostra continuantur ei.# animae # * huic autem obiectioni secundum praedictam positionem obviatur. dicit enim commentator praedictus quod " homo differt # ' a brut- # h-, a- # phantasmate secundum quod fit ex eo species intelligibilis actu # hiis # * aristotelis,# ' obiectionibus secundum # * commentator ' passivum # cuius est.# abinvicem # ab # animam # et tamen tunc dicitur potens intelligere, vel propter potentiam phantasmatum ut fiant intelligibiles actu, vel propter potentiam intellectus possibilis ad continuationem cum ipso secundum modum praedictum, non quod in puero sit aliqua intellectiva potentia.# omnia # animae # actus autem # aliquam animam # potentiae # homo ponitur #

006 ADL g2 pg61a

' est # sicut enim # * praeponit " sensitivo intellectivum # sensitivo # ' per # philos- #

006 ADL g2 pg61b

' et non #

006 ADL g3 pg5a

' sicut a primo et principali agente # perfectionem naturae # potestatem # auctoritatem # hoc # in hoc quod # huius # necessariam # impetus enim agentis ad agendum est secundum aliquam propriam virtutem activam quae ad aliquam actionem determinatur.# quod cum consequitur agens non ulterius actio porrigitur # sic # ad quod cum pervenit non ad aliquid ulterius tendit # procederent # unde nec agens inciperet actiones quae non possent perfici.# agentium # * ostensum est autem in ii metaphysicae quod " non procedunt in infinitum neque in superius neque in inferius # ' praeterea, in causis et causatis ordinatis primum non est minus causa ultimi quam medium, sed magis; quia medium non est causa ultimi nisi per virtutem primi a quo movetur vel causatur. si igitur procedatur in actionibus et factis in infinitum inferius, cum unumquodque sit causa omnium quae sunt post ipsum, unumquodque erit causa infinitorum. unumquodque igitur erit infinitae virtutis, nam quaelibet virtus finita commensuratur effectibus finitis. hoc autem est impossibile. * ostensum est enim superius quod ' ad minus in corporibus non est virtus infinita. necesse est igitur conatum cuiuslibet agentis ad aliquid certum tendere, quo habito nihil ulterius quaerit.#

006 ADL g3 pg5b

' si aliquod agens non consequitur illud propter quod non agit, nullus defectus in eius actione notatur; sicut si coquus non sanat sed solum delectat per cibum paratum non imputatur ei ad defectum suae actionis. si igitur esset aliquod agens quod non ageret propter aliquem finem, quidquid ex sua actione proveniret vel non proveniret non pertineret ad defectum actionis. hoc autem patet esse falsum. nam cuiuslibet agentis invenimus aliquem effectum, a quo non deficit nisi propter aliquem defectum suae actionis, qui deprehenditur ex defectu virtutis. omne igitur agens agit propter finem # * hinc est quod iob v dicitur: ° nihil in terra sine causa fit # ' per hoc enim ostendimus # quod est finis, cum in agente sit actio sive actionis effectus.# si enim sit ipsa actio finis, constat eam esse agenti convenientem, cum sequatur speciem virtutis activae si vero sit factum aliquod, oportet etiam esse conveniens agenti, nam omne agens agit sibi simile # convenientia enim se invicem conservant, contraria autem se invicem corrumpunt.# id quod est sibi # item, omne agens agendo tendit ad aliquid quod est sibi simile. agit autem unumquodque secundum quod est bonum. agit enim secundum quod est actu; esse autem actu est esse perfectum, quod est esse bonum. omne igitur agens agendo tendit in aliquod bonum.# praeterea, actio quae non terminatur ad aliquem effectum est actus agentis; manet enim in ipso agente. actio autem quae terminatur ad aliquem effectum per ipsum effectum perficitur, cum per eum speciem sortiatur. quod autem est perfectio et actus, habet rationem boni. cum igitur finis cuiuslibet agentis sit vel actio ipsa vel factum, sequitur quod omne agens agat propter bonum # non # non enim apprehendens aliquod intelligibile agit aut movetur nisi accipiat illud # aliquid #

006 ADL g3 pg6a

' amplius, omnis actio et motus rei naturalis videtur ordinari ad conservationem ipsius esse, vel secundum individuum vel secundum speciem. ignis enim movetur sursum ut ibi conservetur. planta autem germinat ut speciem conservet. aves autem nidificant et venantur ut individuum et speciem conservent. esse autem inquantum huiusmodi bonum est. omne igitur agens naturale agit propter bonum # provenit ex defectu actionis qui # * et aristoteles in v metaphisycae et in ii physicorum dicit quod " finis est bonum verum vel apparens # facile autem a virtute deficere, sicut a centro circuli declinare,# ' quod non facerent nisi # operarentur # est # ut videtur # rursus # si non habet # non habere # haec # non tamen est # quod consistit in certa commensuratione talium bonorum # eius quod # illud # non existente aqua # quod necesse est esse ei naturaliter.# naturalis #

006 ADL g3 pg6b

" inter quas esse aliquam summe malam quam primum principium dicunt; ' sicut inter omnia bona ponitur aliquid quod est perfectum bonum quod est omnium bonorum principium, scilicet deus # ad aliquid summum in genere illo, quod est eorum principium; sicut calida quorum unum est altero calidius ad unum principium calidum, quod est ignis.# sicut et non ens.# et quod omnia mala habeant ordinem ad unum primum malum quasi ad principium # unde # bonum # secundum quod # ratione ipsius privationis # quadrangulare # " non per accessum ad aliquod principium quod sit secundum se malum, * ut quinta ratio procedebat, ' sed magis # principio.# non potest esse nisi # causam habet # " conversum quodammodo et abiens # ' ex actione agentis #

006 ADL g3 pg7a

' sicut eius generatio est mala # ex hoc autem patet quod nihil potest esse totaliter malum, sed cum malo adiungitur bonum. unde non potest esse aliquod summum malum absque consortio boni, sicut est aliquod summum bonum absque consortio mali, * ut praeostensum est.# ' etiam ex eisdem # nisi forte et malum tollatur. * unde et aristoteles in iv ethicorum dicit quod " malum si perfectum sit seipsum destruit # ' perfectum # licet inquantum est res quaedam aliam boni a rationem possit habere.# boni # per consequens # cum potentia ad subiectum secundum naturam suam sequatur; fit autem minus in potentia # licet # non igitur potest dici quod " malum sit primum principium, * sicut manichaei dicunt. ' nam primum principium non habet aliquam causam # causa # ei # ei aliquid residuum # oportet quod sequatur # dum materiae indispositio causat # defectum # dum # dum # hunc finem # cum autem causa per se sit prior ea quae est per accidens, impossibile est malum esse causam et principium

006 ADL g3 pg7b

' primum. * unde destruitur etiam per hoc manichaei error, ponens " aliquod malum esse primum principium malorum, sicut aliquod bonum est primum bonorum principium.# ' aliquod # malum autem accidit praeter intentionem agentis # aliquod bonum.# hoc quod agit # sua # eius,# sed omne agens inquantum agit tendit in aliquod bonum, * ut ostensum est. ' omnia igitur ordinantur in bonum sicut in finem.# adhuc. unumquodque perficitur per suum finem. ultima enim perfectio rei finis est. illud autem quo aliquid perficitur oportet ei esse conforme. unumquodque igitur habet finem sibi conformem. omne igitur ens inquantum huiusmodi est bonum, * ut probatum est. ' finis igitur uniuscuiusque rei est bonum.# extremum # nam non ens nullius est causa # sive in se sive in alio. in alio quidem,# in se autem, sicut cum quis per suam actionem generat in seipso laetitiam vel aliquid aliud huiusmodi.# in causando prior # licet et hoc ipsum obtinere sit constitutum per actionem agentis et per consequens sit in esse posterius.# unde et agens talis finis est causa et e converso.# effectus ordinantur in finem ab agente proprio;# igitur # ut # ei # |50| simpliciter nullam diversitatem requirens. nam ipsum est ipsius dei substantia, * ut in prioribus ostensum est ' et per hoc idem est deo # in hoc igitur bono quod est esse cuiuslibet substantiae creatae plura continentur, scilicet ipsa substantia subsistens et esse in quo subsistit.# secundum hoc quod est quaelibet earum bona est # igitur # etsi nulla substantia rei creatae sit suum esse sed esse participet,# tamen # cum sit simplex,# cui # quod consequitur esse # erit quidem forma ipsum bonum substantiae compositae quae per formam est bona # bona quidem erit inquantum est potentia ens #

006 ADL g3 pg8a

' non existentia actu sunt bona # nec secundum actum nec secundum potentiam attingunt ad ordinem # creatorum # quodlibet eorum bonum # divinaeque # inquantum est sive # esse primum quod est # bonitas autem dei attenditur non solum secundum quod in se est sed secundum quod etiam # cum propter suam bonitatem rei det esse # esse # et in animalibus actus generativae virtutis est iam perfectior.# non actu existens in eo # cum simul plura ubi actu habere non possit, sicut nec materia plures formas # quantum ad aliquid # * quae omnia supra dicta processum |50| generationis ostendunt # ' sicut aurum et alia mineralia in visceribus terrae optime conservantur.# " non enim potest esse viventis corporis nutrimentum ex puro elemento, * ut probat aristoteles in primo de generatione;# ' autem # quem communiorem habet omnibus animalibus. utitur enim ad esum plantis et carnibus animalium in maiori diversitate quam aliud quodcumque animal.# tegumento # unde, cum per venationem ea in suam utilitatem redigit, habet iurisdictionem belli, sicut cum quis servum suae subiugat dominationi.# cui ultima forma praecedentibus omnibus generationibus et generibus acquiritur, necnon et per aliarum rerum generationes diversa ei adminicula acquiruntur,#

006 ADL g3 pg8b

' sicut autem ex consideratione motus caelestis, scilicet inquantum movet, finem eius ostendimus esse intellectivum aliquid, scilicet hominem, ita, inquantum movetur, primum motivum ipsius ostendi potest # generationem # propriam speciei # secundum hunc motum # penitus # absque movente apprehendente # |25| ad quas # et intellectivum * ut ostensum est # ' duo # et formam # * et hoc est quod dicit ptolomaeus in centilogio suo secunda propositione secundum expositionem commentatoris ibidem # ' et ideo si # hoc enim est ratio instrumenti # * platonis opinio # ' motores # etiam # tendant # amplius, quod est potentia ordinatur ad actum sicut in finem. unde et forma est finis generationis, * ut supra dictum est; ' quantoque actus est perfectior, tanto est potentior finis. * propter quod dictum est quod " anima humana, quae est ultima forma in natura, est ultimus finis generationis. ' intellectivum autem est actus et perfectio intelligentis inquantum |75| huiusmodi. oportet ergo quod intellectivum sit finis intelligentis,

006 ADL g3 pg9a

' quem consequitur intelligendo aliquid actu; et quod ultimus finis intellectus sit intelligere perfectissimum intelligibile, quod est deus. quod autem est ultimus finis intellectus etiam est ultimus finis intellectualis substantiae, cum in ea nihil sit intellectu sublimius. intelligere igitur deum est ultimus finis intellectualis substantiae # primum est ratio eius quod est ad finem, secundum vero finis ipsius.# allevati # item in omnibus # in divina cognitione # politicae est finis ultimus militaris equestris et frenorum factricis # et omnes corporeas voluntates et virtutes # |25| adhuc, impossibile est naturale desiderium in infinitum tendere; quia sic esset supervacuum, cum in infinitum non sit devenire. homo autem naturaliter scire desiderat. nec quietatur hoc desiderium per hoc quod haec vel illa intellectiva cognoscit, immo haec cognoscens tendit ad alia. oportet igitur, cum in infinitum procedere non possit, quod sit aliquod ultimum intelligibile, in quo tendit sicut in ultimum finem. hoc autem non potest esse nisi intelligibile maxime desideratum; quod deus est. nam quamlibet modicam cognitionem de divinis plus appetit, quam maximam de quibuscumque aliis. cognoscere igitur deum est finis omnis cognitionis et per consequens hominis ultimus cum homines naturaliter cognoscere desiderant sicut finem # naturaliter # finem # universalissimum intelligibile et # sicut # omnis cognitionis # in cognitione divina # * in psalmo dicitur: ° beatus homo quem tu erudieris domine et # ' qui est eius felicitas # in intelligendo # qua se habet # unde imperfectam et deficientem cognitionem habet de deo. felicitas autem in operatione perfecta consistit # si autem praedicta diligenter considerentur # felicitas # in intelligendo # per propriam sua operationem. est autem propria operatio intellectus intelligere # ad aliquid alterius generis, licet intelligibilia unius intelligibilis ordinentur ad intelligentiam alterius. est igitur finis hominis in intelligendo deum, non aliquid aliud intelligibile # quam perfectione consequuntur,# |75| agentis primi #

006 ADL g3 pg9b

' de divina cognitione participet # ulteriori fine # item, uniuscuiusque motus quiescit in suo fine ultimo. ibi igitur est ultimus finis humanus, ubi quiescit motus suae inquisitionis. inquisitio autem intellectus nostri non quiescit nisi postquam pervenit in deum. quaerit enim ex causatis causam, et ab hac inquisitione non cessat quousque perveniat ad primam causam; hac autem habita non ulterius procedit. per hanc autem inquisitionem tendit in suam perfectionem. in contraria autem inquisitione, qua ex causis procedit in effectus, utitur sua perfectione iam habita. scientia enim in nobis acquiritur per hoc quod effectuum causas via resolutoria invenimus; si quis autem ex causa alterius effectus considerat, utitur scientia iam habita. patet igitur quod ultima perfectio et felicitas hominis est in dei cognitione # hinc enim admiratio venit quae fuit philosophandi principium # " adhuc ultimus finis et felicitas intellectualis substantiae est ut attingat ad deum, * sicut dictum est. |50| " hoc autem magis fit delectatione quam cognitione. * dicit enim hugo a sancto victore: ° delectatio semper scientiae supereminet, et maior est quam intelligentia. plus enim diligitur deus quam intelligatur, et intrat delectatio ubi scientia foris est. " est igitur ultimus finis et felicitas in actu voluntatis magis quam intellectus # in actu voluntatis consistat # ' moveri autem in aliud # a substantia separata # * ut ex praemissis patet # ' propter labores et taedium quod praecedit et sequitur. unde patet quod operationes etiam darentur illis in quibus non sunt necessariae ad fines praemissos # amplius, cuiuslibet entis in potentia finis est ut fiat in actu; sicut bonum quod desiderat materia prima, est forma per quam fit actu. unde et forma substantialis est finis, quae est transmutatio materiae; |75| aliae autem formae accidentales, quae faciunt ad perfectionem et decorem

006 ADL g3 pg10a

' rei, sunt concomitantes finem # quod autem est in potentia fit actu per omnia inquantum per ipsum in eo recipiatur; sicut forma, vel aliquid eius, sicut similitudo agentis. intelligere autem est per hoc quod res intellecta est in ipso intelligente, vel similitudo eius. intellectus enim in actu est intellectum in actu, * ut ex superioribus patet. ' velle autem non fit per hoc quod res volita fiat in voluntate. immo e converso, ipse volens inclinatur in rem volitam. ultimus igitur finis intellectualis substantiae est in eo quod est intelligere, non in eo quod est velle # secundum quod iam habet # ut nempe sit locus habitationis # * proponebat. ' non enim respondet pro fine desiderio voluntatis et ipsi voluntati secundum suam naturam. desiderium enim est quasi quidam motus voluntatis ad aliquid tendentis. finis autem motus inquantum huiusmodi est quies, quae terminat motus; licet finis mobilis proprie sit illud in |25| quo quiescit, sicut finis quo inclinatur. nam finis gravis est locus deorsum, finis autem descensionis est quies in termino. et quia motus inclinationi naturae adiungitur, utpote ex ea proveniens, oportet quod in duos fines coniungantur. nam finis gravis quod movetur est ut sit deorsum et ibi quietetur. est igitur principaliter finis esse deorsum, quietatio autem concomitans et faciens ad bene esse ipsius; et sic est quasi perfectio. similiter autem inclinatio voluntatis secundum suam naturam est in ultimum finem, finis autem desiderii est quietatio voluntatis in finem, quae non est aliud quam delectatio. delectatio ergo non est principalis finis, sed concomitans finem principalem et faciens ad bene esse ipsius; unde et perfectio eius esse dicitur. sed tamen, quia est finis desiderii per se, desiderans inquantum huiusmodi non refert eam in ulteriorem finem; immo ultimus finis cuiuslibet desiderii inquantum huiusmodi est ut per delectationem quietetur in finem. natura vero refert et delectationem et omnia alia in finem principalem naturae, quae est operatio. unde et ratio principii naturaliter instituta delectationem ultimam determinat ad operationis continuationem, et delectationem unius operis ordinat ad aliam operationem; sicut delectatione ludi interdum utimur, ut per hanc delectationem natura recreata attentius valeat intendere operationibus studiosis # ex hoc etiam patet ratio, quare plures delectationes quaerunt, quod quarta ratio proponebat; quia desiderium, quod secundum se in delectationem tendit, omnibus adest, ratio vero sequens naturae ordinem non omnibus inest. et haec est quae animam ad principalem naturae finem |50| ordinat, * ut dictum est # ' et praecipue intellectum # motus a fine # * quod autem sexta ratio proponebat, " delectationem profundius intrare ad deum quam cognitionem, et propter hoc delectationem eminentiorem et maiorem esse; ' si recte consideretur, hoc ipsum ostendit etiam intellectum esse altiorem voluntate, et beatitudinem magis substantialiter in actu intellectus consistere. primum quidem, quia ad nobilitatem intellectus pertinet, quod sua obiecta in suam operationem trahantur ad ipsum, inquantum intellectus in actu fit intellectum in actu, cum in voluntate sit e converso. nam voluntas in sua operatione trahitur ad suum obiectum: vult enim rem ipsam, non autem speciei trahi rei autem ad illud ignobilioris est virtutis. quia vero unumquodque receptum |75| est in recipiente non per modum suum, sed per modum illius, ex hoc sequetur quod res altiores intellectu sunt inferiori modo in

006 ADL g3 pg10b

' intellectu quam in se ipsis, et per consequens inferiori modo intelliguntur. quae autem sunt intellectu inferiora, econverso se habent. unde quia voluntas trahitur ad res secundum quod in se sunt, in his quae sunt inferiora intellectu cognitio perfectius attingit rem quam delectatio; in his autem quae sunt supra intellectum est econtrario. et quantum ad hoc solum delectatio eminentior cognitione censetur. quod tamen inferiorem virtutem voluntatis ostendit, * ut dictum est. ' secundum autem apparet ex eodem. nam pro tanto delectatio profundius intrat ad divinam quam cognitio, quia est eorum quae nondum continentur realiter in voluntate, quae tamen in cognitione retinentur est igitur ultimus finis noster et nostra felicitas sic in attingendo deum et habendo ipsum. substantialiter in actu intellectus oportet felicitatem ponere, et non in actu voluntatis; licet actus voluntatis concomitetur ut perficiens et decorans felicitatem, * ut dictum est # ' si ergo operationes aliquae sunt ultimus finis, delectationes consequentes eas erunt concomitantes et quodammodo perficientes finem ultimum.# autem # sunt # cum non habeant suarum operationum dominium # adhuc, ex eo quod aliquis finem ultimum consequitur non incurrit aliquod detrimentum, immo tanto magis perficitur quanto magis ultimo fini appropinquat. ex hoc autem quod delectationibus praemissis quis datur, incurrit detrimentum etiam quantum ad suam consistentiam. nimius enim usus ciborum et venereorum est aegrotationis causa et ex hoc etiam usus similium delectationum impedimentum. non est igitur in istis delectationibus summum bonum hominis ponendum quod est felicitas # * sicut etiam epicuri dicebant # ' magis # praedictis, quam in utendo eis, et ab hoc magis declinat actus temperantiae # non maxime appropinquat ad deum, quinimmo # * excluditur # error # qui # ' hae autem retributiones sunt ultima |50| hominis felicitas.# sunt enim virtutes principia laudabilium operationum. operationes autem sunt laudabiles per ordinem ad finem.# sunt # melius est quod non potest inesse nisi bono, quam quod potest esse etiam in malo. quod enim nigro impermixtius est, hoc necesse est magis album esse;# autem # his # est # ab aliis # quanto aliquid perfectius est, tanto perfectiori cognitione cognoscibile est. intelligibilia enim sensibilibus sunt digniora. si igitur bonum alicuius attenditur in hoc quod est cognosci, summum eius attenditur in hoc quod est perfecte cognosci # |75| imperfectum #

006 ADL g3 pg11a

' cum sit de singularibus de quibus non potest haberi certa cognitio nisi cum sunt sub sensu.# pecuniae # divitiae autem sunt homine inferiores # nihil # aliud quam # quas supra propter hominem esse ostendimus; sicut animalia et terrae nascentia et alia huiusmodi, quorum pecunia quaedam mensura est.# committere periculosum et impossibile est; tolletur enim rationis studium # cum sit sibi propria # sed ad seipsum. omne autem quod est potens, ad alterum terminatur.# adhuc quod non est bonum nec appetibile nisi altero sibi adiuncto, non est summum, quia oportet esse perfectum # exteriorum bonorum # servetur # et extrinsecis # quod maxime facit iustitia # et pro tanto bonum hominis dicatur,# hoc # de # actibus # sicut et ipsius prudentiae; speculativae # sed magis in speculatione # quae sunt hominis propria # unde # inveniuntur # vel # vel quod ultima felicitas intellectualis substantiae est ut cognoscat deum # huiusmodi # substantiam # principium # substantiam # perfectam et # imperfectissima # et # per huiusmodi # universalibus #

006 ADL g3 pg11b

' per proprias cognitiones # possunt pervenire # nisi aliqua corruptio accidat quae impediat consecutionem finis; quod in paucioribus necesse est esse. aliter enim desiderium felicitatis vel non esset hominibus naturale, aut esset vane omnibus inditum # nam ea # quod demonstratur quia # fuerunt # non impediunt quin actu simul possint # |25| quia qui habet scientiam unius rei facilius potest alterius rei scientiam capere # imperfecta,# sed est totaliter excedens ipsum # non enim intellectus # nisi # credentium # cum tamen certitudo fidei ab alia certiori cognitione dependeat # unumquodque imperfectum naturaliter perfici desiderat. * unde et secundum theologiam dicitur quod " fides generat | 50 | spem # ' deus # " quod quidem necesse est intellectui accidere ex natura substantiae suae * secundum eos qui dicunt " intellectum possibilem esse virtutem generabilem et corruptibilem consequentem corporis complexionem, * sicut supra dictum est de opinione alexandri et avempace. ' virtus enim quae consequitur complexionem corporis non potest se extendere ultra formas corporis, quae sunt imaginabiles. * sed quia haec opinio falsa est, * ut supra probatum est, ' oportet dicere quod causa huius, quod intellectus possibilis in sua operatione indiget phantasmatibus, non sit ex natura sua, sed ex eo quod copulatur corpori: |75| cum necesse sit actionem intellectus corpori copulati ex parte

006 ADL g3 pg12a

'corporis aliquid habere. si quidem copuletur secundum suam substantiam ut forma, sequetur quod ipse intellectus possibilis quandiu unitur corpori nullo modo intelligat aliquid sine phantasmate. " si autem non copuletur secundum suam substantiam ut forma, sed per speciem intelligibilem cuius unum subiectum est phantasma, * ut avicenna ponit, necesse est dicere quod " ipse in se consideratus non indigeat phantasmate ad cognoscendum, sed solum secundum quod copulatur nobis. * licet autem haec via sit falsa sicut et prima, * ut supra ostensum est, * sola autem media sit vera, per omnes tamen has vias sequitur quod 'nos non possumus aliquid intelligere sine phantasmate # est # " communem viam qua ex uno intellecto in aliud pervenimus # 'circa quod nunquam intellectus est falsus nisi per accidens.# cum definitio exprimens quidditatem rei naturalis contineat materiam et formam, non quasi aliquid extraneum ab esse definiti: sic enim substantiae naturales non haberent quidditatem naturae, sicut nec aliqua " quae definiuntur ex additione, * ut dicitur vii metaphysicae.# 'intelligatur quidditas substantiae separatae # in rebus sensibilibus quorum sunt phantasmata # medium # etiam si non sit pars eius materia,# tamen # |50| unde intellectus non intelligit illam quidditatem ut existentem absque individuali materia.# absque individuali # non enim per hoc quod scitur ratio generalissima alicuius intelligitur quidditas omnium sub eo comprehensorum, quia # intelligit # sensibilium # per haec sensibilia substantiae separatae intelligi possunt, hoc non est nisi inquantum causae per effectus cognoscuntur. sed # autem # effectus non potest # quod non potest dici de substantiis separatis in comparatione #

006 ADL g3 pg12b

'absque proportione # cum virtutes illarum substantiarum quodammodo sint infinitae, quasi non in magnitudine existentes # ex aliis intelligibilibus,# iste est enim processus in scientiis omnibus ut ex praecognitis ignotorum cognitio assumatur # hoc non est nisi quia desunt nobis principia illius scientiae aut exercitium. non autem deesset nobis exercitium, si principia ad hoc haberemus, cum per principia habita homines per diversas scientias ad multa intelligenda pervenerunt, ad quae studium hominum adhibetur. sed # " praeterea, intellectus possibilis est quo intelligit anima, * ut dicitur in iii de anima. " intellectus autem possibilis impossibile est quod intelligat substantias separatas * secundum positionem avempace. ponit enim " eum esse idem cum virtute ymaginativa, |25| quae est corruptibilis et in magnitudine. 'talis autem virtus non se extendit ad illud quod est incorruptibile et penitus a materia separatum. " impossibile est igitur * secundum eius positionem " quod intelligamus substantias separatas # ' etiam # " quasi hoc contingat intellectui possibili ratione suae substantiae, quod per ipsum non possumus intelligere sine phantasmatibus, per quae substantiae separatae non possunt apprehendi.# ' nihilominus # intelligibilis # existens # intellectum # |50| intellectum # quam habet ex parte intellectus possibilis;# inquantum # intelligemus # dicitur # quis dicitur # ut intelligere possit,#

006 ADL g3 pg13a

' operationem motus completam in # quarto quia cum virtutes animae non cognoscamus nisi per operationes earum; " operatio autem * per quam aristoteles devenit ad ponendum " intellectum agentem, est haec quae est facere intellecta in actu; ' non ergo erit haec operatio intellectus in habitu nisi faceret per intellectum agentem. et hoc dupliciter. uno modo quod " intellectus agens intret constitutionem intellectus in habitu; * sicut dicitur themistius posuisse quod " intellectus in habitu sit compositus ex intellectu possibili et intellectu agente. ' et tunc sequitur quod " a principio intelligeremus per intellectum agentem ex quo intelligimus per intellectum in habitu; et sic, si ex hoc intelligeremus substantias separatas quod intelligimus per intellectum agentem, sequeretur quod a principio homo substantias separatas intelligeret; * quod patet esse falsum. ' alio modo ita quod species intellectae in actu inquantum sunt effectus intellectus agentis, et formae intellectus in habitu, consequantur actioni intellectus agentis quae est facere intellecta in actu. aliquid ergo potest esse in nobis quod est talis actionis principium. si igitur in cognitionem intellectus agentis non perveniemus nisi per talem actionem, ex consideratione huiusmodi non pervenitur ad hoc quod " intellectus sit aliquod principium separatum a nobis, * sicut ipsi ponunt. ' et ita intelligere per intellectum agentem non erit nobis ratio quod intelligamus substantias separatas. si autem dicatur quod facere intellecta in actu |25| non competit speciebus intelligibilibus, quae sunt formae intellectus in habitu in nobis, nisi ex hoc quod ipsae sunt substantiae intellectae in actu, unde haec consideratio inducit aliquod principium separatum, patet hoc non esse necessarium. nam ex quo haec actio potest convenire alicui principio non separato per esse a nobis, licet ipsas species quae sunt factae intellectae in actu reduci necesse sit in ulterius principium, non tamen erit necessarium ut illud principium sit separatum. potest enim esse quod sicut consequimur hanc potestatem quod possimus facere intellecta in actu per species quas consequimur ex studio, ita assequamur naturaliter per aliquod principium nobis inditum, ex quo faciamus intellecta in actu. et hoc manifeste apparet in nobis. nam omnium quae hominibus ex studio proveniunt principia sunt aliqua quae naturaliter assistunt nobis. est igitur aliquod principium naturaliter nobis inditum per quod naturaliter statim a principio inest nobis facere aliqua intellecta actu, sicut sunt conceptiones universalissimorum unius et entis et huiusmodi, et principia indemonstrabilia, per quae facimus ulterius intellecta in actu ea quorum per studium cognitionem acquirimus. et hoc principium est intellectus agens. non obstat si et hoc principium, per quod a principio possumus facere intellecta in actu, sit nobis ab aliquo principio separato. hoc enim necesse est confiteri, * quia supra ostendimus ' animam humanam esse a principio separato: si tamen illud intellectus agens dicatur, quod est principium proximum in nobis operationis praedictae, quae est facere intellecta in actu. " in talia enim principia proxima * docuit aristoteles " devenire per actiones vitae quae ponit in nobis. * sic igitur patet quod |50| opinio alexandri de hoc quod " intelligimus substantias separatas * falsa est, et ratio eius inefficax #

006 ADL g3 pg13b

' et intellectum # * ex quo difficile vel impossibile est ponere quod " intellectus agens, qui ab omnibus ponitur incorruptibilis, fiat forma intellectus possibilis vel intellectus in habitu, aut quod operatio intellectus in habitu compleatur per hoc quod intelligat substantias separatas,#

006 ADL g3 pg14a

' substantias / sicut nunc intelligimus # fit # secundum quod # vel # et # nobis # illa # intelligeret # hoc non est nisi quia illa sola intellectiva speculativa # " item. si intellectus agens non copulatur nobis nisi inquantum est forma intellectivorum speculativorum, intellecta autem speculativa * secundum eius positionem " non sunt in nobis nisi inquantum subiectum eorum sunt phantasmata, * sequitur quod " intellectus agens non continuetur nobiscum nisi mediantibus phantasmatibus. non ergo per illam continuationem elevabimur ad aliquid / ' quod est omnino / " ad quod non est nobis via per phantasmata, cuiusmodi est intelligere substantias separatas, * ut ex dictis patet. * non |25| est igitur possibile per hunc modum ' hominem in statu praesentis vitae intelligere substantias separatas.# ad # cum in natura nihil sit frustra.# si # fieri autem omnia intellecta speculativa alicui homini in actu est impossibile nam # intellecta # est enim intellectus possibilis in potentia ad omnes / formas / species rerum sensibilium.# omnes # haec # quod natum # ad # tali # dicit enim # operatio # op- # |50| scientia autem / sapientia autem / * unde et in xi metaph. # ' intent- # natus # intellectus possibilis # omnino # et h- # intellectus noster # sequetur # potest # visus # intellectus #

006 ADL g3 pg14b

* dicit en- # ' nisi # factus # si sit # esse # * sicut si ponitur " praeparatio quaedam in natura humana / ' comple- / " consequens elementorum commixtionem, * sicut algazel ponit, " vel virtus imaginativa * sicut avempache # ' habet # sequi # non # et in quadam substantia existens quae non est # non ex natura suae substantiae sed # sicut et intellectui agenti quod faciat intellecta actu quae sunt intellecta in potentia./ cum # fuit # substantiae # * et etiam avic. " de intellectu substantiarum separatarum # * item ad hanc eandem sententiam tendere videntur verba eius in xii super gen. ad litt., ubi dicit quod " intellectualis visio in nobis eas res continet quae non habent imagines sui similes quae non sunt quod ipsae. * ex quo duo videtur innuere ad idem tendentia. quorum / primum / unum est quod " substantiae separatae, quae non habent aliquas imagines sive phantasmata, a nobis intellectuali visione conspiciantur. * aliud est quod " aliquid sit a nobis sine phantasmate intelligibile. * quae repugnant / praedicto / praedictis. * ostendimus enim quod ' intellectus noster in hac vita nihil intelligit sine phantasmate, * et ex hoc ulterius quod ' substantiae separatae a nobis in hac vita intelligi non possunt.# quia # aliquid.# illud quo cognoscitur # se # sicut tam in cognitione interiori quam exteriori apparet.# anima # naturaliter # sicut # in opinando de anima # |50| primo # nam per obiecta cognoscimus actus, et per actus potentias, ex quibus de anima innotescit quid est.# quod.# velut # fuit # tantum # et humanae mentis,# sep- # aug- # per se cognoscit quod sunt # hoc # nostra # h- # hoc idem #

006 ADL g3 pg15a

' intelligere substantiae # scire de ipsis quid sunt # animam # quod # contingit # scire,# ex eo # * alia vero augustini verba proposita non ad hoc inducunt ut " substantias separatas nostra intellectuali visione capiamus, sunt enim multa praeter substantias separatas quae non habent ymagines sui similes quae non sunt quod ipsa, quae sola intellectuali visione cognoscuntur, sicut ipsa mens et dilectio, * de qua exemplum ponit, ' et alia huiusmodi. unde non sequitur, si intellectuali visione ea / q- / capiamus quae non habent ymagines, quod propter hoc quaecumque non habent tales ymagines intellectuali visione a nobis capiantur, etsi ab aliis quam a nobis tali visione capiantur, quia et inter nos quaedam capiuntur intellectuali visione ab uno quae non capiuntur ab alio. non tamen quia ista quae diximus non habent huiusmodi ymagines sicut corpora, credendum est quod / a- / in nobis absque phantasmate eorum cognitio fieri possit. fit enim horum in nobis cognitio ex hoc quod cognoscimus aliqua quae habent / aliqua / phantasmata per quae cognoscuntur. ex hoc enim quod intellectus intelligit aliquod intelligibile cuius praeexistit phantasma in nobis, percipit |25| se intelligere et alia per quae de se et illis quae in ipso sunt cognitionem capit. neque etiam per hoc quod intellectualis visio eorum esse describitur quae non habent huiusmodi ymagines, confiteri oportet quod ea quae habent huiusmodi / ph- / ymagines intellectualis visio non comprehendat. sic enim naturas corporalium intelligere non possemus. cognitio enim intellectualis licet sit eorum quae habent phantasmata, non tamen est ipsorum phantasmatum quorum est " ymaginativa cognitio, * quam augustinus " spiritualem visionem vocat, ' sed est naturarum vel quidditatum ipsarum rerum corporalium quas a phantasmatibus accipit intellectus possibilis factas intellectas in actu per intellectum agentem. nec obstat quod ipsa intellectualis visio per species intelligibiles fit, quae sunt / etiam / similitudines, quia intellectualis visio non est eorum ut visorum, sed ut eorum per quae videt / in ph- / sicut similitudines / etiam / sensibilium sunt in sensu, ipsae autem ymagines sunt ut / visa / visae / in intellectuali / " in spirituali vel ymaginaria visione, * cui soli augustinus ascribit quod " sit per ymagines, ' non autem intellectuali neque corporali, quae fit per sensum. * adhuc autem maiorem difficultatem afferunt quaedam ipsius verba ex quibus videtur quod " non solum / in hac vita / substantias alias separatas in hac vita possimus intelligere, sed etiam ipsum deum # ' ipsa # per # et # " incommutabili * loquatur patet per hoc quod subdit, quod " si interiret verum, tamen non interiret veritas # ' videamus # ° rationis est,# ' atque in his nisi subiungeretur aliquid verum, non secundum eas possemus de corporalibus iudicare.# * cum dicat in libro de videndo deum ad paulinam / cum hoc auctoritati divinae manifeste repugnat. dicitur enim exod. xxxiii, ° non videbit me homo et vivet, * et io. primo, ° deum nemo vidit unquam, * et ipsemet dicat in i de trin. quod ° ista visio est ultima merces iustorum quae beatos facit, * et in / litt- / epistola

006 ADL g3 pg15b

* de videndo deum ad paulinam dicit, ° necesse est ab hac vita abstrahi mentem quando in illius ineffabilitatem visionis assumimur, * et similia dicit xii sup. gen. ad litt. # ' videamus # summ- # * dicuntur ergo # quaedam # ' viae # seipsam # aliter # per viam demonstrationis qua utuntur scientiae speculativae ad dei cognitionem # iterum # osten- # quod # per quam # cuiuslibet rei est in quo terminatur eius appetitus naturalis # homini # ad minus enim # aliquid # secundum naturam humanam # finis cuiuslibet motus imponit rei quietem quae movetur ad aliquid sibi acquirendum, sicut ignis cum acquisiverit proprium ubi quiescit. felicitas autem est quidam finis ultimus omnium motuum et operationum hominis, bonum hominis existens # sicut # nunquam felicitatem habitam amm- # vel ex toto # in # enim # perfectae generationis # cum # accidere # |50| fel- # non esset omnium hominis bonorum finis # inquam a malis # transcendat # item, esse perpetuum naturaliter ab omnibus desideratur, unde quae non possunt conservari in esse perpetuo secundum / unum / idem numero, operantur naturaliter per viam generationis ut conserventur perpetuo secundum idem in specie. unde patet quod / perpetuitas est quoddam bonum per se et naturaliter desiderabile omnibus secundum quod ab / eis / unoquoque capi potest. bonum autem desiderabile capitur ab hominibus quidem per intellectum, a brutis autem per aestimationem naturalem, ab insensibilibus autem per naturalem aptitudinem tantum./ cum igitur homo intellectu hoc bonum capiat, naturaliter ipsum desiderat secundum quod ipsum capit per intellectum./ capit autem ipsum in se non particulariter /. capit autem homo hoc bonum per intellectum ut a seipso habitum, non solum ut in specie conservatum. naturaliter igitur homo desiderat ut ipsemet sit perpetuus. hoc autem in hac vita consequi non potest. non igitur in hac vita completur naturale desiderium hominis./ felicitas autem hoc esse aestimetur in quo naturale desiderium hominis completur./ non est ergo possibile in hac vita hominem esse felicem.#

006 ADL g3 pg16a

' eiusdem rationis est quod aliquis naturaliter desideret unum et quod naturaliter refugiat suum contrarium et tristetur de ipso. sed quilibet # sent- # nunc # naturali ergo / naturaliter igitur homo perpetuum esse desiderat.# quemcumque # cum felicitas quoddam bonum continuum esse credatur.# est # desideratum et amatum # ergo # magnam # et quod in vita continuari non potest # cuiuslibet # morbos unde # unde non est necessarium ultimam hominis felicitatem esse nunc in vita ista # constantes # quasi diceret et secundum se # * unde et quia videbat quod / " felicitas / de ratione felicitatis esset quod sit bonum sufficiens quasi desiderium quietans, et perfectum quasi nullum habens malum ammixtum, |25| et continuum et permanens, posuit felicitatem in illis in quibus haec, etsi non simpliciter sint, sunt tamen in eis maxime inter alia quae in hac vita homini possunt adesse. * sic enim inveniuntur procedere omnes suae rationes quibus probat " in operibus virtutis et in speculatione ultimam hominis felicitatem consistere. * utrum autem hanc sententiam de felicitate prosequutus fuerit quia non aestimabat " aliam vitam hominis post hanc esse anima hominis cum corpore pereunte, vel quia ea quae sunt post hanc vitam ab eo per certitudinem comprehendi non poterant, ' non est praesentis intentionis disserere./ * quamvis / quidam tamen commentator graecus in x eth. ostendere nititur quod "aristoteles voluit felicitatem contemplativam in hac vita incipere et in futura vita permanere. * quod colligit ex hoc quod dicit aristoteles ibidem quod / " felicitas / contemplatio est diuturnior quam actio moralis virtutis. ' unde cum actus moralium virtutum usque ad finem huius vitae permaneant, relinquitur quod contemplativa felicitas erit etiam post hanc vitam. sed utrum sic vel aliter diuturniorem intellexerit non est curandum ad praesens # quia # terminari # terminetur # tendunt # et quod quisque invenit licet sit parvum, tamen quod intellectum ab omnibus habet aliquam quantitatem # sunt # |50| quae est cognitio # possibilis # sensibilium # nisi quando # in caelo # ex hoc quod cognoscunt # et / animae / mentes humanae post hanc vitam inquantum et seipsas et alias substantias separatas cognoscunt # tales habeat proprietates # fit # similitudi- # et # effectus # cognoscens # qua est # qui tot- #

006 ADL g3 pg16b

' suam # et rationalis # cognoscant # adhuc. intellectus cuiusque intelligentis intelligit rem secundum modum suum. unde nos intelligimus res materiales / immaterialiter / quae sunt infra nos / superiori modo quam sint in seipsis, intelligimus enim naturas universales earum per abstractionem a principiis materialibus / immaterialiter et universaliter / ad / res vero quae sunt supra nos, scilicet substantias separatas, non possumus intelligere secundum modum earum sed secundum modum nostrum./ propter hoc non intelligimus substantias earum./ sed deus est superior omnibus substantiis separatis. nulla igitur earum intelligit deum per modum quo ipse deus est, sed unaquaeque per modum substantiae suae. nulla igitur earum per hoc quod intelligit suam substantiam / intelli- / cognoscit deum secundum eius substantiam.# per quam d- # de # per hoc quod intelligit se # divina natura est aliquid in quo est unum esse vivere intelligere / vel / et / quicquid aliud de deo dici potest, * ut in primo libro ostensum est. ' non est autem possibile quod aliquid creatum sit huiusmodi, cum # terminetur # |25| nam quaelibet species ad aliquid determinatum se habens, puta vitae vel sapientiae vel alicuius huiusmodi, hoc tantum de / illo / deo repraesentaret. substantiae autem separatae creatae sunt, * ut in secundo lib. ostensum est. ' non est ergo possibile quod per naturas suas vel per aliquas quascumque similitudines divinam substantiam cognoscant.# quas # scitur # per quas scimus quid est de rebus, intellectualium / conceptionibus / conceptionum signa existentes / significantur # finita sit, deus autem infinitus # secundum hoc igitur / ipsum igitur esse cuiuslibet rei est propinquissima similitudo dei in re.# hoc autem quo intelligit substantia separata non est suum esse sed sua quidditas vel forma. non enim est / in- / substantia separata / idem / secundum idem ens et intelligens, sed secundum suam naturam intellectualis est, quae est sicut forma intelligibilis determinata et determinans intellectum ad intelligendum. non igitur substantia separata / per hoc quod suam essentiam dei essentiam videre / per hoc quod intelligit se intelligere potest divinam substantiam.# | 50 | sicut per similitudinem suae essentiae.# cognoscit autem / de deo / substantia separata / inquantum / per hoc quod / seipsam intelligit, de deo quia est / et / quod non est id quod ipsa est, nec aliquid eorum quae sub ipsa sunt vel de quibus cognoscit quid est. item quod est aliquid omnibus altius, et ulterius quod est omnium principium./ * videtur autem secundum hoc alicui quod " cognitio quam de deo habent substantiae separatae inquantum cognoscunt seipsas non sit maior ea quam nos hic de deo habere possumus dei cognitionem ex sensibilibus colligentes et ex nobis ipsis / ' ad hanc autem cognitionem substantiarum separatarum quam habent de deo etiam nostra cognitio quam de deo in / hoc mundo / hac vita habemus attingit / nam et hoc ipsum de deo cognoscimus etiam demonstrationis via, primo quidem quod est, secundo quod nihil est eorum quae nos sumus vel quae nos comprehendimus, tertio quod est aliquid omnibus eminentius, item quod est omnium principium.# de deo per hoc quod # et ulterius causalitatem eius et eminentiam respectu aliarum rerum quae non sunt quod ipse, percipimus # eum supra nos esse # erat # aliquid # nostra # |75| nam #

006 ADL g3 pg17a

' divini # extranea # et per consequens plurium remotiones a deo eis innotescunt quam nobis # ut bombi vel villici / qui # scit # in / ab aula regis.# quae al- # magis # adhuc # ex hoc # sicut cognoscunt # sci- # |25| illud quod quaeritur # scientes # scientes # cuilibet lineae finitae datae # intellectus autem # sed adhuc tendit in aliq- # ex necessitate # inquiescibiliter # vel amoris # quacumque re # pervenerit # separatis # a nostris animabus / non separatis, cuiusmodi sunt animae nostrae # possit # intellectus # * huic autem aliquid simile conatus est ponere alex.. posuit enim quod " in ultimo fine hominis substantia quaedam separata, quae est intellectus agens * secundum ipsum, " erit forma intellectus nostri et per / ipsum / ipsam intelligemus substantias separatas. * differt tamen haec positio ab eo quod in proposito necesse est dici. ' quo enim intelligimus est dupliciter dictum: dicimur enim intelligere intellectu, et intelligibili specie qua intellectus informatur. sic autem intellectu intelligimus quod ipse intellectus et eius intelligere est nostrum intelligere, specie autem intelligibili intelligimus non / ita quod ipsa int- / inquantum ipsa intelligat. unde etsi ponatur intelligens, hoc non erit secundum quod / h- est species / ea intelligimus ut intelligibili specie, propter quod nec / nostrum / eius intelligere esset nostrum intelligere. * posuit igitur alex. quod " in illo ultimo fine intelligemus per substantiam separatam quam dicit intellectum agentem, non quasi intelligibili specie, sed quasi intellectiva quadam virtute. * unde vult quod " ipsum intelligere quo intellectus agens intelligit se et alias substantias separatas erit nostrum intelligere, cum tamen intellectus qui est in nobis, * secundum eum, " scilicet intellectus possibilis et intellectus in habitu, nunquam possint intelligere nec intellectum / possibilem / agentem nec alias substantias separatas. ' nos autem ponimus quod ipsa essentia divina erit quo intelligemus quasi specie intelligibili. unde licet ipsa sit intelligens, suum intelligere non erit ipsum nostrum intelligere, sed nostrum intelligere erit intelligere intellectus nostri, qui essentiam divinam intelliget, eadem quasi quadam specie intelligibili quodam modo / informatus / |75| perfectus et factus in actu. * magis autem ad hoc quod

006 ADL g3 pg17b

* ponimus accedit quod averr. ponit. ponit enim / ipse / quod " intellectus possibilis intelligit intellectum agentem et substantias separatas, unde relinquitur quod intellectus agens in illa / intellectus / cognitione quam ponit substantiarum separatarum,/ erit / esse poterit quasi species qua intellectus / intelligit / possibilis intelliget substantias separatas, sicut nunc intelligit res materiales per species intelligibiles a phantasmatibus abstractas.# ' respondeat # potest # ac per hoc non possit alicuius informativa esse, praesertim cum # considerandum est quod species intelligibilis quandoque quidem est aliquid intrinsecum substantiae intellectus, vel potius ipsa substantia, sicut dictum est supra de substantiis separatis quod per suas substantias deum quoquo modo intelligunt; quandoque vero est aliquid a substantia intellectus alienum, sicut maxime patet in intellectu possibili quo nos intelligimus, cui species intelligibiles adveniunt aliunde, unde planum est quod non sunt ipsius substantia neque aliquid de substantia eius./ dictum / * est autem / ostensum / quod ' visio divinae substantiae non potest esse per aliquam substantiam intellectus creati. cum igitur ponimus in cognitione qua dei / a nobis / substantia / videtur ipsam divinam essentiam |25| esse ut speciem qua videtur, non sic ponimus quasi ipsa sit forma intrans substantiam alicuius rei creatae, sed per modum quo species intelligibiles sunt extra substantiam intelligentis./ sic autem est / in visione autem qua ipse suam essentiam videt, ipsa divina essentia est species quae est intellectus substantia, * ut in primo lib. ostensum est. ' item # potest esse # forma in materia # alteri adesse ut # non potest # alteri adesse ut # alteri communicabile # quod, licet in se sit quaedam substantia subsistens, tamen, quia esse / sui / suum est alteri communicabile, potest esse alterius forma.# alteri communicabile non esset # videtur # est enim aliquid intelligibile subsistens quod est ut forma tantum, aliquid vero quod est ut forma ad aliquid determinata:# autem # bonum # sit verum et # non proprie # ut # planum est ergo |50| quod aliae substantiae intelligibiles non possunt esse alicui intellectui ut / forma / species intelligibilis qua intelligat, deus autem intellectus creati esse potest ut intelligibilis species qua aliquid intelligitur, licet non possit esse alicuius forma qua aliquid sit: esse enim intelligibile non contrahitur ad unum sicut esse substantiale rei, nam quod in se / unum est in multis / tantum substantiale esse habet, in multis habet intelligibile esse, cum quod ab uno intelligitur non per hoc prohibeatur a multis intelligi, sicut quod unum est prohibetur / aliud / non / esse / multa esse. ipsa igitur divina essentia / unitur / uniri potest intellectui creato ut faciat ipsum intelligentem, non autem ut faciat ipsum existentem: sicut si esset lux corporalis aliqua non in subiecto, faceret adiuncta visui ipsum videntem, non autem faceret / corpus / rem aliquam corporalem lucentem; illud vero quod lucens est et non lux, non faceret / neque videntem / formaliter neque visum videntem neque rem aliquam corporalem lucentem, faceret autem utrumque per modum causae agentis./ manifestum est ergo quod divina essentia potest comparari ad intellectum creatum ut species intelligibilis qua intelligat, non autem sic potest comparari ad ipsum aliqua substantia creata. licet autem divina essentia possit esse quasi forma intellectus secundum esse intelligibile, non tamen potest esse forma alicuius secundum esse naturale. essentia e- # subst- # hanc # visionem immediatam # repromittit # in quo etiam intellectualium / substantiarum / |75| creaturarum ultimam felicitatem esse posuimus, quod etiam

006 ADL g3 pg18a

' nobis divina scriptura ostendit, dicitur enim # * dicitur # ° disponam # * habetur prov. ix # dictum # ' cuius est calor proprium # cum cuiuslibet intelligentis sit,# forma superioris naturae non fit forma inferioris # altioris naturae # per aliquid aliud # per aliquid creatum # eius # scilicet dei # esse # per # ° ostendam # ' de # intellectui eius # fier- # substantiae creatae, quae quidem # suae # intentionem # alio modo # nam post intentionem caloris potest aliquod calidum calefacere quae prius non poterat, aut etiam / magis / eadem magis quam prius.# totius naturae creatae facultatem excedit # speciei # eiusdem # sensum # cetera # intellectualium # apoc. # dicitur.# quod,# * dicitur " esse lux, i io. i, ° deus lux est # in lumine tuo videbimus lum- # ' magis # aliq- # ad ipsam videndam copulari # substant- # naturae # * huiusmodi autem rationes veritatem praeostensam removere non possunt. ad primae igitur rationis solutionem sciendum est quod ' cognitio aliqua virtutem cognoscitivam excedere dicitur dupliciter. uno modo, ita quod totaliter / extra facultatem talis virtutis / est extraneum tali virtuti / existat, sicut cognoscere sonos est / extra facultatem virtutis / |75| extraneum virtuti / visivae. alio modo, ex eo quod desunt quaedam

006 ADL g3 pg18b

' sine quibus cognitio compleri non potest, sicut visus cognoscere non potest colores in tenebris. primo ergo modo visio divinae substantiae non excedit virtutem cognoscitivam intellectus creati,/ hoc enim modo / non enim est divina substantia aliquid extraneum ab intellectus obiecto, sicut sonus est aliquid extraneum a genere coloris. cum enim bonum intellectus sit verum, * ut arist. dicit in vi eth., ' verum autem et ens convertuntur, oportet quod quicquid quocumque modo habet esse et veritatem non sit extraneum ab obiecto intellectus. quod in aliis cognoscitivis virtutibus non potest accidere, extenditur enim eorum facultas ad aliquod genus determinatum. secundo autem modo aliqua excedere dicuntur intellectus / creati / virtutem / etiam in materialibus rebus, ex eo quod non sunt facta intellecta in actu./ est enim intellectus nostri virtus activa quantum ad intellectum agentem et receptiva quantum ad intellectum possibilem. res autem materiales non excedunt facultatem intellectus nostri propter hoc quod desit aliquid necessarium ad cognitionem ex parte virtutis receptivae, quia intellectus possibilis de se est in potentia ad species omnium rerum sensibilium. excedere tamen possunt virtutem intellectus eo quod deest aliquid ex parte virtutis activae, aut quia desunt / omnino / phantasmata, quae, facta intellecta in actu per intellectum agentem, movent intellectum possibilem, sicut intellectus eius qui caecus nascitur deficit in comprehensione colorum: aut quia desunt ea per quae phantasmata fiant intellecta in actu. unde / in his / quae statim possunt fieri intellecta in actu per solum lumen intellectus agentis, nullus intellectus defectum patitur, sicut patet in |25| primis principiis; in his vero quae fiunt intellecta in actu mediantibus quibusdam aliis principiis, patiuntur defectum intellectus illorum quibus deest illorum principiorum cognitio, et tanto magis quanto longius distant a primis principiis, et quanto aliquis minus efficax ingenium habet. respectu vero / comprehensionis / rerum immaterialium intellectus non patitur defectum ex parte virtutis activae, quia huiusmodi sunt de se intellecta in actu, sed ex parte virtutis receptivae:/ cum enim / nobilior enim forma subiectum nobilius requirit, unde cum intellectus possibilis secundum se consideratus sit receptivus specierum intelligibilium quae a phantasmatibus abstrahuntur, indiget disponi altiori lumine ad cognoscenda ea quae a phantasmatibus haberi non possunt. et per hunc modum omnis intellectus creatus indiget lumine altiori ad divinam substantiam videndam, cum facultas cuiuslibet intellectus creati secundum se considerata extendatur secundum modum suae substantiae.# quod est # intellectum # credend- # haec enim # inquantum est talis virtutis # quaedam dei similitudo est.# creatura # subst- # unde nulla # et quartae # non enim sic infinitus dicitur sicut invenitur infinitum in genere quantitatis, quod oportet esse ignotum, cum species quantitatis, ex / terminatione partium / terminis et partibus consurgat, unde quantitatem infinitam, cuius partes numerari non possunt nec termini comprehendi, oportet esse ignotum. deus autem infinitus dicitur non quasi partes infinitas habens actu vel potentia, sed ex eo quod omnino nullam partem habet, nec alicuius pars esse potest:/ sic enim / est enim actus ex nullo recipiente terminatus. quod quidem non facit ipsum esse ignotum, sed maxime cognoscibilem: quanto enim aliquae formae sunt magis simplices et magis a materialibus separatae, tanto magis sunt secundum seipsas cognoscibiles, quamvis forte non nobis.# quia vero modus cognitionis consequitur vigorem cognoscitivae virtutis sicut et # a divino intellectu #

006 ADL g3 pg19a

' ipsum de- # intellectus autem creatus limitatur / sub certo / ad certam speciem. substantia igitur divina esset aliquid sub genere et specie determinatum.# * ut in primo ostensum est.# ' patet autem ex dict- # de necessitate # quae deus substantiam suam videndo cognoscit # non enim necesse est quod cogn- # sic # in uno # unde cum prima demonstrationis principia omnibus hominibus sint communiter nota, ex eis tamen plura cognoscunt quibus est perfectior intellectus # in perfectione # per / ex hoc quod essentiam suam videt # videt # omne illud # quid # quodcumque igitur accidens # rei # intend- # per # voluntat- # aut per causam,# non,# maior # maius tamen est # potest perduci # quod autem est non naturale non procedit secundum naturae ordinem # ordin- # intellectuali # supremi # secundum ordinem naturae # facere # gloriae # amplius. quod potest virtus maior minori auxilio, potest virtus minor eiusdem generis auxilio maiori. si igitur intellectus supremus / potest elev- / in ordine naturae potest elevari ad visionem divinae substantiae / per / virtute alicuius luminis, intellectus inferior potest elevari virtute / superioris / luminis efficacioris. virtus autem divina cum ad nullum effectum terminetur, * ut in secundo ostensum est, ' potest inferiori intellectui efficacius lumen infundere. non igitur refert quantum ad visionem divinae substantiae / quis / cuius ordinis in naturae gradibus sit intellectus.# nec alicuius impossibilis.# |75| intellectus hom- #

006 ADL g3 pg19b

' intellectus # ostens- # diversas esse participationes # eo al- # eum # unusquisque # deum videntium cum igitur # praeparentur # quaed- # di- # * et i cor. xv, ° stella differt a stella / in claritate /: sic erit et resurrectio mortuorum.# ' divina substantia # sicut idem numero est primum # suum # videbit # et esse naturale aequalis ambi- # sunt # suae subst- # sub uno ordine # comprehenduntur et ad # pert- # ostensum # nec quantum ad haec unus alio plura in dei substantia videt # omnia # a d- # non autem individua # autem # virtutes # appar- # in seipso # et hoc quidem quantum ad tria # quidem # nullus cognoscere potest # quae est activum rerum principium et se ad infinita extendit.# |50| qui est omnino incorporeus magnus esse dicatur # nisi # qui # est ex fin- # posset cognoscere # et # inter haec tamen tria differentia est. nam cognitio eorum quae deus potest facere ex ipsa cognitione divinae substantiae dependet, et similiter cognitio rerum factarum, et ideo de his / primorum autem et secundorum / tanto alius alio plura cognoscit quanto dei substantiam perfectius videt, nullus tamen omnia nisi solus deus, qui suam substantiam comprehendit. eorum vero quae in sola dei voluntate consistunt / cognitio non dependet ex cognitione divinae substantiae, sicut etiam in aliis / volentibus / patet, horum ergo / non propter hoc plura scit aliquis quia perfectius dei substantiam videt, sed propter hoc quod ei plura revelantur a deo. * unde et apostolus post praemissa verba subiungit, ° nobis autem revelavit deus per spiritum suum. ' probabile tamen est quod de his etiam plura proximioribus sibi / per visionem suae substantiae / in illa felicitate ultima revelat./ cognoscere autem haec omnia possibile est alicui intellectui creato, cum hoc absque divinae substantiae comprehensione possit accidere. unde credimus quod omnium horum cognitionem prae aliis anima christi acceperit, quod ei competit quasi totius sanctificationis / actori / mediatori, |75| * ut postmodum prosequemur.#

006 ADL g3 pg20a

' in uno # videri # oportet enim ut # omnino # sic in dei substantia # sicut # intellectualis # illam # est ergo # de actibus iudicamus # |25| ens # adhuc. cum actio medium quoddam sit inter actionis terminum et eius principium, ex utraque parte propriam mensuram recipere potest / actu / si enim principium actionis sit in tempore, necesse est et actionem illam in tempore esse.# vel # visio igitur illa # incorruptibilis # quam exercet # quae # in aeternitate # deum vident nunquam videre desistunt # essentiae # quod unquam # utrum # surs- # illius # eius quod causat # id quod per violentiam aufertur.# aut # aut # corporali # deest # vel ipsius de- # quia # nec per hoc impeditur aliquod bonum # fastidiunt # fastidiuntur # hoc autem non potest accid- # |75| intell- #

006 ADL g3 pg20b

' vel / nova enim # divinae subst- # esse # non subiacet variationi nisi per accidens, inquantum aliqua movent eam nunc ad aliquid agendum vel volendum quae non movebant prius, quae secundum se subiacent variationi, super quae omnia elevabitur # magis # per hoc quod # videat # * et lx, ° erit tibi dominus in lucem sempiternam; et ibidem, populus tuus omnes iusti, in perpetuum habitabunt terram; * et io. vi, et mt. xxv, ° ibunt hi in supplicium aeternum, iusti autem in vitam aeternam; * et io. vi, ° si quis manducaverit ex hoc pane vivet in aeternum; * et ro. vi, ° habetis fructum vestrum in sanctificationem, finem vero vitam aeternam.# ' etiam # ad # hominis # summae # in ipso summo rerum cardine...# tunc enim perfecte implebitur * quod dominus promittit discipulis io. xvi, ° cum venerit, inquit, ille spiritus veritatis, docebit vos omnem veritatem. " in hac enim vita ex parte veritas cognoscitur, * secundum illud ap. i cor. xiii, ° ex parte cognoscimus, " sed tunc perfecte spiritu sancto repleti omnem veritatem cognoscemus.# ' et studium # possit # vel civilis # ad hoc est ut tota hominis vita secundum rationem disponatur, quod est vivere secundum / virtutes / virtutem. et hoc quidem studium tunc omnino excellenter complebitur quando / tota vita hominis deum videntis erit ordinata /† tota vita deum / videntis /† ad bonum summum intellectus erit ordinata, quod est / primam / primae veritati inhaerere, a qua nulla voluntatis perversitate # est ad bene vivendum, quod est vivere secundum |50| virtutem. quod quidem excellentissime per illam visionem consequentur secundum quam / perfectissime / propinquissime deo coniungentur, qui est bonitas summa, per cuius fruitionem firmabitur voluntas in bono, sicut et ratio in vero, ut nunquam voluntas a bono recedere possit, sicut nec ratio eorum errare, * ut supra ostensum est, ' et propter hoc non poterit ibi esse contrarium aliquid virtuti, a virtute enim receditur per hoc quod iudicium rationis errat circa eligenda. * ostensum est enim quod ' per illam visionem omnium cognitionem consequentur. error igitur et deceptio in eis esse non poterit. nunquam autem / desiderium / operatio quae est / secundum virtutem / vivendi / tollitur nisi per hoc quod iudicium rationis pervertitur./ nunquam igitur / consequetur igitur videns deum ut nunquam aliquid contrarium virtuti operetur. adhuc.# est ad bene vivendum, quod est vivere secundum virtutem. hoc autem desiderium tunc omnino complebitur, quia tota intentio hominis et operatio erit non solum secundum rationem sed secundum id quod rationem excedit, nec unquam rationis iudicium poterit depravari ut fontem deserat bonitatis, cui per visionem praedictam unitur:/ non enim / cum enim ibi sit futura omnium cognitio, * ut ostensum, ' impossibile est quod sit ibi aliquis error rationis in eligendo, sine quo a bono in peccatum decidere non contingit. affectus etiam bonitatis divinae immensitate repletus in nihil aliud quasi bonum tendere poterit, sicut gustus alicuius saporis virtute omnino impletus alterum saporem non sentit. cum etiam / in / illud bonum summum omnem bonitatis perfectionem contineat, * ut supra ostensum est, ' non erit aliquid extra |75| ipsum cuius desiderio affectus ab ipso recedens in malum incidere

006 ADL g3 pg21a

' possit. quia etiam ultimus finis est, desiderium quietat, ut ulterius aliquid desiderari non possit. et ideo perpetua ibi est voluntatis rectitudo, ad quam ordinatur omnis virtus moralis. * et ideo dicitur is. lx, ° populus tuus omnes iusti, in perpetuum habitabunt terram.# ' haec autem actio # et agnus # haec autem / ibi autem # homin- # sunt etiam ibi / est etiam in illa beatitudine plenitudo omnis cognitionis, quam naturaliter desiderat intellectus,/ et / in qua / consistit / consistunt verae divitiae intellectualis substantiae, * sicut dicitur is. xxxiii, ° divitiae salutis sapientia et scientia.# ' per cuius unionem talis delectatio consequentur # et magis purum de- # hoc autem desid- # |25| immobilitatem # contrario felicitatis # * secundum boetium qui # ' huius vitae # div- # contemplandae veritatis # manet enim # fin- # gubernat # sicut homo qui facit domum vel manu vel praecepto utitur ea ad finem dum eam inhabitat.# * ostensum est etiam quod ' omnia sunt propter finem. nec hoc potest esse per accidens absque intentione agentis: tum quia hoc est universaliter et semper verum; tum quia secundum esse suum ordinantur ad finem et secundum proprias et naturales operationes, ut supra ostensum est. unde relinquitur quod omnia sint a deo propter finem producta # etiam sensu # carenti # nisi sint # aliquo # ill- # contrar- # rerum # etiam operantur # in caelestibus corporibus # accidunt # multiformes # quae non sequuntur ordinem necessitatis naturalis, quorum # ordinis naturalis aliqua # diversae velocitatis et diversificatos secundum longitudinem et latitudinem # quae # magis # et # similit- # frequenter # in quib- #

006 ADL g3 pg21b

' p- # inquantum # perfectio autem bo- # secundum quod res causatae a deo maxime sunt bonae est ordo tot- # secundum hoc enim habent res causatae maxime perfectionem # unde # sicut rector civitatis magis curat de victoria quam / arma bellica / de armis bellicis per quae victoria praeparatur, nam victoria est propinquius ad bonum civile quod ipse intendit.# bonitatis # rerum # est # suam # omnes # et per # a deo # divinam # quod in humano regimine non contingit: rector enim humanae societatis utitur hominibus iam praeexistentibus per naturam, et eorum operationes ordinat ad finem.# eidem autem effectui non debetur nisi eadem causa, unde quod est a principio causa essendi alicui rei oportet quod sit causa conservans ipsam in esse.# omnium rerum # est # adhuc. esse quod dependet ab alio, eo remoto, esse non potest / si enim remoto eo remaneret, haberet esse absolutum et non dependens./ omnis autem effectus dependet a causa sua, cum effectus non sit nisi propter causam. oportet igitur quod subtracta causa subtrahatur effectus. quod igitur effectus in esse conservetur est a causa sua. igitur ex divina providentia est quod res conserventur in esse. amplius. manifestum est in rebus ex materia et forma compositis quod cessante forma vel materia res desinunt esse. forma autem sicut est causa compositi, ita est effectus causae agentis, et similiter materia est effectus creantis, * sicut in secundo ostensum est. ' oportet igitur quod res omnino et quantum ad formam et materiam esse desinerent si cessaret actio |50| dei causantis a rebus. est autem actio eius a sapientia procedens. per providentiam igitur divinae sapientiae omnia conservantur in esse.# in natura # sed est causa # etiam # natura hominis # semper # oportet ergo quod illud quod est per se causa specierum naturalium # speciei conservationem # naturalium # esse rei quantum in se per se loquendo motum non implicat # praeter deum habet causam quia # sicut se habet # amplius. artifex, qui tendit ad productionem esse omnium artificialium, dependet ab aliquibus principiis naturalibus, sicut patet in domo, cuius esse consistit in quadam figuratione et ordine partium, quae quidem conservatur per hoc quod graviora levioribus subponantur ad ea sustentanda. et sic patet in omnibus |75| artificialibus quod illorum accidentium / quae sunt / in quibus consistit

006 ADL g3 pg22a

' forma artificialis, est causa aliquod principium naturale, et propter hoc artifex non operatur nisi per res naturales quas adhibet ad aliquam actionem, vel ad aliquem ordinem./ sic igitur artifex./ in hoc autem consistit / pertinet ad / fieri ipsius artificiati. artifex igitur non est causa / nisi fieri / artificiatorum nisi quantum ad fieri. cessante autem eius actione cessat ipsum fieri artificiatorum, cuius est per se causa. cessante ergo operatione eius quod est per se causa ipsius / rei cessa- / esse oportet quod res esse desinat./ si igitur / quod igitur res conservantur in esse est ex hoc quod deus suam / operationem / actionem / continuat qua rebus dat esse. item. effectus inductus ab aliquo agente / qui non est natura nec pars naturae / per motum perseverat in recipiente, cessante motione agentis, si sit natura vel pars naturae recipientis, sicut species equi in equo genito, et etiam anima, quae est pars speciei, cum per eundem modum iam sit in genito quo est vel fuit in generante. similiter etiam est si effectus inductus sit aliquid / causatum consequens ut principium / consequens quasi principium vel naturam ipsam vel aliquam partem eius, sicut calor impressus / ab ign- / a generante in igne generato. cum autem recipiens non potest / ipsum / effectum recipere aliquo praedictorum modorum, sed solum in natura recipientis est ut sit in potentia ad ipsum, impossibile est quod effectus permaneat in recipiente nisi continuetur actio agentis, quia quod est in potentia non est actu nisi per ens actu: sicut patet quod lumen non recipitur in diaphano neque sicut natura aut pars naturae ipsius, neque sicut proprietas principia naturae consequens, sed diaphanum in sua |25| natura est solum in potentia ad lumen, et ideo nunquam lumen remanet in aere nec in aliquo diaphano nisi praesente illuminante. * patet autem ex supra dictis quod / ' esse / ipsum esse non est natura sive quidditas alicuius creati neque pars quidditatis, sed ipsa substantia rei creatae in sua natura considerata / est ut / comparatur ad esse ut potentia ad actum. unde et partes substantiae in rebus compositis dicuntur principia essendi inquantum sunt principia substantiae compositae cuius actus est esse, sicut si diceretur quod est principium diaphanitatis esse principium lucendi. impossibile est igitur quod esse remaneat in rebus / nisi / remota actione dantis esse, quod est deus, * ut ex praemissis patet. ' est igitur deus conservans res in esse.# sed naturalia # effectus # in agente # eorum # absente # * opinionem # ' in # ex divina voluntate dependeat # quandoque # cum causa # ab- # * dixerunt # ponerent # |50| ' conservante suum esse nisi # corporalia # desit- # compleret # istum articulum pone supra ante duo folia, ad tale signum # figura.# quaere infra post duo folia ad tale signum # figura # hoc autem ostenso manifestum est quod etsi / deus / sit universi esse actor / deus /, non tamen excluditur quin secunda agentia in esse producant inquantum agunt in virtute causae primae, quae proprie est causa essendi. sicut enim instrumentum inducit effectum principalis agentis ut est motum ab ipso, ita secunda agentia inducunt per suas actiones effectum primi agentis inquantum agunt in virtute ipsius, et proprios effectus inquantum agunt secundum virtutes suas naturas consequentes. quod autem omnes causae creatae non dant esse nisi inquantum agunt in virtute primi agentis scilicet dei, ex his manifestum |75| est. quando enim.#

006 ADL g3 pg22b

‘ ordin- # supra # sub quo omnes aliae causae agentes ordinantur.# est proprius effectus # quam # est # fit quam # operatione # operatio omnis # ultim- perfectio # in quod # virtu- # vel perfectio # actus ad # omnis # quia vero eiusdem est conservare res in esse cuius est esse rebus tribuere, manifestum est quod sicut deus dat omnibus esse sicut principale |25| agens, aliae vero causae dant esse quasi instrumentaliter inquantum agunt in virtute ipsius, ita deus conservat omnia in esse quasi principale agens, omnes autem aliae causae secundae / esse / in esse conservant quasi causae instrumentales ex virtute divina.# in rebus # operatur # nulla enim res operatur nisi secundum quod habet esse in actu / quia quod simpliciter non est vel quod est in potentia tantum nihil operatur /. si igitur esse rerum ex divina gubernatione conservatur, * ut ostensum est, ‘ oportet quod omnes actiones rerum ex eadem / virtut- / gubernatione dependeant.# praeterea.# quae dat aliquam virtutem # virtutem # omnis entis et # bonitatis et # visio non posset esse # quod mot- # sicut # |50| agend- # et primo # omnis # est a deo # ordinatis # causa secunda agat # et operatores # artificis # amplius. si aliquid est per se / et propria / causa alicuius / nihil potest esse causa illius / oportet quod per virtutem eius sit causa illius effectus quicquid illud quocumque modo causat, sicut si ignis in rebus elementatis est causa propria caloris, oportet quod quicquid / in corporibus inferioribus / calefacit hoc faciat per virtutem ignis inquantum ipsam aliquo modo participat. deus autem est / proprie / per se causa essendi / quia ipse est ipsum esse suum et ab eo fluit omne esse participatum a quocumque quod non est suum esse / * ut supra ostensum est./ ‘ quicquid igitur est causa essendi quocumque modo hoc habet / inquantum / per virtutem divinam. omne / autem / operans per suam operationem est / aliquo modo / causa essendi vel alii, sicut quando operatio transit in rem exteriorem; vel sibi ipsi / quantum ad esse perfectum / sicut quando / actio / operatio manet in / ipso / operante quasi perfectio ipsius, ut intelligere et sentire / nam quod per actionem alicuius transmutatur acquirit aliquod esse vel accidentale vel |75| substantiale, quod autem / autem / intelligit vel sentit per huiusmodi

006 ADL g3 pg23a

‘ operationem acquirit esse perfectum / nihil autem est causa essendi nisi inquantum agit in virtute /. oportet igitur quod omne operans operetur per virtutem divinam.# ultimum # et propter hoc # quaere in parvo quaterno ad tale signum, figura # * videntes enim quod sacra scriptura “ omnes effectus / etiam / naturales divinae causalitati attribuit, putaverunt # ‘ huiusmodi # * adeo quod dixerunt # ex script. conceptum etiam # ponentes # |25| ‘ neque # a deo # cum # quod est # ponebant # quasdam # ex # nulla form- # virtus activa # primum # habet virtu- # solum # virtus autem # est in rebus # ex hoc quod deus in rebus diversis operatur # sequitur / calefactio fit # alterius rei quam # non igitur effectus attribuuntur divinae virtuti tantum sed etiam ipsis rebus operantibus # |50| si generans # haec enim duo maxime et principaliter inveniuntur in deo # cui non permiscetur aliqua potentialitas, * ut supra probatum est,# ‘ dans # est igitur in detrimentum divini honoris si dicatur quod rebus creatis subtrahantur propriae actiones.# si autem # alia # qui in hoc praecipu- # deus # causa poterit # causae pote- # naturalis # manifestum est quod si aliquid est causa activa alterius, oportet # tantum # nam omne quod generatur #

006 ADL g3 pg23b

‘ formae # adhuc. agere consequitur ei quod est actu esse. si igitur hoc individuum compositum ex materia et forma est ens actu, sequetur quod eius sit agere secundum quod est actu./ erg- / agit ergo compositum ex materia et forma. amplius / cons- / eiusdem est consequi finem cuius est agere propter finem, nihil enim movetur ad finem ad quem non potest pervenire. acquisitio autem formae substantialis est finis alterationis. si igitur agens corporeum alterat materiam, eius etiam erit causare formam in materia.# forma accidentalis # adhuc. ad unum effectum una actio terminatur. ex forma autem et materia fit unum simpliciter. igitur eadem actio terminatur ad formam inducendo eam in materiam et ad materiam disponendo eam ad formam. * concedunt autem quod “ dispositio materiae ad formam fit per agens corporale. ‘ ergo et inductio forma in materia fit per agens corporale et non per aliquam formam immaterialem immediate. * rationes autem quas inducunt facile est solvere. ‘ formae enim non est per se fieri, sed sicut non est nisi in / alio ita / composito, ita non fit nisi facto composito. unde nec / generantur / generatur nec creatur, sed incipit esse per generationem compositi.# quod # |25| in esse # in agendo # est # req- # aequali # coadiuvet ad # manifestum est etiam # agitur enim # materia # alterius corporis # huius corporis # sin autem # est necessarium # hoc autem # intell- # potest dici quod # non debet per multa fier- # unde # duos # inconveniens # influen- # ut sicu- # virtutem # sicut in mediis demonstrationis, nam medium in quod # ex inferiori #

006 ADL g3 pg24a

‘ operatione # malitiam # in homine # caus- # et optimum quod est in ipsis # differant # sunt differ- / diversi sunt ut # et aliquid # * is. vi, ° excaeca cor populi huius et aures eius aggrava; * et ro. i, ° propterea tradidit eos deus in reprobum sensum ut faciant quae non conveniunt. * ex quibus auctoritatibus ostenditur quod ‘ divina providentia mala non excludit a mundo sed quaedam evenire permittit, scilicet culpas, quaedam vero ex ordinatione ipsius proveniunt, scilicet poenae.# |25| * excluditur etiam # ‘ illa # agere # caus- # primo est # plantae # necessaria # in # et semper eodem modo se habens.# in hoc ipso quod moventur # cum igitur ad deum # item. ad providentiam pertinet gubernantis ut ad effectus certos consequendos convenientia principia et debita media inveniantur, sicut et / dux exercit- / rector civitatis convenientes ministros instituit ad |50| officia publica peragenda. omnes autem causae secundae sunt quasi quaedam instrumenta ad effectus divinae providentiae producendos. taliter igitur sunt disposita qualiter / conveniunt / conveniant effectibus providentiae producendis. ad providentiam igitur divinam pertinet eis uti secundum modum conditionis ipsorum. cum igitur in causis secundis quaedam sint causae contingentes, contra rationem divinae providentiae esset si divina providentia omnia per causas secundas ex necessitate produceret.# similiter. si igitur # firmius autem est esse substantiarum quam esse accidentium et actionum et motuum. si igitur non omnes substantiae ex divina providentia habent quod earum esse sit necesse, multo minus alia circa substantias accidentia et actiones et motus ipsorum.# omnia # quod est divinam providentiam solum ad immutabilia coarctare.# corruptibilis # via ad corruptionem # corruptionem # eius in agente # rei.# ista # adhuc. ex aggregatione plurium |75| contingentium non potest fieri necessarium· aliquid: quod enim congregatum

006 ADL g3 pg24b

‘ est ex aliquibus dependet ex singulis, quod autem dependet ex contingenti non potest esse necessarium. constat autem / aliquas / causas particulares effectuum divinae providentiae esse secundum se contingentes, cum non semper eodem modo effectus producant # quod enim non libere agit non / a se / ex se agit, cum non sit in ipso agere et non agere, sed agit quasi / ab alio motum ad / ductum seu actum ad agendum vel ex vi naturae vel ex aliquo exteriori agente; quod vero libere agit ex se agit quasi sibi ipsi determinans finem actionis et terminum et modum agendi. in quo constat quod primo agenti similatur / * ostensum enim est in secundo quod ‘ deus non ex necessitate sed ex libera voluntate res in esse produxit # praeterea. non repugnat actioni superioris agentis quod inferius |25| agens per propriam formam et virtutem agit, nam propria forma et virtus est principium actionis ex virtute superioris agentis, * ut ex praemissis patet. ‘ sicut autem res naturalis per propriam formam et virtutem habet aliquam determinatam actionem, ita / voluntas secundum quod / voluntarium agens per propriam formam et virtutem habet iudicium et electionem de suis actionibus, in quo libertas voluntatis consistit. non igitur repugnat actioni divinae providentiae, qua cuncta gubernat et in omnibus agit, quod voluntas sibi actionem determinat per propriam libertatem.# quae inter maxima computantur.# quae iniustitia esset # a reb- # * err- # ‘ quem # “ omnia ex necessitate dicebant provenire,# ‘ illud fortuitum et casuale dicimus # necesse # |50| ab aliqua causa concurrente consequitur # consequitur # sit diversitas # omnimodam # sunt # qui in uno habent omnimodam perfectionem # * ut dicitur in ii metaph. # ‘ per accidens # universal- # et propter hoc — oportet ergo quod inferiorum causarum intentio.# ut multa accidant # * praemissa / ostensum est # ‘ universalibus # providentia # excluditur #

006 ADL g3 pg25a

‘ his enim tribus modis impeditur actio per voluntatem agentis, qualiter deus agit, * sicut ostensum est.# ‘ primo modo # * in primo libro # ‘ gubern- # nec enim defectus potentiae sibi ascribi potest # et humana industria et per naturalem # ab aliquo regente.# infer- # quaelibet causa # impossibile est # providentiae # univ- # ista # poterit enim contingere quod totaliter particularia deficerent et se invicem destruerent, si cura aliqua non conservarentur.# ut # |25| omnia # substantia vero est propter suam formam et naturam # in # ea # possunt # in # non pertinet # consistit # quamvis # perficiatur # scient- # per magistr- # partic- # secundum hoc aliqua # non sol- # erg- # praeterea.# * reprobatur # ‘ quae sunt corrupt- # * expresse # ‘ quod enim / * inducitur / enim / dixisse in vii eudemica ethica sua quod “ natura in generatis omnibus existens in unoquoque naturaliter facit eorum quae conferunt appetitum et |50| eorum quae nocent fugam, sicut quodlibet animalium convenientem sibi escam diligit et quod confert prosequitur, et medicinas suarum passionum naturaliter noscit. ‘ sed hoc a singularibus divinam providentiam non excludit. operatio enim naturae non excludit operationem divinam nec e converso, * sicut ex praemissis patet.# ‘ quod deus # primi # generationes # ea # opinio # praetermittat / nolit # ipse # ea ordin- # cum unumquodque recipiat influentiam ipsius secundum suum modum # perficitur autem ordo / |75| perfectio autem ordinis alicuius totius in hoc consistit quod omnes

006 ADL g3 pg25b

‘ eius partes sint sufficienter ordinatae.# quantum ad singula # si summus deus in # aliqua # et disponenda, minima # conditiones # inquantum # sunt # dirigere # quod quidem # et disp- # quod # exequendo # quod # apud # quae # ix # in quibus # per quam rerum causa existit # per quam # omnes igitur sec- # enim providentia # superabundantiam # super- # sint # ordinationem # exequentes # cum ordo nihil sit aliud quam “ parium dispariumque sua cuique loca tribuens dispositio # ‘ ordinatio sapientiae # virtutem # cum / per / causae particulares effectus universalium virtutum applicent ad particulares effectus # quae # et regit ipsam, eo quod ex forma sumitur ratio materiae convenientis, sicut ille qui compaginat navem praecipit illi qui / nav- / ligna secat, hic vero movet sola instrumenta, quia usus eorum rationem cognoscit.# moventur # domini # causae operationum # infer- # rationales # exigit autem divinae providentiae ratio inferiora per superiora gubernari, ut proportionaliter divinae providentiae dispositio perveniat usque ad infima, * ut |75| dictum est #

006 ADL g3 pg26a

* ut supra # ipsae # quanto aliqua # dat alii # supra # amplius. si aliquid non eodem ordine in pluribus invenitur, oportet quod illud / quod est / in quo primo invenitur sit aliquo modo causa ceterorum. quod quidem patet in analogice dictis / quae rationem / in quibus ratio communis secundum prius et posterius invenitur, sicut ens per prius dicitur de substantia quam de accidentibus / et / unde substantia / est causa quare accidentia dicuntur entia. apparet etiam idem in speciebus eiusdem generis naturaliter ad invicem ordinatis secundum esse, licet ratio communis non inveniatur in eis secundum prius et posterius, sicut in speciebus numerorum, nam prima species est causa secundae. natura autem intellectualis in diversis invenitur / secundum prius et pos- / secundum ordinem quendam, sic enim ostensum est supra quod ‘ intellectualis natura in multa potest distribui et non aliter. oportet ergo quod superior in intellectualibus naturis sit causa cognitionis aliquo modo inferiori, et quod inferior ex virtute superioris / virtutem / perfectionem in cognoscendo adipiscatur. est igitur superior inferioris regitiva. praeterea, * sicut iam ostensum est, ‘ corporalis creatura regitur ab intellectuali. inter corporalia autem est aliquis |25| ordo / ut / secundum quod / quaedam inveniuntur aliis superiora. si ergo proportionaliter divinae providentiae dispositio descendit ad infima, * sicut iam ostensum est, ‘ oportet quod superiora in corporibus regantur a superioribus intellectualibus naturis, inferiora vero ab inferioribus. non autem / infer- / superiorum intellectualium substantiarum regimen ad infima in corporibus perveniret nisi inferiores / inter / intellectuales substantiae regerentur ab eis, quia iam ex aequo / haec / inferiora ab inferioribus sicut superiora a superioribus regerentur, et sic regimen superiorum intellectualium substantiarum non esset universale, quod tamen requirit universalitas formarum quas a divina providentia recipiunt. oportet ergo quod inferiores inter substantias intellectuales regantur per superiores.# divinam sapientiam # ad perfectionem autem sapientiae providentis pertinet ut ordinem rerum gubernatarum disponat usque ad ultima. ex influentia igitur divinae sapientiae superiores intellectuales substantiae cognitionem ordinis dispositi a deo magis usque ad particularia, inferiores vero magis in quadam universalitate. * nec est hoc contrarium ei quod dictum est, ‘ quod superiores habent scientiam magis universalem. utrumque enim verum est. nam scientia potest dici universalis vel virtute vel abstractione a particularibus. habere autem scientiam universaliorem virtute est habere scientiam per species ad plura se extendentes, ex quo sequitur quod cognitio quae / ad / per illas species habetur magis descendat usque ad ultima, sicut et virtus activa quanto |50| est universalior tanto ad plura descendit. habere autem scientiam universalem abstractive est cognoscere universalia et non particularia, quod provenit ex hoc quod species intelligibiles sunt minoris virtutis in extendendo se usque ad infima. superiores ergo intellectuales substantiae habent scientiam magis universalem virtute sed magis particularem quadam extensione,/ sic / inferiores vero e converso, nam et dei cognitio universalissima est virtute, sed particularissima extensione, per unam enim formam, quae est sua / extensio / essentia, omnia particularia cognoscit. intellectus autem

cognoscens aliquid tantum in universali non potest ad perfectam cognitionem venire nisi dirigatur / per / ab aliquo qui in speciali cognoscat. quod manifeste apparet in disciplinis quae apud nos sunt: nam discipulus praecognoscit in universali quae addiscere debet in principiis primis universalibus / communiter / naturaliter / omnibus notis, per magistrum vero / universalis,/ qui etiam in speciali cognoscit, discipulus scientiae perfectionem consequitur. et hoc rationabiliter accidit. scire enim in universali est scire in potentia, de potentia autem in actum / non / reducitur aliquid / nisi / per ens actu. oportet ergo quod substantiae intellectuales inferiores reguntur per substantias intellectuales superiores.# immediate post haec scribas quod est infra in quarta columna ad tale signum (figura), et duo capitula sequentia:# |75| scribe supra (figura).#

006 ADL g3 pg26b

' annuntiant # eis # oportet # est # tant- # superior # licet autem # ita etiam sunt perfectioris cognitionis in hoc quod earum cognitio sit # eam # in sua natura # dicit # essentias # agere vero per intellectum praecipue propter aliquem # ordinatio # induc- # eos # altiores # perfectionem praedictam # motib- # singula # prospic- # primi sunt # dominationum # execut- # per- # pertinet # quae sunt # omnis # signa sunt # in # operationem # caelestes # quod / et hoc conveniens est ad principatuum ordinem pertinere,# immutatio # quadam # unumquemque pertin- # sed unicuique # et # * assignat tamen greg. aliter caelestium spirituum # assignare # videtur # ponit # ' praedictam # " has autem tres caelestium spirituum / spiritualium substantiarum / dispositiones * visus est plato tetigisse explicite providentiam commendans, * ut ex supra dictis apparet.# ' in virtute un- # virtutes # ex quibus tamen propter debilitatem #

006 ADL g3 pg27a

' superiorum spirituum # omnia ligna # sensus # rebus # * unde apostolus ro. vi monet ut " non exhibeamus membra nostra arma iniquitatis peccato # ° sub te./ * unde dicitur gen. iv, ° sub te erit appetitus eius et tu dominaberis illius, " scilicet peccati,/ ' quod / quia ex inordinatione partis sensitivae plerumque contingit.# naturaliter # suam # sapientiae # * et infra, ° vae tibi terra cuius rex puer est et cuius principes mane comedunt, " quasi sensualibus voluptatibus dediti; * et prov. xii dicitur, ° manus fortium dominabitur.# ' causarum secund- # unde # comparantur infer- # igne # quod / omne contrarium est in aliqua specie determinatum.# secundum aliq- # nec # est aliquid contrarium scilicet deors- # * ostensum est # ' quia sunt # quantum # pluribus modibus # quod enim augmentatur necesse est alterari prius # generatione # etiam in # aliquid # sol- # non # |50| movens # gravium # dispositionem # operum rationalis animae # alicuius operationis quae ab intellectu procedat. omnis autem electio nostra certum est quod ab intellectu procedit, competit enim homini prae aliis animalibus eligere inquantum est rationalis et intellectualis. impossibile est ergo quod corpora caelestia sint causa / per se / nostrarum electionum seu voluntatum # et ipsum # |75| nam #

006 ADL g3 pg27b

' neque igitur electionum, quae ex intelligibilibus principium sumunt.# movendo # * tertio de anima # ' ergo neque in voluntatem, nam " voluntas in intellectiva parte est, * ut dicitur in tertio de anima.# ' vel quocumque modo perficitur # in potentia # praeterea. quaecumque causantur a corporibus caelestibus subduntur / motibus caelestibus / eis / quantum ad principium / medium et finem / perfectionem et terminum /: nam, cum corpora caelestia moveantur circulariter, oportet in effectibus eorum quandam circulationem apparere, dum incipiunt ante esse et in non esse tendunt, propter quod " omnium generabilium et corruptibilium duratio aliqua periodo mensuratur, * ut dicit ar. in ii de gen. ' intellectus autem non subiacet alicui caelesti periodo quantum ad suum finem, * ostensum enim est supra quod ' est incorruptibilis. impossibile est ergo quod eius perfectio subiaceat caelestibus motibus. perficitur autem sua operatione. non est ergo sua operatio directe causata ex caelestibus motibus.# anima # * patet per philos. in lib. de gen. animal. et # ' etiam # |25| causatur ex # quodam modo # intelli- # fuere # intellectiva cognitio # cum sens- # eorum # tantum # causa # cum # non # dispositione # unde # directe # et elec- # neque etiam in volun-,# in intellectum # adhuc. intellectus ex hoc ostenditur quod non sit virtus in corpore / * ut patet in iii de an. / ' quia est potentia se extendens ad omnes formas / infer- / sensibilium cognoscendas, et sic oportet quod non habeat aliquam earum, quod esse non posset si esset virtus alicuius organi. voluntas autem se / simil- / extendit ad omnia / sensibilia / ad quae se extendit intellectus, volumus enim omnium intelligibilium cognoscere veritatem. impossibile est ergo quod voluntas sit virtus / in corp- / corporis alicuius. corpora autem / non / caelestia non habent impressionem nisi supra corpora et corporum virtutes, * ut ostensum est. ' impossibile est igitur quod habeant impressionem supra voluntatem. non igitur velle et eligere nostrum potest reduci in corpora caelestia sicut in causas.# per- # directe # directe.# corpora caelestia non habent impressionem nisi in corpora # ambulare / vel suas # naturaliter brutum ambulat # praeterea. ea quae naturaliter fiunt semper eodem modo fiunt ab omnibus habentibus eandem speciem, quia in eis est eadem natura, sicut omnis hirundo similiter facit nidum et omnis aranea similiter |75| operatur telam. non autem operationes omnium hominum fiunt eodem

006 ADL g3 pg28a

' modo, ut per se manifestum est et in moralibus et in artificialibus. non igitur / impressiones / electiones nostrae sunt ex impressionibus corporum caelestium: essent enim naturales, * ut ostensum est.# ' diversimode # ut # sp- # quae est naturalium # aliqua # absque hoc quod datur sibi # iudicium de eligendis # est possibile quod # his autem remotis socialis vita inter homines esse non potest, quod patet ex hoc quod # |25| intentione alicuius # alicuius # quidem # praeterea. alia animalia, quorum instinctus sequuntur impressiones caelestium / nunquam / non / appetunt nisi quod est conveniens suae speciei nisi / ut / raro propter / impedimentum / defectum alicuius principii naturalis. si ergo electiones nostrae provenirent ex corporibus caelestibus, nunquam homo eligeret nisi convenientia sibi secundum suam speciem. haec autem sunt quae sunt secundum rationem./ nunquam / non / igitur homo haberet electionem malam / nisi forte raro /. hoc autem est falsum. non igitur corpora caelestia sunt causae electionum nostrarum.# corpora autem / " quia agens est potius patiente et faciens facto, * ut dicitur in iii de an. # ' am- # aliorum # * dam. etiam dicit in ii lib. quod " non sunt caelestia corpora nostrorum actuum causa. * idem etiam habetur ab aug. in v de |50| ci. dei, in ii sup. gen. ad lit., et ab omnibus aliis ecclesiae doctoribus.# ' tripliciter # elect- # s- # tertio modo secundum quod per accidens impressio caelestium corporum redundat. est etiam # in aliquo # cor- # quia ex necessitate est #

006 ADL g3 pg28b

' potest / non igitur / est possibile quod / corpora caelestia ex necessitate / imprimant / imprimunt proprios effectus in his inferioribus.# cum sit ens in potentia requirit possibilitatem in rebus ex materia constantibus. non igitur motus caelestium corporum tollit possibile a rebus / infe- / materialibus # conditio # requir- # si quis # qu- # nam # quod contra necessarium dividitur # impo- # p- # * ut docet ar. in ii periherm. / ' sequitur # sed quia necessario fiunt quando sunt, necessaria dicuntur et non contingentia; |25| unde de huiusmodi dantur demonstrationes, quae non sunt contingentium sed necessariorum. hoc igitur dicitur possibile vel contingens quod est possibile vel contingens in ipso suo fieri; necesse tamen est quod postquam iam factum est transit in necessitatem, non enim potest non fuisse. * unde et boetius dicit in v / con- / de conso. quod " eadem sunt quae cum fiunt carent existendi necessitate et quae priusquam fiant sine necessitate futura sunt. * secundum autem / positionem / responsionem praedictam " necessarium est effectus inferiores fieri dum fiunt propter motus caelestes. sunt igitur ex necessitate futuri / et / non contingenter etiam antequam / fiunt / fiant. * non igitur per responsionem praedictam sufficienter / necessar- / possibile in his inferioribus defenditur.# ' sedere est contingens # non potest # talis # * probare nititur # ' enim # caelestium quorundam principiorum # aliis # hanc # rationem # fuisse # ipsius et ita oportet reducere ad aliquam primam causam ordinantem omnia, ut nihil fortuitum sit in rebus # septimo # |50| homo # et ita illum concursum non est necessarium reduci in aliquam causam altiorem # ° immo scire debemus quod caelestium vires necessaria fiunt dispositione quae prohiberi non possunt / quin vero.# ' autem # * et in praemissa ratione avic. aliud falsum # ' enim # causae # fit # quod habeat # tendere # * non potest poni # ' per quodl- # immutet # imprimat # autem # si # imprimens #

006 ADL g3 pg29a

' inquantum # ex / anima / motu caelesti # non,# intellectus autem et voluntas in eligendo # accidens # * ut in secundo ostensu- # ' adhuc. nullum agens agit in id quod est sibi propinquius per id quod est magis distans ab eo, sed magis e converso. animae autem nostrae quantum ad intelligere et velle sunt propinquiores animabus caelestibus, si quae sint, vel quibuscumque altioribus intellectualibus substantiis, quam etiam corpora caelestia. videtur enim, si motus caeli est ab aliqua intellectuali substantia, quod in productione hominis quidam circulus concluditur: nam substantia intellectualis, per vim intellectivam a corpore caelesti distans, coniungitur ei per operativam virtutem movens ipsum, ex cuius motu provenit generatio humani corporis, cui coniungitur anima nostra quantum ad operativam virtutem; per intellectivam vero est distans ab eo et / coniuncta est / propinqua substantiae intellectuali moventi caelum. sicut igitur substantia intellectualis superior movet caelum / mediante / immediate per virtutem operativam per quam ei coniungitur, ita movet immediate |25| animam nostram / quantum ad / secundum ea quae ad intellectivam partem pertinent, non per corpus caeleste, quod quantum ad huiusmodi multo magis distat ab ea quam anima nostra.# non possunt causare # deus # substantiae # directe creatura ig- # persuad- # amplius. voluntas non movetur nisi a bono. secundum igitur hoc aliquid se habet ad movendum voluntatem secundum quod se habet ad bonum./ nulla / omnis autem substantia creata est quidem bona per participationem boni, non quod ipsa sit suum bonum. quod quidem patet tum ex hoc quod nulla substantia creata est / suum / ipsum esse, quod est bonum desideratum ab omnibus; tum ex hoc quod omnis substantia creata tendit in aliquod bonum aliud a se tanquam in finem. solus autem deus est suum esse et nullum aliud altius se habet in quod possit tendere sicut in finem, * ut ex superioribus patet. ' nulla igitur substantia creata potest per se movere voluntatem, |50| sed solus deus. item. sicut se habet intellectus ad verum, ita voluntas ad bonum. intellectus autem non movetur sufficienter nisi a vero perfecto cui nihil veritatis deest. propter quod non acquirit scientiam nisi resolvendo in principia prima per se nota, in quibus nullus veritatis defectus esse potest. nec ergo voluntas sufficienter movetur a bono nisi quod est primum et omnino perfectum, cui nihil bonitatis deest. hoc autem deus est, * ut ex superioribus patet. ' deus igitur solus sufficienter voluntatem movere potest. praeterea./ eiusdem / eius est movere ad finem aliquem / cuius est / ad quem pertinet finis, sicut dux exercitus ordinat milites ad victoriam obtinendam, quae est finis eius./ sed omnis / omnes autem electiones / et vol- / nostrae et voluntatum nostrarum motus ad felicitatem ordinantur, quae in solo deo est sita, * sicut ex praemissis patet. ' solus igitur deus est motor voluntatis nostrae et agens in ipsam.# nostr- # solus # ipsius # quando est # est # grav- # movere potest corporalia # quod quidem aliquid est # |75| utatur #

006 ADL g3 pg29b

' virtus # solus autem deus est qui potentiam voluntatis in substantia intellectuali causat et semper causando conservat, * ut ex praemissis patet # ' idest absque violentia # pertinet # sed de # aliquod opus # sed # positionibus # etiam # ex # quod autem agit./ unde nec # nam # virtutis # et # consiliatur # |25| oportet # deus.# etiam # divinae # si igitur # et quia # res # contineri # videntur # secundum hoc ind- # quod # ex divina providentia # intelligentiae vel cogitationes inferioris intellectus # |50| corporalia # reduc- # in aliq- # et def- # electiones nostrae # est etiam immutabilis, quia / nihil vult / est ultimo fini coniuncta, qui est bonitas sua./ est etiam / in eo / etiam / defectus esse non potest, quia suum velle est bonitas sua./ impossibile # potest # formas # quod # apparet / quomodo / quod aliquis / potest dici / est bene fortunatus et unde est quod contingit # quod est # licet # et # et # caelestium corporum # |75| est dispositus # quarum

006 ADL g3 pg30a

' rationem # tal- # in # fortun- # ad naturam intellectus diversam pertineat # secundum form- # est # evenit quod ad # ad # quod # disponit # intellectus # inducitur aliquis # quam oportet ex fine sumi # et ideo # electionem # est # bo- # bene # et praeter # exeq- # exequen- # * secundum illud ps., ° apud dominum gressus hominis diriguntur.# ' haec # secundo # potest # per virtutem # quantum ad # ex # facere # nisi per accidens # esse # causa huius inclinationis # quaerat # intell- # desinunt esse fortu- # vel # vel # quae enim # aliqua # |50| ex sens- # quae # videntur # in causas caelestes # * sunt conati # ' fat- # fatum # in # in # impr- # ordinat- # vel quod # * eadem ratione aristotelis qua superius contra avic. usi sumus ad ostendendum quod ' non necessarium est ut eveniant effectus caelestium corporum.# |75| etiam #

006 ADL g3 pg30b

' sequetur hoc esse necessarium si quil- # non ergo verum est # ex necess- # * ut ostensum est # ' aliter # secundo # si aliquae # posset autem et adhuc ex parte praescientiae argumentari, * sed quia supra in primo libro soluta est difficultas quae ex praescientia oritur, ' insistendum nunc est ad solvendum praemissa quae directe providentiam tangunt, non ratione cognitionis, sed ratione causalitatis. considerandum est ergo ad praemissorum solutionem, quod effectus in se consideratos necessitas et contingentia non distinguunt, sed secundum quod considerantur in suis causis, ex quibus quidam effectus procedunt ex necessitate, quidam vero contingenter: unde ipsum currere, vel sedere, secundum quod iam exivit a causis,/ |25| necessitati / a necessario non differt,/ unde / propter quod omnia praeterita necessaria sunt.# * dicta prius sunt # ' osten- # et quod # ipse # esse dans # et perfectionem # secundum # dispositionem # magis # quantum # compl- # ipse # ordo # ad summum # ministr- # deinde # aliquid # non potest autem alicuius providentis cassari provisio nisi / secundum alicuius impedientis / per alterius agentis contrarietatem # |50| eius # aliquod / aliquid bonum # dispositione # partium eius una sit alia # partium # bonum # salva tamen consistentia eius subs-.# si # et omnes defectus:# semine # virt- # prima autem # ex # partium # firmari # eius # ex necessitate # infallibiliter # poterit # in se # secundum se consid- #

006 ADL g3 pg31a

'per quas # pro suo arbi- # eius providentiae subest # adduci # sicut cum # sed # sicut autem deus ab aeterno / providens / disponens aliquos effectus futuros fore, eis causas naturales / disposui- / providit quibus produci possent in esse, ita providit / ab aeterno / quod bona quae hominibus dare disposuit ab aeterno, per orationes et pia desideria consequantur.# ut ita dicam # quod pior- # aliae subs- # implet # sua # |25| quod deus non omnes orationes exaudit # orationes # deum # si igitur # eorum # sicut cum # non # expediens # enim # porrecta # oratio- # sciens # et matth. # secundas non # et dicere # eund- # sive totaliter # suum # post # quis scit # * et ioelis iii, ° misertus est dominus super malitiam quam / dixit / locutus est ut faceret eis et non fecit.# |50| 'quia # universalior # immutare # eorum # ratione # dicitur # quae non exprim- # mutatio # variare # verbum # alia # * philosophus # 'ordinis # his q- # res #

006 ADL g3 pg31b

'nullo # ex utroque # vel propter efficaciam virtutis # magis propinquae materiae # sequitur # et sequente specierum # diversitatem # cuncta # hoc etiam # utrum # possit esse # dependeat # per creaturas # vel il- # |25| habeat # ex simplici # alia # * contra quos accipienda # 'et / non # providentiae # a providentia in dispensatione # hoc autem # dependeant qui # consequ- # tamen # sive quocumque # quod in suam bonitatem non ordinet # solam # sub # aut aliquid sciat # |50| nunquam igitur deus facit praeter ordinem providentiae ab aeterno excogitatum # considerandum utrum # a superioribus # et / ut / sic effectus qui in inferioribus ex actione superiorum consequantur # immediate # creatura # * ostensum enim est supra quod 'omnis virtus activa sub virtute divina continetur, sicut virtus particularis agentis sub virtute agentis universalis. quicquid autem subiicitur virtuti inferioris agentis, subiicitur virtuti superioris. oportet ergo quod quicquid est subiectum virtuti cuiuscumque agentis, sit subiectum virtuti divinae. virtus autem divina non operatur ex necessitate naturae, sed ex voluntate. * ut supra ostensum est. 'virtus autem ex voluntate operans non est determinata ad unum effectum secundum unam mensuram producendum, sed ipsa suo effectui mensuram et modum libere imponit. quod quidem in his quae agunt per necessitatem naturae non contingit, nam secundum mensuram virtutis agentis de necessitate sequitur mensura effectus: non enim potest magnus calor parum calefacere, sed de necessitate / quantus est, tantum calefacit / calefacit secundum modum suae virtutis.# |75| perfectissima #

006 ADL g3 pg32a

'absque # "dicere autem quod non potest in inferioribus operari nisi secundum ordinem mediarum causarum sequitur si agat per necessitatem naturae.# 'virtutem # formam # intelligibile enim particulare est sicut forma particularis per quam agit causa secunda.# "dicere autem quod non possit praeter causas medias operari, * sequitur ex opinione eorum qui licet dicant "per intellectum et voluntatem operari, * tamen ponunt quod "deus non cognoscit nisi universalia, et ideo non producit / nisi / universalem virtutem / primas / immediate nisi primas substantias in quibus est virtus activa universalis.# 'eiusdem # immediate # * ad illos autem pertinet dicere quod "deus in rebus inferioribus absque superiorum actione operari non potest, qui dicunt quodam ordine res a deo processisse, ut scilicet ab ipso immediate profluerent solum primae creaturae, a quibus dicunt profluere alia et sic inde.# 'reb- # * ostendimus enim quod 'ordo rerum ex divina providentia pendet # |25| superiores # in rebus agen- # suffic- # si ergo # divina # ad id # contrarium agen- # divina provi- # mutatione / defectu # nunquam # ipsa autem # aliquid # nam et in rebus creatis hoc potest # ad # actio # contrarium # generato # innaturale # |50| et # propriam # primae # post- # proprie # illa enim # vel mira # omni homini # in secundo # videre # sola # nulla vis # secundum autem gradum tenent illa # in quibus # tanto miraculum maius est # modum # sicut # absque # |75| absq- #

006 ADL g3 pg32b

'praeter # determinatos effectus # infinita # agens # potest agere nisi # circa rem aliq- # non # simpliciter # requiritur / relinquitur igitur quod n- # item. faciens oportet esse simile facto./ illud / unde et omne quod / actu / facit aliquid esse in actu, oportet esse ens actu./ eff- / ea autem quae fiunt in his inferioribus,/ sunt / non sunt formae tantum, sed composita ex materia et forma: "non enim generatur nisi compositum, * ut probatur in vii metaph. 'id igitur quod est forma tantum, non potest producere effectus corporales immediate, sed mediante aliquo corpore tantum. substantiae autem / incorporeae / superiores, scilicet angeli et daemones,/ vel / non sunt compositae ex materia et forma, ut supra probatum est. non possunt igitur / ex / ab eis aliqua fieri in rebus corporalibus nisi mediante virtute alicuius corporis./ amplius./ quod cum fit, non est miraculum. non igitur virtute eorum possunt miracula fieri.# fiat # a principio # nulla # operari # oportet enim ut / non autem / ad hoc autem quod aliquis # oportet enim quod ad / cum producantur virtute corporis alicuius # a substantiis creatis incorporeis potest aliq- # a quo # per haec / * sunt autem quidam / quidam autem dixerunt / quidam autem # ° qui facit # * per haec autem excluditur # qui dixit # 'vel ad casum # supra # immut- # etiam # * dicit quod # secundum ar- # 'inveniatur # ag- # imaginatione # nuda # aliqua # movet # proprium # aliquam # * hunc autem / modum / autem praedictum / 'fac- / operandi in istis corporeis * attribuit augustinus daemonibus in iii de trin. ita dicens: ° non est putandum transgressoribus angelis ad nutum servire hanc visibilium rerum materiam, sed deo potius, a quo haec potestas datur. nec sane mali angeli creatores dicendi sunt, per quos magi ranas serpentesque fecerunt, non enim eas ipsi creaverunt. omnium quippe rerum quae corporaliter nascuntur, occulta quaedam semina in istis corporeis huius mundi elementis latent. mali ergo angeli secundum subtilitatem sui sensus in occultioribus elementorum seminibus |75| norunt unde ranae serpentesque nascantur, et haec per certas

006 ADL g3 pg33a

° temperationum oportunitates occultis motibus adhibendo faciunt creari, non creant.# 'esset # propriis # et ex hoc quod causae naturales # nobis # effectibus # manifeste # non enim est possibile # habentem # non potest # fiunt # interiorem tantum # ac si essent # abstractio ab exterior- # non enim potest esse # acc- # adhuc # non # aliquis # nisi # fiunt # ser- # quod primum # fit # scilicet # totaliter # accipi # de novo nisi # prius # praeterea. si aliquid moveatur per principium vitae intrinsecum, in seipso habet quod moveatur vel non moveatur, unde et bruta et pueri voluntario communicare dicuntur. hoc autem non invenitur in statuis quae per artem nigromanticam fiunt mobiles, nam non moventur nisi ad momentum secundum operationem nigromantici. non est igitur possibile quod moveantur per principium vitae intrinsecum.# propter hoc # item, plus / ad / accedunt ad materialia elementa lapides et metalla quam plantae et capilli, quibus non sentimus. sed plantae propter propinquitatem / item,/ plus habent / magis dominatur terra in lapidibus et metallis, ex quibus fiunt statuae, quam in plantis vel capillis. haec autem propter abundantiam terrae in eis non possunt sent-. multo igitur minus statuae praedictae. et ita non possunt moveri per principium / motus / vitae intrinsecum.# |50| semper # eorum # vel ars omnino facere non potest aut # inveniri # nigrom- # adhuc. naturalem effectum vel ars omnino facere non potest, vel in faciendo deficit / operat- / ab operatione naturae, unde aurum alchimicum non attingit ad bonitatem auri naturalis. si ergo / quaedam / quadam arte fiunt aliquae statuae habentes principium vitae virtute caelestis corporis, oportet quod debilius principium vitae habeant quam / illa quae sortiuntur / animalia / ex putrefactione / sine semine naturaliter generata per virtutem solis, quae tamen sunt ignobilissima. arte autem sola constat quod huiusmodi fieri non potest, nam formae artificiales in quas ars ex se potest sine operatione virtutis naturalis, sunt accidentia tantum, * ostensum est autem quod 'principium vitae neque esse / formae / formam accidentalem # ex his # * trismegisti,# 'sanantes # praedictae # sol- # non ex propria complexione sed ex proprietate quadam quam ex caelestibus corporibus sortiuntur, sicut quod adamas trahit ferrum, |75| quod aurum habet proprietatem laetificandi, quod a natura non habet.#

006 ADL g3 pg33b

'praedicti eff- / praedictae # praesentet # verba audita aliquis # hanc habet virtutem / quod / ut # quod magis # suam # artes # eff- # prae ceteris # ut # cuius conceptionem exprimunt voces prolatae, directe # voces autem significativae / sunt / ex intellectu procedunt inquantum significativae sunt. unde quantum ad hoc ex virtute stellarum non videtur aliquid hanc posse virtutem habere ut significando aliquid illud fiat.# saltem # |25| praedicti eff- # praeterea./ si / quod habet aliquis a nativitate per virtutem stellarum est ei naturale. ad ea autem quae sunt naturalia non indigemus consuetudine vel disciplina nisi forte ut / facillim- / facilius et ordinatius ea faciamus, sicut opera virtutum ad quae sumus naturaliter dispositi possumus quidem et sine virtute facere, licet non ita faciliter. sic igitur / per naturam / si aliqui / homines / qui / ex sua nativitate / habent / haberent ut in talibus operibus sint efficaces, possent huiusmodi effectus etiam sine disciplina et aliis observationibus producere. quod non videtur. non igitur huiusmodi voces significativae / effectum / efficaciam / habent ab ipso proferente.# unde et de eis est mathematica scientia quae circa immobilia est # * ut concludit philosophus in iii de caelo.# 'esse # disponi # sed solum quasi signis # ergo # hoc etiam demonstrant prostrationes, thurificationes / sacrificia / et alia huiusmodi quae non possunt / esse / ad aliud fieri nisi in signum reverentiae et honoris / quasi / alicui intelligenti exhibiti, cuius auxilium imploratur ad huiusmodi effectus producendos.# adaptantur # ad aliquos # effectus # alicuius # sunt vel sunt # per figuras autem non potest fieri aliquid in potentia naturali / figurae autem non pertinent ad potentiam materiae, nam et in eis non dicitur potentia nisi aequivoce, sicut quadratum dicitur potentia lineae # cum # aliquid # stellae # adhuc, illud quod semper intelligitur ut consequens formam non potest dici dispositio ad formam. figura autem intelligitur in rebus naturalibus ut consequens formam a qua res naturalis habet speciem, unde diversorum secundum speciem sunt diversae figurae,/ et adveniente nova forma advenit nova figura / quod non accidit de qualitatibus quae sunt dispositiones ad formam, nam calor qui / disponit ad formam / est dispositio ad formam ignis, remanet in materia etiam post adventum formae ignis non igitur potest esse figura dispositio ad recipiencum aliquam formam seu virtutem a corpore caelesti.# sequuntur # hae autem figurae quibus huiusmodi artes |75| utuntur non sunt huiusmodi.#

006 ADL g3 pg34a

'artis # ostenditur etiam idem per prostrationes sacrificia et subfumigia et alia quae in signum reverentiae / et honoris / exhiberi videntur.# substantiales # forte # characteribus # restat # sunt effectus # non # intellectus # intellect- # harum # intellectus # homines # |25| quasi inferiori # sibi quasi # quasi s- # investigare autem oportet utrum ex natura sit # illis # quorum # quod quidem nullo modo esse potest.# si igitur # omne autem quod est per acc- # suas # si ergo # est p- # naturae sit ordinata generatio # si igitur # bonum # |50| praeterea. malum inquantum huiusmodi praeter ordinem est,/ eo / cum non fiat nisi per accidens, * ut supra ostensum est./ 'omnia autem / * ostensum autem est supra quod / 'omnia / autem / quae sunt secundum naturam sunt ordinata. impossibile est igitur quod praedictae substantiae secundum suam naturam sint malae.# et si aliquid # proprium huius est contrarium bono alterius # amplius. verum et ens sunt eiusdem ordinis. sicut igitur ens / inquantum / simpliciter bonum est, ita et verum. bonum autem intellectus est verum / hoc enim appetit / per hoc enim perficitur. est igitur intellectus bonum id quod est bonum simpliciter, et non huic bonum. non est igitur possibile quod intellectus / aliquid / aliquis / sit secundum suam naturam / malum / malus /, neque simpliciter, neque secundum quid.# voluntas # secundum suam naturam # finem # sit mala # nisi intellectus secundum naturam # secundum naturam suam # circa naturam #

006 ADL g3 pg34b

'in operat- # adhuc # deficit # non enim # deficiens / a cognitione # amplius. nihil malum est ex hoc quod tendit in id ad quod / naturaliter / ordinatur sua natura, quinimmo per hoc quod consequitur proprium finem, unumquodque perficitur in bonitate. si ergo intellectus aliquis et voluntas naturaliter / tendat. ordinentur / tenderent ad malum, ex hoc ipso quod ad malum pervenirent meliora essent, quod est impossibile. non est igitur possibile quod aliqua substantia intellectualis sit naturaliter mala per hoc quod ordinetur ad malum naturaliter secundum id quod est intellectualis, idest secundum intellectum et voluntatem./ relinquitur ergo quod si sit naturaliter mala, hoc erit per aliquam aliam naturam sibi adiunctam /. praeterea. in / nobis / quibusdam hominibus est aliqua naturalis inclinatio ad aliquod malum / propter / sicut ad luxuriam vel ad iram vel aliquid huiusmodi, non propter intellectum et voluntatem, sed propter aliquam aliam naturam adiunctam, scilicet naturam corporis, quod secundum suam complexionem et proprietatem inclinat vel ad hoc vel ad illud inordinate. in |25| substantiis autem illis quarum auxilio artes magicae utuntur, non est aliqua alia natura praeter intellectualem / non erg- / * ostensum enim supra quod 'nulla substantia intellectualis est unita corpori nisi anima humana, * quamvis quidam ponant "huiusmodi esse etiam animas caelestium corporum, quas ridiculum est dicere naturaliter malas, cum sint, si ponantur / toti- / esse, totius naturalis ordinis quoddam principium. 'relinquitur igitur quod praedictae substantiae intellectuales / quibus / per quas efficaciam habent operationes magorum, non sunt naturaliter malae # natura # operationes / magic- / artium magicarum # * non ob hoc / ut / falsa ponimus quod 'in demonibus ista # cur daemones possint mali per culpam. obiectiones,# necessarium est # * ex superioribus 'huiusmodi substantias corpora |50| naturaliter sibi unita non habere # alias cognitionis species # quicquid autem aliquis intelligit # sed # in # error in v- # relinquitu- # quae universali s- # non autem # iudicando # iudicandc # calore # apprehendat # his quae sunt praeter essentiam rei puta # provenit # puram / absolutam # nostri # corporis conser- # non # possibilis #

006 ADL g3 pg35a

'hoc quod # non p- # pl- # separa- # nullum # ex his ergo videtur quod in praedictis substantiis peccatum secundum voluntatem non possit, cuius contrarium fides catholica sentit.# in diabolis # peccavit # sententias # haben- # et ideo # unita # sensus # in nobis # homines # quolibet # ut autem accipiatur horum vera solutio, observari oportet quod appetitus nunquam fertur nisi in aliquod bonum vel apparens bonum. oportet ergo peccatum in appetitu esse ex hoc quod appetitur ut bonum quod vel non est simpliciter bonum sed secundum quid bonum, vel non est huic aut nunc aut sic bonum ut desideratur. non potest autem in voluntate alicuius substantiae separatae peccatum accidere ex eo quod bona corporalia vel delectabilia sensus / ab eis,/ quae sunt bona secundum quid, ab eis desiderentur ut bona simpliciter: ridiculum enim est dicere quod tales substantiae / vel pecuni- / ciborum aut venereorum delectationibus afficiantur, vel pecuniae et cuiuscumque huiusmodi, quae appetibilia sunt secundum quod necessitati corporis deserviunt. relinquitur ergo quod peccatum in eis esse non possit nisi ex hoc quod id quod est bonum simpliciter non eo appetunt ordine quo convenit / ut sic quod est simpliciter bonum./ hoc autem bonum / quod / in quod earum voluntas ferri potest, non est nisi triplex: quorum primum est proprium esse, quod amant et conservari volunt; secundum est perfectio proprii intellectus, non est enim in eis idem intelligere et esse, * ut supra ostensum est; ' tertium autem est actio vel receptio per quae |50| ad / aliud / alia ordinantur. esse autem et ordo essendi unicuique est determinatum secundum suam naturam: unde oportet quod voluntas uniuscuiusque naturaliter feratur in suum esse secundum determinationem talis modi et ordinis; quod enim esse suum alterius / app- / ordinis facere appeteret, per consequens appeteret se non esse, quod nulli accidere potest nisi per accidens, puta si terra appeteret esse ignis, appeteret se non esse. non est ergo possibile quod voluntas substantiae separatae / inordinato fer- / peccet ex hoc quod / feratur / fertur in suum esse, puta quod velit esse vel superioris vel inferioris ordinis. perfectio autem intelligibilis praedictarum substantiarum est etiam eis determinata secundum modum suae naturae: sicut enim nos habemus nos ad prima principia naturaliter cognita, ita se habent substantiae separatae ad omnia eorum intelligibilia,/ secundum naturalem cognitionem ipsarum / et adhuc naturalius cum non indigeant sensu ad aliquid cognoscendum. unde eadem ratione non potest / intellectus / in eis voluntatis peccatum esse secundum quod voluntas fertur in perfectionem intelligibilem, cum sit consequens proprium modum naturae ipsarum. si autem est in eis aliqua perfectio intelligibilis supernaturalis, ipsam etiam appetendo non peccant, cum sit finis ultimus, * ut supra ostensum est / 'unde etiam appetitus earum in hoc naturaliter ordinatur, quae autem naturalia sunt absque peccato sunt, cum non sint mali per naturam, * ut ostensum est /. similiter etiam in earum voluntate peccatum esse non potest secundum quod ordinatur ad alia per modum receptionis: nam voluntas non fertur in receptionem nisi propter receptivum, quod in eis esse non potest nisi ipsum esse et perfectio intelligibilis, circa quae voluntas |75| earum non peccat, ut / supra / ostensum est. ' relinquitur igitur quod

006 ADL g3 pg35b

'peccatum in eis esse non possit nisi secundum quod voluntas earum fertur in actionem qua in alia agunt: quae quidem actio non est eis determinata ex natura, sed ex voluntate agunt, * sicut et de deo supra probatum est. 'restat autem considerare qualiter circa hoc possit esse peccatum in eis. est igitur sciendum quod in omnibus quae agunt per intellectum et voluntatem, ex scientia agentis derivatur ratio operis / et ordo actionis /, et ideo ubi sunt artes vel scientiae ordinatae invenitur ordo in effectibus secundum relationem ad diversa principia, ita tamen quod ordo dependens a superiori sub se continet ordinem ab inferiori dependentem; ordo enim qui est in exercitu a scientia ducis subditur ordini qui est a rege in totam rempublicam. si ergo dux secundum propriam scientiam solum ordinaret exercitum / absque cons- / non referendo ad superiorem ordinem, esset in tali ordinatione peccatum. * ostensum est autem supra quod ' omnes substantiae separatae sunt sub deo sicut inferiores artes sub superiori. si quae ergo earum inferioribus ordinem secundum scientiam suam imponere velit, et non referat ad ordinem qui a deo est, peccatum voluntatis incidet / quae est ordinandi principium a quo ordinatio talis procedit /. non est autem impossibile in eo qui libere ordinat ut ordinem imponat inferioribus secundum propriam scientiam, non referendo ad alium ordinantem. cum igitur actio substantiae separatae in inferiora non sit ei determinata ex natura, * ut dictum est, ' nihil prohibet iuxta praedicta in eis peccatum voluntatis esse. patet etiam ex hoc quod in solo deo peccatum cadere non potest: quia eius scientia est primum ordinationis principium, et eius bonitas ultimus finis, et |25| voluntas ipsius primum motivum omnium, unde non est ei necesse in aliud referre, sed secundum se agere./ quia vero non subdi superioris ordini superbire est, manifestum est quod secundum praedicta, quod / etiam / diaboli primum peccatum fuit superbia. et quia solius dei est ut secundum propriam scientiam omnia ordinet nulli ordinatori / obnoxius / subditus /, patet quod secundum praedictum modum peccandi quodammodo diabolus dei aequalitatem praesumpsit.# ad huius igitur dubitationis solutionem primo considerandum est quod / in solo / solus deus est in cuius voluntate peccatum esse non potest. voluntas enim omnis naturaliter fertur in bonum, non quodcumque, sed in bonum proprium volentis. est autem in voluntate peccatum dupliciter: uno modo ex eo quod quis vult / quod / quandoque quod non est verum bonum sed apparens, sicut cum homo vult furari vel fornicari; alio modo ex eo quod bonum quod vult non ordinat in debitum finem, sicut cum quis vult eleemosynam dare / propter inanem gloriam /, sed non propter deum. ad hoc igitur quod nullo modo possit esse peccatum in voluntate, duo requiruntur: quorum unum est quod voluntas non possit ferri in aliquid quod non est verum bonum, et hoc quidem contingere necesse est quando / per intellectum / vis cognoscitiva non repraesentat ut bonum quod non est vere bonum; aliud vero est quod proprium alicuius volentis quod naturaliter voluntas vult non sit # ad evidentiam igitur praemissae etc. quaere in parvo ad tale signum figura # hiis # quod non esset sibi proprium # sed # vel sensus non ordin- # non referend- # defectus # defectu # ag- # modo praedicto # agunt # |75| deus # aliam #

006 ADL g3 pg36a

'creaturas # praecedunt # act- # operatio artis # divers- # apud # aliam # ratio # cognitio # hoc requirit # non # ipsum # principali # quorum quaedam # proprium attin- # fines # quaeruntur # sicut et materia propter formam./ partes autem # |25| in unaquaque # universi # corpor- # ex # cognitionem capit # substantiae # adhuc.# quandiu # convenit # semper sunt. sempiternae / incorruptibiles sunt non solum secundum speciem, sed etiam secundum individuum, ut ex praemissis est manifestum,/ sunt enim / alia / aliorum / vero / pl- / multa sunt quidem incorruptibilia secundum speciem, non autem secundum individua, sicut omnia inferiora corpora. haec igitur, ad minus secundum sua individua, non sunt propter se provisa, sed propter alia quae propter se provisa sunt. si autem sunt / etiam / quaedam corpora etiam secundum individuum incorruptibilia, sicut corpora caelestia, nihil est contra hanc rationem: quia / vel / " sunt animata anima intellectuali, * ut quidam ponunt; 'quod si non est verum, tamen sunt mutabilia, licet non secundum substantiam; substantiae vero intellectuales inquantum huiusmodi omni motu superiores sunt, in omni autem motu est secundum quid generatio et corruptio. nec etiam huic rationi obviat quod / quaedam / substantiae intellectuales non semper / fuerunt / sunt, sed de novo esse incipiunt, sicut animae humanae: quia * apud negantes aeternitatem mundi, secundum quod fides catholica |50| ponit, ' nihil ponitur sempiternum nisi ex quo esse incoepit # ei # quae semper durat.# alium finem. referuntur enim et ad dei bonitatem / et ad perfectionem universi / non tamen ita quod divinae bonitati aliqua proveniat utilitas ex huiusmodi creaturis, sed inquantum in eis divina bonitas quodammodo multiplicatur et manifestatur. similiter etiam ordinantur ad perfectionem universi, quae in eis principaliter consistit, in aliis autem non nisi secundum quod ad ipsa ordinantur, * ut ostensum est # 'eis a deo # ut in / aliorum / aliarum rerum # cedant.# ° volucres # * in libro # ° pater # * invenitur # 'assuefaciendo # circa #

006 ADL g3 pg36b

'et corporalia.# aliqua # revoc- # et convenientius # et sic contra praedictas inquietudines efficax haberet remedium.# et quidam / exteriorum observationum ritus / sanctificationum ritus.# gub- # fieri # excitet et provocet # propter deum # acce- # et affectio # | 25 | quasi # non solum # * manichaei qui 'deum # ut # iudicent # * quod etiam eorum congruit errori qui dicunt " animas humanas non naturaliter esse corporibus unitas, sed inter ceteras intellectuales naturas creatas, et postmodum in poenam corpori alligatas./ et tamen / sic enim ea quae per corpus exercentur non essent necessaria ad animae perfectionem nisi per accidens. 'sed sive per se sive per accidens, hoc # convenientissime # non q- # fidei spei et caritatis # scilicet fide spe et caritate.# unde et " religio pars iustitiae * a quibusdam ponitur, " sicut et virtutes quibus aliquid debitum proximis reddimus.# ' h- # impen- # ea # etiam # | 50 | s- # ut pote.# sp- # deo # quem recognoscere debemus omnium conditorem primum et / cons- / gubernatorem # non # hinc autem patet quod latria non est alicui creaturae exhibenda, sed soli deo.# quorum # crediderunt # daemon- # etiam eas / hiis # dicebant # quaedam # eis # aestimare deum # esse deum # quae gerimus # per hoc ho- / movetur autem # primum # |75| ad hoc #

006 ADL g3 pg37a

'exhiberet # illi qui # alterum # amplius. in causis ordinatis effectus inferioris magis debet attribui superiori inquantum hoc quod inferior causa agit habet a superiori. deus autem est prima causa gubernationis rerum ex cuius dispositione # omnes autem causas agen- # deo # praecipuum # quasi suo motori quasi suae beat-,# mens humana # * haec # magis # quam illa quae # secunda # 'quas videmus # cum # diversa corpora # ei tamen # cum enim # non potest # |25| relinquitur ergo # respicit # in nostra anima # de # * demonstrat / phus. / aristoteles # ' aut / oportet # quod aut # contineantur # sicut # * et sic posset dici contra hanc opinionem # ' supra # praemissam # sicut.# si autem # omn- # un- # maiorem # stare non potest # spirit- # spiritualis substantia scilicet # homini # ad # habeant # noxia # solutio / quod ratio non est efficax / qualiter solvenda sit ratio # huiusmodi # et nullus patitur iniustum volens et cum # habeat # conveniens # malum # licet si fiat # inquantum / quandoque ex eo quod propter hoc aliquis scandalizatur.# de eo quod est peccatum per accidens # per se # |75| rationem #

006 ADL g3 pg37b

'id q- # non # hoc autem # debita # autem # cum na- # ut accidit in pullis gallinarum et similium avium # non l- # pullis # pueri # plan- # ad fetum # quia inclinationes naturales non sunt # huiusmodi coitum esse leve peccatum, propter hoc quod nullum aut # per inordinatam autem seminis emissionem # huiusmodi peccatum quo / aut laeditur # |25| qua # indivisib- # quia enim # ea # matrimonium # et sp- # assumetur # si igitur # inconvenientia sequi # praeterea. innatum est maribus in qualibet specie / si vir posset di- # quia in specie humana naturalis quaedam inclinatio est in patre ut ea quae ad conservationem suae vitae acquisivit filio dimittat, in quo ipse quodammodo vivit, hinc est quod patribus in ho-.# et etiam propter # longa # contra # naturae # ulterius autem considerandum est quod inter ceteros / naturalium virtutum / naturales actus solus generationis actus ad bonum naturae pertinet, |50| cum sit ad conservationem et multiplicationem speciei; assumptio autem ciborum et aliarum superfluitatum emissio solum individuum respiciunt.# debet # ordinantu- # oportet # adhuc. inter virum et uxorem est familiarissima societas. --- familiarissima autem societas requirit indissolubilitatem, non enim secure potest aliquis sua secreta illi communicare quem quandoque ab ipso possibile est separari. est igitur secundum aequitatem naturalem quod matrimonium sit inseparabile. * hinc est quod dicitur matth. xix,/ quod / ° quos deus coniunxit homo non separet. ' permissum autem fuit in lege veteri divortium ne sequeretur homicidium, ad quod proni erant iudaei, propter duritiam cordis. * per hoc autem excluditur error saracenorum, qui " uxorem dimittere licitum reputant.# ' solus generationis actus # vel quod ulterius defectum natural- # oportet # leges # ex hoc non # omne # ad generationem # |75| quantum #

006 ADL g3 pg38a

'quas # quia sub specie dimissionis uxoris primae # mulie- # improban- # potiendi / voluntate / voluptate # vul- # primo # facit sola ratio prima # ut libet # coniunction- # permiss- / habet autem aliquarum gentium consuetudo / et hoc / quod unus vir habeat plures uxores. apud quas non est liberalis ex utraque parte coniunctio, sed ex parte feminae videtur quodammodo ancillaris, cum libertatem non habeat, ad quam natura instigat. unde videtur contra naturalem instinctum esse quod unus mas habeat plures feminas.# signum autem huius est quod # omnibus animalibus # |25| in animalibus autem in quibus # feminarum # homini # utri- # se # erub- / confusionem # caveri # dedi- # in # multiplicaretur # naturali propinquitate # dum # matrimoniale # ad # naturaliter autem # |50| quia # pertinet # quod # enim # quae sunt naturaliter ordinantur # conveniunt # q- # naturaliter # ea quibus iniuriae arcentur et unicuique quod suum est conservatur # in superfluitate vel diminutione ciborum # erit # curetur # etiam # bon- # iniustum # quibus #

006 ADL g3 pg38b

'puta # uxores # et ali- # autem # temporal- # castitate # sunt quidem # de # et # * unde dicitur cant. viii, ° si dederit homo.# ' consequitur ut omnium # est enim religio quaedam # rationes # |25| fuisse # appetitus est # divitias # auxiliantur # bonum / debemus autem proximi # abiicere # non solum mala sed # aliqui # voluntariam # hic autem modus # possibile est et propinquum quod plures non habentes # communi # sed nec hic # sed nec # formam dar- # hoc enim quod # |50| facilius # libera # nobiles # sapientia sunt eru- # quas propt- # autem # auxilio # cum # his # nec tamen # occu- # sicut # quam in # communem # quae sunt / quae non possunt esse / quae quidem exercitia in contemplatione divinorum consistunt / ut scilicet divinae contemplationi vacetur.# corpus / carnem # concupiscentiam # domandam # quia # modo # est autem # et per / et habentibus divitias,# aliquas vivat #

006 ADL g3 pg39a

‘ per # ascendere # dicitur enim # minist- # qui divina # et apost. # al- # ad # volunt # haec autem # oportet enim # ei qui vol- # quod # alieno # haec # viles # men- # et import- # sustentantur # praedict- # non # temporalis # qui aliquid repugnans altitudini # d- # ipsa mendicitas # ab his qui # et aliorum quae pertinent, est # rebus # non est vit- # prout # item. deus providit homini vires et membra quibus cibum quaerere potest, et rationem cuius operatio membris utatur ad necessarios actus. si igitur homo suo actu cibum quaerere non debeat nec de eo cogitare, frustra sunt sibi a deo membra data et ratio.# et # huiusmodi # et stultissimum.# si igitur nullus modus invenitur conveniens voluntariam paupertatem assumentibus quo vivere possint, videtur quod non sit paupertas voluntarie assumenda. quod doctrinae christi repugnat.# praemissorum # * fuerunt igitur quidam dicentes “ exteriores divitias nullum hominis bonum esse, propter hoc quod totum bonum hominis |50| esse videtur in ratione, secundum quam homo est./ ‘ cum autem bonum rationis non solum in contemplatione veritatis, sed etiam in ordinatione eorum quae sub ipsa sunt, ut / * oportebat autem eos intelligere quod ‘ bonum rationis non solum consistit in contemplatione veritatis, sed etiam in ordinatione eorum quae / nobis / vel in nobis sunt vel nobis adiacent./ oportet enim quod per rationem ordinentur passiones animae./ unde virtutes quibus moderantur animae passiones, et quibus providetur decenter sustentationi naturae, et quibus convenienter convivimus ad eos qui circa nos, ad bonum rationis manifestum est pertinere. divitiae # autem # huiusmodi # exteriora bona sint # melius # ordin- # et quia sunt quidam qui / parvas / moderatas divitias sine impedimento virtutis ferunt,/ in / magnas autem ferre non possunt quin extollantur et modum virtutis praetermittant, in illa mensura expedit unicuique divitias habere in qua / est necessarium ad virtutem / per eas ad virtutem iuvatur.# activa # inquantum # ad # quidem # ex # pertin- / sufficit # ex his autem accipi potest qualiter paupertas |75| sit bona. oportet enim quod ponatur bona inquantum aufert

006 ADL g3 pg39b

‘ malum quod in divitiis, et e converso oportet quod ponatur / bon- / malum inquantum aufert bonum quod divitiae conferunt./ est autem aliquod malum / oritur autem ex divitiis aliquid quod est omnino et simpliciter malum, scilicet superbia, litigium, voluptas, et alia huiusmodi quibus virtus corrumpitur, sed haec non tam sunt ex divitiarum vitio quam ex defectu eis utentium. unde qui / cum / taliter / dis- / mente dispositi sunt quod divitias habentes his vitiis succumbant, simpliciter eis necessarium est divitiis carere; qui autem fortis sunt animi ut in talia vitia propter divitias non incidant, ex divitiis quantum ad hoc nullum detrimentum patiuntur. oritur etiam aliquid ex divitiarum possessione quod quibusdam et quodam modo est bonum, non autem simpliciter./ oportet enim eos qui divitias possident / afferunt enim divitiae sollicitudinem quae / sine qua / gubernari / non possunt haberi. quae quidem, si virtutem corrumpat, est inter mala simpliciter computanda, si vero / inter / infra terminos virtutis consistat, quibusdam utilitatem affert, qui scilicet non sunt dispositi ut potioribus intendant, unde si eis talis sollicitudo subtraheretur,/ circa alia in otio / ad peiores sollicitudines traherentur. quibusdam vero affert nocumentum qui per divitiarum sollicitudinem ab utilioribus occupationibus, quibus essent utiles, retrahuntur. oritur etiam aliud ex divitiis quod est simpliciter bonum. quorum alterum est necessarium, scilicet sustentatio naturae: aliud non necessarium, sed tamen laudabile, scilicet subventio aliorum.# in- # privationis temporalis subventionis # |25| melius # spiritualibus et # a vitiis divitum et # deo # paupertas fuerit talis quod # eius # sese # praedictas # quia # quaedam # nullus # ut # quidam # etiam directione # partim fit # partim quodam naturali instinctu # partim ex institutione legum, quae omnia per divinam providentiam ordinantur.# ex aliorum # |50| item.# ea quibus # in spiritualibus # veniunt in usum virt- # et d- # ea # aliquis # est etiam cons- # est # neque # dare in mortem quod tamen # quam omnia # contra propositum # * salom- # ‘ per spirituum # |75| insti- #

006 ADL g3 pg40a

‘ apostoli elige- # obstat # quam # signum # divin- # suppo- # potest # sicut prima ratio in contrarium # unde # non est # sola necessaria # non quamcumque # labor- # quibus # insufficientiam # aliquid repudiandu- # non enim # quin # |25| homini # dum # hunc m- # subv- / q- # propter # illos # suas # amor- # praedictos # per hunc modum vivendi non # lau- # maxime # in aliquo # propter hoc # cum # possit # auferri # adhibe- # rectores # nec quantum ad hoc differt utrum sua omnino dimittant, vel eorum / sollicitudinem tantum / procurationem proprietate retenta, utrobique / enim / necesse habent ab aliis sustentari.# eruditione # et sacramentorum administratione populum illustrantes,/ unde non est inconveniens si ab his / et oratione populum fulcientes # |50| sic enim # temporalibus # quantum ad spiritualia # ° illorum # ut et illorum # ‘ ut illi # et quantum # ex # ea # haec autem sunt # illi qui debent # sed etiam pro pauperibus qui e- # suae vitae perfectione # servata / observata # patiens # agendo / agens # praeesse # nobis ex officio # hoc # aut # quibus incumbit # abiecta / operat- # utitur # demonstrat se parem # unumquemque # |75| non solum #

006 ADL g3 pg40b

‘ autem # a deo # sustenta- # contra # agit # idem est ergo # non tamen in nobis inquantum actionum # in quibus # quod / et ideo ponit # hominem # nisi forte quantum ad illos qui quietem pati non possunt sine periculo, quos utilius est occupare temporalibus occupationibus quam in vacatione dimittere.# bonum it- # improb- # omnino continere # |25| hoc # ita # homini # virtut- # item, actus venerei non solum conferunt / ad sustentationem / ad conservationem speciei, sed etiam utiles sunt, et quandoque necessarii ad sustentationem individui, dicuntur enim esse quaedam aegritudines quibus / ad / aut / non / omnino non potest remedium aliter adhiberi, aut non ita conveniens. videtur igitur sibi manus iniicere qui perpetuam continentiam / vov- / servat.# quae tamen non difficile est solvere secundum praemissa # ° cresci- # ‘ contra # pertinent # deus enim # unde non # su- # alicui # est # et quan- # fit # non # pa- # occupatio / sollicit- # per diss- # et imped- # eam in # et ideo # ad # ad applicatur # * quod autem sexto obiicitur, quod ‘ usus venereorum / etiam ad conservationem ind- / interdum etiam ad conservationem individui valet, * solvitur per hoc quod ‘ etsi conferat interdum, non tamen necessarius est, quia potest et aliis modis / corpori subv- / corporis incolumitati # remedium adhiberi / absque continentiae detrimento /. et praeterea ea quae ut in paucioribus accidunt non praeiudicant his quae communiter / dicunt- / dicuntur, neque in rebus naturalibus neque in rebus humanis,/ quae / de quibus loquimur secundum quod in pluribus sunt.# apl- # supra # multipli- # votum continentiae perpetuae # quam # ideo # quin #

006 ADL g3 pg41a

‘ conditionem temporis # * quidam vero e contrario “ matrimonium damnant, et omnem viri et feminae coniunctionem. * quorum error ex / alia / illa radice provenit quod credunt “ corporalia a malo deo habere principium,/ animas vero / substantias vero spirituales / unde carnali / des- / generationi intendere est diabolo deservire. * sed secundum hoc etiam necessarium est eis dicere quod “ uti cibis et potibus, in quibus est delectatio carnalis et corporalis, sit illicitum: ‘ nam sicut per coitum generatur corpus, ita per cibum / sustentatur / conservatur, ad idem autem genus pertinet facere aliquid / ma- / bonum vel malum et conservare. sic ergo peccaret qui comederet, et qui esurientem pasceret / aut / si autem / ponamus / concedatur corporalia a deo esse, ut supra ostensum est, cum eiusdem sit causare aliquid et conservare, oportet etiam quod conservatio rerum / corporalium / a deo sit, * secundum illud apostoli, ° portans omnia verbo virtutis suae. ‘ sic ergo et ille qui / cibum / cibo utitur vel / al- / indigentibus administrat,/ non pecc- / deo cooperatur ad individui conservationem, et ille qui matrimonio utitur deo cooperatur ad conservationem speciei. item,/ si d- / res corporales a deo sunt, oportet quod earum motus et inclinationes a deo sint,/ non enim essent a deo / et ita inclinatio quae inest homini ad desiderium prolis a deo est. quod non esset si ea omnino esset illicitum uti. non est ergo illicitum matrimonio uti, sed inordinatio circa actum generationis vitiosa est, * ut supra ostensum est. * hinc est quod tam in / nov- / veteri |25| testamento quam in novo, ‘ circa matrimonium leges ponuntur et certa documenta, quod non esset si omnino illicitum esset matrimonio uti. * per haec autem excluditur error manichei et aliorum nuptias detestantium.#

006 ADL g3 pg41b

‘ mag- # virt- # ex vo- # inevitabilitatis # scilicet # tendit in suum # quis # nec # talis # sed magis auget etiam / per votum # sicut enim # aliud vitium # tanto laudabilior est quantum in eo # mag- # si # vota # ordi- # fuerit # exec- # non # pro # faciendum # etiam # etiam / quando / si postmodum # su- # |25| quod # maiori voluntate # actus #

006 ADL g3 pg44a

‘ quod in sola rationali creatura potest esse culpa. ex naturali etiam conditione / hominis / rationalis creaturae / ceterarumque rerum cognosci potest, quod in sola rationali creatura culpa esse potest. nullus enim culpatur de eo quod non in ipso est / facere vel non facere /, defectus enim si quis ex errore naturae / acciderit / homini non imputatur ad culpam, ut patet in his qui caeci nascuntur. soli autem rationali creaturae hoc competit, ut in sua potestate et dominio habeat suos actus, * sicut ex superioribus patet. ‘ in sola igitur rationali creatura potest esse culpa. adhuc. nullus culpatur de hoc quod alius agit. omnis autem actus qui non est in potestate agentis, est magis alterius quam ipsius agentis. si enim non est in potestate |25| agentis, oportet quod sit vel violentus, vel naturalis./ quod autem / actio autem quae est per violentiam, non est violentiam passi, sed magis violentiam inferentis. et simile est in his quae per naturam fiunt. sicut enim violentiam inferens imprimit in / id quod / violentiam passum / est / unde / violenter movetur; ita quod dat alicui rei naturam, dat ei motum et actionem consequentem naturam; unde generans dicitur movens in gravibus et levibus motu naturali, quia dat formam quam consequitur talis motus./ si igitur / cum igitur res ratione carentes non habeant in / pote- / suo dominio proprios actus, non possunt ex suis actibus culpari, sed si / in eis / aliqua culpa esset / non esset / in ipsarum / motibus vel / actibus,/ culpa illa / esset alii attribuenda, vel violentiam inferenti, vel naturam danti. naturae autem primus dator / est / deus, in quem peccatum non cadit, * sicut supra ostensum est. ‘ contingit autem in eum qui violentiam infert culpam esse, sicut / in eo qui / si aliquis / proiicit lapidem quo interficitur homo,/ et simile est si aliquis / vel leonem incitet ad hominem / ad / occidendum, non erit culpa lapidis aut leonis, sed hominis./ in sola igitur rationali creatura culpa esse potest./ amplius. omnis culpa / est / contra aliquam legem / quae contemnitur / est /. sola autem rationalis creatura legem cognoscere potest: quamvis enim / omnia / alia lege quadam naturali divinitus procedente / agantur / regantur, illam tamen legem non cognoscunt, sed magis secundum illam aguntur. lex enim / ordi- / in / omnis aliquam ordinationem continet; ordinem autem unius ad alterum

006 ADL g3 pg44b

‘ cognoscere solius intellectus vel rationis est. non potest igitur esse culpa in irrationalibus creaturis. item. culpa virtuti opponitur:/ sola autem enim / virtutum / enim / opera proprie laudabilia sunt; culpabile autem vel vituperabile laudabili opponitur. virtus autem non potest esse nisi in rationabili creatura: virtus enim in medio est, quod secundum rectam rationem accipitur. neque igitur culpa / esse / potest nisi in rationali creatura. praeterea. culpa in nobis accidit ex hoc quod, praetermisso iudicio rationis, sequimur impetum passionis, quasi id quod in nobis supremum est, ei quod infimum in nobis est subiicientes. in animalibus autem brutis non est aliquod superius principium motivum illa parte in qua sunt impetus passionum. non est ergo in eis culpa, si secundum impetum passionum agant: quinimmo hoc ad perfectionem eorum pertinere videtur quod passiones suas sequantur secundum ordinem suae naturae; propter quod et iracundiam, quam vituperamus in homine, laudamus in cane. multo autem minus in aliis rebus ratione carentibus, in quibus sunt soli motus naturales absque animae passione, potest esse peccatum culpabile cum etiam in nobis tales motus ad culpam non imputentur. si qua vero peccata in nobis accidunt ex perversitate rationis / et / vel voluntatis tantum, haec patet in aliis rebus esse non posse, cum in eis nec ratio nec voluntas inveniantur. nullo modo igitur potest esse culpa nisi in natura intellectuali. si autem in brutis animalibus non potest esse culpa nec laudabilis actus virtutis, * patet falsam esse / opin- / positionem dicentium “ animas peccantium hominum post mortem in animalia bruta transire, |25| et ib- vel magis inquinari, vel de pristinis inquinamentis purgari. ‘ hoc enim fieri non posset nisi per culpam et laudabilem actum virtutis.# quod in sola creatura rationali est / malum / poenae. ex hoc autem quod in sola rationali creatura est culpa, manifeste apparet quod in ea sola potest esse poena. poena enim non infertur nisi propter aliquam culpam. in quibus igitur non est culpa, in his poena esse non potest./ adhuc. poenam inferre actus iustitiae est. cui igitur poena infertur, ad ipsum haberi iustitia est. non est autem iustitia haberi ad ea quae ratione carent:/ neque / non enim est iustitia nisi ad eos quibus vita et actionibus communicamus, in communicatione enim iustitia est. non est in ratione carentibus poena./ adhuc. omnis poena vel iuste vel iniuste infertur. in his igitur contingit esse poenam ad quae contingit aliquem vel iuste vel iniuste se habere. hoc autem non contingit respectu alicuius irrationalis creaturae. cum enim sint naturaliter subdita quasi ab aliis acta, * ut supra dictum est, ‘ quomodocumque aliquis eis utitur, non facit iniustitiam eis, sed vel sibi ipsi, in quantum immoderatus talium usus nocet utenti, vel alteri, inquantum subtrahitur alteri quod ei debetur. puniri igitur irrationali creaturae non competit./ amplius./ circa idem / poena / in genere damni / et damnum / est, quod lucro opponitur. lucrum autem aestimatur quod promovet ad felicitatem vel ad aliquam particularium eius. circa lucrum etiam et damnum eufortunium aut infortunium est. quibus

006 ADL g3 pg45a

‘ igitur non competit felicitas, neque est eis bene vel male contingere secundum fortunam, in his non potest esse neque lucrum neque damnum: unde nec poena. omnia autem carentia ratione sunt huiusmodi, * ut patet per philosophum in ii physic. ‘ non est igitur in eis poena. item. his ad quos malevolentiam habemus, poenam inferri volumus; his / ergo / autem ad quos habemus benevolentiam / inferri / evenire volumus bonum contrarium poenae, volumus enim / eos / esse et conservari in bonis. in his igitur non est neque poena neque / ejus / bonum ei oppositum, ad quos non / habemus benevolentiam neque malevolentiam / potest haberi benevolentia neque malevolentia /. ad ea vero quae ratione carent non habemus benevolentiam: non enim ea amamus / nisi / propter seipsa, sed solum prout in usum nostrum veniunt, unde etsi ea conservari volumus, hoc est ut eis utamur. non est igitur / in his / poena in his quae ratione carent. praeterea. sicut ratio culpae consistit in hoc quod est secundum voluntatem esse, * ut ex dictis patet, ' ita ratio poenae consistit in hoc quod est contra voluntatem esse: unde idem huic quidem est poena, si sit contra eius voluntatem, illi autem non poena, quia contra voluntatem eius non est. in his autem quae ratione carent non est voluntas; voluntas enim in ratione est. non est igitur in eis, sicut nec culpa, ita nec poena. sunt autem quaedam quae videntur monstrare in eis poenam esse. et primo quidem quia in lege praecipiebatur propter aliqua peccata etiam brutis animalibus poenas inferri: * dicitur enim lev. xx, ° qui cum iumento et pecore coierit, morte morietur, pecus quoque occidetur; * et exod. xxi dicitur, ° si bos |25| cornu percussit virum aut mulierem et mortui fuerint, lapidibus obruetur, et non comedentur carnes eius ' secundo autem quia poenae medicinae sunt: poenis enim homines retrahuntur a malo et erudiuntur ad bonum. hoc autem et in brutis contingere videtur: nam flagellis erudiuntur ad aliquid vel vitandum vel faciendum. videtur igitur / in eis / poena esse. sciendum est / ergo / autem / bruta animalia in hominum usum accommodata esse, * ut ex praemissis patet. ' quod igitur secundum legem animalibus infertur / vel / mors propter aliquod factum, hoc non propter ipsa, sed propter homines est: vel ad hoc ut per huiusmodi hominibus inferatur / error / horror / illius / alicuius / peccati; vel propter hoc ut animali subtracto / illius / patrati sceleris tollatur memoria; vel propter hoc ut ex morte animalium eorum domini sollicitius sua custodiant animalia ne ex eis aliqua possit esse occasio nocumenti vel peccati; aut quod etiam ipsi puniuntur ex damno interfectionis sui animalis, si forte ex eorum negligenti custodia aliquid tale fuerit commissum. quod vero flagellis animalia erudiuntur ad aliqua, non ostendit in eis poenam locum habere, non enim sic flagellis erudiuntur quasi rationem / cognitionem / accipientia suorum actuum quos facere debeant vel vitare; sed quia ex flagellis fit in eis aliqua passio vel timoris vel spei propter memoriam, ex passione autem incitantur ad aliquid agendum vel vitandum; unde sola animalia quae memoriam et auditum habent, disciplinabilia sunt.# quomodo creaturae irrationales divinae providentiae subduntur. congregantes igitur quae dicta sunt, manifeste apparet * quomodo |50| verum est quod apostolus dicit, quod " non est cura deo de bobus, * cum tamen alibi scriptum sit quod " est ei cura de omnibus. ' non enim / sic est / ea quae ratione carent sic sub cura dei sunt quasi propter se ipsorum cura sit, sed secundum quod cadunt in usum rationalis creaturae./ item./ neque / etiam / sic est / eorum / de eis deo cura ut in culpam homini imputetur aut in virtutem si eis nocumentum aut contrarium inferat, nisi secundum quod ad homines ordinantur, quibus ex hoc vel profectus vel nocumentum provenire potest. adhuc. neque sic est de eis deo cura ut pro eorum actibus eis vel praemia vel poenas reservet, nisi forte secundum quod ad hominum instructionem pertinet, ut dictum est. * per haec autem excluditur duplex error contrarius. quidam namque dixerunt quod " divina providentia non se extendit ad singularia eorum quae ratione carent, nec ad singulares actus ipsorum inquantum / singularia / singularium sunt, ' sed solum secundum quod habet curam de specie. * alii vero e contrario dixerunt quod " animalibus brutis hoc modo curam impendit sicut et rationalibus creaturis, ut scilicet eorum actus et passiones praemiis aut poenis recompenset, aut in praesenti saeculo aut in futuro: * et haec est opinio loquentium in lege maurorum, ut rabbi moyses dicit. prima autem est opinio ipsius rabbi moysi. * patet autem ex praedictis, quod * utraque opinio a veritate declinat. * cum enim supra ostensum sit quod ' divina providentia ad omnia singularia se extendit quorum cognitionem habet, non possunt singularia / praedictarum / rerum ratione carentium a divina cura excludi nisi ab eius cognitione excluderentur. * rursus ostensum est quod / ' in / eis non competit poena vel praemium, neque virtus aut / mali / culpa. sic |75| igitur praedictarum rerum deus etiam singula particularia curat, quod

006 ADL g3 pg45b

' ea quae in his accidunt ordinat ad propriam speciem, inquantum in eis servatur modus proprius suae speciei; et ulterius ad aliam speciem, et praecipue rationalem creaturam / per quam /, et sic / ulterius ordinantur in completionem universi.# quod hominum actus divino iudicio subiacent. ex praemissis autem manifestum est,/ humanos / rationalis creaturae actus divino iudicio / subjici / subiacere. illos enim actus oportet iudicio / inferioris / superioris subesse quos contingit culpabiles / aut / et laudabiles esse, ut / superioris / certo / arbitrio / hii approbentur et alii reprobentur. ostensum est autem / solius / naturae rationalis actus culpabiles vel laudabiles esse. oportet igitur actus rationalis naturae subesse iudicio alicuius superioris in quem defectus non cadat. hic autem deus est. habet igitur deus iudicium de actibus rationalis naturae. adhuc. si aliquid nulla superiori lege astringatur, impossibile est quod actus eius culpabilis / esse possit / sit./ quod enim / si enim superioris lege non astringitur, oportet quod ipsum sibi sit lex: unde quod secundum seipsum agit, rectum esse et absque culpa / esse / necesse est. quaecumque ergo quorum actus culpabiles esse possunt, superioris lege tenentur. rationalis autem naturae actus culpabiles esse possunt, * ut ostensum est. ' oportet igitur rationales naturas alicuius superioris legi subjectas esse. eiusdem autem est legem agenti imponere et de actis iudicare. actus igitur rationalis naturae subsunt superioris iudicio, qui |25| deus est. amplius. divina providentia universa ad finem / proprium / convenientem adducit / * ut ostensum est /. ' singula fines debitos sortiuntur secundum proprios actus. oportet igitur / cum omnia / omnium actus divinae providentiae subesse, cum omnia providentia regantur, ut ostensum est. secundum igitur quod aliqua providentiae subduntur, secundum hoc et eorum actus ad providentiam pertinet. rationales autem naturae subduntur providentiae tanquam propter se provisae, * ut ostensum est. ' subiacent igitur divinae curae rationalis naturae actus secundum se. hoc autem ad huiusmodi actus secundum se pertinet, quod sint ordinati vel inordinati / ex quo habent quod sint /, quod est eos culpabiles vel virtuosos esse. ad divinam igitur providentiam pertinet rationalis naturae actus an honesti vel inhonesti sint. et lege igitur divina huiusmodi actus ordinantur, et iudicio divino subduntur./ item. rationalis natura finem ultimum consequitur proprio actu:/ nam / * ut ex praemissis patet, ' in aliquo actu eius felicitas consistit, quae est ultimus finis ipsius, ad quem quidem actum oportet omnes alios actus eius referri, vel sicut adiuvantes, si sint convenientes, vel sicut impedientes si inordinati sint. cum igitur providentiae divinae sit / ad / res ad debitos fines perducere auxiliis adhibitis et impedimentis sublatis, necesse est quod rationalis naturae actus legi et iudicio divinae providentiae subdantur./ praeterea. ad eum per quem res ultimum finem sortitur, pertinet iudicium de omnibus quae ad finem ordinantur, sicut gubernator, qui utitur navi ad id ad quod navis est, iudicat de forma et de materia navis. ultimum autem finem suum consequitur rationalis natura per deum, * ut supra ostensum est. ' oportet igitur quod actus |50| quibus ordinatur in finem, divino iudicio subsint. item. quaecumque divina providentia gubernantur, ex ea sortiuntur principia convenientium operationum. differenter tamen. quaedam namque consequuntur formas naturales ex quibus inclinantur in proprias operationes, sicut plantae et inanimata./ quaedam vero / animalia vero irrationalia accipiunt naturalem aestimationem, per quam aguntur ad suos actus. homines / vero / naturale iudicium rationis habent a deo, per quod conveniens ab inconvenienti distinguere possunt. id autem quod secundum huiusmodi iudicium naturale rationis rectum apparet, dicitur lex naturalis. hoc tamen interest, quod quadam naturali necessitate sequuntur plantae et inanimata inclinationes formarum et virtutum naturalium; et similiter animalia irrationalia motum naturalis aestimationis;/ sed / homines iudicium naturale rationis possunt et sequi et non sequi. sic igitur homini ex divina providentia imposita est lex quam potest sequi et non sequi./ eiusdem autem est legem imponere ad / agendum / agenda et de / agendis / actis judicare. deus igitur judicat humanos actus./ manifestum est autem quod ad legislatorem pertinet praemiare vel punire eos qui legem ab eo positam servant vel transgrediuntur: unde consuetum est quod legislatores suis legibus poenas adiungunt et praemia. ad deum igitur pertinet / actus hominum / homines pro suis actibus punire vel praemiare, quod / est / oportet iudicio quodam fieri. sunt igitur hominum actus divino iudicio subjecti./ * hinc est quod dicitur iob xix, ° et scitote esse iudicium. * per haec autem excluditur error dicentium quod " deus de humanis actibus curam non habet./ * ex quorum persona dicitur / de quibus in ps. dicitur, ° propter quid irritavit impius |75| deum? dixit enim in corde suo, non requiret.#

006 ADL g3 pg46a

' ex hoc autem apparet quod / deus / in humanis actibus / aliqua / rectitudinem / requirit / habent / non solum quasi sint lege posita, sed secundum naturam./ homines enim / humani enim actus iudicio subduntur, et non solum iudicio hominis. eiusdem autem est iudicare et legem imponere./ habet / igitur humani actus / regulantur lege divina / rectitudinem habent non solum ex / lege / positione legis humanae, sed etiam ex ordine legis divinae. illud autem est unicuique naturale quod / a deo / sibi / confertur / ex ordinatione divina debetur, per quam tota natura subsistit. sunt igitur aliqua / in / humanis actibus recta secundum naturam, et non solum quasi lege posita.# quod lege divina non exigitur aliquid ab homine propter utilitatem dei, sicut / est / legibus tyrannorum. ex hoc autem apparet quod deus aliter requirit ab homine quales sint actus eius, quam homines hominibus praesidentes. quidam enim homines tyrannice praesunt, quod sibi utile est, non autem quod subditis, ab eis requirentes. quod quidem deo non competit. ea enim quae ab homine requirit, sunt naturaliter recta et homini convenientia. hoc autem ab aliquo requirere quod ei conveniens est, ei utile est a quo requiritur, non ipsi requirenti./ patet / igitur / quod / deus ab homine |25| non suam utilitatem, sed hominis quaerit. item. ei cui nihil potest accrescere vel deperire, nihil potest esse utile vel nocivum. deo autem nihil potest accrescere vel deperire: quia immutabilis est, et summam totius bonitatis in seipso habens. non igitur aliquid ab homine requirit propter propriam utilitatem, nec aliquid ei prohibet propter suum damnum. * hinc est quod dicitur iob xxxv, ° si peccaveris, quid ei nocebis? et si multiplicatae fuerint iniquitates tuae, quid facies contra illum? porro si iuste egeris, quid donabis ei, aut quid de manu tua accipiet? ' considerandum tamen est quod requiritur ab homine ut gloriam dei quaerat,/ ut etiam?/ * secundum illud apostoli, ° omnia in gloriam dei facite. ' quod non dicitur quasi aliquid gloriae quam deus in seipso habet per opera nostra possit accrescere, sed secundum hoc / " in / gloriam eius / ' a no- / augeri dicitur / aliquid accedere dicitur, quod gloria eius participatur a pluribus, vel etiam pluribus manifestatur: quod quidem participantibus et cognoscentibus utile est, deo autem nihil accrescit. similiter autem aliqui contra deum facere dicuntur, non quia deo aliquod inferant nocumentum, sed quia contrarium agunt rectitudini quam deus imposuit homini. quod quidem non deo, sed ipsi homini nocet. dicuntur etiam homines deum offendere, non quia ipsum contristant, sed quia contra proprium / hominis / bonum agunt, quod dei voluntate homini statutum est. vel etiam hoc ad affectum hominis referri potest, qui quantum in ipso est deum contristat / aut contra eu- / qui contristari non potest, aut contra eum agit cui nihil potest nocere. quod etiam nomen dei propter homines blasphematur, non in nocumentum dei cedit, sed hominum qui deum contemnunt.# quod lege dei non requiritur ab homine solum ut sit bene ordinatus ad alios, sicut legibus regum iustorum. non solum autem divinum regimen tyrannorum regimini dissimile est, qui propriam utilitatem a subditis expetunt, sed etiam multum differt a regimine regum qui subditorum utilitatem intendunt. reges enim ad socialem vitam inter homines conservandam constituuntur: unde publicae personae dicuntur, quasi publicum bonum procurantes. propter quod leges ab eis positae homines dirigunt secundum quod ad alios ordinantur. ea igitur quibus commune bonum non promovetur nec derogatur, humanis legibus neque prohibentur neque praecipiuntur. deus autem non solum regendae multitudinis curam habet, sed / unumquemque / etiam de unoquoque / curat secundum / bon- / id quod / sibi / ei / secundum se bonum est: est enim naturae conditor et gubernator, cuius bonum non solum in multitudine, sed etiam in unoquoque secundum seipsum salvatur./ unde / praecipit ergo et prohibet non solum illa quibus homo ad alium ordinatur, sed etiam ea quibus secundum se bene vel male / disponitur / disponatur. * hinc est quod apostolus dicit, i thess. iv, ° haec est voluntas dei, sanctificatio vestra.#

006 ADL g3 pg46b

' quod etiam maris et feminae coniunctio debeat esse individua, |50| * habetur matth. v. ° ego autem dico vobis uxorem a viro non discedere; * et matth. xix; et i cor. vii. ' quod etiam inter duos tantum debeat esse matrimonium, * habetur gen. ii, ° adhaerebit homo uxori suae, et erunt duo in carne una. * et i. corinth. vii. dicitur quod " vir non habet potestatem sui corporis sed mulier, et e converso. non autem habeat vir potestatem corporis mulieris si alteri nubere possit. * per haec autem excluditur error dicentium " in emissione seminis non esse maius peccatum quam in emissione aliarum superfluitatum;/ * et platonis qui dixit " oportere esse / * et dicentium quod " fornicatio non est peccatum; * et platonis, qui dixit " oportere esse communes uxores, * quem nicolaus in nova lege secutus est introducens " communitatem uxorum. * excluditur etiam consuetudo ' repudiantium uxores; et plures uxores habentium; et eorum qui indifferenter / consan- / propinquis secundum carnem coniunguntur. haec enim esse / illicita / inhonesta * etiam ex antiquorum gentilium observatione apparet. refert enim maximus valerius quod " longo tempore apud antiquos romanos non fuit uxoris / div- / repudium, quia estimabant nec etiam propter sterilitatem fidem coniugalem oportere dissolvi, apud quos / etiam / infamis erat si quis simul plures uxores haberet. ' sic igitur, ut ad propositum redeamus, apparet ex dictis qualiter divinum regimen differat a regimine tyrannico et a regimine regum.# quod divinum regimen / ad homines / est sicut regimen paternum. videtur autem paternum regimen aliquam similitudinem |75| habere cum divino regimine, nam etiam pater curam

006 ADL g3 pg47a

' habet de filio non solum quantum ad ea in quibus ordinatur ad alios, sicut rex, sed etiam quantum ad ea quae pertinent ad ipsum secundum se, * quod / etiam / de deo etiam supra ostensum est. ‘ et hoc rationabiliter accidit, nam sicut deus ita et pater naturalem originem homini praestat. unde divinum regimen et paternum ad aliquem hominem extenditur non solum secundum quod politicus est, sed etiam secundum quod in sua natura subsistit./ in / hoc tamen / inter / utrumque regimen differt quod paternum regimen ad illa tantum se extendere potest quae in / hoc / homine apparent exterius, divinum autem regimen etiam ad ea quae interius sunt: cura enim alicuius non potest esse de his quae ipsum latent, homines autem occulta cordium latent, quae deo sunt manifesta, * ut ex / dictis patet / superioribus patet. ‘ requirit igitur deus ab homine non solum quid exterius agat, sed etiam qualiter interius afficiatur, et quid facere velit, et quid ex his quae facit intendat. circa haec autem hominis cura esse non potest, nisi quatenus per exteriores actus interior dispositio explicatur. unusquisque autem curam habet aliquorum secundum quod ad ipsum pertinent; nam qui de his quae ad ipsum non pertinent curam gerit, ut curiosus vituperatur. alio vero ordine unus homo est pertinens / alteri / ad alterum, alio autem / deo / ad deum. unus enim homo ad alterum pertinet vel secundum naturalem originem, quae per corporis traductionem fit; vel per aliquam operum / communicationem / exteriorum communicationem; secundum interiores enim actus homo non potest alteri communicare nisi mediantibus actibus exterioribus. homo autem pertinet ad deum secundum quod ab ipso originem habet./ hui- / cuius quidem originis ratio et ordo attendi potest secundum similitudinem hominis ad deum: unumquodque enim agit sibi simile. magis autem accedit homo ad dei similitudinem secundum animam quam secundum corpus, maxime autem secundum / intellectum / mentem. unde manifestum est quod in origine hominis, secundum quod a deo procedit, principale intentum est mens, et propter eam / fue- / sunt / producuntur a deo aliae partes animae, et propter animam producitur corpus. sic igitur deo praecipue cura est de mente hominis, consequenter autem de aliis partibus animae, et post has de corpore. et hinc est quod secundum mentem homo ultimum finem attingit, qui est humana felicitas, * ut supra ostensum est;/ ‘ aliae / alia vero quae sunt in homine organice deserviunt ad beatitudinem percipiendam. ex his igitur apparet quod hominum regimen curam habet de interioribus secundum quod ordinantur ad exteriora et per ea explicantur; deus autem e converso curam habet de exterioribus secundum quod ordinantur ad interiora et maxime quantum ad mentem, per quam homo est capax felicitatis. felicitas autem humana consistit in fruitione dei, * sicut supra ostensum est. ‘ ad hoc igitur ordinatur tota cura quam habet / deus / de homine ut mens eius praeparetur ad divinam fruitionem, ad quam praeparatur fide, spe et caritate: per / haec / fidem enim disponitur mens hominis ut cognoscat deum aliquid supra se esse, per spem autem confortatur ut tendat in ipsum tanquam in suum bonum, per caritatem figitur in ipso ut immobiliter ei adhaereat. omnia igitur quae deus ab homine requirit in hac vita, ad ista ordinantur./ * hinc / quod / dicitur i cor. xiii, ° nunc autem manent fides spes caritas, tria haec / * hinc est quod dicitur deut. x, ° et nunc,/ q- / israel, quid dominus deus tuus petit a te nisi ut timeas dominum deum tuum et ambules in viis eius? * et i cor. xiii, ° nunc autem manent fides, spes, caritas, tria haec. ‘ quia vero humana mens secundum suam naturam inter ceteras intellectuales naturas imperfectior est, quanto autem aliquid est perfectius, tanto est / imper- / virtuosius ad tendendum in suum finem, manifestum est quod mens humana infirmior est secundum suam naturam ad tendendum in deum, qui est finis omnium mentium, quam superiores angelorum mentes./ impeditur enim / et haec quidem infirmitas quantum ad duo potest attendi: primo quidem / quantum / ad debilitatem virtutis intellectivae quae est in anima humana in comparatione ad superiores

006 ADL g3 pg47b

‘ intellectuales substantias, non enim potest immediate in ipsam intelligibilem veritatem / capiendam / tendere, sed oportet quod eam ex sensibilibus colligat, * ut ex superioribus patet; ‘ secundo vero quantum ad impedimenta quibus retrahitur ne totaliter possit in deum ferri. quae quidem impedimenta et ex parte corporis sunt, cuius sustentationi et quieti curam impendere oportet; et ex parte inferiorum virium animae, nam commotiones phantasmatum et perturbationes passionum / imped- / perturbant quietem mentis, quae est necessaria ad hoc quod mens / libere / feratur in deum. et haec quidem impedimenta totaliter ab homine tolli non possunt, quandiu in mortali corpore vivit: oportet enim quod / ea / ad ea quae sunt necessaria mortali vitae intendat, per quod impeditur ne actu / tendat / in deum semper tendere possit. sic autem / tolli possunt / moderari oportet impedimenta praedicta ut saltem intentio quae est ad deum a mente hominis non rumpatur; et quanto plus fieri potest etiam actu mens feratur in deum, tanto vita hominis perfectior erit utpote fini vicinior, et per hoc etiam quod actu fertur mens in deum roboratur intentio eius ad ipsum, quam necesse esset annullari nisi aliquando / actu / ferretur / mens / in / ipsum / eum. ad hoc igitur omnia divinae legis praecepta et consilia ordinantur ut homini praebeantur auxilia quibus mens eius feratur in deum, et ut impedimenta tollantur. quantum autem ad utrumque horum indiget homo / pace ad alios homines / pace et concordia cum aliis hominibus. indiget enim unus homo iuvari ab alio et in his quae ad sustentationem vitae et incolumitatis pertinent, et ad hoc quod unus alium accendat et provocet et instruat ad hoc quod / tendat / feratur in deum. pace etiam et concordia sublata per contentiones et pugnas, oportet inquietari mentem hominis et sic a libero motu in deum impediri. et ideo lex divina ea providit circa homines per quae pax et concordia inter eos conservari posset. conservatur autem pax et concordia per iustitiam, quae consistit in hoc quod unicuique reddatur et conservetur quod sibi debetur: cum enim naturaliter non solum homo sed etiam quaelibet res bonum suum velit acquirere et conservare, sequitur ex necessitate discordia voluntatum nisi unus hoc alteri servet, ex quo ulterius procedunt contentiones et pugnae. praecepit igitur lex divina ut homini reddatur quod sibi debetur, sicut parentibus honor, et eadem ratione unicuique quod sibi competit. praecepit etiam ut nulli in suo bono nocumentum aut impedimentum inferatur, neque verbo,/ prohib- / dum prohibuit falsum testimonium; neque facto circa propriam personam, dum prohibuit homicidium; neque circa personam coniunctam, dum prohibuit adulterium; neque circa res, dum prohibuit furtum. et quia deus non solum quantum ad exteriora, sed etiam quantum ad interiora de homine / curam habet / curat, etiam concupiscentiam uxoris et rerum alienarum lex divina prohibuit, quod ad legem humanam non pertinet. non autem sufficit pacem et concordiam inter homines per iustitiae praecepta conservari nisi ulterius inter eos fundetur dilectio. per iustitiam sufficienter hominibus providetur ut unus alteri non inferat impedimentum, non autem ad hoc quod uni ab aliis feratur auxilium in his quibus indiget; quia forte aliquis indiget auxilio alterius in his in quibus nullus ei tenetur secundum iustitiae debitum, aut, si forte aliquis ei tenetur,/ et / non reddit. oportuit igitur ad hoc quod se invicem homines adiuvarent etiam praeceptum mutuae dilectionis hominibus superinduci, per quam unus alii auxilium ferat etiam in his in quibus ei non tenetur secundum iustitiae debitum. praeterea, quod ex debito iustitiae fit quandam necessitatem habet, quod autem ex dilectione fit liberaliter exhibetur. ad hoc igitur quod cum quadam promptitudine etiam opera iustitiae impleantur, necessarium fuit praeceptum mutuae dilectionis./ adhuc, lex data sive divinitus sive humanitus inclinationi naturali respondet et eam / sequitur / perficit, * sicut supra dictum est. ‘ inest autem homini naturalis inclinatio ad omnium hominum dilectionem. hoc autem monstrat / auxilium / quod homo exhibet in periculis etiam ignotis auxilium, et in erroribus

006 ADL g3 pg48a

‘ viarum directionem. necessarium igitur fuit lege divina praeceptum dilectionis / dare / dari, quod ad omnes homines extenderetur /. item. mentem hominis necesse est in divina dilectione fundari / ad hoc quod d- / * ut supra dictum est. ‘ ex divina autem dilectione ex necessitate in homine sequitur hominum dilectio. nam qui vere diligit aliquem diligit ea quae sunt eius. omnis autem homo est / deo / dei quasi quaedam imago eius et velut potens ipso frui. oportet igitur ut qui diligit deum diligat et proximum./ ad / amplius,/ quida- / oportet amicos in / dilect- / voluntate concordare. deus autem homines diligit sicut sua opera / et / quibus seipsum praebet fruendum./ ex / dilectio igitur dei etiam hominum dilectionem requirit. * hinc est quod dicitur i io. iv, ° hoc mandatum habemus ut qui diligit deum diligat et fratrem suum; * et io. xv, ° hoc est praeceptum meum ut diligatis invicem, sicut dilexi vos. ‘ patet autem ex praedictis quod dilectio sufficit ad opera iustitiae facienda: unde omnia praecepta legis quae ordinantur ad iustitiam, ordinantur etiam ad dilectionem, * propter quod dicitur i tim. i. ° finis praecepti caritas est. ‘ facit autem aliquid amplius dilectio quam iustitiae debitum, et quantum ad hoc quod instigat ad promptius operandum; et quantum ad hoc / quod / inducit ad subveniendum illis quibus non tenemur ex iustitiae debito / et etiam quibus /, vel etiam in quibus eis non tenemur, licet sit nobis ad eos aliqua communio; et ulterius quantum ad hoc quod se extendit / quant- / ad illos cum quibus nulla est nobis in vita communio, immo etiam ad illos qui contrarii nobis sunt, inquantum fundatur in dilectione divina, quae ad omnes homines est. * et inde est quod dicitur rom. xiii, quod ° plenitudo legis est dilectio. ‘ ad quam plenitudinem insinuandam dantur nobis a deo praecepta et consilia de operibus misericordiae, de / subv- / dilectione inimicorum et subventione eorum, et de aliis huiusmodi quae / supra / iustitiam / excedunt / abundant. quia vero praecepta iustitiae * quae supra sunt posita ‘ dilectio proximi requirit, quae ex dilectione dei dependet, sine qua, precedente fide et spe, non potest mens humana debito modo in / finem / deum tendere, manifestum est quod praemissa / taliter / de necessitate / ab homine requiruntur,/ ita / quod eis praetermissis homo ab ordine qui est ad / fin- / deum totaliter separatur. vita autem hominis dicitur esse secundum finem ad quem ordinatur: nam qui finem / suum / vitae suae in voluptatibus constituerunt, dicuntur / sequi / agere / vitam voluptuosam; qui autem finem / in / suum in contemplatione veritatis constituunt, dicuntur sequi vitam contemplativam. unde et qui finem suum / con- / in fruitione divina constituunt, vita eorum est deo adhaerere. hoc autem est simpliciter vita hominis, nam ad hunc finem homo naturaliter ordinatur, * ut supra ostensum est. ‘ ex aliis autem finibus dependet vita hominis secundum quid, inquantum alii fines non sunt homini impositi ex natura sed ex electione. cum igitur mors vitae opponatur, mors quaedam hominis est cum ab ordine qui est ad deum separatur. unde et peccata quibus homo a tali ordine deficit / pecc- / dicuntur peccata mortalia; et illa legis documenta quibus ad praemissa iustitiae, caritatis, spei et fidei homines obligantur, dicuntur praecepta vel prohibitiones, quia / necc- / sunt de necessitate observanda.# sicut autem ad hoc quod mens feratur in deum necessaria est pax / et con- / quae est ad proximos, cum quibus homo debet convivere et ab eis iuvari, ita necessaria est ad hoc pax hominis quantum ad ea quae sunt in seipso. unde consequenter considerandum videtur qualiter huiusmodi mentis quies sive tranquillitas impediatur, et qualiter divina lege impedimenta removeantur. est autem considerandum quod / aliqua potentia / mens / sicut et quaelibet animae vis / impeditur quominus libere feratur in deum dupliciter. uno modo per hoc quod aliae potentiae inferiores in suis actibus intenduntur. cum enim una potentia in suo actu roboratur, trahit ad / se / intentionem hominis, quae non potest / simul / ad plura dispergi, unde

006 ADL g3 pg48b

‘ necesse quod alia potentia vel totaliter impediatur in suo actu, vel quod eius actus diminuatur. inferiores autem vires dico vires sensitivas: tam apprehensivas, ut quinque sensus exteriores / quam etiam / et etiam interiores, ut phantasia et aliae vires consequentes; quam etiam appetitivas, ut irascibilem et concupiscibilem. unde cum fuerit fortis delectatio in sensu, aut multi motus in phantasia,/ aut e- / vel etiam / for- / vehemens inclinatio concupiscibilis aut irascibilis in aliquid, necesse est quod mens in suo actu impediatur quo debet ferri in deum. alio modo ex parte ipsius mentis, per hoc quod / in / circa / aliqua alia / fertur / occupatur: non enim una potentia in plura obiecta potest simul perfecte moveri. sed quia mens utitur inferioribus viribus quasi instrumentis cum ei obediunt, et circa diversa occupari potest in ordine ad unum ad cuius apprehensionem per illa iuvatur, intelligendum est eatenus mentem per inferiores vires aut / circa?/ per occupationem eius circa alia impediri quominus feratur in deum,/ qu- / inquantum illa ad motum mentis in deum non ordinantur. alioquin per praedicta mens hominis ab hoc quod feratur libere in deum non impeditur, sed magis iuvatur. et quidem occupationem mentis circa alia homo non potest omnino vitare, propter hoc quod oportet eum sollicitari circa ea quae sunt necessaria vitae corporali. sunt tamen huius sollicitudinis in hominibus gradus quatuor. quorum quidem primus consistit in hoc quod homo sollicitatur circa ea quae sunt vitae / praesentis / corporalis quantum communis modus humanae vitae requirit, ut scilicet provideat in necessariis sibi, uxori ac filiis et aliis personis / sibi / ad eum pertinentibus secundum statum suum. et hic quidem sollicitudinis gradus licitus est et quasi homini connaturalis. secundus autem gradus est cum homo amplius sollicitatur circa / ea quae ordinan- / praedicta quam communis modus humanae vitae requirat secundum statum proprium,/ et haec sollicitudo / non tamen haec sollicitudo in tantum procedit quod homo propter ipsam ab ordine qui est in deum / praec- / recedat transgrediendo praecepta iustitiae et caritatis. et hoc quidem peccatum esse manifestum est, cum propriam mensuram homo excedat, non tamen mortale, quia contra praecepta iustitiae et caritatis nihil molitur. dicitur autem peccatum veniale, quasi facile remissibile: tum quia manenti in ordine ad finem si error aliquis accidat, de facili patet via dirigendi; sicut in scientiis speculativis si aliquis habeat veram conceptionem de principiis, de facili potest per ea corrigere / ea quae / si quos errores circa conclusiones patiatur, finis autem in activis / habet / est sicut principium in speculativis. tum etiam quia in amicitia manenti de facili remittuntur si qua deliquit. tum etiam quia non est facile omnino medium tenere et in nullo excedere: unde qui regulam rationis, quae sumitur ex fine, a corde suo non abiicit, licet in his quae regulanda sunt non omnimodam rectitudinem servet, non est multum culpandus, sed venia dignus. tertius autem gradus est cum sollicitudo praemissa in tantum excrescit quod anima omnino ab ordine qui est in deum recedit, transgrediendo praecepta iustitiae / et / caritatis / * superius posita /, ‘ fidei et spei, sine quibus / ho- / mens hominis non potest ordinari in deum. et hoc manifeste peccatum mortale est. quartus autem gradus est quando e / converso / contrario sollicitudo hominis sistit infra communem modum humanae vitae. quod quidem si ex remissione animi aut ex aliqua indebita intentione fiat, ad ignaviam reputatur: utrimque enim transgredi medium vituperabile est. si autem ad hoc quod rebus melioribus vacetur, scilicet ut mens feratur libere ad divina, perfectius est humana virtute. ad quam quidem perfectionem sectandam homini praecepta danda non fuerunt ad obligandum, sed magis consilia ad provocandum.#

006 ADL g3 pg49a

‘sicut autem per ea quae dicta sunt pax mentis firmatur per hoc quod sollicitudines exteriores homo deponit quantum possibile est, sic etiam ex divina lege homini providetur ad pacem mentis habendam reprimendo passiones irascibilis et concupiscibilis, quibus quies mentis impeditur. ad hoc autem divina lex procedit tripliciter. uno modo directe, contra passiones ipsas dando praecepta, dum praecipitur quod non solum / concupiscentiis non consentiamus / huiusmodi passiones non sequamur in opere /, sed nec ipsas admittamus in nobis, neque eis consentiamus: non enim interdicitur solum / homicidium / homicidii actus, quo homo impetum irae exequitur, sed etiam non esse irascendum

006 ADL g3 pg49b

‘ docemur. similiter non solum adulterii actus prohibetur, quo aliquis concupiscentiae passionem exequitur, sed etiam docemur non esse uxorem proximi concupiscendam. sicut enim prohibitio actus ad pacem exteriorem pertinet conservandam, ita passionis ad conservationem intrinsecae pacis operatur. secundo,/ pecca- / passionum incitamenta subtrahendo, dum contra concupiscentiam interdicitur otiositas,/ pro- / indicitur vitare consortia personarum quae possunt concupiscentiam excitare; contra iram vero et huiusmodi passiones, prohibentur contentiones, retributiones iniuriarum, et alia huiusmodi quae iram aut odium possunt concitare. nec tamen per hoc quod “ lex christi ‘ prohibet malum pro malo retribuere, “ dissolvit leges quibus regitur genus humanum, per quas hostes / impu- / reipublicae impugnantur / * ut quibusdam visum est /. ‘ aliud enim est quod agitur / privatorum / privata ira aut odio; aliud autem quod agitur secundum rationem ex ordinatione legis ad bonum / commune conservandum / societatis humanae conservandum, quae non posset esse tuta et pacifica nisi impugnantibus resisteretur, et perturbatores punirentur. tertio, adhibendo quaedam exteriora remedia / contra impetus pass- / ad reprimendos impetus passionum: sicut contra concupiscentiam sunt adinventa ieiunia, vigiliae, et alia exercitia corporalia quibus caro affligitur, et sic carnis concupiscentiae quodammodo mortificantur; contra iram vero et consimiles passiones sunt adinventa quaedam exteriora humilitatis signa, ut vilitas vestium et alia huiusmodi, ex quibus animus quodammodo reprimitur ne adversus alios intumescat, et sic in iram et odia prorumpat. sciendum est |25| etiam quod sicut habitus, qui per / operationes / actus / acquiruntur, similes actus, postquam completi fuerint, reddunt, ita elevatio mentis ad divina, ad quam homo * per omnia supra dicta ‘ disponitur / quae pertinent / postquam in homine firmata fuerit, praecipuum remedium et contra passiones, et contra sollicitudines, et contra exteriores inquietudines praebet: omnia enim haec per divinorum contemplationem, lectionem et auditum reprimuntur.#

006 ADL bt pg230

‘ accidentalibus # responsio. dicendum quod individua unius speciei in genere substantiae inveniuntur habere diversitatem et in materia et in forma et in accidentibus. duorum enim sunt et diversa corpora et diversae animae et alia atque alia accidentia. sed primum principium huius diversitatis non potest esse forma, in quantum huiusmodi, quia ex forma tali consequitur materia esse sub determinata ratione. unde si sit # prius.# praeterea, substantiae spirituales / non videntur / a corporalibus quadam subtilitate distinguuntur. substantiae autem spirituales non impediuntur ab hoc quod sint # etc. # prima autem pars dividitur in duas. in prima dicit, de quo est intentio. in secunda prosequitur propositum, ibi: ° nam cum tres sint ‘ etc.. circa primum duo facit. primo enim / os- / dicit, quid sit in ipso principio inquisitionis dicendum. secundo ostendit necessitatem, quare primo dicendum sit, ibi: ° nam sicut optime ‘ etc..# etc..# |25| circa primum duo facit. primo ponit distinctionem partium speculativae philosophiae. secundo / distinguit ea de quibus consi- / ostendit quomodo huiusmodi partes ad invicem differant secundum ea, de quibus sunt, ibi: ° naturalis in motu ‘ etc..# immateriale # ea enim sunt intelligibilia quae vel a materia / ast- / abstrahuntur vel in se ipsis sunt.#

006 ADL bt pg231

‘distinguuntur # quaedam igitur sunt quae sunt a materia et motu / materia autem dupliciter potest considerari. uno modo, prout stat sub dimensionibus / signatis / designatis, secundum quod supra dicta est esse individuationis principium. et sic omnis scientia humanus intellectus speculativus a materia abstrahit, cum a materia abstrahit, cum intellectus non sit nisi universalium. alio modo consideratur materia absque dimensionibus designatis. et sic scibilia ergo sunt trium. quaedam quidem quaedam ergo speculabilium sunt / separata / quae non dependent a materia et motu secundum esse. et de his est scientia divina sive theologia vel metaphysica, quae est philosophia prima. quaedam vero dependent # motu # responsio. dicendum quod operatio intellectus completur secundum hoc quod intellectus / assi- / conformatur intelligibili. * unde dicit algazel quod “ scientia est assimilatio scientis ad rem scitam, * et philosophus in xi metaphysicae quod “ intellectus intelligit secundum transumptionem intelligibilis. ‘ contingit autem alicui aliquid assimilari non / secundum totum / totaliter, sed in parte, sicut melli assimilatur fel in rubedine, non in dulcedine. et inde est quod ea quae inveniuntur secundum rem coniuncta dividuntur quandoque per operationem intellectus. * unde boethius in libro de hebdomadibus: ° multa sunt, quae cum |25| separari actu non possunt, animo tamen separantur et cogitatione. ‘ sunt tamen quaedam quae nec / ad invi- / intellectu ab invicem separari possunt. quod contingit propter ordinem quem habent ad invicem in intelligendo. quaedam enim sunt quae simul intelligenda occurrunt, vel quia sunt penitus idem, ut homo et animal rationale, vel quia unum est de intellectu alterius, sicut quae ad invicem essentialiter referuntur, ut / unum ab / utrumque ab altero dependeat, sicut pater et filius. quaedam vero sunt, quorum unum occurrit prius intelligendum quam aliud. et tunc primum potest intelligi sine priori, posterius vero sine priori

006 ADL bt pg232

‘ numquam. cum autem omne quod cognoscitur cognoscatur per formam, per quam est in actu, in intelligendo forma primum est. forma autem duplex est, scilicet forma totius, quae est / ipsum compositum / ipsa quiditas vel essentia rei, et forma partis quae est pars compositi. non tamen omnia, quae sunt coniuncta secundum rem, possunt separari per intellectum. quod contingit ex parte rei intellectae et ex parte intellectus. ex parte quidem rei, quando duo talia proponuntur, quorum unum in alio includitur, sicut animal includitur in homine, et ideo quicumque intelligit hominem, intelligit animal, sed non e converso. ex parte autem / intelligentis / intellectus, quando intellectus non habet viam ad intelligendum aliquid duorum nisi per hoc quod alterum intelligat. et sic cognitio unius dependet a cognitione alterius, quamvis unum in altero non includatur, sicut substantia non includitur in essentia accidentis, et tamen accidens non potest cognosci, nisi cognoscatur substantia,/ quia per essentiam./ et hoc est in omnibus illis. non tamen intellectus potest inter quaelibet duo separare. quod contingit ex hoc quod unum eorum, secundum hoc quod intellectui subiacet, ad alterum dependet. unumquodque autem per essentiam suam sub intellectu cadit, “ quia obiectum intellectus est quid, * ut dicitur in iii de anima. ‘ et ideo quidquid dependet ab altero secundum suam essentiam non potest sine illo intelligi. et inde est quod homo non potest intelligi sine animali, quia animal est essentia hominis, nec pater sine filio, quia essentia relativi est quod referatur ad aliud. et sic in omnibus aliis est videre. essentia autem est essendi principium. unde secundum quod |25| aliquid sine altero esse potest vel non potest, sic secundum suam essentiam et per consequens secundum intellectum dependet ab illo vel non dependet. et ideo quod potest inveniri sine aliquo, potest intelligi sine illo; quod autem non potest sine aliquo inveniri, nec sine illo intelligi potest, dummodo hoc sit ei per se, quod sine illo inveniri non possit, et non per accidens, sicut solis natura non potest inveniri nisi in illo sole. responsio. dicendum quod ad evidentiam huius quaestionis oportet / scire / videre diversos modos abstractionis, qua intellectus abstrahere dicitur, et rationes eorum. sciendum est igitur quod “ intellectus habet

006 ADL bt pg233

“ duas actiones, * ut dicitur in iii de anima. “ unam quidem, qua intellectus considerat simplicem quiditatem rei; aliam, qua componit et dividit. ‘ secundum igitur primam operationem intellectus abstrahere dicitur / quando / aliquid altero, quando quiditatem unius intelligit sine hoc quod aliquam considerationem habeat de alio. quod quidem tunc fieri potest, quando unius essentia non dependet ab essentia alterius, eo quod huiusmodi actio ad essentiam / alterius / rei respicit. quod quidem contingit, quando duae res nullum habent ordinem ad invicem, vel quando / est alia re prior / sunt ordinatae. sed quando duae res non habent aliquem ordinem ad invicem, quamvis de una earum intelligatur quid est sine intellectu alterius, non tamen dicitur abstractio, sicut si intelligam lapidem sine intellectu animalis. tunc autem proprie dicitur abstractio per intellectum fieri, quando ad invicem ordinatae sunt et coniunctae in rerum natura. potest autem ordo / duorum / unius ad alterum attendi in triplici habitudine. essentia enim unius rei vel est prior essentia alterius vel posterior vel simul. responsio. dicendum quod ad evidentiam huius quaestionis distinguere oportet modos, quibus intellectus abstrahere dicitur.# converso # patet ergo quod triplex est abstractio, qua intellectus abstrahit. prima quidem secundum operationem / secundam / intellectus, qua componit et dividit. et sic intellectum abstrahere nihil est aliud hoc non esse in hoc. abstrahere vero secundum aliam operationem intellectus nihil est aliud quam intelligere quid est hoc |25| sine intellectu alicuius, quod est ei in esse rei coniunctum, quandoque quidem coniunctione formae ad materiam vel accidentis ad subiectum.# divina # responsio. dicendum quod ad evidentiam, qualis scientia sit scientia divina et de quibus tractet, sciendum est quod cuiuslibet generis sunt propria principia et causae se extendentes ad totum ambitum illius generis. * unde in xi metaphysicae philosophus determinat quod “ secundum differentiam et convenientiam principiatorum

006 ADL bt pg234

“ genere vel specie vel analogia et principia genere vel specie vel analogia conveniunt aut differunt. ‘ unde cum omnia entia conveniant in ente communitate analogiae, oportet quod et principia communia secundum analogiam habeant. et sic quodammodo sunt eadem omnium principia secundum analogiam, in quantum in unoquoque genere entium est invenire aliquid, quod se habet ad alterum per modum causae efficientis, formalis, finalis et materialis. “ sed quia in singulis generibus secundum has species causarum non est procedere in infinitum, * ut probatur in ii metaphysicae, ‘ principia etiam substantiarum sunt principia omnium aliorum generum.#

SUMMA THEOLOGIAE - PRIMA PARS

---

007 ST1 qu ar

pr ‘ Quia catholicae veritatis doctor non solum provectos debet instruere, sed ad eum pertinet etiam incipientes erudire, * secundum illud apostoli i ad corinth. iii, ° tanquam parvulis in christo, lac vobis potum dedi, non escam; ‘ propositum nostrae intentionis in hoc opere est, ea quae ad christianam religionem pertinent, eo modo tradere, secundum quod congruit ad eruditionem incipientium. consideravimus namque huius doctrinae novitios, in his quae a diversis conscripta sunt, plurimum impediri, partim quidem propter multiplicationem inutilium quaestionum, articulorum et argumentorum; partim etiam quia ea quae sunt necessaria talibus ad sciendum, non traduntur secundum ordinem disciplinae, sed secundum quod requirebat librorum expositio, vel secundum quod se praebebat occasio disputandi; partim quidem quia eorundem frequens repetitio et fastidium et confusionem generabat in animis auditorum. haec igitur et alia huiusmodi evitare studentes, tentabimus, cum confidentia divini auxilii, ea quae ad sacram doctrinam pertinent, breviter ac dilucide prosequi, secundum quod materia patietur.

007 ST1 qu1 ar

pr ‘ Et ut intentio nostra sub aliquibus certis limitibus comprehendatur, necessarium est primo investigare de ipsa sacra doctrina, qualis sit, et ad quae se extendat. circa quae quaerenda sunt decem. primo, de necessitate huius doctrinae. secundo, utrum sit scientia. tertio, utrum sit una vel plures. quarto, utrum sit speculativa vel practica. quinto, de comparatione eius ad alias scientias. sexto, utrum sit sapientia. septimo, quid sit subiectum eius. octavo, utrum sit argumentativa. nono, utrum uti debeat metaphoricis vel symbolicis locutionibus. decimo, utrum scriptura sacra huius doctrinae sit secundum plures sensus exponenda.

007 ST1 qu1 ar1

ag1 ‘ Ad primum sic proceditur. videtur quod non sit necessarium, praeter philosophicas disciplinas, aliam doctrinam haberi. ad ea enim quae supra rationem sunt, homo non debet conari, * secundum illud eccli. iii, ° altiora te ne quaesieris. ‘ sed ea quae rationi subduntur, sufficienter traduntur in philosophicis disciplinis. superfluum igitur videtur, praeter philosophicas disciplinas, aliam doctrinam haberi.

ag2 ‘ Praeterea, doctrina non potest esse nisi de ente, nihil enim scitur nisi verum, quod cum ente convertitur. sed de omnibus entibus tractatur in philosophicis disciplinis, et etiam de deo, unde quaedam pars philosophiae dicitur theologia, sive scientia divina, * ut patet per philosophum in vi metaphys.. ‘ non fuit igitur necessarium, praeter philosophicas disciplinas, aliam doctrinam haberi.

sc * Sed contra est quod dicitur ii ad tim. iii, ° omnis scriptura divinitus inspirata utilis est ad docendum, ad arguendum, ad corripiendum, ad erudiendum ad iustitiam. ‘ scriptura autem divinitus inspirata non pertinet ad philosophicas disciplinas, quae sunt secundum rationem humanam inventae. utile igitur est, praeter philosophicas disciplinas, esse aliam scientiam divinitus inspiratam.

co ' Respondeo dicendum quod necessarium fuit ad humanam salutem, esse doctrinam quandam secundum revelationem divinam, praeter philosophicas disciplinas, quae ratione humana investigantur. primo quidem, quia homo ordinatur ad deum sicut ad quendam finem qui comprehensionem rationis excedit, * secundum illud isaiae lxiv, ° oculus non vidit deus absque te, quae praeparasti diligentibus te. ' finem autem oportet esse praecognitum hominibus, qui suas intentiones et actiones debent ordinare in finem. unde necessarium fuit homini ad salutem, quod ei nota fierent quaedam per revelationem divinam, quae rationem humanam excedunt. ad ea etiam quae de deo ratione humana investigari possunt, necessarium fuit hominem instrui revelatione divina. quia veritas de deo, per rationem investigata, a paucis, et per longum tempus, et cum admixtione multorum errorum, homini proveniret, a cuius tamen veritatis cognitione dependet tota hominis salus, quae in deo est. ut igitur salus hominibus et convenientius et certius proveniat, necessarium fuit quod de divinis per divinam revelationem instruantur. necessarium igitur fuit, praeter philosophicas disciplinas, quae per rationem investigantur, sacram doctrinam per revelationem haberi.

ra1 ' Ad primum ergo dicendum quod, licet ea quae sunt altiora hominis cognitione, non sint ab homine per rationem inquirenda, sunt tamen, a deo revelata, suscipienda per fidem. * unde et ibidem subditur, ° plurima supra sensum hominum ostensa sunt tibi. ' et in huiusmodi sacra doctrina consistit.

ra2 ' Ad secundum dicendum quod diversa ratio cognoscibilis diversitatem scientiarum inducit. eandem enim conclusionem demonstrat astrologus et naturalis, puta quod terra est rotunda, sed astrologus per medium mathematicum, idest a materia abstractum; naturalis autem per medium circa materiam consideratum. unde nihil prohibet de eisdem rebus, de quibus philosophicae disciplinae tractant secundum quod sunt cognoscibilia lumine naturalis rationis, et aliam scientiam tractare secundum quod cognoscuntur lumine divinae revelationis. unde theologia quae ad sacram doctrinam pertinet, differt secundum genus ab illa theologia quae pars philosophiae ponitur.

007 ST1 qu1 ar2

ag1 ' Ad secundum sic proceditur. videtur quod sacra doctrina non sit scientia. omnis enim scientia procedit ex principiis per se notis. sed sacra doctrina procedit ex articulis fidei, qui non sunt per se noti, cum non ab omnibus concedantur, ° non enim omnium est fides, * ut dicitur ii thessalon. iii. ' non igitur sacra doctrina est scientia.

ag2 ' Praeterea, scientia non est singularium. sed sacra doctrina tractat de singularibus, puta de gestis abrahae, isaac et iacob, et similibus. ergo sacra doctrina non est scientia.

sc * Sed contra est quod augustinus dicit, xiv de trinitate, ° huic scientiae attribuitur illud tantummodo quo fides saluberrima gignitur, nutritur, defenditur, roboratur. ' hoc autem ad nullam scientiam pertinet nisi ad sacram doctrinam. ergo sacra doctrina est scientia.

co ' Respondeo dicendum sacram doctrinam esse scientiam. sed sciendum est quod duplex est scientiarum genus. quaedam enim sunt, quae procedunt ex principiis notis lumine naturali intellectus, sicut arithmetica, geometria, et huiusmodi. quaedam vero sunt, quae procedunt ex principiis notis lumine superioris scientiae, sicut perspectiva procedit ex principiis notificatis per geometriam, et musica ex principiis per arithmeticam notis. et hoc modo sacra doctrina est scientia, quia procedit ex principiis notis lumine superioris scientiae, quae scilicet est scientia dei et beatorum. unde sicut musica credit principia tradita sibi ab arithmetico, ita doctrina sacra credit principia revelata sibi a deo.

ra1 ' Ad primum ergo dicendum quod principia cuiuslibet scientiae vel sunt nota per se, vel reducuntur ad notitiam superioris scientiae. et talia sunt principia sacrae doctrinae, * ut dictum est.

ra2 ' Ad secundum dicendum quod singularia traduntur in sacra doctrina, non quia de eis principaliter tractetur, sed introducuntur tum in exemplum vitae, sicut in scientiis moralibus; tum etiam ad declarandum auctoritatem virorum per quos ad nos revelatio divina processit, super quam fundatur sacra scriptura seu doctrina.

007 ST1 qu1 ar3

ag1 ' Ad tertium sic proceditur. videtur quod sacra doctrina non sit una scientia. * quia secundum philosophum in i poster., ° una scientia est quae est unius generis subiecti. ' creator autem et creatura, de quibus in sacra doctrina tractatur, non continentur sub uno genere subiecti. ergo sacra doctrina non est una scientia.

ag2 ' Praeterea, in sacra doctrina tractatur de angelis, de creaturis corporalibus, de moribus hominum. huiusmodi autem ad diversas scientias philosophicas pertinent. igitur sacra doctrina non est una scientia.

sc ' Sed contra est quod sacra scriptura de ea loquitur sicut de una scientia, * dicitur enim sap. x, ° dedit illi scientiam sanctorum.

co ' Respondeo dicendum sacram doctrinam unam scientiam esse. est enim unitas potentiae et habitus consideranda secundum obiectum, non quidem materialiter, sed secundum rationem formalem obiecti, puta homo, asinus et lapis conveniunt in una formali ratione colorati, quod est obiectum visus. quia igitur sacra scriptura considerat aliqua secundum quod sunt divinitus revelata, * secundum quod dictum est, ' omnia quaecumque sunt divinitus revelabilia, communicant in una ratione formali obiecti huius scientiae. et ideo comprehenduntur sub sacra doctrina sicut sub scientia una.

ra1 ' Ad primum ergo dicendum quod sacra doctrina non determinat de deo et de creaturis ex aequo, sed de deo principaliter, et de creaturis secundum quod referuntur ad deum, ut ad principium vel finem. unde unitas scientiae non impeditur.

ra2 ' Ad secundum dicendum quod nihil prohibet inferiores potentias vel habitus diversificari circa illas materias, quae communiter cadunt sub una potentia vel habitu superiori, quia superior potentia vel habitus respicit obiectum sub universaliori ratione formali. sicut obiectum sensus communis est sensibile, quod comprehendit sub se visibile et audibile, unde sensus communis, cum sit una potentia, extendit se ad omnia obiecta quinque sensuum. et similiter ea quae in diversis scientiis philosophicis tractantur, potest sacra doctrina, una existens, considerare sub una ratione, inquantum scilicet sunt divinitus revelabilia, ut sic sacra doctrina sit velut quaedam impressio divinae scientiae, quae est una et simplex omnium.

007 ST1 qu1 ar4

ag1 ' Ad quartum sic proceditur. videtur quod sacra doctrina sit scientia practica. finis enim practicae est operatio, * secundum philosophum in ii metaphys.. ' sacra autem doctrina ad operationem ordinatur, * secundum illud iac. i, ° estote factores verbi, et non auditores tantum. ' ergo sacra doctrina est practica scientia.

ag2 ' Praeterea, sacra doctrina dividitur per legem veterem et novam. lex autem pertinet ad scientiam moralem, quae est scientia practica. ergo sacra doctrina est scientia practica.

sc ' Sed contra, omnis scientia practica est de rebus operabilibus ab homine; ut moralis de actibus hominum, et aedificativa de aedificiis. sacra autem doctrina est principaliter de deo, cuius magis homines sunt opera. non ergo est scientia practica, sed magis speculativa.

co ' Respondeo dicendum quod sacra doctrina, * ut dictum est, ' una existens, se extendit ad ea quae pertinent ad diversas scientias philosophicas, propter rationem formalem quam in diversis attendit, scilicet prout sunt divino lumine cognoscibilia. unde licet in scientiis philosophicis alia sit speculativa et alia practica, sacra tamen doctrina comprehendit sub se utramque; sicut et deus eadem scientia se cognoscit, et ea quae facit. magis tamen est speculativa quam practica, quia principalius agit de rebus divinis quam de actibus humanis; de quibus agit secundum quod per eos ordinatur homo ad perfectam dei cognitionem, in qua aeterna beatitudo consistit.

ra ' Et per hoc patet responsio ad obiecta.

007 ST1 qu1 ar5

ag1 ' Ad quintum sic proceditur. videtur quod sacra doctrina non sit dignior aliis scientiis. certitudo enim pertinet ad dignitatem scientiae. sed aliae scientiae, de quarum principiis dubitari non potest, videntur esse certiores sacra doctrina, cuius principia, scilicet articuli fidei, dubitationem recipiunt. aliae igitur scientiae videntur ista digniores.

ag2 ' Praeterea, inferioris scientiae est a superiori accipere, sicut musicus ab arithmetico. sed sacra doctrina accipit aliquid a philosophicis disciplinis, * dicit enim hieronymus in epistola ad magnum oratorem urbis romae, quod ° doctores antiqui intantum philosophorum doctrinis atque sententiis suos respersserunt libros, ut nescias quid in illis prius admirari debeas, eruditionem saeculi, an scientiam scripturarum. ' ergo sacra doctrina est inferior aliis scientiis.

sc ' Sed contra est quod aliae scientiae dicuntur ancillae huius, * prov. ix, ° misit ancillas suas vocare ad arcem.

co ' Respondeo dicendum quod, cum ista scientia quantum ad aliquid sit speculativa, et quantum ad aliquid sit practica, omnes alias transcendit tam speculativas quam practicas. speculativarum enim scientiarum una altera dignior dicitur, tum propter certitudinem, tum propter dignitatem materiae. et quantum ad utrumque, haec scientia alias speculativas scientias excedit. secundum certitudinem quidem, quia aliae scientiae certitudinem habent ex naturali lumine rationis humanae, quae potest errare, haec autem certitudinem habet ex lumine divinae scientiae, quae decipi non potest. secundum dignitatem vero materiae, quia ista scientia est principaliter de his quae sua altitudine rationem transcendunt, aliae vero scientiae considerant ea tantum quae rationi subduntur. practicarum vero scientiarum illa dignior est, quae ad ulteriorem finem ordinatur, sicut civilis militari, nam bonum exercitus ad bonum civitatis ordinatur. finis autem huius doctrinae inquantum est practica, est beatitudo aeterna, ad quam sicut ad ultimum finem ordinantur omnes alii fines scientiarum practicarum. unde manifestum est, secundum omnem modum, eam digniorem esse aliis.

ra1 ' Ad primum ergo dicendum quod nihil prohibet id quod est certius secundum naturam, esse quoad nos minus certum, propter debilitatem intellectus nostri, " qui se habet ad manifestissima naturae, sicut oculus noctuae ad lumen solis, * sicut dicitur in ii metaphys.. ' unde dubitatio quae accidit in aliquibus circa articulos fidei, non est propter incertitudinem rei, sed propter debilitatem intellectus humani. et tamen minimum quod potest haberi de cognitione rerum altissimarum, desiderabilius est quam certissima cognitio quae habetur de minimis rebus, * ut dicitur in xi de animalibus.

ra2 ' Ad secundum dicendum quod haec scientia accipere potest aliquid a philosophicis disciplinis, non quod ex necessitate eis indigeat, sed ad maiorem manifestationem eorum quae in hac scientia traduntur. non enim accipit sua principia ab aliis scientiis, sed immediate a deo per revelationem. et ideo non accipit ab aliis scientiis tanquam a superioribus, sed utitur eis tanquam inferioribus et ancillis; sicut architectonicae utuntur subministrantibus, ut civilis militari. et hoc ipsum quod sic utitur eis, non est propter defectum vel insufficientiam eius, sed propter defectum intellectus nostri; qui ex his quae per naturalem rationem (ex qua procedunt aliae scientiae) cognoscuntur, facilius manuducitur in ea quae sunt supra rationem, quae in hac scientia traduntur.

007 ST1 qu1 ar6

ag1 ' Ad sextum sic proceditur. videtur quod haec doctrina non sit sapientia. nulla enim doctrina quae supponit sua principia aliunde, digna est nomine sapientiae, ° quia sapientis est ordinare, et non ordinari * (i metaphys.). ' sed haec doctrina supponit principia sua aliunde, * ut ex dictis patet. ' ergo haec doctrina non est sapientia.

ag2 ' Praeterea, ad sapientiam pertinet probare principia aliarum scientiarum, " unde ut caput dicitur scientiarum, * ut vi ethic. patet. ' sed haec doctrina non probat principia aliarum scientiarum. ergo non est sapientia.

ag3 ' Praeterea, haec doctrina per studium acquiritur. sapientia autem per infusionem habetur, unde inter septem dona spiritus sancti connumeratur, * ut patet isaiae xi. ' ergo haec doctrina non est sapientia.

sc * Sed contra est quod dicitur deut. iv, in principio legis, ° haec est nostra sapientia et intellectus coram populis.

co ' Respondeo dicendum quod haec doctrina maxime sapientia est inter omnes sapientias humanas, non quidem in aliquo genere tantum, sed simpliciter. cum enim sapientis sit ordinare et iudicare, iudicium autem per altiorem causam de inferioribus habeatur; ille sapiens dicitur in unoquoque genere, qui considerat causam altissimam illius generis. ut in genere aedificii, artifex qui disponit formam domus, dicitur sapiens et architector, respectu inferiorum artificum, qui dolant ligna vel parant lapides, * unde dicitur i cor. iii, ° ut sapiens architector fundamentum posui. ' et rursus, in genere totius humanae vitae, prudens sapiens dicitur, inquantum ordinat humanos actus ad debitum finem, * unde dicitur prov. x, ° sapientia est viro prudentia. ' ille igitur qui considerat simpliciter altissimam causam totius universi, quae deus est, maxime sapiens dicitur, unde et sapientia dicitur esse divinorum cognitio, * ut patet per augustinum, xii de trinitate. ' sacra autem doctrina propriissime determinat de deo secundum quod est altissima causa, quia non solum quantum ad illud quod est per creaturas cognoscibile (quod philosophi cognoverunt, |25| * ut dicitur rom. i, ° quod notum est dei, manifestum est illis); ' sed etiam quantum ad id quod notum est sibi soli de seipso, et aliis per revelationem communicatum. unde sacra doctrina maxime dicitur sapientia.

ra1 ' Ad primum ergo dicendum quod sacra doctrina non supponit sua principia ab aliqua scientia humana, sed a scientia divina, a qua, sicut a summa sapientia, omnis nostra cognitio ordinatur.

ra2 ' Ad secundum dicendum quod aliarum scientiarum principia vel sunt per se nota, et probari non possunt, vel per aliquam rationem naturalem probantur in aliqua alia scientia. propria autem huius scientiae cognitio est, quae est per revelationem, non autem quae est per naturalem rationem. et ideo non pertinet ad eam probare principia aliarum scientiarum, sed solum iudicare de eis, quidquid enim in aliis scientiis invenitur veritati huius scientiae repugnans, totum condemnatur ut falsum, * unde dicitur ii cor. x, ° consilia destruentes, et omnem altitudinem extollentem se adversus scientiam dei.

ra3 ' Ad tertium dicendum quod, cum iudicium ad sapientem pertineat, secundum duplicem modum iudicandi, dupliciter sapientia accipitur. contingit enim aliquem iudicare, uno modo per modum inclinationis, sicut qui habet habitum virtutis, recte iudicat de his quae sunt secundum virtutem agenda, inquantum ad illa inclinatur, * unde et in x ethic. dicitur quod " virtuosus est mensura et regula actuum humanorum. ' alio modo, per modum cognitionis, sicut aliquis instructus in scientia morali, posset iudicare de actibus virtutis, etiam si virtutem non haberet. primus igitur modus iudicandi de rebus divinis, pertinet ad sapientiam quae ponitur donum spiritus sancti * secundum illud i cor. ii, ° spiritualis homo iudicat omnia, etc., * et dionysius dicit, ii cap. de divinis nominibus, ° hierotheus doctus est non solum discens, sed et patiens divina. ' secundus autem modus iudicandi pertinet ad hanc doctrinam, secundum quod per studium habetur; licet eius principia ex revelatione habeantur.

007 ST1 qu1 ar7

ag1 ' Ad septimum sic proceditur. videtur quod deus non sit subiectum huius scientiae. in qualibet enim scientia oportet supponere de subiecto quid est, * secundum philosophum in i poster.. ' sed haec scientia non supponit de deo quid est, * dicit enim damascenus, ° in deo quid est, dicere impossibile est. ' ergo deus non est subiectum huius scientiae.

ag2 ' Praeterea, omnia quae determinantur in aliqua scientia, comprehenduntur sub subiecto illius scientiae. sed in sacra scriptura determinatur de multis aliis quam de deo, puta de creaturis, et de moribus hominum. ergo deus non est subiectum huius scientiae.

sc ' Sed contra, illud est subiectum scientiae, de quo est sermo in scientia. sed in hac scientia fit sermo de deo, dicitur enim theologia, quasi sermo de deo. ergo deus est subiectum huius scientiae.

co ' Respondeo dicendum quod deus est subiectum huius scientiae. sic enim se habet subiectum ad scientiam, sicut obiectum ad potentiam vel habitum. proprie autem illud assignatur obiectum alicuius potentiae vel habitus, sub cuius ratione omnia referuntur ad potentiam vel habitum, sicut homo et lapis referuntur ad visum inquantum sunt colorata, unde coloratum est proprium obiectum visus. omnia autem pertractantur in sacra doctrina sub ratione dei, vel quia sunt ipse deus; vel quia habent ordinem ad deum, ut ad principium et finem. unde sequitur quod deus vere sit subiectum huius scientiae. quod etiam manifestum fit ex principiis huius scientiae, quae sunt articuli fidei, quae est de deo, idem autem est subiectum principiorum et totius scientiae, cum tota scientia virtute contineatur in principiis. * quidam vero, " attendentes ad ea quae in ista scientia tractantur, et non ad rationem secundum quam considerantur, assignaverunt aliter subiectum huius scientiae, vel res et signa; vel opera reparationis; vel totum christum, idest caput et membra. de omnibus enim istis tractatur in ista scientia, sed secundum ordinem ad deum.

ra1 ' Ad primum ergo dicendum quod, licet de deo non possimus scire quid est, utimur tamen eius effectu, in hac doctrina, vel naturae vel gratiae, loco definitionis, ad ea quae de deo in hac doctrina considerantur, sicut et in aliquibus scientiis philosophicis demonstratur aliquid de causa per effectum, accipiendo effectum loco definitionis causae.

ra2 ' Ad secundum dicendum quod omnia alia quae determinantur in sacra doctrina, comprehenduntur sub deo, non ut partes vel species vel accidentia, sed ut ordinata aliqualiter ad ipsum.

007 ST1 qu1 ar8

ag1 ' Ad octavum sic proceditur. videtur quod haec doctrina non sit argumentativa. * dicit enim ambrosius in libro i de fide catholica, ° tolle argumenta, ubi fides quaeritur. ' sed in hac doctrina praecipue fides quaeritur, * unde dicitur ioan. xx, ° haec scripta sunt ut credatis. ' ergo sacra doctrina non est argumentativa.

ag2 ' Praeterea, si sit argumentativa, aut argumentatur ex auctoritate, aut ex ratione. si ex auctoritate, non videtur hoc congruere eius dignitati, " nam locus ab auctoritate est infirmissimus, * secundum boetium. ' si etiam ex ratione, hoc non congruit eius fini, * quia secundum gregorium in homilia, ° fides non habet meritum, ubi humana ratio praebet experimentum. ' ergo sacra doctrina non est argumentativa.

sc * Sed contra est quod dicitur ad titum i, de episcopo, ° amplectentem eum qui secundum doctrinam est, fidelem sermonem, ut potens sit exhortari in doctrina sana, et eos qui contradicunt arguere.

co ' Respondeo dicendum quod, sicut aliae scientiae non argumentantur ad sua principia probanda, sed ex principiis argumentantur ad ostendendum alia in ipsis scientiis; ita haec doctrina non argumentatur ad sua principia probanda, quae sunt articuli fidei; sed ex eis procedit ad aliquid aliud ostendendum; * sicut apostolus, i ad cor. xv, ' ex resurrectione christi argumentatur ad resurrectionem communem probandam. sed tamen considerandum est in scientiis philosophicis, quod inferiores scientiae nec probant sua principia, nec contra negantem principia disputant, sed hoc relinquunt superiori scientiae, suprema vero inter eas, scilicet metaphysica, disputat contra negantem sua principia, si adversarius aliquid concedit, si autem nihil concedit, non potest cum eo disputare, potest tamen solvere rationes ipsius. unde sacra scriptura, cum non habeat superiorem, disputat cum negante sua principia, argumentando quidem, si adversarius aliquid concedat eorum quae per divinam revelationem habentur; sicut per auctoritates sacrae doctrinae disputamus contra haereticos, et per unum articulum contra negantes alium. si vero adversarius nihil credat eorum quae divinitus revelantur, non remanet amplius via ad probandum articulos fidei per rationes, sed ad solvendum rationes, si quas inducit, contra fidem. cum enim fides infallibili veritati innitatur, impossibile autem sit de vero demonstrari |25| contrarium, manifestum est probationes quae contra fidem inducuntur, non esse demonstrationes, sed solubilia argumenta.

ra1 ' Ad primum ergo dicendum quod, licet argumenta rationis humanae non habeant locum ad probandum quae fidei sunt, tamen ex articulis fidei haec doctrina ad alia argumentatur, * ut dictum est.

ra2 ' Ad secundum dicendum quod argumentari ex auctoritate est maxime proprium huius doctrinae, eo quod principia huius doctrinae per revelationem habentur, et sic oportet quod credatur auctoritati eorum quibus revelatio facta est. nec hoc derogat dignitati huius doctrinae, nam licet locus ab auctoritate quae fundatur super ratione humana, sit infirmissimus; locus tamen ab auctoritate quae fundatur super revelatione divina, est efficacissimus. utitur tamen sacra doctrina etiam ratione humana, non quidem ad probandum fidem, quia per hoc tolleretur meritum fidei; sed ad manifestandum aliqua alia quae traduntur in hac doctrina. cum enim gratia non tollat naturam, sed perficiat, oportet quod naturalis ratio subserviat fidei; sicut et naturalis inclinatio voluntatis obsequitur caritati. * unde et apostolus dicit, ii ad cor. x, ° in captivitatem redigentes omnem intellectum in obsequium christi. ' et inde est quod etiam auctoritatibus philosophorum sacra doctrina utitur, ubi per rationem naturalem veritatem cognoscere potuerunt; * sicut paulus, actuum xvii, inducit verbum arati, dicens, ° sicut et quidam poetarum vestrorum dixerunt, genus dei sumus. ' sed tamen sacra doctrina huiusmodi auctoritatibus utitur quasi extraneis argumentis, et probabilibus. auctoritatibus autem |25| canonicae scripturae utitur proprie, ex necessitate argumentando. auctoritatibus autem aliorum doctorum ecclesiae, quasi arguendo ex propriis, sed probabiliter. innititur enim fides nostra revelationi apostolis et prophetis factae, qui canonicos libros scripserunt, non autem revelationi, si qua fuit aliis doctoribus facta. * unde dicit augustinus, in epistola ad hieronymum, ° solis eis scripturarum libris qui canonici appellantur, didici hunc honorem deferre, ut nullum auctorem eorum in scribendo errasse aliquid firmissime credam. alios autem ita lego, ut, quantalibet sanctitate doctrinaque praepolleant, non ideo verum putem, quod ipsi ita senserunt vel scripserunt.

007 ST1 qu1 ar9

ag1 ' Ad nonum sic proceditur. videtur quod sacra scriptura non debeat uti metaphoris. illud enim quod est proprium infimae doctrinae, non videtur competere huic scientiae, quae inter alias tenet locum supremum, * ut iam dictum est. ' procedere autem per similitudines varias et repraesentationes, est proprium poeticae, quae est infima inter omnes doctrinas. ergo huiusmodi similitudinibus uti, non est conveniens huic scientiae.

ag2 ' Praeterea, haec doctrina videtur esse ordinata ad veritatis manifestationem, unde et manifestatoribus eius praemium promittitur, * eccli. xxiv, ° qui elucidant me, vitam aeternam habebunt. ' sed per huiusmodi similitudines veritas occultatur. non ergo competit huic doctrinae divina tradere sub similitudine corporalium rerum.

ag3 ' Praeterea, quanto aliquae creaturae sunt sublimiores, tanto magis ad divinam similitudinem accedunt. si igitur aliquae ex creaturis transumerentur ad deum, tunc oporteret talem transumptionem maxime fieri ex sublimioribus creaturis, et non ex infimis. quod tamen in scripturis frequenter invenitur.

sc * Sed contra est quod dicitur osee xii, ° ego visionem multiplicavi eis, et in manibus prophetarum assimilatus sum. ' tradere autem aliquid sub similitudine, est metaphoricum. ergo ad sacram doctrinam pertinet uti metaphoris.

co ' Respondeo dicendum quod conveniens est sacrae scripturae divina et spiritualia sub similitudine corporalium tradere. deus enim omnibus providet secundum quod competit eorum naturae. est autem naturale homini ut per sensibilia ad intelligibilia veniat, quia omnis nostra cognitio a sensu initium habet. unde convenienter in sacra scriptura traduntur nobis spiritualia sub metaphoris corporalium. * et hoc est quod dicit dionysius, i cap. caelestis hierarchiae, ° impossibile est nobis aliter lucere divinum radium, nisi varietate sacrorum velaminum circumvelatum. ' convenit etiam sacrae scripturae, quae communiter omnibus proponitur * (secundum illud ad rom. i, ° sapientibus et insipientibus debitor sum), ' ut spiritualia sub similitudinibus corporalium proponantur; ut saltem vel sic rudes eam capiant, qui ad intelligibilia secundum se capienda non sunt idonei.

ra1 ' Ad primum ergo dicendum quod poeta utitur metaphoris propter repraesentationem, repraesentatio enim naturaliter homini delectabilis est. sed sacra doctrina utitur metaphoris propter necessitatem et utilitatem, * ut dictum est.

ra2 " Ad secundum dicendum quod radius divinae revelationis non destruitur propter figuras sensibiles quibus circumvelatur, * ut dicit dionysius, ' sed remanet in sua veritate; ut mentes quibus fit revelatio, non permittat in similitudinibus permanere, sed elevet eas ad cognitionem intelligibilium; et per eos quibus revelatio facta est, alii etiam circa haec instruantur. unde ea quae in uno loco scripturae traduntur sub metaphoris, in aliis locis expressius exponuntur. et ipsa etiam occultatio figurarum utilis est, ad exercitium studiosorum, et contra irrisiones infidelium, * de quibus dicitur, matth. vii, ° nolite sanctum dare canibus.

ra3 ' Ad tertium dicendum quod, sicut * docet dionysius, cap. ii cael. hier., " magis est conveniens quod divina in scripturis tradantur sub figuris vilium corporum, quam corporum nobilium. ' et hoc propter tria. primo, quia per hoc magis liberatur humanus animus ab errore. manifestum enim apparet quod haec secundum proprietatem non dicuntur de divinis, quod posset esse dubium, si sub figuris nobilium corporum describerentur divina; maxime apud illos qui nihil aliud a corporibus nobilius excogitare noverunt. secundo, quia hic modus convenientior est cognitioni quam de deo habemus in hac vita. magis enim manifestatur nobis de ipso quid non est, quam quid est, et ideo similitudines illarum rerum quae magis elongantur a deo, veriorem nobis faciunt aestimationem quod sit supra illud quod de deo dicimus vel cogitamus. tertio, quia per huiusmodi, divina magis occultantur indignis.

007 ST1 qu1 ar10

ag1 ' Ad decimum sic proceditur. videtur quod sacra scriptura sub una littera non habeat plures sensus, qui sunt historicus vel litteralis, allegoricus, tropologicus sive moralis, et anagogicus. multiplicitas enim sensuum in una scriptura parit confusionem et deceptionem, et tollit arguendi firmitatem, unde ex multiplicibus propositionibus non procedit argumentatio, sed secundum hoc aliquae fallaciae assignantur. sacra autem scriptura debet esse efficax ad ostendendam veritatem absque omni fallacia. ergo non debent in ea sub una littera plures sensus tradi.

ag2 * Praeterea, augustinus dicit in libro de utilitate credendi, quod ° scriptura quae testamentum vetus vocatur, quadrifariam traditur, scilicet, secundum historiam, secundum aetiologiam, secundum analogiam, secundum allegoriam. ' quae quidem quatuor a quatuor praedictis videntur esse aliena omnino. non igitur conveniens videtur quod eadem littera sacrae scripturae secundum quatuor sensus praedictos exponatur.

ag3 ' Praeterea, praeter praedictos sensus, invenitur sensus parabolicus, qui inter illos sensus quatuor non continetur.

sc * Sed contra est quod dicit gregorius, xx moralium, ° sacra scriptura omnes scientias ipso locutionis suae more transcendit, quia uno eodemque sermone, dum narrat gestum, prodit mysterium.

co ' Respondeo dicendum quod auctor sacrae scripturae est deus, in cuius potestate est ut non solum voces ad significandum accommodet (quod etiam homo facere potest), sed etiam res ipsas. et ideo, cum in omnibus scientiis voces significent, hoc habet proprium ista scientia, quod ipsae res significatae per voces, etiam significant aliquid. illa ergo prima significatio, qua voces significant res, pertinet ad primum sensum, qui est sensus historicus vel litteralis. illa vero significatio qua res significatae per voces, iterum res alias significant, dicitur sensus spiritualis; qui super litteralem fundatur, et eum supponit. hic autem sensus spiritualis trifariam dividitur. * sicut enim dicit apostolus, ad hebr. vii, ' lex vetus figura est novae legis, " et ipsa nova lex, * ut dicit dionysius in ecclesiastica hierarchia, " est figura futurae gloriae, ' in nova etiam lege, ea quae in capite sunt gesta, sunt signa eorum quae nos agere debemus. secundum ergo quod ea quae sunt veteris legis, significant ea quae sunt novae legis, est sensus allegoricus, secundum vero quod ea quae in christo sunt facta, vel in his quae christum significant, sunt signa eorum quae nos agere debemus, est sensus moralis, prout vero significant ea quae sunt in aeterna gloria, est sensus anagogicus. quia vero sensus litteralis est, quem auctor intendit, |25| auctor autem sacrae scripturae deus est, qui omnia simul suo intellectu comprehendit, " non est inconveniens, * ut dicit augustinus xii confessionum, " si etiam secundum litteralem sensum in una littera scripturae plures sint sensus.

ra1 ' Ad primum ergo dicendum quod multiplicitas horum sensuum non facit aequivocationem, aut aliam speciem multiplicitatis, quia, * sicut iam dictum est, ' sensus isti non multiplicantur propter hoc quod una vox multa significet; sed quia ipsae res significatae per voces, aliarum rerum possunt esse signa. et ita etiam nulla confusio sequitur in sacra scriptura, cum omnes sensus fundentur super unum, scilicet litteralem; ex quo solo potest trahi argumentum, non autem ex his quae secundum allegoriam dicuntur, * ut dicit augustinus in epistola contra vincentium

donatistam. ‘ non tamen ex hoc aliquid deperit sacrae scripturae, quia nihil sub spirituali sensu continetur fidei necessarium, quod scriptura per litteralem sensum alicubi manifeste non tradat.
ra2 “ Ad secundum dicendum quod illa tria, historia, aetiologia, analogia, ad unum litteralem sensum pertinent. nam historia est, * ut ipse augustinus exponit, “ cum simpliciter aliquid proponitur, aetiologia vero, cum causa dicti assignatur, sicut cum dominus assignavit causam quare moyses permisit licentiam repudiandi uxores, scilicet propter duritiam cordis ipsorum, * matt. xix, “ analogia vero est, cum veritas unius scripturae ostenditur veritati alterius non repugnare. sola autem allegoria, inter illa quatuor, pro tribus spiritualibus sensibus ponitur. * sicut et hugo de sancto victore “ sub sensu allegorico etiam anagogicum comprehendit, ponens * in tertio suarum sententiarum “ solum tres sensus, scilicet historicum, allegoricum et tropologicum.
ra3 ‘ Ad tertium dicendum quod sensus parabolicus sub litterali continetur, nam per voces significatur aliquid proprie, et aliquid figurative; nec est litteralis sensus ipsa figura, sed id quod est figuratum. non enim cum scriptura nominat dei brachium, est litteralis sensus quod in deo sit membrum huiusmodi corporale, sed id quod per hoc membrum significatur, scilicet virtus operativa. in quo patet quod sensui litterali sacrae scripturae nunquam potest subesse falsum.

007 ST1 qu2 ar

pr ‘ Quia igitur principalis intentio huius sacrae doctrinae est dei cognitionem tradere, et non solum secundum quod in se est, sed etiam secundum quod est principium rerum et finis earum, et specialiter rationalis creaturae, * ut ex dictis est manifestum; ‘ ad huius doctrinae expositionem intendentes, primo tractabimus de deo; secundo, de motu rationalis creaturae in deum; tertio, de christo, qui, secundum quod homo, via est nobis tendendi in deum. consideratio autem de deo tripartita erit. primo namque considerabimus ea quae ad essentiam divinam pertinent; secundo, ea quae pertinent ad distinctionem personarum; tertio, ea quae pertinent ad processum creaturarum ab ipso. circa essentiam vero divinam, primo considerandum est an deus sit; secundo, quomodo sit, vel potius quomodo non sit; tertio considerandum erit de his quae ad operationem ipsius pertinent, scilicet de scientia et de voluntate et potentia. circa primum quaeruntur tria. primo, utrum deum esse sit per se notum. secundo, utrum sit demonstrabile. tertio, an deus sit.

007 ST1 qu2 ar1

ag1 ‘ Ad primum sic proceditur. videtur quod deum esse sit per se notum. illa enim nobis dicuntur per se nota, quorum cognitio nobis naturaliter inest, sicut patet de primis principiis. * sed, sicut dicit damascenus in principio libri sui, ° omnibus cognitio existendi deum naturaliter est inserta. ‘ ergo deum esse est per se notum.
ag2 ‘ Praeterea, illa dicuntur esse per se nota, quae statim, cognitis terminis, cognoscuntur, * quod philosophus attribuit “ primis demonstrationis principiis, * in i poster., “ scito enim quid est totum et quid pars, ‘ statim scitur quod omne totum maius est sua parte. sed intellecto quid significet hoc nomen deus, statim habetur quod deus est. significatur enim hoc nomine id quo maius significari non potest, maius autem est quod est in re et intellectu, quam quod est in intellectu tantum, unde cum, intellecto hoc nomine deus, statim sit in intellectu, sequitur etiam quod sit in re. ergo deum esse est per se notum.
ag3 ‘ Praeterea, veritatem esse est per se notum, quia qui negat veritatem esse, concedit veritatem esse, si enim veritas non est, verum est veritatem non esse. si autem est aliquid verum, oportet quod veritas sit. deus autem est ipsa veritas, * ioann. xiv, ° ego sum via, veritas et vita. ‘ ergo deum esse est per se notum.
sc ‘ Sed contra, nullus potest cogitare oppositum eius quod est per se notum * ut patet per philosophum, in iv metaphys. et i poster., ‘ circa prima demonstrationis principia. cogitari autem potest oppositum eius quod est deum esse, * secundum illud psalmi lii, ° dixit insipiens in corde suo, non est deus. ‘ ergo deum esse non est per se notum.
co ‘ Respondeo dicendum quod contingit aliquid esse per se notum dupliciter, uno modo, secundum se et non quoad nos; alio modo, secundum se et quoad nos. ex hoc enim aliqua propositio est per se nota, quod praedicatum includitur in ratione subiecti, ut homo est animal, nam animal est de ratione hominis. si igitur notum sit omnibus de praedicato et de subiecto quid sit, propositio illa erit omnibus per se nota, sicut patet in primis demonstrationum principiis, quorum termini sunt quaedam communia quae nullus ignorat, ut ens et non ens, totum et pars, et similia. si autem apud aliquos notum non sit de praedicato et subiecto quid sit, propositio quidem quantum in se est, erit per se nota, non tamen apud illos qui praedicatum et subiectum propositionis ignorant. et ideo contingit, * ut dicit boetius in libro de hebdomadibus, ‘ quod quaedam sunt communes animi conceptiones et per se notae, apud sapientes tantum, ut incorporalia in loco non esse. dico ergo quod haec propositio, deus est, quantum in se est, per se nota est, quia praedicatum est idem cum subiecto; deus enim est suum esse, * ut infra patebit. ‘ sed quia nos non scimus de deo quid est, non est nobis per se nota, sed indiget demonstrari per ea quae sunt magis nota quoad nos, et minus nota quoad naturam, scilicet per effectus.
ra1 ‘ Ad primum ergo dicendum quod cognoscere deum esse in aliquo communi, sub quadam confusione, est nobis naturaliter insertum, inquantum scilicet deus est hominis beatitudo, homo enim naturaliter desiderat beatitudinem, et quod naturaliter desideratur ab homine, naturaliter cognoscitur ab eodem. sed hoc non est simpliciter cognoscere deum esse; sicut cognoscere venientem, non est cognoscere petrum, quamvis sit petrus veniens, multi enim perfectum hominis bonum, quod est beatitudo, existimant divitias; quidam vero voluptates; quidam autem aliquid aliud.
ra2 ‘ Ad secundum dicendum quod forte ille qui audit hoc nomen deus, non intelligit significari aliquid quo maius cogitari non possit, * cum quidam crediderint “ deum esse corpus. ‘ dato etiam quod quilibet intelligat hoc nomine deus significari hoc quod dicitur, scilicet illud quo maius cogitari non potest; non tamen propter hoc sequitur quod intelligat id quod significatur per nomen, esse in rerum natura; sed in apprehensione intellectus tantum. nec potest argui quod sit in re, nisi daretur quod sit in re aliquid quo maius cogitari non potest, quod non est datum a ponentibus deum non esse.
ra3 ‘ Ad tertium dicendum quod veritatem esse in communi, est per se notum, sed primam veritatem esse, hoc non est per se notum quoad nos.

007 ST1 qu2 ar2

ag1 ‘ Ad secundum sic proceditur. videtur quod deum esse non sit demonstrabile. deum enim esse est articulus fidei. sed ea quae sunt fidei, non sunt demonstrabilia, quia demonstratio facit scire, fides autem de non apparentibus est, * ut patet per apostolum, ad hebr. xi. ‘ ergo deum esse non est demonstrabile.
ag2 ‘ Praeterea, medium demonstrationis est quod quid est. sed de deo non possumus scire quid est, sed solum quid non est, * ut dicit damascenus. ‘ ergo non possumus demonstrare deum esse.
ag3 ‘ Praeterea, si demonstraretur deum esse, hoc non esset nisi ex effectibus eius. sed effectus eius non sunt proportionati ei, cum ipse sit infinitus, et effectus finiti; finiti autem ad infinitum non est proportio. cum ergo causa non possit demonstrari per effectum sibi non proportionatum, videtur quod deum esse non possit demonstrari.
sc * Sed contra est quod apostolus dicit, ad rom. i, ° invisibilia dei per ea quae facta sunt, intellecta, conspiciuntur. ‘ sed hoc non esset, nisi per ea quae facta sunt, posset demonstrari deum esse, primum enim quod oportet intelligi de aliquo, est an sit.
co ‘ Respondeo dicendum quod duplex est demonstratio. una quae est per causam, et dicitur propter quid, et haec est per priora simpliciter. alia est per effectum, et dicitur demonstratio quia, et haec est per ea quae sunt priora quoad nos, cum enim effectus aliquis nobis est manifestior quam sua causa, per effectum procedimus ad cognitionem causae. ex quolibet autem effectu potest demonstrari propriam causam eius esse (si tamen eius effectus sint magis noti quoad nos), quia, cum effectus dependeant a causa, posito effectu necesse est causam praeexistere. unde deum esse, secundum quod non est per se notum quoad nos, demonstrabile est per effectus nobis notos.
ra1 ‘ Ad primum ergo dicendum quod deum esse, et alia huiusmodi quae per rationem naturalem nota possunt esse de deo, * ut dicitur rom. i ‘ non sunt articuli fidei, sed praeambula ad articulos, sic enim fides praesupponit cognitionem naturalem, sicut gratia naturam, et ut perfectio perfectibile. nihil tamen prohibet illud quod secundum se demonstrabile est et scibile, ab aliquo accipi ut credibile, qui demonstrationem non capit.
ra2 ‘ Ad secundum dicendum quod cum demonstratur causa per effectum, necesse est uti effectu loco definitionis causae, ad probandum causam esse, et hoc maxime contingit in deo. quia ad probandum aliquid esse, necesse est accipere pro medio quid significet nomen non autem quod quid est, quia quaestio quid est, sequitur ad quaestionem an est. nomina autem dei imponuntur ab effectibus, * ut postea ostendetur, ‘ unde, demonstrando deum esse per effectum, accipere possumus pro medio quid significet hoc nomen deus.
ra3 ‘ Ad tertium dicendum quod per effectus non proportionatos causae, non potest perfecta cognitio de causa haberi, sed tamen ex quocumque effectu potest manifeste nobis demonstrari causam esse, * ut dictum est. ‘ et sic ex effectibus dei potest demonstrari deum esse, licet per eos non perfecte possimus eum cognoscere secundum suam essentiam.

007 ST1 qu2 ar3

ag1 ‘ Ad tertium sic proceditur. videtur quod deus non sit. quia si unum contrariorum fuerit infinitum, totaliter destrueretur aliud. sed hoc intelligitur in hoc nomine deus, scilicet quod sit quoddam bonum infinitum. si ergo deus esset, nullum malum inveniretur. invenitur autem malum in mundo. ergo deus non est.
ag2 ‘ Praeterea, quod potest compleri per pauciora principia, non fit per plura. sed videtur quod omnia quae apparent in mundo, possunt compleri per alia principia, supposito quod deus non sit, quia ea quae sunt naturalia, reducuntur in principium quod est natura; ea vero quae sunt a proposito, reducuntur in principium quod est ratio humana vel voluntas. nulla igitur necessitas est ponere deum esse.
sc ‘ Sed contra est quod * dicitur exodi iii, ex persona dei, ° ego sum qui sum.
co ‘ Respondeo dicendum quod deum esse quinque viis probari potest. prima autem et manifestior via est, quae sumitur ex parte motus. certum est enim, et sensu constat, aliqua moveri in hoc mundo. omne autem quod movetur, ab alio movetur. nihil enim movetur, nisi secundum quod est in potentia ad illud ad quod movetur, movet autem aliquid secundum quod est actu. movere enim nihil aliud est quam educere aliquid de potentia in actum, de potentia autem non potest aliquid reduci in actum, nisi per aliquod ens in actu, sicut calidum in actu, ut ignis, facit lignum, quod est calidum in potentia, esse actu calidum, et per hoc movet et alterat ipsum. non autem est possibile ut idem sit simul in actu et potentia secundum idem, sed solum secundum diversa, quod enim est calidum in actu, non potest simul esse calidum in potentia, sed est simul frigidum in potentia. impossibile est ergo quod, secundum idem et eodem modo, aliquid sit movens et motum, vel quod moveat seipsum. omne ergo quod movetur, oportet ab alio moveri. si ergo id a quo movetur, moveatur, oportet et ipsum ab alio moveri et illud ab alio. hic autem non est procedere in infinitum, quia sic non esset aliquod primum movens; et per consequens nec aliquod aliud movens, quia moventia secunda non movent nisi per hoc quod sunt mota a primo movente, sicut baculus non movet nisi per hoc quod est motus a manu. ergo necesse est devenire ad aliquod primum movens, quod a nullo movetur, et hoc omnes intelligunt deum. secunda via est ex ratione causae efficientis. invenimus enim |25| in istis sensibilibus esse ordinem causarum efficientium, nec tamen invenitur, nec est possibile, quod aliquid sit causa efficiens sui ipsius; quia sic esset prius seipso, quod est impossibile. non autem est possibile quod in causis efficientibus procedatur in infinitum. quia in omnibus causis efficientibus ordinatis, primum est causa medii, et medium est causa ultimi, sive media sint plura sive unum tantum. remota autem causa, removetur effectus, ergo, si non fuerit primum in causis efficientibus, non erit ultimum nec medium. sed si procedatur in infinitum in causis efficientibus, non erit prima causa efficiens, et sic non erit nec effectus ultimus, nec causae efficientes mediae, quod patet esse falsum. ergo est necesse ponere aliquam causam efficientem primam, quam omnes deum nominant. tertia via est sumpta ex possibili et necessario, quae talis est. invenimus enim in rebus quaedam quae sunt possibilia esse et non esse, cum quaedam inveniantur generari et corrumpi, et per consequens possibilia esse et non esse. impossibile est autem omnia quae sunt, talia esse, quia quod possibile est non esse, quandoque non est. si igitur omnia sunt possibilia non esse, aliquando nihil fuit in rebus. sed si hoc est verum, etiam nunc nihil esset, quia quod non est, non incipit esse nisi per aliquid quod est; si igitur nihil fuit ens, impossibile fuit quod aliquid inciperet esse, et sic modo nihil esset, quod patet esse falsum. non ergo omnia entia sunt possibilia, sed oportet aliquid esse necessarium in rebus. omne autem necessarium vel habet causam |50| suae necessitatis aliunde, vel non habet. non autem possibile quod procedatur in infinitum in necessariis quae habent causam suae necessitatis, sicut nec in causis efficientibus, ut probatum est. ergo necesse est ponere aliquid quod sit per se necessarium, non habens causam necessitatis aliunde, sed quod est causa necessitatis aliis, quod omnes dicunt deum. quarta via sumitur ex gradibus qui in rebus inveniuntur. invenitur enim in rebus aliquid magis et minus bonum, et verum, et nobile, et sic de aliis huiusmodi. sed magis et minus dicuntur de diversis secundum quod appropinquant diversimode ad aliquid quod maxime est, sicut magis calidum est, quod magis appropinquat maxime calido. est igitur aliquid quod est verissimum, et optimum, et nobilissimum, et per consequens maxime ens, “ nam quae sunt maxime vera, sunt maxime entia, * ut dicitur ii metaphys.. “ quod autem dicitur maxime tale in aliquo genere, est causa omnium quae sunt illius generis, sicut ignis, qui est maxime calidus, est causa omnium calidorum, * ut in eodem libro dicitur. ‘ ergo est aliquid quod omnibus entibus est causa esse, et bonitatis, et cuiuslibet perfectionis, et hoc dicimus deum. quinta via sumitur ex gubernatione rerum. videmus enim quod aliqua quae cognitione carent, scilicet corpora naturalia, operantur propter finem, quod apparet ex hoc quod semper |75| aut frequentius eodem modo operantur, ut consequantur id quod est optimum; unde patet quod non a casu, sed ex intentione perveniunt ad finem. ea au-

tem quae non habent cognitionem, non tendunt in finem nisi directa ab aliquo cognoscente et intelligente, sicut sagitta a sagittante. ergo est aliquid intelligens, a quo omnes res naturales ordinantur ad finem, et hoc dicimus deum.
ra1 * Ad primum ergo dicendum quod, sicut dicit augustinus in enchiridio, ° deus, cum sit summe bonus, nullo modo sineret aliquid mali esse in operibus suis, nisi esset adeo omnipotens et bonus, ut bene faceret etiam de malo. ‘ hoc ergo ad infinitam dei bonitatem pertinet, ut esse permittat mala, et ex eis eliciat bona.
ra2 ‘ Ad secundum dicendum quod, cum natura propter determinatum finem operetur ex directione alicuius superioris agentis, necesse est ea quae a natura fiunt, etiam in deum reducere, sicut in primam causam. similiter etiam quae ex proposito fiunt, oportet reducere in aliquam altiorem causam, quae non sit ratio et voluntas humana, quia haec mutabilia sunt et defectibilia; oportet autem omnia mobilia et deficere possibilia reduci in aliquod primum principium immobile et per se necessarium, * sicut ostensum est.

007 ST1 qu3 ar

pr ‘ Cognito de aliquo an sit, inquirendum restat quomodo sit, ut sciatur de eo quid sit. sed quia de deo scire non possumus quid sit, sed quid non sit, non possumus considerare de deo quomodo sit, sed potius quomodo non sit. primo ergo considerandum est quomodo non sit; secundo, quomodo a nobis cognoscatur; tertio, quomodo nominetur. potest autem ostendi de deo quomodo non sit, removendo ab eo ea quae ei non conveniunt, utpote compositionem, motum, et alia huiusmodi. primo ergo inquiratur de simplicitate ipsius, per quam removetur ab eo compositio. et quia simplicia in rebus corporalibus sunt imperfecta et partes, secundo inquiretur de perfectione ipsius; tertio, de infinitate eius; quarto, de immutabilitate; quinto, de unitate. circa primum quaeruntur octo. primo, utrum deus sit corpus. secundo, utrum sit in eo compositio formae et materiae. tertio, utrum sit in eo compositio quidditatis, sive essentiae, vel naturae, et subiecti. quarto, utrum sit in eo compositio quae est ex essentia et esse. quinto, utrum sit in eo compositio generis et differentiae. sexto, utrum sit in eo compositio subiecti et accidentis. septimo, utrum sit quocumque modo compositus, vel totaliter simplex. octavo, utrum veniat in compositionem cum aliis.

007 ST1 qu3 ar1

ag1 ‘ Ad primum sic proceditur. videtur quod deus sit corpus. corpus enim est quod habet trinam dimensionem. sed sacra scriptura attribuit deo trinam dimensionem, * dicitur enim iob xi, ° excelsior caelo est, et quid facies? profundior inferno, et unde cognosces? longior terra mensura eius, et latior mari. ‘ ergo deus est corpus.
ag2 ‘ Praeterea, omne figuratum est corpus, cum figura sit qualitas circa quantitatem. sed deus videtur esse figuratus, * cum scriptum sit gen. i, ° faciamus hominem ad imaginem et similitudinem nostram, ‘ figura enim imago dicitur, * secundum illud hebr. i, ° cum sit splendor gloriae, et figura substantiae eius, “ idest imago. ‘ ergo deus est corpus.
ag3 ‘ Praeterea, omne quod habet partes corporeas, est corpus. sed scriptura attribuit deo partes corporeas, * dicitur enim iob xl, ° si habes brachium ut deus; * et in psalmo, ° oculi domini super iustos; et, dextera domini fecit virtutem. ‘ ergo deus est corpus.
ag4 ‘ Praeterea, situs non convenit nisi corpori. sed ea quae ad situm pertinent, in scripturis dicuntur de deo, * dicitur enim isaiae vi, ° vidi dominum sedentem; * et isaiae iii, ° stat ad iudicandum dominus. ‘ ergo deus est corpus.
ag5 ‘ Praeterea, nihil potest esse terminus localis a quo vel ad quem, nisi sit corpus vel aliquod corporeum. sed deus in scriptura dicitur esse terminus localis ut ad quem, * secundum illud psalmi, ° accedite ad eum, et illuminamini; ‘ et ut a quo, * secundum illud hierem. xvii, “ recedentes a te in terra scribentur. ‘ ergo deus est corpus.
sc * Sed contra est quod dicitur ioan. iv, ° spiritus est deus.
co ‘ Respondeo dicendum absolute deum non esse corpus. quod tripliciter ostendi potest. primo quidem, quia nullum corpus movet non motum, ut patet inducendo per singula. * ostensum est autem supra quod ‘ deus est primum movens immobile. unde manifestum est quod deus non est corpus. secundo, quia necesse est id quod est primum ens, esse in actu, et nullo modo in potentia. licet enim in uno et eodem quod exit de potentia in actum, prius sit potentia quam actus tempore, simpliciter tamen actus prior est potentia, quia quod est in potentia, non reducitur in actum nisi per ens actu. * ostensum est autem supra quod ‘ deus est primum ens. impossibile est igitur quod in deo sit aliquid in potentia. omne autem corpus est in potentia, quia continuum, inquantum huiusmodi, divisibile est in infinitum. impossibile est igitur deum esse corpus. tertio, quia deus est id quod est nobilissimum in entibus, * ut ex dictis patet. ‘ impossibile est autem aliquod corpus esse nobilissimum in entibus. quia corpus aut est vivum, aut non vivum. corpus autem vivum, manifestum est quod est nobilius corpore non vivo. corpus autem vivum non vivit inquantum corpus, quia sic omne corpus viveret, oportet igitur quod vivat per aliquid aliud, |25| sicut corpus nostrum vivit per animam. illud autem per quod vivit corpus, est nobilius quam corpus. impossibile est igitur deum esse corpus.
ra1 * Ad primum ergo dicendum quod, sicut supra dictum est, ‘ sacra scriptura tradit nobis spiritualia et divina sub similitudinibus corporalium. unde, cum trinam dimensionem deo attribuit, sub similitudine quantitatis corporeae, quantitatem virtualem ipsius designat, utpote per profunditatem, virtutem ad cognoscendum occulta; per altitudinem, excellentiam virtutis super omnia; per longitudinem, durationem sui esse; per latitudinem, affectum dilectionis ad omnia. * vel, ut dicit dionysius, cap. ix de div. nom., “ per profunditatem dei intelligitur incomprehensibilitas ipsius essentiae; per longitudinem, processus virtutis eius, omnia penetrantis; per latitudinem vero, superextensio eius ad omnia, inquantum scilicet sub eius protectione omnia continentur.
ra2 ‘ Ad secundum dicendum quod homo dicitur esse ad imaginem dei, non secundum corpus, sed secundum id quo homo excellit alia animalia, * unde, gen. i, postquam dictum est, ° faciamus hominem ad imaginem et similitudinem nostram, * subditur, ° ut praesit piscibus maris, etc.. ‘ excellit autem homo omnia animalia quantum ad rationem et intellectum. unde secundum intellectum et rationem, quae sunt incorporea, homo est ad imaginem dei.
ra3 ‘ Ad tertium dicendum quod partes corporeae attribuuntur deo in scripturis ratione suorum actuum, secundum quandam similitudinem. sicut actus oculi est videre, unde oculus de deo dictus, significat virtutem eius ad videndum modo intelligibili, non sensibili. et simile est de aliis partibus.
ra4 ‘ Ad quartum dicendum quod etiam ea quae ad situm pertinent, non attribuuntur deo nisi secundum quandam similitudinem, sicut dicitur sedens, propter suam immobilitatem et auctoritatem; et stans, propter suam fortitudinem ad debellandum omne quod adversatur.
ra5 ‘ Ad quintum dicendum quod ad deum non acceditur passibus corporalibus, cum ubique sit, sed affectibus mentis, et eodem modo ab eo receditur. et sic accessus et recessus, sub similitudine localis motus, designant spiritualem affectum.

007 ST1 qu3 ar2

ag1 ‘ Ad secundum sic proceditur. videtur quod in deo sit compositio formae et materiae. omne enim quod habet animam, est compositum ex materia et forma, quia anima est forma corporis. * sed scriptura attribuit animam deo, introducitur enim ad hebr. x, ex persona dei, ° iustus autem meus ex fide vivit; quod si subtraxerit se, non placebit animae meae. ‘ ergo deus est compositus ex materia et forma.
ag2 ‘ Praeterea, ira, gaudium, et huiusmodi, sunt passiones coniuncti, * ut dicitur i de anima. ‘ sed huiusmodi attribuuntur deo in scriptura * dicitur enim in psalmo, ° iratus est furore dominus in populum suum. ‘ ergo deus ex materia et forma est compositus.
ag3 ‘ Praeterea, materia est principium individuationis. sed deus videtur esse individuum, non enim de multis praedicatur. ergo est compositus ex materia et forma.
sc ‘ Sed contra, omne compositum ex materia et forma est corpus, quantitas enim dimensiva est quae primo inhaeret materiae. sed deus non est corpus, * ut ostensum est. ‘ ergo deus non est compositus ex materia et forma.
co ‘ Respondeo dicendum quod impossibile est in deo esse materiam. primo quidem, quia materia est id quod est in potentia. * ostensum est autem quod ‘ deus est purus actus, non habens aliquid de potentialitate. unde impossibile est quod deus sit compositus ex materia et forma. secundo, quia omne compositum ex materia et forma est perfectum et bonum per suam formam, unde oportet quod sit bonum per participationem, secundum quod materia participat formam. primum autem quod est bonum et optimum, quod deus est, non est bonum per participationem, quia bonum per essentiam, prius est bono per participationem. unde impossibile est quod deus sit compositus ex materia et forma. tertio, quia unumquodque agens agit per suam formam, unde secundum quod aliquid se habet ad suam formam, sic se habet ad hoc quod sit agens. quod igitur primum est et per se agens, oportet quod sit primo et per se forma. deus autem est primum agens, cum sit prima causa efficiens, * ut ostensum est. ‘ est igitur per essentiam suam forma; et non compositus ex materia et forma.
ra1 ‘ Ad primum ergo dicendum quod anima attribuitur deo per similitudinem actus. quod enim volumus aliquid nobis, ex anima nostra est, unde illud dicitur esse placitum animae dei, quod est placitum voluntati ipsius.
ra2 ‘ Ad secundum dicendum quod ira et huiusmodi attribuuntur deo secundum similitudinem effectus, quia enim proprium est irati punire, ira eius punitio metaphorice vocatur.
ra3 ‘ Ad tertium dicendum quod formae quae sunt receptibiles in materia individuantur per materiam, quae non potest esse in alio, cum sit primum subiectum substans, forma vero, quantum est de se, nisi aliquid aliud impediat, recipi potest a pluribus. sed illa forma quae non est receptibilis in materia, sed est per se subsistens, ex hoc ipso individuatur, quod non potest recipi in alio, et huiusmodi forma est deus. unde non sequitur quod habeat materiam.

007 ST1 qu3 ar3

ag1 ‘ Ad tertium sic proceditur. videtur quod non sit idem deus quod sua essentia vel natura. nihil enim est in seipso. sed essentia vel natura dei, quae est deitas, dicitur esse in deo. ergo videtur quod deus non sit idem quod sua essentia vel natura.
ag2 ‘ Praeterea, effectus assimilatur suae causae, quia omne agens agit sibi simile. sed in rebus creatis non est idem suppositum quod sua natura, non enim idem est homo quod sua humanitas. ergo nec deus est idem quod sua deitas.
sc ‘ Contra, de deo dicitur quod est vita, et non solum quod est vivens, * ut patet ioan. xiv, ° ego sum via, veritas et vita. ‘ sicut autem se habet vita ad viventem, ita deitas ad deum. ergo deus est ipsa deitas.
co ‘ Respondeo dicendum quod deus est idem quod sua essentia vel natura. ad cuius intellectum sciendum est, quod in rebus compositis ex materia et forma, necesse est quod differant natura vel essentia et suppositum. quia essentia vel natura comprehendit in se illa tantum quae cadunt in definitione speciei, sicut humanitas comprehendit in se ea quae cadunt in definitione hominis, his enim homo est homo, et hoc significat humanitas, hoc scilicet quo homo est homo. sed materia individualis, cum accidentibus omnibus individuantibus ipsam, non cadit in definitione speciei, non enim cadunt in definitione hominis hae carnes et haec ossa, aut albedo vel nigredo, vel aliquid huiusmodi. unde hae carnes et haec ossa, et accidentia designantia hanc materiam, non concluduntur in humanitate. et tamen in eo quod est homo, includuntur, unde id quod est homo, habet in se aliquid quod non habet humanitas. et propter hoc non est totaliter idem homo et humanitas, sed humanitas significatur ut pars formalis hominis; quia principia definientia habent se formaliter, respectu materiae individuantis. in his igitur quae non sunt composita ex materia et forma, in quibus individuatio non est per materiam individualem, idest per hanc materiam, sed ipsae formae per se individuantur, oportet quod ipsae formae sint supposita subsistentia. unde in eis non differt suppositum et natura. et sic, cum deus non sit compositus ex materia et forma, * ut ostensum est, |25| ‘ oportet quod deus sit sua deitas, sua vita, et quidquid aliud sic de deo praedicatur.
ra1 ‘ Ad primum ergo dicendum quod de rebus simplicibus loqui non possumus, nisi per modum compositorum, a quibus cognitionem accipimus. et ideo, de deo loquentes, utimur nominibus concretis, ut significemus eius subsistentiam, quia apud nos non subsistunt nisi composita, et utimur nominibus abstractis, ut significemus eius simplicitatem. quod ergo dicitur deitas vel vita, vel aliquid huiusmodi, esse in deo, referendum est ad diversitatem quae est in acceptione intellectus nostri; et non ad aliquam diversitatem rei.
ra2 ‘ Ad secundum dicendum quod effectus dei imitantur ipsum, non perfecte, sed secundum quod possunt. et hoc ad defectum imitationis pertinet, quod id quod est simplex et unum, non potest repraesentari nisi per multa, et sic accidit in eis compositio, ex qua provenit quod in eis non est idem suppositum quod natura.

007 ST1 qu3 ar4

ag1 ‘ Ad quartum sic proceditur. videtur quod in deo non sit idem essentia et esse. si enim hoc sit, tunc ad esse divinum nihil additur. sed esse cui nulla fit additio, est esse commune quod de omnibus praedicatur, sequitur ergo quod deus sit ens commune praedicabile de omnibus. hoc autem est falsum, * secundum illud sap. xiv, ° incommunicabile nomen lignis et lapidibus imposuerunt. ‘ ergo esse dei non est eius essentia.
ag2 ‘ Praeterea, de deo scire possumus an sit, * ut supra dictum est. ‘ non autem possumus scire quid sit. ergo non est idem esse dei, et quod quid est eius, sive quidditas vel natura.
sc * Sed contra est quod hilarius dicit in vii de trin., ° esse non est accidens in deo, sed subsistens veritas. ‘ id ergo quod subsistit in deo, est suum esse.
co ‘ Respondeo dicendum quod deus non solum est sua essentia, * ut ostensum est, ‘ sed etiam suum esse. quod quidem multipliciter ostendi potest. primo quidem, quia quidquid est in aliquo quod est praeter essentiam eius, oportet esse causatum vel a principiis essentiae, sicut accidentia propria consequentia speciem, ut risibile consequitur hominem et causatur ex principiis essentialibus speciei; vel ab aliquo exteriori, sicut calor in aqua causatur ab igne. si igitur ipsum esse rei sit aliud ab eius essentia, necesse est quod esse illius rei vel sit causatum ab aliquo exteriori, vel a principiis essentialibus eiusdem rei. impossibile est autem quod esse sit causatum tantum

ex principiis essentialibus rei, quia nulla res sufficit quod sit sibi causa essendi, si habeat esse causatum. oportet ergo quod illud cuius esse est aliud ab essentia sua, habeat esse causatum ab alio. hoc autem non potest dici de deo, quia deum dicimus esse primam causam efficientem. impossibile est ergo quod in deo sit aliud esse, et aliud eius essentia. secundo, quia esse est actualitas omnis formae vel naturae, non enim bonitas vel humanitas significatur in actu, nisi prout significamus eam esse. oportet igitur quod ipsum esse comparetur ad essentiam quae est aliud ab ipso, sicut actus ad potentiam. cum igitur in deo nihil sit potentiale, * ut ostensum est supra, |25| ‘ sequitur quod non sit aliud in eo essentia quam suum esse. sua igitur essentia est suum esse. tertio, quia sicut illud quod habet ignem et non est ignis, est ignitum per participationem, ita illud quod habet esse et non est esse, est ens per participationem. deus autem est sua essentia, * ut ostensum est. ‘ si igitur non sit suum esse, erit ens per participationem, et non per essentiam. non ergo erit primum ens, quod absurdum est dicere. est igitur deus suum esse, et non solum sua essentia.

ra1 ‘ Ad primum ergo dicendum quod aliquid cui non fit additio potest intelligi dupliciter. uno modo, ut de ratione eius sit quod non fiat ei additio; sicut de ratione animalis irrationalis est, ut sit sine ratione. alio modo intelligitur aliquid cui non fit additio, quia non est de ratione eius quod sibi fiat additio, sicut animal commune est sine ratione, quia non est de ratione animalis communis ut habeat rationem; sed nec de ratione eius est ut careat ratione. primo igitur modo, esse sine additione, est esse divinum, secundo modo, esse sine additione, est esse commune.

ra2 ‘ Ad secundum dicendum quod esse dupliciter dicitur, uno modo, significat actum essendi; alio modo, significat compositionem propositionis, quam anima adinvenit coniungens praedicatum subiecto. primo igitur modo accipiendo esse, non possumus scire esse dei, sicut nec eius essentiam, sed solum secundo modo. scimus enim quod haec propositio quam formamus de deo, cum dicimus deus est, vera est. et hoc scimus ex eius effectibus, * ut supra dictum est.

007 ST1 qu3 ar5

ag1 ‘ Ad quintum sic proceditur. videtur quod deus sit in genere aliquo. substantia enim est ens per se subsistens. hoc autem maxime convenit deo. ergo deus est in genere substantiae.

ag2 ‘ Praeterea, unumquodque mensuratur per aliquid sui generis; sicut longitudines per longitudinem, et numeri per numerum. sed deus est mensura omnium substantiarum, * ut patet per commentatorem, x metaphys.. ‘ ergo deus est in genere substantiae.

sc ‘ Sed contra, genus est prius, secundum intellectum, eo quod in genere continetur. sed nihil est prius deo, nec secundum rem, nec secundum intellectum. ergo deus non est in aliquo genere.

co ‘ Respondeo dicendum quod aliquid est in genere dupliciter. uno modo simpliciter et proprie; sicut species, quae sub genere continentur. alio modo, per reductionem, sicut principia et privationes, sicut punctus et unitas reducuntur ad genus quantitatis, sicut principia; caecitas autem, et omnis privatio, reducitur ad genus sui habitus. neutro autem modo deus est in genere. quod enim non possit esse species alicuius generis, tripliciter ostendi potest. primo quidem, quia species constituitur ex genere et differentia. semper autem id a quo sumitur differentia constituens speciem, se habet ad illud unde sumitur genus, sicut actus ad potentiam. animal enim sumitur a natura sensitiva per modum concretionis; hoc enim dicitur animal, quod naturam sensitivam habet, rationale vero sumitur a natura intellectiva, quia rationale est quod naturam intellectivam habet, intellectivum autem comparatur ad sensitivum, sicut actus ad potentiam. et similiter manifestum est in aliis. unde, cum in deo non adiungatur potentia actui, impossibile est quod sit in genere tanquam species. secundo, quia, cum esse dei sit eius essentia, * ut ostensum est, ‘ si deus esset in aliquo genere, oporteret quod genus eius esset ens, nam genus significat essentiam rei, cum praedicetur in eo quod quid est. * ostendit autem philosophus in iii metaphys., quod |25| ‘ ens non potest esse genus alicuius, omne enim genus habet differentias quae sunt extra essentiam generis; nulla autem differentia posset inveniri, quae esset extra ens; quia non ens non potest esse differentia. unde relinquitur quod deus non sit in genere. tertio, quia omnia quae sunt in genere uno, communicant in quidditate vel essentia generis, quod praedicatur de eis in eo quod quid est. differunt autem secundum esse, non enim idem est esse hominis et equi, nec huius hominis et illius hominis. et sic oportet quod quaecumque sunt in genere, differant in eis esse et quod quid est, idest essentia. in deo autem non differt, * ut ostensum est. ‘ unde manifestum est quod deus non est in genere sicut species. et ex hoc patet quod non habet genus, neque differentias; neque est definitio ipsius; neque demonstratio, nisi per effectum, quia definitio est ex genere et differentia, demonstrationis autem medium est definitio. quod autem deus non sit in genere per reductionem ut principium, manifestum est ex eo quod principium quod reducitur in aliquod genus, non se extendit ultra genus illud, sicut punctum non est principium nisi quantitatis continuae, et unitas quantitatis discretae. deus autem est principium totius esse, * ut infra ostendetur. ‘ unde non continetur in aliquo genere sicut principium.

ra1 ‘ Ad primum ergo dicendum quod substantiae nomen non significat hoc solum quod est per se esse, quia hoc quod est esse, non potest per se esse genus, * ut ostensum est. ‘ sed significat essentiam cui competit sic esse, idest per se esse, quod tamen esse non est ipsa eius essentia. et sic patet quod deus non est in genere substantiae.

ra2 ‘ Ad secundum dicendum quod obiectio illa procedit de mensura proportionata, hanc enim oportet esse homogeneam mensurato. deus autem non est mensura proportionata alicui. dicitur tamen mensura omnium, ex eo quod unumquodque tantum habet de esse, quantum ei appropinquat.

007 ST1 qu3 ar6

ag1 ‘ Ad sextum sic proceditur. videtur quod in deo sint aliqua accidentia. “ substantia enim nulli est accidens, * ut dicitur in i physic.. ‘ quod ergo in uno est accidens, non potest in alio esse substantia, sicut probatur quod calor non sit forma substantialis ignis, quia in aliis est accidens. sed sapientia, virtus, et huiusmodi, quae in nobis sunt accidentia, deo attribuuntur. ergo et in deo sunt accidentia.

ag2 ‘ Praeterea, in quolibet genere est unum primum. multa autem sunt genera accidentium. si igitur prima illorum generum non sunt in deo, erunt multa prima extra deum, quod est inconveniens.

sc ‘ Sed contra, omne accidens in subiecto est. deus autem non potest esse subiectum, quia ° forma simplex non potest esse subiectum, * ut dicit boetius in lib. de trin.. ‘ ergo in deo non potest esse accidens.

co * Respondeo dicendum quod, secundum praemissa, ‘ manifeste apparet quod in deo accidens esse non potest. primo quidem, quia subiectum comparatur ad accidens, sicut potentia ad actum, subiectum enim secundum accidens est aliquo modo in actu. esse autem in potentia, omnino removetur a deo, * ut ex praedictis patet. ‘ secundo, quia deus est suum esse, * et, ut boetius dicit in lib. de hebdomad., ° licet id quod est, aliquid aliud possit habere adiunctum, tamen ipsum esse nihil aliud adiunctum habere potest, ‘ sicut quod est calidum, potest habere aliquid extraneum quam calidum, ut albedinem; sed ipse calor nihil habet praeter calorem. tertio, quia omne quod est per se, prius est eo quod est per accidens. unde, cum deus sit simpliciter primum ens, in eo non potest esse aliquid per accidens. sed nec accidentia per se in eo esse possunt, sicut risibile est per se accidens hominis. quia huiusmodi accidentia causantur ex principiis subiecti, in deo autem nihil potest esse causatum, cum sit causa prima. unde relinquitur quod in deo nullum sit accidens.

ra1 ‘ Ad primum ergo dicendum quod virtus et sapientia non univoce dicuntur de deo et de nobis, * ut infra patebit. ‘ unde non sequitur quod accidentia sint in deo, sicut in nobis.

ra2 ‘ Ad secundum dicendum quod, cum substantia sit prior accidentibus, principia accidentium reducuntur in principia substantiae sicut in priora. quamvis deus non sit primum contentum in genere substantiae, sed primum extra omne genus, respectu totius esse.

007 ST1 qu3 ar7

ag1 ‘ Ad septimum sic proceditur. videtur quod deus non sit omnino simplex. ea enim quae sunt a deo, imitantur ipsum, unde a primo ente sunt omnia entia, et a primo bono sunt omnia bona. sed in rebus quae sunt a deo, nihil est omnino simplex. ergo deus non est omnino simplex.

ag2 ‘ Praeterea, omne quod est melius, deo attribuendum est. sed, apud nos, composita sunt meliora simplicibus, sicut corpora mixta elementis, et elementa suis partibus. ergo non est dicendum quod deus sit omnino simplex.

sc ‘ Sed contra est quod * augustinus dicit, vi de trin., quod “ deus vere et summe simplex est.

co ‘ Respondeo dicendum quod deum omnino esse simplicem, multipliciter potest esse manifestum. * primo quidem per supradicta. ‘ cum enim in deo non sit compositio, neque quantitativarum partium, quia corpus non est; neque compositio formae et materiae, neque in eo sit aliud natura et suppositum; neque aliud essentia et esse, neque in eo sit compositio generis et differentiae; neque subiecti et accidentis, manifestum est quod deus nullo modo compositus est, sed est omnino simplex. secundo, quia omne compositum est posterius suis componentibus, et dependens ex eis. deus autem est primum ens, * ut supra ostensum est. ‘ tertio, quia omne compositum causam habet, quae enim secundum se diversa sunt, non conveniunt in aliquod unum nisi per aliquam causam adunantem ipsa. deus autem non habet causam, * ut supra ostensum est, ‘ cum sit prima causa efficiens. quarto, quia in omni composito oportet esse potentiam et actum, quod in deo non est, quia vel una partium est actus respectu alterius; vel saltem omnes partes sunt sicut in potentia respectu totius. quinto, quia omne compositum est aliquid quod non convenit alicui |25| suarum partium. et quidem in totis dissimilium partium, manifestum est, nulla enim partium hominis est homo, neque aliqua partium pedis est pes. in totis vero similium partium, licet aliquid quod dicitur de toto, dicatur de parte, sicut pars aeris est aer, et aquae aqua; aliquid tamen dicitur de toto, quod non convenit alicui partium, non enim si tota aqua est bicubita, et pars eius. sic igitur in omni composito est aliquid quod non est ipsum. hoc autem etsi possit dici de habente formam, quod scilicet habeat aliquid quod non est ipsum (puta in albo est aliquid quod non pertinet ad rationem albi), tamen in ipsa forma nihil est alienum. unde, cum deus sit ipsa forma, vel potius ipsum esse, nullo modo compositus esse potest. * et hanc rationem tangit hilarius, vii de trin., dicens, ° deus, qui virtus est, ex infirmis non continetur, neque qui lux est, ex obscuris coaptatur.

ra1 ‘ Ad primum ergo dicendum quod ea quae sunt a deo, imitantur deum sicut causata primam causam. est autem hoc de ratione causati, quod sit aliquo modo compositum, quia ad minus esse eius est aliud quam quod quid est, * ut infra patebit.

ra2 ‘ Ad secundum dicendum quod apud nos composita sunt meliora simplicibus, quia perfectio bonitatis creaturae non invenitur in uno simplici, sed in multis. sed perfectio divinae bonitatis invenitur in uno simplici, * ut infra ostendetur.

007 ST1 qu3 ar8

ag1 ‘ Ad octavum sic proceditur. videtur quod deus in compositionem aliorum veniat. * dicit enim dionysius, iv cap. cael. hier., ° esse omnium est, quae super esse est deitas. ‘ sed esse omnium intrat compositionem uniuscuiusque. ergo deus in compositionem aliorum venit.

ag2 ‘ Praeterea, deus est forma, * dicit enim augustinus, in libro de verbis domini, quod “ verbum dei (quod est deus) est forma quaedam non formata. ‘ sed forma est pars compositi. ergo deus est pars alicuius compositi.

ag3 ‘ Praeterea, quaecumque sunt et nullo modo differunt, sunt idem. sed deus et materia prima sunt, et nullo modo differunt. ergo penitus sunt idem. sed materia prima intrat compositionem rerum. ergo et deus. probatio mediae, quaecumque differunt, aliquibus differentiis differunt, et ita oportet ea esse composita; sed deus et materia prima sunt omnino simplicia; ergo nullo modo differunt.

sc1 * Sed contra est quod dicit dionysius, ii cap. de div. nom., quod “ neque tactus est eius (scilicet dei), ° neque alia quaedam ad partes commiscendi communio.

sc2 * Praeterea, dicitur in libro de causis, quod ° causa prima regit omnes res, praeterquam commisceatur eis.

co ‘ Respondeo dicendum quod circa hoc fuerunt tres errores. * quidam enim posuerunt quod “ deus esset anima mundi, * ut patet per augustinum in lib. vii de civitate dei, et ad hoc etiam reducitur, quod quidam dixerunt “ deum esse animam primi caeli. * alii autem dixerunt “ deum esse principium formale omnium rerum. * et haec dicitur fuisse opinio almarianorum. sed tertius error fuit david de dinando, qui stultissime posuit “ deum esse materiam primam. ‘ omnia enim haec manifestam continent falsitatem, neque est possibile deum aliquo modo in compositionem alicuius venire, nec sicut principium formale, nec sicut principium materiale. primo quidem, * quia supra diximus ‘ deum esse primam causam efficientem. causa autem efficiens cum forma rei factae non incidit in idem numero, sed solum in idem specie, homo enim generat hominem. materia vero cum causa efficiente non incidit in idem numero, nec in idem specie, quia hoc est in potentia, illud vero in actu. secundo, quia cum deus sit prima causa efficiens, eius est primo et per se agere. quod autem venit in compositionem alicuius, non |25| est primo et per se agens, sed magis compositum, non enim manus agit, sed homo per manum; et ignis calefacit per calorem. unde deus non potest esse pars alicuius compositi. tertio, quia nulla pars compositi potest esse simpliciter prima in entibus; neque etiam materia et forma, quae sunt primae partes compositorum. nam materia est in potentia, potentia autem est posterior actu simpliciter, * ut ex dictis patet. ‘ forma autem quae est pars compositi, est forma participata, sicut autem participans est posterius eo quod est per essentiam, ita et ipsum participatum; sicut ignis in ignitis est posterior eo quod est per essentiam. * ostensum est autem quod ‘ deus est primum ens simpliciter.

ra1 ‘ Ad primum ergo dicendum quod deitas dicitur esse omnium effective et exemplariter, non autem per essentiam.

ra2 ‘ Ad secundum dicendum quod verbum est forma exemplaris, non autem forma quae est pars compositi.

ra3 ‘ Ad tertium dicendum quod simplicia non differunt aliquibus aliis differentiis, hoc enim compositorum est. homo enim et equus differunt rationali et irrationali differentiis, quae quidem differentiae non differunt amplius ab invicem aliis differentiis. unde, si fiat vis in verbo, non proprie dicuntur differre, sed diversa esse, * nam, secundum philosophum x metaphys., " diversum absolute dicitur, ' sed omne differens aliquo differt. unde, si fiat vis in verbo, materia prima et deus non differunt, sed sunt diversa seipsis. unde non sequitur quod sint idem.

007 ST1 qu4 ar

pr ' Post considerationem divinae simplicitatis, de perfectione ipsius dei dicendum est. et quia unumquodque, secundum quod perfectum est, sic dicitur bonum, primo agendum est de perfectione divina; secundo de eius bonitate. circa primum quaeruntur tria. primo, utrum deus sit perfectus. secundo, utrum deus sit universaliter perfectus omnium in se perfectiones habens. tertio, utrum creaturae similes deo dici possint.

007 ST1 qu4 ar1

ag1 ' Ad primum sic proceditur. videtur quod esse perfectum non conveniat deo. perfectum enim dicitur quasi totaliter factum. sed deo non convenit esse factum. ergo nec esse perfectum.

ag2 ' Praeterea, deus est primum rerum principium. sed principia rerum videntur esse imperfecta, semen enim est principium animalium et plantarum. ergo deus est imperfectus.

ag3 * Praeterea, ostensum est supra quod ' essentia dei est ipsum esse. sed ipsum esse videtur esse imperfectissimum, cum sit communissimum, et recipiens omnium additiones. ergo deus est imperfectus.

sc * Sed contra est quod dicitur matt. v, ° estote perfecti, sicut et pater vester caelestis perfectus est.

co * Respondeo dicendum quod, sicut philosophus narrat in xii metaphys., quidam antiqui philosophi, scilicet pythagorici et speusippus, " non attribuerunt optimum et perfectissimum primo principio. cuius ratio est, quia philosophi antiqui consideraverunt principium materiale tantum, ' primum autem principium materiale imperfectissimum est. cum enim materia, inquantum huiusmodi, sit in potentia, oportet quod primum principium materiale sit maxime in potentia; et ita maxime imperfectum. deus autem ponitur primum principium, non materiale, sed in genere causae efficientis, et hoc oportet esse perfectissimum. sicut enim materia, inquantum huiusmodi, est in potentia; ita agens, inquantum huiusmodi, est in actu. unde primum principium activum oportet maxime esse in actu, et per consequens maxime esse perfectum. secundum hoc enim dicitur aliquid esse perfectum, secundum quod est actu, nam perfectum dicitur, cui nihil deest secundum modum suae perfectionis.

ra1 * Ad primum ergo dicendum quod, sicut dicit gregorius, ° balbutiendo ut possumus, excelsa dei resonamus, quod enim factum non est, perfectum proprie dici non potest. ' sed quia in his quae fiunt, tunc dicitur esse aliquid perfectum, cum de potentia educitur in actum; transumitur hoc nomen perfectum ad significandum omne illud cui non deest esse in actu, sive hoc habeat per modum factionis, sive non.

ra2 ' Ad secundum dicendum quod principium materiale, quod apud nos imperfectum invenitur, non potest esse simpliciter primum, sed praeceditur ab alio perfecto. nam semen, licet sit principium animalis generati ex semine, tamen habet ante se animal vel plantam unde deciditur. oportet enim ante id quod est in potentia, esse aliquid actu, cum ens in potentia non reducatur in actum, nisi per aliquod ens in actu.

ra3 ' Ad tertium dicendum quod ipsum esse est perfectissimum omnium, comparatur enim ad omnia ut actus. nihil enim habet actualitatem, nisi inquantum est, unde ipsum esse est actualitas omnium rerum, et etiam ipsarum formarum. unde non comparatur ad alia sicut recipiens ad receptum, sed magis sicut receptum ad recipiens. cum enim dico esse hominis, vel equi, vel cuiuscumque alterius, ipsum esse consideratur ut formale et receptum, non autem ut illud cui competit esse.

007 ST1 qu4 ar2

ag1 ' Ad secundum sic proceditur. videtur quod in deo non sint perfectiones omnium rerum. deus enim simplex est, * ut ostensum est. ' sed perfectiones rerum sunt multae et diversae. ergo in deo non sunt omnes perfectiones rerum.

ag2 ' Praeterea, opposita non possunt esse in eodem. sed perfectiones rerum sunt oppositae, unaquaeque enim species perficitur per suam differentiam specificam; differentiae autem quibus dividitur genus et constituuntur species, sunt oppositae. cum ergo opposita non possint simul esse in eodem, videtur quod non omnes rerum perfectiones sint in deo.

ag3 ' Praeterea, vivens est perfectius quam ens, et sapiens quam vivens, ergo et vivere est perfectius quam esse, et sapere quam vivere. sed essentia dei est ipsum esse. ergo non habet in se perfectionem vitae et sapientiae, et alias huiusmodi perfectiones.

sc * Sed contra est quod dicit dionysius, cap. v de div. nom., quod " deus in uno existentia omnia praehabet.

co ' Respondeo dicendum quod in deo sunt perfectiones omnium rerum. unde et dicitur universaliter perfectus, quia non deest ei aliqua nobilitas quae inveniatur in aliquo genere, * ut dicit commentator in v metaphys.. ' et hoc quidem ex duobus considerari potest. primo quidem, per hoc quod quidquid perfectionis est in effectu, oportet inveniri in causa effectiva, vel secundum eandem rationem, si sit agens univocum, ut homo generat hominem; vel eminentiori modo, si sit, agens aequivocum, sicut in sole est similitudo eorum quae generantur per virtutem solis. manifestum est enim quod effectus praeexistit virtute in causa agente, praeexistere autem in virtute causae agentis, non est praeexistere imperfectiori modo, sed perfectiori; licet praeexistere in potentia causae materialis, sit praeexistere imperfectiori modo, eo quod materia, inquantum huiusmodi, est imperfecta; agens vero, inquantum huiusmodi, est perfectum. cum ergo deus sit prima causa effectiva rerum, oportet omnium rerum perfectiones praeexistere in deo secundum eminentiorem modum. * et hanc rationem tangit dionysius, cap. v de div. nom., dicens de deo quod ° non hoc quidem est, hoc autem non est, sed omnia est, ut omnium causa. * secundo vero, ex hoc quod supra ostensum est, quod ' deus est ipsum esse per se subsistens, ex quo oportet quod totam |25| perfectionem essendi in se contineat. manifestum est enim quod, si aliquod calidum non habeat totam perfectionem calidi, hoc ideo est, quia calor non participatur secundum perfectam rationem, sed si calor esset per se subsistens, non posset ei aliquid deesse de virtute caloris. unde, cum deus sit ipsum esse subsistens, nihil de perfectione essendi potest ei deesse. omnium autem perfectiones pertinent ad perfectionem essendi, secundum hoc enim aliqua perfecta sunt, quod aliquo modo esse habent. unde sequitur quod nullius rei perfectio deo desit. * et hanc etiam rationem tangit dionysius, cap. v de div. nom., dicens quod ° deus non quodammodo est existens, sed simpliciter et incircumscripte totum in seipso uniformiter esse praeaccipit, * et postea subdit quod ° ipse est esse subsistentibus.

ra1 ' Ad primum ergo dicendum quod, ° sicut sol, * ut dicit dionysius, cap. v de div. nom., ° sensibilium substantias et qualitates multas et differentes, ipse unus existens et uniformiter lucendo, in seipso uniformiter praeaccipit; ita multo magis in causa omnium necesse est praeexistere omnia secundum naturalem unionem. ' et sic, quae sunt diversa et opposita in seipsis, in deo praeexistunt ut unum, absque detrimento simplicitatis ipsius.

ra2 ' Et per hoc patet solutio ad secundum.

ra3 ' Ad tertium dicendum quod, * sicut in eodem capite idem dionysius dicit, ' licet ipsum esse sit perfectius quam vita, et ipsa vita quam ipsa sapientia, si considerentur secundum quod distinguuntur ratione, tamen vivens est perfectius quam ens tantum, quia vivens etiam est ens; et sapiens est ens et vivens. licet igitur ens non includat in se vivens et sapiens, quia non oportet quod illud quod participat esse, participet ipsum secundum omnem modum essendi, tamen ipsum esse dei includit in se vitam et sapientiam; quia nulla de perfectionibus essendi potest deesse ei quod est ipsum esse subsistens.

007 ST1 qu4 ar3

ag1 ' Ad tertium sic proceditur. videtur quod nulla creatura possit esse similis deo. * dicitur enim in psalmo, ° non est similis tui in diis, domine. ' sed inter omnes creaturas, excellentiores sunt quae dicuntur dii participative. multo ergo minus aliae creaturae possunt dici deo similes.

ag2 ' Praeterea, similitudo est comparatio quaedam. non est autem comparatio eorum quae sunt diversorum generum; ergo nec similitudo, non enim dicimus quod dulcedo sit similis albedini. sed nulla creatura est eiusdem generis cum deo, cum deus non sit in genere, * ut supra ostensum est. ' ergo nulla creatura est similis deo.

ag3 ' Praeterea, similia dicuntur quae conveniunt in forma. sed nihil convenit cum deo in forma, nullius enim rei essentia est ipsum esse, nisi solius dei. ergo nulla creatura potest esse similis deo.

ag4 ' Praeterea, in similibus est mutua similitudo, nam simile est simili simile. si igitur aliqua creatura est similis deo, et deus erit similis alicui creaturae. * quod est contra id quod dicitur isaiae xl, ° cui similem fecistis deum?

sc * Sed contra est quod dicitur gen. i, ° faciamus hominem ad imaginem et similitudinem nostram; * et i ioann. iii, ° cum apparuerit, similes ei erimus.

co ' Respondeo dicendum quod, cum similitudo attendatur secundum convenientiam vel communicationem in forma, multiplex est similitudo, secundum multos modos communicandi in forma. quaedam enim dicuntur similia, quae communicant in eadem forma secundum eandem rationem, et secundum eundem modum, et haec non solum dicuntur similia, sed aequalia in sua similitudine; sicut duo aequaliter alba, dicuntur similia in albedine. et haec est perfectissima similitudo. alio modo dicuntur similia, quae communicant in forma secundum eandem rationem, et non secundum eundem modum, sed secundum magis et minus; ut minus album dicitur simile magis albo. et haec est similitudo imperfecta. tertio modo dicuntur aliqua similia, quae communicant in eadem forma, sed non secundum eandem rationem; ut patet in agentibus non univocis. cum enim omne agens agat sibi simile inquantum est agens, agit autem unumquodque secundum suam formam, necesse est quod in effectu sit similitudo formae agentis. si ergo agens sit contentum in eadem specie cum suo effectu, erit similitudo inter faciens et factum in forma, secundum eandem rationem speciei; sicut homo generat hominem. si autem agens non sit contentum in eadem specie, erit similitudo, sed non secundum eandem rationem speciei, sicut ea quae generantur ex virtute solis, accedunt quidem ad aliquam similitudinem solis, non tamen ut recipiant formam solis secundum similitudinem speciei, sed secundum similitudinem generis. si igitur sit aliquod agens, quod |25| non in genere contineatur, effectus eius adhuc magis accedent remote ad similitudinem formae agentis, non tamen ita quod participent similitudinem formae agentis secundum eandem rationem speciei aut generis, sed secundum aliqualem analogiam, sicut ipsum esse est commune omnibus. et hoc modo illa quae sunt a deo, assimilantur ei inquantum sunt entia, ut primo et universali principio totius esse.

ra1 ' Ad primum ergo dicendum quod, * sicut dicit dionysius cap. ix de div. nom., " cum sacra scriptura dicit aliquid non esse simile deo, ° non est contrarium assimilationi ad ipsum. eadem enim sunt similia deo, et dissimilia, similia quidem secundum quod imitantur ipsum, prout contingit eum imitari qui non perfecte imitabilis est dissimilia vero, secundum quod deficiunt a sua causa; ' non solum secundum intensionem et remissionem, sicut minus album deficit a magis albo; sed quia non est convenientia nec secundum speciem nec secundum genus.

ra2 ' Ad secundum dicendum quod deus non se habet ad creaturas sicut res diversorum generum, sed sicut id quod est extra omne genus, et principium omnium generum.

ra3 ' Ad tertium dicendum quod non dicitur esse similitudo creaturae ad deum propter communicantiam in forma secundum eandem rationem generis et speciei, sed secundum analogiam tantum; prout scilicet deus est ens per essentiam, et alia per participationem.

ra4 ' Ad quartum dicendum quod, licet aliquo modo concedatur quod creatura sit similis deo, nullo tamen modo concedendum est quod deus sit similis creaturae, quia, * ut dicit dionysius cap. ix de div. nom., ° in his quae unius ordinis sunt, recipitur mutua similitudo, non autem in causa et causato, ' dicimus enim quod imago sit similis homini, et non e converso. et similiter dici potest aliquo modo quod creatura sit similis deo, non tamen quod deus sit similis creaturae.

007 ST1 qu5 ar

pr ' Deinde quaeritur de bono, et primo de bono in communi; secundo de bonitate dei. circa primum quaeruntur sex. primo, utrum bonum et ens sint idem secundum rem. secundo, supposito quod differant ratione tantum, quid sit prius secundum rationem, utrum bonum vel ens. tertio, supposito quod ens sit prius, utrum omne ens sit bonum. quarto, ad quam causam ratio boni reducatur. quinto, utrum ratio boni consistat in modo, specie et ordine. sexto, quomodo dividatur bonum in honestum, utile et delectabile.

007 ST1 qu5 ar1

ag1 ' Ad primum sic proceditur. videtur quod bonum differat secundum rem ab ente. * dicit enim boetius, in libro de hebdom., ° intueor in rebus aliud esse quod sunt bona, et aliud esse quod sunt. ' ergo bonum et ens differunt secundum rem.

ag2 ' Praeterea, nihil informatur seipso. sed bonum dicitur per informationem entis, * ut habetur in commento libri de causis. ' ergo bonum differt secundum rem ab ente.

ag3 ' Praeterea, bonum suscipit magis et minus. esse autem non suscipit magis et minus. ergo bonum differt secundum rem ab ente.

sc ' Sed contra est quod * augustinus dicit, in libro de doctrina christiana, quod ° inquantum sumus, boni sumus.

co ' Respondeo dicendum quod bonum et ens sunt idem secundum rem, sed differunt secundum rationem tantum. quod sic patet. ratio enim boni in hoc consistit, quod aliquid sit appetibile, * unde philosophus, in i ethic., dicit quod ° bonum est quod omnia appetunt. ' manifestum est autem quod unumquodque est appetibile secundum quod est perfectum, nam omnia appetunt suam perfectionem. intantum est autem perfectum unumquodque, inquantum est actu, unde manifestum est quod intantum est aliquid bonum, inquantum est ens, esse enim est actualitas omnis rei, * ut ex superioribus patet. ' unde manifestum est quod bonum et ens sunt idem secundum rem, sed bonum dicit rationem appetibilis, quam non dicit ens.

ra1 ' Ad primum ergo dicendum quod, licet bonum et ens sint idem secundum rem, quia tamen differunt secundum rationem, non eodem modo dicitur aliquid ens simpliciter, et bonum simpliciter. nam cum ens dicat aliquid proprie esse in actu; actus autem proprie ordinem habeat ad potentiam; secundum hoc simpliciter aliquid dicitur ens, secundum quod primo discernitur ab eo quod est in potentia tantum. hoc autem est esse substantiale rei uniuscuiusque; unde per suum esse substantiale dicitur unumquodque ens simpliciter. per actus autem superadditos, dicitur aliquid esse secundum quid, sicut esse album significat esse secundum quid, non enim esse album aufert esse in potentia simpliciter, cum adveniat rei iam praeexistenti in actu. sed bonum dicit rationem perfecti, quod est appetibile, et per consequens dicit rationem ultimi. unde id quod est ultimo perfectum, dicitur bonum simpliciter. quod autem non habet ultimam perfectionem quam debet habere, quamvis habeat aliquam perfectionem inquantum est actu, non tamen dicitur perfectum simpliciter, nec bonum simpliciter, sed secundum quid. sic ergo secundum primum esse, quod est substantiale, dicitur aliquid ens simpliciter et bonum secundum quid, idest inquantum est ens, secundum vero ultimum actum dicitur aliquid ens secundum quid, et bonum simpliciter. * sic ergo quod dicit boetius, quod ° in rebus aliud est quod sunt bona, et aliud quod sunt, “ referendum est ad esse bonum et ad esse simpliciter, |25| ‘ quia secundum primum actum est aliquid ens simpliciter; et secundum ultimum, bonum simpliciter. et tamen secundum primum actum est quodammodo bonum, et secundum ultimum actum est quodammodo ens.

ra2 ‘ Ad secundum dicendum quod bonum dicitur per informationem, prout accipitur bonum simpliciter, secundum ultimum actum.

ra3 ‘ Et similiter dicendum ad tertium, quod bonum dicitur secundum magis et minus, secundum actum supervenientem; puta secundum scientiam vel virtutem.

007 ST1 qu5 ar2

ag1 ‘ Ad secundum sic proceditur. videtur quod bonum secundum rationem sit prius quam ens. ordo enim nominum est secundum ordinem rerum significatarum per nomina. * sed dionysius, “ inter alia nomina dei, prius ponit bonum quam ens, * ut patet, in iii cap. de div. nom.. ‘ ergo bonum secundum rationem est prius quam ens.

ag2 ‘ Praeterea, illud est prius secundum rationem, quod ad plura se extendit. sed bonum ad plura se extendit quam ens, * quia, ut dicit dionysius, v cap. de div. nom., ° bonum se extendit ad existentia et non existentia, ens vero ad existentia tantum. ‘ ergo bonum est prius secundum rationem quam ens.

ag3 ‘ Praeterea, quod est universalius, est prius secundum rationem. sed bonum videtur universalius esse quam ens, quia bonum habet rationem appetibilis; quibusdam autem appetibile est ipsum non esse; * dicitur enim, matth. xxvi, de iuda, ° bonum erat ei, si natus non fuisset etc.. ‘ ergo bonum est prius quam ens, secundum rationem.

ag4 ‘ Praeterea, non solum esse est appetibile, sed et vita et sapientia, et multa huiusmodi, et sic videtur quod esse sit quoddam particulare appetibile, et bonum, universale. bonum ergo simpliciter est prius secundum rationem quam ens.

sc * Sed contra est quod dicitur in libro de causis, quod ° prima rerum creatarum est esse.

co ‘ Respondeo dicendum quod ens secundum rationem est prius quam bonum. ratio enim significata per nomen, est id quod concipit intellectus de re, et significat illud per vocem, illud ergo est prius secundum rationem, quod prius cadit in conceptione intellectus. primo autem in conceptione intellectus cadit ens, quia secundum hoc unumquodque cognoscibile est, inquantum est actu, * ut dicitur in ix metaphys.. ‘ unde ens est proprium obiectum intellectus, et sic est primum intelligibile, sicut sonus est primum audibile. ita ergo secundum rationem prius est ens quam bonum.

ra1 “ Ad primum ergo dicendum quod dionysius determinat de divinis nominibus secundum quod important circa deum habitudinem causae, nominamus enim deum, ut ipse dicit, ex creaturis, sicut causam ex effectibus. ‘ bonum autem, cum habeat rationem appetibilis, importat habitudinem causae finalis, cuius causalitas prima est, quia agens non agit nisi propter finem, et ab agente materia movetur ad formam, unde dicitur quod finis est causa causarum. et sic, in causando, bonum est prius quam ens, sicut finis quam forma, et hac ratione, inter nomina significantia causalitatem divinam, prius ponitur bonum quam ens. * et iterum quia, secundum platonicos, qui, “ materiam a privatione non distinguentes, dicebant materiam esse non ens, ad plura se extendit participatio boni quam participatio entis. ‘ nam materia prima participat bonum, cum appetat ipsum (nihil autem appetit nisi simile sibi), non autem participat ens, cum ponatur non ens. et * ideo dicit dionysius quod ° bonum extenditur ad non existentia.

ra2 “ Unde patet solutio ad secundum. vel dicendum quod bonum extenditur ad existentia et non existentia, non secundum praedicationem, sed secundum causalitatem, ut per non existentia intelligamus, non ea simpliciter quae penitus non sunt, sed ea quae sunt in potentia et non in actu, ‘ quia bonum habet rationem finis, in quo non solum quiescunt quae sunt in actu, sed ad ipsum etiam ea moventur quae in actu non sunt sed in potentia tantum. ens autem non importat habitudinem causae nisi formalis tantum, vel inhaerentis vel exemplaris, cuius causalitas non se extendit nisi ad ea quae sunt in actu.

ra3 ‘ Ad tertium dicendum quod non esse secundum se non est appetibile, sed per accidens, inquantum scilicet ablatio alicuius mali est appetibilis, quod malum quidem aufertur per non esse. ablatio vero mali non est appetibilis, nisi inquantum per malum privatur quodam esse. illud igitur quod per se est appetibile, est esse, non esse vero per accidens tantum, inquantum scilicet quoddam esse appetitur, quo homo non sustinet privari. et sic etiam per accidens non esse dicitur bonum.

ra4 ‘ Ad quartum dicendum quod vita et scientia, et alia huiusmodi, sic appetuntur ut sunt in actu, unde in omnibus appetitur quoddam esse. et sic nihil est appetibile nisi ens, et per consequens nihil est bonum nisi ens.

007 ST1 qu5 ar3

ag1 ‘ Ad tertium sic proceditur. videtur quod non omne ens sit bonum. bonum enim addit supra ens, * ut ex dictis patet. ‘ ea vero quae addunt aliquid supra ens, contrahunt ipsum, sicut substantia, quantitas, qualitas, et alia huiusmodi. ergo bonum contrahit ens. non igitur omne ens est bonum.

ag2 ‘ Praeterea, nullum malum est bonum, * isaiae v, ° vae qui dicitis malum bonum, et bonum malum. ‘ sed aliquod ens dicitur malum. ergo non omne ens est bonum.

ag3 ‘ Praeterea, bonum habet rationem appetibilis. sed materia prima non habet rationem appetibilis, sed appetentis tantum. ergo materia prima non habet rationem boni. non igitur omne ens est bonum.

ag4 * Praeterea, philosophus dicit, in iii metaphys., quod “ in mathematicis non est bonum. ‘ sed mathematica sunt quaedam entia, alioquin de eis non esset scientia. ergo non omne ens est bonum.

sc ‘ Sed contra, omne ens quod non est deus, est dei creatura. sed omnis creatura dei est bona, * ut dicitur i ad tim., iv cap., ‘ deus vero est maxime bonus. ergo omne ens est bonum.

co ‘ Respondeo dicendum quod omne ens, inquantum est ens, est bonum. omne enim ens, inquantum est ens, est in actu, et quodammodo perfectum, quia omnis actus perfectio quaedam est. perfectum vero habet rationem appetibilis et boni, * ut ex dictis patet. ‘ unde sequitur omne ens, inquantum huiusmodi, bonum esse.

ra1 ‘ Ad primum ergo dicendum quod substantia, quantitas et qualitas, et ea quae sub eis continentur, contrahunt ens applicando ens ad aliquam quidditatem seu naturam. sic autem non addit aliquid bonum super ens, sed rationem tantum appetibilis et perfectionis, quod convenit ipsi esse in quacumque natura sit. unde bonum non contrahit ens.

ra2 ‘ Ad secundum dicendum quod nullum ens dicitur malum inquantum est ens, sed inquantum caret quodam esse, sicut homo dicitur malus inquantum caret esse virtutis, et oculus dicitur malus inquantum caret acumine visus.

ra3 ‘ Ad tertium dicendum quod materia prima, sicut non est ens nisi in potentia, ita nec bonum nisi in potentia. * licet, secundum platonicos, dici possit quod “ materia prima est non ens, propter privationem adiunctam. ‘ sed tamen participat aliquid de bono, scilicet ipsum ordinem vel aptitudinem ad bonum. et ideo non convenit sibi quod sit appetibile, sed quod appetat.

ra4 ‘ Ad quartum dicendum quod mathematica non subsistunt separata secundum esse, quia si subsisterent, esset in eis bonum, scilicet ipsum esse ipsorum. sunt autem mathematica separata secundum rationem tantum, prout abstrahuntur a motu et a materia, et sic abstrahuntur a ratione finis, qui habet rationem moventis. non est autem inconveniens quod in aliquo ente secundum rationem non sit bonum vel ratio boni, cum ratio entis sit prior quam ratio boni, * sicut supra dictum est.

007 ST1 qu5 ar4

ag1 ‘ Ad quartum sic proceditur. videtur quod bonum non habeat rationem causae finalis, sed magis aliarum. * ut enim dicit dionysius, iv cap. de div. nom., ° bonum laudatur ut pulchrum. ‘ sed pulchrum importat rationem causae formalis. ergo bonum habet rationem causae formalis.

ag2 ‘ Praeterea, bonum est diffusivum sui esse, * ut ex verbis dionysii accipitur, quibus dicit quod ° bonum est ex quo omnia subsistunt et sunt. ‘ sed esse diffusivum importat rationem causae efficientis. ergo bonum habet rationem causae efficientis.

ag3 * Praeterea, dicit augustinus in i de doctr. christ., quod ° quia deus bonus est, nos sumus. ‘ sed ex deo sumus sicut ex causa efficiente. ergo bonum importat rationem causae efficientis.

sc * Sed contra est quod philosophus dicit, in ii physic., quod ° illud cuius causa est, est sicut finis et bonum aliorum. ‘ bonum ergo habet rationem causae finalis.

co ‘ Respondeo dicendum quod, cum bonum sit quod omnia appetunt, hoc autem habet rationem finis; manifestum est quod bonum rationem finis importat. sed tamen ratio boni praesupponit rationem causae efficientis, et rationem causae formalis. videmus enim quod id quod est primum in causando, ultimum est in causato, ignis enim primo calefacit quam formam ignis inducat, cum tamen calor in igne consequatur formam substantialem. in causando autem, primum invenitur bonum et finis, qui movet efficientem; secundo, actio efficientis, movens ad formam; tertio advenit forma. unde e converso esse oportet in causato, quod primum sit ipsa forma, per quam est ens; secundo consideratur in ea virtus effectiva, secundum quod est perfectum in esse (quia unumquodque tunc perfectum est, quando potest sibi simile facere, * ut dicit philosophus in iv meteor.); ‘ tertio consequitur ratio boni, per quam in ente perfectio fundatur.

ra1 ‘ Ad primum ergo dicendum quod pulchrum et bonum in subiecto quidem sunt idem, quia super eandem rem fundantur, scilicet super formam, et propter hoc, bonum laudatur ut pulchrum. sed ratione differunt. nam bonum proprie respicit appetitum, est enim bonum quod omnia appetunt. et ideo habet rationem finis, nam appetitus est quasi quidam motus ad rem. pulchrum autem respicit vim cognoscitivam, pulchra enim dicuntur quae visa placent. unde pulchrum in debita proportione consistit, quia sensus delectatur in rebus debite proportionatis, sicut in sibi similibus; nam et sensus ratio quaedam est, et omnis virtus cognoscitiva. et quia cognitio fit per assimilationem, similitudo autem respicit formam, pulchrum proprie pertinet ad rationem causae formalis.

ra2 ‘ Ad secundum dicendum quod bonum dicitur diffusivum sui esse, eo modo quo finis dicitur movere.

ra3 ‘ Ad tertium dicendum quod quilibet habens voluntatem, dicitur bonus inquantum habet bonam voluntatem, quia per voluntatem utimur omnibus quae in nobis sunt. unde non dicitur bonus homo, qui habet bonum intellectum, sed qui habet bonam voluntatem. voluntas autem respicit finem ut obiectum proprium, et sic, quod dicitur, “ quia deus est bonus, sumus, refertur ad causam finalem.

007 ST1 qu5 ar5

ag1 ‘ Ad quintum sic proceditur. videtur quod ratio boni non consistat in modo, specie et ordine. bonum enim et ens ratione differunt, * ut supra dictum est. ‘ sed modus, species et ordo pertinere ad rationem entis videntur, * quia, sicut dicitur sap. xi, ° omnia in numero, pondere et mensura disposuisti, ‘ ad quae tria reducuntur species, modus et ordo, * quia, ut dicit augustinus, iv super gen. ad litteram, ° mensura omni rei modum praefigit, et numerus omni rei speciem praebet, et pondus omnem rem ad quietem et stabilitatem trahit. ‘ ergo ratio boni non consistit in modo, specie et ordine.

ag2 ‘ Praeterea, ipse modus, species et ordo bona quaedam sunt. si ergo ratio boni consistit in modo, specie et ordine, oportet etiam quod modus habeat modum, speciem et ordinem, et similiter species et ordo. ergo procederetur in infinitum.

ag3 ‘ Praeterea, malum est privatio modi et speciei et ordinis. sed malum non tollit totaliter bonum. ergo ratio boni non consistit in modo, specie et ordine.

ag4 ‘ Praeterea, illud in quo consistit ratio boni, non potest dici malum. sed dicitur malus modus, mala species, malus ordo. ergo ratio boni non consistit in modo, specie et ordine.

ag5 ‘ Praeterea, modus, species et ordo ex pondere, numero et mensura causantur, * ut ex auctoritate augustini inducta patet. ‘ non autem omnia bona habent pondus, numerum et mensuram, * dicit enim ambrosius, in hexaemeron, quod ° lucis natura est, ut non in numero non in pondere, non in mensura creata sit. ‘ non ergo ratio boni consistit in modo, specie et ordine.

sc * Sed contra est quod dicit augustinus, in libro de natura boni, ° haec tria, modus, species et ordo, tanquam generalia bona sunt in rebus a deo factis, et ita, haec tria ubi magna sunt, magna bona sunt; ubi parva, parva bona sunt; ubi nulla, nullum bonum est. ‘ quod non esset, nisi ratio boni in eis consisteret. ergo ratio boni consistit in modo, specie et ordine.

co ‘ Respondeo dicendum quod unumquodque dicitur bonum, inquantum est perfectum, sic enim est appetibile, * ut supra dictum est. ‘ perfectum autem dicitur, cui nihil deest secundum modum suae perfectionis. cum autem unumquodque sit id quod est, per suam formam; forma autem praesupponit quaedam, et quaedam ad ipsam ex necessitate consequuntur; ad hoc quod aliquid sit perfectum et bonum, necesse est quod formam habeat, et ea quae praeexiguntur ad eam, et ea quae consequuntur ad ipsam. praeexigitur autem ad formam determinatio sive commensuratio principiorum, seu materialium, seu efficientium ipsam, et hoc significatur per modum, * unde dicitur quod “ mensura modum praefigit. ‘ ipsa autem forma significatur per speciem, quia per formam unumquodque in specie constituitur. * et propter hoc dicitur quod “ numerus speciem praebet, quia definitiones significantes speciem sunt sicut numeri, * secundum philosophum in viii metaphys.; ‘ sicut enim unitas addita vel subtracta variat speciem numeri, ita in definitionibus differentia apposita vel subtracta. ad formam autem consequitur inclinatio ad finem, aut ad actionem, aut ad aliquid huiusmodi, quia unumquodque, inquantum est actu, agit, et |25| tendit in id quod sibi convenit secundum

suam formam. et hoc pertinet ad pondus et ordinem. unde ratio boni, secundum quod consistit in perfectione, consistit etiam in modo, specie et ordine.
ra1 ' Ad primum ergo dicendum quod ista tria non consequuntur ens, nisi inquantum est perfectum, et secundum hoc est bonum.
ra2 ' Ad secundum dicendum quod modus, species et ordo eo modo dicuntur bona, sicut et entia, non quia ipsa sint quasi subsistentia, sed quia eis alia sunt et entia et bona. unde non oportet quod ipsa habeant aliqua alia, quibus sint bona. non enim sic dicuntur bona, quasi formaliter aliis sint bona; sed quia ipsis formaliter aliqua sunt bona; sicut albedo non dicitur ens quia ipsa aliquo sit, sed quia ipsa aliquid est secundum quid, scilicet album.
ra3 ' Ad tertium dicendum quod quodlibet esse est secundum formam aliquam, unde secundum quodlibet esse rei, consequuntur ipsam modus, species et ordo, sicut homo habet speciem, modum et ordinem, inquantum est homo; et similiter inquantum est albus, habet similiter modum, speciem et ordinem; et inquantum est virtuosus, et inquantum est sciens, et secundum omnia quae de ipso dicuntur. malum autem privat quodam esse, sicut caecitas privat esse visus, unde non tollit omnem modum, speciem et ordinem; sed solum modum, speciem et ordinem quae consequuntur esse visus.
ra4 ' Ad quartum dicendum quod, * sicut dicit augustinus in libro de natura boni, ° omnis modus, inquantum modus, bonus est " (et sic potest dici de specie et ordine), ° sed malus modus, vel mala species, vel malus ordo, aut ideo dicuntur quia minora sunt quam esse debuerunt; aut quia non his rebus accommodantur, quibus accommodanda sunt; ut ideo dicantur mala, quia sunt aliena et incongrua.
ra5 ' Ad quintum dicendum quod natura lucis dicitur esse sine numero et pondere et mensura, non simpliciter, sed per comparationem ad corporalia, quia virtus lucis ad omnia corporalia se extendit, inquantum est qualitas activa primi corporis alterantis, scilicet caeli.

007 ST1 qu5 ar6

ag1 ' Ad sextum sic proceditur. videtur quod non convenienter dividatur bonum per honestum, utile et delectabile. " bonum enim, * sicut dicit philosophus in i ethic., " dividitur per decem praedicamenta. ' honestum autem, utile et delectabile inveniri possunt in uno praedicamento. ergo non convenienter per haec dividitur bonum.
ag2 ' Praeterea, omnis divisio fit per opposita. sed haec tria non videntur esse opposita, nam honesta sunt delectabilia, nullumque inhonestum est utile (quod tamen oportet, si divisio fieret per opposita, ut opponerentur honestum et utile), * ut etiam dicit tullius, in libro de officiis. ' ergo praedicta divisio non est conveniens.
ag3 ' Praeterea, ubi unum propter alterum, ibi unum tantum est. sed utile non est bonum nisi propter delectabile vel honestum. ergo non debet utile dividi contra delectabile et honestum.
sc ' Sed contra est quod * ambrosius, in libro de officiis, utitur ista divisione boni.
co ' Respondeo dicendum quod haec divisio proprie videtur esse boni humani. si tamen altius et communius rationem boni consideremus, invenitur haec divisio proprie competere bono, secundum quod bonum est. nam bonum est aliquid, inquantum est appetibile, et terminus motus appetitus. cuius quidem motus terminatio considerari potest ex consideratione motus corporis naturalis. terminatur autem motus corporis naturalis, simpliciter quidem ad ultimum; secundum quid autem etiam ad medium, per quod itur ad ultimum quod terminat motum, et dicitur aliquis terminus motus, inquantum aliquam partem motus terminat. id autem quod est ultimus terminus motus, potest accipi dupliciter, vel ipsa res in quam tenditur, utpote locus vel forma; vel quies in re illa. sic ergo in motu appetitus, id quod est appetibile terminans motum appetitus secundum quid, ut medium per quod tenditur in aliud, vocatur utile. id autem quod appetitur ut ultimum, terminans totaliter motum appetitus, sicut quaedam res in quam per se appetitus tendit, vocatur honestum, quia honestum dicitur quod per se desideratur. id autem quod terminat motum appetitus ut quies in re desiderata, est delectatio.
ra1 ' Ad primum ergo dicendum quod bonum, inquantum est idem subiecto cum ente, dividitur per decem praedicamenta, sed secundum propriam rationem, competit sibi ista divisio.
ra2 ' Ad secundum dicendum quod haec divisio non est per oppositas res, sed per oppositas rationes. dicuntur tamen illa proprie delectabilia, quae nullam habent aliam rationem appetibilitatis nisi delectationem, cum aliquando sint et noxia et inhonesta. utilia vero dicuntur, quae non habent in se unde desiderentur; sed desiderantur solum ut sunt ducentia in alterum, sicut sumptio medicinae amarae. honesta vero dicuntur, quae in seipsis habent unde desiderentur.
ra3 ' Ad tertium dicendum quod bonum non dividitur in ista tria sicut univocum aequaliter de his praedicatum, sed sicut analogum, quod praedicatur secundum prius et posterius. per prius enim praedicatur de honesto; et secundario de delectabili; tertio de utili.

007 ST1 qu6 ar

pr ' Deinde quaeritur de bonitate dei. et circa hoc quaeruntur quatuor. primo, utrum esse bonum conveniat deo. secundo, utrum deus sit summum bonum. tertio, utrum ipse solus sit bonus per suam essentiam. quarto, utrum omnia sint bona bonitate divina.

007 ST1 qu6 ar1

ag1 ' Ad primum sic proceditur. videtur quod esse bonum non conveniat deo. ratio enim boni consistit in modo, specie et ordine. haec autem non videntur deo convenire, cum deus immensus sit, et ad aliquid non ordinetur. ergo esse bonum non convenit deo.
ag2 ' Praeterea, bonum est quod omnia appetunt. sed deum non omnia appetunt, quia non omnia cognoscunt ipsum, nihil autem appetitur nisi notum. ergo esse bonum non convenit deo.
sc * Sed contra est quod dicitur thren. iii, ° bonus est dominus sperantibus in eum, animae quaerenti illum.
co ' Respondeo dicendum quod bonum esse praecipue deo convenit. bonum enim aliquid est, secundum quod est appetibile. unumquodque autem appetit suam perfectionem. perfectio autem et forma effectus est quaedam similitudo agentis, cum omne agens agat sibi simile. unde ipsum agens est appetibile, et habet rationem boni, hoc enim est quod de ipso appetitur, ut eius similitudo participetur. cum ergo deus sit prima causa effectiva omnium, manifestum est quod sibi competit ratio boni et appetibilis. * unde dionysius, in libro de div. nom., " attribuit bonum deo sicut primae causae efficienti, dicens quod bonus dicitur deus, ° sicut ex quo omnia subsistunt.
ra1 ' Ad primum ergo dicendum quod habere modum, speciem et ordinem, pertinet ad rationem boni causati. sed bonum in deo est sicut in causa, unde ad eum pertinet imponere aliis modum, speciem et ordinem. unde ista tria sunt in deo sicut in causa.
ra2 ' Ad secundum dicendum quod omnia, appetendo proprias perfectiones, appetunt ipsum deum, inquantum perfectiones omnium rerum sunt quaedam similitudines divini esse, * ut ex dictis patet. ' et sic eorum quae deum appetunt, quaedam cognoscunt ipsum secundum seipsum, quod est proprium creaturae rationalis. quaedam vero cognoscunt aliquas participationes suae bonitatis, quod etiam extenditur usque ad cognitionem sensibilem. quaedam vero appetitum naturalem habent absque cognitione, utpote inclinata ad suos fines ab alio superiori cognoscente.

007 ST1 qu6 ar2

ag1 ' Ad secundum sic proceditur. videtur quod deus non sit summum bonum. summum enim bonum addit aliquid supra bonum, alioquin omni bono conveniret. sed omne quod se habet ex additione ad aliquid, est compositum. ergo summum bonum est compositum. sed deus est summe simplex, * ut supra ostensum est. ' ergo deus non est summum bonum.
ag2 ° Praeterea, bonum est quod omnia appetunt, * ut dicit philosophus. ' sed nihil aliud est quod omnia appetunt, nisi solus deus, qui est finis omnium. ergo nihil aliud est bonum nisi deus. * quod etiam videtur per id quod dicitur matth. xix, ° nemo bonus nisi solus deus. ' sed summum dicitur in comparatione aliorum; sicut summum calidum in comparatione ad omnia calida. ergo deus non potest dici summum bonum.
ag3 ' Praeterea, summum comparationem importat. sed quae non sunt unius generis, non sunt comparabilia; sicut dulcedo inconvenienter dicitur maior vel minor quam linea. cum igitur deus non sit in eodem genere cum aliis bonis, * ut ex superioribus patet, ' videtur quod deus non possit dici summum bonum respectu eorum.
sc ' Sed contra est quod * dicit augustinus, i de trin., quod ° trinitas divinarum personarum est summum bonum, quod purgatissimis mentibus cernitur.
co ' Respondeo dicendum quod deus est summum bonum simpliciter, et non solum in aliquo genere vel ordine rerum. sic enim bonum deo attribuitur, * ut dictum est, ' inquantum omnes perfectiones desideratae effluunt ab eo, sicut a prima causa. non autem effluunt ab eo sicut ab agente univoco, * ut ex superioribus patet, ' sed sicut ab agente quod non convenit cum suis effectibus, neque in ratione speciei, nec in ratione generis. similitudo autem effectus in causa quidem univoca invenitur uniformiter, in causa autem aequivoca invenitur excellentius, sicut calor excellentiori modo est in sole quam in igne. sic ergo oportet quod cum bonum sit in deo sicut in prima causa omnium non univoca, quod sit in eo excellentissimo modo. et propter hoc dicitur summum bonum.
ra1 ' Ad primum ergo dicendum quod summum bonum addit super bonum, non rem aliquam absolutam, sed relationem tantum. relatio autem qua aliquid de deo dicitur relative ad creaturas, non est realiter in deo, sed in creatura; in deo vero secundum rationem; sicut scibile relative dicitur ad scientiam, non quia ad ipsam referatur, sed quia scientia refertur ad ipsum. et sic non oportet quod in summo bono sit aliqua compositio, sed solum quod alia deficiant ab ipso.
ra2 ' Ad secundum dicendum quod, * cum dicitur ° bonum est quod omnia appetunt, " non sic intelligitur quasi unumquodque bonum ab omnibus appetatur, sed quia quidquid appetitur, rationem boni habet. * quod autem dicitur, ° nemo bonus nisi solus deus, " intelligitur de bono per essentiam, * ut post dicetur.
ra3 ' Ad tertium dicendum quod ea quae non sunt in eodem genere, si quidem sint in diversis generibus contenta, nullo modo comparabilia sunt. de deo autem negatur esse in eodem genere cum aliis bonis, non quod ipse sit in quodam alio genere; sed quia ipse est extra genus, et principium omnis generis. et sic comparatur ad alia per excessum. et huiusmodi comparationem importat summum bonum.

007 ST1 qu6 ar3

ag1 ' Ad tertium sic proceditur. videtur quod esse bonum per essentiam non sit proprium dei. sicut enim unum convertitur cum ente, ita et bonum, * ut supra habitum est. ' sed omne ens est unum per suam essentiam, * ut patet per philosophum in iv metaphys.. ' ergo omne ens est bonum per suam essentiam.
ag2 ' Praeterea, si bonum est quod omnia appetunt, cum ipsum esse sit desideratum ab omnibus, ipsum esse cuiuslibet rei est eius bonum. sed quaelibet res est ens per suam essentiam. ergo quaelibet res est bona per suam essentiam.
ag3 ' Praeterea, omnis res per suam bonitatem est bona. si igitur aliqua res est quae non sit bona per suam essentiam, oportebit quod eius bonitas non sit sua essentia. illa ergo bonitas, cum sit ens quoddam, oportet quod sit bona, et si quidem alia bonitate, iterum de illa bonitate quaeretur. aut ergo erit procedere in infinitum, aut venire ad aliquam bonitatem quae non erit bona per aliam bonitatem. eadem ergo ratione standum est in primo. res igitur quaelibet est bona per suam essentiam.
sc * Sed contra est quod dicit boetius, in libro de hebdomad., quod " alia omnia a deo sunt bona per participationem. ' non igitur per essentiam.
co ' Respondeo dicendum quod solus deus est bonus per suam essentiam. unumquodque enim dicitur bonum, secundum quod est perfectum. perfectio autem alicuius rei triplex est. prima quidem, secundum quod in suo esse constituitur. secunda vero, prout ei aliqua accidentia superadduntur, ad suam perfectam operationem necessaria. tertia vero perfectio alicuius est per hoc, quod aliquid aliud attingit sicut finem. utpote prima perfectio ignis consistit in esse, quod habet per suam formam substantialem, secunda vero eius perfectio consistit in caliditate, levitate et siccitate, et huiusmodi, tertia vero perfectio eius est secundum quod in loco suo quiescit. haec autem triplex perfectio nulli creato competit secundum suam essentiam, sed soli deo, cuius solius essentia est suum esse; et cui non adveniunt aliqua accidentia; sed quae de aliis dicuntur accidentaliter, sibi conveniunt essentialiter, ut esse potentem, sapientem, et huiusmodi, * sicut ex dictis patet. ' ipse etiam ad nihil aliud ordinatur sicut ad finem, sed ipse est ultimus finis omnium rerum. unde manifestum est quod solus deus habet omnimodam perfectionem secundum suam essentiam. et ideo ipse solus est bonus per suam essentiam.
ra1 ' Ad primum ergo dicendum quod unum non importat rationem perfectionis, sed indivisionis tantum, quae unicuique rei competit secundum suam essentiam. simplicium autem essentiae sunt indivisae et actu et potentia, compositorum vero essentiae sunt indivisae secundum actum tantum. et ideo oportet quod quaelibet res sit una per suam essentiam, non autem bona, * ut ostensum est.
ra2 ' Ad secundum dicendum quod, licet unumquodque sit bonum inquantum habet esse, tamen essentia rei creatae non est ipsum esse, et ideo non sequitur quod res creata sit bona per suam essentiam.
ra3 ' Ad tertium dicendum quod bonitas rei creatae non est ipsa eius essentia, sed aliquid superadditum; vel ipsum esse eius, vel aliqua perfectio superaddita, vel ordo ad finem. ipsa tamen bonitas sic superaddita dicitur bona sicut et ens, hac autem ratione dicitur ens, quia ea est aliquid, non quia ipsa aliquo alio sit. unde hac ratione dicitur bona, quia ea est aliquid bonum, non quia ipsa habeat aliquam aliam bonitatem, qua sit bona.

007 ST1 qu6 ar4

ag1 ' Ad quartum sic proceditur. videtur quod omnia sint bona bonitate divina. * dicit enim augustinus, viii de trin., ° bonum hoc et bonum illud, tolle hoc et tolle illud, et vide ipsum bonum, si potes, ita deum videbis, non alio bono bonum, sed bonum omnis boni. ' sed unumquodque est bonum suo bono. ergo unumquodque est bonum ipso bono quod est deus.
ag2 * Praeterea, sicut dicit boetius, in libro de hebdomad., " omnia dicuntur bona inquantum ordinantur ad deum, et hoc ratione bonitatis divinae. ' ergo omnia sunt bona bonitate divina.
sc ' Sed contra est quod omnia sunt bona inquantum sunt. sed non dicuntur omnia entia per esse divinum, sed per esse proprium. ergo non omnia sunt bona bonitate divina, sed bonitate propria.
co ' Respondeo dicendum quod nihil prohibet in his

quae relationem important, aliquid ab extrinseco denominari; sicut aliquid denominatur locatum a loco, et mensuratum a mensura. circa vero ea quae absolute dicuntur, diversa fuit opinio. * plato enim posuit " omnium rerum species separatas; et quod ab eis individua denominantur, quasi species separatas participando; ut puta quod socrates dicitur homo secundum ideam hominis separatam. et sicut ponebat ideam hominis et equi separatam, quam vocabat per se hominem et per se equum, ita ponebat ideam entis et ideam unius separatam, quam dicebat per se ens et per se unum, et eius participatione unumquodque dicitur ens vel unum. hoc autem quod est per se bonum et per se unum, ponebat esse summum deum, a quo omnia dicuntur bona per modum participationis. ' et quamvis haec opinio irrationabilis videatur quantum ad hoc, quod ponebat species rerum naturalium separatas per se subsistentes, * ut aristoteles multipliciter probat; ' tamen hoc absolute verum est, quod est aliquod unum per essentiam suam bonum, quod dicimus deum, * ut ex superioribus patet. * huic etiam sententiae concordat aristoteles. |25| ' a primo igitur per suam essentiam ente et bono, unumquodque potest dici bonum et ens, inquantum participat ipsum per modum cuiusdam assimilationis, licet remote et deficienter, * ut ex superioribus patet. ' sic ergo unumquodque dicitur bonum bonitate divina, sicut primo principio exemplari, effectivo et finali totius bonitatis. nihilominus tamen unumquodque dicitur bonum similitudine divinae bonitatis sibi inhaerente, quae est formaliter sua bonitas denominans ipsum. et sic est bonitas una omnium; et etiam multae bonitates.
ra ' Et per hoc patet responsio ad obiecta.

007 ST1 qu7 ar

pr ' Post considerationem divinae perfectionis, considerandum est de eius infinitate, et de existentia eius in rebus, attribuitur enim deo quod sit ubique et in omnibus rebus, inquantum est incircumscriptibilis et infinitus. circa primum quaeruntur quatuor. primo, utrum deus sit infinitus. secundo, utrum aliquid praeter ipsum sit infinitum secundum essentiam. tertio, utrum aliquid possit esse infinitum secundum magnitudinem. quarto, utrum possit esse infinitum in rebus secundum multitudinem.

007 ST1 qu7 ar1

ag1 ' Ad primum sic proceditur. videtur quod deus non sit infinitus. omne enim infinitum est imperfectum, quia habet rationem partis et materiae, * ut dicitur in iii physic.. ' sed deus est perfectissimus. ergo non est infinitus.
ag2 * Praeterea, secundum philosophum in i physic., " finitum et infinitum conveniunt quantitati. ' sed in deo non est quantitas, cum non sit corpus, * ut supra ostensum est. ' ergo non competit sibi esse infinitum.
ag3 ' Praeterea, quod ita est hic quod non alibi, est finitum secundum locum, ergo quod ita est hoc quod non est aliud, est finitum secundum substantiam. sed deus est hoc, et non est aliud, non enim est lapis nec lignum. ergo deus non est infinitus secundum substantiam.
sc * Sed contra est quod dicit damascenus, quod ° deus est infinitus et aeternus et incircumscriptibilis.
co ' Respondeo dicendum quod * omnes antiqui philosophi attribuunt " infinitum primo principio, * ut dicitur in iii physic., et hoc rationabiliter, considerantes " res effluere a primo principio in infinitum. sed quia quidam erraverunt circa naturam primi principii, consequens fuit ut errarent circa infinitatem ipsius. quia enim ponebant primum principium materiam, consequenter attribuerunt primo principio infinitatem materialem; dicentes aliquod corpus infinitum esse primum principium rerum. ' considerandum est igitur quod infinitum dicitur aliquid ex eo quod non est finitum. finitur autem quodammodo et materia per formam, et forma per materiam. materia quidem per formam, inquantum materia, antequam recipiat formam, est in potentia ad multas formas, sed cum recipit unam, terminatur per illam. forma vero finitur per materiam, inquantum forma, in se considerata, communis est ad multa, sed per hoc quod recipitur in materia, fit forma determinate huius rei. materia autem perficitur per formam per quam finitur, et ideo infinitum secundum quod attribuitur materiae, habet rationem imperfecti; est enim quasi materia non habens formam. forma autem non perficitur per materiam, sed magis per eam eius amplitudo contrahitur, unde infinitum secundum quod se tenet ex parte formae non determinatae per materiam, habet rationem perfecti. |25| illud autem quod est maxime formale omnium, est ipsum esse, * ut ex superioribus patet. ' cum igitur esse divinum non sit esse receptum in aliquo, sed ipse sit suum esse subsistens, * ut supra ostensum est; ' manifestum est quod ipse deus sit infinitus et perfectus.
ra1 ' Et per hoc patet responsio ad primum.
ra2 ' Ad secundum dicendum quod terminus quantitatis est sicut forma ipsius, cuius signum est, quod figura, quae consistit in terminatione quantitatis, est quaedam forma circa quantitatem. unde infinitum quod competit quantitati, est infinitum quod se tenet ex parte materiae, et tale infinitum non attribuitur deo, * ut dictum est.
ra3 ' Ad tertium dicendum quod, ex hoc ipso quod esse dei est per se subsistens non receptum in aliquo, prout dicitur infinitum, distinguitur ab omnibus aliis, et alia removentur ab eo, sicut, si esset albedo subsistens, ex hoc ipso quod non esset in alio, differret ab omni albedine existente in subiecto.

007 ST1 qu7 ar2

ag1 ' Ad secundum sic proceditur. videtur quod aliquid aliud quam deus possit esse infinitum per essentiam. virtus enim rei proportionatur essentiae eius. si igitur essentia dei est infinita, oportet quod eius virtus sit infinita. ergo potest producere effectum infinitum, cum quantitas virtutis per effectum cognoscatur.
ag2 ' Praeterea, quidquid habet virtutem infinitam, habet essentiam infinitam. sed intellectus creatus habet virtutem infinitam, apprehendit enim universale, quod se potest extendere ad infinita singularia. ergo omnis substantia intellectualis creata est infinita.
ag3 ' Praeterea, materia prima aliud est a deo, * ut supra ostensum est. ' sed materia prima est infinita. ergo aliquid aliud praeter deum potest esse infinitum.
sc " Sed contra est quod infinitum non potest esse ex principio aliquo, * ut dicitur in iii physic.. ' omne autem quod est praeter deum, est ex deo sicut ex primo principio. ergo nihil quod est praeter deum, potest esse infinitum.
co ' Respondeo dicendum quod aliquid praeter deum potest esse infinitum secundum quid, sed non simpliciter. si enim loquamur de infinito secundum quod competit materiae, manifestum est quod omne existens in actu, habet aliquam formam, et sic materia eius est terminata per formam. sed quia materia, secundum quod est sub una forma substantiali, remanet in potentia ad multas formas accidentales; quod est finitum simpliciter, potest esse infinitum secundum quid, utpote lignum est finitum secundum suam formam, sed tamen est infinitum secundum quid, inquantum est in potentia ad figuras infinitas. si autem loquamur de infinito secundum quod convenit formae, sic manifestum est quod illa quorum formae sunt in materia, sunt simpliciter finita, et nullo modo infinita. si autem sint aliquae formae creatae non receptae in materia, sed per se subsistentes, * ut quidam de angelis opinantur, ' erunt quidem infinitae secundum quid, inquantum huiusmodi formae non terminantur neque contrahuntur per aliquam materiam, sed quia forma creata sic subsistens habet esse, et non est suum esse, necesse est quod ipsum eius esse sit receptum et contractum ad determinatam naturam. unde non potest esse infinitum simpliciter.
ra1 ' Ad primum ergo dicendum quod hoc est contra rationem facti, quod essentia rei sit ipsum esse eius, quia esse subsistens non est esse creatum, unde contra rationem facti est, quod sit simpliciter infinitum. sicut ergo deus, licet habeat potentiam infinitam, non tamen potest facere aliquid non factum (hoc enim esset contradictoria esse simul); ita non potest facere aliquid infinitum simpliciter.
ra2 ' Ad secundum dicendum quod hoc ipsum quod virtus intellectus extendit se quodammodo ad infinita, procedit ex hoc quod intellectus est forma non in materia; sed vel totaliter separata, sicut sunt substantiae angelorum; vel ad minus potentia intellectiva, quae non est actus alicuius organi, in anima intellectiva corpori coniuncta.
ra3 ' Ad tertium dicendum quod materia prima non existit in rerum natura per seipsam, cum non sit ens in actu, sed potentia tantum, unde magis est aliquid concreatum, quam creatum. nihilominus tamen materia prima, etiam secundum potentiam, non est infinita simpliciter, sed secundum quid, quia eius potentia non se extendit nisi ad formas naturales.

007 ST1 qu7 ar3

ag1 ' Ad tertium sic proceditur. videtur quod possit esse aliquid infinitum actu secundum magnitudinem. in scientiis enim mathematicis non invenitur falsum, ° quia abstrahentium non est mendacium, * ut dicitur in ii physic.. ' sed scientiae mathematicae utuntur infinito secundum magnitudinem, dicit enim geometra in suis demonstrationibus, sit linea talis infinita. ergo non est impossibile aliquid esse infinitum secundum magnitudinem.
ag2 ' Praeterea, id quod non est contra rationem alicuius, non est impossibile convenire sibi. sed esse infinitum non est contra rationem magnitudinis, sed magis finitum et infinitum videntur esse passiones quantitatis. ergo non est impossibile aliquam magnitudinem esse infinitam.
ag3 ' Praeterea, magnitudo divisibilis est in infinitum, " sic enim definitur continuum, quod est in infinitum divisibile, * ut patet in iii physic.. ' sed contraria nata sunt fieri circa idem. cum ergo divisioni opponatur additio, et diminutioni augmentum, videtur quod magnitudo possit crescere in infinitum. ergo possibile est esse magnitudinem infinitam.
ag4 ' Praeterea, motus et tempus habent quantitatem et continuitatem a magnitudine super quam transit motus, * ut dicitur in iv physic.. ' sed non est contra rationem temporis et motus quod sint infinita, cum unumquodque indivisibile signatum in tempore et motu circulari, sit principium et finis. ergo nec contra rationem magnitudinis erit quod sit infinita.
sc ' Sed contra, omne corpus superficiem habet. sed omne corpus superficiem habens est finitum, quia superficies est terminus corporis finiti. ergo omne corpus est finitum. et similiter potest dici de superficie et linea. nihil est ergo infinitum secundum magnitudinem.
co ' Respondeo dicendum quod aliud est esse infinitum secundum suam essentiam, et secundum magnitudinem. dato enim quod esset aliquod corpus infinitum secundum magnitudinem, utpote ignis vel aer, non tamen esset infinitum secundum essentiam, quia essentia sua esset terminata ad aliquam speciem per formam, et ad aliquod individuum per materiam. et ideo, * habito ex praemissis quod ' nulla creatura est infinita secundum essentiam, adhuc restat inquirere utrum aliquid creatum sit infinitum secundum magnitudinem. sciendum est igitur quod corpus, quod est magnitudo completa, dupliciter sumitur, scilicet mathematice, secundum quod consideratur in eo sola quantitas; et naturaliter, secundum quod consideratur in eo materia et forma. et de corpore quidem naturali, quod non possit esse infinitum in actu, manifestum est. nam omne corpus naturale aliquam formam substantialem habet determinatam, cum igitur ad formam substantialem consequantur accidentia, necesse est quod ad determinatam formam consequantur determinata accidentia; inter quae est quantitas. unde omne corpus naturale habet determinatam quantitatem et in maius et in minus. unde impossibile est aliquod corpus naturale infinitum esse. hoc etiam ex motu patet. quia omne corpus naturale habet aliquem motum naturalem. corpus autem infinitum non posset habere |25| aliquem motum naturalem, nec rectum, quia nihil movetur naturaliter motu recto, nisi cum est extra suum locum, quod corpori infinito accidere non posset; occuparet enim omnia loca, et sic indifferenter quilibet locus esset locus eius. et similiter etiam neque secundum motum circularem. quia in motu circulari oportet quod una pars corporis transferatur ad locum in quo fuit alia pars; quod in corpore circulari, si ponatur infinitum, esse non posset, quia duae lineae protractae a centro, quanto longius protrahuntur a centro, tanto longius distant ab invicem; si ergo corpus esset infinitum, in infinitum lineae distarent ab invicem, et sic una nunquam posset pervenire ad locum alterius. de corpore etiam mathematico eadem ratio est. quia si imaginemur corpus mathematicum existens actu, oportet quod imaginemur ipsum sub aliqua forma, quia nihil est actu nisi per suam formam. unde, cum forma quanti, inquantum huiusmodi, sit figura, oportebit quod habeat aliquam figuram. et sic erit finitum, est enim figura, quae termino vel terminis comprehenditur.
ra1 ' Ad primum ergo dicendum quod geometer non indiget sumere aliquam lineam esse infinitam actu, sed indiget accipere aliquam lineam finitam actu, a qua possit subtrahi quantum necesse est, et hanc nominat lineam infinitam.
ra2 ' Ad secundum dicendum quod, licet infinitum non sit contra rationem magnitudinis in communi, est tamen contra rationem cuiuslibet speciei eius, scilicet contra rationem magnitudinis bicubitae vel tricubitae, sive circularis vel triangularis, et similium. non autem est possibile in genere esse quod in nulla specie est. unde non est possibile esse aliquam magnitudinem infinitam, cum nulla species magnitudinis sit infinita.
ra3 ' Ad tertium dicendum quod infinitum quod convenit quantitati, * ut dictum est, ' se tenet ex parte materiae. per divisionem autem totius acceditur ad materiam, nam partes se habent in ratione materiae, per additionem autem acceditur ad totum, quod se habet in ratione formae. et ideo non invenitur infinitum in additione magnitudinis, sed in divisione tantum.
ra4 ' Ad quartum dicendum quod motus et tempus non sunt secundum totum in actu, sed successive, unde habent potentiam permixtam actui. sed magnitudo est tota in actu. et ideo infinitum quod convenit quantitati, et se tenet ex parte materiae, repugnat totalitati magnitudinis, non autem totalitati temporis vel motus, esse enim in potentia convenit materiae.

007 ST1 qu7 ar4

ag1 ' Ad quartum sic proceditur. videtur quod possibile sit esse multitudinem infinitam secundum actum. non enim est impossibile id quod est in potentia reduci ad actum. sed numerus est in infinitum multiplicabilis. ergo non est impossibile esse multitudinem infinitam in actu.
ag2 ' Praeterea, cuiuslibet speciei possibile est esse aliquod individuum in actu. sed species figurae sunt infinitae. ergo possibile est esse infinitas figuras in actu.
ag3 ' Praeterea, ea quae non opponuntur ad invicem, non impediunt se invicem. sed, posita aliqua multitudine rerum, adhuc possunt fieri alia multa quae eis non opponuntur, ergo non est impossibile aliqua iterum simul esse cum eis, et sic in infinitum. ergo possibile est esse infinita in actu.

sc * Sed contra est quod dicitur sap. xi, ° omnia in pondere, numero et mensura disposuisti.
co ‘ Respondeo dicendum quod circa hoc fuit duplex opinio. * quidam enim, sicut avicenna et algazel, dixerunt quod “ impossibile est esse multitudinem actu infinitam per se, sed infinitam per accidens multitudinem esse, non est impossibile. ‘ dicitur enim multitudo esse infinita per se, quando requiritur ad aliquid ut multitudo infinita sit. et hoc est impossibile esse, quia sic oporteret quod aliquid dependeret ex infinitis; unde eius generatio nunquam compleretur, cum non sit infinita pertransire. per accidens autem dicitur multitudo infinita, quando non requiritur ad aliquid infinitas multitudinis, sed accidit ita esse. et hoc sic manifestari potest in operatione fabri, ad quam quaedam multitudo requiritur per se, scilicet quod sit ars in anima, et manus movens, et martellus. et si haec in infinitum multiplicarentur, nunquam opus fabrile compleretur, quia dependeret ex infinitis causis. sed multitudo martellorum quae accidit ex hoc quod unum frangitur et accipitur aliud, est multitudo per accidens, accidit enim quod multis martellis operetur; et nihil differt utrum uno vel duobus vel pluribus operetur, vel infinitis, si infinito tempore operaretur. * per hunc igitur modum, posuerunt quod “ possibile est esse actu multitudinem infinitam per accidens. ‘ sed hoc est impossibile. quia omnem multitudinem oportet esse in aliqua specie multitudinis. species autem multitudinis sunt secundum species numerorum. nulla autem species numeri est |25| infinita, quia quilibet numerus est multitudo mensurata per unum. unde impossibile est esse multitudinem infinitam actu, sive per se, sive per accidens. item, multitudo in rerum natura existens est creata, et omne creatum sub aliqua certa intentione creantis comprehenditur, non enim in vanum agens aliquod operatur. unde necesse est quod sub certo numero omnia creata comprehendantur. impossibile est ergo esse multitudinem infinitam in actu, etiam per accidens. sed esse multitudinem infinitam in potentia, possibile est. quia augmentum multitudinis consequitur divisionem magnitudinis, quanto enim aliquid plus dividitur, tanto plura secundum numerum resultant. unde, sicut infinitum invenitur in potentia in divisione continui, quia proceditur ad materiam, * ut supra ostensum est; ‘ eadem ratione etiam infinitum invenitur in potentia in additione multitudinis.
ra1 ‘ Ad primum ergo dicendum quod unumquodque quod est in potentia, reducitur in actum secundum modum sui esse, dies enim non reducitur in actum ut sit tota simul, sed successive. et similiter infinitum multitudinis non reducitur in actum ut sit totum simul, sed successive, quia post quamlibet multitudinem, potest sumi alia multitudo in infinitum.
ra2 ‘ Ad secundum dicendum quod species figurarum habent infinitatem ex infinitate numeri, sunt enim species figurarum, trilaterum, quadrilaterum, et sic inde. unde, sicut multitudo infinita numerabilis non reducitur in actum quod sit tota simul, ita nec multitudo figurarum.
ra3 ‘ Ad tertium dicendum quod, licet, quibusdam positis, alia poni non sit eis oppositum; tamen infinita poni opponitur cuilibet speciei multitudinis. unde non est possibile esse aliquam multitudinem actu infinitam.

007 ST1 qu8 ar

pr ‘ Quia vero infinito convenire videtur quod ubique et in omnibus sit, considerandum est utrum hoc deo conveniat. et circa hoc quaeruntur quatuor. primo, utrum deus sit in omnibus rebus. secundo, utrum deus sit ubique. tertio, utrum deus sit ubique per essentiam et potentiam et praesentiam. quarto, utrum esse ubique sit proprium dei.

007 ST1 qu8 ar1

ag1 ‘ Ad primum sic proceditur. videtur quod deus non sit in omnibus rebus. quod enim est supra omnia, non est in omnibus rebus. sed deus est supra omnia, * secundum illud psalmi, ° excelsus super omnes gentes dominus, etc.. ‘ ergo deus non est in omnibus rebus.
ag2 ‘ Praeterea, quod est in aliquo, continetur ab eo. sed deus non continetur a rebus, sed magis continet res. ergo deus non est in rebus, sed magis res sunt in eo. * unde augustinus, in libro octoginta trium quaest., dicit quod ° in ipso potius sunt omnia, quam ipse alicubi.
ag3 ‘ Praeterea, quanto aliquod agens est virtuosius, tanto ad magis distans eius actio procedit. sed deus est virtuosissimum agens. ergo eius actio pertingere potest ad ea etiam quae ab ipso distant, nec oportet quod sit in omnibus.
ag4 ‘ Praeterea, daemones res aliquae sunt. nec tamen deus est in daemonibus, “ non enim est conventio lucis ad tenebras, * ut dicitur ii ad cor. vi. ‘ ergo deus non est in omnibus rebus.
sc ‘ Sed contra, ubicumque operatur aliquid, ibi est. sed deus operatur in omnibus, * secundum illud isaiae xxvi, ° omnia opera nostra operatus es in nobis, domine. ‘ ergo deus est in omnibus rebus.
co ‘ Respondeo dicendum quod deus est in omnibus rebus, non quidem sicut pars essentiae, vel sicut accidens, sed sicut agens adest ei in quod agit. oportet enim omne agens coniungi ei in quod immediate agit, et sua virtute illud contingere, * unde in vii physic. ‘ probatur quod motum et movens oportet esse simul. cum autem deus sit ipsum esse per suam essentiam, oportet quod esse creatum sit proprius effectus eius; sicut ignire est proprius effectus ignis. hunc autem effectum causat deus in rebus, non solum quando primo esse incipiunt, sed quandiu in esse conservantur; sicut lumen causatur in aere a sole quandiu aer illuminatus manet. quandiu igitur res habet esse, tandiu oportet quod deus adsit ei, secundum modum quo esse habet. esse autem est illud quod est magis intimum cuilibet, et quod profundius omnibus inest, cum sit formale respectu omnium quae in re sunt, * ut ex supra dictis patet. ‘ unde oportet quod deus sit in omnibus rebus, et intime.
ra1 ‘ Ad primum ergo dicendum quod deus est supra omnia per excellentiam suae naturae, et tamen est in omnibus rebus, ut causans omnium esse, * ut supra dictum est.
ra2 ‘ Ad secundum dicendum quod, licet corporalia dicantur esse in aliquo sicut in continente, tamen spiritualia continent ea in quibus sunt, sicut anima continet corpus. unde et deus est in rebus sicut continens res. tamen, per quandam similitudinem corporalium, dicuntur omnia esse in deo, inquantum continentur ab ipso.
ra3 ‘ Ad tertium dicendum quod nullius agentis, quantumcumque virtuosi, actio procedit ad aliquid distans, nisi inquantum in illud per media agit. hoc autem ad maximam virtutem dei pertinet, quod immediate in omnibus agit. unde nihil est distans ab eo, quasi in se illud deum non habeat. dicuntur tamen res distare a deo per dissimilitudinem naturae vel gratiae, sicut et ipse est super omnia per excellentiam suae naturae.
ra4 ‘ Ad quartum dicendum quod in daemonibus intelligitur et natura, quae est a deo, et deformitas culpae, quae non est ab ipso. et ideo non est absolute concedendum quod deus sit in daemonibus, sed cum hac additione, inquantum sunt res quaedam. in rebus autem quae nominant naturam non deformatam, absolute dicendum est deum esse.

007 ST1 qu8 ar2

ag1 ‘ Ad secundum sic proceditur. videtur quod deus non sit ubique. esse enim ubique significat esse in omni loco. sed esse in omni loco non convenit deo, cui non convenit esse in loco, nam incorporalia, * ut dicit boetius, in libro de hebdomad., ‘ non sunt in loco. ergo deus non est ubique.
ag2 ‘ Praeterea, sicut se habet tempus ad successiva, ita se habet locus ad permanentia. sed unum indivisibile actionis vel motus, non potest esse in diversis temporibus. ergo nec unum indivisibile in genere rerum permanentium, potest esse in omnibus locis. esse autem divinum non est successivum, sed permanens. ergo deus non est in pluribus locis. et ita non est ubique.
ag3 ‘ Praeterea, quod est totum alicubi, nihil eius est extra locum illum. sed deus, si est in aliquo loco, totus est ibi, non enim habet partes. ergo nihil eius est extra locum illum. ergo deus non est ubique.
sc ‘ Sed contra est quod * dicitur ierem. xxiii, ° caelum et terram ego impleo.
co ‘ Respondeo dicendum quod, cum locus sit res quaedam, esse aliquid in loco potest intelligi dupliciter, vel per modum aliarum rerum, idest sicut dicitur aliquid esse in aliis rebus quocumque modo, sicut accidentia loci sunt in loco; vel per modum proprium loci, sicut locata sunt in loco. utroque autem modo, secundum aliquid, deus est in omni loco, quod est esse ubique. primo quidem, sicut est in omnibus rebus, ut dans eis esse et virtutem et operationem, sic enim est in omni loco, ut dans ei esse et virtutem locativam. item, locata sunt in loco inquantum replent locum, et deus omnem locum replet. non sicut corpus, corpus enim dicitur replere locum, inquantum non compatitur secum aliud corpus; sed per hoc quod deus est in aliquo loco, non excludit quin alia sint ibi, imo per hoc replet omnia loca, quod dat esse omnibus locatis, quae replent omnia loca.
ra1 ‘ Ad primum ergo dicendum quod incorporalia non sunt in loco per contactum quantitatis dimensivae, sicut corpora, sed per contactum virtutis.
ra2 ‘ Ad secundum dicendum quod indivisibile est duplex. unum quod est terminus continui, ut punctus in permanentibus, et momentum in successivis. et huiusmodi indivisibile, in permanentibus, quia habet determinatum situm, non potest esse in pluribus partibus loci, vel in pluribus locis, et similiter indivisibile actionis vel motus, quia habet determinatum ordinem in motu vel actione, non potest esse in pluribus partibus temporis. aliud autem indivisibile est, quod est extra totum genus continui, et hoc modo substantiae incorporeae, ut deus, angelus et anima, dicuntur esse indivisibiles. tale igitur indivisibile non applicatur ad continuum sicut aliquid eius, sed inquantum contingit illud sua virtute. unde secundum quod virtus sua se potest extendere ad unum vel multa, ad parvum vel magnum, secundum hoc est in uno vel pluribus locis, et in loco parvo vel magno.
ra3 ‘ Ad tertium dicendum quod totum dicitur respectu partium. est autem duplex pars, scilicet pars essentiae, ut forma et materia dicuntur partes compositi, et genus et differentia partes speciei; et etiam pars quantitatis, in quam scilicet dividitur aliqua quantitas. quod ergo est totum in aliquo loco totalitate quantitatis, non potest esse extra locum illum, quia quantitas locati commensuratur quantitati loci, unde non est totalitas quantitatis, si non sit totalitas loci. sed totalitas essentiae non commensuratur totalitati loci. unde non oportet quod illud quod est totum totalitate essentiae in aliquo, nullo modo sit extra illud. sicut apparet etiam in formis accidentalibus, quae secundum accidens quantitatem habent, albedo enim est tota in qualibet parte superficiei, si accipiatur totalitas essentiae, quia secundum perfectam rationem suae speciei invenitur in qualibet parte superficiei, si autem accipiatur totalitas secundum quantitatem, quam habet per accidens, sic non est tota in qualibet parte superficiei. in substantiis autem incorporeis non est totalitas, nec per se nec per accidens, nisi secundum perfectam rationem essentiae. et ideo, sicut anima est tota in qualibet parte corporis, ita deus totus est in omnibus et singulis.

007 ST1 qu8 ar3

ag1 ‘ Ad tertium sic proceditur. videtur quod male assignentur modi existendi deum in rebus, cum dicitur quod deus est in omnibus rebus per essentiam, potentiam et praesentiam. id enim per essentiam est in aliquo, quod essentialiter est in eo. deus autem non est essentialiter in rebus, non enim est de essentia alicuius rei. ergo non debet dici quod deus sit in rebus per essentiam, praesentiam et potentiam.
ag2 ‘ Praeterea, hoc est esse praesentem alicui rei, scilicet non deesse illi. sed hoc est deum esse per essentiam in rebus, scilicet non deesse alicui rei. ergo idem est esse deum in omnibus per essentiam et praesentiam. superfluum ergo fuit dicere quod deus sit in rebus per essentiam, praesentiam et potentiam.
ag3 ‘ Praeterea, sicut deus est principium omnium rerum per suam potentiam, ita per scientiam et voluntatem. sed non dicitur deus esse in rebus per scientiam et voluntatem. ergo nec per potentiam.
ag4 ‘ Praeterea, sicut gratia est quaedam perfectio superaddita substantiae rei, ita multae sunt aliae perfectiones superadditae. si ergo deus dicitur esse specialí modo in quibusdam per gratiam, videtur quod secundum quamlibet perfectionem debeat accipi specialis modus essendi deum in rebus.
sc * Sed contra est quod gregorius dicit, super cant. cantic., quod ° deus communi modo est in omnibus rebus praesentia, potentia et substantia, tamen familiari modo dicitur esse in aliquibus per gratiam.
co ‘ Respondeo dicendum quod deus dicitur esse in re aliqua dupliciter. uno modo, per modum causae agentis, et sic est in omnibus rebus creatis ab ipso. alio modo, sicut obiectum operationis est in operante, quod proprium est in operationibus animae, secundum quod cognitum est in cognoscente, et desideratum in desiderante. hoc igitur secundo modo, deus specialiter est in rationali creatura, quae cognoscit et diligit illum actu vel habitu. et quia hoc habet rationalis creatura per gratiam, * ut infra patebit, ‘ dicitur esse hoc modo in sanctis per gratiam. in rebus vero aliis ab ipso creatis quomodo sit, considerandum est ex his quae in rebus humanis esse dicuntur. rex enim dicitur esse in toto regno suo per suam potentiam, licet non sit ubique praesens. per praesentiam vero suam, dicitur aliquid esse in omnibus quae in prospectu ipsius sunt; sicut omnia quae sunt in aliqua domo, dicuntur esse praesentia alicui, qui tamen non est secundum substantiam suam in qualibet parte domus. secundum vero substantiam vel essentiam, dicitur aliquid esse in loco in quo eius substantia habetur. * fuerunt ergo aliqui, scilicet manichaei, qui dixerunt “ divinae potestati subiecta spiritualia esse et incorporalia, visibilia vero et corporalia subiecta esse dicebant potestati principii contrarii. ‘ contra hos ergo oportet dicere quod |25| deus sit in omnibus per potentiam suam. * fuerunt vero alii, qui licet crederent “ omnia esse subiecta divinae potentiae, tamen providentiam divinam usque ad haec inferiora corpora non extendebant, * ex quorum persona dicitur iob xxii, ° circa cardines caeli perambulat, nec nostra considerat. ‘ et contra hos oportuit dicere quod sit in omnibus per suam praesentiam. * fuerunt vero alii, qui licet dicerent “ omnia ad dei providentiam pertinere, tamen posuerunt omnia non immediate esse a deo creata, sed quod immediate creavit primas creaturas, et illae creaverunt alias. ‘ et contra hos oportet dicere quod sit in omnibus per essentiam. sic ergo est in omnibus per potentiam, inquantum omnia eius potestati subduntur. est per praesentiam in omnibus, inquantum omnia nuda sunt et aperta oculis eius. est in omnibus per essentiam, inquantum adest omnibus ut causa essendi, * sicut dictum est.
ra1 ‘ Ad primum ergo dicendum quod deus dicitur esse in omnibus per essentiam, non quidem rerum, quasi sit de essentia earum, sed per essentiam suam, quia substantia sua adest omnibus ut causa essendi, * sicut dictum est.
ra2 ‘ Ad secundum dicendum quod aliquid potest dici praesens alicui, inquantum subiacet eius conspectui, quod tamen distat ab eo secundum suam substantiam, * ut dictum est. ‘ et ideo oportuit duos mo-

dos poni, scilicet per essentiam, et praesentiam.
ra3 ' Ad tertium dicendum quod de ratione scientiae et voluntatis est, quod scitum sit in sciente, et volitum in volente, unde secundum scientiam et voluntatem, magis res sunt in deo, quam deus in rebus. sed de ratione potentiae est, quod sit principium agendi in aliud, unde secundum potentiam agens comparatur et applicatur rei exteriori. et sic per potentiam potest dici agens esse in altero.
ra4 ' Ad quartum dicendum quod nulla alia perfectio superaddita substantiae, facit deum esse in aliquo sicut obiectum cognitum et amatum, nisi gratia, et ideo sola gratia facit singularem modum essendi deum in rebus. est autem alius singularis modus essendi deum in homine per unionem, * de quo modo suo loco agetur.

007 ST1 qu8 ar4

ag1 ' Ad quartum sic proceditur. videtur quod esse ubique non sit proprium dei. " universale enim, * secundum philosophum, " est ubique et semper, ' materia etiam prima, cum sit in omnibus corporibus, est ubique. neutrum autem horum est deus, * ut ex praemissis patet. ' ergo esse ubique non est proprium dei.
ag2 ' Praeterea, numerus est in numeratis. sed totum universum est constitutum in numero, * ut patet sap. xi. ' ergo aliquis numerus est, qui est in toto universo, et ita ubique.
ag3 " Praeterea, totum universum est quoddam totum corpus perfectum, * ut dicitur in i caeli et mundi. ' sed totum universum est ubique, quia extra ipsum nullus locus est. non ergo solus deus est ubique.
ag4 ' Praeterea, si aliquod corpus esset infinitum, nullus locus esset extra ipsum. ergo esset ubique. et sic, esse ubique non videtur proprium dei.
ag5 ° Praeterea, anima, * ut dicit augustinus, in vi de trin., ° est tota in toto corpore, et tota in qualibet eius parte. ' si ergo non esset in mundo nisi unum solum animal, anima eius esset ubique. et sic, esse ubique non est proprium dei.
ag6 * Praeterea, ut augustinus dicit in epistola ad volusianum, ° anima ubi videt, ibi sentit; et ubi sentit, ibi vivit; et ubi vivit, ibi est. ' sed anima videt quasi ubique, quia successive videt etiam totum caelum. ergo anima est ubique.
sc * Sed contra est quod ambrosius dicit, in libro de spiritu sancto, ° quis audeat creaturam dicere spiritum sanctum, qui in omnibus et ubique et semper est; quod utique divinitatis est proprium?
co ' Respondeo dicendum quod esse ubique primo et per se, est proprium dei. dico autem esse ubique primo, quod secundum se totum est ubique. si quid enim esset ubique, secundum diversas partes in diversis locis existens, non esset primo ubique, quia quod convenit alicui ratione partis suae, non convenit ei primo; sicut si homo est albus dente, albedo non convenit primo homini, sed denti. esse autem ubique per se dico id cui non convenit esse ubique per accidens, propter aliquam suppositionem factam, quia sic granum milii esset ubique, supposito quod nullum aliud corpus esset. per se igitur convenit esse ubique alicui, quando tale est quod, qualibet positione facta, sequitur illud esse ubique. et hoc proprie convenit deo. quia quotcumque loca ponantur, etiam si ponerentur infinita praeter ista quae sunt, oporteret in omnibus esse deum, quia nihil potest esse nisi per ipsum. sic igitur esse ubique primo et per se convenit deo, et est proprium eius, quia quotcumque loca ponantur, oportet quod in quolibet sit deus, non secundum partem, sed secundum seipsum.
ra1 ' Ad primum ergo dicendum quod universale et materia prima sunt quidem ubique, sed non secundum idem esse.
ra2 ' Ad secundum dicendum quod numerus, cum sit accidens, non est per se sed per accidens, in loco. nec est totus in quolibet numeratorum, sed secundum partem. et sic non sequitur quod sit primo et per se ubique.
ra3 ' Ad tertium dicendum quod totum corpus universi est ubique, sed non primo, quia non totum est in quolibet loco, sed secundum suas partes. nec iterum per se, quia si ponerentur aliqua alia loca, non esset in eis.
ra4 ' Ad quartum dicendum quod, si esset corpus infinitum, esset ubique; sed secundum suas partes.
ra5 ' Ad quintum dicendum quod, si esset unum solum animal, anima eius esset ubique primo quidem, sed per accidens.
ra6 ' Ad sextum dicendum quod, cum dicitur anima alicubi videre, potest intelligi dupliciter. uno modo, secundum quod hoc adverbium alicubi determinat actum videndi ex parte obiecti. et sic verum est quod, dum caelum videt, in caelo videt, et eadem ratione in caelo sentit. non tamen sequitur quod in caelo vivat vel sit, quia vivere et esse non important actum transeuntem in exterius obiectum. alio modo potest intelligi secundum quod adverbium determinat actum videntis, secundum quod exit a vidente. et sic verum est quod anima ubi sentit et videt, ibi est et vivit, secundum istum modum loquendi. et ita non sequitur quod sit ubique.

007 ST1 qu9 ar

pr ' Consequenter considerandum est de immutabilitate et aeternitate divina, quae immutabilitatem consequitur. circa immutabilitatem vero quaeruntur duo. primo, utrum deus sit omnino immutabilis. secundo, utrum esse immutabile sit proprium dei.

007 ST1 qu9 ar1

ag1 ' Ad primum sic proceditur. videtur quod deus non sit omnino immutabilis. quidquid enim movet seipsum, est aliquo modo mutabile. * sed, sicut dicit augustinus, viii super genesim ad litteram, ° spiritus creator movet se nec per tempus nec per locum. ' ergo deus est aliquo modo mutabilis.
ag2 * Praeterea, sap. vii dicitur de sapientia quod est ° mobilior omnibus mobilibus. ' sed deus est ipsa sapientia. ergo deus est mobilis.
ag3 ' Praeterea, appropinquari et elongari motum significant. huiusmodi autem dicuntur de deo in scriptura, * iac. iv, ° appropinquate deo, et appropinquabit vobis. ' ergo deus est mutabilis.
sc * Sed contra est quod dicitur malach. iii, ° ego deus, et non mutor.
co * Respondeo dicendum quod ex praemissis ostenditur ' deum esse omnino immutabilem. * primo quidem, quia supra ostensum est ' esse aliquod primum ens, quod deum dicimus, et quod huiusmodi primum ens oportet esse purum actum 'absque permixtione alicuius potentiae, eo quod potentia simpliciter est posterior actu. omne autem quod quocumque modo mutatur, est aliquo modo in potentia. ex quo patet quod impossibile est deum aliquo modo mutari. secundo, quia omne quod movetur, quantum ad aliquid manet, et quantum ad aliquid transit, sicut quod movetur de albedine in nigredinem, manet secundum substantiam. et sic in omni eo quod movetur, attenditur aliqua compositio. * ostensum est autem supra quod ' in deo nulla est compositio, sed est omnino simplex. unde manifestum est quod deus moveri non potest. tertio, quia omne quod movetur, motu suo aliquid acquirit, et pertingit ad illud ad quod prius non pertingebat. deus autem, cum sit infinitus, comprehendens in se omnem plenitudinem perfectionis totius esse, non potest aliquid acquirere, nec extendere se in aliquid ad quod prius non pertingebat. unde nullo modo sibi competit motus. * et inde est quod quidam antiquorum, quasi ab ipsa veritate coacti, " posuerunt primum principium esse immobile.
ra1 * Ad primum ergo dicendum quod augustinus ibi loquitur secundum modum quo plato dicebat " primum movens movere seipsum, omnem operationem nominans motum; secundum quod etiam ipsum intelligere et velle et amare motus quidam dicuntur. quia ergo deus intelligit et amat seipsum, secundum hoc dixerunt quod deus movet seipsum, non autem secundum quod motus et mutatio est existentis in potentia, ut nunc loquimur de mutatione et motu.
ra2 ' Ad secundum dicendum quod sapientia dicitur mobilis esse similitudinarie, secundum quod suam similitudinem diffundit usque ad ultima rerum. nihil enim esse potest, quod non procedat a divina sapientia per quandam imitationem, sicut a primo principio effectivo et formali; prout etiam artificiata procedunt a sapientia artificis. sic igitur inquantum similitudo divinae sapientiae gradatim procedit a supremis, quae magis participant de eius similitudine, usque ad infima rerum, quae minus participant dicitur esse quidam processus et motus divinae sapientiae in res, sicut si dicamus solem procedere usque ad terram, inquantum radius luminis eius usque ad terram pertingit. * et hoc modo exponit dionysius, cap. i cael. hier., dicens quod ° omnis processus divinae manifestationis venit ad nos a patre luminum moto.
ra3 ' Ad tertium dicendum quod huiusmodi dicuntur de deo in scripturis metaphorice. sicut enim dicitur sol intrare domum vel exire, inquantum radius eius pertingit ad domum; sic dicitur deus appropinquare ad nos vel recedere a nobis, inquantum percipimus influentiam bonitatis ipsius, vel ab eo deficimus.

007 ST1 qu9 ar2

ag1 ' Ad secundum sic proceditur. videtur quod esse immutabile non sit proprium dei. * dicit enim philosophus, in ii metaphys., " quod materia est in omni eo quod movetur. sed substantiae quaedam creatae, sicut angeli et animae, non habent materiam, * ut quibusdam videtur. ' ergo esse immutabile non est proprium dei.
ag2 ' Praeterea, omne quod movetur, movetur propter aliquem finem, quod ergo iam pervenit ad ultimum finem, non movetur. sed quaedam creaturae iam pervenerunt ad ultimum finem, sicut omnes beati. ergo aliquae creaturae sunt immobiles.
ag3 ' Praeterea, omne quod est mutabile, est variabile. sed formae sunt invariabiles, * dicitur enim in libro sex principiorum, quod ° forma est simplici et invariabili essentia consistens. ' ergo non est solius dei proprium esse immutabile.
sc * Sed contra est quod dicit augustinus, in libro de natura boni, ° solus deus immutabilis est; quae autem fecit, quia ex nihilo sunt, mutabilia sunt.
co ' Respondeo dicendum quod solus deus est omnino immutabilis, omnis autem creatura aliquo modo est mutabilis. sciendum est enim quod mutabile potest aliquid dici dupliciter, uno modo, per potentiam quae in ipso est; alio modo, per potentiam quae in altero est. omnes enim creaturae, antequam essent, non erant possibiles esse per aliquam potentiam creatam, cum nullum creatum sit aeternum, sed per solam potentiam divinam, inquantum deus poterat eas in esse producere. sicut autem ex voluntate dei dependet quod res in esse producit, ita ex voluntate eius dependet quod res in esse conservat, non enim aliter eas in esse conservat, quam semper eis esse dando; unde si suam actionem eis subtraheret, omnia in nihilum redigerentur, * ut patet per augustinum, iv super gen. ad litt.. ' sicut igitur in potentia creatoris fuit ut res essent, antequam essent in seipsis, ita in potentia creatoris est, postquam sunt in seipsis, ut non sint. sic igitur per potentiam quae est in altero, scilicet in deo, sunt mutabiles, inquantum ab ipso ex nihilo potuerunt produci in esse, et de esse possunt reduci in non esse. si autem dicatur aliquid mutabile per potentiam in ipso existentem, sic etiam aliquo modo omnis creatura est mutabilis. est enim in creatura duplex potentia, scilicet activa et passiva. dico autem potentiam passivam, secundum quam aliquid assequi potest suam perfectionem, vel in essendo vel in consequendo finem. si |25| igitur attendatur mutabilitas rei secundum potentiam ad esse, sic non in omnibus creaturis est mutabilitas, sed in illis solum in quibus illud quod est possibile in eis, potest stare cum non esse. unde in corporibus inferioribus est mutabilitas et secundum esse substantiale, quia materia eorum potest esse cum privatione formae substantialis ipsorum, et quantum ad esse accidentale, si subiectum compatiatur secum privationem accidentis; sicut hoc subiectum, homo, compatitur secum non album, et ideo potest mutari de albo in non album. si vero sit tale accidens quod consequatur principia essentialia subiecti, privatio illius accidentis non potest stare cum subiecto, unde subiectum non potest mutari secundum illud accidens, sicut nix non potest fieri nigra. in corporibus vero caelestibus, materia non compatitur secum privationem formae, quia forma perficit totam potentialitatem materiae, et ideo non sunt mutabilia secundum esse substantiale; sed secundum esse locale, quia subiectum compatitur secum privationem huius loci vel illius. substantiae vero incorporeae, quia sunt ipsae formae subsistentes quae tamen se habent ad esse ipsarum sicut potentia ad actum, non compatiuntur secum privationem huius actus, quia esse consequitur formam, et nihil corrumpitur nisi per hoc quod amittit formam. unde in ipsa forma non est potentia ad non esse, et ideo huiusmodi substantiae sunt immutabiles et invariabiles secundum esse. |50| * et hoc est quod dicit dionysius, iv cap. de div. nom., quod ° substantiae intellectuales creatae mundae sunt a generatione et ab omni variatione, sicut incorporales et immateriales. ' sed tamen remanet in eis duplex mutabilitas. una secundum quod sunt in potentia ad finem, " et sic est in eis mutabilitas secundum electionem de bono in malum, * ut damascenus dicit. ' alia secundum locum, inquantum virtute sua finita possunt attingere quaedam loca quae prius non attingebant, quod de deo dici non potest, qui sua infinitate omnia loca replet, * ut supra dictum est. ' sic igitur in omni creatura est potentia ad mutationem, vel secundum esse substantiale, sicut corpora corruptibilia; vel secundum esse locale tantum, sicut corpora caelestia, vel secundum ordinem ad finem et applicationem virtutis ad diversa, sicut in angelis. et universaliter omnes creaturae communiter sunt mutabiles secundum potentiam creantis, in cuius potestate est esse et non esse earum. unde, cum deus nullo istorum modorum sit mutabilis, proprium eius est omnino immutabilem esse.
ra1 ' Ad primum ergo dicendum quod obiectio illa procedit de eo quod est mutabile secundum esse substantiale vel accidentale, * de tali enim motu philosophi tractaverunt.
ra2 ' Ad secundum dicendum quod angeli boni, supra immutabilitatem essendi, quae competit eis secundum naturam, habent immutabilitatem electionis ex divina virtute, tamen remanet in eis mutabilitas secundum locum.
ra3 ' Ad tertium dicendum quod formae dicuntur invariabiles, quia non possunt esse subiectum variationis, subiiciuntur tamen variationi, inquantum subiectum secundum eas variatur. unde patet quod secundum quod sunt, sic variantur, non enim dicuntur entia quasi sint subiectum essendi, sed quia eis aliquid est.

007 ST1 qu10 ar

pr ' Deinde quaeritur de aeternitate. et circa hoc quaeruntur sex. primo, quid sit aeternitas. secundo, utrum deus sit aeternus. tertio, utrum esse aeternum sit proprium dei. quarto, utrum aeternitas differat a tempore. quinto, de differentia aevi et temporis. sexto, utrum sit unum aevum tantum, sicut est unum tempus et una aeternitas.

007 ST1 qu10 ar1

ag1 ' Ad primum sic proceditur. videtur quod non sit conveniens definitio aeternitatis, * quam boetius ponit v de consolatione, dicens quod ° aeternitas est interminabilis vitae tota simul et perfecta possessio. ' interminabile enim negative dicitur. sed negatio non est de ratione nisi eorum quae sunt deficientia,

quod aeternitati non competit. ergo in definitione aeternitatis non debet poni interminabile.
ag2 ‘ Praeterea, aeternitas durationem quandam significat. duratio autem magis respicit esse quam vitam. ergo non debuit poni in definitione aeternitatis vita, sed magis esse.
ag3 ‘ Praeterea, totum dicitur quod habet partes. hoc autem aeternitati non convenit, cum sit simplex. ergo inconvenienter dicitur tota.
ag4 ‘ Praeterea, plures dies non possunt esse simul, nec plura tempora. sed in aeternitate pluraliter dicuntur dies et tempora, * dicitur enim micheae v, ° egressus eius ab initio, a diebus aeternitatis; * et ad rom., xvi cap., ° secundum revelationem mysterii temporibus aeternis taciti. ‘ ergo aeternitas non est tota simul.
ag5 ‘ Praeterea, totum et perfectum sunt idem. posito igitur quod sit tota, superflue additur quod sit perfecta.
ag6 ‘ Praeterea, possessio ad durationem non pertinet. aeternitas autem quaedam duratio est. ergo aeternitas non est possessio.
co ‘ Respondeo dicendum quod, sicut in cognitionem simplicium oportet nos venire per composita, ita in cognitionem aeternitatis oportet nos venire per tempus; quod nihil aliud est quam numerus motus secundum prius et posterius. cum enim in quolibet motu sit successio, et una pars post alteram, ex hoc quod numeramus prius et posterius in motu, apprehendimus tempus; quod nihil aliud est quam numerus prioris et posterioris in motu. in eo autem quod caret motu, et semper eodem modo se habet, non est accipere prius et posterius. sicut igitur ratio temporis consistit in numeratione prioris et posterioris in motu, ita in apprehensione uniformitatis eius quod est omnino extra motum, consistit ratio aeternitatis. item, ea dicuntur tempore mensurari, quae principium et finem habent in tempore, * ut dicitur in iv physic., ‘ et hoc ideo, quia in omni eo quod movetur est accipere aliquod principium et aliquem finem. quod vero est omnino immutabile, sicut nec successionem, ita nec principium aut finem habere potest. sic ergo ex duobus notificatur aeternitas. primo, ex hoc quod id quod est in aeternitate, est interminabile, idest principio et fine carens (ut terminus ad utrumque referatur). secundo, per hoc quod ipsa aeternitas successione caret, tota simul existens.
ra1 ‘ Ad primum ergo dicendum quod simplicia consueverunt per negationem definiri, sicut punctus est cuius pars non est. quod non ideo est, quod negatio sit de essentia eorum, sed quia intellectus noster, qui primo apprehendit composita, in cognitionem simplicium pervenire non potest, nisi per remotionem compositionis.
ra2 ‘ Ad secundum dicendum quod illud quod est vere aeternum, non solum est ens, sed vivens, et ipsum vivere se extendit quodammodo ad operationem, non autem esse. protensio autem durationis videtur attendi secundum operationem, magis quam secundum esse, unde et tempus est numerus motus.
ra3 ‘ Ad tertium dicendum quod aeternitas dicitur tota, non quia habet partes, sed inquantum nihil ei deest.
ra4 ‘ Ad quartum dicendum quod, sicut deus, cum sit incorporeus, nominibus rerum corporalium metaphorice in scripturis nominatur, sic aeternitas, tota simul existens, nominibus temporalibus successivis.
ra5 ‘ Ad quintum dicendum quod in tempore est duo considerare, scilicet ipsum tempus, quod est successivum; et nunc temporis, quod est imperfectum. * dicit ergo “ tota simul, ad removendum tempus, et perfecta, ad excludendum nunc temporis.
ra6 ‘ Ad sextum dicendum quod illud quod possidetur, firmiter et quiete habetur. “ ad designandam ergo immutabilitatem et indeficientiam aeternitatis, * usus est “ nomine possessionis.

007 ST1 qu10 ar2

ag1 ‘ Ad secundum sic proceditur. videtur quod deus non sit aeternus. nihil enim factum potest dici de deo. sed aeternitas est aliquid factum, * dicit enim boetius quod ° nunc fluens facit tempus, nunc stans facit aeternitatem; * et augustinus dicit, in libro octoginta trium quaest., quod “ deus est auctor aeternitatis. ‘ ergo deus non est aeternus.
ag2 ‘ Praeterea, quod est ante aeternitatem et post aeternitatem, non mensuratur aeternitate. “ sed deus est ante aeternitatem, * ut dicitur in libro de causis, “ et post aeternitatem; * dicitur enim exod. xv, quod ° dominus regnabit in aeternum et ultra. ‘ ergo esse aeternum non convenit deo.
ag3 ‘ Praeterea, aeternitas mensura quaedam est. sed deo non convenit esse mensuratum. ergo non competit ei esse aeternum.
ag4 ‘ Praeterea, in aeternitate non est praesens, praeteritum vel futurum cum sit tota simul, * ut dictum est. ‘ sed de deo dicuntur in scripturis verba praesentis temporis, praeteriti vel futuri. ergo deus non est aeternus.
sc * Sed contra est quod dicit athanasius, ° aeternus pater, aeternus filius, aeternus spiritus sanctus.
co ‘ Respondeo dicendum quod ratio aeternitatis consequitur immutabilitatem, sicut ratio temporis consequitur motum, * ut ex dictis patet. ‘ unde, cum deus sit maxime immutabilis, sibi maxime competit esse aeternum. nec solum est aeternus, sed est sua aeternitas, cum tamen nulla alia res sit sua duratio, quia non est suum esse. deus autem est suum esse uniforme, unde, sicut est sua essentia, ita est sua aeternitas.
ra1 ‘ Ad primum ergo dicendum quod nunc stans dicitur facere aeternitatem, secundum nostram apprehensionem. sicut enim causatur in nobis apprehensio temporis, eo quod apprehendimus fluxum ipsius nunc, ita causatur in nobis apprehensio aeternitatis, inquantum apprehendimus nunc stans. * quod autem dicit augustinus, quod ° deus est auctor aeternitatis, ‘ intelligitur de aeternitate participata, eo enim modo communicat deus suam aeternitatem aliquibus, quo et suam immutabilitatem.
ra2 ‘ Et per hoc patet solutio ad secundum. nam deus dicitur esse ante aeternitatem, prout participatur a substantiis immaterialibus. unde * et ibidem dicitur, quod ° intelligentia parificatur aeternitati. * quod autem dicitur in exodo, ° dominus regnabit in aeternum et ultra “ sciendum quod aeternum accipitur ibi pro saeculo, * sicut habet alia translatio. sic igitur dicitur quod ‘ regnabit ultra aeternum, quia durat ultra quodcumque saeculum, idest ultra quamcumque durationem datam, “ nihil est enim aliud saeculum quam periodus cuiuslibet rei, * ut dicitur in libro i de caelo. ‘ vel dicitur etiam ultra aeternum regnare, quia, si etiam aliquid aliud semper esset (ut motus caeli secundum quosdam philosophos), tamen deus ultra regnat, inquantum eius regnum est totum simul.
ra3 ‘ Ad tertium dicendum quod aeternitas non est aliud quam ipse deus. unde non dicitur deus aeternus, quasi sit aliquo modo mensuratus, sed accipitur ibi ratio mensurae secundum apprehensionem nostram tantum.
ra4 ‘ Ad quartum dicendum quod verba diversorum temporum attribuuntur deo, inquantum eius aeternitas omnia tempora includit, non quod ipse varietur per praesens, praeteritum et futurum.

007 ST1 qu10 ar3

ag1 ‘ Ad tertium sic proceditur. videtur quod esse aeternum non sit soli deo proprium. * dicitur enim danielis xii, quod ° qui ad iustitiam erudiunt plurimos, erunt quasi stellae in perpetuas aeternitates. ‘ non autem essent plures aeternitates, si solus deus esset aeternus. non igitur solus deus est aeternus.
ag2 * Praeterea, matth. xxv dicitur, ° ite, maledicti, in ignem aeternum. ‘ non igitur solus deus est aeternus.
ag3 ‘ Praeterea, omne necessarium est aeternum. sed multa sunt necessaria; sicut omnia principia demonstrationis, et omnes propositiones demonstrativae. ergo non solus deus est aeternus.
sc * Sed contra est quod dicit hieronymus, ad marcellam, ° deus solus est qui exordium non habet. ‘ quidquid autem exordium habet, non est aeternum. solus ergo deus est aeternus.
co ‘ Respondeo dicendum quod aeternitas vere et proprie in solo deo est. quia aeternitas immutabilitatem consequitur, * ut ex dictis patet. ‘ solus autem deus est omnino immutabilis, * ut est superius ostensum. ‘ secundum tamen quod aliqua ab ipso immutabilitatem percipiunt, secundum hoc aliqua eius aeternitatem participant. quaedam ergo quantum ad hoc immutabilitatem sortiuntur a deo, quod nunquam esse desinunt, * et secundum hoc dicitur eccle. i “ de terra, quod in aeternum stat. ‘ quaedam etiam aeterna in scripturis dicuntur propter diuturnitatem durationis, licet corruptibilia sint, * sicut in psalmo dicuntur “ montes aeterni; * et deuter. xxxiii etiam dicitur, “ de pomis collium aeternorum. ‘ quaedam autem amplius participant de ratione aeternitatis, inquantum habent intransmutabilitatem vel secundum esse, vel ulterius secundum operationem, sicut angeli et beati, qui verbo fruuntur, “ quia quantum ad illam visionem verbi, non sunt in sanctis volubiles cogitationes, |25| * ut dicit augustinus, xv de trin.. ‘ unde et videntes deum dicuntur habere vitam aeternam, * secundum illud ioann. xvii, ° haec est vita aeterna, ut cognoscant etc..
ra1 ‘ Ad primum ergo dicendum quod dicuntur multae aeternitates, secundum quod sunt multi participantes aeternitatem ex ipsa dei contemplatione.
ra2 ‘ Ad secundum dicendum quod ignis inferni dicitur aeternus propter interminabilitatem tantum. est tamen in poenis eorum transmutatio, * secundum illud iob xxiv, ° ad nimium calorem transibunt ab aquis nivium. ‘ unde in inferno non est vera aeternitas, sed magis tempus; * secundum illud psalmi, ° erit tempus eorum in saecula.
ra3 ‘ Ad tertium dicendum quod necessarium significat quendam modum veritatis. “ verum autem, * secundum philosophum, vi metaphys., “ est in intellectu. ‘ secundum hoc igitur vera et necessaria sunt aeterna, quia sunt in intellectu aeterno, qui est intellectus divinus solus. unde non sequitur quod aliquid extra deum sit aeternum.

007 ST1 qu10 ar4

ag1 ‘ Ad quartum sic proceditur. videtur quod aeternitas non sit aliud a tempore. impossibile est enim duas esse mensuras durationis simul, nisi una sit pars alterius, non enim sunt simul duo dies vel duae horae; sed dies et hora sunt simul, quia hora est pars diei. sed aeternitas et tempus sunt simul, quorum utrumque mensuram quandam durationis importat. cum igitur aeternitas non sit pars temporis, quia aeternitas excedit tempus et includit ipsum; videtur quod tempus sit pars aeternitatis, et non aliud ab aeternitate.
ag2 * Praeterea, secundum philosophum in iv physic., “ nunc temporis manet idem in toto tempore. ‘ sed hoc videtur constituere rationem aeternitatis, quod sit idem indivisibiliter se habens in toto decursu temporis. ergo aeternitas est nunc temporis. sed nunc temporis non est aliud secundum substantiam a tempore. ergo aeternitas non est aliud secundum substantiam a tempore.
ag3 “ Praeterea, sicut mensura primi motus est mensura omnium motuum, * ut dicitur in iv physic., ‘ ita videtur quod mensura primi esse sit mensura omnis esse. sed aeternitas est mensura primi esse, quod est esse divinum. ergo aeternitas est mensura omnis esse. sed esse rerum corruptibilium mensuratur tempore. ergo tempus vel est aeternitas, vel aliquid aeternitatis.
sc ‘ Sed contra est quod aeternitas est tota simul, in tempore autem est prius et posterius. ergo tempus et aeternitas non sunt idem.
co ‘ Respondeo dicendum quod manifestum est tempus et aeternitatem non esse idem. * sed huius diversitatis rationem quidam assignaverunt ex hoc quod “ aeternitas caret principio et fine, ‘ tempus autem habet principium et finem. sed haec est differentia per accidens, et non per se. quia dato quod tempus semper fuerit et semper futurum sit, secundum positionem eorum qui motum caeli ponunt sempiternum, adhuc remanebit differentia inter aeternitatem et tempus, * ut dicit boetius in libro de consolat., ex hoc quod “ aeternitas est tota simul, ‘ quod tempori non convenit, quia aeternitas est mensura esse permanentis, tempus vero est mensura motus. si tamen praedicta differentia attendatur quantum ad mensurata, et non quantum ad mensuras, sic habet aliquam rationem, “ quia solum illud mensuratur tempore, quod habet principium et finem in tempore, * ut dicitur in iv physic.. ‘ unde si motus caeli semper duraret, tempus non mensuraret ipsum secundum suam totam durationem, cum infinitum non sit mensurabile; sed mensuraret quamlibet circulationem, quae habet principium et finem in tempore. potest tamen et aliam rationem habere ex parte istarum |25| mensurarum, si accipiatur finis et principium in potentia. quia etiam dato quod tempus semper duret, tamen possibile est signare in tempore et principium et finem, accipiendo aliquas partes ipsius, sicut dicimus principium et finem diei vel anni, quod non contingit in aeternitate. sed tamen istae differentiae consequuntur eam quae est per se et primo, differentiam, per hoc quod aeternitas est tota simul, non autem tempus.
ra1 ‘ Ad primum ergo dicendum quod ratio illa procederet, si tempus et aeternitas essent mensurae unius generis, quod patet esse falsum, ex his quorum est tempus et aeternitas mensura.
ra2 ‘ Ad secundum dicendum quod nunc temporis est idem subiecto in toto tempore, sed differens ratione, eo quod, sicut tempus respondet motui, ita nunc temporis respondet mobili; mobile autem est idem subiecto in toto decursu temporis, sed differens ratione, inquantum est hic et ibi. et ista alternatio est motus. similiter fluxus ipsius nunc, secundum quod alternatur ratione, est tempus. aeternitas autem manet eadem et subiecto et ratione. unde aeternitas non est idem quod nunc temporis.
ra3 ‘ Ad tertium dicendum quod, sicut aeternitas est propria mensura ipsius esse, ita tempus est propria mensura motus. unde secundum quod aliquod esse recedit a permanentia essendi et subditur transmutationi, secundum hoc recedit ab aeternitate et subditur tempori. esse ergo rerum corruptibilium, quia est transmutabile, non mensuratur aeternitate, sed tempore. tempus enim mensurat non solum quae transmutantur in actu, sed quae sunt transmutabilia. unde non solum mensurat motum, sed etiam quietem; quae est eius quod natum est moveri, et non movetur.

007 ST1 qu10 ar5

ag1 ‘ Ad quintum sic proceditur. videtur quod aevum non sit aliud a tempore. * dicit enim augustinus, viii super gen. ad litt., quod ° deus movet creaturam spiritualem per tempus. ‘ sed aevum dicitur esse mensura spiritualium substantiarum. ergo tempus non differt ab aevo.
ag2 ‘ Praeterea, de ratione temporis est quod habeat prius et posterius, de ratione vero aeternitatis est quod sit tota simul, * ut dictum est. ‘ sed aevum non est aeternitas, * dicitur enim eccli. i, quod ‘ sapientia aeterna est ante aevum. ergo non est totum simul, sed habet prius et posterius, et ita est tempus.
ag3 ‘ Praeterea, si in aevo non est prius et posterius, sequitur quod in aeviternis non differat esse vel fuisse vel futurum esse. cum igitur sit impossibile aeviterna non fuisse, sequitur quod impossibile sit ea non futura esse. quod falsum est, cum deus possit ea reducere in nihilum.
ag4 ‘ Praeterea, cum duratio aeviternorum sit infini-

ta ex parte post, si aevum sit totum simul, sequitur quod aliquod creatum sit infinitum in actu, quod est impossibile. non igitur aevum differt a tempore.
sc * Sed contra est quod dicit boetius, ° qui tempus ab aevo ire iubes.
co ' Respondeo dicendum quod aevum differt a tempore et ab aeternitate, sicut medium existens inter illa. * sed horum differentiam aliqui sic assignant, dicentes quod " aeternitas principio et fine caret; aevum habet principium, sed non finem; tempus autem habet principium et finem. ' sed haec differentia est per accidens, * sicut supra dictum est, ' quia " si etiam semper aeviterna fuissent et semper futura essent, * ut aliqui ponunt; ' vel etiam si quandoque deficerent, quod deo possibile esset, adhuc aevum distingueretur ab aeternitate et tempore. * alii vero assignant differentiam inter haec tria, per hoc quod " aeternitas non habet prius et posterius; tempus autem habet prius et posterius cum innovatione et veteratione; aevum habet prius et posterius sine innovatione et veteratione. ' sed haec positio implicat contradictoria. quod quidem manifeste apparet, si innovatio et veteratio referantur ad ipsam mensuram. cum enim prius et posterius durationis non possint esse simul, si aevum habet prius et posterius, oportet quod, priore parte aevi recedente, posterior de novo adveniat, et sic erit innovatio in ipso aevo, sicut in tempore. si vero referantur ad mensurata, adhuc sequitur inconveniens. ex hoc enim res temporalis inveteratur tempore, quod habet esse transmutabile, |25| et ex transmutabilitate mensurati, est prius et posterius in mensura, * ut patet ex iv physic.. ' si igitur ipsum aeviternum non sit inveterabile nec innovabile, hoc erit quia esse eius est intransmutabile. mensura ergo eius non habebit prius et posterius. est ergo dicendum quod, cum aeternitas sit mensura esse permanentis, secundum quod aliquid recedit a permanentia essendi, secundum hoc recedit ab aeternitate. quaedam autem sic recedunt a permanentia essendi, quod esse eorum est subiectum transmutationis, vel in transmutatione consistit, et huiusmodi mensurantur tempore; sicut omnis motus, et etiam esse omnium corruptibilium. quaedam vero recedunt minus a permanentia essendi, quia esse eorum nec in transmutatione consistit, nec est subiectum transmutationis, tamen habent transmutationem adiunctam, vel in actu vel in potentia. sicut patet in corporibus caelestibus, quorum esse substantiale est intransmutabile; tamen esse intransmutabile habent cum transmutabilitate secundum locum. et similiter patet de angelis, quod habent esse intransmutabile cum transmutabilitate secundum electionem, quantum ad eorum naturam pertinet; et cum transmutabilitate intelligentiarum et affectionum, et locorum suo modo. et ideo huiusmodi mensurantur aevo, quod est medium inter aeternitatem et tempus. esse autem quod mensurat aeternitas, nec est mutabile, nec mutabilitati adiunctum. sic ergo tempus habet prius et posterius, aevum autem non habet |50| in se prius et posterius, sed ei coniungi possunt, aeternitas autem non habet prius neque posterius, neque ea compatitur.
ra1 ' Ad primum ergo dicendum quod creaturae spirituales, quantum ad affectiones et intelligentias, in quibus est successio, mensurantur tempore. * unde et augustinus ibidem dicit quod " per tempus moveri, est per affectiones moveri. ' quantum vero ad eorum esse naturale, mensurantur aevo. sed quantum ad visionem gloriae, participant aeternitatem.
ra2 ' Ad secundum dicendum quod aevum est totum simul, non tamen est aeternitas, quia compatitur secum prius et posterius.
ra3 ' Ad tertium dicendum quod in ipso esse angeli in se considerato, non est differentia praeteriti et futuri, sed solum secundum adiunctas mutationes. sed quod dicimus angelum esse vel fuisse vel futurum esse, differt secundum acceptionem intellectus nostri, qui accipit esse angeli per comparationem ad diversas partes temporis. et cum dicit angelum esse vel fuisse, supponit aliquid cum quo eius oppositum non subditur divinae potentiae, cum vero dicit futurum esse, nondum supponit aliquid. unde, cum esse et non esse angeli subsit divinae potentiae, absolute considerando, potest deus facere quod esse angeli non sit futurum, tamen non potest facere quod non sit dum est, vel quod non fuerit postquam fuit.
ra4 ' Ad quartum dicendum quod duratio aevi est infinita, quia non finitur tempore. sic autem esse aliquod creatum infinitum, quod non finiatur quodam alio, non est inconveniens.

007 ST1 qu10 ar6

ag1 ' Ad sextum sic proceditur. videtur quod non sit tantum unum aevum. * dicitur enim in apocryphis esdrae, ° maiestas et potestas aevorum est apud te, domine.
ag2 ' Praeterea, diversorum generum diversae sunt mensurae. sed quaedam aeviterna sunt in genere corporalium, scilicet corpora caelestia, quaedam vero sunt spirituales substantiae, scilicet angeli. non ergo est unum aevum tantum.
ag3 ' Praeterea, cum aevum sit nomen durationis, quorum est unum aevum, est una duratio. sed non omnium aeviternorum est una duratio, quia quaedam post alia esse incipiunt, ut maxime patet in animabus humanis. non est ergo unum aevum tantum.
ag4 ' Praeterea, ea quae non dependent ab invicem, non videntur habere unam mensuram durationis, propter hoc enim omnium temporalium videtur esse unum tempus, quia omnium motuum quodammodo causa est primus motus, qui prius tempore mensuratur. sed aeviterna non dependent ab invicem, quia unus angelus non est causa alterius. non ergo est unum aevum tantum.
sc ' Sed contra, aevum est simplicius tempore, et propinquius se habens ad aeternitatem. sed tempus est unum tantum. ergo multo magis aevum.
co * Respondeo dicendum quod circa hoc est duplex opinio, quidam enim dicunt quod est unum aevum tantum; quidam quod multa. ' quid autem horum verius sit, oportet considerare ex causa unitatis temporis, in cognitionem enim spiritualium per corporalia devenimus. * dicunt autem quidam " esse unum tempus omnium temporalium, propter hoc quod est unus numerus omnium numeratorum, cum tempus sit numerus, * secundum philosophum. ' sed hoc non sufficit, quia tempus non est numerus ut abstractus extra numeratum, sed ut in numerato existens, alioquin non esset continuus; quia decem ulnae panni continuitatem habent, non ex numero, sed ex numerato. numerus autem in numerato existens non est idem omnium, sed diversus diversorum. * unde alii assignant " causam unitatis temporis ex unitate aeternitatis, quae est principium omnis durationis. et sic, omnes durationes sunt unum, si consideretur earum principium, sunt vero multae, si consideretur diversitas eorum quae recipiunt durationem ex influxu primi principii. * alii vero assignant " causam unitatis temporis ex parte materiae primae, quae est primum subiectum motus, |25| cuius mensura est tempus. ' sed neutra assignatio sufficiens videtur, quia ea quae sunt unum principio vel subiecto, et maxime remoto, non sunt unum simpliciter sed secundum quid. est ergo ratio unitatis temporis, unitas primi motus, secundum quem, cum sit simplicissimus, omnes alii mensurantur, * ut dicitur in x metaphys.. ' sic ergo tempus ad illum motum comparatur non solum ut mensura ad mensuratum, sed etiam ut accidens ad subiectum; et sic ab eo recipit unitatem. ad alios autem motus comparatur solum ut mensura ad mensuratum. unde secundum eorum multitudinem non multiplicatur, quia una mensura separata multa mensurari possunt. * hoc igitur habito, sciendum quod de substantiis spiritualibus duplex fuit opinio. quidam enim dixerunt quod " omnes processerunt a deo in quadam aequalitate, * ut origenes dixit; " vel etiam multae earum, * ut quidam posuerunt. alii vero dixerunt quod " omnes substantiae spirituales processerunt a deo quodam gradu et ordine * et hoc videtur sentire dionysius, qui dicit, cap. x cael. hier., " quod inter substantias spirituales |50| sunt primae, mediae et ultimae, etiam in uno ordine angelorum. secundum igitur primam opinionem, necesse est dicere quod sunt plura aeva, secundum quod sunt plura aeviterna prima aequalia. secundum autem secundam opinionem, oportet dicere quod sit unum aevum tantum, quia, cum unumquodque mensuretur simplicissimo sui generis, * ut dicitur in x metaphys., " oportet quod esse omnium aeviternorum mensuretur esse primi aeviterni, quod tanto est simplicius, quanto prius. ' et quia secunda opinio verior est, * ut infra ostendetur, ' concedimus ad praesens unum esse aevum tantum.
ra1 ' Ad primum ergo dicendum quod aevum aliquando accipitur pro saeculo, quod est periodus durationis alicuius rei, et sic dicuntur multa aeva, sicut multa saecula.
ra2 ' Ad secundum dicendum quod, licet corpora caelestia et spiritualia differant in genere naturae, tamen conveniunt in hoc, quod habent esse intransmutabile. et sic mensurantur aevo.
ra3 ' Ad tertium dicendum quod nec omnia temporalia simul incipiunt, et tamen omnium est unum tempus, propter primum quod mensuratur tempore. et sic omnia aeviterna habent unum aevum propter primum, etiam si non omnia simul incipiant.
ra4 ' Ad quartum dicendum quod ad hoc quod aliqua mensurentur per aliquod unum, non requiritur quod illud unum sit causa omnium eorum; sed quod sit simplicius.

007 ST1 qu11 ar

pr ' Post praemissa, considerandum est de divina unitate. et circa hoc quaeruntur quatuor. primo, utrum unum addat aliquid supra ens. secundo, utrum opponantur unum et multa. tertio, utrum deus sit unus. quarto, utrum sit maxime unus.

007 ST1 qu11 ar1

ag1 ' Ad primum sic proceditur. videtur quod unum addat aliquid supra ens. omne enim quod est in aliquo genere determinato, se habet ex additione ad ens, quod circuit omnia genera. sed unum est in genere determinato, est enim principium numeri, qui est species quantitatis. ergo unum addit aliquid supra ens.
ag2 ' Praeterea, quod dividit aliquod commune, se habet ex additione ad illud. sed ens dividitur per unum et multa. ergo unum addit aliquid supra ens.
ag3 ' Praeterea, si unum non addit supra ens, idem esset dicere unum et ens. sed nugatorie dicitur ens ens. ergo nugatio esset dicere ens unum, quod falsum est. addit igitur unum supra ens.
sc * Sed contra est quod dicit dionysius, ult. cap. de div. nom., ° nihil est existentium non participans uno, ' quod non esset, si unum adderet supra ens quod contraheret ipsum. ergo unum non habet se ex additione ad ens.
co ' Respondeo dicendum quod unum non addit supra ens rem aliquam, sed tantum negationem divisionis, unum enim nihil aliud significat quam ens indivisum. et ex hoc ipso apparet quod unum convertitur cum ente. nam omne ens aut est simplex, aut compositum. quod autem est simplex, est indivisum et actu et potentia. quod autem est compositum, non habet esse quandiu partes eius sunt divisae, sed postquam constituunt et componunt ipsum compositum. unde manifestum est quod esse cuiuslibet rei consistit in indivisione. et inde est quod unumquodque, sicut custodit suum esse, ita custodit suam unitatem.
ra1 * Ad primum igitur dicendum quod quidam, " putantes idem esse unum quod convertitur cum ente, et quod est principium numeri, divisi sunt in contrarias positiones. * pythagoras enim et plato, videntes quod " unum quod convertitur cum ente, non addit aliquam rem supra ens, sed significat substantiam entis prout est indivisa, existimaverunt sic se habere de uno quod est principium numeri. et quia numerus componitur ex unitatibus, crediderunt quod numeri essent substantiae omnium rerum. * e contrario autem avicenna, considerans quod " unum quod est principium numeri, addit aliquam rem supra substantiam entis (alias numerus ex unitatibus compositus non esset species quantitatis), credidit quod unum quod convertitur cum ente, addat rem aliquam supra substantiam entis, sicut album supra hominem. ' sed hoc manifeste falsum est, quia quaelibet res est una per suam substantiam. si enim per aliquid aliud esset una quaelibet res, cum illud iterum sit unum, si esset iterum unum per aliquid aliud, esset abire in infinitum. unde standum est in primo. sic igitur dicendum est quod unum quod convertitur cum ente, non addit aliquam rem supra ens, sed unum quod est principium numeri, addit aliquid supra ens, ad genus quantitatis pertinens.
ra2 ' Ad secundum dicendum quod nihil prohibet id quod est uno modo divisum, esse alio modo indivisum; sicut quod est divisum numero, est indivisum secundum speciem, et sic contingit aliquid esse uno modo unum, alio modo multa. sed tamen si sit indivisum simpliciter; vel quia est indivisum secundum id quod pertinet ad essentiam rei, licet sit divisum quantum ad ea quae sunt extra essentiam rei, sicut quod est unum subiecto et multa secundum accidentia; vel quia est indivisum in actu, et divisum in potentia, sicut quod est unum toto et multa secundum partes, huiusmodi erit unum simpliciter, et multa secundum quid. si vero aliquid e converso sit indivisum secundum quid, et divisum simpliciter; utpote quia est divisum secundum essentiam, et indivisum secundum rationem, vel secundum principium sive causam, erit multa simpliciter, et unum secundum quid; ut quae sunt multa numero et unum specie, vel unum principio. sic igitur ens dividitur per unum et multa, quasi per unum simpliciter, et multa secundum quid. nam et ipsa multitudo non contineretur sub ente, nisi contineretur aliquo modo sub uno. * dicit enim dionysius, ult. cap. de div. nom., quod ° non est multitudo non participans uno, sed quae sunt multa partibus, sunt unum toto; et quae sunt multa accidentibus, sunt unum subiecto; et quae sunt multa numero, sunt unum specie; et quae sunt speciebus multa, sunt unum genere; et quae sunt multa processibus, sunt unum principio.
ra3 ' Ad tertium dicendum quod ideo non est nugatio cum dicitur ens unum, quia unum addit aliquid secundum rationem supra ens.

007 ST1 qu11 ar2

ag1 ' Ad secundum sic proceditur. videtur quod unum et multa non opponantur. nullum enim oppositum praedicatur de suo opposito. sed omnis multitudo est quodammodo unum, * ut ex praedictis patet. ' ergo unum non opponitur multitudini.
ag2 ' Praeterea, nullum oppositum constituitur ex suo opposito. sed unum constituit multitudinem. ergo non opponitur multitudini.
ag3 ' Praeterea, unum uni est oppositum. sed multo opponitur paucum. ergo non opponitur ei unum.
ag4 ' Praeterea, si unum opponitur multitudini, opponitur ei sicut indivisum diviso, et sic opponetur ei ut privatio habitui. hoc autem videtur inconveniens, quia sequeretur quod unum sit posterius multitudine, et definiatur per eam; cum tamen multitudo definiatur per unum. unde erit circulus in definitione, quod est inconveniens. non ergo unum et multa sunt opposita.
sc ' Sed contra, quorum rationes sunt oppositae, ipsa sunt opposita. sed ratio unius consistit in indivisibilitate, ratio vero multitudinis divisionem continet. ergo unum et multa sunt opposita.
co ' Respondeo dicendum quod unum opponitur multis, sed diversimode. nam unum quod est principium numeri, opponitur multitudini quae est numerus, ut mensura mensurato, unum enim habet rationem pri-

mae mensurae, et numerus est multitudo mensurata per unum, * ut patet ex x metaphys.. ‘ unum vero quod convertitur cum ente, opponitur multitudini per modum privationis, ut indivisum diviso.

ra1 ‘ Ad primum ergo dicendum quod nulla privatio tollit totaliter esse, “ quia privatio est negatio in subiecto, * secundum philosophum. ‘ sed tamen omnis privatio tollit aliquod esse. et ideo in ente, ratione suae communitatis, accidit quod privatio entis fundatur in ente, quod non accidit in privationibus formarum specialium, ut visus vel albedinis, vel alicuius huiusmodi. et sicut est de ente, ita est de uno et bono, quae convertuntur cum ente, nam privatio boni fundatur in aliquo bono, et similiter remotio unitatis fundatur in aliquo uno. et exinde contingit quod multitudo est quoddam unum, et malum est quoddam bonum, et non ens est quoddam ens. non tamen oppositum praedicatur de opposito, quia alterum horum est simpliciter, et alterum secundum quid. quod enim secundum quid est ens, ut in potentia, est non ens simpliciter, idest actu, vel quod est ens simpliciter in genere substantiae, est non ens secundum quid, quantum ad aliquod esse accidentale. similiter ergo quod est bonum secundum quid, est malum simpliciter; vel e converso. et similiter quod est unum simpliciter, est multa secundum quid; et e converso.

ra2 ‘ Ad secundum dicendum quod duplex est totum, quoddam homogeneum, quod componitur ex similibus partibus; quoddam vero heterogeneum, quod componitur ex dissimilibus partibus. in quolibet autem toto homogeneo, totum constituitur ex partibus habentibus formam totius, sicut quaelibet pars aquae est aqua, et talis est constitutio continui ex suis partibus. in quolibet autem toto heterogeneo, quaelibet pars caret forma totius, nulla enim pars domus est domus, nec aliqua pars hominis est homo. et tale totum est multitudo. inquantum ergo pars eius non habet formam multitudinis, componitur multitudo ex unitatibus, sicut domus ex non domibus, non quod unitates constituant multitudinem secundum id quod habent de ratione indivisionis, prout opponuntur multitudini; sed secundum hoc quod habent de entitate, sicut et partes domus constituunt domum per hoc quod sunt quaedam corpora, non per hoc quod sunt non domus.

ra3 ‘ Ad tertium dicendum quod multum accipitur dupliciter. uno modo, absolute, et sic opponitur uni. alio modo, secundum quod importat excessum quendam, et sic opponitur pauco. unde primo modo duo sunt multa; non autem secundo.

ra4 ‘ Ad quartum dicendum quod unum opponitur privative multis, inquantum in ratione multorum est quod sint divisa. unde oportet quod divisio sit prius unitate, non simpliciter, sed secundum rationem nostrae apprehensionis. apprehendimus enim simplicia per composita, unde definimus punctum, cuius pars non est, vel principium lineae. sed multitudo, etiam secundum rationem, consequenter se habet ad unum, quia divisa non intelligimus habere rationem multitudinis, nisi per hoc quod utrique divisorum attribuimus unitatem. unde unum ponitur in definitione multitudinis, non autem multitudo in definitione unius. sed divisio cadit in intellectu ex ipsa negatione entis. ita quod primo cadit in intellectu ens; secundo, quod hoc ens non est illud ens, et sic secundo apprehendimus divisionem; tertio, unum; quarto, multitudinem.

007 ST1 qu11 ar3

ag1 ‘ Ad tertium sic proceditur. videtur quod deus non sit unus. * dicitur enim i ad cor. viii, ° siquidem sunt dii multi et domini multi.

ag2 ‘ Praeterea, unum quod est principium numeri, non potest praedicari de deo, cum nulla quantitas de deo praedicetur. similiter nec unum quod convertitur cum ente, quia importat privationem, et omnis privatio imperfectio est, quae deo non competit. non est igitur dicendum quod deus sit unus.

sc * Sed contra est quod dicitur deut. vi, ° audi, israel, dominus deus tuus unus est.

co ‘ Respondeo dicendum quod deum esse unum, ex tribus demonstratur. primo quidem ex eius simplicitate. manifestum est enim quod illud unde aliquod singulare est hoc aliquid, nullo modo est multis communicabile. illud enim unde socrates est homo, multis communicari potest, sed id unde est hic homo, non potest communicari nisi uni tantum. si ergo socrates per id esset homo, per quod est hic homo, sicut non possunt esse plures socrates, ita non possent esse plures homines. hoc autem convenit deo, nam ipse deus est sua natura, * ut supra ostensum est. ‘ secundum igitur idem est deus, et hic deus. impossibile est igitur esse plures deos. secundo vero, ex infinitate eius perfectionis. * ostensum est enim supra quod ‘ deus comprehendit in se totam perfectionem essendi. si ergo essent plures dii, oporteret eos differre. aliquid ergo conveniret uni, quod non alteri. et si hoc esset privatio, non esset simpliciter perfectus, si autem hoc esset perfectio, alteri eorum deesset. impossibile est ergo esse plures deos. * unde et antiqui philosophi, quasi ab ipsa coacti veritate, “ ponentes principium infinitum, posuerunt unum tantum principium. ‘ tertio, ab unitate mundi. omnia enim quae sunt, inveniuntur esse ordinata ad invicem, dum quaedam quibusdam deserviunt. quae |25| autem diversa sunt, in unum ordinem non convenirent, nisi ab aliquo uno ordinarentur. melius enim multa reducuntur in unum ordinem per unum, quam per multa, quia per se unius unum est causa, et multa non sunt causa unius nisi per accidens, inquantum scilicet sunt aliquo modo unum. cum igitur illud quod est primum, sit perfectissimum et per se, non per accidens, oportet quod primum reducens omnia in unum ordinem, sit unum tantum. et hoc est deus.

ra1 ‘ Ad primum ergo dicendum quod dicuntur dii multi * secundum errorem quorundam qui multos deos colebant, existimantes “ planetas et alias stellas esse deos, vel etiam singulas partes mundi. * unde subdit, ° nobis autem unus deus, etc..

ra2 ‘ Ad secundum dicendum quod unum secundum quod est principium numeri, non praedicatur de deo; sed solum de his quae habent esse in materia. unum enim quod est principium numeri, est de genere mathematicorum; quae habent esse in materia, sed sunt secundum rationem a materia abstracta. unum vero quod convertitur cum ente, est quoddam metaphysicum, quod secundum esse non dependet a materia. et licet in deo non sit aliqua privatio, tamen, secundum modum apprehensionis nostrae, non cognoscitur a nobis nisi per modum privationis et remotionis. et sic nihil prohibet aliqua privative dicta de deo praedicari; sicut quod est incorporeus, infinitus. et similiter de deo dicitur quod sit unus.

007 ST1 qu11 ar4

ag1 ‘ Ad quartum sic proceditur. videtur quod deus non sit maxime unus. unum enim dicitur secundum privationem divisionis. sed privatio non recipit magis et minus. ergo deus non dicitur magis unus quam alia quae sunt unum.

ag2 ‘ Praeterea, nihil videtur esse magis indivisibile quam id quod est indivisibile actu et potentia, cuiusmodi est punctus et unitas. sed intantum dicitur aliquid magis unum, inquantum est indivisibile. ergo deus non est magis unum quam unitas et punctus.

ag3 ‘ Praeterea, quod est per essentiam bonum, est maxime bonum, ergo quod est per essentiam suam unum, est maxime unum. sed omne ens est unum per suam essentiam, * ut patet per philosophum in iv metaphys.. ‘ ergo omne ens est maxime unum. deus igitur non est magis unum quam alia entia.

sc * Sed contra est quod dicit bernardus, quod ° inter omnia quae unum dicuntur, arcem tenet unitas divinae trinitatis.

co ‘ Respondeo dicendum quod, cum unum sit ens indivisum, ad hoc quod aliquid sit maxime unum, oportet quod sit et maxime ens et maxime indivisum. utrumque autem competit deo. est enim maxime ens, inquantum est non habens aliquod esse determinatum per aliquam naturam cui adveniat, sed est ipsum esse subsistens, omnibus modis indeterminatum. est autem maxime indivisum, inquantum neque dividitur actu neque potentia, secundum quemcunque modum divisionis, cum sit omnibus modis simplex, * ut supra ostensum est. ‘ unde manifestum est quod deus est maxime unus.

ra1 ‘ Ad primum ergo dicendum quod, licet privatio secundum se non recipiat magis et minus, tamen secundum quod eius oppositum recipit magis et minus, etiam ipsa privativa dicuntur secundum magis et minus. secundum igitur quod aliquid est magis divisum vel divisibile, vel minus, vel nullo modo, secundum hoc aliquid dicitur magis et minus vel maxime unum.

ra2 ‘ Ad secundum dicendum quod punctus et unitas quae est principium numeri, non sunt maxime entia, cum non habeant esse nisi in subiecto aliquo. unde neutrum eorum est maxime unum. sicut enim subiectum non est maxime unum, propter diversitatem accidentis et subiecti, ita nec accidens.

ra3 ‘ Ad tertium dicendum quod, licet omne ens sit unum per suam substantiam, non tamen se habet aequaliter substantia cuiuslibet ad causandam unitatem, quia substantia quorundam est ex multis composita, quorundam vero non.

007 ST1 qu12 ar

pr ‘ Quia in superioribus consideravimus qualiter deus sit secundum seipsum, restat considerandum qualiter sit in cognitione nostra, idest quomodo cognoscatur a creaturis. et circa hoc quaeruntur tredecim. primo, utrum aliquis intellectus creatus possit videre essentiam dei. secundo, utrum dei essentia videatur ab intellectu per aliquam speciem creatam. tertio, utrum oculo corporeo dei essentia possit videri. quarto, utrum aliqua substantia intellectualis creata ex suis naturalibus sufficiens sit videre dei essentiam. quinto, utrum intellectus creatus ad videndam dei essentiam indigeat aliquo lumine creato. sexto, utrum videntium essentiam dei unus alio perfectius videat. septimo, utrum aliquis intellectus creatus possit comprehendere dei essentiam. octavo, utrum intellectus creatus videns dei essentiam, omnia in ipsa cognoscat. nono, utrum ea quae ibi cognoscit, per aliquas similitudines cognoscat. decimo, utrum simul cognoscat omnia quae in deo videt. undecimo, utrum in statu huius vitae possit aliquis homo essentiam dei videre. duodecimo, utrum per rationem naturalem deum in hac vita possimus cognoscere. tertiodecimo, utrum, supra cognitionem naturalis rationis, sit in praesenti vita aliqua cognitio dei per gratiam.

007 ST1 qu12 ar1

ag1 ‘ Ad primum sic proceditur. videtur quod nullus intellectus creatus possit deum per essentiam videre. * chrysostomus enim, super ioannem, exponens illud quod dicitur ioan. i, ° deum nemo vidit unquam, * sic dicit, ° ipsum quod est deus, non solum prophetae, sed nec angeli viderunt nec archangeli, quod enim creabilis est naturae, qualiter videre poterit quod increabile est? * dionysius etiam, i cap. de div. nom., loquens de deo, dicit, ° neque sensus est eius, neque phantasia, neque opinio, nec ratio, nec scientia.

ag2 ‘ Praeterea, omne infinitum, inquantum huiusmodi, est ignotum. sed deus est infinitus, * ut supra ostensum est. ‘ ergo secundum se est ignotus.

ag3 ‘ Praeterea, intellectus creatus non est cognoscitivus nisi existentium, primum enim quod cadit in apprehensione intellectus, est ens. “ sed deus non est existens, sed supra existentia. * ut dicit dionysius. ‘ ergo non est intelligibilis; sed est supra omnem intellectum.

ag4 ‘ Praeterea, cognoscentis ad cognitum oportet esse aliquam proportionem, cum cognitum sit perfectio cognoscentis. sed nulla est proportio intellectus creati ad deum, quia in infinitum distant. ergo intellectus creatus non potest videre essentiam dei.

sc * Sed contra est quod dicitur i ioan. iii, ° videbimus eum sicuti est.

co ‘ Respondeo dicendum quod, cum unumquodque sit cognoscibile secundum quod est in actu, deus, qui est actus purus absque omni permixtione potentiae, quantum in se est, maxime cognoscibilis est. sed quod est maxime cognoscibile in se, alicui intellectui cognoscibile non est, propter excessum intelligibilis supra intellectum, sicut sol, qui est maxime visibilis, videri non potest a vespertilione, propter excessum luminis. * hoc igitur attendentes, quidam posuerunt “ quod nullus intellectus creatus essentiam dei videre potest. ‘ sed hoc inconveniens dicitur. cum enim ultima hominis beatitudo in altissima eius operatione consistat, quae est operatio intellectus, si nunquam essentiam dei videre potest intellectus creatus, vel nunquam beatitudinem obtinebit, vel in alio eius beatitudo consistet quam in deo. quod est alienum a fide. in ipso enim est ultima perfectio rationalis creaturae, quia est ei principium essendi, intantum enim unumquodque perfectum est, inquantum ad suum principium attingit. similiter etiam est praeter rationem. inest enim homini naturale desiderium cognoscendi causam, cum intuetur effectum; et ex hoc admiratio in hominibus consurgit. si igitur intellectus rationalis creaturae pertingere non possit ad primam causam rerum, remanebit inane desiderium naturae. unde simpliciter concedendum est quod beati dei essentiam videant.

ra1 * Ad primum ergo dicendum quod utraque auctoritas loquitur de visione comprehensionis. unde praemittit dionysius immediate ante verba proposita, dicens, ° omnibus ipse est universaliter incomprehensibilis, et nec sensus est, * etc.. et chrysostomus parum post verba praedicta subdit, ° visionem hic dicit certissimam patris considerationem et comprehensionem, tantam quantam pater habet de filio.

ra2 ‘ Ad secundum dicendum quod infinitum quod se tenet ex parte materiae non perfectae per formam, ignotum est secundum se, quia omnis cognitio est per formam. sed infinitum quod se tenet ex parte formae non limitatae per materiam, est secundum se maxime notum. sic autem deus est infinitus, et non primo modo, * ut ex superioribus patet.

ra3 ‘ Ad tertium dicendum quod deus non sic dicitur non existens, quasi nullo modo sit existens, sed quia est supra omne existens, inquantum est suum esse. unde ex hoc non sequitur quod nullo modo possit cognosci, sed quod omnem cognitionem excedat, quod est ipsum non comprehendi.

ra4 ‘ Ad quartum dicendum quod proportio dicitur dupliciter. uno modo, certa habitudo unius quantitatis ad alteram; secundum quod duplum, triplum et aequale sunt species proportionis. alio modo, quaelibet habitudo unius ad alterum proportio dicitur. et sic potest esse proportio creaturae ad deum, inquantum se habet ad ipsum ut effectus ad causam, et ut potentia ad actum. et secundum hoc, intellectus creatus proportionatus esse potest ad cognoscendum deum.

007 ST1 qu12 ar2

ag1 ‘ Ad secundum sic proceditur. videtur quod essentia dei ab intellectu creato per aliquam similitudinem videatur. * dicitur enim i ioan. iii, ° scimus quoniam, cum apparuerit, similes ei erimus, et videbimus eum sicuti est.

ag2 * Praeterea, augustinus dicit, ix de trin., ° cum deum novimus, fit aliqua dei similitudo in nobis.

ag3 ‘ Praeterea, intellectus in actu est intelligibile in actu, sicut sensus in actu est sensibile in actu. hoc autem non est nisi inquantum informatur sensus similitudine rei sensibilis, et intellectus similitudine rei intellectae. ergo, si deus ab intellectu creato videtur in actu, oportet quod per aliquam similitudinem videatur.

sc ‘ Sed contra est quod * dicit augustinus, xv de trin., quod cum apostolus dicit ° videmus nunc per speculum et in aenigmate, speculi et aenigmatis nomine, quaecumque similitudines ab ipso significatae intelligi possunt, quae accommodatae sunt ad intelligendum deum. ‘ sed videre deum per essentiam non est visio aenigmatica vel specularis, sed contra eam dividitur. ergo divina essentia non videtur per similitudines.

co ‘ Respondeo dicendum quod ad visionem, tam sensibilem quam intellectualem, duo requiruntur, scilicet virtus visiva, et unio rei visae cum visu, non enim fit visio in actu, nisi per hoc quod res visa quodammodo est in vidente. et in rebus quidem corporalibus, apparet quod res visa non potest esse in vidente per suam essentiam, sed solum per suam similitudinem, sicut similitudo lapidis est in oculo, per quam fit visio in actu, non autem ipsa substantia lapidis. si autem esset una et eadem res, quae esset principium visivae virtutis, et quae esset res visa, oporteret videntem ab illa re et virtutem visivam habere, et formam per quam videret. manifestum est autem quod deus et est auctor intellectivae virtutis, et ab intellectu videri potest. et cum ipsa intellectiva virtus creaturae non sit dei essentia, relinquitur quod sit aliqua participata similitudo ipsius, qui est primus intellectus. unde et virtus intellectualis creaturae lumen quoddam intelligibile dicitur, quasi a prima luce derivatum, sive hoc intelligatur de virtute naturali, sive de aliqua perfectione superaddita gratiae vel gloriae. requiritur ergo ad videndum deum aliqua dei similitudo ex parte visivae potentiae, qua scilicet intellectus sit efficax ad videndum deum. sed ex parte visae rei, quam necesse est aliquo modo uniri videnti per nullam similitudinem creatam dei essentia videri potest. |25| * primo quidem, quia, sicut dicit dionysius, i cap. de div. nom., ‘ per similitudines inferioris ordinis rerum nullo modo superiora possunt cognosci, sicut per speciem corporis non potest cognosci essentia rei incorporeae. multo igitur minus per speciem creatam quamcumque potest essentia dei videri. secundo, quia essentia dei est ipsum esse eius, * ut supra ostensum est, ‘ quod nulli formae creatae competere potest. non potest igitur aliqua forma creata esse similitudo repraesentans videnti dei essentiam. tertio, quia divina essentia est aliquod incircumscriptum, continens in se supereminenter quidquid potest significari vel intelligi ab intellectu creato. et hoc nullo modo per aliquam speciem creatam repraesentari potest, quia omnis forma creata est determinata secundum aliquam rationem vel sapientiae, vel virtutis, vel ipsius esse, vel alicuius huiusmodi. unde dicere deum per similitudinem videri, est dicere divinam essentiam non videri, quod est erroneum. dicendum ergo quod ad videndum dei essentiam requiritur aliqua similitudo ex parte visivae potentiae, scilicet lumen gloriae, confortans intellectum ad videndum deum, * de quo dicitur in psalmo, ° in lumine tuo videbimus lumen. ‘ non autem per aliquam similitudinem creatam dei essentia videri potest, quae ipsam divinam essentiam repraesentet ut in se est.

ra1 * Ad primum ergo dicendum quod auctoritas illa loquitur ‘ de similitudine quae est per participationem luminis gloriae.

ra2 * Ad secundum dicendum quod augustinus ibi loquitur ‘ de cognitione dei quae habetur in via.

ra3 ‘ Ad tertium dicendum quod divina essentia est ipsum esse. unde, sicut aliae formae intelligibiles quae non sunt suum esse, uniuntur intellectui secundum aliquod esse quo informant ipsum intellectum et faciunt ipsum in actu; ita divina essentia unitur intellectui creato ut intellectum in actu, per seipsam faciens intellectum in actu.

007 ST1 qu12 ar3

ag1 ‘ Ad tertium sic proceditur. videtur quod essentia dei videri possit oculo corporali. * dicitur enim iob xix, ° in carne mea videbo deum, etc.; * et xlii, ° auditu auris audivi te, nunc autem oculus meus videt te.

ag2 * Praeterea, augustinus dicit, ultimo de civitate dei, cap. xxix, ° vis itaque praepollentior oculorum erit illorum “ (scilicet glorificatorum), ° non ut acutius videant quam quidam perhibentur videre serpentes vel aquilae (quantalibet enim acrimonia cernendi eadem animalia vigeant, nihil aliud possunt videre quam corpora), sed ut videant et incorporalia. ‘ quicumque autem potest videre incorporalia, potest elevari ad videndum deum. ergo oculus glorificatus potest videre deum.

ag3 ‘ Praeterea, deus potest videri ab homine visione imaginaria, * dicitur enim isaiae vi, ° vidi dominum sedentem super solium, etc.. ‘ sed visio imaginaria a sensu originem habet, ° phantasia enim est motus factus a sensu secundum actum, * ut dicitur in iii de anima. ‘ ergo deus sensibili visione videri potest.

sc ‘ Sed contra est quod * dicit augustinus, in libro de videndo deum ad paulinam, ° deum nemo vidit unquam, vel in hac vita, sicut ipse est; vel in angelorum vita, sicut visibilia ista quae corporali visione cernuntur.

co ‘ Respondeo dicendum quod impossibile est deum videri sensu visus, vel quocumque alio sensu aut potentia sensitivae partis. omnis enim potentia huiusmodi est actus corporalis organi, * ut infra dicetur. ‘ actus autem proportionatur ei cuius est actus. unde nulla huiusmodi potentia potest se extendere ultra corporalia. deus autem incorporeus est, * ut supra ostensum est. ‘ unde nec sensu nec imaginatione videri potest, sed solo intellectu.

ra1 * Ad primum ergo dicendum quod, cum dicitur ° in carne mea videbo deum, salvatorem meum, ‘ non intelligitur quod oculo carnis sit deum visurus, sed quod in carne existens, post resurrectionem, visurus sit deum. * similiter quod dicitur, ° nunc oculus meus videt te, ‘ intelligitur de oculo mentis, * sicut ephes. i dicit apostolus, ° det vobis spiritum sapientiae in agnitione eius, illuminatos oculos cordis vestri.

ra2 * Ad secundum dicendum quod augustinus loquitur inquirendo “ in verbis illis, et sub conditione. quod patet ex hoc quod praemittitur, longe itaque potentiae alterius erunt (scilicet oculi glorificati), si per eos videbitur incorporea illa natura. * sed postmodum hoc determinat, dicens, ° valde credibile est sic nos visuros mundana tunc corpora caeli novi et terrae novae, ut deum ubique praesentem, et universa etiam corporalia gubernantem, clarissima perspicuitate videamus; non sicut nunc invisibilia dei per ea quae facta sunt intellecta conspiciuntur; sed sicut homines, inter quos viventes motusque vitales exerentes vivimus, mox ut aspicimus, non credimus vivere, sed videmus. “ ex quo patet quod hoc modo intelligit oculos glorificatos deum visuros, sicut nunc oculi nostri vident alicuius vitam. ‘ vita autem non videtur oculo corporali, sicut per se visibile, sed sicut sensibile per accidens, quod quidem a sensu non cognoscitur, sed statim cum sensu ab aliqua alia virtute cognoscitiva. quod autem statim, visis corporibus, divina praesentia ex eis cognoscatur per intellectum, ex duobus contingit, scilicet ex perspicacitate intellectus; et ex refulgentia divinae claritatis in corporibus innovatis.

ra3 ‘ Ad tertium dicendum quod in visione imaginaria non videtur dei essentia, sed aliqua forma in imaginatione formatur, repraesentans deum secundum aliquem modum similitudinis, prout in scripturis divinis divina per res sensibiles metaphorice describuntur.

007 ST1 qu12 ar4

ag1 ‘ Ad quartum sic proceditur. videtur quod aliquis intellectus creatus per sua naturalia divinam essentiam videre possit. * dicit enim dionysius, cap. iv de div. nom., “ quod angelus est speculum purum, clarissimum, ° suscipiens totam, si fas est dicere, pulchritudinem dei. ‘ sed unumquodque videtur dum videtur eius speculum. cum igitur angelus per sua naturalia intelligat seipsum, videtur quod etiam per sua naturalia intelligat divinam essentiam.

ag2 ‘ Praeterea, illud quod est maxime visibile, fit minus visibile nobis propter defectum nostri visus, vel corporalis vel intellectualis. sed intellectus angeli non patitur aliquem defectum. cum ergo deus secundum se sit maxime intelligibilis, videtur quod ab angelo sit maxime intelligibilis. si igitur alia intelligibilia per sua naturalia intelligere potest, multo magis deum.

ag3 ‘ Praeterea, sensus corporeus non potest elevari ad intelligendam substantiam incorpoream, quia est supra eius naturam. si igitur videre deum per essentiam sit supra naturam cuiuslibet intellectus creati, videtur quod nullus intellectus creatus ad videndum dei essentiam pertingere possit, quod est erroneum, * ut ex supradictis patet. ‘ videtur ergo quod intellectui creato sit naturale divinam essentiam videre.

sc * Sed contra est quod dicitur rom. vi, ° gratia dei vita aeterna. ‘ sed vita aeterna consistit in visione divinae essentiae, * secundum illud ioan. xvii, ° haec est vita aeterna, ut cognoscant te solum verum deum, etc.. ‘ ergo videre dei essentiam convenit intellectui creato per gratiam, et non per naturam.

co ‘ Respondeo dicendum quod impossibile est quod aliquis intellectus creatus per sua naturalia essentiam dei videat. cognitio enim contingit secundum quod cognitum est in cognoscente. cognitum autem est in cognoscente secundum modum cognoscentis. unde cuiuslibet cognoscentis cognitio est secundum modum suae naturae. si igitur modus essendi alicuius rei cognitae excedat modum naturae cognoscentis, oportet quod cognitio illius rei sit supra naturam illius cognoscentis. est autem multiplex modus essendi rerum. quaedam enim sunt, quorum natura non habet esse nisi in hac materia individuali, et huiusmodi sunt omnia corporalia. quaedam vero sunt, quorum naturae sunt per se subsistentes, non in materia aliqua, quae tamen non sunt suum esse, sed sunt esse habentes, et huiusmodi sunt substantiae incorporeae, quas angelos dicimus. solius autem dei proprius modus essendi est, ut sit suum esse subsistens. ea igitur quae non habent esse nisi in materia individuali, cognoscere est nobis connaturale, eo quod anima nostra, per quam cognoscimus, est forma alicuius materiae. quae tamen habet duas virtutes cognoscitivas. unam, quae est actus alicuius corporei organi. et huic connaturale est cognoscere res secundum quod sunt in materia individuali, unde sensus non cognoscit nisi singularia. alia vero virtus cognoscitiva eius est intellectus, qui non est actus alicuius organi corporalis. |25| unde per intellectum connaturale est nobis cognoscere naturas, quae quidem non habent esse nisi in materia individuali; non tamen secundum quod sunt in materia individuali, sed secundum quod abstrahuntur ab ea per considerationem intellectus. unde secundum intellectum possumus cognoscere huiusmodi res in universali, quod est supra facultatem sensus. intellectui autem angelico connaturale est cognoscere naturas non in materia existentes. quod est supra naturalem facultatem intellectus animae humanae, secundum statum praesentis vitae, quo corpori unitur. relinquitur ergo quod cognoscere ipsum esse subsistens, sit connaturale soli intellectui divino, et quod sit supra facultatem naturalem cuiuslibet intellectus creati, quia nulla creatura est suum esse, sed habet esse participatum. non igitur potest intellectus creatus deum per essentiam videre, nisi inquantum deus per suam gratiam se intellectui creato coniungit, ut intelligibile ab ipso.

ra1 ‘ Ad primum ergo dicendum quod iste modus cognoscendi deum, est angelo connaturalis, ut scilicet cognoscat eum per similitudinem eius in ipso angelo refulgentem. sed cognoscere deum per aliquam similitudinem creatam, non est cognoscere essentiam dei, * ut supra ostensum est. ‘ unde non sequitur quod angelus per sua naturalia possit cognoscere essentiam dei.

ra2 ‘ Ad secundum dicendum quod intellectus angeli non habet defectum, si defectus accipiatur privative, ut scilicet careat eo quod habere debet. si vero accipiatur negative, sic quaelibet creatura invenitur deficiens, deo comparata, dum non habet illam excellentiam quae invenitur in deo.

ra3 ‘ Ad tertium dicendum quod sensus visus, quia omnino materialis est, nullo modo elevari potest ad aliquid immateriale. sed intellectus noster vel angelicus, quia secundum naturam a materia aliqualiter elevatus est, potest ultra suam naturam per gratiam ad aliquid altius elevari. et huius signum est, quia visus nullo modo potest in abstractione cognoscere id quod in concretione cognoscit, nullo enim modo potest percipere naturam, nisi ut hanc. sed intellectus noster potest in abstractione considerare quod in concretione cognoscit. etsi enim cognoscat res habentes formam in materia, tamen resolvit compositum in utrumque, et considerat ipsam formam per se. et similiter intellectus angeli, licet connaturale sit ei cognoscere esse concretum in aliqua natura, tamen potest ipsum esse secernere per intellectum, dum cognoscit quod aliud est ipse, et aliud est suum esse. et ideo, cum intellectus creatus per suam naturam natus sit apprehendere formam concretam et esse concretum in abstractione, per modum resolutionis cuiusdam, potest per gratiam elevari ut cognoscat substantiam separatam subsistentem, et esse separatum subsistens.

007 ST1 qu12 ar5

ag1 ‘ Ad quintum sic proceditur. videtur quod intellectus creatus ad videndum essentiam dei aliquo lumine creato non indigeat. illud enim quod est per se lucidum in rebus sensibilibus, alio lumine non indiget ut videatur, ergo nec in intelligibilibus. sed deus est lux intelligibilis ergo non videtur per aliquod lumen creatum.

ag2 ‘ Praeterea, cum deus videtur per medium, non videtur per suam essentiam. sed cum videtur per aliquod lumen creatum, videtur per medium. ergo non videtur per suam essentiam.

ag3 ‘ Praeterea, illud quod est creatum, nihil prohibet alicui creaturae esse naturale. si ergo per aliquod lumen creatum dei essentia videtur, poterit illud lumen esse naturale alicui creaturae. et ita illa creatura non indigebit aliquo alio lumine ad videndum deum, quod est impossibile. non est ergo necessarium quod omnis creatura ad videndum dei essentiam lumen superadditum requirat.

sc * Sed contra est quod dicitur in psalmo, ° in lumine tuo videbimus lumen.

co ‘ Respondeo dicendum quod omne quod elevatur ad aliquid quod excedit suam naturam, oportet quod disponatur aliqua dispositione quae sit supra suam naturam, sicut, si aer debeat accipere formam ignis, oportet quod disponatur aliqua dispositione ad talem formam. cum autem aliquis intellectus creatus videt deum per essentiam, ipsa essentia dei fit forma intelligibilis intellectus. unde oportet quod aliqua dispositio supernaturalis ei superaddatur, ad hoc quod elevetur in tantam sublimitatem. cum igitur virtus naturalis intellectus creati non sufficiat ad dei essentiam videndam, * ut ostensum est, ‘ oportet quod ex divina gratia superaccrescat ei virtus intelligendi. et hoc augmentum virtutis intellectivae illuminationem intellectus vocamus; sicut et ipsum intelligibile vocatur lumen vel lux. * et istud est lumen de quo dicitur apoc. xxi, ° quod claritas dei illuminabit eam, ‘ scilicet societatem beatorum deum videntium. et secundum hoc lumen efficiuntur deiformes, idest deo similes; * secundum illud i ioan. iii, |25| ° cum apparuerit, similes ei erimus, et videbimus eum sicuti est.

ra1 ‘ Ad primum ergo dicendum quod lumen creatum est necessarium ad videndum dei essentiam, non quod per hoc lumen dei essentia intelligibilis

fiat, quae secundum se intelligibilis est, sed ad hoc quod intellectus fiat potens ad intelligendum, per modum quo potentia fit potentior ad operandum per habitum, sicut etiam et lumen corporale necessarium est in visu exteriori, inquantum facit medium transparens in actu, ut possit moveri a colore.
ra2 ‘ Ad secundum dicendum quod lumen istud non requiritur ad videndum dei essentiam quasi similitudo in qua deus videatur, sed quasi perfectio quaedam intellectus, confortans ipsum ad videndum deum. et ideo potest dici quod non est medium in quo deus videatur, sed sub quo videtur. et hoc non tollit immediatam visionem dei.
ra3 ‘ Ad tertium dicendum quod dispositio ad formam ignis non potest esse naturalis nisi habenti formam ignis. unde lumen gloriae non potest esse naturale creaturae, nisi creatura esset naturae divinae, quod est impossibile. per hoc enim lumen fit creatura rationalis deiformis, * ut dictum est.

007 ST1 qu12 ar6

ag1 ‘ Ad sextum sic proceditur. videtur quod videntium essentiam dei unus alio perfectius non videat. * dicitur enim i ioan. iii, ° videbimus eum sicuti est. ‘ sed ipse uno modo est. ergo uno modo videbitur ab omnibus. non ergo perfectius et minus perfecte.
ag2 * Praeterea, augustinus dicit, in libro octoginta trium qq., quod “ unam rem non potest unus alio plus intelligere. ‘ sed omnes videntes deum per essentiam, intelligunt dei essentiam, intellectu enim videtur deus, non sensu, * ut supra habitum est. ‘ ergo videntium divinam essentiam unus alio non clarius videt.
ag3 ‘ Praeterea, quod aliquid altero perfectius videatur, ex duobus contingere potest, vel ex parte obiecti visibilis; vel ex parte potentiae visivae videntis. ex parte autem obiecti, per hoc quod obiectum perfectius in vidente recipitur, scilicet secundum perfectiorem similitudinem. quod in proposito locum non habet, deus enim non per aliquam similitudinem, sed per eius essentiam praesens est intellectui essentiam eius videnti. relinquitur ergo quod, si unus alio perfectius eum videat, quod hoc sit secundum differentiam potentiae intellectivae. et ita sequitur quod cuius potentia intellectiva naturaliter est sublimior, clarius eum videat. quod est inconveniens, cum hominibus promittatur in beatitudine aequalitas angelorum.
sc ‘ Sed contra est quod vita aeterna in visione dei consistit, * secundum illud ioan. xvii, ° haec est vita aeterna, etc.. ‘ ergo, si omnes aequaliter dei essentiam vident, in vita aeterna omnes erunt aequales. * cuius contrarium dicit apostolus, i cor. xv, ° stella differt a stella in claritate.
co ‘ Respondeo dicendum quod videntium deum per essentiam unus alio perfectius eum videbit. quod quidem non erit per aliquam dei similitudinem perfectiorem in uno quam in alio, cum illa visio non sit futura per aliquam similitudinem, * ut ostensum est. ‘ sed hoc erit per hoc, quod intellectus unius habebit maiorem virtutem seu facultatem ad videndum deum, quam alterius. facultas autem videndi deum non competit intellectui creato secundum suam naturam, sed per lumen gloriae, quod intellectum in quadam deiformitate constituit, * ut ex superioribus patet. ‘ unde intellectus plus participans de lumine gloriae, perfectius deum videbit. plus autem participabit de lumine gloriae, qui plus habet de caritate, quia ubi est maior caritas, ibi est maius desiderium; et desiderium quodammodo facit desiderantem aptum et paratum ad susceptionem desiderati. unde qui plus habebit de caritate, perfectius deum videbit, et beatior erit.
ra1 “ Ad primum ergo dicendum quod, cum dicitur videbimus eum sicuti est, hoc adverbium sicuti determinat modum visionis ex parte rei visae ut sit sensus, videbimus eum ita esse sicuti est, quia ipsum esse eius videbimus, quod est eius essentia. ‘ non autem determinat modum visionis ex parte videntis, ut sit sensus, quod ita erit perfectus modus videndi, sicut est in deo perfectus modus essendi.
ra2 ‘ Et per hoc etiam patet solutio ad secundum. cum enim dicitur quod “ rem unam unus alio melius non intelligit, ‘ hoc habet veritatem si referatur ad modum rei intellectae, quia quicumque intelligit rem esse aliter quam sit, non vere intelligit. non autem si referatur ad modum intelligendi, quia intelligere unius est perfectius quam intelligere alterius.
ra3 ‘ Ad tertium dicendum quod diversitas videndi non erit ex parte obiecti, quia idem obiectum omnibus praesentabitur, scilicet dei essentia, nec ex diversa participatione obiecti per differentes similitudines, sed erit per diversam facultatem intellectus, non quidem naturalem, sed gloriosam, * ut dictum est.

007 ST1 qu12 ar7

ag1 ‘ Ad septimum sic proceditur. videtur quod videntes deum per essentiam ipsum comprehendant. * dicit enim apostolus, philipp. iii, ° sequor autem si quo modo comprehendam. ‘ non autem frustra sequebatur, * dicit enim ipse, i cor. ix, ° sic curro, non quasi in incertum. ‘ ergo ipse comprehendit, et eadem ratione alii, * quos ad hoc invitat, dicens, ° sic currite, ut comprehendatis.
ag2 ‘ Praeterea, * ut dicit augustinus in libro de videndo deum ad paulinam, ° illud comprehenditur, quod ita totum videtur, ut nihil eius lateat videntem. “ sed si deus per essentiam videtur, totus videtur, et nihil eius latet videntem; cum deus sit simplex. ‘ ergo a quocumque videtur per essentiam, comprehenditur.
ag3 ‘ Si dicatur quod videtur totus, sed non totaliter, contra, totaliter vel dicit modum videntis, vel modum rei visae. sed ille qui videt deum per essentiam, videt eum totaliter, si significetur modus rei visae, quia videt eum sicuti est, * ut dictum est. ‘ similiter videt eum totaliter, si significetur modus videntis, quia tota virtute sua intellectus dei essentiam videbit. quilibet ergo videns deum per essentiam, totaliter eum videbit. ergo eum comprehendet.
sc * Sed contra est quod dicitur ierem. xxxii, ° fortissime, magne, potens, dominus exercituum nomen tibi; magnus consilio, et incomprehensibilis cogitatu. ‘ ergo comprehendi non potest.
co ‘ Respondeo dicendum quod comprehendere deum impossibile est cuicumque intellectui creato, ° attingere vero mente deum qualitercumque, magna est beatitudo, * ut dicit augustinus. ‘ ad cuius evidentiam, sciendum est quod illud comprehenditur, quod perfecte cognoscitur. perfecte autem cognoscitur, quod tantum cognoscitur, quantum est cognoscibile. unde si id quod est cognoscibile per scientiam demonstrativam, opinione teneatur ex aliqua ratione probabili concepta, non comprehenditur. puta, si hoc quod est triangulum habere tres angulos aequales duobus rectis, aliquis sciat per demonstrationem, comprehendit illud, si vero aliquis eius opinionem accipiat probabiliter, per hoc quod a sapientibus vel pluribus ita dicitur, non comprehendet ipsum, quia non pertingit ad illum perfectum modum cognitionis, quo cognoscibilis est. nullus autem intellectus creatus pertingere potest ad illum perfectum modum cognitionis divinae essentiae, quo cognoscibilis est. quod sic patet. unumquodque enim sic cognoscibile est, secundum quod est ens actu. deus igitur, cuius esse est infinitum, * ut supra ostensum est, ‘ infinite cognoscibilis est. nullus autem intellectus creatus potest deum infinite cognoscere. intantum enim intellectus creatus divinam essentiam perfectius vel minus perfecte cognoscit, inquantum maiori vel minori lumine gloriae |25| perfunditur. cum igitur lumen gloriae creatum, in quocumque intellectu creato receptum, non possit esse infinitum, impossibile est quod aliquis intellectus creatus deum infinite cognoscat. unde impossibile est quod deum comprehendat.
ra1 ‘ Ad primum ergo dicendum quod comprehensio dicitur dupliciter. uno modo, stricte et proprie, secundum quod aliquid includitur in comprehendente. et sic nullo modo deus comprehenditur, nec intellectu nec aliquo alio, quia, cum sit infinitus, nullo finito includi potest, ut aliquid finitum eum infinite capiat, sicut ipse infinite est. et sic de comprehensione nunc quaeritur. alio modo comprehensio largius sumitur, secundum quod comprehensio insecutioni opponitur. qui enim attingit aliquem, quando iam tenet ipsum, comprehendere eum dicitur. et sic deus comprehenditur a beatis, * secundum illud cant. iii, ° tenui eum, nec dimittam. * et sic intelliguntur auctoritates apostoli de comprehensione. ‘ et hoc modo comprehensio est una de tribus dotibus animae, quae respondet spei; sicut visio fidei, et fruitio caritati. non enim, apud nos, omne quod videtur, iam tenetur vel habetur, quia videntur interdum distantia, vel quae non sunt in potestate nostra. neque iterum omnibus quae habemus, fruimur, vel quia non delectamur in eis; vel quia non sunt ultimus finis desiderii nostri, ut desiderium nostrum impleant et quietent. sed haec tria habent beati in deo, quia et vident ipsum; et videndo, tenent sibi praesentem, in potestate habentes semper eum videre; et tenentes, fruuntur sicut ultimo fine desiderium implente.
ra2 ‘ Ad secundum dicendum quod non propter hoc deus incomprehensibilis dicitur, quasi aliquid eius sit quod non videatur, sed quia non ita perfecte videtur, sicut visibilis est. sicut cum aliqua demonstrabilis propositio per aliquam probabilem rationem cognoscitur, non est aliquid eius quod non cognoscatur, nec subiectum, nec praedicatum, nec compositio, sed tota non ita perfecte cognoscitur, sicut cognoscibilis est. * unde augustinus, definiendo comprehensionem, dicit quod ° totum comprehenditur videndo, quod ita videtur, ut nihil eius lateat videntem; aut cuius fines circumspici possunt, “ tunc enim fines alicuius circumspiciuntur, quando ad finem in modo cognoscendi illam rem pervenitur.
ra3 ‘ Ad tertium dicendum quod totaliter dicit modum obiecti, non quidem ita quod totus modus obiecti non cadat sub cognitione; sed quia modus obiecti non est modus cognoscentis. qui igitur videt deum per essentiam, videt hoc in eo, quod infinite existit, et infinite cognoscibilis est, sed hic infinitus modus non competit ei, ut scilicet ipse infinite cognoscat, sicut aliquis probabiliter scire potest aliquam propositionem esse demonstrabilem, licet ipse eam demonstrative non cognoscat.

007 ST1 qu12 ar8

ag1 ‘ Ad octavum sic proceditur. videtur quod videntes deum per essentiam omnia in deo videant. * dicit enim gregorius, in iv dialog. ° quid est quod non videant, qui videntem omnia vident? ‘ sed deus est videns omnia. ergo qui vident deum, omnia vident.
ag2 ‘ Item, quicumque videt speculum, videt ea quae in speculo resplendent. sed omnia quaecumque fiunt vel fieri possunt, in deo resplendent sicut in quodam speculo, ipse enim omnia in seipso cognoscit. ergo quicumque videt deum, videt omnia quae sunt et quae fieri possunt.
ag3 “ Praeterea, qui intelligit id quod est maius, potest intelligere minima, * ut dicitur iii de anima. ‘ sed omnia quae deus facit vel facere potest, sunt minus quam eius essentia. ergo quicumque intelligit deum, potest intelligere omnia quae deus facit vel facere potest.
ag4 ‘ Praeterea, rationalis creatura omnia naturaliter scire desiderat. si igitur videndo deum non omnia sciat, non quietatur eius naturale desiderium, et ita, videndo deum non erit beata. quod est inconveniens. videndo igitur deum, omnia scit.
sc ‘ Sed contra est quod angeli vident deum per essentiam, et tamen non omnia sciunt. “ inferiores enim angeli purgantur a superioribus a nescientia, * ut dicit dionysius, vii cap. cael. hier.. ‘ ipsi etiam nesciunt futura contingentia et cogitationes cordium, hoc enim solius dei est. non ergo quicumque vident dei essentiam, vident omnia.
co ‘ Respondeo dicendum quod intellectus creatus, videndo divinam essentiam, non videt in ipsa omnia quae facit deus vel facere potest. manifestum est enim quod sic aliqua videntur in deo, secundum quod sunt in ipso. omnia autem alia sunt in deo, sicut effectus sunt virtute in sua causa. sic igitur videntur alia in deo, sicut effectus in sua causa. sed manifestum est quod quanto aliqua causa perfectius videtur, tanto plures eius effectus in ipsa videri possunt. qui enim habet intellectum elevatum, statim uno principio demonstrativo proposito, ex ipso multarum conclusionum cognitionem accipit, quod non convenit ei qui debilioris intellectus est, sed oportet quod ei singula explanentur. ille igitur intellectus potest in causa cognoscere omnes causae effectus, et omnes rationes effectuum, qui causam totaliter comprehendit. nullus autem intellectus creatus totaliter deum comprehendere potest, * ut ostensum est. ‘ nullus igitur intellectus creatus, videndo deum, potest cognoscere omnia quae deus facit vel potest facere, hoc enim esset comprehendere eius virtutem. sed horum quae deus facit vel facere potest, tanto aliquis intellectus plura cognoscit, quanto perfectius deum videt.
ra1 * Ad primum ergo dicendum quod gregorius loquitur ‘ quantum ad sufficientiam obiecti, scilicet dei, quod, quantum in se est, sufficienter continet omnia et demonstrat. non tamen sequitur quod unusquisque videns deum omnia cognoscat, quia non perfecte comprehendit ipsum.
ra2 ‘ Ad secundum dicendum quod videns speculum, non est necessarium quod omnia in speculo videat, nisi speculum visu suo comprehendat.
ra3 ‘ Ad tertium dicendum quod, licet maius sit videre deum quam omnia alia, tamen maius est videre sic deum quod omnia in eo cognoscantur, quam videre sic ipsum quod non omnia, sed pauciora vel plura cognoscantur in eo. * iam enim ostensum est quod ‘ multitudo cognitorum in deo, consequitur modum videndi ipsum vel magis perfectum vel minus perfectum.
ra4 ‘ Ad quartum dicendum quod naturale desiderium rationalis creaturae est ad sciendum omnia illa quae pertinent ad perfectionem intellectus; et haec sunt species et genera rerum, et rationes earum, quae in deo videbit quilibet videns essentiam divinam. cognoscere autem alia singularia, et cogitata et facta eorum, non est de perfectione intellectus creati, nec ad hoc eius naturale desiderium tendit, nec iterum cognoscere illa quae nondum sunt, sed fieri a deo possunt. si tamen solus deus videretur, qui est fons et principium totius esse et veritatis, ita repleret naturale desiderium sciendi, quod nihil aliud quaereretur, et beatus esset. * unde dicit augustinus, v confess., “ infelix homo qui scit omnia illa (scilicet creaturas), ° te autem nescit, beatus autem qui te scit, etiam si illa nesciat. qui vero te et illa novit, non propter illa beatior est, sed propter te solum beatus.

007 ST1 qu12 ar9

ag1 ‘ Ad nonum sic proceditur. videtur quod ea quae videntur in deo, a videntibus divinam essentiam per aliquas similitudines videantur. omnis enim cognitio est per assimilationem cognoscentis ad cognitum, sic enim intellectus in actu fit intellectum in actu, et sensus in actu sensibile in actu, inquantum eius similitudine informatur, ut pupilla similitudine coloris. si igitur intellectus videntis deum per essentiam intelligat in deo aliquas creaturas, oportet quod earum similitudinibus informetur.
ag2 ‘ Praeterea, ea quae prius vidimus, memoriter tenemus. sed paulus, videns in raptu essentiam dei, * ut dicit augustinus xii super gen. ad litteram, ‘ postquam desiit essentiam dei videre, recordatus est multorum quae in illo raptu viderat, * unde ipse dicit quod ° audivit arcana verba, quae non licet homini loqui, * ii cor. xii. ‘ ergo oportet dicere quod aliquae similitudines eorum quae recordatus est, in eius in-

tellectu remanserint. et eadem ratione, quando praesentialiter videbat dei essentiam, eorum quae in ipsa videbat, aliquas similitudines vel species habebat.

sc ‘ Sed contra est quod per unam speciem videtur speculum, et ea quae in speculo apparent. sed omnia sic videntur in deo sicut in quodam speculo intelligibili. ergo, si ipse deus non videtur per aliquam similitudinem, sed per suam essentiam; nec ea quae in ipso videntur, per aliquas similitudines sive species videntur.

co ‘Respondeo dicendum quod videntes deum per essentiam, ea quae in ipsa essentia dei vident, non vident per aliquas species, sed per ipsam essentiam divinam intellectui eorum unitam. sic enim cognoscitur unumquodque, secundum quod similitudo eius est in cognoscente. sed hoc contingit dupliciter. cum enim quaecumque uni et eidem sunt similia, sibi invicem sint similia, virtus cognoscitiva dupliciter assimilari potest alicui cognoscibili. uno modo, secundum se, quando directe eius similitudine informatur, et tunc cognoscitur illud secundum se. alio modo, secundum quod informatur specie alicuius quod est ei simile, et tunc non dicitur res cognosci in seipsa, sed in suo simili. alia enim est cognitio qua cognoscitur aliquis homo in seipso, et alia qua cognoscitur in sua imagine. sic ergo, cognoscere res per earum similitudines in cognoscente existentes, est cognoscere eas in seipsis, seu in propriis naturis, sed cognoscere eas prout earum similitudines praeexistunt in deo, est videre eas in deo. et hae duae cognitiones differunt. unde secundum illam cognitionem qua res cognoscuntur a videntibus deum per essentiam in ipso deo, non videntur per aliquas similitudines alias; sed per solam essentiam divinam intellectui praesentem, per quam et deus videtur.

ra1 ‘ Ad primum ergo dicendum quod intellectus videntis deum assimilatur rebus quae videntur in deo, inquantum unitur essentiae divinae, in qua rerum omnium similitudines praeexistunt.

ra2 ‘ Ad secundum dicendum quod aliquae potentiae cognoscitivae sunt, quae ex speciebus primo conceptis alias formare possunt. sicut imaginatio ex praeconceptis speciebus montis et auri, format speciem montis aurei, et intellectus ex praeconceptis speciebus generis et differentiae, format rationem speciei. et similiter ex similitudine imaginis formare possumus in nobis similitudinem eius cuius est imago. et sic paulus, vel quicumque alius videns deum, ex ipsa visione essentiae divinae potest formare in se similitudines rerum quae in essentia divina videntur, quae remanserunt in paulo etiam postquam desiit dei essentiam videre. ista tamen visio, qua videntur res per huiusmodi species sic conceptas, est alia a visione qua videntur res in deo.

007 ST1 qu12 ar10

ag1 ‘Ad decimum sic proceditur. videtur quod videntes deum per essentiam non simul videant omnia quae in ipso vident. * quia, secundum philosophum, “ contingit multa scire, intelligere vero unum. ‘ sed ea quae videntur in deo, intelliguntur, intellectu enim videtur deus. ergo non contingit a videntibus deum simul multa videri in deo.

ag2 * Praeterea, augustinus dicit, viii super gen. ad litteram, quod ° deus movet creaturam spiritualem per tempus, “ hoc est per intelligentiam et affectionem. ‘ sed creatura spiritualis est angelus, qui deum videt. ergo videntes deum, successive intelligunt et afficiuntur, tempus enim successionem importat.

sc * Sed contra est quod augustinus dicit, ultimo de trin., ° non erunt volubiles nostrae cogitationes, ab aliis in alia euntes atque redeuntes; sed omnem scientiam nostram uno simul conspectu videbimus.

co ‘ Respondeo dicendum quod ea quae videntur in verbo, non successive, sed simul videntur. ad cuius evidentiam considerandum est, quod ideo nos simul non possumus multa intelligere, quia multa per diversas species intelligimus; diversis autem speciebus non potest intellectus unus simul actu informari ad intelligendum per eas, sicut nec unum corpus potest simul diversis figuris figurari. unde contingit quod, quando aliqua multa una specie intelligi possunt, simul intelliguntur, sicut diversae partes alicuius totius, si singulae propriis speciebus intelligantur, successive intelliguntur, et non simul; si autem omnes intelligantur una specie totius, simul intelliguntur. * ostensum est autem quod ‘ea quae videntur in deo, non videntur singula per suas similitudines, sed omnia per unam essentiam dei. unde simul, et non successive videntur.

ra1 ‘ Ad primum ergo dicendum quod sic unum tantum intelligimus, inquantum una specie intelligimus. sed multa una specie intellecta simul intelliguntur, sicut in specie hominis intelligimus animal et rationale, et in specie domus parietem et tectum.

ra2 ‘ Ad secundum dicendum quod angeli, quantum ad cognitionem naturalem qua cognoscunt res per species diversas eis inditas, non simul omnia cognoscunt, “ et sic moventur, secundum intelligentiam, per tempus. ‘ sed secundum quod vident res in deo, simul eas vident.

007 ST1 qu12 ar11

ag1 ‘ Ad undecimum sic proceditur. videtur quod aliquis in hac vita possit deum per essentiam videre. * dicit enim iacob, gen. xxxii, ° vidi deum facie ad faciem. ‘ sed videre facie ad faciem, est videre per essentiam, * ut patet per illud quod dicitur i cor. xiii, ° videmus nunc per speculum et in aenigmate, tunc autem facie ad faciem. ‘ ergo deus in hac vita per essentiam videri potest.

ag2 * Praeterea, num. xii dicit dominus de moyse, ° ore ad os loquor ei, et palam, et non per aenigmata et figuras, videt deum. ‘ sed hoc est videre deum per essentiam. ergo aliquis in statu huius vitae potest deum per essentiam videre.

ag3 ‘ Praeterea, illud in quo alia omnia cognoscimus, et per quod de aliis iudicamus, est nobis secundum se notum. sed omnia etiam nunc in deo cognoscimus. * dicit enim augustinus, xii conf., ° si ambo videmus verum esse quod dicis, et ambo videmus verum esse quod dico, ubi quaeso illud videmus? nec ego in te, nec tu in me, sed ambo in ipsa quae supra mentes nostras est, incommutabili veritate. * idem etiam, in libro de vera religione, dicit quod “ secundum veritatem divinam de omnibus iudicamus. * et xii de trin. dicit quod ° rationis est iudicare de istis corporalibus secundum rationes incorporales et sempiternas, quae nisi supra mentem essent, incommutabiles profecto non essent. ‘ ergo et in hac vita ipsum deum videmus.

ag4 * Praeterea, secundum augustinum, xii super gen. ad litt., “ visione intellectuali videntur ea quae sunt in anima per suam essentiam. sed visio intellectualis est de rebus intelligibilibus, non per aliquas similitudines, sed per suas essentias, * ut ipse ibidem dicit. ‘ ergo, cum deus sit per essentiam suam in anima nostra, per essentiam suam videtur a nobis.

sc * Sed contra est quod dicitur exod. xxxiii, ° non videbit me homo et vivet. * glossa, ° quandiu hic mortaliter vivitur, videri per quasdam imagines deus potest; sed per ipsam naturae suae speciem non potest.

co ‘ Respondeo dicendum quod ab homine puro deus videri per essentiam non potest, nisi ab hac vita mortali separetur. cuius ratio est quia, * sicut supra dictum est, ‘ modus cognitionis sequitur modum naturae rei cognoscentis. anima autem nostra, quandiu in hac vita vivimus, habet esse in materia corporali, unde naturaliter non cognoscit aliqua nisi quae habent formam in materia, vel quae per huiusmodi cognosci possunt. manifestum est autem quod per naturas rerum materialium divina essentia cognosci non potest. * ostensum est enim supra quod ‘ cognitio dei per quamcumque similitudinem creatam, non est visio essentiae ipsius. unde impossibile est animae hominis secundum hanc vitam viventis, essentiam dei videre. et huius signum est, quod anima nostra, quanto magis a corporalibus abstrahitur, tanto intelligibilium abstractorum fit capacior. unde in somniis et alienationibus a sensibus corporis, magis divinae revelationes percipiuntur, et praevisiones futurorum. quod ergo anima elevetur usque ad supremum intelligibilium, quod est essentia divina, esse non potest quandiu hac mortali vita utitur.

ra1 ‘ Ad primum ergo dicendum quod, * secundum dionysium, iv cap. cael. hier., ‘ sic in scripturis dicitur aliquis deum vidisse, inquantum formatae sunt aliquae figurae, vel sensibiles vel imaginariae, secundum aliquam similitudinem aliquod divinum repraesentantes. “ quod ergo dicit iacob, vidi deum facie ad faciem, referendum est, non ad ipsam divinam essentiam, sed ad figuram in qua repraesentabatur deus. ‘ et hoc ipsum ad quandam prophetiae eminentiam pertinet, ut videatur persona dei loquentis, licet imaginaria visione, * ut infra patebit, cum de gradibus prophetiae loquemur. ‘ vel hoc dicit iacob ad designandam quandam eminentiam intelligibilis contemplationis, supra communem statum.

ra2 ‘ Ad secundum dicendum quod, sicut deus miraculose aliquid supernaturaliter in rebus corporeis operatur, ita etiam et supernaturaliter, et praeter communem ordinem, mentes aliquorum in hac carne viventium, sed non sensibus carnis utentium, usque ad visionem suae essentiae elevavit; * ut dicit augustinus, xii super genes. ad litt., et in libro de videndo deum de moyse, qui fuit magister iudaeorum, et paulo, qui fuit magister gentium. * et de hoc plenius tractabitur, cum de raptu agemus.

ra3 ‘ Ad tertium dicendum quod omnia dicimur in deo videre, et secundum ipsum de omnibus iudicare, inquantum per participationem sui luminis omnia cognoscimus et diiudicamus, nam et ipsum lumen naturale rationis participatio quaedam est divini luminis; sicut etiam omnia sensibilia dicimus videre et iudicare in sole, idest per lumen solis. * unde dicit augustinus, i soliloquiorum, ° disciplinarum spectamina videri non possunt, nisi aliquo velut suo sole illustrentur, videlicet deo. ‘ sicut ergo ad videndum aliquid sensibiliter, non est necesse quod videatur substantia solis, ita ad videndum aliquid intelligibiliter, non est necessarium quod videatur essentia dei.

ra4 ‘ Ad quartum dicendum quod visio intellectualis est eorum quae sunt in anima per suam essentiam sicut intelligibilia in intellectu. sic autem deus est in anima beatorum, non autem in anima nostra; sed per praesentiam, essentiam, et potentiam.

007 ST1 qu12 ar12

ag1 ‘ Ad duodecimum sic proceditur. videtur quod per naturalem rationem deum in hac vita cognoscere non possimus. * dicit enim boetius, in libro de consol., quod ° ratio non capit simplicem formam. ‘deus autem maxime est simplex forma, * ut supra ostensum est. ‘ ergo ad eius cognitionem ratio naturalis pervenire non potest.

ag2 “ Praeterea, ratione naturali sine phantasmate nihil intelligit anima, * ut dicitur in iii de anima. ‘ sed dei, cum sit incorporeus, phantasma in nobis esse non potest. ergo cognosci non potest a nobis cognitione naturali.

ag3 ‘ Praeterea, cognitio quae est per rationem naturalem, communis est bonis et malis, sicut natura eis communis est. sed cognitio dei competit tantum bonis, * dicit enim augustinus, i de trin., quod ° mentis humanae acies in tam excellenti luce non figitur, nisi per iustitiam fidei emundetur. ‘ ergo deus per rationem naturalem cognosci non potest.

sc * Sed contra est quod dicitur rom. i, ° quod notum est dei, manifestum est in illis, “ idest, quod cognoscibile est de deo per rationem naturalem.

co ‘ Respondeo dicendum quod naturalis nostra cognitio a sensu principium sumit, unde tantum se nostra naturalis cognitio extendere potest, inquantum manuduci potest per sensibilia. ex sensibilibus autem non potest usque ad hoc intellectus noster pertingere, quod divinam essentiam videat, quia creaturae sensibiles sunt effectus dei virtutem causae non adaequantes. unde ex sensibilium cognitione non potest tota dei virtus cognosci, et per consequens nec eius essentia videri. sed quia sunt eius effectus a causa dependentes, ex eis in hoc perduci possumus, ut cognoscamus de deo an est; et ut cognoscamus de ipso ea quae necesse est ei convenire secundum quod est prima omnium causa, excedens omnia sua causata. unde cognoscimus de ipso habitudinem ipsius ad creaturas, quod scilicet omnium est causa; et differentiam creaturarum ab ipso, quod scilicet ipse non est aliquid eorum quae ab eo causantur; et quod haec non removentur ab eo propter eius defectum, sed quia superexcedit.

ra1 ‘ Ad primum ergo dicendum quod ratio ad formam simplicem pertingere non potest, ut sciat de ea quid est, potest tamen de ea cognoscere, ut sciat an est.

ra2 ‘ Ad secundum dicendum quod deus naturali cognitione cognoscitur per phantasmata effectus sui.

ra3 ‘ Ad tertium dicendum quod cognitio dei per essentiam, cum sit per gratiam, non competit nisi bonis, sed cognitio eius quae est per rationem naturalem, potest competere bonis et malis. * unde dicit augustinus, in libro retractationum, ° non approbo quod in oratione dixi, deus, qui non nisi mundos verum scire voluisti, responderi enim potest, multos etiam non mundos multa scire vera, “ scilicet per rationem naturalem.

007 ST1 qu12 ar13

ag1 ‘ Ad decimumtertium sic proceditur. videtur quod per gratiam non habeatur altior cognitio dei, quam ea quae habetur per naturalem rationem. * dicit enim dionysius, in libro de mystica theologia, quod “ ille qui melius unitur deo in hac vita, unitur ei sicut omnino ignoto, quod etiam de moyse dicit, qui tamen excellentiam quandam obtinuit in gratiae cognitione. ‘ sed coniungi deo ignorando de eo quid est, hoc contingit etiam per rationem naturalem. ergo per gratiam non plenius cognoscitur a nobis deus, quam per rationem naturalem.

ag2 ‘ Praeterea, per rationem naturalem in cognitionem divinorum pervenire non possumus, nisi per phantasmata, sic etiam nec secundum cognitionem gratiae. * dicit enim dionysius, i cap. de cael. hier., quod ° impossibile est nobis aliter lucere divinum radium, nisi varietate sacrorum velaminum circumvelatum. ‘ ergo per gratiam non plenius cognoscimus deum, quam per rationem naturalem.

ag3 ‘ Praeterea, intellectus noster per gratiam fidei deo adhaeret. fides autem non videtur esse cognitio, * dicit enim gregorius, in homil., quod “ ea quae non videntur fidem habent, et non agnitionem. ‘ ergo per gratiam non additur nobis aliqua excellentior cognitio de deo.

sc * Sed contra est quod dicit apostolus, i cor. ii, ° nobis revelavit deus per spiritum suum, “ illa scilicet quae nemo principum huius saeculi novit, idest philosophorum, * ut exponit glossa.

co ‘ Respondeo dicendum quod per gratiam perfectior cognitio de deo habetur a nobis, quam per rationem naturalem. quod sic patet. cognitio enim quam per naturalem rationem habemus, duo requirit, scilicet, phantasmata ex sensibilibus accepta, et lumen naturale intelligibile, cuius virtute intelligibiles conceptiones ab eis abstrahimus. et quantum ad utrumque, iuvatur humana cognitio per revelationem gratiae. nam et lumen naturale intellectus confortatur per infusionem luminis gratuiti. et interdum etiam phantasmata in imaginatione hominis formantur divinitus, magis exprimentia res divinas, quam ea quae naturaliter a sensibilibus accipimus; sicut apparet in visionibus propheticalibus. et interdum etiam aliquae res sensibiles formantur divinitus, aut etiam voces, ad aliquid divinum exprimendum; sicut in baptismo visus est spiritus sanctus in specie columbae, * et vox patris audita est, ° hic est filius meus dilectus.

ra1 ‘ Ad primum ergo dicendum quod, licet per revelationem gratiae in hac vita non cognoscamus de deo quid est, et sic ei quasi ignoto coniungamur; tamen plenius ipsum cognoscimus, inquantum plures et excellentiores effectus eius nobis demonstrantur; et inquantum ei aliqua attribuimus ex revelatione divina, ad quae ratio naturalis non pertingit, ut deum esse trinum et unum.
ra2 ‘ Ad secundum dicendum quod ex phantasmatibus, vel a sensu acceptis secundum naturalem ordinem, vel divinitus in imaginatione formatis, tanto excellentior cognitio intellectualis habetur, quanto lumen intelligibile in homine fortius fuerit. et sic per revelationem ex phantasmatibus plenior cognitio accipitur, ex infusione divini luminis.
ra3 ‘ Ad tertium dicendum quod fides cognitio quaedam est, inquantum intellectus determinatur per fidem ad aliquod cognoscibile. sed haec determinatio ad unum non procedit ex visione credentis, sed a visione eius cui creditur. et sic, inquantum deest visio, deficit a ratione cognitionis quae est in scientia, nam scientia determinat intellectum ad unum per visionem et intellectum primorum principiorum.

007 ST1 qu13 ar

pr ‘ Consideratis his quae ad divinam cognitionem pertinent, procedendum est ad considerationem divinorum nominum, unumquodque enim nominatur a nobis, secundum quod ipsum cognoscimus. circa hoc ergo quaeruntur duodecim. primo, utrum deus sit nominabilis a nobis. secundo, utrum aliqua nomina dicta de deo, praedicentur de ipso substantialiter. tertio, utrum aliqua nomina dicta de deo, proprie dicantur de ipso; an omnia attribuantur ei metaphorice. quarto, utrum multa nomina dicta de deo, sint synonyma. quinto, utrum nomina aliqua dicantur de deo et creaturis univoce, vel aequivoce. sexto, supposito quod dicantur analogice, utrum dicantur de deo per prius, vel de creaturis. septimo, utrum aliqua nomina dicantur de deo ex tempore. octavo, utrum hoc nomen deus sit nomen naturae, vel operationis. nono, utrum hoc nomen deus sit nomen communicabile: decimo, utrum accipiatur univoce vel aequivoce, secundum quod significat deum per naturam, et per participationem, et secundum opinionem. undecimo, utrum hoc nomen qui est sit maxime proprium nomen dei. duodecimo, utrum propositiones affirmativae possint formari de deo.

007 ST1 qu13 ar1

ag1 ‘ Ad primum sic proceditur. videtur quod nullum nomen deo conveniat. * dicit enim dionysius, i cap. de div. nom., quod “ neque nomen eius est, neque opinio. * et prov. xxx dicitur, ° quod nomen eius, et quod nomen filii eius, si nosti?
ag2 ‘ Praeterea, omne nomen aut dicitur in abstracto, aut in concreto. sed nomina significantia in concreto, non competunt deo, cum simplex sit, neque nomina significantia in abstracto, quia non significant aliquid perfectum subsistens. ergo nullum nomen potest dici de deo.
ag3 ‘ Praeterea, nomina significant substantiam cum qualitate; verba autem et participia significant cum tempore; pronomina autem cum demonstratione vel relatione. quorum nihil competit deo, quia sine qualitate est et sine omni accidente, et sine tempore; et sentiri non potest, ut demonstrari possit; nec relative significari, cum relativa sint aliquorum antedictorum recordativa, vel nominum, vel participiorum, vel pronominum demonstrativorum. ergo deus nullo modo potest nominari a nobis.
sc * Sed contra est quod dicitur exod. xv, ° dominus quasi vir pugnator, omnipotens nomen eius.
co * Respondeo dicendum quod, secundum philosophum, “ voces sunt signa intellectuum, et intellectus sunt rerum similitudines. ‘ et sic patet quod voces referuntur ad res significandas, mediante conceptione intellectus. secundum igitur quod aliquid a nobis intellectu cognosci potest, sic a nobis potest nominari. * ostensum est autem supra quod ‘ deus in hac vita non potest a nobis videri per suam essentiam; sed cognoscitur a nobis ex creaturis, secundum habitudinem principii, et per modum excellentiae et remotionis. sic igitur potest nominari a nobis ex creaturis, non tamen ita quod nomen significans ipsum, exprimat divinam essentiam secundum quod est, sicut hoc nomen homo exprimit sua significatione essentiam hominis secundum quod est, significat enim eius definitionem, declarantem eius essentiam; ratio enim quam significat nomen, est definitio.
ra1 ‘ Ad primum ergo dicendum quod ea ratione dicitur deus non habere nomen, vel esse supra nominationem, quia essentia eius est supra id quod de deo intelligimus et voce significamus.
ra2 ‘ Ad secundum dicendum quod, quia ex creaturis in dei cognitionem venimus, et ex ipsis eum nominamus, nomina quae deo attribuimus, hoc modo significant, secundum quod competit creaturis materialibus, quarum cognitio est nobis connaturalis, * ut supra dictum est. ‘ et quia in huiusmodi creaturis, ea quae sunt perfecta et subsistentia sunt composita; forma autem in eis non est aliquid completum subsistens, sed magis quo aliquid est, inde est quod omnia nomina a nobis imposita ad significandum aliquid completum subsistens, significant in concretione, prout competit compositis; quae autem imponuntur ad significandas formas simplices, significant aliquid non ut subsistens, sed ut quo aliquid est, sicut albedo significat ut quo aliquid est album. quia igitur et deus simplex est, et subsistens est, attribuimus ei et nomina abstracta, ad significandam simplicitatem eius; et nomina concreta, ad significandum subsistentiam et perfectionem ipsius, quamvis utraque nomina deficiant a modo ipsius, sicut intellectus noster non cognoscit eum ut est, secundum hanc vitam.
ra3 ‘ Ad tertium dicendum quod significare substantiam cum qualitate, est significare suppositum cum natura vel forma determinata in qua subsistit. unde, sicut de deo dicuntur aliqua in concretione, ad significandum subsistentiam et perfectionem ipsius, * sicut iam dictum est, ‘ ita dicuntur de deo nomina significantia substantiam cum qualitate. verba vero et participia consignificantia tempus dicuntur de ipso, ex eo quod aeternitas includit omne tempus, sicut enim simplicia subsistentia non possumus apprehendere et significare nisi per modum compositorum, ita simplicem aeternitatem non possumus intelligere vel voce exprimere, nisi per modum temporalium rerum; et hoc propter connaturalitatem intellectus nostri ad res compositas et temporales. pronomina vero demonstrativa dicuntur de deo, secundum quod faciunt demonstrationem ad id quod intelligitur, non ad id quod sentitur, secundum enim quod a nobis intelligitur, secundum hoc sub demonstratione cadit. et sic, secundum illum modum quo nomina et participia et pronomina demonstrativa de deo dicuntur, secundum hoc et pronominibus relativis significari potest.

007 ST1 qu13 ar2

ag1 ‘ Ad secundum sic proceditur. videtur quod nullum nomen dicatur de deo substantialiter. * dicit enim damascenus, ° oportet singulum eorum quae de deo dicuntur, non quid est secundum substantiam significare, sed quid non est ostendere, aut habitudinem quandam, aut aliquid eorum quae assequuntur naturam vel operationem.
ag2 * Praeterea, dicit dionysius, i cap. de div. nom., ° omnem sanctorum theologorum hymnum invenies, ad bonos thearchiae processus, manifestative et laudative dei nominationes dividentem, “ et est sensus, quod nomina quae in divinam laudem sancti doctores assumunt, secundum processus ipsius dei distinguuntur. ‘ sed quod significat processum alicuius rei, nihil significat ad eius essentiam pertinens. ergo nomina dicta de deo, non dicuntur de ipso substantialiter.
ag3 ‘ Praeterea, secundum hoc nominatur aliquid a nobis, secundum quod intelligitur. sed non intelligitur deus a nobis in hac vita secundum suam substantiam. ergo nec aliquod nomen impositum a nobis, dicitur de deo secundum suam substantiam.
sc * Sed contra est quod dicit augustinus, vi de trin., ° deo hoc est esse, quod fortem esse vel sapientem esse, et si quid de illa simplicitate dixeris, quo eius substantia significatur. ‘ ergo omnia nomina huiusmodi significant divinam substantiam.
co ‘ Respondeo dicendum quod de nominibus quae de deo dicuntur negative, vel quae relationem ipsius ad creaturam significant, manifestum est quod substantiam eius nullo modo significant; sed remotionem alicuius ab ipso, vel relationem eius ad alium, vel potius alicuius ad ipsum. * sed de nominibus quae absolute et affirmative de deo dicuntur, sicut bonus, sapiens, et huiusmodi, multipliciter aliqui sunt opinati. quidam enim dixerunt quod “ haec omnia nomina, licet affirmative de deo dicantur, tamen magis inventa sunt ad aliquid removendum a deo, quam ad aliquid ponendum in ipso. unde dicunt quod, cum dicimus deum esse viventem, significamus quod deus non hoc modo est, sicut res inanimatae, et similiter accipiendum est in aliis. * et hoc posuit rabbi moyses. alii vero dicunt quod “ haec nomina imposita sunt ad significandum habitudinem eius ad creata, ut, cum dicimus deus est bonus, sit sensus, deus est causa bonitatis in rebus. et eadem ratio est in aliis. ‘ sed utrumque istorum videtur esse inconveniens, propter tria. primo quidem, quia secundum neutram harum positionum posset assignari ratio quare quaedam nomina magis de deo dicerentur quam alia. sic enim est causa corporum, sicut est causa bonorum, unde, si nihil aliud significatur, cum dicitur deus est bonus, nisi deus est causa bonorum, poterit similiter dici quod deus est corpus, quia est causa corporum. item, per hoc quod dicitur quod est corpus, removetur quod non sit ens in potentia tantum, sicut |25| materia prima. secundo, quia sequeretur quod omnia nomina dicta de deo, per posterius dicerentur de ipso, sicut sanum per posterius dicitur de medicina, eo quod significat hoc tantum quod sit causa sanitatis in animali, quod per prius dicitur sanum. tertio, quia hoc est contra intentionem loquentium de deo. aliud enim intendunt dicere, cum dicunt deum viventem, quam quod sit causa vitae nostrae, vel quod differat a corporibus inanimatis. et ideo aliter dicendum est, quod huiusmodi quidem nomina significant substantiam divinam, et praedicantur de deo substantialiter, sed deficiunt a repraesentatione ipsius. quod sic patet. significant enim sic nomina deum, secundum quod intellectus noster cognoscit ipsum. intellectus autem noster, cum cognoscat deum ex creaturis, sic cognoscit ipsum, secundum quod creaturae ipsum repraesentant. * ostensum est autem supra quod ‘ deus in se praehabet omnes perfectiones creaturarum, quasi simpliciter et universaliter perfectus. unde quaelibet creatura intantum eum repraesentat, et est ei similis, inquantum perfectionem aliquam habet, non tamen ita quod repraesentet eum sicut aliquid eiusdem speciei vel generis, sed sicut excellens principium, a cuius forma effectus deficiunt, cuius tamen aliqualem similitudinem effectus consequuntur; sicut formae corporum inferiorum repraesentant virtutem solarem. * et hoc supra expositum est, cum de perfectione divina agebatur. |50| ‘ sic igitur praedicta nomina divinam substantiam significant, imperfecte tamen, sicut et creaturae imperfecte eam repraesentant. cum igitur dicitur deus est bonus, non est sensus, deus est causa bonitatis, vel deus non est malus, sed est sensus, id quod bonitatem dicimus in creaturis, praeexistit in deo, et hoc quidem secundum modum altiorem. unde ex hoc non sequitur quod deo competat esse bonum inquantum causat bonitatem, sed potius e converso, quia est bonus, bonitatem rebus diffundit, * secundum illud augustini, de doct. christ., ° inquantum bonus est, sumus.
ra1 * Ad primum ergo dicendum quod damascenus ideo dicit quod “ haec nomina non significant quid est deus, ‘ quia a nullo istorum nominum exprimitur quid est deus perfecte, sed unumquodque imperfecte eum significat, sicut et creaturae imperfecte eum repraesentant.
ra2 ‘ Ad secundum dicendum quod in significatione nominum, aliud est quandoque a quo imponitur nomen ad significandum, et id ad quod significandum nomen imponitur, sicut hoc nomen lapis imponitur ab eo quod laedit pedem, non tamen imponitur ad hoc significandum quod significet laedens pedem, sed ad significandam quandam speciem corporum; alioquin omne laedens pedem esset lapis. sic igitur dicendum est quod huiusmodi divina nomina imponuntur quidem a processibus deitatis, sicut enim secundum diversos processus perfectionum, creaturae deum repraesentant, licet imperfecte; ita intellectus noster, secundum unumquemque processum, deum cognoscit et nominat. sed tamen haec nomina non imponit ad significandum ipsos processus, ut, cum dicitur deus est vivens, sit sensus, ab eo procedit vita, sed ad significandum ipsum rerum principium, prout in eo praeexistit vita, licet eminentiori modo quam intelligatur vel significetur.
ra3 ‘ Ad tertium dicendum quod essentiam dei in hac vita cognoscere non possumus secundum quod in se est, sed cognoscimus eam secundum quod repraesentatur in perfectionibus creaturarum. et sic nomina a nobis imposita eam significant.

007 ST1 qu13 ar3

ag1 ‘ Ad tertium sic proceditur. videtur quod nullum nomen dicatur de deo proprie. omnia enim nomina quae de deo dicimus, sunt a creaturis accepta, * ut dictum est. ‘ sed nomina creaturarum metaphorice dicuntur de deo, sicut cum dicitur deus est lapis, vel leo, vel aliquid huiusmodi. ergo omnia nomina dicta de deo, dicuntur metaphorice.
ag2 ‘ Praeterea, nullum nomen proprie dicitur de aliquo, a quo verius removetur quam de eo praedicetur. sed omnia huiusmodi nomina, bonus sapiens, et similia, verius removentur a deo quam de eo praedicentur, * ut patet per dionysium, ii cap. cael. hier.. ‘ ergo nullum istorum nominum proprie dicitur de deo.
ag3 ‘ Praeterea, nomina corporum non dicuntur de deo nisi metaphorice, cum sit incorporeus. sed omnia huiusmodi nomina implicant quasdam corporales conditiones, significant enim cum tempore, et cum compositione, et cum aliis huiusmodi, quae sunt conditiones corporum. ergo omnia huiusmodi nomina dicuntur de deo metaphorice.
sc * Sed contra est quod dicit ambrosius, in lib. ii de fide, ° sunt quaedam nomina, quae evidenter proprietatem divinitatis ostendunt; et quaedam quae perspicuam divinae maiestatis exprimunt veritatem; alia vero sunt, quae translative per similitudinem de deo dicuntur. ‘ non igitur omnia nomina dicuntur de deo metaphorice, sed aliqua dicuntur proprie.
co * Respondeo dicendum quod, sicut dictum est, ‘ deum cognoscimus ex perfectionibus procedentibus in creaturas ab ipso; quae quidem perfectiones in deo sunt secundum eminentiorem modum quam in creaturis. intellectus autem noster eo modo apprehendit eas, secundum quod sunt in creaturis, et secundum quod apprehendit, ita significat per nomina. in nominibus igitur quae deo attribuimus, est duo considerare, scilicet, perfectiones ipsas significatas, ut bonitatem, vitam, et huiusmodi; et modum significandi. quantum igitur ad id quod significant huiusmodi nomina, proprie competunt deo, et magis proprie quam ipsis creaturis, et per prius dicuntur de eo. quantum vero ad modum significandi, non proprie dicuntur de deo, habent enim modum significandi qui creaturis competit.
ra1 ‘ Ad primum ergo dicendum quod quaedam nomina significant huiusmodi perfectiones a deo proce-

dentes in res creatas, hoc modo quod ipse modus imperfectus quo a creatura participatur divina perfectio, in ipso nominis significato includitur, sicut lapis significat aliquid materialiter ens, et huiusmodi nomina non possunt attribui deo nisi metaphorice. quaedam vero nomina significant ipsas perfectiones absolute, absque hoc quod aliquis modus participandi claudatur in eorum significatione, ut ens, bonum vivens, et huiusmodi, et talia proprie dicuntur de deo.

ra2 * Ad secundum dicendum quod ideo huiusmodi nomina dicit dionysius " negari a deo, quia id quod significatur per nomen, non convenit eo modo ei, quo nomen significat, sed excellentiori modo. * unde ibidem dicit dionysius quod " deus est super omnem substantiam et vitam.

ra3 ' Ad tertium dicendum quod ista nomina quae proprie dicuntur de deo important conditiones corporales, non in ipso significato nominis, sed quantum ad modum significandi. ea vero quae metaphorice de deo dicuntur, important conditionem corporalem in ipso suo significato.

007 ST1 qu13 ar4

ag1 ' Ad quartum sic proceditur. videtur quod ista nomina dicta de deo, sint nomina synonyma. synonyma enim nomina dicuntur, quae omnino idem significant. sed ista nomina dicta de deo, omnino idem significant in deo, quia bonitas dei est eius essentia, et similiter sapientia. ergo ista nomina sunt omnino synonyma.

ag2 ' Si dicatur quod ista nomina significant idem secundum rem, sed secundum rationes diversas, contra, ratio cui non respondet aliquid in re, est vana; si ergo istae rationes sunt multae, et res est una, videtur quod rationes istae sint vanae.

ag3 ' Praeterea, magis est unum quod est unum re et ratione, quam quod est unum re et multiplex ratione. sed deus est maxime unus. ergo videtur quod non sit unus re et multiplex ratione. et sic nomina dicta de deo non significant rationes diversas, et ita sunt synonyma.

sc ' Sed contra, omnia synonyma, sibi invicem adiuncta, nugationem adducunt, sicut si dicatur vestis indumentum. si igitur omnia nomina dicta de deo sunt synonyma, non posset convenienter dici deus bonus, vel aliquid huiusmodi; * cum tamen scriptum sit ierem. xxxii, ° fortissime, magne, potens, dominus exercituum nomen tibi.

co ' Respondeo dicendum quod huiusmodi nomina dicta de deo, non sunt synonyma. quod quidem facile esset videre, si diceremus quod huiusmodi nomina sunt inducta ad removendum, vel ad designandum habitudinem causae respectu creaturarum, sic enim essent diversae rationes horum nominum secundum diversa negata, vel secundum diversos effectus connotatos. * sed secundum quod dictum est ' huiusmodi nomina substantiam divinam significare, licet imperfecte, etiam plane apparet, * secundum praemissa, ' quod habent rationes diversas. ratio enim quam significat nomen, est conceptio intellectus de re significata per nomen. intellectus autem noster, cum cognoscat deum ex creaturis, format ad intelligendum deum conceptiones proportionatas perfectionibus procedentibus a deo in creaturas. quae quidem perfectiones in deo praeexistunt unite et simpliciter, in creaturis vero recipiuntur divise et multipliciter. sicut igitur diversis perfectionibus creaturarum respondet unum simplex principium, repraesentatum per diversas perfectiones creaturarum varie et multipliciter; ita variis et multiplicibus conceptibus intellectus nostri respondet unum omnino simplex, secundum huiusmodi conceptiones imperfecte intellectum. et ideo nomina deo attributa, licet significent unam rem, tamen, quia significant eam sub rationibus multis |25| et diversis, non sunt synonyma.

ra1 ' Et sic patet solutio ad primum, quia nomina synonyma dicuntur, quae significant unum secundum unam rationem. quae enim significant rationes diversas unius rei, non primo et per se unum significant, quia nomen non significat rem, nisi mediante conceptione intellectus, * ut dictum est.

ra2 ' Ad secundum dicendum quod rationes plures horum nominum non sunt cassae et vanae, quia omnibus eis respondet unum quid simplex, per omnia huiusmodi multipliciter et imperfecte repraesentatum.

ra3 ' Ad tertium dicendum quod hoc ipsum ad perfectam dei unitatem pertinet, quod ea quae sunt multipliciter et divisim in aliis, in ipso sunt simpliciter et unite. et ex hoc contingit quod est unus re et plures secundum rationem, quia intellectus noster ita multipliciter apprehendit eum, sicut res multipliciter ipsum repraesentant.

007 ST1 qu13 ar5

ag1 ' Ad quintum sic proceditur. videtur quod ea quae dicuntur de deo et creaturis, univoce de ipsis dicantur. omne enim aequivocum reducitur ad univocum, sicut multa ad unum. nam si hoc nomen canis aequivoce dicitur de latrabili et marino, oportet quod de aliquibus univoce dicatur, scilicet de omnibus latrabilibus, aliter enim esset procedere in infinitum. inveniuntur autem quaedam agentia univoca, quae conveniunt cum suis effectibus in nomine et definitione, ut homo generat hominem; quaedam vero agentia aequivoca, sicut sol causat calidum, cum tamen ipse non sit calidus nisi aequivoce. videtur igitur quod primum agens, ad quod omnia agentia reducuntur, sit agens univocum. et ita, quae de deo et creaturis dicuntur, univoce praedicantur.

ag2 ' Praeterea, secundum aequivoca non attenditur aliqua similitudo. cum igitur creaturae ad deum sit aliqua similitudo, * secundum illud genes. i, ° faciamus hominem ad imaginem et similitudinem nostram, ' videtur quod aliquid univoce de deo et creaturis dicatur.

ag3 " Praeterea, mensura est homogenea mensurato, * ut dicitur in x metaphys.. " sed deus est prima mensura omnium entium, * ut ibidem dicitur. ' ergo deus est homogeneus creaturis. et ita aliquid univoce de deo et creaturis dici potest.

sc1 ' Sed contra, quidquid praedicatur de aliquibus secundum idem nomen et non secundum eandem rationem, praedicatur de eis aequivoce. sed nullum nomen convenit deo secundum illam rationem, secundum quam dicitur de creatura, nam sapientia in creaturis est qualitas, non autem in deo; genus autem variatum mutat rationem, cum sit pars definitionis. et eadem ratio est in aliis. quidquid ergo de deo et creaturis dicitur, aequivoce dicitur.

sc2 ' Praeterea, deus plus distat a creaturis, quam quaecumque creaturae ab invicem. sed propter distantiam quarundam creaturarum, contingit quod nihil univoce de eis praedicari potest; sicut de his quae non conveniunt in aliquo genere. ergo multo minus de deo et creaturis aliquid univoce praedicatur, sed omnia praedicantur aequivoce.

co ' Respondeo dicendum quod impossibile est aliquid praedicari de deo et creaturis univoce. quia omnis effectus non adaequans virtutem causae agentis, recipit similitudinem agentis non secundum eandem rationem, sed deficienter, ita ut quod divisim et multipliciter est in effectibus, in causa est simpliciter et eodem modo; sicut sol secundum unam virtutem, multiformes et varias formas in istis inferioribus producit. eodem modo, * ut supra dictum est, ' omnes rerum perfectiones, quae sunt in rebus creatis divisim et multipliciter, in deo praeexistunt unite. sic igitur, cum aliquod nomen ad perfectionem pertinens de creatura dicitur, significat illam perfectionem ut distinctam secundum rationem definitionis ab aliis, puta cum hoc nomen sapiens de homine dicitur, significamus aliquam perfectionem distinctam ab essentia hominis, et a potentia et ab esse ipsius, et ab omnibus huiusmodi. sed cum hoc nomen de deo dicimus, non intendimus significare aliquid distinctum ab essentia vel potentia vel esse ipsius. et sic, cum hoc nomen sapiens de homine dicitur, quodammodo circumscribit et comprehendit rem significatam, non autem cum dicitur de deo, sed relinquit rem significatam ut incomprehensam, et excedentem nominis significationem. unde patet quod non secundum eandem rationem hoc nomen sapiens de deo et de homine dicitur. et eadem ratio est de aliis. unde nullum nomen univoce de deo |25| et creaturis praedicatur. sed nec etiam pure aequivoce, * ut aliqui dixerunt. " quia secundum hoc, ex creaturis nihil posset cognosci de deo, nec demonstrari; sed semper incideret fallacia aequivocationis. * et hoc est tam contra philosophos, qui multa demonstrative de deo probant, quam etiam contra apostolum dicentem, rom. i, ° invisibilia dei per ea quae facta sunt, intellecta, conspiciuntur. ' dicendum est igitur quod huiusmodi nomina dicuntur de deo et creaturis secundum analogiam, idest proportionem. quod quidem dupliciter contingit in nominibus, vel quia multa habent proportionem ad unum, sicut sanum dicitur de medicina et urina, inquantum utrumque habet ordinem et proportionem ad sanitatem animalis, cuius hoc quidem signum est, illud vero causa; vel ex eo quod unum habet proportionem ad alterum, sicut sanum dicitur de medicina et animali, inquantum medicina est causa sanitatis quae est in animali. et hoc modo aliqua dicuntur de deo et creaturis analogice, et non aequivoce pure, neque univoce. non enim possumus nominare deum nisi ex creaturis, * ut supra dictum est. ' et sic, quidquid dicitur de deo et creaturis, dicitur secundum quod est aliquis ordo creaturae ad deum, ut ad principium et causam, in qua praeexistunt excellenter omnes rerum perfectiones. et iste modus communitatis medius est inter puram aequivocationem |50| et simplicem univocationem. neque enim in his quae analogice dicuntur, est una ratio, sicut est in univocis; nec totaliter diversa, sicut in aequivocis; sed nomen quod sic multipliciter dicitur, significat diversas proportiones ad aliquid unum; sicut sanum, de urina dictum, significat signum sanitatis animalis, de medicina vero dictum, significat causam eiusdem sanitatis.

ra1 ' Ad primum ergo dicendum quod, licet in praedicationibus oporteat aequivoca ad univoca reduci, tamen in actionibus agens non univocum ex necessitate praecedit agens univocum. agens enim non univocum est causa universalis totius speciei, ut sol est causa generationis omnium hominum. agens vero univocum non est causa agens universalis totius speciei (alioquin esset causa sui ipsius, cum sub specie contineatur), sed est causa particularis respectu huius individui, quod in participatione speciei constituit. causa igitur universalis totius speciei non est agens univocum. causa autem universalis est prior particulari. hoc autem agens universale, licet non sit univocum, non tamen est omnino aequivocum, quia sic non faceret sibi simile; sed potest dici agens analogicum, sicut in praedicationibus omnia univoca reducuntur ad unum primum, non univocum, sed analogicum, quod est ens.

ra2 ' Ad secundum dicendum quod similitudo creaturae ad deum est imperfecta, quia etiam nec idem secundum genus repraesentat, * ut supra dictum est.

ra3 ' Ad tertium dicendum quod deus non est mensura proportionata mensuratis. unde non oportet quod deus et creaturae sub uno genere contineantur.

ra4 ' Ea vero quae sunt in contrarium, concludunt quod non univoce huiusmodi nomina de deo et creaturis praedicentur, non autem quod aequivoce.

007 ST1 qu13 ar6

ag1 ' Ad sextum sic proceditur. videtur quod nomina per prius dicantur de creaturis quam de deo. secundum enim quod cognoscimus aliquid, secundum hoc illud nominamus; " cum nomina, * secundum philosophum, " sint signa intellectuum. ' sed per prius cognoscimus creaturam quam deum. ergo nomina a nobis imposita, per prius conveniunt creaturis quam deo.

ag2 * Praeterea, secundum dionysium, in libro de div. nom., ' deum ex creaturis nominamus. sed nomina a creaturis translata in deum, per prius dicuntur de creaturis quam de deo; sicut leo, lapis, et huiusmodi. ergo omnia nomina quae de deo et de creaturis dicuntur, per prius de creaturis quam de deo dicuntur.

ag3 ' Praeterea, omnia nomina quae communiter de deo et creaturis dicuntur, dicuntur de deo sicut de causa omnium, * ut dicit dionysius. ' sed quod dicitur de aliquo per causam, per posterius de illo dicitur, per prius enim dicitur animal sanum quam medicina, quae est causa sanitatis. ergo huiusmodi nomina per prius dicuntur de creaturis quam de deo.

sc * Sed contra est quod dicitur ephes. iii, ° flecto genua mea ad patrem domini nostri iesu, ex quo omnis paternitas in caelo et in terra nominatur. ' et eadem ratio videtur de nominibus aliis quae de deo et creaturis dicuntur. ergo huiusmodi nomina per prius de deo quam de creaturis dicuntur.

co ' Respondeo dicendum quod in omnibus nominibus quae de pluribus analogice dicuntur, necesse est quod omnia dicantur per respectum ad unum, et ideo illud unum oportet quod ponatur in definitione omnium. " et quia ratio quam significat nomen, est definitio, * ut dicitur in iv metaphys., ' necesse est quod illud nomen per prius dicatur de eo quod ponitur in definitione aliorum, et per posterius de aliis, secundum ordinem quo appropinquant ad illud primum vel magis vel minus, sicut sanum quod dicitur de animali, cadit in definitione sani quod dicitur de medicina, quae dicitur sana inquantum causat sanitatem in animali; et in definitione sani quod dicitur de urina, quae dicitur sana inquantum est signum sanitatis animalis. sic ergo omnia nomina quae metaphorice de deo dicuntur, per prius de creaturis dicuntur quam de deo, quia dicta de deo, nihil aliud significant quam similitudines ad tales creaturas. sicut enim ridere, dictum de prato, nihil aliud significat quam quod pratum similiter se habet in decore cum floret, sicut homo cum ridet, secundum similitudinem proportionis; sic nomen leonis, dictum de deo, nihil aliud significat quam quod deus similiter se habet ut fortiter operetur in suis operibus, sicut leo in suis. et sic patet quod, secundum quod dicuntur de deo, eorum significatio definiri non potest, nisi per illud quod de creaturis dicitur. |25| de aliis autem nominibus, quae non metaphorice dicuntur de deo, esset etiam eadem ratio, si dicerentur de deo causaliter tantum, * ut quidam posuerunt. ' sic enim. cum dicitur deus est bonus, nihil aliud esset quam deus est causa bonitatis creaturae, et sic hoc nomen bonum, dictum de deo, clauderet in suo intellectu bonitatem creaturae. unde bonum per prius diceretur de creatura quam de deo. * sed supra ostensum est quod ' huiusmodi nomina non solum dicuntur de deo causaliter, sed etiam essentialiter. cum enim dicitur deus est bonus, vel sapiens, non solum significatur quod ipse sit causa sapientiae vel bonitatis, sed quod haec in eo eminentius praeexistunt. unde, secundum hoc, dicendum est quod, quantum ad rem significatam per nomen, per prius dicuntur de deo quam de creaturis, quia a deo huiusmodi perfectiones in creaturas manant. sed quantum ad impositionem nominis, per prius a nobis imponuntur creaturis, quas prius cognoscimus. unde et modum significandi habent qui competit creaturis, * ut supra dictum est.

ra1 ' Ad primum ergo dicendum quod obiectio illa procedit quantum ad impositionem nominis.

ra2 ' Ad secundum dicendum quod non est eadem ratio de nominibus quae metaphorice de deo dicuntur, et de aliis, * ut dictum est.

ra3 ' Ad tertium dicendum quod obiectio illa procederet, si huiusmodi nomina solum de deo causaliter dicerentur et non essentialiter, sicut sanum de medicina.

007 ST1 qu13 ar7

ag1 ‘ Ad septimum sic proceditur. videtur quod nomina quae important relationem ad creaturas, non dicantur de deo ex tempore. omnia enim huiusmodi nomina significant divinam substantiam, ut communiter dicitur. * unde et ambrosius dicit quod “hoc nomen dominus est nomen potestatis, quae est divina substantia, et creator significat dei actionem, quae est eius essentia. ‘ sed divina substantia non est temporalis, sed aeterna. ergo huiusmodi nomina non dicuntur de deo ex tempore, sed ab aeterno.

ag2 ‘ Praeterea, cuicumque convenit aliquid ex tempore, potest dici factum, quod enim ex tempore est album, fit album. sed deo non convenit esse factum. ergo de deo nihil praedicatur ex tempore.

ag3 ‘ Praeterea, si aliqua nomina dicuntur de deo ex tempore propter hoc quod important relationem ad creaturas, eadem ratio videtur de omnibus quae relationem ad creaturas important. sed quaedam nomina importantia relationem ad creaturas, dicuntur de deo ab aeterno, ab aeterno enim scivit creaturam et dilexit, * secundum illud ierem. xxxi, ° in caritate perpetua dilexi te. ‘ ergo et alia nomina quae important relationem ad creaturas, ut dominus et creator, dicuntur de deo ab aeterno.

ag4 ‘ Praeterea, huiusmodi nomina relationem significant. oportet igitur quod relatio illa vel sit aliquid in deo, vel in creatura tantum. sed non potest esse quod sit in creatura tantum, quia sic deus denominaretur dominus a relatione opposita, quae est in creaturis; nihil autem denominatur a suo opposito. relinquitur ergo quod relatio est etiam aliquid in deo. sed in deo nihil potest esse ex tempore, cum ipse sit supra tempus. ergo videtur quod huiusmodi nomina non dicantur de deo ex tempore.

ag5 ‘ Praeterea, secundum relationem dicitur aliquid relative, puta secundum dominium dominus, sicut secundum albedinem albus. si igitur relatio dominii non est in deo secundum rem, sed solum secundum rationem, sequitur quod deus non sit realiter dominus, quod patet esse falsum.

ag6 ‘ Praeterea, in relativis quae non sunt simul natura, unum potest esse, altero non existente, “ sicut scibile existit, non existente scientia, * ut dicitur in praedicamentis. ‘ sed relativa quae dicuntur de deo et creaturis, non sunt simul natura. ergo potest aliquid dici relative de deo ad creaturam, etiam creatura non existente. et sic huiusmodi nomina, dominus et creator, dicuntur de deo ab aeterno, et non ex tempore.

sc * Sed contra est quod dicit augustinus, v de trin., quod “ haec relativa appellatio dominus deo convenit ex tempore.

co ‘ Respondeo dicendum quod quaedam nomina importantia relationem ad creaturam, ex tempore de deo dicuntur, et non ab aeterno. * ad cuius evidentiam, sciendum est quod quidam posuerunt “ relationem non esse rem naturae, sed rationis tantum. ‘ quod quidem apparet esse falsum, ex hoc quod ipsae res naturalem ordinem et habitudinem habent ad invicem. veruntamen sciendum est quod, cum relatio requirat duo extrema, tripliciter se habere potest ad hoc quod sit res naturae et rationis. quandoque enim ex utraque parte est res rationis tantum, quando scilicet ordo vel habitudo non potest esse inter aliqua, nisi secundum apprehensionem rationis tantum, utpote cum dicimus idem eidem idem. nam secundum quod ratio apprehendit bis aliquod unum, statuit illud ut duo; et sic apprehendit quandam habitudinem ipsius ad seipsum. et similiter est de omnibus relationibus quae sunt inter ens et non ens; quas format ratio, inquantum apprehendit non ens ut quoddam extremum. et idem est de omnibus relationibus quae consequuntur actum rationis, ut genus et species, et huiusmodi. quaedam vero relationes sunt, quantum ad utrumque extremum, res naturae, quando scilicet est habitudo inter aliqua duo secundum aliquid realiter conveniens utrique. sicut patet de omnibus relationibus quae consequuntur quantitatem, ut magnum et parvum, duplum et dimidium, et huiusmodi, nam quantitas est |25| in utroque extremorum. et simile est de relationibus quae consequuntur actionem et passionem, ut motivum et mobile, pater et filius, et similia. quandoque vero relatio in uno extremorum est res naturae, et in altero est res rationis tantum. et hoc contingit quandocumque duo extrema non sunt unius ordinis. sicut sensus et scientia referuntur ad sensibile et scibile, quae quidem, inquantum sunt res quaedam in esse naturali existentes, sunt extra ordinem esse sensibilis et intelligibilis, et ideo in scientia quidem et sensu est relatio realis, secundum quod ordinantur ad sciendum vel sentiendum res; sed res ipsae in se consideratae, sunt extra ordinem huiusmodi. unde in eis non est aliqua relatio realiter ad scientiam et sensum; sed secundum rationem tantum, inquantum intellectus apprehendit ea ut terminos relationum scientiae et sensus. * unde philosophus dicit, in v metaphys., quod “ non dicuntur relative eo quod ipsa referantur ad alia, sed quia alia referuntur ad ipsa. ‘ et similiter dextrum non dicitur de columna, nisi inquantum ponitur animali ad dextram, unde huiusmodi relatio non est realiter in columna, sed in animali. cum igitur deus sit extra totum ordinem creaturae, et omnes creaturae ordinentur ad ipsum, et non e converso, manifestum est quod creaturae realiter referuntur ad ipsum deum; sed in deo non est aliqua realis relatio eius ad creaturas, sed secundum rationem tantum, inquantum |50| creaturae referuntur ad ipsum. et sic nihil prohibet huiusmodi nomina importantia relationem ad creaturam, praedicari de deo ex tempore, non propter aliquam mutationem ipsius, sed propter creaturae mutationem; sicut columna fit dextera animali, nulla mutatione circa ipsam existente, sed animali translato.

ra1 ‘ Ad primum ergo dicendum quod relativa quaedam sunt imposita ad significandum ipsas habitudines relativas, ut dominus, servus, pater et filius, et huiusmodi, et haec dicuntur relativa secundum esse. quaedam vero sunt imposita ad significandas res quas consequuntur quaedam habitudines, sicut movens et motum, caput et capitatum, et alia huiusmodi, quae dicuntur relativa secundum dici. sic igitur et circa nomina divina haec differentia est consideranda. nam quaedam significant ipsam habitudinem ad creaturam, ut dominus. et huiusmodi non significant substantiam divinam directe, sed indirecte, inquantum praesupponunt ipsam, sicut dominium praesupponit potestatem, quae est divina substantia. quaedam vero significant directe essentiam divinam, et ex consequenti important habitudinem; sicut salvator, creator, et huiusmodi, significant actionem dei, quae est eius essentia. utraque tamen nomina ex tempore de deo dicuntur quantum ad habitudinem quam important, vel principaliter vel consequenter, non autem quantum ad hoc quod significant essentiam, vel directe vel indirecte.

ra2 ‘ Ad secundum dicendum quod, sicut relationes quae de deo dicuntur ex tempore, non sunt in deo nisi secundum rationem, ita nec fieri nec factum esse dicitur de deo, nisi secundum rationem, nulla mutatione circa ipsum existente, * sicut est id, ° domine refugium factus es nobis.

ra3 ‘ Ad tertium dicendum quod operatio intellectus et voluntatis est in operante, et ideo nomina quae significant relationes consequentes actionem intellectus vel voluntatis, dicuntur de deo ab aeterno. quae vero consequuntur actiones procedentes, secundum modum intelligendi, ad exteriores effectus, dicuntur de deo ex tempore, ut salvator, creator, et huiusmodi.

ra4 ‘ Ad quartum dicendum quod relationes significatae per huiusmodi nomina quae dicuntur de deo ex tempore, sunt in deo secundum rationem tantum, oppositae autem relationes in creaturis sunt secundum rem. nec est inconveniens quod a relationibus realiter existentibus in re, deus denominetur, tamen secundum quod cointelliguntur per intellectum nostrum oppositae relationes in deo. ut sic deus dicatur relative ad creaturam, quia creatura refertur ad ipsum, * sicut philosophus dicit, in v metaphys., quod “ scibile dicitur relative, quia scientia refertur ad ipsum.

ra5 ‘ Ad quintum dicendum quod, cum ea ratione referatur deus ad creaturam, qua creatura refertur ad ipsum; cum relatio subiectionis realiter sit in creatura, sequitur quod deus non secundum rationem tantum, sed realiter sit dominus. eo enim modo dicitur dominus, quo creatura ei subiecta est.

ra6 ‘ Ad sextum dicendum quod, ad cognoscendum utrum relativa sint simul natura vel non, non oportet considerare ordinem rerum de quibus relativa dicuntur, sed significationes ipsorum relativorum. si enim unum in sui intellectu claudat aliud et e converso, tunc sunt simul natura, sicut duplum et dimidium, pater et filius, et similia. si autem unum in sui intellectu claudat aliud, et non e converso, tunc non sunt simul natura. et hoc modo se habent scientia et scibile. nam scibile dicitur secundum potentiam, scientia autem secundum habitum, vel secundum actum. unde scibile, secundum modum suae significationis, praeexistit scientiae. sed si accipiatur scibile secundum actum, tunc est simul cum scientia secundum actum, nam scitum non est aliquid nisi sit eius scientia. licet igitur deus sit prior creaturis, quia tamen in significatione domini clauditur quod habeat servum, et e converso, ista duo relativa, dominus et servus, sunt simul natura. unde deus non fuit dominus, antequam haberet creaturam sibi subiectam.

007 ST1 qu13 ar8

ag1 ‘ Ad octavum sic proceditur. videtur quod hoc nomen deus non sit nomen naturae. * dicit enim damascenus, in i libro, quod ° deus dicitur a theein, “ quod est currere, et fovere universa; ° vel ab aethein, idest ardere (deus enim noster ignis consumens est omnem malitiam); vel a theasthai, “ quod est considerare, omnia. ‘ haec autem omnia ad operationem pertinent. ergo hoc nomen deus operationem significat, et non naturam.

ag2 ‘ Praeterea, secundum hoc aliquid nominatur a nobis, secundum quod cognoscitur. sed divina natura est nobis ignota. ergo hoc nomen deus non significat naturam divinam.

sc ‘ Sed contra est quod * dicit ambrosius, in libro i de fide, quod “ deus est nomen naturae.

co ‘ Respondeo dicendum quod non est semper idem id a quo imponitur nomen ad significandum, et id ad quod significandum nomen imponitur. sicut enim substantiam rei ex proprietatibus vel operationibus eius cognoscimus, ita substantiam rei denominamus quandoque ab aliqua eius operatione vel proprietate, sicut substantiam lapidis denominamus ab aliqua actione eius, quia laedit pedem; non tamen hoc nomen impositum est ad significandum hanc actionem, sed substantiam lapidis. si qua vero sunt quae secundum se sunt nota nobis, ut calor, frigus, albedo, et huiusmodi, non ab aliis denominantur. unde in talibus idem est quod nomen significat, et id a quo imponitur nomen ad significandum. quia igitur deus non est notus nobis in sui natura, sed innotescit nobis ex operationibus vel effectibus eius, ex his possumus eum nominare, * ut supra dictum est. ‘ unde hoc nomen deus est nomen operationis, quantum ad id a quo imponitur ad significandum. imponitur enim hoc nomen ab universali rerum providentia, omnes enim loquentes de deo, hoc intendunt nominare deum, quod habet providentiam universalem de rebus. * unde dicit dionysius, xii cap. de div. nom., quod ° deitas est quae omnia videt providentia et bonitate perfecta. ‘ ex hac autem operatione hoc nomen deus assumptum, |25| impositum est ad significandum divinam naturam.

ra1 ‘ Ad primum ergo dicendum quod omnia quae posuit damascenus, pertinent ad providentiam, a qua imponitur hoc nomen deus ad significandum.

ra2 ‘ Ad secundum dicendum quod, secundum quod naturam alicuius rei ex eius proprietatibus et effectibus cognoscere possumus, sic eam nomine possumus significare. unde, quia substantiam lapidis ex eius proprietate possumus cognoscere secundum seipsam, sciendo quid est lapis, hoc nomen lapis ipsam lapidis naturam, secundum quod in se est, significat, significat enim definitionem lapidis, per quam scimus quid est lapis. “ ratio enim quam significat nomen, est definitio, * ut dicitur in iv metaphys.. ‘ sed ex effectibus divinis divinam naturam non possumus cognoscere secundum quod in se est, ut sciamus de ea quid est; sed per modum eminentiae et causalitatis et negationis, * ut supra dictum est. ‘ et sic hoc nomen deus significat naturam divinam. impositum est enim nomen hoc ad aliquid significandum supra omnia existens, quod est principium omnium, et remotum ab omnibus. hoc enim intendunt significare nominantes deum.

007 ST1 qu13 ar9

ag1 ‘ Ad nonum sic proceditur. videtur quod hoc nomen deus sit communicabile. cuicumque enim communicatur res significata per nomen, communicatur et nomen ipsum. sed hoc nomen deus, * ut dictum est, ‘ significat divinam naturam, quae est communicabilis aliis, * secundum illud ii pet. i, ° magna et pretiosa promissa nobis donavit, ut per hoc efficiamur divinae consortes naturae. ‘ ergo hoc nomen deus est communicabile.

ag2 ‘ Praeterea, sola nomina propria non sunt communicabilia. sed hoc nomen deus non est nomen proprium, sed appellativum, quod patet ex hoc quod habet plurale, * secundum illud psalmi lxxxi, ° ego dixi, dii estis. ‘ ergo hoc nomen deus est communicabile.

ag3 ‘ Praeterea, hoc nomen deus imponitur ab operatione, * ut dictum est. ‘ sed alia nomina quae imponuntur deo ab operationibus, sive ab effectibus, sunt communicabilia, ut bonus, sapiens et huiusmodi. ergo et hoc nomen deus est communicabile.

sc * Sed contra est quod dicitur sap. xiv, ° incommunicabile nomen lignis et lapidibus imposuerunt; “ et loquitur de nomine deitatis. ‘ ergo hoc nomen deus est nomen incommunicabile.

co ‘ Respondeo dicendum quod aliquod nomen potest esse communicabile dupliciter, uno modo, proprie; alio modo, per similitudinem. proprie quidem communicabile est, quod secundum totam significationem nominis, est communicabile multis. per similitudinem autem communicabile est, quod est communicabile secundum aliquid eorum quae includuntur in nominis significatione. hoc enim nomen leo proprie communicatur omnibus illis in quibus invenitur natura quam significat hoc nomen leo, per similitudinem vero communicabile est illis qui participant aliquid leoninum, ut puta audaciam vel fortitudinem, qui metaphorice leones dicuntur. ad sciendum autem quae nomina proprie sunt communicabilia, considerandum est quod omnis forma in supposito singulari existens, per quod individuatur, communis est multis, vel secundum rem vel secundum rationem saltem, sicut natura humana communis est multis secundum rem et rationem, natura autem solis non est communis multis secundum rem, sed secundum rationem tantum; potest enim natura solis intelligi ut in pluribus suppositis existens. et hoc ideo, quia intellectus intelligit naturam cuiuslibet speciei per abstractionem a singulari, unde esse in uno supposito singulari vel in pluribus, est praeter intellectum naturae speciei, unde, servato intellectu naturae speciei, potest intelligi ut in pluribus existens. sed singulare, ex hoc ipso quod est singulare, est divisum ab omnibus aliis. unde |25| omne nomen impositum ad significandum aliquod singulare, est incommunicabile et re et ratione, non enim potest nec in apprehensione cadere pluralitas huius individui. unde nullum nomen significans aliquod individuum, est communicabile multis proprie, sed solum secundum similitudinem; sicut aliquis metaphorice potest dici achilles, inquantum habet aliquid de proprietatibus achillis, scilicet fortitudinem. formae vero quae non individuantur per aliquod suppositum, sed per seipsas (quia scilicet sunt formae subsistentes), si intelligerentur secundum quod sunt in seipsis, non possent communicari nec re neque ratione; sed forte per similitudinem, * sicut dictum est de individuis. ‘ sed quia formas simplices per se subsistentes non possumus intelligere secundum quod sunt, sed intelligimus eas ad modum rerum compositarum habentium formas in materia; ideo, * ut dictum est, ‘ imponimus eis nomina concreta significantia naturam in aliquo supposito. unde, quantum pertinet ad rationem nominum, eadem ratio est de nominibus quae a nobis imponuntur ad significandum naturas rerum compositarum, et de nominibus quae a nobis imponuntur ad significandum naturas simplices subsistentes. unde, cum hoc nomen deus impositum sit ad significandum naturam divinam, * ut dictum est; |50| ‘ natura autem divina multiplicabilis non est, * ut supra ostensum est, ‘ sequitur quod hoc nomen deus incommunicabile quidem sit secundum rem, sed communicabile sit secundum opinionem, quemadmodum hoc nomen sol esset communicabile secundum opinionem ponentium multos soles. * et secundum hoc dicitur gal. iv, ° his qui natura non sunt dii, serviebatis; * glossa, ° non sunt dii natura, sed opinione hominum. ‘ est nihilominus communicabile hoc nomen deus, non secundum suam totam significationem, sed secundum aliquid eius, per quandam similitudinem, ut dii dicantur, qui participant aliquid divinum per similitudinem, * secundum illud, ° ego dixi, dii estis. ‘ si vero esset aliquod nomen impositum ad significandum deum non ex parte naturae, sed ex parte suppositi, secundum quod consideratur ut hoc aliquid, illud nomen esset omnibus modis incommunicabile, sicut forte est nomen tetragrammaton apud hebraeos. et est simile si quis imponeret nomen soli designans hoc individuum.

ra1 ‘ Ad primum ergo dicendum quod natura divina non est communicabilis nisi secundum similitudinis participationem.

ra2 ‘ Ad secundum dicendum quod hoc nomen deus est nomen appellativum, et non proprium, quia significat naturam divinam ut in habente; licet ipse deus, secundum rem, non sit nec universalis nec particularis. nomina enim non sequuntur modum essendi qui est in rebus, sed modum essendi secundum quod in cognitione nostra est. et tamen, secundum rei veritatem, est incommunicabile, * secundum quod dictum est de hoc nomine sol.

ra3 ‘ Ad tertium dicendum quod haec nomina bonus, sapiens, et similia, imposita quidem sunt a perfectionibus procedentibus a deo in creaturas, non tamen sunt imposita ad significandum divinam naturam, sed ad significandum ipsas perfectiones absolute. et ideo etiam secundum rei veritatem sunt communicabilia multis. sed hoc nomen deus impositum est ab operatione propria deo, quam experimur continue, ad significandum divinam naturam.

007 ST1 qu13 ar10

ag1 ‘ Ad decimum sic proceditur. videtur quod hoc nomen deus univoce dicatur de deo per naturam, et per participationem, et secundum opinionem. ubi enim est diversa significatio, non est contradictio affirmantis et negantis, aequivocatio enim impedit contradictionem sed catholicus dicens idolum non est deus, contradicit pagano dicenti idolum est deus. ergo deus utrobique sumptum univoce dicitur.

ag2 ‘ Praeterea, sicut idolum est deus secundum opinionem et non secundum veritatem, ita fruitio carnalium delectationum dicitur felicitas secundum opinionem, et non secundum veritatem. sed hoc nomen beatitudo univoce dicitur de hac beatitudine opinata, et de hac beatitudine vera. ergo et hoc nomen deus univoce dicitur de deo secundum veritatem, et de deo secundum opinionem.

ag3 ‘ Praeterea, univoca dicuntur quorum est ratio una. sed catholicus, cum dicit unum esse deum, intelligit nomine dei rem omnipotentem, et super omnia venerandam, et hoc idem intelligit gentilis, cum dicit idolum esse deum. ergo hoc nomen deus univoce dicitur utrobique.

sc1 “ Sed contra, illud quod est in intellectu, est similitudo eius quod est in re, * ut dicitur in i periherm.. ‘ sed animal, dictum de animali vero et de animali picto, aequivoce dicitur. ergo hoc nomen deus, dictum de deo vero et de deo secundum opinionem, aequivoce dicitur.

sc2 ‘ Praeterea, nullus potest significare id quod non cognoscit, sed gentilis non cognoscit naturam divinam, ergo, cum dicit idolum est deus, non significat veram deitatem. hanc autem significat catholicus dicens unum esse deum. ergo hoc nomen deus non dicitur univoce, sed aequivoce, de deo vero, et de deo secundum opinionem.

co ‘ Respondeo dicendum quod hoc nomen deus, in praemissis tribus significationibus, non accipitur neque univoce neque aequivoce, sed analogice. quod ex hoc patet. quia univocorum est omnino eadem ratio, aequivocorum est omnino ratio diversa, in analogicis vero, oportet quod nomen secundum unam significationem acceptum, ponatur in definitione eiusdem nominis secundum alias significationes acceptι. sicut ens de substantia dictum, ponitur in definitione entis secundum quod de accidente dicitur; et sanum dictum de animali, ponitur in definitione sani secundum quod dicitur de urina et de medicina; huius enim sani quod est in animali, urina est significativa, et medicina factiva. sic accidit in proposito. nam hoc nomen deus, secundum quod pro deo vero sumitur, in ratione dei sumitur secundum quod dicitur deus secundum opinionem vel participationem. cum enim aliquem nominamus deum secundum participationem, intelligimus nomine dei aliquid habens similitudinem veri dei. similiter cum idolum nominamus deum, hoc nomine deus intelligimus significari aliquid, de quo homines opinantur quod sit deus. et sic manifestum est quod alia et alia est significatio nominis, sed una illarum significationum clauditur in significationibus aliis. unde manifestum est quod analogice dicitur.

ra1 ‘ Ad primum ergo dicendum quod nominum multiplicitas non attenditur secundum nominis praedicationem, sed secundum significationem, hoc enim nomen homo, de quocumque praedicetur, sive vere sive false, dicitur uno modo. sed tunc multipliciter diceretur, si per hoc nomen homo intenderemus significare diversa, puta, si unus intenderet significare per hoc nomen homo id quod vere est homo, et alius intenderet significare eodem nomine lapidem, vel aliquid aliud. unde patet quod catholicus dicens idolum non esse deum, contradicit pagano hoc asserenti, quia uterque utitur hoc nomine deus ad significandum verum deum. cum enim paganus dicit idolum esse deum, non utitur hoc nomine secundum quod significat deum opinabilem, sic enim verum diceret, cum etiam catholici interdum in tali significatione hoc nomine utantur, * ut cum dicitur, ° omnes dii gentium daemonia.

ra2 ‘ Et similiter dicendum ad secundum et tertium. nam illae rationes procedunt secundum diversitatem praedicationis nominis, et non secundum diversam significationem.

ra4 ‘ Ad quartum dicendum quod animal dictum de animali vero et de picto, non dicitur pure aequivoce; * sed philosophus “ largo modo accipit aequivoca, secundum quod includunt in se analoga. ‘ quia et ens, quod analogice dicitur, aliquando dicitur aequivoce praedicari de diversis praedicamentis.

ra5 ‘ Ad quintum dicendum quod ipsam naturam dei prout in se est, neque catholicus neque paganus cognoscit, sed uterque cognoscit eam secundum aliquam rationem causalitatis vel excellentiae vel remotionis, * ut supra dictum est. ‘ et secundum hoc, in eadem significatione accipere potest gentilis hoc nomen deus, cum dicit idolum est deus, in qua accipit ipsum catholicus dicens idolum non est deus. si vero aliquis esset qui secundum nullam rationem deum cognosceret, nec ipsum nominaret, nisi forte sicut proferimus nomina quorum significationem ignoramus.

007 ST1 qu13 ar11

ag1 ‘ Ad undecimum sic proceditur. videtur quod hoc nomen qui est non sit maxime proprium nomen dei. hoc enim nomen deus est nomen incommunicabile, * ut dictum est. ‘ sed hoc nomen qui est non est nomen incommunicabile. ergo hoc nomen qui est non est maxime proprium nomen dei.

ag2 * Praeterea, dionysius dicit, iii cap. de div. nom., quod ° boni nominatio est manifestativa omnium dei processionum. ‘ sed hoc maxime deo convenit, quod sit universale rerum principium. ergo hoc nomen bonum est maxime proprium dei, et non hoc nomen qui est.

ag3 ‘ Praeterea, omne nomen divinum videtur importare relationem ad creaturas, cum deus non cognoscatur a nobis nisi per creaturas. sed hoc nomen qui est nullam importat habitudinem ad creaturas. ergo hoc nomen qui est non est maxime proprium nomen dei.

sc * Sed contra est quod dicitur exod. iii, quod “ moysi quaerenti, ° si dixerint mihi, quod est nomen eius? quid dicam eis? “ et respondit ei dominus, ° sic dices eis, qui est misit me ad vos. ‘ ergo hoc nomen qui est est maxime proprium nomen dei.

co ‘ Respondeo dicendum quod hoc nomen qui est triplici ratione est maxime proprium nomen dei. primo quidem, propter sui significationem. non enim significat formam aliquam, sed ipsum esse. unde, cum esse dei sit ipsa eius essentia, et hoc nulli alii conveniat, * ut supra ostensum est, ‘ manifestum est quod inter alia nomina hoc maxime proprie nominat deum, unumquodque enim denominatur a sua forma. secundo, propter eius universalitatem. omnia enim alia nomina vel sunt minus communia; vel, si convertantur cum ipso, tamen addunt aliqua supra ipsum secundum rationem; unde quodammodo informant et determinant ipsum. intellectus autem noster non potest ipsam dei essentiam cognoscere in statu viae, secundum quod in se est, sed quemcumque modum determinet circa id quod de deo intelligit, deficit a modo quo deus in se est. et ideo, quanto aliqua nomina sunt minus determinata, et magis communia et absoluta, tanto magis proprie dicuntur de deo a nobis. * unde et damascenus dicit quod ° principalius omnibus quae de deo dicuntur nominibus, est qui est, totum enim in seipso comprehendens, habet ipsum esse velut quoddam pelagus substantiae infinitum et indeterminatum. ‘ quolibet enim alio nomine determinatur aliquis modus substantiae rei, sed hoc nomen qui est nullum modum essendi determinat, |25| sed se habet indeterminate ad omnes; * et ideo nominat ipsum ° pelagus substantiae infinitum. ‘ tertio vero, ex eius consignificatione. significat enim esse in praesenti, et hoc maxime proprie de deo dicitur, “ cuius esse non novit praeteritum vel futurum, * ut dicit augustinus in v de trin..

ra1 ‘ Ad primum ergo dicendum quod hoc nomen qui est est magis proprium nomen dei quam hoc nomen deus, quantum ad id a quo imponitur, scilicet ab esse, et quantum ad modum significandi et consignificandi, * ut dictum est. ‘ sed quantum ad id ad quod imponitur nomen ad significandum, est magis proprium hoc nomen deus, quod imponitur ad significandum naturam divinam. et adhuc magis proprium nomen est tetragrammaton, quod est impositum ad significandam ipsam dei substantiam incommunicabilem, et, ut sic liceat loqui, singularem.

ra2 ‘ Ad secundum dicendum quod hoc nomen bonum est principale nomen dei inquantum est causa, non tamen simpliciter, nam esse absolute praeintelligitur causae.

ra3 ‘ Ad tertium dicendum quod non est necessarium quod omnia nomina divina importent habitudinem ad creaturas; sed sufficit quod imponantur ab aliquibus perfectionibus procedentibus a deo in creaturas. inter quas prima est ipsum esse, a qua sumitur hoc nomen qui est.

007 ST1 qu13 ar12

ag1 ‘ Ad duodecimum sic proceditur. videtur quod propositiones affirmativae non possunt formari de deo. * dicit enim dionysius, ii cap. cael. hier., quod ° negationes de deo sunt verae, affirmationes autem incompactae.

ag2 * Praeterea, boetius dicit, in libro de trin., quod ° forma simplex subiectum esse non potest. ‘ sed deus maxime est forma simplex, * ut supra ostensum est. ‘ ergo non potest esse subiectum. sed omne illud de quo propositio affirmativa formatur, accipitur ut subiectum. ergo de deo propositio affirmativa formari non potest.

ag3 ‘ Praeterea, omnis intellectus intelligens rem aliter quam sit, est falsus. sed deus habet esse absque omni compositione, * ut supra probatum est. ‘ cum igitur omnis intellectus affirmativus intelligat aliquid cum compositione, videtur quod propositio affirmativa vere de deo formari non possit.

sc ‘ Sed contra est quod fidei non subest falsum. sed propositiones quaedam affirmativae subduntur fidei, utpote quod deus est trinus et unus, et quod est omnipotens. ergo propositiones affirmativae possunt vere formari de deo.

co ‘ Respondeo dicendum quod propositiones affirmativae possunt vere formari de deo. ad cuius evidentiam, sciendum est quod in qualibet propositione affirmativa vera, oportet quod praedicatum et subiectum significent idem secundum rem aliquo modo, et diversum secundum rationem. et hoc patet tam in propositionibus quae sunt de praedicato accidentali, quam in illis quae sunt de praedicato substantiali. manifestum est enim quod homo et albus sunt idem subiecto, et differunt ratione, alia enim est ratio hominis, et alia ratio albi. et similiter cum dico homo est animal, illud enim ipsum quod est homo, vere animal est; in eodem enim supposito est et natura sensibilis, a qua dicitur animal, et rationalis, a qua dicitur homo. unde hic etiam praedicatum et subiectum sunt idem supposito, sed diversa ratione. sed et in propositionibus in quibus idem praedicatur de seipso, hoc aliquo modo invenitur; inquantum intellectus id quod ponit ex parte subiecti, trahit ad partem suppositi, quod vero ponit ex parte praedicati, trahit ad naturam formae in supposito existentis, secundum quod dicitur quod praedicata tenentur formaliter, et subiecta materialiter. huic vero diversitati quae est secundum rationem, respondet pluralitas praedicati et subiecti, identitatem vero rei significat intellectus per ipsam compositionem. deus autem, in se consideratus, est omnino unus et simplex, sed tamen intellectus noster secundum diversas conceptiones ipsum |25| cognoscit, eo quod non potest ipsum ut in seipso est, videre. sed tamen, quamvis intelligat ipsum sub diversis conceptionibus, cognoscit tamen quod omnibus suis conceptionibus respondet una et eadem res simpliciter. hanc ergo pluralitatem quae est secundum rationem, repraesentat per pluralitatem praedicati et subiecti, unitatem vero repraesentat intellectus per compositionem.

ra1 * Ad primum ergo dicendum quod dionysius dicit “ affirmationes de deo esse incompactas, vel inconvenientes * secundum aliam translationem, ‘ inquantum nullum nomen deo competit secundum modum significandi, * ut supra dictum est.

ra2 ‘ Ad secundum dicendum quod intellectus noster non potest formas simplices subsistentes secundum quod in seipsis sunt, apprehendere, sed apprehendit eas secundum modum compositorum, in quibus est aliquid quod subiicitur, et est aliquid quod inest. et ideo apprehendit formam simplicem in ratione subiecti, et attribuit ei aliquid.

ra3 ‘ Ad tertium dicendum quod haec propositio, intellectus intelligens rem aliter quam sit, est falsus, est duplex, ex eo quod hoc adverbium aliter potest determinare hoc verbum intelligit ex parte intellecti, vel ex parte intelligentis. si ex parte intellecti, sic propositio vera est, et est sensus, quicumque intellectus intelligit rem esse aliter quam sit, falsus est. sed hoc non habet locum in proposito, quia intellectus noster, formans propositionem de deo, non dicit eum esse compositum, sed simplicem. si vero ex parte intelligentis, sic propositio falsa est. alius est enim modus intellectus in intelligendo, quam rei in essendo. manifestum est enim quod intellectus noster res materiales infra se existentes intelligit immaterialiter; non quod intelligat eas esse immateriales, sed habet modum immaterialem in intelligendo. et similiter, cum intelligit simplicia quae sunt supra se, intelligit ea secundum modum suum, scilicet composite, non tamen ita quod intelligat ea esse composita. et sic intellectus noster non est falsus, formans compositionem de deo.

007 ST1 qu14 ar

pr ‘ Post considerationem eorum quae ad divinam substantiam pertinent, restat considerandum de his quae pertinent ad operationem ipsius. et quia operatio quaedam est quae manet in operante, quaedam vero quae procedit in exteriorem effectum, primo agemus de scientia et voluntate (nam intelligere in intelligente est, et velle in volente); et postmodum de potentia dei, quae consideratur ut principium operationis divinae in effectum exteriorem procedentis. quia vero intelligere quoddam vivere est, post considerationem divinae scientiae, considerandum erit de vita divina. et quia scientia verorum est, erit etiam considerandum de veritate et falsitate. rursum, quia omne cognitum in cognoscente est, rationes autem rerum secundum quod sunt in deo cognoscente, ideae vocantur, cum consideratione scientiae erit etiam adiungenda consideratio de ideis. circa scientiam vero quaeruntur sexdecim. primo, utrum in deo sit scientia. secundo, utrum deus intelligat seipsum. tertio, utrum comprehendat se. quarto, utrum suum intelligere sit sua substantia. quinto, utrum intelligat alia a se. sexto, utrum habeat de eis propriam cognitionem. septimo, utrum scientia dei sit discursiva. octavo, utrum scientia dei sit causa rerum. nono, utrum scientia dei sit eorum quae non sunt. decimo, utrum sit malorum. undecimo, utrum sit singularium. duodecimo, utrum sit infinitorum. decimotertio, utrum sit contingentium futurorum. decimoquarto, utrum sit enuntiabilium. decimoquinto, utrum scientia dei sit |25| variabilis. decimosexto, utrum deus de rebus habeat speculativam scientiam vel practicam.

007 ST1 qu14 ar1

ag1 ‘ Ad primum sic proceditur. videtur quod in deo non sit scientia. scientia enim habitus est, qui deo non competit, cum sit medius inter potentiam et actum. ergo scientia non est in deo.
ag2 ‘ Praeterea, scientia, cum sit conclusionum, est quaedam cognitio ab alio causata, scilicet ex cognitione principiorum. sed nihil causatum est in deo. ergo scientia non est in deo.
ag3 ‘ Praeterea, omnis scientia vel universalis vel particularis est. sed in deo non est universale et particulare, * ut ex superioribus patet; ‘ ergo in deo non est scientia.
sc * Sed contra est quod apostolus dicit rom. xi, ° o altitudo divitiarum sapientiae et scientiae dei.
co ‘ Respondeo dicendum quod in deo perfectissime est scientia. ad cuius evidentiam, considerandum est quod cognoscentia a non cognoscentibus in hoc distinguuntur, quia non cognoscentia nihil habent nisi formam suam tantum; sed cognoscens natum est habere formam etiam rei alterius, nam species cogniti est in cognoscente. unde manifestum est quod natura rei non cognoscentis est magis coarctata et limitata, natura autem rerum cognoscentium habet maiorem amplitudinem et extensionem. propter quod * dicit philosophus, iii de anima, quod ° anima est quodammodo omnia. ‘ coarctatio autem formae est per materiam. * unde et supra diximus quod ‘ formae, secundum quod sunt magis immateriales, secundum hoc magis accedunt ad quandam infinitatem. patet igitur quod immaterialitas alicuius rei est ratio quod sit cognoscitiva; et secundum modum immaterialitatis est modus cognitionis. * unde in ii de anima dicitur quod “ plantae non cognoscunt, propter suam materialitatem. ‘ sensus autem cognoscitivus est, quia receptivus est specierum sine materia, et intellectus adhuc magis cognoscitivus, quia magis separatus |25| est a materia et immixtus, * ut dicitur in iii de anima. ‘ unde, cum deus sit in summo immaterialitatis, * ut ex superioribus patet, ‘ sequitur quod ipse sit in summo cognitionis.
ra1 ‘ Ad primum ergo dicendum quod, quia perfectiones procedentes a deo in creaturas, altiori modo sunt in deo, * ut supra dictum est, ‘ oportet quod, quandocumque aliquod nomen sumptum a quacumque perfectione creaturae deo attribuitur, secludatur ab eius significatione omne illud quod pertinet ad imperfectum modum qui competit creaturae. unde scientia non est qualitas in deo vel habitus, sed substantia et actus purus.
ra2 ‘ Ad secundum dicendum quod ea quae sunt divisim et multipliciter in creaturis, in deo sunt simpliciter et unite, * ut supra dictum est. ‘ homo autem, secundum diversa cognita, habet diversas cognitiones, nam secundum quod cognoscit principia, dicitur habere intelligentiam; scientiam vero, secundum quod cognoscit conclusiones; sapientiam, secundum quod cognoscit causam altissimam; consilium vel prudentiam, secundum quod cognoscit agibilia. sed haec omnia deus una et simplici cognitione cognoscit, * ut infra patebit. ‘ unde simplex dei cognitio omnibus istis nominibus nominari potest, ita tamen quod ab unoquoque eorum, secundum quod in divinam praedicationem venit, secludatur quidquid imperfectionis est, et retineatur quidquid perfectionis est. * et secundum hoc dicitur iob xii, ° apud ipsum est sapientia et fortitudo; ipse habet consilium et intelligentiam.
ra3 ‘ Ad tertium dicendum quod scientia est secundum modum cognoscentis, scitum enim est in sciente secundum modum scientis. et ideo, cum modus divinae essentiae sit altior quam modus quo creaturae sunt, scientia divina non habet modum creatae scientiae, ut scilicet sit universalis vel particularis, vel in habitu vel in potentia, vel secundum aliquem talem modum disposita.

007 ST1 qu14 ar2

ag1 ‘ Ad secundum sic proceditur. videtur quod deus non intelligat se. * dicitur enim in libro de causis, quod ° omnis sciens qui scit suam essentiam, est rediens ad essentiam suam reditione completa. ‘ sed deus non exit extra essentiam suam, nec aliquo modo movetur, et sic non competit sibi redire ad essentiam suam. ergo ipse non est sciens essentiam suam.
ag2 “ Praeterea, intelligere est quoddam pati et moveri, * ut dicitur in iii de anima, ‘ scientia etiam est assimilatio ad rem scitam, et scitum etiam est perfectio scientis. sed nihil movetur, vel patitur, vel perficitur a seipso; neque similitudo sibi est, * ut hilarius dicit. ‘ ergo deus non est sciens seipsum.
ag3 ‘ Praeterea, praecipue deo sumus similes secundum intellectum, “ quia secundum mentem sumus ad imaginem dei, * ut dicit augustinus. “ sed intellectus noster non intelligit se, nisi sicut intelligit alia, * ut dicitur in iii de anima. ‘ ergo nec deus intelligit se, nisi forte intelligendo alia.
sc * Sed contra est quod dicitur i ad cor. ii, ° quae sunt dei, nemo novit nisi spiritus dei.
co ‘ Respondeo dicendum quod deus se per seipsum intelligit. ad cuius evidentiam, sciendum est quod, licet in operationibus quae transeunt in exteriorem effectum, obiectum operationis, quod significatur ut terminus, sit aliquid extra operantem; tamen in operationibus quae sunt in operante, obiectum quod significatur ut terminus operationis, est in ipso operante; et secundum quod est in eo, sic est operatio in actu. * unde dicitur in libro de anima, quod “ sensibile in actu est sensus in actu, et intelligibile in actu est intellectus in actu. ‘ ex hoc enim aliquid in actu sentimus vel intelligimus, quod intellectus noster vel sensus informatur in actu per speciem sensibilis vel intelligibilis. et secundum hoc tantum sensus vel intellectus aliud est a sensibili vel intelligibili, quia utrumque est in potentia. cum igitur deus nihil potentialitatis habeat, sed sit actus purus, oportet quod in eo intellectus et intellectum sint idem omnibus modis, ita scilicet, ut neque careat specie intelligibili, sicut intellectus noster cum intelligit in potentia; neque species intelligibilis sit aliud a substantia intellectus divini, sicut accidit in intellectu nostro, cum est actu intelligens; sed ipsa species intelligibilis est ipse intellectus divinus. |25| et sic seipsum per seipsum intelligit.
ra1 “ Ad primum ergo dicendum quod redire ad essentiam suam nihil aliud est quam rem subsistere in seipsa. ‘ forma enim, inquantum perficit materiam dando ei esse, quodammodo supra ipsam effunditur, inquantum vero in seipsa habet esse, in seipsam redit. virtutes igitur cognoscitivae quae non sunt subsistentes, sed actus aliquorum organorum, non cognoscunt seipsas; sicut patet in singulis sensibus. sed virtutes cognoscitivae per se subsistentes, cognoscunt seipsas. * et propter hoc dicitur in libro de causis, quod ° sciens essentiam suam, redit ad essentiam suam. ‘ per se autem subsistere maxime convenit deo. * unde secundum hunc modum loquendi, “ ipse est maxime rediens ad essentiam suam, et cognoscens seipsum.
ra2 ‘ Ad secundum dicendum quod moveri et pati sumuntur aequivoce “ secundum quod intelligere dicitur esse quoddam moveri vel pati, * ut dicitur in iii de anima. ‘ non enim intelligere est motus qui est actus imperfecti, qui est ab alio in aliud, sed actus perfecti, existens in ipso agente. similiter etiam quod intellectus perficiatur ab intelligibili vel assimiletur ei, hoc convenit intellectui qui quandoque est in potentia, quia per hoc quod est in potentia, differt ab intelligibili, et assimilatur ei per speciem intelligibilem, quae est similitudo rei intellectae; et perficitur per ipsam, sicut potentia per actum. sed intellectus divinus, qui nullo modo est in potentia, non perficitur per intelligibile, neque assimilatur ei, sed est sua perfectio et suum intelligibile.
ra3 ‘ Ad tertium dicendum quod esse naturale non est materiae primae, quae est in potentia, nisi secundum quod est reducta in actum per formam. intellectus autem noster possibilis se habet in ordine intelligibilium, sicut materia prima in ordine rerum naturalium, eo quod est in potentia ad intelligibilia, sicut materia prima ad naturalia. unde intellectus noster possibilis non potest habere intelligibilem operationem, nisi inquantum perficitur per speciem intelligibilem alicuius. et sic intelligit seipsum per speciem intelligibilem, sicut et alia, manifestum est enim quod ex eo quod cognoscit intelligibile, intelligit ipsum suum intelligere, et per actum cognoscit potentiam intellectivam. deus autem est sicut actus purus tam in ordine existentium, quam in ordine intelligibilium, et ideo per seipsum, seipsum intelligit.

007 ST1 qu14 ar3

ag1 ‘ Ad tertium sic proceditur. videtur quod deus non comprehendat seipsum. * dicit enim augustinus, in libro octoginta trium quaest., “ quod id quod comprehendit se, finitum est sibi. ‘ sed deus est omnibus modis infinitus. ergo non comprehendit se.
ag2 ‘ Si dicatur quod deus infinitus est nobis, sed sibi finitus, contra, verius est unumquodque secundum quod est apud deum, quam secundum quod est apud nos. si igitur deus sibi ipsi est finitus, nobis autem infinitus, verius est deum esse finitum, quam infinitum. * quod est contra prius determinata. ‘ non ergo deus comprehendit seipsum.
sc * Sed contra est quod augustinus dicit ibidem, ° omne quod intelligit se, comprehendit se. ‘ sed deus intelligit se. ergo comprehendit se.
co ‘ Respondeo dicendum quod deus perfecte comprehendit seipsum. quod sic patet. tunc enim dicitur aliquid comprehendi, quando pervenitur ad finem cognitionis ipsius, et hoc est quando res cognoscitur ita perfecte, sicut cognoscibilis est. sicut propositio demonstrabilis comprehenditur, quando scitur per demonstrationem, non autem quando cognoscitur per aliquam rationem probabilem. manifestum est autem quod deus ita perfecte cognoscit seipsum, sicut perfecte cognoscibilis est. est enim unumquodque cognoscibile secundum modum sui actus, “ non enim cognoscitur aliquid secundum quod in potentia est, sed secundum quod est in actu, * ut dicitur in ix metaphys.. ‘ tanta est autem virtus dei in cognoscendo, quanta est actualitas eius in existendo, quia per hoc quod actu est, et ab omni materia et potentia separatus, deus cognoscitivus est, * ut ostensum est. ‘ unde manifestum est quod tantum seipsum cognoscit, quantum cognoscibilis est. et propter hoc seipsum perfecte comprehendit.
ra1 ‘ Ad primum ergo dicendum quod comprehendere, si proprie accipiatur, significat aliquid habens et includens alterum. et sic oportet quod omne comprehensum sit finitum, sicut omne inclusum. non sic autem comprehendi dicitur deus a seipso, ut intellectus suus sit aliud quam ipse, et capiat ipsum et includat. sed huiusmodi locutiones per negationem sunt exponendae. sicut enim deus dicitur esse in seipso, quia a nullo exteriori continetur; ita dicitur comprehendi a seipso, quia nihil est sui quod lateat ipsum * dicit enim augustinus, in libro de videndo deum, quod ° totum comprehenditur videndo, quod ita videtur, ut nihil eius lateat videntem.
ra2 “ Ad secundum dicendum quod, cum dicitur deus finitus est sibi, ‘ intelligendum est secundum quandam similitudinem proportionis; quia sic se habet in non excedendo intellectum suum, sicut se habet aliquod finitum in non excedendo intellectum finitum. non autem sic dicitur deus sibi finitus, quod ipse intelligat se esse aliquid finitum.

007 ST1 qu14 ar4

ag1 ‘ Ad quartum sic proceditur. videtur quod ipsum intelligere dei non sit eius substantia. intelligere enim est quaedam operatio. operatio autem aliquid significat procedens ab operante. ergo ipsum intelligere dei non est ipsa dei substantia.
ag2 ‘ Praeterea, cum aliquis intelligit se intelligere, hoc non est intelligere aliquid magnum vel principale intellectum, sed intelligere quoddam secundarium et accessorium. si igitur deus sit ipsum intelligere, intelligere deum erit sicut cum intelligimus intelligere. et sic non erit aliquid magnum intelligere deum.
ag3 ‘ Praeterea, omne intelligere est aliquid intelligere. cum ergo deus intelligit se, si ipsemet non est aliud quam suum intelligere, intelligit se intelligere, et intelligere se intelligere se, et sic in infinitum. non ergo ipsum intelligere dei est eius substantia.
sc * Sed contra est quod dicit augustinus, lib. vii de trin., ° deo hoc est esse, quod sapientem esse. ‘ hoc autem est sapientem esse, quod intelligere. ergo deo hoc est esse, quod intelligere. sed esse dei est eius substantia, * ut supra ostensum est. ‘ ergo intelligere dei est eius substantia.
co ‘ Respondeo dicendum quod est necesse dicere quod intelligere dei est eius substantia. nam si intelligere dei sit aliud quam eius substantia, oporteret, * ut dicit philosophus in xii metaphys., ‘ quod aliquid aliud esset actus et perfectio substantiae divinae, ad quod se haberet substantia divina sicut potentia ad actum (quod est omnino impossibile), nam intelligere est perfectio et actus intelligentis. hoc autem qua-

liter sit, considerandum est. * sicut enim supra dictum est, ‘ intelligere non est actio progrediens ad aliquid extrinsecum, sed manet in operante sicut actus et perfectio eius, prout esse est perfectio existentis, sicut enim esse consequitur formam, ita intelligere sequitur speciem intelligibilem. in deo autem non est forma quae sit aliud quam suum esse, * ut supra ostensum est. ‘ unde, cum ipsa sua essentia sit etiam species intelligibilis, * ut dictum est, ‘ ex necessitate sequitur quod ipsum eius intelligere sit eius essentia et eius esse. * et sic patet ex omnibus praemissis quod ‘ in deo intellectus, et |25| id quod intelligitur, et species intelligibilis, et ipsum intelligere, sunt omnino unum et idem. unde patet quod per hoc quod deus dicitur intelligens, nulla multiplicitas ponitur in eius substantia.

ra1 ‘ Ad primum ergo dicendum quod intelligere non est operatio exiens ab ipso operante, sed manens in ipso.

ra2 ‘ Ad secundum dicendum quod, cum intelligitur illud intelligere quod non est subsistens, non intelligitur aliquid magnum; sicut cum intelligimus intelligere nostrum. et ideo non est simile de ipso intelligere divino, quod est subsistens.

ra3 ‘ Et per hoc patet responsio ad tertium. nam intelligere divinum, quod est in seipso subsistens, est sui ipsius; et non alicuius alterius, ut sic oporteat procedere in infinitum.

007 ST1 qu14 ar5

ag1 ‘ Ad quintum sic proceditur. videtur quod deus non cognoscat alia a se. quaecumque enim sunt alia a deo, sunt extra ipsum. * sed augustinus dicit, in libro octoginta trium qu., quod ° neque quidquam deus extra seipsum intuetur. ‘ ergo non cognoscit alia a se.

ag2 ‘ Praeterea, intellectum est perfectio intelligentis. si ergo deus intelligat alia a se, aliquid aliud erit perfectio dei, et nobilius ipso. quod est impossibile.

ag3 ‘ Praeterea, ipsum intelligere speciem habet ab intelligibili, sicut et omnis alius actus a suo obiecto, unde et ipsum intelligere tanto est nobilius, quanto etiam nobilius est ipsum quod intelligitur. sed deus est ipsum suum intelligere, * ut ex dictis patet. ‘ si igitur deus intelligit aliquid aliud a se, ipse deus specificatur per aliquid aliud a se, quod est impossibile. non igitur intelligit alia a se.

sc * Sed contra est quod dicitur hebr. iv, ° omnia nuda et aperta sunt oculis eius.

co ‘ Respondeo dicendum quod necesse est deum cognoscere alia a se. manifestum est enim quod seipsum perfecte intelligit, alioquin suum esse non esset perfectum, cum suum esse sit suum intelligere. si autem perfecte aliquid cognoscitur, necesse est quod virtus eius perfecte cognoscatur. virtus autem alicuius rei perfecte cognosci non potest, nisi cognoscantur ea ad quae virtus se extendit. unde, cum virtus divina se extendat ad alia, eo quod ipsa est prima causa effectiva omnium entium, * ut ex supradictis patet; ‘ necesse est quod deus alia a se cognoscat. et hoc etiam evidentius fit, si adiungatur quod ipsum esse causae agentis primae, scilicet dei, est eius intelligere. unde quicumque effectus praeexistunt in deo sicut in causa prima, necesse est quod sint in ipso eius intelligere; et quod omnia in eo sint secundum modum intelligibilem, nam omne quod est in altero, est in eo secundum modum eius in quo est. ad sciendum autem qualiter alia a se cognoscat, considerandum est quod dupliciter aliquid cognoscitur, uno modo, in seipso; alio modo, in altero. in seipso quidem cognoscitur aliquid, quando cognoscitur per speciem propriam adaequatam ipsi cognoscibili, sicut cum oculus videt hominem per speciem hominis. in alio autem videtur id quod videtur per speciem continentis, sicut cum pars videtur in toto per speciem totius, vel cum homo videtur in |25| speculo per speciem speculi, vel quocumque alio modo contingat aliquid in alio videri. sic igitur dicendum est quod deus seipsum videt in seipso, quia seipsum videt per essentiam suam. alia autem a se videt non in ipsis, sed in seipso, inquantum essentia sua continet similitudinem aliorum ab ipso.

ra1 ‘ Ad primum ergo dicendum quod * verbum augustini dicentis quod “ deus nihil extra se intuetur, ‘ non est sic intelligendum, quasi nihil quod sit extra se intueatur, sed quia id quod est extra seipsum, non intuetur nisi in seipso, * ut dictum est.

ra2 ‘ Ad secundum dicendum quod intellectum est perfectio intelligentis non quidem secundum suam substantiam, sed secundum suam speciem, secundum quam est in intellectu, ut forma et perfectio eius, ° lapis enim non est in anima, sed species eius, * ut dicitur in iii de anima. ‘ ea vero quae sunt alia a deo, intelliguntur a deo inquantum essentia dei continet species eorum, * ut dictum est. ‘ unde non sequitur quod aliquid aliud sit perfectio divini intellectus, quam ipsa essentia dei.

ra3 ‘ Ad tertium dicendum quod ipsum intelligere non specificatur per id quod in alio intelligitur, sed per principale intellectum, in quo alia intelliguntur. intantum enim ipsum intelligere specificatur per obiectum suum, inquantum forma intelligibilis est principium intellectualis operationis, nam omnis operatio specificatur per formam quae est principium operationis, sicut calefactio per calorem. unde per illam formam intelligibilem specificatur intellectualis operatio, quae facit intellectum in actu. et haec est species principalis intellecti, quae in deo nihil est aliud quam essentia sua, in qua omnes species rerum comprehenduntur. unde non oportet quod ipsum intelligere divinum, vel potius ipse deus, specificetur per aliud quam per essentiam divinam.

007 ST1 qu14 ar6

ag1 ‘ Ad sextum sic proceditur. videtur quod deus non cognoscat alia a se propria cognitione. sic enim cognoscit alia a se, * ut dictum est, ‘ secundum quod alia ab ipso in eo sunt. sed alia ab eo sunt in ipso sicut in prima causa communi et universali. ergo et alia cognoscuntur a deo, sicut in causa prima et universali. hoc autem est cognoscere in universali, et non secundum propriam cognitionem. ergo deus cognoscit alia a se in universali, et non secundum propriam cognitionem.

ag2 ‘ Praeterea, quantum distat essentia creaturae ab essentia divina, tantum distat essentia divina ab essentia creaturae. sed per essentiam creaturae non potest cognosci essentia divina, * ut supra dictum est. ‘ ergo nec per essentiam divinam potest cognosci essentia creaturae. et sic, cum deus nihil cognoscat nisi per essentiam suam, sequitur quod non cognoscat creaturam secundum eius essentiam, ut cognoscat de ea quid est, quod est propriam cognitionem de re habere.

ag3 ‘ Praeterea, propria cognitio non habetur de re, nisi per propriam eius rationem. sed cum deus cognoscat omnia per essentiam suam, non videtur quod unumquodque per propriam rationem cognoscat, idem enim non potest esse propria ratio multorum et diversorum. non ergo habet propriam cognitionem deus de rebus, sed communem, nam cognoscere res non secundum propriam rationem, est cognoscere res solum in communi.

sc ‘ Sed contra, habere propriam cognitionem de rebus, est cognoscere res non solum in communi, sed secundum quod sunt ab invicem distinctae. sic autem deus cognoscit res. * unde dicitur heb. iv, quod ° pertingit usque ad divisionem spiritus et animae, compagum quoque et medullarum; et discretor cogitationum et intentionum cordis; et non est ulla creatura invisibilis in conspectu eius.

co * Respondeo dicendum quod circa hoc quidam erraverunt, dicentes quod “ deus alia a se non cognoscit nisi in communi, scilicet inquantum sunt entia. sicut enim ignis, si cognosceret seipsum ut est principium caloris, cognosceret naturam caloris, et omnia alia inquantum sunt calida; ita deus, inquantum cognoscit se ut principium essendi, cognoscit naturam entis, et omnia alia inquantum sunt entia. ‘ sed hoc non potest esse. nam intelligere aliquid in communi, et non in speciali, est imperfecte aliquid cognoscere. unde intellectus noster, dum de potentia in actum reducitur, pertingit prius ad cognitionem universalem et confusam de rebus, quam ad propriam rerum cognitionem, sicut de imperfecto ad perfectum procedens, * ut patet in i physic.. ‘ si igitur cognitio dei de rebus aliis a se, esset in universali tantum, et non in speciali, sequeretur quod eius intelligere non esset omnibus modis perfectum, et per consequens nec eius esse, * quod est contra ea quae superius ostensa sunt. ‘ oportet igitur dicere quod alia a se cognoscat propria cognitione; non solum secundum quod communicant in ratione entis, sed secundum quod unum ab alio distinguitur. et ad huius evidentiam, considerandum est quod * quidam, volentes ostendere quod |25| “ deus per unum cognoscit multa, utuntur quibusdam exemplis, ut puta quod, si centrum cognosceret seipsum, cognosceret omnes lineas progredientes a centro; vel lux, si cognosceret seipsam, cognosceret omnes colores. ‘ sed haec exempla, licet quantum ad aliquid similia sint, scilicet quantum ad universalem causalitatem; tamen deficiunt quantum ad hoc, quod multitudo et diversitas non causantur ab illo uno principio universali, quantum ad id quod principium distinctionis est, sed solum quantum ad id in quo communicant. non enim diversitas colorum causatur ex luce solum, sed ex diversa dispositione diaphani recipientis, et similiter diversitas linearum ex diverso situ. et inde est quod huiusmodi diversitas et multitudo non potest cognosci in suo principio secundum propriam cognitionem, sed solum in communi. sed in deo non sic est. * supra enim ostensum est quod ‘ quidquid perfectionis est in quacumque creatura, totum praeexistit et continetur in deo secundum modum excellentem. non solum autem id in quo creaturae communicant, scilicet ipsum esse, ad perfectionem pertinet; sed etiam ea per quae creaturae ad invicem distinguuntur, sicut vivere, et intelligere, et huiusmodi, quibus viventia a non viventibus, et intelligentia a non intelligentibus distinguuntur. et omnis forma, per quam quaelibet res in propria specie constituitur, perfectio quaedam est. et sic omnia in deo |50| praeexistunt, non solum quantum ad id quod commune est omnibus, sed etiam quantum ad ea secundum quae res distinguuntur. et sic, cum deus in se omnes perfectiones contineat, comparatur dei essentia ad omnes rerum essentias, non sicut commune ad propria, ut unitas ad numeros, vel centrum ad lineas; sed sicut perfectus actus ad imperfectos, ut si dicerem, homo ad animal, vel senarius, qui est numerus perfectus, ad numeros imperfectos sub ipso contentos. manifestum est autem quod per actum perfectum cognosci possunt actus imperfecti, non solum in communi, sed etiam propria cognitione. sicut qui cognoscit hominem, cognoscit animal propria cognitione, et qui cognoscit senarium, cognoscit trinarium propria cognitione. sic igitur, cum essentia dei habeat in se quidquid perfectionis habet essentia cuiuscumque rei alterius, et adhuc amplius, deus in seipso potest omnia propria cognitione cognoscere. propria enim natura uniuscuiusque consistit, secundum quod per aliquem modum divinam perfectionem participat. non autem deus perfecte seipsum cognosceret, nisi cognosceret quomodocumque participabilis est ab aliis sua perfectio, nec etiam ipsam naturam essendi perfecte sciret, nisi cognosceret omnes modos essendi. unde manifestum est quod deus cognoscit omnes res propria cognitione, secundum quod ab aliis distinguuntur.

ra1 ‘ Ad primum ergo dicendum quod sic cognoscere aliquid sicut in cognoscente est, potest dupliciter intelligi. uno modo, secundum quod hoc adverbium sic importat modum cognitionis ex parte rei cognitae. et sic falsum est. non enim semper cognoscens cognoscit cognitum secundum illud esse quod habet in cognoscente, oculus enim non cognoscit lapidem secundum esse quod habet in oculo; sed per speciem lapidis quam habet in se, cognoscit lapidem secundum esse quod habet extra oculum. et si aliquis cognoscens cognoscat cognitum secundum esse quod habet in cognoscente, nihilominus cognoscit ipsum secundum esse quod habet extra cognoscentem, sicut intellectus cognoscit lapidem secundum esse intelligibile quod habet in intellectu, inquantum cognoscit se intelligere; sed nihilominus cognoscit esse lapidis in propria natura. si vero intelligatur secundum quod hoc adverbium sic importat modum ex parte cognoscentis, verum est quod sic solum cognoscens cognoscit cognitum, secundum quod est in cognoscente, quia quanto perfectius est cognitum in cognoscente, tanto perfectior est modus cognitionis. sic igitur dicendum est quod deus non solum cognoscit res esse in seipso; sed per id quod in seipso continet res, cognoscit eas in propria natura; et tanto perfectius, quanto perfectius est unumquodque in ipso.

ra2 ‘ Ad secundum dicendum quod essentia creaturae comparatur ad essentiam dei, ut actus imperfectus ad perfectum. et ideo essentia creaturae non sufficienter ducit in cognitionem essentiae divinae, sed e converso.

ra3 ‘ Ad tertium dicendum quod idem non potest accipi ut ratio diversorum per modum adaequationis. sed divina essentia est aliquid excedens omnes creaturas. unde potest accipi ut propria ratio uniuscuiusque, secundum quod diversimode est participabilis vel imitabilis a diversis creaturis.

007 ST1 qu14 ar7

ag1 ‘ Ad septimum sic proceditur. videtur quod scientia dei sit discursiva. scientia enim dei non est secundum scire in habitu, sed secundum intelligere in actu. sed * secundum philosophum, in ii topic., “ scire in habitu contingit multa simul, ‘ sed intelligere actu unum tantum. cum ergo deus multa cognoscat, quia et se et alia, * ut ostensum est, ‘ videtur quod non simul omnia intelligat, sed de uno in aliud discurrat.

ag2 ‘ Praeterea, cognoscere effectum per causam est scire discurrentis. sed deus cognoscit alia per seipsum, sicut effectum per causam. ergo cognitio sua est discursiva.

ag3 ‘ Praeterea, perfectius deus scit unamquamque creaturam quam nos sciamus. sed nos in causis creatis cognoscimus earum effectus, et sic de causis ad causata discurrimus. ergo videtur similiter esse in deo.

sc * Sed contra est quod augustinus dicit, in xv de trin., quod ° deus non particulatim vel singillatim omnia videt, velut alternante conspectu hinc illuc, et inde huc; sed omnia videt simul.

co ‘ Respondeo dicendum quod in scientia divina nullus est discursus. quod sic patet. in scientia enim nostra duplex est discursus. unus secundum successionem tantum, sicut cum, postquam intelligimus aliquid in actu, convertimus nos ad intelligendum aliud. alius discursus est secundum causalitatem, sicut cum per principia pervenimus in cognitionem conclusionum. primus autem discursus deo convenire non potest. multa enim, quae successive intelligimus si unumquodque eorum in seipso consideretur, omnia simul intelligimus si in aliquo uno ea intelligamus, puta si partes intelligamus in toto, vel si diversas res videamus in speculo. deus autem omnia videt in uno, quod est ipse, * ut habitum est. ‘ unde simul, et non successive omnia videt. similiter etiam et secundus discursus deo competere non potest. primo quidem, quia secundus discursus praesupponit primum, procedentes enim a principiis ad conclusiones, non simul utrumque considerant. deinde, quia discursus talis est procedentis de noto ad ignotum. unde manifestum est quod, quando cognoscitur primum, adhuc ignoratur secundum. et sic secundum non cognoscitur in primo, sed ex primo. terminus vero discursus est, quando secundum videtur in primo, resolutis effectibus in causas, et tunc cessat discursus. unde, cum deus effectus suos in seipso videat si-

cut in causa, |25| eius cognitio non est discursiva.
ra1 ' Ad primum ergo dicendum quod, licet sit unum tantum intelligere in seipso, tamen contingit multa intelligere in aliquo uno, * ut dictum est.
ra2 ' Ad secundum dicendum quod deus non cognoscit per causam quasi prius cognitam, effectus incognitos, sed eos cognoscit in causa. unde eius cognitio est sine discursu, * ut dictum est.
ra3 ' Ad tertium dicendum quod effectus causarum creatarum videt quidem deus in ipsis causis, multo melius quam nos, non tamen ita quod cognitio effectuum causetur in ipso ex cognitione causarum creatarum, sicut in nobis. unde eius scientia non est discursiva.

007 ST1 qu14 ar8

ag1 ' Ad octavum sic proceditur. videtur quod scientia dei non sit causa rerum. * dicit enim origenes, super epistolam ad rom., ° non propterea aliquid erit, quia id scit deus futurum; sed quia futurum est, ideo scitur a deo antequam fiat.
ag2 ' Praeterea, posita causa ponitur effectus. sed scientia dei est aeterna. si ergo scientia dei est causa rerum creatarum, videtur quod creaturae sint ab aeterno.
ag3 " Praeterea, scibile est prius scientia, et mensura eius, * ut dicitur in x metaphys.. ' sed id quod est posterius et mensuratum, non potest esse causa. ergo scientia dei non est causa rerum.
sc * Sed contra est quod dicit augustinus, xv de trin., ° universas creaturas, et spirituales et corporales, non quia sunt, ideo novit deus; sed ideo sunt, quia novit.
co ' Respondeo dicendum quod scientia dei est causa rerum. sic enim scientia dei se habet ad omnes res creatas, sicut scientia artificis se habet ad artificiata. scientia autem artificis est causa artificiatorum, eo quod artifex operatur per suum intellectum, unde oportet quod forma intellectus sit principium operationis, sicut calor est principium calefactionis. sed considerandum est quod forma naturalis, inquantum est forma manens in eo cui dat esse, non nominat principium actionis; sed secundum quod habet inclinationem ad effectum. et similiter forma intelligibilis non nominat principium actionis secundum quod est tantum in intelligente, nisi adiungatur ei inclinatio ad effectum, quae est per voluntatem. cum enim forma intelligibilis ad opposita se habeat (cum sit eadem scientia oppositorum), non produceret determinatum effectum, " nisi determinaretur ad unum per appetitum, * ut dicitur in ix metaphys.. ' manifestum est autem quod deus per intellectum suum causat res, cum suum esse sit suum intelligere. unde necesse est quod sua scientia sit causa rerum, secundum quod habet voluntatem coniunctam. unde scientia dei, secundum quod est causa rerum, consuevit nominari scientia approbationis.
ra1 * Ad primum ergo dicendum quod origenes locutus est ' attendens rationem scientiae, cui non competit ratio causalitatis, nisi adiuncta voluntate, * ut dictum est. " sed quod dicit ideo praescire deum aliqua, quia sunt futura, ' intelligendum est secundum causam consequentiae, non secundum causam essendi. sequitur enim, si aliqua sunt futura, quod deus ea praescierit, non tamen res futurae sunt causa quod deus sciat.
ra2 ' Ad secundum dicendum quod scientia dei est causa rerum, secundum quod res sunt in scientia. non fuit autem in scientia dei, quod res essent ab aeterno. unde, quamvis scientia dei sit aeterna, non sequitur tamen quod creaturae sint ab aeterno.
ra3 ' Ad tertium dicendum quod res naturales sunt mediae inter scientiam dei et scientiam nostram, nos enim scientiam accipimus a rebus naturalibus, quarum deus per suam scientiam causa est. unde, sicut scibilia naturalia sunt priora quam scientia nostra, et mensura eius, ita scientia dei est prior quam res naturales, et mensura ipsarum. sicut aliqua domus est media inter scientiam artificis qui eam fecit, et scientiam illius qui eius cognitionem ex ipsa iam facta capit.

007 ST1 qu14 ar9

ag1 ' Ad nonum sic proceditur. videtur quod deus non habeat scientiam non entium. scientia enim dei non est nisi verorum. sed verum et ens convertuntur. ergo scientia dei non est non entium.
ag2 ' Praeterea, scientia requirit similitudinem inter scientem et scitum. sed ea quae non sunt, non possunt habere aliquam similitudinem ad deum, qui est ipsum esse. ergo ea quae non sunt, non possunt sciri a deo.
ag3 ' Praeterea, scientia dei est causa scitorum ab ipso. sed non est causa non entium, quia non ens non habet causam. ergo deus non habet scientiam de non entibus.
sc * Sed contra est quod dicit apostolus ad rom. iv, ° qui vocat ea quae non sunt, tanquam ea quae sunt.
co ' Respondeo dicendum quod deus scit omnia quaecumque sunt quocumque modo. nihil autem prohibet ea quae non sunt simpliciter, aliquo modo esse. simpliciter enim sunt, quae actu sunt. ea vero quae non sunt actu, sunt in potentia vel ipsius dei, vel creaturae; sive in potentia activa, sive in passiva, sive in potentia opinandi, vel imaginandi, vel quocumque modo significandi. quaecumque igitur possunt per creaturam fieri vel cogitari vel dici, et etiam quaecumque ipse facere potest, omnia cognoscit deus, etiam si actu non sint. et pro tanto dici potest quod habet etiam non entium scientiam. sed horum quae actu non sunt, est attendenda quaedam diversitas. quaedam enim, licet non sint nunc in actu, tamen vel fuerunt vel erunt, et omnia ista dicitur deus scire scientia visionis. quia, cum intelligere dei, quod est eius esse, aeternitate mensuretur, quae sine successione existens totum tempus comprehendit, praesens intuitus dei fertur in totum tempus, et in omnia quae sunt in quocumque tempore, sicut in subiecta sibi praesentialiter. quaedam vero sunt, quae sunt in potentia dei vel creaturae, quae tamen nec sunt nec erunt neque fuerunt. et respectu horum non dicitur habere scientiam visionis, sed simplicis intelligentiae. quod ideo dicitur, quia ea quae videntur apud nos, habent esse distinctum extra videntem.
ra1 ' Ad primum ergo dicendum quod, secundum quod sunt in potentia, sic habent veritatem ea quae non sunt actu, verum est enim ea esse in potentia. et sic sciuntur a deo.
ra2 ' Ad secundum dicendum quod, cum deus sit ipsum esse, intantum unumquodque est, inquantum participat de dei similitudine, sicut unumquodque intantum est calidum, inquantum participat calorem. sic et ea quae sunt in potentia, etiam si non sunt in actu, cognoscuntur a deo.
ra3 ' Ad tertium dicendum quod dei scientia est causa rerum, voluntate adiuncta. unde non oportet quod quaecumque scit deus, sint vel fuerint vel futura sint, sed solum ea quae vult esse, vel permittit esse. et iterum, non est in scientia dei ut illa sint, sed quod esse possint.

007 ST1 qu14 ar10

ag1 ' Ad decimum sic proceditur. videtur quod deus non cognoscat mala. * dicit enim philosophus, in iii de anima, quod " intellectus qui non est in potentia, non cognoscit privationem. sed malum est privatio boni, * ut dicit augustinus. ' igitur, cum intellectus dei nunquam sit in potentia, sed semper actu, * ut ex dictis patet, ' videtur quod deus non cognoscat mala.
ag2 ' Praeterea, omnis scientia vel est causa sciti, vel causatur ab eo. sed scientia dei non est causa mali, nec causatur a malo. ergo scientia dei non est malorum.
ag3 ' Praeterea, omne quod cognoscitur, cognoscitur per suam similitudinem, vel per suum oppositum. quidquid autem cognoscit deus, cognoscit per suam essentiam, * ut ex dictis patet. ' divina autem essentia neque est similitudo mali, neque ei malum opponitur, " divinae enim essentiae nihil est contrarium, * ut dicit augustinus, xii de civ. dei. ' ergo deus non cognoscit mala.
ag4 ' Praeterea, quod cognoscitur non per seipsum, sed per aliud, imperfecte cognoscitur. sed malum non cognoscitur a deo per seipsum, quia sic oporteret quod malum esset in deo; oportet enim cognitum esse in cognoscente. si ergo cognoscitur per aliud, scilicet per bonum, imperfecte cognoscetur ab ipso, quod est impossibile, quia nulla cognitio dei est imperfecta. ergo scientia dei non est malorum.
sc * Sed contra est quod dicitur proverb. xv, ° infernus et perditio coram deo.
co ' Respondeo dicendum quod quicumque perfecte cognoscit aliquid, oportet quod cognoscat omnia quae possunt illi accidere. sunt autem quaedam bona, quibus accidere potest ut per mala corrumpantur. unde deus non perfecte cognosceret bona, nisi etiam cognosceret mala. sic autem est cognoscibile unumquodque, secundum quod est. unde, cum hoc sit esse mali, quod est privatio boni, per hoc ipsum quod deus cognoscit bona, cognoscit etiam mala; sicut per lucem cognoscuntur tenebrae. * unde dicit dionysius, vii cap. de div. nom., quod ° deus per semetipsum tenebrarum accipit visionem, non aliunde videns tenebras quam a lumine.
ra1 * Ad primum ergo dicendum quod verbum philosophi est " sic intelligendum, quod intellectus qui non est in potentia, non cognoscit privationem per privationem in ipso existentem. * et hoc congruit cum eo quod supra dixerat, " quod punctum et omne indivisibile per privationem divisionis cognoscitur. ' quod contingit ex hoc, quia formae simplices et indivisibiles non sunt actu in intellectu nostro, sed in potentia tantum, nam si essent actu in intellectu nostro, non per privationem cognoscerentur. et sic cognoscuntur simplicia a substantiis separatis. deus igitur non cognoscit malum per privationem in se existentem, sed per bonum oppositum.
ra2 ' Ad secundum dicendum quod scientia dei non est causa mali, sed est causa boni, per quod cognoscitur malum.
ra3 ' Ad tertium dicendum quod, licet malum non opponatur essentiae divinae, quae non est corruptibilis per malum, opponitur tamen effectibus dei; quos per essentiam suam cognoscit, et eos cognoscens, mala opposita cognoscit.
ra4 ' Ad quartum dicendum quod cognoscere aliquid per aliud tantum, est imperfectae cognitionis, si illud sit cognoscibile per se. sed malum non est per se cognoscibile, quia de ratione mali est, quod sit privatio boni, et sic neque definiri, neque cognosci potest, nisi per bonum.

007 ST1 qu14 ar11

ag1 ' Ad undecimum sic proceditur. videtur quod deus non cognoscat singularia. intellectus enim divinus immaterialior est quam intellectus humanus. sed intellectus humanus, propter suam immaterialitatem, non cognoscit singularia, sed, * sicut dicitur in ii de anima, ° ratio est universalium, sensus vero singularium. ' ergo deus non cognoscit singularia.
ag2 ' Praeterea, illae solae virtutes in nobis sunt singularium cognoscitivae, quae recipiunt species non abstractas a materialibus conditionibus. sed res in deo sunt maxime abstractae ab omni materialitate. ergo deus non cognoscit singularia.
ag3 ' Praeterea, omnis cognitio est per aliquam similitudinem. sed similitudo singularium, inquantum sunt singularia, non videtur esse in deo, quia principium singularitatis est materia, quae, cum sit ens in potentia tantum, omnino est dissimilis deo, qui est actus purus. non ergo deus potest cognoscere singularia.
sc * Sed contra est quod dicitur, proverb. xvi, ° omnes viae hominum patent oculis eius.
co ' Respondeo dicendum quod deus cognoscit singularia. omnes enim perfectiones in creaturis inventae, in deo praeexistunt secundum altiorem modum, * ut ex dictis patet. ' cognoscere autem singularia pertinet ad perfectionem nostram. unde necesse est quod deus singularia cognoscat. * nam et philosophus pro inconvenienti habet, quod " aliquid cognoscatur a nobis, quod non cognoscatur a deo. * unde contra empedoclem arguit, in i de anima et in iii metaphys., quod " accideret deum esse insipientissimum, si discordiam ignoraret. ' sed perfectiones quae in inferioribus dividuntur, in deo simpliciter et unite existunt. unde, licet nos per aliam potentiam cognoscamus universalia et immaterialia, et per aliam singularia et materialia; deus tamen per suum simplicem intellectum utraque cognoscit. * sed qualiter hoc esse possit, quidam manifestare volentes, dixerunt " quod deus cognoscit singularia per causas universales, nam nihil est in aliquo singularium, quod non ex aliqua causa oriatur universali. et ponunt exemplum, sicut si aliquis astrologus cognosceret omnes motus universales caeli, posset praenuntiare omnes eclipses futuras. |25| ' sed istud non sufficit. quia singularia ex causis universalibus sortiuntur quasdam formas et virtutes, quae, quantumcumque ad invicem coniungantur, non individuantur nisi per materiam individualem. unde qui cognosceret socratem per hoc quod est albus vel sophronisci filius, vel quidquid aliud sic dicatur, non cognosceret ipsum inquantum est hic homo. unde secundum modum praedictum, deus non cognosceret singularia in sua singularitate. * alii vero dixerunt quod " deus cognoscit singularia, applicando causas universales ad particulares effectus. ' sed hoc nihil est. quia nullus potest applicare aliquid ad alterum, nisi illud praecognoscat, unde dicta applicatio non potest esse ratio cognoscendi particularia, sed cognitionem singularium praesupponit. et ideo aliter dicendum est, quod, cum deus sit causa rerum per suam scientiam, * ut dictum est, ' intantum se extendit scientia dei, inquantum se extendit eius causalitas. unde, cum virtus activa dei se extendat non solum ad formas, a quibus accipitur ratio universalis, sed etiam usque ad materiam, * ut infra ostendetur; ' necesse est quod scientia dei usque ad singularia se extendat, quae per materiam individuantur. cum enim sciat alia a se per essentiam suam, inquantum est similitudo rerum velut principium activum earum, necesse est quod |50| essentia sua sit principium sufficiens cognoscendi omnia quae per ipsum fiunt, non solum in universali, sed etiam in singulari. et esset simile de scientia artificis, si esset productiva totius rei, et non formae tantum.
ra1 ' Ad primum ergo dicendum quod intellectus noster speciem intelligibilem abstrahit a principiis individuantibus, unde species intelligibilis nostri intellectus non potest esse similitudo principiorum individualium. et propter hoc, intellectus noster singularia non cognoscit. sed species intelligibilis divini intellectus, quae est dei essentia, non est immaterialis per abstractionem, sed per seipsam, principium existens omnium principiorum quae intrant rei compositionem, sive sint principia speciei, sive principia individui. unde per eam deus cognoscit non solum universalia, sed etiam singularia.
ra2 ' Ad secundum dicendum quod, quamvis species intellectus divini secundum esse suum non habeat conditiones materiales, sicut species receptae in imaginatione et sensu; tamen virtute se extendit ad immaterialia et materialia, * ut dictum est.
ra3 ' Ad tertium dicendum quod materia, licet recedat a dei similitudine secundum suam potentialitatem, tamen inquantum vel sic esse habet, similitudinem quandam retinet divini esse.

007 ST1 qu14 ar12

ag1 ' Ad duodecimum sic proceditur. videtur quod deus non possit cognoscere infinita. infinitum enim, secundum quod est infinitum, est ignotum, " quia infinitum est cuius quantitatem accipientibus semper

est aliquid extra assumere, * ut dicitur in iii physic.. augustinus etiam dicit, xii de civ. dei, quod ° quidquid scientia comprehenditur, scientis comprehensione finitur. ‘ sed infinita non possunt finiri. ergo non possunt scientia dei comprehendi.
ag2 ‘ Si dicatur quod ea quae in se sunt infinita, scientiae dei finita sunt, contra, “ ratio infiniti est quod sit impertransibile; et finiti quod sit pertransibile, * ut dicitur in iii physic.. ‘ sed infinitum non potest transiri nec a finito, nec ab infinito, * ut probatur in vi physic.. ‘ ergo infinitum non potest esse finitum finito, neque etiam infinito. et ita infinita non sunt finita scientiae dei, quae est infinita.
ag3 ‘ Praeterea, scientia dei est mensura scitorum. sed contra rationem infiniti est, quod sit mensuratum. ergo infinita non possunt sciri a deo.
sc * Sed contra est quod dicit augustinus, xii de civ. dei, ° quamvis infinitorum numerorum nullus sit numerus, non est tamen incomprehensibilis ei, cuius scientiae non est numerus.
co ‘ Respondeo dicendum quod, cum deus sciat non solum ea quae sunt actu, sed etiam ea quae sunt in potentia vel sua vel creaturae, * ut ostensum est; ‘ haec autem constat esse infinita; necesse est dicere quod deus sciat infinita. “ et licet scientia visionis, quae est tantum eorum quae sunt vel erunt vel fuerunt, non sit infinitorum, * ut quidam dicunt, ‘ cum non ponamus mundum ab aeterno fuisse, nec generationem et motum in aeternum mansura, ut individua in infinitum multiplicentur, tamen, si diligentius consideretur, necesse est dicere quod deus etiam scientia visionis sciat infinita. quia deus scit etiam cogitationes et affectiones cordium, quae in infinitum multiplicabuntur, creaturis rationalibus permanentibus absque fine. hoc autem ideo est, quia cognitio cuiuslibet cognoscentis se extendit secundum modum formae quae est principium cognitionis. species enim sensibilis, quae est in sensu, est similitudo solum unius individui, unde per eam solum unum individuum cognosci potest. species autem intelligibilis intellectus nostri est similitudo rei quantum ad naturam speciei, quae est participabilis a particularibus infinitis, unde intellectus noster per speciem intelligibilem hominis, cognoscit quodammodo homines infinitos. sed tamen non inquantum distinguuntur ab invicem, sed secundum |25| quod communicant in natura speciei; propter hoc quod species intelligibilis intellectus nostri non est similitudo hominum quantum ad principia individualia, sed solum quantum ad principia speciei. essentia autem divina, per quam intellectus divinus intelligit, est similitudo sufficiens omnium quae sunt vel esse possunt, non solum quantum ad principia communia, sed etiam quantum ad principia propria uniuscuiusque, * ut ostensum est. ‘ unde sequitur quod scientia dei se extendat ad infinita, etiam secundum quod sunt ab invicem distincta.
ra1 ‘ Ad primum ergo dicendum quod ° infiniti ratio congruit quantitati, * secundum philosophum in i physic.. ‘ de ratione autem quantitatis est ordo partium. cognoscere ergo infinitum secundum modum infiniti, est cognoscere partem post partem. et sic nullo modo contingit cognosci infinitum, quia quantacumque quantitas partium accipiatur, semper remanet aliquid extra accipientem. deus autem non sic cognoscit infinitum vel infinita, quasi enumerando partem post partem; cum cognoscat omnia simul, non successive, * ut supra dictum est. ‘ unde nihil prohibet ipsum cognoscere infinita.
ra2 ‘ Ad secundum dicendum quod transitio importat quandam successionem in partibus, et inde est quod infinitum transiri non potest, neque a finito neque ab infinito. sed ad rationem comprehensionis sufficit adaequatio, quia id comprehendi dicitur, cuius nihil est extra comprehendentem. unde non est contra rationem infiniti, quod comprehendatur ab infinito. et sic, quod in se est infinitum, potest dici finitum scientiae dei, tanquam comprehensum, non tamen tanquam pertransibile.
ra3 ‘ Ad tertium dicendum quod scientia dei est mensura rerum, non quantitativa, qua quidem mensura carent infinita; sed quia mensurat essentiam et veritatem rei. unumquodque enim intantum habet de veritate suae naturae, inquantum imitatur dei scientiam; sicut artificiatum inquantum concordat arti. dato autem quod essent aliqua infinita actu secundum numerum, puta infiniti homines; vel secundum quantitatem continuam, “ ut si esset aer infinitus, * ut quidam antiqui dixerunt, ‘ tamen manifestum est quod haberent esse determinatum et finitum, quia esse eorum esset limitatum ad aliquas determinatas naturas. unde mensurabilia essent secundum scientiam dei.

007 ST1 qu14 ar13

ag1 ‘ Ad decimumtertium sic proceditur. videtur quod scientia dei non sit futurorum contingentium. a causa enim necessaria procedit effectus necessarius. sed scientia dei est causa scitorum, * ut supra dictum est. ‘ cum ergo ipsa sit necessaria, sequitur scita eius esse necessaria. non ergo scientia dei est contingentium.
ag2 ‘ Praeterea, omnis conditionalis cuius antecedens est necessarium absolute, consequens est necessarium absolute. sic enim se habet antecedens ad consequens, sicut principia ad conclusionem, ex principiis autem necessariis non sequitur conclusio nisi necessaria, * ut in i poster. probatur. ‘ sed haec est quaedam conditionalis vera, si deus scivit hoc futurum esse, hoc erit, quia scientia dei non est nisi verorum. huius autem conditionalis antecedens est necessarium absolute, tum quia est aeternum; tum quia significatur ut praeteritum. ergo et consequens est necessarium absolute. igitur quidquid scitur a deo, est necessarium. et sic scientia dei non est contingentium.
ag3 ‘ Praeterea, omne scitum a deo necesse est esse, quia etiam omne scitum a nobis necesse est esse, cum tamen scientia dei certior sit quam scientia nostra. sed nullum contingens futurum necesse est esse. ergo nullum contingens futurum est scitum a deo.
sc * Sed contra est quod dicitur in psalmo xxxii, ° qui finxit singillatim corda eorum, qui intelligit omnia opera eorum, “ scilicet hominum. ‘ sed opera hominum sunt contingentia, utpote libero arbitrio subiecta. ergo deus scit futura contingentia.
co * Respondeo dicendum quod, cum supra ostensum sit quod ‘ deus sciat omnia non solum quae actu sunt, sed etiam quae sunt in potentia sua vel creaturae; horum autem quaedam sunt contingentia nobis futura; sequitur quod deus contingentia futura cognoscat. ad cuius evidentiam, considerandum est quod contingens aliquod dupliciter potest considerari. uno modo, in seipso, secundum quod iam actu est. et sic non consideratur ut futurum, sed ut praesens, neque ut ad utrumlibet contingens, sed ut determinatum ad unum. et propter hoc, sic infallibiliter subdi potest certae cognitioni, utpote sensui visus, sicut cum video socratem sedere. alio modo potest considerari contingens, ut est in sua causa. et sic consideratur ut futurum, et ut contingens nondum determinatum ad unum, quia causa contingens se habet ad opposita. et sic contingens non subditur per certitudinem alicui cognitioni. unde quicumque cognoscit effectum contingentem in causa sua tantum, non habet de eo nisi coniecturalem cognitionem. deus autem cognoscit omnia contingentia, non solum prout sunt in suis causis, sed etiam prout unumquodque eorum est actu in seipso. et licet contingentia fiant in actu successive, non tamen deus successive cognoscit contingentia, prout sunt in suo esse, sicut nos, sed simul. quia sua cognitio mensuratur aeternitate, sicut etiam suum esse, aeternitas autem, tota simul existens, ambit totum tempus, * ut supra dictum est. |25| ‘ unde omnia quae sunt in tempore, sunt deo ab aeterno praesentia, “ non solum ea ratione qua habet rationes rerum apud se praesentes, * ut quidam dicunt, ‘ sed quia eius intuitus fertur ab aeterno super omnia, prout sunt in sua praesentialitate. unde manifestum est quod contingentia et infallibiliter a deo cognoscuntur, inquantum subduntur divino conspectui secundum suam praesentialitatem, et tamen sunt futura contingentia, suis causis comparata.
ra1 ‘ Ad primum ergo dicendum quod, licet causa suprema sit necessaria, tamen effectus potest esse contingens, propter causam proximam contingentem, sicut germinatio plantae est contingens propter causam proximam contingentem, licet motus solis, qui est causa prima, sit necessarius. et similiter scita a deo sunt contingentia propter causas proximas, licet scientia dei, quae est causa prima, sit necessaria.
ra2 * Ad secundum dicendum quod quidam dicunt quod “ hoc antecedens, deus scivit hoc contingens futurum, non est necessarium, sed contingens, quia, licet sit praeteritum, tamen importat respectum ad futurum. ‘ sed hoc non tollit ei necessitatem, quia id quod habuit respectum ad futurum, necesse est habuisse, licet etiam futurum non sequatur quandoque. * alii vero dicunt “ hoc antecedens esse contingens, quia est compositum ex necessario et contingenti; sicut istud dictum est contingens, socratem esse hominem album. ‘ sed hoc etiam nihil est. quia cum dicitur, deus scivit esse futurum hoc contingens, contingens non ponitur ibi nisi ut materia verbi, et non sicut principalis pars propositionis, unde contingentia eius vel necessitas nihil refert ad hoc quod propositio sit necessaria vel contingens, vera vel falsa. ita enim potest esse verum me dixisse hominem esse asinum, sicut me dixisse socratem currere, vel deum esse, et eadem ratio est de necessario et contingenti. unde dicendum est quod hoc antecedens est necessarium absolute. * nec tamen sequitur, ut quidam dicunt, quod “ consequens sit necessarium absolute, quia antecedens est causa remota consequentis, quod propter causam proximam contingens est. ‘ sed hoc nihil est. esset enim conditionalis falsa, cuius antecedens |25| esset causa remota necessaria, et consequens effectus contingens, ut puta si dicerem, si sol movetur, herba germinabit. et ideo aliter dicendum est, quod quando in antecedente ponitur aliquid pertinens ad actum animae, consequens est accipiendum non secundum quod in se est, sed secundum quod est in anima, aliud enim est esse rei in seipsa, et esse rei in anima. ut puta, si dicam, si anima intelligit aliquid, illud est immateriale, intelligendum est quod illud est immateriale secundum quod est in intellectu, non secundum quod est in seipso. et similiter si dicam, si deus scivit aliquid, illud erit, consequens intelligendum est prout subest divinae scientiae, scilicet prout est in sua praesentialitate. et sic necessarium est, sicut et antecedens, ° quia omne quod est, dum est, necesse est esse, * ut dicitur in i periherm..
ra3 ‘ Ad tertium dicendum quod ea quae temporaliter in actum reducuntur, a nobis successive cognoscuntur in tempore, sed a deo in aeternitate, quae est supra tempus. unde nobis, quia cognoscimus futura contingentia inquantum talia sunt, certa esse non possunt, sed soli deo, cuius intelligere est in aeternitate supra tempus. sicut ille qui vadit per viam, non videt illos qui post eum veniunt, sed ille qui ab aliqua altitudine totam viam intuetur, simul videt omnes transeuntes per viam. et ideo illud quod scitur a nobis, oportet esse necessarium etiam secundum quod in se est, quia ea quae in se sunt contingentia futura, a nobis sciri non possunt. sed ea quae sunt scita a deo, oportet esse necessaria secundum modum quo subsunt divinae scientiae, * ut dictum est, ‘ non autem absolute, secundum quod in propriis causis considerantur. unde et haec propositio, omne scitum a deo necessarium est esse, consuevit distingui. quia potest esse de re, vel de dicto. si intelligatur de re, est divisa et falsa, et est sensus, omnis res quam deus scit, est necessaria. vel potest intelligi de dicto, et sic est composita et vera; et est sensus, hoc dictum, scitum a deo esse, est necessarium. * sed obstant quidam, dicentes quod “ ista distinctio habet locum in formis separabilibus a subiecto; ut si dicam, album possibile est esse nigrum. quae quidem de dicto est falsa, |25| et de re est vera, res enim quae est alba, potest esse nigra; sed hoc dictum, album esse nigrum, nunquam potest esse verum. in formis autem inseparabilibus a subiecto, non habet locum praedicta distinctio; ut si dicam, corvum nigrum possibile est esse album, quia in utroque sensu est falsa. esse autem scitum a deo, est inseparabile a re, quia quod est scitum a deo, non potest esse non scitum. ‘ haec autem instantia locum haberet, si hoc quod dico scitum, importaret aliquam dispositionem subiecto inhaerentem. sed cum importet actum scientis, ipsi rei scitae, licet semper sciatur, potest aliquid attribui secundum se, quod non attribuitur ei inquantum stat sub actu sciendi, sicut esse materiale attribuitur lapidi secundum se, quod non attribuitur ei secundum quod est intelligibile.

007 ST1 qu14 ar14

ag1 ‘ Ad decimumquartum sic proceditur. videtur quod deus non cognoscat enuntiabilia. cognoscere enim enuntiabilia convenit intellectui nostro, secundum quod componit et dividit. sed in intellectu divino nulla est compositio. ergo deus non cognoscit enuntiabilia.
ag2 ‘ Praeterea, omnis cognitio fit per aliquam similitudinem. sed in deo nulla est similitudo enuntiabilium, cum sit omnino simplex. ergo deus non cognoscit enuntiabilia.
sc * Sed contra est quod dicitur in psalmo xciii, ° dominus scit cogitationes hominum. ‘ sed enuntiabilia continentur in cogitationibus hominum. ergo deus cognoscit enuntiabilia.
co ‘ Respondeo dicendum quod, cum formare enuntiabilia sit in potestate intellectus nostri; deus autem scit quidquid est in potentia sua vel creaturae, * ut supra dictum est; ‘ necesse est quod deus sciat omnia enuntiabilia quae formari possunt. sed, sicut scit materialia immaterialiter, et composita simpliciter, ita scit enuntiabilia non per modum enuntiabilium, quasi scilicet in intellectu eius sit compositio vel divisio enuntiabilium; sed unumquodque cognoscit per simplicem intelligentiam, intelligendo essentiam uniuscuiusque. sicut si nos in hoc ipso quod intelligimus quid est homo, intelligeremus omnia quae de homine praedicari possunt. quod quidem in intellectu nostro non contingit, qui de uno in aliud discurrit, propter hoc quod species intelligibilis sic repraesentat unum, quod non repraesentat aliud. unde, intelligendo quid est homo, non ex hoc ipso alia quae ei insunt, intelligimus; sed divisim, secundum quandam successionem. et propter hoc, ea quae seorsum intelligimus, oportet nos in unum redigere per modum compositionis vel divisionis, enuntiationem formando. sed species intellectus divini, scilicet eius essentia, sufficit ad demonstrandum omnia. unde, intelligendo essentiam suam, cognoscit essentias omnium, et quaecumque eis accidere possunt.
ra1 ‘ Ad primum ergo dicendum quod ratio illa procederet, si deus cognosceret enuntiabilia per modum enuntiabilium.
ra2 ‘ Ad secundum dicendum quod compositio enuntiabilis significat aliquod esse rei, et sic deus per suum esse, quod est eius essentia, est similitudo omnium eorum quae per enuntiabilia significantur.

007 ST1 qu14 ar15

ag1 ‘ Ad decimumquintum sic proceditur. videtur quod scientia dei sit variabilis. scientia enim relative dicitur ad scibile. sed ea quae important relationem ad creaturam, dicuntur de deo ex tempore, et variantur secundum variationem creaturarum. ergo scientia dei est variabilis, secundum variationem creaturarum.
ag2 ‘ Praeterea, quidquid potest deus facere, potest

scire. sed deus potest plura facere quam faciat. ergo potest plura scire quam sciat. et sic scientia sua potest variari secundum augmentum et diminutionem.
ag3 ' Praeterea, deus scivit christum nasciturum. nunc autem nescit christum nasciturum, quia christus nasciturus non est. ergo non quidquid deus scivit, scit. et ita scientia dei videtur esse variabilis.
sc * Sed contra est quod dicitur iac. i, quod ° apud deum non est transmutatio, neque vicissitudinis obumbratio.
co ' Respondeo dicendum quod, cum scientia dei sit eius substantia, * ut ex dictis patet; ' sicut substantia eius est omnino immutabilis, * ut supra ostensum est, ' ita oportet scientiam eius omnino invariabilem esse.
ra1 ' Ad primum ergo dicendum quod dominus et creator, et huiusmodi, important relationes ad creaturas secundum quod in seipsis sunt. sed scientia dei importat relationem ad creaturas secundum quod sunt in deo, quia secundum hoc est unumquodque intellectum in actu quod est in intelligente. res autem creatae sunt in deo invariabiliter, in seipsis autem variabiliter. vel aliter dicendum est, quod dominus et creator, et huiusmodi, important relationes quae consequuntur actus qui intelliguntur terminari ad ipsas creaturas secundum quod in seipsis sunt, et ideo huiusmodi relationes varie de deo dicuntur, secundum variationem creaturarum. sed scientia et amor, et huiusmodi, important relationes quae consequuntur actus qui intelliguntur in deo esse, et ideo invariabiliter praedicantur de deo.
ra2 ' Ad secundum dicendum quod deus scit etiam ea quae potest facere et non facit. unde ex hoc quod potest plura facere quam facit, non sequitur quod possit plura scire quam sciat, nisi hoc referatur ad scientiam visionis, secundum quam dicitur scire ea quae sunt in actu secundum aliquod tempus. ex hoc tamen quod scit quod aliqua possunt esse quae non sunt, vel non esse quae sunt, non sequitur quod scientia sua sit variabilis, sed quod cognoscat rerum variabilitatem. si tamen aliquid esset quod prius deus nescivisset et postea sciret, esset eius scientia variabilis. sed hoc esse non potest, quia quidquid est vel potest esse secundum aliquod tempus, deus in aeterno suo scit. et ideo ex hoc ipso quod ponitur aliquid esse secundum quodcumque tempus, oportet poni quod ab aeterno sit scitum a deo. et ideo non debet concedi quod deus possit plura scire quam sciat, quia haec propositio implicat quod ante nesciverit et postea sciat.
ra3 * Ad tertium dicendum quod antiqui nominales dixerunt " idem esse enuntiabile, christum nasci, et esse nasciturum, et esse natum, quia eadem res significatur per haec tria, scilicet nativitas christi. et secundum hoc sequitur quod deus quidquid scivit, sciat, quia modo scit christum natum, quod significat idem ei quod est christum esse nasciturum. ' sed haec opinio falsa est. tum quia diversitas partium orationis diversitatem enuntiabilium causat. tum etiam quia sequeretur quod propositio quae semel est vera, esset semper vera, * quod est contra philosophum, qui dicit quod " haec oratio, socrates sedet, vera est eo sedente, et eadem falsa est, eo surgente. ' et ideo concedendum est quod haec non est vera, quidquid deus scivit, scit, si ad enuntiabilia referatur. sed ex hoc non sequitur quod scientia dei sit variabilis. sicut enim absque variatione divinae scientiae est, quod sciat unam et eandem rem quandoque esse et quandoque non esse; ita absque variatione divinae scientiae est, quod scit aliquod enuntiabile quandoque esse verum, et quandoque esse falsum. esset autem ex hoc scientia dei variabilis, si enuntiabilia cognosceret per modum enuntiabilium, componendo et dividendo, sicut accidit in intellectu nostro. unde cognitio nostra variatur, vel secundum veritatem et falsitatem, puta si, mutata re, eandem opinionem de re illa retineamus, |25| vel secundum diversas opiniones, ut si primo opinemur aliquem sedere, et postea opinemur eum non sedere. quorum neutrum potest esse in deo.

007 ST1 qu14 ar16

ag1 ' Ad decimumsextum sic proceditur. videtur quod deus de rebus non habeat scientiam speculativam. scientia enim dei est causa rerum, * ut supra ostensum est. ' sed scientia speculativa non est causa rerum scitarum. ergo scientia dei non est speculativa.
ag2 ' Praeterea. scientia speculativa est per abstractionem a rebus, quod divinae scientiae non competit. ergo scientia dei non est speculativa.
sc ' Sed contra, omne quod est nobilius, deo est attribuendum. sed scientia speculativa est nobilior quam practica, * ut patet per philosophum, in principio metaphys.. ' ergo deus habet de rebus scientiam speculativam.
co ' Respondeo dicendum quod aliqua scientia est speculativa tantum, aliqua practica tantum, aliqua vero secundum aliquid speculativa et secundum aliquid practica. ad cuius evidentiam, sciendum est quod aliqua scientia potest dici speculativa tripliciter. primo, ex parte rerum scitarum, quae non sunt operabiles a sciente, sicut est scientia hominis de rebus naturalibus vel divinis. secundo, quantum ad modum sciendi, ut puta si aedificator consideret domum definiendo et dividendo et considerando universalia praedicata ipsius. hoc siquidem est operabilia modo speculativo considerare, et non secundum quod operabilia sunt, operabile enim est aliquid per applicationem formae ad materiam, non per resolutionem compositi in principia universalia formalia. tertio, quantum ad finem, ° nam intellectus practicus differt fine a speculativo, * sicut dicitur in iii de anima. ' intellectus enim practicus ordinatur ad finem operationis, finis autem intellectus speculativi est consideratio veritatis. unde, si quis aedificator consideret qualiter posset fieri aliqua domus, non ordinans ad finem operationis, sed ad cognoscendum tantum, erit, quantum ad finem, speculativa consideratio, tamen de re operabili. scientia igitur quae est speculativa ratione ipsius rei scitae, est speculativa tantum. quae vero speculativa est vel secundum modum vel secundum finem, est secundum quid speculativa et secundum quid |25| practica. cum vero ordinatur ad finem operationis, est simpliciter practica. secundum hoc ergo, dicendum est quod deus de seipso habet scientiam speculativam tantum, ipse enim operabilis non est. de omnibus vero aliis habet scientiam et speculativam et practicam. speculativam quidem, quantum ad modum, quidquid enim in rebus nos speculative cognoscimus definiendo et dividendo, hoc totum deus multo perfectius novit. sed de his quae potest quidem facere, sed secundum nullum tempus facit, non habet practicam scientiam, secundum quod practica scientia dicitur a fine. sic autem habet practicam scientiam de his quae secundum aliquod tempus facit. mala vero, licet ab eo non sint operabilia, tamen sub cognitione practica ipsius cadunt, sicut et bona, inquantum permittit vel impedit vel ordinat ea, sicut et aegritudines cadunt sub practica scientia medici, inquantum per artem suam curat eas.
ra1 ' Ad primum ergo dicendum quod scientia dei est causa, non quidem sui ipsius, sed aliorum, quorundam quidem actu, scilicet eorum quae secundum aliquod tempus fiunt; quorundam vero virtute, scilicet eorum quae potest facere, et tamen nunquam fiunt.
ra2 ' Ad secundum dicendum quod scientiam esse acceptam a rebus scitis, non per se convenit scientiae speculativae, sed per accidens, inquantum est humana.
ra3 ' Ad id vero quod in contrarium obiicitur, dicendum quod de operabilibus perfecta scientia non habetur, nisi sciantur inquantum operabilia sunt. et ideo, cum scientia dei sit omnibus modis perfecta, oportet quod sciat ea quae sunt a se operabilia, inquantum huiusmodi, et non solum secundum quod sunt speculabilia. sed tamen non receditur a nobilitate speculativae scientiae, quia omnia alia a se videt in seipso, seipsum autem speculative cognoscit; et sic in speculativa sui ipsius scientia, habet cognitionem et speculativam et practicam omnium aliorum.

007 ST1 qu15 ar

pr ' Post considerationem de scientia dei, restat considerare de ideis. et circa hoc quaeruntur tria. primo, an sint ideae. secundo, utrum sint plures, vel una tantum. tertio, utrum sint omnium quae cognoscuntur a deo.

007 ST1 qu15 ar1

ag1 ' Ad primum sic proceditur. videtur quod ideae non sint. * dicit enim dionysius, vii cap. de div. nom., quod " deus non cognoscit res secundum ideam. ' sed ideae non ponuntur ad aliud, nisi ut per eas cognoscantur res. ergo ideae non sunt.
ag2 ' Praeterea, deus in seipso cognoscit omnia, * ut supra dictum est. ' sed seipsum non cognoscit per ideam. ergo nec alia.
ag3 ' Praeterea, idea ponitur ut principium cognoscendi et operandi. sed essentia divina est sufficiens principium cognoscendi et operandi omnia. non ergo necesse est ponere ideas.
sc ' Sed contra est quod * dicit augustinus, in libro octoginta trium quaest., ° tanta vis in ideis constituitur, ut, nisi his intellectis, sapiens esse nemo possit.
co ' Respondeo dicendum quod necesse est ponere in mente divina ideas. idea enim graece, latine forma dicitur, unde per ideas intelliguntur formae aliarum rerum, praeter ipsas res existentes. forma autem alicuius rei praeter ipsam existens, ad duo esse potest, vel ut sit exemplar eius cuius dicitur forma; vel ut sit principium cognitionis ipsius, secundum quod formae cognoscibilium dicuntur esse in cognoscente. et quantum ad utrumque est necesse ponere ideas. quod sic patet. in omnibus enim quae non a casu generantur, necesse est formam esse finem generationis cuiuscumque. agens autem non ageret propter formam, nisi inquantum similitudo formae est in ipso. quod quidem contingit dupliciter. in quibusdam enim agentibus praeexistit forma rei fiendae secundum esse naturale, sicut in his quae agunt per naturam; sicut homo generat hominem, et ignis ignem. in quibusdam vero secundum esse intelligibile, ut in his quae agunt per intellectum; sicut similitudo domus praeexistit in mente aedificatoris. et haec potest dici idea domus, quia artifex intendit domum assimilare formae quam mente concepit. quia igitur mundus non est casu factus, sed est factus a deo per intellectum agente, * ut infra patebit, ' necesse est quod in mente divina sit forma, ad similitudinem cuius mundus est factus. |25| et in hoc consistit ratio ideae.
ra1 ' Ad primum ergo dicendum quod deus non intelligit res secundum ideam extra se existentem. * et sic etiam aristoteles improbat opinionem platonis de ideis, " secundum quod ponebat eas per se existentes, non in intellectu.
ra2 ' Ad secundum dicendum quod, licet deus per essentiam suam se et alia cognoscat, tamen essentia sua est principium operativum aliorum, non autem sui ipsius, et ideo habet rationem ideae secundum quod ad alia comparatur, non autem secundum quod comparatur ad ipsum deum.
ra3 ' Ad tertium dicendum quod deus secundum essentiam suam est similitudo omnium rerum. unde idea in deo nihil est aliud quam dei essentia.

007 ST1 qu15 ar2

ag1 ' Ad secundum sic proceditur. videtur quod non sint plures ideae. idea enim in deo est eius essentia. sed essentia dei est una tantum. ergo et idea est una.
ag2 ' Praeterea, sicut idea est principium cognoscendi et operandi, ita ars et sapientia. sed in deo non sunt plures artes et sapientiae. ergo nec plures ideae.
ag3 ' Si dicatur quod ideae multiplicantur secundum respectus ad diversas creaturas, contra, pluralitas idearum est ab aeterno. si ergo ideae sunt plures, creaturae autem sunt temporales, ergo temporale erit causa aeterni.
ag4 ' Praeterea, respectus isti aut sunt secundum rem in creaturis tantum, aut etiam in deo. si in creaturis tantum, cum creaturae non sint ab aeterno, pluralitas idearum non erit ab aeterno, si multiplicentur solum secundum huiusmodi respectus. si autem realiter sunt in deo, sequitur quod alia pluralitas realis sit in deo quam pluralitas personarum, * quod est contra damascenum, dicentem quod " in divinis omnia unum sunt, praeter ingenerationem, generationem et processionem. ' sic igitur non sunt plures ideae.
sc ' Sed contra est quod * dicit augustinus, in libro octoginta trium quaest., ° ideae sunt principales quaedam formae vel rationes rerum stabiles atque incommutabiles, quia ipsae formatae non sunt, ac per hoc aeternae ac semper eodem modo se habentes, quae divina intelligentia continentur. sed cum ipsae neque oriantur neque intereant, secundum eas tamen formari dicitur omne quod oriri et interire potest, et omne quod oritur et interit.
co ' Respondeo dicendum quod necesse est ponere plures ideas. ad cuius evidentiam, considerandum est quod in quolibet effectu illud quod est ultimus finis, proprie est intentum a principali agente; sicut ordo exercitus a duce. illud autem quod est optimum in rebus existens, est bonum ordinis universi, * ut patet per philosophum in xii metaphys.. ' ordo igitur universi est proprie a deo intentus, et non per accidens proveniens secundum successionem agentium, * prout quidam dixerunt quod " deus creavit primum creatum tantum, quod creatum creavit secundum creatum, et sic inde quousque producta est tanta rerum multitudo, secundum quam opinionem, deus non haberet nisi ideam primi creati. ' sed si ipse ordo universi est per se creatus ab eo, et intentus ab ipso, necesse est quod habeat ideam ordinis universi. ratio autem alicuius totius haberi non potest, nisi habeantur propriae rationes eorum ex quibus totum constituitur, sicut aedificator speciem domus concipere non posset, nisi apud ipsum esset propria ratio cuiuslibet partium eius. sic igitur oportet quod in mente divina sint propriae rationes omnium rerum. * unde dicit augustinus, in libro octoginta trium quaest., quod ° singula propriis rationibus a deo creata sunt. ' unde sequitur quod in mente divina sint plures ideae. |25| hoc autem quomodo divinae simplicitati non repugnet, facile est videre, si quis consideret ideam operati esse in mente operantis sicut quod intelligitur; non autem sicut species qua intelligitur, quae est forma faciens intellectum in actu. forma enim domus in mente aedificatoris est aliquid ab eo intellectum, ad cuius similitudinem domum in materia format. non est autem contra simplicitatem divini intellectus, quod multa intelligat, sed contra simplicitatem eius esset, si per plures species eius intellectus formaretur. unde plures ideae sunt in mente divina ut intellectae ab ipso. quod hoc modo potest videri. ipse enim essentiam suam perfecte cognoscit, unde cognoscit eam secundum omnem modum quo cognoscibilis est. potest autem cognosci non solum secundum quod in se est, sed secundum quod est participabilis secundum aliquem modum similitudinis a creaturis. unaquaeque autem creatura habet propriam speciem, secundum quod aliquo modo participat divinae essentiae similitudinem. sic igitur inquantum deus cognoscit suam essentiam ut sic imitabilem a tali creatura, cognoscit eam ut propriam rationem et ideam huius creaturae. et similiter de aliis. et sic patet quod deus intelligit plures rationes proprias plurium rerum; quae sunt plures ideae.
ra1 ' Ad primum ergo dicendum quod idea non nominat divinam essentiam inquantum est essentia, sed inquantum est similitudo vel ratio huius vel illius rei. unde secundum quod sunt plures rationes intellectae ex una essentia, secundum hoc dicuntur plures ideae.

ra2 ' Ad secundum dicendum quod sapientia et ars significantur ut quo deus intelligit, sed idea ut quod deus intelligit. deus autem uno intelligit multa; et non solum secundum quod in seipsis sunt, sed etiam secundum quod intellecta sunt; quod est intelligere plures rationes rerum. sicut artifex, dum intelligit formam domus in materia, dicitur intelligere domum, dum autem intelligit formam domus ut a se speculatam, ex eo quod intelligit se intelligere eam, intelligit ideam vel rationem domus. deus autem non solum intelligit multas res per essentiam suam, sed etiam intelligit se intelligere multa per essentiam suam. sed hoc est intelligere plures rationes rerum; vel, plures ideas esse in intellectu eius ut intellectas.
ra3 ' Ad tertium dicendum quod huiusmodi respectus, quibus multiplicantur ideae, non causantur a rebus, sed ab intellectu divino, comparante essentiam suam ad res.
ra4 ' Ad quartum dicendum quod respectus multiplicantes ideas, non sunt in rebus creatis, sed in deo. non tamen sunt reales respectus, sicut illi quibus distinguuntur personae, sed respectus intellecti a deo.

007 ST1 qu15 ar3

ag1 ' Ad tertium sic proceditur. videtur quod non omnium quae cognoscit deus, sint ideae in ipso. mali enim idea non est in deo, quia sequeretur malum esse in deo. sed mala cognoscuntur a deo. ergo non omnium quae cognoscuntur a deo, sunt ideae.
ag2 ' Praeterea, deus cognoscit ea quae nec sunt nec erunt nec fuerunt, * ut supra dictum est. ' sed horum non sunt ideae, * quia dicit dionysius, v cap. de div. nom., quod ° exemplaria sunt divinae voluntates, determinativae et effectivae rerum. ' ergo non omnium quae a deo cognoscuntur, sunt ideae in ipso.
ag3 ' Praeterea, deus cognoscit materiam primam, quae non potest habere ideam, cum nullam habeat formam. ergo idem quod prius.
ag4 ' Praeterea, constat quod deus scit non solum species, sed etiam genera et singularia et accidentia. sed horum non sunt ideae, * secundum positionem platonis, qui primus ideas introduxit, ut dicit augustinus. ' non ergo omnium cognitorum a deo sunt ideae in ipso.
sc ' Sed contra, ideae sunt rationes in mente divina existentes, * ut per augustinum patet. ' sed omnium quae cognoscit, deus habet proprias rationes. ergo omnium quae cognoscit, habet ideam.
co * Respondeo dicendum quod, cum ideae a platone ponerentur " principia cognitionis rerum et generationis ipsarum, ' ad utrumque se habet idea, prout in mente divina ponitur. et secundum quod est principium factionis rerum, exemplar dici potest, et ad practicam cognitionem pertinet. secundum autem quod principium cognoscitivum est, proprie dicitur ratio; et potest etiam ad scientiam speculativam pertinere. secundum ergo quod exemplar est, secundum hoc se habet ad omnia quae a deo fiunt secundum aliquod tempus. secundum vero quod principium cognoscitivum est, se habet ad omnia quae cognoscuntur a deo, etiam si nullo tempore fiant; et ad omnia quae a deo cognoscuntur secundum propriam rationem, et secundum quod cognoscuntur ab ipso per modum speculationis.
ra1 ' Ad primum ergo dicendum quod malum cognoscitur a deo non per propriam rationem, sed per rationem boni. et ideo malum non habet in deo ideam, neque secundum quod idea est exemplar, neque secundum quod est ratio.
ra2 ' Ad secundum dicendum quod eorum quae neque sunt neque erunt neque fuerunt, deus non habet practicam cognitionem, nisi virtute tantum. unde respectu eorum non est idea in deo, secundum quod idea significat exemplar, sed solum secundum quod significat rationem.
ra3 ' Ad tertium dicendum quod " plato, * secundum quosdam, " posuit materiam non creatam, et ideo non posuit ideam esse materiae, sed materiae concausam. ' sed quia nos ponimus materiam creatam a deo, non tamen sine forma, habet quidem materia ideam in deo, non tamen aliam ab idea compositi. nam materia secundum se neque esse habet, neque cognoscibilis est.
ra4 ' Ad quartum dicendum quod genera non possunt habere ideam aliam ab idea speciei, secundum quod idea significat exemplar, quia nunquam genus fit nisi in aliqua specie. similiter etiam est de accidentibus quae inseparabiliter concomitantur subiectum, quia haec simul fiunt cum subiecto. accidentia autem quae superveniunt subiecto, specialem ideam habent. artifex enim per formam domus facit omnia accidentia quae a principio concomitantur domum, sed ea quae superveniunt domui iam factae, ut picturae vel aliquid aliud, facit per aliquam aliam formam. " individua vero, * secundum platonem, " non habebant aliam ideam quam ideam speciei, ' tum quia singularia individuantur per materiam, " quam ponebat esse increatam, * ut quidam dicunt, ' et concausam ideae; tum quia intentio naturae consistit in speciebus, nec particularia producit, nisi ut in eis species salventur. sed providentia divina non solum se extendit ad species, sed ad singularia, * ut infra dicetur.

007 ST1 qu16 ar

pr ' Quoniam autem scientia verorum est, post considerationem scientiae dei, de veritate inquirendum est. circa quam quaeruntur octo. primo, utrum veritas sit in re, vel tantum in intellectu. secundo, utrum sit tantum in intellectu componente et dividente. tertio, de comparatione veri ad ens. quarto, de comparatione veri ad bonum. quinto, utrum deus sit veritas. sexto, utrum omnia sint vera veritate una, vel pluribus. septimo, de aeternitate veritatis. octavo, de incommutabilitate ipsius.

007 ST1 qu16 ar1

ag1 ' Ad primum sic proceditur. videtur quod veritas non sit tantum in intellectu, sed magis in rebus. * augustinus enim, in libro soliloq., " reprobat hanc notificationem veri, verum est id quod videtur, quia secundum hoc, lapides qui sunt in abditissimo terrae sinu, non essent veri lapides, quia non videntur. reprobat etiam istam, verum est quod ita se habet ut videtur cognitori, si velit et possit cognoscere, quia secundum hoc sequeretur quod nihil esset verum, si nullus posset cognoscere. et definit sic verum, verum est id quod est. ' et sic videtur quod veritas sit in rebus, et non in intellectu.
ag2 ' Praeterea, quidquid est verum, veritate verum est. si igitur veritas est in intellectu solo, nihil erit verum nisi secundum quod intelligitur, * quod est error antiquorum philosophorum, " qui dicebant omne quod videtur, esse verum. ad quod sequitur contradictoria simul esse vera, cum contradictoria simul a diversis vera esse videantur.
ag3 ° Praeterea, propter quod unumquodque, et illud magis, * ut patet i poster.. ° sed ex eo quod res est vel non est, est opinio vel oratio vera vel falsa, * secundum philosophum in praedicamentis. ' ergo veritas magis est in rebus quam in intellectu.
sc * Sed contra est quod philosophus dicit, vi metaphys., quod ° verum et falsum non sunt in rebus, sed in intellectu.
co ' Respondeo dicendum quod, sicut bonum nominat id in quod tendit appetitus, ita verum nominat id in quod tendit intellectus. hoc autem distat inter appetitum et intellectum, sive quamcumque cognitionem, quia cognitio est secundum quod cognitum est in cognoscente, appetitus autem est secundum quod appetens inclinatur in ipsam rem appetitam. et sic terminus appetitus, quod est bonum, est in re appetibili, sed terminus cognitionis, quod est verum, est in ipso intellectu. sicut autem bonum est in re, inquantum habet ordinem ad appetitum; et propter hoc ratio bonitatis derivatur a re appetibili in appetitum, secundum quod appetitus dicitur bonus, prout est boni, ita, cum verum sit in intellectu secundum quod conformatur rei intellectae, necesse est quod ratio veri ab intellectu ad rem intellectam derivetur, ut res etiam intellecta vera dicatur, secundum quod habet aliquem ordinem ad intellectum. res autem intellecta ad intellectum aliquem potest habere ordinem vel per se, vel per accidens. per se quidem habet ordinem ad intellectum a quo dependet secundum suum esse, per accidens autem ad intellectum a quo cognoscibilis est. sicut si dicamus quod domus comparatur ad intellectum artificis per se, per accidens autem comparatur ad intellectum a quo non dependet. iudicium autem de re non sumitur secundum id quod inest ei per accidens, sed secundum id quod inest ei per se. unde unaquaeque res dicitur vera absolute, secundum ordinem ad intellectum a quo |25| dependet. et inde est quod res artificiales dicuntur verae per ordinem ad intellectum nostrum, dicitur enim domus vera, quae assequitur similitudinem formae quae est in mente artificis; et dicitur oratio vera, inquantum est signum intellectus veri. et similiter res naturales dicuntur esse verae, secundum quod assequuntur similitudinem specierum quae sunt in mente divina, dicitur enim verus lapis, qui assequitur propriam lapidis naturam, secundum praeconceptionem intellectus divini. sic ergo veritas principaliter est in intellectu; secundario vero in rebus, secundum quod comparantur ad intellectum ut ad principium. et secundum hoc, veritas diversimode notificatur. * nam augustinus, in libro de vera relig., dicit quod ° veritas est, qua ostenditur id quod est. * et hilarius dicit quod ° verum est declarativum aut manifestativum esse. ' et hoc pertinet ad veritatem secundum quod est in intellectu. * ad veritatem autem rei secundum ordinem ad intellectum, pertinet definitio augustini in libro de vera relig., ° veritas est summa similitudo principii, quae sine ulla dissimilitudine est. * et quaedam definitio anselmi, ° veritas est rectitudo sola mente perceptibilis; ' nam rectum est, quod principio concordat. * et quaedam definitio avicennae, |50| ° veritas uniuscuiusque rei est proprietas sui esse quod stabilitum est ei. * quod autem dicitur quod " veritas est adaequatio rei et intellectus * potest ad utrumque pertinere.
ra1 * Ad primum ergo dicendum quod augustinus loquitur " de veritate rei; et excludit a ratione huius veritatis, comparationem ad intellectum nostrum. ' nam id quod est per accidens, ab unaquaque definitione excluditur.
ra2 * Ad secundum dicendum quod antiqui philosophi " species rerum naturalium non dicebant procedere ab aliquo intellectu, sed eas provenire a casu, et quia considerabant quod verum importat comparationem ad intellectum, cogebantur veritatem rerum constituere in ordine ad intellectum nostrum. * ex quo inconvenientia sequebantur quae philosophus prosequitur in iv metaphys.. ' quae quidem inconvenientia non accidunt, si ponamus veritatem rerum consistere in comparatione ad intellectum divinum.
ra3 ' Ad tertium dicendum quod, licet veritas intellectus nostri a re causetur, non tamen oportet quod in re per prius inveniatur ratio veritatis, sicut neque in medicina per prius invenitur ratio sanitatis quam in animali; virtus enim medicinae, non sanitas eius, causat sanitatem, cum non sit agens univocum. et similiter esse rei, non veritas eius, causat veritatem intellectus. * unde philosophus dicit quod " opinio et oratio vera est ° ex eo quod res est, non ex eo quod res vera est.

007 ST1 qu16 ar2

ag1 ' Ad secundum sic proceditur. videtur quod veritas non sit solum in intellectu componente et dividente. * dicit enim philosophus, in iii de anima, quod " sicut sensus propriorum sensibilium semper veri sunt, ita et intellectus eius quod quid est. ' sed compositio et divisio non est neque in sensu, neque in intellectu cognoscente quod quid est. ergo veritas non solum est in compositione et divisione intellectus.
ag2 * Praeterea, isaac dicit, in libro de definitionibus, quod " veritas est adaequatio rei et intellectus. ' sed sicut intellectus complexorum potest adaequari rebus, ita intellectus incomplexorum, et etiam sensus sentiens rem ut est. ergo veritas non est solum in compositione et divisione intellectus.
sc ' Sed contra est quod * dicit philosophus, in vi metaphys., quod " circa simplicia et quod quid est non est veritas, nec in intellectu neque in rebus.
co ' Respondeo dicendum quod verum, * sicut dictum est, ' secundum sui primam rationem est in intellectu. cum autem omnis res sit vera secundum quod habet propriam formam naturae suae, necesse est quod intellectus, inquantum est cognoscens, sit verus inquantum habet similitudinem rei cognitae, quae est forma eius inquantum est cognoscens. et propter hoc per conformitatem intellectus et rei veritas definitur. unde conformitatem istam cognoscere, est cognoscere veritatem. hanc autem nullo modo sensus cognoscit, licet enim visus habeat similitudinem visibilis, non tamen cognoscit comparationem quae est inter rem visam et id quod ipse apprehendit de ea. intellectus autem conformitatem sui ad rem intelligibilem cognoscere potest, sed tamen non apprehendit eam secundum quod cognoscit de aliquo quod quid est; sed quando iudicat rem ita se habere sicut est forma quam de re apprehendit, tunc primo cognoscit et dicit verum. et hoc facit componendo et dividendo, nam in omni propositione aliquam formam significatam per praedicatum, vel applicat alicui rei significatae per subiectum, vel removet ab ea. et ideo bene invenitur quod sensus est verus de aliqua re, vel intellectus cognoscendo quod quid est, sed non quod cognoscat aut dicat verum. et similiter est de vocibus complexis aut incomplexis. veritas quidem igitur potest esse in sensu, vel in intellectu cognoscente quod quid est, ut in |25| quadam re vera, non autem ut cognitum in cognoscente, quod importat nomen veri; perfectio enim intellectus est verum ut cognitum. et ideo, proprie loquendo, veritas est in intellectu componente et dividente, non autem in sensu, neque in intellectu cognoscente quod quid est.
ra ' Et per hoc patet solutio ad obiecta.

007 ST1 qu16 ar3

ag1 ' Ad tertium sic proceditur. videtur quod verum et ens non convertantur. verum enim est proprie in intellectu, * ut dictum est. ' ens autem proprie est in rebus. ergo non convertuntur.
ag2 ' Praeterea, id quod se extendit ad ens et non ens, non convertitur cum ente. sed verum se extendit ad ens et non ens, nam verum est quod est esse, et quod non est non esse. ergo verum et ens non convertuntur.
ag3 ' Praeterea, quae se habent secundum prius et posterius, non videntur converti. sed verum videtur prius esse quam ens, nam ens non intelligitur nisi sub ratione veri. ergo videtur quod non sint convertibilia.
sc * Sed contra est quod dicit philosophus, ii metaphys., quod " eadem est dispositio rerum in esse et veritate.
co ' Respondeo dicendum quod, sicut bonum habet rationem appetibilis, ita verum habet ordinem ad cognitionem. unumquodque autem inquantum habet de esse, intantum est cognoscibile. * et propter hoc dicitur in iii de anima, quod " anima est quodammodo omnia secundum sensum et intellectum. ' et ideo, sicut bonum convertitur cum ente, ita et verum. sed tamen, sicut bonum addit rationem appetibilis supra ens, ita et verum comparationem ad intellectum.
ra1 ' Ad primum ergo dicendum quod verum est in rebus et in intellectu, * ut dictum est. ' verum autem quod est in rebus, convertitur cum ente secundum substantiam. sed verum quod est in intellectu, convertitur cum ente, ut manifestativum cum manifesta-

to. hoc enim est de ratione veri, * ut dictum est. ‘quamvis posset dici quod etiam ens est in rebus et in intellectu, sicut et verum; licet verum principaliter in intellectu, ens vero principaliter in rebus. et hoc accidit propter hoc, quod verum et ens differunt ratione.

ra2 ‘ Ad secundum dicendum quod non ens non habet in se unde cognoscatur, sed cognoscitur inquantum intellectus facit illud cognoscibile. unde verum fundatur in ente, inquantum non ens est quoddam ens rationis, apprehensum scilicet a ratione.

ra3 ‘ Ad tertium dicendum quod, cum dicitur quod ens non potest apprehendi sine ratione veri, hoc potest dupliciter intelligi. uno modo, ita quod non apprehendatur ens, nisi ratio veri assequatur apprehensionem entis. et sic locutio habet veritatem. alio modo posset sic intelligi, quod ens non posset apprehendi, nisi apprehenderetur ratio veri. et hoc falsum est. sed verum non potest apprehendi, nisi apprehendatur ratio entis, quia ens cadit in ratione veri. et est simile sicut si comparemus intelligibile ad ens. non enim potest intelligi ens, quin ens sit intelligibile, sed tamen potest intelligi ens, ita quod non intelligatur eius intelligibilitas. et similiter ens intellectum est verum, non tamen intelligendo ens, intelligitur verum.

007 ST1 qu16 ar4

ag1 ‘ Ad quartum sic proceditur. videtur quod bonum secundum rationem sit prius quam verum. quod enim est universalius, secundum rationem prius est, * ut patet ex i physic.. ‘sed bonum est universalius quam verum, nam verum est quoddam bonum, scilicet intellectus. ergo bonum prius est secundum rationem quam verum.

ag2 ‘ Praeterea, bonum est in rebus, verum autem in compositione et divisione intellectus, * ut dictum est. ‘sed ea quae sunt in re, sunt priora his quae sunt in intellectu. ergo prius est secundum rationem bonum quam verum.

ag3 ‘ Praeterea, veritas est quaedam species virtutis, * ut patet in iv ethic.. ‘ sed virtus continetur sub bono, “est enim bona qualitas mentis, * ut dicit augustinus. ‘ergo bonum est prius quam verum.

sc ‘ Sed contra, quod est in pluribus, est prius secundum rationem. sed verum est in quibusdam in quibus non est bonum, scilicet in mathematicis. ergo verum est prius quam bonum.

co ‘ Respondeo dicendum quod, licet bonum et verum supposito convertantur cum ente, tamen ratione differunt. et secundum hoc verum, absolute loquendo, prius est quam bonum. quod ex duobus apparet. primo quidem ex hoc, quod verum propinquius se habet ad ens, quod est prius, quam bonum. nam verum respicit ipsum esse simpliciter et immediate, ratio autem boni consequitur esse, secundum quod est aliquo modo perfectum; sic enim appetibile est. secundo apparet ex hoc, quod cognitio naturaliter praecedit appetitum. unde, cum verum respiciat cognitionem, bonum autem appetitum, prius erit verum quam bonum secundum rationem.

ra1 ‘ Ad primum ergo dicendum quod voluntas et intellectus mutuo se includunt, nam intellectus intelligit voluntatem, et voluntas vult intellectum intelligere. sic ergo inter illa quae ordinantur ad obiectum voluntatis, continentur etiam ea quae sunt intellectus; et e converso. unde in ordine appetibilium, bonum se habet ut universale, et verum ut particulare, in ordine autem intelligibilium est e converso. ex hoc ergo quod verum est quoddam bonum, sequitur quod bonum sit prius in ordine appetibilium, non autem quod sit prius simpliciter.

ra2 ‘ Ad secundum dicendum quod secundum hoc est aliquid prius ratione, quod prius cadit in intellectu. intellectus autem per prius apprehendit ipsum ens; et secundario apprehendit se intelligere ens; et tertio apprehendit se appetere ens. unde primo est ratio entis, secundo ratio veri, tertio ratio boni, licet bonum sit in rebus.

ra3 ‘ Ad tertium dicendum quod virtus quae dicitur veritas, non est veritas communis, sed quaedam veritas secundum quam homo in dictis et factis ostendit se ut est. veritas autem vitae dicitur particulariter, secundum quod homo in vita sua implet illud ad quod ordinatur per intellectum divinum, * sicut etiam dictum est ‘ veritatem esse in ceteris rebus. veritas autem iustitiae est secundum quod homo servat id quod debet alteri secundum ordinem legum. unde ex his particularibus veritatibus non est procedendum ad veritatem communem.

007 ST1 qu16 ar5

ag1 ‘ Ad quintum sic proceditur. videtur quod deus non sit veritas. veritas enim consistit in compositione et divisione intellectus. sed in deo non est compositio et divisio. ergo non est ibi veritas.

ag2 “ Praeterea, veritas, * secundum augustinum, in libro de vera relig., “est similitudo principii. ‘sed dei non est similitudo ad principium. ergo in deo non est veritas.

ag3 ‘ Praeterea, quidquid dicitur de deo, dicitur de eo ut de prima causa omnium, sicut esse dei est causa omnis esse, et bonitas eius est causa omnis boni. si ergo in deo sit veritas, ergo omne verum erit ab ipso. sed aliquem peccare est verum. ergo hoc erit a deo. quod patet esse falsum.

sc * Sed contra est quod dicit dominus, ioan. xiv, ° ego sum via, veritas et vita.

co * Respondeo dicendum quod, sicut dictum est, ‘veritas invenitur in intellectu secundum quod apprehendit rem ut est, et in re secundum quod habet esse conformabile intellectui. hoc autem maxime invenitur in deo. nam esse suum non solum est conforme suo intellectui, sed etiam est ipsum suum intelligere; et suum intelligere est mensura et causa omnis alterius esse, et omnis alterius intellectus; et ipse est suum esse et intelligere. unde sequitur quod non solum in ipso sit veritas, sed quod ipse sit ipsa summa et prima veritas.

ra1 ‘ Ad primum ergo dicendum quod, licet in intellectu divino non sit compositio et divisio, tamen secundum suam simplicem intelligentiam iudicat de omnibus, et cognoscit omnia complexa. et sic in intellectu eius est veritas.

ra2 ‘ Ad secundum dicendum quod verum intellectus nostri est secundum quod conformatur suo principio, scilicet rebus, a quibus cognitionem accipit. veritas etiam rerum est secundum quod conformantur suo principio, scilicet intellectui divino. sed hoc, proprie loquendo, non potest dici in veritate divina, nisi forte secundum quod veritas appropriatur filio, qui habet principium. sed si de veritate essentialiter dicta loquamur, non potest intelligi, nisi resolvatur affirmativa in negativam, sicut cum dicitur, pater est a se, quia non est ab alio. “et similiter dici potest similitudo principii veritas divina, inquantum esse suum non est suo intellectui dissimile.

ra3 ‘ Ad tertium dicendum quod non ens et privationes non habent ex seipsis veritatem, sed solum ex apprehensione intellectus. omnis autem apprehensio intellectus a deo est, unde quidquid est veritatis in hoc quod dico, istum fornicari est verum, totum est a deo. sed si arguatur, ergo istum fornicari est a deo, est fallacia accidentis.

007 ST1 qu16 ar6

ag1 ‘ Ad sextum sic proceditur. videtur quod una sola sit veritas, secundum quam omnia sunt vera. * quia, secundum augustinum, “ nihil est maius mente humana, nisi deus. ‘ sed veritas est maior mente humana, alioquin mens iudicaret de veritate; nunc autem omnia iudicat secundum veritatem, et non secundum seipsam. ergo solus deus est veritas. ergo non est alia veritas quam deus.

ag2 * Praeterea, anselmus dicit, in libro de veritate, quod “ sicut tempus se habet ad temporalia, ita veritas ad res veras. ‘sed unum est tempus omnium temporalium. ergo una est veritas, qua omnia vera sunt.

sc * Sed contra est quod in psalmo xi dicitur, ° diminutae sunt veritates a filiis hominum.

co ‘ Respondeo dicendum quod quodammodo una est veritas, qua omnia sunt vera, et quodammodo non. ad cuius evidentiam, sciendum est quod, quando aliquid praedicatur univoce de multis, illud in quolibet eorum secundum propriam rationem invenitur, sicut animal in qualibet specie animalis. sed quando aliquid dicitur analogice de multis, illud invenitur secundum propriam rationem in uno eorum tantum, a quo alia denominantur. sicut sanum dicitur de animali et urina et medicina, non quod sanitas sit nisi in animali tantum, sed a sanitate animalis denominatur medicina sana, inquantum est illius sanitatis effectiva, et urina, inquantum est illius sanitatis significativa. et quamvis sanitas non sit in medicina neque in urina, tamen in utroque est aliquid per quod hoc quidem facit, illud autem significat sanitatem. * dictum est autem quod ‘ veritas per prius est in intellectu, et per posterius in rebus, secundum quod ordinantur ad intellectum divinum. si ergo loquamur de veritate prout existit in intellectu, secundum propriam rationem, sic in multis intellectibus creatis sunt multae veritates; etiam in uno et eodem intellectu, secundum plura cognita. * unde dicit glossa super illud psalmi xi, ° diminutae sunt veritates a filiis hominum etc., “ quod sicut ab una facie hominis resultant plures similitudines in speculo, sic ab una veritate divina resultant plures veritates. |25| ‘ si vero loquamur de veritate secundum quod est in rebus, sic omnes sunt verae una prima veritate, cui unumquodque assimilatur secundum suam entitatem. et sic, licet plures sint essentiae vel formae rerum, tamen una est veritas divini intellectus, secundum quam omnes res denominantur verae.

ra1 ‘ Ad primum ergo dicendum quod anima non secundum quamcumque veritatem iudicat de rebus omnibus; sed secundum veritatem primam, inquantum resultat in ea sicut in speculo, secundum prima intelligibilia. unde sequitur quod veritas prima sit maior anima. et tamen etiam veritas creata, quae est in intellectu nostro, est maior anima, non simpliciter, sed secundum quid, inquantum est perfectio eius; sicut etiam scientia posset dici maior anima. sed verum est quod nihil subsistens est maius mente rationali, nisi deus.

ra2 ‘ Ad secundum dicendum quod * dictum anselmi veritatem habet, secundum quod “ res dicuntur verae per comparationem ad intellectum divinum.

007 ST1 qu16 ar7

ag1 ‘ Ad septimum sic proceditur. videtur quod veritas creata sit aeterna. * dicit enim augustinus, in libro de libero arbitrio, “ quod nihil est magis aeternum quam ratio circuli, et duo et tria esse quinque. ‘ sed horum veritas est veritas creata. ergo veritas creata est aeterna.

ag2 ‘ Praeterea, omne quod est semper, est aeternum. sed universalia sunt ubique et semper. ergo sunt aeterna. ergo et verum, quod est maxime universale.

ag3 ‘ Praeterea, id quod est verum in praesenti, semper fuit verum esse futurum. sed sicut veritas propositionis de praesenti est veritas creata, ita veritas propositionis de futuro. ergo aliqua veritas creata est aeterna.

ag4 ‘ Praeterea, omne quod caret principio et fine, est aeternum. sed veritas enuntiabilium caret principio et fine. quia, si veritas incoepit cum ante non esset, verum erat veritatem non esse, et utique aliqua veritate verum erat, et sic veritas erat antequam inciperet. et similiter si ponatur veritatem habere finem, sequitur quod sit postquam desierit, verum enim erit veritatem non esse. ergo veritas est aeterna.

sc ‘ Sed contra est quod solus deus est aeternus, * ut supra habitum est.

co ‘ Respondeo dicendum quod veritas enuntiabilium non est aliud quam veritas intellectus. enuntiabile enim et est in intellectu, et est in voce. secundum autem quod est in intellectu, habet per se veritatem. sed secundum quod est in voce, dicitur verum enuntiabile, secundum quod significat aliquam veritatem intellectus; non propter aliquam veritatem in enuntiabili existentem sicut in subiecto. sicut urina dicitur sana, non a sanitate quae in ipsa sit, sed a sanitate animalis, quam significat. * similiter etiam supra dictum est quod ‘res denominantur verae a veritate intellectus. unde si nullus intellectus esset aeternus, nulla veritas esset aeterna. sed quia solus intellectus divinus est aeternus, in ipso solo veritas aeternitatem habet. nec propter hoc sequitur quod aliquid aliud sit aeternum quam deus, quia veritas intellectus divini est ipse deus, * ut supra ostensum est.

ra1 ‘ Ad primum ergo dicendum quod ratio circuli, et duo et tria esse quinque, habent aeternitatem in mente divina.

ra2 ‘ Ad secundum dicendum quod aliquid esse semper et ubique, potest intelligi dupliciter. uno modo, quia habet in se unde se extendat ad omne tempus et ad omnem locum, sicut deo competit esse ubique et semper. alio modo, quia non habet in se quo determinetur ad aliquem locum vel tempus, sicut materia prima dicitur esse una, non quia habet unam formam, sicut homo est unus ab unitate unius formae, sed per remotionem omnium formarum distinguentium. et per hunc modum, quodlibet universale dicitur esse ubique et semper, inquantum universalia abstrahunt ab hic et nunc. sed ex hoc non sequitur ea esse aeterna, nisi in intellectu, si quis sit aeternus.

ra3 ‘ Ad tertium dicendum quod illud quod nunc est, ex eo futurum fuit antequam esset, quia in causa sua erat ut fieret. unde, sublata causa, non esset futurum illud fieri. sola autem causa prima est aeterna. unde ex hoc non sequitur quod ea quae sunt, semper fuerit verum ea esse futura, nisi quatenus in causa sempiterna fuit ut essent futura. quae quidem causa solus deus est.

ra4 ‘ Ad quartum dicendum quod, quia intellectus noster non est aeternus, nec veritas enuntiabilium quae a nobis formantur, est aeterna, sed quandoque incoepit. et antequam huiusmodi veritas esset, non erat verum dicere veritatem talem non esse, nisi ab intellectu divino, in quo solum veritas est aeterna. sed nunc verum est dicere veritatem tunc non fuisse. quod quidem non est verum nisi veritate quae nunc est in intellectu nostro, non autem per aliquam veritatem ex parte rei. quia ista est veritas de non ente; non ens autem non habet ex se ut sit verum, sed solummodo ex intellectu apprehendente ipsum. unde intantum est verum dicere veritatem non fuisse, inquantum apprehendimus non esse ipsius ut praecedens esse eius.

007 ST1 qu16 ar8

ag1 ‘ Ad octavum sic proceditur. videtur quod veritas sit immutabilis. * dicit enim augustinus, in libro ii de libero arbitrio, quod “ veritas non est aequalis menti, quia esset mutabilis, sicut et mens.

ag2 ‘ Praeterea, id quod remanet post omnem mutationem, est immutabile, sicut prima materia est ingenita et incorruptibilis, quia remanet post omnem generationem et corruptionem. sed veritas remanet post omnem mutationem, quia post omnem mutationem verum est dicere esse vel non esse. ergo veritas est immutabilis.

ag3 ‘ Praeterea, si veritas enuntiationis mutatur, maxime mutatur ad mutationem rei. sed sic non mutatur. “veritas enim, * secundum anselmum, “est rectitudo quaedam, ‘ inquantum aliquid implet id quod est de ipso in mente divina. haec autem propositio, socrates sedet, accipit a mente divina ut significet socratem sedere, quod significat etiam eo non sedente. ergo veritas propositionis nullo modo mutatur.

ag4 ‘ Praeterea, ubi est eadem causa, et idem effectus. sed eadem res est causa veritatis harum trium propositionum socrates sedet, sedebit, et sedit. ergo eadem est harum veritas. sed oportet quod alterum horum sit verum. ergo veritas harum propositionum

immutabiliter manet. et eadem ratione cuiuslibet alterius propositionis.
sc * Sed contra est quod dicitur in psalmo xi, ° diminutae sunt veritates a filiis hominum.
co * Respondeo dicendum quod, sicut supra dictum est, ' veritas proprie est in solo intellectu, res autem dicuntur verae a veritate quae est in aliquo intellectu. unde mutabilitas veritatis consideranda est circa intellectum. cuius quidem veritas in hoc consistit, quod habeat conformitatem ad res intellectas. quae quidem conformitas variari potest dupliciter, sicut et quaelibet alia similitudo, ex mutatione alterius extremi. unde uno modo variatur veritas ex parte intellectus, ex eo quod de re eodem modo se habente aliquis aliam opinionem accipit, alio modo si, opinione eadem manente, res mutetur. et utroque modo fit mutatio de vero in falsum. si ergo sit aliquis intellectus in quo non possit esse alternatio opinionum, vel cuius acceptionem non potest subterfugere res aliqua, in eo est immutabilis veritas. talis autem est intellectus divinus, * ut ex superioribus patet. ' unde veritas divini intellectus est immutabilis. veritas autem intellectus nostri mutabilis est. non quod ipsa sit subiectum mutationis, sed inquantum intellectus noster mutatur de veritate in falsitatem; sic enim formae mutabiles dici possunt. veritas autem intellectus divini est secundum quam res naturales dicuntur verae, quae est omnino immutabilis.
ra1 ' Ad primum ergo dicendum quod * augustinus loquitur de veritate divina.
ra2 ' Ad secundum dicendum quod verum et ens sunt convertibilia. unde, sicut ens non generatur neque corrumpitur per se, sed per accidens, inquantum hoc vel illud ens corrumpitur vel generatur, * ut dicitur in i physic.; ' ita veritas mutatur, non quod nulla veritas remaneat, sed quia non remanet illa veritas quae prius erat.
ra3 ' Ad tertium dicendum quod propositio non solum habet veritatem sicut res aliae veritatem habere dicuntur, inquantum implent id quod de eis est ordinatum ab intellectu divino; sed dicitur habere veritatem quodam speciali modo, inquantum significat veritatem intellectus. quae quidem consistit in conformitate intellectus et rei. qua quidem subtracta, mutatur veritas opinionis, et per consequens veritas propositionis. sic igitur haec propositio, socrates sedet, eo sedente vera est et veritate rei, inquantum est quaedam vox significativa; et veritate significationis, inquantum significat opinionem veram. socrate vero surgente, remanet prima veritas, sed mutatur secunda.
ra4 ' Ad quartum dicendum quod sessio socratis, quae est causa veritatis huius propositionis, socrates sedet, non eodem modo se habet dum socrates sedet, et postquam sederit, et antequam sederet. unde et veritas ab hoc causata, diversimode se habet; et diversimode significatur propositionibus de praesenti, praeterito et futuro. unde non sequitur quod, licet altera trium propositionum sit vera, quod eadem veritas invariabilis maneat.

007 ST1 qu17 ar

pr ' Deinde quaeritur de falsitate. et circa hoc quaeruntur quatuor. primo, utrum falsitas sit in rebus. secundo, utrum sit in sensu. tertio, utrum sit in intellectu. quarto, de oppositione veri et falsi.

007 ST1 qu17 ar1

ag1 ' Ad primum sic proceditur. videtur quod falsitas non sit in rebus. * dicit enim augustinus, in libro soliloq., ° si verum est id quod est, falsum non esse uspiam concludetur, quovis repugnante.
ag2 ' Praeterea, falsum dicitur a fallendo. " sed res non fallunt, * ut dicit augustinus in libro de vera relig., ° quia non ostendunt aliud quam suam speciem. ' ergo falsum in rebus non invenitur.
ag3 ' Praeterea, verum dicitur in rebus per comparationem ad intellectum divinum, * ut supra dictum est. ' sed quaelibet res, inquantum est, imitatur deum. ergo quaelibet res vera est, absque falsitate. et sic nulla res est falsa.
sc * Sed contra est quod dicit augustinus, in libro de vera relig., quod ° omne corpus est verum corpus et falsa unitas; ' quia imitatur unitatem, et non est unitas. sed quaelibet res imitatur divinam bonitatem, et ab ea deficit. ergo in omnibus rebus est falsitas.
co ' Respondeo dicendum quod, cum verum et falsum opponantur; opposita autem sunt circa idem; necesse est ut ibi prius quaeratur falsitas, ubi primo veritas invenitur, hoc est in intellectu. in rebus autem neque veritas neque falsitas est, nisi per ordinem ad intellectum. et quia unumquodque secundum id quod convenit ei per se, simpliciter nominatur; secundum autem id quod convenit ei per accidens, non nominatur nisi secundum quid; res quidem simpliciter falsa dici posset per comparationem ad intellectum a quo dependet, cui comparatur per se; in ordine autem ad alium intellectum, cui comparatur per accidens, non posset dici falsa nisi secundum quid. dependent autem ab intellectu divino res naturales, sicut ab intellectu humano res artificiales. dicuntur igitur res artificiales falsae simpliciter et secundum se, inquantum deficiunt a forma artis, unde dicitur aliquis artifex opus falsum facere, quando deficit ab operatione artis. sic autem in rebus dependentibus a deo, falsitas inveniri non potest per comparationem ad intellectum divinum, cum quidquid in rebus accidit, ex ordinatione divini intellectus procedat, nisi forte in voluntariis agentibus tantum, in quorum potestate est subducere se ab ordinatione divini intellectus; in quo malum culpae consistit, secundum quod ipsa peccata falsitates et mendacia dicuntur in scripturis, * secundum illud psalmi iv, ° ut quid diligitis vanitatem et quaeritis mendacium? |25| ' sicut per oppositum operatio virtuosa veritas vitae nominatur, inquantum subditur ordini divini intellectus; * sicut dicitur ioan. iii, ° qui facit veritatem, venit ad lucem. ' sed per ordinem ad intellectum nostrum, ad quem comparantur res naturales per accidens, possunt dici falsae, non simpliciter, sed secundum quid. et hoc dupliciter. uno modo, secundum rationem significati, ut dicatur illud esse falsum in rebus, quod significatur vel repraesentatur oratione vel intellectu falso. secundum quem modum quaelibet res potest dici esse falsa, quantum ad id quod ei non inest, sicut si dicamus diametrum esse falsum commensurabile, * ut dicit philosophus in v metaphys.; et sicut dicit augustinus, in libro soliloq., quod ° tragoedus est falsus hector. ' sicut e contrario potest unumquodque dici verum, secundum id quod competit ei. alio modo, per modum causae. et sic dicitur res esse falsa, quae nata est facere de se opinionem falsam. et quia innatum est nobis per ea quae exterius apparent de rebus iudicare, eo quod nostra cognitio a sensu ortum habet, qui primo et per se est exteriorum accidentium; ideo ea quae in exterioribus accidentibus habent similitudinem aliarum rerum, dicuntur esse falsa secundum illas res; sicut fel est falsum mel, et stannum est falsum argentum. * et secundum hoc dicit augustinus, in libro soliloq., quod |50| ° eas res falsas nominamus, quae verisimilia apprehendimus. * et philosophus dicit, in v metaphys., quod ° falsa dicuntur quaecumque apta nata sunt apparere aut qualia non sunt, aut quae non sunt. ' et per hunc modum etiam dicitur homo falsus, inquantum est amativus falsarum opinionum vel locutionum. non autem ex hoc quod potest eas confingere, quia sic etiam sapientes et scientes falsi dicerentur, * ut dicitur in v metaphys..
ra1 ' Ad primum ergo dicendum quod res comparata ad intellectum, secundum id quod est, dicitur vera, secundum id quod non est, dicitur falsa. ° unde verus tragoedus est falsus hector, * ut dicitur in ii soliloq.. ' sicut igitur in his quae sunt, invenitur quoddam non esse; ita in his quae sunt, invenitur quaedam ratio falsitatis.
ra2 ' Ad secundum dicendum quod res per se non fallunt, sed per accidens. dant enim occasionem falsitatis, eo quod similitudinem eorum gerunt, quorum non habent existentiam.
ra3 ' Ad tertium dicendum quod per comparationem ad intellectum divinum non dicuntur res falsae, quod esset eas esse falsas simpliciter, sed per comparationem ad intellectum nostrum, quod est eas esse falsas secundum quid.
ra4 ' Ad quartum, quod in oppositum obiicitur, dicendum quod similitudo vel repraesentatio deficiens non inducit rationem falsitatis, nisi inquantum praestat occasionem falsae opinionis. unde non ubicumque est similitudo, dicitur res falsa, sed ubicumque est talis similitudo, quae nata est facere opinionem falsam, non cuicumque, sed ut in pluribus.

007 ST1 qu17 ar2

ag1 ' Ad secundum sic proceditur. videtur quod in sensu non sit falsitas. * dicit enim augustinus, in libro de vera relig., ° si omnes corporis sensus ita nuntiant ut afficiuntur, quid ab eis amplius exigere debemus,.ignoro. ' et sic videtur quod ex sensibus non fallamur. et sic falsitas in sensu non est.
ag2 * Praeterea, philosophus dicit, in iv metaphys., quod ° falsitas non est propria sensui, sed phantasiae.
ag3 ' Praeterea, in incomplexis non est verum nec falsum, sed solum in complexis. sed componere et dividere non pertinet ad sensum. ergo in sensu non est falsitas.
sc * Sed contra est quod dicit augustinus, in libro soliloq., ° apparet nos in omnibus sensibus similitudine lenocinante falli.
co ' Respondeo dicendum quod falsitas non est quaerenda in sensu, nisi sicut ibi est veritas. veritas autem non sic est in sensu, ut sensus cognoscat veritatem; sed inquantum veram apprehensionem habet de sensibilibus, * ut supra dictum est. ' quod quidem contingit eo quod apprehendit res ut sunt. unde contingit falsitatem esse in sensu, ex hoc quod apprehendit vel iudicat res aliter quam sint. sic autem se habet ad cognoscendum res, inquantum similitudo rerum est in sensu. similitudo autem alicuius rei est in sensu tripliciter. uno modo, primo et per se; sicut in visu est similitudo colorum et aliorum propriorum sensibilium. alio modo, per se, sed non primo; sicut in visu est similitudo figurae vel magnitudinis, et aliorum communium sensibilium. tertio modo, nec primo nec per se, sed per accidens; sicut in visu est similitudo hominis, non inquantum est homo, sed inquantum huic colorato accidit esse hominem. et circa propria sensibilia sensus non habet falsam cognitionem, nisi per accidens, et ut in paucioribus, ex eo scilicet quod, propter indispositionem organi, non convenienter recipit formam sensibilem, sicut et alia passiva, propter suam indispositionem, deficienter recipiunt impressionem agentium. et inde est quod, propter corruptionem linguae, infirmis dulcia amara esse videntur. de sensibilibus vero communibus et per accidens, potest esse falsum iudicium etiam in sensu recte disposito, |25| quia sensus non directe refertur ad illa, sed per accidens, vel ex consequenti, inquantum refertur ad alia.
ra1 ' Ad primum ergo dicendum quod sensum affici, est ipsum eius sentire. unde per hoc quod sensus ita nuntiant sicut afficiuntur, sequitur quod non decipiamur in iudicio quo iudicamus nos sentire aliquid. sed ex eo quod sensus aliter afficitur interdum quam res sit, sequitur quod nuntiet nobis aliquando rem aliter quam sit. et ex hoc fallimur per sensum circa rem, non circa ipsum sentire.
ra2 ' Ad secundum dicendum quod falsitas dicitur non esse propria sensui, quia non decipitur circa proprium obiectum. * unde in alia translatione planius dicitur, quod ° sensus proprii sensibilis falsus non est. ' phantasiae autem attribuitur falsitas, quia repraesentat similitudinem rei etiam absentis; unde quando aliquis convertitur ad similitudinem rei tanquam ad rem ipsam, provenit ex tali apprehensione falsitas. * unde etiam philosophus, in v metaphys., dicit quod " umbrae et picturae et somnia dicuntur falsa, inquantum non subsunt res quarum habent similitudinem.
ra3 ' Ad tertium dicendum quod ratio illa procedit, quod falsitas non sit in sensu sicut in cognoscente verum et falsum.

007 ST1 qu17 ar3

ag1 ' Ad tertium sic proceditur. videtur quod falsitas non sit in intellectu * dicit enim augustinus, in libro octoginta trium quaest., ° omnis qui fallitur, id in quo fallitur, non intelligit. ' sed falsum dicitur esse in aliqua cognitione, secundum quod per eam fallimur. ergo in intellectu non est falsitas.
ag2 * Praeterea, philosophus dicit, in iii de anima, quod " intellectus semper est rectus. ' non ergo in intellectu est falsitas.
sc * Sed contra est quod dicitur in iii de anima, quod ° ubi compositio intellectuum est, ibi verum et falsum est. ' sed compositio intellectuum est in intellectu. ergo verum et falsum est in intellectu.
co ' Respondeo dicendum quod, sicut res habet esse per propriam formam, ita virtus cognoscitiva habet cognoscere per similitudinem rei cognitae. unde, sicut res naturalis non deficit ab esse quod sibi competit secundum suam formam, potest autem deficere ab aliquibus accidentalibus vel consequentibus; sicut homo ab hoc quod est habere duos pedes, non autem ab hoc quod est esse hominem, ita virtus cognoscitiva non deficit in cognoscendo respectu illius rei cuius similitudine informatur; potest autem deficere circa aliquid consequens ad ipsam, vel accidens ei. * sicut est dictum quod ' visus non decipitur circa sensibile proprium, sed circa sensibilia communia, quae consequenter se habent ad illud, et circa sensibilia per accidens. sicut autem sensus informatur directe similitudine propriorum sensibilium, ita intellectus informatur similitudine quidditatis rei. unde circa quod quid est intellectus non decipitur, sicut neque sensus circa sensibilia propria. in componendo vero vel dividendo potest decipi, dum attribuit rei cuius quidditatem intelligit, aliquid quod eam non consequitur, vel quod ei opponitur. sic enim se habet intellectus ad iudicandum de huiusmodi, sicut sensus ad iudicandum de sensibilibus communibus vel per accidens. hac tamen differentia servata, * quae supra circa veritatem dicta est, ' quod falsitas in intellectu |25| esse potest, non solum quia cognitio intellectus falsa est, sed quia intellectus eam cognoscit, sicut et veritatem, in sensu autem falsitas non est ut cognita, * ut dictum est. ' quia vero falsitas intellectus per se solum circa compositionem intellectus est, per accidens etiam in operatione intellectus qua cognoscit quod quid est, potest esse falsitas, inquantum ibi compositio intellectus admiscetur. quod potest esse dupliciter. uno modo, secundum quod intellectus definitionem unius attribuit alteri; ut si definitionem circuli attribuat homini. unde definitio unius rei est falsa de altera. alio modo, secundum quod partes definitionis componit ad invicem, quae simul sociari non possunt, sic enim definitio non est solum falsa respectu alicuius rei, sed est falsa in se. ut si formet talem definitionem, animal rationale quadrupes, falsus est intellectus sic definiendo, propterea quod falsus est in formando hanc compositionem, aliquod animal rationale est quadrupes. et propter hoc, in cognoscendo quidditates simplices non potest esse intellectus falsus, sed vel est verus, vel totaliter nihil intelligit.
ra1 ' Ad primum ergo dicendum quod, quia quidditas rei est proprium obiectum intellectus, propter hoc tunc proprie dicimur aliquid intelligere, quando, reducentes illud in quod quid est, sic de eo iudicamus, sicut accidit in demonstrationibus, in quibus non est falsitas. * et hoc modo intelligitur verbum augustini, " quod omnis qui fallitur, non intelligit id in quo fallitur, ' non autem ita, quod in nulla operatione intellectus aliquis fallatur.

ra2 ‘ Ad secundum dicendum quod intellectus semper est rectus, secundum quod intellectus est principiorum, circa quae non decipitur, ex eadem causa qua non decipitur circa quod quid est. nam principia per se nota sunt illa quae statim, intellectis terminis, cognoscuntur, ex eo quod praedicatum ponitur in definitione subiecti.

007 ST1 qu17 ar4

ag1 ‘ Ad quartum sic proceditur. videtur quod verum et falsum non sint contraria. verum enim et falsum opponuntur sicut quod est et quod non est, ° nam verum est id quod est, * ut dicit augustinus. ‘ sed quod est et quod non est, non opponuntur ut contraria. ergo verum et falsum non sunt contraria.
ag2 ‘ Praeterea, unum contrariorum non est in alio. sed falsum est in vero, * quia, sicut dicit augustinus in libro soliloq., ° tragoedus non esset falsus hector, si non esset verus tragoedus. ‘ ergo verum et falsum non sunt contraria.
ag3 ‘ Praeterea, in deo non est contrarietas aliqua, “ nihil enim divinae substantiae est contrarium, * ut dicit augustinus, xii de civit. dei. ‘ sed deo opponitur falsitas, nam idolum in scriptura mendacium nominatur, * ierem. viii, ° apprehenderunt mendacium; * glossa, ° idest idola. ‘ ergo verum et falsum non sunt contraria.
sc * Sed contra est quod dicit philosophus, in ii periherm., “ ponit enim falsam opinionem verae contrariam.
co ‘ Respondeo dicendum quod verum et falsum opponuntur ut contraria, “ et non sicut affirmatio et negatio, * ut quidam dixerunt. ‘ ad cuius evidentiam, sciendum est quod negatio neque ponit aliquid, neque determinat sibi aliquod subiectum. et propter hoc, potest dici tam de ente quam de non ente; sicut non videns, et non sedens. privatio autem non ponit aliquid, sed determinat sibi subiectum. “ est enim negatio in subiecto, * ut dicitur iv metaphys., ‘ caecum enim non dicitur nisi de eo quod est natum videre. contrarium vero et aliquid ponit, et subiectum determinat, nigrum enim est aliqua species coloris. falsum autem aliquid ponit. “ est enim falsum, * ut dicit philosophus, iv metaphys., “ ex eo quod dicitur vel videtur aliquid esse quod non est, vel non esse quod est. ‘ sicut enim verum ponit acceptionem adaequatam rei, ita falsum acceptionem rei non adaequatam. unde manifestum est quod verum et falsum sunt contraria.
ra1 ‘ Ad primum ergo dicendum quod id quod est in rebus, est veritas rei sed id quod est ut apprehensum, est verum intellectus, in quo primo est veritas. unde et falsum est id quod non est ut apprehensum. apprehendere autem esse et non esse, contrarietatem habet, * sicut probat philosophus, in ii periherm., quod “ huic opinioni, bonum est bonum, contraria est, bonum non est bonum.
ra2 ‘ Ad secundum dicendum quod falsum non fundatur in vero sibi contrario, sicut nec malum in bono sibi contrario; sed in eo quod sibi subiicitur. et hoc ideo in utroque accidit, quia verum et bonum communia sunt, et convertuntur cum ente, unde, sicut omnis privatio fundatur in subiecto quod est ens, ita omne malum fundatur in aliquo bono, et omne falsum in aliquo vero.
ra3 ‘ Ad tertium dicendum quod, quia contraria et opposita privative nata sunt fieri circa idem, ideo deo, prout in se consideratur, non est aliquid contrarium, neque ratione suae bonitatis, neque ratione suae veritatis, quia in intellectu eius non potest esse falsitas aliqua. sed in apprehensione nostra habet aliquid contrarium, nam verae opinioni de ipso contrariatur falsa opinio. et sic idola mendacia dicuntur opposita veritati divinae, inquantum falsa opinio de idolis contrariatur verae opinioni de unitate dei.

007 ST1 qu18 ar

pr ‘ Quoniam autem intelligere viventium est, post considerationem de scientia et intellectu divino, considerandum est de vita ipsius. et circa hoc quaeruntur quatuor. primo, quorum sit vivere. secundo, quid sit vita. tertio, utrum vita deo conveniat. quarto, utrum omnia in deo sint vita.

007 ST1 qu18 ar1

ag1 ‘ Ad primum sic proceditur. videtur quod omnium rerum naturalium sit vivere. * dicit enim philosophus, in viii physic., “ quod motus est ut vita quaedam natura existentibus omnibus. ‘ sed omnes res naturales participant motum. ergo omnes res naturales participant vitam.
ag2 ‘ Praeterea, plantae dicuntur vivere, inquantum habent in seipsis principium motus augmenti et decrementi. sed motus localis est perfectior et prior secundum naturam quam motus augmenti et decrementi, * ut probatur in viii physic.. ‘ cum igitur omnia corpora naturalia habeant aliquod principium motus localis, videtur quod omnia corpora naturalia vivant.
ag3 ‘ Praeterea, inter corpora naturalia imperfectiora sunt elementa. sed eis attribuitur vita, dicuntur enim aquae vivae. ergo multo magis alia corpora naturalia vitam habent.
sc * Sed contra est quod dicit dionysius, vi cap. de div. nom., quod ° plantae secundum ultimam resonantiam vitae habent vivere, ‘ ex quo potest accipi quod ultimum gradum vitae obtinent plantae. sed corpora inanimata sunt infra plantas. ergo eorum non est vivere.
co ‘ Respondeo dicendum quod ex his quae manifeste vivunt, accipere possumus quorum sit vivere, et quorum non sit vivere. vivere autem manifeste animalibus convenit, * dicitur enim in libro de vegetabilibus, quod ° vita in animalibus manifesta est. ‘ unde secundum illud oportet distinguere viventia a non viventibus secundum quod animalia dicuntur vivere. hoc autem est in quo primo manifestatur vita, et in quo ultimo remanet. primo autem dicimus animal vivere, quando incipit ex se motum habere; et tandiu iudicatur animal vivere, quandiu talis motus in eo apparet; quando vero iam ex se non habet aliquem motum, sed movetur tantum ab alio tunc dicitur animal mortuum, per defectum vitae. ex quo patet quod illa proprie sunt viventia, quae seipsa secundum aliquam speciem motus movent; sive accipiatur motus proprie, sicut motus dicitur actus imperfecti, idest existentis in potentia; sive motus accipiatur communiter, prout motus dicitur actus perfecti, prout “ intelligere et sentire dicitur moveri, * ut dicitur in iii de anima. ‘ ut sic viventia dicantur quaecumque se agunt ad motum vel operationem aliquam, ea vero in quorum natura non est ut se agant ad aliquem motum vel operationem, viventia dici non possunt, nisi per aliquam similitudinem.
ra1 * Ad primum ergo dicendum quod verbum illud philosophi ‘ potest intelligi vel de motu primo, scilicet corporum caelestium; vel de motu communiter. et utroque modo motus dicitur quasi vita corporum naturalium, per similitudinem; et non per proprietatem. nam motus caeli est in universo corporalium naturarum, sicut motus cordis in animali, quo conservatur vita. similiter etiam quicumque motus naturalis hoc modo se habet ad res naturales, ut quaedam similitudo vitalis operationis. “ unde, si totum universum corporale esset unum animal, ita quod iste motus esset a movente intrinseco, * ut quidam posuerunt, “ sequeretur quod motus esset vita omnium naturalium corporum.
ra2 ‘ Ad secundum dicendum quod corporibus gravibus et levibus non competit moveri, nisi secundum quod sunt extra dispositionem suae naturae, utpote cum sunt extra locum proprium, cum enim sunt in loco proprio et naturali, quiescunt. sed plantae et aliae res viventes moventur motu vitali, secundum hoc quod sunt in sua dispositione naturali, non autem in accedendo ad eam vel in recedendo ab ea, imo secundum quod recedunt a tali motu, recedunt a naturali dispositione. et praeterea, corpora gravia et levia moventur a motore extrinseco, vel generante, qui dat formam, vel removente prohibens, * ut dicitur in viii physic., ‘ et ita non movent seipsa, sicut corpora viventia.
ra3 ‘ Ad tertium dicendum quod aquae vivae dicuntur, quae habent continuum fluxum, aquae enim stantes, quae non continuantur ad principium continue fluens, dicuntur mortuae, ut aquae cisternarum et lacunarum. et hoc dicitur per similitudinem, inquantum enim videntur se movere, habent similitudinem vitae. sed tamen non est in eis vera ratio vitae, quia hunc motum non habent a seipsis, sed a causa generante eas; sicut accidit circa motum aliorum gravium et levium.

007 ST1 qu18 ar2

ag1 ‘ Ad secundum sic proceditur. videtur quod vita sit quaedam operatio. nihil enim dividitur nisi per ea quae sunt sui generis. sed vivere dividitur per operationes quasdam, * ut patet per philosophum in ii libro de anima, “ qui distinguit vivere per quatuor, scilicet alimento uti, sentire, moveri secundum locum, et intelligere. ‘ ergo vita est operatio quaedam.
ag2 ‘ Praeterea, vita activa dicitur alia esse a contemplativa. sed contemplativi ab activis non diversificantur nisi secundum operationes quasdam. ergo vita est quaedam operatio.
ag3 ‘ Praeterea, cognoscere deum est operatio quaedam. haec autem est vita, * ut patet per illud ioan. xvii, ° haec est autem vita aeterna, ut cognoscant te solum verum deum. ‘ ergo vita est operatio.
sc * Sed contra est quod dicit philosophus, in ii de anima, ° vivere viventibus est esse.
co * Respondeo dicendum quod, sicut ex dictis patet, ‘ intellectus noster, qui proprie est cognoscitivus quidditatis rei ut proprii obiecti, accipit a sensu, cuius propria obiecta sunt accidentia exteriora. et inde est quod ex his quae exterius apparent de re, devenimus ad cognoscendam essentiam rei. et quia sic nominamus aliquid sicut cognoscimus illud, * ut ex supradictis patet, ‘ inde est quod plerumque a proprietatibus exterioribus imponuntur nomina ad significandas essentias rerum. unde huiusmodi nomina quandoque accipiuntur proprie pro ipsis essentiis rerum, ad quas significandas principaliter sunt imposita, aliquando autem sumuntur pro proprietatibus a quibus imponuntur, et hoc minus proprie. sicut patet quod hoc nomen corpus impositum est ad significandum quoddam genus substantiarum, ex eo quod in eis inveniuntur tres dimensiones, et ideo aliquando ponitur hoc nomen corpus ad significandas tres dimensiones, secundum quod corpus ponitur species quantitatis. sic ergo dicendum est et de vita. nam vitae nomen sumitur ex quodam exterius apparenti circa rem, quod est movere seipsum, non tamen est impositum hoc nomen ad hoc significandum, sed ad significandam substantiam cui convenit secundum suam naturam movere seipsam, vel agere se quocumque modo ad operationem. et secundum hoc, vivere nihil aliud est quam esse in tali natura, et vita significat hoc ipsum, sed in abstracto; |25| sicut hoc nomen cursus significat ipsum currere in abstracto. unde vivum non est praedicatum accidentale, sed substantiale. quandoque tamen vita sumitur minus proprie pro operationibus vitae, a quibus nomen vitae assumitur; * sicut dicit philosophus, ix ethic., quod ° vivere principaliter est sentire vel intelligere.
ra1 * Ad primum ergo dicendum quod philosophus ibi accipit “ vivere pro operatione vitae. ‘ vel dicendum est melius, quod sentire et intelligere, et huiusmodi, quandoque sumuntur pro quibusdam operationibus; quandoque autem pro ipso esse sic operantium. * dicitur enim ix ethic., quod ° esse est sentire vel intelligere, “ idest habere naturam ad sentiendum vel intelligendum. * et hoc modo distinguit philosophus vivere per illa quatuor. ‘ nam in istis inferioribus quatuor sunt genera viventium. quorum quaedam habent naturam solum ad utendum alimento, et ad consequentia, quae sunt augmentum et generatio; quaedam ulterius ad sentiendum, ut patet in animalibus immobilibus, sicut sunt ostrea; quaedam vero, cum his, ulterius ad movendum se secundum locum, sicut animalia perfecta, ut quadrupedia et volatilia et huiusmodi; quaedam vero ulterius ad intelligendum, sicut homines.
ra2 ‘ Ad secundum dicendum quod opera vitae dicuntur, quorum principia sunt in operantibus, ut seipsos inducant in tales operationes. contingit autem aliquorum operum inesse hominibus non solum principia naturalia, ut sunt potentiae naturales; sed etiam quaedam superaddita, ut sunt habitus inclinantes ad quaedam operationum genera quasi per modum naturae, et facientes illas operationes esse delectabiles. et ex hoc dicitur, quasi per quandam similitudinem, quod illa operatio quae est homini delectabilis, et ad quam inclinatur, et in qua conversatur, et ordinat vitam suam ad ipsam, dicitur vita hominis, unde quidam dicuntur agere vitam luxuriosam, quidam vitam honestam. et per hunc modum vita contemplativa ab activa distinguitur. et per hunc etiam modum cognoscere deum dicitur vita aeterna.
ra3 ‘ Unde patet solutio ad tertium.

007 ST1 qu18 ar3

ag1 ‘ Ad tertium sic proceditur. videtur quod deo non conveniat vita. vivere enim dicuntur aliqua secundum quod movent seipsa, * ut dictum est. ‘ sed deo non competit moveri. ergo neque vivere.
ag2 ‘ Praeterea, in omnibus quae vivunt, est accipere aliquod vivendi principium, * unde dicitur in ii de anima, quod ° anima est viventis corporis causa et principium. ‘ sed deus non habet aliquod principium. ergo sibi non competit vivere.
ag3 ‘ Praeterea, principium vitae in rebus viventibus quae apud nos sunt, est anima vegetabilis, quae non est nisi in rebus corporalibus. ergo rebus incorporalibus non competit vivere.
sc * Sed contra est quod dicitur in psalmo lxxxiii, ° cor meum et caro mea exultaverunt in deum vivum.
co ‘ Respondeo dicendum quod vita maxime proprie in deo est. ad cuius evidentiam, considerandum est quod, cum vivere dicantur aliqua secundum quod operantur ex seipsis, et non quasi ab aliis mota; quanto perfectius competit hoc alicui, tanto perfectius in eo invenitur vita. in moventibus autem et motis tria per ordinem inveniuntur. nam primo, finis movet agentem; agens vero principale est quod per suam formam agit; et hoc interdum agit per aliquod instrumentum, quod non agit ex virtute suae formae, sed ex virtute principalis agentis; cui instrumento competit sola executio actionis. inveniuntur igitur quaedam, quae movent seipsa, non habito respectu ad formam vel finem, quae inest eis a natura, sed solum quantum ad executionem motus, sed forma per quam agunt, et finis propter quem agunt, determinantur eis a natura. et huiusmodi sunt plantae, quae secundum formam inditam eis a natura, movent seipsas secundum augmentum et decrementum. quaedam vero ulterius movent seipsa, non solum habito respectu ad executionem motus, sed etiam quantum ad formam quae est principium motus, quam per se acquirunt. et huiusmodi sunt animalia, quorum motus principium est forma non a natura indita, sed per sensum accepta. unde quanto perfectiorem sensum habent, tanto perfectius movent seipsa. nam ea quae non habent nisi sensum tactus, movent solum seipsa motu dilatationis et constrictionis, ut ostrea, parum excedentia motum plantae. quae vero habent virtutem sensitivam perfectam, non solum |25| ad cognoscendum coniuncta et tangentia, sed etiam ad cognoscendum distantia, movent seipsa in remotum motu processivo. sed quamvis huiusmodi animalia formam quae est principium motus, per sensum accipiant, non tamen per seipsa praestituunt sibi finem suae operationis, vel sui motus; sed est eis inditus a natura, cuius instinctu ad aliquid agendum

moventur per formam sensu apprehensam. unde supra talia animalia sunt illa quae movent seipsa, etiam habito respectu ad finem, quem sibi praestituunt. quod quidem non fit nisi per rationem et intellectum, cuius est cognoscere proportionem finis et eius quod est ad finem, et unum ordinare in alterum. unde perfectior modus vivendi est eorum quae habent intellectum, haec enim perfectius movent seipsa. et huius est signum, quod in uno et eodem homine virtus intellectiva movet potentias sensitivas; et potentiae sensitivae per suum imperium movent organa, quae exequuntur motum. sicut etiam in artibus, videmus quod ars ad quam pertinet usus navis, scilicet ars gubernatoria, praecipit ei quae inducit formam navis, et haec praecipit illi quae habet executionem tantum, in disponendo materiam. sed quamvis intellectus noster ad aliqua se agat, tamen aliqua sunt ei praestituta a natura; sicut sunt prima principia, circa quae non potest aliter se habere, et ultimus finis, quem non potest non velle. unde, licet quantum ad aliquid moveat se, tamen oportet quod quantum ad aliqua ab alio moveatur. illud igitur cuius sua natura est ipsum eius intelligere, et cui id quod naturaliter |50| habet, non determinatur ab alio, hoc est quod obtinet summum gradum vitae. tale autem est deus. unde in deo maxime est vita. unde * philosophus, in xii metaphys., ostenso quod deus sit intelligens, “ concludit quod habeat vitam perfectissimam et sempiternam, quia intellectus eius est perfectissimus, et semper in actu.

ra1 * Ad primum ergo dicendum quod, sicut dicitur in ix metaphys., ‘ duplex est actio, una, quae transit in exteriorem materiam, ut calefacere et secare; alia, quae manet in agente, ut intelligere, sentire et velle. quarum haec est differentia, quia prima actio non est perfectio agentis quod movet, sed ipsius moti; secunda autem actio est perfectio agentis. unde, quia motus est actus mobilis, secunda actio, inquantum est actus operantis, dicitur motus eius; ex hac similitudine, quod, sicut motus est actus mobilis, ita huiusmodi actio est actus agentis; licet motus sit actus imperfecti, scilicet existentis in potentia, huiusmodi autem actio est actus perfecti, idest existentis in actu, * ut dicitur in iii de anima. ‘ hoc igitur modo quo intelligere est motus, id quod se intelligit, dicitur se movere. * et per hunc modum etiam plato posuit quod “ deus movet seipsum, non eo modo quo motus est actus imperfecti.

ra2 ‘ Ad secundum dicendum quod, sicut deus est ipsum suum esse et suum intelligere, ita est suum vivere, et propter hoc, sic vivit, quod non habet vivendi principium.

ra3 ‘ Ad tertium dicendum quod vita in istis inferioribus recipitur in natura corruptibili, quae indiget et generatione ad conservationem speciei, et alimento ad conservationem individui. et propter hoc, in istis inferioribus non invenitur vita sine anima vegetabili. sed hoc non habet locum in rebus incorruptibilibus.

007 ST1 qu18 ar4

ag1 ‘ Ad quartum sic proceditur. videtur quod non omnia sint vita in deo. * dicitur enim act. xvii, ° in ipso vivimus, movemur et sumus. ‘ sed non omnia in deo sunt motus. ergo non omnia in ipso sunt vita.

ag2 ‘ Praeterea, omnia sunt in deo sicut in primo exemplari. sed exemplata debent conformari exemplari. cum igitur non omnia vivant in seipsis, videtur quod non omnia in deo sint vita.

ag3 * Praeterea, sicut augustinus dicit in libro de vera relig., “ substantia vivens est melior qualibet substantia non vivente. ‘ si igitur ea quae in seipsis non vivunt, in deo sunt vita, videtur quod verius sint res in deo quam in seipsis. quod tamen videtur esse falsum, cum in seipsis sint in actu, in deo vero in potentia.

ag4 ‘ Praeterea, sicut sciuntur a deo bona, et ea quae fiunt secundum aliquod tempus; ita mala, et ea quae deus potest facere, sed nunquam fiunt. si ergo omnia sunt vita in deo, inquantum sunt scita ab ipso, videtur quod etiam mala, et quae nunquam fiunt, sunt vita in deo, inquantum sunt scita ab eo. quod videtur inconveniens.

sc * Sed contra est quod dicitur ioan. i, ° quod factum est, in ipso vita erat. ‘ sed omnia praeter deum facta sunt. ergo omnia in deo sunt vita.

co * Respondeo dicendum quod, sicut dictum est, ‘ vivere dei est eius intelligere. in deo autem est idem intellectus et quod intelligitur, et ipsum intelligere eius. unde quidquid est in deo ut intellectum, est ipsum vivere vel vita eius. unde, cum omnia quae facta sunt a deo, sint in ipso ut intellecta, sequitur quod omnia in ipso sunt ipsa vita divina.

ra1 ‘ Ad primum ergo dicendum quod creaturae in deo esse dicuntur dupliciter. uno modo, inquantum continentur et conservantur virtute divina, sicut dicimus ea esse in nobis, quae sunt in nostra potestate. et sic creaturae dicuntur esse in deo, etiam prout sunt in propriis naturis. * et hoc modo intelligendum est verbum apostoli dicentis, ° in ipso vivimus, movemur et sumus, ‘ quia et nostrum vivere, et nostrum esse, et nostrum moveri causantur a deo. alio modo dicuntur res esse in deo sicut in cognoscente. et sic sunt in deo per proprias rationes, quae non sunt aliud in deo ab essentia divina. unde res, prout sic in deo sunt, sunt essentia divina. et quia essentia divina est vita, non autem motus, inde est quod res, hoc modo loquendi, in deo non sunt motus, sed vita.

ra2 ‘ Ad secundum dicendum quod exemplata oportet conformari exemplari secundum rationem formae, non autem secundum modum essendi. nam alterius modi esse habet quandoque forma in exemplari et in exemplato, sicut forma domus in mente artificis habet esse immateriale et intelligibile, in domo autem quae est extra animam, habet esse materiale et sensibile. unde et rationes rerum quae in seipsis non vivunt, in mente divina sunt vita, quia in mente divina habent esse divinum.

ra3 ‘ Ad tertium dicendum quod, si de ratione rerum naturalium non esset materia, sed tantum forma, omnibus modis veriori modo essent res naturales in mente divina per suas ideas, quam in seipsis. * propter quod et plato posuit quod “ homo separatus erat verus homo, homo autem materialis est homo per participationem. ‘ sed quia de ratione rerum naturalium est materia, dicendum quod res naturales verius esse habent simpliciter in mente divina, quam in seipsis, quia in mente divina habent esse increatum, in seipsis autem esse creatum. sed esse hoc, utpote homo vel equus, verius habent in propria natura quam in mente divina, quia ad veritatem hominis pertinet esse materiale, quod non habent in mente divina. sicut domus nobilius esse habet in mente artificis, quam in materia, sed tamen verius dicitur domus quae est in materia, quam quae est in mente; quia haec est domus in actu, illa autem domus in potentia.

ra4 ‘ Ad quartum dicendum quod, licet mala sint in dei scientia, inquantum sub dei scientia comprehenduntur, non tamen sunt in deo sicut creata a deo vel conservata ab ipso, neque sicut habentia rationem in deo, cognoscuntur enim a deo per rationes bonorum. unde non potest dici quod mala sint vita in deo. ea vero quae secundum nullum tempus sunt, possunt dici esse vita in deo, secundum quod vivere nominat intelligere tantum, inquantum intelliguntur a deo, non autem secundum quod vivere importat principium operationis.

007 ST1 qu19 ar

pr ‘ Post considerationem eorum quae ad divinam scientiam pertinent, considerandum est de his quae pertinent ad voluntatem divinam, ut sit prima consideratio de ipsa dei voluntate; secunda, de his quae ad voluntatem absolute pertinent; tertia, de his quae ad intellectum in ordine ad voluntatem pertinent. circa ipsam autem voluntatem quaeruntur duodecim. primo, utrum in deo sit voluntas. secundo, utrum deus velit alia a se. tertio, utrum quidquid deus vult, ex necessitate velit. quarto, utrum voluntas dei sit causa rerum. quinto, utrum voluntatis divinae sit assignare aliquam causam. sexto, utrum voluntas divina semper impleatur. septimo, utrum voluntas dei sit mutabilis. octavo, utrum voluntas dei necessitatem rebus volitis imponat. nono, utrum in deo sit voluntas malorum. decimo, utrum deus habeat liberum arbitrium. undecimo, utrum sit distinguenda in deo voluntas signi. duodecimo, utrum convenienter circa divinam voluntatem ponantur quinque signa.

007 ST1 qu19 ar1

ag1 ‘ Ad primum sic proceditur. videtur quod in deo non sit voluntas. obiectum enim voluntatis est finis et bonum. sed dei non est assignare aliquem finem. ergo voluntas non est in deo.

ag2 ‘ Praeterea, voluntas est appetitus quidam. appetitus autem, cum sit rei non habitae, imperfectionem designat, quae deo non competit. ergo voluntas non est in deo.

ag3 * Praeterea, secundum philosophum, in iii de anima, “ voluntas est movens motum. ‘ sed deus est primum movens immobile. * ut probatur viii physic.. ‘ ergo in deo non est voluntas.

sc * Sed contra est quod dicit apostolus, rom. xii, ° ut probetis quae sit voluntas dei.

co ‘ Respondeo dicendum in deo voluntatem esse, sicut et in eo est intellectus, voluntas enim intellectum consequitur. sicut enim res naturalis habet esse in actu per suam formam, ita intellectus intelligens actu per suam formam intelligibilem. quaelibet autem res ad suam formam naturalem hanc habet habitudinem, ut quando non habet ipsam, tendat in eam; et quando habet ipsam, quiescat in ea. et idem est de qualibet perfectione naturali, quod est bonum naturae. et haec habitudo ad bonum, in rebus carentibus cognitione, vocatur appetitus naturalis. unde et natura intellectualis ad bonum apprehensum per formam intelligibilem, similem habitudinem habet, ut scilicet, cum habet ipsum, quiescat in illo; cum vero non habet, quaerat ipsum. et utrumque pertinet ad voluntatem. unde in quolibet habente intellectum, est voluntas; sicut in quolibet habente sensum, est appetitus animalis. et sic oportet in deo esse voluntatem, cum sit in eo intellectus. et sicut suum intelligere est suum esse, ita suum velle.

ra1 ‘ Ad primum ergo dicendum quod, licet nihil aliud a deo sit finis dei, tamen ipsemet est finis respectu omnium quae ab eo fiunt. et hoc per suam essentiam, cum per suam essentiam sit bonus, * ut supra ostensum est, ‘ finis enim habet rationem boni.

ra2 ‘ Ad secundum dicendum quod voluntas in nobis pertinet ad appetitivam partem, quae licet ab appetendo nominetur, non tamen hunc solum habet actum, ut appetat quae non habet; sed etiam ut amet quod habet, et delectetur in illo. et quantum ad hoc voluntas in deo ponitur; quae semper habet bonum quod est eius obiectum, cum sit indifferens ab eo secundum essentiam, * ut dictum est.

ra3 ‘ Ad tertium dicendum quod voluntas cuius obiectum principale est bonum quod est extra voluntatem, oportet quod sit mota ab aliquo. sed obiectum divinae voluntatis est bonitas sua, quae est eius essentia. unde, cum voluntas dei sit eius essentia, non movetur ab alio a se, sed a se tantum, eo modo loquendi quo intelligere et velle dicitur motus. * et secundum hoc plato dixit quod “ primum movens movet seipsum.

007 ST1 qu19 ar2

ag1 ‘ Ad secundum sic proceditur. videtur quod deus non velit alia a se. velle enim divinum est eius esse. sed deus non est aliud a se. ergo non vult aliud a se.

ag2 “ Praeterea, volitum movet voluntatem, sicut appetibile appetitum, * ut dicitur in iii de anima. ‘ si igitur deus velit aliquid aliud a se, movebitur eius voluntas ab aliquo alio, quod est impossibile.

ag3 ‘ Praeterea, cuicumque voluntati sufficit aliquod volitum, nihil quaerit extra illud. sed deo sufficit sua bonitas, et voluntas eius ex ea satiatur. ergo deus non vult aliquid aliud a se.

ag4 ‘ Praeterea, actus voluntatis multiplicatur secundum volita. si igitur deus velit se et alia a se, sequitur quod actus voluntatis eius sit multiplex, et per consequens eius esse, quod est eius velle. hoc autem est impossibile. non ergo vult alia a se.

sc * Sed contra est quod apostolus dicit, i thess. iv, ° haec est voluntas dei, sanctificatio vestra.

co ‘ Respondeo dicendum quod deus non solum se vult, sed etiam alia a se. * quod apparet a simili prius introducto. ‘ res enim naturalis non solum habet naturalem inclinationem respectu proprii boni, ut acquirat ipsum cum non habet, vel ut quiescat in illo cum habet; sed etiam ut proprium bonum in alia diffundat, secundum quod possibile est. unde videmus quod omne agens, inquantum est actu et perfectum, facit sibi simile. unde et hoc pertinet ad rationem voluntatis, ut bonum quod quis habet, aliis communicet, secundum quod possibile est. et hoc praecipue pertinet ad voluntatem divinam, a qua, per quandam similitudinem, derivatur omnis perfectio. unde, si res naturales, inquantum perfectae sunt, suum bonum aliis communicant, multo magis pertinet ad voluntatem divinam, ut bonum suum aliis per similitudinem communicet, secundum quod possibile est. sic igitur vult et se esse, et alia. sed se ut finem, alia vero ut ad finem, inquantum condecet divinam bonitatem etiam alia ipsam participare.

ra1 ‘ Ad primum ergo dicendum quod, licet divinum velle sit eius esse secundum rem, tamen differt ratione, secundum diversum modum intelligendi et significandi, * ut ex superioribus patet. ‘ in hoc enim quod dico deum esse, non importatur habitudo ad aliquid, sicut in hoc quod dico deum velle. et ideo, licet non sit aliquid aliud a se, vult tamen aliquid aliud a se.

ra2 ‘ Ad secundum dicendum quod in his quae volumus propter finem, tota ratio movendi est finis, et hoc est quod movet voluntatem. et hoc maxime apparet in his quae volumus tantum propter finem. qui enim vult sumere potionem amaram, nihil in ea vult nisi sanitatem, et hoc solum est quod movet eius voluntatem. secus autem est in eo qui sumit potionem dulcem, quam non solum propter sanitatem, sed etiam propter se aliquis velle potest. unde, cum deus alia a se non velit nisi propter finem qui est sua bonitas, * ut dictum est, ‘ non sequitur quod aliquid aliud moveat voluntatem eius nisi bonitas sua. et sic, sicut alia a se intelligit intelligendo essentiam suam, ita alia a se vult, volendo bonitatem suam.

ra3 ‘ Ad tertium dicendum quod ex hoc quod voluntati divinae sufficit sua bonitas, non sequitur quod nihil aliud velit, sed quod nihil aliud vult nisi ratione suae bonitatis. sicut etiam intellectus divinus, licet sit perfectus ex hoc ipso quod essentiam divinam cognoscit, tamen in ea cognoscit alia.

ra4 ‘ Ad quartum dicendum quod, sicut intelligere divinum est unum, quia multa non videt nisi in uno; ita velle divinum est unum et simplex, quia multa non vult nisi per unum, quod est bonitas sua.

007 ST1 qu19 ar3

ag1 ‘ Ad tertium sic proceditur. videtur quod quidquid deus vult, ex necessitate velit. omne enim aeternum est necessarium. sed quidquid deus vult, ab aeterno vult, alias, voluntas eius esset mutabilis. ergo quidquid vult, ex necessitate vult.

ag2 ‘ Praeterea, deus vult alia a se, inquantum vult bonitatem suam. sed deus bonitatem suam ex necessitate vult. ergo alia a se ex necessitate vult.

ag3 ‘ Praeterea, quidquid est deo naturale, est necessarium, quia deus est per se necesse esse, et principium omnis necessitatis, * ut supra ostensum est. ‘ sed naturale est ei velle quidquid vult, “ quia in deo nihil potest esse praeter naturam, * ut dicitur in v metaphys.. ‘ ergo quidquid vult, ex necessitate vult.

ag4 ‘ Praeterea, non necesse esse, et possibile non esse, aequipollent. si igitur non necesse est deum velle aliquid eorum quae vult, possibile est eum non velle illud; et possibile est eum velle illud quod non vult. ergo voluntas divina est contingens ad utrumlibet. et sic imperfecta, quia omne contingens est imperfectum et mutabile.
ag5 ‘ Praeterea, ab eo quod est ad utrumlibet, non sequitur aliqua actio, nisi ab aliquo alio inclinetur ad unum, * ut dicit commentator, in ii physic.. ‘ si ergo voluntas dei in aliquibus se habet ad utrumlibet, sequitur quod ab aliquo alio determinetur ad effectum. et sic habet aliquam causam priorem.
ag6 ‘ Praeterea, quidquid deus scit, ex necessitate scit. sed sicut scientia divina est eius essentia, ita voluntas divina. ergo quidquid deus vult, ex necessitate vult.
sc * Sed contra est quod dicit apostolus, ephes. i, ° qui operatur omnia secundum consilium voluntatis suae. ‘ quod autem operamur ex consilio voluntatis, non ex necessitate volumus. non ergo quidquid deus vult, ex necessitate vult.
co ‘ Respondeo dicendum quod necessarium dicitur aliquid dupliciter, scilicet absolute, et ex suppositione. necessarium absolute iudicatur aliquid ex habitudine terminorum, utpote quia praedicatum est in definitione subiecti, sicut necessarium est hominem esse animal; vel quia subiectum est de ratione praedicati, sicut hoc est necessarium, numerum esse parem vel imparem. sic autem non est necessarium socratem sedere. unde non est necessarium absolute, sed potest dici necessarium ex suppositione, supposito enim quod sedeat, necesse est eum sedere dum sedet. circa divina igitur volita hoc considerandum est, quod aliquid deum velle est necessarium absolute, non tamen hoc est verum de omnibus quae vult. voluntas enim divina necessariam habitudinem habet ad bonitatem suam, quae est proprium eius obiectum. unde bonitatem suam esse deus ex necessitate vult; sicut et voluntas nostra ex necessitate vult beatitudinem. sicut et quaelibet alia potentia necessariam habitudinem habet ad proprium et principale obiectum, ut visus ad colorem; quia de sui ratione est, ut in illud tendat. alia autem a se deus vult, inquantum ordinantur ad suam bonitatem ut in finem. ea autem quae sunt ad finem, non ex necessitate volumus volentes finem, nisi sint talia, sine quibus finis esse non potest, sicut volumus cibum, volentes conservationem vitae; et navem, volentes transfretare. non sic autem ex necessitate volumus ea sine quibus finis esse potest, sicut |25| equum ad ambulandum, quia sine hoc possumus ire; et eadem ratio est in aliis. unde, cum bonitas dei sit perfecta, et esse possit sine aliis, cum nihil ei perfectionis ex aliis accrescat; sequitur quod alia a se eum velle, non sit necessarium absolute. et tamen necessarium est ex suppositione, supposito enim quod velit, non potest non velle, quia non potest voluntas eius mutari.
ra1 ‘ Ad primum ergo dicendum quod ex hoc quod deus ab aeterno vult aliquid, non sequitur quod necesse est eum illud velle, nisi ex suppositione.
ra2 ‘ Ad secundum dicendum quod, licet deus ex necessitate velit bonitatem suam, non tamen ex necessitate vult ea quae vult propter bonitatem suam, quia bonitas eius potest esse sine aliis.
ra3 ‘ Ad tertium dicendum quod non est naturale deo velle aliquid aliorum, quae non ex necessitate vult. neque tamen innaturale, aut contra naturam, sed est voluntarium.
ra4 ‘ Ad quartum dicendum quod aliquando aliqua causa necessaria habet non necessariam habitudinem ad aliquem effectum, quod est propter defectum effectus, et non propter defectum causae. sicut virtus solis habet non necessariam habitudinem ad aliquid eorum quae contingenter hic eveniunt, non propter defectum virtutis solaris, sed propter defectum effectus non necessario ex causa provenientis. et similiter, quod deus non ex necessitate velit aliquid eorum quae vult, non accidit ex defectu voluntatis divinae, sed ex defectu qui competit volito secundum suam rationem, quia scilicet est tale, ut sine eo esse possit perfecta bonitas dei. qui quidem defectus consequitur omne bonum creatum.
ra5 ‘ Ad quintum ergo dicendum quod causa quae est ex se contingens, oportet quod determinetur ab aliquo exteriori ad effectum. sed voluntas divina, quae ex se necessitatem habet, determinat seipsam ad volitum, ad quod habet habitudinem non necessariam.
ra6 ‘ Ad sextum dicendum quod, sicut divinum esse in se est necessarium, ita et divinum velle et divinum scire, sed divinum scire habet necessariam habitudinem ad scita, non autem divinum velle ad volita. quod ideo est, quia scientia habetur de rebus, secundum quod sunt in sciente, voluntas autem comparatur ad res, secundum quod sunt in seipsis. quia igitur omnia alia habent necessarium esse secundum quod sunt in deo; non autem secundum quod sunt in seipsis, habent necessitatem absolutam ita quod sint per seipsa necessaria; propter hoc deus quaecumque scit, ex necessitate scit, non autem quaecumque vult, ex necessitate vult.

007 ST1 qu19 ar4

ag1 ‘ Ad quartum sic proceditur. videtur quod voluntas dei non sit causa rerum. * dicit enim dionysius, cap. iv de div. nom., ° sicut noster sol, non ratiocinans aut praeeligens, sed per ipsum esse illuminat omnia participare lumen ipsius valentia; ita et bonum divinum per ipsam essentiam omnibus existentibus immittit bonitatis suae radios. ‘ sed omne quod agit per voluntatem, agit ut ratiocinans et praeeligens. ergo deus non agit per voluntatem. ergo voluntas dei non est causa rerum.
ag2 ‘ Praeterea, id quod est per essentiam, est primum in quolibet ordine sicut in ordine ignitorum est primum, quod est ignis per essentiam sed deus est primum agens. ergo est agens per essentiam suam, quae est natura eius. agit igitur per naturam, et non per voluntatem. voluntas igitur divina non est causa rerum.
ag3 ‘ Praeterea, quidquid est causa alicuius per hoc quod est tale, est causa per naturam, et non per voluntatem, ignis enim causa est calefactionis, quia est calidus; sed artifex est causa domus, quia vult eam facere. * sed augustinus dicit, in i de doct. christ., quod ° quia deus bonus est, sumus. ‘ ergo deus per suam naturam est causa rerum, et non per voluntatem.
ag4 ‘ Praeterea, unius rei una est causa. sed rerum creatarum est causa scientia dei, * ut supra dictum est. ‘ ergo voluntas dei non debet poni causa rerum.
sc * Sed contra est quod dicitur sap. xi, ° quomodo posset aliquid permanere, nisi tu voluisses?
co ‘ Respondeo dicendum quod necesse est dicere voluntatem dei esse causam rerum, et deum agere per voluntatem, “ non per necessitatem naturae, * ut quidam existimaverunt. ‘ quod quidem apparere potest tripliciter. primo quidem, ex ipso ordine causarum agentium. cum enim propter finem agat et intellectus et natura, * ut probatur in ii physic., ‘ necesse est ut agenti per naturam praedeterminetur finis, et media necessaria ad finem, ab aliquo superiori intellectu; sicut sagittae praedeterminatur finis et certus modus a sagittante. unde necesse est quod agens per intellectum et voluntatem, sit prius agente per naturam. unde, cum primum in ordine agentium sit deus, necesse est quod per intellectum et voluntatem agat. secundo, ex ratione naturalis agentis, ad quod pertinet ut unum effectum producat, quia natura uno et eodem modo operatur, nisi impediatur. et hoc ideo, quia secundum quod est tale, agit, unde, quandiu est tale, non facit nisi tale. omne enim agens per naturam, habet esse determinatum. cum igitur esse divinum non sit determinatum, sed contineat in se totam perfectionem essendi, non potest esse quod agat per necessitatem naturae, nisi forte causaret aliquid indeterminatum et infinitum in essendo; quod est impossibile, |25| * ut ex superioribus patet. ‘ non igitur agit per necessitatem naturae sed effectus determinati ab infinita ipsius perfectione procedunt secundum determinationem voluntatis et intellectus ipsius. tertio, ex habitudine effectuum ad causam. secundum hoc enim effectus procedunt a causa agente, secundum quod praeexistunt in ea, quia omne agens agit sibi simile. praeexistunt autem effectus in causa secundum modum causae. unde, cum esse divinum sit ipsum eius intelligere, praeexistunt in eo effectus eius secundum modum intelligibilem. unde et per modum intelligibilem procedunt ab eo. et sic, per consequens, per modum voluntatis, nam inclinatio eius ad agendum quod intellectu conceptum est, pertinet ad voluntatem. voluntas igitur dei est causa rerum.
ra1 * Ad primum ergo dicendum quod dionysius per verba illa ‘ non intendit excludere electionem a deo simpliciter, sed secundum quid, inquantum scilicet, non quibusdam solum bonitatem suam communicat, sed omnibus, prout scilicet electio discretionem quandam importat.
ra2 ‘ Ad secundum dicendum quod, quia essentia dei est eius intelligere et velle, ex hoc ipso quod per essentiam suam agit, sequitur quod agat per modum intellectus et voluntatis.
ra3 ‘ Ad tertium dicendum quod bonum est obiectum voluntatis. * pro tanto ergo dicitur, “ quia deus bonus est, sumus, ‘ inquantum sua bonitas est ei ratio volendi omnia alia, * ut supra dictum est.
ra4 ‘ Ad quartum dicendum quod unius et eiusdem effectus, etiam in nobis, est causa scientia ut dirigens, qua concipitur forma operis, et voluntas ut imperans, quia forma, ut est in intellectu tantum, non determinatur ad hoc quod sit vel non sit in effectu, nisi per voluntatem. unde intellectus speculativus nihil dicit de operando. sed potentia est causa ut exequens, quia nominat immediatum principium operationis. sed haec omnia in deo unum sunt.

007 ST1 qu19 ar5

ag1 ‘ Ad quintum sic proceditur. videtur quod voluntatis divinae sit assignare aliquam causam. * dicit enim augustinus, libro octoginta trium quaest., ° quis audeat dicere deum irrationabiliter omnia condidisse? ‘ sed agenti voluntario, quod est ratio operandi, est etiam causa volendi. ergo voluntas dei habet aliquam causam.
ag2 ‘ Praeterea, in his quae fiunt a volente qui propter nullam causam aliquid vult, non oportet aliam causam assignare nisi voluntatem volentis. sed voluntas dei est causa omnium rerum, * ut ostensum est. ‘ si igitur voluntatis eius non sit aliqua causa, non oportebit in omnibus rebus naturalibus aliam causam quaerere, nisi solam voluntatem divinam. et sic omnes scientiae essent supervacuae, quae causas aliquorum effectuum assignare nituntur, quod videtur inconveniens. est igitur assignare aliquam causam voluntatis divinae.
ag3 ‘ Praeterea, quod fit a volente non propter aliquam causam, dependet ex simplici voluntate eius. si igitur voluntas dei non habeat aliquam causam, sequitur quod omnia quae fiunt, dependeant ex simplici eius voluntate, et non habeant aliquam aliam causam. quod est inconveniens.
sc ‘ Sed contra est quod * dicit augustinus, in libro octoginta trium quaest., ° omnis causa efficiens maior est eo quod efficitur; nihil tamen maius est voluntate dei; non ergo causa eius quaerenda est.
co ‘ Respondeo dicendum quod nullo modo voluntas dei causam habet. ad cuius evidentiam, considerandum est quod, cum voluntas sequatur intellectum, eodem modo contingit esse causam alicuius volentis ut velit, et alicuius intelligentis ut intelligat. in intellectu autem sic est quod, si seorsum intelligat principium, et seorsum conclusionem, intelligentia principii est causa scientiae conclusionis. sed si intellectus in ipso principio inspiceret conclusionem, uno intuitu apprehendens utrumque, in eo scientia conclusionis non causaretur ab intellectu principiorum, quia idem non est causa sui ipsius. sed tamen intelligeret principia esse causas conclusionis. similiter est ex parte voluntatis, circa quam sic se habet finis ad ea quae sunt ad finem, sicut in intellectu principia ad conclusiones. unde, si aliquis uno actu velit finem, et alio actu ea quae sunt ad finem, velle finem erit ei causa volendi ea quae sunt ad finem. sed si uno actu velit finem et ea quae sunt ad finem, hoc esse non poterit, quia idem non est causa sui ipsius. et tamen erit verum dicere quod velit ordinare ea quae sunt ad finem, in finem. deus autem, sicut uno actu omnia in essentia sua intelligit, ita uno actu vult omnia in sua bonitate. unde, sicut in deo intelligere causam non est causa intelligendi effectus, sed ipse intelligit effectus in causa; ita velle finem non est ei causa volendi ea quae sunt ad finem, sed tamen vult ea quae sunt ad finem, ordinari in finem. vult ergo hoc esse propter hoc, |25| sed non propter hoc vult hoc.
ra1 ‘ Ad primum ergo dicendum quod voluntas dei rationabilis est, non quod aliquid sit deo causa volendi, sed inquantum vult unum esse propter aliud.
ra2 ‘ Ad secundum dicendum quod, cum velit deus effectus sic esse, ut ex causis certis proveniant, ad hoc quod servetur ordo in rebus; non est supervacuum, etiam cum voluntate dei, alias causas quaerere. esset tamen supervacuum, si aliae causae quaererentur ut primae, et non dependentes a divina voluntate. * et sic loquitur augustinus in iii de trin., ° placuit vanitati philosophorum etiam aliis causis effectus contingentes tribuere, cum omnino videre non possent superiorem ceteris omnibus causam, idest voluntatem dei.
ra3 ‘ Ad tertium dicendum quod, cum deus velit effectus esse propter causas, quicumque effectus praesupponunt aliquem alium effectum, non dependent ex sola dei voluntate, sed ex aliquo alio. sed primi effectus ex sola divina voluntate dependent. utpote si dicamus quod deus voluit hominem habere manus, ut deservirent intellectui, operando diversa opera, et voluit eum habere intellectum, ad hoc quod esset homo, et voluit eum esse hominem, ut frueretur ipso, vel ad complementum universi. quae quidem non est reducere ad alios fines creatos ulteriores. unde huiusmodi dependent ex simplici voluntate dei, alia vero ex ordine etiam aliarum causarum.

007 ST1 qu19 ar6

ag1 ‘ Ad sextum sic proceditur. videtur quod voluntas dei non semper impleatur. * dicit enim apostolus, i ad tim. ii, quod ° deus vult omnes homines salvos fieri, et ad agnitionem veritatis venire. ‘ sed hoc non ita evenit. ergo voluntas dei non semper impletur.
ag2 ‘ Praeterea, sicut se habet scientia ad verum, ita voluntas ad bonum. sed deus scit omne verum. ergo vult omne bonum. sed non omne bonum fit, multa enim bona possunt fieri, quae non fiunt. non ergo voluntas dei semper impletur.
ag3 ‘ Praeterea, voluntas dei, cum sit causa prima, non excludit causas medias, * ut dictum est. ‘ sed effectus causae primae potest impediri per defectum causae secundae, sicut effectus virtutis motivae impeditur propter debilitatem tibiae. ergo et effectus divinae voluntatis potest impediri propter defectum secundarum causarum. non ergo voluntas dei semper impletur.
sc * Sed contra est quod dicitur in psalmo cxiii, ° omnia quaecumque voluit deus, fecit.
co ‘ Respondeo dicendum quod necesse est voluntatem dei semper impleri. ad cuius evidentiam, considerandum est quod, cum effectus conformetur agenti secundum suam formam, eadem ratio est in causis agentibus, quae est in causis formalibus. in formis autem sic est quod, licet aliquid possit deficere ab aliqua forma particulari, tamen a forma universali nihil deficere potest, potest enim esse aliquid quod non est homo vel vivum, non autem potest esse aliquid quod non sit ens. unde et hoc idem in causis a-

gentibus contingere oportet. potest enim aliquid fieri extra ordinem alicuius causae particularis agentis, non autem extra ordinem alicuius causae universalis, sub qua omnes causae particulares comprehenduntur. quia, si aliqua causa particularis deficiat a suo effectu, hoc est propter aliquam aliam causam particularem impedientem, quae continetur sub ordine causae universalis, unde effectus ordinem causae universalis nullo modo potest exire. et hoc etiam patet in corporalibus. potest enim impediri quod aliqua stella non inducat suum effectum, sed tamen quicumque effectus ex causa corporea impediente in rebus corporalibus consequatur, oportet quod reducatur per aliquas causas medias in universalem virtutem primi caeli. cum igitur voluntas dei sit universalis causa omnium rerum, impossibile est quod divina voluntas suum effectum non consequatur. unde quod recedere videtur a divina voluntate |25| secundum unum ordinem, relabitur in ipsam secundum alium, sicut peccator, qui, quantum est in se, recedit a divina voluntate peccando, incidit in ordinem divinae voluntatis, dum per eius iustitiam punitur.

ra1 * Ad primum ergo dicendum quod illud verbum apostoli, quod " deus vult omnes homines salvos fieri etc., ' potest tripliciter intelligi. uno modo, ut sit accommoda distributio, secundum hunc sensum, " deus vult salvos fieri omnes homines qui salvantur, ' non quia nullus homo sit quem salvum fieri non velit, sed quia " nullus salvus fit, quem non velit salvum fieri, * ut dicit augustinus ' secundo potest intelligi, ut fiat distributio pro generibus singulorum, et non pro singulis generum, secundum hunc sensum, " deus vult de quolibet statu hominum salvos fieri, mares et feminas, iudaeos et gentiles, parvos et magnos; non tamen omnes de singulis statibus. * tertio, secundum damascenum, intelligitur " de voluntate antecedente, non de voluntate consequente. ' quae quidem distinctio non accipitur ex parte ipsius voluntatis divinae, in qua nihil est prius vel posterius; sed ex parte volitorum. ad cuius intellectum, considerandum est quod unumquodque, secundum quod bonum est, sic est volitum a deo. aliquid autem potest esse in prima sui consideratione, secundum quod absolute consideratur, bonum vel malum, quod tamen, prout cum aliquo adiuncto consideratur, quae est consequens consideratio eius, e contrario se habet. sicut hominem vivere est bonum, et hominem occidi est malum, secundum absolutam |25| considerationem, sed si addatur circa aliquem hominem, quod sit homicida, vel vivens in periculum multitudinis, sic bonum est eum occidi, et malum est eum vivere. unde potest dici quod iudex iustus antecedenter vult omnem hominem vivere; sed consequenter vult homicidam suspendi. similiter deus antecedenter vult omnem hominem salvari; sed consequenter vult quosdam damnari, secundum exigentiam suae iustitiae. neque tamen id quod antecedenter volumus, simpliciter volumus, sed secundum quid. quia voluntas comparatur ad res, secundum quod in seipsis sunt, in seipsis autem sunt in particulari, unde simpliciter volumus aliquid, secundum quod volumus illud consideratis omnibus circumstantiis particularibus, quod est consequenter velle. unde potest dici quod iudex iustus simpliciter vult homicidam suspendi, sed secundum quid vellet eum vivere, scilicet inquantum est homo. unde magis potest dici velleitas, quam absoluta voluntas. et sic patet quod quidquid deus simpliciter vult, fit; licet illud quod antecedenter vult, non fiat.

ra2 ' Ad secundum dicendum quod actus cognoscitivae virtutis est secundum quod cognitum est in cognoscente, actus autem virtutis appetitivae est ordinatus ad res, secundum quod in seipsis sunt. quidquid autem potest habere rationem entis et veri, totum est virtualiter in deo; sed non totum existit in rebus creatis. et ideo deus cognoscit omne verum, non tamen vult omne bonum, nisi inquantum vult se, in quo virtualiter omne bonum existit.

ra3 ' Ad tertium dicendum quod causa prima tunc potest impediri a suo effectu per defectum causae secundae, quando non est universaliter prima, sub se omnes causas comprehendens, quia sic effectus nullo modo posset suum ordinem evadere. et sic est de voluntate dei, * ut dictum est.

007 ST1 qu19 ar7

ag1 ' Ad septimum sic proceditur. videtur quod voluntas dei sit mutabilis. * dicit enim dominus genes. vi, ° poenitet me fecisse hominem. ' sed quemcumque poenitet de eo quod fecit, habet mutabilem voluntatem. ergo deus habet mutabilem voluntatem.

ag2 * Praeterea, ierem. xviii, ex persona domini dicitur, ° loquar adversus gentem et adversus regnum, ut eradicem et destruam et disperdam illud; sed si poenitentiam egerit gens illa a malo suo, agam et ego poenitentiam super malo quod cogitavi ut facerem ei. ' ergo deus habet mutabilem voluntatem.

ag3 ' Praeterea, quidquid deus facit, voluntarie facit. sed deus non semper eadem facit, nam quandoque praecepit legalia observari, quandoque prohibuit. ergo habet mutabilem voluntatem.

ag4 ' Praeterea, deus non ex necessitate vult quod vult, * ut supra dictum est. ' ergo potest velle et non velle idem. sed omne quod habet potentiam ad opposita, est mutabile, sicut quod potest esse et non esse, est mutabile secundum substantiam; et quod potest esse hic et non esse hic, est mutabile secundum locum. ergo deus est mutabilis secundum voluntatem.

sc * Sed contra est quod dicitur num. xxiii, ° non est deus, quasi homo, ut mentiatur; neque ut filius hominis, ut mutetur.

co ' Respondeo dicendum quod voluntas dei est omnino immutabilis. sed circa hoc considerandum est, quod aliud est mutare voluntatem; et aliud est velle aliquarum rerum mutationem. potest enim aliquis, eadem voluntate immobiliter permanente, velle quod nunc fiat hoc, et postea fiat contrarium. sed tunc voluntas mutaretur, si aliquis inciperet velle quod prius non voluit, vel desineret velle quod voluit. quod quidem accidere non potest, nisi praesupposita mutatione vel ex parte cognitionis, vel circa dispositionem substantiae ipsius volentis. cum enim voluntas sit boni, aliquis de novo dupliciter potest incipere aliquid velle. uno modo sic, quod de novo incipiat sibi illud esse bonum. quod non est absque mutatione eius, sicut adveniente frigore, incipit esse bonum sedere ad ignem, quod prius non erat. alio modo sic, quod de novo cognoscat illud esse sibi bonum, cum prius hoc ignorasset, ad hoc enim consiliamur, ut sciamus quid nobis sit bonum. * ostensum est autem supra quod ' tam substantia dei quam eius scientia est omnino immutabilis. unde oportet voluntatem eius omnino esse immutabilem.

ra1 * Ad primum ergo dicendum quod illud verbum domini ' metaphorice intelligendum est, secundum similitudinem nostram, cum enim nos poenitet, destruimus quod fecimus. quamvis hoc esse possit absque mutatione voluntatis, cum etiam aliquis homo, absque mutatione voluntatis, interdum velit aliquid facere, simul intendens postea illud destruere. sic igitur deus poenituisse dicitur, secundum similitudinem operationis, inquantum hominem quem fecerat, per diluvium a facie terrae delevit.

ra2 ' Ad secundum dicendum quod voluntas dei, cum sit causa prima et universalis, non excludit causas medias, in quarum virtute est ut aliqui effectus producantur. sed quia omnes causae mediae non adaequant virtutem causae primae, multa sunt in virtute et scientia et voluntate divina, quae non continentur sub ordine causarum inferiorum; sicut resuscitatio lazari. unde aliquis respiciens ad causas inferiores, dicere poterat, lazarus non resurget, respiciens vero ad causam primam divinam, poterat dicere, lazarus resurget. et utrumque horum deus vult, scilicet quod aliquid quandoque sit futurum secundum causam inferiorem, quod tamen futurum non sit secundum causam superiorem; vel e converso. sic ergo dicendum est quod deus aliquando pronuntiat aliquid futurum, secundum quod continetur in ordine causarum inferiorum, ut puta secundum dispositionem naturae vel meritorum; quod tamen non fit, quia aliter est in causa superiori divina. * sicut cum praedixit ezechiae, ° dispone domui tuae, quia morieris et non vives, * ut habetur isaiae xxxviii; ' neque tamen ita evenit, quia ab aeterno aliter fuit in scientia et voluntate divina, quae immutabilis est. * propter quod dicit gregorius, quod |25| ° deus immutat sententiam, non tamen mutat consilium, " scilicet voluntatis suae. * quod ergo dicit, " poenitentiam agam ego, intelligitur metaphorice dictum, ' nam homines quando non implent quod comminati sunt, poenitere videntur.

ra3 ' Ad tertium dicendum quod ex ratione illa non potest concludi quod deus habeat mutabilem voluntatem; sed quod mutationem velit.

ra4 ' Ad quartum dicendum quod, licet deum velle aliquid non sit necessarium absolute, tamen necessarium est ex suppositione, propter immutabilitatem divinae voluntatis, * ut supra dictum est.

007 ST1 qu19 ar8

ag1 ' Ad octavum sic proceditur. videtur quod voluntas dei rebus volitis necessitatem imponat. * dicit enim augustinus, in enchirid., ° nullus fit salvus, nisi quem deus voluerit salvari. et ideo rogandus est ut velit, quia necesse est fieri, si voluerit.

ag2 ' Praeterea, omnis causa quae non potest impediri, ex necessitate suum effectum producit, quia et natura semper idem operatur, " nisi aliquid impediat, * ut dicitur in ii physic.. ' sed voluntas dei non potest impediri, * dicit enim apostolus, ad rom. ix, ° voluntati enim eius quis resistit? ' ergo voluntas dei imponit rebus volitis necessitatem.

ag3 ' Praeterea, illud quod habet necessitatem ex priori, est necessarium absolute, sicut animal mori est necessarium, quia est ex contrariis compositum. sed res creatae a deo, comparantur ad voluntatem divinam sicut ad aliquid prius, a quo habent necessitatem, cum haec conditionalis sit vera, si aliquid deus vult, illud est; omnis autem conditionalis vera est necessaria. sequitur ergo quod omne quod deus vult, sit necessarium absolute.

sc ' Sed contra, omnia bona quae fiunt, deus vult fieri. si igitur eius voluntas imponat rebus volitis necessitatem, sequitur quod omnia bona ex necessitate eveniunt. et sic perit liberum arbitrium et consilium, et omnia huiusmodi.

co ' Respondeo dicendum quod divina voluntas quibusdam volitis necessitatem imponit, non autem omnibus. * cuius quidem rationem aliqui assignare voluerunt ex causis mediis " quia ea quae producit per causas necessarias, sunt necessaria; ea vero quae producit per causas contingentes, sunt contingentia. ' sed hoc non videtur sufficienter dictum, propter duo. primo quidem, quia effectus alicuius primae causae est contingens propter causam secundam, ex eo quod impeditur effectus causae primae per defectum causae secundae; sicut virtus solis per defectum plantae impeditur. nullus autem defectus causae secundae impedire potest quin voluntas dei effectum suum producat. secundo, quia, si distinctio contingentium a necessariis referatur solum in causas secundas, sequitur hoc esse praeter intentionem et voluntatem divinam, quod est inconveniens. et ideo melius dicendum est, quod hoc contingit propter efficaciam divinae voluntatis. cum enim aliqua causa efficax fuerit ad agendum, effectus consequitur causam non tantum secundum id quod fit, sed etiam secundum modum fiendi vel essendi, ex debilitate enim virtutis activae in semine, contingit quod filius nascitur dissimilis patri in accidentibus, quae pertinent ad modum essendi. cum igitur voluntas divina sit efficacissima, non solum sequitur quod fiant ea quae deus vult fieri; sed quod eo modo fiant, quo deus ea fieri vult. vult autem quaedam fieri deus necessario, et quaedam contingenter, ut sit |25| ordo in rebus, ad complementum universi. et ideo quibusdam effectibus aptavit causas necessarias, quae deficere non possunt, ex quibus effectus de necessitate proveniunt, quibusdam autem aptavit causas contingentes defectibiles, ex quibus effectus contingenter eveniunt. non igitur propterea effectus voliti a deo, eveniunt contingenter, quia causae proximae sunt contingentes, sed propterea quia deus voluit eos contingenter evenire, contingentes causas ad eos praeparavit.

ra1 * Ad primum ergo dicendum quod per illud verbum augustini ' intelligenda est necessitas in rebus volitis a deo, non absoluta, sed conditionalis, necesse est enim hanc conditionalem veram esse, si deus hoc vult, necesse est hoc esse.

ra2 ' Ad secundum dicendum quod, ex hoc ipso quod nihil voluntati divinae resistit, sequitur quod non solum fiant ea quae deus vult fieri; sed quod fiant contingenter vel necessario, quae sic fieri vult.

ra3 ' Ad tertium dicendum quod posteriora habent necessitatem a prioribus, secundum modum priorum. unde et ea quae fiunt a voluntate divina, talem necessitatem habent, qualem deus vult ea habere, scilicet, vel absolutam, vel conditionalem tantum. et sic, non omnia sunt necessaria absolute.

007 ST1 qu19 ar9

ag1 ' Ad nonum sic proceditur. videtur quod voluntas dei sit malorum. omne enim bonum quod fit, deus vult. sed mala fieri bonum est, * dicit enim augustinus, in enchirid., ° quamvis ea quae mala sunt, inquantum mala sunt, non sint bona; tamen, ut non solum bona, sed etiam ut sint mala, bonum est. ' ergo deus vult mala.

ag2 * Praeterea, dicit dionysius, iv cap. de div. nom., " erit malum ad omnis (idest universi) perfectionem conferens. * et augustinus dicit, in enchirid., ° ex omnibus consistit universitatis admirabilis pulchritudo; in qua etiam illud quod malum dicitur, bene ordinatum, et loco suo positum, eminentius commendat bona; ut magis placeant, et laudabiliora sint, dum comparantur malis. ' sed deus vult omne illud quod pertinet ad perfectionem et decorem universi, quia hoc est quod deus maxime vult in creaturis. ergo deus vult mala.

ag3 ' Praeterea, mala fieri, et non fieri, sunt contradictorie opposita. sed deus non vult mala non fieri, quia, cum mala quaedam fiant, non semper voluntas dei impleretur. ergo deus vult mala fieri.

sc ' Sed contra est quod * dicit augustinus, in libro octoginta trium quaest., ° nullo sapiente homine auctore, fit homo deterior; est autem deus omni sapiente homine praestantior; multo igitur minus, deo auctore, fit aliquis deterior. illo autem auctore cum dicitur, illo volente dicitur. ' non ergo volente deo, fit homo deterior. constat autem quod quolibet malo fit aliquid deterius. ergo deus non vult mala.

co ' Respondeo dicendum quod, cum ratio boni sit ratio appetibilis, * ut supra dictum est, ' malum autem opponatur bono; impossibile est quod aliquod malum, inquantum huiusmodi, appetatur, neque appetitu naturali, neque animali, neque intellectuali, qui est voluntas. sed aliquod malum appetitur per accidens, inquantum consequitur ad aliquod bonum. et hoc apparet in quolibet appetitu. non enim agens naturale intendit privationem vel corruptionem; sed formam, cui coniungitur privatio alterius formae; et generationem unius, quae est corruptio alterius. leo etiam, occidens cervum, intendit cibum, cui coniungitur occisio animalis. similiter fornicator intendit delectationem, cui coniungitur deformitas culpae. malum autem quod coniungitur alicui bono, est privatio alterius boni. nunquam igitur appeteretur malum, nec per accidens, nisi bonum cui coniungitur malum, magis appeteretur quam bonum quod privatur per malum. nullum autem bonum deus magis vult quam suam bonitatem, vult tamen aliquod bonum magis quam aliud quoddam bonum. unde malum culpae, quod privat ordinem ad bonum divinum, deus nullo modo vult. sed malum naturalis defectus, vel malum poenae vult, volendo aliquod bonum, cui coniungitur tale malum, sicut, volendo iustitiam, vult poenam; et volendo ordinem naturae servari, vult quaedam naturaliter corrumpi.

ra1 * Ad primum ergo dicendum quod quidam dixerunt quod, " licet deus non velit mala, vult tamen mala esse vel fieri, quia, licet mala non sint bona, bonum tamen est mala esse vel fieri. quod ideo dicebant, quia ea quae in se mala sunt, ordinantur ad aliquod bonum, quem quidem ordinem importari credebant in hoc quod dicitur, mala esse vel fieri. ' sed hoc non recte dicitur. quia malum non ordinatur ad bonum per se, sed per accidens. praeter intentionem enim peccantis est, quod ex hoc sequatur aliquod bonum; sicut praeter intentionem tyrannorum fuit, quod ex eorum persecutionibus claresceret patientia martyrum. et ideo non potest dici quod talis ordo ab bonum importetur per hoc quod dicitur, quod malum esse vel fieri sit bonum, quia nihil iudicatur secundum illud quod competit ei per accidens, sed secundum illud quod competit ei per se.

ra2 ' Ad secundum dicendum quod malum non operatur ad perfectionem et decorem universi nisi per accidens, * ut dictum est. * unde et hoc quod dicit dionysius, quod " malum est ad universi perfectionem conferens, * concludit inducendo quasi ad inconveniens.

ra3 ' Ad tertium dicendum quod, licet mala fieri, et mala non fieri, contradictorie opponantur; tamen velle mala fieri, et velle mala non fieri, non opponuntur contradictorie, cum utrumque sit affirmativum. deus igitur neque vult mala fieri, neque vult mala non fieri, sed vult permittere mala fieri. et hoc est bonum.

007 ST1 qu19 ar10

ag1 ' Ad decimum sic proceditur. videtur quod deus non habeat liberum arbitrium. * dicit enim hieronymus, in homilia de filio prodigo, ° solus deus est, in quem peccatum non cadit, nec cadere potest; cetera, cum sint liberi arbitrii, in utramque partem flecti possunt.

ag2 ' Praeterea, liberum arbitrium est facultas rationis et voluntatis, qua bonum et malum eligitur. sed deus non vult malum, * ut dictum est. ' ergo liberum arbitrium non est in deo.

sc * Sed contra est quod dicit ambrosius, in libro de fide, ° spiritus sanctus dividit singulis prout vult, idest pro liberae voluntatis arbitrio, non necessitatis obsequio.

co ' Respondeo dicendum quod liberum arbitrium habemus respectu eorum quae non necessario volumus, vel naturali instinctu. non enim ad liberum arbitrium pertinet quod volumus esse felices, sed ad naturalem instinctum. unde et alia animalia, quae naturali instinctu moventur ad aliquid, non dicuntur libero arbitrio moveri. cum igitur deus ex necessitate suam bonitatem velit, alia vero non ex necessitate, * ut supra ostensum est; ' respectu illorum quae non ex necessitate vult, liberum arbitrium habet.

ra1 * Ad primum ergo dicendum quod hieronymus videtur excludere a deo " liberum arbitrium, non simpliciter, sed solum quantum ad hoc quod est deflecti in peccatum.

ra2 ' Ad secundum dicendum quod, cum malum culpae dicatur per aversionem a bonitate divina, per quam deus omnia vult, * ut supra ostensum est, ' manifestum est quod impossibile est eum malum culpae velle. et tamen ad opposita se habet, inquantum velle potest hoc esse vel non esse. sicut et nos, non peccando, possumus velle sedere, et non velle sedere.

007 ST1 qu19 ar11

ag1 ' Ad undecimum sic proceditur. videtur quod non sit distinguenda in deo voluntas signi. sicut enim voluntas dei est causa rerum, ita et scientia. sed non assignantur aliqua signa ex parte divinae scientiae. ergo neque debent assignari aliqua signa ex parte divinae voluntatis.

ag2 ' Praeterea, omne signum quod non concordat ei cuius est signum, est falsum. si igitur signa quae assignantur circa voluntatem divinam, non concordant divinae voluntati, sunt falsa, si autem concordant, superflue assignantur. non igitur sunt aliqua signa circa voluntatem divinam assignanda.

sc ' Sed contra est quod voluntas dei est una, cum ipsa sit dei essentia. quandoque autem pluraliter significatur, * ut cum dicitur, ° magna opera domini, exquisita in omnes voluntates eius. ' ergo oportet quod aliquando signum voluntatis pro voluntate accipiatur.

co ' Respondeo dicendum quod in deo quaedam dicuntur proprie, et quaedam secundum metaphoram, * ut ex supradictis patet. ' cum autem aliquae passiones humanae in divinam praedicationem metaphorice assumuntur, hoc fit secundum similitudinem effectus, unde illud quod est signum talis passionis in nobis, in deo nomine illius passionis metaphorice significatur. sicut, apud nos, irati punire consueverunt, unde ipsa punitio est signum irae, et propter hoc, ipsa punitio nomine irae significatur, cum deo attribuitur. similiter id quod solet esse in nobis signum voluntatis, quandoque metaphorice in deo voluntas dicitur. sicut, cum aliquis praecipit aliquid, signum est quod velit illud fieri, unde praeceptum divinum quandoque metaphorice voluntas dei dicitur, * secundum illud matth. vi, ° fiat voluntas tua, sicut in caelo et in terra. ' sed hoc distat inter voluntatem et iram, quia ira de deo nunquam proprie dicitur, cum in suo principali intellectu includat passionem, voluntas autem proprie de deo dicitur. et ideo in deo distinguitur voluntas proprie, et metaphorice dicta. voluntas enim proprie dicta, vocatur voluntas beneplaciti, voluntas autem metaphorice dicta, est voluntas signi, eo quod ipsum signum voluntatis voluntas dicitur.

ra1 ' Ad primum ergo dicendum quod scientia non est causa eorum quae fiunt, nisi per voluntatem, non enim quae scimus facimus, nisi velimus. et ideo signum non attribuitur scientiae, sicut attribuitur voluntati.

ra2 ' Ad secundum dicendum quod signa voluntatis dicuntur voluntates divinae, non quia sint signa quod deus velit, sed quia ea quae in nobis solent esse signa volendi, in deo divinae voluntates dicuntur. sicut punitio non est signum quod in deo sit ira, sed punitio, ex eo ipso quod in nobis est signum irae, in deo dicitur ira.

007 ST1 qu19 ar12

ag1 ' Ad duodecimum sic proceditur. videtur quod inconvenienter circa divinam voluntatem ponantur quinque signa, scilicet, prohibitio, praeceptum, consilium, operatio et permissio. nam eadem quae nobis praecipit deus vel consulit, in nobis quandoque operatur, et eadem quae prohibet, quandoque permittit. ergo non debent ex opposito dividi.

ag2 ' Praeterea, nihil deus operatur, nisi volens, * ut dicitur sap. xi. ' sed voluntas signi distinguitur a voluntate beneplaciti. ergo operatio sub voluntate signi comprehendi non debet.

ag3 ' Praeterea, operatio et permissio communiter ad omnes creaturas pertinent, quia in omnibus deus operatur, et in omnibus aliquid fieri permittit. sed praeceptum, consilium et prohibitio pertinent ad solam rationalem creaturam. ergo non veniunt convenienter in unam divisionem, cum non sint unius ordinis.

ag4 ' Praeterea, malum pluribus modis contingit quam bonum, quia bonum contingit uno modo, sed malum omnifariam, * ut patet per philosophum in ii ethic., et per dionysium in iv cap. de div. nom.. ' inconvenienter igitur respectu mali assignatur unum signum tantum, scilicet prohibitio; respectu vero boni, duo signa, scilicet consilium et praeceptum.

co ' Respondeo dicendum quod huiusmodi signa voluntatis dicuntur ea, quibus consuevimus demonstrare nos aliquid velle. potest autem aliquis declarare se velle aliquid, vel per seipsum, vel per alium. per seipsum quidem, inquantum facit aliquid, vel directe, vel indirecte et per accidens. directe quidem, cum per se aliquid operatur, et quantum ad hoc, dicitur esse signum operatio. indirecte autem, inquantum non impedit operationem, " nam removens prohibens dicitur movens per accidens, * ut dicitur in viii physic.. ' et quantum ad hoc, dicitur signum permissio. per alium autem declarat se aliquid velle, inquantum ordinat alium ad aliquid faciendum; vel necessaria inductione, quod fit praecipiendo quod quis vult, et prohibendo contrarium; vel aliqua persuasoria inductione, quod pertinet ad consilium. quia igitur his modis declaratur aliquem velle aliquid, propter hoc ista quinque nominantur interdum nomine voluntatis divinae, tanquam signa voluntatis. quod enim praeceptum, consilium et prohibitio dicantur dei voluntas, * patet per id quod dicitur matth. vi ° fiat voluntas tua, sicut in caelo et in terra. ' quod autem permissio vel operatio dicantur dei voluntas * patet per augustinum, qui dicit in enchirid., ° nihil fit, |25| nisi omnipotens fieri velit, vel sinendo ut fiat, vel faciendo. ' vel potest dici quod permissio et operatio referuntur ad praesens permissio quidem ad malum, operatio vero ad bonum. ad futurum vero, prohibitio, respectu mali; respectu vero boni necessarii, praeceptum; respectu vero superabundantis boni, consilium.

ra1 ' Ad primum ergo dicendum quod nihil prohibet, circa eandem rem, aliquem diversimode declarare se aliquid velle, sicut inveniuntur multa nomina idem significantia. unde nihil prohibet idem subiacere praecepto et consilio et operationi, et prohibitioni vel permissioni.

ra2 ' Ad secundum dicendum quod, sicut deus potest significari metaphorice velle id quod non vult voluntate proprie accepta, ita potest metaphorice significari velle id quod proprie vult. unde nihil prohibet de eodem esse voluntatem beneplaciti, et voluntatem signi. sed operatio semper est eadem cum voluntate beneplaciti, non autem praeceptum vel consilium, tum quia haec est de praesenti, illud de futuro; tum quia haec per se est effectus voluntatis, illud autem per alium, * ut dictum est.

ra3 ' Ad tertium dicendum quod creatura rationalis est domina sui actus, et ideo circa ipsam specialia quaedam signa divinae voluntatis assignantur, inquantum rationalem creaturam deus ordinat ad agendum voluntarie et per se. sed aliae creaturae non agunt nisi motae ex operatione divina, et ideo circa alias non habent locum nisi operatio et permissio.

ra4 ' Ad quartum dicendum quod omne malum culpae, licet multipliciter contingat, tamen in hoc convenit, quod discordat a voluntate divina et ideo unum signum respectu malorum assignatur, scilicet prohibitio. sed diversimode bona se habent ad bonitatem divinam. quia quaedam sunt, sine quibus fruitionem divinae bonitatis consequi non possumus, et respectu horum est praeceptum. quaedam vero sunt, quibus perfectius consequimur, et respectu horum est consilium. vel dicendum quod consilium est non solum de melioribus bonis assequendis, sed etiam de minoribus malis vitandis.

007 ST1 qu20 ar

pr ' Deinde considerandum est de his quae absolute ad voluntatem dei pertinent. in parte autem appetitiva inveniuntur in nobis et passiones animae, ut gaudium, amor, et huiusmodi; et habitus moralium virtutum, ut iustitia, fortitudo, et huiusmodi. unde primo considerabimus de amore dei; secundo, de iustitia dei, et misericordia eius. circa primum quaeruntur quatuor. primo, utrum in deo sit amor. secundo, utrum amet omnia. tertio, utrum magis amet unum quam aliud. quarto, utrum meliora magis amet.

007 ST1 qu20 ar1

ag1 ' Ad primum sic proceditur. videtur quod amor non sit in deo. nulla enim passio est in deo. amor est passio. ergo amor non est in deo.

ag2 ' Praeterea, amor, ira, tristitia, et huiusmodi, contra se dividuntur. sed tristitia et ira non dicuntur de deo nisi metaphorice. ergo nec amor.

ag3 * Praeterea, dionysius dicit, iv cap. de div. nom., ° amor est vis unitiva et concretiva. ' hoc autem in deo locum habere non potest, cum sit simplex. ergo in deo non est amor.

sc * Sed contra est quod dicitur i ioan. iv, ° deus caritas est.

co ' Respondeo dicendum quod necesse est ponere amorem in deo. primus enim motus voluntatis, et cuiuslibet appetitivae virtutis, est amor. cum enim actus voluntatis, et cuiuslibet appetitivae virtutis tendat in bonum et malum, sicut in propria obiecta; bonum autem principalius et per se est obiectum voluntatis et appetitus, malum autem secundario et per aliud, inquantum scilicet opponitur bono, oportet naturaliter esse priores actus voluntatis et appetitus qui respiciunt bonum, his qui respiciunt malum; ut gaudium quam tristitia, et amor quam odium. semper enim quod est per se, prius est eo quod est per aliud. rursus, quod est communius, naturaliter est prius, unde et intellectus per prius habet ordinem ad verum commune, quam ad particularia quaedam vera. sunt autem quidam actus voluntatis et appetitus, respicientes bonum sub aliqua speciali conditione, sicut gaudium et delectatio est de bono praesenti et habito; desiderium autem et spes, de bono nondum adepto. amor autem respicit bonum in communi, sive sit habitum, sive non habitum. unde amor naturaliter est primus actus voluntatis et appetitus. et propter hoc, omnes alii motus appetitivi praesupponunt amorem, quasi primam radicem. nullus enim desiderat aliquid, nisi bonum amatum, neque aliquis gaudet, nisi de bono amato. odium etiam non est nisi de eo quod contrariatur rei amatae. et similiter tristitiam, et cetera huiusmodi, manifestum est in amorem referri, sicut in primum principium. unde in quocumque est voluntas |25| vel appetitus, oportet esse amorem, remoto enim primo, removentur alia. * ostensum est autem ' in deo esse voluntatem. unde necesse est in eo ponere amorem.

ra1 ' Ad primum ergo dicendum quod vis cognitiva non movet, nisi mediante appetitiva. " et sicut in nobis ratio universalis movet mediante ratione particulari, * ut dicitur in iii de anima; ' ita appetitus intellectivus, qui dicitur voluntas, movet in nobis mediante appetitu sensitivo. unde proximum motivum corporis in nobis est appetitus sensitivus. unde semper actum appetitus sensitivi concomitatur aliqua transmutatio corporis; et maxime circa cor, quod est primum principium motus in animali. sic igitur actus appetitus sensitivi, inquantum habent transmutationem corporalem annexam, passiones dicuntur, non autem actus voluntatis. amor igitur et gaudium et delectatio, secundum quod significant actus appetitus sensitivi, passiones sunt, non autem secundum quod significant actus appetitus intellectivi. et sic ponuntur in deo. * unde dicit philosophus, in vii ethic., quod ° deus una et simplici operatione gaudet. " et eadem ratione, sine passione amat.

ra2 ' Ad secundum dicendum quod in passionibus sensitivi appetitus, est considerare aliquid quasi materiale, scilicet corporalem transmutationem; et aliquid quasi formale, quod est ex parte appetitus. " sicut in ira, * ut dicitur in i de anima, " materiale est accensio sanguinis circa cor, vel aliquid huiusmodi; formale vero, appetitus vindictae. ' sed rursus, ex parte eius quod est formale, in quibusdam horum designatur aliqua imperfectio; sicut in desiderio, quod est boni non habiti; et in tristitia, quae est mali habiti. et eadem ratio est de ira, quae tristitiam supponit. quaedam vero nullam imperfectionem designant, ut amor et gaudium. cum igitur nihil horum deo conveniat secundum illud quod est materiale in

eis, * ut dictum est; ' illa quae imperfectionem important etiam formaliter, deo convenire non possunt nisi metaphorice, propter similitudinem effectus, * ut supra dictum est. ' quae autem imperfectionem non important, de deo proprie dicuntur, ut amor et gaudium, tamen sine passione, |25| * ut dictum est.
ra3 ' Ad tertium dicendum quod actus amoris semper tendit in duo, scilicet in bonum quod quis vult alicui; et in eum cui vult bonum. hoc enim est proprie amare aliquem, velle ei bonum. unde in eo quod aliquis amat se, vult bonum sibi. et sic illud bonum quaerit sibi unire, inquantum potest. * et pro tanto dicitur amor vis unitiva, ' etiam in deo, sed absque compositione, quia illud bonum quod vult sibi, non est aliud quam ipse, qui est per suam essentiam bonus, * ut supra ostensum est. ' in hoc vero quod aliquis amat alium, vult bonum illi. et sic utitur eo tanquam seipso, referens bonum ad illum, sicut ad seipsum. * et pro tanto dicitur amor vis concretiva, ' quia alium aggregat sibi habens se ad eum sicut ad seipsum. et sic etiam amor divinus est vis concretiva, absque compositione quae sit in deo, inquantum aliis bona vult.

007 ST1 qu20 ar2

ag1 ' Ad secundum sic proceditur. videtur quod deus non omnia amet. * quia, secundum dionysium, iv cap. de div. nom., " amor amantem extra se ponit, et eum quodammodo in amatum transfert. ' inconveniens autem est dicere quod deus, extra se positus, in alia transferatur. ergo inconveniens est dicere quod deus alia a se amet.
ag2 ' Praeterea, amor dei aeternus est. sed ea quae sunt alia a deo, non sunt ab aeterno nisi in deo. ergo deus non amat ea nisi in seipso. sed secundum quod sunt in eo, non sunt aliud ab eo. ergo deus non amat alia a seipso.
ag3 ' Praeterea, duplex est amor, scilicet concupiscentiae, et amicitiae. sed deus creaturas irrationales non amat amore concupiscentiae, quia nullius extra se eget, nec etiam amore amicitiae, quia non potest ad res irrationales haberi, * ut patet per philosophum, in viii ethic.. ' ergo deus non omnia amat.
ag4 * Praeterea, in psalmo dicitur, ° odisti omnes qui operantur iniquitatem. ' nihil autem simul odio habetur et amatur. ergo deus non omnia amat.
sc * Sed contra est quod dicitur sap. xi, ° diligis omnia quae sunt, et nihil odisti eorum quae fecisti.
co ' Respondeo dicendum quod deus omnia existentia amat. nam omnia existentia, inquantum sunt, bona sunt, ipsum enim esse cuiuslibet rei quoddam bonum est, et similiter quaelibet perfectio ipsius. * ostensum est autem supra quod ' voluntas dei est causa omnium rerum et sic oportet quod intantum habeat aliquid esse, aut quodcumque bonum, inquantum est volitum a deo. cuilibet igitur existenti deus vult aliquod bonum. unde, cum amare nil aliud sit quam velle bonum alicui, manifestum est quod deus omnia quae sunt, amat. non tamen eo modo sicut nos. quia enim voluntas nostra non est causa bonitatis rerum, sed ab ea movetur sicut ab obiecto, amor noster, quo bonum alicui volumus, non est causa bonitatis ipsius, sed e converso bonitas eius, vel vera vel aestimata, provocat amorem, quo ei volumus et bonum conservari quod habet, et addi quod non habet, et ad hoc operamur. sed amor dei est infundens et creans bonitatem in rebus.
ra1 ' Ad primum ergo dicendum quod amans sic fit extra se in amatum translatus, inquantum vult amato bonum, et operatur per suam providentiam, sicut et sibi. * unde et dionysius dicit, iv cap. de div. nom., ° audendum est autem et hoc pro veritate dicere, quod et ipse omnium causa, per abundantiam amativae bonitatis, extra seipsum fit ad omnia existentia providentiis.
ra2 ' Ad secundum dicendum quod, licet creaturae ab aeterno non fuerint nisi in deo, tamen per hoc quod ab aeterno in deo fuerunt, ab aeterno deus cognovit res in propriis naturis, et eadem ratione amavit. sicut et nos per similitudines rerum, quae in nobis sunt, cognoscimus res in seipsis existentes.
ra3 ' Ad tertium dicendum quod amicitia non potest haberi nisi ad rationales creaturas, in quibus contingit esse redamationem, et communicationem in operibus vitae, et quibus contingit bene evenire vel male, secundum fortunam et felicitatem, sicut et ad eas proprie benevolentia est. creaturae autem irrationales non possunt pertingere ad amandum deum, neque ad communicationem intellectualis et beatae vitae, qua deus vivit. sic igitur deus, proprie loquendo, non amat creaturas irrationales amore amicitiae, sed amore quasi concupiscentiae; inquantum ordinat eas ad rationales creaturas, et etiam ad seipsum; non quasi eis indigeat, sed propter suam bonitatem et nostram utilitatem. concupiscimus enim aliquid et nobis et aliis.
ra4 ' Ad quartum dicendum quod nihil prohibet unum et idem secundum aliquid amari, et secundum aliquid odio haberi. deus autem peccatores, inquantum sunt naturae quaedam, amat, sic enim et sunt, et ab ipso sunt. inquantum vero peccatores sunt, non sunt, sed ab esse deficiunt, et hoc in eis a deo non est. unde secundum hoc ab ipso odio habentur.

007 ST1 qu20 ar3

ag1 ' Ad tertium sic proceditur. videtur quod deus aequaliter diligat omnia. * dicitur enim sap. vi, ° aequaliter est ei cura de omnibus. ' sed providentia dei, quam habet de rebus, est ex amore quo amat res. ergo aequaliter amat omnia.
ag2 ' Praeterea, amor dei est eius essentia. sed essentia dei magis et minus non recipit. ergo nec amor eius. non igitur quaedam aliis magis amat.
ag3 ' Praeterea, sicut amor dei se extendit ad res creatas, ita et scientia et voluntas. sed deus non dicitur scire quaedam magis quam alia, neque magis velle. ergo nec magis quaedam aliis diligit.
sc * Sed contra est quod dicit augustinus, super ioann., ° omnia diligit deus quae fecit; et inter ea magis diligit creaturas rationales; et de illis eas amplius, quae sunt membra unigeniti sui; et multo magis ipsum unigenitum suum.
co ' Respondeo dicendum quod, cum amare sit velle bonum alicui, duplici ratione potest aliquid magis vel minus amari. uno modo, ex parte ipsius actus voluntatis, qui est magis vel minus intensus. et sic deus non magis quaedam aliis amat, quia omnia amat uno et simplici actu voluntatis, et semper eodem modo se habente. alio modo, ex parte ipsius boni quod aliquis vult amato. et sic dicimur aliquem magis alio amare, cui volumus maius bonum; quamvis non magis intensa voluntate. et hoc modo necesse est dicere quod deus quaedam aliis magis amat. cum enim amor dei sit causa bonitatis rerum, * ut dictum est, ' non esset aliquid alio melius, si deus non vellet uni maius bonum quam alteri.
ra1 * Ad primum ergo dicendum quod dicitur " deo aequaliter esse cura de omnibus, ' non quia aequalia bona sua cura omnibus dispenset; sed quia ex aequali sapientia et bonitate omnia administrat.
ra2 ' Ad secundum dicendum quod ratio illa procedit de intensione amoris ex parte actus voluntatis, qui est divina essentia. bonum autem quod deus creaturae vult, non est divina essentia. unde nihil prohibet illud intendi vel remitti.
ra3 ' Ad tertium dicendum quod intelligere et velle significant solum actus, non autem in sua significatione includunt aliqua obiecta, ex quorum diversitate possit dici deus magis vel minus scire aut velle; * sicut circa amorem dictum est.

007 ST1 qu20 ar4

ag1 ' Ad quartum sic proceditur. videtur quod deus non semper magis diligat meliora. manifestum est enim quod christus est melior toto genere humano, cum sit deus et homo. sed deus magis dilexit genus humanum quam christum, * quia dicitur rom. viii, ° proprio filio suo non pepercit, sed pro nobis omnibus tradidit illum. ' ergo deus non semper magis diligit meliora.
ag2 ' Praeterea, angelus est melior homine, * unde in psalmo viii dicitur de homine, ° minuisti eum paulo minus ab angelis. ' sed deus plus dilexit hominem quam angelum, * dicitur enim hebr. ii, ° nusquam angelos apprehendit, sed semen abrahae apprehendit. ' ergo deus non semper magis diligit meliora.
ag3 ' Praeterea, petrus fuit melior ioanne, quia plus christum diligebat. * unde dominus, sciens hoc esse verum, interrogavit petrum, dicens, ° simon ioannis, diligis me plus his? ' sed tamen christus plus dilexit ioannem quam petrum, * ut enim dicit augustinus, super illud ioan. xxi, ° simon ioannis diligis me? hoc ipso signo ioannes a ceteris discipulis discernitur; non quod solum eum, sed quod plus eum ceteris diligebat. ' non ergo semper magis diligit meliora.
ag4 ' Praeterea, melior est innocens poenitente; ° cum poenitentia sit secunda tabula post naufragium, * ut dicit hieronymus. ' sed deus plus diligit poenitentem quam innocentem, quia plus de eo gaudet, * dicitur enim luc. xv, ° dico vobis quod maius gaudium erit in caelo super uno peccatore poenitentiam agente, quam super nonaginta novem iustis, qui non indigent poenitentia. ' ergo deus non semper magis diligit meliora.
ag5 ' Praeterea, melior est iustus praescitus, quam peccator praedestinatus. sed deus plus diligit peccatorem praedestinatum, quia vult ei maius bonum, scilicet vitam aeternam. ergo deus non semper magis diligit meliora.
sc ' Sed contra, unumquodque diligit sibi simile; * ut patet per illud quod habetur eccli. xiii, ° omne animal diligit sibi simile. ' sed intantum aliquid est melius, inquantum est deo similius. ergo meliora magis diliguntur a deo.
co ' Respondeo dicendum quod necesse est dicere, * secundum praedicta, ' quod deus magis diligat meliora. * dictum est enim quod ' deum diligere magis aliquid, nihil aliud est quam ei maius bonum velle, voluntas enim dei est causa bonitatis in rebus. et sic, ex hoc sunt aliqua meliora, quod deus eis maius bonum vult. unde sequitur quod meliora plus amet.
ra1 ' Ad primum ergo dicendum quod deus christum diligit, non solum plus quam totum humanum genus, sed etiam magis quam totam universitatem creaturarum, quia scilicet ei maius bonum voluit, quia dedit ei nomen, quod est super omne nomen, ut verus deus esset. nec eius excellentiae deperiit ex hoc quod deus dedit eum in mortem pro salute humani generis, quinimo ex hoc factus est victor gloriosus; ° factus enim est principatus super humerum eius, * ut dicitur isaiae ix.
ra2 ' Ad secundum dicendum quod naturam humanam assumptam a dei verbo in persona christi, * secundum praedicta, ' deus plus amat quam omnes angelos, et melior est, maxime ratione unionis. sed loquendo de humana natura communiter, eam angelicae comparando, secundum ordinem ad gratiam et gloriam, aequalitas invenitur; cum eadem sit mensura hominis et angeli, * ut dicitur apoc. xxi; ' ita tamen quod quidam angeli quibusdam hominibus, et quidam homines quibusdam angelis, quantum ad hoc, potiores inveniuntur. sed quantum ad conditionem naturae, angelus est melior homine. nec ideo naturam humanam assumpsit deus, quia hominem absolute plus diligeret, sed quia plus indigebat. sicut bonus paterfamilias aliquid pretiosius dat servo aegrotanti, quod non dat filio sano.
ra3 ' Ad tertium dicendum quod haec dubitatio de petro et ioanne multipliciter solvitur. * augustinus namque refert hoc ad mysterium, dicens quod " vita activa, quae significatur per petrum, plus diligit deum quam vita contemplativa, quae significatur per ioannem, quia magis sentit praesentis vitae angustias, et aestuantius ab eis liberari desiderat, et ad deum ire. contemplativam vero vitam deus plus diligit, quia magis eam conservat; non enim finitur simul cum vita corporis, sicut vita activa. * quidam vero dicunt quod " petrus plus dilexit christum in membris; et sic etiam a christo plus fuit dilectus; unde ei ecclesiam commendavit. ioannes vero plus dilexit christum in seipso; et sic etiam plus ab eo fuit dilectus; unde ei commendavit matrem. * alii vero dicunt quod " incertum est quis horum plus christum dilexerit amore caritatis, et similiter quem deus plus dilexerit in ordine ad maiorem gloriam vitae aeternae. sed petrus dicitur plus dilexisse, quantum ad quandam promptitudinem vel fervorem, ioannes vero plus dilectus, quantum ad quaedam familiaritatis indicia, quae christus ei magis demonstrabat, propter eius iuventutem et puritatem. * alii vero dicunt quod " christus plus dilexit petrum quantum |25| ad excellentius donum caritatis, ioannem vero plus, quantum ad donum intellectus. unde simpliciter petrus fuit melior, et magis dilectus, sed ioannes secundum quid. ' praesumptuosum tamen videtur hoc diiudicare, * quia, ut dicitur prov. xvi, ° spirituum ponderator est dominus, ' et non alius.
ra4 ' Ad quartum dicendum quod poenitentes et innocentes se habent sicut excedentia et excessa. nam sive sint innocentes, sive poenitentes, illi sunt meliores et magis dilecti qui plus habent de gratia. ceteris tamen paribus, innocentia dignior est et magis dilecta. dicitur tamen deus plus gaudere de poenitente quam de innocente, quia plerumque poenitentes cautiores, humiliores et ferventiores resurgunt. * unde gregorius dicit ibidem, quod ° dux in praelio eum militem plus diligit, qui post fugam conversus, fortiter hostem premit, quam qui nunquam fugit, nec unquam fortiter fecit. ' vel, alia ratione, quia aequale donum gratiae plus est, comparatum poenitenti, qui meruit poenam, quam innocenti, qui non meruit. sicut centum marcae maius donum est, si dentur pauperi, quam si dentur regi.
ra5 ' Ad quintum dicendum quod, cum voluntas dei sit causa bonitatis in rebus, secundum illud tempus pensanda est bonitas eius qui amatur a deo, secundum quod dandum est ei ex bonitate divina aliquod bonum. secundum ergo illud tempus quo praedestinato peccatori dandum est ex divina voluntate maius bonum, melior est; licet secundum aliquod aliud tempus, sit peior; quia et secundum aliquod tempus, non est nec bonus neque malus.

007 ST1 qu21 ar

pr ' Post considerationem divini amoris, de iustitia et misericordia eius agendum est. et circa hoc quaeruntur quatuor. primo, utrum in deo sit iustitia. secundo, utrum iustitia eius veritas dici possit. tertio, utrum in deo sit misericordia. quarto, utrum in omni opere dei sit iustitia et misericordia.

007 ST1 qu21 ar1

ag1 ' Ad primum sic proceditur. videtur quod in deo non sit iustitia. iustitia enim contra temperantiam dividitur. temperantia autem non est in deo. ergo nec iustitia.
ag2 ' Praeterea, quicumque facit omnia pro libito suae voluntatis, non secundum iustitiam operatur. * sed, sicut dicit apostolus, ad ephes. i, deus ° operatur omnia secundum consilium suae voluntatis. ' non ergo ei iustitia debet attribui.
ag3 ' Praeterea, actus iustitiae est reddere debitum. sed deus nulli est debitor. ergo deo non competit iustitia.
ag4 ' Praeterea, quidquid est in deo, est eius essentia. sed hoc non competit iustitiae, * dicit enim boetius, in libro de hebdomad., quod ° bonum essentiam, iustum vero actum respicit. ' ergo iustitia non competit deo.
sc * Sed contra est quod dicitur in psalmo x, ° iustus dominus, et iustitias dilexit.
co ' Respondeo dicendum quod duplex est species iustitiae. una, quae consistit in mutua datione et acceptione, ut puta quae consistit in emptione et venditione, et aliis huiusmodi communicationibus vel com-

mutationibus. * et haec dicitur a philosopho, in v ethic., ‘ iustitia commutativa, vel directiva commutationum sive communicationum. et haec non competit deo, * quia, ut dicit apostolus, rom. xi, ° quis prior dedit illi, et retribuetur ei? ‘ alia, quae consistit in distribuendo, et dicitur distributiva iustitia, secundum quam aliquis gubernator vel dispensator dat unicuique secundum suam dignitatem. sicut igitur ordo congruus familiae, vel cuiuscumque multitudinis gubernatae, demonstrat huiusmodi iustitiam in gubernante; ita ordo universi, qui apparet tam in rebus naturalibus quam in rebus voluntariis, demonstrat dei iustitiam. * unde dicit dionysius, viii cap. de div. nom., ° oportet videre in hoc veram dei esse iustitiam, quod omnibus tribuit propria, secundum uniuscuiusque existentium dignitatem; et uniuscuiusque naturam in proprio salvat ordine et virtute.

ra1 ‘ Ad primum ergo dicendum quod virtutum moralium quaedam sunt circa passiones; sicut temperantia circa concupiscentias, fortitudo circa timores et audacias, mansuetudo circa iram. et huiusmodi virtutes deo attribui non possunt, nisi secundum metaphoram, quia in deo neque passiones sunt, * ut supra dictum est; ‘ neque appetitus sensitivus, in quo sunt huiusmodi virtutes sicut in subiecto, * ut dicit philosophus in iii ethic.. ‘ quaedam vero virtutes morales sunt circa operationes; ut puta circa dationes et sumptus, ut iustitia et liberalitas et magnificentia; quae etiam non sunt in parte sensitiva, sed in voluntate. unde nihil prohibet huiusmodi virtutes in deo ponere, non tamen circa actiones civiles sed circa actiones deo convenientes. “ ridiculum est enim secundum virtutes politicas deum laudare, * ut dicit philosophus in x ethic..

ra2 ‘ Ad secundum dicendum quod, cum bonum intellectum sit obiectum voluntatis, impossibile est deum velle nisi quod ratio suae sapientiae habet. quae quidem est sicut lex iustitiae, secundum quam eius voluntas recta et iusta est. unde quod secundum suam voluntatem facit, iuste facit, sicut et nos quod secundum legem facimus, iuste facimus. sed nos quidem secundum legem alicuius superioris, deus autem sibi ipsi est lex.

ra3 ‘ Ad tertium dicendum quod unicuique debetur quod suum est. dicitur autem esse suum alicuius, quod ad ipsum ordinatur; sicut servus est domini, et non e converso; nam liberum est quod sui causa est. in nomine ergo debiti, importatur quidam ordo exigentiae vel necessitatis alicuius ad quod ordinatur. est autem duplex ordo considerandus in rebus. unus, quo aliquid creatum ordinatur ad aliud creatum, sicut partes ordinantur ad totum, et accidentia ad substantias, et unaquaeque res ad suum finem. alius ordo, quo omnia creata ordinantur in deum. sic igitur et debitum attendi potest dupliciter in operatione divina, aut secundum quod aliquid debetur deo; aut secundum quod aliquid debetur rei creatae. et utroque modo deus debitum reddit. debitum enim est deo, ut impleatur in rebus id quod eius sapientia et voluntas habet, et quod suam bonitatem manifestat, et secundum hoc iustitia dei respicit decentiam ipsius, secundum quam reddit sibi quod sibi debetur. debitum etiam est alicui rei creatae, quod habeat id quod ad ipsam ordinatur, sicut homini, quod habeat manus, et quod ei alia animalia serviant. et sic etiam deus operatur iustitiam, quando dat unicuique quod ei debetur secundum rationem suae naturae et conditionis. sed hoc debitum dependet ex primo, quia hoc unicuique debetur, quod est ordinatum ad ipsum secundum ordinem divinae sapientiae. et licet deus hoc modo debitum alicui det, non tamen ipse est debitor, quia ipse ad alia non ordinatur, sed potius alia in ipsum. et ideo iustitia quandoque |25| dicitur in deo condecentia suae bonitatis; quandoque vero retributio pro meritis. * et utrumque modum tangit anselmus, dicens, ° cum punis malos, iustum est, quia illorum meritis convenit; cum vero parcis malis, iustum est, quia bonitati tuae condecens est.

ra4 ‘ Ad quartum dicendum quod, licet iustitia respiciat actum, non tamen per hoc excluditur quin sit essentia dei, quia etiam id quod est de essentia rei, potest esse principium actionis. sed bonum non semper respicit actum, quia aliquid dicitur esse bonum, non solum secundum quod agit, sed etiam secundum quod in sua essentia perfectum est. * et propter hoc ibidem dicitur quod “ bonum comparatur ad iustum, sicut generale ad speciale.

007 ST1 qu21 ar2

ag1 ‘ Ad secundum sic proceditur. videtur quod iustitia dei non sit veritas. “ iustitia enim est in voluntate, est enim rectitudo voluntatis, * ut dicit anselmus. “ veritas autem est in intellectu, * secundum philosophum in vi metaphys. et in vi ethic.. ‘ ergo iustitia non pertinet ad veritatem.

ag2 * Praeterea, veritas, secundum philosophum in iv ethic., “ est quaedam alia virtus a iustitia. ‘ non ergo veritas pertinet ad rationem iustitiae.

sc * Sed contra est quod in psalmo lxxxiv dicitur, ° misericordia et veritas obviaverunt sibi; “ et ponitur ibi veritas pro iustitia.

co ‘ Respondeo dicendum quod veritas consistit in adaequatione intellectus et rei, * sicut supra dictum est. ‘ intellectus autem qui est causa rei, comparatur ad ipsam sicut regula et mensura, e converso autem est de intellectu qui accipit scientiam a rebus. quando igitur res sunt mensura et regula intellectus, veritas consistit in hoc, quod intellectus adaequatur rei, ut in nobis accidit, ex eo enim quod res est vel non est, opinio nostra et oratio vera vel falsa est. sed quando intellectus est regula vel mensura rerum, veritas consistit in hoc, quod res adaequantur intellectui, sicut dicitur artifex facere verum opus, quando concordat arti. sicut autem se habent artificiata ad artem, ita se habent opera iusta ad legem cui concordant. iustitia igitur dei, quae constituit ordinem in rebus conformem rationi sapientiae suae, quae est lex eius, convenienter veritas nominatur. et sic etiam dicitur in nobis veritas iustitiae.

ra1 ‘ Ad primum ergo dicendum quod iustitia, quantum ad legem regulantem, est in ratione vel intellectu, sed quantum ad imperium, quo opera regulantur secundum legem, est in voluntate.

ra2 * Ad secundum dicendum quod veritas illa de qua loquitur philosophus ibi, ‘ est quaedam virtus per quam aliquis demonstrat se talem in dictis vel factis, qualis est. et sic consistit in conformitate signi ad significatum, non autem in conformitate effectus ad causam et regulam, * sicut de veritate iustitiae dictum est.

007 ST1 qu21 ar3

ag1 ‘ Ad tertium sic proceditur. videtur quod misericordia deo non competat. misericordia enim est species tristitiae, * ut dicit damascenus. ‘ sed tristitia non est in deo. ergo nec misericordia.

ag2 ‘ Praeterea, misericordia est relaxatio iustitiae. sed deus non potest praetermittere id quod ad iustitiam suam pertinet. * dicitur enim ii ad tim. ii, ° si non credimus, ille fidelis permanet, seipsum negare non potest, “ negaret autem seipsum, * ut dicit glossa ibidem, “ si dicta sua negaret. ‘ ergo misericordia deo non competit.

sc * Sed contra est quod dicitur in psalmo cx, ° miserator et misericors dominus.

co ‘ Respondeo dicendum quod misericordia est deo maxime attribuenda, tamen secundum effectum, non secundum passionis affectum. ad cuius evidentiam, considerandum est quod misericors dicitur aliquis quasi habens miserum cor, quia scilicet afficitur ex miseria alterius per tristitiam, ac si esset eius propria miseria. et ex hoc sequitur quod operetur ad depellendam miseriam alterius, sicut miseriam propriam, et hic est misericordiae effectus. tristari ergo de miseria alterius non competit deo, sed repellere miseriam alterius, hoc maxime ei competit, ut per miseriam quemcumque defectum intelligamus. defectus autem non tolluntur, nisi per alicuius bonitatis perfectionem, prima autem origo bonitatis deus est, * ut supra ostensum est. ‘ sed considerandum est quod elargiri perfectiones rebus, pertinet quidem et ad bonitatem divinam, et ad iustitiam, et ad liberalitatem, et misericordiam, tamen secundum aliam et aliam rationem. communicatio enim perfectionum, absolute considerata, pertinet ad bonitatem, * ut supra ostensum est. ‘ sed inquantum perfectiones rebus a deo dantur secundum earum proportionem, pertinet ad iustitiam, * ut dictum est supra. ‘ inquantum vero |25| non attribuit rebus perfectiones propter utilitatem suam, sed solum propter suam bonitatem, pertinet ad liberalitatem. inquantum vero perfectiones datae rebus a deo, omnem defectum expellunt, pertinet ad misericordiam.

ra1 ‘ Ad primum igitur dicendum quod obiectio illa procedit de misericordia, quantum ad passionis affectum.

ra2 ‘ Ad secundum dicendum quod deus misericorditer agit, non quidem contra iustitiam suam faciendo, sed aliquid supra iustitiam operando, sicut si alicui cui debentur centum denarii, aliquis ducentos det de suo, tamen non contra iustitiam facit, sed liberaliter vel misericorditer operatur. et similiter si aliquis offensam in se commissam remittat. qui enim aliquid remittit, quodammodo donat illud, * unde apostolus remissionem donationem vocat, ephes. v, ° donate invicem, sicut et christus vobis donavit. ‘ ex quo patet quod misericordia non tollit iustitiam, sed est quaedam iustitiae plenitudo. * unde dicitur iac. ii, quod ° misericordia superexaltat iudicium.

007 ST1 qu21 ar4

ag1 ‘ Ad quartum sic proceditur. videtur quod non in omnibus dei operibus sit misericordia et iustitia. quaedam enim opera dei attribuuntur misericordiae, ut iustificatio impii, quaedam vero iustitiae, ut damnatio impiorum. * unde dicitur iac. ii, ° iudicium sine misericordia fiet ei qui non fecerit misericordiam. ‘ non ergo in omni opere dei apparet misericordia et iustitia.

ag2 * Praeterea, apostolus, ad rom. xv, ‘ conversionem iudaeorum attribuit iustitiae et veritati; conversionem autem gentium, misericordiae. ergo non in quolibet opere dei est iustitia et misericordia.

ag3 ‘ Praeterea, multi iusti in hoc mundo affliguntur. hoc autem est iniustum. non ergo in omni opere dei est iustitia et misericordia.

ag4 ‘ Praeterea, iustitiae est reddere debitum, misericordiae autem sublevare miseriam, et sic tam iustitia quam misericordia aliquid praesupponit in suo opere. sed creatio nihil praesupponit. ergo in creatione neque misericordia est, neque iustitia.

sc * Sed contra est quod dicitur in psalmo xxiv, ° omnes viae domini misericordia et veritas.

co ‘ Respondeo dicendum quod necesse est quod in quolibet opere dei misericordia et veritas inveniantur; si tamen misericordia pro remotione cuiuscumque defectus accipiatur; quamvis non omnis defectus proprie possit dici miseria, sed solum defectus rationalis naturae, quam contingit esse felicem; nam miseria felicitati opponitur. huius autem necessitatis ratio est, quia, cum debitum quod ex divina iustitia redditur, sit vel debitum deo, vel debitum alicui creaturae, neutrum potest in aliquo opere dei praetermitti. non enim potest facere aliquid deus, quod non sit conveniens sapientiae et bonitati ipsius; * secundum quem modum diximus ‘ aliquid esse debitum deo. similiter etiam quidquid in rebus creatis facit, secundum convenientem ordinem et proportionem facit; in quo consistit ratio iustitiae. et sic oportet in omni opere dei esse iustitiam. opus autem divinae iustitiae semper praesupponit opus misericordiae, et in eo fundatur. creaturae enim non debetur aliquid, nisi propter aliquid in eo praeexistens, vel praeconsideratum, et rursus, si illud creaturae debetur, hoc erit propter aliquid prius. et cum non sit procedere in infinitum, oportet devenire ad aliquid quod ex sola bonitate divinae voluntatis dependeat, quae est ultimus finis. utpote si dicamus quod habere manus debitum est homini propter animam rationalem; animam vero rationalem habere, ad hoc quod sit homo; hominem vero |25| esse, propter divinam bonitatem. et sic in quolibet opere dei apparet misericordia, quantum ad primam radicem eius. cuius virtus salvatur in omnibus consequentibus; et etiam vehementius in eis operatur, sicut causa primaria vehementius influit quam causa secunda. et propter hoc etiam ea quae alicui creaturae debentur, deus, ex abundantia suae bonitatis, largius dispensat quam exigat proportio rei. minus enim est quod sufficeret ad conservandum ordinem iustitiae, quam quod divina bonitas confert, quae omnem proportionem creaturae excedit.

ra1 ‘ Ad primum ergo dicendum quod quaedam opera attribuuntur iustitiae et quaedam misericordiae, quia in quibusdam vehementius apparet iustitia, in quibusdam misericordia. et tamen in damnatione reproborum apparet misericordia, non quidem totaliter relaxans, sed aliqualiter allevians, dum punit citra condignum. et in iustificatione impii apparet iustitia, dum culpas relaxat propter dilectionem, quam tamen ipse misericorditer infundit, * sicut de magdalena legitur, luc. vii, ° dimissa sunt ei peccata multa, quoniam dilexit multum.

ra2 ‘ Ad secundum dicendum quod iustitia et misericordia dei apparet in conversione iudaeorum et gentium, sed aliqua ratio iustitiae apparet in conversione iudaeorum, quae non apparet in conversione gentium, sicut quod salvati sunt propter promissiones patribus factas.

ra3 ‘ Ad tertium dicendum quod in hoc etiam quod iusti puniuntur in hoc mundo, apparet iustitia et misericordia; inquantum per huiusmodi afflictiones aliqua levia in eis purgantur, et ab affectu terrenorum in deum magis eriguntur; * secundum illud gregorii, ° mala quae in hoc mundo nos premunt, ad deum nos ire compellunt.

ra4 ‘ Ad quartum dicendum quod, licet creationi non praesupponatur aliquid in rerum natura, praesupponitur tamen aliquid in dei cognitione. et secundum hoc etiam salvatur ibi ratio iustitiae, inquantum res in esse producitur, secundum quod convenit divinae sapientiae et bonitati. et salvatur quodammodo ratio misericordiae, inquantum res de non esse in esse mutatur.

007 ST1 qu22 ar

pr ‘ Consideratis autem his quae ad voluntatem absolute pertinent, procedendum est ad ea quae respiciunt simul intellectum et voluntatem. huiusmodi autem est providentia quidem respectu omnium; praedestinatio vero et reprobatio, et quae ad haec consequuntur, respectu hominum specialiter, in ordine ad aeternam salutem. nam et post morales virtutes, in scientia morali, consideratur de prudentia, ad quam providentia pertinere videtur. circa providentiam autem dei quaeruntur quatuor. primo, utrum deo conveniat providentia. secundo, utrum omnia divinae providentiae subsint. tertio, utrum divina providentia immediate sit de omnibus. quarto, utrum providentia divina imponat necessitatem rebus provisis.

007 ST1 qu22 ar1

ag1 ‘ Ad primum sic proceditur. videtur quod providentia deo non conveniat. providentia enim, * secundum tullium, ‘ est pars prudentiae. prudentia autem, cum sit bene consiliativa, * secundum philosophum in vi ethic., ‘ deo competere non potest, qui nullum dubium habet, unde eum consiliari oporteat. ergo providentia deo non competit.

ag2 ‘ Praeterea, quidquid est in deo, est aeternum. sed providentia non est aliquid aeternum, est enim circa existentia, quae non sunt aeterna, * secundum damascenum. ‘ ergo providentia non est in deo.

ag3 ‘ Praeterea, nullum compositum est in deo. sed providentia videtur esse aliquid compositum, quia

includit in se voluntatem et intellectum. ergo providentia non est in deo.
sc * Sed contra est quod dicitur sap. xiv, ° tu autem, pater, gubernas omnia providentia.
co ‘ Respondeo dicendum quod necesse est ponere providentiam in deo. omne enim bonum quod est in rebus, a deo creatum est, * ut supra ostensum est. ‘ in rebus autem invenitur bonum, non solum quantum ad substantiam rerum, sed etiam quantum ad ordinem earum in finem, et praecipue in finem ultimum, qui est bonitas divina, * ut supra habitum est. ‘ hoc igitur bonum ordinis in rebus creatis existens, a deo creatum est. cum autem deus sit causa rerum per suum intellectum, et sic cuiuslibet sui effectus oportet rationem in ipso praeexistere, * ut ex superioribus patet; ‘ necesse est quod ratio ordinis rerum in finem in mente divina praeexistat. ratio autem ordinandorum in finem, proprie providentia est. est enim principalis pars prudentiae, ad quam aliae duae partes ordinantur, scilicet memoria praeteritorum, et intelligentia praesentium; prout ex praeteritis memoratis, et praesentibus intellectis, coniectamus de futuris providendis. prudentiae autem proprium est, * secundum philosophum in vi ethic., ‘ ordinare alia in finem; sive respectu sui ipsius, sicut dicitur homo prudens, qui bene ordinat actus suos ad finem vitae suae; sive respectu aliorum sibi |25| subiectorum in familia vel civitate vel regno, * secundum quem modum dicitur matt. xxiv, ° fidelis servus et prudens, quem constituit dominus super familiam suam. ‘ secundum quem modum prudentia vel providentia deo convenire potest, nam in ipso deo nihil est in finem ordinabile, cum ipse sit finis ultimus. ipsa igitur ratio ordinis rerum in finem, providentia in deo nominatur. * unde boetius, iv de consol., dicit quod ° providentia est ipsa divina ratio in summo omnium principe constituta, quae cuncta disponit. ‘ dispositio autem potest dici tam ratio ordinis rerum in finem, quam ratio ordinis partium in toto.
ra1 * Ad primum ergo dicendum quod, secundum philosophum in vi ethic., “ prudentia proprie est praeceptiva eorum, de quibus eubulia recte consiliatur, et synesis recte iudicat. ‘ unde, licet consiliari non competat deo, secundum quod consilium est inquisitio de rebus dubiis; tamen praecipere de ordinandis in finem, quorum rectam rationem habet, competit deo, * secundum illud psalmi, ° praeceptum posuit, et non praeteribit. ‘ et secundum hoc competit deo ratio prudentiae et providentiae. quamvis etiam dici possit, quod ipsa ratio rerum agendarum consilium in deo dicitur; non propter inquisitionem, sed propter certitudinem cognitionis, ad quam consiliantes inquirendo perveniunt. * unde dicitur ephes. i, ° qui operatur omnia secundum consilium voluntatis suae.
ra2 ‘ Ad secundum dicendum quod ad curam duo pertinent, scilicet ratio ordinis, quae dicitur providentia et dispositio; et executio ordinis, quae dicitur gubernatio. quorum primum est aeternum, secundum temporale.
ra3 ‘ Ad tertium dicendum quod providentia est in intellectu, sed praesupponit voluntatem finis, nullus enim praecipit de agendis propter finem, nisi velit finem. unde et prudentia praesupponit virtutes morales, per quas appetitus se habet ad bonum, * ut dicitur in vi ethic.. ‘ et tamen si providentia ex aequali respiceret voluntatem et intellectum divinum, hoc esset absque detrimento divinae simplicitatis; cum voluntas et intellectus in deo sint idem, * ut supra dictum est.

007 ST1 qu22 ar2

ag1 ‘ Ad secundum sic proceditur. videtur quod non omnia sint subiecta divinae providentiae. nullum enim provisum est fortuitum. si ergo omnia sunt provisa a deo, nihil erit fortuitum, et sic perit casus et fortuna. * quod est contra communem opinionem.
ag2 ‘ Praeterea, omnis sapiens provisor excludit defectum et malum, quantum potest, ab his quorum curam gerit. videmus autem multa mala in rebus esse. aut igitur deus non potest ea impedire, et sic non est omnipotens, aut non de omnibus curam habet.
ag3 ‘ Praeterea, quae ex necessitate eveniunt, providentiam seu prudentiam non requirunt, unde, * secundum philosophum in vi ethic., ‘ prudentia est recta ratio contingentium, de quibus est consilium et electio. cum igitur multa in rebus ex necessitate eveniant, non omnia providentiae subduntur.
ag4 ‘ Praeterea, quicumque dimittitur sibi, non subest providentiae alicuius gubernantis. sed homines sibi ipsis dimittuntur a deo, * secundum illud eccli. xv, ° deus ab initio constituit hominem, et reliquit eum in manu consilii sui; * et specialiter mali, secundum illud, ° dimisit illos secundum desideria cordis eorum. ‘ non igitur omnia divinae providentiae subsunt.
ag5 * Praeterea, apostolus, i cor. ix, dicit quod ° non est deo cura de bobus, ‘ et eadem ratione, de aliis creaturis irrationalibus. non igitur omnia subsunt divinae providentiae.
sc ‘ Sed contra est quod * dicitur sap. viii, de divina sapientia, quod ° attingit a fine usque ad finem fortiter, et disponit omnia suaviter.
co * Respondeo dicendum quod quidam totaliter providentiam negaverunt, sicut democritus et epicurei, ponentes “ mundum factum esse casu. * quidam vero posuerunt “ incorruptibilia tantum providentiae subiacere; corruptibilia vero, non secundum individua, sed secundum species; sic enim incorruptibilia sunt. * ex quorum persona dicitur iob xxii, ° nubes latibulum eius, et circa cardines caeli perambulat, neque nostra considerat. * a corruptibilium autem generalitate excepit rabbi moyses homines, “ propter splendorem intellectus, quem participant, in aliis autem individuis corruptibilibus, aliorum opinionem est secutus. ‘ sed necesse est dicere omnia divinae providentiae subiacere, non in universali tantum, sed etiam in singulari. quod sic patet. cum enim omne agens agat propter finem, tantum se extendit ordinatio effectuum in finem, quantum se extendit causalitas primi agentis. ex hoc enim contingit in operibus alicuius agentis aliquid provenire non ad finem ordinatum, quia effectus ille consequitur ex aliqua alia causa, praeter intentionem agentis. causalitas autem dei, qui est primum agens, se extendit usque ad omnia entia, non solum quantum ad principia speciei, sed etiam quantum ad individualia principia, non solum incorruptibilium, sed etiam |25| corruptibilium. unde necesse est omnia quae habent quocumque modo esse, ordinata esse a deo in finem, * secundum illud apostoli, ad rom. xiii, ° quae a deo sunt, ordinata sunt. ‘ cum ergo nihil aliud sit dei providentia quam ratio ordinis rerum in finem, * ut dictum est, ‘ necesse est omnia, inquantum participant esse, intantum subdi divinae providentiae. * similiter etiam supra ostensum est quod ‘ deus omnia cognoscit, et universalia et particularia. et cum cognitio eius comparetur ad res sicut cognitio artis ad artificiata, * ut supra dictum est, ‘ necesse est quod omnia supponantur suo ordini, sicut omnia artificiata subduntur ordini artis.
ra1 ‘ Ad primum ergo dicendum quod aliter est de causa universali, et de causa particulari. ordinem enim causae particularis aliquid potest exire, non autem ordinem causae universalis. non enim subducitur aliquid ab ordine causae particularis, nisi per aliquam aliam causam particularem impedientem, sicut lignum impeditur a combustione per actionem aquae. unde, cum omnes causae particulares concludantur sub universali causa, impossibile est aliquem effectum ordinem causae universalis effugere. inquantum igitur aliquis effectus ordinem alicuius causae particularis effugit, dicitur esse casuale vel fortuitum, respectu causae particularis, sed respectu causae universalis, a cuius ordine subtrahi non potest, dicitur esse provisum. sicut et concursus duorum servorum, licet sit casualis quantum ad eos, est tamen provisus a domino, qui eos scienter sic ad unum locum mittit, ut unus de alio nesciat.
ra2 ‘ Ad secundum dicendum quod aliter de eo est qui habet curam alicuius particularis, et de provisore universali. quia provisor particularis excludit defectum ab eo quod eius curae subditur, quantum potest, sed provisor universalis permittit aliquem defectum in aliquo particulari accidere, ne impediatur bonum totius. unde corruptiones et defectus in rebus naturalibus, dicuntur esse contra naturam particularem; sed tamen sunt de intentione naturae universalis, inquantum defectus unius cedit in bonum alterius, vel etiam totius universi; nam corruptio unius est generatio alterius, per quam species conservatur. cum igitur deus sit universalis provisor totius entis, ad ipsius providentiam pertinet ut permittat quosdam defectus esse in aliquibus particularibus rebus, ne impediatur bonum universi perfectum. si enim omnia mala impedirentur, multa bona deessent universo, non enim esset vita leonis, si non esset occisio animalium; nec esset patientia martyrum, si non esset persecutio tyrannorum. * unde dicit augustinus in enchirid.. ° deus omnipotens nullo modo sineret malum aliquod esse in operibus suis, nisi usque adeo esset omnipotens et bonus, ut bene faceret etiam de malo. * ex his autem duabus rationibus quas nunc solvimus, videntur moti fuisse, qui divinae providentiae subtraxerunt “ corruptibilia, in quibus inveniuntur casualia et mala.
ra3 ‘ Ad tertium dicendum quod homo non est institutor naturae, sed utitur in operibus artis et virtutis, ad suum usum, rebus naturalibus. unde providentia humana non se extendit ad necessaria, quae ex natura proveniunt. ad quae tamen se extendit providentia dei, qui est auctor naturae. * et ex hac ratione videntur moti fuisse, qui “ cursum rerum naturalium subtraxerunt divinae providentiae, attribuentes ipsum ‘ necessitati materiae; ut democritus, et alii naturales antiqui.
ra4 * Ad quartum dicendum quod in hoc quod dicitur “ deum hominem sibi reliquisse, ‘ non excluditur homo a divina providentia, sed ostenditur quod non praefigitur ei virtus operativa determinata ad unum, sicut rebus naturalibus; quae aguntur tantum, quasi ab altero directae in finem, non autem seipsa agunt, quasi se dirigentia in finem, ut creaturae rationales per liberum arbitrium, quo consiliantur et eligunt. * unde signanter dicit, ° in manu consilii sui. ‘ sed quia ipse actus liberi arbitrii reducitur in deum sicut in causam, necesse est ut ea quae ex libero arbitrio fiunt, divinae providentiae subdantur, providentia enim hominis continetur sub providentia dei, sicut causa particularis sub causa universali. hominum autem iustorum quodam excellentiori modo deus habet providentiam quam impiorum, inquantum non permittit contra eos evenire aliquid, quod finaliter impediat salutem eorum, nam ° diligentibus deum omnia cooperantur in bonum, * ut dicitur rom. viii. ‘ sed ex hoc ipso quod impios non retrahit a malo culpae, dicitur eos dimittere. non tamen ita, quod totaliter ab eius providentia excludantur, alioquin in nihilum |25| deciderent, nisi per eius providentiam conservarentur. * et ex hac ratione videtur motus fuisse tullius, qui “ res humanas, de quibus consiliamur, divinae providentiae subtraxit.
ra5 ‘ Ad quintum dicendum quod, quia creatura rationalis habet per liberum arbitrium dominium sui actus, * ut dictum est, ‘ speciali quodam modo subditur divinae providentiae; ut scilicet ei imputetur aliquid ad culpam vel ad meritum, et reddatur ei aliquid ut poena vel praemium. * et quantum ad hoc curam dei apostolus a bobus removet. “ non tamen ita quod individua irrationalium creaturarum ad dei providentiam non pertineant, * ut rabbi moyses existimavit.

007 ST1 qu22 ar3

ag1 ‘ Ad tertium sic proceditur. videtur quod deus non immediate omnibus provideat. quidquid enim est dignitatis, deo est attribuendum. sed ad dignitatem alicuius regis pertinet, quod habeat ministros, quibus mediantibus subditis provideat. ergo multo magis deus non immediate omnibus providet.
ag2 ‘ Praeterea, ad providentiam pertinet res in finem ordinare. finis autem cuiuslibet rei est eius perfectio et bonum. ad quamlibet autem causam pertinet effectum suum perducere ad bonum. quaelibet igitur causa agens est causa effectus providentiae. si igitur deus omnibus immediate providet, subtrahuntur omnes causae secundae.
ag3 * Praeterea, augustinus dicit, in enchirid., quod ° melius est quaedam nescire quam scire, ut vilia, * et idem dicit philosophus, in xii metaphys.. ‘ sed omne quod est melius, deo est attribuendum. ergo deus non habet immediate providentiam quorundam vilium et malorum.
sc * Sed contra est quod dicitur iob xxxiv, ° quem constituit alium super terram? aut quem posuit super orbem quem fabricatus est? * super quo dicit gregorius, ° mundum per seipsum regit, quem per seipsum condidit.
co ‘ Respondeo dicendum quod ad providentiam duo pertinent, scilicet ratio ordinis rerum provisarum in finem; et executio huius ordinis, quae gubernatio dicitur. quantum igitur ad primum horum, deus immediate omnibus providet. quia in suo intellectu habet rationem omnium, etiam minimorum, et quascumque causas aliquibus effectibus praefecit, dedit eis virtutem ad illos effectus producendos. unde oportet quod ordinem illorum effectuum in sua ratione praehabuerit. quantum autem ad secundum, sunt aliqua media divinae providentiae. quia inferiora gubernat per superiora; non propter defectum suae virtutis, sed propter abundantiam suae bonitatis, ut dignitatem causalitatis etiam creaturis communicet. * et secundum hoc excluditur opinio platonis, quam narrat gregorius nyssenus, “ triplicem providentiam ponentis. quarum prima est summi dei, qui primo et principaliter providet rebus spiritualibus; et consequenter toti mundo, quantum ad genera, species et causas universales. secunda vero providentia est, qua providetur singularibus generabilium et corruptibilium, et hanc attribuit diis qui circumeunt caelos, idest substantiis separatis, quae movent corpora caelestia circulariter. tertia vero providentia est rerum humanarum, quam attribuebat daemonibus, quos platonici ponebant medios inter nos et deos, ut * narrat augustinus ix de civ. dei.
ra1 ‘ Ad primum ergo dicendum quod habere ministros executores suae providentiae, pertinet ad dignitatem regis, sed quod non habeat rationem eorum quae per eos agenda sunt, est ex defectu ipsius. omnis enim scientia operativa tanto perfectior est, quanto magis particularia considerat, in quibus est actus.
ra2 ‘ Ad secundum dicendum quod per hoc quod deus habet immediate providentiam de rebus omnibus, non excluduntur causae secundae, quae sunt executrices huius ordinis, * ut ex supra dictis patet.
ra3 ‘ Ad tertium dicendum quod nobis melius est non cognoscere mala et vilia, inquantum per ea impedimur a consideratione meliorum, quia non possumus simul multa intelligere, et inquantum cogitatio malorum pervertit interdum voluntatem in malum. sed hoc non habet locum in deo, qui simul omnia uno intuitu videt, et cuius voluntas ad malum flecti non potest.

007 ST1 qu22 ar4

ag1 ‘ Ad quartum sic proceditur. videtur quod divina providentia necessitatem rebus provisis imponat. omnis enim effectus qui habet aliquam causam per se, quae iam est vel fuit, ad quam de necessitate sequitur, provenit ex necessitate, * ut philosophus probat in vi metaphys.. ‘ sed providentia dei, cum sit aeterna, praeexistit; et ad eam sequitur effectus de necessitate; non enim potest divina providentia frustrari. ergo providentia divina necessitatem rebus provi-

sis imponit.
ag2 ‘ Praeterea, unusquisque provisor stabilit opus suum quantum potest, ne deficiat. sed deus est summe potens. ergo necessitatis firmitatem rebus a se provisis tribuit.
ag3 * Praeterea, boetius dicit, iv de consol., quod fatum, ° ab immobilis providentiae proficiscens exordiis, actus fortunasque hominum indissolubili causarum connexione constringit. ‘ videtur ergo quod providentia necessitatem rebus provisis imponat.
sc * Sed contra est quod dicit dionysius, iv cap. de div. nom., quod ° corrumpere naturam non est providentiae. ‘ hoc autem habet quarundam rerum natura, quod sint contingentia. non igitur divina providentia necessitatem rebus imponit, contingentiam excludens.
co ‘ Respondeo dicendum quod providentia divina quibusdam rebus necessitatem imponit, non autem omnibus, * ut quidam crediderunt. ‘ ad providentiam enim pertinet ordinare res in finem. post bonitatem autem divinam, quae est finis a rebus separatus, principale bonum in ipsis rebus existens, est perfectio universi, quae quidem non esset, si non omnes gradus essendi invenirentur in rebus. unde ad divinam providentiam pertinet omnes gradus entium producere. et ideo quibusdam effectibus praeparavit causas necessarias, ut necessario evenirent; quibusdam vero causas contingentes, ut evenirent contingenter, secundum conditionem proximarum causarum.
ra1 ‘ Ad primum ergo dicendum quod effectus divinae providentiae non solum est aliquid evenire quocumque modo; sed aliquid evenire vel contingenter vel necessario. et ideo evenit infallibiliter et necessario, quod divina providentia disponit evenire infallibiliter et necessario, et evenit contingenter, quod divinae providentiae ratio habet ut contingenter eveniat.
ra2 ‘ Ad secundum dicendum quod in hoc est immobilis et certus divinae providentiae ordo, quod ea quae ab ipso providentur, cuncta eveniunt eo modo quo ipse providet, sive necessario sive contingenter.
ra3 ‘ Ad tertium dicendum quod indissolubilitas illa et immutabilitas * quam boetius tangit, ‘ pertinet ad certitudinem providentiae, quae non deficit a suo effectu, neque a modo eveniendi quem providit, non autem pertinet ad necessitatem effectuum. et considerandum est quod necessarium et contingens proprie consequuntur ens, inquantum huiusmodi. unde modus contingentiae et necessitatis cadit sub provisione dei, qui est universalis provisor totius entis, non autem sub provisione aliquorum particularium provisorum.

007 ST1 qu23 ar

pr ‘ Post considerationem divinae providentiae, agendum est de praedestinatione, et de libro vitae. et circa praedestinationem quaeruntur octo. primo, utrum deo conveniat praedestinatio. secundo, quid sit praedestinatio; et utrum ponat aliquid in praedestinato. tertio, utrum deo competat reprobatio aliquorum hominum. quarto, de comparatione praedestinationis ad electionem; utrum scilicet praedestinati eligantur. quinto, utrum merita sint causa vel ratio praedestinationis, vel reprobationis, aut electionis. sexto, de certitudine praedestinationis; utrum scilicet praedestinati infallibiliter salventur. septimo, utrum numerus praedestinatorum sit certus. octavo, utrum praedestinatio possit iuvari precibus sanctorum.

007 ST1 qu23 ar1

ag1 ‘ Ad primum sic proceditur. videtur quod homines non praedestinentur a deo. * dicit enim damascenus, in ii libro, ° oportet cognoscere quod omnia quidem praecognoscit deus, non autem omnia praedeterminat. praecognoscit enim ea quae in nobis sunt; non autem praedeterminat ea. ‘ sed merita et demerita humana sunt in nobis, inquantum sumus nostrorum actuum domini per liberum arbitrium. ea ergo quae pertinent ad meritum vel demeritum, non praedestinantur a deo. et sic hominum praedestinatio tollitur.
ag2 ‘ Praeterea, omnes creaturae ordinantur ad suos fines per divinam providentiam, * ut supra dictum est. ‘ sed aliae creaturae non dicuntur praedestinari a deo. ergo nec homines.
ag3 ‘ Praeterea, angeli sunt capaces beatitudinis, sicut et homines. sed angelis non competit praedestinari, ut videtur, cum in eis nunquam fuerit miseria; “ praedestinatio autem est propositum miserendi, * ut dicit augustinus. ‘ ergo homines non praedestinantur.
ag4 ‘ Praeterea, beneficia hominibus a deo collata, per spiritum sanctum viris sanctis revelantur, * secundum illud apostoli, i cor. ii, ° nos autem non spiritum huius mundi accepimus, sed spiritum qui ex deo est, ut sciamus quae a deo donata sunt nobis. ‘ si ergo homines praedestinarentur a deo, cum praedestinatio sit dei beneficium, esset praedestinatis nota sua praedestinatio. quod patet esse falsum.
sc * Sed contra est quod dicitur rom. viii, ° quos praedestinavit, hos et vocavit.
co ‘ Respondeo dicendum quod deo conveniens est homines praedestinare. omnia enim divinae providentiae subiacent, * ut supra ostensum est. ‘ ad providentiam autem pertinet res in finem ordinare, * ut dictum est. ‘ finis autem ad quem res creatae ordinantur a deo, est duplex. unus, qui excedit proportionem naturae creatae et facultatem, et hic finis est vita aeterna, quae in divina visione consistit, quae est supra naturam cuiuslibet creaturae, * ut supra habitum est. ‘ alius autem finis est naturae creatae proportionatus, quem scilicet res creata potest attingere secundum virtutem suae naturae. ad illud autem ad quod non potest aliquid virtute suae naturae pervenire, oportet quod ab alio transmittatur; sicut sagitta a sagittante mittitur ad signum. unde, proprie loquendo, rationalis creatura, quae est capax vitae aeternae, perducitur in ipsam quasi a deo transmissa. cuius quidem transmissionis ratio in deo praeexistit; sicut et in eo est ratio ordinis omnium in finem, * quam diximus esse providentiam. ‘ ratio autem alicuius fiendi in mente actoris existens, est quaedam praeexistentia rei fiendae in |25| eo. unde ratio praedictae transmissionis creaturae rationalis in finem vitae aeternae, praedestinatio nominatur, nam destinare est mittere. et sic patet quod praedestinatio, quantum ad obiecta, est quaedam pars providentiae.
ra1 * Ad primum ergo dicendum quod damascenus nominat ‘ praedeterminationem impositionem necessitatis; sicut est in rebus naturalibus, quae sunt praedeterminatae ad unum. * quod patet ex eo quod subdit, ° non enim vult malitiam, neque compellit virtutem. ‘ unde praedestinatio non excluditur.
ra2 ‘ Ad secundum dicendum quod creaturae irrationales non sunt capaces illius finis qui facultatem humanae naturae excedit. unde non proprie dicuntur praedestinari, etsi aliquando abusive praedestinatio nominetur respectu cuiuscumque alterius finis.
ra3 ‘ Ad tertium dicendum quod praedestinari convenit angelis, sicut et hominibus, licet nunquam fuerint miseri. nam motus non accipit speciem a termino a quo, sed a termino ad quem, nihil enim refert, quantum ad rationem dealbationis, utrum ille qui dealbatur, fuerit niger aut pallidus vel rubeus. et similiter nihil refert ad rationem praedestinationis, utrum aliquis praedestinetur in vitam aeternam a statu miseriae, vel non. quamvis dici possit quod omnis collatio boni supra debitum eius cui confertur, ad misericordiam pertineat, * ut supra dictum est.
ra4 ‘ Ad quartum dicendum quod, etiam si aliquibus ex speciali privilegio sua praedestinatio reveletur, non tamen convenit ut reveletur omnibus, quia sic illi qui non sunt praedestinati, desperarent; et securitas in praedestinatis negligentiam pareret.

007 ST1 qu23 ar2

ag1 ‘ Ad secundum sic proceditur. videtur quod praedestinatio ponat aliquid in praedestinato. omnis enim actio ex se passionem infert. si ergo praedestinatio actio est in deo, oportet quod praedestinatio passio sit in praedestinatis.
ag2 * Praeterea, origenes dicit, super illud rom. i, ° qui praedestinatus est etc., praedestinatio est eius qui non est, sed destinatio eius est qui est. * sed augustinus dicit, in libro de praedestinatione sanctorum, ° quid est praedestinatio, nisi destinatio alicuius? ‘ ergo praedestinatio non est nisi alicuius existentis. et ita ponit aliquid in praedestinato.
ag3 ‘ Praeterea, praeparatio est aliquid in praeparato. “ sed praedestinatio est praeparatio beneficiorum dei, * ut dicit augustinus, in libro de praedest. sanct.. ‘ ergo praedestinatio est aliquid in praedestinatis.
ag4 ‘ Praeterea, temporale non ponitur in definitione aeterni. sed gratia, quae est aliquid temporale, ponitur in definitione praedestinationis, * nam praedestinatio dicitur esse ° praeparatio gratiae in praesenti, et gloriae in futuro. ‘ ergo praedestinatio non est aliquid aeternum. et ita oportet quod non sit in deo, sed in praedestinatis, nam quidquid est in deo, est aeternum.
sc * Sed contra est quod augustinus dicit, quod “ praedestinatio est praescientia beneficiorum dei. ‘ sed praescientia non est in praescitis, sed in praesciente. ergo nec praedestinatio est in praedestinatis, sed in praedestinante.
co ‘ Respondeo dicendum quod praedestinatio non est aliquid in praedestinatis, sed in praedestinante tantum. * dictum est enim quod ‘ praedestinatio est quaedam pars providentiae providentia autem non est in rebus provisis; sed est quaedam ratio in intellectu provisoris, * ut supra dictum est. ‘ sed executio providentiae, quae gubernatio dicitur, passive quidem est in gubernatis; active autem est in gubernante. unde manifestum est quod praedestinatio est quaedam ratio ordinis aliquorum in salutem aeternam, in mente divina existens. executio autem huius ordinis est passive quidem in praedestinatis; active autem est in deo. est autem executio praedestinationis vocatio et magnificatio, * secundum illud apostoli, ad rom. viii, ° quos praedestinavit, hos et vocavit; et quos vocavit, hos et magnificavit.
ra1 ‘ Ad primum ergo dicendum quod actiones in exteriorem materiam transeuntes, inferunt ex se passionem, ut calefactio et secatio, non autem actiones in agente manentes, ut sunt intelligere et velle, * ut supra dictum est. ‘ et talis actio est praedestinatio. unde praedestinatio non ponit aliquid in praedestinato. sed executio eius, quae transit in exteriores res, ponit in eis aliquem effectum.
ra2 ‘ Ad secundum dicendum quod destinatio aliquando sumitur pro reali missione alicuius ad aliquem terminum, et sic destinatio non est nisi eius quod est. alio modo sumitur destinatio pro missione quam aliquis mente concipit, secundum quod dicimur destinare, quod mente firmiter proponimus, * et hoc secundo modo dicitur ii machab. cap. vi, ° eleazarus destinavit non admittere illicita propter vitae amorem. ‘ et sic destinatio potest esse eius quod non est. tamen praedestinatio, ratione antecessionis quam importat, potest esse eius quod non est, qualitercumque destinatio sumatur.
ra3 ‘ Ad tertium dicendum quod duplex est praeparatio. quaedam patientis, ut patiatur, et haec praeparatio est in praeparato. quaedam alia est agentis, ut agat, et haec est in agente. et talis praeparatio est praedestinatio; prout aliquod agens per intellectum dicitur se praeparare ad agendum, inquantum praeconcipit rationem operis fiendi. et sic deus ab aeterno praeparavit praedestinando, concipiens rationem ordinis aliquorum in salutem.
ra4 ‘ Ad quartum dicendum quod gratia non ponitur in definitione praedestinationis, quasi aliquid existens de essentia eius, sed inquantum praedestinatio importat respectum ad gratiam, ut causae ad effectum, et actus ad obiectum. unde non sequitur quod praedestinatio sit aliquid temporale.

007 ST1 qu23 ar3

ag1 ‘ Ad tertium sic proceditur. videtur quod deus nullum hominem reprobet. nullus enim reprobat quem diligit. sed deus omnem hominem diligit, * secundum illud sap. xi, ° diligis omnia quae sunt, et nihil odisti eorum quae fecisti. ‘ ergo deus nullum hominem reprobat.
ag2 ‘ Praeterea, si deus aliquem hominem reprobat, oportet quod sic se habeat reprobatio ad reprobatos, sicut praedestinatio ad praedestinatos. sed praedestinatio est causa salutis praedestinatorum. ergo reprobatio erit causa perditionis reproborum. hoc autem est falsum, * dicitur enim osee xiii, ° perditio tua, israel, ex te est; tantummodo ex me auxilium tuum. ‘ non ergo deus aliquem reprobat.
ag3 ‘ Praeterea, nulli debet imputari quod vitare non potest. sed si deus aliquem reprobat, non potest vitare quin ipse pereat, * dicitur enim eccle. vii, ° considera opera dei, quod nemo possit corrigere quem ipse despexerit. ‘ ergo non esset hominibus imputandum quod pereunt. hoc autem est falsum. non ergo deus aliquem reprobat.
sc * Sed contra est quod dicitur malach. i, ° iacob dilexi, esau autem odio habui.
co ‘ Respondeo dicendum quod deus aliquos reprobat. * dictum enim est supra quod ‘ praedestinatio est pars providentiae. ad providentiam autem pertinet permittere aliquem defectum in rebus quae providentiae subduntur, * ut supra dictum est. ‘ unde, cum per divinam providentiam homines in vitam aeternam ordinentur, pertinet etiam ad divinam providentiam, ut permittat aliquos ab isto fine deficere. et hoc dicitur reprobare. sic igitur, sicut praedestinatio est pars providentiae respectu eorum qui divinitus ordinantur in aeternam salutem; ita reprobatio est pars providentiae respectu illorum qui ab hoc fine decidunt. unde reprobatio non nominat praescientiam tantum, sed aliquid addit secundum rationem, sicut et providentia, * ut supra dictum est. ‘ sicut enim praedestinatio includit voluntatem conferendi gratiam et gloriam, ita reprobatio includit voluntatem permittendi aliquem cadere in culpam, et inferendi damnationis poenam pro culpa.
ra1 ‘ Ad primum ergo dicendum quod deus omnes homines diligit, et etiam omnes creaturas, inquantum omnibus vult aliquod bonum, non tamen quodcumque bonum vult omnibus. inquantum igitur quibusdam non vult hoc bonum quod est vita aeterna, dicitur eos habere odio, vel reprobare.
ra2 ‘ Ad secundum dicendum quod aliter se habet reprobatio in causando, quam praedestinatio. nam praedestinatio est causa et eius quod expectatur in futura vita a praedestinatis, scilicet gloriae; et eius quod percipitur in praesenti, scilicet gratiae. reprobatio vero non est causa eius quod est in praesenti, scilicet culpae; sed est causa derelictionis a deo. est tamen causa eius quod redditur in futuro, scilicet poenae aeternae. sed culpa provenit ex libero arbitrio eius qui reprobatur et a gratia deseritur. * et secundum hoc verificatur dictum prophetae, scilicet, ° perditio tua, israel, ex te.
ra3 ‘ Ad tertium dicendum quod reprobatio dei non subtrahit aliquid de potentia reprobati. unde, cum dicitur quod reprobatus non potest gratiam adipisci, non est hoc intelligendum secundum impossibilitatem absolutam, sed secundum impossibilitatem conditionatam, * sicut supra dictum est quod ‘ praedestinatum necesse est salvari, necessitate conditionata, quae non tollit libertatem arbitrii. unde, licet aliquis non possit gratiam adipisci qui reprobatur a deo, tamen quod in hoc peccatum vel illud labatur, ex eius libero arbitrio contingit. unde et merito sibi imputatur in culpam.

007 ST1 qu23 ar4

ag1 ‘ Ad quartum sic proceditur. videtur quod prae-

destinati non eligantur a deo. * dicit enim dionysius, iv cap. de div. nom., " quod, sicut sol corporeus non eligendo omnibus corporibus lumen immittit, ita et deus suam bonitatem. ' sed bonitas divina communicatur praecipue aliquibus secundum participationem gratiae et gloriae. ergo deus absque electione gratiam et gloriam communicat. quod ad praedestinationem pertinet.
ag2 ' Praeterea, electio est eorum quae sunt. sed praedestinatio ab aeterno est etiam eorum quae non sunt. ergo praedestinantur aliqui absque electione.
ag3 ' Praeterea, electio quandam discretionem importat. ° sed deus vult omnes homines salvos fieri, * ut dicitur i tim. ii. ' ergo praedestinatio, quae praeordinat homines in salutem, est absque electione.
sc * Sed contra est quod dicitur ephes. i, ° elegit nos in ipso ante mundi constitutionem.
co ' Respondeo dicendum quod praedestinatio, secundum rationem, praesupponit electionem; et electio dilectionem. cuius ratio est, quia praedestinatio, * ut dictum est, ' est pars providentiae. providentia autem, sicut et prudentia, est ratio in intellectu existens, praeceptiva ordinationis aliquorum in finem, * ut supra dictum est. ' non autem praecipitur aliquid ordinandum in finem, nisi praeexistente voluntate finis. unde praedestinatio aliquorum in salutem aeternam, praesupponit, secundum rationem, quod deus illorum velit salutem. ad quod pertinet electio et dilectio. dilectio quidem, inquantum vult eis hoc bonum salutis aeternae, nam diligere est velle alicui bonum, * ut supra dictum est. ' electio autem, inquantum hoc bonum aliquibus prae aliis vult, cum quosdam reprobet, * ut supra dictum est. ' electio tamen et dilectio aliter ordinantur in nobis et in deo, eo quod in nobis voluntas diligendo non causat bonum; sed ex bono praeexistente incitamur ad diligendum. et ideo eligimus aliquem, quem diligamus, et sic electio dilectionem praecedit in nobis. in deo autem est e converso. nam voluntas eius, qua vult bonum alicui diligendo, |25| est causa quod illud bonum ab eo prae aliis habeatur. et sic patet quod dilectio praesupponitur electioni, secundum rationem; et electio praedestinationi. unde omnes praedestinati sunt electi et dilecti.
ra1 ' Ad primum ergo dicendum quod, si consideretur communicatio bonitatis divinae in communi, absque electione bonitatem suam communicat; inquantum scilicet nihil est, quod non participet aliquid de bonitate eius, * ut supra dictum est. ' sed si consideretur communicatio istius vel illius boni, non absque electione tribuit, quia quaedam bona dat aliquibus, quae non dat aliis. et sic in collatione gratiae et gloriae attenditur electio.
ra2 ' Ad secundum dicendum quod, quando voluntas eligentis provocatur ad eligendum a bono in re praeexistente, tunc oportet quod electio sit eorum quae sunt; sicut accidit in electione nostra. sed in deo est aliter, * ut dictum est. * et ideo, sicut dicit augustinus, ° eliguntur a deo qui non sunt, neque tamen errat qui eligit.
ra3 * Ad tertium dicendum quod, sicut supra dictum est, ' deus vult omnes homines salvos fieri antecedenter, quod non est simpliciter velle, sed secundum quid, non autem consequenter, quod est simpliciter velle.

007 ST1 qu23 ar5

ag1 ' Ad quintum sic proceditur. videtur quod praescientia meritorum sit causa praedestinationis. * dicit enim apostolus, rom. viii, ° quos praescivit, hos et praedestinavit. * et glossa ambrosii, super illud rom. ix, ° miserebor cui miserebor etc., * dicit, ° misericordiam illi dabo, quem praescio toto corde reversurum ad me. ' ergo videtur quod praescientia meritorum sit causa praedestinationis.
ag2 ' Praeterea, praedestinatio divina includit divinam voluntatem, quae irrationabilis esse non potest, " cum praedestinatio sit propositum miserendi, * ut augustinus dicit. ' sed nulla alia ratio potest esse praedestinationis nisi praescientia meritorum. ergo praescientia meritorum est causa vel ratio praedestinationis.
ag3 * Praeterea, ° non est iniquitas apud deum, * ut dicitur rom. ix. ' iniquum autem esse videtur, ut aequalibus inaequalia dentur. omnes autem homines sunt aequales et secundum naturam, et secundum peccatum originale, attenditur autem in eis inaequalitas secundum merita vel demerita propriorum actuum. non igitur inaequalia praeparat deus hominibus, praedestinando et reprobando, nisi propter differentium meritorum praescientiam.
sc * Sed contra est quod dicit apostolus, ad tit. iii, ° non ex operibus iustitiae, quae fecimus nos, sed secundum suam misericordiam salvos nos fecit. ' sicut autem salvos nos fecit, ita et praedestinavit nos salvos fieri. non ergo praescientia meritorum est causa vel ratio praedestinationis.
co ' Respondeo dicendum quod, cum praedestinatio includat voluntatem, * ut supra dictum est, ' sic inquirenda est ratio praedestinationis, sicut inquiritur ratio divinae voluntatis. * dictum est autem supra quod ' non est assignare causam divinae voluntatis ex parte actus volendi; sed potest assignari ratio ex parte volitorum, inquantum scilicet deus vult esse aliquid propter aliud. nullus ergo fuit ita insanae mentis, qui diceret merita esse causam divinae praedestinationis, ex parte actus praedestinantis. sed hoc sub quaestione vertitur, utrum ex parte effectus, praedestinatio habeat aliquam causam. et hoc est quaerere, utrum deus praeordinaverit se daturum effectum praedestinationis alicui, propter merita aliqua. * fuerunt igitur quidam, qui dixerunt quod " effectus praedestinationis praeordinatur alicui propter merita praeexistentia in alia vita. * et haec fuit positio origenis, " qui posuit animas humanas ab initio creatas, et secundum diversitatem suorum operum, diversos status eas sortiri in hoc mundo corporibus unitas. * sed hanc opinionem excludit apostolus, rom. ix, dicens, |25| ° cum nondum nati fuissent, aut aliquid egissent boni vel mali, non ex operibus, sed ex vocante dictum est, quia maior serviet minori. * fuerunt ergo alii, qui dixerunt quod " merita praeexistentia in hac vita sunt ratio et causa effectus praedestinationis. * posuerunt enim pelagiani quod " initium benefaciendi sit ex nobis, consummatio autem a deo. et sic, ex hoc contingit quod alicui datur praedestinationis effectus, et non alteri, quia unus initium dedit se praeparando, et non alius. * sed contra hoc est quod dicit apostolus, ii cor. iii, quod ° non sumus sufficientes cogitare aliquid a nobis, quasi ex nobis. ' nullum autem anterius principium inveniri potest quam cogitatio. unde non potest dici quod aliquod in nobis initium existat, quod sit ratio effectus praedestinationis. * unde fuerunt alii, qui dixerunt quod " merita sequentia praedestinationis effectum, sunt ratio praedestinationis, ut intelligatur quod ideo deus dat gratiam alicui, et praeordinavit se ei daturum, quia praescivit eum bene usurum gratia; sicut si rex det alicui militi equum, quem scit eo bene usurum. sed isti videntur distinxisse inter id quod est ex gratia, et id quod est ex libero arbitrio, quasi non possit esse idem ex utroque. |50| ' manifestum est autem quod id quod est gratiae, est praedestinationis effectus, et hoc non potest poni ut ratio praedestinationis, cum hoc sub praedestinatione concludatur. si igitur aliquid aliud ex parte nostra sit ratio praedestinationis, hoc erit praeter effectum praedestinationis. non est autem distinctum quod est ex libero arbitrio, et ex praedestinatione; sicut nec est distinctum quod est ex causa secunda, et causa prima, divina enim providentia producit effectus per operationes causarum secundarum, * ut supra dictum est. ' unde et id quod est per liberum arbitrium, est ex praedestinatione. dicendum est ergo quod effectum praedestinationis considerare possumus dupliciter. uno modo, in particulari. et sic nihil prohibet aliquem effectum praedestinationis esse causam et rationem alterius, posteriorem quidem prioris, secundum rationem causae finalis; priorem vero posterioris, secundum rationem causae meritoriae, quae reducitur ad dispositionem materiae. sicut si dicamus quod deus praeordinavit se daturum alicui gloriam ex meritis; et quod praeordinavit se daturum alicui gratiam, ut mereretur gloriam. alio modo potest considerari praedestinationis effectus in communi. et sic impossibile est quod totus praedestinationis effectus in communi habeat aliquam causam ex parte nostra. quia quidquid est in homine ordinans ipsum in salutem, comprehenditur totum sub |75| effectu praedestinationis, etiam ipsa praeparatio ad gratiam, neque enim hoc fit nisi per auxilium divinum, * secundum illud thren. ultimi, ° converte nos, domine, ad te, et convertemur. ' habet tamen hoc modo praedestinatio, ex parte effectus, pro ratione divinam bonitatem; ad quam totus effectus praedestinationis ordinatur ut in finem, et ex qua procedit sicut ex principio primo movente.
ra1 ' Ad primum ergo dicendum quod usus gratiae praescitus, non est ratio collationis gratiae, nisi secundum rationem causae finalis, * ut dictum est.
ra2 ' Ad secundum dicendum quod praedestinatio habet rationem ex parte effectus, in communi, ipsam divinam bonitatem. in particulari autem, unus effectus est ratio alterius, * ut dictum est.
ra3 ' Ad tertium dicendum quod ex ipsa bonitate divina ratio sumi potest praedestinationis aliquorum, et reprobationis aliorum. sic enim deus dicitur omnia propter suam bonitatem fecisse, ut in rebus divina bonitas repraesentetur. necesse est autem quod divina bonitas, quae in se est una et simplex, multiformiter repraesentetur in rebus; propter hoc quod res creatae ad simplicitatem divinam attingere non possunt. et inde est quod ad completionem universi requiruntur diversi gradus rerum, quarum quaedam altum, et quaedam infimum locum teneant in universo. et ut multiformitas graduum conservetur in rebus, deus permittit aliqua mala fieri, ne multa bona impediantur, * ut supra dictum est. ' sic igitur consideremus totum genus humanum, sicut totam rerum universitatem. voluit igitur deus in hominibus, quantum ad aliquos, quos praedestinat, suam repraesentare bonitatem per modum misericordiae, parcendo; et quantum ad aliquos, quos reprobat, per modum iustitiae, puniendo. et haec est ratio quare deus quosdam eligit, et quosdam reprobat. * et hanc causam assignat apostolus, ad rom. ix, dicens, " volens deus ostendere iram (idest vindictam iustitiae), et notam facere potentiam suam, sustinuit (idest permisit) ° in multa patientia, vasa irae apta in interitum, ut ostenderet divitias gloriae suae in vasa misericordiae, |25| quae praeparavit in gloriam. * et ii tim. ii dicit, ° in magna autem domo non solum sunt vasa aurea et argentea, sed etiam lignea et fictilia; et quaedam quidem in honorem, quaedam in contumeliam. ' sed quare hos elegit in gloriam, et illos reprobavit, non habet rationem nisi divinam voluntatem. * unde augustinus dicit, super ioannem, ° quare hunc trahat, et illum non trahat, noli velle diiudicare, si non vis errare. ' sicut etiam in rebus naturalibus potest assignari ratio, cum prima materia tota sit in se uniformis, quare una pars eius est sub forma ignis, et alia sub forma terrae, a deo in principio condita, ut scilicet sit diversitas specierum in rebus naturalibus. sed quare haec pars materiae est sub ista forma, et illa sub alia, dependet ex simplici divina voluntate. sicut ex simplici voluntate artificis dependet, quod ille lapis est in ista parte parietis, et ille in alia, quamvis ratio artis habeat quod aliqui sint in hac, et aliqui sint in illa. neque tamen propter hoc est iniquitas apud deum, si inaequalia non inaequalibus praeparat. hoc enim esset contra iustitiae rationem, si praedestinationis effectus ex debito redderetur, et non daretur ex gratia. in his enim quae ex gratia dantur, potest aliquis pro libito suo dare cui vult, plus vel minus, dummodo nulli subtrahat debitum, absque praeiudicio |50| iustitiae. * et hoc est quod dicit paterfamilias, matt. xx, ° tolle quod tuum est, et vade. an non licet mihi quod volo, facere?

007 ST1 qu23 ar6

ag1 ' Ad sextum sic proceditur. videtur quod praedestinatio non sit certa. * quia super illud apoc. iii, ° tene quod habes, ne alius accipiat coronam tuam, * dicit augustinus, quod ° alius non est accepturus, nisi iste perdiderit. ' potest ergo et acquiri et perdi corona, quae est praedestinationis effectus. non est igitur praedestinatio certa.
ag2 ' Praeterea, posito possibili, nullum sequitur impossibile. possibile est autem aliquem praedestinatum, ut petrum, peccare, et tunc occidi. hoc autem posito, sequitur praedestinationis effectum frustrari. hoc igitur non est impossibile. non ergo est praedestinatio certa.
ag3 ' Praeterea, quicquid deus potuit, potest. sed potuit non praedestinare quem praedestinavit. ergo nunc potest non praedestinare. ergo praedestinatio non est certa.
sc ' Sed contra est quod super illud * rom. viii, ° quos praescivit, et praedestinavit etc., * dicit glossa, ° praedestinatio est praescientia et praeparatio beneficiorum dei, qua certissime liberantur quicumque liberantur.
co ' Respondeo dicendum quod praedestinatio certissime et infallibiliter consequitur suum effectum, nec tamen imponit necessitatem, ut scilicet effectus eius ex necessitate proveniat. * dictum est enim supra quod ' praedestinatio est pars providentiae. sed non omnia quae providentiae subduntur, necessaria sunt, sed quaedam contingenter eveniunt, secundum conditionem causarum proximarum, quas ad tales effectus divina providentia ordinavit. et tamen providentiae ordo est infallibilis, * ut supra ostensum est. ' sic igitur et ordo praedestinationis est certus; et tamen libertas arbitrii non tollitur, ex qua contingenter provenit praedestinationis effectus. * ad hoc etiam consideranda sunt quae supra dicta sunt ' de divina scientia et de divina voluntate, quae contingentia a rebus non tollunt, licet certissima et infallibilia sint.
ra1 ' Ad primum ergo dicendum quod corona dicitur esse alicuius, dupliciter. uno modo, ex praedestinatione divina, et sic nullus coronam suam amittit. alio modo, ex merito gratiae, quod enim meremur, quodammodo nostrum est. et sic suam coronam aliquis amittere potest per peccatum mortale sequens. alius autem illam coronam amissam accipit, inquantum loco eius subrogatur. non enim permittit deus aliquos cadere, quin alios erigat, * secundum illud iob xxxiv, ° conteret multos et innumerabiles, et stare faciet alios pro eis. sic enim in locum angelorum cadentium substituti sunt homines; et in locum iudaeorum, gentiles. substitutus autem in statum gratiae, etiam quantum ad hoc coronam cadentis accipit, quod de bonis quae alius fecit, in aeterna vita gaudebit, in qua unusquisque gaudebit de bonis tam a se quam ab aliis factis.
ra2 ' Ad secundum dicendum quod, licet sit possibile eum qui est praedestinatus, mori in peccato mortali, secundum se consideratum; tamen hoc est impossibile, posito (prout scilicet ponitur) eum esse praedestinatum. unde non sequitur quod praedestinatio falli possit.
ra3 ' Ad tertium dicendum quod, cum praedestinatio includat divinam voluntatem, * sicut supra dictum est quod ' deum velle aliquid creatum est necessarium ex suppositione, propter immutabilitatem divinae voluntatis, non tamen absolute; ita dicendum est hic de praedestinatione. unde non oportet dicere quod deus possit non praedestinare quem praedestinavit, in sensu composito accipiendo; licet, absolute considerando, deus possit praedestinare vel non praedestinare. sed ex hoc non tollitur praedestinationis certitudo.

007 ST1 qu23 ar7

ag1 ' Ad septimum sic proceditur. videtur quod nu-

merus praedestinatorum non sit certus. numerus enim cui potest fieri additio, non est certus. sed numero praedestinatorum potest fieri additio, ut videtur, * dicitur enim deut. i, ° dominus deus noster addat ad hunc numerum multa millia; * glossa, ° idest definitum apud deum, qui novit qui sunt eius. ‘ ergo numerus praedestinatorum non est certus.
ag2 ‘ Praeterea, non potest assignari ratio quare magis in hoc numero quam in alio, deus homines praeordinet ad salutem. sed nihil a deo sine ratione disponitur. ergo non est certus numerus salvandorum praeordinatus a deo.
ag3 ‘ Praeterea, operatio dei est perfectior quam operatio naturae. sed in operibus naturae bonum invenitur ut in pluribus, defectus autem et malum ut in paucioribus. si igitur a deo institueretur numerus salvandorum, plures essent salvandi quam damnandi. * cuius contrarium ostenditur matt. vii, ubi dicitur, ° lata et spatiosa est via quae ducit ad perditionem, et multi sunt qui intrant per eam, angusta est porta, et arcta via, quae ducit ad vitam, et pauci sunt qui inveniunt eam. ‘ non ergo est praeordinatus a deo numerus salvandorum.
sc ‘ Sed contra est quod * augustinus dicit, in libro de correptione et gratia, ° certus est praedestinatorum numerus, qui neque augeri potest, neque minui.
co ‘ Respondeo dicendum quod numerus praedestinatorum est certus. sed quidam dixerunt eum esse certum formaliter, sed non materialiter, ut puta si diceremus certum esse quod centum vel mille salventur, non autem quod hi vel illi. sed hoc tollit certitudinem praedestinationis, * de qua iam diximus. ‘ et ideo oportet dicere quod numerus praedestinatorum sit certus deo non solum formaliter, sed etiam materialiter. sed advertendum est quod numerus praedestinatorum certus deo dicitur, non solum ratione cognitionis, quia scilicet scit quot sunt salvandi (sic enim deo certus est etiam numerus guttarum pluviae, et arenae maris); sed ratione electionis et definitionis cuiusdam. ad cuius evidentiam, est sciendum quod omne agens intendit facere aliquid finitum, * ut ex supradictis de infinito apparet. ‘ quicumque autem intendit aliquam determinatam mensuram in suo effectu, excogitat aliquem numerum in partibus essentialibus eius, quae per se requiruntur ad perfectionem totius. non enim per se eligit aliquem numerum in his quae non principaliter requiruntur, sed solum propter aliud, sed in tanto numero accipit huiusmodi, inquantum sunt necessaria propter aliud. sicut aedificator excogitat determinatam mensuram domus, et etiam determinatum |25| numerum mansionum quas vult facere in domo, et determinatum numerum mensurarum parietis vel tecti, non autem eligit determinatum numerum lapidum, sed accipit tot, quot sufficiunt ad explendam tantam mensuram parietis. sic igitur considerandum est in deo, respectu totius universitatis quae est eius effectus. praeordinavit enim in qua mensura deberet esse totum universum, et quis numerus esset conveniens essentialibus partibus universi, quae scilicet habent aliquo modo ordinem ad perpetuitatem; quot scilicet sphaerae, quot stellae, quot elementa, quot species rerum. individua vero corruptibilia non ordinantur ad bonum universi quasi principaliter, sed quasi secundario, inquantum in eis salvatur bonum speciei. unde, licet deus sciat numerum omnium individuorum, non tamen numerus vel boum vel culicum, vel aliorum huiusmodi, est per se praeordinatus a deo, sed tot ex huiusmodi divina providentia produxit, quot sufficiunt ad specierum conservationem. inter omnes autem creaturas, principalius ordinantur ad bonum universi creaturae rationales, quae, inquantum huiusmodi, incorruptibiles sunt; et potissime illae quae beatitudinem consequuntur, quae immediatius attingunt ultimum finem. unde certus est deo numerus praedestinatorum, non solum per modum cognitionis, sed etiam per modum cuiusdam principalis praefinitionis. non sic autem omnino est de numero reproborum; qui videntur esse praeordinati a deo in bonum electorum, quibus omnia cooperantur in bonum. * de numero autem omnium |50| praedestinatorum hominum, quis sit, dicunt quidam quod “ tot ex hominibus salvabuntur, quot angeli ceciderunt. * quidam vero, quod “ tot salvabuntur, quot angeli remanserunt. * quidam vero, quod “ tot ex hominibus salvabuntur, quot angeli ceciderunt, et insuper tot, quot fuerunt angeli creati. * sed melius dicitur quod ° soli deo est cognitus numerus electorum in superna felicitate locandus.
ra1 * Ad primum ergo dicendum quod verbum illud deuteronomii ‘ est intelligendum de illis qui sunt praenotati a deo respectu praesentis iustitiae. horum enim numerus et augetur et minuitur, et non numerus praedestinatorum.
ra2 ‘ Ad secundum dicendum quod ratio quantitatis alicuius partis, accipienda est ex proportione illius partis ad totum. sic enim est apud deum ratio quare tot stellas fecerit, vel tot rerum species, et quare tot praedestinavit, ex proportione partium principalium ad bonum universi.
ra3 ‘ Ad tertium dicendum quod bonum proportionatum communi statui naturae, accidit ut in pluribus; et defectus ab hoc bono, ut in paucioribus. sed bonum quod excedit communem statum naturae, invenitur ut in paucioribus; et defectus ab hoc bono, ut in pluribus. sicut patet quod plures homines sunt qui habent sufficientem scientiam ad regimen vitae suae, pauciores autem qui hac scientia carent, qui moriones vel stulti dicuntur, sed paucissimi sunt, respectu aliorum, qui attingunt ad habendam profundam scientiam intelligibilium rerum. cum igitur beatitudo aeterna, in visione dei consistens, excedat communem statum naturae, et praecipue secundum quod est gratia destituta per corruptionem originalis peccati, pauciores sunt qui salvantur. et in hoc etiam maxime misericordia dei apparet, quod aliquos in illam salutem erigit, a qua plurimi deficiunt secundum communem cursum et inclinationem naturae.

007 ST1 qu23 ar8

ag1 ‘ Ad octavum sic proceditur. videtur quod praedestinatio non possit iuvari precibus sanctorum. nullum enim aeternum praeceditur ab aliquo temporali, et per consequens non potest temporale iuvare ad hoc quod aliquod aeternum sit. sed praedestinatio est aeterna. cum igitur preces sanctorum sint temporales, non possunt iuvare ad hoc quod aliquis praedestinetur. non ergo praedestinatio iuvatur precibus sanctorum.
ag2 ‘ Praeterea, sicut nihil indiget consilio nisi propter defectum cognitionis, ita nihil indiget auxilio nisi propter defectum virtutis. sed neutrum horum competit deo praedestinanti, * unde dicitur rom. xi, ° quis adiuvit spiritum domini? aut quis consiliarius eius fuit? ‘ ergo praedestinatio non iuvatur precibus sanctorum.
ag3 ‘ Praeterea, eiusdem est adiuvari et impediri. sed praedestinatio non potest aliquo impediri. ergo non potest aliquo iuvari.
sc * Sed contra est quod dicitur genes. xxv, quod ° isaac rogavit deum pro rebecca uxore sua, et dedit conceptum rebeccae. ‘ ex illo autem conceptu natus est iacob, qui praedestinatus fuit. non autem fuisset impleta praedestinatio, si natus non fuisset. ergo praedestinatio iuvatur precibus sanctorum.
co ‘ Respondeo dicendum quod * circa hanc quaestionem diversi errores fuerunt. quidam enim, “ attendentes certitudinem divinae praedestinationis, dixerunt superfluas esse orationes, vel quidquid aliud fiat ad salutem aeternam consequendam, quia his factis vel non factis, praedestinati consequuntur, reprobati non consequuntur. ‘ sed contra hoc sunt omnes admonitiones sacrae scripturae, exhortantes ad orationem, et ad alia bona opera. * alii vero dixerunt quod “ per orationes mutatur divina praedestinatio. et haec dicitur fuisse opinio aegyptiorum, qui ponebant ordinationem divinam, quam fatum appellabant, aliquibus sacrificiis et orationibus impediri posse. * sed contra hoc etiam est auctoritas sacrae scripturae. dicitur enim i reg. xv, porro ° triumphator in israel non parcet, neque poenitudine flectetur. * et rom. xi dicitur quod ° sine poenitentia sunt dona dei et vocatio. ‘ et ideo aliter dicendum, quod in praedestinatione duo sunt consideranda, scilicet ipsa praeordinatio divina, et effectus eius. quantum igitur ad primum, nullo modo praedestinatio iuvatur precibus sanctorum, non enim precibus sanctorum fit, quod aliquis praedestinetur a deo. quantum vero ad secundum, dicitur praedestinatio iuvari precibus sanctorum, et aliis bonis operibus, |25| quia providentia, cuius praedestinatio est pars, non subtrahit causas secundas, sed sic provide effectus, ut etiam ordo causarum secundarum subiaceat providentiae. sicut igitur sic providentur naturales effectus, ut etiam causae naturales ad illos naturales effectus ordinentur, sine quibus illi effectus non provenirent; ita praedestinatur a deo salus alicuius, ut etiam sub ordine praedestinationis cadat quidquid hominem promovet in salutem, vel orationes propriae, vel aliorum, vel alia bona, vel quidquid huiusmodi, sine quibus aliquis salutem non consequitur. unde praedestinatis conandum est ad bene operandum et orandum, quia per huiusmodi praedestinationis effectus certitudinaliter impletur. * propter quod dicitur ii petr. i, ° satagite, ut per bona opera certam vestram vocationem et electionem faciatis.
ra1 ‘ Ad primum ergo dicendum quod ratio illa ostendit quod praedestinatio non iuvatur precibus sanctorum, quantum ad ipsam praeordinationem.
ra2 ‘ Ad secundum dicendum quod aliquis dicitur adiuvari per alium, dupliciter. uno modo, inquantum ab eo accipit virtutem, et sic adiuvari infirmi est, unde deo non competit. * et sic intelligitur illud, ° quis adiuvit spiritum domini? ‘ alio modo dicitur quis adiuvari per aliquem, per quem exequitur suam operationem, sicut dominus per ministrum. et hoc modo deus adiuvatur per nos, inquantum exequimur suam ordinationem, * secundum illud i ad cor. iii, ° dei enim adiutores sumus. ‘ neque hoc est propter defectum divinae virtutis, sed quia utitur causis mediis, ut ordinis pulchritudo servetur in rebus, et ut etiam creaturis dignitatem causalitatis communicet.
ra3 ‘ Ad tertium dicendum quod secundae causae non possunt egredi ordinem causae primae universalis, * ut supra dictum est; ‘ sed ipsum exequuntur. et ideo praedestinatio per creaturas potest adiuvari, sed non impediri.

007 ST1 qu24 ar

pr ‘ Deinde considerandum est de libro vitae. et circa hoc quaeruntur tria. primo, quid sit liber vitae. secundo, cuius vitae sit liber. tertio, utrum aliquis possit deleri de libro vitae.

007 ST1 qu24 ar1

ag1 ‘ Ad primum sic proceditur. videtur quod liber vitae non sit idem quod praedestinatio. * dicitur enim eccli. xxiv, ° haec omnia liber vitae; * glossa, ° idest novum et vetus testamentum. ‘ hoc autem non est praedestinatio. ergo liber vitae non est idem quod praedestinatio.
ag2 * Praeterea, augustinus, in libro xx de civ. dei, ait quod “ liber vitae est quaedam vis divina, qua fiet ° ut cuique opera sua bona vel mala in memoriam reducantur. ‘ sed vis divina non videtur pertinere ad praedestinationem, sed magis ad attributum potentiae. ergo liber vitae non est idem quod praedestinatio.
ag3 ‘ Praeterea, praedestinationi opponitur reprobatio. si igitur liber vitae esset praedestinatio, inveniretur liber mortis, sicut liber vitae.
sc * Sed contra est quod dicitur in glossa, super illud psalmi lxviii, ° deleantur de libro viventium, liber iste est notitia dei, qua praedestinavit ad vitam, quos praescivit.
co ‘ Respondeo dicendum quod liber vitae in deo dicitur metaphorice, secundum similitudinem a rebus humanis acceptam. est enim consuetum apud homines, quod illi qui ad aliquid eliguntur, conscribuntur in libro; utpote milites vel consiliarii, qui olim dicebantur patres conscripti. * patet autem ex praemissis quod ‘ omnes praedestinati eliguntur a deo ad habendum vitam aeternam. ipsa ergo praedestinatorum conscriptio dicitur liber vitae. dicitur autem metaphorice aliquid conscriptum in intellectu alicuius, quod firmiter in memoria tenet, * secundum illud prov. iii, ° ne obliviscaris legis meae, et praecepta mea cor tuum custodiat; * et post pauca sequitur, ° describe illa in tabulis cordis tui. ‘ nam et in libris materialibus aliquid conscribitur ad succurrendum memoriae. unde ipsa dei notitia, qua firmiter retinet se aliquos praedestinasse ad vitam aeternam, dicitur liber vitae. nam sicut scriptura libri est signum eorum quae fienda sunt ita dei notitia est quoddam signum apud ipsum, eorum qui sunt perducendi ad vitam aeternam; * secundum illud ii tim. ii, ° firmum fundamentum dei stat, habens signaculum hoc, novit dominus qui sunt eius.
ra1 ‘ Ad primum ergo dicendum quod liber vitae potest dici dupliciter. uno modo, conscriptio eorum qui sunt electi ad vitam, et sic loquimur nunc de libro vitae. alio modo potest dici liber vitae, conscriptio eorum quae ducunt in vitam. et hoc dupliciter. vel sicut agendorum, et sic novum et vetus testamentum dicitur liber vitae. vel sicut iam factorum, et sic illa vis divina, qua fiet ut cuilibet in memoriam reducantur facta sua, dicitur liber vitae. sicut etiam liber militiae potest dici, vel in quo scribuntur electi ad militiam, vel in quo traditur ars militaris, vel in quo recitantur facta militum.
ra2 ‘ Unde patet solutio ad secundum.
ra3 ‘ Ad tertium dicendum quod non est consuetum conscribi eos qui repudiantur, sed eos qui eliguntur. unde reprobationi non respondet liber mortis, sicut praedestinationi liber vitae.
ra4 ‘ Ad quartum dicendum quod secundum rationem differt liber vitae a praedestinatione. importat enim notitiam praedestinationis, * sicut etiam ex glossa inducta apparet.

007 ST1 qu24 ar2

ag1 ‘ Ad secundum sic proceditur. videtur quod liber vitae non sit solum respectu vitae gloriae praedestinatorum. liber enim vitae est notitia vitae. sed deus per vitam suam cognoscit omnem aliam vitam. ergo liber vitae praecipue dicitur respectu vitae divinae; et non solum respectu praedestinatorum.
ag2 ‘ Praeterea, sicut vita gloriae est a deo, ita vita naturae. si igitur notitia vitae gloriae dicitur liber vitae, etiam notitia vitae naturae dicetur liber vitae.
ag3 ‘ Praeterea, aliqui eliguntur ad gratiam, qui non eliguntur ad vitam gloriae; * ut patet per id quod dicitur ioan. vi, ° nonne duodecim vos elegi, et unus ex vobis diabolus est? ‘ sed liber vitae est conscriptio electionis divinae, * ut dictum est. ‘ ergo etiam est respectu vitae gratiae.
sc ‘ Sed contra est quod liber vitae est notitia praedestinationis, * ut dictum est. ‘ sed praedestinatio non respicit vitam gratiae, nisi secundum quod ordinatur ad gloriam, non enim sunt praedestinati, qui habent gratiam et deficiunt a gloria. liber igitur vitae non dicitur nisi respectu gloriae.
co ‘ Respondeo dicendum quod liber vitae, * ut dictum est, ‘ importat conscriptionem quandam sive notitiam electorum ad vitam. eligitur autem aliquis ad id quod non competit sibi secundum suam naturam. et iterum, id ad quod eligitur aliquis, habet rationem finis, non enim miles eligitur aut conscribitur ad hoc quod armetur, sed ad hoc quod pugnet; hoc enim est proprium officium ad quod militia ordinatur. finis autem supra naturam existens, est vita gloriae, * ut supra dictum est. ‘ unde proprie liber vitae respicit vitam gloriae.
ra1 ‘ Ad primum ergo dicendum quod vita divina, etiam prout est vita gloriosa, est deo naturalis. unde

respectu eius non est electio, et per consequens neque liber vitae. non enim dicimus quod aliquis homo eligatur ad habendum sensum, vel aliquid eorum quae consequuntur naturam.
ra2 ' Unde per hoc etiam patet solutio ad secundum. respectu enim vitae naturalis non est electio, neque liber vitae.
ra3 ' Ad tertium dicendum quod vita gratiae non habet rationem finis, sed rationem eius quod est ad finem. unde ad vitam gratiae non dicitur aliquis eligi, nisi inquantum vita gratiae ordinatur ad gloriam. et propter hoc, illi qui habent gratiam et excidunt a gloria, non dicuntur esse electi simpliciter, sed secundum quid. et similiter non dicuntur esse scripti simpliciter in libro vitae sed secundum quid; prout scilicet de eis in ordinatione et notitia divina existit, quod sint habituri aliquem ordinem ad vitam aeternam, secundum participationem gratiae.

007 ST1 qu24 ar3

ag1 ' Ad tertium sic proceditur. videtur quod nullus deleatur de libro vitae. * dicit enim augustinus, in xx de civ. dei, quod ° praescientia dei, quae non potest falli, liber vitae est. ' sed a praescientia dei non potest aliquid subtrahi, similiter neque a praedestinatione. ergo nec de libro vitae potest aliquis deleri.
ag2 ' Praeterea, quidquid est in aliquo, est in eo per modum eius in quo est. sed liber vitae est quid aeternum et immutabile. ergo quidquid est in eo, est ibi non temporaliter, sed immobiliter et indelebiliter.
ag3 ' Praeterea, deletio scripturae opponitur. sed aliquis non potest de novo scribi in libro vitae. ergo neque inde deleri potest.
sc * Sed contra est quod dicitur in psalmo lxviii, ° deleantur de libro viventium.
co * Respondeo dicendum quod quidam dicunt quod " de libro vitae nullus potest deleri secundum rei veritatem, potest tamen aliquis deleri secundum opinionem hominum. est enim consuetum in scripturis ut aliquid dicatur fieri, quando innotescit. et secundum hoc, aliqui dicuntur esse scripti in libro vitae, inquantum homines opinantur eos ibi scriptos, propter praesentem iustitiam quam in eis vident. sed quando apparet, vel in hoc seculo vel in futuro, quod ab hac iustitia exciderunt, dicuntur inde deleri. * et sic etiam exponitur in glossa deletio talis, super illud psalmi lxviii, ° deleantur de libro viventium. ' sed quia non deleri de libro vitae ponitur inter praemia iustorum, * secundum illud apoc. iii, ° qui vicerit, sic vestietur vestimentis albis, et non delebo nomen eius de libro vitae; ' quod autem sanctis repromittitur, non est solum in hominum opinione; potest dici quod deleri vel non deleri de libro vitae, non solum ad opinionem hominum referendum est, sed etiam quantum ad rem. est enim liber vitae conscriptio ordinatorum in vitam aeternam. ad quam ordinatur aliquis ex duobus, scilicet ex praedestinatione divina, et haec ordinatio nunquam deficit; et ex gratia. quicumque enim gratiam habet, ex hoc ipso est |25| dignus vita aeterna. et haec ordinatio deficit interdum, quia aliqui ordinati sunt ex gratia habita ad habendum vitam aeternam, a qua tamen deficiunt per peccatum mortale. illi igitur qui sunt ordinati ad habendum vitam aeternam ex praedestinatione divina, sunt simpliciter scripti in libro vitae, quia sunt ibi scripti ut habituri vitam aeternam in seipsa. et isti nunquam delentur de libro vitae. sed illi qui sunt ordinati ad habendum vitam aeternam, non ex praedestinatione divina, sed solum ex gratia, dicuntur esse scripti in libro vitae, non simpliciter, sed secundum quid, quia sunt ibi scripti ut habituri vitam aeternam, non in seipsa, sed in sua causa. et tales possunt deleri de libro vitae, ut deletio non referatur ad notitiam dei, quasi deus aliquid praesciat, et postea nesciat; sed ad rem scitam, quia scilicet deus scit aliquem prius ordinari in vitam aeternam, et postea non ordinari, cum deficit a gratia.
ra1 ' Ad primum ergo dicendum quod deletio, * ut dictum est, ' non refertur ad librum vitae ex parte praescientiae, quasi in deo sit aliqua mutabilitas, sed ex parte praescitorum, quae sunt mutabilia.
ra2 ' Ad secundum dicendum quod, licet res in deo sint immutabiliter, tamen in seipsis mutabiles sunt. et ad hoc pertinet deletio libri vitae.
ra3 ' Ad tertium dicendum quod eo modo quo aliquis dicitur deleri de libro vitae, potest dici quod ibi scribatur de novo; vel secundum opinionem hominum, vel secundum quod de novo incipit habere ordinem ad vitam aeternam per gratiam. quod etiam sub divina notitia comprehenditur, licet non de novo.

007 ST1 qu25 ar

pr ' Post considerationem divinae scientiae et voluntatis, et eorum quae ad hoc pertinent, restat considerandum de divina potentia. et circa hoc quaeruntur sex. primo, utrum in deo sit potentia. secundo, utrum eius potentia sit infinita. tertio, utrum sit omnipotens. quarto, utrum possit facere quod ea quae sunt praeterita, non fuerint. quinto, utrum deus possit facere quae non facit, vel praetermittere quae facit. sexto, utrum quae facit, possit facere meliora.

007 ST1 qu25 ar1

ag1 ' Ad primum sic proceditur. videtur quod in deo non sit potentia. sicut enim prima materia se habet ad potentiam, ita deus, qui est agens primum, se habet ad actum. sed prima materia, secundum se considerata, est absque omni actu. ergo agens primum, quod est deus, est absque potentia.
ag2 * Praeterea, secundum philosophum, in ix metaphys., ' qualibet potentia melior est eius actus, nam forma est melior quam materia, et actio quam potentia activa; est enim finis eius. sed nihil est melius eo quod est in deo, quia quidquid est in deo, est deus, * ut supra ostensum est. ' ergo nulla potentia est in deo.
ag3 ' Praeterea, potentia est principium operationis. sed operatio divina est eius essentia, cum in deo nullum sit accidens. essentiae autem divinae non est aliquod principium. ergo ratio potentiae deo non convenit.
ag4 * Praeterea, supra ostensum est quod ' scientia dei et voluntas eius sunt causa rerum. causa autem et principium idem sunt. ergo non oportet in deo assignare potentiam, sed solum scientiam et voluntatem.
sc * Sed contra est quod dicitur in psalmo lxxxviii, ° potens es, domine, et veritas tua in circuitu tuo.
co ' Respondeo dicendum quod duplex est potentia, scilicet passiva, quae nullo modo est in deo; et activa, quam oportet in deo summe ponere. manifestum est enim quod unumquodque, secundum quod est actu et perfectum, secundum hoc est principium activum alicuius, patitur autem unumquodque, secundum quod est deficiens et imperfectum. * ostensum est autem supra quod ' deus est purus actus, et simpliciter et universaliter perfectus; neque in eo aliqua imperfectio locum habet. unde sibi maxime competit esse principium activum, et nullo modo pati. ratio autem activi principii convenit potentiae activae. nam potentia activa est principium agendi in aliud, " potentia vero passiva est principium patiendi ab alio, * ut philosophus dicit, v metaphys.. ' relinquitur ergo quod in deo maxime sit potentia activa.
ra1 ' Ad primum ergo dicendum quod potentia activa non dividitur contra actum, sed fundatur in eo, nam unumquodque agit secundum quod est actu. potentia vero passiva dividitur contra actum, nam unumquodque patitur secundum quod est in potentia. unde haec potentia excluditur a deo, non autem activa.
ra2 ' Ad secundum dicendum quod, quandocumque actus est aliud a potentia, oportet quod actus sit nobilior potentia. sed actio dei non est aliud ab eius potentia, sed utrumque est essentia divina, quia nec esse eius est aliud ab eius essentia. unde non oportet quod aliquid sit nobilius quam potentia dei.
ra3 ' Ad tertium dicendum quod potentia in rebus creatis non solum est principium actionis, sed etiam effectus. sic igitur in deo salvatur ratio potentiae quantum ad hoc, quod est principium effectus, non autem quantum ad hoc, quod est principium actionis, quae est divina essentia. nisi forte secundum modum intelligendi, prout divina essentia, quae in se simpliciter praehabet quidquid perfectionis est in rebus creatis, potest intelligi et sub ratione actionis, et sub ratione potentiae; sicut etiam intelligitur et sub ratione suppositi habentis naturam, et sub ratione naturae.
ra4 ' Ad quartum dicendum quod potentia non ponitur in deo ut aliquid differens a scientia et voluntate secundum rem, sed solum secundum rationem; inquantum scilicet potentia importat rationem principii exequentis id quod voluntas imperat, et ad quod scientia dirigit; quae tria deo secundum idem conveniunt. vel dicendum quod ipsa scientia vel voluntas divina, secundum quod est principium effectivum, habet rationem potentiae. unde consideratio scientiae et voluntatis praecedit in deo considerationem potentiae, sicut causa praecedit operationem et effectum.

007 ST1 qu25 ar2

ag1 ' Ad secundum sic proceditur. videtur quod potentia dei non sit infinita. omne enim infinitum est imperfectum, * secundum philosophum, in iii physic.. ' sed potentia dei non est imperfecta. ergo non est infinita.
ag2 ' Praeterea, omnis potentia manifestatur per effectum, alias frustra esset. si igitur potentia dei esset infinita, posset facere effectum infinitum. quod est impossibile.
ag3 * Praeterea, philosophus probat in viii physic., quod ' si potentia alicuius corporis esset infinita, moveret in instanti. " deus autem non movet in instanti, sed movet creaturam spiritualem ° per tempus, creaturam vero corporalem per locum et tempus, * secundum augustinum, viii super genesim ad litteram. ' non ergo est eius potentia infinita.
sc * Sed contra est quod dicit hilarius, viii de trin., quod " deus est immensae virtutis, vivens, potens. ' omne autem immensum est infinitum. ergo virtus divina est infinita.
co * Respondeo dicendum quod, sicut iam dictum est, ' secundum hoc potentia activa invenitur in deo, secundum quod ipse actu est. esse autem eius est infinitum, inquantum non est limitatum per aliquid recipiens; * ut patet per ea quae supra dicta sunt, cum de infinitate divinae essentiae ageretur. ' unde necesse est quod activa potentia dei sit infinita. in omnibus enim agentibus hoc invenitur, quod quanto aliquod agens perfectius habet formam qua agit, tanto est maior eius potentia in agendo. sicut quanto est aliquid magis calidum, tanto habet maiorem potentiam ad calefaciendum, et haberet utique potentiam infinitam ad calefaciendum, si eius calor esset infinitus. unde, cum ipsa essentia divina, per quam deus agit, sit infinita, * sicut supra ostensum est, ' sequitur quod eius potentia sit infinita.
ra1 * Ad primum ergo dicendum quod philosophus loquitur ' de infinito quod est ex parte materiae non terminatae per formam; cuiusmodi est infinitum quod congruit quantitati. sic autem non est infinita divina essentia, * ut supra ostensum est; ' et per consequens nec eius potentia. unde non sequitur quod sit imperfecta.
ra2 ' Ad secundum dicendum quod potentia agentis univoci tota manifestatur in suo effectu, potentia enim generativa hominis nihil potest plus quam generare hominem. sed potentia agentis non univoci non tota manifestatur in sui effectus productione, sicut potentia solis non tota manifestatur in productione alicuius animalis ex putrefactione generati. manifestum est autem quod deus non est agens univocum, nihil enim aliud potest cum eo convenire neque in specie, neque in genere, * ut supra ostensum est. ' unde relinquitur quod effectus eius semper est minor quam potentia eius. non ergo oportet quod manifestetur infinita potentia dei in hoc, quod producat effectum infinitum. et tamen, etiam si nullum effectum produceret, non esset dei potentia frustra. quia frustra est quod ordinatur ad finem, quem non attingit, potentia autem dei non ordinatur ad effectum sicut ad finem, sed magis ipsa est finis sui effectus.
ra3 * Ad tertium dicendum quod philosophus in viii physic., probat, " quod si aliquod corpus haberet potentiam infinitam, quod moveret in non tempore. et tamen ostendit, quod potentia motoris caeli est infinita, quia movere potest tempore infinito. relinquitur ergo secundum eius intentionem, quod potentia infinita corporis si esset, moveret in non tempore, non autem potentia incorporei motoris. ' cuius ratio est, quia corpus movens aliud corpus, est agens univocum. unde oportet quod tota potentia agentis manifestetur in motu. quia igitur quanto moventis corporis potentia est maior, tanto velocius movet, necesse est quod si fuerit infinita, moveat improportionabiliter citius, quod est movere in non tempore. sed movens incorporeum est agens non univocum. unde non oportet, quod tota virtus eius manifestetur in motu ita, quod moveat in non tempore. et praesertim, quia movet secundum dispositionem suae voluntatis.

007 ST1 qu25 ar3

ag1 ' Ad tertium sic proceditur. videtur quod deus non sit omnipotens. moveri enim et pati aliquid omnium est. sed hoc deus non potest, est enim immobilis, * ut supra dictum est. ' non igitur est omnipotens.
ag2 ' Praeterea, peccare aliquid agere est. sed deus non potest peccare neque seipsum negare, * ut dicitur ii tim. ii. ' ergo deus non est omnipotens.
ag3 * Praeterea, de deo dicitur quod ° omnipotentiam suam parcendo maxime et miserando manifestat. ' ultimum igitur quod potest divina potentia, est parcere et misereri. aliquid autem est multo maius quam parcere et misereri; sicut creare aliud mundum, vel aliquid huiusmodi. ergo deus non est omnipotens.
ag4 * Praeterea, super illud i cor. i, ° stultam fecit deus sapientiam huius mundi, * dicit glossa, ° sapientiam huius mundi fecit deus stultam, ostendendo possibile, quod illa impossibile iudicabat. ' unde videtur quod non sit aliquid iudicandum possibile vel impossibile secundum inferiores causas, prout sapientia huius mundi iudicat; sed secundum potentiam divinam. si igitur deus sit omnipotens, omnia erunt possibilia. nihil ergo impossibile. sublato autem impossibili, tollitur necessarium, nam quod necesse est esse, impossibile est non esse. nihil ergo erit necessarium in rebus, si deus est omnipotens. hoc autem est impossibile. ergo deus non est omnipotens.
sc * Sed contra est quod dicitur luc. i, ° non erit impossibile apud deum omne verbum.
co ' Respondeo dicendum quod communiter confitentur omnes deum esse omnipotentem. sed rationem omnipotentiae assignare videtur difficile. dubium enim potest esse quid comprehendatur sub ista distributione, cum dicitur omnia posse deum. sed si quis recte consideret, cum potentia dicatur ad possibilia, cum deus omnia posse dicitur, nihil rectius intelligitur quam quod possit omnia possibilia, et ob hoc omnipotens dicatur. possibile autem dicitur dupliciter, * secundum philosophum, in v metaphys.. ' uno modo, per respectum ad aliquam potentiam, sicut quod subditur humanae potentiae, dicitur esse possibile homini. non autem potest dici quod deus dicatur omnipotens, quia potest omnia quae sunt possibilia naturae creatae, quia divina potentia in plura extenditur. si autem dicatur quod deus sit omnipotens, quia potest omnia quae sunt possibilia suae potentiae, erit circulatio in manifestatione omnipotentiae, hoc enim non erit aliud quam dicere quod deus est omnipotens, quia potest omnia quae potest. relinquitur igitur quod deus dicatur omnipo-

tens, quia potest omnia possibilia absolute, quod est alter modus dicendi possibile. dicitur autem aliquid possibile vel impossibile absolute, ex habitudine terminorum, possibile quidem, quia praedicatum non repugnat subiecto, ut socratem sedere; impossibile vero absolute, quia praedicatum repugnat subiecto, ut hominem esse asinum. est autem considerandum quod, cum unumquodque agens agat sibi simile, unicuique potentiae activae correspondet possibile ut obiectum proprium, secundum rationem illius actus in quo fundatur potentia activa, sicut potentia calefactiva refertur, ut ad proprium obiectum, ad esse calefactibile. esse autem divinum, super quod ratio divinae potentiae fundatur, est esse infinitum, non limitatum ad aliquod genus entis, sed praehabens in se totius esse perfectionem. unde quidquid potest habere rationem entis, continetur sub possibilibus absolutis, respectu quorum deus dicitur omnipotens. nihil autem opponitur rationi entis, nisi non ens. hoc igitur repugnat rationi possibilis absoluti, quod subditur divinae omnipotentiae, quod implicat in se esse et non esse simul. hoc enim omnipotentiae non subditur, non propter defectum divinae potentiae; sed quia non potest habere rationem factibilis neque possibilis. quaecumque igitur contradictionem non implicant, sub illis possibilibus continentur, respectu quorum dicitur deus omnipotens. ea vero quae contradictionem implicant, sub divina omnipotentia non continentur, quia non possunt habere possibilium rationem. unde convenientius dicitur quod non possunt fieri, quam quod deus non potest ea facere. * neque hoc est contra verbum angeli dicentis, ° non erit impossibile apud deum omne verbum. ‘ id enim quod contradictionem implicat, verbum esse non potest, quia nullus intellectus potest illud concipere.

ra1 ‘ Ad primum ergo dicendum quod deus dicitur omnipotens secundum potentiam activam, non secundum potentiam passivam, * ut dictum est. ‘ unde, quod non potest moveri et pati, non repugnat omnipotentiae.

ra2 ‘ Ad secundum dicendum quod peccare est deficere a perfecta actione, unde posse peccare est posse deficere in agendo, quod repugnat omnipotentiae. et propter hoc, deus peccare non potest, qui est omnipotens. * quamvis philosophus dicat, in iv topic., quod “ potest deus et studiosus prava agere. sed hoc intelligitur vel sub conditione cuius antecedens sit impossibile, ut puta si dicamus quod potest deus prava agere si velit, nihil enim prohibet conditionalem esse veram, cuius antecedens et consequens est impossibile; sicut si dicatur, si homo est asinus, habet quatuor pedes. vel ut intelligatur quod deus potest aliqua agere, quae nunc prava videntur; quae tamen si ageret, bona essent. vel loquitur secundum communem opinionem gentilium, qui homines dicebant transferri in deos, ut iovem vel mercurium.

ra3 ‘ Ad tertium dicendum quod dei omnipotentia ostenditur maxime in parcendo et miserando, quia per hoc ostenditur deum habere summam potestatem, quod libere peccata dimittit, eius enim qui superioris legi astringitur, non est libere peccata condonare. vel quia, parcendo hominibus et miserando, perducit eos ad participationem infiniti boni, qui est ultimus effectus divinae virtutis. vel quia, * ut supra dictum est, ‘ effectus divinae misericordiae est fundamentum omnium divinorum operum, nihil enim debetur alicui nisi propter id quod est datum ei a deo non debitum. in hoc autem maxime divina omnipotentia manifestatur, quod ad ipsam pertinet prima institutio omnium bonorum.

ra4 ‘ Ad quartum dicendum quod possibile absolutum non dicitur neque secundum causas superiores, neque secundum causas inferiores sed secundum seipsum. possibile vero quod dicitur secundum aliquam potentiam, nominatur possibile secundum proximam causam. unde ea quae immediate nata sunt fieri a deo solo, ut creare, iustificare, et huiusmodi, dicuntur possibilia secundum causam superiorem, quae autem nata sunt fieri a causis inferioribus, dicuntur possibilia secundum causas inferiores. nam secundum conditionem causae proximae, effectus habet contingentiam vel necessitatem, * ut supra dictum est. ‘ in hoc autem reputatur stulta mundi sapientia, quod ea quae sunt impossibilia naturae, etiam deo impossibilia iudicabat. et sic patet quod omnipotentia dei impossibilitatem et necessitatem a rebus non excludit.

007 ST1 qu25 ar4

ag1 ‘ Ad quartum sic proceditur. videtur quod deus possit facere quod praeterita non fuerint. quod enim est impossibile per se, magis est impossibile quam quod est impossibile per accidens. sed deus potest facere id quod est impossibile per se, ut caecum illuminare, vel mortuum resuscitare. ergo multo magis potest deus facere illud quod est impossibile per accidens. sed praeterita non fuisse, est impossibile per accidens, accidit enim socratem non currere esse impossibile, ex hoc quod praeteriit. ergo deus potest facere quod praeterita non fuerint.

ag2 ‘ Praeterea, quidquid deus facere potuit, potest, cum eius potentia non minuatur. sed deus potuit facere, antequam socrates curreret, quod non curreret. ergo, postquam cucurrit, potest deus facere quod non cucurrerit.

ag3 ‘ Praeterea, caritas est maior virtus quam virginitas. sed deus potest reparare caritatem amissam. ergo et virginitatem. ergo potest facere quod illa quae corrupta fuit, non fuerit corrupta.

sc * Sed contra est quod hieronymus dicit, ° cum deus omnia possit, non potest de corrupta facere incorruptam. ‘ ergo eadem ratione non potest facere de quocumque alio praeterito quod non fuerit.

co * Respondeo dicendum quod, sicut supra dictum est, ‘ sub omnipotentia dei non cadit aliquid quod contradictionem implicat. praeterita autem non fuisse, contradictionem implicat. sicut enim contradictionem implicat dicere quod socrates sedet et non sedet, ita, quod sederit et non sederit. dicere autem quod sederit, est dicere quod sit praeteritum, dicere autem quod non sederit, est dicere quod non fuerit. unde praeterita non fuisse, non subiacet divinae potentiae. * et hoc est quod augustinus dicit, contra faustum, ° quisquis ita dicit, si deus omnipotens est, faciat ut quae facta sunt, facta non fuerint, non videt hoc se dicere, si deus omnipotens est, faciat ut ea quae vera sunt, eo ipso quod vera sunt, falsa sint. * et philosophus dicit, in vi ethic., quod ° hoc solo privatur deus, ingenita facere quae sunt facta.

ra1 ‘ Ad primum ergo dicendum quod, licet praeterita non fuisse sit impossibile per accidens, si consideretur id quod est praeteritum, idest cursus socratis; tamen, si consideretur praeteritum sub ratione praeteriti, ipsum non fuisse est impossibile non solum per se, sed absolute, contradictionem implicans. et sic est magis impossibile quam mortuum resurgere, quod non implicat contradictionem, quod dicitur impossibile secundum aliquam potentiam, scilicet naturalem. talia enim impossibilia divinae potentiae subduntur.

ra2 ‘ Ad secundum dicendum quod sicut deus, quantum est ad perfectionem divinae potentiae, omnia potest, sed quaedam non subiacent eius potentiae, quia deficiunt a ratione possibilium; ita, si attendatur immutabilitas divinae potentiae, quidquid deus potuit, potest; aliqua tamen olim habuerunt rationem possibilium, dum erant fienda, quae iam deficiunt a ratione possibilium, dum sunt facta. et sic dicitur deus ea non posse, quia ea non possunt fieri.

ra3 ‘ Ad tertium dicendum quod omnem corruptionem mentis et corporis deus auferre potest a muliere corrupta, hoc tamen ab ea removeri non poterit, quod corrupta non fuerit. sicut etiam ab aliquo peccatore auferre non potest quod non peccaverit, et quod caritatem non amiserit.

007 ST1 qu25 ar5

ag1 ‘ Ad quintum sic proceditur. videtur quod deus non possit facere nisi ea quae facit. deus enim non potest facere quae non praescivit et praeordinavit se facturum. sed non praescivit neque praeordinavit se facturum, nisi ea quae facit. ergo non potest facere nisi ea quae facit.

ag2 ‘ Praeterea, deus non potest facere nisi quod debet, et quod iustum est fieri. sed deus non debet facere quae non facit, nec iustum est ut faciat quae non facit. ergo deus non potest facere nisi quae facit.

ag3 ‘ Praeterea, deus non potest facere nisi quod bonum est, et conveniens rebus factis. sed rebus factis a deo non est bonum nec conveniens aliter esse quam sint. ergo deus non potest facere nisi quae facit.

sc * Sed contra est quod dicitur matt. xxvi, ° an non possum rogare patrem meum, et exhibebit mihi modo plus quam duodecim legiones angelorum? ‘ neque autem ipse rogabat, neque pater exhibebat ad repugnandum iudaeis. ergo deus potest facere quod non facit.

co * Respondeo dicendum quod circa hoc quidam dupliciter erraverunt. quidam enim posuerunt “ deum agere quasi ex necessitate naturae; ut sicut ex actione rerum naturalium non possunt alia provenire nisi quae eveniunt, utpote ex semine hominis homo, ex semine olivae oliva; ita ex operatione divina non possint aliae res, vel alius ordo rerum effluere, nisi sicut nunc est. * sed supra ostendimus ‘ deum non agere quasi ex necessitate naturae, sed voluntatem eius esse omnium rerum causam; neque etiam ipsam voluntatem naturaliter et ex necessitate determinari ad has res. unde nullo modo iste cursus rerum sic ex necessitate a deo provenit, quod alia provenire non possent. * alii vero dixerunt quod “ potentia divina determinatur ad hunc cursum rerum, propter ordinem sapientiae et iustitiae divinae, sine quo deus nihil operatur. ‘ cum autem potentia dei, quae est eius essentia, non sit aliud quam dei sapientia, convenienter quidem dici potest quod nihil sit in dei potentia, quod non sit in ordine divinae sapientiae, nam divina sapientia totum posse potentiae comprehendit. sed tamen ordo a divina sapientia rebus inditus, in quo ratio iustitiae consistit, * ut supra dictum est, ‘ non adaequat divinam sapientiam, sic ut divina sapientia limitetur ad hunc ordinem. manifestum est enim quod tota ratio ordinis, quam sapiens rebus a se factis imponit, a fine sumitur. quando igitur finis est proportionatus rebus propter finem factis, sapientia facientis limitatur ad aliquem determinatum ordinem. sed divina bonitas est finis improportionabiliter excedens res creatas. unde divina sapientia non determinatur ad aliquem certum ordinem rerum, ut non possit alius cursus rerum ab ipsa effluere. unde dicendum est simpliciter quod deus potest alia facere quam quae facit.

ra1 ‘ Ad primum ergo dicendum quod in nobis, in quibus est aliud potentia et essentia a voluntate et intellectu, et iterum intellectus aliud a sapientia, et voluntas aliud a iustitia, potest esse aliquid in potentia, quod non potest esse in voluntate iusta, vel in intellectu sapiente. sed in deo est idem potentia et essentia et voluntas et intellectus et sapientia et iustitia. unde nihil potest esse in potentia divina, quod non possit esse in voluntate iusta ipsius, et in intellectu sapiente eius. tamen, quia voluntas non determinatur ex necessitate ad haec vel illa, nisi forte ex suppositione, * ut supra dictum est; ‘ neque sapientia dei et iustitia determinantur ad hunc ordinem, * ut supra dictum est; ‘ nihil prohibet esse aliquid in potentia dei, quod non vult, et quod non continetur sub ordine quem statuit rebus. et quia potentia intelligitur ut exequens, voluntas autem ut imperans, et intellectus et sapientia ut dirigens, quod attribuitur potentiae secundum se consideratae, dicitur deus posse secundum potentiam absolutam. et huiusmodi est omne illud in quo potest salvari ratio entis, * ut supra dictum est. ‘ quod autem attribuitur potentiae divinae secundum quod exequitur imperium voluntatis iustae, hoc dicitur deus posse facere de potentia ordinata. secundum hoc ergo, dicendum est quod deus potest alia facere, de potentia absoluta, quam quae praescivit et praeordinavit se facturum, non tamen potest esse quod aliqua faciat, quae non praesciverit et praeordinaverit se facturum. quia ipsum facere subiacet praescientiae et praeordinationi, non autem ipsum posse, quod est naturale. ideo enim deus aliquid facit, quia vult, non tamen ideo potest, quia vult, sed quia talis est in sua natura.

ra2 ‘ Ad secundum dicendum quod deus non debet aliquid alicui nisi sibi. unde, cum dicitur quod deus non potest facere nisi quod debet nihil aliud significatur nisi quod deus non potest facere nisi quod ei est conveniens et iustum. sed hoc quod dico conveniens et iustum, potest intelligi dupliciter. uno modo, sic quod hoc quod dico conveniens et iustum, prius intelligatur coniungi cum hoc verbo est, ita quod restringatur ad standum pro praesentibus; et sic referatur ad potentiam. et sic falsum est quod dicitur, est enim sensus, deus non potest facere nisi quod modo conveniens est et iustum. si vero prius coniungatur cum hoc verbo potest, quod habet vim ampliandi, et postmodum cum hoc verbo est, significabitur quoddam praesens confusum, et erit locutio vera, sub hoc sensu, deus non potest facere nisi id quod, si faceret, esset conveniens et iustum.

ra3 ‘ Ad tertium dicendum quod, licet iste cursus rerum sit determinatus istis rebus quae nunc sunt, non tamen ad hunc cursum limitatur divina sapientia et potestas. unde, licet istis rebus quae nunc sunt, nullus alius cursus esset bonus et conveniens, tamen deus posset alias res facere, et alium eis imponere ordinem.

007 ST1 qu25 ar6

ag1 ‘ Ad sextum sic proceditur. videtur quod deus non possit meliora facere ea quae facit. quidquid enim deus facit, potentissime et sapientissime facit. sed tanto fit aliquid melius, quanto fit potentius et sapientius. ergo deus non potest aliquid facere melius quam facit.

ag2 * Praeterea, augustinus, contra maximinum, sic argumentatur, ° si deus potuit, et noluit, gignere filium sibi aequalem, invidus fuit. ‘ eadem ratione, si deus potuit res meliores facere quam fecerit, et noluit, invidus fuit. sed invidia est omnino relegata a deo. ergo deus unumquodque fecit optimum. non ergo deus potest aliquid facere melius quam fecit.

ag3 ‘ Praeterea, id quod est maxime et valde bonum, non potest melius fieri, quia maximo nihil est maius. * sed, sicut augustinus dicit in enchirid., ° bona sunt singula quae deus fecit, sed simul universa valde bona, quia ex omnibus consistit universitatis admirabilis pulchritudo. ‘ ergo bonum universi non potest melius fieri a deo.

ag4 ‘ Praeterea, homo christus est plenus gratia et veritate, et spiritum habet non ad mensuram, et sic non potest esse melior. beatitudo etiam creata dicitur esse summum bonum, et sic non potest esse melius. beata etiam virgo maria est super omnes choros angelorum exaltata, et sic non potest esse melior. non igitur omnia quae fecit deus, potest facere meliora.

sc * Sed contra est quod dicitur ad ephes. iii, quod ° deus potens est omnia facere abundantius quam petimus aut intelligimus.

co ‘ Respondeo dicendum quod bonitas alicuius rei est duplex. una quidem, quae est de essentia rei; sicut esse rationale est de essentia hominis. et quantum ad hoc bonum, deus non potest facere aliquam rem meliorem quam ipsa sit, licet possit facere aliquam aliam ea meliorem. sicut etiam non potest facere quaternarium maiorem, quia, si esset maior, iam non esset quaternarius, sed alius numerus. “ sic enim se habet additio differentiae substantialis in definitionibus, sicut additio unitatis in numeris, * ut dicitur in viii metaphys.. ‘ alia bonitas est, quae est extra essentiam rei; sicut bonum hominis est esse virtuosum vel sapientem. et secundum tale bonum, potest deus res a se factas facere meliores. simpliciter autem loquendo, qualibet re a se facta potest deus facere aliam meliorem.

ra1 ‘ Ad primum ergo dicendum quod, cum dicitur deum posse aliquid facere melius quam facit, si ly melius sit nomen, verum est, qualibet enim re potest facere aliam meliorem. eandem vero potest facere meliorem quodammodo, et quodammodo non, * sicut dictum est. ‘ si vero ly melius sit adverbium, et importet modum ex parte facientis, sic deus non potest facere melius quam sicut facit, quia non potest facere ex maiori sapientia et bonitate. si autem importet modum ex parte facti, sic potest facere melius, quia potest dare rebus a se factis meliorem modum essendi quantum ad accidentalia, licet non quantum ad essentialia.

ra2 ‘ Ad secundum dicendum quod de ratione filii est quod aequetur patri, cum ad perfectum venerit, non est autem de ratione creaturae alicuius, quod sit melior quam a deo facta est. unde non est similis ratio.

ra3 ‘ Ad tertium dicendum quod universum, suppositis istis rebus, non potest esse melius; propter decentissimum ordinem his rebus attributum a deo, in quo bonum universi consistit. quorum si unum aliquod esset melius, corrumperetur proportio ordinis, sicut, si una chorda plus debito intenderetur, corrumperetur citharae melodia. posset tamen deus alias res facere, vel alias addere istis rebus factis, et sic esset illud universum melius.

ra4 ‘ Ad quartum dicendum quod humanitas christi ex hoc quod est unita deo, et beatitudo creata ex hoc quod est fruitio dei, et beata virgo ex hoc quod est mater dei, habent quandam dignitatem infinitam, ex bono infinito quod est deus. et ex hac parte non potest aliquid fieri melius eis, sicut non potest aliquid melius esse deo.

007 ST1 qu26 ar

pr ‘ Ultimo autem, post considerationem eorum quae ad divinae essentiae unitatem pertinent, considerandum est de divina beatitudine. et circa hoc quaeruntur quatuor. primo, utrum beatitudo deo competat. secundo, secundum quid dicitur deus esse beatus, utrum secundum actum intellectus. tertio, utrum sit essentialiter beatitudo cuiuslibet beati. quarto, utrum in eius beatitudine omnis beatitudo includatur.

007 ST1 qu26 ar1

ag1 ‘ Ad primum sic proceditur. videtur quod beatitudo deo non conveniat. ° beatitudo enim, * secundum boetium, in iii de consol., ° est status omnium bonorum aggregatione perfectus. ‘ sed aggregatio bonorum non habet locum in deo, sicut nec compositio. ergo deo non convenit beatitudo.

ag2 ‘ Praeterea, beatitudo, sive felicitas, est praemium virtutis, * secundum philosophum, in i ethic.. ‘ sed deo non convenit praemium, sicut nec meritum. ergo nec beatitudo.

sc * Sed contra est quod dicit apostolus, i ad tim. ultimo, ° quem suis temporibus ostendet deus beatus et solus potens, rex regum et dominus dominantium.

co ‘ Respondeo dicendum quod beatitudo maxime deo competit. nihil enim aliud sub nomine beatitudinis intelligitur, nisi bonum perfectum intellectualis naturae; cuius est suam sufficientiam cognoscere in bono quod habet; et cui competit ut ei contingat aliquid vel bene vel male, et sit suarum operationum domina. utrumque autem istorum excellentissime deo convenit, scilicet perfectum esse, et intelligentem. unde beatitudo maxime convenit deo.

ra1 ‘ Ad primum ergo dicendum quod aggregatio bonorum est in deo non per modum compositionis, sed per modum simplicitatis, quia quae in creaturis multiplicia sunt, in deo praeexistunt simpliciter et unite, * ut supra dictum est.

ra2 ‘ Ad secundum dicendum quod esse praemium virtutis accidit beatitudini vel felicitati, inquantum aliquis beatitudinem acquirit, sicut esse terminum generationis accidit enti, inquantum exit de potentia in actum. sicut igitur deus habet esse, quamvis non generetur; ita habet beatitudinem, quamvis non mereatur.

007 ST1 qu26 ar2

ag1 ‘ Ad secundum sic proceditur. videtur quod deus non dicatur beatus secundum intellectum. beatitudo enim est summum bonum. sed bonum dicitur in deo secundum essentiam, quia bonum respicit esse, quod est secundum essentiam, * secundum boetium, in libro de hebdomad.. ‘ ergo et beatitudo dicitur in deo secundum essentiam, et non secundum intellectum.

ag2 ‘ Praeterea, beatitudo habet rationem finis. finis autem est obiectum voluntatis, sicut et bonum. ergo beatitudo dicitur in deo secundum voluntatem, et non secundum intellectum.

sc * Sed contra est quod gregorius dicit, xxxii moralium, ° ipse gloriosus est, qui, dum seipso perfruitur, accedentis laudis indigens non est. ‘ esse autem gloriosum significat esse beatum. cum igitur deo fruamur secundum intellectum, “ quia visio est tota merces, * ut dicit augustinus, ‘ videtur quod beatitudo dicatur in deo secundum intellectum.

co ‘ Respondeo dicendum quod beatitudo, * sicut dictum est, ‘ significat bonum perfectum intellectualis naturae. et inde est quod, sicut unaquaeque res appetit suam perfectionem, ita et intellectualis natura naturaliter appetit esse beata. id autem quod est perfectissimum in qualibet intellectuali natura, est intellectualis operatio, secundum quam capit quodammodo omnia. unde cuiuslibet intellectualis naturae creatae beatitudo consistit in intelligendo. in deo autem non est aliud esse et intelligere secundum rem, sed tantum secundum intelligentiae rationem. attribuenda ergo est deo beatitudo secundum intellectum, sicut et aliis beatis, qui per assimilationem ad beatitudinem ipsius, beati dicuntur.

ra1 ‘ Ad primum ergo dicendum quod ex illa ratione probatur quod deus sit beatus secundum suam essentiam, non autem quod beatitudo ei conveniat secundum rationem essentiae, sed magis secundum rationem intellectus.

ra2 ‘ Ad secundum dicendum quod beatitudo, cum sit bonum, est obiectum voluntatis. obiectum autem praeintelligitur actui potentiae. unde, secundum modum intelligendi, prius est beatitudo divina, quam actus voluntatis in ea requiescentis. et hoc non potest esse nisi actus intellectus. unde in actu intellectus attenditur beatitudo.

007 ST1 qu26 ar3

ag1 ‘ Ad tertium sic proceditur. videtur quod deus sit beatitudo cuiuslibet beati. deus enim est summum bonum, * ut supra ostensum est. ‘ impossibile est autem esse plura summa bona, * ut etiam ex superioribus patet. ‘ cum igitur de ratione beatitudinis sit, quod sit summum bonum, videtur quod beatitudo non sit aliud quam deus.

ag2 ‘ Praeterea, beatitudo est finis rationalis naturae ultimus. sed esse ultimum finem rationalis naturae, soli deo convenit. ergo beatitudo cuiuslibet beati est solus deus.

sc ‘ Sed contra, beatitudo unius est maior beatitudine alterius, * secundum illud i cor. xv, ° stella differt a stella in claritate. ‘ sed deo nihil est maius. ergo beatitudo est aliquid aliud quam deus.

co ‘ Respondeo dicendum quod beatitudo intellectualis naturae consistit in actu intellectus. in quo duo possunt considerari, scilicet obiectum actus, quod est intelligibile; et ipse actus, qui est intelligere. si igitur beatitudo consideretur ex parte ipsius obiecti, sic solus deus est beatitudo, quia ex hoc solo est aliquis beatus, quod deum intelligit; * secundum illud augustini, in v libro confess., ° beatus est qui te novit, etiam si alia ignoret. ‘ sed ex parte actus intelligentis, beatitudo est quid creatum in creaturis beatis, in deo autem est etiam secundum hoc, aliquid increatum.

ra1 ‘ Ad primum ergo dicendum quod beatitudo, quantum ad obiectum, est summum bonum simpliciter, sed quantum ad actum, in creaturis beatis, est summum bonum, non simpliciter, sed in genere bonorum participabilium a creatura.

ra2 ‘ Ad secundum dicendum quod finis est duplex, scilicet cuius et quo, * ut philosophus dicit, ‘ scilicet ipsa res, et usus rei, sicut avaro est finis pecunia, et acquisitio pecuniae. creaturae igitur rationalis est quidem deus finis ultimus ut res; beatitudo autem creata ut usus, vel magis fruitio, rei.

007 ST1 qu26 ar4

ag1 ‘ Ad quartum sic proceditur. videtur quod beatitudo divina non complectatur omnes beatitudines. sunt enim quaedam beatitudines falsae. sed in deo nihil potest esse falsum. ergo divina beatitudo non complectitur omnem beatitudinem.

ag2 ‘ Praeterea, quaedam beatitudo, secundum quosdam, consistit in rebus corporalibus, sicut in voluptatibus, divitiis, et huiusmodi, quae quidem deo convenire non possunt, cum sit incorporeus. ergo beatitudo eius non complectitur omnem beatitudinem.

sc ‘ Sed contra est quod beatitudo est perfectio quaedam. divina autem perfectio complectitur omnem perfectionem, * ut supra ostensum est. ‘ ergo divina beatitudo complectitur omnem beatitudinem.

co ‘ Respondeo dicendum quod quidquid est desiderabile in quacumque beatitudine, vel vera vel falsa, totum eminentius in divina beatitudine praeexistit. de contemplativa enim felicitate, habet continuam et certissimam contemplationem sui et omnium aliorum, de activa vero, gubernationem totius universi. de terrena vero felicitate, quae consistit in voluptate, divitiis, potestate, dignitate et fama, * secundum boetium, in iii de consol., ‘ habet gaudium de se et de omnibus aliis, pro delectatione, pro divitiis, habet omnimodam sufficientiam, quam divitiae promittunt, pro potestate, omnipotentiam, pro dignitate, omnium regimen, pro fama vero, admirationem totius creaturae.

ra1 ‘ Ad primum ergo dicendum quod beatitudo aliqua secundum hoc est falsa, secundum quod deficit a ratione verae beatitudinis, et sic non est in deo. sed quidquid habet de similitudine, quantumcumque tenui, beatitudinis, totum praeexistit in divina beatitudine.

ra2 ‘ Ad secundum dicendum quod bona quae sunt in corporalibus corporaliter, in deo sunt spiritualiter, secundum modum suum. et haec dicta sufficiant de his quae pertinent ad divinae essentiae unitatem.

007 ST1 qu27 ar

pr ‘ Consideratis autem his quae ad divinae essentiae unitatem pertinent, restat considerare de his quae pertinent ad trinitatem personarum in divinis. et quia personae divinae secundum relationes originis distinguuntur, secundum ordinem doctrinae prius considerandum est de origine, sive de processione, secundo, de relationibus originis; tertio, de personis. circa processionem quaeruntur quinque. primo, utrum processio sit in divinis. secundo, utrum aliqua processio in divinis generatio dici possit. tertio, utrum praeter generationem aliqua alia processio possit esse in divinis. quarto, utrum illa alia processio possit dici generatio quinto, utrum in divinis sint plures processiones quam duae.

007 ST1 qu27 ar1

ag1 ‘ Ad primum sic proceditur. videtur quod in deo non possit esse aliqua processio. processio enim significat motum ad extra. sed in divinis nihil est mobile, neque extraneum. ergo neque processio.

ag2 ‘ Praeterea, omne procedens est diversum ab eo a quo procedit. sed in deo non est aliqua diversitas, sed summa simplicitas. ergo in deo non est processio aliqua.

ag3 ‘ Praeterea, procedere ab alio videtur rationi primi principii repugnare. sed deus est primum principium, * ut supra ostensum est. ‘ ergo in deo processio locum non habet.

sc * Sed contra est quod dicit dominus, ioan. viii, ° ego ex deo processi

co ‘ Respondeo dicendum quod divina scriptura, in rebus divinis, nominibus ad processionem pertinentibus utitur. hanc autem processionem diversi diversimode acceperunt. * quidam enim acceperunt “ hanc processionem secundum quod effectus procedit a causa. * et sic accepit arius, dicens “ filium procedere a patre sicut primam eius creaturam, et spiritum sanctum procedere a patre et filio sicut creaturam utriusque. et secundum hoc, neque filius neque spiritus sanctus esset verus deus. * quod est contra id quod dicitur de filio, i ioan. ult., ° ut simus in vero filio eius, hic est verus deus. * et de spiritu sancto dicitur, i cor. vi, ° nescitis quia membra vestra templum sunt spiritus sancti? ‘ templum autem habere solius dei est. * alii vero hanc processionem acceperunt “ secundum quod causa dicitur procedere in effectum, inquantum vel movet ipsum, vel similitudinem suam ipsi imprimit. * et sic accepit sabellius, dicens “ ipsum deum patrem filium dici, secundum quod carnem assumpsit ex virgine. et eundem dicit spiritum sanctum, secundum quod |25| creaturam rationalem sanctificat, et ad vitam movet. ‘ huic autem acceptioni repugnant verba domini de se dicentis, * ioan. v, ° non potest facere a se filius quidquam; ‘ et multa alia, per quae ostenditur quod non est ipse pater qui filius. * si quis autem diligenter consideret, uterque accepit “ processionem secundum quod est ad aliquid extra, unde neuter posuit processionem in ipso deo. ‘ sed, cum omnis processio sit secundum aliquam actionem, sicut secundum actionem quae tendit in exteriorem materiam, est aliqua processio ad extra; ita secundum actionem quae manet in ipso agente, attenditur processio quaedam ad intra. et hoc maxime patet in intellectu, cuius actio, scilicet intelligere, manet in intelligente. quicumque enim intelligit, ex hoc ipso quod intelligit, procedit aliquid intra ipsum, quod est conceptio rei intellectae, ex vi intellectiva proveniens, et ex eius notitia procedens. quam quidem conceptionem vox significat, et dicitur verbum cordis, significatum verbo vocis. cum autem deus sit super omnia, ea quae in deo dicuntur, non sunt intelligenda secundum modum infimarum creaturarum, quae sunt corpora; sed secundum similitudinem supremarum creaturarum, quae sunt intellectuales substantiae; a quibus etiam similitudo accepta deficit a repraesentatione divinorum. non ergo accipienda est processio secundum quod est in corporalibus, vel per motum |50| localem, vel per actionem alicuius causae in exteriorem effectum, ut calor a calefaciente in calefactum; sed secundum emanationem intelligibilem, utpote verbi intelligibilis a dicente, quod manet in ipso. et sic fides catholica processionem ponit in divinis.

ra1 ‘ Ad primum ergo dicendum quod obiectio illa procedit de processione quae est motus localis, vel quae est secundum actionem tendentem in exteriorem materiam, vel in exteriorem effectum, talis autem processio non est in divinis, * ut dictum est.

ra2 ‘ Ad secundum dicendum quod id quod procedit secundum processionem quae est ad extra, oportet esse diversum ab eo a quo procedit. sed id quod procedit ad intra processu intelligibili, non oportet esse diversum, imo, quanto perfectius procedit, tanto magis est unum cum eo a quo procedit. manifestum est enim quod quanto aliquid magis intelligitur, tanto conceptio intellectualis est magis intima intelligenti, et magis unum, nam intellectus secundum hoc quod actu intelligit, secundum hoc fit unum cum intellecto. unde, cum divinum intelligere sit in fine perfectionis, * ut supra dictum est, ‘ necesse est quod verbum divinum sit perfecte unum cum eo a quo procedit, absque omni diversitate.

ra3 ' Ad tertium dicendum quod procedere a principio ut extraneum et diversum, repugnat rationi primi principii, sed procedere ut intimum et absque diversitate, per modum intelligibilem, includitur in ratione primi principii. cum enim dicimus aedificatorem principium domus, in ratione huius principii includitur conceptio suae artis, et includeretur in ratione primi principii, si aedificator esset primum principium. deus autem, qui est primum principium rerum, comparatur ad res creatas ut artifex ad artificiata.

007 ST1 qu27 ar2

ag1 ' Ad secundum sic proceditur. videtur quod processio quae est in divinis, non possit dici generatio. generatio enim est mutatio de non esse in esse, corruptioni opposita; et utriusque subiectum est materia. sed nihil horum competit divinis. ergo non potest generatio esse in divinis.
ag2 ' Praeterea, in deo est processio secundum modum intelligibilem, * ut dictum est. ' sed in nobis talis processio non dicitur generatio. ergo neque in deo.
ag3 ' Praeterea, omne genitum accipit esse a generante. esse ergo cuiuslibet geniti est esse receptum. sed nullum esse receptum est per se subsistens. cum igitur esse divinum sit esse per se subsistens, * ut supra probatum est, ' sequitur quod nullius geniti esse sit esse divinum. non est ergo generatio in divinis.
sc * Sed contra est quod dicitur in psalmo ii, ° ego hodie genui te.
co ' Respondeo dicendum quod processio verbi in divinis dicitur generatio. ad cuius evidentiam, sciendum est quod nomine generationis dupliciter utimur. uno modo, communiter ad omnia generabilia et corruptibilia, et sic generatio nihil aliud est quam mutatio de non esse ad esse. alio modo, proprie in viventibus, et sic generatio significat originem alicuius viventis a principio vivente coniuncto. et haec proprie dicitur nativitas. non tamen omne huiusmodi dicitur genitum, sed proprie quod procedit secundum rationem similitudinis. unde pilus vel capillus non habet rationem geniti et filii, sed solum quod procedit secundum rationem similitudinis, non cuiuscumque, nam vermes qui generantur in animalibus, non habent rationem generationis et filiationis, licet sit similitudo secundum genus, sed requiritur ad rationem talis generationis, quod procedat secundum rationem similitudinis in natura eiusdem speciei, sicut homo procedit ab homine, et equus ab equo. in viventibus autem quae de potentia in actum vitae procedunt, sicut sunt homines et animalia, generatio utramque generationem includit. si autem sit aliquod vivens cuius vita non exeat de potentia in actum, processio, si qua in tali vivente invenitur, excludit omnino primam rationem generationis; sed potest habere rationem generationis quae est propria viventium. sic igitur processio verbi in divinis habet rationem generationis. procedit enim per modum intelligibilis actionis, quae est |25| operatio vitae, et a principio coniuncto, * ut supra iam dictum est, ' et secundum rationem similitudinis, quia conceptio intellectus est similitudo rei intellectae, et in eadem natura existens, quia in deo idem est intelligere et esse, * ut supra ostensum est. ' unde processio verbi in divinis dicitur generatio, et ipsum verbum procedens dicitur filius.
ra1 ' Ad primum ergo dicendum quod obiectio illa procedit de generatione secundum rationem primam, prout importat exitum de potentia in actum. et sic non invenitur in divinis, * ut supra dictum est.
ra2 ' Ad secundum dicendum quod intelligere in nobis non est ipsa substantia intellectus, unde verbum quod secundum intelligibilem operationem procedit in nobis, non est eiusdem naturae cum eo a quo procedit. unde non proprie et complete competit sibi ratio generationis. sed intelligere divinum est ipsa substantia intelligentis, * ut supra ostensum est, ' unde verbum procedens procedit ut eiusdem naturae subsistens. et propter hoc proprie dicitur genitum et filius. unde et his quae pertinent ad generationem viventium, utitur scriptura ad significandam processionem divinae sapientiae, scilicet conceptione et partu, * dicitur enim ex persona divinae sapientiae, proverb. viii, ° nondum erant abyssi, et ego iam concepta eram; ante colles ego parturiebar. ' sed in intellectu nostro utimur nomine conceptionis, secundum quod in verbo nostri intellectus invenitur similitudo rei intellectae, licet non inveniatur naturae identitas.
ra3 ' Ad tertium dicendum quod non omne acceptum est receptum in aliquo subiecto, alioquin non posset dici quod tota substantia rei creatae sit accepta a deo, cum totius substantiae non sit aliquod subiectum receptivum. sic igitur id quod est genitum in divinis, accipit esse a generante, non tanquam illud esse sit receptum in aliqua materia vel subiecto (quod repugnat subsistentiae divini esse); sed secundum hoc dicitur esse acceptum, inquantum procedens ab alio habet esse divinum, non quasi aliud ab esse divino existens. in ipsa enim perfectione divini esse continetur et verbum intelligibiliter procedens, et principium verbi; sicut et quaecumque ad eius perfectionem pertinent, * ut supra dictum est.

007 ST1 qu27 ar3

ag1 ' Ad tertium sic proceditur. videtur quod non sit in divinis alia processio a generatione verbi. eadem enim ratione erit aliqua alia processio ab illa alia processione, et sic procederetur in infinitum, quod est inconveniens. standum est igitur in primo, ut sit una tantum processio in divinis.
ag2 ' Praeterea, in omni natura invenitur tantum unus modus communicationis illius naturae, et hoc ideo est, quia operationes secundum terminos habent unitatem et diversitatem. sed processio in divinis non est nisi secundum communicationem divinae naturae. cum igitur sit una tantum natura divina, * ut supra ostensum est, ' relinquitur quod una sit tantum processio in divinis.
ag3 ' Praeterea, si sit in divinis alia processio ab intelligibili processione verbi, non erit nisi processio amoris, quae est secundum voluntatis operationem. sed talis processio non potest esse alia a processione intellectus intelligibili, quia voluntas in deo non est aliud ab intellectu, * ut supra ostensum est. ' ergo in deo non est alia processio praeter processionem verbi.
sc ' Sed contra est quod spiritus sanctus procedit a patre, * ut dicitur ioan. xv. ' ipse autem est alius a filio, * secundum illud ioan. xiv, ° rogabo patrem meum, et alium paracletum dabit vobis. ' ergo in divinis est alia processio praeter processionem verbi.
co ' Respondeo dicendum quod in divinis sunt duae processiones, scilicet processio verbi, et quaedam alia. ad cuius evidentiam, considerandum est quod in divinis non est processio nisi secundum actionem quae non tendit in aliquid extrinsecum, sed manet in ipso agente. huiusmodi autem actio in intellectuali natura est actio intellectus et actio voluntatis. processio autem verbi attenditur secundum actionem intelligibilem. secundum autem operationem voluntatis invenitur in nobis quaedam alia processio, scilicet processio amoris, secundum quam amatum est in amante, sicut per conceptionem verbi res dicta vel intellecta, est in intelligente. unde et praeter processionem verbi, ponitur alia processio in divinis, quae est processio amoris.
ra1 ' Ad primum ergo dicendum quod non est necessarium procedere in divinis processionibus in infinitum. processio enim quae est ad intra in intellectuali natura, terminatur in processione voluntatis.
ra2 ' Ad secundum dicendum quod quidquid est in deo, est deus, * ut supra ostensum est, ' quod non contingit in aliis rebus. et ideo per quamlibet processionem quae non est ad extra, communicatur divina natura, non autem aliae naturae.
ra3 ' Ad tertium dicendum quod, licet in deo non sit aliud voluntas et intellectus, tamen de ratione voluntatis et intellectus est, quod processiones quae sunt secundum actionem utriusque, se habeant secundum quendam ordinem. non enim est processio amoris nisi in ordine ad processionem verbi, nihil enim potest voluntate amari, nisi sit in intellectu conceptum. sicut igitur attenditur quidam ordo verbi ad principium a quo procedit, licet in divinis sit eadem substantia intellectus et conceptio intellectus; ita, licet in deo sit idem voluntas et intellectus, tamen, quia de ratione amoris est quod non procedat nisi a conceptione intellectus, habet ordinis distinctionem processio amoris a processione verbi in divinis.

007 ST1 qu27 ar4

ag1 ' Ad quartum sic proceditur. videtur quod processio amoris in divinis sit generatio. quod enim procedit in similitudine naturae in viventibus, dicitur generatum et nascens. sed id quod procedit in divinis per modum amoris, procedit in similitudine naturae, alias esset extraneum a natura divina, et sic esset processio ad extra. ergo quod procedit in divinis per modum amoris, procedit ut genitum et nascens.
ag2 ' Praeterea, sicut similitudo est de ratione verbi, ita est etiam de ratione amoris, * unde dicitur eccli. xiii, quod ° omne animal diligit simile sibi. ' si igitur ratione similitudinis verbo procedenti convenit generari et nasci, videtur etiam quod amori procedenti convenit generari.
ag3 ' Praeterea, non est in genere quod non est in aliqua eius specie. si igitur in divinis sit quaedam processio amoris, oportet quod, praeter hoc nomen commune, habeat aliquod nomen speciale. sed non est aliud nomen dare nisi generatio. ergo videtur quod processio amoris in divinis sit generatio.
sc ' Sed contra est quia secundum hoc sequeretur quod spiritus sanctus, qui procedit ut amor, procederet ut genitus. * quod est contra illud athanasii, ° spiritus sanctus a patre et filio non factus nec creatus nec genitus, sed procedens.
co ' Respondeo dicendum quod processio amoris in divinis non debet dici generatio. ad cuius evidentiam, sciendum est quod haec est differentia inter intellectum et voluntatem, quod intellectus fit in actu per hoc quod res intellecta est in intellectu secundum suam similitudinem, voluntas autem fit in actu, non per hoc quod aliqua similitudo voliti sit in voluntate, sed ex hoc quod voluntas habet quandam inclinationem in rem volitam. processio igitur quae attenditur secundum rationem intellectus, est secundum rationem similitudinis, et intantum potest habere rationem generationis, quia omne generans generat sibi simile. processio autem quae attenditur secundum rationem voluntatis, non consideratur secundum rationem similitudinis, sed magis secundum rationem impellentis et moventis in aliquid. et ideo quod procedit in divinis per modum amoris, non procedit ut genitum vel ut filius, sed magis procedit ut spiritus, quo nomine quaedam vitalis motio et impulsio designatur, prout aliquis ex amore dicitur moveri vel impelli ad aliquid faciendum.
ra1 ' Ad primum ergo dicendum quod quidquid est in divinis, est unum cum divina natura. unde ex parte huius unitatis non potest accipi propria ratio huius processionis vel illius, secundum quam una distinguatur ab alia, sed oportet quod propria ratio huius vel illius processionis accipiatur secundum ordinem unius processionis ad aliam. huiusmodi autem ordo attenditur secundum rationem voluntatis et intellectus. unde secundum horum propriam rationem sortitur in divinis nomen utraque processio, quod imponitur ad propriam rationem rei significandam. et inde est quod procedens per modum amoris et divinam naturam accipit, et tamen non dicitur natum.
ra2 ' Ad secundum dicendum quod similitudo aliter pertinet ad verbum, et aliter ad amorem. nam ad verbum pertinet inquantum ipsum est quaedam similitudo rei intellectae, sicut genitum est similitudo generantis, sed ad amorem pertinet, non quod ipse amor sit similitudo, sed inquantum similitudo est principium amandi. unde non sequitur quod amor sit genitus, sed quod genitum sit principium amoris.
ra3 ' Ad tertium dicendum quod deum nominare non possumus nisi ex creaturis, * ut dictum est supra. ' et quia in creaturis communicatio naturae non est nisi per generationem, processio in divinis non habet proprium vel speciale nomen nisi generationis. unde processio quae non est generatio, remansit sine speciali nomine. sed potest nominari spiratio, quia est processio spiritus.

007 ST1 qu27 ar5

ag1 ' Ad quintum sic proceditur. videtur quod sint plures processiones in divinis quam duae. sicut enim scientia et voluntas attribuitur deo, ita et potentia. si igitur secundum intellectum et voluntatem accipiuntur in deo duae processiones, videtur quod tertia sit accipienda secundum potentiam.
ag2 ' Praeterea, bonitas maxime videtur esse principium processionis, cum bonum dicatur diffusivum sui esse. videtur igitur quod secundum bonitatem aliqua processio in divinis accipi debeat.
ag3 ' Praeterea, maior est fecunditatis virtus in deo quam in nobis. sed in nobis non est tantum una processio verbi, sed multae, quia ex uno verbo in nobis procedit aliud verbum; et similiter ex uno amore alius amor. ergo et in deo sunt plures processiones quam duae.
sc ' Sed contra est quod in deo non sunt nisi duo procedentes, scilicet filius et spiritus sanctus. ergo sunt ibi tantum duae processiones.
co ' Respondeo dicendum quod processiones in divinis accipi non possunt nisi secundum actiones quae in agente manent. huiusmodi autem actiones in natura intellectuali et divina non sunt nisi duae, scilicet intelligere et velle. nam sentire, quod etiam videtur esse operatio in sentiente, est extra naturam intellectualem, neque totaliter est remotum a genere actionum quae sunt ad extra; nam sentire perficitur per actionem sensibilis in sensum. relinquitur igitur quod nulla alia processio possit esse in deo, nisi verbi et amoris.
ra1 ' Ad primum ergo dicendum quod potentia est principium agendi in aliud, unde secundum potentiam accipitur actio ad extra. et sic secundum attributum potentiae non accipitur processio divinae personae, sed solum processio creaturarum.
ra2 ' Ad secundum dicendum quod " bonum, * sicut dicit boetius in libro de hebd., " pertinet ad essentiam et non ad operationem, nisi forte sicut obiectum voluntatis. ' unde, cum processiones divinas secundum aliquas actiones necesse sit accipere, secundum bonitatem et huiusmodi alia attributa non accipiuntur aliae processiones nisi verbi et amoris, secundum quod deus suam essentiam, veritatem et bonitatem intelligit et amat.
ra3 * Ad tertium dicendum quod, sicut supra habitum est, ' deus uno simplici actu omnia intelligit, et similiter omnia vult. unde in eo non potest esse processio verbi ex verbo, neque amoris ex amore, sed est in eo solum unum verbum perfectum, et unus amor perfectus. et in hoc eius perfecta fecunditas manifestatur.

007 ST1 qu28 ar

pr ' Deinde considerandum est de relationibus divinis. et circa hoc quaeruntur quatuor. primo, utrum in deo sint aliquae relationes reales. secundo, utrum illae relationes sint ipsa essentia divina, vel sint extrinsecus affixae. tertio, utrum possint esse in deo plures relationes realiter distinctae ab invicem. quarto, de numero harum relationum.

007 ST1 qu28 ar1

ag1 ' Ad primum sic proceditur. videtur quod in deo non sint aliquae relationes reales. * dicit enim boe-

tius, in libro de trin., quod ° cum quis praedicamenta in divinam vertit praedicationem, cuncta mutantur in substantiam quae praedicari possunt; ad aliquid vero omnino non potest praedicari. ' sed quidquid est realiter in deo, de ipso praedicari potest. ergo relatio non est realiter in deo.
ag2 * Praeterea, dicit boetius in eodem libro, quod ° similis est relatio in trinitate patris ad filium, et utriusque ad spiritum sanctum, ut eius quod est idem, ad id quod est idem. ' sed huiusmodi relatio est rationis tantum, quia omnis relatio realis exigit duo extrema realiter. ergo relationes quae ponuntur in divinis, non sunt reales relationes, sed rationis tantum.
ag3 ' Praeterea, relatio paternitatis est relatio principii. sed cum dicitur, deus est principium creaturarum, non importatur aliqua relatio realis, sed rationis tantum. ergo nec paternitas in divinis est relatio realis. et eadem ratione nec aliae relationes quae ponuntur ibi.
ag4 ' Praeterea, generatio in divinis est secundum intelligibilis verbi processionem. sed relationes quae consequuntur operationem intellectus, sunt relationes rationis. ergo paternitas et filiatio, quae dicuntur in divinis secundum generationem, sunt relationes rationis tantum.
sc ' Sed contra est quod pater non dicitur nisi a paternitate, et filius a filiatione. si igitur paternitas et filiatio non sunt in deo realiter, sequitur quod deus non sit realiter pater aut filius, sed secundum rationem intelligentiae tantum, quod est haeresis sabelliana.
co ' Respondeo dicendum quod relationes quaedam sunt in divinis realiter. ad cuius evidentiam, considerandum est quod solum in his quae dicuntur ad aliquid, inveniuntur aliqua secundum rationem tantum, et non secundum rem. quod non est in aliis generibus, quia alia genera, ut quantitas et qualitas, secundum propriam rationem significant aliquid alicui inhaerens. ea vero quae dicuntur ad aliquid, significant secundum propriam rationem solum respectum ad aliud. qui quidem respectus aliquando est in ipsa natura rerum; utpote quando aliquae res secundum suam naturam ad invicem ordinatae sunt, et invicem inclinationem habent. et huiusmodi relationes oportet esse reales. sicut in corpore gravi est inclinatio et ordo ad locum medium, unde respectus quidam est in ipso gravi respectu loci medii. et similiter est de aliis huiusmodi. aliquando vero respectus significatus per ea quae dicuntur ad aliquid, est tantum in ipsa apprehensione rationis conferentis unum alteri, et tunc est relatio rationis tantum; sicut cum comparat ratio hominem animali, ut speciem ad genus. cum autem aliquid procedit a principio eiusdem naturae, necesse est quod ambo, scilicet procedens et id a quo procedit, in eodem ordine conveniant, et sic oportet quod habeant reales respectus ad invicem. cum igitur processiones in divinis sint in identitate naturae, * ut ostensum est, ' necesse est quod relationes quae secundum |25| processiones divinas accipiuntur, sint relationes reales.
ra1 ' Ad primum ergo dicendum quod ad aliquid dicitur omnino non praedicari in deo, secundum propriam rationem eius quod dicitur ad aliquid; inquantum scilicet propria ratio eius quod ad aliquid dicitur, non accipitur per comparationem ad illud cui inest relatio, sed per respectum ad alterum. * non ergo per hoc excludere voluit quod relatio non esset in deo, ' sed quod non praedicaretur per modum inhaerentis secundum propriam relationis rationem, sed magis per modum ad aliud se habentis.
ra2 ' Ad secundum dicendum quod relatio quae importatur per hoc nomen idem, est relatio rationis tantum, si accipiatur simpliciter idem, quia huiusmodi relatio non potest consistere nisi in quodam ordine quem ratio adinvenit alicuius ad seipsum, secundum aliquas eius duas considerationes. secus autem est, cum dicuntur aliqua eadem esse, non in numero, sed in natura generis sive speciei. * boetius igitur " relationes quae sunt in divinis, assimilat relationi identitatis, non quantum ad omnia, sed quantum ad hoc solum, quod per huiusmodi relationes non diversificatur substantia, sicut nec per relationem identitatis.
ra3 ' Ad tertium dicendum quod, cum creatura procedat a deo in diversitate naturae, deus est extra ordinem totius creaturae, nec ex eius natura est eius habitudo ad creaturas. non enim producit creaturas ex necessitate suae naturae, sed per intellectum et per voluntatem, * ut supra dictum est. ' et ideo in deo non est realis relatio ad creaturas. sed in creaturis est realis relatio ad deum, quia creaturae continentur sub ordine divino, et in earum natura est quod dependeant a deo. sed processiones divinae sunt in eadem natura. unde non est similis ratio.
ra4 ' Ad quartum dicendum quod relationes quae consequuntur solam operationem intellectus in ipsis rebus intellectis, sunt relationes rationis tantum, quia scilicet eas ratio adinvenit inter duas res intellectas. sed relationes quae consequuntur operationem intellectus, quae sunt inter verbum intellectualiter procedens et illud a quo procedit, non sunt relationes rationis tantum, sed rei, quia et ipse intellectus et ratio est quaedam res, et comparatur realiter ad id quod procedit intelligibiliter, sicut res corporalis ad id quod procedit corporaliter. et sic paternitas et filiatio sunt relationes reales in divinis.

007 ST1 qu28 ar2

ag1 ' Ad secundum sic proceditur. videtur quod relatio in deo non sit idem quod sua essentia. * dicit enim augustinus, in v de trin., quod ° non omne quod dicitur in deo, dicitur secundum substantiam. dicitur enim ad aliquid, sicut pater ad filium, sed haec non secundum substantiam dicuntur. ' ergo relatio non est divina essentia.
ag2 * Praeterea, augustinus dicit, vii de trin., ° omnis res quae relative dicitur, est etiam aliquid excepto relativo; sicut homo dominus, et homo servus. ' si igitur relationes aliquae sunt in deo, oportet esse in deo aliquid aliud praeter relationes. sed hoc aliud non potest esse nisi essentia. ergo essentia est aliud a relationibus.
ag3 " Praeterea, esse relativi est ad aliud se habere, * ut dicitur in praedicamentis. ' si igitur relatio sit ipsa divina essentia, sequitur quod esse divinae essentiae sit ad aliud se habere, quod repugnat perfectioni divini esse, quod est maxime absolutum et per se subsistens, * ut supra ostensum est. ' non igitur relatio est ipsa essentia divina.
sc ' Sed contra, omnis res quae non est divina essentia, est creatura. sed relatio realiter competit deo. si ergo non est divina essentia, erit creatura, et ita ei non erit adoratio latriae exhibenda, * contra quod in praefatione cantatur, ° ut in personis proprietas, et in maiestate adoretur aequalitas.
co ' Respondeo dicendum quod * circa hoc dicitur " gilbertus porretanus errasse, sed errorem suum postmodum in remensi concilio revocasse. * dixit enim quod " relationes in divinis sunt assistentes, sive extrinsecus affixae. ' ad cuius evidentiam, considerandum est quod in quolibet novem generum accidentis est duo considerare. quorum unum est esse quod competit unicuique ipsorum secundum quod est accidens. et hoc communiter in omnibus est inesse subiecto, accidentis enim esse est inesse. aliud quod potest considerari in unoquoque, est propria ratio uniuscuiusque illorum generum. et in aliis quidem generibus a relatione, utpote quantitate et qualitate, etiam propria ratio generis accipitur secundum comparationem ad subiectum, nam quantitas dicitur mensura substantiae, qualitas vero dispositio substantiae. sed ratio propria relationis non accipitur secundum comparationem ad illud in quo est, sed secundum comparationem ad aliquid extra. si igitur consideremus, etiam in rebus creatis, relationes secundum id quod relationes sunt, sic inveniuntur esse assistentes, non intrinsecus affixae; quasi significantes respectum quodammodo contingentem ipsam rem relatam, prout ab ea tendit in alterum. si vero consideretur relatio secundum quod est accidens, sic est inhaerens subiecto, |25| et habens esse accidentale in ipso. sed * gilbertus porretanus consideravit relationem primo modo tantum. ' quidquid autem in rebus creatis habet esse accidentale, secundum quod transfertur in deum, habet esse substantiale, nihil enim est in deo ut accidens in subiecto, sed quidquid est in deo, est eius essentia. sic igitur ex ea parte qua relatio in rebus creatis habet esse accidentale in subiecto, relatio realiter existens in deo habet esse essentiae divinae, idem omnino ei existens. in hoc vero quod ad aliquid dicitur, non significatur aliqua habitudo ad essentiam, sed magis ad suum oppositum. et sic manifestum est quod relatio realiter existens in deo, est idem essentiae secundum rem; et non differt nisi secundum intelligentiae rationem, prout in relatione importatur respectus ad suum oppositum, qui non importatur in nomine essentiae. patet ergo quod in deo non est aliud esse relationis et esse essentiae, sed unum et idem.
ra1 * Ad primum ergo dicendum quod verba illa augustini non pertinent " ad hoc, quod paternitas, vel alia relatio quae est in deo, secundum esse suum non sit idem quod divina essentia; sed quod non praedicatur secundum modum substantiae, ut existens in eo de quo dicitur, sed ut ad alterum se habens. ' et propter hoc dicuntur duo tantum esse praedicamenta in divinis. quia alia praedicamenta important habitudinem ad id de quo dicuntur, tam secundum suum esse, quam secundum proprii generis rationem, nihil autem quod est in deo, potest habere habitudinem ad id in quo est, vel de quo dicitur, nisi habitudinem identitatis, propter summam dei simplicitatem.
ra2 ' Ad secundum dicendum quod, sicut in rebus creatis, in illo quod dicitur relative, non solum est invenire respectum ad alterum, sed etiam aliquid absolutum, ita et in deo, sed tamen aliter et aliter. nam id quod invenitur in creatura praeter id quod continetur sub significatione nominis relativi, est alia res, in deo autem non est alia res, sed una et eadem, quae non perfecte exprimitur relationis nomine, quasi sub significatione talis nominis comprehensa. * dictum est enim supra, cum de divinis nominibus agebatur, quod ' plus continetur in perfectione divinae essentiae, quam aliquo nomine significari possit. unde non sequitur quod in deo, praeter relationem, sit aliquid aliud secundum rem; sed solum considerata nominum ratione.
ra3 ' Ad tertium dicendum quod, si in perfectione divina nihil plus contineretur quam quod significat nomen relativum, sequeretur quod esse eius esset imperfectum, utpote ad aliquid aliud se habens, sicut si non contineretur ibi plus quam quod nomine sapientiae significatur, non esset aliquid subsistens. sed quia divinae essentiae perfectio est maior quam quod significatione alicuius nominis comprehendi possit, non sequitur, si nomen relativum, vel quodcumque aliud nomen dictum de deo, non significat aliquid perfectum, quod divina essentia habeat esse imperfectum, quia divina essentia comprehendit in se omnium generum perfectionem, * ut supra dictum est.

007 ST1 qu28 ar3

ag1 ' Ad tertium sic proceditur. videtur quod relationes quae sunt in deo, realiter ab invicem non distinguantur. quaecumque enim uni et eidem sunt eadem, sibi invicem sunt eadem. sed omnis relatio in deo existens est idem secundum rem cum divina essentia. ergo relationes secundum rem ab invicem non distinguuntur.
ag2 ' Praeterea, sicut paternitas et filiatio secundum nominis rationem distinguuntur ab essentia divina, ita et bonitas et potentia. sed propter huiusmodi rationis distinctionem non est aliqua realis distinctio bonitatis et potentiae divinae. ergo neque paternitatis et filiationis.
ag3 ' Praeterea, in divinis non est distinctio realis nisi secundum originem. sed una relatio non videtur oriri ex alia. ergo relationes non distinguuntur realiter ab invicem.
sc ' Sed contra est quod * dicit boetius, in libro de trin., quod ° substantia in divinis continet unitatem, relatio multiplicat trinitatem. ' si ergo relationes non distinguuntur ab invicem realiter, non erit in divinis trinitas realis, sed rationis tantum, * quod est sabelliani erroris.
co ' Respondeo dicendum quod ex eo quod aliquid alicui attribuitur, oportet quod attribuantur ei omnia quae sunt de ratione illius, sicut cuicumque attribuitur homo, oportet quod attribuatur ei esse rationale. de ratione autem relationis est respectus unius ad alterum, secundum quem aliquid alteri opponitur relative. cum igitur in deo realiter sit relatio, * ut dictum est, ' oportet quod realiter sit ibi oppositio. relativa autem oppositio in sui ratione includit distinctionem. unde oportet quod in deo sit realis distinctio, non quidem secundum rem absolutam, quae est essentia, in qua est summa unitas et simplicitas; sed secundum rem relativam.
ra1 * Ad primum ergo dicendum quod, secundum philosophum in iii physic., " argumentum illud tenet, quod quaecumque uni et eidem sunt eadem, sibi invicem sunt eadem, in his quae sunt idem re et ratione, sicut tunica et indumentum, non autem in his quae differunt ratione. unde ibidem dicit quod, licet actio sit idem motui, similiter et passio, non tamen sequitur quod actio et passio sint idem, quia in actione importatur respectus ut a quo est motus in mobili, in passione vero ut qui est ab alio. ' et similiter, licet paternitas sit idem secundum rem cum essentia divina, et similiter filiatio, tamen haec duo in suis propriis rationibus important oppositos respectus. unde distinguuntur ab invicem.
ra2 ' Ad secundum dicendum quod potentia et bonitas non important in suis rationibus aliquam oppositionem, unde non est similis ratio.
ra3 ' Ad tertium dicendum quod, quamvis relationes, proprie loquendo, non oriantur vel procedant ab invicem, tamen accipiuntur per oppositum secundum processionem alicuius ab alio.

007 ST1 qu28 ar4

ag1 ' Ad quartum sic proceditur. videtur quod in deo non sint tantum quatuor relationes reales, scilicet paternitas, filiatio, spiratio et processio. est enim considerare in deo relationes intelligentis ad intellectum, et volentis ad volitum, quae videntur esse relationes reales, neque sub praedictis continentur. non ergo sunt solum quatuor relationes reales in deo.
ag2 ' Praeterea, relationes reales accipiuntur in deo secundum processionem intelligibilem verbi. " sed relationes intelligibiles multiplicantur in infinitum, * ut avicenna dicit ' ergo in deo sunt infinitae relationes reales.
ag3 ' Praeterea, ideae sunt in deo ab aeterno, * ut supra dictum est. ' non autem distinguuntur ab invicem nisi secundum respectum ad res, * ut supra dictum est. ' ergo in deo sunt multo plures relationes aeternae.
ag4 ' Praeterea, aequalitas et similitudo et identitas sunt relationes quaedam; et sunt in deo ab aeterno. ergo plures relationes sunt ab aeterno in deo, quam quae dictae sunt.
sc ' Sed contra, videtur quod sint pauciores. * quia secundum philosophum, in iii physic., ° eadem via est de athenis ad thebas, et de thebis ad athenas. ' ergo videtur quod pari ratione eadem sit relatio de patre ad filium, quae dicitur paternitas, et de filio ad patrem, quae dicitur filiatio. et sic non sunt quatuor relationes in deo.
co * Respondeo dicendum quod, secundum philosophum, in v metaphys., " relatio omnis fundatur vel supra quantitatem, ut duplum et dimidium; vel supra actionem et passionem, ut faciens et factum, pater et filius, dominus et servus, et huiusmodi. ' cum autem quantitas non sit in deo " (est enim sine quan-

titate magnus, * ut dicit augustinus). ‘ relinquitur ergo quod realis relatio in deo esse non possit, nisi super actionem fundata. non autem super actiones secundum quas procedit aliquid extrinsecum a deo, quia relationes dei ad creaturas non sunt realiter in ipso, * ut supra dictum est. ‘ unde relinquitur quod relationes reales in deo non possunt accipi, nisi secundum actiones secundum quas est processio in deo, non extra, sed intra. huiusmodi autem processiones sunt duae tantum, * ut supra dictum est, ‘ quarum una accipitur secundum actionem intellectus, quae est processio verbi; alia secundum actionem voluntatis, quae est processio amoris. secundum quamlibet autem processionem oportet duas accipere relationes oppositas, quarum una sit procedentis a principio, et alia ipsius principii. processio autem verbi dicitur generatio, secundum propriam rationem qua competit rebus viventibus. relatio autem |25| principii generationis in viventibus perfectis dicitur paternitas, relatio vero procedentis a principio dicitur filiatio. processio vero amoris non habet nomen proprium, * ut supra dictum est, ‘ unde neque relationes quae secundum ipsam accipiuntur. sed vocatur relatio principii huius processionis spiratio; relatio autem procedentis, processio; quamvis haec duo nomina ad ipsas processiones vel origines pertineant, et non ad relationes.

ra1 ‘ Ad primum ergo dicendum quod in his in quibus differt intellectus et intellectum, volens et volitum, potest esse realis relatio et scientiae ad rem scitam, et volentis ad rem volitam. sed in deo est idem omnino intellectus et intellectum, quia intelligendo se intelligit omnia alia, et eadem ratione voluntas et volitum. unde in deo huiusmodi relationes non sunt reales, sicut neque relatio eiusdem ad idem. sed tamen relatio ad verbum est realis, quia verbum intelligitur ut procedens per actionem intelligibilem, non autem ut res intellecta. cum enim intelligimus lapidem, id quod ex re intellecta concipit intellectus, vocatur verbum.

ra2 ‘ Ad secundum dicendum quod in nobis relationes intelligibiles in infinitum multiplicantur, quia alio actu intelligit homo lapidem, et alio actu intelligit se intelligere lapidem, et alio etiam intelligit hoc intelligere, et sic in infinitum multiplicantur actus intelligendi, et per consequens relationes intellectae. sed hoc in deo non habet locum, quia uno actu tantum omnia intelligit.

ra3 ‘ Ad tertium dicendum quod respectus ideales sunt ut intellecti a deo. unde ex eorum pluralitate non sequitur quod sint plures relationes in deo, sed quod deus cognoscat plures relationes.

ra4 ‘ Ad quartum dicendum quod aequalitas et similitudo in deo non sunt relationes reales, sed rationis tantum, * ut infra patebit.

ra5 ‘ Ad quintum dicendum quod via est eadem ab uno termino ad alterum, et e converso; sed tamen respectus sunt diversi. unde ex hoc non potest concludi quod eadem sit relatio patris ad filium, et e converso, sed posset hoc concludi de aliquo absoluto, si esset medium inter ea.

007 ST1 qu29 ar

pr ‘ Praemissis autem his quae de processionibus et relationibus praecognoscenda videbantur, necessarium est aggredi de personis. et primo, secundum considerationem absolutam; et deinde secundum comparativam considerationem. oportet autem absolute de personis, primo quidem in communi considerare; deinde de singulis personis. ad communem autem considerationem personarum quatuor pertinere videntur, primo quidem, significatio huius nominis persona; secundo vero, numerus personarum; tertio, ea quae consequuntur numerum personarum, vel ei opponuntur, ut diversitas et solitudo, et huiusmodi; quarto vero, ea quae pertinent ad notitiam personarum. circa primum quaeruntur quatuor. primo, de definitione personae. secundo, de comparatione personae ad essentiam, subsistentiam et hypostasim. tertio, utrum nomen personae competat in divinis. quarto, quid ibi significet.

007 ST1 qu29 ar1

ag1 ‘ Ad primum sic proceditur. videtur quod incompetens sit definitio personae * quam boetius assignat in libro de duabus naturis, quae talis est, ° persona est rationalis naturae individua substantia. ‘ nullum enim singulare definitur. sed persona significat quoddam singulare. ergo persona inconvenienter definitur.

ag2 ‘ Praeterea, substantia, prout ponitur in definitione personae, aut sumitur pro substantia prima, aut pro substantia secunda. si pro substantia prima, superflue additur individua, quia substantia prima est substantia individua. si vero stat pro substantia secunda, falso additur, et est oppositio in adiecto, nam secundae substantiae dicuntur genera vel species. ergo definitio est male assignata.

ag3 ‘ Praeterea, nomen intentionis non debet poni in definitione rei. non enim esset bona assignatio, si quis diceret, homo est species animalis, homo enim est nomen rei, et species est nomen intentionis. cum igitur persona sit nomen rei (significat enim substantiam quandam rationalis naturae), inconvenienter individuum, quod est nomen intentionis, in eius definitione ponitur.

ag4 “ Praeterea, natura est principium motus et quietis in eo in quo est per se et non per accidens, * ut dicitur in ii physic.. ‘ sed persona est in rebus immobilibus, sicut in deo et in angelis. non ergo in definitione personae debuit poni natura, sed magis essentia.

ag5 ‘ Praeterea, anima separata est rationalis naturae individua substantia. non autem est persona. inconvenienter ergo persona sic definitur.

co ‘ Respondeo dicendum quod, licet universale et particulare inveniantur in omnibus generibus, tamen speciali quodam modo individuum invenitur in genere substantiae. substantia enim individuatur per seipsam, sed accidentia individuantur per subiectum, quod est substantia, dicitur enim haec albedo, inquantum est in hoc subiecto. unde etiam convenienter individua substantiae habent aliquod speciale nomen prae aliis, dicuntur enim hypostases, vel primae substantiae. sed adhuc quodam specialiori et perfectiori modo invenitur particulare et individuum in substantiis rationalibus, quae habent dominium sui actus, et non solum aguntur, sicut alia, sed per se agunt, actiones autem in singularibus sunt. et ideo etiam inter ceteras substantias quoddam speciale nomen habent singularia rationalis naturae. et hoc nomen est persona. * et ideo in praedicta definitione personae ponitur “ substantia individua, inquantum significat singulare in genere substantiae, additur autem rationalis naturae, inquantum significat singulare in rationalibus substantiis.

ra1 ‘ Ad primum ergo dicendum quod, licet hoc singulare vel illud definiri non possit, tamen id quod pertinet ad communem rationem singularitatis, definiri potest, * et sic philosophus definit substantiam primam. et hoc modo definit boetius personam.

ra2 * Ad secundum dicendum quod, secundum quosdam, “ substantia in definitione personae ponitur pro substantia prima, quae est hypostasis. neque tamen superflue additur individua. quia nomine hypostasis vel substantiae primae, excluditur ratio universalis et partis (non enim dicimus quod homo communis sit hypostasis, neque etiam manus, cum sit pars), sed per hoc quod additur individuum, excluditur a persona ratio assumptibilis; humana enim natura in christo non est persona, quia est assumpta a digniori, scilicet a verbo dei. ‘ sed melius dicendum est quod substantia accipitur communiter, prout dividitur per primam et secundam, et per hoc quod additur individua, trahitur ad standum pro substantia prima.

ra3 ‘ Ad tertium dicendum quod, quia substantiales differentiae non sunt nobis notae, vel etiam nominatae non sunt, oportet interdum uti differentiis accidentalibus loco substantialium, puta si quis diceret, ignis est corpus simplex, calidum et siccum, accidentia enim propria sunt effectus formarum substantialium, et manifestant eas. et similiter nomina intentionum possunt accipi ad definiendum res, secundum quod accipiuntur pro aliquibus nominibus rerum quae non sunt posita. et sic hoc nomen individuum ponitur in definitione personae, ad designandum modum subsistendi qui competit substantiis particularibus.

ra4 * Ad quartum dicendum quod, secundum philosophum, in v metaphys., “ nomen naturae primo impositum est ad significandam generationem viventium, quae dicitur nativitas. et quia huiusmodi generatio est a principio intrinseco, extensum est hoc nomen ad significandum principium intrinsecum cuiuscumque motus. * et sic definitur natura in ii physic.. ‘ et quia huiusmodi principium est formale vel materiale, communiter tam materia quam forma dicitur natura. et quia per formam completur essentia uniuscuiusque rei, communiter essentia uniuscuiusque rei, quam significat eius definitio, vocatur natura. et sic accipitur hic natura. * unde boetius in eodem libro dicit quod ° natura est unumquodque informans specifica differentia, ‘ specifica enim differentia est quae complet definitionem, et sumitur a propria forma rei. et ideo convenientius fuit quod in definitione personae, quae est singulare alicuius generis determinati, uteretur nomine naturae, quam essentiae, quae sumitur ab esse, quod est communissimum.

ra5 ‘ Ad quintum dicendum quod anima est pars humanae speciei, et ideo, licet sit separata, quia tamen retinet naturam unibilitatis, non potest dici substantia individua quae est hypostasis vel substantia prima; sicut nec manus, nec quaecumque alia partium hominis. et sic non competit ei neque definitio personae, neque nomen.

007 ST1 qu29 ar2

ag1 ‘ Ad secundum sic proceditur. videtur quod persona sit idem quod hypostasis, subsistentia et essentia. * dicit enim boetius, in libro de duab. natur., quod ° graeci naturae rationalis individuam substantiam hypostaseos nomine vocaverunt. ‘ sed hoc etiam, apud nos, significat nomen personae. ergo persona omnino idem est quod hypostasis.

ag2 ‘ Praeterea, sicut in divinis dicimus tres personas, ita in divinis dicimus tres subsistentias, quod non esset, nisi persona et subsistentia idem significarent. ergo idem significant persona et subsistentia.

ag3 * Praeterea, boetius dicit, in commento praedicamentorum, quod “ usia, quod est idem quod essentia, significat compositum ex materia et forma. ‘ id autem quod est compositum ex materia et forma, est individuum substantiae, quod et hypostasis et persona dicitur. ergo omnia praedicta nomina idem significare videntur.

sc1 * Sed contra est quod boetius dicit, in libro de duab. natur., quod ° genera et species subsistunt tantum; individua vero non modo subsistunt, verum etiam substant. ‘ sed a subsistendo dicuntur subsistentiae, sicut a substando substantiae vel hypostases. cum igitur esse hypostases vel personas non conveniat generibus vel speciebus, hypostases vel personae non sunt idem quod subsistentiae.

sc2 * Praeterea, boetius dicit, in commento praedicamentorum, quod “ hypostasis dicitur materia, usiosis autem, idest subsistentia, dicitur forma. ‘ sed neque forma neque materia potest dici persona. ergo persona differt a praedictis.

co * Respondeo dicendum quod, secundum philosophum, in v metaphys., “ substantia dicitur dupliciter. uno modo dicitur substantia quidditas rei, quam significat definitio, secundum quod dicimus quod definitio significat substantiam rei, quam quidem substantiam graeci usiam vocant, quod nos essentiam dicere possumus. alio modo dicitur substantia subiectum vel suppositum quod subsistit in genere substantiae. ‘ et hoc quidem, communiter accipiendo, nominari potest et nomine significante intentionem, et sic dicitur suppositum. nominatur etiam tribus nominibus significantibus rem, quae quidem sunt res naturae, subsistentia et hypostasis, secundum triplicem considerationem substantiae sic dictae. secundum enim quod per se existit et non in alio, vocatur subsistentia, illa enim subsistere dicimus, quae non in alio, sed in se existunt. secundum vero quod supponitur alicui naturae communi, sic dicitur res naturae; sicut hic homo est res naturae humanae. secundum vero quod supponitur accidentibus, dicitur hypostasis vel substantia. quod autem haec tria nomina significant communiter in toto genere substantiarum, hoc nomen persona significat in genere rationalium substantiarum.

ra1 “ Ad primum ergo dicendum quod hypostasis, apud graecos, ex propria significatione nominis habet quod significet quodcumque individuum substantiae, ‘ sed ex usu loquendi habet quod sumatur pro individuo rationalis naturae, ratione suae excellentiae.

ra2 ‘ Ad secundum dicendum quod, sicut nos dicimus in divinis pluraliter tres personas et tres subsistentias, * ita graeci dicunt tres hypostases. ‘ sed quia nomen substantiae, quod secundum proprietatem significationis respondet hypostasi, aequivocatur apud nos, cum quandoque significet essentiam, quandoque hypostasim; ne possit esse erroris occasio, maluerunt pro hypostasi transferre subsistentiam, quam substantiam.

ra3 ‘ Ad tertium dicendum quod essentia proprie est id quod significatur per definitionem. definitio autem complectitur principia speciei, non autem principia individualia. unde in rebus compositis ex materia et forma, essentia significat non solum formam, nec solum materiam, sed compositum ex materia et forma communi, prout sunt principia speciei. sed compositum ex hac materia et ex hac forma, habet rationem hypostasis et personae, anima enim et caro et os sunt de ratione hominis, sed haec anima et haec caro et hoc os sunt de ratione huius hominis. et ideo hypostasis et persona addunt supra rationem essentiae principia individualia; neque sunt idem cum essentia in compositis ex materia et forma, * ut supra dictum est, cum de simplicitate divina ageretur.

ra4 * Ad quartum dicendum quod boetius dicit “ genera et species subsistere, inquantum individuis aliquibus competit subsistere, ex eo quod sunt sub generibus et speciebus in praedicamento substantiae comprehensis, non quod ipsae species vel genera subsistant, * nisi secundum opinionem platonis, qui posuit “ species rerum separatim subsistere a singularibus. ‘ substare vero competit eisdem individuis in ordine ad accidentia, quae sunt praeter rationem generum et specierum.

ra5 ‘ Ad quintum dicendum quod individuum compositum ex materia et forma, habet quod substet accidenti, ex proprietate materiae. * unde et boetius dicit, in libro de trin., ° forma simplex subiectum esse non potest. ‘ sed quod per se subsistat, habet ex proprietate suae formae, quae non advenit rei subsistenti, sed dat esse actuale materiae, ut sic individuum subsistere possit. “ propter hoc ergo hypostasim attribuit materiae, et usiosim, sive subsistentiam, formae, quia materia est principium substandi, et forma est principium subsistendi.

007 ST1 qu29 ar3

ag1 ‘ Ad tertium sic proceditur. videtur quod nomen personae non sit ponendum in divinis. * dicit enim dionysius, in principio de div. nom. ° universaliter non est audendum aliquid dicere nec cogitare de supersubstantiali occulta divinitate, praeter ea quae divinitus nobis ex sanctis eloquiis sunt expressa. ‘ sed nomen personae non exprimitur nobis in sacra scriptura novi vel veteris testamenti. ergo non est nomine personae utendum in divinis.

ag2 * Praeterea, boetius dicit, in libro de duab. na-

tur., ° nomen personae videtur traductum ex his personis quae in comoediis tragoediisque homines repraesentabant; persona enim dicta est a personando, quia concavitate ipsa maior necesse est ut volvatur sonus. graeci vero has personas prosopa vocant, ab eo quod ponantur in facie, atque ante oculos obtegant vultum. ‘ sed hoc non potest competere in divinis, nisi forte secundum metaphoram. ergo nomen personae non dicitur de deo nisi metaphorice.
ag3 ‘ Praeterea, omnis persona est hypostasis. sed nomen hypostasis non videtur deo competere, * cum, secundum boetium, ‘ significet id quod subiicitur accidentibus, quae in deo non sunt. * hieronymus etiam dicit quod “ in hoc nomine hypostasis, venenum latet sub melle. ‘ ergo hoc nomen persona non est dicendum de deo.
ag4 ‘ Praeterea, a quocumque removetur definitio, et definitum. sed definitio personae * supra posita ‘ non videtur deo competere. tum quia ratio importat discursivam cognitionem, quae non competit deo, * ut supra ostensum est, ‘ et sic deus non potest dici rationalis naturae. tum etiam quia deus dici non potest individua substantia, cum principium individuationis sit materia, deus autem immaterialis est; neque etiam accidentibus substat, ut substantia dici possit. nomen ergo personae deo attribui non debet.
sc * Sed contra est quod dicitur in symbolo athanasii, ° alia est persona patris, alia filii, alia spiritus sancti.
co ‘ Respondeo dicendum quod persona significat id quod est perfectissimum in tota natura, scilicet subsistens in rationali natura. unde, cum omne illud quod est perfectionis, deo sit attribuendum, eo quod eius essentia continet in se omnem perfectionem; conveniens est ut hoc nomen persona de deo dicatur. non tamen eodem modo quo dicitur de creaturis, sed excellentiori modo; sicut et alia nomina quae, creaturis a nobis imposita, deo attribuuntur; * sicut supra ostensum est, cum de divinis nominibus ageretur.
ra1 ‘ Ad primum ergo dicendum quod, licet nomen personae in scriptura veteris vel novi testamenti non inveniatur dictum de deo, tamen id quod nomen significat, multipliciter in sacra scriptura invenitur assertum de deo; scilicet quod est maxime per se ens, et perfectissime intelligens. si autem oporteret de deo dici solum illa, secundum vocem, quae sacra scriptura de deo tradit, sequeretur quod nunquam in alia lingua posset aliquis loqui de deo, nisi in illa in qua primo tradita est scriptura veteris vel novi testamenti. ad inveniendum autem nova nomina, antiquam fidem de deo significantia, coegit necessitas disputandi cum haereticis. nec haec novitas vitanda est, cum non sit profana, utpote a scripturarum sensu non discordans, docet autem apostolus profanas vocum novitates vitare, * i ad tim. ult..
ra2 ‘ Ad secundum dicendum quod, quamvis hoc nomen persona non conveniat deo quantum ad id a quo impositum est nomen, tamen quantum ad id ad quod significandum imponitur, maxime deo convenit. quia enim in comoediis et tragoediis repraesentabantur aliqui homines famosi, impositum est hoc nomen persona ad significandum aliquos dignitatem habentes. unde consueverunt dici personae in ecclesiis, quae habent aliquam dignitatem. * propter quod quidam definiunt personam, dicentes quod ° persona est hypostasis proprietate distincta ad dignitatem pertinente. ‘ et quia magnae dignitatis est in rationali natura subsistere, ideo omne individuum rationalis naturae dicitur persona, * ut dictum est. ‘ sed dignitas divinae naturae excedit omnem dignitatem, et secundum hoc maxime competit deo nomen personae.
ra3 ‘ Ad tertium dicendum quod nomen hypostasis non competit deo quantum ad id a quo est impositum nomen, cum non substet accidentibus, competit autem ei quantum ad id, quod est impositum ad significandum rem subsistentem. * hieronymus autem dicit “ sub hoc nomine venenum latere, quia antequam significatio huius nominis esset plene nota apud latinos, haeretici per hoc nomen simplices decipiebant, ut confiterentur plures essentias, sicut confitentur plures hypostases; propter hoc quod nomen substantiae, cui respondet in graeco nomen hypostasis, communiter accipitur apud nos pro essentia.
ra4 ‘ Ad quartum dicendum quod deus potest dici rationalis naturae, secundum quod ratio non importat discursum, sed communiter intellectualem naturam. individuum autem deo competere non potest quantum ad hoc quod individuationis principium est materia, sed solum secundum quod importat incommunicabilitatem. substantia vero convenit deo, secundum quod significat existere per se. * quidam tamen dicunt quod “ definitio superius a boetio data, non est definitio personae secundum quod personas in deo dicimus. * propter quod ricardus de sancto victore, corrigere volens hanc definitionem, dixit quod “ persona, secundum quod de deo dicitur, est divinae naturae incommunicabilis existentia.

007 ST1 qu29 ar4

ag1 ‘ Ad quartum sic proceditur. videtur quod hoc nomen persona non significet relationem, sed substantiam, in divinis. * dicit enim augustinus, in vii de trin., ° cum dicimus personam patris, non aliud dicimus quam substantiam patris; ad se quippe dicitur persona, non ad filium.
ag2 ‘ Praeterea, quid quaerit de essentia. * sed, sicut dicit augustinus in eodem loco, cum dicitur, ° tres sunt qui testimonium dant in caelo, pater, verbum et spiritus “ sanctus; et quaeritur, quid tres? respondetur, tres personae. ‘ ergo hoc nomen persona significat essentiam.
ag3 * Praeterea, secundum philosophum, iv metaphys., “ id quod significatur per nomen, est eius definitio. ‘ sed definitio personae est rationalis naturae individua substantia, * ut dictum est. ‘ ergo hoc nomen persona significat substantiam.
ag4 ‘ Praeterea, persona in hominibus et angelis non significat relationem, sed aliquid absolutum. si igitur in deo significaret relationem, diceretur aequivoce de deo et hominibus et angelis.
sc * Sed contra est quod dicit boetius, in libro de trin., quod “ omne nomen ad personas pertinens, relationem significat. ‘ sed nullum nomen magis pertinet ad personas, quam hoc nomen persona. ergo hoc nomen persona relationem significat.
co ‘ Respondeo dicendum quod circa significationem huius nominis persona in divinis, difficultatem ingerit quod pluraliter de tribus praedicatur, praeter naturam essentialium nominum; neque etiam ad aliquid dicitur, sicut nomina quae relationem significant. * unde quibusdam visum est quod “ hoc nomen persona simpliciter, ex virtute vocabuli, essentiam significet in divinis, sicut hoc nomen deus, et hoc nomen sapiens, sed propter instantiam haereticorum, est accommodatum, ex ordinatione concilii, ut possit poni pro relativis; et praecipue in plurali, vel cum nomine partitivo, ut cum dicimus tres personas, vel alia est persona patris, alia filii. in singulari vero potest sumi pro absoluto, et pro relativo. ‘ sed haec non videtur sufficiens ratio. quia si hoc nomen persona, ex vi suae significationis, non habet quod significet nisi essentiam in divinis; ex hoc quod dictum est tres personas, non fuisset haereticorum quietata calumnia, sed maioris calumniae data esset eis occasio. * et ideo alii dixerunt quod “ hoc nomen persona in divinis significat simul essentiam et relationem. * quorum quidam dixerunt quod “ significat essentiam in recto, et relationem in obliquo. quia persona dicitur quasi per se una, unitas autem pertinet ad essentiam. quod autem dicitur per se, implicat relationem oblique, intelligitur enim pater per se esse, quasi relatione distinctus a filio. * quidam vero dixerunt e converso, quod “ significat relationem in recto, et essentiam in obliquo, quia in definitione personae, natura ponitur in obliquo. * et isti propinquius ad veritatem accesserunt. ‘ ad evidentiam igitur huius quaestionis, considerandum est quod aliquid est de significatione minus communis, quod tamen non est de significatione magis communis, rationale enim includitur in significatione hominis, quod tamen non est de significatione animalis. unde aliud est quaerere de significatione animalis, et aliud est quaerere de significatione animalis quod est homo. similiter aliud est quaerere de significatione huius nominis persona in communi, et aliud de significatione personae divinae. persona enim in communi significat substantiam individuam rationalis naturae, * ut dictum est. ‘ individuum autem est quod est in se indistinctum, ab aliis vero distinctum. persona igitur, in quacumque natura, significat id quod est distinctum in natura illa sicut in humana natura significat has carnes et haec ossa et hanc animam, quae sunt principia individuantia hominem; quae quidem, licet non sint de significatione personae, sunt tamen de significatione personae humanae. distinctio autem in divinis non fit nisi per relationes originis, * ut dictum est supra. ‘ relatio autem in divinis non est sicut accidens inhaerens subiecto, sed est ipsa divina essentia, unde est subsistens, sicut essentia divina subsistit. sicut ergo deitas est deus, ita paternitas divina est deus pater, qui est persona divina. persona igitur divina significat relationem ut subsistentem. et hoc est significare relationem per modum substantiae quae est hypostasis subsistens in natura divina; licet subsistens in natura divina non sit aliud quam natura divina. et secundum hoc, verum est quod hoc nomen persona significat relationem in recto, et essentiam in obliquo, non tamen relationem inquantum est relatio, sed inquantum significatur per modum hypostasis. similiter etiam significat essentiam in recto, et relationem in obliquo, inquantum essentia idem est quod hypostasis; hypostasis autem significatur in divinis ut relatione distincta; et sic relatio, per modum relationis significata, cadit in ratione personae in obliquo. et secundum hoc etiam dici potest, quod haec significatio huius nominis persona non erat percepta ante haereticorum calumniam, unde non erat in usu hoc nomen persona, nisi sicut unum aliorum absolutorum. sed postmodum accommodatum est hoc nomen persona ad standum pro relativo, ex congruentia suae significationis, ut scilicet hoc quod stat pro relativo, non solum habeat ex usu, * ut prima opinio dicebat, ‘ sed etiam ex significatione sua.
ra1 ‘ Ad primum ergo dicendum quod hoc nomen persona dicitur ad se, non ad alterum, quia significat relationem, non per modum relationis, sed per modum substantiae quae est hypostasis. * et secundum hoc augustinus dicit quod “ significat essentiam, prout in deo essentia est idem cum hypostasi, quia in deo non differt quod est et quo est.
ra2 ‘ Ad secundum dicendum quod quid quandoque quaerit de natura quam significat definitio; ut cum quaeritur, quid est homo? et respondetur, animal rationale mortale. quandoque vero quaerit suppositum; ut cum quaeritur, quid natat in mari? et respondetur, piscis. et sic quaerentibus quid tres? responsum est, tres personae.
ra3 ‘ Ad tertium dicendum quod in intellectu substantiae individuae, idest distinctae vel incommunicabilis, intelligitur in divinis relatio, * ut dictum est.
ra4 ‘ Ad quartum dicendum quod diversa ratio minus communium non facit aequivocationem in magis communi. licet enim sit alia propria definitio equi et asini, tamen univocantur in nomine animalis, quia communis definitio animalis convenit utrique. unde non sequitur quod, licet in significatione personae divinae contineatur relatio, non autem in significatione angelicae personae vel humanae, quod nomen personae aequivoce dicatur. licet nec etiam dicatur univoce, cum nihil univoce de deo dici possit et de creaturis, * ut supra ostensum est.

007 ST1 qu30 ar

pr ‘ Deinde quaeritur de pluralitate personarum. et circa hoc quaeruntur quatuor. primo, utrum sint plures personae in divinis. secundo, quot sunt. tertio, quid significent termini numerales in divinis. quarto, de communitate huius nominis persona.

007 ST1 qu30 ar1

ag1 ‘ Ad primum sic proceditur. videtur quod non sit ponere plures personas in divinis. persona enim est rationalis naturae individua substantia. si ergo sunt plures personae in divinis, sequitur quod sint plures substantiae, quod videtur haereticum.
ag2 ‘ Praeterea, pluralitas proprietatum absolutarum non facit distinctionem personarum, neque in deo neque in nobis, multo igitur minus pluralitas relationum. sed in deo non est alia pluralitas nisi relationum, * ut supra dictum est. ‘ ergo non potest dici quod in deo sint plures personae.
ag3 * Praeterea, boetius dicit, de deo loquens, quod “ hoc vere unum est, in quo nullus est numerus. ‘ sed pluralitas importat numerum. ergo non sunt plures personae in divinis.
ag4 ‘ Praeterea, ubicumque est numerus, ibi est totum et pars. si igitur in deo sit numerus personarum, erit in deo ponere totum et partem, quod simplicitati divinae repugnat.
sc * Sed contra est quod dicit athanasius, ° alia est persona patris, alia filii, alia spiritus sancti. ‘ ergo pater et filius et spiritus sanctus sunt plures personae.
co ‘ Respondeo dicendum quod plures esse personas in divinis, sequitur ex praemissis. * ostensum est enim supra quod ‘ hoc nomen persona significat in divinis relationem, ut rem subsistentem in natura divina. * supra autem habitum est quod ‘ sunt plures relationes reales in divinis. unde sequitur quod sint plures res subsistentes in divina natura. et hoc est esse plures personas in divinis.
ra1 ‘ Ad primum ergo dicendum quod substantia non ponitur in definitione personae secundum quod significat essentiam, sed secundum quod significat suppositum, quod patet ex hoc quod additur individua. * ad significandum autem substantiam sic dictam, habent graeci “ nomen hypostasis, unde sicut nos dicimus tres personas, ita ipsi dicunt tres hypostases. ‘ nos autem non consuevimus dicere tres substantias, ne intelligerentur tres essentiae, propter nominis aequivocationem.
ra2 ‘ Ad secundum dicendum quod proprietates absolutae in divinis, ut bonitas et sapientia, non opponuntur ad invicem, unde neque realiter distinguuntur. quamvis ergo eis conveniat subsistere, non tamen sunt plures res subsistentes, quod est esse plures personas. proprietates autem absolutae in rebus creatis non subsistunt, licet realiter ab invicem distinguantur, ut albedo et dulcedo. sed proprietates relativae in deo et subsistunt, et realiter ab invicem distinguuntur, * ut supra dictum est. ‘ unde pluralitas talium proprietatum sufficit ad pluralitatem personarum in divinis.
ra3 ‘ Ad tertium dicendum quod a deo, propter summam unitatem et simplicitatem, excluditur omnis pluralitas absolute dictorum; non autem pluralitas relationum. quia relationes praedicantur de aliquo ut ad alterum; et sic compositionem in ipso de quo dicuntur non important, * ut boetius in eodem libro docet.
ra4 ‘ Ad quartum dicendum quod numerus est duplex, scilicet numerus simplex vel absolutus, ut duo et tria et quatuor; et numerus qui est in rebus numeratis, ut duo homines et duo equi. si igitur in divinis accipiatur numerus absolute sive abstracte, nihil prohibet in eo esse totum et partem, et sic non est nisi in acceptione intellectus nostri; non enim numerus absolutus a rebus numeratis est nisi in intellectu. si autem accipiamus numerum prout est in rebus numeratis, sic in rebus quidem creatis, unum est pars duorum, et duo trium, ut unus homo duorum, et duo trium, sed non est sic in deo, quia tantus est pater quanta tota trinitas, * ut infra patebit.

007 ST1 qu30 ar2

ag1 ‘ Ad secundum sic proceditur. videtur quod in deo sint plures personae quam tres. pluralitas enim personarum in divinis est secundum pluralitatem proprietatum relativarum, * ut dictum est. ‘ sed quatuor sunt relationes in divinis, * ut supra dictum est, ‘ scilicet paternitas, filiatio, communis spiratio et processio. ergo quatuor personae sunt in divinis.
ag2 ‘ Praeterea, non plus differt natura a voluntate in deo, quam natura ab intellectu. sed in divinis est alia persona quae procedit per modum voluntatis, ut amor; et alia quae procedit per modum naturae, ut filius. ergo est etiam alia quae procedit per modum intellectus, ut verbum; et alia quae procedit per modum naturae, ut filius. et sic iterum sequitur quod non sunt tantum tres personae in divinis.
ag3 ‘ Praeterea, in rebus creatis quod excellentius est, plures habet operationes intrinsecas, sicut homo supra alia animalia habet intelligere et velle. sed deus in infinitum excedit omnem creaturam. ergo non solum est ibi persona procedens per modum voluntatis et per modum intellectus, sed infinitis aliis modis. ergo sunt infinitae personae in divinis.
ag4 ‘ Praeterea, ex infinita bonitate patris est, quod infinite seipsum communicet, producendo personam divinam. sed etiam in spiritu sancto est infinita bonitas. ergo spiritus sanctus producit divinam personam, et illa aliam, et sic in infinitum.
ag5 ‘ Praeterea, omne quod continetur sub determinato numero, est mensuratum, numerus enim mensura quaedam est. sed personae divinae sunt immensae, * ut patet per athanasium, ° immensus pater, immensus filius, immensus spiritus sanctus. ‘ non ergo sub numero ternario continentur.
sc * Sed contra est quod dicitur i ioan. ult., ° tres sunt qui testimonium dant in caelo, pater, verbum et spiritus sanctus. “ quaerentibus autem, quid tres? respondetur, tres personae, * ut augustinus dicit, in vii de trin.. ‘ sunt igitur tres personae tantum in divinis.
co * Respondeo dicendum quod, secundum praemissa, ‘ necesse est ponere tantum tres personas in divinis. * ostensum est enim quod ‘ plures personae sunt plures relationes subsistentes, ab invicem realiter distinctae. realis autem distinctio inter relationes divinas non est nisi in ratione oppositionis relativae. ergo oportet duas relationes oppositas ad duas personas pertinere, si quae autem relationes oppositae non sunt, ad eandem personam necesse est eas pertinere. paternitas ergo et filiatio, cum sint oppositae relationes, ad duas personas ex necessitate pertinent. paternitas igitur subsistens est persona patris, et filiatio subsistens est persona filii. aliae autem duae relationes ad neutram harum oppositionem habent, sed sibi invicem opponuntur. impossibile est igitur quod ambae uni personae conveniant. oportet ergo quod vel una earum conveniat utrique dictarum personarum, aut quod una uni, et alia alii. non autem potest esse quod processio conveniat patri et filio, vel alteri eorum, quia sic sequeretur quod processio intellectus, quae est generatio in divinis, secundum quam accipitur paternitas et filiatio, prodiret ex processione amoris, secundum quam accipitur spiratio et processio, si persona generans et genita procederent a spirante, * quod est contra praemissa. |25| ‘ relinquitur ergo quod spiratio conveniat et personae patris et personae filii, utpote nullam habens oppositionem relativam nec ad paternitatem nec ad filiationem. et per consequens oportet quod conveniat processio alteri personae, quae dicitur persona spiritus sancti, quae per modum amoris procedit, * ut supra habitum est. ‘ relinquitur ergo tantum tres personas esse in divinis, scilicet patrem et filium et spiritum sanctum.
ra1 ‘ Ad primum ergo dicendum quod, licet sint quatuor relationes in divinis, tamen una earum, scilicet spiratio, non separatur a persona patris et filii, sed convenit utrique. et sic, licet sit relatio, non tamen dicitur proprietas, quia non convenit uni tantum personae, neque est relatio personalis, idest constituens personam. sed hae tres relationes, paternitas, filiatio et processio, dicuntur proprietates personales, quasi personas constituentes, nam paternitas est persona patris, filiatio persona filii, processio persona spiritus sancti procedentis.
ra2 ‘ Ad secundum dicendum quod id quod procedit per modum intellectus, ut verbum, procedit secundum rationem similitudinis, sicut etiam id quod procedit per modum naturae, * et ideo supra dictum est quod ‘ processio verbi divini est ipsa generatio per modum naturae. amor autem, inquantum huiusmodi, non procedit ut similitudo illius a quo procedit (licet in divinis amor sit coessentialis inquantum est divinus), et ideo processio amoris non dicitur generatio in divinis.
ra3 ‘ Ad tertium dicendum quod homo, cum sit perfectior aliis animalibus, habet plures operationes intrinsecas quam alia animalia, quia eius perfectio est per modum compositionis. unde in angelis, qui sunt perfectiores et simpliciores, sunt pauciores operationes intrinsecae quam in homine, quia in eis non est imaginari, sentire, et huiusmodi. sed in deo, secundum rem, non est nisi una operatio, quae est sua essentia. * sed quomodo sunt duae processiones, supra ostensum est.
ra4 ‘ Ad quartum dicendum quod ratio illa procederet, si spiritus sanctus haberet aliam numero bonitatem a bonitate patris, oporteret enim quod, sicut pater per suam bonitatem producit personam divinam, ita et spiritus sanctus. sed una et eadem bonitas patris est et spiritus sancti. neque etiam est distinctio nisi per relationes personarum. unde bonitas convenit spiritui sancto quasi habita ab alio, patri autem, sicut a quo communicatur alteri. oppositio autem relationis non permittit ut cum relatione spiritus sancti sit relatio principii respectu divinae personae, quia ipse procedit ab aliis personis quae in divinis esse possunt.
ra5 ‘ Ad quintum dicendum quod numerus determinatus, si accipiatur numerus simplex, qui est tantum in acceptione intellectus, per unum mensuratur. si vero accipiatur numerus rerum in divinis personis, sic non competit ibi ratio mensurati, quia eadem est magnitudo trium personarum, * ut infra patebit; ‘ idem autem non mensuratur per idem.

007 ST1 qu30 ar3

ag1 ‘ Ad tertium sic proceditur. videtur quod termini numerales ponant aliquid in divinis. unitas enim divina est eius essentia. sed omnis numerus est unitas repetita. ergo omnis terminus numeralis in divinis significat essentiam. ergo ponit aliquid in deo.
ag2 ‘ Praeterea, quidquid dicitur de deo et creaturis, eminentius convenit deo quam creaturis. sed termini numerales in creaturis aliquid ponunt. ergo multo magis in deo.
ag3 ‘ Praeterea, si termini numerales non ponunt aliquid in divinis, sed inducuntur ad removendum tantum, ut per pluralitatem removeatur unitas, et per unitatem pluralitas; sequitur quod sit circulatio in ratione, confundens intellectum et nihil certificans; quod est inconveniens. relinquitur ergo quod termini numerales aliquid ponunt in divinis.
sc * Sed contra est quod hilarius dicit, in iv de trin., ° sustulit singularitatis ac solitudinis intelligentiam professio consortii, “ quod est professio pluralitatis. * et ambrosius dicit, in libro de fide ° cum unum deum dicimus, unitas pluralitatem excludit deorum, non quantitatem in deo ponimus. ‘ ex quibus videtur quod huiusmodi nomina sunt inducta in divinis ad removendum, non ad ponendum aliquid.
co * Respondeo dicendum quod magister, in sententiis, ponit quod “ termini numerales non ponunt aliquid in divinis, sed removent tantum. * alii vero dicunt contrarium. ‘ ad evidentiam igitur huius, considerandum est quod omnis pluralitas consequitur aliquam divisionem. est autem duplex divisio. una materialis, quae fit secundum divisionem continui, et hanc consequitur numerus qui est species quantitatis. unde talis numerus non est nisi in rebus materialibus habentibus quantitatem. alia est divisio formalis, quae fit per oppositas vel diversas formas, et hanc divisionem sequitur multitudo quae non est in aliquo genere, sed est de transcendentibus, secundum quod ens dividitur per unum et multa. et talem multitudinem solam contingit esse in rebus immaterialibus. * quidam igitur, “ non considerantes nisi multitudinem quae est species quantitatis discretae, quia videbant quod quantitas discreta non habet locum in divinis, posuerunt quod termini numerales non ponunt aliquid in deo, sed removent tantum. * alii vero, eandem multitudinem considerantes, dixerunt quod, sicut “ scientia ponitur in deo secundum rationem propriam scientiae, non autem secundum rationem sui generis, quia in deo nulla est |25| qualitas; ita numerus in deo ponitur secundum propriam rationem numeri, non autem secundum rationem sui generis, quod est quantitas. ‘ nos autem dicimus quod termini numerales, secundum quod veniunt in praedicationem divinam, non sumuntur a numero qui est species quantitatis; quia sic de deo non dicerentur nisi metaphorice, sicut et aliae proprietates corporalium, sicut latitudo, longitudo, et similia, sed sumuntur a multitudine secundum quod est transcendens. multitudo autem sic accepta hoc modo se habet ad multa de quibus praedicatur, sicut unum quod convertitur cum ente ad ens. huiusmodi autem unum, * sicut supra dictum est, cum de dei unitate ageretur, ‘ non addit aliquid supra ens nisi negationem divisionis tantum, unum enim significat ens indivisum. et ideo de quocumque dicatur unum, significatur illa res indivisa, sicut unum dictum de homine, significat naturam vel substantiam hominis non divisam. et eadem ratione, cum dicuntur res multae, multitudo sic accepta significat res illas cum indivisione circa unamquamque earum. numerus autem qui est species quantitatis, ponit quoddam accidens additum supra ens, et similiter unum quod est principium numeri. termini ergo numerales significant in divinis illa de quibus dicuntur, et super hoc nihil addunt nisi negationem, * ut dictum est, * et quantum ad hoc, veritatem dixit magister in sententiis. |50| ‘ ut, cum dicimus, essentia est una, unum significat essentiam indivisam, cum dicimus, persona est una, significat personam indivisam, cum dicimus, personae sunt plures, significantur illae personae, et indivisio circa unamquamque earum; quia de ratione multitudinis est, quod ex unitatibus constet.
ra1 ‘ Ad primum ergo dicendum quod unum, cum sit de transcendentibus, est communius quam substantia et quam relatio, et similiter multitudo. unde potest stare in divinis et pro substantia et pro relatione, secundum quod competit his quibus adiungitur. et tamen per huiusmodi nomina, supra essentiam vel relationem, additur, ex eorum significatione propria, negatio quaedam divisionis, * ut dictum est.
ra2 ‘ Ad secundum dicendum quod multitudo quae ponit aliquid in rebus creatis, est species quantitatis; quae non transumitur in divinam praedicationem; sed tantum multitudo transcendens, quae non addit supra ea de quibus dicitur, nisi indivisionem circa singula. et talis multitudo dicitur de deo.
ra3 ‘ Ad tertium dicendum quod unum non est remotivum multitudinis, sed divisionis, quae est prior, secundum rationem, quam unum vel multitudo. multitudo autem non removet unitatem, sed removet divisionem circa unumquodque eorum ex quibus constat multitudo. * et haec supra exposita sunt, cum de divina unitate ageretur. * sciendum tamen est quod auctoritates in oppositum inductae, non probant sufficienter propositum. ‘ licet enim pluralitate excludatur solitudo, et unitate deorum pluralitas, non tamen sequitur quod his nominibus hoc solum significetur. albedine enim excluditur nigredo, non tamen nomine albedinis significatur sola nigredinis exclusio.

007 ST1 qu30 ar4

ag1 ‘ Ad quartum sic proceditur. videtur quod hoc nomen persona non possit esse commune tribus personis. nihil enim est commune tribus personis nisi essentia. sed hoc nomen persona non significat essentiam in recto. ergo non est commune tribus.
ag2 ‘ Praeterea, commune opponitur incommunicabili. sed de ratione personae est quod sit incommunicabilis, * ut patet ex definitione ricardi de s. victore supra posita. ‘ ergo hoc nomen persona non est commune tribus.
ag3 ‘ Praeterea, si est commune tribus, aut ista communitas attenditur secundum rem, aut secundum rationem. sed non secundum rem, quia sic tres personae essent una persona. nec iterum secundum rationem tantum, quia sic persona esset universale, in divinis autem non est universale et particulare, neque genus neque species, * ut supra ostensum est. ‘ non ergo hoc nomen persona est commune tribus.
sc * Sed contra est quod dicit augustinus, vii de trin., quod “ cum quaereretur, quid tres? responsum est, tres personae; quia commune est eis id quod est persona.
co ‘ Respondeo dicendum quod ipse modus loquendi ostendit hoc nomen persona tribus esse commune, cum dicimus tres personas, sicut cum dicimus tres homines, ostendimus hominem esse commune tribus. manifestum est autem quod non est communitas rei, sicut una essentia communis est tribus, quia sic sequeretur unam esse personam trium, sicut essentia est una. * qualis autem sit communitas, investigantes diversimode locuti sunt. quidam enim dixerunt quod “ est communitas negationis; propter hoc, quod in definitione personae ponitur incommunicabile. * quidam autem dixerunt quod “ est communitas intentionis, eo quod in definitione personae ponitur individuum; sicut si dicatur quod esse speciem est commune equo et bovi. ‘ sed utrumque horum excluditur per hoc, quod hoc nomen persona non est nomen negationis neque intentionis, sed est nomen rei. et ideo dicendum est quod etiam in rebus humanis hoc nomen persona est commune communitate rationis, non sicut genus vel species, sed sicut individuum vagum. nomina enim generum vel specierum, ut homo vel animal, sunt imposita ad significandum ipsas naturas communes; non autem intentiones naturarum communium, quae significantur his nominibus genus vel species. sed individuum vagum, ut aliquis homo, significat naturam |25| communem cum determinato modo existendi qui competit singularibus, ut scilicet sit per se subsistens distinctum ab aliis. sed in nomine singularis designati, significatur determinatum distinguens, sicut in nomine socratis haec caro et hoc os. hoc tamen interest, quod aliquis homo significat naturam, vel individuum ex parte naturae, cum modo existendi qui competit singularibus, hoc autem nomen persona non est impositum ad significandum individuum ex parte naturae, sed ad significandum rem subsistentem in tali natura. hoc autem est commune secundum rationem omnibus personis divinis, ut unaquaeque earum subsistat in natura divina distincta ab aliis. et sic hoc nomen persona, secundum rationem, est commune tribus personis divinis.
ra1 ‘ Ad primum ergo dicendum quod ratio illa procedit de communitate rei.
ra2 ‘ Ad secundum dicendum quod, licet persona sit incommunicabilis, tamen ipse modus existendi incommunicabiliter, potest esse pluribus communis.
ra3 ‘ Ad tertium dicendum quod, licet sit communitas rationis et non rei tamen non sequitur quod in divinis sit universale et particulare, vel genus vel species. tum quia neque in rebus humanis communitas personae est communitas generis vel speciei. tum quia personae divinae habent unum esse, genus autem et species, et quodlibet universale, praedicatur de pluribus secundum esse differentibus.

007 ST1 qu31 ar

pr ‘ Post haec considerandum est de his quae ad unitatem vel pluralitatem pertinent in divinis. et circa hoc quaeruntur quatuor. primo, de ipso nomine trinitatis. secundo, utrum possit dici, filius est alius a patre. tertio, utrum dictio exclusiva, quae videtur alietatem excludere, possit adiungi nomini essentiali in divinis. quarto, utrum possit adiungi termino personali.

007 ST1 qu31 ar1

ag1 ‘ Ad primum sic proceditur. videtur quod non sit trinitas in divinis. omne enim nomen in divinis vel significat substantiam, vel relationem. sed hoc nomen trinitas non significat substantiam, praedicaretur enim de singulis personis. neque significat relationem, quia non dicitur secundum nomen ad aliud. ergo nomine trinitatis non est utendum in divinis.
ag2 ‘ Praeterea, hoc nomen trinitas videtur esse nomen collectivum, cum significet multitudinem. tale autem nomen non convenit in divinis, cum unitas importata per nomen collectivum sit minima unitas, in divinis autem est maxima unitas. ergo hoc nomen trinitas non convenit in divinis.
ag3 ‘ Praeterea, omne trinum est triplex. sed in deo non est triplicitas, cum triplicitas sit species inaequalitatis. ergo nec trinitas.
ag4 ‘ Praeterea, quidquid est in deo, est in unitate essentiae divinae, quia deus est sua essentia. si igitur trinitas est in deo, erit in unitate essentiae divinae. et sic in deo erunt tres essentiales unitates, quod est haereticum.
ag5 ‘ Praeterea, in omnibus quae dicuntur de deo, concretum praedicatur de abstracto, deitas enim est deus, et paternitas est pater. sed trinitas non potest dici trina, quia sic essent novem res in divinis, quod est erroneum. ergo nomine trinitatis non est utendum in divinis.
sc * Sed contra est quod athanasius dicit, quod ° unitas in trinitate, et trinitas in unitate veneranda sit.
co ‘ Respondeo dicendum quod nomen trinitatis in divinis significat determinatum numerum personarum. sicut igitur ponitur pluralitas personarum in divinis, ita utendum est nomine trinitatis, quia hoc idem quod significat pluralitas indeterminate, significat hoc nomen trinitas determinate.
ra1 ‘ Ad primum ergo dicendum quod hoc nomen trinitas, secundum etymologiam vocabuli, videtur significare unam essentiam trium personarum, secundum quod dicitur trinitas quasi trium unitas. sed secundum proprietatem vocabuli, significat magis numerum personarum unius essentiae. et propter hoc non possumus dicere quod pater sit trinitas, quia non est tres personae. non autem significat ipsas relationes personarum, sed magis numerum personarum ad invicem relatarum. et inde est quod, secundum nomen, ad aliud non refertur.
ra2 ‘ Ad secundum dicendum quod nomen collectivum duo importat, scilicet pluralitatem suppositorum, et unitatem quandam, scilicet ordinis alicuius, populus enim est multitudo hominum sub aliquo ordine comprehensorum. quantum ergo ad primum, hoc nomen trinitas convenit cum nominibus collectivis, sed quantum ad secundum differt, quia in divina trinitate non solum est unitas ordinis, sed cum hoc est etiam unitas essentiae.
ra3 ‘ Ad tertium dicendum quod trinitas absolute dicitur, significat enim numerum ternarium personarum. sed triplicitas significat proportionem inaequalitatis, est enim species proportionis inaequalis, * sicut patet per boetium in arithmetica. ‘ et ideo non est in deo triplicitas, sed trinitas.
ra4 ‘ Ad quartum dicendum quod in trinitate divina intelligitur et numerus, et personae numeratae. cum ergo dicimus trinitatem in unitate, non ponimus numerum in unitate essentiae, quasi sit ter una, sed personas numeratas ponimus in unitate naturae, sicut supposita alicuius naturae dicuntur esse in natura illa. e converso autem dicimus unitatem in trinitate, sicut natura dicitur esse in suis suppositis.
ra5 ‘ Ad quintum dicendum quod, cum dicitur, trinitas est trina, ratione numeri importati significatur multiplicatio eiusdem numeri in seipsum, cum hoc quod dico trinum, importet distinctionem in suppositis illius de quo dicitur. et ideo non potest dici quod trinitas sit trina, quia sequeretur, si trinitas esset trina, quod tria essent supposita trinitatis; sicut cum dicitur, deus est trinus, sequitur quod sunt tria supposita deitatis.

007 ST1 qu31 ar2

ag1 ‘ Ad secundum sic proceditur. videtur quod filius non sit alius a patre. alius enim est relativum diversitatis substantiae. si igitur filius est alius a patre, videtur quod sit a patre diversus. * quod est contra augustinum, vii de trin., ubi dicit quod, “ cum dicimus tres personas, non diversitatem intelligere volumus.
ag2 ‘ Praeterea, quicumque sunt alii ab invicem, aliquo modo ab invicem differunt. si igitur filius est alius a patre, sequitur quod sit differens a patre. * quod est contra ambrosium, in i de fide, ubi ait, ° pater et filius deitate unum sunt, nec est ibi substantiae differentia, neque ulla diversitas.
ag3 ‘ Praeterea, ab alio alienum dicitur. sed filius non est alienus a patre, * dicit enim hilarius, in vii de trin., quod “ in divinis personis nihil est diversum, nihil alienum, nihil separabile. ‘ ergo filius non est alius a patre.
ag4 ‘ Praeterea, alius et aliud idem significant, sed solo generis consignificatione differunt. si ergo filius est alius a patre, videtur sequi quod filius sit aliud a patre.
sc * Sed contra est quod augustinus dicit, in libro de fide ad petrum, ° una est enim essentia patris et filii et spiritus sancti, in qua non est aliud pater, aliud filius, aliud spiritus sanctus; quamvis personaliter sit alius pater, alius filius, alius spiritus sanctus.
co ‘ Respondeo dicendum quod, quia ex verbis inordinate prolatis incurritur haeresis, * ut hieronymus dicit, ‘ ideo cum de trinitate loquimur, cum cautela et modestia est agendum, * quia, ut augustinus dicit, in i de trin., ° nec periculosius alicubi erratur, nec laboriosius aliquid quaeritur, nec fructuosius aliquid invenitur. ‘ oportet autem in his quae de trinitate loquimur, duos errores oppositos cavere, temperate inter utrumque procedentes, * scilicet errorem arii, “ qui posuit cum trinitate personarum trinitatem substantiarum; * et errorem sabellii, “ qui posuit cum unitate essentiae unitatem personae. * ad evitandum igitur errorem arii, ‘ vitare debemus in divinis nomen diversitatis et differentiae, ne tollatur unitas essentiae, possumus autem uti nomine distinctionis, propter oppositionem relativam. unde sicubi in aliqua scriptura authentica diversitas vel differentia personarum invenitur, sumitur diversitas vel differentia pro distinctione. ne autem tollatur simplicitas divinae essentiae, vitandum est nomen separationis et divisionis, quae est totius in partes. ne autem tollatur aequalitas, vitandum est nomen disparitatis. ne vero tollatur similitudo, |25| vitandum est nomen alieni et discrepantis, * dicit enim ambrosius, in libro de fide, quod “ in patre et filio non est discrepans, sed una divinitas, * et secundum hilarium, * ut dictum est, “ in divinis nihil est alienum, nihil separabile. * ad vitandum vero errorem sabellii, ‘ vitare debemus singularitatem, ne tollatur communicabilitas essentiae divinae, * unde hilarius dicit, vii de trin., ° patrem et filium singularem deum praedicare, sacrilegum est. ‘ debemus etiam vitare nomen unici, ne tollatur numerus personarum, * unde hilarius in eodem libro dicit quod “ a deo excluditur singularis atque unici intelligentia. ‘ dicimus tamen unicum filium, quia non sunt plures filii in divinis. neque tamen dicimus unicum deum, quia pluribus deitas est communis. vitamus etiam nomen confusi, ne tollatur ordo naturae a personis, * unde ambrosius dicit, i de fide, ° neque confusum est quod unum est, neque multiplex esse potest quod indifferens est. ‘ vitandum est etiam nomen solitarii, ne tollatur consortium trium personarum, * dicit enim hilarius, in iv de trin., ° nobis neque solitarius, neque diversus deus est confitendus. |50| ‘ hoc autem nomen alius, masculine sumptum, non importat nisi distinctionem suppositi. unde convenienter dicere possumus quod filius est alius a patre, quia scilicet est aliud suppositum divinae naturae, sicut est alia persona, et alia hypostasis.
ra1 ‘ Ad primum ergo dicendum quod alius, quia est sicut quoddam particulare nomen, tenet se ex parte suppositi, unde ad eius rationem sufficit distinctio substantiae quae est hypostasis vel persona. sed diversitas requirit distinctionem substantiae quae est essentia. et ideo non possumus dicere quod filius sit diversus a patre, licet sit alius.
ra2 * Ad secundum dicendum quod differentia importat distinctionem ‘ formae. est autem tantum una forma in divinis, * ut patet per id quod dicitur phil. ii, ° qui cum in forma dei esset. ‘ et ideo nomen differentis non proprie competit in divinis, * ut patet per auctoritatem inductam. utitur tamen damascenus “ nomine differentiae in divinis personis, secundum quod proprietas relativa significatur per modum formae. unde dicit quod non differunt ab invicem hypostases secundum substantiam, sed secundum determinatas proprietates. ‘ sed differentia sumitur pro distinctione, * ut dictum est.
ra3 ‘ Ad tertium dicendum quod alienum est quod est extraneum et dissimile. sed hoc non importatur cum dicitur alius. et ideo dicimus filium alium a patre, licet non dicamus alienum.
ra4 ‘ Ad quartum dicendum quod neutrum genus est informe, masculinum autem est formatum et distinctum, et similiter femininum. et ideo convenienter per neutrum genus significatur essentia communis, per masculinum autem et femininum, aliquod suppositum determinatum in communi natura. unde etiam in rebus humanis, si quaeratur, quis est iste? respondetur, socrates, quod nomen est suppositi, si autem quaeratur, quid est iste? respondetur, animal rationale et mortale. et ideo, quia in divinis distinctio est secundum personas, non autem secundum essentiam, dicimus quod pater est alius a filio, sed non aliud, et e converso dicimus quod sunt unum, sed non unus.

007 ST1 qu31 ar3

ag1 ‘ Ad tertium sic proceditur. videtur quod dictio exclusiva solus non sit addenda termino essentiali in divinis. quia * secundum philosophum, in ii elench., ° solus est qui cum alio non est. ‘ sed deus est cum angelis et sanctis animabus. ergo non possumus dicere deum solum.
ag2 ‘ Praeterea, quidquid adiungitur termino essentiali in divinis, potest praedicari de qualibet persona per se, et de omnibus simul, quia enim convenienter dicitur sapiens deus, possumus dicere, pater est sapiens deus, et trinitas est sapiens deus. * sed augustinus, in vi de trin., dicit, ° consideranda est illa sententia, qua dicitur non esse patrem verum deum solum. ‘ ergo non potest dici solus deus.
ag3 ‘ Praeterea, si haec dictio solus adiungitur termino essentiali, aut hoc erit respectu praedicati personalis, aut respectu praedicati essentialis. sed non respectu praedicati personalis, quia haec est falsa, solus deus est pater, cum etiam homo sit pater. neque etiam respectu praedicati essentialis. quia si haec esset vera, solus deus creat, videtur sequi quod haec esset vera, solus pater creat, quia quidquid dicitur de deo, potest dici de patre. haec autem est falsa, quia etiam filius est creator. non ergo haec dictio solus potest in divinis adiungi termino essentiali.
sc * Sed contra est quod dicitur i ad tim. i, ° regi saeculorum immortali, invisibili, soli deo.
co ‘ Respondeo dicendum quod haec dictio solus potest accipi ut categorematica vel syncategorematica. dicitur autem dictio categorematica, quae absolute ponit rem significatam circa aliquod suppositum; ut albus circa hominem, cum dicitur homo albus. si ergo sic accipiatur haec dictio solus, nullo modo potest adiungi alicui termino in divinis, quia poneret solitudinem circa terminum cui adiungeretur, et sic sequeretur deum esse solitarium; * quod est contra praedicta. ‘ dictio vero syncategorematica dicitur, quae importat ordinem praedicati ad subiectum, sicut haec dictio omnis, vel nullus. et similiter haec dictio solus, quia excludit omne aliud suppositum a consortio praedicati. sicut, cum dicitur, solus socrates scribit, non datur intelligi quod socrates sit solitarius; sed quod nullus sit ei consors in scribendo, quamvis cum eo multis existentibus. et per hunc modum nihil prohibet hanc dictionem solus adiungere alicui essentiali termino in divinis, inquantum excluduntur omnia alia a deo a consortio praedicati, ut si dicamus, solus deus est aeternus, quia nihil praeter deum est aeternum.
ra1 ‘ Ad primum ergo dicendum quod, licet angeli et animae sanctae semper sint cum deo, tamen, si non esset pluralitas personarum in divinis, sequeretur, quod deus esset solus vel solitarius. non enim tollitur solitudo per associationem alicuius quod est extraneae naturae, dicitur enim aliquis solus esse in horto, quamvis sint ibi multae plantae et animalia. et similiter diceretur deus esse solus vel solitarius, angelis et hominibus cum eo existentibus, si non essent in divinis personae plures. consociatio igitur angelorum et animarum non excludit solitudinem absolutam a divinis, et multo minus solitudinem respectivam, per comparationem ad aliquod praedicatum.
ra2 ‘ Ad secundum dicendum quod haec dictio solus, proprie loquendo, non ponitur ex parte praedicati, quod sumitur formaliter, respicit enim suppositum, inquantum excludit aliud suppositum ab eo cui adiungitur. sed hoc adverbium tantum, cum sit exclusivum, potest poni ex parte subiecti, et ex parte praedicati, possumus enim dicere, tantum socrates currit, idest nullus alius; et, socrates currit tantum, idest nihil aliud facit. unde non proprie dici potest, pater est solus deus, vel trinitas est solus deus, nisi forte ex parte praedicati intelligatur aliqua implicatio, ut dicatur, trinitas est deus qui est solus deus. et secundum hoc etiam posset esse vera ista, pater est deus qui est solus deus, si relativum referret praedicatum, et non suppositum. * augustinus autem, cum dicit “ patrem non esse solum deum, sed trinitatem esse solum deum, loquitur expositive, ac si diceret, cum dicitur, regi saeculorum, invisibili, soli deo, non est exponendum de persona patris, sed de sola trinitate.
ra3 ‘ Ad tertium dicendum quod utroque modo potest haec dictio solus adiungi termino essentiali. haec enim propositio, solus deus est pater, est duplex. quia ly pater potest praedicare personam patris, et sic est vera, non enim homo est illa persona. vel potest praedicare relationem tantum, et sic est falsa, quia relatio paternitatis etiam in aliis invenitur, licet non univoce. similiter haec est vera, solus deus creat. nec tamen sequitur, ergo solus pater, quia, ut sophistae dicunt, dictio exclusiva immobilitat terminum cui adiungitur, ut non possit fieri sub eo descensus pro aliquo suppositorum; non enim sequitur, solus homo est animal rationale mortale, ergo solus socrates.

007 ST1 qu31 ar4

ag1 ‘ Ad quartum sic proceditur. videtur quod dictio exclusiva possit adiungi termino personali, etiam si praedicatum sit commune. * dicit enim dominus, ad patrem loquens, ioan. xvii, ° ut cognoscant te, solum deum verum. ‘ ergo solus pater est deus verus.
ag2 * Praeterea, matth. xi dicitur, “ nemo novit filium nisi pater; quod idem significat ac si diceretur, solus pater novit filium. ‘ sed nosse filium est commune. ergo idem quod prius.
ag3 ‘ Praeterea, dictio exclusiva non excludit illud quod est de intellectu termini cui adiungitur, unde non excludit partem, neque universale, non enim sequitur, solus socrates est albus, ergo manus eius non

est alba; vel, ergo homo non est albus. sed una persona est in intellectu alterius, sicut pater in intellectu filii, et e converso. non ergo per hoc quod dicitur, solus pater est deus, excluditur filius vel spiritus sanctus. et sic videtur haec locutio esse vera.

ag4 * Praeterea, ab ecclesia cantatur, ° tu solus altissimus, iesu christe.

sc ‘ Sed contra, haec locutio, solus pater est deus, habet duas expositivas, scilicet, pater est deus, et, nullus alius a patre est deus. sed haec secunda est falsa, quia filius alius est a patre, qui est deus. ergo et haec est falsa, solus pater est deus. et sic de similibus.

co ‘ Respondeo dicendum quod, cum dicimus, solus pater est deus, haec propositio potest habere multiplicem intellectum. si enim solus ponat solitudinem circa patrem, sic est falsa, secundum quod sumitur categorematice. secundum vero quod sumitur syncategorematice, sic iterum potest intelligi multipliciter. quia si excludat a forma subiecti, sic est vera, ut sit sensus, solus pater est deus, idest, ille cum quo nullus alius est pater, est deus. * et hoc modo exponit augustinus, in vi de trin., cum dicit, ° solum patrem dicimus, non quia separatur a filio vel spiritu sancto; sed hoc dicentes, significamus quod illi simul cum eo non sunt pater. ‘ sed hic sensus non habetur ex consueto modo loquendi, nisi intellecta aliqua implicatione, ut si dicatur, ille qui solus dicitur pater, est deus. secundum vero proprium sensum, excludit a consortio praedicati. et sic haec propositio est falsa, si excludit alium masculine, est autem vera, si excludit aliud neutraliter tantum, quia filius est alius a patre, non tamen aliud; similiter et spiritus sanctus. sed quia haec dictio solus respicit proprie subiectum, * ut dictum est, ‘ magis se habet ad excludendum alium quam aliud. unde non est extendenda talis locutio; sed pie exponenda, |25| sicubi inveniatur in authentica scriptura.

ra1 ‘ Ad primum ergo dicendum quod, cum dicimus, te solum deum verum, non intelligitur de persona patris, sed de tota trinitate, * ut augustinus exponit. ‘ vel, si intelligatur de persona patris, non excluduntur aliae personae, propter essentiae unitatem, prout ly solus excludit tantum aliud, * ut dictum est.

ra2 ‘ Et similiter dicendum est ad secundum. cum enim aliquid essentiale dicitur de patre, non excluditur filius vel spiritus sanctus, propter essentiae unitatem. * tamen sciendum est quod in auctoritate praedicta, “ haec dictio nemo non idem est quod nullus homo, quod videtur significare vocabulum (non enim posset excipi persona patris), sed sumitur, secundum usum loquendi, distributive pro quacumque rationali natura.

ra3 ‘ Ad tertium dicendum quod dictio exclusiva non excludit illa quae sunt de intellectu termini cui adiungitur, si non differunt secundum suppositum, ut pars et universale. sed filius differt supposito a patre, et ideo non est similis ratio.

ra4 ‘ Ad quartum dicendum quod non dicimus absolute quod solus filius sit altissimus, sed quod solus sit altissimus “ cum spiritu sancto, in gloria dei patris.

007 ST1 qu32 ar

pr ‘ Consequenter inquirendum est de cognitione divinarum personarum. et circa hoc quaeruntur quatuor. primo, utrum per rationem naturalem possint cognosci divinae personae. secundo, utrum sint aliquae notiones divinis personis attribuendae. tertio, de numero notionum. quarto, utrum liceat diversimode circa notiones opinari.

007 ST1 qu32 ar1

ag1 ‘ Ad primum sic proceditur. videtur quod trinitas divinarum personarum possit per naturalem rationem cognosci. philosophi enim non devenerunt in dei cognitionem nisi per rationem naturalem, inveniuntur autem a philosophis multa dicta de trinitate personarum. * dicit enim aristoteles, in i de caelo et mundo, “ per hunc numerum, scilicet ternarium, ° adhibuimus nos ipsos magnificare deum unum, eminentem proprietatibus eorum quae sunt creata. * augustinus etiam dicit, vii confes., “ ibi legi, scilicet in libris platonicorum, ° non quidem his verbis, sed hoc idem omnino, multis et multiplicibus suaderi rationibus, quod in principio erat verbum, et verbum erat apud deum, et deus erat verbum, * et huiusmodi quae ibi sequuntur, in quibus verbis distinctio divinarum personarum traditur. dicitur etiam in glossa rom. i, et exod. viii, quod ‘ magi pharaonis defecerunt in tertio signo, idest in notitia tertiae personae, scilicet spiritus sancti, et sic ad minus duas cognoverunt. * trismegistus etiam dixit, ° monas genuit monadem, et in se suum reflexit ardorem, “ per quod videtur generatio filii, et spiritus sancti processio intimari. ‘ cognitio ergo divinarum personarum potest |25| per rationem naturalem haberi.

ag2 * Praeterea, ricardus de sancto victore dicit, in libro de trin., ° credo sine dubio quod ad quamcumque explanationem veritatis, non modo probabilia, imo etiam necessaria argumenta non desint. * unde etiam ad probandum trinitatem personarum, aliqui induxerunt “ rationem ex infinitate bonitatis divinae, quae seipsam infinite communicat in processione divinarum personarum. * quidam vero per hoc, quod ° nullius boni sine consortio potest esse iucunda possessio. * augustinus vero procedit ad manifestandum trinitatem personarum, “ ex processione verbi et amoris in mente nostra, * quam viam supra secuti sumus. ‘ ergo per rationem naturalem potest cognosci trinitas personarum.

ag3 ‘ Praeterea, superfluum videtur homini tradere quod humana ratione cognosci non potest. sed non est dicendum quod traditio divina de cognitione trinitatis sit superflua. ergo trinitas personarum ratione humana cognosci potest.

sc * Sed contra est quod hilarius dicit, in libro ii de trin., ° non putet homo sua intelligentia generationis sacramentum posse consequi. * ambrosius etiam dicit, ° impossibile est generationis scire secretum, mens deficit, vox silet. ‘ sed per originem generationis et processionis distinguitur trinitas in personis divinis, * ut ex supra dictis patet. ‘ cum ergo illud homo non possit scire et intelligentia consequi, ad quod ratio necessaria haberi non potest, sequitur quod trinitas personarum per rationem cognosci non possit.

co ‘ Respondeo dicendum quod impossibile est per rationem naturalem ad cognitionem trinitatis divinarum personarum pervenire. * ostensum est enim supra quod ‘ homo per rationem naturalem in cognitionem dei pervenire non potest nisi ex creaturis. creaturae autem ducunt in dei cognitionem, sicut effectus in causam. hoc igitur solum ratione naturali de deo cognosci potest, quod competere ei necesse est secundum quod est omnium entium principium, * et hoc fundamento usi sumus supra in consideratione dei. ‘ virtus autem creativa dei est communis toti trinitati, unde pertinet ad unitatem essentiae, non ad distinctionem personarum. per rationem igitur naturalem cognosci possunt de deo ea quae pertinent ad unitatem essentiae, non autem ea quae pertinent ad distinctionem personarum. qui autem probare nititur trinitatem personarum naturali ratione, fidei dupliciter derogat. primo quidem, quantum ad dignitatem ipsius fidei, quae est ut sit de rebus invisibilibus, quae rationem humanam excedunt. * unde apostolus dicit, ad heb. xi, quod fides est de non apparentibus. et apostolus dicit, i cor. ii, ° sapientiam loquimur inter perfectos, sapientiam vero non huius saeculi, neque principum huius saeculi; sed loquimur dei sapientiam in mysterio, quae abscondita est. ‘ secundo, quantum ad utilitatem trahendi alios ad fidem. cum enim |25| aliquis ad probandam fidem inducit rationes quae non sunt cogentes, cedit in irrisionem infidelium, credunt enim quod huiusmodi rationibus innitamur, et propter eas credamus. quae igitur fidei sunt, non sunt tentanda probare nisi per auctoritates, his qui auctoritates suscipiunt. apud alios vero, sufficit defendere non esse impossibile quod praedicat fides. * unde dionysius dicit, ii cap. de div. nom., ° si aliquis est qui totaliter eloquiis resistit, longe erit a nostra philosophia; si autem ad veritatem eloquiorum, “ scilicet sacrorum, respicit, hoc et nos canone utimur.

ra1 ‘ Ad primum ergo dicendum quod philosophi non cognoverunt mysterium trinitatis divinarum personarum per propria, quae sunt paternitas, filiatio et processio; * secundum illud apostoli, i ad cor. ii, ° loquimur dei sapientiam, quam nemo principum huius saeculi cognovit, “ idest philosophorum, * secundum glossam. ‘ cognoverunt tamen quaedam essentialia attributa quae appropriantur personis, sicut potentia patri, sapientia filio, bonitas spiritui sancto, * ut infra patebit. * quod ergo aristoteles dicit, ° per hunc numerum adhibuimus nos ipsos “ etc., non est sic intelligendum, quod ipse poneret ternarium numerum in divinis, sed vult dicere quod antiqui utebantur ternario numero in sacrificiis et orationibus, propter quandam ternarii numeri perfectionem. * in libris etiam platonicorum invenitur ° in principio erat verum, “ non secundum quod verbum significat personam genitam in divinis, sed secundum quod per verbum intelligitur ratio idealis, per quam deus omnia condidit, quae filio appropriatur. ‘ et licet appropriata tribus personis cognoscerent, dicuntur tamen |25| in tertio signo defecisse, idest in cognitione tertiae personae, quia a bonitate, quae spiritui sancto appropriatur, deviaverunt, dum cognoscentes deum, non sicut deum glorificaverunt, * ut dicitur rom. i. vel, quia ponebant platonici unum primum ens, quod etiam dicebant “ esse patrem totius universitatis rerum, consequenter ponebant aliam substantiam sub eo, quam vocabant mentem vel paternum intellectum, in qua erant rationes omnium rerum, * sicut macrobius recitat super somnium scipionis, “ non autem ponebant aliquam substantiam tertiam separatam, quae videretur spiritui sancto respondere. ‘ sic autem nos non ponimus patrem et filium, secundum substantiam differentes, * sed hoc fuit error origenis et arii. sequentium in hoc platonicos. quod vero trismegistus dixit, ° monas monadem genuit, et in se suum reflexit ardorem, ‘ non est referendum ad generationem filii vel processionem spiritus sancti, sed ad productionem mundi, nam unus deus produxit unum mundum propter sui ipsius amorem.

ra2 ‘ Ad secundum dicendum quod ad aliquam rem dupliciter inducitur ratio. uno modo, ad probandum sufficienter aliquam radicem, sicut in scientia naturali inducitur ratio sufficiens ad probandum quod motus caeli semper sit uniformis velocitatis. alio modo inducitur ratio, non quae sufficienter probet radicem, sed quae radici iam positae ostendat congruere consequentes effectus, sicut in astrologia ponitur ratio excentricorum et epicyclorum ex hoc quod, hac positione facta, possunt salvari apparentia sensibilia circa motus caelestes, non tamen ratio haec est sufficienter probans, quia etiam forte alia positione facta salvari possent. primo ergo modo potest induci ratio ad probandum deum esse unum, et similia. sed secundo modo se habet ratio quae inducitur ad manifestationem trinitatis, quia scilicet, trinitate posita, congruunt huiusmodi rationes; non tamen ita quod per has rationes sufficienter probetur trinitas personarum. et hoc patet per singula. bonitas enim infinita dei manifestatur etiam in productione creaturarum, quia infinitae virtutis est ex nihilo producere. non enim oportet, si infinita bonitate se communicat, quod aliquid infinitum a deo procedat, sed secundum modum suum recipiat divinam bonitatem. * similiter etiam quod dicitur, quod ° sine consortio non potest esse iucunda possessio alicuius boni, “ locum habet quando in una persona non invenitur perfecta bonitas; unde indiget, ad plenam iucunditatis bonitatem, bono alicuius |25| alterius consociati sibi. ‘ similitudo autem intellectus nostri non sufficienter probat aliquid de deo, propter hoc quod intellectus non univoce invenitur in deo et in nobis. * et inde est quod augustinus, super ioan., dicit quod “ per fidem venitur ad cognitionem, et non e converso.

ra3 ‘ Ad tertium dicendum quod cognitio divinarum personarum fuit necessaria nobis dupliciter. uno modo, ad recte sentiendum de creatione rerum. per hoc enim quod dicimus deum omnia fecisse verbo suo, * excluditur error ponentium “ deum produxisse res ex necessitate naturae. ‘ per hoc autem quod ponimus in eo processionem amoris, ostenditur quod deus non propter aliquam indigentiam creaturas produxit, neque propter aliquam aliam causam extrinsecam; sed propter amorem suae bonitatis. * unde et moyses, postquam dixerat, “ in principio creavit deus caelum et terram, subdit, dixit deus, fiat lux, ad manifestationem divini verbi; et postea dixit, vidit deus lucem, quod esset bona, ad ostendendum approbationem divini amoris; et similiter in aliis operibus. ‘ alio modo, et principalius, ad recte sentiendum de salute generis humani, quae perficitur per filium incarnatum, et per donum spiritus sancti.

007 ST1 qu32 ar2

ag1 ‘ Ad secundum sic proceditur. videtur quod non sint ponendae notiones in divinis. * dicit enim dionysius, in i cap. de div. nom., quod ° non est audendum dicere aliquid de deo, praeter ea quae nobis ex sacris eloquiis sunt expressa. ‘ sed de notionibus nulla fit mentio in eloquiis sacrae scripturae. ergo non sunt ponendae notiones in divinis.

ag2 ‘ Praeterea, quidquid ponitur in divinis, aut pertinet ad unitatem essentiae, aut ad trinitatem personarum. sed notiones non pertinent ad unitatem essentiae, nec ad trinitatem personarum. de notionibus enim neque praedicantur ea quae sunt essentiae, non enim dicimus quod paternitas sit sapiens vel creet, neque etiam ea quae sunt personae; non enim dicimus quod paternitas generet et filiatio generetur. ergo non sunt ponendae notiones in divinis.

ag3 ‘ Praeterea, in simplicibus non sunt ponenda aliqua abstracta, quae sint principia cognoscendi, quia cognoscuntur seipsis. sed divinae personae sunt simplicissimae. ergo non sunt ponendae in divinis personis notiones.

sc * Sed contra est quod dicit ioannes damascenus, “ differentiam hypostaseon, idest personarum, in tribus proprietatibus, ° idest paternali et filiali et processionali, recognoscimus. ‘ sunt ergo ponendae proprietates et notiones in divinis.

co * Respondeo dicendum quod praepositivus, attendens simplicitatem personarum, dixit “ non esse ponendas proprietates et notiones in divinis, et sicubi inveniantur, exponit abstractum pro concreto, sicut enim consuevimus dicere, rogo benignitatem tuam, idest te benignum, ita cum dicitur in divinis paternitas, intelligitur deus pater. * sed, sicut ostensum est supra, ‘ divinae simplicitati non praeiudicat quod in divinis utamur nominibus concretis et abstractis. quia secundum quod intelligimus, sic nominamus. intellectus autem noster non potest pertingere ad ipsam simplicitatem divinam, secundum quod in se est consideranda, et ideo secundum modum suum divina apprehendit et nominat, idest secundum quod invenitur in rebus sensibilibus, a quibus cognitionem accipit. in quibus, ad significandum simplices formas, nominibus abstractis utimur, ad significandum vero res subsistentes, utimur nominibus concretis. unde et divina, * sicut supra dictum est, ‘ ratione simplicitatis, per nomina abstracta significamus, ratione vero subsistentiae et complementi, per nomina concreta. oportet autem non solum nomina essentialia in abstracto et in concreto significare, ut cum dicimus deitatem et deum, vel sapientiam et sapientem; sed etiam personalia, ut dicamus |25| paternitatem et patrem. ad quod duo praecipue nos cogunt. primo quidem, haereticorum instantia. cum enim confiteamur patrem et filium et spiritum sanctum esse unum deum et tres personas, quaerentibus quo sunt unus deus, et quo sunt tres personae, sicut respondetur quod sunt essentia vel deitate unum, ita oportuit esse aliqua nomina abstracta, quibus responderi possit personas distingui. et huiusmodi sunt proprietates vel notiones in abstracto significatae, ut paternitas et filiatio. et ideo essentia significatur in divinis ut quid, persona vero ut quis, proprietas autem ut quo. secundo, quia una persona invenitur in divinis referri ad duas personas, scilicet persona patris ad personam filii et personam spiritus sancti. non autem una relatione, quia sic sequeretur quod etiam filius et spiritus sanctus una et eadem relatione referrentur ad patrem; et sic, cum sola relatio in divinis multiplicet trinitatem, sequeretur quod filius et spiritus sanctus non essent duae personae. * neque potest dici, ut praepositivus dicebat, quod " sicut deus uno modo se habet ad creaturas, cum tamen creaturae diversimode se habeant ad ipsum, sic pater una relatione refertur ad filium et ad spiritum sanctum, cum tamen illi duo duabus relationibus referantur ad patrem. ' quia cum ratio specifica relativi consistat in hoc quod ad aliud se habet, necesse est dicere quod duae relationes |50| non sunt diversae secundum speciem, si ex opposito una relatio eis correspondeat, oportet enim aliam speciem relationis esse domini et patris, secundum diversitatem filiationis et servitutis. omnes autem creaturae sub una specie relationis referuntur ad deum, ut sunt creaturae ipsius, filius autem et spiritus sanctus non secundum relationes unius rationis referuntur ad patrem, unde non est simile. et iterum, in deo non requiritur relatio realis ad creaturam, * ut supra dictum est, ' relationes autem rationis in deo multiplicare non est inconveniens. sed in patre oportet esse relationem realem qua refertur ad filium et spiritum sanctum, unde secundum duas relationes filii et spiritus sancti quibus referuntur ad patrem, oportet intelligi duas relationes in patre, quibus referatur ad filium et spiritum sanctum. unde, cum non sit nisi una patris persona, necesse fuit seorsum significari relationes in abstracto, quae dicuntur proprietates et notiones.

ra1 ' Ad primum ergo dicendum quod, licet de notionibus non fiat mentio in sacra scriptura, fit tamen mentio de personis, in quibus intelliguntur notiones, sicut abstractum in concreto.

ra2 ' Ad secundum dicendum quod notiones significantur in divinis, non ut res, sed ut rationes quaedam quibus cognoscuntur personae; licet ipsae notiones vel relationes realiter sint in deo, * ut supra dictum est. ' et ideo ea quae habent ordinem aliquem ad actum aliquem essentialem vel personalem, non possunt dici de notionibus, quia hoc repugnat modo significandi ipsarum. unde non possumus dicere quod paternitas generet vel creet, sit sapiens vel intelligens. essentialia vero quae non habent ordinem ad aliquem actum, sed removent conditiones creaturae a deo possunt praedicari de notionibus, possumus enim dicere quod paternitas est aeterna vel immensa, vel quodcumque huiusmodi. et similiter, propter identitatem rei, possunt substantiva personalia et essentialia praedicari de notionibus, possumus enim dicere quod paternitas est deus, et paternitas est pater.

ra3 ' Ad tertium dicendum quod, licet personae sint simplices, tamen absque praeiudicio simplicitatis possunt propriae rationes personarum in abstracto significari, * ut dictum est.

007 ST1 qu32 ar3

ag1 ' Ad tertium sic proceditur. videtur quod non sint quinque notiones. propriae enim notiones personarum sunt relationes quibus distinguuntur. sed relationes in divinis non sunt nisi quatuor, * ut supra dictum est. ' ergo et notiones sunt tantum quatuor.

ag2 ' Praeterea, propter hoc quod in divinis est una essentia, dicitur deus unus, propter hoc autem quod sunt tres personae, dicitur deus trinus. si ergo in divinis sunt quinque notiones, dicetur quinus, quod est inconveniens.

ag3 ' Praeterea, si, tribus personis existentibus in divinis, sunt quinque notiones, oportet quod in aliqua personarum sint aliquae notiones duae vel plures; sicut in persona patris ponitur innascibilitas et paternitas et communis spiratio. aut igitur istae tres notiones differunt re, aut non. si differunt re, sequitur quod persona patris sit composita ex pluribus rebus. si autem differunt ratione tantum, sequitur quod una earum possit de alia praedicari, ut dicamus quod, sicut bonitas divina est eius sapientia propter indifferentiam rei, ita communis spiratio sit paternitas, quod non conceditur. igitur non sunt quinque notiones.

sc1 ' Sed contra, videtur quod sint plures. quia sicut pater a nullo est, et secundum hoc accipitur notio quae dicitur innascibilitas, ita a spiritu sancto non est alia persona. et secundum hoc oportebit accipere sextam notionem.

sc2 ' Praeterea, sicut patri et filio commune est quod ab eis procedat spiritus sanctus, ita commune est filio et spiritui sancto quod procedant a patre. ergo, sicut una notio ponitur communis patri et filio, ita debet poni una notio communis filio et spiritui sancto.

co ' Respondeo dicendum quod notio dicitur id quod est propria ratio cognoscendi divinam personam. divinae autem personae multiplicantur secundum originem. ad originem autem pertinet a quo alius, et qui ab alio, et secundum hos duos modos potest innotescere persona. igitur persona patris non potest innotescere per hoc quod sit ab alio, sed per hoc quod a nullo est, et sic ex hac parte eius notio est innascibilitas. sed inquantum aliquis est ab eo, innotescit dupliciter. quia inquantum filius est ab eo, innotescit notione paternitatis, inquantum autem spiritus sanctus est ab eo, innotescit notione communis spirationis. filius autem potest innotescere per hoc quod est ab alio nascendo, et sic innotescit per filiationem. et per hoc quod est alius ab eo, scilicet spiritus sanctus, et per hoc innotescit eodem modo sicut et pater, scilicet communi spiratione. spiritus sanctus autem innotescere potest per hoc quod est ab alio vel ab aliis, et sic innotescit processione. non autem per hoc quod alius sit ab eo, quia nulla divina persona procedit ab eo. sunt igitur quinque notiones in divinis, scilicet innascibilitas, paternitas, filiatio, communis spiratio et processio. harum autem tantum quatuor sunt relationes, nam innascibilitas non est relatio nisi per reductionem, * ut infra dicetur. ' quatuor autem tantum proprietates sunt, nam communis spiratio non est proprietas, |25| quia convenit duabus personis. tres autem sunt notiones personales, idest constituentes personas, scilicet paternitas, filiatio et processio, nam communis spiratio et innascibilitas dicuntur notiones personarum, non autem personales, * ut infra magis patebit.

ra1 ' Ad primum ergo dicendum quod praeter quatuor relationes oportet ponere aliam notionem, * ut dictum est.

ra2 ' Ad secundum dicendum quod essentia in divinis significatur ut res quaedam; et similiter personae significantur ut res quaedam sed notiones significantur ut rationes notificantes personas. et ideo, licet dicatur deus unus propter unitatem essentiae, et trinus propter trinitatem personarum; non tamen dicitur quinus propter quinque notiones.

ra3 ' Ad tertium dicendum quod, cum sola oppositio relativa faciat pluralitatem realem in divinis, plures proprietates unius personae, cum non opponantur ad invicem relative, non differunt realiter. nec tamen de invicem praedicantur, quia significantur ut diversae rationes personarum. sicut etiam non dicimus quod attributum potentiae sit attributum scientiae, licet dicamus quod scientia sit potentia.

ra4 ' Ad quartum dicendum quod, cum persona importet dignitatem, * ut supra dictum est, ' non potest accipi notio aliqua spiritus sancti ex hoc quod nulla persona est ab ipso. hoc enim non pertinet ad dignitatem ipsius; sicut pertinet ad auctoritatem patris quod sit a nullo.

ra5 ' Ad quintum dicendum quod filius et spiritus sanctus non conveniunt in uno speciali modo existendi a patre; sicut pater et filius conveniunt in uno speciali modo producendi spiritum sanctum. id autem quod est principium innotescendi, oportet esse aliquid speciale. et ideo non est simile.

007 ST1 qu32 ar4

ag1 ' Ad quartum sic proceditur. videtur quod non liceat contrarie opinari de notionibus. * dicit enim augustinus, in i de trin., quod " non erratur alicubi periculosius quam in materia trinitatis, ad quam certum est notiones pertinere. ' sed contrariae opiniones non possunt esse absque errore. ergo contrarie opinari circa notiones non licet.

ag2 ' Praeterea, per notiones cognoscuntur personae, * ut dictum est. ' sed circa personas non licet contrarie opinari. ergo nec circa notiones.

sc ' Sed contra, articuli fidei non sunt de notionibus. ergo circa notiones licet sic vel aliter opinari.

co ' Respondeo dicendum quod ad fidem pertinet aliquid dupliciter. uno modo, directe; sicut ea quae nobis sunt principaliter divinitus tradita, ut deum esse trinum et unum, filium dei esse incarnatum, et huiusmodi. et circa haec opinari falsum, hoc ipso inducit haeresim, maxime si pertinacia adiungatur. indirecte vero ad fidem pertinent ea ex quibus consequitur aliquid contrarium fidei; sicut si quis diceret samuelem non fuisse filium elcanae; ex hoc enim sequitur scripturam divinam esse falsam. circa huiusmodi ergo absque periculo haeresis aliquis falsum potest opinari, antequam consideretur, vel determinatum sit, quod ex hoc sequitur aliquid contrarium fidei, et maxime si non pertinaciter adhaereat. sed postquam manifestum est, et praecipue si sit per ecclesiam determinatum, quod ex hoc sequitur aliquid contrarium fidei, in hoc errare non esset absque haeresi. et propter hoc, multa nunc reputantur haeretica, quae prius non reputabantur, propter hoc quod nunc est magis manifestum quid ex eis sequatur. sic igitur dicendum est quod circa notiones aliqui absque periculo haeresis contrarie sunt opinati, non intendentes sustinere aliquid contrarium fidei. sed si quis falsum opinaretur circa notiones, considerans quod ex hoc sequatur aliquid contrarium fidei, in haeresim laberetur.

ra ' Et per hoc patet responsio ad obiecta.

007 ST1 qu33 ar

pr ' Consequenter considerandum est de personis in speciali. et primo de persona patris. circa quam quaeruntur quatuor. primo, utrum patri competat esse principium. secundo, utrum persona patris proprie significetur hoc nomine pater. tertio, utrum per prius dicatur in divinis pater secundum quod sumitur personaliter, quam secundum quod sumitur essentialiter. quarto, utrum sit proprium patri esse ingenitum.

007 ST1 qu33 ar1

ag1 ' Ad primum sic proceditur. videtur quod pater non possit dici principium filii vel spiritus sancti. principium enim et causa idem sunt, * secundum philosophum. ' sed non dicimus patrem esse causam filii. ergo non debet dici quod sit eius principium.

ag2 ' Praeterea, principium dicitur respectu principiati. si igitur pater est principium filii, sequitur filium esse principiatum, et per consequens esse creatum. quod videtur esse erroneum.

ag3 ' Praeterea, nomen principii a prioritate sumitur. " sed in divinis non est prius et posterius, * ut athanasius dicit. ' ergo in divinis non debemus uti nomine principii.

sc * Sed contra est quod dicit augustinus, in iv de trin., ° pater est principium totius deitatis.

co ' Respondeo dicendum quod hoc nomen principium nihil aliud significat quam id a quo aliquid procedit, omne enim a quo aliquid procedit quocumque modo, dicimus esse principium; et e converso. cum ergo pater sit a quo procedit alius, sequitur quod pater est principium.

ra1 * Ad primum ergo dicendum quod graeci utuntur in divinis " indifferenter nomine causae, sicut et nomine principii, sed latini doctores non utuntur nomine causae, sed solum nomine principii. ' cuius ratio est, quia principium communius est quam causa, sicut causa communius quam elementum, primus enim terminus, vel etiam prima pars rei dicitur principium, sed non causa. quanto autem aliquod nomen est communius, tanto convenientius assumitur in divinis, * ut supra dictum est, ' quia nomina, quanto magis specialia sunt, tanto magis determinant modum convenientem creaturae. unde hoc nomen causa videtur importare diversitatem substantiae, et dependentiam alicuius ab altero; quam non importat nomen principii. in omnibus enim causae generibus, semper invenitur distantia inter causam et id cuius est causa, secundum aliquam perfectionem aut virtutem. sed nomine principii utimur etiam in his quae nullam huiusmodi differentiam habent, sed solum secundum quendam ordinem, sicut cum dicimus punctum esse principium lineae, vel etiam cum dicimus primam partem lineae esse principium lineae.

ra2 * Ad secundum dicendum quod apud graecos invenitur " de filio vel spiritu sancto dici quod principientur. ' sed hoc non est in usu doctorum nostrorum. quia licet attribuamus patri aliquid auctoritatis ratione principii, nihil tamen ad subiectionem vel minorationem quocumque modo pertinens, attribuimus filio vel spiritui sancto, ut vitetur omnis erroris occasio. * secundum quem modum hilarius dicit, ix de trin., ° donantis auctoritate pater maior est; sed minor non est filius, cui unum esse donatur.

ra3 ' Ad tertium dicendum quod, licet hoc nomen principium, quantum ad id a quo imponitur ad significandum, videatur a prioritate sumptum; non tamen significat prioritatem, sed originem. non enim idem est quod significat nomen, et a quo nomen imponitur, * ut supra dictum est.

007 ST1 qu33 ar2

ag1 ' Ad secundum sic proceditur. videtur quod hoc nomen pater non sit proprie nomen divinae personae. hoc enim nomen pater significat relationem. persona autem est substantia individua. non ergo hoc nomen pater est proprie nomen significativum personae.

ag2 ' Praeterea, generans communius est quam pater, nam omnis pater est generans, sed non e converso. sed nomen communius magis proprie dicitur in divinis, * ut dictum est. ' ergo magis proprium nomen est personae divinae generans et genitor, quam pater.

ag3 ' Praeterea, nihil quod secundum metaphoram dicitur, potest esse nomen proprium alicuius. sed verbum metaphorice apud nos dicitur genitum vel proles, et per consequens ille cuius est verbum, metaphorice dicitur pater. non ergo principium verbi in divinis potest proprie dici pater.

ag4 ' Praeterea, omne quod proprie dicitur in divinis, per prius dicitur de deo quam de creaturis. sed generatio per prius videtur dici de creaturis quam de deo, verior enim ibi videtur esse generatio, ubi aliquid procedit ab alio distinctum non secundum relationem tantum, sed etiam secundum essentiam. ergo nomen patris, quod a generatione sumitur, non videtur esse proprium alicuius divinae personae.

sc * Sed contra est quod dicitur in psalmo, ° ipse invocabit me, pater meus es tu.

co ' Respondeo dicendum quod nomen proprium cuiuslibet personae significat id per quod illa persona distinguitur ab omnibus aliis. " sicut enim de ratione hominis est anima et corpus, ita de intellectu huius hominis est haec anima et hoc corpus, * ut dicitur in vii metaphys.; ' his autem hic homo ab omnibus aliis distinguitur. id autem per quod distinguitur persona patris ab omnibus aliis, est paternitas. unde proprium nomen personae patris est hoc nomen pa-

ter, quod significat paternitatem.
ra1 ' Ad primum ergo dicendum quod apud nos relatio non est subsistens persona, et ideo hoc nomen pater, apud nos, non significat personam, sed relationem personae. non autem est ita in divinis, * ut quidam falso opinati sunt, ' nam relatio quam significat hoc nomen pater, est subsistens persona. * unde supra dictum est quod ' hoc nomen persona in divinis significat relationem ut subsistentem in divina natura.
ra2 * Ad secundum dicendum quod, secundum philosophum, in ii de anima, " denominatio rei maxime debet fieri a perfectione et fine. ' generatio autem significat ut in fieri, sed paternitas significat complementum generationis. et ideo potius est nomen divinae personae pater, quam generans vel genitor.
ra3 ' Ad tertium dicendum quod verbum non est aliquid subsistens in natura humana, unde non proprie potest dici genitum vel filius. sed verbum divinum est aliquid subsistens in natura divina, unde proprie, et non metaphorice, dicitur filius, et eius principium, pater.
ra4 ' Ad quartum dicendum quod nomen generationis et paternitatis, sicut et alia nomina quae proprie dicuntur in divinis, per prius dicuntur de deo quam de creaturis, quantum ad rem significatam, licet non quantum ad modum significandi. * unde et apostolus dicit, ad ephes. iii, ° flecto genua mea ad patrem domini nostri iesu christi, ex quo omnis paternitas in caelo et in terra nominatur. ' quod sic apparet. manifestum est enim quod generatio accipit speciem a termino, qui est forma generati. et quanto haec fuerit propinquior formae generantis, tanto verior et perfectior est generatio; sicut generatio univoca est perfectior quam non univoca, nam de ratione generantis est, quod generet sibi simile secundum formam. unde hoc ipsum quod in generatione divina est eadem numero forma generantis et geniti, in rebus autem creatis non est eadem numero, sed specie tantum, ostendit quod generatio, et per consequens paternitas, per prius sit in deo quam in creaturis. unde hoc ipsum quod in divinis est distinctio geniti a generante secundum relationem tantum, ad veritatem divinae generationis et paternitatis pertinet.

007 ST1 qu33 ar3

ag1 ' Ad tertium sic proceditur. videtur quod hoc nomen pater non dicatur in divinis per prius secundum quod personaliter sumitur. commune enim, secundum intellectum, est prius proprio. sed hoc nomen pater, secundum quod personaliter sumitur, est proprium personae patris, secundum vero quod sumitur essentialiter est commune toti trinitati, nam toti trinitati dicimus pater noster. ergo per prius dicitur pater essentialiter sumptum, quam personaliter.
ag2 ' Praeterea, in his quae sunt eiusdem rationis, non est praedicatio per prius et posterius. sed paternitas et filiatio secundum unam rationem videntur dici secundum quod persona divina est pater filii, et secundum quod tota trinitas est pater noster vel creaturae, * cum, secundum basilium, " accipere sit commune creaturae et filio. ' ergo non per prius dicitur pater in divinis secundum quod sumitur essentialiter, quam secundum quod sumitur personaliter.
ag3 ' Praeterea, inter ea quae non dicuntur secundum rationem unam, non potest esse comparatio. sed filius comparatur creaturae in ratione filiationis vel generationis, * secundum illud coloss. i, ° qui est imago dei invisibilis, primogenitus omnis creaturae. ' ergo non per prius dicitur in divinis paternitas personaliter sumpta, quam essentialiter; sed secundum rationem eandem.
sc ' Sed contra est quod aeternum prius est temporali. ab aeterno autem deus est pater filii, ex tempore autem pater est creaturae. ergo per prius dicitur paternitas in deo respectu filii, quam respectu creaturae.
co ' Respondeo dicendum quod per prius dicitur nomen de illo in quo salvatur tota ratio nominis perfecte, quam de illo in quo salvatur secundum aliquid, de hoc enim dicitur quasi per similitudinem ad id in quo perfecte salvatur, quia omnia imperfecta sumuntur a perfectis. et inde est quod hoc nomen leo per prius dicitur de animali in quo tota ratio leonis salvatur, quod proprie dicitur leo, quam de aliquo homine in quo invenitur aliquid de ratione leonis, ut puta audacia vel fortitudo, vel aliquid huiusmodi, de hoc enim per similitudinem dicitur. * manifestum est autem ex praemissis quod ' perfecta ratio paternitatis et filiationis invenitur in deo patre et deo filio, quia patris et filii una est natura et gloria. sed in creatura filiatio invenitur respectu dei, non secundum perfectam rationem, cum non sit una natura creatoris et creaturae; sed secundum aliqualem similitudinem. quae quanto perfectior fuerit, tanto propinquius accedit ad veram filiationis rationem. dicitur enim deus alicuius creaturae pater, propter similitudinem vestigii tantum, utpote irrationalium creaturarum; * secundum illud iob xxxviii, ° quis est pluviae pater? aut quis genuit stillas roris? ' alicuius vero creaturae, scilicet rationalis, secundum similitudinem imaginis; * secundum illud deut. xxxii, |25| ° nonne ipse est pater tuus, qui possedit et fecit et creavit te? ' aliquorum vero est pater secundum similitudinem gratiae, qui etiam dicuntur filii adoptivi, secundum quod ordinantur ad haereditatem aeternae gloriae per munus gratiae acceptum; * secundum illud rom. viii, ° ipse spiritus reddit testimonium spiritui nostro, quod sumus filii dei; si autem filii, et haeredes. ' aliquorum vero secundum similitudinem gloriae, prout iam gloriae haereditatem possident; * secundum illud rom. v, ° gloriamur in spe gloriae filiorum dei. ' sic igitur patet quod per prius paternitas dicitur in divinis secundum quod importatur respectus personae ad personam, quam secundum quod importatur respectus dei ad creaturam.
ra1 ' Ad primum ergo dicendum quod communia absolute dicta, secundum ordinem intellectus nostri, sunt priora quam propria, quia includuntur in intellectu propriorum, sed non e converso; in intellectu enim personae patris intelligitur deus, sed non convertitur. sed communia quae important respectum ad creaturam, per posterius dicuntur quam propria quae important respectus personales, quia persona procedens in divinis, procedit ut principium productionis creaturarum. sicut enim verbum conceptum in mente artificis, per prius intelligitur procedere ab artifice quam artificiatum, quod producitur ad similitudinem verbi concepti in mente; ita per prius procedit filius a patre quam creatura, de qua nomen filiationis dicitur secundum quod aliquid participat de similitudine filii; * ut patet per illud quod dicitur rom. viii, ° quos praescivit, et praedestinavit fieri conformes imaginis filii eius.
ra2 ' Ad secundum dicendum quod accipere dicitur esse commune creaturae et filio, non secundum univocationem, sed secundum similitudinem quandam remotam, ratione cuius dicitur primogenitus creaturae. * unde in auctoritate inducta subditur, " ut sit ipse primogenitus in multis fratribus, postquam dixerat conformes fieri aliquos imaginis filii dei. ' sed filius dei naturaliter habet quoddam singulare prae aliis, scilicet habere per naturam id quod accipit; * ut idem basilius dicit. ' et secundum hoc dicitur unigenitus, * ut patet ioan. i, ° unigenitus, qui est in sinu patris, ipse nobis enarravit.
ra3 ' Et per hoc patet solutio ad tertium.

007 ST1 qu33 ar4

ag1 ' Ad quartum sic proceditur. videtur quod esse ingenitum non sit patri proprium. omnis enim proprietas ponit aliquid in eo cuius est proprietas. sed ingenitus nihil ponit in patre, sed removet tantum. ergo non significat proprietatem patris.
ag2 ' Praeterea, ingenitum aut dicitur privative, aut negative. si negative, tunc quidquid non est genitum, potest dici ingenitum. sed spiritus sanctus non est genitus, neque etiam essentia divina. ergo ingenitum etiam eis convenit, et sic non est proprium patri. si autem privative sumatur, cum omnis privatio significet imperfectionem in privato, sequitur quod persona patris sit imperfecta. quod est impossibile.
ag3 ' Praeterea, ingenitus in divinis non significat relationem, quia non dicitur relative, significat ergo substantiam. ingenitus igitur et genitus secundum substantiam differunt. filius autem, qui est genitus, non differt a patre secundum substantiam. pater ergo non debet dici ingenitus.
ag4 ' Praeterea, proprium est quod uni soli convenit. sed cum sint plures ab alio procedentes in divinis, nihil videtur prohibere quin etiam sint plures ab alio non existentes. non igitur est proprium patri esse ingenitum.
ag5 ' Praeterea, sicut pater est principium personae genitae, ita et personae procedentis. si ergo propter oppositionem quam habet ad personam genitam, proprium patris ponitur esse quod sit ingenitus; etiam proprium eius debet poni quod sit improcessibilis.
sc * Sed contra est quod dicit hilarius, iv de trin., " est unus ab uno, scilicet ab ingenito genitus, proprietate ° videlicet in unoquoque et innascibilitatis et originis.
co ' Respondeo dicendum quod, sicut in creaturis invenitur principium primum et principium secundum, ita in personis divinis, in quibus non est prius et posterius, invenitur principium non de principio, quod est pater, et principium a principio, quod est filius. in rebus autem creatis aliquod principium primum innotescit dupliciter, uno quidem modo, inquantum est principium primum per hoc quod habet relationem ad ea quae ab ipso sunt; alio modo, inquantum est primum principium per hoc quod non est ab alio. sic igitur et pater innotescit quidem paternitate et communi spiratione, per respectum ad personas ab eo procedentes, inquantum autem est principium non de principio, innotescit per hoc, quod non est ab alio, quod pertinet ad proprietatem innascibilitatis, quam significat hoc nomen ingenitus.
ra1 * Ad primum ergo dicendum quod quidam dicunt quod " innascibilitas, quam significat hoc nomen ingenitus, secundum quod est proprietas patris, non dicitur tantum negative; sed importat vel utrumque simul, scilicet quod pater a nullo est, et quod est principium aliorum; vel importat universalem auctoritatem; vel etiam fontalem plenitudinem. ' sed hoc non videtur verum. quia sic innascibilitas non esset alia proprietas a paternitate et spiratione, sed includeret eas, sicut includitur proprium in communi, nam fontalitas et auctoritas nihil aliud significant in divinis quam principium originis. et ideo dicendum est, * secundum augustinum, v de trin., quod " ingenitus negationem generationis passivae importat, * dicit enim quod ° tantum valet quod dicitur ingenitus, quantum valet quod dicitur non filius. ' nec propter hoc sequitur quod ingenitus non debeat poni propria notio patris, quia prima et simplicia per negationes notificantur; sicut dicimus punctum esse cuius pars non est.
ra2 ' Ad secundum dicendum quod ingenitum quandoque sumitur negative tantum. * et secundum hoc hieronymus dicit " spiritum sanctum esse ingenitum, idest non genitum. ' alio modo potest dici ingenitum aliquo modo privative, non tamen aliquam imperfectionem importat. multipliciter enim dicitur privatio. uno modo, quando aliquid non habet quod natum est haberi ab alio, etiamsi ipsum non sit natum habere illud, sicut si lapis dicatur res mortua, quia caret vita, quam quaedam res natae sunt habere. alio modo dicitur privatio, quando aliquid non habet quod natum est haberi ab aliquo sui generis; sicut si talpa dicatur caeca. tertio modo, quando ipsum non habet quod natum est habere, et hoc modo privatio imperfectionem importat. sic autem ingenitum non dicitur privative de patre, sed secundo modo, prout scilicet aliquod suppositum divinae naturae non est genitum, cuius tamen naturae aliquod suppositum est genitum. sed secundum hanc rationem, etiam de spiritu sancto potest dici ingenitum. unde ad hoc quod sit proprium soli patri, oportet ulterius in nomine ingeniti intelligere, quod conveniat alicui personae divinae quae sit principium alterius personae; ut sic intelligatur importare negationem in genere principii personaliter dicti in divinis. vel, ut intelligatur in nomine |25| ingeniti, quod omnino non sit ab alio, et non solum quod non sit ab alio per generationem. sic enim nec spiritui sancto convenit esse ingenitum, qui est ab alio per processionem ut persona subsistens, nec etiam divinae essentiae, de qua potest dici quod est in filio vel in spiritu sancto ab alio, scilicet a patre.
ra3 * Ad tertium dicendum quod, secundum damascenum, " ingenitum uno modo significat idem quod increatum, et sic secundum substantiam dicitur; per hoc enim differt substantia creata ab increata. alio modo significat id quod non est genitum. et sic relative dicitur, eo modo quo negatio reducitur ad genus affirmationis, sicut non homo ad genus substantiae, et non album ad genus qualitatis. unde, cum genitum in divinis relationem importet, ingenitum etiam ad relationem pertinet. ' et sic non sequitur quod pater ingenitus distinguatur a filio genito secundum substantiam; sed solum secundum relationem, inquantum scilicet relatio filii negatur de patre.
ra4 ' Ad quartum dicendum quod, sicut in quolibet genere oportet ponere unum primum, ita in divina natura oportet ponere unum principium quod non sit ab alio, quod ingenitum dicitur. ponere igitur duos innascibiles, est ponere duos deos, et duas naturas divinas. * unde hilarius dicit, in libro de synodis, ° cum unus deus sit, duo innascibiles esse non possunt. ' et hoc praecipue quia, si essent duo innascibiles, unus eorum non esset ab alio, et sic non distinguerentur oppositione relativa oporteret igitur quod distinguerentur diversitate naturae.
ra5 ' Ad quintum dicendum quod proprietas patris prout non est ab alio, potius significatur per remotionem nativitatis filii, quam per remotionem processionis spiritus sancti. tum quia processio spiritus sancti non habet nomen speciale, * ut supra dictum est. ' tum quia etiam ordine naturae praesupponit generationem filii. unde, remoto a patre quod non sit genitus, cum tamen sit principium generationis, sequitur consequenter quod non sit procedens processione spiritus sancti, quia spiritus sanctus non est generationis principium, sed a genito procedens.

007 ST1 qu34 ar

pr ' Deinde considerandum est de persona filii. attribuuntur autem tria nomina filio, scilicet filius, verbum et imago. sed ratio filii ex ratione patris consideratur. unde restat considerandum de verbo et imagine. circa verbum quaeruntur tria. primo, utrum verbum dicatur essentialiter in divinis, vel personaliter. secundo, utrum sit proprium nomen filii. tertio, utrum in nomine verbi importetur respectus ad creaturas.

007 ST1 qu34 ar1

ag1 ' Ad primum sic proceditur. videtur quod verbum in divinis non sit nomen personale. nomina enim personalia proprie dicuntur in divinis, ut pater et filius. " sed verbum metaphorice dicitur in divinis, * ut origenes dicit, super ioannem. ' ergo verbum non est personale in divinis.
ag2 * Praeterea, secundum augustinum, in libro de trin., " verbum est notitia cum amore. * et secundum anselmum, in monol., ° dicere summo spiritui nihil aliud est quam cogitando intueri. ' sed notitia et cogitatio et intuitus in divinis essentialiter dicuntur. ergo verbum non dicitur personaliter in divinis.
ag3 ' Praeterea, de ratione verbi est quod dicatur. * sed, secundum anselmum, " sicut pater est intelligens, et filius est intelligens, et spiritus sanctus est intelligens; ita pater est dicens, filius est dicens, et spi-

ritus sanctus est dicens. et similiter quilibet eorum dicitur. ' ergo nomen verbi essentialiter dicitur in divinis, et non personaliter.

ag4 ' Praeterea, nulla persona divina est facta. sed verbum dei est aliquid factum, * dicitur enim in psalmo cxlviii, ° ignis, grando, nix, glacies, spiritus procellarum, quae faciunt verbum eius. ' ergo verbum non est nomen personale in divinis.

sc * Sed contra est quod dicit augustinus, in vii de trin., ° sicut filius refertur ad patrem, ita et verbum ad id cuius est verbum. ' sed filius est nomen personale, quia relative dicitur. ergo et verbum.

co ' Respondeo dicendum quod nomen verbi in divinis, si proprie sumatur, est nomen personale, et nullo modo essentiale. ad cuius evidentiam, sciendum est quod verbum tripliciter quidem in nobis proprie dicitur, quarto autem modo, dicitur improprie sive figurative. manifestius autem et communius in nobis dicitur verbum quod voce profertur. quod quidem ab interiori procedit quantum ad duo quae in verbo exteriori inveniuntur, scilicet vox ipsa, et significatio vocis. " vox enim significat intellectus conceptum, * secundum philosophum, in libro i periherm., " et iterum vox ex imaginatione procedit, * ut in libro de anima dicitur. ' vox autem quae non est significativa, verbum dici non potest. ex hoc ergo dicitur verbum vox exterior, quia significat interiorem mentis conceptum. sic igitur primo et principaliter interior mentis conceptus verbum dicitur, secundario vero, ipsa vox interioris conceptus significativa, tertio vero, ipsa imaginatio vocis verbum dicitur. * et hos tres modos verbi ponit damascenus, in i libro, cap. xiii, " dicens quod verbum dicitur naturalis intellectus motus, secundum quem movetur et intelligit et cogitat, velut lux et splendor, |25| quantum ad primum, rursus verbum est quod non verbo profertur, sed in corde pronuntiatur, quantum ad tertium, rursus etiam verbum est angelus, idest nuntius, intelligentiae, quantum ad secundum. ' dicitur autem figurative quarto modo verbum, id quod verbo significatur vel efficitur, sicut consuevimus dicere, hoc est verbum quod dixi tibi, vel quod mandavit rex, demonstrato aliquo facto quod verbo significatum est vel simpliciter enuntiantis, vel etiam imperantis. dicitur autem proprie verbum in deo, secundum quod verbum significat conceptum intellectus. * unde augustinus dicit, in xv de trin., ° quisquis potest intelligere verbum, non solum antequam sonet, verum etiam antequam sonorum eius imagines cogitatione involvantur, iam potest videre aliquam verbi illius similitudinem, de quo dictum est, in principio erat verbum. ' ipse autem conceptus cordis de ratione sua habet quod ab alio procedat, scilicet a notitia concipientis. unde verbum, secundum quod proprie dicitur in divinis, significat aliquid ab alio procedens, quod pertinet ad rationem nominum personalium in divinis, eo quod personae divinae distinguuntur secundum originem, * ut dictum est. ' unde oportet quod nomen verbi, secundum quod proprie in divinis accipitur, non sumatur essentialiter, sed personaliter tantum.

ra1 * Ad primum ergo dicendum quod ariani, quorum fons origenes invenitur, posuerunt " filium alium a patre esse in diversitate substantiae. unde conati sunt, cum filius dei verbum dicitur, astruere non esse proprie dictum; ne, sub ratione verbi procedentis, cogerentur fateri filium dei non esse extra substantiam patris; nam verbum interius sic a dicente procedit, quod in ipso manet. ' sed necesse est, si ponitur verbum dei metaphorice dictum, quod ponatur verbum dei proprie dictum. non enim potest aliquid metaphorice verbum dici, nisi ratione manifestationis, quia vel manifestat sicut verbum, vel est verbo manifestatum. si autem est manifestatum verbo, oportet ponere verbum quo manifestetur. si autem dicitur verbum quia exterius manifestat, ea quae exterius manifestant, non dicuntur verba nisi inquantum significant interiorem mentis conceptum, quem aliquis etiam per exteriora signa manifestat. etsi ergo verbum aliquando dicatur metaphorice in divinis, tamen oportet ponere verbum proprie dictum, quod personaliter dicatur.

ra2 ' Ad secundum dicendum quod nihil eorum quae ad intellectum pertinent, personaliter dicitur in divinis, nisi solum verbum, solum enim verbum significat aliquid ab alio emanans. id enim quod intellectus in concipiendo format, est verbum. intellectus autem ipse, secundum quod est per speciem intelligibilem in actu, consideratur absolute. et similiter intelligere, quod ita se habet ad intellectum in actu, sicut esse ad ens in actu, non enim intelligere significat actionem ab intelligente exeuntem, sed in intelligente manentem. cum ergo dicitur quod verbum est notitia, non accipitur notitia pro actu intellectus cognoscentis, vel pro aliquo eius habitu, sed pro eo quod intellectus concipit cognoscendo. * unde et augustinus dicit quod " verbum est sapientia genita, quod nihil aliud est quam ipsa conceptio sapientis, quae etiam pari modo notitia genita dici potest. et per eundem modum potest intelligi quod dicere deo sit cogitando intueri, ' inquantum scilicet intuitu cogitationis divinae concipitur verbum dei. cogitationis tamen nomen dei verbo proprie non convenit, * dicit enim augustinus, xv de trin., ° ita dicitur illud verbum dei, ut cogitatio non dicatur; ne aliquid esse quasi volubile credatur in deo, quod nunc accipiat formam ut verbum sit, eamque dimittere possit, |25| atque informiter quodammodo volutari. ' cogitatio enim proprie in inquisitione veritatis consistit, quae in deo locum non habet. cum vero intellectus iam ad formam veritatis pertingit, non cogitat, sed perfecte veritatem contemplatur. * unde anselmus improprie accipit cogitationem pro contemplatione.

ra3 ' Ad tertium dicendum quod, sicut, proprie loquendo, verbum dicitur personaliter in divinis et non essentialiter, ita et dicere. unde, sicut verbum non est commune patri et filio et spiritui sancto, ita non est verum quod pater et filius et spiritus sanctus sint unus dicens. * unde augustinus dicit, vii de trin., ° dicens illo coaeterno verbo non singulus intelligitur in divinis. ' sed dici convenit cuilibet personae, dicitur enim non solum verbum sed res quae verbo intelligitur vel significatur. sic ergo uni soli personae in divinis convenit dici eo modo quo dicitur verbum, eo vero modo quo dicitur res in verbo intellecta, cuilibet personae convenit dici. pater enim, intelligendo se et filium et spiritum sanctum, et omnia alia quae eius scientia continentur, concipit verbum, ut sic tota trinitas verbo dicatur, et etiam omnis creatura; sicut intellectus hominis verbo quod concipit intelligendo lapidem, lapidem dicit. * anselmus vero improprie accepit dicere pro intelligere. ' quae tamen differunt. nam intelligere importat solam habitudinem intelligentis ad rem intellectam; in qua nulla ratio originis importatur, sed solum informatio quaedam in intellectu nostro, prout intellectus noster fit in actu per formam rei intellectae. in deo autem importat omnimodam identitatem, quia in deo est omnino idem intellectus et intellectum, * ut supra ostensum est. |25| ' sed dicere importat principaliter habitudinem ad verbum conceptum nihil enim est aliud dicere quam proferre verbum. sed mediante verbo importat habitudinem ad rem intellectam, quae in verbo prolato manifestatur intelligenti. et sic sola persona quae profert verbum, est dicens in divinis, cum tamen singula personarum sit intelligens et intellecta, et per consequens verbo dicta.

ra4 ' Ad quartum dicendum quod verbum sumitur ibi figurative, prout significatum vel effectus verbi dicitur verbum. sic enim creaturae dicuntur facere verbum dei, inquantum exequuntur effectum aliquem, ad quem ordinantur ex verbo concepto divinae sapientiae, sicut aliquis dicitur facere verbum regis, dum facit opus ad quod ex verbo regis instigatur.

007 ST1 qu34 ar2

ag1 ' Ad secundum sic proceditur. videtur quod verbum non sit proprium nomen filii. filius enim est persona subsistens in divinis. sed verbum non significat rem subsistentem, ut in nobis patet. ergo verbum non potest esse proprium nomen personae filii.

ag2 ' Praeterea, verbum prolatione quadam procedit a dicente. si ergo filius est proprie verbum, non procedit a patre nisi per modum prolationis. quod est haeresis valentini, * ut patet per augustinum, in libro de haeresibus.

ag3 ' Praeterea, omne nomen proprium alicuius personae significat proprietatem aliquam eius. si igitur verbum sit proprium nomen filii, significabit aliquam proprietatem eius. et sic erunt plures proprietates in divinis * quam supra enumeratae sunt.

ag4 ' Praeterea, quicumque intelligit, intelligendo concipit verbum. sed filius intelligit. ergo filii est aliquod verbum. et sic non est proprium filii esse verbum.

ag5 * Praeterea, hebr. i dicitur de filio, portans omnia verbo virtutis suae, ex quo basilius accipit quod " spiritus sanctus sit verbum filii. ' non est ergo proprium filii esse verbum.

sc * Sed contra est quod augustinus dicit, vi de trin., ° verbum solus filius accipitur.

co ' Respondeo dicendum quod verbum proprie dictum in divinis personaliter accipitur, et est proprium nomen personae filii. significat enim quandam emanationem intellectus, persona autem quae procedit in divinis secundum emanationem intellectus, dicitur filius, et huiusmodi processio dicitur generatio, * ut supra ostensum est. ' unde relinquitur quod solus filius proprie dicatur verbum in divinis.

ra1 ' Ad primum ergo dicendum quod in nobis non est idem esse et intelligere, unde illud quod habet in nobis esse intelligibile, non pertinet ad naturam nostram. sed esse dei est ipsum eius intelligere, unde verbum dei non est aliquod accidens in ipso, vel aliquis effectus eius; sed pertinet ad ipsam naturam eius. et ideo oportet quod sit aliquid subsistens, quia quidquid est in natura dei, subsistit. * et ideo damascenus dicit quod ° verbum dei est substantiale, et in hypostasi ens, reliqua vero verba, " scilicet nostra, ° virtutes sunt animae.

ra2 " Ad secundum dicendum quod non propter hoc error valentini est damnatus, quia filium dixit prolatione natum, ut ariani calumniabantur, * sicut hilarius refert, vi de trin., " sed propter varium modum prolationis quem posuit, * sicut patet per augustinum in libro de haeresibus.

ra3 ' Ad tertium dicendum quod in nomine verbi eadem proprietas importatur quae in nomine filii, * unde dicit augustinus, ° eo dicitur verbum, quo filius. ' ipsa enim nativitas filii, quae est proprietas personalis eius, diversis nominibus significatur, quae filio attribuuntur ad exprimendum diversimode perfectionem eius. nam ut ostendatur connaturalis patri, dicitur filius; ut ostendatur coaeternus, dicitur splendor; ut ostendatur omnino similis, dicitur imago; ut ostendatur immaterialiter genitus, dicitur verbum. non autem potuit unum nomen inveniri, per quod omnia ista designarentur.

ra4 ' Ad quartum dicendum quod eo modo convenit filio esse intelligentem, quo convenit ei esse deum, cum intelligere essentialiter dicatur in divinis, * ut dictum est. ' est autem filius deus genitus, non autem generans deus. unde est quidem intelligens, non ut producens verbum, sed ut verbum procedens; prout scilicet in deo verbum procedens secundum rem non differt ab intellectu divino, sed relatione sola distinguitur a principio verbi.

ra5 " Ad quintum dicendum quod, cum de filio dicitur, portans omnia verbo virtutis suae, verbum figurate accipitur pro effectu verbi. * unde glossa ibi dicit quod " verbum sumitur pro imperio; ' inquantum scilicet ex effectu virtutis verbi est quod res conserventur in esse, sicut ex effectu virtutis verbi est quod res producantur in esse. * quod vero basilius ' interpretatur verbum pro spiritu sancto, improprie et figurate locutus est, prout verbum alicuius dici potest omne illud quod est manifestativum eius, ut sic ea ratione dicatur spiritus sanctus verbum filii, quia manifestat filium.

007 ST1 qu34 ar3

ag1 ' Ad tertium sic proceditur. videtur quod in nomine verbi non importetur respectus ad creaturam. omne enim nomen connotans effectum in creatura, essentialiter in divinis dicitur. sed verbum non dicitur essentialiter, sed personaliter, * ut dictum est. ' ergo verbum non importat respectum ad creaturam.

ag2 ' Praeterea, quae important respectum ad creaturas, dicuntur de deo ex tempore, ut dominus et creator. sed verbum dicitur de deo ab aeterno. ergo non importat respectum ad creaturam.

ag3 ' Praeterea, verbum importat respectum ad id a quo procedit. si ergo importat respectum ad creaturam, sequitur quod procedat a creatura

ag4 ' Praeterea, ideae sunt plures secundum diversos respectus ad creaturas. si igitur verbum importat respectum ad creaturas, sequitur quod in deo non sit unum verbum tantum, sed plura.

ag5 ' Praeterea, si verbum importat respectum ad creaturam, hoc non est nisi inquantum creaturae cognoscuntur a deo. sed deus non solum cognoscit entia, sed etiam non entia. ergo in verbo importabitur respectus ad non entia, quod videtur falsum.

sc * Sed contra est quod dicit augustinus, in libro octoginta trium quaest., quod ° in nomine verbi significatur non solum respectus ad patrem, sed etiam ad illa quae per verbum facta sunt operativa potentia.

co ' Respondeo dicendum quod in verbo importatur respectus ad creaturam. deus enim, cognoscendo se, cognoscit omnem creaturam. verbum autem in mente conceptum, est repraesentativum omnis eius quod actu intelligitur. unde in nobis sunt diversa verba, secundum diversa quae intelligimus. sed quia deus uno actu et se et omnia intelligit, unicum verbum eius est expressivum non solum patris, sed etiam creaturarum. et sicut dei scientia dei quidem est cognoscitiva tantum creaturarum autem cognoscitiva et factiva; ita verbum dei eius quod in deo patre est, est expressivum tantum, creaturarum vero est expressivum et operativum. * et propter hoc dicitur in psalmo xxxii, ° dixit, et facta sunt; ' quia in verbo importatur ratio factiva eorum quae deus facit.

ra1 ' Ad primum ergo dicendum quod in nomine personae includitur etiam natura oblique, nam persona est rationalis naturae individua substantia. in nomine igitur personae divinae, quantum ad relationem personalem, non importatur respectus ad creaturam, sed importatur in eo quod pertinet ad naturam. nihil tamen prohibet, inquantum includitur in significatione eius essentia, quod importetur respectus ad creaturam, sicut enim proprium est filio quod sit filius, ita proprium est ei quod sit genitus deus, vel genitus creator. et per hunc modum importatur relatio ad creaturam in nomine verbi.

ra2 ' Ad secundum dicendum quod, cum relationes consequantur actiones, quaedam nomina important relationem dei ad creaturam, quae consequitur actionem dei in exteriorem effectum transeuntem, sicut creare et gubernare, et talia dicuntur de deo ex tempore. quaedam vero relationem quae consequitur actionem non transeuntem in exteriorem effectum, sed manentem in agente, ut scire et velle, et talia non dicuntur de deo ex tempore. et huiusmodi relatio ad creaturam importatur in nomine verbi. nec est verum quod nomina importantia relationem dei ad creaturas, omnia dicantur ex tempore, sed sola illa nomina quae important relationem consequentem actionem dei in exteriorem effectum transeuntem, ex tempore dicuntur.

ra3 ' Ad tertium dicendum quod creaturae non cognoscuntur a deo per scientiam a creaturis acceptam, sed per essentiam suam. unde non oportet quod a creaturis procedat verbum, licet verbum sit expressivum creaturarum.

ra4 ' Ad quartum dicendum quod nomen ideae prin-

cipaliter est impositum ad significandum respectum ad creaturam, et ideo pluraliter dicitur in divinis, neque est personale. sed nomen verbi principaliter impositum est ad significandam relationem ad dicentem, et ex consequenti ad creaturas, inquantum deus, intelligendo se, intelligit omnem creaturam. et propter hoc in divinis est unicum tantum verbum, et personaliter dictum.
ra5 ' Ad quintum dicendum quod eo modo quo scientia dei est non entium, et verbum dei est non entium, " quia non est aliquid minus in verbo dei quam in scientia dei, * ut augustinus dicit. ' sed tamen verbum est entium ut expressivum et factivum, non entium autem, ut expressivum et manifestativum.

007 ST1 qu35 ar
pr ' Deinde quaeritur de imagine. et circa hoc quaeruntur duo. primo, utrum imago in divinis dicatur personaliter. secundo, utrum sit proprium filii.

007 ST1 qu35 ar1
ag1 ' Ad primum sic proceditur. videtur quod imago non dicatur personaliter in divinis. * dicit enim augustinus, in libro de fide ad petrum, ° una est sanctae trinitatis divinitas et imago, ad quam factus est homo. ' igitur imago dicitur essentialiter, et non personaliter.
ag2 * Praeterea, hilarius dicit, in libro de synod., quod ° imago est eius rei ad quam imaginatur, species indifferens. ' sed species, sive forma, in divinis dicitur essentialiter. ergo et imago.
ag3 ' Praeterea, imago ab imitando dicitur, in quo importatur prius et posterius. sed in divinis personis nihil est prius et posterius ergo imago non potest esse nomen personale in divinis.
sc * Sed contra est quod dicit augustinus, ° quid est absurdius quam imaginem ad se dici? ' ergo imago in divinis relative dicitur. et sic est nomen personale.
co ' Respondeo dicendum quod de ratione imaginis est similitudo. non tamen quaecumque similitudo sufficit ad rationem imaginis; sed similitudo quae est in specie rei, vel saltem in aliquo signo speciei. signum autem speciei in rebus corporeis maxime videtur esse figura, videmus enim quod diversorum animalium secundum speciem, sunt diversae figurae, non autem diversi colores. unde, si depingatur color alicuius rei in pariete, non dicitur esse imago, nisi depingatur figura. sed neque ipsa similitudo speciei sufficit vel figurae; sed requiritur ad rationem imaginis origo, * quia, ut augustinus dicit in libro octoginta trium quaest., " unum ovum non est imago alterius, quia non est de illo expressum. ' ad hoc ergo quod vere aliquid sit imago, requiritur quod ex alio procedat simile ei in specie, vel saltem in signo speciei. ea vero quae processionem sive originem important in divinis, sunt personalia. unde hoc nomen imago est nomen personale.
ra1 ' Ad primum ergo dicendum quod imago proprie dicitur quod procedit ad similitudinem alterius. illud autem ad cuius similitudinem aliquid procedit, proprie dicitur exemplar, improprie vero imago. * sic tamen augustinus utitur nomine imaginis, cum dicit " divinitatem sanctae trinitatis esse imaginem ad quam factus est homo.
ra2 * Ad secundum dicendum quod species, prout ponitur ab hilario " in definitione imaginis, importat formam deductam in aliquo ab alio. ' hoc enim modo imago dicitur esse species alicuius, sicuti id quod assimilatur alicui, dicitur forma eius, inquantum habet formam illi similem.
ra3 ' Ad tertium dicendum quod imitatio in divinis personis non significat posterioritatem, sed solam assimilationem.

007 ST1 qu35 ar2
ag1 ' Ad secundum sic proceditur. videtur quod nomen imaginis non sit proprium filio. * quia, ut dicit damascenus, " spiritus sanctus est imago filii. ' non est ergo proprium filii.
ag2 " Praeterea, de ratione imaginis est similitudo cum expressione, * ut augustinus dicit, in libro octoginta trium quaest.. ' sed hoc convenit spiritui sancto, procedit enim ab alio secundum modum similitudinis. ergo spiritus sanctus est imago. et ita non est proprium filii quod sit imago.
ag3 ' Praeterea, homo etiam dicitur imago dei, * secundum illud i ad cor. xi, ° vir non debet velare caput suum, quoniam imago et gloria dei est. ' ergo non est proprium filio.
sc * Sed contra est quod augustinus dicit, vi de trin., quod ° solus filius est imago patris.
co * Respondeo dicendum quod doctores graecorum communiter dicunt " spiritum sanctum esse imaginem patris et filii. * sed doctores latini " soli filio attribuunt nomen imaginis, * non enim invenitur in canonica scriptura nisi de filio. dicitur enim coloss. i, ° qui est imago dei invisibilis, primogenitus creaturae; * et ad hebr. i, ° qui cum sit splendor gloriae, et figura substantiae eius. * huius autem rationem assignant quidam ex hoc, quod " filius convenit cum patre non solum in natura, sed etiam in notione principii, spiritus autem sanctus non convenit cum filio nec cum patre in aliqua notione. ' sed hoc non videtur sufficere. quia sicut secundum relationes non attenditur in divinis neque aequalitas neque inaequalitas, * ut augustinus dicit; ' ita neque similitudo, quae requiritur ad rationem imaginis. * unde alii dicunt quod " spiritus sanctus non potest dici imago filii, quia imaginis non est imago. neque etiam imago patris, quia etiam imago refertur immediate ad id cuius est imago; spiritus sanctus autem refertur ad patrem per filium. neque etiam est imago patris et filii, quia sic esset una imago duorum, |25| quod videtur impossibile. unde relinquitur quod spiritus sanctus nullo modo sit imago. ' sed hoc nihil est. quia pater et filius sunt unum principium spiritus sancti, * ut infra dicetur, ' unde nihil prohibet sic patris et filii, inquantum sunt unum, esse unam imaginem; cum etiam homo totius trinitatis sit una imago. et ideo aliter dicendum est quod, sicut spiritus sanctus, quamvis sua processione accipiat naturam patris, sicut et filius, non tamen dicitur natus; ita, licet accipiat speciem similem patris, non dicitur imago. quia filius procedit ut verbum, de cuius ratione est similitudo speciei ad id a quo procedit; non autem de ratione amoris; quamvis hoc conveniat amori qui est spiritus sanctus, inquantum est amor divinus.
ra1 * Ad primum ergo dicendum quod damascenus et alii doctores graecorum " communiter utuntur nomine imaginis pro perfecta similitudine.
ra2 ' Ad secundum dicendum quod, licet spiritus sanctus sit similis patri et filio, non tamen sequitur quod sit imago, * ratione iam dicta.
ra3 ' Ad tertium dicendum quod imago alicuius dupliciter in aliquo invenitur. uno modo, in re eiusdem naturae secundum speciem, ut imago regis invenitur in filio suo. alio modo, in re alterius naturae, sicut imago regis invenitur in denario. primo autem modo, filius est imago patris, secundo autem modo dicitur homo imago dei. et ideo ad designandam in homine imperfectionem imaginis, homo non solum dicitur imago, sed ad imaginem, per quod motus quidam tendentis in perfectionem designatur. sed de filio dei non potest dici quod sit ad imaginem, quia est perfecta patris imago.

007 ST1 qu36 ar
pr ' Post haec considerandum est de his quae pertinent ad personam spiritus sancti. qui quidem non solum dicitur spiritus sanctus, sed etiam amor et donum dei. circa nomen ergo spiritus sancti quaeruntur quatuor. primo, utrum hoc nomen spiritus sanctus sit proprium alicuius divinae personae. secundo, utrum illa persona divina quae spiritus sanctus dicitur, procedat a patre et filio. tertio, utrum procedat a patre per filium. quarto, utrum pater et filius sint unum principium spiritus sancti.

007 ST1 qu36 ar1
ag1 ' Ad primum sic proceditur. videtur quod hoc nomen spiritus sanctus non sit proprium nomen alicuius divinae personae. nullum enim nomen commune tribus personis, est proprium alicuius personae. sed hoc nomen spiritus sanctus est commune tribus personis. * ostendit enim hilarius, viii de trin., " in spiritu dei aliquando significari patrem, ut cum dicitur, spiritus domini super me; aliquando significari filium, ut cum dicit filius, in spiritu dei eiicio daemonia, naturae suae potestate eiicere se daemonia demonstrans; aliquando spiritum sanctum, ut ibi, effundam de spiritu meo super omnem carnem. ergo hoc nomen ' spiritus sanctus non est proprium alicuius divinae personae.
ag2 " Praeterea, nomina divinarum personarum ad aliquid dicuntur, * ut boetius dicit, in libro de trin.. ' sed hoc nomen spiritus sanctus non dicitur ad aliquid. ergo hoc nomen non est proprium divinae personae.
ag3 ' Praeterea, quia filius est nomen alicuius divinae personae, non potest dici filius huius vel illius. dicitur autem spiritus huius vel illius hominis. * ut enim habetur num. xi, ° dixit dominus ad moysen, auferam de spiritu tuo, tradamque eis; * et iv reg. ii, ° requievit spiritus eliae super elisaeum. ' ergo spiritus sanctus non videtur esse proprium nomen alicuius divinae personae.
sc * Sed contra est quod dicitur i ioan. ult., ° tres sunt qui testimonium dant in caelo, pater, verbum et spiritus sanctus. * ut autem augustinus dicit, vii de trin., " cum quaeritur, quid tres? dicimus, tres personae. ' ergo spiritus sanctus est nomen divinae personae.
co ' Respondeo dicendum quod, cum sint duae processiones in divinis, altera earum, quae est per modum amoris, non habet proprium nomen, * ut supra dictum est. ' unde et relationes quae secundum huiusmodi processionem accipiuntur, innominatae sunt, * ut etiam supra dictum est. ' propter quod et nomen personae hoc modo procedentis, eadem ratione, non habet proprium nomen. sed sicut sunt accommodata aliqua nomina, ex usu loquentium, ad significandum praedictas relationes, cum nominamus eas nomine processionis et spirationis, quae, secundum proprietatem significationis, magis videntur significare actus notionales quam relationes; ita ad significandum divinam personam quae procedit per modum amoris, accommodatum est, ex usu scripturae, hoc nomen spiritus sanctus. et huius quidem convenientiae ratio sumi potest ex duobus. primo quidem, ex ipsa communitate eius quod dicitur spiritus sanctus. * ut enim augustinus dicit, xv de trin., ° quia spiritus sanctus communis est ambobus, id vocatur ipse proprie quod ambo communiter, nam et pater est spiritus, et filius est spiritus; et pater est sanctus, et filius est sanctus. ' secundo vero, ex propria significatione. nam nomen spiritus, |25| in rebus corporeis, impulsionem quandam et motionem significare videtur, nam flatum et ventum spiritum nominamus. est autem proprium amoris, quod moveat et impellat voluntatem amantis in amatum. sanctitas vero illis rebus attribuitur, quae in deum ordinantur. quia igitur persona divina procedit per modum amoris quo deus amatur, convenienter spiritus sanctus nominatur.
ra1 ' Ad primum ergo dicendum quod hoc quod dico spiritus sanctus, prout sumitur in virtute duarum dictionum, commune est toti trinitati. quia nomine spiritus significatur immaterialitas divinae substantiae, spiritus enim corporeus invisibilis est, et parum habet de materia; unde omnibus substantiis immaterialibus et invisibilibus hoc nomen attribuimus. per hoc vero quod dicitur sanctus, significatur puritas divinae bonitatis. si autem accipiatur hoc quod dico spiritus sanctus, in vi unius dictionis, sic ex usu ecclesiae est accommodatum ad significandam unam trium personarum, scilicet quae procedit per modum amoris, * ratione iam dicta.
ra2 ' Ad secundum dicendum quod, licet hoc quod dico spiritus sanctus, relative non dicatur, tamen pro relativo ponitur, inquantum est accommodatum ad significandam personam sola relatione ab aliis distinctam. potest tamen intelligi etiam in nomine aliqua relatio, si spiritus intelligatur quasi spiratus.
ra3 ' Ad tertium dicendum quod in nomine filii intelligitur sola relatio eius qui est a principio, ad principium, sed in nomine patris intelligitur relatio principii; et similiter in nomine spiritus, prout importat quandam vim motivam. nulli autem creaturae competit esse principium respectu alicuius divinae personae, sed e converso. et ideo potest dici pater noster, et spiritus noster, non tamen potest dici filius noster.

007 ST1 qu36 ar2
ag1 ' Ad secundum sic proceditur. videtur quod spiritus sanctus non procedat a filio. * quia secundum dionysium, ° non est audendum dicere aliquid de substantiali divinitate, praeter ea quae divinitus nobis ex sacris eloquiis sunt expressa. ' sed in scriptura sacra non exprimitur quod spiritus sanctus a filio procedat, sed solum quod procedat a patre; * ut patet ioann. xv, ° spiritum veritatis, qui a patre procedit. ' ergo spiritus sanctus non procedit a filio.
ag2 * Praeterea, in symbolo constantinopolitanae synodi sic legitur, ° credimus in spiritum sanctum, dominum et vivificantem, ex patre procedentem, cum patre et filio adorandum et glorificandum. ' nullo igitur modo debuit addi in symbolo nostro quod spiritus sanctus procedat a filio, sed videntur esse anathematis rei, qui hoc addiderunt.
ag3 * Praeterea, damascenus dicit, ° spiritum sanctum ex patre dicimus, et spiritum patris nominamus, ex filio autem spiritum sanctum non dicimus, spiritum vero filii nominamus. ' ergo spiritus sanctus non procedit a filio.
ag4 ' Praeterea, nihil procedit ab eo in quo quiescit. sed spiritus sanctus quiescit in filio. * dicitur enim in legenda beati andreae, ° pax vobis, et universis qui credunt in unum deum patrem, et in unum filium eius, unicum dominum nostrum iesum christum, et in unum spiritum sanctum, procedentem ex patre, et in filio permanentem. ' ergo spiritus sanctus non procedit a filio.
ag5 ' Praeterea, filius procedit ut verbum. sed spiritus noster in nobis non videtur procedere a verbo nostro. ergo nec spiritus sanctus procedit a filio.
ag6 ' Praeterea, spiritus sanctus perfecte procedit a patre. ergo superfluum est dicere quod procedit a filio.
ag7 ' Praeterea, in perpetuis non differt esse et posse, * ut dicitur in iii physic.; ' et multo minus in divinis. sed spiritus sanctus potest distingui a filio, etiam si ab eo non procedat. * dicit enim anselmus, in libro de processione spiritus sancti, ° habent utique a patre esse filius et spiritus sanctus, sed diverso modo, quia alter nascendo, et alter procedendo, ut alii sint per hoc ab invicem. * et postea subdit, ° nam si per aliud non essent plures filius et spiritus sanctus, per hoc solum essent diversi. ' ergo spiritus sanctus distinguitur a filio, ab eo non existens.
sc * Sed contra est quod dicit athanasius, ° spiritus sanctus a patre et filio, non factus, nec creatus, nec genitus, sed procedens.
co ' Respondeo dicendum quod necesse est dicere spiritum sanctum a filio esse. si enim non esset ab eo, nullo modo posset ab eo personaliter distingui. * quod ex supra dictis patet. ' non enim est possibile dicere quod secundum aliquid absolutum divinae personae ab invicem distinguantur, quia sequeretur quod non esset trium una essentia; quicquid enim in divinis absolute dicitur, ad unitatem essentiae pertinet. relinquitur ergo quod solum relationibus divinae personae ab invicem distinguantur. relationes autem personas distinguere non possunt, nisi secundum quod sunt oppositae. quod ex hoc patet, quia

pater habet duas relationes, quarum una refertur ad filium, et alia ad spiritum sanctum; quae tamen, quia non sunt oppositae, non constituunt duas personas, sed ad unam personam patris tantum pertinent. si ergo in filio et in spiritu sancto non esset invenire nisi duas relationes quibus uterque refertur ad patrem, illae relationes non essent ad invicem oppositae; sicut neque duae relationes quibus pater refertur ad illos. unde, sicut persona patris est una, ita sequeretur quod persona filii et spiritus sancti esset una, habens duas relationes oppositas duabus relationibus patris. hoc autem est haereticum, cum tollat fidem trinitatis. oportet ergo quod filius et spiritus sanctus ad invicem referantur oppositis relationibus. |25| non autem possunt esse in divinis aliae relationes oppositae nisi relationes originis, * ut supra probatum est. ' oppositae autem relationes originis accipiuntur secundum principium, et secundum quod est a principio. relinquitur ergo quod necesse est dicere vel filium esse a spiritu sancto, quod nullus dicit, vel spiritum sanctum esse a filio, quod nos confitemur. et huic quidem consonat ratio processionis utriusque. * dictum enim est supra quod ' filius procedit per modum intellectus, ut verbum; spiritus sanctus autem per modum voluntatis, ut amor. necesse est autem quod amor a verbo procedat, non enim aliquid amamus, nisi secundum quod conceptione mentis apprehendimus. unde et secundum hoc manifestum est quod spiritus sanctus procedit a filio. ipse etiam ordo rerum hoc docet. nusquam enim hoc invenimus, quod ab uno procedant plura absque ordine, nisi in illis solum quae materialiter differunt; sicut unus faber producit multos cultellos materialiter ab invicem distinctos, nullum ordinem habentes ad invicem. sed in rebus in quibus non est sola materialis distinctio, semper invenitur in multitudine productorum aliquis ordo. unde etiam in ordine creaturarum productarum, decor divinae sapientiae manifestatur. si ergo ab una persona patris procedunt duae personae, scilicet filius et spiritus sanctus, oportet esse aliquem ordinem eorum |50| ad invicem. nec potest aliquis ordo alius assignari, nisi ordo naturae, quo alius est ex alio. non est igitur possibile dicere quod filius et spiritus sanctus sic procedant a patre, quod neuter eorum procedat ab alio, nisi quis poneret in eis materialem distinctionem, quod est impossibile. * unde etiam ipsi graeci " processionem spiritus sancti aliquem ordinem habere ad filium intelligunt. concedunt enim spiritum sanctum esse spiritum filii, et esse a patre per filium. et quidam eorum dicuntur concedere quod sit a filio, vel profluat ab eo, non tamen quod procedat. ' quod videtur vel ex ignorantia, vel ex protervia esse. quia si quis recte consideret, inveniet processionis verbum inter omnia quae ad originem qualemcumque pertinent, communissimum esse. utimur enim eo ad designandum qualemcumque originem; sicut quod linea procedit a puncto, radius a sole, rivus a fonte; et similiter in quibuscumque aliis. unde ex quocumque alio ad originem pertinente, potest concludi quod spiritus sanctus procedit a filio.

ra1 ' Ad primum ergo dicendum quod de deo dicere non debemus quod in sacra scriptura non invenitur vel per verba, vel per sensum. licet autem per verba non inveniatur in sacra scriptura quod spiritus sanctus procedit a filio, invenitur tamen quantum ad sensum; * et praecipue ubi dicit filius, ioan. xvi, de spiritu sancto loquens, ° ille me clarificabit, quia de meo accipiet. ' regulariter etiam in sacra scriptura tenendum est, quod id quod de patre dicitur, oportet de filio intelligi, etiam si dictio exclusiva addatur, nisi solum in illis in quibus pater et filius secundum oppositas relationes distinguuntur. * cum enim dominus, matth. xi, dicit, ° nemo novit filium nisi pater, ' non excluditur quin filius seipsum cognoscat. sic igitur cum dicitur quod spiritus sanctus a patre procedit, etiam si adderetur quod a solo patre procedit, non excluderetur inde filius, quia quantum ad hoc quod est esse principium spiritus sancti, non opponuntur pater et filius; sed solum quantum ad hoc, quod hic est pater et ille filius.

ra2 ' Ad secundum dicendum quod in quolibet concilio institutum fuit symbolum aliquod, propter errorem aliquem qui in concilio damnabatur. unde sequens concilium non faciebat aliud symbolum quam primum, sed id quod implicite continebatur in primo symbolo, per aliqua addita explanabatur contra haereses insurgentes. * unde in determinatione chalcedonensis synodi dicitur, quod " illi qui fuerunt congregati in concilio constantinopolitano, doctrinam de spiritu sancto tradiderunt, non quod minus esset in praecedentibus (qui apud nicaeam congregati sunt), inferentes; ° sed intellectum eorum adversus haereticos declarantes. * quia igitur in tempore antiquorum conciliorum nondum exortus fuerat error dicentium " spiritum sanctum non procedere a filio; ' non fuit necessarium quod hoc explicite poneretur. * sed postea, insurgente errore quorundam, in quodam concilio in occidentalibus partibus congregato, ' expressum fuit auctoritate romani pontificis; cuius auctoritate etiam antiqua concilia congregabantur et confirmabantur. continebatur tamen implicite in hoc ipso quod dicebatur spiritus sanctus a patre procedere.

ra3 " Ad tertium dicendum quod spiritum sanctum non procedere a filio, * primo fuit a nestorianis introductum; ut patet in quodam symbolo nestorianorum damnato in ephesina synodo. et hunc errorem secutus fuit theodoretus nestorianus, et plures post ipsum; inter quos fuit etiam damascenus. unde in hoc eius sententiae non est standum. quamvis a quibusdam dicatur quod damascenus, " sicut non confitetur spiritum sanctum esse a filio, ita etiam non negat, ex vi illorum verborum.

ra4 ' Ad quartum dicendum quod per hoc quod spiritus sanctus dicitur quiescere vel manere in filio, non excluditur quin ab eo procedat, quia et filius in patre manere dicitur, cum tamen a patre procedat. dicitur etiam spiritus sanctus in filio quiescere, vel sicut amor amantis quiescit in amato; vel quantum ad humanam naturam christi, * propter id quod scriptum est, ioan. i, ° super quem videris spiritum descendentem, et manentem super eum, hic est qui baptizat.

ra5 ' Ad quintum dicendum quod verbum in divinis non accipitur secundum similitudinem verbi vocalis, a quo non procedit spiritus, quia sic tantum metaphorice diceretur, sed secundum similitudinem verbi mentalis, a quo amor procedit.

ra6 ' Ad sextum dicendum quod per hoc quod spiritus sanctus perfecte procedit a patre, non solum non superfluum est dicere quod spiritus sanctus procedat a filio; sed omnino necessarium. quia una virtus est patris et filii; et quidquid est a patre, necesse est esse a filio, nisi proprietati filiationis repugnet. non enim filius est a seipso, licet sit a patre.

ra7 ' Ad septimum dicendum quod spiritus sanctus distinguitur personaliter a filio in hoc, quod origo unius distinguitur ab origine alterius. sed ipsa differentia originis est per hoc, quod filius est solum a patre, spiritus sanctus vero a patre et filio. non enim aliter processiones distinguerentur, * sicut supra ostensum est.

007 ST1 qu36 ar3

ag1 ' Ad tertium sic proceditur. videtur quod spiritus sanctus non procedat a patre per filium. quod enim procedit ab aliquo per aliquem, non procedit ab eo immediate. si igitur spiritus sanctus procedit a patre per filium, non procedit a patre immediate. quod videtur inconveniens.

ag2 ' Praeterea, si spiritus sanctus procedit a patre per filium, non procedit a filio nisi propter patrem. sed propter quod unumquodque, et illud magis. ergo magis procedit a patre quam a filio.

ag3 ' Praeterea, filius habet esse per generationem. si igitur spiritus sanctus est a patre per filium, sequitur quod prius generetur filius, et postea procedat spiritus sanctus. et sic processio spiritus sancti non est aeterna. quod est haereticum.

ag4 ' Praeterea, cum aliquis dicitur per aliquem operari, potest e converso dici, sicut enim dicimus quod rex operatur per ballivum, ita potest dici quod ballivus operatur per regem. sed nullo modo dicimus quod filius spiret spiritum sanctum per patrem. ergo nullo modo potest dici quod pater spiret spiritum sanctum per filium.

sc * Sed contra est quod hilarius dicit, in libro de trin., ° conserva hanc, oro, fidei meae religionem, ut semper obtineam patrem, scilicet te; et filium tuum una tecum adorem; et spiritum sanctum tuum, qui est per unigenitum tuum, promerear.

co ' Respondeo dicendum quod in omnibus locutionibus in quibus dicitur aliquis per aliquem operari, haec praepositio per designat in causali aliquam causam seu principium illius actus. sed cum actio sit media inter faciens et factum, quandoque illud causale cui adiungitur haec praepositio per, est causa actionis secundum quod exit ab agente. et tunc est causa agenti quod agat; sive sit causa finalis, sive formalis, sive effectiva vel motiva, finalis quidem, ut si dicamus quod artifex operatur per cupiditatem lucri; formalis vero, ut si dicamus quod operatur per artem suam; motiva vero, si dicamus quod operatur per imperium alterius. quandoque vero dictio causalis cui adiungitur haec praepositio per, est causa actionis secundum quod terminatur ad factum; ut cum dicimus, artifex operatur per martellum. non enim significatur quod martellus sit causa artifici quod agat, sed quod sit causa artificiato ut ab artifice procedat; et quod hoc ipsum habeat ab artifice. * et hoc est quod quidam dicunt, quod " haec praepositio per quandoque notat auctoritatem in recto, ut cum dicitur, rex operatur per ballivum, quandoque autem in obliquo, ut cum dicitur, ballivus operatur per regem. ' quia igitur filius habet a patre quod ab eo procedat spiritus sanctus, potest dici quod pater per filium spirat spiritum sanctum; vel quod spiritus sanctus |25| procedat a patre per filium, quod idem est.

ra1 ' Ad primum ergo dicendum quod in qualibet actione est duo considerare, scilicet suppositum agens, et virtutem qua agit; sicut ignis calefacit calore. si igitur in patre et filio consideretur virtus qua spirant spiritum sanctum, non cadit ibi aliquod medium, quia haec virtus est una et eadem. si autem considerentur ipsae personae spirantes, sic, cum spiritus sanctus communiter procedat a patre et filio, invenitur spiritus sanctus immediate a patre procedere, inquantum est ab eo; et mediate, inquantum est a filio. et sic dicitur procedere a patre per filium. sicut etiam abel processit immediate ab adam, inquantum adam fuit pater eius; et mediate, inquantum eva fuit mater eius, quae processit ab adam; licet hoc exemplum materialis processionis ineptum videatur ad significandam immaterialem processionem divinarum personarum.

ra2 ' Ad secundum dicendum quod, si filius acciperet a patre aliam virtutem numero ad spirandum spiritum sanctum, sequeretur quod esset sicut causa secunda et instrumentalis, et sic magis procederet a patre quam a filio. sed una et eadem numero virtus spirativa est in patre et filio, et ideo aequaliter procedit ab utroque. licet aliquando dicatur principaliter vel proprie procedere de patre, propter hoc quod filius habet hanc virtutem a patre.

ra3 ' Ad tertium dicendum quod, sicut generatio filii est coaeterna generanti, unde non prius fuit pater quam gigneret filium; ita processio spiritus sancti est coaeterna suo principio. unde non fuit prius filius genitus, quam spiritus sanctus procederet, sed utrumque aeternum est.

ra4 ' Ad quartum dicendum quod, cum aliquis dicitur per aliquid operari, non semper recipitur conversio, non enim dicimus quod martellus operetur per fabrum. dicimus autem quod ballivus operatur per regem, quia ballivi est agere, cum sit dominus sui actus. martelli autem non est agere, sed solum agi, unde non designatur nisi ut instrumentum. dicitur autem ballivus operari per regem, quamvis haec praepositio per denotet medium, quia, quanto suppositum est prius in agendo, tanto virtus eius est immediatior effectui, quia virtus causae primae coniungit causam secundam suo effectui, unde et prima principia dicuntur immediata in demonstrativis scientiis. sic igitur, inquantum ballivus est medius secundum ordinem suppositorum agentium, dicitur rex operari per ballivum, secundum ordinem vero virtutum, dicitur ballivus operari per regem, quia virtus regis facit quod actio ballivi consequatur effectum. ordo autem non attenditur inter patrem et filium quantum ad virtutem; sed solum quantum ad supposita. et ideo dicitur quod pater spirat per filium, et non e converso.

007 ST1 qu36 ar4

ag1 ' Ad quartum sic proceditur. videtur quod pater et filius non sint unum principium spiritus sancti. quia spiritus sanctus non videtur a patre et filio procedere inquantum sunt unum, neque in natura, quia spiritus sanctus sic etiam procederet a seipso, qui est unum cum eis in natura; neque etiam inquantum sunt unum in aliqua proprietate, quia una proprietas non potest esse duorum suppositorum, ut videtur. ergo spiritus sanctus procedit a patre et filio ut sunt plures. non ergo pater et filius sunt unum principium spiritus sancti.

ag2 ' Praeterea, cum dicitur, pater et filius sunt unum principium spiritus sancti, non potest ibi designari unitas personalis, quia sic pater et filius essent una persona. neque etiam unitas proprietatis, quia si propter unam proprietatem pater et filius sunt unum principium spiritus sancti, pari ratione, propter duas proprietates pater videtur esse duo principia filii et spiritus sancti; quod est inconveniens. non ergo pater et filius sunt unum principium spiritus sancti.

ag3 ' Praeterea, filius non magis convenit cum patre quam spiritus sanctus. sed spiritus sanctus et pater non sunt unum principium respectu alicuius divinae personae. ergo neque pater et filius.

ag4 ' Praeterea, si pater et filius sunt unum principium spiritus sancti aut unum quod est pater; aut unum quod non est pater. sed neutrum est dare, quia si unum quod est pater, sequitur quod filius sit pater; si unum quod non est pater, sequitur quod pater non est pater. non ergo dicendum est quod pater et filius sint unum principium spiritus sancti.

ag5 ' Praeterea, si pater et filius sunt unum principium spiritus sancti videtur e converso dicendum quod unum principium spiritus sancti sit pater et filius. sed haec videtur esse falsa, quia hoc quod dico principium, oportet quod supponat vel pro persona patris, vel pro persona filii; et utroque modo est falsa. ergo etiam haec est falsa, pater et filius sunt unum principium spiritus sancti.

ag6 ' Praeterea, unum in substantia facit idem. si igitur pater et filius sunt unum principium spiritus sancti, sequitur quod sint idem principium. sed hoc a multis negatur. ergo non est concedendum quod pater et filius sint unum principium spiritus sancti.

ag7 ' Praeterea, pater et filius et spiritus sanctus, quia sunt unum principium creaturae, dicuntur esse unus creator. " sed pater et filius non sunt unus spirator, sed duo spiratores, * ut a multis dicitur. quod etiam consonat dictis hilarii, qui dicit, in ii de trin., quod " spiritus sanctus a patre et filio auctoribus confitendus est. ' ergo pater et filius non sunt unum principium spiritus sancti.

sc ' Sed contra est quod * augustinus dicit, in v de trin., quod " pater et filius non sunt duo principia, sed unum principium spiritus sancti.

co ' Respondeo dicendum quod pater et filius in omnibus unum sunt, in quibus non distinguit inter eos relationis oppositio. unde, cum in hoc quod est esse principium spiritus sancti, non opponantur relative, sequitur quod pater et filius sunt unum principium spiritus sancti. * quidam tamen dicunt " hanc esse impropriam, pater et filius sunt unum principium spiritus sancti. quia cum hoc nomen principium, singulariter acceptum, non significet personam, sed proprietatem, dicunt quod sumitur adiective, et quia adiectivum non determinatur per adiectivum, non potest convenienter dici quod pater et filius sint unum principium spiritus sancti, nisi unum intelligatur quasi adverbialiter positum, ut sit sensus, sunt unum principium, idest uno modo. ‘sed simili ratione posset dici pater duo principia filii et spiritus sancti, idest duobus modis. dicendum est ergo quod, licet hoc nomen principium significet proprietatem, tamen significat eam per modum substantivi, sicut hoc nomen pater vel filius etiam in rebus creatis. unde numerum accipit a forma significata, sicut et alia substantiva. sicut igitur pater et filius sunt unus deus, propter unitatem formae significatae per hoc nomen deus; ita sunt unum principium spiritus sancti, propter unitatem proprietatis significatae in hoc nomine principium.

ra1 ‘ Ad primum ergo dicendum quod, si attendatur virtus spirativa, spiritus sanctus procedit a patre et filio inquantum sunt unum in virtute spirativa, quae quodammodo significat naturam cum proprietate, * ut infra dicetur. ‘neque est inconveniens unam proprietatem esse in duobus suppositis, quorum est una natura. si vero considerentur supposita spirationis, sic spiritus sanctus procedit a patre et filio ut sunt plures, procedit enim ab eis ut amor unitivus duorum.

ra2 ‘ Ad secundum dicendum quod, cum dicitur, pater et filius sunt unum principium spiritus sancti, designatur una proprietas, quae est forma significata per nomen. non tamen sequitur quod propter plures proprietates possit dici pater plura principia, quia implicaretur pluralitas suppositorum.

ra3 ‘ Ad tertium dicendum quod secundum relativas proprietates non attenditur in divinis similitudo vel dissimilitudo, sed secundum essentiam. unde, sicut pater non est similior sibi quam filio, ita nec filius similior patri quam spiritus sanctus.

ra4 ‘ Ad quartum dicendum quod haec duo, scilicet, pater et filius sunt unum principium quod est pater, aut, unum principium quod non est pater, non sunt contradictorie opposita. unde non est necesse alterum eorum dare. cum enim dicimus, pater et filius sunt unum principium, hoc quod dico principium, non habet determinatam suppositionem, imo confusam pro duabus personis simul. unde in processu est fallacia figurae dictionis, a confusa suppositione ad determinatam.

ra5 ‘ Ad quintum dicendum quod haec etiam est vera, unum principium spiritus sancti est pater et filius. quia hoc quod dico principium non supponit pro una persona tantum, sed indistincte pro duabus, * ut dictum est.

ra6 ‘ Ad sextum dicendum quod convenienter potest dici quod pater et filius sunt idem principium, secundum quod ly principium supponit confuse et indistincte pro duabus personis simul.

ra7 * Ad septimum dicendum quod quidam dicunt quod “ pater et filius, licet sint unum principium spiritus sancti, sunt tamen duo spiratores, propter distinctionem suppositorum, sicut etiam duo spirantes, quia actus referuntur ad supposita. nec est eadem ratio de hoc nomine creator. ‘quia spiritus sanctus procedit a patre et filio ut sunt duae personae distinctae, * ut dictum est, “ non autem creatura procedit a tribus personis ut sunt personae distinctae, sed ut sunt unum in essentia. ‘sed videtur melius dicendum quod, quia spirans adiectivum est, spirator vero substantivum, possumus dicere quod pater et filius sunt duo spirantes, propter pluralitatem suppositorum; non autem duo spiratores, propter unam spirationem. nam adiectiva nomina habent numerum secundum supposita, substantiva vero a seipsis, secundum formam significatam. * quod vero hilarius dicit, quod “ spiritus sanctus est a patre et filio auctoribus, exponendum est quod ponitur substantivum pro adiectivo.

007 ST1 qu37 ar

pr ‘ Deinde quaeritur de nomine amoris. et circa hoc quaeruntur duo. primo, utrum sit proprium nomen spiritus sancti. secundo, utrum pater et filius diligant se spiritu sancto.

007 ST1 qu37 ar1

ag1 ‘ Ad primum sic proceditur. videtur quod amor non sit proprium nomen spiritus sancti. * dicit enim augustinus, xv de trin., ° nescio cur, sicut sapientia dicitur et pater et filius et spiritus sanctus, et simul omnes non tres sed una sapientia, non ita et caritas dicatur pater et filius et spiritus sanctus, et simul omnes una caritas. ‘sed nullum nomen quod de singulis personis praedicatur et de omnibus in communi singulariter, est nomen proprium alicuius personae. ergo hoc nomen amor non est proprium spiritus sancti.

ag2 ‘ Praeterea, spiritus sanctus est persona subsistens. sed amor non significatur ut persona subsistens, sed ut actio quaedam ab amante transiens in amatum. ergo amor non est proprium nomen spiritus sancti.

ag3 ‘ Praeterea, amor est nexus amantium, quia * secundum dionysium, iv cap. de div. nom., ‘ est quaedam vis unitiva. sed nexus est medium inter ea quae connectit, non autem aliquid ab eis procedens. cum igitur spiritus sanctus procedat a patre et filio, * sicut ostensum est, ‘ videtur quod non sit amor aut nexus patris et filii.

ag4 ‘ Praeterea, cuiuslibet amantis est aliquis amor. sed spiritus sanctus est amans. ergo eius est aliquis amor. si igitur spiritus sanctus est amor, erit amor amoris, et spiritus a spiritu. quod est inconveniens.

sc * Sed contra est quod gregorius dicit, in homilia pentecostes, ° ipse spiritus sanctus est amor.

co ‘ Respondeo dicendum quod nomen amoris in divinis sumi potest et essentialiter et personaliter. et secundum quod personaliter sumitur, est proprium nomen spiritus sancti; sicut verbum est proprium nomen filii. ad cuius evidentiam, sciendum est quod, cum in divinis, * ut supra ostensum est, ‘ sint duae processiones, una per modum intellectus, quae est processio verbi; alia per modum voluntatis, quae est processio amoris, quia prima est nobis magis nota, ad singula significanda quae in ea considerari possunt, sunt magis propria nomina adinventa; non autem in processione voluntatis. unde et quibusdam circumlocutionibus utimur ad significandam personam procedentem, et relationes etiam quae accipiuntur secundum hanc processionem, et processionis et spirationis nominibus nominantur, * ut supra dictum est, ‘ quae tamen sunt magis nomina originis quam relationis, secundum proprietatem vocabuli. et tamen similiter utramque processionem considerari oportet. sicut enim ex hoc quod aliquis rem aliquam intelligit, provenit quaedam intellectualis conceptio rei intellectae in intelligente, quae dicitur verbum; ita ex hoc quod aliquis rem aliquam amat, provenit quaedam impressio, ut ita loquar, rei amatae in affectu |25| amantis, secundum quam amatum dicitur esse in amante, sicut et intellectum in intelligente. ita quod, cum aliquis seipsum intelligit et amat, est in seipso non solum per identitatem rei, sed etiam ut intellectum in intelligente, et amatum in amante. sed ex parte intellectus, sunt vocabula adinventa ad significandum respectum intelligentis ad rem intellectam, ut patet in hoc quod dico intelligere, et sunt etiam alia vocabula adinventa ad significandum processum intellectualis conceptionis, scilicet ipsum dicere, et verbum. unde in divinis intelligere solum essentialiter dicitur, quia non importat habitudinem ad verbum procedens, sed verbum personaliter dicitur, quia significat id quod procedit, ipsum vero dicere dicitur notionaliter, quia importat habitudinem principii verbi ad verbum ipsum. ex parte autem voluntatis, praeter diligere et amare, quae important habitudinem amantis ad rem amatam, non sunt aliqua vocabula imposita, quae importent habitudinem ipsius impressionis vel affectionis rei amatae, quae provenit in amante ex hoc quod amat, ad suum principium, aut e converso. et ideo, propter vocabulorum inopiam, huiusmodi habitudines significamus vocabulis amoris et dilectionis; sicut si verbum nominaremus intelligentiam conceptam, vel sapientiam genitam. sic igitur, inquantum in amore vel dilectione non importatur nisi habitudo amantis ad rem amatam, amor et diligere essentialiter dicuntur, sicut intelligentia et intelligere. inquantum vero his vocabulis utimur ad exprimendam habitudinem |50| eius rei quae procedit per modum amoris, ad suum principium, et e converso; ita quod per amorem intelligatur amor procedens, et per diligere intelligatur spirare amorem procedentem, sic amor est nomen personae, et diligere vel amare est verbum notionale, sicut dicere vel generare.

ra1 * Ad primum ergo dicendum quod augustinus loquitur “ de caritate, secundum quod essentialiter sumitur in divinis, * ut dictum est.

ra2 ‘ Ad secundum dicendum quod intelligere et velle et amare, licet significentur per modum actionum transeuntium in obiecta, sunt tamen actiones manentes in agentibus, * ut supra dictum est; ‘ ita tamen quod in ipso agente important habitudinem quandam ad obiectum. unde amor, etiam in nobis, est aliquid manens in amante, et verbum cordis manens in dicente; tamen cum habitudine ad rem verbo expressam, vel amatam. sed in deo, in quo nullum est accidens, plus habet, quia tam verbum quam amor est subsistens. cum ergo dicitur quod spiritus sanctus est amor patris in filium, vel in quidquam aliud, non significatur aliquid transiens in alium; sed solum habitudo amoris ad rem amatam; sicut et in verbo importatur habitudo verbi ad rem verbo expressam.

ra3 ‘ Ad tertium dicendum quod spiritus sanctus dicitur esse nexus patris et filii, inquantum est amor, quia, cum pater amet unica dilectione se et filium, et e converso, importatur in spiritu sancto, prout est amor, habitudo patris ad filium, et e converso, ut amantis ad amatum. sed ex hoc ipso quod pater et filius se mutuo amant, oportet quod mutuus amor, qui est spiritus sanctus, ab utroque procedat. secundum igitur originem, spiritus sanctus non est medius, sed tertia in trinitate persona. secundum vero praedictam habitudinem, est medius nexus duorum, ab utroque procedens.

ra4 ‘ Ad quartum dicendum quod, sicut filio, licet intelligat, non tamen sibi competit producere verbum, quia intelligere convenit ei ut verbo procedenti; ita, licet spiritus sanctus amet, essentialiter accipiendo, non tamen convenit ei quod spiret amorem, quod est diligere notionaliter sumptum; quia sic diligit essentialiter ut amor procedens, non ut a quo procedit amor.

007 ST1 qu37 ar2

ag1 ‘ Ad secundum sic proceditur. videtur quod pater et filius non diligant se spiritu sancto. * augustinus enim, in vii de trin., “ probat quod pater non est sapiens sapientia genita. ‘ sed sicut filius est sapientia genita, ita spiritus sanctus est amor procedens, * ut dictum est. ‘ergo pater et filius non diligunt se amore procedente, qui est spiritus sanctus.

ag2 ‘ Praeterea, cum dicitur, pater et filius diligunt se spiritu sancto, hoc verbum diligere aut sumitur essentialiter, aut notionaliter. sed non potest esse vera secundum quod sumitur essentialiter. quia pari ratione posset dici quod pater intelligit filio. neque etiam secundum quod sumitur notionaliter, quia pari ratione posset dici quod pater et filius spirant spiritu sancto, vel quod pater generat filio. ergo nullo modo haec est vera, pater et filius diligunt se spiritu sancto.

ag3 ‘ Praeterea, eodem amore pater diligit filium, et se, et nos. sed pater non diligit se spiritu sancto. quia nullus actus notionalis reflectitur super principium actus, non enim potest dici quod pater generat se, vel spirat se. ergo etiam non potest dici quod diligat se spiritu sancto, secundum quod diligere sumitur notionaliter. item, amor quo diligit nos, non videtur esse spiritus sanctus, quia importatur respectus ad creaturam, et ita ad essentiam pertinet. ergo et haec est falsa, pater diligit filium spiritu sancto.

sc ‘ Sed contra est quod * augustinus dicit, vi de trin., quod ° spiritus sanctus est quo genitus a generante diligitur, genitoremque suum diligit.

co ‘ Respondeo dicendum quod circa hanc quaestionem difficultatem affert quod, cum dicitur, pater diligit filium spiritu sancto, cum ablativus construatur in habitudine alicuius causae, videtur quod spiritus sanctus sit principium diligendi patri et filio; quod est omnino impossibile. * et ideo quidam dixerunt “ hanc esse falsam, pater et filius diligunt se spiritu sancto. et dicunt hanc esse retractatam ab augustino in suo simili, cum scilicet retractavit istam, pater est sapiens sapientia genita. * quidam vero dicunt quod “ est propositio impropria; et est sic exponenda, pater diligit filium spiritu sancto, idest amore essentiali, qui appropriatur spiritui sancto. * quidam vero dixerunt quod “ ablativus iste construitur in habitudine signi, ut sit sensus, spiritus sanctus est signum quod pater diligat filium, inquantum scilicet procedit ab eis ut amor. * quidam vero dixerunt quod “ ablativus iste construitur in habitudine causae formalis, quia spiritus sanctus est amor, quo formaliter pater et filius se invicem diligunt. * quidam vero dixerunt quod |25| “ construitur in habitudine effectus formalis. ‘ et isti propinquius ad veritatem accesserunt. unde ad huius evidentiam, sciendum est quod, cum res communiter denominentur a suis formis, sicut album ab albedine, et homo ab humanitate; omne illud a quo aliquid denominatur, quantum ad hoc habet habitudinem formae. ut si dicam, iste est indutus vestimento, iste ablativus construitur in habitudine causae formalis, quamvis non sit forma. contingit autem aliquid denominari per id quod ab ipso procedit, non solum sicut agens actione; sed etiam sicut ipso termino actionis, qui est effectus, quando ipse effectus in intellectu actionis includitur. dicimus enim quod ignis est calefaciens calefactione, quamvis calefactio non sit calor, qui est forma ignis, sed actio ab igne procedens, et dicimus quod arbor est florens floribus, quamvis flores non sint forma arboris, sed quidam effectus ab ipsa procedentes. secundum hoc ergo dicendum quod, cum diligere in divinis dupliciter sumatur, essentialiter scilicet et notionaliter; secundum quod essentialiter sumitur, sic pater et filius non diligunt se spiritu sancto, sed essentia sua. * unde augustinus dicit, in xv de trin., ° quis audet dicere patrem nec se nec filium nec spiritum sanctum diligere nisi per spiritum sanctum? * et secundum hoc procedunt primae opiniones. ‘ secundum vero quod notionaliter sumitur, sic diligere nihil est aliud quam spirare amorem; sicut dicere est producere verbum, |50| et florere est producere flores. sicut ergo dicitur arbor florens floribus, ita dicitur pater dicens verbo vel filio, se et creaturam, et pater et filius dicuntur diligentes spiritu sancto, vel amore procedente, et se et nos.

ra1 ‘ Ad primum ergo dicendum quod esse sapientem vel intelligentem in divinis non sumitur nisi essentialiter, et ideo non potest dici quod pater sit sapiens vel intelligens filio. sed diligere sumitur non solum essentialiter, sed etiam notionaliter. et secundum hoc, possumus dicere quod pater et filius diligunt se spiritu sancto, * ut dictum est.

ra2 ‘ Ad secundum dicendum quod, quando in intellectu alicuius actionis importatur determinatus effectus, potest denominari principium actionis et ab actione et ab effectu; sicut possumus dicere quod arbor est florens floritione, et floribus. sed quando in actione non includitur determinatus effectus, tunc non potest principium actionis denominari ab effectu, sed solum ab actione, non enim dicimus quod arbor producit florem flore, sed productione floris. in hoc igitur quod dico spirat vel generat, importatur actus notionalis tantum. unde non possumus dicere quod pater spiret spiritu sancto, vel generet filio. possumus autem dicere quod pater dicit verbo, tanquam persona procedente, et dicit dictione, tanquam actu notionali, quia dicere importat determinatam personam procedentem, cum dicere sit producere verbum. et similiter diligere, prout notionaliter sumitur, est producere amorem. et ideo potest dici quod pater diligit filium spiritu sancto, tanquam persona procedente, et ipsa dilectione, tanquam actu notionali.

ra3 ‘ Ad tertium dicendum quod pater non solum filium, sed etiam se et nos diligit spiritu sancto. * quia, ut dictum est ‘ diligere, prout notionaliter sumitur, non solum importat productionem divinae personae, sed etiam personam productam per modum amoris, qui habet habitudinem ad rem dilectam. unde, sicut pater dicit se et omnem creaturam verbo quod genuit, inquantum verbum genitum sufficienter repraesentat patrem et omnem creaturam; ita diligit se et omnem creaturam spiritu sancto, inquantum spiritus sanctus procedit ut amor bonitatis primae, secundum quam pater amat se et omnem creaturam. et sic etiam patet quod respectus importatur ad creaturam et in verbo et in amore procedente, quasi secundario; inquantum scilicet veritas et bonitas divina est principium intelligendi et amandi omnem creaturam.

007 ST1 qu38 ar

pr ‘ Consequenter quaeritur de dono. et circa hoc quaeruntur duo. primo, utrum donum possit esse nomen personale. secundo, utrum sit proprium spiritus sancti.

007 ST1 qu38 ar1

ag1 ‘ Ad primum sic proceditur. videtur quod donum non sit nomen personale. omne enim nomen personale importat aliquam distinctionem in divinis. sed nomen doni non importat aliquam distinctionem in divinis, * dicit enim augustinus, xv de trin., quod ° spiritus sanctus ita datur sicut dei donum, ut etiam seipsum det sicut deus. ‘ ergo donum non est nomen personale.

ag2 ‘ Praeterea, nullum nomen personale convenit essentiae divinae. sed essentia divina est donum quod pater dat filio, * ut patet per hilarium, ix de trin.. ‘ ergo donum non est nomen personale.

ag3 * Praeterea, secundum damascenum, ‘ nihil est subiectum aut serviens in divinis personis. sed donum importat quandam subiectionem et ad eum cui datur, et ad eum a quo datur. ergo donum non est nomen personale.

ag4 ‘ Praeterea, donum importat respectum ad creaturam, et ita videtur de deo dici ex tempore. sed nomina personalia dicuntur de deo ab aeterno, ut pater et filius. ergo donum non est nomen personale.

sc * Sed contra est quod augustinus dicit, xv de trin., ° sicut corpus carnis nihil aliud est quam caro, sic donum spiritus sancti nihil aliud est quam spiritus sanctus. ‘ sed spiritus sanctus est nomen personale. ergo et donum.

co ‘ Respondeo dicendum quod in nomine doni importatur aptitudo ad hoc quod donetur. quod autem donatur, habet habitudinem et ad id a quo datur, et ad id cui datur, non enim daretur ab aliquo nisi esset eius; et ad hoc alicui datur, ut eius sit. persona autem divina dicitur esse alicuius, vel secundum originem, sicut filius est patris; vel inquantum ab aliquo habetur. habere autem dicimur id quo libere possumus uti vel frui, ut volumus. et per hunc modum divina persona non potest haberi nisi a rationali creatura deo coniuncta. aliae autem creaturae moveri quidem possunt a divina persona; non tamen sic quod in potestate earum sit frui divina persona, et uti effectu eius. ad quod quandoque pertingit rationalis creatura; ut puta cum sic fit particeps divini verbi et procedentis amoris, ut possit libere deum vere cognoscere et recte amare. unde sola creatura rationalis potest habere divinam personam. sed ad hoc quod sic eam habeat, non potest propria virtute pervenire, unde oportet quod hoc ei desuper detur; hoc enim dari nobis dicitur, quod aliunde habemus. et sic divinae personae competit dari, et esse donum.

ra1 ‘ Ad primum ergo dicendum quod nomen doni importat distinctionem personalem, secundum quod donum dicitur esse alicuius per originem. et tamen spiritus sanctus dat seipsum, inquantum est sui ipsius, ut potens se uti, vel potius frui; sicut et homo liber dicitur esse sui ipsius. * et hoc est quod augustinus dicit, super ioan., ° quid tam tuum est quam tu? ‘ vel dicendum, et melius, quod donum oportet esse aliquo modo dantis. sed hoc esse huius dicitur multipliciter. uno modo, per modum identitatis, * sicut dicit augustinus super ioan., ‘ et sic donum non distinguitur a dante, sed ab eo cui datur. et sic dicitur quod spiritus sanctus dat se. alio modo dicitur aliquid esse alicuius ut possessio vel servus, et sic oportet quod donum essentialiter distinguatur a dante. et sic donum dei est aliquid creatum. tertio modo dicitur hoc esse huius per originem tantum, et sic filius est patris, et spiritus sanctus utriusque. inquantum ergo donum hoc modo dicitur esse dantis, sic distinguitur a dante personaliter, et est nomen personale.

ra2 ‘ Ad secundum dicendum quod essentia dicitur esse donum patris primo modo, quia essentia est patris per modum identitatis.

ra3 ‘ Ad tertium dicendum quod donum, secundum quod est nomen personale in divinis, non importat subiectionem, sed originem tantum, in comparatione ad dantem. in comparatione vero ad eum cui datur, importat liberum usum vel fruitionem, * ut dictum est.

ra4 ‘ Ad quartum dicendum quod donum non dicitur ex eo quod actu datur, sed inquantum habet aptitudinem ut possit dari. unde ab aeterno divina persona dicitur donum, licet ex tempore detur. nec tamen per hoc quod importatur respectus ad creaturam, oportet quod sit essentiale, sed quod aliquid essentiale in suo intellectu includatur, sicut essentia includitur in intellectu personae, * ut supra dictum est.

007 ST1 qu38 ar2

ag1 ‘ Ad secundum sic proceditur. videtur quod donum non sit proprium nomen spiritus sancti. donum enim dicitur ex eo quod datur. * sed, sicut dicitur isa. ix, ° filius datus est nobis. ‘ ergo esse donum convenit filio, sicut spiritui sancto.

ag2 ‘ Praeterea, omne nomen proprium alicuius personae significat aliquam eius proprietatem. sed hoc nomen donum non significat proprietatem aliquam spiritus sancti. ergo donum non est proprium nomen spiritus sancti.

ag3 ‘ Praeterea, spiritus sanctus potest dici spiritus alicuius hominis, * ut supra dictum est. ‘ sed non potest dici donum alicuius hominis, sed solum donum dei. ergo donum non est proprium nomen spiritus sancti.

sc * Sed contra est quod augustinus dicit, in iv de trin., ° sicut natum esse est filio a patre esse, ita spiritui sancto donum dei esse est a patre et filio procedere. ‘ sed spiritus sanctus sortitur proprium nomen inquantum procedit a patre et filio. ergo et donum est proprium nomen spiritus sancti.

co ‘ Respondeo dicendum quod donum, secundum quod personaliter sumitur in divinis, est proprium nomen spiritus sancti. ad cuius evidentiam, sciendum est quod donum proprie est datio irreddibilis, * secundum philosophum, ‘ idest quod non datur intentione retributionis, et sic importat gratuitam donationem. ratio autem gratuitae donationis est amor, ideo enim damus gratis alicui aliquid, quia volumus ei bonum. primum ergo quod damus ei, est amor quo volumus ei bonum. unde manifestum est quod amor habet rationem primi doni, per quod omnia dona gratuita donantur. unde, cum spiritus sanctus procedat ut amor, * sicut iam dictum est, ‘ procedit in ratione doni primi. * unde dicit augustinus, xv de trin., quod ° per donum quod est spiritus sanctus, multa propria dona dividuntur membris christi.

ra1 ‘ Ad primum ergo dicendum quod, sicut filius, quia procedit per modum verbi, quod de ratione sua habet quod sit similitudo sui principii dicitur proprie imago, licet etiam spiritus sanctus sit similis patri; ita etiam spiritus sanctus, quia a patre procedit ut amor, dicitur proprie donum, licet etiam filius detur. hoc enim ipsum quod filius datur, est ex patris amore, * secundum illud ioan. iii, ° sic deus dilexit mundum, ut filium suum unigenitum daret.

ra2 ‘ Ad secundum dicendum quod in nomine doni importatur quod sit dantis per originem. et sic importatur proprietas originis spiritus sancti, quae est processio.

ra3 ‘ Ad tertium dicendum quod donum, antequam detur, est tantum dantis, sed postquam datur, est eius cui datur. quia igitur donum non importat dationem in actu, non potest dici quod sit donum hominis; sed donum dei dantis. cum autem iam datum est, tunc hominis est vel spiritus vel datum.

007 ST1 qu39 ar

pr ‘ Post ea quae de personis divinis absolute tractata sunt, considerandum restat de personis in comparatione ad essentiam, et ad proprietates, et ad actus notionales; et de comparatione ipsarum ad invicem. quantum igitur ad primum horum, octo quaeruntur. primo, utrum essentia in divinis sit idem quod persona. secundo, utrum dicendum sit quod tres personae sunt unius essentiae. tertio, utrum nomina essentialia praedicanda sint de personis in plurali vel in singulari. quarto, utrum adiectiva notionalia, aut verba vel participia, praedicari possint de nominibus essentialibus concretive acceptis. quinto, utrum praedicari possint de nominibus essentialibus in abstracto acceptis. sexto, utrum nomina personarum praedicari possint de nominibus essentialibus concretis. septimo, utrum essentialia attributa sint approprianda personis. octavo, quod attributum cuique personae debeat appropriari.

007 ST1 qu39 ar1

ag1 ‘ Ad primum sic proceditur. videtur quod in divinis essentia non sit idem quod persona. in quibuscumque enim essentia est idem quod persona seu suppositum, oportet quod sit tantum unum suppositum unius naturae, ut patet in omnibus substantiis separatis, eorum enim quae sunt idem re, unum multiplicari non potest, quin multiplicetur et reliquum. sed in divinis est una essentia et tres personae, * ut ex supra dictis patet. ‘ ergo essentia non est idem quod persona.

ag2 ‘ Praeterea, affirmatio et negatio simul et semel non verificantur de eodem. sed affirmatio et negatio verificantur de essentia et persona, nam persona est distincta, essentia vero non est distincta. ergo persona et essentia non sunt idem.

ag3 ‘ Praeterea, nihil subiicitur sibi ipsi. sed persona subiicitur essentiae, unde suppositum vel hypostasis nominatur. ergo persona non est idem quod essentia.

sc * Sed contra est quod augustinus dicit, vii de trin., ° cum dicimus personam patris, non aliud dicimus quam substantiam patris.

co ‘ Respondeo dicendum quod considerantibus divinam simplicitatem, quaestio ista in manifesto habet veritatem. * ostensum est enim supra quod ‘ divina simplicitas hoc requirit, quod in deo sit idem essentia et suppositum; quod in substantiis intellectualibus nihil est aliud quam persona. sed difficultatem videtur ingerere quod, multiplicatis personis divinis, essentia retinet unitatem. et * quia, ut boetius dicit, “ relatio multiplicat personarum trinitatem, * posuerunt aliqui “ hoc modo in divinis differre essentiam et personam, quo et relationes dicebant esse assistentes, considerantes in relationibus solum quod ad alterum sunt, et non quod res sunt. * sed, sicut supra ostensum est, ‘ sicut relationes in rebus creatis accidentaliter insunt, ita in deo sunt ipsa essentia divina. ex quo sequitur quod in deo non sit aliud essentia quam persona secundum rem; et tamen quod personae realiter ab invicem distinguantur. persona enim, * ut dictum est supra, ‘ significat relationem, prout est subsistens in natura divina. relatio autem, |25| ad essentiam comparata, non differt re, sed ratione tantum, comparata autem ad oppositam relationem, habet, virtute oppositionis, realem distinctionem. et sic remanet una essentia, et tres personae.

ra1 ‘ Ad primum ergo dicendum quod in creaturis non potest esse distinctio suppositorum per relationes, sed oportet quod sit per essentialia principia, quia relationes non sunt subsistentes in creaturis. in divinis autem relationes sunt subsistentes, et ideo, secundum quod habent oppositionem ad invicem, possunt distinguere supposita. neque tamen distinguitur essentia, quia relationes ipsae non distinguuntur ab invicem secundum quod sunt realiter idem cum essentia.

ra2 ‘ Ad secundum dicendum quod, inquantum essentia et persona in divinis differunt secundum intelligentiae rationem, sequitur quod aliquid possit affirmari de uno, quod negatur de altero, et per consequens quod, supposito uno, non supponatur alterum.

ra3 ‘ Ad tertium dicendum quod rebus divinis nomina imponimus secundum modum rerum creatarum, * ut supra dictum est. ‘ et quia naturae rerum creatarum individuantur per materiam, quae subiicitur naturae speciei, inde est quod individua dicuntur subiecta, vel supposita, vel hypostases. et propter hoc etiam divinae personae supposita vel hypostases nominantur, non quod ibi sit aliqua suppositio vel subiectio secundum rem.

007 ST1 qu39 ar2

ag1 ‘ Ad secundum sic proceditur. videtur quod non sit dicendum tres personas esse unius essentiae. * dicit enim hilarius, in libro de synod., “ quod pater et filius et spiritus sanctus ° sunt quidem per substantiam tria, per consonantiam vero unum. ‘ sed substantia dei est eius essentia. ergo tres personae non sunt unius essentiae.

ag2 ‘ Praeterea, non est affirmandum aliquid de divinis, quod auctoritate scripturae sacrae non est expressum, * ut patet per dionysium, i cap. de div. nom.. ‘ sed nunquam in scriptura sacra exprimitur quod pater et filius et spiritus sanctus sunt unius essentiae. ergo hoc non est asserendum.

ag3 ‘ Praeterea, natura divina est idem quod essentia. sufficeret ergo dicere quod tres personae sunt unius naturae.

ag4 ‘ Praeterea, non consuevit dici quod persona sit essentiae, sed magis quod essentia sit personae. ergo neque convenienter videtur dici quod tres personae sunt unius essentiae.

ag5 * Praeterea, augustinus dicit quod “ non dicimus tres personas esse ex una essentia, ne intelligatur in divinis aliud esse essentia et persona. ‘ sed sicut praepositiones sunt transitivae, ita et obliqui. ergo, pari ratione, non est dicendum quod tres personae sunt unius essentiae.

ag6 ‘ Praeterea, id quod potest esse erroris occasio, non est in divinis dicendum. sed cum dicuntur tres personae unius essentiae vel substantiae datur erroris occasio. * quia, ut hilarius dicit, in libro de synod., ° una substantia patris et filii praedicata, aut unum qui duas nuncupationes habeat, subsistentem significat; aut divisam unam substantiam duas imperfectas fecisse substantias; aut tertiam priorem substantiam, quae a duobus et usurpata sit et assumpta. ‘ non est ergo dicendum tres personas esse unius substantiae.

sc ‘ Sed contra est quod * augustinus dicit, in libro ii contra maximinum, quod “ hoc nomen homousion, quod in concilio nicaeno adversus arianos firmatum

est, idem significat quod tres personas esse unius essentiae.
co * Respondeo dicendum quod, sicut supra dictum est, ‘ intellectus noster res divinas nominat, non secundum modum earum, quia sic eas cognoscere non potest; sed secundum modum in rebus creatis inventum. et quia in rebus sensibilibus, a quibus intellectus noster scientiam capit, natura alicuius speciei per materiam individuatur; et sic natura se habet ut forma, individuum autem ut suppositum formae, propter hoc etiam in divinis, quantum ad modum significandi, essentia significatur ut forma trium personarum. dicimus autem in rebus creatis formam quamcumque esse eius cuius est forma; sicut sanitatem vel pulchritudinem hominis alicuius. rem autem habentem formam non dicimus esse formae, nisi cum adiectione alicuius adiectivi, quod designat illam formam, ut cum dicimus, ista mulier est egregiae formae, iste homo est perfectae virtutis. et similiter, quia in divinis, multiplicatis personis, non multiplicatur essentia, dicimus unam essentiam esse trium personarum; et tres personas unius essentiae, ut intelligantur isti genitivi construi in designatione formae.
ra1 ‘ Ad primum ergo dicendum quod substantia sumitur pro hypostasi; et non pro essentia.
ra2 ‘ Ad secundum dicendum quod, licet tres personas esse unius essentiae non inveniatur in sacra scriptura per haec verba, invenitur tamen quantum ad hunc sensum, * sicut ibi, ° ego et pater unum sumus; et, ego in patre, et pater in me est. ‘ et per multa alia haberi potest idem.
ra3 ‘ Ad tertium dicendum quod, quia natura designat principium actus, essentia vero ab essendo dicitur, possunt dici aliqua unius naturae, quae conveniunt in aliquo actu, sicut omnia calefacientia, sed unius essentiae dici non possunt, nisi quorum est unum esse. et ideo magis exprimitur unitas divina per hoc quod dicitur quod tres personae sunt unius essentiae, quam si diceretur quod sunt unius naturae.
ra4 ‘ Ad quartum dicendum quod forma, absolute accepta, consuevit significari ut eius cuius est forma, ut virtus petri. e converso autem, res habens formam aliquam non consuevit significari ut eius, nisi cum volumus determinare sive designare formam. et tunc requiruntur duo genitivi, quorum unus significet formam, et alius determinationem formae, ut si dicatur, petrus est magnae virtutis, vel etiam requiritur unus genitivus habens vim duorum genitivorum, ut cum dicitur, vir sanguinum est iste, idest effusor multi sanguinis. quia igitur essentia divina significatur ut forma respectu personae, convenienter essentia personae dicitur. non autem e converso, nisi aliquid addatur ad designationem essentiae; ut si dicatur quod pater est persona divinae essentiae, vel quod tres personae sunt unius essentiae.
ra5 ‘ Ad quintum dicendum quod haec praepositio ex vel de non designat habitudinem causae formalis, sed magis habitudinem causae efficientis vel materialis. quae quidem causae in omnibus distinguuntur ab his quorum sunt causae, nihil enim est sua materia, neque aliquid est suum principium activum. aliquid tamen est sua forma, ut patet in omnibus rebus immaterialibus. et ideo per hoc quod dicimus tres personas unius essentiae, significando essentiam in habitudine formae, non ostenditur aliud esse essentia quam persona, quod ostenderetur, si diceremus tres personas ex eadem essentia.
ra6 * Ad sextum dicendum quod, sicut hilarius dicit, in libro de synod., ° male sanctis rebus praeiudicatur, si, quia non sanctae a quibusdam habentur, esse non debeant. sic, si male intelligitur homousion, quid ad me bene intelligentem? sit ergo una substantia ex naturae genitae proprietate, non sit autem ex portione, aut ex unione, aut ex communione.

007 ST1 qu39 ar3

ag1 ‘ Ad tertium sic proceditur. videtur quod nomina essentialia, ut hoc nomen deus, non praedicentur singulariter de tribus personis, sed pluraliter. sicut enim homo significatur ut habens humanitatem, ita deus significatur ut habens deitatem. sed tres personae sunt tres habentes deitatem. ergo tres personae sunt tres dii.
ag2 * Praeterea, gen. i, ubi dicitur, ° in principio creavit deus caelum et terram, “ hebraica veritas habet elohim, quod potest interpretari dii, sive iudices. ‘ et hoc dicitur propter pluralitatem personarum. ergo tres personae sunt plures dii, et non unus deus.
ag3 ‘ Praeterea, hoc nomen res, cum absolute dicatur, videtur ad substantiam pertinere. sed hoc nomen pluraliter praedicatur de tribus personis, * dicit enim augustinus, in libro de doctr. christ., ° res quibus fruendum est, sunt pater et filius et spiritus sanctus. ‘ ergo et alia nomina essentialia pluraliter praedicari possunt de tribus personis.
ag4 ‘ Praeterea, sicut hoc nomen deus significat habentem deitatem, ita hoc nomen persona significat subsistentem in natura aliqua intellectuali. sed dicimus tres personas. ergo, eadem ratione, dicere possumus tres deos.
sc * Sed contra est quod dicitur deut. vi, ° audi, israel, dominus deus tuus, deus unus est.
co ‘ Respondeo dicendum quod nominum essentialium quaedam significant essentiam substantive, quaedam vero adiective. ea quidem quae substantive essentiam significant, praedicantur de tribus personis singulariter tantum, et non pluraliter, quae vero adiective essentiam significant, praedicantur de tribus personis in plurali. cuius ratio est, quia nomina substantiva significant aliquid per modum substantiae, nomina vero adiectiva significant aliquid per modum accidentis, quod inhaeret subiecto. substantia autem, sicut per se habet esse, ita per se habet unitatem vel multitudinem, unde et singularitas vel pluralitas nominis substantivi attenditur secundum formam significatam per nomen. accidentia autem, sicut esse habent in subiecto, ita ex subiecto suscipiunt unitatem et multitudinem, et ideo in adiectivis attenditur singularitas et pluralitas secundum supposita. in creaturis autem non invenitur una forma in pluribus suppositis nisi unitate ordinis, ut forma multitudinis ordinatae. unde nomina significantia talem formam, si sint substantiva, praedicantur de pluribus in singulari, non autem si sint adiectiva. dicimus enim quod multi homines sunt collegium vel exercitus aut populus, dicimus tamen quod plures homines sunt collegiati. in divinis autem essentia divina significatur per modum formae, * ut dictum est ‘ quae quidem simplex est et maxime una, * ut supra ostensum est. |25| ‘ unde nomina significantia divinam essentiam substantive, singulariter, et non pluraliter, de tribus personis praedicantur. haec igitur est ratio quare socratem et platonem et ciceronem dicimus tres homines; patrem autem et filium et spiritum sanctum non dicimus tres deos, sed unum deum, quia in tribus suppositis humanae naturae sunt tres humanitates; in tribus autem personis est una divina essentia. ea vero quae significant essentiam adiective, praedicantur pluraliter de tribus, propter pluralitatem suppositorum. dicimus enim tres existentes vel tres sapientes, aut tres aeternos et increatos et immensos, si adiective sumantur. si vero substantive sumantur, dicimus unum increatum, immensum et aeternum, * ut athanasius dicit.
ra1 ‘ Ad primum ergo dicendum quod, licet deus significet habentem deitatem, est tamen alius modus significandi, nam deus dicitur substantive, sed habens deitatem dicitur adiective. unde, licet sint tres habentes deitatem, non tamen sequitur quod sint tres dii.
ra2 ‘ Ad secundum dicendum quod diversae linguae habent diversum modum loquendi. * unde, sicut propter pluralitatem suppositorum graeci dicunt “ tres hypostases, ita et in hebraeo dicitur pluraliter elohim. ‘ nos autem non dicimus pluraliter neque deos neque substantias, ne pluralitas ad substantiam referatur.
ra3 ‘ Ad tertium dicendum quod hoc nomen res est de transcendentibus. unde, secundum quod pertinet ad relationem, pluraliter praedicatur in divinis, secundum vero quod pertinet ad substantiam, singulariter praedicatur. * unde augustinus dicit ibidem quod ° eadem trinitas quaedam summa res est.
ra4 ‘ Ad quartum dicendum quod forma significata per hoc nomen persona, non est essentia vel natura, sed personalitas. unde, cum sint tres personalitates, idest tres personales proprietates, in patre et filio et spiritu sancto, non singulariter, sed pluraliter praedicatur de tribus.

007 ST1 qu39 ar4

ag1 ‘ Ad quartum sic proceditur. videtur quod nomina essentialia concretiva non possunt supponere pro persona, ita quod haec sit vera, deus genuit deum. quia, ut sophistae dicunt, terminus singularis idem significat et supponit. sed hoc nomen deus videtur esse terminus singularis, cum pluraliter praedicari non possit, * ut dictum est. ‘ ergo, cum significet essentiam, videtur quod supponat pro essentia, et non pro persona.
ag2 ‘ Praeterea, terminus in subiecto positus non restringitur per terminum positum in praedicato, ratione significationis; sed solum ratione temporis consignificati. sed cum dico, deus creat, hoc nomen deus supponit pro essentia. ergo cum dicitur, deus genuit, non potest iste terminus deus, ratione praedicati notionalis, supponere pro persona.
ag3 ‘ Praeterea, si haec est vera, deus genuit, quia pater generat; pari ratione haec erit vera, deus non generat, quia filius non generat. ergo est deus generans, et deus non generans. et ita videtur sequi quod sint duo dii.
ag4 ‘ Praeterea, si deus genuit deum, aut se deum, aut alium deum. sed non se deum, quia, * ut augustinus dicit, in i de trin., ° nulla res generat seipsam. ‘ neque alium deum, quia non est nisi unus deus. ergo haec est falsa, deus genuit deum.
ag5 ‘ Praeterea, si deus genuit deum, aut deum qui est deus pater, aut deum qui non est deus pater. si deum qui est deus pater, ergo deus pater est genitus. si deum qui non est deus pater, ergo deus est qui non est deus pater, quod est falsum. non ergo potest dici quod deus genuit deum.
sc * Sed contra est quod in symbolo dicitur deum de deo.
co * Respondeo dicendum quod quidam dixerunt quod “ hoc nomen deus, et similia, proprie secundum suam naturam supponunt pro essentia, sed ex adiuncto notionali trahuntur ad supponendum pro persona. * et haec opinio processisse videtur “ ex consideratione divinae simplicitatis, quae requirit quod in deo idem sit habens et quod habetur, et sic habens deitatem, quod significat hoc nomen deus, est idem quod deitas. ‘ sed in proprietatibus locutionum, non tantum attendenda est res significata; sed etiam modus significandi. et ideo, quia hoc nomen deus significat divinam essentiam ut in habente ipsam, sicut hoc nomen homo humanitatem significat in supposito; * alii melius dixerunt quod “ hoc nomen deus ex modo significandi habet ut proprie possit supponere pro persona, sicut et hoc nomen homo. ‘ quandoque ergo hoc nomen deus supponit pro essentia, ut cum dicitur, deus creat, quia hoc praedicatum competit subiecto ratione formae significatae, quae est deitas. quandoque vero supponit personam, vel unam tantum, ut cum dicitur, deus generat; vel duas, ut cum dicitur deus spirat; vel tres, ut cum dicitur, ° regi saeculorum immortali, invisibili, soli deo etc., * i tim. i.
ra1 ‘ Ad primum ergo dicendum quod hoc nomen deus, licet conveniat cum terminis singularibus in hoc, quod forma significata non multiplicatur; convenit tamen cum terminis communibus in hoc, quod forma significata invenitur in pluribus suppositis. unde non oportet quod semper supponat pro essentia quam significat.
ra2 ‘ Ad secundum dicendum quod * obiectio illa procedit contra illos qui dicebant quod “ hoc nomen deus non habet naturalem suppositionem pro persona.
ra3 ‘ Ad tertium dicendum quod aliter se habet hoc nomen deus ad supponendum pro persona, et hoc nomen homo. quia enim forma significata per hoc nomen homo, idest humanitas, realiter dividitur in diversis suppositis, per se supponit pro persona; etiamsi nihil addatur quod determinet ipsum ad personam, quae est suppositum distinctum. unitas autem sive communitas humanae naturae non est secundum rem, sed solum secundum considerationem, unde iste terminus homo non supponit pro natura communi, nisi propter exigentiam alicuius additi, ut cum dicitur, homo est species. sed forma significata per hoc nomen deus, scilicet essentia divina, est una et communis secundum rem. unde per se supponit pro natura communi, sed ex adiuncto determinatur eius suppositio ad personam. unde cum dicitur, deus generat, ratione actus notionalis supponit hoc nomen deus pro persona patris. sed cum dicitur, deus non generat, nihil additur quod determinet hoc nomen ad personam filii, unde datur intelligi quod generatio repugnet divinae naturae. sed si addatur aliquid pertinens ad personam filii, vera erit locutio; ut si dicatur, deus genitus non generat. unde etiam non sequitur, est deus generans et est deus non generans, nisi ponatur aliquid pertinens ad personas; ut puta si dicamus, pater est deus generans, et filius est deus non generans. et ita non sequitur quod sint plures dii, quia pater et filius sunt unus deus, * ut dictum est.
ra4 ‘ Ad quartum dicendum quod haec est falsa, pater genuit se deum, quia ly se, cum sit reciprocum, refert idem suppositum. * neque est contrarium quod augustinus dicit, ad maximum, quod “ deus pater genuit alterum se. quia ly se vel est casus ablativi; ut sit sensus, genuit alterum a se. vel facit relationem simplicem, et sic refert identitatem naturae, sed est impropria vel emphatica locutio, ut sit sensus, genuit alterum simillimum sibi. ‘ similiter et haec est falsa, genuit alium deum. quia licet filius sit alius a patre, * ut supra dictum est, ‘ non tamen est dicendum quod sit alius deus, quia intelligeretur quod hoc adiectivum alius poneret rem suam circa substantivum quod est deus; et sic significaretur distinctio deitatis. * quidam tamen concedunt istam, “ genuit alium deum, ita quod ly alius sit substantivum, et ly deus appositive construatur cum eo. ‘ sed hic est improprius modus loquendi, et evitandus, ne detur occasio erroris.
ra5 ‘ Ad quintum dicendum quod haec est falsa, deus genuit deum qui est deus pater, quia, cum ly pater appositive construatur cum ly deus, restringit ipsum ad standum pro persona patris; ut sit sensus, genuit deum qui est ipse pater, et sic pater esset genitus, quod est falsum. unde negativa est vera, genuit deum qui non est deus pater. si tamen intelligeretur constructio non esse appositiva, sed aliquid esse interponendum; tunc e converso affirmativa esset vera, et negativa falsa; ut sit sensus, genuit deum qui est deus qui est pater. sed haec est extorta expositio. unde melius est quod simpliciter affirmativa negetur, et negativa concedatur. * praepositivus tamen dixit quod “ tam negativa quam affirmativa est falsa. quia hoc relativum qui in affirmativa potest referre suppositum, sed in negativa refert et significatum et suppositum. unde sensus affirmativae est, quod esse deum patrem conveniat personae filii. negativae vero sensus est, quod esse deum patrem non tantum removeatur a persona filii, sed etiam a divinitate eius ‘ sed hoc irrationabile videtur, cum, * secundum philosophum, ‘ de eodem de quo est affirmatio, possit etiam esse negatio.

007 ST1 qu39 ar5

ag1 ‘ Ad quintum sic proceditur. videtur quod nomi-

na essentialia in abstracto significata possint supponere pro persona, ita quod haec sit vera, essentia generat essentiam. * dicit enim augustinus, vii de trin., ° pater et filius sunt una sapientia, quia una essentia; et singillatim sapientia de sapientia, sicut essentia de essentia.
ag2 ' Praeterea, generatis nobis vel corruptis, generantur vel corrumpuntur ea quae in nobis sunt. sed filius generatur. ergo, cum essentia divina sit in filio, videtur quod essentia divina generetur.
ag3 ' Praeterea, idem est deus et essentia divina, * ut ex supra dictis patet. ' sed haec est vera, deus generat deum, * sicut dictum est. ' ergo haec est vera, essentia generat essentiam.
ag4 ' Praeterea, de quocumque praedicatur aliquid, potest supponere pro illo. sed essentia divina est pater. ergo essentia potest supponere pro persona patris. et sic essentia generat.
ag5 ' Praeterea, essentia est res generans, quia est pater, qui est generans. si igitur essentia non sit generans, erit essentia res generans et non generans, quod est impossibile.
ag6 * Praeterea, augustinus dicit, in iv de trin., ° pater est principium totius deitatis. ' sed non est principium nisi generando vel spirando. ergo pater generat vel spirat deitatem.
sc ' Sed contra est quod * augustinus dicit, in i de trin., quod ° nulla res generat seipsam. ' sed si essentia generat essentiam, non generat nisi seipsam, cum nihil sit in deo, quod distinguatur a divina essentia. ergo essentia non generat essentiam.
co * Respondeo dicendum quod circa hoc erravit abbas ioachim, " asserens quod, sicut dicitur, deus genuit deum, ita potest dici quod essentia genuit essentiam; considerans quod, propter divinam simplicitatem, non est aliud deus quam divina essentia. * sed in hoc deceptus fuit, quia ' ad veritatem locutionum, non solum oportet considerare res significatas, sed etiam modum significandi * ut dictum est. ' licet autem, secundum re, sit idem deus quod deitas, non tamen est idem modus significandi utrobique. nam hoc nomen deus, quia significat divinam essentiam ut in habente, ex modo suae significationis naturaliter habet quod possit supponere pro persona, et sic ea quae sunt propria personarum, possunt praedicari de hoc nomine deus, ut dicatur quod deus est genitus vel generans, * sicut dictum est. ' sed hoc nomen essentia non habet ex modo suae significationis quod supponat pro persona, quia significat essentiam ut formam abstractam. et ideo ea quae sunt propria personarum, quibus ab invicem distinguuntur, non possunt essentiae attribui, significaretur enim quod esset distinctio in essentia divina, sicut est distinctio in suppositis.
ra1 ' Ad primum ergo dicendum quod, ad exprimendam unitatem essentiae et personae, sancti doctores aliquando expressius locuti sunt quam proprietas locutionis patiatur. unde huiusmodi locutiones non sunt extendendae, sed exponendae, ut scilicet nomina abstracta exponantur per concreta, vel etiam per nomina personalia, ut, cum dicitur, essentia de essentia, vel sapientia de sapientia, sit sensus, filius, qui est essentia et sapientia, est de patre, qui est essentia et sapientia. in his tamen nominibus abstractis est quidam ordo attendendus, quia ea quae pertinent ad actum, magis propinque se habent ad personas, quia actus sunt suppositorum. unde minus impropria est ista, natura de natura, vel sapientia de sapientia, quam essentia de essentia.
ra2 ' Ad secundum dicendum quod in creaturis generatum non accipit naturam eandem numero quam generans habet, sed aliam numero, quae incipit in eo esse per generationem de novo, et desinit esse per corruptionem, et ideo generatur et corrumpitur per accidens. sed deus genitus eandem naturam numero accipit quam generans habet. et ideo natura divina in filio non generatur, neque per se neque per accidens.
ra3 ' Ad tertium dicendum quod, licet deus et divina essentia sint idem secundum rem, tamen, ratione alterius modi significandi, oportet loqui diversimode de utroque.
ra4 ' Ad quartum dicendum quod essentia divina praedicatur de patre per modum identitatis, propter divinam simplicitatem, nec tamen sequitur quod possit supponere pro patre, propter diversum modum significandi. ratio autem procederet in illis, quorum unum praedicatur de altero sicut universale de particulari.
ra5 ' Ad quintum dicendum quod haec est differentia inter nomina substantiva et adiectiva, quia nomina substantiva ferunt suum suppositum, adiectiva vero non, sed rem significatam ponunt circa substantivum. * unde sophistae dicunt quod " nomina substantiva supponunt; adiectiva vero non supponunt, sed copulant. ' nomina igitur personalia substantiva possunt de essentia praedicari, propter identitatem rei, neque sequitur quod proprietas personalis distinctam determinet essentiam; sed ponitur circa suppositum importatum per nomen substantivum. sed notionalia et personalia adiectiva non possunt praedicari de essentia, nisi aliquo substantivo adiuncto. unde non possumus dicere quod essentia est generans. possumus tamen dicere quod essentia est res generans, vel deus generans, si res et deus supponant pro persona, non autem si supponant pro essentia. unde non est contradictio, si dicatur quod essentia est res generans, et res non generans, quia primo res tenetur pro persona, secundo pro essentia.
ra6 ' Ad sextum dicendum quod deitas, inquantum est una in pluribus suppositis, habet quandam convenientiam cum forma nominis collectivi. unde cum dicitur, " pater est principium totius deitatis, ' potest sumi pro universitate personarum; inquantum scilicet, in omnibus personis divinis, ipse est principium. nec oportet quod sit principium sui ipsius, sicut aliquis de populo dicitur rector totius populi, non tamen sui ipsius. vel potest dici quod est principium totius deitatis, non quia eam generet et spiret, sed quia eam, generando et spirando, communicat.

007 ST1 qu39 ar6

ag1 ' Ad sextum sic proceditur. videtur quod personae non possint praedicari de nominibus essentialibus concretis, ut dicatur, deus est tres personae, vel est trinitas. haec enim est falsa, homo est omnis homo, quia pro nullo suppositorum verificari potest, neque enim socrates est omnis homo, neque plato, neque aliquis alius. sed similiter ista, deus est trinitas, pro nullo suppositorum naturae divinae verificari potest, neque enim pater est trinitas, neque filius, neque spiritus sanctus. ergo haec est falsa, deus est trinitas.
ag2 ' Praeterea, inferiora non praedicantur de suis superioribus nisi accidentali praedicatione, ut cum dico, animal est homo, accidit enim animali esse hominem. sed hoc nomen deus se habet ad tres personas sicut commune ad inferiora, * ut damascenus dicit. ' ergo videtur quod nomina personarum non possint praedicari de hoc nomine deus, nisi accidentaliter.
sc * Sed contra est quod augustinus dicit, in sermone de fide, ° credimus unum deum unam esse divini nominis trinitatem.
co * Respondeo dicendum quod, sicut iam dictum est, ' licet nomina personalia vel notionalia adiectiva non possint praedicari de essentia; tamen substantiva possunt, propter realem identitatem essentiae et personae. essentia autem divina non solum idem est realiter cum una persona, sed cum tribus. unde et una persona, et duae, et tres possunt de essentia praedicari; ut si dicamus, essentia est pater et filius et spiritus sanctus. et quia hoc nomen deus per se habet quod supponat pro essentia, * ut dictum est, ' ideo, sicut haec est vera, essentia est tres personae, ita haec est vera, deus est tres personae.
ra1 * Ad primum ergo dicendum quod, sicut supra dictum est, ' hoc nomen homo per se habet supponere pro persona; sed ex adiuncto habet quod stet pro natura communi. et ideo haec est falsa, homo est omnis homo, quia pro nullo supposito verificari potest. sed hoc nomen deus per se habet quod stet pro essentia. unde, licet pro nullo suppositorum divinae naturae haec sit vera, deus est trinitas, est tamen vera pro essentia. * quod non attendens, porretanus eam negavit.
ra2 ' Ad secundum dicendum quod, cum dicitur, deus vel divina essentia est pater, est praedicatio per identitatem, non autem sicut inferioris de superiori, quia in divinis non est universale et singulare. unde, sicut est per se ista, pater est deus, ita et ista, deus est pater; et nullo modo per accidens.

007 ST1 qu39 ar7

ag1 ' Ad septimum sic proceditur. videtur quod nomina essentialia non sint approprianda personis. quod enim potest vergere in errorem fidei, vitandum est in divinis, * quia, ut hieronymus dicit, ° ex verbis inordinate prolatis incurritur haeresis. ' sed ea quae sunt communia tribus personis appropriare alicui, potest vergere in errorem fidei, quia potest intelligi quod vel illi tantum personae conveniant cui appropriantur; vel quod magis conveniant ei quam aliis. ergo essentialia attributa non sunt approprianda personis.
ag2 ' Praeterea, essentialia attributa, in abstracto significata, significant per modum formae. sed una persona non se habet ad aliam ut forma, cum forma ab eo cuius est forma, supposito non distinguatur. ergo essentialia attributa, maxime in abstracto significata, non debent appropriari personis.
ag3 ' Praeterea, proprium prius est appropriato, proprium enim est de ratione appropriati. sed essentialia attributa, secundum modum intelligendi, sunt priora personis, sicut commune est prius proprio. ergo essentialia attributa non debent esse appropriata.
sc * Sed contra est quod apostolus dicit, i cor. i, ° christum, dei virtutem et dei sapientiam.
co ' Respondeo dicendum quod, ad manifestationem fidei, conveniens fuit essentialia attributa personis appropriari. licet enim trinitas personarum demonstratione probari non possit, * ut supra dictum est, ' convenit tamen ut per aliqua magis manifesta declaretur. essentialia vero attributa sunt nobis magis manifesta secundum rationem, quam propria personarum, quia ex creaturis, ex quibus cognitionem accipimus, possumus per certitudinem devenire in cognitionem essentialium attributorum; non autem in cognitionem personalium proprietatum, * ut supra dictum est. ' sicut igitur similitudine vestigii vel imaginis in creaturis inventa utimur ad manifestationem divinarum personarum, ita et essentialibus attributis. et haec manifestatio personarum per essentialia attributa, appropriatio nominatur. possunt autem manifestari personae divinae per essentialia attributa dupliciter. uno modo, per viam similitudinis, sicut ea quae pertinent ad intellectum, appropriantur filio, qui procedit per modum intellectus ut verbum. alio modo, per modum dissimilitudinis, " sicut potentia appropriatur patri, * ut augustinus dicit, " quia apud nos patres solent esse propter senectutem infirmi; |25| ne tale aliquid suspicemur in deo.
ra1 ' Ad primum ergo dicendum quod essentialia attributa non sic appropriantur personis ut eis esse propria asserantur, sed ad manifestandum personas per viam similitudinis vel dissimilitudinis, * ut dictum est. ' unde nullus error fidei sequitur, sed magis manifestatio veritatis.
ra2 ' Ad secundum dicendum quod, si sic appropriarentur essentialia attributa personis, quod essent eis propria, sequeretur quod una persona se haberet ad aliam in habitudine formae. * quod excludit augustinus, in vii de trin., ostendens quod " pater non est sapiens sapientia quam genuit, quasi solus filius sit sapientia; ut sic pater et filius simul tantum possint dici sapiens, non autem pater sine filio. sed filius dicitur sapientia patris, quia est sapientia de patre sapientia, uterque enim per se est sapientia, et simul ambo una sapientia. unde pater non est sapiens sapientia quam genuit, sed sapientia quae est sua essentia.
ra3 ' Ad tertium dicendum quod, licet essentiale attributum, secundum rationem propriam, sit prius quam persona, secundum modum intelligendi; tamen, inquantum habet rationem appropriati, nihil prohibet proprium personae esse prius quam appropriatum. sicut color posterior est corpore, inquantum est corpus, prius tamen est naturaliter corpore albo, inquantum est album.

007 ST1 qu39 ar8

ag1 ' Ad octavum sic proceditur. videtur quod inconvenienter a sacris doctoribus sint essentialia personis attributa. * dicit enim hilarius, in ii de trin., ° aeternitas est in patre, species in imagine, usus in munere. " in quibus verbis ponit tria nomina propria personarum, scilicet nomen patris; et nomen imaginis, quod est proprium filio, * ut supra dictum est; " et nomen muneris, sive doni, quod est proprium spiritus sancti, * ut supra habitum est. " ponit etiam tria appropriata, nam aeternitatem appropriat patri, speciem filio, usum spiritui sancto. ' et videtur quod irrationabiliter. nam aeternitas importat durationem essendi, species vero est essendi principium, usus vero ad operationem pertinere videtur. sed essentia et operatio nulli personae appropriari inveniuntur. ergo inconvenienter videntur ista appropriata personis.
ag2 * Praeterea, augustinus in i de doctr. christ., sic dicit, ° in patre est unitas, in filio aequalitas, in spiritu sancto unitatis aequalitatisque concordia. ' et videtur quod inconvenienter. quia una persona non denominatur formaliter per id quod appropriatur alteri, non enim est sapiens pater sapientia genita, * ut dictum est. * sed, sicut ibidem subditur, ° tria haec unum omnia sunt propter patrem, aequalia omnia propter filium, connexa omnia propter spiritum sanctum. ' non ergo convenienter appropriantur personis.
ag3 * Item, secundum augustinum, " patri attribuitur potentia, filio sapientia, spiritui sancto bonitas. ' et videtur hoc esse inconveniens. nam virtus ad potentiam pertinet. virtus autem invenitur appropriari filio, * secundum illud i ad cor. i, ° christum, dei virtutem; ' et etiam spiritui sancto, * secundum illud luc. vi, ° virtus de illo exibat, et sanabat omnes. ' non ergo potentia patri est approprianda.
ag4 * Item, augustinus, in libro de trin., dicit, ° non confuse accipiendum est quod ait apostolus, ex ipso, et per ipsum, et in ipso - ex ipso dicens propter patrem; per ipsum propter filium; in ipso propter spiritum sanctum. ' sed videtur quod inconvenienter. * quia per hoc quod dicit " in ipso, ' videtur importari habitudo causae finalis, quae est prima causarum. ergo ista habitudo causae deberet appropriari patri, qui est principium non de principio.
ag5 ' Item, invenitur veritas appropriari filio, * secundum illud ioan. xiv, ° ego sum via, veritas et vita. ' et similiter liber vitae, * secundum illud psalmi xxxix, ° in capite libri scriptum est de me, * glossa, " idest apud patrem, qui est caput meum. et similiter hoc quod dico, qui est, quia * super illud isa. lxv, ° ecce ego, ad gentes, * dicit glossa, ° filius loquitur, qui dixit moysi, ego sum qui sum. ' sed videtur quod propria sint filii, et non appropriata. ° nam veritas, * secundum augustinum, in libro de vera religione, ° est summa similitudo principii, absque omni dissimilitudine, ' et sic videtur quod proprie conveniat filio, qui habet principium. liber etiam vitae videtur proprium aliquid esse, quia significat ens ab alio, omnis enim liber ab aliquo scribitur. hoc etiam ipsum qui est videtur esse proprium filio. quia si, cum moysi dicitur, ego sum qui sum, loquitur trinitas, |25| ergo moyses poterat dicere, ille qui est pater et filius et spiritus sanctus, misit me ad vos. ergo et ulterius dicere poterat, ille qui est pater et filius et spiritus san-

ctus, misit me ad vos, demonstrando certam personam. hoc autem est falsum, quia nulla persona est pater et filius et spiritus sanctus. non ergo potest esse commune trinitati, sed est proprium filii.

co ' Respondeo dicendum quod intellectus noster, qui ex creaturis in dei cognitionem manuducitur, oportet quod deum consideret secundum modum quem ex creaturis assumit. in consideratione autem alicuius creaturae, quatuor per ordinem nobis occurrunt. nam primo, consideratur res ipsa absolute, inquantum est ens quoddam. secunda autem consideratio rei est, inquantum est una. tertia consideratio rei est, secundum quod inest ei virtus ad operandum et ad causandum. quarta autem consideratio rei est, secundum habitudinem quam habet ad causata. unde haec etiam quadruplex consideratio circa deum nobis occurrit. secundum igitur primam considerationem, qua consideratur absolute deus secundum esse suum, * sic sumitur appropriatio hilarii, ' secundum quam " aeternitas appropriatur patri, species filio, usus spiritui sancto. ' aeternitas enim, inquantum significat esse non principiatum, similitudinem habet cum proprio patris, qui est principium non de principio. species autem, sive pulchritudo, habet similitudinem cum propriis filii. nam ad pulchritudinem tria requiruntur. primo quidem, integritas sive perfectio, quae enim diminuta sunt, hoc ipso turpia sunt. et debita proportio sive consonantia. et iterum claritas, unde quae habent colorem nitidum, pulchra esse dicuntur. quantum |25| igitur ad primum, similitudinem habet cum proprio filii, inquantum est filius habens in se vere et perfecte naturam patris. * unde, ad hoc innuendum, augustinus in sua expositione dicit, " ubi, scilicet in filio, summa et prima vita est, etc.. ' quantum vero ad secundum, convenit cum proprio filii, inquantum est imago expressa patris. unde videmus quod aliqua imago dicitur esse pulchra, si perfecte repraesentat rem, quamvis turpem. * et hoc tetigit augustinus cum dicit, " ubi est tanta convenientia, et prima aequalitas, etc.. ' quantum vero ad tertium, convenit cum proprio filii, inquantum est verbum, quod quidem " lux est, et splendor intellectus, * ut damascenus dicit. et hoc tangit augustinus cum dicit, ° tanquam verbum perfectum cui non desit aliquid, et ars quaedam omnipotentis dei, etc.. ' usus autem habet similitudinem cum propriis spiritus sancti, largo modo accipiendo usum, secundum quod uti comprehendit sub se etiam frui; " prout uti est assumere aliquid in facultatem voluntatis, et frui est cum gaudio uti, * ut augustinus, x de trin., dicit. ' usus ergo quo pater et filius se invicem fruuntur, convenit cum proprio spiritus sancti, inquantum est amor. |50| * et hoc est quod augustinus dicit, ° illa dilectio, delectatio, felicitas vel beatitudo, usus ab illo appellatus est. ' usus vero quo nos fruimur deo, similitudinem habet cum proprio spiritus sancti, inquantum est donum. * et hoc ostendit augustinus cum dicit, ° est in trinitate spiritus sanctus, genitoris genitique suavitas, ingenti largitate atque ubertate nos perfundens. ' et sic patet quare aeternitas, species et usus personis attribuantur vel appropprientur, non autem essentia vel operatio. quia in ratione horum, propter sui communitatem, non invenitur aliquid similitudinem habens cum propriis personarum. secunda vero consideratio dei est, inquantum consideratur ut unus. * et sic augustinus " patri appropriat unitatem, filio aequalitatem, spiritui sancto concordiam sive connexionem. ' quae quidem tria unitatem importare manifestum est, sed differenter. nam unitas dicitur absolute, non praesupponens aliquid aliud. et ideo appropriatur patri, qui non praesupponit aliquam personam, cum sit principium non de principio. aequalitas autem importat unitatem in respectu ad alterum, nam aequale est quod habet unam quantitatem cum alio. et ideo aequalitas appropriatur filio, qui est principium de principio. connexio autem importat unitatem aliquorum duorum. unde |75| appropriatur spiritui sancto, inquantum est a duobus. * ex quo etiam intelligi potest quod dicit augustinus, ° tria esse unum propter patrem, aequalia propter filium, connexa propter spiritum sanctum. ' manifestum est enim quod illi attribuitur unumquodque, in quo primo invenitur, sicut omnia inferiora dicuntur vivere propter animam vegetabilem, in qua primo invenitur ratio vitae in istis inferioribus. unitas autem statim invenitur in persona patris, etiam, per impossibile, remotis aliis personis. et ideo aliae personae a patre habent unitatem. sed remotis aliis personis, non invenitur aequalitas in patre, sed statim, posito filio, invenitur aequalitas. et ideo dicuntur omnia aequalia propter filium, non quod filius sit principium aequalitatis patri; sed quia, nisi esset patri aequalis filius, pater aequalis non posset dici. aequalitas enim eius primo consideratur ad filium, hoc enim ipsum quod spiritus sanctus patri aequalis est, a filio habet. similiter, excluso spiritu sancto, qui est duorum nexus, non posset intelligi unitas connexionis inter patrem et filium. et ideo dicuntur omnia esse connexa propter spiritum sanctum, quia, posito spiritu sancto, invenitur unde pater et filius possint dici connexi. secundum vero tertiam considerationem, qua in deo sufficiens virtus consideratur ad causandum, sumitur tertia appropriatio, scilicet potentiae, sapientiae et bonitatis. quae quidem appropriatio fit et secundum rationem similitudinis, si |100| consideretur quod in divinis personis est, et secundum rationem dissimilitudinis, si consideretur quod in creaturis est. potentia enim habet rationem principii. unde habet similitudinem cum patre caelesti, qui est principium totius divinitatis. deficit autem interdum patri terreno, propter senectutem. sapientia vero similitudinem habet cum filio caelesti, inquantum est verbum, quod nihil aliud est quam conceptus sapientiae. deficit autem interdum filio terreno, propter temporis paucitatem. bonitas autem, cum sit ratio et obiectum amoris, habet similitudinem cum spiritu divino, qui est amor. sed repugnantiam habere videtur ad spiritum terrenum, secundum quod importat violentam quandam impulsionem; * prout dicitur isa. xxv, ° spiritus robustorum quasi turbo impellens parietem. ' virtus autem appropriatur filio et spiritui sancto, non secundum quod virtus dicitur ipsa potentia rei, sed secundum quod interdum virtus dicitur id quod a potentia rei procedit, prout dicimus aliquod virtuosum factum esse virtutem alicuius agentis. secundum vero quartam considerationem, prout consideratur deus in habitudine ad suos effectus, sumitur illa appropriatio ex quo, per quem, et in quo. haec enim praepositio ex importat quandoque quidem habitudinem causae materialis, quae locum non habet in divinis, aliquando vero habitudinem causae efficientis. quae quidem competit deo ratione suae potentiae activae, unde et |125| appropriatur patri, sicut et potentia. haec vero praepositio per designat quidem quandoque causam mediam; sicut dicimus quod faber operatur per martellum. et sic ly per quandoque non est appropriatum, sed proprium filii, * secundum illud ioan. i, ° omnia per ipsum facta sunt; ' non quia filius sit instrumentum, sed quia ipse est principium de principio. quandoque vero designat habitudinem formae per quam agens operatur; sicut dicimus quod artifex operatur per artem. unde, sicut sapientia et ars appropriantur filio, ita et ly per quem. haec vero praepositio in denotat proprie habitudinem continentis. continet autem deus res dupliciter. uno modo, secundum suas similitudines; prout scilicet res dicuntur esse in deo, inquantum sunt in eius scientia. et sic hoc quod dico in ipso, esset appropriandum filio. alio vero modo continentur res a deo, inquantum deus sua bonitate eas conservat et gubernat, ad finem convenientem adducendo. et sic ly in quo appropriatur spiritui sancto, sicut et bonitas. nec oportet quod habitudo causae finalis, quamvis sit prima causarum, approprietur patri, qui est principium non de principio, quia personae divinae, quarum pater est principium, non procedunt ut ad finem, cum quaelibet illarum sit ultimus finis; sed naturali processione, quae magis ad rationem naturalis potentiae pertinere videtur.

ra1 ' Ad illud vero quod de aliis quaeritur, dicendum quod veritas, cum pertineat ad intellectum, * ut supra dictum est, ' appropriatur filio, non tamen est proprium eius. quia veritas, * ut supra dictum est, ' considerari potest prout est in intellectu, vel prout est in re. sicut igitur intellectus et res essentialiter sumpta sunt essentialia et non personalia, ita et veritas. * definitio autem augustini inducta, " datur de veritate secundum quod appropriatur filio. ' liber autem vitae in recto quidem importat notitiam, sed in obliquo vitam, est enim, * ut supra dictum est, ' notitia dei de his qui habituri sunt vitam aeternam. unde appropriatur filio, licet vita approprietur spiritui sancto, inquantum importat quendam interiorem motum, et sic convenit cum proprio spiritus sancti, inquantum est amor. esse autem scriptum ab alio, non est de ratione libri inquantum est liber; sed inquantum est quoddam artificiatum. unde non importat originem, neque est personale, sed appropriatum personae. ipsum autem qui est appropriatur personae filii, non secundum propriam rationem, sed ratione adiuncti, inquantum scilicet in locutione dei ad moysen, praefigurabatur liberatio humani |25| generis, quae facta est per filium. sed tamen, secundum quod ly qui sumitur relative, posset referre interdum personam filii, et sic sumeretur personaliter, ut puta si dicatur, filius est genitus qui est; sicut et deus genitus personale est. sed infinite sumptum est essentiale. et licet hoc pronomen iste, grammatice loquendo, ad aliquam certam personam videatur pertinere; tamen quaelibet res demonstrabilis, grammatice loquendo, persona dici potest, licet secundum rei naturam non sit persona; dicimus enim iste lapis, et iste asinus. unde et, grammatice loquendo, essentia divina, secundum quod significatur et supponitur per hoc nomen deus, potest demonstrari hoc pronomine iste; * secundum illud exod. xv, ° iste deus meus, et glorificabo eum.

007 ST1 qu40 ar

pr ' Deinde quaeritur de personis in comparatione ad relationes sive proprietates. et quaeruntur quatuor. primo, utrum relatio sit idem quod persona. secundo, utrum relationes distinguant et constituant personas. tertio, utrum, abstractis per intellectum relationibus a personis, remaneant hypostases distinctae. quarto, utrum relationes, secundum intellectum, praesupponant actus personarum, vel e converso.

007 ST1 qu40 ar1

ag1 ' Ad primum sic proceditur. videtur quod in divinis non sit idem relatio quod persona. quaecumque enim sunt idem, multiplicato uno eorum, multiplicatur et aliud. sed contingit in una persona esse plures relationes, sicut in persona patris est paternitas et communis spiratio, et iterum unam relationem in duabus personis esse, sicut communis spiratio est in patre et filio. ergo relatio non est idem quod persona.

ag2 ' Praeterea, nihil est in seipso, * secundum philosophum, in iv physic.. ' sed relatio est in persona. nec potest dici quod ratione identitatis, quia sic esset etiam in essentia. ergo relatio sive proprietas et persona non sunt idem in divinis.

ag3 ' Praeterea, quaecumque sunt idem, ita se habent, quod quidquid praedicatur de uno, praedicatur et de alio. non autem quidquid praedicatur de persona, praedicatur de proprietate. dicimus enim quod pater generat, sed non dicimus quod paternitas sit generans. ergo proprietas non est idem quod persona in divinis.

sc ' Sed contra, in divinis non differt quod est et quo est, ut * habetur a boetio in libro de hebd.. ' sed pater paternitate est pater. ergo pater idem est quod paternitas. et eadem ratione aliae proprietates idem sunt cum personis.

co * Respondeo dicendum quod circa hoc aliqui diversimode opinati sunt. quidam enim dixerunt " proprietates neque esse personas, neque in personis. qui fuerunt moti ex modo significandi relationum, quae quidem non significant ut in aliquo, sed magis ut ad aliquid. unde dixerunt relationes esse assistentes, * sicut supra expositum est. ' sed quia relatio, secundum quod est quaedam res in divinis, est ipsa essentia; essentia autem idem est quod persona, * ut ex dictis patet; ' oportet quod relatio sit idem quod persona. * hanc igitur identitatem alii considerantes, dixerunt " proprietates quidem esse personas, non autem in personis, quia non ponebant proprietates in divinis nisi secundum modum loquendi, * ut supra dictum est. ' necesse est autem ponere proprietates in divinis, * ut supra ostendimus. ' quae quidem significantur in abstracto, ut quaedam formae personarum. unde, cum de ratione formae sit, quod sit in eo cuius est forma, oportet dicere proprietates esse in personis, et eas tamen esse personas; |25| sicut essentiam esse in deo dicimus, quae tamen est deus.

ra1 ' Ad primum ergo dicendum quod persona et proprietas sunt idem re, differunt tamen secundum rationem. unde non oportet quod, multiplicato uno, multiplicetur reliquum. considerandum tamen est quod, propter divinam simplicitatem, consideratur duplex realis identitas in divinis eorum quae differunt in rebus creatis. quia enim divina simplicitas excludit compositionem formae et materiae, sequitur quod in divinis idem est abstractum et concretum, ut deitas et deus. quia vero divina simplicitas excludit compositionem subiecti et accidentis, sequitur quod quidquid attribuitur deo, est eius essentia, et propter hoc sapientia et virtus idem sunt in deo, quia ambo sunt in divina essentia. et secundum hanc duplicem rationem identitatis, proprietas in divinis est idem cum persona. nam proprietates personales sunt idem cum personis, ea ratione qua abstractum est idem cum concreto. sunt enim ipsae personae subsistentes; ut paternitas est ipse pater, et filiatio filius, et processio spiritus sanctus. proprietates autem non personales sunt idem cum personis secundum aliam rationem identitatis, qua omne illud quod attribuitur deo, est eius essentia. sic igitur communis spiratio est idem cum persona patris et cum persona filii, non quod sit una persona per se subsistens; sed, sicut una essentia est in duabus personis, ita et una proprietas, * ut supra dictum est.

ra2 ' Ad secundum dicendum quod proprietates dicuntur esse in essentia, per modum identitatis tantum. in personis autem dicuntur esse per modum identitatis, non quidem secundum rem tantum, sed quantum ad modum significandi, sicut forma in supposito. et ideo proprietates determinant et distinguunt personas, non autem essentiam.

ra3 ' Ad tertium dicendum quod participia et verba notionalia significant actus notionales. actus autem suppositorum sunt. proprietates autem non significantur ut supposita, sed ut formae suppositorum. et ideo modus significandi repugnat, ut participia et verba notionalia de proprietatibus praedicentur.

007 ST1 qu40 ar2

ag1 ' Ad secundum sic proceditur. videtur quod personae non distinguantur per relationes. simplicia enim seipsis distinguuntur. sed personae divinae sunt maxime simplices. ergo distinguuntur seipsis, et non relationibus.

ag2 ' Praeterea, nulla forma distinguitur nisi secundum suum genus, non enim album a nigro distinguitur nisi secundum qualitatem. sed hypostasis significat individuum in genere substantiae. non ergo relationibus hypostases distingui possint.

ag3 ' Praeterea, absolutum est prius quam relativum. sed prima distinctio est distinctio divinarum personarum. ergo divinae personae non distinguuntur relationibus.

ag4 ' Praeterea, id quod praesupponit distinctionem, non potest esse primum distinctionis principium.

sed relatio praesupponit distinctionem, cum in eius definitione ponatur, esse enim relativi est ad aliud se habere. ergo primum principium distinctivum in divinis non potest esse relatio.
sc * Sed contra est quod boetius dicit, in libro de trin., quod " sola relatio multiplicat trinitatem divinarum personarum.
co ' Respondeo dicendum quod in quibuscumque pluribus invenitur aliquid commune, oportet quaerere aliquid distinctivum. unde, cum tres personae conveniant secundum essentiae unitatem, necesse est quaerere aliquid quo distinguantur, ad hoc quod plures sint. inveniuntur autem in divinis personis duo secundum quae differunt, scilicet origo, et relatio. quae quidem quamvis re non differant, differunt tamen secundum modum significandi, nam origo significatur per modum actus, ut generatio; relatio vero per modum formae, ut paternitas. * quidam igitur, attendentes quod relatio consequitur actum, dixerunt quod " hypostases in divinis distinguuntur per originem; ut dicamus quod pater distinguitur a filio, inquantum ille generat et hic est genitus. relationes autem sive proprietates manifestant consequenter hypostasum sive personarum distinctiones, sicut et in creaturis proprietates manifestant distinctiones individuorum, quae fiunt per materialia principia. ' sed hoc non potest stare, propter duo. primo quidem, quia ad hoc quod aliqua duo distincta intelligantur, necesse est eorum distinctionem intelligi per aliquid intrinsecum utrique; sicut in rebus creatis vel per materiam, vel per formam. origo autem alicuius rei non significatur ut aliquid intrinsecum, sed ut via quaedam a re vel ad rem, sicut generatio significatur ut via quaedam ad rem genitam, et ut progrediens a generante. unde non |25| potest esse quod res genita et generans distinguantur sola generatione, sed oportet intelligere tam in generante quam in genito ea quibus ab invicem distinguuntur. in persona autem divina non est aliud intelligere nisi essentiam et relationem sive proprietatem. unde, cum in essentia conveniant, relinquitur quod per relationes personae ab invicem distinguantur. secundo, quia distinctio in divinis personis non est sic intelligenda, quasi aliquid commune dividatur, quia essentia communis remanet indivisa, sed oportet quod ipsa distinguentia constituant res distinctas. sic autem relationes vel proprietates distinguunt vel constituunt hypostases vel personas, inquantum sunt ipsae personae subsistentes, sicut paternitas est pater, et filiatio est filius, eo quod in divinis non differt abstractum et concretum. sed contra rationem originis est, quod constituat hypostasim vel personam. quia origo active significata, significatur ut progrediens a persona subsistente, unde praesupponit eam. origo autem passive significata, ut nativitas, significatur ut via ad personam subsistentem; et nondum ut eam constituens. unde melius dicitur quod personae seu hypostases distinguantur relationibus, quam per originem. licet enim distinguantur utroque modo, tamen prius et principalius per relationes, secundum modum intelligendi. unde hoc nomen pater non solum significat proprietatem, sed etiam hypostasim, sed hoc nomen genitor, vel generans, significat tantum proprietatem. quia hoc |50| nomen pater significat relationem, quae est distinctiva et constitutiva hypostasis, hoc autem nomen generans, vel genitus, significat originem, quae non est distinctiva et constitutiva hypostasis.
ra1 ' Ad primum ergo dicendum quod personae sunt ipsae relationes subsistentes. unde non repugnat simplicitati divinarum personarum, quod relationibus distinguantur.
ra2 ' Ad secundum dicendum quod personae divinae non distinguuntur in esse in quo subsistunt, neque in aliquo absoluto, sed solum secundum id quod ad aliquid dicuntur. unde ad earum distinctionem sufficit relatio.
ra3 ' Ad tertium dicendum quod quanto distinctio prior est, tanto propinquior est unitati. et ideo debet esse minima. et ideo distinctio personarum non debet esse nisi per id quod minimum distinguit, scilicet per relationem.
ra4 ' Ad quartum dicendum quod relatio praesupponit distinctionem suppositorum, quando est accidens, sed si relatio sit subsistens, non praesupponit, sed secum fert distinctionem. cum enim dicitur quod relativi esse est ad aliud se habere, per ly aliud intelligitur correlativum, quod non est prius, sed simul natura.

007 ST1 qu40 ar3

ag1 ' Ad tertium sic proceditur. videtur quod, abstractis per intellectum proprietatibus seu relationibus a personis, adhuc remaneant hypostases. id enim ad quod aliquid se habet ex additione, potest intelligi remoto eo quod sibi additur, sicut homo se habet ad animal ex additione, et potest intelligi animal remoto rationali. sed persona se habet ex additione ad hypostasim, est enim persona hypostasis proprietate distincta ad dignitatem pertinente. ergo, remota proprietate personali a persona, intelligitur hypostasis.
ag2 ' Praeterea, pater non ab eodem habet quod sit pater, et quod sit aliquis. cum enim paternitate sit pater, si paternitate esset aliquis, sequeretur quod filius, in quo non est paternitas, non esset aliquis. remota ergo per intellectum paternitate a patre, adhuc remanet quod sit aliquis; quod est esse hypostasim. ergo, remota proprietate a persona, remanet hypostasis.
ag3 * Praeterea, augustinus dicit, v de trin., ° non hoc est dicere ingenitum, quod est dicere patrem, quia etsi filium non genuisset, nihil prohiberet eum dicere ingenitum. ' sed si filium non genuisset, non inesset ei paternitas. ergo, remota paternitate, adhuc remanet hypostasis patris ut ingenita.
sc * Sed contra est quod hilarius dicit, iv de trin., ° nihil habet filius nisi natum. ' nativitate autem est filius. ergo, remota filiatione, non remanet hypostasis filii. et eadem ratio est de aliis personis.
co ' Respondeo dicendum quod duplex fit abstractio per intellectum. una quidem, secundum quod universale abstrahitur a particulari, ut animal ab homine. alia vero, secundum quod forma abstrahitur a materia; sicut forma circuli abstrahitur per intellectum ab omni materia sensibili. inter has autem abstractiones haec est differentia, quod in abstractione quae fit secundum universale et particulare, non remanet id a quo fit abstractio, remota enim ab homine differentia rationali, non remanet in intellectu homo, sed solum animal. in abstractione vero quae attenditur secundum formam et materiam, utrumque manet in intellectu, abstrahendo enim formam circuli ab aere, remanet seorsum in intellectu nostro et intellectus circuli et intellectus aeris. quamvis autem in divinis non sit universale neque particulare, nec forma et materia, secundum rem; tamen, secundum modum significandi, invenitur aliqua similitudo horum in divinis; * secundum quem modum damascenus dicit quod ° commune est substantia, particulare vero hypostasis. ' si igitur loquamur de abstractione quae fit secundum universale et particulare, remotis proprietatibus, remanet in intellectu essentia communis, non autem hypostasis patris, quae est quasi particulare. si vero loquamur secundum modum abstractionis formae a materia, remotis proprietatibus non personalibus, remanet intellectus hypostasum et personarum, sicut, remoto per intellectum a patre quod sit ingenitus vel spirans, remanet |25| hypostasis vel persona patris. sed remota proprietate personali per intellectum, tollitur intellectus hypostasis. non enim proprietates personales sic intelliguntur advenire hypostasibus divinis, sicut forma subiecto praeexistenti, sed ferunt secum sua supposita, inquantum sunt ipsae personae subsistentes, sicut paternitas est ipse pater, hypostasis enim significat aliquid distinctum in divinis, cum hypostasis sit substantia individua. cum igitur relatio sit quae distinguit hypostases et constituit eas, * ut dictum est, ' relinquitur quod, relationibus personalibus remotis per intellectum, non remaneant hypostases. * sed, sicut dictum est, * aliqui dicunt quod " hypostases in divinis non distinguuntur per relationes, sed per solam originem; ut intelligatur pater esse hypostasis quaedam per hoc, quod non est ab alio; filius autem per hoc, quod est ab alio per generationem. sed relationes advenientes quasi proprietates ad dignitatem pertinentes, constituunt rationem personae, unde et personalitates dicuntur. unde, remotis huiusmodi relationibus per intellectum, remanent quidem hypostases, sed non personae. ' sed hoc non potest esse, propter duo. primo, quia relationes distinguunt et constituunt hypostases, * ut ostensum est. |50| ' secundo, quia omnis hypostasis naturae rationalis est persona, * ut patet per definitionem boetii, dicentis quod " persona est rationalis naturae individua substantia. ' unde, ad hoc quod esset hypostasis et non persona, oporteret abstrahi ex parte naturae rationalitatem; non autem ex parte personae proprietatem.
ra1 ' Ad primum ergo dicendum quod persona non addit supra hypostasim proprietatem distinguentem absolute, sed proprietatem distinguentem ad dignitatem pertinentem, totum enim hoc est accipiendum loco unius differentiae. ad dignitatem autem pertinet proprietas distinguens, secundum quod intelligitur subsistens in natura rationali. unde, remota proprietate distinguente a persona, non remanet hypostasis, sed remaneret, si tolleretur rationalitas naturae. tam enim persona quam hypostasis est substantia individua, unde in divinis de ratione utriusque est relatio distinguens.
ra2 ' Ad secundum dicendum quod paternitate pater non solum est pater, sed est persona, et est quis sive hypostasis. nec tamen sequitur quod filius non sit quis sive hypostasis; sicut non sequitur quod non sit persona.
ra3 * Ad tertium dicendum quod intentio augustini non fuit dicere quod " hypostasis patris remaneat ingenita, remota paternitate, quasi innascibilitas constituat et distinguat hypostasim patris, hoc enim esse non potest, cum ingenitum nihil ponat, sed negative dicatur, ut ipsemet dicit. sed loquitur in communi, quia non omne ingenitum est pater. remota ergo paternitate, non remanet in divinis hypostasis patris, ut distinguitur ab aliis personis; sed ut distinguitur a creaturis, * sicut iudaei intelligunt.

007 ST1 qu40 ar4

ag1 ' Ad quartum sic proceditur. videtur quod actus notionales praeintelligantur proprietatibus. * dicit enim magister, xxvii dist. i sent., quod ° semper pater est, quia genuit semper filium. ' et ita videtur quod generatio, secundum intellectum, praecedat paternitatem.
ag2 ' Praeterea, omnis relatio praesupponit, in intellectu, id supra quod fundatur; sicut aequalitas quantitatem. sed paternitas est relatio fundata super actione quae est generatio. ergo paternitas praesupponit generationem.
ag3 ' Praeterea, sicut se habet generatio activa ad paternitatem, ita se habet nativitas ad filiationem. sed filiatio praesupponit nativitatem, ideo enim filius est, quia natus est. ergo et paternitas praesupponit generationem.
sc ' Sed contra, generatio est operatio personae patris. sed paternitas constituit personam patris. ergo prius est, secundum intellectum, paternitas quam generatio.
co * Respondeo dicendum quod, secundum illos qui dicunt quod " proprietates non distinguunt et constituunt hypostases, sed manifestant hypostases distinctas et constitutas, absolute dicendum est quod relationes, secundum modum intelligendi, consequuntur actus notionales; ut dici possit simpliciter quod quia generat, est pater. ' sed supponendo quod relationes distinguant et constituant hypostases in divinis, oportet distinctione uti. quia origo significatur in divinis active et passive, active quidem, sicut generatio attribuitur patri, et spiratio, sumpta pro actu notionali, attribuitur patri et filio; passive autem, sicut nativitas attribuitur filio, et processio spiritui sancto. origines enim passive significatae, simpliciter praecedunt, secundum intellectum, proprietates personarum procedentium, etiam personales, quia origo passive significata, significatur ut via ad personam proprietate constitutam. similiter et origo active significata, prior est, secundum intellectum, quam relatio personae originantis quae non est personalis, sicut actus notionalis spirationis, secundum intellectum, praecedit proprietatem relativam innominatam communem patri et filio. sed proprietas personalis patris potest considerari dupliciter. uno modo, ut est relatio, et sic iterum, secundum intellectum, praesupponit actum notionalem; quia relatio, inquantum huiusmodi, fundatur super actum. alio modo, secundum quod est |25| constitutiva personae, et sic oportet quod praeintelligatur relatio actui notionali, sicut persona agens praeintelligitur actioni.
ra1 * Ad primum ergo dicendum quod, cum magister dicit quod " quia generat est pater, accipit nomen patris secundum quod designat relationem tantum, non autem secundum quod significat personam subsistentem. sic enim oporteret e converso dicere quod quia pater est, generat.
ra2 ' Ad secundum dicendum quod obiectio illa procedit de paternitate, secundum quod est relatio, et non secundum quod est constitutiva personae.
ra3 ' Ad tertium dicendum quod nativitas est via ad personam filii, et ideo, secundum intellectum, praecedit filiationem, etiam secundum quod est constitutiva personae filii. sed generatio activa significatur ut progrediens a persona patris, et ideo praesupponit proprietatem personalem patris.

007 ST1 qu41 ar

pr ' Deinde considerandum est de personis in comparatione ad actus notionales. et circa hoc quaeruntur sex. primo, utrum actus notionales sint attribuendi personis. secundo, utrum huiusmodi actus sint necessarii vel voluntarii tertio, utrum, secundum huiusmodi actus, persona procedat de nihilo, vel de aliquo. quarto, utrum in divinis sit ponere potentiam respectu actuum notionalium. quinto, quid significet huiusmodi potentia. sexto, utrum actus notionalis ad plures personas terminari possit.

007 ST1 qu41 ar1

ag1 ' Ad primum sic proceditur. videtur quod actus notionales non sint personis attribuendi. * dicit enim boetius, in libro de trin., quod ° omnia genera, cum quis in divinam vertit praedicationem, in divinam mutantur substantiam, exceptis relativis. ' sed actio est unum de decem generibus. si igitur actio aliqua deo attribuitur, ad eius essentiam pertinebit, et non ad notionem.
ag2 * Praeterea, augustinus dicit, v de trin., " omne quod de deo dicitur, aut dicitur secundum substantiam, aut secundum relationem. sed ea quae ad substantiam pertinent significantur per essentialia attributa, quae vero ad relationem, per nomina personarum et per nomina proprietatum. non sunt ergo, praeter haec, attribuendi personis notionales actus.
ag3 ' Praeterea, proprium actionis est ex se passionem inferre. sed in divinis non ponimus passiones. ergo neque actus notionales ibi ponendi sunt.
sc ' Sed contra est quod * augustinus dicit, in libro de fide ad petrum, ° proprium patris est, quod filium genuit. ' sed generatio actus quidam est. ergo actus notionales ponendi sunt in divinis.
co ' Respondeo dicendum quod in divinis personis attenditur distinctio secundum originem. origo autem convenienter designari non potest nisi per aliquos actus. ad designandum igitur ordinem originis in divinis personis, necessarium fuit attribuere personis actus notionales.
ra1 ' Ad primum ergo dicendum quod omnis origo

designatur per aliquem actum. duplex autem ordo originis attribui deo potest. unus quidem, secundum quod creatura ab eo progreditur, et hoc commune est tribus personis. et ideo actiones quae attribuuntur deo ad designandum processum creaturarum ab ipso, ad essentiam pertinent. alius autem ordo originis in divinis attenditur secundum processionem personae a persona. unde actus designantes huius originis ordinem, notionales dicuntur, quia notiones personarum sunt personarum habitudines ad invicem, * ut ex dictis patet.

ra2 ‘ Ad secundum dicendum quod actus notionales secundum modum significandi tantum differunt a relationibus personarum; sed re sunt omnino idem. * unde magister dicit, in i sent., xxvi dist., quod “ generatio et nativitas aliis nominibus dicuntur paternitas et filiatio. ‘ ad cuius evidentiam, attendendum est quod primo coniicere potuimus originem alicuius ab alio, ex motu, quod enim aliqua res a sua dispositione removeretur per motum, manifestum fuit hoc ab aliqua causa accidere. et ideo actio, secundum primam nominis impositionem, importat originem motus, sicut enim motus, prout est in mobili ab aliquo, dicitur passio; ita origo ipsius motus, secundum quod incipit ab alio et terminatur in id quod movetur, vocatur actio. remoto igitur motu, actio nihil aliud importat quam ordinem originis, secundum quod a causa aliqua vel principio procedit in id quod est a principio. unde, cum in divinis non sit motus, actio personalis producentis personam, nihil aliud est quam habitudo principii ad personam quae est a principio. quae quidem habitudines sunt ipsae relationes vel notiones. quia tamen de divinis et intelligibilibus rebus loqui non possumus nisi secundum modum rerum sensibilium, a quibus cognitionem accipimus; et in quibus actiones et passiones, inquantum motum implicant, aliud sunt a relationibus quae ex actionibus et passionibus consequuntur, oportuit seorsum significari |25| habitudines personarum per modum actus, et seorsum per modum relationum. et sic patet quod sunt idem secundum rem, sed differunt solum secundum modum significandi.

ra3 ‘ Ad tertium dicendum quod actio, secundum quod importat originem motus, infert ex se passionem, sic autem non ponitur actio in divinis personis. unde non ponuntur ibi passiones, nisi solum grammatice loquendo, quantum ad modum significandi; sicut patri attribuimus generare, et filio generari.

007 ST1 qu41 ar2

ag1 ‘ Ad secundum sic proceditur. videtur quod actus notionales sint voluntarii. * dicit enim hilarius, in libro de synod., ° non naturali necessitate ductus, pater genuit filium.

ag2 * Praeterea, apostolus, coloss. i, ° transtulit nos in regnum filii dilectionis suae. ‘ dilectio autem voluntatis est. ergo filius genitus est a patre, voluntate.

ag3 ‘ Praeterea, nihil magis est voluntarium quam amor. sed spiritus sanctus procedit a patre et filio ut amor. ergo procedit voluntarie.

ag4 ‘ Praeterea, filius procedit per modum intellectus, ut verbum. sed omne verbum procedit a dicente per voluntatem. ergo filius procedit a patre per voluntatem, et non per naturam.

ag5 ‘ Praeterea, quod non est voluntarium, est necessarium. si igitur pater non genuit filium voluntate, videtur sequi quod necessitate genuerit. * quod est contra augustinum, in libro ad orosium.

sc * Sed contra est quod augustinus dicit, in eodem libro, quod ° neque voluntate genuit pater filium, neque necessitate.

co ‘ Respondeo dicendum quod, cum dicitur aliquid esse vel fieri voluntate, dupliciter potest intelligi. uno modo, ut ablativus designet concomitantiam tantum, sicut possum dicere quod ego sum homo mea voluntate, quia scilicet volo me esse hominem. et hoc modo potest dici quod pater genuit filium voluntate, sicut et est voluntate deus, quia vult se esse deum, et vult se generare filium. alio modo sic, quod ablativus importet habitudinem principii, sicut dicitur quod artifex operatur voluntate, quia voluntas est principium operis. et secundum hunc modum, dicendum est quod deus pater non genuit filium voluntate; sed voluntate produxit creaturam. * unde in libro de synod. dicitur, ° si quis voluntate dei, tanquam unum aliquid de creaturis, filium factum dicat, anathema sit. ‘ et huius ratio est, quia voluntas et natura secundum hoc differunt in causando, quia natura determinata est ad unum; sed voluntas non est determinata ad unum. cuius ratio est, quia effectus assimilatur formae agentis per quam agit. manifestum est autem quod unius rei non est nisi una forma naturalis, per quam res habet esse, unde quale ipsum est, tale facit. sed forma per quam voluntas agit, non est una tantum, sed sunt plures, secundum quod sunt plures rationes intellectae, unde quod voluntate agitur, non est tale quale est agens, sed quale vult et intelligit illud esse agens. eorum igitur voluntas principium est, quae possunt |25| sic vel aliter esse. eorum autem quae non possunt nisi sic esse, principium natura est. quod autem potest sic vel aliter esse, longe est a natura divina, sed hoc pertinet ad rationem creaturae, quia deus est per se necesse esse, creatura autem est facta ex nihilo. * et ideo ariani, volentes ad hoc deducere quod filius sit creatura, dixerunt quod “ pater genuit filium voluntate, secundum quod voluntas designat principium. ‘ nobis autem dicendum est quod pater genuit filium non voluntate, sed natura. * unde hilarius dicit, in libro de synod., ° omnibus creaturis substantiam dei voluntas attulit; sed naturam filio dedit ex impassibili ac non nata substantia perfecta nativitas. talia enim cuncta creata sunt, qualia deus esse voluit, filius autem, natus ex deo, talis subsistit, qualis et deus est.

ra1 * Ad primum ergo dicendum quod auctoritas illa inducitur “ contra illos qui a generatione filii etiam concomitantiam paternae voluntatis removebant, dicentes sic eum natura genuisse filium, ut inde voluntas generandi ei non adesset, sicut nos multa naturali necessitate contra voluntatem patimur, ut mortem, senectutem, et huiusmodi defectus. et ‘ hoc patet per praecedentia et subsequentia. * sic enim ibi dicitur, ° non enim, nolente patre, vel coactus pater, vel naturali necessitate inductus cum nollet, genuit filium.

ra2 ‘ Ad secundum dicendum quod * apostolus nominat christum filium dilectionis dei, ‘ inquantum est a deo superabundanter dilectus, non quod dilectio sit principium generationis filii.

ra3 ‘ Ad tertium dicendum quod etiam voluntas, inquantum est natura quaedam, aliquid naturaliter vult; sicut voluntas hominis naturaliter tendit ad beatitudinem. et similiter deus naturaliter vult et amat seipsum. sed circa alia a se, voluntas dei se habet ad utrumque quodammodo, * ut dictum est. ‘ spiritus autem sanctus procedit ut amor, inquantum deus amat seipsum. unde naturaliter procedit, quamvis per modum voluntatis procedat.

ra4 ‘ Ad quartum dicendum quod etiam in conceptionibus intellectualibus fit reductio ad prima, quae naturaliter intelliguntur. deus autem naturaliter intelligit seipsum. et secundum hoc, conceptio verbi divini est naturalis.

ra5 ‘ Ad quintum dicendum quod necessarium dicitur aliquid per se, et per aliud. per aliud quidem dupliciter. uno modo, sicut per causam agentem et cogentem, et sic necessarium dicitur quod est violentum. alio modo, sicut per causam finalem, sicut dicitur aliquid esse necessarium in his quae sunt ad finem, inquantum sine hoc non potest esse finis, vel bene esse. et neutro istorum modorum divina generatio est necessaria, quia deus non est propter finem, neque coactio cadit in ipsum. per se autem dicitur aliquid necessarium, quod non potest non esse. et sic deum esse est necessarium. et hoc modo patrem generare filium est necessarium.

007 ST1 qu41 ar3

ag1 ‘ Ad tertium sic proceditur. videtur quod actus notionales non sint de aliquo. quia si pater generat filium de aliquo, aut de seipso, aut de aliquo alio. si de aliquo alio, cum id de quo aliquid generatur, sit in eo quod generatur, sequitur quod aliquid alienum a patre sit in filio. * quod est contra hilarium, vii de trin., ubi dicit, ° nihil in his diversum est vel alienum. ‘ si autem filium generat pater de seipso, id autem de quo aliquid generatur, si sit permanens, recipit eius praedicationem quod generatur; sicut dicimus quod homo est albus, quia homo permanet, cum de non albo fit albus, sequitur igitur quod pater vel non permaneat, genito filio, vel quod pater sit filius, quod est falsum. non ergo pater generat filium de aliquo, sed de nihilo.

ag2 ‘ Praeterea, id de quo aliquid generatur, est principium eius quod generatur. si ergo pater generat filium de essentia vel natura sua sequitur quod essentia vel natura patris sit principium filii. sed non principium materiale, quia materia locum in divinis non habet. ergo est principium quasi activum, sicut generans est principium geniti. et ita sequitur quod essentia generet, * quod supra improbatum est.

ag3 * Praeterea, augustinus dicit quod “ tres personae non sunt ex eadem essentia, quia non est aliud essentia et persona. ‘ sed persona filii non est aliud ab essentia patris. ergo filius non est de essentia patris.

ag4 ‘ Praeterea, omnis creatura est ex nihilo. sed filius in scripturis dicitur creatura, * dicitur enim eccli. xxiv, ex ore sapientiae genitae, ° ego ex ore altissimi prodii, primogenita ante omnem creaturam; * et postea ex ore eiusdem sapientiae dicitur, ° ab initio, et ante saecula, creata sum. ‘ ergo filius non est genitus ex aliquo, sed ex nihilo. et similiter potest obiici de spiritu sancto, * propter hoc quod dicitur, zac. xii ° dixit dominus, extendens caelum et fundans terram, et creans spiritum hominis in eo; * et amos iv, secundum aliam litteram, ° ego formans montes, et creans spiritum.

sc * Sed contra est quod augustinus dicit, in libro de fide ad petrum, ° pater deus de sua natura sine initio genuit filium sibi aequalem.

co ‘ Respondeo dicendum quod filius non est genitus de nihilo, sed de substantia patris. * ostensum est enim supra quod ‘ paternitas, et filiatio, et nativitas, vere et proprie est in divinis. hoc autem interest inter generationem veram, per quam aliquis procedit ut filius, et factionem, quod faciens facit aliquid de exteriori materia, sicut scamnum facit artifex de ligno; homo autem generat filium de seipso. sicut autem artifex creatus facit aliquid ex materia, ita deus facit ex nihilo, * ut infra ostendetur, ‘ non quod nihilum cedat in substantiam rei, sed quia ab ipso tota substantia rei producitur, nullo alio praesupposito. si ergo filius procederet a patre ut de nihilo existens, hoc modo se haberet ad patrem ut artificiatum ad artificem, quod manifestum est nomen filiationis proprie habere non posse, sed solum secundum aliquam similitudinem. unde relinquitur quod, si filius dei procederet a patre quasi existens ex nihilo, non esset vere et proprie filius. * cuius contrarium dicitur i ioan. ult., ° ut simus in vero filio eius iesu christo. ‘ filius igitur dei verus non est ex nihilo, nec factus, sed tantum genitus. si qui autem ex nihilo a deo facti filii dei dicantur, hoc erit metaphorice, secundum aliqualem assimilationem |25| ad eum qui vere filius est. unde, inquantum solus est verus et naturalis dei filius, dicitur unigenitus, * secundum illud ioan. i ° unigenitus, qui est in sinu patris, ipse enarravit. ‘ inquantum vero per assimilationem ad ipsum alii dicuntur filii adoptivi, quasi metaphorice dicitur esse primogenitus, * secundum illud rom. viii, ° quos praescivit, et praedestinavit conformes fieri imaginis filii sui, ut sit ipse primogenitus in multis fratribus. ‘ relinquitur ergo quod dei filius sit genitus de substantia patris. aliter tamen quam filius hominis. pars enim substantiae hominis generantis transit in substantiam geniti. sed divina natura impartibilis est. unde necesse est quod pater, generando filium, non partem naturae in ipsum transfuderit, sed totam naturam ei communicaverit, remanente distinctione solum secundum originem, * ut ex dictis patet.

ra1 ‘ Ad primum ergo dicendum quod, cum filius dicitur natus de patre, haec praepositio de significat principium generans consubstantiale; non autem principium materiale. quod enim producitur de materia, fit per transmutationem illius de quo producitur, in aliquam formam; divina autem essentia non est transmutabilis, neque alterius formae susceptiva.

ra2 * Ad secundum dicendum quod, cum dicitur filius genitus de essentia patris, secundum expositionem magistri, v dist. i sent., designat habitudinem principii quasi activi, ubi sic exponit, ° filius est genitus de essentia patris, idest de patre essentia; * propter hoc quod augustinus, xv libro de trin., dicit, ° tale est quod dico, de patre essentia, ac si expressius dicerem, de patris essentia. ‘ sed hoc non videtur sufficere ad sensum huiusmodi locutionis. possumus enim dicere quod creatura est ex deo essentia, non tamen quod sit ex essentia dei. unde aliter dici potest quod haec praepositio de semper denotat consubstantialitatem. unde non dicimus quod domus sit de aedificatore, cum non sit causa consubstantialis. possumus autem dicere quod aliquid sit de aliquo, quocumque modo illud significetur ut principium consubstantiale, sive illud sit principium activum, sicut filius dicitur esse de patre; sive sit principium materiale, sicut cultellus dicitur esse de ferro; sive sit principium formale, in his dumtaxat in quibus ipsae formae sunt subsistentes, et non advenientes alteri; possumus enim dicere quod angelus aliquis est de natura intellectuali. et per hunc modum dicimus quod filius est genitus de essentia patris; inquantum essentia patris, filio per generationem communicata, in eo subsistit.

ra3 * Ad tertium dicendum quod, cum dicitur, “ filius est genitus de essentia patris, ‘ additur aliquid respectu cuius potest salvari distinctio. * sed cum dicitur quod “ tres personae sunt de essentia divina, ‘ non ponitur aliquid respectu cuius possit importari distinctio per praepositionem significata. et ideo non est simile.

ra4 ‘ Ad quartum dicendum quod, cum dicitur, sapientia est creata, potest intelligi, non de sapientia quae est filius dei, sed de sapientia creata, quam deus indidit creaturis, * dicitur enim eccli. i, ° ipse creavit eam, “ scilicet sapientiam, ° spiritu sancto, et effudit illam super omnia opera sua. * neque est inconveniens quod in uno contextu locutionis loquatur “ scriptura de sapientia genita et creata, quia sapientia creata est participatio quaedam sapientiae increatae. vel potest referri ad naturam creatam assumptam a filio, ut sit sensus, ab initio et ante saecula creata sum, idest, praevisa sum creaturae uniri. vel, per hoc quod sapientia creata et genita nuncupatur, modus divinae generationis nobis insinuatur. ‘ in generatione enim, quod generatur accipit naturam generantis, quod perfectionis est, in creatione vero, creans non mutatur, sed creatum non recipit naturam creantis. dicitur ergo filius simul creatus et genitus, ut ex creatione accipiatur immutabilitas patris, et ex generatione unitas naturae in patre et filio. * et sic exponitur intellectus huius scripturae ab hilario, in libro de synod.. auctoritates autem inductae “ non loquuntur de spiritu sancto, sed de spiritu creato; qui quandoque dicitur ventus, quandoque aer, |25| quandoque flatus hominis, quandoque etiam anima, vel quaecumque substantia invisibilis.

007 ST1 qu41 ar4

ag1 ‘ Ad quartum sic proceditur. videtur quod in divinis non sit potentia respectu actuum notionalium. omnis enim potentia est vel activa, vel passiva. sed neutra hic competere potest, potentia enim passiva in deo non est, * ut supra ostensum est; ‘ potentia vero activa non competit uni personae respectu alte-

rius, cum personae divinae non sint factae, * ut ostensum est. ‘ ergo in divinis non est potentia ad actus notionales.
ag2 ‘ Praeterea, potentia dicitur ad possibile. sed divinae personae non sunt de numero possibilium, sed de numero necessariorum. ergo respectu actuum notionalium, quibus divinae personae procedunt, non debet poni potentia in divinis.
ag3 ‘ Praeterea, filius procedit ut verbum, quod est conceptio intellectus, spiritus autem sanctus procedit ut amor, qui pertinet ad voluntatem. sed potentia in deo dicitur per comparationem ad effectus, non autem per comparationem ad intelligere et velle, * ut supra habitum est. ‘ ergo in divinis non debet dici potentia per comparationem ad actus notionales.
sc ‘ Sed contra est quod * dicit augustinus, contra maximinum haereticum, ° si deus pater non potuit generare filium sibi aequalem, ubi est omnipotentia dei patris? ‘ est ergo in divinis potentia respectu actuum notionalium.
co ‘ Respondeo dicendum quod, sicut ponuntur actus notionales in divinis, ita necesse est ibi ponere potentiam respectu huiusmodi actuum, cum potentia nihil aliud significet quam principium alicuius actus. unde, cum patrem intelligamus ut principium generationis, et patrem et filium ut principium spirationis, necesse est quod patri attribuamus potentiam generandi, et patri et filio potentiam spirandi. quia potentia generandi significat id quo generans generat, omne autem generans generat aliquo, unde in omni generante oportet ponere potentiam generandi, et in spirante potentiam spirandi.
ra1 ‘ Ad primum ergo dicendum quod, sicut secundum actus notionales non procedit aliqua persona ut facta, ita neque potentia ad actus notionales dicitur in divinis per respectum ad aliquam personam factam, sed solum per respectum ad personam procedentem.
ra2 ‘ Ad secundum dicendum quod possibile, secundum quod necessario opponitur, sequitur potentiam passivam, quae non est in divinis. unde neque in divinis est aliquid possibile per modum istum, sed solum secundum quod possibile continetur sub necessario. sic autem dici potest quod, sicut deum esse est possibile, sic filium generari est possibile.
ra3 ‘ Ad tertium dicendum quod potentia significat principium. principium autem distinctionem importat ab eo cuius est principium. consideratur autem duplex distinctio in his quae dicuntur de deo, una secundum rem, alia secundum rationem tantum. secundum rem quidem, deus distinguitur per essentiam a rebus quarum est per creationem principium, sicut una persona distinguitur ab alia, cuius est principium, secundum actum notionalem. sed actio ab agente non distinguitur in deo nisi secundum rationem tantum, alioquin actio esset accidens in deo. et ideo respectu illarum actionum secundum quas aliquae res procedunt distinctae a deo, vel essentialiter vel personaliter, potest deo attribui potentia, secundum propriam rationem principii. et ideo, sicut potentiam ponimus creandi in deo, ita possumus ponere potentiam generandi vel spirandi. sed intelligere et velle non sunt tales actus qui designent processionem alicuius rei a deo distinctae, vel essentialiter vel personaliter. unde respectu horum actuum, non potest salvari ratio potentiae in deo, nisi secundum modum intelligendi et significandi tantum; prout diversimode significatur in deo intellectus et intelligere, cum tamen ipsum intelligere dei sit eius essentia, non habens principium.

007 ST1 qu41 ar5

ag1 ‘ Ad quintum sic proceditur. videtur quod potentia generandi vel spirandi significet relationem, et non essentiam. potentia enim significat principium, ut ex eius definitione patet, dicitur enim potentia activa esse principium agendi, * ut patet in v metaphys.. ‘ sed principium in divinis respectu personae dicitur notionaliter. ergo potentia in divinis non significat essentiam, sed relationem.
ag2 ‘ Praeterea, in divinis non differt posse et agere. sed generatio in divinis significat relationem. ergo et potentia generandi.
ag3 ‘ Praeterea, ea quae significant essentiam in divinis, communia sunt tribus personis. sed potentia generandi non est communis tribus personis, sed propria patri. ergo non significat essentiam.
sc ‘ Sed contra est quod, sicut deus potest generare filium, ita et vult. sed voluntas generandi significat essentiam. ergo et potentia generandi.
co * Respondeo dicendum quod quidam dixerunt quod “ potentia generandi significat relationem in divinis. ‘ sed hoc esse non potest. nam illud proprie dicitur potentia in quocumque agente, quo agens agit. omne autem producens aliquid per suam actionem, producit sibi simile quantum ad formam qua agit sicut homo genitus est similis generanti in natura humana, cuius virtute pater potest generare hominem. illud ergo est potentia generativa in aliquo generante, in quo genitum similatur generanti. filius autem dei similatur patri gignenti in natura divina. unde natura divina in patre, est potentia generandi in ipso. * unde et hilarius dicit, in v de trin., ° nativitas dei non potest eam ex qua profecta est, non tenere naturam; nec enim aliud quam deus subsistit, quod non aliunde quam de deo subsistit. ‘ sic igitur dicendum est quod potentia generandi principaliter significat divinam essentiam, * ut magister dicit, vii dist. i sent.; ‘ non autem tantum relationem. nec etiam essentiam inquantum est idem relationi, ut significet ex aequo utrumque. licet enim paternitas ut forma patris significetur, est tamen proprietas personalis, habens se ad personam patris, ut forma individualis ad aliquod individuum creatum. forma autem individualis, in rebus creatis, constituit personam generantem, non autem est |25| quo generans generat, alioquin socrates generaret socratem. unde neque paternitas potest intelligi ut quo pater generat, sed ut constituens personam generantis, alioquin pater generaret patrem. sed id quo pater generat, est natura divina, in qua sibi filius assimilatur. * et secundum hoc damascenus dicit quod “ generatio est opus naturae, non sicut generantis, sed sicut eius quo generans generat. ‘ et ideo potentia generandi significat in recto naturam divinam, sed in obliquo relationem.
ra1 ‘ Ad primum ergo dicendum quod potentia non significat ipsam relationem principii, alioquin esset in genere relationis, sed significat id quod est principium; non quidem sicut agens dicitur principium, sed sicut id quo agens agit, dicitur principium agens autem distinguitur a facto, et generans a generato, sed id quo generans generat, est commune genito et generanti; et tanto perfectius, quanto perfectior fuerit generatio. unde, cum divina generatio sit perfectissima, id quo generans generat, est commune genito et generanti, et idem numero, non solum specie, sicut in rebus creatis. per hoc ergo quod dicimus quod essentia divina est principium quo generans generat, non sequitur quod essentia divina distinguatur; sicut sequeretur, si diceretur quod essentia divina generat.
ra2 ‘ Ad secundum dicendum quod sic est idem in divinis potentia generandi cum generatione, sicut essentia divina cum generatione et paternitate est idem re, sed non ratione.
ra3 ‘ Ad tertium dicendum quod, cum dico potentiam generandi, potentia significatur in recto, et generatio in obliquo; sicut si dicerem essentiam patris. unde quantum ad essentiam quae significatur, potentia generandi communis est tribus personis, sed quantum ad notionem quae connotatur, propria est personae patris.

007 ST1 qu41 ar6

ag1 ‘ Ad sextum sic proceditur. videtur quod actus notionalis ad plures personas terminari possit, ita quod sint plures personae genitae vel spiratae in divinis. cuicumque enim inest potentia generandi, potest generare. sed filio inest potentia generandi. ergo potest generare. non autem seipsum. ergo alium filium. ergo possunt esse plures filii in divinis.
ag2 * Praeterea, augustinus dicit, contra maximinum, ° filius non genuit creatorem. neque enim non potuit, sed non oportuit.
ag3 ‘ Praeterea, deus pater est potentior ad generandum quam pater creatus. sed unus homo potest generare plures filios. ergo et deus, praecipue cum potentia patris, uno filio generato, non diminuatur.
sc ‘ Sed contra est quod in divinis non differt esse et posse. si igitur in divinis possent esse plures filii, essent plures filii. et ita essent plures personae quam tres in divinis, quod est haereticum.
co ‘ Respondeo dicendum quod, * sicut athanasius dicit, ° in divinis est tantum unus pater, unus filius, unus spiritus sanctus. ‘ cuius quidem ratio quadruplex assignari potest. prima quidem ex parte relationum, quibus solum personae distinguuntur. cum enim personae divinae sint ipsae relationes subsistentes, non possent esse plures patres vel plures filii in divinis, nisi essent plures paternitates et plures filiationes. quod quidem esse non posset nisi secundum materialem rerum distinctionem, formae enim unius speciei non multiplicantur nisi secundum materiam, quae in divinis non est. unde in divinis non potest esse nisi una tantum filiatio subsistens; sicut et albedo subsistens non posset esse nisi una. secunda vero ex modo processionum. quia deus omnia intelligit et vult uno et simplici actu. unde non potest esse nisi una persona procedens per modum verbi, quae est filius; et una tantum per modum amoris, quae est spiritus sanctus. tertia ratio sumitur ex modo procedendi. quia personae ipsae procedunt naturaliter, * ut dictum est, ‘ natura autem determinatur ad unum. quarta ex perfectione divinarum personarum. ex hoc enim est perfectus filius, quod tota filiatio divina in eo continetur, |25| et quod est tantum unus filius. et similiter dicendum est de aliis personis.
ra1 ‘ Ad primum ergo dicendum quod, quamvis simpliciter concedendum sit quod potentiam quam habet pater, habeat filius; non tamen concedendum est quod filius habeat potentiam generandi, si generandi sit gerundivum verbi activi, ut sit sensus quod filius habeat potentiam ad generandum. sicut, licet idem esse sit patris et filii, non tamen convenit filio esse patrem, propter notionale adiunctum. si tamen hoc quod dico generandi, sit gerundivum verbi passivi, potentia generandi est in filio, idest ut generetur. et similiter si sit gerundivum verbi impersonalis, ut sit sensus, potentia generandi, idest qua ab aliqua persona generatur.
ra2 * Ad secundum dicendum quod augustinus in verbis illis non intendit “ dicere quod filius posset generare filium, sed quod hoc non est ex impotentia filii, quod non generet, * ut infra patebit.
ra3 ‘ Ad tertium dicendum quod immaterialitas et perfectio divina requirit ut non possint esse plures filii in divinis, * sicut dictum est. ‘ unde quod non sint plures filii, non est ex impotentia patris ad generandum.

007 ST1 qu42 ar

pr ‘ Deinde considerandum est de comparatione personarum ad invicem. et primo, quantum ad aequalitatem et similitudinem; secundo, quantum ad missionem. circa primum quaeruntur sex. primo, utrum aequalitas locum habeat in divinis personis. secundo, utrum persona procedens sit aequalis ei a qua procedit, secundum aeternitatem. tertio, utrum sit aliquis ordo in divinis personis. quarto utrum personae divinae sint aequales secundum magnitudinem. quinto, utrum una earum sit in alia. sexto, utrum sint aequales secundum potentiam.

007 ST1 qu42 ar1

ag1 ‘ Ad primum sic proceditur. videtur quod aequalitas non competat divinis personis. aequalitas enim attenditur secundum unum in quantitate, * ut patet per philosophum, v metaphys.. ‘ in divinis autem personis non invenitur neque quantitas continua intrinseca, quae dicitur magnitudo; neque quantitas continua extrinseca, quae dicitur locus et tempus; neque secundum quantitatem discretam invenitur in eis aequalitas, quia duae personae sunt plures quam una. ergo divinis personis non convenit aequalitas.
ag2 ‘ Praeterea, divinae personae sunt unius essentiae, * ut supra dictum est. ‘ essentia autem significatur per modum formae. convenientia autem in forma non facit aequalitatem, sed similitudinem. ergo in divinis personis est dicenda similitudo, et non aequalitas.
ag3 ‘ Praeterea, in quibuscumque invenitur aequalitas, illa sunt sibi invicem aequalia, quia aequale dicitur aequali aequale. sed divinae personae non possunt sibi invicem dici aequales. * quia, ut augustinus dicit, vi de trin., ° imago, si perfecte implet illud cuius est imago, ipsa coaequatur ei, non illud imagini suae. ‘ imago autem patris est filius, et sic pater non est aequalis filio. non ergo in divinis personis invenitur aequalitas.
ag4 ‘ Praeterea, aequalitas relatio quaedam est. sed nulla relatio est communis omnibus personis, cum secundum relationes personae ab invicem distinguantur. non ergo aequalitas divinis personis convenit.
sc * Sed contra est quod athanasius dicit, quod ° tres personae coaeternae sibi sunt et coaequales.
co ‘ Respondeo dicendum quod necesse est ponere aequalitatem in divinis personis. * quia secundum philosophum, in x metaphys., “ aequale dicitur quasi per negationem minoris et maioris. ‘ non autem possumus in divinis personis ponere aliquid maius et minus, * quia, ut boetius dicit, in libro de trin., “ eos differentia, scilicet deitatis, comitatur, ° qui vel augent vel minuunt, ut ariani, qui gradibus meritorum trinitatem variantes distrahunt, atque in pluralitatem deducunt. ‘ cuius ratio est, quia inaequalium non potest esse una quantitas numero. quantitas autem in divinis non est aliud quam eius essentia. unde relinquitur quod, si esset aliqua inaequalitas in divinis personis, quod non esset in eis una essentia, et sic non essent tres personae unus deus, quod est impossibile. oportet igitur aequalitatem ponere in divinis personis.
ra1 ‘ Ad primum ergo dicendum quod duplex est quantitas. una scilicet quae dicitur quantitas molis, vel quantitas dimensiva, quae in solis rebus corporalibus est, unde in divinis personis locum non habet. sed alia est quantitas virtutis, quae attenditur secundum perfectionem alicuius naturae vel formae, quae quidem quantitas designatur secundum quod dicitur aliquid magis vel minus calidum, inquantum est perfectius vel minus perfectum in caliditate. huiusmodi autem quantitas virtualis attenditur primo quidem in radice, idest in ipsa perfectione formae vel naturae, et sic dicitur magnitudo spiritualis, sicut dicitur magnus calor propter suam intensionem et perfectionem. * et ideo dicit augustinus, vi de trin., quod ° in his quae non mole magna sunt, hoc est maius esse, quod est melius esse, ‘ nam melius dicitur quod perfectius est. secundo autem attenditur quantitas virtualis in effectibus formae. primus autem effectus formae est esse, nam omnis res habet esse secundum suam formam. secundus autem effectus est operatio, nam omne agens agit per suam formam. attenditur igitur quantitas virtualis et secundum esse, et secundum operationem, secundum esse quidem, inquantum ea quae sunt perfectioris naturae, sunt maioris durationis; secundum operationem vero, inquantum ea quae sunt perfectioris naturae, sunt magis potentia ad agendum. |25| * sic igitur, ut augustinus dicit, in libro de fide ad petrum, “ aequalitas intelligitur in patre et filio et spiritu sancto, ° inquantum nullus horum aut praecedit aeternitate, aut excedit magnitudine, aut superat potestate.

ra2 ' Ad secundum dicendum quod ubi attenditur aequalitas secundum quantitatem virtualem, aequalitas includit in se similitudinem, et aliquid plus, quia excludit excessum. quaecumque enim communicant in una forma, possunt dici similia, etiamsi inaequaliter illam formam participant, sicut si dicatur aer esse similis igni in calore, sed non possunt dici aequalia, si unum altero perfectius formam illam participet. et quia non solum una est natura patris et filii, sed etiam aeque perfecte est in utroque, ideo non solum dicimus filium esse similem patri, ut excludatur error eunomii; sed etiam dicimus aequalem, ut excludatur error arii.

ra3 ' Ad tertium dicendum quod aequalitas vel similitudo dupliciter potest significari in divinis, scilicet per nomina et per verba. secundum quidem quod significatur per nomina, mutua aequalitas dicitur in divinis personis et similitudo, filius enim est aequalis et similis patri, et e converso. et hoc ideo, quia essentia divina non magis est patris quam filii, unde, sicut filius habet magnitudinem patris, quod est esse eum aequalem patri, ita pater habet magnitudinem filii, quod est esse eum aequalem filio. sed quantum ad creaturas, * ut dionysius dicit, ix cap. de div. nom., ° non recipitur conversio aequalitatis et similitudinis. ' dicuntur enim causata similia causis, inquantum habent formam causarum, sed non e converso, quia forma principaliter est in causa, et secundario in causato. sed verba significant aequalitatem cum motu. et licet motus non sit in divinis, est tamen ibi accipere. quia igitur filius accipit a patre unde est aequalis ei, et non e converso, propter hoc dicimus quod filius coaequatur patri, et non e converso.

ra4 ' Ad quartum dicendum quod in divinis personis nihil est considerare nisi essentiam, in qua communicant, et relationes, in quibus distinguuntur. aequalitas autem utrumque importat, scilicet distinctionem personarum, quia nihil sibi ipsi dicitur aequale; et unitatem essentiae, quia ex hoc personae sunt sibi invicem aequales, quod sunt unius magnitudinis et essentiae. manifestum est autem quod idem ad seipsum non refertur aliqua relatione reali. nec iterum una relatio refertur ad aliam per aliquam aliam relationem, cum enim dicimus quod paternitas opponitur filiationi, oppositio non est relatio media inter paternitatem et filiationem. quia utroque modo relatio multiplicaretur in infinitum. et ideo aequalitas et similitudo in divinis personis non est aliqua realis relatio distincta a relationibus personalibus, sed in suo intellectu includit et relationes distinguentes personas, et essentiae unitatem. * et propterea magister dicit, in xxxi dist. i sent., " quod in his appellatio tantum est relativa.

007 ST1 qu42 ar2

ag1 ' Ad secundum sic proceditur. videtur quod persona procedens non sit coaeterna suo principio, ut filius patri. * arius enim duodecim modos generationis assignat. " primus modus est iuxta fluxum lineae a puncto, ubi deest aequalitas simplicitatis. secundus modus est iuxta emissionem radiorum a sole, ubi deest aequalitas naturae. tertius modus est iuxta characterem, seu impressionem a sigillo, ubi deest consubstantialitas et potentiae efficientia. quartus modus est iuxta immissionem bonae voluntatis a deo, ubi etiam deest consubstantialitas. quintus modus est iuxta exitum accidentis a substantia, sed accidenti deest subsistentia. sextus modus est iuxta abstractionem speciei a materia, sicut sensus accipit speciem a re sensibili, ubi deest aequalitas simplicitatis spiritualis. septimus modus est iuxta excitationem voluntatis a cogitatione, quae quidem excitatio temporalis est. octavus modus est iuxta transfigurationem, ut ex aere fit imago, quae materialis est. nonus modus est motus a movente, et hic etiam ponitur effectus et causa. decimus modus est iuxta eductionem specierum a genere, qui non competit in divinis, quia pater non praedicatur de filio sicut genus de specie. undecimus modus est iuxta ideationem, ut arca exterior ab ea quae est in mente. duodecimus modus est iuxta nascentiam, ut homo est a patre, ubi est prius et posterius secundum tempus. |25| ' patet ergo quod in omni modo quo aliquid est ex altero, aut deest aequalitas naturae, aut aequalitas durationis. si igitur filius est a patre, oportet dicere vel eum esse minorem patre, aut posteriorem, aut utrumque.

ag2 ' Praeterea, omne quod est ex altero, habet principium. sed nullum aeternum habet principium. ergo filius non est aeternus, neque spiritus sanctus.

ag3 ' Praeterea, omne quod corrumpitur, desinit esse. ergo omne quod generatur, incipit esse, ad hoc enim generatur, ut sit. sed filius est genitus a patre. ergo incipit esse, et non est coaeternus patri.

ag4 ' Praeterea, si filius genitus est a patre, aut semper generatur, aut est dare aliquod instans suae generationis. si semper generatur; dum autem aliquid est in generari, est imperfectum, sicut patet in successivis, quae sunt semper in fieri, ut tempus et motus, sequitur quod filius semper sit imperfectus; quod est inconveniens. est ergo dare aliquod instans generationis filii. ante illud ergo instans filius non erat.

sc * Sed contra est quod athanasius dicit, quod ° totae tres personae coaeternae sibi sunt.

co ' Respondeo dicendum quod necesse est dicere filium esse coaeternum patri. ad cuius evidentiam, considerandum est quod aliquid ex principio existens posterius esse suo principio, potest contingere ex duobus, uno modo, ex parte agentis; alio modo, ex parte actionis. ex parte agentis quidem, aliter in agentibus voluntariis, aliter in agentibus naturalibus. in agentibus quidem voluntariis, propter electionem temporis, sicut enim in agentis voluntarii potestate est eligere formam quam effectui conferat, * ut supra dictum est, ' ita in eius potestate est eligere tempus in quo effectum producat. in agentibus autem naturalibus hoc contingit, quia agens aliquod non a principio habet perfectionem virtutis naturaliter ad agendum, sed ei advenit post aliquod tempus; sicut homo non a principio generare potest. ex parte autem actionis, impeditur ne id quod est a principio simul sit cum suo principio, propter hoc quod actio est successiva. unde, dato quod aliquod agens tali actione agere inciperet statim cum est, non statim eodem instanti esset effectus, sed in instanti ad quod terminatur actio. * manifestum est autem secundum praemissa, quod ' pater non generat filium voluntate, sed natura. et iterum, quod natura patris ab aeterno perfecta fuit. et iterum, quod actio qua pater producit filium, non est successiva, quia sic filius dei |25| successive generaretur, et esset eius generatio materialis et cum motu, quod est impossibile. relinquitur ergo quod filius fuit, quandocumque fuit pater. et sic filius est coaeternus patri, et similiter spiritus sanctus utrique.

ra1 ' Ad primum ergo dicendum quod, * sicut augustinus dicit, in libro de verbis domini, " nullus modus processionis alicuius creaturae perfecte repraesentat divinam generationem, unde oportet ex multis modis colligere similitudinem, ut quod deest ex uno, aliqualiter suppleatur ex altero. * et propter hoc dicitur in synodo ephesina, ° coexistere semper coaeternum patri filium, splendor tibi denuntiet, impassibilitatem nativitatis ostendat verbum; consubstantialitatem filii nomen insinuet. ' inter omnia tamen expressius repraesentat processio verbi ab intellectu, quod quidem non est posterius eo a quo procedit; nisi sit talis intellectus qui exeat de potentia in actum, quod in deo dici non potest.

ra2 ' Ad secundum dicendum quod aeternitas excludit principium durationis, sed non principium originis.

ra3 ' Ad tertium dicendum quod omnis corruptio est mutatio quaedam, et ideo omne quod corrumpitur, incipit non esse, et desinit esse. sed generatio divina non est transmutatio, * ut dictum est supra. ' unde filius semper generatur, et pater semper generat.

ra4 ' Ad quartum dicendum quod in tempore aliud est quod est indivisibile, scilicet instans; et aliud est quod est durans, scilicet tempus. sed in aeternitate ipsum nunc indivisibile est semper stans, * ut supra dictum est. ' generatio vero filii non est in nunc temporis, aut in tempore, sed in aeternitate. et ideo, ad significandum praesentialitatem et permanentiam aeternitatis, potest dici quod semper nascitur, * ut origenes dixit. sed, ut gregorius et augustinus dicunt, ' melius est quod dicatur semper natus, ut ly semper designet permanentiam aeternitatis, et ly natus perfectionem geniti. sic ergo filius nec imperfectus est, " neque erat quando non erat, * ut arius dixit.

007 ST1 qu42 ar3

ag1 ' Ad tertium sic proceditur. videtur quod in divinis personis non sit ordo naturae. quidquid enim in divinis est, vel est essentia vel persona vel notio. sed ordo naturae non significat essentiam, neque est aliqua personarum aut notionum. ergo ordo naturae non est in divinis.

ag2 ' Praeterea, in quibuscumque est ordo naturae, unum est prius altero, saltem secundum naturam et intellectum. " sed in divinis personis nihil est prius et posterius, * ut athanasius dicit. ' ergo in divinis personis non est ordo naturae.

ag3 ' Praeterea, quidquid ordinatur, distinguitur. sed natura in divinis non distinguitur. ergo non ordinatur. ergo non est ibi ordo naturae.

ag4 ' Praeterea, natura divina est eius essentia. sed non dicitur in divinis ordo essentiae. ergo neque ordo naturae.

sc ' Sed contra, ubicumque est pluralitas sine ordine, ibi est confusio. " sed in divinis personis non est confusio, * ut athanasius dicit. ' ergo est ibi ordo.

co ' Respondeo dicendum quod ordo semper dicitur per comparationem ad aliquod principium. unde sicut dicitur principium multipliciter, scilicet secundum situm, ut punctus, secundum intellectum, ut principium demonstrationis, et secundum causas singulas; ita etiam dicitur ordo. in divinis autem dicitur principium secundum originem, absque prioritate, * ut supra dictum est. ' unde oportet ibi esse ordinem secundum originem, absque prioritate. et hic vocatur ordo naturae, * secundum augustinum, ° non quo alter sit prius altero, sed quo alter est ex altero.

ra1 ' Ad primum ergo dicendum quod ordo naturae significat notionem originis in communi, non autem in speciali.

ra2 ' Ad secundum dicendum quod in rebus creatis, etiam cum id quod est a principio sit suo principio coaevum secundum durationem, tamen principium est prius secundum naturam et intellectum, si consideretur id quod est principium. sed si considerentur ipsae relationes causae et causati, et principii et principiati, manifestum est quod relativa sunt simul natura et intellectu, inquantum unum est in definitione alterius. sed in divinis ipsae relationes sunt subsistentes personae in una natura. unde neque ex parte naturae, neque ex parte relationum, una persona potest esse prior alia, neque etiam secundum naturam et intellectum.

ra3 ' Ad tertium dicendum quod ordo naturae dicitur, non quod ipsa natura ordinetur, sed quod ordo in divinis personis attenditur secundum naturalem originem.

ra4 ' Ad quartum dicendum quod natura quodammodo importat rationem principii, non autem essentia. et ideo ordo originis melius nominatur ordo naturae, quam ordo essentiae.

007 ST1 qu42 ar4

ag1 ' Ad quartum sic proceditur. videtur quod filius non sit aequalis patri in magnitudine. * dicit enim ipse, ioan. xiv, ° pater maior me est; * et apostolus, i cor. xv, ° ipse filius subiectus erit illi qui sibi subiecit omnia.

ag2 ' Praeterea, paternitas pertinet ad dignitatem patris. sed paternitas non convenit filio. ergo non quidquid dignitatis habet pater, habet filius. ergo non est aequalis patri in magnitudine.

ag3 ' Praeterea, ubicumque est totum et pars, plures partes sunt aliquid maius quam una tantum vel pauciores; sicut tres homines sunt aliquid maius quam duo vel unus. sed in divinis videtur esse totum universale et pars, nam sub relatione vel notione plures notiones continentur. cum igitur in patre sint tres notiones, in filio autem tantum duae, videtur quod filius non sit aequalis patri.

sc * Sed contra est quod dicitur philip. ii, ° non rapinam arbitratus est esse se aequalem deo.

co ' Respondeo dicendum quod necesse est dicere filium esse aequalem patri in magnitudine. magnitudo enim dei non est aliud quam perfectio naturae ipsius. hoc autem est de ratione paternitatis et filiationis, quod filius per generationem pertingat ad habendam perfectionem naturae quae est in patre, sicut et pater. sed quia in hominibus generatio est transmutatio quaedam exeuntis de potentia in actum, non statim a principio homo filius est aequalis patri generanti; sed per debitum incrementum ad aequalitatem perducitur, nisi aliter eveniat propter defectum principii generationis. * manifestum est autem ex dictis quod ' in divinis est proprie et vere paternitas et filiatio. nec potest dici quod virtus dei patris fuerit defectiva in generando; neque quod dei filius successive et per transmutationem ad perfectionem pervenerit. unde necesse est dicere quod ab aeterno fuerit patri aequalis in magnitudine. * unde et hilarius dicit, in libro de synod., ° tolle corporum infirmitates, tolle conceptus initium, tolle dolores et omnem humanam necessitatem, omnis filius secundum naturalem nativitatem aequalitas patris est, quia est et similitudo naturae.

ra1 * Ad primum ergo dicendum quod verba illa intelliguntur dicta ' de christo secundum humanam naturam, in qua minor est patre, et ei subiectus. sed secundum naturam divinam, aequalis est patri. * et hoc est quod athanasius dicit; ° aequalis patri secundum divinitatem, minor patre secundum humanitatem. * vel, secundum hilarium, in ix libro de trin., ° donantis auctoritate pater maior est, sed minor non est cui unum esse donatur. * et in libro de synod. dicit quod " subiectio filii naturae pietas est, idest recognitio auctoritatis paternae, subiectio autem ceterorum, creationis infirmitas.

ra2 ' Ad secundum dicendum quod aequalitas attenditur secundum magnitudinem. magnitudo autem in divinis significat perfectionem naturae, * ut dictum est, ' et ad essentiam pertinet. et ideo aequalitas in divinis, et similitudo, secundum essentialia attenditur, nec potest secundum distinctionem relationum inaequalitas vel dissimilitudo dici. * unde augustinus dicit, contra maximinum, ° originis quaestio est quid de quo sit; aequalitatis autem, qualis aut quantus sit. ' paternitas igitur est dignitas patris, sicut et essentia patris, nam dignitas absolutum est, et ad essentiam pertinet. sicut igitur eadem essentia quae in patre est paternitas, in filio est filiatio; ita eadem dignitas quae in patre est paternitas, in filio est filiatio. vere ergo dicitur quod quidquid dignitatis habet pater, habet filius. nec sequitur, paternitatem habet pater, ergo paternitatem habet filius. mutatur enim quid in ad aliquid, eadem enim est essentia et dignitas patris et filii, sed in patre est secundum relationem dantis, in filio secundum relationem accipientis.

ra3 ' Ad tertium dicendum quod relatio in divinis non est totum universale, quamvis de pluribus relationibus praedicetur, quia omnes relationes sunt unum secundum essentiam et esse, quod repugnat rationi universalis, cuius partes secundum esse distinguuntur. et similiter persona, * ut supra dictum est, ' non est universale in divinis. unde neque omnes relationes sunt maius aliquid quam una tantum; nec omnes personae maius aliquid quam una tantum; quia tota perfectio divinae naturae est in qualibet personarum.

007 ST1 qu42 ar5

ag1 ' Ad quintum sic proceditur. videtur quod filius non sit in patre, et e converso. * philosophus enim, in iv physic., " ponit octo modos essendi aliquid in aliquo; et secundum nullum horum filius est in patre, aut e converso, ut patet discurrenti per singulos modos. ' ergo filius non est in patre, nec e converso.
ag2 ' Praeterea, nihil quod exivit ab aliquo, est in eo. sed filius ab aeterno exivit a patre, * secundum illud micheae v, ° egressus eius ab initio, a diebus aeternitatis. ' ergo filius non est in patre.
ag3 ' Praeterea, unum oppositorum non est in altero. sed filius et pater opponuntur relative. ergo unus non potest esse in alio.
sc * Sed contra est quod dicitur ioan. xiv, ° ego in patre, et pater in me est.
co ' Respondeo dicendum quod in patre et filio tria est considerare, scilicet essentiam, relationem et originem; et secundum quodlibet istorum filius est in patre, et e converso. secundum essentiam enim pater est in filio, quia pater est sua essentia, et communicat suam essentiam filio, non per aliquam suam transmutationem, unde sequitur quod, cum essentia patris sit in filio, quod in filio sit pater. et similiter, cum filius sit sua essentia, sequitur quod sit in patre, in quo est eius essentia. * et hoc est quod hilarius dicit, v de trin., ° naturam suam, ut ita dicam, sequitur immutabilis deus, immutabilem gignens deum. subsistentem ergo in eo dei naturam intelligimus, cum in deo deus insit. ' secundum etiam relationes, manifestum est quod unum oppositorum relative est in altero secundum intellectum. secundum originem etiam manifestum est quod processio verbi intelligibilis non est ad extra, sed manet in dicente. id etiam quod verbo dicitur, in verbo continetur. et eadem ratio est de spiritu sancto.
ra1 ' Ad primum ergo dicendum quod ea quae in creaturis sunt, non sufficienter repraesentant ea quae dei sunt. * et ideo secundum nullum eorum modorum quos philosophus enumerat, filius est in patre, aut e converso. ' accidit tamen magis ad hoc modus ille, secundum quem aliquid dicitur esse in principio originante, nisi quod deest unitas essentiae, in rebus creatis, inter principium et id quod est a principio.
ra2 ' Ad secundum dicendum quod exitus filii a patre est secundum modum processionis interioris, prout verbum exit a corde, et manet in eo. unde exitus iste in divinis est secundum solam distinctionem relationum, non secundum essentialem aliquam distantiam.
ra3 ' Ad tertium dicendum quod pater et filius opponuntur secundum relationes, non autem secundum essentiam. et tamen oppositorum relative unum est in altero, * ut dictum est.

007 ST1 qu42 ar6

ag1 ' Ad sextum sic proceditur. videtur quod filius non sit aequalis patri secundum potentiam. * dicitur enim ioan. v, ° non potest filius a se facere quidquam, nisi quod viderit patrem facientem. ' pater autem a se potest facere. ergo pater maior est filio secundum potentiam.
ag2 ' Praeterea, maior est potentia eius qui praecipit et docet, quam eius qui obedit et audit. sed pater mandat filio, * secundum illud ioan. xiv, ° sicut mandatum dedit mihi pater, sic facio. ' pater etiam docet filium, * secundum illud ioan. v, ° pater diligit filium, et omnia demonstrat ei quae ipse facit. ' similiter et filius audit, * secundum illud ioan. v, ° sicut audio, iudico. ' ergo pater est maioris potentiae quam filius.
ag3 ' Praeterea, ad omnipotentiam patris pertinet quod possit filium generare sibi aequalem, * dicit enim augustinus, in libro contra maximin., ° si non potuit generare sibi aequalem, ubi est omnipotentia dei patris? ' sed filius non potest generare filium, * ut supra ostensum est. ' non ergo quidquid pertinet ad omnipotentiam patris, potest filius. et ita non est ei in potestate aequalis.
sc * Sed contra est quod dicitur ioan. v, ° quaecumque pater facit, haec et filius similiter facit.
co ' Respondeo dicendum quod necesse est dicere quod filius est aequalis patri in potestate. potentia enim agendi consequitur perfectionem naturae, videmus enim in creaturis quod quanto aliquid habet perfectiorem naturam, tanto est maioris virtutis in agendo. * ostensum est autem supra quod ' ipsa ratio divinae paternitatis et filiationis exigit quod filius sit aequalis patri in magnitudine, idest in perfectione naturae. unde relinquitur quod filius sit aequalis patri in potestate. et eadem ratio est de spiritu sancto respectu utriusque.
ra1 * Ad primum ergo dicendum quod in hoc quod dicitur quod " filius non potest a se facere quidquam, non subtrahitur filio aliqua potestas quam habeat pater; cum statim subdatur quod quaecumque pater facit, filius similiter facit. ' sed ostenditur quod filius habet potestatem a patre, a quo habet naturam. * unde dicit hilarius, ix de trin., ° naturae divinae haec unitas est, ut ita per se agat filius, quod non a se agat.
ra2 ' Ad secundum dicendum quod in demonstratione patris et auditione filii, non intelligitur nisi quod pater communicat scientiam filio, sicut et essentiam. et ad idem potest referri mandatum patris, per hoc quod ab aeterno dedit ei scientiam et voluntatem agendorum, eum generando. vel potius referendum est ad christum secundum humanam naturam.
ra3 ' Ad tertium dicendum quod, sicut eadem essentia quae in patre est paternitas, in filio est filiatio; ita eadem est potentia qua pater generat, et qua filius generatur. unde manifestum est quod quidquid potest pater, potest filius. non tamen sequitur quod possit generare, sed mutatur quid in ad aliquid, nam generatio significat relationem in divinis. habet ergo filius eandem omnipotentiam quam pater, sed cum alia relatione. quia pater habet eam ut dans, et hoc significatur, cum dicitur quod potest generare. filius autem habet eam ut accipiens, et hoc significatur, cum dicitur quod potest generari.

007 ST1 qu43 ar

pr ' Deinde considerandum de missione divinarum personarum. et circa hoc quaeruntur octo. primo, utrum alicui divinae personae conveniat mitti. secundo, utrum missio sit aeterna, vel temporalis tantum. tertio, secundum quid divina persona invisibiliter mittatur. quarto, utrum cuilibet personae conveniat mitti. quinto, utrum invisibiliter mittatur tam filius, quam spiritus sanctus. sexto, ad quos fiat missio invisibilis. septimo, de missione visibili. octavo, utrum aliqua persona mittat seipsam, visibiliter aut invisibiliter.

007 ST1 qu43 ar1

ag1 ' Ad primum sic proceditur. videtur quod personae divinae non conveniat mitti. missus enim minor est mittente. sed una persona divina non est minor alia. ergo una persona non mittitur ab alia.
ag2 ' Praeterea, omne quod mittitur, separatur a mittente, * unde hieronymus dicit, super ezechiel., ° quod coniunctum est, et in corpore uno copulatum, mitti non potest. " sed in divinis personis nihil est separabile, * ut hilarius dicit. ' ergo una persona non mittitur ab alia.
ag3 ' Praeterea, quicumque mittitur, ab aliquo loco discedit, et ad aliquem locum de novo vadit. hoc autem divinae personae non convenit, cum ubique sit. ergo divinae personae non convenit mitti.
sc * Sed contra est quod dicitur ioan. viii, ° non sum ego solus, sed ego et qui misit me, pater.
co ' Respondeo dicendum quod in ratione missionis duo importantur, quorum unum est habitudo missi ad eum a quo mittitur; aliud est habitudo missi ad terminum ad quem mittitur. per hoc autem quod aliquis mittitur, ostenditur processio quaedam missi a mittente; vel secundum imperium, sicut dominus mittit servum; vel secundum consilium, ut si consiliarius mittere dicatur regem ad bellandum; vel secundum originem, ut si dicatur quod flos emittitur ab arbore. ostenditur etiam habitudo ad terminum ad quem mittitur, ut aliquo modo ibi esse incipiat; vel quia prius ibi omnino non erat quo mittitur; vel quia incipit ibi aliquo modo esse, quo prius non erat. missio igitur divinae personae convenire potest, secundum quod importat ex una parte processionem originis a mittente; et secundum quod importat ex alia parte novum modum existendi in aliquo. sicut filius dicitur esse missus a patre in mundum, secundum quod incoepit esse in mundo visibiliter per carnem assumptam, et tamen ante in mundo erat, * ut dicitur ioan. i.
ra1 ' Ad primum ergo dicendum quod missio importat minorationem in eo qui mittitur, secundum quod importat processionem a principio mittente aut secundum imperium, aut secundum consilium, quia imperans est maior, et consilians est sapientior. sed in divinis non importat nisi processionem originis; quae est secundum aequalitatem, * ut supra dictum est.
ra2 ' Ad secundum dicendum quod illud quod sic mittitur ut incipiat esse ubi prius nullo modo erat, sua missione localiter movetur, unde oportet quod loco separetur a mittente. sed hoc non accidit in missione divinae personae, quia persona divina missa, sicut non incipit esse ubi prius non fuerat, ita nec desinit esse ubi fuerat. unde talis missio est sine separatione; sed habet solam distinctionem originis.
ra3 ' Ad tertium dicendum quod obiectio illa procedit de missione quae fit secundum motum localem; quae non habet locum in divinis.

007 ST1 qu43 ar2

ag1 ' Ad secundum sic proceditur. videtur quod missio possit esse aeterna. * dicit enim gregorius, " eo mittitur filius, quo generatur. ' sed generatio filii est aeterna. ergo et missio.
ag2 ' Praeterea, cuicumque convenit aliquid temporaliter, illud mutatur. sed persona divina non mutatur. ergo missio divinae personae non est temporalis, sed aeterna.
ag3 ' Praeterea, missio processionem importat. sed processio divinarum personarum est aeterna. ergo et missio.
sc * Sed contra est quod dicitur galat. iv, ° cum venit plenitudo temporis, misit deus filium suum.
co ' Respondeo dicendum quod in his quae important originem divinarum personarum, est quaedam differentia attendenda. quaedam enim in sui significatione important solam habitudinem ad principium, ut processio et exitus. quaedam vero, cum habitudine ad principium, determinant processionis terminum. quorum quaedam determinant terminum aeternum, sicut generatio et spiratio, nam generatio est processio divinae personae in naturam divinam; et spiratio, passive accepta, importat processionem amoris subsistentis. quaedam vero, cum habitudine ad principium, important terminum temporalem, sicut missio et datio, mittitur enim aliquid ad hoc ut sit in aliquo, et datur ad hoc quod habeatur; personam autem divinam haberi ab aliqua creatura, vel esse novo modo existendi in ea, est quoddam temporale. unde missio et datio in divinis dicuntur temporaliter tantum. generatio autem et spiratio solum ab aeterno. processio autem et exitus dicuntur in divinis et aeternaliter et temporaliter, nam filius ab aeterno processit ut sit deus, temporaliter autem ut etiam sit homo, secundum missionem visibilem; vel etiam ut sit in homine, secundum invisibilem missionem.
ra1 * Ad primum ergo dicendum quod gregorius loquitur de ' generatione temporali filii, non a patre, sed a matre. vel, quia ex hoc ipso filius habet quod possit mitti, quod est ab aeterno genitus.
ra2 ' Ad secundum dicendum quod divinam personam esse novo modo in aliquo, vel ab aliquo haberi temporaliter, non est propter mutationem divinae personae, sed propter mutationem creaturae, sicut et deus temporaliter dicitur dominus, propter mutationem creaturae.
ra3 ' Ad tertium dicendum quod missio non solum importat processionem a principio, sed determinat processionis terminum temporalem. unde missio solum est temporalis. vel, missio includit processionem aeternam, et aliquid addit, scilicet temporalem effectum, habitudo enim divinae personae ad suum principium non est nisi ab aeterno. unde gemina dicitur processio, aeterna scilicet et temporalis, non propter hoc quod habitudo ad principium geminetur, sed geminatio est ex parte termini temporalis et aeterni.

007 ST1 qu43 ar3

ag1 ' Ad tertium sic proceditur. videtur quod missio invisibilis divinae personae non sit solum secundum donum gratiae gratum facientis. divinam enim personam mitti, est ipsam donari. si igitur divina persona mittitur solum secundum dona gratiae gratum facientis, non donabitur ipsa persona divina, sed solum dona eius. * quod est error dicentium " spiritum sanctum non dari, sed eius dona.
ag2 ' Praeterea, haec praepositio secundum denotat habitudinem alicuius causae. sed persona divina est causa quod habeatur donum gratiae gratum facientis, et non e converso; * secundum illud rom. v, ° caritas dei diffusa est in cordibus nostris per spiritum sanctum, qui datus est nobis. ' ergo inconvenienter dicitur quod persona divina secundum dona gratiae gratum facientis mittatur.
ag3 * Praeterea, augustinus dicit, iv de trin., quod ° filius, cum ex tempore mente percipitur, mitti dicitur. ' sed filius cognoscitur non solum per gratiam gratum facientem, sed etiam per gratiam gratis datam, sicut per fidem et per scientiam. non ergo persona divina mittitur secundum solam gratiam gratum facientem.
ag4 * Praeterea, rabanus dicit quod " spiritus sanctus datus est apostolis ad operationem miraculorum. ' hoc autem non est donum gratiae gratum facientis, sed gratiae gratis datae. ergo persona divina non solum datur secundum gratiam gratum facientem.
sc * Sed contra est quod augustinus dicit, xv de trin., quod " spiritus sanctus procedit temporaliter ad sanctificandam creaturam. ' missio autem est temporalis processio. cum igitur sanctificatio creaturae non sit nisi per gratiam gratum facientem, sequitur quod missio divinae personae non sit nisi per gratiam gratum facientem.
co ' Respondeo dicendum quod divinae personae convenit mitti, secundum quod novo modo existit in aliquo; dari autem, secundum quod habetur ab aliquo. neutrum autem horum est nisi secundum gratiam gratum facientem. est enim unus communis modus quo deus est in omnibus rebus per essentiam, potentiam et praesentiam, sicut causa in effectibus participantibus bonitatem ipsius. super istum modum autem communem, est unus specialis, qui convenit creaturae rationali, in qua deus dicitur esse sicut cognitum in cognoscente et amatum in amante. et quia, cognoscendo et amando, creatura rationalis sua operatione attingit ad ipsum deum, secundum istum specialem modum deus non solum dicitur esse in creatura rationali, sed etiam habitare in ea sicut in templo suo. sic igitur nullus alius effectus potest esse ratio quod divina persona sit novo modo in rationali creatura, nisi gratia gratum faciens. unde secundum solam gratiam gratum facientem, mittitur et procedit temporaliter persona divina. similiter illud solum habere dicimur, quo libere possumus uti vel frui. habere autem potestatem fruendi divina persona, est solum secundum gratiam gratum facientem. sed tamen in ipso dono gratiae gratum facientis, spiritus sanctus habetur, et inhabitat hominem. unde ipsemet spiritus sanctus datur et mittitur.
ra1 ' Ad primum ergo dicendum quod per donum

gratiae gratum facientis perficitur creatura rationalis, ad hoc quod libere non solum ipso dono creato utatur, sed ut ipsa divina persona fruatur. et ideo missio invisibilis fit secundum donum gratiae gratum facientis, et tamen ipsa persona divina datur.
ra2 ‘ Ad secundum dicendum quod gratia gratum faciens disponit animam ad habendam divinam personam, et significatur hoc, cum dicitur quod spiritus sanctus datur secundum donum gratiae. sed tamen ipsum donum gratiae est a spiritu sancto, * et hoc significatur, cum dicitur quod “ caritas dei diffunditur in cordibus nostris per spiritum sanctum.
ra3 ‘ Ad tertium dicendum quod, licet per aliquos effectus filius cognosci possit a nobis, non tamen per aliquos effectus nos inhabitat, vel etiam habetur a nobis.
ra4 ‘ Ad quartum dicendum quod operatio miraculorum est manifestativa gratiae gratum facientis, sicut et donum prophetiae, et quaelibet gratia gratis data. unde * i cor. xii, ‘ gratia gratis data nominatur manifestatio spiritus. sic igitur apostolis dicitur datus spiritus sanctus ad operationem miraculorum, quia data est eis gratia gratum faciens cum signo manifestante. si autem daretur solum signum gratiae gratum facientis sine gratia, non diceretur dari simpliciter spiritus sanctus; nisi forte cum aliqua determinatione, secundum quod dicitur quod alicui datur spiritus propheticus vel miraculorum, inquantum a spiritu sancto habet virtutem prophetandi vel miracula faciendi.

007 ST1 qu43 ar4

ag1 ‘ Ad quartum sic proceditur. videtur quod etiam patri conveniat mitti. mitti enim divinam personam est ipsam dari. sed pater dat seipsum, cum haberi non possit, nisi se ipso donante. ergo potest dici quod pater mittat seipsum.
ag2 ‘ Praeterea, persona divina mittitur secundum inhabitationem gratiae. sed per gratiam tota trinitas inhabitat in nobis, * secundum illud ioan. xiv, ° ad eum veniemus, et mansionem apud eum faciemus. ‘ ergo quaelibet divinarum personarum mittitur.
ag3 ‘ Praeterea, quidquid convenit alicui personae, convenit omnibus, praeter notiones et personas. sed missio non significat aliquam personam, neque etiam notionem, cum sint tantum quinque notiones, * ut supra dictum est. ‘ ergo cuilibet personae divinae convenit mitti.
sc * Sed contra est quod augustinus dicit, in ii libro de trin., quod ° solus pater nunquam legitur missus.
co ‘ Respondeo dicendum quod missio in sui ratione importat processionem ab alio; et in divinis, secundum originem, * ut supra dictum est. ‘ unde, cum pater non sit ab alio, nullo modo convenit sibi mitti; sed solum filio et spiritui sancto, quibus convenit esse ab alio.
ra1 ‘ Ad primum ergo dicendum quod si dare importet liberalem communicationem alicuius, sic pater dat seipsum, inquantum se liberaliter communicat creaturae ad fruendum. si vero importet auctoritatem dantis respectu eius quod datur, sic non convenit dari in divinis nisi personae quae est ab alio; sicut nec mitti.
ra2 ‘ Ad secundum dicendum quod, licet effectus gratiae sit etiam a patre, qui inhabitat per gratiam, sicut et filius et spiritus sanctus; quia tamen non est ab alio, non dicitur mitti. * et hoc est quod dicit augustinus, iv de trin., quod ° pater, cum in tempore a quoquam cognoscitur, non dicitur missus, non enim habet de quo sit, aut ex quo procedat.
ra3 ‘ Ad tertium dicendum quod missio, inquantum importat processionem a mittente, includit in sui significatione notionem, non quidem in speciali, sed in generali, prout esse ab alio est commune duabus notionibus.

007 ST1 qu43 ar5

ag1 ‘ Ad quintum sic proceditur. videtur quod filio non conveniat invisibiliter mitti. missio enim invisibilis divinae personae attenditur secundum dona gratiae. sed omnia dona gratiae pertinent ad spiritum sanctum, * secundum illud i cor. xii, ° omnia operatur unus atque idem spiritus. ‘ ergo invisibiliter non mittitur nisi spiritus sanctus.
ag2 ‘ Praeterea, missio divinae personae fit secundum gratiam gratum facientem. sed dona quae pertinent ad perfectionem intellectus, non sunt dona gratiae gratum facientis, cum sine caritate possint haberi, * secundum illud i ad cor. xiii, ° si habuero prophetiam, et noverim mysteria omnia, et omnem scientiam, et si habuero omnem fidem, ita ut montes transferam, caritatem autem non habeam, nihil sum. ‘ cum ergo filius procedat ut verbum intellectus, videtur quod non conveniat sibi invisibiliter mitti.
ag3 ‘ Praeterea, missio divinae personae est quaedam processio, * ut dictum est. ‘ sed alia est processio filii, alia spiritus sancti. ergo et alia missio, si uterque mittitur. et sic altera earum superflueret, cum una sit sufficiens ad sanctificandam creaturam.
sc * Sed contra est quod sap. ix dicitur de divina sapientia, ° mitte illam de caelis sanctis tuis, et a sede magnitudinis tuae.
co ‘ Respondeo dicendum quod per gratiam gratum facientem tota trinitas inhabitat mentem, * secundum illud ioan. xiv, ° ad eum veniemus, et mansionem apud eum faciemus. ‘ mitti autem personam divinam ad aliquem per invisibilem gratiam, significat novum modum inhabitandi illius personae, et originem eius ab alia. unde, cum tam filio quam spiritui sancto conveniat et inhabitare per gratiam et ab alio esse, utrique convenit invisibiliter mitti. patri autem licet conveniat inhabitare per gratiam, non tamen sibi convenit ab alio esse; et per consequens nec mitti.
ra1 ‘ Ad primum ergo dicendum quod, licet omnia dona, inquantum dona sunt, attribuantur spiritui sancto, quia habet rationem primi doni, secundum quod est amor, * ut supra dictum est; ‘ aliqua tamen dona, secundum proprias rationes, attribuuntur per quandam appropriationem filio, scilicet illa quae pertinent ad intellectum et secundum illa dona attenditur missio filii. * unde augustinus dicit, iv de trin., quod ° tunc invisibiliter filius cuiquam mittitur, cum a quoquam cognoscitur atque percipitur.
ra2 ‘ Ad secundum dicendum quod anima per gratiam conformatur deo. unde ad hoc quod aliqua persona divina mittatur ad aliquem per gratiam, oportet quod fiat assimilatio illius ad divinam personam quae mittitur per aliquod gratiae donum. et quia spiritus sanctus est amor, per donum caritatis anima spiritui sancto assimilatur, unde secundum donum caritatis attenditur missio spiritus sancti. filius autem est verbum, non qualecumque, sed spirans amorem, * unde augustinus dicit, in ix libro de trin., ° verbum quod insinuare intendimus, cum amore notitia est. ‘ non igitur secundum quamlibet perfectionem intellectus mittitur filius, sed secundum talem instructionem intellectus, qua prorumpat in affectum amoris, * ut dicitur ioan. vi, ° omnis qui audivit a patre, et didicit, venit ad me; * et in psalm., ° in meditatione mea exardescet ignis. * et ideo signanter dicit augustinus quod “ filius mittitur, cum a quoquam cognoscitur atque percipitur, ‘ perceptio enim experimentalem quandam notitiam significat. et haec proprie dicitur sapientia, quasi sapida scientia, * secundum illud eccli. vi, ° sapientia doctrinae secundum nomen eius est.
ra3 ‘ Ad tertium dicendum quod, cum missio importet originem personae missae et inhabitationem per gratiam, * ut supra dictum est, ‘ si loquamur de missione quantum ad originem, sic missio filii distinguitur a missione spiritus sancti, sicut et generatio a processione. si autem quantum ad effectum gratiae, sic communicant duae missiones in radice gratiae, sed distinguuntur in effectibus gratiae, qui sunt illuminatio intellectus, et inflammatio affectus. et sic manifestum est quod una non potest esse sine alia, quia neutra est sine gratia gratum faciente, nec una persona separatur ab alia.

007 ST1 qu43 ar6

ag1 ‘ Ad sextum sic proceditur. videtur quod missio invisibilis non fiat ad omnes qui sunt participes gratiae. patres enim veteris testamenti gratiae participes fuerunt. sed ad illos non videtur fuisse facta missio invisibilis, * dicitur enim ioan. vii, ° nondum erat spiritus datus, quia nondum erat iesus glorificatus. ‘ ergo missio invisibilis non fit ad omnes qui sunt participes gratiae.
ag2 ‘ Praeterea, profectus in virtute non est nisi per gratiam. sed missio invisibilis non videtur attendi secundum profectum virtutis, quia profectus virtutis videtur esse continuus, cum caritas semper aut proficiat aut deficiat; et sic missio esset continua. ergo missio invisibilis non fit ad omnes participes gratiae.
ag3 ‘ Praeterea, christus et beati plenissime habent gratiam. sed ad eos non videtur fieri missio, quia missio fit ad aliquid distans; christus autem, secundum quod homo, et omnes beati perfecte sunt uniti deo. non ergo ad omnes participes gratiae fit missio invisibilis.
ag4 ‘ Praeterea, sacramenta novae legis continent gratiam. nec tamen ad ea dicitur fieri missio invisibilis. non ergo ad omnia quae habent gratiam, fit missio invisibilis.
sc ‘ Sed contra est quod, * secundum augustinum, “ missio invisibilis fit ad sanctificandam creaturam. ‘ omnis autem creatura habens gratiam sanctificatur. ergo ad omnem creaturam huiusmodi fit missio invisibilis.
co * Respondeo dicendum quod, sicut supra dictum est, ‘ missio de sui ratione importat quod ille qui mittitur vel incipiat esse ubi prius non fuit, sicut accidit in rebus creatis; vel incipiat esse ubi prius fuit, sed quodam modo novo, secundum quod missio attribuitur divinis personis. sic ergo in eo ad quem fit missio, oportet duo considerare, scilicet inhabitationem gratiae, et innovationem quandam per gratiam. ad omnes ergo fit missio invisibilis, in quibus haec duo inveniuntur.
ra1 ‘ Ad primum ergo dicendum quod missio invisibilis est facta ad patres veteris testamenti. * unde dicit augustinus, iv de trin., quod “ secundum quod filius mittitur invisibiliter, ° fit in hominibus aut cum hominibus; hoc autem antea factum est in patribus et prophetis. “ quod ergo dicitur, nondum erat datus spiritus, ‘ intelligitur de illa datione cum signo visibili, quae facta est in die pentecostes.
ra2 ‘ Ad secundum dicendum quod etiam secundum profectum virtutis, aut augmentum gratiae, fit missio invisibilis. * unde augustinus dicit, iv de trin., quod ° tunc cuiquam mittitur filius, cum a quoquam cognoscitur atque percipitur, quantum cognosci et percipi potest pro captu vel proficientis in deum, vel perfectae in deo animae rationalis. ‘ sed tamen secundum illud augmentum gratiae praecipue missio invisibilis attenditur, quando aliquis proficit in aliquem novum actum, vel novum statum gratiae, ut puta cum aliquis proficit in gratiam miraculorum aut prophetiae, vel in hoc quod ex fervore caritatis exponit se martyrio, aut abrenuntiat his quae possidet, aut quodcumque opus arduum aggreditur.
ra3 ‘ Ad tertium dicendum quod ad beatos est facta missio invisibilis in ipso principio beatitudinis. postmodum autem ad eos fit missio invisibilis, non secundum intensionem gratiae, sed secundum quod aliqua mysteria eis revelantur de novo, quod est usque ad diem iudicii. quod quidem augmentum attenditur secundum extensionem gratiae ad plura se extendentis. ad christum autem fuit facta invisibilis missio in principio suae conceptionis, non autem postea, cum a principio suae conceptionis fuerit plenus omni sapientia et gratia.
ra4 ‘ Ad quartum dicendum quod gratia est in sacramentis novae legis instrumentaliter, sicut forma artificiati est in instrumentis artis, secundum quendam decursum ab agente in patiens. missio autem non dicitur fieri nisi respectu termini. unde missio divinae personae non fit ad sacramenta, sed ad eos qui per sacramenta gratiam suscipiunt.

007 ST1 qu43 ar7

ag1 ‘ Ad septimum sic proceditur. videtur quod spiritui sancto non conveniat visibiliter mitti. filius enim, secundum quod visibiliter missus est in mundum, dicitur esse minor patre. sed nunquam legitur spiritus sanctus minor patre. ergo spiritui sancto non convenit visibiliter mitti.
ag2 ‘ Praeterea, missio visibilis attenditur secundum aliquam creaturam visibilem assumptam, sicut missio filii secundum carnem. sed spiritus sanctus non assumpsit aliquam creaturam visibilem. unde non potest dici quod in aliquibus creaturis visibilibus sit alio modo quam in aliis, nisi forte sicut in signo; sicut est etiam in sacramentis, et in omnibus figuris legalibus. non ergo spiritus sanctus visibiliter mittitur, vel oportet dicere quod secundum omnia huiusmodi, eius missio visibilis attenditur.
ag3 ‘ Praeterea, quaelibet creatura visibilis est effectus demonstrans totam trinitatem. non ergo per illas creaturas visibiles magis mittitur spiritus sanctus quam alia persona.
ag4 ‘ Praeterea, filius visibiliter est missus secundum dignissimam visibilium creaturarum, scilicet secundum naturam humanam. si igitur spiritus sanctus visibiliter mittitur, debuit mitti secundum aliquas creaturas rationales.
ag5 “ Praeterea, quae visibiliter fiunt divinitus, dispensantur per ministerium angelorum, * ut augustinus dicit, iii de trin.. ‘ si ergo aliquae species visibiles apparuerunt, hoc factum fuit per angelos. et sic ipsi angeli mittuntur, et non spiritus sanctus.
ag6 ‘ Praeterea, si spiritus sanctus visibiliter mittatur, hoc non est nisi ad manifestandum invisibilem missionem, quia invisibilia per visibilia manifestantur. ergo ad quem missio invisibilis facta non fuit, nec missio visibilis fieri debuit, et ad omnes ad quos fit missio invisibilis, sive in novo sive in veteri testamento, missio visibilis fieri debet, quod patet esse falsum. non ergo spiritus sanctus visibiliter mittitur.
sc * Sed contra est quod dicitur matth. iii, quod “ spiritus sanctus descendit super dominum baptizatum in specie columbae.
co ‘ Respondeo dicendum quod deus providet omnibus secundum uniuscuiusque modum. est autem modus connaturalis hominis, ut per visibilia ad invisibilia manuducatur, * ut ex supra dictis patet, ‘ et ideo invisibilia dei oportuit homini per visibilia manifestari. sicut igitur seipsum deus, et processiones aeternas personarum, per creaturas visibiles, secundum aliqua indicia, hominibus quodammodo demonstravit; ita conveniens fuit ut etiam invisibiles missiones divinarum personarum secundum aliquas visibiles creaturas manifestarentur. aliter tamen filius et spiritus sanctus. nam spiritui sancto, inquantum procedit ut amor, competit esse sanctificationis donum, filio autem, inquantum est spiritus sancti principium, competit esse sanctificationis huius auctorem. et ideo filius visibiliter missus est tanquam sanctificationis auctor, sed spiritus sanctus tanquam sanctificationis indicium.
ra1 ‘ Ad primum ergo dicendum quod filius creaturam visibilem in qua apparuit, in unitatem personae assumpsit, sic ut quod de illa creatura dicitur, de filio dei dici possit. et sic, ratione naturae assumptae, filius dicitur minor patre. sed spiritus sanctus non assumpsit creaturam visibilem in qua apparuit, in unitatem personae, ut quod illi convenit, de illo praedicetur. unde non potest dici minor patre propter visibilem creaturam.
ra2 ‘ Ad secundum dicendum quod missio visibilis spiritus sancti non attenditur secundum visionem imaginariam, quae est visio prophetica. * quia, ut augustinus dicit, ii de trin., ° visio prophetica non est exhibita corporeis oculis per formas corporeas, sed

in spiritu per spirituales corporum imagines, columbam vero illam et ignem oculis viderunt quicumque viderunt. neque iterum sic se habuit spiritus sanctus ad huiusmodi species, sicut filius ad petram (quia dicitur, petra erat christus). illa enim petra iam erat in creatura, et per actionis modum nuncupata est nomine christi, quem significabat, sed illa columba et ignis ad haec tantum significanda repente extiterunt. sed videntur esse similia flammae illi quae in rubo apparuit moysi, et illi columnae quam populus in eremo sequebatur, et fulgoribus ac tonitruis quae fiebant cum lex daretur in monte, ad hoc enim rerum illarum corporalis extitit species, ut aliquid significaret, atque praeteriret. ‘sic igitur patet quod missio visibilis neque attenditur secundum visiones propheticas, quae fuerunt imaginariae, et non corporales, neque secundum signa sacramentalia veteris et novi testamenti, in quibus quaedam res praeexistentes assumuntur ad aliquid significandum. sed spiritus sanctus visibiliter dicitur esse missus, inquantum fuit monstratus in quibusdam creaturis, sicut in signis, ad hoc specialiter factis.
ra3 ‘ Ad tertium dicendum quod, licet illas creaturas visibiles tota trinitas operata sit, tamen factae sunt ad demonstrandum specialiter hanc vel illam personam. sicut enim diversis nominibus significantur pater et filius et spiritus sanctus, ita etiam diversis rebus significari potuerunt; quamvis inter eos nulla sit separatio aut diversitas.
ra4 ‘ Ad quartum dicendum quod personam filii declarari oportuit ut sanctificationis auctorem, * ut dictum est, ‘ et ideo oportuit quod missio visibilis filii fieret secundum naturam rationalem, cuius est agere, et cui potest competere sanctificare. indicium autem sanctificationis esse potuit quaecumque alia creatura. neque oportuit quod creatura visibilis ad hoc formata, esset assumpta a spiritu sancto in unitatem personae, cum non assumeretur ad aliquid agendum, sed ad indicandum tantum. et propter hoc etiam non oportuit quod duraret, nisi quandiu perageret officium suum.
ra5 ‘ Ad quintum dicendum quod illae creaturae visibiles formatae sunt ministerio angelorum, non tamen ad significandum personam angeli, sed ad significandam personam spiritus sancti. quia igitur spiritus sanctus erat in illis creaturis visibilibus sicut signatum in signo, propter hoc secundum eas spiritus sanctus visibiliter mitti dicitur, et non angelus.
ra6 ‘ Ad sextum dicendum quod non est de necessitate invisibilis missionis, ut semper manifestetur per aliquod signum visibile exterius, * sed, sicut dicitur i cor. xii, ° manifestatio spiritus datur alicui ad utilitatem, “ scilicet ecclesiae. ‘ quae quidem utilitas est, ut per huiusmodi visibilia signa fides confirmetur et propagetur. quod quidem principaliter factum est per christum et per apostolos, * secundum illud hebr. ii, ° cum initium accepisset enarrari per dominum, ab eis qui audierunt in nos confirmata est. ‘ et ideo specialiter debuit fieri missio visibilis spiritus sancti ad christum et ad apostolos, et ad aliquos primitivos sanctos, in quibus quodammodo ecclesia fundabatur, ita tamen quod visibilis missio facta ad christum, demonstraret missionem invisibilem non tunc, sed in principio suae conceptionis, ad eum factam. facta autem est missio visibilis ad christum, in baptismo quidem sub specie columbae, quod est animal fecundum, ad ostendendum in christo auctoritatem donandi gratiam per spiritualem regenerationem, unde * vox patris intonuit, ° hic est filius meus dilectus, ‘ ut ad similitudinem unigeniti alii regenerentur. in transfiguratione vero, sub specie nubis lucidae, ad ostendendam |25| exuberantiam doctrinae, * unde dictum est, ° ipsum audite. ‘ ad apostolos autem, sub specie flatus, ad ostendendam potestatem ministerii in dispensatione sacramentorum, * unde dictum est eis, ° quorum remiseritis peccata, remittuntur eis. ‘ sed sub linguis igneis, ad ostendendum officium doctrinae, * unde dicitur quod ° coeperunt loqui variis linguis. ‘ ad patres autem veteris testamenti, missio visibilis spiritus sancti fieri non debuit quia prius debuit perfici missio visibilis filii quam spiritus sancti, cum spiritus sanctus manifestet filium, sicut filius patrem. fuerunt tamen factae visibiles apparitiones divinarum personarum patribus veteris testamenti. quae quidem missiones visibiles dici non possunt, quia non fuerunt factae, * secundum augustinum, ‘ ad designandum inhabitationem divinae personae per gratiam, sed ad aliquid aliud manifestandum.

007 ST1 qu43 ar8

ag1 ‘ Ad octavum sic proceditur. videtur quod nulla persona divina mittatur nisi ab ea a qua procedit aeternaliter. * quia, sicut dicit augustinus, iv de trin., ° pater a nullo mittitur, quia a nullo est. ‘ si ergo aliqua persona divina mittitur ab alia, oportet quod sit ab illa.
ag2 ‘ Praeterea, mittens habet auctoritatem respectu missi. sed respectu divinae personae non potest haberi auctoritas nisi secundum originem. ergo oportet quod divina persona quae mittitur, sit a persona mittente.
ag3 ‘ Praeterea, si persona divina potest mitti ab eo a quo non est, nihil prohibebit dicere quod spiritus sanctus detur ab homine, quamvis non sit ab eo. * quod est contra augustinum, xv de trin.. ‘ ergo divina persona non mittitur nisi ab ea a qua est.
sc ‘ Sed contra est quod filius mittitur a spiritu sancto, * secundum illud isaiae xlviii, ° et nunc misit me dominus deus, et spiritus eius. ‘ filius autem non est a spiritu sancto. ergo persona divina mittitur ab ea a qua non est.
co * Respondeo dicendum quod circa hoc inveniuntur aliqui diversimode locuti esse. secundum quosdam enim, “ persona divina non mittitur nisi ab eo a quo est aeternaliter. et secundum hoc, cum dicitur filius dei missus a spiritu sancto, referendum est hoc ad humanam naturam, secundum quam missus est ad praedicandum a spiritu sancto. * augustinus autem dicit, ii de trin., quod “ filius mittitur et a se et a spiritu sancto; et spiritus sanctus etiam mittitur et a se et a filio, ut sic mitti in divinis non conveniat cuilibet personae, sed solum personae ab alio existenti; mittere autem conveniat cuilibet personae. ‘ utrumque autem habet aliquo modo veritatem. quia cum dicitur aliqua persona mitti, designatur et ipsa persona ab alio existens, et effectus visibilis aut invisibilis, secundum quem missio divinae personae attenditur. si igitur mittens designetur ut principium personae quae mittitur, sic non quaelibet persona mittit, sed solum illa cui convenit esse principium illius personae. et sic filius mittitur tantum a patre, spiritus sanctus autem a patre et filio. si vero persona mittens intelligatur esse principium effectus secundum quem attenditur missio, sic tota trinitas mittit personam missam. non autem propter hoc homo dat spiritum sanctum, |25| quia nec effectum gratiae potest causare.
ra ‘ Et per hoc patet solutio ad obiecta.

007 ST1 qu44 ar

pr ‘ Post considerationem divinarum personarum, considerandum restat de processione creaturarum a deo. erit autem haec consideratio tripartita, ut primo consideretur de productione creaturarum; secundo, de earum distinctione; tertio, de conservatione et gubernatione. circa primum tria sunt consideranda, primo quidem, quae sit prima causa entium; secundo, de modo procedendi creaturarum a prima causa; tertio vero, de principio durationis rerum. circa primum quaeruntur quatuor. primo, utrum deus sit causa efficiens omnium entium. secundo, utrum materia prima sit creata a deo, vel sit principium ex aequo coordinatum ei. tertio, utrum deus sit causa exemplaris rerum, vel sint alia exemplaria praeter ipsum. quarto, utrum ipse sit causa finalis rerum.

007 ST1 qu44 ar1

ag1 ‘ Ad primum sic proceditur. videtur quod non sit necessarium omne ens esse creatum a deo. nihil enim prohibet inveniri rem sine eo quod non est de ratione rei, sicut hominem sine albedine. sed habitudo causati ad causam non videtur esse de ratione entium quia sine hac possunt aliqua entia intelligi. ergo sine hac possunt esse. ergo nihil prohibet esse aliqua entia non creata a deo.
ag2 ‘ Praeterea, ad hoc aliquid indiget causa efficiente, ut sit. ergo quod non potest non esse, non indiget causa efficiente. sed nullum necessarium potest non esse, quia quod necesse est esse, non potest non esse. cum igitur multa sint necessaria in rebus, videtur quod non omnia entia sint a deo.
ag3 ‘ Praeterea, quorumcumque est aliqua causa, in his potest fieri demonstratio per causam illam. sed in mathematicis non fit demonstratio per causam agentem, * ut per philosophum patet, in iii metaphys.. ‘ non igitur omnia entia sunt a deo sicut a causa agente.
sc * Sed contra est quod dicitur rom. xi, ° ex ipso, et per ipsum, et in ipso sunt omnia.
co ‘ Respondeo dicendum quod necesse est dicere omne quod quocumque modo est, a deo esse. si enim aliquid invenitur in aliquo per participationem, necesse est quod causetur in ipso ab eo cui essentialiter convenit; sicut ferrum fit ignitum ab igne. * ostensum est autem supra, cum de divina simplicitate ageretur, quod ‘ deus est ipsum esse per se subsistens. * et iterum ostensum est quod ‘ esse subsistens non potest esse nisi unum, sicut si albedo esset subsistens, non posset esse nisi una, cum albedines multiplicentur secundum recipientia. relinquitur ergo quod omnia alia a deo non sint suum esse, sed participant esse. necesse est igitur omnia quae diversificantur secundum diversam participationem essendi, ut sint perfectius vel minus perfecte, causari ab uno primo ente, quod perfectissime est. * unde et plato dixit quod “ necesse est ante omnem multitudinem ponere unitatem. * et aristoteles dicit, in ii metaphys., quod “ id quod est maxime ens et maxime verum, est causa omnis entis et omnis veri, sicut id quod maxime calidum est, est causa omnis caliditatis.
ra1 ‘ Ad primum ergo dicendum quod, licet habitudo ad causam non intret definitionem entis quod est causatum, tamen sequitur ad ea qua sunt de eius ratione, quia ex hoc quod aliquid per participationem est ens, sequitur quod sit causatum ab alio. unde huiusmodi ens non potest esse, quin sit causatum; sicut nec homo, quin sit risibile. sed quia esse causatum non est de ratione entis simpliciter, propter hoc invenitur aliquod ens non causatum.
ra2 * Ad secundum dicendum quod ex hac ratione quidam moti fuerunt ad ponendum quod “ id quod est necessarium non habeat causam, * ut dicitur in viii physic.. ‘ sed hoc manifeste falsum apparet in scientiis demonstrativis, in quibus principia necessaria sunt causae conclusionum necessariarum. * et ideo dicit aristoteles, in v metaphys., quod “ sunt quaedam necessaria quae habent causam suae necessitatis. ‘ non ergo propter hoc solum requiritur causa agens, quia effectus potest non esse, sed quia effectus non esset, si causa non esset. haec enim conditionalis est vera, sive antecedens et consequens sint possibilia, sive impossibilia.
ra3 ‘ Ad tertium dicendum quod mathematica accipiuntur ut abstracta secundum rationem, cum tamen non sint abstracta secundum esse. unicuique autem competit habere causam agentem, secundum quod habet esse. licet igitur ea quae sunt mathematica habeant causam agentem, non tamen secundum habitudinem quam habent ad causam agentem, cadunt sub consideratione mathematici. et ideo in scientiis mathematicis non demonstratur aliquid per causam agentem.

007 ST1 qu44 ar2

ag1 ‘ Ad secundum sic proceditur. videtur quod materia prima non sit creata a deo. “ omne enim quod fit, componitur ex subiecto et ex aliquo alio, * ut dicitur in i physic.. ‘ sed materiae primae non est aliquod subiectum. ergo materia prima non potest esse facta a deo.
ag2 ‘ Praeterea, actio et passio dividuntur contra se invicem. sed sicut primum principium activum est deus, ita primum principium passivum est materia. ergo deus et materia prima sunt duo principia contra se invicem divisa, quorum neutrum est ab alio.
ag3 ‘ Praeterea, omne agens agit sibi simile, et sic, cum omne agens agat inquantum est actu, sequitur quod omne factum aliquo modo sit in actu. sed materia prima est tantum in potentia, inquantum huiusmodi. ergo contra rationem materiae primae est, quod sit facta.
sc * Sed contra est quod dicit augustinus, xii confess., “ duo fecisti, domine, unum prope te, scilicet angelum, aliud prope nihil, scilicet materiam primam.
co * Respondeo dicendum quod antiqui philosophi paulatim, et quasi ‘ pedetentim, intraverunt in cognitionem veritatis. a principio enim, quasi grossiores existentes, non existimabant esse entia nisi corpora sensibilia. quorum qui ponebant in eis motum, non considerabant motum nisi secundum aliqua accidentia, ut puta secundum raritatem et densitatem, congregationem et segregationem. et supponentes ipsam substantiam corporum increatam, assignabant aliquas causas huiusmodi accidentalium transmutationum, ut puta amicitiam, litem, intellectum, aut aliquid huiusmodi. * ulterius vero procedentes, distinxerunt per intellectum “ inter formam substantialem et materiam, quam ponebant increatam; et perceperunt transmutationem fieri in corporibus secundum formas essentiales. quarum transmutationum quasdam causas universaliores ponebant, ut obliquum circulum, secundum aristotelem, vel ideas, secundum platonem. sed considerandum est quod materia per formam contrahitur ad determinatam speciem; sicut substantia alicuius speciei per accidens ei advenientis contrahitur ad determinatum modum essendi, ut homo contrahitur per album. utrique igitur consideraverunt ens particulari quadam consideratione, vel inquantum est hoc ens, vel inquantum est tale ens. et sic rebus causas agentes particulares assignaverunt. * et ulterius aliqui erexerunt se “ ad considerandum ens inquantum |25| est ens, et consideraverunt causam rerum, non solum secundum quod sunt haec vel talia, sed secundum quod sunt entia. hoc igitur quod est causa rerum inquantum sunt entia, oportet esse causam rerum, non solum secundum quod sunt talia per formas accidentales, nec secundum quod sunt haec per formas substantiales, sed etiam secundum omne illud quod pertinet ad esse illorum quocumque modo. et sic oportet ponere etiam materiam primam creatam ab universali causa entium.
ra1 * Ad primum ergo dicendum quod philosophus in i physic. loquitur “ de fieri particulari, quod est de forma in formam, sive accidentalem sive substantialem ‘ nunc autem loquimur de rebus secundum emanationem earum ab universali principio essendi. a qua quidem emanatione nec materia excluditur, licet a primo modo factionis excludatur.
ra2 ‘ Ad secundum dicendum quod passio est effectus actionis. unde et rationabile est quod primum principium passivum sit effectus primi principii activi, nam omne imperfectum causatur a perfecto. oportet enim primum principium esse perfectissimum, * ut dicit aristoteles, in xii metaphys..
ra3 ‘ Ad tertium dicendum quod ratio illa non ostendit quod materia non sit creata, sed quod non sit creata sine forma. licet enim omne creatum sit in actu, non tamen est actus purus. unde oportet quod etiam illud quod se habet ex parte potentiae, sit creatum, si totum quod ad esse ipsius pertinet, creatum est.

007 ST1 qu44 ar3

ag1 ‘ Ad tertium sic proceditur. videtur quod causa exemplaris sit aliquid praeter deum. exemplatum enim habet similitudinem exemplaris. sed creaturae longe sunt a divina similitudine. non ergo deus est causa exemplaris earum.

ag2 ‘ Praeterea, omne quod est per participationem, reducitur ad aliquid per se existens, ut ignitum ad ignem, * sicut iam dictum est. ‘ sed quaecumque sunt in sensibilibus rebus, sunt solum per participationem alicuius speciei, quod ex hoc patet, quod in nullo sensibilium invenitur solum id quod ad rationem speciei pertinet, sed adiunguntur principiis speciei principia individuantia. oportet ergo ponere ipsas species per se existentes, ut per se hominem, et per se equum, et huiusmodi. et haec dicuntur exemplaria. sunt igitur exemplaria res quaedam extra deum.

ag3 ‘ Praeterea, scientiae et definitiones sunt de ipsis speciebus, non secundum quod sunt in particularibus, quia particularium non est scientia nec definitio. ergo sunt quaedam entia, quae sunt entia vel species non in singularibus. et haec dicuntur exemplaria. ergo idem quod prius.

ag4 * Praeterea, hoc idem videtur per dionysium, qui dicit, v cap. de div. nom., quod ° ipsum secundum se esse, prius est eo quod est per se vitam esse, et eo quod est per se sapientiam esse.

sc ‘ Sed contra est quod exemplar est idem quod idea. “ sed ideae, * secundum quod augustinus libro octoginta trium quaest. dicit, ° sunt formae principales, quae divina intelligentia continentur. ‘ ergo exemplaria rerum non sunt extra deum.

co ‘ Respondeo dicendum quod deus est prima causa exemplaris omnium rerum. ad cuius evidentiam, considerandum est quod ad productionem alicuius rei ideo necessarium est exemplar, ut effectus determinatam formam consequatur, artifex enim producit determinatam formam in materia, propter exemplar ad quod inspicit, sive illud sit exemplar ad quod extra intuetur, sive sit exemplar interius mente conceptum. manifestum est autem quod ea quae naturaliter fiunt, determinatas formas consequuntur. haec autem formarum determinatio oportet quod reducatur, sicut in primum principium, in divinam sapientiam, quae ordinem universi excogitavit, qui in rerum distinctione consistit. et ideo oportet dicere quod in divina sapientia sunt rationes omnium rerum, * quas supra diximus ideas, ‘ id est formas exemplares in mente divina existentes. quae quidem licet multiplicentur secundum respectum ad res, tamen non sunt realiter aliud a divina essentia, prout eius similitudo a diversis participari potest diversimode. sic igitur ipse deus est primum exemplar omnium. possunt etiam in rebus creatis quaedam aliorum exemplaria dici, secundum quod quaedam sunt ad similitudinem aliorum, vel secundum eandem speciem, vel secundum analogiam alicuius imitationis.

ra1 ‘ Ad primum ergo dicendum quod, licet creaturae non pertingant ad hoc quod sint similes deo secundum suam naturam, similitudine speciei, ut homo genitus homini generanti; attingunt tamen ad eius similitudinem secundum repraesentationem rationis intellectae a deo, ut domus quae est in materia, domui quae est in mente artificis.

ra2 ‘ Ad secundum dicendum quod de ratione hominis est quod sit in materia, et sic non potest inveniri homo sine materia. licet igitur hic homo sit per participationem speciei, non tamen potest reduci ad aliquid existens per se in eadem specie; sed ad speciem superexcedentem, sicut sunt substantiae separatae. et eadem ratio est de aliis sensibilibus.

ra3 ‘ Ad tertium dicendum quod, licet quaelibet scientia et definitio sit solum entium, non tamen oportet quod res eundem modum habeant in essendo, quem intellectus habet in intelligendo. nos enim, per virtutem intellectus agentis, abstrahimus species universales a particularibus conditionibus, non tamen oportet quod universalia praeter particularia subsistant, ut particularium exemplaria.

ra4 ‘ Ad quartum dicendum quod, * sicut dicit dionysius, xi cap. de div. nom., “ per se vitam et per se sapientiam quandoque nominat ipsum deum, quandoque virtutes ipsis rebus datas, non autem quasdam subsistentes res, * sicut antiqui posuerunt.

007 ST1 qu44 ar4

ag1 ‘ Ad quartum sic proceditur. videtur quod deus non sit causa finalis omnium. agere enim propter finem videtur esse alicuius indigentis fine. sed deus nullo est indigens. ergo non competit sibi agere propter finem.

ag2 ‘ Praeterea, finis generationis et forma generati et agens non incidunt in idem numero, * ut dicitur in ii physic., ‘ quia finis generationis est forma generati. sed deus est primum agens omnium. non ergo est causa finalis omnium.

ag3 ‘ Praeterea, finem omnia appetunt. sed deum non omnia appetunt, quia neque omnia ipsum cognoscunt. deus ergo non est omnium finis.

ag4 ‘ Praeterea, finalis causa est prima causarum. si igitur deus sit causa agens et causa finalis, sequitur quod in eo sit prius et posterius. quod est impossibile.

sc * Sed contra est quod dicitur prov. xvi, ° universa propter semetipsum operatus est dominus.

co ‘ Respondeo dicendum quod omne agens agit propter finem, alioquin ex actione agentis non magis sequeretur hoc quam illud, nisi a casu. est autem idem finis agentis et patientis, inquantum huiusmodi, sed aliter et aliter, unum enim et idem est quod agens intendit imprimere, et quod patiens intendit recipere. sunt autem quaedam quae simul agunt et patiuntur, quae sunt agentia imperfecta, et his convenit quod etiam in agendo intendant aliquid acquirere. sed primo agenti, qui est agens tantum, non convenit agere propter acquisitionem alicuius finis; sed intendit solum communicare suam perfectionem, quae est eius bonitas. et unaquaeque creatura intendit consequi suam perfectionem, quae est similitudo perfectionis et bonitatis divinae. sic ergo divina bonitas est finis rerum omnium.

ra1 ‘ Ad primum ergo dicendum quod agere propter indigentiam non est nisi agentis imperfecti, quod natum est agere et pati. sed hoc deo non competit. et ideo ipse solus est maxime liberalis, quia non agit propter suam utilitatem, sed solum propter suam bonitatem.

ra2 ‘ Ad secundum dicendum quod forma generati non est finis generationis nisi inquantum est similitudo formae generantis, quod suam similitudinem communicare intendit. alioquin forma generati esset nobilior generante, cum finis sit nobilior his quae sunt ad finem.

ra3 ‘ Ad tertium dicendum quod omnia appetunt deum ut finem, appetendo quodcumque bonum, sive appetitu intelligibili, sive sensibili, sive naturali, qui est sine cognitione, quia nihil habet rationem boni et appetibilis, nisi secundum quod participat dei similitudinem.

ra4 ‘ Ad quartum dicendum quod, cum deus sit causa efficiens, exemplaris et finalis omnium rerum, et materia prima sit ab ipso, sequitur quod primum principium omnium rerum sit unum tantum secundum rem. nihil tamen prohibet in eo considerari multa secundum rationem, quorum quaedam prius cadunt in intellectu nostro quam alia.

007 ST1 qu45 ar

pr ‘ Deinde quaeritur de modo emanationis rerum a primo principio, qui dicitur creatio. de qua quaeruntur octo. primo, quid sit creatio. secundo, utrum deus possit aliquid creare. tertio, utrum creatio sit aliquod ens in rerum natura. quarto, cui competit creari. quinto, utrum solius dei sit creare. sexto, utrum commune sit toti trinitati, aut proprium alicuius personae. septimo, utrum vestigium aliquod trinitatis sit in rebus creatis. octavo, utrum opus creationis admisceatur in operibus naturae et voluntatis.

007 ST1 qu45 ar1

ag1 ‘ Ad primum sic proceditur. videtur quod creare non sit ex nihilo aliquid facere. * dicit enim augustinus, contra adversarium legis et prophetarum, ° facere est quod omnino non erat, creare vero est ex eo quod iam erat educendo aliquid constituere.

ag2 ‘ Praeterea, nobilitas actionis et motus ex terminis consideratur. nobilior igitur est actio quae ex bono in bonum est, et ex ente in ens, quam quae est ex nihilo in aliquid. sed creatio videtur esse nobilissima actio, et prima inter omnes actiones. ergo non est ex nihilo in aliquid, sed magis ex ente in ens.

ag3 ‘ Praeterea, haec praepositio ex importat habitudinem alicuius causae, et maxime materialis; sicut cum dicimus quod statua fit ex aere. sed nihil non potest esse materia entis, nec aliquo modo causa eius. ergo creare non est ex nihilo aliquid facere.

sc ‘ Sed contra est quod * super illud gen. i, ° in principio creavit deus caelum etc., * dicit glossa quod “ creare est aliquid ex nihilo facere.

co * Respondeo dicendum quod, sicut supra dictum est, ‘ non solum oportet considerare emanationem alicuius entis particularis ab aliquo particulari agente, sed etiam emanationem totius entis a causa universali, quae est deus, et hanc quidem emanationem designamus nomine creationis. quod autem procedit secundum emanationem particularem, non praesupponitur emanationi, sicut, si generatur homo, non fuit prius homo, sed homo fit ex non homine, et album ex non albo. unde, si consideretur emanatio totius entis universalis a primo principio, impossibile est quod aliquod ens praesupponatur huic emanationi. idem autem est nihil quod nullum ens. sicut igitur generatio hominis est ex non ente quod est non homo, ita creatio, quae est emanatio totius esse, est ex non ente quod est nihil.

ra1 * Ad primum ergo dicendum quod augustinus “ aequivoce utitur nomine creationis, secundum quod creari dicuntur ea quae in melius reformantur, ut cum dicitur aliquis creari in episcopum. ‘ sic autem non loquimur hic de creatione, sed * sicut dictum est.

ra2 ‘ Ad secundum dicendum quod mutationes accipiunt speciem et dignitatem non a termino a quo, sed a termino ad quem. tanto ergo perfectior et prior est aliqua mutatio, quanto terminus ad quem illius mutationis est nobilior et prior; licet terminus a quo, qui opponitur termino ad quem, sit imperfectior: sicut generatio simpliciter est nobilior et prior quam alteratio, propter hoc quod forma substantialis est nobilior quam forma accidentalis, tamen privatio substantialis formae, quae est terminus a quo in generatione, est imperfectior quam contrarium, quod est terminus a quo in alteratione. et similiter creatio est perfectior et prior quam generatio et alteratio, quia terminus ad quem est tota substantia rei. id autem quod intelligitur ut terminus a quo, est simpliciter non ens.

ra3 ‘ Ad tertium dicendum quod, cum dicitur aliquid ex nihilo fieri, haec praepositio ex non designat causam materialem, sed ordinem tantum; sicut cum dicitur, ex mane fit meridies, idest, post mane fit meridies. sed intelligendum est quod haec praepositio ex potest includere negationem importatam in hoc quod dico nihil, vel includi ab ea. si primo modo, tunc ordo remanet affirmatus, et ostenditur ordo eius, quod est ad non esse praecedens. si vero negatio includat praepositionem, tunc ordo negatur, et est sensus, fit ex nihilo, idest non fit ex aliquo; sicut si dicatur, iste loquitur de nihilo, quia non loquitur de aliquo. et utroque modo verificatur, cum dicitur ex nihilo aliquid fieri. sed primo modo, haec praepositio ex importat ordinem, * ut dictum est, ‘ secundo modo, importat habitudinem causae materialis, quae negatur.

007 ST1 qu45 ar2

ag1 ‘ Ad secundum sic proceditur. videtur quod deus non possit aliquid creare. * quia secundum philosophum, i physic., “ antiqui philosophi acceperunt ut communem conceptionem animi, ex nihilo nihil fieri. ‘ sed potentia dei non se extendit ad contraria primorum principiorum; utpote quod deus faciat quod totum non sit maius sua parte, vel quod affirmatio et negatio sint simul vera. ergo deus non potest aliquid ex nihilo facere, vel creare.

ag2 ‘ Praeterea, si creare est aliquid ex nihilo facere, ergo creari est aliquid fieri. sed omne fieri est mutari. ergo creatio est mutatio. sed omnis mutatio est ex subiecto aliquo, ut patet per definitionem motus, nam motus est actus existentis in potentia. ergo est impossibile aliquid a deo ex nihilo fieri.

ag3 ‘ Praeterea, quod factum est, necesse est aliquando fieri. sed non potest dici quod illud quod creatur, simul fiat et factum sit, quia in permanentibus, quod fit, non est, quod autem factum est, iam est; simul ergo aliquid esset et non esset. ergo, si aliquid fit, fieri eius praecedit factum esse. sed hoc non potest esse, nisi praeexistat subiectum in quo sustentetur ipsum fieri. ergo impossibile est aliquid fieri ex nihilo.

ag4 ‘ Praeterea, infinitam distantiam non est pertransire. sed infinita distantia est inter ens et nihil. ergo non contingit ex nihilo aliquid fieri.

sc * Sed contra est quod dicitur gen. i, ° in principio creavit deus caelum et terram.

co ‘ Respondeo dicendum quod non solum non est impossibile a deo aliquid creari, sed necesse est ponere a deo omnia creata esse, * ut ex praemissis habetur. ‘ quicumque enim facit aliquid ex aliquo, illud ex quo facit praesupponitur actioni eius, et non producitur per ipsam actionem, sicut artifex operatur ex rebus naturalibus, ut ex ligno et aere, quae per artis actionem non causantur, sed causantur per actionem naturae. sed et ipsa natura causat res naturales quantum ad formam, sed praesupponit materiam. si ergo deus non ageret nisi ex aliquo praesupposito, sequeretur quod illud praesuppositum non esset causatum ab ipso. * ostensum est autem supra quod ‘ nihil potest esse in entibus quod non sit a deo, qui est causa universalis totius esse. unde necesse est dicere quod deus ex nihilo res in esse producit.

ra1 * Ad primum ergo dicendum quod antiqui philosophi, * sicut supra dictum est, “ non consideraverunt nisi emanationem effectuum particularium a causis particularibus, quas necesse est praesupponere aliquid in sua actione, * et secundum hoc erat eorum communis opinio, “ ex nihilo nihil fieri. ‘ sed tamen hoc locum non habet in prima emanatione ab universali rerum principio.

ra2 ‘ Ad secundum dicendum quod creatio non est mutatio nisi secundum modum intelligendi tantum. nam de ratione mutationis est, quod aliquid idem se habeat aliter nunc et prius, nam quandoque est idem ens actu, aliter se habens nunc et prius, sicut in motibus secundum quantitatem et qualitatem et ubi; quandoque vero est idem ens in potentia tantum, sicut in mutatione secundum substantiam, cuius subiectum est materia. sed in creatione, per quam producitur tota substantia rerum, non potest accipi aliquid idem aliter se habens nunc et prius, nisi secundum intellectum tantum; sicut si intelligatur aliqua res prius non fuisse totaliter, et postea esse. sed cum actio et passio conveniant in substantia motus, et differant solum secundum habitudines diversas, * ut dicitur in iii physic., ‘ oportet quod, subtracto motu, non remaneant nisi diversae habitudines in creante et creato. sed quia modus significandi sequitur modum intelligendi, * ut dictum est, ‘ creatio significatur per modum mutationis, et propter hoc dicitur quod creare est ex nihilo aliquid facere. quamvis facere et fieri magis in hoc conveniant quam mutare et mutari, quia facere et fieri important habitudinem causae ad effectum et effectus ad causam, sed mutationem ex consequenti.

ra3 ‘ Ad tertium dicendum quod in his quae fiunt sine motu, simul est fieri et factum esse, sive talis factio sit terminus motus, sicut illuminatio (nam simul aliquid illuminatur et illuminatum est); sive non sit terminus motus, sicut simul formatur verbum in corde et formatum est. et in his, quod fit, est, sed cum dicitur fieri, significatur ab alio esse, et prius non fuisse. unde, cum creatio sit sine motu, simul aliquid creatur et creatum est.
ra4 ‘ Ad quartum dicendum quod obiectio illa procedit ex falsa imaginatione, ac si sit aliquod infinitum medium inter nihilum et ens, quod patet esse falsum. procedit autem falsa haec imaginatio ex eo quod creatio significatur ut quaedam mutatio inter duos terminos existens.

007 ST1 qu45 ar3

ag1 ‘ Ad tertium sic proceditur. videtur quod creatio non sit aliquid in creatura. sicut enim creatio passive accepta attribuitur creaturae, ita creatio active accepta attribuitur creatori. sed creatio active accepta non est aliquid in creatore, quia sic sequeretur quod in deo esset aliquid temporale. ergo creatio passive accepta non est aliquid in creatura.
ag2 ‘ Praeterea, nihil est medium inter creatorem et creaturam. sed creatio significatur ut medium inter utrumque, non enim est creator, cum non sit aeterna; neque creatura, quia oporteret eadem ratione aliam ponere creationem qua ipsa crearetur, et sic in infinitum. creatio ergo non est aliquid.
ag3 ‘ Praeterea, si creatio est aliquid praeter substantiam creatam, oportet quod sit accidens eius. omne autem accidens est in subiecto. ergo res creata esset subiectum creationis. et sic idem esset subiectum creationis et terminus. quod est impossibile, quia subiectum prius est accidente, et conservat accidens; terminus autem posterius est actione et passione cuius est terminus, et eo existente cessat actio et passio. igitur ipsa creatio non est aliqua res.
sc ‘ Sed contra, maius est fieri aliquid secundum totam substantiam, quam secundum formam substantialem vel accidentalem. sed generatio simpliciter vel secundum quid, qua fit aliquid secundum formam substantialem vel accidentalem, est aliquid in generato. ergo multo magis creatio, qua fit aliquid secundum totam substantiam, est aliquid in creato.
co ‘ Respondeo dicendum quod creatio ponit aliquid in creato secundum relationem tantum. quia quod creatur, non fit per motum vel per mutationem. quod enim fit per motum vel mutationem, fit ex aliquo praeexistenti, quod quidem contingit in productionibus particularibus aliquorum entium; non autem potest hoc contingere in productione totius esse a causa universali omnium entium, quae est deus. unde deus, creando, producit res sine motu. subtracto autem motu ab actione et passione, nihil remanet nisi relatio, * ut dictum est. ‘ unde relinquitur quod creatio in creatura non sit nisi relatio quaedam ad creatorem, ut ad principium sui esse; sicut in passione quae est cum motu, importatur relatio ad principium motus.
ra1 ‘ Ad primum ergo dicendum quod creatio active significata significat actionem divinam, quae est eius essentia cum relatione ad creaturam. sed relatio in deo ad creaturam non est realis, sed secundum rationem tantum. relatio vero creaturae ad deum est relatio realis, * ut supra dictum est, cum de divinis nominibus ageretur.
ra2 ‘ Ad secundum dicendum quod, quia creatio significatur ut mutatio, * sicut dictum est; ‘ mutatio autem media quodammodo est inter movens et motum, ideo etiam creatio significatur ut media inter creatorem et creaturam. tamen creatio passive accepta est in creatura, et est creatura. neque tamen oportet quod alia creatione creetur, quia relationes, cum hoc ipsum quod sunt, ad aliquid dicantur, non referuntur per aliquas alias relationes, sed per seipsas; * sicut etiam supra dictum est, cum de aequalitate personarum ageretur.
ra3 ‘ Ad tertium dicendum quod creationis, secundum quod significatur ut mutatio, creatura est terminus, sed secundum quod vere est relatio, creatura est eius subiectum, et prius ea in esse, sicut subiectum accidente. sed habet quandam rationem prioritatis ex parte obiecti ad quod dicitur, quod est principium creaturae. neque tamen oportet quod, quandiu creatura sit, dicatur creari, quia creatio importat habitudinem creaturae ad creatorem cum quadam novitate seu incoeptione.

007 ST1 qu45 ar4

ag1 ‘ Ad quartum sic proceditur. videtur quod creari non sit proprium compositorum et subsistentium. * dicitur enim in libro de causis, “ prima rerum creatarum est esse. ‘ sed esse rei creatae non est subsistens. ergo creatio proprie non est subsistentis et compositi.
ag2 ‘ Praeterea, quod creatur est ex nihilo. composita autem non sunt ex nihilo, sed ex suis componentibus. ergo compositis non convenit creari.
ag3 ‘ Praeterea, illud proprie producitur per primam emanationem, quod supponitur in secunda, sicut res naturalis per generationem naturalem, quae supponitur in operatione artis. sed illud quod supponitur in generatione naturali, est materia. ergo materia est quae proprie creatur, et non compositum.
sc * Sed contra est quod dicitur gen. i, ° in principio creavit deus caelum et terram. ‘ caelum autem et terra sunt res compositae subsistentes. ergo horum proprie est creatio.
co ‘ Respondeo dicendum quod creari est quoddam fieri, * ut dictum est. ‘ fieri autem ordinatur ad esse rei. unde illis proprie convenit fieri et creari, quibus convenit esse. quod quidem convenit proprie subsistentibus, sive sint simplicia, sicut substantiae separatae; sive sint composita, sicut substantiae materiales. illi enim proprie convenit esse, quod habet esse; et hoc est subsistens in suo esse. formae autem et accidentia, et alia huiusmodi, non dicuntur entia quasi ipsa sint, sed quia eis aliquid est; ut albedo ea ratione dicitur ens, quia ea subiectum est album. * unde, secundum philosophum, “ accidens magis proprie dicitur entis quam ens. ‘ sicut igitur accidentia et formae, et huiusmodi, quae non subsistunt, magis sunt coexistentia quam entia; ita magis debent dici concreata quam creata. proprie vero creata sunt subsistentia.
ra1 * Ad primum ergo dicendum quod, cum dicitur, “ prima rerum creatarum est esse, ly esse non importat subiectum creatum; sed importat propriam rationem obiecti creationis. ‘ nam ex eo dicitur aliquid creatum, quod est ens, non ex eo quod est hoc ens, cum creatio sit emanatio totius esse ab ente universali, * ut dictum est. ‘ et est similis modus loquendi, sicut si diceretur quod primum visibile est color, quamvis illud quod proprie videtur, sit coloratum.
ra2 ‘ Ad secundum dicendum quod creatio non dicit constitutionem rei compositae ex principiis praeexistentibus, sed compositum sic dicitur creari, quod simul cum omnibus suis principiis in esse producitur.
ra3 ‘ Ad tertium dicendum quod ratio illa non probat quod sola materia creetur; sed quod materia non sit nisi ex creatione. nam creatio est productio totius esse, et non solum materiae.

007 ST1 qu45 ar5

ag1 ‘ Ad quintum sic proceditur. videtur quod non solius dei sit creare. * quia secundum philosophum, “ perfectum est quod potest sibi simile facere. ‘ sed creaturae immateriales sunt perfectiores creaturis materialibus, quae faciunt sibi simile, ignis enim generat ignem, et homo generat hominem. ergo substantia immaterialis potest facere substantiam sibi similem. sed substantia immaterialis non potest fieri nisi per creationem, cum non habeat materiam ex qua fiat. ergo aliqua creatura potest creare.
ag2 ‘ Praeterea, quanto maior est resistentia ex parte facti, tanto maior virtus requiritur in faciente. sed plus resistit contrarium quam nihil. ergo maioris virtutis est aliquid facere ex contrario, quod tamen creatura facit; quam aliquid facere ex nihilo. multo magis igitur creatura hoc facere potest.
ag3 ‘ Praeterea, virtus facientis consideratur secundum mensuram eius quod fit. sed ens creatum est finitum, * ut supra probatum est, cum de dei infinitate ageretur. ‘ ergo ad producendum per creationem aliquid creatum, non requiritur nisi virtus finita. sed habere virtutem finitam non est contra rationem creaturae. ergo non est impossibile creaturam creare.
sc * Sed contra est quod augustinus dicit, in iii de trin., quod “ neque boni neque mali angeli possunt esse creatores alicuius rei. ‘ multo minus igitur aliae creaturae.
co ‘ Respondeo dicendum quod satis apparet in primo aspectu, * secundum praemissa, ‘ quod creare non potest esse propria actio nisi solius dei. oportet enim universaliores effectus in universaliores et priores causas reducere. inter omnes autem effectus, universalissimum est ipsum esse. unde oportet quod sit proprius effectus primae et universalissimae causae, quae est deus. * unde etiam dicitur libro de causis, quod “ neque intelligentia vel anima nobilis dat esse, nisi inquantum operatur operatione divina. ‘ producere autem esse absolute, non inquantum est hoc vel tale, pertinet ad rationem creationis. unde manifestum est quod creatio est propria actio ipsius dei. contingit autem quod aliquid participet actionem propriam alicuius alterius, non virtute propria, sed instrumentaliter, inquantum agit in virtute alterius; sicut aer per virtutem ignis habet calefacere et ignire. * et secundum hoc, aliqui opinati sunt quod, “ licet creatio sit propria actio universalis causae, tamen aliqua inferiorum causarum inquantum agit in virtute primae causae, potest creare. * et sic posuit avicenna quod “ prima substantia separata, creata |25| a deo, creat aliam post se, et substantiam orbis, et animam eius; et quod substantia orbis creat materiam inferiorum corporum. * et secundum hunc etiam modum magister dicit, in v dist. iv sent., “ quod deus potest creaturae communicare potentiam creandi, ut creet per ministerium, non propria auctoritate. ‘ sed hoc esse non potest. quia causa secunda instrumentalis non participat actionem causae superioris, nisi inquantum per aliquid sibi proprium dispositive operatur ad effectum principalis agentis. si igitur nihil ibi ageret secundum illud quod est sibi proprium, frustra adhiberetur ad agendum, nec oporteret esse determinata instrumenta determinatarum actionum. sic enim videmus quod securis, scindendo lignum, quod habet ex proprietate suae formae, producit scamni formam, quae est effectus proprius principalis agentis. illud autem quod est proprius effectus dei creantis, est illud quod praesupponitur omnibus aliis, scilicet esse absolute. unde non potest aliquid operari dispositive et instrumentaliter ad hunc effectum, cum creatio non sit ex aliquo praesupposito, quod possit disponi per actionem instrumentalis agentis. sic igitur impossibile est quod alicui creaturae conveniat creare, neque virtute propria, neque instrumentaliter sive per ministerium. et hoc praecipue inconveniens est dici de aliquo corpore, quod creet, cum nullum corpus agat nisi tangendo vel movendo; et sic requirit in sua actione aliquid praeexistens, quod possit tangi et moveri; quod est contra rationem creationis.
ra1 ‘ Ad primum ergo dicendum quod aliquod perfectum participans aliquam naturam, facit sibi simile, non quidem producendo absolute illam naturam, sed applicando eam ad aliquid. non enim hic homo potest esse causa naturae humanae absolute, quia sic esset causa sui ipsius, sed est causa quod natura humana sit in hoc homine generato. et sic praesupponit in sua actione determinatam materiam per quam est hic homo. sed sicut hic homo participat humanam naturam, ita quodcumque ens creatum participat, ut ita dixerim, naturam essendi, quia solus deus est suum esse, * ut supra dictum est. ‘ nullum igitur ens creatum potest producere aliquod ens absolute, nisi inquantum esse causat in hoc, et sic oportet quod praeintelligatur id per quod aliquid est hoc, actioni qua facit sibi simile. in substantia autem immateriali non potest praeintelligi aliquid per quod sit haec, quia est haec per suam formam, per quam habet esse, cum sint formae subsistentes. igitur substantia immaterialis non potest producere aliam substantiam immaterialem sibi similem, quantum ad esse eius; sed quantum ad perfectionem aliquam superadditam; sicut si dicamus quod “ superior angelus illuminat inferiorem, * ut dionysius dicit. ‘ secundum quem modum etiam in caelestibus est paternitas, * ut ex verbis apostoli patet, ephes. iii, |25| ° ex quo omnis paternitas in caelo et in terra nominatur. ‘ et ex hoc etiam evidenter apparet quod nullum ens creatum potest causare aliquid, nisi praesupposito aliquo. quod repugnat rationi creationis.
ra2 ‘ Ad secundum dicendum quod ex contrario fit aliquid per accidens, * ut dicitur in i physic., ‘ per se autem fit aliquid ex subiecto, quod est in potentia. contrarium igitur resistit agenti, inquantum impedit potentiam ab actu in quem intendit reducere agens, sicut ignis intendit reducere materiam aquae in actum sibi similem, sed impeditur per formam et dispositiones contrarias quibus quasi ligatur potentia ne reducatur in actum. et quanto magis fuerit potentia ligata, tanto requiritur maior virtus in agente ad reducendam materiam in actum. unde multo maior potentia requiritur in agente, si nulla potentia praeexistat. sic ergo patet quod multo maioris virtutis est facere aliquid ex nihilo, quam ex contrario.
ra3 ‘ Ad tertium dicendum quod virtus facientis non solum consideratur ex substantia facti, sed etiam ex modo faciendi, maior enim calor non solum magis, sed etiam citius calefacit. quamvis igitur creare aliquem effectum finitum non demonstret potentiam infinitam, tamen creare ipsum ex nihilo demonstrat potentiam infinitam. * quod ex praedictis patet. ‘ si enim tanto maior virtus requiritur in agente, quanto potentia est magis remota ab actu, oportet quod virtus agentis ex nulla praesupposita potentia, quale agens est creans, sit infinita, quia nulla proportio est nullius potentiae ad aliquam potentiam, quam praesupponit virtus agentis naturalis, sicut et non entis ad ens. et quia nulla creatura habet simpliciter potentiam infinitam sicut neque esse infinitum, * ut supra probatum est, ‘ relinquitur quod nulla creatura possit creare.

007 ST1 qu45 ar6

ag1 ‘ Ad sextum sic proceditur. videtur quod creare sit proprium alicuius personae. quod enim est prius, est causa eius quod est post; et perfectum imperfecti. sed processio divinae personae est prior quam processio creaturae, et magis perfecta, quia divina persona procedit in perfecta similitudine sui principii, creatura vero in imperfecta. ergo processiones divinarum personarum sunt causa processionis rerum. et sic creare est proprium personae.
ag2 ‘ Praeterea, personae divinae non distinguuntur ab invicem nisi per suas processiones et relationes. quidquid igitur differenter attribuitur divinis personis, hoc convenit eis secundum processiones et relationes personarum. sed causalitas creaturarum diversimode attribuitur divinis personis, * nam in symbolo fidei “ patri attribuitur quod sit creator omnium visibilium et invisibilium; filio autem attribuitur quod per eum omnia facta sunt; sed spiritui sancto, quod sit dominus et vivificator. ‘ causalitas ergo creaturarum convenit personis secundum processiones et relationes.
ag3 ‘ Praeterea, si dicatur quod causalitas creaturae attenditur secundum aliquod attributum essentiale quod appropriatur alicui personae, hoc non videtur sufficiens. quia quilibet effectus divinus causatur a quolibet attributo essentiali, scilicet potentia, bonita-

te et sapientia, et sic non magis pertinet ad unum quam ad aliud. non deberet ergo aliquis determinatus modus causalitatis attribui uni personae magis quam alii, nisi distinguerentur in creando secundum relationes et processiones.
sc * Sed contra est quod dicit dionysius, ii cap. de div. nom., " quod communia totius divinitatis sunt omnia causalia.
co ' Respondeo dicendum quod creare est proprie causare sive producere esse rerum. cum autem omne agens agat sibi simile, principium actionis considerari potest ex actionis effectu, ignis enim est qui generat ignem. et ideo creare convenit deo secundum suum esse, quod est eius essentia, quae est communis tribus personis. unde creare non est proprium alicui personae, sed commune toti trinitati. sed tamen divinae personae secundum rationem suae processionis habent causalitatem respectu creationis rerum. * ut enim supra ostensum est, cum de dei scientia et voluntate ageretur, ' deus est causa rerum per suum intellectum et voluntatem, sicut artifex rerum artificiatarum. artifex autem per verbum in intellectu conceptum, et per amorem suae voluntatis ad aliquid relatum, operatur. unde et deus pater operatus est creaturam per suum verbum, quod est filius; et per suum amorem, qui est spiritus sanctus. et secundum hoc processiones personarum sunt rationes productionis creaturarum, inquantum includunt essentialia attributa, quae sunt scientia et voluntas.
ra1 ' Ad primum ergo dicendum quod processiones divinarum personarum sunt causa creationis * sicut dictum est.
ra2 ' Ad secundum dicendum quod, sicut natura divina, licet sit communis tribus personis, ordine tamen quodam eis convenit, inquantum filius accipit naturam divinam a patre, et spiritus sanctus ab utroque; ita etiam et virtus creandi, licet sit communis tribus personis, ordine tamen quodam eis convenit; nam filius habet eam a patre, et spiritus sanctus ab utroque. unde creatorem esse attribuitur patri, ut ei qui non habet virtutem creandi ab alio. de filio autem dicitur per quem omnia facta sunt, inquantum habet eandem virtutem, sed ab alio, nam haec praepositio per solet denotare causam mediam, sive principium de principio. sed spiritui sancto, qui habet eandem virtutem ab utroque, attribuitur quod dominando gubernet, et vivificet quae sunt creata a patre per filium. potest etiam huius attributionis communis ratio accipi ex appropriatione essentialium attributorum. nam, * sicut supra dictum est, ' patri appropriatur potentia, quae maxime manifestatur in creatione, et ideo attribuitur patri creatorem esse. filio autem appropriatur sapientia, per quam agens per intellectum operatur, et ideo dicitur de filio, per quem omnia facta sunt. spiritui sancto autem appropriatur |25| bonitas, ad quam pertinet gubernatio deducens res in debitos fines, et vivificatio, nam vita in interiori quodam motu consistit, primum autem movens est finis et bonitas.
ra3 ' Ad tertium dicendum quod, licet quilibet effectus dei procedat ex quolibet attributorum, tamen reducitur unusquisque effectus ad illud attributum, cum quo habet convenientiam secundum propriam rationem, sicut ordinatio rerum ad sapientiam, et iustificatio impii ad misericordiam et bonitatem se superabundanter diffundentem. creatio vero, quae est productio ipsius substantiae rei, reducitur ad potentiam.

007 ST1 qu45 ar7

ag1 ' Ad septimum sic proceditur. videtur quod in creaturis non sit necesse inveniri vestigium trinitatis. per sua enim vestigia unumquodque investigari potest. sed trinitas personarum non potest investigari ex creaturis, * ut supra habitum est. ' ergo vestigia trinitatis non sunt in creatura.
ag2 ' Praeterea, quidquid in creatura est, creatum est. si igitur vestigium trinitatis invenitur in creatura secundum aliquas proprietates suas, et omne creatum habet vestigium trinitatis, oportet in unaquaque illarum inveniri etiam vestigium trinitatis, et sic in infinitum.
ag3 ' Praeterea, effectus non repraesentat nisi suam causam. sed causalitas creaturarum pertinet ad naturam communem, non autem ad relationes, quibus personae distinguuntur et numerantur. ergo in creatura non invenitur vestigium trinitatis, sed solum unitatis essentiae.
sc * Sed contra est quod augustinus dicit, vi de trin., quod ° trinitatis vestigium in creatura apparet.
co ' Respondeo dicendum quod omnis effectus aliqualiter repraesentat suam causam, sed diversimode. nam aliquis effectus repraesentat solam causalitatem causae, non autem formam eius, sicut fumus repraesentat ignem, et talis repraesentatio dicitur esse repraesentatio vestigii; vestigium enim demonstrat motum alicuius transeuntis, sed non qualis sit. aliquis autem effectus repraesentat causam quantum ad similitudinem formae eius, sicut ignis generatus ignem generantem, et statua mercurii mercurium, et haec est repraesentatio imaginis. processiones autem divinarum personarum attenduntur secundum actus intellectus et voluntatis, * sicut supra dictum est, ' nam filius procedit ut verbum intellectus, spiritus sanctus ut amor voluntatis. in creaturis igitur rationalibus, in quibus est intellectus et voluntas, invenitur repraesentatio trinitatis per modum imaginis, inquantum invenitur in eis verbum conceptum et amor procedens. sed in creaturis omnibus invenitur repraesentatio trinitatis per modum vestigii, inquantum in qualibet creatura inveniuntur aliqua quae necesse est reducere in divinas personas sicut in causam. quaelibet enim creatura subsistit in suo esse, et habet formam per quam determinatur ad speciem, et habet ordinem ad aliquid aliud. secundum igitur quod est quaedam |25| substantia creata, repraesentat causam et principium, et sic demonstrat personam patris, qui est principium non de principio. secundum autem quod habet quandam formam et speciem, repraesentat verbum; secundum quod forma artificiati est ex conceptione artificis. secundum autem quod habet ordinem, repraesentat spiritum sanctum, inquantum est amor, quia ordo effectus ad aliquid alterum est ex voluntate creantis. * et ideo dicit augustinus, in vi lib. de trin., quod " vestigium trinitatis invenitur in unaquaque creatura, secundum quod unum aliquid est, et secundum quod aliqua specie formatur, et secundum quod quendam ordinem tenet. et ad haec etiam reducuntur illa tria, numerus, pondus et mensura, * quae ponuntur sap. xi, ' nam mensura refertur ad substantiam rei limitatam suis principiis, numerus ad speciem, pondus ad ordinem. et ad haec etiam reducuntur alia tria * quae ponit augustinus, ' modus species et ordo. * et ea quae ponit in libro octoginta trium quaest. " quod constat, quod discernitur, quod congruit, constat enim aliquid per suam substantiam, discernitur per formam, congruit per ordinem. ' et in idem de facili reduci possunt quaecumque sic dicuntur.
ra1 ' Ad primum ergo dicendum quod repraesentatio vestigii attenditur secundum appropriata, per quem modum ex creaturis in trinitatem divinarum personarum veniri potest, * ut dictum est.
ra2 ' Ad secundum dicendum quod creatura est res proprie subsistens, in qua est praedicta tria invenire. neque oportet quod in quolibet eorum quae ei insunt, haec tria inveniantur, sed secundum ea vestigium rei subsistenti attribuitur.
ra3 ' Ad tertium dicendum quod etiam processiones personarum sunt causa et ratio creationis aliquo modo, * ut dictum est.

007 ST1 qu45 ar8

ag1 ' Ad octavum sic proceditur. videtur quod creatio admisceatur in operibus naturae et artis. in qualibet enim operatione naturae et artis producitur aliqua forma. sed non producitur ex aliquo, cum non habeat materiam partem sui. ergo producitur ex nihilo. et sic in qualibet operatione naturae et artis est creatio.
ag2 ' Praeterea, effectus non est potior sua causa. sed in rebus naturalibus non invenitur aliquid agens nisi forma accidentalis, quae est forma activa vel passiva. non ergo per operationem naturae producitur forma substantialis. relinquitur igitur quod sit per creationem.
ag3 ' Praeterea, natura facit sibi simile. sed quaedam inveniuntur generata in natura non ab aliquo sibi simili, sicut patet in animalibus generatis per putrefactionem. ergo eorum forma non est a natura, sed a creatione. et eadem ratio est de aliis.
ag4 ' Praeterea, quod non creatur, non est creatura. si igitur in his quae sunt a natura non adiungatur creatio, sequitur quod ea quae sunt a natura, non sunt creaturae. quod est haereticum.
sc * Sed contra est quod augustinus, super gen. ad lit., " distinguit opus propagationis, quod est opus naturae, ab opere creationis.
co ' Respondeo dicendum quod haec dubitatio inducitur propter formas. * quas quidam posuerunt " non incipere per actionem naturae, sed prius in materia extitisse, ponentes latitationem formarum. et hoc accidit eis ex ignorantia materiae, quia nesciebant distinguere inter potentiam et actum, quia enim formae praeexistunt in materia in potentia, posuerunt eas simpliciter praeexistere. * alii vero posuerunt " formas dari vel causari ab agente separato, per modum creationis. et secundum hoc cuilibet operationi naturae adiungitur creatio. ' sed hoc accidit eis ex ignorantia formae. non enim considerabant quod forma naturalis corporis non est subsistens, sed quo aliquid est, et ideo, cum fieri et creari non conveniat proprie nisi rei subsistenti, * sicut supra dictum est, ' formarum non est fieri neque creari, sed concreata esse. quod autem proprie fit ab agente naturali, est compositum, quod fit ex materia. unde in operibus naturae non admiscetur creatio, sed praesupponitur ad operationem naturae.
ra1 ' Ad primum ergo dicendum quod formae incipiunt esse in actu, compositis factis, non quod ipsae fiant per se, sed per accidens tantum.
ra2 ' Ad secundum dicendum quod qualitates activae in natura agunt in virtute formarum substantialium. et ideo agens naturale non solum producit sibi simile secundum qualitatem, sed secundum speciem.
ra3 ' Ad tertium dicendum quod ad generationem animalium imperfectorum sufficit agens universale, quod est virtus caelestis, cui assimilantur non secundum speciem, sed secundum analogiam quandam, neque oportet dicere quod eorum formae creantur ab agente separato. ad generationem vero animalium perfectorum non sufficit agens universale, sed requiritur agens proprium, quod est generans univocum.
ra4 ' Ad quartum dicendum quod operatio naturae non est nisi ex praesuppositione principiorum creatorum, et sic ea quae per naturam fiunt, creaturae dicuntur.

007 ST1 qu46 ar

pr ' Consequenter considerandum est de principio durationis rerum creatarum. et circa hoc quaeruntur tria. primo, utrum creaturae semper fuerint. secundo, utrum eas incoepisse sit articulus fidei. tertio, quomodo deus dicatur in principio caelum et terram creasse.

007 ST1 qu46 ar1

ag1 ' Ad primum sic proceditur. videtur quod universitas creaturarum, quae mundi nomine nuncupatur, non incoeperit, sed fuerit ab aeterno. omne enim quod incoepit esse, antequam fuerit, possibile fuit ipsum esse, alioquin impossibile fuisset ipsum fieri. si ergo mundus incoepit esse, antequam inciperet, possibile fuit ipsum esse. sed quod possibile est esse, est materia, quae est in potentia ad esse, quod est per formam, et ad non esse, quod est per privationem. si ergo mundus incoepit esse, ante mundum fuit materia. sed non potest esse materia sine forma, materia autem mundi cum forma, est mundus. fuit ergo mundus antequam esse inciperet, quod est impossibile.
ag2 ' Praeterea, nihil quod habet virtutem ut sit semper, quandoque est et quandoque non est, quia ad quantum se extendit virtus alicuius rei, tandiu est. sed omne incorruptibile habet virtutem ut sit semper, non enim virtutem habet ad determinatum durationis tempus. nullum ergo incorruptibile quandoque est et quandoque non est. sed omne quod incipit esse, quandoque est et quandoque non est. nullum ergo incorruptibile incipit esse. sed multa sunt in mundo incorruptibilia, ut corpora caelestia, et omnes substantiae intellectuales. ergo mundus non incoepit esse.
ag3 ' Praeterea, nullum ingenitum incoepit esse. * sed philosophus probat in i physic., quod " materia est ingenita; * et in i de caelo et mundo, quod " caelum est ingenitum. ' non ergo universitas rerum incoepit esse.
ag4 ' Praeterea, vacuum est ubi non est corpus, sed possibile est esse. sed si mundus incoepit esse, ubi nunc est corpus mundi, prius non fuit aliquod corpus, et tamen poterat ibi esse, alioquin nunc ibi non esset. ergo ante mundum fuit vacuum, quod est impossibile.
ag5 ' Praeterea, nihil de novo incipit moveri, nisi per hoc quod movens vel mobile aliter se habet nunc quam prius. sed quod aliter se habet nunc quam prius, movetur. ergo ante omnem motum de novo incipientem, fuit aliquis motus. motus ergo semper fuit. ergo et mobile, quia motus non est nisi in mobili.
ag6 ' Praeterea, omne movens aut est naturale, aut est voluntarium. sed neutrum incipit movere, nisi aliquo motu praeexistente. natura enim semper eodem modo operatur. unde, nisi praecedat aliqua immutatio vel in natura moventis vel in mobili, non incipiet a movente naturali esse motus, qui non fuit prius. voluntas autem absque sui immutatione retardat facere quod proponit, sed hoc non est nisi per aliquam immutationem quam imaginatur, ad minus ex parte ipsius temporis. sicut qui vult facere domum cras, et non hodie, expectat aliquid futurum cras, quod hodie non est; et ad minus expectat quod dies hodiernus transeat, et crastinus adveniat; quod sine mutatione non est, quia tempus est numerus motus. relinquitur ergo quod ante omnem motum de novo incipientem, fuit alius motus. et sic idem quod prius.
ag7 ' Praeterea, quidquid est semper in principio et semper in fine, nec incipere nec desinere potest, quia quod incipit, non est in suo fine; quod autem desinit, non est in suo principio. sed tempus semper est in suo principio et fine, quia nihil est temporis nisi nunc, quod est finis praeteriti, et principium futuri. ergo tempus nec incipere nec desinere potest. et per consequens nec motus, cuius numerus tempus est.
ag8 ' Praeterea, deus aut est prior mundo natura tantum, aut duratione. si natura tantum, ergo, cum deus sit ab aeterno, et mundus est ab aeterno. si autem est prior duratione; prius autem et posterius in duratione constituunt tempus, ergo ante mundum fuit tempus; quod est impossibile.
ag9 ' Praeterea, posita causa sufficienti, ponitur effectus, causa enim ad quam non sequitur effectus, est causa imperfecta, indigens alio ad hoc quod effectus sequatur. sed deus est sufficiens causa mundi; et finalis, ratione suae bonitatis; et exemplaris, ratione suae sapientiae; et effectiva, ratione suae potentiae; * ut ex superioribus patet. ' cum ergo deus sit ab aeterno, et mundus fuit ab aeterno.
ag10 ' Praeterea, cuius actio est aeterna, et effectus aeternus. sed actio dei est eius substantia, quae est aeterna. ergo et mundus est aeternus.
sc * Sed contra est quod dicitur ioan. xvii, ° clarifica me, pater, apud temetipsum, claritate quam habui

priusquam mundus fieret; * et proverb. viii, ° dominus possedit me in initio viarum suarum, antequam quidquam faceret a principio.
co ‘ Respondeo dicendum nihil praeter deum ab aeterno fuisse. et hoc quidem ponere non est impossibile. * ostensum est enim supra quod ‘ voluntas dei est causa rerum. sic ergo aliqua necesse est esse, sicut necesse est deum velle illa, cum necessitas effectus ex necessitate causae dependeat, * ut dicitur in v metaphys.. * ostensum est autem supra quod, ‘ absolute loquendo, non est necesse deum velle aliquid nisi seipsum. non est ergo necessarium deum velle quod mundus fuerit semper. sed eatenus mundus est, quatenus deus vult illum esse, cum esse mundi ex voluntate dei dependeat sicut ex sua causa. non est igitur necessarium mundum semper esse. unde nec demonstrative probari potest. * nec rationes quas ad hoc aristoteles inducit, sunt demonstrativae simpliciter, sed secundum quid, scilicet ad contradicendum rationibus antiquorum, ponentium “ mundum incipere secundum quosdam modos in veritate impossibiles. * et hoc apparet ex tribus. primo quidem, quia tam in viii physic. quam in i de caelo, praemittit quasdam “ opiniones, ut anaxagorae et empedoclis et platonis, contra quos rationes contradictorias inducit. secundo, quia, ubicumque de hac materia loquitur, inducit testimonia antiquorum, quod non est demonstratoris, sed probabiliter persuadentis. * tertio, quia expresse dicit in i lib. topic., “ quod quaedam sunt problemata dialectica, de quibus rationes non habemus, ut utrum mundus sit aeternus.
ra1 ‘ Ad primum ergo dicendum quod, antequam mundus esset, possibile fuit mundum esse, non quidem secundum potentiam passivam, quae est materia; sed secundum potentiam activam dei. et etiam secundum quod dicitur aliquid absolute possibile, non secundum aliquam potentiam sed ex sola habitudine terminorum, qui sibi non repugnant; secundum quod possibile opponitur impossibili, * ut patet per philosophum, in v metaphys..
ra2 ‘ Ad secundum dicendum quod illud quod habet virtutem ut sit semper ex quo habet illam virtutem, non quandoque est et quandoque non est, sed antequam haberet illam virtutem, non fuit. * unde haec ratio, quae ponitur ab aristotele in i de caelo, “ non concludit simpliciter quod incorruptibilia non incoeperunt esse, sed quod non incoeperunt esse per modum naturalem, quo generabilia et corruptibilia incipiunt esse.
ra3 * Ad tertium dicendum quod aristoteles, in i physic., probat “ materiam esse ingenitam, per hoc quod non habet subiectum de quo sit. * in i autem de caelo et mundo, probat “ caelum ingenitum, quia non habet contrarium ex quo generetur. unde patet quod per utrumque non concluditur nisi quod materia et caelum non incoeperunt per generationem, * ut quidam ponebant, “ praecipue de caelo. ‘ nos autem dicimus quod materia et coelum producta sunt in esse per creationem, * ut ex dictis patet.
ra4 ‘ Ad quartum dicendum quod ad rationem vacui non sufficit in quo nihil est, sed requiritur quod sit spatium capax corporis, in quo non sit corpus, * ut patet per aristotelem, in iv physic.. ‘ nos autem dicimus non fuisse locum aut spatium ante mundum.
ra5 ‘ Ad quintum dicendum quod primus motor semper eodem modo se habuit primum autem mobile non semper eodem modo se habuit, quia incoepit esse, cum prius non fuisset. sed hoc non fuit per mutationem, sed per creationem, quae non est mutatio, * ut supra dictum est. * unde patet quod haec ratio, quam ponit aristoteles in viii physic., procedit contra eos qui ponebant “ mobilia aeterna, sed motum non aeternum; * ut patet ex opinionibus anaxagorae et empedoclis. ‘ nos autem ponimus, ex quo mobilia incoeperunt, semper fuisse motum.
ra6 ‘ Ad sextum dicendum quod primum agens est agens voluntarium. et quamvis habuit voluntatem aeternam producendi aliquem effectum, non tamen produxit aeternum effectum. nec est necesse quod praesupponatur aliqua mutatio, nec etiam propter imaginationem temporis. aliter enim est intelligendum de agente particulari, quod praesupponit aliquid, et causat alterum, et aliter de agente universali, quod producit totum. sicut agens particulare producit formam, et praesupponit materiam, unde oportet quod formam inducat secundum proportionem ad debitam materiam. unde rationabiliter in ipso consideratur quod inducit formam in talem materiam et non in aliam, ex differentia materiae ad materiam. sed hoc non rationabiliter consideratur in deo, qui simul producit formam et materiam, sed consideratur rationabiliter in eo, quod ipse producit materiam congruam formae et fini. agens autem particulare praesupponit tempus, sicut et materiam. unde rationabiliter consideratur in eo, quod agit in tempore posteriori et non in priori, secundum imaginationem successionis temporis post tempus. sed in agente universali, quod producit rem et tempus, non est considerare quod agat nunc et non prius, secundum imaginationem temporis post tempus, quasi tempus praesupponatur eius actioni, sed considerandum est in eo, quod dedit effectui suo tempus quantum voluit, et secundum quod conveniens fuit ad suam potentiam demonstrandam. manifestius enim mundus ducit in cognitionem divinae potentiae creantis, si mundus non semper fuit, quam si semper fuisset, omne enim quod non semper fuit, manifestum est habere causam; sed non ita manifestum est de eo quod semper fuit.
ra7 * Ad septimum dicendum quod, sicut dicitur in iv physic., “ prius et posterius est in tempore, secundum quod prius et posterius est in motu. ‘ unde principium et finis accipienda sunt in tempore, sicut et in motu. supposita autem aeternitate motus, necesse est quod quodlibet momentum in motu acceptum sit principium et terminus motus, quod non oportet, si motus incipiat. et eadem ratio est de nunc temporis. et sic patet quod ratio illa instantis nunc, quod semper sit principium et finis temporis, praesupponit aeternitatem temporis et motus. unde * aristoteles hanc rationem inducit, in viii physic., contra eos qui “ ponebant aeternitatem temporis, sed negabant aeternitatem motus.
ra8 ‘ Ad octavum dicendum quod deus est prior mundo duratione. sed ly prius non designat prioritatem temporis, sed aeternitatis. vel dicendum quod designat aeternitatem temporis imaginati, et non realiter existentis. sicut, cum dicitur, supra caelum nihil est, ly supra designat locum imaginatum tantum, secundum quod possibile est imaginari dimensionibus caelestis corporis dimensiones alias superaddi.
ra9 ‘ Ad nonum dicendum quod, sicut effectus sequitur a causa agente naturaliter secundum modum suae formae, ita sequitur ab agente per voluntatem secundum formam ab eo praeconceptam et definitam, * ut ex superioribus patet. ‘ licet igitur deus ab aeterno fuerit sufficiens causa mundi, non tamen oportet quod ponatur mundus ab eo productus, nisi secundum quod est in praedefinitione suae voluntatis; ut scilicet habeat esse post non esse, ut manifestius declaret suum auctorem.
ra10 ‘ Ad decimum dicendum quod, posita actione, sequitur effectus secundum exigentiam formae quae est principium actionis. in agentibus autem per voluntatem, quod conceptum est et praedefinitum, accipitur ut forma quae est principium actionis. ex actione igitur dei aeterna non sequitur effectus aeternus, sed qualem deus voluit, ut scilicet haberet esse post non esse.

007 ST1 qu46 ar2

ag1 ‘ Ad secundum sic proceditur. videtur quod mundum incoepisse non sit articulus fidei, sed conclusio demonstrabilis. omne enim factum habet principium suae durationis. sed demonstrative probari potest quod deus sit causa effectiva mundi, * et hoc etiam probabiliores philosophi posuerunt. ‘ ergo demonstrative probari potest quod mundus incoeperit.
ag2 ‘ Praeterea, si necesse est dicere quod mundus factus est a deo, aut ergo ex nihilo, aut ex aliquo. sed non ex aliquo, quia sic materia mundi praecessisset mundum; * contra quod procedunt rationes aristotelis ponentis caelum ingenitum. ergo ‘ oportet dicere quod mundus sit factus ex nihilo. et sic habet esse post non esse. ergo oportet quod esse incoeperit.
ag3 ‘ Praeterea, omne quod operatur per intellectum, a quodam principio operatur, ut patet in omnibus artificibus. sed deus est agens per intellectum. ergo a quodam principio operatur mundus igitur, qui est eius effectus, non fuit semper.
ag4 ‘ Praeterea, manifeste apparet artes aliquas, et habitationes regionum, ex determinatis temporibus incoepisse. sed hoc non esset, si mundus semper fuisset. mundum igitur non semper fuisse manifestum est.
ag5 ‘ Praeterea, certum est nihil deo aequari posse. sed si mundus semper fuisset, aequipararetur deo in duratione. ergo certum est non semper mundum fuisse.
ag6 ‘ Praeterea, si mundus semper fuit, infiniti dies praecesserunt diem istum. sed infinita non est pertransire. ergo nunquam fuisset perventum ad hunc diem, quod est manifeste falsum.
ag7 ‘ Praeterea, si mundus fuit aeternus, et generatio fuit ab aeterno. ergo unus homo genitus est ab alio in infinitum. “ sed pater est causa efficiens filii, * ut dicitur in ii physic.. ‘ ergo in causis efficientibus est procedere in infinitum, * quod improbatur in ii metaphys..
ag8 ‘ Praeterea, si mundus et generatio semper fuit, infiniti homines praecesserunt. sed anima hominis est immortalis. ergo infinitae animae humanae nunc essent actu, quod est impossibile. ergo ex necessitate sciri potest quod mundus incoeperit; et non sola fide tenetur.
sc ‘ Sed contra, fidei articuli demonstrative probari non possunt, ° quia fides de non apparentibus est, * ut dicitur ad hebr. xi. ‘ sed deum esse creatorem mundi, sic quod mundus incoeperit esse, est articulus fidei, * dicimus enim, credo in unum deum etc.. et iterum, gregorius dicit, in homil. i in ezech., quod “ moyses prophetizavit de praeterito, dicens in principio creavit deus caelum et terram; in quo novitas mundi traditur. ‘ ergo novitas mundi habetur tantum per revelationem. et ideo non potest probari demonstrative.
co ‘ Respondeo dicendum quod mundum non semper fuisse, sola fide tenetur, et demonstrative probari non potest, * sicut et supra de mysterio trinitatis dictum est. ‘ et huius ratio est, quia novitas mundi non potest demonstrationem recipere ex parte ipsius mundi. demonstrationis enim principium est quod quid est. unumquodque autem, secundum rationem suae speciei, abstrahit ab hic et nunc, propter quod dicitur quod universalia sunt ubique et semper. unde demonstrari non potest quod homo, aut caelum, aut lapis non semper fuit. similiter etiam neque ex parte causae agentis, quae agit per voluntatem. voluntas enim dei ratione investigari non potest, nisi circa ea quae absolute necesse est deum velle, talia autem non sunt quae circa creaturas vult, * ut dictum est. ‘ potest autem voluntas divina homini manifestari per revelationem, cui fides innititur. unde mundum incoepisse est credibile, non autem demonstrabile vel scibile. et hoc utile est ut consideretur, ne forte aliquis, quod fidei est demonstrare praesumens, rationes non necessarias inducat, quae praebeant materiam irridendi infidelibus, existimantibus nos propter huiusmodi rationes credere quae fidei sunt.
ra1 ‘ Ad primum ergo dicendum quod, * sicut dicit augustinus, xi de civ. dei, philosophorum ponentium aeternitatem mundi duplex fuit opinio. quidam enim posuerunt quod “ substantia mundi non sit a deo. et * horum est intollerabilis error; et ideo ex necessitate refellitur. quidam autem sic posuerunt “ mundum aeternum, quod tamen mundum a deo factum dixerunt. ° non enim mundum temporis volunt habere, sed suae creationis initium, ut quodam modo vix intelligibili semper sit factus. id autem quomodo intelligant, invenerunt, * ut idem dicit in x de civ. dei. ° sicut enim, inquiunt, si pes ex aeternitate semper fuisset in pulvere, semper subesset vestigium, quod a calcante factum nemo dubitaret; sic et mundus semper fuit, semper existente qui fecit. ‘ et ad hoc intelligendum, considerandum est quod causa efficiens quae agit per motum, de necessitate praecedit tempore suum effectum, quia effectus non est nisi in termino actionis, agens autem omne oportet esse principium actionis. sed si actio sit instantanea, et non successiva, non est necessarium faciens esse prius facto duratione; sicut patet in illuminatione. * unde dicunt quod “ non sequitur ex necessitate, si deus est causa activa mundi, quod sit prior mundo duratione, quia creatio, qua mundum produxit, non est mutatio successiva, * ut supra dictum est.
ra2 * Ad secundum dicendum quod illi qui ponerent mundum aeternum, “ dicerent mundum factum a deo ex nihilo, non quod factus sit post nihilum, secundum quod nos intelligimus per nomen creationis; sed quia non est factus de aliquo. et sic etiam non recusant aliqui eorum creationis nomen, * ut patet ex avicenna in sua metaphysica.
ra3 * Ad tertium dicendum quod illa est ratio anaxagorae, quae ponitur in iii physic.. ‘ sed non de necessitate concludit, nisi de intellectu qui deliberando investigat quid agendum sit, quod est simile motui. talis autem est intellectus humanus, sed non divinus, * ut supra patet.
ra4 * Ad quartum dicendum quod ponentes aeternitatem mundi, ponunt “ aliquam regionem infinities esse mutatam de inhabitabili in habitabilem, et e converso. et similiter ponunt quod artes, propter diversas corruptiones et accidentia, infinities fuerunt inventae, et iterum corruptae. * unde aristoteles dicit, in libro meteor., quod “ ridiculum est ex huiusmodi particularibus mutationibus opinionem accipere de novitate mundi totius.
ra5 ‘ Ad quintum dicendum quod, etsi mundus semper fuisset, non tamen parificaretur deo in aeternitate, * ut dicit boetius, in fine de consolat., ‘ quia esse divinum est esse totum simul, absque successione; non autem sic est de mundo.
ra6 ‘ Ad sextum dicendum quod transitus semper intelligitur a termino in terminum. quaecumque autem praeterita dies signetur, ab illa usque ad istam sunt finiti dies, qui pertransiri poterunt. obiectio autem procedit ac si, positis extremis, sint media infinita.
ra7 ‘ Ad septimum dicendum quod in causis efficientibus impossibile est procedere in infinitum per se; ut puta si causae quae per se requiruntur ad aliquem effectum, multiplicarentur in infinitum; sicut si lapis moveretur a baculo, et baculus a manu, et hoc in infinitum. sed per accidens in infinitum procedere in causis agentibus non reputatur impossibile; ut puta si omnes causae quae in infinitum multiplicantur, non teneant ordinem nisi unius causae, sed earum multiplicatio sit per accidens; sicut artifex agit multis martellis per accidens, quia unus post unum frangitur. accidit ergo huic martello, quod agat post actionem alterius martelli. et similiter accidit huic homini, inquantum generat, quod sit generatus ab alio, generat enim inquantum homo, et non inquantum est filius alterius hominis; omnes enim homines generantes habent gradum unum in causis efficientibus, scilicet gradum particularis generantis. unde non est impossibile quod homo generetur ab homine in infinitum. esset autem impossibile, si generatio huius hominis dependeret ab hoc homine, et a corpore elementari, et a sole, et sic in infinitum.
ra8 ‘ Ad octavum dicendum quod hanc rationem ponentes aeternitatem mundi multipliciter effugiunt * quidam enim “ non reputant impossibile esse infinitas animas actu; * ut patet in metaphysica algazelis,

" dicentis hoc esse infinitum per accidens. * sed hoc improbatum est superius. * quidam vero dicunt " animam corrumpi cum corpore. * quidam vero quod " ex omnibus animabus remanet una tantum. * alii vero, ut augustinus dicit, posuerunt propter hoc " circuitum animarum; ut scilicet animae separatae a corporibus, post determinata temporum curricula, iterum redirent ad corpora. * de quibus omnibus in sequentibus est agendum. ' considerandum tamen quod haec ratio particularis est. unde posset dicere aliquis quod mundus fuit aeternus, vel saltem aliqua creatura, ut angelus; non autem homo. nos autem intendimus universaliter, an aliqua creatura fuerit ab aeterno.

007 ST1 qu46 ar3

ag1 ' Ad tertium sic proceditur. videtur quod creatio rerum non fuit in principio temporis. quod enim non est in tempore, non est in aliquo temporis. sed creatio rerum non fuit in tempore, per creationem enim rerum substantia in esse producta est; tempus autem non mensurat substantiam rerum, et praecipue incorporalium. ergo creatio non fuit in principio temporis.

ag2 * Praeterea, philosophus probat quod " omne quod fit, fiebat, ' et sic omne fieri habet prius et posterius. in principio autem temporis, cum sit indivisibile, non est prius et posterius. ergo, cum creari sit quoddam fieri, videtur quod res non sint creatae in principio temporis.

ag3 ' Praeterea, ipsum etiam tempus creatum est. sed non potest creari in principio temporis, cum tempus sit divisibile, principium autem temporis indivisibile. non ergo creatio rerum fuit in principio temporis.

sc * Sed contra est quod gen. i dicitur, ° in principio creavit deus caelum et terram.

co * Respondeo dicendum quod illud verbum genes. i, ° in principio creavit deus caelum et terram, * tripliciter exponitur, ad excludendum tres errores. quidam enim posuerunt " mundum semper fuisse, et tempus non habere principium. et ad hoc excludendum, exponitur, in principio, scilicet temporis. * quidam vero posuerunt " duo esse creationis principia, unum bonorum, aliud malorum. * et ad hoc excludendum, exponitur, in principio, " idest in filio. ' sicut enim principium effectivum appropriatur patri, propter potentiam, ita principium exemplare appropriatur filio, " propter sapientiam, ut sicut dicitur, omnia in sapientia fecisti, ita intelligatur deum omnia fecisse in principio, idest in filio; * secundum illud apostoli ad coloss. i, ' in ipso, scilicet filio, condita sunt universa. * alii vero dixerunt " corporalia esse creata a deo mediantibus creaturis spiritualibus. et ad hoc excludendum, exponitur, in principio creavit deus caelum et terram, idest ante omnia. |25| ' quatuor enim ponuntur simul creata, scilicet caelum empyreum, materia corporalis (quae nomine terrae intelligitur), tempus, et natura angelica.

ra1 ' Ad primum ergo dicendum quod non dicuntur in principio temporis res esse creatae, quasi principium temporis sit creationis mensura sed quia simul cum tempore caelum et terra creata sunt.

ra2 * Ad secundum dicendum quod verbum illud philosophi intelligitur ' de fieri quod est per motum, vel quod est terminus motus. quia cum in quolibet motu sit accipere prius et posterius, ante quodcumque signum in motu signato, dum scilicet aliquid est in moveri et fieri, est accipere prius, et etiam aliquid post ipsum, quia quod est in principio motus, vel in termino, non est in moveri. creatio autem neque est motus neque terminus motus, * ut supra dictum est. ' unde sic aliquid creatur, quod non prius creabatur.

ra3 ' Ad tertium dicendum quod nihil fit nisi secundum quod est. nihil autem est temporis nisi nunc. unde non potest fieri nisi secundum aliquod nunc, non quia in ipso primo nunc sit tempus, sed quia ab eo incipit tempus.

007 ST1 qu47 ar

pr ' Post productionem creaturarum in esse, considerandum est de distinctione earum. erit autem haec consideratio tripartita. nam primo considerabimus de distinctione rerum in communi; secundo, de distinctione boni et mali; tertio, de distinctione spiritualis et corporalis creaturae. circa primum quaeruntur tria. primo, de ipsa rerum multitudine seu distinctione. secundo, de earum inaequalitate. tertio, de unitate mundi.

007 ST1 qu47 ar1

ag1 ' Ad primum sic proceditur. videtur quod rerum multitudo et distinctio non sit a deo. unum enim semper natum est unum facere. sed deus est maxime unus, * ut ex praemissis patet. ' ergo non producit nisi unum effectum.

ag2 ' Praeterea, exemplatum assimilatur suo exemplari. sed deus est causa exemplaris sui effectus, * ut supra dictum est. ' ergo, cum deus sit unus, effectus eius est unus tantum, et non distinctus.

ag3 ' Praeterea, ea quae sunt ad finem, proportionantur fini. sed finis creaturae est unus, scilicet divina bonitas, * ut supra ostensum est. ' ergo effectus dei non est nisi unus.

sc * Sed contra est quod dicitur gen. i, quod ° deus distinxit lucem a tenebris, et divisit aquas ab aquis. ' ergo distinctio et multitudo rerum est a deo.

co * Respondeo dicendum quod causam distinctionis rerum multipliciter aliqui assignaverunt. quidam enim attribuerunt eam " materiae, vel soli, vel simul cum agente. soli quidem materiae, sicut democritus, et omnes antiqui naturales, ponentes solam causam materialem, secundum quos distinctio rerum provenit a casu, secundum motum materiae. materiae vero et agenti simul distinctionem et multitudinem rerum attribuit anaxagoras, qui posuit intellectum distinguentem res, extrahendo quod erat permixtum in materia. ' sed hoc non potest stare propter duo. primo quidem, quia * supra ostensum est quod ' etiam ipsa materia a deo creata est. unde oportet et distinctionem, si qua est ex parte materiae, in altiorem causam reducere. secundo, quia materia est propter formam, et non e converso. distinctio autem rerum est per formas proprias. non ergo distinctio est in rebus propter materiam, sed potius e converso in materia creata est difformitas, ut esset diversis formis accommodata. * quidam vero attribuerunt " distinctionem rerum secundis agentibus. * sicut avicenna, qui dixit quod " deus, intelligendo se, produxit intelligentiam primam, in qua, quia non est suum esse, |25| ex necessitate incidit compositio potentiae et actus, * ut infra patebit. " sic igitur prima intelligentia, inquantum intelligit causam primam, produxit secundam intelligentiam; inquantum autem intelligit se secundum quod est in potentia, produxit corpus caeli, quod movet; inquantum vero intelligit se secundum illud quod habet de actu, produxit animam caeli. ' sed hoc non potest stare propter duo. primo quidem, quia * supra ostensum est quod ' creare solius dei est. unde ea quae non possunt causari nisi per creationem, a solo deo producuntur, et haec sunt omnia quae non subiacent generationi et corruptioni. secundo, quia secundum hanc positionem, non proveniret ex intentione primi agentis universitas rerum, sed ex concursu multarum causarum agentium. tale autem dicimus provenire a casu. sic igitur complementum universi, quod in diversitate rerum consistit, esset a casu, quod est impossibile. unde dicendum est quod distinctio rerum et multitudo est ex intentione primi agentis, quod est deus. produxit enim res in esse propter suam bonitatem communicandam creaturis, et per eas repraesentandam. et quia per unam creaturam sufficienter repraesentari non potest, produxit multas creaturas et diversas, ut quod deest uni ad repraesentandam divinam bonitatem, suppleatur ex alia, nam bonitas quae in deo est simpliciter et uniformiter, in creaturis est |50| multipliciter et divisim. unde perfectius participat divinam bonitatem, et repraesentat eam, totum universum, quam alia quaecumque creatura. et quia ex divina sapientia est causa distinctionis rerum, * ideo moyses dicit res esse distinctas verbo dei, ' quod est conceptio sapientiae. * et hoc est quod dicitur gen. i, ° dixit deus, fiat lux. et divisit lucem a tenebris.

ra1 ' Ad primum ergo dicendum quod agens per naturam agit per formam per quam est, quae unius tantum est una, et ideo non agit nisi unum. agens autem voluntarium, quale est deus, * ut supra ostensum est, ' agit per formam intellectam. cum igitur deum multa intelligere non repugnet unitati et simplicitati ipsius, * ut supra ostensum est, ' relinquitur quod, licet sit unus, possit multa facere.

ra2 ' Ad secundum dicendum quod ratio illa teneret de exemplato quod perfecte repraesentat exemplar, quod non multiplicatur nisi materialiter. unde imago increata, quae est perfecta, est una tantum. sed nulla creatura repraesentat perfecte exemplar primum, quod est divina essentia. et ideo potest per multa repraesentari. et tamen secundum quod ideae dicuntur exemplaria, pluralitati rerum correspondet in mente divina pluralitas idearum.

ra3 ' Ad tertium dicendum quod in speculativis medium demonstrationis, quod perfecte demonstrat conclusionem, est unum tantum, sed media probabilia sunt multa. et similiter in operativis, quando id quod est ad finem adaequat, ut ita dixerim, finem, non requiritur quod sit nisi unum tantum. sed creatura non sic se habet ad finem qui est deus. unde oportuit creaturas multiplicari.

007 ST1 qu47 ar2

ag1 ' Ad secundum sic proceditur. videtur quod inaequalitas rerum non sit a deo. optimi enim est optima adducere. sed inter optima unum non est maius altero. ergo dei, qui est optimus, est omnia aequalia facere.

ag2 " Praeterea, aequalitas est effectus unitatis, * ut dicitur in v metaphys.. ' sed deus est unus. ergo fecit omnia aequalia.

ag3 ' Praeterea, iustitiae est inaequalia inaequalibus dare. sed deus est iustus in omnibus operibus suis. cum ergo operationi eius, qua esse rebus communicat, non praesupponatur aliqua inaequalitas rerum, videtur quod fecerit omnia aequalia.

sc * Sed contra est quod dicitur eccli. xxxiii, ° quare dies diem superat, et iterum lux lucem, et annus annum, sol solem? a domini scientia separata sunt.

co * Respondeo dicendum quod origenes, volens excludere positionem ponentium distinctionem in rebus ex contrarietate principiorum boni et mali, " posuit a deo a principio omnia creata esse aequalia. dicit enim quod deus primo creavit creaturas rationales tantum, et omnes aequales, in quibus primo exorta est inaequalitas ex libero arbitrio. quibusdam conversis in deum secundum magis et minus, quibusdam etiam secundum magis et minus a deo aversis. illae igitur rationales creaturae quae ad deum per liberum arbitrium conversae sunt, promotae sunt ad diversos ordines angelorum, pro diversitate meritorum. illae autem quae aversae sunt a deo, sunt corporibus alligatae diversis, secundum diversitatem peccati, et hanc causam dicit esse creationis et diversitatis corporum. sed secundum hoc, universitas corporalium creaturarum non esset propter bonitatem dei communicandam creaturis, sed ad puniendum peccatum. * quod est contra illud quod dicitur gen. i, ° vidit deus cuncta quae fecerat, et erant valde bona. * et ut augustinus dicit, xi de civ. dei, ° quid stultius dici potest, quam istum solem, ut in uno mundo unus esset, non decori pulchritudinis, vel saluti rerum corporalium consuluisse artificem deum; sed hoc potius evenisse, quia una anima sic peccaverat? ac per hoc, si centum animae peccassent, centum soles haberet hic mundus. |25| ' et ideo dicendum est quod, sicut sapientia dei est causa distinctionis rerum, ita et inaequalitatis. quod sic patet. duplex enim distinctio invenitur in rebus, una formalis, in his quae differunt specie; alia vero materialis, in his quae differunt numero tantum. cum autem materia sit propter formam, distinctio materialis est propter formalem. unde videmus quod in rebus incorruptibilibus non est nisi unum individuum unius speciei, quia species sufficienter conservatur in uno, in generabilibus autem et corruptibilibus, sunt multa individua unius speciei, ad conservationem speciei. ex quo patet quod principalior est distinctio formalis quam materialis. distinctio autem formalis semper requirit inaequalitatem, quia, * ut dicitur in viii metaphys., " formae rerum sunt sicut numeri, in quibus species variantur per additionem vel subtractionem unitatis. ' unde in rebus naturalibus gradatim species ordinatae esse videntur, sicut mixta perfectiora sunt elementis, et plantae corporibus mineralibus, et animalia plantis, et homines aliis animalibus; et in singulis horum una species perfectior aliis invenitur. sicut ergo divina sapientia causa est distinctionis rerum propter perfectionem universi, ita et inaequalitatis. non enim esset perfectum universum, si tantum unus gradus bonitatis inveniretur in rebus.

ra1 ' Ad primum ergo dicendum quod optimi agentis est producere totum effectum suum optimum, non tamen quod quamlibet partem totius faciat optimam simpliciter, sed optimam secundum proportionem ad totum, tolleretur enim bonitas animalis, si quaelibet pars eius oculi haberet dignitatem. sic igitur et deus totum universum constituit optimum, secundum modum creaturae, non autem singulas creaturas, sed unam alia meliorem. * et ideo de singulis creaturis dicitur gen. i, ° vidit deus lucem quod esset bona, * et similiter de singulis, sed de omnibus simul dicitur, ° vidit deus cuncta quae fecerat, et erant valde bona.

ra2 ' Ad secundum dicendum quod primum quod procedit ab unitate, est aequalitas; et deinde procedit multiplicitas. et ideo a patre, cui, * secundum augustinum, ' appropriatur unitas, processit filius, cui appropriatur aequalitas; et deinde creatura, cui competit inaequalitas. sed tamen etiam a creaturis participatur quaedam aequalitas, scilicet proportionis.

ra3 ' Ad tertium dicendum quod ratio illa est quae movit origenem, sed non habet locum nisi in retributione praemiorum, quorum inaequalitas debetur inaequalibus meritis. sed in constitutione rerum non est inaequalitas partium per quamcumque inaequalitatem praecedentem vel meritorum vel etiam dispositionis materiae; sed propter perfectionem totius. ut patet etiam in operibus artis, non enim propter hoc differt tectum a fundamento, quia habet diversam materiam; sed ut sit domus perfecta ex diversis partibus, quaerit artifex diversam materiam, et faceret eam si posset.

007 ST1 qu47 ar3

ag1 ' Ad tertium sic proceditur. videtur quod non sit unus mundus tantum, sed plures. * quia, ut augustinus dicit, in libro octoginta trium quaest., " inconveniens est dicere quod deus sine ratione res creavit. ' sed ea ratione qua creavit unum, potuit creare multos, cum eius potentia non sit limitata ad unius mundi creationem, sed est infinita, * ut supra ostensum est. ' ergo deus plures mundos produxit.

ag2 ' Praeterea, natura facit quod melius est, et multo magis deus. sed melius esset esse plures mundos quam unum, quia plura bona paucioribus meliora sunt. ergo plures mundi facti sunt a deo.

ag3 ' Praeterea, omne quod habet formam in materia, potest multiplicari secundum numerum, manente eadem specie, quia multiplicatio secundum numerum est ex materia. sed mundus habet formam in materia, sicut enim cum dico homo, significo formam, cum autem dico hic homo, significo formam in materia; ita, cum dicitur mundus, significatur forma, cum autem dicitur hic mundus, significatur forma in materia. ergo nihil prohibet esse plures mundos.

sc * Sed contra est quod dicitur ioan. i, ° mundus per

ipsum factus est; “ ubi singulariter mundum nominavit, quasi uno solo mundo existente.
co ‘ Respondeo dicendum quod ipse ordo in rebus sic a deo creatis existens, unitatem mundi manifestat. mundus enim iste unus dicitur unitate ordinis, secundum quod quaedam ad alia ordinantur. quaecumque autem sunt a deo, ordinem habent ad invicem et ad ipsum deum, * ut supra ostensum est. ‘ unde necesse est quod omnia ad unum mundum pertineant. * et ideo illi potuerunt ponere “ plures mundos, qui causam mundi non posuerunt aliquam sapientiam ordinantem, sed casum; * ut democritus, qui dixit “ ex concursu atomorum factum esse hunc mundum, et alios infinitos.
ra1 ‘ Ad primum ergo dicendum quod haec ratio est quare mundus est unus, quia debent omnia esse ordinata uno ordine, et ad unum. * propter quod aristoteles, in xii metaphys., “ ex unitate ordinis in rebus existentis concludit unitatem dei gubernantis. * et plato “ ex unitate exemplaris probat unitatem mundi, quasi exemplati.
ra2 ‘ Ad secundum dicendum quod nullum agens intendit pluralitatem materialem ut finem, quia materialis multitudo non habet certum terminum, sed de se tendit in infinitum; infinitum autem repugnat rationi finis. cum autem dicitur plures mundos esse meliores quam unum, hoc dicitur secundum multitudinem materialem. tale autem melius non est de intentione dei agentis, quia eadem ratione dici posset quod, si fecisset duos, melius esset quod essent tres; et sic in infinitum.
ra3 ‘ Ad tertium dicendum quod mundus constat ex sua tota materia. non enim est possibile esse aliam terram quam istam, quia omnis terra ferretur naturaliter ad hoc medium, ubicumque esset. et eadem ratio est de aliis corporibus quae sunt partes mundi.

007 ST1 qu48 ar

pr ‘ Deinde considerandum est de distinctione rerum in speciali. et primo, de distinctione boni et mali; deinde de distinctione spiritualis et corporalis creaturae. circa primum, quaerendum est de malo; et de causa mali. circa malum quaeruntur sex. primo, utrum malum sit natura aliqua. secundo, utrum malum inveniatur in rebus. tertio, utrum bonum sit subiectum mali. quarto, utrum malum totaliter corrumpat bonum. quinto, de divisione mali per poenam et culpam. sexto, quid habeat plus de ratione mali, utrum poena vel culpa.

007 ST1 qu48 ar1

ag1 ‘ Ad primum sic proceditur. videtur quod malum sit natura quaedam. quia omne genus est natura quaedam. sed malum est quoddam genus, * dicitur enim in praedicamentis, quod ° bonum et malum non sunt in genere, sed sunt genera aliorum. ‘ ergo malum est natura quaedam.
ag2 ‘ Praeterea, omnis differentia constitutiva alicuius speciei est natura quaedam. malum autem est differentia constitutiva in moralibus, differt enim specie malus habitus a bono, ut liberalitas ab illiberalitate. ergo malum significat naturam quandam.
ag3 ‘ Praeterea, utrumque contrariorum est natura quaedam. sed malum et bonum non opponuntur ut privatio et habitus, sed ut contraria, * ut probat philosophus, in praedicamentis, ‘ per hoc quod inter bonum et malum est aliquid medium, et a malo potest fieri reditus ad bonum. ergo malum significat naturam quandam.
ag4 ‘ Praeterea, quod non est, non agit. sed malum agit, quia corrumpit bonum. ergo malum est quoddam ens, et natura quaedam.
ag5 ‘ Praeterea, ad perfectionem universitatis rerum non pertinet nisi quod est ens et natura quaedam. sed malum pertinet ad perfectionem universitatis rerum, * dicit enim augustinus, in enchirid., quod ° ex omnibus consistit universitatis admirabilis pulchritudo; in qua etiam illud quod malum dicitur, bene ordinatum, et suo loco positum, eminentius commendat bona. ‘ ergo malum est natura quaedam.
sc * Sed contra est quod dionysius dicit, iv cap. de div. nom., ° malum non est existens neque bonum.
co ‘ Respondeo dicendum quod unum oppositorum cognoscitur per alterum, sicut per lucem tenebra. unde et quid sit malum, oportet ex ratione boni accipere. * diximus autem supra quod ‘ bonum est omne id quod est appetibile, et sic, cum omnis natura appetat suum esse et suam perfectionem, necesse est dicere quod esse et perfectio cuiuscumque naturae rationem habeat bonitatis. unde non potest esse quod malum significet quoddam esse, aut quandam formam seu naturam. relinquitur ergo quod nomine mali significetur quaedam absentia boni. * et pro tanto dicitur quod “ malum neque est existens nec bonum, ‘ quia cum ens, inquantum huiusmodi, sit bonum, eadem est remotio utrorumque.
ra1 * Ad primum ergo dicendum quod aristoteles ibi loquitur secundum opinionem pythagoricorum, qui “ malum existimabant esse naturam quandam, et ideo ponebant bonum et malum genera. * consuevit enim aristoteles, et praecipue in libris logicalibus, ponere “ exempla quae probabilia erant suo tempore, secundum opinionem aliquorum philosophorum. * vel dicendum, sicut dicit philosophus in x metaphys., quod ° prima contrarietas est habitus et privatio, ‘ quia scilicet in omnibus contrariis salvatur, cum semper unum contrariorum sit imperfectum respectu alterius, ut nigrum respectu albi, et amarum respectu dulcis. et pro tanto bonum et malum dicuntur genera, non simpliciter, sed contrariorum, quia sicut omnis forma habet rationem boni, ita omnis privatio, inquantum huiusmodi, habet rationem mali.
ra2 ‘ Ad secundum dicendum quod bonum et malum non sunt differentiae constitutivae nisi in moralibus, quae recipiunt speciem ex fine, qui est obiectum voluntatis, a qua moralia dependent. et quia bonum habet rationem finis, ideo bonum et malum sunt differentiae specificae in moralibus; bonum per se, sed malum inquantum est remotio debiti finis. nec tamen remotio debiti finis constituit speciem in moralibus, nisi secundum quod adiungitur fini indebito, sicut neque in naturalibus invenitur privatio formae substantialis, nisi adiuncta alteri formae. sic igitur malum quod est differentia constitutiva in moralibus, est quoddam bonum adiunctum privationi alterius boni, sicut finis intemperati est, non quidem carere bono rationis, sed delectabile sensus absque ordine rationis. unde malum, inquantum malum, non est differentia constitutiva; sed ratione boni adiuncti.
ra3 ‘ Et per hoc etiam patet responsio ad tertium. nam ibi * philosophus loquitur de bono et malo, secundum quod inveniuntur in moralibus. ‘ sic enim inter bonum et malum invenitur medium, prout bonum dicitur quod est ordinatum; malum autem, quod non solum est deordinatum, sed etiam nocivum alteri. * unde dicit philosophus in iv ethic., quod “ prodigus vanus quidem est, sed non malus. ‘ ab hoc etiam malo quod est secundum morem, contingit fieri reditum ad bonum; non autem ex quocumque malo. non enim ex caecitate fit reditus ad visionem, cum tamen caecitas sit malum quoddam.
ra4 ‘ Ad quartum dicendum quod aliquid agere dicitur tripliciter. uno modo, formaliter, eo modo loquendi quo dicitur albedo facere album. et sic malum, etiam ratione ipsius privationis, dicitur corrumpere bonum, quia est ipsa corruptio vel privatio boni. alio modo dicitur aliquid agere effective, sicut pictor dicitur facere album parietem. tertio modo, per modum causae finalis, sicut finis dicitur efficere, movendo efficientem. his autem duobus modis malum non agit aliquid per se, idest secundum quod est privatio quaedam, sed secundum quod ei bonum adiungitur, nam omnis actio est ab aliqua forma, et omne quod desideratur ut finis, est perfectio aliqua. * et ideo, ut dionysius dicit, iv cap. de div. nom., “ malum non agit neque desideratur nisi virtute boni adiuncti; per se autem est infinitum, et praeter voluntatem et intentionem.
ra5 * Ad quintum dicendum quod, sicut supra dictum est, ‘ partes universi habent ordinem ad invicem, secundum quod una agit in alteram, et est finis alterius et exemplar. haec autem, * ut dictum est, ‘ non possunt convenire malo, nisi ratione boni adiuncti. unde malum neque ad perfectionem universi pertinet, neque sub ordine universi concluditur, nisi per accidens, idest ratione boni adiuncti.

007 ST1 qu48 ar2

ag1 ‘ Ad secundum sic proceditur. videtur quod malum non inveniatur in rebus. quidquid enim invenitur in rebus, vel est ens aliquod, vel privatio entis alicuius, quod est non ens. * sed dionysius dicit, iv cap. de div. nom., quod “ malum distat ab existente, et adhuc plus distat a non existente. ‘ ergo malum nullo modo invenitur in rebus.
ag2 ‘ Praeterea, ens et res convertuntur. si ergo malum est ens in rebus, sequitur quod malum sit res quaedam. * quod est contra praedicta.
ag3 ° Praeterea, albius est quod est nigro impermixtius, * ut dicitur in iii libro topic. aristotelis. ‘ ergo et melius est quod est malo impermixtius. sed deus facit semper quod melius est, multo magis quam natura. ergo in rebus a deo conditis nihil malum invenitur.
sc ‘ Sed contra est quod secundum hoc removerentur omnes prohibitiones et poenae, quae non sunt nisi malorum.
co * Respondeo dicendum quod, sicut supra dictum est, ‘ perfectio universi requirit inaequalitatem esse in rebus, ut omnes bonitatis gradus impleantur. est autem unus gradus bonitatis ut aliquid ita bonum sit, quod nunquam deficere possit. alius autem gradus bonitatis est, ut sic aliquid bonum sit, quod a bono deficere possit. qui etiam gradus in ipso esse inveniuntur, quaedam enim sunt, quae suum esse amittere non possunt, ut incorporalia; quaedam vero sunt, quae amittere possunt, ut corporalia. sicut igitur perfectio universitatis rerum requirit ut non solum sint entia incorruptibilia, sed etiam corruptibilia; ita perfectio universi requirit ut sint quaedam quae a bonitate deficere possint; ad quod sequitur ea interdum deficere. in hoc autem consistit ratio mali, ut scilicet aliquid deficiat a bono. unde manifestum est quod in rebus malum invenitur, sicut et corruptio, nam et ipsa corruptio malum quoddam est.
ra1 ‘ Ad primum ergo dicendum quod malum distat et ab ente simpliciter, et non ente simpliciter, quia neque est sicut habitus, neque sicut pura negatio, sed sicut privatio.
ra2 * Ad secundum dicendum quod, sicut dicitur in v metaphys., ‘ ens dupliciter dicitur. uno modo, secundum quod significat entitatem rei, prout dividitur per decem praedicamenta, et sic convertitur cum re. et hoc modo, nulla privatio est ens, unde nec malum. alio modo dicitur ens, quod significat veritatem propositionis, quae in compositione consistit, cuius nota est hoc verbum est, et hoc est ens quo respondetur ad quaestionem an est. et sic caecitatem dicimus esse in oculo, vel quamcumque aliam privationem. et hoc modo etiam malum dicitur ens. * propter huius autem distinctionis ignorantiam, aliqui, “ considerantes quod aliquae res dicuntur malae, vel quod malum dicitur esse in rebus, crediderunt quod malum esset res quaedam.
ra3 ‘ Ad tertium dicendum quod deus et natura, et quodcumque agens, facit quod melius est in toto; sed non quod melius est in unaquaque parte, nisi per ordinem ad totum, * ut supra dictum est. ‘ ipsum autem totum quod est universitas creaturarum, melius et perfectius est, si in eo sint quaedam quae a bono deficere possunt, quae interdum deficiunt, deo hoc non impediente. “ tum quia providentiae non est naturam destruere, sed salvare, * ut dionysius dicit, iv cap. de div. nom., ‘ ipsa autem natura rerum hoc habet, ut quae deficere possunt, quandoque deficiant. * tum quia, ut dicit augustinus in enchirid., “ deus est adeo potens, quod etiam potest bene facere de malis. ‘ unde multa bona tollerentur, si deus nullum malum permitteret esse. non enim generaretur ignis, nisi corrumperetur aer; neque conservaretur vita leonis, nisi occideretur asinus; neque etiam laudaretur iustitia vindicans, et patientia sufferens, si non esset iniquitas.

007 ST1 qu48 ar3

ag1 ‘ Ad tertium sic proceditur. videtur quod malum non sit in bono sicut in subiecto. omnia enim bona sunt existentia. * sed dionysius dicit, iv cap. de div. nom., “ quod malum non est existens, neque in existentibus. ‘ ergo malum non est in bono sicut in subiecto.
ag2 ‘ Praeterea, malum non est ens, bonum vero est ens. sed non ens non requirit ens, in quo sit sicut in subiecto. ergo nec malum requirit bonum, in quo sit sicut in subiecto.
ag3 ‘ Praeterea, unum contrariorum non est subiectum alterius. sed bonum et malum sunt contraria. ergo malum non est in bono sicut in subiecto.
ag4 ‘ Praeterea, id in quo est albedo sicut in subiecto, dicitur esse album. ergo et id in quo est malum sicut in subiecto, est malum. si ergo malum sit in bono sicut in subiecto, sequitur quod bonum sit malum, * contra id quod dicitur isai. v, ° vae, qui dicitis malum bonum, et bonum malum.
sc ‘ Sed contra est quod * augustinus dicit, in enchirid., quod “ malum non est nisi in bono.
co * Respondeo dicendum quod, sicut dictum est, ‘ malum importat remotionem boni. non autem quaelibet remotio boni malum dicitur. potest enim accipi remotio boni et privative, et negative. remotio igitur boni negative accepta, mali rationem non habet, alioquin sequeretur quod ea quae nullo modo sunt, mala essent; et iterum quod quaelibet res esset mala, ex hoc quod non habet bonum alterius rei, utpote quod homo esset malus, quia non habet velocitatem capreae, vel fortitudinem leonis. sed remotio boni privative accepta, malum dicitur, sicut privatio visus caecitas dicitur. subiectum autem privationis et formae est unum et idem, scilicet ens in potentia, sive sit ens in potentia simpliciter, sicut materia prima, quae est subiectum formae substantialis et privationis oppositae; sive sit ens in potentia secundum quid et in actu simpliciter, ut corpus diaphanum, quod est subiectum tenebrarum et lucis. manifestum est autem quod forma per quam aliquid est actu, perfectio quaedam est, et bonum quoddam, et sic omne ens in actu, bonum quoddam est. et similiter omne ens in potentia, inquantum huiusmodi, bonum quoddam est, secundum quod habet ordinem ad bonum, sicut enim est ens in potentia, ita et bonum in potentia. relinquitur ergo quod subiectum mali sit bonum.
ra1 * Ad primum ergo dicendum quod dionysius intelligit malum non esse “ in existentibus sicut partem, aut sicut proprietatem naturalem alicuius existentis.
ra2 ‘ Ad secundum dicendum quod non ens negative acceptum non requirit subiectum. “ sed privatio est negatio in subiecto, * ut dicitur in iv metaphys., ‘ et tale non ens est malum.
ra3 ‘ Ad tertium dicendum quod malum non est sicut in subiecto in bono quod ei opponitur, sed in quodam alio bono, subiectum enim caecitatis non est visus, sed animal. * videtur tamen, ut augustinus dicit, “ hic fallere dialecticorum regula, quae dicit contraria simul esse non posse. ‘ hoc tamen intelligendum est secundum communem acceptionem boni et mali, non autem secundum quod specialiter accipitur hoc bonum et hoc malum. album autem et nigrum, dulce et amarum, et huiusmodi contraria, non accipiuntur nisi specialiter, quia sunt in quibusdam generibus determinatis. sed bonum circuit omnia genera, unde unum bonum potest simul esse cum privatione alterius boni.

ra4 * Ad quartum dicendum quod propheta imprecatur vae illis qui " dicunt id quod est bonum, secundum quod est bonum, esse malum. * hoc autem non sequitur ex praemissis, ut per praedicta patet.

007 ST1 qu48 ar4

ag1 ' Ad quartum sic proceditur. videtur quod malum corrumpat totum bonum. unum enim contrariorum totaliter corrumpitur per alterum. sed bonum et malum sunt contraria. ergo malum potest corrumpere totum bonum.
ag2 * Praeterea, augustinus dicit, in enchirid., quod " malum nocet inquantum adimit bonum. ' sed bonum est sibi simile et uniforme. ergo totaliter tollitur per malum.
ag3 ' Praeterea, malum, quandiu est, nocet et aufert bonum. sed illud a quo semper aliquid aufertur, quandoque consumitur, nisi sit infinitum; quod non potest dici de aliquo bono creato. ergo malum consumit totaliter bonum.
sc * Sed contra est quod augustinus dicit, in enchirid., quod " malum non potest totaliter consumere bonum.
co ' Respondeo dicendum quod malum non potest totaliter consumere bonum. ad cuius evidentiam, considerandum est quod est triplex bonum. quoddam, quod per malum totaliter tollitur, et hoc est bonum oppositum malo; sicut lumen totaliter per tenebras tollitur, et visus per caecitatem. quoddam vero bonum est, quod nec totaliter tollitur per malum, nec diminuitur, scilicet bonum quod est subiectum mali; non enim per tenebras aliquid de substantia aeris diminuitur. quoddam vero bonum est, quod diminuitur quidem per malum, sed non totaliter tollitur, et hoc bonum est habilitas subiecti ad actum. diminutio autem huius boni non est accipienda per subtractionem, sicut est diminutio in quantitatibus, sed per remissionem, sicut est diminutio in qualitatibus et formis. remissio autem huius habilitatis est accipienda e contrario intensioni ipsius. intenditur enim huiusmodi habilitas per dispositiones quibus materia praeparatur ad actum; quae quanto magis multiplicantur in subiecto, tanto habilius est ad recipiendum perfectionem et formam. et e contrario remittitur per dispositiones contrarias; quae quanto magis multiplicatae sunt in materia, et magis intensae, tanto magis remittitur potentia ad actum. si igitur contrariae dispositiones in infinitum multiplicari et intendi non possunt, sed usque ad certum terminum, neque habilitas praedicta in infinitum diminuitur vel remittitur. |25| sicut patet in qualitatibus activis et passivis elementorum, frigiditas enim et humiditas, per quae diminuitur sive remittitur habilitas materiae ad formam ignis, non possunt multiplicari in infinitum. si vero dispositiones contrariae in infinitum multiplicari possunt, et habilitas praedicta in infinitum diminuitur vel remittitur. non tamen totaliter tollitur, quia semper manet in sua radice, quae est substantia subiecti. sicut si in infinitum interponantur corpora opaca inter solem et aerem, in infinitum diminuetur habilitas aeris ad lumen, nunquam tamen totaliter tollitur, manente aere, qui secundum naturam suam est diaphanus. similiter in infinitum potest fieri additio in peccatis, per quae semper magis ac magis minuitur habilitas animae ad gratiam, quae quidem peccata sunt quasi obstacula interposita inter nos et deum * secundum illud isaiae lix, ° peccata nostra diviserunt inter nos et deum. ' neque tamen tollitur totaliter ab anima praedicta habilitas, quia consequitur naturam ipsius.
ra1 ' Ad primum ergo dicendum quod bonum quod opponitur malo, totaliter tollitur, sed alia bona non totaliter tolluntur, * ut dictum est.
ra2 ' Ad secundum dicendum quod habilitas praedicta est media inter subiectum et actum. unde ex ea parte qua attingit actum, diminuitur per malum, sed ex ea parte qua tenet se cum subiecto, remanet. ergo, licet bonum in se sit simile, tamen, propter comparationem eius ad diversa, non totaliter tollitur, sed in parte.
ra3 * Ad tertium dicendum quod quidam, imaginantes diminutionem boni " praedicti ad similitudinem diminutionis quantitatis, dixerunt quod, sicut continuum dividitur in infinitum, facta divisione secundum eandem proportionem (ut puta quod accipiatur medium medii, vel tertium tertii), sic in proposito accidit. * sed haec ratio hic locum non habet. ' quia in divisione in qua semper servatur eadem proportio, semper subtrahitur minus et minus, minus enim est medium medii quam medium totius. sed secundum peccatum non de necessitate minus diminuit de habilitate praedicta, quam praecedens, sed forte aut aequaliter, aut magis. dicendum est ergo quod, licet ista habilitas sit quoddam finitum, diminuitur tamen in infinitum, non per se, sed per accidens, secundum quod contrariae dispositiones etiam in infinitum augentur, * ut dictum est.

007 ST1 qu48 ar5

ag1 ' Ad quintum sic proceditur. videtur quod malum insufficienter dividatur per poenam et culpam. omnis enim defectus malum quoddam esse videtur. sed in omnibus creaturis est quidam defectus, quod se in esse conservare non possunt, qui tamen nec poena nec culpa est. non ergo sufficienter malum dividitur per poenam et culpam.
ag2 ' Praeterea, in rebus irrationalibus non invenitur culpa nec poena. invenitur tamen in eis corruptio et defectus, quae ad rationem mali pertinent. ergo non omne malum est poena vel culpa.
ag3 ' Praeterea, tentatio quoddam malum est. " nec tamen est culpa, quia tentatio cui non consentitur, ° non est peccatum, sed materia exercendae virtutis, * ut dicitur in glossa ii cor. xii. ' nec etiam poena, quia tentatio praecedit culpam, poena autem subsequitur. insufficienter ergo malum dividitur per poenam et culpam.
sc ' Sed contra, videtur quod divisio sit superflua. ut enim * augustinus dicit, in enchirid., " malum dicitur quia nocet. ' quod autem nocet, poenale est. omne ergo malum sub poena continetur.
co ' Respondeo dicendum quod malum, * sicut supra dictum est, ' est privatio boni, quod in perfectione et actu consistit principaliter et per se. actus autem est duplex, primus, et secundus. actus quidem primus est forma et integritas rei, actus autem secundus est operatio. contingit ergo malum esse dupliciter. uno modo, per subtractionem formae, aut alicuius partis, quae requiritur ad integritatem rei; sicut caecitas malum est, et carere membro. alio modo, per subtractionem debitae operationis; vel quia omnino non est; vel quia debitum modum et ordinem non habet. quia vero bonum simpliciter est obiectum voluntatis, malum, quod est privatio boni, secundum specialem rationem invenitur in creaturis rationalibus habentibus voluntatem. malum igitur quod est per subtractionem formae vel integritatis rei, habet rationem poenae; et praecipue supposito quod omnia divinae providentiae et iustitiae subdantur, * ut supra ostensum est, ' de ratione enim poenae est, quod sit contraria voluntati. malum autem quod consistit in subtractione debitae operationis in rebus voluntariis, habet rationem culpae. hoc enim imputatur alicui in culpam, cum deficit a perfecta actione, cuius dominus est secundum voluntatem. sic igitur omne malum in rebus voluntariis consideratum |25| vel est poena vel culpa.
ra1 ' Ad primum ergo dicendum quod, quia malum privatio est boni, et non negatio pura, * ut dictum est supra; ' non omnis defectus boni est malum, sed defectus boni quod natum est et debet haberi. defectus enim visionis non est malum in lapide, sed in animali, quia contra rationem lapidis est, quod visum habeat. similiter etiam contra rationem creaturae est, quod in esse conservetur a seipsa, quia idem dat esse et conservat. unde iste defectus non est malum creaturae.
ra2 ' Ad secundum dicendum quod poena et culpa non dividunt malum simpliciter; sed malum in rebus voluntariis.
ra3 ' Ad tertium dicendum quod tentatio, prout importat provocationem ad malum, semper malum culpae est in tentante. sed in eo qui tentatur, non est proprie, nisi secundum quod aliqualiter immutatur, sic enim actio agentis est in patiente. secundum autem quod tentatus immutatur ad malum a tentante, incidit in culpam.
ra4 ' Ad quartum dicendum quod de ratione poenae est, quod noceat agenti in seipso. sed de ratione culpae est, quod noceat agenti in sua actione. et sic utrumque sub malo continetur, secundum quod habet rationem nocumenti.

007 ST1 qu48 ar6

ag1 ' Ad sextum sic proceditur. videtur quod habeat plus de ratione mali poena quam culpa. culpa enim se habet ad poenam, ut meritum ad praemium. sed praemium habet plus de ratione boni quam meritum, cum sit finis eius. ergo poena plus habet de ratione mali quam culpa.
ag2 ' Praeterea, illud est maius malum, quod opponitur maiori bono. sed poena, * sicut dictum est, ' opponitur bono agentis, culpa autem bono actionis. cum ergo melius sit agens quam actio, videtur quod peius sit poena quam culpa.
ag3 ' Praeterea, ipsa privatio finis poena quaedam est, quae dicitur carentia visionis divinae. malum autem culpae est per privationem ordinis ad finem. ergo poena est maius malum quam culpa.
sc ' Sed contra, sapiens artifex inducit minus malum ad vitandum maius; sicut medicus praecidit membrum, ne corrumpatur corpus. sed dei sapientia infert poenam ad vitandam culpam. ergo culpa est maius malum quam poena.
co ' Respondeo dicendum quod culpa habet plus de ratione mali quam poena, et non solum quam poena sensibilis, quae consistit in privatione corporalium bonorum, cuiusmodi poenas plures intelligunt; sed etiam universaliter accipiendo poenam, secundum quod privatio gratiae vel gloriae poenae quaedam sunt. cuius est duplex ratio. prima quidem est, quia ex malo culpae fit aliquis malus, non autem ex malo poenae; * secundum illud dionysii, iv cap. de div. nom., ° puniri non est malum, sed fieri poena dignum. ' et hoc ideo est quia, cum bonum simpliciter consistat in actu, et non in potentia, ultimus autem actus est operatio, vel usus quarumcumque rerum habitarum; bonum hominis simpliciter consideratur in bona operatione, vel bono usu rerum habitarum. utimur autem rebus omnibus per voluntatem. unde ex bona voluntate, qua homo bene utitur rebus habitis, dicitur homo bonus; et ex mala, malus. potest enim qui habet malam voluntatem, etiam bono quod habet, male uti; sicut si grammaticus voluntarie incongrue loquatur. quia ergo culpa consistit in deordinato actu voluntatis, poena vero in privatione alicuius eorum quibus utitur voluntas; perfectius habet rationem mali culpa quam poena. secunda ratio sumi potest ex hoc, quod deus est auctor mali poenae, non autem mali culpae. cuius ratio est, quia malum poenae privat bonum creaturae, sive accipiatur bonum creaturae |25| aliquid creatum, sicut caecitas privat visum; sive sit bonum increatum, sicut per carentiam visionis divinae tollitur creaturae bonum increatum. malum vero culpae opponitur proprie ipsi bono increato, contrariatur enim impletioni divinae voluntatis, et divino amori quo bonum divinum in seipso amatur; et non solum secundum quod participatur a creatura. sic igitur patet quod culpa habet plus de ratione mali quam poena.
ra1 ' Ad primum ergo dicendum quod, licet culpa terminetur ad poenam, sicut meritum ad praemium, tamen culpa non intenditur propter poenam, sicut meritum propter praemium, sed potius e converso poena inducitur ut vitetur culpa. et sic culpa est peius quam poena.
ra2 ' Ad secundum dicendum quod ordo actionis, qui tollitur per culpam, est perfectius bonum agentis, cum sit perfectio secunda, quam bonum quod tollitur per poenam, quod est perfectio prima.
ra3 ' Ad tertium dicendum quod non est comparatio culpae ad poenam sicut finis et ordinis ad finem, quia utrumque potest privari aliquo modo et per culpam, et per poenam. sed per poenam quidem, secundum quod ipse homo removetur a fine, et ab ordine ad finem, per culpam vero, secundum quod ista privatio pertinet ad actionem, quae non ordinatur ad finem debitum.

007 ST1 qu49 ar

pr ' Consequenter quaeritur de causa mali. et circa hoc quaeruntur tria. primo, utrum bonum possit esse causa mali. secundo, utrum summum bonum, quod est deus, sit causa mali. tertio, utrum sit aliquod summum malum, quod sit prima causa omnium malorum.

007 ST1 qu49 ar1

ag1 ' Ad primum sic proceditur. videtur quod bonum non possit esse causa mali. * dicitur enim matth. vii, ° non potest arbor bona malos fructus facere.
ag2 ' Praeterea, unum contrariorum non potest esse causa alterius. malum autem est contrarium bono. ergo bonum non potest esse causa mali.
ag3 ' Praeterea, effectus deficiens non procedit nisi a causa deficiente. sed malum, si causam habeat, est effectus deficiens. ergo habet causam deficientem. sed omne deficiens malum est. ergo causa mali non est nisi malum.
ag4 * Praeterea, dionysius dicit, iv cap. de div. nom., quod " malum non habet causam. ' ergo bonum non est causa mali.
sc * Sed contra est quod augustinus dicit, contra iulianum, ° non fuit omnino unde oriri posset malum, nisi ex bono.
co ' Respondeo dicendum quod necesse est dicere quod omne malum aliqualiter causam habeat. malum enim est defectus boni quod natum est et debet haberi. quod autem aliquid deficiat a sua naturali et debita dispositione, non potest provenire nisi ex aliqua causa trahente rem extra suam dispositionem, non enim grave movetur sursum nisi ab aliquo impellente, nec agens deficit in sua actione nisi propter aliquod impedimentum. esse autem causam non potest convenire nisi bono, quia nihil potest esse causa nisi inquantum est ens; omne autem ens, inquantum huiusmodi, bonum est. et si consideremus speciales rationes causarum, agens et forma et finis perfectionem quandam important, quae pertinet ad rationem boni, sed et materia, inquantum est potentia ad bonum, habet rationem boni. et quidem quod bonum sit causa mali per modum causae materialis, * iam ex praemissis patet, ostensum est enim quod ' bonum est subiectum mali. causam autem formalem malum non habet, sed est magis privatio formae. et similiter nec causam finalem, sed magis est privatio ordinis ad finem debitum; non solum enim finis habet rationem boni, sed etiam utile, quod ordinatur ad finem. causam autem per modum agentis habet malum, non autem per se, sed per accidens. ad cuius evidentiam, sciendum est quod aliter causatur malum in actione, et aliter in effectu. in actione quidem causatur malum propter defectum alicuius principiorum actionis, |25| vel principalis agentis, vel instrumentalis, sicut defectus in motu animalis potest contingere vel propter debilitatem virtutis motivae, ut in pueris; vel propter solam ineptitudinem instrumenti, ut in claudis. malum autem in re aliqua, non tamen in proprio effectu agentis, causatur quandoque ex virtute agentis; quandoque autem ex defectu ipsius, vel materiae. ex virtute quidem vel perfectione agentis, quando ad formam intentam ab agente sequitur ex necessitate alterius formae privatio; sicut ad formam ignis sequitur privatio formae aeris vel aquae. sicut ergo, quanto ignis fuerit perfectior

in virtute, tanto perfectius imprimit formam suam, ita etiam tanto perfectius corrumpit contrarium, unde malum et corruptio aeris et aquae, est ex perfectione ignis. sed hoc est per accidens, quia ignis non intendit privare formam aquae, sed inducere formam propriam; sed hoc faciendo, causat et illud per accidens. sed si sit defectus in effectu proprio ignis, puta quod deficiat a calefaciendo, hoc est vel propter defectum actionis, qui redundat in defectum alicuius principii, * ut dictum est; ‘ vel ex indispositione materiae, quae non recipit actionem ignis agentis. sed et hoc ipsum quod est esse deficiens, accidit bono, cui per se competit agere. unde verum est quod malum secundum nullum modum habet causam nisi per accidens. sic autem bonum est causa mali.

ra1 ‘ Ad primum ergo dicendum quod, * sicut augustinus dicit, contra iulian., ° arborem malam appellat dominus voluntatem malam, et arborem bonam, voluntatem bonam. ‘ ex voluntate autem bona non producitur actus moralis malus, cum ex ipsa voluntate bona iudicetur actus moralis bonus. sed tamen ipse motus malae voluntatis causatur a creatura rationali, quae bona est. et sic est causa mali.

ra2 ‘ Ad secundum dicendum quod bonum non causat illud malum quod est sibi contrarium, sed quoddam aliud, sicut bonitas ignis causat malum aquae; et homo bonus secundum suam naturam, causat malum actum secundum morem. et hoc ipsum per accidens est, * ut dictum est. ‘ invenitur autem quod etiam unum contrariorum causat aliud per accidens, sicut frigidum exterius ambiens calefacit, inquantum calor retrahitur ad interiora.

ra3 ‘ Ad tertium dicendum quod malum habet causam deficientem aliter in rebus voluntariis, et naturalibus. agens enim naturale producit effectum suum talem quale ipsum est, nisi impediatur ab aliquo extrinseco, et hoc ipsum est quidam defectus eius. unde nunquam sequitur malum in effectu, nisi praeexistat aliquod aliud malum in agente vel materia, * sicut dictum est. ‘ sed in rebus voluntariis, defectus actionis a voluntate actu deficiente procedit, inquantum non subiicit se actu suae regulae. qui tamen defectus non est culpa, sed sequitur culpa ex hoc quod cum tali defectu operatur.

ra4 ‘ Ad quartum dicendum quod malum non habet causam per se, sed per accidens tantum, * ut dictum est.

007 ST1 qu49 ar2

ag1 ‘ Ad secundum sic proceditur. videtur quod summum bonum, quod est deus, sit causa mali. * dicitur enim isai. xlv, ° ego dominus, et non est alter deus, formans lucem et creans tenebras, faciens pacem et creans malum. * et amos iii, ° si erit malum in civitate, quod dominus non fecerit.

ag2 ‘ Praeterea, effectus causae secundae reducitur in causam primam. bonum autem est causa mali, * ut dictum est. ‘ cum igitur omnis boni causa sit deus, * ut supra ostensum est, ‘ sequitur quod etiam omne malum sit a deo.

ag3 * Praeterea, sicut dicitur in ii physic., “ idem est causa salutis navis, et periculi. ‘ sed deus est causa salutis omnium rerum. ergo est ipse causa omnis perditionis et mali.

sc ‘ Sed contra est quod * dicit augustinus, in libro octoginta trium quaest., quod ° deus non est auctor mali, quia non est causa tendendi ad non esse.

co * Respondeo dicendum quod, sicut ex dictis patet, ‘ malum quod in defectu actionis consistit, semper causatur ex defectu agentis. in deo autem nullus defectus est, sed summa perfectio, * ut supra ostensum est. ‘ unde malum quod in defectu actionis consistit, vel quod ex defectu agentis causatur, non reducitur in deum sicut in causam. sed malum quod in corruptione rerum aliquarum consistit, reducitur in deum sicut in causam. et hoc patet tam in naturalibus quam in voluntariis. * dictum est enim quod ‘ aliquod agens, inquantum sua virtute producit aliquam formam ad quam sequitur corruptio et defectus, causat sua virtute illam corruptionem et defectum. manifestum est autem quod forma quam principaliter deus intendit in rebus creatis, est bonum ordinis universi. ordo autem universi requirit, * ut supra dictum est, ‘ quod quaedam sint quae deficere possint, et interdum deficiant. et sic deus, in rebus causando bonum ordinis universi, ex consequenti, et quasi per accidens, causat corruptiones rerum; * secundum illud quod dicitur i reg. ii, ° dominus mortificat et vivificat. |25| * sed quod dicitur sap. i, quod ° deus mortem non fecit, “ intelligitur quasi per se intentam. ‘ ad ordinem autem universi pertinet etiam ordo iustitiae, qui requirit ut peccatoribus poena inferatur. et secundum hoc, deus est auctor mali quod est poena, non autem mali quod est culpa, * ratione supra dicta.

ra1 * Ad primum ergo dicendum quod auctoritates illae loquuntur ‘ de malo poenae, non autem de malo culpae.

ra2 ‘ Ad secundum dicendum quod effectus causae secundae deficientis reducitur in causam primam non deficientem, quantum ad id quod habet entitatis et perfectionis, non autem quantum ad id quod habet de defectu. sicut quidquid est motus in claudicatione, causatur a virtute motiva; sed quod est obliquitatis in ea, non est ex virtute motiva, sed ex curvitate cruris. et similiter quidquid est entitatis et actionis in actione mala, reducitur in deum sicut in causam, sed quod est ibi defectus, non causatur a deo, sed ex causa secunda deficiente.

ra3 ‘ Ad tertium dicendum quod submersio navis attribuitur nautae ut causae, ex eo quod non agit quod requiritur ad salutem navis. sed deus non deficit ab agendo quod est necessarium ad salutem. unde non est simile.

007 ST1 qu49 ar3

ag1 ‘ Ad tertium sic proceditur. videtur quod sit unum summum malum, quod sit causa omnis mali. contrariorum enim effectuum contrariae sunt causae. sed in rebus invenitur contrarietas, * secundum illud eccli. xxxiii, ° contra malum bonum est, et contra vitam mors; sic et contra virum iustum peccator. ‘ ergo sunt contraria principia, unum boni, et aliud mali.

ag2 “ Praeterea, si unum contrariorum est in rerum natura, et reliquum, * ut dicitur in ii de caelo et mundo. ‘ sed summum bonum est in rerum natura, quod est causa omnis boni, * ut supra ostensum est. ‘ ergo et est et summum malum ei oppositum, causa omnis mali.

ag3 ‘ Praeterea, sicut in rebus invenitur bonum et melius, ita malum et peius. sed bonum et melius dicuntur per respectum ad optimum. ergo malum et peius dicuntur per respectum ad aliquod summum malum.

ag4 ‘ Praeterea, omne quod est per participationem, reducitur ad illud quod est per essentiam. sed res quae sunt malae apud nos, non sunt malae per essentiam, sed per participationem. ergo est invenire aliquod summum malum per essentiam, quod est causa omnis mali.

ag5 ‘ Praeterea, omne quod est per accidens, reducitur ad illud quod est per se. sed bonum est causa mali per accidens. ergo oportet ponere aliquod summum malum, quod sit causa malorum per se. neque potest dici quod malum non habeat causam per se, sed per accidens tantum, quia sequeretur quod malum non esset ut in pluribus, sed ut in paucioribus.

ag6 ‘ Praeterea, malum effectus reducitur ad malum causae, quia effectus deficiens est a causa deficiente, * sicut supra dictum est. ‘ sed hoc non est procedere in infinitum. ergo oportet ponere unum primum malum, quod sit causa omnis mali.

sc ‘ Sed contra est quod summum bonum est causa omnis entis, * ut supra ostensum est. ‘ ergo non potest esse aliquod principium ei oppositum, quod sit causa malorum.

co * Respondeo dicendum quod ex praedictis patet ‘ non esse unum primum principium malorum, sicut est unum primum principium bonorum. primo quidem, quia primum principium bonorum est per essentiam bonum, * ut supra ostensum est. ‘ nihil autem potest esse per suam essentiam malum, * ostensum est enim quod ‘ omne ens, inquantum est ens, bonum est; et quod malum non est nisi in bono ut in subiecto. secundo, quia primum bonorum principium est summum et perfectum bonum, quod praehabet in se omnem bonitatem, * ut supra ostensum est. ‘ summum autem malum esse non potest, quia, * sicut ostensum est, ‘ etsi malum semper diminuat bonum, nunquam tamen illud potest totaliter consumere; et sic, semper remanente bono, non potest esse aliquid integre et perfecte malum. * propter quod philosophus dicit, in iv ethic., quod ° si malum integrum sit, seipsum destruet, ‘ quia destructo omni bono (quod requiritur ad integritatem mali), subtrahitur etiam ipsum malum, cuius subiectum est bonum. tertio, quia ratio mali repugnat rationi primi principii. tum quia omne malum causatur ex bono, |25| * ut supra ostensum est. ‘ tum quia malum non potest esse causa nisi per accidens, et sic non potest esse prima causa, quia causa per accidens est posterior ea quae est per se, * ut patet in ii physic.. qui autem posuerunt duo prima principia, unum bonum et alterum “ malum, ex eadem radice in hunc errorem inciderunt, ex qua et aliae extraneae positiones antiquorum ortum habuerunt, quia scilicet non consideraverunt causam universalem totius entis, sed particulares tantum causas particularium effectuum. propter hoc enim, si aliquid invenerunt esse nocivum alicui rei per virtutem suae naturae, aestimaverunt naturam illius rei esse malam, puta si quis dicat naturam ignis esse malam, quia combussit domum alicuius pauperis. ‘ iudicium autem de bonitate alicuius rei non est accipiendum secundum ordinem ad aliquid particulare; sed secundum seipsum, et secundum ordinem ad totum universum, in quo quaelibet res suum locum ordinatissime tenet, * ut ex dictis patet. “ similiter etiam, quia invenerunt duorum particularium effectuum contrariorum duas causas particulares contrarias, nesciverunt reducere causas particulares contrarias in causam universalem communem. et ideo usque ad prima principia contrarietatem in causis esse iudicaverunt. |50| ‘ sed cum omnia contraria conveniant in uno communi, necesse est in eis, supra causas contrarias proprias, inveniri unam causam communem, sicut supra qualitates contrarias elementorum invenitur virtus corporis caelestis. et similiter supra omnia quae quocumque modo sunt, invenitur unum primum principium essendi, * ut supra ostensum est.

ra1 ‘ Ad primum ergo dicendum quod contraria conveniunt in genere uno, et etiam conveniunt in ratione essendi. et ideo, licet habeant causas particulares contrarias, tamen oportet devenire ad unam primam causam communem.

ra2 ‘ Ad secundum dicendum quod privatio et habitus nata sunt fieri circa idem. subiectum autem privationis est ens in potentia, * ut dictum est. ‘ unde, cum malum sit privatio boni, * ut ex dictis patet, ‘ illi bono opponitur cui adiungitur potentia, non autem summo bono, quod est actus purus.

ra3 ‘ Ad tertium dicendum quod unumquodque intenditur secundum propriam rationem. sicut autem forma est perfectio quaedam, ita privatio est quaedam remotio. unde omnis forma et perfectio et bonum per accessum ad terminum perfectum intenditur, privatio autem et malum per recessum a termino. unde non dicitur malum et peius per accessum ad summum malum, sicut dicitur bonum et melius per accessum ad summum bonum.

ra4 ‘ Ad quartum dicendum quod nullum ens dicitur malum per participationem, sed per privationem participationis. unde non oportet fieri reductionem ad aliquid quod sit per essentiam malum.

ra5 ‘ Ad quintum dicendum quod malum non potest habere causam nisi per accidens, * ut supra ostensum est. ‘ unde impossibile est fieri reductionem ad aliquid quod sit per se causa mali. quod autem dicitur, quod malum est ut in pluribus, simpliciter falsum est. nam generabilia et corruptibilia, in quibus solum contingit esse malum naturae, sunt modica pars totius universi et iterum in unaquaque specie defectus naturae accidit ut in paucioribus. in solis autem hominibus malum videtur esse ut in pluribus, quia bonum hominis secundum sensum non est hominis inquantum homo, idest secundum rationem; plures autem sequuntur sensum quam rationem.

ra6 ‘ Ad sextum dicendum quod in causis mali non est procedere in infinitum, sed est reducere omnia mala in aliquam causam bonam, ex qua sequitur malum per accidens.

007 ST1 qu50 ar

pr ‘ Post haec considerandum est de distinctione corporalis et spiritualis creaturae. et primo, de creatura pure spirituali, quae in scriptura sacra angelus nominatur; secundo, de creatura pure corporali; tertio, de creatura composita ex corporali et spirituali, quae est homo. circa vero angelos, considerandum est primo de his quae pertinent ad eorum substantiam; secundo, de his quae pertinent ad eorum intellectum; tertio, de his quae pertinent ad eorum voluntatem; quarto, de his quae pertinent ad eorum creationem. de substantia autem eorum considerandum est et absolute, et per comparationem ad corporalia. circa substantiam vero eorum absolute, quinque quaeruntur. primo utrum sit aliqua creatura omnino spiritualis, et penitus incorporea. secundo, supposito quod angelus sit talis, quaeritur utrum angelus sit compositus ex materia et forma. tertio, quaeritur de multitudine eorum. quarto, de differentia ipsorum ab invicem. quinto, de immortalitate, seu incorruptibilitate ipsorum.

007 ST1 qu50 ar1

ag1 ‘ Ad primum sic proceditur. videtur quod angelus non sit omnino incorporeus. illud enim quod est incorporeum solum quoad nos, et non quoad deum, non est incorporeum simpliciter. * sed damascenus dicit, in libro ii, quod ° angelus incorporeus et immaterialis dicitur quantum ad nos, sed comparatus ad deum, corporeus et materialis invenitur. ‘ non ergo est incorporeus simpliciter.

ag2 ‘ Praeterea, nihil movetur nisi corpus, * ut probatur in vi physic.. sed damascenus dicit ibidem quod “ angelus est substantia intellectualis semper mobilis. ‘ angelus ergo est substantia corporea.

ag3 * Praeterea, ambrosius dicit, in libro de spiritu sancto, ° omnis creatura certis suae naturae circumscripta est limitibus. ‘ circumscribi autem proprium est corporum. ergo omnis creatura est corporea. angeli autem sunt dei creaturae, * ut patet in psalmo cxlviii, laudate dominum, omnes angeli eius; et postea subditur, ° quoniam ipse dixit, et facta sunt, ipse mandavit, et creata sunt. ‘ ergo angeli sunt corporei.

sc * Sed contra est quod dicitur in psalmo ciii, ° qui facit angelos suos spiritus.

co ‘ Respondeo dicendum quod necesse est ponere aliquas creaturas incorporeas. id enim quod praecipue in rebus creatis deus intendit est bonum quod consistit in assimilatione ad deum. perfecta autem assimilatio effectus ad causam attenditur, quando effectus imitatur causam secundum illud per quod causa producit effectum; sicut calidum facit calidum. deus autem creaturam producit per intellectum et voluntatem, * ut supra ostensum est. ‘ unde ad perfectionem universi requiritur quod sint aliquae creaturae intellectuales. intelligere autem non potest esse actus corporis, nec alicuius virtutis corporeae, quia omne corpus determinatur ad hic et nunc. unde necesse est ponere, ad hoc quod universum sit perfectum, quod sit aliqua incorporea creatura. * antiqui autem, ignorantes vim intelligendi, et non distinguentes “ inter sensum et intellectum, nihil esse exi-

stimaverunt in mundo, nisi quod sensu et imaginatione apprehendi potest. et quia sub imaginatione non cadit nisi corpus, existimaverunt quod nullum ens esset nisi corpus; * ut philosophus dicit in iv physic.. et ex his processit sadducaeorum error, dicentium non esse spiritum. ' sed hoc ipsum quod intellectus est altior sensu, rationabiliter ostendit esse aliquas res incorporeas, a solo intellectu comprehensibiles.
ra1 ' Ad primum ergo dicendum quod substantiae incorporeae medium sunt inter deum et creaturas corporeas. medium autem comparatum ad unum extremum, videtur alterum extremum; sicut tepidum comparatum calido, videtur frigidum. et hac ratione dicitur quod angeli, deo comparati, sunt materiales et corporei, non quod in eis sit aliquid de natura corporea.
ra2 ' Ad secundum dicendum quod motus ibi accipitur prout intelligere et velle motus quidam dicuntur. dicitur ergo angelus substantia semper mobilis, quia semper est actu intelligens, non quandoque actu et quandoque potentia, sicut nos. unde patet quod ratio procedit ex aequivoco.
ra3 ' Ad tertium dicendum quod circumscribi terminis localibus est proprium corporum, sed circumscribi terminis essentialibus est commune cuilibet creaturae, tam corporali quam spirituali. * unde dicit ambrosius, in libro de spir. sanct., quod " licet quaedam locis corporalibus non contineantur, circumscriptione tamen substantiae non carent.

007 ST1 qu50 ar2

ag1 ' Ad secundum sic proceditur. videtur quod angelus sit compositus ex materia et forma. omne enim quod continetur sub aliquo genere, est compositum ex genere et differentia, quae, adveniens generi, constituit speciem. sed genus sumitur ex materia, differentia vero ex forma, * ut patet in viii metaphys.. ' ergo omne quod est in genere, est compositum ex materia et forma. sed angelus est in genere substantiae. ergo est compositus ex materia et forma.
ag2 ' Praeterea, in quocumque inveniuntur proprietates materiae, ibi invenitur materia. proprietates autem materiae sunt recipere et substare; * unde dicit boetius, in libro de trin., quod ° forma simplex subiectum esse non potest. ' haec autem inveniuntur in angelo. ergo angelus est compositus ex materia et forma.
ag3 ' Praeterea, forma est actus. quod ergo est forma tantum, est actus purus. sed angelus non est actus purus, hoc enim solius dei est. ergo non est forma tantum, sed habet formam in materia.
ag4 ' Praeterea, forma proprie limitatur et finitur per materiam. forma ergo quae non est in materia, est forma infinita. sed forma angeli non est infinita, quia omnis creatura finita est. ergo forma angeli est in materia.
sc * Sed contra est quod dionysius dicit, iv cap. de div. nom., quod ° primae creaturae sicut incorporales et immateriales intelliguntur.
co ' Respondeo dicendum quod * quidam ponunt " angelos esse compositos ex materia et forma. ' et * hanc opinionem astruere nititur avicebron in libro fontis vitae. " supponit enim quod quaecumque distinguuntur secundum intellectum, sint etiam in rebus distincta. in substantia autem incorporea intellectus apprehendit aliquid per quod distinguitur a substantia corporea, et aliquid per quod cum ea convenit. unde ex hoc vult concludere quod illud per quod differt substantia incorporea a corporea, sit ei quasi forma, et illud quod subiicitur huic formae distinguenti quasi commune, sit materia eius. et propter hoc ponit quod eadem est materia universalis spiritualium et corporalium, ut intelligatur quod forma incorporeae substantiae sic sit impressa in materia spiritualium, sicut forma quantitatis est impressa in materia corporalium. ' sed primo aspectu apparet esse impossibile unam esse materiam spiritualium et corporalium. non enim est possibile quod forma spiritualis et corporalis recipiatur in una parte materiae, quia sic una et eadem res numero esset corporalis et spiritualis. unde relinquitur quod alia pars materiae sit quae recipit formam corporalem, et alia quae recipit formam spiritualem. materiam autem dividi in partes non contingit nisi secundum quod intelligitur sub quantitate, qua remota, remanet substantia |25| indivisibilis, * ut dicitur in i physic.. ' sic igitur relinquitur quod materia spiritualium sit subiecta quantitati, quod est impossibile. impossibile est ergo quod una sit materia corporalium et spiritualium. sed adhuc ulterius impossibile est quod substantia intellectualis habeat qualemcumque materiam. operatio enim cuiuslibet rei est secundum modum substantiae eius. intelligere autem est operatio penitus immaterialis. quod ex eius obiecto apparet, a quo actus quilibet recipit speciem et rationem, sic enim unumquodque intelligitur, inquantum a materia abstrahitur; quia formae in materia sunt individuales formae, quas intellectus non apprehendit secundum quod huiusmodi. unde relinquitur quod omnis substantia intellectualis est omnino immaterialis. non est autem necessarium quod ea quae distinguuntur secundum intellectum, sint distincta in rebus, quia intellectus non apprehendit res secundum modum rerum, sed secundum modum suum. unde res materiales, quae sunt infra intellectum nostrum, simpliciori modo sunt in intellectu nostro, quam sint in seipsis. substantiae autem angelicae sunt supra intellectum nostrum. unde intellectus noster non potest attingere ad apprehendendum eas secundum quod sunt in seipsis; sed per modum suum, secundum quod apprehendit res compositas. et sic etiam apprehendit deum, |50| * ut supra dictum est.
ra1 ' Ad primum ergo dicendum quod differentia est quae constituit speciem. unumquodque autem constituitur in specie, secundum quod determinatur ad aliquem specialem gradum in entibus, quia species rerum sunt sicut numeri, qui differunt per additionem et subtractionem unitatis, * ut dicitur in viii metaphys.. ' in rebus autem materialibus aliud est quod determinat ad specialem gradum, scilicet forma, et aliud quod determinatur, scilicet materia, unde ab alio sumitur genus, et ab alio differentia. sed in rebus immaterialibus non est aliud determinans et determinatum, sed unaquaeque earum secundum seipsam tenet determinatum gradum in entibus. et ideo genus et differentia in eis non accipitur secundum aliud et aliud, sed secundum unum et idem. quod tamen differt secundum considerationem nostram, inquantum enim intellectus noster considerat illam rem ut indeterminate, accipitur in eis ratio generis; inquantum vero considerat ut determinate, accipitur ratio differentiae.
ra2 ' Ad secundum dicendum quod * ratio illa ponitur in libro fontis vitae. ' et esset necessaria, si idem esset modus quo recipit intellectus, et quo recipit materia. sed hoc patet esse falsum. materia enim recipit formam, ut secundum ipsam constituatur in esse alicuius speciei, vel aeris, vel ignis, vel cuiuscumque alterius. sic autem intellectus non recipit formam, alioquin * verificaretur opinio empedoclis, qui posuit quod " terram terra cognoscimus, et ignem igne. ' sed forma intelligibilis est in intellectu secundum ipsam rationem formae, sic enim cognoscitur ab intellectu. unde talis receptio non est receptio materiae, sed est receptio substantiae immaterialis.
ra3 ' Ad tertium dicendum quod, licet in angelo non sit compositio formae et materiae, est tamen in eo actus et potentia. quod quidem manifestum potest esse ex consideratione rerum materialium, in quibus invenitur duplex compositio. prima quidem formae et materiae, ex quibus constituitur natura aliqua. natura autem sic composita non est suum esse, sed esse est actus eius. unde ipsa natura comparatur ad suum esse sicut potentia ad actum. subtracta ergo materia, et posito quod ipsa forma subsistat non in materia, adhuc remanet comparatio formae ad ipsum esse ut potentiae ad actum. et talis compositio intelligenda est in angelis. * et hoc est quod a quibusdam dicitur, quod " angelus est compositus ex quo est et quod est, vel ex esse et quod est, * ut boetius dicit, ' nam quod est est ipsa forma subsistens; ipsum autem esse est quo substantia est, sicut cursus est quo currens currit. sed in deo non est aliud esse et quod est, * ut supra ostensum est. ' unde solus deus est actus purus.
ra4 ' Ad quartum dicendum quod omnis creatura est finita simpliciter, inquantum esse eius non est absolutum subsistens, sed limitatur ad naturam aliquam cui advenit. sed nihil prohibet aliquam creaturam esse secundum quid infinitam. creaturae autem materiales habent infinitatem ex parte materiae, sed finitatem ex parte formae, quae limitatur per materiam in qua recipitur. substantiae autem immateriales creatae sunt finitae secundum suum esse, sed infinitae secundum quod eorum formae non sunt receptae in alio. sicut si diceremus albedinem separatam existentem esse infinitam quantum ad rationem albedinis, quia non contrahitur ad aliquod subiectum; esse tamen eius esset finitum, quia determinatur ad aliquam naturam specialem. et propter hoc * dicitur in libro de causis, quod " intelligentia est finita superius, inquantum scilicet recipit esse a suo superiori; sed est infinita inferius, inquantum non recipitur in aliqua materia.

007 ST1 qu50 ar3

ag1 ' Ad tertium sic proceditur. videtur quod angeli non sint in aliquo magno numero. numerus enim species quantitatis est, et sequitur divisionem continui. hoc autem non potest esse in angelis cum sint incorporei, * ut supra ostensum est. ' ergo angeli non possunt esse in aliquo magno numero.
ag2 ' Praeterea, quanto aliquid est magis propinquum uni, tanto minus est multiplicatum, ut in numeris apparet. natura autem angelica inter alias naturas creatas est deo propinquior. cum ergo deus sit maxime unus, videtur quod in natura angelica inveniatur minimum de multitudine.
ag3 ' Praeterea, proprius effectus separatarum substantiarum videtur esse motus corporum caelestium. sed motus corporum caelestium sunt secundum aliquem determinatum numerum paucum, qui a nobis comprehendi potest. ergo angeli non sunt in maiori multitudine, quam motus corporum caelestium.
ag4 * Praeterea, dionysius dicit, iv cap. de div. nom., quod ° propter radios divinae bonitatis subsistunt intelligibiles et intellectuales omnes substantiae. ' sed radius non multiplicatur nisi secundum diversitatem recipientium. non autem potest dici quod materia sit receptiva intelligibilis radii, cum substantiae intellectuales sint immateriales, * ut supra ostensum est. ' ergo videtur quod multiplicatio substantiarum intellectualium non possit esse nisi secundum exigentiam primorum corporum, scilicet caelestium, ut ad ea quodammodo processus praedictorum radiorum terminetur. et sic idem quod prius.
sc * Sed contra est quod dicitur dan. vii, ° millia millium ministrabant ei, et decies millies centena millia assistebant ei.
co * Respondeo dicendum quod circa numerum substantiarum separatarum, diversi diversis viis processerunt. plato enim posuit " substantias separatas esse species rerum sensibilium, utpote si poneremus ipsam naturam humanam esse separatam. et secundum hoc oportebat dicere quod substantiae separatae sint secundum numerum specierum sensibilium. * sed hanc positionem improbat aristoteles, ex eo quod materia " est de ratione speciei horum sensibilium. unde substantiae separatae non possunt esse species exemplares horum sensibilium, sed habent quasdam naturas altiores naturis rerum sensibilium. * posuit tamen aristoteles quod " illae naturae perfectiores habent ordinem ad sensibilia ista, secundum rationem moventis et finis. et ideo secundum numerum primorum motuum, conatus est adinvenire numerum substantiarum separatarum. ' sed quia hoc videtur repugnare documentis sacrae scripturae, * rabbi moyses, iudaeus, volens utrumque concordare, posuit quod " angeli, secundum quod dicuntur substantiae immateriales, multiplicantur secundum numerum motuum vel corporum caelestium, * secundum aristotelem. sed posuit quod " angeli in scriptura dicuntur etiam homines divina annuntiantes; et iterum virtutes rerum naturalium, quae dei omnipotentiam manifestant. ' sed hoc est |25| alienum a consuetudine scripturae, quod virtutes rerum irrationabilium angeli nominentur. unde dicendum est quod etiam angeli secundum quod sunt immateriales substantiae, in quadam multitudine maxima sunt, omnem materialem multitudinem excedentes. * et hoc est quod dicit dionysius, xiv cap. caelest. hierarch., ° multi sunt beati exercitus supernarum mentium, infirmam et constrictam excedentes nostrorum materialium numerorum commensurationem. ' et huius ratio est quia, cum perfectio universi sit illud quod praecipue deus intendit in creatione rerum, quanto aliqua sunt magis perfecta tanto in maiori excessu sunt creata a deo. sicut autem in corporibus attenditur excessus secundum magnitudinem, ita in rebus incorporeis potest attendi excessus secundum multitudinem. videmus autem quod corpora incorruptibilia, quae sunt perfectiora inter corpora, excedunt quasi incomparabiliter secundum magnitudinem corpora corruptibilia, nam tota sphaera activorum et passivorum est aliquid modicum respectu corporum caelestium. unde rationabile est quod substantiae immateriales excedant secundum multitudinem substantias materiales, quasi incomparabiliter.
ra1 ' Ad primum ergo dicendum quod in angelis non est numerus qui est quantitas discreta, causatus ex divisione continui, sed causatus ex distinctione formarum, prout multitudo est de transcendentibus, ut supra dictum est.
ra2 ' Ad secundum dicendum quod ex hoc quod natura angelica est deo propinqua, oportet quod habeat minimum de multitudine in sui compositione, non autem ita quod in paucis salvetur.
ra3 ' Ad tertium dicendum quod * ratio illa est aristotelis in xii metaphys.. ' et ex necessitate concluderet, si substantiae separatae essent propter substantias corporales, sic enim frustra essent immateriales substantiae, nisi ex eis aliquis motus in rebus corporalibus appareret. non est autem hoc verum, quod substantiae immateriales sint propter corporales, quia finis nobilior est his quae sunt ad finem. * unde etiam aristoteles dicit ibidem quod " haec ratio non est necessaria, sed probabilis. coactus autem fuit hac ratione uti, quia ad cognoscendum intelligibilia non possumus pervenire nisi per sensibilia.
ra4 ' Ad quartum dicendum quod * ratio illa procedit secundum opinionem eorum " qui causam distinctionis rerum ponebant esse materiam. * hoc autem improbatum est. ' unde multiplicatio angelorum neque secundum materiam, neque secundum corpora est accipienda, sed secundum divinam sapientiam, diversos ordines immaterialium substantiarum excogitantem.

007 ST1 qu50 ar4

ag1 ' Ad quartum sic proceditur. videtur quod angeli non differant specie. cum enim differentia sit nobilior genere, quaecumque conveniunt secundum id quod est nobilissimum in eis, conveniunt in ultima differentia constitutiva; et ita sunt eadem secundum speciem. sed omnes angeli conveniunt in eo quod est nobilissimum in eis, scilicet in intellectualitate. ergo omnes angeli sunt unius speciei.
ag2 ' Praeterea, magis et minus non diversificant speciem. sed angeli non videntur differre ad invicem nisi secundum magis et minus; prout scilicet unus alio est simplicior, et perspicacioris intellectus. ergo angeli non differunt specie.
ag3 ' Praeterea, anima et angelus ex opposito dividuntur. sed omnes animae sunt unius speciei. ergo et angeli.

ag4 ' Praeterea, quanto aliquid est perfectius in natura, tanto magis debet multiplicari. hoc autem non esset, si in una specie esset unum tantum individuum. ergo multi angeli sunt unius speciei.
sc " Sed contra est quod in his quae sunt unius speciei, non est invenire prius et posterius, * ut dicitur in iii metaphys.. " sed in angelis, etiam unius ordinis, sunt primi et medii et ultimi, * ut dicit dionysius, x cap. ang. hier.. ' ergo angeli non sunt eiusdem speciei.
co * Respondeo dicendum quod quidam dixerunt " omnes substantias spirituales esse unius speciei, etiam animas. * alii vero quod " omnes angeli sunt unius speciei, sed non animae. * quidam vero quod " omnes angeli unius hierarchiae, aut etiam unius ordinis. ' sed hoc est impossibile. ea enim quae conveniunt specie et differunt numero, conveniunt in forma, et distinguuntur materialiter. si ergo angeli non sunt compositi ex materia et forma, * ut dictum est supra, ' sequitur quod impossibile sit esse duos angelos unius speciei. sicut etiam impossibile esset dicere quod essent plures albedines separatae, aut plures humanitates; cum albedines non sint plures nisi secundum quod sunt in pluribus substantiis. si tamen angeli haberent materiam, nec sic possent esse plures angeli unius speciei. sic enim oporteret quod principium distinctionis unius ab alio esset materia, non quidem secundum divisionem quantitatis, cum sint incorporei, sed secundum diversitatem potentiarum. quae quidem diversitas materiae causat diversitatem non solum speciei, sed generis.
ra1 ' Ad primum ergo dicendum quod differentia est nobilior genere, sicut determinatum indeterminato et proprium communi: non autem sicut alia et alia natura. alioquin oporteret quod omnia animalia irrationalia essent unius speciei; vel quod esset in eis aliqua alia perfectior forma quam anima sensibilis. differunt ergo specie animalia irrationalia secundum diversos gradus determinatos naturae sensitivae. et similiter omnes angeli differunt specie secundum diversos gradus naturae intellectivae.
ra2 ' Ad secundum dicendum quod magis et minus, secundum quod causantur ex intensione et remissione unius formae, non diversificant speciem. sed secundum quod causantur ex formis diversorum graduum, sic diversificant speciem, sicut si dicamus quod ignis est perfectior aere. et hoc modo angeli diversificantur secundum magis et minus.
ra3 ' Ad tertium dicendum quod bonum speciei praeponderat bono individui. unde multo melius est quod multiplicentur species in angelis, quam quod multiplicentur individua in una specie.
ra4 ' Ad quartum dicendum quod multiplicatio secundum numerum, cum in infinitum protendi possit, non intenditur ab agente, sed sola multiplicatio secundum speciem, * ut supra dictum est. ' unde perfectio naturae angelicae requirit multiplicationem specierum, non autem multiplicationem individuorum in una specie.

007 ST1 qu50 ar5

ag1 ' Ad quintum sic proceditur. videtur quod angeli non sint incorruptibiles. * dicit enim damascenus de angelo, quod ° est substantia intellectualis, gratia et non natura immortalitatem suscipiens.
ag2 * Praeterea, plato dicit, in timaeo, ° o dii deorum, quorum opifex idem paterque ego, opera siquidem vos mea, dissolubilia natura, me tamen ita volente indissolubilia. ' hos autem deos non aliud quam angelos intelligere potest. ergo angeli natura sua sunt corruptibiles.
ag3 * Praeterea, secundum gregorium, ° omnia in nihilum deciderent, nisi ea manus omnipotentis conservaret. ' sed quod in nihilum redigi potest, est corruptibile. ergo, cum angeli sint a deo facti, videtur quod sint corruptibiles secundum suam naturam.
sc * Sed contra est quod dionysius dicit, iv cap. de div. nom., quod " intellectuales substantiae ° vitam habent indeficientem, ab universa corruptione, morte et materia et generatione mundae existentes.
co ' Respondeo dicendum quod necesse est dicere angelos secundum suam naturam esse incorruptibiles. cuius ratio est, quia nihil corrumpitur nisi per hoc, quod forma eius a materia separatur, unde, cum angelus sit ipsa forma subsistens, * ut ex dictis patet, ' impossibile est quod eius substantia sit corruptibilis. quod enim convenit alicui secundum se, nunquam ab eo separari potest, ab eo autem cui convenit per aliud, potest separari, separato eo secundum quod ei conveniebat. rotunditas enim a circulo separari non potest, quia convenit ei secundum seipsum, sed aeneus circulus potest amittere rotunditatem per hoc, quod circularis figura separatur ab aere. esse autem secundum se competit formae, unumquodque enim est ens actu secundum quod habet formam. materia vero est ens actu per formam. compositum igitur ex materia et forma desinit esse actu per hoc, quod forma separatur a materia. sed si ipsa forma subsistat in suo esse, sicut est in angelis, * ut dictum est, ' non potest amittere esse. ipsa igitur immaterialitas angeli est ratio quare angelus est incorruptibilis secundum suam naturam. et huius incorruptibilitatis signum accipi potest ex eius intellectuali operatione, quia enim unumquodque operatur secundum quod est actu, operatio rei indicat modum esse ipsius. species autem et ratio operationis ex obiecto comprehenditur. |25| obiectum autem intelligibile, cum sit supra tempus, est sempiternum. unde omnis substantia intellectualis est incorruptibilis secundum suam naturam.
ra1 * Ad primum ergo dicendum quod damascenus " accipit immortalitatem perfectam, quae includit omnimodam immutabilitatem, quia omnis mutatio est quaedam mors, * ut augustinus dicit. ' perfectam autem immutabilitatem angeli non nisi per gratiam assequuntur, * ut infra patebit.
ra2 * Ad secundum dicendum quod plato " per deos intelligit corpora caelestia, quae existimabat esse ex elementis composita, et ideo secundum suam naturam dissolubilia, sed voluntate divina semper conservantur in esse.
ra3 * Ad tertium dicendum quod, sicut supra dictum est, ' quoddam necessarium est quod habet causam suae necessitatis. unde non repugnat necessario nec incorruptibili, quod esse eius dependeat ab alio sicut a causa. per hoc ergo quod dicitur quod omnia deciderent in nihilum nisi continerentur a deo, et etiam angeli, non datur intelligi quod in angelis sit aliquod corruptionis principium, sed quod esse angeli dependeat a deo sicut a causa. non autem dicitur aliquid esse corruptibile, per hoc quod deus possit illud in non esse redigere, subtrahendo suam conservationem, sed per hoc quod in seipso aliquod principium corruptionis habet, vel contrarietatem vel saltem potentiam materiae.

007 ST1 qu51 ar

pr ' Deinde quaeritur de angelis per comparationem ad corporalia. et primo, de comparatione angelorum ad corpora; secundo, de comparatione angelorum ad loca corporalia; tertio, de comparatione angelorum ad motum localem. circa primum quaeruntur tria. primo, utrum angeli habeant corpora naturaliter sibi unita. secundo, utrum assumant corpora. tertio, utrum in corporibus assumptis exerceant opera vitae.

007 ST1 qu51 ar1

ag1 ' Ad primum sic proceditur. videtur quod angeli habeant corpora naturaliter sibi unita. * dicit enim origenes, in libro peri archon, ° solius dei, idest patris et filii et spiritus sancti, naturae illud proprium est, ut sine materiali substantia et absque ulla corporeae adiectionis societate, intelligatur existere. * bernardus etiam dicit, in vi homilia super cant., ° demus deo soli, sicut immortalitatem sic incorporeitatem, cuius natura sola neque propter se neque propter alium, solatio indiget instrumenti corporei. liquet autem omnem spiritum creatum corporeo indigere solatio. * augustinus etiam dicit, super gen. ad litt., ° daemones aerea dicuntur animalia, quia corporum aereorum natura vigent. ' eadem autem est natura daemonis et angeli. ergo angeli habent corpora naturaliter sibi unita.
ag2 * Praeterea, gregorius, in homilia epiphaniae, " nominat angelum rationale animal. ' omne autem animal componitur ex corpore et anima. ergo angeli habent corpora naturaliter sibi unita.
ag3 ' Praeterea, perfectior est vita in angelis quam in animabus. sed anima non solum vivit, sed etiam vivificat corpus. ergo angeli vivificant corpora naturaliter sibi unita.
sc * Sed contra est quod dicit dionysius, iv cap. de div. nom., quod ° angeli sicut incorporales intelliguntur.
co ' Respondeo dicendum quod angeli non habent corpora sibi naturaliter unita. quod enim accidit alicui naturae, non invenitur universaliter in natura illa, sicut habere alas, quia non est de ratione animalis, non convenit omni animali. cum autem intelligere non sit actus corporis nec alicuius virtutis corporeae, * ut infra patebit, ' habere corpus unitum non est de ratione substantiae intellectualis inquantum huiusmodi, sed accidit alicui substantiae intellectuali propter aliquid aliud; sicut humanae animae competit uniri corpori, quia est imperfecta et in potentia existens in genere intellectualium substantiarum, non habens in sui natura plenitudinem scientiae, sed acquirens eam per sensus corporeos a sensibilibus rebus, * ut infra dicetur. ' in quocumque autem genere invenitur aliquid imperfectum, oportet praeexistere aliquid perfectum in genere illo. sunt igitur aliquae substantiae perfectae intellectuales in natura intellectuali, non indigentes acquirere scientiam a sensibilibus rebus. non igitur omnes substantiae intellectuales sunt unitae corporibus; sed aliquae sunt a corporibus separatae. et has dicimus angelos.
ra1 * Ad primum ergo dicendum quod, sicut supra dictum est, * quorundam opinio fuit quod " omne ens esset corpus. et ex hac existimatione derivatum videtur, quod aliqui existimaverunt nullas substantias incorporeas esse nisi corporibus unitas; * adeo quod quidam etiam posuerunt " deum esse animam mundi, * ut augustinus narrat in vii de civ. dei. ' sed quia hoc fidei catholicae repugnat, quae ponit deum super omnia exaltatum, * secundum illud psalmi viii, ° elevata est magnificentia tua super caelos, * origenes, hoc de deo dicere recusans, de aliis secutus est " aliorum opinionem; sicut et in multis aliis deceptus fuit, sequens antiquorum philosophorum opiniones. * verbum autem bernardi potest exponi, quod spiritus creati " indigeant corporali instrumento, non naturaliter unito, sed ad aliquid assumpto, * ut infra dicetur. * augustinus autem loquitur non asserendo, sed opinione " platonicorum utens, qui ponebant esse quaedam animalia aerea, quae daemones nominabant.
ra2 * Ad secundum dicendum quod gregorius nominat angelum " rationale animal metaphorice, propter similitudinem rationis.
ra3 ' Ad tertium dicendum quod vivificare effective simpliciter perfectionis est. unde et deo convenit * secundum illud i reg. ii ° dominus mortificat et vivificat. ' sed vivificare formaliter est substantiae quae est pars alicuius naturae, et non habentis in se integram naturam speciei. unde substantia intellectualis quae non est unita corpori, est perfectior quam ea quae est corpori unita.

007 ST1 qu51 ar2

ag1 ' Ad secundum sic proceditur. videtur quod angeli non assumant corpora. in opere enim angeli nihil est superfluum; sicut neque in opere naturae. sed superfluum esset quod angeli corpora assumerent, angelus enim non indiget corpore, cum eius virtus omnem virtutem corporis excedat. ergo angelus non assumit corpus.
ag2 ' Praeterea, omnis assumptio ad aliquam unionem terminatur, quia assumere dicitur quasi ad se sumere. sed corpus non unitur angelo ut formae, * sicut dictum est. ' ex eo autem quod unitur sibi ut motori, non dicitur assumi, alioquin sequeretur quod omnia corpora mota ab angelis, essent ab eis assumpta. ergo angeli non assumunt corpora.
ag3 ' Praeterea, angeli non assumunt corpora de terra vel aqua, quia non subito disparerent; neque iterum de igne, quia comburerent ea quae contingerent; neque iterum ex aere, quia aer infigurabilis est et incolorabilis. ergo angeli corpora non assumunt.
sc * Sed contra est quod augustinus dicit, xvi de civ. dei, quod ' angeli in assumptis corporibus abrahae apparuerunt.
co * Respondeo dicendum quod quidam dixerunt " angelos nunquam corpora assumere, sed omnia quae in scripturis divinis leguntur de apparitionibus angelorum, contigisse in visione prophetiae, hoc est secundum imaginationem. ' sed hoc repugnat intentioni scripturae. illud enim quod imaginaria visione videtur, est in sola imaginatione videntis, unde non videtur indifferenter ab omnibus. scriptura autem divina sic introducit interdum angelos apparentes, ut communiter ab omnibus viderentur; sicut angeli apparentes abrahae, visi sunt ab eo et tota familia eius, et a loth, et a civibus sodomorum. similiter angelus qui apparuit tobiae, ab omnibus videbatur. ex quo manifestum fit huiusmodi contigisse secundum corpoream visionem, qua videtur id quod positum est extra videntem, unde ab omnibus videri potest. tali autem visione non videtur nisi corpus. cum igitur angeli neque corpora sint, neque habeant corpora naturaliter sibi unita, * ut ex dictis patet, ' relinquitur quod interdum corpora assumant.
ra1 ' Ad primum ergo dicendum quod angeli non indigent corpore assumpto propter seipsos, sed propter nos; ut familiariter cum hominibus conversando, demonstrent intelligibilem societatem quam homines expectant cum eis habendam in futura vita. hoc etiam quod angeli corpora assumpserunt in veteri testamento, fuit quoddam figurale indicium quod verbum dei assumpturum esset corpus humanum, omnes enim apparitiones veteris testamenti ad illam apparitionem ordinatae fuerunt, qua filius dei apparuit in carne.
ra2 ' Ad secundum dicendum quod corpus assumptum unitur angelo, non quidem ut formae, neque solum ut motori; sed sicut motori repraesentato per corpus mobile assumptum. sicut enim in sacra scriptura proprietates rerum intelligibilium sub similitudinibus rerum sensibilium describuntur, ita corpora sensibilia divina virtute sic formantur ab angelis, ut congruant ad repraesentandum angeli intelligibiles proprietates. et hoc est angelum assumere corpus.
ra3 ' Ad tertium dicendum quod, licet aer, in sua raritate manens, non retineat figuram neque colorem; quando tamen condensatur, et figurari et colorari potest, sicut patet in nubibus. et sic angeli assumunt corpora ex aere, condensando ipsum virtute divina, quantum necesse est ad corporis assumendi formationem.

007 ST1 qu51 ar3

ag1 ' Ad tertium sic proceditur. videtur quod angeli in corporibus assumptis opera vitae exerceant. angelos enim veritatis non decet aliqua fictio. esset autem fictio, si corpus ab eis assumptum, quod vivum videtur et opera vitae habens, non haberet huiusmodi. ergo angeli in assumpto corpore opera vitae exercent.
ag2 ' Praeterea, in operibus angeli non sunt aliqua frustra. frustra autem in corpore assumpto per angelum formarentur oculi et nares et alia sensuum instrumenta, nisi per ea angelus sentiret. ergo angelus sentit per corpus assumptum. quod est propriissimum opus vitae.
ag3 ' Praeterea, moveri motu processivo est unum de

operibus vitae, * ut patet in ii de anima. ' manifeste autem angeli apparent in assumptis corporibus moveri. * dicitur enim gen. xviii, quod " abraham simul gradiebatur, deducens angelos qui ei apparuerant. * et angelus tobiae quaerenti, " nosti viam quae ducit in civitatem medorum? respondit, ° novi, et omnia itinera eius frequenter ambulavi. ' ergo angeli in corporibus assumptis frequenter exercent opera vitae.
ag4 ' Praeterea, locutio est opus viventis, fit enim per vocem, quae est sonus ab ore animalis prolatus * ut dicitur in ii de anima. ' manifestum est autem ex multis locis scripturae, angelos in assumptis corporibus locutos fuisse. ergo in corporibus assumptis exercent opera vitae.
ag5 ' Praeterea, comedere est proprium opus animalis, unde dominus post resurrectionem, in argumentum resumptae vitae, cum discipulis manducavit, ut habetur lucae ultimo. sed angeli in assumptis corporibus apparentes comederunt, et abraham eis cibos obtulit, quos tamen prius adoraverat, * ut habetur gen. xviii. ' ergo angeli in assumptis corporibus exercent opera vitae.
ag6 ' Praeterea, generare hominem est actus vitae. sed hoc competit angelis in assumptis corporibus * dicitur enim gen. vi, ° postquam ingressi sunt filii dei ad filias hominum, illaeque genuerunt, isti sunt potentes a saeculo viri famosi. ' ergo angeli exercent opera vitae in corporibus assumptis.
sc ' Sed contra, corpora assumpta ab angelis non vivunt, * ut supra dictum est. ' ergo nec opera vitae per ea exerceri possunt.
co ' Respondeo dicendum quod quaedam opera viventium habent aliquid commune cum aliis operibus, ut locutio, quae est opus viventis, convenit cum aliis sonis inanimatorum, inquantum est sonus; et progressio cum aliis motibus, inquantum est motus. quantum ergo ad id quod est commune utrisque operibus, possunt opera vitae fieri ab angelis per corpora assumpta. non autem quantum ad id quod est proprium viventium, * quia secundum philosophum, in libro de somn. et vig., " cuius est potentia, eius est actio; ' unde nihil potest habere opus vitae, quod non habet vitam, quae est potentiale principium talis actionis.
ra1 ' Ad primum ergo dicendum quod, sicut non est contra veritatem quod in scriptura intelligibilia sub figuris sensibilibus describuntur, quia hoc non dicitur ad adstruendum quod intelligibilia sint sensibilia, sed per figuras sensibilium proprietates intelligibilium secundum similitudinem quandam dantur intelligi; ita non repugnat veritati sanctorum angelorum quod corpora ab eis assumpta videntur homines viventes, licet non sint. non enim assumuntur nisi ut per proprietates hominis et operum hominis. spirituales proprietates angelorum et eorum spiritualia opera designentur. quod non ita congrue fieret, si veros homines assumerent, quia proprietates eorum ducerent in ipsos homines, non in angelos.
ra2 ' Ad secundum dicendum quod sentire est totaliter opus vitae, unde nullo modo est dicendum quod angeli per organa assumptorum corporum sentiant. nec tamen superflue sunt formata. non enim ad hoc sunt formata, ut per ea sentiatur, sed ad hoc ut per huiusmodi organa virtutes spirituales angelorum designentur; sicut per oculum designatur virtus cognitiva angeli, et per alia membra aliae eius virtutes, * ut dionysius docet, ult. cap. cael. hier..
ra3 ' Ad tertium dicendum quod motus qui est a motore coniuncto, est proprium opus vitae. sic autem non moventur corpora assumpta ab eis, quia angeli non sunt eorum formae. moventur tamen angeli per accidens, motis huiusmodi corporibus, cum sint in eis sicut motores in mobilibus, et ita sunt hic quod non alibi, quod de deo dici non potest. unde licet deus non moveatur, motis his in quibus est, quia ubique est; angeli tamen moventur per accidens ad motum corporum assumptorum. non autem ad motum corporum caelestium, etiamsi sint in eis sicut motores in mobilibus, quia corpora caelestia non recedunt de loco secundum totum; nec determinatur spiritui moventi orbem locus secundum aliquam determinatam partem substantiae orbis, quae nunc est in oriente, nunc in occidente; sed secundum determinatum situm, quia " semper est in oriente virtus movens, * ut dicitur in viii physic..
ra4 ' Ad quartum dicendum quod angeli proprie non loquuntur per corpora assumpta, sed est aliquid simile locutioni, inquantum formant sonos in aere similes vocibus humanis.
ra5 ' Ad quintum dicendum quod nec etiam comedere, proprie loquendo, angelis convenit, quia comestio importat sumptionem cibi convertibilis in substantiam comedentis. et quamvis in corpus christi post resurrectionem cibus non converteretur, sed resolveretur in praeiacentem materiam, tamen christus habebat corpus talis naturae in quod posset cibus converti, unde fuit vera comestio. sed cibus assumptus ab angelis neque convertebatur in corpus assumptum, neque corpus illud talis erat naturae in quod posset alimentum converti, unde non fuit vera comestio, sed figurativa spiritualis comestionis. * et hoc est quod angelus dixit, tob. xii, ° cum essem vobiscum, videbar quidem manducare et bibere, sed ego potu invisibili et cibo utor. ' abraham autem obtulit eis cibos, existimans eos homines esse; in quibus tamen deum venerabatur, sicut solet deus esse in prophetis, * ut augustinus dicit, xvi de civ. dei.
ra6 * Ad sextum dicendum quod, sicut augustinus dicit, xv de civ. dei, ° multi se expertos, vel ab expertis audisse confirmant, silvanos et faunos, quos vulgus incubos vocat, improbos saepe extitisse mulieribus et earum expetisse atque peregisse concubitum. unde hoc negare impudentiae videtur. sed angeli dei sancti nullo modo sic labi ante diluvium potuerunt. unde per filios dei intelliguntur filii seth, qui boni erant, filias autem hominum nominat scriptura eas quae natae erant de stirpe cain. neque mirandum est quod de eis gigantes nasci potuerunt, neque enim omnes gigantes fuerunt, sed multo plures ante diluvium quam post. ' si tamen ex coitu daemonum aliqui interdum nascuntur, hoc non est per semen ab eis decisum, aut a corporibus assumptis, sed per semen alicuius hominis ad hoc acceptum, utpote quod idem daemon qui est succubus ad virum, fiat incubus ad mulierem; sicut et aliarum rerum semina assumunt ad aliquarum rerum generationem, * ut augustinus dicit, iii de trin.; ' ut sic ille qui nascitur non sit filius daemonis, sed illius hominis cuius est semen acceptum.

007 ST1 qu52 ar

pr ' Deinde quaeritur de loco angeli. et circa hoc quaeruntur tria. primo, utrum angelus sit in loco. secundo, utrum possit esse in pluribus locis simul. tertio, utrum plures angeli possint esse in eodem loco.

007 ST1 qu52 ar1

ag1 ' Ad primum sic proceditur. videtur quod angelus non sit in loco. * dicit enim boetius, in libro de hebd., ° communis animi conceptio apud sapientes est, incorporalia in loco non esse. * et aristoteles, in iv physic., dicit quod ° non omne quod est, est in loco, sed mobile corpus. ' sed angelus non est corpus, * ut supra ostensum est. ' ergo angelus non est in loco.
ag2 ' Praeterea, locus est quantitas positionem habens. omne ergo quod est in loco, habet aliquem situm. sed habere situm non potest convenire angelo, cum substantia sua sit immunis a quantitate, cuius propria differentia est positionem habere. ergo angelus non est in loco.
ag3 ' Praeterea, esse in loco est mensurari loco et contineri a loco, * ut patet per philosophum in iv physic.. ' sed angelus non potest mensurari neque contineri a loco, quia continens est formalius contento, sicut aer aqua, * ut dicitur in iv physic.. ' ergo angelus non est in loco.
sc * Sed contra est quod in collecta dicitur, ° angeli tui sancti, habitantes in ea, nos in pace custodiant.
co ' Respondeo dicendum quod angelo convenit esse in loco, aequivoce tamen dicitur angelus esse in loco, et corpus. corpus enim est in loco per hoc, quod applicatur loco secundum contactum dimensivae quantitatis. quae quidem in angelis non est; sed est in eis quantitas virtualis. per applicationem igitur virtutis angelicae ad aliquem locum qualitercumque, dicitur angelus esse in loco corporeo. et secundum hoc patet quod non oportet dicere quod angelus commensuretur loco; vel quod habeat situm in continuo. haec enim conveniunt corpori locato, prout est quantum quantitate dimensiva. similiter etiam non oportet propter hoc, quod contineatur a loco. nam substantia incorporea sua virtute contingens rem corpoream, continet ipsam, et non continetur ab ea, anima enim est in corpore ut continens, et non ut contenta. et similiter angelus dicitur esse in loco corporeo, non ut contentum, sed ut continens aliquo modo.
ra ' Et per hoc patet responsio ad obiecta.

007 ST1 qu52 ar2

ag1 ' Ad secundum sic proceditur. videtur quod angelus possit esse in pluribus locis simul. angelus enim non est minoris virtutis quam anima. sed anima est simul in pluribus locis, quia est tota in qualibet parte corporis, * ut augustinus dicit. ' ergo angelus potest esse in pluribus locis simul.
ag2 ' Praeterea, angelus est in corpore assumpto; et cum assumat corpus continuum, videtur quod sit in qualibet eius parte. sed secundum partes eius considerantur diversa loca. ergo angelus est simul in pluribus locis.
ag3 * Praeterea, damascenus dicit quod " ubi angelus operatur, ibi est. ' sed aliquando operatur simul in pluribus locis, * ut patet de angelo subvertente sodomam, gen. xix. ' ergo angelus potest esse in pluribus locis simul.
sc * Sed contra est quod damascenus dicit, quod ° angeli, dum sunt in caelo, non sunt in terra.
co ' Respondeo dicendum quod angelus est virtutis et essentiae finitae. divina autem virtus et essentia infinita est, et est universalis causa omnium, et ideo sua virtute omnia contingit, et non solum in pluribus locis est, sed ubique. virtus autem angeli, quia finita est, non se extendit ad omnia, sed ad aliquid unum determinatum. oportet enim quidquid comparatur ad unam virtutem, ut unum aliquid comparari ad ipsam. sicut igitur universum ens comparatur ut unum aliquid ad universalem dei virtutem, ita et aliquod particulare ens comparatur ut aliquid unum ad angeli virtutem. unde cum angelus sit in loco per applicationem virtutis suae ad locum, sequitur quod non sit ubique, nec in pluribus locis, sed in uno loco tantum. circa hoc tamen aliqui decepti sunt. * quidam enim, " imaginationem transcendere non valentes, cogitaverunt indivisibilitatem angeli ad modum indivisibilitatis puncti, et inde crediderunt quod angelus non posset esse nisi in loco punctali. * sed manifeste decepti sunt. ' nam punctum est indivisibile habens situm, sed angelus est indivisibile extra genus quantitatis et situs existens. unde non est necesse quod determinetur ei unus locus indivisibilis secundum situm; sed vel divisibilis vel indivisibilis, vel maior vel minor, secundum quod voluntarie applicat suam virtutem ad corpus maius vel minus. et sic totum |25| corpus cui per suam virtutem applicatur, correspondet ei ut unus locus. nec tamen oportet quod si aliquis angelus movet caelum, quod sit ubique. primo quidem, quia non applicatur virtus eius nisi ad id quod primo ab ipso movetur, una autem pars caeli est in qua primo est motus, scilicet pars orientis, unde * etiam philosophus, in viii physic., " virtutem motoris caelorum attribuit parti orientis. ' secundo, quia non ponitur a philosophis quod una substantia separata moveat omnes orbes immediate. unde non oportet quod sit ubique. sic igitur patet quod diversimode esse in loco convenit corpori, et angelo, et deo. nam corpus est in loco circumscriptive, quia commensuratur loco. angelus autem non circumscriptive, cum non commensuretur loco, sed definitive, quia ita est in uno loco, quod non in alio. deus autem neque circumscriptive neque definitive, quia est ubique.
ra1 ' Et per hoc patet de facili responsio ad obiecta, quia totum illud cui immediate applicatur virtus angeli, reputatur ut unus locus eius, licet sit continuum.

007 ST1 qu52 ar3

ag1 ' Ad tertium sic proceditur. videtur quod plures angeli possint simul esse in eodem loco. plura enim corpora non possunt esse simul in eodem loco, quia replent locum. sed angeli non replent locum, quia solum corpus replet locum, ut non sit vacuum, * ut patet per philosophum, in iv physic.. ' ergo plures angeli possunt esse in uno loco.
ag2 ' Praeterea, plus differt angelus et corpus quam duo angeli. sed angelus et corpus sunt simul in eodem loco, quia nullus locus est qui non sit plenus sensibili corpore, * ut probatur in iv physic.. ' ergo multo magis duo angeli possunt esse in eodem loco.
ag3 ' Praeterea, anima est in qualibet parte corporis, * secundum augustinum. ' sed daemones, licet non illabantur mentibus, illabuntur tamen interdum corporibus, et sic anima et daemon sunt simul in eodem loco. ergo, eadem ratione, quaecumque aliae spirituales substantiae.
sc ' Sed contra, duae animae non sunt in eodem corpore. ergo, pari ratione, neque duo angeli in eodem loco.
co ' Respondeo dicendum quod duo angeli non sunt simul in eodem loco. et ratio huius est, quia impossibile est quod duae causae completae sint immediatae unius et eiusdem rei. quod patet in omni genere causarum, una enim est forma proxima unius rei, et unum est proximum movens, licet possint esse plures motores remoti. nec habet instantiam de pluribus trahentibus navem, quia nullus eorum est perfectus motor, cum virtus uniuscuiusque sit insufficiens ad movendum; sed omnes simul sunt in loco unius motoris, inquantum omnes virtutes eorum aggregantur ad unum motum faciendum. unde cum angelus dicatur esse in loco per hoc quod virtus eius immediate contingit locum per modum continentis perfecti, * ut dictum est, ' non potest esse nisi unus angelus in uno loco.
ra1 ' Ad primum ergo dicendum quod plures angelos esse in uno loco non impeditur propter impletionem loci, sed propter aliam causam, * ut dictum est.
ra2 ' Ad secundum dicendum quod angelus et corpus non eodem modo sunt in loco, unde ratio non sequitur.
ra3 ' Ad tertium dicendum quod nec etiam daemon et anima comparantur ad corpus secundum eandem habitudinem causae; cum anima sit forma, non autem daemon. unde ratio non sequitur.

007 ST1 qu53 ar

pr ' Consequenter considerandum est de motu locali angelorum. et circa hoc quaeruntur tria. primo, utrum angelus possit moveri localiter. secundo, utrum moveatur de loco ad locum, pertranseundo medium. tertio, utrum motus angeli sit in tempore vel in instanti.

007 ST1 qu53 ar1

ag1 ' Ad primum sic proceditur. videtur quod angelus non possit moveri localiter. * ut enim probat philosophus in vi physic., " nullum impartibile movetur, ' quia dum aliquid est in termino a quo, non movetur; nec etiam dum est in termino ad quem, sed tunc mutatum est, unde relinquitur quod omne quod movetur, dum movetur, partim est in termino a quo, et partim in termino ad quem. sed angelus est impartibilis. ergo angelus non potest moveri localiter.

ag2 “ Praeterea, motus est actus imperfecti, * ut dicitur in iii physic.. ‘ sed angelus beatus non est imperfectus. ergo angelus beatus non movetur localiter.
ag3 ‘ Praeterea, motus non est nisi propter indigentiam. sed sanctorum angelorum nulla est indigentia. ergo sancti angeli localiter non moventur.
sc ‘ Sed contra, eiusdem rationis est angelum beatum moveri, et animam beatam moveri. sed necesse est dicere animam beatam localiter moveri, cum sit articulus fidei quod christus secundum animam, descendit ad inferos. ergo angelus beatus movetur localiter.
co ‘ Respondeo dicendum quod angelus beatus potest moveri localiter. sed sicut esse in loco aequivoce convenit corpori et angelo, ita etiam et moveri secundum locum. corpus enim est in loco, inquantum continetur sub loco, et commensuratur loco. unde oportet quod etiam motus corporis secundum locum, commensuretur loco, et sit secundum exigentiam eius. et inde est quod secundum continuitatem magnitudinis est continuitas motus; et secundum prius et posterius in magnitudine, est prius et posterius in motu locali corporis, * ut dicitur in iv physic.. ‘ sed angelus non est in loco ut commensuratus et contentus, sed magis ut continens. unde motus angeli in loco, non oportet quod commensuretur loco, nec quod sit secundum exigentiam eius, ut habeat continuitatem ex loco; sed est motus non continuus. quia enim angelus non est in loco nisi secundum contactum virtutis, * ut dictum est, ‘ necesse est quod motus angeli in loco nihil aliud sit quam diversi contactus diversorum locorum successive et non simul, quia angelus non potest simul esse in pluribus locis, * ut supra dictum est. ‘ huiusmodi autem contactus non est necessarium esse continuos. |25| potest tamen in huiusmodi contactibus continuitas quaedam inveniri. quia, * ut dictum est, ‘ nihil prohibet angelo assignare locum divisibilem, per contactum suae virtutis; sicut corpori assignatur locus divisibilis, per contactum suae magnitudinis. unde sicut corpus successive, et non simul, dimittit locum in quo prius erat, et ex hoc causatur continuitas in motu locali eius; ita etiam angelus potest dimittere successive locum divisibilem in quo prius erat, et sic motus eius erit continuus. et potest etiam totum locum simul dimittere, et toti alteri loco simul se applicare, et sic motus eius non erit continuus.
ra1 ‘ Ad primum ergo dicendum quod illa ratio dupliciter deficit in proposito. primo quidem, quia * demonstratio aristotelis procedit de indivisibili secundum “ quantitatem, cui respondet locus de necessitate indivisibilis. quod non potest dici de angelo. secundo, quia * demonstratio aristotelis procedit de motu continuo. ‘ si enim motus non esset continuus, posset dici quod aliquid movetur dum est in termino a quo, et dum est in termino ad quem, quia ipsa successio diversorum ubi circa eandem rem, motus diceretur; unde in quolibet illorum ubi res esset, illa posset dici moveri. sed continuitas motus hoc impedit, quia nullum continuum est in termino suo, ut patet, quia linea non est in puncto. et ideo oportet quod illud quod movetur, non sit totaliter in altero terminorum, dum movetur; sed partim in uno, et partim in altero. secundum ergo quod motus angeli non est continuus, * demonstratio aristotelis non procedit in proposito. ‘ sed secundum quod motus angeli ponitur continuus, sic concedi potest quod angelus, dum movetur, partim est in termino a quo, et partim in termino ad quem (ut tamen partialitas non referatur ad substantiam angeli, sed ad locum), quia in principio sui motus continui, angelus est in toto loco divisibili a quo incipit moveri; sed dum est in ipso moveri, est in parte primi loci quem deserit, et in parte secundi loci quem occupat. et hoc quidem quod |25| possit occupare partes duorum locorum, competit angelo ex hoc quod potest occupare locum divisibilem per applicationem suae virtutis sicut corpus per applicationem magnitudinis. unde sequitur de corpore mobili secundum locum, quod sit divisibile secundum magnitudinem de angelo autem, quod virtus eius possit applicari alicui divisibili.
ra2 ‘ Ad secundum dicendum quod motus existentis in potentia, est actus imperfecti. sed motus qui est secundum applicationem virtutis, est existentis in actu, quia virtus rei est secundum quod actu est.
ra3 ‘ Ad tertium dicendum quod motus existentis in potentia, est propter indigentiam suam, sed motus existentis in actu, non est propter indigentiam suam, sed propter indigentiam alterius. et hoc modo angelus, propter indigentiam nostram, localiter movetur, * secundum illud heb. i, ° omnes sunt administratorii spiritus, in ministerium missi propter eos qui haereditatem capiunt salutis.

007 ST1 qu53 ar2

ag1 ‘ Ad secundum sic proceditur. videtur quod angelus non transeat per medium. omne enim quod pertransit medium, prius pertransit locum sibi aequalem, quam maiorem. locus autem aequalis angeli, qui est indivisibilis, est locus punctalis. si ergo angelus in suo motu pertransit medium, oportet quod numeret puncta infinita suo motu, quod est impossibile.
ag2 ‘ Praeterea, angelus est simplicioris substantiae quam anima nostra. sed anima nostra sua cogitatione potest transire de uno extremo in aliud, non pertranseundo medium, possum enim cogitare galliam et postea syriam, nihil cogitando de italia, quae est in medio. ergo multo magis angelus potest de uno extremo transire ad aliud, non per medium.
sc ‘ Sed contra, si angelus movetur de uno loco ad alium, quando est in termino ad quem, non movetur, sed mutatus est. sed ante omne mutatum esse praecedit mutari, ergo alicubi existens movebatur. sed non movebatur dum erat in termino a quo. movebatur ergo dum erat in medio. et ita oportet quod pertranseat medium.
co * Respondeo dicendum quod, sicut supra dictum est, ‘ motus localis angeli potest esse continuus, et non continuus. si ergo sit continuus, non potest angelus moveri de uno extremo in alterum, quin transeat per medium, quia, * ut dicitur in v physic., “ medium est in quod prius venit quod continue mutatur, quam in quod mutatur ultimum; ordo enim prioris et posterioris in motu continuo, est secundum ordinem prioris et posterioris in magnitudine, * ut dicitur in iv physic.. ‘ si autem motus angeli non sit continuus, possibile est quod pertranseat de aliquo extremo in aliud, non pertransito medio. quod sic patet. inter quaelibet enim duo extrema loca sunt infinita loca media; sive accipiantur loca divisibilia, sive indivisibilia. et de indivisibilibus quidem manifestum est, quia inter quaelibet duo puncta sunt infinita puncta media, cum nulla duo puncta consequantur se invicem sine medio, * ut in vi physic. probatur. ‘ de locis autem divisibilibus necesse est etiam hoc dicere. et hoc demonstratur ex motu continuo alicuius corporis. corpus enim non movetur de loco ad locum nisi in tempore. in toto autem tempore mensurante motum corporis, non est accipere duo nunc, in quibus corpus quod movetur non sit in alio et alio loco, quia si in uno et eodem loco esset |25| in duobus nunc, sequeretur quod ibi quiesceret; cum nihil aliud sit quiescere quam in loco eodem esse nunc et prius. cum igitur inter primum nunc et ultimum temporis mensurantis motum, sint infinita nunc, oportet quod inter primum locum, a quo incipit moveri, et ultimum locum, ad quem terminatur motus, sint infinita loca. et hoc sic etiam sensibiliter apparet. sit enim unum corpus unius palmi, et sit via per quam transit, duorum palmorum, manifestum est quod locus primus, a quo incipit motus, est unius palmi; et locus, ad quem terminatur motus, est alterius palmi. manifestum est autem quod, quando incipit moveri, paulatim deserit primum palmum, et subintrat secundum. secundum ergo quod dividitur magnitudo palmi, secundum hoc multiplicantur loca media, quia quodlibet punctum signatum in magnitudine primi palmi, est principium unius loci; et punctum signatum in magnitudine alterius palmi, est terminus eiusdem. unde cum magnitudo sit divisibilis in infinitum, et puncta sint etiam infinita in potentia in qualibet magnitudine; sequitur quod inter quaelibet duo loca sint infinita loca media. mobile autem infinitatem mediorum locorum non consumit nisi per continuitatem motus, quia sicut loca media sunt infinita in potentia, ita et in motu continuo est accipere infinita quaedam in potentia. si ergo motus non sit continuus, omnes partes motus erunt numeratae in actu. si ergo mobile quodcumque moveatur motu non continuo, sequitur quod vel non transeat omnia media, vel quod actu numeret media infinita, |50| quod est impossibile. sic igitur secundum quod motus angeli non est continuus, non pertransit omnia media. hoc autem, scilicet moveri de extremo in extremum et non per medium, potest convenire angelo sed non corpori. quia corpus mensuratur et continetur sub loco, unde oportet quod sequatur leges loci in suo motu. sed substantia angeli non est subdita loco ut contenta, sed est superior eo ut continens, unde in potestate eius est applicare se loco prout vult, vel per medium vel sine medio.
ra1 ‘ Ad primum ergo dicendum quod locus angeli non accipitur ei aequalis secundum magnitudinem, sed secundum contactum virtutis, et sic locus angeli potest esse divisibilis, et non semper punctalis. sed tamen loca media etiam divisibilia, sunt infinita, * ut dictum est, ‘ sed consumuntur per continuitatem motus, * ut patet ex praedictis.
ra2 ‘ Ad secundum dicendum quod angelus dum movetur localiter, applicatur eius essentia diversis locis, animae autem essentia non applicatur rebus quas cogitat, sed potius res cogitatae sunt in ipsa. et ideo non est simile.
ra3 ‘ Ad tertium dicendum quod in motu continuo mutatum esse non est pars moveri, sed terminus unde oportet quod moveri sit ante mutatum esse. et ideo oportet quod talis motus sit per medium. sed in motu non continuo mutatum esse est pars, sicut unitas est pars numeri, unde successio diversorum locorum, etiam sine medio, constituit talem motum.

007 ST1 qu53 ar3

ag1 ‘ Ad tertium sic proceditur. videtur quod motus angeli sit in instanti. quanto enim virtus motoris fuerit fortior, et mobile minus resistens motori, tanto motus est velocior. sed virtus angeli moventis seipsum, improportionabiliter excedit virtutem moventem aliquod corpus. proportio autem velocitatum est secundum minorationem temporis. omne autem tempus omni tempori proportionabile est. si igitur aliquod corpus movetur in tempore, angelus movetur in instanti.
ag2 ‘ Praeterea, motus angeli simplicior est quam aliqua mutatio corporalis. sed aliqua mutatio corporalis est in instanti, ut illuminatio, tum quia non illuminatur aliquid successive, sicut calefit successive; tum quia radius non prius pertingit ad propinquum quam ad remotum. ergo multo magis motus angeli est in instanti.
ag3 ‘ Praeterea, si angelus movetur in tempore de loco ad locum, manifestum est quod in ultimo instanti illius temporis est in termino ad quem, in toto autem tempore praecedenti, aut est in loco immediate praecedenti, qui accipitur ut terminus a quo; aut partim in uno et partim in alio. si autem partim in uno et partim in alio, sequitur quod sit partibilis, quod est impossibile. ergo in toto tempore praecedenti est in termino a quo. ergo quiescit ibi, cum quiescere sit in eodem esse nunc et prius, * ut dictum est. ‘ et sic sequitur quod non moveatur nisi in ultimo instanti temporis.
sc ‘ Sed contra, in omni mutatione est prius et posterius. sed prius et posterius motus numeratur secundum tempus. ergo omnis motus est in tempore, etiam motus angeli; cum in eo sit prius et posterius.
co * Respondeo dicendum quod quidam dixerunt “ motum localem angeli esse in instanti. dicebant enim quod, cum angelus movetur de uno loco ad alium, in toto tempore praecedenti angelus est in termino a quo in ultimo autem instanti illius temporis est in termino ad quem. nec oportet esse aliquod medium inter duos terminos; sicut non est aliquod medium inter tempus et terminum temporis. inter duo autem nunc temporis, est tempus medium, unde dicunt quod non est dare ultimum nunc in quo fuit in termino a quo. sicut in illuminatione, et in generatione substantiali ignis, non est dare ultimum instans in quo aer fuit tenebrosus, vel in quo materia fuit sub privatione formae ignis, sed est dare ultimum tempus, ita quod in ultimo illius temporis est vel lumen in aere, vel forma ignis in materia. et sic illuminatio et generatio substantialis dicuntur motus instantanei. ‘ sed hoc non habet locum in proposito. quod sic ostenditur. de ratione enim quietis est quod quiescens non aliter se habeat nunc et prius, et ideo in quolibet nunc temporis mensurantis quietem, quiescens est in eodem et in primo, et in medio, et in ultimo. sed de ratione motus est quod id quod movetur, aliter se habeat nunc et prius, et ideo in quolibet nunc temporis mensurantis motum, mobile se habet in alia et alia dispositione, unde oportet quod in ultimo nunc habeat formam quam prius non habebat. et sic patet quod quiescere in toto tempore |25| in aliquo, puta in albedine, est esse in illo in quolibet instanti illius temporis, unde non est possibile ut aliquid in toto tempore praecedenti quiescat in uno termino et postea in ultimo instanti illius temporis sit in alio termino. sed hoc est possibile in motu, quia moveri in toto aliquo tempore, non est esse in eadem dispositione in quolibet instanti illius temporis. igitur omnes huiusmodi mutationes instantaneae sunt termini motus continui, sicut generatio est terminus alterationis materiae, et illuminatio terminus motus localis corporis illuminantis. motus autem localis angeli non est terminus alicuius alterius motus continui, sed est per seipsum, a nullo alio motu dependens. unde impossibile est dicere quod in toto tempore sit in aliquo loco, et in ultimo nunc sit in alio loco. sed oportet assignare nunc in quo ultimo fuit in loco praecedenti. ubi autem sunt multa nunc sibi succedentia, ibi de necessitate est tempus, cum tempus nihil aliud sit quam numeratio prioris et posterioris in motu. unde relinquitur quod motus angeli sit in tempore. in continuo quidem tempore, si sit motus eius continuus; in non continuo autem, si motus sit non continuus (utroque enim modo contingit esse motum angeli, * ut dictum est), “ continuitas enim temporis est ex continuitate motus, * ut dicitur in iv physic.. ‘ sed istud tempus, sive sit tempus continuum sive non, non est idem |50| cum tempore quod mensurat motum caeli, et quo mensurantur omnia corporalia, quae habent mutabilitatem ex motu caeli. motus enim angeli non dependet ex motu caeli.
ra1 ‘ Ad primum ergo dicendum quod, si tempus motus angeli non sit continuum, sed successio quaedam ipsorum nunc, non habebit proportionem ad tempus quod mensurat motum corporalium, quod est continuum, cum non sit eiusdem rationis. si vero sit continuum, est quidem proportionabile, non quidem propter proportionem moventis et mobilis sed propter proportionem magnitudinum in quibus est motus. et praeterea, velocitas motus angeli non est secundum quantitatem suae virtutis; sed secundum determinationem suae voluntatis.
ra2 ‘ Ad secundum dicendum quod illuminatio est terminus motus; et est alteratio, non motus localis ut intelligatur lumen moveri prius ad propinquum, quam ad remotum. motus autem angeli est localis, et non est terminus motus. unde non est simile.
ra3 ‘ Ad tertium dicendum quod obiectio illa procedit de tempore continuo. tempus autem motus angeli potest esse non continuum. et sic angelus in uno instanti potest esse in uno loco, et in alio instanti in alio loco, nullo tempore intermedio existente. si au-

tem tempus motus angeli sit continuum, angelus in toto tempore praecedenti ultimum nunc, variatur per infinita loca, * ut prius expositum est. ‘est tamen partim in uno locorum continuorum et partim in alio, non quod substantia illius sit partibilis; sed quia virtus sua applicatur ad partem primi loci et ad partem secundi, * ut etiam supra dictum est.

007 ST1 qu54 ar

pr ‘Consideratis his quae ad substantiam angeli pertinent, procedendum est ad cognitionem ipsius. haec autem consideratio erit quadripartita, nam primo considerandum est de his quae pertinent ad virtutem cognoscitivam angeli; secundo, de his quae pertinent ad medium cognoscendi ipsius; tertio, de his quae ab eo cognoscuntur; quarto, de modo cognitionis ipsorum. circa primum quaeruntur quinque. primo, utrum intelligere angeli sit sua substantia. secundo, utrum eius esse sit suum intelligere. tertio, utrum eius substantia sit sua virtus intellectiva. quarto, utrum in angelis sit intellectus agens et possibilis. quinto, utrum in eis sit aliqua alia potentia cognoscitiva quam intellectus.

007 ST1 qu54 ar1

ag1 ‘Ad primum sic proceditur. videtur quod intelligere angeli sit eius substantia. angelus enim est sublimior et simplicior quam intellectus agens animae. sed substantia intellectus agentis est sua actio; * ut patet in iii de anima per aristotelem, et eius commentatorem. ‘ergo, multo fortius, substantia angeli est sua actio, quae est intelligere.
ag2 * Praeterea, philosophus dicit, in xii metaphys., quod ‘ actio intellectus est vita. “ sed cum vivere sit esse viventibus, * ut dicitur in ii de anima, ‘ videtur quod vita sit essentia. ergo actio intellectus est essentia intelligentis angeli.
ag3 ‘Praeterea, si extrema sunt unum, medium non differt ab eis, quia extremum magis distat ab extremo, quam medium. sed in angelo idem est intellectus et intellectum, ad minus inquantum intelligit essentiam suam. ergo intelligere, quod cadit medium inter intellectum et rem intellectam, est idem cum substantia angeli intelligentis.
sc ‘ Sed contra, plus differt actio rei a substantia eius, quam ipsum esse eius. sed nullius creati suum esse est sua substantia, hoc enim solius dei proprium est, * ut ex superioribus patet. ‘ergo neque angeli, neque alterius creaturae, sua actio est eius substantia.
co ‘Respondeo dicendum quod impossibile est quod actio angeli, vel cuiuscumque alterius creaturae, sit eius substantia. actio enim est proprie actualitas virtutis; sicut esse est actualitas substantiae vel essentiae. impossibile est autem quod aliquid quod non est purus actus, sed aliquid habet de potentia admixtum, sit sua actualitas, quia actualitas potentialitati repugnat. solus autem deus est actus purus. unde in solo deo sua substantia est suum esse et suum agere. praeterea, si intelligere angeli esset sua substantia, oporteret quod intelligere angeli esset subsistens. intelligere autem subsistens non potest esse nisi unum; sicut nec aliquod abstractum subsistens. unde unius angeli substantia non distingueretur neque a substantia dei, quae est ipsum intelligere subsistens; neque a substantia alterius angeli. si etiam angelus ipse esset suum intelligere, non possent esse gradus in intelligendo perfectius et minus perfecte, cum hoc contingat propter diversam participationem ipsius intelligere.
ra1 ‘ Ad primum ergo dicendum quod, cum dicitur quod intellectus agens est sua actio, est praedicatio non per essentiam, sed per concomitantiam, quia cum sit in actu eius substantia, statim quantum est in se, concomitatur ipsam actio. quod non est de intellectu possibili, qui non habet actiones nisi postquam fuerit factus in actu.
ra2 ‘Ad secundum dicendum quod vita non hoc modo se habet ad vivere, sicut essentia ad esse; sed sicut cursus ad currere, quorum unum significat actum in abstracto, aliud in concreto. unde non sequitur si vivere sit esse, quod vita sit essentia. quamvis etiam quandoque vita pro essentia ponatur; * secundum quod augustinus dicit, in libro de trin., quod ° memoria et intelligentia et voluntas sunt una essentia, una vita. * sed sic non accipitur a philosopho cum dicit quod ° actio intellectus est vita.
ra3 ‘Ad tertium dicendum quod actio quae transit in aliquid extrinsecum, est realiter media inter agens et subiectum recipiens actionem. sed actio quae manet in agente, non est realiter medium inter agens et obiectum, sed secundum modum significandi tantum, realiter vero consequitur unionem obiecti cum agente. ex hoc enim quod intellectum fit unum cum intelligente, consequitur intelligere, quasi quidam effectus differens ab utroque.

007 ST1 qu54 ar2

ag1 ‘Ad secundum sic proceditur. videtur quod intelligere angeli sit eius esse. “ vivere enim viventibus est esse, * ut dicitur in ii de anima. “ sed intelligere est quoddam vivere, * ut in eodem dicitur. ‘ergo intelligere angeli est eius esse.
ag2 ‘ Praeterea, sicut se habet causa ad causam, ita effectus ad effectum. sed forma per quam angelus est, est eadem cum forma per quam intelligit ad minus seipsum. ergo eius intelligere est idem cum suo esse.
sc ‘Sed contra, intelligere angeli est motus eius; * ut patet per dionysium, iv cap. de div. nom.. ‘sed esse non est motus. ergo esse angeli non est intelligere eius.
co ‘ Respondeo dicendum quod actio angeli non est eius esse, neque actio alicuius creaturae. duplex enim est actionis genus, * ut dicitur ix metaphys.. ‘una scilicet actio est quae transit in aliquid exterius, inferens ei passionem, sicut urere et secare. alia vero actio est quae non transit in rem exteriorem, sed manet in ipso agente, sicut sentire, intelligere et velle, per huiusmodi enim actionem non immutatur aliquid extrinsecum, sed totum in ipso agente agitur. de prima ergo actione manifestum est quod non potest esse ipsum esse agentis, nam esse agentis significatur intra ipsum, actio autem talis est effluxus in actum ab agente. secunda autem actio de sui ratione habet infinitatem, vel simpliciter, vel secundum quid. simpliciter quidem, sicut intelligere, cuius obiectum est verum, et velle, cuius obiectum est bonum, quorum utrumque convertitur cum ente; et ita intelligere et velle, quantum est de se, habent se ad omnia; et utrumque recipit speciem ab obiecto. secundum quid autem infinitum est sentire, quod se habet ad omnia sensibilia, sicut visus ad omnia visibilia. esse autem cuiuslibet creaturae est determinatum ad unum secundum genus et speciem, esse autem solius dei est simpliciter infinitum, in se omnia comprehendens, * ut dicit dionysius, v cap. de div. nom.. ‘unde solum esse divinum est suum intelligere et suum velle.
ra1 ‘Ad primum ergo dicendum quod vivere quandoque sumitur pro ipso esse viventis, quandoque vero pro operatione vitae, idest per quam demonstratur aliquid esse vivens. * et hoc modo philosophus dicit quod “ intelligere est vivere quoddam, ibi enim distinguit diversos gradus viventium secundum diversa opera vitae.
ra2 ‘Ad secundum dicendum quod ipsa essentia angeli est ratio totius sui esse, non autem est ratio totius sui intelligere, quia non omnia intelligere potest per suam essentiam. et ideo secundum propriam rationem, inquantum est talis essentia, comparatur ad ipsum esse angeli. sed ad eius intelligere comparatur secundum rationem universalioris obiecti, scilicet veri vel entis. et sic patet quod, licet sit eadem forma, non tamen secundum eandem rationem est principium essendi et intelligendi. et propter hoc non sequitur quod in angelo sit idem esse et intelligere.

007 ST1 qu54 ar3

ag1 ‘ Ad tertium sic proceditur. videtur quod virtus vel potentia intellectiva in angelo non sit aliud quam sua essentia. mens enim et intellectus nominant potentiam intellectivam. * sed dionysius in pluribus locis suorum librorum, “ nominat ipsos angelos intellectus et mentes. ‘ergo angelus est sua potentia intellectiva.
ag2 ‘ Praeterea, si potentia intellectiva in angelo est aliquid praeter eius essentiam, oportet quod sit accidens, hoc enim dicimus esse accidens alicuius, quod est praeter eius essentiam. ° sed forma simplex subiectum esse non potest, * ut boetius dicit, in libro de trin.. ‘ergo angelus non esset forma simplex, * quod est contra praemissa.
ag3 * Praeterea, augustinus dicit, xii confess., quod “ deus fecit angelicam naturam prope se, materiam autem primam prope nihil, ‘ex quo videtur quod angelus sit simplicior quam materia prima, utpote deo propinquior. sed materia prima est sua potentia. ergo multo magis angelus est sua potentia intellectiva.
sc * Sed contra est quod dionysius dicit, xi cap. angel. hier., quod ° angeli dividuntur in substantiam, virtutem et operationem. ‘ ergo aliud est in eis substantia, et aliud virtus, et aliud operatio.
co ‘Respondeo dicendum quod nec in angelo nec in aliqua creatura, virtus vel potentia operativa est idem quod sua essentia. quod sic patet. cum enim potentia dicatur ad actum, oportet quod secundum diversitatem actuum sit diversitas potentiarum, propter quod dicitur quod proprius actus respondet propriae potentiae. in omni autem creato essentia differt a suo esse, et comparatur ad ipsum sicut potentia ad actum, * ut ex supra dictis patet. ‘actus autem ad quem comparatur potentia operativa, est operatio. in angelo autem non est idem intelligere et esse, nec aliqua alia operatio aut in ipso aut in quocumque alio creato, est idem quod eius esse. unde essentia angeli non est eius potentia intellectiva, nec alicuius creati essentia est eius operativa potentia.
ra1 ‘Ad primum ergo dicendum quod angelus dicitur intellectus et mens, quia tota eius cognitio est intellectualis. cognitio autem animae partim est intellectualis, et partim sensitiva.
ra2 ‘ Ad secundum dicendum quod forma simplex quae est actus purus, nullius accidentis potest esse subiectum, quia subiectum comparatur ad accidens ut potentia ad actum. et huiusmodi est solus deus. * et de tali forma loquitur ibi boetius. ‘forma autem simplex quae non est suum esse, sed comparatur ad ipsum ut potentia ad actum, potest esse subiectum accidentis, et praecipue eius quod consequitur speciem, huiusmodi enim accidens pertinet ad formam (accidens vero quod est individui, non consequens totam speciem, consequitur materiam, quae est individuationis principium). et talis forma simplex est angelus.
ra3 ‘ Ad tertium dicendum quod potentia materiae est ad ipsum esse substantiale, et non potentia operativa, sed ad esse accidentale. unde non est simile.

007 ST1 qu54 ar4

ag1 ‘ Ad quartum sic proceditur. videtur quod in angelo sit intellectus agens et possibilis. * dicit enim philosophus, in iii de anima, quod ° sicut in omni natura est aliquid quo est omnia fieri, et aliquid quo est omnia facere, ita etiam in anima. ‘ sed angelus est natura quaedam. ergo in eo est intellectus agens et possibilis.
ag2 ‘Praeterea, recipere est proprium intellectus possibilis, illuminare autem est proprium intellectus agentis, * ut patet in iii de anima. ‘sed angelus recipit illuminationem a superiori, et illuminat inferiorem. ergo in eo est intellectus agens et possibilis.
sc ‘Sed contra est quod in nobis intellectus agens et possibilis est per comparationem ad phantasmata; quae quidem comparantur ad intellectum possibilem ut colores ad visum, ad intellectum autem agentem ut colores ad lumen, * ut patet ex iii de anima. ‘sed hoc non est in angelo. ergo in angelo non est intellectus agens et possibilis.
co ‘ Respondeo dicendum quod necessitas ponendi intellectum possibilem in nobis, fuit propter hoc, quod nos invenimur quandoque intelligentes in potentia et non in actu, unde oportet esse quandam virtutem, quae sit in potentia ad intelligibilia ante ipsum intelligere, sed reducitur in actum eorum cum fit sciens, et ulterius cum fit considerans. et haec virtus vocatur intellectus possibilis. necessitas autem ponendi intellectum agentem fuit, quia naturae rerum materialium, quas nos intelligimus, non subsistunt extra animam immateriales et intelligibiles in actu, sed sunt solum intelligibiles in potentia, extra animam existentes, et ideo oportuit esse aliquam virtutem, quae faceret illas naturas intelligibiles actu. et haec virtus dicitur intellectus agens in nobis. utraque autem necessitas deest in angelis. quia neque sunt quandoque intelligentes in potentia tantum, respectu eorum quae naturaliter intelligunt, neque intelligibilia eorum sunt intelligibilia in potentia, sed in actu; intelligunt enim primo et principaliter res immateriales, * ut infra patebit. ‘ et ideo non potest in eis esse intellectus agens et possibilis, nisi aequivoce.
ra1 * Ad primum ergo dicendum quod philosophus intelligit “ ista duo esse in omni natura in qua contingit esse generari vel fieri, ut ipsa verba demonstrant. ‘in angelo autem non generatur scientia, sed naturaliter adest. unde non oportet ponere in eis agens et possibile.
ra2 ‘ Ad secundum dicendum quod intellectus agentis est illuminare non quidem alium intelligentem, sed intelligibilia in potentia, inquantum per abstractionem facit ea intelligibilia actu. ad intellectum autem possibilem pertinet esse in potentia respectu naturalium cognoscibilium, et quandoque fieri actu. unde quod angelus illuminat angelum, non pertinet ad rationem intellectus agentis. neque ad rationem intellectus possibilis pertinet, quod illuminatur de supernaturalibus mysteriis, ad quae cognoscenda quandoque est in potentia. si quis autem velit haec vocare intellectum agentem et possibilem, aequivoce dicet, nec de nominibus est curandum.

007 ST1 qu54 ar5

ag1 ‘ Ad quintum sic proceditur. videtur quod in angelis non sit sola intellectiva cognitio. * dicit enim augustinus, viii de civ. dei, “ quod in angelis est vita quae intelligit et sentit. ‘ergo in eis est potentia sensitiva.
ag2 * Praeterea, isidorus dicit quod “ angeli multa noverunt per experientiam. experientia autem fit ex multis memoriis, * ut dicitur in i metaphys.. ‘ergo in eis est etiam memorativa potentia.
ag3 * Praeterea, dionysius dicit, iv cap. de div. nom., quod “ in daemonibus est phantasia proterva. ‘phantasia autem ad vim imaginativam pertinet. ergo in daemonibus est vis imaginativa. et eadem ratione in angelis, quia sunt eiusdem naturae.
sc ‘Sed contra est quod * gregorius dicit, in homilia de ascensione, quod ° homo sentit cum pecoribus, et intelligit cum angelis.
co ‘Respondeo dicendum quod in anima nostra sunt quaedam vires, quarum operationes per organa corporea exercentur, et huiusmodi vires sunt actus quarundam partium corporis, sicut est visus in oculo, et auditus in aure. quaedam vero vires animae nostrae sunt, quarum operationes per organa corporea non exercentur, ut intellectus et voluntas, et huiusmodi non sunt actus aliquarum partium corporis. angeli autem non habent corpora sibi naturaliter unita, * ut ex supra dictis patet. ‘ unde de viribus animae non possunt eis competere nisi intellectus et voluntas. * et hoc etiam commentator dicit, xii metaphys., quod “ substantiae separatae dividuntur in intellectum et voluntatem. ‘et hoc convenit ordini universi, ut suprema creatura intellectualis sit totaliter intellectiva; et non secundum partem, ut anima nostra.

et propter hoc etiam angeli vocantur intellectus et mentes, * ut supra dictum est.
ra1 ' Ad ea vero quae in contrarium obiiciuntur, potest dupliciter responderi. uno modo, quod auctoritates illae loquuntur secundum opinionem illorum qui posuerunt angelos et daemones habere corpora naturaliter sibi unita. * qua opinione frequenter augustinus in libris suis utitur, licet eam asserere non intendat, unde dicit, xxi de civ. dei, quod ° super hac inquisitione non est multum laborandum. * alio modo potest dici, quod " auctoritates illae, et consimiles, sunt intelligendae per quandam similitudinem. ' quia cum sensus certam apprehensionem habeat de proprio sensibili, est in usu loquentium ut etiam secundum certam apprehensionem intellectus aliquid sentire dicamur. unde etiam sententia nominatur. experientia vero angelis attribui potest per similitudinem cognitorum, etsi non per similitudinem virtutis cognoscitivae. est enim in nobis experientia, dum singularia per sensum cognoscimus, angeli autem singularia cognoscunt, * ut infra patebit, ' sed non per sensum. sed tamen memoria in angelis potest poni, * secundum quod ab augustino ponitur in mente; ' licet non possit eis competere secundum quod ponitur pars animae sensitivae. " similiter dicendum quod phantasia proterva attribuitur daemonibus, |25| ex eo quod habent falsam practicam existimationem de vero bono, ' deceptio autem in nobis proprie fit secundum phantasiam, per quam interdum similitudinibus rerum inhaeremus sicut rebus ipsis, ut patet in dormientibus et amentibus.

007 ST1 qu55 ar

pr ' Consequenter quaeritur de medio cognitionis angelicae. et circa hoc quaeruntur tria. primo, utrum angeli cognoscant omnia per suam substantiam, vel per aliquas species. secundo, si per species, utrum per species connaturales, vel per species a rebus acceptas. tertio, utrum angeli superiores cognoscant per species magis universales, quam inferiores.

007 ST1 qu55 ar1

ag1 ' Ad primum sic proceditur. videtur quod angeli cognoscant omnia per suam substantiam. * dicit enim dionysius, vii cap. de div. nom., quod ° angeli sciunt ea quae sunt in terra, secundum propriam naturam mentis. ' sed natura angeli est eius essentia. ergo angelus per suam essentiam res cognoscit.
ag2 ' Praeterea, * secundum philosophum, in xii metaphys., et in iii de anima, ° in his quae sunt sine materia, idem est intellectus et quod intelligitur. ' id autem quod intelligitur est idem intelligenti ratione eius quo intelligitur. ergo in his quae sunt sine materia, sicut sunt angeli, id quo intelligitur est ipsa substantia intelligentis.
ag3 ' Praeterea, omne quod est in altero, est in eo per modum eius in quo est. sed angelus habet naturam intellectualem. ergo quidquid est in ipso, est in eo per modum intelligibilem. sed omnia sunt in eo, quia inferiora in entibus sunt in superioribus essentialiter, superiora vero sunt in inferioribus participative; * et ideo dicit dionysius, iv cap. de div. nom., quod " deus tota in totis congregat, idest omnia in omnibus. ' ergo angelus omnia in sua substantia cognoscit.
sc * Sed contra est quod dionysius dicit, in eodem capite, " quod angeli illuminantur rationibus rerum. ergo ' cognoscunt per rationes rerum, et non per propriam substantiam.
co ' Respondeo dicendum quod illud quo intellectus intelligit, comparatur ad intellectum intelligentem ut forma eius, quia forma est quo agens agit. oportet autem, ad hoc quod potentia perfecte compleatur per formam, quod omnia contineantur sub forma, ad quae potentia se extendit. et inde est quod in rebus corruptibilibus forma non perfecte complet potentiam materiae, quia potentia materiae ad plura se extendit quam sit continentia formae huius vel illius. potentia autem intellectiva angeli se extendit ad intelligendum omnia, quia obiectum intellectus est ens vel verum commune. ipsa autem essentia angeli non comprehendit in se omnia, cum sit essentia determinata ad genus et ad speciem. hoc autem proprium est essentiae divinae, quae infinita est, ut in se simpliciter omnia comprehendat perfecte. et ideo solus deus cognoscit omnia per suam essentiam. angelus autem per suam essentiam non potest omnia cognoscere; sed oportet intellectum eius aliquibus speciebus perfici ad res cognoscendas.
ra1 ' Ad primum ergo dicendum quod, cum dicitur angelum secundum suam naturam res cognoscere, ly secundum non determinat medium cognitionis, quod est similitudo cogniti; sed virtutem cognoscitivam, quae convenit angelo secundum suam naturam.
ra2 ' Ad secundum dicendum quod, sicut sensus in actu est sensibile in actu, * ut dicitur in iii de anima, ' non ita quod ipsa vis sensitiva sit ipsa similitudo sensibilis quae est in sensu, sed quia ex utroque fit unum sicut ex actu et potentia; ita et intellectus in actu dicitur esse intellectum in actu, non quod substantia intellectus sit ipsa similitudo per quam intelligit, sed quia illa similitudo est forma eius. idem est autem quod dicitur, in his quae sunt sine materia, idem est intellectus et quod intelligitur, ac si diceretur quod intellectus in actu est intellectum in actu, ex hoc enim aliquid est intellectum in actu quod est immateriale.
ra3 ' Ad tertium dicendum quod ea quae sunt infra angelum, et ea quae sunt supra ipsum, sunt quodammodo in substantia eius, non quidem perfecte, neque secundum propriam rationem, cum angeli essentia, finita existens, secundum propriam rationem ab aliis distinguatur; sed secundum quandam rationem communem. in essentia autem dei sunt omnia perfecte et secundum propriam rationem, sicut in prima et universali virtute operativa, a qua procedit quidquid est in quacumque re vel proprium vel commune. et ideo deus per essentiam suam habet propriam cognitionem de rebus omnibus, non autem angelus, sed solam communem.

007 ST1 qu55 ar2

ag1 ' Ad secundum sic proceditur. videtur quod angeli intelligant per species a rebus acceptas. omne enim quod intelligitur, per aliquam sui similitudinem in intelligente intelligitur. similitudo autem alicuius in altero existens, aut est ibi per modum exemplaris, ita quod illa similitudo sit causa rei, aut est ibi per modum imaginis, ita quod sit causata a re. oportet igitur quod omnis scientia intelligentis vel sit causa rei intellectae, vel causata a re. sed scientia angeli non est causa rerum existentium in natura, sed sola divina scientia. ergo oportet quod species per quas intelligit intellectus angelicus, sint a rebus acceptae.
ag2 ' Praeterea, lumen angelicum est fortius quam lumen intellectus agentis in anima. sed lumen intellectus agentis abstrahit species intelligibiles a phantasmatibus. ergo lumen intellectus angelici potest abstrahere species etiam ab ipsis rebus sensibilibus. et ita nihil prohibet dicere quod angelus intelligat per species a rebus acceptas.
ag3 ' Praeterea, species quae sunt in intellectu, indifferenter se habent ad praesens et distans, nisi quatenus a rebus sensibilibus accipiuntur. si ergo angelus non intelligit per species a rebus acceptas, eius cognitio indifferenter se haberet ad propinqua et distantia, et ita frustra secundum locum moveretur.
sc * Sed contra est quod dionysius dicit, vii cap. de div. nom., quod ° angeli non congregant divinam cognitionem a rebus divisibilibus, aut a sensibilibus.
co ' Respondeo dicendum quod species per quas angeli intelligunt, non sunt a rebus acceptae, sed eis connaturales. sic enim oportet intelligere distinctionem et ordinem spiritualium substantiarum, sicut est distinctio et ordo corporalium. suprema autem corpora habent potentiam in sui natura totaliter perfectam per formam, in corporibus autem inferioribus potentia materiae non totaliter perficitur per formam, sed accipit nunc unam, nunc aliam formam, ab aliquo agente. similiter et inferiores substantiae intellectivae, scilicet animae humanae, habent potentiam intellectivam non completam naturaliter; sed completur in eis successive, per hoc quod accipiunt species intelligibiles a rebus. potentia vero intellectiva in substantiis spiritualibus superioribus, idest in angelis, naturaliter completa est per species intelligibiles, inquantum habent species intelligibiles connaturales ad omnia intelligenda quae naturaliter cognoscere possunt. et hoc etiam ex ipso modo essendi huiusmodi substantiarum apparet. substantiae enim spirituales inferiores, scilicet animae, habent esse affine corpori, inquantum sunt corporum formae, et ideo ex ipso modo essendi competit eis ut a corporibus, et per corpora suam perfectionem intelligibilem consequantur, alioquin frustra corporibus unirentur. substantiae vero superiores, idest angeli, sunt a corporibus totaliter absolutae, immaterialiter et in esse intelligibili subsistentes, et ideo |25| suam perfectionem intelligibilem consequuntur per intelligibilem effluxum, quo a deo species rerum cognitarum acceperunt simul cum intellectuali natura. * unde augustinus dicit, ii super gen. ad litt., quod ° cetera, quae infra angelos sunt, ita creantur, ut prius fiant in cognitione rationalis creaturae, ac deinde in genere suo.
ra1 ' Ad primum ergo dicendum quod in mente angeli sunt similitudines creaturarum, non quidem ab ipsis creaturis acceptae, sed a deo, qui est creaturarum causa, et in quo primo similitudines rerum existunt. * unde augustinus dicit, in eodem libro, quod ° sicut ratio qua creatura conditur, prius est in verbo dei quam ipsa creatura quae conditur, sic et eiusdem rationis cognitio prius fit in creatura intellectuali, ac deinde est ipsa conditio creaturae.
ra2 ' Ad secundum dicendum quod de extremo ad extremum non pervenitur nisi per medium. esse autem formae in imaginatione, quod est quidem sine materia, non tamen sine materialibus conditionibus, medium est inter esse formae quae est in materia, et esse formae quae est in intellectu per abstractionem a materia et a conditionibus materialibus. unde quantumcumque sit potens intellectus angelicus, non posset formas materiales reducere ad esse intelligibile, nisi prius reduceret eas ad esse formarum imaginatarum. quod est impossibile, cum careat imaginatione, * ut dictum est. ' dato etiam quod posset abstrahere species intelligibiles a rebus materialibus, non tamen abstraheret, quia non indigeret eis, cum habeat species intelligibiles connaturales.
ra3 ' Ad tertium dicendum quod cognitio angeli indifferenter se habet ad distans et propinquum secundum locum. non tamen propter hoc motus eius localis est frustra, non enim movetur localiter ad cognitionem accipiendam, sed ad operandum aliquid in loco.

007 ST1 qu55 ar3

ag1 ' Ad tertium sic proceditur. videtur quod superiores angeli non intelligant per species magis universales quam inferiores. universale enim esse videtur quod a particularibus abstrahitur. sed angeli non intelligunt per species a rebus abstractas. ergo non potest dici quod species intellectus angelici sint magis vel minus universales.
ag2 ' Praeterea, quod cognoscitur in speciali, perfectius cognoscitur quam quod cognoscitur in universali, quia cognoscere aliquid in universali est quodammodo medium inter potentiam et actum. si ergo angeli superiores cognoscunt per formas magis universales quam inferiores, sequitur quod angeli superiores habeant scientiam magis imperfectam quam inferiores. quod est inconveniens.
ag3 ' Praeterea, idem non potest esse propria ratio multorum. sed si angelus superior cognoscat per unam formam universalem diversa, quae inferior angelus cognoscit per plures formas speciales, sequitur quod angelus superior utitur una forma universali ad cognoscendum diversa. ergo non poterit habere propriam cognitionem de utroque. quod videtur inconveniens.
sc * Sed contra est quod dicit dionysius, xii cap. angel. hier., quod " superiores angeli participant scientiam magis in universali quam inferiores. * et in libro de causis dicitur quod " angeli superiores habent formas magis universales.
co ' Respondeo dicendum quod ex hoc sunt in rebus aliqua superiora, quod sunt uni primo, quod est deus, propinquiora et similiora. in deo autem tota plenitudo intellectualis cognitionis continetur in uno, scilicet in essentia divina, per quam deus omnia cognoscit. quae quidem intelligibilis plenitudo in intellectibus creatis inferiori modo et minus simpliciter invenitur. unde oportet quod ea quae deus cognoscit per unum, inferiores intellectus cognoscant per multa, et tanto amplius per plura, quanto amplius intellectus inferior fuerit. sic igitur quanto angelus fuerit superior, tanto per pauciores species universitatem intelligibilium apprehendere poterit. et ideo oportet quod eius formae sint universaliores, quasi ad plura se extendentes unaquaeque earum. et de hoc exemplum aliqualiter in nobis perspici potest. sunt enim quidam, qui veritatem intelligibilem capere non possunt, nisi eis particulatim per singula explicetur, et hoc quidem ex debilitate intellectus eorum contingit. alii vero, qui sunt fortioris intellectus, ex paucis multa capere possunt.
ra1 ' Ad primum ergo dicendum quod accidit universali ut a singularibus abstrahatur, inquantum intellectus illud cognoscens a rebus cognitionem accipit. si vero sit aliquis intellectus a rebus cognitionem non accipiens, universale ab eo cognitum non erit abstractum a rebus, sed quodammodo ante res praeexistens, vel secundum ordinem causae, sicut universales rerum rationes sunt in verbo dei; vel saltem ordine naturae, sicut universales rerum rationes sunt in intellectu angelico.
ra2 ' Ad secundum dicendum quod cognoscere aliquid in universali, dicitur dupliciter. uno modo, ex parte rei cognitae, ut scilicet cognoscatur solum universalis natura rei. et sic cognoscere aliquid in universali est imperfectius, imperfecte enim cognosceret hominem, qui cognosceret de eo solum quod est animal. alio modo, ex parte medii cognoscendi. et sic perfectius est cognoscere aliquid in universali, perfectior enim est intellectus qui per unum universale medium potest singula propria cognoscere, quam qui non potest.
ra3 ' Ad tertium dicendum quod idem non potest esse plurium propria ratio adaequata. sed si sit excellens, potest idem accipi ut propria ratio et similitudo diversorum. sicut in homine est universalis prudentia quantum ad omnes actus virtutum; et potest accipi ut propria ratio et similitudo particularis prudentiae quae est in leone ad actus magnanimitatis, et eius quae est in vulpe ad actus cautelae, et sic de aliis. similiter essentia divina accipitur, propter sui excellentiam, ut propria ratio singulorum, quia est in ea unde sibi singula similentur secundum proprias rationes. et eodem modo dicendum est de ratione universali quae est in mente angeli, quod per eam, propter eius excellentiam, multa cognosci possunt propria cognitione.

007 ST1 qu56 ar

pr ' Deinde quaeritur de cognitione angelorum ex parte rerum quas cognoscunt. et primo, de cognitione rerum immaterialium; secundo, de cognitione rerum materialium. circa primum quaeruntur tria. primo, utrum angelus cognoscat seipsum. secundo, utrum unus cognoscat alium. tertio, utrum angelus per sua naturalia cognoscat deum.

007 ST1 qu56 ar1

ag1 ' Ad primum sic proceditur. videtur quod angelus seipsum non cognoscat. * dicit enim dionysius, vi cap. angel. hier., quod “ angeli ignorant proprias virtutes. cognita autem substantia, cognoscitur virtus. ‘ ergo angelus non cognoscit suam essentiam.

ag2 ‘ Praeterea, angelus est quaedam substantia singularis, alioquin non ageret, cum actus sint singularium subsistentium. sed nullum singulare est intelligibile. ergo non potest intelligi. et ita, cum angelo non adsit nisi intellectiva cognitio, non poterit aliquis angelus cognoscere seipsum.

ag3 ‘ Praeterea, intellectus movetur ab intelligibili, “ quia intelligere est quoddam pati, * ut dicitur in iii de anima. ‘ sed nihil movetur aut patitur a seipso; ut in rebus corporalibus apparet. ergo angelus non potest intelligere seipsum.

sc * Sed contra est quod augustinus dicit, ii super gen. ad litt., quod ° angelus in ipsa sua conformatione, hoc est illustratione veritatis, cognovit seipsum.

co * Respondeo dicendum quod, sicut ex supra dictis patet, ‘ obiectum aliter se habet in actione quae manet in agente, et in actione quae transit in aliquid exterius. nam in actione quae transit in aliquid exterius, obiectum sive materia in quam transit actus, est separata ab agente, sicut calefactum a calefaciente, et aedificatum ab aedificante. sed in actione quae manet in agente, oportet ad hoc quod procedat actio, quod obiectum uniatur agenti, sicut oportet quod sensibile uniatur sensui, ad hoc quod sentiat actu. et ita se habet obiectum unitum potentiae ad huiusmodi actionem, sicut forma quae est principium actionis in aliis agentibus, sicut enim calor est principium formale calefactionis in igne, ita species rei visae est principium formale visionis in oculo. sed considerandum est quod huiusmodi species obiecti quandoque est in potentia tantum in cognoscitiva virtute, et tunc est cognoscens in potentia tantum; et ad hoc quod actu cognoscat, requiritur quod potentia cognoscitiva reducatur in actum speciei. si autem semper eam actu habeat, nihilominus per eam cognoscere potest absque aliqua mutatione vel receptione praecedenti. ex quo patet quod moveri ab obiecto non est de ratione cognoscentis inquantum est cognoscens, sed inquantum est potentia cognoscens. nihil autem differt, ad hoc quod forma sit principium actionis, |25| quod ipsa forma sit alii inhaerens, et quod sit per se subsistens, non enim minus calor calefaceret si esset per se subsistens, quam calefacit inhaerens. sic igitur et si aliquid in genere intelligibilium se habeat ut forma intelligibilis subsistens, intelliget seipsum. angelus autem, cum sit immaterialis, est quaedam forma subsistens, et per hoc intelligibilis actu. unde sequitur quod per suam formam, quae est sua substantia, seipsum intelligat.

ra1 “ Ad primum ergo dicendum quod littera illa est antiquae translationis, quae corrigitur per novam, in qua dicitur, praeterea et ipsos, scilicet angelos, cognovisse proprias virtutes; loco cuius habebatur in alia translatione, et adhuc et eos ignorare proprias virtutes. * quamvis etiam littera antiquae translationis salvari possit quantum ad hoc, quod ‘ angeli non perfecte cognoscunt suam virtutem, secundum quod procedit ab ordine divinae sapientiae, quae est angelis incomprehensibilis.

ra2 ‘ Ad secundum dicendum quod singularium quae sunt in rebus corporalibus, non est intellectus, apud nos, non ratione singularitatis, sed ratione materiae, quae est in eis individuationis principium. unde si aliqua singularia sunt sine materia subsistentia, sicut sunt angeli, illa nihil prohibet intelligibilia esse actu.

ra3 ‘ Ad tertium dicendum quod moveri et pati convenit intellectui secundum quod est in potentia. unde non habet locum in intellectu angelico; maxime quantum ad hoc quod intelligit seipsum. actio etiam intellectus non est eiusdem rationis cum actione quae in corporalibus invenitur, in aliam materiam transeunte.

007 ST1 qu56 ar2

ag1 ‘ Ad secundum sic proceditur. videtur quod unus angelus alium non cognoscat. * dicit enim philosophus, in iii de anima, quod “ si intellectus humanus haberet in se aliquam naturam de numero naturarum rerum sensibilium, illa natura interius existens prohiberet apparere extranea, sicut etiam si pupilla esset colorata aliquo colore, non posset videre omnem colorem. ‘ sed sicut se habet intellectus humanus ad cognoscendas res corporeas, ita se habet intellectus angelicus ad cognoscendas res immateriales. cum igitur intellectus angelicus habeat in se aliquam naturam determinatam de numero illarum naturarum, videtur quod alias cognoscere non possit.

ag2 * Praeterea, in libro de causis dicitur quod ° omnis intelligentia sit quod est supra se, inquantum est causata ab eo; et quod est sub se, inquantum est causa eius. ‘ sed unus angelus non est causa alterius. ergo unus angelus non cognoscit alium.

ag3 ‘ Praeterea, unus angelus non potest cognoscere alium per essentiam ipsius angeli cognoscentis, cum omnis cognitio sit secundum rationem similitudinis, essentia autem angeli cognoscentis non est similis essentiae angeli cogniti nisi in genere, * ut ex supra dictis patet; ‘ unde sequeretur quod unus angelus non haberet de alio cognitionem propriam, sed generalem tantum. similiter etiam non potest dici quod unus angelus cognoscat alium per essentiam angeli cogniti, quia illud quo intellectus intelligit, est intrinsecum intellectui; sola autem trinitas illabitur menti. similiter etiam dici non potest quod unus cognoscat alium per speciem, quia illa species non differret ab angelo intellecto, cum utrumque sit immateriale. nullo igitur modo videtur quod unus angelus possit intelligere alium.

ag4 ‘ Praeterea, si unus angelus intelligit alium, aut hoc esset per speciem innatam, et sic sequeretur quod, si deus nunc de novo crearet aliquem angelum, quod non posset cognosci ab his qui nunc sunt. aut per speciem acquisitam a rebus, et sic sequeretur quod angeli superiores non possent cognoscere inferiores, a quibus nihil accipiunt. nullo igitur modo videtur quod unus angelus alium cognoscat.

sc * Sed contra est quod dicitur in libro de causis, quod ° omnis intelligentia scit res quae non corrumpuntur.

co ‘ Respondeo dicendum quod, * sicut augustinus dicit, ii super gen. ad litt., ‘ ea quae in verbo dei ab aeterno praeextiterunt, dupliciter ab eo effluxerunt, uno modo, in intellectum angelicum; alio modo, ut subsisterent in propriis naturis. in intellectum autem angelicum processerunt per hoc, quod deus menti angelicae impressit rerum similitudines, quas in esse naturali produxit. in verbo autem dei ab aeterno extiterunt non solum rationes rerum corporalium, sed etiam rationes omnium spiritualium creaturarum. sic igitur unicuique spiritualium creaturarum a verbo dei impressae sunt omnes rationes rerum omnium, tam corporalium quam spiritualium. ita tamen quod unicuique angelo impressa est ratio suae speciei secundum esse naturale et intelligibile simul, ita scilicet quod in natura suae speciei subsisteret, et per eam se intelligeret, aliarum vero naturarum, tam spiritualium quam corporalium, rationes sunt ei impressae secundum esse intelligibile tantum, ut videlicet per huiusmodi species impressas, tam creaturas corporales quam spirituales cognosceret.

ra1 ‘ Ad primum ergo dicendum quod naturae spirituales angelorum ab invicem distinguuntur ordine quodam, * sicut supra dictum est. ‘ et sic natura unius angeli non prohibet intellectum ipsius a cognoscendis aliis naturis angelorum, cum tam superiores quam inferiores habeant affinitatem cum natura eius, differentia existente tantum secundum diversos gradus perfectionis.

ra2 ‘ Ad secundum dicendum quod ratio causae et causati non facit ad hoc quod unus angelus alium cognoscat, nisi ratione similitudinis, inquantum causa et causatum sunt similia. et ideo, si inter angelos ponatur similitudo absque causalitate, remanebit in uno cognitio alterius.

ra3 ‘ Ad tertium dicendum quod unus angelus cognoscit alium per speciem eius in intellectu suo existentem, quae differt ab angelo cuius similitudo est, non secundum esse materiale et immateriale, sed secundum esse naturale et intentionale. nam ipse angelus est forma subsistens in esse naturali, non autem species eius quae est in intellectu alterius angeli, sed habet ibi esse intelligibile tantum. sicut etiam et forma coloris in pariete habet esse naturale, in medio autem deferente habet esse intentionale tantum.

ra4 ‘ Ad quartum dicendum quod deus unamquamque creaturam fecit proportionatam universo quod facere disposuit. et ideo, si deus instituisset facere plures angelos vel plures naturas rerum, plures species intelligibiles mentibus angelicis impressisset. sicut si aedificator voluisset facere maiorem domum, fecisset maius fundamentum. unde eiusdem rationis est quod deus adderet aliquam creaturam universo, et aliquam speciem intelligibilem angelo.

007 ST1 qu56 ar3

ag1 ‘ Ad tertium sic proceditur. videtur quod angeli per sua naturalia deum cognoscere non possint. * dicit enim dionysius, i cap. de div. nom., quod ° deus est super omnes caelestes mentes incomprehensibili virtute collocatus. * et postea subdit quod, ° quia est supra omnem substantiam, ab omni cognitione est segregatus.

ag2 ‘ Praeterea, deus in infinitum distat ab intellectu angeli. sed in infinitum distantia non possunt attingi. ergo videtur quod angelus per sua naturalia non possit deum cognoscere.

ag3 * Praeterea, i cor. xiii dicitur, ° videmus nunc per speculum in aenigmate, tunc autem facie ad faciem. ‘ ex quo videtur quod sit duplex dei cognitio, una, qua videtur per sui essentiam, secundum quam dicitur videri facie ad faciem; alia, secundum quod videtur in speculo creaturarum. sed primam dei cognitionem angelus habere non potuit per sua naturalia, * ut supra ostensum est. ‘ visio autem specularis angelis non convenit, quia non accipiunt divinam cognitionem e rebus sensibilibus, * ut dicit dionysius, vii cap. de div. nom.. ‘ ergo angeli per sua naturalia deum cognoscere non possunt.

sc ‘ Sed contra, angeli sunt potentiores in cognoscendo quam homines. sed homines per sua naturalia deum cognoscere possunt; * secundum illud rom. i, ° quod notum est dei, manifestum est in illis. ‘ ergo multo magis angeli.

co ‘ Respondeo dicendum quod angeli aliquam cognitionem de deo habere possunt per sua naturalia. ad cuius evidentiam, considerandum est quod aliquid tripliciter cognoscitur. uno modo, per praesentiam suae essentiae in cognoscente, sicut si lux videatur in oculo, * et sic dictum est quod angelus intelligit seipsum. ‘ alio modo, per praesentiam suae similitudinis in potentia cognoscitiva, sicut lapis videtur ab oculo per hoc quod similitudo eius resultat in oculo. tertio modo, per hoc quod similitudo rei cognitae non accipitur immediate ab ipsa re cognita, sed a re alia, in qua resultat, sicut cum videmus hominem in speculo. primae igitur cognitioni assimilatur divina cognitio, qua per essentiam suam videtur. et haec cognitio dei non potest adesse creaturae alicui per sua naturalia, * ut supra dictum est. ‘ tertiae autem cognitioni assimilatur cognitio qua nos cognoscimus deum in via, per similitudinem eius in creaturis resultantem; * secundum illud rom. i, ° invisibilia dei per ea quae facta sunt, intellecta, conspiciuntur. ‘ unde et dicimur deum videre in speculo. cognitio autem qua angelus per sua naturalia cognoscit deum, media est inter has duas; et similatur illi cognitioni qua videtur res per speciem ab ea acceptam. quia enim imago dei est in ipsa natura angeli |25| impressa per suam essentiam, angelus deum cognoscit, inquantum est similitudo dei. non tamen ipsam essentiam dei videt, quia nulla similitudo creata est sufficiens ad repraesentandam divinam essentiam. unde magis ista cognitio tenet se cum speculari, quia et ipsa natura angelica est quoddam speculum divinam similitudinem repraesentans.

ra1 * Ad primum ergo dicendum quod dionysius loquitur “ de cognitione comprehensionis, ut expresse eius verba ostendunt. ‘ et sic a nullo intellectu creato cognoscitur.

ra2 ‘ Ad secundum dicendum quod propter hoc quod intellectus et essentia angeli in infinitum distant a deo, sequitur quod non possit ipsum comprehendere, nec per suam naturam eius essentiam videre. non tamen sequitur propter hoc, quod nullam eius cognitionem habere possit, quia sicut deus in infinitum distat ab angelo, ita cognitio quam deus habet de seipso, in infinitum distat a cognitione quam angelus habet de eo.

ra3 ‘ Ad tertium dicendum quod cognitio quam naturaliter angelus habet de deo, est media inter utramque cognitionem, et tamen magis se tenet cum una, * ut supra dictum est.

007 ST1 qu57 ar

pr ‘ Deinde quaeritur de his materialibus quae ab angelis cognoscuntur. et circa hoc quaeruntur quinque. primo, utrum angeli cognoscant naturas rerum materialium. secundo, utrum cognoscant singularia. tertio, utrum cognoscant futura. quarto, utrum cognoscant cogitationes cordium. quinto, utrum cognoscant omnia mysteria gratiae.

007 ST1 qu57 ar1

ag1 ‘ Ad primum sic proceditur. videtur quod angeli non cognoscant res materiales. intellectum enim est perfectio intelligentis. res autem materiales non possunt esse perfectiones angelorum, cum sint infra ipsos. ergo angeli non cognoscunt res materiales.

ag2 ‘ Praeterea, “ visio intellectualis est eorum quae sunt in anima per sui essentiam, * ut dicitur in glossa, ii ad cor. xii. ‘ sed res materiales non possunt esse in anima hominis, vel in mente angeli, per suas essentias. ergo non possunt intellectuali visione cognosci, sed solum imaginaria, qua apprehenduntur similitudines corporum; et sensibili, quae est de ipsis corporibus. in angelis autem non est visio imaginaria et sensibilis, sed solum intellectualis. ergo angeli materialia cognoscere non possunt.

ag3 ‘ Praeterea, res materiales non sunt intelligibiles in actu, sed sunt cognoscibiles apprehensione sensus et imaginationis; quae non est in angelis. ergo angeli materialia non cognoscunt.

sc ‘ Sed contra, quidquid potest inferior virtus, potest virtus superior. sed intellectus hominis, qui est ordine naturae infra intellectum angeli, potest cognoscere res materiales. ergo multo fortius intellectus angeli.

co ‘ Respondeo dicendum quod talis est ordo in rebus, quod superiora in entibus sunt perfectiora inferioribus, et quod in inferioribus continetur deficienter et partialiter et multipliciter, in superioribus continetur eminenter et per quandam totalitatem et simplicitatem. et ideo in deo, sicut in summo rerum vertice, omnia supersubstantialiter praeexistunt secundum ipsum suum simplex esse, * ut dionysius dicit, in libro de div. nom.. ‘ angeli autem inter ceteras creaturas sunt deo propinquiores et similiores, unde et plura participant ex bonitate divina, et perfectius, * ut dionysius dicit, iv cap. cael. hier.. ‘ sic igitur omnia materialia in ipsis angelis praeexistunt, simplicius quidem et immaterialius quam in ipsis rebus; multiplicius autem et imperfectius quam in deo. omne autem quod est in aliquo; est in eo per modum eius in quo est. angeli autem secundum suam naturam sunt intellectuales. et ideo, sicut deus per suam essentiam materialia cognoscit, ita angeli ea cognoscunt per hoc quod sunt in eis per suas intelligibiles species.

ra1 ‘ Ad primum ergo dicendum quod intellectum est perfectio intelligentis secundum speciem intelligibilem quam habet in intellectu. et sic species intelligibi-

les quae sunt in intellectu angeli, sunt perfectiones et actus intellectus angelici.
ra2 ‘ Ad secundum dicendum quod sensus non apprehendit essentias rerum, sed exteriora accidentia tantum. similiter neque imaginatio, sed apprehendit solas similitudines corporum. intellectus autem solus apprehendit essentias rerum. * unde in iii de anima dicitur quod “ obiectum intellectus est quod quid est, ‘ circa quod non errat, sicut neque sensus circa proprium sensibile. sic ergo essentiae rerum materialium sunt in intellectu hominis vel angeli, ut intellectum est in intelligente, et non secundum esse suum reale. quaedam vero sunt quae sunt in intellectu vel in anima secundum utrumque esse. et utrorumque est visio intellectualis.
ra3 ‘ Ad tertium dicendum quod, si angelus acciperet cognitionem rerum materialium ab ipsis rebus materialibus, oporteret quod faceret eas intelligibiles actu, abstrahendo eas. non autem accipit cognitionem earum a rebus materialibus, sed per species actu intelligibiles rerum sibi connaturales, rerum materialium notitiam habet; sicut intellectus noster secundum species quas intelligibiles facit abstrahendo.

007 ST1 qu57 ar2

ag1 ‘ Ad secundum sic proceditur. videtur quod angelus singularia non cognoscat. * dicit enim philosophus, in i physic., quod “ sensus est singularium, ‘ ratio vero (vel intellectus) universalium. in angelis autem non est vis cognoscitiva nisi intellectiva, * ut ex superioribus patet. ‘ ergo singularia non cognoscunt.
ag2 ‘ Praeterea, omnis cognitio est per assimilationem aliquam cognoscentis ad cognitum. sed non videtur quod possit esse aliqua assimilatio angeli ad singulare inquantum est singulare, cum angelus sit immaterialis, * ut supra dictum est, ‘ singularitatis vero principium sit materia. ergo angelus non potest cognoscere singularia.
ag3 ‘ Praeterea, si angelus scit singularia, aut per species singulares, aut per species universales. non per singulares, quia sic oporteret quod haberet species infinitas. neque per universales, quia universale non est sufficiens principium cognoscendi singulare inquantum est singulare, cum in universali singularia non cognoscantur nisi in potentia. ergo angelus non cognoscit singularia.
sc ‘ Sed contra, nullus potest custodire quod non cognoscit. sed angeli custodiunt homines singulares, * secundum illud psalmi xc, ° angelis suis mandavit de te, etc.. ‘ ergo angeli cognoscunt singularia.
co ‘ Respondeo dicendum quod * quidam totaliter subtraxerunt angelis singularium cognitionem. sed hoc primo quidem derogat catholicae fidei, quae ponit haec inferiora administrari per angelos, secundum illud heb. i, ° omnes sunt administratorii spiritus. ‘ si autem singularium notitiam non haberent, nullam providentiam habere possent de his quae in hoc mundo aguntur; cum actus singularium sint. * et hoc est contra illud quod dicitur eccle. v, ° ne dicas coram angelo, non est providentia. * secundo, etiam derogat philosophiae documentis, secundum quae “ ponuntur angeli motores caelestium orbium, et quod eos moveant secundum intellectum et voluntatem. * et ideo alii dixerunt quod “ angelus habet quidem cognitionem singularium, sed in causis universalibus, ad quas reducuntur particulares omnes effectus, sicut si astrologus iudicet de aliqua eclipsi futura, per dispositiones caelestium motuum. ‘ sed haec positio praedicta inconvenientia non evadit, quia sic cognoscere singulare in causis universalibus, non est cognoscere ipsum ut est singulare, hoc est ut est hic et nunc. astrologus enim cognoscens eclipsim futuram per computationem caelestium motuum, scit eam in universali; |25| et non prout est hic et nunc, nisi per sensum accipiat. administratio autem et providentia et motus sunt singularium, prout sunt hic et nunc. et ideo aliter dicendum est quod, sicut homo cognoscit diversis viribus cognitivis omnia rerum genera, intellectu quidem universalia et immaterialia, sensu autem singularia et corporalia; ita angelus per unam intellectivam virtutem utraque cognoscit. hoc enim rerum ordo habet, quod quanto aliquid est superius, tanto habeat virtutem magis unitam et ad plura se extendentem, sicut in ipso homine patet quod sensus communis, qui est superior quam sensus proprius, licet sit unica potentia, omnia cognoscit quae quinque sensibus exterioribus cognoscuntur, et quaedam alia quae nullus sensus exterior cognoscit, scilicet differentiam albi et dulcis. et simile etiam est in aliis considerare. unde cum angelus naturae ordine sit supra hominem, inconveniens est dicere quod homo quacumque sua potentia cognoscat aliquid, quod angelus per unam vim suam cognoscitivam, scilicet intellectum, non cognoscat. * unde aristoteles “ pro inconvenienti habet ut litem, quam nos scimus, deus ignoret; * ut patet in i de anima, et in iii metaphys.. ‘ modus autem quo intellectus angeli singularia cognoscit, ex hoc | 50 | considerari potest quod, sicut a deo effluunt res ut subsistant in propriis naturis, ita etiam ut sint in cognitione angelica. manifestum est autem quod a deo effluit in rebus non solum illud quod ad naturam universalem pertinet, sed etiam ea quae sunt individuationis principia, est enim causa totius substantiae rei, et quantum ad materiam et quantum ad formam. et secundum quod causat, sic et cognoscit, quia scientia eius est causa rei, * ut supra ostensum est. ‘ sicut igitur deus per essentiam suam, per quam omnia causat, est similitudo omnium, et per eam omnia cognoscit non solum quantum ad naturas universales, sed etiam quantum ad singularitatem; ita angeli per species a deo inditas, res cognoscunt non solum quantum ad naturam universalem, sed etiam secundum earum singularitatem, inquantum sunt quaedam repraesentationes multiplicatae illius unicae et simplicis essentiae.
ra1 * Ad primum ergo dicendum quod philosophus loquitur ‘ de intellectu nostro, qui non intelligit res nisi abstrahendo; et per ipsam abstractionem a materialibus conditionibus, id quod abstrahitur, fit universale. hic autem modus intelligendi non convenit angelis, * ut supra dictum est, ‘ et ideo non est eadem ratio.
ra2 ‘ Ad secundum dicendum quod secundum suam naturam angeli non assimilantur rebus materialibus sicut assimilatur aliquid alicui secundum convenientiam in genere vel in specie, aut in accidente; sed sicut superius habet similitudinem cum inferiori, ut sol cum igne. et per hunc etiam modum in deo est similitudo omnium, et quantum ad formam et quantum ad materiam, inquantum in ipso praeexistit ut in causa quidquid in rebus invenitur. et eadem ratione species intellectus angeli, quae sunt quaedam derivatae similitudines a divina essentia, sunt similitudines rerum non solum quantum ad formam, sed etiam quantum ad materiam.
ra3 ‘ Ad tertium dicendum quod angeli cognoscunt singularia per formas universales, quae tamen sunt similitudines rerum et quantum ad principia universalia, et quantum ad individuationis principia. quomodo autem per eandem speciem possint multa cognosci * iam supra dictum est.

007 ST1 qu57 ar3

ag1 ‘ Ad tertium sic proceditur. videtur quod angeli cognoscant futura. angeli enim potentiores sunt in cognoscendo quam homines. sed homines aliqui cognoscunt multa futura. ergo multo fortius angeli.
ag2 ‘ Praeterea, praesens et futurum sunt differentiae temporis. sed intellectus angeli est supra tempus, “ parificatur enim intelligentia aeternitati, idest aevo, * ut dicitur in libro de causis. ‘ ergo quantum ad intellectum angeli, non differunt praeteritum et futurum; sed indifferenter cognoscit utrumque.
ag3 ‘ Praeterea, angelus non cognoscit per species acceptas a rebus, sed per species innatas universales. sed species universales aequaliter se habent ad praesens, praeteritum et futurum. ergo videtur quod angeli indifferenter cognoscant praeterita et praesentia et futura.
ag4 ‘ Praeterea, sicut aliquid dicitur distans secundum tempus, ita secundum locum. sed angeli cognoscunt distantia secundum locum. ergo etiam cognoscunt distantia secundum tempus futurum.
sc ‘ Sed contra, id quod est proprium signum divinitatis, non convenit angelis. sed cognoscere futura est proprium signum divinitatis; * secundum illud isaiae xli, ° annuntiate quae ventura sunt in futurum, et sciemus quod dii estis vos. ‘ ergo angeli non cognoscunt futura.
co ‘ Respondeo dicendum quod futurum dupliciter potest cognosci. uno modo, in causa sua. et sic futura quae ex necessitate ex causis suis proveniunt, per certam scientiam cognoscuntur, ut solem oriri cras. quae vero ex suis causis proveniunt ut in pluribus, cognoscuntur non per certitudinem, sed per coniecturam; sicut medicus praecognoscit sanitatem infirmi. et iste modus cognoscendi futura adest angelis; et tanto magis quam nobis, quanto magis rerum causas et universalius et perfectius cognoscunt; sicut medici qui acutius vident causas, melius de futuro statu aegritudinis prognosticantur. quae vero proveniunt ex causis suis ut in paucioribus, penitus sunt ignota, sicut casualia et fortuita. alio modo cognoscuntur futura in seipsis. et sic solius dei est futura cognoscere, non solum quae ex necessitate proveniunt, vel ut in pluribus, sed etiam casualia et fortuita, quia deus videt omnia in sua aeternitate, quae, cum sit simplex, toti tempori adest, et ipsum concludit. et ideo unus dei intuitus fertur in omnia quae aguntur per totum tempus sicut in praesentia, et videt omnia ut in seipsis sunt; * sicut supra dictum est cum de dei scientia ageretur. ‘ angelicus autem intellectus, et quilibet intellectus creatus, deficit ab aeternitate divina. unde non potest ab aliquo intellectu creato cognosci futurum, ut est in suo esse.
ra1 ‘ Ad primum ergo dicendum quod homines non cognoscunt futura nisi in causis suis, vel deo revelante. et sic angeli multo subtilius futura cognoscunt.
ra2 ‘ Ad secundum dicendum quod, licet intellectus angeli sit supra tempus quo mensurantur corporales motus, est tamen in intellectu angeli tempus secundum successionem intelligibilium conceptionum; * secundum quod dicit augustinus, viii super gen. ad litt., quod ° deus movet spiritualem creaturam per tempus. ‘ et ita, cum sit successio in intellectu angeli, non omnia quae aguntur per totum tempus, sunt ei praesentia.
ra3 ‘ Ad tertium dicendum quod, licet species quae sunt in intellectu angeli, quantum est de se, aequaliter se habeant ad praesentia, praeterita et futura; tamen praesentia, praeterita et futura non aequaliter se habent ad rationes. quia ea quae praesentia sunt, habent naturam per quam assimilantur speciebus quae sunt in mente angeli, et sic per eas cognosci possunt. sed quae futura sunt, nondum habent naturam per quam illis assimilentur, unde per eas cognosci non possunt.
ra4 ‘ Ad quartum dicendum quod distantia secundum locum sunt iam in rerum natura, et participant aliquam speciem, cuius similitudo est in angelo, quod non est verum de futuris, * ut dictum est. ‘ et ideo non est simile.

007 ST1 qu57 ar4

ag1 ‘ Ad quartum sic proceditur. videtur quod angeli cognoscant cogitationes cordium. * dicit enim gregorius, in moralibus, super illud iob xxviii, ° non aequabitur ei aurum vel vitrum, “ quod tunc, scilicet in beatitudine resurgentium, unus ° erit perspicabilis alteri sicut ipse sibi, et cum uniuscuiusque intellectus attenditur, simul conscientia penetratur. ‘ sed resurgentes erunt similes angelis, * sicut habetur matth. xxii. ‘ ergo unus angelus potest videre id quod est in conscientia alterius.
ag2 ‘ Praeterea, sicut se habent figurae ad corpora, ita se habent species intelligibiles ad intellectum. sed viso corpore, videtur eius figura. ergo visa substantia intellectuali, videtur species intelligibilis quae est in ipsa. ergo, cum angelus videat alium angelum, et etiam animam, videtur quod possit videre cogitationem utriusque.
ag3 ‘ Praeterea, ea quae sunt in intellectu nostro, sunt similiora angelo quam ea quae sunt in phantasia, cum haec sint intellecta in actu, illa vero in potentia tantum. sed ea quae sunt in phantasia, possunt cognosci ab angelo sicut corporalia, cum phantasia sit virtus corporis. ergo videtur quod angelus possit cognoscere cogitationes intellectus.
sc ‘ Sed contra, quod est proprium dei, non convenit angelis. sed cognoscere cogitationes cordium est proprium dei, * secundum illud ierem. xvii, ° pravum est cor hominis et inscrutabile, quis cognoscet illud? ego, dominus, scrutans corda. ‘ ergo angeli non cognoscunt secreta cordium.
co ‘ Respondeo dicendum quod cogitatio cordis dupliciter potest cognosci. uno modo, in suo effectu. et sic non solum ab angelo, sed etiam ab homine cognosci potest; et tanto subtilius, quanto effectus huiusmodi fuerit magis occultus. cognoscitur enim cogitatio interdum non solum per actum exteriorem, sed etiam per immutationem vultus, et etiam medici aliquas affectiones animi per pulsum cognoscere possunt. et multo magis angeli, vel etiam daemones, quanto subtilius huiusmodi immutationes occultas corporales perpendunt. * unde augustinus dicit, in libro de divinatione daemonum, quod ° aliquando hominum dispositiones, non solum voce prolatas, verum etiam cogitatione conceptas, cum signa quaedam in corpore exprimuntur ex animo, tota facilitate perdiscunt. * quamvis in libro retract. hoc dicat “ non esse asserendum quomodo fiat. ‘ alio modo possunt cognosci cogitationes, prout sunt in intellectu; et affectiones, prout sunt in voluntate. et sic solus deus cogitationes cordium et affectiones voluntatum cognoscere potest. cuius ratio est, quia voluntas rationalis creaturae soli deo subiacet; et ipse solus in eam operari potest, qui est principale eius obiectum, ut ultimus finis; * et hoc magis infra patebit. ‘ et ideo ea quae in voluntate sunt, |25| vel quae ex voluntate sola dependent, soli deo sunt nota. manifestum est autem quod ex sola voluntate dependet quod aliquis actu aliqua consideret, quia cum aliquis habet habitum scientiae, vel species intelligibiles in eo existentes, utitur eis cum vult. * et ideo dicit apostolus, i cor. ii, quod ° quae sunt hominis, nemo novit nisi spiritus hominis, qui in ipso est.
ra1 ‘ Ad primum ergo dicendum quod modo cogitatio unius hominis non cognoscitur ab alio, propter duplex impedimentum, scilicet propter grossitiem corporis, et propter voluntatem claudentem sua secreta. primum autem obstaculum tolletur in resurrectione, nec est in angelis. sed secundum impedimentum manebit post resurrectionem, et est modo in angelis. et tamen qualitatem mentis, quantum ad quantitatem gratiae et gloriae, repraesentabit claritas corporis. et sic unus mentem alterius videre poterit.
ra2 ‘ Ad secundum dicendum quod, etsi unus angelus, species intelligibiles alterius videat, per hoc quod modus intelligibilium specierum, secundum maiorem et minorem universalitatem, proportionatur nobilitati substantiarum; non tamen sequitur quod unus cognoscat quomodo alius illis intelligibilibus speciebus utitur actualiter considerando.
ra3 ‘ Ad tertium dicendum quod appetitus brutalis non est dominus sui actus, sed sequitur impressionem alterius causae corporalis vel spiritualis. quia igitur angeli cognoscunt res corporales et dispositiones earum, possunt per haec cognoscere quod est in appetitu et in apprehensione phantastica brutorum animalium; et etiam hominum, secundum quod in eis quandoque appetitus sensitivus procedit in actum, sequens aliquam impressionem corporalem, sicut in brutis semper est. non tamen oportet quod angeli cognoscant motum appetitus sensitivi et appre-

hensionem phantasticam hominis, secundum quod moventur a voluntate et ratione, quia etiam inferior pars animae participat aliqualiter rationem, sicut obediens imperanti, * ut dicitur in i ethic.. ' nec tamen sequitur quod, si angelus cognoscit quod est in appetitu sensitivo vel phantasia hominis, quod cognoscat id quod est in cogitatione vel voluntate, quia intellectus vel voluntas non subiacet appetitui sensitivo et phantasiae, sed potest eis diversimode uti.

007 ST1 qu57 ar5

ag1 ' Ad quintum sic proceditur. videtur quod angeli mysteria gratiae cognoscant. quia inter omnia mysteria excellentius est mysterium incarnationis christi. sed hoc angeli cognoverunt a principio, * dicit enim augustinus, v super gen. ad litt., quod ° sic fuit hoc mysterium absconditum a saeculis in deo, ut tamen innotesceret principibus et potestatibus in caelestibus. * et dicit apostolus, i ad tim. iii, quod ° apparuit angelis illud magnum sacramentum pietatis. ' ergo angeli mysteria gratiae cognoscunt.
ag2 ' Praeterea, rationes omnium mysteriorum gratiae in divina sapientia continentur. sed angeli vident ipsam dei sapientiam, quae est eius essentia. ergo angeli mysteria gratiae cognoscunt.
ag3 ' Praeterea, prophetae per angelos instruuntur, * ut patet per dionysium, iv cap. angel. hier.. ' sed prophetae mysteria gratiae cognoverunt, * dicitur enim amos iii, ° non faciet dominus verbum, nisi revelaverit secretum ad servos suos, prophetas. ' ergo angeli mysteria gratiae cognoscunt.
sc ' Sed contra est quod nullus discit illud quod cognoscit. sed angeli, etiam supremi, quaerunt de divinis mysteriis gratiae, et ea discunt, * dicitur enim vii cap. cael. hier., quod ° sacra scriptura inducit quasdam caelestes essentias ad ipsum iesum quaestionem facientes, et addiscentes scientiam divinae eius operationis pro nobis, et iesum eas sine medio docentem; * ut patet isaiae lxiii, ubi quaerentibus angelis, " quis est iste qui venit de edom? respondit iesus, ego, qui loquor iustitiam. ' ergo angeli non cognoscunt mysteria gratiae.
co ' Respondeo dicendum quod in angelis est cognitio duplex. una quidem naturalis, secundum quam cognoscunt res tum per essentiam suam, tum etiam per species innatas. et hac cognitione mysteria gratiae angeli cognoscere non possunt. haec enim mysteria ex pura dei voluntate dependent, si autem unus angelus non potest cognoscere cogitationes alterius ex voluntate eius dependentes, multo minus potest cognoscere ea quae ex sola dei voluntate dependent. * et sic argumentatur apostolus, i cor. ii, ° quae sunt hominis, nemo novit nisi spiritus hominis, qui in ipso est. ita et quae sunt dei, nemo novit nisi spiritus dei. ' est autem alia angelorum cognitio, quae eos beatos facit, qua vident verbum et res in verbo. et hac quidem visione cognoscunt mysteria gratiae, non quidem omnia, nec aequaliter omnes sed secundum quod deus voluerit eis revelare; * secundum illud apostoli, i cor. ii, ° nobis autem revelavit deus per spiritum suum. ' ita tamen quod superiores angeli, perspicacius divinam sapientiam contemplantes, plura mysteria et altiora in ipsa dei visione cognoscunt, quae inferioribus manifestant, eos illuminando. et horum etiam mysteriorum quaedam a principio suae creationis cognoverunt; quaedam vero postmodum, secundum quod eorum officiis congruit, edocentur.
ra1 ' Ad primum ergo dicendum quod de mysterio incarnationis christi dupliciter contingit loqui. uno modo, in generali, et sic omnibus revelatum est a principio suae beatitudinis. cuius ratio est, quia hoc est quoddam generale principium, ad quod omnia eorum officia ordinantur, ° omnes enim sunt administratorii spiritus, * ut dicitur heb. i, ° in ministerium missi propter eos qui haereditatem capiunt salutis; ' quod quidem fit per incarnationis mysterium. unde oportuit de hoc mysterio omnes a principio communiter edoceri. alio modo possumus loqui de mysterio incarnationis quantum ad speciales conditiones. et sic non omnes angeli a principio de omnibus sunt edocti, immo quidam, etiam superiores angeli, postmodum didicerunt, * ut patet per auctoritatem dionysii inductam.
ra2 ' Ad secundum dicendum quod, licet angeli beati divinam sapientiam contemplentur, non tamen eam comprehendunt. et ideo non oportet quod cognoscant quidquid in ea latet.
ra3 ' Ad tertium dicendum quod quidquid prophetae cognoverunt de mysteriis gratiae per revelationem divinam, multo excellentius est angelis revelatum. et licet prophetis ea quae deus facturus erat circa salutem humani generis, in generali revelaverit; quaedam tamen specialia apostoli circa hoc cognoverunt, quae prophetae non cognoverant; * secundum illud ephes. iii, ° potestis, legentes, intelligere prudentiam meam in mysterio christi, quod aliis generationibus non est agnitum, sicut nunc revelatum est sanctis apostolis eius. ' inter ipsos etiam prophetas, posteriores cognoverunt quod priores non cognoverant; * secundum illud psalmi cxviii, ° super senes intellexi. * et gregorius dicit quod " per successiones temporum, crevit divinae cognitionis augmentum.

007 ST1 qu58 ar

pr ' Post haec considerandum est de modo angelicae cognitionis. et circa hoc quaeruntur septem. primo, utrum intellectus angeli quandoque sit in potentia, quandoque in actu. secundo, utrum angelus possit simul intelligere multa. tertio, utrum intelligat discurrendo. quarto, utrum intelligat componendo et dividendo. quinto, utrum in intellectu angeli possit esse falsitas. sexto, utrum cognitio angeli possit dici matutina et vespertina. septimo, utrum sit eadem cognitio matutina et vespertina, vel diversae.

007 ST1 qu58 ar1

ag1 ' Ad primum sic proceditur. videtur quod intellectus angeli quandoque sit in potentia. " motus enim est actus existentis in potentia, * ut dicitur iii physic.. " sed mentes angelicae intelligendo moventur, * ut dicit dionysius, iv cap. de div. nom.. ' ergo mentes angelicae quandoque sunt in potentia.
ag2 ' Praeterea, cum desiderium sit rei non habitae, possibilis tamen haberi, quicumque desiderat aliquid intelligere, est in potentia ad illud. * sed i petri i, dicitur, ° in quem desiderant angeli prospicere. ' ergo intellectus angeli quandoque est in potentia.
ag3 * Praeterea, in libro de causis dicitur quod " intelligentia intelligit secundum modum suae substantiae. ' sed substantia angeli habet aliquid de potentia permixtum. ergo quandoque intelligit in potentia.
sc * Sed contra est quod augustinus dicit, ii super gen. ad litt., quod ° angeli, ex quo creati sunt, ipsa verbi aeternitate, sancta et pia contemplatione perfruuntur. ' sed intellectus contemplans non est in potentia, sed in actu. ergo intellectus angeli non est in potentia.
co ' Respondeo dicendum quod, * sicut philosophus dicit, in iii de anima et in viii physic., " intellectus dupliciter est in potentia, uno modo, sicut ante addiscere vel invenire, idest antequam habeat habitum scientiae; alio modo dicitur esse in potentia, sicut cum iam habet habitum scientiae, sed non considerat. ' primo igitur modo, intellectus angeli nunquam est in potentia respectu eorum ad quae eius cognitio naturalis se extendere potest. sicut enim corpora superiora, scilicet caelestia, non habent potentiam ad esse, quae non sit completa per actum; ita caelestes intellectus, scilicet angeli, non habent aliquam intelligibilem potentiam, quae non sit totaliter completa per species intelligibiles connaturales eis. sed quantum ad ea quae eis divinitus revelantur, nihil prohibet intellectus eorum esse in potentia, quia sic etiam corpora caelestia sunt in potentia quandoque ut illuminentur a sole. secundo vero modo, intellectus angeli potest esse in potentia ad ea quae cognoscit naturali cognitione, non enim omnia quae naturali cognitione cognoscit, semper actu considerat. sed ad cognitionem verbi, et eorum quae in verbo videt, nunquam hoc modo est in potentia, quia semper actu intuetur verbum, et ea quae in verbo videt. in hac enim visione eorum beatitudo consistit, " beatitudo autem non consistit in habitu, |25| sed in actu, * ut dicit philosophus, in i ethic..
ra1 ' Ad primum ergo dicendum quod motus ibi non sumitur secundum quod est actus imperfecti, idest existentis in potentia; sed secundum quod est actus perfecti, idest existentis in actu. " sic enim intelligere et sentire dicuntur motus, * ut dicitur in iii de anima.
ra2 ' Ad secundum dicendum quod desiderium illud angelorum non excludit rem desideratam, sed eius fastidium. vel dicuntur desiderare dei visionem, quantum ad novas revelationes, quas pro opportunitate negotiorum a deo recipiunt.
ra3 ' Ad tertium dicendum quod in substantia angeli non est aliqua potentia denudata ab actu. et similiter nec intellectus angeli sic est in potentia, quod sit absque actu.

007 ST1 qu58 ar2

ag1 ' Ad secundum sic proceditur. videtur quod angelus non possit simul multa intelligere. * dicit enim philosophus, ii topic., quod ° contingit multa scire, sed unum tantum intelligere.
ag2 ' Praeterea, nihil intelligitur nisi secundum quod intellectus formatur per speciem intelligibilem, sicut corpus formatur per figuram. sed unum corpus non potest formari diversis figuris. ergo unus intellectus non potest simul intelligere diversa intelligibilia.
ag3 ' Praeterea, intelligere est motus quidam. nullus autem motus terminatur ad diversos terminos. ergo non contingit simul multa intelligere.
sc * Sed contra est quod dicit augustinus, iv sup. gen. ad litt., ° potentia spiritualis mentis angelicae cuncta quae voluerit, facillime simul comprehendit.
co ' Respondeo dicendum quod, sicut ad unitatem motus requiritur unitas termini, ita ad unitatem operationis requiritur unitas obiecti. contingit autem aliqua accipi ut plura, et ut unum; sicut partes alicuius continui. si enim unaquaeque per se accipiatur, plures sunt, unde et non una operatione, nec simul accipiuntur per sensum et intellectum. alio modo accipiuntur secundum quod sunt unum in toto, et sic simul et una operatione cognoscuntur tam per sensum quam per intellectum, dum totum continuum consideratur, * ut dicitur in iii de anima. ' et sic etiam intellectus noster simul intelligit subiectum et praedicatum, prout sunt partes unius propositionis; et duo comparata, secundum quod conveniunt in una comparatione. ex quo patet quod multa, secundum quod sunt distincta, non possunt simul intelligi; sed secundum quod uniuntur in uno intelligibili, sic simul intelliguntur. unumquodque autem est intelligibile in actu, secundum quod eius similitudo est in intellectu. quaecumque igitur per unam speciem intelligibilem cognosci possunt, cognoscuntur ut unum intelligibile; et ideo simul cognoscuntur. quae vero per diversas species intelligibiles cognoscuntur, ut diversa intelligibilia capiuntur. angeli igitur ea cognitione qua cognoscunt res per verbum, omnia cognoscunt una intelligibili specie, quae est essentia |25| divina. et ideo quantum ad talem cognitionem, omnia simul cognoscunt, sicut et in patria ° non erunt volubiles nostrae cogitationes, ab aliis in alia euntes atque redeuntes, sed omnem scientiam nostram simul uno conspectu videbimus, * ut augustinus dicit in xv de trin.. ' ea vero cognitione qua cognoscunt res per species innatas, omnia illa simul possunt intelligere, quae una specie cognoscuntur; non autem illa quae diversis.
ra1 ' Ad primum ergo dicendum quod intelligere multa ut unum, est quodammodo unum intelligere.
ra2 ' Ad secundum dicendum quod intellectus formatur per intelligibilem speciem quam apud se habet. et ideo sic potest una specie intelligibili multa simul intelligibilia intueri, sicut unum corpus per unam figuram potest simul multis corporibus assimilari.
ra3 ' Ad tertium dicendum sicut ad primum.

007 ST1 qu58 ar3

ag1 ' Ad tertium sic proceditur. videtur quod angelus cognoscat discurrendo. discursus enim intellectus attenditur secundum hoc, quod unum per aliud cognoscitur. sed angeli cognoscunt unum per aliud, cognoscunt enim creaturas per verbum. ergo intellectus angeli cognoscit discurrendo.
ag2 ' Praeterea, quidquid potest virtus inferior, potest et virtus superior. sed intellectus humanus potest syllogizare, et in effectibus causas cognoscere, secundum quae discursus attenditur. ergo intellectus angeli, qui superior est ordine naturae, multo magis hoc potest.
ag3 * Praeterea, isidorus dicit quod " daemones per experientiam multa cognoscunt. ' sed experimentalis cognitio est discursiva, ° ex multis enim memoriis fit unum experimentum, et ex multis experimentis fit unum universale, * ut dicitur in fine poster., et in principio metaphys.. ' ergo cognitio angelorum est discursiva.
sc * Sed contra est quod dionysius dicit, vii cap. de div. nom., quod ° angeli non congregant divinam cognitionem a sermonibus diffusis, neque ab aliquo communi ad ista specialia simul aguntur.
co * Respondeo dicendum quod, sicut saepius dictum est, ' angeli illum gradum tenent in substantiis spiritualibus, quem corpora caelestia in substantiis corporeis, " nam et caelestes mentes * a dionysio dicuntur. ' est autem haec differentia inter caelestia et terrena corpora, quod corpora terrena per mutationem et motum adipiscuntur suam ultimam perfectionem, corpora vero caelestia statim, ex ipsa sua natura, suam ultimam perfectionem habent. sic igitur et inferiores intellectus, scilicet hominum, per quendam motum et discursum intellectualis operationis perfectionem in cognitione veritatis adipiscuntur; dum scilicet ex uno cognito in aliud cognitum procedunt. si autem statim in ipsa cognitione principii noti, inspicerent quasi notas omnes conclusiones consequentes, in eis discursus locum non haberet. et hoc est in angelis, quia statim in illis quae primo naturaliter cognoscunt, inspiciunt omnia quaecumque in eis cognosci possunt. et ideo dicuntur intellectuales, quia etiam apud nos, ea quae statim naturaliter apprehenduntur, intelligi dicuntur; unde intellectus dicitur habitus primorum principiorum. animae vero humanae, quae veritatis notitiam per quendam discursum acquirunt, rationales vocantur. quod quidem contingit ex debilitate intellectualis luminis in eis. si enim haberent |25| plenitudinem intellectualis luminis, sicut angeli, statim in primo aspectu principiorum totam virtutem eorum comprehenderent, intuendo quidquid ex eis syllogizari posset.
ra1 ' Ad primum ergo dicendum quod discursus quendam motum nominat. omnis autem motus est de uno priori in aliud posterius. unde discursiva cognitio attenditur secundum quod ex aliquo prius noto devenitur in cognitionem alterius posterius noti, quod prius erat ignotum. si autem in uno inspecto simul aliud inspiciatur, sicut in speculo inspicitur simul imago rei et res; non est propter hoc cognitio discursiva. et hoc modo cognoscunt angeli res in verbo.
ra2 ' Ad secundum dicendum quod angeli syllogizare possunt, tanquam syllogismum cognoscentes; et in causis effectus vident, et in effectibus causas, non tamen ita quod cognitionem veritatis ignotae acquirant syllogizando ex causis in causata, et ex causatis in causas.
ra3 ' Ad tertium dicendum quod experientia in angelis et daemonibus dicitur secundum quandam similitudinem, prout scilicet cognoscunt sensibilia praesentia; tamen absque omni discursu.

007 ST1 qu58 ar4

ag1 ' Ad quartum sic proceditur. videtur quod angeli intelligant componendo et dividendo. " ubi enim est multitudo intellectuum, ibi est compositio intellectuum, * ut dicitur in iii de anima. ' sed in intellectu angeli est multitudo intellectuum, cum per diversas species diversa intelligat, et non omnia simul. ergo in intellectu angeli est compositio et divisio.
ag2 ' Praeterea, plus distat negatio ab affirmatione, quam quaecumque duae naturae oppositae, quia prima distinctio est per affirmationem et negationem. sed aliquas naturas distantes angelus non cognoscit per unum, sed per diversas species, * ut ex dictis patet. ' ergo oportet quod affirmationem et negationem cognoscat per diversa. et ita videtur quod angelus intelligat componendo et dividendo.
ag3 ' Praeterea, locutio est signum intellectus. sed angeli hominibus loquentes, proferunt affirmativas et negativas enuntiationes, quae sunt signa compositionis et divisionis in intellectu; ut ex multis locis sacrae scripturae apparet. ergo videtur quod angelus intelligat componendo et dividendo.
sc * Sed contra est quod dionysius dicit, vii cap. de div. nom., quod ° virtus intellectualis angelorum resplendet conspicaci divinorum intellectuum simplicitate. " sed simplex intelligentia est sine compositione et divisione, * ut dicitur in iii de anima. ' ergo angelus intelligit sine compositione et divisione.
co ' Respondeo dicendum quod, sicut in intellectu ratiocinante comparatur conclusio ad principium, ita in intellectu componente et dividente comparatur praedicatum ad subiectum. si enim intellectus statim in ipso principio videret conclusionis veritatem, nunquam intelligeret discurrendo vel ratiocinando. similiter si intellectus statim in apprehensione quidditatis subiecti, haberet notitiam de omnibus quae possunt attribui subiecto vel removeri ab eo, nunquam intelligeret componendo et dividendo, sed solum intelligendo quod quid est. sic igitur patet quod ex eodem provenit quod intellectus noster intelligit discurrendo, et componendo et dividendo, ex hoc scilicet, quod non statim in prima apprehensione alicuius primi apprehensi, potest inspicere quidquid in eo virtute continetur. quod contingit ex debilitate luminis intellectualis in nobis, * sicut dictum est. ' unde cum in angelo sit lumen intellectuale perfectum, cum sit speculum purum et clarissimum, * ut dicit dionysius, iv cap. de div. nom.; ' relinquitur quod angelus, sicut non intelligit ratiocinando, ita non intelligit componendo et dividendo. nihilominus tamen compositionem et divisionem enuntiationum intelligit, sicut et ratiocinationem syllogismorum, intelligit enim composita simpliciter, et mobilia immobiliter, et materialia immaterialiter.
ra1 ' Ad primum ergo dicendum quod non qualiscumque multitudo intellectuum compositionem causat, sed multitudo illorum intellectuum quorum unum attribuitur alteri, vel removetur ab altero. angelus autem, intelligendo quidditatem alicuius rei, simul intelligit quidquid ei attribui potest vel removeri ab ea. unde intelligendo quod quid est, intelligit quidquid nos intelligere possumus et componendo et dividendo, per unum suum simplicem intellectum.
ra2 ' Ad secundum dicendum quod diversae quidditates rerum minus differunt, quantum ad rationem existendi, quam affirmatio et negatio. tamen quantum ad rationem cognoscendi, affirmatio et negatio magis conveniunt, quia statim per hoc quod cognoscitur veritas affirmationis, cognoscitur falsitas negationis oppositae.
ra3 ' Ad tertium dicendum quod hoc quod angeli loquuntur enuntiationes affirmativas et negativas, manifestat quod angeli cognoscunt compositionem et divisionem, non autem quod cognoscant componendo et dividendo, sed simpliciter cognoscendo quod quid est.

007 ST1 qu58 ar5

ag1 ' Ad quintum sic proceditur. videtur quod in intellectu angeli possit esse falsitas. protervitas enim ad falsitatem pertinet. " sed in daemonibus est phantasia proterva, * ut dicit dionysius, iv cap. de div. nom.. ' ergo videtur quod in angelorum intellectu possit esse falsitas.
ag2 ' Praeterea, nescientia est causa falsae aestimationis. sed in angelis potest esse nescientia, * ut dionysius dicit, vi cap. eccles. hier.. ' ergo videtur quod in eis possit esse falsitas.
ag3 ' Praeterea, omne quod cadit a veritate sapientiae, et habet rationem depravatam, habet falsitatem vel errorem in suo intellectu. * sed hoc dionysius dicit de daemonibus, vii cap. de div. nom.. ' ergo videtur quod in intellectu angelorum possit esse falsitas.
sc * Sed contra, philosophus dicit, iii de anima, quod ° intellectus semper verus est. * augustinus etiam dicit, in libro octoginta trium quaest., quod ° nihil intelligitur nisi verum. ' sed angeli non cognoscunt aliquid nisi intelligendo. ergo in angeli cognitione non potest esse deceptio et falsitas.
co ' Respondeo dicendum quod huius quaestionis veritas aliquatenus ex praemissa dependet. * dictum est enim quod ' angelus non intelligit componendo et dividendo, sed intelligendo quod quid est. " intellectus autem circa quod quid est semper verus est, sicut et sensus circa proprium obiectum, * ut dicitur in iii de anima. ' sed per accidens in nobis accidit deceptio et falsitas intelligendo quod quid est, scilicet secundum rationem alicuius compositionis, vel cum definitionem unius rei accipimus ut definitionem alterius; vel cum partes definitionis sibi non cohaerent, sicut si accipiatur pro definitione alicuius rei, animal quadrupes volatile (nullum enim animal tale est); et hoc quidem accidit in compositis, quorum definitio ex diversis sumitur, quorum unum est materiale ad aliud. " sed intelligendo quidditates simplices, * ut dicitur in ix metaphys., " non est falsitas, ' quia vel totaliter non attinguntur, et nihil intelligimus de eis; vel cognoscuntur ut sunt. sic igitur per se non potest esse falsitas aut error aut deceptio in intellectu alicuius angeli; sed per accidens contingit. alio tamen modo quam in nobis. nam nos componendo et dividendo quandoque ad intellectum quidditatis pervenimus, sicut cum dividendo vel demonstrando definitionem investigamus. quod quidem in angelis non contingit; sed per quod quid est rei cognoscunt omnes enuntiationes ad illam rem pertinentes. manifestum est autem quod quidditas rei potest esse principium cognoscendi respectu eorum quae naturaliter conveniunt rei vel ab ea removentur, non autem eorum quae a supernaturali dei ordinatione dependent. angeli igitur boni, habentes rectam voluntatem, per cognitionem quidditatis rei non iudicant de his quae naturaliter ad rem pertinent, nisi salva ordinatione divina. unde in eis non potest esse falsitas aut error. daemones vero, per voluntatem perversam subducentes intellectum a divina sapientia, absolute interdum de rebus iudicant secundum naturalem conditionem. et in his quae naturaliter ad rem pertinent, non decipiuntur. sed decipi possunt quantum ad ea quae supernaturalia sunt, sicut si considerans hominem mortuum, iudicet eum non resurrecturum; et si videns hominem christum, iudicet eum non esse deum.
ra1 ' Et per hoc patet responsio ad ea quae utrinque obiiciuntur. nam protervitas daemonum est secundum quod non subduntur divinae sapientiae. nescientia autem est in angelis, non respectu naturalium cognoscibilium, sed supernaturalium. patet etiam quod intellectus eius quod quid est semper est verus, nisi per accidens, secundum quod indebite ordinatur ad aliquam compositionem vel divisionem.

007 ST1 qu58 ar6

ag1 ' Ad sextum sic proceditur. videtur quod in angelis non sit vespertina neque matutina cognitio. vespere enim et mane admixtionem tenebrarum habent. sed in cognitione angeli non est aliqua tenebrositas; cum non sit ibi error vel falsitas. ergo cognitio angeli non debet dici matutina vel vespertina.
ag2 ' Praeterea, inter vespere et mane cadit nox; et inter mane et vespere cadit meridies. si igitur in angelis cadit cognitio matutina et vespertina, pari ratione videtur quod in eis debeat esse meridiana et nocturna cognitio.
ag3 ' Praeterea, cognitio distinguitur secundum differentiam cognitorum, * unde in iii de anima dicit philosophus quod ° scientiae secantur quemadmodum et res. ' triplex autem est esse rerum, scilicet in verbo, in propria natura, et in intelligentia angelica, * ut augustinus dicit, ii super gen. ad litt.. ' ergo, si ponatur cognitio matutina in angelis et vespertina, propter esse rerum in verbo et in propria natura; debet etiam in eis poni tertia cognitio, propter esse rerum in intelligentia angelica.
sc ' Sed contra est quod * augustinus, iv super gen. ad litt., et xi de civ. dei, " distinguit cognitionem angelorum per matutinam et vespertinam.
co ' Respondeo dicendum quod hoc quod dicitur de cognitione matutina et vespertina in angelis, * introductum est ab augustino, qui sex dies in quibus deus legitur fecisse cuncta, gen. i, intelligi vult " non hos usitatos dies qui solis circuitu peraguntur, cum sol quarto die factus legatur; sed unum diem, scilicet cognitionem angelicam sex rerum generibus praesentatam. ' sicut autem in die consueto mane est principium diei, vespere autem terminus, ita cognitio ipsius primordialis esse rerum, dicitur cognitio matutina, et haec est secundum quod res sunt in verbo. cognitio autem ipsius esse rei creatae secundum quod in propria natura consistit, dicitur cognitio vespertina, nam esse rerum fluit a verbo sicut a quodam primordiali principio, et hic effluxus terminatur ad esse rerum quod in propria natura habent.
ra1 ' Ad primum ergo dicendum quod vespere et mane non accipiuntur in cognitione angelica secundum similitudinem ad admixtionem tenebrarum; sed secundum similitudinem principii et termini. vel dicendum quod nihil prohibet, * ut dicit augustinus iv super gen. ad litt., ' aliquid in comparatione ad unum dici lux, et in comparatione ad aliud dici tenebra. sicut vita fidelium et iustorum, in comparatione ad impios, dicitur lux, * secundum illud ephes. v, ° fuistis aliquando tenebrae, nunc autem lux in domino; ' quae tamen vita fidelium, in comparatione ad vitam gloriae, tenebrosa dicitur, * secundum illud ii petri i, ° habetis propheticum sermonem, cui bene facitis attendentes quasi lucernae lucenti in caliginoso loco. ' sic igitur cognitio angeli qua cognoscit res in propria natura, dies est per comparationem ad ignorantiam vel errorem, sed obscura est per comparationem ad visionem verbi.
ra2 ' Ad secundum dicendum quod matutina et vespertina cognitio ad diem pertinet, idest ad angelos illuminatos, qui sunt distincti a tenebris, idest a malis angelis. angeli autem boni, cognoscentes creaturam, non in ea figuntur, quod esset tenebrescere et noctem fieri; sed hoc ipsum referunt ad laudem dei, in quo sicut in principio omnia cognoscunt. et ideo post vesperam non ponitur nox, sed mane, ita quod mane sit finis praecedentis diei et principium sequentis, inquantum angeli cognitionem praecedentis operis ad laudem dei referunt. meridies autem sub nomine diei comprehenditur, quasi medium inter duo extrema. vel potest meridies referri ad cognitionem ipsius dei, qui non habet principium nec finem.
ra3 ' Ad tertium dicendum quod etiam ipsi angeli creaturae sunt. unde esse rerum in intelligentia angelica comprehenditur sub vespertina cognitione, sicut et esse rerum in propria natura.

007 ST1 qu58 ar7

ag1 ' Ad septimum sic proceditur. videtur quod una sit cognitio vespertina et matutina. * dicitur enim gen. i, ° factum est vespere et mane dies unus. " sed per diem intelligitur cognitio angelica, * ut augustinus dicit. ' ergo una et eadem est cognitio in angelis matutina et vespertina.
ag2 ' Praeterea, impossibile est unam potentiam simul duas operationes habere. sed angeli semper sunt in actu cognitionis matutinae, quia semper vident deum et res in deo, * secundum illud matth. xviii, ° angeli eorum semper vident faciem patris mei etc.. ' ergo, si cognitio vespertina esset alia a matutina, nullo modo angelus posset esse in actu cognitionis vespertinae.
ag3 * Praeterea, apostolus dicit, i cor. xiii, ° cum venerit quod perfectum est, evacuabitur quod ex parte est. ' sed si cognitio vespertina sit alia a matutina, comparatur ad ipsam sicut imperfectum ad perfectum. ergo non poterit simul vespertina cognitio esse cum matutina.
sc * In contrarium est quod dicit augustinus, iv super gen. ad litt., ° quod multum interest inter cognitionem rei cuiuscumque in verbo dei, et cognitionem eius in natura eius, ut illud merito pertineat ad diem, hoc ad vesperam.
co * Respondeo dicendum quod, sicut dictum est, ' cognitio vespertina dicitur, qua angeli cognoscunt res in propria natura. quod non potest ita intelligi quasi ex propria rerum natura cognitionem accipiant, ut haec praepositio in indicet habitudinem principii, quia non accipiunt angeli cognitionem a rebus, * ut supra habitum est. ' relinquitur igitur quod hoc quod dicitur in propria natura, accipiatur secundum rationem cogniti, secundum quod subest cognitioni; ut scilicet cognitio vespertina in angelis dicatur secundum quod cognoscunt esse rerum quod habent res in propria natura. quod quidem per duplex medium cognoscunt, scilicet per species innatas, et per rationes rerum in verbo existentes. non enim, videndo verbum, cognoscunt solum illud esse rerum quod habent in verbo; sed illud esse quod habent in propria natura; sicut deus per hoc quod videt se, cognoscit esse rerum quod habent in propria natura. si ergo dicatur cognitio vespertina secundum quod cognoscunt esse rerum quod habent in propria natura, videndo verbum; sic una et eadem secundum essentiam est cognitio vespertina et matutina, differens solum secundum cognita. si vero cognitio vespertina dicatur secundum quod angeli cognoscunt esse rerum quod habent in propria natura, per formas innatas; sic alia est cognitio vespertina et matutina. * et ita videtur intelligere augustinus, " cum unam ponat imperfectam respectu alterius.
ra1 ' Ad primum ergo dicendum quod, sicut numerus sex dierum, * secundum intellectum augustini, ' accipitur secundum sex genera rerum quae cognoscuntur ab angelis; ita unitas diei accipitur secundum unitatem rei cognitae, quae tamen diversis cognitionibus cognosci potest.
ra2 ' Ad secundum dicendum quod duae operationes possunt simul esse unius potentiae, quarum una ad aliam refertur; ut patet cum voluntas simul vult et finem et ea quae sunt ad finem, et intellectus simul intelligit principia et conclusiones per principia, quando iam scientiam acquisivit. " cognitio autem vespertina in angelis refertur ad matutinam, * ut augustinus dicit. ' unde nihil prohibet utramque simul esse in angelis.
ra3 ' Ad tertium dicendum quod, veniente perfecto, evacuatur imperfectum quod ei opponitur, sicut fides, quae est eorum quae non videntur, evacuatur visione veniente. sed imperfectio vespertinae cognitionis non opponitur perfectioni matutinae. quod enim cognoscatur aliquid in seipso, non est oppositum ei quod cognoscatur in sua causa. nec iterum quod aliquid cognoscatur per duo media, quorum unum est perfectius et aliud imperfectius, aliquid repugnans habet, sicut ad eandem conclusionem habere possumus et medium demonstrativum et dialecticum. et similiter eadem res potest sciri ab angelo per verbum increatum, et per speciem innatam.

007 ST1 qu59 ar

pr ' Consequenter considerandum est de his quae pertinent ad voluntatem angelorum. et primo considerabimus de ipsa voluntate secundo, de motu eius, qui est amor sive dilectio. circa primum quaeruntur quatuor. primo, utrum in angelis sit voluntas. secundo, utrum voluntas angeli sit ipsa natura eorum, vel etiam ipse intellectus eorum. tertio, utrum in angelis sit liberum arbitrium. quarto, utrum in eis sit irascibilis et concupiscibilis.

007 ST1 qu59 ar1

ag1 ' Ad primum sic proceditur. videtur quod in angelis non sit voluntas. * quia, ut dicit philosophus, in iii de anima, ° voluntas in ratione est. ' sed in angelis non est ratio, sed aliquid superius ratione. ergo in angelis non est voluntas, sed aliquid superius voluntate.
ag2 ' Praeterea, voluntas sub appetitu continetur, * ut patet per philosophum, in iii de anima. sed ' appetitus est imperfecti, est enim eius quod nondum habetur. cum igitur in angelis, maxime in beatis, non sit aliqua imperfectio, videtur quod non sit in eis voluntas.
ag3 * Praeterea, philosophus dicit, in iii de anima, quod ' voluntas est movens motum, movetur enim ab appetibili intellecto. sed angeli sunt immobiles; cum sint incorporei. ergo in angelis non est voluntas.
sc * Sed contra est quod augustinus dicit, x lib. de trin., quod " imago trinitatis invenitur in mente secundum memoriam, intelligentiam et voluntatem. ' imago autem dei invenitur non solum in mente humana, sed etiam in mente angelica; cum etiam mens angelica sit capax dei. ergo in angelis est voluntas.
co ' Respondeo dicendum quod necesse est ponere in angelis voluntatem. ad cuius evidentiam, considerandum est quod, cum omnia procedant ex voluntate divina, omnia suo modo per appetitum inclinantur in bonum, sed diversimode. quaedam enim inclinantur in bonum, per solam naturalem habitudinem, absque cognitione, sicut plantae et corpora inanimata. et talis inclinatio ad bonum vocatur appetitus naturalis. quaedam vero ad bonum inclinantur cum aliqua cognitione; non quidem sic quod cognoscant ipsam rationem boni, sed cognoscunt aliquod bonum particulare; sicut sensus, qui cognoscit dulce et album et aliquid huiusmodi. inclinatio autem hanc cognitionem sequens, dicitur appetitus sensitivus. quaedam vero inclinantur ad bonum cum cognitione qua cognoscunt ipsam boni rationem; quod est proprium intellectus. et haec perfectissime inclinantur in bonum; non quidem quasi ab alio solummodo directa in bonum, sicut ea quae cognitione carent; neque in bonum particulariter tantum, sicut ea in quibus est sola sensitiva cognitio; sed quasi inclinata in ipsum universale bonum. et haec inclinatio dicitur voluntas. unde cum angeli per intellectum cognoscant ipsam universalem rationem boni, manifestum est quod in eis sit voluntas.
ra1 ' Ad primum ergo dicendum quod aliter ratio transcendit sensum, et aliter intellectus rationem. ratio enim transcendit sensum, secundum diversitatem cognitorum, nam sensus est particularium, ratio vero universalium. et ideo oportet quod sit alius appetitus tendens in bonum universale, qui debetur rationi; et alius tendens in bonum particulare, qui debetur sensui. sed intellectus et ratio differunt quantum ad modum cognoscendi, quia scilicet intellectus cognoscit simplici intuitu, ratio vero discurrendo de uno in aliud. sed tamen ratio per discursum pervenit ad cognoscendum illud, quod intellectus sine discursu cognoscit, scilicet universale. idem est ergo obiectum quod appetitivae proponitur et ex parte rationis, et ex parte intellectus. unde in angelis, qui sunt intellectuales tantum, non est appetitus superior voluntate.
ra2 ' Ad secundum dicendum quod, licet nomen appetitivae partis sit sumptum ab appetendo ea quae non habentur, tamen appetitiva pars non solum ad haec se extendit, sed etiam ad multa alia. sicut et nomen lapidis sumptum est a laesione pedis, cum tamen lapidi non hoc solum conveniat. similiter irascibilis potentia denominatur ab ira; cum tamen in ea sint plures aliae passiones, ut spes et audacia et huiusmodi.
ra3 ' Ad tertium dicendum quod voluntas dicitur movens motum, secundum quod velle est motus quidam, et intelligere; cuiusmodi motum nihil prohibet in angelis esse, quia talis motus est actus perfecti, * ut dicitur in iii de anima.

007 ST1 qu59 ar2

ag1 ' Ad secundum sic proceditur. videtur quod in angelis non differat voluntas ab intellectu et natura. angelus enim est simplicior quam corpus naturale. sed corpus naturale per suam formam inclinatur in suum finem, qui est eius bonum. ergo multo magis angelus. forma autem angeli est vel natura ipsa in qua subsistit, vel species quae est in intellectu eius. ergo angelus inclinatur in bonum per naturam suam, et per speciem intelligibilem. haec autem inclinatio ad bonum pertinet ad voluntatem. voluntas igitur angeli non est aliud quam eius natura vel intellectus.
ag2 ' Praeterea, obiectum intellectus est verum, voluntatis autem bonum. bonum autem et verum non differunt realiter, sed secundum rationem tantum. ergo voluntas et intellectus non differunt realiter.
ag3 ' Praeterea, distinctio communis et proprii non diversificat potentias, eadem enim potentia visiva est coloris et albedinis. sed bonum et verum videntur se habere sicut commune et proprium, nam verum est quoddam bonum, scilicet intellectus. ergo voluntas, cuius obiectum est bonum, non differt ab intellectu, cuius obiectum est verum.
sc ' Sed contra, voluntas in angelis est bonorum tantum. intellectus autem est bonorum et malorum, cognoscunt enim utrumque. ergo voluntas in angelis est aliud quam eius intellectus.
co ' Respondeo dicendum quod voluntas in angelis est quaedam virtus vel potentia, quae nec est ipsa eorum natura, nec eorum intellectus. et quod non sit eorum natura, apparet ex hoc, quod natura vel essentia alicuius rei intra ipsam rem comprehenditur, quidquid ergo se extendit ad id quod est extra rem, non est rei essentia. unde videmus in corporibus naturalibus, quod inclinatio quae est ad esse rei, non est per aliquid superadditum essentiae; sed per materiam, quae appetit esse antequam illud habeat, et per formam, quae tenet rem in esse postquam fuerit. sed inclinatio ad aliquid extrinsecum, est per aliquid essentiae superadditum, sicut inclinatio ad locum est per gravitatem vel levitatem, inclinatio autem ad faciendum sibi simile est per qualitates activas. voluntas autem habet inclinationem in bonum naturaliter. unde ibi solum est idem essentia et voluntas, ubi totaliter bonum continetur in essentia volentis; scilicet in deo, qui nihil vult extra se nisi ratione suae bonitatis. quod de nulla creatura potest dici; cum bonum infinitum sit extra essentiam cuiuslibet creati. unde nec voluntas angeli, nec alterius creaturae, potest esse idem quod eius essentia. similiter nec potest esse idem quod intellectus angeli vel hominis. nam cognitio fit per hoc quod cognitum est in cognoscente, unde ea ratione se extendit eius intellectus in id quod est extra se, secundum quod illud quod extra ipsum est |25| per essentiam, natum est aliquo modo in eo esse. voluntas vero se extendit in id quod extra se est, secundum quod quadam inclinatione quodammodo tendit in rem exteriorem. alterius autem virtutis est, quod aliquid habeat in se quod est extra se, et quod ipsum tendat in rem exteriorem. et ideo oportet quod in qualibet creatura sit aliud intellectus et voluntas. non autem in deo, qui habet et ens universale et bonum universale in seipso. unde tam voluntas quam intellectus est eius essentia.
ra1 ' Ad primum ergo dicendum quod corpus naturale per formam substantialem inclinatur in esse suum, sed in exterius inclinatur per aliquid additum, * ut dictum est.
ra2 ' Ad secundum dicendum quod potentiae non diversificantur secundum materialem distinctionem obiectorum, sed secundum formalem distinctionem, quae attenditur secundum rationem obiecti. et ideo diversitas secundum rationem boni et veri, sufficit ad diversitatem intellectus et voluntatis.
ra3 ' Ad tertium dicendum quod, quia bonum et verum convertuntur secundum rem, inde est quod et bonum ab intellectu intelligitur sub ratione veri, et verum a voluntate appetitur sub ratione boni. sed tamen diversitas rationum ad diversificandum potentias sufficit, * ut dictum est.

007 ST1 qu59 ar3

ag1 ' Ad tertium sic proceditur. videtur quod in angelis non sit liberum arbitrium. actus enim liberi arbitrii est eligere. sed electio non potest esse in angelis, " cum electio sit appetitus praeconsiliati, consilium autem est inquisitio quaedam * ut dicitur in iii ethic.; ' angeli autem non cognoscunt inquirendo, quia hoc pertinet ad discursum rationis. ergo videtur quod in angelis non sit liberum arbitrium.
ag2 ' Praeterea, liberum arbitrium se habet ad utrumlibet. sed ex parte intellectus non est aliquid se habens ad utrumlibet in angelis, quia intellectus eorum non fallitur in naturalibus intelligibilibus, * ut dictum est. ' ergo nec ex parte appetitus liberum arbitrium in eis esse potest.
ag3 ' Praeterea, ea quae sunt naturalia in angelis, conveniunt eis secundum magis et minus, quia in superioribus angelis natura intellectualis est perfectior quam in inferioribus. liberum autem arbitrium non recipit magis et minus. ergo in angelis non est liberum arbitrium.
sc ' Sed contra, libertas arbitrii ad dignitatem hominis pertinet. sed angeli digniores sunt hominibus. ergo libertas arbitrii, cum sit in hominibus, multo magis est in angelis.
co ' Respondeo dicendum quod quaedam sunt quae non agunt ex aliquo arbitrio, sed quasi ab aliis acta et mota, sicut sagitta a sagittante movetur ad finem. quaedam vero agunt quodam arbitrio, sed non libero, sicut animalia irrationalia, ovis enim fugit lupum ex quodam iudicio, quo existimat eum sibi noxium; sed hoc iudicium non est sibi liberum, sed a natura inditum. sed solum id quod habet intellectum, potest agere iudicio libero, inquantum cognoscit universalem rationem boni, ex qua potest iudicare hoc vel illud esse bonum. unde ubicumque est intellectus, est liberum arbitrium. et sic patet liberum arbitrium esse in angelis etiam excellentius quam in hominibus, sicut et intellectum.
ra1 * Ad primum ergo dicendum quod philosophus loquitur ' de electione secundum quod est hominis. sicut autem aestimatio hominis in speculativis differt ab aestimatione angeli in hoc, quod una est absque inquisitione, alia vero per inquisitionem; ita et in operativis. unde in angelis est electio; non tamen cum inquisitiva deliberatione consilii, sed per subitam acceptionem veritatis.
ra2 * Ad secundum dicendum quod, sicut dictum est, ' cognitio fit per hoc quod cognita sunt in cognoscente. ad imperfectionem autem alicuius rei pertinet, si non sit in ea id quod natum est in ea esse. unde angelus non esset perfectus in sua natura, si intellectus eius non esset determinatus ad omnem veritatem quam naturaliter cognoscere potest. sed actus appetitivae virtutis est per hoc quod affectus inclinatur ad rem exteriorem. non autem dependet perfectio rei ex omni re ad quam inclinatur, sed solum ex superiori. et ideo non pertinet ad imperfectionem angeli, si non habet voluntatem determinatam respectu eorum quae infra ipsum sunt. pertineret autem ad imperfectionem eius, si indeterminate se haberet ad illud quod supra ipsum est.
ra3 ' Ad tertium dicendum quod liberum arbitrium nobiliori modo est in superioribus angelis, quam in inferioribus, sicut et iudicium intellectus. tamen verum est quod ipsa libertas, secundum quod in ea consideratur quaedam remotio coactionis, non suscipit magis et minus, quia privationes et negationes non remittuntur nec intenduntur per se, sed solum per suam causam, vel secundum aliquam affirmationem adiunctam.

007 ST1 qu59 ar4

ag1 ' Ad quartum sic proceditur. videtur quod in angelis sit irascibilis et concupiscibilis. * dicit enim dionysius, iv cap. de div. nom., quod " in daemonibus est furor irrationabilis et concupiscentia amens. ' sed daemones eiusdem naturae sunt cum angelis, quia peccatum non mutavit in eis naturam. ergo in angelis est irascibilis et concupiscibilis.
ag2 ' Praeterea, amor et gaudium in concupiscibili sunt; ira vero, spes et timor in irascibili. sed haec attribuuntur angelis bonis et malis in scripturis. ergo in angelis est irascibilis et concupiscibilis.
ag3 ' Praeterea, virtutes quaedam dicuntur esse in irascibili et concupiscibili; sicut caritas et temperantia videntur esse in concupiscibili, spes autem et fortitudo in irascibili. sed virtutes hae sunt in angelis. ergo in angelis est concupiscibilis et irascibilis.
sc * Sed contra est quod philosophus dicit, in iii de anima, quod " irascibilis et concupiscibilis sunt in parte sensitiva; quae non est in angelis. ergo in eis non est irascibilis et concupiscibilis.
co ' Respondeo dicendum quod intellectivus appetitus non dividitur per irascibilem et concupiscibilem, sed solum appetitus sensitivus. cuius ratio est quia cum potentiae non distinguantur secundum distinctionem materialem obiectorum, sed solum secundum rationem formalem obiecti; si alicui potentiae respondeat aliquod obiectum secundum rationem communem, non erit distinctio potentiarum secundum diversitatem propriorum quae sub illo communi continentur. sicut si proprium obiectum potentiae visivae est color secundum rationem coloris, non distinguuntur plures potentiae visivae secundum differentiam albi et nigri, sed si proprium obiectum alicuius potentiae esset album inquantum album, distingueretur potentia visiva albi a potentia visiva nigri. * manifestum est autem ex dictis quod ' obiectum appetitus intellectivi, qui voluntas dicitur, est bonum secundum communem boni rationem, nec potest esse aliquis appetitus nisi boni. unde in parte intellectiva appetitus non dividitur secundum distinctionem aliquorum particularium bonorum; sicut dividitur appetitus sensitivus, qui non respicit bonum secundum communem rationem, sed quoddam particulare bonum. unde, cum in angelis non sit nisi appetitus intellectivus, eorum appetitus non distinguitur per irascibilem et concupiscibilem, sed remanet indivisus; et vocatur voluntas.
ra1 ' Ad primum ergo dicendum quod furor et concupiscentia metaphorice dicuntur esse in daemonibus, sicut et ira quandoque deo attribuitur, propter similitudinem effectus.
ra2 ' Ad secundum dicendum quod amor et gaudium, secundum quod sunt passiones, sunt in concupiscibili, sed secundum quod nominant simplicem voluntatis actum, sic sunt in intellectiva parte; prout amare est velle bonum alicui, et gaudere est quiescere voluntatem in aliquo bono habito. et universaliter nihil horum dicitur de angelis secundum passionem, * ut augustinus dicit, ix de civ. dei.
ra3 ' Ad tertium dicendum quod caritas, secundum quod est virtus, non est in concupiscibili, sed in voluntate. nam obiectum concupiscibilis est bonum delectabile secundum sensum, huiusmodi autem non est bonum divinum, quod est obiectum caritatis. et eadem ratione dicendum est quod spes non est in irascibili, quia obiectum irascibilis est quoddam arduum quod est sensibile, circa quod non est spes quae est virtus, sed circa arduum divinum. temperantia autem, secundum quod est virtus humana, est circa concupiscentias delectabilium sensibilium, quae

pertinent ad vim concupiscibilem. et similiter fortitudo est circa audacias et timores quae sunt in irascibili. et ideo temperantia, secundum quod est virtus humana, est in concupiscibili, et fortitudo in irascibili. sed hoc modo non sunt in angelis. non enim in eis sunt passiones concupiscentiarum, vel timoris et audaciae, quas oporteat per temperantiam et fortitudinem regulare. sed temperantia in eis dicitur, secundum quod moderate suam voluntatem exhibent secundum regulam divinae voluntatis. et fortitudo in eis dicitur, secundum quod voluntatem divinam firmiter exequuntur. quod totum fit per voluntatem; et non per irascibilem et concupiscibilem.

007 ST1 qu60 ar

pr ' Deinde considerandum est de actu voluntatis, qui est amor sive dilectio, nam omnis actus appetitivae virtutis ex amore seu dilectione derivatur. et circa hoc quaeruntur quinque. primo, utrum in angelis sit dilectio naturalis. secundo, utrum in eis sit dilectio electiva. tertio, utrum angelus diligat seipsum dilectione naturali an electiva. quarto, utrum unus angelus diligat alium dilectione naturali sicut seipsum. quinto, utrum angelus naturali dilectione diligat deum plus quam seipsum.

007 ST1 qu60 ar1

ag1 ' Ad primum sic proceditur. videtur quod in angelis non sit amor vel dilectio naturalis. amor enim naturalis dividitur contra intellectualem; * ut patet per dionysium, iv cap. de div. nom.. ' sed amor angeli est intellectualis. ergo non est naturalis.
ag2 ' Praeterea, ea quae amant amore naturali, magis aguntur quam agant, nihil enim habet dominium suae naturae. sed angeli non aguntur, sed agunt; cum sint liberi arbitrii, * ut ostensum est. ' ergo in angelis non est amor seu dilectio naturalis.
ag3 ' Praeterea, omnis dilectio aut est recta, aut non recta. dilectio autem recta pertinet ad caritatem, dilectio autem non recta pertinet ad iniquitatem. neutrum autem horum pertinet ad naturam, quia caritas est supra naturam, iniquitas autem est contra naturam. ergo nulla dilectio naturalis est in angelis.
sc ' Sed contra est quod dilectio sequitur cognitionem, " nihil enim amatur nisi cognitum, * ut augustinus dicit, x de trin.. ' sed in angelis est cognitio naturalis. ergo et dilectio naturalis.
co ' Respondeo dicendum quod necesse est in angelis ponere dilectionem naturalem. ad cuius evidentiam, considerandum est quod semper prius salvatur in posteriori. natura autem prior est quam intellectus, quia natura cuiuscumque rei est essentia eius. unde id quod est naturae, oportet salvari etiam in habentibus intellectum. est autem hoc commune omni naturae, ut habeat aliquam inclinationem, quae est appetitus naturalis vel amor. quae tamen inclinatio diversimode invenitur in diversis naturis, in unaquaque secundum modum eius. unde in natura intellectuali invenitur inclinatio naturalis secundum voluntatem; in natura autem sensitiva, secundum appetitum sensitivum, in natura vero carente cognitione, secundum solum ordinem naturae in aliquid. unde cum angelus sit natura intellectualis, oportet quod in voluntate eius sit naturalis dilectio.
ra1 ' Ad primum ergo dicendum quod intellectualis amor dividitur contra naturalem qui est solum naturalis, inquantum est naturae quae non addit supra rationem naturae perfectionem sensus aut intellectus.
ra2 ' Ad secundum dicendum quod omnia quae sunt in toto mundo, aguntur ab aliquo, praeter primum agens, quod ita agit quod nullo modo ab alio agitur, in quo est idem natura et voluntas. et ideo non est inconveniens si angelus agatur, inquantum inclinatio naturalis est sibi indita ab auctore suae naturae. non tamen sic agitur quod non agat; cum habeat liberam voluntatem.
ra3 ' Ad tertium dicendum quod, sicut cognitio naturalis semper est vera ita dilectio naturalis semper est recta, cum amor naturalis nihil aliud sit quam inclinatio naturae indita ab auctore naturae. dicere ergo quod inclinatio naturalis non sit recta, est derogare auctori naturae. alia tamen est rectitudo naturalis dilectionis, et alia est rectitudo caritatis et virtutis, quia una rectitudo est perfectiva alterius. sicut etiam alia est veritas naturalis cognitionis; et alia est veritas cognitionis infusae vel acquisitae.

007 ST1 qu60 ar2

ag1 ' Ad secundum sic proceditur. videtur quod in angelis non sit dilectio electiva. dilectio enim electiva videtur esse amor rationalis, cum electio sequatur consilium, quod in inquisitione consistit, * ut dicitur in iii ethic.. ' sed rationalis amor dividitur contra intellectualem (qui est proprius angelorum); * ut dicitur iv cap. de div. nom.. ' ergo in angelis non est dilectio electiva.
ag2 ' Praeterea, in angelis non est nisi cognitio naturalis, praeter cognitionem infusam, quia non discurrunt de principiis ad acquirendum conclusiones. et sic ad omnia quae naturaliter cognoscere possunt, sic se habent sicut intellectus noster ad prima principia quae naturaliter cognoscere potest. sed dilectio sequitur cognitionem, * ut dictum est. ' ergo in angelis, praeter dilectionem gratuitam, non est nisi dilectio naturalis. non ergo electiva.
sc ' Sed contra, naturalibus neque meremur neque demeremur. sed angeli sua dilectione aliqua merentur, vel demerentur. ergo in eis est aliqua dilectio electiva.
co ' Respondeo dicendum quod in angelis est quaedam dilectio naturalis et quaedam electiva. et naturalis dilectio in eis est principium electivae, quia semper id quod pertinet ad prius, habet rationem principii; unde, cum natura sit primum quod est in unoquoque, oportet quod id quod ad naturam pertinet, sit principium in quolibet. et hoc apparet in homine et quantum ad intellectum, et quantum ad voluntatem. intellectus enim cognoscit principia naturaliter, et ex hac cognitione causatur in homine scientia conclusionum, quae non cognoscuntur naturaliter ab homine, sed per inventionem vel doctrinam. " similiter in voluntate finis hoc modo se habet, sicut principium in intellectu, * ut dicitur in ii physic.. ' unde voluntas naturaliter tendit in suum finem ultimum, omnis enim homo naturaliter vult beatitudinem. et ex hac naturali voluntate causantur omnes aliae voluntates, cum quidquid homo vult, velit propter finem. dilectio igitur boni quod homo naturaliter vult sicut finem, est dilectio naturalis, dilectio autem ab hac derivata, quae est boni quod diligitur propter finem, est dilectio electiva. hoc tamen differenter se habet ex parte intellectus, et voluntatis. quia, * sicut supra dictum est, ' cognitio intellectus fit secundum quod res cognitae sunt in cognoscente. est autem |25| ex imperfectione intellectualis naturae in homine, quod non statim eius intellectus naturaliter habet omnia intelligibilia, sed quaedam, a quibus in alia quodammodo movetur. sed actus appetitivae virtutis est, e converso, secundum ordinem appetentis ad res. quarum quaedam sunt secundum se bona, et ideo secundum se appetibilia, quaedam vero habent rationem bonitatis ex ordine ad aliud, et sunt appetibilia propter aliud. unde non est ex imperfectione appetentis, quod aliquid appetat naturaliter ut finem, et aliquid per electionem, ut ordinatur in finem. quia igitur natura intellectualis in angelis perfecta est, invenitur in eis sola cognitio naturalis, non autem ratiocinativa, sed invenitur in eis dilectio et naturalis et electiva. haec autem dicta sunt, praetermissis his quae supra naturam sunt, horum enim natura non est principium sufficiens. * de his autem infra dicetur.
ra1 ' Ad primum ergo dicendum quod non omnis dilectio electiva est amor rationalis, secundum quod rationalis amor dividitur contra intellectualem. dicitur enim sic amor rationalis, qui sequitur cognitionem ratiocinativam, non omnis autem electio consequitur discursum rationis, * ut supra dictum est, cum de libero arbitrio ageretur; ' sed solum electio hominis. unde ratio non sequitur.
ra2 ' Ad secundum patet responsio ex dictis.

007 ST1 qu60 ar3

ag1 ' Ad tertium sic proceditur. videtur quod angelus non diligat seipsum dilectione naturali et electiva. dilectio enim naturalis est ipsius finis, * sicut dictum est; ' dilectio autem electiva, eorum quae sunt ad finem. sed idem non potest esse finis et ad finem, respectu eiusdem. ergo non potest esse eiusdem dilectio naturalis et electiva.
ag2 " Praeterea, amor est virtus unitiva et concretiva, * ut dionysius dicit, iv cap. de div. nom.. ' sed unitio et concretio est diversorum in unum reductorum. ergo non potest angelus diligere seipsum.
ag3 ' Praeterea, dilectio est quidam motus. sed omnis motus in alterum tendit. ergo videtur quod angelus non possit amare seipsum dilectione naturali, nec electiva.
sc * Sed contra est quod philosophus dicit, ix ethic., quod ° amicabilia quae sunt ad alterum, veniunt ex amicabilibus quae sunt ad seipsum.
co ' Respondeo dicendum quod, cum amor sit boni, bonum autem sit et in substantia et in accidente, * ut patet i ethic., ' dupliciter aliquid amatur, uno modo, ut bonum subsistens; alio modo, ut bonum accidentale sive inhaerens. illud quidem amatur ut bonum subsistens, quod sic amatur ut ei aliquis velit bonum. ut bonum vero accidentale seu inhaerens amatur id quod desideratur alteri, sicut amatur scientia, non ut ipsa sit bona, sed ut habeatur. et hunc modum amoris quidam nominaverunt concupiscentiam, primum vero amicitiam. manifestum est autem quod in rebus cognitione carentibus, unumquodque naturaliter appetit consequi id quod est sibi bonum; sicut ignis locum sursum. unde et angelus et homo naturaliter appetunt suum bonum et suam perfectionem. et hoc est amare seipsum. unde naturaliter tam angelus quam homo diligit seipsum, inquantum aliquod bonum naturali appetitu sibi desiderat. inquantum vero sibi desiderat aliquod bonum per electionem, intantum amat seipsum dilectione electiva.
ra1 ' Ad primum ergo dicendum quod angelus aut homo non diligit se dilectione naturali et electiva secundum idem; sed secundum diversa, * ut dictum est.
ra2 ' Ad secundum dicendum quod, sicut plus est esse unum quam uniri, ita amor magis est unus ad seipsum, quam ad diversa quae ei uniuntur. * sed ideo dionysius usus fuit " nomine unitionis et concretionis, ut ostenderet derivationem amoris a se in alia, sicut ab uno derivatur unitio.
ra3 ' Ad tertium dicendum quod, sicut amor est actio manens in agente, ita est motus manens in amante, non autem tendens in aliquid aliud ex necessitate; sed potest reflecti super amantem, ut amet seipsum, sicut et cognitio reflectitur in cognoscentem, ut cognoscat seipsum.

007 ST1 qu60 ar4

ag1 ' Ad quartum sic proceditur. videtur quod unus angelus non diligat naturali dilectione alium sicut seipsum. dilectio enim sequitur cognitionem. sed unus angelus non cognoscit alium sicut seipsum, quia seipsum cognoscit per suam essentiam, alium vero per eius similitudinem, * ut supra dictum est. ' ergo videtur quod unus angelus non diligat alium sicut seipsum.
ag2 ' Praeterea, causa est potior causato, et principium eo quod ex principio derivatur. " sed dilectio quae est ad alium, derivatur ab ea quae est ad seipsum; * sicut dicit philosophus, ix ethic.. ' ergo angelus non diligit alium sicut seipsum, sed seipsum magis.
ag3 ' Praeterea, dilectio naturalis est alicuius tanquam finis; et non potest removeri. sed unus angelus non est finis alterius et iterum haec dilectio potest removeri, ut patet in daemonibus, qui non diligunt bonos angelos. ergo unus angelus non diligit alium naturali dilectione sicut seipsum.
sc ' Sed contra est, quia illud quod invenitur in omnibus, etiam ratione carentibus, videtur esse naturale. * sed sicut dicitur eccli. xiii, " omne animal diligit sibi simile. ' ergo angelus diligit naturaliter alium sicut seipsum.
co * Respondeo dicendum quod, sicut dictum est, ' angelus et homo naturaliter seipsum diligit. illud autem quod est unum cum aliquo, est ipsummet, unde unumquodque diligit id quod est unum sibi. et si quidem sit unum sibi unione naturali, diligit illud dilectione naturali, si vero sit unum secum unione non naturali, diligit ipsum dilectione non naturali. sicut homo diligit civem suum dilectione politicae virtutis; consanguineum autem suum dilectione naturali, inquantum est unum cum eo in principio generationis naturalis. manifestum est autem quod id quod est unum cum aliquo, genere vel specie, est unum per naturam. et ideo dilectione naturali quaelibet res diligit id quod est secum unum secundum speciem, inquantum diligit speciem suam. et hoc etiam apparet in his quae cognitione carent, nam ignis naturalem inclinationem habet ut communicet alteri suam formam, quod est bonum eius; sicut naturaliter inclinatur ad hoc quod quaerat bonum suum, ut esse sursum. sic ergo dicendum est quod unus angelus diligit alium naturali dilectione, inquantum convenit cum eo in natura. sed inquantum convenit cum eo in aliquibus aliis vel etiam inquantum differt ab eo secundum quaedam alia, non diligit eum naturali dilectione.
ra1 ' Ad primum ergo dicendum quod hoc quod dico sicut seipsum, potest uno modo determinare cognitionem seu dilectionem ex parte cogniti et dilecti. et sic cognoscit alium sicut seipsum, quia cognoscit alium esse, sicut cognoscit seipsum esse. alio modo potest determinare cognitionem et dilectionem ex parte diligentis et cognoscentis. et sic non cognoscit alium sicut seipsum, quia se cognoscit per suam essentiam, alium autem non per eius essentiam. et similiter non diligit alium sicut seipsum, quia seipsum diligit per suam voluntatem, alium autem non diligit per eius voluntatem.
ra2 ' Ad secundum dicendum quod ly sicut non designat aequalitatem, sed similitudinem. cum enim dilectio naturalis super unitatem naturalem fundetur, illud quod est minus unum cum eo, naturaliter minus diligit. unde naturaliter plus diligit quod est unum numero, quam quod est unum specie vel genere. sed naturale est quod similem dilectionem habeat ad alium sicut ad seipsum, quantum ad hoc, quod sicut seipsum diligit inquantum vult sibi bonum, ita alium diligat inquantum vult eius bonum.
ra3 ' Ad tertium dicendum quod dilectio naturalis dicitur esse ipsius finis, non tanquam cui aliquis velit bonum; sed tanquam bonum quod quis vult sibi, et per consequens alii, inquantum est unum sibi. nec ista dilectio naturalis removeri potest etiam ab angelis malis, quin dilectionem naturalem habeant ad alios angelos, inquantum cum eis communicant in natura. sed odiunt eos, inquantum diversificantur secundum iustitiam et iniustitiam.

007 ST1 qu60 ar5

ag1 ' Ad quintum sic proceditur. videtur quod angelus naturali dilectione non diligat deum plus quam seipsum. * quia, ut dictum est, ' dilectio naturalis fundatur super unione naturali. sed natura divina maxime distat a natura angeli. ergo naturali dilectione angelus minus diligit deum quam se, vel etiam alium angelum.
ag2 ' Praeterea, propter quod unumquodque, et illud magis. sed naturali dilectione quilibet diligit alium propter se, unumquodque enim diligit aliquid inquantum est bonum sibi. ergo dilectione naturali angelus non diligit deum plus quam seipsum.
ag3 ' Praeterea, natura reflectitur in seipsam, vide-

mus enim quod omne agens naturaliter agit ad conservationem sui. non autem reflecteretur in seipsam natura, si tenderet in aliud plus quam in seipsam. non ergo naturali dilectione diligit angelus deum plus quam se.
ag4 ‘ Praeterea, hoc videtur esse proprium caritatis, ut aliquis deum plus quam seipsum diligat. sed dilectio caritatis non est naturalis in angelis, sed “ diffunditur in cordibus eorum per spiritum sanctum, qui datus est eis, * ut dicit augustinus, xii de civ. dei. ‘ ergo non diligunt deum angeli dilectione naturali plus quam seipsos.
ag5 ‘ Praeterea, dilectio naturalis semper manet, manente natura. sed diligere deum plus quam seipsum non manet in peccante angelo vel homine, * quia, ut augustinus dicit, xiv de civ. dei, ° fecerunt civitates duas amores duo, terrenam scilicet amor sui usque ad dei contemptum, caelestem vero amor dei usque ad contemptum sui. ‘ ergo diligere deum supra seipsum non est naturale.
sc ‘ Sed contra, omnia moralia legis praecepta sunt de lege naturae. sed praeceptum de diligendo deum supra seipsum, est praeceptum morale legis. ergo est de lege naturae. ergo dilectione naturali angelus diligit deum supra seipsum.
co * Respondeo dicendum quod quidam dixerunt quod “ angelus naturali dilectione diligit deum plus quam se, amore concupiscentiae, quia scilicet plus appetit sibi bonum divinum quam bonum suum. et quodammodo amore amicitiae, inquantum scilicet deo vult naturaliter angelus maius bonum quam sibi, vult enim naturaliter deum esse deum, se autem vult habere naturam propriam. sed simpliciter loquendo, naturali dilectione plus diligit se quam deum, quia intensius et principalius naturaliter diligit se quam deum. ‘ sed falsitas huius opinionis manifeste apparet, si quis in rebus naturalibus consideret ad quid res naturaliter moveatur, inclinatio enim naturalis in his quae sunt sine ratione, demonstrat inclinationem naturalem in voluntate intellectualis naturae. unumquodque autem in rebus naturalibus, quod secundum naturam hoc ipsum quod est, alterius est, principalius et magis inclinatur in id cuius est, quam in seipsum. et haec inclinatio naturalis demonstratur ex his quae naturaliter aguntur, quia ° unumquodque, sicut agitur naturaliter, sic aptum natum est agi, * ut dicitur in ii physic.. ‘ videmus enim quod naturaliter pars se exponit, ad conservationem totius, sicut manus exponitur ictui, absque deliberatione, ad conservationem totius corporis. et quia ratio imitatur naturam, huiusmodi inclinationem invenimus |25| in virtutibus politicis, est enim virtuosi civis, ut se exponat mortis periculo pro totius reipublicae conservatione; et si homo esset naturalis pars huius civitatis, haec inclinatio esset ei naturalis. quia igitur bonum universale est ipse deus, et sub hoc bono continetur etiam angelus et homo et omnis creatura, quia omnis creatura naturaliter, secundum id quod est, dei est; sequitur quod naturali dilectione etiam angelus et homo plus et principalius diligat deum quam seipsum. alioquin, si naturaliter plus seipsum diligeret quam deum, sequeretur quod naturalis dilectio esset perversa; et quod non perficeretur per caritatem, sed destrueretur.
ra1 ‘ Ad primum ergo dicendum quod ratio illa procedit in his quae ex aequo dividuntur, quorum unum non est alteri ratio existendi et bonitatis, in talibus enim unumquodque diligit naturaliter magis seipsum quam alterum, inquantum est magis sibi ipsi unum quam alteri. sed in illis quorum unum est tota ratio existendi et bonitatis alii, magis diligitur naturaliter tale alterum quam ipsum; * sicut dictum est quod ‘ unaquaeque pars diligit naturaliter totum plus quam se. et quodlibet singulare naturaliter diligit plus bonum suae speciei, quam bonum suum singulare. deus autem non solum est bonum unius speciei, sed est ipsum universale bonum simpliciter. unde unumquodque suo modo naturaliter diligit deum plus quam seipsum.
ra2 ‘ Ad secundum dicendum quod, cum dicitur quod deus diligitur ab angelo inquantum est ei bonus, si ly inquantum dicat finem, sic falsum est, non enim diligit naturaliter deum propter bonum suum, sed propter ipsum deum. si vero dicat rationem amoris ex parte amantis, sic verum est, non enim esset in natura alicuius quod amaret deum, nisi ex eo quod unumquodque dependet a bono quod est deus.
ra3 ‘ Ad tertium dicendum quod natura reflectitur in seipsam non solum quantum ad id quod est ei singulare, sed multo magis quantum ad commune, inclinatur enim unumquodque ad conservandum non solum suum individuum, sed etiam suam speciem. et multo magis habet naturalem inclinationem unumquodque in id quod est bonum universale simpliciter.
ra4 ‘ Ad quartum dicendum quod deus, secundum quod est universale bonum, a quo dependet omne bonum naturale, diligitur naturali dilectione ab unoquoque. inquantum vero est bonum beatificans naturaliter omnes supernaturali beatitudine, sic diligitur dilectione caritatis.
ra5 ‘ Ad quintum dicendum quod, cum in deo sit unum et idem eius substantia et bonum commune, omnes qui vident ipsam dei essentiam, eodem motu dilectionis moventur in ipsam dei essentiam prout est ab aliis distincta, et secundum quod est quoddam bonum commune. et quia inquantum est bonum commune, naturaliter amatur ab omnibus; quicumque videt eum per essentiam, impossibile est quin diligat ipsum. sed illi qui non vident essentiam eius, cognoscunt eum per aliquos particulares effectus, qui interdum eorum voluntati contrariantur. et sic hoc modo dicuntur odio habere deum, cum tamen, inquantum est bonum commune omnium, unumquodque naturaliter diligat plus deum quam seipsum.

007 ST1 qu61 ar

pr ‘ Post ea quae praemissa sunt de natura angelorum, et cognitione et voluntate eorum, restat considerandum de eorum creatione, sive universaliter de eorum exordio. et haec consideratio est tripartita. nam primo considerabimus quomodo producti sunt in esse naturae; secundo, quomodo perfecti sunt in gratia vel gloria; tertio, quomodo aliqui ex eis facti sunt mali. circa primum quaeruntur quatuor. primo, utrum angelus habeat causam sui esse. secundo, utrum angelus sit ab aeterno. tertio, utrum angelus sit creatus ante corporalem creaturam. quarto, utrum angeli fuerint creati in caelo empyreo.

007 ST1 qu61 ar1

ag1 ‘ Ad primum sic proceditur. videtur quod angeli non habeant causam sui esse. de his enim quae sunt a deo creata, * agitur genesis i. ‘ sed nulla mentio fit ibi de angelis. ergo angeli non sunt creati a deo.
ag2 * Praeterea, philosophus dicit, in viii metaphys., quod “ si aliqua substantia sit forma sine materia, ° statim per seipsam est ens et unum, et non habet causam quae faciat eam ens et unum. ‘ sed angeli sunt formae immateriales, * ut supra ostensum est. ‘ ergo non habent causam sui esse.
ag3 ‘ Praeterea, omne quod fit ab aliquo agente, per hoc quod fit, accipit formam ab eo. sed angeli, cum sint formae, non accipiunt formam ab aliquo agente. ergo angeli non habent causam agentem.
sc * Sed contra est quod dicitur in psalmo cxlviii, ° laudate eum, omnes angeli eius. * et postea subdit, ° quoniam ipse dixit, et facta sunt.
co ‘ Respondeo dicendum quod necesse est dicere et angelos, et omne id quod praeter deum est, a deo factum esse. solus enim deus est suum esse, in omnibus autem aliis differt essentia rei et esse eius, * ut ex superioribus patet. et ex hoc manifestum est quod ‘ solus deus est ens per suam essentiam, omnia vero alia sunt entia per participationem. omne autem quod est per participationem causatur ab eo quod est per essentiam, sicut omne ignitum causatur ab igne. unde necesse est angelos a deo creatos esse.
ra1 * Ad primum ergo dicendum quod augustinus dicit, in xi de civ. dei, “ quod angeli non sunt praetermissi in illa prima rerum creatione, sed significantur nomine caeli, aut etiam lucis. ‘ ideo autem vel praetermissi sunt, vel nominibus rerum corporalium significati, quia moyses rudi populo loquebatur, qui nondum capere poterat incorpoream naturam; et si eis fuisset expressum aliquas res esse super omnem naturam corpoream, fuisset eis occasio idololatriae, ad quam proni erant, et a qua moyses eos praecipue revocare intendebat.
ra2 ‘ Ad secundum dicendum quod substantiae quae sunt formae subsistentes, non habent causam aliquam formalem sui esse et suae unitatis, nec causam agentem per transmutationem materiae de potentia in actum, sed habent causam producentem totam substantiam.
ra3 ‘ Et per hoc patet solutio ad tertium.

007 ST1 qu61 ar2

ag1 ‘ Ad secundum sic proceditur. videtur quod angelus sit productus a deo ab aeterno. deus enim est causa angeli per suum esse, non enim agit per aliquid additum suae essentiae. sed esse eius est aeternum. ergo ab aeterno angelos produxit.
ag2 ‘ Praeterea, omne quod quandoque est et quandoque non est, subiacet tempori. “ sed angelus est supra tempus, * ut dicitur in libro de causis. ‘ ergo angelus non quandoque est, et quandoque non est, sed semper.
ag3 * Praeterea, augustinus probat “ incorruptibilitatem animae per hoc, quod per intellectum est capax veritatis. ‘ sed sicut veritas est incorruptibilis, ita est aeterna. ergo natura intellectualis et animae et angeli, non solum est incorruptibilis, sed etiam aeterna.
sc ‘ Sed contra est quod * dicitur prov. viii, ex persona sapientiae genitae, ° dominus possedit me ab initio viarum suarum, antequam quidquam faceret a principio. ‘ sed angeli sunt facti a deo, * ut ostensum est. ‘ ergo angeli aliquando non fuerunt.
co ‘ Respondeo dicendum quod solus deus, pater et filius et spiritus sanctus, est ab aeterno. hoc enim fides catholica indubitanter tenet; et omne contrarium est sicut haereticum refutandum. sic enim deus creaturas produxit, quod eas ex nihilo fecit, idest‘ postquam nihil fuerat.
ra1 ‘ Ad primum ergo dicendum quod esse dei est ipsum eius velle. per hoc ergo quod deus produxit angelos et alias creaturas per suum esse, non excluditur quin eas produxerit per suam voluntatem. voluntas autem dei non de necessitate se habet ad productionem creaturarum, * ut supra dictum est. ‘ et ideo produxit et quae voluit, et quando voluit.
ra2 ‘ Ad secundum dicendum quod angelus est supra tempus quod est numerus motus caeli, quia est supra omnem motum corporalis naturae. non tamen est supra tempus quod est numerus successionis esse eius post non esse, et etiam quod est numerus successionis quae est in operationibus eius. * unde augustinus dicit, viii super gen. ad litt., quod ° deus movet creaturam spiritualem per tempus.
ra3 ‘ Ad tertium dicendum quod angeli et animae intellectivae, ex hoc ipso quod habent naturam per quam sunt capaces veritatis, sunt incorruptibiles. sed hanc naturam non habuerunt ab aeterno; sed data fuit eis a deo quando ipse voluit. unde non sequitur quod angeli sint ab aeterno.

007 ST1 qu61 ar3

ag1 ‘ Ad tertium sic proceditur. videtur quod angeli fuerint creati ante mundum corporeum. * dicit enim hieronymus, super epistolam ad titum, ° sex millia nondum nostri temporis complentur annorum; et quanta tempora, quantasque saeculorum origines fuisse arbitrandum est, in quibus angeli, throni, dominationes, ceterique ordines deo servierunt? * damascenus etiam dicit, in ii libro, ° quidam dicunt quod ante omnem creationem geniti sunt angeli; ut theologus dicit gregorius, primum quidem excogitavit angelicas virtutes et caelestes, et excogitatio opus eius fuit.
ag2 ‘ Praeterea, angelica natura est media inter naturam divinam et naturam corpoream. sed natura divina est ab aeterno, natura autem corporea ex tempore. ergo natura angelica facta est ante creationem temporis, et post aeternitatem.
ag3 ‘ Praeterea, plus distat natura angelica a natura corporali, quam una natura corporalis ab alia. sed una natura corporalis fuit facta ante aliam, unde et sex dies productionis rerum * in principio genesis describuntur. ‘ ergo multo magis natura angelica facta est ante omnem naturam corporalem.
sc * Sed contra est quod dicitur gen. i, ° in principio creavit deus caelum et terram. ‘ non autem hoc esset verum, si aliquid creasset antea. ergo angeli non sunt ante naturam corpoream creati.
co ‘ Respondeo dicendum quod * circa hoc invenitur duplex sanctorum doctorum sententia, ‘ illa tamen probabilior videtur, quod angeli simul cum creatura corporea sunt creati. angeli enim sunt quaedam pars universi, non enim constituunt per se unum universum, sed tam ipsi quam creatura corporea in constitutionem unius universi conveniunt. quod apparet ex ordine unius creaturae ad aliam, ordo enim rerum ad invicem est bonum universi. nulla autem pars perfecta est a suo toto separata. non est igitur probabile ut deus, cuius perfecta sunt opera, * ut dicitur deut. xxxii, ‘ creaturam angelicam seorsum ante alias creaturas creaverit. quamvis contrarium non sit reputandum erroneum; * praecipue propter sententiam gregorii nazianzeni, cuius tanta est “ in doctrina christiana auctoritas, ut nullus unquam eius dictis calumniam inferre praesumpserit, sicut nec athanasii documentis, * ut hieronymus dicit.
ra1 * Ad primum ergo dicendum quod hieronymus loquitur secundum sententiam doctorum graecorum, qui omnes hoc concorditer “ sentiunt, quod angeli sunt ante mundum corporeum creati.
ra2 ‘ Ad secundum dicendum quod deus non est aliqua pars universi, sed est supra totum universum, praehabens in se eminentiori modo totam universi perfectionem. angelus autem est pars universi. unde non est eadem ratio.
ra3 ‘ Ad tertium dicendum quod creaturae corporeae omnes sunt unum in materia, sed angeli non conveniunt in materia cum creatura corporea. unde, creata materia corporalis creaturae, omnia quodammodo sunt creata, non autem, creatis angelis, esset ipsum universum creatum. * si vero contrarium teneatur, quod dicitur gen. i, ° in principio creavit deus caelum et terram “ exponendum est, in principio, idest in filio, vel in principio temporis, non autem in principio, idest ante quod nihil, nisi dicatur, ante quod nihil in genere corporalium creaturarum.

007 ST1 qu61 ar4

ag1 ‘ Ad quartum sic proceditur. videtur quod angeli non sint creati in caelo empyreo. angeli enim sunt substantiae incorporeae. sed substantia incorporea non dependet a corpore secundum suum esse, et per consequens neque secundum suum fieri. ergo angeli non sunt creati in loco corporeo.
ag2 * Praeterea, augustinus dicit, iii super gen. ad litt., quod “ angeli fuerunt creati in superiori parte aeris. ‘ non ergo in caelo empyreo.
ag3 ‘ Praeterea, caelum empyreum dicitur esse caelum supremum. si igitur angeli creati fuissent in caelo empyreo, non convenisset eis in superius caelum ascendere. quod * est contra id quod ex persona angeli peccantis dicitur isaiae xiv, ° ascendam in caelum.
sc * Sed contra est quod strabus dicit, super illud, ° in principio creavit deus caelum et terram, caelum non visibile firmamentum hic appellat, sed empyreum, idest igneum vel intellectuale, quod non ab ardore, sed a splendore dicitur, quod statim factum, angelis est repletum.

co * Respondeo dicendum quod, sicut dictum est, ‘ ex creaturis corporalibus et spiritualibus unum universum constituitur. unde sic creatae sunt spirituales creaturae, quod ad creaturam corporalem aliquem ordinem habent, et toti creaturae corporali praesident. unde conveniens fuit quod angeli in supremo corpore crearentur, tanquam toti naturae corporeae praesidentes; sive id dicatur caelum empyreum, sive qualitercumque nominetur. * unde isidorus dicit quod “ supremum caelum est caelum angelorum, * super illud deut. x, ° domini dei tui est caelum, et caelum caeli.

ra1 ‘ Ad primum ergo dicendum quod angeli non sunt creati in loco corporeo, quasi dependentes a corpore secundum suum esse vel secundum suum fieri, potuisset enim deus angelos ante totam creaturam corporalem creasse, * ut multi sancti doctores tenent. ‘ sed facti sunt in loco corporeo, ad ostendendum ordinem eorum ad naturam corpoream, et quod sua virtute corpora contingunt.

ra2 * Ad secundum dicendum quod augustinus “ forte per supremam partem aeris intelligit supremam partem caeli, cum quo aer quandam convenientiam habet propter suam subtilitatem et diaphaneitatem. vel loquitur non de omnibus angelis, sed de illis qui peccaverunt, * qui secundum quosdam fuerunt de inferioribus ordinibus. ‘ nihil autem prohibet dicere quod superiores angeli, habentes virtutem elevatam et universalem supra omnia corpora, sint in supremo creaturae corporeae creati; alii vero, habentes virtutes magis particulares, sint creati in inferioribus corporibus.

ra3 * Ad tertium dicendum quod loquitur ibi ‘ non de caelo aliquo corporeo, sed de caelo sanctae trinitatis, in quod angelus peccans ascendere voluit, dum voluit aliquo modo deo aequiparari, * ut infra patebit.

007 ST1 qu62 ar

pr ‘ Consequenter investigandum est quomodo angeli facti sunt in esse gratiae vel gloriae. et circa hoc quaeruntur novem. primo, utrum angeli fuerint in sua creatione beati. secundo, utrum indiguerint gratia ad hoc quod ad deum converterentur. tertio, utrum fuerint creati in gratia. quarto, utrum suam beatitudinem meruerint. quinto, utrum statim post meritum beatitudinem adepti fuerint. sexto, utrum gratiam et gloriam secundum capacitatem suorum naturalium receperint. septimo, utrum post consecutionem gloriae remanserit in eis dilectio et cognitio naturalis. octavo, utrum postmodum potuerint peccare. nono, utrum post adeptionem gloriae potuerint proficere.

007 ST1 qu62 ar1

ag1 ‘ Ad primum sic proceditur. videtur quod angeli fuerint creati beati. * dicitur enim in libro de ecclesiasticis dogmatibus, quod ° angeli qui in illa in qua creati sunt beatitudine perseverant, non natura possident bonum quod habent. ‘ sunt ergo angeli creati in beatitudine.

ag2 ‘ Praeterea, natura angelica est nobilior quam creatura corporalis. sed creatura corporalis statim in principio suae creationis fuit creata formata et perfecta; nec informitas praecessit in ea formationem tempore, sed natura tantum, * ut augustinus dicit, i super gen. ad litt.. ‘ ergo nec naturam angelicam creavit deus informem et imperfectam. sed eius formatio et perfectio est per beatitudinem, secundum quod fruitur deo. ergo fuit creata beata.

ag3 * Praeterea, secundum augustinum, super gen. ad litt., “ ea quae leguntur facta in operibus sex dierum, simul facta fuerunt, et sic oportet quod statim a principio creationis rerum fuerint omnes illi sex dies. sed in illis sex diebus, secundum eius expositionem, mane fuit cognitio angelica secundum quam cognoverunt verbum et res in verbo. ‘ ergo statim a principio creationis cognoverunt verbum et res in verbo. sed angeli beati sunt per hoc quod verbum vident. ergo statim a principio suae creationis angeli fuerunt beati.

sc ‘ Sed contra, de ratione beatitudinis est stabilitas sive confirmatio in bono. sed angeli non statim ut creati sunt, fuerunt confirmati in bono, quod casus quorundam ostendit. non ergo angeli in sua creatione fuerunt beati.

co ‘ Respondeo dicendum quod nomine beatitudinis intelligitur ultima perfectio rationalis seu intellectualis naturae, et inde est quod naturaliter desideratur, quia unumquodque naturaliter desiderat suam ultimam perfectionem. ultima autem perfectio rationalis seu intellectualis naturae est duplex. una quidem, quam potest assequi virtute suae naturae, et haec quodammodo beatitudo vel felicitas dicitur. * unde et aristoteles “ perfectissimam hominis contemplationem, qua optimum intelligibile, quod est deus, contemplari potest in hac vita, dicit esse ultimam hominis felicitatem. ‘ sed super hanc felicitatem est alia felicitas, quam in futuro expectamus, qua videbimus deum sicuti est. quod quidem est supra cuiuslibet intellectus creati naturam, * ut supra ostensum est. ‘ sic igitur dicendum est quod, quantum ad primam beatitudinem, quam angelus assequi virtute suae naturae potuit, fuit creatus beatus. quia perfectionem huiusmodi angelus non acquirit per aliquem motum discursivum, sicut homo, sed statim ei adest propter suae naturae dignitatem, * ut supra dictum est. ‘ sed ultimam beatitudinem, quae facultatem naturae excedit, angeli non statim in principio suae creationis habuerunt, quia haec beatitudo non est aliquid |25| naturae, sed naturae finis; et ideo non statim eam a principio debuerunt habere.

ra1 ‘ Ad primum ergo dicendum quod beatitudo ibi accipitur pro illa perfectione naturali quam angelus habuit in statu innocentiae.

ra2 ‘ Ad secundum dicendum quod creatura corporalis statim in principio suae creationis habere non potuit perfectionem ad quam per suam operationem perducitur, unde, * secundum augustinum, ‘ germinatio plantarum ex terra non statim fuit in primis operibus, in quibus virtus sola germinativa plantarum data est terrae. et similiter creatura angelica in principio suae creationis habuit perfectionem suae naturae; non autem perfectionem ad quam per suam operationem pervenire debebat.

ra3 ‘ Ad tertium dicendum quod angelus duplicem habet verbi cognitionem, unam naturalem, et aliam gloriae, naturalem quidem, qua cognoscit verbum per eius similitudinem in sua natura relucentem; cognitionem vero gloriae, qua cognoscit verbum per suam essentiam. et utraque cognoscit angelus res in verbo, sed naturali quidem cognitione imperfecte, cognitione vero gloriae perfecte. prima ergo cognitio rerum in verbo affuit angelo a principio suae creationis, secunda vero non, sed quando facti sunt beati per conversionem ad bonum. et haec proprie dicitur cognitio matutina.

007 ST1 qu62 ar2

ag1 ‘ Ad secundum sic proceditur. videtur quod angelus non indiguerit gratia ad hoc quod converteretur in deum. ad ea enim quae naturaliter possumus, gratia non indigemus. sed naturaliter angelus convertitur in deum, quia naturaliter deum diligit, * ut ex supra dictis patet. ‘ ergo angelus non indiguit gratia ad hoc quod converteretur in deum.

ag2 ‘ Praeterea, ad ea tantum videmur indigere auxilio, quae sunt difficilia. sed converti ad deum non erat difficile angelo; cum nihil esset in eo quod huic conversioni repugnaret. ergo angelus non indiguit auxilio gratiae ad hoc quod converteretur in deum.

ag3 ‘ Praeterea, converti ad deum est se ad gratiam praeparare, * unde zach. i, dicitur, ° convertimini ad me, et ego convertar ad vos. ‘ sed nos non indigemus gratia ad hoc quod nos ad gratiam praeparemus, quia sic esset abire in infinitum. ergo non indiguit gratia angelus ad hoc quod converteretur in deum.

sc ‘ Sed contra, per conversionem ad deum angelus pervenit ad beatitudinem. si igitur non indiguisset gratia ad hoc quod converteretur in deum, sequeretur quod non indigeret gratia ad habendam vitam aeternam. * quod est contra illud apostoli, rom. vi, ° gratia dei vita aeterna.

co ‘ Respondeo dicendum quod angeli indiguerunt gratia ad hoc quod converterentur in deum, prout est obiectum beatitudinis. * sicut enim superius dictum est, ‘ naturalis motus voluntatis est principium omnium eorum quae volumus. naturalis autem inclinatio voluntatis est ad id quod est conveniens secundum naturam. et ideo, si aliquid sit supra naturam, voluntas in id ferri non potest, nisi ab aliquo alio supernaturali principio adiuta. sicut patet quod ignis habet naturalem inclinationem ad calefaciendum, et ad generandum ignem, sed generare carnem est supra naturalem virtutem ignis, unde ignis ad hoc nullam inclinationem habet, nisi secundum quod movetur ut instrumentum ab anima nutritiva. * ostensum est autem supra, cum de dei cognitione ageretur, quod ‘ videre deum per essentiam, in quo ultima beatitudo rationalis creaturae consistit, est supra naturam cuiuslibet intellectus creati. unde nulla creatura rationalis potest habere motum voluntatis ordinatum ad illam beatitudinem, nisi mota a supernaturali agente. et hoc dicimus auxilium gratiae. et ideo dicendum est quod angelus in illam beatitudinem voluntate converti non potuit, nisi per auxilium gratiae.

ra1 ‘ Ad primum ergo dicendum quod angelus naturaliter diligit deum, inquantum est principium naturalis esse. hic autem loquimur de conversione ad deum, inquantum est beatificans per suae essentiae visionem.

ra2 ‘ Ad secundum dicendum quod difficile est quod transcendit potentiam. sed hoc contingit esse dupliciter. uno modo, quia transcendit potentiam secundum suum naturalem ordinem. et tunc, si ad hoc possit pervenire aliquo auxilio, dicitur difficile; si autem nullo modo, dicitur impossibile, sicut impossibile est hominem volare. alio modo transcendit aliquid potentiam, non secundum ordinem naturalem potentiae, sed propter aliquod impedimentum potentiae adiunctum. sicut ascendere non est contra naturalem ordinem potentiae animae motivae, quia anima, quantum est de se, nata est movere in quamlibet partem, sed impeditur ab hoc propter corporis gravitatem; unde difficile est homini ascendere. converti autem ad beatitudinem ultimam, homini quidem est difficile et quia est supra naturam, et quia habet impedimentum ex corruptione corporis et infectione peccati. sed angelo est difficile propter hoc solum quod est supernaturale.

ra3 ‘ Ad tertium dicendum quod quilibet motus voluntatis in deum, potest dici conversio in ipsum. et ideo triplex est conversio in deum. una quidem per dilectionem perfectam, quae est creaturae iam deo fruentis. et ad hanc conversionem requiritur gratia consummata. alia conversio est, quae est meritum beatitudinis. et ad hanc requiritur habitualis gratia, quae est merendi principium. tertia conversio est, per quam aliquis praeparat se ad gratiam habendam. et ad hanc non exigitur aliqua habitualis gratia, sed operatio dei ad se animam convertentis, * secundum illud thren. ult., ° converte nos, domine, ad te, et convertemur. ‘ unde patet quod non est procedere in infinitum.

007 ST1 qu62 ar3

ag1 ‘ Ad tertium sic proceditur. videtur quod angeli non sint creati in gratia. * dicit enim augustinus, ii super gen. ad litt., quod “ angelica natura primo erat informiter creata, et caelum dicta, postmodum vero formata est, et lux appellata. ‘ sed haec formatio est per gratiam. ergo non sunt creati in gratia.

ag2 ‘ Praeterea, gratia inclinat creaturam rationalem in deum. si igitur angelus in gratia creatus fuisset nullus angelus fuisset a deo aversus.

ag3 ‘ Praeterea, gratia medium est inter naturam et gloriam. sed angeli non fuerunt beati in sua creatione. ergo videtur quod nec etiam creati sint in gratia, sed primo in natura tantum; postea autem adepti sunt gratiam; et ultimo facti sunt beati.

sc * Sed contra est quod augustinus dicit, xii de civ. dei, ° bonam voluntatem quis fecit in angelis, nisi ille qui eos cum sua voluntate, idest cum amore casto quo illi adhaerent, creavit, simul in eis condens naturam et largiens gratiam?

co ‘ Respondeo dicendum quod, * quamvis super hoc sint diversae opiniones, quibusdam dicentibus “ quod creati sunt angeli in naturalibus tantum, aliis vero quod sunt creati in gratia; ‘ hoc tamen probabilius videtur tenendum, et magis dictis sanctorum consonum est, quod fuerunt creati in gratia gratum faciente. sic enim videmus quod omnia quae processu temporis per opus divinae providentiae, creatura sub deo operante, sunt producta, in prima rerum conditione producta sunt secundum quasdam seminales rationes, * ut augustinus dicit, super gen. ad litt.; ‘ sicut arbores et animalia et alia huiusmodi. manifestum est autem quod gratia gratum faciens hoc modo comparatur ad beatitudinem, sicut ratio seminalis in natura ad effectum naturalem, * unde i ioan. iii, ‘ gratia semen dei nominatur. * sicut igitur, secundum opinionem augustini, ponitur quod “ statim in prima creatione corporalis creaturae inditae sunt ei seminales rationes omnium naturalium effectuum, ‘ ita statim a principio sunt angeli creati in gratia.

ra1 ‘ Ad primum ergo dicendum quod informitas illa angeli potest intelligi vel per comparationem ad formationem gloriae, et sic praecessit tempore informitas formationem. vel per comparationem ad formationem gratiae, et sic non praecessit ordine temporis, sed ordine naturae; * sicut etiam de formatione corporali augustinus ponit.

ra2 ‘ Ad secundum dicendum quod omnis forma inclinat suum subiectum secundum modum naturae eius. modus autem naturalis intellectualis naturae est, ut libere feratur in ea quae vult. et ideo inclinatio gratiae non imponit necessitatem, sed habens gratiam potest ea non uti, et peccare.

ra3 ‘ Ad tertium dicendum quod, quamvis gratia sit medium inter naturam et gloriam ordine naturae tamen ordine temporis in natura creata non debuit simul esse gloria cum natura, quia est finis operationis ipsius naturae per gratiam adiutae. gratia autem non se habet ut finis operationis, quia non est ex operibus; sed ut principium bene operandi. et ideo statim cum natura gratiam dare conveniens fuit.

007 ST1 qu62 ar4

ag1 ‘ Ad quartum sic proceditur. videtur quod angelus beatus suam beatitudinem non meruerit. meritum enim est ex difficultate actus meritorii. sed nullam difficultatem angelus habuit ad bene operandum. ergo bona operatio non fuit ei meritoria.

ag2 ‘ Praeterea, naturalibus non meremur. sed naturale fuit angelo quod converteretur ad deum. ergo per hoc non meruit beatitudinem.

ag3 ‘ Praeterea, si angelus beatus beatitudinem suam meruit, aut ergo antequam eam haberet, aut post. sed non ante, quia, ut multis videtur, ante non habuit gratiam, sine qua nullum est meritum. nec etiam post, quia sic etiam modo mereretur, quod videtur esse falsum, quia sic minor angelus merendo ad superioris angeli gradum posset pertingere, et non essent stabiles distinctiones graduum gratiae; quod est inconveniens. non ergo angelus beatus suam beatitudinem meruit.

sc * Sed contra, apoc. xxi, dicitur quod “ mensura angeli, in illa caelesti ierusalem, est mensura hominis. ‘ sed homo ad beatitudinem pertingere non potest nisi per meritum. ergo neque angelus.

co ‘ Respondeo dicendum quod soli deo beatitudo perfecta est naturalis quia idem est sibi esse et beatum esse. cuiuslibet autem creaturae esse beatum non est natura, sed ultimus finis. quaelibet autem res ad ultimum finem per suam operationem pertingit. quae quidem operatio in finem ducens, vel est factiva finis, quando finis non excedit virtutem eius quod operatur propter finem, sicut medicatio est factiva sanitatis, vel est meritoria finis, quando finis excedit virtutem operantis propter finem, unde expectatur finis ex dono alterius. beatitudo autem ultima excedit et naturam angelicam et humanam, * ut ex dictis patet. ' unde relinquitur quod tam homo quam angelus suam beatitudinem meruerit. et si quidem angelus in gratia creatus fuit, sine qua nullum est meritum, absque difficultate dicere possumus quod suam beatitudinem meruerit. et similiter si quis diceret quod qualitercumque gratiam habuerit antequam gloriam. si vero gratiam non habuit antequam esset beatus, sic oportet dicere quod beatitudinem absque merito habuit, sicut nos gratiam. quod tamen est contra rationem beatitudinis, quae habet rationem finis, et est praemium virtutis, * ut etiam philosophus dicit, in i ethic.. ' vel oportet dicere quod angeli merentur beatitudinem per ea |25| quae iam beati operantur in divinis ministeriis, ut alii dixerunt. quod tamen est contra rationem meriti, nam meritum habet rationem viae ad finem, ei autem qui iam est in termino, non convenit moveri ad terminum; et sic nullus meretur quod iam habet. vel oportet dicere quod unus et idem actus conversionis in deum, inquantum est ex libero arbitrio, est meritorius; et inquantum pertingit ad finem, est fruitio beata. sed nec hoc etiam videtur esse conveniens, quia liberum arbitrium non est sufficiens causa meriti unde actus non potest esse meritorius secundum quod est ex libero arbitrio, nisi inquantum est gratia informatus; non autem simul potest informari gratia imperfecta, quae est principium merendi, et gratia perfecta, quae est principium fruendi. unde non videtur esse possibile quod simul fruatur, et suam fruitionem mereatur. et ideo melius dicendum est quod gratiam habuit angelus antequam esset beatus, per quam beatitudinem meruit.

ra1 ' Ad primum ergo dicendum quod difficultas bene operandi non est in angelis ex aliqua contrarietate, vel impedimento naturalis virtutis; sed ex hoc quod opus aliquod bonum est supra virtutem naturae.

ra2 ' Ad secundum dicendum quod conversione naturali angelus non meruit beatitudinem, sed conversione caritatis, quae est per gratiam.

ra3 ' Ad tertium patet responsio ex dictis.

007 ST1 qu62 ar5

ag1 ' Ad quintum sic proceditur. videtur quod angelus non statim post unum actum meritorium beatitudinem habuerit. difficilius enim est homini bene operari quam angelo. sed homo non praemiatur statim post unum actum. ergo neque angelus.

ag2 ' Praeterea, angelus statim in principio suae creationis, et in instanti, actum aliquem habere potuit, cum etiam corpora naturalia in ipso instanti suae creationis moveri incipiant, et si motus corporis in instanti esse posset, sicut opera intellectus et voluntatis, in primo instanti suae generationis motum haberent. si ergo angelus per unum motum suae voluntatis beatitudinem meruit, in primo instanti suae creationis meruit beatitudinem. si ergo eorum beatitudo non retardatur, statim in primo instanti fuerunt beati.

ag3 ' Praeterea, inter multum distantia oportet esse multa media. sed status beatitudinis angelorum multum distat a statu naturae eorum, medium autem inter utrumque est meritum. oportuit igitur quod per multa media angelus ad beatitudinem perveniret.

sc ' Sed contra, anima hominis et angelus similiter ad beatitudinem ordinantur, unde sanctis promittitur aequalitas angelorum * luc. xx. ' sed anima a corpore separata, si habeat meritum beatitudinis, statim beatitudinem consequitur, nisi aliud sit impedimentum. ergo pari ratione et angelus. sed statim in primo actu caritatis habuit meritum beatitudinis. ergo, cum in eo non esset aliquod impedimentum, statim ad beatitudinem pervenit per solum unum actum meritorium.

co ' Respondeo dicendum quod angelus post primum actum caritatis quo beatitudinem meruit, statim beatus fuit. cuius ratio est, quia gratia perficit naturam secundum modum naturae, sicut et omnis perfectio recipitur in perfectibili secundum modum eius. est autem hoc proprium naturae angelicae, quod naturalem perfectionem non per discursum acquirat, sed statim per naturam habeat, * sicut supra ostensum est. ' sicut autem ex sua natura angelus habet ordinem ad perfectionem naturalem, ita ex merito habet ordinem ad gloriam. et ita statim post meritum in angelo fuit beatitudo consecuta. meritum autem beatitudinis, non solum in angelo, sed etiam in homine esse potest per unicum actum, quia quolibet actu caritate informato homo beatitudinem meretur. unde relinquitur quod statim post unum actum caritate informatum, angelus beatus fuit.

ra1 ' Ad primum ergo dicendum quod homo secundum suam naturam non statim natus est ultimam perfectionem adipisci, sicut angelus. et ideo homini longior via data est ad merendum beatitudinem, quam angelo.

ra2 ' Ad secundum dicendum quod angelus est supra tempus rerum corporalium, unde instantia diversa in his quae ad angelos pertinent, non accipiuntur nisi secundum successionem in ipsorum actibus. non autem potuit simul in eis esse actus meritorius beatitudinis, et actus beatitudinis, qui est fruitio; cum unus sit gratiae imperfectae, et alius gratiae consummatae. unde relinquitur quod oportet diversa instantia accipi, in quorum uno meruerit beatitudinem, et in alio fuerit beatus.

ra3 ' Ad tertium dicendum quod de natura angeli est, quod statim suam perfectionem consequatur ad quam ordinatur. et ideo non requiritur nisi unus actus meritorius; qui ea ratione medium dici potest, quia secundum ipsum angelus ad beatitudinem ordinatur.

007 ST1 qu62 ar6

ag1 ' Ad sextum sic proceditur. videtur quod angeli non sint consecuti gratiam et gloriam secundum quantitatem suorum naturalium. gratia enim ex mera dei voluntate datur. ergo et quantitas gratiae dependet ex voluntate dei, et non ex quantitate naturalium.

ag2 ' Praeterea, magis propinquum videtur ad gratiam actus humanus quam natura, quia actus humanus praeparatorius est ad gratiam. " sed gratia non est ex operibus, * ut dicitur rom. xi. ' multo igitur minus quantitas gratiae in angelis est secundum quantitatem naturalium.

ag3 ' Praeterea, homo et angelus pariter ordinantur ad beatitudinem vel gratiam. sed homini non datur plus de gratia secundum gradum naturalium. ergo nec angelo.

sc * Sed contra est quod magister dicit, iii dist. ii sent., quod ° angeli qui natura magis subtiles, et sapientia amplius perspicaces creati sunt, hi etiam maioribus gratiae muneribus praediti sunt.

co ' Respondeo dicendum quod rationabile est quod secundum gradum naturalium angelis data sint dona gratiarum et perfectio beatitudinis. cuius quidem ratio ex duobus accipi potest. primo quidem ex parte ipsius dei, qui per ordinem suae sapientiae diversos gradus in angelica natura constituit. sicut autem natura angelica facta est a deo ad gratiam et beatitudinem consequendam, ita etiam gradus naturae angelicae ad diversos gradus gratiae et gloriae ordinari videntur, ut puta, si aedificator lapides polit ad construendam domum, ex hoc ipso quod aliquos pulchrius et decentius aptat, videtur eos ad honoratiorem partem domus ordinare. sic igitur videtur quod deus angelos quos altioris naturae fecit, ad maiora gratiarum dona et ampliorem beatitudinem ordinaverit. secundo apparet idem ex parte ipsius angeli. non enim angelus est compositus ex diversis naturis, ut inclinatio unius naturae impetum alterius impediat aut retardet; sicut in homine accidit, in quo motus intellectivae partis aut retardatur aut impeditur ex inclinatione partis sensitivae. quando autem non est aliquid quod retardet aut impediat, natura secundum totam suam virtutem movetur. et ideo rationabile est quod angeli qui meliorem naturam habuerunt, etiam fortius et efficacius ad deum sint conversi. hoc autem etiam in hominibus contingit, quod secundum intensionem conversionis in deum datur maior gratia et gloria. unde videtur quod angeli qui habuerunt meliora naturalia, |25| habuerunt plus de gratia et gloria.

ra1 ' Ad primum ergo dicendum quod, sicut gratia est ex mera dei voluntate, ita etiam et natura angeli. et sicut naturam dei voluntas ordinavit ad gratiam ita et gradus naturae ad gradus gratiae.

ra2 ' Ad secundum dicendum quod actus rationalis creaturae sunt ab ipsa; sed natura est immediate a deo. unde magis videtur quod gratia detur secundum gradum naturae, quam ex operibus.

ra3 ' Ad tertium dicendum quod diversitas naturalium aliter est in angelis, qui differunt specie; et aliter in hominibus, qui differunt solo numero. differentia enim secundum speciem est propter finem, sed differentia secundum numerum est propter materiam. in homine etiam est aliquid quod potest impedire vel retardare motum intellectivae naturae, non autem in angelis. unde non est eadem ratio de utroque.

007 ST1 qu62 ar7

ag1 ' Ad septimum sic proceditur. videtur quod in angelis beatis non remaneat cognitio et dilectio naturalis. * quia, ut dicitur i cor. xiii, ° cum venerit quod perfectum est, evacuabitur quod ex parte est. ' sed dilectio et cognitio naturalis est imperfecta respectu cognitionis et dilectionis beatae. ergo adveniente beatitudine, naturalis cognitio et dilectio cessat.

ag2 ' Praeterea, ubi unum sufficit, aliud superflue existit. sed sufficit in angelis beatis cognitio et dilectio gloriae. superfluum ergo esset quod remaneret in eis cognitio et dilectio naturalis.

ag3 ' Praeterea, eadem potentia non habet simul duos actus; sicut nec una linea terminatur ex eadem parte ad duo puncta. sed angeli beati sunt semper in actu cognitionis et dilectionis beatae, " felicitas enim non est secundum habitum, sed secundum actum, * ut dicitur in i ethic.. ergo ' nunquam in angelis potest esse cognitio et dilectio naturalis.

sc ' Sed contra, quandiu manet natura aliqua, manet operatio eius. sed beatitudo non tollit naturam; cum sit perfectio eius. ergo non tollit naturalem cognitionem et dilectionem.

co ' Respondeo dicendum quod in angelis beatis remanet cognitio et dilectio naturalis. sicut enim se habent principia operationum ad invicem, ita se habent et operationes ipsae. manifestum est autem quod natura ad beatitudinem comparatur sicut primum ad secundum, quia beatitudo naturae additur. semper autem oportet salvari primum in secundo. unde oportet quod natura salvetur in beatitudine. et similiter oportet quod in actu beatitudinis salvetur actus naturae.

ra1 ' Ad primum ergo dicendum quod perfectio adveniens tollit imperfectionem sibi oppositam. imperfectio autem naturae non opponitur perfectioni beatitudinis, sed substernitur ei, sicut imperfectio potentiae substernitur perfectioni formae, et non tollitur potentia per formam, sed tollitur privatio, quae opponitur formae. et similiter etiam imperfectio cognitionis naturalis non opponitur perfectioni cognitionis gloriae, nihil enim prohibet simul aliquid cognoscere per diversa media, sicut simul potest aliquid cognosci per medium probabile, et demonstrativum. et similiter potest angelus simul deum cognoscere per essentiam dei, quod pertinet ad cognitionem gloriae, et per essentiam propriam, quod pertinet ad cognitionem naturae.

ra2 ' Ad secundum dicendum quod ea quae sunt beatitudinis, per se sufficiunt. sed ad hoc quod sint, praeexigunt ea quae sunt naturae, quia nulla beatitudo est per se subsistens, nisi beatitudo increata.

ra3 ' Ad tertium dicendum quod duae operationes non possunt esse simul unius potentiae, nisi una ad aliam ordinetur. cognitio autem et dilectio naturalis ordinantur ad cognitionem et dilectionem gloriae. unde nihil prohibet in angelo simul esse et cognitionem et dilectionem naturalem, et cognitionem et dilectionem gloriae.

007 ST1 qu62 ar8

ag1 ' Ad octavum sic proceditur. videtur quod angelus beatus peccare possit. beatitudo enim non tollit naturam, * ut dictum est. ' sed de ratione naturae creatae est quod possit deficere. ergo angelus beatus potest peccare.

ag2 " Praeterea, potestates rationales sunt ad opposita, * ut philosophus dicit. ' sed voluntas angeli beati non desinit esse rationalis. ergo se habet ad bonum et malum.

ag3 ' Praeterea, ad libertatem arbitrii pertinet quod homo possit eligere bonum et malum. sed libertas arbitrii non minuitur in angelis beatis. ergo possunt peccare.

sc * Sed contra est quod augustinus dicit, xi super gen. ad litt., quod " illa natura quae peccare non potest in sanctis angelis est. ' ergo sancti angeli peccare non possunt.

co ' Respondeo dicendum quod angeli beati peccare non possunt. cuius ratio est, quia eorum beatitudo in hoc consistit, quod per essentiam deum vident. essentia autem dei est ipsa essentia bonitatis. unde hoc modo se habet angelus videns deum ad ipsum deum, sicut se habet quicumque non videns deum ad communem rationem boni. impossibile est autem quod aliquis quidquam velit vel operetur, nisi attendens ad bonum; vel quod velit divertere a bono, inquantum huiusmodi. angelus igitur beatus non potest velle vel agere, nisi attendens ad deum. sic autem volens vel agens non potest peccare. unde angelus beatus nullo modo peccare potest.

ra1 ' Ad primum ergo dicendum quod bonum creatum, in se consideratum, deficere potest. sed ex coniunctione perfecta ad bonum increatum, qualis est coniunctio beatitudinis, adipiscitur quod peccare non possit, * ratione iam dicta.

ra2 ' Ad secundum dicendum quod virtutes rationales se habent ad opposita in illis ad quae non ordinantur naturaliter, sed quantum ad illa ad quae naturaliter ordinantur, non se habent ad opposita. intellectus enim non potest non assentire principiis naturaliter notis, et similiter voluntas non potest non adhaerere bono inquantum est bonum, quia in bonum naturaliter ordinatur sicut in suum obiectum. voluntas igitur angeli se habet ad opposita, quantum ad multa facienda vel non facienda. sed quantum ad ipsum deum, quem vident esse ipsam essentiam bonitatis, non se habent ad opposita; sed secundum ipsum ad omnia diriguntur, quodcumque oppositorum eligant. quod sine peccato est.

ra3 ' Ad tertium dicendum quod liberum arbitrium sic se habet ad eligendum ea quae sunt ad finem, sicut se habet intellectus ad conclusiones. manifestum est autem quod ad virtutem intellectus pertinet, ut in diversas conclusiones procedere possit secundum principia data, sed quod in aliquam conclusionem procedat praetermittendo ordinem principiorum, hoc est ex defectu ipsius. unde quod liberum arbitrium diversa eligere possit servato ordine finis, hoc pertinet ad perfectionem libertatis eius, sed quod eligat aliquid divertendo ab ordine finis, quod est peccare, hoc pertinet ad defectum libertatis. unde maior libertas arbitrii est in angelis, qui peccare non possunt, quam in nobis, qui peccare possumus.

007 ST1 qu62 ar9

ag1 ‘ Ad nonum sic proceditur. videtur quod angeli beati in beatitudine proficere possint. caritas enim est principium merendi. sed in angelis est perfecta caritas. ergo angeli beati possunt mereri. crescente autem merito, et praemium beatitudinis crescit. ergo angeli beati in beatitudine proficere possunt.
ag2 * Praeterea, augustinus dicit, in libro de doctr. christ., quod ° deus utitur nobis ad nostram utilitatem, et ad suam bonitatem. ‘ et similiter angelis, quibus utitur in ministeriis spiritualibus; ° cum sint administratorii spiritus, in ministerium missi propter eos qui haereditatem capiunt salutis, * ut dicitur heb. i. ‘ non autem hoc esset ad eorum utilitatem, si per hoc non mererentur nec in beatitudine proficerent. relinquitur ergo quod angeli beati et mereri, et in beatitudine proficere possunt.
ag3 ‘ Praeterea, ad imperfectionem pertinet quod ille qui non est in summo, non possit proficere. sed angeli non sunt in summo. si ergo ad maius proficere non possunt, videtur quod in eis sit imperfectio et defectus. quod est inconveniens.
sc ‘ Sed contra est quod mereri et proficere pertinent ad statum viae. sed angeli non sunt viatores, sed comprehensores. ergo angeli beati non possunt mereri, nec in beatitudine proficere.
co ‘ Respondeo dicendum quod in unoquoque motu motoris intentio fertur in aliquid determinatum, ad quod mobile perducere intendit, intentio enim est de fine cui repugnat infinitum. manifestum est autem quod, cum creatura rationalis per suam virtutem consequi non possit suam beatitudinem, quae in visione dei consistit, * ut ex superioribus patet; ‘ indiget ut ad beatitudinem a deo moveatur. oportet igitur quod sit aliquid determinatum, ad quod quaelibet creatura rationalis dirigatur sicut in ultimum finem. et hoc quidem determinatum non potest esse, in divina visione, quantum ad ipsum quod videtur, quia summa veritas ab omnibus beatis secundum diversos gradus conspicitur. sed quantum ad modum visionis, praefigitur diversimode terminus ex intentione dirigentis in finem. non enim possibile est quod, sicut rationalis creatura producitur ad videndum summam essentiam, ita producatur ad summum modum visionis, qui est comprehensio, hic enim modus soli deo competere potest, * ut ex supra dictis patet. ‘ sed cum infinita efficacia requiratur ad deum comprehendendum, creaturae vero efficacia in videndo non possit esse nisi finita; ab infinito autem finitum quodlibet infinitis gradibus distet; infinitis modis contingit creaturam rationalem intelligere deum vel clarius vel minus clare. et sicut beatitudo consistit in ipsa visione, ita gradus beatitudinis in certo modo |25| visionis. sic igitur unaquaeque creatura rationalis a deo perducitur ad finem beatitudinis, ut etiam ad determinatum gradum beatitudinis perducatur ex praedestinatione dei. unde consecuto illo gradu, ad altiorem transire non potest.
ra1 ‘ Ad primum ergo dicendum quod mereri est eius quod movetur ad finem. movetur autem ad finem creatura rationalis, non solum patiendo, sed etiam operando. et si quidem finis ille subsit virtuti rationalis creaturae, operatio illa dicetur acquisitiva illius finis, sicut homo meditando acquirit scientiam, si vero finis non sit in potestate eius, sed ab alio expectetur, operatio, erit meritoria finis. ei autem quod est in ultimo termino, non convenit moveri, sed mutatum esse. unde caritatis imperfectae, quae est viae, est mereri, caritatis autem perfectae non est mereri, sed potius praemio frui. sicut et in habitibus acquisitis, operatio praecedens habitum est acquisitiva habitus, quae vero est ex habitu iam acquisito, est operatio iam perfecta cum delectatione. et similiter actus caritatis perfectae non habet rationem meriti, sed magis est de perfectione praemii.
ra2 ‘ Ad secundum dicendum quod aliquid dicitur utile dupliciter. uno modo, sicut quod est in via ad finem, et sic utile est meritum beatitudinis. alio modo, sicut pars est utilis ad totum, ut paries ad domum. et hoc modo ministeria angelorum sunt utilia angelis beatis, inquantum sunt quaedam pars beatitudinis ipsorum, diffundere enim perfectionem habitam in alia, hoc est de ratione perfecti inquantum est perfectum.
ra3 ‘ Ad tertium dicendum quod, licet angelus beatus non sit in summo gradu beatitudinis simpliciter, est tamen in ultimo quantum ad seipsum, secundum praedestinationem divinam. potest tamen augeri angelorum gaudium de salute eorum qui per ipsorum ministerium salvantur; * secundum illud luc. xv, ° gaudium est angelis dei super uno peccatore poenitentiam agente. ‘ sed hoc gaudium ad praemium accidentale pertinet, quod quidem augeri potest usque ad diem iudicii. * unde quidam dicunt quod, “ quantum ad praemium accidentale, etiam mereri possunt. ‘ sed melius est ut dicatur quod nullo modo aliquis beatus mereri potest, nisi sit simul viator et comprehensor, ut christus, qui solus fuit viator et comprehensor. praedictum enim gaudium magis acquirunt ex virtute beatitudinis, quam illud mereantur.

007 ST1 qu63 ar

pr ‘ Deinde considerandum est quomodo angeli facti sunt mali. et primo, quantum ad malum culpae; secundo, quantum ad malum poenae. circa primum quaeruntur novem. primo, utrum malum culpae in angelo esse possit. secundo, cuiusmodi peccata in eis esse possunt. tertio, quid appetendo angelus peccavit. quarto, supposito quod aliqui peccato propriae voluntatis facti sunt mali, utrum aliqui naturaliter sint mali. quinto, supposito quod non, utrum aliquis eorum in primo instanti suae creationis potuerit esse malus per actum propriae voluntatis. sexto, supposito quod non, utrum aliqua mora fuerit inter creationem et lapsum. septimo, utrum supremus inter cadentes, fuerit simpliciter inter omnes angelos summus. octavo, utrum peccatum primi angeli fuerit aliis aliqua causa peccandi. nono, utrum tot ceciderint, quot remanserunt.

007 ST1 qu63 ar1

ag1 ‘ Ad primum sic proceditur. videtur quod malum culpae in angelis esse non possit. quia malum non potest esse nisi in his quae sunt in potentia, * ut dicitur in ix metaphys., ‘ subiectum enim privationis est ens in potentia. sed angeli, cum sint formae subsistentes, non habent esse in potentia. ergo in eis non potest esse malum.
ag2 ‘ Praeterea, angeli sunt digniores quam corpora caelestia. “ sed in corporibus caelestibus non potest esse malum, * ut philosophi dicunt. ‘ ergo neque in angelis.
ag3 ‘ Praeterea, id quod est naturale, semper inest. sed naturale est angelis quod moveantur motu dilectionis in deum. ergo hoc ab eis removeri non potest. sed diligendo deum non peccant. ergo angeli peccare non possunt.
ag4 ‘ Praeterea, appetitus non est nisi boni, vel apparentis boni. sed in angelis non potest esse apparens bonum, quod non sit verum bonum, quia in eis vel omnino error esse non potest, vel saltem non potest praecedere culpam. ergo angeli non possunt appetere nisi id quod est vere bonum. sed nullus, appetendo id quod est vere bonum, peccat. ergo angelus appetendo non peccat.
sc * Sed contra est quod dicitur iob iv, ° in angelis suis reperit pravitatem.
co ‘ Respondeo dicendum quod tam angelus quam quaecumque creatura rationalis, si in sua sola natura consideretur, potest peccare, et cuicumque creaturae hoc convenit ut peccare non possit, hoc habet ex dono gratiae, non ex conditione naturae. cuius ratio est, quia peccare nihil est aliud quam declinare a rectitudine actus quam debet habere; sive accipiatur peccatum in naturalibus, sive in artificialibus, sive in moralibus. solum autem illum actum a rectitudine declinare non contingit, cuius regula est ipsa virtus agentis. si enim manus artificis esset ipsa regula incisionis, nunquam posset artifex nisi recte lignum incidere, sed si rectitudo incisionis sit ab alia regula, contingit incisionem esse rectam et non rectam. divina autem voluntas sola est regula sui actus, quia non ad superiorem finem ordinatur. omnis autem voluntas cuiuslibet creaturae rectitudinem in suo actu non habet, nisi secundum quod regulatur a voluntate divina, ad quam pertinet ultimus finis, sicut quaelibet voluntas inferioris debet regulari secundum voluntatem superioris, ut voluntas militis secundum voluntatem ducis exercitus. sic igitur in sola voluntate divina peccatum esse non potest, in qualibet autem voluntate creaturae potest esse peccatum, secundum conditionem suae naturae.
ra1 ‘ Ad primum ergo dicendum quod in angelis non est potentia ad esse naturale. est tamen in eis potentia secundum intellectivam partem, ad hoc quod convertantur in hoc vel in illud. et quantum ad hoc, potest in eis esse malum.
ra2 ‘ Ad secundum dicendum quod corpora caelestia non habent operationem nisi naturalem. et ideo sicut in natura eorum non potest esse corruptionis malum, ita nec in actione naturali eorum potest esse malum inordinationis. sed supra actionem naturalem in angelis est actio liberi arbitrii, secundum quam contingit in eis esse malum.
ra3 ‘ Ad tertium dicendum quod naturale est angelo quod convertatur motu dilectionis in deum, secundum quod est principium naturalis esse. sed quod convertatur in ipsum secundum quod est obiectum beatitudinis supernaturalis, hoc est ex amore gratuito, a quo averti potuit peccando.
ra4 ‘ Ad quartum dicendum quod peccatum in actu liberi arbitrii contingit esse dupliciter. uno modo, ex hoc quod aliquod malum eligitur, sicut homo peccat eligendo adulterium, quod secundum se est malum. et tale peccatum semper procedit ex aliqua ignorantia vel errore, alioquin id quod est malum, non eligeretur ut bonum. errat quidem adulter in particulari, eligens hanc delectationem inordinati actus quasi aliquod bonum ad nunc agendum, propter inclinationem passionis aut habitus; etiam si in universali non erret, sed veram de hoc sententiam teneat. hoc autem modo in angelo peccatum esse non potuit, quia nec in angelis sunt passiones, quibus ratio aut intellectus ligetur, * ut ex supra dictis patet; ‘ nec iterum primum peccatum habitus praecedere potuit ad peccatum inclinans. alio modo contingit peccare per liberum arbitrium, eligendo aliquid quod secundum se est bonum, sed non cum ordine debitae mensurae aut regulae; ita quod defectus inducens peccatum sit solum ex parte electionis, quae non habet debitum ordinem, non ex parte rei electae; sicut si aliquis eligeret orare, non attendens ad ordinem ab ecclesia institutum. et huiusmodi peccatum non praeexigit ignorantiam, sed absentiam solum considerationis eorum quae considerari debent. et hoc modo angelus peccavit, convertendo se per liberum arbitrium ad proprium bonum, absque ordine ad regulam divinae voluntatis.

007 ST1 qu63 ar2

ag1 ‘ Ad secundum sic proceditur. videtur quod in angelis non possit esse solum peccatum superbiae et invidiae. in quemcumque enim cadit delectatio alicuius peccati, potest cadere peccatum illud. “ sed daemones delectantur etiam in obscenitatibus carnalium peccatorum, * ut augustinus dicit, ii de civ. dei. ‘ ergo in daemonibus etiam peccata carnalia possunt esse.
ag2 ‘ Praeterea, sicut superbia et invidia sunt peccata spiritualia, ita acedia et avaritia et ira. sed spiritui conveniunt peccata spiritualia, sicut et carni peccata carnalia. ergo non solum superbia et invidia in angelis esse possunt, sed etiam acedia et avaritia.
ag3 * Praeterea, secundum gregorium, in moralibus, ‘ ex superbia nascuntur plura vitia, et similiter ex invidia. posita autem causa, ponitur effectus. si ergo superbia et invidia in angelis esse possunt, pari ratione et alia vitia in eis esse possunt.
sc * Sed contra est quod augustinus dicit, xiv libro de civ. dei, quod ° diabolus non est fornicator aut ebriosus, neque aliquid huiusmodi, est tamen superbus et invidus.
co ‘ Respondeo dicendum quod peccatum aliquod in aliquo esse potest dupliciter, uno modo, secundum reatum; alio modo, secundum affectum. secundum reatum quidem omnia peccata in daemonibus esse contingit, quia dum homines ad omnia peccata inducunt, omnium peccatorum reatum incurrunt. secundum affectum vero illa solum peccata in malis angelis esse possunt, ad quae contingit affici spiritualem naturam. spiritualem autem naturam affici non contingit ad bona quae sunt propria corpori, sed ad ea quae in rebus spiritualibus inveniri possunt, nihil enim afficitur nisi ad id quod suae naturae potest esse quodam modo conveniens. in spiritualibus autem bonis non potest esse peccatum dum aliquis ad ea afficitur, nisi per hoc quod in tali affectu superioris regula non servatur. et hoc est peccatum superbiae, non subdi superiori in eo quo debet. unde peccatum primum angeli non potest esse aliud quam superbia. sed consequenter potuit in eis esse etiam invidia. eiusdem enim rationis est quod affectus tendat in aliquid appetendum, et quod renitatur opposito. invidus autem ex hoc de bono alterius dolet, inquantum bonum alterius aestimat sui boni impedimentum. non autem bonum alterius poterat aestimari impedimentum boni affectati per angelum malum, nisi inquantum affectavit excellentiam singularem, quae quidem singularitas per alterius excellentiam cessat. et ideo post peccatum superbiae consecutum est in angelo peccante malum invidiae, secundum quod de bono hominis doluit; et etiam de excellentia divina, secundum |25| quod eo deus contra voluntatem ipsius diaboli utitur in gloriam divinam.
ra1 ‘ Ad primum ergo dicendum quod daemones non delectantur in obscenitatibus carnalium peccatorum; quasi ipsi afficiantur ad delectationes carnales, sed hoc totum ex invidia procedit, quod in peccatis hominum quibuscumque delectantur, inquantum sunt impedimenta humani boni.
ra2 ‘ Ad secundum dicendum quod avaritia, secundum quod est speciale peccatum, est immoderatus appetitus rerum temporalium quae veniunt in usum vitae humanae, quaecumque pecunia aestimari possunt, et ad ista non afficiuntur daemones, sicut nec ad delectationes carnales. unde avaritia proprie sumpta in eis esse non potest. sed si avaritia dicatur omnis immoderata cupiditas habendi quodcumque bonum creatum, sic avaritia continetur in superbia quae est in daemonibus. ira vero cum quadam passione est, sicut et concupiscentia. unde ipsa in daemonibus esse non potest nisi metaphorice. acedia vero est quaedam tristitia, qua homo redditur tardus ad spirituales actus propter corporalem laborem; qui daemonibus non competit. et sic patet quod sola superbia et invidia sunt pure spiritualia peccata, quae daemonibus competere possunt, ita tamen quod invidia non sumatur pro passione, sed pro voluntate renitente bono alterius.
ra3 ‘ Ad tertium dicendum quod sub invidia et superbia, prout in daemonibus ponuntur, comprehenduntur omnia peccata quae ab illis derivantur.

007 ST1 qu63 ar3

ag1 ‘ Ad tertium sic proceditur. videtur quod diabolus non appetierit esse ut deus. illud enim quod non cadit in apprehensione, non cadit in appetitu, cum bonum apprehensum moveat appetitum vel sensibilem vel rationalem, vel intellectualem (in solo enim huiusmodi appetitu contingit esse peccatum). sed creaturam aliquam esse aequalem deo, non cadit in apprehensione, implicat enim contradictionem, quia necesse est finitum esse infinitum, si aequatur infinito. ergo angelus non potuit appetere esse ut deus.

ag2 ‘ Praeterea, illud quod est finis naturae, absque peccato appeti potest. sed assimilari deo est finis in quem tendit naturaliter quaelibet creatura. si ergo angelus appetiit esse ut deus, non per aequalitatem, sed per similitudinem, videtur quod in hoc non peccaverit.

ag3 ‘ Praeterea, angelus in maiori plenitudine sapientiae conditus est quam homo. sed nullus homo, nisi omnino amens, eligit esse aequalis angelo, nedum deo, quia electio non est nisi possibilium, de quibus est consilium. ergo multo minus peccavit angelus appetendo esse ut deus.

sc * Sed contra est quod dicitur isaiae xiv, ex persona diaboli, ° ascendam in caelum, et ero similis altissimo. * et augustinus dicit in libro de quaestionibus vet. test., quod “ elatione inflatus, voluit dici deus.

co ‘ Respondeo dicendum quod angelus, absque omni dubio, peccavit appetendo esse ut deus. sed hoc potest intelligi dupliciter, uno modo, per aequiparantiam; alio modo, per similitudinem. primo quidem modo, non potuit appetere esse ut deus, quia scivit hoc esse impossibile, naturali cognitione; nec primum actum peccandi in ipso praecessit vel habitus vel passio ligans cognoscitivam ipsius virtutem, ut in particulari deficiens eligeret impossibile, sicut in nobis interdum accidit. et tamen, dato quod esset possibile, hoc esset contra naturale desiderium. inest enim unicuique naturale desiderium ad conservandum suum esse, quod non conservaretur, si transmutaretur in alteram naturam. unde nulla res quae est in inferiori gradu naturae, potest appetere superioris naturae gradum, sicut asinus non appetit esse equus, quia si transferretur in gradum superioris naturae, iam ipsum non esset. sed in hoc imaginatio decipitur, quia enim homo appetit esse in altiori gradu quantum ad aliqua accidentalia, quae possunt crescere absque corruptione subiecti, aestimatur quod possit appetere altiorem gradum naturae, in quem pervenire non posset nisi esse desineret. manifestum est autem quod deus excedit angelum, non secundum aliqua accidentalia, sed secundum gradum naturae, et etiam unus angelus alium. unde impossibile est quod angelus inferior appetat esse aequalis superiori; nedum quod appetat esse aequalis deo. appetere autem esse ut deus per similitudinem, contingit |25| dupliciter. uno modo, quantum ad id in quo aliquid natum est deo assimilari. et sic, si aliquis quantum ad hoc appetat esse deo similis, non peccat, dummodo similitudinem dei debito ordine appetat adipisci, ut scilicet eam a deo habeat. peccaret vero si quis etiam appeteret secundum iustitiam esse similis deo, quasi propria virtute, et non ex virtute dei. alio vero modo potest aliquis appetere similis esse deo, quantum ad hoc in quo non natus est assimilari; sicut si quis appeteret creare caelum et terram, quod est proprium dei; in quo appetitu esset peccatum. et hoc modo diabolus appetiit esse ut deus. non ut ei assimilaretur quantum ad hoc quod est nulli subesse simpliciter, quia sic etiam suum non esse appeteret, cum nulla creatura esse possit nisi per hoc quod sub deo esse participat. sed in hoc appetiit esse similis deo, quia appetiit ut finem ultimum beatitudinis id ad quod virtute suae naturae poterat pervenire, avertens suum appetitum a beatitudine supernaturali, quae est ex gratia dei. vel si appetiit ut ultimum finem illam dei similitudinem quae datur ex gratia, voluit hoc habere per virtutem suae naturae, non ex divino auxilio secundum dei dispositionem. * et hoc consonat dictis anselmi, qui dicit quod “ appetiit illud ad quod pervenisset si stetisset. ‘ et haec duo quodammodo in idem redeunt, quia secundum utrumque appetiit finalem beatitudinem per suam virtutem habere, quod est |50| proprium dei. quia vero quod est per se, est principium et causa eius quod est per aliud, ex hoc etiam consecutum est quod appetiit aliquem principatum super alia habere. in quo etiam perverse voluit deo assimilari.

ra ‘ Et per hoc patet responsio ad omnia obiecta.

007 ST1 qu63 ar4

ag1 ‘ Ad quartum sic proceditur. videtur quod aliqui daemones sint naturaliter mali. * dicit enim porphyrius, ut augustinus introducit x de civ. dei, quod ° est quoddam genus daemonum natura fallax, simulans deos et animas defunctorum. ‘ sed esse fallacem est esse malum. ergo aliqui daemones sunt naturaliter mali.

ag2 ‘ Praeterea, sicut angeli sunt creati a deo, ita et homines. sed aliqui homines sunt naturaliter mali, * de quibus dicitur sap. xii, ° erat eorum malitia naturalis. ‘ ergo et angeli aliqui possunt esse naturaliter mali.

ag3 ‘ Praeterea, aliqua animalia irrationalia habent quasdam naturales malitias, sicut vulpes naturaliter est subdola, et lupus naturaliter est rapax, et tamen sunt creaturae dei. ergo et daemones, licet sint creaturae dei, possunt esse naturaliter mali.

sc * Sed contra est quod dionysius dicit, iv cap. de div. nom., quod ° daemones non sunt natura mali.

co ‘ Respondeo dicendum quod omne quod est, inquantum est et naturam habet aliquam, in bonum aliquod naturaliter tendit, utpote ex principio bono existens, quia semper effectus convertitur in suum principium. contingit autem alicui bono particulari aliquod malum esse adiunctum, sicut igni coniungitur hoc malum quod est esse consumptivum aliorum, sed bono universali nullum malum potest esse adiunctum. si ergo aliquid sit cuius natura ordinetur in aliquod bonum particulare, potest naturaliter tendere in aliquod malum, non inquantum malum, sed per accidens, inquantum est coniunctum cuidam bono. si vero aliquid sit cuius natura ordinetur in aliquod bonum secundum communem boni rationem hoc secundum suam naturam non potest tendere in aliquod malum. manifestum est autem quod quaelibet natura intellectualis habet ordinem in bonum universale, quod potest apprehendere, et quod est obiectum voluntatis. unde cum daemones sint substantiae intellectuales, nullo modo possunt habere inclinationem naturalem in aliquod quodcumque malum. et ideo non possunt esse naturaliter mali.

ra1 ‘ Ad primum ergo dicendum quod * augustinus ibidem reprehendit porphyrium de hoc quod dixit quod “ daemones erant naturaliter fallaces, dicens eos non esse naturaliter fallaces, sed propria voluntate. porphyrius autem hac ratione posuit daemones esse natura fallaces, quia ponebat daemones esse animalia habentia naturam sensitivam. ‘ natura autem sensitiva ordinatur ad aliquod bonum particulare, cui potest esse coniunctum malum. et secundum hoc, aliquam inclinationem naturalem habere possunt ad malum; per accidens tamen, inquantum malum est coniunctum bono.

ra2 ‘ Ad secundum dicendum quod malitia aliquorum hominum potest dici naturalis, vel propter consuetudinem, quae est altera natura; vel propter naturalem inclinationem ex parte naturae sensitivae, ad aliquam inordinatam passionem, sicut quidam dicuntur naturaliter iracundi vel concupiscentes; non autem ex parte naturae intellectualis.

ra3 ‘ Ad tertium dicendum quod animalia bruta secundum naturam sensitivam habent naturalem inclinationem ad quaedam particularia bona, quibus coniuncta sunt aliqua mala; sicut vulpes ad quaerendum victum sagaciter, cui adiungitur dolositas. unde esse dolosum non est malum vulpi, cum sit ei naturale; sicut nec esse furiosum est malum cani, * sicut dionysius dicit, iv cap. de div. nom..

007 ST1 qu63 ar5

ag1 ‘ Ad quintum sic proceditur. videtur quod diabolus in primo instanti suae creationis fuerit malus per culpam propriae voluntatis. * dicitur enim ioan. viii, de diabolo, ° ille homicida erat ab initio.

ag2 * Praeterea, secundum augustinum, i super gen. ad litt., “ informitas creaturae non praecessit formationem tempore, sed origine tantum. per caelum autem quod legitur primo creatum, * ut ipse dicit in ii libro, “ intelligitur natura angelica informis; per hoc autem quod dicitur quod deus dixit, fiat lux, et facta est lux, intelligitur formatio eius per conversionem ad verbum; simul ergo natura angeli creata est, et facta est lux. sed simul dum facta est lux, distincta est a tenebris, per quas intelliguntur angeli peccantes. ‘ ergo in primo instanti suae creationis quidam angeli fuerunt beati, et quidam peccaverunt.

ag3 ‘ Praeterea, peccatum opponitur merito. sed in primo instanti suae creationis aliqua natura intellectualis potest mereri; sicut anima christi, vel etiam ipsi boni angeli. ergo et daemones in primo instanti suae creationis potuerunt peccare.

ag4 ‘ Praeterea, natura angelica virtuosior est quam natura corporea. sed res corporalis statim in primo instanti suae creationis incipit habere suam operationem; sicut ignis in primo instanti quo generatus est, incipit moveri sursum. ergo et angelus in primo instanti suae creationis potuit operari. aut ergo habuit operationem rectam, aut non rectam. si rectam, cum gratiam habuerint, per eam meruerunt beatitudinem. in angelis autem statim ad meritum sequitur praemium, * ut supra dictum est. ‘ ergo fuissent statim beati, et ita nunquam peccassent, quod est falsum. relinquitur ergo quod in primo instanti, non recte operando, peccaverunt.

sc * Sed contra est quod dicitur gen. i, ° vidit deus cuncta quae fecerat, et erant valde bona. ‘ inter ea autem erant etiam daemones. ergo et daemones aliquando fuerunt boni.

co * Respondeo dicendum quod quidam posuerunt quod “ statim daemones in primo instanti suae creationis mali fuerunt, non quidem per naturam, sed per peccatum propriae voluntatis, quia ° ex quo est factus diabolus, iustitiam recusavit. cui sententiae, * ut augustinus dicit, xi de civ. dei, ° quisquis acquiescit, non cum illis haereticis sapit, idest manichaeis, qui dicunt quod diabolus habet naturam mali. ‘ sed quia haec opinio auctoritati scripturae contradicit * (dicitur enim, sub figura principis babylonis, de diabolo, isaiae xiv, ° quomodo cecidisti, lucifer, qui mane oriebaris? * et ezech. xxviii, ° in deliciis paradisi dei fuisti * dicitur ad diabolum sub persona regis tyri), ‘ ideo a magistris haec opinio tanquam erronea rationabiliter reprobata est. * unde aliqui dixerunt quod “ angeli in primo instanti suae creationis peccare potuerunt, sed non peccaverunt. * sed haec opinio etiam a quibusdam improbatur ea ratione quia, “ cum duae operationes se consequuntur, impossibile videtur quod in eodem nunc utraque operatio terminetur. manifestum est autem quod peccatum angeli fuit operatio creatione posterior. terminus |25| autem creationis est ipsum esse angeli; terminus vero operationis peccati est quod sunt mali. impossibile ergo videtur quod in primo instanti quo angelus esse coepit, fuerit malus. ‘ sed haec ratio non videtur sufficiens. habet enim solum locum in motibus temporalibus, qui successive aguntur; sicut si motus localis sequitur ad alterationem, non potest in eodem instanti terminari alteratio et localis motus. sed si sunt mutationes instantaneae, simul et in eodem instanti potest esse terminus primae et secundae mutationis; sicut in eodem instanti in quo illuminatur luna a sole, illuminatur aer a luna. manifestum est autem quod creatio est instantanea; et similiter motus liberi arbitrii in angelis; non enim indigent collatione et discursu rationis, * ut ex supra dictis patet. ‘ unde nihil prohibet simul et in eodem instanti esse terminum creationis, et terminum liberi arbitrii. et ideo aliter dicendum est, quod impossibile fuit angelum in primo instanti peccasse per inordinatum actum liberi arbitrii. quamvis enim res aliqua in primo instanti quo esse incipit, simul incipere possit operari; tamen illa operatio quae simul incipit cum esse rei, est ei ab agente a quo habet esse; sicut moveri sursum inest igni a generante. unde si aliqua res habeat esse ab agente deficiente, quod possit esse causa defectivae actionis, poterit in primo instanti in quo incipit esse, habere defectivam |50| operationem; sicut si tibia quae nascitur clauda ex debilitate seminis, statim incipiat claudicare. agens autem quod angelos in esse produxit, scilicet deus, non potest esse causa peccati. unde non potest dici quod diabolus in primo instanti suae creationis fuerit malus.

ra1 ‘ Ad primum ergo dicendum quod, * sicut augustinus dicit, xi de civ. dei, ° cum dicitur quod diabolus ab initio peccat non ab initio ex quo creatus est, peccare putandus est, sed ab initio peccati; “ scilicet quia nunquam a peccato suo recessit.

ra2 ‘ Ad secundum dicendum quod illa distinctio lucis et tenebrarum, secundum quod per tenebras peccata daemonum intelliguntur, accipienda est secundum dei praescientiam. * unde augustinus dicit, xi de civ. dei, quod ° solus lucem ac tenebras discernere potuit, qui potuit etiam, priusquam caderent, praescire casuros.

ra3 ‘ Ad tertium dicendum quod quidquid est in merito, est a deo, et ideo in primo instanti suae creationis angelus mereri potuit. sed non est similis ratio de peccato, * ut dictum est.

ra4 ‘ Ad quartum dicendum quod deus non discrevit inter angelos ante aversionem quorundam et conversionem aliorum, * ut augustinus dicit, xi de civ. dei, ‘ et ideo omnes, in gratia creati in primo instanti meruerunt. sed quidam eorum statim impedimentum praestiterunt suae beatitudinis, praecedens meritum mortificantes. et ideo beatitudine quam meruerunt, sunt privati.

007 ST1 qu63 ar6

ag1 ‘ Ad sextum sic proceditur. videtur quod aliqua mora fuerit inter creationem et lapsum angeli. * dicitur enim ezech. xxviii, ° ambulasti perfectus in viis tuis a die conceptionis tuae, donec inventa est iniquitas in te. ‘ sed ambulatio, cum sit motus continuus, requirit aliquam moram. ergo aliqua mora fuit inter creationem diaboli et eius lapsum.

ag2 * Praeterea, origenes dicit quod ° serpens antiquus non statim supra pectus et ventrem suum ambulavit; “ per quod intelligitur eius peccatum. ‘ ergo diabolus non statim post primum instans suae creationis peccavit.

ag3 ‘ Praeterea, posse peccare commune est homini et angelo. fuit autem aliqua mora inter formationem hominis et eius peccatum. ergo, pari ratione, fuit aliqua mora inter formationem diaboli et eius peccatum.

ag4 ‘ Praeterea, aliud instans fuit in quo diabolus peccavit, ab instanti in quo creatus fuit. sed inter quaelibet duo instantia cadit tempus medium. ergo aliqua mora fuit inter creationem eius et lapsum.

sc ‘ Sed contra est quod * dicitur ioan. viii, de diabolo, quod ° in veritate non stetit. * et sicut augustinus dicit, xi de civ. dei, ° oportet ut hoc sic accipiamus, quod in veritate fuerit, sed non permanserit.

co * Respondeo dicendum quod circa hoc est duplex opinio. sed “ probabilior, et sanctorum dictis magis consona est, quod statim post primum instans suae creationis diabolus peccaverit. ‘ et hoc necesse est dicere, si ponatur quod in primo instanti suae creationis in actum liberi arbitrii proruperit, et cum gratia fuerit creatus, * ut supra diximus. ‘ cum enim angeli per unum actum meritorium ad beatitudinem perveniant, * ut supra dictum est; ‘ si diabolus in primo instanti, in gratia creatus, meruit, statim post primum instans beatitudinem accepisset, nisi statim impedimentum praestitisset peccando. si vero ponatur quod angelus in gratia creatus non fuerit; vel quod in primo instanti actum liberi arbitrii non potuerit habere; nihil prohibet aliquam moram fuisse inter creationem et lapsum.

ra1 “ Ad primum ergo dicendum quod per motus corporales, qui per tempus mensurantur, quandoque in sacra scriptura intelliguntur metaphorice motus spirituales instantanei. et sic per ambulationem intelligitur motus liberi arbitrii tendentis in bonum.

ra2 * Ad secundum dicendum quod origenes dicit quod ° serpens antiquus non a principio, nec statim supra pectus " ambulavit, propter primum instans, in quo malus non fuit.
ra3 ' Ad tertium dicendum quod angelus habet liberum arbitrium inflexibile post electionem, et ideo nisi statim post primum instans, in quo naturalem motum habuit ad bonum, impedimentum beatitudini praestitisset, fuisset firmatus in bono. sed non est simile de homine. et ideo ratio non sequitur.
ra4 ' Ad quartum dicendum quod inter quaelibet duo instantia esse tempus medium, habet veritatem inquantum tempus est continuum, * ut probatur in vi physic.. ' sed in angelis, qui non sunt subiecti caelesti motui, qui primo per tempus continuum mensuratur, tempus accipitur pro ipsa successione operationum intellectus, vel etiam affectus. sic igitur instans primum in angelis intelligitur respondere operationi mentis angelicae, qua se in seipsam convertit per vespertinam cognitionem, quia in primo die commemoratur vespere, sed non mane. et haec quidem operatio in omnibus bona fuit. sed ab hac operatione quidam per matutinam cognitionem ad laudem verbi sunt conversi, quidam vero, in seipsis remanentes, facti sunt nox, per superbiam intumescentes, * ut augustinus dicit, iv super gen. ad litt.. et sic ' prima operatio fuit omnibus communis; sed in secunda sunt discreti. et ideo in primo instanti omnes fuerunt boni; sed in secundo fuerunt boni a malis distincti.

007 ST1 qu63 ar7

ag1 ' Ad septimum sic proceditur. videtur quod ille angelus qui fuit supremus inter peccantes, non fuerit supremus inter omnes. * dicitur enim de eo ezech. xxviii, ° tu cherub extentus et protegens, posui te in monte sancto dei. ' sed ordo cherubim est sub ordine seraphim, * ut dionysius dicit, vii cap. ang. hier.. ' ergo angelus qui fuit supremus inter peccantes, non fuit supremus inter omnes.
ag2 ' Praeterea, deus fecit naturam intellectualem propter beatitudinem consequendam. si igitur angelus qui fuit supremus inter omnes, peccavit, sequitur quod ordinatio divina fuerit frustrata in nobilissima creatura. quod est inconveniens.
ag3 ' Praeterea, quanto aliquid magis inclinatur in aliquid, tanto minus potest ab illo deficere. sed angelus quanto est superior, tanto magis inclinatur in deum. ergo minus potest a deo peccando deficere. et sic videtur quod angelus qui peccavit, non fuerit supremus inter omnes, sed de inferioribus.
sc * Sed contra est quod dicit gregorius, in homilia de centum ovibus, ° quod primus angelus qui peccavit, dum cunctis agminibus angelorum praelatus, eorum claritatem transcenderet, ex eorum comparatione clarior fuit.
co ' Respondeo dicendum quod in peccato est duo considerare, scilicet pronitatem ad peccandum; et motivum ad peccandum. si ergo consideremus in angelis pronitatem ad peccandum, minus videtur quod peccaverint superiores angeli, quam inferiores. * et propter hoc damascenus dicit quod " maior eorum qui peccaverunt, fuit terrestri ordini praelatus. * et videtur haec opinio consonare positioni platonicorum, quam augustinus recitat in lib. de civ. dei viii et x. dicebant " enim quod omnes dii erant boni, sed daemonum quidam boni, quidam mali; deos nominantes substantias intellectuales quae sunt a globo lunari superius, daemones vero substantias intellectuales quae sunt a globo lunari inferius, superiores hominibus ordine naturae. ' nec est abiicienda haec opinio tanquam a fide aliena, quia " tota creatura corporalis administratur a deo per angelos, * ut augustinus dicit, iii de trin.; ' unde nihil prohibet dicere inferiores angelos divinitus distributos esse ad administrandum inferiora corpora, superiores vero ad administrandum corpora superiora, supremos vero ad assistendum deo. * et secundum hoc damascenus dicit quod " illi qui ceciderunt, fuerunt de inferioribus, ' in quorum etiam ordine aliqui boni angeli permanserunt. si vero consideretur motivum ad peccandum, maius |25| invenitur in superioribus quam in inferioribus. fuit enim daemonum peccatum superbia, * ut supra dictum est; ' cuius motivum est excellentia, quae fuit maior in superioribus. * et ideo gregorius dicit quod " ille qui peccavit, fuit superior inter omnes. ' et hoc videtur probabilius. quia peccatum angeli non processit ex aliqua pronitate, sed ex solo libero arbitrio, unde magis videtur consideranda esse ratio quae sumitur a motivo ad peccandum. non est tamen inde alii opinioni praeiudicandum, quia etiam in principe inferiorum angelorum potuit esse aliquod motivum ad peccandum.
ra1 " Ad primum ergo dicendum quod cherubim interpretatur plenitudo scientiae; seraphim autem interpretatur ardentes sive incedentes. ' et sic patet quod cherubim denominatur a scientia, quae potest esse cum mortali peccato; seraphim vero denominatur ab ardore caritatis, quae cum peccato mortali esse non potest. et ideo primus angelus peccans non est denominatus seraphim, sed cherubim.
ra2 ' Ad secundum dicendum quod divina intentio non frustratur nec in his qui peccant, nec in his qui salvantur, utrorumque enim eventum deus praecognoscit, et ex utroque habet gloriam, dum hos ex sua bonitate salvat, illos ex sua iustitia punit. ipsa vero creatura intellectualis, dum peccat, a fine debito deficit. nec hoc est inconveniens in quacumque creatura sublimi, sic enim creatura intellectualis instituta est a deo, ut in eius arbitrio positum sit agere propter finem.
ra3 ' Ad tertium dicendum quod quantacumque inclinatio ad bonum fuerit in supremo angelo, tamen ei necessitatem non inducebat. unde potuit per liberum arbitrium eam non sequi.

007 ST1 qu63 ar8

ag1 ' Ad octavum sic proceditur. videtur quod peccatum primi angeli peccantis non fuit aliis causa peccandi. causa enim prior est causato. " sed omnes simul peccaverunt, * ut damascenus dicit. ' ergo peccatum unius non fuit aliis causa peccandi.
ag2 ' Praeterea, primum peccatum angeli non potest esse nisi superbia, * ut supra dictum est. ' sed superbia excellentiam quaerit. magis autem excellentiae repugnat quod aliquis inferiori subdatur, quam superiori, et sic non videtur quod daemones peccaverint per hoc quod voluerunt subesse alicui superiorum angelorum, potius quam deo. sic autem peccatum unius angeli fuisset aliis causa peccandi, si eos ad hoc induxisset ut sibi subiicerentur. non ergo videtur quod peccatum primi angeli fuerit causa peccandi aliis.
ag3 ' Praeterea, maius peccatum est velle subesse alteri contra deum, quam contra deum alteri velle praeesse, quia minus habet de motivo ad peccandum. si ergo peccatum primi angeli fuit aliis causa peccandi in hoc, quod eos ut sibi subiicerentur induxit, gravius peccassent inferiores angeli quam supremus, * quod est contra hoc quod super illud psalmi ciii, ° draco iste quem formasti, * dicit glossa, ° qui ceteris in esse erat excellentior, factus est in malitia maior. ' non ergo peccatum primi angeli fuit aliis causa peccandi.
sc * Sed contra est quod dicitur apoc. xii, quod " draco traxit secum tertiam partem stellarum.
co ' Respondeo dicendum quod peccatum primi angeli fuit aliis causa peccandi, non quidem cogens, sed quadam quasi exhortatione inducens. cuius signum ex hoc apparet, quod omnes daemones illi supremo subduntur; * ut manifeste apparet per illud quod dicit dominus, matth. xxv, ° ite, maledicti, in ignem aeternum, qui paratus est diabolo et angelis eius. ' habet enim hoc ordo divinae iustitiae, ut cuius suggestioni aliquis consentit in culpa, eius potestati subdatur in poena; * secundum illud ii petr. ii, " a quo quis superatus est, huic servus addictus est.
ra1 ' Ad primum ergo dicendum quod, licet simul daemones peccaverint, tamen peccatum unius potuit esse aliis causa peccandi. angelus enim non indiget ad eligendum vel exhortandum vel etiam consentiendum, temporis mora; sicut homo, qui deliberatione indiget ad eligendum et ad consentiendum, et locutione vocali ad exhortandum, quorum utrumque tempore agitur. manifestum est autem quod etiam homo simul dum aliquid iam corde concepit, in eodem instanti incipit loqui. et in ultimo instanti locutionis, in quo aliquis sensum loquentis capit, potest assentire ei quod dicitur, ut patet maxime in primis conceptionibus, quas quisque probat auditas. sublato ergo tempore locutionis et deliberationis quod in nobis requiritur, in eodem instanti in quo primus angelus suam affectionem intelligibili locutione expressit, possibile fuit aliis in eam consentire.
ra2 ' Ad secundum dicendum quod superbus, ceteris paribus, magis vult subesse superiori quam inferiori. sed si aliquam excellentiam consequatur sub inferiori, quam sub superiori consequi non possit, magis eligit inferiori subesse quam superiori. sic igitur non fuit contra superbiam daemonum quod subesse inferiori voluerunt, in eius principatum consentientes; ad hoc eum principem et ducem habere volentes, ut virtute naturali suam ultimam beatitudinem consequerentur; praesertim quia supremo angelo naturae ordine etiam tunc subiecti erant.
ra3 * Ad tertium dicendum quod, sicut supra dictum est, ' angelus non habet aliquid retardans, sed secundum suam totam virtutem movetur in illud ad quod movetur, sive in bonum sive in malum. quia igitur supremus angelus maiorem habuit naturalem virtutem quam inferiores, intensiori motu in peccatum prolapsus est. et ideo factus est etiam in malitia maior.

007 ST1 qu63 ar9

ag1 ' Ad nonum sic proceditur. videtur quod plures peccaverunt de angelis, quam permanserunt. * quia, ut dicit philosophus, ° malum est ut in pluribus, bonum ut in paucioribus.
ag2 ' Praeterea, iustitia et peccatum eadem ratione inveniuntur in angelis et hominibus. sed in hominibus plures inveniuntur mali quam boni; * secundum illud eccle. i, ° stultorum infinitus est numerus. ' ergo pari ratione in angelis.
ag3 ' Praeterea, angeli distinguuntur secundum personas, et secundum ordines. si igitur plures personae angelicae remanserunt, videtur etiam quod non de omnibus ordinibus aliqui peccaverunt.
sc * Sed contra est quod dicitur iv reg. vi, ° plures nobiscum sunt quam cum illis; " quod exponitur de bonis angelis qui sunt nobiscum in auxilium, et de malis qui nobis adversantur.
co ' Respondeo dicendum quod plures angeli permanserunt quam peccaverunt. quia peccatum est contra naturalem inclinationem, ea vero quae contra naturam fiunt, ut in paucioribus accidunt; natura enim consequitur suum effectum vel semper, vel ut in pluribus.
ra1 * Ad primum ergo dicendum quod philosophus loquitur ' quantum ad homines, in quibus malum contingit ex hoc quod sequuntur bona sensibilia, quae sunt pluribus nota, deserto bono rationis, quod paucioribus notum est. in angelis autem non est nisi natura intellectualis. unde non est similis ratio.
ra2 ' Et per hoc patet responsio ad secundum.
ra3 * Ad tertium dicendum quod secundum illos qui dicunt quod " diabolus maior fuit de inferiori ordine angelorum, qui praesunt terrestribus, manifestum est quod non de quolibet ordine ceciderunt, sed de infimo tantum. * secundum vero illos qui ponunt " maiorem diabolum de supremo fuisse ordine, probabile est quod de quolibet ordine aliqui ceciderunt; sicut et in quemlibet ordinem homines assumuntur in supplementum ruinae angelicae. ' in quo etiam magis comprobatur libertas liberi arbitrii, quae secundum quemlibet gradum creaturae in malum flecti potest. * in sacra scriptura tamen ' nomina quorundam ordinum, ut seraphim et thronorum, daemonibus non attribuuntur; quia haec nomina sumuntur ab ardore caritatis et ab inhabitatione dei, quae non possunt esse cum peccato mortali. attribuuntur autem eis nomina cherubim, potestatum et principatuum, quia haec nomina sumuntur a scientia et potentia, quae bonis malisque possunt esse communia.

007 ST1 qu64 ar

pr ' Consequenter quaeritur de poena daemonum. et circa hoc quaeruntur quatuor. primo, de obtenebratione intellectus. secundo, de obstinatione voluntatis. tertio, de dolore ipsorum. quarto, de loco poenali ipsorum.

007 ST1 qu64 ar1

ag1 ' Ad primum sic proceditur. videtur quod intellectus daemonis sit obtenebratus per privationem cognitionis omnis veritatis. si enim aliquam veritatem cognoscerent, maxime cognoscerent seipsos, quod est cognoscere substantias separatas. hoc autem eorum miseriae non convenit, cum ad magnam beatitudinem pertinere videatur, intantum quod quidam ultimam beatitudinem hominis posuerunt in cognoscendo substantias separatas. ergo daemones privantur omni cognitione veritatis.
ag2 ' Praeterea, id quod est manifestissimum in natura, videtur esse maxime manifestum angelis, sive bonis sive malis. quod enim non sit nobis maxime manifestum, contingit ex debilitate intellectus nostri a phantasmatibus accipientis, sicut ex debilitate oculi noctuae contingit quod non possit videre lumen solis. sed daemones non possunt cognoscere deum, qui est secundum se manifestissimus, cum sit in summo veritatis, eo quod non habent mundum cor, quo solo videtur deus. ergo nec alia cognoscere possunt.
ag3 ' Praeterea, cognitio rerum angelis conveniens est duplex, * secundum augustinum, ' scilicet matutina, et vespertina. sed cognitio matutina non competit daemonibus, quia non vident res in verbo, nec etiam cognitio vespertina, quia cognitio vespertina refert res cognitas ad laudem creatoris (unde post vespere fit mane, * ut dicitur gen. i). ' ergo daemones non possunt cognitionem de rebus habere.
ag4 ' Praeterea, angeli in sua conditione cognoverunt mysterium regni dei, * ut augustinus dicit, v super gen. ad litt.. ' sed daemones hac cognitione privati sunt, quia ° si cognovissent, nequaquam dominum gloriae crucifixissent, * ut dicitur i cor. ii. ' ergo, pari ratione, omni alia cognitione veritatis sunt privati.
ag5 ' Praeterea, quamcumque veritatem aliquis scit, aut cognoscit eam naturaliter, sicut nos cognoscimus prima principia; aut accipiendo ab alio, sicut quae scimus addiscendo; aut per experientiam longi temporis, sicut quae scimus inveniendo. sed daemones non possunt cognoscere veritatem per suam naturam, quia ab eis divisi sunt boni angeli sicut lux a tenebris, * ut augustinus dicit; ' omnis autem manifestatio fit per lumen, * ut dicitur ephes. v. ' similiter etiam neque per revelationem, neque addiscendo a bonis angelis, quia non est conventio lucis ad tenebras, * ut dicitur ii cor. vi. ' neque etiam per experientiam longi temporis, quia experientia a sensu oritur. ergo nulla in eis est cognitio veritatis.
sc * Sed contra est quod dionysius dicit, iv cap. de div. nom., quod ° data daemonibus angelica dona nequaquam mutata esse dicimus, sed sunt integra et splendidissima. ' inter ista autem naturalia dona est cognitio veritatis. ergo in eis est aliqua veritatis cognitio.
co ' Respondeo dicendum quod duplex est cognitio veritatis, una quidem quae habetur per gratiam; alia vero quae habetur per naturam. et ista quae habetur per gratiam, est duplex, una quae est speculativa tantum, sicut cum alicui aliqua secreta divinorum revelantur; alia vero quae est affectiva, producens amorem dei; et haec proprie pertinet ad donum sapientiae. harum autem trium cognitionum prima in dae-

monibus nec est ablata, nec diminuta. consequitur enim ipsam naturam angeli, qui secundum suam naturam est quidam intellectus vel mens, propter simplicitatem autem suae substantiae, a natura eius aliquid subtrahi non potest, ut sic per subtractionem naturalium puniatur, sicut homo punitur per subtractionem manus aut pedis aut alicuius huiusmodi. * et ideo dicit dionysius " quod dona naturalia in eis integra manent. ' unde naturalis cognitio in eis non est diminuta. secunda autem cognitio, quae est per gratiam, in speculatione consistens, non est in eis totaliter ablata, sed diminuta, quia de huiusmodi secretis divinis tantum revelatur eis quantum oportet, " vel mediantibus angelis, vel per aliqua temporalia divinae virtutis effecta, * ut dicit augustinus, ix de civ. dei; ' non autem sicut ipsis sanctis angelis, quibus plura et clarius revelantur in ipso verbo. a tertia vero |25| cognitione sunt totaliter privati, sicut et a caritate.

ra1 ' Ad primum ergo dicendum quod felicitas consistit in applicatione ad id quod superius est. substantiae autem separatae sunt ordine naturae supra nos, unde aliqualis ratio felicitatis esse potest homini si cognoscat substantias separatas; licet perfecta eius felicitas sit in cognoscendo primam substantiam, scilicet deum. sed substantiae separatae cognoscere substantiam separatam est connaturale, sicut et nobis cognoscere naturas sensibiles. unde sicut in hoc non est felicitas hominis, quod cognoscat naturas sensibiles; ita non est felicitas angeli in hoc, quod cognoscat substantias separatas.

ra2 ' Ad secundum dicendum quod illud quod est manifestissimum in natura, est nobis occultum propter hoc quod excedit proportionem intellectus nostri; et non solum propter hoc quod intellectus noster accipit a phantasmatibus. excedit autem divina substantia non solum proportionem intellectus humani, sed etiam intellectus angelici. unde nec ipse angelus secundum suam naturam, potest cognoscere dei substantiam. potest tamen altiorem cognitionem de deo habere per suam naturam quam homo, propter perfectionem sui intellectus. et talis cognitio dei remanet etiam in daemonibus. licet enim non habeant puritatem quae est per gratiam, habent tamen puritatem naturae, quae sufficit ad cognitionem dei quae eis competit ex natura.

ra3 ' Ad tertium dicendum quod creatura tenebra est, comparata excellentiae divini luminis, et ideo cognitio creaturae in propria natura, vespertina dicitur. vespere enim est tenebris adiunctum, habet tamen aliquid de luce, cum autem totaliter deficit lux, est nox. sic igitur et cognitio rerum in propria natura, quando refertur ad laudem creatoris, ut in bonis angelis, habet aliquid de luce divina, et potest dici vespertina, si autem non referatur in deum, sicut in daemonibus, non dicitur vespertina, sed nocturna. * unde et in genesi i, legitur quod " tenebras quas deus a luce separavit, vocavit noctem.

ra4 ' Ad quartum dicendum quod mysterium regni dei, quod est impletum per christum, omnes quidem angeli a principio aliquo modo cognoverunt; maxime ex quo beatificati sunt visione verbi, quam daemones nunquam habuerunt. non tamen omnes angeli cognoverunt perfecte, neque aequaliter. unde daemones multo minus, christo existente in mundo, perfecte mysterium incarnationis cognoverunt. " non enim innotuit eis, * ut augustinus dicit " sicut angelis sanctis, qui verbi participata aeternitate perfruuntur, sed sicut eis terrendis innotescendum fuit per quaedam temporalia effecta. ' si autem perfecte et per certitudinem cognovissent ipsum esse filium dei, et effectum passionis eius, nunquam dominum gloriae crucifigi procurassent.

ra5 ' Ad quintum dicendum quod daemones tribus modis cognoscunt veritatem aliquam. uno modo, subtilitate suae naturae, quia licet sint obtenebrati per privationem luminis gratiae, sunt tamen lucidi lumine intellectualis naturae. secundo, per revelationem a sanctis angelis; cum quibus non conveniunt quidem per conformitatem voluntatis; conveniunt autem similitudine intellectualis naturae, secundum quam possunt accipere quod ab aliis manifestatur. tertio modo cognoscunt per experientiam longi temporis; non quasi a sensu accipientes; sed dum in rebus singularibus completur similitudo eius speciei intelligibilis quam sibi naturaliter habent inditam, aliqua cognoscunt praesentia, quae non praecognoverunt futura, * ut supra de cognitione angelorum dictum est.

007 ST1 qu64 ar2

ag1 ' Ad secundum sic proceditur. videtur quod voluntas daemonum non sit obstinata in malo. libertas enim arbitrii ad naturam intellectualis naturae pertinet, quae manet in daemonibus, * ut dictum est. ' sed libertas arbitrii per se et prius ordinatur ad bonum quam ad malum. ergo voluntas daemonis non est ita obstinata in malo, quin possit redire ad bonum.

ag2 ' Praeterea, maior est misericordia dei, quae est infinita, quam daemonis malitia, quae est finita. a malitia autem culpae ad bonitatem iustitiae nullus redit nisi per dei misericordiam. ergo etiam daemones a statu malitiae possunt redire ad statum iustitiae.

ag3 ' Praeterea, si daemones habent voluntatem obstinatam in malo, maxime haberent eam obstinatam in peccato quo peccaverunt. sed illud peccatum in eis nunc non manet, scilicet superbia quia nec motivum manet, scilicet excellentia. ergo daemon non est obstinatus in malitia.

ag4 * Praeterea, gregorius dicit quod " homo per alium reparari potuit, quia per alium cecidit. ' sed daemones inferiores per primum ceciderunt, * ut supra dictum est. ' ergo eorum casus per alium reparari potest. ergo non sunt in malitia obstinati.

ag5 ' Praeterea, quicumque est in malitia obstinatus, nunquam aliquod bonum opus operatur. sed daemon aliqua bona opera facit, confitetur enim veritatem, dicens christo, scio quia sis sanctus dei, * marc. i, ' daemones etiam credunt et contremiscunt, * ut dicitur iacob. ii; dionysius etiam dicit, iv cap. de div. nom., quod ° bonum et optimum concupiscunt, esse, vivere et intelligere. ' ergo non sunt obstinati in malitia.

sc * Sed contra est quod dicitur in psalmo lxxiii, ° superbia eorum qui te oderunt, ascendit semper; " quod de daemonibus exponitur. ' ergo semper obstinati in malitia perseverant.

co * Respondeo dicendum quod origenis positio fuit quod " omnis voluntas creaturae, propter libertatem arbitrii, potest flecti et in bonum et in malum, excepta anima christi propter unionem verbi. ' sed haec positio tollit veritatem beatitudinis a sanctis angelis et hominibus, quia stabilitas sempiterna est de ratione verae beatitudinis; unde et vita aeterna nominatur. " repugnat etiam auctoritati scripturae sacrae, quae daemones et homines malos in supplicium aeternum mittendos, bonos autem in vitam aeternam transferendos pronuntiat, * matth. xxv. ' unde haec positio est tanquam erronea reputanda; et tenendum est firmiter, secundum fidem catholicam, quod et voluntas bonorum angelorum confirmata est in bono, et voluntas daemonum obstinata est in malo. causam autem huius obstinationis oportet accipere, non ex gravitate culpae, sed ex conditione naturae status. ° hoc enim est hominibus mors, quod angelis casus, * ut damascenus dicit. ' manifestum est autem quod omnia mortalia peccata hominum, sive sint magna sive sint parva, ante mortem sunt remissibilia; post mortem vero, irremissibilia, et perpetuo manentia. ad inquirendum ergo causam huiusmodi obstinationis, |25| considerandum est quod vis appetitiva in omnibus proportionatur apprehensivae a qua movetur, sicut mobile motori. appetitus enim sensitivus est boni particularis, voluntas vero universalis, * ut supra dictum est; ' sicut etiam sensus apprehensivus est singularium, intellectus vero universalium. differt autem apprehensio angeli ab apprehensione hominis in hoc, quod angelus apprehendit immobiliter per intellectum, sicut et nos immobiliter apprehendimus prima principia, quorum est intellectus, homo vero per rationem apprehendit mobiliter, discurrendo de uno ad aliud, habens viam procedendi ad utrumque oppositorum. unde et voluntas hominis adhaeret alicui mobiliter, quasi potens etiam ab eo discedere et contrario adhaerere, voluntas autem angeli adhaeret fixe et immobiliter. et ideo, si consideretur ante adhaesionem, potest libere adhaerere et huic et opposito (in his scilicet quae non naturaliter vult), sed postquam iam adhaesit, immobiliter adhaeret. et ideo consuevit dici quod liberum arbitrium hominis flexibile est ad oppositum et ante electionem, et post; liberum autem arbitrium angeli est flexibile ad utrumque oppositum ante electionem, sed non post. sic igitur et boni angeli, semper adhaerentes iustitiae, sunt in illa confirmati, mali vero, peccantes, sunt in peccato obstinati. * de obstinatione vero hominum damnatorum infra dicetur.

ra1 ' Ad primum ergo dicendum quod boni et mali angeli habent liberum arbitrium, sed secundum modum et conditionem suae naturae, * ut dictum est.

ra2 ' Ad secundum dicendum quod misericordia dei liberat a peccato poenitentes. illi vero qui poenitentiae capaces non sunt, immobiliter malo adhaerentes per divinam misericordiam non liberantur.

ra3 ' Ad tertium dicendum quod adhuc manet in diabolo peccatum quo primo peccavit, quantum ad appetitum; licet non quantum ad hoc quod credat se posse obtinere. sicut si aliquis credat se posse facere homicidium, et velit facere, et postea adimatur ei potestas; nihilominus voluntas homicidii in eo manere potest, ut velit fecisse, vel velit facere si posset.

ra4 ' Ad quartum dicendum quod non est tota causa quare peccatum hominis sit remissibile, quia alio suggerente peccavit. et ideo ratio non sequitur.

ra5 ' Ad quintum dicendum quod actus daemonis est duplex. quidam scilicet ex voluntate deliberata procedens, et hic proprie potest dici actus eius. et talis actus daemonis semper est malus, quia etsi aliquando aliquod bonum faciat, non tamen bene facit; sicut dum veritatem dicit ut decipiat, et dum non voluntarie credit et confitetur, sed rerum evidentia coactus. alius autem actus daemonis est naturalis; qui bonus esse potest, et attestatur bonitati naturae. et tamen etiam tali bono actu abutuntur ad malum.

007 ST1 qu64 ar3

ag1 ' Ad tertium sic proceditur. videtur quod dolor non sit in daemonibus. cum enim dolor et gaudium opponantur, non possunt esse simul in eodem. sed in daemonibus est gaudium, * dicit enim augustinus, contra manichaeos, ° diabolus potestatem habet in eos qui dei praecepta contemnunt, et de hac tam infelici potestate laetatur. ' ergo in daemonibus non est dolor.

ag2 ' Praeterea, dolor est causa timoris, de his enim timemus dum futura sunt, de quibus dolemus dum praesentia sunt. sed in daemonibus non est timor; * secundum illud iob xli, ° factus est ut nullum timeret. ' ergo in daemonibus non est dolor.

ag3 ' Praeterea, dolere de malo est bonum. sed daemones non possunt bene facere. ergo non possunt dolere, ad minus de malo culpae; quod pertinet ad vermem conscientiae.

sc ' Sed contra est quod peccatum daemonis est gravius quam peccatum hominis. sed homo punitur dolore pro delectatione peccati; * secundum illud apoc. xviii, ° quantum glorificavit se et in deliciis fuit, tantum date ei tormentum et luctum. ' ergo multo magis diabolus, qui maximo se glorificavit, punitur doloris luctu.

co ' Respondeo dicendum quod timor, dolor, gaudium, et huiusmodi, secundum quod sunt passiones, in daemonibus esse non possunt, sic enim sunt propriae appetitus sensitivi, qui est virtus in organo corporali. sed secundum quod nominant simplices actus voluntatis, sic possunt esse in daemonibus. et necesse est dicere quod in eis sit dolor. quia dolor, secundum quod significat simplicem actum voluntatis, nihil est aliud quam renisus voluntatis ad id quod est vel non est. patet autem quod daemones multa vellent non esse quae sunt, et esse quae non sunt, vellent enim, cum sint invidi, damnari eos qui salvantur. unde oportet dicere quod in eis sit dolor, et praecipue quia de ratione poenae est, quod voluntati repugnet. privantur etiam beatitudine quam naturaliter appetunt; et in multis eorum iniqua voluntas cohibetur.

ra1 ' Ad primum ergo dicendum quod gaudium et dolor de eodem sunt opposita, non autem de diversis. unde nihil prohibet unum simul dolere de uno, et gaudere de alio; et maxime secundum quod dolor et gaudium important simplices voluntatis actus; quia non solum in diversis, sed etiam in una et eadem re potest esse aliquid quod volumus, et aliquid quod nolumus. '

ra2 ' Ad secundum dicendum quod sicut in daemonibus est dolor de praesenti, ita et timor de futuro. quod autem dicitur, factus est ut nullum timeret, intelligitur de timore dei cohibente a peccato. alibi, namque scriptum est quod daemones credunt et contremiscunt.

ra3 ' Ad tertium dicendum quod dolere de malo culpae propter se attestatur voluntatis bonitati, cui malum culpae opponitur. dolere autem de malo poenae, vel de malo culpae propter poenam, attestatur bonitati naturae, cui malum poenae opponitur. * unde augustinus dicit, xix de civ. dei, quod ° dolor amissi boni in supplicio, testis est naturae bonae. ' daemon ergo, cum perversae sit voluntatis et obstinatae, de malo culpae non dolet.

007 ST1 qu64 ar4

ag1 ' Ad quartum sic proceditur. videtur quod aer iste non sit locus poenalis daemonum. daemon enim est natura spiritualis. natura autem spiritualis non afficitur loco. ergo nullus locus est daemonibus poenalis.

ag2 ' Praeterea, peccatum hominis non est gravius quam peccatum daemonis. sed locus poenalis hominis est infernus. ergo multo magis daemonis. ergo non aer caliginosus.

ag3 ' Praeterea, daemones puniuntur poena ignis. sed in aere caliginoso non est ignis. ergo aer caliginosus non est locus poenae daemonum.

sc * Sed contra est quod augustinus dicit, iii super gen. ad litt., quod ° aer caliginosus est quasi carcer daemonibus usque ad tempus iudicii.

co ' Respondeo dicendum quod angeli, secundum suam naturam, medii sunt inter deum et homines. habet autem hoc divinae providentiae ratio, quod inferiorum bonum per superiora procuret. bonum autem hominis dupliciter procuratur per divinam providentiam. uno modo directe, dum scilicet aliquis inducitur ad bonum et retrahitur a malo, et hoc decenter fit per angelos bonos. alio modo indirecte, dum scilicet aliquis exercetur, impugnatus, per impugnationem contrarii. et hanc procurationem boni humani conveniens fuit per malos angelos fieri, ne totaliter post peccatum ab utilitate naturalis ordinis exciderent. sic ergo daemonibus duplex locus poenalis debetur. unus quidem ratione suae culpae, et hic est infernus. alius autem ratione exercitationis humanae, et sic debetur eis caliginosus aer. procuratio autem salutis humanae protenditur usque ad diem iudicii, unde et usque tunc durat ministerium angelorum et exercitatio daemonum. unde et usque tunc et boni angeli ad nos huc mittuntur, et daemones in hoc aere caliginoso sunt ad nostrum exercitium, licet eorum aliqui etiam nunc in inferno sint, ad torquendum eos quos ad malum induxerunt; sicut et aliquis boni angeli sunt cum animabus sanctis in caelo. sed post diem iudicii omnes mali, tam homines quam angeli, in inferno erunt; boni vero in caelo.

ra1 ' Ad primum ergo dicendum quod locus non est poenalis angelo aut animae, quasi afficiens alteran-

do naturam; sed quasi afficiens voluntatem contristando, dum angelus vel anima apprehendit se esse in loco non convenienti suae voluntati.
ra2 ' Ad secundum dicendum quod anima secundum ordinem naturae non praefertur alteri animae, sicut daemones ordine naturae praeferuntur hominibus. unde non est similis ratio.
ra3 * Ad tertium dicendum quod aliqui dixerunt usque ad diem iudicii " differri poenam sensibilem tam daemonum quam animarum, et similiter beatitudinem sanctorum differri usque ad diem iudicii; * quod est erroneum, et repugnans apostoli sententiae, qui dicit, ii cor. v, ° si terrestris domus nostra huius habitationis dissolvatur, domum habemus in caelo. * alii vero, licet hoc non concedant de animabus, " concedunt tamen de daemonibus. ' sed melius est dicendum quod idem iudicium sit de malis animabus et malis angelis; sicut idem iudicium est de bonis animabus et bonis angelis. unde dicendum est quod, sicut locus caelestis pertinet ad gloriam angelorum, tamen gloria eorum non minuitur cum ad nos veniunt, quia considerant illum locum esse suum (eo modo quo dicimus honorem episcopi non minui dum actu non sedet in cathedra); similiter dicendum est quod daemones licet non actu alligentur gehennali igni, dum sunt in aere isto caliginoso, tamen ex hoc ipso quod sciunt illam alligationem sibi deberi, eorum poena non diminuitur. * unde dicitur in quadam glossa iacobi iii, quod ° portant secum ignem gehennae quocumque vadant. ' nec est contra hoc, quod rogaverunt dominum ut non mitteret eos in abyssum, * ut dicitur lucae viii, |25| ' quia hoc petierunt reputantes sibi poenam, si excluderentur a loco in quo possunt hominibus nocere. * unde marci v, dicitur quod ° deprecabantur eum ne expelleret eos extra regionem.

007 ST1 qu65 ar

pr ' Post considerationem spiritualis creaturae, considerandum est de creatura corporali. * in cuius productione tria opera scriptura commemorat, scilicet opus creationis, cum dicitur, ° in principio creavit deus caelum et terram, etc.; * opus distinctionis, cum dicitur, ° divisit lucem a tenebris, et aquas quae sunt supra firmamentum, ab aquis quae sunt sub firmamento; * et opus ornatus, cum dicitur, ° fiant luminaria in firmamento etc.. ' primo ergo considerandum est de opere creationis; secundo, de opere distinctionis; tertio, de opere ornatus. circa primum quaeruntur quatuor. primo, utrum creatura corporalis sit a deo. secundo, utrum sit facta propter bonitatem dei. tertio, utrum sit facta a deo mediantibus angelis. quarto, utrum formae corporum sint ab angelis, an immediate a deo.

007 ST1 qu65 ar1

ag1 ' Ad primum sic proceditur. videtur quod creatura corporalis non sit a deo. * dicitur enim eccle. iii, ° didici quod omnia quae fecit deus, perseverant in aeternum. ' sed corpora visibilia non perseverant in aeternum, * dicitur enim ii cor. iv, ° quae videntur temporalia sunt; quae autem non videntur, aeterna. ' ergo deus non fecit corpora visibilia.
ag2 * Praeterea, gen. i, dicitur, ° vidit deus cuncta quae fecerat, et erant valde bona. ' sed creaturae corporales sunt malae, experimur enim eas in multis noxias, ut patet in multis serpentibus, in aestu solis, et huiusmodi; ideo autem aliquid dicitur malum, quia nocet. creaturae igitur corporales non sunt a deo.
ag3 ' Praeterea, id quod est a deo, non retrahit a deo, sed ducit in ipsum. sed creaturae corporales retrahunt a deo, * unde apostolus dicit, ii cor. iv, ° non contemplantibus nobis quae videntur. ' ergo creaturae corporales non sunt a deo.
sc * Sed contra est quod dicitur in psalmo cxlv, ° qui fecit caelum et terram, mare, et omnia quae in eis sunt.
co * Respondeo dicendum quod quorundam haereticorum positio est, quod " visibilia ista non sunt creata a bono deo, sed a malo principio. * et ad argumentum sui erroris assumunt quod apostolus dicit ii, cor. iv, ° deus huius saeculi excaecavit mentes infidelium. ' haec autem positio est omnino impossibilis. si enim diversa in aliquo uniantur, necesse est huius unionis causam esse aliquam, non enim diversa secundum se uniuntur. et inde est quod, quandocumque in diversis invenitur aliquid unum, oportet quod illa diversa illud unum ab aliqua una causa recipiant; sicut diversa corpora calida habent calorem ab igne. hoc autem quod est esse, communiter invenitur in omnibus rebus, quantumcumque diversis. necesse est ergo esse unum essendi principium, a quo esse habeant quaecumque sunt quocumque modo, sive sint invisibilia et spiritualia, sive sint visibilia et corporalia. * dicitur autem " diabolus esse deus huius saeculi, non creatione, ' sed quia saecularlikter viventes ei serviunt; * eo modo loquendi quo apostolus loquitur, ad philipp. iii, ° quorum deus venter est.
ra1 ' Ad primum ergo dicendum quod omnes creaturae dei secundum aliquid in aeternum perseverant, ad minus secundum materiam, quia creaturae nunquam in nihilum redigentur, etiam si sint corruptibiles. sed quanto creaturae magis appropinquant ad deum, qui est omnino immobilis, tanto magis sunt immobiles. nam creaturae corruptibiles in perpetuum manent secundum materiam, sed mutantur secundum formam substantialem. creaturae vero incorruptibiles permanent quidem secundum substantiam, sed sunt mutabiles secundum alia, puta secundum locum, ut corpora caelestia; vel secundum affectiones, ut creaturae spirituales. * quod autem apostolus dicit, ° quae videntur, temporalia sunt, ' etsi verum sit etiam quantum ad ipsas res in se consideratas, secundum quod omnis creatura visibilis subiacet tempori, vel secundum suum esse vel secundum suum motum; * tamen apostolus intendit loqui ' de visibilibus secundum quod sunt hominis praemia. nam praemia hominis quae sunt in istis rebus visibilibus, temporaliter transeunt, quae autem sunt in rebus invisibilibus, permanent in aeternum. * unde et supra praemiserat, ° aeternum gloriae pondus operatur in nobis.
ra2 ' Ad secundum dicendum quod creatura corporalis, secundum suam naturam, est bona, sed non est bonum universale, sed est quoddam bonum particulare et contractum, secundum quam particularitatem et contractionem sequitur in ea contrarietas, per quam unum contrariatur alteri, licet utrumque in se sit bonum. quidam autem, aestimantes res non ex earum natura, sed ex suo proprio commodo, quaecumque sibi nociva sunt, simpliciter mala arbitrantur non considerantes quod id quod est uni nocivum quantum ad aliquid, vel alteri vel eidem quantum ad aliquid est proficuum. quod nequaquam esset, si secundum se corpora essent mala et noxia.
ra3 ' Ad tertium dicendum quod creaturae, quantum est de se, non retrahunt a deo, sed in ipsum ducunt, quia ° invisibilia dei per ea quae facta sunt, intellecta, conspiciuntur, * ut dicitur rom. i. ' sed quod avertant a deo, hoc est ex culpa eorum qui insipienter eis utuntur. * unde dicitur sap. xiv, quod ° creaturae factae sunt in muscipulam pedibus insipientium. ' et hoc ipsum quod sic a deo abducunt, attestatur quod sunt a deo. non enim abducunt insipientes a deo, nisi alliciendo secundum aliquid boni in eis existens, quod habent a deo.

007 ST1 qu65 ar2

ag1 ' Ad secundum sic proceditur. videtur quod creatura corporalis non sit facta propter dei bonitatem. * dicitur enim sap. i, ° creavit deus ut essent omnia. ' ergo omnia sunt creata propter suum proprium esse, et non propter dei bonitatem.
ag2 ' Praeterea, bonum habet rationem finis. ergo id quod est magis bonum in rebus, est finis minus boni. creatura autem spiritualis comparatur ad corporalem, sicut maius bonum ad minus bonum. ergo creatura corporalis est propter spiritualem, et non propter dei bonitatem.
ag3 ' Praeterea, iustitia non dat inaequalia nisi inaequalibus. sed deus est iustus. ergo ante omnem inaequalitatem a deo creatam, est inaequalitas a deo non creata. sed inaequalitas a deo non creata, non potest esse nisi quae est ex libero arbitrio. ergo omnis inaequalitas sequitur ex diversis motibus liberi arbitrii. creaturae autem corporales sunt inaequales spiritualibus. ergo creaturae corporales sunt factae propter aliquos motus liberi arbitrii, et non propter dei bonitatem.
sc * Sed contra est quod dicitur prov. xvi, ° universa propter semetipsum operatus est dominus.
co * Respondeo dicendum quod origenes posuit quod " creatura corporalis non est facta ex prima dei intentione, sed ad poenam creaturae spiritualis peccantis. posuit enim quod deus a principio creaturas spirituales solas fecit, et omnes aequales. quarum, cum essent liberi arbitrii, quaedam conversae sunt in deum, et secundum quantitatem conversionis sortitae sunt maiorem vel minorem gradum, in sua simplicitate remanentes. quaedam vero, aversae a deo, alligatae sunt corporibus diversis, secundum modum aversionis a deo. ' quae quidem positio erronea est. primo quidem, quia * contrariatur scripturae, " quae, enarrata productione cuiuslibet speciei creaturae corporalis subiungit, vidit deus quia hoc esset bonum; quasi diceret quod unumquodque ideo factum est, quia bonum est ipsum esse. * secundum autem opinionem origenis, " creatura corporalis facta est, non quia bonum est eam esse, sed ut malum alterius puniretur. ' secundo, quia sequeretur quod mundi corporalis dispositio quae nunc est, esset a casu. si enim ideo corpus solis tale factum est, ut congrueret alicui peccato spiritualis creaturae puniendo; si plures creaturae spirituales similiter peccassent sicut illa propter cuius peccatum puniendum ponit solem creatum, |25| sequeretur quod essent plures soles in mundo. et idem esset de aliis. haec autem sunt omnino inconvenientia. unde haec positione remota tanquam erronea, considerandum est quod ex omnibus creaturis constituitur totum universum sicut totum ex partibus. si autem alicuius totius et partium eius velimus finem assignare, inveniemus primo quidem, quod singulae partes sunt propter suos actus; sicut oculus ad videndum. secundo vero, quod pars ignobilior est propter nobiliorem; sicut sensus propter intellectum, et pulmo propter cor. tertio vero, omnes partes sunt propter perfectionem totius, sicut et materia propter formam, partes enim sunt quasi materia totius. ulterius autem, totus homo est propter aliquem finem extrinsecum, puta ut fruatur deo. sic igitur et in partibus universi, unaquaeque creatura est propter suum proprium actum et perfectionem. secundo autem, creaturae ignobiliores sunt propter nobiliores sicut creaturae quae sunt infra hominem, sunt propter hominem. ulterius autem, singulae creaturae sunt propter perfectionem totius universi. ulterius autem, totum universum, cum singulis suis partibus, ordinatur in deum sicut in finem, inquantum in eis per quandam imitationem divina bonitas repraesentatur ad gloriam dei, quamvis creaturae rationales speciali quodam modo supra hoc habeant finem deum, quem attingere possunt sua operatione, cognoscendo et amando. et sic patet quod divina bonitas est finis omnium corporalium.
ra1 ' Ad primum ergo dicendum quod in hoc ipso quod creatura aliqua habet esse, repraesentat divinum esse et bonitatem eius. et ideo per hoc quod deus creavit omnia ut essent, non excluditur quin creaverit omnia propter suam bonitatem.
ra2 ' Ad secundum dicendum quod finis proximus non excludit finem ultimum. unde per hoc quod creatura corporalis facta est quodammodo propter spiritualem, non removetur quin sit facta propter dei bonitatem.
ra3 ' Ad tertium dicendum quod aequalitas iustitiae locum habet in retribuendo, iustum enim est quod aequalibus aequalia retribuantur. non autem habet locum in prima rerum institutione. sicut enim artifex eiusdem generis lapides in diversis partibus aedificii ponit absque iniustitia, non propter aliquam diversitatem in lapidibus praecedentem, sed attendens ad perfectionem totius aedificii, quae non esset nisi lapides diversimode in aedificio collocarentur; sic et deus a principio, ut esset perfectio in universo, diversas et inaequales creaturas instituit, secundum suam sapientiam, absque iniustitia, nulla tamen praesupposita meritorum diversitate.

007 ST1 qu65 ar3

ag1 ' Ad tertium sic proceditur. videtur quod creatura corporalis sit producta a deo mediantibus angelis. sicut enim res gubernantur per divinam sapientiam, ita omnia sunt per dei sapientiam facta; * secundum illud psalmi ciii, ° omnia in sapientia fecisti. " sed ordinare est sapientis. * ut dicitur in principio metaphys.. ' unde in gubernatione rerum, inferiora per superiora reguntur quodam ordine, * ut augustinus dicit, iii de trin.. ' ergo et in rerum productione talis ordo fuit, quod creatura corporalis, tanquam inferior, per spiritualem, tanquam superiorem, est producta.
ag2 ' Praeterea, diversitas effectuum demonstrat diversitatem causarum, quia idem semper facit idem. si ergo omnes creaturae, tam spirituales quam corporales, sunt immediate a deo productae, nulla esset inter creaturas diversitas, nec una magis distaret a deo quam alia. quod patet esse falsum, " cum propter longe distare a deo * dicat philosophus " quaedam corruptibilia esse.
ag3 ' Praeterea, ad producendum effectum finitum, non requiritur virtus infinita. sed omne corpus finitum est. ergo per finitam virtutem spiritualis creaturae produci potuit; et productum fuit, quia in talibus non differt esse et posse; praesertim quia nulla dignitas competens alicui secundum suam naturam, ei denegatur, nisi forte ob culpam.
sc * Sed contra est quod dicitur gen. i, ° in principio creavit deus caelum et terram, " per quae creatura corporalis intelligitur. ' ergo creatura corporalis est immediate a deo producta.
co * Respondeo dicendum quod quidam posuerunt " gradatim res a deo processisse, ita scilicet quod ab eo immediate processit prima creatura, et illa produxit aliam; et sic inde usque ad creaturam corpoream. ' sed haec positio est impossibilis. quia prima corporalis creaturae productio est per creationem per quam etiam ipsa materia producitur, imperfectum enim est prius quam perfectum in fieri impossibile est autem aliquid creari nisi a solo deo. ad cuius evidentiam, considerandum est quod quanto aliqua causa est superior, tanto ad plura se extendit in causando. semper autem id quod substernitur in rebus, invenitur communius quam id quod informat et restringit ipsum, sicut esse quam vivere, et vivere quam intelligere, et materia quam forma. quanto ergo aliquid est magis substratum, tanto a superiori causa directe procedit. id ergo quod est primo substratum in omnibus, proprie pertinet ad causalitatem supremae causae. nulla igitur secunda causa potest aliquid producere, non praesupposito in re producta aliquo quod causatur a superiori causa. creatio autem est productio alicuius rei secundum suam totam substantiam, nullo praesupposito quod sit vel increatum vel ab aliquo creatum. unde relinquitur quod nihil potest aliquid creare nisi solus deus, qui est prima causa. * et ideo ut moyses |25| ostenderet corpora omnia immediate a deo creata, dixit, ° in principio creavit deus caelum et terram.
ra1 ' Ad primum ergo dicendum quod in productione rerum est aliquis ordo, non quidem ut una creatura creetur ab alia (hoc enim impossibile est); sed ita quod ex divina sapientia diversi gradus in creaturis, constituuntur.
ra2 ' Ad secundum dicendum quod ipse deus unus, absque suae simplicitatis detrimento, diversorum cognoscitivus est, * ut supra ostensum est. ' et ideo e-

tiam est, secundum diversa cognita, diversorum productorum causa per suam sapientiam, sicut et artifex, apprehendendo diversas formas, producit diversa artificiata.
ra3 ' Ad tertium dicendum quod quantitas virtutis agentis non solum mensuratur secundum rem factam, sed etiam secundum modum faciendi, quia unum et idem aliter fit et a maiori, et a minori virtute. producere autem aliquid finitum hoc modo ut nihil praesupponatur, est virtutis infinitae. unde nulli creaturae competere potest.

007 ST1 qu65 ar4

ag1 ' Ad quartum sic proceditur. videtur quod formae corporum sint ab angelis. * dicit enim boetius, in libro de trin., quod ° a formis quae sunt sine materia, veniunt formae quae sunt in materia. ' formae autem quae sunt sine materia, sunt substantiae spirituales, formae autem quae sunt in materia, sunt formae corporum. ergo formae corporum sunt a spiritualibus substantiis.
ag2 ' Praeterea, omne quod est per participationem, reducitur ad id quod est per essentiam. sed spirituales substantiae per suam essentiam sunt formae, creaturae autem corporales participant formas. ergo formae corporalium rerum sunt a spiritualibus substantiis derivatae.
ag3 ' Praeterea, spirituales substantiae magis habent virtutem causandi quam corpora caelestia. sed corpora caelestia causant formas in istis inferioribus, unde dicuntur esse generationis et corruptionis causa. ergo multo magis a spiritualibus substantiis formae quae sunt in materia, derivantur.
sc * Sed contra est quod augustinus dicit, iii de trin., quod ° non est putandum angelis ad nutum servire hanc corporalem materiam, sed potius deo. ' illi autem ad nutum dicitur servire corporalis materia, a quo speciem recipit. non ergo formae corporales sunt ab angelis, sed a deo.
co * Respondeo dicendum quod opinio fuit quorundam quod " omnes formae corporales deriventur a substantiis spiritualibus quas angelos dicimus. * et hoc quidem dupliciter aliqui posuerunt. plato enim posuit " formas quae sunt in materia corporali, derivari et formari a formis sine materia subsistentibus, per modum participationis cuiusdam. ponebat enim hominem quendam immaterialiter subsistentem, et similiter equum, et sic de aliis, ex quibus constituuntur haec singularia sensibilia, secundum quod in materia corporali remanet quaedam impressio ab illis formis separatis, per modum assimilationis cuiusdam, quam participationem vocabat. * et secundum ordinem formarum ponebant platonici " ordinem substantiarum separatarum, puta quod una substantia separata est quae est equus, quae est causa omnium equorum; supra quam est quaedam vita separata, quam dicebant per se vitam et causam omnis vitae; et ulterius quandam quam nominabant ipsum esse, et causam omnis esse. * avicenna vero et quidam alii " non posuerunt formas rerum corporalium in materia per se subsistere, sed solum in intellectu. |25| a formis ergo in intellectu creaturarum spiritualium existentibus (quas quidem ipsi intelligentias, nos autem angelos dicimus), dicebant procedere omnes formas quae sunt in materia corporali, sicut a formis quae sunt in mente artificis, procedunt formae artificiatorum. * et in idem videtur redire quod quidam moderni haeretici ponunt, " dicentes quidem deum creatorem omnium, sed materiam corporalem a diabolo formatam et per varias species distinctam. omnes autem hae opiniones ex una radice processisse videntur. quaerebant enim causam formarum, ac si ipsae formae fierent secundum seipsas. * sed sicut probat aristoteles in vii metaphys., ' id quod proprie fit, est compositum, formae autem corruptibilium rerum habent ut aliquando sint, aliquando non sint, absque hoc quod ipsae generentur aut corrumpantur, sed compositis generatis aut corruptis, quia etiam formae non habent esse, sed composita habent esse per eas, sic enim alicui competit fieri, sicut et esse. et ideo, cum simile fiat a suo simili, non est quaerenda causa formarum corporalium aliqua forma immaterialis; sed aliquod compositum, secundum quod hic ignis generatur ab hoc igne. sic igitur formae corporales causantur, non quasi influxae ab aliqua immateriali forma, sed quasi materia reducta de potentia in actum ab aliquo agente composito. " sed quia agens compositum, quod est corpus, movetur a substantia spirituali creata, |50| * ut augustinus dicit iii de trin.; ' sequitur ulterius quod etiam formae corporales a substantiis spiritualibus deriventur, non tanquam influentibus formas, sed tanquam moventibus ad formas. ulterius autem reducuntur in deum, sicut in primam causam, etiam species angelici intellectus, quae sunt quaedam seminales rationes corporalium formarum. in prima autem corporalis creaturae productione non consideratur aliqua transmutatio de potentia in actum. et ideo formae corporales quas in prima productione corpora habeuerunt, sunt immediate a dèo productae, cui soli ad nutum obedit materia, tanquam propriae causae. * unde ad hoc significandum, moyses singulis operibus praemittit, " dixit deus fiat hoc vel illud; ' in quo significatur formatio rerum per verbum dei facta, * a quo, secundum augustinum, ° est omnis forma et compago et concordia partium.
ra1 * Ad primum ergo dicendum quod boetius intelligit " per formas quae sunt sine materia, rationes rerum quae sunt in mente divina, * sicut etiam apostolus dicit, heb. xi, ° fide credimus aptata esse saecula verbo dei, ut ex invisibilibus visibilia fierent. * si tamen per formas quae sunt sine materia, intelligit angelos, ' dicendum est quod ab eis veniunt formae quae sunt in materia, non per influxum, sed per motum.
ra2 ' Ad secundum dicendum quod formae participatae in materia reducuntur, non ad formas aliquas per se subsistentes rationis eiusdem, * ut platonici posuerunt; ' sed ad formas intelligibiles vel intellectus angelici, a quibus per motum procedunt; vel ulterius ad rationes intellectus divini, a quibus etiam formarum semina sunt rebus creatis indita, ut per motum in actum educi possint.
ra3 ' Ad tertium dicendum quod corpora caelestia causant formas in istis inferioribus, non influendo, sed movendo.

007 ST1 qu66 ar

pr ' Deinde considerandum est de opere distinctionis. et primo considerandum est de ordine creationis ad distinctionem; secundo, de ipsa distinctione secundum se. circa primum quaeruntur quatuor. primo, utrum informitas materiae creatae praecesserit tempore distinctionem ipsius. secundo, utrum sit una materia omnium corporalium. tertio, utrum caelum empyreum sit concreatum materiae informi. quarto, utrum tempus sit eidem concreatum.

007 ST1 qu66 ar1

ag1 ' Ad primum sic proceditur. videtur quod informitas materiae tempore praecesserit formationem ipsius. * dicitur enim gen. i, ° terra erat inanis et vacua, " sive invisibilis et incomposita, * secundum aliam litteram; " per quod designatur informitas materiae, * ut augustinus dicit. ' ergo materia fuit aliquando informis, antequam formaretur.
ag2 ' Praeterea, natura in sua operatione dei operationem imitatur; sicut causa secunda imitatur causam primam. sed in operatione naturae informitas tempore praecedit formationem. ergo et in operatione dei.
ag3 ' Praeterea, materia potior est accidente, quia materia est pars substantiae. sed deus potest facere quod accidens sit sine subiecto; ut patet in sacramento altaris. ergo potuit facere quod materia esset sine forma.
sc1 ' Sed contra, imperfectio effectus attestatur imperfectioni agentis. sed deus est agens perfectissimum, * unde de eo dicitur, deut. xxxii, ° dei perfecta sunt opera. ' ergo opus ab eo creatum nunquam fuit informe.
sc2 ' Praeterea, creaturae corporalis formatio facta fuit per opus distinctionis. distinctioni autem opponitur confusio, sicut et formationi informitas. si ergo informitas praecessit tempore formationem materiae, sequitur a principio fuisse confusionem corporalis creaturae, * quam antiqui vocaverunt chaos.
co ' Respondeo dicendum quod circa hoc sunt diversae opiniones sanctorum. * augustinus enim vult quod " informitas materiae corporalis non praecesserit tempore formationem ipsius, sed solum origine vel ordine naturae. * alii vero, ut basilius, ambrosius et chrysostomus, volunt quod " informitas materiae tempore praecesserit formationem. ' et quamvis hae opiniones videantur esse contrariae, tamen parum ab invicem differunt, * aliter enim accipit informitatem materiae augustinus quam alii. augustinus enim accipit " informitatem materiae pro carentia omnis formae. ' et sic impossibile est dicere quod informitas materiae tempore praecesserit vel formationem ipsius, vel distinctionem. et de formatione quidem manifestum est. si enim materia informis praecessit duratione, haec erat iam in actu, hoc enim duratio importat, creationis enim terminus est ens actu. ipsum autem quod est actus, est forma. dicere igitur materiam praecedere sine forma, est dicere ens actu sine actu, quod implicat contradictionem. nec etiam potest dici quod habuit aliquam formam communem et postmodum supervenerunt ei formae diversae, quibus sit distincta. * quia hoc esset idem cum opinione antiquorum naturalium, qui |25| " posuerunt materiam primam esse aliquod corpus in actu, puta ignem, aerem aut aquam, aut aliquod medium. ex quo sequebatur quod fieri non esset nisi alterari. quia cum illa forma praecedens daret esse in actu in genere substantiae, et faceret esse hoc aliquid; sequebatur quod superveniens forma non faceret simpliciter ens actu, sed ens actu hoc, quod est proprium formae accidentalis; et sic sequentes formae essent accidentia, secundum quae non attenditur generatio, sed alteratio. ' unde oportet dicere quod materia prima neque fuit creata omnino sine forma, neque sub forma una communi, sed sub formis distinctis. et ita, si informitas materiae referatur ad conditionem primae materiae, quae secundum se non habet aliquam formam, informitas materiae non praecessit formationem seu distinctionem ipsius tempore, * ut augustinus dicit, ' sed origine seu natura tantum, eo modo quo potentia est prior actu, et pars toto. * alii vero sancti accipiunt " informitatem, non secundum quod excludit omnem formam, sed secundum quod excludit istam formositatem et decorem qui nunc apparet in corporea creatura. et secundum hoc dicunt quod informitas materiae corporalis duratione praecessit formationem eiusdem. et sic secundum hoc, quantum ad aliquid cum eis augustinus concordat, et quantum |50| ' aliquid discordat, * ut infra patebit. * et quantum ex littera genesis i, accipi potest, ' triplex formositas deerat, propter quod dicebatur creatura corporalis informis. deerat enim a toto corpore diaphano, quod dicitur caelum, pulchritudo lucis, * unde dicitur quod ' tenebrae erant super faciem abyssi. deerat autem terrae duplex pulchritudo. una, quam habet ex hoc quod est aquis discooperta, * et quantum ad hoc dicitur quod ' terra erat inanis, sive invisibilis, quia corporali aspectui patere non poterat, propter aquas undique eam cooperientes. alia vero, quam habet ex hoc quod est ornata herbis et plantis, * et ideo dicitur quod ' erat vacua, vel incomposita, idest non ornata, * secundum aliam litteram. et sic, cum praemisisset " duas naturas creatas, scilicet caelum et terram, informitatem caeli expressit per hoc quod dixit, tenebrae erant super faciem abyssi, secundum quod sub caelo etiam aer includitur, informitatem vero terrae, per hoc quod dixit, terra erat inanis et vacua.
ra1 ' Ad primum ergo dicendum quod * terra aliter accipitur in loco isto ab augustino, et ab aliis " sanctis. augustinus enim vult quod nomine terrae et aquae significetur in hoc loco ipsa materia prima. ' non enim poterat moyses rudi populo primam materiam exprimere, nisi sub similitudine rerum eis notarum. unde et sub multiplici similitudine eam exprimit, non vocans eam tantum aquam vel tantum terram, ne videatur secundum rei veritatem materia prima esse vel terra vel aqua. habet tamen similitudinem cum terra, inquantum subsidet formis; et cum aqua, inquantum est apta formari diversis formis. " secundum hoc ergo, dicitur terra inanis et vacua, vel invisibilis et incomposita, ' quia materia per formam cognoscitur (unde in se considerata dicitur invisibilis vel inanis), et eius potentia per formam repletur * (unde et plato " materiam dicit esse locum). * alii vero sancti " per terram intelligunt ipsum elementum, * quae qualiter, secundum eos, erat informis, dictum est.
ra2 ' Ad secundum dicendum quod natura producit effectum in actu de ente in potentia, et ideo oportet ut in eius operatione potentia tempore praecedat actum, et informitas formationem. sed deus producit ens actu ex nihilo, et ideo statim potest producere rem perfectam, secundum magnitudinem suae virtutis.
ra3 ' Ad tertium dicendum quod accidens, cum sit forma, est actus quidam, materia autem secundum id quod est, est ens in potentia. unde magis repugnat esse in actu materiae sine forma, quam accidenti sine subiecto.
ra4 ' Ad primum vero quod obiicitur in contrarium, dicendum est quod si, * secundum alios sanctos, ' informitas tempore praecessit formationem materiae, non fuit hoc ex impotentia dei; sed ex eius sapientia, ut ordo servaretur in rerum conditione, dum ex imperfecto ad perfectum adducerentur.
ra5 ' Ad secundum dicendum quod * quidam antiquorum naturalium posuerunt " confusionem excludentem omnem distinctionem; praeter hoc quod * anaxagoras posuit " solum intellectum distinctum et immixtum. ' sed ante opus distinctionis scriptura sacra ponit multiplicem distinctionem. primo quidem, caeli et terrae (in quo ostenditur distinctio etiam secundum materiam, * ut infra patebit), * et hoc cum dicit, ° in principio deus creavit caelum et terram. ' secundo, distinctionem elementorum quantum ad formas suas, per hoc quod nominat terram et aquam. aerem autem et ignem non nominat, quia non est ita manifestum rudibus, quibus moyses loquebatur, huiusmodi esse corpora, sicut manifestum est de terra et aqua. * quamvis plato aerem intellexerit significari per hoc quod dicitur " spiritus domini (quia etiam aer spiritus dicitur), ignem vero intellexerit significari per caelum (quod igneae naturae esse * dixit), ut augustinus refert in viii libro de civ. dei. sed rabbi moyses, in aliis cum platone concordans, dicit " ignem significari per tenebras, quia, ut dicit, in propria sphaera ignis non lucet. ' sed magis videtur esse conveniens quod prius dictum est, |25| * quia spiritus domini in scriptura non nisi pro " spiritu sancto consuevit poni. qui aquis superferri dicitur, non corporaliter, sed sicut voluntas artificis superfertur materiae quam vult formare. ' tertia distinctio significatur secundum situm. quia terra erat sub aquis, quibus invisibilis reddebatur, aer vero, qui est subiectum tenebrarum, significatur fuisse super aquas, * per hoc quod dicitur, tenebrae erant super faciem abyssi. * quid autem distinguendum remaneret, ex sequentibus apparebit.

007 ST1 qu66 ar2

ag1 ' Ad secundum sic proceditur. videtur quod una sit materia informis omnium corporalium. * dicit enim augustinus, xii confess., ° duo reperio quae fecisti, unum quod erat formatum, alterum quod erat informe; " et hoc dicit esse terram invisibilem et incompositam, per quam dicit significari materiam re-

rum corporalium. ‘ergo una est materia omnium corporalium.
ag2 * Praeterea, philosophus dicit, in v metaphys., quod “ illa quae sunt unum in genere, sunt unum in materia. ‘ sed omnia corporalia conveniunt in genere corporis. ergo omnium corporalium est una materia.
ag3 ‘ Praeterea, diversus actus fit in diversa potentia, et unus in una. sed omnium corporum est una forma, scilicet corporeitas. ergo omnium corporalium est materia una.
ag4 ‘ Praeterea, materia in se considerata, est solum in potentia. sed distinctio est per formas. ergo materia in se considerata, est una tantum omnium corporalium.
sc ‘ Sed contra, quaecumque conveniunt in materia, sunt transmutabilia ad invicem, et agunt et patiuntur ab invicem, * ut dicitur in i de gen.. ‘ sed corpora caelestia et inferiora non sic se habent ad invicem. ergo eorum materia non est una.
co ‘ Respondeo dicendum quod * circa hoc fuerunt diversae opiniones philosophorum. plato enim, et omnes philosophi ante aristotelem, posuerunt “ omnia corpora esse de natura quatuor elementorum. unde cum quatuor elementa communicent in una materia, ut mutua generatio et corruptio in eis ostendit; per consequens sequebatur quod omnium corporum sit materia una. quod autem quaedam corpora sint incorruptibilia, plato adscribebat non conditioni materiae, sed voluntati artificis, scilicet dei, quem introducit corporibus caelestibus dicentem, ° natura vestra estis dissolubilia, voluntate autem mea indissolubilia, quia voluntas mea maior est nexu vestro. * hanc autem positionem aristoteles reprobat, “ per motus naturales corporum. cum enim corpus caeleste habeat naturalem motum diversum a naturali motu elementorum, sequitur quod eius natura sit alia a natura quatuor elementorum. et sicut motus circularis, qui est proprius corporis caelestis, caret contrarietate, motus autem elementorum sunt invicem contrarii, ut qui est sursum ei qui est deorsum, ita corpus caeleste est absque contrarietate, corpora vero elementaria sunt cum contrarietate. et quia corruptio et generatio sunt ex contrariis, sequitur quod secundum suam naturam corpus caeleste sit incorruptibile, elementa vero sunt corruptibilia. sed non obstante hac differentia corruptibilitatis et incorruptibilitatis naturalis, * avicebron posuit “ unam materiam omnium corporum, attendens ad unitatem formae corporalis. ‘ sed si forma corporeitatis esset una forma per se, cui supervenirent aliae formae, quibus corpora distinguuntur, haberet necessitatem quod dicitur. quia illa forma immutabiliter materiae inhaereret, et quantum ad illam esset omne corpus incorruptibile, sed corruptio accideret per remotionem sequentium formarum, quae non esset corruptio simpliciter, sed secundum quid, quia privationi substerneretur aliquod ens actu. * sicut etiam accidebat antiquis naturalibus, qui ponebant “ subiectum corporum aliquod ens actu, puta ignem aut aerem aut aliquid huiusmodi. ‘ supposito autem quod nulla forma quae sit in corpore corruptibili remaneat ut substrata generationi et corruptioni, sequitur de necessitate quod non sit eadem materia corporum corruptibilium et incorruptibilium. materia enim, secundum id quod est, est in potentia ad formam. oportet ergo quod materia, secundum se considerata, sit in potentia ad formam omnium illorum quorum est materia communis. per unam autem formam non fit in actu nisi quantum ad illam formam. remanet ergo in potentia quantum ad omnes alias formas. nec hoc excluditur, si una illarum formarum sit perfectior et continens in se virtute alias. quia potentia, quantum est de se, indifferenter se habet ad perfectum et imperfectum, unde sicut quando est sub forma imperfecta, est in potentia ad formam perfectam, ita e converso. sic ergo materia, secundum quod est sub forma incorruptibilis corporis, erit adhuc in potentia ad formam corruptibilis corporis. et cum non habeat eam in actu, erit simul sub forma et privatione, quia carentia formae in eo quod est in potentia ad formam, est privatio. haec autem dispositio est corruptibilis corporis. impossibile ergo est quod corporis corruptibilis et incorruptibilis per naturam, sit una materia. * nec tamen dicendum est, ut averroes fingit, quod “ ipsum corpus caeleste sit materia caeli, ens in potentia ad ubi et non ad esse; et forma eius est substantia separata quae unitur ei ut motor. ‘ quia impossibile est ponere aliquod ens actu, quin vel ipsum totum sit actus et forma, vel habeat actum seu formam. remota ergo per intellectum substantia separata quae ponitur motor, si corpus caeleste non est habens formam, quod est componi ex forma et subiecto formae, sequitur quod sit totum forma et actus. omne autem tale est intellectum in actu; quod de corpore caelesti dici non potest, cum sit sensibile. relinquitur ergo quod materia corporis caelestis, secundum se considerata, non est in potentia nisi ad formam quam habet. nec refert ad propositum quaecumque sit illa, sive anima, sive aliquid aliud. unde illa forma sic perficit illam materiam, quod nullo modo in ea remanet potentia ad esse, sed ad ubi tantum, * ut aristoteles dicit. ‘ et sic non est eadem materia corporis caelestis et elementorum, nisi secundum analogiam, secundum quod conveniunt in ratione potentiae.
ra1 * Ad primum ergo dicendum quod augustinus sequitur in hoc opinionem platonis, non ponentis quintam essentiam. ‘ vel dicendum quod materia informis est una unitate ordinis, sicut omnia corpora sunt unum in ordine creaturae corporeae.
ra2 ‘ Ad secundum dicendum quod si genus consideretur physice, corruptibilia et incorruptibilia non sunt in eodem genere, propter diversum modum potentiae in eis, * ut dicitur x metaphys.. ‘ secundum autem logicam considerationem, est unum genus omnium corporum, propter unam rationem corporeitatis.
ra3 ‘ Ad tertium dicendum quod forma corporeitatis non est una in omnibus corporibus, cum non sit alia a formis quibus corpora distinguuntur, * ut dictum est.
ra4 ‘ Ad quartum dicendum quod, cum potentia dicatur ad actum, ens in potentia est diversum ex hoc ipso quod ordinatur ad diversum actum; sicut visus ad colorem, et auditus ad sonum. unde ex hoc ipso materia caelestis corporis est alia a materia elementi, quia non est in potentia ad formam elementi.

007 ST1 qu66 ar3

ag1 ‘ Ad tertium sic proceditur. videtur quod caelum empyreum non sit concreatum materiae informi. caelum enim empyreum, si est aliquid, oportet quod sit corpus sensibile. omne autem corpus sensibile est mobile. caelum autem empyreum non est mobile, quia motus eius deprehenderetur per motum alicuius corporis apparentis; quod minime apparet. non ergo caelum empyreum est aliquid materiae informi concreatum.
ag2 * Praeterea, augustinus dicit, in iii de trin., quod ° inferiora corpora per superiora quodam ordine reguntur. ‘ si ergo caelum empyreum est quoddam supremum corpus, oportet quod habeat aliquam influentiam in haec inferiora corpora. sed hoc non videtur, praesertim si ponatur immobile, cum nullum corpus moveat nisi motum. non est ergo caelum empyreum materiae informi concreatum.
ag3 ‘ Si dicatur quod caelum empyreum est locus contemplationis, non ordinatum ad naturales effectus, * contra, augustinus dicit, in iv de trin., quod ° nos, secundum quod mente aliquid aeternum capimus, non in hoc mundo sumus; ‘ ex quo patet quod contemplatio mentem supra corporalia elevat. non ergo contemplationi locus corporeus deputatur.
ag4 ‘ Praeterea, inter corpora caelestia invenitur aliquod corpus partim diaphanum et partim lucidum, scilicet caelum sidereum. invenitur etiam aliquod caelum totum diaphanum, * quod aliqui nominant “ caelum aqueum vel crystallinum. ‘ si ergo est aliud superius caelum, oportet quod sit totum lucidum. sed hoc esse non potest, quia sic continue aer illuminaretur, nec unquam nox esset. non ergo caelum empyreum materiae informi est concreatum.
sc * Sed contra est quod strabus dicit, quod cum dicitur, ° in principio creavit deus caelum et terram, caelum dicit non visibile firmamentum, sed empyreum, idest igneum.
co ‘ Respondeo dicendum quod caelum empyreum non invenitur positum nisi per auctoritates * strabi et bedae, et iterum per auctoritatem basilii. “ in cuius positione quantum ad aliquid conveniunt, scilicet quantum ad hoc quod sit locus beatorum. dicit enim strabus, et etiam beda, quod statim factum angelis est repletum. * basilius etiam dicit, in ii hexaem., ° sicut damnati in tenebras ultimas abiguntur ita remuneratio pro dignis operibus restauratur in ea luce quae est extra mundum, ubi beati quietis domicilium sortientur. “ differunt tamen quantum ad rationem ponendi. nam strabus et beda ponunt caelum empyreum ea ratione, quia firmamentum, per quod caelum sidereum intelligunt, non in principio sed secunda die dicitur factum. basilius vero ea ratione ponit, ne videatur simpliciter deus opus suum a tenebris inchoasse; quod manichaei calumniantur, deum veteris testamenti deum tenebrarum nominantes. ‘ hae autem rationes non sunt multum cogentes. nam quaestio de firmamento quod legitur factum in secunda die, * aliter solvitur, ab augustino et ab aliis sanctis. quaestio autem de tenebris solvitur, secundum augustinum, per hoc “ quod informitas (quae per tenebras significatur) non praecessit duratione formationem, sed origine. * secundum alios vero, “ cum tenebrae non sint creatura aliqua, sed privatio lucis, divinam sapientiam attestatur, ut ea quae produxit ex nihilo, primo in statu imperfectionis institueret, et postmodum ea perduceret ad perfectum. ‘ potest autem convenientior ratio sumi ex ipsa conditione gloriae. expectatur enim in futura remuneratione duplex gloria, scilicet spiritualis, et corporalis, non solum in corporibus humanis glorificandis, sed etiam in toto mundo innovando. inchoata est autem spiritualis gloria ab ipso mundi principio in beatitudine angelorum, quorum aequalitas sanctis promittitur. unde conveniens fuit ut etiam a principio corporalis gloria inchoaretur in aliquo corpore, quod etiam a principio fuerit absque servitute corruptionis et mutabilitatis, et totaliter lucidum; sicut tota creatura corporalis expectatur post resurrectionem futura. et ideo illud caelum dicitur empyreum, idest igneum, non ab ardore, sed a splendore. * sciendum est autem quod augustinus, x de civ. dei, dicit quod ° porphyrius discernebat a daemonibus angelos, ut aerea loca esse daemonum, aetherea vero vel empyrea diceret angelorum. * sed porphyrius, tanquam platonicus, “ caelum istud sidereum igneum esse existimabat, et ideo empyreum nominabat; vel aethereum, secundum quod nomen aetheris sumitur ab inflammatione, et non secundum quod sumitur a velocitate motus, * ut aristoteles dicit. quod pro tanto dictum sit, ne aliquis opinetur augustinum caelum empyreum posuisse sicut nunc ponitur a modernis.
ra1 ‘ Ad primum ergo dicendum quod corpora sensibilia sunt mobilia secundum ipsum statum mundi, quia per motum creaturae corporalis procuratur electorum multiplicatio. sed in ultima consummatione gloriae cessabit corporum motus. et talem oportuit esse a principio dispositionem caeli empyrei.
ra2 “ Ad secundum dicendum quod satis probabile est quod caelum empyreum, * secundum quosdam, “ cum sit ordinatum ad statum gloriae, non habet influentiam in inferiora corpora, quae sunt sub alio ordine, utpote ordinata ad naturalem rerum decursum. ‘ probabilius tamen videtur dicendum quod, sicut supremi angeli, qui assistunt, habent influentiam super medios et ultimos, qui mittuntur, quamvis ipsi non mittantur, * secundum dionysium; ‘ ita caelum empyreum habet influentiam super corpora quae moventur, licet ipsum non moveatur. et propter hoc potest dici quod influit in primum caelum quod movetur, non aliquid transiens et adveniens per motum, sed aliquid fixum et stabile; puta virtutem continendi et causandi, vel aliquid huiusmodi ad dignitatem pertinens.
ra3 ‘ Ad tertium dicendum quod locus corporeus deputatur contemplationi non propter necessitatem, sed propter congruitatem, ut exterior claritas interiori conveniat. * unde basilius dicit quod ° ministrator spiritus non poterat degere in tenebris; sed in luce et laetitia decentem sibi habitum possidebat.
ra4 * Ad quartum dicendum quod, sicut basilius dicit in ii hexaem., ° constat factum esse caelum rotunditate conclusum, habens corpus spissum et adeo validum, ut possit ea quae extrinsecus habentur, ab interioribus separare. ob hoc necessario post se regionem relictam carentem luce constituit, utpote fulgore qui superradiabat excluso. ‘ sed quia corpus firmamenti, etsi sit solidum, est tamen diaphanum, quod lumen non impedit (ut patet per hoc, quod lumen stellarum videmus non obstantibus mediis caelis); potest aliter dici quod habet lucem caelum empyreum non condensatam, ut radios emittat, sicut corpus solis, sed magis subtilem. vel habet claritatem gloriae, quae non est conformis cum claritate naturali.

007 ST1 qu66 ar4

ag1 ‘ Ad quartum sic proceditur. videtur quod tempus non sit concreatum materiae informi. * dicit enim augustinus, xii confess., ad deum loquens, ° duo reperio quae fecisti carentia temporibus, “ scilicet materiam primam corporalem, et naturam angelicam. ‘ non ergo tempus est concreatum materiae informi.
ag2 ‘ Praeterea, tempus dividitur per diem et noctem. sed a principio nec nox nec dies erat, sed postmodum, cum divisit deus lucem a tenebris. ergo a principio non erat tempus.
ag3 ‘ Praeterea, tempus est numerus motus firmamenti, quod legitur factum secundo die. ergo non a principio erat tempus.
ag4 ‘ Praeterea, motus est prior tempore. magis igitur deberet numerari inter primo creata motus, quam tempus.
ag5 ‘ Praeterea, sicut tempus est mensura extrinseca, ita et locus. non ergo magis debet computari inter primo creata tempus, quam locus.
sc * Sed contra est quod augustinus dicit, super gen. ad litt., quod “ spiritualis et corporalis creatura est creata in principio temporis.
co ‘ Respondeo dicendum quod communiter dicitur quatuor esse primo creata, scilicet naturam angelicam, caelum empyreum, materiam corporalem informem, et tempus. * sed attendendum est quod hoc dictum non procedit secundum augustini opinionem. augustinus enim ponit “ duo primo creata, scilicet naturam angelicam et materiam corporalem, nulla mentione facta de caelo empyreo. ‘ haec autem duo, scilicet natura angelica et materia informis, praecedunt formationem non duratione, sed natura. et sicut natura praecedunt formationem, ita etiam et motum et tempus. unde tempus non potest eis connumerari. * procedit autem praedicta connumeratio secundum opinionem aliorum sanctorum, ponentium quod “ informitas materiae duratione praecessit formationem. ‘ et tunc pro illa duratione necesse est ponere tempus aliquod; aliter enim mensura durationis accipi non posset.
ra1 * Ad primum ergo dicendum quod augustinus hoc dicit ‘ ea ratione qua natura angelica et materia informis praecedunt origine, seu natura, tempus.
ra2 * Ad secundum dicendum quod sicut, secundum alios sanctos, ‘ materia erat quodammodo informis, et postea fuit formata; ita tempus quodammodo fuit informe, et postmodum formatum, et distinctum

per diem et noctem.
ra3 ' Ad tertium dicendum quod, si motus firmamenti non statim a principio incoepit, tunc tempus quod praecessit, non erat numerus motus firmamenti, sed cuiuscumque primi motus. accidit enim tempori quod sit numerus motus firmamenti, inquantum hic motus est primus motuum, si autem esset alius motus primus, illius motus esset tempus mensura, quia omnia mensurantur primo sui generis. oportet autem dicere statim a principio fuisse aliquem motum, ad minus secundum successionem conceptionum et affectionum in mente angelica. motum autem non est intelligere sine tempore, cum nihil aliud sit tempus quam numerus prioris et posterioris in motu.
ra4 ' Ad quartum dicendum quod inter primo creata computantur ea quae habent generalem habitudinem ad res. et ideo computari debuit tempus, quod habet rationem communis mensurae, non autem motus, qui comparatur solum ad subiectum mobile.
ra5 ' Ad quintum dicendum quod locus intelligitur in caelo empyreo omnia continente. et quia locus est de permanentibus, concreatus est totus simul. tempus autem, quod non est permanens, concreatum est in suo principio, sicut etiam modo nihil est accipere in actu de tempore nisi nunc.

007 ST1 qu67 ar

pr ' Consequenter considerandum est de opere distinctionis secundum se et primo, de opere primae diei; secundo, de opere secundae diei; tertio, de opere tertiae. circa primum quaeruntur quatuor. primo, utrum lux proprie in spiritualibus dici possit. secundo, utrum lux corporalis sit corpus. tertio, utrum sit qualitas. quarto, utrum conveniens fuit prima die fieri lucem.

007 ST1 qu67 ar1

ag1 ' Ad primum sic proceditur. videtur quod lux proprie in spiritualibus dicatur. * dicit enim augustinus, iv super gen. ad litt., quod " in spiritualibus melior et certior lux est, et quod ° christus non sic dicitur lux quo modo lapis, sed illud proprie, hoc figurative.
ag2 * Praeterea, dionysius, iv cap. de div. nom., ponit " lumen inter nomina intelligibilia dei. ' nomina autem intelligibilia proprie dicuntur in spiritualibus. ergo lux proprie dicitur in spiritualibus.
ag3 * Praeterea, apostolus dicit, ad ephes. v, ° omne quod manifestatur, lumen est. ' sed manifestatio magis proprie est in spiritualibus quam in corporalibus. ergo et lux.
sc * Sed contra est quod ambrosius, in libro de fide, " ponit splendorem inter ea quae de deo metaphorice dicuntur.
co ' Respondeo dicendum quod de aliquo nomine dupliciter convenit loqui, uno modo, secundum primam eius impositionem; alio modo, secundum usum nominis. sicut patet in nomine visionis, quod primo impositum est ad significandum actum sensus visus; sed propter dignitatem et certitudinem huius sensus, extensum est hoc nomen, secundum usum loquentium, ad omnem cognitionem aliorum sensuum (dicimus enim, vide quomodo sapit, vel quomodo redolet, vel quomodo est calidum); et ulterius etiam ad cognitionem intellectus, * secundum illud matth. v, ° beati mundo corde, quoniam ipsi deum videbunt. ' et similiter dicendum est de nomine lucis. nam primo quidem est institutum ad significandum id quod facit manifestationem in sensu visus, postmodum autem extensum est ad significandum omne illud quod facit manifestationem secundum quamcumque cognitionem. si ergo accipiatur nomen luminis secundum suam primam impositionem, metaphorice in spiritualibus dicitur, * ut ambrosius dicit. ' si autem accipiatur secundum quod est in usu loquentium ad omnem manifestationem extensum, sic proprie in spiritualibus dicitur.
ra ' Et per hoc patet responsio ad obiecta.

007 ST1 qu67 ar2

ag1 ' Ad secundum sic proceditur. videtur quod lux sit corpus. * dicit enim augustinus, in libro de lib. arbit., quod ° lux in corporibus primum tenet locum. ' ergo lux est corpus.
ag2 * Praeterea, philosophus dicit quod " lumen est species ignis. ' sed ignis est corpus. ergo lumen est corpus.
ag3 ' Praeterea, ferri, intersecari, et reflecti est proprie corporum, haec autem omnia attribuuntur lumini vel radio. coniunguntur etiam diversi radii et separantur, * ut dionysius dicit, ii cap. de div. nom., ' quod etiam videtur non nisi corporibus convenire posse. ergo lumen est corpus.
sc ' Sed contra, duo corpora non possunt simul esse in eodem loco. sed lumen est simul cum aere. ergo lumen non est corpus.
co ' Respondeo dicendum quod impossibile est lumen esse corpus. quod quidem apparet tripliciter. primo quidem, ex parte loci. nam locus cuiuslibet corporis est alius a loco alterius corporis, nec est possibile, secundum naturam, duo corpora esse simul in eodem loco, qualiacumque corpora sint; quia contiguum requirit distinctionem in situ. secundo, apparet idem ex ratione motus. si enim lumen esset corpus, illuminatio esset motus localis corporis. nullus autem motus localis corporis potest esse in instanti, quia omne quod movetur localiter, necesse est quod prius perveniat ad medium magnitudinis quam ad extremum. illuminatio autem fit in instanti. nec potest dici quod fiat in tempore imperceptibili. quia in parvo spatio posset tempus latere, in magno autem spatio, puta ab oriente in occidentem, tempus latere non posset, statim enim cum sol est in puncto orientis, illuminatur totum hemisphaerium usque ad punctum oppositum. est etiam aliud considerandum ex parte motus. quia omne corpus habet motum naturalem determinatum, motus autem illuminationis est ad omnem partem, nec magis secundum circulum quam secundum rectitudinem. unde manifestum est quod illuminatio non est motus localis alicuius corporis. tertio, apparet idem ex parte generationis et corruptionis. si enim lumen esset corpus, quando aer obtenebrescit per absentiam luminaris, sequeretur quod corpus luminis corrumperetur, et quod materia eius acciperet aliam formam. quod non apparet, |25| nisi aliquis dicat etiam tenebras esse corpus. nec etiam apparet ex qua materia tantum corpus, quod replet medium hemisphaerium, quotidie generetur. ridiculum est etiam dicere quod ad solam absentiam luminaris, tantum corpus corrumpatur. si quis etiam dicat quod non corrumpitur, sed simul cum sole accedit et circumfertur, quid dici poterit de hoc, quod ad interpositionem alicuius corporis circa candelam, tota domus obscuratur? nec videtur quod lumen congregetur circa candelam, quia non apparet ibi maior claritas post quam ante. quia ergo omnia haec non solum rationi, sed sensui etiam repugnant, dicendum est quod impossibile est lumen esse corpus.
ra1 * Ad primum ergo dicendum quod augustinus accipit ' lucem pro corpore lucido in actu, scilicet pro igne, quod inter quatuor elementa nobilissimum est.
ra2 * Ad secundum dicendum quod aristoteles " lumen nominat ignem in propria materia, sicut ignis in materia aerea dicitur flamma, et in materia terrea dicitur carbo. * non tamen est multum curandum de eis exemplis quae aristoteles inducit in libris logicalibus, quia inducit " ea ut probabilia secundum opinionem aliorum.
ra3 ' Ad tertium dicendum quod omnia illa attribuuntur lumini metaphorice, sicut etiam possent attribui calori. quia enim motus localis est naturaliter primus motuum, * ut probatur in viii physic.. ' utimur nominibus pertinentibus ad motum localem, in alteratione et in omnibus motibus, sicut etiam nomen distantiae derivatum est a loco ad omnia contraria, * ut dicitur in x metaphys..

007 ST1 qu67 ar3

ag1 ' Ad tertium sic proceditur. videtur quod lux non sit qualitas. omnis enim qualitas permanet in subiecto etiam postquam agens discesserit; sicut calor in aqua postquam removetur ab igne. sed lumen non remanet in aere recedente luminari. ergo lumen non est qualitas.
ag2 ' Praeterea, omnis qualitas sensibilis habet contrarium; sicut calido contrariatur frigidum, et albo nigrum. sed lumini nihil est contrarium, tenebra enim est privatio luminis. ergo lumen non est qualitas sensibilis.
ag3 ' Praeterea, causa est potior effectu. sed lux caelestium corporum causat formas substantiales in istis inferioribus. dat etiam esse spirituale coloribus, quia facit eos visibiles actu. ergo lux non est aliqua qualitas sensibilis, sed magis substantialis forma, aut spiritualis.
sc * Sed contra est quod damascenus dicit, in libro i, quod " lux est quaedam qualitas.
co * Respondeo dicendum quod quidam dixerunt quod " lumen in aere non habet esse naturale, sicut color in pariete; sed esse intentionale, sicut similitudo coloris in aere. ' sed hoc non potest esse, propter duo. primo quidem, quia lumen denominat aerem, fit enim aer luminosus in actu. color vero non denominat ipsum, non enim dicitur aer coloratus. secundo, quia lumen habet effectum in natura, quia per radios solis calefiunt corpora. intentiones autem non causant transmutationes naturales. * alii vero dixerunt quod " lux est forma substantialis solis. ' sed hoc etiam apparet impossibile, propter duo. primo quidem, quia nulla forma substantialis est per se sensibilis, quia quod quid est est obiectum intellectus, * ut dicitur in iii de anima. ' lux autem est secundum se visibilis. secundo, quia impossibile est ut id quod est forma substantialis in uno, sit forma accidentalis in alio, quia formae substantiali per se convenit constituere in specie; unde semper et in omnibus adest ei. lux autem non est forma substantialis aeris, alioquin, ea recedente, corrumperetur. unde non potest esse forma substantialis solis. dicendum est ergo quod, sicut calor est qualitas activa consequens formam substantialem ignis, ita lux est qualitas activa consequens formam substantialem solis, vel cuiuscumque alterius corporis a se |25| lucentis, si aliquod aliud tale est. cuius signum est, quod radii diversarum stellarum habent diversos effectus, secundum diversas naturas corporum.
ra1 ' Ad primum ergo dicendum quod, cum qualitas consequatur formam substantialem, diversimode se habet subiectum ad receptionem qualitatis, sicut se habet ad receptionem formae. cum enim materia perfecte recipit formam, firmiter stabilitur etiam qualitas consequens formam; sicut si aqua convertatur in ignem. cum vero forma substantialis recipitur imperfecte, secundum inchoationem quandam, qualitas consequens manet quidem aliquandiu, sed non semper; sicut patet in aqua calefacta, quae redit ad suam naturam. sed illuminatio non fit per aliquam transmutationem materiae ad susceptionem formae substantialis, ut fiat quasi inchoatio aliqua formae. et ideo lumen non remanet nisi ad praesentiam agentis.
ra2 ' Ad secundum dicendum quod accidit luci quod non habeat contrarium, inquantum est qualitas naturalis primi corporis alterantis, quod est a contrarietate elongatum.
ra3 ' Ad tertium dicendum quod, sicut calor agit ad formam ignis quasi instrumentaliter in virtute formae substantialis, ita lumen agit quasi instrumentaliter in virtute corporum caelestium ad producendas formas substantiales, et ad hoc quod faciat colores visibiles actu, inquantum est qualitas primi corporis sensibilis.

007 ST1 qu67 ar4

ag1 ' Ad quartum sic proceditur. videtur quod inconveniens fuerit lucis productio in prima die ponatur. est enim lux qualitas quaedam, * ut dictum est. ' qualitas autem, cum sit accidens, non habet rationem primi, sed magis rationem postremi. non ergo prima die debet poni productio lucis.
ag2 ' Praeterea, per lucem distinguitur nox a die. hoc autem fit per solem, qui ponitur factus die quarta. ergo non debuit poni productio lucis prima die.
ag3 ' Praeterea, nox et dies fit per circularem motum corporis lucidi. sed circularis motus est proprius firmamenti, quod legitur factum die secunda. ergo non debuit poni in prima die productio lucis distinguentis noctem et diem.
ag4 ' Si dicatur quod intelligitur de luce spirituali, contra, lux quae legitur facta prima die, facit distinctionem a tenebris. sed non erant in principio spirituales tenebrae, quia etiam daemones fuerunt a principio boni, * ut supra dictum est. ' non ergo prima die debuit poni productio lucis.
sc ' Sed contra, id sine quo non potest esse dies, oportuit fieri in prima die. sed sine luce non potest esse dies. ergo oportuit lucem fieri prima die.
co ' Respondeo dicendum quod de productione lucis est duplex opinio. * augustino enim videtur quod " non fuerit conveniens moysen praetermisisse spiritualis creaturae productionem. et ideo dicit quod, cum dicitur, in principio creavit deus caelum et terram, per caelum intelligitur spiritualis natura adhuc informis, per terram autem intelligitur materia informis corporalis creaturae. et quia natura spiritualis dignior est quam corporalis, fuit prius formanda. formatio igitur spiritualis naturae significatur in productione lucis, ut intelligatur de luce spirituali formatio enim naturae spiritualis est per hoc quod illuminatur ut adhaereat verbo dei. * aliis autem videtur quod " sit praetermissa a moyse productio spiritualis creaturae. sed huius rationem diversimode assignant. * basilius enim dicit quod " moyses principium narrationis suae fecit a principio quod ad tempus pertinet sensibilium rerum; sed spiritualis natura, idest angelica, praetermittitur, quia fuit ante creata. * chrysostomus autem assignat aliam rationem. quia " moyses loquebatur rudi populo, qui nihil nisi corporalia poterat capere; quem etiam ab idololatria revocare volebat. assumpsissent autem idololatriae |25| occasionem, si propositae fuissent eis aliquae substantiae supra omnes corporeas creaturas, eas enim reputassent deos, cum etiam proni essent ad hoc quod solem et lunam et stellas colerent tanquam deos; * quod eis inhibetur deut. iv. ' praemissa autem fuerat * gen. i, " circa creaturam corporalem multiplex informitas, una quidem in hoc quod dicebatur, terra erat inanis et vacua; alia vero in hoc quod dicebatur, tenebrae erant super faciem abyssi. ' necessarium autem fuit ut informitas tenebrarum primo removeretur per lucis productionem, propter duo. primo quidem, quia lux, * ut dictum est, ' est qualitas primi corporis, unde secundum eam primo fuit mundus formandus. secundo, propter communitatem lucis, communicant enim in ea inferiora corpora cum superioribus. sicut autem in cognitione proceditur a communioribus, ita etiam in operatione, nam prius generatur vivum quam animal, et animal quam homo, * ut dicitur in libro de gener. animal.. ' sic ergo oportuit ordinem divinae sapientiae manifestari, ut primo inter opera distinctionis produceretur lux, tanquam primi corporis forma, et tanquam communior. |50| * basilius autem ponit tertiam rationem, quia ' per lucem omnia alia manifestantur. potest et quarta ratio addi, quae in obiiciendo est tacta, quia dies non potest esse sine luce; unde oportuit in prima die fieri lucem.
ra1 * Ad primum ergo dicendum quod, secundum opinionem quae ponit " informitatem materiae duratione praecedere formationem, oportet dicere quod materia a principio fuerit creata sub formis substantialibus; postmodum vero fuerit formata secundum aliquas conditiones accidentales, inter quas primum locum obtinet lux.
ra2 * Ad secundum dicendum quod quidam dicunt

“ lucem illam fuisse quandam nubem lucidam, quae postmodum, facto sole, in materiam praeiacentem rediit. ‘ sed istud non est conveniens. quia scriptura in principio genesis commemorat institutionem naturae, quae postmodum perseverat, unde non debet dici quod aliquid tunc factum fuerit, quod postmodum esse desierit. * et ideo alii dicunt quod “ illa nubes lucida adhuc remanet, et est coniuncta soli, ut ab eo discerni non possit. ‘ sed secundum hoc, illa nubes superflua remaneret, nihil autem est vanum in operibus dei. * et ideo alii dicunt quod “ ex illa nube formatum est corpus solis. ‘ sed hoc etiam dici non potest, si ponatur corpus solis non esse de natura quatuor elementorum, sed esse incorruptibile per naturam quia secundum hoc, materia eius non potest esse sub alia forma. * et ideo est dicendum, ut dionysius dicit iv cap. de div. nom., quod ‘ illa lux fuit lux solis, sed adhuc informis, quantum ad hoc, quod iam erat substantia solis, et habebat virtutem illuminativam in communi; sed postmodum data est ei specialis et determinata virtus ad particulares effectus. et secundum hoc, in productione huius lucis distincta est lux a tenebris, quantum ad tria. primo |25| quidem, quantum ad causam, secundum quod in substantia solis erat causa luminis, in opacitate autem terrae causa tenebrarum. secundo, quantum ad locum, quia in uno hemisphaerio erat lumen, in alio tenebrae. tertio, quantum ad tempus, quia in eodem hemisphaerio secundum unam partem temporis erat lumen, secundum aliam tenebrae. * et hoc est quod dicitur, ° lucem vocavit diem, et tenebras noctem.

ra3 * Ad tertium dicendum quod basilius dicit “ lucem et tenebras tunc fuisse per emissionem et contractionem luminis, et non per motum. * sed contra hoc obiicit augustinus quod “ nulla ratio esset huius vicissitudinis emittendi et retrahendi luminis; cum homines et animalia non essent, quorum usibus hoc deserviret. ‘ et praeterea hoc non habet natura corporis lucidi, ut retrahat lumen in sui praesentia, sed miraculose potest hoc fieri, in prima autem institutione naturae non quaeritur miraculum, sed quid natura rerum habeat, * ut augustinus dicit. ‘ et ideo dicendum est quod duplex est motus in caelo. unus communis toti caelo, qui facit diem et noctem, et iste videtur institutus primo die. alius autem est, qui diversificatur per diversa corpora; secundum quos motus fit diversitas dierum ad invicem, et mensium et annorum. et ideo in prima die fit mentio de sola distinctione noctis et diei, quae fit per motum communem. in quarta autem die fit mentio de diversitate dierum et temporum et annorum, * cum dicitur, ° ut sint in tempora et dies et annos; ‘ quae quidem diversitas fit per motus proprios.

ra4 * Ad quartum dicendum quod, secundum augustinum, “ informitas non praecedit formationem duratione. ‘ unde oportet dicere quod per lucis productionem intelligatur formatio spiritualis creaturae non quae est per gloriam perfecta, cum qua creata non fuit; sed quae est per gratiam perfecta, cum qua creata fuit, * ut dictum est. ‘ per hanc ergo lucem facta est divisio a tenebris, idest ab informitate alterius creaturae non formatae. vel, si tota creatura simul formata fuit, facta est distinctio a tenebris spiritualibus, non quae tunc essent (quia diabolus non fuit creatus malus); sed quas deus futuras praevidit.

007 ST1 qu68 ar

pr ‘ Deinde considerandum est de opere secundae diei. et circa hoc quaeruntur quatuor. primo, utrum firmamentum sit factum secunda die. secundo, utrum aliquae aquae sint supra firmamentum. tertio, utrum firmamentum dividat aquas ab aquis. quarto, utrum sit unum caelum tantum, vel plures.

007 ST1 qu68 ar1

ag1 ‘ Ad primum sic proceditur. videtur quod firmamentum non sit factum secunda die. * dicitur enim gen. i, ° vocavit deus firmamentum caelum. ‘ sed caelum factum est ante omnem diem, ut patet * cum dicitur, ° in principio creavit deus caelum et terram. ‘ ergo firmamentum non est factum secunda die.

ag2 ‘ Praeterea, opera sex dierum ordinantur secundum ordinem divinae sapientiae. non conveniret autem divinae sapientiae, ut posterius faceret quod est naturaliter prius. firmamentum autem est naturaliter prius aqua et terra, de quibus tamen fit mentio ante formationem lucis, quae fuit prima die. non ergo firmamentum factum est secunda die.

ag3 ‘ Praeterea, omne quod est factum per sex dies, formatum est ex materia prius creata ante omnem diem. sed firmamentum non potuit formari ex materia praeexistente, quia sic esset generabile et corruptibile. ergo firmamentum non est factum secunda die.

sc * Sed contra est quod dicitur gen. i, ° dixit deus, fiat firmamentum. * et postea sequitur, ° et factum est vespere et mane dies secundus.

co * Respondeo dicendum quod, sicut augustinus docet, ‘ in huiusmodi quaestionibus duo sunt observanda. primo quidem, ut veritas scripturae inconcusse teneatur. secundo, cum scriptura divina multipliciter exponi possit, quod nulli expositioni aliquis ita praecise inhaereat quod, si certa ratione constiterit hoc esse falsum, quod aliquis sensum scripturae esse asserere praesumat, ne scriptura ex hoc ab infidelibus derideatur, et ne eis via credendi praecludatur. sciendum est ergo quod hoc quod legitur firmamentum secunda die factum, dupliciter intelligi potest. uno modo, de firmamento in quo sunt sidera. et secundum hoc, oportet nos diversimode exponere secundum diversas opiniones hominum de firmamento. * quidam enim dixerunt “ firmamentum illud esse ex elementis compositum. * et haec fuit opinio empedoclis; qui tamen dixit “ ideo illud corpus indissolubile esse, quia in eius compositione lis non erat sed amicitia tantum. * alii vero dixerunt “ firmamentum esse de natura quatuor elementorum non quasi ex elementis compositum, sed quasi elementum simplex. * et haec opinio fuit platonis, qui posuit |25| “ corpus caeleste esse elementum ignis. * alii vero dixerunt “ caelum non esse de natura quatuor elementorum, sed esse quintum corpus, praeter quatuor elementa. * et haec est opinio aristotelis. secundum igitur primam opinionem, ‘ absolute posset concedi quod firmamentum factum fuerit secunda die, etiam secundum suam substantiam. nam ad opus creationis pertinet producere ipsam elementorum substantiam, ad opus autem distinctionis et ornatus pertinet formare aliqua ex praeexistentibus elementis. * secundum vero opinionem platonis, ‘ non est conveniens quod firmamentum credatur secundum suam substantiam esse factum secunda die. nam facere firmamentum, secundum hoc, est producere elementum ignis. productio autem elementorum pertinet ad opus creationis, secundum eos qui ponunt informitatem materiae tempore praecedere formationem, quia formae elementorum sunt quae primo adveniunt materiae. multo autem minus * secundum opinionem aristotelis ‘ poni potest quod firmamentum secundum suam substantiam sit secunda die productum, secundum quod per istos dies successio temporis designatur. quia caelum, cum sit secundum suam naturam incorruptibile, habet materiam quae non potest subesse alteri formae, unde impossibile |50| est quod firmamentum sit factum ex materia prius tempore existente. unde productio substantiae firmamenti ad opus creationis pertinet. sed aliqua formatio eius, secundum has duas opiniones, pertinet ad opus secundae diei, * sicut etiam dionysius dicit, iv cap. de div. nom., quod ‘ lumen solis fuit informe in primo triduo, et postea fuit in quarta die formatum. si autem per istos dies non designetur temporis successio, sed solum ordo naturae, * ut augustinus vult; ‘ nihil prohibebit dicere, secundum quamcumque harum opinionum formationem secundum substantiam firmamenti ad secundam diem pertinere. potest autem et alio modo intelligi, ut per firmamentum quod legitur secunda die factum, non intelligatur firmamentum illud in quo fixae sunt stellae, sed illa pars aeris in qua condensantur nubes. et dicitur firmamentum propter spissitudinem aeris in parte illa, nam quod est spissum et solidum, dicitur esse corpus firmum, ad differentiam corporis mathematici, * ut dicit basilius. ‘ et secundum hanc expositionem, nihil repugnans sequitur cuicumque opinioni. * unde augustinus, ii super gen. ad litt., hanc expositionem commendans, dicit, |75| ° hanc considerationem laude dignissimam iudico; quod enim dixit, neque est contra fidem, et in promptu, posito documento, credi potest.

ra1 * Ad primum ergo dicendum quod, secundum chrysostomum, “ primo moyses summarie dixit quid deus fecit, praemittens, in principio creavit deus caelum et terram, postea per partes explicavit. sicut si quis dicat, hic artifex fecit domum istam, et postea subdat, primo fecit fundamenta, et postea erexit parietes, tertio superposuit tectum. ‘ et sic non oportet nos aliud caelum intelligere, cum dicitur, ° in principio creavit deus caelum et terram; ‘ et cum dicitur quod secunda die factum est firmamentum. potest etiam dici aliud esse caelum quod legitur in principio creatum, et quod legitur secunda die factum. et hoc diversimode. * nam secundum augustinum, “ caelum quod legitur primo die factum, est natura spiritualis informis, caelum autem quod legitur secunda die factum, est caelum corporeum. * secundum vero bedam et strabum, “ caelum quod legitur primo die factum, est caelum empyreum, firmamentum vero quod legitur secunda die factum, est caelum sidereum. * secundum vero damascenum, “ caelum quod legitur prima die factum, est quoddam caelum sphaericum sine stellis, de quo philosophi loquuntur, dicentes ipsum esse nonam sphaeram et mobile primum, quod movetur motu diurno, per firmamentum vero factum secunda die, |25| intelligitur caelum sidereum. * secundum autem aliam expositionem, quam augustinus tangit, “ caelum prima die factum, est etiam ipsum caelum sidereum, per firmamentum vero secunda die factum, intelligitur spatium aeris in quo nubes condensantur, quod etiam caelum aequivoce dicitur. et ideo, ad aequivocationem designandam, signanter dicitur, vocavit deus firmamentum caelum; sicut et supra dixerat, vocavit lucem diem ‘ (quia dies etiam pro spatio vigintiquatuor horarum ponitur). et idem est in aliis observandum, * ut rabbi moyses dicit.

ra2 ‘ Ad secundum et tertium patet solutio ex supra dictis.

007 ST1 qu68 ar2

ag1 ‘ Ad secundum sic proceditur. videtur quod aquae non sunt supra firmamentum. aqua enim est naturaliter gravis. locus autem proprius gravis non est esse sursum, sed solum deorsum. ergo aquae non sunt supra firmamentum.

ag2 ‘ Praeterea, naturaliter aqua est fluida. sed quod est fluidum, non potest consistere super corpus rotundum, ut experimento patet. ergo, cum firmamentum sit corpus rotundum, aqua non potest esse supra firmamentum.

ag3 ‘ Praeterea, aqua cum sit elementum, ordinatur ad generationem corporis mixti; sicut imperfectum ordinatur ad perfectum. sed supra firmamentum non est locus mixtionis, sed supra terram. ergo frustra aqua esset supra firmamentum. nihil autem in operibus dei est frustra. ergo aquae non sunt supra firmamentum.

sc * Sed contra est quod dicitur gen. i, quod ° divisit aquas quae erant supra firmamentum, ab his quae erant sub firmamento.

co ‘ Respondeo dicendum quod, * sicut dicit augustinus, ii super gen. ad litt., ° maior est scripturae huius auctoritas quam omnis humani ingenii capacitas. unde quomodo et quales aquae ibi sint, eas tamen ibi esse, minime dubitamus. ‘ quales autem sint illae aquae, non eodem modo ab omnibus assignatur. * origenes enim dicit quod “ aquae illae quae super caelos sunt, sunt spirituales substantiae, * unde in psalmo cxlviii, dicitur, ° aquae quae super caelos sunt, laudent nomen domini; * et dan. iii, ° benedicite, aquae omnes quae super caelos sunt, domino. * sed ad hoc respondet basilius, in iii hexaem., quod hoc non dicitur “ eo quod aquae sint rationales creaturae; sed quia ° consideratio earum, prudenter a sensum habentibus contemplata, glorificationem perficit creatoris. * unde ibidem dicitur ‘ idem de igne et grandine et huiusmodi, de quibus constat quod non sunt rationales creaturae. dicendum est ergo quod sunt aquae corporales. sed quales aquae sint, oportet diversimode definire, secundum diversam de firmamento sententiam. si enim per firmamentum intelligitur caelum sidereum quod ponitur esse de natura quatuor elementorum, pari ratione et aquae quae |25| super caelos sunt, eiusdem naturae poterunt credi cum elementaribus aquis. si autem per firmamentum intelligatur caelum sidereum quod non sit de natura quatuor elementorum, tunc et aquae illae quae sunt supra firmamentum, non erunt de natura elementarium aquarum, sed sicut, * secundum strabum, ‘ dicitur caelum empyreum, idest igneum, propter solum splendorem; ita dicetur aliud caelum aqueum propter solam diaphaneitatem, quod est supra caelum sidereum. posito etiam quod firmamentum sit alterius naturae praeter quatuor elementa, adhuc potest dici quod aquas dividit, si per aquam non elementum aquae, sed materiam informem corporum intelligamus, * ut augustinus dicit, super gen. contra manich., quia ‘ secundum hoc, quidquid est inter corpora, dividit aquas ab aquis. si autem per firmamentum intelligatur pars aeris in qua nubes condensantur, sic aquae quae supra firmamentum sunt, sunt aquae quae, vaporabiliter resolutae, supra aliquam partem aeris elevantur ex quibus pluviae generantur. dicere enim quod aquae vaporabiliter resolutae eleventur supra caelum sidereum, * ut quidam dixerunt, quorum opinionem augustinus tangit in ii super gen. ad litt. ‘ est omnino impossibile. tum propter soliditatem caeli. tum propter regionem ignis mediam, quae huiusmodi vapores consumeret. tum quia |50| locus quo feruntur levia et rara, est infra concavum orbis lunae. tum etiam quia sensibiliter apparet vapores non elevari usque ad cacumina quorundam montium. * quod etiam dicunt de rarefactione corporis in infinitum, “ propter hoc quod corpus est in infinitum divisibile, * vanum est. ‘ non enim corpus naturale in infinitum dividitur aut rarefit, sed usque ad certum terminum.

ra1 * Ad primum ergo dicendum quod quibusdam videtur “ ratio illa solvenda per hoc, quod aquae, quamvis sint naturaliter graves, virtute tamen divina super caelos continentur. sed hanc solutionem * augustinus excludit, ii lib. super gen. ad litt., dicens quod ° nunc quemadmodum deus instituit naturas rerum convenit quaerere; non quid in eis ad miraculum suae potentiae velit operari. “ unde aliter dicendum est quod, secundum duas ultimas opiniones de aquis et firmamento, patet solutio ex praemissis. secundum autem primam opinionem, oportet ponere alium ordinem in elementis quam aristoteles ponat; ut quaedam aquae spissae sint circa terram, quaedam vero tenues circa caelum; ut sic se habeant illae ad caelum, sicut istae ad terram. ‘ vel quod per aquam intelligatur materia corporum, * ut dictum est.

ra2 ‘ Ad secundum etiam patet solutio ex praemissis, secundum duas ultimas opiniones. secundum vero primam, * respondet basilius dupliciter. “ uno modo, quia non est necessarium ut omne quod in concavo apparet rotundum, sit etiam supra rotundum secundum convexum. secundo, quia aquae quae sunt supra caelos, non sunt fluidae; sed quasi glaciali soliditate circa caelum firmatae. * unde et a quibusdam dicuntur caelum crystallinum.

ra3 “ Ad tertium dicendum quod, secundum tertiam opinionem, aquae sunt supra firmamentum vaporabiliter elevatae propter utilitatem pluviarum. secundum vero secundam opinionem, aquae sunt supra firmamentum, idest caelum totum diaphanum absque stellis. * quod quidam ponunt " primum mobile, quod revolvit totum caelum motu diurno, ut operetur per motum diurnum continuitatem generationis, ' sicut caelum in quo sunt sidera, per motum qui est secundum zodiacum, operatur diversitatem generationis et corruptionis, per accessum et recessum, et per diversas virtutes stellarum. * secundum vero primam opinionem, aquae sunt ibi, ut basilius dicit, " ad contemperandum calorem caelestium corporum. cuius signum acceperunt aliqui, * ut augustinus dicit, " quod stella saturni, propter vicinitatem aquarum superiorum, est frigidissima.

007 ST1 qu68 ar3

ag1 ' Ad tertium sic proceditur. videtur quod firmamentum non dividat aquas ab aquis. unius enim corporis secundum speciem, est unus locus naturalis. sed omnis aqua omni aquae est eadem specie, * ut dicit philosophus. ' non ergo aquae ab aquis sunt distinguendae secundum locum.
ag2 ' Si dicatur quod aquae illae quae sunt supra firmamentum, sunt alterius speciei ab aquis quae sunt sub firmamento, contra, ea quae sunt secundum speciem diversa, non indigent aliquo alio distinguente. si ergo aquae superiores et inferiores specie differunt, firmamentum eas ab invicem non distinguit.
ag3 ' Praeterea, illud videtur aquas ab aquis distinguere, quod ex utraque parte ab aquis contingitur; sicut si aliquis paries fabricetur in medio fluminis. manifestum est autem quod aquae inferiores non pertingunt usque ad firmamentum. ergo non dividit firmamentum aquas ab aquis.
sc * Sed contra est quod dicitur gen. i, ° fiat firmamentum in medio aquarum, et dividat aquas ab aquis.
co ' Respondeo dicendum quod aliquis, considerando superficie tenus litteram genesis, posset talem imaginationem concipere, secundum quorundam antiquorum philosophorum positionem. * posuerunt enim quidam " aquam esse quoddam infinitum corpus, et omnium aliorum corporum principium. quam quidem immensitatem aquarum accipere posset in nomine abyssi, cum dicitur quod tenebrae erant super faciem abyssi. ponebant etiam quod istud caelum sensibile quod videmus, non continet infra se omnia corporalia; sed est infinitum aquarum corpus supra caelum. et ita posset aliquis dicere quod firmamentum caeli dividit aquas exteriores ab aquis interioribus, idest ab omnibus corporibus quae infra caelum continentur, quorum principium aquam ponebant. ' sed quia ista positio per veras rationes falsa deprehenditur, non est dicendum hunc esse intellectum scripturae. sed considerandum est quod moyses rudi populo loquebatur, quorum imbecillitati condescendens, illa solum eis proposuit, quae manifeste sensui apparent. omnes autem, quantumcumque rudes, terram et aquam esse corpora sensu deprehendunt. aer autem non percipitur ab omnibus esse corpus, * intantum quod etiam quidam philosophi " aerem dixerunt nihil esse, plenum aere vacuum nominantes. ' et ideo moyses de aqua et terra mentionem facit expressam, |25| aerem autem non expresse nominat, ne rudibus quoddam ignotum proponeret. ut tamen capacibus veritatem exprimeret, dat locum intelligendi aerem, significans ipsum quasi aquae annexum, * cum dicit quod " tenebrae erant super faciem abyssi; ' per quod datur intelligi super faciem aquae esse aliquod corpus diaphanum quod est subiectum lucis et tenebrarum. sic igitur sive per firmamentum intelligamus caelum in quo sunt sidera, sive spatium aeris nubilosum, convenienter dicitur quod firmamentum dividit aquas ab aquis, secundum quod per aquam materia informis significatur; vel secundum quod omnia corpora diaphana sub nomine aquarum intelliguntur. nam caelum sidereum distinguit corpora inferiora diaphana a superioribus. aer vero nubilosus distinguit superiorem aeris partem, in qua generantur pluviae et huiusmodi impressiones, ab inferiori parte aeris, quae aquae connectitur, et sub nomine aquarum intelligitur.
ra1 ' Ad primum ergo dicendum quod, si per firmamentum intelligatur caelum sidereum, aquae superiores non sunt eiusdem speciei cum inferioribus. si autem per firmamentum intelligatur nubilosus aer, tunc utraeque aquae sunt eiusdem speciei. et deputantur tunc duo loca aquis non eadem ratione; sed locus superior est locus generationis aquarum, locus autem inferior est locus quietis earum.
ra2 ' Ad secundum dicendum quod, si accipiantur aquae diversae secundum speciem, firmamentum dicitur dividere aquas ab aquis, non sicut causa faciens divisionem; sed sicut terminus utrarumque aquarum.
ra3 ' Ad tertium dicendum quod moyses, propter invisibilitatem aeris et similium corporum, omnia huiusmodi corpora sub aquae nomine comprehendit. et sic manifestum est quod ex utraque parte firmamenti, qualitercumque accepti, sunt aquae.

007 ST1 qu68 ar4

ag1 ' Ad quartum sic proceditur. videtur quod sit unum caelum tantum. caelum enim contra terram dividitur, cum dicitur, ° in principio creavit deus caelum et terram. ' sed terra est una tantum. ergo et caelum est unum tantum.
ag2 ' Praeterea, omne quod constat ex tota sua materia est unum tantum. sed caelum est huiusmodi, * ut probat philosophus in i de caelo. ' ergo caelum est unum tantum.
ag3 ' Praeterea, quidquid dicitur de pluribus univoce, dicitur de eis secundum unam rationem communem. sed si sunt plures caeli, caelum dicitur univoce de pluribus, quia si aequivoce, non proprie dicerentur plures caeli. oportet ergo, si dicuntur plures caeli, quod sit aliqua ratio communis, secundum quam caeli dicantur. hanc autem non est assignare. non est ergo dicendum quod sint plures caeli.
sc * Sed contra est quod dicitur in psalmo cxlviii, ° laudate eum, caeli caelorum.
co * Respondeo dicendum quod circa hoc videtur esse quaedam diversitas inter basilium et chrysostomum. dicit enim chrysostomus " non esse nisi unum caelum; et quod pluraliter dicitur, caeli caelorum, hoc est propter proprietatem linguae hebraeae, in qua consuetum est ut caelum solum pluraliter significetur; sicut sunt etiam multa nomina in latino quae singulari carent. * basilius autem, et damascenus sequens eum, dicunt " plures esse caelos. sed haec diversitas magis est in voce quam in re. nam chrysostomus unum caelum nominat totum corpus quod est supra terram et aquam, nam etiam aves, quae volant in aere, dicuntur propter hoc volucres caeli. sed quia in isto corpore sunt multae distinctiones, propter hoc basilius posuit plures caelos. ' ad distinctionem ergo caelorum sciendam, considerandum est quod caelum tripliciter dicitur in scripturis. quandoque enim dicitur proprie et naturaliter. et sic dicitur caelum corpus aliquod sublime, et luminosum actu vel potentia, et incorruptibile per naturam. et secundum hoc, ponuntur tres caeli. primum totaliter lucidum, quod vocant empyreum. secundum totaliter diaphanum, quod vocant caelum aqueum vel crystallinum. tertium partim diaphanum et partim lucidum actu, quod vocant caelum sidereum, et dividitur in octo sphaeras, scilicet in sphaeram stellarum fixarum, |25| et septem sphaeras planetarum; quae possunt dici octo caeli. secundo dicitur caelum per participationem alicuius proprietatis caelestis corporis, scilicet sublimitatis et luminositatis actu vel potentia. et sic totum illud spatium quod est ab aquis usque ad orbem lunae, * damascenus ponit " unum caelum, nominans illud aereum. et sic, secundum eum, sunt tres caeli, aereum, sidereum, et aliud superius, de quo intelligit quod apostolus legitur raptus usque ad tertium caelum. ' sed quia istud spatium continet duo elementa, scilicet ignis et aeris, et in utroque eorum vocatur superior et inferior regio; " ideo istud caelum * rabanus distinguit " in quatuor, supremam regionem ignis nominans caelum igneum; inferiorem vero regionem, caelum olympium, ab altitudine cuiusdam montis qui vocatur olympus; supremam vero regionem aeris vocavit caelum aethereum, propter inflammationem; inferiorem vero regionem, caelum aereum. et sic, cum isti quatuor caeli tribus superioribus connumerantur, fiunt in universo, secundum rabanum, septem caeli corporei. ' tertio dicitur caelum metaphorice. et sic quandoque ipsa sancta trinitas dicitur caelum, propter eius spiritualem sublimitatem et lucem. * de quo caelo exponitur diabolum dixisse, |50| " ascendam in caelum, idest ad aequalitatem dei. ' quandoque etiam spiritualia bona in quibus est sanctorum remuneratio, propter eorum eminentiam caeli nominantur; * ubi dicitur, ° merces vestra multa est in caelis, * ut augustinus exponit. ' quandoque vero tria genera supernaturalium visionum, scilicet corporalis, imaginariae et intellectualis tres caeli nominantur. * de quibus augustinus exponit quod ' paulus est raptus usque ad tertium caelum.
ra1 ' Ad primum ergo dicendum quod terra se habet ad caelum, ut centrum ad circumferentiam. circa unum autem centrum possunt esse multae circumferentiae. unde una terra existente, multi caeli ponuntur.
ra2 ' Ad secundum dicendum quod ratio illa procedit de caelo, secundum quod importat universitatem creaturarum corporalium. sic enim est unum caelum tantum.
ra3 ' Ad tertium dicendum quod in omnibus caelis invenitur communiter sublimitas et aliqua luminositas, * ut ex dictis patet.

007 ST1 qu69 ar

pr ' Deinde considerandum est de opere tertiae diei. et circa hoc quaeruntur duo. primo, de congregatione aquarum. secundo, de productione plantarum.

007 ST1 qu69 ar1

ag1 ' Ad primum sic proceditur. videtur quod aquarum congregatio non convenienter dicatur facta tertia die. ea enim quae facta sunt prima et secunda die, verbo factionis exprimuntur, * dicitur enim, ° dixit deus fiat lux, et, fiat firmamentum. ' sed tertia dies condividitur duabus primis. ergo opus tertiae diei debuit exprimi verbo factionis, et non solum verbo congregationis.
ag2 ' Praeterea, terra prius undique erat aquis cooperta, propter hoc enim invisibilis dicebatur. non erat ergo aliquis locus super terram, in quo aquae congregari possent.
ag3 ' Praeterea, quae non sunt continuata ad invicem, non habent unum locum. sed non omnes aquae habent ad invicem continuitatem. ergo non sunt omnes aquae congregatae in unum locum.
ag4 ' Praeterea, congregatio ad motum localem pertinet. sed aquae naturaliter videntur fluentes, et ad mare currentes. non ergo fuit necessarium ad hoc divinum praeceptum adhiberi.
ag5 ' Praeterea, terra etiam in principio suae creationis nominatur, * cum dicitur, ° in principio creavit deus caelum et terram. ' inconvenienter ergo dicitur tertia die nomen terrae impositum.
sc ' Sed in contrarium sufficit auctoritas scripturae.
co ' Respondeo dicendum quod hic oportet aliter dicere secundum expositionem augustini, et aliorum sanctorum. * augustinus enim in omnibus his operibus " non ponit durationis ordinem, sed solum originis et naturae. dicit enim primo creatam naturam spiritualem informem, et naturam corporalem absque omni forma (quam dicit primo significari nomine terrae et aquae), non quia haec informitas formationem praecesserit tempore, sed origine tantum. neque una formatio, secundum eum, praecessit aliam duratione; sed solum naturae ordine. ' secundum quem ordinem necesse fuit ut primo poneretur formatio supremae naturae, scilicet spiritualis, per hoc quod legitur prima die lux facta. sicut autem spiritualis natura praeeminet corporali, ita superiora corpora praeeminent inferioribus. unde secundo loco tangitur formatio superiorum corporum, cum dicitur, fiat firmamentum; per quod intelligitur impressio formae caelestis in materiam informem, non prius existentem tempore, sed origine tantum. tertio vero loco ponitur impressio formarum elementarium in materiam informem, non tempore, sed origine praecedentem. * unde per hoc quod dicitur, ° congregentur aquae, et appareat arida, ' intelligitur quod materiae corporali impressa est forma |25| substantialis aquae, per quam competit sibi talis motus; et forma substantialis terrae, per quam competit sibi sic videri. * sed secundum alios sanctos, " in his operibus etiam ordo durationis attenditur, ponunt enim quod, informitas materiae tempore praecessit formationem, et una formatio aliam. sed informitas materiae, secundum eos, non intelligitur carentia omnis formae quia iam erat caelum et aqua et terra (quae tria nominantur tanquam manifeste sensu perceptibilia), sed intelligitur informitas materiae carentia debitae distinctionis, et consummatae cuiusdam pulchritudinis. ' et secundum haec tria nomina, posuit scriptura tres informitates. ad caelum enim, quod est superius, pertinet informitas tenebrarum, quia ex eo est origo luminis. informitas vero aquae, quae est media, significatur nomine abyssi, quia hoc nomen significat quandam immensitatem inordinatam aquarum, * ut augustinus dicit, contra faustum. ' informitas vero terrae tangitur in hoc quod dicitur, quod terra erat invisibilis vel inanis, per hoc quod erat aquis cooperta. sic igitur formatio supremi corporis facta est prima die. et quia tempus sequitur motum caeli, tempus autem est numerus motus supremi corporis; per huiusmodi formationem facta est distinctio temporis, noctis scilicet et diei. secundo vero die formatum est medium corpus, scilicet aqua, per firmamentum |50| accipiens quandam distinctionem et ordinem (ita quod sub nomine aquae etiam alia comprehenduntur, * ut supra dictum est). ' tertio vero die formatum est ultimum corpus, scilicet terra, per hoc quod discooperta est aquis; et facta est distinctio in infimo, quae dicitur terrae et maris. " unde satis congrue, sicut informitatem terrae expresserat dicens quod terra erat invisibilis vel inanis, ita eius formationem exprimit per hoc quod dicit, et appareat arida.
ra1 * Ad primum ergo dicendum quod, secundum augustinum, ' ideo in opere tertiae diei non utitur scriptura verbo factionis, sicut in praecedentibus operibus, ut ostendatur quod superiores formae, scilicet spirituales angelorum, et caelestium corporum, sunt perfectae in esse et stabiles; formae vero inferiorum corporum sunt imperfectae et mobiles. et ideo per congregationem aquarum et apparentiam aridae, impressio talium formarum designatur, ° aqua enim est labiliter fluxa, terra stabiliter fixa, * ut ipse dicit in ii super gen. ad litt.. secundum vero alios, ' dicendum est quod opus tertiae diei est perfectum secundum solum motum localem. et ideo non oportuit quod scriptura uteretur verbo factionis.
ra2 * Ad secundum patet solutio secundum augustinum, ' quia non oportet dicere quod terra primo esset cooperta aquis, et postmodum sint aquae congregatae; sed quod in tali congregatione fuerunt productae. * secundum vero alios, tripliciter respondetur, ut augustinus dicit, i super gen. ad litt.. ' uno modo, ut aquae in maiorem altitudinem sint elevatae in loco ubi sunt congregatae. nam mare esse altius terra experimento compertum est in mari rubro, * ut basilius dicit. secundo, ut dicatur quod ° rarior aqua velut nebula, terras tegebat, quae congregatione densata est. " tertio modo, ut dicatur quod ° terra potuit aliquas partes praebere concavas, quibus confluentes aquae reciperentur. ' inter quas prima videtur probabilior.

ra3 ‘ Ad tertium dicendum quod omnes aquae unum terminum habent, scilicet mare, in quod confluunt vel manifestis vel occultis meatibus. et propter hoc dicuntur aquae congregari in unum locum. vel dicit unum locum, non simpliciter, sed per comparationem ad locum terrae siccae; ut sit sensus, congregentur aquae in unum locum, idest, seorsum a terra sicca. nam ad designandam pluralitatem locorum aquae, * subdit quod congregationes aquarum appellavit maria.

ra4 ‘ Ad quartum dicendum quod iussio dei naturalem motum corporibus praebet. * unde dicitur quod suis naturalibus motibus faciunt verbum eius. ‘ vel potest dici quod naturale esset quod aqua undique esset circa terram, sicut aer undique est circa aquam et terram; sed propter necessitatem finis, ut scilicet animalia et plantae essent super terram, oportuit quod aliqua pars terrae esset discooperta aquis. * quod quidem aliqui philosophi attribuunt “ actioni solis, per elevationem vaporum desiccantis terram. ‘ sed sacra scriptura attribuit hoc potestati divinae, non solum * in genesi, sed etiam in iob xxxviii, ubi ex persona domini dicitur, ° circumdedi mare terminis meis; et * ierem. v, ° me ergo non timebitis, ait dominus, qui posui arenam terminum mari?

ra5 * Ad quintum dicendum quod, secundum augustinum, “ per terram de qua primo fiebat mentio, intelligitur materia prima, nunc autem intelligitur ipsum elementum terrae. * vel potest dici, secundum basilium, quod “ primo nominabatur terra secundum naturam suam, nunc autem nominatur ex sua proprietate, quae est siccitas. unde dicitur quod vocavit aridam, terram. * vel potest dici, secundum rabbi moysen, quod “ ubicumque dicitur vocavit, significatur aequivocatio nominis. unde prius dictum est quod vocavit lucem, diem, propter hoc quod etiam dies vocatur spatium vigintiquatuor horarum, secundum quod ibidem dicitur, factum est vespere et mane dies unus. similiter dicitur quod firmamentum, idest aerem, vocavit caelum, quia etiam caelum dicitur quod est primo creatum. similiter etiam dicitur hic quod aridam, idest illam partem quae est discooperta aquis, vocavit terram, prout distinguitur contra mare, quamvis communi nomine terra vocetur, sive sit aquis cooperta, sive discooperta. intelligitur autem ubique per hoc quod dicitur vocavit, idest, dedit naturam vel proprietatem ut possit sic vocari.

007 ST1 qu69 ar2

ag1 ‘ Ad secundum sic proceditur. videtur quod plantarum productio inconvenienter tertia die facta legatur. plantae enim habent vitam sicut et animalia. sed productio animalium non ponitur inter opera distinctionis, sed pertinet ad opus ornatus. ergo nec productio plantarum commemorari debuit in tertia die, quae pertinet ad opus distinctionis.

ag2 ‘ Praeterea, illud quod pertinet ad maledictionem terrae, non debuit commemorari cum formatione terrae. sed productio quarundam plantarum pertinet ad maledictionem terrae; * secundum illud gen. iii, ° maledicta terra in opere tuo, spinas et tribulos germinabit tibi. ‘ ergo productio plantarum universaliter non debuit commemorari in tertia die, quae pertinet ad formationem terrae.

ag3 ‘ Praeterea, sicut plantae adhaerent terrae, ita etiam lapides et metalla; et tamen non fit mentio de eis in terrae formatione. ergo nec plantae fieri debuerunt tertia die.

sc * Sed contra est quod dicitur gen. i, ° protulit terra herbam virentem; * et postea sequitur, ° factum est vespere et mane dies tertius.

co * Respondeo dicendum quod, sicut supra dictum est, ‘ in tertia die informitas terrae removetur. duplex autem informitas circa terram describebatur, una, quod erat invisibilis vel inanis, quia erat aquis cooperta; alia, quod erat incomposita sive vacua, idest non habens debitum decorem, qui acquiritur terrae ex plantis eam quodammodo vestientibus. et ideo utraque informitas in hac tertia die removetur, prima quidem, per hoc quod aquae congregatae sunt in unum locum, et apparuit arida; secunda vero, per hoc quod protulit terra herbam virentem. sed tamen circa productionem plantarum, aliter opinatur augustinus ab aliis. * alii enim expositores dicunt quod “ plantae productae sunt actu in suis speciebus in hac tertia die, secundum quod superficies litterae sonat. * augustinus autem, v sup. gen. ad litt., dicit quod ° causaliter tunc dictum est produxisse terram herbam et lignum, idest producendi accepisse virtutem. “ et hoc quidem confirmat auctoritate scripturae. * dicitur enim gen. ii, ° istae sunt generationes caeli et terrae, quando creata sunt, in die quo deus fecit caelum et terram, et omne virgultum agri, antequam oriretur in terra, omnemque herbam regionis, priusquam germinaret. |25| “ ante ergo quam orirentur super terram, factae sunt causaliter in terra. confirmat autem hoc etiam ratione. quia in illis primis diebus condidit deus creaturam originaliter vel causaliter, a quo opere postmodum requievit, qui tamen postmodum, secundum administrationem rerum conditarum per opus propagationis, usque modo operatur. producere autem plantas ex terra, ad opus propagationis pertinet. non ergo in tertia die productae sunt plantae in actu, sed causaliter tantum. * quamvis, secundum alios, dici possit quod “ prima institutio specierum ad opera sex dierum pertinet, sed quod ex speciebus primo institutis generatio similium in specie procedat, hoc iam pertinet ad rerum administrationem. et hoc est quod scriptura dicit, antequam oriretur super terram, vel antequam germinaret; idest, antequam ex similibus similia producerentur, sicut nunc naturaliter fieri videmus secundum viam seminationis. unde signanter scriptura dicit, germinet terra herbam virentem et facientem semen, quia scilicet sunt productae perfectae species plantarum, ex quibus semina aliarum orirentur. nec refert ubicumque habeant vim seminativam, utrum scilicet in radice, vel in stipite, vel in fructu.

ra1 ‘ Ad primum ergo dicendum quod vita in plantis est occulta, quia carent motu locali et sensu, quibus animatum ab inanimato maxime distinguitur. et ideo, quia immobiliter terrae inhaerent, earum productio ponitur quasi quaedam terrae formatio.

ra2 ‘ Ad secundum dicendum quod etiam ante illam maledictionem, spinae et tribuli producti erant vel virtute vel actu. sed non erant producti homini in poenam; ut scilicet terra quam propter cibum coleret, infructuosa quaedam et noxia germinaret. * unde dictum est, ° germinabit tibi.

ra3 ‘ Ad tertium dicendum quod moyses ea tantum proposuit quae in manifesto apparent, * sicut iam dictum est. ‘ corpora autem mineralia habent generationem occultam in visceribus terrae. et iterum, non habent manifestam distinctionem a terra, sed quaedam terrae species videntur. et ideo de eis mentionem non fecit.

007 ST1 qu70 ar

pr ‘ Consequenter considerandum est de opere ornatus. et primo, de singulis diebus secundum se; secundo, de omnibus sex diebus in communi. circa primum ergo, considerandum est primo de opere quartae diei, secundo, de opere quintae; tertio, de opere sextae; quarto, de iis quae pertinent ad septimum diem. circa primum quaeruntur tria. primo, de productione luminarium. secundo, de fine productionis eorum. tertio, utrum sint animata.

007 ST1 qu70 ar1

ag1 ‘ Ad primum sic proceditur. videtur quod luminaria non debuerint produci quarta die. luminaria enim sunt corpora incorruptibilia naturaliter. ergo eorum materia non potest esse absque formis eorum. sed eorum materia producta est in opere creationis, ante omnem diem. ergo et eorum formae. non ergo sunt facta quarta die.

ag2 ‘ Praeterea, luminaria sunt quasi vasa luminis. sed lux est facta prima die. ergo luminaria fieri debuerunt prima die, et non quarta.

ag3 ‘ Praeterea, sicut plantae fixae sunt in terra, ita luminaria fixa sunt in firmamento, * unde scriptura dicit quod posuit ea in firmamento. ‘ sed productio plantarum simul describitur cum formatione terrae, cui inhaerent. ergo et productio luminarium simul debuit poni, secunda die, cum productione firmamenti.

ag4 ‘ Praeterea, sol et luna et alia luminaria sunt causae plantarum. sed naturali ordine causa praecedit effectum. ergo luminaria non debuerunt fieri quarta die, sed tertia vel ante.

ag5 ‘ Praeterea, multae stellae, * secundum astrologos, sunt luna maiores. ‘ non ergo tantum sol et luna debuerunt poni duo magna luminaria.

sc ‘ Sed in contrarium sufficit auctoritas scripturae.

co ‘ Respondeo dicendum quod * in recapitulatione divinorum operum, scriptura sic dicit, ° igitur perfecti sunt caeli et terra, et omnis ornatus eorum. ‘ in quibus verbis triplex opus intelligi potest, scilicet opus creationis, per quod caelum et terra producta leguntur, sed informia. et opus distinctionis, per quod caelum et terra sunt perfecta, sive per formas substantiales attributas materiae omnino informi, * ut augustinus vult; ‘ sive quantum ad convenientem decorem et ordinem, * ut alii sancti dicunt. ‘ et his duobus operibus additur ornatus. et differt ornatus a perfectione. nam perfectio caeli et terrae ad ea pertinere videtur quae caelo et terrae sunt intrinseca, ornatus vero ad ea quae sunt a caelo et terra distincta. sicut homo perficitur per proprias partes et formas, ornatur autem per vestimenta, vel aliquid huiusmodi. distinctio autem aliquorum maxime manifestatur per motum localem, quo ab invicem separantur. et ideo ad opus ornatus pertinet productio illarum rerum quae habent motum in caelo et in terra. * sicut autem supra dictum est, ‘ de tribus fit mentio in creatione, scilicet de caelo et aqua et terra. et haec tria etiam formantur per opus distinctionis tribus diebus, primo die, caelum; |25| secundo die distinguuntur aquae; tertio die fit distinctio in terra, maris et aridae. et similiter in opere ornatus, primo die, qui est quartus, producuntur luminaria, quae moventur in caelo, ad ornatum ipsius. secundo die, qui est quintus, aves et pisces, ad ornatum medii elementi, quia habent motum in aere et aqua, quae pro uno accipiuntur. tertio die, qui est sextus, producuntur animalia quae habent motum in terra, ad ornatum ipsius. * sed sciendum est quod in productione luminarium non discordat augustinus ab aliis sanctis. dicit enim “ luminaria esse facta in actu, non in virtute tantum, non enim habet firmamentum virtutem productivam luminarium, sicut habet terra virtutem productivam plantarum. * unde scriptura non dicit, producat firmamentum luminaria; sicut dicit, germinet terra herbam virentem.

ra1 * Ad primum ergo dicendum quod, secundum augustinum, nulla ‘ difficultas ex hoc oritur. non enim ponit successionem temporis in istis operibus, et ideo non oportet dicere quod materia luminarium fuerit sub alia forma. * secundum etiam eos qui ponunt ‘ caelestia corpora ex natura quatuor elementorum, nulla difficultas accidit, quia potest dici quod sunt formata ex praeiacenti materia, sicut animalia et plantae. * sed secundum eos qui ponunt ‘ corpora caelestia esse alterius naturae ab elementis et incorruptibilia per naturam, oportet dicere quod substantia luminarium a principio fuit creata; sed prius erat informis, et nunc formatur; non quidem forma substantiali, sed per collationem determinatae virtutis. ideo tamen non fit mentio a principio de eis, sed solum quarta die, * ut chrysostomus dicit, ‘ ut per hoc removeat populum ab idololatria, ostendens luminaria non esse deos, ex quo nec a principio fuerunt.

ra2 * Ad secundum dicendum quod, secundum augustinum, ‘ nulla sequitur difficultas, quia lux de qua prima die facta est mentio, fuit lux spiritualis; nunc autem fit lux corporalis. si autem lux primo die facta intelligitur lux corporalis, oportet dicere quod lux primo die fuit producta secundum communem lucis naturam, quarto autem die attributa est luminaribus determinata virtus ad determinatos effectus; secundum quod videmus alios effectus habere radium solis, et alios radium lunae, et sic de aliis. et propter hanc determinationem virtutis, * dicit dionysius, iv cap. de div. nom., quod “ lumen solis, quod primo erat informe, quarto die formatum est.

ra3 * Ad tertium dicendum quod, secundum ptolomaeum, “ luminaria non sunt fixa in sphaeris, sed habent motum seorsum a motu sphaerarum. * unde chrysostomus dicit “ quod non ideo dicitur quod posuit ea in firmamento, quia ibi sint fixa; sed quia iusserit ut ibi essent; sicut posuit hominem in paradiso, ut ibi esset. * sed secundum opinionem aristotelis, stellae fixae sunt in “ orbibus, et non moventur nisi motu orbium, secundum rei veritatem. ‘ tamen motus luminarium sensu percipitur, non autem motus sphaerarum. moyses autem, rudi populo condescendens, secutus est quae sensibiliter apparent, * ut dictum est. ‘ si autem sit aliud firmamentum quod factum est secunda die, ab eo in quo posita sunt sidera, secundum distinctionem naturae, licet sensus non discernat, quem moyses sequitur, * ut dictum est; ‘ cessat obiectio. nam firmamentum factum est secunda die, quantum ad inferiorem partem. in firmamento autem posita sunt sidera quarta die, quantum ad superiorem partem; ut totum pro uno accipiatur, secundum quod sensui apparet.

ra4 * Ad quartum dicendum quod, sicut dicit basilius, ‘ praemittitur productio plantarum luminaribus, ad excludendam idololatriam. qui enim credunt luminaria esse deos, dicunt quod primordialem originem habent plantae a luminaribus. quamvis, * ut chrysostomus dicit, ‘ sicut agricola cooperatur ad productionem plantarum, ita etiam et luminaria per suos motus.

ra5 * Ad quintum dicendum quod, sicut chrysostomus dicit, ‘ dicuntur duo luminaria magna non tam quantitate, quam efficacia et virtute. quia etsi aliae stellae sint maiores quantitate quam luna, tamen effectus lunae magis sentitur in istis inferioribus. et etiam secundum sensum maior apparet.

007 ST1 qu70 ar2

ag1 ‘ Ad secundum sic proceditur. videtur quod inconvenienter causa productionis luminarium describatur. * dicitur enim ierem. x, ° a signis caeli nolite metuere, quae gentes timent. ‘ non ergo luminaria in signa facta sunt.

ag2 ‘ Praeterea, signum contra causam dividitur. sed luminaria sunt causa eorum quae hic aguntur. ergo non sunt signa.

ag3 ‘ Praeterea, distinctio temporum et dierum incoepit a primo die. non ergo facta sunt luminaria in tempora et dies et annos, “ idest in horum distinctionem.

ag4 ‘ Praeterea, nihil fit propter vilius se, quia finis est melior iis quae sunt ad finem. sed luminaria sunt meliora quam terra. non ergo facta sunt ut illuminent terram.

ag5 ‘ Praeterea, luna non praeest nocti quando est prima. probabile autem est quod luna facta fuerit prima, sic enim homines incipiunt computare. ergo luna non est facta ut praesit nocti.

sc ‘ In contrarium sufficit auctoritas scripturae.

co * Respondeo dicendum quod, sicut dictum est supra, ‘ creatura aliqua corporalis potest dici esse facta vel propter actum proprium, vel propter aliam creaturam, vel propter totum universum, vel propter gloriam dei. sed moyses, ut populum ab idololatria revocaret, illam solam causam tetigit, secundum quod sunt facta ad utilitatem hominum. * unde dicitur deut. iv, ° ne forte, elevatis oculis ad caelum, videas solem et lunam et omnia astra caeli, et errore deceptus adores ea et colas, quae creavit dominus deus in ministerium cunctis gentibus. ‘ hoc autem ministerium explicat * in principio genesis ‘ per tria. primo enim provenit utilitas hominibus ex luminaribus quantum ad visum, qui est directivus in operibus, et maxime utilis ad cognoscendas res. * et quantum ad hoc, dicit, ° ut luceant in firmamento, et illuminent terram. ‘ secundo, quantum ad vicissitudines temporum, quibus et fastidium tollitur et valetudo conservatur, et necessaria victui oriuntur quae non essent, si semper esset aut aestas aut hiems. * et quantum ad hoc, dicit, ° ut sint in tempora et dies et annos. ‘tertio, quantum ad opportunitatem negotiorum et operum, |25| inquantum ex luminaribus caeli accipitur significatio pluviosi temporis vel sereni quae sunt apta diversis negotiis. * et quantum ad hoc dicit, ° ut sint in signa.

ra1 ‘ Ad primum ergo dicendum quod luminaria sunt in signa corporalium transmutationum, non autem eorum quae dependent ex libero arbitrio.

ra2 ‘ Ad secundum dicendum quod per causam sensibilem quandoque ducimur in cognitionem effectus occulti, sicut et e converso. unde nihil prohibet causam sensibilem esse signum. ideo tamen “ potius dicit signa quam causas, ut ‘ occasionem idololatriae tolleret.

ra3 ‘ Ad tertium dicendum quod in prima die facta est communis distinctio temporis per diem et noctem, secundum motum diurnum, qui est communis totius caeli; qui potest intelligi incoepisse primo die. sed speciales distinctiones dierum et temporum, secundum quod dies est calidior die, et tempus tempore, et annus anno, fiunt secundum speciales motus stellarum; qui possunt intelligi quarto die incoepisse.

ra4 ‘ Ad quartum dicendum quod in illuminatione terrae intelligitur utilitas hominis, qui secundum animam praefertur corporibus luminarium. nihil tamen prohibet dici quod dignior creatura facta est propter inferiorem, non secundum quod in se consideratur sed secundum quod ordinatur ad integritatem universi.

ra5 ‘ Ad quintum dicendum quod luna, quando est perfecta, oritur vespere et occidit mane, et sic praeest nocti. et satis probabile est quod luna fuerit facta plena; sicut et herbae factae sunt in sua perfectione, facientes semen, et similiter animalia et homo. licet enim naturali processu ab imperfecto ad perfectum deveniatur, simpliciter tamen perfectum prius est imperfecto. * augustinus tamen hoc non asserit, quia dicit “ non esse inconveniens quod deus imperfecta fecerit, quae postmodum ipse perfecit.

007 ST1 qu70 ar3

ag1 ‘ Ad tertium sic proceditur. videtur quod luminaria caeli sint animata. superius enim corpus nobilioribus ornamentis ornari debet. sed ea quae pertinent ad ornatum inferiorum corporum, sunt animata; scilicet pisces, aves et terrestria animalia. ergo et luminaria, quae pertinent ad ornatum caeli.

ag2 ‘ Praeterea, nobilioris corporis nobilior est forma. sed sol et luna et alia luminaria sunt nobiliora quam corpora plantarum et animalium. ergo habent nobiliorem formam. nobilissima autem forma est anima, quae est principium vitae, * quia, ut augustinus dicit in libro de vera relig., ° quaelibet substantia vivens naturae ordine praefertur substantiae non viventi. ‘ ergo luminaria caeli sunt animata.

ag3 ‘ Praeterea, causa nobilior est effectu. sed sol et luna et alia luminaria sunt causa vitae, ut patet maxime in animalibus ex putrefactione generatis, quae virtute solis et stellarum vitam consequuntur. ergo multo magis corpora caelestia vivunt et sunt animata.

ag4 ‘ Praeterea, motus caeli et caelestium corporum sunt naturales, * ut patet in i de caelo. ‘ motus autem naturalis est a principio intrinseco. cum igitur principium motus caelestium corporum sit aliqua substantia apprehensiva, quae movetur sicut desiderans a desiderato, * ut dicitur in xii metaphys.; ‘ videtur quod principium apprehendens sit principium intrinsecum corporibus caelestibus. ergo sunt animata.

ag5 ‘ Praeterea, primum mobile est caelum. in genere autem mobilium, primum est movens seipsum, * ut probatur in viii physic., “ quia quod est per se, prius est eo quod est per aliud. ‘ sola autem animata movent seipsa, * ut in eodem libro ostenditur. ‘ ergo corpora caelestia sunt animata.

sc * Sed contra est quod damascenus dicit in libro ii, ° nullus animatos caelos vel luminaria aestimet; inanimati enim sunt et insensibiles.

co ‘ Respondeo dicendum quod circa istam quaestionem apud philosophos fuit diversa opinio. * anaxagoras enim, ut augustinus refert lib. xviii de civ. dei, ° factus est reus apud athenienses, quia dixit solem esse lapidem ardentem, negans utique ipsum esse deum, ‘ vel aliquid animatum. * platonici vero posuerunt “ corpora caelestia animata. * similiter etiam apud doctores fidei, fuit circa hoc diversa opinio. origenes enim posuit “ corpora caelestia animata. * hieronymus etiam idem sentire videtur, exponens illud eccle. i, ° lustrans universa, per circuitum pergit spiritus. * basilius vero et damascenus asserunt “ corpora caelestia non esse animata. augustinus vero sub dubio dereliquit, in neutram partem * declinans, ut patet in ii supra gen. ad litt.; et in enchirid., ubi etiam dicit quod, “ si sunt animata caelestia corpora, pertinent ad societatem angelorum eorum animae. ‘ in hac autem opinionum diversitate, ut veritas aliquatenus innotescat, considerandum est quod unio animae et corporis non |25| est propter corpus, sed propter animam, non enim forma est propter materiam, sed e converso. natura autem et virtus animae deprehenditur ex eius operatione, quae etiam quodammodo est finis eius. invenitur autem corpus necessarium ad aliquam operationem animae, quae mediante corpore exercetur; sicut patet in operibus animae sensitivae et nutritivae. unde necesse est tales animas unitas esse corporibus propter suas operationes. est autem aliqua operatio animae, quae non exercetur corpore mediante, sed tamen ex corpore aliquod adminiculum tali operationi exhibetur; sicut per corpus exhibentur animae humanae phantasmata, quibus indiget ad intelligendum. unde etiam talem animam necesse est corpori uniri propter suam operationem, licet contingat ipsam separari. manifestum est autem quod anima caelestis corporis non potest habere operationes nutritivae animae, quae sunt nutrire, augere et generare, huiusmodi enim operationes non competunt corpori incorruptibili per naturam. similiter etiam nec operationes animae sensitivae corpori caelesti conveniunt, quia omnes sensus fundantur super tactum, qui est apprehensivus qualitatum elementarium. omnia etiam organa potentiarum sensitivarum requirunt determinatam proportionem secundum commixtionem aliquam elementorum, a quorum natura corpora caelestia ponuntur remota. relinquitur ergo quod de operationibus animae nulla potest competere animae caelesti nisi duae, intelligere et movere, |50| nam appetere consequitur sensum et intellectum, et cum utroque ordinatur. intellectualis autem operatio, cum non exerceatur per corpus, non indiget corpore nisi inquantum ei per sensus ministrantur phantasmata. operationes autem sensitivae animae corporibus caelestibus non conveniunt, * ut dictum est. ‘ sic igitur propter operationem intellectualem, anima caelesti corpori non uniretur. relinquitur ergo quod propter solam motionem. ad hoc autem quod moveat, non oportet quod uniatur ei ut forma; sed per contactum virtutis, sicut motor unitur mobili. * unde aristoteles, libro viii physic., postquam ostendit quod “ primum movens seipsum componitur ex duabus partibus, quarum una est movens et alia mota; assignans quomodo hae duae partes uniantur, dicit quod per contactum vel duorum ad invicem, si utrumque sit corpus, vel unius ad alterum et non e converso, si unum sit corpus et aliud non corpus. * platonici etiam “ animas corporibus uniri non ponebant nisi per contactum virtutis, sicut motor mobili. et sic per hoc quod * plato ponit “ corpora caelestia animata, nihil aliud datur intelligi, quam quod substantiae spirituales uniuntur corporibus caelestibus ut motores mobilibus. ‘ quod autem corpora caelestia moveantur ab aliqua substantia apprehendente, et non solum a natura, sicut gravia et levia, patet ex hoc, quod natura non movet nisi ad unum, |75| quo habito quiescit, quod in motu corporum caelestium non apparet. unde relinquitur quod moventur ab aliqua substantia apprehendente * augustinus etiam dicit, iii de trin., “ corpora omnia administrari a deo per spiritum vitae. ‘ sic igitur patet quod corpora caelestia non sunt animata eo modo quo plantae et animalia, sed aequivoce. unde inter ponentes ea esse animata, et ponentes ea inanimata, parva vel nulla differentia invenitur in re, sed in voce tantum.

ra1 ‘ Ad primum ergo dicendum quod ad ornatum pertinent aliqua secundum proprium motum. et quantum ad hoc, luminaria caeli conveniunt cum aliis quae ad ornatum pertinent, quia moventur a substantia vivente.

ra2 ‘ Ad secundum dicendum quod nihil prohibet aliquid esse nobilius simpliciter, quod tamen non est nobilius quantum ad aliquid. forma ergo caelestis corporis, etsi non sit simpliciter nobilior anima animalis, est tamen nobilior quantum ad rationem formae, perficit enim totaliter suam materiam, ut non sit in potentia ad aliam formam; quod anima non facit. quantum etiam ad motum, moventur corpora caelestia a nobilioribus motoribus.

ra3 ‘ Ad tertium dicendum quod corpus caeleste, cum sit movens motum, habet rationem instrumenti, quod agit in virtute principalis agentis. et ideo ex virtute sui motoris, qui est substantia vivens, potest causare vitam.

ra4 ‘ Ad quartum dicendum quod motus corporis caelestis est naturalis, non propter principium activum, sed propter principium passivum, quia scilicet habet in sua natura aptitudinem ut tali motu ab intellectu moveatur.

ra5 ‘ Ad quintum dicendum quod caelum dicitur movere seipsum, inquantum componitur ex motore et mobili, non sicut ex forma et materia, sed secundum contactum virtutis, * ut dictum est. ‘ et hoc etiam modo potest dici quod eius motor est principium intrinsecum, ut sic etiam motus caeli possit dici naturalis ex parte principii activi; sicut motus voluntarius dicitur esse naturalis animali inquantum est animal, * ut dicitur in viii physic..

007 ST1 qu71 ar

ag1 ‘ Deinde considerandum est de opere quintae diei. et videtur quod inconvenienter hoc opus describatur. illud enim aquae producunt, ad cuius productionem sufficit virtus aquae. sed virtus aquae non sufficit ad productionem omnium piscium et avium, cum videamus plura eorum generari ex semine. * non ergo convenienter dicitur, ° producant aquae reptile animae viventis, et volatile super terram.

ag2 ‘ Praeterea, pisces et aves non tantum producuntur ex aqua, sed in eorum compositione videtur magis terra dominari quam aqua, quia corpora eorum naturaliter moventur ad terram; unde et in terra quiescunt. non ergo convenienter dicitur pisces et aves ex aqua produci.

ag3 ‘ Praeterea, sicut pisces habent motum in aquis, ita et aves in aere. si ergo pisces ex aquis producuntur, aves non deberent produci ex aquis, sed ex aere.

ag4 ‘ Praeterea, non omnes pisces reptant in aquis, cum quidem habeant pedes, quibus gradiuntur in terra, sicut vituli marini. non ergo sufficienter productio piscium designatur * in hoc quod dicitur, ° producant aquae reptile animae viventis.

ag5 ‘ Praeterea, animalia terrestria sunt perfectiora avibus et piscibus. quod patet ex hoc quod habent membra magis distincta, et perfectiorem generationem, generant enim animalia, sed pisces et aves generant ova. perfectiora autem praecedunt in ordine naturae. non ergo quinta die debuerunt fieri pisces et aves, ante animalia terrestria.

sc ‘ In contrarium sufficit auctoritas scripturae.

co * Respondeo dicendum quod, sicut supra dictum est, ‘ opus ornatus per ordinem respondet ordini distinctionis. unde sicut inter tres dies distinctioni deputatos, media, quae est secunda, deputatur distinctioni medii corporis, scilicet aquae; ita inter tres dies deputatos ad opus ornatus, media, idest quinta, deputatur ad ornatum medii corporis, per productionem avium et piscium. unde sicut moyses in quarta die nominat luminaria et lucem, ut designet quod quarta dies respondet primae, in qua dixerat lucem factam; ita in hac quinta die facit mentionem de aquis et de firmamento caeli, ut designet quod quinta dies respondet secundae. sed sciendum est quod, * sicut in productione plantarum differt augustinus ab aliis, ita et in productione piscium et avium. alii enim dicunt “ pisces et aves quinta die esse productos in actu, * augustinus autem dicit, v super gen. ad litt., quod “ quinta die aquarum natura produxit pisces et aves potentialiter.

ra1 * Ad primum ergo dicendum quod avicenna posuit “ omnia animalia posse generari ex aliquali elementorum commixtione absque semine, etiam per viam naturae. ‘ sed hoc videtur inconveniens. quia natura determinatis mediis procedit ad suos effectus, unde illa quae naturaliter generantur ex semine, non possunt naturaliter sine semine generari. et ideo dicendum est aliter, quod in naturali generatione animalium, principium activum est virtus formativa quae est in semine, in iis quae ex semine generantur; loco cuius virtutis, in iis quae ex putrefactione generantur, est virtus caelestis corporis. materiale autem principium in utrorumque animalium generatione, est aliquod elementum vel elementatum. in prima autem rerum institutione, fuit principium activum verbum dei, quod ex materia elementari produxit animalia vel in actu, * secundum alios sanctos; ‘ vel virtute, * secundum augustinum. ‘ non quod aqua aut terra habeat in se virtutem producendi omnia animalia, * ut avicenna posuit, ‘ sed quia hoc ipsum quod ex materia elementari, virtute seminis vel stellarum, possunt animalia produci, |25| est ex virtute primitus elementis data.

ra2 ‘ Ad secundum dicendum quod corpora avium et piscium possunt dupliciter considerari. uno modo, secundum se. et sic necesse est quod in eis magis terrestre elementum dominetur, quia ad hoc quod fiat contemperatio mixtionis in corpore animalis necesse est quod quantitative abundet in eo elementum quod est minus activum, scilicet terra. sed si considerentur secundum quod sunt nata moveri talibus motibus, sic habent affinitatem quandam cum corporibus in quibus moventur. et sic eorum generatio hic describitur.

ra3 ‘ Ad tertium dicendum quod aer, quia insensibilis est, non per seipsum connumeratur, sed cum aliis, partim quidem cum aqua, quantum ad inferiorem partem, quae exhalationibus aquae ingrossatur; partim etiam cum caelo, quantum ad superiorem partem. aves autem motum habent in inferiori parte aeris, et ideo sub firmamento caeli volare dicuntur, etiam si firmamentum pro nebuloso aere accipiatur. et ideo productio avium aquae adscribitur.

ra4 ‘ Ad quartum dicendum quod natura de uno extremo ad aliud transit per media. et ideo inter terrestria et aquatica animalia sunt quaedam media, quae communicant cum utrisque; et computantur cum illis cum quibus magis communicant, secundum id quod cum eis communicant; non secundum id quod communicant cum alio extremo. tamen, ut includantur omnia huiusmodi quae habent aliquid speciale inter pisces, * subiungit, postquam dixerat, ° producant aquae reptile animae viventis, creavit deus cete grandia, etc..

ra5 ‘ Ad quintum dicendum quod productio horum animalium ordinatur secundum ordinem corporum quae eis ornantur, magis quam secundum propriam dignitatem. et tamen, in via generationis, ab imperfectioribus ad perfectiora pervenitur.

007 ST1 qu72 ar

ag1 ‘ Deinde quaeritur de opere sextae diei. et videtur quod inconvenienter describatur. sicut enim aves et pisces habent viventem animam, ita etiam et animalia terrestria; non autem terrestria animalia sunt ipsa anima vivens. * ergo inconvenienter dicitur, “ producat terra animam viventem; ‘ sed debuit dici, producat terra quadrupedia animae viventis.
ag2 ‘ Praeterea, genus non debet dividi contra speciem. sed iumenta et bestiae sub quadrupedibus computantur. inconvenienter ergo quadrupedia connumerantur iumentis et bestiis.
ag3 ‘ Praeterea, sicut alia animalia sunt in determinato genere et specie, ita et homo. sed in factione hominis non fit mentio de suo genere vel specie. ergo nec in productione aliorum animalium debuit fieri mentio de genere vel specie, cum dicitur, in genere suo, vel specie sua.
ag4 ‘ Praeterea, animalia terrestria magis sunt similia homini, qui a deo dicitur benedici, quam aves et pisces. cum igitur aves et pisces dicantur benedici, multo fortius hoc dici debuit de aliis animalibus.
ag5 ‘ Praeterea, quaedam animalia generantur ex putrefactione, quae est corruptio quaedam. corruptio autem non convenit primae institutioni rerum. non ergo animalia debuerunt in prima rerum institutione produci.
ag6 ‘ Praeterea, quaedam animalia sunt venenosa et homini noxia. nihil autem debuit esse homini nocivum ante peccatum. ergo huiusmodi animalia vel omnino fieri a deo non debuerunt, qui est bonorum auctor, vel non debuerunt fieri ante peccatum.
sc ‘ In contrarium sufficit auctoritas scripturae.
co ‘ Respondeo dicendum quod, sicut in die quinto ornatur medium corpus, et respondet secundae diei ita in sexto die ornatur ultimum corpus, scilicet terra, per productionem animalium terrestrium, et respondet tertiae diei. unde utrobique fit mentio de terra. et hic etiam, * secundum augustinum ‘ animalia terrestria producuntur potentialiter, * secundum vero alios sanctos, ‘ in actu.
ra1 * Ad primum ergo dicendum quod, sicut basilius dicit, ‘ diversus gradus vitae qui in diversis viventibus invenitur, ex modo loquendi scripturae colligi potest. plantae enim habent imperfectissimam vitam et occultam. unde in earum productione nulla mentio fit de vita, sed solum de generatione, quia secundum hanc solum invenitur actus vitae in eis; nutritiva enim et augmentativa generativae deserviunt, * ut infra dicetur. ‘ inter animalia vero, perfectiora sunt, communiter loquendo, terrestria avibus et piscibus, non quod pisces memoria careant, * ut basilius dicit, et augustinus improbat; ‘ sed propter distinctionem membrorum, et perfectionem generationis (quantum autem ad aliquas sagacitates, etiam aliqua animalia imperfecta magis vigent, ut apes et formicae). “ et ideo pisces vocat, non animam viventem, sed reptile animae viventis, sed terrena animalia vocat animam viventem, ‘ propter perfectionem vitae in eis, ac si pisces sint corpora habentia aliquid animae, terrestria vero animalia, propter perfectionem vitae, sint quasi animae dominantes corporibus. perfectissimus autem gradus vitae est in homine. et ideo vitam hominis non dicit produci a terra vel aqua, sicut ceterorum animalium, sed a deo.
ra2 “ Ad secundum dicendum quod per iumenta, vel pecora, intelliguntur animalia domestica, quae homini serviunt qualitercumque. per bestias autem intelliguntur animalia saeva, ut ursi et leones. per reptilia vero, animalia quae vel non habent pedes quibus eleventur a terra, ut serpentes; vel habent breves, quibus parum elevantur, ut lacertae et tortucae et huiusmodi. sed quia sunt quaedam animalia quae sub nullo horum comprehenduntur, ut cervi et capreae, ut etiam ista comprehenderentur, addidit quadrupedia. vel quadrupedia praemisit quasi genus, et alia subiunxit quasi species, sunt enim etiam quaedam reptilia quadrupedia, ut lacertae et tortucae.
ra3 ‘ Ad tertium dicendum quod in aliis animalibus et plantis mentionem fecit de genere et specie, ut designaret generationes similium ex similibus. in homine autem non fuit necessarium ut hoc diceretur, quia quod praemissum fuit de aliis, etiam de homine intelligi potest. vel quia animalia et plantae producuntur secundum genus et speciem suam, quasi longe a similitudine divina remota, “ homo autem dicitur formatus ad imaginem et similitudinem dei.
ra4 ‘ Ad quartum dicendum quod benedictio dei dat virtutem multiplicandi per generationem. et ideo quod positum est in avibus et piscibus, quae primo occurrunt, non fuit necessarium repeti in terrenis animalibus, sed intelligitur. in hominibus autem iteratur benedictio, quia in eis est quaedam specialis multiplicationis ratio, propter complendum numerum electorum, ° et ne quisquam diceret in officio gignendi filios ullum esse peccatum. plantae vero nullum habent propagandae prolis affectum, ac sine ullo sensu generant, unde indignae iudicatae sunt benedictionis verbis.
ra5 ‘ Ad quintum dicendum quod, cum generatio unius sit corruptio alterius, quod ex corruptione ignobiliorum generentur nobiliora, non repugnat primae rerum institutioni. unde animalia quae generantur ex corruptione rerum inanimatarum vel plantarum, potuerunt tunc generari. non autem quae generantur ex corruptione animalium, tunc potuerunt produci, nisi potentialiter tantum.
ra6 ‘ Ad sextum dicendum quod, * sicut augustinus dicit in i super gen. contra manichaeos, ° si in alicuius opificis officinam imperitus intraverit, videt ibi multa instrumenta quorum causas ignorat, et si multum est insipiens, superflua putat. iam vero si in fornacem incautus ciciderit, aut ferramento aliquo acuto se vulneraverit, noxia existimat ibi esse multa, quorum usum quia novit artifex, insipientiam eius irridet. sic in hoc mundo quidam audent multa reprehendere, quorum causas non vident, multa enim, etsi domui nostrae non sunt necessaria, eis tamen completur universitatis integritas. ‘ homo autem ante peccatum ordinate fuisset usus rebus mundi. unde animalia venenosa ei noxia non fuissent.

007 ST1 qu73 ar

pr ‘ Deinde considerandum est de iis quae pertinent ad septimum diem. et circa hoc quaeruntur tria. primo, de completione operum. secundo, de requie dei. tertio, de benedictione et sanctificatione huius diei.

007 ST1 qu73 ar1

ag1 ‘ Ad primum sic proceditur. videtur quod completio divinorum operum non debeat septimo diei adscribi. omnia enim quae in hoc saeculo aguntur, ad divina opera pertinent. sed consummatio saeculi erit in fine mundi, * ut habetur matth. xiii. ‘ tempus etiam incarnationis christi est cuiusdam completionis tempus, unde dicitur tempus plenitudinis, * gal. iv. ‘ et ipse christus moriens dixit, consummatum est, * ut dicitur ioan. xix. ‘ non ergo completio divinorum operum competit diei septimo.
ag2 ‘ Praeterea, quicumque complet opus suum, aliquid facit. sed deus non legitur septimo die aliquid fecisse, quinimmo ab omni opere quievisse. ergo completio operum non competit septimo diei.
ag3 ‘ Praeterea, non dicitur aliquid esse completum, cui multa superadduntur, nisi forte sint illa superflua, quia perfectum dicitur cui nihil deest eorum quae debet habere. sed post septimum diem multa sunt facta, et productio multorum individuorum; et etiam quarumdam novarum specierum, quae frequenter apparent, praecipue in animalibus ex putrefactione generatis. quotidie etiam deus novas animas creat. novum etiam fuit incarnationis opus, * de quo dicitur ierem. xxxi, “ novum faciet dominus super terram. ‘ nova etiam sunt miraculosa opera, * de quibus dicitur eccli. xxxvi, ° innova signa, et immuta mirabilia. ‘ innovabuntur etiam omnia in glorificatione sanctorum, * secundum illud apoc. xxi, ° et dixit qui sedebat in throno, ecce nova facio omnia. ‘ completio ergo divinorum operum non debet attribui septimo diei.
sc * Sed contra est quod dicitur gen. ii, ° complevit deus die septimo opus suum quod fecerat.
co ‘ Respondeo dicendum quod duplex est rei perfectio, prima, et secunda. prima quidem perfectio est, secundum quod res in sua substantia est perfecta. quae quidem perfectio est forma totius, quae ex integritate partium consurgit. perfectio autem secunda est finis. finis autem vel est operatio, sicut finis citharistae est citharizare, vel est aliquid ad quod per operationem pervenitur, sicut finis aedificatoris est domus, quam aedificando facit. prima autem perfectio est causa secundae, quia forma est principium operationis. ultima autem perfectio, quae est finis totius universi, est perfecta beatitudo sanctorum; quae erit in ultima consummatione saeculi. prima autem perfectio, quae est in integritate universi, fuit in prima rerum institutione. et haec deputatur septimo diei.
ra1 * Ad primum ergo dicendum quod, sicut dictum est, ‘ perfectio prima est causa secundae. ad beatitudinem autem consequendam duo requiruntur, natura et gratia. ipsa ergo beatitudinis perfectio erit in fine mundi, * ut dictum est. ‘ sed ista consummatio praecessit causaliter, quantum ad naturam quidem, in prima rerum institutione, quantum ad gratiam vero, in incarnatione christi, quia ° gratia et veritas per iesum christum facta est, * ut dicitur ioan. i. ‘ sic igitur in septima die fuit consummatio naturae; in incarnatione christi, consummatio gratiae; in fine mundi, consummatio gloriae.
ra2 ‘ Ad secundum dicendum quod septima die deus aliquid operatus est, non novam creaturam condendo, sed creaturam administrando, et ad propriam operationem eam movendo, quod iam aliqualiter pertinet ad inchoationem quandam secundae perfectionis. et ideo consummatio operum, * secundum nostram translationem, attribuitur diei septimae. sed secundum aliam translationem, attribuitur diei sextae. et ‘ utrumque potest stare. quia consummatio quae est secundum integritatem partium universi, competit sextae diei, consummatio quae est secundum operationem partium, competit septimae. vel potest dici quod in motu continuo, quandiu aliquid potest moveri ulterius, non dicitur motus perfectus ante quietem, quies enim demonstrat motum consummatum. deus autem poterat plures creaturas facere, praeter illas quas fecerat sex diebus. unde hoc ipso quod cessavit novas creaturas condere in septima die, dicitur opus suum consummasse.
ra3 ‘ Ad tertium dicendum quod nihil postmodum a deo factum est totaliter novum, quin aliqualiter in operibus sex dierum praecesserit. quaedam enim praeextiterunt materialiter, sicut quod deus de costa adae formavit mulierem. quaedam vero praeextiterunt in operibus sex dierum, non solum materialiter, sed etiam causaliter, sicut individua quae nunc generantur, praecesserunt in primis individuis suarum specierum. species etiam novae, si quae apparent, praeextiterunt in quibusdam activis virtutibus, sicut et animalia ex putrefactione generata producuntur ex virtutibus stellarum et elementorum quas a principio acceperunt, etiam si novae species talium animalium producantur. animalia etiam quaedam secundum novam speciem aliquando oriuntur ex commixtione animalium diversorum secundum speciem, sicut cum ex asino et equa generatur mulus, et haec etiam praecesserunt causaliter in operibus sex dierum. quaedam vero praecesserunt secundum similitudinem; sicut animae quae nunc creantur. et similiter incarnationis opus, quia, * ut dicitur philipp. ii, “ filius dei est in similitudinem hominum factus. ‘ gloria etiam spiritualis secundum similitudinem praecessit in angelis, corporalis vero in caelo, praecipue empyreo. * unde dicitur eccle. i, |25| ° nihil sub sole novum; iam enim praecessit in saeculis quae fuerunt ante nos.

007 ST1 qu73 ar2

ag1 ‘ Ad secundum sic proceditur. videtur quod deus septima die non requievit ab omni suo opere. * dicitur enim ioan. v, ° pater meus usque modo operatur, et ego operor. ‘ non ergo septima die requievit ab omni opere.
ag2 ‘ Praeterea, requies motui opponitur; vel labori qui interdum causatur ex motu. sed deus immobiliter, et absque labore sua opera produxit. non ergo dicendum est septima die a suo opere requievisse.
ag3 ‘ Si dicatur quod deus requievit die septima quia fecit hominem requiescere, contra, requies contraponitur eius operationi. * sed quod dicitur, deus creavit vel fecit hoc vel illud, non exponitur quod deus hominem fecit creare aut facere. ‘ ergo nec convenienter exponi potest, ut dicatur deus requievisse, quia fecit hominem requiescere.
sc * Sed contra est quod dicitur gen. ii, ° requievit deus die septimo ab omni opere quod patrarat.
co ‘ Respondeo dicendum quod quies proprie opponitur motui; et per consequens labori, qui ex motu consurgit. quamvis autem motus proprie acceptus sit corporum, tamen nomen motus etiam ad spiritualia derivatur dupliciter. uno modo, secundum quod omnis operatio motus dicitur, sic enim et divina bonitas quodammodo movetur et procedit in res, secundum quod se eis communicat, * ut dionysius dicit, ii cap. de div. nom.. ‘ alio modo, desiderium in aliud tendens quidam motus dicitur. unde et requies dupliciter accipitur, uno modo, pro cessatione ab operibus; alio modo, pro impletione desiderii. et utroque modo dicitur deus requievisse die septima. primo quidem, quia die septima cessavit novas creaturas condere, nihil enim postea fecit, quod non aliquo modo praecesserit in primis operibus, * ut dictum est. ‘ alio modo, secundum quod rebus conditis ipse non indigebat, sed seipso fruendo beatus est. unde post conditionem omnium operum, non dicitur quod in suis operibus requievit, quasi eis ad suam beatitudinem indigens, sed ab eis requievit, utique in seipso, quia ipse sufficit sibi et implet desiderium suum. et quamvis ab |25| aeterno in seipso requieverit, tamen quod post opera condita in seipso requievit, hoc pertinet ad septimum diem. et hoc est ab operibus requiescere, * ut augustinus dicit, super gen. ad litt..
ra1 ‘ Ad primum ergo dicendum quod deus usque modo operatur, conservando et administrando creaturam conditam, non autem novam creaturam condendo.
ra2 ‘ Ad secundum dicendum quod requies non opponitur labori sive motui, sed productioni novarum rerum, et desiderio in aliud tendenti, * ut dictum est.
ra3 ‘ Ad tertium dicendum quod, sicut deus in solo se requiescit, et se fruendo beatus est; ita et nos per solam dei fruitionem beati efficimur. et sic etiam facit nos a suis et nostris operibus in seipso requiescere. * est ergo conveniens expositio, ut dicatur deus requievisse, ‘ quia nos requiescere facit. sed non est haec sola ponenda, * sed alia expositio est principalior et prior.

007 ST1 qu73 ar3

ag1 ‘ Ad tertium sic proceditur. videtur quod benedictio et sanctificatio non debeatur diei septimae. tempus enim aliquod consuevit dici benedictum aut sanctum, propter aliquod bonum quod in illo tempore evenit; aut propter hoc quod aliquod malum vitatur sed deo nihil accrescit aut deperit, sive operetur, sive ab operando cesset. non ergo specialis benedictio et sanctificatio debetur diei septimae.
ag2 ‘ Praeterea, benedictio a bonitate dicitur. sed bonum est diffusivum et communicativum sui, * secundum dionysium. ‘ ergo magis debuerunt benedici dies in quibus creaturas produxit, quam ille dies in quo a producendis creaturis cessavit.
ag3 ‘ Praeterea, superius in singulis creaturis quaedam benedictio commemorata est, * dum in singulis

operibus dictum est, " vidit deus quod esset bonum. ' non oportuit igitur quod post omnium productionem, dies septima benediceretur.
sc * Sed contra est quod dicitur gen. ii, ° benedixit deus diei septimo, et sanctificavit illum, quia in illo cessaverat ab omni opere suo.
co * Respondeo dicendum quod, sicut supra dictum est, ' requies dei in die septima dupliciter accipitur. primo quidem, quantum ad hoc, quod cessavit a novis operibus condendis, ita tamen quod creaturam conditam conservat et administrat. alio modo, secundum quod post opera requievit in seipso. quantum ergo ad primum, competit septimae diei benedictio. * quia, sicut supra dictum est, ' benedictio ad multiplicationem pertinet, * unde dictum est creaturis quas benedixit, " crescite et multiplicamini. ' multiplicatio autem rerum fit per administrationem creaturae, secundum quam ex similibus similia generantur. quantum vero ad secundum, competit septimae diei sanctificatio. maxime enim sanctificatio cuiuslibet attenditur in hoc quod in deo requiescit, unde et res deo dedicatae sanctae dicuntur.
ra1 ' Ad primum ergo dicendum quod non propter hoc dies septimus sanctificatur, quia deo possit aliquid accrescere vel decrescere, sed quia creaturis aliquid accrescit per multiplicationem et quietem in deo.
ra2 ' Ad secundum dicendum quod in primis sex diebus productae sunt res in suis primis causis. sed postea ex illis primis causis res multiplicantur et conservantur, quod etiam ad bonitatem divinam pertinet. cuius etiam perfectio in hoc maxime ostenditur quod in ipsa sola et ipse requiescit, et nos requiescere possumus, ea fruentes.
ra3 ' Ad tertium dicendum quod bonum quod in singulis diebus commemoratur, pertinet ad primam naturae institutionem, benedictio autem diei septimae pertinet ad naturae propagationem.

007 ST1 qu74 ar

pr ' Deinde quaeritur de omnibus septem diebus in communi. et quaeruntur tria. primo, de sufficientia horum dierum. secundo, utrum sint unus dies, vel plures. tertio, de quibusdam modis loquendi quibus scriptura utitur, enarrando opera sex dierum.

007 ST1 qu74 ar1

ag1 ' Ad primum sic proceditur. videtur quod non sufficienter isti dies enumerentur. non minus enim distinguitur opus creationis ab operibus distinctionis et ornatus, quam haec duo opera ab invicem. sed alii dies deputantur distinctioni, et alii ornatui. ergo etiam alii dies debent assignari creationi.
ag2 ' Praeterea, aer et ignis sunt nobiliora elementa quam terra et aqua. sed unus dies deputatur distinctioni aquae, et alius distinctioni terrae. ergo alii dies debent deputari distinctioni ignis et aeris.
ag3 ' Praeterea, non minus distant volucres et pisces, quam volucres et terrestria animalia. homo etiam plus distat ab aliis animalibus, quam alia quaecumque animalia ab invicem. sed alius dies deputatur productioni piscium maris, et alius productioni animalium terrae. ergo et alius dies debet deputari productioni avium caeli, et alius productioni hominis.
sc1 ' Sed contra, videtur quod aliqui dies superflue assignentur. lumen enim ad luminaria se habet ut accidens ad subiectum. simul autem producitur subiectum cum proprio accidente. non ergo alia die debuit produci lux, et alia luminaria.
sc2 ' Praeterea, dies isti deputantur primae institutioni mundi. sed in septima die nihil primitus est institutum. ergo septima dies non debet aliis connumerari.
co ' Respondeo dicendum quod ratio distinctionis horum dierum * ex praemissis ' potest esse manifesta. oportuit enim primo distingui partes mundi; et postmodum singulas partes ornari, per hoc quod quasi suis habitatoribus replentur. * secundum ergo alios sanctos, " in creatura corporali tres partes designantur, prima, quae significatur nomine caeli; media, quae significatur nomine aquae; et, infima quae significatur nomine terrae. * unde et secundum pythagoricos, " perfectio in tribus ponitur, principio, medio et fine, * ut dicitur in i de caelo. ' prima ergo pars distinguitur prima die, et ornatur quarta; media distinguitur secunda die, et ornatur quinta; infima distinguitur tertia die, et ornatur sexta. * augustinus vero convenit quidem cum eis " in ultimis tribus diebus, differt autem in tribus primis. quia secundum eum, in primo die formatur creatura spiritualis, in duobus aliis creatura corporalis; ita quod in secundo corpora superiora, in tertio corpora inferiora. et sic perfectio divinorum operum respondet perfectioni senarii numeri, qui consurgit ex suis |25| partibus aliquotis simul iunctis; quae quidem partes sunt unum, duo, tria. una enim dies deputatur formationi creaturae spiritualis, duae formationi creaturae corporalis, et tres ornatui.
ra1 * Ad primum ergo dicendum quod, secundum augustinum, " opus creationis pertinet ad productionem materiae informis, et naturae spiritualis informis. quae quidem duo sunt extra tempus, * ut ipse dicit in xii confess., " et ideo creatio utriusque ponitur ante omnem diem. * sed secundum alios sanctos, potest dici quod " opus distinctionis et ornatus attenditur secundum aliquam mutationem creaturae, quae tempore mensuratur. opus autem creationis consistit in sola divina actione in instanti rerum substantiam producentis. et ideo quodlibet opus distinctionis et ornatus dicitur factum in die, creatio autem dicitur facta in principio, quod sonat aliquid indivisibile.
ra2 ' Ad secundum dicendum quod ignis et aer, quia non distinguuntur a vulgo, inter partes mundi non sunt expresse nominata a moyse; sed computantur cum medio, scilicet aqua, maxime quantum ad inferiorem aeris partem; quantum vero ad superiorem, computantur cum caelo, * ut augustinus dicit.
ra3 ' Ad tertium dicendum quod productio animalium recitatur secundum quod sunt in ornatum partium mundi. et ideo dies productionis animalium distinguuntur vel uniuntur, secundum hanc convenientiam vel differentiam, qua conveniunt vel differunt in ornando aliquam partem mundi.
ra4 ' Ad quartum dicendum quod prima die facta est natura lucis in aliquo subiecto. sed quarto die facta dicuntur luminaria, non quia eorum substantia sit de novo producta; sed quia sunt aliquo modo formata, quo prius non erant, * ut supra dictum est.
ra5 ' Ad quintum dicendum quod septimae diei, * secundum augustinum, ' deputatur aliquid post omnia quae sex diebus attribuuntur, " scilicet quod deus a suis operibus in seipso requiescit. et ideo oportuit post sex dies fieri mentionem de septimo. * secundum vero alios, potest dici quod " in septimo die mundus habuit quendam novum statum, ut scilicet ei nihil adderetur de novo. et ideo post sex dies ponitur septima, deputata cessationi ab opere.

007 ST1 qu74 ar2

ag1 ' Ad secundum sic proceditur. videtur quod omnes isti dies sint unus dies. * dicitur enim gen. ii, ° istae sunt generationes caeli et terrae, quando creata sunt, in die quo fecit dominus caelum et terram, et omne virgultum agri, antequam oriretur in terra. ' unus ergo est dies in quo fecit " caelum et terram et omne virgultum agri. ' sed caelum et terram fecit in prima die, vel potius ante omnem diem; virgultum autem agri, tertia die. ergo unus est primus dies et tertius, et pari ratione, omnes alii.
ag2 * Praeterea, eccli. xviii, dicitur, ° qui vivit in aeternum, creavit omnia simul. ' sed hoc non esset, si dies horum operum essent plures, quia plures dies non sunt simul. ergo non sunt plures dies, sed unus tantum.
ag3 ' Praeterea, die septimo cessavit deus a novis operibus condendis. si ergo septima dies est alia ab aliis diebus, sequitur quod illam diem non fecerit. quod est inconveniens.
ag4 ' Praeterea, totum opus quod uni diei adscribitur, in instanti perficit, * cum in singulis operibus dicatur, " dixit, et factum est. ' si igitur sequens opus in diem alium reservasset, sequeretur quod in residua parte illius diei cessasset ab opere, quod esset superfluum. non igitur est alius dies sequentis operis, a die operis praecedentis.
sc * Sed contra est quod gen. i dicitur, ° factum est vespere et mane dies secundus, et dies tertius, " et sic de aliis. ' secundum autem et tertium dici non potest, ubi est unum tantum. ergo non fuit unus dies tantum.
co * Respondeo dicendum quod in hac quaestione augustinus ab aliis expositoribus dissentit. augustinus enim vult, et super gen. ad litt., et xi de civ. dei, et ad orosium, " quod omnes qui dicuntur septem dies, sunt unus dies septempliciter rebus praesentatus. * alii vero expositores sentiunt quod " fuerunt septem dies diversi, et non unus tantum. ' hae autem duae opiniones, si referantur ad expositionem litterae genesis, magnam diversitatem habent. * nam secundum augustinum, " per diem intelligitur cognitio mentis angelicae; ut sic primus dies sit cognitio primi divini operis, secundus dies cognitio secundi operis, et sic de aliis. ' et dicitur unumquodque opus esse factum in aliqua die, quia nihil deus produxit in rerum natura, quod non impresserit menti angelicae. quae quidem multa simul potest cognoscere, praecipue in verbo, in quo omnis angelorum cognitio perficitur et terminatur. et sic distinguitur dies secundum naturalem ordinem rerum cognitarum, non secundum successionem cognitionis, aut secundum successionem productionis rerum. cognitio autem angelica proprie et vere dies nominari potest, cum lux, quae est causa diei, proprie in spiritualibus, * secundum augustinum, ' inveniatur. |25| * secundum vero alios, " per istos dies et successio dierum temporalium ostenditur, et successio productionis rerum. ' sed si istae duae opiniones referantur ad modum productionis rerum, non invenitur magna differentia. et hoc propter duo in quibus, exponendo, diversificatur augustinus ab aliis, * ut ex supra dictis patet. * primo quidem, quia augustinus " per terram et aquam prius creatam, intelligit materiam corporalem totaliter informem, per factionem autem firmamenti, et congregationem aquarum, et apparitionem aridae, intelligit impressionem formarum in materiam corporalem. * alii vero sancti " per terram et aquam primo creatas, intelligunt ipsa elementa mundi, sub propriis formis existentia, per sequentia autem opera, aliquam distinctionem in corporibus prius existentibus, * ut supra dictum est. * secundo autem differunt quantum ad productionem plantarum et animalium, quae alii ponunt in opere sex dierum esse producta in actu; augustinus vero potentialiter tantum. " in hoc ergo quod augustinus ponit opera sex dierum esse simul facta, sequitur idem modus productionis rerum. nam secundum utrosque, in prima rerum productione materia erat sub formis |50| substantialibus elementorum, et secundum utrosque, in prima rerum institutione non fuerunt animalia et plantae in actu. sed remanet differentia quantum ad quatuor. quia secundum alios sanctos, post primam productionem creaturae, fuit aliquod tempus in quo non erat lux; item in quo non erat firmamentum formatum; item in quo non erat terra discooperta aquis; et in quo non erant formata caeli luminaria, quod est quartum. * quae non oportet ponere secundum expositionem augustini. ' ut igitur neutri sententiae praeiudicetur, utriusque rationibus respondendum est.
ra1 ' Ad primum ergo dicendum quod in die in quo creavit deus caelum et terram, creavit etiam omne virgultum agri, non in actu, " sed antequam oriretur super terram, idest potentialiter. * quod augustinus adscribit tertiae diei, alii vero primae rerum institutioni.
ra2 ' Ad secundum dicendum quod deus creavit omnia simul, quantum ad rerum substantiam quodammodo informem. sed quantum ad formationem quae facta est per distinctionem et ornatum, non simul. * unde signanter utitur verbo creationis.
ra3 ' Ad tertium dicendum quod in die septimo cessavit deus a novis operibus condendis, non autem a propagandis quibusdam ex aliis, ad quam propagationem pertinet quod post primum diem alii succedunt.
ra4 ' Ad quartum dicendum quod non est ex impotentia dei, quasi indigentis tempore ad operandum, quod omnia non sunt simul distincta et ornata, sed ut ordo servaretur in rerum institutione. et ideo oportuit ut diversis statibus mundi diversi dies deservirent. semper autem per sequens opus novus perfectionis status mundo est additus.
ra5 * Ad quintum dicendum quod, secundum augustinum, " ille ordo dierum referendus est ad naturalem ordinem operum quae diebus attribuuntur.

007 ST1 qu74 ar3

ag1 ' Ad tertium sic proceditur. videtur quod scriptura non utatur convenientibus verbis ad exprimendum opera sex dierum. sicut enim lux et firmamentum et huiusmodi opera per dei verbum sunt facta, ita caelum et terra, quia omnia per ipsum facta sunt, * ut dicitur ioan. i. ' ergo in creatione caeli et terrae debuit fieri mentio de verbo dei, sicut in aliis operibus.
ag2 ' Praeterea, aqua est creata a deo, quae tamen creata non commemoratur. insufficienter ergo rerum creatio describitur.
ag3 * Praeterea, sicut dicitur gen. i, ° vidit deus cuncta quae fecerat, et erant valde bona. ' in singulis ergo operibus debuit dici, vidit deus quod esset bonum. inconvenienter ergo praetermittitur in opere creationis, et in opere secundae diei.
ag4 ' Praeterea, spiritus dei est deus. deo autem non competit ferri, nec situm habere. * inconvenienter ergo dicitur quod ° spiritus dei ferebatur super aquas.
ag5 ' Praeterea, nullus facit quod iam factum est. * inconvenienter ergo, postquam dictum est, ° dixit deus, fiat firmamentum, et factum est ita, * subditur, ° et fecit deus firmamentum. ' et similiter in aliis operibus.
ag6 ' Praeterea, vespere et mane non sufficienter dividunt diem, cum sint plures partes diei. * ergo inconvenienter dicitur quod ° factum est vespere et mane dies secundus, vel tertius.
ag7 ' Praeterea, secundo et tertio non convenienter correspondet unum, sed primum. debuit ergo dici, factum est vespere et mane dies primus, ubi dicitur dies unus.
ra1 * Respondeo dicendum ad primum, quod secundum augustinum, ' persona filii commemoratur tam in prima rerum creatione, quam in rerum distinctione et ornatu; aliter tamen et aliter. distinctio enim et ornatus pertinet ad rerum formationem. sicut autem formatio artificiatorum est per formam artis quae est in mente artificis, quae potest dici intelligibile verbum ipsius; ita formatio totius creaturae est per verbum dei. et ideo in opere distinctionis et ornatus fit mentio de verbo. in creatione autem commemoratur filius ut principium, * cum dicitur, ° in principio creavit deus, ' quia per creationem intelligitur productio informis materiae. * secundum vero alios, qui ponunt " primo creata elementa sub propriis formis, * oportet aliter dici. basilius enim dicit quod per hoc quod dicitur, dixit deus, " importatur divinum imperium. prius autem oportuit produci creaturam quae obediret, quam fieri mentionem de divino imperio.
ra2 * Ad secundum dicendum quod, secundum augustinum, " per caelum intelligitur spiritualis natura informis; per terram autem materia informis omnium corporum. et sic nulla creatura est praetermissa. * secundum basilium vero, " ponuntur caelum et terra tanquam duo extrema, ut ex his intelligantur media; praecipue quia omnium mediorum motus vel est ad caelum ut levium, vel ad terram, ut gravium. * alii

vero dicunt quod “ sub nomine terrae comprehendere solet scriptura omnia quatuor elementa. * unde in psalmo cxlviii, postquam dictum est, “ laudate dominum de terra, subditur, ignis, grando, nix, glacies.
ra3 ‘ Ad tertium dicendum quod in opere creationis ponitur aliquid correspondens ei quod dicitur in opere distinctionis et ornatus, “ vidit deus hoc vel illud esse bonum. ‘ ad cuius evidentiam, considerandum est quod spiritus sanctus amor est. ° duo autem sunt, * ut augustinus dicit i super gen. ad litt., ° propter quae deus amat creaturam suam, scilicet ut sit, et ut permaneat. ut ergo esset quod permaneret, dicitur quod spiritus dei ferebatur super aquam “ (secundum quod per aquam materia informis intelligitur; sicut amor artificis fertur super materiam aliquam, ut ex ea formet opus), ° ut autem maneret quod fecerat, dicitur, vidit deus quod esset bonum. ‘ in hoc enim significatur quaedam complacentia dei opificis in re facta, non quod alio modo cognosceret, aut placeret ei creatura iam facta, quam antequam faceret. et sic in utroque opere creationis et formationis, trinitas personarum insinuatur. in creatione quidem, persona patris per deum creantem; persona filii, per principium in quo creavit; spiritus sancti, qui superfertur aquis. in formatione vero, persona patris in deo dicente; persona vero filii, in verbo quo dicitur; persona spiritus sancti, in complacentia qua vidit deus esse bonum quod factum erat. |25| in opere vero secundae diei non ponitur, vidit deus quod esset bonum, quia opus distinctionis aquarum tunc inchoatur, et in tertio die perficitur, unde quod ponitur in tertia die, refertur etiam ad secundam. vel, quia distinctio quae ponitur secunda die, est de his quae non sunt manifesta populo, ideo huiusmodi approbatione scriptura non utitur. vel iterum propter hoc, quod per firmamentum intelligitur aer nubilosus, qui non est de partibus permanentibus in universo, seu de partibus principalibus mundi. * et has tres rationes rabbi moyses ponit. quidam autem “ assignant rationem mysticam ex parte numeri. quia binarius ab unitate recedit, unde opus secundae diei non approbatur.
ra4 * Ad quartum dicendum quod rabbi moyses per “ spiritum domini intelligit aerem vel ventum, sicut et plato intellexit. et dicit quod dicitur spiritus domini, secundum quod scriptura consuevit ubique flatum ventorum deo attribuere. * sed secundum sanctos, “ per spiritum domini intelligitur spiritus sanctus. qui dicitur superferri aquae, idest materiae informi * secundum augustinum, ° ne facienda opera sua propter indigentiae necessitatem putaretur deus amare, indigentiae enim amor rebus quas diligit subiicitur. commode, autem factum est, ut prius insinuaretur aliquid inchoatum, cui superferri diceretur, non enim superfertur loco, sed praeexcellente potentia, * ut augustinus dicit i super gen. ad litt.. secundum basilium vero, “ super ferebatur elemento aquae; idest, ° fovebat et vivificabat aquarum naturam, ad similitudinem gallinae cubantis, vitalem virtutem his quae foventur iniiciens. ‘ habet enim aqua praecipue vitalem virtutem, quia plurima animalia generantur in aqua, et omnium animalium semina sunt humida. vita etiam spiritualis datur per aquam baptismi, |25| * unde dicitur ioan. iii, ° nisi quis renatus fuerit ex aqua et spiritu sancto.
ra5 * Ad quintum dicendum quod, secundum augustinum, “ per illa tria designatur triplex esse rerum, primo quidem esse rerum in verbo, per hoc quod dixit, fiat; secundo, esse rerum in mente angelica per hoc quod dixit, factum est; tertio, esse rerum in propria natura, per hoc quod dixit, fecit. et quia in primo die describitur formatio angelorum, non fuit necesse ut ibi adderetur, fecit. * secundum alios vero, potest dici quod in hoc quod dicit, dixit deus “ fiat, importatur imperium dei de faciendo. per hoc autem quod dicit, factum est, importatur complementum operis. oportuit autem ut subderetur quomodo factum fuit, praecipue * propter illos qui dixerunt “ omnia visibilia per angelos facta. * et ideo ad hoc removendum, subditur quod “ ipse deus fecit. unde in singulis operibus, postquam dicitur, et factum est, aliquis actus dei subditur; vel fecit, vel distinxit, vel vocavit, vel aliquid huiusmodi.
ra6 * Ad sextum dicendum quod, secundum augustinum, “ per vespere et mane intelligitur vespertina et matutina cognitio in angelis, * de quibus dictum est supra. * vel, secundum basilium, “ totum tempus consuevit denominari a principaliori parte, scilicet a die, secundum quod dixit iacob, dies peregrinationis meae, nulla mentione facta de nocte. vespere autem et mane ponuntur ut termini diei; cuius mane est principium, sed vespere finis. ‘ vel quia per vespere designatur principium noctis, per mane principium diei. congruum autem fuit, ut ubi commemoratur prima distinctio rerum, sola principia temporum designarentur. praemittitur autem vespere, quia, cum a luce dies incoeperit, prius occurrit terminus lucis, quod est vespere, quam terminus tenebrarum et noctis, quod est mane. * vel, secundum chrysostomum, “ ut designetur quod dies naturalis non terminatur in vespere, sed in mane.
ra7 ‘ Ad septimum dicendum quod dicitur unus dies in prima diei institutione, ad designandum quod viginti quatuor horarum spatia pertinent ad unum diem. unde per hoc quod dicitur unus, praefigitur mensura diei naturalis. vel propter hoc, ut significaret diem consummari per reditum solis ad unum et idem punctum. vel quia completo septenario dierum, reditur ad primum diem, qui est unus cum octavo. * et has tres rationes basilius assignat.

007 ST1 qu75 ar

pr ‘ Post considerationem creaturae spiritualis et corporalis, considerandum est de homine, qui ex spirituali et corporali substantia componitur. et primo, de natura ipsius hominis; secundo, de eius productione. naturam autem hominis considerare pertinet ad theologum ex parte animae, non autem ex parte corporis, nisi secundum habitudinem quam habet corpus ad animam. et ideo prima consideratio circa animam versabitur. et quia, * secundum dionysium, xi cap. angel. hier., ‘ tria inveniuntur in substantiis spiritualibus, scilicet essentia, virtus et operatio; primo considerabimus ea quae pertinent ad essentiam animae; secundo, ea quae pertinent ad virtutem sive potentias eius; tertio, ea quae pertinent ad operationem eius. circa primum duplex occurrit consideratio, quarum prima est de ipsa anima secundum se; secunda, de unione eius ad corpus. circa primum quaeruntur septem. primo, utrum anima sit corpus. secundo, utrum anima humana sit aliquid subsistens. tertio, utrum animae brutorum sint subsistentes. quarto, utrum anima sit homo; vel magis homo sit aliquid compositum ex anima et corpore. quinto, utrum sit composita ex materia et forma. sexto, utrum anima humana sit incorruptibilis. septimo, utrum anima sit eiusdem speciei cum angelo.

007 ST1 qu75 ar1

ag1 ‘ Ad primum sic proceditur. videtur quod anima sit corpus. anima enim est motor corporis. non autem est movens non motum. tum quia videtur quod nihil possit movere nisi moveatur, quia nihil dat alteri quod non habet, sicut quod non est calidum non calefacit. tum quia, si aliquid est movens non motum, causat motum sempiternum et eodem modo se habentem, * ut probatur in viii physic., ‘ quod non apparet in motu animalis, qui est ab anima. ergo anima est movens motum. sed omne movens motum est corpus. ergo anima est corpus.
ag2 ‘ Praeterea, omnis cognitio fit per aliquam similitudinem. non potest autem esse similitudo corporis ad rem incorpoream. si igitur anima non esset corpus, non posset cognoscere res corporeas.
ag3 ‘ Praeterea, moventis ad motum oportet esse aliquem contactum. contactus autem non est nisi corporum. cum igitur anima moveat corpus, videtur quod anima sit corpus.
sc * Sed contra est quod augustinus dicit, vi de trin., quod ° anima simplex dicitur respectu corporis, quia mole non diffunditur per spatium loci.
co ‘ Respondeo dicendum quod ad inquirendum de natura animae, oportet praesupponere quod anima dicitur esse primum principium vitae in his quae apud nos vivunt animata enim viventia dicimus, res vero inanimatas vita carentes. vita autem maxime manifestatur duplici opere, scilicet cognitionis et motus. “ horum autem principium * antiqui philosophi, “ imaginationem transcendere non valentes, aliquod corpus ponebant; sola corpora res esse dicentes, et quod non est corpus, nihil esse. et secundum hoc, animam aliquod corpus esse dicebant. ‘ huius autem opinionis falsitas licet multipliciter ostendi possit tamen uno utemur, quo et communius et certius patet animam corpus non esse. manifestum est enim quod non quodcumque vitalis operationis principium est anima, sic enim oculus esset anima, cum sit quoddam principium visionis; et idem esset dicendum de aliis animae instrumentis. sed primum principium vitae dicimus esse animam. quamvis autem aliquod corpus possit esse quoddam principium vitae, sicut cor est principium vitae in animali; tamen non potest esse primum principium vitae aliquod corpus. manifestum est enim quod esse principium vitae, vel vivens, non convenit corpori ex hoc quod est corpus, alioquin omne corpus esset vivens, aut principium vitae. convenit igitur alicui corpori quod sit vivens, vel etiam |25| principium vitae, per hoc quod est tale corpus. quod autem est actu tale, habet hoc ab aliquo principio quod dicitur actus eius. anima igitur, quae est primum principium vitae, non est corpus, sed corporis actus, sicut calor, qui est principium calefactionis, non est corpus, sed quidam corporis actus.
ra1 ‘ Ad primum ergo dicendum quod, cum omne quod movetur ab alio moveatur, quod non potest in infinitum procedere, necesse est dicere quod non omne movens movetur. cum enim moveri sit exire de potentia in actum, movens dat id quod habet mobili, inquantum facit ipsum esse in actu. * sed sicut ostenditur in viii physic., ‘ est quoddam movens penitus immobile, quod nec per se nec per accidens movetur, et tale movens potest movere motum semper uniformem. est autem aliud movens, quod non movetur per se, sed movetur per accidens, et propter hoc non movet motum semper uniformem. et tale movens est anima. est autem aliud movens, quod per se movetur, scilicet corpus. * et quia antiqui naturales “ nihil esse credebant nisi corpora, posuerunt quod omne movens movetur, et quod anima per se movetur, et est corpus.
ra2 ‘ Ad secundum dicendum quod non est necessarium quod similitudo rei cognitae sit actu in natura cognoscentis, sed si aliquid sit quod prius est cognoscens in potentia et postea in actu, oportet quod similitudo cogniti non sit actu in natura cognoscentis, sed in potentia tantum; sicut color non est actu in pupilla, sed in potentia tantum. unde non oportet quod in natura animae sit similitudo rerum corporearum in actu; sed quod sit in potentia ad huiusmodi similitudines. sed * quia antiqui naturales “ nesciebant distinguere inter actum et potentiam, ponebant animam esse corpus, ad hoc quod cognosceret corpus; et ad hoc quod cognosceret omnia corpora, quod esset composita ex principiis omnium corporum.
ra3 ‘ Ad tertium dicendum quod est duplex contactus, quantitatis et virtutis. primo modo, corpus non tangitur nisi a corpore. secundo modo, corpus potest tangi a re incorporea quae movet corpus.

007 ST1 qu75 ar2

ag1 ‘ Ad secundum sic proceditur. videtur quod anima humana non sit aliquid subsistens. quod enim est subsistens, dicitur hoc aliquid. anima autem non est hoc aliquid, sed compositum ex anima et corpore. ergo anima non est aliquid subsistens.
ag2 ‘ Praeterea, omne quod est subsistens, potest dici operari. sed anima non dicitur operari, * quia, ut dicitur in i de anima, ° dicere animam sentire aut intelligere, simile est ac si dicat eam aliquis texere vel aedificare. ‘ ergo anima non est aliquid subsistens.
ag3 ‘ Praeterea, si anima esset aliquid subsistens, esset aliqua eius operatio sine corpore. sed nulla est eius operatio sine corpore, nec etiam intelligere, quia non contingit intelligere sine phantasmate, phantasma autem non est sine corpore. ergo anima humana non est aliquid subsistens.
sc * Sed contra est quod augustinus dicit, x de trin.. ° quisquis videt mentis naturam et esse substantiam, et non esse corpoream, videt eos qui opinantur eam esse corpoream, ob hoc errare, quod adiungunt ei ea sine quibus nullam possunt cogitare naturam, scilicet corporum phantasias. ‘ natura ergo mentis humanae non solum est incorporea, sed etiam substantia, scilicet aliquid subsistens.
co ‘ Respondeo dicendum quod necesse est dicere id quod est principium intellectualis operationis, quod dicimus animam hominis, esse quoddam principium incorporeum et subsistens. manifestum est enim quod homo per intellectum cognoscere potest naturas omnium corporum. quod autem potest cognoscere aliqua, oportet ut nihil eorum habeat in sua natura, quia illud quod inesset ei naturaliter impediret cognitionem aliorum; sicut videmus quod lingua infirmi quae infecta est cholerico et amaro humore, non potest percipere aliquid dulce, sed omnia videntur ei amara. si igitur principium intellectuale haberet in se naturam alicuius corporis, non posset omnia corpora cognoscere. omne autem corpus habet aliquam naturam determinatam. impossibile est igitur quod principium intellectuale sit corpus. et similiter impossibile est quod intelligat per organum corporeum, quia etiam natura determinata illius organi corporei prohiberet cognitionem omnium corporum; sicut si aliquis determinatus color sit non solum in pupilla, sed etiam in vase vitreo, liquor infusus eiusdem coloris videtur. ipsum igitur intellectuale principium, quod dicitur mens vel intellectus, habet operationem per se, cui non communicat corpus. nihil autem potest per se operari, nisi quod per se subsistit. non enim est operari nisi entis in actu, unde eo modo aliquid operatur, quo est. propter quod non dicimus quod calor calefacit, sed calidum. relinquitur igitur animam humanam, quae dicitur |25| intellectus vel mens, esse aliquid incorporeum et subsistens.
ra1 ‘ Ad primum ergo dicendum quod hoc aliquid potest accipi dupliciter, uno modo, pro quocumque subsistente, alio modo, pro subsistente completo in natura alicuius speciei. primo modo, excludit inhaerentiam accidentis et formae materialis, secundo modo, excludit etiam imperfectionem partis. unde manus posset dici hoc aliquid primo modo, sed non secundo modo. sic igitur, cum anima humana sit pars speciei humanae, potest dici hoc aliquid primo modo, quasi subsistens, sed non secundo modo, sic enim compositum ex anima et corpore dicitur hoc aliquid.
ra2 * Ad secundum dicendum quod verba illa aristoteles dicit “ non secundum propriam sententiam, sed secundum opinionem illorum qui dicebant quod intelligere est moveri; * ut patet ex iis quae ibi praemittit. ‘ vel dicendum quod per se agere convenit per se existenti. sed per se existens quandoque potest dici aliquid si non sit inhaerens ut accidens vel ut forma materialis, etiam si sit pars. sed proprie et per se subsistens dicitur quod neque est praedicto modo inhaerens, neque est pars. secundum quem modum oculus aut manus non posset dici per se subsistens; et per consequens nec per se operans. unde et operationes partium attribuuntur toti per partes. dicimus enim quod homo videt per oculum, et palpat per manum, aliter quam calidum calefacit per calorem, quia calor nullo modo calefacit, proprie loquendo. potest igitur dici quod anima intelligit, sicut oculus videt,

sed magis proprie dicitur quod homo intelligat per animam.
ra3 ‘ Ad tertium dicendum quod corpus requiritur ad actionem intellectus, non sicut organum quo talis actio exerceatur, sed ratione obiecti, phantasma enim comparatur ad intellectum sicut color ad visum. sic autem indigere corpore non removet intellectum esse subsistentem, alioquin animal non esset aliquid subsistens, cum indigeat exterioribus sensibilibus ad sentiendum.

007 ST1 qu75 ar3

ag1 ‘ Ad tertium sic proceditur. videtur quod animae brutorum animalium sint subsistentes. homo enim convenit in genere cum aliis animalibus. sed anima hominis est aliquid subsistens, * ut ostensum est. ‘ ergo et animae aliorum animalium sunt subsistentes.
ag2 ‘ Praeterea, similiter se habet sensitivum ad sensibilia, sicut intellectivum et intelligibilia. sed intellectus intelligit intelligibilia sine corpore. ergo et sensus apprehendit sensibilia sine corpore. animae autem brutorum animalium sunt sensitivae. ergo sunt subsistentes, pari ratione qua et anima hominis, quae est intellectiva.
ag3 ‘ Praeterea, brutorum animalium anima movet corpus. corpus autem non movet, sed movetur. anima ergo bruti animalis habet aliquam operationem sine corpore.
sc * Sed contra est quod dicitur in libro de eccl. dogmat., ° solum hominem credimus habere animam substantivam; animalium vero animae non sunt substantivae.
co * Respondeo dicendum quod antiqui philosophi “ nullam distinctionem ponebant inter sensum et intellectum, et utrumque corporeo principio attribuebant, * ut dictum est. * plato autem “ distinxit inter intellectum et sensum; utrumque tamen attribuit principio incorporeo, ponens quod, sicut intelligere, ita et sentire convenit animae secundum seipsam. et ex hoc sequebatur quod etiam animae brutorum animalium sint subsistentes. * sed aristoteles posuit quod “ solum intelligere, inter opera animae, sine organo corporeo exercetur. ‘ sentire vero, et consequentes operationes animae sensitivae, manifeste accidunt cum aliqua corporis immutatione; sicut in videndo immutatur pupilla per speciem coloris; et idem apparet in aliis. et sic manifestum est quod anima sensitiva non habet aliquam operationem propriam per seipsam, sed omnis operatio sensitivae animae est coniuncti. ex quo relinquitur quod, cum animae brutorum animalium per se non operentur, non sint subsistentes, similiter enim unumquodque habet esse et operationem.
ra1 ‘ Ad primum ergo dicendum quod homo, etsi conveniat in genere cum aliis animalibus, specie tamen differt, differentia autem speciei attenditur secundum differentiam formae. nec oportet quod omnis differentia formae faciat generis diversitatem.
ra2 ‘ Ad secundum dicendum quod sensitivum quodammodo se habet ad sensibilia sicut intellectivum ad intelligibilia, inquantum scilicet utrumque est in potentia ad sua obiecta. sed quodammodo dissimiliter se habent, inquantum sensitivum patitur a sensibili cum corporis immutatione, unde excellentia sensibilium corrumpit sensum. quod in intellectu non contingit, nam intellectus intelligens maxima intelligibilium, magis potest postmodum intelligere minora. si vero in intelligendo fatigetur corpus, hoc est per accidens, in quantum intellectus indiget operatione virium sensitivarum, per quas ei phantasmata praeparantur.
ra3 ‘ Ad tertium dicendum quod vis motiva est duplex. una quae imperat motum, scilicet appetitiva. et huius operatio in anima sensitiva non est sine corpore; sed ira et gaudium et omnes huiusmodi passiones sunt cum aliqua corporis immutatione. alia vis motiva est exequens motum, per quam membra redduntur habilia ad obediendum appetitui, cuius actus non est movere, sed moveri. unde patet quod movere non est actus animae sensitivae sine corpore.

007 ST1 qu75 ar4

ag1 ‘ Ad quartum sic proceditur. videtur quod anima sit homo. * dicitur enim ii ad cor. iv, ° licet is qui foris est noster homo corrumpatur, tamen is qui intus est, renovatur de die in diem. ‘ sed id quod est intus in homine, est anima. ergo anima est homo interior.
ag2 ‘ Praeterea, anima humana est substantia quaedam. non autem est substantia universalis. ergo est substantia particularis. ergo est hypostasis vel persona. sed non nisi humana. ergo anima est homo, nam persona humana est homo.
sc * Sed contra est quod augustinus, xix de civ. dei, commendat varronem, ° qui hominem nec animam solam, nec solum corpus, sed animam simul et corpus esse arbitrabatur.
co ‘ Respondeo dicendum quod animam esse hominem dupliciter potest intelligi. uno modo, quod homo sit anima, sed hic homo non sit anima, sed compositum ex anima et corpore, puta socrates. * quod ideo dico, quia quidam posuerunt “ solam formam esse de ratione speciei, materiam vero esse partem individui, et non speciei. ‘ quod quidem non potest esse verum. nam ad naturam speciei pertinet id quod significat definitio. definitio autem in rebus naturalibus non significat formam tantum, sed formam et materiam. unde materia est pars speciei in rebus naturalibus, non quidem materia signata, quae est principium individuationis; sed materia communis. sicut enim de ratione huius hominis est quod sit ex hac anima et his carnibus et his ossibus; ita de ratione hominis est quod sit ex anima et carnibus et ossibus. oportet enim de substantia speciei esse quidquid est communiter de substantia omnium individuorum sub specie contentorum. alio vero modo potest intelligi sic, quod etiam haec anima sit hic homo. et hoc quidem sustineri posset, si poneretur quod animae sensitivae operatio esset eius propria sine corpore, quia omnes operationes quae attribuuntur homini, convenirent soli animae; illud autem est unaquaeque res, quod operatur operationes illius rei. unde illud est homo, quod operatur operationes hominis. |25| * ostensum est autem quod ‘ sentire non est operatio animae tantum. cum igitur sentire sit quaedam operatio hominis, licet non propria, manifestum est quod homo non est anima tantum, sed est aliquid compositum ex anima et corpore. * plato vero, ponens “ sentire esse proprium animae, ponere potuit quod homo esset anima utens corpore.
ra1 * Ad primum ergo dicendum quod, secundum philosophum in ix ethic., ‘ illud potissime videtur esse unumquodque, quod est principale in ipso, sicut quod facit rector civitatis, dicitur civitas facere. et hoc modo aliquando quod est principale in homine, dicitur homo, aliquando quidem pars intellectiva, secundum rei veritatem, quae dicitur homo interior; aliquando vero pars sensitiva cum corpore, secundum aestimationem quorundam, qui solum circa sensibilia detinentur. et hic dicitur homo exterior.
ra2 ‘ Ad secundum dicendum quod non quaelibet substantia particularis est hypostasis vel persona, sed quae habet completam naturam speciei. unde manus vel pes non potest dici hypostasis vel persona. et similiter nec anima, cum sit pars speciei humanae.

007 ST1 qu75 ar5

ag1 ‘ Ad quintum sic proceditur. videtur quod anima sit composita ex materia et forma. potentia enim contra actum dividitur. sed omnia quaecumque sunt in actu, participant primum actum, qui deus est; per cuius participationem omnia sunt et bona et entia et viventia, * ut patet per doctrinam dionysii in libro de div. nom.. ‘ ergo quaecumque sunt in potentia, participant primam potentiam. sed prima potentia est materia prima. cum ergo anima humana sit quodammodo in potentia, quod apparet ex hoc quod homo quandoque est intelligens in potentia; videtur quod anima humana participet materiam primam tanquam partem sui.
ag2 ‘ Praeterea, in quocumque inveniuntur proprietates materiae, ibi invenitur materia. sed in anima inveniuntur proprietates materiae, quae sunt subiici et transmutari, subiicitur enim scientiae et virtuti, et mutatur de ignorantia ad scientiam, et de vitio ad virtutem. ergo in anima est materia.
ag3 ‘ Praeterea, illa quae non habent materiam, non habent causam sui esse, * ut dicitur in viii metaphys.. ‘ sed anima habet causam sui esse, quia creatur a deo. ergo anima habet materiam.
ag4 ‘ Praeterea, quod non habet materiam, sed est forma tantum, est actus purus et infinitus. hoc autem solius dei est. ergo anima habet materiam.
sc ‘ Sed contra est quod * augustinus probat, in vii super gen. ad litt., quod “ anima non est facta nec ex materia corporali, nec ex materia spirituali.
co ‘ Respondeo dicendum quod anima non habet materiam. et hoc potest considerari dupliciter. primo quidem, ex ratione animae in communi. est enim de ratione animae, quod sit forma alicuius corporis. aut igitur est forma secundum se totam; aut secundum aliquam partem sui. si secundum se totam, impossibile est quod pars eius sit materia, si dicatur materia aliquod ens in potentia tantum, quia forma, inquantum forma, est actus; id autem quod est in potentia tantum, non potest esse pars actus, cum potentia repugnet actui, utpote contra actum divisa. si autem sit forma secundum aliquam partem sui, illam partem, dicemus esse animam, et illam materiam cuius primo est actus, dicemus esse primum animatum. secundo, specialiter ex ratione humanae animae, inquantum est intellectiva. manifestum est enim quod omne quod recipitur in aliquo, recipitur in eo per modum recipientis. sic autem cognoscitur unumquodque, sicut forma eius est in cognoscente anima autem intellectiva cognoscit rem aliquam in sua natura absolute, puta lapidem inquantum est lapis absolute. est igitur forma lapidis absolute, secundum propriam rationem formalem, in anima intellectiva. anima igitur intellectiva est forma absoluta, non autem aliquid compositum ex materia et forma. si enim anima intellectiva esset composita ex materia et forma, formae rerum reciperentur in ea ut individuales, et sic non cognosceret nisi singulare, sicut accidit in potentiis sensitivis, quae recipiunt formas rerum in organo corporali, |25| materia enim est principium individuationis formarum. relinquitur ergo quod anima intellectiva, et omnis intellectualis substantia cognoscens formas absolute, caret compositione formae et materiae.
ra1 ‘ Ad primum ergo dicendum quod primus actus est universale principium omnium actuum, quia est infinitum, virtualiter in se omnia praehabens, * ut dicit dionysius. ‘ unde participatur a rebus, non sicut pars, sed secundum diffusionem processionis ipsius. potentia autem, cum sit receptiva actus, oportet quod actui proportionetur. actus vero recepti, qui procedunt a primo actu infinito et sunt quaedam participationes eius, sunt diversi. unde non potest esse potentia una quae recipiat omnes actus, sicut est unus actus influens omnes actus participatos, alioquin potentia receptiva adaequaret potentiam activam primi actus. est autem alia potentia receptiva in anima intellectiva, a potentia receptiva materiae primae, ut patet ex diversitate receptorum, nam materia prima recipit formas individuales, intellectus autem recipit formas absolutas. unde talis potentia in anima intellectiva existens, non ostendit quod anima sit composita ex materia et forma.
ra2 ‘ Ad secundum dicendum quod subiici et transmutari convenit materiae secundum quod est in potentia. sicut ergo est alia potentia intellectus, et alia potentia materiae primae, ita est alia ratio subiiciendi et transmutandi. secundum hoc enim intellectus subiicitur scientiae, et transmutatur de ignorantia ad scientiam, secundum quod est in potentia ad species intelligibiles.
ra3 ‘ Ad tertium dicendum quod forma est causa essendi materiae, et agens, unde agens, inquantum reducit materiam in actum formae transmutando, est ei causa essendi. si quid autem est forma subsistens, non habet esse per aliquod formale principium, nec habet causam transmutantem de potentia in actum. * unde post verba praemissa, philosophus concludit quod “ in his quae sunt composita ex materia et forma, ° nulla est alia causa nisi movens ex potestate ad actum, quaecumque vero non habent materiam, omnia simpliciter sunt quod vere entia aliquid.
ra4 ‘ Ad quartum dicendum quod omne participatum comparatur ad participans ut actus eius. quaecumque autem forma creata per se subsistens ponatur, oportet quod participet esse, “ quia etiam ipsa vita, vel quidquid sic diceretur, participat ipsum esse, * ut dicit dionysius, v cap. de div. nom.. ‘ esse autem participatum finitur ad capacitatem participantis. unde solus deus, qui est ipsum suum esse, est actus purus et infinitus. in substantiis vero intellectualibus est compositio ex actu et potentia; non quidem ex materia et forma, sed ex forma et esse participato. * unde a quibusdam “ dicuntur componi ex quo est et quod est, ipsum enim esse est quo aliquid est.

007 ST1 qu75 ar6

ag1 ‘ Ad sextum sic proceditur. videtur quod anima humana sit corruptibilis. quorum enim est simile principium et similis processus, videtur esse similis finis. sed simile est principium generationis hominum et iumentorum, quia de terra facta sunt. similis est etiam vitae processus in utrisque. quia ° similiter spirant omnia, et nihil habet homo iumento amplius, * ut dicitur eccle. iii. ergo, ut ibidem concluditur, ° unus est interitus hominis et iumentorum, et aequa utriusque conditio. ‘ sed anima brutorum animalium est corruptibilis. ergo et anima humana est corruptibilis.
ag2 ‘ Praeterea, omne quod est ex nihilo, vertibile est in nihilum, quia finis debet respondere principio. * sed sicut dicitur sap. ii, ° ex nihilo nati sumus, ‘ quod verum est non solum quantum ad corpus, sed etiam quantum ad animam. * ergo ut ibidem concluditur, “ post hoc erimus tanquam non fuerimus, etiam secundum animam.
ag3 ‘ Praeterea, nulla res est sine propria operatione. sed propria operatio animae, quae est intelligere cum phantasmate, non potest esse sine corpore, nihil enim sine phantasmate intelligit anima; phantasma autem non est sine corpore, * ut dicitur in libro de anima. ‘ ergo anima non potest remanere, destructo corpore.
sc * Sed contra est quod dionysius dicit, iv cap. de div. nom., quod “ animae humanae habent ex bonitate divina quod sint intellectuales et quod habeant substantialem vitam inconsumptibilem.
co ‘ Respondeo dicendum quod necesse est dicere animam humanam, quam dicimus intellectivum principium, esse incorruptibilem. dupliciter enim aliquid corrumpitur, uno modo, per se; alio modo, per accidens. impossibile est autem aliquid subsistens generari aut corrumpi per accidens, idest aliquo generato vel corrupto. sic enim competit alicui generari et corrumpi, sicut et esse, quod per generationem acquiritur et per corruptionem amittitur. unde quod per se habet esse, non potest generari vel corrumpi nisi per se, quae vero non subsistunt, ut accidentia et formae materiales, dicuntur fieri et corrumpi per generationem et corruptionem compositorum. * ostensum est autem supra quod ‘ animae brutorum non sunt per se subsistentes, sed sola anima humana. unde animae brutorum corrumpuntur, corruptis corporibus, anima autem humana non posset corrumpi, nisi per se corrumperetur. quod quidem omnino est impossibile non solum de ipsa, sed de quolibet subsistente quod est forma tantum. manifestum est enim quod id quod secundum se convenit alicui, est inseparabile ab ipso. esse autem per se convenit formae, quae

est actus. unde materia secundum hoc acquirit esse in actu, quod acquirit formam, secundum hoc autem accidit in ea corruptio, quod separatur forma ab ea. impossibile est autem quod forma separetur a seipsa. unde impossibile est quod forma subsistens desinat esse. dato etiam quod anima esset ex materia et forma composita, * ut quidam dicunt, ‘ adhuc oporteret ponere eam incorruptibilem. non enim invenitur corruptio nisi ubi invenitur contrarietas, generationes enim et corruptiones ex contrariis et in contraria sunt; unde corpora caelestia, quia non habent materiam contrarietati subiectam, incorruptibilia sunt. in anima autem intellectiva non potest esse aliqua contrarietas. recipit enim secundum modum sui esse, ea vero quae in ipsa recipiuntur, sunt absque contrarietate; quia etiam rationes contrariorum in intellectu non sunt contrariae, sed est una scientia contrariorum. impossibile est ergo quod anima intellectiva sit corruptibilis. potest etiam huius rei accipi signum ex hoc, quod unumquodque naturaliter suo modo esse desiderat. desiderium autem in rebus cognoscentibus sequitur cognitionem. sensus autem non cognoscit esse nisi sub hic et nunc, sed intellectus apprehendit esse absolute, et secundum omne tempus. unde omne habens intellectum naturaliter desiderat esse semper. naturale autem desiderium non potest esse inane. omnis igitur intellectualis substantia est incorruptibilis.

ra1 “ Ad primum ergo dicendum quod salomon inducit rationem illam ex persona insipientium, * ut exprimitur sap. ii. ‘ quod ergo dicitur quod homo et alia animalia habent simile generationis principium, verum est quantum ad corpus, similiter enim de terra facta sunt omnia animalia. non autem quantum ad animam, nam anima brutorum producitur ex virtute aliqua corporea, anima vero humana a deo. * et ad hoc significandum dicitur gen., “ quantum ad alia animalia, producat terra animam viventem, quantum vero ad hominem, dicitur quod inspiravit in faciem eius spiraculum vitae. * et ideo concluditur eccle. ult., ° revertatur pulvis in terram suam, unde erat, et spiritus redeat ad deum qui dedit illum. ‘ similiter processus vitae est similis quantum ad corpus; * ad quod pertinet quod dicitur in eccle., ° similiter spirant omnia; * et sap. ii, ° fumus et flatus est in naribus nostris etc.. ‘ sed non est similis processus quantum ad animam, quia homo intelligit, non autem animalia bruta. * unde falsum est quod dicitur, nihil habet homo iumento amplius. ‘ et ideo similis est interitus quantum ad corpus, sed non quantum ad animam.

ra2 ‘ Ad secundum dicendum quod, sicut posse creari dicitur aliquid non per potentiam passivam, sed solum per potentiam activam creantis, qui ex nihilo potest aliquid producere; ita cum dicitur aliquid vertibile in nihil, non importatur in creatura potentia ad non esse, sed in creatore potentia ad hoc quod esse non influat. dicitur autem aliquid corruptibile per hoc, quod inest ei potentia ad non esse.

ra3 ‘ Ad tertium dicendum quod intelligere cum phantasmate est propria operatio animae secundum quod corpori est unita. separata autem a corpore habebit alium modum intelligendi, similem aliis substantiis a corpore separatis, * ut infra melius patebit.

007 ST1 qu75 ar7

ag1 ‘ Ad septimum sic proceditur. videtur quod anima et angelus sint unius speciei. unumquodque enim ordinatur ad proprium finem per naturam suae speciei, per quam habet inclinationem ad finem. sed idem est finis animae et angeli, scilicet beatitudo aeterna. ergo sunt unius speciei.

ag2 ‘ Praeterea, ultima differentia specifica est nobilissima, quia complet rationem speciei. sed nihil est nobilius in angelo et anima quam intellectuale esse. ergo conveniunt anima et angelus in ultima differentia specifica. ergo sunt unius speciei.

ag3 ‘ Praeterea, anima ab angelo differre non videtur nisi per hoc, quod est corpori unita. corpus autem, cum sit extra essentiam animae, non videtur ad eius speciem pertinere. ergo anima et angelus sunt unius speciei.

sc ‘ Sed contra, quorum sunt diversae operationes naturales, ipsa differunt specie. sed animae et angeli sunt diversae operationes naturales, quia * ut dicit dionysius, vii cap. de div. nom., ° mentes angelicae simplices et beatos intellectus habent, non de visibilibus congregantes divinam cognitionem; “ cuius contrarium postmodum de anima dicit. ‘ anima igitur et angelus non sunt unius speciei.

co * Respondeo dicendum quod origenes posuit “ omnes animas humanas et angelos esse unius speciei. et hoc ideo, quia posuit diversitatem gradus in huiusmodi substantiis inventam, accidentalem, utpote ex libero arbitrio provenientem, * ut supra dictum est. ‘ quod non potest esse, quia in substantiis incorporeis non potest esse diversitas secundum numerum absque diversitate secundum speciem, et absque naturali inaequalitate. quia si non sint compositae ex materia et forma, sed sint formae subsistentes, manifestum est quod necesse erit in eis esse diversitatem in specie. non enim potest intelligi quod aliqua forma separata sit nisi una unius speciei, sicut si esset albedo separata, non posset esse nisi una tantum; haec enim albedo non differt ab illa nisi per hoc, quod est huius vel illius. diversitas autem secundum speciem semper habet diversitatem naturalem concomitantem, sicut in speciebus colorum unus est perfectior altero, et similiter in aliis. et hoc ideo, quia differentiae dividentes genus sunt contrariae; contraria autem se habent secundum perfectum et imperfectum, quia principium contrarietatis est privatio et habitus * ut dicitur in x metaphys.. ‘ idem etiam sequeretur, si huiusmodi substantiae essent compositae ex materia et forma. si enim materia huius distinguitur a materia illius, necesse est quod vel forma sit principium distinctionis materiae, ut scilicet materiae sint diversae propter habitudinem ad diversas formas, et tunc sequitur adhuc diversitas secundum speciem et inaequalitas naturalis. vel materia erit principium distinctionis formarum; nec poterit dici materia haec alia ab illa, nisi secundum divisionem quantitativam, quae non habet locum in substantiis incorporeis, cuiusmodi sunt angelus et anima. unde non potest esse quod angelus et anima sint unius speciei. * quomodo autem sint plures animae unius speciei infra ostendetur.

ra1 ‘ Ad primum ergo dicendum quod ratio illa procedit de fine proximo et naturali. beatitudo autem aeterna est finis ultimus et supernaturalis.

ra2 ‘ Ad secundum dicendum quod differentia specifica ultima est nobilissima, inquantum est maxime determinata, per modum quo actus est nobilior potentia. sic autem intellectuale non est nobilissimum, quia est indeterminatum et commune ad multos intellectualitatis gradus, sicut sensibile ad multos gradus in esse sensibili. unde sicut non omnia sensibilia sunt unius speciei, ita nec omnia intellectualia.

ra3 ‘ Ad tertium dicendum quod corpus non est de essentia animae, sed anima ex natura suae essentiae habet quod sit corpori unibilis. unde nec proprie anima est in specie; sed compositum. et hoc ipsum quod anima quodammodo indiget corpore ad suam operationem, ostendit quod anima tenet inferiorem gradum intellectualitatis quam angelus, qui corpori non unitur.

007 ST1 qu76 ar

pr ‘ Deinde considerandum est de unione animae ad corpus. et circa hoc quaeruntur octo. primo, utrum intellectivum principium uniatur corpori ut forma. secundo, utrum intellectivum principium numero multiplicetur secundum multiplicationem corporum; vel sit unus intellectus omnium hominum. tertio, utrum in corpore cuius forma est principium intellectivum, sit aliqua alia anima. quarto, utrum sit in eo aliqua alia forma substantialis. quinto, quale debeat esse corpus cuius intellectivum principium est forma. sexto, utrum tali corpori uniatur mediante aliquo alio corpore. septimo, utrum mediante aliquo accidente. octavo, utrum anima sit tota in qualibet parte corporis.

007 ST1 qu76 ar1

ag1 ‘ Ad primum sic proceditur. videtur quod intellectivum principium non uniatur corpori ut forma. * dicit enim philosophus, in iii de anima, quod “ intellectus est separatus, et quod nullius corporis est actus. ‘ non ergo unitur corpori ut forma.

ag2 ‘ Praeterea, omnis forma determinatur secundum naturam materiae cuius est forma, alioquin non requireretur proportio inter materiam et formam. si ergo intellectus uniretur corpori ut forma, cum omne corpus habeat determinatam naturam, sequeretur quod intellectus haberet determinatam naturam. et sic non esset omnium cognoscitivus, * ut ex superioribus patet, ‘ quod est contra rationem intellectus. non ergo intellectus unitur corpori ut forma.

ag3 ‘ Praeterea, quaecumque potentia receptiva est actus alicuius corporis, recipit formam materialiter et individualiter, quia receptum est in recipiente secundum modum recipientis. sed forma rei intellectae non recipitur in intellectu materialiter et individualiter, sed magis immaterialiter et universaliter, alioquin intellectus non esset cognoscitivus immaterialium et universalium, sed singularium tantum, sicut et sensus. intellectus ergo non unitur corpori ut forma.

ag4 ‘ Praeterea, eiusdem est potentia et actio, idem enim est quod potest agere, et quod agit. sed actio intellectualis non est alicuius corporis, * ut ex superioribus patet. ‘ ergo nec potentia intellectiva est alicuius corporis potentia. sed virtus sive potentia non potest esse abstractior vel simplicior quam essentia a qua virtus vel potentia derivatur. ergo nec substantia intellectus est corporis forma.

ag5 ‘ Praeterea, id quod per se habet esse, non unitur corpori ut forma, quia forma est quo aliquid est; et sic ipsum esse formae non est ipsius formae secundum se. sed intellectivum principium habet secundum se esse, et est subsistens, * ut supra dictum est. ‘ non ergo unitur corpori ut forma.

ag6 ‘ Praeterea, id quod inest alicui rei secundum se, semper inest ei. sed formae secundum se inest uniri materiae, non enim per accidens aliquod, sed per essentiam suam est actus materiae; alioquin ex materia et forma non fieret unum substantialiter, sed accidentaliter. forma ergo non potest esse sine propria materia. sed intellectivum principium, cum sit incorruptibile, * ut supra ostensum est, ‘ remanet corpori non unitum, corpore corrupto. ergo intellectivum principium non unitur corpori ut forma.

sc * Sed contra, secundum philosophum, in viii metaphys., ‘ differentia sumitur a forma rei. sed differentia constitutiva hominis est rationale; quod dicitur de homine ratione intellectivi principii. intellectivum ergo principium est forma hominis.

co ‘ Respondeo dicendum quod necesse est dicere quod intellectus, qui est intellectualis operationis principium, sit humani corporis forma. illud enim quo primo aliquid operatur, est forma eius cui operatio attribuitur, sicut quo primo sanatur corpus, est sanitas, et quo primo scit anima, est scientia; unde sanitas est forma corporis, et scientia animae. et huius ratio est, quia nihil agit nisi secundum quod est actu, unde quo aliquid est actu, eo agit. manifestum est autem quod primum quo corpus vivit, est anima. et cum vita manifestetur secundum diversas operationes in diversis gradibus viventium, id quo primo operamur unumquodque horum operum vitae, est anima, anima enim est primum quo nutrimur, et sentimus, et movemur secundum locum; et similiter quo primo intelligimus. hoc ergo principium quo primo intelligimus, sive dicatur intellectus sive anima intellectiva, est forma corporis. * et haec est demonstratio aristotelis in ii de anima. ‘ si quis autem velit dicere animam intellectivam non esse corporis formam, oportet quod inveniat modum quo ista actio quae est intelligere, sit huius hominis actio, experitur enim unusquisque seipsum esse qui intelligit. attribuitur autem aliqua actio alicui tripliciter, * ut patet per philosophum, v physic., ‘ dicitur enim movere aliquid aut agere vel secundum se totum, sicut medicus sanat; aut secundum partem, sicut homo videt per oculum; aut per accidens, sicut dicitur quod album aedificat, quia accidit aedificatori esse album. cum igitur dicimus socratem aut platonem intelligere, manifestum est quod non attribuitur ei per accidens, attribuitur enim ei inquantum est homo, quod essentialiter praedicatur de ipso. aut ergo oportet dicere quod socrates intelligit secundum se totum, * sicut plato posuit, dicens “ hominem esse animam intellectivam, ‘ aut oportet dicere quod intellectus sit aliqua pars socratis. et primum quidem stare non potest, * ut supra ostensum est, ‘ propter hoc quod ipse idem homo est qui percipit se et intelligere et sentire, sentire autem non est sine corpore, unde oportet corpus aliquam esse hominis partem. relinquitur ergo quod intellectus quo socrates intelligit, est aliqua pars socratis ita quod intellectus aliquo modo corpori socratis uniatur. “ hanc autem unionem * commentator, in iii de anima, dicit “ esse per speciem intelligibilem. quae quidem habet duplex subiectum, unum scilicet intellectum possibilem; et aliud ipsa phantasmata quae sunt in organis corporeis. et sic per speciem intelligibilem continuatur intellectus possibilis corpori huius vel illius hominis. ‘ sed ista continuatio vel unio non sufficit ad hoc quod actio intellectus sit actio socratis. et hoc patet per similitudinem in sensu, * ex quo aristoteles procedit ad considerandum ea quae sunt intellectus. ‘ sic enim se habent phantasmata ad intellectum, * ut dicitur in iii de anima, ‘ sicut colores ad visum. sicut ergo species colorum sunt in visu, ita species phantasmatum sunt in intellectu possibili. patet autem quod ex hoc quod colores sunt in pariete, quorum similitudines sunt in visu, actio visus non attribuitur parieti, non enim dicimus quod paries videat, sed magis quod videatur. ex hoc ergo quod species phantasmatum sunt in intellectu possibili, non sequitur quod socrates, in quo sunt phantasmata, intelligat; sed quod ipse, vel eius phantasmata intelliguntur. * quidam autem dicere voluerunt quod “ intellectus unitur corpori ut motor; et sic ex intellectu et corpore fit unum, ut actio intellectus toti attribui possit. ‘ sed hoc est multipliciter vanum. primo quidem, quia intellectus non movet corpus nisi per appetitum, cuius motus praesupponit operationem intellectus. non ergo quia movetur socrates ab intellectu, ideo intelligit, sed potius e converso, quia intelligit, ideo ab intellectu movetur socrates. secundo quia, cum socrates sit quoddam individuum in natura cuius essentia est una, composita ex materia et forma; si intellectus non sit forma eius, sequitur quod sit praeter essentiam eius; et sic intellectus comparabitur ad totum socratem sicut motor ad motum. intelligere autem est actio quiescens in agente, non autem transiens in alterum, sicut calefactio. non ergo intelligere potest attribui socrati propter hoc quod est motus ab intellectu. tertio, quia actio motoris nunquam attribuitur moto nisi sicut instrumento, sicut actio carpentarii serrae. si igitur intelligere attribuitur socrati quia est actio motoris eius, sequitur quod attribuatur ei sicut instrumento. * quod est contra philosophum, qui vult quod “ intelligere non sit per instrumentum corporeum. ‘ quarto quia, licet actio partis attribuatur toti, ut actio oculi homini; nunquam tamen attribuitur alii parti, nisi forte per accidens, non enim dicimus quod manus videat, propter hoc quod oculus videt. si ergo ex intellectu et socrate dicto modo fit unum, actio intellectus non potest attribui socrati. si vero socrates est totum quod componitur ex unione intellectus ad reliqua quae sunt socratis, et tamen intellectus non unitur aliis quae sunt socratis nisi sicut motor; sequitur quod socrates non sit unum simpliciter, et per consequens nec ens simpliciter; sic enim aliquid est ens, quomodo et unum. * relinquitur ergo solus modus quem aristoteles ponit, quod |100| ' hic homo intelligit, quia principium intellectivum est forma ipsius. sic ergo ex ipsa operatione intellectus apparet quod intellectivum principium unitur corpori ut forma. potest etiam idem manifestari ex ratione speciei humanae. natura enim uniuscuiusque rei ex eius operatione ostenditur. propria autem operatio hominis, inquantum est homo, est intelligere, per hanc enim omnia animalia transcendit. * unde et aristoteles, in libro ethic., " in hac operatione, sicut in propria hominis, ultimam felicitatem constituit. ' oportet ergo quod homo secundum illud speciem sortiatur, quod est huius operationis principium. sortitur autem unumquodque speciem per propriam formam. relinquitur ergo quod intellectivum principium sit propria hominis forma. sed considerandum est quod, quanto forma est nobilior, tanto magis dominatur materiae corporali, et minus ei immergitur, et magis sua operatione vel virtute excedit eam. unde videmus quod forma mixti corporis habet aliquam operationem quae non causatur ex qualitatibus elementaribus. et quanto magis proceditur in nobilitate formarum, tanto magis invenitur virtus formae materiam elementarem excedere, sicut anima vegetabilis plus quam forma metalli, et anima sensibilis plus quam anima vegetabilis. anima autem humana est ultima in nobilitate formarum. unde intantum sua virtute excedit materiam corporalem, quod habet aliquam operationem et virtutem in qua nullo modo communicat |125| materia corporalis. et haec virtus dicitur intellectus. est autem attendendum quod, si quis poneret animam componi ex materia et forma, nullo modo posset dicere animam esse formam corporis. cum enim forma sit actus, materia vero sit ens in potentia tantum; nullo modo id quod est ex materia et forma compositum, potest esse alterius forma secundum se totum. si autem secundum aliquid sui sit forma, id quod est forma dicimus animam, et id cuius est forma dicimus primum animatum, * ut supra dictum est.

ra1 ' Ad primum ergo dicendum quod, * sicut philosophus dicit in ii physic., " ultima formarum naturalium, ad quam terminatur consideratio philosophi naturalis, scilicet anima humana, est quidem separata, sed tamen in materia; quod ex hoc probat, quia homo ex materia generat hominem, et sol. ' separata quidem est secundum virtutem intellectivam, quia virtus intellectiva non est virtus alicuius organi corporalis, sicut virtus visiva est actus oculi intelligere enim est actus qui non potest exerceri per organum corporale, sicut exercetur visio. sed in materia est inquantum ipsa anima cuius est haec virtus, est corporis forma, et terminus generationis humanae. * sic ergo philosophus dicit in iii de anima quod " intellectus est separatus, quia non est virtus alicuius organi corporalis.

ra2 ' Et per hoc patet responsio ad secundum et tertium. sufficit enim ad hoc quod homo possit intelligere omnia per intellectum, et ad hoc quod intellectus intelligat immaterialia et universalia, quod virtus intellectiva non est corporis actus.

ra4 ' Ad quartum dicendum quod humana anima non est forma in materia corporali immersa, vel ab ea totaliter comprehensa, propter suam perfectionem. et ideo nihil prohibet aliquam eius virtutem non esse corporis actum; quamvis anima secundum suam essentiam sit corporis forma.

ra5 ' Ad quintum dicendum quod anima illud esse in quo ipsa subsistit, communicat materiae corporali, ex qua et anima intellectiva fit unum, ita quod illud esse quod est totius compositi, est etiam ipsius animae. quod non accidit in aliis formis, quae non sunt subsistentes. et propter hoc anima humana remanet in suo esse, destructo corpore, non autem aliae formae.

ra6 ' Ad sextum dicendum quod secundum se convenit animae corpori uniri, sicut secundum se convenit corpori levi esse sursum. et sicut corpus leve manet quidem leve cum a loco proprio fuerit separatum, cum aptitudine tamen et inclinatione ad proprium locum; ita anima humana manet in suo esse cum fuerit a corpore separata, habens aptitudinem et inclinationem naturalem ad corporis unionem.

007 ST1 qu76 ar2

ag1 ' Ad secundum sic proceditur. videtur quod intellectivum principium non multiplicetur secundum multiplicationem corporum, sed sit unus intellectus in omnibus hominibus. nulla enim substantia immaterialis multiplicatur secundum numerum in una specie. anima autem humana est substantia immaterialis, non enim est composita ex materia et forma, * ut supra ostensum est. ' non ergo sunt multae in una specie. sed omnes homines sunt unius speciei. est ergo unus intellectus omnium hominum.

ag2 ' Praeterea, remota causa, removetur effectus. si ergo secundum multiplicationem corporum multiplicarentur animae humanae, consequens videretur quod, remotis corporibus, multitudo animarum non remaneret, sed ex omnibus animabus remaneret aliquod unum solum. quod est haereticum, periret enim differentia praemiorum et poenarum.

ag3 ' Praeterea, si intellectus meus est alius ab intellectu tuo, intellectus meus est quoddam individuum, et similiter intellectus tuus, particularia enim sunt quae differunt numero et conveniunt in una specie. sed omne quod recipitur in aliquo, est in eo per modum recipientis. ergo species rerum in intellectu meo et tuo reciperentur individualiter, quod est contra rationem intellectus, qui est cognoscitivus universalium.

ag4 ' Praeterea, intellectum est in intellectu intelligente. si ergo intellectus meus est alius ab intellectu tuo, oportet quod aliud sit intellectum a me, et aliud sit intellectum a te. et ita erit individualiter numeratum, et intellectum in potentia tantum, et oportebit abstrahere intentionem communem ab utroque, quia a quibuslibet diversis contingit abstrahere aliquod commune intelligibile. quod est contra rationem intellectus, quia sic non videretur distingui intellectus a virtute imaginativa. videtur ergo relinqui quod sit unus intellectus omnium hominum.

ag5 ' Praeterea, cum discipulus accipit scientiam a magistro, non potest dici quod scientia magistri generet scientiam in discipulo, quia sic etiam scientia esset forma activa, sicut calor; quod patet esse falsum. videtur ergo quod eadem numero scientia quae est in magistro, communicetur discipulo. quod esse non potest, nisi sit unus intellectus utriusque. videtur ergo quod sit unus intellectus discipuli et magistri; et per consequens omnium hominum.

ag6 * Praeterea, augustinus dicit, in libro de quantitate animae, ° si plures tantum animas humanas dixerim, ipse me ridebo. ' sed maxime videtur anima esse una quantum ad intellectum. ergo est unus intellectus omnium hominum.

sc * Sed contra est quod philosophus dicit, in ii physic., quod " sicut se habent causae universales ad universalia, ita se habent causae particulares ad particularia. ' sed impossibile est quod una anima secundum speciem, sit diversorum animalium secundum speciem. ergo impossibile est quod anima intellectiva una numero, sit diversorum secundum numerum.

co ' Respondeo dicendum quod intellectum esse unum omnium hominum, omnino est impossibile. * et hoc quidem patet, si, secundum platonis sententiam " homo sit ipse intellectus. ' sequeretur enim, si socratis et platonis est unus intellectus tantum, quod socrates et plato sint unus homo; et quod non distinguantur ab invicem nisi per hoc quod est extra essentiam utriusque. et erit tunc distinctio socratis et platonis non alia quam hominis tunicati et cappati, quod est omnino absurdum. similiter etiam patet hoc esse impossibile, * si, secundum sententiam aristotelis, " intellectus ponatur pars, seu potentia, animae quae est hominis forma. ' impossibile est enim plurium numero diversorum esse unam formam, sicut impossibile est quod eorum sit unum esse, nam forma est essendi principium. similiter etiam patet hoc esse impossibile quocumque modo quis ponat unionem intellectus ad hunc et ad illum hominem. manifestum est enim quod, si sit unum principale agens et duo instrumenta, dici poterit unum agens simpliciter, sed plures actiones, sicut si unus homo tangat diversa duabus manibus, erit unus tangens, sed duo tactus. si vero e converso instrumentum sit unum et principales agentes diversi, dicentur quidem plures agentes, sed una actio, sicut si multi uno fune |25| trahant navem, erunt multi trahentes, sed unus tractus. si vero agens principale sit unum et instrumentum unum, dicetur unum agens et una actio, sicut cum faber uno martello percutit, est unus percutiens et una percussio. manifestum est autem quod, qualitercumque intellectus seu uniatur seu copuletur huic vel illi homini, intellectus inter cetera quae ad hominem pertinent, principalitatem habet, obediunt enim vires sensitivae intellectui, et ei deserviunt. si ergo poneretur quod essent plures intellectus et sensus unus duorum hominum, puta si duo homines haberent unum oculum; essent quidem plures videntes, sed una visio. si vero intellectus est unus, quantumcumque diversificentur alia quibus omnibus intellectus utitur quasi instrumentis, nullo modo socrates et plato poterunt dici nisi unus intelligens. et si addamus quod ipsum intelligere, quod est actio intellectus, non fit per aliquod aliud organum, nisi per ipsum intellectum; sequetur ulterius quod sit et agens unum et actio una; idest quod omnes homines sint unus intelligens, et unum intelligere; dico autem respectu eiusdem intelligibilis. posset autem diversificari actio intellectualis mea et tua per diversitatem phantasmatum, quia scilicet aliud est phantasma lapidis in me et aliud in te, si ipsum phantasma, secundum quod est aliud in me et aliud in te, esset forma intellectus possibilis, quia idem agens secundum diversas formas producit diversas actiones, |50| sicut secundum diversas formas rerum respectu eiusdem oculi sunt diversae visiones. sed ipsum phantasma non est forma intellectus possibilis, sed species intelligibilis quae a phantasmatibus abstrahitur. in uno autem intellectu a phantasmatibus diversis eiusdem speciei non abstrahitur nisi una species intelligibilis. sicut in uno homine apparet, in quo possunt esse diversa phantasmata lapidis, et tamen ab omnibus eis abstrahitur una species intelligibilis lapidis, per quam intellectus unius hominis operatione una intelligit naturam lapidis, non obstante diversitate phantasmatum. si ergo unus intellectus esset omnium hominum, diversitas phantasmatum quae sunt in hoc et in illo, non posset causare diversitatem intellectualis operationis huius et illius hominis, * ut commentator fingit in iii de anima. ' relinquitur ergo quod omnino impossibile et inconveniens est ponere unum intellectum omnium hominum.

ra1 ' Ad primum ergo dicendum quod, licet anima intellectiva non habeat materiam ex qua sit, sicut nec angelus, tamen est forma materiae alicuius; quod angelo non convenit. et ideo secundum divisionem materiae sunt multae animae unius speciei, multi autem angeli unius speciei omnino esse non possunt.

ra2 ' Ad secundum dicendum quod unumquodque hoc modo habet unitatem, quo habet esse, et per consequens idem est iudicium de multiplicatione rei, et de esse ipsius. manifestum est autem quod anima intellectualis, secundum suum esse, unitur corpori ut forma; et tamen, destructo corpore, remanet anima intellectualis in suo esse. et eadem ratione multitudo animarum est secundum multitudinem corporum; et tamen, destructis corporibus, remanent animae in suo esse multiplicatae.

ra3 ' Ad tertium dicendum quod individuatio intelligentis, aut speciei per quam intelligit, non excludit intelligentiam universalium, alioquin, cum intellectus separati sint quaedam substantiae subsistentes, et per consequens particulares, non possent universalia intelligere. sed materialitas cognoscentis et speciei per quam cognoscitur, universalis cognitionem impedit. sicut enim omnis actio est secundum modum formae qua agens agit, ut calefactio secundum modum caloris; ita cognitio est secundum modum speciei qua cognoscens cognoscit. manifestum est autem quod natura communis distinguitur et multiplicatur secundum principia individuantia, quae sunt ex parte materiae. si ergo forma per quam fit cognitio, sit materialis, non abstracta a conditionibus materiae, erit similitudo naturae speciei aut generis, secundum quod est distincta et multiplicata per principia individuantia, et ita non poterit cognosci natura rei in sua communitate. si vero species sit abstracta a conditionibus materiae individualis, erit similitudo naturae absque iis quae ipsam distinguunt et multiplicant, et ita cognoscetur universale. nec refert, quantum ad hoc, utrum sit unus intellectus vel plures, quia si etiam esset unus tantum, oporteret ipsum esse aliquem quendam, et speciem per quam intelligit esse aliquam quandam.

ra4 ' Ad quartum dicendum quod, sive intellectus sit unus sive plures, id quod intelligitur est unum. id enim quod intelligitur non est in intellectu secundum se, sed secundum suam similitudinem, ° lapis enim non est in anima, sed species lapidis, * ut dicitur in iii de anima. ' et tamen lapis est id quod intelligitur, non autem species lapidis, nisi per reflexionem intellectus supra seipsum, alioquin scientiae non essent de rebus, sed de speciebus intelligibilibus. contingit autem eidem rei diversa secundum diversas formas assimilari. et quia cognitio fit secundum assimilationem cognoscentis ad rem cognitam, sequitur quod idem a diversis cognoscentibus cognosci contingit, ut patet in sensu, nam plures vident eundem colorem, secundum diversas similitudines. et similiter plures intellectus intelligunt unam rem intellectam. sed hoc tantum interest inter sensum et intellectum, * secundum sententiam aristotelis, quod " res sentitur secundum illam dispositionem quam extra animam habet, in sua particularitate, natura autem rei quae intelligitur, est quidem extra animam, sed non habet illum modum essendi extra animam, secundum quem intelligitur. ' intelligitur enim natura communis seclusis principiis individuantibus; non autem hunc modum essendi |25| habet extra animam. * sed secundum sententiam platonis, " res intellecta eo modo est extra animam quo intelligitur, posuit enim naturas rerum a materia separatas.

ra5 ' Ad quintum dicendum quod scientia alia est in discipulo, et alia in magistro. * quomodo autem causetur, in sequentibus ostendetur.

ra6 * Ad sextum dicendum quod augustinus intelligit ' animas non esse plures tantum, quin uniantur in una ratione speciei.

007 ST1 qu76 ar3

ag1 ' Ad tertium sic proceditur. videtur quod praeter animam intellectivam sint in homine aliae animae per essentiam differentes, scilicet sensitiva et nutritiva. corruptibile enim et incorruptibile non sunt unius substantiae. sed anima intellectiva est incorruptibilis; aliae vero animae, scilicet sensitiva et nutritiva, sunt corruptibiles, * ut ex superioribus patet. ' ergo in homine non potest esse una essentia animae intellectivae et sensitivae et nutritivae.

ag2 ' Si dicatur quod anima sensitiva in homine est incorruptibilis, ° contra, corruptibile et incorruptibile differunt secundum genus, * ut dicitur in x metaphys.. ' sed anima sensitiva in equo et leone et aliis brutis animalibus est corruptibilis. si igitur in homine sit incorruptibilis, non erit eiusdem generis anima sensitiva in homine et bruto. animal autem dicitur ex eo quod habet animam sensitivam. neque ergo animal erit unum genus commune hominis et aliorum animalium. quod est inconveniens.

ag3 * Praeterea, philosophus dicit, in libro de gene-

rat. animal., quod “ embryo prius est animal quam homo. sed hoc esse non posset, ‘ si esset eadem essentia animae sensitivae et intellectivae, est enim animal per animam sensitivam, homo vero per animam intellectivam. non ergo in homine est una essentia animae sensitivae et intellectivae.
ag4 * Praeterea, philosophus dicit, in viii metaphys., quod ‘ genus sumitur a materia, differentia vero a forma. sed rationale, quod est differentia constitutiva hominis, sumitur ab anima intellectiva; animal vero dicitur ex hoc quod habet corpus animatum anima sensitiva. anima ergo intellectiva comparatur ad corpus animatum anima sensitiva, sicut forma ad materiam. non ergo anima intellectiva est eadem per essentiam cum anima sensitiva in homine; sed praesupponit eam sicut materiale suppositum.
sc * Sed contra est quod dicitur in libro de eccles. dogmat., ° neque duas animas esse dicimus in homine uno, sicut iacobus et alii syrorum scribunt, unam animalem, qua animatur corpus, et immixta sit sanguini, et alteram spiritualem, quae rationi ministret, sed dicimus unam et eandem esse animam in homine, quae et corpus sua societate vivificat, et semetipsam sua ratione disponit.
co * Respondeo dicendum quod plato posuit “ diversas animas esse in corpore uno, etiam secundum organa distinctas, quibus diversa opera vitae attribuebat; dicens vim nutritivam esse in hepate, concupiscibilem in corde, cognoscitivam in cerebro. * quam quidem opinionem aristoteles reprobat, in libro de anima, “ quantum ad illas animae partes quae corporeis organis in suis operibus utuntur, ex hoc quod in animalibus quae decisa vivunt, in qualibet parte inveniuntur diversae operationes animae, sicut sensus et appetitus. hoc autem non esset, si diversa principia operationum animae, tanquam per essentiam diversae, diversis partibus corporis distributa essent. sed de intellectiva sub dubio videtur relinquere utrum sit separata ab aliis partibus animae solum ratione, an etiam loco. * opinio autem platonis sustineri utique posset, si poneretur quod “ anima unitur corpori, non ut forma, sed ut motor, * ut posuit plato. ‘ nihil enim inconveniens sequitur, si idem mobile a diversis motoribus moveatur, praecipue secundum diversas partes. sed si ponamus animam corpori uniri sicut formam, omnino impossibile videtur plures animas per essentiam differentes in uno corpore esse. quod quidem triplici ratione manifestari potest. |25| primo quidem, quia animal non esset simpliciter unum, cuius essent animae plures. nihil enim est simpliciter unum nisi per formam unam, per quam habet res esse, ab eodem enim habet res quod sit ens et quod sit una; et ideo ea quae denominantur a diversis formis, non sunt unum simpliciter, sicut homo albus. si igitur homo ab alia forma haberet quod sit vivum, scilicet ab anima vegetabili; et ab alia forma quod sit animal, scilicet ab anima sensibili; et ab alia quod sit homo, scilicet ab anima rationali; sequeretur quod homo non esset unum simpliciter, sicut * et aristoteles argumentatur contra platonem, in viii metaphys., “ quod si alia esset idea animalis, et alia bipedis, non esset unum simpliciter animal bipes. et propter hoc, * in i de anima, contra ponentes diversas animas in corpore, inquirit “ quid contineat illas, idest quid faciat ex eis unum. ‘ et non potest dici quod uniantur per corporis unitatem, quia magis anima continet corpus, et facit ipsum esse unum, quam e converso. secundo, hoc apparet impossibile ex modo praedicationis. quae enim sumuntur a diversis formis, praedicantur ad invicem vel per accidens, si formae non sint ad invicem ordinatae, puta cum dicimus quod album est dulce, vel, si formae sint ordinatae ad invicem, erit praedicatio per se, in secundo modo dicendi per se, quia subiectum ponitur in definitione praedicati. sicut superficies praeambula est ad colorem, si ergo dicamus quod corpus superficiatum est coloratum, erit secundus modus praedicationis per se. si ergo alia forma sit a qua |50| aliquid dicitur animal, et a qua aliquid dicitur homo, sequeretur quod vel unum horum non possit praedicari de altero nisi per accidens, si istae duae formae ad invicem ordinem non habent; vel quod sit ibi praedicatio in secundo modo dicendi per se, si una animarum sit ad aliam praeambula. utrumque autem horum est manifeste falsum, quia animal per se de homine praedicatur, non per accidens; homo autem non ponitur in definitione animalis, sed e converso. ergo oportet eandem formam esse per quam aliquid est animal, et per quam aliquid est homo, alioquin homo non vere esset id quod est animal, ut sic animal per se de homine praedicetur. tertio, apparet hoc esse impossibile per hoc, quod una operatio animae, cum fuerit intensa, impedit aliam. quod nullo modo contingeret, nisi principium actionum esset per essentiam unum. sic ergo dicendum quod eadem numero est anima in homine sensitiva et intellectiva et nutritiva. quomodo autem hoc contingat, de facili considerari potest, si quis differentias specierum et formarum attendat. inveniuntur enim rerum species et formae differre ab invicem secundum perfectius et minus perfectum, sicut in rerum ordine animata perfectiora sunt inanimatis, et animalia plantis, et homines animalibus brutis, et in singulis horum generum sunt gradus diversi. * et ideo aristoteles, in viii metaphys., “ assimilat species rerum numeris, qui differunt specie secundum additionem vel |75| subtractionem unitatis. * et in ii de anima, “ comparat diversas animas speciebus figurarum, quarum una continet aliam; sicut pentagonum continet tetragonum, et excedit. ‘ sic igitur anima intellectiva continet in sua virtute quidquid habet anima sensitiva brutorum, et nutritiva plantarum. sicut ergo superficies quae habet figuram pentagonam, non per aliam figuram est tetragona, et per aliam pentagona; quia superflueret figura tetragona, ex quo in pentagona continetur; ita nec per aliam animam socrates est homo, et per aliam animal, sed per unam et eandem.
ra1 ‘ Ad primum ergo dicendum quod anima sensitiva non habet incorruptibilitatem ex hoc quod est sensitiva, sed ex hoc quod est intellectiva, ei incorruptibilitas debetur. quando ergo anima est sensitiva tantum, corruptibilis est, quando vero cum sensitivo intellectivum habet, est incorruptibilis. licet enim sensitivum incorruptionem non det, tamen incorruptionem intellectivo auferre non potest.
ra2 ‘ Ad secundum dicendum quod formae non collocantur in genere vel in specie, sed composita. homo autem corruptibilis est, sicut et alia animalia. unde differentia secundum corruptibile et incorruptibile, quae est ex parte formarum, non facit hominem secundum genus ab aliis animalibus differre.
ra3 ‘ Ad tertium dicendum quod prius embryo habet animam quae est sensitiva tantum; qua abiecta, advenit perfectior anima, quae est simul sensitiva et intellectiva; * ut infra plenius ostendetur.
ra4 ‘ Ad quartum dicendum quod non oportet secundum diversas rationes vel intentiones logicas, quae consequuntur modum intelligendi, diversitatem in rebus naturalibus accipere, quia ratio unum et idem secundum diversos modos apprehendere potest. * quia igitur, ut dictum est, ‘ anima intellectiva virtute continet id quod sensitiva habet, et adhuc amplius; potest seorsum ratio considerare quod pertinet ad virtutem sensitivae, quasi quoddam imperfectum et materiale. et quia hoc invenit commune homini et aliis animalibus, ex hoc rationem generis format. id vero in quo anima intellectiva sensitiva excedit, accipit quasi formale et completivum, et ex eo format differentiam hominis.

007 ST1 qu76 ar4

ag1 ‘ Ad quartum sic proceditur. videtur quod in homine sit alia forma praeter animam intellectivam. * dicit enim philosophus, in ii de anima, quod ° anima est actus corporis physici potentia vitam habentis. ‘ comparatur igitur anima ad corpus, sicut forma ad materiam. sed corpus habet aliquam formam substantialem per quam est corpus. ergo ante animam praecedit in corpore aliqua forma substantialis.
ag2 ‘ Praeterea, homo et quodlibet animal est movens seipsum. omne autem movens seipsum dividitur in duas partes, quarum una est movens, et alia est mota, * ut probatur in viii physic.. ‘ pars autem movens est anima. ergo oportet quod alia pars sit talis quae possit esse mota. sed materia prima non potest moveri, * ut dicitur in v physic., ‘ cum sit ens solum in potentia, quinimmo omne quod movetur est corpus. ergo oportet quod in homine et in quolibet animali sit alia forma substantialis, per quam constituatur corpus.
ag3 ‘ Praeterea, ordo in formis attenditur secundum habitudinem ad materiam primam, prius enim et posterius dicitur per comparationem ad aliquod principium. si ergo non esset in homine alia forma substantialis praeter animam rationalem, sed immediate materiae primae inhaereret; sequeretur quod esset in ordine imperfectissimarum formarum, quae immediate inhaerent materiae.
ag4 ‘ Praeterea, corpus humanum est corpus mixtum. mixtio autem non fit secundum materiam tantum, quia tunc esset corruptio sola. oportet ergo quod remaneant formae elementorum in corpore mixto, quae sunt formae substantiales. ergo in corpore humano sunt aliae formae substantiales praeter animam intellectivam.
sc ‘ Sed contra, unius rei est unum esse substantiale. sed forma substantialis dat esse substantiale. ergo unius rei est una tantum forma substantialis. anima autem est forma substantialis hominis. ergo impossibile est quod in homine sit aliqua alia forma substantialis quam anima intellectiva.
co “ Respondeo dicendum quod, si poneretur anima intellectiva non uniri corpori ut forma, sed solum ut motor, * ut platonici posuerunt; “ necesse esset dicere quod in homine esset alia forma substantialis, per quam corpus ab anima mobile in suo esse constitueretur. ‘ sed si anima intellectiva unitur corpori ut forma substantialis, * sicut supra iam diximus, ‘ impossibile est quod aliqua alia forma substantialis praeter eam inveniatur in homine. ad cuius evidentiam, considerandum est quod forma substantialis in hoc a forma accidentali differt quia forma accidentalis non dat esse simpliciter, sed esse tale, sicut calor facit suum subiectum non simpliciter esse, sed esse calidum. et ideo cum advenit forma accidentalis, non dicitur aliquid fieri vel generari simpliciter, sed fieri tale aut aliquo modo se habens, et similiter cum recedit forma accidentalis, non dicitur aliquid corrumpi simpliciter, sed secundum quid. forma autem substantialis dat esse simpliciter, et ideo per eius adventum dicitur aliquid simpliciter generari, et per eius recessum simpliciter corrumpi. * et propter hoc antiqui naturales, “ qui posuerunt materiam primam esse aliquod ens actu, puta ignem |25| aut aerem aut aliquid huiusmodi, dixerunt quod nihil generatur aut corrumpitur simpliciter, ‘ sed omne fieri statuerunt alterari, * ut dicitur in i physic.. ‘ si igitur ita esset, quod praeter animam intellectivam praeexisteret quaecumque alia forma substantialis in materia, per quam subiectum animae esset ens actu; sequeretur quod anima non daret esse simpliciter; et per consequens quod non esset forma substantialis; et quod per adventum animae non esset generatio simpliciter, neque per eius abscessum corruptio simpliciter, sed solum secundum quid. quae sunt manifeste falsa. unde dicendum est quod nulla alia forma substantialis est in homine, nisi sola anima intellectiva; et quod ipsa, sicut virtute continet animam sensitivam et nutritivam, ita virtute continet omnes inferiores formas, et facit ipsa sola quidquid imperfectiores formae in aliis faciunt. et similiter est dicendum de anima sensitiva in brutis, et de nutritiva in plantis, et universaliter de omnibus formis perfectioribus respectu imperfectiorum.
ra1 * Ad primum ergo dicendum quod aristoteles “ non dicit animam esse actum corporis tantum, sed actum corporis physici organici potentia vitam habentis, et quod talis potentia non abiicit animam. ‘ unde manifestum est quod in eo cuius anima dicitur actus, etiam anima includitur; eo modo loquendi quo dicitur quod calor est actus calidi, et lumen est actus lucidi; non quod seorsum sit lucidum sine luce, sed quia est lucidum per lucem. “ et similiter dicitur quod anima est actus corporis etc., ‘ quia per animam et est corpus, et est organicum, et est potentia vitam habens. sed actus primus dicitur in potentia respectu actus secundi, qui est operatio. talis enim potentia est non abiiciens, idest non excludens, animam.
ra2 ‘ Ad secundum dicendum quod anima non movet corpus per esse suum, secundum quod unitur corpori ut forma; sed per potentiam motivam, cuius actus praesupponit iam corpus effectum in actu per animam; ut sic anima secundum vim motivam sit pars movens, et corpus animatum sit pars mota.
ra3 ‘ Ad tertium dicendum quod in materia considerantur diversi gradus perfectionis, sicut esse, vivere sentire et intelligere. semper autem secundum superveniens priori, perfectius est. forma ergo quae dat solum primum gradum perfectionis materiae, est imperfectissima, sed forma quae dat primum et secundum, et tertium, et sic deinceps, est perfectissima; et tamen materiae immediata.
ra4 * Ad quartum dicendum quod avicenna posuit “ formas substantiales elementorum integras remanere in mixto, mixtionem autem fieri secundum quod contrariae qualitates elementorum reducuntur ad medium. ‘ sed hoc est impossibile. quia diversae formae elementorum non possunt esse nisi in diversis partibus materiae; ad quarum diversitatem oportet intelligi dimensiones, sine quibus materia divisibilis esse non potest. materia autem dimensioni subiecta non invenitur nisi in corpore. diversa autem corpora non possunt esse in eodem loco. unde sequitur quod elementa sint in mixto distincta secundum situm. et ita non erit vera mixtio, quae est secundum totum, sed mixtio ad sensum, quae est secundum minima iuxta se posita. * averroes autem posuit, in iii de caelo, quod “ formae elementorum, propter sui imperfectionem, sunt mediae inter formas accidentales et substantiales; et ideo recipiunt magis et minus; et ideo remittuntur in mixtione et ad medium reducuntur, et conflatur ex eis una forma. ‘ sed hoc est etiam magis impossibile. nam esse substantiale cuiuslibet rei in indivisibili consistit; et omnis additio et subtractio variat speciem, sicut in numeris, * ut dicitur in viii metaphys.. ‘ unde impossibile est quod forma |25| substantialis quaecumque recipiat magis et minus. nec minus est impossibile aliquid esse medium inter substantiam et accidens. et ideo dicendum est, * secundum philosophum in i de generat., quod ‘ formae elementorum manent in mixto non actu, sed virtute. manent enim qualitates propriae elementorum, licet remissae, in quibus est virtus formarum elementarium. et huiusmodi qualitas mixtionis est propria dispositio ad formam substantialem corporis mixti, puta formam lapidis, vel animae cuiuscumque.

007 ST1 qu76 ar5

ag1 ‘ Ad quintum sic proceditur. videtur quod anima intellectiva inconvenienter tali corpori uniatur. materia enim debet esse proportionata formae. sed anima intellectiva est forma incorruptibilis. non ergo convenienter unitur corpori corruptibili.
ag2 ‘ Praeterea, anima intellectiva est forma maxime immaterialis, cuius signum est, quod habet operationem in qua non communicat materia corporalis. sed quanto corpus est subtilius, tanto minus habet de materia. ergo anima deberet subtilissimo corpori uniri, puta igni; et non corpori mixto, et terrestri magis.
ag3 ‘ Praeterea, cum forma sit principium speciei, ab una forma non proveniunt diversae species. sed anima intellectiva est una forma. ergo non debet uniri

corpori quod componitur ex partibus dissimilium specierum.

ag4 ‘ Praeterea, perfectioris formae debet esse perfectius susceptibile. sed anima intellectiva est perfectissima animarum. cum igitur aliorum animalium corpora habeant naturaliter insita tegumenta, puta pilorum loco vestium, et unguium loco calceamentorum; habeant etiam arma naturaliter sibi data, sicut ungues, dentes et cornua, ergo videtur quod anima intellectiva non debuerit uniri corpori imperfecto tanquam talibus auxiliis privato.

sc * Sed contra est quod dicit philosophus, in ii de anima, quod ° anima est actus corporis physici organici potentia vitam habentis.

co ‘ Respondeo dicendum quod, cum forma non sit propter materiam, sed potius materia propter formam; ex forma oportet rationem accipere quare materia sit talis, et non e converso. anima autem intellectiva, * sicut supra habitum est, ‘ secundum naturae ordinem, infimum gradum in substantiis intellectualibus tenet; intantum quod non habet naturaliter sibi inditam notitiam veritatis, sicut angeli, sed oportet quod eam colligat ex rebus divisibilibus per viam sensus, * ut dionysius dicit, vii cap. de div. nom.. ‘ natura autem nulli deest in necessariis, unde oportuit quod anima intellectiva non solum haberet virtutem intelligendi, sed etiam virtutem sentiendi. actio autem sensus non fit sine corporeo instrumento. oportuit igitur animam intellectivam tali corpori uniri, quod possit esse conveniens organum sensus. omnes autem alii sensus fundantur supra tactum. ad organum autem tactus requiritur quod sit medium inter contraria, quae sunt calidum et frigidum, humidum et siccum, et similia, quorum est tactus apprehensivus, sic enim est in potentia ad contraria, et potest ea sentire. unde quanto organum tactus fuerit magis reductum ad aequalitatem complexionis, tanto perceptibilior erit tactus. anima autem intellectiva habet completissime | 25 | virtutem sensitivam, quia quod est inferioris praeexistit perfectius in superiori * ut dicit dionysius in libro de div. nom.. ‘ unde oportuit corpus cui unitur anima intellectiva, esse corpus mixtum, inter omnia alia magis reductum ad aequalitatem complexionis. et propter hoc homo inter omnia animalia melioris est tactus. et inter ipsos homines, qui sunt melioris tactus, sunt melioris intellectus. “ cuius signum est, quod molles carne bene aptos mente videmus, * ut dicitur in ii de anima.

ra1 ‘ Ad primum ergo dicendum quod hanc obiectionem aliquis forte vellet evadere per hoc, quod diceret corpus hominis ante peccatum incorruptibile fuisse. sed haec responsio non videtur sufficiens, quia corpus hominis ante peccatum immortale fuit non per naturam, sed per gratiae divinae donum; alioquin immortalitas eius per peccatum sublata non esset, sicut nec immortalitas daemonis. et ideo aliter dicendum est, quod in materia duplex conditio invenitur, una quae eligitur ad hoc quod sit conveniens formae; alia quae ex necessitate consequitur prioris dispositionis. sicut artifex ad formam serrae eligit materiam ferream, aptam ad secandum dura; sed quod dentes serrae hebetari possint et rubiginem contrahere, sequitur ex necessitate materiae. sic igitur et animae intellectivae debetur corpus quod sit aequalis complexionis, ex hoc autem de necessitate materiae sequitur quod sit corruptibile. si quis vero dicat quod deus potuit hanc necessitatem vitare, dicendum est quod in constitutione rerum naturalium non consideratur quid deus facere possit, sed quid naturae rerum conveniat, * ut augustinus dicit, ii super gen. ad litt.. ‘ providit tamen deus adhibendo remedium contra mortem per gratiae donum.

ra2 ‘ Ad secundum dicendum quod animae intellectivae non debetur corpus propter ipsam intellectualem operationem secundum se; sed propter sensitivam virtutem, quae requirit organum aequaliter complexionatum. et ideo oportuit animam intellectivam tali corpori uniri, et non simplici elemento, vel corpori mixto in quo excederet ignis secundum quantitatem, quia non posset esse aequalitas complexionis, propter excedentem ignis activam virtutem. habet autem hoc corpus aequaliter complexionatum quandam dignitatem, per hoc quod est remotum a contrariis; in quo quodammodo assimilatur corpori caelesti.

ra3 ‘ Ad tertium dicendum quod partes animalis, ut oculus, manus, caro et os, et huiusmodi, non sunt in specie, sed totum, et ideo non potest dici, proprie loquendo, quod sint diversarum specierum, sed quod sint diversarum dispositionum. et hoc competit animae intellectivae, quae quamvis sit una secundum essentiam, tamen propter sui perfectionem est multiplex in virtute; et ideo, ad diversas operationes, indiget diversis dispositionibus in partibus corporis cui unitur. et propter hoc videmus quod maior est diversitas partium in animalibus perfectis quam in imperfectis, et in his quam in plantis.

ra4 ‘ Ad quartum dicendum quod anima intellectiva, quia est universalium comprehensiva, habet virtutem ad infinita. et ideo non potuerunt sibi determinari a natura vel determinatae existimationes naturales, vel etiam determinata auxilia vel defensionum vel tegumentorum; sicut aliis animalibus, quorum animae habent apprehensionem et virtutem ad aliqua particularia determinata. sed loco horum omnium, homo habet naturaliter rationem, et manus, quae sunt organa organorum, quia per eas homo potest sibi praeparare instrumenta infinitorum modorum, et ad infinitos effectus.

007 ST1 qu76 ar6

ag1 ‘ Ad sextum sic proceditur. videtur quod anima intellectiva uniatur corpori mediantibus aliquibus dispositionibus accidentalibus. omnis enim forma est in materia sibi propria et disposita. sed dispositiones ad formam sunt accidentia quaedam. ergo oportet praeintelligi accidentia aliqua in materia ante formam substantialem, et ita ante animam, cum anima sit quaedam substantialis forma.

ag2 ‘ Praeterea, diversae formae unius speciei requirunt diversas materiae partes. partes autem materiae diversae non possunt intelligi nisi secundum divisionem dimensivarum quantitatum. ergo oportet intelligere dimensiones in materia ante formas substantiales, quae sunt multae unius speciei.

ag3 ‘ Praeterea, spirituale applicatur corporali per contactum virtutis. virtus autem animae est eius potentia. ergo videtur quod anima unitur corpori mediante potentia, quae est quoddam accidens.

sc ‘ Sed contra est quod accidens est posterius substantia et tempore et ratione, * ut dicitur in vii metaphys.. ‘ non ergo forma accidentalis aliqua potest intelligi in materia ante animam, quae est forma substantialis.

co ‘ Respondeo dicendum quod, si anima uniretur corpori solum ut motor, nihil prohiberet, immo magis necessarium esset esse aliquas dispositiones medias inter animam et corpus, potentiam scilicet ex parte animae, per quam moveret corpus; et aliquam habilitatem ex parte corporis, per quam corpus esset ab anima mobile. sed si anima intellectiva unitur corpori ut forma substantialis, * sicut iam supra dictum est, ‘ impossibile est quod aliqua dispositio accidentalis cadat media inter corpus et animam, vel inter quamcumque formam substantialem et materiam suam. et huius ratio est quia, cum materia sit in potentia ad omnes actus ordine quodam, oportet quod id quod est primum simpliciter in actibus, primo in materia intelligatur. primum autem inter omnes actus est esse. impossibile est ergo intelligere materiam prius esse calidam vel quantam, quam esse in actu. esse autem in actu habet per formam substantialem, quae facit esse simpliciter, * ut iam dictum est. ‘ unde impossibile est quod quaecumque dispositiones accidentales praeexistant in materia ante formam substantialem; et per consequens neque ante animam.

ra1 * Ad primum ergo dicendum quod, sicut ex praedictis patet, ‘ forma perfectior virtute continet quidquid est inferiorum formarum. et ideo una et eadem existens, perficit materiam secundum diversos perfectionis gradus. una enim et eadem forma est per essentiam, per quam homo est ens actu, et per quam est corpus, et per quam est vivum, et per quam est animal, et per quam est homo. manifestum est autem quod unumquodque genus consequuntur propria accidentia. sicut ergo materia praeintelligitur perfecta secundum esse ante intellectum corporeitatis, et sic de aliis; ita praeintelliguntur accidentia quae sunt propria entis, ante corporeitatem. et sic praeintelliguntur dispositiones in materia ante formam, non quantum ad omnem eius effectum, sed quantum ad posteriorem.

ra2 ‘ Ad secundum dicendum quod dimensiones quantitativae sunt accidentia consequentia corporeitatem, quae toti materiae convenit. unde materia iam intellecta sub corporeitate et dimensionibus, potest intelligi ut distincta in diversas partes, ut sic accipiat diversas formas secundum ulteriores perfectionis gradus. quamvis enim eadem forma sit secundum essentiam quae diversos perfectionis gradus materiae attribuit, * ut dictum est; ‘ tamen secundum considerationem rationis differt.

ra3 ‘ Ad tertium dicendum quod substantia spiritualis quae unitur corpori solum ut motor, unitur ei per potentiam vel virtutem. sed anima intellectiva corpori unitur ut forma per suum esse. administrat tamen ipsum et movet per suam potentiam et virtutem.

007 ST1 qu76 ar7

ag1 ‘ Ad septimum sic proceditur. videtur quod anima uniatur corpori animalis mediante aliquo corpore. * dicit enim augustinus, vii super gen. ad litt., quod “ anima per lucem, idest ignem, et aerem, ° quae sunt similiora spiritui, corpus administrat. ‘ ignis autem et aer sunt corpora. ergo anima unitur corpori humano mediante aliquo corpore.

ag2 ‘ Praeterea, id quo subtracto solvitur unio aliquorum unitorum, videtur esse medium inter ea. sed deficiente spiritu, anima a corpore separatur. ergo spiritus, qui est quoddam corpus subtile, medium est in unione corporis et animae.

ag3 ‘ Praeterea, ea quae sunt multum distantia, non uniuntur nisi per medium. sed anima intellectiva distat a corpore et quia est incorporea, et quia est incorruptibilis. ergo videtur quod unitur ei mediante aliquo quod sit corpus incorruptibile. et hoc videtur esse aliqua lux caelestis, quae conciliat elementa et redigit in unum.

sc * Sed contra est quod philosophus dicit, in ii de anima, quod ° non oportet quaerere si unum est anima et corpus, sicut neque ceram et figuram. ‘ sed figura unitur cerae nullo corpore mediante. ergo et anima corpori.

co ‘ Respondeo dicendum quod si anima, * secundum platonicos, ‘ corpori uniretur solum ut motor, conveniens esset dicere quod inter animam hominis, vel cuiuscumque animalis, et corpus aliqua alia corpora media intervenirent, convenit enim motori aliquid distans per media magis propinqua movere. si vero anima unitur corpori ut forma, * sicut iam dictum est, ‘ impossibile est quod uniatur ei aliquo corpore mediante. cuius ratio est, quia sic dicitur aliquid unum, quomodo et ens. forma autem per seipsam facit rem esse in actu, cum per essentiam suam sit actus; nec dat esse per aliquod medium. unde unitas rei compositae ex materia et forma est per ipsam formam, quae secundum seipsam unitur materiae ut actus eius. nec est aliquid aliud uniens nisi agens, quod facit materiam esse in actu, * ut dicitur in viii metaphys.. unde patet esse falsas opiniones eorum qui posuerunt “ aliqua corpora esse media inter animam et corpus hominis. * quorum quidam platonici dixerunt quod “ anima intellectiva habet corpus incorruptibile sibi naturaliter unitum, a quo nunquam separatur, et eo mediante unitur corpori hominis corruptibili. |25| * quidam vero dixerunt quod “ unitur corpori mediante spiritu corporeo. * alii vero dixerunt quod “ unitur corpori mediante luce, quam dicunt esse corpus, et de natura quintae essentiae, ita quod anima vegetabilis unitur corpori mediante luce caeli siderei; anima vero sensibilis, mediante luce caeli crystallini; anima vero intellectualis, mediante luce caeli empyrei. ‘ quod fictitium et derisibile apparet, tum quia lux non est corpus; tum quia quinta essentia non venit materialiter in compositionem corporis mixti, cum sit inalterabilis, sed virtualiter tantum; tum etiam quia anima immediate corpori unitur ut forma materiae.

ra1 * Ad primum ergo dicendum quod augustinus “ loquitur de anima inquantum movet corpus, unde utitur verbo administrationis. ‘ et verum est quod partes grossiores corporis per subtiliores movet. et primum instrumentum virtutis motivae est spiritus, * ut dicit philosophus in libro de causa motus animalium.

ra2 ‘ Ad secundum dicendum quod, subtracto spiritu, deficit unio animae ad corpus, non quia sit medium; sed quia tollitur dispositio per quam corpus est dispositum ad talem unionem. est tamen spiritus medium in movendo, sicut primum instrumentum motus.

ra3 ‘ Ad tertium dicendum quod anima distat quidem a corpore plurimum, si utriusque conditiones seorsum considerentur, unde si utrumque ipsorum separatim esse haberet, oporteret quod multa media intervenirent. sed inquantum anima est forma corporis, non habet esse seorsum ab esse corporis; sed per suum esse corpori unitur immediate. sic enim et quaelibet forma, si consideretur ut actus, habet magnam distantiam a materia, quae est ens in potentia tantum.

007 ST1 qu76 ar8

ag1 ‘ Ad octavum sic proceditur. videtur quod anima non sit tota in qualibet parte corporis. * dicit enim philosophus, in libro de causa motus animalium, ° non opus est in unaquaque corporis parte esse animam; sed in quodam principio corporis existente, alia vivere; eo quod simul nata sunt facere proprium motum per naturam.

ag2 ‘ Praeterea, anima est in corpore cuius est actus. sed est actus corporis organici. ergo non est nisi in corpore organico. sed non quaelibet pars corporis hominis est corpus organicum. ergo anima non est in qualibet parte corporis tota.

ag3 * Praeterea, in ii de anima dicitur quod “ sicut se habet pars animae ad partem corporis, ut visus ad pupillam, ita anima tota ad totum corpus animalis. ‘ si igitur tota anima est in qualibet parte corporis, sequitur quod quaelibet pars corporis sit animal.

ag4 ‘ Praeterea, omnes potentiae animae in ipsa essentia animae fundantur. si igitur anima tota est in qualibet parte corporis, sequitur quod omnes potentiae animae sint in qualibet corporis parte, et ita visus erit in aure, et auditus in oculo. quod est inconveniens.

ag5 ‘ Praeterea, si in qualibet parte corporis esset tota anima, quaelibet pars corporis immediate dependeret ab anima. non ergo una pars dependeret ab alia, nec una pars esset principalior quam alia, quod est manifeste falsum. non ergo anima est in qualibet parte corporis tota.

sc * Sed contra est quod augustinus dicit, in vi de trin., quod ° anima in quocumque corpore et in toto est tota, et in qualibet eius parte tota est.

co * Respondeo dicendum quod, sicut in aliis iam dictum est, ‘ si anima uniretur corpori solum ut motor, posset dici quod non esset in qualibet parte corporis, sed in una tantum, per quam alias moveret. sed quia anima unitur corpori ut forma, necesse est quod sit in toto, et in qualibet parte corporis. non enim est forma corporis accidentalis, sed substantialis. substantialis autem forma non solum est perfectio totius, sed cuiuslibet partis. cum enim totum consistat ex partibus, forma totius quae non dat esse singulis partibus corporis, est forma quae est compositio et ordo, sicut forma domus, et talis forma est accidentalis. anima vero est forma substantialis, unde oportet quod sit forma et actus non solum totius, sed cuiuslibet partis. et ideo, recedente anima, sicut non dicitur animal et homo nisi aequivoce, quemadmodum et animal pictum vel lapideum; ita est de manu et oculo, aut carne et osse, * ut philosophus dicit. ‘ cuius signum est, quod nulla pars corporis habet proprium opus, anima recedente, cum tamen omne quod retinet speciem, retineat operationem speciei. actus autem est in eo cuius est actus. unde oportet animam esse in toto corpore, et in qualibet eius parte. et quod tota sit in qualibet parte eius, hinc considerari potest, quia, cum totum sit quod dividitur in partes, secundum triplicem divisionem est triplex totalitas. est enim quoddam totum quod |25| dividitur in partes quantitativas, sicut tota linea vel totum corpus. est etiam quoddam totum quod dividitur in partes rationis et essentiae; sicut definitum in partes definitionis, et compositum resolvitur in materiam et formam. tertium autem totum est potentiale, quod dividitur in partes virtutis. primus autem totalitatis modus non convenit formis, nisi forte per accidens; et illis solis formis, quae habent indifferentem habitudinem ad totum quantitativum et partes eius. sicut albedo, quantum est de sui ratione, aequaliter se habet ut sit in tota superficie et in qualibet superficiei parte; et ideo, divisa superficie, dividitur albedo per accidens. sed forma quae requirit diversitatem in partibus, sicut est anima, et praecipue animalium perfectorum, non aequaliter se habet ad totum et partes, unde non dividitur per accidens per divisionem quantitatis. sic ergo totalitas quantitativa non potest attribui animae nec per se nec per accidens. sed totalitas secunda, quae attenditur secundum rationis et essentiae perfectionem, proprie et per se convenit formis. similiter autem et totalitas virtutis, quia forma est operationis principium. si ergo quaereretur de albedine, utrum esset tota in tota superficie et in qualibet eius parte, distinguere oporteret. quia si fiat mentio de totalitate quantitativa, quam habet albedo per accidens, non tota esset in qualibet parte superficiei. et similiter dicendum est de totalitate virtutis magis enim potest movere visum albedo quae est in tota |50| superficie, quam albedo quae est in aliqua eius particula. sed si fiat mentio de totalitate speciei et essentiae, tota albedo est in qualibet superficiei parte. sed quia anima totalitatem quantitativam non habet, nec per se nec per accidens, * ut dictum est; ‘ sufficit dicere quod anima tota est in qualibet parte corporis secundum totalitatem perfectionis et essentiae; non autem secundum totalitatem virtutis. quia non secundum quamlibet suam potentiam est in qualibet parte corporis; sed secundum visum in oculo, secundum auditum in aure, et sic de aliis. tamen attendendum est quod, quia anima requirit diversitatem in partibus, non eodem modo comparatur ad totum et ad partes, sed ad totum quidem primo et per se, sicut ad proprium et proportionatum perfectibile; ad partes autem per posterius, secundum quod habent ordinem ad totum.

ra1 ‘ Ad primum ergo dicendum quod * philosophus loquitur de potentia motiva animae.

ra2 ‘ Ad secundum dicendum quod anima est actus corporis organici, sicut primi et proportionati perfectibilis.

ra3 ‘ Ad tertium dicendum quod animal est quod componitur ex anima et corpore toto, quod est primum et proportionatum eius perfectibile. sic autem anima non est in parte. unde non oportet quod pars animalis sit animal.

ra4 ‘ Ad quartum dicendum quod potentiarum animae quaedam sunt in ea secundum quod excedit totam corporis capacitatem, scilicet intellectus et voluntas, unde huiusmodi potentiae in nulla parte corporis esse dicuntur. aliae vero potentiae sunt communes animae et corpori, unde talium potentiarum non oportet quod quaelibet sit in quocumque est anima; sed solum in illa parte corporis quae est proportionata ad talis potentiae operationem.

ra5 ‘ Ad quintum dicendum quod una pars corporis dicitur esse principalior quam alia, propter potentias diversas quarum sunt organa partes corporis. quae enim est principalioris potentiae organum, est principalior pars corporis, vel quae etiam eidem potentiae principalius deservit.

007 ST1 qu77 ar

pr ‘ Deinde considerandum est de his quae pertinent ad potentias animae. et primo, in generali; secundo, in speciali. circa primum quaeruntur octo. primo, utrum essentia animae sit eius potentia. secundo, utrum sit una tantum potentia animae, vel plures. tertio, quomodo potentiae animae distinguantur. quarto, de ordine ipsarum ad invicem. quinto, utrum anima sit subiectum omnium potentiarum. sexto, utrum potentiae fluant ab essentia animae. septimo, utrum potentia una oriatur ex alia. octavo, utrum omnes potentiae animae remaneant in ea post mortem.

007 ST1 qu77 ar1

ag1 ‘ Ad primum sic proceditur. videtur quod ipsa essentia animae sit eius potentia. * dicit enim augustinus, in ix de trin., quod ° mens, notitia et amor sunt substantialiter in anima, vel, ut idem dicam, essentialiter. * et in x dicit quod ° memoria, intelligentia et voluntas sunt una vita, una mens, una essentia.

ag2 ‘ Praeterea, anima est nobilior quam materia prima. sed materia prima est sua potentia. ergo multo magis anima.

ag3 ‘ Praeterea, forma substantialis est simplicior quam accidentalis, cuius signum est, quod forma substantialis non intenditur vel remittitur, sed in indivisibili consistit. forma autem accidentalis est ipsa sua virtus. ergo multo magis forma substantialis, quae est anima.

ag4 ‘ Praeterea, potentia sensitiva est qua sentimus, et potentia intellectiva qua intelligimus. sed id quo primo sentimus et intelligimus est anima, * secundum philosophum, in ii de anima. ‘ ergo anima est suae potentiae.

ag5 ‘ Praeterea, omne quod non est de essentia rei, est accidens. si ergo potentia animae est praeter essentiam eius, sequitur quod sit accidens. quod * est contra augustinum, in ix de trin., ubi dicit quod ° praedicta non sunt in anima sicut in subiecto, ut color aut figura in corpore, aut ulla alia qualitas aut quantitas, quidquid enim tale est, non excedit subiectum in quo est; mens autem potest etiam alia amare et cognoscere.

ag6 ‘ Praeterea, forma simplex subiectum esse non potest. anima autem est forma simplex, cum non sit composita ex materia et forma, * ut supra dictum est. ‘ non ergo potentia animae potest esse in ipsa sicut in subiecto.

ag7 ‘ Praeterea, accidens non est principium substantialis differentiae. sed sensibile et rationale sunt substantiales differentiae, et sumuntur a sensu et ratione, quae sunt potentiae animae. ergo potentiae animae non sunt accidentia. et ita videtur quod potentia animae sit eius essentia.

sc ‘ Sed contra est quod * dionysius dicit, xi cap. caelest. hier., quod ° caelestes spiritus dividuntur in essentiam, virtutem et operationem. ‘ multo igitur magis in anima aliud est essentia, et aliud virtus sive potentia.

co ‘ Respondeo dicendum quod impossibile est dicere quod essentia animae sit eius potentia; * licet hoc quidam posuerint. ‘ et hoc dupliciter ostenditur, quantum ad praesens. primo quia, cum potentia et actus dividant ens et quodlibet genus entis, oportet quod ad idem genus referatur potentia et actus. et ideo, si actus non est in genere substantiae, potentia quae dicitur ad illum actum, non potest esse in genere substantiae. operatio autem animae non est in genere substantiae; sed in solo deo, cuius operatio est eius substantia. unde dei potentia, quae est operationis principium, est ipsa dei essentia. quod non potest esse verum neque in anima, neque in aliqua creatura; * ut supra etiam de angelo dictum est. ‘ secundo, hoc etiam impossibile apparet in anima. nam anima secundum suam essentiam est actus. si ergo ipsa essentia animae esset immediatum operationis principium, semper habens animam actu haberet opera vitae; sicut semper habens animam actu est vivum. non enim, inquantum est forma, est actus ordinatus ad ulteriorem actum, sed est ultimus terminus generationis. unde quod sit in potentia adhuc ad alium actum, hoc non competit ei secundum suam essentiam, inquantum est forma; sed secundum suam potentiam. et sic ipsa anima, secundum quod subest suae potentiae, dicitur |25| actus primus, ordinatus ad actum secundum. invenitur autem habens animam non semper esse in actu operum vitae. * unde etiam in definitione animae dicitur quod est “ actus corporis potentia vitam habentis, quae tamen potentia non abiicit animam. ‘ relinquitur ergo quod essentia animae non est eius potentia. nihil enim est in potentia secundum actum, inquantum est actus.

ra1 * Ad primum ergo dicendum quod augustinus loquitur “ de mente secundum quod noscit se et amat se. ‘ sic ergo notitia et amor, inquantum referuntur ad ipsam ut cognitam et amatam, substantialiter vel essentialiter sunt in anima, quia ipsa substantia vel essentia animae cognoscitur et amatur. * et similiter intelligendum est quod alibi dicit, quod “ sunt una vita, una mens, una essentia. * vel, sicut quidam dicunt, “ haec locutio verificatur secundum modum quo totum potestativum praedicatur de suis partibus, quod medium est inter totum universale et totum integrale. ‘ totum enim universale adest cuilibet parti secundum totam suam essentiam et virtutem, ut animal homini et equo, et ideo proprie de singulis partibus praedicatur. totum vero integrale non est in qualibet parte, neque secundum totam essentiam, neque secundum totam virtutem. et ideo nullo modo de singulis partibus praedicatur; sed aliquo modo, licet improprie, praedicatur de omnibus simul, ut si dicamus quod paries, tectum et fundamentum sunt domus. totum vero potentiale adest singulis partibus secundum totam suam essentiam, sed non secundum totam virtutem. et ideo quodammodo potest praedicari de qualibet parte; sed non ita proprie sicut totum universale. |25| * et per hunc modum augustinus dicit quod “ memoria, intelligentia et voluntas sunt una animae essentia.

ra2 ‘ Ad secundum dicendum quod actus ad quem est in potentia materia prima, est substantialis forma. et ideo potentia materiae non est aliud quam eius essentia.

ra3 ‘ Ad tertium dicendum quod actio est compositi, sicut et esse, existentis enim est agere. compositum autem per formam substantialem habet esse substantialiter; per virtutem autem quae consequitur formam substantialem, operatur. unde sic se habet forma accidentalis activa ad formam substantialem agentis (ut calor ad formam ignis), sicut se habet potentia animae ad animam.

ra4 ‘ Ad quartum dicendum quod hoc ipsum quod forma accidentalis est actionis principium, habet a forma substantiali. et ideo forma substantialis est primum actionis principium, sed non proximum. * et secundum hoc philosophus dicit quod ° id quo intelligimus et sentimus, est anima.

ra5 ‘ Ad quintum dicendum quod, si accidens accipiatur secundum quod dividitur contra substantiam, sic nihil potest esse medium inter substantiam et accidens, quia dividuntur secundum affirmationem et negationem, scilicet secundum esse in subiecto et non esse in subiecto. et hoc modo, cum potentia animae non sit eius essentia, oportet quod sit accidens, et est in secunda specie qualitatis. si vero accipiatur accidens secundum quod ponitur unum quinque universalium, sic aliquid est medium inter substantiam et accidens. quia ad substantiam pertinet quidquid est essentiale rei, non autem quidquid est extra essentiam, potest sic dici accidens, sed solum id quod non causatur ex principiis essentialibus speciei. proprium enim non est de essentia rei, sed ex principiis essentialibus speciei causatur, unde medium est inter essentiam et accidens sic dictum. et hoc modo potentiae animae possunt dici mediae inter substantiam et accidens, quasi proprietates animae naturales. * quod autem augustinus dicit, quod “ notitia et amor non sunt in anima sicut accidentia in subiecto, intelligitur secundum modum praedictum, prout comparantur ad animam, non sicut ad amantem et cognoscentem; sed prout comparantur ad eam sicut ad amatam et cognitam. ‘ et hoc modo procedit sua probatio, “ quia si amor esset in anima amata sicut in subiecto, sequeretur quod accidens transcenderet suum subiectum; |25| cum etiam alia sint amata per animam.

ra6 ‘ Ad sextum dicendum quod anima, licet non sit composita ex materia et forma, habet tamen aliquid de potentialitate admixtum * ut supra dictum est. ‘ et ideo potest esse subiectum accidentis. propositio autem inducta locum habet in deo, qui est actus purus, * in qua materia boetius eam introducit.

ra7 ‘ Ad septimum dicendum quod rationale et sensibile, prout sunt differentiae, non sumuntur a potentiis sensus et rationis; sed ab ipsa anima sensitiva et rationali. quia tamen formae substantiales, quae secundum se sunt nobis ignotae, innotescunt per accidentia; nihil prohibet interdum accidentia loco differentiarum substantialium poni.

007 ST1 qu77 ar2

ag1 ‘ Ad secundum sic proceditur. videtur quod non sint plures potentiae animae. anima enim intellectiva maxime ad divinam similitudinem accedit. sed in deo est una et simplex potentia. ergo et in anima intellectiva.

ag2 ‘ Praeterea, quanto virtus est superior, tanto est magis unita. sed anima intellectiva excedit omnes alias formas in virtute. ergo maxime debet habere unam virtutem seu potentiam.

ag3 ‘ Praeterea, operari est existentis in actu. sed per eandem essentiam animae homo habet esse secundum diversos gradus perfectionis, * ut supra habitum est. ‘ ergo per eandem potentiam animae operatur diversas operationes diversorum graduum.

sc ‘ Sed contra est quod * philosophus, in ii de anima ponit “ plures animae potentias.

co ‘ Respondeo dicendum quod necesse est ponere plures animae potentias. * ad cuius evidentiam, considerandum est quod, sicut philosophus dicit in ii de caelo, ‘ quae sunt in rebus infima, non possunt consequi perfectam bonitatem, sed aliquam imperfectam consequuntur paucis motibus; superiora vero his adipiscuntur perfectam bonitatem motibus multis; his autem superiora sunt quae adipiscuntur perfectam bonitatem motibus paucis; summa vero perfectio invenitur in his quae absque motu perfectam possident bonitatem. sicut infime est ad sanitatem dispositus qui non potest perfectam consequi sanitatem, sed aliquam modicam consequitur paucis remediis; melius autem dispositus est qui potest perfectam consequi sanitatem, sed remediis multis; et adhuc melius, qui remediis paucis; optime autem, qui absque remedio perfectam sanitatem habet. dicendum est ergo quod res quae sunt infra hominem, quaedam particularia bona consequuntur, et ideo quasdam paucas et determinatas operationes habent et virtutes. homo autem potest consequi universalem et perfectam bonitatem, quia potest adipisci beatitudinem. est tamen in ultimo gradu, secundum naturam, eorum quibus competit beatitudo, et ideo multis et diversis operationibus et virtutibus indiget anima humana. angelis vero minor diversitas potentiarum competit. in deo vero non est aliqua potentia vel actio, praeter eius essentiam. est et alia ratio qua-

re |25| anima humana abundat diversitate potentiarum, videlicet quia est in confinio spiritualium et corporalium creaturarum, et ideo concurrunt in ipsa virtutes utrarumque creaturarum.
ra1 ‘ Ad primum ergo dicendum quod in hoc ipso magis ad similitudinem dei accedit anima intellectiva quam creaturae inferiores, quod perfectam bonitatem consequi potest; licet per multa et diversa; in quo deficit a superioribus.
ra2 ‘ Ad secundum dicendum quod virtus unita est superior, si ad aequalia se extendat. sed virtus multiplicata est superior, si plura ei subiiciantur.
ra3 ‘ Ad tertium dicendum quod unius rei est unum esse substantiale, sed possunt esse operationes plures. et ideo est una essentia animae, sed potentiae plures.

007 ST1 qu77 ar3

ag1 ‘ Ad tertium sic proceditur. videtur quod potentiae non distinguantur per actus et obiecta. nihil enim determinatur ad speciem per illud quod posterius, vel extrinsecum est. actus autem est posterior potentia; obiectum autem est extrinsecum. ergo per ea potentiae non distinguuntur secundum speciem.
ag2 ‘ Praeterea, contraria sunt quae maxime differunt. si igitur potentiae distinguerentur penes obiecta, sequeretur quod contrariorum non esset eadem potentia. quod patet esse falsum fere in omnibus, nam potentia visiva eadem est albi et nigri, et gustus idem est dulcis et amari.
ag3 ‘ Praeterea, remota causa, removetur effectus. si igitur potentiarum differentia esset ex differentia obiectorum, idem obiectum non pertineret ad diversas potentias. quod patet esse falsum, nam idem est quod potentia cognoscitiva cognoscit, et appetitiva appetit.
ag4 ‘ Praeterea, id quod per se est causa alicuius, in omnibus causat illud. sed quaedam obiecta diversa, quae pertinent ad diversas potentias, pertinent etiam ad aliquam unam potentiam, sicut sonus et color pertinent ad visum et auditum, quae sunt diversae potentiae; et tamen pertinent ad unam potentiam sensus communis. non ergo potentiae distinguuntur secundum differentiam obiectorum.
sc ‘ Sed contra, posteriora distinguuntur secundum priora. * sed philosophus dicit ii de anima, quod ° priores potentiis actus et operationes secundum rationem sunt; “ et adhuc his priora sunt opposita, sive obiecta. ‘ ergo potentiae distinguuntur secundum actus et obiecta.
co ‘ Respondeo dicendum quod potentia, secundum illud quod est potentia, ordinatur ad actum. unde oportet rationem potentiae accipi ex actu ad quem ordinatur, et per consequens oportet quod ratio potentiae diversificetur, ut diversificatur ratio actus. ratio autem actus diversificatur secundum diversam rationem obiecti. omnis enim actio vel est potentiae activae, vel passivae. obiectum autem comparatur ad actum potentiae passivae, sicut principium et causa movens, color enim inquantum movet visum, est principium visionis. ad actum autem potentiae activae comparatur obiectum ut terminus et finis, sicut augmentativae virtutis obiectum est quantum perfectum, quod est finis augmenti. ex his autem duobus actio speciem recipit, scilicet ex principio, vel ex fine seu termino, differt enim calefactio ab infrigidatione, secundum quod haec quidem a calido, scilicet activo, ad calidum; illa autem a frigido ad frigidum procedit. unde necesse est quod potentiae diversificentur secundum actus et obiecta. sed tamen considerandum est quod ea quae sunt per accidens, non diversificant speciem. quia enim coloratum accidit animali, non diversificantur species animalis per differentiam coloris, sed per differentiam eius quod per se accidit animali, per differentiam scilicet animae sensitivae, quae quandoque invenitur cum ratione, quandoque sine ratione. unde rationale et irrationale sunt differentiae divisivae animalis, diversas eius species constituentes. sic igitur non quaecumque diversitas obiectorum |25| diversificat potentias animae; sed differentia eius ad quod per se potentia respicit. sicut sensus per se respicit passibilem qualitatem, quae per se dividitur in colorem, sonum et huiusmodi, et ideo alia potentia sensitiva est coloris, scilicet visus, et alia soni, scilicet auditus. sed passibili qualitati, ut colorato accidit esse musicum vel grammaticum, vel magnum et parvum, aut hominem vel lapidem. et ideo penes huiusmodi differentias potentiae animae non distinguuntur.
ra1 ‘ Ad primum ergo dicendum quod actus, licet sit posterior potentia in esse, est tamen prior in intentione et secundum rationem, sicut finis agente. obiectum autem, licet sit extrinsecum, est tamen principium vel finis actionis. principio autem et fini proportionantur ea quae sunt intrinseca rei.
ra2 ‘ Ad secundum dicendum quod, si potentia aliqua per se respiceret unum contrariorum sicut obiectum, oporteret quod contrarium ad aliam potentiam pertineret. sed potentia animae non per se respicit propriam rationem contrarii, sed communem rationem utriusque contrariorum, sicut visus non respicit per se rationem albi, sed rationem coloris. et hoc ideo, quia unum contrariorum est quodammodo ratio alterius, cum se habeant sicut perfectum et imperfectum.
ra3 ‘ Ad tertium dicendum quod nihil prohibet id quod est subiecto idem esse diversum secundum rationem. et ideo potest ad diversas potentias animae pertinere.
ra4 ‘ Ad quartum dicendum quod potentia superior per se respicit universaliorem rationem obiecti, quam potentia inferior, quia quanto potentia est superior, tanto ad plura se extendit. et ideo multa conveniunt in una ratione obiecti, quam per se respicit superior potentia, quae tamen differunt secundum rationes quas per se respiciunt inferiores potentiae. et inde est quod diversa obiecta pertinent ad diversas inferiores potentias, quae tamen uni superiori potentiae subduntur.

007 ST1 qu77 ar4

ag1 ‘ Ad quartum sic proceditur. videtur quod in potentiis animae non sit ordo. in his enim quae cadunt sub una divisione, non est prius et posterius, sed sunt naturaliter simul. sed potentiae animae contra se invicem dividuntur. ergo inter eas non est ordo.
ag2 ‘ Praeterea, potentiae animae comparantur ad obiecta, et ad ipsam animam. sed ex parte animae, inter eas non est ordo, quia anima est una. similiter etiam nec ex parte obiectorum, cum sint diversa et penitus disparata, ut patet de colore et sono. in potentiis ergo animae non est ordo.
ag3 ‘ Praeterea, in potentiis ordinatis hoc invenitur, quod operatio unius dependet ab operatione alterius. sed actus unius potentiae animae non dependet ab actu alterius, potest enim visus exire in actum absque auditu, et e converso. non ergo inter potentias animae est ordo.
sc * Sed contra est quod philosophus, in ii de anima, “ comparat partes sive potentias animae figuris. ‘ sed figurae habent ordinem ad invicem. ergo et potentiae animae.
co ‘ Respondeo dicendum quod, cum anima sit una, potentiae vero plures; ordine autem quodam ab uno in multitudinem procedatur; necesse est inter potentias animae ordinem esse. triplex autem ordo inter eas attenditur. quorum duo considerantur secundum dependentiam unius potentiae ab altera, tertius autem accipitur secundum ordinem obiectorum. dependentia autem unius potentiae ab altera dupliciter accipi potest, uno modo, secundum naturae ordinem, prout perfecta sunt naturaliter imperfectis priora; alio modo, secundum ordinem generationis et temporis, prout ex imperfecto ad perfectum venitur. secundum igitur primum potentiarum ordinem, potentiae intellectivae sunt priores potentiis sensitivis, unde dirigunt eas et imperant eis. et similiter potentiae sensitivae hoc ordine sunt priores potentiis animae nutritivae. secundum vero ordinem secundum, e converso se habet. nam potentiae animae nutritivae sunt priores, in via generationis, potentiis animae sensitivae, unde ad earum actiones praeparant corpus. et similiter est de potentiis sensitivis respectu intellectivarum. secundum autem ordinem tertium, ordinantur quaedam vires sensitivae ad invicem, scilicet visus, auditus et olfactus. nam visibile est prius naturaliter, quia est commune superioribus et inferioribus corporibus. sonus autem audibilis fit in aere, qui est naturaliter prior commixtione elementorum, quam consequitur odor.
ra1 ‘ Ad primum ergo dicendum quod alicuius generis species se habent secundum prius et posterius, sicut numeri et figurae, quantum ad esse; licet simul esse dicantur inquantum suscipiunt communis generis praedicationem.
ra2 ‘ Ad secundum dicendum quod ordo iste potentiarum animae est et ex parte animae, quae secundum ordinem quendam habet aptitudinem ad diversos actus, licet sit una secundum essentiam; et ex parte obiectorum; et etiam ex parte actuum, * ut dictum est.
ra3 ‘ Ad tertium dicendum quod ratio illa procedit de illis potentiis in quibus attenditur ordo solum secundum tertium modum. illae autem potentiae quae ordinantur secundum alios duos modos, ita se habent quod actus unius dependet ab altera.

007 ST1 qu77 ar5

ag1 ‘ Ad quintum sic proceditur. videtur quod omnes potentiae animae sint in anima sicut in subiecto. sicut enim se habent potentiae corporis ad corpus, ita se habent potentiae animae ad animam. sed corpus est subiectum corporalium potentiarum. ergo anima est subiectum potentiarum animae.
ag2 ‘ Praeterea, operationes potentiarum animae attribuuntur corpori propter animam, * quia, ut dicitur in ii de anima, ° anima est quo sentimus et intelligimus primum. ‘ sed propria principia operationum animae sunt potentiae. ergo potentiae per prius sunt in anima.
ag3 * Praeterea, augustinus dicit, xii super gen. ad litt., quod “ anima quaedam sentit non per corpus, immo sine corpore, ut est timor et huiusmodi; quaedam vero sentit per corpus. ‘ sed si potentia sensitiva non esset in sola anima sicut in subiecto, nihil posset sine corpore sentire. ergo anima est subiectum potentiae sensitivae; et pari ratione, omnium aliarum potentiarum.
sc ‘ Sed contra est quod * philosophus dicit, in libro de somno et vigilia quod ° sentire non est proprium animae neque corporis, sed coniuncti. ‘ potentia ergo sensitiva est in coniuncto sicut in subiecto. non ergo sola anima est subiectum omnium potentiarum suarum.
co ‘ Respondeo dicendum quod illud est subiectum operativae potentiae, quod est potens operari, omne enim accidens denominat proprium subiectum. idem autem est quod potest operari, et quod operatur. unde oportet quod eius sit potentia sicut subiecti, cuius est operatio; * ut etiam philosophus dicit, in principio de somno et vigilia. * manifestum est autem ex supra dictis quod ‘ quaedam operationes sunt animae, quae exercentur sine organo corporali, ut intelligere et velle. unde potentiae quae sunt harum operationum principia, sunt in anima sicut in subiecto. quaedam vero operationes sunt animae, quae exercentur per organa corporalia; sicut visio per oculum, et auditus per aurem. et simile est de omnibus aliis operationibus nutritivae et sensitivae partis. et ideo potentiae quae sunt talium operationum principia, sunt in coniuncto sicut in subiecto, et non in anima sola.
ra1 ‘ Ad primum ergo dicendum quod omnes potentiae dicuntur esse animae, non sicut subiecti, sed sicut principii, quia per animam coniunctum habet quod tales operationes operari possit.
ra2 ‘ Ad secundum dicendum quod omnes huiusmodi potentiae per prius sunt in anima quam in coniuncto, non sicut in subiecto, sed sicut in principio.
ra3 * Ad tertium dicendum quod opinio platonis fuit quod “ sentire est operatio animae propria, sicut et intelligere. * in multis autem quae ad philosophiam pertinent, augustinus utitur “ opinionibus platonis, non asserendo, sed recitando. ‘ tamen, quantum ad praesens pertinet, hoc quod dicitur anima quaedam sentire cum corpore et quaedam sine corpore, dupliciter potest intelligi. uno modo, quod hoc quod dico cum corpore vel sine corpore, determinet actum sentiendi secundum quod exit a sentiente. et sic nihil sentit sine corpore, quia actio sentiendi non potest procedere ab anima nisi per organum corporale. alio modo potest intelligi ita quod praedicta determinent actum sentiendi ex parte obiecti quod sentitur. et sic quaedam sentit cum corpore, idest in corpore existentia, sicut cum sentit vulnus vel aliquid huiusmodi, quaedam vero sentit sine corpore, idest non existentia in corpore, sed solum in apprehensione animae, sicut cum sentit se tristari vel gaudere de aliquo audito.

007 ST1 qu77 ar6

ag1 ‘ Ad sextum sic proceditur. videtur quod potentiae animae non fluant ab eius essentia. ab uno enim simplici non procedunt diversa. essentia autem animae est una et simplex. cum ergo potentiae animae sint multae et diversae, non possunt procedere ab eius essentia.
ag2 ‘ Praeterea, illud a quo aliud procedit, est causa eius. sed essentia animae non potest dici causa potentiarum; ut patet discurrenti per singula causarum genera. ergo potentiae animae non fluunt ab eius essentia.
ag3 ‘ Praeterea, emanatio quendam motum nominat. sed nihil movetur a seipso, * ut probatur in vii libro physic.; ‘ nisi forte ratione partis, sicut animal dicitur moveri a seipso, quia una pars eius est movens et alia mota. “ neque etiam anima movetur, * ut probatur in i de anima. ‘ non ergo anima causat in se suas potentias.
sc ‘ Sed contra, potentiae animae sunt quaedam proprietates naturales ipsius. sed subiectum est causa propriorum accidentium, unde et ponitur in definitione accidentis, * ut patet in vii metaphys.. ‘ ergo potentiae animae procedunt ab eius essentia sicut a causa.
co ‘ Respondeo dicendum quod forma substantialis et accidentalis partim conveniunt, et partim differunt. conveniunt quidem in hoc, quod utraque est actus, et secundum utramque est aliquid quodammodo in actu. differunt autem in duobus. primo quidem, quia forma substantialis facit esse simpliciter, et eius subiectum est ens in potentia tantum. forma autem accidentalis non facit esse simpliciter; sed esse tale, aut tantum, aut aliquo modo se habens, subiectum enim eius est ens in actu. unde patet quod actualitas per prius invenitur in forma substantiali quam in eius subiecto, et quia primum est causa in quolibet genere, forma substantialis causat esse in actu in suo subiecto. sed e converso, actualitas per prius invenitur in subiecto formae accidentalis, quam in forma accidentali, unde actualitas formae accidentalis causatur ab actualitate subiecti. ita quod subiectum, inquantum est in potentia, est susceptivum formae accidentalis, inquantum autem est in actu, est eius productivum. et hoc dico de proprio et per se accidente, nam respectu accidentis extranei, subiectum est susceptivum tantum; productivum vero talis accidentis est agens extrinsecum. secundo autem differunt substantialis forma et accidentalis, quia, cum minus principale sit propter principalius, materia est propter formam substantialem; sed e converso, forma accidentalis est propter completionem subiecti. * manifestum est autem ex dictis quod ‘ potentiarum animae subiectum |25| est vel ipsa anima sola, quae potest esse subiectum accidentis secundum quod habet

aliquid potentialitatis, * ut supra dictum est; ‘ vel compositum. compositum autem est in actu per animam. unde manifestum est quod omnes potentiae animae, sive subiectum earum sit anima sola, sive compositum, fluunt ab essentia animae sicut a principio, quia iam dictum est quod accidens causatur a subiecto secundum quod est actu, et recipitur in eo inquantum est in potentia.

ra1 ‘ Ad primum ergo dicendum quod ab uno simplici possunt naturaliter multa procedere ordine quodam. et iterum propter diversitatem recipientium. sic igitur ab una essentia animae procedunt multae et diversae potentiae, tum propter ordinem potentiarum, tum etiam secundum diversitatem organorum corporalium.

ra2 ‘Ad secundum dicendum quod subiectum est causa proprii accidentis et finalis, et quodammodo activa; et etiam ut materialis, inquantum est susceptivum accidentis. et ex hoc potest accipi quod essentia animae est causa omnium potentiarum sicut finis et sicut principium activum; quarundam autem sicut susceptivum.

ra3 ‘ Ad tertium dicendum quod emanatio propriorum accidentium a subiecto non est per aliquam transmutationem; sed per aliquam naturalem resultationem, sicut ex uno naturaliter aliud resultat, ut ex luce color.

007 ST1 qu77 ar7

ag1 ‘ Ad septimum sic proceditur. videtur quod una potentia animae non oriatur ab alia. eorum enim quae simul esse incipiunt, unum non oritur ab alio. sed omnes potentiae animae sunt simul animae concreatae. ergo una earum ab alia non oritur.

ag2 ‘ Praeterea, potentia animae oritur ab anima sicut accidens a subiecto. sed una potentia animae non potest esse subiectum alterius, quia accidentis non est accidens. ergo una potentia non oritur ab alia.

ag3 ‘ Praeterea, oppositum non oritur a suo opposito, sed unumquodque oritur ex simili secundum speciem. potentiae autem animae ex opposito dividuntur, sicut diversae species. ergo una earum non procedit ab alia.

sc ‘ Sed contra, potentiae cognoscuntur per actus. sed actus unius potentiae causatur ab alio; sicut actus phantasiae ab actu sensus. ergo una potentia animae causatur ab alia.

co ‘ Respondeo dicendum quod in his quae secundum ordinem naturalem procedunt ab uno, sicut primum est causa omnium, ita quod est primo propinquius, est quodammodo causa eorum quae sunt magis remota. * ostensum est autem supra quod ‘ inter potentias animae est multiplex ordo. et ideo una potentia animae ab essentia animae procedit mediante alia. sed quia essentia animae comparatur ad potentias et sicut principium activum et finale, et sicut principium susceptivum, vel seorsum per se vel simul cum corpore; agens autem et finis est perfectius, susceptivum autem principium, inquantum huiusmodi, est minus perfectum, consequens est quod potentiae animae quae sunt priores secundum ordinem perfectionis et naturae, sint principia aliarum per modum finis et activi principii. videmus enim quod sensus est propter intellectum, et non e converso. sensus etiam est quaedam deficiens participatio intellectus, unde secundum naturalem originem quodammodo est ab intellectu, sicut imperfectum a perfecto. sed secundum viam susceptivi principii, e converso potentiae imperfectiores inveniuntur principia respectu aliarum, sicut anima, secundum quod habet potentiam sensitivam, consideratur sicut subiectum et materiale quoddam respectu intellectus. et propter hoc, imperfectiores potentiae sunt priores in via generationis, prius enim animal generatur quam homo.

ra1 ‘ Ad primum ergo dicendum quod, sicut potentia animae ab essentia fluit, non per transmutationem, sed per naturalem quandam resultationem, et est simul cum anima; ita est etiam de una potentia respectu alterius.

ra2 ‘ Ad secundum dicendum quod accidens per se non potest esse subiectum accidentis; sed unum accidens per prius recipitur in substantia quam aliud, sicut quantitas quam qualitas. et hoc modo unum accidens dicitur esse subiectum alterius, ut superficies coloris, inquantum substantia uno accidente mediante recipit aliud. et similiter potest dici de potentiis animae.

ra3 ‘ Ad tertium dicendum quod potentiae animae opponuntur ad invicem oppositione perfecti et imperfecti; sicut etiam species numerorum et figurarum. haec autem oppositio non impedit originem unius ab alio, quia imperfecta naturaliter a perfectis procedunt.

007 ST1 qu77 ar8

ag1 ‘ Ad octavum sic proceditur. videtur quod omnes potentiae animae remaneant in anima a corpore separata. * dicitur enim in libro de spiritu et anima, quod ° anima recedit a corpore, secum trahens sensum et imaginationem, rationem et intellectum et intelligentiam, concupiscibilitatem et irascibilitatem.

ag2 ‘ Praeterea, potentiae animae sunt eius naturales proprietates. sed proprium semper inest, et numquam separatur ab eo cuius est proprium. ergo potentiae animae sunt in ea etiam post mortem.

ag3 ‘ Praeterea, potentiae animae, etiam sensitivae, non debilitantur debilitato corpore, * quia, ut dicitur in i de anima, ° si senex accipiat oculum iuvenis, videbit utique sicut et iuvenis. ‘ sed debilitas est via ad corruptionem. ergo potentiae animae non corrumpuntur corrupto corpore, sed manent in anima separata.

ag4 ‘ Praeterea, memoria est potentia animae sensitivae, * ut philosophus probat. ‘ sed memoria manet in anima separata, * dicitur enim, luc. xvi, “ diviti epuloni in inferno secundum animam existenti, ° recordare quia recepisti bona in vita tua. ‘ ergo memoria manet in anima separata; et per consequens aliae potentiae sensitivae partis.

ag5 ‘ Praeterea, gaudium et tristitia sunt in concupiscibili, quae est potentia sensitivae partis. manifestum est autem animas separatas tristari et gaudere de praemiis vel poenis quas habent. ergo vis concupiscibilis manet in anima separata.

ag6 * Praeterea, augustinus dicit, xii super gen. ad litt., quod “ sicut anima, cum corpus iacet sine sensu nondum penitus mortuum, videt quaedam secundum imaginariam visionem; ita cum fuerit a corpore penitus separata per mortem. ‘ sed imaginatio est potentia sensitivae partis. ergo potentia sensitivae partis manet in anima separata; et per consequens omnes aliae potentiae.

sc * Sed contra est quod dicitur in libro de eccles. dogmat., ° ex duabus tantum substantiis constat homo, anima cum ratione sua, et carne cum sensibus suis. ‘ ergo, defuncta carne, potentiae sensitivae non manent.

co * Respondeo dicendum quod, sicut iam dictum est, ‘ omnes potentiae animae comparantur ad animam solam sicut ad principium. sed quaedam potentiae comparantur ad animam solam sicut ad subiectum, ut intellectus et voluntas. et huiusmodi potentiae necesse est quod maneant in anima, corpore destructo. quaedam vero potentiae sunt in coniuncto sicut in subiecto, sicut omnes potentiae sensitivae partis et nutritivae. destructo autem subiecto, non potest accidens remanere. unde, corrupto coniuncto, non manent huiusmodi potentiae actu; sed virtute tantum manent in anima, sicut in principio vel radice. * et sic falsum est, quod quidam dicunt “ huiusmodi potentias in anima remanere etiam corpore corrupto. * et multo falsius, quod dicunt “ etiam actus harum potentiarum remanere in anima separata, quia ‘ talium potentiarum nulla est actio nisi per organum corporeum.

ra1 * Ad primum ergo dicendum quod liber ille auctoritatem non habet. ‘ unde quod ibi scriptum est, eadem facilitate contemnitur, qua dicitur. tamen potest dici quod trahit secum anima huiusmodi potentias, non actu, sed virtute.

ra2 ‘ Ad secundum dicendum quod huiusmodi potentiae quas dicimus actu in anima separata non manere, non sunt proprietates solius animae, sed coniuncti.

ra3 ‘ Ad tertium dicendum quod dicuntur non debilitari huiusmodi potentiae debilitato corpore, quia anima manet immutabilis, quae est virtuale principium huiusmodi potentiarum.

ra4 “ Ad quartum dicendum quod illa recordatio accipitur * eo modo quo augustinus ponit memoriam in mente; “ non eo modo quo ponitur pars animae sensitivae.

ra5 ‘ Ad quintum dicendum quod tristitia et gaudium sunt in anima separata, non secundum appetitum sensitivum, sed secundum appetitum intellectivum; sicut etiam in angelis.

ra6 * Ad sextum dicendum quod augustinus loquitur ibi “ inquirendo, non asserendo. unde quaedam ibi dicta retractat.

007 ST1 qu78 ar

pr ‘ Deinde considerandum est de potentiis animae in speciali. ad considerationem autem theologi pertinet inquirere specialiter solum de potentiis intellectivis et appetitivis, in quibus virtutes inveniuntur. sed quia cognitio harum potentiarum quodammodo dependet ex aliis, ideo nostra consideratio de potentiis animae in speciali erit tripartita, primo namque considerandum est de his quae sunt praeambula ad intellectum; secundo, de potentiis intellectivis; tertio, de potentiis appetitivis. circa primum quaeruntur quatuor. primo, de generibus potentiarum animae. secundo, de speciebus vegetativae partis. tertio, de sensibus exterioribus. quarto, de sensibus interioribus.

007 ST1 qu78 ar1

ag1 ‘ Ad primum sic proceditur. videtur quod non sint quinque genera potentiarum animae distinguenda, scilicet vegetativum, sensitivum, appetitivum, motivum secundum locum, et intellectivum. potentiae enim animae dicuntur partes ipsius. sed tantum tres partes animae communiter ab omnibus assignantur, scilicet anima vegetabilis, anima sensibilis, et anima rationalis. ergo tantum tria sunt genera potentiarum animae, et non quinque.

ag2 ‘ Praeterea, potentiae animae sunt principia operum vitae. sed quatuor modis dicitur aliquid vivere. * dicit enim philosophus, in ii de anima, ° multipliciter ipso vivere dicto, etsi unum aliquod horum insit solum, aliquid dicimus vivere; ut intellectus, et sensus, motus et status secundum locum, adhuc autem motus secundum alimentum, et decrementum et augmentum. ‘ ergo tantum quatuor sunt genera potentiarum animae, appetitivo excluso.

ag3 ‘ Praeterea, ad illud quod est commune omnibus potentiis, non debet deputari aliquod speciale animae genus. sed appetere convenit cuilibet potentiae animae. visus enim appetit visibile conveniens, * unde dicitur eccli. xl, ° gratiam et speciem desiderabit oculus, et super hoc virides sationes. ‘ et eadem ratione, quaelibet alia potentia desiderat obiectum sibi conveniens. ergo non debet poni appetitivum unum speciale genus potentiarum animae.

ag4 ‘ Praeterea, principium movens in animalibus est sensus, aut intellectus, aut appetitus, * ut dicitur in iii de anima. ‘ non ergo motivum debet poni speciale genus animae praeter praedicta.

sc * Sed contra est quod philosophus dicit, in ii de anima, ° potentias autem dicimus vegetativum sensitivum, appetitivum, motivum secundum locum, et intellectivum.

co ‘ Respondeo dicendum quod quinque sunt genera potentiarum animae, quae numerata sunt. tres vero dicuntur animae. quatuor vero dicuntur modi viventium. et huius diversitatis ratio est, quia diversae animae distinguuntur secundum quod diversimode operatio animae supergreditur operationem naturae corporalis, tota enim natura corporalis subiacet animae, et comparatur ad ipsam sicut materia et instrumentum. est ergo quaedam operatio animae, quae intantum excedit naturam corpoream, quod neque etiam exercetur per organum corporale. et talis est operatio animae rationalis. est autem alia operatio animae infra istam, quae quidem fit per organum corporale, non tamen per aliquam corpoream qualitatem. et talis est operatio animae sensibilis, quia etsi calidum et frigidum, et humidum et siccum, et aliae huiusmodi qualitates corporeae requirantur ad operationem sensus; non tamen ita quod mediante virtute talium qualitatum operatio animae sensibilis procedat; sed requiruntur solum ad debitam dispositionem organi. infima autem operationum animae est, quae fit per organum corporeum, et virtute corporeae qualitatis. supergreditur tamen operationem naturae corporeae, quia motiones corporum sunt ab exteriori principio, huiusmodi autem operationes sunt a principio intrinseco; hoc enim commune est omnibus operationibus animae; omne enim animatum aliquo modo movet seipsum. et talis est operatio animae vegetabilis, digestio enim, et ea quae consequuntur, fit instrumentaliter per actionem caloris, |25| * ut dicitur in ii de anima. ‘ genera vero potentiarum animae distinguuntur secundum obiecta. quanto enim potentia est altior, tanto respicit universalius obiectum, * ut supra dictum est. ‘ obiectum autem operationis animae in triplici ordine potest considerari. alicuius enim potentiae animae obiectum est solum corpus animae unitum. et hoc genus potentiarum animae dicitur vegetativum, non enim vegetativa potentia agit nisi in corpus cui anima unitur. est autem aliud genus potentiarum animae, quod respicit universalius obiectum, scilicet omne corpus sensibile; et non solum corpus animae unitum. est autem aliud genus potentiarum animae, quod respicit adhuc universalius obiectum, scilicet non solum corpus sensibile, sed universaliter omne ens. ex quo patet quod ista duo secunda genera potentiarum animae habent operationem non solum respectu rei coniunctae, sed etiam respectu rei extrinsecae. cum autem operans oporteat aliquo modo coniungi suo obiecto circa quod operatur, necesse est extrinsecam rem, quae est obiectum operationis animae, secundum duplicem rationem ad animam comparari. uno modo, secundum quod nata est animae coniungi et in anima esse per suam similitudinem. et quantum ad hoc, sunt duo genera potentiarum, scilicet sensitivum, respectu obiecti minus communis, quod est corpus sensibile; et intellectivum, respectu obiecti |50| communissimi, quod est ens universale. alio vero modo, secundum quod ipsa anima inclinatur et tendit in rem exteriorem. et secundum hanc etiam comparationem, sunt duo genera potentiarum animae, unum quidem, scilicet appetitivum, secundum quod anima comparatur ad rem extrinsecam ut ad finem, qui est primum in intentione; aliud autem motivum secundum locum, prout anima comparatur ad rem exteriorem sicut ad terminum operationis et motus; ad consequendum enim aliquod desideratum et intentum, omne animal movetur. modi vero vivendi distinguuntur secundum gradus viventium. quaedam enim viventia sunt, in quibus est tantum vegetativum, sicut in plantis. quaedam vero, in quibus cum vegetativo est etiam sensitivum, non tamen motivum secundum locum; sicut sunt immobilia animalia, ut conchilia. quaedam vero sunt, quae supra hoc habent motivum secundum locum; ut perfecta animalia, quae multis indigent ad suam vitam, et ideo indigent motu, ut vitae necessaria procul posita quaerere possint. quaedam vero viventia sunt, in quibus cum his est intellectivum, scilicet in hominibus. appetitivum autem non constituit aliquem gradum viventium, quia in quibuscumque est sensus, est etiam appetitus, * ut dicitur in ii libro de anima.

ra1 ‘ Et per hoc solvuntur duo prima obiecta.
ra3 ‘ Ad tertium dicendum quod appetitus naturalis est inclinatio cuiuslibet rei in aliquid, ex natura sua, unde naturali appetitu quaelibet potentia desiderat sibi conveniens. sed appetitus animalis consequitur formam apprehensam. et ad huiusmodi appetitum requiritur specialis animae potentia, et non sufficit sola apprehensio. res enim appetitur prout est in sua natura, non est autem secundum suam naturam in virtute apprehensiva, sed secundum suam similitudinem. unde patet quod visus appetit naturaliter visibile solum ad suum actum, scilicet ad videndum, animal autem appetit rem visam per vim appetitivam, non solum ad videndum, sed etiam ad alios usus. si autem non indigeret anima rebus perceptis a sensu, nisi propter actiones sensuum, scilicet ut eas sentiret; non oporteret appetitivum ponere speciale genus inter potentias animae, quia sufficeret appetitus naturalis potentiarum.
ra4 ‘ Ad quartum dicendum quod, quamvis sensus et appetitus sint principia moventia in animalibus perfectis, non tamen sensus et appetitus, inquantum huiusmodi, sufficiunt ad movendum, nisi superadderetur eis aliqua virtus, nam in immobilibus animalibus est sensus et appetitus, non tamen habent vim motivam. haec autem vis motiva non solum est in appetitu et sensu ut imperante motum; sed etiam est in ipsis partibus corporis, ut sint habilia ad obediendum appetitui animae moventis. cuius signum est, quod quando membra removentur a sua dispositione naturali, non obediunt appetitui ad motum.

007 ST1 qu78 ar2

ag1 ‘ Ad secundum sic proceditur. videtur quod inconvenienter partes vegetativae assignentur, scilicet nutritivum, augmentativum, et generativum. huiusmodi enim vires dicuntur naturales. sed potentiae animae sunt supra vires naturales. ergo huiusmodi vires non debent poni potentiae animae.
ag2 ‘ Praeterea, ad id quod est commune viventibus et non viventibus, non debet aliqua potentia animae deputari. sed generatio est communis omnibus generabilibus et corruptibilibus, tam viventibus quam non viventibus. ergo vis generativa non debet poni potentia animae.
ag3 ‘ Praeterea, anima potentior est quam natura corporea. sed natura corporea eadem virtute activa dat speciem et debitam quantitatem. ergo multo magis anima. non est ergo alia potentia animae augmentativa a generativa.
ag4 ‘ Praeterea, unaquaeque res conservatur in esse per id per quod esse habet. sed potentia generativa est per quam acquiritur esse viventis. ergo per eandem res viva conservatur. sed ad conservationem rei viventis ordinatur vis nutritiva, * ut dicitur in ii de anima, “ est enim potentia potens salvare suscipiens ipsam. ‘ non debet ergo distingui nutritiva potentia a generativa.
sc ‘ Sed contra est quod * philosophus dicit, in ii de anima, quod “ opera huius animae sunt generare, et alimento uti, et iterum augmentum facere.
co ‘ Respondeo dicendum quod tres sunt potentiae vegetativae partis. vegetativum enim, * ut dictum est, ‘ habet pro obiecto ipsum corpus vivens per animam, ad quod quidem corpus triplex animae operatio est necessaria. una quidem, per quam esse acquirat, et ad hoc ordinatur potentia generativa. alia vero, per quam corpus vivum acquirit debitam quantitatem, et ad hoc ordinatur vis augmentativa. alia vero, per quam corpus viventis salvatur et in esse, et in quantitate debita, et ad hoc ordinatur vis nutritiva. est tamen quaedam differentia attendenda inter has potentias. nam nutritiva et augmentativa habent suum effectum in eo in quo sunt, quia ipsum corpus unitum animae augetur et conservatur per vim augmentativam et nutritivam in eadem anima existentem. sed vis generativa habet effectum suum, non in eodem corpore, sed in alio, quia nihil est generativum sui ipsius. et ideo vis generativa quodammodo appropinquat ad dignitatem animae sensitivae, quae habet operationem in res exteriores, licet excellentiori modo et universaliori, supremum enim inferioris naturae attingit id quod est infimum superioris, * ut patet per dionysium, in vii cap. de div. nom.. ‘ et ideo inter istas tres potentias finalior et principalior et perfectior est generativa, |25| * ut dicitur in ii de anima, ‘ est enim rei iam perfectae facere alteram qualis ipsa est. generativae autem deserviunt et augmentativa et nutritiva, augmentativae vero nutritiva.
ra1 ‘ Ad primum ergo dicendum quod huiusmodi vires dicuntur naturales, tum quia habent effectum similem naturae, quae etiam dat esse et quantitatem et conservationem (licet hae vires habeant hoc altiori modo), tum quia hae vires exercent suas actiones instrumentaliter per qualitates activas et passivas, quae sunt naturalium actionum principia.
ra2 ‘ Ad secundum dicendum quod generatio in rebus inanimatis est totaliter ab extrinseco. sed generatio viventium est quodam altiori modo, per aliquid ipsius viventis, quod est semen, in quo est aliquod principium corporis formativum. et ideo oportet esse aliquam potentiam rei viventis, per quam semen huiusmodi praeparetur, et haec est vis generativa.
ra3 ‘ Ad tertium dicendum quod, quia generatio viventium est ex aliquo semine, oportet quod in principio animal generetur parvae quantitatis. et propter hoc necesse est quod habeat potentiam animae, per quam ad debitam quantitatem perducatur. sed corpus inanimatum generatur ex materia determinata ab agente extrinseco, et ideo simul recipit speciem et quantitatem secundum materiae conditionem.
ra4 * Ad quartum dicendum quod, sicut iam dictum est, ‘ operatio vegetativi principii completur mediante calore, cuius est humidum consumere. et ideo, ad restaurationem humidi deperditi, necesse est habere potentiam nutritivam, per quam alimentum convertatur in substantiam corporis. quod etiam est necessarium ad actum virtutis augmentativae et generativae.

007 ST1 qu78 ar3

ag1 ‘ Ad tertium sic proceditur. videtur quod inconvenienter distinguantur quinque sensus exteriores. sensus enim est cognoscitivus accidentium. sunt autem multa genera accidentium. cum ergo potentiae distinguantur per obiecta, videtur quod sensus multiplicentur secundum numerum qui est in generibus accidentium.
ag2 ‘ Praeterea, magnitudo et figura, et alia quae dicuntur sensibilia communia, non sunt sensibilia per accidens, * sed contra ea dividuntur in ii de anima. ‘ diversitas autem per se obiectorum diversificat potentias. cum ergo plus differant magnitudo et figura a colore quam sonus; videtur quod multo magis debeat esse alia potentia sensitiva cognoscitiva magnitudinis aut figurae, quam coloris et soni.
ag3 ‘ Praeterea, unus sensus est unius contrarietatis; sicut visus albi et nigri. sed tactus est cognoscitivus plurium contrarietatum, scilicet calidi et frigidi, humidi et sicci, et huiusmodi. ergo non est sensus unus, sed plures. ergo plures sensus sunt quam quinque.
ag4 ‘ Praeterea, species non dividitur contra genus. sed gustus est tactus quidam. ergo non debet poni alter sensus praeter tactum.
sc * Sed contra est quod philosophus dicit, in iii de anima, quod ° non est alter sensus praeter quinque.
co ‘ Respondeo dicendum quod rationem distinctionis et numeri sensuum exteriorum * quidam accipere voluerunt “ ex parte organorum, in quibus aliquod elementorum dominatur, vel aqua, vel aer, vel aliquid huiusmodi. * quidam autem “ ex parte medii, quod est vel coniunctum, vel extrinsecum; et hoc vel aer, vel aqua, vel aliquid huiusmodi. * quidam autem “ ex diversa natura sensibilium qualitatum, secundum quod est qualitas simplicis corporis, vel sequens complexionem. ‘ sed nihil istorum conveniens est. non enim potentiae sunt propter organa, sed organa propter potentias, unde non propter hoc sunt diversae potentiae, quia sunt diversa organa; sed ideo natura instituit diversitatem in organis, ut congruerent diversitati potentiarum. et similiter diversa media diversis sensibus attribuit, secundum quod erat conveniens ad actus potentiarum. naturas autem sensibilium qualitatum cognoscere non est sensus, sed intellectus. accipienda est ergo ratio numeri et distinctionis exteriorum sensuum, secundum illud quod proprie et per se ad sensum pertinet. est autem sensus quaedam potentia passiva, quae nata est immutari ab exteriori sensibili. exterius ergo immutativum est quod per se a sensu percipitur, et secundum cuius diversitatem sensitivae potentiae distinguuntur. |25| est autem duplex immutatio, una naturalis, et alia spiritualis. naturalis quidem, secundum quod forma immutantis recipitur in immutato secundum esse naturale, sicut calor in calefacto. spiritualis autem, secundum quod forma immutantis recipitur in immutato secundum esse spirituale; ut forma coloris in pupilla, quae non fit per hoc colorata. ad operationem autem sensus requiritur immutatio spiritualis, per quam intentio formae sensibilis fiat in organo sensus. alioquin, si sola immutatio naturalis sufficeret ad sentiendum, omnia corpora naturalia sentirent dum alterantur. sed in quibusdam sensibus invenitur immutatio spiritualis tantum, sicut in visu. in quibusdam autem, cum immutatione spirituali, etiam naturalis; vel ex parte obiecti tantum, vel etiam ex parte organi. ex parte autem obiecti, invenitur transmutatio naturalis, secundum locum quidem, in sono, qui est obiectum auditus, nam sonus ex percussione causatur et aeris commotione. secundum alterationem vero, in odore, qui est obiectum olfactus, oportet enim per calidum alterari aliquo modo corpus, ad hoc quod spiret odorem. ex parte autem organi, est immutatio naturalis in tactu et gustu, nam et manus tangens calida calefit, et lingua humectatur per humiditatem saporum. organum vero olfactus aut auditus nulla naturali immutatione immutatur in sentiendo, nisi per accidens. visus autem, quia est absque immutatione naturali et organi et obiecti, est maxime spiritualis, et perfectior inter omnes sensus, et communior. et post hoc auditus, et deinde olfactus, qui habent immutationem |50| naturalem ex parte obiecti. motus tamen localis est perfectior et naturaliter prior quam motus alterationis, * ut probatur in viii physic.. ‘ tactus autem et gustus sunt maxime materiales, * de quorum distinctione post dicetur. ‘ et inde est quod alii tres sensus non fiunt per medium coniunctum, ne aliqua naturalis transmutatio pertingat ad organum, ut accidit in his duobus sensibus.
ra1 ‘ Ad primum ergo dicendum quod non omnia accidentia habent vim immutativam secundum se; sed solae qualitates tertiae speciei, secundum quas contingit alteratio. et ideo solae huiusmodi qualitates sunt obiecta sensuum, * quia, ut dicitur in vii physic., ° secundum eadem alteratur sensus, secundum quae alterantur corpora inanimata.
ra2 ‘ Ad secundum dicendum quod magnitudo et figura et huiusmodi, quae dicuntur communia sensibilia, sunt media inter sensibilia per accidens et sensibilia propria, quae sunt obiecta sensuum. nam sensibilia propria primo et per se immutant sensum; cum sint qualitates alterantes. sensibilia vero communia omnia reducuntur ad quantitatem. et de magnitudine quidem et numero, patet quod sunt species quantitatis. figura autem est qualitas circa quantitatem; cum consistat ratio figurae in terminatione magnitudinis. motus autem et quies sentiuntur, secundum quod subiectum uno modo vel pluribus modis se habet secundum magnitudinem subiecti vel localis distantiae, quantum ad motum augmenti et motum localem; vel etiam secundum sensibiles qualitates, ut in motu alterationis, et sic sentire motum et quietem est quodammodo sentire unum et multa. quantitas autem est proximum subiectum qualitatis alterativae, ut superficies coloris. et ideo sensibilia communia non movent sensum primo et per se, sed ratione sensibilis qualitatis; ut superficies ratione coloris. nec tamen sunt sensibilia per accidens, quia huiusmodi sensibilia aliquam diversitatem faciunt in immutatione sensus. alio enim modo immutatur sensus a magna superficie, et a parva, quia etiam ipsa albedo dicitur magna vel parva, et ideo dividitur secundum proprium subiectum.
ra3 ‘ Ad tertium dicendum quod, * sicut philosophus videtur dicere in ii de anima, ‘ sensus tactus est unus genere, sed dividitur in multos sensus secundum speciem; et propter hoc est diversarum contrarietatum. qui tamen non separantur ab invicem secundum organum, sed per totum corpus se concomitantur; et ideo eorum distinctio non apparet. gustus autem, qui est perceptivus dulcis et amari, concomitatur tactum in lingua, non autem per totum corpus; et ideo de facili a tactu distinguitur. posset tamen dici quod omnes illae contrarietates, et singulae conveniunt in uno genere proximo, et omnes in uno genere communi, quod est obiectum tactus secundum rationem communem. sed illud genus commune est innominatum; sicut etiam genus proximum calidi et frigidi est innominatum.
ra4 ‘ Ad quartum dicendum quod sensus gustus, * secundum dictum philosophi, ‘ est quaedam species tactus quae est in lingua tantum. non autem distinguitur a tactu in genere, sed a tactu quantum ad illas species quae per totum corpus diffunduntur. si vero tactus sit unus sensus tantum, propter unam rationem communem obiecti, dicendum erit quod secundum rationem diversam immutationis, distinguitur gustus a tactu. nam tactus immutatur naturali immutatione, et non solum spirituali, quantum ad organum suum, secundum qualitatem quae ei proprie obiicitur. gustus autem organum non immutatur de necessitate naturali immutatione secundum qualitatem quae ei proprie obiicitur, ut scilicet lingua fiat dulcis vel amara; sed secundum praeambulam qualitatem, in qua fundatur sapor, scilicet secundum humorem, qui est obiectum tactus.

007 ST1 qu78 ar4

ag1 ‘ Ad quartum sic proceditur. videtur quod interiores sensus inconvenienter distinguantur. commune enim non dividitur contra proprium. ergo sensus communis non debet enumerari inter vires interiores sensitivas, praeter sensus exteriores proprios.
ag2 ‘ Praeterea, ad id ad quod sufficit sensus proprius et exterior, non oportet ponere aliquam vim apprehensivam interiorem. sed ad iudicandum de sensibilibus, sufficiunt sensus proprii et exteriores, unusquisque enim sensus iudicat de proprio obiecto. similiter etiam videntur sufficere ad hoc quod percipiant suos actus, quia cum actio sensus sit quodammodo medium inter potentiam et obiectum, videtur quod multo magis visus possit suam visionem, tanquam sibi propinquiorem, percipere, quam colorem; et sic de aliis. non ergo necessarium fuit ad hoc ponere interiorem potentiam, quae dicatur sensus communis.
ag3 * Praeterea, secundum philosophum, ‘ phantasticum et memorativum sunt passiones primi sensitivi. sed passio non dividitur contra subiectum. ergo memoria et phantasia non debent poni aliae potentiae praeter sensum.
ag4 ‘ Praeterea, intellectus minus dependet a sensu, quam quaecumque potentia sensitivae partis. sed intellectus nihil cognoscit nisi accipiendo a sensu, * unde dicitur in i posteriorum, quod ° quibus deest unus sensus, deficit una scientia. ‘ ergo multo minus debet poni una potentia sensitivae partis ad percipiendum intentiones quas non percipit sensus, quam vocant aestimativam.
ag5 ‘ Praeterea, actus cogitativae, qui est conferre et componere et dividere, et actus reminiscitivae, qui est quodam syllogismo uti ad inquirendum, non minus distant ab actu aestimativae et memorativae,

quam actus aestimativae ab actu phantasiae. debent ergo vel cogitativa et reminiscitiva poni aliae vires praeter aestimativam et memorativam; vel aestimativa et memorativa non debent poni aliae vires praeter phantasiam.
ag6 * Praeterea, augustinus, xii super gen. ad litt., ponit " tria genera visionum, scilicet corporalem, quae fit per sensum; et spiritualem, quae fit per imaginationem sive phantasiam; et intellectualem, quae fit per intellectum. ' non est ergo aliqua vis interior quae sit media inter sensum et intellectum, nisi imaginativa tantum.
sc * Sed contra est quod avicenna, in suo libro de anima, ponit " quinque potentias sensitivas interiores, scilicet sensum communem, phantasiam, imaginativam, aestimativam, et memorativam.
co ' Respondeo dicendum quod, cum natura non deficiat in necessariis, oportet esse tot actiones animae sensitivae, quot sufficiant ad vitam animalis perfecti. et quaecumque harum actionum non possunt reduci in unum principium, requirunt diversas potentias, cum potentia animae nihil aliud sit quam proximum principium operationis animae. est autem considerandum quod ad vitam animalis perfecti requiritur quod non solum apprehendat rem apud praesentiam sensibilis, sed etiam apud eius absentiam. alioquin, cum animalis motus et actio sequantur apprehensionem, non moveretur animal ad inquirendum aliquid absens; cuius contrarium apparet maxime in animalibus perfectis, quae moventur motu processivo; moventur enim ad aliquid absens apprehensum. oportet ergo quod animal per animam sensitivam non solum recipiat species sensibilium, cum praesentialiter immutatur ab eis; sed etiam eas retineat et conservet. recipere autem et retinere reducuntur in corporalibus ad diversa principia, nam humida bene recipiunt, et male retinent; e contrario autem est de siccis. unde, cum potentia sensitiva sit actus organi corporalis, oportet esse aliam potentiam quae recipiat species sensibilium, et quae conservet. rursus considerandum est quod, si animal moveretur solum propter delectabile et contristabile secundum sensum, non esset necessarium ponere in animali nisi apprehensionem formarum quas percipit sensus, in quibus delectatur aut horret. sed necessarium est animali ut quaerat aliqua vel fugiat, non solum quia sunt convenientia vel non convenientia ad sentiendum, sed etiam propter aliquas alias commoditates et utilitates, sive nocumenta, sicut ovis videns lupum venientem fugit, non propter indecentiam coloris vel figurae, sed quasi inimicum naturae; et similiter avis colligit paleam, non quia delectet sensum, sed quia est utilis ad nidificandum. necessarium est ergo animali quod percipiat huiusmodi intentiones, quas non percipit sensus exterior. et huius perceptionis oportet esse aliquod aliud principium, cum perceptio formarum sensibilium sit ex immutatione sensibilis, non autem perceptio intentionum praedictarum. sic ergo ad receptionem formarum sensibilium ordinatur sensus proprius et communis, * de quorum distinctione post dicetur. ' ad harum autem formarum retentionem aut conservationem ordinatur phantasia, sive imaginatio, quae idem sunt, est enim phantasia sive imaginatio quasi thesaurus quidam formarum per sensum acceptarum. ad apprehendendum autem intentiones quae per sensum non accipiuntur, ordinatur vis aestimativa. ad conservandum autem eas, vis memorativa, quae est thesaurus quidam huiusmodi intentionum. cuius signum est, quod principium memorandi fit in animalibus ex aliqua huiusmodi intentione, puta quod est nocivum vel conveniens. et ipsa ratio praeteriti, quam attendit memoria, inter huiusmodi intentiones computatur. considerandum est autem quod, quantum ad formas sensibiles, non est differentia inter hominem et alia animalia, similiter enim immutantur a sensibilibus exterioribus. sed quantum ad intentiones praedictas, differentia est, nam alia animalia percipiunt huiusmodi intentiones solum naturali quodam instinctu, homo autem etiam per quandam collationem. et ideo quae in aliis animalibus dicitur aestimativa naturalis, in homine dicitur cogitativa, quae per collationem quandam huiusmodi intentiones adinvenit. unde etiam dicitur ratio particularis, cui medici assignant determinatum organum, scilicet mediam partem capitis, est enim collativa intentionum individualium, sicut ratio intellectiva intentionum universalium. ex parte autem memorativae, non solum habet memoriam, sicut cetera animalia, in subita recordatione praeteritorum; sed etiam reminiscentiam, quasi syllogistice inquirendo praeteritorum memoriam, secundum individuales intentiones. * avicenna vero ponit " quintam potentiam, mediam inter aestimativam et imaginativam, quae componit et dividit formas imaginatas; ut patet cum ex forma imaginata auri et forma imaginata montis componimus unam formam montis aurei, quem nunquam vidimus. ' sed ista operatio non apparet in aliis animalibus ab homine, in quo ad hoc sufficit virtus imaginativa. " cui etiam hanc actionem attribuit * averroes, in libro quodam quem fecit de sensu et sensibilibus. ' et sic non est necesse ponere nisi quatuor vires interiores sensitivae partis, scilicet sensum communem et imaginationem, aestimativam et memorativam.
ra1 ' Ad primum ergo dicendum quod sensus interior non dicitur communis per praedicationem, sicut genus; sed sicut communis radix et principium exteriorum sensuum.
ra2 ' Ad secundum dicendum quod sensus proprius iudicat de sensibili proprio, discernendo ipsum ab aliis quae cadunt sub eodem sensu, sicut discernendo album a nigro vel a viridi. sed discernere album a dulci non potest neque visus neque gustus, quia oportet quod qui inter aliqua discernit, utrumque cognoscat. unde oportet ad sensum communem pertinere discretionis iudicium, ad quem referantur, sicut ad commune terminum, omnes apprehensiones sensuum; a quo etiam percipiantur intentiones sensuum, sicut cum aliquis videt se videre. hoc enim non potest fieri per sensum proprium, qui non cognoscit nisi formam sensibilis a quo immutatur; in qua immutatione perficitur visio, et ex qua immutatione sequitur alia immutatio in sensu communi, qui visionem percipit.
ra3 ' Ad tertium dicendum quod, sicut una potentia oritur ab anima, alia mediante, * ut supra dictum est; ' ita etiam anima subiicitur alii potentiae, mediante alia. et secundum hunc modum, phantasticum et memorativum dicuntur passiones primi sensitivi.
ra4 ' Ad quartum dicendum quod, licet intellectus operatio oriatur a sensu, tamen in re apprehensa per sensum intellectus multa cognoscit quae sensus percipere non potest. et similiter aestimativa, licet inferiori modo.
ra5 ' Ad quintum dicendum quod illam eminentiam habet cogitativa et memorativa in homine, non per id quod est proprium sensitivae partis; sed per aliquam affinitatem et propinquitatem ad rationem universalem, secundum quandam refluentiam. et ideo non sunt aliae vires, sed eaedem, perfectiores quam sint in aliis animalibus.
ra6 ' Ad sextum dicendum quod * augustinus " spiritualem visionem dicit esse, quae fit per similitudines corporum in absentia corporum. ' unde patet quod communis est omnibus interioribus apprehensionibus.

007 ST1 qu79 ar

pr ' Deinde quaeritur de potentiis intellectivis. circa quod quaeruntur tredecim. primo, utrum intellectus sit potentia animae, vel eius essentia. secundo, si est potentia, utrum sit potentia passiva. tertio, si est potentia passiva, utrum sit ponere aliquem intellectum agentem. quarto, utrum sit aliquid animae. quinto, utrum intellectus agens sit unus omnium. sexto, utrum memoria sit in intellectu. septimo, utrum sit alia potentia ab intellectu. octavo, utrum ratio sit alia potentia ab intellectu. nono, utrum ratio superior et inferior sint diversae potentiae. decimo, utrum intelligentia sit alia potentia praeter intellectum. undecimo, utrum intellectus speculativus et practicus sint diversae potentiae. duodecimo, utrum synderesis sit aliqua potentia intellectivae partis. tertiodecimo, utrum conscientia sit aliqua potentia intellectivae partis.

007 ST1 qu79 ar1

ag1 ' Ad primum sic proceditur. videtur quod intellectus non sit aliqua potentia animae, sed sit ipsa eius essentia. intellectus idem enim videtur esse quod mens. sed mens non est potentia animae sed essentia, * dicit enim augustinus, ix de trin., ° mens et spiritus non relative dicuntur, sed essentiam demonstrant. ' ergo intellectus est ipsa essentia animae.
ag2 ' Praeterea, diversa genera potentiarum animae non uniuntur in aliqua potentia una, sed in sola essentia animae. appetitivum autem et intellectivum sunt diversa genera potentiarum animae, * ut dicitur in ii de anima; ' conveniunt autem in mente, * quia augustinus, x de trin., " ponit intelligentiam et voluntatem in mente. ' ergo mens et intellectus est ipsa essentia animae, et non aliqua eius potentia.
ag3 * Praeterea, secundum gregorium, in homilia ascensionis, " homo intelligit cum angelis. ' sed angeli dicuntur mentes et intellectus. ergo mens et intellectus hominis non est aliqua potentia animae, sed ipsa anima.
ag4 ' Praeterea, ex hoc convenit alicui substantiae quod sit intellectiva, quia est immaterialis. sed anima est immaterialis per suam essentiam. ergo videtur quod anima per suam essentiam sit intellectiva.
sc * Sed contra est quod philosophus ponit intellectivum potentiam animae, ut patet in ii de anima.
co ' Respondeo dicendum quod necesse est dicere, * secundum praemissa, ' quod intellectus sit aliqua potentia animae, et non ipsa animae essentia. tunc enim solum immediatum principium operationis est ipsa essentia rei operantis, quando ipsa operatio est eius esse, sicut enim potentia se habet ad operationem ut ad suum actum, ita se habet essentia ad esse. in solo deo autem idem est intelligere quod suum esse. unde in solo deo intellectus est eius essentia, in aliis autem creaturis intellectualibus intellectus est quaedam potentia intelligentis.
ra1 ' Ad primum ergo dicendum quod sensus accipitur aliquando pro potentia, aliquando vero pro ipsa anima sensitiva, denominatur enim anima sensitiva nomine principalioris suae potentiae, quae est sensus. et similiter anima intellectiva quandoque nominatur nomine intellectus, quasi a principaliori sua virtute; * sicut dicitur in i de anima, quod " intellectus est substantia quaedam. * et etiam hoc modo augustinus dicit quod " mens est spiritus, vel essentia.
ra2 ' Ad secundum dicendum quod appetitivum et intellectivum sunt diversa genera potentiarum animae, secundum diversas rationes obiectorum. sed appetitivum partim convenit cum intellectivo, et partim cum sensitivo, quantum ad modum operandi per organum corporale, vel sine huiusmodi organo, nam appetitus sequitur apprehensionem. * et secundum hoc augustinus ponit voluntatem in mente, et philosophus in ratione.
ra3 ' Ad tertium dicendum quod in angelis non est alia vis nisi intellectiva, et voluntas, quae ad intellectum consequitur. et propter hoc angelus dicitur mens vel intellectus, quia tota virtus sua in hoc consistit. anima autem habet multas alias vires, sicut sensitivas et nutritivas, et ideo non est simile.
ra4 ' Ad quartum dicendum quod ipsa immaterialitas substantiae intelligentis creatae non est eius intellectus; sed ex immaterialitate habet virtutem ad intelligendum. unde non oportet quod intellectus sit substantia animae, sed eius virtus et potentia.

007 ST1 qu79 ar2

ag1 ' Ad secundum sic proceditur. videtur quod intellectus non sit potentia passiva. patitur enim unumquodque secundum materiam; sed agit ratione formae. sed virtus intellectiva consequitur immaterialitatem substantiae intelligentis. ergo videtur quod intellectus non sit potentia passiva.
ag2 ' Praeterea, potentia intellectiva est incorruptibilis, * ut supra dictum est. ' sed intellectus * si est passivus, est corruptibilis, ut dicitur in iii de anima. ' ergo potentia intellectiva non est passiva.
ag3 ' Praeterea, agens est nobilius patiente, * ut dicit augustinus xii super gen. ad litt., et aristoteles in iii de anima. ' potentiae autem vegetativae partis omnes sunt activae, quae tamen sunt infimae inter potentias animae. ergo multo magis potentiae intellectivae, quae sunt supremae, omnes sunt activae.
sc * Sed contra est quod philosophus dicit, in iii de anima, quod ° intelligere est pati quoddam.
co ' Respondeo dicendum quod pati tripliciter dicitur. uno modo, propriissime, scilicet quando aliquid removetur ab eo quod convenit sibi secundum naturam, aut secundum propriam inclinationem; sicut cum aqua frigiditatem amittit per calefactionem, et cum homo aegrotat aut tristatur. secundo modo, minus proprie dicitur aliquis pati ex eo quod aliquid ab ipso abiicitur, sive sit ei conveniens, sive non conveniens. et secundum hoc dicitur pati non solum qui aegrotat, sed etiam qui sanatur; non solum qui tristatur, sed etiam qui laetatur; vel quocumque modo aliquis alteretur vel moveatur. tertio modo, dicitur aliquid pati communiter, ex hoc solo quod id quod est in potentia ad aliquid, recipit illud ad quod erat in potentia, absque hoc quod aliquid abiiciatur. secundum quem modum, omne quod exit de potentia in actum, potest dici pati, etiam cum perficitur. et sic intelligere nostrum est pati. quod quidem hac ratione apparet. intellectus enim, * sicut supra dictum est, ' habet operationem circa ens in universali. considerari ergo potest utrum intellectus sit in actu vel potentia, ex hoc quod consideratur quomodo intellectus se habeat ad ens universale. invenitur enim aliquis intellectus qui ad ens universale se habet sicut actus totius entis, et talis est intellectus divinus, qui est dei essentia, in qua originaliter et virtualiter totum ens praeexistit sicut in prima causa. et ideo intellectus divinus non est in potentia, sed est actus purus. nullus autem intellectus creatus potest se habere ut actus respectu totius entis universalis, quia sic oporteret quod esset ens infinitum. unde omnis intellectus creatus, per hoc ipsum quod est, non est actus omnium intelligibilium, sed comparatur ad ipsa intelligibilia sicut potentia ad actum. potentia autem dupliciter se habet ad actum. est enim quaedam potentia quae semper est perfecta per actum; * sicut diximus de materia corporum caelestium. ' quaedam autem potentia est, quae non semper est in actu, sed de potentia procedit in actum; sicut invenitur in generabilibus et corruptibilibus. intellectus igitur angelicus semper est in actu suorum intelligibilium, propter propinquitatem ad primum intellectum, qui est actus purus, * ut supra dictum est. ' intellectus autem humanus, qui est infimus in ordine intellectuum, et maxime remotus a perfectione divini intellectus, est in potentia respectu intelligibilium, " et in principio est sicut tabula rasa in qua nihil est scriptum, * ut philosophus dicit in iii de anima. ' quod manifeste apparet ex hoc, quod in principio sumus intelligentes solum in potentia, postmodum autem efficimur intelligentes in actu. sic igitur patet quod intelligere nostrum est quoddam pati, secundum tertium modum passionis. et per consequens intellectus est potentia passiva.
ra1 ' Ad primum ergo dicendum quod obiectio illa procedit de primo et secundo modo passionis, qui sunt proprii materiae primae. tertius autem modus passionis est cuiuscumque in potentia existentis quod in actum reducitur.
ra2 " Ad secundum dicendum quod intellectus passivus * secundum quosdam " dicitur appetitus sensiti-

vus, in quo sunt animae passiones; qui etiam in i ethic. dicitur rationalis per participationem, quia obedit rationi. * secundum alios autem " intellectus passivus dicitur virtus cogitativa, quae nominatur ratio particularis. ' et utroque modo passivum accipi potest secundum primos duos modos passionis, inquantum talis intellectus sic dictus, est actus alicuius organi corporalis. sed intellectus qui est in potentia ad intelligibilia, * quem aristoteles " ob hoc nominat intellectum possibilem, ' non est passivus nisi tertio modo, quia non est actus organi corporalis. et ideo est incorruptibilis.
ra3 ' Ad tertium dicendum quod agens est nobilius patiente, si ad idem actio et passio referantur, non autem semper, si ad diversa. intellectus autem est vis passiva respectu totius entis universalis. vegetativum autem est activum respectu cuiusdam entis particularis, scilicet corporis coniuncti. unde nihil prohibet huiusmodi passivum esse nobilius tali activo.

007 ST1 qu79 ar3

ag1 ' Ad tertium sic proceditur. videtur quod non sit ponere intellectum agentem. sicut enim se habet sensus ad sensibilia, ita se habet intellectus noster ad intelligibilia. sed quia sensus est in potentia ad sensibilia non ponitur sensus agens, sed sensus patiens tantum. ergo, cum intellectus noster sit in potentia ad intelligibilia, videtur quod non debeat poni intellectus agens, sed possibilis tantum.
ag2 ' Praeterea, si dicatur quod in sensu etiam est aliquod agens, sicut lumen, contra, lumen requiritur ad visum inquantum facit medium lucidum in actu, nam color ipse secundum se est motivus lucidi. sed in operatione intellectus non ponitur aliquod medium quod necesse sit fieri in actu. ergo non est necessarium ponere intellectum agentem.
ag3 ' Praeterea, similitudo agentis recipitur in patiente secundum modum patientis. sed intellectus possibilis est virtus immaterialis. ergo immaterialitas eius sufficit ad hoc quod recipiantur in eo formae immaterialiter. sed ex hoc ipso aliqua forma est intelligibilis in actu, quod est immaterialis. ergo nulla necessitas est ponere intellectum agentem, ad hoc quod faciat species intelligibiles in actu.
sc * Sed contra est quod philosophus dicit, in iii de anima, quod ° sicut in omni natura ita et in anima est aliquid quo est omnia fieri, et aliquid quo est omnia facere. ' est ergo ponere intellectum agentem.
co * Respondeo dicendum quod, secundum opinionem platonis, " nulla necessitas erat ponere intellectum agentem ad faciendum intelligibilia in actu; sed forte ad praebendum lumen intelligibile intelligenti, * ut infra dicetur. * posuit enim plato " formas rerum naturalium sine materia subsistere, et per consequens eas intelligibiles esse, quia ex hoc est aliquid intelligibile actu, quod est immateriale. et huiusmodi vocabat species, sive ideas, ex quarum participatione dicebat etiam materiam corporalem formari, ad hoc quod individua naturaliter constituerentur in propriis generibus et speciebus; et intellectus nostros, ad hoc quod de generibus et speciebus rerum scientiam haberent. * sed quia aristoteles " non posuit formas rerum naturalium subsistere sine materia; formae autem in materia existentes non sunt intelligibiles actu, sequebatur quod naturae seu formae rerum sensibilium, quas intelligimus, non essent intelligibiles actu. nihil autem reducitur de potentia in actum, nisi per aliquod ens actu, sicut sensus fit in actu per sensibile in actu. oportebat igitur ponere aliquam virtutem ex parte intellectus, quae faceret intelligibilia in actu, per abstractionem specierum a conditionibus materialibus. |25| ' et haec est necessitas ponendi intellectum agentem.
ra1 ' Ad primum ergo dicendum quod sensibilia inveniuntur actu extra animam, et ideo non oportuit ponere sensum agentem. et sic patet quod in parte nutritiva omnes potentiae sunt activae; in parte autem sensitiva, omnes passivae; in parte vero intellectiva est aliquid activum, et aliquid passivum.
ra2 ' Ad secundum dicendum quod circa effectum luminis est duplex opinio. quidam enim dicunt quod lumen requiritur ad visum, ut faciat colores actu visibiles. et secundum hoc, similiter requiritur, et propter idem, intellectus agens ad intelligendum, propter quod lumen ad videndum. secundum alios vero, lumen requiritur ad videndum, non propter colores, ut fiant actu visibiles; sed ut medium fiat actu lucidum, * ut commentator dicit in ii de anima. ' et secundum hoc, similitudo * qua aristoteles assimilat " intellectum agentem lumini, ' attenditur quantum ad hoc, quod sicut hoc est necessarium ad videndum, ita illud ad intelligendum; sed non propter idem.
ra3 ' Ad tertium dicendum quod, supposito agente, bene contingit diversimode recipi eius similitudinem in diversis propter eorum dispositionem diversam. sed si agens non praeexistit, nihil ad hoc faciet dispositio recipientis. intelligibile autem in actu non est aliquid existens in rerum natura, quantum ad naturam rerum sensibilium, quae non subsistunt praeter materiam. et ideo ad intelligendum non sufficeret immaterialitas intellectus possibilis, nisi adesset intellectus agens, qui faceret intelligibilia in actu per modum abstractionis.

007 ST1 qu79 ar4

ag1 ' Ad quartum sic proceditur. videtur quod intellectus agens non sit aliquid animae nostrae. intellectus enim agentis effectus est illuminare ad intelligendum. sed hoc fit per aliquid quod est altius anima; * secundum illud ioan. i, ° erat lux vera, quae illuminat omnem hominem venientem in hunc mundum. ' ergo videtur quod intellectus agens non sit aliquid animae.
ag2 * Praeterea, philosophus, in iii de anima, " attribuit intellectui agenti quod non aliquando intelligit et aliquando non intelligit. ' sed anima nostra non semper intelligit; sed aliquando intelligit et aliquando non intelligit. ergo intellectus agens non est aliquid animae nostrae.
ag3 ' Praeterea, agens et patiens sufficiunt ad agendum. si igitur intellectus possibilis est aliquid animae nostrae, qui est virtus passiva, et similiter intellectus agens, qui est virtus activa; sequitur quod homo semper poterit intelligere cum voluerit, quod patet esse falsum. non est ergo intellectus agens aliquid animae nostrae.
ag4 * Praeterea, philosophus dicit, in iii de anima, quod " intellectus agens est substantia actu ens. ' nihil autem est respectu eiusdem in actu et in potentia. si ergo intellectus possibilis, qui est in potentia ad omnia intelligibilia, est aliquid animae nostrae; videtur impossibile quod intellectus agens sit aliquid animae nostrae.
ag5 ' Praeterea, si intellectus agens est aliquid animae nostrae, oportet quod sit aliqua potentia. non est enim nec passio nec habitus, nam habitus et passiones non habent rationem agentis respectu passionum animae; sed magis passio est ipsa actio potentiae passivae, habitus autem est aliquid quod ex actibus consequitur. omnis autem potentia fluit ab essentia animae. sequeretur ergo quod intellectus agens ab essentia animae procederet. et sic non inesset animae per participationem ab aliquo superiori intellectu, quod est inconveniens. non ergo intellectus agens est aliquid animae nostrae.
sc * Sed contra est quod philosophus dicit, iii de anima quod ° necesse est in anima has esse differentias, " scilicet intellectum possibilem, et agentem.
co ' Respondeo dicendum quod intellectus agens * de quo philosophus loquitur, ' est aliquid animae. ad cuius evidentiam, considerandum est quod supra animam intellectivam humanam necesse est ponere aliquem superiorem intellectum, a quo anima virtutem intelligendi obtineat. semper enim quod participat aliquid, et quod est mobile, et quod est imperfectum, praeexigit ante se aliquid quod est per essentiam suam tale, et quod est immobile et perfectum. anima autem humana intellectiva dicitur per participationem intellectualis virtutis, cuius signum est, quod non tota est intellectiva, sed secundum aliquam sui partem. pertingit etiam ad intelligentiam veritatis cum quodam discursu et motu, arguendo. habet etiam imperfectam intelligentiam, tum quia non omnia intelligit; tum quia in his quae intelligit, de potentia procedit ad actum. oportet ergo esse aliquem altiorem intellectum, quo anima iuvetur ad intelligendum. * posuerunt ergo quidam " hunc intellectum secundum substantiam separatum, esse intellectum agentem, qui quasi illustrando phantasmata, facit ea intelligibilia actu. ' sed, dato quod sit aliquis talis intellectus agens separatus, nihilominus tamen oportet ponere in ipsa anima humana aliquam virtutem ab illo intellectu superiori participatam, per quam anima humana facit intelligibilia in actu. sicut |25| et in aliis rebus naturalibus perfectis, praeter universales causas agentes, sunt propriae virtutes inditae singulis rebus perfectis, ab universalibus agentibus derivatae, non enim solus sol generat hominem, sed est in homine virtus generativa hominis; et similiter in aliis animalibus perfectis. nihil autem est perfectius in inferioribus rebus anima humana. unde oportet dicere quod in ipsa sit aliqua virtus derivata a superiori intellectu, per quam possit phantasmata illustrare. et hoc experimento cognoscimus, dum percipimus nos abstrahere formas universales a conditionibus particularibus, quod est facere actu intelligibilia. nulla autem actio convenit alicui rei, nisi per aliquod principium formaliter ei inhaerens; * ut supra dictum est, cum de intellectu possibili ageretur. ' ergo oportet virtutem quae est principium huius actionis, esse aliquid in anima. * et ideo aristoteles " comparavit intellectum agentem lumini, quod est aliquid receptum in aere. * plato autem " intellectum separatum imprimentem in animas nostras, comparavit soli; * ut themistius dicit in commentario tertii de anima. ' sed intellectus separatus, * secundum nostrae fidei documenta, ' est ipse deus, qui est creator animae, et in quo solo beatificatur, |50| * ut infra patebit. ' unde ab ipso anima humana lumen intellectuale participat, * secundum illud psalmi iv, ° signatum est super nos lumen vultus tui, domine.
ra1 ' Ad primum ergo dicendum quod illa lux vera illuminat sicut causa universalis, a qua anima humana participat quandam particularem virtutem, * ut dictum est.
ra2 * Ad secundum dicendum quod philosophus " illa verba non dicit de intellectu agente, sed de intellectu in actu. unde supra de ipso praemiserat, idem autem est secundum actum scientia rei. ' vel, si intelligatur de intellectu agente, hoc dicitur quia non est ex parte intellectus agentis hoc quod quandoque intelligimus et quandoque non intelligimus; sed ex parte intellectus qui est in potentia.
ra3 ' Ad tertium dicendum quod, si intellectus agens compararetur ad intellectum possibilem ut obiectum agens ad potentiam, sicut visibile in actu ad visum; sequeretur quod statim omnia intelligeremus, cum intellectus agens sit quo est omnia facere. nunc autem non se habet ut obiectum, sed ut faciens obiecta in actu, ad quod requiritur, praeter praesentiam intellectus agentis, praesentia phantasmatum, et bona dispositio virium sensitivarum, et exercitium in huiusmodi opere; quia per unum intellectum fiunt etiam alia intellecta, sicut per terminos propositiones, et per prima principia conclusiones. et quantum ad hoc, non differt utrum intellectus agens sit aliquid animae, vel aliquid separatum.
ra4 ' Ad quartum dicendum quod anima intellectiva est quidem actu immaterialis, sed est in potentia ad determinatas species rerum. phantasmata autem, e converso, sunt quidem actu similitudines specierum quarundam, sed sunt potentia immaterialia. unde nihil prohibet unam et eandem animam, inquantum est immaterialis in actu, habere aliquam virtutem per quam faciat immaterialia in actu abstrahendo a conditionibus individualis materiae, quae quidem virtus dicitur intellectus agens; et aliam virtutem receptivam huiusmodi specierum, quae dicitur intellectus possibilis, inquantum est in potentia ad huiusmodi species.
ra5 ' Ad quintum dicendum quod, cum essentia animae sit immaterialis, a supremo intellectu creata, nihil prohibet virtutem quae a supremo intellectu participatur, per quam abstrahit a materia, ab essentia ipsius procedere, sicut et alias eius potentias.

007 ST1 qu79 ar5

ag1 ' Ad quintum sic proceditur. videtur quod intellectus agens sit unus in omnibus. nihil enim quod est separatum a corpore, multiplicatur secundum multiplicationem corporum. sed intellectus agens est separatus, * ut dicitur in iii de anima. ' ergo non multiplicatur in multis corporibus hominum, sed est unus in omnibus.
ag2 ' Praeterea, intellectus agens facit universale, quod est unum in multis. sed illud quod est causa unitatis, magis est unum. ergo intellectus agens est unus in omnibus.
ag3 ' Praeterea, omnes homines conveniunt in primis conceptionibus intellectus. his autem assentiunt per intellectum agentem. ergo conveniunt omnes in uno intellectu agente.
sc * Sed contra est quod philosophus dicit, in iii de anima, quod " intellectus agens est sicut lumen. ' non autem est idem lumen in diversis illuminatis. ergo non est idem intellectus agens in diversis hominibus.
co ' Respondeo dicendum quod veritas huius quaestionis dependet ex praemissis. si enim intellectus agens non esset aliquid animae, sed esset quaedam substantia separata, unus esset intellectus agens omnium hominum. et hoc intelligunt qui ponunt unitatem intellectus agentis. si autem intellectus agens sit aliquid animae, ut quaedam virtus ipsius, necesse est dicere quod sint plures intellectus agentes, secundum pluralitatem animarum, quae multiplicantur secundum multiplicationem hominum, * ut supra dictum est. ' non enim potest esse quod una et eadem virtus numero sit diversarum substantiarum.
ra1 * Ad primum ergo dicendum quod philosophus probat " intellectum agentem esse separatum, per hoc quod possibilis est separatus; quia, ut ipse dicit, agens est honorabilius patiente. intellectus autem possibilis dicitur separatus, quia non est actus alicuius organi corporalis. et secundum hunc modum etiam intellectus agens dicitur separatus, non quasi sit aliqua substantia separata.
ra2 ' Ad secundum dicendum quod intellectus agens causat universale abstrahendo a materia. ad hoc autem non requiritur quod sit unus in omnibus habentibus intellectum, sed quod sit unus in omnibus secundum habitudinem ad omnia a quibus abstrahit universale, respectu quorum universale est unum. et hoc competit intellectui agenti inquantum est immaterialis.
ra3 ' Ad tertium dicendum quod omnia quae sunt unius speciei, communicant in actione consequente naturam speciei, et per consequens in virtute, quae est actionis principium, non quod sit eadem numero in omnibus. cognoscere autem prima intelligibilia est actio consequens speciem humanam. unde oportet quod omnes homines communicent in virtute quae est principium huius actionis, et haec est virtus intellectus agentis. non tamen oportet quod sit eadem numero in omnibus. oportet tamen quod ab uno principio in omnibus derivetur. et sic illa communicatio hominum in primis intelligibilibus, demonstrat unitatem intellectus separati, * quem plato comparat soli; ' non autem unitatem intellectus agentis, * quem aristoteles comparat lumini.

007 ST1 qu79 ar6

ag1 ' Ad sextum sic proceditur. videtur quod memoria non sit in parte intellectiva animae. * dicit enim augustinus, xii de trin., quod " ad partem superiorem animae pertinent quae non sunt hominibus pecoribusque communia. ' sed memoria est hominibus pecoribusque communis, * dicit enim ibidem quod ° possunt pecora sentire per corporis sensus corporalia, et ea mandare memoriae. ' ergo memoria non pertinet ad partem animae intellectivam.

ag2 ' Praeterea, memoria praeteritorum est. sed praeteritum dicitur secundum aliquod determinatum tempus. memoria igitur est cognoscitiva alicuius sub determinato tempore; quod est cognoscere aliquid sub hic et nunc. hoc autem non est intellectus, sed sensus. memoria igitur non est in parte intellectiva, sed solum in parte sensitiva.

ag3 ' Praeterea, in memoria conservantur species rerum quae actu non cogitantur. sed hoc non est possibile accidere in intellectu, quia intellectus fit in actu per hoc quod informatur specie intelligibili; intellectum autem esse in actu, est ipsum intelligere in actu; et sic intellectus omnia intelligit in actu, quorum species apud se habet. non ergo memoria est in parte intellectiva.

sc * Sed contra est quod augustinus dicit, x de trin., quod ° memoria, intelligentia et voluntas sunt una mens.

co ' Respondeo dicendum quod, cum de ratione memoriae sit conservare species rerum quae actu non apprehenduntur, hoc primum considerari oportet, utrum species intelligibiles sic in intellectu conservari possint. * posuit enim avicenna " hoc esse impossibile. in parte enim sensitiva dicebat hoc accidere, quantum ad aliquas potentias, inquantum sunt actus organorum corporalium, in quibus conservari possunt aliquae species absque actuali apprehensione. in intellectu autem, qui caret organo corporali, nihil existit nisi intelligibiliter. unde oportet intelligi in actu illud cuius similitudo in intellectu existit. sic ergo, secundum ipsum, quam cito aliquis actu desinit intelligere aliquam rem, desinit esse illius rei species in intellectu, sed oportet, si denuo vult illam rem intelligere, quod convertat se ad intellectum agentem, quem ponit substantiam separatam, ut ab illo effluant species intelligibiles in intellectum possibilem. et ex exercitio et usu convertendi se ad intellectum agentem, relinquitur, secundum ipsum, quaedam habilitas in intellectu possibili convertendi se ad intellectum agentem, quam dicebat esse habitum scientiae. secundum igitur hanc positionem, nihil conservatur in parte intellectiva, quod non actu intelligatur. unde non poterit poni memoria in parte intellectiva, secundum hunc modum. |25| * sed haec opinio manifeste repugnat dictis aristotelis. dicit enim, in iii de anima, quod, " cum intellectus possibilis ° sic fiat singula ut sciens, dicitur qui secundum actum; et quod hoc accidit cum possit operari per seipsum. est quidem igitur et tunc potentia quodammodo; non tamen similiter ut ante addiscere aut invenire. ' dicitur autem intellectus possibilis fieri singula, secundum quod recipit species singulorum. ex hoc ergo quod recipit species intelligibilium, habet quod possit operari cum voluerit, non autem quod semper operetur, quia et tunc est quodammodo in potentia, licet aliter quam ante intelligere; eo scilicet modo quo sciens in habitu est in potentia ad considerandum in actu. repugnat etiam praedicta positio rationi. quod enim recipitur in aliquo, recipitur in eo secundum modum recipientis. intellectus autem est magis stabilis naturae et immobilis, quam materia corporalis. si ergo materia corporalis formas quas recipit, non solum tenet dum per eas agit in actu, sed etiam postquam agere per eas cessaverit; multo fortius intellectus immobiliter et inamissibiliter recipit species intelligibiles, sive a sensibilibus acceptas, sive etiam ab aliquo superiori intellectu effluxas. sic igitur, si memoria accipiatur solum pro vi conservativa specierum, oportet dicere memoriam esse in intellectiva parte. si vero de ratione memoriae sit quod eius obiectum sit praeteritum, ut praeteritum; memoria in parte |50| intellectiva non erit, sed sensitiva tantum, quae est apprehensiva particularium. praeteritum enim, ut praeteritum, cum significet esse sub determinato tempore, ad conditionem particularis pertinet.

ra1 ' Ad primum ergo dicendum quod memoria, secundum quod est conservativa specierum, non est nobis pecoribusque communis. species enim conservantur non in parte animae sensitiva tantum, sed magis in coniuncto; cum vis memorativa sit actus organi cuiusdam. sed intellectus secundum seipsum est conservativus specierum, praeter concomitantiam organi corporalis. * unde philosophus dicit, in iii de anima, quod ° anima est locus specierum, non tota, sed intellectus.

ra2 ' Ad secundum dicendum quod praeteritio potest ad duo referri, scilicet ad obiectum quod cognoscitur; et ad cognitionis actum. quae quidem duo simul coniunguntur in parte sensitiva, quae est apprehensiva alicuius per hoc quod immutatur a praesenti sensibili, unde simul animal memorat se prius sensisse in praeterito, et se sensisse quoddam praeteritum sensibile. sed quantum ad partem intellectivam pertinet, praeteritio accidit, et non per se convenit, ex parte obiecti intellectus. intelligit enim intellectus hominem, inquantum est homo, homini autem, inquantum est homo, accidit vel in praesenti vel in praeterito vel in futuro esse. ex parte vero actus, praeteritio per se accipi potest etiam in intellectu, sicut in sensu. quia intelligere animae nostrae est quidam particularis actus, in hoc vel in illo tempore existens, secundum quod dicitur homo intelligere nunc vel heri vel cras. et hoc non repugnat intellectualitati, quia huiusmodi intelligere, quamvis sit quoddam particulare, tamen est immaterialis actus, * ut supra de intellectu dictum est; ' et ideo sicut intelligit seipsum intellectus, quamvis ipse sit quidam singularis intellectus, ita intelligit suum intelligere, quod est singularis actus vel in praeterito vel in praesenti vel in futuro existens. sic igitur salvatur ratio memoriae, quantum ad hoc quod est praeteritorum, in intellectu, secundum quod intelligit se prius |25| intellexisse, non autem secundum quod intelligit praeteritum, prout est hic et nunc.

ra3 ' Ad tertium dicendum quod species intelligibilis aliquando est in intellectu in potentia tantum, et tunc dicitur intellectus esse in potentia. aliquando autem secundum ultimam completionem actus, et tunc intelligit actu. aliquando medio modo se habet inter potentiam et actum, et tunc dicitur esse intellectus in habitu. et secundum hunc modum intellectus conservat species, etiam quando actu non intelligit.

007 ST1 qu79 ar7

ag1 ' Ad septimum sic proceditur. videtur quod alia potentia sit memoria intellectiva, et alia intellectus. * augustinus enim, in x de trin., ponit in mente memoriam, " intelligentiam et voluntatem. ' manifestum est autem quod memoria est alia potentia a voluntate. ergo similiter est alia ab intellectu.

ag2 ' Praeterea, eadem ratio distinctionis est potentiarum sensitivae partis et intellectivae. sed memoria in parte sensitiva est alia potentia a sensu, * ut supra dictum est. ' ergo memoria partis intellectivae est alia potentia ab intellectu.

ag3 * Praeterea, secundum augustinum, " memoria, intelligentia et voluntas sunt sibi invicem aequalia, et unum eorum ab alio oritur. ' hoc autem esse non posset, si memoria esset eadem potentia cum intellectu. non est ergo eadem potentia.

sc ' Sed contra, de ratione memoriae est, quod sit thesaurus vel locus conservativus specierum. * hoc autem philosophus, in iii de anima, attribuit intellectui, * ut dictum est. ' non ergo in parte intellectiva est alia potentia memoria ab intellectu.

co * Respondeo dicendum quod, sicut supra dictum est, ' potentiae animae distinguuntur secundum diversas rationes obiectorum; eo quod ratio cuiuslibet potentiae consistit in ordine ad id ad quod dicitur, quod est eius obiectum. * dictum est etiam supra quod, ' si aliqua potentia secundum propriam rationem ordinetur ad aliquod obiectum secundum communem rationem obiecti, non diversificabitur illa potentia secundum diversitates particularium differentiarum, sicut potentia visiva, quae respicit suum obiectum secundum rationem colorati, non diversificatur per diversitatem albi et nigri. intellectus autem respicit suum obiectum secundum communem rationem entis; eo quod intellectus possibilis est quo est omnia fieri. unde secundum nullam differentiam entium, diversificatur differentia intellectus possibilis. diversificatur tamen potentia intellectus agentis, et intellectus possibilis, quia respectu eiusdem obiecti, aliud principium oportet esse potentiam activam, quae facit obiectum esse in actu; et aliud potentiam passivam, quae movetur ab obiecto in actu existente. et sic potentia activa comparatur ad suum obiectum, ut ens in actu ad ens in potentia, potentia autem passiva comparatur ad suum obiectum e converso, ut ens in potentia ad ens in actu. sic igitur nulla alia differentia potentiarum in intellectu esse potest, nisi possibilis et agentis. unde patet quod memoria non est alia potentia |25| ab intellectu, ad rationem enim potentiae passivae pertinet conservare, sicut et recipere.

ra1 * Ad primum ergo dicendum quod, quamvis in iii dist. i sent. " dicatur quod memoria, intelligentia et voluntas sint tres vires; tamen hoc non est secundum intentionem * augustini, qui expresse dicit in xiv de trin., quod ° si accipiatur memoria, intelligentia et voluntas, secundum quod semper praesto sunt animae, sive cogitentur sive non cogitentur, ad solam memoriam pertinere videntur. intelligentiam autem nunc dico qua intelligimus cogitantes; et eam voluntatem, sive amorem vel dilectionem, quae istam prolem parentemque coniungit. " ex quo patet quod ista tria non accipit augustinus pro tribus potentiis; sed memoriam accipit pro habituali animae retentione, intelligentiam autem pro actu intellectus, voluntatem autem pro actu voluntatis.

ra2 ' Ad secundum dicendum quod praeteritum et praesens possunt esse propriae differentiae potentiarum sensitivarum diversificativae; non autem potentiarum intellectivarum, * ratione supra dicta.

ra3 ' Ad tertium dicendum quod intelligentia oritur ex memoria, sicut actus ex habitu. et hoc modo etiam aequatur ei; non autem sicut potentia potentiae.

007 ST1 qu79 ar8

ag1 ' Ad octavum sic proceditur. videtur quod ratio sit alia potentia ab intellectu. * in libro enim de spiritu et anima dicitur, ° cum ab inferioribus ad superiora ascendere volumus, prius occurrit nobis sensus, deinde imaginatio, deinde ratio, deinde intellectus. ' est ergo alia potentia ratio ab intellectu, sicut imaginatio a ratione.

ag2 * Praeterea, boetius dicit, in libro de consol., quod " intellectus comparatur ad rationem sicut aeternitas ad tempus. ' sed non est eiusdem virtutis esse in aeternitate et esse in tempore. ergo non est eadem potentia ratio et intellectus.

ag3 ' Praeterea, homo communicat cum angelis in intellectu, cum brutis vero in sensu. sed ratio, quae est propria hominis, qua animal rationale dicitur, est alia potentia a sensu. ergo pari ratione est alia potentia ab intellectu, qui proprie convenit angelis, unde et intellectuales dicuntur.

sc * Sed contra est quod augustinus dicit, iii super gen. ad litt., quod ° illud quo homo irrationabilibus animalibus antecellit, est ratio, vel mens, vel intelligentia, vel si quo alio vocabulo commodius appellatur. ' ratio ergo et intellectus et mens sunt una potentia.

co ' Respondeo dicendum quod ratio et intellectus in homine non possunt esse diversae potentiae. quod manifeste cognoscitur, si utriusque actus consideretur. intelligere enim est simpliciter veritatem intelligibilem apprehendere. ratiocinari autem est procedere de uno intellecto ad aliud, ad veritatem intelligibilem cognoscendam. et ideo angeli, qui perfecte possident, secundum modum suae naturae, cognitionem intelligibilis veritatis, non habent necesse procedere de uno ad aliud; sed simpliciter et absque discursu veritatem rerum apprehendunt, * ut dionysius dicit, vii cap. de div. nom.. ' homines autem ad intelligibilem veritatem cognoscendam perveniunt, procedendo de uno ad aliud, * ut ibidem dicitur, ' et ideo rationales dicuntur. patet ergo quod ratiocinari comparatur ad intelligere sicut moveri ad quiescere, vel acquirere ad habere, quorum unum est perfecti, aliud autem imperfecti. et quia motus semper ab immobili procedit, et ad aliquid quietum terminatur; inde est quod ratiocinatio humana, secundum viam inquisitionis vel inventionis, procedit a quibusdam simpliciter intellectis, quae sunt prima principia; et rursus, in via iudicii, resolvendo redit ad prima principia, ad quae inventa examinat. manifestum est autem quod quiescere et moveri non reducuntur ad diversas |25| potentias, sed ad unam et eandem, etiam in naturalibus rebus, quia per eandem naturam aliquid movetur ad locum, et quiescit in loco. multo ergo magis per eandem potentiam intelligimus et ratiocinamur. et sic patet quod in homine eadem potentia est ratio et intellectus.

ra1 ' Ad primum ergo dicendum quod illa enumeratio fit secundum ordinem actuum, non secundum distinctionem potentiarum. * quamvis liber ille non sit magnae auctoritatis

ra2 * Ad secundum patet responsio ex dictis. ' aeternitas enim comparatur ad tempus, sicut immobile ad mobile. * et ideo boetius " comparavit intellectum aeternitati, rationem vero tempori.

ra3 ' Ad tertium dicendum quod alia animalia sunt ita infra hominem, quod non possunt attingere ad cognoscendam veritatem, quam ratio inquirit. homo vero attingit ad cognoscendam intelligibilem veritatem, quam angeli cognoscunt; sed imperfecte. et ideo vis cognoscitiva angelorum non est alterius generis a vi cognoscitiva rationis, sed comparatur ad ipsam ut perfectum ad imperfectum.

007 ST1 qu79 ar9

ag1 ' Ad nonum sic proceditur. videtur quod ratio superior et inferior sint diversae potentiae. * dicit enim augustinus, xii de trin., quod " imago trinitatis est in superiori parte rationis, non autem in inferiori. ' sed partes animae sunt ipsae eius potentiae. ergo duae potentiae sunt ratio superior et inferior.

ag2 ' Praeterea, nihil oritur a seipso. sed ratio inferior oritur a superiori, et ab ea regulatur et dirigitur. ergo ratio superior est alia potentia ab inferiori.

ag3 * Praeterea, philosophus dicit, in vi ethic., quod " scientificum animae quo cognoscit anima necessaria, est aliud principium et alia pars animae ab opinativo et ratiocinativo, quo cognoscit contingentia. et hoc probat per hoc, quia ° ad ea quae sunt genere altera, altera genere particula animae " ordinatur; contingens autem et necessarium sunt altera genere, sicut corruptibile et incorruptibile. cum autem idem sit necessarium quod aeternum, et temporale idem quod contingens; videtur quod idem sit quod philosophus vocat scientificum, et superior pars rationis, quae * secundum augustinum " intendit aeternis conspiciendis et consulendis; et quod idem sit quod philosophus vocat ratiocinativum vel opinativum, et inferior ratio, * quae secundum augustinum " intendit temporalibus disponendis. ' est ergo alia potentia animae ratio superior, et ratio inferior.

ag4 * Praeterea, damascenus dicit quod ° ex imaginatione fit opinio; deinde mens, diiudicans opinionem sive vera sit sive falsa, diiudicat veritatem; unde et mens dicitur a metiendo. de quibus igitur iudicatum est iam et determinatum vere, dicitur intellectus. ' sic igitur opinativum, quod est ratio inferior, est aliud a mente et intellectu, per quod potest intelligi ratio superior.

sc * Sed contra est quod augustinus dicit, xii de trin., quod " ratio superior et inferior non nisi per officia

distinguuntur. ' non ergo sunt duae potentiae.
co ' Respondeo dicendum quod ratio superior et inferior, * secundum quod ab augustino accipiuntur, ' nullo modo duae potentiae animae esse possunt. * dicit enim quod " ratio superior est quae intendit aeternis conspiciendis aut consulendis, conspiciendis quidem, secundum quod ea in seipsis speculatur; consulendis vero, secundum quod ex eis accipit regulas agendorum. ratio vero inferior ab ipso dicitur, quae intendit temporalibus rebus. ' haec autem duo, scilicet temporalia et aeterna, comparantur ad cognitionem nostram hoc modo, quod unum eorum est medium ad cognoscendum alterum. nam secundum viam inventionis, per res temporales in cognitionem devenimus aeternorum, * secundum illud apostoli, ad rom. i, ° invisibilia dei per ea quae facta sunt, intellecta, conspiciuntur, ' in via vero iudicii, per aeterna iam cognita de temporalibus iudicamus, et secundum rationes aeternorum temporalia disponimus. potest autem contingere quod medium, et id ad quod per medium pervenitur, ad diversos habitus pertineant, sicut principia prima indemonstrabilia pertinent ad habitum intellectus, conclusiones vero ex his deductae ad habitum scientiae. et ideo ex principiis geometriae contingit aliquid concludere |25| in alia scientia, puta in perspectiva. sed eadem potentia rationis est, ad quam pertinet et medium et ultimum. est enim actus rationis quasi quidam motus de uno in aliud perveniens, idem autem est mobile quod pertransiens medium pertingit ad terminum. unde una et eadem potentia rationis est ratio superior et inferior. sed distinguuntur, * secundum augustinum, ' per officia actuum, et secundum diversos habitus, nam superiori rationi attribuitur sapientia, inferiori vero scientia.
ra1 ' Ad primum ergo dicendum quod secundum quamcumque rationem partitionis potest pars dici. inquantum ergo ratio dividitur secundum diversa officia, ratio superior et inferior partitiones dicuntur, et non quia sunt diversae potentiae.
ra2 ' Ad secundum dicendum quod ratio inferior dicitur a superiori deduci, vel ab ea regulari, inquantum principia quibus utitur inferior ratio, deducuntur et diriguntur a principiis superioris rationis.
ra3 ' Ad tertium dicendum quod scientificum * de quo philosophus loquitur ' non est idem quod ratio superior, nam necessaria scibilia inveniuntur etiam in rebus temporalibus, de quibus est scientia naturalis et mathematica. opinativum autem et ratiocinativum in minus est quam ratio inferior, quia est contingentium tantum. nec tamen est simpliciter dicendum quod sit alia potentia qua intellectus cognoscit necessaria, et alia qua cognoscit contingentia, quia utraque cognoscit secundum eandem rationem obiecti, scilicet secundum rationem entis et veri. unde et necessaria, quae habent perfectum esse in veritate, perfecte cognoscit; utpote ad eorum quidditatem pertingens, per quam propria accidentia de his demonstrat. contingentia vero imperfecte cognoscit; sicut et habent imperfectum esse et veritatem. perfectum autem et imperfectum in actu non diversificant potentiam; sed diversificant actus quantum ad modum agendi, et per consequens principia actuum et ipsos habitus. * et ideo philosophus posuit " duas particulas animae, scientificum et ratiocinativum, non quia sunt duae potentiae; sed quia distinguuntur secundum diversam aptitudinem ad recipiendum diversos habitus, * quorum diversitatem ibi inquirere intendit. |25| ' contingentia enim et necessaria, etsi differant secundum propria genera, conveniunt tamen in communi ratione entis, quam respicit intellectus, ad quam diversimode se habent secundum perfectum et imperfectum.
ra4 * Ad quartum dicendum quod illa distinctio damasceni " est secundum diversitatem actuum, non secundum diversitatem potentiarum. ' opinio enim significat actum intellectus qui fertur in unam partem contradictionis cum formidine alterius. diiudicare vero, vel mensurare, est actus intellectus applicantis principia certa ad examinationem propositorum. et ex hoc sumitur nomen mentis. intelligere autem est cum quadam approbatione diiudicatis inhaerere.

007 ST1 qu79 ar10

ag1 ' Ad decimum sic proceditur. videtur quod intelligentia sit alia potentia ab intellectu. * dicitur enim in libro de spiritu et anima, quod ° cum ab inferioribus ad superiora ascendere volumus, prius occurrit nobis sensus, deinde imaginatio, deinde ratio, postea intellectus, et postea intelligentia. ' sed imaginatio et sensus sunt diversae potentiae. ergo et intellectus et intelligentia.
ag2 * Praeterea, boetius dicit, in v de consol., quod ° ipsum hominem aliter sensus, aliter imaginatio, aliter ratio, aliter intelligentia intuetur. ' sed intellectus est eadem potentia cum ratione. ergo videtur quod intelligentia sit alia potentia quam intellectus; sicut ratio est alia potentia quam imaginatio et sensus.
ag3 ' Praeterea, actus sunt praevii potentiis, * ut dicitur in ii de anima. ' sed intelligentia est quidam actus ab aliis actibus qui attribuuntur intellectui divisus. * dicit enim damascenus quod ° primus motus intelligentia dicitur; quae vero circa aliquid est intelligentia, intentio vocatur; quae permanens et figurans animam ad id quod intelligitur, excogitatio dicitur; excogitatio vero in eodem manens, et seipsam examinans et diiudicans, phronesis dicitur " (idest sapientia); ° phronesis autem dilatata facit cogitationem, idest interius dispositum sermonem; ex quo aiunt provenire sermonem per linguam enarratum. ' ergo videtur quod intelligentia sit quaedam specialis potentia.
sc * Sed contra est quod philosophus dicit, in iii de anima, quod ° intelligentia indivisibilium est, in quibus non est falsum. ' sed huiusmodi cognoscere pertinet ad intellectum. ergo intelligentia non est alia potentia praeter intellectum.
co ' Respondeo dicendum quod hoc nomen intelligentia proprie significat ipsum actum intellectus qui est intelligere. * in quibusdam tamen libris de arabico translatis, " substantiae separatae quas nos angelos dicimus, intelligentiae vocantur; forte propter hoc, quod huiusmodi substantiae semper actu intelligunt. * in libris tamen de graeco translatis, " dicuntur intellectus seu mentes. ' sic ergo intelligentia ab intellectu non distinguitur sicut potentia a potentia; sed sicut actus a potentia. * invenitur enim talis divisio etiam a philosophis. " quandoque enim ponunt quatuor intellectus, scilicet intellectum agentem, possibilem, et in habitu, et adeptum. quorum quatuor intellectus agens et possibilis sunt diversae potentiae; sicut et in omnibus est alia potentia activa, et alia passiva. alia vero tria distinguuntur secundum tres status intellectus possibilis, qui quandoque est in potentia tantum, et sic dicitur possibilis; quandoque autem in actu primo, qui est scientia, et sic dicitur intellectus in habitu; quandoque autem in actu secundo, qui est considerare, et sic dicitur intellectus in actu, sive intellectus adeptus.
ra1 * Ad primum ergo dicendum quod, si recipi debet illa auctoritas, ' intelligentia ponitur pro actu intellectus. et sic dividitur contra intellectum, sicut actus contra potentiam.
ra2 ' Ad secundum dicendum quod * boetius accipit intelligentiam pro actu intellectus qui transcendit actum rationis. unde ibidem dicit quod ° ratio tantum humani generis est, sicut intelligentia sola divini, ' proprium enim dei est quod absque omni investigatione omnia intelligat.
ra3 ' Ad tertium dicendum quod omnes illi actus * quos damascenus enumerat, ' sunt unius potentiae, scilicet intellectivae. quae primo quidem simpliciter aliquid apprehendit, et hic actus dicitur intelligentia. secundo vero, id quod apprehendit, ordinat ad aliquid aliud cognoscendum vel operandum, et hic vocatur intentio. dum vero persistit in inquisitione illius quod intendit, vocatur excogitatio. dum vero id quod est excogitatum examinat ad aliqua certa, dicitur scire vel sapere; " quod est phronesis, vel sapientiae, nam sapientiae est iudicare, * ut dicitur in i metaphys.. ' ex quo autem habet aliquid pro certo, quasi examinatum, cogitat quomodo possit illud aliis manifestare, et haec est dispositio interioris sermonis; ex qua procedit exterior locutio. non enim omnis differentia actuum potentias diversificat; sed solum illa quae non potest reduci in idem principium, * ut supra dictum est.

007 ST1 qu79 ar11

ag1 ' Ad undecimum sic proceditur. videtur quod intellectus speculativus et practicus sint diversae potentiae. apprehensivum enim et motivum sunt diversa genera potentiarum, * ut patet in ii de anima. ' sed intellectus speculativus est apprehensivus tantum, intellectus autem practicus est motivus. ergo sunt diversae potentiae.
ag2 ' Praeterea, diversa ratio obiecti diversificat potentiam. sed obiectum speculativi intellectus est verum, practici autem bonum; quae differunt ratione. ergo intellectus speculativus et practicus sunt diversae potentiae.
ag3 ' Praeterea, in parte intellectiva intellectus practicus comparatur ad speculativum, sicut aestimativa ad imaginativam in parte sensitiva. sed aestimativa differt ab imaginativa sicut potentia a potentia, * ut supra dictum est. ' ergo et intellectus practicus a speculativo.
sc * Sed contra est quod dicitur in iii de anima, quod " intellectus speculativus per extensionem fit practicus. ' una autem potentia non mutatur in aliam. ergo intellectus speculativus et practicus non sunt diversae potentiae.
co ' Respondeo dicendum quod intellectus practicus et speculativus non sunt diversae potentiae. cuius ratio est quia, * ut supra dictum est, ' id quod accidentaliter se habet ad obiecti rationem quam respicit aliqua potentia, non diversificat potentiam, accidit enim colorato quod sit homo, aut magnum aut parvum; unde omnia huiusmodi eadem visiva potentia apprehenduntur. accidit autem alicui apprehenso per intellectum, quod ordinetur ad opus, vel non ordinetur. secundum hoc autem differunt intellectus speculativus et practicus. nam intellectus speculativus est, qui quod apprehendit, non ordinat ad opus, sed ad solam veritatis considerationem, practicus vero intellectus dicitur, qui hoc quod apprehendit, ordinat ad opus. * et hoc est quod philosophus dicit in iii de anima, quod ° speculativus differt a practico, fine. ' unde et a fine denominatur uterque, hic quidem speculativus, ille vero practicus, idest operativus.
ra1 ' Ad primum ergo dicendum quod intellectus practicus est motivus, non quasi exequens motum, sed quasi dirigens ad motum. quod convenit ei secundum modum suae apprehensionis.
ra2 ' Ad secundum dicendum quod verum et bonum se invicem includunt, nam verum est quoddam bonum, alioquin non esset appetibile; et bonum est quoddam verum, alioquin non esset intelligibile. sicut igitur obiectum appetitus potest esse verum, inquantum habet rationem boni, sicut cum aliquis appetit veritatem cognoscere; ita obiectum intellectus practici est bonum ordinabile ad opus, sub ratione veri. intellectus enim practicus veritatem cognoscit, sicut et speculativus; sed veritatem cognitam ordinat ad opus.
ra3 ' Ad tertium dicendum quod multae differentiae diversificant sensitivas potentias, quae non diversificant potentias intellectivas, * ut supra dictum est.

007 ST1 qu79 ar12

ag1 ' Ad duodecimum sic proceditur. videtur quod synderesis sit quaedam specialis potentia ab aliis distincta. ea enim quae cadunt sub una divisione, videntur esse unius generis. * sed in glossa hieronymi ezech. i, ' dividitur synderesis contra irascibilem et concupiscibilem et rationalem; quae sunt quaedam potentiae. ergo synderesis est quaedam potentia.
ag2 ' Praeterea, opposita sunt unius generis. sed synderesis et sensualitas opponi videntur, quia synderesis semper inclinat ad bonum, sensualitas autem semper ad malum; unde per serpentem significatur, * ut patet per augustinum, xii de trin.. ' videtur ergo quod synderesis sit potentia, sicut et sensualitas.
ag3 * Praeterea, augustinus dicit, in libro de libero arbitrio, quod " in naturali iudicatorio adsunt quaedam ° regulae et semina virtutum et vera et incommutabilia, " haec autem dicimus synderesim. ' cum ergo regulae incommutabiles quibus iudicamus, pertineant ad rationem secundum sui superiorem partem, * ut augustinus dicit xii de trin.; ' videtur quod synderesis sit idem quod ratio. et ita est quaedam potentia.
sc ° Sed contra, potentiae rationales se habent ad opposita, * secundum philosophum. ' synderesis autem non se habet ad opposita, sed ad bonum tantum inclinat. ergo synderesis non est potentia. si enim esset potentia, oporteret quod esset rationalis potentia, non enim invenitur in brutis.
co ' Respondeo dicendum quod synderesis non est potentia, sed habitus, * licet quidam posuerint " synderesim esse quandam potentiam ratione altiorem; * quidam vero dixerint " eam esse ipsam rationem, non ut est ratio, sed ut est natura. ' ad huius autem evidentiam, considerandum est quod, * sicut supra dictum est, ' ratiocinatio hominis, cum sit quidam motus, ab intellectu progreditur aliquorum, scilicet naturaliter notorum absque investigatione rationis, sicut a quodam principio immobili, et ad intellectum etiam terminatur, inquantum iudicamus per principia per se naturaliter nota, de his quae ratiocinando invenimus. constat autem quod, sicut ratio speculativa ratiocinatur de speculativis, ita ratio practica ratiocinatur de operabilibus. oportet igitur naturaliter nobis esse indita, sicut principia speculabilium, ita et principia operabilium. prima autem principia speculabilium nobis naturaliter indita, non pertinent ad aliquam specialem potentiam; sed ad quendam specialem habitum, qui dicitur intellectus principiorum, * ut patet in vi ethic.. ' unde et principia operabilium nobis naturaliter indita, |25| non pertinent ad specialem potentiam; sed ad specialem habitum naturalem, quem dicimus synderesim. unde et synderesis dicitur instigare ad bonum, et murmurare de malo, inquantum per prima principia procedimus ad inveniendum, et iudicamus inventa. patet ergo quod synderesis non est potentia, sed habitus naturalis.
ra1 * Ad primum ergo dicendum quod illa divisio hieronymi attenditur ' secundum diversitatem actuum, non secundum diversitatem potentiarum. diversi autem actus possunt esse unius potentiae.
ra2 ' Ad secundum dicendum quod similiter oppositio sensualitatis et synderesis attenditur secundum oppositionem actuum; non sicut diversarum specierum unius generis.
ra3 ' Ad tertium dicendum quod huiusmodi incommutabiles rationes sunt prima principia operabilium, circa quae non contingit errare; et attribuuntur rationi sicut potentiae, et synderesi sicut habitui. unde et utroque, scilicet ratione et synderesi, naturaliter iudicamus.

007 ST1 qu79 ar13

ag1 ' Ad tertiumdecimum sic proceditur. videtur quod conscientia sit quaedam potentia. * dicit enim origenes quod ° conscientia est spiritus corrector et paedagogus animae sociatus, quo separatur a malis et adhaeret bonis. ' sed spiritus in anima nominat potentiam aliquam, vel ipsam mentem, * secundum illud ephes. iv, ° renovamini spiritu mentis vestrae; ' vel ipsam imaginationem; unde et imaginaria visio spiritualis vocatur, * ut patet per augustinum, xii super gen. ad litt.. ' est ergo conscientia quaedam potentia.
ag2 ' Praeterea, nihil est peccati subiectum nisi potentia animae. sed conscientia est subiectum peccati, * dicitur enim ad tit. i, de quibusdam, quod ° inquina-

tae sunt eorum mens et conscientia. ‘ ergo videtur quod conscientia sit potentia.

ag3 ‘ Praeterea, necesse est quod conscientia sit vel actus, vel habitus, vel potentia. sed non est actus, quia non semper maneret in homine. nec est habitus, non enim esset unum quid conscientia, sed multa; per multos enim habitus cognoscitivos dirigimur in agendis. ergo conscientia est potentia.

sc ‘ Sed contra, conscientia deponi potest, non autem potentia. ergo conscientia non est potentia.

co ‘ Respondeo dicendum quod conscientia, proprie loquendo, non est potentia, sed actus. et hoc patet tum ex ratione nominis, tum etiam ex his quae secundum communem usum loquendi, conscientiae attribuuntur. conscientia enim, secundum proprietatem vocabuli, importat ordinem scientiae ad aliquid, nam conscientia dicitur cum alio scientia. applicatio autem scientiae ad aliquid fit per aliquem actum. unde ex ista ratione nominis patet quod conscientia sit actus. idem autem apparet ex his quae conscientiae attribuuntur. dicitur enim conscientia testificari, ligare vel instigare, et etiam accusare vel remordere sive reprehendere. et haec omnia consequuntur applicationem alicuius nostrae cognitionis vel scientiae ad ea quae agimus. quae quidem applicatio fit tripliciter. uno modo, secundum quod recognoscimus aliquid nos fecisse vel non fecisse, * secundum illud eccle. vii, ° scit conscientia tua te crebro maledixisse aliis, ‘ et secundum hoc, conscientia dicitur testificari. alio modo applicatur secundum quod per nostram conscientiam iudicamus aliquid esse faciendum vel non faciendum, et secundum hoc, dicitur conscientia instigare vel ligare. tertio modo applicatur secundum quod per conscientiam iudicamus quod aliquid quod est factum, sit bene factum vel non bene factum, et secundum hoc, conscientia dicitur excusare vel accusare, seu remordere. patet autem quod omnia haec consequuntur actualem applicationem |25| scientiae ad ea quae agimus. unde proprie loquendo, conscientia nominat actum. quia tamen habitus est principium actus, quandoque nomen conscientiae attribuitur primo habitui naturali, scilicet synderesi, * sicut hieronymus, in glossa ezech. i, synderesim conscientiam nominat; et basilius naturale iudicatorium; et damascenus dicit quod “ est lex intellectus nostri. ‘ consuetum enim est quod causae et effectus per invicem nominentur.

ra1 ‘ Ad primum ergo dicendum quod conscientia dicitur spiritus, secundum quod spiritus pro mente ponitur, quia est quoddam mentis dictamen.

ra2 ‘ Ad secundum dicendum quod inquinatio dicitur esse in conscientia, non sicut in subiecto, sed sicut cognitum in cognitione, inquantum scilicet aliquis scit se esse inquinatum.

ra3 ‘ Ad tertium dicendum quod actus, etsi non semper maneat in se, semper tamen manet in sua causa, quae est potentia et habitus. habitus autem ex quibus conscientia informatur, etsi multi sint, omnes tamen efficaciam habent ab uno primo, scilicet ab habitu primorum principiorum, qui dicitur synderesis. unde specialiter hic habitus interdum conscientia nominatur, * ut supra dictum est.

007 ST1 qu80 ar

pr ‘ Deinde considerandum est de potentiis appetitivis. et circa hoc consideranda sunt quatuor, primo, de appetitivo in communi; secundo, de sensualitate; tertio, de voluntate; quarto, de libero arbitrio. circa primum quaeruntur duo. primo, utrum debeat poni appetitus aliqua specialis potentia animae. secundo, utrum appetitus dividatur in appetitum sensitivum et intellectivum, sicut in potentias diversas.

007 ST1 qu80 ar1

ag1 ‘ Ad primum sic proceditur. videtur quod appetitus non sit aliqua specialis animae potentia. ad ea enim quae sunt communia animatis et inanimatis, non est aliqua potentia animae assignanda. sed appetere est commune animatis et inanimatis quia bonum est quod omnia appetunt, * ut dicitur in i ethic.. ‘ ergo appetitus non est specialis potentia animae.

ag2 ‘ Praeterea, potentiae distinguuntur secundum obiecta. sed idem est quod cognoscimus et appetimus. ergo vim appetitivam non oportet esse aliam praeter vim apprehensivam.

ag3 ‘ Praeterea, commune non distinguitur contra proprium. sed quaelibet potentia animae appetit quoddam particulare appetibile, scilicet obiectum sibi conveniens. ergo respectu huius obiecti quod est appetibile in communi, non oportet accipi aliquam potentiam ab aliis distinctam, quae appetitiva dicatur.

sc * Sed contra est quod philosophus, in ii de anima, “ distinguit appetitivum ab aliis potentiis. * damascenus etiam, in ii libro “ distinguit vires appetitivas a cognitivis.

co ‘ Respondeo dicendum quod necesse est ponere quandam potentiam animae appetitivam. ad cuius evidentiam, considerandum est quod quamlibet formam sequitur aliqua inclinatio, sicut ignis ex sua forma inclinatur in superiorem locum, et ad hoc quod generet sibi simile. forma autem in his quae cognitionem participant, altiori modo invenitur quam in his quae cognitione carent. in his enim quae cognitione carent, invenitur tantummodo forma ad unum esse proprium determinans unumquodque, quod etiam naturale uniuscuiusque est. hanc igitur formam naturalem sequitur naturalis inclinatio, quae appetitus naturalis vocatur. in habentibus autem cognitionem, sic determinatur unumquodque ad proprium esse naturale per formam naturalem, quod tamen est receptivum specierum aliarum rerum, sicut sensus recipit species omnium sensibilium, et intellectus omnium intelligibilium, ut sic anima hominis sit omnia quodammodo secundum sensum et intellectum, in quo quodammodo cognitionem habentia ad dei similitudinem appropinquant, in quo omnia praeexistunt, * sicut dionysius dicit. ‘ sicut igitur formae altiori modo existunt in habentibus cognitionem supra modum formarum naturalium, ita oportet quod in eis sit inclinatio supra modum inclinationis naturalis, quae dicitur appetitus naturalis. et haec superior inclinatio pertinet ad vim animae appetitivam, per quam animal appetere potest ea quae |25| apprehendit, non solum ea ad quae inclinatur ex forma naturali. sic igitur necesse est ponere aliquam potentiam animae appetitivam.

ra1 ‘ Ad primum ergo dicendum quod appetere invenitur in habentibus cognitionem, supra modum communem quo invenitur in omnibus, * ut dictum est. ‘ et ideo oportet ad hoc determinari aliquam potentiam animae.

ra2 ‘ Ad secundum dicendum quod id quod apprehenditur et appetitur, est idem subiecto, sed differt ratione, apprehenditur enim ut est ens sensibile vel intelligibile; appetitur vero ut est conveniens aut bonum. diversitas autem rationum in obiectis requiritur ad diversitatem potentiarum; non autem materialis diversitas.

ra3 ‘ Ad tertium dicendum quod unaquaeque potentia animae est quaedam forma seu natura, et habet naturalem inclinationem in aliquid. unde unaquaeque appetit obiectum sibi conveniens naturali appetitu. supra quem est appetitus animalis consequens apprehensionem, quo appetitur aliquid non ea ratione qua est conveniens ad actum huius vel illius potentiae, utpote visio ad videndum et auditio ad audiendum; sed quia est conveniens simpliciter animali.

007 ST1 qu80 ar2

ag1 ‘ Ad secundum sic proceditur. videtur quod appetitus sensitivus et intellectivus non sint diversae potentiae. potentiae enim non diversificantur per accidentales differentias, * ut supra dictum est. ‘ sed accidit appetibili quod sit apprehensum per sensum vel intellectum. ergo appetitus sensitivus et intellectivus non sunt diversae potentiae.

ag2 ‘ Praeterea, cognitio intellectiva est universalium, et secundum hoc distinguitur a sensitiva, quae est singularium. sed ista distinctio non habet locum ex parte appetitivae, cum enim appetitus sit motus ab anima ad res, quae sunt singulares, omnis appetitus videtur esse rei singularis. non ergo appetitus intellectivus debet distingui a sensitivo.

ag3 ‘ Praeterea, sicut sub apprehensivo ordinatur appetitivum ut inferior potentia, ita et motivum. sed non est aliud motivum in homine consequens intellectum, quam in aliis animalibus consequens sensum. ergo, pari ratione, neque est aliud appetitivum.

sc ‘ Sed contra est quod * philosophus, in iii de anima, distinguit duplicem appetitum, et dicit quod “ appetitus superior movet inferiorem.

co ‘ Respondeo dicendum quod necesse est dicere appetitum intellectivum esse aliam potentiam a sensitivo. potentia enim appetitiva est potentia passiva, quae nata est moveri ab apprehenso, unde appetibile apprehensum est movens non motum, appetitus autem movens motum, * ut dicitur in iii de anima, et xii metaphys.. ‘ passiva autem et mobilia distinguuntur secundum distinctionem activorum et motivorum, quia oportet motivum esse proportionatum mobili, et activum passivo; et ipsa potentia passiva propriam rationem habet ex ordine ad suum activum. quia igitur est alterius generis apprehensum per intellectum et apprehensum per sensum, consequens est quod appetitus intellectivus sit alia potentia a sensitivo.

ra1 ‘ Ad primum ergo dicendum quod appetibili non accidit esse apprehensum per sensum vel intellectum, sed per se ei convenit, nam appetibile non movet appetitum nisi inquantum est apprehensum. unde differentiae apprehensi sunt per se differentiae appetibilis. unde potentiae appetitivae distinguuntur secundum differentiam apprehensorum, sicut secundum propria obiecta.

ra2 ‘ Ad secundum dicendum quod appetitus intellectivus, etsi feratur in res quae sunt extra animam singulares, fertur tamen in eas secundum aliquam rationem universalem; sicut cum appetit aliquid quia est bonum. * unde philosophus dicit in sua rhetorica, quod “ odium potest esse de aliquo universali, puta cum odio habemus omne latronum genus. ‘ similiter etiam per appetitum intellectivum appetere possumus immaterialia bona, quae sensus non apprehendit; sicut scientiam, virtutes, et alia huiusmodi.

ra3 * Ad tertium dicendum quod, sicut dicitur in iii de anima, “ opinio universalis non movet nisi mediante particulari, et similiter appetitus superior movet mediante inferiori. ‘ et ideo non est alia vis motiva consequens intellectum et sensum.

007 ST1 qu81 ar

pr ‘ Deinde considerandum est de sensualitate. circa quam quaeruntur tria. primo, utrum sensualitas sit vis appetitiva tantum. secundo, utrum dividatur sensualitas in irascibilem et concupiscibilem, sicut in diversas potentias. tertio, utrum irascibilis et concupiscibilis obediant rationi.

007 ST1 qu81 ar1

ag1 ‘ Ad primum sic proceditur. videtur quod sensualitas non solum sit appetitiva, sed etiam cognitiva. * dicit enim augustinus, xii de trin., quod ° sensualis animae motus, qui in corporis sensus intenditur, nobis pecoribusque communis est. ‘ sed corporis sensus sub vi cognitiva continentur. ergo sensualitas est vis cognitiva.

ag2 ‘ Praeterea, quae cadunt sub una divisione, videntur esse unius generis. * sed augustinus, in xii de trin., “ dividit sensualitatem contra rationem superiorem et inferiorem; quae ad cognitionem pertinent. ‘ ergo sensualitas etiam est vis cognitiva

ag3 ‘ Praeterea, sensualitas in tentatione hominis tenet locum serpentis. sed serpens in tentatione primorum parentum se habuit ut nuntians et proponens peccatum; quod est vis cognitivae. ergo sensualitas est vis cognitiva.

sc * Sed contra est quod sensualitas definitur esse ° appetitus rerum ad corpus pertinentium.

co ‘ Respondeo dicendum quod nomen sensualitatis sumptum videtur a sensuali motu, * de quo augustinus loquitur xii de trin., ‘ sicut ab actu sumitur nomen potentiae, ut a visione visus. motus autem sensualis est appetitus apprehensionem sensitivam consequens. actus enim apprehensivae virtutis non ita proprie dicitur motus, sicut actio appetitus, nam operatio virtutis apprehensivae perficitur in hoc, quod res apprehensae sunt in apprehendente; operatio autem virtutis appetitivae perficitur in hoc, quod appetens inclinatur in rem appetibilem. et ideo operatio apprehensivae virtutis assimilatur quieti, operatio autem virtutis appetitivae magis assimilatur motui. unde per sensualem motum intelligitur operatio appetitivae virtutis. et sic sensualitas est nomen appetitus sensitivi.

ra1 * Ad primum ergo dicendum quod per hoc quod dicit augustinus quod “ sensualis animae motus intenditur in corporis sensus, ‘ non datur intelligi quod corporis sensus sub sensualitate comprehendantur, sed magis quod motus sensualitatis sit inclinatio quaedam ad sensus corporis, dum scilicet appetimus ea quae per corporis sensus apprehenduntur. et sic corporis sensus pertinent ad sensualitatem quasi praeambuli.

ra2 ‘ Ad secundum dicendum quod sensualitas dividitur contra rationem superiorem et inferiorem, inquantum communicant in actu motionis, vis enim cognitiva, ad quam pertinet ratio superior et inferior, est motiva, sicut et appetitiva, ad quam pertinet sensualitas.

ra3 ‘ Ad tertium dicendum quod serpens non solum ostendit et proposuit peccatum, sed etiam, inclinavit in effectum peccati. et quantum ad hoc, sensualitas per serpentem significatur.

007 ST1 qu81 ar2

ag1 ‘ Ad secundum sic proceditur. videtur quod appetitus sensitivus non distinguatur in irascibilem et concupiscibilem, sicut in potentias diversas. eadem enim potentia animae est unius contrarietatis, ut visus albi et nigri, * ut dicitur in ii de anima. ‘ sed conveniens et nocivum sunt contraria. cum ergo concupiscibilis respiciat conveniens, irascibilis vero nocivum, videtur quod eadem potentia animae sit irascibilis et concupiscibilis.

ag2 ‘ Praeterea, appetitus sensitivus non est nisi convenientium secundum sensum. sed conveniens secundum sensum est obiectum concupiscibilis. ergo nullus appetitus sensitivus est a concupiscibili differens.

ag3 ‘ Praeterea, odium est in irascibili, * dicit enim hieronymus, super matth., ° possideamus in irascibili odium vitiorum ‘ sed odium, cum contrarietur amori, est in concupiscibili. ergo eadem vis est concupiscibilis et irascibilis.

sc ‘ Sed contra est quod * gregorius nyssenus et damascenus ponunt “ duas vires, irascibilem et concupiscibilem, partes appetitus sensitivi.

co ‘ Respondeo dicendum quod appetitus sensitivus est una vis in genere, quae sensualitas dicitur; sed dividitur in duas potentias, quae sunt species appetitus sensitivi, scilicet in irascibilem et concupiscibilem. ad cuius evidentiam, considerari oportet quod in rebus naturalibus corruptibilibus, non solum oportet esse inclinationem ad consequendum convenientia et refugiendum nociva; sed etiam ad resistendum corrumpentibus et contrariis, quae convenientibus impedimentum praebent et ingerunt nocumenta. sicut ignis habet naturalem inclinationem non solum ut recedat ab inferiori loco, qui sibi non convenit, et tendat in locum superiorem sibi convenientem; sed etiam quod resistat corrumpentibus et impedientibus. quia igitur appetitus sensitivus est inclinatio consequens apprehensionem sensitivam, sicut appetitus naturalis est inclinatio consequens formam naturalem; necesse est quod in parte sensitiva sint duae appetitivae potentiae. una, per quam anima simpliciter inclinatur ad prosequendum ea quae sunt convenientia secundum sensum, et ad refugiendum nociva, et haec dicitur concupiscibilis. alia vero, per quam animal resistit impugnantibus, quae convenientia impugnant et nocumenta inferunt, et haec vis vocatur irascibilis. unde dicitur quod eius obiectum est arduum, quia scilicet tendit ad hoc quod superet contraria, et superemineat eis. hae autem duae inclinationes non reducuntur in unum principium, |25| quia interdum anima tristibus se ingerit, contra inclinationem concupiscibilis, ut secundum inclinationem irascibilis impugnet contraria. unde etiam passiones irascibilis repugnare videntur passionibus concupiscibilis, nam concupiscentia accensa minuit iram, et ira accensa minuit concupiscentiam, ut in pluribus. patet etiam ex hoc, quod irascibilis est quasi propugnatrix et defensatrix concupiscibilis, dum insurgit contra ea quae impediunt convenientia, quae concupiscibilis appetit, et ingerunt nociva, quae concupiscibilis refugit. et propter hoc, omnes passiones irascibilis incipiunt a passionibus concupiscibilis, et in eas terminantur; sicut ira nascitur ex illata tristitia, et vindictam inferens, in laetitiam terminatur. propter hoc etiam pugnae animalium sunt de concupiscibilibus, scilicet de cibis et venereis, * ut dicitur in viii de animalibus.

ra1 ' Ad primum ergo dicendum quod vis concupiscibilis est et convenientis et inconvenientis. sed irascibilis est ad resistendum inconvenienti quod impugnat.

ra2 ' Ad secundum dicendum quod, sicut in apprehensivis virtutibus in parte sensitiva est aliqua vis aestimativa, scilicet quae est perceptiva eorum quae sensum non immutant, * ut supra dictum est; ' ita etiam in appetitu sensitivo est aliqua vis appetens aliquid quod non est conveniens secundum delectationem sensus, sed secundum quod est utile animali ad suam defensionem. et haec est vis irascibilis.

ra3 ' Ad tertium dicendum quod odium simpliciter pertinet ad concupiscibilem; sed ratione impugnationis quae ex odio causatur, potest ad irascibilem pertinere.

007 ST1 qu81 ar3

ag1 ' Ad tertium sic proceditur. videtur quod irascibilis et concupiscibilis non obediant rationi. irascibilis enim et concupiscibilis sunt partes sensualitatis. sed sensualitas non obedit rationi, unde per serpentem significatur, * ut dicit augustinus, xii de trin.. ' ergo irascibilis et concupiscibilis non obediunt rationi.

ag2 ' Praeterea, quod obedit alicui, non repugnat ei. sed irascibilis et concupiscibilis repugnant rationi; * secundum illud apostoli, ad rom. vii, ° video aliam legem in membris meis, repugnantem legi mentis meae. ' ergo irascibilis et concupiscibilis non obediunt rationi.

ag3 ' Praeterea, sicut rationali parte animae inferior est vis appetitiva, ita etiam et vis sensitiva. sed sensitiva pars animae non obedit rationi, non enim audimus nec videmus quando volumus. ergo similiter neque vires sensitivi appetitus, scilicet irascibilis et concupiscibilis, obediunt rationi.

sc * Sed contra est quod damascenus dicit, quod ° obediens et persuasibile rationi dividitur in concupiscentiam et iram.

co ' Respondeo dicendum quod irascibilis et concupiscibilis obediunt superiori parti, in qua est intellectus sive ratio et voluntas, dupliciter, uno modo quidem, quantum ad rationem; alio vero modo, quantum ad voluntatem. rationi quidem obediunt quantum ad ipsos suos actus. cuius ratio est, quia appetitus sensitivus in aliis quidem animalibus natus est moveri ab aestimativa virtute; sicut ovis aestimans lupum inimicum, timet. loco autem aestimativae virtutis est in homine, * sicut supra dictum est, ' vis cogitativa; * quae dicitur a quibusdam ratio particularis, " eo quod est collativa intentionum individualium. ' unde ab ea natus est moveri in homine appetitus sensitivus. ipsa autem ratio particularis nata est moveri et dirigi secundum rationem universalem, unde in syllogisticis ex universalibus propositionibus concluduntur conclusiones singulares. et ideo patet quod ratio universalis imperat appetitui sensitivo, qui distinguitur per concupiscibilem et irascibilem, et hic appetitus ei obedit. et quia deducere universalia principia in conclusiones singulares, non est opus simplicis intellectus, sed rationis; ideo irascibilis et concupiscibilis magis dicuntur obedire rationi, quam intellectui. hoc etiam quilibet experiri potest in seipso, applicando enim aliquas universales considerationes, mitigatur ira aut timor |25| aut aliquid huiusmodi, vel etiam instigatur. voluntati etiam subiacet appetitus sensitivus, quantum ad executionem, quae fit per vim motivam. in aliis enim animalibus statim ad appetitum concupiscibilis et irascibilis sequitur motus sicut ovis, timens lupum statim fugit, quia non est in eis aliquis superior appetitus qui repugnet. sed homo non statim movetur secundum appetitum irascibilis et concupiscibilis; sed expectatur imperium voluntatis, quod est appetitus superior. in omnibus enim potentiis motivis ordinatis, secundum movens non movet nisi virtute primi moventis, unde appetitus inferior non sufficit movere, nisi appetitus superior consentiat. * et hoc est quod philosophus dicit, in iii de anima, quod ° appetitus superior movet appetitum inferiorem, sicut sphaera superior inferiorem. ' hoc ergo modo irascibilis et concupiscibilis rationi subduntur.

ra1 ' Ad primum ergo dicendum quod sensualitas significatur per serpentem, quantum ad id quod est proprium sibi ex parte sensitivae partis. irascibilis autem et concupiscibilis magis nominant sensitivum appetitum ex parte actus, ad quem inducuntur ex ratione, * ut dictum est.

ra2 ' Ad secundum dicendum quod, * sicut philosophus dicit in i politicorum, ° est quidem in animali contemplari et despoticum principatum, et politicum, anima quidem enim corpori dominatur despotico principatu; intellectus autem appetitui, politico et regali. ' dicitur enim despoticus principatus, quo aliquis principatur servis, qui non habent facultatem in aliquo resistendi imperio praecipientis, quia nihil sui habent. principatus autem politicus et regalis dicitur, quo aliquis principatur liberis, qui, etsi subdantur regimini praesidentis, tamen habent aliquid proprium, ex quo possunt reniti praecipientis imperio. sic igitur anima dicitur dominari corpori despotico principatu, quia corporis membra in nullo resistere possunt imperio animae, sed statim ad appetitum animae movetur manus et pes, et quodlibet membrum quod natum est moveri voluntario motu. intellectus autem, seu ratio, dicitur principari irascibili et concupiscibili politico principatu, quia appetitus sensibilis habet aliquid proprium, unde potest reniti imperio rationis. natus est enim moveri appetitus sensitivus, non solum ab aestimativa in aliis animalibus, et cogitativa in homine, quam dirigit universalis ratio; sed etiam ab imaginativa et sensu. unde experimur irascibilem vel concupiscibilem rationi repugnare, per hoc quod sentimus vel imaginamur aliquod delectabile quod ratio vetat, vel triste quod ratio praecipit. et sic per hoc quod irascibilis |25| et concupiscibilis in aliquo rationi repugnant, non excluditur quin ei obediant.

ra3 ' Ad tertium dicendum quod sensus exteriores indigent ad suos actus exterioribus sensibilibus, quibus immutentur, quorum praesentia non est in potestate rationis. sed vires interiores, tam appetitivae quam apprehensivae, non indigent exterioribus rebus. et ideo subduntur imperio rationis, quae potest non solum instigare vel mitigare affectus appetitivae virtutis, sed etiam formare imaginativae virtutis phantasmata.

007 ST1 qu82 ar

pr ' Deinde considerandum est de voluntate. circa quam quaeruntur quinque. primo, utrum voluntas aliquid ex necessitate appetat. secundo, utrum omnia ex necessitate appetat. tertio, utrum sit eminentior potentia quam intellectus. quarto, utrum voluntas moveat intellectum. quinto, utrum voluntas distinguatur per irascibilem et concupiscibilem.

007 ST1 qu82 ar1

ag1 ' Ad primum sic proceditur. videtur quod voluntas nihil ex necessitate appetat. * dicit enim augustinus, in v de civ. dei, quod " si aliquid est necessarium, non est voluntarium. ' sed omne quod voluntas appetit, est voluntarium. ergo nihil quod voluntas appetit, est necessario desideratum.

ag2 ' Praeterea, potestates rationales, * secundum philosophum, ' se habent ad opposita. sed voluntas est potestas rationalis, quia, * ut dicitur in iii de anima, ' voluntas in ratione est. ergo voluntas se habet ad opposita. ad nihil ergo de necessitate determinatur.

ag3 ' Praeterea, secundum voluntatem sumus domini nostrorum actuum. sed eius quod ex necessitate est, non sumus domini. ergo actus voluntatis non potest de necessitate esse.

sc * Sed contra est quod augustinus dicit, in xiii de trin., quod ° beatitudinem omnes una voluntate appetunt. ' si autem non esset necessarium sed contingens, deficeret ad minus in paucioribus. ergo voluntas ex necessitate aliquid vult.

co ' Respondeo dicendum quod necessitas dicitur multipliciter. necesse est enim quod non potest non esse. quod quidem convenit alicui, uno modo ex principio intrinseco, sive materiali, sicut cum dicimus quod omne compositum ex contrariis necesse est corrumpi; sive formali, sicut cum dicimus quod necesse est triangulum habere tres angulos aequales duobus rectis. et haec est necessitas naturalis et absoluta. alio modo convenit alicui quod non possit non esse, ex aliquo extrinseco, vel fine vel agente. fine quidem, sicut cum aliquis non potest sine hoc consequi, aut bene consequi finem aliquem, ut cibus dicitur necessarius ad vitam, et equus ad iter. et haec vocatur necessitas finis; quae interdum etiam utilitas dicitur. ex agente autem hoc alicui convenit, sicut cum aliquis cogitur ab aliquo agente, ita quod non possit contrarium agere. et haec vocatur necessitas coactionis. haec igitur coactionis necessitas omnino repugnat voluntati. nam hoc dicimus esse violentum, quod est contra inclinationem rei. ipse autem motus voluntatis est inclinatio quaedam in aliquid. et ideo sicut dicitur aliquid naturale quia est secundum inclinationem naturae, ita dicitur aliquid voluntarium quia est secundum inclinationem voluntatis. sicut ergo impossibile est quod aliquid simul sit violentum et naturale; ita impossibile est quod aliquid simpliciter sit coactum sive violentum, et voluntarium. necessitas autem finis non repugnat voluntati, quando ad finem |25| non potest perveniri nisi uno modo, sicut ex voluntate transeundi mare, fit necessitas in voluntate ut velit navem. similiter etiam nec necessitas naturalis repugnat voluntati. quinimmo necesse est quod, sicut intellectus ex necessitate inhaeret primis principiis, ita voluntas ex necessitate inhaereat ultimo fini, qui est beatitudo, finis enim se habet in operativis sicut principium in speculativis, * ut dicitur in ii physic.. ' oportet enim quod illud quod naturaliter alicui convenit et immobiliter, sit fundamentum et principium omnium aliorum, quia natura rei est primum in unoquoque, et omnis motus procedit ab aliquo immobili.

ra1 * Ad primum ergo dicendum quod verbum augustini est intelligendum ' de necessario necessitate coactionis. " necessitas autem naturalis non aufert libertatem voluntatis, * ut ipsemet in eodem libro dicit.

ra2 ' Ad secundum dicendum quod voluntas secundum quod aliquid naturaliter vult, magis respondet intellectui naturalium principiorum, quam rationi, quae ad opposita se habet. unde secundum hoc, magis est intellectualis quam rationalis potestas.

ra3 ' Ad tertium dicendum quod sumus domini nostrorum actuum secundum quod possumus hoc vel illud eligere. electio autem non est de fine, sed de his quae sunt ad finem, * ut dicitur in iii ethic.. ' unde appetitus ultimi finis non est de his quorum domini sumus.

007 ST1 qu82 ar2

ag1 ' Ad secundum sic proceditur. videtur quod voluntas ex necessitate omnia velit quaecumque vult. * dicit enim dionysius, iv de div. nom., quod " malum est praeter voluntatem. ' ex necessitate ergo voluntas tendit in bonum sibi propositum.

ag2 ' Praeterea, obiectum voluntatis comparatur ad ipsam sicut movens ad mobile. sed motus mobilis necessario consequitur ex movente. ergo videtur quod obiectum voluntatis ex necessitate moveat ipsam.

ag3 ' Praeterea, sicut apprehensum secundum sensum est obiectum appetitus sensitivi, ita apprehensum secundum intellectum est obiectum intellectivi appetitus, qui dicitur voluntas. sed apprehensum secundum sensum ex necessitate movet appetitum sensitivum, * dicit enim augustinus, super gen. ad litt., quod ' animalia moventur visis. ergo videtur quod apprehensum secundum intellectum ex necessitate moveat voluntatem.

sc * Sed contra est quod augustinus dicit, quod ° voluntas est qua peccatur et recte vivitur, ' et sic se habet ad opposita. non ergo ex necessitate vult quaecumque vult.

co ' Respondeo dicendum quod voluntas non ex necessitate vult quaecumque vult. ad cuius evidentiam, considerandum est quod sicut intellectus naturaliter et ex necessitate inhaeret primis principiis, ita voluntas ultimo fini, * ut iam dictum est. ' sunt autem quaedam intelligibilia quae non habent necessariam connexionem ad prima principia; sicut contingentes propositiones, ad quarum remotionem non sequitur remotio primorum principiorum. et talibus non ex necessitate assentit intellectus. quaedam autem propositiones sunt necessariae, quae habent connexionem necessariam cum primis principiis; sicut conclusiones demonstrabiles, ad quarum remotionem sequitur remotio primorum principiorum. et his intellectus ex necessitate assentit, cognita connexione necessaria conclusionum ad principia per demonstrationis deductionem, non autem ex necessitate assentit antequam huiusmodi necessitatem connexionis per demonstrationem cognoscat. similiter etiam est ex parte voluntatis. sunt enim quaedam particularia bona, quae non habent necessariam connexionem ad beatitudinem, quia sine his potest aliquis esse beatus, et huiusmodi voluntas non de necessitate inhaeret. sunt autem quaedam habentia necessariam connexionem ad beatitudinem, quibus scilicet homo deo inhaeret, in quo solo vera beatitudo consistit. sed tamen antequam per certitudinem divinae visionis |25| necessitas huiusmodi connexionis demonstretur, voluntas non ex necessitate deo inhaeret, nec his quae dei sunt. sed voluntas videntis deum per essentiam, de necessitate inhaeret deo, sicut nunc ex necessitate volumus esse beati. patet ergo quod voluntas non ex necessitate vult quaecumque vult.

ra1 ' Ad primum ergo dicendum quod voluntas in nihil potest tendere nisi sub ratione boni. sed quia bonum est multiplex, propter hoc non ex necessitate determinatur ad unum.

ra2 ' Ad secundum dicendum quod movens tunc ex necessitate causat motum in mobili, quando potestas moventis excedit mobile, ita quod tota eius possibilitas moventi subdatur. cum autem possibilitas voluntatis sit respectu boni universalis et perfecti, non subiicitur eius possibilitas tota alicui particulari bono. et ideo non ex necessitate movetur ab illo.

ra3 ' Ad tertium dicendum quod vis sensitiva non est vis collativa diversorum, sicut ratio, sed simpliciter aliquid unum apprehendit. et ideo secundum illud unum determinate movet appetitum sensitivum. sed ratio est collativa plurium, et ideo ex pluribus moveri potest appetitus intellectivus, scilicet voluntas, et non ex uno ex necessitate.

007 ST1 qu82 ar3

ag1 ' Ad tertium sic proceditur. videtur quod voluntas sit altior potentia quam intellectus. bonum enim et finis est obiectum voluntatis. sed finis est prima et altissima causarum. ergo voluntas est prima et altissima potentiarum.
ag2 ' Praeterea, res naturales inveniuntur procedere de imperfectis ad perfecta. et hoc etiam in potentiis animae apparet, proceditur enim de sensu ad intellectum, qui est nobilior. sed naturalis processus est de actu intellectus in actum voluntatis. ergo voluntas est perfectior et nobilior potentia quam intellectus.
ag3 ' Praeterea, habitus sunt proportionati potentiis, sicut perfectiones perfectibilibus. sed habitus quo perficitur voluntas, scilicet caritas, est nobilior habitibus quibus perficitur intellectus, * dicitur enim i ad cor. xiii, ° si noverim mysteria omnia, et si habuero omnem fidem, caritatem autem non habeam, nihil sum. ' ergo voluntas est altior potentia quam intellectus.
sc * Sed contra est quod philosophus, in x ethic., ponit " altissimam potentiam animae esse intellectum.
co ' Respondeo dicendum quod eminentia alicuius ad alterum potest attendi dupliciter, uno modo, simpliciter; alio modo, secundum quid. consideratur autem aliquid tale simpliciter, prout est secundum seipsum tale, secundum quid autem, prout dicitur tale secundum respectum ad alterum. si ergo intellectus et voluntas considerentur secundum se, sic intellectus eminentior invenitur. et hoc apparet ex comparatione obiectorum ad invicem. obiectum enim intellectus est simplicius et magis absolutum quam obiectum voluntatis, nam obiectum intellectus est ipsa ratio boni appetibilis; bonum autem appetibile, cuius ratio est in intellectu, est obiectum voluntatis. quanto autem aliquid est simplicius et abstractius, tanto secundum se est nobilius et altius. et ideo obiectum intellectus est altius quam obiectum voluntatis. cum ergo propria ratio potentiae sit secundum ordinem ad obiectum, sequitur quod secundum se et simpliciter intellectus sit altior et nobilior voluntate. secundum quid autem, et per comparationem ad alterum, voluntas invenitur interdum altior intellectu; ex eo scilicet quod obiectum voluntatis in altiori re invenitur quam obiectum intellectus. sicut si dicerem auditum esse secundum quid nobiliorem visu, inquantum res aliqua cuius est sonus, nobilior est aliqua re cuius est color, quamvis color sit nobilior et simplicior sono. * ut enim supra dictum est, ' actio intellectus consistit in hoc quod |25| ratio rei intellectae est in intelligente; actus vero voluntatis perficitur in hoc quod voluntas inclinatur ad ipsam rem prout in se est. * et ideo philosophus dicit, in vi metaphys., quod " bonum et malum, quae sunt obiecta voluntatis, sunt in rebus; verum et falsum, quae sunt obiecta intellectus, sunt in mente. ' quando igitur res in qua est bonum, est nobilior ipsa anima, in qua est ratio intellecta; per comparationem ad talem rem, voluntas est altior intellectu. quando vero res in qua est bonum, est infra animam; tunc etiam per comparationem ad talem rem, intellectus est altior voluntate. unde melior est amor dei quam cognitio, e contrario autem melior est cognitio rerum corporalium quam amor. simpliciter tamen intellectus est nobilior quam voluntas.
ra1 ' Ad primum ergo dicendum quod ratio causae accipitur secundum comparationem unius ad alterum, et in tali comparatione ratio boni principalior invenitur, sed verum dicitur magis absolute, et ipsius boni rationem significat. unde et bonum quoddam verum est. sed rursus et ipsum verum est quoddam bonum; secundum quod intellectus res quaedam est, et verum finis ipsius. et inter alios fines iste finis est excellentior; sicut intellectus inter alias potentias.
ra2 ' Ad secundum dicendum quod illud quod est prius generatione et tempore, est imperfectius, quia in uno et eodem potentia tempore praecedit actum, et imperfectio perfectionem. sed illud quod est prius simpliciter et secundum naturae ordinem, est perfectius, sic enim actus est prior potentia. et hoc modo intellectus est prior voluntate, sicut motivum mobili, et activum passivo, bonum enim intellectum movet voluntatem.
ra3 ' Ad tertium dicendum quod illa ratio procedit de voluntate secundum comparationem ad id quod supra animam est. virtus enim caritatis est qua deum amamus.

007 ST1 qu82 ar4

ag1 ' Ad quartum sic proceditur. videtur quod voluntas non moveat intellectum. movens enim est nobilius et prius moto, quia movens est agens; agens autem est nobilius patiente, * ut augustinus dicit xii super gen. ad litt., et philosophus in iii de anima. ' sed intellectus est prior et nobilior voluntate, * ut supra dictum est. ' ergo voluntas non movet intellectum.
ag2 ' Praeterea, movens non movetur a moto, nisi forte per accidens. sed intellectus movet voluntatem, quia appetibile apprehensum per intellectum est movens non motum; appetitus autem movens motum. ergo intellectus non movetur a voluntate.
ag3 ' Praeterea, nihil velle possumus nisi sit intellectum. si igitur ad intelligendum movet voluntas volendo intelligere, oportebit quod etiam illud velle praecedat aliud intelligere, et illud intelligere aliud velle, et sic in infinitum, quod est impossibile. non ergo voluntas movet intellectum.
sc * Sed contra est quod damascenus dicit, quod ° in nobis est percipere quamcumque volumus artem, et non percipere. ' in nobis autem est aliquid per voluntatem; percipimus autem artes per intellectum. voluntas ergo movet intellectum.
co ' Respondeo dicendum quod aliquid dicitur movere dupliciter. uno modo, per modum finis; sicut dicitur quod finis movet efficientem. et hoc modo intellectus movet voluntatem, quia bonum intellectum est obiectum voluntatis, et movet ipsam ut finis. alio modo dicitur aliquid movere per modum agentis; sicut alterans movet alteratum, et impellens movet impulsum. et hoc modo voluntas movet intellectum, et omnes animae vires; * ut anselmus dicit in libro de similitudinibus. ' cuius ratio est, quia in omnibus potentiis activis ordinatis, illa potentia quae respicit finem universalem, movet potentias quae respiciunt fines particulares. et hoc apparet tam in naturalibus quam in politicis. caelum enim, quod agit ad universalem conservationem generabilium et corruptibilium, movet omnia inferiora corpora, quorum unumquodque agit ad conservationem propriae speciei, vel etiam individui. rex etiam, qui intendit bonum commune totius regni, movet per suum imperium singulos praepositos civitatum, qui singulis civitatibus curam regiminis impendunt. obiectum autem voluntatis est bonum et finis in communi. quaelibet autem potentia comparatur ad aliquod bonum proprium sibi conveniens; sicut visus ad perceptionem coloris, intellectus ad cognitionem veri. et ideo voluntas per modum agentis movet omnes animae potentias ad suos actus, praeter vires naturales vegetativae partis, quae nostro arbitrio non subduntur.
ra1 ' Ad primum ergo dicendum quod intellectus dupliciter considerari potest, uno modo, secundum quod intellectus est apprehensivus entis et veri universalis; alio modo, secundum quod est quaedam res, et particularis potentia habens determinatum actum. et similiter voluntas dupliciter considerari potest, uno modo, secundum communitatem sui obiecti, prout scilicet est appetitiva boni communis; alio modo, secundum quod est quaedam determinata animae potentia habens determinatum actum. si ergo comparentur intellectus et voluntas secundum rationem communitatis obiectorum utriusque, * sic dictum est supra quod ' intellectus est simpliciter altior et nobilior voluntate. si autem consideretur intellectus secundum communitatem sui obiecti, et voluntas secundum quod est quaedam determinata potentia, sic iterum intellectus est altior et prior voluntate, quia sub ratione entis et veri, quam apprehendit intellectus, continetur voluntas ipsa, et actus eius, et obiectum ipsius. unde intellectus intelligit voluntatem, et actum eius, et obiectum ipsius, sicut et alia specialia intellecta, ut lapidem aut lignum, quae continentur sub communi ratione entis et veri. si vero consideretur voluntas secundum communem rationem sui obiecti, quod est bonum, intellectus autem secundum quod est quaedam res et potentia specialis; sic sub communi ratione boni continetur, |25| velut quoddam speciale, et intellectus ipse, et ipsum intelligere, et obiectum eius, quod est verum, quorum quodlibet est quoddam speciale bonum. et secundum hoc voluntas est altior intellectu, et potest ipsum movere. ex his ergo apparet ratio quare hae potentiae suis actibus invicem se includunt, quia intellectus intelligit voluntatem velle, et voluntas vult intellectum intelligere. et simili ratione bonum continetur sub vero, inquantum est quoddam verum intellectum; et verum continetur sub bono, inquantum est quoddam bonum desideratum.
ra2 ' Ad secundum dicendum quod intellectus alio modo movet voluntatem, quam voluntas intellectum, * ut iam dictum est.
ra3 ' Ad tertium dicendum quod non oportet procedere in infinitum, sed statur in intellectu sicut in primo. omnem enim voluntatis motum necesse est quod praecedat apprehensio, sed non omnem apprehensionem praecedit motus voluntatis; sed principium consiliandi et intelligendi est aliquod intellectivum principium altius intellectu nostro, quod est deus, * ut etiam aristoteles dicit in vii ethicae eudemicae, et per hunc modum ostendit quod " non est procedere in infinitum.

007 ST1 qu82 ar5

ag1 ' Ad quintum sic proceditur. videtur quod irascibilis et concupiscibilis distingui debeant in appetitu superiori, qui est voluntas. vis enim concupiscibilis dicitur a concupiscendo; et irascibilis ab irascendo. sed aliqua concupiscentia est quae non potest pertinere ad appetitum sensitivum, sed solum ad intellectivum, qui est voluntas; sicut concupiscentia sapientiae, * de qua dicitur sap. vi, ° concupiscentia sapientiae perducit ad regnum perpetuum. ' est etiam quaedam ira quae non potest pertinere ad appetitum sensitivum, sed intellectivum tantum; sicut cum irascimur contra vitia. * unde et hieronymus, super matth., monet ut ° odium vitiorum possideamus in irascibili. ' ergo irascibilis et concupiscibilis distingui debent in appetitu intellectivo, sicut et in sensitivo.
ag2 ' Praeterea, secundum quod communiter dicitur, caritas est in concupiscibili, spes autem in irascibili. non autem possunt esse in appetitu sensitivo, quia non sunt sensibilium obiectorum, sed intelligibilium. ergo concupiscibilis et irascibilis sunt ponenda in parte intellectiva.
ag3 * Praeterea, in libro de spiritu et anima dicitur quod ' has potentias (scilicet irascibilem et concupiscibilem, et rationalem) ° habet anima antequam corpori misceatur. ' sed nulla potentia sensitivae partis est animae tantum, sed coniuncti, * ut supra dictum est. ' ergo irascibilis et concupiscibilis sunt in voluntate, quae est appetitus intellectivus.
sc * Sed contra est quod gregorius nyssenus, dicit, quod " irrationalis pars animae dividitur in desiderativum et irascitivum; * et idem dicit damascenus, in libro ii. et philosophus dicit, in iii de anima quod ° voluntas in ratione est, in irrationali autem parte animae concupiscentia et ira, vel desiderium et animus.
co ' Respondeo dicendum quod irascibilis et concupiscibilis non sunt partes intellectivi appetitus, qui dicitur voluntas. quia, * sicut supra dictum est, ' potentia quae ordinatur ad aliquod obiectum secundum communem rationem, non diversificatur per differentias speciales sub illa ratione communi contentas. sicut quia visus respicit visibile secundum rationem colorati, non multiplicantur visivae potentiae secundum diversas species colorum, si autem esset aliqua potentia quae esset albi inquantum est album, et non inquantum est coloratum, diversificaretur a potentia quae esset nigri inquantum est nigrum. appetitus autem sensitivus non respicit communem rationem boni, quia nec sensus apprehendit universale. et ideo secundum diversas rationes particularium bonorum, diversificantur partes appetitus sensitivi, nam concupiscibilis respicit propriam rationem boni, inquantum est delectabile secundum sensum, et conveniens naturae; irascibilis autem respicit rationem boni, secundum quod est repulsivum et impugnativum eius quod infert nocumentum. sed voluntas respicit bonum sub communi ratione boni. et ideo non diversificantur in ipsa, quae est appetitus intellectivus, aliquae potentiae appetitivae, ut sit in appetitu intellectivo alia potentia irascibilis, et alia concupiscibilis, sicut etiam ex parte intellectus non multiplicantur vires apprehensivae, licet multiplicentur ex parte sensus.
ra1 ' Ad primum ergo dicendum quod amor, concupiscentia, et huiusmodi, dupliciter accipiuntur. quandoque quidem secundum quod sunt quaedam passiones, cum quadam scilicet concitatione animi provenientes. et sic communiter accipiuntur, et hoc modo sunt solum in appetitu sensitivo. alio modo significant simplicem affectum, absque passione vel animi concitatione. et sic sunt actus voluntatis. et hoc etiam modo attribuuntur angelis et deo. sed prout sic accipiuntur, non pertinent ad diversas potentias, sed ad unam tantum potentiam, quae dicitur voluntas.
ra2 ' Ad secundum dicendum quod ipsa voluntas potest dici irascibilis, prout vult impugnare malum, non ex impetu passionis, sed ex iudicio rationis. et eodem modo potest dici concupiscibilis, propter desiderium boni. et sic in irascibili et concupiscibili sunt caritas et spes; idest in voluntate secundum quod habet ordinem ad huiusmodi actus. * sic etiam potest intelligi quod dicitur in libro de spiritu et anima, quod " irascibilis et concupiscibilis sunt animae antequam uniatur corpori (ut tamen intelligatur ordo naturae, et non temporis), ' licet non sit necessarium verbis illius libri fidem adhibere.
ra3 ' Unde patet solutio ad tertium.

007 ST1 qu83 ar

pr ' Deinde quaeritur de libero arbitrio. et circa hoc quaeruntur quatuor. primo, utrum homo sit liberi arbitrii. secundo, quid sit liberum arbitrium, utrum sit potentia, vel actus, vel habitus. tertio si est potentia, utrum sit appetitiva, vel cognitiva. quarto, si est appetitiva, utrum sit eadem potentia cum voluntate, vel alia.

007 ST1 qu83 ar1

ag1 ' Ad primum sic proceditur. videtur quod homo non sit liberi arbitrii. quicumque enim est liberi arbitrii, facit quod vult. sed homo non facit quod vult, * dicitur enim rom. vii, ° non enim quod volo bonum, hoc ago; sed quod odi malum, illud facio. ' ergo homo non est liberi arbitrii.
ag2 ' Praeterea, quicumque est liberi arbitrii, eius est velle et non velle, operari et non operari. sed hoc non est hominis, * dicitur enim ad rom. ix, " non est volentis, scilicet velle, neque currentis, scilicet currere. ' ergo homo non est liberi arbitrii.
ag3 ° Praeterea, liberum est quod sui causa est, * ut dicitur in i metaphys., ' quod ergo movetur ab alio, non est liberum. sed deus movet voluntatem, * dicitur enim prov. xxi, ° cor regis in manu dei, et quocumque voluerit vertet illud; * et philipp. ii, ° deus est qui operatur in nobis velle et perficere. ' ergo homo non est liberi arbitrii.

ag4 ' Praeterea, quicumque est liberi arbitrii, est dominus suorum actuum. sed homo non est dominus suorum actuum, quia, * ut dicitur ierem. x, ° non est in homine via eius, nec viri est ut dirigat gressus suos. 'ergo homo non est liberi arbitrii.
ag5 * Praeterea, philosophus dicit, in iii ethic., ° qualis unusquisque est, talis finis videtur ei. 'sed non est in potestate nostra aliquales esse, sed hoc nobis est a natura. ergo naturale est nobis quod aliquem finem sequamur. non ergo ex libero arbitrio.
sc * Sed contra est quod dicitur eccli. xv, ° deus ab initio constituit hominem, et reliquit eum in manu consilii sui. * glossa, " idest in libertate arbitrii.
co ' Respondeo dicendum quod homo est liberi arbitrii, alioquin frustra essent consilia, exhortationes, praecepta, prohibitiones, praemia et poenae. ad cuius evidentiam, considerandum est quod quaedam agunt absque iudicio, sicut lapis movetur deorsum; et similiter omnia cognitione carentia. quaedam autem agunt iudicio, sed non libero; sicut animalia bruta. iudicat enim ovis videns lupum, eum esse fugiendum, naturali iudicio, et non libero, quia non ex collatione, sed ex naturali instinctu hoc iudicat. et simile est de quolibet iudicio brutorum animalium. sed homo agit iudicio, quia per vim cognoscitivam iudicat aliquid esse fugiendum vel prosequendum. sed quia iudicium istud non est ex naturali instinctu in particulari operabili, sed ex collatione quadam rationis; ideo agit libero iudicio, potens in diversa ferri. ratio enim circa contingentia habet viam ad opposita; ut patet in dialecticis syllogismis, et rhetoricis persuasionibus. particularia autem operabilia sunt quaedam contingentia, et ideo circa ea iudicium rationis ad diversa se habet, et non est determinatum ad unum. et pro tanto necesse est quod homo sit liberi arbitrii, ex hoc ipso quod rationalis est.
ra1 ' Ad primum ergo dicendum quod, * sicut supra dictum est, ' appetitus sensitivus, etsi obediat rationi, tamen potest in aliquo repugnare, concupiscendo contra illud quod ratio dictat. hoc ergo est bonum quod homo non facit cum vult, scilicet non concupiscere contra rationem, * ut glossa augustini ibidem dicit.
ra2 * Ad secundum dicendum quod verbum illud apostoli ' non sic est intelligendum quasi homo non velit et non currat libero arbitrio, sed quia liberum arbitrium ad hoc non est sufficiens, nisi moveatur et iuvetur a deo.
ra3 ' Ad tertium dicendum quod liberum arbitrium est causa sui motus, quia homo per liberum arbitrium seipsum movet ad agendum. non tamen hoc est de necessitate libertatis, quod sit prima causa sui id quod liberum est, sicut nec ad hoc quod aliquid sit causa alterius, requiritur quod sit prima causa eius. deus igitur est prima causa movens et naturales causas et voluntarias. et sicut naturalibus causis, movendo eas, non aufert quin actus earum sint naturales; ita movendo causas voluntarias, non aufert quin actiones earum sint voluntariae, sed potius hoc in eis facit, operatur enim in unoquoque secundum eius proprietatem.
ra4 " Ad quartum dicendum quod dicitur non esse in homine via eius, quantum ad executiones electionum, in quibus homo impediri potest, velit nolit. ' electiones autem ipsae sunt in nobis, supposito tamen divino auxilio.
ra5 ' Ad quintum dicendum quod qualitas hominis est duplex, una naturalis, et alia superveniens. naturalis autem qualitas accipi potest vel circa partem intellectivam; vel circa corpus et virtutes corpori annexas. ex eo igitur quod homo est aliqualis qualitate naturali quae attenditur secundum intellectivam partem, naturaliter homo appetit ultimum finem, scilicet beatitudinem. qui quidem appetitus naturalis est, et non subiacet libero arbitrio, * ut ex supradictis patet. 'ex parte vero corporis et virtutum corpori annexarum, potest esse homo aliqualis naturali qualitate, secundum quod est talis complexionis, vel talis dispositionis, ex quacumque impressione corporearum causarum, quae non possunt in intellectivam partem imprimere, eo quod non est alicuius corporis actus. sic igitur qualis unusquisque est secundum corpoream qualitatem, talis finis videtur ei, quia ex huiusmodi dispositione homo inclinatur ad eligendum aliquid vel repudiandum. sed istae inclinationes subiacent iudicio rationis, cui obedit inferior appetitus, * ut dictum est. ' unde per hoc libertati arbitrii non praeiudicatur. qualitates autem supervenientes sunt sicut habitus et passiones, secundum quae aliquis magis inclinatur in unum quam in alterum. tamen istae etiam inclinationes subiacent iudicio rationis. et huiusmodi |25| etiam qualitates ei subiacent, inquantum in nobis est tales qualitates acquirere, vel causaliter vel dispositive, vel a nobis excludere. et sic nihil est quod libertati arbitrii repugnet.

007 ST1 qu83 ar2

ag1 ' Ad secundum sic proceditur. videtur quod liberum arbitrium non sit potentia. arbitrium enim liberum nihil est aliud quam liberum iudicium. iudicium autem non nominat potentiam, sed actum. ergo liberum arbitrium non est potentia.
ag2 ' Praeterea, liberum arbitrium dicitur esse facultas voluntatis et rationis. facultas autem nominat facilitatem potestatis, quae quidem est per habitum. ergo liberum arbitrium est habitus. * bernardus etiam dicit quod " liberum arbitrium est habitus animae liber sui. ' non ergo est potentia.
ag3 ' Praeterea, nulla potentia naturalis tollitur per peccatum. sed liberum arbitrium tollitur per peccatum, * augustinus enim dicit quod ° homo male utens libero arbitrio, et se perdit et ipsum. ' ergo liberum arbitrium non est potentia.
sc ' Sed contra est quod nihil est subiectum habitus, ut videtur, nisi potentia. sed liberum arbitrium est subiectum gratiae; qua sibi assistente, bonum eligit. ergo liberum arbitrium est potentia.
co ' Respondeo dicendum quod, quamvis liberum arbitrium nominet quendam actum secundum propriam significationem vocabuli; secundum tamen communem usum loquendi, liberum arbitrium dicimus id quod est huius actus principium, scilicet quo homo libere iudicat. principium autem actus in nobis est et potentia et habitus, dicimur enim aliquid cognoscere et per scientiam, et per intellectivam potentiam. oportet ergo quod liberum arbitrium vel sit potentia, vel sit habitus, vel sit potentia cum aliquo habitu. quod autem non sit habitus, neque potentia cum habitu, manifeste apparet ex duobus. primo quidem, quia si est habitus, oportet quod sit habitus naturalis, hoc enim est naturale homini, quod sit liberi arbitrii. nullus autem habitus naturalis adest nobis ad ea quae subsunt libero arbitrio, quia ad ea respectu quorum habemus habitus naturales, naturaliter inclinamur, sicut ad assentiendum primis principiis; ea autem ad quae naturaliter inclinamur, non subsunt libero arbitrio, * sicut dictum est de appetitu beatitudinis. ' unde contra propriam rationem liberi arbitrii est, quod sit habitus naturalis. contra naturalitatem autem eius est, quod sit habitus non naturalis. et sic relinquitur quod nullo modo sit habitus. " secundo hoc apparet, quia habitus dicuntur secundum quos ° nos habemus ad passiones vel ad actus bene vel male, * ut dicitur in ii ethic., |25| ' nam per temperantiam bene nos habemus ad concupiscentias, per intemperantiam autem male; per scientiam etiam bene nos habemus ad actum intellectus, dum verum cognoscimus per habitum autem contrarium male. liberum autem arbitrium indifferenter se habet ad bene eligendum vel male. unde impossibile est quod liberum arbitrium sit habitus. relinquitur ergo quod sit potentia.
ra1 ' Ad primum ergo dicendum quod consuetum est potentiam significari nomine actus. et sic per hunc actum qui est liberum iudicium, nominatur potentia quae est huius actus principium. alioquin, si liberum arbitrium nominaret actum, non semper maneret in homine.
ra2 ' Ad secundum dicendum quod facultas nominat quandoque potestatem expeditam ad operandum. et sic facultas ponitur in definitione liberi arbitrii. * bernardus autem accipit ' habitum non secundum quod dividitur contra potentiam, sed secundum quod significat habitudinem quandam, qua aliquo modo se aliquis habet ad actum. quod quidem est tam per potentiam quam per habitum, nam per potentiam homo se habet ut potens operari, per habitum autem ut aptus ad operandum bene vel male.
ra3 ' Ad tertium dicendum quod homo peccando liberum arbitrium dicitur perdidisse, non quantum ad libertatem naturalem, quae est a coactione; sed quantum ad libertatem quae est a culpa et a miseria. * de qua infra in tractatu moralium dicetur, in secunda parte huius operis.

007 ST1 qu83 ar3

ag1 ' Ad tertium sic proceditur. videtur quod liberum arbitrium non sit potentia appetitiva, sed cognitiva. * dicit enim damascenus quod ° cum rationali confestim comitatur liberum arbitrium. ' sed ratio est potentia cognitiva. ergo liberum arbitrium est potentia cognitiva.
ag2 ' Praeterea, liberum arbitrium dicitur quasi liberum iudicium. sed iudicare est actus cognitivae virtutis. ergo liberum arbitrium est cognitiva potentia.
ag3 ' Praeterea, ad liberum arbitrium praecipue pertinet electio. sed electio videtur ad cognitionem pertinere, quia electio importat quandam comparationem unius ad alterum, quod est proprium cognitivae virtutis. ergo liberum arbitrium est potentia cognitiva.
sc * Sed contra est quod philosophus dicit, in iii ethic., quod ° electio est desiderium eorum quae sunt in nobis. ' sed desiderium est actus appetitivae virtutis. ergo et electio. liberum autem arbitrium est secundum quod eligimus. ergo liberum arbitrium est virtus appetitiva.
co ' Respondeo dicendum quod proprium liberi arbitrii est electio, ex hoc enim liberi arbitrii esse dicimur, quod possumus unum recipere, alio recusato, quod est eligere. et ideo naturam liberi arbitrii ex electione considerare oportet. ad electionem autem concurrit aliquid ex parte cognitivae virtutis, et aliquid ex parte appetitivae, ex parte quidem cognitivae, requiritur consilium, per quod diiudicatur quid sit alteri praeferendum; ex parte autem appetitivae, requiritur quod appetendo acceptetur id quod per consilium diiudicatur. * et ideo aristoteles in vi ethic. sub dubio derelinquit " utrum principalius pertineat electio ad vim appetitivam, vel ad vim cognitivam, dicit enim quod electio vel est intellectus appetitivus, vel appetitus intellectivus. * sed in iii ethic. " in hoc magis declinat quod sit appetitus intellectivus, nominans electionem desiderium consiliabile. ' et huius ratio est, quia proprium obiectum electionis est illud quod est ad finem, hoc autem, inquantum huiusmodi, habet rationem boni quod dicitur utile, unde cum bonum, inquantum huiusmodi, sit obiectum appetitus, sequitur quod electio sit principaliter actus appetitivae virtutis. et sic liberum arbitrium est appetitiva potentia.
ra1 ' Ad primum ergo dicendum quod potentiae appetitivae concomitantur apprehensivas. * et secundum hoc dicit damascenus quod ° cum rationali confestim comitatur liberum arbitrium.
ra2 ' Ad secundum dicendum quod iudicium est quasi conclusio et determinatio consilii. determinatur autem consilium, primo quidem per sententiam rationis, et secundo per acceptationem appetitus, * unde philosophus dicit, in iii ethic., quod ° ex consiliari iudicantes desideramus secundum consilium. ' et hoc modo ipsa electio dicitur quoddam iudicium, a quo nominatur liberum arbitrium.
ra3 ' Ad tertium dicendum quod ista collatio quae importatur in nomine electionis, pertinet ad consilium praecedens, quod est rationis. appetitus enim, quamvis non sit collativus, tamen inquantum a vi cognitiva conferente movetur, habet quandam collationis similitudinem, dum unum alteri praeoptat.

007 ST1 qu83 ar4

ag1 ' Ad quartum sic proceditur. videtur quod liberum arbitrium sit alia potentia a voluntate. * dicit enim damascenus, in libro ii, quod " aliud est thelesis, aliud vero bulesis, thelesis autem est voluntas; bulesis autem videtur arbitrium liberum, quia bulesis, secundum ipsum, est voluntas quae est circa aliquid quasi unius per comparationem ad alterum. ergo ' videtur quod liberum arbitrium sit alia potentia a voluntate.
ag2 ' Praeterea, potentiae cognoscuntur per actus. sed electio, quae est actus liberi arbitrii, est aliud a voluntate, * ut dicitur in iii ethic., ° quia voluntas est de fine, electio autem de iis quae sunt ad finem. ' ergo liberum arbitrium est alia potentia a voluntate.
ag3 ' Praeterea, voluntas est appetitus intellectivus. sed ex parte intellectus sunt duae potentiae, scilicet agens et possibilis. ergo etiam ex parte appetitus intellectivi debet esse alia potentia praeter voluntatem. et haec non videtur esse nisi liberum arbitrium. ergo liberum arbitrium est alia potentia praeter voluntatem.
sc * Sed contra est quod damascenus dicit, in iii libro, quod " liberum arbitrium nihil aliud est quam voluntas.
co ' Respondeo dicendum quod potentias appetitivas oportet esse proportionatas potentiis apprehensivis, * ut supra dictum est. ' sicut autem ex parte apprehensionis intellectivae se habent intellectus et ratio, ita ex parte appetitus intellectivi se habent voluntas et liberum arbitrium, quod nihil aliud est quam vis electiva. et hoc patet ex habitudine obiectorum et actuum. nam intelligere importat simplicem acceptionem alicuius rei, unde intelligi dicuntur proprie principia, quae sine collatione per seipsa cognoscuntur. ratiocinari autem proprie est devenire ex uno in cognitionem alterius, unde proprie de conclusionibus ratiocinamur, quae ex principiis innotescunt. similiter ex parte appetitus, velle importat simplicem appetitum alicuius rei, unde voluntas dicitur esse de fine, qui propter se appetitur. eligere autem est appetere aliquid propter alterum consequendum, unde proprie est eorum quae sunt ad finem. sicut autem se habet in cognitivis principium ad conclusionem, cui propter principia assentimus; ita in appetitivis se habet finis ad ea quae sunt ad finem, quae propter finem appetuntur. unde manifestum est quod sicut se habet intellectus ad rationem, ita se habet voluntas ad vim electivam, idest ad liberum arbitrium. * ostensum est autem supra ' quod eiusdem potentiae est intelligere |25| et ratiocinari, sicut eiusdem virtutis est quiescere et moveri. unde etiam eiusdem potentiae est velle et eligere. et propter hoc voluntas et liberum arbitrium non sunt duae potentiae, sed una.
ra1 " Ad primum ergo dicendum quod bulesis distinguitur a thelesi, non propter diversitatem potentiarum, sed propter differentiam actuum.
ra2 ' Ad secundum dicendum quod electio et voluntas, idest ipsum velle, sunt diversi actus, sed tamen pertinent ad unam potentiam, sicut etiam intelligere et ratiocinari, * ut dictum est.
ra3 ' Ad tertium dicendum quod intellectus comparatur ad voluntatem ut movens. et ideo non oportet in voluntate distinguere agens et possibile.

007 ST1 qu84 ar

pr ' Consequenter considerandum est de actibus animae, quantum ad potentias intellectivas et appetitivas, aliae enim animae potentiae non pertinent directe ad considerationem theologi. actus autem appetitivae partis ad considerationem moralis scientiae pertinent, et ideo in secunda parte huius operis de eis tractabitur, in qua considerandum erit de morali materia. nunc autem de actibus intellectivae partis agetur. in consideratione vero actuum, hoc modo procedemus, primo namque considerandum est quomodo intelligit anima corpori coniuncta; secundo, quomodo intelligit a corpore separata. prima autem consideratio erit tripartita, primo namque considerabitur quomodo anima intelligit corporalia, quae sunt infra ipsam; secundo, quomodo intelligit seipsam, et ea quae in ipsa sunt; tertio, quomodo intelligit substantias immateriales, quae sunt supra ipsam. circa cognitionem vero corporalium, tria consideranda occurrunt, primo quidem per quid ea cognoscit; secundo, quomodo et quo ordine; tertio, quid in eis cognoscit. circa primum quaeruntur octo. primo, utrum anima cognoscat corpora per intellectum. secundo, utrum intelligat ea per essentiam suam, vel per aliquas species. tertio, si per aliquas species, utrum species omnium intelligibilium sint ei naturaliter innatae. quarto, utrum effluant in ipsam ab aliquibus formis immaterialibus separatis. quinto, utrum anima nostra omnia quae intelligit, videat in rationibus aeternis. sexto, utrum cognitionem intelligibilem acquirat a sensu. |25| septimo, utrum intellectus possit actu intelligere per species intelligibiles quas penes se habet, non convertendo se ad phantasmata. octavo, utrum iudicium intellectus impediatur per impedimentum sensitivarum virtutum.

007 ST1 qu84 ar1

ag1 ‘ Ad primum sic proceditur. videtur quod anima non cognoscat corpora per intellectum. * dicit enim augustinus, in ii soliloq. quod ° corpora intellectu comprehendi non possunt; nec aliquod corporeum nisi sensibus videri potest. * dicit etiam, xii super gen. ad litt., quod “ visio intellectualis est eorum quae sunt per essentiam suam in anima. ‘ huiusmodi autem non sunt corpora. ergo anima per intellectum corpora cognoscere non potest.

ag2 ‘ Praeterea, sicut se habet sensus ad intelligibilia, ita se habet intellectus ad sensibilia. sed anima per sensum nullo modo potest cognoscere spiritualia, quae sunt intelligibilia. ergo nullo modo per intellectum potest cognoscere corpora, quae sunt sensibilia.

ag3 ‘ Praeterea, intellectus est necessariorum et semper eodem modo se habentium. sed corpora omnia sunt mobilia, et non eodem modo se habentia. anima ergo per intellectum corpora cognoscere non potest.

sc ‘ Sed contra est quod scientia est in intellectu. si ergo intellectus non cognoscit corpora, sequitur quod nulla scientia sit de corporibus. et sic peribit scientia naturalis, quae est de corpore mobili.

co ‘ Respondeo dicendum, ad evidentiam huius quaestionis, quod * primi philosophi qui de naturis rerum inquisiverunt, putaverunt “ nihil esse in mundo praeter corpus. et quia videbant omnia corpora mobilia esse, et putabant ea in continuo fluxu esse, aestimaverunt quod nulla certitudo de rerum veritate haberi posset a nobis. quod enim est in continuo fluxu, per certitudinem apprehendi non potest, quia prius labitur quam mente diiudicetur, * sicut heraclitus dixit quod ° non est possibile aquam fluvii currentis bis tangere, * ut recitat philosophus in iv metaphys.. his autem superveniens plato, “ ut posset salvare certam cognitionem veritatis a nobis per intellectum haberi, posuit praeter ista corporalia aliud genus entium a materia et motu separatum, quod nominabat species sive ideas, per quarum participationem unumquodque istorum singularium et sensibilium dicitur vel homo vel equus vel aliquid huiusmodi. sic ergo dicebat scientias et definitiones et quidquid ad actum intellectus pertinet, non referri ad ista corpora sensibilia, sed ad illa immaterialia et separata; ut sic anima non intelligat ista corporalia, sed intelligat horum corporalium species separatas. ‘ sed hoc dupliciter apparet falsum. primo quidem quia, cum illae species sint immateriales et immobiles, excluderetur a scientiis cognitio motus et materiae (quod est proprium scientiae naturalis) |25| et demonstratio per causas moventes et materiales. secundo autem, quia derisibile videtur ut, dum rerum quae nobis manifestae sunt notitiam quaerimus, alia entia in medium afferamus, quae non possunt esse earum substantiae, cum ab eis differant secundum esse, et sic, illis substantiis separatis cognitis, non propter hoc de istis sensibilibus iudicare possemus. * videtur autem in hoc plato deviasse a veritate, quia, “ cum aestimaret omnem cognitionem per modum alicuius similitudinis esse, credidit quod forma cogniti ex necessitate sit in cognoscente eo modo quo est in cognito. consideravit autem quod forma rei intellectae est in intellectu universaliter et immaterialiter et immobiliter, quod ex ipsa operatione intellectus apparet, qui intelligit universaliter et per modum necessitatis cuiusdam; modus enim actionis est secundum modum formae agentis. et ideo existimavit quod oporteret res intellectas hoc modo in seipsis subsistere, scilicet immaterialiter et immobiliter. ‘ hoc autem necessarium non est. quia etiam in ipsis sensibilibus videmus quod forma alio modo est in uno sensibilium quam in altero, puta cum in uno est albedo intensior, in alio remissior, et in uno est albedo cum dulcedine, in alio sine dulcedine. et per hunc etiam modum forma sensibilis alio modo est in re quae est extra animam, et alio modo in sensu, qui suscipit formas sensibilium absque materia, sicut colorem auri sine auro. et similiter intellectus species, corporum, quae sunt materiales |50| et mobiles, recipit immaterialiter et immobiliter, secundum modum suum, nam receptum est in recipiente per modum recipientis. dicendum est ergo quod anima per intellectum cognoscit corpora cognitione immateriali, universali et necessaria.

ra1 * Ad primum ergo dicendum quod verbum augustini est intelligendum ‘ quantum ad ea quibus intellectus cognoscit, non autem quantum ad ea quae cognoscit. cognoscit enim corpora intelligendo, sed non per corpora, neque per similitudines materiales et corporeas; sed per species immateriales et intelligibiles, quae per sui essentiam in anima esse possunt.

ra2 ‘ Ad secundum dicendum quod, * sicut augustinus dicit xxii de civit. dei, ‘ non est dicendum quod, sicut sensus cognoscit sola corporalia, ita intellectus cognoscit sola spiritualia, quia sequeretur quod deus et angeli corporalia non cognoscerent. huius autem diversitatis ratio est, quia inferior virtus non se extendit ad ea quae sunt superioris virtutis; sed virtus superior ea quae sunt inferioris virtutis, excellentiori modo operatur.

ra3 ‘ Ad tertium dicendum quod omnis motus supponit aliquid immobile, cum enim transmutatio fit secundum qualitatem, remanet substantia immobilis; et cum transmutatur forma substantialis, remanet materia immobilis. rerum etiam mutabilium sunt immobiles habitudines, sicut socrates etsi non semper sedeat, tamen immobiliter est verum quod, quandocumque sedet, in uno loco manet. et propter hoc nihil prohibet de rebus mobilibus immobilem scientiam habere.

007 ST1 qu84 ar2

ag1 ‘ Ad secundum sic proceditur. videtur quod anima per essentiam suam corporalia intelligat. * dicit enim augustinus, x de trin., quod ° anima imagines corporum convolvit et rapit factas in semetipsa de semetipsa, dat enim eis formandis quiddam substantiae suae. ‘ sed per similitudines corporum corpora intelligit. ergo per essentiam suam, quam dat formandis talibus similitudinibus, et de qua eas format, cognoscit corporalia.

ag2 * Praeterea, philosophus dicit, in iii de anima, quod ° anima quodammodo est omnia. ‘ cum ergo simile simili cognoscatur, videtur quod anima per seipsam corporalia cognoscat.

ag3 ‘ Praeterea, anima est superior corporalibus creaturis. inferiora autem sunt in superioribus eminentiori modo quam in seipsis, * ut dionysius dicit. ‘ ergo omnes creaturae corporeae nobiliori modo existunt in ipsa substantia animae quam in seipsis. per suam ergo substantiam potest creaturas corporeas cognoscere.

sc * Sed contra est quod augustinus dicit, ix de trin., quod ° mens corporearum rerum notitias per sensus corporis colligit. ‘ ipsa autem anima non est cognoscibilis per corporis sensus. non ergo cognoscit corporea per suam substantiam.

co * Respondeo dicendum quod antiqui philosophi posuerunt quod “ anima per suam essentiam cognoscit corpora. hoc enim animis omnium communiter inditum fuit, quod simile simili cognoscitur. existimabant autem quod forma cogniti sit in cognoscente eo modo quo est in re cognita. * e contrario tamen platonici posuerunt. plato enim, “ quia perspexit intellectualem animam immaterialem esse et immaterialiter cognoscere, posuit formas rerum cognitarum immaterialiter subsistere. * priores vero naturales, quia “ considerabant res cognitas esse corporeas et materiales, posuerunt oportere res cognitas etiam in anima cognoscente materialiter esse. et ideo, ut animae attribuerent omnium cognitionem, posuerunt eam habere naturam communem cum omnibus. et quia natura principiatorum ex principiis constituitur, attribuerunt animae naturam principii, ita quod qui dixit principium omnium esse ignem, posuit animam esse de natura ignis; et similiter de aere et aqua. * empedocles autem, qui posuit ° quatuor elementa materialia et duo moventia, ex his etiam dixit animam esse constitutam. et ita, cum res materialiter in anima ponerent, |25| posuerunt omnem cognitionem animae materialem esse, non discernentes inter intellectum et sensum. sed haec opinio ‘ improbatur. primo quidem, quia in materiali principio, * de quo loquebantur, ‘ non existunt principiata nisi in potentia. non autem cognoscitur aliquid secundum quod est in potentia, sed solum secundum quod est actu, * ut patet in ix metaphys., ‘ unde nec ipsa potentia cognoscitur nisi per actum. sic igitur non sufficeret attribuere animae principiorum naturam ad hoc quod omnia cognosceret, nisi inessent ei naturae et formae singulorum effectuum, puta ossis et carnis et aliorum huiusmodi; * ut aristoteles contra empedoclem argumentatur in i de anima. ‘ secundo quia, si oporteret rem cognitam materialiter in cognoscente existere, nulla ratio esset quare res quae materialiter extra animam subsistunt, cognitione carerent, puta, si anima igne cognoscit ignem, et ignis etiam qui est extra animam, ignem cognosceret. relinquitur ergo quod oportet materialia cognita in cognoscente existere non materialiter, sed magis immaterialiter. et huius ratio est, quia actus cognitionis se extendit ad ea quae sunt extra cognoscentem, cognoscimus enim etiam ea quae extra nos sunt. per materiam autem determinatur forma rei ad aliquid unum. unde manifestum est quod ratio cognitionis ex opposito se habet ad rationem materialitatis. et ideo quae non recipiunt formas nisi materialiter, nullo modo |50| sunt cognoscitiva, sicut plantae; * ut dicitur in ii libro de anima. ‘ quanto autem aliquid immaterialius habet formam rei cognitae, tanto perfectius cognoscit. unde et intellectus, qui abstrahit speciem non solum a materia, sed etiam a materialibus conditionibus individuantibus, perfectius cognoscit quam sensus, qui accipit formam rei cognitae sine materia quidem, sed cum materialibus conditionibus. et inter ipsos sensus, visus est magis cognoscitivus, quia est minus materialis, * ut supra dictum est. ‘ et inter ipsos intellectus, tanto quilibet est perfectior, quanto immaterialior. ex his ergo patet quod, si aliquis intellectus est qui per essentiam suam cognoscit omnia, oportet quod essentia eius habeat in se immaterialiter omnia; sicut antiqui posuerunt essentiam animae actu componi ex principiis omnium materialium, ut cognosceret omnia. hoc autem est proprium dei, ut sua essentia sit immaterialiter comprehensiva omnium, prout effectus virtute praeexistunt in causa. solus igitur deus per essentiam suam omnia intelligit; non autem anima humana, neque etiam angelus.

ra1 * Ad primum ergo dicendum quod augustinus ibi loquitur ‘ de visione imaginaria, quae fit per imagines corporum. quibus imaginibus formandis dat anima aliquid suae substantiae, sicut subiectum datur ut informetur per aliquam formam. et sic de seipsa facit huiusmodi imagines, non quod anima vel aliquid animae convertatur, ut sit haec vel illa imago; sed sicut dicitur de corpore fieri aliquid coloratum, prout informatur colore. et hic sensus apparet ex his quae sequuntur. * dicit enim quod “ servat aliquid, scilicet non formatum tali imagine, quod libere de specie talium imaginum iudicet, et hoc dicit esse mentem vel intellectum. partem autem quae informatur huiusmodi imaginibus scilicet imaginativam, dicit esse communem nobis et bestiis.

ra2 * Ad secundum dicendum quod aristoteles non posuit animam esse “ actu compositam ex omnibus, sicut antiqui naturales; sed dixit quodammodo animam esse omnia, ‘ inquantum est in potentia ad omnia; per sensum quidem ad sensibilia, per intellectum vero ad intelligibilia.

ra3 ‘ Ad tertium dicendum quod quaelibet creatura habet esse finitum et determinatum. unde essentia superioris creaturae, etsi habeat quandam similitudinem inferioris creaturae prout communicant in aliquo genere, non tamen complete habet similitudinem illius, quia determinatur ad aliquam speciem, praeter quam est species inferioris creaturae. sed essentia dei est perfecta similitudo omnium quantum ad omnia quae in rebus inveniuntur, sicut universale principium omnium.

007 ST1 qu84 ar3

ag1 ‘ Ad tertium sic proceditur. videtur quod anima intelligat omnia per species sibi naturaliter inditas. * dicit enim gregorius, in homilia ascensionis quod ° homo habet commune cum angelis intelligere. ‘ sed angeli intelligunt omnia per formas naturaliter inditas, * unde in libro de causis dicitur quod ° omnis intelligentia est plena formis. ‘ ergo et anima habet species rerum naturaliter inditas, quibus corporalia intelligit.

ag2 ‘ Praeterea, anima intellectiva est nobilior quam materia prima corporalis. sed materia prima est creata a deo sub formis ad quas est in potentia. ergo multo magis anima intellectiva est creata a deo sub speciebus intelligibilibus. et sic anima intelligit corporalia per species sibi naturaliter inditas.

ag3 ‘ Praeterea, nullus potest verum respondere nisi de eo quod scit. sed aliquis etiam idiota, non habens scientiam acquisitam, respondet verum de singulis, si tamen ordinate interrogetur, * ut narratur in menone platonis de quodam. ‘ ergo antequam aliquis acquirat scientiam, habet rerum cognitionem. quod non esset nisi anima haberet species naturaliter inditas. intelligit igitur anima res corporeas per species naturaliter inditas.

sc * Sed contra est quod philosophus dicit, in iii de anima, “ de intellectu loquens, quod est sicut tabula in qua nihil est scriptum.

co ‘ Respondeo dicendum quod, cum forma sit principium actionis, oportet ut eo modo se habeat aliquid ad formam quae est actionis principium, quo se habet ad actionem illam, sicut si moveri sursum est ex levitate, oportet quod in potentia tantum sursum fertur, esse leve solum in potentia, quod autem actu sursum fertur, esse leve in actu. videmus autem quod homo est quandoque cognoscens in potentia tantum, tam secundum sensum quam secundum intellectum. et de tali potentia in actum reducitur, ut sentiat quidem, per actiones sensibilium in sensum; ut intelligat autem, per disciplinam aut inventionem. unde oportet dicere quod anima cognoscitiva sit in potentia tam ad similitudines quae sunt principia sentiendi, quam ad similitudines quae sunt principia intelligendi. * et propter hoc aristoteles posuit quod “ intellectus, quo anima intelligit, non habet aliquas species naturaliter inditas, sed est in principio in potentia ad huiusmodi species omnes. sed quia id quod habet actu formam, interdum non potest agere secundum formam propter aliquod impedimentum, sicut leve si impediatur sursum ferri; * propter hoc plato posuit quod “ intellectus hominis naturaliter est plenus omnibus speciebus intelligibilibus, sed per unionem corporis impeditur ne possit in actum exire. ‘ sed hoc non videtur convenienter dictum. primo quidem quia, si habet anima naturalem notitiam omnium, non videtur esse possibile quod huius naturalis notitiae tantam oblivionem capiat, quod nesciat se huiusmodi scientiam habere, nullus enim homo obliviscitur ea quae naturaliter cognoscit, sicut quod omne totum sit maius sua parte, et alia huiusmodi. praecipue autem hoc videtur inconveniens, si ponatur esse animae naturale corpori uniri, * ut supra habitum est, ‘ inconveniens enim est quod naturalis operatio alicuius rei totaliter impediatur per id quod est sibi secundum naturam. secundo, manifeste apparet huius positionis falsitas ex hoc quod, deficiente aliquo sensu, deficit scientia eorum, quae apprehenduntur secundum illum sensum; sicut caecus natus nullam potest habere notitiam de coloribus. quod non esset, si animae essent naturaliter inditae omnium intelligibilium rationes. et ideo dicendum est quod anima non cognoscit corporalia per species naturaliter inditas.

ra1 ‘ Ad primum ergo dicendum quod homo quidem convenit cum angelis in intelligendo, deficit tamen ab eminentia intellectus eorum, sicut et corpora inferiora, quae tantum existunt * secundum gregorium, ‘ deficiunt ab existentia superiorum corporum. nam materia inferiorum corporum non est completa totaliter per formam, sed est in potentia ad formas quas non habet, materia autem caelestium corporum est totaliter completa per formam, ita quod non est in potentia ad aliam formam, * ut supra habitum est. ‘ et similiter intellectus angeli est perfectus per species intelligibiles secundum suam naturam, intellectus autem humanus est in potentia ad huiusmodi species.

ra2 ‘ Ad secundum dicendum quod materia prima habet esse substantiale per formam, et ideo oportuit quod crearetur sub aliqua forma, alioquin non esset in actu. sub una tamen forma existens, est in potentia ad alias. intellectus autem non habet esse substantiale per speciem intelligibilem; et ideo non est simile.

ra3 ‘ Ad tertium dicendum quod ordinata interrogatio procedit ex principiis communibus per se notis, ad propria. per talem autem processum scientia causatur in anima addiscentis. unde cum verum respondet de his de quibus secundo interrogatur, hoc non est quia prius ea noverit; sed quia tunc ea de novo addiscit. nihil enim refert utrum ille qui docet, proponendo vel interrogando procedat de principiis communibus ad conclusiones, utrobique enim animus audientis certificatur de posterioribus per priora.

007 ST1 qu84 ar4

ag1 ‘ Ad quartum sic proceditur. videtur quod species intelligibiles effluant in animam ab aliquibus formis separatis. omne enim quod per participationem est tale, causatur ab eo quod est per essentiam tale; sicut quod est ignitum reducitur sicut in causam in ignem. sed anima intellectiva, secundum quod est actu intelligens, participat ipsa intelligibilia, intellectus enim in actu, quodammodo est intellectum in actu. ergo ea quae secundum se et per essentiam suam sunt intellecta in actu, sunt causae animae intellectivae quod actu intelligat. intellecta autem in actu per essentiam suam, sunt formae sine materia existentes. species igitur intelligibiles quibus anima intelligit, causantur a formis aliquibus separatis.

ag2 ‘ Praeterea, intelligibilia se habent ad intellectum, sicut sensibilia ad sensum. sed sensibilia quae sunt in actu extra animam, sunt causae specierum sensibilium quae sunt in sensu, quibus sentimus. ergo species intelligibiles quibus intellectus noster intelligit, causantur ab aliquibus actu intelligibilibus extra animam existentibus. huiusmodi autem non sunt nisi formae a materia separatae. formae igitur intelligibiles intellectus nostri effluunt ab aliquibus substantiis separatis.

ag3 ‘ Praeterea, omne quod est in potentia, reducitur in actum per id quod est actu. si ergo intellectus noster, prius in potentia existens, postmodum actu intelligat, oportet quod hoc causetur ab aliquo intellectu qui semper est in actu. hic autem est intellectus separatus. ergo ab aliquibus substantiis separatis causantur species intelligibiles quibus actu intelligimus.

sc ‘ Sed contra est quia secundum hoc sensibus non indigeremus ad intelligendum. quod patet esse falsum ex hoc praecipue quod qui caret uno sensu, nullo modo potest habere scientiam de sensibilibus illius sensus.

co * Respondeo dicendum quod quidam posuerunt “ species intelligibiles nostri intellectus procedere ab aliquibus formis vel substantiis separatis. et hoc dupliciter. * plato enim, * sicut dictum est, “ posuit formas rerum sensibilium per se sine materia subsistentes; sicut formam hominis, quam nominabat per se hominem, et formam vel ideam equi, quam nominabat per se equum, et sic de aliis. has ergo formas separatas ponebat participari et ab anima nostra, et a materia corporali; ab anima quidem nostra ad cognoscendum, a materia vero corporali ad essendum; ut sicut materia corporalis per hoc quod participat ideam lapidis, fit hic lapis, ita intellectus noster per hoc quod participat ideam lapidis, fit intelligens lapidem. participatio autem ideae fit per aliquam similitudinem ipsius ideae in participante ipsam, per modum quo exemplar participatur ab exemplato. sicut igitur ponebat formas sensibiles quae sunt in materia corporali, effluere ab ideis sicut quasdam earum similitudines; ita ponebat species intelligibiles nostri intellectus esse similitudines quasdam idearum ab eis effluentes. et propter hoc, * ut supra dictum est, “ scientias et definitiones ad ideas referebat. sed quia contra rationem rerum sensibilium est quod earum formae subsistant absque materiis, * ut aristoteles multipliciter probat; ideo avicenna, hac positione remota, posuit “ omnium rerum sensibilium intelligibiles species, non quidem per se subsistere absque materia, sed praeexistere immaterialiter in intellectibus separatis; a quorum primo derivantur huiusmodi species in sequentem, et sic de aliis usque ad ultimum intellectum separatum, quem nominat intellectum agentem; a quo, ut ipse dicit, effluunt species intelligibiles in animas nostras, et formae sensibiles in materiam corporalem. et sic in hoc avicenna cum platone concordat, quod species intelligibiles nostri intellectus effluunt a quibusdam formis separatis, quas tamen plato dicit per se subsistere, avicenna vero ponit eas in intelligentia agente. differunt etiam quantum ad hoc, quod avicenna ponit species intelligibiles non remanere in intellectu nostro postquam desinit actu intelligere; sed indiget ut iterato se convertat ad recipiendum de novo. unde non ponit scientiam animae naturaliter inditam, * sicut plato, qui ponit “ participationes idearum immobiliter in anima permanere. ‘ sed secundum hanc positionem sufficiens ratio assignari non posset quare anima nostra corpori uniretur. non enim potest dici quod anima intellectiva corpori uniatur propter corpus, quia nec forma est propter materiam, nec motor propter mobile, sed potius e converso. maxime autem videtur corpus esse necessarium animae intellectivae ad eius propriam operationem, quae est intelligere, quia secundum esse suum a corpore non dependet. si autem anima species intelligibiles secundum suam naturam apta nata esset recipere per influentiam aliquorum separatorum principiorum tantum, et non acciperet eas ex sensibus, non indigeret corpore ad intelligendum, unde frustra corpori uniretur. “ si autem dicatur quod indiget anima nostra sensibus ad intelligendum, quibus quodammodo excitetur ad consideranda ea quorum species intelligibiles a principiis separatis recipit; ‘ hoc non videtur sufficere. quia huiusmodi excitatio non videtur necessaria animae nisi inquantum est consopita, * secundum platonicos, “ quodammodo et obliviosa propter unionem ad corpus, ‘ et sic sensus non proficerent animae intellectivae nisi ad tollendum impedimentum quod animae provenit ex corporis unione. remanet igitur quaerendum quae sit causa unionis animae ad corpus. * si autem dicatur, secundum avicennam, quod “ sensus sunt animae necessarii, quia per eos excitatur ut convertat se ad intelligentiam agentem, a qua recipit species; ‘ hoc quidem non sufficit. quia si in natura animae est ut intelligat per species ab intelligentia agente effluxas, sequeretur quod quandoque anima possit se convertere ad intelligentiam agentem ex inclinatione suae naturae, vel etiam excitata per alium sensum, ut convertat se ad intelligentiam agentem ad recipiendum species sensibilium quorum sensum aliquis non habet. et sic caecus natus posset habere scientiam de coloribus, quod est manifeste falsum. unde dicendum est quod species intelligibiles quibus anima nostra intelligit, non effluunt a formis separatis.

ra1 ‘ Ad primum ergo dicendum quod species intelligibiles quas participat noster intellectus, reducuntur sicut in primam causam in aliquod principium per suam essentiam intelligibile, scilicet in deum. sed ab illo principio procedunt mediantibus formis rerum sensibilium et materialium, a quibus scientiam colligimus, * ut dionysius dicit.

ra2 ‘ Ad secundum dicendum quod res materiales, secundum esse quod habent extra animam, possunt esse sensibiles actu; non autem actu intelligibiles. unde non est simile de sensu et intellectu.

ra3 ‘ Ad tertium dicendum quod intellectus noster possibilis reducitur de potentia ad actum per aliquod ens actu, idest per intellectum agentem, qui est virtus quaedam animae nostrae, * ut dictum est, ‘ non autem per aliquem intellectum separatum, sicut per causam proximam; sed forte sicut per causam remotam.

007 ST1 qu84 ar5

ag1 ‘ Ad quintum sic proceditur. videtur quod anima intellectiva non cognoscat res materiales in rationibus aeternis. id enim in quo aliquid cognoscitur, ipsum magis et per prius cognoscitur. sed anima intellectiva hominis, in statu praesentis vitae, non cognoscit rationes aeternas, quia non cognoscit ipsum deum, in quo rationes aeternae existunt, sed ei sicut ignoto coniungitur, * ut dionysius dicit in i cap. mysticae theologiae. ‘ ergo anima non cognoscit omnia in rationibus aeternis.

ag2 * Praeterea, rom. i, dicitur quod ° invisibilia dei per ea quae facta sunt, conspiciuntur. ‘ sed inter invisibilia dei numerantur rationes aeternae. ergo rationes aeternae per creaturas materiales cognoscuntur, et non e converso.

ag3 ‘ Praeterea, rationes aeternae nihil aliud sunt quam ideae, * dicit enim augustinus, in libro octoginta trium quaest., quod ° ideae sunt rationes stabiles rerum in mente divina existentes. ‘ si ergo dicatur quod anima intellectiva cognoscit omnia in rationibus aeternis, * redibit opinio platonis, qui posuit “ omnem scientiam ab ideis derivari.

sc * Sed contra est quod dicit augustinus, xii confess., ° si ambo videmus verum esse quod dicis, et ambo videmus verum esse quod dico, ubi quaeso id videmus? nec ego utique in te, nec tu in me sed ambo in ipsa, quae supra mentes nostras est, incommutabili veritate. ‘ veritas autem incommutabilis in aeternis rationibus continetur. ergo anima intellectiva omnia vera cognoscit in rationibus aeternis.

co ‘ Respondeo dicendum quod, * sicut augustinus dicit in ii de doctr. christ., ° philosophi qui vocantur, si qua forte vera et fidei nostrae accommoda dixerunt, ab eis tanquam ab iniustis possessoribus in usum nostrum vindicanda sunt. habent enim doctrinae gentilium quaedam simulata et superstitiosa figmenta, quae unusquisque nostrum de societate gentilium exiens, debet evitare. * et ideo augustinus, qui doctrinis platonicorum imbutus fuerat, “ si qua invenit fidei accommoda in eorum dictis, assumpsit; quae vero invenit fidei nostrae adversa, in melius commutavit. * posuit autem plato, * sicut supra dictum est, “ formas rerum per se subsistere a materia separatas, quas ideas vocabat, per quarum participationem dicebat intellectum nostrum omnia cognoscere; ut sicut materia corporalis per participationem ideae lapidis fit lapis, ita intellectus noster per participationem eiusdem ideae cognosceret lapidem. sed quia videtur esse alienum a fide quod formae rerum extra res per se subsistant absque materia, * sicut platonici posuerunt, dicentes “ per se vitam aut per se sapientiam esse quasdam substantias creatrices, * ut dionysius dicit xi cap. de div. nom.; ideo augustinus, in libro octoginta trium quaest., posuit loco “ harum idearum quas plato ponebat, rationes omnium creaturarum in mente divina existere, secundum quas omnia formantur, et secundum quas etiam anima humana omnia cognoscit. ‘ cum ergo quaeritur utrum anima humana in rationibus aeternis omnia cognoscat, dicendum est quod aliquid in aliquo dicitur cognosci dupliciter. uno modo, sicut in obiecto cognito; sicut aliquis videt in speculo ea quorum imagines in speculo resultant. et hoc modo anima, in statu praesentis vitae, non potest videre omnia in rationibus aeternis; sed sic in rationibus aeternis cognoscunt omnia beati, qui deum vident et omnia in ipso. alio modo dicitur aliquid cognosci in aliquo sicut in cognitionis principio; sicut si dicamus quod in sole videntur ea quae videntur per solem. et sic necesse est dicere quod anima humana omnia cognoscat in rationibus aeternis, per quarum participationem omnia cognoscimus. ipsum enim lumen intellectuale quod est in nobis, nihil est aliud quam quaedam participata similitudo luminis increati, in quo continentur rationes aeternae. * unde in psalmo iv, dicitur, ° multi dicunt, quis ostendit nobis bona? * cui quaestioni psalmista respondet, dicens, ° signatum est super nos lumen vultus tui, domine. “ quasi dicat, per ipsam sigillationem divini luminis in nobis, omnia nobis demonstrantur. ‘ quia tamen praeter lumen intellectuale in nobis, exiguntur species intelligibiles a rebus acceptae, ad scientiam de rebus materialibus habendam; ideo non per solam participationem rationum aeternarum de rebus materialibus notitiam habemus, sicut * platonici posuerunt quod “ sola idearum participatio sufficit ad scientiam habendam. * unde augustinus dicit, in iv de trin., ° numquid quia philosophi documentis certissimis persuadent aeternis rationibus omnia temporalia fieri, propterea potuerunt in ipsis rationibus perspicere, vel ex ipsis colligere quot sint animalium genera, quae semina singulorum? nonne ista omnia per locorum ac temporum historiam quaesierunt? “ quod autem augustinus non sic intellexerit omnia cognosci in rationibus aeternis, vel in incommutabili veritate, quasi ipsae rationes aeternae videantur, patet * per hoc quod ipse dicit in libro octoginta trium quaest., quod ° rationalis anima non omnis et quaelibet, sed quae sancta et pura fuerit, asseritur illi visioni, “ scilicet rationum aeternarum, esse idonea; sicut sunt animae beatorum.

ra ‘ Et per haec patet responsio ad obiecta.

007 ST1 qu84 ar6

ag1 ‘ Ad sextum sic proceditur. videtur quod intellectiva cognitio non accipiatur a rebus sensibilibus. * dicit enim augustinus, in libro octoginta trium quaest., quod ° non est expectanda sinceritas veritatis a corporis sensibus. * et hoc probat dupliciter. uno modo, per hoc quod ° omne quod corporeus sensus attingit, sine ulla intermissione temporis commutatur. quod autem non manet, percipi non potest. * alio modo, per hoc quod ° omnia quae per corpus sentimus, etiam cum non adsunt sensibus, imagines tamen eorum patimur, ut in somno vel furore; non autem sensibus discernere valemus utrum ipsa sensibilia, vel imagines eorum falsas sentiamus. nihil autem percipi potest quod a falso non discernitur. “ et sic concludit quod non est expectanda veritas a sensibus. ‘ sed cognitio intellectualis est apprehensiva veritatis. non ergo cognitio intellectualis est expectanda a sensibus.

ag2 * Praeterea, augustinus dicit, xii super gen. ad litt., ° non est putandum facere aliquid corpus in spiritum, tanquam spiritus corpori facienti materiae vice subdatur, omni enim modo praestantior est qui facit, ea re de qua aliquid facit. * unde concludit quod ° imaginem corporis non corpus in spiritu, sed ipse spiritus in seipso facit. ‘ non ergo intellectualis cognitio a sensibilibus derivatur.

ag3 ‘ Praeterea, effectus non se extendit ultra virtutem suae causae. sed intellectualis cognitio se extendit ultra sensibilia, intelligimus enim quaedam quae sensu percipi non possunt. intellectualis ergo cognitio non derivatur a rebus sensibilibus.

sc ‘ Sed contra est quod * philosophus probat, i metaphys., et in fine poster., quod “ principium nostrae cognitionis est a sensu.

co ‘ Respondeo dicendum quod circa istam quaestionem triplex fuit philosophorum opinio. * democritus enim posuit quod ° nulla est alia causa cuiuslibet nostrae cognitionis, nisi cum ab his corporibus quae cogitamus, veniunt atque intrant imagines in animas nostras; * ut augustinus dicit in epistola sua ad dioscorum. et aristoteles etiam dicit, in libro de somn. et vigil., quod democritus posuit cognitionem fieri per idola et defluxiones. et huius positionis ratio fuit, quia tam ipse democritus quam “ alii antiqui naturales non ponebant intellectum differre a sensu, * ut aristoteles dicit in libro de anima. “ et ideo, quia sensus immutatur a sensibili, arbitrabantur omnem nostram cognitionem fieri per solam immutationem a sensibilibus. quam quidem immutationem democritus asserebat fieri per imaginum defluxiones. * plato vero e contrario posuit “ intellectum differre a sensu; et intellectum quidem esse virtutem immaterialem organo corporeo non utentem in suo actu. et quia incorporeum non potest immutari a corporeo, posuit quod cognitio intellectualis non fit per immutationem intellectus a sensibilibus, sed per participationem formarum intelligibilium separatarum, ut dictum est. sensum etiam posuit virtutem quandam per se operantem. unde nec ipse sensus, cum sit quaedam vis spiritualis, immutatur a sensibilibus, sed organa sensuum a sensibilibus immutantur, ex qua immutatione anima quodammodo excitatur ut in se species sensibilium formet. * et hanc opinionem tangere videtur augustinus, xii super gen. ad litt., ubi dicit quod ° corpus non sentit, sed anima per corpus, quo velut nuntio utitur ad formandum in seipsa quod extrinsecus nuntiatur. * sic igitur secundum platonis opinionem, “ neque intellectualis cognitio a sensibili procedit, neque etiam sensibilis totaliter a sensibilibus rebus; sed sensibilia excitant animam sensibilem ad sentiendum, et similiter sensus excitant animam intellectivam ad intelligendum. * aristoteles autem media via processit. posuit “ enim cum platone intellectum differre a sensu. sed sensum posuit propriam operationem non habere sine communicatione corporis; ita quod sentire non sit actus animae tantum, sed coniuncti. et similiter posuit de omnibus operationibus sensitivae partis. quia igitur non est inconveniens quod sensibilia quae sunt extra animam, causent aliquid in coniunctum, in hoc aristoteles cum democrito concordavit, quod operationes sensitivae partis causentur per impressionem sensibilium in sensum, non per modum defluxionis, ut democritus posuit, sed per quandam operationem. nam * et democritus omnem actionem fieri posuit per influxionem atomorum, ut patet in i de generat.. intellectum vero posuit aristoteles “ habere operationem absque communicatione corporis. nihil autem corporeum imprimere potest in rem incorpoream. et ideo ad causandam intellectualem operationem, secundum aristotelem, non sufficit sola impressio sensibilium corporum, sed requiritur aliquid nobilius, quia agens est honorabilius patiente, ut ipse dicit. non tamen ita quod intellectualis operatio causetur in nobis ex sola impressione aliquarum rerum superiorum, ut plato posuit, sed illud superius et nobilius agens quod vocat intellectum agentem, * de quo iam supra diximus, “ facit phantasmata a sensibus accepta intelligibilia in actu, per modum abstractionis cuiusdam. ‘ secundum hoc ergo, ex parte phantasmatum intellectualis operatio a sensu causatur. sed quia phantasmata non sufficiunt immutare intellectum possibilem, sed oportet quod fiant intelligibilia actu per intellectum agentem; non potest dici quod sensibilis cognitio sit totalis et perfecta causa intellectualis cognitionis, sed magis quodammodo est materia causae.

ra1 * Ad primum ergo dicendum quod per verba illa augustini ‘ datur intelligi quod veritas non sit totaliter a sensibus expectanda. requiritur enim lumen intellectus agentis, per quod immutabiliter veritatem in rebus mutabilibus cognoscamus, et discernamus ipsas res a similitudinibus rerum.

ra2 * Ad secundum dicendum quod augustinus “ ibi non loquitur de intellectuali cognitione, sed de imaginaria. et quia, secundum platonis opinionem, vis imaginaria habet operationem quae est animae solius; eadem ratione usus est augustinus ad ostendendum quod corpora non imprimunt suas similitudines in vim imaginariam, sed hoc facit ipsa anima, * qua utitur aristoteles ad probandum “ intellectum agentem esse aliquid separatum, quia scilicet agens est honorabilius patiente. et procul dubio oportet, secundum hanc positionem, in vi imaginativa ponere non solum potentiam passivam, sed etiam activam. * sed si ponamus, secundum opinionem aristotelis, quod “ actio virtutis imaginativae sit coniuncti, ‘ nulla sequitur difficultas, quia corpus sensibile est nobilius organo animalis, secundum hoc quod comparatur ad ipsum ut ens in actu ad ens in potentia, sicut coloratum in actu ad pupillam, quae colorata est in potentia. posset tamen dici quod, quamvis prima immutatio virtutis imaginariae sit per motum sensibilium, quia phantasia est motus factus secundum sensum, * ut dicitur in libro de anima; ‘ tamen est quaedam operatio animae in homine quae dividendo et componendo format diversas rerum imagines, etiam quae non sunt a sensibus acceptae. * et quantum ad hoc possunt accipi verba augustini.

ra3 ‘ Ad tertium dicendum quod sensitiva cognitio non est tota causa intellectualis cognitionis. et ideo non est mirum si intellectualis cognitio ultra sensitivam se extendit.

007 ST1 qu84 ar7

ag1 ‘ Ad septimum sic proceditur. videtur quod intellectus possit actu intelligere per species intelligibiles quas penes se habet, non convertendo se ad phantasmata. intellectus enim fit in actu per speciem intelligibilem qua informatur. sed intellectum esse in actu, est ipsum intelligere. ergo species intelligibiles sufficiunt ad hoc quod intellectus actu intelligat, absque hoc quod ad phantasmata se convertat.

ag2 ‘ Praeterea, magis dependet imaginatio a sensu, quam intellectus ab imaginatione. sed imaginatio potest imaginari actu, absentibus sensibilibus. ergo multo magis intellectus potest intelligere actu, non convertendo se ad phantasmata.

ag3 ‘ Praeterea, incorporalium non sunt aliqua phantasmata, quia imaginatio tempus et continuum non transcendit. si ergo intellectus noster non posset aliquid intelligere in actu nisi converteretur ad phantasmata, sequeretur quod non posset intelligere incorporeum aliquid. quod patet esse falsum, intelligimus enim veritatem ipsam, et deum et angelos.

sc * Sed contra est quod philosophus dicit, in iii de anima, quod ° nihil sine phantasmate intelligit anima.

co ‘ Respondeo dicendum quod impossibile est intellectum nostrum, secundum praesentis vitae statum, quo passibili corpori coniungitur, aliquid intelligere in actu, nisi convertendo se ad phantasmata. et hoc duobus indiciis apparet. primo quidem quia, cum intellectus sit vis quaedam non utens corporali organo, nullo modo impediretur in suo actu per laesionem alicuius corporalis organi, si non requireretur ad eius actum actus alicuius potentiae utentis organo corporali. utuntur autem organo corporali sensus et imaginatio et aliae vires pertinentes ad partem sensitivam. unde manifestum est quod ad hoc quod intellectus actu intelligat, non solum accipiendo scientiam de novo, sed etiam utendo scientia iam acquisita, requiritur actus imaginationis et ceterarum virtutum. videmus enim quod, impedito actu virtutis imaginativae per laesionem organi, ut in phreneticis; et similiter impedito actu memorativae virtutis, ut in lethargicis; impeditur homo ab intelligendo in actu etiam ea quorum scientiam praeaccepit. secundo, quia hoc quilibet in seipso experiri potest, quod quando aliquis conatur aliquid intelligere, format aliqua phantasmata sibi per modum exemplorum, in quibus quasi inspiciat quod intelligere studet. et inde est etiam quod quando alium volumus facere aliquid intelligere, proponimus ei exempla, ex quibus sibi phantasmata formare possit ad intelligendum. huius autem ratio est, quia potentia cognoscitiva proportionatur cognoscibili. unde intellectus angelici, qui est totaliter a corpore separatus, obiectum proprium est substantia intelligibilis a corpore separata; et per huiusmodi intelligibilia materialia cognoscit. intellectus autem humani, qui est coniunctus corpori, proprium obiectum est quidditas sive natura in materia corporali existens; et per huiusmodi naturas visibilium rerum etiam in invisibilium rerum aliqualem cognitionem ascendit. de ratione autem huius naturae est, quod in aliquo individuo existat, quod non est absque materia corporali, sicut de ratione naturae lapidis est quod sit in hoc lapide, et de ratione naturae equi quod sit in hoc equo, et sic de aliis. unde natura lapidis, vel cuiuscumque materialis rei, cognosci non potest complete et vere, nisi secundum quod cognoscitur ut in particulari existens. particulare autem apprehendimus per sensum et imaginationem. et ideo necesse est ad hoc quod intellectus actu intelligat suum obiectum proprium, quod convertat se ad phantasmata, ut speculetur naturam universalem in particulari existentem. si autem proprium obiectum intellectus nostri esset forma separata; vel si naturae rerum sensibilium subsisterent non in particularibus, * secundum platonicos; ‘ non oporteret quod intellectus noster semper intelligendo converteret se ad phantasmata.

ra1 ‘ Ad primum ergo dicendum quod species conservatae in intellectu possibili, in eo existunt habitualiter quando actu non intelligit, * sicut supra dictum est. ‘ unde ad hoc quod intelligamus in actu, non sufficit ipsa conservatio specierum; sed oportet quod eis utamur secundum quod convenit rebus quarum sunt species, quae sunt naturae in particularibus existentes.

ra2 ‘ Ad secundum dicendum quod etiam ipsum phantasma est similitudo rei particularis, unde non indiget imaginatio aliqua alia similitudine particularis, sicut indiget intellectus.

ra3 ‘ Ad tertium dicendum quod incorporea, quorum non sunt phantasmata, cognoscuntur a nobis per comparationem ad corpora sensibilia, quorum sunt phantasmata. sicut veritatem intelligimus ex consideratione rei circa quam veritatem speculamur; deum autem, * ut dionysius dicit, ‘ cognoscimus ut causam, et per excessum, et per remotionem; alias etiam incorporeas substantias, in statu praesentis vitae, cognoscere non possumus nisi per remotionem, vel aliquam comparationem ad corporalia. et ideo cum de huiusmodi aliquid intelligimus, necesse habemus converti ad phantasmata corporum, licet ipsorum non sint phantasmata.

007 ST1 qu84 ar8

ag1 ‘ Ad octavum sic proceditur. videtur quod iudicium intellectus non impediatur per ligamentum sensus. superius enim non dependet ab inferiori. sed iudicium intellectus est supra sensum. ergo iudicium intellectus non impeditur per ligamentum sensus.

ag2 ‘ Praeterea, syllogizare est actus intellectus. in somno autem ligatur sensus, * ut dicitur in libro de somn. et vig.; ‘ contingit tamen quandoque quod aliquis dormiens syllogizat. ergo non impeditur iudicium intellectus per ligamentum sensus.

sc ‘ Sed contra est quod in dormiendo ea quae contra licitos mores contingunt, non imputantur ad peccatum; * ut augustinus in xii super gen. ad litt. dicit. ‘ hoc autem non esset si homo in dormiendo liberum usum rationis et intellectus haberet. ergo impeditur rationis usus per ligamentum sensus.

co * Respondeo dicendum quod, sicut dictum est, ‘ proprium obiectum intellectui nostro proportionatum est natura rei sensibilis. iudicium autem perfectum de re aliqua dari non potest, nisi ea omnia quae ad rem pertinent cognoscantur, et praecipue si ignoretur id quod est terminus et finis iudicii. * dicit autem philosophus, in iii de caelo, quod ° sicut finis factivae scientiae est opus, ita naturalis scientiae finis est quod videtur principaliter secundum sensum, ‘ faber enim non quaerit cognitionem cultelli nisi propter opus, ut operetur hunc particularem cultellum; et similiter naturalis non quaerit cognoscere naturam lapidis et equi, nisi ut sciat rationes eorum quae videntur secundum sensum. manifestum est autem quod non posset esse perfectum iudicium fabri de cultello, si opus ignoraret, et similiter non potest esse perfectum iudicium scientiae naturalis de rebus naturalibus, si sensibilia ignorentur. omnia autem quae in praesenti statu intelligimus, cognoscuntur a nobis per comparationem ad res sensibiles naturales. unde impossibile est quod sit in nobis iudicium intellectus perfectum, cum ligamento sensus, per quem res sensibiles cognoscimus.

ra1 ‘ Ad primum ergo dicendum quod, quamvis intellectus sit superior sensu, accipit tamen aliquo modo a sensu, et eius obiecta prima et principalia in sensibilibus fundantur. et ideo necesse est quod impediatur iudicium intellectus ex ligamento sensus.

ra2 ‘ Ad secundum dicendum quod sensus ligatur in dormientibus propter evaporationes quasdam et fumositates resolutas, * ut dicitur in libro de somn. et vig.. ‘ et ideo secundum dispositionem huiusmodi evaporationum, contingit esse ligamentum sensus maius vel minus. quando enim multus fuerit motus vaporum, ligatur non solum sensus, sed etiam imaginatio, ita ut nulla appareant phantasmata; sicut praecipue accidit cum aliquis incipit dormire post multum cibum et potum. si vero motus vaporum aliquantulum fuerit remissior, apparent phantasmata, sed distorta et inordinata; sicut accidit in febricitantibus. si vero adhuc magis motus sedetur, apparent phantasmata ordinata; sicut maxime solet contingere in fine dormitionis, et in hominibus sobriis et habentibus fortem imaginationem. si autem motus vaporum fuerit modicus, non solum imaginatio remanet libera, sed etiam ipse sensus communis ex parte solvitur; ita quod homo iudicat interdum in dormiendo ea quae videt somnia esse, quasi diiudicans inter res et rerum similitudines. sed tamen ex aliqua parte remanet sensus communis ligatus; et ideo, licet aliquas similitudines discernat a rebus, tamen semper in aliquibus decipitur. sic igitur per modum quo sensus solvitur et imaginatio in dormiendo, liberatur et iudicium intellectus, non tamen ex toto. unde illi qui dormiendo syllogizant, cum excitantur, semper recognoscunt se in aliquo defecisse.

007 ST1 qu85 ar

pr ‘ Deinde considerandum est de modo et ordine intelligendi. et circa hoc quaeruntur octo. primo, utrum intellectus noster intelligat abstrahendo species a phantasmatibus. secundo, utrum species intelligibiles abstractae a phantasmatibus, se habeant ad intellectum nostrum ut quod intelligitur, vel sicut id quo intelligitur. tertio, utrum intellectus noster naturaliter intelligat prius magis universale. quarto, utrum intellectus noster possit multa simul intelligere. quinto, utrum intellectus noster intelligat componendo et dividendo. sexto, utrum intellectus possit errare. septimo, utrum unus possit eandem rem melius intelligere quam alius. octavo, utrum intellectus noster per prius cognoscat indivisibile quam divisibile.

007 ST1 qu85 ar1

ag1 ‘ Ad primum sic proceditur. videtur quod intellectus noster non intelligat res corporeas et materiales per abstractionem a phantasmatibus. quicumque enim intellectus intelligit rem aliter quam sit, est falsus. formae autem rerum materialium non sunt abstractae a particularibus, quorum similitudines sunt phantasmata. si ergo intelligamus res materiales per abstractionem specierum a phantasmatibus, erit falsitas in intellectu nostro.

ag2 ‘ Praeterea, res materiales sunt res naturales, in quarum definitione cadit materia. sed nihil potest intelligi sine eo quod cadit in definitione eius. ergo res materiales non possunt intelligi sine materia. sed materia est individuationis principium. ergo res materiales non possunt intelligi per abstractionem universalis a particulari, quod est abstrahere species intelligibiles a phantasmatibus.

ag3 * Praeterea, in iii de anima dicitur quod “ phantasmata se habent ad animam intellectivam sicut colores ad visum. ‘ sed visio non fit per abstractionem aliquarum specierum a coloribus, sed per hoc quod colores imprimunt in visum. ergo nec intelligere contingit per hoc quod aliquid abstrahatur a phantasmatibus, sed per hoc quod phantasmata imprimunt in intellectum.

ag4 * Praeterea, ut dicitur in iii de anima, ‘ in intellectiva anima sunt duo, scilicet intellectus possibilis, et agens. sed abstrahere a phantasmatibus species intelligibiles non pertinet ad intellectum possibilem, sed recipere species iam abstractas. sed nec etiam videtur pertinere ad intellectum agentem, qui se habet ad phantasmata sicut lumen ad colores, quod non abstrahit aliquid a coloribus, sed magis eis influit. ergo nullo modo intelligimus abstrahendo a phantasmatibus.

ag5 * Praeterea, philosophus, in iii de anima, dicit quod ° intellectus intelligit species in phantasmatibus. ‘ non ergo eas abstrahendo.

sc * Sed contra est quod dicitur in iii de anima, quod ° sicut res sunt separabiles a materia, sic circa intellectum sunt. ‘ ergo oportet quod materialia intelligantur inquantum a materia abstrahuntur, et a similitudinibus materialibus, quae sunt phantasmata.

co * Respondeo dicendum quod, sicut supra dictum est, ‘ obiectum cognoscibile proportionatur virtuti cognoscitivae. est autem triplex gradus cognoscitivae virtutis. quaedam enim cognoscitiva virtus est actus organi corporalis, scilicet sensus. et ideo obiectum cuiuslibet sensitivae potentiae est forma prout in materia corporali existit. et quia huiusmodi materia est individuationis principium, ideo omnis potentia sensitivae partis est cognoscitiva particularium tantum. quaedam autem virtus cognoscitiva est quae neque est actus organi corporalis, neque est aliquo modo corporali materiae coniuncta, sicut intellectus angelicus. et ideo huius virtutis cognoscitivae obiectum est forma sine materia subsistens, etsi enim materialia cognoscant, non tamen nisi in immaterialibus ea intuentur, scilicet vel in seipsis vel in deo. intellectus autem humanus medio modo se habet, non enim est actus alicuius organi, sed tamen est quaedam virtus animae, quae est forma corporis, * ut ex supra dictis patet. ‘ et ideo proprium eius est cognoscere formam in materia quidem corporali individualiter existentem, non tamen prout est in tali materia. cognoscere vero id quod est in materia individuali, non prout est in tali materia, est abstrahere formam a materia individuali, quam repraesentant phantasmata. et ideo necesse est dicere quod intellectus noster intelligit materialia abstrahendo a phantasmatibus; |25| et per materialia sic considerata in immaterialium aliqualem cognitionem devenimus, sicut e contra angeli per immaterialia materialia cognoscunt. * plato vero, “ attendens solum ad immaterialitatem intellectus humani, non autem ad hoc quod est corpori quodammodo unitus, posuit obiectum intellectus ideas separatas; et quod intelligimus, non quidem abstrahendo, sed magis abstracta participando, * ut supra dictum est.

ra1 ‘ Ad primum ergo dicendum quod abstrahere contingit dupliciter. uno modo, per modum compositionis et divisionis; sicut cum intelligimus aliquid non esse in alio, vel esse separatum ab eo. alio modo, per modum simplicis et absolutae considerationis; sicut cum intelligimus unum, nihil considerando de alio. abstrahere igitur per intellectum ea quae secundum rem non sunt abstracta, secundum primum modum abstrahendi, non est absque falsitate. sed secundo modo abstrahere per intellectum quae non sunt abstracta secundum rem, non habet falsitatem; ut in sensibilibus manifeste apparet. si enim intelligamus vel dicamus colorem non inesse corpori colorato, vel esse separatum ab eo, erit falsitas in opinione vel in oratione. si vero consideremus colorem et proprietates eius, nihil considerantes de pomo colorato; vel quod sic intelligimus, etiam voce exprimamus; erit absque falsitate opinionis et orationis. pomum enim non est de ratione coloris; et ideo nihil prohibet colorem intelligi, nihil intelligendo de pomo. similiter dico quod ea quae pertinent ad rationem speciei cuiuslibet rei materialis, puta lapidis aut hominis aut equi, possunt considerari sine principiis individualibus, quae non sunt de ratione speciei. et hoc est abstrahere universale a particulari, vel speciem intelligibilem a phantasmatibus, considerare scilicet naturam speciei absque consideratione individualium principiorum, quae per phantasmata repraesentantur. cum ergo dicitur quod intellectus |25| est falsus qui intelligit rem aliter quam sit, verum est si ly aliter referatur ad rem intellectam. tunc enim intellectus est falsus, quando intelligit rem esse aliter quam sit. unde falsus esset intellectus, si sic abstraheret speciem lapidis a materia, ut intelligeret eam non esse in materia, * ut plato posuit. ‘ non est autem verum quod proponitur, si ly aliter accipiatur ex parte intelligentis. est enim absque falsitate ut alius sit modus intelligentis in intelligendo, quam modus rei in existendo, quia intellectum est in intelligente immaterialiter, per modum intellectus; non autem materialiter, per modum rei materialis.

ra2 ‘ Ad secundum dicendum quod quidam putaverunt quod species rei naturalis sit forma solum, et quod materia non sit pars speciei. sed secundum hoc, in definitionibus rerum naturalium non poneretur materia. et ideo aliter dicendum est, quod materia est duplex, scilicet communis, et signata vel individualis, communis quidem, ut caro et os; individualis autem, ut hae carnes et haec ossa. intellectus igitur abstrahit speciem rei naturalis a materia sensibili individuali, non autem a materia sensibili communi. sicut speciem hominis abstrahit ab his carnibus et his ossibus, quae non sunt de ratione speciei, sed sunt partes individui, * ut dicitur in vii metaphys.; ‘ et ideo sine eis considerari potest. sed species hominis non potest abstrahi per intellectum a carnibus et ossibus. species autem mathematicae possunt abstrahi per intellectum a materia sensibili non solum individuali, sed etiam communi; non tamen a materia intelligibili communi, sed solum individuali. materia enim sensibilis dicitur materia corporalis secundum quod subiacet qualitatibus sensibilibus, scilicet calido et frigido, duro et molli, et huiusmodi. materia vero intelligibilis dicitur substantia secundum quod subiacet quantitati. manifestum est autem quod quantitas prius inest substantiae quam qualitates sensibiles. unde quantitates, ut numeri et dimensiones et figurae, quae sunt terminationes quantitatum, possunt considerari absque qualitatibus |25| sensibilibus, quod est eas abstrahi a materia sensibili, non tamen possunt considerari sine intellectu substantiae quantitati subiectae, quod esset eas abstrahi a materia intelligibili communi. possunt tamen considerari sine hac vel illa substantia; quod est eas abstrahi a materia intelligibili individuali. quaedam vero sunt quae possunt abstrahi etiam a materia intelligibili communi, sicut ens, unum, potentia et actus, et alia huiusmodi, quae etiam esse possunt absque omni materia, ut patet in substantiis immaterialibus. * et quia plato “ non consideravit quod dictum est de duplici modo abstractionis, omnia quae diximus abstrahi per intellectum, posuit abstracta esse secundum rem.

ra3 ‘ Ad tertium dicendum quod colores habent eundem modum existendi prout sunt in materia corporali individuali, sicut et potentia visiva, et ideo possunt imprimere suam similitudinem in visum. sed phantasmata, cum sint similitudines individuorum, et existant in organis corporeis, non habent eundem modum existendi quem habet intellectus humanus, * ut ex dictis patet; ‘ et ideo non possunt sua virtute imprimere in intellectum possibilem. sed virtute intellectus agentis resultat quaedam similitudo in intellectu possibili ex conversione intellectus agentis supra phantasmata, quae quidem est repraesentativa eorum quorum sunt phantasmata, solum quantum ad naturam speciei. et per hunc modum dicitur abstrahi species intelligibilis a phantasmatibus, non quod aliqua eadem numero forma, quae prius fuit in phantasmatibus, postmodum fiat in intellectu possibili, ad modum quo corpus accipitur ab uno loco et transfertur ad alterum.

ra4 ‘ Ad quartum dicendum quod phantasmata et illuminantur ab intellectu agente; et iterum ab eis, per virtutem intellectus agentis, species intelligibiles abstrahuntur. illuminantur quidem, quia, sicut pars sensitiva ex coniunctione ad intellectivam efficitur virtuosior, ita phantasmata ex virtute intellectus agentis redduntur habilia ut ab eis intentiones intelligibiles abstrahantur. abstrahit autem intellectus agens species intelligibiles a phantasmatibus, inquantum per virtutem intellectus agentis accipere possumus in nostra consideratione naturas specierum sine individualibus conditionibus, secundum quarum similitudines intellectus possibilis informatur.

ra5 ‘ Ad quintum dicendum quod intellectus noster et abstrahit species intelligibiles a phantasmatibus, inquantum considerat naturas rerum in universali; et tamen intelligit eas in phantasmatibus, quia non potest intelligere etiam ea quorum species abstrahit, nisi convertendo se ad phantasmata, * ut supra dictum est.

007 ST1 qu85 ar2

ag1 ‘ Ad secundum sic proceditur. videtur quod species intelligibiles a phantasmatibus abstractae, se habeant ad intellectum nostrum sicut id quod intelligitur. intellectum enim in actu est in intelligente, quia intellectum in actu est ipse intellectus in actu. sed nihil de re intellecta est in intellectu actu intelligente, nisi species intelligibilis abstracta. ergo huiusmodi species est ipsum intellectum in actu.

ag2 ‘ Praeterea, intellectum in actu oportet in aliquo esse, alioquin nihil esset. sed non est in re quae est extra animam, quia, cum res extra animam sit materialis, nihil quod est in ea, potest esse intellectum in actu. relinquitur ergo quod intellectum in actu sit in intellectu. et ita nihil est aliud quam species intelligibilis praedicta.

ag3 * Praeterea, philosophus dicit, in i periherm., quod ° voces sunt notae earum quae sunt in anima passionum. ‘ sed voces significant res intellectas, id enim voce significamus quod intelligimus. ergo ipsae passiones animae, scilicet species intelligibiles, sunt ea quae intelliguntur in actu.

sc ‘ Sed contra, species intelligibilis se habet ad intellectum, sicut species sensibilis ad sensum. sed species sensibilis non est illud quod sentitur, sed magis id quo sensus sentit. ergo species intelligibilis non est quod intelligitur actu, sed id quo intelligit intellectus.

co * Respondeo dicendum quod quidam posuerunt quod “ vires cognoscitivae quae sunt in nobis, nihil cognoscunt nisi proprias passiones; puta quod sensus non sentit nisi passionem sui organi. et secundum hoc, intellectus nihil intelligit nisi suam passionem, idest speciem intelligibilem in se receptam. et secundum hoc, species huiusmodi est ipsum quod intelligitur. ‘ sed haec opinio manifeste apparet falsa ex duobus. primo quidem, quia eadem sunt quae intelligimus, et de quibus sunt scientiae. si igitur ea quae intelligimus essent solum species quae sunt in anima, sequeretur quod scientiae omnes non essent de rebus quae sunt extra animam, sed solum de speciebus intelligibilibus quae sunt in anima; * sicut secundum platonicos “ omnes scientiae sunt de ideis, quas ponebant esse intellecta in actu. * secundo, quia sequeretur error antiquorum dicentium quod ° omne quod videtur est verum; ‘ et sic quod contradictoriae essent simul verae. si enim potentia non cognoscit nisi propriam passionem, de ea solum iudicat. sic autem videtur aliquid, secundum quod potentia cognoscitiva afficitur. semper ergo iudicium potentiae cognoscitivae erit de eo quod iudicat, scilicet de propria |25| passione, secundum quod est; et ita omne iudicium erit verum. puta si gustus non sentit nisi propriam passionem, cum aliquis habens sanum gustum iudicat mel esse dulce, vere iudicabit; et similiter si ille qui habet gustum infectum, iudicet mel esse amarum, vere iudicabit, uterque enim iudicat secundum quod gustus eius afficitur. et sic sequitur quod omnis opinio aequaliter erit vera, et universaliter omnis acceptio. et ideo dicendum est quod species intelligibilis se habet ad intellectum ut quo intelligit intellectus. quod sic patet. cum enim sit duplex actio, * sicut dicitur ix metaphys., ‘ una quae manet in agente, ut videre et intelligere, altera quae transit in rem exteriorem, ut calefacere et secare; utraque fit secundum aliquam formam. et sicut forma secundum quam provenit actio tendens in rem exteriorem, est similitudo obiecti actionis, ut calor calefacientis est similitudo calefacti; similiter forma secundum quam provenit actio manens in agente, est similitudo obiecti. unde similitudo rei visibilis est secundum quam visus videt; et similitudo rei intellectae, quae est species intelligibilis, est forma secundum quam intellectus intelligit. sed quia intellectus supra seipsum reflectitur, secundum eandem reflexionem intelligit et suum intelligere, et speciem qua intelligit. et sic species intellectiva secundario est id quod |50| intelligitur. sed id quod intelligitur primo, est res cuius species intelligibilis est similitudo. * et hoc etiam patet ex antiquorum opinione, qui ponebant “ simile simili cognosci. ponebant enim quod anima per terram quae in ipsa erat, cognosceret terram quae extra ipsam erat; et sic de aliis. ‘ si ergo accipiamus speciem terrae loco terrae, * secundum doctrinam aristotelis, qui dicit quod ° lapis non est in anima, sed species lapidis; ‘ sequetur quod anima per species intelligibiles cognoscat res quae sunt extra animam.

ra1 ‘ Ad primum ergo dicendum quod intellectum est in intelligente per suam similitudinem. et per hunc modum dicitur quod intellectum in actu est intellectus in actu, inquantum similitudo rei intellectae est forma intellectus; sicut similitudo rei sensibilis est forma sensus in actu. unde non sequitur quod species intelligibilis abstracta sit id quod actu intelligitur, sed quod sit similitudo eius.

ra2 ‘ Ad secundum dicendum quod, cum dicitur intellectum in actu, duo importantur, scilicet res quae in-

telligitur, et hoc quod est ipsum intelligi. et similiter cum dicitur universale abstractum, duo intelliguntur, scilicet ipsa natura rei, et abstractio seu universalitas. ipsa igitur natura cui accidit vel intelligi vel abstrahi, vel intentio universalitatis, non est nisi in singularibus; sed hoc ipsum quod est intelligi vel abstrahi, vel intentio universalitatis, est in intellectu. et hoc possumus videre per simile in sensu. visus enim videt colorem pomi sine eius odore. si ergo quaeratur ubi sit color qui videtur sine odore manifestum est quod color qui videtur, non est nisi in pomo; sed quod sit sine odore perceptus, hoc accidit ei ex parte visus, inquantum in visu est similitudo coloris et non odoris. similiter humanitas quae intelligitur, non est nisi in hoc vel in illo homine, sed quod humanitas apprehendatur sine individualibus conditionibus, quod est ipsam abstrahi, ad quod sequitur intentio universalitatis, accidit humanitatis secundum quod percipitur ab intellectu, in quo est similitudo naturae speciei, et non individualium principiorum.
ra3 ' Ad tertium dicendum quod in parte sensitiva invenitur duplex operatio. una secundum solam immutationem, et sic perficitur operatio sensus per hoc quod immutatur a sensibili. alia operatio est formatio, secundum quod vis imaginativa format sibi aliquod idolum rei absentis, vel etiam nunquam visae. et utraque haec operatio coniungitur in intellectu. nam primo quidem consideratur passio intellectus possibilis secundum quod informatur specie intelligibili. qua quidem formatus, format secundo vel definitionem vel divisionem vel compositionem, quae per vocem significatur. unde ratio quam significat nomen, est definitio; et enuntiatio significat compositionem et divisionem intellectus. non ergo voces significant ipsas species intelligibiles; sed ea quae intellectus sibi format ad iudicandum de rebus exterioribus.

007 ST1 qu85 ar3

ag1 ' Ad tertium sic proceditur. videtur quod magis universalia non sint priora in nostra cognitione intellectuali. quia ea quae sunt priora et notiora secundum naturam, sunt posteriora et minus nota secundum nos. sed universalia sunt priora secundum naturam, quia prius est a quo non convertitur subsistendi consequentia. ergo universalia sunt posteriora in cognitione nostri intellectus.
ag2 ' Praeterea, composita sunt priora quoad nos quam simplicia. sed universalia sunt simpliciora. ergo sunt posterius nota quoad nos.
ag3 * Praeterea, philosophus dicit, in i physic. quod " definitum prius cadit in cognitione nostra quam partes definitionis. ' sed universaliora sunt partes definitionis minus universalium, sicut animal est pars definitionis hominis. ergo universalia sunt posterius nota quoad nos.
ag4 ' Praeterea, per effectus devenimus in causas et principia. sed universalia sunt quaedam principia. ergo universalia sunt posterius nota quoad nos.
sc * Sed contra est quod dicitur in i physic., quod ° ex universalibus in singularia oportet devenire.
co ' Respondeo dicendum quod in cognitione nostri intellectus duo oportet considerare. primo quidem, quod cognitio intellectiva aliquo modo a sensitiva primordium sumit. et quia sensus est singularium, intellectus autem universalium; necesse est quod cognitio singularium, quoad nos, prior sit quam universalium cognitio. secundo oportet considerare quod intellectus noster de potentia in actum procedit. omne autem quod procedit de potentia in actum, prius pervenit ad actum incompletum, qui est medius inter potentiam et actum, quam ad actum perfectum. actus autem perfectus ad quem pervenit intellectus, est scientia completa, per quam distincte et determinate res cognoscuntur. actus autem incompletus est scientia imperfecta, per quam sciuntur res indistincte sub quadam confusione, quod enim sic cognoscitur, secundum quid cognoscitur in actu, et quodammodo in potentia. * unde philosophus dicit, in i physic., quod ° sunt primo nobis manifesta et certa confusa magis; posterius autem cognoscimus distinguendo distincte principia et elementa. ' manifestum est autem quod cognoscere aliquid in quo plura continentur, sine hoc quod habeatur propria notitia uniuscuiusque eorum quae continentur in illo, est cognoscere aliquid sub confusione quadam. sic autem potest cognosci tam totum universale, in quo partes continentur in potentia, quam etiam totum integrale, utrumque enim totum potest cognosci in quadam confusione, sine hoc quod partes distincte cognoscantur. |25| cognoscere autem distincte id quod continetur in toto universali, est habere cognitionem de re minus communi. sicut cognoscere animal indistincte, est cognoscere animal inquantum est animal, cognoscere autem animal distincte, est cognoscere animal inquantum est animal rationale vel irrationale, quod est cognoscere hominem vel leonem. prius igitur occurrit intellectui nostro cognoscere animal quam cognoscere hominem, et eadem ratio est si comparemus quodcumque magis universale ad minus universale. et quia sensus exit de potentia in actum sicut et intellectus, idem etiam ordo cognitionis apparet in sensu. nam prius secundum sensum diiudicamus magis commune quam minus commune, et secundum locum et secundum tempus. secundum locum quidem, sicut, cum aliquid videtur a remotis, prius deprehenditur esse corpus, quam deprehendatur esse animal; et prius deprehenditur esse animal, quam deprehendatur esse homo; et prius homo, quam socrates vel plato. secundum tempus autem, quia puer a principio prius distinguit hominem a non homine, quam distinguat hunc hominem ab alio homine; et ideo ° pueri a principio appellant omnes viros patres, posterius autem determinant unumquemque, * ut dicitur in i physic.. ' et huius ratio manifesta est. quia qui scit aliquid indistincte, adhuc est in potentia ut sciat distinctionis principium; sicut qui scit genus, est in potentia ut sciat |50| differentiam. et sic patet quod cognitio indistincta media est inter potentiam et actum. est ergo dicendum quod cognitio singularium est prior quoad nos quam cognitio universalium, sicut cognitio sensitiva quam cognitio intellectiva. sed tam secundum sensum quam secundum intellectum, cognitio magis communis est prior quam cognitio minus communis.
ra1 ' Ad primum ergo dicendum quod universale dupliciter potest considerari. uno modo, secundum quod natura universalis consideratur simul cum intentione universalitatis. et cum intentio universalitatis, ut scilicet unum et idem habeat habitudinem ad multa, proveniat ex abstractione intellectus, oportet quod secundum hunc modum universale sit posterius. * unde in i de anima dicitur quod ° animal universale aut nihil est, aut posterius est. * sed secundum platonem, qui posuit " universalia subsistentia, secundum hanc considerationem universale esset prius quam particularia, quae secundum eum non sunt nisi per participationem universalium subsistentium, quae dicuntur ideae. ' alio modo potest considerari quantum ad ipsam naturam, scilicet animalitatis vel humanitatis, prout invenitur in particularibus. et sic dicendum est quod duplex est ordo naturae. unus secundum viam generationis et temporis, secundum quam viam, ea quae sunt imperfecta et in potentia, sunt priora. et hoc modo magis commune est prius secundum naturam, quod apparet manifeste in generatione hominis et animalis; nam prius generatur animal quam homo, * ut dicitur in libro de generat. animal.. ' alius est ordo perfectionis, sive intentionis naturae; sicut actus simpliciter |25| est prius secundum naturam quam potentia, et perfectum prius quam imperfectum. et per hunc modum, minus commune est prius secundum naturam quam magis commune, ut homo quam animal, naturae enim intentio non sistit in generatione animalis, sed intendit generare hominem.
ra2 ' Ad secundum dicendum quod universale magis commune comparatur ad minus commune ut totum et ut pars. ut totum quidem, secundum quod in magis universali non solum continetur in potentia minus universale, sed etiam alia; ut sub animali non solum homo, sed etiam equus. ut pars autem, secundum quod minus commune continet in sui ratione non solum magis commune, sed etiam alia; ut homo non solum animal, sed etiam rationale. sic igitur animal consideratum in se, prius est in nostra cognitione quam homo; sed homo est prius in nostra cognitione quam quod animal sit pars rationis eius.
ra3 ' Ad tertium dicendum quod pars aliqua dupliciter potest cognosci. uno modo absolute, secundum quod in se est, et sic nihil prohibet prius cognoscere partes quam totum, ut lapides quam domum. alio modo, secundum quod sunt partes huius totius, et sic necesse est quod prius cognoscamus totum quam partes; prius enim cognoscimus domum quadam confusa cognitione, quam distinguamus singulas partes eius. sic igitur dicendum est quod definientia, absolute considerata, sunt prius nota quam definitum, alioquin non notificaretur definitum per ea. sed secundum quod sunt partes definitionis, sic sunt posterius nota, prius enim cognoscimus hominem quadam confusa cognitione, quam sciamus distinguere omnia quae sunt de hominis ratione.
ra4 ' Ad quartum dicendum quod universale, secundum quod accipitur cum intentione universalitatis, est quidem quodammodo principium cognoscendi, prout intentio universalitatis consequitur modum intelligendi qui est per abstractionem. non autem est necesse quod omne quod est principium cognoscendi, sit principium essendi, * ut plato existimavit, ' cum quandoque cognoscamus causam per effectum, et substantiam per accidentia. unde universale sic acceptum, secundum sententiam aristotelis, non est principium essendi, neque substantia, * ut patet in vii metaphys.. 'si autem consideremus ipsam naturam generis et speciei prout est in singularibus, sic quodammodo habet rationem principii formalis respectu singularium, nam singulare est propter materiam, ratio autem speciei sumitur ex forma. sed natura generis comparatur ad naturam speciei magis per modum materialis principii, quia natura generis sumitur ab eo quod est materiale in re, ratio vero speciei ab eo quod est formale; sicut ratio animalis a sensitivo, ratio vero hominis ab intellectivo. et inde est quod ultima naturae intentio est ad speciem, non autem ad individuum, neque ad genus, quia forma est finis generationis, materia vero est propter formam. non autem oportet quod cuiuslibet causae vel principii cognitio sit posterior quoad nos, cum quandoque cognoscamus per causas sensibiles, |25| effectus ignotos; quandoque autem e converso.

007 ST1 qu85 ar4

ag1 ' Ad quartum sic proceditur. videtur quod possimus multa simul intelligere. intellectus enim est supra tempus. sed prius et posterius ad tempus pertinent. ergo intellectus non intelligit diversa secundum prius et posterius sed simul.
ag2 ' Praeterea, nihil prohibet diversas formas non oppositas simul eidem actu inesse, sicut odorem et colorem pomo. sed species intelligibiles non sunt oppositae. ergo nihil prohibet intellectum unum simul fieri in actu secundum diversas species intelligibiles et sic potest multa simul intelligere.
ag3 ' Praeterea, intellectus simul intelligit aliquod totum, ut hominem vel domum. sed in quolibet toto continentur multae partes. ergo intellectus simul multa intelligit.
ag4 ' Praeterea, non potest cognosci differentia unius ad alterum, nisi simul utrumque apprehendatur, * ut dicitur in libro de anima, ' et eadem ratio est de quacumque alia comparatione. sed intellectus noster cognoscit differentiam et comparationem unius ad alterum. ergo cognoscit multa simul.
sc * Sed contra est quod dicitur in libro topic., quod ° intelligere est unum solum, scire vero multa.
co ' Respondeo dicendum quod intellectus quidem potest multa intelligere per modum unius, non autem multa per modum multorum, dico autem per modum unius vel multorum, per unam vel plures species intelligibiles. nam modus cuiusque actionis consequitur formam quae est actionis principium. quaecumque ergo intellectus potest intelligere sub una specie, simul intelligere potest, et inde est quod deus omnia simul videt, quia omnia videt per unum, quod est essentia sua. quaecumque vero intellectus per diversas species intelligit, non simul intelligit. et huius ratio est, quia impossibile est idem subiectum perfici simul pluribus formis unius generis et diversarum specierum, sicut impossibile est quod idem corpus secundum idem simul coloretur diversis coloribus, vel figuretur diversis figuris. omnes autem species intelligibiles sunt unius generis, quia sunt perfectiones unius intellectivae potentiae; licet res quarum sunt species, sint diversorum generum. impossibile est ergo quod idem intellectus simul perficiatur diversis speciebus intelligibilibus, ad intelligendum diversa in actu.
ra1 ' Ad primum ergo dicendum quod intellectus est supra tempus quod est numerus motus corporalium rerum. sed ipsa pluralitas specierum intelligibilium causat vicissitudinem quandam intelligibilium operationum, secundum quam una operatio est prior altera. et hanc vicissitudinem * augustinus nominat tempus, cum dicit, viii super gen. ad litt., quod ° deus movet creaturam spiritualem per tempus.
ra2 ' Ad secundum dicendum quod non solum oppositae formae non possunt esse simul in eodem subiecto, sed nec quaecumque formae eiusdem generis, licet non sint oppositae, * sicut patet per exemplum inductum de coloribus et figuris.
ra3 ' Ad tertium dicendum quod partes possunt intelligi dupliciter. uno modo, sub quadam confusione, prout sunt in toto, et sic cognoscuntur per unam formam totius, et sic simul cognoscuntur. alio modo, cognitione distincta, secundum quod quaelibet cognoscitur per suam speciem, et sic non simul intelliguntur.
ra4 ' Ad quartum dicendum quod quando intellectus intelligit differentiam vel comparationem unius ad alterum, cognoscit utrumque differentium vel comparatorum sub ratione ipsius comparationis vel differentiae; * sicut dictum est quod ' cognoscit partes sub ratione totius.

007 ST1 qu85 ar5

ag1 ' Ad quintum sic proceditur. videtur quod intellectus noster non intelligat componendo et dividendo. compositio enim et divisio non est nisi multorum. sed intellectus non potest simul multa intelligere. ergo non potest intelligere componendo et dividendo.
ag2 ' Praeterea, omni compositioni et divisioni adiungitur tempus praesens, praeteritum vel futurum. sed intellectus abstrahit a tempore, sicut etiam ab aliis particularibus conditionibus. ergo intellectus non intelligit componendo et dividendo.
ag3 ' Praeterea, intellectus intelligit per assimilationem ad res. sed compositio et divisio nihil est in rebus, nihil enim invenitur in rebus nisi res quae significatur per praedicatum et subiectum, quae est una et eadem si compositio est vera; homo enim est vere id quod est animal. ergo intellectus non componit et dividit.
sc ' Sed contra, voces significant conceptiones intellectus, * ut dicit philosophus in i periherm.. ' sed in vocibus est compositio et divisio; ut patet in propositionibus affirmativis et negativis. ergo intellectus componit et dividit.
co ' Respondeo dicendum quod intellectus humanus necesse habet intelligere componendo et dividendo. cum enim intellectus humanus exeat de potentia in actum, similitudinem quandam habet cum rebus generabilibus, quae non statim perfectionem suam habent, sed eam successive acquirunt. et similiter intel-

lectus humanus non statim in prima apprehensione capit perfectam rei cognitionem; sed primo apprehendit aliquid de ipsa, puta quidditatem ipsius rei, quae est primum et proprium obiectum intellectus; et deinde intelligit proprietates et accidentia et habitudines circumstantes rei essentiam. et secundum hoc, necesse habet unum apprehensum alii componere vel dividere; et ex una compositione vel divisione ad aliam procedere, quod est ratiocinari. intellectus autem angelicus et divinus se habet sicut res incorruptibiles, quae statim a principio habent suam totam perfectionem. unde intellectus angelicus et divinus statim perfecte totam rei cognitionem habet. unde in cognoscendo quidditatem rei, cognoscit de re simul quidquid nos cognoscere possumus componendo et dividendo et ratiocinando. et ideo intellectus humanus cognoscit componendo et dividendo, sicut et ratiocinando. intellectus autem divinus et angelicus cognoscunt quidem compositionem et divisionem et ratiocinationem, non componendo et dividendo et ratiocinando, sed per intellectum simplicis quidditatis.

ra1 ‘ Ad primum ergo dicendum quod compositio et divisio intellectus secundum quandam differentiam vel comparationem fit. unde sic intellectus cognoscit multa componendo et dividendo, sicut cognoscendo differentiam vel comparationem rerum.

ra2 ‘ Ad secundum dicendum quod intellectus est abstrahit a phantasmatibus; et tamen non intelligit actu nisi convertendo se ad phantasmata, * sicut supra dictum est. ‘ et ex ea parte qua se ad phantasmata convertit, compositioni et divisioni intellectus adiungitur tempus.

ra3 ‘ Ad tertium dicendum quod similitudo rei recipitur in intellectu secundum modum intellectus, et non secundum modum rei. unde compositioni et divisioni intellectus respondet quidem aliquid ex parte rei; tamen non eodem modo se habet in re, sicut in intellectu. intellectus enim humani proprium obiectum est quidditas rei materialis, quae sub sensu et imaginatione cadit. invenitur autem duplex compositio in re materiali. prima quidem, formae ad materiam, et huic respondet compositio intellectus qua totum universale de sua parte praedicatur; nam genus sumitur a materia communi, differentia vero completiva speciei a forma, particulare vero a materia individuali. secunda vero compositio est accidentis ad subiectum, et huic reali compositioni respondet compositio intellectus secundum quam praedicatur accidens de subiecto, ut cum dicitur, homo est albus. tamen differt compositio intellectus a compositione rei, nam ea quae componuntur in re, sunt diversa; compositio autem intellectus est signum identitatis eorum quae componuntur. non enim intellectus sic componit, ut dicat quod homo est albedo; sed dicit quod homo est albus, idest habens albedinem, idem autem est subiecto quod est homo, et quod est habens albedinem. et simile est de compositione formae et materiae, nam animal significat id quod habet naturam sensitivam, rationale vero quod habet naturam intellectivam, homo vero quod habet utrumque, socrates vero quod habet omnia haec cum materia |25| individuali; et secundum hanc identitatis rationem, intellectus noster unum componit alteri praedicando.

007 ST1 qu85 ar6

ag1 ‘ Ad sextum sic proceditur. videtur quod intellectus possit esse falsus. * dicit enim philosophus, in vi metaphys., quod ° verum et falsum sunt in mente. ‘ mens autem et intellectus idem sunt, * ut supra dictum est. ‘ ergo falsitas est in intellectu.

ag2 ‘ Praeterea, opinio et ratiocinatio ad intellectum pertinent. sed in utraque istarum invenitur falsitas. ergo potest esse falsitas in intellectu.

ag3 ‘ Praeterea, peccatum in parte intellectiva est. sed peccatum cum falsitate est, * errant enim qui operantur malum, ut dicitur prov. xiv. ‘ ergo falsitas potest esse in intellectu.

sc ‘ Sed contra est quod * dicit augustinus, in libro octoginta trium quaest., quod ° omnis qui fallitur, id in quo fallitur non intelligit. * et philosophus dicit, in libro de anima, quod ° intellectus semper est rectus.

co * Respondeo dicendum quod philosophus, in iii de anima, “ comparat, quantum ad hoc, intellectum sensui. ‘ sensus enim circa proprium obiectum non decipitur, sicut visus circa colorem; nisi forte per accidens, ex impedimento circa organum contingente, sicut cum gustus febrientium dulcia iudicat amara, propter hoc quod lingua malis humoribus est repleta. circa sensibilia vero communia decipitur sensus, sicut in diiudicando de magnitudine vel figura; ut cum iudicat solem esse pedalem, qui tamen est maior terra. et multo magis decipitur circa sensibil a per accidens; ut cum iudicat fel esse mel, propter coloris similitudinem. et huius ratio est in evidenti. quia ad proprium obiectum unaquaeque potentia per se ordinatur, secundum quod ipsa. quae autem sunt huiusmodi, semper eodem modo se habent. unde manente potentia, non deficit eius iudicium circa proprium obiectum. obiectum autem proprium intellectus est quidditas rei. unde circa quidditatem re , per se loquendo, intellectus non fallitur. sed circa ea quae circumstant rei essentiam vel quidditatem, intellectus potest falli, dum unum ordinat ad aliud, vel componendo vel dividendo vel etiam ratiocinando. et propter hoc etiam circa illas propositiones errare non potest, quae statim cognoscuntur cognita terminorum quidditate, sicut accidit circa prima principia, ex quibus etiam accidit infallibilitas veritatis, secundum certitudinem scientiae, |25| circa conclusiones. per accidens tamen contingit intellectum decipi circa quod quid est in rebus compositis; non ex parte organi, quia intellectus non est virtus utens organo; sed ex parte compositionis intervenientis circa definitionem, dum vel definitio unius rei est falsa de alia, sicut definitio circuli de triangulo, vel dum aliqua definitio in seipsa est falsa, implicans compositionem impossibilium, ut si accipiatur hoc ut definitio alicuius rei, animal rationale alatum. unde in rebus simplicibus, in quarum definitionibus compositio intervenire non potest, non possumus decipi; sed deficimus in totaliter non attingendo, * sicut dicitur in ix metaphys..

ra1 * Ad primum ergo dicendum quod falsitatem dicit esse philosophus “ in mente secundum compositionem et divisionem. ‘ et similiter

ra2 ‘ Dicendum est ad secundum, de opinione et ratiocinatione.

ra3 ‘ Et ad tertium, de errore peccantium, qui consistit in applicatione ad appetibile. sed in absoluta consideratione quidditatis rei, et eorum quae per eam cognoscuntur, intellectus nunquam decipitur. * et sic loquuntur auctoritates in contrarium inductae.

007 ST1 qu85 ar7

ag1 ‘ Ad septimum sic proceditur. videtur quod unam et eandem rem unus alio melius intelligere non possit. * dicit enim augustinus, in libro octoginta trium quaest., ° quisquis ullam rem aliter quam est intelligit non eam intelligit. quare non est dubitandum esse perfectam intelligentiam, qua praestantior esse non possit; et ideo non per infinitum ire quod quaelibet res intelligitur; nec eam posse alium alio plus intelligere.

ag2 ‘ Praeterea, intellectus intelligendo verus est. veritas autem, cum sit aequalitas quaedam intellectus et rei, non recipit magis et minus, non enim proprie dicitur aliquid magis et minus aequale. ergo neque magis et minus aliquid intelligi dicitur.

ag3 ‘ Praeterea, intellectus est id quod est formalissimum in homine. sed differentia formae causat differentiam speciei. si igitur unus homo magis alio intelligit, videtur quod non sint unius speciei.

sc ‘ Sed contra est quod per experimentum inveniuntur aliqui aliis profundius intelligentes; sicut profundius intelligit qui conclusionem aliquam potest reducere in prima principia et causas primas, quam qui potest reducere solum in causas proximas.

co ‘ Respondeo dicendum quod aliquem intelligere unam et eandem rem magis quam alium, potest intelligi dupliciter. uno modo, sic quod ly magis determinet actum intelligendi ex parte rei intellectae. et sic non potest unus eandem rem magis intelligere quam alius, quia si intelligeret eam aliter esse quam sit, vel melius vel peius, falleretur, et non intelligeret * ut arguit augustinus. ‘ alio modo potest intelligi ut determinet actum intelligendi ex parte intelligentis. et sic unus alio potest eandem rem melius intelligere, quia est melioris virtutis in intelligendo; sicut melius videt visione corporali rem aliquam qui est perfectioris virtutis, et in quo virtus visiva est perfectior. hoc autem circa intellectum contingit dupliciter. uno quidem modo, ex parte ipsius intellectus, qui est perfectior. manifestum est enim quod quanto corpus est melius dispositum, tanto meliorem sortitur animam, quod manifeste apparet in his quae sunt secundum speciem diversa. cuius ratio est, quia actus et forma recipitur in materia secundum materiae capacitatem. unde cum etiam in hominibus quidam habeant corpus melius dispositum, sortiuntur animam maioris virtutis in intelligendo, * unde dicitur in ii de anima quod ° molles carne bene aptos mente videmus. ‘ alio modo contingit hoc ex parte inferiorum virtutum, quibus |25| intellectus indiget ad sui operationem, illi enim in quibus virtus imaginativa et cogitativa et memorativa est melius disposita, sunt melius dispositi ad intelligendum.

ra1 ‘ Ad primum ergo patet solutio ex dictis.

ra2 ‘ Et similiter ad secundum, veritas enim intellectus in hoc consistit, quod intelligatur res esse sicuti est.

ra3 ‘ Ad tertium dicendum quod differentia formae quae non provenit nisi ex diversa dispositione materiae, non facit diversitatem secundum speciem, sed solum secundum numerum; sunt enim diversorum individuorum diversae formae, secundum materiam diversificatae.

007 ST1 qu85 ar8

ag1 ‘ Ad octavum sic proceditur. videtur quod intellectus noster per prius cognoscat indivisibile quam divisibile. * dicit enim philosophus, in i physic., quod ° intelligimus et scimus ex principiorum et elementorum cognitione. ‘ sed indivisibilia sunt principia et elementa divisibilium. ergo per prius sunt nobis nota indivisibilia quam divisibilia.

ag2 ‘ Praeterea, id quod ponitur in definitione alicuius, per prius cognoscitur a nobis, quia definitio est ex prioribus et notioribus, * ut dicitur in vi topic.. ‘ sed indivisibile ponitur in definitione divisibilis, sicut ° linea enim, * ut euclides dicit, ° est longitudo sine latitudine, cuius extremitates sunt duo puncta. ‘ et unitas ponitur in definitione numeri, quia numerus est multitudo mensurata per unum, * ut dicitur in x metaphys.. ‘ ergo intellectus noster per prius intelligit indivisibile quam divisibile.

ag3 ‘ Praeterea, simile simili cognoscitur. sed indivisibile est magis simile intellectui quam divisibile, quia intellectus est simplex, * ut dicitur in iii de anima. ‘ ergo intellectus noster prius cognoscit indivisibile.

sc * Sed contra est quod dicitur in iii de anima, quod ° indivisibile monstratur sicut privatio. ‘ sed privatio per posterius cognoscitur. ergo et indivisibile.

co ‘ Respondeo dicendum quod obiectum intellectus nostri, secundum praesentem statum, est quidditas rei materialis, quam a phantasmatibus abstrahit, * ut ex praemissis patet. ‘ et quia id quod est primo et per se cognitum a virtute cognoscitiva, est proprium eius obiectum, considerari potest quo ordine indivisibile intelligatur a nobis, ex eius habitudine ad huiusmodi quidditatem. dicitur autem indivisibile tripliciter, * ut dicitur in iii de anima. ‘ uno modo, sicut continuum est indivisibile, quia est indivisum in actu, licet sit divisibile in potentia. et huiusmodi indivisibile prius est intellectum a nobis quam eius divisio, quae est in partes, quia cognitio confusa est prior quam distincta, * ut dictum est. ‘ alio modo dicitur indivisibile secundum speciem, sicut ratio hominis est quoddam indivisibile. et hoc etiam modo indivisibile est prius intellectum quam divisio eius in partes rationis, * ut supra dictum est, ‘ et iterum prius quam intellectus componat et dividat, affirmando vel negando. et huius ratio est, quia huiusmodi duplex indivisibile intellectus |25| secundum se intelligit, sicut proprium obiectum. tertio modo dicitur indivisibile quod est omnino indivisibile, ut punctus et unitas, quae nec actu nec potentia dividuntur. et huiusmodi indivisibile per posterius cognoscitur, per privationem divisibilis. unde punctum privative definitur, punctum est cuius pars non est, et similiter ratio unius est quod sit indivisibile, * ut dicitur in x metaphys.. ‘ et huius ratio est, quia tale indivisibile habet quandam oppositionem ad rem corporalem, cuius quidditatem primo et per se intellectus accipit. “ si autem intellectus noster intelligeret per participationem indivisibilium separatorum, * ut platonici posuerunt, “ sequeretur quod indivisibile huiusmodi esset primo intellectum, * quia secundum platonicos, “ priora prius participantur a rebus.

ra1 ‘ Ad primum ergo dicendum quod in accipiendo scientiam, non semper principia et elementa sunt priora, quia quandoque ex effectibus sensibilibus devenimus in cognitionem principiorum et causarum intelligibilium. sed in complemento scientiae, semper scientia effectuum dependet ex cognitione principiorum et elementorum, * quia, ut ibidem dicit philosophus, ° tunc opinamur nos scire, cum principiata possumus in causas resolvere.

ra2 ‘ Ad secundum dicendum quod punctum non ponitur in definitione lineae communiter sumptae, manifestum est enim quod in linea infinita, et etiam in circulari, non est punctum nisi in potentia. * sed euclides definit lineam finitam rectam, et ideo posuit “ punctum in definitione lineae, sicut terminum in definitione terminati. ‘ unitas vero est mensura numeri, et ideo ponitur in definitione numeri mensurati. non autem ponitur in definitione divisibilis, sed magis e converso.

ra3 ‘ Ad tertium dicendum quod similitudo per quam intelligimus, est species cogniti in cognoscente. et ideo non secundum similitudinem naturae ad potentiam cognoscitivam est aliquid prius cognitum, sed per convenientiam ad obiectum, alioquin magis visus cognosceret auditum quam colorem.

007 ST1 qu86 ar

pr ‘ Deinde considerandum est quid intellectus noster in rebus materialibus cognoscat. et circa hoc quaeruntur quatuor. primo, utrum cognoscat singularia. secundo, utrum cognoscat infinita. tertio, utrum cognoscat contingentia. quarto, utrum cognoscat futura.

007 ST1 qu86 ar1

ag1 ‘ Ad primum sic proceditur. videtur quod intellectus noster cognoscat singularia. quicumque enim cognoscit compositionem, cognoscit extrema compositionis. sed intellectus noster cognoscit hanc compositionem. socrates est homo, eius enim est propositionem formare. ergo intellectus noster cognoscit hoc singulare quod est socrates.

ag2 ‘ Praeterea, intellectus practicus dirigit ad agendum. sed actus sunt circa singularia. ergo cognoscit singularia.

ag3 ‘ Praeterea, intellectus noster intelligit seipsum. ipse autem est quoddam singulare, alioquin non haberet aliquem actum; actus enim singularium sunt. ergo intellectus noster cognoscit singulare.

ag4 ‘ Praeterea, quidquid potest virtus inferior, potest superior. sed sensus cognoscit singulare. ergo multo magis intellectus.

sc * Sed contra est quod dicit philosophus, in i physic., quod ° universale secundum rationem est notum, singulare autem secundum sensum.

co ‘ Respondeo dicendum quod singulare in rebus materialibus intellectus noster directe et primo cognoscere non potest. cuius ratio est, quia principium singularitatis in rebus materialibus est materia individualis, intellectus autem noster, * sicut supra dictum est, ‘ intelligit abstrahendo speciem intelligibilem ab huiusmodi materia. quod autem a materia individuali abstrahitur, est universale. unde intellectus noster directe non est cognoscitivus nisi universalium. indirecte autem, et quasi per quandam reflexionem, potest cognoscere singulare, quia, * sicut supra dictum est, ‘ etiam postquam species intelligibiles abstraxit, non potest secundum eas actu intelligere nisi convertendo se ad phantasmata, in quibus species intelligibiles intelligit, * ut dicitur in iii de anima. ‘ sic igitur ipsum universale per speciem intelligibilem directe intelligit; indirecte autem singularia, quorum sunt phantasmata. et hoc modo format hanc propositionem, socrates est homo.
ra1 ‘ Unde patet solutio ad primum.
ra2 ‘ Ad secundum dicendum quod electio particularis operabilis est quasi conclusio syllogismi intellectus practici, * ut dicitur in vii ethic.. ‘ ex universali autem propositione directe non potest concludi singularis, nisi mediante aliqua singulari propositione assumpta. unde universalis ratio intellectus practici non movet nisi mediante particulari apprehensione sensitivae partis, * ut dicitur in iii de anima.
ra3 ‘ Ad tertium dicendum quod singulare non repugnat intelligibilitati inquantum est singulare, sed inquantum est materiale, quia nihil intelligitur nisi immaterialiter. et ideo si sit aliquod singulare immateriale, sicut est intellectus, hoc non repugnat intelligibilitati.
ra4 ‘ Ad quartum dicendum quod virtus superior potest illud quod potest virtus inferior, sed eminentiori modo. unde id quod cognoscit sensus materialiter et concrete, quod est cognoscere singulare directe, hoc cognoscit intellectus immaterialiter et abstracte, quod est cognoscere universale.

007 ST1 qu86 ar2

ag1 ‘ Ad secundum sic proceditur. videtur quod intellectus noster possit cognoscere infinita. deus enim excedit omnia infinita. sed intellectus noster potest cognoscere deum, * ut supra dictum est. ‘ ergo multo magis potest cognoscere omnia alia infinita.
ag2 ‘ Praeterea, intellectus noster natus est cognoscere genera et species. sed quorundam generum sunt infinitae species, sicut numeri, proportionis et figurae. ergo intellectus noster potest cognoscere infinita.
ag3 ‘ Praeterea, si unum corpus non impediret aliud ab existendo in uno et eodem loco, nihil prohiberet infinita corpora in uno loco esse. sed una species intelligibilis non prohibet aliam ab existendo simul in eodem intellectu, contingit enim multa scire in habitu. ergo nihil prohibet intellectum nostrum infinitorum scientiam habere in habitu.
ag4 ‘ Praeterea, intellectus, cum non sit virtus materiae corporalis, * ut supra dictum est, ‘ videtur esse potentia infinita. sed virtus infinita potest super infinita. ergo intellectus noster potest cognoscere infinita.
sc * Sed contra est quod dicitur in i physic., quod ° infinitum, inquantum est infinitum, est ignotum.
co ‘ Respondeo dicendum quod, cum potentia proportionetur suo obiecto, oportet hoc modo se habere intellectum ad infinitum, sicut se habet eius obiectum, quod est quidditas rei materialis. in rebus autem materialibus non invenitur infinitum in actu, sed solum in potentia, secundum quod unum succedit alteri, * ut dicitur in iii physic.. ‘ et ideo in intellectu nostro invenitur infinitum in potentia, in accipiendo scilicet unum post aliud, quia nunquam intellectus noster tot intelligit, quin possit plura intelligere. actu autem vel habitu non potest cognoscere infinita intellectus noster. actu quidem non, quia intellectus noster non potest simul actu cognoscere nisi quod per unam speciem cognoscit. infinitum autem non habet unam speciem, alioquin haberet rationem totius et perfecti. et ideo non potest intelligi nisi accipiendo partem post partem, * ut ex eius definitione patet in iii physic., ° est enim infinitum cuius quantitatem accipientibus semper est aliquid extra accipere, ‘ et sic infinitum cognosci non posset actu, nisi omnes partes eius numerarentur, quod est impossibile. et eadem ratione non possumus intelligere infinita in habitu. in nobis enim habitualis cognitio causatur ex actuali consideratione, intelligendo enim efficimur scientes, * ut dicitur in ii ethic.. |25| ‘ unde non possemus habere habitum infinitorum secundum distinctam cognitionem, nisi consideravissemus omnia infinita, numerando ea secundum cognitionis successionem, quod est impossibile. et ita nec actu nec habitu intellectus noster potest cognoscere infinita, sed in potentia tantum, * ut dictum est.
ra1 * Ad primum ergo dicendum quod, sicut supra dictum est, ‘ deus dicitur infinitus sicut forma quae non est terminata per aliquam materiam, in rebus autem materialibus aliquid dicitur infinitum per privationem formalis terminationis. et quia forma secundum se nota est, materia autem sine forma ignota, inde est quod infinitum materiale est secundum se ignotum. infinitum autem formale, quod est deus, est secundum se notum, ignotum autem quoad nos, propter defectum intellectus nostri, qui secundum statum praesentis vitae habet naturalem aptitudinem ad materialia cognoscenda. et ideo in praesenti deum cognoscere non possumus nisi per materiales effectus. in futuro autem tolletur defectus intellectus nostri per gloriam, et tunc ipsum deum in sua essentia videre poterimus, tamen absque comprehensione.
ra2 ‘ Ad secundum dicendum quod intellectus noster natus est cognoscere species per abstractionem a phantasmatibus. et ideo illas species numerorum et figurarum quas quis non est imaginatus, non potest cognoscere nec actu nec habitu, nisi forte in genere et in principiis universalibus; quod est cognoscere in potentia et confuse.
ra3 ‘ Ad tertium dicendum quod, si duo corpora essent in uno loco, vel plura, non oporteret quod successive subintrarent locum, ut sic per ipsam subintrationis successionem numerarentur locata. sed species intelligibiles ingrediuntur intellectum nostrum successive, quia non multa simul actu intelliguntur. et ideo oportet numeratas, et non infinitas species esse in intellectu nostro.
ra4 ‘ Ad quartum dicendum quod sicut intellectus noster est infinitus virtute, ita infinitum cognoscit. est enim virtus eius infinita, secundum quod non terminatur per materiam corporalem. et est cognoscitivus universalis, quod est abstractum a materia individuali, et per consequens non finitur ad aliquod individuum, sed, quantum est de se, ad infinita individua se extendit.

007 ST1 qu86 ar3

ag1 ‘ Ad tertium sic proceditur. videtur quod intellectus non sit cognoscitivus contingentium. quia, * ut dicitur in vi ethic., ‘ intellectus et sapientia et scientia non sunt contingentium, sed necessariorum.
ag2 * Praeterea, sicut dicitur in iv physic., ° ea quae quandoque sunt et quandoque non sunt, tempore mensurantur. ‘ intellectus autem a tempore abstrahit, sicut et ab aliis conditionibus materiae. cum igitur proprium contingentium sit quandoque esse et quandoque non esse, videtur quod contingentia non cognoscantur ab intellectu.
sc ‘ Sed contra, omnis scientia est in intellectu. sed quaedam scientiae sunt de contingentibus; sicut scientiae morales, quae sunt de actibus humanis subiectis libero arbitrio; et etiam scientiae naturales, quantum ad partem quae tractat de generabilibus et corruptibilibus. ergo intellectus est cognoscitivus contingentium.
co ‘ Respondeo dicendum quod contingentia dupliciter possunt considerari. uno modo, secundum quod contingentia sunt. alio modo, secundum quod in eis aliquid necessitatis invenitur, nihil enim est adeo contingens, quin in se aliquid necessarium habeat. sicut hoc ipsum quod est socratem currere, in se quidem contingens est; sed habitudo cursus ad motum est necessaria, necessarium enim est socratem moveri, si currit. est autem unumquodque contingens ex parte materiae, quia contingens est quod potest esse et non esse; potentia autem pertinet ad materiam. necessitas autem consequitur rationem formae, quia ea quae consequuntur ad formam, ex necessitate insunt. materia autem est individuationis principium, ratio autem universalis accipitur secundum abstractionem formae a materia particulari. * dictum autem est supra quod ‘ per se et directe intellectus est universalium; sensus autem singularium, quorum etiam indirecte quodammodo est intellectus, * ut supra dictum est. ‘ sic igitur contingentia, prout sunt contingentia, cognoscuntur directe quidem sensu, indirecte autem ab intellectu, rationes autem universales et necessariae contingentium cognoscuntur per intellectum. unde si attendantur rationes universales scibilium, omnes |25| scientiae sunt de necessariis. si autem attendantur ipsae res, sic quaedam scientia est de necessariis, quaedam vero de contingentibus.
ra ‘ Et per hoc patet solutio ad obiecta.

007 ST1 qu86 ar4

ag1 ‘ Ad quartum sic proceditur. videtur quod intellectus noster cognoscat futura. intellectus enim noster cognoscit per species intelligibiles, quae abstrahunt ab hic et nunc, et ita se habent indifferenter ad omne tempus. sed potest cognoscere praesentia. ergo potest cognoscere futura.
ag2 ‘ Praeterea, homo quando alienatur a sensibus, aliqua futura cognoscere potest; ut patet in dormientibus et phreneticis. sed quando alienatur a sensibus, magis viget intellectu. ergo intellectus, quantum est de se, est cognoscitivus futurorum.
ag3 ‘ Praeterea, cognitio intellectiva hominis efficacior est quam cognitio quaecumque brutorum animalium. sed quaedam animalia sunt quae cognoscunt quaedam futura; sicut corniculae frequenter crocitantes significant pluviam mox futuram. ergo multo magis intellectus humanus potest futura cognoscere.
sc * Sed contra est quod dicitur eccle. viii, ° multa hominis afflictio, qui ignorat praeterita, et futura nullo potest scire nuntio.
co ‘ Respondeo dicendum quod de cognitione futurorum eodem modo distinguendum est, sicut de cognitione contingentium. nam ipsa futura ut sub tempore cadunt, sunt singularia, quae intellectus humanus non cognoscit nisi per reflexionem, * ut supra dictum est. ‘ rationes autem futurorum possunt esse universales, et intellectu perceptibiles, et de eis etiam possunt esse scientiae. ut tamen communiter de cognitione futurorum loquamur, sciendum est quod futura dupliciter cognosci possunt, uno modo, in seipsis; alio modo, in suis causis. in seipsis quidem futura cognosci non possunt nisi a deo; cui etiam sunt praesentia dum in cursu rerum sunt futura, inquantum eius aeternus intuitus simul fertur supra totum temporis cursum, * ut supra dictum est cum de dei scientia ageretur. ‘ sed prout sunt in suis causis, cognosci possunt etiam a nobis. et si quidem in suis causis sint ut ex quibus ex necessitate proveniant, cognoscuntur per certitudinem scientiae; sicut astrologus praecognoscit eclipsim futuram. si autem sic sint in suis causis ut ab eis proveniant ut in pluribus, sic cognosci possunt per quandam coniecturam vel magis vel minus certam, secundum quod causae sunt vel magis vel minus inclinatae ad effectus.
ra1 ‘ Ad primum ergo dicendum quod ratio illa procedit de cognitione quae fit per rationes universales causarum, ex quibus futura cognosci possunt secundum modum ordinis effectus ad causam.
ra2 * Ad secundum dicendum quod, sicut augustinus dicit xii confess., “ anima habet quandam vim sortis, ut ex sui natura possit futura cognoscere, et ideo quando retrahitur a corporeis sensibus, et quodammodo revertitur ad seipsam, fit particeps notitiae futurorum. et haec quidem opinio rationabilis esset, si poneremus quod anima acciperet cognitionem rerum secundum participationem idearum, * sicut platonici posuerunt, ‘ quia sic anima ex sui natura cognosceret universales causas omnium effectuum, sed impeditur per corpus; unde quando a corporis sensibus abstrahitur, futura cognoscit. sed quia iste modus cognoscendi non est connaturalis intellectui nostro, sed magis ut cognitionem a sensibus accipiat; ideo non est secundum naturam animae quod futura cognoscat cum a sensibus alienatur; sed magis per impressionem aliquarum causarum superiorum spiritualium et corporalium. spiritualium quidem, sicut cum virtute divina ministerio angelorum intellectus humanus illuminatur, et phantasmata ordinantur ad futura aliqua cognoscenda; vel etiam cum per operationem daemonum fit aliqua commotio in phantasia ad praesignandum aliqua futura quae daemones cognoscunt, * ut supra dictum est. ‘ huiusmodi autem |25| impressiones spiritualium causarum magis nata est anima humana suscipere cum a sensibus alienatur, quia per hoc propinquior fit substantiis spiritualibus, et magis libera ab exterioribus inquietudinibus. contingit autem et hoc per impressionem superiorum causarum corporalium. manifestum est enim quod corpora superiora imprimunt in corpora inferiora. unde cum vires sensitivae sint actus corporalium organorum, consequens est quod ex impressione caelestium corporum immutetur quodammodo phantasia. unde cum caelestia corpora sint causa multorum futurorum, fiunt in imaginatione aliqua signa quorundam futurorum. haec autem signa magis percipiuntur in nocte et a dormientibus, quam de die et a vigilantibus, quia, * ut dicitur in libro de somn. et vigil., ° quae deferuntur de die, dissolvuntur magis; plus est enim sine turbatione aer noctis, eo quod silentiores sunt noctes. et in corpore faciunt sensum propter somnum, quia parvi motus interiores magis sentiuntur a dormientibus quam a vigilantibus. hi vero motus faciunt phantasmata, ex quibus praevidentur futura.
ra3 ‘ Ad tertium dicendum quod animalia bruta non habent aliquid supra phantasiam quod ordinet phantasmata, sicut habent homines rationem; et ideo phantasia brutorum animalium totaliter sequitur impressionem caelestem. et ideo ex motibus huiusmodi animalium magis possunt cognosci quaedam futura, ut pluvia et huiusmodi, quam ex motibus hominum, qui moventur per consilium rationis. * unde philosophus dicit, in libro de somn. et vigil., quod ° quidam imprudentissimi sunt maxime praevidentes, nam intelligentia horum non est curis affecta, sed tanquam deserta et vacua ab omnibus, et mota secundum movens ducitur.

007 ST1 qu87 ar

pr ‘ Deinde considerandum est quomodo anima intellectiva cognoscat seipsam, et ea quae in se sunt. et circa hoc quaeruntur quatuor. primo, utrum cognoscat seipsam per suam essentiam. secundo, quomodo cognoscat habitus in se existentes. tertio, quomodo intellectus cognoscat proprium actum. quarto, quomodo cognoscat actum voluntatis.

007 ST1 qu87 ar1

ag1 ‘ Ad primum sic proceditur. videtur quod anima intellectiva seipsam cognoscat per suam essentiam. * dicit enim augustinus, ix de trin., quod ° mens seipsam novit per seipsam, quoniam est incorporea.
ag2 ‘ Praeterea, angelus et anima humana conveniunt in genere intellectualis substantiae. sed angelus intelligit seipsum per essentiam suam. ergo et anima humana.
ag3 ° Praeterea, in his quae sunt sine materia, idem est intellectus et quod intelligitur, * ut dicitur iii de a-

nima. ‘sed mens humana est sine materia, non enim est actus corporis alicuius, * ut supra dictum est. ‘ ergo in mente humana est idem intellectus et quod intelligitur. ergo intelligit se per essentiam suam.
sc * Sed contra est quod dicitur in iii de anima, quod ° intellectus intelligit seipsum sicut et alia. ‘ sed alia non intelligit per essentias eorum, sed per eorum similitudines. ergo neque se intelligit per essentiam suam.
co ‘ Respondeo dicendum quod unumquodque cognoscibile est secundum quod est in actu, et non secundum quod est in potentia, * ut dicitur in ix metaphys., ‘ sic enim aliquid est ens et verum, quod sub cognitione cadit, prout actu est. et hoc quidem manifeste apparet in rebus sensibilibus, non enim visus percipit coloratum in potentia, sed solum coloratum in actu. et similiter intellectus manifestum est quod, inquantum est cognoscitivus rerum materialium, non cognoscit nisi quod est actu, et inde est quod non cognoscit materiam primam nisi secundum proportionem ad formam, * ut dicitur in i physic.. ‘ unde et in substantiis immaterialibus, secundum quod unaquaeque earum se habet ad hoc quod sit in actu per essentiam suam, ita se habet ad hoc quod sit per suam essentiam intelligibilis. essentia igitur dei, quae est actus purus et perfectus, est simpliciter et perfecte secundum seipsam intelligibilis. unde deus per suam essentiam non solum seipsum, sed etiam omnia intelligit. angeli autem essentia est quidem in genere intelligibilium ut actus, non tamen ut actus purus neque completus. unde eius intelligere non completur per essentiam suam, etsi enim per essentiam suam se intelligat angelus, tamen non omnia potest per essentiam suam cognoscere, sed cognoscit alia a se per eorum similitudines. intellectus autem humanus se habet in genere rerum intelligibilium ut ens in potentia tantum, sicut et materia prima se habet in genere rerum sensibilium, unde possibilis nominatur. sic igitur in sua essentia consideratus, se habet ut potentia intelligens. unde ex seipso habet virtutem ut intelligat, non autem ut intelligatur, nisi secundum id quod fit actu. * sic enim etiam platonici posuerunt “ ordinem entium intelligibilium supra ordinem intellectuum, quia intellectus non intelligit nisi per participationem intelligibilis; participans autem est infra participatum, secundum eos. si igitur intellectus humanus fieret actu per participationem formarum intelligibilium separatarum, * ut platonici posuerunt “ per huiusmodi participationem rerum incorporearum intellectus humanus seipsum intelligeret. ‘ sed quia connaturale est intellectui nostro, secundum statum praesentis vitae, quod ad materialia et sensibilia respiciat, * sicut supra dictum est; ‘ consequens est ut sic seipsum intelligat intellectus noster, secundum quod fit actu per species a sensibilibus abstractas per lumen intellectus agentis, quod est actus ipsorum intelligibilium, et eis mediantibus intellectus possibilis. non ergo per essentiam suam, sed per actum suum se cognoscit intellectus noster. et hoc dupliciter. uno quidem modo, particulariter, secundum quod socrates vel plato percipit se habere animam intellectivam, ex hoc quod percipit se intelligere. alio modo, in universali, secundum quod naturam humanae mentis ex actu intellectus consideramus. sed verum est quod iudicium et efficacia huius cognitionis per quam naturam animae cognoscimus, competit nobis secundum derivationem luminis intellectus nostri a veritate divina, in qua rationes omnium rerum continentur, * sicut supra dictum est. * unde et augustinus dicit, in ix de trin., ° intuemur inviolabilem veritatem, ex qua perfecte, quantum possumus, definimus non qualis sit uniuscuiusque hominis mens, sed qualis esse sempiternis rationibus debeat. ‘ est autem differentia inter has duas cognitiones. nam ad primam cognitionem de mente habendam, sufficit ipsa mentis praesentia, quae est principium actus ex quo mens percipit seipsam. et ideo dicitur se cognoscere per suam praesentiam. sed ad secundam cognitionem de mente habendam, non sufficit eius praesentia, sed requiritur diligens et subtilis inquisitio. unde et multi naturam animae ignorant, et multi etiam circa naturam animae erraverunt. propter quod * augustinus dicit, x de trin., de tali inquisitione mentis, ° non velut absentem se quaerat mens cernere; sed praesentem quaerat discernere, ‘ idest cognoscere differentiam suam ab aliis rebus, quod est cognoscere quidditatem et naturam suam.
ra1 ‘ Ad primum ergo dicendum quod mens seipsam per seipsam novit, quia tandem in sui ipsius cognitionem pervenit, licet per suum actum, ipsa enim est quae cognoscitur, quia ipsa seipsam amat, * ut ibidem subditur. ‘ potest enim aliquid dici per se notum dupliciter, vel quia per nihil aliud in eius notitiam devenitur, sicut dicuntur prima principia per se nota; vel quia non sunt cognoscibilia per accidens, sicut color est per se visibilis, substantia autem per accidens.
ra2 ‘ Ad secundum dicendum quod essentia angeli est sicut actus in genere intelligibilium, et ideo se habet et ut intellectus, et ut intellectum. unde angelus suam essentiam per seipsum apprehendit. non autem intellectus humanus, qui vel est omnino in potentia respectu intelligibilium, sicut intellectus possibilis; vel est actus intelligibilium quae abstrahuntur a phantasmatibus, sicut intellectus agens.
ra3 * Ad tertium dicendum quod verbum illud philosophi ‘ universaliter verum est in omni intellectu. sicut enim sensus in actu est sensibile, propter similitudinem sensibilis, quae est forma sensus in actu; ita intellectus in actu est intellectum in actu, propter similitudinem rei intellectae, quae est forma intellectus in actu. et ideo intellectus humanus, qui fit in actu per speciem rei intellectae, per eandem speciem intelligitur, sicut per formam suam. “ idem autem est dicere quod in his ° quae sunt sine materia, idem est intellectus et quod intelligitur, ‘ ac si diceretur quod in his quae sunt intellecta in actu, idem est intellectus et quod intelligitur, per hoc enim aliquid est intellectum in actu, quod est sine materia. sed in hoc est differentia, quia quorundam essentiae sunt sine materia, sicut substantiae separatae quas angelos dicimus, quarum unaquaeque et est intellecta et est intelligens, sed quaedam res sunt quarum essentiae non sunt sine materia, sed solum similitudines ab eis abstractae. * unde et commentator dicit, in iii de anima, quod “ propositio inducta non habet veritatem nisi in substantiis separatis, verificatur enim quodammodo in eis quod non verificatur in aliis, * ut dictum est.

007 ST1 qu87 ar2

ag1 ‘ Ad secundum sic proceditur. videtur quod intellectus noster cognoscat habitus animae per essentiam eorum. * dicit enim augustinus, xiii de trin., ° non sic videtur fides in corde in quo est, sicut anima alterius hominis ex motibus corporis videtur; sed eam tenet certissima scientia, clamatque conscientia. ‘ et eadem ratio est de aliis habitibus animae. ergo habitus animae non cognoscuntur per actus, sed per seipsos.
ag2 ‘ Praeterea, res materiales, quae sunt extra animam, cognoscuntur per hoc quod similitudines earum sunt praesentialiter in anima; et ideo dicuntur per suas similitudines cognosci. sed habitus animae praesentialiter per suam essentiam sunt in anima. ergo per suam essentiam cognoscuntur.
ag3 ° Praeterea, propter quod unumquodque tale, et illud magis. ‘ sed res aliae cognoscuntur ab anima propter habitus et species intelligibiles. ergo ista magis per seipsa ab anima cognoscuntur.
sc ‘ Sed contra, habitus sunt principia actuum, sicut et potentiae. * sed sicut dicitur ii de anima, ° priores potentiis, secundum rationem, actus et operationes sunt. ‘ ergo eadem ratione sunt priores habitibus. et ita habitus per actus cognoscuntur, sicut et potentiae.
co ‘ Respondeo dicendum quod habitus quodammodo est medium inter potentiam puram et purum actum. * iam autem dictum est quod ‘ nihil cognoscitur nisi secundum quod est actu. sic ergo inquantum habitus deficit ab actu perfecto, deficit ab hoc, ut non sit per seipsum cognoscibilis, sed necesse est quod per actum suum cognoscatur, sive dum aliquis percipit se habere habitum, per hoc quod percipit se producere actum proprium habitus; sive dum aliquis inquirit naturam et rationem habitus, ex consideratione actus. et prima quidem cognitio habitus fit per ipsam praesentiam habitus, quia ex hoc ipso quod est praesens, actum causat, in quo statim percipitur. secunda autem cognitio habitus fit per studiosam inquisitionem, * sicut supra dictum est de mente.
ra1 ‘ Ad primum ergo dicendum quod, etsi fides non cognoscatur per exteriores corporis motus, percipitur tamen etiam ab eo in quo est, per interiorem actum cordis. nullus enim fidem se habere scit, nisi per hoc quod se credere percipit.
ra2 ‘ Ad secundum dicendum quod habitus sunt praesentes in intellectu nostro, non sicut obiecta intellectus (quia obiectum intellectus nostri, secundum statum praesentis vitae, est natura rei materialis, * ut supra dictum est); ‘ sed sunt praesentes in intellectu ut quibus intellectus intelligit.
ra3 ‘ Ad tertium dicendum quod, cum dicitur, ° propter quod unumquodque, illud magis, ‘ veritatem habet, si intelligatur in his quae sunt unius ordinis, puta in uno genere causae, puta si dicatur quod sanitas est propter vitam, sequitur quod vita sit magis desiderabilis. si autem accipiantur ea quae sunt diversorum ordinum, non habet veritatem, ut si dicatur quod sanitas est propter medicinam, non ideo sequitur quod medicina sit magis desiderabilis, quia sanitas est in ordine finium, medicina autem in ordine causarum efficientium. sic igitur si accipiamus duo, quorum utrumque sit per se in ordine obiectorum cognitionis; illud propter quod aliud cognoscitur, erit magis notum, sicut principia conclusionibus. sed habitus non est de ordine obiectorum, inquantum est habitus; nec propter habitum aliqua cognoscuntur sicut propter obiectum cognitum, sed sicut propter dispositionem vel formam qua cognoscens cognoscit, et ideo ratio non sequitur.

007 ST1 qu87 ar3

ag1 ‘ Ad tertium sic proceditur. videtur quod intellectus non cognoscat proprium actum. illud enim proprie cognoscitur, quod est obiectum cognoscitivae virtutis. sed actus differt ab obiecto. ergo intellectus non cognoscit suum actum.
ag2 ‘ Praeterea, quidquid cognoscitur, aliquo actu cognoscitur. si igitur intellectus cognoscit actum suum, aliquo actu cognoscit illum; et iterum illum actum alio actu. erit ergo procedere in infinitum, quod videtur impossibile.
ag3 ‘ Praeterea, sicut se habet sensus ad actum suum, ita et intellectus. sed sensus proprius non sentit actum suum, sed hoc pertinet ad sensum communem, * ut dicitur in libro de anima. ‘ ergo neque intellectus intelligit actum suum.
sc ‘ Sed contra est quod * augustinus dicit, x de trin., ° intelligo me intelligere.
co * Respondeo dicendum quod, sicut iam dictum est, ‘ unumquodque cognoscitur secundum quod est actu. ultima autem perfectio intellectus est eius operatio, non enim est sicut actio tendens in alterum, quae sit perfectio operati, sicut aedificatio aedificati; sed manet in operante ut perfectio et actus eius, * ut dicitur in ix metaphys.. ‘ hoc igitur est primum quod de intellectu intelligitur, scilicet ipsum eius intelligere. sed circa hoc diversi intellectus diversimode se habent. est enim aliquis intellectus, scilicet divinus, qui est ipsum suum intelligere. et sic in deo idem est quod intelligat se intelligere et quod intelligat suam essentiam, quia sua essentia est suum intelligere. est autem alius intellectus, scilicet angelicus, qui non est suum intelligere, * sicut supra dictum est, ‘ sed tamen primum obiectum sui intelligere est eius essentia. unde etsi aliud sit in angelo, secundum rationem, quod intelligat se intelligere, et quod intelligat suam essentiam, tamen simul et uno actu utrumque intelligit, quia hoc quod est intelligere suam essentiam, est propria perfectio suae essentiae; simul autem et uno actu intelligitur res cum sua perfectione. est autem alius intellectus, scilicet humanus, qui nec est suum intelligere, nec sui intelligere est obiectum primum ipsa eius essentia, sed aliquid extrinsecum, scilicet natura materialis rei. et ideo id quod primo cognoscitur ab intellectu humano, est huiusmodi obiectum; et secundario cognoscitur ipse actus quo cognoscitur obiectum; et per actum cognoscitur ipse intellectus, cuius est perfectio ipsum intelligere. * et ideo philosophus dicit quod “ obiecta praecognoscuntur actibus, et actus potentiis.
ra1 ‘ Ad primum ergo dicendum quod obiectum intellectus est commune quoddam, scilicet ens et verum, sub quo comprehenditur etiam ipse actus intelligendi. unde intellectus potest suum actum intelligere. sed non primo, quia nec primum obiectum intellectus nostri, secundum praesentem statum, est quodlibet ens et verum; sed ens et verum consideratum in rebus materialibus, * ut dictum est; ‘ ex quibus in cognitionem omnium aliorum devenit.
ra2 ‘ Ad secundum dicendum quod ipsum intelligere humanum non est actus et perfectio naturae intellectae materialis, ut sic possit uno actu intelligi natura rei materialis et ipsum intelligere, sicut uno actu intelligitur res cum sua perfectione. unde alius est actus quo intellectus intelligit lapidem, et alius est actus quo intelligit se intelligere lapidem, et sic inde. nec est inconveniens in intellectu esse infinitum in potentia, * ut supra dictum est.
ra3 ‘ Ad tertium dicendum quod sensus proprius sentit secundum immutationem materialis organi a sensibili exteriori. non est autem possibile quod aliquid materiale immutet seipsum; sed unum immutatur ab alio. et ideo actus sensus proprii percipitur per sensum communem. sed intellectus non intelligit per materialem immutationem organi, et ideo non est simile.

007 ST1 qu87 ar4

ag1 ‘ Ad quartum sic proceditur. videtur quod intellectus non intelligat actum voluntatis. nihil enim cognoscitur ab intellectu, nisi sit aliquo modo praesens in intellectu. sed actus voluntatis non est praesens in intellectu, cum sint diversae potentiae. ergo actus voluntatis non cognoscitur ab intellectu.
ag2 ‘ Praeterea, actus habet speciem ab obiecto. sed obiectum voluntatis differt ab obiecto intellectus. ergo et actus voluntatis speciem habet diversam ab obiecto intellectus. non ergo cognoscitur ab intellectu.
ag3 * Praeterea, augustinus, in libro x confess., “ attribuit affectionibus animae quod cognoscuntur neque per imagines, sicut corpora; ° neque per praesentiam, sicut artes, sed per quasdam notiones. ‘ non videtur autem quod possint esse aliae notiones rerum in anima nisi vel essentiae rerum cognitarum, vel earum similitudines. ergo impossibile videtur quod intellectus cognoscat affectiones animae, quae sunt actus voluntatis.
sc ‘ Sed contra est quod * augustinus dicit, x de trin., ° intelligo me velle.
co * Respondeo dicendum quod, sicut supra dictum est, ‘ actus voluntatis nihil aliud est quam inclinatio quaedam consequens formam intellectam, sicut appetitus naturalis est inclinatio consequens formam naturalem. inclinatio autem cuiuslibet rei est in ipsa re per modum eius. unde inclinatio naturalis est naturaliter in re naturali; et inclinatio quae est appetitus sensibilis, est sensibiliter in sentiente; et similiter inclinatio intelligibilis, quae est actus voluntatis, est intelligibiliter in intelligente, sicut in principio et in proprio subiecto. * unde et philosophus hoc modo loquendi utitur in iii de anima, quod ‘ voluntas in ratio-

ne est. quod autem intelligibiliter est in aliquo intelligente, consequens est ut ab eo intelligatur. unde actus voluntatis intelligitur ab intellectu, et inquantum aliquis percipit se velle; et inquantum aliquis cognoscit naturam huius actus, et per consequens naturam eius principii, quod est habitus vel potentia.
ra1 ‘ Ad primum ergo dicendum quod ratio illa procederet, si voluntas et intellectus, sicut sunt diversae potentiae, ita etiam subiecto differrent, sic enim quod est in voluntate, esset absens ab intellectu. nunc autem, cum utrumque radicetur in una substantia animae, et unum sit quodammodo principium alterius, consequens est ut quod est in voluntate, sit etiam quodammodo in intellectu.
ra2 ‘ Ad secundum dicendum quod bonum et verum, quae sunt obiecta voluntatis et intellectus, differunt quidem ratione, verumtamen unum eorum continetur sub alio, * ut supra dictum est, ‘ nam verum est quoddam bonum, et bonum est quoddam verum. et ideo quae sunt voluntatis cadunt sub intellectu; et quae sunt intellectus possunt cadere sub voluntate.
ra3 ‘ Ad tertium dicendum quod affectus animae non sunt in intellectu neque per similitudinem tantum, sicut corpora; neque per praesentiam ut in subiecto, sicut artes; sed sicut principiatum in principio, in quo habetur notio principiati. * et ideo augustinus dicit “ affectus animae esse in memoria per quasdam notiones.

007 ST1 qu88 ar

pr ‘ Deinde considerandum est quomodo anima humana cognoscat ea quae supra se sunt, scilicet immateriales substantias. et circa hoc quaeruntur tria. primo, utrum anima humana, secundum statum praesentis vitae, possit intelligere substantias immateriales quas angelos dicimus, per seipsas. secundo, utrum possit ad earum notitiam pervenire per cognitionem rerum materialium. tertio, utrum deus sit id quod primo a nobis cognoscitur.

007 ST1 qu88 ar1

ag1 ‘ Ad primum sic proceditur. videtur quod anima humana, secundum statum vitae praesentis, possit intelligere substantias immateriales per seipsas. * dicit enim augustinus, in ix de trin., ° mens ipsa, sicut corporearum rerum notitias per sensus corporis colligit, sic incorporearum rerum per semetipsam. ‘ huiusmodi autem sunt substantiae immateriales. ergo mens substantias immateriales intelligit.
ag2 ‘ Praeterea, simile simili cognoscitur. sed magis assimilatur mens humana rebus immaterialibus quam materialibus, cum ipsa mens sit immaterialis, * ut ex supradictis patet. ‘ cum ergo mens nostra intelligat res materiales, multo magis intelligit res immateriales.
ag3 ‘ Praeterea, quod ea quae sunt secundum se maxime sensibilia, non maxime sentiantur a nobis, provenit ex hoc quod excellentiae sensibilium corrumpunt sensum. sed excellentiae intelligibilium non corrumpunt intellectum, * ut dicitur in iii de anima. ‘ ergo ea quae sunt secundum se maxime intelligibilia, sunt etiam maxime intelligibilia nobis. sed cum res materiales non sint intelligibiles nisi quia facimus eas intelligibiles actu, abstrahendo a materia; manifestum est quod magis sint secundum se intelligibiles substantiae quae secundum suam naturam sunt immateriales. ergo multo magis intelliguntur a nobis quam res materiales.
ag4 * Praeterea, commentator dicit, in ii metaphys., quod “ si substantiae abstractae non possent intelligi a nobis, ° tunc natura otiose egisset, quia fecit illud quod est naturaliter in se intellectum, non intellectum ab aliquo. ‘ sed nihil est otiosum sive frustra in natura. ergo substantiae immateriales possunt intelligi a nobis.
ag5 ‘ Praeterea, sicut se habet sensus ad sensibilia, ita se habet intellectus ad intelligibilia. sed visus noster potest videre omnia corpora, sive sint superiora et incorruptibilia, sive sint inferiora et corruptibilia. ergo intellectus noster potest intelligere omnes substantias intelligibiles, et superiores et immateriales.
sc ‘ Sed contra est quod dicitur * sap. ix, ° quae in caelis sunt, quis investigabit? ‘ in caelis autem dicuntur huiusmodi substantiae esse; * secundum illud matth. xviii, ° angeli eorum in caelis etc.. ‘ ergo non possunt substantiae immateriales per investigationem humanam cognosci.
co * Respondeo dicendum quod secundum opinionem platonis, “ substantiae immateriales non solum a nobis intelliguntur, sed etiam sunt prima a nobis intellecta. * posuit enim plato “ formas immateriales subsistentes, quas ideas vocabat, esse propria obiecta nostri intellectus, et ita primo et per se intelliguntur a nobis. applicatur tamen animae cognitio rebus materialibus, secundum quod intellectui permiscetur phantasia et sensus. unde quanto magis intellectus fuerit depuratus, tanto magis percipit immaterialium intelligibilem veritatem. * sed secundum aristotelis sententiam, quam magis experimur, “ intellectus noster, secundum statum praesentis vitae, naturalem respectum habet ad naturas rerum materialium; unde nihil intelligit nisi convertendo se ad phantasmata, * ut ex dictis patet. ‘ et sic manifestum est quod “ substantias immateriales, quae sub sensu et imaginatione non cadunt, primo et per se, secundum modum cognitionis nobis expertum, intelligere non possumus. * sed tamen averroes, in comment. tertii de anima, ponit quod “ in fine in hac vita homo pervenire potest ad hoc quod intelligat substantias separatas, per continuationem vel unionem cuiusdam |25| substantiae separatae nobis, quam vocat intellectum agentem, qui quidem, cum sit substantia separata, naturaliter substantias separatas intelligit. unde cum fuerit nobis perfecte unitus, sic ut per eum perfecte intelligere possimus, intelligemus et nos substantias separatas; sicut nunc per intellectum possibilem nobis unitum intelligimus res materiales. ponit autem intellectum agentem sic nobis uniri. cum enim nos intelligamus per intellectum agentem et per intelligibilia speculata, ut patet cum conclusiones intelligimus per principia intellecta; necesse est quod intellectus agens comparetur ad intellecta speculata vel sicut agens principale ad instrumenta, vel sicut forma ad materiam. his enim duobus modis attribuitur actio aliqua duobus principiis, principali quidem agenti et instrumento, sicut sectio artifici et serrae; formae autem et subiecto, sicut calefactio calori et igni. sed utroque modo intellectus agens comparabitur ad intelligibilia speculata sicut perfectio ad perfectibile, et actus ad potentiam. simul autem recipitur in aliquo perfectum et perfectio; sicut visibile in actu et lumen in pupilla. simul igitur in intellectu possibili recipiuntur intellecta speculata et intellectus agens. et quanto plura intellecta speculata recipimus, tanto magis appropinquamus ad hoc quod intellectus agens perfecte uniatur nobis. ita quod cum omnia intellecta speculata cognoverimus, intellectus agens perfecte unietur nobis; et poterimus per eum omnia cognoscere materialia et immaterialia. et in hoc ponit ultimam hominis felicitatem. nec refert, quantum ad propositum |50| pertinet, utrum in illo statu felicitatis intellectus possibilis intelligat substantias separatas per intellectum agentem, * ut ipse sentit, vel, ut ipse imponit alexandro, “ intellectus possibilis nunquam intelligat substantias separatas (propter hoc quod ponit intellectum possibilem corruptibilem), sed homo intelligat substantias separatas per intellectum agentem. ‘ sed praedicta stare non possunt. primo quidem quia, si intellectus agens est substantia separata, impossibile est quod per ipsam formaliter intelligamus, quia id quo formaliter agens agit, est forma et actus agentis; cum omne agens agat inquantum est actu. * sicut etiam supra dictum est circa intellectum possibilem. ‘ secundo quia, secundum modum praedictum, intellectus agens, si est substantia separata, non uniretur nobis secundum suam substantiam; sed solum lumen eius, secundum quod participatur in intellectis speculatis; et non quantum ad alias actiones intellectus agentis, ut possimus per hoc intelligere substantias immateriales. sicut dum videmus colores illuminatos a sole, non unitur nobis substantia solis, ut possimus actiones solis agere; sed solum nobis unitur lumen solis ad visionem colorum. tertio, quia dato quod secundum modum praedictum uniretur nobis substantia intellectus agentis, tamen ipsi non ponunt quod intellectus agens totaliter uniatur nobis secundum unum intelligibile vel duo, sed secundum omnia intellecta speculata. |75| sed omnia intellecta speculata deficiunt a virtute intellectus agentis, quia multo plus est intelligere substantias separatas, quam intelligere omnia materialia. unde manifestum est quod etiam intellectis omnibus materialibus, non sic uniretur intellectus agens nobis, ut possemus intelligere per eum substantias separatas. quarto, quia intelligere omnia intellecta materialia vix contingit alicui in hoc mundo; et sic nullus, vel pauci ad felicitatem pervenirent. * quod est contra philosophum, in i ethic., qui dicit quod ° felicitas est quoddam bonum commune, quod potest pervenire omnibus non orbatis ad virtutem. ‘ est etiam contra rationem quod finem alicuius speciei ut in paucioribus consequantur ea quae continentur sub specie. * quinto, quia philosophus dicit expresse, in i ethic., quod ° felicitas est operatio secundum perfectam virtutem. * et enumeratis multis virtutibus, in decimo, concludit quod “ felicitas ultima, consistens in cognitione maximorum intelligibilium, est secundum virtutem sapientiae, * quam posuerat in sexto “ esse caput scientiarum speculativarum. unde patet quod aristoteles posuit ultimam felicitatem hominis in cognitione substantiarum separatarum, qualis potest haberi per scientias speculativas, et non per continuationem |100| intellectus agentis * a quibusdam confictam. * sexto, quia supra ostensum est quod ‘ intellectus agens non est substantia separata, sed virtus quaedam animae, ad eadem active se extendens, ad quae se extendit intellectus possibilis receptive, * quia, ut dicitur in iii de anima, “ intellectus possibilis est quo est omnia fieri, intellectus agens quo est omnia facere. ‘ uterque ergo intellectus se extendit, secundum statum praesentis vitae, ad materialia sola; quae intellectus agens facit intelligibilia actu, et recipiuntur in intellectu possibili. unde secundum statum praesentis vitae, neque per intellectum possibilem, neque per intellectum agentem, possumus intelligere substantias immateriales secundum seipsas.
ra1 * Ad primum ergo dicendum quod ex illa auctoritate augustini haberi potest quod “ illud quod mens nostra de cognitione incorporalium rerum accipere potest, per seipsam cognoscere possit. et hoc adeo verum est, * ut etiam apud philosophos dicatur quod “ scientia de anima est principium quoddam ad cognoscendum substantias separatas. ‘ per hoc enim quod anima nostra cognoscit seipsam, pertingit ad cognitionem aliquam habendam de substantiis incorporeis, qualem eam contingit habere, non quod simpliciter et perfecte eas cognoscat, cognoscendo seipsam.
ra2 ‘ Ad secundum dicendum quod similitudo naturae non est ratio sufficiens ad cognitionem, * alioquin oporteret dicere quod empedocles dixit, quod “ anima esset de natura omnium, ad hoc quod omnia cognosceret. ‘ sed requiritur ad cognoscendum, ut sit similitudo rei cognitae in cognoscente quasi quaedam forma ipsius. intellectus autem noster possibilis, secundum statum praesentis vitae, est natus informari similitudinibus rerum materialium a phantasmatibus abstractis, et ideo cognoscit magis materialia quam substantias immateriales.
ra3 ‘ Ad tertium dicendum quod requiritur aliqua proportio obiecti ad potentiam cognoscitivam, ut activi ad passivum, et perfectionis ad perfectibile. unde quod excellentia sensibilia non capiantur a sensu, non sola ratio est quia corrumpunt organa sensibilia; sed etiam quia sunt improportionata potentiis sensitivis. et hoc modo substantiae immateriales sunt improportionatae intellectui nostro, secundum praesentem statum, ut non possint ab eo intelligi.
ra4 * Ad quartum dicendum quod illa ratio commentatoris multipliciter deficit. ‘ primo quidem, quia non sequitur quod, si substantiae separatae non intelliguntur a nobis, non intelliguntur ab aliquo intellectu, intelliguntur enim a seipsis, et a se invicem. secundo, quia non est finis substantiarum separatarum ut intelligantur a nobis. illud autem otiose et frustra esse dicitur, quod non consequitur finem ad quem est. et sic non sequitur substantias immateriales esse frustra, etiam si nullo modo intelligerentur a nobis.
ra5 ‘ Ad quintum dicendum quod eodem modo sensus cognoscit et superiora et inferiora corpora, scilicet per immutationem organi a sensibili. non autem eodem modo intelliguntur a nobis substantiae materiales, quae intelliguntur per modum abstractionis; et substantiae immateriales, quae non possunt sic a nobis intelligi, quia non sunt earum aliqua phantasmata.

007 ST1 qu88 ar2

ag1 ‘ Ad secundum sic proceditur. videtur quod intellectus noster per cognitionem rerum materialium possit pervenire ad intelligendum substantias immateriales. * dicit enim dionysius, i cap. cael. hier., quod ° non est possibile humanae menti ad immaterialem illam sursum excitari caelestium hierarchiarum contemplationem, nisi secundum se materiali manuductione utatur. ‘ relinquitur ergo quod per materialia manuduci possumus ad intelligendum substantias immateriales.
ag2 ‘ Praeterea, scientia est in intellectu. sed scientiae et definitiones sunt de substantiis immaterialibus, * definit enim damascenus angelum; et de angelis aliqua documenta traduntur tam in theologicis quam in philosophicis disciplinis. ‘ ergo substantiae immateriales intelligi possunt a nobis.
ag3 ‘ Praeterea, anima humana est de genere substantiarum immaterialium. sed ipsa intelligi potest a nobis per actum suum, quo intelligit materialia. ergo et aliae substantiae immateriales intelligi possunt a nobis per suos effectus in rebus materialibus.
ag4 ‘ Praeterea, illa sola causa per suos effectus comprehendi non potest, quae in infinitum distat a suis effectibus. hoc autem solius dei est proprium. ergo aliae substantiae immateriales creatae intelligi possunt a nobis per res materiales.
sc * Sed contra est quod dionysius dicit, i cap. de div. nom., quod ° sensibilibus intelligibilia, et composita simplicia, et corporalibus incorporalia apprehendi non possunt.
co * Respondeo dicendum quod, sicut averroes narrat in iii de anima, quidam avempace nomine, posuit quod “ per intellectum substantiarum materialium pervenire possumus, secundum vera philosophiae principia, ad intelligendum substantias immateriales. cum enim intellectus noster natus sit abstrahere quidditatem rei materialis a materia, si iterum in illa quidditate sit aliquid materiae, poterit iterato abstrahere, et cum hoc in infinitum non procedat, tandem pervenire poterit ad intelligendum aliquam quidditatem quae sit omnino sine materia. et hoc est intelligere substantiam immaterialem. quod quidem efficaciter diceretur, si substantiae immateriales essent formae et species horum materialium, * ut platonici posuerunt. ‘ hoc autem non posito, sed supposito quod substantiae immateriales sint omnino alterius rationis a quidditatibus materialium rerum; quantumcumque intellectus noster abstrahat quidditatem rei materialis a materia, nunquam perveniet ad aliquid simile substantiae immateriali. et ideo per substantias materiales non possumus perfecte substantias immateriales intelligere.
ra1 ‘ Ad primum ergo dicendum quod ex rebus materialibus ascendere possumus in aliqualem cognitionem immaterialium rerum, non tamen in perfec-

tam, quia non est sufficiens comparatio rerum materialium ad immateriales, sed similitudines si quae a materialibus accipiuntur ad immaterialia intelligenda, sunt multum dissimiles, * ut dionysius dicit, ii cap. cael. hier..

ra2 ' Ad secundum dicendum quod de superioribus rebus in scientiis maxime tractatur per viam remotionis, sic enim corpora caelestia * notificat aristoteles ' per negationem proprietatum inferiorum corporum. unde multo magis immateriales substantiae a nobis cognosci non possunt, ut earum quidditates apprehendamus, sed de eis nobis in scientiis documenta traduntur per viam remotionis et alicuius habitudinis ad res materiales.

ra3 ' Ad tertium dicendum quod anima humana intelligit seipsam per suum intelligere, quod est actus proprius eius, perfecte demonstrans virtutem eius et naturam. sed neque per hoc, neque per alia quae in rebus materialibus inveniuntur, perfecte cognosci potest immaterialium substantiarum virtus et natura, quia huiusmodi non adaequant earum virtutes.

ra4 ' Ad quartum dicendum quod substantiae immateriales creatae in genere quidem naturali non conveniunt cum substantiis materialibus, quia non est in eis eadem ratio potentiae et materiae, conveniunt tamen cum eis in genere logico, quia etiam substantiae immateriales sunt in praedicamento substantiae, cum earum quidditas non sit earum esse. sed deus non convenit cum rebus materialibus neque secundum genus naturale, neque secundum genus logicum, quia deus nullo modo est in genere, * ut supra dictum est. ' unde per similitudines rerum materialium aliquid affirmative potest cognosci de angelis secundum rationem communem, licet non secundum rationem speciei; de deo autem nullo modo.

007 ST1 qu88 ar3

ag1 ' Ad tertium sic proceditur. videtur quod deus sit primum quod a mente humana cognoscitur. illud enim in quo omnia alia cognoscuntur, et per quod de aliis iudicamus, est primo cognitum a nobis; sicut lux ab oculo, et principia prima ab intellectu. sed omnia in luce primae veritatis cognoscimus, et per eam de omnibus iudicamus; * ut dicit augustinus in libro de trin., et in libro de vera relig.. ' ergo deus est id quod primo cognoscitur a nobis.

ag2 ' Praeterea, propter quod unumquodque, et illud magis. sed deus est causa omnis nostrae cognitionis, ipse enim est ° lux vera, quae illuminat omnem hominem venientem in hunc mundum, * ut dicitur ioan. i. ' ergo deus est id quod primo et maxime est cognitum nobis.

ag3 ' Praeterea, id quod primo cognoscitur in imagine, est exemplar quo imago formatur. sed in mente nostra est dei imago, * ut augustinus dicit. ' ergo id quod primo cognoscitur in mente nostra est deus.

sc * Sed contra est quod dicitur ioan. i, ° deum nemo vidit unquam.

co ' Respondeo dicendum quod, cum intellectus humanus, secundum statum praesentis vitae, non possit intelligere substantias immateriales creatas, * ut dictum est; ' multo minus potest intelligere essentiam substantiae increatae. unde simpliciter dicendum est quod deus non est primum quod a nobis cognoscitur; sed magis per creaturas in dei cognitionem pervenimus, * secundum illud apostoli ad rom. i, ° invisibilia dei per ea quae facta sunt, intellecta, conspiciuntur. ' primum autem quod intelligitur a nobis secundum statum praesentis vitae, est quidditas rei materialis, quae est nostri intellectus obiectum, * ut multoties supra dictum est.

ra1 ' Ad primum ergo dicendum quod in luce primae veritatis omnia intelligimus et iudicamus, inquantum ipsum lumen intellectus nostri, sive naturale sive gratuitum, nihil aliud est quam quaedam impressio veritatis primae, * ut supra dictum est. ' unde cum ipsum lumen intellectus nostri non se habeat ad intellectum nostrum sicut quod intelligitur, sed sicut quo intelligitur; multo minus deus est id quod primo a nostro intellectu intelligitur.

ra2 ' Ad secundum dicendum quod propter quod unumquodque, illud magis, intelligendum est in his quae sunt unius ordinis, * ut supra dictum est. ' propter deum autem alia cognoscuntur, non sicut propter primum cognitum, sed sicut propter primam cognoscitivae virtutis causam.

ra3 ' Ad tertium dicendum quod, si in anima nostra esset perfecta imago dei, sicut filius est perfecta imago patris, statim mens nostra intelligeret deum. est autem imago imperfecta. unde ratio non sequitur.

007 ST1 qu89 ar

pr ' Deinde considerandum est de cognitione animae separatae. et circa hoc quaeruntur octo. primo, utrum anima separata a corpore possit intelligere. secundo, utrum intelligat substantias separatas. tertio, utrum intelligat omnia naturalia. quarto, utrum cognoscat singularia. quinto, utrum habitus scientiae hic acquisitae remaneat in anima separata. sexto, utrum possit uti habitu scientiae hic acquisitae. septimo, utrum distantia localis impediat cognitionem animae separatae. octavo, utrum animae separatae a corporibus cognoscant ea quae hic aguntur.

007 ST1 qu89 ar1

ag1 ' Ad primum sic proceditur. videtur quod anima separata nihil omnino intelligere possit. * dicit enim philosophus, in i de anima, quod ° intelligere corrumpitur, interius quodam corrupto. ' sed omnia interiora hominis corrumpuntur per mortem. ergo et ipsum intelligere corrumpitur.

ag2 ' Praeterea, anima humana impeditur ab intelligendo per ligamentum sensus, et perturbata imaginatione, * sicut supra dictum est. ' sed morte totaliter sensus et imaginatio corrumpuntur, * ut ex supra dictis patet. ' ergo anima post mortem nihil intelligit.

ag3 ' Praeterea, si anima separata intelligit, oportet quod per aliquas species intelligat. sed non intelligit per species innatas, quia a principio est sicut tabula in qua nihil est scriptum. neque per species quas abstrahat a rebus, quia non habet organa sensus et imaginationis, quibus mediantibus species intelligibiles abstrahuntur a rebus. neque etiam per species prius abstractas, et in anima conservatas, quia sic anima pueri nihil intelligeret post mortem. neque etiam per species intelligibiles divinitus influxas, haec enim cognitio non esset naturalis, de qua nunc agitur, sed gratiae. ergo anima separata a corpore nihil intelligit.

sc * Sed contra est quod philosophus dicit, in i de anima, quod ° si non est aliqua operationum animae propria, non contingit ipsam separari. ' contingit autem ipsam separari. ergo habet aliquam operationem propriam; et maxime eam quae est intelligere. intelligit ergo sine corpore existens.

co ' Respondeo dicendum quod ista quaestio difficultatem habet ex hoc quod anima, quandiu est corpori coniuncta, non potest aliquid intelligere nisi convertendo se ad phantasmata, ut per experimentum patet. si autem hoc non est ex natura animae, sed per accidens hoc convenit ei ex eo quod corpori alligatur, * sicut platonici posuerunt, ' de facili quaestio solvi posset. nam remoto impedimento corporis, rediret anima ad suam naturam, ut intelligeret intelligibilia simpliciter, non convertendo se ad phantasmata, sicut est de aliis substantiis separatis. sed secundum hoc, non esset anima corpori unita propter melius animae, si peius intelligeret corpori unita quam separata; sed hoc esset solum propter melius corporis, quod est irrationabile, cum materia sit propter formam, et non e converso. si autem ponamus quod anima ex sua natura habeat ut intelligat convertendo se ad phantasmata, cum natura animae per mortem corporis non mutetur, videtur quod anima naturaliter nihil possit intelligere, cum non sint ei praesto phantasmata ad quae convertatur. et ideo ad hanc difficultatem tollendam, considerandum est quod, cum nihil operetur nisi inquantum est actu, modus operandi uniuscuiusque rei sequitur modum essendi ipsius. habet autem anima alium modum essendi cum unitur corpori, et cum fuerit a corpore separata, manente tamen eadem animae natura; non ita quod uniri corpori sit ei accidentale, sed per rationem suae naturae |25| corpori unitur; sicut nec levis natura mutatur cum est in loco proprio, quod est ei naturale, et cum est extra proprium locum, quod est ei praeter naturam. animae igitur secundum illum modum essendi quo corpori est unita, competit modus intelligendi per conversionem ad phantasmata corporum, quae in corporeis organis sunt, cum autem fuerit a corpore separata, competit ei modus intelligendi per conversionem ad ea quae sunt intelligibilia simpliciter, sicut et aliis substantiis separatis. unde modus intelligendi per conversionem ad phantasmata est animae naturalis, sicut et corpori uniri, sed esse separatum a corpore est praeter rationem suae naturae, et similiter intelligere sine conversione ad phantasmata est ei praeter naturam. et ideo ad hoc unitur corpori, ut sit et operetur secundum naturam suam. sed hoc rursus habet dubitationem. cum enim natura semper ordinetur ad id quod melius est; est autem melior modus intelligendi per conversionem ad intelligibilia simpliciter, quam per conversionem ad phantasmata, debuit sic a deo institui animae natura, ut modus intelligendi nobilior ei esset naturalis, et non indigeret corpori propter hoc uniri. considerandum est igitur quod, etsi intelligere per conversionem ad superiora sit simpliciter nobilius quam intelligere per conversionem ad phantasmata; tamen ille modus intelligendi, prout erat possibilis animae, erat imperfectior. quod sic patet. in omnibus enim substantiis intellectualibus invenitur virtus |50| intellectiva per influentiam divini luminis. quod quidem in primo principio est unum et simplex; et quanto magis creaturae intellectuales distant a primo principio, tanto magis dividitur illud lumen et diversificatur, sicut accidit in lineis a centro egredientibus. et inde est quod deus per unam suam essentiam omnia intelligit; superiores autem intellectualium substantiarum, etsi per plures formas intelligant, tamen intelligunt per pauciores, et magis universales, et virtuosiores ad comprehensionem rerum, propter efficaciam virtutis intellectivae quae est in eis; in inferioribus autem sunt formae plures, et minus universales, et minus efficaces ad comprehensionem rerum, inquantum deficiunt a virtute intellectiva superiorum. si ergo inferiores substantiae haberent formas in illa universalitate in qua habent superiores, quia non sunt tantae efficaciae in intelligendo, non acciperent per eas perfectam cognitionem de rebus, sed in quadam communitate et confusione. quod aliqualiter apparet in hominibus, nam qui sunt debilioris intellectus, per universales conceptiones magis intelligentium non accipiunt perfectam cognitionem, nisi eis singula in speciali explicentur. manifestum est autem inter substantias intellectuales, secundum naturae ordinem, infimas esse animas humanas. hoc autem perfectio universi exigebat, ut diversi gradus in rebus essent. si igitur animae humanae sic essent institutae a deo ut intelligerent per modum qui competit substantiis separatis, non haberent |75| cognitionem perfectam, sed confusam in communi. ad hoc ergo quod perfectam et propriam cognitionem de rebus habere possent, sic naturaliter sunt institutae ut corporibus uniantur, et sic ab ipsis rebus sensibilibus propriam de eis cognitionem accipiant; sicut homines rudes ad scientiam induci non possunt nisi per sensibilia exempla. sic ergo patet quod propter melius animae est ut corpori uniatur, et intelligat per conversionem ad phantasmata; et tamen esse potest separata, et alium modum intelligendi habere.

ra1 ' Ad primum ergo dicendum quod, si diligenter verba philosophi discutiantur, * philosophus hoc dixit " ex quadam suppositione prius facta, scilicet quod intelligere sit quidam motus coniuncti, sicut et sentire, nondum enim differentiam ostenderat inter intellectum et sensum. vel potest dici quod loquitur de illo modo intelligendi qui est per conversionem ad phantasmata.

ra2 ' De quo etiam procedit secunda ratio.

ra3 ' Ad tertium dicendum quod anima separata non intelligit per species innatas; nec per species quas tunc abstrahit; nec solum per species conservatas, ut obiectio probat, sed per species ex influentia divini luminis participatas, quarum anima fit particeps sicut et aliae substantiae separatae, quamvis inferiori modo. unde tam cito cessante conversione ad corpus, ad superiora convertitur. nec tamen propter hoc cognitio non est naturalis, quia deus est auctor non solum influentiae gratuiti luminis, sed etiam naturalis.

007 ST1 qu89 ar2

ag1 ' Ad secundum sic proceditur. videtur quod anima separata non intelligat substantias separatas. perfectior enim est anima corpori coniuncta, quam a corpore separata, cum anima sit naturaliter pars humanae naturae; quaelibet autem pars perfectior est in suo toto. sed anima coniuncta corpori non intelligit substantias separatas, * ut supra habitum est. ' ergo multo minus cum fuerit a corpore separata.

ag2 ' Praeterea, omne quod cognoscitur, vel cognoscitur per sui praesentiam, vel per suam speciem. sed substantiae separatae non possunt cognosci ab anima per suam praesentiam, quia nihil illabitur animae nisi solus deus. neque etiam per aliquas species quas anima ab angelo abstrahere possit, quia angelus simplicior est quam anima. ergo nullo modo anima separata potest cognoscere substantias separatas.

ag3 ' Praeterea, quidam philosophi posuerunt in cognitione separatarum substantiarum consistere ultimam hominis felicitatem. si ergo anima separata potest intelligere substantias separatas, ex sola sua separatione consequitur felicitatem. quod est inconveniens.

sc ' Sed contra est quod animae separatae cognoscunt alias animas separatas; sicut dives in inferno positus vidit lazarum et abraham, * luc. xvi. ' ergo vident etiam et daemones et angelos animae separatae.

co * Respondeo dicendum quod, sicut augustinus dicit in ix de trin., ° mens nostra cognitionem rerum incorporearum per seipsam accipit, " idest cognoscendo seipsam, * sicut supra dictum est. ' per hoc ergo quod anima separata cognoscit seipsam, accipere possumus qualiter cognoscit alias substantias separatas. * dictum est autem quod ' quandiu anima corpori est unita, intelligit convertendo se ad phantasmata. et ideo nec seipsam potest intelligere nisi inquantum fit actu intelligens per speciem a phantasmatibus abstractam, sic enim per actum suum intelligit seipsam, * ut supra dictum est. ' sed cum fuerit a corpore separata, intelliget non convertendo se ad phantasmata, sed ad ea quae sunt secundum se intelligibilia, unde seipsam per seipsam intelliget. est autem commune omni substantiae separatae quod intelligat id quod est supra se, et id quod est infra se, per modum suae substantiae, sic enim intelligitur aliquid secundum quod est in intelligente; est autem aliquid in altero per modum eius in quo est. modus autem substantiae animae separatae est infra modum substantiae angelicae, sed est conformis modo aliarum animarum separatarum. et ideo de aliis animabus separatis perfectam cognitionem habet; de |25| angelis autem imperfectam et deficientem, loquendo de cognitione naturali animae separatae. de cognitione autem gloriae est alia ratio.

ra1 ' Ad primum ergo dicendum quod anima separata est quidem imperfectior, si consideretur natura qua communicat cum natura corporis, sed tamen quodammodo est liberior ad intelligendum, inquantum per gravedinem et occupationem corporis a puritate intelligentiae impeditur.

ra2 ' Ad secundum dicendum quod anima separata

intelligit angelos per similitudines divinitus impressas. quae tamen deficiunt a perfecta repraesentatione eorum, propter hoc quod animae natura est inferior quam angeli.
ra3 ‘ Ad tertium dicendum quod in cognitione substantiarum separatarum non quarumcumque, consistit ultima hominis felicitas, sed solius dei, qui non potest videri nisi per gratiam. in cognitione vero aliarum substantiarum separatarum est magna felicitas, etsi non ultima, si tamen perfecte intelligantur. sed anima separata naturali cognitione non perfecte eas intelligit, * ut dictum est.

007 ST1 qu89 ar3

ag1 ‘ Ad tertium sic proceditur. videtur quod anima separata omnia naturalia cognoscat. in substantiis enim separatis sunt rationes omnium rerum naturalium. sed animae separatae cognoscunt substantias separatas. ergo cognoscunt omnia naturalia.
ag2 ‘ Praeterea, qui intelligit magis intelligibile, multo magis potest intelligere minus intelligibile. sed anima separata intelligit substantias separatas, quae sunt maxima intelligibilium. ergo multo magis potest intelligere omnia naturalia, quae sunt minus intelligibilia.
sc1 ‘ Sed contra, in daemonibus magis viget naturalis cognitio quam in anima separata. sed daemones non omnia naturalia cognoscunt; sed multa addiscunt per longi temporis experientiam, * ut isidorus dicit. ‘ ergo neque animae separatae omnia naturalia cognoscunt.
sc2 ‘ Praeterea, si anima statim cum est separata, omnia naturalia cognosceret, frustra homines studerent ad rerum scientiam capessendam. hoc autem est inconveniens. non ergo anima separata omnia naturalia cognoscit.
co * Respondeo dicendum quod, sicut supra dictum est, ‘ anima separata intelligit per species quas recipit ex influentia divini luminis, sicut et angeli, sed tamen, quia natura animae est infra naturam angeli, cui iste modus cognoscendi est connaturalis, anima separata per huiusmodi species non accipit perfectam rerum cognitionem, sed quasi in communi et confusam. sicut igitur se habent angeli ad perfectam cognitionem rerum naturalium per huiusmodi species, ita animae separatae ad imperfectam et confusam. angeli autem per huiusmodi species cognoscunt cognitione perfecta omnia naturalia, quia omnia quae deus fecit in propriis naturis, fecit in intelligentia angelica, * ut dicit augustinus, super gen. ad litt.. ‘ unde et animae separatae de omnibus naturalibus cognitionem habent, non certam et propriam, sed communem et confusam.
ra1 ‘ Ad primum ergo dicendum quod nec ipse angelus per suam substantiam cognoscit omnia naturalia, sed per species quasdam, * ut supra dictum est. ‘ et ideo non propter hoc sequitur quod anima cognoscat omnia naturalia, quia cognoscit quoquo modo substantiam separatam.
ra2 ‘ Ad secundum dicendum quod, sicut anima separata non perfecte intelligit substantias separatas ita nec omnia naturalia perfecte cognoscit, sed sub quadam confusione, * ut dictum est.
ra3 * Ad tertium dicendum quod isidorus loquitur ‘ de cognitione futurorum; quae nec angeli nec daemones nec animae separatae cognoscunt, nisi vel in suis causis, vel per revelationem divinam. nos autem loquimur de cognitione naturalium.
ra4 ‘ Ad quartum dicendum quod cognitio quae acquiritur hic per studium, est propria et perfecta; illa autem est confusa. unde non sequitur quod studium addiscendi sit frustra.

007 ST1 qu89 ar4

ag1 ‘ Ad quartum sic proceditur. videtur quod anima separata non cognoscat singularia. nulla enim potentia cognoscitiva remanet in anima separata nisi intellectus, * ut ex supra dictis patet. ‘ sed intellectus non est cognoscitivus singularium, * ut supra habitum est. ‘ ergo anima separata singularia non cognoscit.
ag2 ‘ Praeterea, magis est determinata cognitio qua cognoscitur aliquid in singulari, quam illa qua cognoscitur aliquid in universali. sed anima separata non habet determinatam cognitionem de speciebus rerum naturalium. multo igitur minus cognoscit singularia.
ag3 ‘ Praeterea, si cognoscit singularia, et non per sensum, pari ratione omnia singularia cognosceret. sed non cognoscit omnia singularia. ergo nulla cognoscit.
sc ‘ Sed contra est quod dives in inferno positus dixit, habeo quinque fratres, * ut habetur luc. xvi.
co ‘ Respondeo dicendum quod animae separatae aliqua singularia cognoscunt, sed non omnia, etiam quae sunt praesentia. ad cuius evidentiam, considerandum est quod duplex est modus intelligendi. unus per abstractionem a phantasmatibus, et secundum istum modum singularia per intellectum cognosci non possunt directe, sed indirecte, * sicut supra dictum est. ‘ alius modus intelligendi est per influentiam specierum a deo, et per istum modum intellectus potest singularia cognoscere. sicut enim ipse deus per suam essentiam, inquantum est causa universalium et individualium principiorum, cognoscit omnia et universalia et singularia, * ut supra dictum est; ‘ ita substantiae separatae per species, quae sunt quaedam participatae similitudines illius divinae essentiae, possunt singularia cognoscere. in hoc tamen est differentia inter angelos et animas separatas, quia angeli per huiusmodi species habent perfectam et propriam cognitionem de rebus, animae vero separatae confusam. unde angeli, propter efficaciam sui intellectus per huiusmodi species non solum naturas rerum in speciali cognoscere possunt, sed etiam singularia sub speciebus contenta. animae vero separatae non possunt cognoscere per huiusmodi species nisi solum |25| singularia illa ad quae quodammodo determinantur, vel per praecedentem cognitionem, vel per aliquam affectionem, vel per naturalem habitudinem, vel per divinam ordinationem, quia omne quod recipitur in aliquo, determinatur in eo secundum modum recipientis.
ra1 ‘ Ad primum ergo dicendum quod intellectus per viam abstractionis non est cognoscitivus singularium. sic autem anima separata non intelligit, * sed sicut dictum est.
ra2 ‘ Ad secundum dicendum quod ad illarum rerum species vel individua cognitio animae separatae determinatur, ad quae anima separata habet aliquam determinatam habitudinem, * sicut dictum est.
ra3 ‘ Ad tertium dicendum quod anima separata non se habet aequaliter ad omnia singularia, sed ad quaedam habet aliquam habitudinem quam non habet ad alia. et ideo non est aequalis ratio ut omnia singularia cognoscat.

007 ST1 qu89 ar5

ag1 ‘ Ad quintum sic proceditur. videtur quod habitus scientiae hic acquisitae non remaneat in anima separata. * dicit enim apostolus, i ad cor. xiii, ‘ scientia destruetur.
ag2 ‘ Praeterea, quidam minus boni in hoc mundo scientia pollent, aliis magis bonis carentibus scientia. si ergo habitus scientiae permaneret etiam post mortem in anima, sequeretur quod aliqui minus boni etiam in futuro statu essent potiores aliquibus magis bonis. quod videtur inconveniens.
ag3 ‘ Praeterea, animae separatae habebunt scientiam per influentiam divini luminis. si igitur scientia hic acquisita in anima separata remaneat, sequetur quod duae erunt formae unius speciei in eodem subiecto. quod est impossibile.
ag4 * Praeterea, philosophus dicit, in libro praedicament., quod ° habitus est qualitas difficile mobilis; sed ab aegritudine, vel ab aliquo huiusmodi, quandoque corrumpitur scientia. ‘ sed nulla est ita fortis immutatio in hac vita, sicut immutatio quae est per mortem. ergo videtur quod habitus scientiae per mortem corrumpatur.
sc * Sed contra est quod hieronymus dicit, in epistola ad paulinum, ° discamus in terris, quorum scientia nobis perseveret in caelo.
co * Respondeo dicendum quod quidam posuerunt “ habitum scientiae non esse in ipso intellectu, sed in viribus sensitivis, scilicet imaginativa, cogitativa et memorativa; et quod species intelligibiles non conservantur in intellectu possibili. et si haec opinio vera esset, sequeretur quod, destructo corpore, totaliter habitus scientiae hic acquisitae destrueretur. ‘ sed quia scientia est in intellectu, qui est locus specierum, * ut dicitur in iii de anima; ‘ oportet quod habitus scientiae hic acquisitae partim sit in praedictis viribus sensitivis, et partim in ipso intellectu. et hoc potest considerari ex ipsis actibus ex quibus habitus scientiae acquiritur, nam ° habitus sunt similes actibus ex quibus acquiruntur, * ut dicitur in ii ethic.. ‘ actus autem intellectus ex quibus in praesenti vita scientia acquiritur, sunt per conversionem intellectus ad phantasmata, quae sunt in praedictis viribus sensitivis. unde per tales actus et ipsi intellectui possibili acquiritur facultas quaedam ad considerandum per species susceptas; et in praedictis inferioribus viribus acquiritur quaedam habilitas ut facilius per conversionem ad ipsas intellectus possit intelligibilia speculari. sed sicut actus intellectus principaliter quidem et formaliter est in ipso |25| intellectu, materialiter autem et dispositive in inferioribus viribus, idem etiam dicendum est de habitu. quantum ergo ad id quod aliquis praesentis scientiae habet in inferioribus viribus, non remanebit in anima separata, sed quantum ad id quod habet in ipso intellectu, necesse est ut remaneat. quia, * ut dicitur in libro de longitudine et brevitate vitae, ‘ dupliciter corrumpitur aliqua forma, uno modo, per se, quando corrumpitur a suo contrario, ut calidum a frigido; alio modo, per accidens, scilicet per corruptionem subiecti. manifestum est autem quod per corruptionem subiecti, scientia quae est in intellectu humano, corrumpi non potest, cum intellectus sit incorruptibilis, * ut supra ostensum est. ‘ similiter etiam nec per contrarium corrumpi possunt species intelligibiles quae sunt in intellectu possibili, quia intentioni intelligibili nihil est contrarium; et praecipue quantum ad simplicem intelligentiam, qua intelligitur quod quid est. sed quantum ad operationem qua intellectus componit et dividit, vel etiam ratiocinatur, sic invenitur contrarietas in intellectu, secundum quod falsum in propositione vel in argumentatione est contrarium vero. et hoc modo interdum scientia corrumpitur per contrarium, dum scilicet aliquis per falsam argumentationem abducitur a scientia veritatis. * et ideo philosophus, in libro praedicto, ponit “ duos modos quibus |50| scientia per se corrumpitur, scilicet oblivionem, ex parte memorativae, et deceptionem, ex parte argumentationis falsae. ‘ sed hoc non habet locum in anima separata. unde dicendum est quod habitus scientiae, secundum quod est in intellectu manet in anima separata.
ra1 * Ad primum ergo dicendum quod apostolus ‘ non loquitur ibi de scientia quantum ad habitum, sed quantum ad cognitionis actum. * unde ad huius probationem inducit, “ nunc cognosco ex parte.
ra2 ‘ Ad secundum dicendum quod, sicut secundum staturam corporis aliquis minus bonus erit maior aliquo magis bono; ita nihil prohibet aliquem minus bonum habere aliquem scientiae habitum in futuro, quem non habet aliquis magis bonus. sed tamen hoc quasi nullius momenti est in comparatione ad alias praerogativas quas meliores habebunt.
ra3 ‘ Ad tertium dicendum quod utraque scientia non est unius rationis. unde nullum inconveniens sequitur.
ra4 ‘ Ad quartum dicendum quod ratio illa procedit de corruptione scientiae quantum ad id quod habet ex parte sensitivarum virium.

007 ST1 qu89 ar6

ag1 ‘ Ad sextum sic proceditur. videtur quod actus scientiae hic acquisitae non maneat in anima separata. * dicit enim philosophus, in i de anima, quod “ corrupto corpore, anima neque reminiscitur neque amat. ‘ sed considerare ea quae prius aliquis novit, est reminisci. ergo anima separata non potest habere actum scientiae quam hic acquisivit.
ag2 ‘ Praeterea, species intelligibiles non erunt potentiores in anima separata quam sint in anima corpori unita. sed per species intelligibiles non possumus modo intelligere, nisi convertendo nos super phantasmata, * sicut supra habitum est. ‘ ergo nec anima separata hoc poterit. et ita nullo modo per species intelligibiles hic acquisitas anima separata intelligere poterit.
ag3 * Praeterea, philosophus dicit, in ii ethic., quod ° habitus similes actus reddunt actibus per quos acquiruntur. ‘ sed habitus scientiae hic acquiritur per actus intellectus convertentis se supra phantasmata. ergo non potest alios actus reddere. sed tales actus non competunt animae separatae. ergo anima separata non habebit aliquem actum scientiae hic acquisitae.
sc ‘ Sed contra est quod * luc. xvi, dicitur ad divitem in inferno positum, ° recordare quia recepisti bona in vita tua.
co ‘ Respondeo dicendum quod in actu est duo considerare, scilicet speciem actus, et modum ipsius. et species quidem actus consideratur ex obiecto in quod actus cognoscitivae virtutis dirigitur per speciem, quae est obiecti similitudo, sed modus actus pensatur ex virtute agentis. sicut quod aliquis videat lapidem, contingit ex specie lapidis quae est in oculo, sed quod acute videat, contingit ex virtute visiva oculi. cum igitur species intelligibiles maneant in anima separata, * sicut dictum est; ‘ status autem animae separatae non sit idem sicut modo est, sequitur quod secundum species intelligibiles hic acquisitas, anima separata intelligere possit quae prius intellexit; non tamen eodem modo, scilicet per conversionem ad phantasmata, sed per modum convenientem animae separatae. et ita manet quidem in anima separata actus scientiae hic acquisitae, sed non secundum eundem modum.
ra1 * Ad primum ergo dicendum quod philosophus loquitur ‘ de reminiscentia, secundum quod memoria pertinet ad partem sensitivam, non autem secundum quod memoria est quodammodo in intellectu, * ut dictum est.
ra2 ‘ Ad secundum dicendum quod diversus modus intelligendi non provenit ex diversa virtute specierum, sed ex diverso statu animae intelligentis.
ra3 ‘ Ad tertium dicendum quod actus per quos acquiritur habitus, sunt similes actibus quos habitus causant, quantum ad speciem actus, non autem quantum ad modum agendi. nam operari iusta, sed non iuste, idest delectabiliter, causat habitum iustitiae politicae, per quem delectabiliter operamur.

007 ST1 qu89 ar7

ag1 ‘ Ad septimum sic proceditur. videtur quod distantia localis impediat cognitionem animae separatae. * dicit enim augustinus, in libro de cura pro mortuis agenda, quod ° animae mortuorum ibi sunt, ubi ea quae hic fiunt scire non possunt. ‘ sciunt autem ea quae apud eos aguntur. ergo distantia localis impedit cognitionem animae separatae.
ag2 * Praeterea, augustinus dicit, in libro de divinatione daemonum, quod ° daemones, propter celeritatem motus, aliqua nobis ignota denuntiant. ‘ sed agilitas motus ad hoc nihil faceret, si distantia localis cognitionem daemonis non impediret. multo igitur magis distantia localis impedit cognitionem animae separatae, quae est inferior secundum naturam quam daemon.
ag3 ‘ Praeterea, sicut distat aliquis secundum locum, ita secundum tempus sed distantia temporis impedit cognitionem animae separatae, non enim cogno-

scunt futura. ergo videtur quod etiam distantia secundum locum animae separatae cognitionem impediat.
sc * Sed contra est quod dicitur luc. xvi, quod ° dives cum esset in tormentis, elevans oculos suos, vidit abraham a longe. ‘ergo distantia localis non impedit animae separatae cognitionem.
co * Respondeo dicendum quod quidam posuerunt quod “anima separata cognosceret singularia abstrahendo a sensibilibus. quod si esset verum, posset dici quod distantia localis impediret animae separatae cognitionem, requireretur enim quod vel sensibilia agerent in animam separatam, vel anima separata in sensibilia; et quantum ad utrumque, requireretur distantia determinata. ‘sed praedicta positio est impossibilis, quia abstractio specierum a sensibilibus fit mediantibus sensibus et aliis potentiis sensitivis, quae in anima separata actu non manent. intelligit autem anima separata singularia per influxum specierum ex divino lumine, quod quidem lumen aequaliter se habet ad propinquum et distans. unde distantia localis nullo modo impedit animae separatae cognitionem.
ra1 * Ad primum ergo dicendum quod augustinus ‘ non dicit quod propter hoc quod ibi sunt animae mortuorum, ea quae hic sunt videre non possunt, ut localis distantia huius ignorantiae causa esse credatur, sed hoc potest propter aliquid aliud contingere, * ut infra dicetur.
ra2 * Ad secundum dicendum quod augustinus ibi loquitur secundum opinionem illam qua aliqui posuerunt quod “ daemones habent corpora naturaliter sibi unita, secundum quam positionem, etiam potentias sensitivas habere possunt, ad quarum cognitionem requiritur determinata distantia. et hanc opinionem etiam * in eodem libro augustinus expresse tangit, licet “ eam magis recitando quam asserendo tangere videatur, * ut patet per ea quae dicit xxi libro de civ. dei.
ra3 ‘ Ad tertium dicendum quod futura, quae distant secundum tempus, non sunt entia in actu. unde in seipsis non sunt cognoscibilia, quia sicut deficit aliquid ab entitate, ita deficit a cognoscibilitate. sed ea quae sunt distantia secundum locum, sunt entia in actu, et secundum se cognoscibilia. unde non est eadem ratio de distantia locali, et de distantia temporis.

007 ST1 qu89 ar8

ag1 ‘ Ad octavum sic proceditur. videtur quod animae separatae cognoscant ea quae hic aguntur. nisi enim ea cognoscerent, de eis curam non haberent. sed habent curam de his quae hic aguntur; * secundum illud luc. xvi, ° habeo quinque fratres, ut testificetur illis, ne et ipsi veniant in hunc locum tormentorum. ‘ ergo animae separatae cognoscunt ea quae hic aguntur.
ag2 ‘ Praeterea, frequenter mortui vivis apparent, vel dormientibus vel vigilantibus, et eos admonent de iis quae hic aguntur; sicut samuel apparuit sauli, * ut habetur i reg. xxviii. ‘ sed hoc non esset si ea quae hic sunt non cognoscerent. ergo ea quae hic aguntur cognoscunt.
ag3 ‘ Praeterea, animae separatae cognoscunt ea quae apud eas aguntur. si ergo quae apud nos aguntur non cognoscerent, impediretur earum cognitio per localem distantiam. * quod supra negatum est.
sc * Sed contra est quod dicitur iob xiv, ° sive fuerint filii eius nobiles, sive ignobiles, non intelliget.
co ‘ Respondeo dicendum quod, secundum naturalem cognitionem, de qua nunc hic agitur, animae mortuorum nesciunt quae hic aguntur. * et huius ratio ex dictis accipi potest. ‘ quia anima separata cognoscit singularia per hoc quod quodammodo determinata est ad illa, vel per vestigium alicuius praecedentis cognitionis seu affectionis, vel per ordinationem divinam. animae autem mortuorum, secundum ordinationem divinam, et secundum modum essendi, segregatae sunt a conversatione viventium, et coniunctae conversationi spiritualium substantiarum quae sunt a corpore separatae. unde ea quae apud nos aguntur ignorant. * et hanc rationem assignat gregorius in xii moralium, dicens, ° mortui vita in carne viventium post eos, qualiter disponatur, nesciunt, quia vita spiritus longe est a vita carnis; et sicut corporea atque incorporea diversa sunt genere, ita sunt distincta cognitione. * et hoc etiam augustinus videtur tangere in libro de cura pro mortuis agenda, dicens quod ° animae mortuorum rebus viventium non intersunt. * sed quantum ad animas beatorum, videtur esse differentia inter gregorium et augustinum. nam gregorius ibidem subdit, ° quod tamen de animabus sanctis sentiendum non est, quia quae intus omnipotentis dei claritatem vident, nullo modo credendum est quod sit foris aliquid quod ignorent. |25| * augustinus vero, in libro de cura pro mortuis agenda, expresse dicit quod ° nesciunt mortui, etiam sancti, quid agant vivi et eorum filii, * ut habetur in glossa, super illud, ° abraham nescivit nos, * isaiae lxiii. “ quod quidem confirmat per hoc quod a matre sua non visitabatur, nec in tristitiis consolabatur, sicut quando vivebat; nec est probabile ut sit facta vita feliciore crudelior. et per hoc quod dominus promisit iosiae regi quod prius moreretur ne videret mala quae erant populo superventura, * ut habetur iv reg. xxii. sed augustinus hoc dubitando dicit, unde praemittit, ° ut volet, accipiat quisque quod dicam. * gregorius autem assertive, quod patet per hoc quod dicit, ° nullo modo credendum est. ‘ magis tamen videtur, * secundum sententiam gregorii, ‘ quod animae sanctorum deum videntes, omnia praesentia quae hic aguntur cognoscant. sunt enim angelis aequales, * de quibus etiam augustinus asserit quod “ ea quae apud vivos aguntur non ignorant. ‘ sed quia sanctorum animae sunt perfectissime |50| iustitiae divinae coniunctae, nec tristantur, nec rebus viventium se ingerunt, nisi secundum quod iustitiae divinae dispositio exigit.
ra1 ‘ Ad primum ergo dicendum quod animae mortuorum possunt habere curam de rebus viventium, etiam si ignorent eorum statum; sicut nos curam habemus de mortuis, eis suffragia impendendo, quamvis eorum statum ignoremus. possunt etiam facta viventium non per seipsos cognoscere, sed vel per animas eorum qui hinc ad eos accedunt; vel per angelos seu daemones; vel etiam spiritu dei revelante, * sicut augustinus in eodem libro dicit.
ra2 ‘ Ad secundum dicendum quod hoc quod mortui viventibus apparent qualitercumque, vel contingit per specialem dei dispensationem, ut animae mortuorum rebus viventium intersint, et est inter divina miracula computandum. vel huiusmodi apparitiones fiunt per operationes angelorum bonorum vel malorum, etiam ignorantibus mortuis, sicut etiam vivi ignorantes aliis viventibus apparent in somnis, * ut augustinus dicit in libro praedicto. ‘ unde et de samuele dici potest quod ipse apparuit per revelationem divinam; * secundum hoc quod dicitur eccli. xlvi, quod ° dormivit, et notum fecit regi finem vitae suae. ‘ vel illa apparitio fuit procurata per daemones, * si tamen ecclesiastici auctoritas non recipiatur, propter hoc quod inter canonicas scripturas apud hebraeos non habetur.
ra3 ‘ Ad tertium dicendum quod ignorantia huiusmodi non contingit ex locali distantia, sed propter causam praedictam.

007 ST1 qu90 ar

pr ‘ Post praemissa considerandum est de prima hominis productione. et circa hoc consideranda sunt quatuor, primo considerandum est de productione ipsius hominis; secundo, de fine productionis; tertio, de statu et conditione hominis primo producti; quarto, de loco eius. circa productionem autem consideranda sunt tria, primo, de productione hominis quantum ad animam; secundo, quantum ad corpus viri; tertio, quantum ad productionem mulieris. circa primum quaeruntur quatuor. primo, utrum anima humana sit aliquid factum, vel sit de substantia ipsius dei. secundo, supposito quod sit facta, utrum sit creata. tertio, utrum sit facta mediantibus angelis. quarto, utrum sit facta ante corpus.

007 ST1 qu90 ar1

ag1 ‘ Ad primum sic proceditur. videtur quod anima non sit facta, sed sit de substantia dei. * dicitur enim gen. ii, ° formavit deus hominem de limo terrae, et inspiravit in faciem eius spiraculum vitae, et factus est homo in animam viventem. ‘ sed ille qui spirat, aliquid a se emittit. ergo anima qua homo vivit, est aliquid de substantia dei.
ag2 * Praeterea, sicut supra habitum est, ‘ anima est forma simplex. sed forma est actus. ergo anima est actus purus, quod est solius dei. ergo anima est de substantia dei.
ag3 ‘ Praeterea, quaecumque sunt, et nullo modo differunt, sunt idem. sed deus et mens sunt, et nullo modo differunt, quia oporteret quod aliquibus differentiis differrent, et sic essent composita. ergo deus et mens humana idem sunt.
sc * Sed contra est quod augustinus, in libro de origine animae, “ enumerat quaedam quae dicit esse multum aperteque perversa, et fidei catholicae adversa; * inter quae primum est, quod quidam dixerunt ° deum animam non de nihilo, sed de seipso fecisse.
co ‘ Respondeo dicendum quod dicere animam esse de substantia dei, manifestam improbabilitatem continet. * ut enim ex dictis patet, ‘ anima humana est quandoque intelligens in potentia, et scientiam quodammodo a rebus acquirit, et habet diversas potentias, quae omnia aliena sunt a dei natura, qui est actus purus, et nihil ab alio accipiens, et nullam in se diversitatem habens, * ut supra probatum est. ‘ sed hic error principium habuisse videtur ex duabus positionibus antiquorum. * primi enim qui naturas rerum considerare incoeperunt, “ imaginationem transcendere non valentes, nihil praeter corpora esse posuerunt. et ideo deum dicebant esse quoddam corpus, quod aliorum corporum iudicabant esse principium. et quia animam ponebant esse de natura illius corporis quod dicebant esse principium, * ut dicitur in i de anima, ‘ per consequens sequebatur quod anima esset de natura dei. * iuxta quam positionem etiam manichaei, “ deum esse quandam lucem corpoream existimantes, quandam partem illius lucis animam esse posuerunt corpori alligatam. * secundo vero processum fuit ad hoc, quod aliqui “ aliquid |25| incorporeum esse apprehenderunt, non tamen a corpore separatum, sed corporis formam. * unde et varro dixit quod ° deus est anima mundum motu et ratione gubernans; * ut augustinus narrat, vii de civ. dei. sic igitur illius totalis animae partem aliqui posuerunt “ animam hominis, sicut homo est pars totius mundi; non valentes intellectu pertingere ad distinguendos spiritualium substantiarum gradus, nisi secundum distinctiones corporum. ‘ haec autem omnia sunt impossibilia, * ut supra probatum est. ‘ unde manifeste falsum est animam esse de substantia dei.
ra1 ‘ Ad primum ergo dicendum quod inspirare non est accipiendum corporaliter, sed idem est deum inspirare, quod spiritum facere. quamvis et homo corporaliter spirans non emittat aliquid de sua substantia, sed de natura extranea.
ra2 ‘ Ad secundum dicendum quod anima, etsi sit forma simplex secundum suam essentiam, non tamen est suum esse, sed est ens per participationem; * ut ex supra dictis patet. ‘ et ideo non est actus purus, sicut deus.
ra3 ‘ Ad tertium dicendum quod differens, proprie acceptum, aliquo differt, unde ibi quaeritur differentia, ubi est convenientia. et propter hoc oportet differentia esse composita quodammodo, cum in aliquo differant, et in aliquo conveniant. sed secundum hoc, licet omne differens sit diversum, non tamen omne diversum est differens; * ut dicitur in x metaphys.. ‘ nam simplicia diversa sunt seipsis, non autem differunt aliquibus differentiis, ex quibus componantur. sicut homo et asinus differunt rationali et irrationali differentia, de quibus non est dicere quod ulterius aliis differentiis differant.

007 ST1 qu90 ar2

ag1 ‘ Ad secundum sic proceditur. videtur quod anima non sit producta in esse per creationem. quod enim in se habet aliquid materiale, fit ex materia. sed anima habet in se aliquid materiale, cum non sit actus purus. ergo anima est facta ex materia. non ergo est creata.
ag2 ‘ Praeterea, omnis actus materiae alicuius videtur educi de potentia materiae, cum enim materia sit in potentia ad actum, actus quilibet praeexistit in materia in potentia. sed anima est actus materiae corporalis, ut ex eius definitione apparet. ergo anima educitur de potentia materiae.
ag3 ‘ Praeterea, anima est forma quaedam. si igitur anima fit per creationem, pari ratione omnes aliae formae. et sic nulla forma exibit in esse per generationem. quod est inconveniens.
sc * Sed contra est quod dicitur gen. i, ° creavit deus hominem ad imaginem suam. ‘ est autem homo ad imaginem dei secundum animam. ergo anima exivit in esse per creationem.
co ‘ Respondeo dicendum quod anima rationalis non potest fieri nisi per creationem, quod non est verum de aliis formis. cuius ratio est quia, cum fieri sit via ad esse, hoc modo alicui competit fieri, sicut ei competit esse. illud autem proprie dicitur esse, quod ipsum habet esse, quasi in suo esse subsistens, unde solae substantiae proprie et vere dicuntur entia. accidens vero non habet esse, sed eo aliquid est, et hac ratione ens dicitur; sicut albedo dicitur ens, quia ea aliquid est album. * et propter hoc dicitur in vii metaphys., quod “ accidens dicitur magis entis quam ens. et eadem ratio est ‘ de omnibus aliis formis non subsistentibus. et ideo nulli formae non subsistenti proprie competit fieri, sed dicuntur fieri per hoc quod composita subsistentia fiunt. anima autem rationalis est forma subsistens, * ut supra habitum est. ‘ unde sibi proprie competit esse et fieri. et quia non potest fieri ex materia praeiacente, neque corporali, quia sic esset naturae corporeae; neque spirituali, quia sic substantiae spirituales in invicem transmutarentur, necesse est dicere quod non fiat nisi per creationem.
ra1 ‘ Ad primum ergo dicendum quod in anima est sicut materiale ipsa simplex essentia, formale autem in ipsa est esse participatum, quod quidem ex necessitate simul est cum essentia animae, quia esse per se consequitur ad formam. “ et eadem ratio esset, si poneretur composita ex quadam materia spirituali, * ut quidam dicunt. “ quia illa materia non est in potentia ad aliam formam, sicut nec materia caelestis corporis, alioquin anima esset corruptibilis. ‘ unde nullo modo anima potest fieri ex materia praeiacente.
ra2 ‘ Ad secundum dicendum quod actum extrahi de potentia materiae, nihil aliud est quam aliquid fieri actu, quod prius erat in potentia. sed quia anima rationalis non habet esse suum dependens a materia corporali, sed habet esse subsistens, et excedit capacitatem materiae corporalis, * ut supra dictum est; ‘ propterea non educitur de potentia materiae.
ra3 ‘ Ad tertium dicendum quod non est simile de anima rationali, et de aliis formis, * ut dictum est.

007 ST1 qu90 ar3

ag1 ‘ Ad tertium sic proceditur. videtur quod anima rationalis non sit producta a deo immediate, sed mediantibus angelis. maior enim ordo est in spiritualibus quam in corporalibus. sed corpora inferiora producuntur per corpora superiora, * ut dionysius dicit, iv cap. de div. nom.. ‘ ergo et inferiores spiritus, qui sunt animae rationales, producuntur per spiritus superiores, qui sunt angeli.
ag2 ‘ Praeterea, finis rerum respondet principio, deus enim est principium et finis rerum. ergo et exi-

tus rerum a principio respondet reductioni rerum in finem. sed infima reducuntur per prima, * ut dionysius dicit. ' ergo et infima procedunt in esse per prima, scilicet animae per angelos.
ag3 ° Praeterea, perfectum est quod potest sibi simile facere, * ut dicitur in iv meteor.. ' sed spirituales substantiae sunt multo magis perfectae quam corporales. cum ergo corpora faciant sibi similia secundum speciem, multo magis angeli poterunt facere aliquid infra se secundum speciem naturae, scilicet animam rationalem.
sc * Sed contra est quod dicitur gen. ii, quod ° deus ipse inspiravit in faciem hominis spiraculum vitae.
co * Respondeo dicendum quod quidam posuerunt quod " angeli, secundum quod operantur in virtute dei, causant animas rationales. ' sed hoc est omnino impossibile, et a fide alienum. * ostensum est enim quod ' anima rationalis non potest produci nisi per creationem. solus autem deus potest creare. quia solius primi agentis est agere, nullo praesupposito, cum semper agens secundum praesupponat aliquid a primo agente, * ut supra habitum est. ' quod autem agit aliquid ex aliquo praesupposito, agit transmutando. et ideo nullum aliud agens agit nisi transmutando; sed solus deus agit creando. et quia anima rationalis non potest produci per transmutationem alicuius materiae, ideo non potest produci nisi a deo immediate.
ra1 ' Et per hoc patet solutio ad obiecta. nam quod corpora causant vel sibi similia vel inferiora, et quod superiora reducunt inferiora, totum hoc provenit per quandam transmutationem.

007 ST1 qu90 ar4

ag1 ' Ad quartum sic proceditur. videtur quod anima humana fuerit producta ante corpus. opus enim creationis praecessit opus distinctionis et ornatus, * ut supra habitum est. ' sed anima producta est in esse per creationem; corpus autem factum est in fine ornatus. ergo anima hominis producta est ante corpus.
ag2 ' Praeterea, anima rationalis magis convenit cum angelis quam cum animalibus brutis. sed angeli creati fuerunt ante corpora, vel statim a principio cum corporali materia; corpus autem hominis formatum est sexto die, quando et bruta animalia sunt producta. ergo anima hominis fuit creata ante corpus.
ag3 ' Praeterea, finis proportionatur principio. sed anima in fine remanet post corpus. ergo et in principio fuit creata ante corpus.
sc ' Sed contra est quod actus proprius fit in potentia propria. cum ergo anima sit proprius actus corporis, anima producta est in corpore.
co * Respondeo dicendum quod origenes posuit " non solum animam primi hominis, sed animas omnium hominum ante corpora simul cum angelis creatas; propter hoc quod credidit omnes spirituales substantias, tam animas quam angelos, aequales esse secundum suae naturae conditionem, sed solum merito distare; sic ut quaedam earum corporibus alligarentur, quae sunt animae hominum vel caelestium corporum; quaedam vero in sui puritate, secundum diversos ordines, remanerent. * de qua opinione supra iam diximus, et ideo relinquatur ad praesens. * augustinus vero, in vii super gen. ad litt., dicit quod " anima primi hominis ante corpus cum angelis est creata, propter aliam rationem. quia scilicet ponit quod corpus hominis in illis operibus sex dierum non fuit productum in actu, sed solum secundum causales rationes, quod non potest de anima dici; quia nec ex aliqua materia corporali aut spirituali praeexistente facta fuit, nec ex aliqua virtute creata produci potuit. et ideo videtur quod ipsamet anima in operibus sex dierum, in quibus omnia facta fuerunt, simul cum angelis fuerit creata; et quod postmodum propria voluntate inclinata fuit ad corpus administrandum. * sed hoc non dicit asserendo, ut eius verba demonstrant. dicit enim, |25| ° credatur, si nulla scripturarum auctoritas seu veritatis ratio contradicit, hominem ita factum sexto die, ut corporis quidem humani ratio causalis in elementis mundi, anima vero iam ipsa crearetur. * posset autem hoc utique tolerari secundum eos qui ponunt quod " anima habet per se speciem et naturam completam, et quod non unitur corpori ut forma, sed solum ad ipsum administrandum. ' si autem anima unitur corpori ut forma, et est naturaliter pars humanae naturae, hoc omnino esse non potest. manifestum est enim quod deus primas res instituit in perfecto statu suae naturae, secundum quod uniuscuiusque rei species exigebat. anima autem, cum sit pars humanae naturae, non habet naturalem perfectionem nisi secundum quod est corpori unita. unde non fuisset conveniens animam sine corpore creari. * sustinendo ergo opinionem augustini de operibus sex dierum, ' dici poterit quod anima humana praecessit in operibus sex dierum secundum quandam similitudinem generis, prout convenit cum angelis in intellectuali natura; ipsa vero fuit creata simul cum corpore. * secundum alios vero sanctos, ' tam anima quam corpus primi hominis in operibus sex dierum sunt producta.
ra1 ' Ad primum ergo dicendum quod, si natura animae haberet integram speciem, ita quod secundum se crearetur, ratio illa procederet, ut per se in principio crearetur. sed quia naturaliter est forma corporis, non fuit seorsum creanda, sed debuit creari in corpore.
ra2 ' Et similiter est dicendum ad secundum. nam anima si per se speciem haberet, magis conveniret cum angelis. sed inquantum est forma corporis, pertinet ad genus animalium, ut formale principium.
ra3 ' Ad tertium dicendum quod animam remanere post corpus, accidit per defectum corporis, qui est mors. qui quidem defectus in principio creationis animae, esse non debuit.

007 ST1 qu91 ar

pr ' Deinde considerandum est de productione corporis primi hominis. et circa hoc quaeruntur quatuor. primo, de materia ex qua productum est. secundo, de auctore a quo productum est. tertio, de dispositione quae ei per productionem est attributa. quarto, de modo et ordine productionis ipsius.

007 ST1 qu91 ar1

ag1 ' Ad primum sic proceditur. videtur quod corpus primi hominis non sit factum de limo terrae. maioris enim virtutis est facere aliquid ex nihilo, quam ex aliquo, quia plus distat ab actu non ens quam ens in potentia. sed cum homo sit dignissima creaturarum inferiorum, decuit ut virtus dei maxime ostenderetur in productione corporis eius. ergo non debuit fieri ex limo terrae, sed ex nihilo.
ag2 ' Praeterea, corpora caelestia sunt nobiliora terrenis. sed corpus humanum habet maximam nobilitatem, cum perficiatur a nobilissima forma, quae est anima rationalis. ergo non debuit fieri de corpore terrestri, sed magis de corpore caelesti.
ag3 ' Praeterea, ignis et aer sunt nobiliora corpora quam terra et aqua, quod ex eorum subtilitate apparet. cum igitur corpus humanum sit dignissimum, magis debuit fieri ex igne et ex aere quam ex limo terrae.
ag4 ' Praeterea, corpus humanum est compositum ex quatuor elementis. non ergo est factum ex limo terrae, sed ex omnibus elementis.
sc * Sed contra est quod dicitur gen. ii, ° formavit deus hominem de limo terrae.
co ' Respondeo dicendum quod, cum deus perfectus sit, operibus suis perfectionem dedit secundum eorum modum; * secundum illud deut. xxxii, ° dei perfecta sunt opera. ' ipse autem simpliciter perfectus est, ex hoc quod omnia in se praehabet, non per modum compositionis, sed simpliciter et unite, * ut dionysius dicit, ' eo modo quo diversi effectus praeexistunt in causa, secundum unam eius essentiam. ista autem perfectio ad angelos quidem derivatur, secundum quod omnia sunt in eorum cognitione quae sunt a deo in natura producta, per formas diversas. ad hominem vero derivatur inferiori modo huiusmodi perfectio. non enim in sua cognitione naturali habet omnium naturalium notitiam; sed est ex rebus omnibus quodammodo compositus, dum de genere spiritualium substantiarum habet in se animam rationalem, de similitudine vero caelestium corporum habet elongationem a contrariis per maximam aequalitatem complexionis, elementa vero secundum substantiam. ita tamen quod superiora elementa praedominantur in eo secundum virtutem, scilicet ignis et aer, quia vita praecipue consistit in calido, quod est ignis, et humido, quod est aeris. inferiora vero elementa abundant in eo secundum substantiam, aliter enim non posset esse mixtionis aequalitas, nisi inferiora elementa, quae sunt minoris virtutis, secundum quantitatem in homine abundarent. et ideo dicitur corpus |25| hominis de limo terrae formatum, quia limus dicitur terra aquae permixta. et propter hoc homo dicitur minor mundus, quia omnes creaturae mundi quodammodo inveniuntur in eo.
ra1 ' Ad primum ergo dicendum quod virtus dei creantis manifestata est in corpore hominis, dum eius materia est per creationem producta. oportuit autem ut ex materia quatuor elementorum fieret corpus humanum, ut homo haberet convenientiam cum inferioribus corporibus, quasi medium quoddam existens inter spirituales et corporales substantias.
ra2 ' Ad secundum dicendum quod, quamvis corpus caeleste sit simpliciter nobilius terrestri corpore, tamen quantum ad actus animae rationalis, est minus conveniens. nam anima rationalis accipit notitiam veritatis quodammodo per sensus; quorum organa formari non possunt ex corpore caelesti, cum sit impassibile. * nec est verum quod quidam dicunt " aliquid de quinta essentia materialiter ad compositionem humani corporis advenire, ponentes animam uniri corpori mediante quadam luce. primo enim, falsum est quod dicunt, lucem esse corpus. ' secundo vero, impossibile est aliquid de quinta essentia vel a corpore caelesti dividi, vel elementis permisceri, propter caelestis corporis impassibilitatem. unde non venit in compositionem mixtorum corporum, nisi secundum suae virtutis effectum.
ra3 ' Ad tertium dicendum quod, si ignis et aer, quae sunt maioris virtutis in agendo, etiam secundum quantitatem in compositione humani corporis abundarent, omnino ad se traherent alia, et non posset fieri aequalitas commixtionis, quae est necessaria in compositione hominis ad bonitatem sensus tactus, qui est fundamentum sensuum aliorum. oportet enim organum cuiuslibet sensus non habere in actu contraria quorum sensus est perceptivus, sed in potentia tantum. vel ita quod omnino careat toto genere contrariorum, sicut pupilla caret colore, ut sit in potentia ad omnes colores, quod in organo tactus non erat possibile, cum sit compositum ex elementis, quorum qualitates percipit tactus. vel ita quod organum sit medium inter contraria, ut necesse est in tactu accidere, medium enim est quodammodo in potentia ad extrema.
ra4 ' Ad quartum dicendum quod in limo terrae est terra, et aqua conglutinans partes terrae. de aliis autem elementis scriptura mentionem non fecit, tum quia minus abundant secundum quantitatem in corpore hominis, * ut dictum est; ' tum etiam quia in tota rerum productione, de igne et aere, quae sensu non percipiuntur a rudibus mentionem non fecit scriptura, quae rudi populo tradebatur.

007 ST1 qu91 ar2

ag1 ' Ad secundum sic proceditur. videtur quod corpus humanum non sit immediate a deo productum. * dicit enim augustinus, in iii de trin., quod " corporalia disponuntur a deo per angelicam creaturam. ' sed corpus humanum formatum fuit ex materia corporali, * ut dictum est. ' ergo debuit produci mediantibus angelis, et non immediate a deo.
ag2 ' Praeterea, quod fieri potest virtute creata, non est necessarium quod immediate producatur a deo. sed corpus humanum produci potest per virtutem creatam caelestis corporis, nam et quaedam animalia ex putrefactione generantur per virtutem activam corporis caelestis; * et albumasar dicit quod " in locis in quibus nimis abundat calor aut frigus, homines non generantur, sed in locis temperatis tantum. ' ergo non oportuit quod immediate corpus humanum formaretur a deo.
ag3 ' Praeterea, nihil fit ex materia corporali nisi per aliquam materiae transmutationem. sed omnis transmutatio corporalis causatur ex motu caelestis corporis, qui est primus motuum. cum igitur corpus humanum sit productum ex materia corporali, videtur quod ad eius formationem aliquid operatum fuerit corpus caeleste.
ag4 * Praeterea, augustinus dicit, super gen. ad litt., quod " homo factus est secundum corpus, in operibus sex dierum, secundum causales rationes quas deus inseruit creaturae corporali; postmodum vero fuit formatum in actu. ' sed quod praeexistit in corporali creatura secundum causales rationes, per aliquam virtutem corpoream produci potest. ergo corpus humanum productum est aliqua virtute creata, et non immediate a deo.
sc * Sed contra est quod dicitur eccli. xvii, ° deus de terra creavit hominem.
co ' Respondeo dicendum quod prima formatio humani corporis non potuit esse per aliquam virtutem creatam, sed immediate a deo. * posuerunt siquidem aliqui " formas quae sunt in materia corporali, a quibusdam formis immaterialibus derivari. * sed hanc opinionem repellit philosophus, in vii metaphys., per hoc quod " formis non competit per se fieri, sed composito, * ut supra expositum est; ' et quia oportet agens esse simile facto non convenit quod forma pura, quae est sine materia, producat formam quae est in materia, quae non fit nisi per hoc quod compositum fit. et ideo oportet quod forma quae est in materia, sit causa formae quae est in materia, secundum quod compositum a composito generatur. deus autem, quamvis omnino sit immaterialis, tamen solus est qui sua virtute materiam producere potest creando. unde ipsius solius est formam producere in materia absque adminiculo praecedentis formae materialis. et propter hoc, angeli non possunt transmutare corpora ad formam aliquam, nisi adhibitis seminibus quibusdam, * ut augustinus dicit in iii de trin.. ' quia igitur corpus humanum nunquam formatum fuerat, cuius virtute per viam generationis |25| aliud simile in specie formaretur, necesse fuit quod primum corpus hominis immediate formaretur a deo.
ra1 ' Ad primum ergo dicendum quod, etsi angeli aliquod ministerium deo exhibeant in his quae circa corpora operatur; aliqua tamen deus in creatura corporea facit, quae nullo modo angeli facere possunt; sicut quod suscitat mortuos, et illuminat caecos. secundum quam virtutem etiam corpus primi hominis de limo terrae formavit. potuit tamen fieri ut aliquod ministerium in formatione corporis primi hominis angeli exhiberent; sicut exhibebunt in ultima resurrectione, pulveres colligendo.
ra2 ' Ad secundum dicendum quod animalia perfecta, quae generantur ex semine, non possunt generari per solam virtutem caelestis corporis, * ut avicenna fingit; ' licet ad eorum generationem naturalem cooperetur virtus caelestis corporis, * prout philosophus dicit, in ii physic., quod ° homo generat hominem ex materia, et sol. ' et exinde est quod exigitur locus temperatus ad generationem hominum et aliorum animalium perfectorum. sufficit autem virtus caelestium corporum ad generandum quaedam animalia imperfectiora ex materia disposita, manifestum est enim quod plura requiruntur ad productionem rei

perfectae, quam ad productionem rei imperfectae.
ra3 ‘ Ad tertium dicendum quod motus caeli est causa transmutationum naturalium, non tamen transmutationum quae fiunt praeter naturae ordinem, et sola virtute divina, sicut quod mortui resuscitantur, quod caeci illuminantur. quibus est simile quod homo ex limo terrae formatur.
ra4 ‘ Ad quartum dicendum quod secundum rationes causales in creaturis dicitur aliquid praeexistere dupliciter. uno modo, secundum potentiam activam et passivam, ut non solum ex materia praeexistenti fieri possit, sed etiam ut aliqua praeexistens creatura hoc facere possit. alio modo, secundum potentiam passivam tantum, ut scilicet de materia praeexistenti fieri possit a deo. et hoc modo, * secundum augustinum, ‘ corpus hominis praeextitit in operibus productis secundum causales rationes.

007 ST1 qu91 ar3

ag1 ‘ Ad tertium sic proceditur. videtur quod corpus hominis non habuerit convenientem dispositionem. cum enim homo sit nobilissimum animalium, corpus hominis debuit esse dispositum optime ad ea quae sunt propria animalis, scilicet ad sensum et motum. sed quaedam animalia inveniuntur acutioris sensus quam homo, et velocioris motus; sicut canes melius odorant, et aves velocius moventur. ergo corpus hominis non est convenienter dispositum.
ag2 ‘ Praeterea, perfectum est cui nihil deest. sed plura desunt humano corpori quam corporibus aliorum animalium, quae habent tegumenta et arma naturalia ad sui protectionem, quae homini desunt. ergo corpus humanum est imperfectissime dispositum.
ag3 ‘ Praeterea, homo plus distat a plantis quam ab animalibus brutis. sed plantae habent staturam rectam; animalia autem bruta pronam. ergo homo non debuit habere staturam rectam.
sc * Sed contra est quod dicitur eccle. vii, ° deus fecit hominem rectum.
co ‘ Respondeo dicendum quod omnes res naturales productae sunt ab arte divina, unde sunt quodammodo artificiata ipsius dei. quilibet autem artifex intendit suo operi dispositionem optimam inducere, non simpliciter, sed per comparationem ad finem. et si talis dispositio habet secum adiunctum aliquem defectum, artifex non curat. sicut artifex qui facit serram ad secandum, facit eam ex ferro, ut sit idonea ad secandum; nec curat eam facere ex vitro, quae est pulchrior materia, quia talis pulchritudo esset impedimentum finis. sic igitur deus unicuique rei naturali dedit optimam dispositionem, non quidem simpliciter, sed secundum ordinem ad proprium finem. * et hoc est quod philosophus dicit, in ii physic., ° et quia dignius est sic, non tamen simpliciter, sed ad uniuscuiusque substantiam. ‘ finis autem proximus humani corporis est anima rationalis et operationes ipsius, materia enim est propter formam, et instrumenta propter actiones agentis. dico ergo quod deus instituit corpus humanum in optima dispositione secundum convenientiam ad talem formam et ad tales operationes. et si aliquis defectus in dispositione humani corporis esse videtur, considerandum est quod talis defectus sequitur ex necessitate materiae, ad ea quae requiruntur in corpore ut sit debita proportio ipsius ad animam et ad animae operationes.
ra1 ‘ Ad primum ergo dicendum quod tactus, qui est fundamentum aliorum sensuum, est perfectior in homine quam in aliquo alio animali, et propter hoc oportuit quod homo haberet temperatissimam complexionem inter omnia animalia. praecedit etiam homo omnia alia animalia, quantum ad vires sensitivas interiores; * sicut ex supra dictis apparet. ‘ ex quadam autem necessitate contingit quod, quantum ad aliquos exteriores sensus, homo ab aliis animalibus deficiat. sicut homo, inter omnia animalia, habet pessimum olfactum. necessarium enim fuit quod homo, inter omnia animalia, respectu sui corporis haberet maximum cerebrum, tum ut liberius in eo perficerentur operationes interiorum virium sensitivarum, quae sunt necessariae ad intellectus operationem, * ut supra dictum est; ‘ tum etiam ut frigiditas cerebri temperaret calorem cordis, quem necesse est in homine abundare, ad hoc quod homo sit rectae staturae. magnitudo autem cerebri, propter eius humiditatem, est impedimentum olfactus, qui requirit siccitatem. et similiter potest assignari ratio quare quaedam animalia sunt acutioris visus et subtilioris auditus quam homo, propter impedimentum horum sensuum quod necesse est consequi in homine ex perfecta complexionis aequalitate. et eadem etiam ratio est assignanda de hoc quod quaedam animalia sunt homine velociora, cui excellentiae velocitatis repugnat aequalitas humanae complexionis.
ra2 ‘ Ad secundum dicendum quod cornua et ungulae, quae sunt quorundam animalium arma, et spissitudo corii, et multitudo pilorum aut plumarum, quae sunt tegumenta animalium, attestantur abundantiae terrestris elementi; quae repugnat aequalitati et teneritudini complexionis humanae. et ideo haec homini non competebant. sed loco horum habet rationem et manus, quibus potest parare sibi arma et tegumenta et alia vitae necessaria, infinitis modis. unde et manus, * in iii de anima, ‘ dicitur organum organorum. et hoc etiam magis competebat rationali naturae, quae est infinitarum conceptionum, ut haberet facultatem infinita instrumenta sibi parandi.
ra3 ‘ Ad tertium dicendum quod habere staturam rectam conveniens fuit homini propter quatuor. primo quidem, quia sensus sunt dati homini non solum ad vitae necessaria procuranda, sicut aliis animalibus; sed etiam ad cognoscendum. unde, cum cetera animalia non delectentur in sensibilibus nisi per ordinem ad cibos et venerea, solus homo delectatur in ipsa pulchritudine sensibilium secundum seipsam. et ideo, quia sensus praecipue vigent in facie, alia animalia habent faciem pronam ad terram, quasi ad cibum quaerendum et providendum sibi de victu, homo vero habet faciem erectam, ut per sensus, et praecipue per visum, qui est subtilior et plures differentias rerum ostendit, libere possit ex omni parte sensibilia cognoscere, et caelestia et terrena, ut ex omnibus intelligibilem colligat veritatem. secundo, ut interiores vires liberius suas operationes habeant, dum cerebrum, in quo quodammodo perficiuntur, non est depressum, sed super omnes partes corporis elevatum. tertio, quia oporteret quod, si homo haberet pronam staturam, uteretur manibus loco anteriorum pedum. et sic utilitas manuum ad diversa opera perficienda cessaret. quarto, quia, si haberet pronam staturam, et uteretur manibus loco anteriorum pedum, oporteret quod cibum caperet ore. et ita haberet os oblongum, et labia dura et grossa, et linguam etiam duram, ne ab exterioribus laederetur, sicut patet in aliis animalibus. et talis dispositio omnino impediret locutionem, quae est proprium opus rationis. et tamen homo staturam rectam |25| habens, maxime distat a plantis. nam homo habet superius sui, idest caput, versus superius mundi, et inferius sui versus inferius mundi, et ideo est optime dispositus secundum dispositionem totius. plantae vero habent superius sui versus inferius mundi (nam radices sunt ori proportionales), inferius autem sui versus superius mundi. animalia vero bruta medio modo, nam superius animalis est pars qua accipit alimentum, inferius autem est pars qua emittit superfluum.

007 ST1 qu91 ar4

ag1 ‘ Ad quartum sic proceditur. videtur quod inconvenienter corporis humani productio in scriptura describatur. sicut enim corpus humanum est factum a deo, ita et alia opera sex dierum. * sed in aliis operibus dicitur, ° dixit deus, fiat, et factum est. ‘ ergo similiter dici debuit de hominis productione.
ag2 ‘ Praeterea, corpus humanum a deo immediate est factum, * ut supra dictum est. * ergo inconvenienter dicitur, faciamus hominem.
ag3 ‘ Praeterea, forma humani corporis est ipsa anima, quae est spiraculum vitae. * inconvenienter ergo, postquam dixerat, ° formavit deus hominem de limo terrae, * subiunxit, ° et inspiravit in faciem eius spiraculum vitae.
ag4 ‘ Praeterea, anima, quae est spiraculum vitae, est in toto corpore, et principaliter in corde. * non ergo debuit dicere, quod ° inspiravit in faciem eius spiraculum vitae.
ag5 ‘ Praeterea, sexus masculinus et femininus pertinent ad corpus, imago vero dei ad animam. sed anima, * secundum augustinum, ‘ fuit facta ante corpus. * inconvenienter ergo cum dixisset, ° ad imaginem suam fecit illum, * addidit, ° masculum et feminam creavit eos.
sc ‘ In contrarium est auctoritas scripturae.
ra1 ‘ Respondeo dicendum ad primum quod, * sicut augustinus dicit in vi super gen. ad litt., ‘ non in hoc praeeminet homo aliis rebus, quod deus ipse fecit hominem, quasi alia ipse non fecerit; * cum scriptum sit, ° opera manuum tuarum sunt caeli, * et alibi, ° aridam fundaverunt manus eius, ‘ sed in hoc quod ad imaginem dei factus est homo. utitur tamen scriptura in productione hominis speciali modo loquendi, ad ostendendum quod alia propter hominem facta sunt. ea enim quae principaliter intendimus, cum maiori deliberatione et studio consuevimus facere.
ra2 ‘ Ad secundum dicendum quod non est intelligendum deum angelis dixisse, faciamus hominem; * ut quidam perverse intellexerunt. ‘ sed hoc dicitur ad significandum pluralitatem divinarum personarum, quarum imago expressius invenitur in homine.
ra3 * Ad tertium dicendum quod quidam intellexerunt “ corpus hominis prius tempore formatum, et postmodum deum formato iam corpori animam infudisse. ‘ sed contra rationem perfectionis primae institutionis rerum est, quod deus vel corpus sine anima, vel animam sine corpore fecerit, cum utrumque sit pars humanae naturae. et hoc etiam est magis inconveniens de corpore, quod dependet ex anima, et non e converso. * et ideo ad hoc excludendum, quidam posuerunt quod, cum dicitur, “ formavit deus hominem, intelligitur productio corporis simul cum anima; quod autem additur, et inspiravit in faciem eius spiraculum vitae, intelligitur de spiritu sancto; sicut et dominus insufflavit in apostolos, dicens, accipite spiritum sanctum, * ioan. xx. sed haec expositio, ut dicit augustinus in libro de civ. dei, excluditur per verba scripturae. nam subditur ad praedicta, ° et factus est homo in animam viventem, * quod apostolus, i ad cor. xv, ‘ non ad vitam spiritualem, sed ad vitam animalem refert. per spiraculum ergo vitae intelligitur anima, ut sic quod dicitur, ° inspiravit in faciem eius spiraculum vitae, |25| ‘ sit quasi expositio eius quod praemiserat; nam anima est corporis forma.
ra4 ‘ Ad quartum dicendum quod, quia operationes vitae magis manifestantur in facie hominis, propter sensus ibi existentes; ideo dicit in faciem hominis inspiratum esse spiraculum vitae.
ra5 * Ad quintum dicendum quod, secundum augustinum, “ omnia opera sex dierum simul sunt facta. unde animam primi hominis, quam ponit simul factam cum angelis, non ponit factam ante sextum diem; sed in ipso sexto die ponit esse factam et animam primi hominis in actu, et corpus eius secundum rationes causales. * alii vero doctores ponunt “ et animam et corpus hominis factum sexto die in actu.

007 ST1 qu92 ar

pr ‘ Deinde considerandum est de productione mulieris. et circa hoc quaeruntur quatuor. primo, utrum in illa rerum productione debuerit mulier produci. secundo, utrum debuerit fieri de viro. tertio, utrum de costa viri. quarto, utrum facta fuerit immediate a deo.

007 ST1 qu92 ar1

ag1 ‘ Ad primum sic proceditur. videtur quod mulier non debuit produci in prima rerum productione. * dicit enim philosophus, in libro de generat. animal., quod ° femina est mas occasionatus. ‘ sed nihil occasionatum et deficiens debuit esse in prima rerum institutione. ergo in illa prima rerum institutione mulier producenda non fuit.
ag2 ‘ Praeterea, subiectio et minoratio ex peccato est subsecuta, * nam, ad mulierem dictum est post peccatum, gen. iii, ° sub viri potestate eris; * et gregorius dicit quod, ° ubi non delinquimus, omnes pares sumus. ‘ sed mulier naturaliter est minoris virtutis et dignitatis quam vir, “ semper enim honorabilius est agens patiente, * ut dicit augustinus xii super gen. ad litt.. ‘ ergo non debuit mulier produci in prima rerum productione ante peccatum.
ag3 ‘ Praeterea, occasiones peccatorum sunt amputandae. sed deus praescivit quod mulier esset futura viro in occasionem peccati. ergo non debuit mulierem producere.
sc * Sed contra est quod dicitur gen. ii, ° non est bonum hominem esse solum; faciamus ei adiutorium simile sibi.
co ‘ Respondeo dicendum quod necessarium fuit feminam fieri, * sicut scriptura dicit, ‘ in adiutorium viri, non quidem in adiutorium alicuius alterius operis, * ut quidam dixerunt, ‘ cum ad quodlibet aliud opus convenientius iuvari possit vir per alium virum quam per mulierem; sed in adiutorium generationis. quod manifestius videri potest, si in viventibus modus generationis consideretur. sunt enim quaedam viventia, quae in seipsis non habent virtutem activam generationis, sed ab agente alterius speciei generantur; sicut plantae et animalia quae generantur sine semine ex materia convenienti per virtutem activam caelestium corporum. quaedam vero habent virtutem generationis activam et passivam coniunctam; sicut accidit in plantis quae generantur ex semine. non enim est in plantis aliquod nobilius opus vitae quam generatio, unde convenienter omni tempore in eis virtuti passivae coniungitur virtus activa generationis. animalibus vero perfectis competit virtus activa generationis secundum sexum masculinum, virtus vero passiva secundum sexum femininum. et quia est aliquod opus vitae nobilius in animalibus quam generatio, ad quod eorum vita principaliter ordinatur; ideo non omni tempore sexus masculinus feminino coniungitur in animalibus perfectis, sed solum tempore coitus; ut imaginemur per coitum sic fieri unum ex mare et femina, |25| sicut in planta omni tempore coniunguntur vis masculina et feminina, etsi in quibusdam plus abundet una harum, in quibusdam plus altera. homo autem adhuc ordinatur ad nobilius opus vitae, quod est intelligere. et ideo adhuc in homine debuit esse maiori ratione distinctio utriusque virtutis, ut seorsum produceretur femina a mare, et tamen carnaliter coniungerentur in unum ad generationis opus. et ideo statim post formationem mulieris, * dicitur gen. ii, ° erunt duo in carne una.
ra1 ‘ Ad primum ergo dicendum quod per respectum ad naturam particularem, femina est aliquid deficiens et occasionatum. quia virtus activa quae est in semine maris, intendit producere sibi simile perfectum, secundum masculinum sexum, sed quod femina generetur, hoc est propter virtutis activae debilitatem, vel propter aliquam materiae indispositionem, vel etiam propter aliquam transmutationem ab extrinseco, puta a ventis australibus, qui sunt humidi, * ut dicitur in libro de generat. animal.. ‘ sed per comparationem ad naturam universalem, femina non est aliquid occasionatum, sed est de intentione naturae ad opus generationis ordinata. intentio autem naturae universalis dependet ex deo, qui est universalis auctor naturae. et ideo instituendo naturam, non solum marem, sed etiam feminam produxit.
ra2 ‘ Ad secundum dicendum quod duplex est subiectio. una servilis, secundum quam praesidens utitur subiecto ad sui ipsius utilitatem et talis subiectio introducta est post peccatum. est autem alia subiectio

oeconomica vel civilis, secundum quam praesidens utitur subiectis ad eorum utilitatem et bonum. et ista subiectio fuisset etiam ante peccatum, defuisset enim bonum ordinis in humana multitudine, si quidam per alios sapientiores gubernati non fuissent. et sic ex tali subiectione naturaliter femina subiecta est viro, quia naturaliter in homine magis abundat discretio rationis. nec inaequalitas hominum excluditur per innocentiae statum, * ut infra dicetur.
ra3 ' Ad tertium dicendum quod, si omnia ex quibus homo sumpsit occasionem peccandi, deus subtraxisset a mundo, remansisset universum imperfectum. nec debuit bonum commune tolli, ut vitaretur particulare malum, praesertim cum deus sit adeo potens, ut quodlibet malum possit ordinare in bonum.

007 ST1 qu92 ar2

ag1 ' Ad secundum sic proceditur. videtur quod mulier non debuit fieri ex viro. sexus enim communis est homini et aliis animalibus. sed in aliis animalibus feminae non sunt factae ex maribus. ergo nec in homine fieri debuit.
ag2 ' Praeterea, eorum quae sunt eiusdem speciei, eadem est materia. sed mas et femina sunt eiusdem speciei. cum igitur vir fuerit factus ex limo terrae, ex eodem debuit fieri femina, et non ex viro.
ag3 ' Praeterea, mulier facta est in adiutorium viro ad generationem. sed nimia propinquitas reddit personam ad hoc ineptam, unde personae propinquae a matrimonio excluduntur, * ut patet levit. xviii. ' ergo mulier non debuit fieri ex viro.
sc * Sed contra est quod dicitur eccli. xvii, " creavit ex ipso, scilicet viro, adiutorium sibi simile, idest mulierem.
co ' Respondeo dicendum quod conveniens fuit mulierem, in prima rerum institutione, ex viro formari, magis quam in aliis animalibus. primo quidem, ut in hoc quaedam dignitas primo homini servaretur, ut, secundum dei similitudinem, esset ipse principium totius suae speciei, sicut deus est principium totius universi. * unde et paulus dicit, act. xvii, quod ° deus fecit ex uno omne genus hominum. ' secundo, ut vir magis diligeret mulierem, et ei inseparabilius inhaereret, dum cognosceret eam ex se esse productam. * unde dicitur gen. ii, ° de viro sumpta est, quamobrem relinquet homo patrem et matrem, et adhaerebit uxori suae. ' et hoc maxime necessarium fuit in specie humana, in qua mas et femina commanent per totam vitam, quod non contingit in aliis animalibus. tertio quia, * ut philosophus dicit in viii ethic., ' mas et femina coniunguntur in hominibus non solum propter necessitatem generationis, ut in aliis animalibus; sed etiam propter domesticam vitam, in qua sunt alia opera viri et feminae, et in qua vir est caput mulieris. unde convenienter ex viro formata est femina, sicut ex suo principio. quarto est ratio sacramentalis; figuratur enim per hoc quod ecclesia a christo sumit principium. |25| * unde apostolus dicit, ad ephes. v, ° sacramentum hoc magnum est, ego autem dico in christo et in ecclesia.
ra1 ' Et per hoc patet responsio ad primum.
ra2 ' Ad secundum dicendum quod materia est ex qua aliquid fit. natura autem creata habet determinatum principium; et, cum sit determinata ad unum, etiam habet determinatum processum, unde ex determinata materia producit aliquid in determinata specie. sed virtus divina, cum sit infinita, potest idem secundum speciem ex quacumque materia facere; sicut virum ex limo terrae, et mulierem ex viro.
ra3 ' Ad tertium dicendum quod ex naturali generatione contrahitur quaedam propinquitas quae matrimonium impedit. sed mulier non est producta a viro per naturalem generationem, sed sola virtute divina, unde eva non dicitur filia adae. et propter hoc, ratio non sequitur.

007 ST1 qu92 ar3

ag1 ' Ad tertium sic proceditur. videtur quod mulier non debuerit formari de costa viri. costa enim viri fuit multo minor quam corpus mulieris. sed ex minori non potest fieri maius, nisi vel per additionem, quod si fuisset, magis ex illo addito mulier formata diceretur quam de costa; vel etiam per rarefactionem, * quia, ut dicit augustinus, super gen. ad litt., ° non est possibile ut aliquod corpus crescat, nisi rarescat. ' non autem invenitur corpus mulieris rarius quam viri, ad minus in ea proportione quam habet costa ad corpus evae. ergo eva non fuit formata de costa adae.
ag2 ' Praeterea, in operibus primo creatis non fuit aliquid superfluum. costa ergo adae fuit de perfectione corporis eius. ergo, ea subtracta, remansit imperfectum. quod videtur inconveniens.
ag3 ' Praeterea, costa non potest separari ab homine sine dolore. sed dolor non fuit ante peccatum. ergo costa non debuit separari a viro, ut ex ea mulier formaretur.
sc * Sed contra est quod dicitur gen. ii, ° aedificavit dominus deus costam quam tulerat de adam, in mulierem.
co ' Respondeo dicendum quod conveniens fuit mulierem formari de costa viri. primo quidem, ad significandum quod inter virum et mulierem debet esse socialis coniunctio. neque enim mulier debet dominari in virum, et ideo non est formata de capite. neque debet a viro despici, tanquam serviliter subiecta, et ideo non est formata de pedibus. secundo, propter sacramentum, quia de latere christi dormientis in cruce fluxerunt sacramenta, idest sanguis et aqua, quibus est ecclesia instituta.
ra1 * Ad primum ergo dicendum quod quidam dicunt " per multiplicationem materiae absque alterius additione, formatum fuisse corpus mulieris; ad modum quo dominus quinque panes multiplicavit. ' sed hoc est omnino impossibile. multiplicatio enim praedicta aut accidit secundum transmutationem substantiae ipsius materiae; aut secundum transmutationem dimensionum eius. non autem secundum transmutationem substantiae ipsius materiae, tum quia materia in se considerata, est omnino intransmutabilis, utpote existens in potentia, et habens solum rationem subiecti; tum etiam quia multitudo et magnitudo sunt praeter essentiam ipsius materiae. et ideo nullo modo potest multiplicatio materiae intelligi, eadem materia manente absque additione, nisi per hoc quod maiores dimensiones accipiat. hoc autem est rarefieri, scilicet materiam eandem accipere maiores dimensiones, * ut philosophus dicit in iv physic.. ' dicere ergo materiam multiplicari absque rarefactione, est ponere contradictoria simul, scilicet definitionem absque definito. unde, cum non appareat rarefactio in talibus multiplicationibus, necesse est ponere additionem materiae, vel per creationem; vel, quod probabilius est, per conversionem. * unde augustinus dicit, super ioan., quod ° hoc modo christus ex quinque panibus satiavit quinque millia |25| hominum, quomodo ex paucis granis producit multitudinem segetum; ' quod fit per conversionem alimenti. dicitur tamen vel ex quinque panibus turbas pavisse, vel ex costa mulierem formasse, quia additio facta est ad materiam praeexistentem costae vel panum.
ra2 ' Ad secundum dicendum quod costa illa fuit de perfectione adae, non prout erat individuum quoddam, sed prout erat principium speciei, sicut semen est de perfectione generantis, quod operatione naturali cum delectatione resolvitur. unde multo magis virtute divina corpus mulieris potuit de costa viri formari absque dolore.
ra3 ' Et per hoc patet solutio ad tertium.

007 ST1 qu92 ar4

ag1 ' Ad quartum sic proceditur. videtur quod mulier non fuerit immediate formata a deo. nullum enim individuum ex simili secundum speciem productum, fit immediate a deo. sed mulier facta est de viro, qui est eiusdem speciei cum ipsa. ergo non est facta immediate a deo.
ag2 * Praeterea, augustinus dicit, iii de trin., quod " corporalia dispensantur a deo per angelos. ' sed corpus mulieris ex materia corporali est formatum. ergo est factum per ministerium angelorum, et non immediate a deo.
ag3 ' Praeterea, ea quae praeextiterunt in creaturis secundum rationes causales, producuntur virtute alicuius creaturae, et non immediate a deo. sed secundum causales rationes corpus mulieris in primis operibus productum fuit, * ut augustinus dicit ix super gen. ad litt.. ' ergo non fuit producta mulier immediate a deo.
sc * Sed contra est quod augustinus dicit, in eodem libro, ° formare vel aedificare costam ut mulier esset, non potuit nisi deus, a quo universa natura subsistit.
co * Respondeo dicendum quod, sicut supra dictum est, ' uniuscuiusque speciei generatio naturalis est ex determinata materia. materia autem ex qua naturaliter generatur homo, est semen humanum viri vel feminae. unde ex alia quacumque materia individuum humanae speciei generari non potest naturaliter. solus autem deus, qui est naturae institutor, potest praeter naturae ordinem res in esse producere. et ideo solus deus potuit vel virum de limo terrae, vel mulierem de costa viri formare.
ra1 ' Ad primum ergo dicendum quod ratio illa procedit, quando individuum generatur ex simili secundum speciem, generatione naturali.
ra2 ' Ad secundum dicendum quod, * sicut augustinus dicit ix super gen. ad litt., ' an ministerium angeli exhibuerint deo in formatione mulieris, nescimus, certum tamen est quod, sicut corpus viri de limo non fuit formatum per angelos, ita nec corpus mulieris de costa viri.
ra3 * Ad tertium dicendum quod, sicut augustinus in eodem libro dicit, ° non habuit prima rerum conditio ut femina omnino sic fieret; sed tantum hoc habuit, ut sic fieri posset. ' et ideo secundum causales rationes praeextitit corpus mulieris in primis operibus, non secundum potentiam activam, sed secundum potentiam passivam tantum, in ordine ad potentiam activam creatoris.

007 ST1 qu93 ar

pr ' Deinde considerandum est de fine sive termino productionis hominis, prout dicitur factus ad imaginem et similitudinem dei. et circa hoc quaeruntur novem. primo, utrum in homine sit imago dei. secundo, utrum imago dei sit in irrationalibus creaturis. tertio, utrum imago dei sit magis in angelo quam in homine. quarto, utrum imago dei sit in omni homine. quinto, utrum in homine sit imago dei per comparationem ad essentiam, vel ad personas divinas omnes, aut unam earum. sexto, utrum imago dei inveniatur in homine solum secundum mentem. septimo, utrum imago dei sit in homine secundum potentias, aut secundum habitus, aut actus. octavo, utrum per comparationem ad omnia obiecta. nono, de differentia imaginis et similitudinis.

007 ST1 qu93 ar1

ag1 ' Ad primum sic proceditur. videtur quod imago dei non sit in homine. * dicitur enim isaiae xl, ° cui similem fecistis deum; aut quam imaginem ponetis ei?
ag2 ' Praeterea, esse dei imaginem est proprium primogeniti, * de quo dicit apostolus, ad colos. i, ° qui est imago dei invisibilis, primogenitus omnis creaturae. ' non ergo in homine invenitur dei imago.
ag3 * Praeterea, hilarius dicit, in libro de synod., quod ° imago est eius rei ad quam imaginatur, species indifferens; * et iterum dicit quod ° imago est rei ad rem coaequandam indiscreta et unita similitudo. ' sed non est species indifferens dei et hominis; nec potest esse aequalitas hominis ad deum. ergo in homine non potest esse imago dei.
sc * Sed contra est quod dicitur gen. i, ° faciamus hominem ad imaginem et similitudinem nostram.
co ' Respondeo dicendum quod, * sicut augustinus dicit in libro octoginta trium quaest., ° ubi est imago, continuo est et similitudo; sed ubi est similitudo, non continuo est imago. ' ex quo patet quod similitudo est de ratione imaginis, et quod imago aliquid addit supra rationem similitudinis, scilicet quod sit ex alio expressum, imago enim dicitur ex eo quod agitur ad imitationem alterius. unde ovum, quantumcumque sit alteri ovo simile et aequale, quia tamen non est expressum ex illo, non dicitur imago eius. aequalitas autem non est de ratione imaginis, * quia, ut augustinus ibidem dicit, ° ubi est imago, non continuo est aequalitas; ' ut patet in imagine alicuius in speculo relucente. est tamen de ratione perfectae imaginis, nam in perfecta imagine non deest aliquid imagini, quod insit illi de quo expressa est. manifestum est autem quod in homine invenitur aliqua dei similitudo, quae deducitur a deo sicut ab exemplari, non tamen est similitudo secundum aequalitatem, quia in infinitum excedit exemplar hoc tale exemplatum. et ideo in homine dicitur esse imago dei, non tamen perfecta, sed imperfecta. * et hoc significat scriptura, cum dicit ' hominem factum ad imaginem dei, praepositio enim ad accessum quendam significat, |25| qui competit rei distanti.
ra1 * Ad primum ergo dicendum quod propheta loquitur ' de corporalibus imaginibus ab homine fabricatis, * et ideo signanter dicit, ° quam imaginem ponetis ei? ' sed deus ipse sibi in homine posuit spiritualem imaginem.
ra2 ' Ad secundum dicendum quod primogenitus omnis creaturae est imago dei perfecta, perfecte implens illud cuius imago est, et ideo dicitur imago, et nunquam ad imaginem. homo vero et propter similitudinem dicitur imago; et propter imperfectionem similitudinis, dicitur ad imaginem. et quia similitudo perfecta dei non potest esse nisi in identitate naturae, imago dei est in filio suo primogenito sicut imago regis in filio sibi connaturali; in homine autem sicut in aliena natura, sicut imago regis in nummo argenteo; * ut patet per augustinum in libro de decem chordis.
ra3 ' Ad tertium dicendum quod, cum unum sit ens indivisum, eo modo dicitur species indifferens, quo una. unum autem dicitur aliquid non solum numero aut specie aut genere, sed etiam secundum analogiam vel proportionem quandam, et sic est unitas vel convenientia creaturae ad deum. * quod autem dicit rei ad rem coaequandam, pertinet ad rationem perfectae imaginis.

007 ST1 qu93 ar2

ag1 ' Ad secundum sic proceditur. videtur quod imago dei inveniatur in irrationalibus creaturis. * dicit enim dionysius, in libro de div. nom., ° habent causata causarum suarum contingentes imagines. ' sed deus est causa non solum rationalium creaturarum, sed etiam irrationalium. ergo imago dei invenitur in irrationalibus creaturis.
ag2 ' Praeterea, quanto est expressior similitudo in aliquo, tanto magis accedit ad rationem imaginis. * sed dionysius dicit, iv cap. de div. nom., quod " radius solaris maxime habet similitudinem divinae bonitatis. ' ergo est ad imaginem dei.
ag3 ' Praeterea, quanto aliquid est magis perfectum in bonitate, tanto magis est deo simile. sed totum universum est perfectius in bonitate quam homo, quia etsi bona sint singula, tamen simul omnia dicuntur valde bona, * gen. i. ' ergo totum universum est ad imaginem dei, et non solum homo.
ag4 * Praeterea, boetius in libro de consol., dicit de deo, ° mundum mente gerens, similique in imagine formans. ' ergo totus mundus est ad imaginem dei, et non solum rationalis creatura.
sc * Sed contra est quod dicit augustinus, vi super gen. ad litt., ° hoc excellit in homine, quia deus ad imaginem suam hominem fecit, propter hoc quod dedit ei mentem intellectualem, qua praestat pecoribus. ' ea ergo quae non habent intellectum, non sunt ad imaginem dei.

co ‘ Respondeo dicendum quod non quaelibet similitudo, etiam si sit expressa ex altero, sufficit ad rationem imaginis. si enim similitudo sit secundum genus tantum, vel secundum aliquod accidens commune, non propter hoc dicetur aliquid esse ad imaginem alterius, non enim posset dici quod vermis qui oritur ex homine, sit imago hominis propter similitudinem generis; neque iterum potest dici quod, si aliquid fiat album ad similitudinem alterius, quod propter hoc sit ad eius imaginem, quia album est accidens commune pluribus speciebus. requiritur autem ad rationem imaginis quod sit similitudo secundum speciem, sicut imago regis est in filio suo, vel ad minus secundum aliquod accidens proprium speciei, et praecipue secundum figuram, sicut hominis imago dicitur esse in cupro. * unde signanter hilarius dicit quod “ imago est species indifferens. ‘ manifestum est autem quod similitudo speciei attenditur secundum ultimam differentiam. assimilantur autem aliqua deo, primo quidem, et maxime communiter, inquantum sunt; secundo vero, inquantum vivunt; tertio vero, inquantum sapiunt vel intelligunt. quae, * ut augustinus dicit in libro octoginta trium quaest., ° ita sunt deo similitudine proxima, ut in creaturis nihil sit propinquius. ‘ sic ergo patet quod solae intellectuales creaturae, proprie loquendo, sunt ad imaginem dei.

ra1 ‘ Ad primum ergo dicendum quod omne imperfectum est quaedam participatio perfecti. et ideo etiam ea quae deficiunt a ratione imaginis, inquantum tamen aliqualem dei similitudinem habent, participant aliquid de ratione imaginis. et ideo * dionysius dicit quod “causata habent causarum contingentes imagines, idest quantum contingit ea habere, et non simpliciter.

ra2 * Ad secundum dicendum quod dionysius assimilat radium solarem ‘ divinae bonitati quantum ad causalitatem; non secundum dignitatem naturae, quae requiritur ad rationem imaginis.

ra3 ‘ Ad tertium dicendum quod universum est perfectius in bonitate quam intellectualis creatura extensive et diffusive. sed intensive et collective similitudo divinae perfectionis magis invenitur in intellectuali creatura, quae est capax summi boni. vel dicendum quod pars non dividitur contra totum, sed contra aliam partem. unde cum dicitur quod sola natura intellectualis est ad imaginem dei, non excluditur quin universum, secundum aliquam sui partem, sit ad imaginem dei; sed excluduntur aliae partes universi.

ra4 * Ad quartum dicendum quod imago accipitur a boetio ‘ secundum rationem similitudinis qua artificiatum imitatur speciem artis quae est in mente artificis, sic autem quaelibet creatura est imago rationis exemplaris quam habet in mente divina. sic autem non loquimur nunc de imagine, sed secundum quod attenditur secundum similitudinem in natura; prout scilicet primo enti assimilantur omnia, inquantum sunt entia; et primae vitae inquantum sunt viventia; et summae sapientiae, inquantum sunt intelligentia.

007 ST1 qu93 ar3

ag1 ‘ Ad tertium sic proceditur. videtur quod angelus non sit magis ad imaginem dei quam homo. * dicit enim augustinus, in sermone de imagine, quod deus “ nulli alii creaturae dedit quod sit ad imaginem suam, nisi homini. ‘ non ergo verum est quod angelus magis dicatur ad imaginem dei quam homo.

ag2 * Praeterea, secundum augustinum, in libro octoginta trium quaest., ° homo ita est ad imaginem dei, ut, nulla interposita creatura, formetur a deo. et ideo nihil est illi coniunctius. ‘ sed imago dei dicitur aliqua creatura, inquantum deo coniungitur. ergo angelus non est magis ad imaginem dei quam homo.

ag3 ‘ Praeterea, creatura dicitur ad imaginem dei, inquantum est intellectualis naturae. sed intellectualis natura non intenditur nec remittitur, non enim est de genere accidentis, cum sit in genere substantiae. ergo angelus non est magis ad imaginem dei quam homo.

sc ‘ Sed contra est quod * dicit gregorius, in quadam homilia, quod ° angelus dicitur signaculum similitudinis, quia in eo similitudo divinae imaginis magis insinuatur expressa.

co ‘ Respondeo dicendum quod de imagine dei loqui dupliciter possumus. uno modo, quantum ad id in quo primo consideratur ratio imaginis, quod est intellectualis natura. et sic imago dei est magis in angelis quam sit in hominibus, quia intellectualis natura perfectior est in eis, * ut ex supra dictis patet. ‘ secundo potest considerari imago dei in homine, quantum ad id in quo secundario consideratur, prout scilicet in homine invenitur quaedam dei imitatio, inquantum scilicet homo est de homine, sicut deus de deo; et inquantum anima hominis est tota in toto corpore eius, et iterum tota in qualibet parte ipsius, sicut deus se habet ad mundum. et secundum haec et similia, magis invenitur dei imago in homine quam in angelo. sed quantum ad hoc non attenditur per se ratio divinae imaginis in homine, nisi praesupposita prima imitatione, quae est secundum intellectualem naturam, alioquin etiam animalia bruta essent ad imaginem dei. et ideo, cum quantum ad intellectualem naturam angelus sit magis ad imaginem dei quam homo, simpliciter concedendum est angelum magis esse ad imaginem dei; hominem autem secundum quid.

ra1 * Ad primum ergo dicendum quod augustinus excludit a dei imagine “ alias inferiores creaturas intellectu carentes, non autem angelos.

ra2 ‘ Ad secundum dicendum quod, sicut ignis dicitur esse subtilissimum corporum secundum suam speciem, cum tamen unus ignis sit alio subtilior; ita dicitur quod nihil est coniunctius deo quam mens humana, secundum genus intellectualis naturae; * quia, sicut ipse supra praemiserat, ° quae sapiunt, ita sunt illi similitudine proxima, ut in creaturis nihil sit propinquius. ‘ unde per hoc non excluditur quin angelus sit magis ad dei imaginem.

ra3 ‘ Ad tertium dicendum quod, cum dicitur quod substantia non recipit magis et minus, non intelligitur quod una species substantiae non sit perfectior quam alia, sed quod unum et idem individuum non participet suam speciem quandoque magis, quandoque minus. nec etiam a diversis individuis participatur species substantiae secundum magis et minus.

007 ST1 qu93 ar4

ag1 ‘ Ad quartum sic proceditur. videtur quod imago dei non inveniatur in quolibet homine. * dicit enim apostolus, i ad cor. xi, quod ° vir est imago dei, mulier autem est imago viri. ‘ cum ergo mulier sit individuum humanae speciei, non cuilibet individuo convenit esse imaginem dei.

ag2 * Praeterea, apostolus dicit, rom. viii, quod ° illos quos deus praescivit conformes fieri imagini filii sui, hos praedestinavit. ‘ sed non omnes homines praedestinati sunt. ergo non omnes homines habent conformitatem imaginis.

ag3 ‘ Praeterea, similitudo est de ratione imaginis, * ut supra dictum est. ‘ sed per peccatum fit homo deo dissimilis. ergo amittit dei imaginem.

sc * Sed contra est quod dicitur in psalmo xxxviii, ° veruntamen in imagine pertransit homo.

co ‘ Respondeo dicendum quod, cum homo secundum intellectualem naturam ad imaginem dei esse dicatur, secundum hoc est maxime ad imaginem dei, secundum quod intellectualis natura deum maxime imitari potest. imitatur autem intellectualis natura maxime deum quantum ad hoc, quod deus seipsum intelligit et amat. unde imago dei tripliciter potest considerari in homine. uno quidem modo, secundum quod homo habet aptitudinem naturalem ad intelligendum et amandum deum, et haec aptitudo consistit in ipsa natura mentis, quae est communis omnibus hominibus. alio modo, secundum quod homo actu vel habitu deum cognoscit et amat, sed tamen imperfecte, et haec est imago per conformitatem gratiae. tertio modo, secundum quod homo deum actu cognoscit et amat perfecte, et sic attenditur imago secundum similitudinem gloriae. * unde super illud psalmi iv, ° signatum est super nos lumen vultus tui, domine, * glossa “ distinguit triplicem imaginem, scilicet creationis, recreationis et similitudinis. ‘ prima ergo imago invenitur in omnibus hominibus; secunda in iustis tantum; tertia vero solum in beatis.

ra1 ‘ Ad primum ergo dicendum quod tam in viro quam in muliere invenitur dei imago quantum ad id in quo principaliter ratio imaginis consistit, scilicet quantum ad intellectualem naturam. * unde gen. i, cum dixisset, ° ad imaginem dei creavit illum, “ scilicet hominem, * subdidit, ° masculum et feminam creavit eos, * et dixit pluraliter eos, ut augustinus dicit, “ ne intelligatur in uno individuo uterque sexus fuisse coniunctus. ‘ sed quantum ad aliquid secundario imago dei invenitur in viro, secundum quod non invenitur in muliere, nam vir est principium mulieris et finis, sicut deus est principium et finis totius creaturae. * unde cum apostolus dixisset quod ° vir imago et gloria est dei, mulier autem est gloria viri; * ostendit quare hoc dixerit, subdens, ° non enim vir est ex muliere, sed mulier ex viro; et vir non est creatus propter mulierem, sed mulier propter virum.

ra2 ‘ Ad secundum et tertium dicendum quod illae rationes procedunt de imagine quae est secundum conformitatem gratiae et gloriae.

007 ST1 qu93 ar5

ag1 ‘ Ad quintum sic proceditur. videtur quod in homine non sit imago dei quantum ad trinitatem divinarum personarum. * dicit enim augustinus, in libro de fide ad petrum, ° una est sanctae trinitatis essentialiter divinitas, et imago ad quam factus est homo. * et hilarius, in v de trin., dicit quod ° homo fit ad communem trinitatis imaginem. ‘ est ergo in homine imago dei quantum ad essentiam, et non quantum ad trinitatem personarum.

ag2 * Praeterea, in libro de eccles. dogmat. dicitur quod “ imago dei attenditur in homine secundum aeternitatem. * damascenus etiam dicit quod ° hominem esse ad imaginem dei, significat intellectuale, et arbitrio liberum, et per se potestativum. * gregorius etiam nyssenus dicit quod, cum scriptura dixit hominem factum ad imaginem dei, ° aequale est ac si diceret humanam naturam omnis boni factam esse participem; bonitatis enim plenitudo divinitas est. ‘ haec autem omnia non pertinent ad distinctionem personarum, sed magis ad essentiae unitatem. ergo in homine est imago dei, non secundum trinitatem personarum, sed secundum essentiae unitatem.

ag3 ‘ Praeterea, imago ducit in cognitionem eius cuius est imago. si igitur in homine est imago dei secundum trinitatem personarum, cum homo per naturalem rationem seipsum cognoscere possit, sequeretur quod per naturalem cognitionem posset homo cognoscere trinitatem divinarum personarum. quod est falsum, * ut supra ostensum est.

ag4 ‘ Praeterea, nomen imaginis non cuilibet trium personarum convenit, sed soli filio, * dicit enim augustinus, in vi de trin., quod ° solus filius est imago patris. ‘ si igitur in homine attenderetur dei imago secundum personam, non esset in homine imago totius trinitatis, sed filii tantum.

sc ‘ Sed contra est quod * hilarius, in iv de trin., “ per hoc quod homo dicitur ad imaginem dei factus, ostendit pluralitatem divinarum personarum.

co * Respondeo dicendum quod, sicut supra habitum est, ‘ distinctio divinarum personarum non est nisi secundum originem, vel potius secundum relationes originis. non autem est idem modus originis in omnibus, sed modus originis uniuscuiusque est secundum convenientiam suae naturae, aliter enim producuntur animata, aliter inanimata; aliter animalia, atque aliter plantae. unde manifestum est quod distinctio divinarum personarum est secundum quod divinae naturae convenit. unde esse ad imaginem dei secundum imitationem divinae naturae, non excludit hoc quod est esse ad imaginem dei secundum repraesentationem trium personarum; sed magis unum ad alterum sequitur. sic igitur dicendum est in homine esse imaginem dei et quantum ad naturam divinam, et quantum ad trinitatem personarum, nam et in ipso deo in tribus personis una existit natura.

ra1 ‘ Et per hoc patet responsio ad duo prima.

ra3 ‘ Ad tertium dicendum quod ratio illa procederet, si imago dei esset in homine perfecte repraesentans deum. sed, * sicut augustinus dicit in xv de trin., ‘ maxima est differentia huius trinitatis quae est in nobis, ad trinitatem divinam. * et ideo, ut ipse ibidem dicit, ° trinitatem quae in nobis est, videmus potius quam credimus, deum vero esse trinitatem, credimus potius quam videmus.

ra4 ‘ Ad quartum dicendum quod * quidam dixerunt “ in homine esse solum imaginem filii. * sed hoc improbat augustinus, in xii de trin.. ‘ primo quidem, per hoc quod, cum secundum aequalitatem essentiae filius sit patri similis, necesse est, si homo sit factus ad similitudinem filii, quod sit factus ad similitudinem patris. secundo quia, si homo esset factus solum ad imaginem filii, non diceret pater, ° faciamus hominem ad imaginem et similitudinem nostram, “ sed tuam. * cum ergo dicitur, “ ad imaginem dei fecit illum, non est intelligendum quod pater fecerit hominem solum ad imaginem filii, qui est deus, * ut quidam exposuerunt, “ sed intelligendum est quod deus trinitas fecit hominem ad imaginem suam, idest totius trinitatis. cum autem dicitur quod deus fecit hominem ad imaginem suam, ‘ dupliciter potest intelligi. uno modo, quod haec praepositio ad designet terminum factionis, “ ut sit sensus, faciamus hominem taliter, ut sit in eo imago. ‘ alio modo, haec praepositio ad potest designare causam exemplarem; |25| sicut cum dicitur, iste liber est factus ad illum. et sic imago dei est ipsa essentia divina, quae abusive imago dicitur, secundum quod imago ponitur pro exemplari. * vel, secundum quod quidam dicunt, “ divina essentia dicitur imago, quia secundum eam una persona aliam imitatur.

007 ST1 qu93 ar6

ag1 ‘ Ad sextum sic proceditur. videtur quod imago dei non sit in homine solum secundum mentem. * dicit enim apostolus, i ad cor. xi, ‘ quod vir est imago dei. sed vir non est solum mens. ergo imago dei non attenditur solum secundum mentem.

ag2 * Praeterea, gen. i, ° creavit deus hominem ad imaginem suam, ad imaginem dei creavit illum, masculum et feminam creavit eos. ‘ sed distinctio masculi et feminae est secundum corpus. ergo etiam secundum corpus attenditur dei imago in homine, et non secundum mentem tantum.

ag3 ‘ Praeterea, imago praecipue videtur attendi secundum figuram. sed figura ad corpus pertinet. ergo imago dei attenditur in homine etiam secundum corpus, et non secundum mentem tantum.

ag4 * Praeterea, secundum augustinum, xii super gen. ad litt., “ triplex visio invenitur in nobis, scilicet corporalis, spiritualis sive imaginaria, et intellectualis. ‘ si ergo secundum visionem intellectualem, quae ad mentem pertinet, est aliqua trinitas in nobis, secundum quam sumus ad imaginem dei; pari ratione et in aliis visionibus.

sc * Sed contra est quod apostolus dicit, ad eph. iv, ° renovamini spiritu mentis vestrae, et induite novum hominem, ‘ ex quo datur intelligi quod renovatio nostra, quae fit secundum novi hominis indumentum, ad mentem pertinet. * sed ad col. iii, dicit, ° induentes novum hominem, qui renovatur in agnitionem dei, secundum imaginem eius qui creavit eum, “ ubi renovationem quae est secundum novi hominis indumentum, attribuit imagini dei. ‘ esse ergo ad imaginem dei pertinet solum ad mentem.

co ‘ Respondeo dicendum quod, cum in omnibus creaturis sit aliqualis dei similitudo, in sola creatura rationali invenitur similitudo dei per modum imaginis, * ut supra dictum est, ‘ in aliis autem creaturis per modum vestigii. id autem in quo creatura rationalis excedit alias creaturas, est intellectus sive mens. unde relinquitur quod nec in ipsa rationali creatura invenitur dei imago, nisi secundum mentem. in aliis vero partibus, si quas habet rationalis creatura, invenitur similitudo vestigii; sicut et in ceteris rebus quibus secundum partes huiusmodi assimilatur. cuius ratio manifeste cognosci potest, si attendatur modus quo repraesentat vestigium, et quo repraesentat imago. imago enim repraesentat secundum similitudinem speciei, * ut dictum est. ‘ vestigium autem repraesentat per modum effectus qui sic repraesentat suam causam, quod tamen ad speciei similitudinem non pertingit, impressiones enim quae ex motu animalium relinquuntur, dicuntur vestigia; et similiter cinis dicitur vestigium ignis; et desolatio terrae, vestigium hostilis exercitus. potest ergo huiusmodi differentia attendi inter creaturas rationales et alias creaturas, et quantum ad hoc quod in creaturis repraesentatur similitudo divinae naturae, et quantum |25| ad hoc quod in eis repraesentatur similitudo trinitatis increatae. nam quantum ad similitudinem divinae naturae pertinet, creaturae rationales videntur quodammodo ad repraesentationem speciei pertingere, inquantum imitantur deum non solum in hoc quod est et vivit, sed etiam in hoc quod intelligit, * ut supra dictum est. ‘ aliae vero creaturae non intelligunt; sed apparet in eis quoddam vestigium intellectus producentis, si earum dispositio consideretur. similiter, cum increata trinitas distinguatur secundum processionem verbi a dicente, et amoris ab utroque, * ut supra habitum est; ‘ in creatura rationali, in qua invenitur processio verbi secundum intellectum, et processio amoris secundum voluntatem, potest dici imago trinitatis increatae per quandam repraesentationem speciei. in aliis autem creaturis non invenitur principium verbi, et verbum, et amor; sed apparet in eis quoddam vestigium quod haec inveniantur in causa producente. nam hoc ipsum quod creatura habet substantiam modificatam et finitam, demonstrat quod sit a quodam principio; species vero eius demonstrat verbum facientis, sicut forma domus demonstrat conceptionem artificis; ordo vero demonstrat amorem producentis, quo effectus ordinatur ad bonum, sicut usus aedificii demonstrat artificis voluntatem. sic igitur in homine invenitur dei similitudo per modum imaginis secundum mentem; |50| sed secundum alias partes eius, per modum vestigii.

ra1 ‘ Ad primum ergo dicendum quod homo dicitur imago dei, non quia ipse essentialiter sit imago, sed quia in eo est dei imago impressa secundum mentem; sicut denarius dicitur imago caesaris, inquantum habet caesaris imaginem. unde non oportet quod secundum quamlibet partem hominis accipiatur dei imago.

ra2 * Ad secundum dicendum quod, sicut augustinus dicit xii de trin., “ quidam imaginem trinitatis in homine posuerunt, non secundum unum individuum, sed secundum plura; dicentes quod ° vir patris personam intimat; filii vero personam, quod de viro ita processit ut de illo nasceretur; atque ita tertiam personam, velut spiritum sanctum, dicunt esse mulierem, quae ita de viro processit ut non ipsa esset filius aut filia. ‘ quod prima facie absurdum videtur. primo quidem, quia sequeretur quod spiritus sanctus esset principium filii, sicut mulier est principium prolis quae nascitur de viro. secundo, quia unus homo non esset nisi ad imaginem unius personae. tertio, quia secundum hoc scriptura de imagine dei in homine mentionem facere non debuisset, nisi producta iam prole. * et ideo dicendum est quod “ scriptura, postquam dixerat, ad imaginem dei creavit illum, addidit, masculum et feminam creavit eos, ‘ non ut imago dei secundum distinctiones sexuum attendatur; sed quia imago dei utrique sexui est communis, cum sit secundum mentem, in qua non est distinctio sexuum. * unde apostolus, ad col. iii, postquam dixerat, “ secundum imaginem eius qui creavit illum, subdit, ubi non est masculus et femina.

ra3 ‘ Ad tertium dicendum quod, quamvis imago dei in homine non accipiatur secundum figuram corpoream, tamen ° corpus hominis, quia solum inter terrenorum animalium corpora non pronum in alvum prostratum est, sed tale est ut ad contemplandum caelum sit aptius, magis in hoc ad imaginem et similitudinem dei, quam cetera corpora animalium, factum iure videri potest; * ut augustinus dicit in libro octoginta trium quaest.. ‘ quod tamen non est sic intelligendum, quasi in corpore hominis sit imago dei, sed quia ipsa figura humani corporis repraesentat imaginem dei in anima, per modum vestigii.

ra4 ‘ Ad quartum dicendum quod tam in visione corporali quam in visione imaginaria invenitur quaedam trinitas, * ut augustinus dicit in libro de trin.. ‘ in visione enim corporali est quidem primo species exterioris corporis; secundo vero ipsa visio, quae fit per impressionem cuiusdam similitudinis praedictae speciei in visum; tertio est ibi intentio voluntatis applicans visum ad videndum, et eum in re visa detinens. similiter etiam in visione imaginaria invenitur primo quidem species in memoria reservata; secundo ipsa imaginaria visio, quae provenit ex hoc quod acies animae, idest ipsa vis imaginaria, informatur secundum praedictam speciem; tertio vero invenitur intentio voluntatis coniungens utrumque. sed utraque trinitas deficit a ratione divinae imaginis. nam ipsa species exterioris corporis est extra naturam animae, species autem quae est in memoria, etsi non sit extra animam, est tamen adventitia animae, et ita utrobique deficit repraesentatio connaturalitatis et coaeternitatis divinarum personarum. visio vero corporalis non procedit tantum a specie exterioris corporis, sed simul cum hoc a sensu videntis, et similiter visio imaginaria non solum procedit a specie quae in memoria conservatur, sed etiam a virtute imaginativa, et ita per hoc non repraesentatur convenienter processio filii a solo patre. intentio vero voluntatis, quae coniungit duo praedicta, non ex eis procedit, neque in visione corporea neque |25| in spirituali, unde non convenienter repraesentatur processio spiritus sancti a patre et filio.

007 ST1 qu93 ar7

ag1 ‘ Ad septimum sic proceditur. videtur quod imago dei non inveniatur in anima secundum actus. * dicit enim augustinus, xi de civ. dei, quod “ homo factus est ad imaginem dei, secundum quod ° sumus, et nos esse novimus, et id esse ac nosse diligimus. ‘ sed esse non significat actum. ergo imago dei non attenditur in anima secundum actus.

ag2 * Praeterea, augustinus, in ix de trin., “ assignat imaginem dei in anima secundum haec tria, quae sunt mens, notitia et amor. ‘ mens autem non significat actum; sed magis potentiam, vel etiam essentiam intellectivae animae. ergo imago dei non attenditur secundum actus.

ag3 * Praeterea, augustinus, x de trin., “ assignat imaginem trinitatis in anima secundum memoriam, intelligentiam et voluntatem. sed haec tria sunt vires naturales animae, * ut magister dicit, iii distinctione i libri sent.. ‘ ergo imago attenditur secundum potentias, et non secundum actus.

ag4 ‘ Praeterea, imago trinitatis semper manet in anima. sed actus non semper manet. ergo imago dei non attenditur in anima secundum actus.

sc ‘ Sed contra est quod * augustinus, xi de trin., “ assignat trinitatem in inferioribus animae partibus secundum actualem visionem sensibilem et imaginariam. ‘ ergo et trinitas quae est in mente, secundum quam homo est ad imaginem dei, debet attendi secundum actualem visionem.

co * Respondeo dicendum quod, sicut supra dictum est, ‘ ad rationem imaginis pertinet aliqualis repraesentatio speciei. si ergo imago trinitatis divinae debet accipi in anima, oportet quod secundum illud principaliter attendatur, quod maxime accedit, prout possibile est, ad repraesentandum speciem divinarum personarum. divinae autem personae distinguuntur secundum processionem verbi a dicente, et amoris connectentis utrumque. “ verbum autem in anima nostra sine actuali cogitatione esse non potest, * ut augustinus dicit xiv de trin.. ‘ et ideo primo et principaliter attenditur imago trinitatis in mente secundum actus, prout scilicet ex notitia quam habemus, cogitando interius verbum formamus, et ex hoc in amorem prorumpimus. sed quia principia actuum sunt habitus et potentiae; unumquodque autem virtualiter est in suo principio, secundario, et quasi ex consequenti, imago trinitatis potest attendi in anima secundum potentias, et praecipue secundum habitus, prout in eis scilicet actus virtualiter existunt.

ra1 ‘ Ad primum ergo dicendum quod esse nostrum ad imaginem dei pertinet, quod est nobis proprium supra alia animalia; quod quidem esse competit nobis inquantum mentem habemus. et ideo eadem est haec trinitas * cum illa quam augustinus ponit in ix de trin., ‘ quae consistit in mente, notitia et amore.

ra2 * Ad secundum dicendum quod augustinus “ hanc trinitatem primo adinvenit in mente. sed quia mens, etsi se totam quodammodo cognoscat, etiam quodammodo se ignorat, prout scilicet est ab aliis distincta; et sic etiam se quaerit, * ut augustinus consequenter probat in x de trin., “ ideo, quasi notitia non totaliter menti coaequetur, accipit in anima tria quaedam propria mentis, scilicet memoriam, intelligentiam et voluntatem, quae nullus ignorat se habere, et in istis tribus potius imaginem trinitatis assignat, quasi prima assignatio sit quodammodo deficiens.

ra3 * Ad tertium dicendum quod, sicut augustinus probat xiv de trin., “ intelligere dicimur et velle seu amare aliqua, et quando de his cogitamus, et quando de his non cogitamus. sed quando sine cogitatione sunt, ad solam memoriam pertinent; quae nihil est aliud, secundum ipsum, quam habitualis retentio notitiae et amoris. * sed quia, ut ipse dicit, ° verbum ibi esse sine cogitatione non potest (cogitamus enim omne quod dicimus etiam illo interiori verbo quod ad nullius gentis pertinet linguam), in tribus potius illis imago ista cognoscitur, memoria scilicet, intelligentia et voluntate. hanc autem nunc dico intelligentiam, qua intelligimus cogitantes; et eam voluntatem sive amorem vel dilectionem, quae istam prolem parentemque coniungit. “ ex quo patet quod imaginem divinae trinitatis potius ponit in intelligentia et voluntate actuali, quam secundum quod sunt in habituali retentione memoriae, ‘ licet etiam quantum ad hoc, aliquo modo sit imago trinitatis in anima, * ut ibidem dicitur. ‘ et sic patet quod memoria, intelligentia et voluntas non sunt tres vires, * ut in sententiis dicitur.

ra4 * Ad quartum dicendum quod aliquis respondere posset per hoc quod augustinus dicit xiv de trin., quod ° mens semper sui meminit, semper se intelligit et amat. * quod quidam sic intelligunt, “ quasi animae adsit actualis intelligentia et amor sui ipsius. sed hunc intellectum excludit * per hoc quod subdit, quod ° non semper se cogitat discretam ab his quae non sunt quod ipsa. ‘ et sic patet quod anima semper intelligit et amat se, non actualiter, sed habitualiter. quamvis etiam dici possit quod, percipiendo actum suum, seipsam intelligit quandocumque aliquid intelligit. sed quia non semper est actu intelligens, ut patet in dormiente, ideo oportet dicere quod actus, etsi non semper maneant in seipsis, manent tamen semper in suis principiis scilicet potentiis et habitibus. * unde augustinus dicit, xiv de trin., ° si secundum hoc facta est ad imaginem dei anima rationalis, quod uti ratione atque intellectu ad intelligendum et conspiciendum deum potest, ab initio quo esse coepit, fuit in ea dei imago.

007 ST1 qu93 ar8

ag1 ‘ Ad octavum sic proceditur. videtur quod imago divinae trinitatis sit in anima non solum per comparationem ad obiectum quod est deus. imago enim divinae trinitatis invenitur in anima, * sicut dictum est, ‘ secundum quod verbum in nobis procedit a dicente et amor ab utroque. sed hoc invenitur in nobis secundum quodcumque obiectum. ergo secundum quodcumque obiectum invenitur in mente nostra imago divinae trinitatis.

ag2 * Praeterea, augustinus dicit, in xii de trin., quod ° cum quaerimus in anima trinitatem, in tota quaerimus, non separantes actionem rationalem in temporalibus a contemplatione aeternorum. ‘ ergo etiam secundum temporalia obiecta invenitur imago trinitatis in anima.

ag3 ‘ Praeterea, quod deum intelligamus et amemus, convenit nobis secundum gratiae donum. si igitur secundum memoriam, intelligentiam et voluntatem seu dilectionem dei, attendatur imago trinitatis in anima, non erit imago dei in homine secundum naturam, sed secundum gratiam. et sic non erit omnibus communis.

ag4 ‘ Praeterea, sancti qui sunt in patria, maxime conformantur imagini dei secundum gloriae visionem, * unde dicitur, ii ad cor. iii, ° in eandem imaginem transformamur, a claritate in claritatem. ‘ sed secundum visionem gloriae temporalia cognoscuntur. ergo etiam per comparationem ad temporalia, dei imago attenditur in nobis.

sc * Sed contra est quod augustinus dicit, xiv de trin., quod ° non propterea est dei imago in mente, quia sui meminit, et intelligit et diligit se, sed quia potest etiam meminisse, intelligere et amare deum, a quo facta est. ‘ multo igitur minus secundum alia obiecta attenditur imago dei in mente.

co * Respondeo dicendum quod, sicut supra dictum est, ‘ imago importat similitudinem utcumque pertingentem ad speciei repraesentationem. unde oportet quod imago divinae trinitatis attendatur in anima secundum aliquid quod repraesentat divinas personas repraesentatione speciei, sicut est possibile creaturae. distinguuntur autem divinae personae, * ut dictum est, ‘ secundum processionem verbi a dicente, et amoris ab utroque. verbum autem dei nascitur de deo secundum notitiam sui ipsius, et amor procedit a deo secundum quod seipsum amat. manifestum est autem quod diversitas obiectorum diversificat speciem verbi et amoris, non enim idem est specie in corde hominis verbum conceptum de lapide et de equo, nec idem specie amor. attenditur igitur divina imago in homine secundum verbum conceptum de dei notitia, et amorem exinde derivatum. et sic imago dei attenditur in anima secundum quod fertur, vel nata est ferri in deum. fertur autem in aliquid mens dupliciter, uno modo, directe et immediate; alio modo, indirecte et mediate, sicut cum aliquis, videndo imaginem hominis in speculo, dicitur ferri in ipsum hominem. * et ideo augustinus dicit, in xiv de trin., quod ° mens meminit sui, intelligit se, et diligit se, hoc si cernimus, cernimus trinitatem; nondum quidem deum, sed iam imaginem dei. ‘ sed hoc est, non quia fertur mens in seipsam absolute, sed prout |25| per hoc ulterius potest ferri in deum; * ut patet per auctoritatem supra inductam.

ra1 ‘ Ad primum ergo dicendum quod ad rationem imaginis, non solum oportet attendere quod aliquid procedat ab aliquo; sed etiam quid a quo procedat, scilicet quod verbum dei procedit a notitia de deo.

ra2 ‘ Ad secundum dicendum quod in tota quidem anima invenitur aliqua trinitas, non quidem ita quod praeter actionem temporalium et contemplationem aeternorum, ° quaeratur aliquod tertium quo trinitas impleatur, * prout ibidem subditur. ‘ sed in illa parte rationis quae derivatur a parte temporalium, etsi ° trinitas inveniri possit, non tamen imago dei potest inveniri, * ut postea dicitur, ‘ quia huiusmodi temporalium notitia adventitia est animae. et habitus etiam ipsi quibus temporalia cognoscuntur, non sem-

per adsunt; sed quandoque quidem praesentialiter adsunt, quandoque autem secundum memoriam tantum, etiam postquam adesse incipiunt. sicut patet de fide, quae temporaliter nobis advenit in praesenti, in statu autem futurae beatitudinis iam non erit fides, sed memoria fidei.
ra3 ' Ad tertium dicendum quod meritoria dei cognitio et dilectio non est nisi per gratiam. est tamen aliqua dei cognitio et dilectio naturalis, * ut supra habitum est. ' et hoc etiam ipsum naturale est, quod mens ad intelligendum deum ratione uti potest, secundum quod * imaginem dei semper diximus permanere in mente, " sive haec imago dei ita sit obsoleta, quasi obumbrata, ut pene nulla sit, ut in his qui non habent usum rationis; sive sit obscura atque deformis, ut in peccatoribus; sive sit clara et pulchra, ut in iustis, * sicut augustinus dicit, xiv de trin..
ra4 ' Ad quartum dicendum quod secundum visionem gloriae, temporalia videbuntur in ipso deo; et ideo huiusmodi temporalium visio ad dei imaginem pertinebit. * et hoc est quod augustinus dicit, xiv de trin., quod ° in illa natura cui mens feliciter adhaerebit, immutabile videbit omne quod viderit. ' nam et in ipso verbo increato sunt rationes omnium creaturarum.

007 ST1 qu93 ar9

ag1 ' Ad nonum sic proceditur. videtur quod similitudo ab imagine non convenienter distinguatur. genus enim non convenienter distinguitur a specie. sed similitudo comparatur ad imaginem, ut genus ad speciem, quia ° ubi est imago, ibi est continuo similitudo, sed non convertitur, * ut dicitur in libro octoginta trium quaest.. ' ergo inconvenienter similitudo ab imagine distinguitur.
ag2 ' Praeterea, ratio imaginis attenditur non solum secundum repraesentationem divinarum personarum, sed etiam secundum repraesentationem divinae essentiae, ad quam repraesentationem pertinet immortalitas et indivisibilitas. * non ergo convenienter dicitur quod ° similitudo est in essentia, quia est immortalis et indivisibilis; imago autem in aliis.
ag3 ' Praeterea, imago dei in homine est triplex, scilicet naturae, gratiae et gloriae, * ut supra habitum est. ' sed innocentia et iustitia ad gratiam pertinent. * inconvenienter ergo dicitur quod ° imago accipitur secundum memoriam, intelligentiam et voluntatem; similitudo autem secundum innocentiam et iustitiam.
ag4 ' Praeterea, cognitio veritatis ad intelligentiam pertinet, amor autem virtutis ad voluntatem, quae sunt duae partes imaginis. * non ergo convenienter dicitur quod ° imago sit in cognitione veritatis, similitudo in dilectione virtutis.
sc ' Sed contra est quod * augustinus dicit, in libro octoginta trium quaest., ° sunt qui non frustra intelligunt duo dicta esse ad imaginem et similitudinem; cum, si una res esset, unum nomen sufficere potuisset.
co ' Respondeo dicendum quod similitudo quaedam unitas est, unum enim in qualitate similitudinem causat, * ut dicitur in v metaphys.. ' unum autem, cum sit de transcendentibus, et commune est omnibus, et ad singula potest aptari; sicut et bonum et verum. unde, sicut bonum alicui rei particulari potest comparari ut praeambulum ad ipsam, et ut subsequens, prout designat aliquam perfectionem ipsius; ita etiam est de comparatione similitudinis ad imaginem. est enim bonum praeambulum ad hominem, secundum quod homo est quoddam particulare bonum, et rursus bonum subsequitur ad hominem, inquantum aliquem hominem specialiter dicimus esse bonum, propter perfectionem virtutis. et similiter similitudo consideratur ut praeambulum ad imaginem, inquantum est communius quam imago, * ut supra dictum est, ' consideratur etiam ut subsequens ad imaginem, inquantum significat quandam imaginis perfectionem; dicimus enim imaginem alicuius esse similem vel non similem ei cuius est imago, inquantum perfecte vel imperfecte repraesentat ipsum. sic ergo similitudo potest ab imagine distingui dupliciter. uno modo, prout est praeambula ad ipsam, et in pluribus existens. et sic similitudo attenditur secundum ea quae sunt communiora proprietatibus naturae intellectualis, secundum quas proprie attenditur imago. * et secundum hoc dicitur in libro octoginta trium quaest., quod |25| " spiritus, idest mens, ad imaginem dei, nullo dubitante, factus est, cetera autem hominis, scilicet quae pertinent ad inferiores partes animae, vel etiam ad ipsum corpus, ad similitudinem facta esse aliqui volunt. * secundum hoc etiam in libro de quantitate animae dicitur quod " similitudo dei attenditur in anima, inquantum est incorruptibilis, nam corruptibile et incorruptibile sunt differentiae entis communis. ' alio modo potest considerari similitudo, secundum quod significat imaginis expressionem et perfectionem. * et secundum hoc damascenus dicit quod ° id quod est secundum imaginem, intellectuale significat, et arbitrio liberum per se potestativum, quod autem secundum similitudinem, virtutis, secundum quod homini possibile est inesse, similitudinem. " et ad idem refertur quod similitudo dicitur ad dilectionem virtutis pertinere, ' non enim est virtus sine dilectione virtutis.
ra1 ' Ad primum ergo dicendum quod similitudo non distinguitur ab imagine secundum communem rationem similitudinis (sic enim includitur in ratione ipsius imaginis), sed secundum quod aliqua similitudo deficit a ratione imaginis, vel etiam est imaginis perfectiva.
ra2 ' Ad secundum dicendum quod essentia animae pertinet ad imaginem, prout repraesentat divinam essentiam secundum ea quae sunt propria intellectualis naturae, non autem secundum conditiones consequentes ens in communi, ut est esse simplicem et indissolubilem.
ra3 ' Ad tertium dicendum quod etiam virtutes quaedam naturaliter insunt animae, ad minus secundum quaedam earum semina, et secundum has posset attendi similitudo naturalis. quamvis non sit inconveniens ut id quod secundum assignationem unam dicitur imago, secundum aliam dicatur similitudo.
ra4 ' Ad quartum dicendum quod dilectio verbi, quod est amata notitia, pertinet ad rationem imaginis, sed dilectio virtutis pertinet ad similitudinem, sicut et virtus.

007 ST1 qu94 ar

pr ' Deinde considerandum est de statu vel conditione primi hominis. et primo, quantum ad animam; secundo, quantum ad corpus. circa primum consideranda sunt duo, primo, de conditione hominis quantum ad intellectum; secundo, de conditione hominis quantum ad voluntatem. circa primum quaeruntur quatuor. primo, utrum primus homo viderit deum per essentiam. secundo, utrum videre potuerit substantias separatas, idest angelos. tertio, utrum habuerit omnium scientiam. quarto, utrum potuerit errare vel decipi.

007 ST1 qu94 ar1

ag1 ' Ad primum sic proceditur. videtur quod primus homo per essentiam deum viderit. beatitudo enim hominis in visione divinae essentiae consistit. " sed primus homo, in paradiso conversans, beatam et omnium divitem habuit vitam, * ut damascenus dicit in ii libro. et augustinus dicit, in xiv de civ. dei, ° si homines habebant affectus suos quales nunc habemus, quomodo erant beati in illo inenarrabilis beatitudinis loco, idest paradiso? ' ergo primus homo in paradiso vidit deum per essentiam.
ag2 * Praeterea, augustinus dicit, xiv de civ. dei, quod ° primo homini non aberat quidquam quod bona voluntas adipisceretur. ' sed nihil melius bona voluntas adipisci potest quam divinae essentiae visionem. ergo homo per essentiam deum videbat.
ag3 ' Praeterea, visio dei per essentiam est qua videtur deus sine medio et sine aenigmate. sed homo in statu innocentiae vidit deum sine medio; * ut magister dicit in i distinctione iv libri sent.. ' vidit etiam sine aenigmate, quia aenigma obscuritatem importat, * ut augustinus dicit, xv de trin.; ' obscuritas autem introducta est per peccatum. ergo homo in primo statu vidit deum per essentiam.
sc * Sed contra est quod apostolus dicit, i ad cor. xv, quod ° non prius quod spirituale est, sed quod animale. ' sed maxime spirituale est videre deum per essentiam. ergo primus homo, in primo statu animalis vitae, deum per essentiam non vidit.
co ' Respondeo dicendum quod primus homo deum per essentiam non vidit, secundum communem statum illius vitae; nisi forte dicatur quod viderit eum in raptu, quando deus immisit soporem in adam, * ut dicitur gen. ii. ' et huius ratio est quia, cum divina essentia sit ipsa beatitudo, hoc modo se habet intellectus videntis divinam essentiam ad deum, sicut se habet quilibet homo ad beatitudinem. manifestum est autem quod nullus homo potest per voluntatem a beatitudine averti, naturaliter enim, et ex necessitate, homo vult beatitudinem, et fugit miseriam. unde nullus videns deum per essentiam, potest voluntate averti a deo, quod est peccare. et propter hoc, omnes videntes deum per essentiam, sic in amore dei stabiliuntur, quod in aeternum peccare non possunt. cum ergo adam peccaverit, manifestum est quod deum per essentiam non videbat. cognoscebat tamen deum quadam altiori cognitione quam nos cognoscamus, et sic quodammodo eius cognitio media erat inter cognitionem praesentis status, et cognitionem patriae, qua deus per essentiam videtur. ad cuius evidentiam, considerandum est quod visio dei per essentiam dividitur contra visionem dei per creaturam. quanto autem aliqua creatura est altior et deo similior, tanto per eam deus clarius videtur, sicut homo perfectius videtur per speculum in quo expressius imago eius |25| resultat. et sic patet quod multo eminentius videtur deus per intelligibiles effectus, quam per sensibiles et corporeos. a consideratione autem plena et lucida intelligibilium effectuum impeditur homo in statu praesenti, per hoc quod distrahitur a sensibilibus, et circa ea occupatur. * sed, sicut dicitur eccle. vii, ' deus fecit hominem rectum. haec autem fuit rectitudo hominis divinitus instituti, ut inferiora superioribus subderentur, et superiora ab inferioribus non impedirentur. unde homo primus non impediebatur per res exteriores a clara et firma contemplatione intelligibilium effectuum, quos ex irradiatione primae veritatis percipiebat, sive naturali cognitione sive gratuita. * unde dicit augustinus, in xi super gen. ad litt., quod ° fortassis deus primis hominibus antea loquebatur, sicut cum angelis loquitur, ipsa incommutabili veritate illustrans mentes eorum; etsi non tanta participatione divinae essentiae, quantam capiunt angeli. ' sic igitur per huiusmodi intelligibiles effectus dei, deum clarius cognoscebat quam modo cognoscamus.
ra1 ' Ad primum ergo dicendum quod homo in paradiso beatus fuit, non illa perfecta beatitudine in quam transferendus erat, quae in divinae essentiae visione consistit, habebat tamen beatam vitam secundum quendam modum, * ut augustinus dicit xi super gen. ad litt., ' inquantum habebat integritatem et perfectionem quandam naturalem.
ra2 ' Ad secundum dicendum quod bona voluntas est ordinata voluntas. non autem fuisset primi hominis ordinata voluntas, si in statu meriti habere voluisset quod ei promittebatur pro praemio.
ra3 ' Ad tertium dicendum quod duplex est medium. quoddam, in quo simul videtur quod per medium videri dicitur; sicut cum homo videtur per speculum, et simul videtur cum ipso speculo. aliud medium est, per cuius notitiam in aliquid ignotum devenimus; sicut est medium demonstrationis. et sine tali medio deus videbatur, non tamen sine primo medio. non enim oportebat primum hominem pervenire in dei cognitionem per demonstrationem sumptam ab aliquo effectu, sicut nobis est necessarium; sed simul in effectibus, praecipue intelligibilibus, suo modo deum cognoscebat. similiter etiam est considerandum quod obscuritas quae importatur in nomine aenigmatis, dupliciter potest accipi. uno modo, secundum quod quaelibet creatura est quoddam obscurum, si comparetur ad immensitatem divinae claritatis, et sic adam videbat deum in aenigmate, quia videbat deum per effectum creatum. alio modo potest accipi obscuritas quae consecuta est ex peccato, prout scilicet impeditur homo a consideratione intelligibilium per sensibilium occupationem, et secundum hoc, non vidit deum in aenigmate.

007 ST1 qu94 ar2

ag1 ' Ad secundum sic proceditur. videtur quod adam in statu innocentiae angelos per essentiam viderit. * dicit enim gregorius, in iv dialog., ° in paradiso quippe assueverat homo verbis dei perfrui, beatorum angelorum spiritibus cordis munditia et celsitudine visionis interesse.
ag2 ' Praeterea, anima in statu praesenti impeditur a cognitione substantiarum separatarum, ex hoc quod est unita corpori corruptibili, quod aggravat animam, * ut dicitur sap. ix. ' unde et anima separata substantias separatas videre potest, * ut supra dictum est. ' sed anima primi hominis non aggravabatur a corpore, cum non esset corruptibile. ergo poterat videre substantias separatas.
ag3 ' Praeterea, una substantia separata cognoscit aliam cognoscendo seipsam, * ut dicitur in libro de causis. ' sed anima primi hominis cognoscebat seipsam. ergo cognoscebat substantias separatas.
sc ' Sed contra, anima adae fuit eiusdem naturae cum animabus nostris. sed animae nostrae non possunt nunc intelligere substantias separatas. ergo nec anima primi hominis potuit.
co ' Respondeo dicendum quod status animae hominis distingui potest dupliciter. uno modo, secundum diversum modum naturalis esse, et hoc modo distinguitur status animae separatae, a statu animae coniunctae corpori. alio modo distinguitur status animae secundum integritatem et corruptionem, servato eodem modo essendi secundum naturam, et sic status innocentiae distinguitur a statu hominis post peccatum. anima enim hominis in statu innocentiae erat corpori perficiendo et gubernando accommodata, sicut et nunc, * unde dicitur primus homo factus fuisse in animam viventem, idest corpori vitam dantem, scilicet animalem. ' sed huius vitae integritatem habebat, inquantum corpus erat totaliter animae subditum, in nullo ipsam impediens, * ut supra dictum est. manifestum est autem ex praemissis quod ' ex hoc quod anima est accommodata ad corporis gubernationem et perfectionem secundum animalem vitam, competit animae nostrae talis modus intelligendi, qui est per conversionem ad phantasmata. unde et hic modus intelligendi etiam animae primi hominis competebat. secundum autem hunc modum intelligendi, motus quidam invenitur in anima, * ut dionysius dicit iv cap. de div. nom., " secundum tres gradus. quorum primus est, secundum quod a rebus exterioribus congregatur anima ad seipsam; secundus autem est, prout anima ascendit ad hoc quod uniatur virtutibus superioribus |25| unitis, scilicet angelis; tertius autem gradus est, secundum quod ulterius manuducitur ad bonum quod est supra omnia, scilicet deum. ' secundum igitur primum processum animae, qui est a rebus exterioribus ad seipsam, perficitur animae cognitio. quia scilicet intellectualis operatio animae naturalem ordinem habet ad ea quae sunt extra, * ut supra dictum est, ' et ita per eorum cognitionem perfecte cognosci potest nostra intellectualis operatio, sicut actus per obiectum. et per ipsam intellectualem operationem perfecte potest cognosci humanus intellectus, sicut potentia per proprium actum. sed in secundo processu non invenitur perfecta cognitio. quia, cum angelus non intelligat per conversionem ad phantasmata, sed longe emi-

nentiori modo, * ut supra dictum est; ' praedictus modus cognoscendi, quo anima cognoscit seipsam, non sufficienter ducit in angeli cognitionem. multo autem minus tertius processus ad perfectam notitiam terminatur, quia etiam ipsi angeli, per hoc quod cognoscunt seipsos, non possunt pertingere ad cognitionem divinae substantiae propter eius excessum. sic igitur anima primi hominis non poterat videre angelos per essentiam. sed tamen excellentiorem modum cognitionis habebat de eis, quam nos habeamus, quia eius cognitio erat magis certa et fixa circa interiora intelligibilia, quam cognitio nostra. et propter tantam eminentiam |50| * dicit gregorius quod ' intererat angelorum spiritibus.
ra1 ' Unde patet solutio ad primum.
ra2 ' Ad secundum dicendum quod hoc quod anima primi hominis deficiebat ab intellectu substantiarum separatarum, non erat ex aggravatione corporis; sed ex hoc quod obiectum ei connaturale erat deficiens ab excellentia substantiarum separatarum. nos autem deficimus propter utrumque.
ra3 ' Ad tertium dicendum quod anima primi hominis non poterat per cognitionem sui ipsius pertingere ad cognoscendas substantias separatas, * ut supra dictum est, ' quia etiam unaquaeque substantia separata cognoscit aliam per modum sui ipsius.

007 ST1 qu94 ar3

ag1 ' Ad tertium sic proceditur. videtur quod primus homo non habuerit scientiam omnium. aut enim habuit talem scientiam per species acquisitas, aut per species connaturales, aut per species infusas. non autem per species acquisitas, huiusmodi enim cognitio ab experientia causatur, * ut dicitur in i metaphys.; ' ipse autem non tunc fuerat omnia expertus. similiter etiam nec per species connaturales, quia erat eiusdem naturae nobiscum; anima autem nostra est sicut tabula in qua nihil est scriptum, * ut dicitur in iii de anima. ' si autem per species infusas, ergo scientia eius quam habebat de rebus, non erat eiusdem rationis cum scientia nostra, quam a rebus acquirimus.
ag2 ' Praeterea, in omnibus individuis eiusdem speciei est idem modus consequendi perfectionem. sed alii homines non statim in sui principio habent omnium scientiam, sed eam per temporis successionem acquirunt secundum suum modum. ergo nec adam, statim formatus, habuit omnium scientiam.
ag3 ' Praeterea, status praesentis vitae homini conceditur ut in eo proficiat anima et quantum ad cognitionem, et quantum ad meritum; propter hoc enim anima corpori videtur esse unita. sed homo in statu illo profecisset quantum ad meritum. ergo etiam profecisset quantum ad cognitionem rerum. non ergo habuit omnium rerum scientiam.
sc ' Sed contra est quod ipse imposuit nomina animalibus, * ut dicitur gen. ii. ' nomina autem debent naturis rerum congruere. ergo adam scivit naturas omnium animalium, et pari ratione, habuit omnium aliorum scientiam.
co ' Respondeo dicendum quod naturali ordine perfectum praecedit imperfectum, sicut et actus potentiam, quia ea quae sunt in potentia, non reducuntur ad actum nisi per aliquod ens actu. et quia res primitus a deo institutae sunt, non solum ut in seipsis essent, sed etiam ut essent aliorum principia; ideo productae sunt in statu perfecto, in quo possent esse principia aliorum. homo autem potest esse principium alterius non solum per generationem corporalem, sed etiam per instructionem et gubernationem. et ideo, sicut primus homo institutus est in statu perfecto quantum ad corpus, ut statim posset generare; ita etiam institutus est in statu perfecto quantum ad animam, ut statim posset alios instruere et gubernare. non potest autem aliquis instruere, nisi habeat scientiam. et ideo primus homo sic institutus est a deo, ut haberet omnium scientiam in quibus homo natus est instrui. et haec sunt omnia illa quae virtualiter existunt in primis principiis per se notis, quaecumque scilicet naturaliter homines cognoscere possunt. ad gubernationem autem vitae propriae et aliorum, non solum requiritur cognitio eorum quae naturaliter sciri possunt, sed etiam cognitio eorum quae naturalem cognitionem excedunt; eo quod vita hominis ordinatur ad quendam finem supernaturalem; sicut nobis, ad gubernationem vitae nostrae, necessarium est cognoscere quae fidei sunt. unde et de his supernaturalibus tantam cognitionem primus homo accepit, quanta erat necessaria ad gubernationem |25| vitae humanae secundum statum illum. alia vero, quae nec naturali hominis studio cognosci possunt, nec sunt necessaria ad gubernationem vitae humanae, primus homo non cognovit; sicut sunt cogitationes hominum, futura contingentia, et quaedam singularia, puta quot lapilli iaceant in flumine, et alia huiusmodi.
ra1 ' Ad primum ergo dicendum quod primus homo habuit scientiam omnium per species a deo infusas. nec tamen scientia illa fuit alterius rationis a scientia nostra; sicut nec oculi quos caeco nato christus dedit, fuerunt alterius rationis ab oculis quos natura produxit.
ra2 ' Ad secundum dicendum quod adam debebat aliquid habere perfectionis, inquantum erat primus homo, quod ceteris hominibus non competit; * ut ex dictis patet.
ra3 ' Ad tertium dicendum quod adam in scientia naturalium scibilium non profecisset quantum ad numerum scitorum, sed quantum ad modum sciendi, quia quae sciebat intellectualiter, scivisset postmodum per experimentum. quantum vero ad supernaturalia cognita, profecisset etiam quantum ad numerum, per novas revelationes; sicut et angeli proficiunt per novas illuminationes. nec tamen est simile de profectu meriti, et scientiae, quia unus homo non est alteri principium merendi, sicut est sciendi.

007 ST1 qu94 ar4

ag1 ' Ad quartum sic proceditur. videtur quod homo in primo statu decipi potuisset. * dicit enim apostolus, i ad tim. ii, quod ° mulier seducta in praevaricatione fuit.
ag2 * Praeterea, magister dicit, xxi dist. ii sent., quod ° ideo mulier non horruit serpentem loquentem, quia officium loquendi eum accepisse a deo putavit. ' sed hoc falsum erat. ergo mulier decepta fuit ante peccatum.
ag3 ' Praeterea, naturale est quod quanto aliquid remotius videtur, tanto minus videtur. sed natura oculi non est contracta per peccatum. ergo hoc idem in statu innocentiae contigisset. fuisset ergo homo deceptus circa quantitatem rei visae, sicut et modo.
ag4 * Praeterea, augustinus dicit, xii super gen. ad litt., quod " in somno adhaeret anima similitudini tanquam ipsi rei. ' sed homo in statu innocentiae comedisset, et per consequens dormivisset et somniasset. ergo deceptus fuisset, adhaerendo similitudinibus tanquam rebus.
ag5 ' Praeterea, primus homo nescivisset cogitationes hominum et futura contingentia, * ut dictum est. ' si igitur aliquis super his sibi falsum diceret, deceptus fuisset.
sc * Sed contra est quod augustinus dicit, ° approbare vera pro falsis, non est natura instituti hominis, sed poena damnati.
co * Respondeo dicendum quod quidam dixerunt quod " in nomine deceptionis duo possunt intelligi, scilicet qualiscumque existimatio levis, qua aliquis adhaeret falso tanquam vero, sine assensu credulitatis; et iterum firma credulitas. quantum ergo ad ea quorum scientiam adam habebat, neutro istorum modorum homo decipi poterat ante peccatum. sed quantum ad ea quorum scientiam non habebat, decipi poterat, large accepta deceptione pro existimatione qualicumque sine assensu credulitatis. quod ideo dicunt, quia existimare falsum in talibus, non est noxium homini; et ex quo temere assensus non adhibetur, non est culpabile. ' sed haec positio non convenit integritati primi status, * quia, ut augustinus dicit xiv de civit. dei, ° in illo statu erat devitatio tranquilla peccati, qua manente, nullum malum omnino esse poterat. ' manifestum est autem quod, sicut verum est bonum intellectus, ita falsum est malum eius, * ut dicitur in vi ethic.. ' unde non poterat esse quod, innocentia manente, intellectus hominis alicui falso acquiesceret quasi vero. sicut enim in membris corporis primi hominis erat quidem carentia perfectionis alicuius, puta claritatis, non tamen aliquod malum inesse poterat; ita |25| in intellectu poterat esse carentia notitiae alicuius, nulla tamen poterat ibi esse existimatio falsi. quod etiam ex ipsa rectitudine primi status apparet, secundum quam, quandiu anima maneret deo subdita, tandiu in homine inferiora superioribus subderentur, nec superiora per inferiora impedirentur. * manifestum est autem ex praemissis quod ' intellectus circa proprium obiectum semper verus est. unde ex seipso nunquam decipitur, sed omnis deceptio accidit in intellectu ex aliquo inferiori, puta phantasia vel aliquo huiusmodi. unde videmus quod, quando naturale iudicatorium non est ligatum, non decipimur per huiusmodi apparitiones, sed solum quando ligatur, ut patet in dormientibus. unde manifestum est quod rectitudo primi status non compatiebatur aliquam deceptionem circa intellectum.
ra1 ' Ad primum ergo dicendum quod illa seductio mulieris, etsi praecesserit peccatum operis, subsecuta tamen est peccatum internae elationis. * dicit enim augustinus, xi super gen. ad litt., quod ° mulier verbis serpentis non crederet, nisi iam inesset menti eius amor propriae potestatis, et quaedam de se superba praesumptio.
ra2 ' Ad secundum dicendum quod mulier putavit serpentem hoc accepisse loquendi officium, non per naturam, sed aliqua supernaturali operatione. quamvis non sit necessarium auctoritatem magistri sententiarum sequi in hac parte.
ra3 ' Ad tertium dicendum quod, si aliquid repraesentatum fuisset sensui vel phantasiae primi hominis aliter quam sit in rerum natura, non tamen deciperetur, quia per rationem veritatem diiudicaret.
ra4 ' Ad quartum dicendum quod id quod accidit in somno, non imputatur homini, quia non habet usum rationis, qui est proprius hominis actus.
ra5 ' Ad quintum dicendum quod alicui dicenti falsum de contingentibus futuris vel cogitationibus cordium, homo in statu innocentiae non credidisset ita esse, sed credidisset quod hoc esset possibile, et hoc non esset existimare falsum. vel potest dici quod divinitus ei subventum fuisset, ne deciperetur in his quorum scientiam non habebat. nec est instantia, quam quidam afferunt, quod in tentatione non fuit ei subventum ne deciperetur, licet tunc maxime indigeret. quia iam praecesserat peccatum in animo, et ad divinum auxilium recursum non habuit.

007 ST1 qu95 ar

pr ' Deinde considerandum est de his quae pertinent ad voluntatem primi hominis. et circa hoc consideranda sunt duo, primo quidem, de gratia et iustitia primi hominis; secundo, de usu iustitiae quantum ad dominium super alia. circa primum quaeruntur quatuor. primo, utrum primus homo creatus fuerit in gratia. secundo, utrum in statu innocentiae habuerit animae passiones. tertio, utrum habuit virtutes omnes. quarto, utrum opera eius fuissent aeque efficacia ad merendum, sicut modo sunt.

007 ST1 qu95 ar1

ag1 ' Ad primum sic proceditur. videtur quod primus homo non fuerit creatus in gratia. * apostolus enim, i cor. xv, distinguens adam a christo, dicit, ° factus est primus adam in animam viventem; novissimus autem in spiritum vivificantem. ' sed vivificatio spiritus est per gratiam. ergo hoc est proprium christi, quod fuerit factus in gratia.
ag2 * Praeterea, augustinus dicit, in libro de quaestionibus veteris et novi testamenti, quod ° adam non habuit spiritum sanctum. ' sed quicumque habet gratiam, habet spiritum sanctum. ergo adam non fuit creatus in gratia.
ag3 * Praeterea, augustinus dicit, in libro de correptione et gratia, quod ° deus sic ordinavit angelorum et hominum vitam, ut prius in eis ostenderet quid posset eorum liberum arbitrium, deinde quid posset suae gratiae beneficium, iustitiaeque iudicium. ' primo ergo condidit hominem et angelum in sola naturali arbitrii libertate, et postmodum eis gratiam contulit.
ag4 * Praeterea, magister dicit, in xxiv distinctione libri ii sent., quod ° homini in creatione datum est auxilium per quod stare poterat, sed non poterat proficere. ' quicumque autem habet gratiam, potest proficere per meritum. ergo primus homo non fuit creatus in gratia.
ag5 ' Praeterea, ad hoc quod aliquis accipiat gratiam, requiritur consensus ex parte recipientis, cum per hoc perficiatur matrimonium quoddam spirituale inter deum et animam. sed consensus in gratiam esse non potest nisi prius existentis. ergo homo non accepit gratiam in primo instanti suae creationis.
ag6 ' Praeterea, natura plus distat a gratia quam gratia a gloria, quae nihil est aliud quam gratia consummata. sed in homine gratia praecessit gloriam. ergo multo magis natura praecessit gratiam.
sc ' Sed contra, homo et angelus aequaliter ordinantur ad gratiam. sed angelus est creatus in gratia, * dicit enim augustinus, xii de civ. dei, quod ° deus simul erat in eis condens naturam et largiens gratiam. ' ergo et homo creatus fuit in gratia.
co * Respondeo dicendum quod quidam dicunt quod " primus homo non fuit quidem creatus in gratia, sed tamen postmodum gratia fuit sibi collata antequam peccasset, * plurimae enim sanctorum auctoritates attestantur " hominem in statu innocentiae gratiam habuisse. sed quod etiam fuerit conditus in gratia, * ut alii dicunt. ' videtur requirere ipsa rectitudo primi status, in qua deus hominem fecit, * secundum illud eccle. vii, ° deus fecit hominem rectum. ' erat enim haec rectitudo secundum hoc, quod ratio subdebatur deo, rationi vero inferiores vires, et animae corpus. prima autem subiectio erat causa et secundae et tertiae, quandiu enim ratio manebat deo subiecta, inferiora ei subdebantur, * ut augustinus dicit. ' manifestum est autem quod illa subiectio corporis ad animam, et inferiorum virium ad rationem, non erat naturalis, alioquin post peccatum mansisset, cum etiam in daemonibus data naturalia post peccatum permanserint, * ut dionysius dicit cap. iv de div. nom.. |25| ' unde manifestum est quod et illa prima subiectio, qua ratio deo subdebatur, non erat solum secundum naturam, sed secundum supernaturale donum gratiae, non enim potest esse quod effectus sit potior quam causa. * unde augustinus dicit, xiii de civ. dei, quod ° posteaquam praecepti facta transgressio est, confestim, gratia deserente divina, de corporum suorum nuditate confusi sunt, senserunt enim motum inobedientis carnis suae, tanquam reciprocam poenam inobedientiae suae. ' ex quo datur intelligi, si deserente gratia soluta est obedientia carnis ad animam, quod per gratiam in anima existentem inferiora ei subdebantur.
ra1 * Ad primum ergo dicendum quod apostolus illa verba inducit ad " ostendendum esse corpus spirituale, si est corpus animale, quia vita spiritualis corporis incoepit in christo, qui est primogenitus ex mortuis, sicut vita corporis animalis incoepit in adam. non ergo ex verbis apostoli habetur quod adam non fuit spiritualis secundum animam; sed quod non fuit spiritualis secundum corpus.
ra2 * Ad secundum dicendum quod, sicut augustinus dicit in eodem loco, ' non negatur quin aliquo modo fuerit in adam spiritus sanctus, sicut et in aliis iustis, sed quod non sic fuerit in eo, sicut nunc est in fidelibus, qui admittuntur ad perceptionem haereditatis

aeternae statim post mortem.
ra3 * Ad tertium dicendum quod ex illa auctoritate augustini ‘ non habetur quod angelus vel homo prius fuerit creatus in naturali libertate arbitrii, quam habuisset gratiam, sed quod prius ostendit quid in eis posset liberum arbitrium ante confirmationem, et quid postmodum consecuti sunt per auxilium gratiae confirmantis.
ra4 * Ad quartum dicendum quod magister loquitur secundum opinionem illorum qui posuerunt “ hominem non esse creatum in gratia, sed in naturalibus tantum. ‘ vel potest dici quod, etsi homo fuerit creatus in gratia, non tamen habuit ex creatione naturae quod posset proficere per meritum, sed ex superadditione gratiae.
ra5 ‘ Ad quintum dicendum quod, cum motus voluntatis non sit continuus, nihil prohibet etiam in primo instanti suae creationis primum hominem gratiae consensisse.
ra6 ‘ Ad sextum dicendum quod gloriam meremur per actum gratiae, non autem gratiam per actum naturae. unde non est similis ratio.

007 ST1 qu95 ar2

ag1 ‘ Ad secundum sic proceditur. videtur quod in primo homine non fuerint animae passiones. secundum enim passiones animae contingit quod caro concupiscit adversus spiritum. sed hoc non erat in statu innocentiae. ergo in statu innocentiae non erant animae passiones.
ag2 ‘ Praeterea, anima adae erat nobilior quam corpus. sed corpus adae fuit impassibile. ergo nec in anima eius fuerunt passiones.
ag3 ‘ Praeterea, per virtutem moralem comprimuntur animae passiones. sed in adam fuit virtus moralis perfecta. ergo totaliter passiones excludebantur ab eo.
sc * Sed contra est quod dicit augustinus, xiv de civ. dei, quod “ erat in eis amor imperturbatus in deum, et quaedam aliae animae passiones.
co ‘ Respondeo dicendum quod passiones animae sunt in appetitu sensuali, cuius obiectum est bonum et malum. unde omnium passionum animae quaedam ordinantur ad bonum, ut amor et gaudium; quaedam ad malum, ut timor et dolor. et quia in primo statu nullum malum aderat nec imminebat; nec aliquod bonum aberat, quod cuperet bona voluntas pro tempore illo habendum, * ut patet per augustinum xiv de civ. dei, ‘ omnes illae passiones quae respiciunt malum, in adam non erant ut timor et dolor et huiusmodi; similiter nec illae passiones quae respiciunt bonum non habitum et nunc habendum, ut cupiditas aestuans. illae vero passiones quae possunt esse boni praesentis, ut gaudium et amor; vel quae sunt futuri boni ut suo tempore habendi, ut desiderium et spes non affligens; fuerunt in statu innocentiae. aliter tamen quam in nobis. nam in nobis appetitus sensualis, in quo sunt passiones, non totaliter subest rationi, unde passiones quandoque sunt in nobis praevenientes iudicium rationis, et impedientes; quandoque vero ex iudicio rationis consequentes, prout sensualis appetitus aliqualiter rationi obedit. in statu vero innocentiae inferior appetitus erat rationi totaliter subiectus, unde non erant in eo passiones animae, nisi ex rationis iudicio consequentes.
ra1 ‘ Ad primum ergo dicendum quod caro concupiscit adversus spiritum, per hoc quod passiones rationi repugnant, quod in statu innocentiae non erat.
ra2 ‘ Ad secundum dicendum quod corpus humanum in statu innocentiae erat impassibile quantum ad passiones quae removent dispositionem naturalem, * ut infra dicetur. ‘ et similiter anima fuit impassibilis quantum ad passiones quae impediunt rationem.
ra3 ‘ Ad tertium dicendum quod perfecta virtus moralis non totaliter tollit passiones, sed ordinat eas, ° temperati enim est concupiscere sicut oportet, et quae oportet, * ut dicitur in iii ethic..

007 ST1 qu95 ar3

ag1 ‘ Ad tertium sic proceditur. videtur quod adam non habuerit omnes virtutes. quaedam enim virtutes ordinantur ad refraenandam immoderantiam passionum; sicut per temperantiam refraenatur immoderata concupiscentia, et per fortitudinem immoderatus timor. sed immoderantia passionum non erat in statu innocentiae. ergo nec dictae virtutes.
ag2 ‘ Praeterea, quaedam virtutes sunt circa passiones respicientes malum; ut mansuetudo circa iras, et fortitudo circa timores. sed tales passiones non erant in statu innocentiae, * ut dictum est. ‘ ergo nec huiusmodi virtutes.
ag3 ‘ Praeterea, poenitentia est quaedam virtus respiciens peccatum prius commissum. misericordia etiam est quaedam virtus respiciens miseriam. sed in statu innocentiae non erat peccatum nec miseria. ergo neque huiusmodi virtutes.
ag4 ‘ Praeterea, perseverantia est quaedam virtus. sed hanc adam non habuit; ut sequens peccatum ostendit. ergo non habuit omnes virtutes.
ag5 ‘ Praeterea, fides quaedam virtus est. sed haec in statu innocentiae non fuit, importat enim aenigmaticam cognitionem, quae perfectioni primi status repugnare videtur.
sc * Sed contra est quod augustinus dicit, in quadam homilia, ° princeps vitiorum devicit adam de limo terrae ad imaginem dei factum, pudicitia armatum, temperantia compositum, claritate splendidum.
co ‘ Respondeo dicendum quod homo in statu innocentiae aliqualiter habuit omnes virtutes. * et hoc ex dictis potest esse manifestum. dictum est enim supra quod ‘ talis erat rectitudo primi status, quod ratio erat deo subiecta, inferiores autem vires rationi. virtutes autem nihil aliud sunt quam perfectiones quaedam, quibus ratio ordinatur in deum, et inferiores vires disponuntur secundum regulam rationis; * ut magis patebit cum de virtutibus agetur. ‘ unde rectitudo primi status exigebat ut homo aliqualiter omnes virtutes haberet. sed considerandum est quod virtutum quaedam sunt, quae de sui ratione nullam imperfectionem important, ut caritas et iustitia. et huiusmodi virtutes fuerunt in statu innocentiae simpliciter, et quantum ad habitum et quantum ad actum. quaedam vero sunt, quae de sui ratione imperfectionem important, vel ex parte actus vel ex parte materiae. et si huiusmodi imperfectio non repugnat perfectioni primi status, nihilominus huiusmodi virtutes poterant esse in primo statu; sicut fides, quae est eorum quae non videntur, et spes, quae est eorum quae non habentur. perfectio enim primi status non se extendebat ad hoc, ut videret deum per essentiam, et ut haberet eum cum fruitione finalis beatitudinis, unde fides et spes esse poterant |25| in primo statu, et quantum ad habitum et quantum ad actum. si vero imperfectio quae est de ratione virtutis alicuius, repugnat perfectioni primi status, poterat huiusmodi virtus ibi esse secundum habitum, sed non secundum actum, ut patet de poenitentia, quae est dolor de peccato commisso, et de misericordia, quae est dolor de miseria aliena; perfectioni enim primi status repugnat tam dolor, quam culpa et miseria. unde huiusmodi virtutes erant in primo homine secundum habitum, sed non secundum actum, erat enim primus homo sic dispositus, ut si peccatum praecessisset, doleret; et similiter si miseriam in alio videret, eam pro posse repelleret. * sicut philosophus dicit, in iv ethic., quod “ verecundia, quae est de turpi facto, ° contingit studioso solum sub conditione, est enim sic dispositus, quod verecundaretur si turpe aliquid committeret.
ra1 ‘ Ad primum ergo dicendum quod accidit temperantiae et fortitudini quod superabundantiam passionum repellat, inquantum invenit passiones superabundantes in subiecto. sed per se convenit huiusmodi virtutibus passiones moderari.
ra2 ‘ Ad secundum dicendum quod illae passiones ad malum ordinatae, repugnant perfectioni primi status, quae habent respectum ad malum in ipso qui afficitur passione, ut timor et dolor. sed passiones quae respiciunt malum in altero, non repugnant perfectioni primi status, poterat enim homo in primo statu habere odio malitiam daemonum, sicut et diligere bonitatem dei. unde et virtutes quae circa tales passiones essent, possent esse in primo statu, et quantum ad habitum et quantum ad actum. quae vero sunt circa passiones respicientes malum in eodem subiecto, si circa huiusmodi solas passiones sunt, non poterant esse in primo statu secundum actum, sed solum secundum habitum; * sicut de poenitentia et misericordia dictum est. ‘ sed sunt quaedam virtutes quae non sunt circa has passiones solum, sed etiam circa alias; sicut temperantia, quae non solum est circa tristitias, sed etiam circa delectationes; et fortitudo, quae non solum est circa timores, sed etiam circa audaciam et spem. unde poterat esse in primo statu actus temperantiae, secundum quod est moderativa delectationum; et similiter fortitudo, secundum quod est moderativa audaciae sive spei; non autem secundum quod moderantur tristitiam et timorem.
ra3 ‘ Ad tertium patet solutio ex his quae dicta sunt.
ra4 ‘ Ad quartum dicendum quod perseverantia dupliciter sumitur. uno modo, prout est quaedam virtus, et sic significat quendam habitum, quo quis eligit perseverare in bono. et sic adam perseverantiam habuit. alio modo, prout est circumstantia virtutis, et sic significat continuationem quandam virtutis absque interruptione. et hoc modo adam perseverantiam non habuit.
ra5 ‘ Ad quintum patet responsio per ea quae dicta sunt.

007 ST1 qu95 ar4

ag1 ‘ Ad quartum sic proceditur. videtur quod opera primi hominis fuerint minus efficacia ad merendum quam opera nostra. gratia enim ex dei misericordia datur, quae magis indigentibus subvenit magis. sed nos indigemus magis gratia quam primus homo in statu innocentiae. ergo copiosius infunditur nobis gratia. quae cum sit radix meriti, opera nostra efficaciora ad merendum redduntur.
ag2 ‘ Praeterea, ad meritum requiritur pugna quaedam et difficultas. * dicitur enim ii ad tim. ii, ° non coronabitur nisi qui legitime certaverit. * et philosophus dicit, in ii ethic., quod ° virtus est circa difficile et bonum. ‘ sed nunc est maior pugna et difficultas. ergo et maior efficacia ad merendum.
ag3 * Praeterea, magister dicit, xxiv distinctione ii libri sent., quod ° homo non meruisset, tentationi resistendo; nunc autem meretur qui tentationi resistit. ‘ ergo efficaciora sunt opera nostra ad merendum quam in primo statu.
sc ‘ Sed contra est quia secundum hoc, homo esset melioris conditionis post peccatum.
co ‘ Respondeo dicendum quod quantitas meriti ex duobus potest pensari. uno modo, ex radice caritatis et gratiae. et talis quantitas meriti respondet praemio essentiali, quod consistit in dei fruitione, qui enim ex maiori caritate aliquid facit, perfectius deo fruetur. alio modo pensari potest quantitas meriti ex quantitate operis. quae quidem est duplex, scilicet absoluta, et proportionalis. vidua enim quae misit duo aera minuta in gazophylacium; minus opus fecit quantitate absoluta, quam illi qui magna munera posuerunt, sed quantitate proportionali vidua plus fecit, secundum sententiam domini, quia magis eius facultatem superabat. utraque tamen quantitas meriti respondet praemio accidentali; quod est gaudium de bono creato. sic igitur dicendum quod efficaciora fuissent hominis opera ad merendum in statu innocentiae quam post peccatum, si attendatur quantitas meriti ex parte gratiae; quae tunc copiosior fuisset, nullo obstaculo in natura humana invento. similiter etiam, si consideretur absoluta quantitas operis, quia, cum homo esset maioris virtutis, maiora opera fecisset. sed si consideretur quantitas proportionalis, maior invenitur ratio meriti post peccatum, propter hominis imbecillitatem, magis enim excedit parvum opus potestatem eius qui cum difficultate operatur illud, quam opus magnum potestatem eius qui sine difficultate operatur.
ra1 ‘ Ad primum ergo dicendum quod homo post peccatum ad plura indiget gratia quam ante peccatum, sed non magis. quia homo, etiam ante peccatum, indigebat gratia ad vitam aeternam consequendam, quae est principalis necessitas gratiae. sed homo post peccatum, super hoc, indiget gratia etiam ad peccati remissionem, et infirmitatis sustentationem.
ra2 ‘ Ad secundum dicendum quod difficultas et pugna pertinent ad quantitatem meriti, secundum quantitatem operis proportionalem, * ut dictum est. ‘ et est signum promptitudinis voluntatis, quae conatur ad id quod est sibi difficile, promptitudo autem voluntatis causatur ex magnitudine caritatis. et tamen potest contingere quod aliquis ita prompta voluntate faciat opus aliquod facile, sicut alius difficile, quia paratus esset facere etiam quod sibi esset difficile. difficultas tamen actualis, inquantum est poenalis, habet etiam quod sit satisfactoria pro peccato.
ra3 ‘ Ad tertium dicendum quod resistere tentationi primo homini non fuisset meritorium, secundum opinionem ponentium quod gratiam non haberet; sicut nec modo est meritorium non habenti gratiam. sed in hoc est differentia, quia in primo statu nihil erat interius impellens ad malum, sicut modo est, unde magis tunc poterat homo resistere tentationi sine gratia, quam modo.

007 ST1 qu96 ar

pr ‘ Deinde considerandum est de dominio quod competebat homini in statu innocentiae. et circa hoc quaeruntur quatuor. primo, utrum homo in statu innocentiae animalibus dominaretur. secundo, utrum dominaretur omni creaturae. tertio, utrum in statu innocentiae omnes homines fuissent aequales. quarto, utrum in illo statu homo hominibus dominaretur.

007 ST1 qu96 ar1

ag1 ‘ Ad primum sic proceditur. videtur quod adam in statu innocentiae animalibus non dominabatur. * dicit enim augustinus, ix super gen. ad litt., quod “ ministerio angelorum animalia sunt adducta ad adam, ut eis nomina imponeret. ‘ non autem fuisset ibi necessarium angelorum ministerium, si homo per seipsum animalibus dominabatur. non ergo in statu innocentiae habuit dominium homo super alia animalia.
ag2 ‘ Praeterea, ea quae ad invicem discordant, non recte sub uno dominio congregantur. sed multa animalia naturaliter ad invicem discordant, sicut ovis et lupus. ergo omnia animalia sub hominis dominio non continebantur.
ag3 * Praeterea, hieronymus dicit quod ° homini ante peccatum non indigenti, deus animalium dominationem dedit, praesciebat enim hominem adminiculo animalium adiuvandum fore post lapsum. ‘ ergo ad minus usus dominii super animalia non competebat homini ante peccatum.
ag4 ‘ Praeterea, proprium domini esse videtur praecipere. sed praeceptum non recte fertur nisi ad habentem rationem. ergo homo non habebat dominium super animalia irrationalia.
sc * Sed contra est quod dicitur gen. i, de homine, ° praesit piscibus maris, et volatilibus caeli, et bestiis terrae.
co * Respondeo dicendum quod, sicut supra dictum est, ‘ inobedientia ad hominem eorum quae ei debent esse subiecta, subsecuta est in poenam eius, eo quod ipse fuit inobediens deo. et ideo in statu innocentiae, ante inobedientiam praedictam, nihil ei repugnabat quod naturaliter deberet ei esse subiectum. omnia autem animalia sunt homini naturaliter subiecta. quod apparet ex tribus. primo quidem, ex ipso naturae processu. sicut enim in generatione rerum intelligitur quidam ordo quo proceditur de im-

perfecto ad perfectum (nam materia est propter formam, et forma imperfectior propter perfectiorem), ita etiam est in usu rerum naturalium, nam imperfectiora cedunt in usum perfectorum; plantae enim utuntur terra ad sui nutrimentum, animalia vero plantis, et homines plantis et animalibus. unde naturaliter homo dominatur animalibus. * et propter hoc philosophus dicit, in i politic., quod " venatio sylvestrium animalium est iusta et naturalis, quia per eam homo vindicat sibi quod est naturaliter suum. ' secundo apparet hoc ex ordine divinae providentiae, quae semper inferiora per superiora gubernat. unde, cum homo sit supra cetera animalia, utpote ad imaginem dei factus, convenienter eius gubernationi alia animalia subduntur. tertio apparet idem ex proprietate hominis, et aliorum animalium. in aliis enim animalibus invenitur, secundum aestimationem naturalem, quaedam participatio prudentiae ad aliquos particulares actus, |25| in homine autem invenitur universalis prudentia, quae est ratio omnium agibilium. omne autem quod est per participationem, subditur ei quod est per essentiam et universaliter. unde patet quod naturalis est subiectio aliorum animalium ad hominem.

ra1 ' Ad primum ergo dicendum quod in subiectos multa potest facere superior potestas, quae non potest facere inferior. angelus autem est naturaliter superior homine. unde aliquis effectus poterat fieri circa animalia virtute angelica, qui non poterat fieri potestate humana; scilicet quod statim omnia animalia congregarentur.

ra2 * Ad secundum dicendum quod quidam dicunt quod " animalia quae nunc sunt ferocia et occidunt alia animalia, in statu illo fuissent mansueta non solum circa hominem, sed etiam circa alia animalia. ' sed hoc est omnino irrationabile. non enim per peccatum hominis natura animalium est mutata, ut quibus nunc naturale est comedere aliorum animalium carnes, tunc vixissent de herbis, sicut leones et falcones. * nec glossa bedae dicit, gen. i, quod ' ligna et herbae datae sunt omnibus animalibus et avibus in cibum, sed quibusdam. fuisset ergo naturalis discordia inter quaedam animalia. nec tamen propter hoc subtraherentur dominio hominis; sicut nec nunc propter hoc subtrahuntur dominio dei, cuius providentia hoc totum dispensatur. et huius providentiae homo executor fuisset, ut etiam nunc apparet in animalibus domesticis, ministrantur enim falconibus domesticis per homines gallinae in cibum.

ra3 ' Ad tertium dicendum quod homines in statu innocentiae non indigebant animalibus ad necessitatem corporalem, neque ad tegumentum, quia nudi erant, et non erubescebant, nullo instante inordinatae concupiscentiae motu; neque ad cibum, quia lignis paradisi vescebantur; neque ad vehiculum, propter corporis robur. indigebant tamen eis ad experimentalem cognitionem sumendam de naturis eorum. quod significatum est per hoc, quod deus ad eum animalia adduxit, ut eis nomina imponeret, quae eorum naturas designant.

ra4 ' Ad quartum dicendum quod alia animalia habent quandam participationem prudentiae et rationis secundum aestimationem naturalem; ex qua contingit quod grues sequuntur ducem, et apes obediunt regi. et sic tunc omnia animalia per seipsa homini obedivissent, sicut nunc quaedam domestica ei obediunt.

007 ST1 qu96 ar2

ag1 ' Ad secundum sic proceditur. videtur quod homo non habuisset dominium super omnes alias creaturas. angelus enim naturaliter est maioris potestatis quam homo. * sed, sicut dicit augustinus iii de trin., ° materia corporalis non obedivisset ad nutum etiam sanctis angelis. ' ergo multo minus homini in statu innocentiae.

ag2 ' Praeterea, in plantis non sunt de viribus animae nisi nutritiva et augmentativa et generativa. hae autem non sunt natae obedire rationi; ut in uno et eodem homine apparet. ergo, cum dominium competat homini secundum rationem, videtur quod plantis homo in statu innocentiae non dominaretur.

ag3 ' Praeterea, quicumque dominatur alicui rei, potest illam rem mutare. sed homo non potuisset mutare cursum caelestium corporum, hoc enim solius dei est, * ut dionysius dicit in epistola ad polycarpum. ' ergo non dominabatur eis.

sc * Sed contra est quod dicitur gen. i, de homine, ° praesit universae creaturae.

co ' Respondeo dicendum quod in homine quodammodo sunt omnia, et ideo secundum modum quo dominatur his quae in seipso sunt, secundum hunc modum competit ei dominari aliis. est autem in homine quatuor considerare, scilicet rationem, secundum quam convenit cum angelis; vires sensitivas, secundum quas convenit cum animalibus; vires naturales, secundum quas convenit cum plantis; et ipsum corpus, secundum quod convenit cum rebus inanimatis. ratio autem in homine habet locum dominantis, et non subiecti dominio. unde homo angelis non dominabatur in primo statu, et quod dicitur omni creaturae, intelligitur quae non est ad imaginem dei. viribus autem sensitivis, sicut irascibili et concupiscibili, quae aliqualiter obediunt rationi, dominatur anima imperando. unde et in statu innocentiae animalibus aliis per imperium dominabatur. viribus autem naturalibus, et ipsi corpori, homo dominatur non quidem imperando, sed utendo. et sic etiam homo in statu innocentiae dominabatur plantis et rebus inanimatis, non per imperium vel immutationem, sed absque impedimento utendo eorum auxilio.

ra ' Et per hoc patet responsio ad obiecta.

007 ST1 qu96 ar3

ag1 ' Ad tertium sic proceditur. videtur quod homines in statu innocentiae omnes fuissent aequales. * dicit enim gregorius quod, ° ubi non delinquimus, omnes pares sumus. ' sed in statu innocentiae non erat delictum. ergo omnes erant pares.

ag2 ' Praeterea, similitudo et aequalitas est ratio mutuae dilectionis; * secundum illud eccli. xiii, ° omne animal diligit sibi simile, sic et omnis homo proximum sibi. ' in illo autem statu inter homines abundabat dilectio, quae est vinculum pacis. ergo omnes fuissent pares in statu innocentiae.

ag3 ' Praeterea, cessante causa, cessat effectus. sed causa inaequalitatis inter homines videtur nunc esse, ex parte quidem dei, quod quosdam pro meritis praemiat, quosdam vero punit, ex parte vero naturae, quia propter naturae defectum quidam nascuntur debiles et orbati, quidam autem fortes et perfecti. quae in primo statu non fuissent.

sc * Sed contra est quod dicitur rom. xiii, ° quae a deo sunt, ordinata sunt. ' ordo autem maxime videtur in disparitate consistere, * dicit enim augustinus, xix de civ. dei, ° ordo est parium dispariumque rerum sua cuique loca tribuens dispositio. ' ergo in primo statu, qui decentissimus fuisset, disparitas inveniretur.

co ' Respondeo dicendum quod necesse est dicere aliquam disparitatem in primo statu fuisse, ad minus quantum ad sexum, quia sine diversitate sexus, generatio non fuisset. similiter etiam quantum ad aetatem, sic enim quidam ex aliis nascebantur; nec illi qui miscebantur, steriles erant. sed et secundum animam diversitas fuisset, et quantum ad iustitiam et quantum ad scientiam. non enim ex necessitate homo operabatur, sed per liberum arbitrium; ex quo homo habet quod possit magis et minus animum applicare ad aliquid faciendum vel volendum vel cognoscendum. unde quidam magis profecissent in iustitia et scientia quam alii. ex parte etiam corporis, poterat esse disparitas. non enim erat exemptum corpus humanum totaliter a legibus naturae, quin ex exterioribus agentibus aliquod commodum aut auxilium reciperet magis et minus, cum etiam et cibis eorum vita sustentaretur. et sic nihil prohibet dicere quin secundum diversam dispositionem aeris et diversum situm stellarum, aliqui robustiores corpore generarentur quam alii, et maiores et pulchriores et melius complexionati. ita tamen quod in illis qui excederentur, nullus esset defectus sive peccatum, sive circa animam sive circa corpus.

ra1 * Ad primum ergo dicendum quod gregorius per verba illa intendit ' excludere disparitatem quae est secundum differentiam iustitiae et peccati; ex qua contingit quod aliqui poenaliter sunt sub aliis coercendi.

ra2 ' Ad secundum dicendum quod aequalitas est causa quod dilectio mutua sit aequalis. sed tamen inter inaequales potest esse maior dilectio quam inter aequales, licet non aequaliter utrinque respondeat. pater enim plus diligit filium naturaliter, quam frater fratrem; licet filius non tantundem diligat patrem, sicut ab eo diligitur.

ra3 ' Ad tertium dicendum quod causa disparitatis poterat esse et ex parte dei, non quidem ut puniret quosdam et quosdam praemiaret; sed ut quosdam plus, quosdam minus sublimaret, ut pulchritudo ordinis magis in hominibus reluceret. et etiam ex parte naturae poterat disparitas causari * secundum praedictum modum, ' absque aliquo defectu naturae.

007 ST1 qu96 ar4

ag1 ' Ad quartum sic proceditur. videtur quod homo in statu innocentiae homini non dominabatur. * dicit enim augustinus, xix de civ. dei, ° hominem rationalem, ad imaginem suam factum, non voluit deus nisi irrationabilibus dominari; non hominem homini, sed hominem pecori.

ag2 ' Praeterea, illud quod est introductum in poenam peccati, non fuisset in statu innocentiae. sed hominem subesse homini, introductum est in poenam peccati, dictum est enim mulieri post peccatum, sub potestate viri eris, * ut dicitur gen. iii. ' ergo in statu innocentiae non erat homo homini subiectus.

ag3 ' Praeterea, subiectio libertati opponitur. sed libertas est unum de praecipuis bonis, quod in statu innocentiae non defuisset, quando nihil aberat quod bona voluntas cupere posset, * ut augustinus dicit xiv de civ. dei. ' ergo homo homini in statu innocentiae non dominabatur.

sc ' Sed contra, conditio hominum in statu innocentiae non erat dignior quam conditio angelorum. sed inter angelos quidam aliis dominantur, unde et unus ordo dominationum vocatur. ergo non est contra dignitatem status innocentiae, quod homo homini dominaretur.

co ' Respondeo dicendum quod dominium accipitur dupliciter. uno modo, secundum quod opponitur servituti, et sic dominus dicitur cui aliquis subditur ut servus. alio modo accipitur dominium, secundum quod communiter refertur ad subiectum qualitercumque, et sic etiam ille qui habet officium gubernandi et dirigendi liberos, dominus dici potest. primo ergo modo accepto dominio, in statu innocentiae homo homini non dominaretur, sed secundo modo accepto dominio, in statu innocentiae homo homini dominari potuisset. cuius ratio est, quia servus in hoc differt a libero, quod liber est causa sui, * ut dicitur in principio metaphys.; ' servus autem ordinatur ad alium. tunc ergo aliquis dominatur alicui ut servo, quando eum cui dominatur ad propriam utilitatem sui, scilicet dominantis, refert. et quia unicuique est appetibile proprium bonum, et per consequens contristabile est unicuique quod illud bonum quod deberet esse suum, cedat alteri tantum; ideo tale dominium non potest esse sine poena subiectorum. propter quod, in statu innocentiae non fuisset tale dominium hominis ad hominem. tunc vero dominatur aliquis alteri ut libero, quando dirigit ipsum ad proprium bonum eius qui dirigitur, vel ad bonum commune. et tale dominium hominis, ad hominem in statu innocentiae fuisset, propter duo. primo quidem, quia homo naturaliter est animal sociale, unde homines in statu innocentiae |25| socialiter vixissent. socialis autem vita multorum esse non posset, nisi aliquis praesideret, qui ad bonum commune intenderet, multi enim per se intendunt ad multa, unus vero ad unum. * et ideo philosophus dicit, in principio politic., quod " quandocumque multa ordinantur ad unum, semper invenitur unum ut principale et dirigens. ' secundo quia, si unus homo habuisset super alium supereminentiam scientiae et iustitiae, inconveniens fuisset nisi hoc exequeretur in utilitatem aliorum; * secundum quod dicitur i petr. iv, ° unusquisque gratiam quam accepit, in alterutrum illam administrantes. * unde augustinus dicit, xix de civ. dei, quod ° iusti non dominandi cupiditate imperant, sed officio consulendi, hoc naturalis ordo praescribit, ita deus hominem condidit.

ra ' Et per hoc patet responsio ad omnia obiecta, quae procedunt de primo modo dominii.

007 ST1 qu97 ar

pr ' Deinde considerandum est de his quae pertinent ad statum primi hominis secundum corpus. et primo, quantum ad conservationem individui; secundo, quantum ad conservationem speciei. circa primum quaeruntur quatuor. primo, utrum homo in statu innocentiae esset immortalis. secundo, utrum esset impassibilis. tertio, utrum indigeret cibis. quarto, utrum per lignum vitae immortalitatem consequeretur.

007 ST1 qu97 ar1

ag1 ' Ad primum sic proceditur. videtur quod homo in statu innocentiae non erat immortalis. mortale enim ponitur in definitione hominis. sed remota definitione, aufertur definitum. ergo si homo erat, non poterat esse immortalis.

ag2 " Praeterea, corruptibile et incorruptibile genere differunt, * ut dicitur in x metaphys.. ' sed eorum quae differunt genere, non est transmutatio in invicem. si ergo primus homo fuit incorruptibilis, non posset homo in statu isto esse corruptibilis.

ag3 ' Praeterea, si homo in statu innocentiae fuit immortalis, aut hoc habuit per naturam, aut per gratiam. sed non per naturam, quia, cum natura eadem maneat secundum speciem, nunc quoque esset immortalis. similiter nec per gratiam, quia primus homo gratiam per poenitentiam recuperavit, * secundum illud sap. x, ° eduxit illum a delicto suo; ' ergo immortalitatem recuperasset; quod patet esse falsum. non ergo homo erat immortalis in statu innocentiae.

ag4 ' Praeterea, immortalitas promittitur homini in praemium; * secundum illud apoc. xxi, ° mors ultra non erit. ' sed homo non fuit conditus in statu praemii, sed ut praemium mereretur. ergo homo in statu innocentiae non fuit immortalis.

sc * Sed contra est quod dicitur ad rom. v, quod ° per peccatum intravit mors in mundum. ' ergo ante peccatum homo erat immortalis.

co ' Respondeo dicendum quod aliquid potest dici incorruptibile tripliciter. uno modo, ex parte materiae, eo scilicet quod vel non habet materiam, sicut angelus; vel habet materiam quae non est in potentia nisi ad unam formam, sicut corpus caeleste. et hoc dicitur secundum naturam incorruptibile. alio modo dicitur aliquid incorruptibile ex parte formae, quia scilicet rei corruptibili per naturam, inhaeret aliqua dispositio per quam totaliter a corruptione prohibetur. et hoc dicitur incorruptibile secundum gloriam, * quia, ut dicit augustinus in epistola ad dioscorum, ° tam potenti natura deus fecit animam, ut ex eius beatitudine redundet in corpus plenitudo sanitatis, " idest incorruptionis vigor. ' tertio modo dicitur aliquid incorruptibile ex parte causae efficientis. et hoc modo homo in statu innocentiae fuisset incorruptibilis et immortalis. * quia, ut augustinus dicit in libro de quaest. vet. et nov. test., ° deus hominem fecit, qui quandiu non peccaret, immortalitate vigeret, ut ipse sibi auctor esset aut ad vitam aut ad mortem. ' non enim corpus eius erat indissolubile per aliquem immortalitatis vigorem in eo existentem; sed inerat animae vis quaedam supernaturaliter divinitus data, per quam poterat corpus ab omni corruptione praeservare, quandiu ipsa deo subiecta mansisset. quod rationabiliter factum est. quia enim anima rationalis excedit proportionem corporalis materiae, * ut supra dictum est. ‘ conveniens fuit ut in principio ei virtus daretur, per quam corpus conservare posset supra naturam corporalis materiae.

ra1 ‘ Ad primum ergo et secundum dicendum quod rationes illae procedunt de incorruptibili et immortali per naturam.

ra3 ‘ Ad tertium dicendum quod vis illa praeservandi corpus a corruptione, non erat animae humanae naturalis, sed per donum gratiae. et quamvis gratiam recuperaverit ad remissionem culpae et meritum gloriae, non tamen ad amissae immortalitatis effectum. hoc enim reservabatur christo, per quem naturae defectus in melius reparandus erat, * ut infra dicetur.

ra4 ‘ Ad quartum dicendum quod differt immortalitas gloriae, quae promittitur in praemium, ab immortalitate quae fuit homini collata in statu innocentiae.

007 ST1 qu97 ar2

ag1 ‘ Ad secundum sic proceditur. videtur quod homo in statu innocentiae fuisset passibilis. sentire enim est pati quoddam. sed homo in statu innocentiae fuisset sensibilis. ergo fuisset passibilis.

ag2 ‘ Praeterea, somnus passio quaedam est. sed homo in statu innocentiae dormivisset; * secundum illud gen. ii, ° immisit deus soporem in adam. ‘ ergo fuisset passibilis.

ag3 * Praeterea, ibidem subditur quod “ tulit unam de costis eius. ‘ ergo fuisset passibilis etiam per abscissionem partis.

ag4 ‘ Praeterea, corpus hominis molle fuit. sed molle naturaliter passivum est a duro. ergo si corpori primi hominis obvium fuisset aliquod corpus durum, ab eo passum fuisset. et sic primus homo fuit passibilis.

sc ‘ Sed contra est quia, si fuit passibilis, fuit etiam corruptibilis, “ quia passio, magis facta, abiicit a substantia.

co ‘ Respondeo dicendum quod passio dupliciter dicitur. uno modo, proprie, et sic pati dicitur quod a sua naturali dispositione removetur. passio enim est effectus actionis, in rebus autem naturalibus contraria agunt et patiuntur ad invicem, quorum unum removet alterum a sua naturali dispositione. alio modo, dicitur passio communiter, secundum quamcumque mutationem, etiam si pertineat ad perfectionem naturae; sicut intelligere vel sentire dicitur pati quoddam. hoc igitur secundo modo, homo in statu innocentiae passibilis erat, et patiebatur, et secundum animam et secundum corpus. primo autem modo dicta passione, erat impassibilis et secundum animam et secundum corpus, sicut et immortalis, poterat enim passionem prohibere, sicut et mortem, si absque peccato perstitisset.

ra1 ‘ Et per hoc patet responsio ad duo prima. nam sentire et dormire non removent hominem a naturali dispositione, sed ad bonum naturae ordinantur.

ra3 * Ad tertium dicendum quod, sicut supra dictum est, ‘ costa illa fuit in adam, inquantum erat principium humani generis; sicut semen est in homine, inquantum est principium per generationem. sicut igitur decisio seminis non est cum passione quae removeat hominem a naturali dispositione, ita etiam est dicendum de separatione illius costae.

ra4 ‘ Ad quartum dicendum quod corpus hominis in statu innocentiae poterat praeservari ne pateretur laesionem ab aliquo duro, partim quidem per propriam rationem, per quam poterat nociva vitare; partim etiam per divinam providentiam, quae sic ipsum tuebatur, ut nihil ei occurreret ex improviso, a quo laederetur.

007 ST1 qu97 ar3

ag1 ‘ Ad tertium sic proceditur. videtur quod homo in statu innocentiae non indigebat cibis. cibus enim necessarius est homini ad restaurationem deperditi. sed in corpore adae, ut videtur, nulla fiebat deperditio, quia incorruptibile erat. ergo non erat ei cibus necessarius.

ag2 ‘ Praeterea, cibus est necessarius ad nutriendum. sed nutritio non est sine passione. cum ergo corpus hominis esset impassibile, non erat ei cibus necessarius, ut videtur.

ag3 ‘ Praeterea, cibus dicitur esse nobis necessarius ad vitae conservationem. sed adam aliter vitam poterat conservare, quia si non peccaret, non moreretur. ergo cibus non erat ei necessarius.

ag4 ‘ Praeterea, ad sumptionem cibi sequitur emissio superfluitatum, quae habent quandam turpitudinem non convenientem dignitati primi status. ergo videtur quod homo in primo statu cibis non uteretur.

sc * Sed contra est quod dicitur gen. ii, ° de omni ligno quod est in paradiso, comedetis.

co ‘ Respondeo dicendum quod homo in statu innocentiae habuit vitam animalem cibis indigentem; post resurrectionem vero habebit vitam spiritualem cibis non indigentem. ad cuius evidentiam, considerandum est quod anima rationalis et anima est et spiritus. dicitur autem esse anima secundum illud quod est sibi commune et aliis animabus, quod est vitam corpori dare, * unde dicitur gen. ii, ° factus est homo in animam viventem, “ idest vitam corpori dantem. ‘ sed spiritus dicitur secundum illud quod est proprium sibi et non aliis animabus, quod scilicet habeat virtutem intellectivam immaterialem. in primo igitur statu anima rationalis communicabat corpori id quod competit ei inquantum est anima, et ideo corpus illud dicebatur animale, inquantum scilicet habebat vitam ab anima. primum autem principium vitae in istis inferioribus, * ut dicitur in libro de anima, ‘ est anima vegetabilis, cuius opera sunt alimento uti et generare et augeri. et ideo haec opera homini in primo statu competebant. in ultimo vero statu post resurrectionem, anima communicabit quodammodo corpori ea quae sunt sibi propria inquantum est spiritus, immortalitatem quidem, quantum ad omnes; impassibilitatem vero et gloriam et virtutem, quantum ad bonos, quorum corpora spiritualia dicentur. unde post resurrectionem homines cibis non indigebunt, sed in statu innocentiae eis indigebant.

ra1 ‘ Ad primum ergo dicendum quod, * sicut dicit augustinus in libro de quaest. vet. et nov. test., ° quomodo immortale corpus habebat, quod cibo sustentabatur? immortale enim non eget esca neque potu. * dictum est enim supra quod ‘ immortalitas primi status erat secundum vim quandam supernaturalem in anima residentem; non autem secundum aliquam dispositionem corpori inhaerentem. unde per actionem caloris aliquid de humido illius corporis poterat deperdi; et ne totaliter consumeretur, necesse erat per assumptionem cibi homini subveniri.

ra2 ‘ Ad secundum dicendum quod in nutritione est quaedam passio et alteratio, scilicet ex parte alimenti, quod convertitur in substantiam eius quod alitur. unde ex hoc non potest concludi quod corpus hominis fuerit passibile, sed quod cibus assumptus erat passibilis. quamvis etiam talis passio esset ad perfectionem naturae.

ra3 ‘ Ad tertium dicendum quod, si homo sibi non subveniret de cibo, peccaret; sicut peccavit sumendo vetitum cibum. simul enim sibi praeceptum fuit ut a ligno scientiae boni et mali abstineret, et ut de omni alio ligno paradisi vesceretur.

ra4 * Ad quartum dicendum quod quidam dicunt quod “ homo in statu innocentiae non assumpsisset de cibo nisi quantum fuisset ei necessarium, ‘ unde non fuisset ibi superfluitatum emissio. sed hoc irrationabile videtur, quod in cibo assumpto non esset aliqua faeculentia, quae non esset apta ut converteretur in hominis nutrimentum. unde oportebat superfluitates emitti. tamen fuisset divinitus provisum ut nulla ex hoc indecentia esset.

007 ST1 qu97 ar4

ag1 ‘ Ad quartum sic proceditur. videtur quod lignum vitae non poterat esse causa immortalitatis. nihil enim potest agere ultra suam speciem, effectus enim non excedit causam. sed lignum vitae erat corruptibile, alioquin non potuisset in nutrimentum assumi, quia alimentum convertitur in substantiam nutriti, * ut dictum est. ‘ ergo lignum vitae incorruptibilitatem seu immortalitatem conferre non poterat.

ag2 ‘ Praeterea, effectus qui causantur a virtutibus plantarum et aliarum naturalium rerum, sunt naturales. si ergo lignum vitae immortalitatem causasset, fuisset illa immortalitas naturalis.

ag3 * Praeterea, hoc videtur redire in fabulas antiquorum, qui dixerunt quod ‘ dii qui comedebant de quodam cibo, facti sunt immortales, * quos irridet philosophus in iii metaphys..

sc1 * Sed contra est quod dicitur gen. iii, ° ne forte mittat manum suam et sumat de ligno vitae, et comedat et vivat in aeternum.

sc2 * Praeterea, augustinus in libro de quaest. vet. et nov. test., dicit, ° gustus arboris vitae corruptionem corporis inhibebat, denique etiam post peccatum potuit insolubilis manere, si permissum esset illi edere de arbore vitae.

co ‘ Respondeo dicendum quod lignum vitae quodammodo immortalitatem causabat, non autem simpliciter. ad cuius evidentiam, considerandum est quod duo remedia ad conservationem vitae habebat homo in primo statu, contra duos defectus. primus enim defectus est deperditio humidi per actionem caloris naturalis, qui est animae instrumentum. et contra hunc defectum subveniebatur homini per esum aliorum lignorum paradisi, sicut et nunc subvenitur nobis, per cibos quos sumimus. secundus autem defectus est quia, * ut philosophus dicit i de generat., ‘ illud quod generatur ex aliquo extraneo, adiunctum ei quod prius erat humido praeexistenti, imminuit virtutem activam speciei, sicut aqua adiuncta vino, primo quidem convertitur in saporem vini, sed secundum quod magis et magis additur, diminuit vini fortitudinem, et tandem vinum fit aquosum. sic igitur videmus quod in principio virtus activa speciei est adeo fortis, quod potest convertere de alimento non solum quod sufficit ad restaurationem deperditi, sed etiam quod sufficit ad augmentum. postmodum vero quod aggeneratur non sufficit ad augmentum, sed solum ad restaurationem deperditi. tandem vero, in statu senectutis, nec ad hoc sufficit, unde sequitur decrementum, et finaliter naturalis dissolutio corporis. et contra hunc defectum subveniebatur homini per lignum vitae, habebat enim virtutem fortificandi virtutem speciei contra debilitatem provenientem ex admixtione extranei. * unde augustinus dicit, in xiv de civ. dei, quod ° cibus aderat homini ne esuriret, potus ne sitiret, et lignum vitae ne senectus eum dissolveret. * et in libro de quaest. vet. et nov. test., dicit quod ° vitae arbor medicinae modo corruptionem hominum prohibebat. ‘ non tamen simpliciter immortalitatem causabat. quia neque virtus quae inerat animae ad conservandum corpus, causabatur ex ligno vitae, neque etiam poterat immortalitatis dispositionem corpori praestare, ut nunquam dissolvi posset. quod ex hoc patet, quia virtus cuiuscumque corporis est finita. unde non poterat virtus ligni vitae ad hoc se extendere ut daret corpori virtutem durandi tempore infinito, sed usque ad determinatum tempus. manifestum est enim quod, quanto aliqua virtus est maior, tanto imprimit durabiliorem effectum. unde cum virtus ligni vitae esset finita, semel sumptum praeservabat a corruptione usque ad determinatum tempus; quo finito, vel homo translatus fuisset ad spiritualem vitam, vel indiguisset iterum sumere de ligno vitae.

ra1 ‘ Et per hoc patet responsio ab obiecta. nam primae rationes concludunt quod non causabat incorruptibilitatem simpliciter. aliae vero concludunt quod causabat incorruptibilitatem impediendo corruptionem, secundum modum praedictum.

007 ST1 qu98 ar

pr ‘ Deinde considerandum est de his quae pertinent ad conservationem speciei. et primo, de ipsa generatione; secundo, de conditione prolis genitae. circa primum quaeruntur duo. primo, utrum in statu innocentiae fuisset generatio. secundo, utrum fuisset generatio per coitum.

007 ST1 qu98 ar1

ag1 ‘ Ad primum sic proceditur. videtur quod in statu innocentiae non fuisset generatio. generationi enim corruptio est contraria, * ut dicitur in v physic.. ‘ contraria autem sunt circa idem. in statu autem innocentiae non fuisset corruptio. ergo neque generatio.

ag2 ‘ Praeterea, generatio ordinatur ad hoc quod conservetur in specie quod secundum individuum conservari non potest, unde et in illis individuis quae in perpetuum durant, generatio non invenitur. sed in statu innocentiae homo in perpetuum absque morte vixisset. ergo in statu innocentiae generatio, non fuisset.

ag3 ‘ Praeterea, per generationem homines multiplicantur. sed multiplicatis dominis, necesse est fieri possessionum divisionem, ad evitandam confusionem dominii. ergo, cum homo sit institutus dominus animalium, facta multiplicatione humani generis per generationem, secuta fuisset divisio dominii. quod videtur esse contrarium iuri naturali, secundum quod omnia sunt communia, * ut isidorus dicit. ‘ non ergo fuisset generatio in statu innocentiae.

sc * Sed contra est quod dicitur gen. i, ° crescite et multiplicamini, et replete terram. ‘ huiusmodi autem multiplicatio absque nova generatione fieri non potuisset, cum duo tantum fuerint primitus instituti. ergo in primo statu generatio fuisset.

co ‘ Respondeo dicendum quod in statu innocentiae fuisset generatio ad multiplicationem humani generis, alioquin peccatum hominis fuisset valde necessarium, ex quo tantum bonum consecutum est. est ergo considerandum quod homo, secundum suam naturam, est constitutus quasi medium quoddam inter creaturas corruptibiles et incorruptibiles, nam anima eius est naturaliter incorruptibilis, corpus vero naturaliter corruptibile. est autem considerandum quod alio modo intentio naturae fertur ad corruptibiles, et incorruptibiles creaturas. id enim per se videtur esse de intentione naturae, quod est semper et perpetuum. quod autem est solum secundum aliquod tempus, non videtur esse principaliter de intentione naturae, sed quasi ad aliud ordinatum, alioquin, eo corrupto, naturae intentio cassaretur. quia igitur in rebus corruptibilibus nihil est perpetuum et semper manens nisi species, bonum speciei est de principali intentione naturae, ad cuius conservationem naturalis generatio ordinatur. substantiae vero incorruptibiles manent semper non solum secundum speciem, sed etiam secundum individua, et ideo etiam ipsa individua sunt de principali intentione naturae. sic igitur homini ex parte corporis, quod corruptibile est secundum naturam suam, competit generatio. ex parte vero animae, quae incorruptibilis est, competit ei quod multitudo individuorum sit per se intenta a natura, vel potius a naturae auctore, qui solus est humanarum animarum creator. et ideo, ad multiplicationem humani generis, generationem in humano genere statuit, etiam in statu innocentiae.

ra1 ‘ Ad primum ergo dicendum quod corpus hominis in statu innocentiae, quantum erat de se, corruptibile erat, sed potuit praeservari a corruptione per animam. et ideo non fuit homini subtrahenda generatio, quae debetur corruptibilibus rebus.

ra2 ‘ Ad secundum dicendum quod generatio in statu innocentiae, etsi non fuisset propter conservationem

speciei, fuisset tamen propter multiplicationem individuorum.
ra3 ' Ad tertium dicendum quod in statu isto, multiplicatis dominis, necesse est fieri divisionem possessionum, quia communitas possessionis est occasio discordiae, * ut philosophus dicit in ii politic.. ' sed in statu innocentiae fuissent voluntates hominum sic ordinatae, quod absque omni periculo discordiae communiter usi fuissent, secundum quod unicuique eorum competeret, rebus quae eorum dominio subdebantur, cum hoc etiam modo apud multos bonos viros observetur.

007 ST1 qu98 ar2

ag1 ' Ad secundum sic proceditur. videtur quod in statu innocentiae non fuisset generatio per coitum. quia, * ut damascenus dicit, ' primus homo erat in paradiso terrestri sicut angelus quidam. sed in futuro resurrectionis statu, quando erunt homines angelis similes, neque nubent neque nubentur, * ut dicitur matth. xxii. ' ergo neque in paradiso fuisset generatio per coitum.
ag2 ' Praeterea, primi homines in perfecta aetate conditi fuerunt. si igitur in eis ante peccatum generatio fuisset per coitum, fuissent etiam in paradiso carnaliter coniuncti. quod patet esse falsum, secundum scripturam.
ag3 ' Praeterea, in coniunctione carnali maxime efficitur homo similis bestiis, propter vehementiam delectationis, unde etiam continentia laudatur, per quam homines ab huiusmodi delectationibus abstinent. sed bestiis homo comparatur propter peccatum, * secundum illud psalmi xlviii, ° homo cum in honore esset, non intellexit, comparatus est iumentis insipientibus, et similis factus est illis. ' ergo ante peccatum non fuisset maris et feminae carnalis coniunctio.
ag4 ' Praeterea, in statu innocentiae nulla fuisset corruptio. sed per coitum corrumpitur integritas virginalis. ergo coitus in statu innocentiae non fuisset.
sc1 ' Sed contra est quod deus ante peccatum masculum et feminam fecit, * ut dicitur gen. i et ii. ' nihil autem est frustra in operibus dei. ergo etiam si homo non peccasset, fuisset coitus, ad quem distinctio sexuum ordinatur.
sc2 * Praeterea, gen. ii, dicitur " mulier esse facta in adiutorium viri. ' sed non ad aliud nisi ad generationem quae fit per coitum, quia ad quodlibet aliud opus, convenientius adiuvari posset vir per virum quam per feminam. ergo etiam in statu innocentiae fuisset generatio per coitum.
co * Respondeo dicendum quod quidam antiquorum doctorum, " considerantes concupiscentiae foeditatem quae invenitur in coitu in isto statu, posuerunt quod in statu innocentiae non fuisset generatio per coitum. * unde gregorius nyssenus dicit in libro quem fecit de homine, quod " in paradiso aliter fuisset multiplicatum genus humanum, sicut multiplicati sunt angeli, absque concubitu, per operationem divinae virtutis. et dicit quod deus ante peccatum fecit masculum et feminam, respiciens ad modum generationis qui futurus erat post peccatum, cuius deus praescius erat. ' sed hoc non dicitur rationabiliter. ea enim quae sunt naturalia homini, neque subtrahuntur neque dantur homini per peccatum. manifestum est autem quod homini, secundum animalem vitam, quam etiam ante peccatum habebat, * ut supra dictum est, ' naturale est generare per coitum, sicut et ceteris animalibus perfectis. et hoc declarant naturalia membra ad hunc usum deputata. et ideo non est dicendum quod usus horum membrorum naturalium non fuisset ante peccatum, sicut et ceterorum membrorum. sunt igitur in coitu duo consideranda, secundum praesentem statum. unum quod |25| naturae est, scilicet coniunctio maris et feminae ad generandum. in omni enim generatione requiritur virtus activa et passiva. unde, cum in omnibus in quibus est distinctio sexuum, virtus activa sit in mare, virtus vero passiva in femina; naturae ordo exigit ut ad generandum conveniant per coitum mas et femina. aliud autem quod considerari potest, est quaedam deformitas immoderatae concupiscentiae. quae in statu innocentiae non fuisset quando inferiores vires omnino rationi subdebantur. * unde augustinus dicit, in xiv de civ. dei, ° absit ut suspicemur non potuisse prolem seri sine libidinis morbo. sed eo voluntatis nutu moverentur illa membra quo cetera, et sine ardore et illecebroso stimulo, cum tranquillitate animi et corporis.
ra1 ' Ad primum ergo dicendum quod homo in paradiso fuisset sicut angelus per spiritualem mentem, cum tamen haberet, vitam animalem quantum ad corpus. sed post resurrectionem erit homo similis angelo, spiritualis effectus et secundum animam et secundum corpus. unde non est similis ratio.
ra2 ' Ad secundum dicendum quod, * sicut augustinus dicit ix super gen. ad litt., ' ideo primi parentes in paradiso non coierunt, quia, formata muliere, post modicum propter peccatum de paradiso eiecti sunt, vel quia expectabatur divina auctoritas ad determinatum tempus commixtionis, a qua acceperunt universale mandatum.
ra3 ' Ad tertium dicendum quod bestiae carent ratione. unde secundum hoc homo in coitu bestialis efficitur, quod delectationem coitus et fervorem concupiscentiae ratione moderari non potest. sed in statu innocentiae nihil huiusmodi fuisset quod ratione non moderaretur, non quia esset minor delectatio secundum sensum, * ut quidam dicunt ' (fuisset enim tanto maior delectatio sensibilis, quanto esset purior natura, et corpus magis sensibile); sed quia vis concupiscibilis non ita inordinate se effudisset super huiusmodi delectatione, regulata per rationem, ad quam non pertinet ut sit minor delectatio in sensu, sed ut vis concupiscibilis non immoderate delectationi inhaereat; et dico immoderate, praeter mensuram rationis. sicut sobrius in cibo moderate assumpto non minorem habet delectationem quam gulosus; sed minus eius concupiscibilis super huiusmodi delectatione requiescit. * et hoc sonant verba augustini, ' quae a statu innocentiae non excludunt magnitudinem delectationis, sed ardorem libidinis et inquietudinem animi. et ideo continentia in statu innocentiae non fuisset laudabilis, quae in tempore isto laudatur non propter defectum fecunditatis, sed propter remotionem inordinatae libidinis. tunc autem fuisset fecunditas absque libidine.
ra4 ' Ad quartum dicendum quod, * sicut augustinus dicit xiv de civ. dei, ° in illo statu nulla corruptione integritatis infunderetur gremio maritus uxoris. ita enim potuit utero coniugis, salva integritate feminei genitalis, virile semen immitti, sicut nunc potest, eadem integritate salva, ex utero virginis fluxus menstrui cruoris emitti. ut enim ad pariendum non doloris gemitus, sed maturitatis impulsus feminea viscera relaxaret; sic ad concipiendum non libidinis appetitus, sed voluntarius usus naturam utramque coniungeret.

007 ST1 qu99 ar

pr ' Deinde considerandum est de conditione prolis generandae. et primo, quantum ad corpus; secundo, quantum ad iustitiam; tertio, quantum ad scientiam. circa primum quaeruntur duo. primo, utrum in statu innocentiae pueri mox geniti habuissent perfectam virtutem corpoream. secundo, utrum omnes fuissent nati in sexu masculino.

007 ST1 qu99 ar1

ag1 ' Ad primum sic proceditur. videtur quod pueri in statu innocentiae, mox nati, virtutem perfectam habuissent ad motum membrorum. * dicit enim augustinus, in libro de bapt. parvul., quod ° infirmitati mentis congruit haec infirmitas corporis, " quae scilicet in pueris apparet. ' sed in statu innocentiae nulla fuisset infirmitas mentis. ergo neque talis infirmitas corporis fuisset in parvulis.
ag2 ' Praeterea, quaedam animalia statim cum nascuntur, habent virtutem sufficientem ad usum membrorum. sed homo est nobilior aliis animalibus. ergo multo magis est naturale homini quod statim natus virtutem habeat ad usum membrorum. et ita videtur esse poena ex peccato consequens.
ag3 ' Praeterea, non posse consequi delectabile propositum, afflictionem inducit. sed si pueri non habuissent virtutem ad movendum membra, frequenter accidisset quod non possent consequi aliquod delectabile eis propositum. ergo fuisset in eis afflictio; quae non poterat esse ante peccatum. non ergo in statu innocentiae defuisset pueris virtus ad movendum membra.
ag4 ' Praeterea, defectus senectutis videtur correspondere defectui pueritiae. sed in statu innocentiae non fuisset defectus senectutis. ergo neque etiam defectus pueritiae.
sc ' Sed contra est quod omne generatum prius est imperfectum quam perficiatur. sed pueri in statu innocentiae fuissent per generationem producti. ergo a principio imperfecti fuissent et quantitate et virtute corporis.
co ' Respondeo dicendum quod ea quae sunt supra naturam, sola fide tenemus; quod autem credimus, auctoritati debemus. unde in omnibus asserendis sequi debemus naturam rerum, praeter ea quae auctoritate divina traduntur, quae sunt supra naturam. manifestum est autem naturale hoc esse, utpote et principiis humanae naturae competens, quod pueri mox nati non habeant sufficientem virtutem ad movendum membra. quia homo naturaliter habet cerebrum maius in quantitate, secundum proportionem sui corporis, quam cetera animalia. unde naturale est quod, propter maximam humiditatem cerebri in pueris, nervi, qui sunt instrumenta motus, non sunt idonei ad movendum membra. ex alia vero parte nulli catholico dubium est quin divina virtute fieri possit, ut pueri mox nati perfectam virtutem habeant ad motum membrorum. * constat autem per auctoritatem scripturae, quod " deus fecit hominem rectum, et haec rectitudo consistit, * ut augustinus dicit, " in perfecta subiectione corporis ad animam. ' sicut ergo in primo statu non poterat esse in membris hominis aliquid quod repugnaret ordinatae hominis voluntati, ita membra hominis deficere non poterant humanae voluntati. voluntas autem hominis ordinata est quae tendit in actus sibi |25| convenientes. non sunt autem iidem actus convenientes homini secundum quamlibet aetatem. dicendum est ergo quod pueri mox nati non habuissent sufficientem virtutem ad movendum membra ad quoslibet actus; sed ad actus pueritiae convenientes, puta ad sugendum ubera, et ad alia huiusmodi.
ra1 * Ad primum ergo dicendum quod augustinus loquitur ' de ista infirmitate quae nunc in pueris apparet etiam quantum ad actus eorum pueritiae convenientes; * ut patet per ea quae praemittit, quod ° iuxta se iacentibus mammis, magis possunt esurientes flere quam sugere.
ra2 ' Ad secundum dicendum quod hoc quod quaedam animalia statim nata habent usum membrorum, non est ex eorum nobilitate, cum quaedam animalia perfectiora hoc non habeant, sed hoc eis contingit ex siccitate cerebri, et quia actus proprii talium animalium sunt imperfecti, ad quos etiam parva virtus sufficere potest.
ra3 ' Ad tertium patet solutio per ea quae dicta sunt in corpore. vel potest dici quod nihil appetivissent, nisi ordinata voluntate convenisset res secundum statum suum.
ra4 ' Ad quartum dicendum quod homo in statu innocentiae generatus fuisset, sed non fuisset corruptus. et ideo in statu illo potuissent esse aliqui defectus pueriles, qui consequuntur generationem; non autem defectus seniles, qui ordinantur ad corruptionem.

007 ST1 qu99 ar2

ag1 ' Ad secundum sic proceditur. videtur quod in primo statu feminae natae non fuissent. * dicit enim philosophus, in libro ii de generat. animal., quod " femina est mas occasionatus, quasi praeter intentionem naturae proveniens. ' sed in statu illo nihil evenisset innaturale in hominis generatione. ergo feminae natae non fuissent.
ag2 ' Praeterea, omne agens generat sibi simile, nisi impediatur vel propter defectum virtutis, vel propter indispositionem materiae, sicut parvus ignis non potest comburere ligna viridia. in generatione autem vis activa est in mare. cum igitur in statu innocentiae nullus fuisset defectus virtutis ex parte maris, nec indispositio materiae ex parte feminae, videtur quod semper masculi nati fuissent.
ag3 ' Praeterea, in statu innocentiae generatio ad multiplicationem hominum ordinabatur. sed sufficienter homines multiplicari potuissent per primum hominem et per primam feminam, ex quo in perpetuum victuri erant. ergo non fuit necessarium quod in statu innocentiae feminae nascerentur.
sc ' Sed contra est quod sic natura processisset in generando, sicut eam deus instituit. sed deus instituit marem et feminam in natura humana, * ut dicitur gen. i et ii. ' ergo etiam in statu illo fuissent mares et feminae generati.
co ' Respondeo dicendum quod nihil eorum quae ad complementum humanae naturae pertinent, in statu innocentiae defuisset. sicut autem ad perfectionem universi pertinent diversi gradus rerum, ita etiam diversitas sexus est ad perfectionem humanae naturae. et ideo in statu innocentiae uterque sexus per generationem productus fuisset.
ra1 " Ad primum ergo dicendum quod femina dicitur mas occasionatus, quia est praeter intentionem naturae particularis, non autem praeter intentionem naturae universalis, * ut supra dictum est.
ra2 ' Ad secundum dicendum quod generatio feminae non solum contingit ex defectu virtutis activae vel indispositione materiae, ut obiectio tangit. sed quandoque quidem ex aliquo accidenti extrinseco; * sicut philosophus dicit, in libro de animalibus, quod ° ventus septentrionalis coadiuvat ad generationem masculorum, australis vero ad generationem feminarum. ' quandoque etiam ex conceptione animae, ad quam de facili immutatur corpus. et praecipue in statu innocentiae hoc esse poterat, quando corpus magis erat animae subiectum; ut scilicet secundum voluntatem generantis, distingueretur sexus in prole.
ra3 ' Ad tertium dicendum quod proles fuisset genita vivens vita animali, ad quam sicut pertinet alimento uti, sic etiam generare. unde conveniebat quod omnes generarent, et non solum primi parentes. ad quod consequens videtur quod tot fuissent generatae feminae, quot et mares.

007 ST1 qu100 ar

pr ' Deinde considerandum est de conditione prolis generandae quantum ad iustitiam. et circa hoc quaeruntur duo. primo, utrum homines fuissent nati cum iustitia. secundo, utrum nascerentur in iustitia confirmati.

007 ST1 qu100 ar1

ag1 ' Ad primum sic proceditur. videtur quod homines non fuissent cum iustitia nati. * dicit enim hugo de sancto victore quod ° primus homo ante peccatum generaret quidem filios sine peccato, sed non paternae iustitiae haeredes.
ag2 ' Praeterea, iustitia est per gratiam, * ut apostolus dicit ad rom. v. ' sed gratia non transfunditur, quia sic esset naturalis; sed a solo deo infunditur. ergo pueri cum iustitia nati non fuissent.
ag3 ' Praeterea, iustitia in anima est. sed anima non est ex traduce. ergo nec iustitia traducta fuisset a parentibus in filios.
sc * Sed contra est quod anselmus dicit, in libro de conceptu virg., ° quod simul cum rationalem habe-

rent animam, iusti essent quos generaret homo, si non peccaret.
co ' Respondeo dicendum quod naturaliter homo generat sibi simile secundum speciem. unde quaecumque accidentia consequuntur naturam speciei, in his necesse est quod filii parentibus similentur, nisi sit error in operatione naturae, qui in statu innocentiae non fuisset. in accidentibus autem individualibus non est necesse quod filii parentibus similentur. iustitia autem originalis, in qua primus homo conditus fuit, fuit accidens naturae speciei, non quasi ex principiis speciei causatum, sed sicut quoddam donum divinitus datum toti naturae. et hoc apparet, quia opposita sunt unius generis, peccatum autem originale, quod opponitur illi iustitiae, dicitur esse peccatum naturae; unde traducitur a parente in posteros. et propter hoc etiam filii parentibus assimilati fuissent quantum ad originalem iustitiam.
ra1 ' Ad primum ergo dicendum quod * verbum hugonis est intelligendum ' non quantum ad habitum iustitiae, sed quantum ad executionem actus.
ra2 * Ad secundum dicendum quod quidam dicunt quod " pueri non fuissent nati cum iustitia gratuita, quae est merendi principium, sed cum iustitia originali. ' sed cum radix originalis iustitiae, in cuius rectitudine factus est homo, consistat in subiectione supernaturali rationis ad deum, quae est per gratiam gratum facientem, * ut supra dictum est; ' necesse est dicere quod, si pueri nati fuissent in originali iustitia, quod etiam nati fuissent cum gratia; * sicut et de primo homine supra diximus quod ' fuit cum gratia conditus. non tamen fuisset propter hoc gratia naturalis, quia non fuisset transfusa per virtutem seminis, sed fuisset collata homini statim cum habuisset animam rationalem. sicut etiam statim cum corpus est dispositum infunditur a deo anima rationalis, quae tamen non est ex traduce.
ra3 ' Unde patet solutio ad tertium.

007 ST1 qu100 ar2

ag1 ' Ad secundum sic proceditur. videtur quod pueri in statu innocentiae nati fuissent in iustitia confirmati. * dicit enim gregorius, iv moralium, super illud, ° somno meo requiescerem etc., si parentem primum nulla putredo peccati corrumperet, nequaquam ex se filios gehennae generaret; sed hi qui nunc per redemptorem salvandi sunt, soli ab illo electi nascerentur. ' ergo nascerentur omnes in iustitia confirmati.
ag2 * Praeterea, anselmus dicit, in libro cur deus homo, quod ° si primi parentes sic vixissent ut tentati non peccassent, ita confirmarentur cum omni propagine sua, ut ultra peccare non possent. ' ergo pueri nascerentur in iustitia confirmati.
ag3 ' Praeterea, bonum est potentius quam malum. sed propter peccatum primi hominis consecuta est necessitas peccandi in his qui nascuntur ex eo. ergo si primus homo in iustitia perstitisset, derivaretur ad posteros necessitas observandi iustitiam.
ag4 ' Praeterea, angelus adhaerens deo aliis peccantibus, statim est in iustitia confirmatus, ut ulterius peccare non posset. ergo similiter et homo, si tentationi restitisset, confirmatus fuisset. sed qualis ipse fuit, tales alios generasset. ergo et eius filii confirmati in iustitia nascerentur.
sc * Sed contra est quod augustinus dicit, xiv de civ. dei, ° tam felix universa esset humana societas si nec illi, " scilicet primi parentes, ° malum quod in posteros traiicerent, nec quisquam ex stirpe eorum iniquitatem committeret, quae damnationem reciperet. ' ex quo datur intelligi quod, etiam si primi homines non peccassent, aliqui ex eorum stirpe potuissent iniquitatem committere. non ergo nascerentur in iustitia confirmati.
co ' Respondeo dicendum quod non videtur possibile quod pueri in statu innocentiae nascerentur in iustitia confirmati. manifestum est enim quod pueri in sua nativitate non habuissent plus perfectionis quam eorum parentes in statu generationis. parentes autem, quandiu generassent, non fuissent confirmati in iustitia. ex hoc enim creatura rationalis in iustitia confirmatur, quod efficitur beata per apertam dei visionem, cui viso non potest non inhaerere, cum ipse sit ipsa essentia bonitatis, a qua nullus potest averti, cum nihil desideretur et ametur nisi sub ratione boni. et hoc dico secundum legem communem, quia ex aliquo privilegio speciali secus accidere potest, sicut creditur de virgine matre dei. quam cito autem adam ad illam beatitudinem pervenisset quod deum per essentiam videret, efficeretur spiritualis et mente et corpore, et animalis vita cessaret, in qua sola generationis usus fuisset. unde manifestum est quod parvuli non nascerentur in iustitia confirmati.
ra1 ' Ad primum ergo dicendum quod, si adam non peccasset, non generaret ex se filios gehennae, ita scilicet quod ab ipso peccatum contraherent, quod est causa gehennae. possent tamen fieri filii gehennae per liberum arbitrium peccando. vel, si filii gehennae non fierent per peccatum, hoc non esset propter hoc, quia essent in iustitia confirmati; sed propter divinam providentiam, per quam a peccato conservarentur immunes.
ra2 * Ad secundum dicendum quod anselmus " hoc non dicit asserendo, sed opinando. quod patet ex ipso modo loquendi, cum dicit, videtur quod, si vixissent etc..
ra3 ' Ad tertium dicendum quod ratio ista non est efficax, quamvis per eam anselmus motus fuisse videatur, * ut ex eius verbis apparet. ' non enim sic per peccatum primi parentis eius posteri necessitatem peccandi incurrunt, ut ad iustitiam redire non possint, quod est tantum in damnatis. unde nec ita necessitatem non peccandi transmisisset ad posteros, quod omnino peccare non possent, quod est tantum in beatis.
ra4 ' Ad quartum dicendum quod non est simile de homine et angelo. nam homo habet liberum arbitrium vertibile et ante electionem et post, non autem angelus, * sicut supra dictum est, cum de angelis ageretur.

007 ST1 qu101 ar

pr ' Deinde considerandum est de conditione prolis generandae quantum ad scientiam. et circa hoc quaeruntur duo. primo, utrum pueri nascerentur in scientia perfecti. secundo, utrum statim post nativitatem habuissent perfectum usum rationis.

007 ST1 qu101 ar1

ag1 ' Ad primum sic proceditur. videtur quod in statu innocentiae pueri nati fuissent in scientia perfecti. qualis enim fuit adam, tales filios generasset. sed adam fuit in scientia perfectus, * ut supra dictum est. ' ergo filii nascerentur ab eo in scientia perfecti.
ag2 " Praeterea, ignorantia ex peccato causatur, * ut beda dicit. ' sed ignorantia est privatio scientiae. ergo ante peccatum pueri mox nati omnem scientiam habuissent.
ag3 ' Praeterea, pueri mox nati iustitiam habuissent. sed ad iustitiam requiritur scientia, quae dirigit in agendis. ergo etiam scientiam habuissent.
sc ' Sed contra est quod anima nostra per naturam est sicut tabula rasa in qua nihil est scriptum, * ut dicitur in iii de anima. ' sed eadem animae natura est modo, quae tunc fuisset. ergo animae puerorum in principio scientia caruissent.
co ' Respondeo dicendum quod, * sicut supra dictum est, ' de his quae sunt supra naturam, soli auctoritati creditur, unde ubi auctoritas deficit, sequi debemus naturae conditionem. est autem naturale homini ut scientiam per sensus acquirat, * sicut supra dictum est, ' et ideo anima unitur corpori, quia indiget eo ad suam propriam operationem; quod non esset, si statim a principio scientiam haberet non acquisitam per sensitivas virtutes. et ideo dicendum est quod pueri in statu innocentiae non nascerentur perfecti in scientia; sed eam in processu temporis absque difficultate acquisivissent, inveniendo vel addiscendo.
ra1 ' Ad primum ergo dicendum quod esse perfectum in scientia fuit individuale accidens primi parentis, inquantum scilicet ipse instituebatur ut pater et instructor totius humani generis. et ideo quantum ad hoc, non generabat filios similes sibi; sed solum quantum ad accidentia naturalia vel gratuita totius naturae.
ra2 ' Ad secundum dicendum quod ignorantia est privatio scientiae quae debet haberi pro tempore illo. quod in pueris mox natis non fuisset, habuissent enim scientiam quae eis competebat secundum tempus illud. unde ignorantia in eis non fuisset, sed nescientia respectu aliquorum. * quam etiam dionysius ponit in angelis sanctis, in vii cael. hier..
ra3 ' Ad tertium dicendum quod pueri habuissent sufficientem scientiam ad dirigendum eos in operibus iustitiae in quibus homines diriguntur per universalia principia iuris; quam multo plenius tunc habuissent quam nunc naturaliter habemus, et similiter aliorum universalium principiorum.

007 ST1 qu101 ar2

ag1 ' Ad secundum sic proceditur. videtur quod pueri in statu innocentiae mox nati habuissent perfectum usum rationis. nunc enim pueri perfectum usum rationis non habent propter hoc, quod anima per corpus aggravatur. hoc autem tunc non erat, * quia, ut dicitur sap. ix, ° corpus quod corrumpitur, aggravat animam. ' ergo ante peccatum et corruptionem a peccato subsecutam, pueri mox nati perfectum usum rationis habuissent.
ag2 ' Praeterea, quaedam alia animalia mox nata habent naturalis industriae usum, sicut agnus statim fugit lupum. multo ergo magis homines in statu innocentiae mox nati habuissent usum perfectum rationis.
sc ' Sed contra est quod natura procedit ab imperfecto ad perfectum in omnibus generatis. ergo pueri non statim a principio habuissent perfectum usum rationis.
co * Respondeo dicendum quod, sicut ex supra dictis patet, ' usus rationis dependet quodammodo ex usu virium sensitivarum, unde ligato sensu, et impeditis interioribus viribus sensitivis, homo perfectum usum rationis non habet, ut patet in dormientibus et phreneticis. vires autem sensitivae sunt virtutes quaedam corporalium organorum, et ideo, impeditis earum organis, necesse est quod earum actus impediantur, et per consequens rationis usus. in pueris autem est impedimentum harum virium, propter nimiam humiditatem cerebri. et ideo in eis non est perfectus usus rationis, sicut nec aliorum membrorum. et ideo pueri in statu innocentiae non habuissent perfectum usum rationis, sicut habituri erant in perfecta aetate. habuissent tamen perfectiorem quam nunc, quantum ad ea quae ad eos pertinebant quantum ad statum illum; * sicut et de usu membrorum superius est dictum.
ra1 ' Ad primum ergo dicendum quod aggravatio additur ex corruptione corporis in hoc, quod usus rationis impeditur quantum ad ea etiam quae pertinent ad hominem secundum quamcumque aetatem.
ra2 ' Ad secundum dicendum quod etiam alia animalia non habent ita perfectum usum industriae naturalis statim a principio, sicut postea. quod ex hoc patet, quod aves docent volare pullos suos, et similia in aliis generibus animalium inveniuntur. et tamen in homine est speciale impedimentum propter abundantiam humiditatis cerebri, * ut supra dictum est.

007 ST1 qu102 ar

pr ' Deinde considerandum est de loco hominis, qui est paradisus. et circa hoc quaeruntur quatuor. primo, utrum paradisus sit locus corporeus. secundo, utrum sit conveniens locus habitationis humanae. tertio, ad quid homo in paradiso positus fuit. quarto, utrum in paradiso debuit fieri.

007 ST1 qu102 ar1

ag1 ' Ad primum sic proceditur. videtur quod paradisus non sit locus corporeus. * dicit enim beda quod ° paradisus pertingit usque ad lunarem circulum. ' sed nullus locus terrenus talis esse potest, tum quia contra naturam terrae esset quod tantum elevaretur; tum etiam quia sub globo lunari est regio ignis, qui terram consumeret. non est ergo paradisus locus corporeus.
ag2 ' Praeterea, scriptura commemorat quatuor flumina in paradiso oriri, * ut patet gen. ii. ' illa autem flumina quae ibi nominantur, alibi habent manifestas origines; * ut patet etiam per philosophum in libro meteor.. ' ergo paradisus non est locus corporeus.
ag3 ' Praeterea, aliqui diligentissime inquisierunt omnia loca terrae habitabilis, qui tamen nullam mentionem faciunt de loco paradisi. ergo non videtur esse locus corporeus.
ag4 ' Praeterea, in paradiso describitur lignum vitae esse. sed lignum vitae est aliquid spirituale, * dicitur enim prov. iii, de sapientia, " quod est lignum vitae his qui apprehendunt eam. ' ergo et paradisus non est locus corporeus, sed spiritualis.
ag5 ' Praeterea, si paradisus est locus corporalis, oportet quod et ligna paradisi sint corporalia. sed hoc non videtur, cum corporalia ligna sint producta tertio die; de plantatione autem lignorum paradisi * legitur gen. ii, ' post opera sex dierum. ergo paradisus non est locus corporeus.
sc * Sed contra est quod augustinus dicit, viii super gen. ad litt., ° tres sunt de paradiso generales sententiae, una eorum qui tantummodo corporaliter paradisum intelligi volunt; alia eorum qui spiritualiter tantum; tertia eorum qui utroque modo paradisum accipiunt, quam mihi fateor placere sententiam.
co * Respondeo dicendum quod, sicut augustinus dicit xiii de civ. dei, ° quae commode dici possunt de intelligendo spiritualiter paradiso, nemine prohibente dicantur; dum tamen et illius historiae fidelissima veritas rerum gestarum narratione commendata credatur. ' ea enim quae de paradiso in scriptura dicuntur, per modum narrationis historicae proponuntur, in omnibus autem quae sic scriptura tradit, est pro fundamento tenenda veritas historiae, et desuper spirituales expositiones fabricandae. est ergo paradisus, * ut isidorus dicit in libro etymol., ° locus in orientis partibus constitutus, cuius vocabulum a graeco in latinum vertitur hortus. ' convenienter autem in parte orientali dicitur situs. quia credendum est quod in nobilissimo loco totius terrae sit constitutus. cum autem oriens sit dextera caeli, * ut patet per philosophum in ii de caelo; ' dextera autem est nobilior quam sinistra; conveniens fuit ut in orientali parte paradisus terrenus institueretur a deo.
ra1 * Ad primum ergo dicendum quod bedae ' verbum non est verum, si secundum sensum manifestum intelligatur. potest tamen exponi quod usque ad locum lunaris globi ascendit, non secundum situs eminentiam, sed secundum similitudinem, quia est ibi perpetua aeris temperies, * ut isidorus dicit, ' et in hoc assimilatur corporibus caelestibus, quae sunt absque contrarietate. * magis tamen fit mentio de lunari globo quam de aliis sphaeris, ' quia lunaris globus est terminus caelestium corporum versus nos; et luna etiam est magis terrae affinis inter omnia corpora caelestia; unde et quasdam tenebras nebulosas habet, quasi accedens ad opacitatem. * quidam autem dicunt quod " paradisus pertingebat usque ad lunarem globum, idest usque ad medium aeris interstitium, in quo generantur pluviae et venti et huiusmodi, quia dominium super huiusmodi evaporationes maxime attribuitur lunae. ' sed secundum hoc, locus ille non esset conveniens habitationi humanae, tum quia ibi est maxima intemperies; tum quia non est contemperatus complexioni humanae, sicut aer inferior magis terrae vicinus.
ra2 ' Ad secundum dicendum quod, * sicut augustinus dicit viii super gen. ad litt., ° credendum est, quo-

niam locus paradisi a cognitione hominum est remotissimus, flumina, quorum fontes noti esse dicuntur, alicubi isse sub terras, et post tractus prolixarum regionum, locis aliis erupisse. nam hoc solere nonnullas aquas facere, quis ignorat?

ra3 ' Ad tertium dicendum quod locus ille seclusus est a nostra habitatione aliquibus impedimentis vel montium, vel marium, vel alicuius aestuosae regionis, quae pertransiri non potest. * et ideo scriptores locorum de hoc loco mentionem non fecerunt.

ra4 ' Ad quartum dicendum quod lignum vitae est quaedam materialis arbor, sic dicta quia eius fructus habebat virtutem conservandi vitam, * ut supra dictum est. ' et tamen aliquid significabat spiritualiter, sicut et petra in deserto fuit aliquod materiale, et tamen significavit christum. similiter etiam lignum scientiae boni et mali materialis arbor fuit, sic nominata propter eventum futurum, quia post eius esum homo, per experimentum poenae, didicit quid interesset inter obedientiae bonum et inobedientiae malum. et tamen spiritualiter potuit significare liberum arbitrium, * ut quidam dicunt.

ra5 * Ad quintum dicendum quod, secundum augustinum, " tertio die productae sunt plantae non in actu, sed secundum quasdam rationes seminales; sed post opera sex dierum productae sunt plantae tam paradisi quam aliae in actu. * secundum alios vero sanctos, oportet dicere quod " omnes plantae productae sunt in actu tertio die, et etiam ligna paradisi, sed quod dicitur de plantatione lignorum paradisi post opera sex dierum, intelligitur per recapitulationem esse dictum. * unde littera nostra habet, ° plantaverat dominus deus paradisum voluptatis a principio.

007 ST1 qu102 ar2

ag1 ' Ad secundum sic proceditur. videtur quod paradisus non fuerit locus conveniens habitationi humanae. homo enim et angelus similiter ad beatitudinem ordinantur. sed angelus statim a principio factus est habitator loci beatorum, scilicet caeli empyrei. ergo etiam ibi debuit institui habitatio hominis.

ag2 ' Praeterea, si locus aliquis debetur homini, aut debetur ei ratione animae, aut ratione corporis. si ratione animae, debetur ei pro loco caelum, qui videtur esse locus naturalis animae, cum omnibus insitus sit appetitus caeli. ratione autem corporis, non debetur ei alius locus quam aliis animalibus. ergo paradisus nullo modo fuit locus conveniens habitationi humanae.

ag3 ' Praeterea, frustra est locus in quo nullum locatum continetur. sed post peccatum paradisus non est locus habitationis humanae. ergo, si est locus habitationi humanae congruus, in vanum videtur a deo institutus fuisse.

ag4 ' Praeterea, homini, cum sit temperatae complexionis congruus est locus temperatus. sed locus paradisi non est locus temperatus, dicitur enim esse sub aequinoctiali circulo, qui locus videtur esse calidissimus, cum bis in anno sol pertranseat super summitatem capitum eorum qui ibi habitant. ergo paradisus non est locus congruus habitationi humanae.

sc ' Sed contra est quod * damascenus dicit de paradiso, quod ° est divina regio, et digna eius qui secundum imaginem dei erat, conversatio.

co * Respondeo dicendum quod, sicut supra dictum est, ' homo sic erat incorruptibilis et immortalis, non quia corpus eius dispositionem incorruptibilitatis haberet, sed quia inerat animae vis quaedam ad praeservandum corpus a corruptione. corrumpi autem potest corpus humanum et ab interiori et ab exteriori. ab interiori quidem corrumpitur per consumptionem humidi, et per senectutem, * ut supra dictum est, ' cui corruptioni occurrere poterat primus homo per esum ciborum. inter ea vero quae exterius corrumpunt, praecipuum videtur esse distemperatus aer, unde huic corruptioni maxime occurritur per temperiem aeris. in paradiso autem utrumque invenitur, * quia, ut damascenus dicit, ° est locus temperato et tenuissimo et purissimo aere circumfulgens, plantis semper floridis comatus. ' unde manifestum est quod paradisus est locus conveniens habitationi humanae, secundum primae immortalitatis statum.

ra1 ' Ad primum ergo dicendum quod caelum empyreum est supremum corporalium locorum, et est extra omnem mutabilitatem. et quantum ad primum horum, est locus congruus naturae angelicae, * quia, sicut augustinus dicit in iii de trin., ° deus regit creaturam corporalem per spiritualem; ' unde conveniens est quod spiritualis natura sit supra omnem corporalem constituta, sicut ei praesidens. quantum autem ad secundum, convenit statui beatitudinis, qui est firmatus in summa stabilitate. sic igitur locus beatitudinis congruit angelo secundum naturam suam, unde ibi creatus est. non autem congruit homini secundum suam naturam, cum non praesideat toti corporali creaturae per modum gubernationis, sed competit ei solum ratione beatitudinis. unde non est positus a principio in caelo empyreo; sed illuc transferendus erat in statu finalis beatitudinis.

ra2 ' Ad secundum dicendum quod ridiculum est dicere quod animae, aut alicui spirituali substantiae, sit aliquis locus naturalis, sed per congruentiam quandam aliquis specialis locus creaturae incorporali attribuitur. paradisus ergo terrestris erat locus congruens homini et quantum ad animam et quantum ad corpus, inquantum scilicet in anima erat vis praeservandi corpus humanum a corruptione. quod non competebat aliis animalibus. * et ideo, ut damascenus dicit, ° in paradiso nullum irrationalium habitabat, ' licet ex quadam dispensatione animalia fuerint illuc divinitus adducta ad adam, et serpens illuc accesserit per operationem diaboli.

ra3 ' Ad tertium dicendum quod non propter hoc locus est frustra, quia non est ibi hominum habitatio post peccatum, sicut etiam non frustra fuit homini attributa immortalitas quaedam, quam conservaturus non erat. per huiusmodi enim ostenditur benignitas dei ad hominem, et quid homo peccando amiserit. quamvis, * ut dicitur, ' nunc enoch et elias in illo paradiso habitent.

ra4 * Ad quartum dicendum quod illi qui dicunt " paradisum esse sub circulo aequinoctiali, opinantur sub circulo illo esse locum temperatissimum, propter aequalitatem dierum et noctium omni tempore; et quia sol nunquam multum ab eis elongatur, ut sit apud eos superabundantia frigoris; nec iterum est apud eos, ut dicunt, superabundantia caloris, quia etsi sol pertranseat super eorum capita, non tamen diu moratur ibi in hac dispositione. * aristoteles tamen, in libro meteor., expresse " dicit quod regio illa est inhabitabilis propter aestum. ' quod videtur probabilius, quia terrae per quas nunquam sol pertransit in directum capitis, sunt intemperatae in calore propter solam vicinitatem solis. quidquid autem de hoc sit, credendum est paradisum in loco temperatissimo constitutum esse, vel sub aequinoctiali vel alibi.

007 ST1 qu102 ar3

ag1 ' Ad tertium sic proceditur. videtur quod homo non sit positus in paradiso ut operaretur et custodiret illum. quod enim introductum est in poenam peccati, non fuisset in paradiso in statu innocentiae. sed agricultura introducta est in poenam peccati, * ut dicitur gen. iii. ' ergo homo non fuit positus in paradiso ut operaretur ipsum.

ag2 ' Praeterea, custodia non est necessaria, ubi non timetur violentus invasor. sed in paradiso nullus timebatur violentus invasor. ergo non erat necessarium ut paradisum custodiret.

ag3 ' Praeterea, si homo positus est in paradiso ut operaretur et custodiret ipsum, videtur sequi quod homo factus sit propter paradisum, et non e converso, quod videtur esse falsum. ergo homo non est positus in paradiso ut operaretur et custodiret illum.

sc * Sed contra est quod dicitur gen. ii, ° tulit dominus deus hominem, et posuit illum in paradiso voluptatis, ut operaretur et custodiret illum.

co ' Respondeo dicendum quod, * sicut augustinus dicit viii super gen. ad litt., " verbum istud genesis dupliciter potest intelligi. uno modo sic, quod deus posuit hominem in paradiso, ut ipse deus operaretur et custodiret hominem, ' operaretur, inquam, iustificando ipsum, cuius operatio si ab homine cesset, continuo obtenebratur, sicut aer obtenebratur si cesset influentia luminis; ut custodiret vero ab omni corruptione et malo. " alio modo potest intelligi, ut homo operaretur et custodiret paradisum. ' nec tamen illa operatio esset laboriosa, sicut post peccatum, sed fuisset iucunda, propter experientiam virtutis naturae. custodia etiam illa non esset contra invasores, sed esset ad hoc quod homo sibi paradisum custodiret, ne ipsum peccando amitteret. et hoc totum in bonum hominis cedebat, et sic paradisus ordinatur ad bonum hominis, et non e converso.

ra ' Et per hoc patet responsio ad obiecta.

007 ST1 qu102 ar4

ag1 ' Ad quartum sic proceditur. videtur quod homo factus fuerit in paradiso. angelus enim in loco suae habitationis creatus fuit, scilicet in caelo empyreo. sed paradisus fuit locus congruus habitationi humanae ante peccatum. ergo videtur quod in paradiso homo debuit fieri.

ag2 ' Praeterea, alia animalia conservantur in loco suae generationis; sicut pisces in aquis, et animalia gressibilia in terra, unde producta sunt. homo autem conservatus fuisset in paradiso, * ut dictum est. ' ergo in paradiso fieri debuit.

ag3 ' Praeterea, mulier in paradiso facta fuit. sed vir dignior est muliere. ergo multo magis vir debuit fieri in paradiso.

sc * Sed contra est quod dicitur gen. ii, ° tulit deus hominem, et posuit eum in paradiso.

co ' Respondeo dicendum quod paradisus fuit locus congruus habitationi humanae, quantum ad incorruptionem primi status. incorruptio autem illa non erat hominis secundum naturam, sed ex supernaturali dei dono. ut ergo hoc gratiae dei imputaretur, non humanae naturae, deus hominem extra paradisum fecit, et postea ipsum in paradiso posuit, ut habitaret ibi toto tempore animalis vitae, postmodum, cum spiritualem vitam adeptus esset, transferendus in caelum.

ra1 ' Ad primum ergo dicendum quod caelum empyreum est locus congruus angelis etiam quantum ad eorum naturam, et ideo ibi sunt creati.

ra2 ' Et similiter dicendum ad secundum. loca enim illa congruunt animalibus secundum suam naturam.

ra3 ' Ad tertium dicendum quod mulier facta fuit in paradiso non propter dignitatem suam, sed propter dignitatem principii ex quo corpus eius formabatur. quia similiter et filii in paradiso fuissent nati, in quo parentes iam erant positi.

007 ST1 qu103 ar

pr ' Postquam praemissum est de creatione rerum et distinctione earum, restat nunc tertio considerandum de rerum gubernatione. et primo, in communi; secundo, in speciali de effectibus gubernationis. circa primum quaeruntur octo. primo, utrum mundus ab aliquo gubernetur. secundo, quis sit finis gubernationis ipsius. tertio, utrum gubernetur ab uno. quarto, de effectibus gubernationis. quinto, utrum omnia divinae gubernationi subsint. sexto, utrum omnia immediate gubernentur a deo. septimo, utrum divina gubernatio cassetur in aliquo. octavo, utrum aliquid divinae providentiae contranitatur.

007 ST1 qu103 ar1

ag1 ' Ad primum sic proceditur. videtur quod mundus non gubernetur ab aliquo. illorum enim est gubernari, quae moventur vel operantur propter finem. sed res naturales, quae sunt magna pars mundi, non moventur aut operantur propter finem, quia non cognoscunt finem. ergo mundus non gubernatur.

ag2 ' Praeterea, eorum est proprie gubernari, quae ad aliquid moventur sed mundus non videtur ad aliquid moveri, sed in se stabilitatem habet. ergo non gubernatur.

ag3 ' Praeterea, id quod in se habet necessitatem qua determinatur ad unum, non indiget exteriori gubernante. sed principaliores mundi partes quadam necessitate determinantur ad unum in suis actibus et motibus. ergo mundus gubernatione non indiget.

sc * Sed contra est quod dicitur sap. xiv, ° tu autem, pater, gubernas omnia providentia. * et boetius dicit, in libro de consol., ° o qui perpetua mundum ratione gubernas.

co * Respondeo dicendum quod quidam antiqui philosophi " gubernationem mundo subtraxerunt, dicentes omnia fortuito agi. ' sed haec positio ostenditur esse impossibilis ex duobus. primo quidem, ex eo quod apparet in ipsis rebus. videmus enim in rebus naturalibus provenire quod melius est, aut semper aut in pluribus, quod non contingeret, nisi per aliquam providentiam res naturales dirigerentur ad finem boni, quod est gubernare. unde ipse ordo certus rerum manifeste demonstrat gubernationem mundi, sicut si quis intraret domum bene ordinatam, ex ipsa domus ordinatione ordinatoris rationem perpenderet; * ut, ab aristotele dictum, tullius introducit in libro de natura deorum. ' secundo autem apparet idem ex consideratione divinae bonitatis, per quam res in esse productae sunt, * ut ex supra dictis patet. ' cum enim optimi sit optima producere, non convenit summae dei bonitati quod res productas ad perfectum non perducat. ultima autem perfectio uniuscuiusque est in consecutione finis. unde ad divinam bonitatem pertinet ut, sicut produxit res in esse, ita etiam eas ad finem perducat. quod est gubernare.

ra1 ' Ad primum ergo dicendum quod aliquid movetur vel operatur propter finem dupliciter. uno modo, sicut agens seipsum in finem, ut homo et aliae creaturae rationales, et talium est cognoscere rationem finis, et eorum quae sunt ad finem. aliquid autem dicitur moveri vel operari propter finem, quasi ab alio actum vel directum in finem, sicut sagitta movetur ad signum directa a sagittante, qui cognoscit finem, non autem sagitta. unde sicut motus sagittae ad determinatum finem demonstrat aperte quod sagitta dirigitur ab aliquo cognoscente; ita certus cursus naturalium rerum cognitione carentium, manifeste declarat mundum ratione aliqua gubernari.

ra2 ' Ad secundum dicendum quod in omnibus rebus creatis est aliquid stabile, ad minus prima materia; et aliquid ad motum pertinens, ut sub motu etiam operationem comprehendamus. et quantum ad utrumque, res indiget gubernatione, quia hoc ipsum quod in rebus est stabile, in nihilum decideret (quia ex nihilo est), nisi manu gubernatoris servaretur, * ut infra patebit.

ra3 ' Ad tertium dicendum quod necessitas naturalis inhaerens rebus quae determinantur ad unum, est impressio quaedam dei dirigentis ad finem, sicut necessitas qua sagitta agitur ut ad certum signum tendat, est impressio sagittantis, et non sagittae. sed in hoc differt, quia id quod creaturae a deo recipiunt, est earum natura; quod autem ab homine rebus naturalibus imprimitur praeter earum naturam, ad violentiam pertinet. unde sicut necessitas violentiae in motu sagittae demonstrat sagittantis directionem; ita necessitas naturalis creaturarum demonstrat divinae providentiae gubernationem.

007 ST1 qu103 ar2

ag1 ' Ad secundum sic proceditur. videtur quod finis gubernationis mundi non sit aliquid extra mundum existens. illud enim est finis gubernationis rei, ad quod res gubernata perducitur. sed illud ad quod res aliqua perducitur, est aliquod bonum in ipsa re, sicut infirmus perducitur ad sanitatem, quae est aliquod bonum in ipso. ergo finis gubernationis rerum non est aliquod bonum extrinsecum, sed aliquod bonum in ipsis rebus existens.

ag2 * Praeterea, philosophus dicit, i ethic., quod ° finium quidam sunt operationes, quidam opera, “ idest operata. ‘ sed nihil extrinsecum a toto universo potest esse operatum, operatio autem est in ipsis operantibus. ergo nihil extrinsecum potest esse finis gubernationis rerum.
ag3 ‘ Praeterea, bonum multitudinis videtur esse ordo et pax, quae est tranquillitas ordinis. * ut augustinus dicit xix de civ. dei. ‘ sed mundus in quadam rerum multitudine consistit. ergo finis gubernationis mundi est pacificus ordo, qui est in ipsis rebus. non ergo finis gubernationis rerum est quoddam bonum extrinsecum.
sc * Sed contra est quod dicitur prov. xvi, ° universa propter se operatus est dominus. ‘ ipse autem est extra totum ordinem universi. ergo finis rerum est quoddam bonum extrinsecum.
co ‘ Respondeo dicendum quod, cum finis respondeat principio, non potest fieri ut, principio cognito, quid sit rerum finis ignoretur. cum igitur principium rerum sit aliquid extrinsecum a toto universo, scilicet deus, * ut ex supra dictis patet; ‘ necesse est quod etiam finis rerum sit quoddam bonum extrinsecum. et hoc ratione apparet. manifestum est enim quod bonum habet rationem finis. unde finis particularis alicuius rei est quoddam bonum particulare, finis autem universalis rerum omnium est quoddam bonum universale. bonum autem universale est quod est per se et per suam essentiam bonum, quod est ipsa essentia bonitatis, bonum autem particulare est quod est participative bonum. manifestum est autem quod in tota universitate creaturarum nullum est bonum quod non sit participative bonum. unde illud bonum quod est finis totius universi, oportet quod sit extrinsecum a toto universo.
ra1 ‘ Ad primum ergo dicendum quod bonum aliquod consequimur multipliciter, uno modo, sicut formam in nobis existentem, ut sanitatem aut scientiam; alio modo, ut aliquid per nos operatum, sicut aedificator consequitur finem faciendo domum; alio modo, sicut aliquod bonum habitum vel possessum, ut ille qui emit, consequitur finem possidendo agrum. unde nihil prohibet illud ad quod perducitur universum, esse quoddam bonum extrinsecum.
ra2 * Ad secundum dicendum quod philosophus loquitur “ de finibus artium, quarum quaedam habent pro finibus operationes ipsas, sicut citharistae finis est citharizare; quaedam vero habent pro fine quoddam operatum, sicut aedificatoris finis non est aedificare, sed domus. ‘ contingit autem aliquid extrinsecum esse finem non solum sicut operatum, sed etiam sicut possessum seu habitum, vel etiam sicut repraesentatum, sicut si dicamus quod hercules est finis imaginis, quae fit ad eum repraesentandum. sic igitur potest dici quod bonum extrinsecum a toto universo est finis gubernationis rerum sicut habitum et repraesentatum, quia ad hoc unaquaeque res tendit, ut participet ipsum, et assimiletur ei, quantum potest.
ra3 ‘ Ad tertium dicendum quod finis quidem universi est aliquod bonum in ipso existens, scilicet ordo ipsius universi, hoc autem bonum non est ultimus finis, sed ordinatur ad bonum extrinsecum ut ad ultimum finem; sicut etiam ordo exercitus ordinatur ad ducem, * ut dicitur in xii metaphys..

007 ST1 qu103 ar3

ag1 ‘ Ad tertium sic proceditur. videtur quod mundus non gubernetur ab uno. de causa enim per effectus iudicamus. sed in gubernatione rerum apparet quod res non uniformiter moventur et operantur, quaedam enim contingenter, quaedam vero ex necessitate, et secundum alias diversitates. ergo mundus non gubernatur ab uno.
ag2 ‘ Praeterea, ea quae gubernantur ab uno, a se invicem non dissentiunt nisi propter imperitiam aut impotentiam gubernantis, quae a deo sunt procul. sed res creatae a se invicem dissentiunt, et contra se invicem pugnant; ut in contrariis apparet. non ergo mundus gubernatur ab uno.
ag3 ‘ Praeterea, in natura semper invenitur quod melius est. sed melius est simul esse duos quam unum, * ut dicitur eccle. iv. ‘ ergo mundus non gubernatur ab uno, sed a pluribus.
sc ‘ Sed contra est quod unum deum et unum dominum confitemur; * secundum illud apostoli i ad cor. viii, ° nobis est unus deus, pater, et dominus unus. ‘ quorum utrumque ad gubernationem pertinet, nam ad dominum pertinet gubernatio subditorum; et dei nomen ex providentia sumitur, * ut supra dictum est. ‘ ergo mundus gubernatur ab uno.
co ‘ Respondeo dicendum quod necesse est dicere quod mundus ab uno gubernetur. cum enim finis gubernationis mundi sit quod est essentialiter bonum, quod est optimum, necesse est quod mundi gubernatio sit optima. optima autem gubernatio est quae fit per unum. cuius ratio est, quia gubernatio nihil aliud est quam directio gubernatorum ad finem, qui est aliquod bonum. unitas autem pertinet ad rationem bonitatis; * ut boetius probat, in iii de consol., per hoc quod. “ sicut omnia desiderant bonum, ita desiderant unitatem, sine qua esse non possunt. ‘ nam unumquodque intantum est, inquantum unum est, unde videmus quod res repugnant suae divisioni quantum possunt, et quod dissolutio uniuscuiusque rei provenit ex defectu illius rei. et ideo id ad quod tendit intentio multitudinem gubernantis, est unitas sive pax. unitatis autem causa per se est unum. manifestum est enim quod plures multa unire et concordare non possunt, nisi ipsi aliquo modo uniantur. illud autem quod est per se unum, potest convenientius et melius esse causa unitatis, quam multi uniti. unde multitudo melius gubernatur per unum quam per plures. relinquitur ergo quod gubernatio mundi, quae est optima, sit ab uno gubernante. * et hoc est quod philosophus dicit in xii metaphys., ° entia nolunt disponi male, |25| nec bonum pluralitas principatuum, unus ergo princeps.
ra1 ‘ Ad primum ergo dicendum quod motus est actus mobilis a movente. difformitas ergo motuum est ex diversitate mobilium, quam requirit perfectio universi, * ut supra dictum est; ‘ non ex diversitate gubernantium.
ra2 ‘ Ad secundum dicendum quod contraria, etsi dissentiant quantum ad fines proximos, conveniunt tamen quantum ad finem ultimum, prout concluduntur sub uno ordine universi.
ra3 ‘ Ad tertium dicendum quod in particularibus bonis duo sunt meliora quam unum, sed ei quod est essentialiter bonum, non potest fieri aliqua additio bonitatis.

007 ST1 qu103 ar4

ag1 ‘ Ad quartum sic proceditur. videtur quod effectus gubernationis mundi sit unus tantum, et non plures. effectus enim gubernationis esse videtur id quod per gubernationem in rebus gubernatis causatur. hoc autem est unum, scilicet bonum ordinis; ut in exercitu patet. ergo gubernationis mundi est unus effectus.
ag2 ‘ Praeterea, ab uno natum est unum tantum procedere. sed mundus gubernatur ab uno, * ut ostensum est. ‘ ergo et gubernationis effectus est unus tantum.
ag3 ‘ Praeterea, si effectus gubernationis non est unus tantum propter unitatem gubernantis, oportet quod multiplicetur secundum multitudinem gubernatorum. haec autem sunt nobis innumerabilia. ergo gubernationis effectus non possunt comprehendi sub aliquo certo numero.
sc * Sed contra est quod dionysius dicit, quod ° deitas providentia et bonitate perfecta omnia continet, et seipsa implet. ‘ gubernatio autem ad providentiam pertinet. ergo gubernationis divinae sunt aliqui determinati effectus.
co ‘ Respondeo dicendum quod effectus cuiuslibet actionis ex fine eius pensari potest, nam per operationem efficitur ut pertingatur ad finem. finis autem gubernationis mundi est bonum essentiale, ad cuius participationem et assimilationem omnia tendunt. effectus igitur gubernationis potest accipi tripliciter. uno modo, ex parte ipsius finis, et sic est unus effectus gubernationis, scilicet assimilari summo bono. alio modo potest considerari effectus gubernationis secundum ea quibus ad dei assimilationem creatura perducitur. et sic in generali sunt duo effectus gubernationis. creatura enim assimilatur deo quantum ad duo, scilicet quantum ad id quod deus bonus est, inquantum creatura est bona; et quantum ad hoc quod deus est aliis causa bonitatis, inquantum una creatura movet aliam ad bonitatem. unde duo sunt effectus gubernationis, scilicet conservatio rerum in bono, et motio earum ad bonum. tertio modo potest considerari effectus gubernationis in particulari, et sic sunt nobis innumerabiles.
ra1 ‘ Ad primum ergo dicendum quod ordo universi includit in se et conservationem rerum diversarum a deo institutarum, et motionem earum, quia secundum haec duo invenitur ordo in rebus, secundum scilicet quod una est melior alia, et secundum quod una ab alia movetur.
ra2 ‘ Ad alia duo patet responsio per ea quae dicta sunt.

007 ST1 qu103 ar5

ag1 ‘ Ad quintum sic proceditur. videtur quod non omnia divinae gubernationi subdantur. * dicitur enim eccle. ix, ° vidi sub sole nec velocium esse cursum, nec fortium bellum, nec sapientium panem, nec doctorum divitias, nec artificum gratiam, sed tempus casumque in omnibus. ‘ quae autem gubernationi alicuius subsunt, non sunt casualia. ergo ea quae sunt sub sole, non subduntur divinae gubernationi.
ag2 * Praeterea, apostolus, i ad cor. ix, dicit quod ° non est deo cura de bobus. ‘ sed unicuique est cura eorum quae gubernantur ab ipso. non ergo omnia subduntur divinae gubernationi.
ag3 ‘ Praeterea, illud quod seipsum gubernare potest, non videtur alterius gubernatione indigere. sed creatura rationalis seipsam gubernare potest, cum habeat dominium sui actus, et per se agat; et non solum agatur ab alio, quod videtur esse eorum quae gubernantur. ergo non omnia subsunt divinae gubernationi.
sc * Sed contra est quod augustinus dicit, v de civ. dei, quod ° deus non solum caelum et terram, nec solum hominem et angelum, sed nec exigui et contemptibilis animantis viscera, nec avis pennulam, nec herbae flosculum, nec arboris folium, sine suarum partium convenientia dereliquit. ‘ omnia ergo eius gubernationi subduntur.
co ‘ Respondeo dicendum quod secundum eandem rationem competit deo esse gubernatorem rerum, et causam earum, quia eiusdem est rem producere, et ei perfectionem dare, quod ad gubernantem pertinet. deus autem est causa non quidem particularis unius generis rerum, sed universalis totius entis, * ut supra ostensum est. ‘ unde sicut nihil potest esse quod non sit a deo creatum, ita nihil potest esse quod eius gubernationi non subdatur. patet etiam hoc idem ex ratione finis. intantum enim alicuius gubernatio se extendit, inquantum se extendere potest finis gubernationis. finis autem divinae gubernationis est ipsa sua bonitas, * ut supra ostensum est. ‘ unde cum nihil esse possit quod non ordinetur in divinam bonitatem sicut in finem, * ut ex supra dictis patet; ‘ impossibile est quod aliquod entium subtrahatur gubernationi divinae. * stulta igitur fuit opinio dicentium quod “ haec inferiora corruptibilia, vel etiam singularia, aut etiam res humanae non gubernantur a deo. * ex quorum persona dicitur ezech. ix, ° dereliquit dominus terram.
ra1 ‘ Ad primum ergo dicendum quod sub sole dicuntur esse ea quae secundum motum solis generantur et corrumpuntur. in quibus omnibus casus invenitur; non ita quod omnia quae in eis fiunt, sint casualia; sed quia in quolibet eorum aliquid casuale inveniri potest. et hoc ipsum quod aliquid casuale invenitur in huiusmodi rebus, demonstrat ea alicuius gubernationi esse subiecta. nisi enim huiusmodi corruptibilia ab aliquo superiori gubernarentur, nihil intenderent, maxime quae non cognoscunt, et sic non eveniret in eis aliquid praeter intentionem, quod facit rationem casus. unde ad ostendendum quod casualia secundum ordinem alicuius superioris causae proveniunt, non dicit simpliciter quod vidit casum esse in omnibus, sed dicit tempus et casum; quia scilicet secundum aliquem ordinem temporis, casuales defectus inveniuntur in his rebus.
ra2 ‘ Ad secundum dicendum quod gubernatio est quaedam mutatio gubernatorum a gubernante. omnis autem motus est actus mobilis a movente, * ut dicitur in iii physic.. ‘ omnis autem actus proportionatur ei cuius est actus. et sic oportet quod diversa mobilia diversimode moveantur, etiam secundum motionem unius motoris. sic igitur secundum unam artem dei gubernantis, res diversimode gubernantur, secundum earum diversitatem. quaedam enim secundum suam naturam sunt per se agentia, tanquam habentia dominium sui actus, et ista gubernantur a deo non solum per hoc quod moventur ab ipso deo in eis interius operante, sed etiam per hoc quod ab eo inducuntur ad bonum et retrahuntur a malo per praecepta et prohibitiones, praemia et poenas. hoc autem modo non gubernantur a deo creaturae irrationales, quae tantum aguntur, et non agunt. * cum ergo apostolus dicit quod ‘ deo non est cura de bobus, non totaliter subtrahit boves a cura gubernationis divinae; sed solum quantum ad modum qui proprie competit rationali creaturae.
ra3 ‘ Ad tertium dicendum quod creatura rationalis gubernat seipsam per intellectum et voluntatem, quorum utrumque indiget regi et perfici ab intellectu et voluntate dei. et ideo supra gubernationem qua creatura rationalis gubernat seipsam tanquam domina sui actus, indiget gubernari a deo.

007 ST1 qu103 ar6

ag1 ‘ Ad sextum sic proceditur. videtur quod omnia immediate gubernentur a deo. * gregorius enim nyssenus reprehendit opinionem platonis, qui divisit “ providentiam in tria, primam quidem primi dei, qui providet rebus caelestibus, et universalibus omnibus; secundam vero providentiam esse dixit secundorum deorum, qui caelum circumeunt, scilicet respectu eorum quae sunt in generatione et corruptione; tertiam vero providentiam dixit quorundam daemonum, qui sunt custodes circa terram humanarum actionum. ‘ ergo videtur quod omnia immediate a deo gubernentur.
ag2 ‘ Praeterea, melius est aliquid fieri per unum quam per multa, si sit possibile, * ut dicitur in viii physic.. ‘ sed deus potest per seipsum absque mediis causis omnia gubernare. ergo videtur quod omnia immediate gubernet.
ag3 ‘ Praeterea, nihil in deo est deficiens et imperfectum. sed ad defectum gubernatoris pertinere videtur quod mediantibus aliquibus gubernet, sicut rex terrenus, quia non sufficit ad omnia agenda, nec ubique est praesens in suo regno, propter hoc oportet quod habeat suae gubernationis ministros. ergo deus immediate omnia gubernat.
sc * Sed contra est quod augustinus dicit, in iii de trin., ° quemadmodum corpora crassiora et inferiora per subtiliora et potentiora quodam ordine reguntur; ita omnia corpora per spiritum vitae rationalem, et spiritus vitae rationalis desertor atque peccator per spiritum vitae rationalem pium et iustum, et ille per ipsum deum.
co ‘ Respondeo dicendum quod in gubernatione duo sunt consideranda, scilicet ratio gubernationis, quae est ipsa providentia; et executio. quantum igitur ad rationem gubernationis pertinet, deus immediate omnia gubernat, quantum autem pertinet ad execu-

tionem gubernationis, deus gubernat quaedam mediantibus aliis. cuius ratio est quia, cum deus sit ipsa essentia bonitatis, unumquodque attribuendum est deo secundum sui optimum. optimum autem in omni genere vel ratione vel cognitione practica, qualis est ratio gubernationis, in hoc consistit, quod particularia cognoscantur, in quibus est actus, sicut optimus medicus est, non qui considerat sola universalia, sed qui potest etiam considerare minima particularium; et idem patet in ceteris. unde oportet dicere quod deus omnium etiam minimorum particularium rationem gubernationis habeat. sed cum per gubernationem res quae gubernantur sint ad perfectionem perducendae; tanto erit melior gubernatio, quanto maior perfectio a gubernante rebus gubernatis communicatur. maior autem perfectio est quod aliquid in se sit bonum, et etiam sit aliis causa bonitatis, quam si esset solummodo in se bonum. et ideo sic deus gubernat res, ut quasdam aliarum in gubernando causas instituat, sicut si aliquis magister discipulos suos non solum scientes faceret, sed etiam aliorum doctores.
ra1 * Ad primum ergo dicendum quod opinio platonis reprehenditur, quia " etiam quantum ad rationem gubernationis, posuit deum non immediate omnia gubernare. quod patet per hoc, quod divisit in tria providentiam, quae est ratio gubernationis.
ra2 ' Ad secundum dicendum quod, si solus deus gubernaret, subtraheretur perfectio causalis a rebus. unde non totum fieret per unum, quod fit per multa.
ra3 ' Ad tertium dicendum quod non solum pertinet ad imperfectionem regis terreni quod executores habeat suae gubernationis, sed etiam ad regis dignitatem, quia ex ordine ministrorum potestas regia praeclarior redditur.

007 ST1 qu103 ar7

ag1 ' Ad septimum sic proceditur. videtur quod aliquid praeter ordinem divinae gubernationis contingere possit. * dicit enim boetius, in iii de consol., quod ° deus per bonum cuncta disponit. ' si ergo nihil in rebus contingit praeter ordinem divinae gubernationis, sequeretur quod nihil esset malum in rebus.
ag2 ' Praeterea, nihil est casuale quod evenit secundum praeordinationem alicuius gubernantis. si igitur nihil accidit in rebus praeter ordinem gubernationis divinae, sequitur quod nihil in rebus sit fortuitum et casuale.
ag3 ' Praeterea, ordo divinae gubernationis est certus et immutabilis, quia est secundum rationem aeternam. si igitur nihil possit contingere in rebus praeter ordinem divinae gubernationis, sequitur quod omnia ex necessitate eveniant, et nihil sit in rebus contingens, quod est inconveniens. potest igitur in rebus aliquid contingere praeter ordinem gubernationis divinae.
sc * Sed contra est quod dicitur esther xiii, ° domine deus, rex omnipotens, in ditione tua cuncta sunt posita, et non est qui possit resistere tuae voluntati.
co ' Respondeo dicendum quod praeter ordinem alicuius particularis causae, aliquis effectus evenire potest; non autem praeter ordinem causae universalis. cuius ratio est, quia praeter ordinem particularis causae nihil provenit nisi ex aliqua alia causa impediente, quam quidem causam necesse est reducere in primam causam universalem, sicut indigestio contingit praeter ordinem virtutis nutritivae, ex aliquo impedimento, puta ex grossitie cibi, quam necesse est reducere in aliquam aliam causam, et sic usque ad causam primam universalem. cum igitur deus sit prima causa universalis non unius generis tantum, sed universaliter totius entis; impossibile est quod aliquid contingat praeter ordinem divinae gubernationis, sed ex hoc ipso quod aliquid ex una parte videtur exire ab ordine divinae providentiae qui consideratur secundum aliquam particularem causam, necesse est quod in eundem ordinem relabatur secundum aliam causam.
ra1 ' Ad primum ergo dicendum quod nihil invenitur in mundo quod sit totaliter malum, quia malum semper fundatur in bono, * ut supra ostensum est. ' et ideo res aliqua dicitur mala, per hoc quod exit ab ordine alicuius particularis boni. si autem totaliter exiret ab ordine gubernationis divinae, totaliter nihil esset.
ra2 ' Ad secundum dicendum quod aliqua dicuntur esse casualia in rebus, per ordinem ad causas particulares, extra quarum ordinem fiunt. sed quantum ad divinam providentiam pertinet, nihil fit casu in mundo, * ut augustinus dicit in libro octoginta trium quaest..
ra3 ' Ad tertium dicendum quod dicuntur aliqui effectus contingentes, per comparationem ad proximas causas, quae in suis effectibus deficere possunt, non propter hoc quod aliquid fieri possit extra totum ordinem gubernationis divinae. quia hoc ipsum quod aliquid contingit praeter ordinem causae proximae, est ex aliqua causa subiecta gubernationi divinae.

007 ST1 qu103 ar8

ag1 ' Ad octavum sic proceditur. videtur quod aliquid possit reniti contra ordinem gubernationis divinae. * dicitur enim isaiae iii, ° lingua eorum et adinventiones eorum contra dominum.
ag2 ' Praeterea, nullus rex iuste punit eos qui eius ordinationi non repugnant. si igitur nihil contranitetur divinae ordinationi, nullus iuste puniretur a deo.
ag3 ' Praeterea, quaelibet res est subiecta ordini divinae gubernationis. sed una res ab alia impugnatur. ergo aliqua sunt quae contranituntur divinae gubernationi.
sc * Sed contra est quod dicit boetius, in iii de consol., ° non est aliquid quod summo huic bono vel velit vel possit obsistere. est igitur summum bonum quod regit cuncta fortiter, suaviterque disponit; * ut dicitur sap. viii, de divina sapientia.
co ' Respondeo dicendum quod ordo divinae providentiae dupliciter potest considerari, uno modo in generali, secundum scilicet quod progreditur a causa gubernativa totius; alio modo in speciali, secundum scilicet quod progreditur ex aliqua causa particulari, quae est executiva divinae gubernationis. primo igitur modo, nihil contranititur ordini divinae gubernationis. quod ex duobus patet. primo quidem, ex hoc quod ordo divinae gubernationis totaliter in bonum tendit, et unaquaeque res in sua operatione et conatu non tendit nisi ad bonum, nullus enim respiciens ad malum operatur, * ut dionysius dicit. * alio modo apparet idem ex hoc quod, sicut supra dictum est, ' omnis inclinatio alicuius rei vel naturalis vel voluntaria, nihil est aliud quam quaedam impressio a primo movente, sicut inclinatio sagittae ad signum determinatum, nihil aliud est quam quaedam impressio a sagittante. unde omnia quae agunt vel naturaliter vel voluntarie, quasi propria sponte perveniunt in id ad quod divinitus ordinantur. * et ideo dicitur deus omnia disponere suaviter.
ra1 ' Ad primum ergo dicendum quod dicuntur aliqui vel cogitare vel loqui vel agere contra deum, non quia totaliter renitantur ordini divinae gubernationis, quia etiam peccantes intendunt aliquod bonum, sed quia contranituntur cuidam determinato bono, quod est eis conveniens secundum suam naturam aut statum. et ideo puniuntur iuste a deo.
ra2 ' Et per hoc patet solutio ad secundum.
ra3 ' Ad tertium dicendum quod ex hoc quod una res alteri contrapugnat, ostenditur quod aliquid reniti potest ordini qui est ex aliqua causa particulari, non autem ordini qui dependet a causa universali totius.

007 ST1 qu104 ar

pr ' Deinde considerandum est de effectibus divinae gubernationis in speciali. et circa hoc quaeruntur quatuor. primo, utrum creaturae indigeant ut conserventur in esse a deo. secundo, utrum conserventur a deo immediate. tertio, utrum deus possit aliquid redigere in nihilum. quarto, utrum aliquid in nihilum redigatur.

007 ST1 qu104 ar1

ag1 ' Ad primum sic proceditur. videtur quod creaturae non indigeant ut a deo conserventur in esse. quod enim non potest non esse, non indiget ut conservetur in esse, sicut quod non potest abscedere, non indiget ut conservetur ne abscedat. sed quaedam creaturae sunt quae secundum sui naturam non possunt non esse. ergo non omnes creaturae indigent ut a deo conserventur in esse. probatio mediae. quod per se inest alicui, necesse est ei inesse, et oppositum eius impossibile est ei inesse, sicut necessarium est binarium esse parem, et impossibile est eum esse imparem. esse autem per se consequitur ad formam, quia unumquodque secundum hoc est ens actu, quod habet formam. quaedam autem creaturae sunt, quae sunt formae quaedam subsistentes, * sicut de angelis dictum est; ' et sic per se inest eis esse. et eadem ratio est de illis quorum materia non est in potentia nisi ad unam formam, * sicut supra dictum est de corporibus caelestibus. ' huiusmodi ergo creaturae secundum suam naturam ex necessitate sunt, et non possunt non esse, potentia enim ad non esse non potest fundari neque in forma, quam per se sequitur esse; neque in materia existente sub forma quam non potest amittere, |25| cum non sit in potentia ad aliam formam.
ag2 ' Praeterea, deus est potentior quolibet creato agente. sed aliquod creatum agens potest communicare suo effectui ut conservetur in esse, etiam eius operatione cessante, sicut cessante actione aedificatoris, remanet domus; et cessante actione ignis, remanet aqua calefacta per aliquod tempus. ergo multo magis deus potest suae creaturae conferre quod conservetur in esse, sua operatione cessante.
ag3 ' Praeterea, nullum violentum potest contingere absque aliqua causa agente. sed tendere ad non esse est innaturale et violentum cuilibet creaturae, quia quaelibet creatura naturaliter appetit esse. ergo nulla creatura potest tendere in non esse, nisi aliquo agente ad corruptionem. sed quaedam sunt ad quorum corruptionem nihil agere potest; sicut spirituales substantiae, et corpora caelestia. ergo huiusmodi creaturae non possunt tendere in non esse, etiam dei operatione cessante.
ag4 ' Praeterea, si deus conservat res in esse, hoc erit per aliquam actionem. per quamlibet autem actionem agentis, si sit efficax, aliquid fit in effectu. oportet igitur quod per actionem dei conservantis aliquid fiat in creatura. sed hoc non videtur. non enim per huiusmodi actionem fit ipsum esse creaturae, quia quod iam est, non fit. neque iterum aliquid aliud superadditum, quia vel non continue deus conservaret creaturam in esse, vel continue aliquid adderetur creaturae, quod est inconveniens. non igitur creaturae conservantur in esse a deo.
sc * Sed contra est quod dicitur heb. i, ° portans omnia verbo virtutis suae.
co ' Respondeo dicendum quod necesse est dicere, et secundum fidem et secundum rationem, quod creaturae conservantur in esse a deo. ad cuius evidentiam, considerandum est quod aliquid conservatur ab altero dupliciter. uno modo, indirecte et per accidens, sicut ille dicitur rem conservare, qui removet corrumpens; puta si aliquis puerum custodiat ne cadat in ignem, dicitur eum conservare. et sic etiam deus dicitur aliqua conservare, sed non omnia, quia quaedam sunt quae non habent corrumpentia, quae necesse sit removere ad rei conservationem. alio modo dicitur aliquid rem aliquam conservare per se et directe, inquantum scilicet illud quod conservatur, dependet a conservante, ut sine eo esse non possit. et hoc modo omnes creaturae indigent divina conservatione. dependet enim esse cuiuslibet creaturae a deo, ita quod nec ad momentum subsistere possent, sed in nihilum redigerentur, nisi operatione divinae virtutis conservarentur in esse, * sicut gregorius dicit. ' et hoc sic perspici potest. omnis enim effectus dependet a sua causa, secundum quod est causa eius. sed considerandum est quod aliquod agens est causa sui effectus secundum fieri tantum, et non directe secundum esse eius. quod quidem contingit et in artificialibus, et in rebus naturalibus. aedificator enim est causa domus quantum ad eius fieri, non autem directe quantum ad esse eius. |25| manifestum est enim quod esse domus consequitur formam eius, forma autem domus est compositio et ordo, quae quidem forma consequitur naturalem virtutem quarundam rerum. sicut enim coquus coquit cibum adhibendo aliquam virtutem naturalem activam, scilicet ignis; ita aedificator facit domum adhibendo caementum, lapides et ligna, quae sunt susceptiva et conservativa talis compositionis et ordinis. unde esse domus dependet ex naturis harum rerum, sicut fieri domus dependet ex actione aedificatoris. et simili ratione est considerandum in rebus naturalibus. quia si aliquod agens non est causa formae inquantum huiusmodi, non erit per se causa esse quod consequitur ad talem formam, sed erit causa effectus secundum fieri tantum. manifestum est autem quod, si aliqua duo sunt eiusdem speciei, unum non potest esse per se causa formae alterius, inquantum est talis forma, quia sic esset causa formae propriae, cum sit eadem ratio utriusque. sed potest esse causa huiusmodi formae secundum quod est in materia, idest quod haec materia acquirat hanc formam. et hoc est esse causa secundum fieri; sicut cum homo generat hominem, et ignis ignem. et ideo quandocumque naturalis effectus est natus impressionem agentis recipere secundum eandem rationem secundum quam est in agente, tunc fieri effectus dependet ab agente, non autem esse ipsius. sed aliquando effectus non est natus recipere impressionem agentis secundum eandem rationem secundum quam est in agente, sicut patet |50| in omnibus agentibus quae non agunt simile secundum speciem; sicut caelestia corpora sunt causa generationis inferiorum corporum dissimilium secundum speciem. et tale agens potest esse causa formae secundum rationem talis formae, et non solum secundum quod acquiritur in hac materia, et ideo est causa non solum fiendi, sed essendi. sicut igitur fieri rei non potest remanere, cessante actione agentis quod est causa effectus secundum fieri; ita nec esse rei potest remanere, cessante actione agentis quod est causa effectus non solum secundum fieri, sed etiam secundum esse. et haec est ratio quare aqua calefacta retinet calorem, cessante actione ignis; non autem remanet aer illuminatus, nec ad momentum, cessante actione solis. quia scilicet materia aquae susceptiva est caloris ignis secundum eandem rationem qua est in igne, unde si perfecte perducatur ad formam ignis, retinebit calorem semper; si autem imperfecte participet aliquid de forma ignis secundum quandam inchoationem, calor non semper remanebit, sed ad tempus, propter debilem participationem principii caloris. aer autem nullo modo natus est recipere lumen secundum eandem rationem secundum quam est in sole, ut scilicet recipiat formam solis, quae est principium luminis, et ideo, quia non habet radicem in aere, statim cessat lumen, cessante actione solis. sic autem se habet omnis creatura ad deum, sicut aer ad solem illuminantem. sicut enim sol est lucens per suam naturam, aer |75| autem fit luminosus participando lumen a sole, non tamen participando naturam solis; ita solus deus est ens per essentiam suam, quia eius essentia est suum esse; omnis autem creatura est ens participative, non quod sua essentia sit eius esse. * et ideo, ut augustinus dicit iv super gen. ad litt., ° virtus dei ab eis quae creata sunt regendis si cessaret aliquando, simul et illorum cessaret species, omnisque natura concideret. * et in viii eiusdem libri dicit quod, ° sicut aer praesente lumine fit lucidus, sic homo, deo sibi praesente, illuminatur, absente autem, continuo tenebratur.
ra1 ' Ad primum ergo dicendum quod esse per se con-

sequitur formam creaturae, supposito tamen influxu dei, sicut lumen sequitur diaphanum aeris, supposito influxu solis. unde potentia ad non esse in spiritualibus creaturis et corporibus caelestibus, magis est in deo, qui potest subtrahere suum influxum, quam in forma vel in materia talium creaturarum.
ra2 ‘ Ad secundum dicendum quod deus non potest communicare alicui creaturae ut conservetur in esse, sua operatione cessante; sicut non potest ei communicare quod non sit causa esse illius. intantum enim indiget creatura conservari a deo, inquantum esse effectus dependet a causa essendi. unde non est simile de agente quod non est causa essendi, sed fieri tantum.
ra3 ‘ Ad tertium dicendum quod ratio illa procedit de conservatione quae est per remotionem corrumpentis; qua non indigent omnes creaturae, * ut dictum est.
ra4 ‘ Ad quartum dicendum quod conservatio rerum a deo non est per aliquam novam actionem; sed per continuationem actionis qua dat esse, quae quidem actio est sine motu et tempore. sicut etiam conservatio luminis in aere est per continuatum influxum a sole.

007 ST1 qu104 ar2

ag1 ‘ Ad secundum sic proceditur. videtur quod deus immediate omnem creaturam conservet. eadem enim actione deus est conservator rerum, qua et creator, * ut dictum est. ‘ sed deus immediate est creator omnium. ergo immediate est etiam conservator.
ag2 ‘ Praeterea, unaquaeque res magis est proxima sibi, quam rei alteri. sed non potest communicari alicui creaturae quod conservet seipsam. ergo multo minus potest ei communicari quod conservet aliam. ergo deus omnia conservat absque aliqua media causa conservante.
ag3 ‘ Praeterea, effectus conservatur in esse ab eo quod est causa eius non solum secundum fieri, sed etiam secundum esse. sed omnes causae creatae, ut videtur, non sunt causae suorum effectuum nisi secundum fieri, non sunt enim causae nisi movendo, * ut supra habitum est. ‘ ergo non sunt causae conservantes suos effectus in esse.
sc ‘ Sed contra est quod per idem conservatur res, per quod habet esse. sed deus dat esse rebus mediantibus aliquibus causis mediis. ergo etiam res in esse conservat mediantibus aliquibus causis.
co * Respondeo dicendum quod, sicut dictum est, ‘ dupliciter aliquid rem aliquam in esse conservat, uno modo, indirecte et per accidens, per hoc quod removet vel impedit actionem corrumpentis; alio modo, directe et per se, quia ab eo dependet esse alterius, sicut a causa dependet esse effectus. utroque autem modo aliqua res creata invenitur esse alterius conservativa. manifestum est enim quod etiam in rebus corporalibus multa sunt quae impediunt actiones corrumpentium, et per hoc dicuntur rerum conservativa; sicut sal impedit carnes a putrefactione, et simile est in multis aliis. invenitur etiam quod ab aliqua creatura dependet aliquis effectus secundum suum esse. cum enim sunt multae causae ordinatae, necesse est quod effectus dependeat primo quidem et principaliter a causa prima; secundario vero ab omnibus causis mediis. et ideo principaliter quidem prima causa est effectus conservativa; secundario vero omnes mediae causae, et tanto magis quanto causa fuerit altior et primae causae proximior. unde superioribus causis, etiam in corporalibus rebus, attribuitur conservatio et permanentia rerum, * sicut philosophus dicit, in xii metaphys., quod “ primus motus, scilicet diurnus, est causa continuitatis generationis; secundus autem motus, qui est per zodiacum, est causa diversitatis quae est secundum generationem et corruptionem. |25| * et similiter astrologi, “ attribuunt saturno, qui est supremus planetarum; res fixas et permanentes. ‘ sic igitur dicendum est quod deus conservat res quasdam in esse, mediantibus aliquibus causis.
ra1 ‘ Ad primum ergo dicendum quod deus immediate omnia creavit, sed in ipsa rerum creatione ordinem in rebus instituit, ut quaedam ab aliis dependerent, per quas secundario conservarentur in esse; praesupposita tamen principali conservatione, quae est ab ipso.
ra2 ‘ Ad secundum dicendum quod, cum propria causa sit conservativa effectus ab ea dependentis; sicut nulli effectui praestari potest quod sit causa sui ipsius, potest tamen ei praestari quod sit causa alterius; ita etiam nulli effectui praestari potest quod sit sui ipsius conservativus, potest tamen ei praestari quod sit conservativus alterius.
ra3 ‘ Ad tertium dicendum quod nulla creatura potest esse causa alterius, quantum ad hoc quod acquirat novam formam vel dispositionem, nisi per modum alicuius mutationis, quia semper agit praesupposito aliquo subiecto. sed postquam formam vel dispositionem induxit in effectu, absque alia immutatione effectus, huiusmodi formam vel dispositionem conservat. sicut in aere, prout illuminatur de novo, intelligitur quaedam mutatio; sed conservatio luminis est absque aeris immutatione, ex sola praesentia illuminantis.

007 ST1 qu104 ar3

ag1 ‘ Ad tertium sic proceditur. videtur quod deus non possit aliquid in nihilum redigere. * dicit enim augustinus, in libro octoginta trium quaest., quod ° deus non est causa tendendi in non esse. ‘ hoc autem contingeret, si aliquam creaturam redigeret in nihilum. ergo deus non potest aliquid in nihilum redigere.
ag2 ‘ Praeterea, deus est causa rerum ut sint, per suam bonitatem, quia, * ut augustinus dicit in libro de doct. christ., ° inquantum deus bonus est, sumus. ‘ sed deus non potest non esse bonus. ergo non potest facere ut res non sint. quod faceret, si eas in nihilum redigeret.
ag3 ‘ Praeterea, si deus in nihilum aliqua redigeret, oporteret quod hoc fieret per aliquam actionem. sed hoc non potest esse, quia omnis actio terminatur ad aliquod ens; unde etiam actio corrumpentis terminatur ad aliquid generatum, quia generatio unius est corruptio alterius. ergo deus non potest aliquid in nihilum redigere.
sc * Sed contra est quod dicitur ierem. x, ° corripe me, domine, verumtamen in iudicio, et non in furore tuo, ne forte ad nihilum redigas me.
co * Respondeo dicendum quod quidam posuerunt quod “ deus res in esse produxit agendo de necessitate naturae. quod si esset verum, deus non posset rem aliquam in nihilum redigere; sicut non potest a sua natura mutari. * sed, sicut supra est habitum, ‘ haec positio est falsa, et a fide catholica penitus aliena, quae confitetur deum res libera voluntate produxisse in esse, * secundum illud psalmi, ° omnia quaecumque voluit dominus, fecit. ‘ hoc igitur quod deus creaturae esse communicat, ex dei voluntate dependet. nec aliter res in esse conservat, nisi inquantum eis continue influit esse. * ut dictum est. ‘ sicut ergo antequam res essent, potuit eis non communicare esse, et sic eas non facere; ita postquam iam factae sunt, potest eis non influere esse, et sic esse desisterent. quod est eas in nihilum redigere.
ra1 ‘ Ad primum ergo dicendum quod non esse non habet causam per se, quia nihil potest esse causa nisi inquantum est ens; ens autem, per se loquendo, est causa essendi. sic igitur deus non potest esse causa tendendi in non esse; sed hoc habet creatura ex seipsa, inquantum est de nihilo. sed per accidens deus potest esse causa quod res in nihilum redigantur, subtrahendo scilicet suam actionem a rebus.
ra2 ‘ Ad secundum dicendum quod bonitas dei est causa rerum, non quasi ex necessitate naturae, quia divina bonitas non dependet ex rebus creatis; sed per liberam voluntatem. unde sicut potuit sine praeiudicio bonitatis suae, res non producere in esse; ita absque detrimento suae bonitatis, potest res in esse non conservare.
ra3 ‘ Ad tertium dicendum quod, si deus rem aliquam redigeret in nihilum, hoc non esset per aliquam actionem; sed per hoc quod ab agendo cessaret.

007 ST1 qu104 ar4

ag1 ‘ Ad quartum sic proceditur. videtur quod aliquid in nihilum redigatur. finis enim respondet principio. sed a principio nihil erat nisi deus. ergo ad hunc finem res perducentur, ut nihil sit nisi deus. et ita creaturae in nihilum redigentur.
ag2 ‘ Praeterea, omnis creatura habet potentiam finitam. sed nulla potentia finita se extendit ad infinitum, * unde in viii physic. probatur quod “ potentia finita non potest movere tempore infinito. ‘ ergo nulla creatura potest durare in infinitum. et ita quandoque in nihilum redigetur.
ag3 ‘ Praeterea, forma et accidentia non habent materiam partem sui. sed quandoque desinunt esse. ergo in nihilum rediguntur.
sc * Sed contra est quod dicitur eccle. iii. ° didici quod omnia opera quae fecit deus, perseverant in aeternum.
co ‘ Respondeo dicendum quod eorum quae a deo fiunt circa creaturam, quaedam proveniunt secundum naturalem cursum rerum; quaedam vero miraculose operatur praeter ordinem naturalem creaturis inditum, * ut infra dicetur. ‘ quae autem facturus est deus secundum ordinem naturalem rebus inditum, considerari possunt ex ipsis rerum naturis, quae vero miraculose fiunt, ordinantur ad gratiae manifestationem, * secundum illud apostoli i ad cor. xii, ° unicuique datur manifestatio spiritus ad utilitatem; “ et postmodum, inter cetera, subdit de miraculorum operatione. ‘ creaturarum autem naturae hoc demonstrant, ut nulla earum in nihilum redigatur, quia vel sunt immateriales, et sic in eis non est potentia ad non esse; vel sunt materiales, et sic saltem remanent semper secundum materiam, quae incorruptibilis est, utpote subiectum existens generationis et corruptionis. redigere etiam aliquid in nihilum, non pertinet ad gratiae manifestationem, cum magis per hoc divina potentia et bonitas ostendatur, quod res in esse conservat. unde simpliciter dicendum est quod nihil omnino in nihilum redigetur.
ra1 ‘ Ad primum ergo dicendum quod hoc quod res in esse productae sunt, postquam non fuerunt, declarat potentiam producentis. sed quod in nihilum redigerentur, huiusmodi manifestationem impediret, cum dei potentia in hoc maxime ostendatur, quod res in esse conservat, * secundum illud apostoli heb. i, ° portans omnia verbo virtutis suae.
ra2 ‘ Ad secundum dicendum quod potentia creaturae ad essendum est receptiva tantum; sed potentia activa est ipsius dei, a quo est influxus essendi. unde quod res in infinitum durent, sequitur infinitatem divinae virtutis. determinatur tamen quibusdam rebus virtus ad manendum tempore determinato, inquantum impediri possunt ne percipiant influxum essendi qui est ab eo, ex aliquo contrario agente, cui finita virtus non potest resistere tempore infinito, sed solum tempore determinato. et ideo ea quae non habent contrarium, quamvis habeant finitam virtutem, perseverant in aeternum.
ra3 ‘ Ad tertium dicendum quod formae et accidentia non sunt entia completa, cum non subsistant, sed quodlibet eorum est aliquid entis, sic enim ens dicitur, quia eo aliquid est. et tamen eo modo quo sunt, non omnino in nihilum rediguntur; non quia aliqua pars eorum remaneat, sed remanent in potentia materiae vel subiecti.

007 ST1 qu105 ar

pr ‘ Deinde considerandum est de secundo effectu gubernationis divinae qui est mutatio creaturarum. et primo, de mutatione creaturarum a deo; secundo, de mutatione unius creaturae ab alia. circa primum quaeruntur octo. primo, utrum deus immediate possit movere materiam ad formam. secundo, utrum immediate possit movere aliquod corpus. tertio, utrum possit movere intellectum. quarto, utrum possit movere voluntatem. quinto, utrum deus operetur in omni operante. sexto, utrum possit aliquid facere praeter ordinem rebus inditum. septimo, utrum omnia quae sic deus facit, sint miracula. octavo, de diversitate miraculorum.

007 ST1 qu105 ar1

ag1 ‘ Ad primum sic proceditur. videtur quod deus non possit immediate movere materiam ad formam. * sicut enim probat philosophus in vii metaphys., ‘ formam in hac materia nihil facere potest nisi forma quae est in materia, quia simile facit sibi simile. sed deus non est forma in materia. ergo non potest causare formam in materia.
ag2 ‘ Praeterea, si aliquod agens se habeat ad multa, nullum eorum producet, nisi determinetur ad ipsum per aliquid aliud, * ut enim in iii de anima dicitur, ‘ universalis opinio non movet nisi mediante aliqua particulari apprehensione. sed virtus divina est universalis causa omnium. ergo non potest producere aliquam particularem formam, nisi mediante aliquo particulari agente.
ag3 ‘ Praeterea, sicut esse commune dependet a prima causa universali, ita esse determinatum dependet a determinatis causis particularibus, * ut supra habitum est. ‘ sed determinatum esse alicuius rei est per propriam eius formam. ergo propriae rerum formae non producuntur a deo, nisi mediantibus causis particularibus.
sc * Sed contra est quod dicitur gen. ii, ° formavit deus hominem de limo terrae.
co ‘ Respondeo dicendum quod deus immediate potest movere materiam ad formam. quia ens in potentia passiva reduci potest in actum, a potentia activa quae eam sub sua potestate continet. cum igitur materia contineatur sub potestate divina, utpote a deo producta, potest reduci in actum per divinam potentiam. et hoc est moveri materiam ad formam, quia forma nihil aliud est quam actus materiae.
ra1 ‘ Ad primum ergo dicendum quod effectus aliquis invenitur assimilari causae agenti dupliciter. uno modo, secundum eandem speciem; ut homo generatur ab homine, et ignis ab igne. alio modo, secundum virtualem continentiam, prout scilicet forma effectus virtualiter continetur in causa, et sic animalia ex putrefactione generata, et plantae et corpora mineralia assimilantur soli et stellis, quorum virtute generantur. sic igitur effectus causae agenti similatur secundum totum illud ad quod se extendit virtus agentis. virtus autem dei se extendit ad formam et materiam, * ut supra habitum est. ‘ unde compositum quod generatur, similatur deo secundum virtualem continentiam, sicut similatur composito generanti per similitudinem speciei. unde sicut compositum generans potest movere materiam ad formam generando compositum sibi simile, ita et deus. non autem aliqua alia forma non in materia existens, quia materia non continetur in virtute alterius substantiae separatae. et ideo daemones et angeli operantur circa haec visibilia, non quidem imprimendo formas, sed adhibendo corporalia semina.
ra2 ‘ Ad secundum dicendum quod ratio illa procederet, si deus ageret, ex necessitate naturae. sed quia agit per voluntatem et intellectum, qui cognoscit rationes proprias omnium formarum, et non solum universales; inde est quod potest determinate hanc vel illam formam materiae imprimere.
ra3 ‘ Ad tertium dicendum quod hoc ipsum quod causae secundae ordinantur ad determinatos effectus est illis a deo. unde deus, quia alias causas ordinat ad determinatos effectus, potest etiam determinatos effectus producere per seipsum.

007 ST1 qu105 ar2

ag1 ‘ Ad secundum sic proceditur. videtur quod deus

non possit immediate movere aliquod corpus. cum enim movens et motum oporteat esse simul, * ut probatur in vii physic., ‘ oportet esse contactum quendam moventis et moti. sed non potest esse contactus dei, et corporis alicuius, * dicit enim dionysius, in i cap. de div. nom., quod ° dei non est aliquis tactus. ‘ ergo deus non potest immediate movere aliquod corpus.

ag2 ‘ Praeterea, deus est movens non motum. tale autem est appetibile apprehensum. movet igitur deus sicut desideratum et apprehensum. sed non apprehenditur nisi ab intellectu, qui non est corpus, nec virtus corporis. ergo deus non potest movere aliquod corpus immediate.

ag3 * Praeterea, philosophus probat in viii physic., quod “ potentia infinita movet in instanti. ‘ sed impossibile est aliquod corpus in instanti moveri, quia, cum omnis motus sit inter opposita, sequeretur quod duo opposita simul inessent eidem; quod est impossibile. ergo corpus non potest immediate moveri a potentia infinita. potentia autem dei est infinita, * ut supra habitum est. ‘ ergo deus non potest immediate movere aliquod corpus.

sc ‘ Sed contra, opera sex dierum deus fecit immediate; in quibus continetur motus corporum, * ut patet per hoc quod dicitur gen. i, ° congregentur aquae in locum unum. ‘ ergo deus immediate potest movere corpus.

co ‘ Respondeo dicendum quod erroneum est dicere deum non posse facere per seipsum omnes determinatos effectus qui fiunt per quamcumque causam creatam. unde cum corpora moveantur immediate a causis creatis, nulli debet venire in dubium quin deus possit movere immediate quodcumque corpus. * et hoc quidem consequens est ad ea quae supra dicta sunt. ‘ nam omnis motus corporis cuiuscumque vel consequitur ad aliquam formam, sicut motus localis gravium et levium consequitur formam quae datur a generante, ratione cuius generans dicitur movens, vel est via ad formam aliquam, sicut calefactio est via ad formam ignis. eiusdem autem est imprimere formam, et disponere ad formam, et dare motum consequentem formam, ignis enim non solum generat alium ignem, sed etiam calefacit, et sursum movet. cum igitur deus possit immediate formam materiae imprimere, consequens est ut possit, secundum quemcumque motum, corpus quodcumque movere.

ra1 ‘ Ad primum ergo dicendum quod duplex est tactus, scilicet corporalis, sicut duo corpora se tangunt; et virtualis, sicut dicitur quod contristans tangit contristatum. secundum igitur primum contactum, deus, cum sit incorporeus, nec tangit nec tangitur. secundum autem virtualem contactum, tangit quidem movendo creaturas, sed non tangitur, quia nullius creaturae virtus naturalis potest ad ipsum pertingere. et sic * intellexit dionysius quod ‘ non est tactus dei, ut scilicet tangatur.

ra2 ‘ Ad secundum dicendum quod movet deus sicut desideratum et intellectum. sed non oportet quod semper moveat sicut desideratum et intellectum ab eo quod movetur; sed sicut desideratum et notum a seipso; quia omnia operatur propter suam bonitatem.

ra3 * Ad tertium dicendum quod philosophus in viii physic. intendit “ probare quod virtus primi motoris non sit virtus in magnitudine, tali ratione, virtus primi motoris est infinita (quod probat per hoc quod potest movere tempore infinito); virtus autem infinita, si esset in aliqua magnitudine, moveret in non tempore, quod est impossibile; ergo oportet quod infinita virtus primi motoris sit non in magnitudine. ‘ ex quo patet quod corpus moveri in non tempore, non consequitur nisi virtutem infinitam in magnitudine. cuius ratio est, quia omnis virtus quae est in magnitudine, movet secundum se totam, cum moveat per necessitatem naturae. potentia autem infinita improportionabiliter excedit quamlibet potentiam finitam. quanto autem maior est potentia moventis, tanto est maior velocitas motus. cum igitur potentia finita moveat tempore determinato, sequitur quod potentia infinita non moveat in aliquo tempore, quia cuiuscumque temporis ad aliud tempus est aliqua proportio. sed virtus quae non est in magnitudine, est virtus alicuius intelligentis, qui operatur in effectibus secundum quod eis convenit. et ideo, cum corpori non possit esse conveniens moveri in non tempore, non sequitur quod moveat in non tempore.

007 ST1 qu105 ar3

ag1 ‘ Ad tertium sic proceditur. videtur quod deus non moveat immediate intellectum creatum. actio enim intellectus est ab eo in quo est, non enim transit in exteriorem materiam, * ut dicitur in ix metaphys.. ‘ actio autem eius quod movetur ab alio, non est ab eo in quo est, sed a movente. non ergo intellectus movetur ab alio. et ita videtur quod deus non possit movere intellectum.

ag2 ‘ Praeterea, id quod habet in se principium sufficiens sui motus, non movetur ab alio. sed motus intellectus est ipsum intelligere eius, sicut dicitur quod intelligere vel sentire est motus quidam, * secundum philosophum, in iii de anima. ‘ sufficiens autem principium intelligendi est lumen intelligibile inditum intellectui. ergo non movetur ab alio.

ag3 ‘ Praeterea, sicut sensus movetur a sensibili, ita intellectus ab intelligibili. sed deus non est intelligibilis nobis, sed nostrum intellectum excedit. ergo deus non potest movere nostrum intellectum.

sc ‘ Sed contra, docens movet intellectum addiscentis. sed deus docet hominem scientiam, * sicut dicitur in psalmo. ‘ ergo deus movet intellectum hominis.

co ‘ Respondeo dicendum quod, sicut in motibus corporalibus movens dicitur quod dat formam quae est principium motus; ita dicitur movere intellectum, quod causat formam quae est principium intellectualis operationis, quae dicitur motus intellectus. operationis autem intellectus est duplex principium in intelligente, unum scilicet quod est ipsa virtus intellectualis, quod quidem principium est etiam in intelligente in potentia; aliud autem est principium intelligendi in actu, scilicet similitudo rei intellectae in intelligente. dicitur ergo aliquid movere intellectum, sive det intelligenti virtutem ad intelligendum, sive imprimat ei similitudinem rei intellectae. utroque autem modo deus movet intellectum creatum. ipse enim est primum ens immateriale. et quia intellectualitas consequitur immaterialitatem, sequitur quod ipse sit primum intelligens. unde cum primum in quolibet ordine sit causa eorum quae consequuntur, sequitur quod ab ipso sit omnis virtus intelligendi. similiter cum ipse sit primum ens, et omnia entia praeexistant in ipso sicut in prima causa, oportet quod sint in eo intelligibiliter secundum modum eius. sicut enim omnes rationes rerum intelligibiles primo existunt in deo, et ab derivantur in alios intellectus, ut actu intelligant; sic etiam derivantur in creaturas ut subsistant. sic igitur deus movet intellectum creatum, inquantum dat ei virtutem ad intelligendum, vel naturalem vel superadditam; et inquantum imprimit ei species intelligibiles; et utrumque tenet et conservat in esse.

ra1 ‘ Ad primum ergo dicendum quod operatio intellectualis est quidem ab intellectu in quo est, sicut a causa secunda, sed a deo sicut a causa prima. ab ipso enim datur intelligenti quod intelligere possit.

ra2 ‘ Ad secundum dicendum quod lumen intellectuale, simul cum similitudine rei intellectae, est sufficiens principium intelligendi; secundarium tamen, et a primo principio dependens.

ra3 ‘ Ad tertium dicendum quod intelligibile movet intellectum nostrum, inquantum quodammodo imprimit ei suam similitudinem, per quam intelligi potest. sed similitudines quas deus imprimit intellectui creato, non sufficiunt ad ipsum deum intelligendum per essentiam, * ut supra habitum est. ‘ unde movet intellectum creatum, cum tamen non sit ei intelligibilis, * ut dictum est.

007 ST1 qu105 ar4

ag1 ‘ Ad quartum sic proceditur. videtur quod deus non possit movere voluntatem creatam. omne enim quod movetur ab extrinseco, cogitur. sed voluntas non potest cogi. ergo non movetur ab aliquo extrinseco. et ita non potest moveri a deo.

ag2 ‘ Praeterea, deus non potest facere quod contradictoria sint simul vera. hoc autem sequeretur, si voluntatem moveret, nam voluntarie moveri est ex se moveri, et non ab alio. ergo deus non potest voluntatem movere.

ag3 ‘ Praeterea, motus magis attribuitur moventi quam mobili, unde homicidium non attribuitur lapidi, sed proiicienti. si igitur deus moveat voluntatem, sequitur quod opera voluntaria non imputentur homini ad meritum vel demeritum. hoc autem est falsum. non igitur deus movet voluntatem.

sc * Sed contra est quod dicitur ad philipp. ii, ° deus est qui operatur in nobis velle et perficere.

co ‘ Respondeo dicendum quod, sicut intellectus, * ut dictum est, ‘ movetur ab obiecto, et ab eo qui dedit virtutem intelligendi; ita voluntas movetur ab obiecto, quod est bonum, et ab eo qui creat virtutem volendi. potest autem voluntas moveri sicut ab obiecto, a quocumque bono; non tamen sufficienter et efficaciter nisi a deo. non enim sufficienter aliquid potest movere aliquod mobile, nisi virtus activa moventis excedat, vel saltem adaequet virtutem passivam mobilis. virtus autem passiva voluntatis se extendit ad bonum in universali, est enim eius obiectum bonum universale, sicut et intellectus obiectum est ens universale. quodlibet autem bonum creatum est quoddam particulare bonum, solus autem deus est bonum universale. unde ipse solus implet voluntatem, et sufficienter eam movet ut obiectum. similiter autem et virtus volendi a solo deo causatur. velle enim nihil aliud est quam inclinatio quaedam in obiectum voluntatis, quod est bonum universale. inclinare autem in bonum universale est primi moventis cui proportionatur ultimus finis, sicut in rebus humanis dirigere ad bonum commune est eius qui praeest multitudini. unde utroque modo proprium est dei movere voluntatem, sed maxime secundo modo, interius eam inclinando.

ra1 ‘ Ad primum ergo dicendum quod illud quod movetur ab altero dicitur cogi, si moveatur contra inclinationem propriam, sed si moveatur ab alio quod sibi dat propriam inclinationem, non dicitur cogi; sicut grave, cum movetur deorsum a generante, non cogitur. sic igitur deus, movendo voluntatem, non cogit ipsam, quia dat ei eius propriam inclinationem.

ra2 ‘ Ad secundum dicendum quod moveri voluntarie est moveri ex se, idest a principio intrinseco, sed illud principium intrinsecum potest esse ab alio principio extrinseco. et sic moveri ex se non repugnat ei quod movetur ab alio.

ra3 ‘ Ad tertium dicendum quod, si voluntas ita moveretur ab alio quod ex se nullatenus moveretur, opera voluntatis non imputarentur ad meritum vel demeritum. sed quia per hoc quod movetur ab alio, non excluditur quin moveatur ex se, * ut dictum est; ‘ ideo per consequens non tollitur ratio meriti vel demeriti.

007 ST1 qu105 ar5

ag1 ‘ Ad quintum sic proceditur. videtur quod deus non operetur in omni operante. nulla enim insufficientia est deo attribuenda. si igitur deus operatur in omni operante, sufficienter in quolibet operatur. superfluum igitur esset quod agens creatum aliquid operaretur.

ag2 ‘ Praeterea, una operatio non est simul a duobus operantibus, sicut nec unus numero motus potest esse duorum mobilium. si igitur operatio creaturae est a deo in creatura operante, non potest esse simul a creatura. et ita nulla creatura aliquid operatur.

ag3 ‘ Praeterea, faciens dicitur esse causa operationis facti, inquantum dat ei formam qua operatur. si igitur deus est causa operationis rerum factarum ab ipso, hoc erit inquantum dat eis virtutem operandi. sed hoc est a principio, quando rem facit. ergo videtur quod ulterius non operetur in creatura operante.

sc * Sed contra est quod dicitur isaiae xxvi, ° omnia opera nostra operatus es in nobis, domine.

co “ Respondeo dicendum quod deum operari in quolibet operante * aliqui sic intellexerunt, quod “ nulla virtus creata aliquid operaretur in rebus, sed solus deus immediate omnia operaretur; puta quod ignis non calefaceret, sed deus in igne, et similiter de omnibus aliis. ‘ hoc autem est impossibile. primo quidem, quia sic subtraheretur ordo causae et causati a rebus creatis. quod pertinet ad impotentiam creantis, ex virtute enim agentis est, quod suo effectui det virtutem agendi. secundo, quia virtutes operativae quae in rebus inveniuntur, frustra essent rebus attributae, si per eas nihil operarentur. quinimmo omnes res creatae viderentur quodammodo esse frustra, si propria operatione destituerentur, cum omnis res sit propter suam operationem. semper enim imperfectum est propter perfectius, sicut igitur materia est propter formam, ita forma, quae est actus primus, est propter suam operationem, quae est actus secundus; et sic operatio est finis rei creatae. sic igitur intelligendum est deum operari in rebus, quod tamen ipsae res propriam habeant operationem. ad cuius evidentiam, considerandum est quod, cum sint causarum quatuor genera, materia quidem non est principium actionis, sed se habet ut subiectum recipiens actionis effectum. finis vero et agens et forma se habent ut actionis principium, sed ordine quodam. nam primo quidem, principium actionis est finis, qui movet agentem; secundo vero, agens; tertio autem, forma eius quod ab agente applicatur ad agendum (quamvis et ipsum agens per formam suam agat); ut patet in artificialibus. artifex enim movetur ad agendum a fine, qui est ipsum operatum, puta arca vel lectus; et applicat ad actionem securim quae incidit per suum acumen. sic igitur secundum haec tria deus in quolibet operante operatur. primo quidem, secundum rationem finis. cum enim omnis operatio sit propter aliquod bonum verum vel apparens; nihil autem est vel apparet bonum, nisi secundum quod participat aliquam similitudinem summi boni, quod est deus; sequitur quod ipse deus sit cuiuslibet operationis causa ut finis. similiter etiam considerandum est quod, si sint multa agentia ordinata, semper secundum agens agit in virtute primi, nam primum agens movet secundum ad agendum. et secundum hoc, omnia agunt in virtute ipsius dei; et ita ipse est causa actionum omnium agentium. tertio, considerandum est quod deus movet non solum res ad operandum, quasi applicando formas et virtutes rerum ad operationem, sicut etiam artifex applicat securim ad scindendum, qui tamen interdum formam securi non tribuit; sed etiam dat formam creaturis agentibus, et eas tenet in esse. unde non solum est causa actionum inquantum dat formam quae est principium actionis, sicut generans dicitur esse causa motus gravium et levium; sed etiam sicut conservans formas et virtutes rerum; prout sol dicitur esse causa manifestationis colorum, inquantum dat et conservat lumen, quo manifestantur colores. et quia forma rei est intra rem, et tanto magis quanto consideratur ut prior et universalior; et ipse deus est proprie causa ipsius esse universalis in rebus omnibus, quod inter omnia est magis intimum rebus; sequitur quod deus in omnibus intime operetur. et propter hoc in sacra scriptura operationes naturae deo attribuuntur quasi operanti in natura; * secundum illud iob x, ° pelle et carnibus vestisti me, ossibus et nervis compegisti me.

ra1 ‘ Ad primum ergo dicendum quod deus sufficienter operatur in rebus ad modum primi agentis, nec propter hoc superfluit operatio secundorum agen-

tium.
ra2 ' Ad secundum dicendum quod una actio non procedit a duobus agentibus unius ordinis, sed nihil prohibet quin una et eadem actio procedat a primo et secundo agente.
ra3 ' Ad tertium dicendum quod deus non solum dat formas rebus, sed etiam conservat eas in esse, et applicat eas ad agendum, et est finis omnium actionum, * ut dictum est.

007 ST1 qu105 ar6

ag1 ' Ad sextum sic proceditur. videtur quod deus non possit facere aliquid praeter ordinem rebus inditum. * dicit enim augustinus, xxvi contra faustum, ° deus, conditor et creator omnium naturarum, nihil contra naturam facit. ' sed hoc videtur esse contra naturam, quod est praeter ordinem naturaliter rebus inditum. ergo deus non potest facere aliquid praeter ordinem rebus inditum.
ag2 ' Praeterea, sicut ordo iustitiae est a deo, ita et ordo naturae. sed deus non potest facere aliquid praeter ordinem iustitiae, faceret enim tunc aliquid iniustum. ergo non potest facere aliquid praeter ordinem naturae.
ag3 ' Praeterea, ordinem naturae deus instituit. si igitur praeter ordinem naturae deus aliquid faciat, videtur quod ipse sit mutabilis. quod est inconveniens.
sc * Sed contra est quod augustinus dicit, xxvi contra faustum, quod ° deus aliquando aliquid facit contra solitum cursum naturae.
co ' Respondeo dicendum quod a qualibet causa derivatur aliquis ordo in suos effectus, cum quaelibet causa habeat rationem principii. et ideo secundum multiplicationem causarum, multiplicantur et ordines, quorum unus continetur sub altero, sicut et causa continetur sub causa. unde causa superior non continetur sub ordine causae inferioris, sed e converso. cuius exemplum apparet in rebus humanis, nam ex patrefamilias dependet ordo domus, qui continetur sub ordine civitatis, qui procedit a civitatis rectore, cum et hic contineatur sub ordine regis, a quo totum regnum ordinatur. si ergo ordo rerum consideretur prout dependet a prima causa, sic contra rerum ordinem deus facere non potest, sic enim si faceret, faceret contra suam praescientiam aut voluntatem aut bonitatem. si vero consideretur rerum ordo prout dependet a qualibet secundarum causarum, sic deus potest facere praeter ordinem rerum. quia ordini secundarum causarum ipse non est subiectus, sed talis ordo ei subiicitur, quasi ab eo procedens non per necessitatem naturae, sed per arbitrium voluntatis, potuisset enim et alium ordinem rerum instituere. unde et potest praeter hunc ordinem institutum agere, cum voluerit; puta agendo effectus secundarum causarum sine ipsis, vel producendo aliquos effectus ad quos causae secundae non se extendunt. * unde et augustinus dicit, xxvi contra faustum, quod ° deus contra solitum cursum naturae facit; sed contra summam legem |25| tam nullo modo facit, quam contra seipsum non facit.
ra1 ' Ad primum ergo dicendum quod, cum aliquid contingit in rebus naturalibus praeter naturam inditam, hoc potest dupliciter contingere. uno modo, per actionem agentis qui inclinationem naturalem non dedit, sicut cum homo movet corpus grave sursum, quod non habet ab eo ut moveatur deorsum, et hoc est contra naturam. alio modo, per actionem illius agentis a quo dependet actio naturalis. et hoc non est contra naturam, ut patet in fluxu et refluxu maris, qui non est contra naturam, quamvis sit praeter motum naturalem aquae, quae movetur deorsum; est enim ex impressione caelestis corporis, a quo dependet naturalis inclinatio inferiorum corporum. cum igitur naturae ordo sit a deo rebus inditus, si quid praeter hunc ordinem faciat, non est contra naturam. * unde augustinus dicit, xxvi contra faustum, quod ° id est cuique rei naturale, quod ille fecerit a quo est omnis modus, numerus et ordo naturae.
ra2 ' Ad secundum dicendum quod ordo iustitiae est secundum relationem ad causam primam, quae est regula omnis iustitiae. et ideo praeter hunc ordinem, deus nihil facere potest.
ra3 ' Ad tertium dicendum quod deus sic rebus certum ordinem indidit, ut tamen sibi reservaret quid ipse aliquando aliter ex causa esset facturus. unde cum praeter hunc ordinem agit, non mutatur.

007 ST1 qu105 ar7

ag1 ' Ad septimum sic proceditur. videtur quod non omnia quae deus facit praeter ordinem naturalem rerum, sint miracula. creatio enim mundi, et etiam animarum, et iustificatio impii fiunt a deo praeter ordinem naturalem, non enim fiunt per actionem alicuius causae naturalis. et tamen haec miracula non dicuntur. ergo non omnia quae facit deus praeter ordinem naturalem rerum, sunt miracula.
ag2 ' Praeterea, miraculum dicitur aliquid arduum et insolitum supra facultatem naturae et spem admirantis proveniens. sed quaedam fiunt praeter naturae ordinem, quae tamen non sunt ardua, sunt enim in minimis rebus, sicut in restauratione gemmarum, vel sanatione aegrorum. nec etiam sunt insolita, cum frequenter eveniant, sicut cum infirmi in plateis ponebantur ut ad umbram petri sanarentur. nec etiam sunt supra facultatem naturae, ut cum aliqui sanantur a febribus. nec etiam supra spem, sicut resurrectionem mortuorum omnes speramus, quae tamen fiet praeter ordinem naturae. ergo non omnia quae fiunt praeter naturae ordinem, sunt miracula.
ag3 ' Praeterea, miraculi nomen ab admiratione sumitur. sed admiratio est de rebus sensui manifestis. sed quandoque aliqua accidunt praeter ordinem naturalem in rebus sensui non manifestis, sicut cum apostoli facti sunt scientes, neque invenientes neque discentes. ergo non omnia quae fiunt praeter ordinem naturae, sunt miracula.
sc * Sed contra est quod augustinus dicit, xxvi contra faustum, quod ° cum deus aliquid facit contra cognitum nobis cursum solitumque naturae, magnalia, vel mirabilia nominantur.
co ' Respondeo dicendum quod nomen miraculi ab admiratione sumitur. admiratio autem consurgit, cum effectus sunt manifesti et causa occulta; sicut aliquis admiratur cum videt eclipsim solis et ignorat causam, * ut dicitur in principio metaphys.. ' potest autem causa effectus alicuius apparentis alicui esse nota, quae tamen est aliis incognita. unde aliquid est mirum uni, quod non est mirum aliis; sicut eclipsim solis miratur rusticus, non autem astrologus. miraculum autem dicitur quasi admiratione plenum, quod scilicet habet causam simpliciter et omnibus occultam. haec autem est deus. unde illa quae a deo fiunt praeter causas nobis notas, miracula dicuntur.
ra1 ' Ad primum ergo dicendum quod creatio, et iustificatio impii, etsi a solo deo fiant, non tamen, proprie loquendo, miracula dicuntur. quia non sunt nata fieri per alias causas, et ita non contingunt praeter ordinem naturae, cum haec ad ordinem naturae non pertineant.
ra2 ' Ad secundum dicendum quod arduum dicitur miraculum, non propter dignitatem rei in qua fit; sed quia excedit facultatem naturae. similiter etiam insolitum dicitur, non quia frequenter non eveniat sed quia est praeter naturalem consuetudinem. supra facultatem autem naturae dicitur aliquid, non solum propter substantiam facti sed etiam propter modum et ordinem faciendi. supra spem etiam naturae miraculum esse dicitur; non supra spem gratiae, quae est ex fide, per quam credimus resurrectionem futuram.
ra3 ' Ad tertium dicendum quod scientia apostolorum, quamvis secundum se non fuerit manifesta, manifestabatur tamen in effectibus, ex quibus mirabilis apparebat.

007 ST1 qu105 ar8

ag1 ' Ad octavum sic proceditur. videtur quod unum miraculum non sit maius alio. * dicit enim augustinus, in epistola ad volusianum, ° in rebus mirabiliter factis tota ratio facti est potentia facientis. ' sed eadem potentia, scilicet dei, fiunt omnia miracula. ergo unum non est maius alio.
ag2 ' Praeterea, potentia dei est infinita. sed infinitum improportionabiliter excedit omne finitum. ergo non magis est mirandum quod faciat hunc effectum, quam illum. ergo unum miraculum non est maius altero.
sc ' Sed contra est quod * dominus dicit, ioan. xiv, de operibus miraculosis loquens, ° opera quae ego facio, et ipse faciet, et maiora horum faciet.
co ' Respondeo dicendum quod nihil potest dici miraculum ex comparatione potentiae divinae, quia quodcumque factum, divinae potentiae comparatum, est minimum; * secundum illud isaiae xl, ° ecce gentes quasi stilla situlae, et quasi momentum staterae reputatae sunt. ' sed dicitur aliquid miraculum per comparationem ad facultatem naturae, quam excedit. et ideo secundum quod magis excedit facultatem naturae, secundum hoc maius miraculum dicitur. excedit autem aliquid facultatem naturae tripliciter. uno modo, quantum ad substantiam facti, sicut quod duo corpora sint simul, vel quod sol retrocedat, aut quod corpus humanum glorificetur; quod nullo modo natura facere potest. et ista tenent summum gradum in miraculis. secundo aliquid excedit facultatem naturae, non quantum ad id quod fit, sed quantum ad id in quo fit, sicut resuscitatio mortuorum, et illuminatio caecorum, et similia. potest enim natura causare vitam, sed non in mortuo, et potest praestare visum, sed non caeco. et haec tenent secundum locum in miraculis. tertio modo excedit aliquid facultatem naturae, quantum ad modum et ordinem faciendi, sicut cum aliquis subito per virtutem divinam a febre curatur absque curatione et consueto processu naturae in talibus, et cum statim aer divina virtute in pluvias densatur absque naturalibus causis, sicut factum est ad preces samuelis et eliae. et huiusmodi tenent infimum locum |25| in miraculis. quaelibet tamen horum habent diversos gradus, secundum quod diversimode excedunt facultatem naturae.
ra ' Et per hoc patet solutio ad obiecta, quae procedunt ex parte divinae potentiae.

007 ST1 qu106 ar

pr ' Deinde considerandum est quomodo una creatura moveat aliam. erit autem haec consideratio tripartita, ut primo consideremus quomodo angeli moveant, qui sunt creaturae pure spirituales; secundo, quomodo corpora moveant; tertio, quomodo homines, qui sunt ex spirituali et corporali natura compositi. circa primum tria consideranda occurrunt, primo, quomodo angelus agat in angelum; secundo, quomodo in creaturam corporalem; tertio, quomodo in homines. circa primum, considerare oportet de illuminatione, et locutione angelorum, et ordinatione eorum ad invicem, tam bonorum, quam malorum. circa illuminationem quaeruntur quatuor. primo, utrum unus angelus moveat intellectum alterius illuminando. secundo, utrum unus moveat voluntatem alterius. tertio, utrum inferior angelus possit illuminare superiorem. quarto, utrum superior angelus illuminet inferiorem de omnibus quae cognoscit.

007 ST1 qu106 ar1

ag1 ' Ad primum sic proceditur. videtur quod unus angelus non illuminet alium. angeli enim eandem beatitudinem possident nunc, quam nos in futuro expectamus. sed tunc unus homo non illuminabit alium; * secundum illud ierem. xxxi, ° non docebit ultra vir proximum suum, et vir fratrem suum. ' ergo etiam neque nunc unus angelus illuminat alium.
ag2 ' Praeterea, triplex est lumen in angelis, naturae, gratiae et gloriae. sed angelus illuminatur lumine naturae, a creante; lumine gratiae, a iustificante; lumine gloriae, a beatificante; quod totum dei est. ergo unus angelus non illuminat alium.
ag3 ' Praeterea, lumen est forma quaedam mentis. " sed mens rationalis a solo deo formatur, nulla interposita creatura, * ut augustinus dicit in libro octoginta trium quaest.. ' ergo unus angelus non illuminat mentem alterius.
sc * Sed contra est quod dicit dionysius, viii cap. cael. hier., quod ° angeli secundae hierarchiae purgantur et illuminantur et perficiuntur per angelos primae hierarchiae.
co ' Respondeo dicendum quod unus angelus illuminat alium. ad cuius evidentiam, considerandum est quod lumen, secundum quod ad intellectum pertinet, nihil est aliud quam quaedam manifestatio veritatis; * secundum illud ad ephes. v, ° omne quod manifestatur, lumen est. ' unde illuminare nihil aliud est quam manifestationem cognitae veritatis alteri tradere; * secundum quem modum apostolus dicit, ad ephes. iii, ° mihi, omnium sanctorum minimo, data est gratia haec, illuminare omnes quae sit dispensatio sacramenti absconditi a saeculis in deo. ' sic igitur unus angelus dicitur illuminare alium, inquantum ei manifestat veritatem quam ipse cognoscit. * unde dionysius dicit, vii cap. cael. hier., quod ° theologi plane monstrant caelestium substantiarum ornatus a supremis mentibus doceri deificas scientias. ' cum autem ad intelligendum duo concurrant, * ut supra diximus, ' scilicet virtus intellectiva, et similitudo rei intellectae; secundum haec duo unus angelus alteri veritatem notam notificare potest. primo quidem, fortificando virtutem intellectivam eius. sicut enim virtus imperfectioris corporis confortatur ex situali propinquitate perfectioris corporis, ut minus calidum crescit |25| in calore ex praesentia magis calidi; ita virtus intellectiva inferioris angeli confortatur ex conversione superioris angeli ad ipsum. hoc enim facit in spiritualibus ordo conversionis, quod facit in corporalibus ordo localis propinquitatis. secundo autem unus angelus alteri manifestat veritatem, ex parte similitudinis intellectae. superior enim angelus notitiam veritatis accipit in universali quadam conceptione, ad quam capiendam inferioris angeli intellectus non esset sufficiens, sed est ei connaturale ut magis particulariter veritatem accipiat. superior ergo angelus veritatem quam universaliter concipit, quodammodo distinguit, ut ab inferiori capi possit; et sic eam cognoscendam illi proponit. sicut etiam apud nos, doctores, quod in summa capiunt, multipliciter distinguunt, providentes capacitati aliorum. * et hoc est quod dionysius dicit, xv cap. cael. hier., ° unaquaeque substantia intellectualis datam sibi a diviniore uniformem intelligentiam, provida virtute dividit et multiplicat, ad inferioris sursum ductricem analogiam.
ra1 ' Ad primum ergo dicendum quod omnes angeli, tam superiores quam inferiores, immediate vident dei essentiam; et quantum ad hoc, unus non docet alium. * de hac enim doctrina propheta loquitur, unde dicit ° non docebit vir fratrem suum, dicens, cognosce dominum. omnes enim cognoscent me, a minimo eorum usque ad maximum. ' sed rationes divinorum operum, quae in deo cognoscuntur sicut in causa, omnes quidem deus in seipso cognoscit, quia seipsum comprehendit, aliorum vero deum videntium tanto unusquisque in deo plures rationes cognoscit, quanto eum perfectius videt. unde superior angelus plura in deo de rationibus divinorum operum cognoscit quam inferior; et de his eum illuminat. * et hoc est quod dicit dionysius, iv cap. de div. nom., quod ° angeli existentium illuminantur rationibus.
ra2 ' Ad secundum dicendum quod unus angelus non illuminat alium tradendo ei lumen naturae vel gratiae vel gloriae; sed confortando lumen naturale ipsius, et manifestando ei veritatem de his quae pertinent ad statum naturae, gratiae et gloriae, * ut dictum est.
ra3 ' Ad tertium dicendum quod rationalis mens formatur immediate a deo, vel sicut imago ab exempla-

ri, quia non est facta ad alterius imaginem quam dei, vel sicut subiectum ab ultima forma completiva, quia semper mens creata reputatur informis, nisi ipsi primae veritati inhaereat. aliae vero illuminationes, quae sunt ab homine vel angelo, sunt quasi dispositiones ad ultimam formam.

007 ST1 qu106 ar2

ag1 ' Ad secundum sic proceditur. videtur quod unus angelus possit movere voluntatem alterius. * quia secundum dionysium, " sicut unus angelus illuminat alium, ita purgat et perficit; * ut patet ex auctoritate supra inducta. ' sed purgatio et perfectio videntur pertinere ad voluntatem, nam purgatio videtur esse a sordibus culpae, quae pertinet ad voluntatem; perfectio autem videtur esse per consecutionem finis, qui est obiectum voluntatis. ergo unus angelus potest movere voluntatem alterius.
ag2 * Praeterea, sicut dionysius dicit vii cap. cael. hier., ° nomina angelorum designant eorum proprietates. " seraphim autem incendentes dicuntur, aut calefacientes, ' quod est per amorem, qui ad voluntatem pertinet. unus ergo angelus movet voluntatem alterius.
ag3 * Praeterea, philosophus dicit, in iii de anima, quod " appetitus superior movet appetitum inferiorem. ' sed sicut intellectus angeli superioris superior est, ita etiam appetitus. ergo videtur quod superior angelus possit immutare voluntatem alterius.
sc ' Sed contra, eius est immutare voluntatem, cuius est iustificare, cum iustitia sit rectitudo voluntatis. sed solus deus est qui iustificat. ergo unus angelus non potest mutare voluntatem alterius.
co * Respondeo dicendum quod, sicut supra dictum est, ' voluntas immutatur dupliciter, uno modo, ex parte obiecti; alio modo ex parte ipsius potentiae. ex parte quidem obiecti, movet voluntatem et ipsum bonum quod est voluntatis obiectum, sicut appetibile movet appetitum; et ille qui demonstrat obiectum, puta qui demonstrat aliquid esse bonum. sed * sicut supra dictum est, ' alia quidem bona aliqualiter inclinant voluntatem; sed nihil sufficienter movet voluntatem, nisi bonum universale, quod est deus. et hoc bonum solus ipse ostendit, ut per essentiam videatur a beatis, * qui dicenti moysi, ° ostende mihi gloriam tuam, * respondit, ° ego ostendam tibi omne bonum, * ut habetur exod. xxxiii. ' angelus ergo non sufficienter movet voluntatem, neque ut obiectum, neque ut ostendens obiectum. sed inclinat eam, ut amabile quoddam, et ut manifestans aliqua bona creata ordinata in dei bonitatem. et per hoc inclinare potest ad amorem creaturae vel dei, per modum suadentis. ex parte vero ipsius potentiae, voluntas nullo modo potest moveri nisi a deo. operatio enim voluntatis est inclinatio quaedam volentis in volitum. hanc autem inclinationem solus ille immutare potest, qui virtutem volendi creaturae contulit, sicut et naturalem inclinationem solum illud agens potest mutare, quod potest dare virtutem quam consequitur inclinatio naturalis. solus |25| autem deus est qui potentiam volendi tribuit creaturae, quia ipse solus est auctor intellectualis naturae. unde unus angelus voluntatem alterius movere non potest.
ra1 ' Ad primum ergo dicendum quod secundum modum illuminationis, est accipienda et purgatio et perfectio. et quia deus illuminat immutando intellectum et voluntatem, purgat a defectibus intellectus et voluntatis, et perficit in finem intellectus et voluntatis. angeli autem illuminatio refertur ad intellectum, * ut dictum est. ' et ideo etiam purgatio angeli intelligitur a defectu intellectus, qui est nescientia; perfectio autem est consummatio in finem intellectus, qui est veritas cognita. * et hoc est quod dicit dionysius, vi cap. eccl. hier., quod ° in caelesti hierarchia purgatio est in subiectis essentiis tanquam ignotorum illuminatio in perfectiorem eas scientiam ducens. ' sicut si dicamus visum corporalem purgari, inquantum removentur tenebrae; illuminari vero, inquantum perfunditur lumine; perfici vero, secundum quod perducitur ad cognitionem colorati.
ra2 ' Ad secundum dicendum quod unus angelus potest inducere alium ad amorem dei per modum persuadentis, * ut supra dictum est.
ra3 * Ad tertium dicendum quod philosophus loquitur ' de appetitu inferiori sensitivo, qui potest moveri a superiori intellectivo, quia pertinet ad eandem naturam animae, et quia inferior appetitus est virtus in organo corporali. quod in angelis locum non habet.

007 ST1 qu106 ar3

ag1 ' Ad tertium sic proceditur. videtur quod angelus inferior superiorem illuminare possit. ecclesiastica enim hierarchia derivata est a caelesti, et eam repraesentat, unde et superna ierusalem dicitur mater nostra, * gal. iv. ' sed in ecclesia etiam superiores illuminantur ab inferioribus et docentur; * secundum illud apostoli, i ad cor. xiv, ° potestis omnes per singulos prophetare, ut omnes discant, et omnes exhortentur. ' ergo et in caelesti hierarchia superiores ab inferioribus possunt illuminari.
ag2 ' Praeterea, sicut ordo corporalium substantiarum dependet ex dei voluntate, ita et ordo substantiarum spiritualium. * sed sicut dictum est, ' deus quandoque praeter ordinem substantiarum corporalium operatur. ergo quandoque etiam operatur praeter ordinem spiritualium substantiarum, illuminando inferiores non per medios superiores. sic ergo inferiores illuminati a deo, possunt superiores illuminare.
ag3 ' Praeterea, unus angelus alium illuminat, ad quem se convertit, * ut supra dictum est. ' sed cum ista conversio sit voluntaria, potest supremus angelus ad infimum se convertere, mediis praetermissis. ergo potest eum immediate illuminare, et ita potest illuminare superiores.
sc * Sed contra est quod dionysius dicit ° hanc legem esse divinitatis immobiliter firmatam, ut inferiora reducantur in deum per superiora.
co ' Respondeo dicendum quod inferiores angeli nunquam illuminant superiores, sed semper ab eis illuminantur. cuius ratio est quia, * sicut supra dictum est, ' ordo continetur sub ordine, sicut causa continetur sub causa. unde sicut ordinatur causa ad causam, ita ordo ad ordinem. et ideo non est inconveniens, si aliquando aliquid fiat praeter ordinem inferioris causae, ad ordinandum in superiorem causam, sicut in rebus humanis praetermittitur mandatum praesidis, ut obediatur principi. et ita contingit ut praeter ordinem naturae corporalis, aliquid deus miraculose operetur, ad ordinandum homines in eius cognitionem. sed praetermissio ordinis qui debetur spiritualibus substantiis, in nullo pertinet ad ordinationem hominum in deum, cum operationes angelorum non sint nobis manifestae, sicut operationes visibilium corporum. et ideo ordo qui convenit spiritualibus substantiis, nunquam a deo praetermittitur, quin semper inferiora moveantur per superiora, et non e converso.
ra1 ' Ad primum ergo dicendum quod ecclesiastica hierarchia imitatur caelestem aliqualiter, sed non perfecte consequitur eius similitudinem. in caelesti enim hierarchia tota ratio ordinis est ex propinquitate ad deum. et ideo illi qui sunt deo propinquiores, sunt et gradu sublimiores, et scientia clariores, et propter hoc superiores nunquam ab inferioribus illuminantur. sed in ecclesiastica hierarchia, interdum qui sunt deo per sanctitatem propinquiores, sunt gradu infimi, et scientia non eminentes, et quidam in uno etiam secundum scientiam eminent, et in alio deficiunt. et propter hoc superiores ab inferioribus doceri possunt.
ra2 ' Ad secundum dicendum quod non est similis ratio de hoc quod deus agat praeter ordinem naturae corporalis, et naturae spiritualis, * ut dictum est. ' unde ratio non sequitur.
ra3 ' Ad tertium dicendum quod angelus voluntate convertitur ad alium angelum illuminandum; sed voluntas angeli semper regulatur lege divina, quae ordinem in angelis instituit.

007 ST1 qu106 ar4

ag1 ' Ad quartum sic proceditur. videtur quod angelus superior non illuminet inferiorem de omnibus quae ipse novit. * dicit enim dionysius, xii cap. cael. hier., quod " angeli superiores habent scientiam magis universalem, inferiores vero magis particularem et subiectam. ' sed plura continentur sub scientia universali quam sub particulari. ergo non omnia quae sciunt superiores angeli, cognoscunt inferiores per superiorum illuminationem.
ag2 * Praeterea, magister dicit, in xi distinctione ii sent., quod " superiores angeli cognoverunt a saeculis mysterium incarnationis, inferioribus vero ignotum fuit usquequo completum est. quod videtur per hoc quod, quibusdam angelis quaerentibus, quis est iste rex gloriae? quasi ignorantibus, alii respondent, quasi scientes, dominus virtutum ipse est rex gloriae, * ut dionysius exponit vii cap. cael. hier.. ' hoc autem non esset, si superiores angeli illuminarent inferiores de omnibus quae ipsi cognoscunt. non ergo eos illuminant de omnibus sibi notis.
ag3 ' Praeterea, si omnia superiores angeli inferioribus annuntiant quae cognoscunt, nihil inferioribus ignotum remanet, quod superiores cognoscant. non ergo de cetero superiores poterunt illuminare inferiores. quod videtur inconveniens. non ergo superiores de omnibus inferiores illuminant.
sc * Sed contra est quod gregorius dicit, quod ° in illa caelesti patria, licet quaedam data sint excellenter, nihil tamen possidetur singulariter. * et dionysius dicit, xv cap. cael. hier., quod ° unaquaeque caelestis essentia intelligentiam sibi a superiori datam, inferiori communicat; * ut patet ex auctoritate supra inducta.
co ' Respondeo dicendum quod omnes creaturae ex divina bonitate participant ut bonum quod habent, in alia diffundant, nam de ratione boni est quod se aliis communicet. et inde est etiam quod agentia corporalia similitudinem suam aliis tradunt, quantum possibile est. quanto igitur aliqua agentia magis in participatione divinae bonitatis constituuntur, tanto magis perfectiones suas nituntur in alios transfundere, quantum possibile est. unde beatus petrus monet eos qui divinam bonitatem per gratiam participant, * dicens, i petr. iv, ° unusquisque, sicut accepit gratiam, in alterutrum illam administrantes, sicut boni dispensatores multiformis gratiae dei. ' multo igitur magis sancti angeli, qui sunt in plenissima participatione divinae bonitatis, quidquid a deo percipiunt, subiectis impartiuntur. non tamen recipitur ab inferioribus ita excellenter sicut est in superioribus. et ideo superiores semper remanent in altiori ordine, et perfectiorem scientiam habentes. sicut unam et eandem rem plenius intelligit magister, quam discipulus qui ab eo addiscit.
ra1 ' Ad primum ergo dicendum quod superiorum angelorum scientia dicitur esse universalior, quantum ad eminentiorem modum intelligendi.
ra2 * Ad secundum dicendum quod verbum magistri ' non sic est intelligendum, quod inferiores angeli penitus ignoraverint mysterium incarnationis; sed quia non ita plene cognoverunt sicut superiores, et in eius cognitione postmodum profecerunt, dum illud mysterium impleretur.
ra3 ' Ad tertium dicendum quod, usque ad diem iudicii, semper nova aliqua supremis angelis revelantur divinitus de his quae pertinent ad dispositionem mundi, et praecipue ad salutem electorum. unde semper remanet unde superiores angeli inferiores illuminent.

007 ST1 qu107 ar

pr ' Deinde considerandum est de locutionibus angelorum. et circa hoc quaeruntur quinque. primo, utrum unus angelus loquatur alii. secundo, utrum inferior superiori. tertio, utrum angelus deo. quarto, utrum in locutione angeli aliquid distantia localis operetur. quinto, utrum locutionem unius angeli ad alterum omnes cognoscant.

007 ST1 qu107 ar1

ag1 ' Ad primum sic proceditur. videtur quod unus angelus alteri non loquatur. * dicit enim gregorius, xviii moral., quod ° in statu resurrectionis uniuscuiusque mentem ab alterius oculis membrorum corpulentia non abscondit. ' multo igitur minus mens unius angeli abscondit ab altero. sed locutio est ad manifestandum alteri quod latet in mente. non igitur oportet quod unus angelus alteri loquatur.
ag2 ' Praeterea, duplex est locutio, interior, per quam aliquis sibi ipsi loquitur; et exterior, per quam aliquis loquitur alteri. exterior autem locutio fit per aliquod sensibile signum, puta voce vel nutu vel aliquo corporis membro, puta lingua vel digito, quae angelis competere non possunt. ergo unus angelus alteri non loquitur.
ag3 ' Praeterea, loquens excitat audientem ut attendat suae locutioni. sed non videtur per quid unus angelus excitet alium ad attendendum, hoc enim fit apud nos aliquo sensibili signo. ergo unus angelus non loquitur alteri.
sc * Sed contra est quod dicitur i cor. xiii, ° si linguis hominum loquar et angelorum.
co ' Respondeo dicendum quod in angelis est aliqua locutio, * sed, sicut dicit gregorius ii moral., ° dignum est ut mens nostra, qualitatem corporeae locutionis excedens, ad sublimes atque incognitos modos locutionis intimae suspendatur. ' ad intelligendum igitur qualiter unus angelus alii loquatur, considerandum est quod, * sicut supra diximus cum de actibus et potentiis animae ageretur, ' voluntas movet intellectum ad suam operationem. intelligibile autem est in intellectu tripliciter, primo quidem, habitualiter, vel secundum memoriam, * ut augustinus dicit; ' secundo autem, ut in actu consideratum vel conceptum; tertio, ut ad aliud relatum. manifestum est autem quod de primo gradu in secundum transfertur intelligibile per imperium voluntatis, unde in definitione habitus dicitur, quo quis utitur cum voluerit. similiter autem et de secundo gradu transfertur in tertium per voluntatem, nam per voluntatem conceptus mentis ordinatur ad alterum, puta vel ad agendum aliquid, vel ad manifestandum alteri. quando autem mens convertit se ad actu considerandum quod habet in habitu, loquitur aliquis sibi ipsi, nam ipse conceptus mentis interius verbum vocatur. ex hoc vero quod conceptus mentis angelicae ordinatur ad manifestandum alteri, per voluntatem ipsius angeli, |25| conceptus mentis unius angeli innotescit alteri, et sic loquitur unus angelus alteri. nihil est enim aliud loqui ad alterum, quam conceptum mentis alteri manifestare.
ra1 ' Ad primum ergo dicendum quod in nobis interior mentis conceptus quasi duplici obstaculo clauditur. primo quidem, ipsa voluntate, quae conceptum intellectus potest retinere interius, vel ad extra ordinare. et quantum ad hoc, mentem unius nullus alius potest videre nisi solus deus; * secundum illud i cor. ii, ° quae sunt hominis, nemo novit nisi spiritus hominis, qui in ipso est. ' secundo autem clauditur mens hominis ab alio homine per grossitiem corporis. unde cum etiam voluntas ordinat conceptum mentis ad manifestandum alteri, non statim cognoscitur ab alio, sed oportet aliquod signum sensibile adhibere. * et hoc est quod gregorius dicit, ii moral., ° alienis oculis intra secretum mentis, quasi post parietem corporis stamus, sed cum manifestare nosmetipsos cupimus, quasi per linguae ianuam egredimur, ut quales sumus intrinsecus, ostendamus. ' hoc autem obstaculum non habet angelus. et ideo quam cito vult manifestare suum conceptum, statim alius cognoscit.
ra2 ' Ad secundum dicendum quod locutio exterior quae fit per vocem, est nobis necessaria propter obstaculum corporis unde non convenit angelo, sed so-

la locutio interior; ad quam pertinet non solum quod loquatur sibi interius concipiendo, sed etiam quod ordinet per voluntatem ad alterius manifestationem. et sic lingua angelorum metaphorice dicitur ipsa virtus angeli, qua conceptum suum manifestat.
ra3 ‘ Ad tertium dicendum quod, quantum ad angelos bonos, qui semper se invicem vident in verbo, non esset necessarium ponere aliquid excitativum, quia sicut unus semper videt alium, ita semper videt quidquid in eo est ad se ordinatum. sed quia etiam in statu naturae conditae sibi invicem loqui poterant, et mali angeli etiam nunc sibi invicem loquuntur; dicendum est quod, sicut sensus movetur a sensibili, ita intellectus movetur ab intelligibili. sicut ergo per signum sensibile excitatur sensus, ita per aliquam virtutem intelligibilem potest excitari mens angeli ad attendendum.

007 ST1 qu107 ar2

ag1 ‘ Ad secundum sic proceditur. videtur quod inferior angelus superiori non loquatur. * quia super illud i cor. xiii, ° si linguis hominum loquar et angelorum, * dicit glossa quod “ locutiones angelorum sunt illuminationes, quibus superiores illuminant inferiores. ‘ sed inferiores nunquam illuminant superiores, * ut supra dictum est. ‘ ergo nec inferiores superioribus loquuntur.
ag2 * Praeterea, supra dictum est quod ‘ illuminare nihil est aliud quam illud quod est alicui manifestum, alteri manifestare. sed hoc idem est loqui. ergo idem est loqui, et illuminare, et sic idem quod prius.
ag3 * Praeterea, gregorius dicit, ii moral., quod ° deus ad angelos loquitur, eo ipso quod eorum cordibus occulta sua invisibilia ostendit. ‘ sed hoc ipsum est illuminare. ergo omnis dei locutio est illuminatio. pari ergo ratione, omnis angeli locutio est illuminatio. nullo ergo modo angelus inferior superiori loqui potest.
sc * Sed contra est quod, sicut dionysius exponit vii cael. hier., “ inferiores angeli superioribus dixerunt, quis est iste rex gloriae?
co ‘ Respondeo dicendum quod angeli inferiores superioribus loqui possunt. ad cuius evidentiam, considerandum est quod omnis illuminatio est locutio in angelis, sed non omnis locutio est illuminatio. quia * sicut dictum est, ‘ angelum loqui angelo nihil aliud est quam conceptum suum ordinare ad hoc ut ei innotescat, per propriam voluntatem. ea vero quae mente concipiuntur, ad duplex principium referri possunt, scilicet ad ipsum deum, qui est prima veritas; et ad voluntatem intelligentis, per quam aliquid actu consideramus. quia vero veritas est lumen intellectus, et regula omnis veritatis est ipse deus; manifestatio eius quod mente concipitur, secundum quod dependet a prima veritate, et locutio est et illuminatio; puta si unus homo dicat alii, caelum est a deo creatum, vel, homo est animal. sed manifestatio eorum quae dependent ex voluntate intelligentis, non potest dici illuminatio, sed locutio tantum; puta si aliquis alteri dicat, volo hoc addiscere, volo hoc vel illud facere. cuius ratio est, quia voluntas creata non est lux, nec regula veritatis, sed participans lucem, unde communicare ea quae sunt a voluntate creata, inquantum huiusmodi, non est illuminare. non enim pertinet ad perfectionem intellectus mei, quid tu velis, vel quid tu intelligas, cognoscere, sed solum quid rei veritas habeat. manifestum est autem quod angeli dicuntur superiores vel inferiores per comparationem |25| ad hoc principium quod est deus. et ideo illuminatio, quae dependet a principio quod est deus, solum per superiores angelos ad inferiores deducitur. sed in ordine ad principium quod est voluntas, ipse volens est primus et supremus. et ideo manifestatio eorum quae ad voluntatem pertinent, per ipsum volentem deducitur ad alios quoscumque. et quantum ad hoc, et superiores inferioribus, et inferiores superioribus loquuntur.
ra1 ‘ Et per hoc patet solutio ad primum, et ad secundum.
ra3 ‘ Ad tertium dicendum quod omnis dei locutio ad angelos est illuminatio, quia cum voluntas dei sit regula veritatis, etiam scire quid deus velit, pertinet ad perfectionem et illuminationem mentis creatae. sed non est eadem ratio de voluntate angeli, * ut dictum est.

007 ST1 qu107 ar3

ag1 ‘ Ad tertium sic proceditur. videtur quod angelus deo non loquatur. locutio enim est ad manifestandum aliquid alteri. sed angelus nihil potest manifestare deo, qui omnia novit. ergo angelus non loquitur deo.
ag2 ‘ Praeterea, loqui est ordinare conceptum intellectus ad alterum, * ut dictum est. ‘ sed angelus semper conceptum suae mentis ordinat in deum. si ergo aliquando deo loquitur, semper deo loquitur, quod potest videri alicui inconveniens, cum aliquando angelus angelo loquatur. videtur ergo quod angelus nunquam loquatur deo.
sc * Sed contra est quod dicitur zachar. i, ° respondit angelus domini, et dixit, domine exercituum, usquequo non misereberis ierusalem? ‘ loquitur ergo angelus deo.
co * Respondeo dicendum quod, sicut dictum est, ‘ locutio angeli est per hoc, quod conceptus mentis ordinatur ad alterum. sed aliquid ordinatur ad alterum dupliciter. uno modo, ad hoc quod communicet alteri; sicut in rebus naturalibus agens ordinatur ad patiens et in locutione humana doctor ordinatur ad discipulum. et quantum ad hoc, nullo modo angelus loquitur deo, neque de his quae ad rerum veritatem pertinent, neque de his quae dependent a voluntate creata, quia deus est omnis veritatis et omnis voluntatis principium et conditor. alio modo ordinatur aliquid ad alterum, ut ab eo aliquid accipiat; sicut in rebus naturalibus passivum ad agens, et in locutione humana discipulus ad magistrum. et hoc modo angelus loquitur deo, vel consultando divinam voluntatem de agendis; vel eius excellentiam, quam nunquam comprehendit, admirando; * sicut gregorius dicit, ii moral., quod ° angeli loquuntur deo, cum per hoc quod super semetipsos respiciunt, in motum admirationis surgunt.
ra1 ‘ Ad primum ergo dicendum quod locutio non semper est ad manifestandum alteri; sed quandoque ad hoc ordinatur finaliter, ut loquenti aliquid manifestetur; sicut cum discipulus quaerit aliquid a magistro.
ra2 ‘ Ad secundum dicendum quod locutione qua angeli loquuntur deo laudantes ipsum et admirantes, semper angeli deo loquuntur. sed locutione qua eius sapientiam consulunt super agendis, tunc ei loquuntur, quando aliquod novum per eos agendum occurrit, super quo desiderant illuminari.

007 ST1 qu107 ar4

ag1 ‘ Ad quartum sic proceditur. videtur quod localis distantia operetur aliquid in locutione angelica. * sicut enim dicit damascenus, ° angelus ubi est, ibi operatur. ‘ locutio autem est quaedam operatio angeli. cum ergo angelus sit in determinato loco, videtur quod usque ad determinatam loci distantiam angelus loqui possit.
ag2 ‘ Praeterea, clamor loquentis fit propter distantiam audientis. * sed isaiae vi dicitur de seraphim, quod ‘ clamabat alter ad alterum. ergo videtur quod in locutione angelorum aliquid operetur localis distantia.
sc * Sed contra est quod, sicut dicitur luc. xvi, ‘ dives in inferno positus loquebatur abrahae, non impediente locali distantia. multo igitur minus localis distantia potest impedire locutionem unius angeli ad alterum.
co ‘ Respondeo dicendum quod locutio angeli in intellectuali operatione consistit, * ut ex dictis patet. ‘ intellectualis autem operatio angeli omnino abstracta est a loco et tempore, nam etiam nostra intellectualis operatio est per abstractionem ab hic et nunc, nisi per accidens ex parte phantasmatum, quae in angelis nulla sunt. in eo autem quod est omnino abstractum a loco et tempore, nihil operatur neque temporis diversitas, neque loci distantia. unde in locutione angeli nullum impedimentum facit distantia loci.
ra1 ‘ Ad primum ergo dicendum quod locutio angeli, * sicut dictum est, ‘ est locutio interior, quae tamen ab alio percipitur, et ideo est in angelo loquente, et per consequens ubi est angelus loquens. sed sicut distantia localis non impedit quin unus angelus alium videre possit; ita etiam non impedit quin percipiat quod in eo ad se ordinatur, quod est eius locutionem percipere.
ra2 ‘ Ad secundum dicendum quod clamor ille non est vocis corporeae, qui fit propter distantiam loci; sed significat magnitudinem rei quae dicebatur, vel magnitudinem affectus, * secundum quod dicit gregorius, ii moral., ° tanto quisque minus clamat, quanto minus desiderat.

007 ST1 qu107 ar5

ag1 ‘ Ad quintum sic proceditur. videtur quod locutionem unius angeli ad alterum omnes cognoscant. quod enim unius hominis locutionem non omnes audiant, facit inaequalis loci distantia. sed in locutione angeli nihil operatur localis distantia, * ut dictum est. ‘ ergo uno angelo loquente ad alterum, omnes percipiunt.
ag2 ‘ Praeterea, omnes angeli communicant in virtute intelligendi. si ergo conceptus mentis unius ordinatus ad alterum cognoscitur ab uno, pari ratione cognoscitur ab aliis.
ag3 ‘ Praeterea, illuminatio est quaedam species locutionis. sed illuminatio unius angeli ab altero, pervenit ad omnes angelos, * quia, ut dionysius dicit xv cap. cael. hier., ° unaquaeque caelestis essentia intelligentiam sibi traditam aliis communicat. ‘ ergo et locutio unius angeli ad alterum, ad omnes perducitur.
sc ‘ Sed contra est quod unus homo potest alteri soli loqui. multo igitur magis hoc in angelis esse potest.
co * Respondeo dicendum quod, sicut supra dictum est, ‘ conceptus mentis unius angeli percipi potest ab altero, per hoc quod ille cuius est conceptus, sua voluntate ordinat ipsum ad alterum. potest autem ex aliqua causa ordinari aliquid ad unum, et non ad aliterum. et ideo potest conceptus unius ab aliquo uno cognosci, et non ab aliis. et sic locutionem unius angeli ad alterum potest percipere unus absque aliis, non quidem impediente distantia locali, sed hoc faciente voluntaria ordinatione, * ut dictum est.
ra1 ‘ Unde patet responsio ad primum et secundum.
ra3 ‘ Ad tertium dicendum quod illuminatio est de his quae emanant a prima regula veritatis, quae est principium commune omnium angelorum, et ideo illuminationes sunt omnibus communes. sed locutio potest esse de his quae ordinantur ad principium voluntatis creatae, quod est proprium unicuique angelo, et ideo non oportet quod huiusmodi locutiones sint omnibus communes.

007 ST1 qu108 ar

pr ‘ Deinde considerandum est de ordinatione angelorum secundum hierarchias et ordines, dictum est enim quod superiores inferiores illuminant, et non e converso. et circa hoc quaeruntur octo. primo, utrum omnes angeli sint unius hierarchiae. secundo, utrum in una hierarchia sit unus tantum ordo. tertio, utrum in uno ordine sint plures angeli. quarto, utrum distinctio hierarchiarum et ordinum sit a natura. quinto, de nominibus et proprietatibus singulorum ordinum. sexto, de comparatione ordinum ad invicem. septimo, utrum ordines durent post diem iudicii. octavo, utrum homines assumantur ad ordines angelorum.

007 ST1 qu108 ar1

ag1 ‘ Ad primum sic proceditur. videtur quod omnes angeli sint unius hierarchiae. cum enim angeli sint supremi inter creaturas, oportet dicere quod sint optime dispositi. sed optima dispositio est multitudinis secundum quod continetur sub uno principatu; * ut patet per philosophum, xii metaphys., et in iii politic.. ‘ cum ergo hierarchia nihil sit aliud quam sacer principatus, videtur quod omnes angeli sint unius hierarchiae.
ag2 * Praeterea, dionysius dicit, in iii cap. cael. hier., quod ° hierarchia est ordo, scientia et actio. ‘ sed omnes angeli conveniunt in uno ordine ad deum, quem cognoscunt, et a quo in suis actionibus regulantur. ergo omnes angeli sunt unius hierarchiae.
ag3 ‘ Praeterea, sacer principatus, qui dicitur hierarchia, invenitur in hominibus et angelis. sed omnes homines sunt unius hierarchiae. ergo etiam omnes angeli sunt unius hierarchiae.
sc * Sed contra est quod dionysius, vi cap. cael. hier., “ distinguit tres hierarchias angelorum.
co ‘ Respondeo dicendum quod hierarchia est sacer principatus, * ut dictum est. ‘ in nomine autem principatus duo intelliguntur, scilicet ipse princeps, et multitudo ordinata sub principe. quia igitur unus est deus princeps non solum omnium angelorum, sed etiam hominum, et totius creaturae; ideo non solum omnium angelorum, sed etiam totius rationalis creaturae, quae sacrorum particeps esse potest, una est hierarchia, * secundum quod augustinus dicit, in xii de civ. dei ° duas esse civitates, hoc est societates, unam in bonis angelis et hominibus, alteram in malis. ‘ sed si consideretur principatus ex parte multitudinis ordinatae sub principe, sic unus principatus dicitur secundum quod multitudo uno et eodem modo potest gubernationem principis recipere. quae vero non possunt secundum eundem modum gubernari a principe, ad diversos principatus pertinent, sicut sub uno rege sunt diversae civitates, quae diversis reguntur legibus et ministris. manifestum est autem quod homines alio modo divinas illuminationes percipiunt quam angeli, nam angeli percipiunt eas in intelligibili puritate, homines vero percipiunt eas sub sensibilium similitudinibus, * ut dionysius dicit i cap. cael. hier.. ‘ et ideo oportuit distingui humanam hierarchiam ab angelica. et per eundem modum in angelis |25| tres hierarchiae distinguuntur. * dictum est enim supra, dum de cognitione angelorum ageretur, quod ‘ superiores angeli habent universaliorem cognitionem veritatis quam inferiores. huiusmodi autem universalis acceptio cognitionis secundum tres gradus in angelis distingui potest. possunt enim rationes rerum de quibus angeli illuminantur, considerari tripliciter. primo quidem, secundum quod procedunt a primo principio universali, quod est deus, et iste modus convenit primae hierarchiae, quae immediate ad deum extenditur, “ et quasi in vestibulis dei collocatur, * ut dionysius dicit vii cap. cael. hier.. ‘ secundo vero, prout huiusmodi rationes dependent ab universalibus causis creatis, quae iam aliquo modo multiplicantur, et hic modus convenit secundae hierarchiae. tertio autem modo, secundum quod huiusmodi rationes applicantur singulis rebus, et prout dependent a propriis causis, et hic modus convenit infimae hierarchiae. * quod plenius patebit, cum de singulis ordinibus agetur. ‘ sic igitur distinguuntur hierarchiae ex parte multitudinis subiectae. * unde manifestum est eos errare, et contra intentionem dionysii loqui, qui ponunt “ in divinis personis hierarchiam quam vocant supercaelestem. |50| ‘ in divinis enim personis est quidam ordo naturae, sed non hierarchiae. * nam, ut dionysius dicit iii cap. cael. hier., ° ordo hierarchiae est alios quidem purgari et illuminari et perfici, alios autem purgare et illuminare et perficere. ‘ quod absit ut in divinis personis ponamus.
ra1 ‘ Ad primum ergo dicendum quod ratio illa procedit de principatu ex parte principis, quia optimum est quod multitudo regatur ab uno principe, * ut philosophus in praedictis locis intendit.

ra2 ‘ Ad secundum dicendum quod, quantum ad cognitionem ipsius dei, quem omnes uno modo, scilicet per essentiam, vident, non distinguuntur in angelis hierarchiae, sed quantum ad rationes rerum creatarum, * ut dictum est.
ra3 ‘ Ad tertium dicendum quod omnes homines sunt unius speciei, et unus modus intelligendi est eis connaturalis, non sic autem est in angelis. ‘unde non est similis ratio.

007 ST1 qu108 ar2

ag1 ‘ Ad secundum sic proceditur. videtur quod in una hierarchia non sint plures ordines. multiplicata enim definitione, multiplicatur et definitum. sed hierarchia, * ut dionysius dicit, ‘ est ordo. si ergo sunt multi ordines, non erit una hierarchia, sed multae.
ag2 ‘ Praeterea, diversi ordines sunt diversi gradus. sed gradus in spiritualibus constituuntur secundum diversa dona spiritualia. sed in angelis omnia dona spiritualia sunt communia, quia nihil ibi singulariter possidetur. ergo non sunt diversi ordines angelorum.
ag3 ‘ Praeterea, in ecclesiastica hierarchia distinguuntur ordines secundum purgare, illuminare et perficere, “ nam ordo diaconorum est purgativus, sacerdotum illuminativus, episcoporum perfectivus, * ut dionysius dicit v cap. eccles. hier.. ‘ sed quilibet angelus purgat, illuminat et perficit. non ergo est distinctio ordinum in angelis.
sc * Sed contra est quod apostolus dicit ad ephes. i, quod “ deus constituit christum hominem supra ° omnem principatum et potestatem et virtutem et dominationem; ‘ qui sunt diversi ordines angelorum, et quidam eorum ad unam hierarchiam pertinent, * ut infra patebit.
co * Respondeo dicendum quod, sicut dictum est, ‘ una hierarchia est unus principatus, idest una multitudo ordinata uno modo sub principis gubernatione. non autem esset multitudo ordinata, sed confusa, si in multitudine diversi ordines non essent. ipsa ergo ratio hierarchiae requirit ordinum diversitatem. quae quidem diversitas ordinum secundum diversa officia et actus consideratur. sicut patet quod in una civitate sunt diversi ordines secundum diversos actus, nam alius est ordo iudicantium, alius pugnantium, alius laborantium in agris, et sic de aliis. sed quamvis multi sint unius civitatis ordines, omnes tamen ad tres possunt reduci, secundum quod quaelibet multitudo perfecta habet principium, medium et finem. unde et in civitatibus triplex ordo hominum invenitur, quidam enim sunt supremi, ut optimates; quidam autem sunt infimi, ut vilis populus; quidam autem sunt medii, ut populus honorabilis. sic igitur et in qualibet hierarchia angelica ordines distinguuntur secundum diversos actus et officia; et omnis ista diversitas ad tria reducitur, scilicet ad summum, medium et infimum. * et propter hoc in qualibet hierarchia dionysius ponit tres ordines.
ra1 ‘ Ad primum ergo dicendum quod ordo dupliciter dicitur. uno modo, ipsa ordinatio comprehendens sub se diversos gradus, et hoc modo hierarchia dicitur ordo. alio modo dicitur ordo gradus unus, et sic dicuntur plures ordines unius hierarchiae.
ra2 ‘ Ad secundum dicendum quod in societate angelorum omnia possidentur communiter; sed tamen quaedam excellentius habentur a quibusdam quam ab aliis. unumquodque autem perfectius habetur ab eo qui potest illud communicare, quam ab eo qui non potest, sicut perfectius est calidum quod potest calefacere, quam quod non potest; et perfectius scit qui potest docere, quam qui non potest. et quanto perfectius donum aliquis communicare potest, tanto in perfectiori gradu est, sicut in perfectiori gradu magisterii est qui potest docere altiorem scientiam. et secundum hanc similitudinem consideranda est diversitas graduum vel ordinum in angelis, secundum diversa officia et actus.
ra3 ‘ Ad tertium dicendum quod inferior angelus est superior supremo homine nostrae hierarchiae; * secundum illud matth. xi, ° qui minor est in regno caelorum, maior est illo, “ scilicet ioanne baptista, quo nullus maior inter natos mulierum surrexit. ‘ unde minor angelus caelestis hierarchiae potest non solum purgare sed illuminare et perficere, et altiori modo quam ordines nostrae hierarchiae. et sic secundum distinctionem harum actionum non distinguuntur caelestes ordines; sed secundum alias differentias actionum.

007 ST1 qu108 ar3

ag1 ‘ Ad tertium sic proceditur. videtur quod in uno ordine non sint plures angeli. * dictum est enim supra ‘ omnes angelos inaequales esse ad invicem. sed unius ordinis esse dicuntur quae sunt aequalia. ergo plures angeli non sunt unius ordinis.
ag2 ‘ Praeterea, quod potest sufficienter fieri per unum, superfluum est quod fiat per multa. sed illud quod pertinet ad unum officium angelicum, sufficienter potest fieri per unum angelum; multo magis quam per unum solem sufficienter fit quod pertinet ad officium solis, quanto perfectior est angelus caelesti corpore. si ergo ordines distinguuntur secundum officia, * ut dictum est, ‘ superfluum est quod sint plures angeli unius ordinis.
ag3 * Praeterea, supra dictum est quod ‘ omnes angeli sunt inaequales. si ergo plures angeli sint unius ordinis, puta tres vel quatuor, infimus superioris ordinis magis conveniet cum supremo inferioris quam cum supremo sui ordinis. et sic non videtur quod magis sit unius ordinis cum hoc, quam cum illo. non igitur sunt plures angeli unius ordinis.
sc ‘ Sed contra est quod * isaiae vi dicitur, quod ‘ seraphim clamabant alter ad alterum. sunt ergo plures angeli in uno ordine seraphim.
co ‘ Respondeo dicendum quod ille qui perfecte cognoscit res aliquas, potest usque ad minima et actus et virtutes et naturas earum distinguere. qui autem cognoscit eas imperfecte, non potest distinguere nisi in universali, quae quidem distinctio fit per pauciora. sicut qui imperfecte cognoscit res naturales, distinguit earum ordines in universali, ponens in uno ordine caelestia corpora, in alio corpora inferiora inanimata, in alio plantas, in alio animalia, qui autem perfectius cognosceret res naturales, posset distinguere et in ipsis corporibus caelestibus diversos ordines, et in singulis aliorum. nos autem imperfecte angelos cognoscimus, et eorum officia, * ut dionysius dicit vi cap. cael. hier.. ‘ unde non possumus distinguere officia et ordines angelorum, nisi in communi; secundum quem modum, multi angeli sub uno ordine continentur. si autem perfecte cognosceremus officia angelorum, et eorum distinctiones, perfecte sciremus quod quilibet angelus habet suum proprium officium et suum proprium ordinem in rebus, multo magis quam quaelibet stella, etsi nos lateat.
ra1 ‘ Ad primum ergo dicendum quod omnes angeli unius ordinis sunt aliquo modo aequales, quantum ad communem similitudinem secundum quam constituuntur in uno ordine, sed simpliciter non sunt aequales. * unde dionysius dicit, x cap. cael. hier., quod “ in uno et eodem ordine angelorum, est accipere primos, medios et ultimos.
ra2 ‘ Ad secundum dicendum quod illa specialis distinctio ordinum et officiorum secundum quam quilibet angelus habet proprium officium et ordinem, est nobis ignota.
ra3 ‘ Ad tertium dicendum quod, sicut in superficie quae partim est alba et partim nigra, duae partes quae sunt in confinio albi et nigri, magis conveniunt secundum situm quam aliquae duae partes albae, minus tamen secundum qualitatem; ita duo angeli qui sunt in terminis duorum ordinum, magis secum conveniunt secundum propinquitatem naturae, quam unus eorum cum aliquibus aliis sui ordinis; minus autem secundum idoneitatem ad similia officia, quae quidem idoneitas usque ad aliquem certum terminum protenditur.

007 ST1 qu108 ar4

ag1 ‘ Ad quartum sic proceditur. videtur quod distinctio hierarchiarum et ordinum non sit a natura in angelis. hierarchia enim dicitur sacer principatus, * et in definitione eius dionysius ponit quod ° deiforme, quantum possibile est, similat. ‘ sed sanctitas et deiformitas est in angelis per gratiam, non per naturam. ergo distinctio hierarchiarum et ordinum in angelis est per gratiam, non per naturam.
ag2 “ Praeterea, seraphim dicuntur ardentes, vel incendentes, * ut dionysius dicit vii cap. cael. hier.. ‘ hoc autem videtur ad caritatem pertinere, quae non est a natura, sed a gratia, ° diffunditur enim in cordibus nostris per spiritum sanctum, qui datus est nobis, * ut dicitur ad rom. v. ° quod non solum ad sanctos homines pertinet, sed etiam de sanctis angelis dici potest, * ut augustinus dicit xii de civ. dei. ‘ ergo ordines in angelis non sunt a natura, sed a gratia.
ag3 ‘ Praeterea, hierarchia ecclesiastica exemplatur a caelesti. sed ordines in hominibus non sunt per naturam, sed per donum gratiae, non enim est a natura quod unus est episcopus, et alius est sacerdos, et alius diaconus. ergo neque in angelis sunt ordines a natura, sed a gratia tantum.
sc * Sed contra est quod magister dicit, ix dist. ii sent., quod ° ordo angelorum dicitur multitudo caelestium spirituum, qui inter se aliquo munere gratiae similantur, sicut et naturalium datorum participatione conveniunt. ‘ distinctio ergo ordinum in angelis est non solum secundum dona gratuita, sed etiam secundum dona naturalia.
co ‘ Respondeo dicendum quod ordo gubernationis, qui est ordo multitudinis sub principatu existentis, attenditur per respectum ad finem. finis autem angelorum potest accipi dupliciter. uno modo, secundum facultatem suae naturae, ut scilicet cognoscant et ament deum naturali cognitione et amore. et secundum respectum ad hunc finem, distinguuntur ordines angelorum secundum naturalia dona. alio modo potest accipi finis angelicae multitudinis supra naturalem facultatem eorum, qui consistit in visione divinae essentiae, et in immobili fruitione bonitatis ipsius; ad quem finem pertingere non possunt nisi per gratiam. unde secundum respectum ad hunc finem, ordines distinguuntur in angelis completive quidem secundum dona gratuita, dispositive autem secundum dona naturalia, quia angelis data sunt dona gratuita secundum capacitatem naturalium, quod non est in hominibus, * ut supra dictum est. ‘ unde in hominibus distinguuntur ordines secundum dona gratuita tantum, et non secundum naturam.
ra ‘ Et per hoc patet responsio ad obiecta.

007 ST1 qu108 ar5

ag1 ‘ Ad quintum sic proceditur. videtur quod ordines angelorum non convenienter nominentur. omnes enim caelestes spiritus dicuntur et angeli et virtutes caelestes. sed nomina communia inconvenienter aliquibus appropriantur. ergo inconvenienter nominatur unus ordo angelorum, et alius virtutum.
ag2 ‘ Praeterea, esse dominum est proprium dei; * secundum illud psal. xcix ° scitote quoniam dominus ipse est deus. ‘ ergo inconvenienter unus ordo caelestium spirituum dominationes vocatur.
ag3 ‘ Praeterea, nomen dominationis ad gubernationem pertinere videtur. similiter autem et nomen principatuum, et potestatum. inconvenienter ergo tribus ordinibus haec tria nomina imponuntur.
ag4 ‘ Praeterea, archangeli dicuntur quasi principes angeli. non ergo hoc nomen debet imponi alii ordini quam ordini principatuum.
ag5 ‘ Praeterea, nomen seraphim imponitur ab ardore qui ad caritatem pertinet, nomen autem cherubim imponitur a scientia. caritas autem et scientia sunt dona communia omnibus angelis. non ergo debent esse nomina specialium ordinum.
ag6 ‘ Praeterea, throni dicuntur sedes. sed ex hoc ipso deus in creatura rationali sedere dicitur, quod ipsum cognoscit et amat. non ergo debet esse alius ordo thronorum ab ordine cherubim et seraphim. sic igitur videtur quod inconvenienter ordines angelorum nominentur.
sc * Sed contra est auctoritas sacrae scripturae, quae sic eos nominat. nomen enim seraphim ponitur isaiae vi; nomen cherubim ezech. i; nomen thronorum, coloss. i; dominationes autem et virtutes et potestates et principatus ponuntur ephes. i; nomen autem archangeli ponitur in canonica iudae, nomina autem angelorum in pluribus scripturae locis.
co ‘ Respondeo dicendum quod in nominatione angelicorum ordinum, considerare oportet quod ° propria nomina singulorum ordinum proprietates eorum designant, * ut dionysius dicit vii cap. cael. hier.. ‘ ad videndum autem quae sit proprietas cuiuslibet ordinis, considerare oportet quod in rebus ordinatis tripliciter aliquid esse contingit, scilicet per proprietatem, per excessum, et per participationem. per proprietatem autem dicitur esse aliquid in re aliqua, quod adaequatur et proportionatur naturae ipsius. per excessum autem, quando illud quod attribuitur alicui, est minus quam res cui attribuitur, sed tamen convenit illi rei per quendam excessum; * sicut dictum est de omnibus nominibus quae attribuuntur deo. ‘ per participationem autem, quando illud quod attribuitur alicui, non plenarie invenitur in eo, sed deficienter; sicut sancti homines participative dicuntur dii. si ergo aliquid nominari debeat nomine designante proprietatem ipsius, non debet nominari ab eo quod imperfecte participat, neque ab eo quod excedenter habet; sed ab eo quod est sibi quasi coaequatum. sicut si quis velit proprie nominare hominem, dicet eum substantiam rationalem, non autem substantiam intellectualem, quod est proprium nomen angeli, quia simplex intelligentia convenit angelo per proprietatem, homini vero per participationem; neque substantiam sensibilem, quod est nomen bruti proprium, quia sensus est minus quam id quod est |25| proprium homini, et convenit homini excedenter prae aliis animalibus. sic igitur considerandum est in ordinibus angelorum, quod omnes spirituales perfectiones sunt omnibus angelis communes et quod omnes abundantius existunt in superioribus quam in inferioribus. sed cum in ipsis etiam perfectionibus sit quidam gradus, superior perfectio attribuitur superiori ordini per proprietatem, inferiori vero per participationem, e converso autem inferior attribuitur inferiori per proprietatem, superiori autem per excessum. et ita superior ordo a superiori perfectione nominatur. * sic igitur dionysius exponit “ ordinum nomina secundum convenientiam ad spirituales perfectiones eorum. * gregorius vero, in expositione horum nominum, “ magis attendere videtur exteriora ministeria. * dicit enim, quod ° angeli dicuntur qui minima nuntiant; archangeli, qui summa; virtutes per quas miracula fiunt; potestates quibus adversae potestates repelluntur; principatus, qui ipsis bonis spiritibus praesunt.
ra1 ‘ Ad primum ergo dicendum quod angelus nuntius dicitur. omnes ergo caelestes spiritus, inquantum sunt manifestatores divinorum, angeli vocantur. sed superiores angeli habent quandam excellentiam in hac manifestatione, a qua superiores ordines nominantur. infimus autem angelorum ordo nullam excellentiam supra communem manifestationem addit, et ideo a simplici manifestatione nominatur. et sic nomen commune remanet infimo ordini quasi proprium, * ut dicit dionysius v cap. cael. hier.. ‘ vel potest dici quod infimus ordo specialiter dicitur ordo angelorum, quia immediate nobis annuntiant. virtus autem dupliciter accipi potest. uno modo, communiter, secundum quod est media inter essentiam et operationem, et sic omnes caelestes spiritus nominantur caelestes virtutes, sicut et caelestes essentiae. alio modo, secundum quod importat quendam excessum fortitudinis, et sic est proprium nomen ordinis. * unde dionysius dicit, viii cap. cael. hier., quod “ nomen virtutum significat quandam virilem et inconcussam fortitudinem, primo quidem ad omnes opera-

tiones divinas eis convenientes; secundo, ad suscipiendum divina. et ita significat quod sine aliquo timore aggrediuntur divina quae ad eos pertinent, quod videtur ad fortitudinem animi pertinere.
ra2 ‘ Ad secundum dicendum quod, * sicut dicit dionysius xii cap. de div. nom., ° dominatio laudatur in deo singulariter per quendam excessum, sed per participationem, divina eloquia vocant dominos principaliores ornatus, per quos inferiores ex donis eius accipiunt. * unde et dionysius dicit in viii cap. cael. hier., quod “ nomen dominationum primo quidem significat quandam libertatem, quae est a servili conditione et pedestri subiectione, sicut plebs subiicitur, et a tyrannica oppressione, quam interdum etiam maiores patiuntur. secundo significat quandam rigidam et inflexibilem gubernationem, quae ad nullum servilem actum inclinatur, neque ad aliquem actum subiectorum vel oppressorum a tyrannis. tertio significat appetitum et participationem veri dominii, quod est in deo. ‘ et similiter nomen cuiuslibet ordinis significat participationem eius quod est in deo; sicut nomen virtutum significat participationem divinae virtutis; et sic de aliis.
ra3 ‘ Ad tertium dicendum quod nomen dominationis, et potestatis, et principatus, diversimode ad gubernationem pertinet. nam domini est solummodo praecipere de agendis. * et ideo gregorius dicit quod ° quaedam angelorum agmina, pro eo quod eis cetera ad obediendum subiecta sunt, dominationes vocantur. ‘ nomen vero potestatis ordinationem quandam designat; * secundum illud apostoli ad rom. xiii, ° qui potestati resistit, dei ordinationi resistit. * et ideo dionysius dicit quod “ nomen potestatis significat quandam ordinationem et circa susceptionem divinorum, et circa actiones divinas quas superiores in inferiores agunt, eas sursum ducendo. ‘ ad ordinem ergo potestatum pertinet ordinare quae a subditis sint agenda. principari vero, * ut gregorius dicit, “ est inter reliquos priorem existere, quasi primi sint in executione eorum quae imperantur. et ideo * dionysius dicit, ix cap. cael. hier., quod “ nomen principatuum significat ductivum cum ordine sacro. ‘ illi enim qui alios ducunt, primi inter eos existentes, principes proprie vocantur * secundum illud psalmi lxvii, ° praevenerunt principes coniuncti psallentibus.
ra4 ‘ Ad quartum dicendum quod archangeli, * secundum dionysium, ‘ medii sunt inter principatus et angelos. medium autem comparatum uni extremo, videtur alterum, inquantum participat naturam utriusque, sicut tepidum respectu calidi est frigidum, respectu vero frigidi est calidum. sic et archangeli dicuntur quasi principes angeli, quia respectu angelorum sunt principes, respectu vero principatuum sunt angeli. * secundum gregorium autem, “ dicuntur archangeli ex eo quod principantur soli ordini angelorum, quasi magna nuntiantes. principatus autem dicuntur ex eo quod principantur omnibus caelestibus virtutibus divinas iussiones explentibus.
ra5 ‘ Ad quintum dicendum quod nomen seraphim non imponitur tantum a caritate, sed a caritatis excessu, quem importat nomen ardoris vel incendii. * unde dionysius, vii cap. cael. hier., exponit “ nomen seraphim secundum proprietates ignis, in quo est excessus caliditatis. ‘ in igne autem tria possumus considerare. primo quidem, motum, qui est sursum, et qui est continuus. per quod significatur quod indeclinabiliter moventur in deum. secundo vero, virtutem activam eius, quae est calidum. quod quidem non simpliciter invenitur in igne, sed cum quadam acuitate, quia maxime est penetrativus in agendo, et pertingit usque ad minima; et iterum cum quodam superexcedenti fervore. et per hoc significatur actio huiusmodi angelorum, quam in subditos potenter exercent, eos in similem fervorem excitantes, et totaliter eos per incendium purgantes. tertio consideratur in igne claritas eius. et hoc significat quod huiusmodi angeli in seipsis habent inextinguibilem lucem, et quod alios perfecte illuminant. similiter etiam nomen cherubim imponitur a quodam excessu scientiae, unde interpretatur plenitudo scientiae. * quod dionysius exponit quantum ad quatuor, “ primo quidem, quantum ad perfectam dei visionem; secundo, quantum ad plenam susceptionem divini luminis; tertio, quantum ad hoc, quod in ipso deo contemplantur pulchritudinem ordinis rerum a deo derivatam; quarto, quantum ad hoc, quod ipsi pleni existentes huiusmodi cognitione, eam copiose in alios effundunt.
ra6 ‘ Ad sextum dicendum quod ordo thronorum habet excellentiam prae inferioribus ordinibus in hoc, quod immediate in deo rationes divinorum operum cognoscere possunt. sed cherubim habent excellentiam scientiae; seraphim vero excellentiam ardoris. et licet in his duabus excellentiis includatur tertia, non tamen in illa quae est thronorum, includuntur aliae duae. et ideo ordo thronorum distinguitur ab ordine cherubim et seraphim. hoc enim est commune in omnibus, quod excellentia inferioris continetur in excellentia superioris, et non e converso. * exponit autem dionysius “ nomen thronorum, per convenientiam ad materiales sedes. ‘ in quibus est quatuor considerare. primo quidem, situm, quia sedes supra terram elevantur. et sic ipsi angeli qui throni dicuntur, elevantur usque ad hoc, quod in deo immediate rationes rerum cognoscant. secundo in materialibus sedibus consideratur firmitas, quia in ipsis aliquis firmiter sedet. hic autem est e converso, nam ipsi angeli firmantur per deum. tertio, quia sedes suscipit sedentem, et in ea deferri potest. sic et isti angeli suscipiunt deum in seipsis, et eum quodammodo ad inferiores ferunt. quarto, ex figura, quia sedes ex una parte est aperta ad suscipiendum sedentem. ita et isti angeli sunt per promptitudinem aperti ad suscipiendum deum, et famulandum ipsi.

007 ST1 qu108 ar6

ag1 ‘ Ad sextum sic proceditur. videtur quod inconveniente gradus ordinum assignentur. ordo enim praelatorum videtur esse supremus. sed dominationes, principatus et potestates ex ipsis nominibus praelationem quandam habent. ergo isti ordines debent esse inter omnes supremi.
ag2 ‘ Praeterea, quanto aliquis ordo est deo propinquior, tanto est superior. sed ordo thronorum videtur esse deo propinquissimus, nihil enim coniungitur propinquius sedenti, quam sua sedes. ergo ordo thronorum est altissimus.
ag3 ‘ Praeterea, scientia est prior quam amor; et intellectus videtur esse altior quam voluntas. ergo et ordo cherubim videtur esse altior quam ordo seraphim.
ag4 * Praeterea, gregorius ponit ‘ principatus supra potestates. non ergo collocantur immediate supra archangelos, * ut dionysius dicit.
sc * Sed contra est quod dionysius ponit, “ in prima quidem hierarchia. seraphim ut primos, cherubim ut medios, thronos ut ultimos; in media vero, dominationes ut primos, virtutes ut medios, potestates ut ultimos; in ultima, principatus ut primos, archangelos ut medios, angelos ut ultimos.
co * Respondeo dicendum quod gradus angelicorum ordinum assignant et gregorius et dionysius, quantum ad alia quidem convenienter, sed quantum ad principatus et virtutes differenter. nam dionysius “ collocat virtutes sub dominationibus et supra potestates, principatus autem sub potestatibus et supra archangelos, * gregorius autem ponit “ principatus in medio dominationum et potestatum, virtutes vero in medio potestatum et archangelorum. et utraque assignatio fulcimentum habere potest ex auctoritate apostoli. qui, medios ordines ascendendo enumerans, * dicit, ephes. i, quod “ deus constituit illum, scilicet christum, ad dexteram suam in caelestibus, supra omnem principatum et potestatem et virtutem et dominationem, ubi virtutem ponit inter potestatem et dominationem, * secundum assignationem dionysii. sed ad coloss. i, enumerans eosdem ordines descendendo, dicit, sive “ throni, sive dominationes, sive principatus, sive potestates, omnia per ipsum et in ipso creata sunt, ubi principatus ponit medios inter dominationes et potestates, * secundum assignationem gregorii. primo igitur videamus rationem assignationis dionysii. * in qua considerandum est quod, sicut supra dictum est, ‘ prima hierarchia accipit rationes rerum in ipso deo; secunda vero in causis universalibus; tertia vero secundum determinationem ad speciales effectus. et quia deus est finis non solum angelicorum ministeriorum, sed etiam totius creaturae, ad primam hierarchiam pertinet consideratio finis; ad mediam vero dispositio universalis de agendis; ad ultimam autem applicatio dispositionis ad effectum, quae est operis executio; haec enim tria manifestum est in qualibet operatione inveniri. * et ideo dionysius, ex nominibus ordinum proprietates illorum considerans, “ illos ordines in prima hierarchia posuit, quorum nomina imponuntur per respectum ad deum, scilicet seraphim et cherubim et thronos. illos vero ordines posuit in media hierarchia, quorum nomina designant communem quandam gubernationem sive dispositionem, scilicet dominationes, virtutes et potestates. illos vero ordines posuit in tertia hierarchia, quorum nomina designant operis executionem, scilicet principatus, angelos et archangelos. ‘ in respectu autem ad finem, tria considerari possunt, nam primo, aliquis considerat finem; secundo vero, perfectam finis cognitionem accipit; tertio vero, intentionem suam in ipso defigit; quorum secundum ex additione se habet ad primum, et tertium ad utrumque. et quia deus est finis creaturarum sicut dux est finis exercitus, * ut dicitur in xii metaphys., ‘ potest aliquid simile huius ordinis considerari in rebus humanis, nam quidam sunt qui hoc habent dignitatis, ut per seipsos familiariter accedere possunt ad regem vel ducem; quidam vero super hoc habent, ut etiam secreta eius cognoscant; alii vero insuper circa ipsum semper inhaerent, quasi ei coniuncti. et secundum hanc similitudinem accipere possumus dispositionem ordinum primae hierarchiae. nam throni elevantur ad hoc, quod deum familiariter in seipsis recipiant, secundum quod rationes rerum in ipso immediate cognoscere possunt, quod est proprium totius primae hierarchiae. cherubim vero supereminenter divina secreta cognoscunt. seraphim vero excellunt in hoc quod est omnium supremum, scilicet deo ipsi uniri. ut sic ab eo quod est commune toti hierarchiae, denominetur ordo thronorum; sicut ab eo quod est commune omnibus caelestibus spiritibus, denominatur ordo angelorum. ad gubernationis autem rationem tria pertinent. quorum primum est definitio eorum quae agenda sunt, quod est proprium dominationum. secundum autem est praebere facultatem ad implendum, quod pertinet ad virtutes. tertium autem est ordinare qualiter ea quae praecepta vel definita sunt, impleri possint, ut aliqui exequantur, et hoc pertinet ad potestates. executio autem angelicorum ministeriorum consistit in annuntiando divina. in executione autem cuiuslibet actus, sunt quidam quasi incipientes actionem et alios ducentes, sicut in cantu praecentores, et in bello illi qui alios ducunt et dirigunt, et hoc pertinet ad principatus. alii vero sunt qui simpliciter exequuntur, et hoc pertinet ad angelos. alii vero medio modo se habent, quod ad archangelos pertinet, * ut supra dictum est. ‘ invenitur autem congrua haec ordinum assignatio. nam semper summum inferioris ordinis affinitatem habet cum ultimo superioris; sicut infima animalia parum distant a plantis. primus autem ordo est divinarum personarum, qui terminatur ad spiritum sanctum, qui est amor procedens, cum quo affinitatem habet supremus ordo primae hierarchiae, ab incendio amoris denominatus. infimus autem ordo primae hierarchiae est thronorum, qui ex suo nomine habent quandam affinitatem cum dominationibus, nam throni dicuntur, * secundum gregorium, ‘ per quos deus sua iudicia exercet; accipiunt enim divinas illuminationes per convenientiam ad immediate illuminandum secundam hierarchiam, ad quam pertinet dispositio divinorum ministeriorum. ordo vero potestatum affinitatem habet cum ordine principatuum, nam cum potestatum sit ordinationem subiectis imponere, haec ordinatio statim in nomine principatuum designatur, qui sunt primi in executione divinorum ministeriorum, utpote praesidentes gubernationi gentium et regnorum, quod est primum et praecipuum in divinis ministeriis; nam bonum gentis est divinius quam bonum unius hominis. * unde dicitur dan. x, ° princeps regni persarum restitit mihi. ‘ dispositio etiam ordinum quam gregorius ponit, congruitatem habet. nam cum dominationes sint definientes et praecipientes ea quae ad divina ministeria pertinent, ordines eis subiecti disponuntur secundum dispositionem eorum in quos divina ministeria exercentur * ut autem augustinus dicit in iii de trin., ° corpora quodam ordine reguntur, inferiora per superiora, et omnia per spiritualem creaturam; et spiritus malus per spiritum bonum. ‘ primus ergo ordo post dominationes dicitur principatuum, qui etiam bonis spiritibus principantur. deinde potestates, per quas arcentur mali spiritus, sicut per potestates terrenas arcentur malefactores, * ut habetur rom. xiii. ‘ post quas sunt virtutes, quae habent potestatem super corporalem naturam in operatione miraculorum. post quas sunt archangeli et angeli, qui nuntiant hominibus vel magna, quae sunt supra rationem; vel parva, ad quae ratio se extendere potest.
ra1 ‘ Ad primum ergo dicendum quod in angelis potius est quod subiiciuntur deo, quam quod inferioribus praesident, et hoc derivatur ex illo. et ideo ordines nominati a praelatione non sunt supremi, sed magis ordines nominati a conversione ad deum.
ra2 ‘ Ad secundum dicendum quod illa propinquitas ad deum quae designatur nomine thronorum, convenit etiam cherubim et seraphim, et excellentius, * ut dictum est.
ra3 * Ad tertium dicendum quod, sicut supra dictum est, ‘ cognitio est secundum quod cognita sunt in cognoscente; amor autem secundum quod amans unitur rei amatae. superiora autem nobiliori modo sunt in seipsis quam in inferioribus, inferiora vero nobiliori modo in superioribus quam in seipsis. et ideo inferiorum quidem cognitio praeeminet dilectioni, superiorum autem dilectio, et praecipue dei, praeeminet cognitioni.
ra4 ‘ Ad quartum dicendum quod, si quis diligenter consideret dispositiones ordinum * secundum dionysium et gregorium, ‘ parum vel nihil differunt, si ad rem referantur. * exponit enim gregorius principatuum nomen ex hoc, quod “ bonis spiritibus praesunt, et hoc convenit virtutibus, secundum quod in nomine virtutum intelligitur quaedam fortitudo dans efficaciam inferioribus spiritibus ad exequenda divina ministeria. rursus virtutes, * secundum gregorium, “ videntur esse idem quod principatus * secundum dionysium. ‘ nam hoc est primum in divinis ministeriis, miracula facere, per hoc enim paratur via annuntiationi archangelorum et angelorum.

007 ST1 qu108 ar7

ag1 ‘ Ad septimum sic proceditur. videtur quod ordines non remanebunt post diem iudicii. * dicit enim apostolus, i ad cor. xv, quod “ christus evacuabit omnem principatum et potestatem, cum tradiderit regnum deo et patri, quod erit in ultima consummatione. ‘ pari ergo ratione, in illo statu omnes alii ordines evacuabuntur.
ag2 ‘ Praeterea, ad officium angelicorum ordinum pertinet purgare, illuminare et perficere. sed post diem iudicii unus angelus non purgabit aut illuminabit aut perficiet alium, quia non proficient amplius in scientia. ergo frustra ordines angelici remanerent.
ag3 * Praeterea, apostolus dicit, ad heb. i, de angelis, quod ° omnes sunt administratorii spiritus, in ministerium missi propter eos qui haereditatem capiunt

salutis, ‘ ex quo patet quod officia angelorum ordinantur ad hoc, quod homines ad salutem adducantur. sed omnes electi usque ad diem iudicii salutem consequuntur. non ergo post diem iudicii remanebunt officia et ordines angelorum.
sc * Sed contra est quod dicitur iudic. v, “ stellae manentes in ordine et cursu suo, ‘ quod exponitur de angelis. ergo angeli semper in suis ordinibus remanebunt.
co ‘ Respondeo dicendum quod in ordinibus angelicis duo possunt considerari, scilicet distinctio graduum, et executio officiorum. distinctio autem graduum est in angelis secundum differentiam gratiae et naturae, * ut supra dictum est. ‘ et utraque differentia semper in angelis remanebit. non enim posset naturarum differentia ab eis auferri, nisi eis corruptis, differentia etiam gloriae erit in eis semper, secundum differentiam meriti praecedentis. executio autem officiorum angelicorum aliquo modo remanebit post diem iudicii, et aliquo modo cessabit. cessabit quidem, secundum quod eorum officia ordinantur ad perducendum aliquos ad finem, remanebit autem, secundum quod convenit in ultima finis consecutione. sicut etiam alia sunt officia militarium ordinum in pugna, et in triumpho.
ra1 ‘ Ad primum ergo dicendum quod principatus et potestates evacuabuntur in illa finali consummatione quantum ad hoc, quod alios ad finem perducant, quia consecuto iam fine, non est necessarium tendere in finem. * et haec ratio intelligitur ex verbis apostoli, dicentis, “ cum tradiderit regnum deo et patri, idest, cum perduxerit fideles ad fruendum ipso deo.
ra2 ‘ Ad secundum dicendum quod actiones angelorum super alios angelos considerandae sunt secundum similitudinem actionum intelligibilium quae sunt in nobis. inveniuntur autem in nobis multae intelligibiles actiones quae sunt ordinatae secundum ordinem causae et causati; sicut cum per multa media gradatim in unam conclusionem devenimus. manifestum est autem quod cognitio conclusionis dependet ex omnibus mediis praecedentibus, non solum quantum ad novam acquisitionem scientiae, sed etiam quantum ad scientiae conservationem. cuius signum est quod, si quis oblivisceretur aliquod praecedentium mediorum, opinionem quidem vel fidem de conclusione posset habere, sed non scientiam, ordine causarum ignorato. sic igitur, cum inferiores angeli rationes divinorum operum cognoscant per lumen superiorum angelorum, dependet eorum cognitio ex lumine superiorum, non solum quantum ad novam acquisitionem scientiae, sed etiam quantum ad cognitionis conservationem. licet ergo post iudicium non proficiant inferiores angeli in cognitione aliquarum rerum, non tamen propter hoc excluditur quin a superioribus illuminentur.
ra3 ‘ Ad tertium dicendum quod, etsi post diem iudicii homines non sint ulterius ad salutem adducendi per ministerium angelorum; tamen illi qui iam salutem erunt consecuti, aliquam illustrationem habebunt per angelorum officia.

007 ST1 qu108 ar8

ag1 ‘ Ad octavum sic proceditur. videtur quod homines non assumantur ad ordines angelorum. hierarchia enim humana continetur sub infima hierarchiarum caelestium, sicut infima sub media, et media sub prima. sed angeli infimae hierarchiae nunquam transferentur in mediam aut in primam. ergo neque homines transferentur ad ordines angelorum.
ag2 ‘ Praeterea, ordinibus angelorum aliqua officia competunt, utpote custodire, miracula facere, daemones arcere, et huiusmodi, quae non videntur convenire animabus sanctorum. ergo non transferentur ad ordines angelorum.
ag3 ‘ Praeterea, sicut boni angeli inducunt ad bonum, ita daemones inducunt ad malum. sed erroneum est dicere quod animae hominum malorum convertantur in daemones, * hoc enim chrysostomus reprobat, super matth.. ‘ ergo non videtur quod animae sanctorum transferantur ad ordines angelorum.
sc * Sed contra est quod dominus dicit, matth. xxii, de sanctis, quod ° erunt sicut angeli dei in caelo.
co * Respondeo dicendum quod, sicut supra dictum est, ‘ ordines angelorum distinguuntur et secundum conditionem naturae, et secundum dona gratiae. si ergo considerentur angelorum ordines solum quantum ad gradum naturae, sic homines nullo modo assumi possunt ad ordines angelorum, quia semper remanebit naturarum distinctio. * quam quidam considerantes, posuerunt quod “ nullo modo homines transferri possunt ad aequalitatem angelorum. ‘ quod est erroneum, repugnat enim promissioni christi, * dicentis, lucae xx, quod “ filii resurrectionis erunt aequales angelis in caelis. ‘ illud enim quod est ex parte naturae, se habet ut materiale in ratione ordinis, completivum vero est quod est ex dono gratiae, quae dependet ex liberalitate dei, non ex ordine naturae. et ideo per donum gratiae homines mereri possunt tantam gloriam, ut angelis aequentur secundum singulos angelorum gradus. quod est homines ad ordines angelorum assumi. quidam tamen dicunt quod ad ordines angelorum non assumuntur omnes qui salvantur, sed soli virgines vel perfecti; alii vero suum ordinem constituent, quasi condivisum toti societati angelorum. * sed hoc est contra augustinum, qui dicit xii de civ. dei, quod “ non erunt duae societates hominum et angelorum, sed una, quia omnium beatitudo est adhaerere uni deo.
ra1 ‘ Ad primum ergo dicendum quod gratia angelis datur secundum proportionem naturalium; non autem sic est de hominibus, * ut supra dictum est. ‘ et ideo sicut inferiores angeli non possunt transferri ad naturalem gradum superiorum, ita nec ad gratuitum. homines vero possunt ad gratuitum conscendere, sed non ad naturalem.
ra2 ‘ Ad secundum dicendum quod angeli, secundum naturae ordinem, medii sunt inter nos et deum. et ideo, secundum legem communem, per eos administrantur non solum res humanae, sed etiam omnia corporalia. homines autem sancti, etiam post hanc vitam, sunt eiusdem naturae nobiscum. unde secundum legem communem, non administrant humana, nec rebus vivorum intersunt, * ut augustinus dicit in libro de cura pro mortuis agenda. ‘ ex quadam tamen speciali dispensatione interdum aliquibus sanctis conceditur, vel vivis vel mortuis, huiusmodi officia exercere, vel miracula faciendo, vel daemones arcendo, vel aliquid huiusmodi; * sicut augustinus in eodem libro dicit.
ra3 ‘ Ad tertium dicendum quod homines ad poenam daemonum transferri, non est erroneum, * sed quidam erronee posuerunt “ daemones nihil aliud esse quam animas defunctorum. * et hoc chrysostomus reprobat.

007 ST1 qu109 ar

pr ‘ Deinde considerandum est de ordinatione malorum angelorum. et circa hoc quaeruntur quatuor. primo, utrum ordines sint in daemonibus. secundo, utrum in eis sit praelatio. tertio, utrum unus illuminet alium. quarto, utrum subiiciantur praelationi bonorum angelorum.

007 ST1 qu109 ar1

ag1 ‘ Ad primum sic proceditur. videtur quod ordines non sint in daemonibus. ordo enim pertinet ad rationem boni, sicut et modus et species, * ut augustinus dicit in libro de natura boni; ‘ et e contrario inordinatio pertinet ad rationem mali. sed in bonis angelis nihil est inordinatum. ergo in malis angelis non sunt aliqui ordines.
ag2 ‘ Praeterea, ordines angelici sub aliqua hierarchia continentur. sed daemones non sunt sub aliqua hierarchia, quae est sacer principatus, cum ab omni sanctitate sint vacui. ergo in daemonibus non sunt ordines.
ag3 ‘ Praeterea, daemones de singulis ordinibus angelorum ceciderunt, ut communiter dicitur. si ergo aliqui daemones dicuntur esse alicuius ordinis, quia de illo ordine ceciderunt; videtur quod deberent eis attribui nomina singulorum ordinum. nunquam autem invenitur quod dicantur seraphim, vel throni, vel dominationes. ergo, pari ratione, non sunt in aliquibus ordinibus.
sc * Sed contra est quod apostolus dicit, ad ephes. ult., quod ° est nobis colluctatio adversus principes et potestates, adversus mundi rectores tenebrarum harum.
co ‘ Respondeo dicendum quod, * sicut iam dictum est, ‘ ordo angelicus consideratur et secundum gradum naturae, et secundum gradum gratiae. gratia vero habet duplicem statum, scilicet imperfectum, qui est status merendi; et perfectum, qui est status gloriae consummatae. si ergo considerentur ordines angelici quantum ad perfectionem gloriae, sic daemones neque sunt in ordinibus angelicis, neque unquam fuerunt. si autem considerentur quantum ad id quod est gratiae imperfectae, sic daemones fuerunt quidem aliquando in ordinibus angelorum, sed ab eis ceciderunt; * secundum illud quod supra posuimus, ‘ omnes angelos in gratia creatos fuisse. si autem considerentur quantum ad id quod est naturae, sic adhuc sunt in ordinibus, quia data naturalia non amiserunt, * ut dionysius dicit.
ra1 ‘ Ad primum ergo dicendum quod bonum potest inveniri sine malo; sed malum non potest inveniri sine bono, * ut supra habitum est. ‘ et ideo daemones, inquantum habent naturam bonam, ordinati sunt.
ra2 ‘ Ad secundum dicendum quod ordinatio daemonum, si consideretur ex parte dei ordinantis, est sacra, utitur enim daemonibus propter seipsum. sed ex parte voluntatis daemonum, non est sacra, quia abutuntur sua natura ad malum.
ra3 ‘ Ad tertium dicendum quod nomen seraphim imponitur ab ardore caritatis, nomen autem thronorum ab inhabitatione divina, nomen autem dominationum importat libertatem quandam, quae omnia opponuntur peccato. et ideo peccantibus angelis huiusmodi nomina non attribuuntur.

007 ST1 qu109 ar2

ag1 ‘ Ad secundum sic proceditur. videtur quod in daemonibus non sit praelatio. omnis enim praelatio est secundum aliquem ordinem iustitiae. sed daemones totaliter a iustitia ceciderunt. ergo in eis non est praelatio.
ag2 ‘ Praeterea, ubi non est obedientia et subiectio, non est praelatio. haec autem sine concordia esse non possunt; quae in daemonibus nulla est, * secundum illud prov. xiii, ° inter superbos semper sunt iurgia. ‘ ergo in daemonibus non est praelatio.
ag3 ‘ Praeterea, si in eis est aliqua praelatio, aut hoc pertinet ad eorum naturam, aut ad eorum culpam vel poenam. sed non ad eorum naturam, quia subiectio et servitus non est ex natura, sed est ex peccato subsecuta. nec pertinet ad culpam vel poenam, quia sic superiores daemones, qui magis peccaverunt, inferioribus subderentur. non ergo est praelatio in daemonibus.
sc * Sed contra est quod dicit glossa, i ad cor. xv, ° quandiu durat mundus, angeli angelis, homines hominibus, et daemones daemonibus praesunt.
co ‘ Respondeo dicendum quod, cum actio sequatur naturam rei, quorumcumque naturae sunt ordinatae, oportet quod etiam actiones sub invicem ordinentur. sicut patet in rebus corporalibus, quia enim inferiora corpora naturali ordine sunt infra corpora caelestia actiones et motus eorum subduntur actionibus et motibus caelestium corporum. * manifestum est autem ex praemissis quod ‘ daemonum quidam naturali ordine sub aliis constituuntur. unde et actiones eorum sub actionibus superiorum sunt. et hoc est quod rationem praelationis facit, ut scilicet actio subditi subdatur actioni praelati. sic igitur ipsa naturalis dispositio daemonum requirit quod sit in eis praelatio. convenit etiam hoc divinae sapientiae, quae nihil in universo inordinatum relinquit, ° quae attingit a fine usque ad finem fortiter, et disponit omnia suaviter, * ut dicitur sap. viii.
ra1 ‘ Ad primum ergo dicendum quod praelatio daemonum non fundatur super eorum iustitia, sed super iustitia dei cuncta ordinantis.
ra2 ‘ Ad secundum dicendum quod concordia daemonum, qua quidam aliis obediunt, non est ex amicitia quam inter se habeant; sed ex communi nequitia, qua homines odiunt, et dei iustitiae repugnant. est enim proprium hominum impiorum, ut eis se adiungant et subiiciant, ad propriam nequitiam exequendam, quos potiores viribus vident.
ra3 ‘ Ad tertium dicendum quod daemones non sunt aequales secundum naturam, unde in eis est naturalis praelatio. quod in hominibus non contingit, qui natura sunt pares. quod autem superioribus inferiores subdantur, non est ad bonum superiorum, sed magis ad malum eorum; quia cum mala facere maxime ad miseriam pertineat, praeesse in malis est esse magis miserum.

007 ST1 qu109 ar3

ag1 ‘ Ad tertium sic proceditur. videtur quod in daemonibus sit illuminatio. illuminatio enim consistit in manifestatione veritatis. sed unus daemon potest alteri veritatem manifestare, quia superiores magis acumine naturalis scientiae vigent. ergo superiores daemones possunt inferiores illuminare.
ag2 ‘ Praeterea, corpus quod superabundat in lumine, potest illuminare corpus quod in lumine deficit; sicut sol lunam. sed superiores daemones magis abundant in participatione luminis naturalis. ergo videtur quod superiores daemones possunt inferiores illuminare.
sc ‘ Sed contra, illuminatio cum purgatione est et perfectione, * ut supra dictum est. ‘ sed purgare non convenit daemonibus; * secundum illud eccli. xxxiv, ° ab immundo quid mundabitur? ‘ ergo etiam neque illuminare.
co ‘ Respondeo dicendum quod in daemonibus non potest esse illuminatio proprie. * dictum est enim supra quod ‘ illuminatio proprie est manifestatio veritatis, secundum quod habet ordinem ad deum, qui illuminat omnem intellectum. alia autem manifestatio veritatis potest esse locutio; sicut cum unus angelus alteri suum conceptum manifestat. perversitas autem daemonum hoc habet, quod unus alium non intendit ordinare ad deum, sed magis ab ordine divino abducere. et ideo unus daemon alium non illuminat; sed unus alii suum conceptum per modum locutionis intimare potest.
ra1 ‘ Ad primum ergo dicendum quod non quaelibet veritatis manifestatio habet rationem illuminationis, * sed solum quae dicta est.
ra2 ‘ Ad secundum dicendum quod secundum ea quae ad naturalem cognitionem pertinent, non est necessaria manifestatio veritatis neque in angelis neque in daemonibus, * quia, sicut supra dictum est, ‘ statim a principio suae conditionis omnia cognoverunt quae ad naturalem cognitionem pertinent. et ideo maior plenitudo naturalis luminis quae est in superioribus daemonibus, non potest esse ratio illuminationis.

007 ST1 qu109 ar4

ag1 ‘ Ad quartum sic proceditur. videtur quod boni angeli non habeant praelationem super malos. praelatio enim angelorum praecipue attenditur secundum illuminationes. sed mali angeli, cum sint tenebrae, non illuminantur a bonis. ergo boni angeli non habent praelationem super malos.
ag2 ‘ Praeterea, ad negligentiam praesidentis pertinere videntur ea quae per subditos male fiunt. sed daemones multa mala faciunt. si igitur subsunt praelationi bonorum angelorum, videtur in angelis bonis esse aliqua negligentia. quod est inconveniens.
ag3 ‘ Praeterea, praelatio angelorum sequitur naturae ordinem, * ut supra dictum est. ‘ sed si daemones

de singulis ordinibus ceciderunt, ut communiter dicitur, multi daemones multis bonis angelis sunt superiores ordine naturae. non ergo boni angeli praelationem habent super omnes malos.
sc * Sed contra est quod augustinus dicit, iii de trin., quod ° spiritus vitae desertor atque peccator regitur per spiritum vitae rationalem, pium et iustum. * et gregorius dicit quod ° potestates dicuntur angeli quorum ditioni virtutes adversae subiectae sunt.
co ' Respondeo dicendum quod totus ordo praelationis primo et originaliter est in deo, et participatur a creaturis secundum quod deo magis appropinquant, illae enim creaturae super alias influentiam habent, quae sunt perfectiores et deo propinquiores. maxima autem perfectio, et per quam maxime deo appropinquatur, est creaturarum fruentium deo, sicut sunt sancti angeli, qua perfectione daemones privantur. et ideo boni angeli super malos praelationem habent, et per eos reguntur.
ra1 ' Ad primum ergo dicendum quod per sanctos angelos multa de divinis mysteriis daemonibus revelantur, cum divina iustitia exigit ut per daemones aliqua fiant vel ad punitionem malorum, vel ad exercitationem bonorum, sicut in rebus humanis assessores iudicis revelant tortoribus eius sententiam. huiusmodi autem revelationes, si ad angelos revelantes comparentur, illuminationes sunt, quia ordinant eas ad deum. ex parte vero daemonum, non sunt illuminationes, quia eas in deum non ordinant, sed ad expletionem propriae iniquitatis.
ra2 ' Ad secundum dicendum quod sancti angeli sunt ministri divinae sapientiae. unde sicut divina sapientia permittit aliqua mala fieri per malos angelos vel homines, propter bona quae ex eis elicit; ita et boni angeli non totaliter cohibent malos a nocendo.
ra3 ' Ad tertium dicendum quod angelus qui est inferior ordine naturae, praeest daemonibus, quamvis superioribus ordine naturae; quia virtus divinae iustitiae, cui inhaerent boni angeli, potior est quam virtus naturalis angelorum. unde et apud homines, spiritualis iudicat omnia, * ut dicitur i ad cor. ii. et philosophus dicit, in libro ethic., quod ° virtuosus est regula et mensura omnium humanorum actuum.

007 ST1 qu110 ar

pr ' Deinde considerandum est de praesidentia angelorum super creaturam corporalem. et circa hoc quaeruntur quatuor. primo, utrum creatura corporalis administretur per angelos. secundo, utrum creatura corporalis obediat angelis ad nutum. tertio, utrum angeli sua virtute possint immediate movere corpora localiter. quarto, utrum angeli boni vel mali possint facere miracula.

007 ST1 qu110 ar1

ag1 ' Ad primum sic proceditur. videtur quod creatura corporalis non administretur per angelos. res enim quae habent determinatum modum operandi, non indigent gubernari ab aliquo praesidente, ideo enim indigemus gubernari, ne aliter operemur quam oporteat. sed res corporales habent determinatas actiones ex naturis sibi divinitus datis. non ergo indigent gubernatione angelorum.
ag2 ' Praeterea, inferiora in entibus gubernantur per superiora. sed in corporibus quaedam dicuntur inferiora, quaedam superiora. inferiora igitur gubernantur per superiora. non ergo est necessarium quod gubernentur per angelos.
ag3 ' Praeterea, diversi ordines angelorum distinguuntur secundum diversa officia. sed si creaturae corporales administrantur per angelos, tot erunt officia angelorum, quot sunt species rerum. ergo etiam tot erunt ordines angelorum, quot sunt species rerum. * quod est contra supra dicta. ' non ergo corporalis creatura administratur per angelos.
sc * Sed contra est quod augustinus dicit, iii de trin., quod ° omnia corpora reguntur per spiritum vitae rationalem. * et gregorius dicit, in iv dial., quod ° in hoc mundo visibili nihil nisi per creaturam invisibilem disponi potest.
co ' Respondeo dicendum quod tam in rebus humanis quam in rebus naturalibus, hoc communiter invenitur, quod potestas particularis gubernatur et regitur a potestate universali; sicut potestas ballivi gubernatur per potestatem regis. et in angelis etiam * est dictum quod ' superiores angeli, qui praesunt inferioribus, habent scientiam magis universalem. manifestum est autem quod virtus cuiuslibet corporis est magis particularis quam virtus spiritualis substantiae, nam omnis forma corporalis est forma individuata per materiam, et determinata ad hic et nunc; formae autem immateriales sunt absolutae et intelligibiles. et ideo sicut inferiores angeli, qui habent formas minus universales, reguntur per superiores; ita omnia corporalia reguntur per angelos * et hoc non solum a sanctis doctoribus ponitur, sed etiam ab omnibus philosophis qui incorporeas substantias posuerunt.
ra1 ' Ad primum ergo dicendum quod res corporales habent determinatas actiones, sed has actiones non exercent nisi secundum quod moventur, quia proprium corporis est quod non agat nisi motum. et ideo oportet quod creatura corporalis a spirituali moveatur.
ra2 ' Ad secundum dicendum quod ratio ista procedit * secundum opinionem aristotelis, qui posuit quod " corpora caelestia moventur a substantiis spiritualibus; quarum numerum conatus fuit assignare secundum numerum motuum qui apparent in corporibus caelestibus. sed non posuit quod essent aliquae substantiae spirituales quae haberent immediatam praesidentiam supra inferiora corpora, nisi forte animas humanas. et hoc ideo, quia non consideravit aliquas operationes in inferioribus corporibus exerceri nisi naturales, ad quas sufficiebat motus corporum caelestium. ' sed quia nos ponimus multa in corporibus inferioribus fieri praeter naturales actiones corporum, ad quae non sufficiunt virtutes caelestium corporum; ideo secundum nos, necesse est ponere quod angeli habeant immediatam praesidentiam non solum supra caelestia corpora, sed etiam supra corpora inferiora.
ra3 * Ad tertium dicendum quod de substantiis immaterialibus diversimode philosophi sunt locuti. plato enim posuit " substantias immateriales esse rationes et species sensibilium corporum, et quasdam aliis universaliores, et ideo posuit substantias immateriales habere praesidentiam immediatam circa omnia sensibilia corpora, et diversas circa diversa. * aristoteles autem posuit quod " substantiae immateriales non sunt species corporum sensibilium, sed aliquid altius et universalius, et ideo non attribuit eis immediatam praesidentiam supra singula corpora, sed solum supra universalia agentia, quae sunt corpora caelestia. * avicenna vero mediam viam secutus est. posuit enim cum platone, " aliquam substantiam spiritualem praesidentem immediate sphaerae activorum et passivorum; eo quod, sicut plato ponebat quod formae horum sensibilium derivantur a substantiis immaterialibus, ita etiam avicenna hoc posuit. sed in hoc a platone differt, quod posuit unam tantum substantiam immaterialem praesidentem omnibus corporibus inferioribus, quam vocavit intelligentiam agentem. * doctores autem sancti posuerunt, sicut et platonici, " diversis rebus corporeis diversas substantias spirituales esse praepositas. * dicit enim augustinus, in libro octoginta trium quaest., |25| ° unaquaeque res visibilis in hoc mundo habet angelicam potestatem sibi praepositam. * et damascenus dicit, ° diabolus erat ex iis angelicis virtutibus quae praeerant terrestri ordini. * et origenes dicit, super illud num. xxii, ° cum vidisset asina angelum, quod opus est mundo angelis, qui praesunt super bestias, et praesunt animalium nativitati, et virgultorum et plantationum et ceterarum rerum incrementis. ' sed hoc non est ponendum propter hoc, quod secundum suam naturam unus angelus magis se habeat ad praesidendum animalibus quam plantis, quia quilibet angelus, etiam minimus, habet altiorem virtutem et universaliorem quam aliquod genus corporalium. sed est ex ordine divinae sapientiae, quae diversis rebus diversos rectores praeposuit. nec tamen propter hoc sequitur quod sint plures ordines angelorum quam novem, * quia, sicut supra dictum est, ' ordines distinguuntur secundum generalia officia. * unde sicut, secundum gregorium, " ad ordinem potestatum pertinent omnes angeli qui habent proprie praesidentiam super daemones; ' ita ad ordinem virtutum pertinere videntur omnes angeli qui habent praesidentiam super res pure corporeas; horum enim ministerio interdum etiam miracula fiunt.

007 ST1 qu110 ar2

ag1 ' Ad secundum sic proceditur. videtur quod materia corporalis obediat angelis ad nutum. maior est enim virtus angeli quam virtus animae. sed conceptioni animae obedit materia corporalis, immutatur enim corpus hominis ex conceptione animae, ad calorem et frigus, et quandoque usque ad sanitatem et aegritudinem. ergo multo magis secundum conceptionem angeli, materia corporalis transmutatur.
ag2 ' Praeterea, quidquid potest virtus inferior, potest virtus superior. sed virtus angeli est superior quam virtus corporalis. corpus autem sua virtute potest transmutare materiam corporalem ad formam aliquam; sicut cum ignis generat ignem. ergo multo fortius virtute sua angeli possunt materiam corporalem transmutare ad aliquam formam.
ag3 ' Praeterea, tota natura corporalis administratur per angelos, * ut dictum est, ' et sic videtur quod corpora se habeat ad angelos sicut instrumenta; nam ratio instrumenti est quod sit movens motum. sed in effectibus aliquid invenitur ex virtute principalium agentium, quod non potest esse per virtutem instrumenti; et hoc est id quod est principalius in effectu. sicut digestio nutrimenti est per virtutem caloris naturalis, qui est instrumentum animae nutritivae; sed quod generetur caro viva, est ex virtute animae. similiter quod secetur lignum, pertinet ad serram; sed quod perveniatur ad formam lecti, est ex ratione artis. ergo forma substantialis, quae est principalius in effectibus corporalibus, est ex virtute angelorum. materia ergo obedit, ad sui informationem, angelis.
sc * Sed contra est quod augustinus dicit, iii de trin., ° non est putandum istis transgressoribus angelis ad nutum servire hanc visibilium rerum materiam, sed soli deo.
co * Respondeo dicendum quod platonici posuerunt " formas quae sunt in materia, causari ex immaterialibus formis, quia formas materiales ponebant esse participationes quasdam immaterialium formarum. * et hos, quantum ad aliquid, secutus est avicenna, qui posuit " omnes formas quae sunt in materia, procedere a conceptione intelligentiae, et quod agentia corporalia sunt solum disponentia ad formas. qui in hoc videntur fuisse decepti, quia existimaverunt formam quasi aliquid per se factum, ut sic ab aliquo formali principio procederet. sed * sicut philosophus probat in vii metaphys., ' hoc quod proprie fit, est compositum, hoc enim proprie est quasi subsistens. forma autem non dicitur ens quasi ipsa sit, sed sicut quo aliquid est, et sic per consequens nec forma proprie fit; eius enim est fieri, cuius est esse, cum fieri nihil aliud sit quam via in esse. manifestum est autem quod factum est simile facienti, quia omne agens agit sibi simile. et ideo id quod facit res naturales, habet similitudinem cum composito, vel quia est compositum, sicut ignis generat ignem; vel quia totum compositum, et quantum ad materiam et quantum ad formam, est in virtute ipsius; quod est proprium dei. sic igitur omnis informatio materiae vel est a deo immediate, vel |25| ab aliquo agente corporali; non autem immediate ab angelo.
ra1 ' Ad primum ergo dicendum quod anima nostra unitur corpori ut forma; et sic non est mirum, si formaliter transmutatur ex conceptione ipsius; praesertim cum motus sensitivi appetitus, qui fit cum quadam transmutatione corporali, subdatur imperio rationis. angelus autem non sic se habet ad corpora naturalia. unde ratio non sequitur.
ra2 ' Ad secundum dicendum quod id quod potest virtus inferior, potest superior non eodem, sed excellentiori modo, sicut intellectus cognoscit sensibilia excellentiori modo quam sensus. et sic angelus excellentiori modo transmutat materiam corporalem quam agentia corporalia, scilicet movendo ipsa agentia corporalia, tanquam causa superior.
ra3 ' Ad tertium dicendum quod nihil prohibet ex virtute angelorum aliquos effectus sequi in rebus naturalibus, ad quae agentia corporalia non sufficerent. sed hoc non est obedire materiam angelis ad nutum; sicut nec coquis obedit materia ad nutum, quia aliquem modum decoctionis operantur per ignem secundum aliquam artis moderationem, quam ignis per se non faceret, cum reducere materiam in actum formae substantialis, non excedat virtutem corporalis agentis, quia simile natum est sibi simile facere.

007 ST1 qu110 ar3

ag1 ' Ad tertium sic proceditur. videtur quod corpora non obediant angelis ad motum localem. motus enim localis corporum naturalium sequitur formas eorum. sed angeli non causant formas corporum naturalium, * ut dictum est. ' ergo neque possunt causare in eis motum localem.
ag2 * Praeterea, in viii physic. probatur quod ' motus localis est primus motuum. sed angeli non possunt causare alios motus, transmutando materiam formaliter. ergo neque etiam possunt causare motum localem.
ag3 ' Praeterea, membra corporalia obediunt conceptioni animae ad motum localem, inquantum habent in seipsis aliquod principium vitae. in corporibus autem naturalibus non est aliquod principium vitae. ergo non obediunt angelis ad motum localem.
sc * Sed contra est quod augustinus dicit, iii de trin., quod " angeli adhibent semina corporalia ad aliquos effectus producendos. ' sed hoc non possunt facere nisi localiter movendo. ergo corpora obediunt eis ad motum localem.
co ' Respondeo dicendum quod, * sicut dionysius dicit vii cap. de div. nom., ° divina sapientia coniungit fines primorum principiis secundorum, ' ex quo patet quod natura inferior in sui supremo attingitur a natura superiori. natura autem corporalis est infra naturam spiritualem. inter omnes autem motus corporeos perfectior est motus localis, * ut probatur in viii physic., ' cuius ratio est, quia mobile secundum locum non est in potentia ad aliquid intrinsecum, inquantum huiusmodi, sed solum ad aliquid extrinsecum, scilicet ad locum. et ideo natura corporalis nata est moveri immediate a natura spirituali secundum locum. unde * et philosophi posuerunt " suprema corpora moveri localiter a spiritualibus substantiis. ' unde videmus quod anima movet corpus primo et principaliter locali motu.
ra1 ' Ad primum ergo dicendum quod in corporibus sunt alii motus locales praeter eos qui consequuntur formas, sicut fluxus et refluxus maris non consequitur formam substantialem aquae, sed virtutem lunae. et multo magis aliqui motus locales consequi possunt virtutem spiritualium substantiarum.
ra2 ' Ad secundum dicendum quod angeli, causando motum localem tanquam priorem, per eum causare possunt alios motus, adhibendo scilicet agentia corporalia ad huiusmodi effectus producendos; sicut faber adhibet ignem ad emollitionem ferri.
ra3 ' Ad tertium dicendum quod angeli habent virtutem minus contractam quam animae. unde virtus motiva animae contrahitur ad corpus unitum, quod per eam vivificatur, quo mediante alia potest movere. sed virtus angeli non est contracta ad aliquod corpus. unde potest corpora non coniuncta localiter movere.

007 ST1 qu110 ar4

ag1 ' Ad quartum sic proceditur. videtur quod angeli possunt facere miracula. * dicit enim gregorius, ° virtutes vocantur illi spiritus, per quos signa et miracula frequentius fiunt.
ag2 * Praeterea, augustinus dicit, in libro octoginta trium quaestionum, ° quod magi faciunt miracula per privatos contractus, boni christiani per publicam iustitiam, mali christiani per signa publicae iustitiae. ' sed magi faciunt miracula per hoc quod exaudiuntur a daemonibus, * ut ipse alibi in eodem libro dicit. ' ergo daemones miracula possunt facere. ergo multo magis angeli boni.
ag3 * Praeterea, augustinus in eodem libro dicit quod ° omnia quae visibiliter fiunt, etiam per inferiores potestates aeris huius non absurde fieri posse creduntur. ' sed quando effectus aliquis naturalium causarum producitur absque ordine naturalis causae, hoc dicimus esse miraculum; puta cum aliquis sanatur a febre, non per operationem naturae. ergo angeli et daemones possunt facere miracula.
ag4 ' Praeterea, virtus superior non subditur ordini inferioris causae. sed natura corporalis est inferior angelo. ergo angelus potest operari praeter ordinem corporalium agentium. quod est miracula facere.
sc * Sed contra est quod de deo dicitur in psalmo, ° qui facit mirabilia magna solus.
co ' Respondeo dicendum quod miraculum proprie dicitur, cum aliquid fit praeter ordinem naturae. sed non sufficit ad rationem miraculi si aliquid fiat praeter ordinem naturae alicuius particularis, quia sic, cum aliquis proiicit lapidem sursum, miraculum faceret, cum hoc sit praeter ordinem naturae lapidis. ex hoc ergo aliquid dicitur esse miraculum, quod fit praeter ordinem totius naturae creatae. hoc autem non potest facere nisi deus, quia quidquid facit angelus, vel quaecumque alia creatura, propria virtute, hoc fit secundum ordinem naturae creatae; et sic non est miraculum. unde relinquitur quod solus deus miracula facere possit.
ra1 ' Ad primum ergo dicendum quod angeli aliqui dicuntur miracula facere, vel quia ad eorum desiderium deus miracula facit, sicut et sancti homines dicuntur miracula facere. vel quia aliquod ministerium exhibent in miraculis quae fiunt; sicut colligendo pulveres in resurrectione communi, vel huiusmodi aliquid agendo.
ra2 ' Ad secundum dicendum quod miracula simpliciter loquendo, dicuntur, * ut dictum est, ' cum aliqua fiunt praeter ordinem totius naturae creatae. sed quia non omnis virtus naturae creatae est nota nobis, ideo cum aliquid fit praeter ordinem naturae creatae nobis notae, per virtutem creatam nobis ignotam, est miraculum quoad nos. sic igitur cum daemones aliquid faciunt sua virtute naturali, miracula dicuntur non simpliciter, sed quoad nos. et hoc modo magi per daemones miracula faciunt. * et dicuntur fieri per privatos contractus, ' quia quaelibet virtus creaturae in universo se habet ut virtus alicuius privatae personae in civitate; unde cum magus aliquid facit per pactum initum cum daemone, hoc fit quasi per quendam privatum contractum. sed iustitia divina est in toto universo sicut lex publica in civitate. et ideo boni christiani, inquantum per iustitiam divinam miracula faciunt, * dicuntur facere miracula per publicam iustitiam. ' mali autem christiani " per signa publicae iustitiae, ' sicut invocando nomen christi, vel exhibendo aliqua sacramenta.
ra3 ' Ad tertium dicendum quod spirituales potestates possunt facere ea quae visibiliter fiunt in hoc mundo, adhibendo corporalia semina per motum localem.
ra4 ' Ad quartum dicendum quod, licet angeli possint aliquid facere praeter ordinem naturae corporalis, non tamen possunt aliquid facere praeter ordinem totius creaturae, quod exigitur ad rationem miraculi, * ut dictum est.

007 ST1 qu111 ar

pr ' Deinde considerandum est de actione angelorum in homines. et primo, quantum possint eos immutare sua virtute naturali; secundo, quomodo mittantur a deo ad ministerium hominum; tertio, quomodo custodiant homines. circa primum quaeruntur quatuor. primo, utrum angelus possit illuminare intellectum hominis. secundo, utrum possit immutare affectum eius. tertio, utrum possit immutare imaginationem eius. quarto, utrum possit immutare sensum eius.

007 ST1 qu111 ar1

ag1 ' Ad primum sic proceditur. videtur quod angelus non possit illuminare hominem. homo enim illuminatur per fidem, * unde dionysius, in eccles. hier., " illuminationem attribuit baptismo, qui est fidei sacramentum. ' sed fides immediate est a deo; * secundum illud ad ephes. ii, ° gratia estis salvati per fidem, et non ex vobis; dei enim donum est. ' ergo homo non illuminatur ab angelo, sed immediate a deo.
ag2 * Praeterea, super illud rom. i, ° deus illis manifestavit, * dicit glossa quod ° non solum ratio naturalis ad hoc profuit ut divina hominibus manifestarentur, sed etiam deus illis revelavit per opus suum, " scilicet per creaturam. ' sed utrumque est a deo immediate, scilicet ratio naturalis, et creatura. ergo deus immediate illuminat hominem.
ag3 ' Praeterea, quicumque illuminatur, cognoscit suam illuminationem. sed homines non percipiunt se ab angelis illuminari. ergo non illuminantur ab eis.
sc * Sed contra est quod dionysius probat, in iv cap. cael. hier., quod " revelationes divinorum perveniunt ad homines mediantibus angelis. ' huiusmodi autem revelationes sunt illuminationes, * ut supra dictum est. ' ergo homines illuminantur per angelos.
co ' Respondeo dicendum quod, cum divinae providentiae ordo habeat ut actionibus superiorum inferiora subdantur, * ut supra dictum est; ' sicut inferiores angeli illuminantur per superiores, ita homines qui sunt angelis inferiores, per eos illuminantur. sed modus utriusque illuminationis quodammodo est similis, et quodammodo diversus. * dictum est enim supra quod ' illuminatio, quae est manifestatio divinae veritatis, secundum duo attenditur, scilicet secundum quod intellectus inferior confortatur per actionem intellectus superioris; et secundum quod proponuntur intellectui inferiori species intelligibiles quae sunt in superiori, ut capi possint ab inferiori. et hoc quidem in angelis fit, secundum quod superior angelus veritatem universalem conceptam dividit secundum capacitatem inferioris angeli, * ut supra dictum est. ' sed intellectus humanus non potest ipsam intelligibilem veritatem nudam capere, quia connaturale est ei ut intelligat per conversionem ad phantasmata, * ut supra dictum est. ' et ideo intelligibilem veritatem proponunt angeli hominibus |25| sub similitudinibus sensibilium; * secundum illud quod dicit dionysius, i cap. cael. hier., quod ° impossibile est aliter nobis lucere divinum radium, nisi varietate sacrorum velaminum circumvelatum. ' ex alia vero parte, intellectus humanus, tanquam inferior, fortificatur per actionem intellectus angelici. et secundum haec duo attenditur illuminatio qua homo illuminatur ab angelo.
ra1 ' Ad primum ergo dicendum quod ad fidem duo concurrunt. primo quidem habitus intellectus, quo disponitur ad obediendum voluntati tendenti in divinam veritatem, intellectus enim assentit veritati fidei, non quasi convictus ratione, sed quasi imperatus a voluntate; nullus enim credit nisi volens, * ut augustinus dicit. ' et quantum ad hoc, fides est a solo deo. secundo requiritur ad fidem, quod credibilia proponantur credenti. et hoc quidem fit per hominem, secundum quod fides est ex auditu, * ut dicitur rom. x; ' sed per angelos principaliter, per quos hominibus revelantur divina. unde angeli operantur aliquid ad illuminationem fidei. et tamen homines illuminantur ab angelis non solum de credendis, sed etiam de agendis.
ra2 ' Ad secundum dicendum quod ratio naturalis, quae est immediate a deo, potest per angelum confortari, * ut dictum est. ' et similiter ex speciebus a creaturis acceptis, tanto altior elicitur intelligibilis veritas, quanto intellectus humanus fuerit fortior. et sic per angelum adiuvatur homo, ut ex creaturis perfectius in divinam cognitionem deveniat.
ra3 ' Ad tertium dicendum quod operatio intellectualis, et illuminatio, dupliciter possunt considerari. uno modo, ex parte rei intellectae, et sic quicumque intelligit vel illuminatur, cognoscit se intelligere vel illuminari; quia cognoscit rem sibi esse manifestam. alio modo, ex parte principii, et sic non quicumque intelligit aliquam veritatem, cognoscit quid sit intellectus, qui est principium intellectualis operationis. et similiter non quicumque illuminatur ab angelo, cognoscit se ab angelo illuminari.

007 ST1 qu111 ar2

ag1 ' Ad secundum sic proceditur. videtur quod angeli possint immutare voluntatem hominis. * quia super illud heb. i, ° qui facit angelos suos spiritus, et ministros suos flammam ignis, * dicit glossa quod ° ignis sunt, dum spiritu fervent, et vitia nostra urunt. ' sed hoc non esset, nisi voluntatem immutarent. ergo angeli possunt immutare voluntatem.
ag2 * Praeterea, beda dicit quod ° diabolus non est immissor malarum cogitationum, sed incensor. * damascenus autem ulterius dicit quod etiam est immissor, dicit enim in ii libro, quod ° omnis malitia et immundae passiones ex daemonibus excogitatae sunt, et immittere homini sunt concessi. ' et pari ratione, angeli boni immittunt et incendunt bonas cogitationes. sed hoc non possent facere, nisi immutarent voluntatem. ergo immutant voluntatem.
ag3 ' Praeterea, angelus, * sicut est dictum, ' illuminat intellectum hominis mediantibus phantasmatibus. sed sicut phantasia, quae deservit intellectui, potest immutari ab angelo; ita et appetitus sensitivus qui deservit voluntati, quia et ipse etiam est vis utens organo corporali. ergo sicut illuminat intellectum, ita potest immutare voluntatem.
sc ' Sed contra est quod immutare voluntatem est proprium dei; * secundum illud prov. xxi, ° cor regis in manu domini; quocumque voluerit, vertet illud.
co ' Respondeo dicendum quod voluntas potest immutari dupliciter. uno modo, ab interiori. et sic cum motus voluntatis non sit aliud quam inclinatio voluntatis in rem volitam, solius dei est sic immutare voluntatem, qui dat naturae intellectuali virtutem talis inclinationis. sicut enim inclinatio naturalis non est nisi a deo qui dat naturam; ita inclinatio voluntaria non est nisi a deo, qui causat voluntatem. alio modo movetur voluntas ab exteriori. et hoc in angelo est quidem uno modo tantum, scilicet a bono apprehenso per intellectum. unde secundum quod aliquis est causa quod aliquid apprehendatur ut bonum ad appetendum, secundum hoc movet voluntatem. et sic etiam solus deus efficaciter potest movere voluntatem; angelus autem et homo per modum suadentis, * ut supra dictum est. ' sed praeter hunc modum, etiam aliter movetur in hominibus voluntas ab exteriori, scilicet ex passione existente circa appetitum sensitivum; sicut ex concupiscentia vel ira inclinatur voluntas ad aliquid volendum. et sic etiam angeli, inquantum possunt concitare huiusmodi passiones, possunt voluntatem movere. non tamen ex necessitate, quia voluntas semper remanet libera ad consentiendum vel resistendum passioni.
ra1 ' Ad primum ergo dicendum quod ministri dei, vel homines vel angeli, dicuntur urere vitia, et inflammare ad virtutes, per modum persuasionis.
ra2 ' Ad secundum dicendum quod daemones non possunt immittere cogitationes, interius eas causando, cum usus cogitativae virtutis subiaceat voluntati. dicitur tamen diabolus incensor cogitationum, inquantum incitat ad cogitandum, vel ad appetendum cogitata, per modum persuadentis, vel passionem concitantis. * et hoc ipsum incendere damascenus vocat immittere, " quia talis operatio interius fit. ' sed bonae cogitationes attribuuntur altiori principio, scilicet deo; licet angelorum ministerio procurentur.
ra3 ' Ad tertium dicendum quod intellectus humanus, secundum praesentem statum, non potest intelligere nisi convertendo se ad phantasmata; sed voluntas humana potest aliquid velle ex iudicio rationis, non sequendo passionem appetitus sensitivi. unde non est simile.

007 ST1 qu111 ar3

ag1 ' Ad tertium sic proceditur. videtur quod angelus non possit immutare imaginationem hominis. phantasia enim, * ut dicitur in libro de anima, ' est motus factus a sensu secundum actum. sed si fieret per immutationem angeli, non fieret a sensu secundum actum. ergo est contra rationem phantasiae, quae est actus imaginativae virtutis, ut sit per immutationem angeli.
ag2 ' Praeterea, formae quae sunt in imaginatione, cum sint spirituales, sunt nobiliores formis quae sunt in materia sensibili. sed angelus non potest imprimere formas in materia sensibili, * ut dictum est. ' ergo non potest imprimere formas in imaginatione. et ita non potest eam immutare.
ag3 * Praeterea, secundum augustinum, xii super gen. ad litt., ° commixtione alterius spiritus fieri potest ut ea quae ipse scit, per huiusmodi imagines ei cui miscetur ostendat, sive intelligenti, sive ut ab alio intellecta pandantur. ' sed non videtur quod angelus possit misceri imaginationi humanae; neque quod imaginatio possit capere intelligibilia, quae angelus cognoscit. ergo videtur quod angelus non possit mutare imaginationem.
ag4 ' Praeterea, in visione imaginaria homo adhaeret similitudinibus rerum quasi ipsis rebus. sed in hoc est quaedam deceptio. cum ergo angelus bonus non possit esse causa deceptionis, videtur quod non possit causare imaginariam visionem, imaginationem immutando.
sc ' Sed contra est quod ea quae apparent in somnis, videntur imaginaria visione. sed angeli revelant aliqua in somnis; * ut patet matth. i et ii, de angelo qui ioseph in somnis apparuit. ' ergo angelus potest imaginationem movere
co ' Respondeo dicendum quod angelus, tam bonus quam malus, virtute naturae suae potest movere imaginationem hominis. quod quidem sic considerari potest. * dictum est enim supra quod ' natura corporalis obedit angelo ad motum localem. illa ergo quae ex motu locali aliquorum corporum possunt causari, subsunt virtuti naturali angelorum. manifestum est autem quod apparitiones imaginariae causantur interdum in nobis ex locali mutatione corporalium spirituum et humorum. unde * aristoteles, in lib. de somn. et vig., assignans causam apparitionis somniorum, dicit quod, " cum animal dormit, descendente plurimo sanguine ad principium sensitivum, simul descendunt motus, idest impressiones relictae ex sensibilium motionibus, quae in spiritibus sensualibus conservantur, et movent principium sensitivum, ita quod fit quaedam apparitio, ac si tunc principium sensitivum a rebus ipsis exterioribus mutaretur. ' et tanta potest esse commotio spirituum et humorum, quod huiusmodi apparitiones etiam vigilantibus fiant; sicut patet in phreneticis, et in aliis huiusmodi. sicut igitur hoc fit per naturalem commotionem humorum; et quandoque etiam per voluntatem hominis, qui voluntarie imaginatur quod prius senserat, ita etiam hoc potest fieri virtute angeli boni vel mali, |25| quandoque quidem cum alienatione a corporeis sensibus, quandoque autem absque tali alienatione.
ra1 ' Ad primum ergo dicendum quod primum principium phantasiae est a sensu secundum actum, non enim possumus imaginari quae nullo modo sensimus, vel secundum totum vel secundum partem; sicut cae-

cus natus non potest imaginari colorem. sed aliquando imaginatio informatur, ut actus phantastici motus consurgat, ab impressionibus interius conservatis, * ut dictum est.
ra2 ' Ad secundum dicendum quod angelus transmutat imaginationem, non quidem imprimendo aliquam formam imaginariam nullo modo per sensum prius acceptam (non enim posset facere quod caecus imaginaretur colores), sed hoc facit per motum localem spirituum et humorum, * ut dictum est.
ra3 ' Ad tertium dicendum quod commixtio illa spiritus angelici ad imaginationem humanam, non est per essentiam, sed per effectum quem praedicto modo in imaginatione facit; cui demonstrat quae ipse novit, non tamen eo modo quo ipse novit.
ra4 ' Ad quartum dicendum quod angelus causans aliquam imaginariam visionem, quandoque quidem simul intellectum illuminat, ut cognoscat quid per huiusmodi similitudines significetur, et tunc nulla est deceptio. quandoque vero per operationem angeli solummodo similitudines rerum apparent in imaginatione, nec tamen tunc causatur deceptio ab angelo, sed ex defectu intellectus eius cui talia apparent. sicut nec christus fuit causa deceptionis in hoc quod multa turbis in parabolis proposuit, quae non exposuit eis.

007 ST1 qu111 ar4

ag1 ' Ad quartum sic proceditur. videtur quod angelus non possit immutare sensum humanum. operatio enim sensitiva est operatio vitae. huiusmodi autem operatio non est a principio extrinseco. non ergo operatio sensitiva potest causari ab angelo.
ag2 ' Praeterea, virtus sensitiva est nobilior quam nutritiva. sed angelus, ut videtur, non potest mutare virtutem nutritivam; sicut nec alias formas naturales. ergo neque virtutem sensitivam immutare potest.
ag3 ' Praeterea, sensus naturaliter movetur a sensibili. sed angelus non potest immutare naturae ordinem, * ut supra dictum est. ' ergo angelus non potest immutare sensum, sed semper sensus a sensibili immutatur.
sc ' Sed contra est quod angeli qui subverterunt sodomam, ° percusserunt sodomitas caecitate (vel aorasia), ut ostium domus invenire non possent, * ut dicitur gen. xix. et simile legitur iv reg. vi, de syris quos elisaeus duxit in samariam.
co ' Respondeo dicendum quod sensus immutatur dupliciter. uno modo, ab exteriori; sicut cum mutatur a sensibili. alio modo, ab interiori, videmus enim quod, perturbatis spiritibus et humoribus immutatur sensus; lingua enim infirmi, quia plena est cholerico humore, omnia sentit ut amara; et simile contingit in aliis sensibus. utroque autem modo angelus potest immutare sensum hominis sua naturali virtute. potest enim angelus opponere exterius sensui sensibile aliquod, vel a natura formatum, vel aliquod de novo formando; sicut facit dum corpus assumit, * ut supra dictum est. ' similiter etiam potest interius commovere spiritus et humores, * ut supra dictum est, ' ex quibus sensus diversimode immutentur.
ra1 ' Ad primum ergo dicendum quod principium sensitivae operationis non potest esse absque principio interiori, quod est potentia sensitiva, sed illud interius principium potest multipliciter ab exteriori principio commoveri, * ut dictum est.
ra2 ' Ad secundum dicendum quod etiam per commotionem interiorem spirituum et humorum, potest angelus aliquid operari ad immutandum actum potentiae nutritivae. et similiter potentiae appetitivae, et sensitivae, et cuiuscumque potentiae corporali organo utentis.
ra3 ' Ad tertium dicendum quod praeter ordinem totius creaturae angelus facere non potest, sed praeter ordinem alicuius particularis naturae facere potest, cum tali ordini non subdatur. et sic quodam singulari modo potest sensum immutare, praeter modum communem.

007 ST1 qu112 ar

pr ' Deinde considerandum est de missione angelorum. et circa hoc quaeruntur quatuor. primo, utrum aliqui angeli mittantur in ministerium. secundo, utrum omnes mittantur. tertio, utrum illi qui mittuntur, assistant. quarto, de quibus ordinibus mittantur.

007 ST1 qu112 ar1

ag1 ' Ad primum sic proceditur. videtur quod angeli in ministerium non mittantur. omnis enim missio est ad aliquem determinatum locum. sed actiones intellectuales non determinant aliquem locum, quia intellectus abstrahit ab hic et nunc. cum igitur actiones angelicae sint intellectuales, videtur quod angeli ad suas actiones agendas non mittantur.
ag2 ' Praeterea, caelum empyreum est locus pertinens ad dignitatem angelorum. si igitur ad nos mittantur in ministerium, videtur quod eorum dignitati aliquid depereat. quod est inconveniens.
ag3 ' Praeterea, exterior occupatio impedit sapientiae contemplationem, * unde dicitur eccli. xxxviii, ° qui minoratur actu, percipiet sapientiam. ' si igitur angeli aliqui mittuntur ad exteriora ministeria, videtur quod retardentur a contemplatione. sed tota eorum beatitudo in contemplatione dei consistit. si ergo mitterentur, eorum beatitudo minueretur. quod est inconveniens.
ag4 ' Praeterea, ministrare est inferioris, * unde dicitur lucae xxii, ° quis maior est, qui recumbit, an ille qui ministrat? nonne qui recumbit? ' sed angeli sunt maiores nobis ordine naturae. ergo non mittuntur in ministerium nostrum.
sc * Sed contra est quod dicitur exod. xxiii, ° ecce ego mittam angelum meum, qui praecedat te.
co * Respondeo dicendum quod ex supra dictis manifestum esse potest ' quod aliqui angeli in ministerium mittuntur a deo. * ut enim supra dictum est, ' cum de missione divinarum personarum ageretur, ille mitti dicitur, qui aliquo modo ab alio procedit, ut incipiat esse ubi prius non erat, vel ubi prius erat, per alium modum. filius enim aut spiritus sanctus mitti dicitur, ut a patre procedens per originem; et incipit esse novo modo, idest per gratiam vel per naturam assumptam, ubi prius erat per deitatis praesentiam. dei enim proprium est ubique esse, quia cum sit universale agens, eius virtus attingit omnia entia; unde est in omnibus rebus, * ut supra dictum est. ' virtus autem angeli, cum sit particulare agens, non attingit totum universum; sed sic attingit unum, quod non attingit aliud. et ideo ita est hic, quod non alibi. * manifestum est autem per supra dicta, quod ' creatura corporalis per angelos administratur. cum igitur aliquid est fiendum per aliquem angelum circa aliquam creaturam corpoream, de novo applicatur angelus illi corpori sua virtute; et sic angelus de novo incipit ibi esse. et hoc totum procedit ex imperio divino. unde sequitur, secundum praemissa, quod angelus |25| a deo mittatur. sed actio quam angelus missus exercet, procedit a deo sicut a primo principio, cuius nutu et auctoritate angeli operantur; et in deum reducitur sicut in ultimum finem. et hoc facit rationem ministri, nam minister est sicut instrumentum intelligens; instrumentum autem ab alio movetur, et eius actio ad aliud ordinatur. unde actiones angelorum ministeria vocantur; et propter hoc dicuntur in ministerium mitti.
ra1 ' Ad primum ergo dicendum quod aliqua operatio dupliciter dicitur intellectualis. uno modo, quasi in ipso intellectu consistens, ut contemplatio. et talis operatio non determinat sibi locum, * immo, ut augustinus dicit iv de trin., ° etiam nos, secundum quod aliquid aeternum mente sapimus, non in hoc mundo sumus. ' alio modo dicitur aliqua actio intellectualis, quia est ab aliquo intellectu regulata et imperata. et sic manifestum est quod operationes intellectuales interdum determinant sibi loca.
ra2 ' Ad secundum dicendum quod caelum empyreum pertinet ad dignitatem angeli secundum congruentiam quandam, quia congruum est ut supremum corporum naturae quae est supra omnia corpora, attribuatur. non tamen angelus aliquid dignitatis accipit a caelo empyreo. et ideo quando actu non est in caelo empyreo, nihil eius dignitati subtrahitur, sicut nec regi, quando non actu sedet in regali solio, quod congruit eius dignitati.
ra3 ' Ad tertium dicendum quod in nobis exterior occupatio puritatem contemplationis impedit, quia actioni insistimus secundum sensitivas vires, quarum actiones cum intenduntur, retardantur actiones intellectivae virtutis. sed angelus per solam intellectualem operationem regulat suas actiones exteriores. unde actiones exteriores in nullo impediunt eius contemplationem, quia duarum actionum quarum una est regula et ratio alterius, una non impedit, sed iuvat aliam. * unde gregorius dicit, in ii moral., quod ° angeli non sic foris exeunt, ut internae contemplationis gaudiis priventur.
ra4 ' Ad quartum dicendum quod angeli in suis actionibus exterioribus ministrant principaliter deo, et secundario nobis. non quia nos sumus superiores eis, simpliciter loquendo, sed quilibet homo vel angelus, inquantum adhaerendo deo fit unus spiritus cum deo, est superior omni creatura. * unde apostolus, ad philipp. ii, dicit, ° superiores sibi invicem arbitrantes.

007 ST1 qu112 ar2

ag1 ' Ad secundum sic proceditur. videtur quod omnes angeli in ministerium mittantur. * dicit enim apostolus, ad heb. i, ° omnes sunt administratorii spiritus, in ministerium missi.
ag2 ' Praeterea, inter ordines supremus est ordo seraphim, * ut ex supra dictis patet. ' sed seraphim est missus ad purgandum labia prophetae, * ut habetur isaiae vi. ' ergo multo magis inferiores angeli mittuntur.
ag3 ' Praeterea, divinae personae in infinitum excedunt omnes ordines angelorum. sed divinae personae mittuntur, * ut supra dictum est. ' ergo multo magis quicumque supremi angeli.
ag4 ' Praeterea, si superiores angeli non mittuntur ad exterius ministerium, hoc non est nisi quia superiores angeli exequuntur divina ministeria per inferiores. sed cum omnes angeli sint inaequales, * ut supra dictum est, ' quilibet angelus habet inferiorem angelum, praeter ultimum. ergo unus angelus solus ministraret in ministerium missus. * quod est contra id quod dicitur daniel vii, ° millia millium ministrabant ei.
sc ' Sed contra est quod * gregorius dicit, referens sententiam dionysii, ° superiora agmina usum exterioris ministerii nequaquam habent.
co * Respondeo dicendum quod, sicut ex supra dictis patet, ' hoc habet ordo divinae providentiae, non solum in angelis, sed etiam in toto universo, quod inferiora per superiora administrantur, sed ab hoc ordine in rebus corporalibus aliquando ex divina dispensatione receditur, propter altiorem ordinem, secundum scilicet quod expedit ad gratiae manifestationem. quod enim caecus natus fuit illuminatus, quod lazarus fuit suscitatus, immediate a deo factum est, absque aliqua actione caelestium corporum. sed et angeli boni et mali possunt aliquid in istis corporibus operari praeter actionem caelestium corporum, condensando nubes in pluvias, et aliqua huiusmodi faciendo. neque alicui debet esse dubium quin deus immediate hominibus aliqua revelare posset, non mediantibus angelis; et superiores angeli, non mediantibus inferioribus. et secundum hanc considerationem, * quidam dixerunt quod, " secundum communem legem, superiores non mittuntur, sed inferiores tantum; sed ex aliqua dispensatione divina, interdum etiam superiores mittuntur. ' sed hoc non videtur rationabile. quia ordo angelicus attenditur secundum dona gratiarum. ordo autem gratiae non habet alium superiorem ordinem, propter quem praetermitti debeat, sicut praetermittitur ordo naturae propter ordinem gratiae. considerandum est etiam quod ordo naturae in operationibus miraculorum praetermittitur, propter fidei confirmationem. ad quam |25| nihil valeret, si praetermitteretur ordo angelicus, quia hoc a nobis percipi non posset. nihil etiam est ita magnum in ministeriis divinis, quod per inferiores ordines exerceri non possit. * unde gregorius dicit quod ° qui summa annuntiant, archangeli vocantur. hinc est quod ad virginem mariam gabriel archangelus mittitur. " quod tamen fuit summum inter omnia divina ministeria, * ut ibidem subditur. et ideo simpliciter dicendum est, cum dionysio, quod ' superiores angeli nunquam ad exterius ministerium mittuntur.
ra1 ' Ad primum ergo dicendum quod, sicut in missionibus divinarum personarum aliqua est visibilis, quae attenditur secundum creaturam corpoream; aliqua invisibilis, quae fit secundum spiritualem effectum, ita in missionibus angelorum aliqua dicitur exterior, quae scilicet est ad aliquod ministerium circa corporalia exhibendum, et secundum hanc missionem non omnes mittuntur; alia est interior, secundum intellectuales effectus, prout scilicet unus angelus illuminat alium, et sic omnes angeli mittuntur. vel aliter dicendum quod * apostolus inducit illud ad probandum quod " christus sit maior angelis per quos data est lex; ut sic ostendat excellentiam novae legis ad veterem. unde non oportet quod intelligatur nisi de angelis ministerii, per quos data est lex.
ra2 * Ad secundum dicendum, secundum dionysium, quod ' ille angelus qui missus est ad purgandum labia prophetae, fuit de inferioribus angelis; sed dictus est seraphim, idest incendens, aequivoce, propter hoc quod venerat ad incendendum labia prophetae. vel dicendum quod superiores angeli communicant propria dona, a quibus denominantur, mediantibus inferioribus angelis. sic igitur unus de seraphim dictus est purgasse incendio labia prophetae, non quia hoc ipse immediate fecerit, sed quia inferior angelus virtute eius hoc fecit. sicut papa dicitur absolvere aliquem, etiam si per alium officium absolutionis impendat.
ra3 ' Ad tertium dicendum quod divinae personae non mittuntur in ministerium, sed aequivoce mitti dicuntur; * ut ex praedictis patet.
ra4 ' Ad quartum dicendum quod in divinis ministeriis est multiplex gradus. unde nihil prohibet etiam inaequales angelos immediate ad ministeria mitti; ita tamen quod superiores mittantur ad altiora ministeria, inferiores vero ad inferiora.

007 ST1 qu112 ar3

ag1 ' Ad tertium sic proceditur. videtur quod etiam angeli qui mittuntur, assistant. * dicit enim gregorius, in homilia, ° et mittuntur igitur angeli, et assistunt, quia etsi circumscriptus est angelicus spiritus, summus tamen spiritus ipse, qui deus est, circumscriptus non est.
ag2 ' Praeterea, angelus tobiae in ministerium missus fuit. sed tamen ipse dixit, ° ego sum raphael angelus, unus ex septem qui adstamus ante deum, * ut habetur tobiae xii. ' ergo angeli qui mittuntur, assistunt.
ag3 ' Praeterea, quilibet angelus beatus propinquior est deo quam satan. sed satan assistit deo; * secundum quod dicitur iob i, ° cum assisterent filii dei coram domino, affuit inter eos et satan. ' ergo multo magis angeli qui mittuntur in ministerium, assistunt.
ag4 ' Praeterea, si inferiores angeli non assistunt, hoc non est nisi quia non immediate, sed per superiores angelos divinas illuminationes recipiunt. sed quilibet angelus per superiorem divinas illuminationes suscipit, excepto eo qui est inter omnes supremus. ergo solus supremus angelus assisteret. * quod est contra illud quod habetur dan. vii, ° decies millies centena millia assistebant ei. ' ergo etiam illi qui ministrant, assistunt.
sc ' Sed contra est quod * gregorius dicit, xvii moral., super illud iob, ° numquid est numerus militum eius?

assistunt, inquit, illae potestates, quae ad quaedam hominibus nuntianda non exeunt. ' ergo illi qui in ministerium mittuntur, non assistunt.
co ' Respondeo dicendum quod angeli introducuntur assistentes et administrantes, ad similitudinem eorum qui alicui regi famulantur. quorum aliqui semper ei assistunt, et eius praecepta immediate audiunt. alii vero sunt, ad quos praecepta regalia per assistentes nuntiantur, sicut illi qui administrationi civitatum praeficiuntur, et hi dicuntur ministrantes, sed non assistentes. considerandum est ergo quod omnes angeli divinam essentiam immediate vident, et quantum ad hoc, omnes etiam qui ministrant, assistere dicuntur. * unde gregorius dicit in ii moral., quod ° semper assistere, aut videre faciem patris possunt, qui ad ministerium exterius mittuntur pro nostra salute. ' sed non omnes angeli secreta divinorum mysteriorum in ipsa claritate divinae essentiae percipere possunt; sed soli superiores, per quos inferioribus denuntiantur. et secundum hoc, soli superiores, qui sunt primae hierarchiae, assistere dicuntur, cuius proprium * dicit esse dionysius ' immediate a deo illuminari.
ra1 ' Et per hoc patet solutio ad primum et secundum, quae procedunt de primo modo assistendi.
ra3 ' Ad tertium dicendum quod satan non dicitur astitisse, sed inter assistentes affuisse describitur, * quia, ut gregorius dicit ii moral., ° etsi beatitudinem perdidit, naturam tamen angelis similem non amisit.
ra4 ' Ad quartum dicendum quod omnes assistentes aliqua immediate vident in claritate divinae essentiae; et ideo totius primae hierarchiae proprium esse dicitur immediate illuminari a deo. sed superiores eorum plura percipiunt quam inferiores, de quibus illuminant alios, sicut etiam inter eos qui assistunt regi, plura scit de secretis regis unus quam alius.

007 ST1 qu112 ar4

ag1 ' Ad quartum sic proceditur. videtur quod angeli secundae hierarchiae omnes mittantur. angeli enim omnes vel assistunt vel ministrant; * secundum quod habetur dan. vii. ' sed angeli secundae hierarchiae non assistunt, illuminantur enim per angelos primae hierarchiae, * sicut dicit dionysius viii cap. cael. hier.. ' omnes ergo angeli secundae hierarchiae in ministerium mittuntur.
ag2 * Praeterea, gregorius dicit, xvii moral., quod ° plures sunt qui ministrant, quam qui assistunt. ' sed hoc non esset, si angeli secundae hierarchiae in ministerium non mitterentur. ergo omnes angeli secundae hierarchiae in ministerium mittuntur.
sc * Sed contra est quod dionysius dicit, quod ° dominationes sunt maiores omni subiectione. ' sed mitti in ministerium, ad subiectionem pertinet. ergo dominationes in ministerium non mittuntur.
co * Respondeo dicendum quod, sicut supra dictum est, ' mitti ad exterius ministerium proprie convenit angelo, secundum quod ex divino imperio operatur circa aliquam creaturam corporalem; quod quidem pertinet ad executionem divini ministerii. proprietates autem angelorum ex eorum nominibus manifestantur, * ut dionysius dicit vii cap. cael. hier.. ' et ideo angeli illorum ordinum ad exterius ministerium mittuntur, ex quorum nominibus aliqua executio datur intelligi. in nomine autem dominationum non importatur aliqua executio, sed sola dispositio et imperium de exequendis. sed in nominibus inferiorum ordinum intelligitur aliqua executio, nam angeli et archangeli denominantur a denuntiando; virtutes et potestates dicuntur per respectum ad aliquem actum; principis etiam est, * ut gregorius dicit, ' inter alios operantes priorem existere. unde ad hos quinque ordines pertinet in exterius ministerium mitti, non autem ad quatuor superiores.
ra1 ' Ad primum ergo dicendum quod dominationes computantur quidem inter angelos ministrantes, non sicut exequentes ministerium, sed sicut disponentes et mandantes quid per alios fieri debeat. sicut architectores in artificiis nihil manu operantur, sed solum disponunt et praecipiunt quid alii debeant operari.
ra2 ' Ad secundum dicendum quod de numero assistentium et ministrantium duplex ratio haberi potest. * gregorius enim dicit " plures esse ministrantes quam assistentes. * intelligit enim quod dicitur, " millia millium ministrabant ei, non esse dictum multiplicative, sed partitive; ac si diceretur, millia de numero millium. et sic ministrantium numerus ponitur indefinitus, ad significandum excessum; assistentium vero finitus, cum subditur, et decies millies centena millia assistebant ei. * et hoc procedit secundum rationem platonicorum, qui dicebant quod " quanto aliqua sunt uni primo principio propinquiora, tanto sunt minoris multitudinis, sicut quanto numerus est propinquior unitati, tanto est multitudine minor. ' et haec opinio salvatur quantum ad numerum ordinum, dum sex ministrant, et tres assistunt. sed * dionysius ponit, xiv cap. cael. hier., quod " multitudo angelorum transcendit omnem materialem multitudinem; ut scilicet, sicut |25| corpora superiora transcendunt corpora inferiora magnitudine quasi in immensum, ita superiores naturae incorporeae transcendunt multitudine omnes naturas corporeas; quia quod est melius, est magis a deo intentum et multiplicatum. et secundum hoc, cum assistentes sint superiores ministrantibus, plures erunt assistentes quam ministrantes. unde secundum hoc, millia millium legitur multiplicativae, ac si diceretur, millies millia. et quia decies centum sunt mille, si diceretur, decies centena millia, daretur intelligi quod tot essent assistentes, quot ministrantes, sed quia dicitur, decies millies centena millia, multo plures dicuntur esse assistentes quam ministrantes. ' nec tamen hoc pro tanto dicitur, quia tantus solum sit angelorum numerus, sed multo maior, quia omnem materialem multitudinem excedit. quod significatur per multiplicationem maximorum numerorum supra seipsos, scilicet denarii, centenarii et millenarii; * ut dionysius ibidem dicit.

007 ST1 qu113 ar

pr ' Deinde considerandum est de custodia bonorum angelorum, et de impugnatione malorum. et circa primum quaeruntur octo. primo, utrum homines ab angelis custodiantur. secundo, utrum singulis hominibus singuli angeli ad custodiam deputentur. tertio, utrum custodia pertineat solum ad ultimum ordinem angelorum. quarto, utrum omni homini conveniat habere angelum custodem. quinto, quando incipiat custodia angeli circa hominem. sexto, utrum angelus semper custodiat hominem. septimo, utrum doleat de perditione custoditi. octavo, utrum inter angelos sit pugna ratione custodiae.

007 ST1 qu113 ar1

ag1 ' Ad primum sic proceditur. videtur quod homines non custodiantur ab angelis. custodes enim deputantur aliquibus vel quia nesciunt, vel quia non possunt custodire seipsos; sicut pueris et infirmis. sed homo potest custodire seipsum per liberum arbitrium; et scit, per naturalem cognitionem legis naturalis. ergo homo non custoditur ab angelo.
ag2 ' Praeterea, ubi adest fortior custodia, infirmior superfluere videtur. sed homines custodiuntur a deo; * secundum illud psalmi cxx, ° non dormitabit neque dormiet qui custodit israel. ' ergo non est necessarium quod homo custodiatur ab angelo.
ag3 ' Praeterea, perditio custoditi redundat in negligentiam custodis, * unde dicitur cuidam, iii reg. xx, ° custodi virum istum, qui si lapsus fuerit, erit anima tua pro anima eius. ' sed multi homines quotidie pereunt, in peccatum cadentes, quibus angeli subvenire possent vel visibiliter apparendo, vel miracula faciendo, vel aliquo simili modo. essent ergo negligentes angeli, si eorum custodiae homines essent commissi, quod patet esse falsum. non igitur angeli sunt hominum custodes.
sc * Sed contra est quod dicitur in psalmo, ° angelis suis mandavit de te, ut custodiant te in omnibus viis tuis.
co ' Respondeo dicendum quod, secundum rationem divinae providentiae, hoc in rebus omnibus invenitur, quod mobilia et variabilia per immobilia et invariabilia moventur et regulantur; sicut omnia corporalia per substantias spirituales immobiles, et corpora inferiora per corpora superiora, quae sunt invariabilia secundum substantiam. sed et nos ipsi regulamur circa conclusiones in quibus possumus diversimode opinari, per principia quae invariabiliter tenemus. manifestum est autem quod in rebus agendis cognitio et affectus hominis multipliciter variari et deficere possunt a bono. et ideo necessarium fuit quod hominibus angeli ad custodiam deputarentur, per quos regularentur et moverentur ad bonum.
ra1 ' Ad primum ergo dicendum quod per liberum arbitrium potest homo aliqualiter malum vitare, sed non sufficienter, quia infirmatur circa affectum boni, propter multiplices animae passiones. similiter etiam universalis cognitio naturalis legis, quae homini naturaliter adest, aliqualiter dirigit hominem ad bonum, sed non sufficienter, quia in applicando universalia principia iuris ad particularia opera, contingit hominem multipliciter deficere. * unde dicitur sap. ix, ° cogitationes mortalium timidae, et incertae providentiae nostrae. ' et ideo necessaria fuit homini custodia angelorum.
ra2 ' Ad secundum dicendum quod ad bene operandum duo requiruntur. primo quidem, quod affectus inclinetur ad bonum, quod quidem fit in nobis per habitum virtutis moralis. secundo autem, quod ratio inveniat congruas vias ad perficiendum bonum virtutis, * quod quidem philosophus attribuit prudentiae. ' quantum ergo ad primum, deus immediate custodit hominem, infundendo ei gratiam et virtutes. quantum autem ad secundum, deus custodit hominem sicut universalis instructor, cuius instructio ad hominem provenit mediantibus angelis, * ut supra habitum est.
ra3 ' Ad tertium dicendum quod, sicut homines a naturali instinctu boni discedunt propter passionem peccati; ita etiam discedunt ab instigatione bonorum angelorum, quae fit invisibiliter per hoc quod homines illuminant ad bene agendum. unde quod homines pereunt, non est imputandum negligentiae angelorum, sed malitiae hominum. quod autem aliquando, praeter legem communem, hominibus visibiliter apparent, ex speciali dei gratia est, sicut etiam quod praeter ordinem naturae miracula fiunt.

007 ST1 qu113 ar2

ag1 ' Ad secundum sic proceditur. videtur quod non singuli homines a singulis angelis custodiantur. angelus enim est virtuosior quam homo. sed unus homo sufficit ad custodiam multorum hominum. ergo multo magis unus angelus multos homines potest custodire.
ag2 ' Praeterea, inferiora reducuntur in deum a superioribus per media, * ut dionysius dicit. ' sed cum omnes angeli sint inaequales, * ut supra dictum est, ' solus unus angelus est inter quem et homines non est aliquis medius. ergo unus angelus solus est qui immediate custodit homines.
ag3 ' Praeterea, maiores angeli maioribus officiis deputantur. sed non est maius officium custodire unum hominem quam alium, cum omnes homines natura sint pares. cum ergo omnium angelorum sit unus maior alio, * secundum dionysium, ' videtur quod diversi homines non custodiantur a diversis angelis.
sc * Sed contra est quod hieronymus, exponens illud matth. xviii, ° angeli eorum in caelis, * dicit, ° magna est dignitas animarum, ut unaquaeque habeat, ab ortu nativitatis, in custodiam sui angelum delegatum.
co ' Respondeo dicendum quod singulis hominibus singuli angeli ad custodiam deputantur. cuius ratio est, quia angelorum custodia est quaedam executio divinae providentiae circa homines. providentia autem dei aliter se habet ad homines, et ad alias corruptibiles creaturas, quia aliter se habent ad incorruptibilitatem. homines enim non solum sunt incorruptibiles quantum ad communem speciem, sed etiam quantum ad proprias formas singulorum, quae sunt animae rationales, quod de aliis rebus corruptibilibus dici non potest. manifestum est autem quod providentia dei principaliter est circa illa quae perpetuo manent, circa ea vero quae transeunt, providentia dei est inquantum ordinat ipsa ad res perpetuas. sic igitur providentia dei comparatur ad singulos homines, sicut comparatur ad singula genera vel species corruptibilium rerum. sed * secundum gregorium, " diversi ordines deputantur diversis rerum generibus; puta potestates ad arcendos daemones, virtutes ad miracula facienda in rebus corporeis. ' et probabile est quod diversis speciebus rerum diversi angeli eiusdem ordinis praeficiantur. unde etiam rationabile est ut diversis hominibus diversi angeli ad custodiam deputentur.
ra1 ' Ad primum ergo dicendum quod alicui homini adhibetur custos dupliciter. uno modo, inquantum est homo singularis. et sic uni homini debetur unus custos, et interdum plures deputantur ad custodiam unius. alio modo, inquantum est pars alicuius collegii, et sic toti collegio unus homo ad custodiam praeponitur, ad quem pertinet providere ea quae pertinent ad unum hominem in ordine ad totum collegium; sicut sunt ea quae exterius aguntur, de quibus alii aedificantur vel scandalizantur. angelorum autem custodia deputatur hominibus etiam quantum ad invisibilia et occulta, quae pertinent ad singulorum salutem secundum seipsos. unde singulis hominibus singuli angeli deputantur ad custodiam.
ra2 * Ad secundum dicendum quod, sicut dictum est, ' angeli primae hierarchiae omnes quantum ad aliqua illuminantur immediate a deo, sed quaedam sunt de quibus illuminantur superiores tantum immediate a deo, quae inferioribus revelant. et idem etiam in inferioribus ordinibus considerandum est, nam aliquis infimus angelus illuminatur quantum ad quaedam ab aliquo supremo, et quantum ad aliqua ab eo qui immediate sibi praefertur. et sic etiam possibile est quod aliquis angelus immediate illuminet hominem, qui tamen habet aliquos angelos sub se, quos illuminat.
ra3 ' Ad tertium dicendum quod, quamvis homines natura sint pares, tamen inaequalitas in eis invenitur, secundum quod ex divina providentia quidam ordinantur ad maius, et quidam ad minus; * secundum illud quod dicitur eccli. xxxiii, ° in multitudine disciplinae domini separavit eos, ex ipsis benedixit et exaltavit, ex ipsis maledixit et humiliavit. ' et sic maius officium est custodire unum hominem quam alium.

007 ST1 qu113 ar3

ag1 ' Ad tertium sic proceditur. videtur quod custodire homines non pertineat solum ad infimum ordinem angelorum. * dicit enim chrysostomus quod hoc quod dicitur matth. xviii, ° angeli eorum in caelo etc., intelligitur non de quibuscumque angelis, sed de supereminentibus. ' ergo supereminentes angeli custodiunt homines.
ag2 * Praeterea, apostolus, ad heb. i, dicit quod ° angeli sunt in ministerium missi propter eos qui haereditatem capiunt salutis, ' et sic videtur quod missio angelorum ad custodiam hominum ordinetur. sed quinque ordines in exterius ministerium mittuntur, * ut supra dictum est. ' ergo omnes angeli quinque ordinum custodiae hominum deputantur.
ag3 ' Praeterea, ad custodiam hominum maxime videtur esse necessarium arcere daemones, quod pertinet ad potestates, * secundum gregorium; ' et miracula facere, quod pertinet ad virtutes. ergo illi etiam ordines deputantur ad custodiam, et non solum infi-

mus.
sc * Sed contra est quod in psalmo custodia hominum attribuitur angelis; quorum ordo est infimus, secundum dionysium.
co * Respondeo dicendum quod, sicut supra dictum est, ‘ homini custodia dupliciter adhibetur. uno modo custodia particularis, secundum quod singulis hominibus singuli angeli ad custodiam deputantur. et talis custodia pertinet ad infimum ordinem angelorum, quorum, * secundum gregorium, ‘ est minima nuntiare; hoc autem videtur esse minimum in officiis angelorum, procurare ea quae ad unius hominis tantum salutem pertinent. alia vero est custodia universalis. et haec multiplicatur secundum diversos ordines, nam quanto agens fuerit universalius, tanto est superius. sic igitur custodia humanae multitudinis pertinet ad ordinem principatuum, vel forte ad archangelos, qui dicuntur principes angeli, unde et michael, quem archangelum dicimus, unus de principibus dicitur * dan. x. ‘ ulterius autem super omnes naturas corporeas habent custodiam virtutes. et ulterius etiam super daemones habent custodiam potestates. et ulterius etiam super bonos spiritus habent custodiam principatus, * secundum gregorium.
ra1 * Ad primum ergo dicendum quod verbum chrysostomi potest intelligi, “ ut loquatur de supremis in ordine infimo angelorum, * quia, ut dionysius dicit, “ in quolibet ordine sunt primi, medii et ultimi. ‘ est autem probabile quod maiores angeli deputentur ad custodiam eorum qui sunt ad maiorem gradum gloriae a deo electi.
ra2 ‘ Ad secundum dicendum quod non omnes angeli qui mittuntur, habent particularem custodiam super singulos homines; sed quidam ordines habent universalem custodiam, magis vel minus, * ut dictum est.
ra3 ‘ Ad tertium dicendum quod etiam inferiores angeli exercent officia superiorum, inquantum aliquid de dono eorum participant, et se habent ad superiores sicut executores virtutis eorum. et per hunc modum etiam angeli infimi ordinis possunt et arcere daemones, et miracula facere.

007 ST1 qu113 ar4

ag1 ‘ Ad quartum sic proceditur. videtur quod non omnibus hominibus angeli ad custodiam deputentur. * dicitur enim de christo, philipp. ii, quod est ° in similitudinem hominum factus, et habitu inventus ut homo. ‘ si igitur omnibus hominibus angeli ad custodiam deputantur, etiam christus angelum custodem habuisset. sed hoc videtur inconveniens, cum christus sit maior omnibus angelis. non ergo omnibus hominibus angeli ad custodiam deputantur.
ag2 ‘ Praeterea, omnium hominum primus fuit adam. sed sibi non competebat habere angelum custodem, ad minus in statu innocentiae, quia tunc nullis periculis angustiabatur. ergo angeli non praeficiuntur ad custodiam omnibus hominibus.
ag3 ‘ Praeterea, hominibus angeli ad custodiam deputantur, ut per eos manuducantur ad vitam aeternam, et incitentur ad bene operandum, et muniantur contra insultus daemonum. sed homines praesciti ad damnationem, nunquam perveniunt ad vitam aeternam. infideles etiam, etsi interdum bona opera faciant, non tamen bene faciunt, quia non recta intentione faciunt, fides enim intentionem dirigit, * ut augustinus dicit. ‘ antichristi etiam adventus erit secundum operationem satanae, * ut dicitur ii ad thessal. ii. ‘ non ergo omnibus hominibus angeli ad custodiam deputantur.
sc * Sed contra est auctoritas hieronymi supra inducta, qui dicit quod ° unaquaeque anima ad sui custodiam habet angelum deputatum.
co ‘ Respondeo dicendum quod homo in statu vitae istius constitutus, est quasi in quadam via, qua debet tendere ad patriam. in qua quidem via multa pericula homini imminent, tum ab interiori, tum ab exteriori; * secundum illud psalmi cxli, ° in via hac qua ambulabam, absconderunt laqueum mihi. ‘ et ideo sicut hominibus per viam non tutam ambulantibus dantur custodes, ita et cuilibet homini, quandiu viator est, custos angelus deputatur. quando autem iam ad terminum viae pervenerit, iam non habebit angelum custodem; sed habebit in regno angelum conregnantem, in inferno daemonem punientem.
ra1 ‘ Ad primum ergo dicendum quod christus, secundum quod homo, immediate regulabatur a verbo dei, unde non indigebat custodia angelorum. et iterum secundum animam erat comprehensor; sed ratione passibilitatis corporis, erat viator. et secundum hoc, non debebatur ei angelus custos, tanquam superior; sed angelus minister, tanquam inferior. * unde dicitur matth. iv, quod ° accesserunt angeli et ministrabant ei.
ra2 ‘ Ad secundum dicendum quod homo in statu innocentiae non patiebatur aliquod periculum ab interiori, quia interius erant omnia ordinata, * ut supra dictum est, ‘ sed imminebat ei periculum ab exteriori, propter insidias daemonum; ut rei probavit eventus. et ideo indigebat custodia angelorum.
ra3 ‘ Ad tertium dicendum quod, sicut praesciti et infideles, et etiam antichristus, non privantur interiori auxilio naturalis rationis; ita etiam non privantur exteriori auxilio toti naturae humanae divinitus concesso, scilicet custodia angelorum. per quam etsi non iuventur quantum ad hoc quod vitam aeternam bonis operibus mereantur, iuvantur tamen quantum ad hoc, quod ab aliquibus malis retrahuntur, quibus et sibi ipsis et aliis nocere possunt. nam et ipsi daemones arcentur per bonos angelos, ne noceant quantum volunt. et similiter antichristus non tantum nocebit, quantum vellet.

007 ST1 qu113 ar5

ag1 ‘ Ad quintum sic proceditur. videtur quod angelus non deputetur homini ad custodiam a sua nativitate. angeli enim mittuntur ° in ministerium, propter eos qui haereditatem capiunt salutis, * ut apostolus, ad heb. dicit. ‘ sed homines incipiunt haereditatem capere salutis, quando baptizantur. ergo angelus deputatur homini ad custodiam a tempore baptismi, et non a tempore nativitatis.
ag2 ‘ Praeterea, homines ab angelis custodiuntur, inquantum ab eis illuminantur per modum doctrinae. sed pueri mox nati non sunt capaces doctrinae, quia non habent usum rationis. ergo pueris mox natis non deputantur angeli custodes.
ag3 ‘ Praeterea, pueri in materno utero existentes habent animam rationalem aliquo tempore, sicut et post nativitatem ex utero. sed cum sunt in materno utero, non deputantur eis angeli ad custodiam, ut videtur, quia neque etiam ministri ecclesiae eos sacramentis imbuunt. non ergo statim a nativitate hominibus angeli ad custodiam deputantur.
sc * Sed contra est quod hieronymus dicit, quod ° unaquaeque anima, ab ortu nativitatis, habet in custodiam sui angelum deputatum.
co * Respondeo dicendum quod, sicut origenes dicit super matthaeum, super hoc est duplex opinio. quidam enim dixerunt quod “ angelus ad custodiam homini deputatur a tempore baptismi, * alii vero quod “ a tempore nativitatis. * et hanc opinionem hieronymus approbat; et rationabiliter. ‘ beneficia enim quae dantur homini divinitus ex eo quod est christianus, incipiunt a tempore baptismi; sicut perceptio eucharistiae, et alia huiusmodi. sed ea quae providentur homini a deo, inquantum habet naturam rationalem, ex tunc ei exhibentur, ex quo nascendo talem naturam accipit. et tale beneficium est custodia angelorum, * ut ex praemissis patet. ‘ unde statim a nativitate habet homo angelum ad sui custodiam deputatum.
ra1 ‘ Ad primum ergo dicendum quod angeli mittuntur in ministerium, efficaciter quidem propter eos solos qui haereditatem capiunt salutis, si consideretur ultimus effectus custodiae, qui est perceptio haereditatis. nihilominus tamen et aliis ministerium angelorum non subtrahitur, quamvis in eis hanc efficaciam non habeat, quod perducantur ad salutem. efficax tamen est circa eos angelorum ministerium, inquantum a multis malis retrahuntur.
ra2 ‘ Ad secundum dicendum quod officium custodiae ordinatur quidem ad illuminationem doctrinae, sicut ad ultimum et principalem effectum. nihilominus tamen multos alios effectus habet, qui pueris competunt, scilicet arcere daemones, et alia nocumenta tam corporalia quam spiritualia prohibere.
ra3 ‘ Ad tertium dicendum quod puer quandiu est in materno utero, non totaliter est a matre separatus, sed per quandam colligationem est quodammodo adhuc aliquid eius, sicut et fructus pendens in arbore, est aliquid arboris. et ideo probabiliter dici potest quod angelus qui est in custodia matris, custodiat prolem in matris utero existentem. sed in nativitate, quando separatur a matre, angelus ei ad custodiam deputatur, * ut hieronymus dicit.

007 ST1 qu113 ar6

ag1 ‘ Ad sextum sic proceditur. videtur quod angelus custos quandoque deserat hominem cuius custodiae deputatur. * dicitur enim ierem. li, ex persona angelorum, ° curavimus babylonem, et non est curata, derelinquamus ergo eam. * et isaiae v, ° auferam sepem eius, et erit in conculcationem; * glossa, ° idest angelorum custodiam.
ag2 ‘ Praeterea, principalius custodit deus quam angelus. sed deus aliquando hominem derelinquit; * secundum illud psalmi xxi, ° deus, deus meus, respice in me, quare me dereliquisti? ‘ ergo multo magis angelus custos hominem derelinquit.
ag3 * Praeterea, sicut dicit damascenus, ° angeli, cum sunt hic nobiscum, non sunt in caelo. ‘ sed aliquando sunt in caelo. ergo aliquando nos derelinquunt.
sc ‘ Sed contra, daemones nos semper impugnant; * secundum illud i petri v, ° adversarius vester diabolus tanquam leo rugiens circuit, quaerens quem devoret. ‘ ergo multo magis boni angeli semper nos custodiunt.
co ‘ Respondeo dicendum quod custodia angelorum, * ut ex supra dictis patet, ‘ est quaedam executio divinae providentiae circa homines facta. manifestum est autem quod nec homo, nec res aliqua, totaliter divinae providentiae subtrahitur, inquantum enim aliquid participat de esse, intantum subditur universali providentiae entium. sed intantum deus, secundum ordinem suae providentiae, dicitur hominem derelinquere, inquantum permittit hominem pati aliquem defectum vel poenae vel culpae. similiter etiam dicendum est quod angelus custos nunquam totaliter dimittit hominem, sed ad aliquid interdum eum dimittit; prout scilicet non impedit quin subdatur alicui tribulationi, vel etiam quin cadat in peccatum, secundum ordinem divinorum iudiciorum. et secundum hoc babylon et domus israel ab angelis derelictae dicuntur, quia angeli earum custodes non impediverunt quin tribulationibus subderentur.
ra1 ‘ Et per hoc patet solutio ad primum et secundum.
ra3 ‘ Ad tertium dicendum quod angelus, etsi interdum derelinquat hominem loco, non tamen derelinquit eum quantum ad effectum custodiae, quia etiam cum est in caelo, cognoscit quid circa hominem agatur; nec indiget mora temporis ad motum localem, sed statim potest adesse.

007 ST1 qu113 ar7

ag1 ‘ Ad septimum sic proceditur. videtur quod angeli doleant de malis eorum quos custodiunt. * dicitur enim isaiae xxxiii, ° angeli pacis amare flebunt. ‘ sed fletus est signum doloris et tristitiae. ergo angeli tristantur de malis hominum quos custodiunt.
ag2 * Praeterea, tristitia est, ut augustinus dicit, ° de his quae nobis nolentibus accidunt. ‘ sed perditio hominis custoditi est contra voluntatem angeli custodis. ergo tristantur angeli de perditione hominum.
ag3 ‘ Praeterea, sicut gaudio contrariatur tristitia, ita poenitentiae contrariatur peccatum. sed angeli gaudent de peccatore poenitentiam agente, * ut habetur lucae xv. ‘ ergo tristantur de iusto in peccatum cadente.
ag4 * Praeterea, super illud num. xviii; quidquid offerunt primitiarum etc., dicit glossa origenis; ° trahuntur angeli in iudicium, utrum ex ipsorum negligentia, an hominum ignavia lapsi sint. ‘ sed quilibet rationabiliter dolet de malis propter quae in iudicium tractus est. ergo angeli dolent de peccatis hominum.
sc ‘ Sed contra, ubi est tristitia et dolor, non est perfecta felicitas, * unde dicitur apoc. xxi, ° mors ultra non erit, neque luctus, neque clamor, neque ullus dolor. ‘ sed angeli sunt perfecte beati. ergo de nullo dolent.
co ‘ Respondeo dicendum quod angeli non dolent neque de peccatis, neque de poenis hominum. tristitia enim et dolor, * secundum augustinum, ‘ non est nisi de his quae contrariantur voluntati. nihil autem accidit in mundo quod sit contrarium voluntati angelorum et aliorum beatorum, quia voluntas eorum totaliter inhaeret ordini divinae iustitiae; nihil autem fit in mundo, nisi quod per divinam iustitiam fit aut permittitur. et ideo, simpliciter loquendo, nihil fit in mundo contra voluntatem beatorum. * ut enim philosophus dicit in iii ethic. ‘ illud dicitur simpliciter voluntarium, quod aliquis vult in particulari, secundum quod agitur, consideratis scilicet omnibus quae circumstant, quamvis in universali consideratum non esset voluntarium, sicut nauta non vult proiectionem mercium in mare, absolute et universaliter considerando, sed imminente periculo salutis hoc vult. unde magis est hoc voluntarium quam involuntarium, * ut ibidem dicitur. ‘ sic igitur angeli peccata et poenas hominum, universaliter et absolute loquendo, non volunt, volunt tamen quod circa hoc ordo divinae iustitiae servetur, secundum quem quidam poenis subduntur, et peccare permittuntur.
ra1 * Ad primum ergo dicendum quod verbum illud isaiae potest ‘ intelligi de angelis, idest nuntiis, ezechiae, qui fleverunt propter verba rabsacis; * de quibus habetur isaiae xxxvii. ‘ et hoc secundum litteralem sensum. secundum vero allegoricum, angeli pacis sunt apostoli et alii praedicatores, qui flent pro peccatis hominum. si vero secundum sensum anagogicum exponatur de angelis beatis, tunc metaphorica erit locutio, ad designandum quod angeli volunt in universali hominum salutem. sic enim deo et angelis huiusmodi passiones attribuuntur.
ra2 ‘ Ad secundum patet solutio per ea quae dicta sunt.
ra3 ‘ Ad tertium dicendum quod tam in poenitentia hominum, quam in peccato, manet una ratio gaudii angelis, scilicet impletio ordinis divinae providentiae.
ra4 ‘ Ad quartum dicendum quod angeli ducuntur in iudicium pro peccatis hominum, non quasi rei, sed quasi testes, ad convincendum homines de eorum ignavia.

007 ST1 qu113 ar8

ag1 ‘ Ad octavum sic proceditur. videtur quod inter angelos non possit esse pugna seu discordia. * dicitur enim iob xxv, ° qui facit concordiam in sublimibus. ‘ sed pugna opponitur concordiae. ergo in sublimibus angelis non est pugna.
ag2 ‘ Praeterea, ubi est perfecta caritas et iusta praelatio, non potest esse pugna. sed hoc totum est in angelis. ergo in angelis non est pugna.
ag3 ‘ Praeterea, si angeli dicuntur pugnare pro eis quos custodiunt, necesse est quod unus angelus foveat unam partem, et alius aliam. sed si una pars habet iustitiam, e contra alia pars habet iniustitiam. ergo sequitur quod angelus bonus sit fautor iniustitiae, quod est inconveniens. ergo inter bonos angelos non est pugna.
sc * Sed contra est quod dicitur dan. x, ex persona gabrielis, ° princeps regni persarum restitit mihi viginti et uno diebus. ‘ hic autem princeps persarum erat an-

gelus regno persarum in custodiam deputatus. ergo unus bonus angelus resistit alii, et sic inter eos est pugna.
co * Respondeo dicendum quod ista quaestio movetur occasione horum verborum danielis. quae quidem hieronymus exponit, dicens " principem regni persarum esse angelum qui se opposuit liberationi populi israelitici, pro quo daniel orabat, gabriele preces eius deo praesentante. haec autem resistentia potuit fieri, quia princeps aliquis daemonum iudaeos in persidem ductos ad peccatum induxerat, per quod impedimentum praestabatur orationi danielis, pro eodem populo deprecantis. * sed secundum gregorium, xvii moral., " princeps regni persarum bonus angelus fuit, custodiae regni illius deputatus. ad videndum igitur qualiter unus angelus alteri resistere dicitur, considerandum est quod divina iudicia circa diversa regna et diversos homines, per angelos exercentur. in suis autem actionibus angeli secundum divinam sententiam regulantur. contingit autem quandoque quod in diversis regnis, vel in diversis hominibus, contraria merita vel demerita inveniuntur, ut unus alteri subdatur aut praesit. quid autem super hoc ordo divinae sapientiae habeat, cognoscere non possunt nisi deo revelante, unde necesse habent super his sapientiam dei consulere. sic igitur inquantum de contrariis meritis et sibi repugnantibus, divinam consulunt voluntatem, resistere sibi invicem dicuntur, non quia sint eorum contrariae voluntates, cum in hoc omnes concordent, quod dei sententia impleatur; |25| sed quia ea de quibus consulunt, sunt repugnantia.
ra ' Et per hoc patet solutio ad obiecta.

007 ST1 qu114 ar

pr ' Deinde considerandum est de impugnatione daemonum. et circa hoc quaeruntur quinque. primo, utrum homines a daemonibus impugnentur. secundo, utrum tentare sit proprium diaboli. tertio, utrum omnia peccata hominum ex impugnatione sive tentatione daemonum proveniant. quarto, utrum possint vera miracula facere ad seducendum. quinto, utrum daemones qui ab hominibus superantur, ab impugnatione hominum arceantur.

007 ST1 qu114 ar1

ag1 ' Ad primum sic proceditur. videtur quod homines non impugnentur a daemonibus. angeli enim deputantur ad hominum custodiam, missi a deo. sed daemones non mittuntur a deo, cum daemonum intentio sit perdere animas, dei autem salvare. ergo daemones non deputantur ad hominum impugnationem.
ag2 ' Praeterea, non est aequa conditio pugnae, ut infirmus contra fortem, ignarus contra astutum exponatur ad bellum. sed homines sunt infirmi et ignari; daemones autem potentes et astuti. non est ergo permittendum a deo, qui est omnis iustitiae auctor, ut homines a daemonibus impugnentur.
ag3 ' Praeterea, ad exercitium hominum sufficit impugnatio carnis et mundi. sed deus permittit electos suos impugnari propter eorum exercitium. ergo non videtur necessarium quod a daemonibus impugnentur.
sc * Sed contra est quod apostolus dicit, ad ephes. vi, quod ° non est nobis colluctatio adversus carnem et sanguinem, sed adversus principes et potestates, adversus mundi rectores tenebrarum harum, contra spiritualia nequitiae in caelestibus.
co ' Respondeo dicendum quod circa impugnationem daemonum duo est considerare, scilicet ipsam impugnationem, et impugnationis ordinem. impugnatio quidem ipsa ex daemonum malitia procedit, qui propter invidiam profectum hominum impedire nituntur; et propter superbiam divinae potestatis similitudinem usurpant, deputando sibi ministros determinatos ad hominum impugnationem, sicut et angeli deo ministrant in determinatis officiis ad hominum salutem. sed ordo impugnationis ipsius est a deo, qui ordinate novit malis uti, ad bona ea ordinando. sed ex parte angelorum, tam ipsa custodia quam ordo custodiae reducitur ad deum, sicut ad primum auctorem.
ra1 ' Ad primum ergo dicendum quod mali angeli impugnant homines dupliciter. uno modo, instigando ad peccatum. et sic non mittuntur a deo ad impugnandum, sed aliquando permittuntur, secundum dei iusta iudicia. aliquando autem impugnant homines puniendo. et sic mittuntur a deo; sicut missus est spiritus mendax ad puniendum achab regem israel, * ut dicitur iii reg. ult.. ' poena enim refertur in deum, sicut in primum auctorem. et tamen daemones ad puniendum missi, alia intentione puniunt, quam mittantur, nam ipsi puniunt ex odio vel invidia; mittuntur autem a deo propter eius iustitiam.
ra2 ' Ad secundum dicendum quod ad hoc quod non sit inaequalis pugnae conditio, fit ex parte hominis recompensatio, principaliter quidem per auxilium divinae gratiae; secundario autem per custodiam angelorum. * unde iv reg., elisaeus dixit ad ministrum suum, ° noli timere, plures enim nobiscum sunt, quam cum illis.
ra3 ' Ad tertium dicendum quod infirmitati humanae sufficeret ad exercitium impugnatio quae est a carne et mundo, sed malitiae daemonum non sufficit, quae utroque utitur ad hominum impugnationem. sed tamen ex divina ordinatione hoc provenit in gloriam electorum.

007 ST1 qu114 ar2

ag1 ' Ad secundum sic proceditur. videtur quod tentare non sit proprium diaboli. dicitur enim deus tentare; * secundum illud gen. xxii, ° tentavit deus abraham. ' tentat etiam caro, et mundus. et etiam homo dicitur tentare deum, et hominem. ergo non est proprium daemonis tentare.
ag2 ' Praeterea, tentare est ignorantis. sed daemones sciunt quid circa homines agatur. ergo daemones non tentant.
ag3 ' Praeterea, tentatio est via in peccatum. peccatum autem in voluntate consistit. cum ergo daemones non possint voluntatem hominis immutare, * ut per supra dicta patet; ' videtur quod ad eos non pertineat tentare.
sc * Sed contra est quod dicitur i ad thessal. iii, ° ne forte tentaverit vos is qui tentat; * glossa, " idest diabolus, cuius officium est tentare.
co ' Respondeo dicendum quod tentare est proprie experimentum sumere de aliquo. experimentum autem sumitur de aliquo, ut sciatur aliquid circa ipsum, et ideo proximus finis cuiuslibet tentantis est scientia. sed quandoque ulterius ex scientia quaeritur aliquis alius finis, vel bonus vel malus, bonus quidem, sicut cum aliquis vult scire qualis aliquis sit, vel quantum ad scientiam vel quantum ad virtutem, ut eum promoveat; malus autem, quando hoc scire vult, ut eum decipiat vel subvertat. et per hunc modum potest accipi quomodo tentare diversis diversimode attribuatur. homo enim tentare dicitur, quandoque quidem ut sciat tantum, et propter hoc, tentare deum dicitur esse peccatum; quia homo, quasi incertus, experiri praesumit dei virtutem. quandoque vero tentat ut iuvet, quandoque vero, ut noceat. diabolus autem semper tentat ut noceat, in peccatum praecipitando. et secundum hoc, dicitur proprium officium eius tentare, nam etsi homo aliquando sic tentet, hoc agit inquantum est minister diaboli. deus autem tentare dicitur ut sciat, eo modo loquendi quo dicitur scire quod facit alios scire. * unde dicitur deut. xii, ° tentat vos dominus deus vester, ut palam fiat utrum diligatis eum. ' caro autem et mundus dicuntur tentare instrumentaliter, seu materialiter, inquantum scilicet potest cognosci qualis sit homo, ex hoc quod sequitur vel repugnat concupiscentiis carnis, et ex hoc quod contemnit prospera mundi et adversa; |25| quibus etiam diabolus utitur ad tentandum.
ra1 ' Et sic patet solutio ad primum.
ra2 ' Ad secundum dicendum quod daemones sciunt ea quae exterius aguntur circa homines, sed interiorem hominis conditionem solus deus novit, qui est spirituum ponderator, ex qua aliqui sunt magis proni ad unum vitium quam ad aliud. et ideo diabolus tentat explorando interiorem conditionem hominis, ut de illo vitio tentet, ad quod homo magis pronus est.
ra3 ' Ad tertium dicendum quod daemon, etsi non possit immutare voluntatem, potest tamen, * ut supra dictum est, ' aliqualiter immutare inferiores hominis vires; ex quibus etsi non cogitur voluntas, tamen inclinatur.

007 ST1 qu114 ar3

ag1 ' Ad tertium sic proceditur. videtur quod omnia peccata procedant ex tentatione diaboli. * dicit enim dionysius, iv cap. de div. nom., quod ° multitudo daemonum est causa omnium malorum et sibi et aliis. * et damascenus dicit quod ° omnis malitia et omnis immunditia a diabolo excogitatae sunt.
ag2 ' Praeterea, de quolibet peccatore dici posset quod dominus de iudaeis dicit, * ioan. viii, ° vos ex patre diabolo estis. ' hoc autem est inquantum ipsi ex diaboli suggestione peccabant. omne ergo peccatum est ex suggestione diaboli.
ag3 ' Praeterea, sicut angeli deputantur ad custodiam hominum, ita daemones ad impugnationem. sed omnia bona quae facimus, ex suggestione bonorum angelorum procedunt, quia divina ad nos mediantibus angelis perferuntur. ergo et omnia mala quae facimus, proveniunt ex suggestione diaboli.
sc * Sed contra est quod dicitur in libro de eccles. dogmat., ° non omnes cogitationes nostrae malae a diabolo excitantur, sed aliquoties ex nostri arbitrii motu emergunt.
co ' Respondeo dicendum quod causa alicuius potest dici aliquid dupliciter, uno modo, directe, alio modo, indirecte. indirecte quidem, sicut cum aliquod agens causans aliquam dispositionem ad aliquem effectum, dicitur esse occasionaliter et indirecte causa illius effectus; sicut si dicatur quod ille qui siccat ligna, est causa combustionis eorum. et hoc modo dicendum est quod diabolus est causa omnium peccatorum nostrorum, quia ipse instigavit primum hominem ad peccandum, ex cuius peccato consecuta est in toto genere humano quaedam pronitas ad omnia peccata. * et per hunc modum intelligenda sunt verba damasceni et dionysii. ' directe autem dicitur esse aliquid causa alicuius, quod operatur directe ad illud. et hoc modo diabolus non est causa omnis peccati non enim omnia peccata committuntur diabolo instigante, sed quaedam ex libertate arbitrii et carnis corruptione. quia, * ut origenes dicit, ' etiam si diabolus non esset, homines haberent appetitum ciborum et venereorum et huiusmodi; circa quae multa inordinatio contingit, nisi per rationem talis appetitus refraenetur; et maxime, supposita corruptione naturae. refraenare autem et ordinare huiusmodi appetitum, subiacet libero arbitrio. sic ergo non est necessarium omnia peccata ex instinctu diaboli provenire. " si qua tamen ex instinctu eius proveniunt, ad ea complenda ° eo blandimento decipiuntur homines nunc, quo primi parentes, |25| * ut isidorus dicit.
ra1 ' Et per hoc patet responsio ad primum.
ra2 ' Ad secundum dicendum quod, si qua peccata absque instinctu diaboli perpetrantur, per ea tamen fiunt homines filii diaboli, inquantum ipsum primo peccantem imitantur.
ra3 ' Ad tertium dicendum quod homo potest per seipsum ruere in peccatum, sed ad meritum proficere non potest nisi auxilio divino, quod homini exhibetur mediante ministerio angelorum. et ideo ad omnia bona nostra cooperantur angeli, non tamen omnia nostra peccata procedunt ex daemonum suggestione. quamvis nullum genus peccati sit, quod non interdum ex daemonum suggestione proveniat.

007 ST1 qu114 ar4

ag1 ' Ad quartum sic proceditur. videtur quod daemones non possint homines seducere per aliqua miracula vera. operatio enim daemonum maxime vigebit in operibus antichristi. * sed sicut apostolus dicit ii ad thessal. ii, ° eius adventus est secundum operationem satanae, in omni virtute et signis et prodigiis mendacibus. ' ergo multo magis alio tempore per daemones non fiunt nisi signa mendacia.
ag2 ' Praeterea, vera miracula per aliquam corporum immutationem fiunt. sed daemones non possunt immutare corpus in aliam naturam, * dicit enim augustinus, xviii de civ. dei, ° nec corpus quidem humanum ulla ratione crediderim daemonum arte vel potestate in membra bestialia posse converti. ' ergo daemones vera miracula facere non possunt.
ag3 ' Praeterea, argumentum efficaciam non habet, quod se habet ad opposita. si ergo miracula vera possunt fieri a daemonibus ad falsitatem persuadendam, non erunt efficacia ad veritatem fidei confirmandam. quod est inconveniens, * cum dicatur marci ult., ° domino cooperante, et sermonem confirmante sequentibus signis.
sc ' Sed contra est quod * augustinus dicit, libro octoginta trium quaest., quod ° magicis artibus fiunt miracula plerumque similia illis miraculis quae fiunt per servos dei.
co * Respondeo dicendum quod, sicut ex supra dictis patet, ' si miraculum proprie accipiatur, daemones miracula facere non possunt, nec aliqua creatura, sed solus deus, quia miraculum proprie dicitur quod fit praeter ordinem totius naturae creatae, sub quo ordine continetur omnis virtus creaturae. dicitur tamen quandoque miraculum large, quod excedit humanam facultatem et considerationem. et sic daemones possunt facere miracula, quae scilicet homines mirantur, inquantum eorum facultatem et cognitionem excedunt. nam et unus homo, inquantum facit aliquid quod est supra facultatem et cognitionem alterius, ducit alium in admirationem sui operis, ut quodammodo miraculum videatur operari. sciendum est tamen quod, quamvis huiusmodi opera daemonum, quae nobis miracula videntur, ad veram rationem miraculi non pertingant; sunt tamen quandoque verae res. sicut magi pharaonis per virtutem daemonum veros serpentes et ranas fecerunt. ° et quando ignis de caelo cecidit et familiam iob cum gregibus pecorum uno impetu consumpsit, et turbo domum deiiciens filios eius occidit, quae fuerunt opera satanae, phantasmata non fuerunt, * ut augustinus dicit, xx de civ. dei.
ra1 * Ad primum ergo dicendum quod, sicut augustinus dicit ibidem, " antichristi opera possunt dici esse signa mendacii, ° vel quia mortales sensus per phantasmata decepturus est, ut quod non facit, videatur facere, vel quia, si sint vera prodigia, ad mendacium tamen pertrahent credituros.
ra2 * Ad secundum dicendum quod, sicut supra dictum est, ' materia corporalis non obedit angelis bonis seu malis ad nutum, ut daemones sua virtute possint transmutare materiam de forma in formam, sed possunt adhibere quaedam semina quae in elementis mundi inveniuntur, ad huiusmodi effectus complendos, * ut augustinus dicit iii de trin.. ' et ideo dicendum est quod omnes transmutationes corporalium rerum quae possunt fieri per aliquas virtutes naturales, ad quas pertinent praedicta semina, possunt fieri per operationem daemonum, huiusmodi seminibus adhibitis; sicut cum aliquae res transmutantur in serpentes vel ranas, quae per putrefactionem generari possunt. illae vero transmutationes corporalium rerum quae non possunt virtute naturae fieri, nullo modo operatione daemonum, secundum rei veritatem, perfici possunt; sicut quod corpus humanum mutetur in corpus bestiale, aut quod corpus hominis mortuum reviviscat. et si aliquando aliquid tale operatione daemonum fieri videatur, hoc non est secundum rei veritatem, sed secundum apparentiam tantum. quod quidem potest dupliciter contingere. uno

modo, ab interiori; secundum quod daemon potest mutare phantasiam hominis, et etiam sensus corporeos, ut aliquid videatur aliter quam sit, * sicut supra dictum est. ‘ et hoc etiam interdum fieri dicitur virtute aliquarum rerum corporalium. |25| alio modo, ab exteriori. cum enim ipse possit formare corpus ex aere cuiuscumque formae et figurae, ut illud assumens in eo visibiliter appareat; potest eadem ratione circumponere cuicumque rei corporeae quamcumque formam corpoream, ut in eius specie videatur. * et hoc est quod augustinus dicit xviii de civ. dei, quod ° phantasticum hominis, quod etiam cogitando sive somniando per rerum innumerabilium genera variatur, velut corporatum in alicuius animalis effigie, sensibus apparet alienis. ‘ quod non est sic intelligendum, quod ipsa vis phantastica hominis, aut species eius, eadem numero incorporata alterius sensibus ostendatur, sed quia daemon qui in phantasia unius hominis format aliquam speciem, ipse etiam potest similem speciem alterius sensibus offerre.

ra3 ‘ Ad tertium dicendum quod, * sicut augustinus dicit in libro octoginta trium quaest., ° cum talia faciunt magi qualia sancti, diverso fine et diverso iure fiunt. illi enim faciunt, quaerentes gloriam suam, isti, quaerentes gloriam dei. et illi faciunt per quaedam privata commercia; isti autem publica administratione, et iussu dei, cui cuncta creatura subiecta est.

007 ST1 qu114 ar5

ag1 ‘ Ad quintum sic proceditur. videtur quod daemon qui superatur ab aliquo, non propter hoc ab impugnatione arceatur. christus enim efficacissime suum tentatorem vicit. sed tamen postea eum impugnavit, ad occisionem eius iudaeos incitando. ergo non est verum quod diabolus victus ab impugnatione cesset.

ag2 ‘ Praeterea, infligere poenam ei qui in pugna succumbit, est incitare ad acrius impugnandum. hoc autem non pertinet ad dei misericordiam. ergo daemones superati non arcentur.

sc * Sed contra est quod dicitur matth. iv, “ tunc reliquit eum diabolus, scilicet christum superantem.

co * Respondeo dicendum quod quidam dicunt quod “ daemon superatus nullum hominum potest de cetero tentare, nec de eodem nec de alio peccato. * quidam autem dicunt quod “ potest alios tentare, sed non eundem. ‘ et hoc probabilius dicitur, si tamen intelligatur usque ad aliquod tempus, * unde et lucae iv dicitur quod, ° consummata omni tentatione, diabolus recessit a christo usque ad tempus. ‘ et huius ratio est duplex. una est ex parte divinae clementiae, * quia, ut chrysostomus dicit, super matth., ° non tandiu homines diabolus tentat, quandiu vult, sed quandiu deus permittit; quia etsi permittat paulisper tentare, tamen repellit, propter infirmam naturam. ‘ alia ratio sumitur ex astutia diaboli, * unde ambrosius dicit, super lucam, quod ° diabolus instare formidat, quia frequentius refugit triumphari. ‘ quod tamen aliquando diabolus redeat ad eum quem dimisit, * patet per illud quod dicitur matth. xii, ° revertar in domum meam, unde exivi.

ra ‘ Et per hoc patet solutio ad obiecta.

007 ST1 qu115 ar

pr ‘ Consequenter considerandum est de actione corporalis creaturae; et fato, quod aliquibus corporibus attribuitur. circa actiones corporales quaeruntur sex. primo, utrum aliquod corpus sit activum. secundo, utrum in corporibus sint aliquae seminales rationes. tertio, utrum corpora caelestia sint causa eorum quae hic per inferiora corpora fiunt. quarto, utrum sint causa humanorum actuum. quinto, utrum eorum actionibus daemones subdantur. sexto, utrum caelestia corpora imponant necessitatem his quae eorum actionibus subduntur.

007 ST1 qu115 ar1

ag1 ‘ Ad primum sic proceditur. videtur quod nullum corpus sit activum. * dicit enim augustinus quod ° in rebus invenitur aliquid actum et non agens, sicut sunt corpora; aliquid agens et non actum, sicut deus; aliquid agens et actum, sicut substantiae spirituales.

ag2 ‘ Praeterea, omne agens, excepto primo agente, in suo opere indiget subiecto quod sit susceptibile suae actionis. sed infra substantiam corporalem non est substantia quae sit susceptibilis suae actionis, quia haec substantia tenet infimum gradum in entibus. ergo substantia corporalis non est activa.

ag3 ‘ Praeterea, omnis substantia corporalis concluditur quantitate. sed quantitas impedit substantiam a motu et actione, quia comprehendit eam, et mergitur in ea, sicut impeditur aer nubilosus a perceptione luminis. et huius signum est, quod quanto magis accreverit quantitas corporis, tanto est ponderosius et gravius ad hoc quod moveatur. ergo nulla substantia corporalis est activa.

ag4 ‘ Praeterea, omne agens habet virtutem agendi ex propinquitate ad primum activum. sed a primo activo, quod est simplicissimum, remotissima sunt corpora, quae sunt maxime composita. ergo nullum corpus est agens.

ag5 ‘ Praeterea, si aliquod corpus est agens, aut agit ad formam substantialem; aut ad formam accidentalem. sed non ad formam substantialem, quia non invenitur in corporibus principium actionis nisi aliqua qualitas activa, quae est accidens; accidens autem non potest esse causa formae substantialis, cum causa sit potior quam effectus. similiter etiam neque ad formam accidentalem, ° quia accidens non se extendit ultra suum subiectum, * ut augustinus dicit ix de trin.. ‘ ergo nullum corpus est activum.

sc * Sed contra est quod dionysius, xv cap. cael. hier., “ inter ceteras proprietates corporei ignis, dicit quod ° ad susceptas materias manifestat sui ipsius magnitudinem activus et potens.

co ‘ Respondeo dicendum quod sensibiliter apparet aliqua corpora esse activa. * sed circa corporum actiones tripliciter aliqui erraverunt. fuerunt enim aliqui qui totaliter corporibus actiones subtraxerunt. et haec est opinio avicebron in libro fontis vitae, “ ubi per rationes quae tactae sunt, probare nititur quod nullum corpus agit, sed omnes actiones quae videntur esse corporum, sunt actiones cuiusdam virtutis spiritualis quae penetrat per omnia corpora; ita quod ignis, secundum eum, non calefacit, sed virtus spiritualis penetrans per ipsum. * et videtur haec opinio derivata esse ab opinione platonis. nam plato posuit “ omnes formas quae sunt in materia corporali, esse participatas et determinatas et contractas ad hanc materiam; formas vero separatas esse absolutas et quasi universales; et ideo illas formas separatas dicebat esse causas formarum quae sunt in materia. secundum hoc ergo quod forma quae est in materia corporali, determinata est ad hanc materiam individuatam per quantitatem, * ponebat avicebron quod “ a quantitate, prout est individuationis principium, retinetur et arcetur forma corporalis, ne possit se extendere per actionem in aliam materiam; sed solum forma spiritualis et immaterialis, quae non est coarctata |25| per quantitatem, potest effluere per actionem in aliud. ‘ sed ista ratio non concludit quod forma corporalis non sit agens, sed quod non sit agens universale. secundum enim quod participatur aliquid, secundum hoc est necessarium quod participetur id quod est proprium ei, sicut quantum participatur de lumine, tantum participatur de ratione visibilis. agere autem, quod nihil est aliud quam facere aliquid actu, est per se proprium actus, inquantum est actus, unde et omne agens agit sibi simile. sic ergo ex hoc quod aliquid est forma non determinata per materiam quantitati subiectam, habet quod sit agens indeterminatum et universale, ex hoc vero quod est determinata ad hanc materiam, habet quod sit agens contractum et particulare. unde si esset forma ignis separata, * ut platonici posuerunt, ‘ esset aliquo modo causa omnis ignitionis. sed haec forma ignis quae est in hac materia corporali, est causa huius ignitionis quae est ab hoc corpore in hoc corpus. unde et fit talis actio per contactum duorum corporum. sed tamen haec * opinio avicebron superexcedit opinionem platonis. nam plato “ ponebat solum formas substantiales separatas; accidentia vero reducebat ad principia materialia quae sunt magnum et parvum, quae ponebat esse prima contraria, sicut et alii rarum et densum. * et ideo tam plato quam avicenna, in aliquo ipsum sequens, “ ponebant quod agentia corporalia agunt secundum formas |50| accidentales, disponendo materiam ad formam substantialem; sed ultima perfectio, quae est per introductionem formae substantialis est a principio immateriali. et haec est secunda opinio de actione corporum, * de qua supra dictum est, cum de creatione ageretur. * tertia vero opinio fuit democriti, qui ponebat “ actionem esse per effluxionem atomorum a corpore agente, et passionem esse per receptionem eorundem in poris corporis patientis. * quam opinionem improbat aristoteles in i de generat.. ‘ sequeretur enim quod corpus non pateretur per totum, et quod quantitas corporis agentis diminueretur ex hoc quod agit, quae sunt manifeste falsa. dicendum est ergo quod corpus agit secundum quod est actu, in aliud corpus secundum quod est in potentia.

ra1 * Ad primum ergo dicendum quod dictum augustini est intelligendum ‘ de tota natura corporali simul accepta, quae non habet aliquam inferiorem naturam infra se, in quam agat, sicut natura spiritualis in corporalem, et natura increata in creatam. sed tamen unum corpus est infra alterum, inquantum est in potentia ad id quod habet aliud in actu.

ra2 ‘ Et per hoc patet solutio ad secundum. * sciendum est tamen quod, cum avicebron sic argumentatur, “ est aliquid quod est movens non motum, scilicet primus factor rerum, ergo, ex opposito, est aliquid quod est motum et patiens tantum, quod concedendum est. ‘ sed hoc est materia prima, quae est potentia pura, sicut deus est actus purus. corpus autem componitur ex potentia et actu, et ideo est agens et patiens.

ra3 ‘ Ad tertium dicendum quod quantitas non impedit formam corporalem omnino ab actione, * sicut dictum est, ‘ sed impedit eam ne sit agens universale, inquantum forma individuatur prout est in materia quantitati subiecta. signum tamen quod inducitur de ponderositate corporum, non est ad propositum. primo quidem, quia additio quantitatis non est causa gravitatis; * ut probatur in iv de caelo et mundo. ‘ secundo, quia falsum est quod ponderositas facit tardiorem motum, immo quanto aliquid est gravius, tanto magis movetur motu proprio. tertio, quia actio non fit per motum localem, * ut democritus posuit; ‘ sed per hoc quod aliquid reducitur de potentia in actum.

ra4 ‘ Ad quartum dicendum quod corpus non est id quod maxime distat a deo, participat enim aliquid de similitudine divini esse, secundum formam quam habet. sed id quod maxime distat a deo, est materia prima; quae nullo modo est agens, cum sit in potentia tantum.

ra5 ‘ Ad quintum dicendum quod corpus agit et ad formam accidentalem, et ad formam substantialem. qualitas enim activa, ut calor, etsi sit accidens, agit tamen in virtute formae substantialis, sicut eius instrumentum; et ideo potest agere ad formam substantialem; sicut et calor naturalis, inquantum est instrumentum animae, agit ad generationem carnis. ad accidens vero agit propria virtute. nec est contra rationem accidentis, quod excedat suum subiectum in agendo, sed quod excedat in essendo, nisi forsan quis imaginetur idem accidens numero defluere ab agente in patiens, * sicut democritus ponebat “ fieri actionem per defluxum atomorum.

007 ST1 qu115 ar2

ag1 ‘ Ad secundum sic proceditur. videtur quod in materia corporali non sint aliquae rationes seminales. ratio enim importat aliquid secundum esse spirituale. sed in materia corporali non est aliquid spiritualiter, sed materialiter tantum, secundum scilicet modum eius in quo est. ergo in materia corporali non sunt seminales rationes.

ag2 * Praeterea, augustinus dicit, iii de trin., quod “ daemones quaedam opera faciunt adhibendo occultis motibus quaedam semina, quae in elementis cognoscunt. ‘ sed ea quae per motum localem adhibentur, sunt corpora, non rationes. ergo inconvenienter dicitur quod sunt in corporali materia seminales rationes.

ag3 ‘ Praeterea, semen est principium activum. sed in materia corporali non est aliquod principium activum, cum materiae non competat agere, * ut dictum est. ‘ ergo in materia corporali non sunt seminales rationes.

ag4 ‘ Praeterea, in materia corporali dicuntur esse quaedam causales rationes, quae videntur sufficere ad rerum productionem. sed seminales rationes sunt aliae a causalibus, quia praeter seminales rationes fiunt miracula, non autem praeter causales. ergo inconvenienter dicitur quod seminales rationes sunt in materia corporali.

sc * Sed contra est quod augustinus dicit, iii de trin., ° omnium rerum quae corporaliter visibiliterque nascuntur, occulta quaedam semina in istis corporeis mundi huius elementis latent.

co ‘ Respondeo dicendum quod denominationes consueverunt fieri a perfectiori, * ut dicitur in ii de anima. ‘ in tota autem natura corporea perfectiora sunt corpora viva, unde et ipsum nomen naturae translatum est a rebus viventibus ad omnes res naturales. nam ipsum nomen naturae, * ut philosophus dicit in v metaphys., ‘ primo impositum fuit ad significandum generationem viventium, quae nativitas dicitur, et quia viventia generantur ex principio coniuncto, sicut fructus ex arbore, et foetus ex matre, cui colligatur, consequenter tractum est nomen naturae ad omne principium motus quod est in eo quod movetur. manifestum est autem quod principium activum et passivum generationis rerum viventium sunt semina ex quibus viventia generantur. * et ideo convenienter augustinus “ omnes virtutes activas et passivas quae sunt principia generationum et motuum naturalium, seminales rationes vocat. ‘ huiusmodi autem virtutes activae et passivae in multiplici ordine considerari possunt. nam primo quidem, * ut augustinus dicit vi super gen. ad litt., ‘ sunt principaliter |25| et originaliter in ipso verbo dei, secundum rationes ideales. secundo vero, sunt in elementis mundi, ubi simul a principio productae sunt, sicut in universalibus causis. tertio vero modo, sunt in iis quae ex universalibus causis secundum successiones temporum producuntur, sicut in hac planta et in hoc animali, tanquam in particularibus causis. quarto modo, sunt in seminibus quae ex animalibus et plantis producuntur. quae iterum comparantur ad alios effectus particulares, sicut primordiales causae universales ad primos effectus productos.

ra1 ‘ Ad primum ergo dicendum quod huiusmodi virtutes activae et passivae rerum naturalium, etsi non possint dici rationes secundum quod sunt in materia corporali; possunt tamen dici rationes per comparationem ad suam originem, secundum quod deducuntur a rationibus idealibus.

ra2 ‘ Ad secundum dicendum quod huiusmodi virtutes activae vel passivae sunt in aliquibus partibus corporalibus; quae dum adhibentur per motum localem ad aliquos effectus complendos, dicuntur semina adhiberi per daemones.

ra3 ‘ Ad tertium dicendum quod semen maris est principium activum in generatione animalis. sed potest etiam dici semen id quod est ex parte feminae, quod est principium passivum. et sic sub semine comprehendi possunt vires activae et passivae.

ra4 * Ad quartum dicendum quod ex verbis augustini “ de huiusmodi rationibus seminalibus loquentis, satis accipi potest quod ipsae rationes seminales sunt etiam rationes causales, sicut ‘ et semen est quaedam causa, * dicit enim in iii de trin., quod ° sicut matres gravidae sunt foetibus, sic ipse mundus est gravidus causis nascentium. ‘ sed tamen rationes ideales possunt dici causales, non autem proprie loquendo seminales, quia semen non est principium separatum, et praeter huiusmodi rationes non fiunt miracula. similiter etiam neque praeter virtutes passivas creaturae inditas, ut ex ea fieri possit quidquid deus mandaverit. sed praeter virtutes activas naturales, et potentias passivas quae ordinantur ad huiusmodi virtutes activas, dicuntur fieri miracula, dum dicitur quod fiunt praeter rationes seminales.

007 ST1 qu115 ar3

ag1 ‘ Ad tertium sic proceditur. videtur quod corpora caelestia non sint causa eorum quae hic in inferioribus corporibus fiunt. * dicit enim damascenus, “ nos autem dicimus quoniam ipsa, scilicet corpora caelestia, ° non sunt causa alicuius eorum quae fiunt, neque corruptionis eorum quae corrumpuntur, signa autem sunt magis imbrium et aeris transmutationis.

ag2 ‘ Praeterea, ad faciendum aliquid, sufficit agens et materia. sed in istis inferioribus invenitur materia patiens, inveniuntur etiam contraria agentia, scilicet calidum et frigidum et huiusmodi. ergo non est necessarium, ad causandum ea quae hic inferius fiunt, causalitatem caelestibus corporibus attribuere.

ag3 ‘ Praeterea, agens agit sibi simile. sed videmus quod omnia quae fiunt hic inferius, fiunt per hoc quod calefiunt et frigidantur, et humectantur et desiccantur, et aliis huiusmodi qualitatibus alterantur, quae non inveniuntur in corporibus caelestibus. ergo corpora caelestia non sunt causa eorum quae hic fiunt.

ag4 * Praeterea, sicut augustinus dicit v de civ. dei, ° nihil est magis corporeum quam corporis sexus. ‘ sed corporis sexus non causatur ex corporibus caelestibus, cuius signum esse videtur, quod duorum geminorum sub una constellatione natorum, unus est masculus et alter est femina. ergo corpora caelestia non sunt causa rerum corporalium quae hic fiunt.

sc * Sed contra est quod augustinus dicit, iii de trin., quod ° corpora crassiora et inferiora per subtiliora et potentiora quodam ordine reguntur. * et dionysius dicit, iv cap. de div. nom., quod ° lumen solis ad generationem sensibilium corporum confert, et ad vitam ipsa movet, et nutrit et auget et perficit.

co ‘ Respondeo dicendum quod, cum omnis multitudo ab unitate procedat; quod autem immobile est, uno modo se habet, quod vero movetur, multiformiter, considerandum est, in tota natura, quod omnis motus ab immobili procedit. et ideo quanto aliqua sunt immobiliora, tanto sunt magis causa eorum quae sunt magis mobilia. corpora autem caelestia sunt inter alia corpora magis immobilia, non enim moventur nisi motu locali. et ideo motus horum inferiorum corporum qui sunt varii et multiformes, reducuntur in motum corporis caelestis, sicut in causam.

ra1 * Ad primum ergo dicendum quod dictum damasceni intelligendum est, ‘ quod corpora caelestia non sunt prima causa generationis et corruptionis eorum quae hic fiunt; sicut * dicebant illi qui ponebant “ corpora caelestia esse deos.

ra2 ‘ Ad secundum dicendum quod principia activa in istis inferioribus corporibus non inveniuntur nisi qualitates activae elementorum, quae sunt calidum et frigidum et huiusmodi. et si sic esset quod formae substantiales inferiorum corporum non diversificarentur nisi secundum huiusmodi accidentia, * quorum principia rarum et densum antiqui naturales posuerunt; ‘ non oporteret super haec inferiora corpora aliquod principium activum ponere, sed ipsa sufficerent ad agendum. sed recte considerantibus apparet quod huiusmodi accidentia se habent sicut materiales dispositiones ad formas substantiales naturalium corporum. materia autem non sufficit ad agendum. et ideo oportet super has materiales dispositiones ponere aliquod principium activum. * unde platonici posuerunt “ species separatas, secundum quarum participationem inferiora corpora substantiales formas consequuntur. ‘ sed hoc non videtur sufficere. quia species separatae semper eodem modo se haberent, cum ponantur immobiles, et sic sequeretur quod non esset aliqua variatio circa generationem et corruptionem inferiorum corporum; quod patet esse falsum. * unde secundum philosophum, in ii de gen., “ necesse est ponere aliquod principium activum mobile, quod per sui praesentiam |25| et absentiam causet varietatem circa generationem et corruptionem inferiorum corporum. ‘ et huiusmodi sunt corpora caelestia. et ideo quidquid in istis inferioribus generat, movet ad speciem sicut instrumentum caelestis corporis; * secundum quod dicitur in ii physic., quod ° homo generat hominem, et sol.

ra3 ‘ Ad tertium dicendum quod corpora caelestia inferioribus corporibus non sunt similia similitudine speciei; sed inquantum sua universali virtute continent in se quidquid in inferioribus corporibus generatur; secundum quem modum dicimus etiam omnia esse deo similia.

ra4 ‘ Ad quartum dicendum quod actiones corporum caelestium diversimode recipiuntur in inferioribus corporibus secundum diversam materiae dispositionem. contingit autem quandoque quod materia conceptus humani non est disposita totaliter ad masculinum sexum; unde partim formatur in masculum, partim in feminam. * unde ad hoc introducitur ab augustino, ‘ ad repellendum scilicet divinationem quae fit per astra, quia effectus astrorum variantur etiam in rebus corporeis, secundum diversam materiae dispositionem.

007 ST1 qu115 ar4

ag1 ‘ Ad quartum sic proceditur. videtur quod corpora caelestia sint causa humanorum actuum. corpora enim caelestia, cum moveantur a spiritualibus substantiis, * sicut supra dictum est, ‘ agunt in virtute earum quasi instrumenta. sed illae substantiae spirituales sunt superiores animabus nostris. ergo videtur quod possint imprimere in animas nostras, et sic causare actus humanos.

ag2 ‘ Praeterea, omne multiforme reducitur in aliquod uniforme principium. sed actus humani sunt varii et multiformes. ergo videtur quod reducantur in uniformes motus caelestium corporum, sicut in sua principia.

ag3 ‘ Praeterea, astrologi frequenter vera annuntiant de eventibus bellorum, et aliis humanis actibus, quorum principia sunt intellectus et voluntas. quod facere non possent secundum caelestia corpora, nisi essent humanorum actuum causa. sunt ergo corpora caelestia humanorum actuum causa.

sc * Sed contra est quod damascenus dicit, quod ° corpora caelestia humanorum actuum nequaquam sunt causa.

co ‘ Respondeo dicendum quod corpora caelestia in corpora quidem imprimunt directe et per se, * sicut iam dictum est. ‘ in vires autem animae quae sunt actus organorum corporeorum, directe quidem, sed per accidens, quia necesse est huiusmodi actus harum potentiarum impediri secundum impedimenta organorum, sicut oculus turbatus non bene videt. unde si intellectus et voluntas essent vires corporeis organis alligatae, * sicut posuerunt aliqui, dicentes quod “ intellectus non differt a sensu; ‘ ex necessitate sequeretur quod corpora caelestia essent causa electionum et actuum humanorum. et ex hoc sequeretur quod homo naturali instinctu ageretur ad suas actiones, sicut cetera animalia, in quibus non sunt nisi vires animae corporeis organis alligatae, nam illud quod fit in istis inferioribus ex impressione corporum caelestium, naturaliter agitur. et ita sequeretur quod homo non esset liberi arbitrii, sed haberet actiones determinatas, sicut et ceterae res naturales. quae manifeste sunt falsa, et conversationi humanae contraria. sciendum est tamen quod indirecte et per accidens impressiones corporum caelestium ad intellectum et voluntatem pertingere possunt; inquantum scilicet tam intellectus quam voluntas aliquo modo ab inferioribus viribus accipiunt, quae organis |25| corporeis alligantur. sed circa hoc diversimode se habent intellectus et voluntas. nam intellectus ex necessitate accipit ab inferioribus viribus apprehensivis, unde turbata vi imaginativa vel cogitativa vel memorativa, ex necessitate turbatur actio intellectus. sed voluntas non ex necessitate sequitur inclinationem appetitus inferioris, licet enim passiones quae sunt in irascibili et concupiscibili, habeant quandam vim ad inclinandam voluntatem; tamen in potestate voluntatis remanet sequi passiones, vel eas refutare. et ideo impressio caelestium corporum, secundum quam immutari possunt inferiores vires, minus pertingit ad voluntatem, quae est proxima causa humanorum actuum, quam ad intellectum. “ ponere igitur caelestia corpora esse causam humanorum actuum, est * proprium illorum qui dicunt “ intellectum non differre a sensu. * unde quidam eorum dicebant quod ° talis est voluntas in hominibus, qualem in diem inducit pater virorum deorumque. ‘ quia ergo constat intellectum et voluntatem non esse actus organorum corporeorum, impossibile est quod corpora caelestia sint causa humanorum actuum.

ra1 ‘ Ad primum ergo dicendum quod spirituales substantiae quae caelestia corpora movent, in corporalia quidem agunt mediantibus caelestibus corporibus, sed in intellectum humanum agunt immediate illuminando. voluntatem autem immutare non possunt, * ut supra habitum est.

ra2 ‘ Ad secundum dicendum quod, sicut multiformitas corporalium motuum reducitur sicut in causam in uniformitatem motuum caelestium; ita multiformitas actuum qui sunt ab intellectu et voluntate, reducitur in principium uniforme quod est intellectus et voluntas divina.

ra3 ‘ Ad tertium dicendum quod plures hominum sequuntur passiones, quae sunt motus sensitivi appetitus, ad quas cooperari possunt corpora caelestia, pauci autem sunt sapientes, qui huiusmodi passionibus resistant. et ideo astrologi ut in pluribus vera possunt praedicere, et maxime in communi. non autem in speciali, quia nihil prohibet aliquem hominem per liberum arbitrium passionibus resistere. * unde et ipsi astrologi dicunt quod “ sapiens homo dominatur astris, inquantum scilicet dominatur suis passionibus.

007 ST1 qu115 ar5

ag1 ‘ Ad quintum sic proceditur. videtur quod corpora caelestia possint imprimere in ipsos daemones. daemones enim secundum certa augmenta lunae aliquos homines vexant, qui et propter hoc lunatici dicuntur; * ut patet matth. iv et xvii. ‘ sed hoc non esset, nisi corporibus caelestibus subiacerent. ergo daemones subiacent actionibus caelestium corporum.

ag2 ‘ Praeterea, necromantici observant certas constellationes ad invocandos daemones. non autem per corpora caelestia invocarentur, si non eis subiacerent. ergo daemones subiacent actionibus caelestium corporum.

ag3 ‘ Praeterea, corpora caelestia virtuosiora sunt quam corpora inferiora. “ sed quibusdam inferioribus corporibus daemones arcentur, scilicet herbis et lapidibus et animantibus, et quibusdam ° sonis certis ac vocibus, et figurationibus atque figmentis, * ut a porphyrio dictum augustinus introducit in x de civ. dei. ergo ‘ multo magis daemones subduntur actioni caelestium corporum.

sc ‘ Sed contra est quod daemones sunt superiores ordine naturae quam corpora caelestia. agens autem est superius patiente, * ut augustinus dicit xii super gen. ad litt.. ‘ ergo daemones non subiiciuntur actioni corporum caelestium.

co ‘ Respondeo dicendum quod circa daemones fuit triplex opinio. * prima peripateticorum, qui posuerunt “ daemones non esse; sed ea quae attribuuntur daemonibus, secundum artem necromanticam, fiunt virtute caelestium corporum. et hoc est * quod augustinus, x de civ. dei, introducit dictum a porphyrio, quod ° fabricantur in terra ab hominibus potestates idoneae siderum variis effectibus exequendis. ‘ sed haec positio est manifeste falsa. experimento enim scitur multa per daemones fieri, ad quae nullo modo virtus caelestium corporum sufficeret; puta quod arreptitii loquuntur lingua ignota, quod recitant versus et auctoritates quas nunquam sciverunt, quod necromantici faciunt statuas loqui et moveri, et similia. * ex quibus platonici moti fuerunt ut ponerent “ daemones esse animalia corpore aerea, animo passiva; * ut ab apuleio dictum augustinus introducit viii de civ. dei. et haec est secunda opinio, secundum quam dici posset quod ‘ daemones hoc modo subduntur corporibus caelestibus, * sicut et de hominibus dictum est. ‘ sed haec opinio ex superioribus patet esse falsa, dicimus enim daemones esse substantias intellectuales corporibus non unitas. unde patet quod non subduntur actioni caelestium corporum, |25| nec per se nec per accidens, nec directe nec indirecte.

ra1 ‘ Ad primum ergo dicendum quod hoc quod daemones secundum certa augmenta lunae homines vexant, contingit propter duo. “ primo quidem, ad hoc quod infament creaturam dei, scilicet lunam, * ut hieronymus et chrysostomus dicunt. ‘ secundo quia, cum non possint operari nisi mediantibus naturalibus virtutibus, * ut supra dictum est; ‘ in suis operibus considerant corporum aptitudines ad effectus intentos. manifestum est autem quod ° cerebrum humidissimum est omnium partium corporis, * ut aristoteles dicit, ‘ et ideo maxime subiicitur operationi lunae, quae ex sua proprietate habet movere humorem. in cerebro autem perficiuntur vires animales, et ideo daemones secundum certa augmenta lunae perturbant hominis phantasiam, quando considerant cerebrum ad hoc esse dispositum.

ra2 ‘ Ad secundum dicendum quod daemones advocati in certis constellationibus, propter duo veniunt. primo quidem, ut homines in hunc errorem inducant, quod credant aliquod numen esse in stellis. secundo, quia considerant secundum aliquas certas constellationes materiam corporalem magis esse dispositam ad effectus pro quibus advocantur.

ra3 * Ad tertium dicendum quod, sicut augustinus dicit xxi de civ. dei, ° daemones alliciuntur per varia genera lapidum, herbarum, lignorum, animalium, carminum, rituum, non ut animalia cibis, sed ut spiritus signis; “ inquantum scilicet haec eis exhibentur in signum divini honoris, cuius ipsi sunt cupidi.

007 ST1 qu115 ar6

ag1 ‘ Ad sextum sic proceditur. videtur quod corpora caelestia imponant necessitatem iis quae eorum actioni subduntur. causa enim sufficienti posita, necesse est effectum poni. sed corpora caelestia sunt sufficiens causa suorum effectuum. cum igitur corpora caelestia, cum suis motibus et dispositionibus, ponantur sicut ex necessitate entia; videtur quod effectus eorum ex necessitate consequantur.

ag2 ‘ Praeterea, effectus agentis ex necessitate sequitur in materia, quando virtus agentis tanta fuerit quod possit sibi subiicere totaliter materiam. sed tota materia inferiorum corporum subiicitur virtuti caelestium corporum, tanquam excellentiori. ergo ex necessitate effectus caelestium corporum recipitur in materia corporali.

ag3 ‘ Praeterea, si effectus caelestis corporis non ex necessitate proveniat, hoc est propter aliquam causam impedientem. sed quamlibet causam corpoream quae impedire posset effectum caelestis corporis, necesse est reduci in aliquod caeleste principium, cum caelestia corpora sint causa omnium quae hic fiunt. ergo, cum et illud caeleste principium sit necessarium, sequitur quod necesse sit impediri effectum alterius corporis caelestis. et sic omnia quae hic contingunt, ex necessitate eveniunt.

sc * Sed contra est quod philosophus dicit, in libro de somn. et vigil., ° quod neque eorum quae in corporibus sunt signorum caelestium, velut aquarum et ventorum, inconveniens est multa non evenire. ' sic ergo non omnes effectus caelestium corporum ex necessitate eveniunt.
co ' Respondeo dicendum quod ista quaestio partim quidem absoluta est, secundum praemissa; partim autem difficultatem habet. * ostensum enim est quod, ' quamvis ex impressione corporum caelestium fiant aliquae inclinationes in natura corporali, voluntas tamen non ex necessitate sequitur has inclinationes. et ideo nihil prohibet per voluntariam actionem impediri effectum caelestium corporum, non solum in ipso homine, sed etiam in aliis rebus ad quas hominum operatio se extendit. sed nullum tale principium invenitur in rebus naturalibus, quod habeat libertatem sequendi vel non sequendi impressiones caelestes. unde videtur quod in talibus, ad minus, omnia ex necessitate proveniant, * secundum antiquam quorundam rationem, qui, " supponentes omne quod est causam habere, et quod, posita causa, ex necessitate ponitur effectus, concludebant, quod omnia ex necessitate contingant. quam * quidem opinionem repellit aristoteles in vi metaphys., secundum duo quae ipsi supponunt. ' primo enim, non est verum quod, posita quacumque causa, necesse sit effectum poni. sunt enim quaedam causae quae ordinantur ad suos effectus non ex necessitate, sed ut in pluribus, quae quandoque deficiunt in minori parte. sed quia huiusmodi causae non deficiunt in minori parte, nisi propter aliquam causam impedientem, videtur adhuc praedictum inconveniens non vitari, quia et ipsum impedimentum talis causae ex necessitate contingit. et ideo, secundo, oportet dicere quod omne quod est per se, habet causam, quod autem est per accidens, non habet causam, quia non est vere ens, cum non sit vere unum. album enim causam habet, similiter et musicum; sed album musicum non habet causam, quia non est vere ens, neque vere unum. manifestum est autem quod causa impediens actionem alicuius causae ordinatae ad suum effectum ut in pluribus, concurrit ei interdum per accidens, unde talis concursus non habet causam, inquantum est per accidens. et propter hoc, id quod ex tali concursu sequitur, non reducitur in aliquam causam praeexistentem, ex qua ex necessitate sequatur. sicut quod aliquod corpus terrestre ignitum in superiori parte aeris generetur et deorsum cadat, habet causam aliquam virtutem caelestem, et similiter etiam quod in superficie terrae sit aliqua materia combustibilis, potest reduci in aliquod caeleste principium. sed quod ignis cadens huic materiae occurrat et comburat eam, non habet causam aliquod caeleste corpus, sed est per accidens. et sic patet quod non omnes effectus caelestium corporum sunt ex necessitate.
ra1 ' Ad primum ergo dicendum quod corpora caelestia sunt causa inferiorum effectuum mediantibus causis particularibus inferioribus, quae deficere possunt in minori parte.
ra2 ' Ad secundum dicendum quod virtus corporis caelestis non est infinita. unde requirit determinatam dispositionem in materia ad inducendum suum effectum, et quantum ad distantiam loci, et quantum ad alias conditiones. et ideo sicut distantia loci impedit effectum caelestis corporis (non enim sol eundem caloris effectum habet in dacia, quem habet in aethiopia); ita et grossities materiae, vel frigiditas aut caliditas, aut alia huiusmodi dispositio, impedire potest effectum corporis caelestis.
ra3 ' Ad tertium dicendum quod licet causa impediens effectum alterius causae, reducatur in aliquod caeleste corpus sicut in causam; tamen concursus duarum causarum, cum sit per accidens, non reducitur in causam caelestem, * ut dictum est.

007 ST1 qu116 ar

pr ' Deinde considerandum est de fato. et circa hoc quaeruntur quatuor. primo, an fatum sit. secundo, in quo sit. tertio, utrum sit immobile. quarto, utrum omnia subsint fato.

007 ST1 qu116 ar1

ag1 ' Ad primum sic proceditur. videtur quod fatum nihil sit. * dicit enim gregorius, in homilia epiphaniae, ° absit a fidelium cordibus ut fatum esse aliquid dicant.
ag2 ' Praeterea, ea quae fato aguntur, non sunt improvisa, * quia, ut augustinus dicit v de civ. dei, ° fatum a fando dictum intelligimus, idest a loquendo; 'ut ea fato fieri dicantur, quae ab aliquo determinante sunt ante praelocuta. quae autem sunt provisa, non sunt fortuita neque casualia. si igitur res fato aguntur, excludetur casus et fortuna a rebus.
sc 'Sed contra quod non est, non definitur. * sed boetius, in iv de consol., definit fatum, dicens quod ° fatum est inhaerens rebus mobilibus dispositio, per quam providentia suis quaeque nectit ordinibus. ' ergo fatum aliquid est.
co ' Respondeo dicendum quod in rebus inferioribus videntur quaedam a fortuna vel casu provenire. contingit autem quandoque quod aliquid, ad inferiores causas relatum, est fortuitum vel casuale, quod tamen, relatum ad causam aliquam superiorem, invenitur esse per se intentum. sicut si duo servi alicuius domini mittantur ab eo ad eundem locum, uno de altero ignorante; concursus duorum servorum, si ad ipsos servos referatur, casualis est, quia accidit praeter utriusque intentionem; si autem referatur ad dominum, qui hoc praeordinavit, non est casuale, sed per se intentum. * fuerunt igitur aliqui qui " huiusmodi casualia et fortuita, quae in his inferioribus accidunt, in nullam superiorem causam reducere voluerunt. et hi fatum et providentiam negaverunt; * ut de tullio augustinus recitat in v de civ. dei. * quod est contra ea quae superius de providentia dicta sunt. * quidam vero " omnia fortuita et casualia quae in istis inferioribus accidunt, sive in rebus naturalibus sive in rebus humanis, reducere voluerunt in superiorem causam, idest in caelestia corpora. et secundum hos, fatum nihil aliud est quam ° dispositio siderum in qua quisque conceptus est vel natus. ' sed hoc stare non potest, propter duo. primo quidem, quantum ad res humanas. * quia iam ostensum est quod ' humani actus non subduntur actioni caelestium corporum, nisi per accidens et indirecte. causa autem fatalis, cum habeat ordinationem super ea quae fato aguntur, necesse est quod sit directe et per se causa eius quod agitur. secundo, quantum ad omnia quae per accidens aguntur. * dictum est enim supra quod ' id quod est per accidens, non est proprie ens neque unum. omnis autem naturae actio terminatur ad aliquid unum. unde impossibile est quod id quod est per accidens, sit effectus per se alicuius naturalis principii agentis. nulla ergo natura per se hoc facere potest, quod intendens fodere sepulcrum, inveniat thesaurum. manifestum est autem quod corpus caeleste agit per modum naturalis principii, unde et effectus eius in hoc mundo sunt naturales. impossibile est ergo quod aliqua virtus activa caelestis corporis sit causa eorum quae hic aguntur per accidens, sive a casu sive a fortuna. et ideo dicendum est quod ea quae hic per accidens aguntur, sive in rebus naturalibus sive in rebus humanis, reducuntur in aliquam causam praeordinantem, quae est providentia divina. quia nihil prohibet id quod est per accidens, accipi ut unum ab aliquo intellectu, alioquin intellectus formare non posset hanc propositionem, fodiens sepulcrum invenit thesaurum. et sicut hoc potest intellectus apprehendere, ita potest efficere, sicut si aliquis sciens in quo loco sit thesaurus absconditus, instiget aliquem rusticum hoc ignorantem, ut ibi fodiat sepulcrum. et sic nihil prohibet ea quae hic per accidens aguntur, ut fortuita vel casualia, reduci in aliquam causam ordinantem, quae per intellectum agat; et praecipue intellectum divinum. nam solus deus potest voluntatem immutare, * ut supra habitum est. ' et per consequens ordinatio humanorum actuum, quorum principium est voluntas, soli deo attribui debet. sic igitur inquantum omnia quae hic aguntur, divinae providentiae subduntur, tanquam per eam praeordinata et quasi praelocuta, fatum ponere possumus, * licet hoc nomine sancti doctores uti recusaverint, propter eos qui ad vim positionis siderum hoc nomen retorquebant. unde augustinus dicit, in v de civ. dei, ° si propterea quisquam res humanas fato tribuit, quia ipsam dei voluntatem vel potestatem fati nomine appellat, sententiam teneat, linguam corrigat. * et sic etiam gregorius fatum esse negat.
ra1 'Unde patet solutio ad primum.
ra2 'Ad secundum dicendum quod nihil prohibet aliqua esse fortuita vel casualia per comparationem ad causas proximas, non tamen per comparationem ad divinam providentiam, sic enim nihil temere fit in mundo, * ut augustinus dicit in libro octoginta trium quaest..

007 ST1 qu116 ar2

ag1 ' Ad secundum sic proceditur. videtur quod fatum non sit in rebus creatis. * dicit enim augustinus, v de civ. dei, quod ° ipsa dei voluntas vel potestas fati nomine appellatur. ' sed voluntas et potestas dei non est in creaturis, sed in deo. ergo fatum non est in rebus creatis, sed in deo.
ag2 ' Praeterea, fatum comparatur ad ea quae ex fato aguntur, ut causa; ut ipse modus loquendi ostendit. sed causa universalis per se eorum quae hic per accidens aguntur, est solus deus, * ut supra dictum est. 'ergo fatum est in deo, et non in rebus creatis.
ag3 'Praeterea, si fatum est in creaturis, aut est substantia, aut accidens, et quodcumque horum detur, oportet quod multiplicetur secundum creaturarum multitudinem. cum ergo fatum videatur esse unum tantum, videtur quod fatum non sit in creaturis, sed in deo.
sc * Sed contra est quod boetius dicit, in iv de consol. quod ° fatum est dispositio rebus mobilibus inhaerens.
co * Respondeo dicendum quod, sicut ex praedictis patet, ' divina providentia per causas medias suos effectus exequitur. potest ergo ipsa ordinatio effectuum dupliciter considerari. uno modo, secundum quod est in ipso deo, et sic ipsa ordinatio effectuum vocatur providentia. secundum vero quod praedicta ordinatio consideratur in mediis causis a deo ordinatis ad aliquos effectus producendos, sic habet rationem fati. * et hoc est quod boetius dicit, iv de consol., ° sive famulantibus quibusdam providentiae divinae spiritibus fatum exercetur; seu anima, seu tota inserviente natura, sive caelestibus siderum motibus, seu angelica virtute, seu daemonum varia solertia, seu aliquibus eorum, seu omnibus, fatalis series texitur, * de quibus omnibus per singula in praecedentibus dictum est. ' sic ergo est manifestum quod fatum est in ipsis causis creatis, inquantum sunt ordinatae a deo ad effectus producendos.
ra1 ' Ad primum ergo dicendum quod ipsa ordinatio causarum secundarum, * quam augustinus seriem causarum nominat, ' non habet rationem fati, nisi secundum quod dependet a deo. et ideo causaliter dei potestas vel voluntas dici potest fatum. essentialiter vero fatum est ipsa dispositio seu series, idest ordo, causarum secundarum.
ra2 ' Ad secundum dicendum quod intantum fatum habet rationem causae, inquantum et ipsae causae secundae, quarum ordinatio fatum vocatur.
ra3 ' Ad tertium dicendum quod fatum dicitur dispositio, non quae est in genere qualitatis; sed secundum quod dispositio designat ordinem, qui non est substantia, sed relatio. qui quidem ordo, si consideretur per comparationem ad suum principium, est unus, et sic dicitur unum fatum. si autem consideretur per comparationem ad effectus, vel ad ipsas causas medias, sic multiplicatur, * per quem modum poeta dixit, ° te tua fata trahunt.

007 ST1 qu116 ar3

ag1 ' Ad tertium sic proceditur. videtur quod fatum non sit immobile. * dicit enim boetius, in iv de consol., ° uti est ad intellectum ratiocinatio, ad id quod est id quod gignitur, ad aeternitatem tempus, ad punctum medium circulus; ita est fati series mobilis ad providentiae stabilem simplicitatem.
ag2 * Praeterea, sicut philosophus dicit in ii topic., ° motis nobis, moventur ea quae in nobis sunt. sed fatum est dispositio inhaerens rebus mobilibus, * ut boetius dicit. 'ergo fatum est mobile.
ag3 ' Praeterea, si fatum est immobile, ea quae subduntur fato, immobiliter et ex necessitate eveniunt. sed talia maxime videntur esse contingentia, quae fato attribuuntur. ergo nihil erit contingens in rebus, sed omnia ex necessitate evenient.
sc ' Sed contra est quod * boetius dicit, quod " fatum est immobilis dispositio.
co ' Respondeo dicendum quod dispositio secundarum causarum, quam fatum dicimus, potest dupliciter considerari, uno modo, secundum ipsas causas secundas, quae sic disponuntur seu ordinantur; alio modo, per relationem ad primum principium a quo ordinantur, scilicet deum. * quidam ergo posuerunt " ipsam seriem seu dispositionem causarum esse secundum se necessariam, ita quod omnia ex necessitate contingerent; propter hoc, quod quilibet effectus habet causam, et causa posita necesse est effectum poni. ' sed hoc patet esse falsum, * per ea quae supra dicta sunt. * alii vero e contrario posuerunt " fatum esse mobile, etiam secundum quod a divina providentia dependet. unde aegyptii dicebant quibusdam sacrificiis fatum posse mutari, * ut gregorius nyssenus dicit. * sed hoc supra exclusum est, quia ' immobilitati divinae providentiae repugnat. et ideo dicendum est quod fatum, secundum considerationem secundarum causarum, mobile est, sed secundum quod subest divinae providentiae, immobilitatem sortitur, non quidem absolutae necessitatis, sed conditionatae; secundum quod dicimus hanc conditionalem esse veram vel necessariam, si deus praescivit hoc futurum, erit. unde * cum boetius dixisset fati seriem esse mobilem, post pauca subdit, ° quae cum ab immobilis providentiae proficiscatur exordiis, ipsam quoque immutabilem esse necesse est.
ra ' Et per hoc patet responsio ad obiecta.

007 ST1 qu116 ar4

ag1 ' Ad quartum sic proceditur. videtur quod omnia fato subdantur. * dicit enim boetius, in iv de consol., ° series fati caelum et sidera movet, elementa in se invicem temperat, et alterna format transmutatione; eadem nascentia occidentiaque omnia per similes foetuum seminumque renovat progressus; haec actus fortunasque hominum indissolubili causarum connexione constringit. ' nihil ergo excipi videtur, quod sub fati serie non contineatur.
ag2 * Praeterea, augustinus dicit, in v de civ. dei, quod " fatum aliquid est, secundum quod ad voluntatem et potestatem dei refertur. sed voluntas dei est causa omnium quae fiunt, * ut augustinus dicit in iii de trin.. ' ergo omnia subduntur fato.
ag3 * Praeterea, fatum, secundum boetium, est ° dispositio rebus mobilibus inhaerens. ' sed omnes creaturae sunt mutabiles, et solus deus vere immutabilis, * ut supra habitum est. ' ergo in omnibus creaturis est fatum.
sc * Sed contra est quod boetius dicit, in iv de consol., quod ° quaedam quae sub providentia locata sunt, fati seriem superant.
co * Respondeo dicendum quod, sicut supra dictum est, ' fatum est ordinatio secundarum causarum ad effectus divinitus provisos. quaecumque igitur causis secundis subduntur, ea subduntur et fato. si qua vero sunt quae immediate a deo fiunt, cum non subdantur secundis causis, non subduntur fato; sicut creatio rerum, glorificatio spiritualium substantia-

rum, et alia huiusmodi. * et hoc est quod boetius dicit, quod ° ea quae sunt primae divinitati propinqua, stabiliter fixa, fatalis ordinem mobilitatis excedunt. ex quo etiam patet quod quanto aliquid longius a prima mente discedit, nexibus fati maioribus implicatur; ' quia magis subiicitur necessitati secundarum causarum.

ra1 ' Ad primum ergo dicendum quod omnia illa quae ibi tanguntur, fiunt a deo mediantibus causis secundis; et ideo sub fati serie continentur. sed non est eadem ratio de omnibus aliis, * ut supra dictum est.

ra2 ' Ad secundum dicendum quod fatum refertur ad voluntatem et potestatem dei, sicut ad primum principium. unde non oportet quod quidquid subiicitur voluntati divinae vel potestati, subiiciatur fato, * ut dictum est.

ra3 ' Ad tertium dicendum quod, quamvis omnes creaturae sint aliquo modo mutabiles, tamen aliquae earum non procedunt a causis creatis mutabilibus. et ideo non subiiciuntur fato, * ut dictum est.

007 ST1 qu117 ar

pr ' Postea considerandum est de his quae pertinent ad actionem hominis, qui est compositus ex spirituali et corporali creatura. et primo considerandum est de actione hominis; secundo, de propagatione hominis ex homine. circa primum quaeruntur quatuor. primo, utrum unus homo possit docere alium, causando in ipso scientiam. secundo, utrum homo possit docere angelum. tertio, utrum homo per virtutem suae animae possit immutare materiam corporalem. quarto, utrum anima hominis separata possit movere corpora motu locali.

007 ST1 qu117 ar1

ag1 ' Ad primum sic proceditur. videtur quod homo non possit alium docere. * dicit enim dominus, matth. xxiii, ° nolite vocari rabbi; * ubi dicit glossa hieronymi, ° ne divinum honorem hominibus tribuatis. ' esse ergo magistrum pertinet proprie ad divinum honorem. sed docere est proprium magistri. homo ergo non potest docere, sed hoc est proprium dei.

ag2 ' Praeterea, si homo alium docet, hoc non est nisi inquantum agit per scientiam suam ad causandum scientiam in alio. sed qualitas per quam aliquis agit ad faciendum sibi simile, est qualitas activa. ergo sequitur quod scientia sit qualitas activa, sicut et calor.

ag3 ' Praeterea, ad scientiam requiritur lumen intelligibile, et species rei intellectae. sed neutrum istorum potest causare unus homo in alio. ergo unus homo non potest docendo causare scientiam in alio.

ag4 ' Praeterea, doctor nihil agit ad discipulum nisi quod proponit ei quaedam signa, vel vocibus aliquid significando, vel nutibus. sed proponendo signa non potest aliquis alium docere, causando in eo scientiam. quia aut proponit signa rerum notarum; aut rerum ignotarum. si rerum notarum, ille ergo cui signa proponuntur, iam habet scientiam, et eam non acquirit a magistro. si autem rerum ignotarum, per huiusmodi signa nihil addiscit, sicut si aliquis proponeret alicui latino verba graeca, quorum significationem ignoraret, per hoc eum docere non posset. nullo ergo modo unus homo potest, alium docendo, scientiam in eo causare.

sc * Sed contra est quod apostolus dicit, i ad tim. ii, ° in quo positus sum ego praedicator et apostolus, doctor gentium in fide et veritate.

co ' Respondeo dicendum quod circa hoc diversae fuerunt opiniones. * averroes enim, in comment. iii de anima, " posuit unum intellectum possibilem esse omnium hominum, * ut supra dictum est. " et ex hoc sequebatur quod eaedem species intelligibiles sint omnium hominum. et secundum hoc, ponit quod unus homo per doctrinam non causat aliam scientiam in altero ab ea quam ipse habet; sed communicat ei eandem scientiam quam ipse habet, per hoc quod movet eum ad ordinandum phantasmata in anima sua, ad hoc quod sint disposita convenienter ad intelligibilem apprehensionem. ' quae quidem opinio quantum ad hoc vera est, quod est eadem scientia in discipulo et magistro, si consideretur identitas secundum unitatem rei scitae, eadem enim rei veritas est quam cognoscit et discipulus et magister. sed quantum ad hoc quod ponit esse unum intellectum possibilem omnium hominum, et easdem species intelligibiles, differentes solum secundum diversa phantasmata; falsa est eius opinio, * ut supra habitum est. * alia est opinio platonicorum, qui posuerunt quod " scientia inest a principio animabus nostris per participationem formarum separatarum, * sicut supra habitum est; |25| " sed anima ex unione corporis impeditur ne possit considerare libere ea quorum scientiam habet. et secundum hoc, discipulus a magistro non acquirit scientiam de novo, sed ab eo excitatur ad considerandum ea quorum scientiam habet; ut sic addiscere nihil aliud sit quam reminisci. sicut etiam ponebant quod agentia naturalia solummodo disponunt ad susceptionem formarum, quas acquirit materia corporalis per participationem specierum separatarum. * sed contra hoc supra ostensum est quod ' intellectus possibilis animae humanae est in potentia pura ad intelligibilia, * secundum quod aristoteles dicit in iii de anima. ' et ideo aliter dicendum est, quod docens causat scientiam in addiscente, reducendo ipsum de potentia in actum, * sicut dicitur in viii physic.. ' ad cuius evidentiam, considerandum est quod effectuum qui sunt ab exteriori principio, aliquis est ab exteriori principio tantum; sicut forma domus causatur in materia solum ab arte. aliquis autem effectus est quandoque quidem ab exteriori principio, quandoque autem ab interiori; sicut sanitas causatur in infirmo quandoque ab exteriori principio, scilicet ab arte medicinae; quandoque autem ab interiori principio ut cum aliquis sanatur per virtutem naturae. et in talibus effectibus sunt duo attendenda. primo quidem, quod ars imitatur naturam in sua operatione, sicut enim natura sanat infirmum |50| alterando, digerendo, et expellendo materiam quae causat morbum, ita et ars. secundo attendendum est, quod principium exterius, scilicet ars, non operatur sicut principale agens, sed sicut coadiuvans agens principale, quod est principium interius, confortando ipsum, et ministrando ei instrumenta et auxilia, quibus utatur ad effectum producendum, sicut medicus confortat naturam, et adhibet ei cibos et medicinas, quibus natura utatur ad finem intentum. scientia autem acquiritur in homine et ab interiori principio, ut patet in eo qui per inventionem propriam scientiam acquirit; et a principio exteriori, ut patet in eo qui addiscit. inest enim unicuique homini quoddam principium scientiae, scilicet lumen intellectus agentis, per quod cognoscuntur statim a principio naturaliter quaedam universalia principia omnium scientiarum. cum autem aliquis huiusmodi universalia principia applicat ad aliqua particularia, quorum memoriam et experimentum per sensum accipit; per inventionem propriam acquirit scientiam eorum quae nesciebat, ex notis ad ignota procedens. unde et quilibet docens, ex his quae discipulus novit, ducit eum in cognitionem eorum quae ignorabat; * secundum quod dicitur in i poster., quod ° omnis doctrina et omnis disciplina ex praeexistenti fit cognitione. ' ducit autem magister discipulum ex praecognitis in cognitionem ignotorum, dupliciter. primo quidem, proponendo ei aliqua auxilia vel instrumenta, quibus intellectus eius utatur |75| ad scientiam acquirendam, puta cum proponit ei aliquas propositiones minus universales, quas tamen ex praecognitis discipulus diiudicare potest; vel cum proponit ei aliqua sensibilia exempla, vel similia, vel opposita, vel aliqua huiusmodi ex quibus intellectus addiscentis manuducitur in cognitionem veritatis ignotae. alio modo, cum confortat intellectum addiscentis; non quidem aliqua virtute activa quasi superioris naturae, * sicut supra dictum est de angelis illuminantibus, ' quia omnes humani intellectus sunt unius gradus in ordine naturae; sed inquantum proponit discipulo ordinem principiorum ad conclusiones, qui forte per seipsum non haberet tantam virtutem collativam, ut ex principiis posset conclusiones deducere. * et ideo dicitur in i poster., quod " demonstratio est syllogismus faciens scire. ' et per hunc modum ille qui demonstrat, auditorem scientem facit.

ra1 * Ad primum ergo dicendum quod, sicut iam dictum est, ' homo docens solummodo exterius ministerium adhibet, sicut medicus sanans, sed sicut natura interior est principalis causa sanationis, ita et interius lumen intellectus est principalis causa scientiae. utrumque autem horum est a deo. * et ideo sicut de deo dicitur, " qui sanat omnes infirmitates tuas; ita de eo dicitur, qui docet hominem scientiam, inquantum lumen vultus eius super nos signatur, per quod nobis omnia ostenduntur.

ra2 ' Ad secundum dicendum quod doctor non causat scientiam in discipulo per modum agentis naturalis, * ut averroes obiicit. ' unde non oportet quod scientia sit qualitas activa, sed est principium quo aliquis dirigitur in docendo, sicut ars est principium quo aliquis dirigitur in operando.

ra3 ' Ad tertium dicendum quod magister non causat lumen intelligibile in discipulo, nec directe species intelligibiles, sed movet discipulum per suam doctrinam ad hoc, quod ipse per virtutem sui intellectus formet intelligibiles conceptiones, quarum signa sibi proponit exterius.

ra4 ' Ad quartum dicendum quod signa quae magister discipulo proponit, sunt rerum notarum in universali, et sub quadam confusione; sed ignotarum in particulari, et sub quadam distinctione. et ideo cum quisque per seipsum scientiam acquirit, non potest dici docere seipsum, vel esse sui ipsius magister, quia non praeexistit in eo scientia completa, qualis requiritur in magistro.

007 ST1 qu117 ar2

ag1 ' Ad secundum sic proceditur. videtur quod homines possint docere angelos. * dicit enim apostolus, ad ephes. iii, ° ut innotescat principibus et potestatibus in caelestibus per ecclesiam multiformis sapientia dei. ' sed ecclesia est congregatio hominum fidelium. ergo angelis per homines aliqua innotescunt.

ag2 ' Praeterea, angeli superiores, qui immediate de divinis a deo illuminantur, inferiores angelos instruere possunt, * ut supra dictum est. ' sed aliqui homines immediate de divinis per dei verbum sunt instructi; sicut maxime patet de apostolis, * secundum illud ad heb. i, ° novissime, diebus istis, locutus est nobis in filio. ' ergo aliqui homines aliquos angelos docere potuerunt.

ag3 ' Praeterea, inferiores angeli a superioribus instruuntur. sed quidam homines superiores sunt aliquibus angelis, cum ad supremos ordines angelorum aliqui homines assumantur, * ut gregorius dicit in quadam homilia. ' ergo aliqui inferiores angeli per aliquos homines de divinis instrui possunt.

sc * Sed contra est quod dionysius dicit, iv cap. de div. nom., quod " omnes divinae illuminationes perferuntur ad homines mediantibus angelis. ' non ergo angeli instruuntur per homines de divinis.

co * Respondeo dicendum quod, sicut supra habitum est, ' inferiores angeli loqui quidem possunt superioribus angelis, manifestando eis suas cogitationes; sed de rebus divinis superiores ab inferioribus nunquam illuminantur. manifestum est autem quod eo modo quo inferiores angeli superioribus subduntur, supremi homines subduntur etiam infimis angelorum. * quod patet per id quod dominus dicit, matth. xi, ° inter natos mulierum non surrexit maior ioanne baptista; sed qui minor est in regno caelorum, maior est illo. ' sic igitur de rebus divinis ab hominibus angeli nunquam illuminantur. cogitationes tamen suorum cordium homines angelis per modum locutionis manifestare possunt, quia secreta cordium scire solius dei est.

ra1 ' Ad primum ergo dicendum quod * augustinus, v super gen. ad litt., sic exponit illam apostoli auctoritatem. praemiserat enim apostolus, ° mihi, omnium sanctorum minimo, data est gratia haec, illuminare omnes quae sit dispensatio sacramenti absconditi a saeculis in deo. ita dico absconditi, ut tamen innotesceret principibus et potestatibus in caelestibus, per ecclesiam scilicet, multiformis sapientia dei. " quasi dicat, ita hoc sacramentum erat absconditum hominibus, ut tamen ecclesiae caelesti, quae continetur in principibus et potestatibus, hoc sacramentum notum esset ° a saeculis, non ante saecula, quia ibi primitus ecclesia fuit, quo post resurrectionem et ista ecclesia hominum congreganda est. " potest tamen et aliter dici, quod ° illud quod absconditum est, non tantum in deo innotescit angelis, verum etiam hic eis apparet, cum efficitur atque propalatur, * ut augustinus ibidem subdit. ' et sic dum per apostolos impleta sunt christi et ecclesiae mysteria, angelis aliqua apparuerunt de huiusmodi mysteriis, quae ante erant eis occulta. * et per hunc modum potest intelligi quod hieronymus dicit, quod, " apostolis praedicantibus, angeli aliqua mysteria cognoverunt, ' quia scilicet per praedicationem apostolorum huiusmodi |25| mysteria explebantur in rebus ipsis, sicut praedicante paulo convertebantur gentes; * de quo apostolus ibi loquitur.

ra2 ' Ad secundum dicendum quod apostoli instruebantur immediate a verbo dei, non secundum eius divinitatem, sed inquantum eius humanitas loquebatur. unde ratio non sequitur.

ra3 ' Ad tertium dicendum quod aliqui homines, etiam in statu viae, sunt maiores aliquibus angelis, non quidem actu, sed virtute; inquantum scilicet habent caritatem tantae virtutis, ut possint mereri maiorem beatitudinis gradum quam quidam angeli habeant. sicut si dicamus semen alicuius magnae arboris esse maius virtute quam aliquam parvam arborem, cum tamen multo minus sit in actu.

007 ST1 qu117 ar3

ag1 ' Ad tertium sic proceditur. videtur quod homo per virtutem animae possit corporalem materiam immutare. * dicit enim gregorius, ii dialog., quod ° sancti miracula aliquando ex prece faciunt, aliquando ex potestate, sicut petrus, qui tabitham mortuam orando suscitavit, ananiam et saphiram mentientes morti increpando tradidit. ' sed in operatione miraculorum fit aliqua immutatio materiae corporalis. ergo homines virtute suae animae possunt materiam corporalem immutare.

ag2 * Praeterea, super illud ad gal. iii, ° quis vos fascinavit veritati non obedire? * dicit glossa quod ° quidam habent ' oculos urentes, qui solo aspectu inficiunt alios, et maxime pueros. sed hoc non esset, nisi virtus animae posset materiam corporalem immutare. ergo homo per virtutem suae animae potest materiam corporalem immutare.

ag3 ' Praeterea, corpus humanum est nobilius quam alia inferiora corpora. sed per apprehensionem animae humanae immutatur corpus humanum ad calorem et frigus, ut patet in irascentibus et timentibus; et quandoque etiam haec immutatio pervenit usque ad aegritudinem et mortem. ergo multo magis anima hominis potest sua virtute materiam corporalem immutare.

sc * Sed contra est quod dicit augustinus, in iii de trin., quod ° materia corporalis soli deo obedit ad nutum.

co * Respondeo dicendum quod, sicut supra dictum est ' materia corporalis non immutatur ad formam, nisi vel ab agente aliquo composito ex materia et forma; vel ab ipso deo, in quo virtualiter et materia et forma praeexistit. sicut in primordiali causa utriusque. * unde et de angelis supra dictum est quod ' materiam corporalem immutare non possunt naturali virtute, nisi applicando corporalia agentia ad effectus aliquos producendos. multo igitur minus anima sua virtute naturali potest immutare materiam cor-

poralem, nisi mediantibus aliquibus corporibus.
ra1 ‘ Ad primum ergo dicendum quod sancti dicuntur miracula facere ex potestate gratiae, non naturae. * quod patet per illud quod gregorius ibidem dicit, ° qui filii dei ex potestate sunt, ut dicit ioannes, quid mirum si signa facere ex potestate valeant?
ra2 * Ad secundum dicendum quod fascinationis causam assignavit avicenna ex hoc, quod “ materia corporalis nata est obedire spirituali substantiae magis quam contrariis agentibus in natura. et ideo quando anima fuerit fortis in sua imaginatione, corporalis materia immutatur secundum eam. et hanc dicit esse causam oculi fascinantis. * sed supra ostensum est quod ‘ materia corporalis non obedit substantiae spirituali ad nutum, nisi soli creatori. et ideo melius dicendum est, quod ex forti imaginatione animae immutantur spiritus corporis coniuncti. quae quidem immutatio spirituum maxime fit in oculis, ad quos subtiliores spiritus perveniunt. oculi autem inficiunt aerem continuum usque ad determinatum spatium, per quem modum specula, si fuerint nova et pura, contrahunt quandam impuritatem ex aspectu mulieris menstruatae, * ut aristoteles dicit in libro de somn. et vig.. ‘ sic igitur cum aliqua anima fuerit vehementer commota ad malitiam, sicut maxime in vetulabus contingit, efficitur secundum modum praedictum aspectus eius venenosus et noxius, et maxime pueris, qui habent corpus tenerum, et de facili receptivum impressionis. possibile est etiam quod ex dei permissione, vel |25| etiam ex aliquo facto occulto, cooperetur ad hoc malignitas daemonum, cum quibus vetulae sortilegae aliquod foedus habent.
ra3 ‘ Ad tertium dicendum quod anima corpori humano unitur ut forma, et appetitus sensitivus, qui obedit aliqualiter rationi, * ut supra dictum est, ‘ est actus alicuius organi corporalis. et ideo oportet quod ad apprehensionem animae humanae, commoveatur appetitus sensitivus cum aliqua operatione corporali. ad exteriora vero corpora immutanda apprehensio animae humanae non sufficit, nisi mediante immutatione proprii corporis, * ut dictum est.

007 ST1 qu117 ar4

ag1 ‘ Ad quartum sic proceditur. videtur quod anima hominis separata possit corpora saltem localiter movere. substantiae enim spirituali naturaliter obedit corpus ad motum localem, * ut supra dictum est. ‘ sed anima separata est substantia spiritualis. ergo suo imperio potest exteriora corpora movere.
ag2 * Praeterea, in itinerario clementis dicitur, “ narrante niceta ad petrum, quod simon magus per magicas artes pueri a se interfecti animam retinebat, per quam magicas operationes efficiebat. ‘ sed hoc esse non potuisset sine aliqua corporum transmutatione, ad minus locali. ergo anima separata habet virtutem localiter movendi corpora.
sc * Sed contra est quod philosophus dicit, in libro de anima quod “ anima non potest movere quodcumque corpus, sed solummodo proprium.
co ‘ Respondeo dicendum quod anima separata sua naturali virtute non potest movere aliquod corpus. manifestum est enim quod, cum anima est corpori unita, non movet corpus nisi vivificatum, unde si aliquod membrum corporis mortificetur, non obedit animae ad motum localem. manifestum est autem quod ab anima separata nullum corpus vivificatur. unde nullum corpus obedit ei ad motum localem, quantum est ex virtute suae naturae, supra quam potest aliquid ei conferri virtute divina.
ra1 ‘ Ad primum ergo dicendum quod substantiae quaedam spirituales sunt, quarum virtutes non determinantur ad aliqua corpora, sicut sunt angeli, qui sunt naturaliter a corporibus absoluti, et ideo diversa corpora eis possunt obedire ad motum. si tamen alicuius substantiae separatae virtus motiva determinetur naturaliter ad movendum aliquod corpus, non poterit illa substantia movere aliquod corpus maius, sed minus, sicut, * secundum philosophos, ‘ motor inferioris caeli non posset movere caelum superius. unde cum anima secundum suam naturam determinetur ad movendum corpus cuius est forma, nullum aliud corpus sua naturali virtute movere potest.
ra2 ‘ Ad secundum dicendum quod, * sicut dicit augustinus x de civ. dei, et chrysostomus super matth., ‘ frequenter daemones simulant se esse animas mortuorum, ad confirmandum gentilium errorem, qui hoc credebant. et ideo credibile est quod simon magus illudebatur ab aliquo daemone, qui simulabat se esse animam pueri quem ipse occiderat.

007 ST1 qu118 ar

pr ‘ Deinde considerandum est de traductione hominis ex homine. et primo, quantum ad animam; secundo, quantum ad corpus. circa primum quaeruntur tria. primo, utrum anima sensitiva traducatur cum semine. secundo, utrum anima intellectiva. tertio, utrum omnes animae fuerint simul creatae.

007 ST1 qu118 ar1

ag1 ‘ Ad primum sic proceditur. videtur quod anima sensitiva non traducatur cum semine, sed sit per creationem a deo. omnis enim substantia perfecta quae non est composita ex materia et forma, si esse incipiat, hoc non est per generationem, sed per creationem, quia nihil generatur nisi ex materia. sed anima sensitiva est substantia perfecta, alioquin non posset movere corpus, et cum sit forma corporis, non est ex materia et forma composita. ergo non incipit esse per generationem, sed per creationem.
ag2 ‘ Praeterea, principium generationis in rebus viventibus est per potentiam generativam; quae, cum numeretur inter vires animae vegetabilis, est infra animam sensitivam. nihil autem agit ultra suam speciem. ergo anima sensitiva non potest causari per vim generativam animalis.
ag3 ‘ Praeterea, generans generat sibi simile, et sic oportet quod forma generati sit actu in causa generationis. sed anima sensitiva non est actu in semine, nec ipsa nec aliqua pars eius, quia nulla pars animae sensitivae est nisi in aliqua parte corporis; in semine autem non est aliqua corporis particula, quia nulla particula corporis est quae non fiat ex semine, et per virtutem seminis. ergo anima sensitiva non causatur ex semine.
ag4 ‘ Praeterea, si in semine est aliquod principium activum animae sensitivae, aut illud principium manet, generato iam animali; aut non manet. sed manere non potest. quia vel esset idem cum anima sensitiva animalis generati, et hoc est impossibile, quia sic esset idem generans et generatum, faciens et factum. vel esset aliquid aliud, et hoc etiam est impossibile, * quia supra ostensum est quod ‘ in uno animali non est nisi unum principium formale, quod est una anima. si autem non manet, hoc etiam videtur impossibile, quia sic aliquod agens ageret ad corruptionem sui ipsius, quod est impossibile. non ergo anima sensitiva potest generari ex semine.
sc ‘ Sed contra, ita se habet virtus quae est in semine, ad animalia quae ex semine generantur, sicut se habet virtus quae est in elementis mundi, ad animalia quae ex elementis mundi producuntur, sicut quae ex putrefactione generantur. sed in huiusmodi animalibus animae producuntur ex virtute quae est in elementis; * secundum illud gen. i, ° producant aquae reptile animae viventis. ‘ ergo et animalium quae generantur ex semine, animae producuntur ex virtute quae est in semine.
co ‘ Respondeo dicendum quod * quidam posuerunt “ animas sensitivas animalium a deo creari. ‘ quae quidem positio conveniens esset, si anima sensitiva esset res subsistens, habens per se esse et operationem. sic enim, sicut per se haberet esse et operationem, ita per se deberetur ei fieri. et cum res simplex et subsistens non possit fieri nisi per creationem, sequeretur quod anima sensitiva procederet in esse per creationem. sed ista radix est falsa, scilicet quod anima sensitiva per se habeat esse et operationem, * ut ex superioribus patet, ‘ non enim corrumperetur, corrupto corpore. et ideo, cum non sit forma subsistens, habet se in essendo ad modum aliarum formarum corporalium, quibus per se non debetur esse, sed esse dicuntur inquantum composita subsistentia per eas sunt. unde et ipsis compositis debetur fieri. et quia generans est simile generato, necesse est quod naturaliter tam anima sensitiva, quam aliae huiusmodi formae, producantur in esse ab aliquibus corporalibus agentibus transmutantibus materiam de potentia in actum, per aliquam virtutem corpoream quae est in eis. quanto autem aliquod agens est potentius, tanto potest suam actionem diffundere ad magis distans, sicut quanto aliquod corpus est magis calidum, tanto ad remotius calefactionem producit. corpora igitur non viventia, quae sunt inferiora |25| naturae ordine, generant quidem sibi simile, non per aliquod medium, sed per seipsa; sicut ignis per seipsum generat ignem. sed corpora viventia, tanquam potentiora, agunt ad generandum sibi simile et sine medio, et per medium. sine medio quidem, in opere nutritionis, in quo caro generat carnem, cum medio vero, in actu generationis, quia ex anima generantis derivatur quaedam virtus activa ad ipsum semen animalis vel plantae, sicut et a principali agente derivatur quaedam vis motiva ad instrumentum. et sicut non refert dicere quod aliquid moveatur ab instrumento, vel a principali agente; ita non refert dicere quod anima generati causetur ab anima generantis, vel a virtute derivata ab ipsa, quae est in semine.
ra1 ‘ Ad primum ergo dicendum quod anima sensitiva non est substantia perfecta per se subsistens. * et de hoc supra dictum est, ‘ nec oportet hic iterare.
ra2 ‘ Ad secundum dicendum quod virtus generativa non generat solum in virtute propria, sed in virtute totius animae, cuius est potentia. et ideo virtus generativa plantae generat plantam; virtus vero generativa animalis generat animal. quanto enim anima fuerit perfectior, tanto virtus eius generativa ordinatur ad perfectiorem effectum.
ra3 ‘ Ad tertium dicendum quod illa vis activa quae est in semine, ex anima generantis derivata, est quasi quaedam motio ipsius animae generantis, nec est anima, aut pars animae, nisi in virtute; sicut in serra vel securi non est forma lecti, sed motio quaedam ad talem formam. et ideo non oportet quod ista vis activa habeat aliquod organum in actu; sed fundatur in ipso spiritu incluso in semine, quod est spumosum, ut attestatur eius albedo. in quo etiam spiritu est quidam calor ex virtute caelestium corporum, quorum etiam virtute agentia inferiora agunt ad speciem, * ut supra dictum est. ‘ et quia in huiusmodi spiritu concurrit virtus animae cum virtute caelesti, * dicitur quod ‘ homo generat hominem, et sol. calidum autem elementare se habet instrumentaliter ad virtutem animae, sicut etiam ad virtutem nutritivam, * ut dicitur in ii de anima.
ra4 ‘ Ad quartum dicendum quod in animalibus perfectis, quae generantur ex coitu, virtus activa est in semine maris, * secundum philosophum in libro de generat. animal.; ‘ materia autem foetus est illud quod ministratur a femina. in qua quidem materia statim a principio est anima vegetabilis, non quidem secundum actum secundum, sed secundum actum primum, sicut anima sensitiva est in dormientibus. cum autem incipit attrahere alimentum, tunc iam actu operatur. huiusmodi igitur materia transmutatur a virtute quae est in semine maris, quousque perducatur in actum animae sensitivae, non ita quod ipsamet vis quae erat in semine, fiat anima sensitiva; quia sic idem esset generans et generatum; et hoc magis esset simile nutritioni et augmento, quam generationi, * ut philosophus dicit. ‘ postquam autem per virtutem principii activi quod erat in semine, producta est anima sensitiva in generato quantum ad aliquam partem eius principalem, tunc iam illa anima sensitiva prolis incipit operari ad complementum proprii corporis, per modum nutritionis et augmenti. virtus autem activa quae erat in semine, esse desinit, dissoluto semine, et evanescente spiritu qui inerat. nec hoc est inconveniens, quia vis ista non est principale agens, sed instrumentale; motio autem instrumenti cessat, |25| effectu iam producto in esse.

007 ST1 qu118 ar2

ag1 ‘ Ad secundum sic proceditur. videtur quod anima intellectiva causetur ex semine. * dicitur enim gen. xlvi, ° cunctae animae quae egressae sunt de femore iacob, sexaginta sex. ‘ sed nihil egreditur de femore hominis, nisi inquantum causatur ex semine. ergo anima intellectiva causatur ex semine.
ag2 * Praeterea, sicut supra ostensum est, ‘ in homine est una et eadem anima secundum substantiam, intellectiva, sensitiva et nutritiva. sed anima sensitiva in homine generatur ex semine, sicut in aliis animalibus, * unde et philosophus dicit in libro de generat. animal., “ quod non simul fit animal et homo, sed prius fit animal habens animam sensitivam. ‘ ergo et anima intellectiva causatur ex semine.
ag3 ‘ Praeterea, unum et idem agens, est cuius actio terminatur ad formam, et materiam, alioquin ex forma et materia non fieret unum simpliciter. sed anima intellectiva est forma corporis humani, quod formatur per virtutem seminis. ergo et anima intellectiva per virtutem seminis causatur.
ag4 ‘ Praeterea, homo generat sibi simile secundum speciem. sed species humana constituitur per animam rationalem. ergo anima rationalis est a generante.
ag5 ‘ Praeterea, inconveniens est dicere quod deus cooperetur peccantibus. sed si animae rationales crearentur a deo, deus interdum cooperaretur adulteris, de quorum illicito coitu proles interdum generatur. non ergo animae rationales creantur a deo.
sc * Sed contra est quod dicitur in libro de eccles. dogmat., quod ° animae rationales non seminantur per coitum.
co ‘ Respondeo dicendum quod impossibile est virtutem activam quae est in materia, extendere suam actionem ad producendum immaterialem effectum. manifestum est autem quod principium intellectivum in homine est principium transcendens materiam, habet enim operationem in qua non communicat corpus. et ideo impossibile est quod virtus quae est in semine, sit productiva intellectivi principii. similiter etiam quia virtus quae est in semine agit in virtute animae generantis, secundum quod anima generantis est actus corporis, utens ipso corpore in sua operatione. in operatione autem intellectus non communicat corpus. unde virtus intellectivi principii, prout intellectivum est, non potest ad semen pervenire. * et ideo philosophus, in libro de generat. animal., dicit, ° relinquitur intellectus solus de foris advenire. ‘ similiter etiam anima intellectiva, cum habeat operationem sine corpore, est subsistens, * ut supra habitum est, ‘ et ita sibi debetur esse et fieri. et cum sit immaterialis substantia, non potest causari per generationem, sed solum per creationem a deo. ponere ergo animam intellectivam a generante causari, nihil est aliud quam ponere eam non subsistentem; et per consequens corrumpi eam cum corpore. et ideo haereticum est dicere quod anima intellectiva traducatur cum semine.
ra1 * Ad primum ergo dicendum quod in auctoritate illa ponitur per ‘ synecdochen pars pro toto, idest anima pro toto homine.
ra2 * Ad secundum dicendum quod aliqui dixerunt quod “ operationes vitae quae apparent in embryone, non sunt ab anima eius, sed ab anima matris; vel a virtute formativa quae est in semine. ‘ quorum utrumque falsum est, opera enim vitae non possunt esse a principio extrinseco, sicut sentire, nutriri et augeri. et ideo dicendum est quod anima praeexistit in embryone a principio quidem nutritiva, postmodum autem sensitiva, et tandem intellectiva. * dicunt ergo quidam quod supra animam “ vegetabilem

quae primo inerat, supervenit alia anima, quae est sensitiva; et supra illam iterum alia, quae est intellectiva. et sic sunt in homine tres animae, quarum una est in potentia ad aliam. * quod supra improbatum est. * et ideo alii dicunt quod “ illa eadem anima quae primo fuit vegetativa tantum, postmodum, per actionem virtutis quae est in semine, perducitur ad hoc quod fiat etiam sensitiva; et tandem perducitur ad hoc ut ipsa eadem fiat intellectiva, non quidem per virtutem activam seminis, sed per virtutem superioris agentis, scilicet dei deforis illustrantis. * et propter hoc dicit philosophus quod “ intellectus venit ab extrinseco. ‘ sed hoc stare non potest. primo quidem, quia nulla forma substantialis recipit magis et minus; sed superadditio maioris perfectionis facit aliam speciem, sicut additio unitatis facit aliam speciem in numeris. non est autem possibile ut una et eadem forma numero sit diversarum specierum. secundo, quia sequeretur quod generatio animalis esset motus continuus, paulatim procedens de imperfecto ad perfectum; sicut accidit in alteratione. tertio, quia sequeretur quod generatio hominis aut animalis non sit generatio simpliciter, quia subiectum eius esset ens actu. si enim a principio in materia prolis est anima vegetabilis, et postmodum usque ad perfectum paulatim perducitur; erit semper additio perfectionis sequentis sine corruptione perfectionis praecedentis. quod est contra rationem generationis simpliciter. quarto, quia aut id quod causatur ex actione dei, est aliquid subsistens, et ita oportet quod sit aliud per essentiam a forma praeexistente, quae non erat subsistens; et sic redibit opinio ponentium plures animas in corpore. aut non est aliquid subsistens, sed quaedam perfectio animae praeexistentis, et sic ex necessitate sequitur quod anima intellectiva corrumpatur, corrupto corpore; quod est impossibile. * est autem et alius modus dicendi, secundum eos qui ponunt unum intellectum in omnibus. * quod supra improbatum est. ‘ et ideo dicendum est quod, cum generatio unius semper sit corruptio alterius, necesse est dicere quod tam in homine quam in animalibus aliis, quando perfectior forma advenit, fit corruptio prioris, ita tamen quod sequens forma habet quidquid habebat prima, et adhuc amplius. et sic per multas generationes et corruptiones pervenitur ad ultimam formam substantialem, tam in homine quam in aliis animalibus. et hoc ad sensum apparet in animalibus ex putrefactione generatis. sic igitur dicendum est quod anima intellectiva creatur a deo in fine generationis humanae, quae simul est et sensitiva et nutritiva, corruptis formis praeexistentibus.

ra3 ‘ Ad tertium dicendum quod ratio illa locum habet in diversis agentibus non ordinatis ad invicem. sed si sint multa agentia ordinata, nihil prohibet virtutem superioris agentis pertingere ad ultimam formam; virtutes autem inferiorum agentium pertingere solum ad aliquam materiae dispositionem; sicut virtus seminis disponit materiam, virtus autem animae dat formam, in generatione animalis. * manifestum est autem ex praemissis quod ‘ tota natura corporalis agit ut instrumentum spiritualis virtutis; et praecipue dei. et ideo nihil prohibet quin formatio corporis sit ab aliqua virtute corporali, anima autem intellectiva sit a solo deo.

ra4 ‘ Ad quartum dicendum quod homo generat sibi simile, inquantum per virtutem seminis eius disponitur materia ad susceptionem talis formae.

ra5 ‘ Ad quintum dicendum quod in actione adulterorum, illud quod est naturae, bonum est, et huic cooperatur deus. quod vero est inordinatae voluptatis, malum est, et huic deus non cooperatur.

007 ST1 qu118 ar3

ag1 ‘ Ad tertium sic proceditur. videtur quod animae humanae fuerint creatae simul a principio mundi. * dicitur enim gen. ii, ° requievit deus ab omni opere quod patrarat. ‘ hoc autem non esset, si quotidie novas animas crearet. ergo omnes animae sunt simul creatae.

ag2 ‘ Praeterea, ad perfectionem universi maxime pertinent substantiae spirituales. si igitur animae simul crearentur cum corporibus, quotidie innumerabiles spirituales substantiae perfectioni universi adderentur, et sic universum a principio fuisset imperfectum. * quod est contra illud quod dicitur gen. ii, ° deum omne opus suum complesse.

ag3 ‘ Praeterea, finis rei respondet eius principio. sed anima intellectiva remanet, destructo corpore. ergo incoepit esse ante corpus.

sc * Sed contra est quod dicitur in libro de eccles. dogmat., quod ° simul anima creatur cum corpore.

co * Respondeo dicendum quod quidam posuerunt quod “ animae intellectivae accidat uniri corpori, ponentes eam esse eiusdem conditionis cum substantiis spiritualibus quae corpori non uniuntur. et ideo posuerunt animas hominum simul a principio cum angelis creatas. ‘ sed haec opinio falsa est. primo quidem, quantum ad radicem. si enim accidentaliter conveniret animae corpori uniri, sequeretur quod homo, qui ex ista unione constituitur, esset ens per accidens; vel quod anima esset homo, quod falsum est, * ut supra ostensum est. ‘ quod etiam anima humana non sit eiusdem naturae cum angelis, ipse diversus modus intelligendi ostendit, * ut supra ostensum est, ‘ homo enim intelligit a sensibus accipiendo, et convertendo se ad phantasmata, * ut supra ostensum est. ‘ et ideo indiget uniri corpori, quo indiget ad operationem sensitivae partis. quod de angelo dici non potest. secundo apparet falsitas in ipsa positione. si enim animae naturale est corpori uniri, esse sine corpore est sibi contra naturam, et sine corpore existens non habet suae naturae perfectionem. non fuit autem conveniens ut deus ab imperfectis suum opus inchoaret, et ab his quae sunt praeter naturam, non enim fecit hominem sine manu aut sine pede, quae sunt partes naturales hominis. multo igitur minus fecit animam sine corpore. si vero aliquis dicat quod non est naturale animae corpori uniri, oportet inquirere causam quare sint corporibus unitae. oportet autem dicere quod aut hoc sit factum ex eius voluntate; aut ex alia causa. si ex eius voluntate, videtur hoc esse inconveniens. primo quidem, quia haec voluntas irrationabilis esset, si non indigeret corpore, et vellet ei uniri, si enim eo indigeret, naturale esset ei quod corpori uniretur, quia natura non deficit in necessariis. secundo, quia nulla ratio esset quare animae a principio mundi creatae, post tot tempora voluntas accesserit ut nunc corpori uniatur. est enim substantia spiritualis supra tempus, utpote revolutiones caeli excedens. tertio quia videretur a casu esse quod haec anima huic corpori uniretur, cum ad hoc requiratur concursus duarum voluntatum, scilicet animae advenientis, et hominis generantis. si autem praeter voluntatem ipsius corpori unitur, et praeter eius naturam; oportet quod hoc sit ex causa violentiam inferente, et sic erit ei poenale et triste. * quod est secundum errorem origenis, “ qui posuit animas incorporari propter poenam peccati. ‘ unde cum haec omnia sint inconvenientia, simpliciter confitendum est quod animae non sunt creatae ante corpora, sed simul creantur cum corporibus infunduntur.

ra1 ‘ Ad primum ergo dicendum quod deus dicitur cessasse die septimo, non quidem ab omni opere, * cum dicatur ioan. v, ° pater meus usque modo operatur; ‘ sed a novis rerum generibus et speciebus condendis, quae in operibus primis non aliquo modo praeextiterint. sic enim animae quae nunc creantur, praeextiterunt secundum similitudinem speciei in primis operibus, in quibus anima adae creata fuit.

ra2 ‘ Ad secundum dicendum quod perfectioni universi, quantum ad numerum individuorum, quotidie potest addi aliquid, non autem quantum ad numerum specierum.

ra3 ‘ Ad tertium dicendum quod hoc quod anima remanet sine corpore, contingit per corporis corruptionem, quae consecuta est ex peccato. unde non fuit conveniens quod ab hoc inciperent dei opera, * quia, sicut scriptum est sap. i, ° deus mortem non fecit, sed impii manibus et verbis accersierunt eam.

007 ST1 qu119 ar

pr ‘ Deinde considerandum est de propagatione hominis quantum ad corpus. et circa hoc quaeruntur duo. primo, utrum aliquid de alimento convertatur in veritatem humanae naturae. secundo, utrum semen, quod est humanae generationis principium, sit de superfluo alimenti.

007 ST1 qu119 ar1

ag1 ‘ Ad primum sic proceditur. videtur quod nihil de alimento transeat in veritatem humanae naturae. * dicitur enim matth. xv, ° omne quod in os intrat, in ventrem vadit, et per secessum emittitur. ‘ sed quod emittitur, non transit in veritatem humanae naturae. ergo nihil de alimento in veritatem humanae naturae transit.

ag2 * Praeterea, philosophus, in i de generat., “ distinguit carnem secundum speciem, et secundum materiam; et dicit quod caro secundum materiam advenit et recedit. ‘ quod autem ex alimento generatur, advenit et recedit. ergo id in quod alimentum convertitur, est caro secundum materiam, non autem caro secundum speciem. sed hoc pertinet ad veritatem humanae naturae, quod pertinet ad speciem eius. ergo alimentum non transit in veritatem humanae naturae.

ag3 ‘ Praeterea, ad veritatem humanae naturae pertinere videtur humidum radicale; quod si deperdatur, restitui non potest, ut medici dicunt. posset autem restitui, si alimentum converteretur in ipsum humidum. ergo nutrimentum non convertitur in veritatem humanae naturae.

ag4 ‘ Praeterea, si alimentum transiret in veritatem humanae naturae, quidquid in homine deperditur, restaurari posset. sed mors hominis non accidit nisi per deperditionem alicuius. posset igitur homo per sumptionem alimenti in perpetuum se contra mortem tueri.

ag5 ‘ Praeterea, si alimentum in veritatem humanae naturae transiret, nihil esset in homine quod non posset recedere et reparari, quia id quod in homine generatur ex alimento, et recedere et reparari potest. si ergo homo diu viveret, sequeretur quod nihil quod in eo fuit materialiter in principio suae generationis, finaliter remaneret in ipso. et sic non esset idem homo numero per totam vitam suam, cum ad hoc quod aliquid sit idem numero, requiratur identitas materiae. hoc autem est inconveniens. non ergo alimentum transit in veritatem humanae naturae.

sc * Sed contra est quod dicit augustinus, in libro de vera relig., ° alimenta carnis corrupta, idest amittentia formam suam, in membrorum fabricam migrant. ‘ sed fabrica membrorum pertinet ad veritatem humanae naturae. ergo alimenta transeunt in veritatem humanae naturae.

co * Respondeo dicendum quod, secundum philosophum, ii metaphys., ° hoc modo se habet unumquodque ad veritatem, sicut se habet ad esse. ‘ illud ergo pertinet ad veritatem naturae alicuius, quod est de constitutione naturae ipsius. sed natura dupliciter considerari potest, uno modo, in communi, secundum rationem speciei; alio modo, secundum quod est in hoc individuo. ad veritatem igitur naturae alicuius in communi consideratae, pertinet forma et materia eius in communi accepta, ad veritatem autem naturae in hoc particulari consideratae, pertinet materia individualis signata, et forma per huiusmodi materiam individuata. sicut de veritate humanae naturae in communi, est anima humana et corpus, sed de veritate humanae naturae in petro et martino, est haec anima et hoc corpus. sunt autem quaedam, quorum formae non possunt salvari nisi in una materia signata, sicut forma solis non potest salvari nisi in materia quae actu sub ea continetur. et * secundum hunc modum, aliqui posuerunt quod “ forma humana non potest salvari nisi in materia quadam signata, quae scilicet a principio fuit tali forma formata in primo homine. ita quod quidquid aliud praeter illud quod ex primo parente in posteros derivatur, additum fuerit, non pertinet ad veritatem humanae naturae, quasi non vere accipiat formam humanae naturae. sed illa materia quae in primo homine formae humanae fuit subiecta, in seipsa multiplicatur, et hoc modo multitudo humanorum corporum a corpore primi hominis derivatur. et secundum hos, alimentum non convertitur in veritatem humanae naturae, sed dicunt quod alimentum accipitur ut quoddam fomentum naturae, idest ut resistat actioni caloris naturalis, ne consumat humidum radicale; sicut plumbum vel stannum adiungitur argento, ne consumatur per ignem. ‘ sed haec positio est multipliciter irrationabilis. primo quidem, quia eiusdem rationis est quod aliqua forma possit fieri in alia materia, et quod possit propriam materiam deserere, et ideo omnia generabilia sunt corruptibilia, et e converso. manifestum est autem quod forma humana potest deficere ab hac materia quae ei subiicitur, alioquin corpus humanum corruptibile non esset. unde relinquitur quod et alii materiae advenire possit, aliquo alio in veritatem humanae naturae transeunte. secundo, quia in omnibus quorum materia invenitur tota sub uno individuo, non est nisi unum individuum in una specie, sicut patet in sole et luna, et huiusmodi. sic igitur non esset nisi unum individuum humanae speciei. tertio, quia non est possibile quod multiplicatio materiae attendatur nisi vel secundum quantitatem tantum, sicut accidit in rarefactis, quorum materia suscipit maiores dimensiones; vel etiam secundum substantiam materiae. sola autem eadem substantia materiae manente, non potest dici quod sit multiplicata, quia idem ad seipsum non constituit multitudinem, cum necesse sit omnem multitudinem ex aliqua divisione causari. unde oportet quod aliqua alia substantia materiae adveniat, vel per creationem, vel per conversionem alterius in ipsam. unde relinquitur quod non potest aliqua materia multiplicari, nisi vel per rarefactionem, sicut cum ex aqua fit aer; vel per conversionem alterius rei, sicut multiplicatur ignis per additionem lignorum; vel per creationem materiae. sed manifestum est multiplicationem materiae in humanis corporibus non accidere per rarefactionem, quia sic corpora hominum perfectae aetatis essent imperfectiora quam corpora puerorum. nec iterum per creationem novae materiae, * quia secundum gregorium, ° omnia sunt simul creata secundum substantiam materiae, licet non secundum speciem formae. ‘ unde relinquitur quod multiplicatio corporis humani non fit nisi per hoc, quod alimentum convertitur in veritatem humani corporis. quarto, quia cum homo non differat ab animalibus et plantis secundum animam vegetabilem, sequeretur quod etiam corpora animalium et plantarum non multiplicarentur per conversionem alimenti in corpus nutritum, sed per quandam multiplicationem. quae non potest esse naturalis, cum materia secundum naturam non extendatur nisi usque ad certam quantitatem; nec iterum inveniatur aliquid naturaliter crescere, nisi per rarefactionem, vel conversionem alterius in ipsum. et sic totum opus generativae et nutritivae, quae dicuntur vires naturales, esset miraculosum. quod est omnino inconveniens. * unde alii dixerunt quod “ forma humana potest quidem fieri de novo in aliqua alia materia, si consideretur natura humana in communi, non autem si accipiatur prout est in hoc individuo, in quo forma humana fixa manet in quadam materia determinata, cui primo imprimitur in generatione huius individui, ita quod illam materiam nunquam deserit usque ad ultimam individui corruptionem. et hanc materiam dicunt principaliter pertinere ad veritatem humanae naturae. sed quia huiusmodi materia non sufficit ad quantitatem debitam, requiritur ut adveniat alia materia per conversionem alimenti in substantiam nutriti, quantum sufficiat ad debitum augmentum. et hanc materiam dicunt secundario pertinere ad veritatem humanae naturae, quia non requiritur ad primum esse individui, sed ad quantitatem eius. iam vero si quid aliud advenit ex alimento, non pertinet ad veritatem humanae naturae, proprie loquendo. ‘sed hoc etiam est inconveniens. primo quidem, quia haec opinio iudicat de materia corporum viventium, ad modum corporum inanimatorum; in quibus etsi sit virtus ad generandum simile in specie, non tamen est virtus in eis ad generandum aliquid sibi simile secundum individuum; quae quidem virtus in corporibus viventibus est virtus nutritiva. nihil ergo per virtutem nutritivam adderetur corporibus viventibus, si alimentum in veritatem naturae ipsorum non converteretur. secundo quia virtus activa quae est in semine, est quaedam impressio derivata ab anima generantis, |100| * sicut supra dictum est. ‘unde non potest esse maioris virtutis in agendo, quam ipsa anima a qua derivatur. si ergo ex virtute seminis vere assumit aliqua materia formam naturae humanae, multo magis anima in nutrimentum coniunctum poterit veram formam naturae humanae imprimere per potentiam nutritivam. tertio, quia nutrimento indigetur non solum ad augmentum, alioquin terminato augmento necessarium non esset, sed etiam ad restaurandum illud quod deperditur per actionem caloris naturalis. non autem esset restauratio, nisi id quod ex alimento generatur, succederet in locum deperditi. unde sicut id quod primo inerat, est de veritate humanae naturae, ita et id quod ex alimento generatur. * et ideo, secundum alios, dicendum est quod “ alimentum vere convertitur in veritatem humanae naturae, inquantum vere accipit speciem carnis et ossis et huiusmodi partium. * et hoc est quod dicit philosophus in ii de anima, quod ° alimentum nutrit inquantum est potentia caro.

ra1 * Ad primum ergo dicendum quod dominus ‘non dicit quod totum quod in os intrat, per secessum emittatur, sed omne, quia de quolibet cibo aliquid impurum per secessum emittitur. vel potest dici quod quidquid ex alimento generatur, potest etiam per calorem naturalem resolvi, et per poros quosdam occultos emitti, * ut hieronymus exponit.

ra2 * Ad secundum dicendum quod aliqui “ per carnem secundum speciem intellexerunt id quod primo accipit speciem humanam, quod sumitur a generante, et hoc dicunt semper manere, quousque individuum durat. carnem vero secundum materiam dicunt esse quae generatur ex alimento, et hanc dicunt non semper permanere, sed quod sicut advenit, ita abscedit. * sed hoc est contra intentionem aristotelis. dicit enim ibi quod, “ sicut in unoquoque habentium speciem in materia, puta in ligno et lapide, ° ita et in carne hoc est secundum speciem, et illud secundum materiam. ‘ manifestum est autem quod praedicta distinctio locum non habet in rebus inanimatis, quae non generantur ex semine, nec nutriuntur. et iterum, cum id quod ex alimento generatur, adiungatur corpori nutrito per modum mixtionis, sicut aqua miscetur vino, * ut ponit exemplum ibidem philosophus; ‘non potest alia esse natura eius quod advenit, et eius cui advenit, cum iam sit factum unum per veram mixtionem. unde nulla ratio est quod unum consumatur per calorem naturalem, et alterum maneat. * et ideo aliter dicendum est, quod haec distinctio philosophi “ non est secundum diversas carnes, sed est eiusdem carnis secundum |25| diversam considerationem. ‘ si enim consideretur caro secundum speciem, idest secundum id quod est formale in ipsa, sic semper manet, quia semper manet natura carnis, et dispositio naturalis ipsius. sed si consideretur caro secundum materiam, sic non manet, sed paulatim consumitur et restauratur, sicut patet in igne fornacis, cuius forma manet, sed materia paulatim consumitur, et alia in locum eius substituitur.

ra3 ‘Ad tertium dicendum quod ad humidum radicale intelligitur pertinere totum id in quo fundatur virtus speciei. quod si subtrahatur, restitui non potest, sicut si amputetur manus aut pes, vel aliquid huiusmodi. sed humidum nutrimentale est quod nondum pervenit ad suscipiendum perfecte naturam speciei, sed est in via ad hoc; sicut est sanguis, et alia huiusmodi. unde si talia subtrahantur, remanet adhuc virtus speciei in radice, quae non tollitur.

ra4 ‘Ad quartum dicendum quod omnis virtus in corpore passibili per continuam actionem debilitatur, quia huiusmodi agentia etiam patiuntur. et ideo virtus conversiva in principio quidem tam fortis est, ut possit convertere non solum quod sufficit ad restaurationem deperditi, sed etiam ad augmentum. postea vero non potest convertere nisi quantum sufficit ad restaurationem deperditi, et tunc cessat augmentum. demum nec hoc potest, et tunc fit diminutio. deinde, deficiente huiusmodi virtute totaliter, animal moritur. sicut virtus vini convertentis aquam admixtam, paulatim per admixtionem aquae debilitatur, ut tandem totum fiat aquosum, * ut philosophus exemplificat in i de generat..

ra5 * Ad quintum dicendum quod, sicut philosophus dicit in i de generat. ‘ quando aliqua materia per se convertitur in ignem, tunc dicitur ignis de novo generari, quando vero aliqua materia convertitur in ignem praeexistentem, dicitur ignis nutriri. unde si tota materia simul amittat speciem ignis, et alia materia convertatur in ignem, erit alius ignis numero. si vero, paulatim combusto uno ligno, aliud substituatur, et sic deinceps quousque omnia prima consumantur, semper remanet idem ignis numero, quia semper quod additur, transit in praeexistens. et similiter est intelligendum in corporibus viventibus, in quibus ex nutrimento restauratur id quod per calorem naturalem consumitur.

007 ST1 qu119 ar2

ag1 ‘ Ad secundum sic proceditur. videtur quod semen non sit de superfluo alimenti, sed de substantia generantis. * dicit enim damascenus quod ° generatio est opus naturae ex substantia generantis producens quod generatur. ‘sed id quod generatur, generatur ex semine. ergo semen est de substantia generantis.

ag2 ‘ Praeterea, secundum hoc filius assimilatur patri, quod ab eo aliquid accipit. sed si semen ex quo aliquid generatur, sit de superfluo alimenti; nihil acciperet aliquis ab avo et praecedentibus, in quibus hoc alimentum nullo modo fuit. ergo non assimilaretur aliquis avo et praecedentibus, magis quam aliis hominibus.

ag3 ‘ Praeterea, alimentum hominis generantis quandoque est ex carnibus bovis, vel porci, et aliorum huiusmodi. si igitur semen esset de superfluo alimenti, homo generatus ex semine maiorem affinitatem haberet cum bove et porco, quam cum patre et aliis consanguineis.

ag4 * Praeterea, augustinus dicit, x super gen. ad litt., quod “ nos fuimus in adam non solum secundum ° seminalem rationem, sed etiam secundum corpulentam substantiam. ‘ hoc autem non esset, si semen esset ex superfluo alimenti. ergo semen non est superfluo alimenti.

sc ‘ Sed contra est quod * philosophus probat multipliciter, in libro de generat. animal., ° quod semen est superfluum alimenti.

co ‘Respondeo dicendum quod * ista quaestio aliqualiter dependet ex praemissis. ‘ si enim in natura humana est virtus ad communicandum suam formam materiae alienae non solum in alio, sed etiam in ipso; manifestum est quod alimentum, quod est in principio dissimile, in fine fit simile per formam communicatam. est autem naturalis ordo ut aliquid gradatim de potentia reducatur in actum, et ideo in his quae generantur, invenimus quod primo unumquodque est imperfectum, et postea perficitur. manifestum est autem quod commune se habet ad proprium et determinatum, ut imperfectum ad perfectum, et ideo videmus quod in generatione animalis prius generatur animal, quam homo vel equus. sic igitur et ipsum alimentum primo quidem accipit quandam virtutem communem respectu omnium partium corporis, et in fine determinatur ad hanc partem vel ad illam. non autem est possibile quod accipiatur pro semine id quod iam conversum est in substantiam membrorum, per quandam resolutionem. quia illud resolutum, si non retineret naturam eius a quo resolvitur, tunc iam esset recedens a natura generantis, quasi in via corruptionis existens; et sic non haberet virtutem convertendi aliud in similem naturam. si vero retineret naturam eius a quo resolvitur, tunc, cum esset contractum ad determinatam partem, non haberet virtutem movendi ad naturam totius, sed solum ad naturam partis. nisi forte quis dicat quod esset resolutum ab omnibus partibus corporis, et |25| quod retineat naturam omnium partium. et sic semen esset quasi quoddam parvum animal in actu; et generatio animalis ex animali non esset nisi per divisionem, sicut lutum generatur ex luto, et sicut accidit in animalibus quae decisa vivunt. hoc autem est inconveniens. relinquitur ergo quod semen non sit decisum ab eo quod erat actu totum; sed magis sit in potentia totum, habens virtutem ad productionem totius corporis, derivatam an anima generantis, * ut supra dictum est. ‘ hoc autem quod est in potentia ad totum, est illud quod generatur ex alimento, antequam convertatur in substantiam membrorum. et ideo ex hoc semen accipitur. et secundum hoc, virtus nutritiva dicitur deservire generativae, quia id quod est conversum per virtutem nutritivam, accipitur a virtute generativa ut semen. * et huius signum ponit philosophus, quod “animalia magni corporis, quae indigent multo nutrimento, sunt pauci seminis secundum quantitatem sui corporis, et paucae generationis; et similiter homines pingues sunt pauci seminis, propter eandem causam.

ra1 ‘ Ad primum ergo dicendum quod generatio est de substantia generantis in animalibus et plantis, inquantum semen habet virtutem ex forma generantis, et inquantum est in potentia ad substantiam ipsius.

ra2 ‘ Ad secundum dicendum quod assimilatio generantis ad genitum non fit propter materiam, sed propter formam agentis, quod generat sibi simile. unde non oportet ad hoc quod aliquis assimiletur avo, quod materia corporalis seminis fuerit in avo; sed quod sit in semine aliqua virtus derivata ab anima avi, mediante patre.

ra3 ‘Et similiter dicendum est ad tertium. nam affinitas non attenditur secundum materiam, sed magis secundum derivationem formae.

ra4 * Ad quartum dicendum quod verbum augustini ‘ non est sic intelligendum, quasi in adam actu fuerit aut seminalis ratio huius hominis propinqua, aut corpulenta eius substantia, sed utrumque fuit in adam secundum originem. nam et materia corporalis, quae ministrata est a matre, * quam vocat corpulentam substantiam, ‘ derivatur originaliter ab adam, et similiter virtus activa existens in semine patris, quae est huius hominis propinqua ratio seminalis. * sed christus dicitur “ fuisse in adam secundum corpulentam substantiam, sed non secundum seminalem rationem. ‘ quia materia corporis eius, quae ministrata est a matre virgine, derivata est ab adam, sed virtus activa non est derivata ab adam, quia corpus eius non est formatum per virtutem virilis seminis, sed operatione spiritus sancti. talis enim partus decebat eum, qui est super omnia benedictus deus in saecula. amen.

SUMMA THEOLOGIAE - PRIMA SECUNDAE

---

008 ST2 qu ar

pr * Quia, sicut damascenus dicit, “ homo factus ad imaginem dei dicitur, secundum quod per imaginem significatur ° intellectuale et arbitrio liberum et per se potestativum; ‘ postquam praedictum est de exemplari, scilicet de deo, et de his quae processerunt ex divina potestate secundum eius voluntatem; restat ut consideremus de eius imagine, idest de homine, secundum quod et ipse est suorum operum principium, quasi liberum arbitrium habens et suorum operum potestatem.

008 ST2 qu1 ar

pr ‘ Ubi primo considerandum occurrit de ultimo fine humanae vitae; et deinde de his per quae homo ad hunc finem pervenire potest, vel ab eo deviare, ex fine enim oportet accipere rationes eorum quae ordinantur ad finem. et quia ultimus finis humanae vitae ponitur esse beatitudo, oportet primo considerare de ultimo fine in communi; deinde de beatitudine. circa primum quaeruntur octo. primo, utrum hominis sit agere propter finem. secundo, utrum hoc sit proprium rationalis naturae. tertio, utrum actus hominis recipiant speciem a fine. quarto, utrum sit aliquis ultimus finis humanae vitae. quinto, utrum unius hominis possint esse plures ultimi fines. sexto, utrum homo ordinet omnia in ultimum finem. septimo, utrum idem sit finis ultimus omnium hominum. octavo, utrum in illo ultimo fine omnes aliae creaturae conveniant.

008 ST2 qu1 ar1

ag1 ‘ Ad primum sic proceditur. videtur quod homini non conveniat agere propter finem. causa enim naturaliter prior est. sed finis habet rationem ultimi, ut ipsum nomen sonat. ergo finis non habet rationem causae. sed propter illud agit homo, quod est causa actionis, cum haec praepositio propter designet habitudinem causae. ergo homini non convenit agere propter finem.

ag2 ‘ Praeterea, illud quod est ultimus finis, non est propter finem. sed in quibusdam actiones sunt ultimus finis; * ut patet per philosophum in i ethic.. ‘ ergo non omnia homo agit propter finem.

ag3 ‘ Praeterea, tunc videtur homo agere propter finem, quando deliberat. sed multa homo agit absque deliberatione, de quibus etiam quandoque nihil cogitat; sicut cum aliquis movet pedem vel manum aliis intentus, vel fricat barbam. non ergo homo omnia agit propter finem.

sc ‘Sed contra, omnia quae sunt in aliquo genere, derivantur a principio illius generis. sed finis est principium in operabilibus ab homine; * ut patet per philosophum in ii physic.. ‘ergo homini convenit omnia agere propter finem.

co ‘Respondeo dicendum quod actionum quae ab homine aguntur, illae solae proprie dicuntur humanae, quae sunt propriae hominis inquantum est homo. differt autem homo ab aliis irrationalibus creaturis in hoc, quod est suorum actuum dominus. unde illae solae actiones vocantur proprie humanae, quarum homo est dominus. est autem homo dominus suorum actuum per rationem et voluntatem, unde et liberum arbitrium esse dicitur facultas voluntatis et rationis. illae ergo actiones proprie humanae dicuntur, quae ex voluntate deliberata procedunt. si quae autem aliae actiones homini conveniant, possunt dici quidem hominis actiones; sed non proprie humanae, cum non sint hominis inquantum est homo. manifestum est autem quod omnes actiones quae procedunt ab aliqua potentia, causantur ab ea secundum rationem sui obiecti. obiectum autem voluntatis est finis et bonum. unde oportet quod omnes actiones humanae propter finem sint.

ra1 ‘ Ad primum ergo dicendum quod finis, etsi sit postremus in executione, est tamen primus in intentione agentis. et hoc modo habet rationem causae.

ra2 ‘ Ad secundum dicendum quod, si qua actio humana sit ultimus finis, oportet eam esse voluntariam, alias non esset humana, * ut dictum est. ‘ actio autem aliqua dupliciter dicitur voluntaria, uno mo-

do, quia imperatur a voluntate, sicut ambulare vel loqui; alio modo, quia elicitur a voluntate, sicut ipsum velle. impossibile autem est quod ipse actus a voluntate elicitus sit ultimus finis. nam obiectum voluntatis est finis, sicut obiectum visus est color, unde sicut impossibile est quod primum visibile sit ipsum videre, quia omne videre est alicuius obiecti visibilis; ita impossibile est quod primum appetibile, quod est finis, sit ipsum velle. unde relinquitur quod, si qua actio humana sit ultimus finis, quod ipsa sit imperata a voluntate. et ita ibi aliqua actio hominis, ad minus ipsum velle, est propter finem. quidquid ergo homo faciat, verum est dicere quod homo agit propter finem, etiam agendo actionem quae est ultimus finis.
ra3 ‘ Ad tertium dicendum quod huiusmodi actiones non sunt proprie humanae, quia non procedunt ex deliberatione rationis, quae est proprium principium humanorum actuum. et ideo habent quidem finem imaginatum, non autem per rationem praestitutum.

008 ST2 qu1 ar2

ag1 ‘ Ad secundum sic proceditur. videtur quod agere propter finem sit proprium rationalis naturae. homo enim, cuius est agere propter finem, nunquam agit propter finem ignotum. sed multa sunt quae non cognoscunt finem, vel quia omnino carent cognitione, sicut creaturae insensibiles; vel quia non apprehendunt rationem finis, sicut bruta animalia. videtur ergo proprium esse rationalis naturae agere propter finem.
ag2 ‘ Praeterea, agere propter finem est ordinare suam actionem ad finem. sed hoc est rationis opus. ergo non convenit his quae ratione carent.
ag3 ‘ Praeterea, bonum et finis est obiectum voluntatis. “ sed voluntas in ratione est, * ut dicitur in iii de anima. ‘ ergo agere propter finem non est nisi rationalis naturae.
sc * Sed contra est quod philosophus probat in ii physic., quod ° non solum intellectus, sed etiam natura agit propter finem.
co ‘ Respondeo dicendum quod omnia agentia necesse est agere propter finem. causarum enim ad invicem ordinatarum, si prima subtrahatur, necesse est alias subtrahi. prima autem inter omnes causas est causa finalis. cuius ratio est, quia materia non consequitur formam nisi secundum quod movetur ab agente, nihil enim reducit se de potentia in actum. agens autem non movet nisi ex intentione finis. si enim agens non esset determinatum ad aliquem effectum, non magis ageret hoc quam illud, ad hoc ergo quod determinatum effectum producat, necesse est quod determinetur ad aliquid certum, quod habet rationem finis. haec autem determinatio, sicut in rationali natura fit per rationalem appetitum, qui dicitur voluntas; ita in aliis fit per inclinationem naturalem, quae dicitur appetitus naturalis. tamen considerandum est quod aliquid sua actione vel motu tendit ad finem dupliciter, uno modo, sicut seipsum ad finem movens, ut homo; alio modo, sicut ab alio motum ad finem, sicut sagitta tendit ad determinatum finem ex hoc quod movetur a sagittante, qui suam actionem dirigit in finem. illa ergo quae rationem habent, seipsa movent ad finem, quia habent dominium suorum actuum per liberum arbitrium, quod est facultas voluntatis et rationis. illa vero quae ratione carent, tendunt in finem per naturalem inclinationem, quasi ab alio mota, non autem a seipsis, cum non cognoscant rationem finis, et ideo nihil in finem ordinare possunt, sed solum in finem ab alio ordinantur. nam tota irrationalis natura comparatur ad deum sicut instrumentum |25| ad agens principale, * ut supra habitum est. ‘ et ideo proprium est naturae rationalis ut tendat in finem quasi se agens vel ducens ad finem, naturae vero irrationalis, quasi ab alio acta vel ducta, sive in finem apprehensum, sicut bruta animalia, sive in finem non apprehensum, sicut ea quae omnino cognitione carent.
ra1 ‘ Ad primum ergo dicendum quod homo, quando per seipsum agit propter finem, cognoscit finem, sed quando ab alio agitur vel ducitur, puta cum agit ad imperium alterius, vel cum movetur altero impellente, non est necessarium quod cognoscat finem. et ita est in creaturis irrationalibus.
ra2 ‘ Ad secundum dicendum quod ordinare in finem est eius quod seipsum agit in finem. eius vero quod ab alio in finem agitur, est ordinari in finem. quod potest esse irrationalis naturae, sed ab aliquo ratione habente.
ra3 ‘ Ad tertium dicendum quod obiectum voluntatis est finis et bonum in universali. unde non potest esse voluntas in his quae carent ratione et intellectu, cum non possint apprehendere universale, sed est in eis appetitus naturalis vel sensitivus, determinatus ad aliquod bonum particulare. manifestum autem est quod particulares causae moventur a causa universali, sicut rector civitatis, qui intendit bonum commune, movet suo imperio omnia particularia officia civitatis. et ideo necesse est quod omnia quae carent ratione, moveantur in fines particulares ab aliqua voluntate rationali, quae se extendit in bonum universale, scilicet a voluntate divina.

008 ST2 qu1 ar3

ag1 ‘ Ad tertium sic proceditur. videtur quod actus humani non recipiant speciem a fine. finis enim est causa extrinseca. sed unumquodque habet speciem ab aliquo principio intrinseco. ergo actus humani non recipiunt speciem a fine.
ag2 ‘ Praeterea, illud quod dat speciem, oportet esse prius. sed finis est posterior in esse. ergo actus humanus non habet speciem a fine.
ag3 ‘ Praeterea, idem non potest esse nisi in una specie. sed eundem numero actum contingit ordinari ad diversos fines. ergo finis non dat speciem actibus humanis.
sc ‘ Sed contra est quod * dicit augustinus, in libro de moribus ecclesiae et manichaeorum, ° secundum quod finis est culpabilis vel laudabilis, secundum hoc sunt opera nostra culpabilia vel laudabilia.
co ‘ Respondeo dicendum quod unumquodque sortitur speciem secundum actum, et non secundum potentiam, unde ea quae sunt composita ex materia et forma, constituuntur in suis speciebus per proprias formas. et hoc etiam considerandum est in motibus propriis. cum enim motus quodammodo distinguatur per actionem et passionem, utrumque horum ab actu speciem sortitur, actio quidem ab actu qui est principium agendi; passio vero ab actu qui est terminus motus. unde calefactio actio nihil aliud est quam motio quaedam a calore procedens, calefactio vero passio nihil aliud est quam motus ad calorem, definitio autem manifestat rationem speciei. et utroque modo actus humani, sive considerentur per modum actionum, sive per modum passionum, a fine speciem sortiuntur. utroque enim modo possunt considerari actus humani, eo quod homo movet seipsum, et movetur a seipso. * dictum est autem supra quod ‘ actus dicuntur humani, inquantum procedunt a voluntate deliberata. obiectum autem voluntatis est bonum et finis. et ideo manifestum est quod principium humanorum actuum, inquantum sunt humani, est finis. et similiter est terminus eorundem, nam id ad quod terminatur actus humanus, est id quod voluntas intendit tanquam finem; sicut in agentibus naturalibus forma generati est conformis formae generantis. * et quia, ut ambrosius dicit, super lucam, ° mores proprie dicuntur humani, |25| ‘ actus morales proprie speciem sortiuntur ex fine, nam idem sunt actus morales et actus humani.
ra1 ‘ Ad primum ergo dicendum quod finis non est omnino aliquid extrinsecum ab actu, quia comparatur ad actum ut principium vel terminus; et hoc ipsum est de ratione actus, ut scilicet sit ab aliquo, quantum ad actionem, et ut sit ad aliquid, quantum ad passionem.
ra2 ‘ Ad secundum dicendum quod finis secundum quod est prior in intentione, * ut dictum est, ‘ secundum hoc pertinet ad voluntatem. et hoc modo dat speciem actui humano sive morali.
ra3 ‘ Ad tertium dicendum quod idem actus numero, secundum quod semel egreditur ab agente, non ordinatur nisi ad unum finem proximum, a quo habet speciem, sed potest ordinari ad plures fines remotos, quorum unus est finis alterius. possibile tamen est quod unus actus secundum speciem naturae, ordinetur ad diversos fines voluntatis, sicut hoc ipsum quod est occidere hominem, quod est idem secundum speciem naturae, potest ordinari sicut in finem ad conservationem iustitiae, et ad satisfaciendum irae. et ex hoc erunt diversi actus secundum speciem moris, quia uno modo erit actus virtutis, alio modo erit actus vitii. non enim motus recipit speciem ab eo quod est terminus per accidens, sed solum ab eo quod est terminus per se. fines autem morales accidunt rei naturali; et e converso ratio naturalis finis accidit morali. et ideo nihil prohibet actus qui sunt iidem secundum speciem naturae, esse diversos secundum speciem moris, et e converso.

008 ST2 qu1 ar4

ag1 ‘ Ad quartum sic proceditur. videtur quod non sit aliquis ultimus finis humanae vitae, sed procedatur in finibus in infinitum. bonum enim, secundum suam rationem, est diffusivum sui; * ut patet per dionysium, iv cap. de div. nom.. ‘ si ergo quod procedit ex bono, ipsum etiam est bonum, oportet quod illud bonum diffundat aliud bonum, et sic processus boni est in infinitum. sed bonum habet rationem finis. ergo in finibus est processus in infinitum.
ag2 ‘ Praeterea, ea quae sunt rationis, in infinitum multiplicari possunt, unde et mathematicae quantitates in infinitum augentur. species etiam numerorum propter hoc sunt infinitae, quia, dato quolibet numero, ratio alium maiorem excogitare potest. sed desiderium finis sequitur apprehensionem rationis. ergo videtur quod etiam in finibus procedatur in infinitum.
ag3 ‘ Praeterea, bonum et finis est obiectum voluntatis. sed voluntas infinities potest reflecti supra seipsam, possum enim velle aliquid, et velle me velle illud, et sic in infinitum. ergo in finibus humanae voluntatis proceditur in infinitum, et non est aliquis ultimus finis humanae voluntatis.
sc * Sed contra est quod philosophus dicit, ii metaphys., quod ° qui infinitum faciunt, auferunt naturam boni. ‘ sed bonum est quod habet rationem finis. ergo contra rationem finis est quod procedatur in infinitum. necesse est ergo ponere unum ultimum finem.
co ‘ Respondeo dicendum quod, per se loquendo, impossibile est in finibus procedere in infinitum, ex quacumque parte. in omnibus enim quae per se habent ordinem ad invicem, oportet quod, remoto primo, removeantur ea quae sunt ad primum. * unde philosophus probat, in viii physic., quod “ non est possibile in causis moventibus procedere in infinitum, quia iam non esset primum movens, quo subtracto alia movere non possunt, cum non moveant nisi per hoc quod moventur a primo movente. ‘ in finibus autem invenitur duplex ordo, scilicet ordo intentionis, et ordo executionis, et in utroque ordine oportet esse aliquid primum. id enim quod est primum in ordine intentionis est quasi principium movens appetitum, unde subtracto principio, appetitus a nullo moveretur. id autem quod est principium in executione, est unde incipit operatio, unde, isto principio subtracto, nullus inciperet aliquid operari. principium autem intentionis est ultimus finis, principium autem executionis est primum eorum quae sunt ad finem. sic ergo ex neutra parte possibile est in infinitum procedere, quia si non esset ultimus finis, nihil appeteretur, nec aliqua actio terminaretur, nec etiam quiesceret intentio agentis; si autem non esset primum in his quae sunt ad finem, nullus inciperet aliquid operari, nec terminaretur consilium, sed in infinitum procederet. ea vero quae non habent ordinem per se, sed per accidens sibi invicem coniunguntur, nihil |25| prohibet infinitatem habere, causae enim per accidens indeterminatae sunt. et hoc etiam modo contingit esse infinitatem per accidens in finibus, et in his quae sunt ad finem.
ra1 ‘ Ad primum ergo dicendum quod de ratione boni est quod aliquid ab ipso effluat, non tamen quod ipsum ab alio procedat. et ideo, cum bonum habeat rationem finis, et primum bonum sit ultimus finis, ratio ista non probat quod non sit ultimus finis; sed quod a fine primo supposito procedatur in infinitum inferius versus ea quae sunt ad finem. et hoc quidem competeret, si consideraretur sola virtus primi boni, quae est infinita. sed quia primum bonum habet diffusionem secundum intellectum, cuius est secundum aliquam certam formam profluere in causata; aliquis certus modus adhibetur bonorum effluxui a primo bono, a quo omnia alia bona participant virtutem diffusivam. et ideo diffusio bonorum non procedit in infinitum, * sed, sicut dicitur sap. xi, “ deus omnia disposuit in numero, pondere et mensura.
ra2 ‘ Ad secundum dicendum quod in his quae sunt per se, ratio incipit a principiis naturaliter notis, et ad aliquem terminum progreditur. * unde philosophus probat, in i poster., quod “ in demonstrationibus non est processus in infinitum, quia in demonstrationibus attenditur ordo aliquorum per se ad invicem connexorum, et non per accidens. ‘ in his autem quae per accidens connectuntur, nihil prohibet rationem in infinitum procedere. accidit autem quantitati aut numero praeexistenti, inquantum huiusmodi, quod ei addatur quantitas aut unitas. unde in huiusmodi nihil prohibet rationem procedere in infinitum.
ra3 ‘ Ad tertium dicendum quod illa multiplicatio actuum voluntatis reflexae supra seipsam, per accidens se habet ad ordinem finium. quod patet ex hoc, quod circa unum et eundem finem indifferenter semel vel pluries supra seipsam voluntas reflectitur.

008 ST2 qu1 ar5

ag1 ‘ Ad quintum sic proceditur. videtur quod possibile sit voluntatem unius hominis in plura ferri simul, sicut in ultimos fines. * dicit enim augustinus, xix de civ. dei, quod “ quidam ultimum hominis finem posuerunt in quatuor, scilicet ° in voluptate, in quiete, in primis naturae, et in virtute. ‘ haec autem manifeste sunt plura. ergo unus homo potest constituere ultimum finem suae voluntatis in multis.
ag2 ‘ Praeterea, ea quae non opponuntur ad invicem, se invicem non excludunt. sed multa inveniuntur in rebus quae sibi invicem non opponuntur. ergo si unum ponatur ultimus finis voluntatis, non propter hoc alia excluduntur.
ag3 ‘ Praeterea, voluntas per hoc quod constituit ultimum finem in aliquo, suam liberam potentiam non amittit. sed antequam constitueret ultimum finem suum in illo, puta in voluptate, poterat constituere finem suum ultimum in alio, puta in divitiis. ergo etiam postquam constituit aliquis ultimum finem suae voluntatis in voluptate, potest simul constituere ultimum finem in divitiis. ergo possibile est voluntatem unius hominis simul ferri in diversa, sicut in ultimos fines.
sc ‘ Sed contra, illud in quo quiescit aliquis sicut in ultimo fine, hominis affectui dominatur, quia ex eo totius vitae suae regulas accipit. * unde de gulosis dicitur philipp. iii, ° quorum deus venter est, ‘ quia scilicet constituunt ultimum finem in deliciis ventris. * sed sicut dicitur matth. vi, ° nemo potest duobus dominis servire, “ ad invicem scilicet non ordinatis. ‘ ergo impossibile est esse plures ultimos fines unius hominis ad invicem non ordinatos.
co ‘ Respondeo dicendum quod impossibile est quod voluntas unius hominis simul se habeat ad diversa, sicut ad ultimos fines. cuius ratio potest triplex assignari. prima est quia, cum unumquodque appetat suam perfectionem, illud appetit aliquis ut ultimum

finem, quod appetit, ut bonum perfectum et completivum sui ipsius. * unde augustinus dicit, xix de civ. dei, ° finem boni nunc dicimus, non quod consumatur ut non sit, sed quod perficiatur ut plenum sit. ' oportet igitur quod ultimus finis ita impleat totum hominis appetitum, quod nihil extra ipsum appetendum relinquatur. quod esse non potest, si aliquid extraneum ad ipsius perfectionem requiratur. unde non potest esse quod in duo sic tendat appetitus, ac si utrumque sit bonum perfectum ipsius. secunda ratio est quia, sicut in processu rationis principium est id quod naturaliter cognoscitur, ita in processu rationalis appetitus, qui est voluntas, oportet esse principium id quod naturaliter desideratur. hoc autem oportet esse unum, quia natura non tendit nisi ad unum. principium autem in processu rationalis appetitus est ultimus finis. unde oportet id in quod tendit voluntas sub ratione ultimi finis, esse unum. tertia ratio est quia, cum actiones voluntariae ex fine speciem sortiantur, * sicut supra habitum est, ' oportet quod a fine ultimo, qui est communis, sortiantur rationem generis, sicut et naturalia ponuntur in genere secundum formalem |25| rationem communem. cum igitur omnia appetibilia voluntatis, inquantum huiusmodi, sint unius generis, oportet ultimum finem esse unum. et praecipue quia in quolibet genere est unum primum principium, ultimus autem finis habet rationem primi principii, * ut dictum est. ' sicut autem se habet ultimus finis hominis simpliciter ad totum humanum genus, ita se habet ultimus finis huius hominis ad hunc hominem. unde oportet quod, sicut omnium hominum est naturaliter unus finis ultimus, ita huius hominis voluntas in uno ultimo fine statuatur.

ra1 ' Ad primum ergo dicendum quod omnia illa plura accipiebantur in ratione unius boni perfecti ex his constituti, ab his qui in eis ultimum finem ponebant.

ra2 ' Ad secundum dicendum quod, etsi plura accipi possint quae ad invicem oppositionem non habeant, tamen bono perfecto opponitur quod sit aliquid de perfectione rei extra ipsum.

ra3 ' Ad tertium dicendum quod potestas voluntatis non habet ut faciat opposita esse simul. quod contingeret, si tenderet in plura disparata sicut in ultimos fines, * ut ex dictis patet.

008 ST2 qu1 ar6

ag1 ' Ad sextum sic proceditur. videtur quod non omnia quaecumque homo vult, propter ultimum finem velit. ea enim quae ad finem ultimum ordinantur, seriosa dicuntur, quasi utilia. sed iocosa a seriis distinguuntur. ergo ea quae homo iocose agit, non ordinat in ultimum finem.

ag2 * Praeterea, philosophus dicit, in principio metaphys., quod " scientiae speculativae propter seipsas quaeruntur. ' nec tamen potest dici quod quaelibet earum sit ultimus finis. ergo non omnia quae homo appetit, appetit propter ultimum finem.

ag3 ' Praeterea, quicumque ordinat aliquid in finem aliquem, cogitat de illo fine. sed non semper homo cogitat de ultimo fine in omni eo quod appetit aut facit. non ergo omnia homo appetit aut facit propter ultimum finem.

sc * Sed contra est quod dicit augustinus, xix de civ. dei, ° illud est finis boni nostri, propter quod amantur cetera, illud autem propter seipsum.

co ' Respondeo dicendum quod necesse est quod omnia quae homo appetit, appetat propter ultimum finem. et hoc apparet duplici ratione. primo quidem, quia quidquid homo appetit, appetit sub ratione boni. quod quidem si non appetitur ut bonum perfectum, quod est ultimus finis, necesse est ut appetatur ut tendens in bonum perfectum, quia semper inchoatio alicuius ordinatur ad consummationem ipsius; sicut patet tam in his quae fiunt a natura, quam in his quae fiunt ab arte. et ideo omnis inchoatio perfectionis ordinatur in perfectionem consummatam, quae est per ultimum finem. secundo, quia ultimus finis hoc modo se habet in movendo appetitum, sicut se habet in aliis motionibus primum movens. manifestum est autem quod causae secundae moventes non movent nisi secundum quod moventur a primo movente. unde secunda appetibilia non movent appetitum nisi in ordine ad primum appetibile, quod est ultimus finis.

ra1 ' Ad primum ergo dicendum quod actiones ludicrae non ordinantur ad aliquem finem extrinsecum; sed tamen ordinantur ad bonum ipsius ludentis, prout sunt delectantes vel requiem praestantes. bonum autem consummatum hominis est ultimus finis eius.

ra2 ' Et similiter dicendum ad secundum, de scientia speculativa; quae appetitur ut bonum quoddam speculantis, quod comprehenditur sub bono completo et perfecto, quod est ultimus finis.

ra3 ' Ad tertium dicendum quod non oportet ut semper aliquis cogitet de ultimo fine, quandocumque aliquid appetit vel operatur, sed virtus primae intentionis, quae est respectu ultimi finis, manet in quolibet appetitu cuiuscumque rei, etiam si de ultimo fine actu non cogitetur. sicut non oportet quod qui vadit per viam, in quolibet passu cogitet de fine.

008 ST2 qu1 ar7

ag1 ' Ad septimum sic proceditur. videtur quod non omnium hominum sit unus finis ultimus. maxime enim videtur hominis ultimus finis esse incommutabile bonum. sed quidam avertuntur ab incommutabili bono, peccando. non ergo omnium hominum est unus ultimus finis.

ag2 ' Praeterea, secundum ultimum finem tota vita hominis regulatur. si igitur esset unus ultimus finis omnium hominum, sequeretur quod in hominibus non essent diversa studia vivendi. quod patet esse falsum.

ag3 ' Praeterea, finis est actionis terminus. actiones autem sunt singularium. homines autem, etsi conveniant in natura speciei, tamen differunt secundum ea quae ad individua pertinent. non ergo omnium hominum est unus ultimus finis.

sc ' Sed contra est quod * augustinus dicit, xiii de trin., quod " omnes homines conveniunt in appetendo ultimum finem, qui est beatitudo.

co ' Respondeo dicendum quod de ultimo fine possumus loqui dupliciter, uno modo, secundum rationem ultimi finis; alio modo, secundum id in quo finis ultimi ratio invenitur. quantum igitur ad rationem ultimi finis, omnes conveniunt in appetitu finis ultimi, quia omnes appetunt suam perfectionem adimpleri, quae est ratio ultimi finis, * ut dictum est. ' sed quantum ad id in quo ista ratio invenitur, non omnes homines conveniunt in ultimo fine, nam quidam appetunt divitias tanquam consummatum bonum, quidam autem voluptatem, quidam vero quodcumque aliud. sicut et omni gustui delectabile est dulce, sed quibusdam maxime delectabilis est dulcedo vini, quibusdam dulcedo mellis, aut alicuius talium. illud tamen dulce oportet esse simpliciter melius delectabile, in quo maxime delectatur qui habet optimum gustum. et similiter illud bonum oportet esse completissimum, quod tanquam ultimum finem appetit habens affectum bene dispositum.

ra1 ' Ad primum ergo dicendum quod illi qui peccant, avertuntur ab eo in quo vere invenitur ratio ultimi finis, non autem ab ipsa ultimi finis intentione, quam quaerunt falso in aliis rebus.

ra2 ' Ad secundum dicendum quod diversa studia vivendi contingunt in hominibus propter diversas res in quibus quaeritur ratio summi boni.

ra3 ' Ad tertium dicendum quod, etsi actiones sint singularium, tamen primum principium agendi in eis est natura, quae tendit ad unum, * ut dictum est.

008 ST2 qu1 ar8

ag1 ' Ad octavum sic proceditur. videtur quod in ultimo fine hominis etiam omnia alia conveniant. finis enim respondet principio. sed illud quod est principium hominum, scilicet deus, est etiam principium omnium aliorum. ergo in ultimo fine hominis omnia alia communicant.

ag2 * Praeterea, dionysius dicit, in libro de div. nom., quod ° deus convertit omnia ad seipsum, tanquam ad ultimum finem. ' sed ipse est etiam ultimus finis hominis, " quia solo ipso fruendum est, * ut augustinus dicit. ' ergo in fine ultimo hominis etiam alia conveniunt.

ag3 ' Praeterea, finis ultimus hominis est obiectum voluntatis. sed obiectum voluntatis est bonum universale, quod est finis omnium. ergo necesse est quod in ultimo fine hominis omnia conveniant.

sc ' Sed contra est quod " ultimus finis hominum est beatitudo; quam omnes appetunt, * ut augustinus dicit. ° sed non cadit in animalia rationis expertia ut beata sint, * sicut augustinus dicit in libro octoginta trium quaest.. ' non ergo in ultimo fine hominis alia conveniunt.

co ' Respondeo dicendum quod, * sicut philosophus dicit in ii physic. et in v metaphys., " finis dupliciter dicitur, scilicet cuius, et quo, ' idest ipsa res in qua ratio boni invenitur, et usus sive adeptio illius rei. sicut si dicamus quod motus corporis gravis finis est vel locus inferior ut res, vel hoc quod est esse in loco inferiori, ut usus, et finis avari est vel pecunia ut res, vel possessio pecuniae ut usus. si ergo loquamur de ultimo fine hominis quantum ad ipsam rem quae est finis, sic in ultimo fine hominis omnia alia conveniunt, quia deus est ultimus finis hominis et omnium aliarum rerum. si autem loquamur de ultimo fine hominis quantum ad consecutionem finis, sic in hoc fine hominis non communicant creaturae irrationales. nam homo et aliae rationales creaturae consequuntur ultimum finem cognoscendo et amando deum, quod non competit aliis creaturis, quae adipiscuntur ultimum finem inquantum participant aliquam similitudinem dei, secundum quod sunt, vel vivunt, vel etiam cognoscunt.

ra ' Et per hoc patet responsio ad obiecta.

008 ST2 qu2 ar

pr ' Deinde considerandum est de beatitudine, nam beatitudo nominat adeptionem ultimi finis. primo quidem, in quibus sit; secundo, quid sit; tertio, qualiter eam consequi possimus. circa primum quaeruntur octo. primo, utrum beatitudo consistat in divitiis. secundo, utrum in honoribus. tertio, utrum in fama, sive in gloria. quarto, utrum in potestate. quinto, utrum in aliquo corporis bono. sexto, utrum in voluptate. septimo, utrum in aliquo bono animae. octavo, utrum in aliquo bono creato.

008 ST2 qu2 ar1

ag1 ' Ad primum sic proceditur. videtur quod beatitudo hominis in divitiis consistat. cum enim beatitudo sit ultimus finis hominis, in eo consistit quod maxime in hominis affectu dominatur. huiusmodi autem sunt divitiae, * dicitur enim eccle. x, ° pecuniae obediunt omnia. ' ergo in divitiis beatitudo hominis consistit.

ag2 * Praeterea, secundum boetium, in iii de consol., ° beatitudo est status omnium bonorum aggregatione perfectus. ' sed in pecuniis omnia possideri videntur, quia, * ut philosophus dicit in v ethic., " ad hoc nummus est inventus, ut sit quasi fideiussor habendi pro eo quodcumque homo voluerit. ' ergo in divitiis beatitudo consistit.

ag3 ' Praeterea, desiderium summi boni, cum nunquam deficiat, videtur esse infinitum. sed hoc maxime in divitiis invenitur, quia ° avarus non implebitur pecunia, * ut dicitur eccle. v. ' ergo in divitiis beatitudo consistit.

sc ' Sed contra, bonum hominis in retinendo beatitudinem magis consistit quam in emittendo ipsam. * sed sicut boetius in ii de consol. dicit, ° divitiae effundendo, magis quam coacervando, melius nitent, siquidem avaritia semper odiosos, claros largitas facit. ' ergo in divitiis beatitudo non consistit.

co ' Respondeo dicendum quod impossibile est beatitudinem hominis in divitiis consistere. " sunt enim duplices divitiae, * ut philosophus dicit in i polit., " scilicet naturales, et artificiales. ' naturales quidem divitiae sunt, quibus homini subvenitur ad defectus naturales tollendos, sicut cibus, potus, vestimenta, vehicula et habitacula, et alia huiusmodi. divitiae autem artificiales sunt, quibus secundum se natura non iuvatur, ut denarii; sed ars humana eos adinvenit propter facilitatem commutationis, ut sint quasi mensura quaedam rerum venalium. manifestum est autem quod in divitiis naturalibus beatitudo hominis esse non potest. quaeruntur enim huiusmodi divitiae propter aliud, scilicet ad sustentandam naturam hominis, et ideo non possunt esse ultimus finis hominis, sed magis ordinantur ad hominem sicut ad finem. unde in ordine naturae omnia huiusmodi sunt infra hominem, et propter hominem facta; * secundum illud psalmi viii, ° omnia subiecisti sub pedibus eius. ' divitiae autem artificiales non quaeruntur nisi propter naturales, non enim quaererentur, nisi quia per eas emuntur res ad usum vitae necessariae. unde multo minus habent rationem ultimi finis. impossibile est igitur beatitudinem, |25| quae est ultimus finis hominis, in divitiis esse.

ra1 ' Ad primum ergo dicendum quod omnia corporalia obediunt pecuniae, quantum ad multitudinem stultorum, qui sola corporalia bona cognoscunt, quae pecunia acquiri possunt. iudicium autem de bonis humanis non debet sumi a stultis, sed a sapientibus, sicut et iudicium de saporibus ab his qui habent gustum bene dispositum.

ra2 ' Ad secundum dicendum quod pecunia possunt haberi omnia venalia, non autem spiritualia, quae vendi non possunt. * unde dicitur proverb. xvii, ° quid prodest stulto divitias habere, cum sapientiam emere non possit?

ra3 ' Ad tertium dicendum quod appetitus naturalium divitiarum non est infinitus, quia secundum certam mensuram naturae sufficiunt. sed appetitus divitiarum artificialium est infinitus, quia deservit concupiscentiae inordinatae, quae non modificatur, * ut patet per philosophum in i polit.. ' aliter tamen est infinitum desiderium divitiarum, et desiderium summi boni. nam summum bonum quanto perfectius possidetur, tanto ipsummet magis amatur, et alia contemnuntur, quia quanto magis habetur, magis cognoscitur. * et ideo dicitur eccli. xxiv, ° qui edunt me, adhuc esurient. ' sed in appetitu divitiarum, et quorumcumque temporalium bonorum, est e converso, nam quando iam habentur, ipsa contemnuntur, et alia appetuntur; * secundum quod significatur ioan. iv, cum dominus dicit, " qui bibit ° ex hac aqua, " per quam temporalia significantur, ° sitiet iterum. ' et hoc ideo, quia eorum insufficientia magis cognoscitur cum habentur. et ideo hoc ipsum ostendit eorum imperfectionem, et quod in eis summum bonum non consistit.

008 ST2 qu2 ar2

ag1 ' Ad secundum sic proceditur. videtur quod beatitudo hominis in honoribus consistat. " beatitudo enim, sive felicitas, est praemium virtutis, * ut philosophus dicit in i ethic.. " sed honor maxime videtur esse id quod est virtutis praemium, * ut philosophus dicit in iv ethic.. ' ergo in honore maxime consistit beatitudo.

ag2 ' Praeterea, illud quod convenit deo et excellentissimis, maxime videtur esse beatitudo, quae est bonum perfectum. " sed huiusmodi est honor, * ut philosophus dicit in iv ethic.. et etiam i tim. i, dicit apostolus, ° soli deo honor et gloria. ' ergo in honore consistit beatitudo.

ag3 ' Praeterea, illud quod est maxime desideratum ab hominibus, est beatitudo. sed nihil videtur esse magis desiderabile ab hominibus quam honor, quia homines patiuntur iacturam in omnibus aliis rebus ne patiantur aliquod detrimentum sui honoris. ergo in honore beatitudo consistit.

sc " Sed contra, beatitudo est in beato. honor autem

non est in eo qui honoratur, sed magis in honorante, qui reverentiam exhibet honorato, * ut philosophus dicit in i ethic.. ‘ ergo in honore beatitudo non consistit.

co ‘ Respondeo dicendum quod impossibile est beatitudinem consistere in honore. honor enim exhibetur alicui propter aliquam eius excellentiam; et ita est signum et testimonium quoddam illius excellentiae quae est in honorato. excellentia autem hominis maxime attenditur secundum beatitudinem, quae est hominis bonum perfectum; et secundum partes eius, idest secundum illa bona quibus aliquid beatitudinis participatur. et ideo honor potest quidem consequi beatitudinem, sed principaliter in eo beatitudo consistere non potest.

ra1 ‘ Ad primum ergo dicendum quod, * sicut philosophus ibidem dicit, “ honor non est praemium virtutis propter quod virtuosi operantur, sed accipiunt honorem ab hominibus loco praemii, quasi a non habentibus aliquid maius ad dandum. ‘ verum autem praemium virtutis est ipsa beatitudo, propter quam virtuosi operantur. si autem propter honorem operarentur, iam non esset virtus, sed magis ambitio.

ra2 ‘ Ad secundum dicendum quod honor debetur deo et excellentissimis, in signum vel testimonium excellentiae praeexistentis, non quod ipse honor faciat eos excellentes.

ra3 ‘ Ad tertium dicendum quod ex naturali desiderio beatitudinis, quam consequitur honor, * ut dictum est, ‘ contingit quod homines maxime honorem desiderant. unde quaerunt homines maxime honorari a sapientibus, quorum iudicio credunt se esse excellentes vel felices.

008 ST2 qu2 ar3

ag1 ‘ Ad tertium sic proceditur. videtur quod beatitudo hominis consistat in gloria. in eo enim videtur beatitudo consistere, quod redditur sanctis pro tribulationibus quas in mundo patiuntur. huiusmodi autem est gloria, * dicit enim apostolus, rom. viii, ° non sunt condignae passiones huius temporis ad futuram gloriam, quae revelabitur in nobis. ‘ ergo beatitudo consistit in gloria.

ag2 ‘ Praeterea, bonum est diffusivum sui, * ut patet per dionysium, iv cap. de div. nom.. ‘ sed per gloriam bonum hominis maxime diffunditur in notitiam aliorum, “ quia gloria, * ut ambrosius dicit, “ nihil aliud est quam clara cum laude notitia. ‘ ergo beatitudo hominis consistit in gloria.

ag3 ‘ Praeterea, beatitudo est stabilissimum bonorum. hoc autem videtur esse fama vel gloria, quia per hanc quodammodo homines aeternitatem sortiuntur. * unde boetius dicit, in libro de consol., ° vos immortalitatem vobis propagare videmini, cum futuri famam temporis cogitatis. ‘ ergo beatitudo hominis consistit in fama seu gloria.

sc ‘ Sed contra, beatitudo est verum hominis bonum. sed famam seu gloriam contingit esse falsam, * ut enim dicit boetius, in libro iii de consol., ° plures magnum saepe nomen falsis vulgi opinionibus abstulerunt. quod quid turpius excogitari potest? nam qui falso praedicantur, suis ipsi necesse est laudibus erubescant. ‘ non ergo beatitudo hominis consistit in fama seu gloria.

co ‘ Respondeo dicendum quod impossibile est beatitudinem hominis in fama seu gloria humana consistere. “ nam gloria nihil aliud est quam clara notitia cum laude, * ut ambrosius dicit. ‘ res autem cognita aliter comparatur ad cognitionem humanam, et aliter ad cognitionem divinam, humana enim cognitio a rebus cognitis causatur, sed divina cognitio est causa rerum cognitarum. unde perfectio humani boni, quae beatitudo dicitur, non potest causari a notitia humana, sed magis notitia humana de beatitudine alicuius procedit et quodammodo causatur ab ipsa humana beatitudine, vel inchoata vel perfecta. et ideo in fama vel in gloria non potest consistere hominis beatitudo. sed bonum hominis dependet, sicut ex causa, ex cognitione dei. et ideo ex gloria quae est apud deum, dependet beatitudo hominis sicut ex causa sua, * secundum illud psalmi xc, ° eripiam eum, et glorificabo eum, longitudine dierum replebo eum, et ostendam illi salutare meum. ‘ est etiam aliud considerandum, quod humana notitia saepe fallitur, et praecipue in singularibus contingentibus, cuiusmodi sunt actus humani. et ideo frequenter humana gloria fallax est. sed quia deus falli non potest, eius gloria semper vera est. |25| * propter quod dicitur, ii ad cor. x, ° ille probatus est, quem deus commendat.

ra1 * Ad primum ergo dicendum quod apostolus “ non loquitur ibi de gloria quae est ab hominibus, sed de gloria quae est a deo coram angelis eius. * unde dicitur marc. viii, ° filius hominis confitebitur eum in gloria patris sui, coram angelis eius.

ra2 ‘ Ad secundum dicendum quod bonum alicuius hominis quod per famam vel gloriam est in cognitione multorum, si cognitio quidem vera sit, oportet quod derivetur a bono existente in ipso homine, et sic praesupponit beatitudinem perfectam vel inchoatam. si autem cognitio falsa sit, non concordat rei, et sic bonum non invenitur in eo cuius fama celebris habetur. unde patet quod fama nullo modo potest facere hominem beatum.

ra3 ‘ Ad tertium dicendum quod fama non habet stabilitatem, immo falso rumore de facili perditur. et si stabilis aliquando perseveret, hoc est per accidens. sed beatitudo habet per se stabilitatem, et semper.

008 ST2 qu2 ar4

ag1 ‘ Ad quartum sic proceditur. videtur quod beatitudo consistat in potestate. omnia enim appetunt assimilari deo, tanquam ultimo fini et primo principio. sed homines qui in potestatibus sunt, propter similitudinem potestatis, maxime videntur esse deo conformes, unde * et in scriptura dii vocantur, ut patet exod. xxii, ° diis non detrahes. ‘ ergo in potestate beatitudo consistit.

ag2 ‘ Praeterea, beatitudo est bonum perfectum. sed perfectissimum est quod homo etiam alios regere possit, quod convenit his qui in potestatibus sunt constituti. ergo beatitudo consistit in potestate.

ag3 ‘ Praeterea, beatitudo, cum sit maxime appetibilis, opponitur ei quod maxime est fugiendum. sed homines maxime fugiunt servitutem, cui contraponitur potestas. ergo in potestate beatitudo consistit.

sc ‘ Sed contra, beatitudo est perfectum bonum. sed potestas est maxime imperfecta. * ut enim dicit boetius, iii de consol., ° potestas humana sollicitudinum morsus expellere, formidinum aculeos vitare nequit. et postea, potentem censes cui satellites latus ambiunt qui quos terret, ipse plus metuit? ‘ non igitur beatitudo consistit in potestate.

co ‘ Respondeo dicendum quod impossibile est beatitudinem in potestate consistere, propter duo. primo quidem, quia potestas habet rationem principii, * ut patet in v metaphys.. ‘ beatitudo autem habet rationem ultimi finis. secundo, quia potestas se habet ad bonum et ad malum. beatitudo autem est proprium et perfectum hominis bonum. unde magis posset consistere beatitudo aliqua in bono usu potestatis, qui est per virtutem, quam in ipsa potestate. possunt autem quatuor generales rationes induci ad ostendendum quod in nullo praemissorum exteriorum bonorum beatitudo consistat. quarum prima est quia, cum beatitudo sit summum hominis bonum, non compatitur secum aliquod malum. omnia autem praedicta possunt inveniri et in bonis et in malis. secunda ratio est quia, cum de ratione beatitudinis sit quod sit per se sufficiens, * ut patet in i ethic., ‘ necesse est quod, beatitudine adepta, nullum bonum homini necessarium desit. adeptis autem singulis praemissorum, possunt adhuc multa bona homini necessaria deesse, puta sapientia, sanitas corporis, et huiusmodi. tertia, quia, cum beatitudo sit bonum perfectum, ex beatitudine non potest aliquod malum alicui provenire. quod non convenit praemissis, |25| * dicitur enim eccle. v, quod “ divitiae interdum conservantur in malum domini sui; ‘ et simile patet in aliis tribus. quarta ratio est quia ad beatitudinem homo ordinatur per principia interiora, cum ad ipsam naturaliter ordinetur. praemissa autem quatuor bona magis sunt a causis exterioribus, et ut plurimum a fortuna, unde et bona fortunae dicuntur. unde patet quod in praemissis nullo modo beatitudo consistit.

ra1 ‘ Ad primum ergo dicendum quod divina potestas est sua bonitas, unde uti sua potestate non potest nisi bene. sed hoc in hominibus non invenitur. unde non sufficit ad beatitudinem hominis quod assimiletur deo quantum ad potestatem, nisi etiam assimiletur ei quantum ad bonitatem.

ra2 ‘ Ad secundum dicendum quod, sicut optimum est quod aliquis utatur bene potestate in regimine multorum, ita pessimum est si male utatur. et ita potestas se habet et ad bonum et ad malum.

ra3 ‘ Ad tertium dicendum quod servitus est impedimentum boni usus potestatis, et ideo naturaliter homines eam fugiunt, et non quasi in potestate hominis sit summum bonum.

008 ST2 qu2 ar5

ag1 ‘ Ad quintum sic proceditur. videtur quod beatitudo hominis consistat in bonis corporis. * dicitur enim eccli. xxx, ° non est census supra censum salutis corporis. ‘ sed in eo quod est optimum, consistit beatitudo. ergo consistit in corporis salute.

ag2 * Praeterea, dionysius dicit, v cap. de div. nom., quod “ esse est melius quam vivere, et vivere melius quam alia quae consequuntur. ‘ sed ad esse et vivere hominis requiritur salus corporis. cum ergo beatitudo sit summum bonum hominis, videtur quod salus corporis maxime pertineat ad beatitudinem.

ag3 ‘ Praeterea, quanto aliquid est communius, tanto ab altiori principio dependet quia quanto causa est superior, tanto eius virtus ad plura se extendit. sed sicut causalitas causae efficientis consideratur secundum influentiam, ita causalitas finis attenditur secundum appetitum. ergo sicut prima causa efficiens est quae in omnia influit, ita ultimus finis est quod ab omnibus desideratur. sed ipsum esse est quod maxime desideratur ab omnibus. ergo in his quae pertinent ad esse hominis, sicut est salus corporis, maxime consistit eius beatitudo.

sc ‘ Sed contra, secundum beatitudinem homo excellit omnia alia animalia. sed secundum bona corporis, a multis animalibus superatur, sicut ab elephante in diuturnitate vitae, a leone in fortitudine, a cervo in cursu. ergo beatitudo hominis non consistit in bonis corporis.

co ‘ Respondeo dicendum quod impossibile est beatitudinem hominis in bonis corporis consistere, propter duo. primo quidem, quia impossibile est quod illius rei quae ordinatur ad aliud sicut ad finem, ultimus finis sit eiusdem conservatio in esse. unde gubernator non intendit, sicut ultimum finem, conservationem navis sibi commissae; eo quod navis ad aliud ordinatur sicut ad finem, scilicet ad navigandum. sicut autem navis committitur gubernatori ad dirigendum, ita homo est suae voluntati et rationi commissus; * secundum illud quod dicitur eccli. xv, ° deus ab initio constituit hominem, et reliquit eum in manu consilii sui. ‘ manifestum est autem quod homo ordinatur ad aliquid sicut ad finem, non enim homo est summum bonum. unde impossibile est quod ultimus finis rationis et voluntatis humanae sit conservatio humani esse secundo quia, dato quod finis rationis et voluntatis humanae esset conservatio humani esse, non tamen posset dici quod finis hominis esset aliquod corporis bonum. esse enim hominis consistit in anima et corpore, et quamvis esse corporis dependeat ab anima, esse tamen humanae animae non dependet a corpore, * ut supra ostensum est; ‘ ipsumque corpus est propter animam, sicut materia propter formam, et instrumenta propter motorem, ut per ea suas actiones exerceat. unde omnia bona corporis |25| ordinantur ad bona animae, sicut ad finem. unde impossibile est quod in bonis corporis beatitudo consistat, quae est ultimus hominis finis.

ra1 ‘ Ad primum ergo dicendum quod, sicut corpus ordinatur ad animam sicut ad finem, ita bona exteriora ad ipsum corpus. et ideo rationabiliter bonum corporis praefertur bonis exterioribus, quae per censum significantur, sicut et bonum animae praefertur omnibus bonis corporis.

ra2 ‘ Ad secundum dicendum quod esse simpliciter acceptum, secundum quod includit in se omnem perfectionem essendi, praeeminet vitae et omnibus subsequentibus, sic enim ipsum esse praehabet in se omnia subsequentia. * et hoc modo dionysius loquitur. ‘ sed si consideretur ipsum esse prout participatur in hac re vel in illa, quae non capiunt totam perfectionem essendi, sed habent esse imperfectum, sicut est esse cuiuslibet creaturae; sic manifestum est quod ipsum esse cum perfectione superaddita est eminentius. * unde et dionysius ibidem dicit quod “ viventia sunt meliora existentibus, et intelligentia viventibus.

ra3 ‘ Ad tertium dicendum quod, quia finis respondet principio, ex illa ratione probatur quod ultimus finis est primum principium essendi, in quo est omnis essendi perfectio, cuius similitudinem appetunt, secundum suam proportionem, quaedam quidem secundum esse tantum, quaedam secundum esse vivens, quaedam secundum esse vivens et intelligens et beatum. et hoc paucorum est.

008 ST2 qu2 ar6

ag1 ‘ Ad sextum sic proceditur. videtur quod beatitudo hominis in voluptate consistat. beatitudo enim, cum sit ultimus finis, non appetitur propter aliud, sed alia propter ipsam. sed hoc maxime convenit delectationi, ° ridiculum est enim ab aliquo quaerere propter quid velit delectari, * ut dicitur in x ethic.. ‘ ergo beatitudo maxime in voluptate et delectatione consistit.

ag2 ° Praeterea, causa prima vehementius imprimit quam secunda, * ut dicitur in libro de causis. ‘ influentia autem finis attenditur secundum eius appetitum. illud ergo videtur habere rationem finis ultimi, quod maxime movet appetitum. hoc autem est voluptas, cuius signum est quod delectatio intantum absorbet hominis voluntatem et rationem, quod alia bona contemnere facit. ergo videtur quod ultimus finis hominis, qui est beatitudo, maxime in voluptate consistat.

ag3 ‘ Praeterea, cum appetitus sit boni, illud quod omnia appetunt, videtur esse optimum. sed delectationem omnia appetunt, et sapientes et insipientes, et etiam ratione carentia. ergo delectatio est optimum. consistit ergo in voluptate beatitudo, quae est summum bonum.

sc * Sed contra est quod boetius dicit, in iii de consol., ° tristes exitus esse voluptatum, quisquis reminisci libidinum suarum volet, intelliget. quae si beatos efficere possent, nihil causae est quin pecudes quoque beatae esse dicantur.

co ‘ Respondeo dicendum quod, ° quia delectationes corporales pluribus notae sunt, assumpserunt sibi nomen voluptatum, * ut dicitur vii ethic., ‘ cum tamen sint aliae delectationes potiores. in quibus tamen beatitudo principaliter non consistit. quia in unaquaque re aliud est quod pertinet ad essentiam eius, aliud est proprium accidens ipsius, sicut in homine aliud est quod est animal rationale mortale, aliud quod est risibile. est igitur considerandum quod omnis delectatio est quoddam proprium accidens quod consequitur beatitudinem, vel aliquam beatitudinis partem, ex hoc enim aliquis delectatur quod habet bonum aliquod sibi conveniens, vel in re, vel in spe, vel saltem in memoria. bonum autem conveniens, si quidem sit perfectum, est ipsa hominis beatitudo si autem sit imperfectum est quaedam beatitudinis participatio, vel propinqua, vel remota, vel saltem apparens. unde manifestum est quod nec ipsa delectatio quae consequitur bonum perfectum, est ipsa essentia beatitudinis; sed quoddam consequens ad ipsam sicut per se accidens. voluptas autem corporalis non potest etiam modo praedicto sequi bonum perfectum. nam sequitur bonum quod apprehendit sensus, qui est virtus animae corpore utens. bonum autem quod pertinet ad corpus, quod apprehenditur secundum sensum, non potest esse perfectum hominis bonum. cum enim anima rationalis |25| excedat proportionem materiae corporalis, pars animae quae est ab organo corporeo absoluta, quandam habet infinitatem respectu ipsius corporis et partium animae corpori concretarum, sicut immaterialia sunt quodammodo infinita respectu materialium, eo quod forma per materiam quodammodo contrahitur et finitur, unde forma a materia absoluta est quodammodo infinita. et ideo sensus, qui est vis corporalis, cognoscit singulare, quod est determinatum per materiam, intellectus vero, qui est vis a materia absoluta, cognoscit universale, quod est abstractum a materia, et continet sub se infinita singularia. unde patet quod bonum conveniens corpori, quod per apprehensionem sensus delectationem corporalem causat, non est perfectum bonum hominis, sed est minimum quiddam in comparatione ad bonum animae. * unde sap. vii, dicitur quod ° omne aurum, in comparatione sapientiae, arena est exigua. ‘ sic igitur neque voluptas corporalis est ipsa beatitudo, nec est per se accidens beatitudinis.

ra1 ‘ Ad primum ergo dicendum quod eiusdem rationis est quod appetatur bonum, et quod appetatur delectatio, quae nihil est aliud quam quietatio appetitus in bono, sicut ex eadem virtute naturae est quod grave feratur deorsum, et quod ibi quiescat. unde sicut bonum propter seipsum appetitur, ita et delectatio propter se, et non propter aliud appetitur, si ly propter dicat causam finalem. si vero dicat causam formalem, vel potius motivam, sic delectatio est appetibilis propter aliud, idest propter bonum, quod est delectationis obiectum, et per consequens est principium eius, et dat ei formam, ex hoc enim delectatio habet quod appetatur, quia est quies in bono desiderato.

ra2 ‘ Ad secundum dicendum quod vehemens appetitus delectationis sensibilis contingit ex hoc quod operationes sensuum, quia sunt principia nostrae cognitionis, sunt magis perceptibiles. unde etiam a pluribus delectationes sensibiles appetuntur.

ra3 ‘ Ad tertium dicendum quod eo modo omnes appetunt delectationem, sicut et appetunt bonum, et tamen delectationem appetunt ratione boni, et non e converso, * ut dictum est. ‘ unde non sequitur quod delectatio sit maximum et per se bonum, sed quod unaquaeque delectatio consequatur aliquod bonum, et quod aliqua delectatio consequatur id quod est per se et maximum bonum.

008 ST2 qu2 ar7

ag1 ‘ Ad septimum sic proceditur. videtur quod beatitudo consistat in aliquo bono animae. beatitudo enim est quoddam hominis bonum. hoc autem per tria dividitur, quae sunt bona exteriora, bona corporis, et bona animae. sed beatitudo non consistit in bonis exterioribus, neque in bonis corporis, * sicut supra ostensum est. ‘ ergo consistit in bonis animae.

ag2 ‘ Praeterea, illud cui appetimus aliquod bonum, magis amamus quam bonum quod ei appetimus, sicut magis amamus amicum cui appetimus pecuniam, quam pecuniam. sed unusquisque quodcumque bonum sibi appetit. ergo seipsum amat magis quam omnia alia bona. sed beatitudo est quod maxime amatur, quod patet ex hoc quod propter ipsam omnia alia amantur et desiderantur. ergo beatitudo consistit in aliquo bono ipsius hominis. sed non in bonis corporis. ergo in bonis animae.

ag3 ‘ Praeterea, perfectio est aliquid eius quod perficitur. sed beatitudo est quaedam perfectio hominis. ergo beatitudo est aliquid hominis. sed non est aliquid corporis, * ut ostensum est. ‘ ergo beatitudo est aliquid animae. et ita consistit in bonis animae.

sc * Sed contra, sicut augustinus dicit in libro de doctr. christ., ° id in quo constituitur beata vita, propter se diligendum est. ‘ sed homo non est propter seipsum diligendus, sed quidquid est in homine, est diligendum propter deum. ergo in nullo bono animae beatitudo consistit.

co ‘ Respondeo dicendum quod, * sicut supra dictum est, ‘ finis dupliciter dicitur, scilicet ipsa res quam adipisci desideramus; et usus, seu adeptio aut possessio illius rei. si ergo loquamur de ultimo fine hominis quantum ad ipsam rem quam appetimus sicut ultimum finem, impossibile est quod ultimus finis hominis sit ipsa anima, vel aliquid eius. ipsa enim anima, in se considerata, est ut in potentia existens, fit enim de potentia sciente actu sciens, et de potentia virtuosa actu virtuosa. cum autem potentia sit propter actum, sicut propter complementum, impossibile est quod id quod est secundum se in potentia existens, habeat rationem ultimi finis. unde impossibile est quod ipsa anima sit ultimus finis sui ipsius. similiter etiam neque aliquid eius, sive sit potentia, sive habitus, sive actus. bonum enim quod est ultimus finis, est bonum perfectum complens appetitum. appetitus autem humanus, qui est voluntas, est boni universalis. quodlibet bonum autem inhaerens ipsi animae, est bonum participatum, et per consequens particulatum. unde impossibile est quod aliquod eorum sit ultimus finis hominis. sed si loquamur de ultimo fine hominis quantum ad ipsam adeptionem vel possessionem, seu quemcumque usum ipsius rei quae appetitur ut finis, sic ad ultimum finem pertinet aliquid hominis ex parte animae, quia homo per animam beatitudinem consequitur. res ergo ipsa quae appetitur ut finis, est id in quo beatitudo |25| consistit, et quod beatum facit, sed huius rei adeptio vocatur beatitudo. unde dicendum est quod beatitudo est aliquid animae; sed id in quo consistit beatitudo, est aliquid extra animam.

ra1 ‘ Ad primum ergo dicendum quod, secundum quod sub illa divisione comprehenduntur omnia bona quae homini sunt appetibilia, sic bonum animae dicitur non solum potentia aut habitus aut actus, sed etiam obiectum, quod est extrinsecum. et hoc modo nihil prohibet dicere id in quo beatitudo consistit, esse quoddam bonum animae.

ra2 ‘ Ad secundum dicendum, quantum ad propositum pertinet, quod beatitudo maxime amatur tanquam bonum concupitum, amicus autem amatur tanquam id cui concupiscitur bonum; et sic etiam homo amat seipsum. unde non est eadem ratio amoris utrobique. utrum autem amore amicitiae aliquid homo supra se amet, * erit locus considerandi cum de caritate agetur.

ra3 ‘ Ad tertium dicendum quod beatitudo ipsa, cum sit perfectio animae, est quoddam animae bonum inhaerens, sed id in quo beatitudo consistit, quod scilicet beatum facit, est aliquid extra animam, * ut dictum est.

008 ST2 qu2 ar8

ag1 ‘ Ad octavum sic proceditur. videtur quod beatitudo hominis consistat in aliquo bono creato. * dicit enim dionysius, vii cap. de div. nom., quod “ divina sapientia coniungit fines primorum principiis secundorum, ‘ ex quo potest accipi quod summum inferioris naturae sit attingere infimum naturae superioris. sed summum hominis bonum est beatitudo. cum ergo angelus naturae ordine sit supra hominem, * ut in primo habitum est; ‘ videtur quod beatitudo hominis consistat in hoc quod aliquo modo attingit ad angelum.

ag2 ‘ Praeterea, ultimus finis cuiuslibet rei est in suo perfecto, unde pars est propter totum, sicut propter finem. sed tota universitas creaturarum, quae dicitur maior mundus, comparatur ad hominem, * qui in viii physic. dicitur “ minor mundus, ‘ sicut perfectum ad imperfectum. ergo beatitudo hominis consistit in tota universitate creaturarum.

ag3 ‘ Praeterea, per hoc homo efficitur beatus, quod eius naturale desiderium quietat. sed naturale desiderium hominis non extenditur ad maius bonum quam quod ipse capere potest. cum ergo homo non sit capax boni quod excedit limites totius creaturae, videtur quod per aliquod bonum creatum homo beatus fieri possit. et ita beatitudo hominis in aliquo bono creato consistit.

sc * Sed contra est quod augustinus dicit, xix de civ. dei, ° ut vita carnis anima est, ita beata vita hominis deus est; de quo dicitur, beatus populus cuius dominus deus eius.

co ‘ Respondeo dicendum quod impossibile est beatitudinem hominis esse in aliquo bono creato. beatitudo enim est bonum perfectum, quod totaliter quietat appetitum, alioquin non esset ultimus finis, si adhuc restaret aliquid appetendum. obiectum autem voluntatis, quae est appetitus humanus, est universale bonum; sicut obiectum intellectus est universale verum. ex quo patet quod nihil potest quietare voluntatem hominis, nisi bonum universale. quod non invenitur in aliquo creato, sed solum in deo, quia omnis creatura habet bonitatem participatam. unde solus deus voluntatem hominis implere potest; * secundum quod dicitur in psalmo cii, ° qui replet in bonis desiderium tuum. ‘ in solo igitur deo beatitudo hominis consistit.

ra1 ‘ Ad primum ergo dicendum quod superius hominis attingit quidem infimum angelicae naturae per quandam similitudinem; non tamen ibi sistit sicut in ultimo fine, sed procedit usque ad ipsum universalem fontem boni, qui est universale obiectum beatitudinis omnium beatorum, tanquam infinitum et perfectum bonum existens.

ra2 ‘ Ad secundum dicendum quod, si totum aliquod non sit ultimus finis, sed ordinetur ad finem ulteriorem, ultimus finis partis non est ipsum totum, sed aliquid aliud. universitas autem creaturarum, ad quam comparatur homo ut pars ad totum, non est ultimus finis, sed ordinatur in deum sicut in ultimum finem. unde bonum universi non est ultimus finis hominis, sed ipse deus.

ra3 ‘ Ad tertium dicendum quod bonum creatum non est minus quam bonum cuius homo est capax ut rei intrinsecae et inhaerentis, est tamen minus quam bonum cuius est capax ut obiecti, quod est infinitum. bonum autem quod participatur ab angelo, et a toto universo, est bonum finitum et contractum.

008 ST2 qu3 ar

pr ‘ Deinde considerandum est quid sit beatitudo; et quae requirantur ad ipsam. circa primum quaeruntur octo. primo, utrum beatitudo sit aliquid increatum. secundo, si est aliquid creatum, utrum sit operatio. tertio, utrum sit operatio sensitivae partis, an intellectivae tantum. quarto, si est operatio intellectivae partis, utrum sit operatio intellectus, an voluntatis. quinto, si est operatio intellectus, utrum sit operatio intellectus speculativi, aut practici. sexto, si est operatio intellectus speculativi, utrum consistat in speculatione scientiarum speculativarum. septimo, utrum consistat in speculatione substantiarum separatarum, scilicet angelorum. octavo, utrum in sola speculatione dei qua per essentiam videtur.

008 ST2 qu3 ar1

ag1 ‘ Ad primum sic proceditur. videtur quod beatitudo sit aliquid increatum. * dicit enim boetius, in iii de consol., ° deum esse ipsam beatitudinem necesse est confiteri.

ag2 ‘ Praeterea, beatitudo est summum bonum. sed esse summum bonum convenit deo. cum ergo non sint plura summa bona, videtur quod beatitudo sit idem quod deus.

ag3 ‘ Praeterea, beatitudo est ultimus finis, in quem naturaliter humana voluntas tendit. sed in nullum aliud voluntas tanquam in finem tendere debet nisi in deum; “ quo solo fruendum est, * ut augustinus dicit. ‘ ergo beatitudo est idem quod deus.

sc ‘ Sed contra, nullum factum est increatum. sed beatitudo hominis est aliquid factum, * quia secundum augustinum, i de doctr. christ., ° illis rebus fruendum est, quae nos beatos faciunt. ‘ ergo beatitudo non est aliquid increatum.

co ‘ Respondeo dicendum quod, * sicut supra dictum est, ‘ finis dicitur dupliciter. uno modo, ipsa res quam cupimus adipisci, sicut avaro est finis pecunia. alio modo, ipsa adeptio vel possessio, seu usus aut fruitio eius rei quae desideratur, sicut si dicatur quod possessio pecuniae est finis avari, et frui re voluptuosa est finis intemperati. primo ergo modo, ultimus hominis finis est bonum increatum, scilicet deus, qui solus sua infinita bonitate potest voluntatem hominis perfecte implere. secundo autem modo, ultimus finis hominis est aliquid creatum in ipso existens, quod nihil est aliud quam adeptio vel fruitio finis ultimi. ultimus autem finis vocatur beatitudo. si ergo beatitudo hominis consideretur quantum ad causam vel obiectum, sic est aliquid increatum, si autem consideretur quantum ad ipsam essentiam beatitudinis, sic est aliquid creatum.

ra1 ‘ Ad primum ergo dicendum quod deus est beatitudo per essentiam suam, non enim per adeptionem aut participationem alicuius alterius beatus est, sed per essentiam suam. “ homines autem sunt beati, * sicut ibidem dicit boetius, “ per participationem; sicut et dii per participationem dicuntur. ‘ ipsa autem participatio beatitudinis secundum quam homo dicitur beatus, aliquid creatum est.

ra2 ‘ Ad secundum dicendum quod beatitudo dicitur esse summum hominis bonum, quia est adeptio vel fruitio summi boni.

ra3 ‘ Ad tertium dicendum quod beatitudo dicitur ultimus finis, per modum quo adeptio finis dicitur finis.

008 ST2 qu3 ar2

ag1 ‘ Ad secundum sic proceditur. videtur quod beatitudo non sit operatio. * dicit enim apostolus, rom. vi, ° habetis fructum vestrum in sanctificationem, finem vero vitam aeternam. ‘ sed vita non est operatio, sed ipsum esse viventium. ergo ultimus finis, qui est beatitudo, non est operatio.

ag2 * Praeterea, boetius dicit, in iii de consol., quod ° beatitudo est status omnium bonorum aggregatione perfectus. ‘ sed status non nominat operationem. ergo beatitudo non est operatio.

ag3 ‘ Praeterea, beatitudo significat aliquid in beato existens, cum sit ultima perfectio hominis. sed operatio non significat ut aliquid existens in operante, sed magis ut ab ipso procedens. ergo beatitudo non est operatio.

ag4 ‘ Praeterea, beatitudo permanet in beato. operatio autem non permanet, sed transit. ergo beatitudo non est operatio.

ag5 ‘ Praeterea, unius hominis est una beatitudo. operationes autem sunt multae. ergo beatitudo non est operatio.

ag6 ‘ Praeterea, beatitudo inest beato absque interruptione. sed operatio humana frequenter interrumpitur puta somno, vel aliqua alia occupatione, vel quiete. ergo beatitudo non est operatio.

sc * Sed contra est quod philosophus dicit, in i ethic., quod ° felicitas est operatio secundum virtutem perfectam.

co ‘ Respondeo dicendum quod, secundum quod beatitudo hominis est aliquid creatum in ipso existens necesse est dicere quod beatitudo hominis sit operatio. est enim beatitudo ultima hominis perfectio. unumquodque autem intantum perfectum est, inquantum est actu, nam potentia sine actu imperfecta est. oportet ergo beatitudinem in ultimo actu hominis consistere. manifestum est autem quod operatio est ultimus actus operantis; * unde et actus secundus a philosopho nominatur, in ii de anima, ‘ nam habens formam potest esse in potentia operans, sicut sciens est in potentia considerans. et inde est quod in aliis quoque rebus res unaquaeque dicitur esse propter suam operationem, * ut dicitur in ii de caelo. ‘ neces-

se est ergo beatitudinem hominis operationem esse.
ra1 ' Ad primum ergo dicendum quod vita dicitur dupliciter. uno modo, ipsum esse viventis. et sic beatitudo non est vita, * ostensum est enim quod ' esse unius hominis, qualecumque sit, non est hominis beatitudo; solius enim dei beatitudo est suum esse. alio modo dicitur vita ipsa operatio viventis, secundum quam principium vitae in actum reducitur, et sic nominamus vitam activam, vel contemplativam, vel voluptuosam. et hoc modo vita aeterna dicitur ultimus finis. * quod patet per hoc quod dicitur ioan. xvii, ° haec est vita aeterna, ut cognoscant te, deum verum unum.
ra2 * Ad secundum dicendum quod boetius, definiendo beatitudinem, consideravit " ipsam communem beatitudinis rationem. ' est enim communis ratio beatitudinis quod sit bonum commune perfectum; * et hoc significavit cum dixit quod ° est status omnium bonorum aggregatione perfectus, ' per quod nihil aliud significatur nisi quod beatus est in statu boni perfecti. * sed aristoteles expressit " ipsam essentiam beatitudinis, ostendens per quid homo sit in huiusmodi statu, quia per operationem quandam. * et ideo in i ethic. ipse etiam ostendit quod " beatitudo est bonum perfectum.
ra3 * Ad tertium dicendum quod, sicut dicitur in ix metaphys., ' duplex est actio. una quae procedit ab operante in exteriorem materiam, sicut urere et secare. et talis operatio non potest esse beatitudo, " nam talis operatio non est actio et perfectio agentis, sed magis patientis, * ut ibidem dicitur. ' alia est actio manens in ipso agente, ut sentire, intelligere et velle, et huiusmodi actio est perfectio et actus agentis. et talis operatio potest esse beatitudo.
ra4 ' Ad quartum dicendum quod, cum beatitudo dicat quandam ultimam perfectionem, secundum quod diversae res beatitudinis capaces ad diversos gradus perfectionis pertingere possunt, secundum hoc necesse est quod diversimode beatitudo dicatur. nam in deo est beatitudo per essentiam, quia ipsum esse eius est operatio eius, qua non fruitur alio, sed seipso. in angelis autem beatis est ultima perfectio secundum aliquam operationem, qua coniunguntur bono increato, et haec operatio in eis est unica et sempiterna. in hominibus autem, secundum statum praesentis vitae, est ultima perfectio secundum operationem qua homo coniungitur deo, sed haec operatio nec continua potest esse, et per consequens nec unica est, quia operatio intercisione multiplicatur. et propter hoc in statu praesentis vitae, perfecta beatitudo ab homine haberi non potest. * unde philosophus, in i ethic., " ponens beatitudinem hominis in hac vita, dicit eam imperfectam, post multa concludens, beatos autem dicimus ut homines. ' sed promittitur nobis a deo beatitudo perfecta, " quando erimus sicut angeli in caelo, * sicut dicitur matth. xxii. ' quantum ergo ad illam beatitudinem perfectam, cessat obiectio, quia una et continua et sempiterna operatione in illo beatitudinis statu mens hominis deo coniungetur. sed in praesenti |25| vita, quantum deficimus ab unitate et continuitate talis operationis, tantum deficimus a beatitudinis perfectione. est tamen aliqua participatio beatitudinis, et tanto maior, quanto operatio potest esse magis continua et una. et ideo in activa vita, quae circa multa occupatur, est minus de ratione beatitudinis quam in vita contemplativa, quae versatur circa unum, idest circa veritatis contemplationem. et si aliquando homo actu non operetur huiusmodi operationem, tamen quia in promptu habet eam semper operari; et quia etiam ipsam cessationem, puta somni vel occupationis alicuius naturalis, ad operationem praedictam ordinat; quasi videtur operatio continua esse.
ra5 ' Et per hoc patet solutio ad quintum, et ad sextum.

008 ST2 qu3 ar3

ag1 ' Ad tertium sic proceditur. videtur quod beatitudo consistat etiam in operatione sensus. nulla enim operatio invenitur in homine nobilior operatione sensitiva, nisi intellectiva. sed operatio intellectiva dependet in nobis ab operatione sensitiva, " quia non possumus intelligere sine phantasmate, * ut dicitur in iii de anima. ' ergo beatitudo consistit etiam in operatione sensitiva.
ag2 * Praeterea, boetius dicit, in iii de consol., quod ° beatitudo est status omnium bonorum aggregatione perfectus. ' sed quaedam bona sunt sensibilia, quae attingimus per sensus operationem. ergo videtur quod operatio sensus requiratur ad beatitudinem.
ag3 " Praeterea, beatitudo est bonum perfectum, * ut probatur in i ethic., ' quod non esset, nisi homo perficeretur per ipsam secundum omnes partes suas. sed per operationes sensitivas quaedam partes animae perficiuntur. ergo operatio sensitiva requiritur ad beatitudinem.
sc ' Sed contra, in operatione sensitiva communicant nobiscum bruta animalia. non autem in beatitudine. ergo beatitudo non consistit in operatione sensitiva.
co ' Respondeo dicendum quod ad beatitudinem potest aliquid pertinere tripliciter, uno modo, essentialiter; alio modo, antecedenter; tertio modo, consequenter. essentialiter quidem non potest pertinere operatio sensus ad beatitudinem. nam beatitudo hominis consistit essentialiter in coniunctione ipsius ad bonum increatum, quod est ultimus finis, * ut supra ostensum est, ' cui homo coniungi non potest per sensus operationem. similiter etiam quia, * sicut ostensum est, ' in corporalibus bonis beatitudo hominis non consistit, quae tamen sola per operationem sensus attingimus. possunt autem operationes sensus pertinere ad beatitudinem antecedenter et consequenter. antecedenter quidem, secundum beatitudinem imperfectam, qualis in praesenti vita haberi potest, nam operatio intellectus praeexigit operationem sensus. consequenter autem, in illa perfecta beatitudine quae expectatur in caelo, " quia post resurrectionem, ex ipsa beatitudine animae, * ut augustinus dicit in epistola ad dioscorum, ° fiet quaedam refluentia in corpus et in sensus corporeos, ut in suis operationibus perficiantur; * ut infra magis patebit, cum de resurrectione agetur. ' non autem tunc operatio qua mens humana deo coniungetur, |25| a sensu dependebit.
ra1 ' Ad primum ergo dicendum quod obiectio illa probat quod operatio sensus requiritur antecedenter ad beatitudinem imperfectam, qualis in hac vita haberi potest.
ra2 ' Ad secundum dicendum quod beatitudo perfecta, qualem angeli habent, habet congregationem omnium bonorum per coniunctionem ad universalem fontem totius boni; non quod indigeat singulis particularibus bonis. sed in hac beatitudine imperfecta, requiritur congregatio bonorum sufficientium ad perfectissimam operationem huius vitae.
ra3 ' Ad tertium dicendum quod in perfecta beatitudine perficitur totus homo, sed in inferiori parte per redundantiam a superiori. in beatitudine autem imperfecta praesentis vitae, e converso a perfectione inferioris partis proceditur ad perfectionem superioris.

008 ST2 qu3 ar4

ag1 ' Ad quartum sic proceditur. videtur quod beatitudo consistat in actu voluntatis. * dicit enim augustinus, xix de civ. dei, quod " beatitudo hominis in pace consistit, * unde in psalmo cxlvii, " qui posuit fines tuos pacem. ' sed pax ad voluntatem pertinet. ergo beatitudo hominis in voluntate consistit.
ag2 ' Praeterea, beatitudo est summum bonum. sed bonum est obiectum voluntatis. ergo beatitudo in operatione voluntatis consistit.
ag3 ' Praeterea, primo moventi respondet ultimus finis, sicut ultimus finis totius exercitus est victoria, quae est finis ducis, qui omnes movet. sed primum movens ad operandum est voluntas, quia movet alias vires, * ut infra dicetur. ' ergo beatitudo ad voluntatem pertinet.
ag4 ' Praeterea, si beatitudo est aliqua operatio, oportet quod sit nobilissima operatio hominis. sed nobilior operatio est dilectio dei, quae est actus voluntatis, quam cognitio, quae est operatio intellectus, * ut patet per apostolum, i ad cor. xiii. ' ergo videtur quod beatitudo consistat in actu voluntatis.
ag5 * Praeterea, augustinus dicit, in xiii de trin., quod ° beatus est qui habet omnia quae vult, et nihil vult male. * et post pauca subdit, ° propinquat beato qui bene vult quodcumque vult, bona enim beatum faciunt, quorum bonorum iam habet aliquid, ipsam scilicet bonam voluntatem. ' ergo beatitudo in actu voluntatis consistit.
sc * Sed contra est quod dominus dicit, ioan. xvii, ° haec est vita aeterna, ut cognoscant te, deum verum unum. ' vita autem aeterna est ultimus finis, * ut dictum est. ' ergo beatitudo hominis in cognitione dei consistit, quae est actus intellectus.
co ' Respondeo dicendum quod ad beatitudinem, * sicut supra dictum est, ' duo requiruntur, unum quod est essentia beatitudinis; aliud quod est quasi per se accidens eius, scilicet delectatio ei adiuncta. dico ergo quod, quantum ad id quod est essentialiter ipsa beatitudo, impossibile est quod consistat in actu voluntatis. * manifestum est enim ex praemissis quod ' beatitudo est consecutio finis ultimi. consecutio autem finis non consistit in ipso actu voluntatis. voluntas enim fertur in finem et absentem, cum ipsum desiderat; et praesentem, cum in ipso requiescens delectatur. manifestum est autem quod ipsum desiderium finis non est consecutio finis, sed est motus ad finem. delectatio autem advenit voluntati ex hoc quod finis est praesens, non autem e converso ex hoc aliquid fit praesens, quia voluntas delectatur in ipso. oportet igitur aliquid aliud esse quam actum voluntatis, per quod fit ipse finis praesens volenti. et hoc manifeste apparet circa fines sensibiles. si enim consequi pecuniam esset per actum voluntatis, statim a principio cupidus consecutus esset pecuniam, quando vult eam habere. sed a principio quidem est absens ei; consequitur autem ipsam per hoc quod manu ipsam apprehendit, vel aliquo huiusmodi; et tunc iam delectatur in pecunia habita. sic igitur et circa intelligibilem finem contingit. nam a principio volumus consequi finem intelligibilem; consequimur |25| autem ipsum per hoc quod fit praesens nobis per actum intellectus; et tunc voluntas delectata conquiescit in fine iam adepto. sic igitur essentia beatitudinis in actu intellectus consistit, sed ad voluntatem pertinet delectatio beatitudinem consequens; * secundum quod augustinus dicit, x confess., quod " beatitudo est gaudium de veritate; ' quia scilicet ipsum gaudium est consummatio beatitudinis.
ra1 ' Ad primum ergo dicendum quod pax pertinet ad ultimum hominis finem, non quasi essentialiter sit ipsa beatitudo; sed quia antecedenter et consequenter se habet ad ipsam. antecedenter quidem, inquantum iam sunt remota omnia perturbantia, et impedientia ab ultimo fine. consequenter vero, inquantum iam homo, adepto ultimo fine, remanet pacatus, suo desiderio quietato.
ra2 ' Ad secundum dicendum quod primum obiectum voluntatis non est actus eius sicut nec primum obiectum visus est visio, sed visibile. unde ex hoc ipso quod beatitudo pertinet ad voluntatem tanquam primum obiectum eius, sequitur quod non pertineat ad ipsam tanquam actus ipsius.
ra3 ' Ad tertium dicendum quod finem primo apprehendit intellectus quam voluntas, tamen motus ad finem incipit in voluntate. et ideo voluntati debetur id quod ultimo consequitur consecutionem finis, scilicet delectatio vel fruitio.
ra4 ' Ad quartum dicendum quod dilectio praeeminet cognitioni in movendo, sed cognitio praevia est dilectioni in attingendo, " non enim diligitur nisi cognitum, * ut dicit augustinus in x de trin.. ' et ideo intelligibilem finem primo attingimus per actionem intellectus; sicut et finem sensibilem primo attingimus per actionem sensus.
ra5 ' Ad quintum dicendum quod ille qui habet omnia quae vult, ex hoc est beatus, quod habet ea quae vult, quod quidem est per aliud quam per actum voluntatis. sed nihil male velle requiritur ad beatitudinem sicut quaedam debita dispositio ad ipsam. voluntas autem bona ponitur in numero bonorum quae beatum faciunt, prout est inclinatio quaedam in ipsa, sicut motus reducitur ad genus sui termini, ut alteratio ad qualitatem.

008 ST2 qu3 ar5

ag1 ' Ad quintum sic proceditur. videtur quod beatitudo consistat in operatione intellectus practici. finis enim ultimus cuiuslibet creaturae consistit in assimilatione ad deum. sed homo magis assimilatur deo per intellectum practicum, qui est causa rerum intellectarum, quam per intellectum speculativum, cuius scientia accipitur a rebus. ergo beatitudo hominis magis consistit in operatione intellectus practici quam speculativi.
ag2 ' Praeterea, beatitudo est perfectum hominis bonum. sed intellectus practicus magis ordinatur ad bonum quam speculativus, qui ordinatur ad verum. unde et secundum perfectionem practici intellectus, dicimur boni, non autem secundum perfectionem speculativi intellectus, sed secundum eam dicimur scientes vel intelligentes. ergo beatitudo hominis magis consistit in actu intellectus practici quam speculativi.
ag3 ' Praeterea, beatitudo est quoddam bonum ipsius hominis. sed speculativus intellectus occupatur magis circa ea quae sunt extra hominem, practicus autem intellectus occupatur circa ea quae sunt ipsius hominis, scilicet circa operationes et passiones eius. ergo beatitudo hominis magis consistit in operatione intellectus practici quam intellectus speculativi.
sc * Sed contra est quod augustinus dicit, in i de trin., quod ° contemplatio promittitur nobis, actionum omnium finis, atque aeterna perfectio gaudiorum.
co ' Respondeo dicendum quod beatitudo magis consistit in operatione speculativi intellectus quam practici. quod patet ex tribus. primo quidem, ex hoc quod, si beatitudo hominis est operatio, oportet quod sit optima operatio hominis. optima autem operatio hominis est quae est optimae potentiae respectu optimi obiecti. optima autem potentia est intellectus, cuius optimum obiectum est bonum divinum, quod quidem non est obiectum practici intellectus, sed speculativi. unde in tali operatione, scilicet in contemplatione divinorum, maxime consistit beatitudo. ° et quia unusquisque videtur esse id quod est optimum in eo, * ut dicitur in ix et x ethic., ' ideo talis operatio est maxime propria homini, et maxime delectabilis. secundo apparet idem ex hoc quod contemplatio maxime quaeritur propter seipsam. actus autem intellectus practici non quaeritur propter seipsum, sed propter actionem. ipsae etiam actiones ordinantur ad aliquem finem. unde manifestum est quod ultimus finis non potest consistere in vita activa, quae pertinet ad intellectum practicum. tertio idem apparet ex hoc quod in vita contemplativa homo communicat cum superioribus, scilicet cum deo et angelis, quibus per beatitudinem assimilatur. sed in his quae pertinent ad vitam activam, etiam alia animalia cum homine aliqualiter communicant, licet imperfectae. et ideo ultima et perfecta beatitudo, quae expectatur in futura vita, tota consistit |25| in contemplatione. beatitudo autem imperfecta, qualis hic haberi potest, primo quidem et principaliter consistit in contemplatione, secundario vero in operatione practici intellectus ordinantis actiones et passiones humanas, * ut dicitur in x ethic..
ra1 ' Ad primum ergo dicendum quod similitudo praedicta intellectus practici ad deum, est secundum proportionalitatem; quia scilicet se habet ad suum cognitum, sicut deus ad suum. sed assimilatio intellectus speculativi ad deum, est secundum unionem

vel informationem; quae est multo maior assimilatio. et tamen dici potest quod, respectu principalis cogniti, quod est sua essentia, non habet deus practicam cognitionem, sed speculativam tantum.
ra2 ' Ad secundum dicendum quod intellectus practicus ordinatur ad bonum quod est extra ipsum, sed intellectus speculativus habet bonum in seipso, scilicet contemplationem veritatis. et si illud bonum sit perfectum, ex eo totus homo perficitur et fit bonus, quod quidem intellectus practicus non habet sed ad illud ordinat.
ra3 ' Ad tertium dicendum quod ratio illa procederet, si ipsemet homo esset ultimus finis suus, tunc enim consideratio et ordinatio actuum et passionum eius esset eius beatitudo. sed quia ultimus hominis finis est aliquod bonum extrinsecum, scilicet deus, ad quem per operationem intellectus speculativi attingimus; ideo magis beatitudo hominis in operatione intellectus speculativi consistit, quam in operatione intellectus practici.

008 ST2 qu3 ar6

ag1 ' Ad sextum sic proceditur. videtur quod beatitudo hominis consistat in consideratione speculativarum scientiarum. * philosophus enim dicit, in libro ethic., quod ° felicitas est operatio secundum perfectam virtutem. " et distinguens virtutes, non ponit speculativas nisi tres, scientiam, sapientiam et intellectum; quae omnes pertinent ad considerationem scientiarum speculativarum. ' ergo ultima hominis beatitudo in consideratione scientiarum speculativarum consistit.
ag2 ' Praeterea, illud videtur esse ultima hominis beatitudo, quod naturaliter desideratur ab omnibus propter seipsum. sed huiusmodi est consideratio speculativarum scientiarum, * quia, ut dicitur in i metaphys., ° omnes homines natura scire desiderant; * et post pauca subditur quod " speculativae scientiae propter seipsas quaeruntur. ' ergo in consideratione scientiarum speculativarum consistit beatitudo.
ag3 ' Praeterea, beatitudo est ultima hominis perfectio. unumquodque autem perficitur secundum quod reducitur de potentia in actum. intellectus autem humanus reducitur in actum per considerationem scientiarum speculativarum. ergo videtur quod in huiusmodi consideratione ultima hominis beatitudo consistat.
sc * Sed contra est quod dicitur ierem. ix, ° non glorietur sapiens in sapientia sua; " et loquitur de sapientia speculativarum scientiarum. ' non ergo consistit in harum consideratione ultima hominis beatitudo.
co * Respondeo dicendum quod, sicut supra dictum est, ' duplex est hominis beatitudo, una perfecta, et alia imperfecta. oportet autem intelligere perfectam beatitudinem, quae attingit ad veram beatitudinis rationem, beatitudinem autem imperfectam, quae non attingit, sed participat quandam particularem beatitudinis similitudinem. sicut perfecta prudentia invenitur in homine, apud quem est ratio rerum agibilium, imperfecta autem prudentia est in quibusdam animalibus brutis, in quibus sunt quidam particulares instinctus ad quaedam opera similia operibus prudentiae. perfecta igitur beatitudo in consideratione scientiarum speculativarum essentialiter consistere non potest. ad cuius evidentiam, considerandum est quod consideratio speculativae scientiae non se extendit ultra virtutem principiorum illius scientiae, quia in principiis scientiae virtualiter tota scientia continetur. prima autem principia scientiarum speculativarum sunt per sensum accepta; * ut patet per philosophum in principio metaphys., et in fine poster.. ' unde tota consideratio scientiarum speculativarum non potest ultra extendi quam sensibilium cognitio ducere potest. in cognitione autem sensibilium non potest consistere ultima hominis beatitudo, quae est ultima eius perfectio. non enim aliquid perficitur ab aliquo inferiori, nisi secundum quod in inferiori est aliqua participatio superioris. manifestum est |25| autem quod forma lapidis, vel cuiuslibet rei sensibilis, est inferior homine. unde per formam lapidis non perficitur intellectus inquantum est talis forma, sed inquantum in ea participatur aliqua similitudo alicuius quod est supra intellectum humanum, scilicet lumen intelligibile, vel aliquid huiusmodi. omne autem quod est per aliud, reducitur ad id quod est per se. unde oportet quod ultima perfectio hominis sit per cognitionem alicuius rei quae sit supra intellectum humanum. * ostensum est autem quod ' per sensibilia non potest deveniri in cognitionem substantiarum separatarum, quae sunt supra intellectum humanum. unde relinquitur quod ultima hominis beatitudo non possit esse in consideratione speculativarum scientiarum. sed sicut in formis sensibilibus participatur aliqua similitudo superiorum substantiarum, ita consideratio scientiarum speculativarum est quaedam participatio verae et perfectae beatitudinis.
ra1 ' Ad primum ergo dicendum quod * philosophus loquitur in libro ethicorum " de felicitate imperfecta, qualiter in hac vita haberi potest, * ut supra dictum est.
ra2 ' Ad secundum dicendum quod naturaliter desideratur non solum perfecta beatitudo, sed etiam qualiscumque similitudo vel participatio ipsius.
ra3 ' Ad tertium dicendum quod per considerationem scientiarum speculativarum reducitur intellectus noster aliquo modo in actum, non autem in ultimum et completum.

008 ST2 qu3 ar7

ag1 ' Ad septimum sic proceditur. videtur quod beatitudo hominis consistat in cognitione substantiarum separatarum, idest angelorum. * dicit enim gregorius, in quadam homilia, ° nihil prodest interesse festis hominum, si non contingat interesse festis angelorum; " per quod finalem beatitudinem designat. ' sed festis angelorum interesse possumus per eorum contemplationem. ergo videtur quod in contemplatione angelorum ultima hominis beatitudo consistat.
ag2 ' Praeterea, ultima perfectio uniuscuiusque rei est ut coniungatur suo principio, unde et circulus dicitur esse figura perfecta, quia habet idem principium et finem. " sed principium cognitionis humanae est ab ipsis angelis, per quos homines illuminantur, * ut dicit dionysius, iv cap. cael. hier.. ' ergo perfectio humani intellectus est in contemplatione angelorum.
ag3 ' Praeterea, unaquaeque natura perfecta est, quando coniungitur superiori naturae, sicut ultima perfectio corporis est ut coniungatur naturae spirituali. sed supra intellectum humanum, ordine naturae, sunt angeli. ergo ultima perfectio intellectus humani est ut coniungatur per contemplationem ipsis angelis.
sc * Sed contra est quod dicitur ierem. ix, ° in hoc glorietur qui gloriatur, scire et nosse me. ' ergo ultima hominis gloria, vel beatitudo, non consistit nisi in cognitione dei.
co * Respondeo dicendum quod, sicut dictum est, ' perfecta hominis beatitudo non consistit in eo quod est perfectio intellectus secundum alicuius participationem, sed in eo quod est per essentiam tale. manifestum est autem quod unumquodque intantum est perfectio alicuius potentiae, inquantum ad ipsum pertinet ratio proprii obiecti illius potentiae. proprium autem obiectum intellectus est verum. quidquid ergo habet veritatem participatam, contemplatum non facit intellectum perfectum ultima perfectione. " cum autem eadem sit dispositio rerum in esse sicut in veritate, * ut dicitur in ii metaphys.; ' quaecumque sunt entia per participationem, sunt vera per participationem. angeli autem habent esse participatum, quia solius dei suum esse est sua essentia, * ut in primo ostensum est. ' unde relinquitur quod solus deus sit veritas per essentiam, et quod eius contemplatio faciat perfecte beatum. aliqualem autem beatitudinem imperfectam nihil prohibet attendi in contemplatione angelorum; et etiam altiorem quam in consideratione scientiarum speculativarum.
ra1 ' Ad primum ergo dicendum quod festis angelorum intererimus non solum contemplantes angelos, sed simul cum ipsis, deum.
ra2 * Ad secundum dicendum quod, secundum illos qui ponunt " animas humanas esse ab angelis creatas, satis conveniens videtur quod beatitudo hominis sit in contemplatione angelorum, quasi in coniunctione ad suum principium. ' sed hoc est erroneum, * ut in primo dictum est. ' unde ultima perfectio intellectus humani est per coniunctionem ad deum, qui est primum principium et creationis animae et illuminationis eius. angelus autem illuminat tanquam minister, * ut in primo habitum est. ' unde suo ministerio adiuvat hominem ut ad beatitudinem perveniat, non autem est humanae beatitudinis obiectum.
ra3 ' Ad tertium dicendum quod attingi superiorem naturam ab inferiori contingit dupliciter. uno modo, secundum gradum potentiae participantis, et sic ultima perfectio hominis erit in hoc quod homo attinget ad contemplandum sicut angeli contemplantur. alio modo, sicut obiectum attingitur a potentia, et hoc modo ultima perfectio cuiuslibet potentiae est ut attingat ad id in quo plene invenitur ratio sui obiecti.

008 ST2 qu3 ar8

ag1 ' Ad octavum sic proceditur. videtur quod beatitudo hominis non sit in visione ipsius divinae essentiae. * dicit enim dionysius, in i cap. myst. theol., quod " per id quod est supremum intellectus, homo deo coniungitur sicut omnino ignoto. ' sed id quod videtur per essentiam, non est omnino ignotum. ergo ultima intellectus perfectio, seu beatitudo, non consistit in hoc quod deus per essentiam videtur.
ag2 ' Praeterea, altioris naturae altior est perfectio. sed haec est perfectio divini intellectus propria, ut suam essentiam videat. ergo ultima perfectio intellectus humani ad hoc non pertingit, sed infra subsistit.
sc * Sed contra est quod dicitur i ioan. iii, ° cum apparuerit, similes ei erimus, et videbimus eum sicuti ipse est.
co ' Respondeo dicendum quod ultima et perfecta beatitudo non potest esse nisi in visione divinae essentiae. ad cuius evidentiam, duo consideranda sunt. primo quidem, quod homo non est perfecte beatus, quandiu restat sibi aliquid desiderandum et quaerendum. secundum est, quod uniuscuiusque potentiae perfectio attenditur secundum rationem sui obiecti. " obiectum autem intellectus est quod quid est, idest essentia rei, * ut dicitur in iii de anima. ' unde intantum procedit perfectio intellectus, inquantum cognoscit essentiam alicuius rei. si ergo intellectus aliquis cognoscat essentiam alicuius effectus, per quam non possit cognosci essentia causae, ut scilicet sciatur de causa quid est; non dicitur intellectus attingere ad causam simpliciter, quamvis per effectum cognoscere possit de causa an sit. et ideo remanet naturaliter homini desiderium, cum cognoscit effectum, et scit eum habere causam, ut etiam sciat de causa quid est. et illud desiderium est admirationis, et causat inquisitionem, * ut dicitur in principio metaphys.. ' puta si aliquis cognoscens eclipsim solis, considerat quod ex aliqua causa procedit, de qua, quia nescit quid sit, admiratur, et admirando inquirit. nec ista inquisitio quiescit quousque perveniat ad cognoscendum essentiam |25| causae. si igitur intellectus humanus, cognoscens essentiam alicuius effectus creati, non cognoscat de deo nisi an est; nondum perfectio eius attingit simpliciter ad causam primam, sed remanet ei adhuc naturale desiderium inquirendi causam. unde nondum est perfecte beatus. ad perfectam igitur beatitudinem requiritur quod intellectus pertingat ad ipsam essentiam primae causae. et sic perfectionem suam habebit per unionem ad deum sicut ad obiectum, in quo solo beatitudo hominis consistit, * ut supra dictum est.
ra1 * Ad primum ergo dicendum quod dionysius loquitur " de cognitione eorum qui sunt in via, tendentes ad beatitudinem.
ra2 * Ad secundum dicendum quod, sicut supra dictum est, ' finis potest accipi dupliciter. uno modo, quantum ad rem ipsam quae desideratur, et hoc modo idem est finis superioris et inferioris naturae, immo omnium rerum, * ut supra dictum est. ' alio modo, quantum ad consecutionem huius rei, et sic diversus est finis superioris et inferioris naturae, secundum diversam habitudinem ad rem talem. sic igitur altior est beatitudo dei suam essentiam intellectu comprehendentis, quam hominis vel angeli videntis, et non comprehendentis.

008 ST2 qu4 ar

pr ' Deinde, considerandum est de his quae exiguntur ad beatitudinem. et circa hoc quaeruntur octo. primo, utrum delectatio requiratur ad beatitudinem. secundo, quid sit principalius in beatitudine, utrum delectatio vel visio. tertio, utrum requiratur comprehensio. quarto, utrum requiratur rectitudo voluntatis. quinto, utrum ad beatitudinem hominis requiratur corpus. sexto, utrum perfectio corporis. septimo, utrum aliqua exteriora bona. octavo, utrum requiratur societas amicorum.

008 ST2 qu4 ar1

ag1 ' Ad primum sic proceditur. videtur quod delectatio non requiratur ad beatitudinem. * dicit enim augustinus, in i de trin., quod ° visio est tota merces fidei. ' sed id quod est praemium vel merces virtutis, est beatitudo, * ut patet per philosophum in i ethic.. ' ergo nihil aliud requiritur ad beatitudinem nisi sola visio.
ag2 " Praeterea, beatitudo est per se sufficientissimum bonum, * ut philosophus dicit i ethic.. ' quod autem eget aliquo alio, non est per se sufficiens. cum igitur essentia beatitudinis in visione dei consistat, * ut ostensum est; ' videtur quod ad beatitudinem non requiratur delectatio.
ag3 " Praeterea, operationem felicitatis seu beatitudinis oportet esse non impeditam, * ut dicitur in vii ethic.. " sed delectatio impedit actionem intellectus corrumpit enim aestimationem prudentiae, * ut dicitur in vi ethic.. ' ergo delectatio non requiritur ad beatitudinem.
sc * Sed contra est quod augustinus dicit, x confess., quod ° beatitudo est gaudium de veritate.
co ' Respondeo dicendum quod quadrupliciter aliquid requiritur ad aliud. uno modo, sicut praeambulum vel praeparatorium ad ipsum, sicut disciplina requiritur ad scientiam. alio modo, sicut perficiens aliquid, sicut anima requiritur ad vitam corporis. tertio modo, sicut coadiuvans extrinsecum, sicut amici requiruntur ad aliquid agendum. quarto modo, sicut aliquid concomitans, ut si dicamus quod calor requiritur ad ignem. et hoc modo delectatio requiritur ad beatitudinem. delectatio enim causatur ex hoc quod appetitus requiescit in bono adepto. unde, cum beatitudo nihil aliud sit quam adeptio summi boni, non potest esse beatitudo sine delectatione concomitante.
ra1 ' Ad primum ergo dicendum quod ex hoc ipso quod merces alicui redditur, voluntas merentis requiescit, quod est delectari. unde in ipsa ratione mercedis redditae delectatio includitur.
ra2 ' Ad secundum dicendum quod ex ipsa visione dei causatur delectatio. unde ille qui deum videt, delectatione indigere non potest.
ra3 " Ad tertium dicendum quod delectatio concomitans operationem intellectus, non impedit ipsam, sed magis eam confortat, * ut dicitur, in x ethic., ' ea enim quae delectabiliter facimus, attentius et perseverantius operamur. delectatio autem extranea impedit operationem, quandoque quidem ex intentionis distractione; quia, * sicut dictum est, ' ad ea in quibus delectamur, magis intenti sumus; et dum uni vehementer intendimus, necesse est quod ab alio inten-

tio retrahatur. quandoque autem etiam ex contrarietate, sicut delectatio sensus contraria rationi, impedit aestimationem prudentiae magis quam aestimationem speculativi intellectus.

008 ST2 qu4 ar2

ag1 ' Ad secundum sic proceditur. videtur quod delectatio sit principalius in beatitudine quam visio. " delectatio enim, * ut dicitur in x ethic., " est perfectio operationis. ' sed perfectio est potior perfectibili. ergo delectatio est potior operatione intellectus, quae est visio.

ag2 ' Praeterea, illud propter quod aliquid est appetibile, est potius. sed operationes appetuntur propter delectationem ipsarum, unde et natura operationibus necessariis ad conservationem individui et speciei, delectationem apposuit, ut huiusmodi operationes ab animalibus non negligantur. ergo delectatio est potior in beatitudine quam operatio intellectus, quae est visio.

ag3 ' Praeterea, visio respondet fidei, delectatio autem, sive fruitio, caritati. sed caritas est maior fide, * ut dicit apostolus i ad cor. xiii. ' ergo delectatio, sive fruitio, est potior visione.

sc ' Sed contra, causa est potior effectu. sed visio est causa delectationis. ergo visio est potior quam delectatio.

co * Respondeo dicendum quod istam quaestionem movet philosophus in x ethic., et eam insolutam dimittit. ' sed si quis diligenter consideret, ex necessitate oportet quod operatio intellectus, quae est visio, sit potior delectatione. delectatio enim consistit in quadam quietatione voluntatis. quod autem voluntas in aliquo quietetur, non est nisi propter bonitatem eius in quo quietatur. si ergo voluntas quietatur in aliqua operatione, ex bonitate operationis procedit quietatio voluntatis. nec voluntas quaerit bonum propter quietationem, sic enim ipse actus voluntatis esset finis, * quod est contra praemissa. ' sed ideo quaerit quod quietetur in operatione, quia operatio est bonum eius. unde manifestum est quod principalius bonum est ipsa operatio in qua quietatur voluntas, quam quietatio voluntatis in ipso.

ra1 * Ad primum ergo dicendum quod, sicut philosophus ibidem dicit, ° delectatio perficit operationem sicut decor iuventutem, " qui est ad iuventutem consequens. ' unde delectatio est quaedam perfectio concomitans visionem; non sicut perfectio faciens visionem esse in sua specie perfectam.

ra2 ' Ad secundum dicendum quod apprehensio sensitiva non attingit ad communem rationem boni, sed ad aliquod bonum particulare quod est delectabile. et ideo secundum appetitum sensitivum, qui est in animalibus, operationes quaeruntur propter delectationem. sed intellectus apprehendit universalem rationem boni, ad cuius consecutionem sequitur delectatio. unde principalius intendit bonum quam delectationem. et inde est quod divinus intellectus, qui est institutor naturae, delectationes apposuit propter operationes. non est autem aliquid aestimandum simpliciter secundum ordinem sensitivi appetitus, sed magis secundum ordinem appetitus intellectivi.

ra3 ' Ad tertium dicendum quod caritas non quaerit bonum dilectum propter delectationem, sed hoc est ei consequens, ut delectetur in bono adepto quod amat. et sic delectatio non respondet ei ut finis, sed magis visio, per quam primo finis fit ei praesens.

008 ST2 qu4 ar3

ag1 ' Ad tertium sic proceditur. videtur quod ad beatitudinem non requiratur comprehensio. * dicit enim augustinus, ad paulinam de videndo deum, ° attingere mente deum magna est beatitudo, comprehendere autem est impossibile. ' ergo sine comprehensione est beatitudo.

ag2 ' Praeterea, beatitudo est perfectio hominis secundum intellectivam partem, in qua non sunt aliae potentiae quam intellectus et voluntas, * ut in primo dictum est. ' sed intellectus sufficienter perficitur per visionem dei, voluntas autem per delectationem in ipso. ergo non requiritur comprehensio tanquam aliquod tertium.

ag3 ' Praeterea, beatitudo in operatione consistit. operationes autem determinantur secundum obiecta. obiecta autem generalia sunt duo, verum et bonum, verum correspondet visioni, et bonum correspondet delectationi. ergo non requiritur comprehensio quasi aliquod tertium.

sc * Sed contra est quod apostolus dicit, i ad cor. ix, ° sic currite ut comprehendatis. ' sed spiritualis cursus terminatur ad beatitudinem, * unde ipse dicit, ii ad tim. ult., ° bonum certamen certavi, cursum consummavi, fidem servavi; in reliquo reposita est mihi corona iustitiae. ' ergo comprehensio requiritur ad beatitudinem.

co ' Respondeo dicendum quod, cum beatitudo consistat in consecutione ultimi finis, ea quae requiruntur ad beatitudinem sunt consideranda ex ipso ordine hominis ad finem. ad finem autem intelligibilem ordinatur homo partim quidem per intellectum, partim autem per voluntatem. per intellectum quidem, inquantum in intellectu praeexistit aliqua cognitio finis imperfecta. per voluntatem autem, primo quidem per amorem, qui est primus motus voluntatis in aliquid, secundo autem, per realem habitudinem amantis ad amatum, quae quidem potest esse triplex. quandoque enim amatum est praesens amanti, et tunc iam non quaeritur. quandoque autem non est praesens, sed impossibile est ipsum adipisci, et tunc etiam non quaeritur. quandoque autem possibile est ipsum adipisci, sed est elevatum supra facultatem adipiscentis, ita ut statim haberi non possit, et haec est habitudo sperantis ad speratum, quae sola habitudo facit finis inquisitionem. et istis tribus respondent aliqua in ipsa beatitudine. nam perfecta cognitio finis respondet imperfectae; praesentia vero ipsius finis respondet habitudini spei; sed delectatio in fine iam praesenti consequitur dilectionem, * ut supra dictum est. ' et ideo necesse est ad beatitudinem ista tria concurrere, scilicet visionem, quae est cognitio perfecta intelligibilis finis; comprehensionem, |25| quae importat praesentiam finis; delectationem, vel fruitionem, quae importat quietationem rei amantis in amato.

ra1 ' Ad primum ergo dicendum quod comprehensio dicitur dupliciter. uno modo, inclusio comprehensi in comprehendente, et sic omne quod comprehenditur a finito, est finitum. unde hoc modo deus non potest comprehendi ab aliquo intellectu creato. alio modo comprehensio nihil aliud nominat quam tentionem alicuius rei iam praesentialiter habitae, sicut aliquis consequens aliquem, dicitur eum comprehendere quando tenet eum. et hoc modo comprehensio requiritur ad beatitudinem.

ra2 ' Ad secundum dicendum quod, sicut ad voluntatem pertinet spes et amor, quia eiusdem est amare aliquid et tendere in illud non habitum; ita etiam ad voluntatem pertinet et comprehensio et delectatio, quia eiusdem est habere aliquid et quiescere in illo.

ra3 ' Ad tertium dicendum quod comprehensio non est aliqua operatio praeter visionem, sed est quaedam habitudo ad finem iam habitum. unde etiam ipsa visio, vel res visa secundum quod praesentialiter adest, est obiectum comprehensionis.

008 ST2 qu4 ar4

ag1 ' Ad quartum sic proceditur. videtur quod rectitudo voluntatis non requiratur ad beatitudinem. beatitudo enim essentialiter consistit in operatione intellectus, * ut dictum est. ' sed ad perfectam intellectus operationem non requiritur rectitudo voluntatis, per quam homines mundi dicuntur, * dicit enim augustinus, in libro retract., ° non approbo quod in oratione dixi, deus qui non nisi mundos verum scire voluisti. responderi enim potest multos etiam non mundos multa scire vera. ' ergo rectitudo voluntatis non requiritur ad beatitudinem.

ag2 ' Praeterea, prius non dependet a posteriori. sed operatio intellectus est prior quam operatio voluntatis. ergo beatitudo, quae est perfecta operatio intellectus, non dependet a rectitudine voluntatis.

ag3 ' Praeterea, quod ordinatur ad aliquid tanquam ad finem, non est necessarium adepto iam fine, sicut navis postquam pervenitur ad portum. sed rectitudo voluntatis, quae est per virtutem, ordinatur ad beatitudinem tanquam ad finem. ergo, adepta beatitudine, non est necessaria rectitudo voluntatis.

sc * Sed contra est quod dicitur matth. v, ° beati mundo corde, quoniam ipsi deum videbunt. * et heb. xii, ° pacem sequimini cum omnibus, et sanctimoniam, sine qua nemo videbit deum.

co ' Respondeo dicendum quod rectitudo voluntatis requiritur ad beatitudinem et antecedenter et concomitanter. antecedenter quidem, quia rectitudo voluntatis est per debitum ordinem ad finem ultimum. finis autem comparatur ad id quod ordinatur ad finem, sicut forma ad materiam. unde sicut materia non potest consequi formam, nisi sit debito modo disposita ad ipsam, ita nihil consequitur finem, nisi sit debito modo ordinatum ad ipsum. et ideo nullus potest ad beatitudinem pervenire, nisi habeat rectitudinem voluntatis. concomitanter autem, quia, * sicut dictum est, ' beatitudo ultima consistit in visione divinae essentiae, quae est ipsa essentia bonitatis. et ita voluntas videntis dei essentiam, ex necessitate amat quidquid amat, sub ordine ad deum; sicut voluntas non videntis dei essentiam, ex necessitate amat quidquid amat, sub communi ratione boni quam novit. et hoc ipsum est quod facit voluntatem rectam. unde manifestum est quod beatitudo non potest esse sine recta voluntate.

ra1 * Ad primum ergo dicendum quod augustinus loquitur " de cognitione veri quod non est ipsa essentia bonitatis.

ra2 ' Ad secundum dicendum quod omnis actus voluntatis praeceditur ab aliquo actu intellectus, aliquis tamen actus voluntatis est prior quam aliquis actus intellectus. voluntas enim tendit in finalem actum intellectus, qui est beatitudo. et ideo recta inclinatio voluntatis praeexigitur ad beatitudinem, sicut rectus motus sagittae ad percussionem signi.

ra3 ' Ad tertium dicendum quod non omne quod ordinatur ad finem, cessat adveniente fine, sed id tantum quod se habet in ratione imperfectionis, ut motus. unde instrumenta motus non sunt necessaria postquam pervenitur ad finem, sed debitus ordo ad finem est necessarius.

008 ST2 qu4 ar5

ag1 ' Ad quintum sic proceditur. videtur quod ad beatitudinem requiratur corpus. perfectio enim virtutis et gratiae praesupponit perfectionem naturae. sed beatitudo est perfectio virtutis et gratiae. anima autem sine corpore non habet perfectionem naturae, cum sit pars naturalis humanae naturae, omnis autem pars est imperfecta a suo toto separata. ergo anima sine corpore non potest esse beata.

ag2 ' Praeterea, beatitudo est operatio quaedam perfecta, * ut supra dictum est. ' sed operatio perfecta sequitur esse perfectum, quia nihil operatur nisi secundum quod est ens in actu. cum ergo anima non habeat esse perfectum quando est a corpore separata, sicut nec aliqua pars quando separata est a toto; videtur quod anima sine corpore non possit esse beata.

ag3 ' Praeterea, beatitudo est perfectio hominis. sed anima sine corpore non est homo. ergo beatitudo non potest esse in anima sine corpore.

ag4 * Praeterea, secundum philosophum, in vii ethic., " felicitatis operatio, in qua consistit beatitudo, est non impedita. ' sed operatio animae separatae est impedita, * quia, ut dicit augustinus xii super gen. ad litt., ° inest ei naturalis quidam appetitus corpus administrandi, quo appetitu retardatur quodammodo ne tota intentione pergat in illud summum caelum, " idest in visionem essentiae divinae. ' ergo anima sine corpore non potest esse beata.

ag5 ' Praeterea, beatitudo est sufficiens bonum, et quietat desiderium. sed hoc non convenit animae separatae, quia adhuc appetit corporis unionem, * ut augustinus dicit. ' ergo anima separata a corpore non est beata.

ag6 ' Praeterea, homo in beatitudine est angelis aequalis. " sed anima sine corpore non aequatur angelis, * ut augustinus dicit. ' ergo non est beata.

sc * Sed contra est quod dicitur apoc. xiv, ° beati mortui qui in domino moriuntur.

co ' Respondeo dicendum quod duplex est beatitudo, una imperfecta, quae habetur in hac vita; et alia perfecta, quae in dei visione consistit. manifestum est autem quod ad beatitudinem huius vitae, de necessitate requiritur corpus. est enim beatitudo huius vitae operatio intellectus, vel speculativi vel practici. operatio autem intellectus in hac vita non potest esse sine phantasmate, quod non est nisi in organo corporeo, * ut in primo habitum est. ' et sic beatitudo quae in hac vita haberi potest, dependet quodammodo ex corpore. sed circa beatitudinem perfectam, quae in dei visione consistit, * aliqui posuerunt quod " non potest animae advenire sine corpore existenti; dicentes quod animae sanctorum a corporibus separatae, ad illam beatitudinem non perveniunt usque ad diem iudicii, quando corpora resument. * quod quidem apparet esse falsum et auctoritate, et ratione. auctoritate quidem, quia apostolus dicit, ii ad cor. v, ° quandiu sumus in corpore, peregrinamur a domino; * et quae sit ratio peregrinationis ostendit, subdens, ° per fidem enim ambulamus, et non per speciem. ' ex quo apparet quod quandiu aliquis ambulat per fidem et non per speciem, carens visione divinae essentiae, nondum est deo praesens. animae autem sanctorum a corpor bus separatae, sunt |25| deo praesentes, * unde subditur, ° audemus autem, et bonam voluntatem habemus peregrinari a corpore, et praesentes esse ad dominum. ' unde manifestum est quod animae sanctorum separatae a corporibus, ambulant per speciem, dei essentiam videntes, in quo est vera beatitudo. hoc etiam per rationem apparet. nam intellectus ad suam operationem non indiget corpore nisi propter phantasmata, in quibus veritatem intelligibilem contuetur, * ut in primo dictum est. ' manifestum est autem quod divina essentia per phantasmata videri non potest, * ut in primo ostensum est. ' unde, cum in visione divinae essentiae perfecta hominis beatitudo consistat, non dependet beatitudo perfecta hominis a corpore. unde sine corpore potest anima esse beata. sed sciendum quod ad perfectionem alicuius rei dupliciter aliquid pertinet. uno modo, ad constituendam essentiam rei, sicut anima requiritur ad perfectionem hominis. alio modo requiritur ad perfectionem rei quod pertinet ad bene esse eius, sicut pulchritudo corporis, et velocitas ingenii pertinet ad perfectionem hominis. quamvis ergo corpus primo modo ad perfectionem beatitudinis humanae non pertineat, pertinet tamen secundo modo. cum enim operatio dependeat ex natura rei, quando anima perfectior erit in sua natura, tanto perfectius habebit |50| suam propriam operationem, in qua felicitas consistit. * unde augustinus, in xii super gen. ad litt., cum quaesivisset, ° utrum spiritibus defunctorum sine corporibus possit summa illa beatitudo praeberi, * respondet quod ° non sic possunt videre incommutabilem substantiam, ut sancti angeli vident; sive alia latentiore causa, sive ideo quia est in eis naturalis quidam appetitus corpus administrandi.

ra1 ' Ad primum ergo dicendum quod beatitudo est perfectio animae ex parte intellectus, secundum quem anima transcendit corporis organa, non autem secundum quod est forma naturalis corporis. et ideo illa naturae perfectio manet secundum quam ei beatitudo debetur, licet non maneat illa naturae perfectio secundum quam est corporis forma.

ra2 ' Ad secundum dicendum quod anima aliter se habet ad esse quam aliae partes. nam esse totius non est alicuius suarum partium, unde vel pars omnino desinit esse, destructo toto, sicut partes animalis destructo animali; vel, si remanent, habent aliud esse in actu, sicut pars lineae habet aliud esse quam tota linea. sed animae humanae remanet esse compositi post corporis destructionem, et hoc ideo, quia idem est esse formae et materia, et hoc est esse compositi. anima autem subsistit in suo esse, * ut in primo ostensum est. ‘ unde relinquitur quod post separationem a corpore perfectum esse habeat, unde et perfectam operationem habere potest; licet non habeat perfectam naturam speciei.

ra3 ‘ Ad tertium dicendum quod beatitudo est hominis secundum intellectum, et ideo, remanente intellectu, potest inesse ei beatitudo. sicut dentes aethiopis possunt esse albi, etiam post evulsionem, secundum quos aethiops dicitur albus.

ra4 ‘ Ad quartum dicendum quod dupliciter aliquid impeditur ab alio. uno modo, per modum contrarietatis, sicut frigus impedit actionem caloris, et tale impedimentum operationis repugnat felicitati. alio modo, per modum cuiusdam defectus, quia scilicet res impedita non habet quidquid ad omnimodam sui perfectionem requiritur, et tale impedimentum operationis non repugnat felicitati, sed omnimodae perfectioni ipsius. et sic separatio a corpore dicitur animam retardare, ne tota intentione tendat in visionem divinae essentiae. appetit enim anima sic frui deo, quod etiam ipsa fruitio derivetur ad corpus per redundantiam, sicut est possibile. et ideo quandiu ipsa fruitur deo sine corpore, appetitus eius sic quiescit in eo quod habet, quod tamen adhuc ad participationem eius vellet suum corpus pertingere.

ra5 ‘ Ad quintum dicendum quod desiderium animae separatae totaliter quiescit ex parte appetibilis, quia scilicet habet id quod suo appetitui sufficit. sed non totaliter requiescit ex parte appetentis, quia illud bonum non possidet secundum omnem modum quo possidere vellet. et ideo, corpore resumpto, beatitudo crescit non intensive, sed extensive.

ra6 * Ad sextum dicendum quod id quod ibidem dicitur, quod ° spiritus defunctorum non sic vident deum sicut angeli, ‘ non est intelligendum secundum inaequalitatem quantitatis, quia etiam modo aliquae animae beatorum sunt assumptae ad superiores ordines angelorum, clarius videntes deum quam inferiores angeli. sed intelligitur secundum inaequalitatem proportionis, quia angeli, etiam infimi, habent omnem perfectionem beatitudinis quam sunt habituri, non autem animae separatae sanctorum.

008 ST2 qu4 ar6

ag1 ‘ Ad sextum sic proceditur. videtur quod perfectio corporis non requiratur ad beatitudinem hominis perfectam. perfectio enim corporis est quoddam corporale bonum. * sed supra ostensum est quod ‘ beatitudo non consistit in corporalibus bonis. ergo ad beatitudinem hominis non requiritur aliqua perfecta dispositio corporis.

ag2 ‘ Praeterea, beatitudo hominis consistit in visione divinae essentiae, * ut ostensum est. ‘ sed ad hanc operationem nihil exhibet corpus, * ut dictum est. ‘ ergo nulla dispositio corporis requiritur ad beatitudinem.

ag3 ‘ Praeterea, quanto intellectus est magis abstractus a corpore, tanto perfectius intelligit. sed beatitudo consistit in perfectissima operatione intellectus. ergo oportet omnibus modis animam esse abstractam a corpore. nullo ergo modo requiritur aliqua dispositio corporis ad beatitudinem.

sc ‘ Sed contra, praemium virtutis est beatitudo, * unde dicitur ioan. xiii, ° beati eritis, si feceritis ea. ‘ sed sanctis repromittitur pro praemio non solum visio dei et delectatio, sed etiam corporis bona dispositio, * dicitur enim isaiae ult., ° videbitis, et gaudebit cor vestrum, et ossa vestra quasi herba germinabunt. ‘ ergo bona dispositio corporis requiritur ad beatitudinem.

co ‘ Respondeo dicendum quod, si loquamur de beatitudine hominis qualis in hac vita potest haberi, manifestum est quod ad eam ex necessitate requiritur bona dispositio corporis. consistit enim haec beatitudo, * secundum philosophum, ‘ in operatione virtutis perfectae. manifestum est autem quod per invaletudinem corporis, in omni operatione virtutis homo impediri potest. sed si loquamur de beatitudine perfecta, sic quidam posuerunt quod non requiritur ad beatitudinem aliqua corporis dispositio, immo requiritur ad eam ut omnino anima sit a corpore separata. * unde augustinus, xxii de civ. dei, introducit verba porphyrii dicentis quod ° ad hoc quod beata sit anima, omne corpus fugiendum est. ‘ sed hoc est inconveniens. cum enim naturale sit animae corpori uniri, non potest esse quod perfectio animae naturalem eius perfectionem excludat. et ideo dicendum est quod ad beatitudinem omnibus modis perfectam, requiritur perfecta dispositio corporis et antecedenter et consequenter. antecedenter quidem, quia, * ut augustinus dicit xii super gen. ad litt., ° si tale sit corpus, cuius sit difficilis et gravis administratio, sicut caro quae corrumpitur et aggravat animam, avertitur mens ab illa visione summi caeli. |25| * unde concludit quod, ° cum hoc corpus iam non erit animale, sed spirituale, tunc angelis adaequabitur, et erit ei ad gloriam, quod sarcinae fuit. ‘ consequenter vero, quia ex beatitudine animae fiet redundantia ad corpus, ut et ipsum sua perfectione potiatur. * unde augustinus dicit, in epist. ad dioscorum, ° tam potenti natura deus fecit animam, ut ex eius plenissima beatitudine redundet in inferiorem naturam incorruptionis vigor.

ra1 ‘ Ad primum ergo dicendum quod in corporali bono non consistit beatitudo sicut in obiecto beatitudinis, sed corporale bonum potest facere ad aliquem beatitudinis decorem vel perfectionem.

ra2 ‘ Ad secundum dicendum quod, etsi corpus nihil conferat ad illam operationem intellectus qua dei essentia videtur, tamen posset ab hac impedire. et ideo requiritur perfectio corporis, ut non impediat elevationem mentis.

ra3 ‘ Ad tertium dicendum quod ad perfectam operationem intellectus requiritur quidem abstractio ab hoc corruptibili corpore, quod aggravat animam, non autem a corpore spirituali, quod erit totaliter spiritui subiectum, * de quo in tertia parte huius operis dicetur.

008 ST2 qu4 ar7

ag1 ‘ Ad septimum sic proceditur. videtur quod ad beatitudinem requirantur etiam exteriora bona. quod enim in praemium sanctis promittitur, ad beatitudinem pertinet. sed sanctis repromittuntur exteriora bona, sicut cibus et potus, divitiae et regnum, * dicitur enim luc. xxii, ° ut edatis et bibatis super mensam meam in regno meo; * et matth. vi, ° thesaurizate vobis thesauros in caelo; * et matth. xxv, ° venite, benedicti patris mei, possidete regnum. ‘ ergo ad beatitudinem requiruntur exteriora bona.

ag2 * Praeterea, secundum boetium, in iii de consol., ° beatitudo est status omnium bonorum aggregatione perfectus. “ sed exteriora sunt aliqua hominis bona, licet minima, * ut augustinus dicit. ‘ ergo ipsa etiam requiruntur ad beatitudinem.

ag3 * Praeterea, dominus, matth. v, dicit, ° merces vestra multa est in caelis. ‘ sed esse in caelis significat esse in loco. ergo saltem locus exterior requiritur ad beatitudinem.

sc * Sed contra est quod dicitur in psalmo lxxii, ° quid enim mihi est in caelo? et a te quid volui super terram? * quasi dicat, nihil aliud volo nisi hoc quod sequitur, ° mihi adhaerere deo bonum est. ‘ ergo nihil aliud exterius ad beatitudinem requiritur.

co ‘ Respondeo dicendum quod ad beatitudinem imperfectam, qualis in hac vita potest haberi, requiruntur exteriora bona, non quasi de essentia beatitudinis existentia, sed quasi instrumentaliter deservientia beatitudini, quae consistit in operatione virtutis, * ut dicitur in i ethic.. ‘ indiget enim homo in hac vita necessariis corporis tam ad operationem virtutis contemplativae quam etiam ad operationem virtutis activae, ad quam etiam plura alia requiruntur, quibus exerceat opera activae virtutis. sed ad beatitudinem perfectam, quae in visione dei consistit, nullo modo huiusmodi bona requiruntur. cuius ratio est quia omnia huiusmodi bona exteriora vel requiruntur ad sustentationem animalis corporis; vel requiruntur ad aliquas operationes quas per animale corpus exercemus, quae humanae vitae conveniunt. illa autem perfecta beatitudo quae in visione dei consistit, vel erit in anima sine corpore; vel erit in anima corpori unita non iam animali, sed spirituali. et ideo nullo modo huiusmodi exteriora bona requiruntur ad illam beatitudinem, cum ordinentur ad vitam animalem. et quia in hac vita magis accedit ad similitudinem illius perfectae beatitudinis felicitas contemplativa quam activa, utpote etiam deo similior, * ut ex dictis patet; “ ideo minus indiget huiusmodi bonis corporis, * ut dicitur in x ethic..

ra1 ‘ Ad primum ergo dicendum quod omnes illae corporales promissiones quae in sacra scriptura continentur, sunt metaphorice intelligendae, secundum quod in scripturis solent spiritualia per corporalia designari, ° ut ex his quae novimus, ad desiderandum incognita consurgamus, * sicut gregorius dicit in quadam homilia. ‘ sicut per cibum et potum intelligitur delectatio beatitudinis; per divitias, sufficientia qua homini sufficiet deus; per regnum, exaltatio hominis usque ad coniunctionem cum deo.

ra2 ‘ Ad secundum dicendum quod bona ista deservientia animali vitae, non competunt vitae spirituali in qua beatitudo perfecta consistit. et tamen erit in illa beatitudine omnium bonorum congregatio, quia quidquid boni invenitur in istis, totum habebitur in summo fonte bonorum.

ra3 ‘ Ad tertium dicendum quod, * secundum augustinum in libro de serm. dom. in monte, “ merces sanctorum non dicitur esse in corporeis caelis, sed per caelos intelligitur altitudo spiritualium bonorum. ‘ nihilominus tamen locus corporeus, scilicet caelum empyreum, aderit beatis, non propter necessitatem beatitudinis, sed secundum quandam congruentiam et decorem.

008 ST2 qu4 ar8

ag1 ‘ Ad octavum sic proceditur. videtur quod amici sint necessarii ad beatitudinem. futura enim beatitudo in scripturis frequenter nomine gloriae designatur. sed gloria consistit in hoc quod bonum hominis ad notitiam multorum deducitur. ergo ad beatitudinem requiritur societas amicorum.

ag2 * Praeterea, boetius dicit quod ° nullius boni sine consortio iucunda est possessio. ‘ sed ad beatitudinem requiritur delectatio. ergo etiam requiritur societas amicorum.

ag3 ‘ Praeterea, caritas in beatitudine perficitur. sed caritas se extendit ad dilectionem dei et proximi. ergo videtur quod ad beatitudinem requiratur societas amicorum.

sc * Sed contra est quod dicitur sap. vii, ° venerunt mihi omnia bona pariter cum illa, ‘ scilicet cum divina sapientia, quae consistit in contemplatione dei. et sic ad beatitudinem nihil aliud requiritur.

co ‘ Respondeo dicendum quod, si loquamur de felicitate praesentis vitae, * sicut philosophus dicit in ix ethic., ‘ felix indiget amicis, non quidem propter utilitatem, cum sit sibi sufficiens; nec propter delectationem, quia habet in seipso delectationem perfectam in operatione virtutis; sed propter bonam operationem, ut scilicet eis benefaciat, et ut eos inspiciens benefacere delectetur, et ut etiam ab eis in benefaciendo adiuvetur. indiget enim homo ad bene operandum auxilio amicorum, tam in operibus vitae activae, quam in operibus vitae contemplativae. sed si loquamur de perfecta beatitudine quae erit in patria, non requiritur societas amicorum de necessitate ad beatitudinem, quia homo habet totam plenitudinem suae perfectionis in deo. sed ad bene esse beatitudinis facit societas amicorum. * unde augustinus dicit, viii super gen. ad litt., quod ° creatura spiritualis, ad hoc quod beata sit, non nisi intrinsecus adiuvatur aeternitate, veritate, caritate creatoris. extrinsecus vero, si adiuvari dicenda est, fortasse hoc solo adiuvatur, quod invicem vident, et de sua societate gaudent in deo.

ra1 ‘ Ad primum ergo dicendum quod gloria quae est essentialis beatitudini, est quam habet homo non apud hominem, sed apud deum.

ra2 * Ad secundum dicendum quod verbum illud intelligitur, “ quando in eo bono quod habetur, non est plena sufficientia. ‘ quod in proposito dici non potest, quia omnis boni sufficientiam habet homo in deo.

ra3 ‘ Ad tertium dicendum quod perfectio caritatis est essentialis beatitudini quantum ad dilectionem dei, non autem quantum ad dilectionem proximi. unde si esset una sola anima fruens deo, beata esset, non habens proximum quem diligeret. sed supposito proximo, sequitur dilectio eius ex perfecta dilectione dei. unde quasi concomitanter se habet amicitia ad beatitudinem perfectam.

008 ST2 qu5 ar

pr ‘ Deinde considerandum est de ipsa adeptione beatitudinis. et circa hoc quaeruntur octo. primo, utrum homo possit consequi beatitudinem. secundo, utrum unus homo possit esse alio beatior. tertio, utrum aliquis possit esse in hac vita beatus. quarto, utrum beatitudo habita possit amitti. quinto, utrum, homo per sua naturalia possit acquirere beatitudinem. sexto, utrum homo consequatur beatitudinem per actionem alicuius superioris creaturae. septimo, utrum requirantur opera hominis aliqua ad hoc quod homo beatitudinem consequatur a deo. octavo, utrum omnis homo appetat beatitudinem.

008 ST2 qu5 ar1

ag1 ‘ Ad primum sic proceditur. videtur quod homo beatitudinem adipisci non possit. sicut enim natura rationalis est supra sensibilem ita natura intellectualis est supra rationalem * ut patet per dionysium in libro de div. nom., in multis locis. ‘ sed bruta animalia, quae habent naturam sensibilem tantum, non possunt pervenire ad finem rationalis naturae. ergo nec homo, qui est rationalis naturae, potest pervenire ad finem intellectualis naturae, qui est beatitudo.

ag2 ‘ Praeterea, beatitudo vera consistit in visione dei, qui est veritas pura. sed homini est connaturale ut veritatem intueatur in rebus materialibus, “ unde species intelligibiles in phantasmatibus intelligit, * ut dicitur in iii de anima. ‘ ergo non potest ad beatitudinem pervenire.

ag3 ‘ Praeterea, beatitudo consistit in adeptione summi boni. sed aliquis non potest pervenire ad summum, nisi transcendat media. cum igitur inter deum et naturam humanam media sit natura angelica, quam homo transcendere non potest; videtur quod non possit beatitudinem adipisci.

sc * Sed contra est quod dicitur in psalmo xciii, ° beatus homo quem tu erudieris, domine.

co ‘ Respondeo dicendum quod beatitudo nominat adeptionem perfecti boni. quicumque ergo est capax perfecti boni, potest ad beatitudinem pervenire. quod autem homo perfecti boni sit capax, ex hoc apparet, quia et eius intellectus apprehendere potest universale et perfectum bonum, et eius voluntas appetere illud. et ideo homo potest beatitudinem adipisci. apparet etiam idem ex hoc quod homo est capax visionis divinae essentiae, * sicut in primo habitum est; ‘ in qua quidem visione perfectam hominis beatitudinem consistere diximus.

ra1 ‘ Ad primum ergo dicendum quod aliter excedit natura rationalis sensitivam, et aliter intellectualis rationalem. natura enim rationalis excedit sensitivam quantum ad cognitionis obiectum, quia sensus nullo modo potest cognoscere universale, cuius ratio est cognoscitiva. sed intellectualis natura excedit rationalem quantum ad modum cognoscendi eandem intelligibilem veritatem, nam intellectualis natura statim apprehendit veritatem, ad quam rationalis natura per inquisitionem rationis pertingit, * ut patet ex his quae in primo dicta sunt. ‘ et ideo ad id quod intellectus apprehendit, ratio per quendam motum pertingit. unde rationalis natura consequi potest beatitudinem, quae est perfectio intellectualis naturae, tamen alio modo quam angeli. nam angeli consecuti sunt eam statim post principium suae conditionis, homines autem per tempus ad ipsam perveniunt. sed natura sensitiva ad hunc finem nullo modo pertingere potest.

ra2 ‘ Ad secundum dicendum quod homini, secundum statum praesentis vitae, est connaturalis modus cognoscendi veritatem intelligibilem per phantasmata. sed post huius vitae statum, habet alium modum connaturalem, * ut in primo dictum est.

ra3 ‘ Ad tertium dicendum quod homo non potest transcendere angelos gradu naturae, ut scilicet naturaliter sit eis superior. potest tamen eos transcendere per operationem intellectus, dum intelligit aliquid super angelos esse, quod homines beatificat; quod cum perfecte consequetur, perfecte beatus erit.

008 ST2 qu5 ar2

ag1 ‘ Ad secundum sic proceditur. videtur quod unus homo alio non possit esse beatior. “ beatitudo enim est praemium virtutis, * ut philosophus dicit in i ethic.. ‘ sed pro operibus virtutum omnibus aequalis merces redditur, * dicitur enim matth. xx, quod “ omnes qui operati sunt in vinea, acceperunt singulos denarios; * quia, ut dicit gregorius, ° aequalem aeternae vitae retributionem sortiti sunt. ‘ ergo unus non erit alio beatior.

ag2 ‘ Praeterea, beatitudo est summum bonum. sed summo non potest esse aliquid maius. ergo beatitudine unius hominis non potest esse alia maior beatitudo.

ag3 ‘ Praeterea, beatitudo, cum sit perfectum et sufficiens bonum, desiderium hominis quietat. sed non quietatur desiderium, si aliquod bonum deest quod suppleri possit. si autem nihil deest quod suppleri possit, non poterit esse aliquid aliud maius bonum. ergo vel homo non est beatus, vel, si est beatus, non potest alia maior beatitudo esse.

sc * Sed contra est quod dicitur ioan. xiv, ° in domo patris mei mansiones multae sunt; * per quas, ut augustinus dicit, ° diversae meritorum dignitates intelliguntur in vita aeterna. ‘ dignitas autem vitae aeternae, quae pro merito datur, est ipsa beatitudo. ergo sunt diversi gradus beatitudinis, et non omnium est aequalis beatitudo.

co * Respondeo dicendum quod, sicut supra dictum est, ‘ in ratione beatitudinis duo includuntur, scilicet ipse finis ultimus, qui est summum bonum; et adeptio vel fruitio ipsius boni. quantum igitur ad ipsum bonum quod est beatitudinis obiectum et causa, non potest esse una beatitudo alia maior, quia non est nisi unum summum bonum, scilicet deus, cuius fruitione homines sunt beati. sed quantum ad adeptionem huiusmodi boni vel fruitionem, potest aliquis alio esse beatior, quia quanto magis hoc bono fruitur, tanto beatior est. contingit autem aliquem perfectius frui deo quam alium, ex eo quod est melius dispositus vel ordinatus ad eius fruitionem. et secundum hoc potest aliquis alio beatior esse.

ra1 ‘ Ad primum ergo dicendum quod unitas denarii significat unitatem beatitudinis ex parte obiecti. sed diversitas mansionum significat diversitatem beatitudinis secundum diversum gradum fruitionis.

ra2 ‘ Ad secundum dicendum quod beatitudo dicitur esse summum bonum, inquantum est summi boni perfecta possessio sive fruitio.

ra3 ‘ Ad tertium dicendum quod nulli beato deest aliquod bonum desiderandum, cum habeat ipsum bonum infinitum, “ quod est bonum omnis boni, * ut augustinus dicit. ‘ sed dicitur aliquis alio beatior, ex diversa eiusdem boni participatione. additio autem aliorum bonorum non auget beatitudinem, * unde augustinus dicit, in v confess., ° qui te et alia novit, non propter illa beatior, sed propter te solum beatus.

008 ST2 qu5 ar3

ag1 ‘ Ad tertium sic proceditur. videtur quod beatitudo possit in hac vita haberi. * dicitur enim in psalmo cxviii, ° beati immaculati in via, qui ambulant in lege domini. ‘ hoc autem in hac vita contingit. ergo aliquis in hac vita potest esse beatus.

ag2 ‘ Praeterea, imperfecta participatio summi boni non adimit rationem beatitudinis, alioquin unus non esset alio beatior. sed in hac vita homines possunt participare summum bonum, cognoscendo et amando deum, licet imperfecte. ergo homo in hac vita potest esse beatus.

ag3 ‘ Praeterea, quod a pluribus dicitur, non potest totaliter falsum esse, videtur enim esse naturale quod in pluribus est; natura autem non totaliter deficit. sed plures ponunt beatitudinem in hac vita, * ut patet per illud psalmi cxliii, ° beatum dixerunt populum cui haec sunt, “ scilicet praesentis vitae bona. ‘ ergo aliquis in hac vita potest esse beatus.

sc * Sed contra est quod dicitur iob xiv, ° homo natus de muliere, brevi vivens tempore, repletur multis miseriis. ‘ sed beatitudo excludit miseriam. ergo homo in hac vita non potest esse beatus.

co ‘ Respondeo dicendum quod aliqualis beatitudinis participatio in hac vita haberi potest, perfecta autem et vera beatitudo non potest haberi in hac vita. et hoc quidem considerari potest dupliciter. primo quidem, ex ipsa communi beatitudinis ratione. nam beatitudo, cum sit perfectum et sufficiens bonum, omne malum excludit, et omne desiderium implet. in hac autem vita non potest omne malum excludi. multis enim malis praesens vita subiacet, quae vitari non possunt, et ignorantiae ex parte intellectus, et inordinatae affectioni ex parte appetitus, et multiplicibus poenalitatibus ex parte corporis; * ut augustinus diligenter prosequitur xix de civ. dei. ‘ similiter etiam desiderium boni in hac vita satiari non potest. naturaliter enim homo desiderat permanentiam eius boni quod habet. bona autem praesentis vitae transitoria sunt, cum et ipsa vita transeat, quam naturaliter desideramus, et eam perpetuo permanere vellemus, quia naturaliter homo refugit mortem. unde impossibile est quod in hac vita vera beatitudo habeatur. secundo, si consideretur id in quo specialiter beatitudo consistit, scilicet visio divinae essentiae, quae non potest homini provenire in hac vita, * ut in primo ostensum est. ‘ ex quibus manifeste apparet quod non potest aliquis in hac vita veram et perfectam beatitudinem adipisci.

ra1 ‘ Ad primum ergo dicendum quod beati dicuntur aliqui in hac vita, vel propter spem beatitudinis adipiscendae in futura vita, * secundum illud rom. viii, ° spe salvi facti sumus, ‘ vel propter aliquam participationem beatitudinis, secundum aliqualem summi boni fruitionem.

ra2 ‘ Ad secundum dicendum quod participatio beatitudinis potest esse imperfecta dupliciter. uno modo, ex parte ipsius obiecti beatitudinis, quod quidem secundum sui essentiam non videtur. et talis imperfectio tollit rationem verae beatitudinis. alio modo potest esse imperfecta ex parte ipsius participantis, qui quidem ad ipsum obiectum beatitudinis secundum seipsum attingit, scilicet deum, sed imperfecte, per respectum ad modum quo deus seipso fruitur. et talis imperfectio non tollit veram rationem beatitudinis, quia, cum beatitudo sit operatio quaedam, * ut supra dictum est, ‘ vera ratio beatitudinis consideratur ex obiecto, quod dat speciem actui, non autem ex subiecto.

ra3 ‘ Ad tertium dicendum quod homines reputant in hac vita esse aliquam beatitudinem, propter aliquam similitudinem verae beatitudinis. et sic non ex toto in sua aestimatione deficiunt.

008 ST2 qu5 ar4

ag1 ‘ Ad quartum sic proceditur. videtur quod beatitudo possit amitti. beatitudo enim est perfectio quaedam. sed omnis perfectio inest perfectibili secundum modum ipsius. cum igitur homo secundum suam naturam sit mutabilis, videtur quod beatitudo mutabiliter ab homine participetur. et ita videtur quod homo beatitudinem possit amittere.

ag2 ‘ Praeterea, beatitudo consistit in actione intellectus, qui subiacet voluntati. sed voluntas se habet ad opposita. ergo videtur quod possit desistere ab operatione qua homo beatificatur, et ita homo desinet esse beatus.

ag3 ‘ Praeterea, principio respondet finis. sed beatitudo hominis habet principium, quia homo non semper fuit beatus. ergo videtur quod habeat finem.

sc ‘ Sed contra est quod * dicitur matth. xxv, de iustis, quod ‘ ibunt in vitam aeternam; quae, * ut dictum est, ‘ est beatitudo sanctorum. quod autem est aeternum, non deficit. ergo beatitudo non potest amitti.

co ‘ Respondeo dicendum quod, si loquamur de beatitudine imperfecta, qualis in hac vita potest haberi, sic potest amitti. et hoc patet in felicitate contemplativa, quae amittitur vel per oblivionem, puta cum corrumpitur scientia ex aliqua aegritudine; vel etiam per aliquas occupationes, quibus totaliter abstrahitur aliquis a contemplatione. patet etiam idem in felicitate activa, voluntas enim hominis transmutari potest, ut in vitium degeneret a virtute, in cuius actu principaliter consistit felicitas. si autem virtus remaneat integra, exteriores transmutationes possunt quidem beatitudinem talem perturbare, inquantum impediunt multas operationes virtutum, non tamen possunt eam totaliter auferre, quia adhuc remanet operatio virtutis, dum ipsas adversitates homo laudabiliter sustinet. et quia beatitudo huius vitae amitti potest, quod videtur esse contra rationem beatitudinis; * ideo philosophus dicit, in i ethic., “ aliquos esse in hac vita beatos, non simpliciter, sed sicut homines quorum natura mutationi subiecta est. ‘ si vero loquamur de beatitudine perfecta quae expectatur post hanc vitam, * sciendum est quod origenes posuit, quorundam platonicorum errorem sequens, “ quod post ultimam beatitudinem homo potest fieri miser. ‘ sed hoc manifeste apparet esse falsum dupliciter. primo quidem, |25| ex ipsa communi ratione beatitudinis. cum enim ipsa beatitudo sit perfectum bonum et sufficiens, oportet quod desiderium hominis quietet, et omne malum excludat. naturaliter autem homo desiderat retinere bonum quod habet, et quod eius retinendi securitatem obtineat, alioquin necesse est quod timore amittendi, vel dolore de certitudine amissionis, affligatur. requiritur igitur ad veram beatitudinem quod homo certam habeat opinionem bonum quod habet, nunquam se amissurum. quae quidem opinio si vera sit, consequens est quod beatitudinem nunquam amittet. si autem falsa sit, hoc ipsum est quoddam malum, falsam opinionem habere, “ nam falsum est malum intellectus, sicut verum est bonum ipsius, * ut dicitur in vi ethic.. ‘ non igitur iam vere erit beatus, si aliquod malum ei inest. secundo idem apparet, si consideretur ratio beatitudinis in speciali. * ostensum est enim supra quod ‘ perfecta beatitudo hominis in visione divinae essentiae consistit. est autem impossibile quod aliquis videns divinam essentiam, velit eam non videre. quia omne bonum habitum quo quis carere vult, aut est insufficiens, et quaeritur aliquid sufficientius loco eius, aut habet aliquod incommodum annexum, propter quod in fastidium venit. visio |50| autem divinae essentiae replet animam omnibus bonis, cum coniungat fonti totius bonitatis, * unde dicitur in psalmo xvi, ° satiabor cum apparuerit gloria tua; * et sap. vii, dicitur, ° venerunt mihi omnia bona pariter cum illa, “ scilicet cum contemplatione sapientiae. ‘ similiter etiam non habet aliquod incommodum adiunctum, * quia de contemplatione sapientiae dicitur, sap. viii, ° non habet amaritudinem conversatio illius, nec taedium convictus eius. ‘ sic ergo patet quod propria voluntate beatus non potest beatitudinem deserere. similiter etiam non potest eam perdere, deo subtrahente. quia, cum subtractio beatitudinis sit quaedam poena, non potest talis subtractio a deo, iusto iudice, provenire, nisi pro aliqua culpa, in quam cadere non potest qui dei essentiam videt, cum ad hanc visionem ex necessitate sequatur rectitudo voluntatis, * ut supra ostensum est. ‘ similiter etiam nec aliquod aliud agens potest eam subtrahere. quia mens deo coniuncta super omnia alia elevatur; et sic ab huiusmodi coniunctione nullum aliud agens potest ipsam excludere. unde inconveniens videtur quod per quasdam alternationes temporum transeat homo de beatitudine ad miseriam, |75| et e converso, quia huiusmodi temporales alternationes esse non possunt, nisi circa ea quae subiacent tempori et motui.

ra1 ‘ Ad primum ergo dicendum quod beatitudo est perfectio consummata, quae omnem defectum excludit a beato. et ideo absque mutabilitate advenit eam habenti, faciente hoc virtute divina, quae hominem sublevat in participationem aeternitatis transcendentis omnem mutationem.

ra2 ‘ Ad secundum dicendum quod voluntas ad opposita se habet in his quae ad finem ordinantur, sed ad ultimum finem naturali necessitate ordinatur. quod patet ex hoc, quod homo non potest non velle esse beatus.

ra3 ‘ Ad tertium dicendum quod beatitudo habet principium ex conditione participantis, sed caret fine, propter conditionem boni cuius participatio facit beatum. unde ab alio est initium beatitudinis; et ab alio est quod caret fine.

008 ST2 qu5 ar5

ag1 ‘ Ad quintum sic proceditur. videtur quod homo per sua naturalia possit beatitudinem consequi. natura enim non deficit in necessariis. sed nihil est homini tam necessarium quam id per quod finem ultimum consequitur. ergo hoc naturae humanae non deest. potest igitur homo per sua naturalia beatitudinem consequi.

ag2 ‘ Praeterea, homo, cum sit nobilior irrationalibus creaturis, videtur esse sufficientior. sed irrationales creaturae per sua naturalia possunt consequi suos fines. ergo multo magis homo per sua naturalia potest beatitudinem consequi.

ag3 “ Praeterea, beatitudo est operatio perfecta, * secundum philosophum. ‘ eiusdem autem est incipere rem, et perficere ipsam. cum igitur operatio imperfecta, quae est quasi principium in operationibus humanis, subdatur naturali hominis potestati, qua suorum actuum est dominus; videtur quod per naturalem potentiam possit pertingere ad operationem perfectam, quae est beatitudo.

sc ‘ Sed contra, homo est principium naturaliter actuum suorum per intellectum et voluntatem. sed ultima beatitudo sanctis praeparata, excedit intellectum hominis et voluntatem, * dicit enim apostolus, i ad cor. ii, ° oculus non vidit, et auris non audivit, et in cor hominis non ascendit, quae praeparavit deus diligentibus se. ‘ ergo homo per sua naturalia non potest beatitudinem consequi.

co ‘ Respondeo dicendum quod beatitudo imperfecta quae in hac vita haberi potest, potest ab homine acquiri per sua naturalia, eo modo quo et virtus, in cuius operatione consistit, * de quo infra dicetur. ‘ sed beatitudo hominis perfecta, * sicut supra dictum est, ‘ consistit in visione divinae essentiae. videre autem deum per essentiam est supra naturam non solum hominis, sed etiam omnis creaturae, * ut in primo ostensum est. ‘ naturalis enim cognitio cuiuslibet creaturae est secundum modum substantiae eius, * sicut de intelligentia dicitur in libro de causis, quod ° cognoscit ea quae sunt supra se, et ea quae sunt infra se, secundum modum substantiae suae. ‘ omnis autem cognitio quae est secundum modum

substantiae creatae, deficit a visione divinae essentiae, quae in infinitum excedit omnem substantiam creatam. unde nec homo, nec aliqua creatura, potest consequi beatitudinem ultimam per sua naturalia.
ra1 ' Ad primum ergo dicendum quod, sicut natura non deficit homini in necessariis, quamvis non dederit sibi arma et tegumenta sicut aliis animalibus quia dedit ei rationem et manus, quibus possit haec sibi conquirere; ita nec deficit homini in necessariis, quamvis non daret sibi aliquod principium quo posset beatitudinem consequi; hoc enim erat impossibile. sed dedit ei liberum arbitrium, quo possit converti ad deum, qui eum faceret beatum. ° quae enim per amicos possumus, per nos aliqualiter possumus, * ut dicitur in iii ethic..
ra2 ' Ad secundum dicendum quod nobilioris conditionis est natura quae potest consequi perfectum bonum, licet indigeat exteriori auxilio ad hoc consequendum, quam natura quae non potest consequi perfectum bonum, sed consequitur quoddam bonum imperfectum, licet ad consecutionem eius non indigeat exteriori auxilio, * ut philosophus dicit in ii de caelo. ' sicut melius est dispositus ad sanitatem qui potest consequi perfectam sanitatem, licet hoc sit per auxilium medicinae; quam qui solum potest consequi quandam imperfectam sanitatem, sine medicinae auxilio. et ideo creatura rationalis, quae potest consequi perfectum beatitudinis bonum, indigens ad hoc divino auxilio, est perfectior quam creatura irrationalis, quae huiusmodi boni non est capax, sed quoddam imperfectum bonum consequitur virtute suae naturae.
ra3 ' Ad tertium dicendum quod, quando imperfectum et perfectum sunt eiusdem speciei, ab eadem virtute causari possunt. non autem hoc est necesse, si sunt alterius speciei, non enim quidquid potest causare dispositionem materiae, potest ultimam perfectionem conferre. imperfecta autem operatio, quae subiacet naturali hominis potestati, non est eiusdem speciei cum operatione illa perfecta quae est hominis beatitudo, cum operationis species dependeat ex obiecto. unde ratio non sequitur.

008 ST2 qu5 ar6

ag1 ' Ad sextum sic proceditur. videtur quod homo possit fieri beatus per actionem alicuius superioris creaturae, scilicet angeli. cum enim duplex ordo inveniatur in rebus, unus partium universi ad invicem, alius totius universi ad bonum quod est extra universum; primus ordo ordinatur ad secundum sicut ad finem, * ut dicitur xii metaphys.; ' sicut ordo partium exercitus ad invicem est propter ordinem totius exercitus ad ducem. sed ordo partium universi ad invicem attenditur secundum quod superiores creaturae agunt in inferiores, * ut in primo dictum est, ' beatitudo autem consistit in ordine hominis ad bonum quod est extra universum, quod est deus. ergo per actionem superioris creaturae, scilicet angeli, in hominem, homo beatus efficitur.
ag2 ' Praeterea, quod est in potentia tale, potest reduci in actum per id quod est actu tale, sicut quod est potentia calidum, fit actu calidum per id quod est actu calidum. sed homo est in potentia beatus. ergo potest fieri actu beatus per angelum, qui est actu beatus.
ag3 ' Praeterea, beatitudo consistit in operatione intellectus, * ut supra dictum est. ' sed angelus potest illuminare intellectum hominis, * ut in primo habitum est. ' ergo angelus potest facere hominem beatum.
sc * Sed contra est quod dicitur in psalmo lxxxiii, ° gratiam et gloriam dabit dominus.
co ' Respondeo dicendum quod, cum omnis creatura naturae legibus sit subiecta, utpote habens limitatam virtutem et actionem; illud quod excedit naturam creatam, non potest fieri virtute alicuius creaturae. et ideo si quid fieri oporteat quod sit supra naturam, hoc fit immediate a deo; sicut suscitatio mortui, illuminatio caeci, et cetera huiusmodi. * ostensum est autem quod ' beatitudo est quoddam bonum excedens naturam creatam. unde impossibile est quod per actionem alicuius creaturae conferatur, sed homo beatus fit solo deo agente, si loquamur de beatitudine perfecta. si vero loquamur de beatitudine imperfecta, sic eadem ratio est de ipsa et de virtute, in cuius actu consistit.
ra1 ' Ad primum ergo dicendum quod plerumque contingit in potentiis activis ordinatis, quod perducere ad ultimum finem pertinet ad supremam potentiam, inferiores vero potentiae coadiuvant ad consecutionem illius ultimi finis disponendo, sicut ad artem gubernativam, quae praeest navifactivae, pertinet usus navis, propter quem navis ipsa fit. sic igitur et in ordine universi, homo quidem adiuvatur ab angelis ad consequendum ultimum finem, secundum aliqua praecedentia, quibus disponitur ad eius consecutionem, sed ipsum ultimum finem consequitur per ipsum primum agentem, qui est deus.
ra2 ' Ad secundum dicendum quod, quando aliqua forma actu existit in aliquo secundum esse perfectum et naturale, potest esse principium actionis in alterum; sicut calidum per calorem calefacit. sed si forma existit in aliquo imperfecte, et non secundum esse naturale, non potest esse principium communicationis sui ad alterum, sicut intentio coloris quae est in pupilla, non potest facere album; neque etiam omnia quae sunt illuminata aut calefacta, possunt alia calefacere et illuminare; sic enim illuminatio at calefactio essent usque ad infinitum. lumen autem gloriae, per quod deus videtur, in deo quidem est perfecte secundum esse naturale, in qualibet autem creatura est imperfecte, et secundum esse similitudinarium vel participatum. unde nulla creatura beata potest communicare suam beatitudinem alteri.
ra3 ' Ad tertium dicendum quod angelus beatus illuminat intellectum hominis, vel etiam inferioris angeli, quantum ad aliquas rationes divinorum operum non autem quantum ad visionem divinae essentiae, * ut in primo dictum est. ' ad eam enim videndam, omnes immediate illuminantur a deo.

008 ST2 qu5 ar7

ag1 ' Ad septimum sic proceditur. videtur quod non requirantur aliqua opera hominis ad hoc ut beatitudinem consequatur a deo. deus enim, cum sit agens infinitae virtutis, non praeexigit in agendo materiam, aut dispositionem materiae, sed statim potest totum producere. sed opera hominis, cum non requirantur ad beatitudinem eius sicut causa efficiens, * ut dictum est, ' non possunt requiri ad eam nisi sicut dispositiones. ergo deus, qui dispositiones non praeexigit in agendo, beatitudinem sine praecedentibus operibus confert.
ag2 ' Praeterea, sicut deus est auctor beatitudinis immediate, ita et naturam immediate instituit. sed in prima institutione naturae, produxit creaturas nulla dispositione praecedente vel actione creaturae; sed statim fecit unumquodque perfectum in sua specie. ergo videtur quod beatitudinem conferat homini sine aliquibus operationibus praecedentibus.
ag3 * Praeterea, apostolus dicit, rom. iv, " beatitudinem hominis esse cui deus confert iustitiam sine operibus. ' non ergo requiruntur aliqua opera hominis ad beatitudinem consequendam.
sc * Sed contra est quod dicitur ioan. xiii, ° si haec scitis, beati eritis si feceritis ea. ' ergo per actionem ad beatitudinem pervenitur.
co ' Respondeo dicendum quod rectitudo voluntatis, * ut supra dictum est, ' requiritur ad beatitudinem, cum nihil aliud sit quam debitus ordo voluntatis ad ultimum finem; quae ita exigitur ad consecutionem ultimi finis, sicut debita dispositio materiae ad consecutionem formae. sed ex hoc non ostenditur quod aliqua operatio hominis debeat praecedere eius beatitudinem, posset enim deus simul facere voluntatem recte tendentem in finem, et finem consequentem; sicut quandoque simul materiam disponit, et inducit formam. sed ordo divinae sapientiae exigit ne hoc fiat, * ut enim dicitur in ii de caelo, ° eorum quae nata sunt habere bonum perfectum, aliquid habet ipsum sine motu, aliquid uno motu, aliquid pluribus. ' habere autem perfectum bonum sine motu, convenit ei quod naturaliter habet illud. habere autem beatitudinem naturaliter est solius dei. unde solius dei proprium est quod ad beatitudinem non moveatur per aliquam operationem praecedentem. cum autem beatitudo excedat omnem naturam creatam, nulla pura creatura convenienter beatitudinem consequitur absque motu operationis, per quam tendit in ipsam. sed angelus, qui est superior ordine naturae quam homo, consecutus est eam, ex ordine divinae sapientiae, uno motu operationis meritoriae, * ut in primo expositum est. |25| ' homines autem consequuntur ipsam multis motibus operationum, qui merita dicuntur. * unde etiam, secundum philosophum, " beatitudo est praemium virtuosarum operationum.
ra1 ' Ad primum ergo dicendum quod operatio hominis non praeexigitur ad consecutionem beatitudinis propter insufficientiam divinae virtutis beatificantis, sed ut servetur ordo in rebus.
ra2 ' Ad secundum dicendum quod primas creaturas statim deus perfectas produxit, absque aliqua dispositione vel operatione creaturae praecedente, quia sic instituit prima individua specierum, ut per ea natura propagaretur ad posteros. et similiter, quia per christum, qui est deus et homo, beatitudo erat ad alios derivanda, * secundum illud apostoli ad heb. ii, ° qui multos filios in gloriam adduxerat; ' statim a principio suae conceptionis, absque aliqua operatione meritoria praecedente, anima eius fuit beata. sed hoc est singulare in ipso, nam pueris baptizatis subvenit meritum christi ad beatitudinem consequendam, licet desint eis merita propria, eo quod per baptismum sunt christi membra effecti.
ra3 * Ad tertium dicendum quod apostolus loquitur " de beatitudine spei, ' quae habetur per gratiam iustificantem, quae quidem non datur propter opera praecedentia. non enim habet rationem termini motus, ut beatitudo, sed magis est principium motus quo ad beatitudinem tenditur.

008 ST2 qu5 ar8

ag1 ' Ad octavum sic proceditur. videtur quod non omnes appetant beatitudinem. nullus enim potest appetere quod ignorat, " cum bonum apprehensum sit obiectum appetitus, * ut dicitur in iii de anima. ' sed multi nesciunt quid sit beatitudo, * quod, sicut augustinus dicit in xiii de trin., patet ex hoc, quod ° quidam posuerunt beatitudinem in voluptate corporis, quidam in virtute animi, quidam in aliis rebus. ' non ergo omnes beatitudinem appetunt.
ag2 ' Praeterea, essentia beatitudinis est visio essentiae divinae, * ut dictum est. ' sed aliqui opinantur hoc esse impossibile, quod deus per essentiam ab homine videatur, unde hoc non appetunt. ergo non omnes homines appetunt beatitudinem.
ag3 * Praeterea, augustinus dicit, in xiii de trin. quod ° beatus est qui habet omnia quae vult, et nihil male vult. ' sed non omnes hoc volunt, quidam enim male aliqua volunt, et tamen volunt illa se velle. non ergo omnes volunt beatitudinem.
sc * Sed contra est quod augustinus dicit, xiii de trin., ° si minus dixisset, omnes beati esse vultis, miseri esse non vultis, dixisset aliquid quod nullus in sua non cognosceret voluntate. ' quilibet ergo vult esse beatus.
co ' Respondeo dicendum quod beatitudo dupliciter potest considerari. uno modo, secundum communem rationem beatitudinis. et sic necesse est quod omnis homo beatitudinem velit. ratio autem beatitudinis communis est ut sit bonum perfectum, * sicut dictum est. ' cum autem bonum sit obiectum voluntatis, perfectum bonum est alicuius, quod totaliter eius voluntati satisfacit. unde appetere beatitudinem nihil aliud est quam appetere ut voluntas satietur. quod quilibet vult. alio modo possumus loqui de beatitudine secundum specialem rationem, quantum ad id in quo beatitudo consistit. et sic non omnes cognoscunt beatitudinem, quia nesciunt cui rei communis ratio beatitudinis conveniat. et per consequens, quantum ad hoc, non omnes eam volunt.
ra1 ' Unde patet responsio ad primum.
ra2 ' Ad secundum dicendum quod, cum voluntas sequatur apprehensionem intellectus seu rationis, sicut contingit quod aliquid est idem secundum rem, quod tamen est diversum secundum rationis considerationem; ita contingit quod aliquid est idem secundum rem, et tamen uno modo appetitur, alio modo non appetitur. beatitudo ergo potest considerari sub ratione finalis boni et perfecti, quae est communis ratio beatitudinis, et sic naturaliter et ex necessitate voluntas in illud tendit, * ut dictum est. ' potest etiam considerari secundum alias speciales considerationes, vel ex parte ipsius operationis, vel ex parte potentiae operativae, vel ex parte obiecti, et sic non ex necessitate voluntas tendit in ipsam.
ra3 ' Ad tertium dicendum quod ista definitio beatitudinis * quam quidam posuerunt, " beatus est qui habet omnia quae vult, vel, cui omnia optata succedunt, ' quodam modo intellecta, est bona et sufficiens; alio vero modo, est imperfecta. si enim intelligatur simpliciter de omnibus quae vult homo naturali appetitu, sic verum est quod qui habet omnia quae vult, est beatus, nihil enim satiat naturalem hominis appetitum, nisi bonum perfectum, quod est beatitudo. si vero intelligatur de his quae homo vult secundum apprehensionem rationis, sic habere quaedam quae homo vult, non pertinet ad beatitudinem, sed magis ad miseriam inquantum huiusmodi habita impediunt hominem ne habeat quaecumque naturaliter vult, sicut etiam ratio accipit ut vera interdum quae impediunt a cognitione veritatis. * et secundum hanc considerationem, augustinus addidit ad perfectionem beatitudinis, quod " nihil mali velit. quamvis primum posset sufficere, si recte intelligeretur, scilicet quod beatus est qui habet omnia quae vult.

008 ST2 qu6 ar

pr ' Quia igitur ad beatitudinem per actus aliquos necesse est pervenire, oportet consequenter de humanis actibus considerare, ut sciamus quibus actibus perveniatur ad beatitudinem, vel impediatur beatitudinis via. sed quia operationes et actus circa singularia sunt, ideo omnis operativa scientia in particulari consideratione perficitur. moralis igitur consideratio quia est humanorum actuum, primo quidem tradenda est in universali secundo vero, in particulari. circa universalem autem considerationem humanorum actuum, primo quidem considerandum occurrit de ipsis actibus humanis; secundo, de principiis eorum. humanorum autem actuum quidam sunt hominis proprii; quidam autem sunt homini et aliis animalibus communes. et quia beatitudo est proprium hominis bonum, propinquius se habent ad beatitudinem actus qui sunt proprie humani, quam actus qui sunt homini aliisque animalibus communes. primo ergo considerandum est de actibus qui sunt proprii hominis; secundo, de actibus qui sunt homini aliisque animalibus communes, qui dicuntur animae passiones. circa primum duo consideranda occurrunt, primo, de conditione humanorum actuum; secundo, de distinctione eorum. cum autem actus humani proprie dicantur qui sunt voluntarii, eo quod voluntas est rationalis appetitus, qui est proprius hominis; oportet considerare de actibus inquantum sunt voluntarii. primo ergo considerandum est de voluntario et involuntario in communi; secundo, de actibus qui sunt voluntarii quasi ab ipsa voluntate eliciti, ut immediate ipsius |25| voluntatis existentes; tertio, de actibus qui sunt voluntarii quasi a voluntate imperati, qui sunt ipsius voluntatis mediantibus aliis potentiis. et quia actus voluntarii habent quasdam circumstantias, secundum quas diiudicantur, primo considerandum est de voluntario et involuntario; et consequenter de circumstantiis ipsorum actuum in quibus voluntarium et involuntarium invenitur. circa primum quaeruntur octo. primo, utrum in humanis actibus inveniatur voluntarium. secundo, utrum inveniatur in animalibus brutis. tertio, utrum voluntarium esse possit absque omni actu. quarto, utrum violentia voluntati possit inferri. quinto, utrum violentia causet involuntarium. sexto, utrum metus causet involuntarium. septimo, utrum concupiscentia involuntarium causet. octavo, utrum ignorantia.

008 ST2 qu6 ar1

ag1 ' Ad primum sic proceditur. videtur quod in humanis actibus non inveniatur voluntarium. voluntarium enim est cuius principium est in ipso; * ut patet per gregorium nyssenum, et damascenum, et aristotelem. ' sed principium humanorum actuum non est in ipso homine, sed est extra, " nam appetitus hominis movetur ad agendum ab appetibili quod est extra quod est sicut movens non motum, * ut dicitur in iii de anima. ' ergo in humanis actibus non invenitur voluntarium.

ag2 ' Praeterea, philosophus in viii physic. probat quod " non invenitur in animalibus aliquis motus novus, qui non praeveniatur ab alio motu exteriori. ' sed omnes actus hominis sunt novi, nullus enim actus hominis aeternus est. ergo principium omnium humanorum actuum est ab extra. non igitur in eis invenitur voluntarium.

ag3 ' Praeterea, qui voluntarie agit, per se agere potest. sed hoc homini non convenit, * dicitur enim ioan. xv, ° sine me nihil potestis facere. ' ergo voluntarium in humanis actibus non invenitur.

sc * Sed contra est quod dicit damascenus, in ii libro, quod ° voluntarium est actus qui est operatio rationalis. ' tales autem sunt actus humani. ergo in actibus humanis invenitur voluntarium.

co ' Respondeo dicendum quod oportet in actibus humanis voluntarium esse. ad cuius evidentiam, considerandum est quod quorundam actuum seu motuum principium est in agente, seu in eo quod movetur; quorundam autem motuum vel actuum principium est extra. cum enim lapis movetur sursum, principium huius motionis est extra lapidem, sed cum movetur deorsum, principium huius motionis est in ipso lapide. eorum autem quae a principio intrinseco moventur, quaedam movent seipsa, quaedam autem non. cum enim omne agens seu motum agat seu moveatur propter finem, * ut supra habitum est; ' illa perfecte moventur a principio intrinseco, in quibus est aliquod intrinsecum principium non solum ut moveantur, sed ut moveantur in finem. ad hoc autem quod fiat aliquid propter finem, requiritur cognitio finis aliqualis. quodcumque igitur sic agit vel movetur a principio intrinseco, quod habet aliquam notitiam finis, habet in seipso principium sui actus non solum ut agat, sed etiam ut agat propter finem. quod autem nullam notitiam finis habet, etsi in eo sit principium actionis vel motus; non tamen eius quod est agere vel moveri propter finem est principium in ipso, sed in alio, a quo ei imprimitur principium suae motionis in finem. unde huiusmodi non dicuntur movere seipsa, sed ab aliis moveri. quae vero habent notitiam finis dicuntur seipsa movere, quia in eis est principium non solum ut agant, sed etiam ut agant propter finem. et ideo, cum utrumque sit |25| ab intrinseco principio, scilicet quod agunt, et quod propter finem agunt, horum motus et actus dicuntur voluntarii, hoc enim importat nomen voluntarii, quod motus et actus sit a propria inclinatione. " et inde est quod voluntarium dicitur esse, * secundum definitionem aristotelis et gregorii nysseni et damasceni, ' non solum cuius principium est intra, sed cum additione scientiae. unde, cum homo maxime cognoscat finem sui operis et moveat seipsum, in eius actibus maxime voluntarium invenitur.

ra1 ' Ad primum ergo dicendum quod non omne principium est principium primum. licet ergo de ratione voluntarii sit quod principium eius sit intra, non tamen est contra rationem voluntarii quod principium intrinsecum causetur vel moveatur ab exteriori principio, quia non est de ratione voluntarii quod principium intrinsecum sit principium primum. sed tamen sciendum quod contingit aliquod principium motus esse primum in genere, quod tamen non est primum simpliciter sicut in genere alterabilium primum alterans est corpus caeleste, quod tamen non est primum movens simpliciter, sed movetur motu locali a superiori movente. sic igitur principium intrinsecum voluntarii actus, quod est vis cognoscitiva et appetitiva, est primum principium in genere appetitivi motus, quamvis moveatur ab aliquo exteriori secundum alias species motus.

ra2 ' Ad secundum dicendum quod motus animalis novus praevenitur quidem ab aliquo exteriori motu quantum ad duo. uno modo, inquantum per motum exteriorem praesentatur sensui animalis aliquod sensibile, quod apprehensum movet appetitum, sicut leo videns cervum per eius motum appropinquantem, incipit moveri ad ipsum. alio modo, inquantum per exteriorem motum incipit aliqualiter immutari naturali immutatione corpus animalis, puta per frigus vel calorem; corpore autem immutato per motum exterioris corporis, immutatur etiam per accidens appetitus sensitivus, qui est virtus organi corporei; sicut cum ex aliqua alteratione corporis commovetur appetitus ad concupiscentiam alicuius rei. sed hoc non est contra rationem voluntarii, * ut dictum est ' huiusmodi enim motiones ab exteriori principio sunt alterius generis.

ra3 ' Ad tertium dicendum quod deus movet hominem ad agendum non solum sicut proponens sensui appetibile, vel sicut immutans corpus, sed etiam sicut movens ipsam voluntatem, quia omnis motus tam voluntatis quam naturae, ab eo procedit sicut a primo movente. et sicut non est contra rationem naturae quod motus naturae sit a deo sicut a primo movente, inquantum natura est quoddam instrumentum dei moventis; ita non est contra rationem actus voluntarii quod sit a deo, inquantum voluntas a deo movetur. est tamen communiter de ratione naturalis et voluntarii motus, quod sint a principio intrinseco.

008 ST2 qu6 ar2

ag1 ' Ad secundum sic proceditur. videtur quod voluntarium non sit in brutis animalibus. voluntarium enim a voluntate dicitur. voluntas autem, cum sit in ratione, * ut dicitur in iii de anima, ' non potest esse in brutis animalibus. ergo neque voluntarium in eis invenitur.

ag2 ' Praeterea, secundum hoc quod actus humani sunt voluntarii, homo dicitur esse dominus suorum actuum. sed bruta animalia non habent dominium sui actus, ° non enim agunt, sed magis aguntur, * ut damascenus dicit. ' ergo in brutis animalibus non est voluntarium.

ag3 * Praeterea, damascenus dicit quod ° actus voluntarios sequitur laus et vituperium. ' sed actibus brutorum animalium non debetur neque laus neque vituperium. ergo in eis non est voluntarium.

sc * Sed contra est quod dicit philosophus, in iii ethic., quod ° pueri et bruta animalia communicant voluntario. * et idem dicunt damascenus et gregorius nyssenus.

co * Respondeo dicendum quod, sicut dictum est, ' ad rationem voluntarii requiritur quod principium actus sit intra, cum aliqua cognitione finis. est autem duplex cognitio finis, perfecta scilicet, et imperfecta. perfecta quidem finis cognitio est quando non solum apprehenditur res quae est finis sed etiam cognoscitur ratio finis, et proportio eius quod ordinatur in finem ad ipsum. et talis cognitio finis competit soli rationali naturae. imperfecta autem cognitio finis est quae in sola finis apprehensione consistit, sine hoc quod cognoscatur ratio finis, et proportio actus ad finem. et talis cognitio finis invenitur in brutis animalibus, per sensum et aestimationem naturalem. perfectam igitur cognitionem finis sequitur voluntarium secundum rationem perfectam, prout scilicet, apprehenso fine, aliquis potest, deliberans de fine et de his quae sunt ad finem, moveri in finem vel non moveri. imperfectam autem cognitionem finis sequitur voluntarium secundum rationem imperfectam, prout scilicet apprehendens finem non deliberat, sed subito movetur in ipsum. unde soli rationali naturae competit voluntarium secundum rationem perfectam, sed secundum rationem imperfectam, competit etiam brutis animalibus.

ra1 ' Ad primum ergo dicendum quod voluntas nominat rationalem appetitum, et ideo non potest esse in his quae ratione carent. voluntarium autem denominative dicitur a voluntate, et potest trahi ad ea in quibus est aliqua participatio voluntatis, secundum aliquam convenientiam ad voluntatem. et hoc modo voluntarium attribuitur animalibus brutis, inquantum scilicet per cognitionem aliquam moventur in finem.

ra2 ' Ad secundum dicendum quod ex hoc contingit quod homo est dominus sui actus, quod habet deliberationem de suis actibus, ex hoc enim quod ratio deliberans se habet ad opposita, voluntas in utrumque potest. sed secundum hoc voluntarium non est in brutis animalibus, * ut dictum est.

ra3 ' Ad tertium dicendum quod laus et vituperium consequuntur actum voluntarium secundum perfectam voluntarii rationem; qualis non invenitur in brutis.

008 ST2 qu6 ar3

ag1 ' Ad tertium sic proceditur. videtur quod voluntarium non possit esse sine actu. voluntarium enim dicitur quod est a voluntate. sed nihil potest esse a voluntate nisi per aliquem actum, ad minus ipsius voluntatis. ergo voluntarium non potest esse sine actu.

ag2 ' Praeterea, sicut per actum voluntatis dicitur aliquis velle, ita cessante actu voluntatis dicitur non velle. sed non velle involuntarium causat, quod opponitur voluntario. ergo voluntarium non potest esse, actu voluntatis cessante.

ag3 ' Praeterea, de ratione voluntarii est cognitio, * ut dictum est. ' sed cognitio est per aliquem actum. ergo voluntarium non potest esse absque aliquo actu.

sc ' Sed contra, illud cuius domini sumus, dicitur esse voluntarium. sed nos domini sumus eius quod est agere et non agere, velle et non velle. ergo sicut agere et velle est voluntarium, ita et non agere et non velle.

co ' Respondeo dicendum quod voluntarium dicitur quod est a voluntate. ab aliquo autem dicitur esse aliquid dupliciter. uno modo, directe, quod scilicet procedit ab aliquo inquantum est agens, sicut calefactio a calore. alio modo, indirecte, ex hoc ipso quod non agit, sicut submersio navis dicitur esse a gubernatore, inquantum desistit a gubernando. sed sciendum quod non semper id quod sequitur ad defectum actionis, reducitur sicut in causam in agens, ex eo quod non agit, sed solum tunc cum potest et debet agere. si enim gubernator non posset navem dirigere, vel non esset ei commissa gubernatio navis, non imputaretur ei navis submersio, quae per absentiam gubernatoris contingeret. quia igitur voluntas, volendo et agendo, potest impedire hoc quod est non velle et non agere, et aliquando debet; hoc quod est non velle et non agere, imputatur ei, quasi ab ipsa existens. et sic voluntarium potest esse absque actu, quandoque quidem absque actu exteriori, cum actu interiori, sicut cum vult non agere; aliquando autem et absque actu interiori, sicut cum non vult.

ra1 ' Ad primum ergo dicendum quod voluntarium dicitur non solum quod procedit a voluntate directe, sicut ab agente; sed etiam quod est ab ea indirecte, sicut a non agente.

ra2 ' Ad secundum dicendum quod non velle dicitur dupliciter. uno modo prout sumitur in vi unius dictionis, secundum quod est infinitivum huius verbi nolo. unde sicut cum dico nolo legere, sensus est, volo non legere; ita hoc quod est non velle legere, significat velle non legere. et sic non velle causat involuntarium. alio modo sumitur in vi orationis. et tunc non affirmatur actus voluntatis. et huiusmodi non velle non causat involuntarium.

ra3 ' Ad tertium dicendum quod eo modo requiritur ad voluntarium actus cognitionis, sicut et actus voluntatis; ut scilicet sit in potestate alicuius considerare et velle et agere. et tunc sicut non velle et non agere, cum tempus fuerit, est voluntarium, ita etiam non considerare.

008 ST2 qu6 ar4

ag1 ' Ad quartum sic proceditur. videtur quod voluntati possit violentia inferri. unumquodque enim potest cogi a potentiori. sed aliquid est humana voluntate potentius, scilicet deus. ergo saltem ab eo cogi potest.

ag2 ' Praeterea, omne passivum cogitur a suo activo, quando immutatur ab eo. sed voluntas est vis passiva, " est enim movens motum, * ut dicitur in iii de anima. ' cum ergo aliquando moveatur a suo activo, videtur quod aliquando cogatur.

ag3 ' Praeterea, motus violentus est qui est contra naturam. sed motus voluntatis aliquando est contra naturam; ut patet de motu voluntatis ad peccandum, qui est contra naturam, * ut damascenus dicit. ' ergo motus voluntatis potest esse coactus.

sc * Sed contra est quod augustinus dicit, in v de civ. dei, quod " si aliquid fit voluntate, non fit ex necessitate. ' omne autem coactum fit ex necessitate. ergo quod fit ex voluntate, non potest esse coactum. ergo voluntas non potest cogi ad agendum.

co ' Respondeo dicendum quod duplex est actus voluntatis, unus quidem qui est eius immediate, velut ab ipsa elicitus, scilicet velle; alius autem est actus voluntatis a voluntate imperatus, et mediante alia potentia exercitus, ut ambulare et loqui, qui a voluntate imperantur mediante potentia motiva. quantum igitur ad actus a voluntate imperatos, voluntas violentiam pati potest, inquantum per violentiam exteriora membra impediri possunt ne imperium voluntatis exequantur. sed quantum ad ipsum proprium actum voluntatis, non potest ei violentia inferri. et huius ratio est quia actus voluntatis nihil est aliud quam inclinatio quaedam procedens ab interiori principio cognoscente, sicut appetitus naturalis est quaedam inclinatio ab interiori principio et sine cognitione. quod autem est coactum vel violentum, est ab exteriori principio. unde contra rationem ipsius actus voluntatis est quod sit coactus vel violentus, sicut etiam est contra rationem naturalis inclinationis vel motus. potest enim lapis per violentiam sursum ferri, sed quod iste motus violentus sit ex eius naturali inclinatione, esse non potest. similiter etiam potest homo per violentiam trahi, sed quod hoc sit ex eius voluntate, repugnat rationi violentiae.

ra1 ' Ad primum ergo dicendum quod deus, qui est potentior quam voluntas humana, potest voluntatem humanam movere; * secundum illud prov. xxi, ° cor regis in manu dei est, et quocumque voluerit, vertet illud. ' sed si hoc esset per violentiam, iam non esset cum actu voluntatis nec ipsa voluntas moveretur, sed aliquid contra voluntatem.

ra2 ' Ad secundum dicendum quod non semper est motus violentus, quando passivum immutatur a suo activo, sed quando hoc fit contra interiorem inclinationem passivi. alioquin omnes alterationes et generationes simplicium corporum essent innaturales et violentae. sunt autem naturales, propter naturalem aptitudinem interiorem materiae vel subiecti ad talem dispositionem. et similiter quando voluntas movetur ab appetibili secundum propriam inclinationem, non est motus violentus, sed voluntarius.

ra3 ' Ad tertium dicendum quod id in quod voluntas tendit peccando, etsi sit malum et contra rationalem naturam secundum rei veritatem, apprehenditur tamen ut bonum et conveniens naturae, inquantum est conveniens homini secundum aliquam passionem sensus, vel secundum aliquem habitum corruptum.

008 ST2 qu6 ar5

ag1 ‘ Ad quintum sic proceditur. videtur quod violentia non causet involuntarium. voluntarium enim et involuntarium secundum voluntatem dicuntur. sed voluntati violentia inferri non potest, * ut ostensum est. ‘ ergo violentia involuntarium causare non potest.
ag2 ‘ Praeterea, id quod est involuntarium, est cum tristitia, * ut damascenus et philosophus dicunt. ‘ sed aliquando patitur aliquis violentiam, nec tamen inde tristatur. ergo violentia non causat involuntarium.
ag3 ‘ Praeterea, id quod est a voluntate, non potest esse involuntarium. sed aliqua violenta sunt a voluntate, sicut cum aliquis cum corpore gravi sursum ascendit; et sicut cum aliquis inflectit membra contra naturalem eorum flexibilitatem. ergo violentia non causat involuntarium.
sc * Sed contra est quod philosophus et damascenus dicunt, quod ° aliquid est involuntarium per violentiam.
co ‘ Respondeo dicendum quod violentia directe opponitur voluntario, sicut etiam et naturali. commune est enim voluntario et naturali quod utrumque sit a principio intrinseco, violentum autem est a principio extrinseco. et propter hoc, sicut in rebus quae cognitione carent, violentia aliquid facit contra naturam; ita in rebus cognoscentibus facit aliquid esse contra voluntatem. quod autem est contra naturam, dicitur esse innaturale, et similiter quod est contra voluntatem, dicitur esse involuntarium. unde violentia involuntarium causat.
ra1 ‘ Ad primum ergo dicendum quod involuntarium voluntario opponitur. * dictum est autem supra quod ‘ voluntarium dicitur non solum actus qui est immediate ipsius voluntatis, sed etiam actus a voluntate imperatus. quantum igitur ad actum qui est immediate ipsius voluntatis, * ut supra dictum est, ‘ violentia voluntati inferri non potest, unde talem actum violentia involuntarium facere non potest. sed quantum ad actum imperatum, voluntas potest pati violentiam. et quantum ad hunc actum, violentia involuntarium facit.
ra2 ‘ Ad secundum dicendum quod, sicut naturale dicitur quod est secundum inclinationem naturae, ita voluntarium dicitur quod est secundum inclinationem voluntatis. dicitur autem aliquid naturale dupliciter. uno modo, quia est a natura sicut a principio activo, sicut calefacere est naturale igni. alio modo, secundum principium passivum, quia scilicet est in natura inclinatio ad recipiendum actionem a principio extrinseco, sicut motus caeli dicitur esse naturalis, propter aptitudinem naturalem caelestis corporis ad talem motum, licet movens sit voluntarium. et similiter voluntarium potest aliquid dici dupliciter, uno modo, secundum actionem, puta cum aliquis vult aliquid agere; alio modo, secundum passionem, scilicet cum aliquis vult pati ab alio. unde cum actio infertur ab aliquo exteriori, manente in eo qui patitur voluntate patiendi, non est simpliciter violentum, quia licet ille qui patitur non conferat agendo, confert tamen volendo pati. unde non potest dici involuntarium.
ra3 * Ad tertium dicendum quod, sicut philosophus dicit in viii physic., ‘ motus animalis quo interdum movetur animal contra naturalem inclinationem corporis, etsi non sit naturalis corpori, est tamen quodammodo naturalis animali, cui naturale est quod secundum appetitum moveatur. et ideo hoc non est violentum simpliciter, sed secundum quid. et similiter est dicendum cum aliquis inflectit membra contra naturalem dispositionem. hoc enim est violentum secundum quid, scilicet quantum ad membrum particulare non tamen simpliciter, quantum ad ipsum hominem.

008 ST2 qu6 ar6

ag1 ‘ Ad sextum sic proceditur. videtur quod metus causet involuntarium simpliciter. sicut enim violentia est respectu eius quod contrariatur praesentialiter voluntati, ita metus est respectu mali futuri quod repugnat voluntati. sed violentia causat involuntarium simpliciter. ergo et metus involuntarium simpliciter causat.
ag2 ‘ Praeterea, quod est secundum se tale, quolibet addito remanet tale, sicut quod secundum se est calidum, cuicumque coniungatur, nihilominus est calidum, ipso manente. sed illud quod per metum agitur, secundum se est involuntarium. ergo etiam adveniente metu est involuntarium.
ag3 ‘ Praeterea, quod sub conditione est tale, secundum quid est tale; quod autem absque conditione est tale, simpliciter est tale, sicut quod est necessarium ex conditione, est necessarium secundum quid; quod autem est necessarium absolute, est necessarium simpliciter. sed id quod per metum agitur, est involuntarium absolute, non est autem voluntarium nisi sub conditione, scilicet ut vitetur malum quod timetur. ergo id quod per metum agitur, est simpliciter involuntarium.
sc * Sed contra est quod gregorius nyssenus dicit, et etiam philosophus “ quod huiusmodi quae per metum aguntur, sunt magis voluntaria quam involuntaria.
co * Respondeo dicendum quod, sicut philosophus dicit in iii ethic., et idem dicit gregorius nyssenus in libro suo de homine, “ huiusmodi quae per metum aguntur, ° mixta sunt ex voluntario et involuntario. ‘ id enim quod per metum agitur, in se consideratum, non est voluntarium, sed fit voluntarium in casu, scilicet ad vitandum malum quod timetur. sed si quis recte consideret, magis sunt huiusmodi voluntaria quam involuntaria, sunt enim voluntaria simpliciter, involuntaria autem secundum quid. unumquodque enim simpliciter esse dicitur secundum quod est in actu, secundum autem quod est in sola apprehensione, non est simpliciter, sed secundum quid. hoc autem quod per metum agitur, secundum hoc est in actu, secundum quod fit, cum enim actus in singularibus sint, singulare autem, inquantum huiusmodi, est hic et nunc; secundum hoc id quod fit est in actu, secundum quod est hic et nunc et sub aliis conditionibus individualibus. sic autem hoc quod fit per metum, est voluntarium, inquantum scilicet est hic et nunc, prout scilicet in hoc casu est impedimentum maioris mali quod timebatur, sicut proiectio mercium in mare fit voluntarium tempore tempestatis, propter timorem periculi. unde manifestum est quod simpliciter voluntarium est. unde et competit ei ratio voluntarii, quia principium eius est intra. sed quod accipiatur id quod per metum fit, ut extra hunc casum existens, prout |25| repugnat voluntati, hoc non est nisi secundum considerationem tantum. et ideo est involuntarium secundum quid, idest prout consideratur extra hunc casum existens.
ra1 ‘ Ad primum ergo dicendum quod ea quae aguntur per metum et per vim, non solum differunt secundum praesens et futurum, sed etiam secundum hoc, quod in eo quod agitur per vim, voluntas non consentit, sed omnino est contra motum voluntatis, sed id quod per metum agitur, fit voluntarium, ideo quia motus voluntatis fertur in id, licet non propter seipsum, sed propter aliud, scilicet ad repellendum malum quod timetur. sufficit enim ad rationem voluntarii quod sit propter aliud voluntarium, voluntarium enim est non solum quod propter seipsum volumus ut finem, sed etiam quod propter aliud volumus ut propter finem. patet ergo quod in eo quod per vim agitur, voluntas interior nihil agit, sed in eo quod per metum agitur, voluntas aliquid agit. * et ideo, ut gregorius nyssenus dicit, ad excludendum ea quae per metum aguntur, “ in definitione violenti non solum dicitur quod violentum est cuius principium est extra, sed additur, nihil conferente vim passo, quia ‘ ad id quod agitur per metum, voluntas timentis aliquid confert.
ra2 ‘ Ad secundum dicendum quod ea quae absolute dicuntur, quolibet addito remanent talia, sicut calidum et album, sed ea quae relative dicuntur, variantur secundum comparationem ad diversa; quod enim est magnum comparatum huic, est parvum comparatum alteri. voluntarium autem dicitur aliquid non solum propter seipsum, quasi absolute, sed etiam propter aliud, quasi relative. et ideo nihil prohibet aliquid quod non esset voluntarium alteri comparatum fieri voluntarium per comparationem ad aliud.
ra3 ‘ Ad tertium dicendum quod illud quod per metum agitur, absque conditione est voluntarium, idest secundum quod actu agitur, sed involuntarium est sub conditione, idest si talis metus non immineret. unde secundum illam rationem magis potest concludi oppositum.

008 ST2 qu6 ar7

ag1 ‘ Ad septimum sic proceditur. videtur quod concupiscentia causet involuntarium. sicut enim metus est quaedam passio, ita et concupiscentia. sed metus causat quodammodo involuntarium. ergo etiam concupiscentia.
ag2 ‘ Praeterea, sicut per timorem timidus agit contra id quod proponebat, ita incontinens propter concupiscentiam. sed timor aliquo modo causat involuntarium. ergo et concupiscentia.
ag3 ‘ Praeterea, ad voluntarium requiritur cognitio. sed concupiscentia corrumpit cognitionem, * dicit enim philosophus, in vi ethic., quod “ delectatio, sive concupiscentia delectationis, corrumpit aestimationem prudentiae. ‘ ergo concupiscentia causat involuntarium.
sc * Sed contra est quod damascenus dicit, ° involuntarium est misericordia vel indulgentia dignum, et cum tristitia agitur. ‘ sed neutrum horum competit ei quod per concupiscentiam agitur. ergo concupiscentia non causat involuntarium.
co ‘ Respondeo dicendum quod concupiscentia non causat involuntarium, sed magis facit aliquid voluntarium. dicitur enim aliquid voluntarium ex eo quod voluntas in id fertur. per concupiscentiam autem voluntas inclinatur ad volendum id quod concupiscitur. et ideo concupiscentia magis facit ad hoc quod aliquid sit voluntarium, quam quod sit involuntarium.
ra1 ‘ Ad primum ergo dicendum quod timor est de malo, concupiscentia autem respicit bonum. malum autem secundum se contrariatur voluntati, sed bonum est voluntati consonum. unde magis se habet timor ad causandum involuntarium quam concupiscentia.
ra2 ‘ Ad secundum dicendum quod in eo qui per metum aliquid agit, manet repugnantia voluntatis ad id quod agitur, secundum quod in se consideratur. sed in eo qui agit aliquid per concupiscentiam, sicut est incontinens, non manet prior voluntas, qua repudiabat illud quod concupiscitur, sed mutatur ad volendum id quod prius repudiabat. et ideo quod per metum agitur, quodammodo est involuntarium, sed quod per concupiscentiam agitur, nullo modo. nam incontinens concupiscentiae agit contra id quod prius proponebat, non autem contra id quod nunc vult, sed timidus agit contra id quod etiam nunc secundum se vult.
ra3 ‘ Ad tertium dicendum quod, si concupiscentia totaliter cognitionem auferret, sicut contingit in illis qui propter concupiscentiam fiunt amentes, sequeretur quod concupiscentia voluntarium tolleret. nec tamen proprie esset ibi involuntarium, quia in his quae usum rationis non habent, neque voluntarium est neque involuntarium. sed quandoque in his quae per concupiscentiam aguntur, non totaliter tollitur cognitio, quia non tollitur potestas cognoscendi; sed solum consideratio actualis in particulari agibili. et tamen hoc ipsum est voluntarium, secundum quod voluntarium dicitur quod est in potestate voluntatis, ut non agere et non velle, similiter autem et non considerare, potest enim voluntas passioni resistere, * ut infra dicetur.

008 ST2 qu6 ar8

ag1 ‘ Ad octavum sic proceditur. videtur quod ignorantia non causet involuntarium. “ involuntarium enim veniam meretur, * ut damascenus dicit. ‘ sed interdum quod per ignorantiam agitur, veniam non meretur; * secundum illud i ad cor. xiv, ° si quis ignorat, ignorabitur. ‘ ergo ignorantia non causat involuntarium.
ag2 ‘ Praeterea, omne peccatum est cum ignorantia; * secundum illud prov. xiv, ° errant qui operantur malum. ‘ si igitur ignorantia involuntarium causet, sequeretur quod omne peccatum esset involuntarium. * quod est contra augustinum dicentem quod “ omne peccatum est voluntarium.
ag3 “ Praeterea, involuntarium cum tristitia est, * ut damascenus dicit. ‘ sed quaedam ignoranter aguntur, et sine tristitia, puta si aliquis occidit hostem quem quaerit occidere, putans occidere cervum. ergo ignorantia non causat involuntarium.
sc * Sed contra est quod damascenus et philosophus dicunt, quod ° involuntarium quoddam est per ignorantiam.
co ‘ Respondeo dicendum quod ignorantia habet causare involuntarium ea ratione qua privat cognitionem, quae praeexigitur ad voluntarium, * ut supra dictum est. ‘ non tamen quaelibet ignorantia huiusmodi cognitionem privat. et ideo sciendum quod ignorantia tripliciter se habet ad actum voluntatis, uno modo, concomitanter; alio modo, consequenter; tertio modo, antecedenter. concomitanter quidem, quando ignorantia est de eo quod agitur, tamen, etiam si sciretur, nihilominus ageretur. tunc enim ignorantia non inducit ad volendum ut hoc fiat, sed accidit simul esse aliquid factum et ignoratum, * sicut, in exemplo posito, ‘ cum aliquis vellet quidem occidere hostem, sed ignorans occidit eum, putans occidere cervum. “ et talis ignorantia non facit involuntarium, * ut philosophus dicit, ‘ quia non causat aliquid quod sit repugnans voluntati, sed facit non voluntarium, quia non potest esse actu volitum quod ignoratum est. consequenter autem se habet ignorantia ad voluntatem, inquantum ipsa ignorantia est voluntaria. et hoc contingit |25| dupliciter, * secundum duos modos voluntarii supra positos. ‘ uno modo, quia actus voluntatis fertur in ignorantiam, sicut cum aliquis ignorare vult ut excusationem peccati habeat, vel ut non retrahatur a peccando, * secundum illud iob xxi, ° scientiam viarum tuarum nolumus. ‘ et haec dicitur ignorantia affectata. alio modo dicitur ignorantia voluntaria eius quod quis potest scire et debet, sic enim non agere et non velle voluntarium dicitur, * ut supra dictum est. ‘ hoc igitur modo dicitur ignorantia, sive cum aliquis actu non considerat quod considerare potest et debet, quae est ignorantia malae electionis, vel ex passione vel ex habitu proveniens, sive cum aliquis notitiam quam debet habere, non curat acquirere; et secundum hunc modum, ignorantia universalium iuris, quae quis scire tenetur, voluntaria dicitur, quasi per negligentiam proveniens. cum autem ipsa ignorantia sit voluntaria aliquo istorum modorum, non potest causare simpliciter involuntarium. causat tamen secundum quid involuntarium, inquantum praecedit motum voluntatis ad aliquid agendum, qui non esset scientia praesente. antecedenter autem se habet ad voluntatem ignorantia, quando non est voluntaria, et tamen est causa volendi quod alias homo non vellet. sicut cum homo ignorat aliquam circumstantiam actus quam |50| non tenebatur scire, et ex hoc aliquid agit, quod non faceret si sciret, puta cum aliquis, diligentia adhibita, nesciens aliquem transire per viam, proiicit sagittam, qua interficit transeuntem. et talis ignorantia causat involuntarium simpliciter.
ra1 ‘ Et per hoc patet responsio ad obiecta. nam prima ratio procedebat de ignorantia eorum quae quis tenetur scire. secunda autem, de ignorantia electio-

nis, quae quodammodo est voluntaria, * ut dictum est. ‘ tertia vero, de ignorantia quae concomitanter se habet ad voluntatem.

008 ST2 qu7 ar

pr ‘ Deinde considerandum est de circumstantiis humanorum actuum. et circa hoc quaeruntur quatuor. primo, quid sit circumstantia. secundo, utrum circumstantiae sint circa humanos actus attendendae a theologo. tertio, quot sunt circumstantiae. quarto, quae sunt in eis principaliores.

008 ST2 qu7 ar1

ag1 ‘ Ad primum sic proceditur. videtur quod circumstantia non sit accidens actus humani. * dicit enim tullius, in rhetoricis, quod ° circumstantia est per quam argumentationi auctoritatem et firmamentum adiungit oratio. ‘ sed oratio dat firmamentum argumentationi praecipue ab his quae sunt de substantia rei, ut definitio, genus, species, et alia huiusmodi; * a quibus etiam tullius oratorem argumentari docet. ‘ ergo circumstantia non est accidens humani actus.
ag2 ‘ Praeterea, accidentis proprium est inesse. quod autem circumstat, non inest, sed magis est extra. ergo circumstantiae non sunt accidentia humanorum actuum.
ag3 ‘ Praeterea, accidentis non est accidens. sed ipsi humani actus sunt quaedam accidentia. non ergo circumstantiae sunt accidentia actuum.
sc ‘ Sed contra, particulares conditiones cuiuslibet rei singularis dicuntur accidentia individuantia ipsam. * sed philosophus, in iii ethic., “ circumstantias nominat particularia, idest particulares singulorum actuum conditiones. ergo ‘ circumstantiae sunt accidentia individualia humanorum actuum.
co ‘ Respondeo dicendum quod, quia nomina, * secundum philosophum, ‘ sunt signa intellectuum, necesse est quod secundum processum intellectivae cognitionis, sit etiam nominationis processus. procedit autem nostra cognitio intellectualis a notioribus ad minus nota. et ideo apud nos a notioribus nomina transferuntur ad significandum res minus notas. * et inde est quod, sicut dicitur in x metaphys., ° ab his quae sunt secundum locum, processit nomen distantiae ad omnia contraria, ‘ et similiter nominibus pertinentibus ad motum localem, utimur ad significandum alios motus, eo quod corpora, quae loco circumscribuntur, sunt maxime nobis nota. et inde est quod nomen circumstantiae ab his quae in loco sunt, derivatur ad actus humanos. dicitur autem in localibus aliquid circumstare, quod est quidem extrinsecum a re, tamen attingit ipsam, vel appropinquat ei secundum locum. et ideo quaecumque conditiones sunt extra substantiam actus, et tamen attingunt aliquo modo actum humanum, circumstantiae dicuntur. quod autem est extra substantiam rei ad rem ipsam pertinens, accidens eius dicitur. unde circumstantiae actuum humanorum accidentia eorum dicenda sunt.
ra1 ‘ Ad primum ergo dicendum quod oratio quidem dat firmamentum argumentationi, primo ex substantia actus, secundario vero, ex his quae circumstant actum. sicut primo accusabilis redditur aliquis ex hoc quod homicidium fecit, secundario vero, ex hoc quod dolo fecit, vel propter lucrum, vel in tempore aut loco sacro, aut aliquid aliud huiusmodi. * et ideo signanter dicit quod “ per circumstantiam oratio argumentationi firmamentum adiungit, quasi secundario.
ra2 ‘ Ad secundum dicendum quod aliquid dicitur accidens alicuius dupliciter. uno modo, quia inest ei, sicut album dicitur accidens socratis. alio modo quia est simul cum eo in eodem subiecto, sicut dicitur quod album accidit musico, inquantum conveniunt, et quodammodo se contingunt, in uno subiecto. et per hunc modum dicuntur circumstantiae accidentia actuum.
ra3 ‘ Ad tertium dicendum quod, * sicut dictum est, ‘ accidens dicitur accidenti accidere propter convenientiam in subiecto. sed hoc contingit dupliciter. uno modo, secundum quod duo accidentia comparantur ad unum subiectum absque aliquo ordine, sicut album et musicum ad socratem. alio modo, cum aliquo ordine, puta quia subiectum recipit unum accidens alio mediante, sicut corpus recipit colorem mediante superficie. et sic unum accidens dicitur etiam alteri inesse, dicimus enim colorem esse in superficie. utroque autem modo circumstantiae se habent ad actus. nam aliquae circumstantiae ordinatae ad actum, pertinent ad agentem non mediante actu, puta locus et conditio personae, aliquae vero mediante ipso actu, sicut modus agendi.

008 ST2 qu7 ar2

ag1 ‘ Ad secundum sic proceditur. videtur quod circumstantiae humanorum actuum non sint considerandae a theologo. non enim considerantur a theologo actus humani, nisi secundum quod sunt aliquales, idest boni vel mali. sed circumstantiae non videntur posse facere actus aliquales, quia nihil qualificatur, formaliter loquendo, ab eo quod est extra ipsum, sed ab eo quod in ipso est. ergo circumstantiae actuum non sunt a theologo considerandae.
ag2 ‘ Praeterea, circumstantiae sunt accidentia actuum. sed uni infinita accidunt, * et ideo, ut dicitur in vi metaphys., ° nulla ars vel scientia est circa ens per accidens, nisi sola sophistica. ‘ ergo theologos non habet considerare circumstantias humanorum actuum.
ag3 ‘ Praeterea, circumstantiarum consideratio pertinet ad rhetorem. rhetorica autem non est pars theologiae. ergo consideratio circumstantiarum non pertinet ad theologum.
sc ‘ Sed contra, “ ignorantia circumstantiarum causat involuntarium, * ut damascenus et gregorius nyssenus dicunt. ‘ sed involuntarium excusat a culpa, cuius consideratio pertinet ad theologum. ergo et consideratio circumstantiarum ad theologum pertinet.
co ‘ Respondeo dicendum quod circumstantiae pertinent ad considerationem theologi triplici ratione. primo quidem, quia theologus considerat actus humanos secundum quod per eos homo ad beatitudinem ordinatur. omne autem quod ordinatur ad finem, oportet esse proportionatum fini. actus autem proportionantur fini secundum commensurationem quandam, quae fit per debitas circumstantias. unde consideratio circumstantiarum ad theologum pertinet. secundo, quia theologus considerat actus humanos secundum quod in eis invenitur bonum et malum, et melius et peius, et hoc diversificatur secundum circumstantias, * ut infra patebit. ‘ tertio, quia theologus considerat actus humanos secundum quod sunt meritorii vel demeritorii, quod convenit actibus humanis; ad quod requiritur quod sint voluntarii. actus autem humanus iudicatur voluntarius vel involuntarius, secundum cognitionem vel ignorantiam circumstantiarum, * ut dictum est. ‘ et ideo consideratio circumstantiarum pertinet ad theologum.
ra1 ‘ Ad primum ergo dicendum quod bonum ordinatum ad finem dicitur utile, quod importat relationem quandam, * unde philosophus dicit, in i ethic., quod ° in ad aliquid bonum est utile. ‘ in his autem quae ad aliquid dicuntur, denominatur aliquid non solum ab eo quod inest, sed etiam ab eo quod extrinsecus adiacet, ut patet in dextro et sinistro, aequali et inaequali, et similibus. et ideo, cum bonitas actuum sit inquantum sunt utiles ad finem, nihil prohibet eos bonos vel malos dici secundum proportionem ad aliqua quae exterius adiacent.
ra2 ‘ Ad secundum dicendum quod accidentia quae omnino per accidens se habent, relinquuntur ab omni arte, propter eorum incertitudinem et infinitatem. sed talia accidentia non habent rationem circumstantiae, quia, * ut dictum est, ‘ sic circumstantiae sunt extra actum, quod tamen actum aliquo modo contingunt, ordinatae ad ipsum. accidentia autem per se cadunt sub arte.
ra3 ‘ Ad tertium dicendum quod consideratio circumstantiarum pertinet ad moralem, et politicum, et ad rhetorem. ad moralem quidem, prout secundum eas invenitur vel praetermittitur medium virtutis in humanis actibus et passionibus. ad politicum autem et rhetorem, secundum quod ex circumstantiis actus redduntur laudabiles vel vituperabiles, excusabiles vel accusabiles. diversimode tamen, nam quod rhetor persuadet, politicus diiudicat. ad theologum autem, cui omnes aliae artes deserviunt, pertinent omnibus modis praedictis, nam ipse habet considerationem de actibus virtuosis et vitiosis, cum morali; et considerat actus secundum quod merentur poenam vel praemium, cum rhetore et politico.

008 ST2 qu7 ar3

ag1 ‘ Ad tertium sic proceditur. videtur quod inconvenienter circumstantiae numerentur * in iii ethic.. ‘ circumstantia enim actus dicitur quod exterius se habet ad actum. huiusmodi autem sunt tempus et locus. ergo solae duae sunt circumstantiae, scilicet quando et ubi.
ag2 ‘ Praeterea, ex circumstantiis accipitur quid bene vel male fiat. sed hoc pertinet ad modum actus. ergo omnes circumstantiae concluduntur sub una, quae est modus agendi.
ag3 ‘ Praeterea, circumstantiae non sunt de substantia actus. sed ad substantiam actus pertinere videntur causae ipsius actus. ergo nulla circumstantia debet sumi ex causa ipsius actus. sic ergo neque quis, neque propter quid, neque circa quid, sunt circumstantiae, nam quis pertinet ad causam efficientem, propter quid ad finalem, circa quid ad materialem.
sc * Sed contra est auctoritas philosophi in iii ethicorum.
co * Respondeo dicendum quod tullius, in sua rhetorica, assignat “ septem circumstantias, quae hoc versu continentur, ° quis, quid, ubi, quibus auxiliis, cur, quomodo, quando. ‘ considerandum est enim in actibus quis fecit, quibus auxiliis vel instrumentis fecerit, quid fecerit, ubi fecerit, cur fecerit, quomodo fecerit, et quando fecerit. * sed aristoteles, in iii ethic., addit aliam, scilicet circa quid, quae a tullio comprehenditur sub quid. ‘ et ratio huius annumerationis sic accipi potest. nam circumstantia dicitur quod, extra substantiam actus existens, aliquo modo attingit ipsum. contingit autem hoc fieri tripliciter, uno modo, inquantum attingit ipsum actum; alio modo, inquantum attingit causam actus; tertio modo, inquantum attingit effectum. ipsum autem actum attingit, vel per modum mensurae, sicut tempus et locus; vel per modum qualitatis actus, sicut modus agendi. ex parte autem effectus, ut cum consideratur quid aliquis fecerit. ex parte vero causae actus, quantum ad causam finalem, accipitur propter quid; ex parte autem causae materialis, sive obiecti, accipitur circa quid; ex parte vero causae agentis principalis, accipitur quis egerit; ex parte vero causae agentis instrumentalis, accipitur quibus auxiliis.
ra1 ‘ Ad primum ergo dicendum quod tempus et locus circumstant actum per modum mensurae, sed alia circumstant actum inquantum attingunt ipsum quocumque alio modo, extra substantiam eius existentia.
ra2 ‘ Ad secundum dicendum quod iste modus qui est bene vel male, non ponitur circumstantia, sed consequens ad omnes circumstantias. sed specialis circumstantia ponitur modus qui pertinet ad qualitatem actus, puta quod aliquis ambulet velociter vel tarde, et quod aliquis percutit fortiter vel remisse, et sic de aliis.
ra3 ‘ Ad tertium dicendum quod illa conditio causae ex qua substantia actus dependet, non dicitur circumstantia; sed aliqua conditio adiuncta. sicut in obiecto non dicitur circumstantia furti quod sit alienum, hoc enim pertinet ad substantiam furti; sed quod sit magnum vel parvum. et similiter est de aliis circumstantiis quae accipiuntur ex parte aliarum causarum. non enim finis qui dat speciem actus, est circumstantia; sed aliquis finis adiunctus. sicut quod fortis fortiter agat propter bonum fortitudinis, non est circumstantia; sed si fortiter agat propter liberationem civitatis, vel populi christiani, vel aliquid huiusmodi. similiter etiam ex parte eius quod est quid, nam quod aliquis perfundens aliquem aqua, abluat ipsum, non est circumstantia ablutionis; sed quod abluendo infrigidet vel calefaciat, et sanet vel noceat, hoc est circumstantia.

008 ST2 qu7 ar4

ag1 ‘ Ad quartum sic proceditur. videtur quod non sint principales circumstantiae propter quid, et ea in quibus est operatio, * ut dicitur in iii ethic.. ‘ ea enim in quibus est operatio, videntur esse locus et tempus, quae non videntur esse principalia inter circumstantias, cum sint maxime extrinseca ab actu. ea ergo in quibus est operatio non sunt principalissimae circumstantiarum.
ag2 ‘ Praeterea, finis est extrinsecus rei. non ergo videtur esse principalissima circumstantiarum.
ag3 ‘ Praeterea, principalissimum in unoquoque est causa eius et forma ipsius. sed causa ipsius actus est persona agens; forma autem actus est modus ipsius. ergo istae duae circumstantiae videntur esse principalissimae.
sc * Sed contra est quod gregorius nyssenus dicit, quod ° principalissimae circumstantiae sunt cuius gratia agitur, et quid est quod agitur.
co ‘ Respondeo dicendum quod actus proprie dicuntur humani, * sicut supra dictum est, ‘ prout sunt voluntarii. voluntatis autem motivum et obiectum est finis. et ideo principalissima est omnium circumstantiarum illa quae attingit actum ex parte finis, scilicet cuius gratia, secundaria vero, quae attingit ipsam substantiam actus, idest quid fecit. aliae vero circumstantiae sunt magis vel minus principales, secundum quod magis vel minus ad has appropinquant.
ra1 * Ad primum ergo dicendum quod per ea in quibus est operatio, philosophus “ non intelligit tempus et locum, sed ea quae adiunguntur ipsi actui. * unde gregorius nyssenus, quasi exponens dictum philosophi, loco eius quod philosophus dixit, in quibus est operatio, dicit quid agitur.
ra2 ‘ Ad secundum dicendum quod finis, etsi non sit de substantia actus, est tamen causa actus principalissima, inquantum movet ad agendum. unde et maxime actus moralis speciem habet ex fine.
ra3 ‘ Ad tertium dicendum quod persona agens causa est actus secundum quod movetur a fine; et secundum hoc principaliter ordinatur ad actum. aliae vero conditiones personae non ita principaliter ordinantur ad actum. modus etiam non est substantialis forma actus, hoc enim attenditur in actu secundum obiectum et terminum vel finem, sed est quasi quaedam qualitas accidentalis.

008 ST2 qu8 ar

pr ‘ Deinde considerandum est de ipsis actibus voluntariis in speciali. et primo, de actibus qui sunt immediate ipsius voluntatis velut ab ipsa voluntate eliciti; secundo de actibus imperatis a voluntate. voluntas autem movetur et in finem, et in ea quae sunt ad finem. primo igitur considerandum est de actibus voluntatis quibus movetur in finem; et deinde de actibus eius quibus movetur in ea quae sunt ad finem. actus autem voluntatis in finem videntur esse tres, scilicet velle, frui et intendere. primo ergo considerabimus de voluntate; secundo, de fruitione; tertio, de intentione. circa primum consideranda sunt tria, primo quidem, quorum voluntas sit; secundo, a quo moveatur; tertio, quomodo moveatur. circa primum quaeruntur tria. primo, utrum voluntas sit tantum boni. secundum, utrum sit tantum finis, an etiam eorum quae sunt ad finem. tertio, si est aliquo modo eorum quae sunt ad finem, utrum uno motu moveatur in finem et in ea quae sunt ad finem.

008 ST2 qu8 ar1

ag1 ‘ Ad primum sic proceditur. videtur quod voluntas non tantum sit boni. eadem enim est potentia oppositorum, sicut visus albi et nigri. sed bonum et malum sunt opposita. ergo voluntas non solum est boni, sed etiam mali.

ag2 “ Praeterea, potentiae rationales se habent ad opposita prosequenda, * secundum philosophum. “ sed voluntas est potentia rationalis, est enim in ratione, * ut dicitur in iii de anima. ‘ ergo voluntas se habet ad opposita. non ergo tantum ad volendum bonum, sed etiam ad volendum malum.

ag3 ‘ Praeterea, bonum et ens convertuntur. sed voluntas non solum est entium, sed etiam non entium, volumus enim quandoque non ambulare et non loqui. volumus etiam interdum quaedam futura, quae non sunt entia in actu. ergo voluntas non tantum est boni.

sc * Sed contra est quod dionysius dicit, iv cap. de div. nom., quod ° malum est praeter voluntatem, et quod omnia bonum appetunt.

co ‘ Respondeo dicendum quod voluntas est appetitus quidam rationalis. omnis autem appetitus non est nisi boni. cuius ratio est quia appetitus nihil aliud est quam inclinatio appetentis in aliquid. nihil autem inclinatur nisi in aliquid simile et conveniens. cum igitur omnis res, inquantum est ens et substantia, sit quoddam bonum, necesse est ut omnis inclinatio sit in bonum. * et inde est quod philosophus dicit, in i ethic., quod “ bonum est quod omnia appetunt. ‘ sed considerandum est quod, cum omnis inclinatio consequatur aliquam formam, appetitus naturalis consequitur formam in natura existentem, appetitus autem sensitivus, vel etiam intellectivus seu rationalis, qui dicitur voluntas, sequitur formam apprehensam. sicut igitur id in quod tendit appetitus naturalis, est bonum existens in re; ita id in quod tendit appetitus animalis vel voluntarius, est bonum apprehensum. ad hoc igitur quod voluntas in aliquid tendat, non requiritur quod sit bonum in rei veritate, sed quod apprehendatur in ratione boni. * et propter hoc philosophus dicit, in ii physic., quod ° finis est bonum, vel apparens bonum.

ra1 ‘ Ad primum ergo dicendum quod eadem potentia est oppositorum, sed non eodem modo se habet ad utrumque. voluntas igitur se habet et ad bonum et ad malum, sed ad bonum, appetendo ipsum; ad malum vero, fugiendo illud. ipse ergo actualis appetitus boni vocatur voluntas, secundum quod nominat actum voluntatis, sic enim nunc loquimur de voluntate. fuga autem mali magis dicitur noluntas. unde sicut voluntas est boni, ita noluntas est mali.

ra2 ‘ Ad secundum dicendum quod potentia rationalis non se habet ad quaelibet opposita prosequenda, sed ad ea quae sub suo obiecto convenienti continentur, nam nulla potentia prosequitur nisi suum conveniens obiectum. obiectum autem voluntatis est bonum. unde ad illa opposita prosequenda se habet voluntas, quae sub bono comprehenduntur, sicut moveri et quiescere, loqui et tacere, et alia huiusmodi, in utrumque enim horum fertur voluntas sub ratione boni.

ra3 ‘ Ad tertium dicendum quod illud quod non est ens in rerum natura, accipitur ut ens in ratione, unde negationes et privationes dicuntur entia rationis. per quem etiam modum futura, prout apprehenduntur, sunt entia. inquantum igitur sunt huiusmodi entia, apprehenduntur sub ratione boni, et sic voluntas in ea tendit. * unde philosophus dicit, in v ethic., quod ° carere malo habet rationem boni.

008 ST2 qu8 ar2

ag1 ‘ Ad secundum sic proceditur. videtur quod voluntas non sit eorum quae sunt ad finem, sed tantum finis. * dicit enim philosophus, in iii ethic., quod ° voluntas est finis, electio autem eorum quae sunt ad finem.

ag2 ° Praeterea, ad ea quae sunt diversa genere, diversae potentiae animae ordinantur, * ut dicitur in vi ethic.. ‘ sed finis et ea quae sunt ad finem sunt in diverso genere boni, nam finis, qui est bonum honestum vel delectabile, est in genere qualitatis, vel actionis aut passionis; “ bonum autem quod dicitur utile, quod est ad finem, est in ad aliquid, * ut dicitur in i ethic.. ‘ ergo, si voluntas est finis, non erit eorum quae sunt ad finem.

ag3 ‘ Praeterea, habitus proportionantur potentiis, cum sint earum perfectiones. sed in habitibus qui dicuntur artes operativae, ad aliud pertinet finis, et ad aliud quod est ad finem, sicut ad gubernatorem pertinet usus navis, qui est finis eius; ad navifactivam vero constructio navis, quae est propter finem. ergo, cum voluntas sit finis, non erit eorum quae sunt ad finem.

sc ‘ Sed contra est, quia in rebus naturalibus per eandem potentiam aliquid pertransit media, et pertingit ad terminum. sed ea quae sunt ad finem, sunt quaedam media per quae pervenitur ad finem sicut ad terminum. ergo, si voluntas est finis, ipsa etiam est eorum quae sunt ad finem.

co ‘ Respondeo dicendum quod voluntas quandoque dicitur ipsa potentia qua volumus; quandoque autem ipse voluntatis actus. si ergo loquamur de voluntate secundum quod nominat potentiam, sic se extendit et ad finem, et ad ea quae sunt ad finem. ad ea enim se extendit unaquaeque potentia, in quibus inveniri potest quocumque modo ratio sui obiecti, sicut visus se extendit ad omnia quaecumque participant quocumque modo colorem. ratio autem boni, quod est obiectum potentiae voluntatis, invenitur non solum in fine, sed etiam in his quae sunt ad finem. si autem loquamur de voluntate secundum quod nominat proprie actum, sic, proprie loquendo, est finis tantum. omnis enim actus denominatus a potentia, nominat simplicem actum illius potentiae, sicut intelligere nominat simplicem actum intellectus. simplex autem actus potentiae est in id quod est secundum se obiectum potentiae. id autem quod est propter se bonum et volitum, est finis. unde voluntas proprie est ipsius finis. ea vero quae sunt ad finem, non sunt bona vel volita propter seipsa, sed ex ordine ad finem. unde voluntas in ea non fertur, nisi quatenus fertur in finem, unde hoc ipsum quod in eis vult, est finis. sicut et intelligere proprie est eorum quae secundum se cognoscuntur, scilicet principiorum, eorum autem quae cognoscuntur per principia, non dicitur esse intelligentia, nisi inquantum in eis ipsa principia considerantur, ° sic enim se habet finis in appetibilibus, sicut se habet |25| principium in intelligibilibus, * ut dicitur in vii ethic..

ra1 * Ad primum ergo dicendum quod philosophus loquitur ‘ de voluntate, secundum quod proprie nominat simplicem actum voluntatis, non autem secundum quod nominat potentiam.

ra2 ‘ Ad secundum dicendum quod ad ea quae sunt diversa genere ex aequo se habentia, ordinantur diversae potentiae, sicut sonus et color sunt diversa genera sensibilium, ad quae ordinantur auditus et visus. sed utile et honestum non ex aequo se habent, sed sicut quod est secundum se et secundum alterum. huiusmodi autem semper referuntur ad eandem potentiam, sicut per potentiam visivam sentitur et color, et lux, per quam color videtur.

ra3 ‘ Ad tertium dicendum quod non quidquid diversificat habitum, diversificat potentiam, habitus enim sunt quaedam determinationes potentiarum ad aliquos speciales actus. et tamen quaelibet ars operativa considerat et finem et id quod est ad finem. nam ars gubernativa considerat quidem finem, ut quem operatur, id autem quod est ad finem, ut quod imperat. e contra vero navifactiva considerat id quod est ad finem, ut quod operatur, id vero quod est finis, ut ad quod ordinat id quod operatur. et iterum in unaquaque arte operativa est aliquis finis proprius, et aliquid quod est ad finem, quod proprie ad illam artem pertinet.

008 ST2 qu8 ar3

ag1 ‘ Ad tertium sic proceditur. videtur quod eodem actu voluntas feratur in finem, et in id quod est ad finem. * quia secundum philosophum, ° ubi est unum propter alterum, ibi est unum tantum. ‘ sed voluntas non vult id quod est ad finem, nisi propter finem. ergo eodem actu movetur in utrumque.

ag2 ‘ Praeterea, finis est ratio volendi ea quae sunt ad finem, sicut lumen est ratio visionis colorum. sed eodem actu videtur lumen et color. ergo idem est motus voluntatis quo vult finem, et ea quae sunt ad finem.

ag3 ‘ Praeterea, idem numero motus naturalis est qui per media tendit ad ultimum. sed ea quae sunt ad finem, comparantur ad finem sicut media ad ultimum. ergo idem motus voluntatis est quo voluntas fertur in finem, et in ea quae sunt ad finem.

sc ‘ Sed contra, actus diversificantur secundum obiecta. sed diversae species boni sunt finis, et id quod est ad finem, quod dicitur utile. ergo non eodem actu voluntas fertur in utrumque.

co ‘ Respondeo dicendum quod, cum finis sit secundum se volitus, id autem quod est ad finem, inquantum huiusmodi, non sit volitum nisi propter finem; manifestum est quod voluntas potest ferri in finem sine hoc quod feratur in ea quae sunt ad finem; sed in ea quae sunt ad finem, inquantum huiusmodi, non potest ferri, nisi feratur in ipsum finem. sic ergo voluntas in ipsum finem dupliciter fertur, uno modo, absolute secundum se; alio modo, sicut in rationem volendi ea quae sunt ad finem. manifestum est ergo quod unus et idem motus voluntatis est quo fertur in finem, secundum quod est ratio volendi ea quae sunt ad finem, et in ipsa quae sunt ad finem. sed alius actus est quod fertur in ipsum finem absolute. et quandoque praecedit tempore, sicut cum aliquis primo vult sanitatem, et postea, deliberans quomodo possit sanari, vult conducere medicum ut sanetur. sicut etiam et circa intellectum accidit, nam primo aliquis intelligit ipsa principia secundum se; postmodum autem intelligit ea in ipsis conclusionibus, secundum quod assentit conclusionibus propter principia.

ra1 ‘ Ad primum ergo dicendum quod ratio illa procedit secundum quod voluntas fertur in finem, ut est ratio volendi ea quae sunt ad finem.

ra2 ‘ Ad secundum dicendum quod quandocumque videtur color, eodem actu videtur lumen, potest tamen videri lumen sine hoc quod videatur color. et similiter quandocumque quis vult ea quae sunt ad finem, vult eodem actu finem, non tamen e converso.

ra3 ‘ Ad tertium dicendum quod in executione operis, ea quae sunt ad finem se habent ut media, et finis ut terminus. unde sicut motus naturalis interdum sistit in medio, et non pertingit ad terminum; ita quandoque operatur aliquis id quod est ad finem, et tamen non consequitur finem. sed in volendo est e converso, nam voluntas per finem devenit ad volendum ea quae sunt ad finem; sicut et intellectus devenit in conclusiones per principia, quae media dicuntur. unde intellectus aliquando intelligit medium, et ex eo non procedit ad conclusionem. et similiter voluntas aliquando vult finem, et tamen non procedit ad volendum id quod est ad finem.

ra4 ‘ Ad illud vero quod in contrarium obiicitur, patet solutio per * ea quae supra dicta sunt. ‘ nam utile et honestum non sunt species boni ex aequo divisae, sed se habent sicut propter se et propter alterum. unde actus voluntatis in unum potest ferri sine hoc quod feratur in alterum, sed non e converso.

008 ST2 qu9 ar

pr ‘ Deinde considerandum est de motivo voluntatis. et circa hoc quaeruntur sex. primo, utrum voluntas moveatur ab intellectu. secundo, utrum moveatur ab appetitu sensitivo. tertio, utrum voluntas moveat seipsam. quarto, utrum moveatur ab aliquo exteriori principio. quinto, utrum moveatur a corpore caelesti. sexto, utrum voluntas moveatur a solo deo, sicut ab exteriori principio.

008 ST2 qu9 ar1

ag1 ‘ Ad primum sic proceditur. videtur quod voluntas non moveatur ab intellectu. * dicit enim augustinus, super illud psalmi, ° concupivit anima mea desiderare iustificationes tuas, praevolat intellectus, sequitur tardus aut nullus affectus, scimus bonum, nec delectat agere. ‘ hoc autem non esset, si voluntas ab intellectu moveretur, quia motus mobilis sequitur motionem moventis. ergo intellectus non movet voluntatem.

ag2 ‘ Praeterea, intellectus se habet ad voluntatem ut demonstrans appetibile, sicut imaginatio demonstrat appetibile appetitui sensitivo. sed imaginatio demonstrans appetibile non movet appetitum sensitivum, “ immo quandoque ita nos habemus ad ea quae imaginamur, sicut ad ea quae in pictura nobis ostenduntur, ex quibus non movemur, * ut dicitur in libro de anima. ‘ ergo neque etiam intellectus movet voluntatem.

ag3 ‘ Praeterea, idem respectu eiusdem non est movens et motum. sed voluntas movet intellectum, intelligimus enim quando volumus. ergo intellectus non movet voluntatem.

sc * Sed contra est quod philosophus dicit, in iii de anima, quod ° appetibile intellectum est movens non motum, voluntas autem est movens motum.

co ‘ Respondeo dicendum quod intantum aliquid indiget moveri ab aliquo, inquantum est in potentia ad plura, oportet enim ut id quod est in potentia, reducatur in actum per aliquid quod est actu; et hoc est movere. dupliciter autem aliqua vis animae invenitur esse in potentia ad diversa, uno modo, quantum ad agere et non agere; alio modo, quantum ad agere hoc vel illud. sicut visus quandoque videt actu, et quandoque non videt; et quandoque videt album, et quandoque videt nigrum. indiget igitur movente quantum ad duo, scilicet quantum ad exercitium vel usum actus; et quantum ad determinationem actus. quorum primum est ex parte subiecti, quod quandoque invenitur agens, quandoque non agens, aliud autem est ex parte obiecti, secundum quod specificatur actus. motio autem ipsius subiecti est ex agente aliquo. et cum omne agens agat propter finem, * ut supra ostensum est, ‘ principium huius motionis est ex fine. et inde est quod ars ad quam pertinet finis, movet suo imperio artem ad quam pertinet id quod est ad finem, “ sicut gubernatoria ars imperat navifactivae, * ut in ii physic. dicitur. ‘ bonum autem in communi, quod habet rationem finis, est obiectum voluntatis. et ideo ex hac parte voluntas movet alias potentias animae ad suos actus, utimur |25| enim aliis potentiis cum volumus. nam fines et perfectiones omnium aliarum potentiarum comprehenduntur sub obiecto voluntatis, sicut quaedam particularia bona, semper autem ars vel potentia ad quam pertinet finis universalis, movet ad agendum artem vel potentiam ad quam pertinet finis particularis sub illo universali comprehensus; sicut dux exercitus, qui intendit bonum commune, scilicet ordinem totius exercitus, movet suo imperio aliquem ex tribunis, qui intendit ordinem unius aciei. sed obiectum movet, determinando actum, ad modum principii formalis, a quo in rebus naturalibus actio specificatur, sicut calefactio a calore. primum autem principium formale est ens et verum universale, quod est obiectum intellectus. et ideo isto modo motionis intellectus movet voluntatem, sicut praesentans ei obiectum suum.

ra1 ‘ Ad primum ergo dicendum quod ex illa auctoritate non habetur quod intellectus non moveat, sed quod non moveat ex necessitate.

ra2 ‘ Ad secundum dicendum quod, sicut imaginatio formae sine aestimatione convenientis vel nocivi, non movet appetitum sensitivum; ita nec apprehensio veri sine ratione boni et appetibilis. “ unde intellectus speculativus non movet, sed intellectus practicus, * ut dicitur in iii de anima.

ra3 ‘ Ad tertium dicendum quod voluntas movet intellectum quantum ad exercitium actus, quia et ipsum verum, quod est perfectio intellectus, continetur sub universali bono ut quoddam bonum particulare. sed quantum ad determinationem actus, quae est ex parte obiecti, intellectus movet voluntatem, quia et ipsum bonum apprehenditur secundum quandam specialem rationem comprehensam sub universali ratione veri. et sic patet quod non est idem movens et motum secundum idem.

008 ST2 qu9 ar2

ag1 ‘ Ad secundum sic proceditur. videtur quod voluntas ab appetitu sensitivo moveri non possit. ° movens enim et agens est praestantius patiente, * ut augustinus dicit, xii super gen. ad litt.. ‘ sed appetitus sensitivus est inferior voluntate, quae est appetitus intellectivus; sicut sensus est inferior intellectu. ergo appetitus sensitivus non movet voluntatem.

ag2 ‘ Praeterea, nulla virtus particularis potest facere effectum universalem. sed appetitus sensitivus est virtus particularis, consequitur enim particularem sensus apprehensionem. ergo non potest causare motum voluntatis, qui est universalis, velut consequens apprehensionem universalem intellectus.

ag3 * Praeterea, ut probatur in viii physic., “ movens non movetur ab eo quod movet, ut sit motio reciproca. ‘ sed voluntas movet appetitum sensitivum, inquantum appetitus sensitivus obedit rationi. ergo appetitus sensitivus non movet voluntatem.

sc * Sed contra est quod dicitur iac. i, ° unusquisque tentatur a concupiscentia sua abstractus et illectus. ‘ non autem abstraheretur quis a concupiscentia, nisi voluntas eius moveretur ab appetitu sensitivo, in quo est concupiscentia. ergo appetitus sensitivus movet voluntatem.

co * Respondeo dicendum quod, sicut supra dictum est, ‘ id quod apprehenditur sub ratione boni et convenientis, movet voluntatem per modum obiecti. quod autem aliquid videatur bonum et conveniens, ex duobus contingit, scilicet ex conditione eius quod proponitur, et eius cui proponitur. conveniens enim secundum relationem dicitur, unde ex utroque extremorum dependet. et inde est quod gustus diversimode dispositus, non eodem modo accipit aliquid ut conveniens et ut non conveniens. * unde, ut philosophus dicit in iii ethic., ° qualis unusquisque est, talis finis videtur ei. ‘ manifestum est autem quod secundum passionem appetitus sensitivi, immutatur homo ad aliquam dispositionem. unde secundum quod homo est in passione aliqua, videtur sibi aliquid conveniens, quod non videtur extra passionem existenti, sicut irato videtur bonum, quod non videtur quieto. et per hunc modum, ex parte obiecti, appetitus sensitivus movet voluntatem.

ra1 ‘ Ad primum ergo dicendum quod nihil prohibet id quod est simpliciter et secundum se praestantius, quoad aliquid esse debilius. voluntas igitur simpliciter praestantior est quam appetitus sensitivus, sed quoad istum in quo passio dominatur, inquantum subiacet passioni, praeeminet appetitus sensitivus.

ra2 ‘ Ad secundum dicendum quod actus et electiones hominum sunt circa singularia. unde ex hoc ipso quod appetitus sensitivus est virtus particularis, habet magnam virtutem ad hoc quod per ipsum sic disponatur homo, ut ei aliquid videatur sic vel aliter, circa singularia.

ra3 * Ad tertium dicendum quod, sicut philosophus dicit in i polit., “ ratio, in qua est voluntas, movet suo imperio irascibilem et concupiscibilem, non quidem despotico principatu, sicut movetur servus a domino; sed principatu regali seu politico, sicut liberi homines reguntur a gubernante, qui tamen possunt contra movere. ‘ unde et irascibilis et concupiscibilis possunt in contrarium movere ad voluntatem. et sic nihil prohibet voluntatem aliquando ab eis moveri.

008 ST2 qu9 ar3

ag1 ‘ Ad tertium sic proceditur. videtur quod voluntas non moveat seipsam. omne enim movens, inquantum huiusmodi, est in actu, quod autem movetur, est in potentia, nam motus est actus existentis in potentia, inquantum huiusmodi. sed non est idem in potentia et in actu respectu eiusdem. ergo nihil movet seipsum. neque ergo voluntas seipsam movere potest.

ag2 ‘ Praeterea, mobile movetur ad praesentiam moventis. sed voluntas semper sibi est praesens. si ergo ipsa seipsam moveret, semper moveretur. quod patet esse falsum.

ag3 ‘ Praeterea, voluntas movetur ab intellectu, * ut dictum est. ‘ si igitur voluntas movet seipsam, sequitur quod idem simul moveatur a duobus motoribus immediate, quod videtur inconveniens. non ergo voluntas movet seipsam.

sc ‘ Sed contra est quia voluntas domina est sui actus, et in ipsa est velle et non velle. quod non esset, si non haberet in potestate movere seipsam ad volendum. ergo ipsa movet seipsam.

co * Respondeo dicendum quod, sicut supra dictum est, ‘ ad voluntatem pertinet movere alias potentias ex ratione finis, qui est voluntatis obiectum. sed * sicut dictum est, ‘ hoc modo se habet finis in appetibilibus, sicut principium in intelligibilibus. manifestum est autem quod intellectus per hoc quod cognoscit principium, reducit seipsum de potentia in actum, quantum ad cognitionem conclusionum, et hoc modo movet seipsum. et similiter voluntas per hoc quod vult finem, movet seipsam ad volendum ea quae sunt ad finem.

ra1 ‘ Ad primum ergo dicendum quod voluntas non secundum idem movet et movetur. unde nec secundum idem est in actu et in potentia. sed inquantum actu vult finem, reducit se de potentia in actum respectu eorum quae sunt ad finem, ut scilicet actu ea velit.

ra2 ‘ Ad secundum dicendum quod potentia voluntatis semper actu est sibi praesens, sed actus voluntatis, quo vult finem aliquem, non semper est in ipsa voluntate. per hunc autem movet seipsam. unde non sequitur quod semper seipsam moveat.

ra3 ‘ Ad tertium dicendum quod non eodem modo voluntas movetur ab intellectu, et a seipsa. sed ab intellectu quidem movetur secundum rationem obiecti, a seipsa vero, quantum ad exercitium actus, secundum rationem finis.

008 ST2 qu9 ar4

ag1 ‘ Ad quartum sic proceditur. videtur quod voluntas non moveatur ab aliquo exteriori. motus enim voluntatis est voluntarius. sed de ratione voluntarii est quod sit a principio intrinseco, sicut et de ratione naturalis. non ergo motus voluntatis est ab aliquo extrinseco.

ag2 ‘ Praeterea, voluntas violentiam pati non potest, * ut supra ostensum est. ‘ sed violentum est cuius principium est extra. ergo voluntas non potest ab aliquo exteriori moveri.

ag3 ‘ Praeterea, quod sufficienter movetur ab uno motore, non indiget moveri ab alio. sed voluntas sufficienter movet seipsam. non ergo movetur ab aliquo exteriori.

sc ‘ Sed contra, voluntas movetur ab obiecto, * ut dictum est. ‘ sed obiectum voluntatis potest esse aliqua exterior res sensui proposita. ergo voluntas potest ab aliquo exteriori moveri.

co ‘ Respondeo dicendum quod, secundum quod voluntas movetur ab obiecto, manifestum est quod moveri potest ab aliquo exteriori. sed eo modo quo movetur quantum ad exercitium actus, adhuc necesse est ponere voluntatem ab aliquo principio exteriori moveri. omne enim quod quandoque est agens in actu et quandoque in potentia, indiget moveri ab aliquo movente. manifestum est autem quod voluntas incipit velle aliquid, cum hoc prius non vellet. necesse est ergo quod ab aliquo moveatur ad volendum. et quidem, * sicut dictum est, ‘ ipsa movet seipsam, inquantum per hoc quod vult finem, reducit seipsam ad volendum ea quae sunt ad finem. hoc autem non potest facere nisi consilio mediante, cum enim aliquis vult sanari, incipit cogitare quomodo hoc consequi possit, et per talem cogitationem pervenit ad hoc quod potest sanari per medicum, et hoc vult. sed quia non semper sanitatem actu voluit, necesse est quod inciperet velle sanari, aliquo movente. et si quidem ipsa moveret seipsam ad volendum, oportuisset quod mediante consilio hoc ageret, ex aliqua voluntate praesupposita. hoc autem non est procedere in infinitum. unde necesse est ponere quod “ in primum motum voluntatis voluntas prodeat ex instinctu alicuius exterioris moventis, * ut aristoteles concludit in quodam capitulo ethicae eudemicae.

ra1 ‘ Ad primum ergo dicendum quod de ratione voluntarii est quod principium eius sit intra, sed non oportet quod hoc principium intrinsecum sit primum principium non motum ab alio. unde motus voluntarius etsi habeat principium proximum intrinsecum, tamen principium primum est ab extra. sicut et primum principium motus naturalis est ab extra, quod scilicet movet naturam.

ra2 ‘ Ad secundum dicendum quod hoc non sufficit ad rationem violenti, quod principium sit extra, sed oportet addere quod nil conferat vim patiens. quod non contingit, dum voluntas ab exteriori movetur, nam ipsa est quae vult, ab alio tamen mota. esset autem motus iste violentus, si esset contrarius motui voluntatis. quod in proposito esse non potest, quia sic idem vellet et non vellet.

ra3 ‘ Ad tertium dicendum quod voluntas quantum ad aliquid sufficienter se movet, et in suo ordine, scilicet sicut agens proximum, sed non potest seipsam movere quantum ad omnia, * ut ostensum est. ‘ unde indiget moveri ab alio sicut a primo movente.

008 ST2 qu9 ar5

ag1 ‘ Ad quintum sic proceditur. videtur quod voluntas humana a corpore caelesti moveatur. omnes enim motus varii et multiformes reducuntur, sicut in causam, in motum uniformem, qui est motus caeli * ut probatur viii physic.. ‘ sed motus humani sunt varii et multiformes, incipientes postquam prius non fuerant. ergo reducuntur in motum caeli sicut in causam, qui est uniformis secundum naturam.

ag2 * Praeterea, secundum augustinum, in iii de trin., ° corpora inferiora moventur per corpora superiora. ‘ sed motus humani corporis, qui causantur a voluntate, non possent reduci in motum caeli sicut in causam, nisi etiam voluntas a caelo moveretur. ergo caelum movet voluntatem humanam.

ag3 ‘ Praeterea, per observationem caelestium corporum astrologi quaedam vera praenuntiant de humanis actibus futuris, qui sunt a voluntate. quod non esset, si corpora caelestia voluntatem hominis movere non possent. movetur ergo voluntas humana a caelesti corpore.

sc * Sed contra est quod damascenus dicit, in ii libro, quod ° corpora caelestia non sunt causae nostrorum actuum. ‘ essent autem, si voluntas, quae est humanorum actuum principium, a corporibus caelestibus moveretur. non ergo movetur voluntas a corporibus caelestibus.

co ‘ Respondeo dicendum quod eo modo quo voluntas movetur ab exteriori obiecto, manifestum est quod voluntas potest moveri a corporibus caelestibus, inquantum scilicet corpora exteriora, quae sensui proposita movent voluntatem, et etiam ipsa organa potentiarum sensitivarum, subiacent motibus caelestium corporum. sed eo modo quo voluntas movetur, quantum ad exercitium actus, ab aliquo exteriori agente, adhuc quidam posuerunt corpora caelestia directe imprimere in voluntatem humanam. sed hoc est impossibile. “ voluntas enim, * ut dicitur in iii de anima, “ est in ratione. ‘ ratio autem est potentia animae non alligata organo corporali. unde relinquitur quod voluntas sit potentia omnino immaterialis et incorporea. manifestum est autem quod nullum corpus agere potest in rem incorpoream, sed potius e converso, eo quod res incorporeae et immateriales sunt formalioris et universalioris virtutis quam quaecumque res corporales. unde impossibile est quod corpus caeleste imprimat directe in intellectum aut voluntatem. * et propter hoc aristoteles, in libro de anima, opinionem dicentium quod talis est voluntas in hominibus, ° qualem in diem ducit pater deorum virorumque “ (scilicet iupiter, per quem totum caelum intelligunt), attribuit eis qui ponebant intellectum non differre a sensu. |25| ‘ omnes enim vires sensitivae, cum sint actus organorum corporalium, per accidens moveri possunt a caelestibus corporibus, motis scilicet corporibus quorum sunt actus. * sed quia dictum est quod ‘ appetitus intellectivus quodammodo movetur ab appetitu sensitivo, indirecte redundat motus caelestium corporum in voluntatem, inquantum scilicet per passiones appetitus sensitivi voluntatem moveri contingit.

ra1 ‘ Ad primum ergo dicendum quod multiformes motus voluntatis humanae reducuntur in aliquam causam uniformem, quae tamen est intellectu et voluntate superior. quod non potest dici de aliquo corpore, sed de aliqua superiori substantia immateriali. unde non oportet quod motus voluntatis in motum caeli reducatur sicut in causam.

ra2 ‘ Ad secundum dicendum quod motus corporales humani reducuntur in motum caelestis corporis sicut in causam, inquantum ipsa dispositio organorum congrua ad motum, est aliqualiter ex impressione caelestium corporum; et inquantum etiam appetitus sensitivus commovetur ex impressione caelestium corporum; et ulterius inquantum corpora exteriora moventur secundum motum caelestium corporum, ex quorum occursu voluntas incipit aliquid velle vel non velle, sicut adveniente frigore incipit aliquis velle facere ignem. sed ista motio voluntatis est ex parte obiecti exterius praesentati, non ex parte interioris instinctus.

ra3 * Ad tertium dicendum quod, sicut dictum est, ‘ appetitus sensitivus est actus organi corporalis. unde nihil prohibet ex impressione corporum caelestium aliquos esse habiles ad irascendum vel concupiscendum, vel aliquam huiusmodi passionem, sicut et ex complexione naturali. plures autem hominum sequuntur passiones, quibus soli sapientes resistunt. et ideo ut in pluribus verificantur ea quae praenuntiantur de actibus hominum secundum considerationem caelestium corporum. * sed tamen, ut ptolomaeus dicit in centiloquio, ° sapiens dominatur astris, “ scilicet quia, resistens passionibus, impedit per voluntatem liberam, et nequaquam motui caelesti subiectam, huiusmodi corporum caelestium effectus. * vel, ut augustinus dicit ii super gen. ad litt., ° fatendum est, quando ab astrologis vera dicuntur, instinctu quodam occultissimo dici, quem nescientes humanae mentes patiuntur. quod cum ad decipiendum homines fit, spirituum seductorum operatio est.

008 ST2 qu9 ar6

ag1 ‘ Ad sextum sic proceditur. videtur quod voluntas non a solo deo moveatur sicut ab exteriori principio. inferius enim natum est moveri a suo superiori, sicut corpora inferiora a corporibus caelestibus. sed voluntas hominis habet aliquid superius post deum; scilicet angelum. ergo voluntas hominis potest moveri, sicut ab exteriori principio, etiam ab angelo.

ag2 ‘ Praeterea, actus voluntatis sequitur actum intellectus. “ sed intellectus hominis reducitur in suum actum non solum a deo, sed etiam ab angelo per illuminationes, * ut dionysius dicit. ‘ ergo eadem ratione et voluntas.

ag3 ‘ Praeterea, deus non est causa nisi bonorum; * secundum illud gen. i, ° vidit deus cuncta quae fecerat, et erant valde bona. ‘ si ergo a solo deo voluntas hominis moveretur, nunquam moveretur ad malum, “ cum tamen voluntas sit qua peccatur et recte vivitur, * ut augustinus dicit.

sc * Sed contra est quod apostolus dicit, ad philipp.

ii, ° deus est qui operatur in nobis velle et perficere.
co ‘ Respondeo dicendum quod motus voluntatis est ab intrinseco, sicut et motus naturalis. quamvis autem rem naturalem possit aliquid movere quod non est causa naturae rei motae, tamen motum naturalem causare non potest nisi quod est aliqualiter causa naturae. movetur enim lapis sursum ab homine, qui naturam lapidis non causat, sed hic motus non est lapidi naturalis, naturalis autem motus eius non causatur nisi ab eo quod causat naturam. * unde dicitur in viii physic. quod “ generans movet secundum locum gravia et levia. ‘ sic ergo hominem, voluntatem habentem, contingit moveri ab aliquo qui non est causa eius, sed quod motus voluntarius eius sit ab aliquo principio extrinseco quod non est causa voluntatis, est impossibile. voluntatis autem causa nihil aliud esse potest quam deus. et hoc patet dupliciter. primo quidem, ex hoc quod voluntas est potentia animae rationalis, quae a solo deo causatur per creationem, * ut in primo dictum est. ‘ secundo vero ex hoc patet, quod voluntas habet ordinem ad universale bonum. unde nihil aliud potest esse voluntatis causa, nisi ipse deus, qui est universale bonum. omne autem aliud bonum per participationem dicitur, et est quoddam particulare bonum, particularis autem causa non dat inclinationem universalem. unde nec materia prima, quae est |25| in potentia ad omnes formas, potest causari ab aliquo particulari agente.
ra1 ‘ Ad primum ergo dicendum quod angelus non sic est supra hominem, quod sit causa voluntatis eius; sicut corpora caelestia sunt causa formarum naturalium, ad quas consequuntur naturales motus corporum naturalium.
ra2 ‘ Ad secundum dicendum quod intellectus hominis movetur ab angelo ex parte obiecti, quod sibi proponitur virtute angelici luminis ad cognoscendum. et sic etiam voluntas ab exteriori creatura potest moveri, * ut dictum est.
ra3 ‘ Ad tertium dicendum quod deus movet voluntatem hominis, sicut universalis motor, ad universale obiectum voluntatis, quod est bonum. et sine hac universali motione homo non potest aliquid velle. sed homo per rationem determinat se ad volendum hoc vel illud, quod est vere bonum vel apparens bonum. sed tamen interdum specialiter deus movet aliquos ad aliquid determinate volendum, quod est bonum, sicut in his quos movet per gratiam, * ut infra dicetur.

008 ST2 qu10 ar

pr ‘ Deinde considerandum est de modo quo voluntas movetur. et circa hoc quaeruntur quatuor. primo, utrum voluntas ad aliquid naturaliter moveatur. secundo, utrum de necessitate moveatur a suo obiecto. tertio, utrum de necessitate moveatur ab appetitu inferiori. quarto, utrum de necessitate moveatur ab exteriori motivo quod est deus.

008 ST2 qu10 ar1

ag1 ‘ Ad primum sic proceditur. videtur quod voluntas non moveatur ad aliquid naturaliter. agens enim naturale dividitur contra agens voluntarium, * ut patet in principio ii physic.. ‘ non ergo voluntas ad aliquid naturaliter movetur.
ag2 ‘ Praeterea, id quod est naturale, inest alicui semper; sicut igni esse calidum. sed nullus motus inest voluntati semper. ergo nullus motus est naturalis voluntati.
ag3 ‘ Praeterea, natura est determinata ad unum. sed voluntas se habet ad opposita. ergo voluntas nihil naturaliter vult.
sc ‘ Sed contra est quod motus voluntatis sequitur actum intellectus. sed intellectus aliqua intelligit naturaliter. ergo et voluntas aliqua vult naturaliter.
co ‘ Respondeo dicendum quod, * sicut boetius dicit in libro de duabus naturis, et philosophus in v metaphys., ‘ natura dicitur multipliciter. quandoque enim dicitur principium intrinsecum in rebus mobilibus. et talis natura est vel materia, vel forma materialis, * ut patet ex ii physic.. ‘ alio modo dicitur natura quaelibet substantia, vel etiam quodlibet ens. et secundum hoc, illud dicitur esse naturale rei, quod convenit ei secundum suam substantiam. et hoc est quod per se inest rei. in omnibus autem, ea quae non per se insunt, reducuntur in aliquid quod per se inest, sicut in principium. et ideo necesse est quod, hoc modo accipiendo naturam, semper principium in his quae conveniunt rei, sit naturale. et hoc manifeste apparet in intellectu, nam principia intellectualis cognitionis sunt naturaliter nota. similiter etiam principium motuum voluntariorum oportet esse aliquid naturaliter volitum. hoc autem est bonum in communi, in quod voluntas naturaliter tendit, sicut etiam quaelibet potentia in suum obiectum, et etiam ipse finis ultimus, qui hoc modo se habet in appetibilibus, sicut prima principia demonstrationum in intelligibilibus, et universaliter omnia illa quae conveniunt volenti secundum suam naturam. non enim per voluntatem appetimus solum ea quae pertinent ad potentiam voluntatis; sed etiam ea |25| quae pertinent ad singulas potentias, et ad totum hominem. unde naturaliter homo vult non solum obiectum voluntatis, sed etiam alia quae conveniunt aliis potentiis, ut cognitionem veri, quae convenit intellectui; et esse et vivere et alia huiusmodi, quae respiciunt consistentiam naturalem; quae omnia comprehenduntur sub obiecto voluntatis, sicut quadam particularia bona.
ra1 ‘ Ad primum ergo dicendum quod voluntas dividitur contra naturam, sicut una causa contra aliam, quaedam enim fiunt naturaliter, et quaedam fiunt voluntarie. est autem alius modus causandi proprius voluntati, quae est domina sui actus, praeter modum qui convenit naturae, quae est determinata ad unum. sed quia voluntas in aliqua natura fundatur, necesse est quod motus proprius naturae, quantum ad aliquid, participetur in voluntate, sicut quod est prioris causae, participatur a posteriori. est enim prius in unaquaque re ipsum esse, quod est per naturam, quam velle, quod est per voluntatem. et inde est quod voluntas naturaliter aliquid vult.
ra2 ‘ Ad secundum dicendum quod in rebus naturalibus id quod est naturale quasi consequens formam tantum, semper actu inest, sicut calidum igni. quod autem est naturale sicut consequens materiam, non semper actu inest, sed quandoque secundum potentiam tantum. nam forma est actus, materia vero potentia. motus autem est actus existentis in potentia. et ideo illa quae pertinent ad motum, vel quae consequuntur motum, in rebus naturalibus, non semper insunt, sicut ignis non semper movetur sursum, sed quando est extra locum suum. et similiter non oportet quod voluntas, quae de potentia in actum reducitur dum aliquid vult, semper actu velit, sed solum quando est in aliqua dispositione determinata. voluntas autem dei, quae est actus purus, semper est in actu volendi.
ra3 ‘ Ad tertium dicendum quod naturae semper respondet unum, proportionatum tamen naturae. naturae enim in genere, respondet aliquid unum in genere; et naturae in specie acceptae, respondet unum in specie; naturae autem individuatae respondet aliquid unum individuale. cum igitur voluntas sit quaedam vis immaterialis sicut et intellectus, respondet sibi naturaliter aliquod unum commune, scilicet bonum, sicut etiam intellectui aliquod unum commune, scilicet verum, vel ens, vel quod quid est. sub bono autem communi multa particularia bona continentur, ad quorum nullum voluntas determinatur.

008 ST2 qu10 ar2

ag1 ‘ Ad secundum sic proceditur. videtur quod voluntas de necessitate moveatur a suo obiecto. obiectum enim voluntatis comparatur ad ipsam sicut motivum ad mobile, * ut patet in iii de anima. ‘ sed motivum, si sit sufficiens, ex necessitate movet mobile. ergo voluntas ex necessitate potest moveri a suo obiecto.
ag2 ‘ Praeterea, sicut voluntas est vis immaterialis, ita et intellectus, et utraque potentia ad obiectum universale ordinatur, * ut dictum est. ‘ sed intellectus ex necessitate movetur a suo obiecto. ergo et voluntas a suo.
ag3 ‘ Praeterea, omne quod quis vult, aut est finis, aut aliquid ordinatum ad finem. sed finem aliquis ex necessitate vult, ut videtur, quia est sicut principium in speculativis, cui ex necessitate assentimus. finis autem est ratio volendi ea quae sunt ad finem, et sic videtur quod etiam ea quae sunt ad finem, ex necessitate velimus. voluntas ergo ex necessitate movetur a suo obiecto.
sc ‘ Sed contra est quod “ potentiae rationales, * secundum philosophum, “ sunt ad opposita. ‘ sed voluntas est potentia rationalis, “ est enim in ratione, * ut dicitur in iii de anima. ‘ ergo voluntas se habet ad opposita. non ergo ex necessitate movetur ad alterum oppositorum.
co ‘ Respondeo dicendum quod voluntas movetur dupliciter, uno modo, quantum ad exercitium actus; alio modo, quantum ad specificationem actus, quae est ex obiecto. primo ergo modo, voluntas a nullo obiecto ex necessitate movetur, potest enim aliquis de quocumque obiecto non cogitare, et per consequens neque actu velle illud. sed quantum ad secundum motionis modum, voluntas ab aliquo obiecto ex necessitate movetur, ab aliquo autem non. in motu enim cuiuslibet potentiae a suo obiecto, consideranda est ratio per quam obiectum movet potentiam. visibile enim movet visum sub ratione coloris actu visibilis. unde si color proponatur visui, ex necessitate movet visum, nisi aliquis visum avertat, quod pertinet ad exercitium actus. si autem proponeretur aliquid visui quod non omnibus modis esset color in actu, sed secundum aliquid esset tale, secundum autem aliquid non tale, non ex necessitate visus tale obiectum videret, posset enim intendere in ipsum ex ea parte qua non est coloratum in actu, et sic ipsum non videret. sicut autem coloratum in actu est obiectum visus, ita bonum est obiectum voluntatis. unde si proponatur aliquod obiectum voluntati quod sit universaliter bonum et secundum omnem considerationem, ex necessitate voluntas in illud tendet, si aliquid velit, non enim poterit velle oppositum. si autem proponatur sibi aliquod obiectum quod non secundum quamlibet considerationem sit bonum, non ex necessitate voluntas feretur in illud. et quia defectus cuiuscumque boni habet rationem |25| non boni, ideo illud solum bonum quod est perfectum et cui nihil deficit, est tale bonum quod voluntas non potest non velle, quod est beatitudo. alia autem quaelibet particularia bona, inquantum deficiunt ab aliquo bono, possunt accipi ut non bona, et secundum hanc considerationem, possunt repudiari vel approbari a voluntate, quae potest in idem ferri secundum diversas considerationes.
ra1 ‘ Ad primum ergo dicendum quod sufficiens motivum alicuius potentiae non est nisi obiectum quod totaliter habet rationem motivi. si autem in aliquo deficiat, non ex necessitate movebit, * ut dictum est.
ra2 ‘ Ad secundum dicendum quod intellectus ex necessitate movetur a tali obiecto quod est semper et ex necessitate verum, non autem ab eo quod potest esse verum et falsum, scilicet a contingenti, * sicut et de bono dictum est.
ra3 ‘ Ad tertium dicendum quod finis ultimus ex necessitate movet voluntatem, quia est bonum perfectum. et similiter illa quae ordinantur ad hunc finem, sine quibus finis haberi non potest, sicut esse et vivere et huiusmodi. alia vero, sine quibus finis haberi potest, non ex necessitate vult qui vult finem, sicut conclusiones sine quibus principia possunt esse vera, non ex necessitate credit qui credit principia.

008 ST2 qu10 ar3

ag1 ‘ Ad tertium sic proceditur. videtur quod voluntas ex necessitate moveatur a passione appetitus inferioris. * dicit enim apostolus, rom. vii, ° non enim quod volo bonum, hoc ago; sed quod odi malum, illud facio, ‘ quod dicitur propter concupiscentiam, quae est passio quaedam. ergo voluntas ex necessitate movetur a passione.
ag2 * Praeterea, sicut dicitur in iii ethic., ° qualis unusquisque est, talis finis videtur ei. ‘ sed non est in potestate voluntatis quod statim passionem abiiciat. ergo non est in potestate voluntatis quod non velit illud ad quod passio se inclinat.
ag3 ‘ Praeterea, causa universalis non applicatur ad effectum particularem nisi mediante causa particulari, “ unde et ratio universalis non movet nisi mediante aestimatione particulari, * ut dicitur in iii de anima. ‘ sed sicut se habet ratio universalis ad aestimationem particularem, ita se habet voluntas ad appetitum sensitivum. ergo ad aliquod particulare volendum non movetur voluntas nisi mediante appetitu sensitivo. ergo si appetitus sensitivus sit per aliquam passionem ad aliquid dispositus, voluntas non poterit in contrarium moveri.
sc * Sed contra est quod dicitur gen. iv, ° subter te erit appetitus tuus, et tu dominaberis illius. ‘ non ergo voluntas hominis ex necessitate movetur ab appetitu inferiori.
co * Respondeo dicendum quod, sicut supra dictum est, ‘ passio appetitus sensitivi movet voluntatem ex ea parte qua voluntas movetur ab obiecto, inquantum scilicet homo aliqualiter dispositus per passionem, iudicat aliquid esse conveniens et bonum quod extra passionem existens non iudicaret. huiusmodi autem immutatio hominis per passionem duobus modis contingit. uno modo, sic quod totaliter ratio ligatur, ita quod homo usum rationis non habet, sicut contingit in his qui propter vehementem iram vel concupiscentiam furiosi vel amentes fiunt, sicut et propter aliquam aliam perturbationem corporalem; huiusmodi enim passiones non sine corporali transmutatione accidunt. et de talibus eadem est ratio sicut et de animalibus brutis, quae ex necessitate sequuntur impetum passionis, in his enim non est aliquis rationis motus, et per consequens nec voluntatis. aliquando autem ratio non totaliter absorbetur a passione, sed remanet quantum ad aliquid iudicium rationis liberum. et secundum hoc remanet aliquid de motu voluntatis. inquantum ergo ratio manet libera et passioni non subiecta, intantum voluntatis motus qui manet, non ex necessitate tendit ad hoc ad quod passio inclinat. et sic aut motus voluntatis non est in homine, sed sola passio dominatur, aut, si motus voluntatis sit, non ex necessitate sequitur passionem.
ra1 ‘ Ad primum ergo dicendum quod, etsi voluntas non possit facere quin motus concupiscentiae insurgat, * de quo apostolus dicit rom. vii, ° quod odi malum, illud facio, “ idest concupisco; ‘ tamen potest voluntas non velle concupiscere, aut concupiscentiae non consentire. et sic non ex necessitate sequitur concupiscentiae motum.
ra2 ‘ Ad secundum dicendum quod, cum in homine duae sint naturae, intellectualis scilicet et sensitiva, quandoque quidem est homo aliqualis uniformiter secundum totam animam, quia scilicet vel pars sensitiva totaliter subiicitur rationi, sicut contingit in virtuosis; vel e converso ratio totaliter absorbetur a passione sicut accidit in amentibus. sed aliquando, etsi ratio obnubiletur a passione, remanet tamen aliquid rationis liberum. et secundum hoc potest aliquis vel totaliter passionem repellere; vel saltem se tenere ne passionem sequatur. in tali enim dispositione, quia homo secundum diversas partes animae diversimode disponitur, aliud ei videtur secundum rationem, et aliud secundum passionem.
ra3 ‘ Ad tertium dicendum quod voluntas non solum movetur a bono universali apprehenso per rationem, sed etiam a bono apprehenso per sensum. et ideo potest moveri ad aliquod particulare bonum absque passione appetitus sensitivi. multa enim volu-

mus et operamur absque passione, per solam electionem, ut maxime patet in his in quibus ratio renititur passioni.

008 ST2 qu10 ar4

ag1 ' Ad quartum sic proceditur. videtur quod voluntas ex necessitate moveatur a deo. omne enim agens cui resisti non potest, ex necessitate movet. sed deo, cum sit infinitae virtutis, resisti non potest, * unde dicitur rom. ix, ° voluntati eius quis resistit? ' ergo deus ex necessitate movet voluntatem.
ag2 ' Praeterea, voluntas ex necessitate movetur in illa quae naturaliter vult, * ut dictum est. ° sed hoc est unicuique rei naturale, quod deus in ea operatur, * ut augustinus dicit, xxvi contra faustum. ' ergo voluntas ex necessitate vult omne illud ad quod a deo movetur.
ag3 ' Praeterea, possibile est quo posito non sequitur impossibile. sequitur autem impossibile, si ponatur quod voluntas non velit hoc ad quod deus eam movet, quia secundum hoc, operatio dei esset inefficax. non ergo est possibile voluntatem non velle hoc ad quod deus eam movet. ergo necesse est eam hoc velle.
sc * Sed contra est quod dicitur eccli. xv, ° deus ab initio constituit hominem, et reliquit eum in manu consilii sui. ' non ergo ex necessitate movet voluntatem eius.
co ' Respondeo dicendum quod, * sicut dionysius dicit, iv cap. de div. nom., ° ad providentiam divinam non pertinet naturam rerum corrumpere, sed servare. ' unde omnia movet secundum eorum conditionem, ita quod ex causis necessariis per motionem divinam consequuntur effectus ex necessitate; ex causis autem contingentibus sequuntur effectus contingenter. quia igitur voluntas est activum principium non determinatum ad unum, sed indifferenter se habens ad multa, sic deus ipsam movet, quod non ex necessitate ad unum determinat, sed remanet motus eius contingens et non necessarius, nisi in his ad quae naturaliter movetur.
ra1 ' Ad primum ergo dicendum quod voluntas divina non solum se extendit ut aliquid fiat per rem quam movet, sed ut etiam eo modo fiat quo congruit naturae ipsius. et ideo magis repugnaret divinae motioni, si voluntas ex necessitate moveretur, quod suae naturae non competit; quam si moveretur libere, prout competit suae naturae.
ra2 ' Ad secundum dicendum quod naturale est unicuique quod deus operatur in ipso ut sit ei naturale, sic enim unicuique convenit aliquid, secundum quod deus vult quod ei conveniat. non autem vult quod quidquid operatur in rebus, sit eis naturale, puta quod mortui resurgant. sed hoc vult unicuique esse naturale, quod potestati divinae subdatur.
ra3 ' Ad tertium dicendum quod, si deus movet voluntatem ad aliquid, incompossibile est huic positioni quod voluntas ad illud non moveatur. non tamen est impossibile simpliciter. unde non sequitur quod voluntas a deo ex necessitate moveatur.

008 ST2 qu11 ar

pr ' Deinde considerandum est de fruitione. et circa hoc quaeruntur quatuor. primo, utrum frui sit actus appetitivae potentiae. secundo, utrum soli rationali creaturae conveniat, an etiam animalibus brutis. tertio, utrum fruitio sit tantum ultimi finis. quarto, utrum sit solum finis habiti.

008 ST2 qu11 ar1

ag1 ' Ad primum sic proceditur. videtur quod frui non sit solum appetitivae potentiae. frui enim nihil aliud esse videtur quam fructum capere. sed fructum humanae vitae, qui est beatitudo, capit intellectus, in cuius actu beatitudo consistit, * ut supra ostensum est. ' ergo frui non est appetitivae potentiae, sed intellectus.
ag2 ' Praeterea, quaelibet potentia habet proprium finem, qui est eius perfectio, sicut visus finis est cognoscere visibile, auditus percipere sonos, et sic de aliis. sed finis rei est fructus eius. ergo frui est potentiae cuiuslibet, et non solum appetitivae.
ag3 ' Praeterea, fruitio delectationem quandam importat. sed delectatio sensibilis pertinet ad sensum, qui delectatur in suo obiecto, et eadem ratione, delectatio intellectualis ad intellectum. ergo fruitio pertinet ad apprehensivam potentiam, et non ad appetitivam.
sc ' Sed contra est quod * augustinus dicit, i de doctr. christ., et in x de trin., ° frui est amore inhaerere alicui rei propter seipsam. ' sed amor pertinet ad appetitivam potentiam. ergo et frui est actus appetitivae potentiae.
co ' Respondeo dicendum quod fruitio et fructus ad idem pertinere videntur, et unum ex altero derivari. quid autem a quo, nihil ad propositum refert; nisi quod hoc probabile videtur, quod id quod magis est manifestum, prius etiam fuerit nominatum. sunt autem nobis primo manifesta quae sunt sensibilia magis. unde a sensibilibus fructibus nomen fruitionis derivatum videtur. fructus autem sensibilis est id quod ultimum ex arbore expectatur, et cum quadam suavitate percipitur. unde fruitio pertinere videtur ad amorem vel delectationem quam aliquis habet de ultimo expectato, quod est finis. finis autem et bonum est obiectum appetitivae potentiae. unde manifestum est quod fruitio est actus appetitivae potentiae.
ra1 ' Ad primum ergo dicendum quod nihil prohibet unum et idem, secundum diversas rationes, ad diversas potentias pertinere. ipsa igitur visio dei, inquantum est visio, est actus intellectus, inquantum autem est bonum et finis, est voluntatis obiectum. et hoc modo est eius fruitio. et sic hunc finem intellectus consequitur tanquam potentia agens, voluntas autem tanquam potentia movens ad finem, et fruens fine iam adepto.
ra2 ' Ad secundum dicendum quod perfectio et finis cuiuslibet alterius potentiae, continetur sub obiecto appetitivae, sicut proprium sub communi, * ut dictum est supra. ' unde perfectio et finis cuiuslibet potentiae, inquantum est quoddam bonum, pertinet ad appetitivam. propter quod appetitiva potentia movet alias ad suos fines; et ipsa consequitur finem, quando quaelibet aliarum pertingit ad finem.
ra3 ' Ad tertium dicendum quod in delectatione duo sunt, scilicet perceptio convenientis, quae pertinet ad apprehensivam potentiam; et complacentia eius quod offertur ut conveniens. et hoc pertinet ad appetitivam potentiam, in qua ratio delectationis completur.

008 ST2 qu11 ar2

ag1 ' Ad secundum sic proceditur. videtur quod frui solummodo sit hominum. * dicit enim augustinus, in i de doct. christ., quod ° nos homines sumus qui fruimur et utimur. ' non ergo alia animalia frui possunt.
ag2 ' Praeterea, frui est ultimi finis. sed ad ultimum finem non possunt pertingere bruta animalia. ergo eorum non est frui.
ag3 ' Praeterea, sicut appetitus sensitivus est sub intellectivo, ita appetitus naturalis est sub sensitivo. si igitur frui pertinet ad appetitum sensitivum, videtur quod pari ratione possit ad naturalem pertinere. quod patet esse falsum, quia eius non est delectari. ergo appetitus sensitivi non est frui. et ita non convenit brutis animalibus.
sc ' Sed contra est quod * augustinus dicit, in libro octoginta trium quaest., ° frui quidem cibo et qualibet corporali voluptate, non absurde existimantur et bestiae.
co * Respondeo dicendum quod, sicut ex praedictis habetur, ' frui non est actus potentiae pervenientis ad finem sicut exequentis, sed potentiae imperantis executionem, * dictum est enim quod ' est appetitivae potentiae. in rebus autem cognitione carentibus invenitur quidem potentia pertingens ad finem per modum exequentis, sicut qua grave tendit deorsum et leve sursum. sed potentia ad quam pertineat finis per modum imperantis, non invenitur in eis; sed in aliqua superiori natura, quae sic movet totam naturam per imperium, sicut in habentibus cognitionem appetitus movet alias potentias ad suos actus. unde manifestum est quod in his quae cognitione carent, quamvis pertingant ad finem, non invenitur fruitio finis; sed solum in his quae cognitionem habent. sed cognitio finis est duplex, perfecta, et imperfecta. perfecta quidem, qua non solum cognoscitur id quod est finis et bonum, sed universalis ratio finis et boni, et talis cognitio est solius rationalis naturae. imperfecta autem cognitio est qua cognoscitur particulariter finis et bonum, et talis cognitio est in brutis animalibus. quorum etiam virtutes appetitivae non sunt imperantes libere; sed secundum naturalem instinctum ad ea quae apprehenduntur, moventur. unde rationali naturae convenit fruitio secundum rationem perfectam, brutis autem animalibus secundum rationem imperfectam, aliis autem creaturis nullo modo.
ra1 ' Ad primum ergo dicendum quod * augustinus loquitur " de fruitione perfecta.
ra2 ' Ad secundum dicendum quod non oportet quod fruitio sit ultimi finis simpliciter, sed eius quod habetur ab unoquoque pro ultimo fine.
ra3 ' Ad tertium dicendum quod appetitus sensitivus consequitur aliquam cognitionem, non autem appetitus naturalis, praecipue prout est in his quae cognitione carent.
ra4 * Ad quartum dicendum, quod augustinus ibi loquitur " de fruitione imperfecta. * quod ex ipso modo loquendi apparet, dicit enim quod " frui non adeo absurde existimantur et bestiae, scilicet sicut uti absurdissime dicerentur.

008 ST2 qu11 ar3

ag1 ' Ad tertium sic proceditur. videtur quod fruitio non sit tantum ultimi finis. * dicit enim apostolus, ad philem., ° ita, frater, ego te fruar in domino. ' sed manifestum est quod paulus non posuerat ultimum suum finem in homine. ergo frui non tantum est ultimi finis.
ag2 ' Praeterea, fructus est quo aliquis fruitur. * sed apostolus dicit, ad galat. v, " fructus spiritus est caritas, gaudium, pax, et cetera huiusmodi; quae non habent rationem ultimi finis. ' non ergo fruitio est tantum ultimi finis.
ag3 ' Praeterea, actus voluntatis supra seipsos reflectuntur, volo enim me velle, et amo me amare. sed frui est actus voluntatis, " voluntas enim est per quam fruimur, * ut augustinus dicit x de trin.. ' ergo aliquis fruitur sua fruitione. sed fruitio non est ultimus finis hominis, sed solum bonum increatum, quod est deus. non ergo fruitio est solum ultimi finis.
sc * Sed contra est quod augustinus dicit, x de trin., ° non fruitur si quis id quod in facultatem voluntatis assumit, propter aliud appetit. ' sed solum ultimus finis est qui non propter aliud appetitur. ergo solius ultimi finis est fruitio.
co * Respondeo dicendum quod, sicut dictum est, ' ad rationem fructus duo pertinent, scilicet quod sit ultimum; et quod appetitum quietet quadam dulcedine vel delectatione. ultimum autem est simpliciter, et secundum quid, simpliciter quidem, quod ad aliud non refertur; sed secundum quid, quod est aliquorum ultimum. quod ergo est simpliciter ultimum, in quo aliquid delectatur sicut in ultimo fine, hoc proprie dicitur fructus, et eo proprie dicitur aliquis frui. quod autem in seipso non est delectabile, sed tantum appetitur in ordine ad aliud, sicut potio amara ad sanitatem; nullo modo fructus dici potest. quod autem in se habet quandam delectationem, ad quam quaedam praecedentia referuntur, potest quidem aliquo modo dici fructus, sed non proprie, et secundum completam rationem fructus, eo dicimur frui. * unde augustinus, in x de trin., dicit quod ° fruimur cognitis in quibus voluntas delectata conquiescit. ' non autem quiescit simpliciter nisi in ultimo, quia quandiu aliquid expectatur, motus voluntatis remanet in suspenso, licet iam ad aliquid pervenerit. sicut in motu locali, licet illud quod est medium in magnitudine, sit principium et finis; non tamen accipitur ut finis in actu, nisi quando in eo quiescitur.
ra1 ' Ad primum ergo dicendum quod, * sicut augustinus dicit in i de doctr. christ., ° si dixisset te fruar, et non addidisset in domino, videretur finem dilectionis in eo posuisse. sed quia illud addidit, in domino se posuisse finem, atque eo se frui significavit. ' ut sic fratre se frui dixerit non tanquam termino, sed tanquam medio.
ra2 ' Ad secundum dicendum quod fructus aliter comparatur ad arborem producentem, et aliter ad hominem fruentem. ad arborem quidem producentem comparatur ut effectus ad causam, ad fruentem autem, sicut ultimum expectatum et delectans. dicuntur igitur ea quae enumerat ibi apostolus, fructus, quia sunt effectus quidam spiritus sancti in nobis, unde et fructus spiritus dicuntur, non autem ita quod eis fruamur tanquam ultimo fine. vel aliter dicendum quod dicuntur fructus, * secundum ambrosium, ' quia propter se petenda sunt, non quidem ita quod ad beatitudinem non referantur; sed quia in seipsis habent unde nobis placere debeant.
ra3 * Ad tertium dicendum quod, sicut supra dictum est ' finis dicitur dupliciter, uno modo, ipsa res; alio modo, adeptio rei. quae quidem non sunt duo fines, sed unus finis, in se consideratus, et alteri applicatus. deus igitur est ultimus finis sicut res quae ultimo quaeritur, fruitio autem sicut adeptio huius ultimi finis. sicut igitur non est alius finis deus, et fruitio dei; ita eadem ratio fruitionis est qua fruimur deo, et qua fruimur divina fruitione. et eadem ratio est de beatitudine creata, quae in fruitione consistit.

008 ST2 qu11 ar4

ag1 ' Ad quartum sic proceditur. videtur quod fruitio non sit nisi finis habiti. * dicit enim augustinus, x de trin., quod ° frui est cum gaudio uti, non adhuc spei, sed iam rei. ' sed quandiu non habetur, non est gaudium rei, sed spei. ergo fruitio non est nisi finis habiti.
ag2 ' Praeterea, * sicut dictum est, ' fruitio non est proprie nisi ultimi finis, quia solus ultimus finis quietat appetitum. sed appetitus non quietatur nisi in fine iam habito. ergo fruitio, proprie loquendo, non est nisi finis habiti.
ag3 ' Praeterea, frui est capere fructum. sed non capitur fructus, nisi quando iam finis habetur. ergo fruitio non est nisi finis habiti.
sc ' Sed contra, ° frui est amore inhaerere alicui rei propter seipsam, * ut augustinus dicit. ' sed hoc potest fieri etiam de re non habita. ergo frui potest esse etiam finis non habiti.
co ' Respondeo dicendum quod frui importat comparationem quandam voluntatis ad ultimum finem, secundum quod voluntas habet aliquid pro ultimo fine. habetur autem finis dupliciter, uno modo, perfecte; et alio modo, imperfecte. perfecte quidem, quando habetur non solum in intentione, sed etiam in re, imperfecte autem, quando habetur in intentione tantum. est ergo perfecta fruitio finis iam habiti realiter. sed imperfecta est etiam finis non habiti realiter, sed in intentione tantum.
ra1 ' Ad primum ergo dicendum quod * augustinus loquitur de fruitione perfecta.
ra2 ' Ad secundum dicendum quod quies voluntatis dupliciter impeditur, uno modo, ex parte obiecti, quia scilicet non est ultimus finis, sed ad aliud ordinatur; alio modo, ex parte appetentis finem qui nondum adipiscitur finem. obiectum autem est quod dat speciem actui, sed ab agente dependet modus agendi, ut sit perfectus vel imperfectus, secundum conditionem agentis. et ideo eius quod non est ultimus finis, fruitio est impropria, quasi deficiens a specie fruitionis. finis autem ultimi non habiti, est fruitio propria quidem, sed imperfecta, propter imperfec-

tum modum habendi ultimum finem.
ra3 ' Ad tertium dicendum quod finem accipere vel habere dicitur aliquis, non solum secundum rem, sed etiam secundum intentionem, * ut dictum est.

008 ST2 qu12 ar

pr ' Deinde considerandum est de intentione. et circa hoc quaeruntur quinque. primo, utrum intentio sit actus intellectus, vel voluntatis secundo, utrum sit tantum finis ultimi. tertio, utrum aliquis possit simul duo intendere. quarto, utrum intentio finis sit idem actus cum voluntate eius quod est ad finem. quinto, utrum intentio conveniat brutis animalibus.

008 ST2 qu12 ar1

ag1 ' Ad primum sic proceditur. videtur quod intentio sit actus intellectus, et non voluntatis. * dicitur enim matth. vi, ° si oculus tuus fuerit simplex, totum corpus tuum lucidum erit, " ubi per oculum significatur intentio, * ut dicit augustinus in libro de serm. dom. in mont.. ' sed oculus, cum sit instrumentum visus, significat apprehensivam potentiam. ergo intentio non est actus appetitivae potentiae, sed apprehensivae.
ag2 * Praeterea, ibidem augustinus dicit quod " intentio lumen vocatur a domino, ubi dicit, si lumen quod in te est, tenebrae sunt, etc.. ' sed lumen ad cognitionem pertinet. ergo et intentio.
ag3 ' Praeterea, intentio designat ordinationem quandam in finem. sed ordinare est rationis. ergo intentio non pertinet ad voluntatem, sed ad rationem.
ag4 ' Praeterea, actus voluntatis non est nisi vel finis, vel eorum quae sunt ad finem. sed actus voluntatis respectu finis, vocatur voluntas seu fruitio, respectu autem eorum quae sunt ad finem, est electio, a quibus differt intentio. ergo intentio non est actus voluntatis.
sc * Sed contra est quod augustinus dicit, in xi de trin., quod ° voluntatis intentio copulat corpus visum visui, et similiter speciem in memoria existentem ad aciem animi interius cogitantis. ' est igitur intentio actus voluntatis.
co ' Respondeo dicendum quod intentio, sicut ipsum nomen sonat, significat in aliquid tendere. in aliquid autem tendit et actio moventis, et motus mobilis. sed hoc quod motus mobilis in aliquid tendit, ab actione moventis procedit. unde intentio primo et principaliter pertinet ad id quod movet ad finem, unde dicimus architectorem, et omnem praecipientem, movere suo imperio alios ad id quod ipse intendit. voluntas autem movet omnes alias vires animae ad finem, * ut supra habitum est. ' unde manifestum est quod intentio proprie est actus voluntatis.
ra1 ' Ad primum ergo dicendum quod intentio nominatur oculus metaphorice, non quia ad cognitionem pertineat; sed quia cognitionem praesupponit, per quam proponitur voluntati finis ad quem movet; sicut oculo praevidemus quo tendere corporaliter debeamus.
ra2 ' Ad secundum dicendum quod intentio dicitur lumen, quia manifesta est intendenti. unde et opera dicuntur tenebrae, quia homo scit quid intendit, sed nescit quid ex opere sequatur, * sicut augustinus ibidem exponit.
ra3 ' Ad tertium dicendum quod voluntas quidem non ordinat, sed tamen in aliquid tendit secundum ordinem rationis. unde hoc nomen intentio nominat actum voluntatis, praesupposita ordinatione rationis ordinantis aliquid in finem.
ra4 ' Ad quartum dicendum quod intentio est actus voluntatis respectu finis. sed voluntas respicit finem tripliciter. uno modo, absolute, et sic dicitur voluntas, prout absolute volumus vel sanitatem, vel si quid aliud est huiusmodi. alio modo consideratur finis secundum quod in eo quiescitur, et hoc modo fruitio respicit finem. tertio modo consideratur finis secundum quod est terminus alicuius quod in ipsum ordinatur, et sic intentio respicit finem. non enim solum ex hoc intendere dicimur sanitatem, quia volumus eam, sed quia volumus ad eam per aliquid aliud pervenire.

008 ST2 qu12 ar2

ag1 ' Ad secundum sic proceditur. videtur quod intentio sit tantum ultimi finis. * dicitur enim in libro sententiarum prosperi, ° clamor ad deum est intentio cordis. ' sed deus est ultimus finis humani cordis. ergo intentio semper respicit ultimum finem.
ag2 ' Praeterea, intentio respicit finem secundum quod est terminus, * ut dictum est. ' sed terminus habet rationem ultimi. ergo intentio semper respicit ultimum finem.
ag3 ' Praeterea, sicut intentio respicit finem, ita et fruitio. sed fruitio semper est ultimi finis. ergo et intentio.
sc ' Sed contra, ultimus finis humanarum voluntatum est unus, scilicet beatitudo, * ut supra dictum est. ' si igitur intentio esset tantum ultimi finis, non essent diversae hominum intentiones. quod patet esse falsum.
co * Respondeo dicendum quod, sicut dictum est, ' intentio respicit finem secundum quod est terminus motus voluntatis. in motu autem potest accipi terminus dupliciter, uno modo, ipse terminus ultimus, in quo quiescitur, qui est terminus totius motus; alio modo, aliquod medium, quod est principium unius partis motus, et finis vel terminus alterius. sicut in motu quo itur de a in c per b, c est terminus ultimus, b autem est terminus, sed non ultimus. et utriusque potest esse intentio. unde etsi semper sit finis, non tamen oportet quod semper sit ultimi finis.
ra1 ' Ad primum ergo dicendum quod intentio cordis dicitur clamor ad deum, non quod deus sit obiectum intentionis semper, sed quia est intentionis cognitor. vel quia, cum oramus, intentionem nostram ad deum dirigimus, quae quidem intentio vim clamoris habet.
ra2 ' Ad secundum dicendum quod terminus habet rationem ultimi; sed non semper ultimi respectu totius, sed quandoque respectu alicuius partis.
ra3 ' Ad tertium dicendum quod fruitio importat quietem in fine, quod pertinet solum ad ultimum finem. sed intentio importat motum in finem, non autem quietem. unde non est similis ratio.

008 ST2 qu12 ar3

ag1 ' Ad tertium sic proceditur. videtur quod non possit aliquis simul plura intendere. * dicit enim augustinus, in libro de serm. dom. in monte, quod " non potest homo simul intendere deum et commodum corporale. ' ergo pari ratione, neque aliqua alia duo.
ag2 ' Praeterea, intentio nominat motum voluntatis ad terminum. sed unius motus non possunt esse plures termini ex una parte. ergo voluntas non potest simul multa intendere.
ag3 ' Praeterea, intentio praesupponit actum rationis sive intellectus. sed non contingit simul plura intelligere, * secundum philosophum. ' ergo etiam neque contingit simul plura intendere.
sc ' Sed contra, ars imitatur naturam. sed natura ex uno instrumento intendit duas utilitates, ° sicut lingua ordinatur et ad gustum et ad locutionem, * ut dicitur in ii de anima. ' ergo, pari ratione ars vel ratio potest simul aliquid unum ad duos fines ordinare. et ita potest aliquis simul plura intendere.
co ' Respondeo dicendum quod aliqua duo possunt accipi dupliciter, vel ordinata ad invicem, vel ad invicem non ordinata. et si quidem ad invicem fuerint ordinata, * manifestum est ex praemissis quod ' homo potest simul multa intendere. est enim intentio non solum finis ultimi, * ut dictum est, ' sed etiam finis medii. simul autem intendit aliquis et finem proximum, et ultimum; sicut confectionem medicinae, et sanitatem. si autem accipiantur duo ad invicem non ordinata, sic etiam simul homo potest plura intendere. quod patet ex hoc, quod homo unum alteri praeeligit, quia melius est altero, inter alias autem conditiones quibus aliquid est melius altero, una est quod ad plura valet, unde potest aliquid praeeligi alteri, ex hoc quod ad plura valet. et sic manifeste homo simul plura intendit.
ra1 ' Ad primum ergo dicendum quod augustinus intelligit " hominem non posse simul deum et commodum temporale intendere, sicut ultimos fines, * quia, ut supra ostensum est, ' non possunt esse plures fines ultimi unius hominis.
ra2 ' Ad secundum dicendum quod unius motus possunt ex una parte esse plures termini, si unus ad alium ordinetur, sed duo termini ad invicem non ordinati, ex una parte, unius motus esse non possunt. sed tamen considerandum est quod id quod non est unum secundum rem, potest accipi ut unum secundum rationem. intentio autem est motus voluntatis in aliquid praeordinatum in ratione, * sicut dictum est. ' et ideo ea quae sunt plura secundum rem, possunt accipi ut unus terminus intentionis, prout sunt unum secundum rationem, vel quia aliqua duo concurrunt ad integrandum aliquid unum, sicut ad sanitatem concurrunt calor et frigus commensurata; vel quia aliqua duo sub uno communi continentur, quod potest esse intentum. puta acquisitio vini et vestis continetur sub lucro, sicut sub quodam communi, unde nihil prohibet quin ille qui intendit lucrum, simul haec duo intendat.
ra3 * Ad tertium dicendum quod, sicut in primo dictum est, ' contingit simul plura intelligere, inquantum sunt aliquo modo unum.

008 ST2 qu12 ar4

ag1 ' Ad quartum sic proceditur. videtur quod non sit unus et idem motus intentio finis, et voluntas eius quod est ad finem. * dicit enim augustinus, in xi de trin., quod ° voluntas videndi fenestram, finem habet fenestrae visionem; et altera est voluntas per fenestram videndi transeuntes. ' sed hoc pertinet ad intentionem, quod velim videre transeuntes per fenestram, hoc autem ad voluntatem eius quod est ad finem, quod velim videre fenestram. ergo alius est motus voluntatis intentio finis, et alius voluntas eius quod est ad finem.
ag2 ' Praeterea, actus distinguuntur secundum obiecta. sed finis, et id quod est ad finem, sunt diversa obiecta. ergo alius motus voluntatis est intentio finis, et voluntas eius quod est ad finem.
ag3 ' Praeterea, voluntas eius quod est ad finem, dicitur electio. sed non est idem electio et intentio. ergo non est idem motus intentio finis, cum voluntate eius quod est ad finem.
sc ' Sed contra, id quod est ad finem, se habet ad finem ut medium ad terminum. sed idem motus est qui per medium transit ad terminum, in rebus naturalibus. ergo et in rebus voluntariis idem motus est intentio finis, et voluntas eius quod est ad finem.
co ' Respondeo dicendum quod motus voluntatis in finem et in id quod est ad finem, potest considerari dupliciter. uno modo, secundum quod voluntas in utrumque fertur absolute et secundum se. et sic sunt simpliciter duo motus voluntatis in utrumque. alio modo potest considerari secundum quod voluntas fertur in id quod est ad finem, propter finem. et sic unus et idem subiecto motus voluntatis est tendens ad finem, et in id quod est ad finem. cum enim dico, volo medicinam propter sanitatem, non designo nisi unum motum voluntatis. cuius ratio est quia finis ratio est volendi ea quae sunt ad finem. idem autem actus cadit super obiectum, et super rationem obiecti, sicut eadem visio est coloris et luminis, * ut supra dictum est. ' et est simile de intellectu, quia si absolute principium et conclusionem consideret, diversa est consideratio utriusque; in hoc autem quod conclusioni propter principia assentit, est unus actus intellectus tantum.
ra1 * Ad primum ergo dicendum quod augustinus loquitur " de visione fenestrae, et visione transeuntium per fenestram, secundum quod voluntas in utrumque absolute fertur.
ra2 ' Ad secundum dicendum quod finis, inquantum est res quaedam, est aliud voluntatis obiectum quam id quod est ad finem. sed inquantum est ratio volendi id quod est ad finem, est unum et idem obiectum.
ra3 ' Ad tertium dicendum quod motus qui est unus subiecto, potest ratione differre secundum principium et finem, " ut ascensio et descensio, * sicut dicitur in iii physic.. ' sic igitur inquantum motus voluntatis fertur in id quod est ad finem, prout ordinatur ad finem, est electio. motus autem voluntatis qui fertur in finem, secundum quod acquiritur per ea quae sunt ad finem, vocatur intentio. cuius signum est quod intentio finis esse potest, etiam nondum determinatis his quae sunt ad finem, quorum est electio.

008 ST2 qu12 ar5

ag1 ' Ad quintum sic proceditur. videtur quod bruta animalia intendant finem. natura enim in his quae cognitione carent, magis distat a rationali natura, quam natura sensitiva, quae est in animalibus brutis. sed natura intendit finem etiam in his quae cognitione carent, * ut probatur in ii physic.. ' ergo multo magis bruta animalia intendunt finem.
ag2 ' Praeterea, sicut intentio est finis, ita et fruitio. sed fruitio convenit brutis animalibus, * ut dictum est. ' ergo et intentio.
ag3 ' Praeterea, eius est intendere finem, cuius est agere propter finem, cum intendere nihil sit nisi in aliud tendere. sed bruta animalia agunt propter finem, movetur enim animal vel ad cibum quaerendum, vel ad aliquid huiusmodi. ergo bruta animalia intendunt finem.
sc ' Sed contra, intentio finis importat ordinationem alicuius in finem quod est rationis. cum igitur bruta animalia non habeant rationem, videtur quod non intendant finem.
co * Respondeo dicendum quod, sicut supra dictum est, ' intendere est in aliud tendere; quod quidem est et moventis, et moti. secundum quidem igitur quod dicitur intendere finem id quod movetur ad finem ab alio, sic natura dicitur intendere finem, quasi mota ad suum finem a deo, sicut sagitta a sagittante. et hoc modo etiam bruta animalia intendunt finem, inquantum moventur instinctu naturali ad aliquid. alio modo intendere finem est moventis, prout scilicet ordinat motum alicuius, vel sui vel alterius, in finem. quod est rationis tantum. unde per hunc modum bruta non intendunt finem, quod est proprie et principaliter intendere, * ut dictum est.
ra1 ' Ad primum ergo dicendum quod ratio illa procedit secundum quod intendere est eius quod movetur ad finem.
ra2 ' Ad secundum dicendum quod fruitio non importat ordinationem alicuius in aliquid, sicut intentio; sed absolutam quietem in fine.
ra3 ' Ad tertium dicendum quod bruta animalia moventur ad finem, non quasi considerantia quod per motum suum possunt consequi finem, quod est proprie intendentis, sed concupiscentia finem naturali instinctu, moventur ad finem quasi ab alio mota, sicut et cetera quae moventur naturaliter.

008 ST2 qu13 ar

pr ' Consequenter considerandum est de actibus voluntatis qui sunt in comparatione ad ea quae sunt ad finem. et sunt tres, eligere, consentire, et uti. electionem autem praecedit consilium. primo ergo considerandum est de electione; secundo, de consilio; tertio, de consensu; quarto, de usu. circa electionem quaeruntur sex. primo, cuius potentiae sit actus, utrum voluntatis vel rationis. secundo, utrum electio conveniat brutis animalibus. tertio, utrum electio sit solum eorum quae sunt ad finem, vel etiam quandoque finis. quarto, utrum electio sit tantum eorum quae per nos aguntur. quinto, utrum electio sit solum possibilium. sexto, utrum homo ex necessitate eligat, vel libere.

008 ST2 qu13 ar1

ag1 ‘ Ad primum sic proceditur. videtur quod electio non sit actus voluntatis, sed rationis. electio enim collationem quandam importat, qua unum alteri praefertur. sed conferre est rationis. ergo electio est rationis.

ag2 ‘ Praeterea, eiusdem est syllogizare et concludere. sed syllogizare in operabilibus est rationis. “ cum igitur electio sit quasi conclusio in operabilibus, * ut dicitur in vii ethic., ‘ videtur quod sit actus rationis.

ag3 ‘ Praeterea, ignorantia non pertinet ad voluntatem, sed ad vim cognitivam. “ est autem quaedam ignorantia electionis, * ut dicitur in iii ethic.. ‘ ergo videtur quod electio non pertineat ad voluntatem, sed ad rationem.

sc * Sed contra est quod philosophus dicit, in iii ethic., quod ° electio est desiderium eorum quae sunt in nobis. ‘ desiderium autem est actus voluntatis. ergo et electio.

co ‘ Respondeo dicendum quod in nomine electionis importatur aliquid pertinens ad rationem sive intellectum, et aliquid pertinens ad voluntatem, * dicit enim philosophus, in vi ethic., quod ° electio est appetitivus intellectus, vel appetitus intellectivus. ‘ quandocumque autem duo concurrunt ad aliquid unum constituendum, unum eorum est ut formale respectu alterius. * unde gregorius nyssenus dicit quod ° electio neque est appetitus secundum seipsam, neque consilium solum, sed ex his aliquid compositum. sicut enim dicimus animal ex anima et corpore compositum esse, neque vero corpus esse secundum seipsum, neque animam solam, sed utrumque; ita et electionem. ‘ est autem considerandum in actibus animae, quod actus qui est essentialiter unius potentiae vel habitus, recipit formam et speciem a superiori potentia vel habitu, secundum quod ordinatur inferius a superiori, si enim aliquis actum fortitudinis exerceat propter dei amorem, actus quidem ille materialiter est fortitudinis, formaliter vero caritatis. manifestum est autem quod ratio quodammodo voluntatem praecedit, et ordinat actum eius, inquantum scilicet voluntas in suum obiectum tendit secundum ordinem rationis, eo quod vis apprehensiva appetitivae suum obiectum repraesentat. sic igitur ille actus quo voluntas tendit in aliquid quod proponitur |25| ut bonum, ex eo quod per rationem est ordinatum ad finem, materialiter quidem est voluntatis, formaliter autem rationis. in huiusmodi autem substantia actus materialiter se habet ad ordinem qui imponitur a superiori potentia. et ideo electio substantialiter non est actus rationis, sed voluntatis, perficitur enim electio in motu quodam animae ad bonum quod eligitur. unde manifeste actus est appetitivae potentiae.

ra1 ‘ Ad primum ergo dicendum quod electio importat collationem quandam praecedentem, non quod essentialiter sit ipsa collatio.

ra2 ‘ Ad secundum dicendum quod conclusio etiam syllogismi qui fit in operabilibus, ad rationem pertinet; et dicitur sententia vel iudicium, quam sequitur electio. et ob hoc ipsa conclusio pertinere videtur ad electionem, tanquam ad consequens.

ra3 ‘ Ad tertium dicendum quod ignorantia dicitur esse electionis, non quod ipsa electio sit scientia, sed quia ignoratur quid sit eligendum.

008 ST2 qu13 ar2

ag1 ‘ Ad secundum sic proceditur. videtur quod electio brutis animalibus conveniat. “ electio enim est appetitus aliquorum propter finem, * ut dicitur in iii ethic.. ‘ sed bruta animalia appetunt aliquid propter finem, agunt enim propter finem, et ex appetitu. ergo in brutis animalibus est electio.

ag2 ‘ Praeterea, ipsum nomen electionis significare videtur quod aliquid prae aliis accipiatur. sed bruta animalia accipiunt aliquid prae aliis, sicut manifeste apparet quod ovis unam herbam comedit, et aliam refutat. ergo in brutis animalibus est electio.

ag3 * Praeterea, ut dicitur in vi ethic., ° ad prudentiam pertinet quod aliquis bene eligat ea quae sunt ad finem. ‘ sed prudentia convenit brutis animalibus, * unde dicitur in principio metaphys., quod ° prudentia sunt sine disciplina quaecumque sonos audire non potentia sunt, ut apes. ‘ et hoc etiam sensui manifestum videtur, apparent enim mirabiles sagacitates in operibus animalium, ut apum et aranearum et canum. canis enim insequens cervum, si ad trivium venerit, odoratu quidem explorat an cervus per primam vel secundam viam transiverit, quod si invenerit non transisse, iam securus per tertiam viam incedit non explorando, quasi utens syllogismo divisivo, quo concludi posset cervum per illam viam incedere, ex quo non incedit per alias duas, cum non sint plures. ergo videtur quod electio brutis animalibus conveniat.

sc * Sed contra est quod gregorius nyssenus dicit, quod ° pueri et irrationalia voluntarie quidem faciunt, non tamen eligentia. ‘ ergo in brutis animalibus non est electio.

co ‘ Respondeo dicendum quod, cum electio sit praeacceptio unius respectu alterius, necesse est quod electio sit respectu plurium quae eligi possunt. et ideo in his quae sunt penitus determinata ad unum, electio locum non habet. est autem differentia inter appetitum sensitivum et voluntatem, quia, * ut ex praedictis patet, ‘ appetitus sensitivus est determinatus ad unum aliquid particulare secundum ordinem naturae; voluntas autem est quidem, secundum naturae ordinem, determinata ad unum commune, quod est bonum, sed indeterminate se habet respectu particularium bonorum. et ideo proprie voluntatis est eligere, non autem appetitus sensitivi, qui solus est in brutis animalibus. et propter hoc brutis animalibus electio non convenit.

ra1 ‘ Ad primum ergo dicendum quod non omnis appetitus alicuius propter finem, vocatur electio, sed cum quadam discretione unius ab altero. quae locum habere non potest, nisi ubi appetitus potest ferri ad plura.

ra2 ‘ Ad secundum dicendum quod brutum animal accipit unum prae alio, quia appetitus eius est naturaliter determinatus ad ipsum. unde statim quando per sensum vel per imaginationem repraesentatur sibi aliquid ad quod naturaliter inclinatur eius appetitus, absque electione in illud solum movetur. sicut etiam absque electione ignis movetur sursum, et non deorsum.

ra3 * Ad tertium dicendum quod, sicut dicitur in iii physic., ° motus est actus mobilis a movente. ‘ et ideo virtus moventis apparet in motu mobilis. et propter hoc in omnibus quae moventur a ratione, apparet ordo rationis moventis, licet ipsa rationem non habeant, sic enim sagitta directe tendit ad signum ex motione sagittantis, ac si ipsa rationem haberet dirigentem. et idem apparet in motibus horologiorum, et omnium ingeniorum humanorum, quae arte fiunt. sicut autem comparantur artificialia ad artem humanam, ita comparantur omnia naturalia ad artem divinam. et ideo ordo apparet in his quae moventur secundum naturam, “ sicut et in his quae moventur per rationem, * ut dicitur in ii physic.. ‘ et ex hoc contingit quod in operibus brutorum animalium apparent quaedam sagacitates, inquantum habent inclinationem naturalem ad quosdam ordinatissimos processus, utpote a summa arte ordinatos. et propter hoc etiam quaedam animalia dicuntur prudentia vel sagacia, non quod in eis sit aliqua ratio vel electio. quod ex hoc apparet, quod omnia quae sunt unius naturae, similiter operantur.

008 ST2 qu13 ar3

ag1 ‘ Ad tertium sic proceditur. videtur quod electio non sit tantum eorum quae sunt ad finem. * dicit enim philosophus, in vi ethic., quod ° electionem rectam facit virtus, quaecumque autem illius gratia nata sunt fieri, non sunt virtutis, sed alterius potentiae. ‘ illud autem cuius gratia fit aliquid, est finis. ergo electio est finis.

ag2 ‘ Praeterea, electio importat praeacceptionem unius respectu alterius. sed sicut eorum quae sunt ad finem unum potest praeaccipi alteri, ita etiam et diversorum finium. ergo electio potest esse finis, sicut et eorum quae sunt ad finem.

sc * Sed contra est quod philosophus dicit, in iii ethic., quod ° voluntas est finis, electio autem eorum quae sunt ad finem.

co * Respondeo dicendum quod, sicut iam dictum est, ‘ electio consequitur sententiam vel iudicium, quod est sicut conclusio syllogismi operativi. unde illud cadit sub electione, quod se habet ut conclusio in syllogismo operabilium. “ finis autem in operabilibus se habet ut principium, et non ut conclusio, * ut philosophus dicit in ii physic.. ‘ unde finis, inquantum est huiusmodi, non cadit sub electione. sed sicut in speculativis nihil prohibet id quod est unius demonstrationis vel scientiae principium, esse conclusionem alterius demonstrationis vel scientiae; primum tamen principium indemonstrabile non potest esse conclusio alicuius demonstrationis vel scientiae; ita etiam contingit id quod est in una operatione ut finis, ordinari ad aliquid ut ad finem. et hoc modo sub electione cadit. sicut in operatione medici, sanitas se habet ut finis, unde hoc non cadit sub electione medici, sed hoc supponit tanquam principium. sed sanitas corporis ordinatur ad bonum animae, unde apud eum qui habet curam de animae salute, potest sub electione cadere esse sanum vel esse infirmum; * nam apostolus dicit, ii ad cor. xii, ° cum enim infirmor, tunc potens sum. ‘ sed ultimus finis nullo modo sub electione cadit.

ra1 ‘ Ad primum ergo dicendum quod fines proprii virtutum ordinantur ad beatitudinem sicut ad ultimum finem. et hoc modo potest esse eorum electio.

ra2 * Ad secundum dicendum quod, sicut supra habitum est, ‘ ultimus finis est unus tantum. unde ubicumque occurrunt plures fines, inter eos potest esse electio, secundum quod ordinantur ad ulteriorem finem.

008 ST2 qu13 ar4

ag1 ‘ Ad quartum sic proceditur. videtur quod electio non sit solum respectu humanorum actuum. electio enim est eorum quae sunt ad finem. “ sed ea quae sunt ad finem non solum sunt actus, sed etiam organa, * ut dicitur in ii physic.. ‘ ergo electiones non sunt tantum humanorum actuum.

ag2 ‘ Praeterea, actio a contemplatione distinguitur. sed electio etiam in contemplatione locum habet; prout scilicet una opinio alteri praeeligitur. ergo electio non est solum humanorum actuum.

ag3 ‘ Praeterea, eliguntur homines ad aliqua officia, vel saecularia vel ecclesiastica, ab his qui nihil erga eos agunt. ergo electio non solum est humanorum actuum.

sc * Sed contra est quod philosophus dicit, in iii ethic., quod ° nullus eligit nisi ea quae existimat fieri per ipsum.

co ‘ Respondeo dicendum quod, sicut intentio est finis, ita electio est eorum quae sunt ad finem. finis autem vel est actio, vel res aliqua. et cum res aliqua fuerit finis, necesse est quod aliqua humana actio interveniat, vel inquantum homo facit rem illam quae est finis, sicut medicus facit sanitatem, quae est finis eius (unde et facere sanitatem dicitur finis medici); vel inquantum homo aliquo modo utitur vel fruitur re quae est finis, sicut avaro est finis pecunia, vel possessio pecuniae. et eodem modo dicendum est de eo quod est ad finem. quia necesse est ut id quod est ad finem, vel sit actio; vel res aliqua, interveniente aliqua actione, per quam facit id quod est ad finem, vel utitur eo. et per hunc modum electio semper est humanorum actuum.

ra1 ‘ Ad primum ergo dicendum quod organa ordinantur ad finem, inquantum homo utitur eis propter finem.

ra2 ‘ Ad secundum dicendum quod in ipsa contemplatione est aliquis actus intellectus assentientis huic opinioni vel illi. actio vero exterior est quae contra contemplationem dividitur.

ra3 ‘ Ad tertium dicendum quod homo qui eligit episcopum vel principem civitatis, eligit nominare ipsum in talem dignitatem. alioquin, si nulla esset eius actio ad constitutionem episcopi vel principis, non competeret ei electio. et similiter dicendum est quod quandocumque dicitur aliqua res praeeligi alteri, adiungitur ibi aliqua operatio eligentis.

008 ST2 qu13 ar5

ag1 ‘ Ad quintum sic proceditur. videtur quod electio non sit solum possibilium. electio enim est actus voluntatis, * ut dictum est. “ sed voluntas est impossibilium, * ut dicitur in iii ethic.. ‘ ergo et electio.

ag2 ‘ Praeterea, electio est eorum quae per nos aguntur, * sicut dictum est. ‘ nihil ergo refert, quantum ad electionem, utrum eligatur id quod est impossibile simpliciter, vel id quod est impossibile eligenti. sed frequenter ea quae eligimus, perficere non possumus, et sic sunt impossibilia nobis. ergo electio est impossibilium.

ag3 ‘ Praeterea, nihil homo tentat agere nisi eligendo. * sed beatus benedictus dicit quod, “ si praelatus aliquid impossibile praeceperit, tentandum est. ‘ ergo electio potest esse impossibilium.

sc * Sed contra est quod philosophus dicit, in iii ethic., quod ° electio non est impossibilium.

co * Respondeo dicendum quod, sicut dictum est, ‘ electiones nostrae referuntur semper ad nostras actiones. ea autem quae per nos aguntur, sunt nobis possibilia. unde necesse est dicere quod electio non sit nisi possibilium. similiter etiam ratio eligendi aliquid est ex hoc quod ducit ad finem. per id autem quod est impossibile, non potest aliquis consequi finem. cuius signum est quia, cum in consiliando perveniunt homines ad id quod est eis impossibile, discedunt, quasi non valentes ulterius procedere. apparet etiam hoc manifeste ex processu rationis praecedentis. sic enim se habet id quod est ad finem, de quo electio est, ad finem, sicut conclusio ad principium. manifestum est autem quod conclusio impossibilis non sequitur ex principio possibili. unde non potest esse quod finis sit possibilis, nisi id quod est ad finem fuerit possibile. ad id autem quod est impossibile, nullus movetur. unde nullus tenderet in finem, nisi per hoc quod apparet id quod est ad finem esse possibile. unde id quod est impossibile sub electione non cadit.

ra1 ‘ Ad primum ergo dicendum quod voluntas media est inter intellectum et exteriorem operationem, nam intellectus proponit voluntati suum obiectum, et ipsa voluntas causat exteriorem actionem. sic igitur principium motus voluntatis consideratur ex parte intellectus, qui apprehendit aliquid ut bonum in universali, sed terminatio, seu perfectio actus voluntatis attenditur secundum ordinem ad operationem, per quam aliquis tendit ad consecutionem rei; nam motus voluntatis est ab anima ad rem. et ideo perfectio actus voluntatis attenditur secundum hoc quod est aliquid bonum alicui ad agendum. hoc autem est possibile. et ideo voluntas completa non est nisi de possibili, quod est bonum volenti. sed voluntas incompleta est de impossibili, * quae secundum quosdam velleitas dicitur, ‘ quia scilicet aliquis vellet illud, si esset possibile. electio autem nominat actum voluntatis iam determinatum ad id quod est huic agendum. et ideo nullo modo est nisi possibilium.

ra2 ‘ Ad secundum dicendum quod, cum obiectum voluntatis sit bonum apprehensum, hoc modo iudicandum est de obiecto voluntatis, secundum quod cadit sub apprehensione. et ideo sicut quandoque voluntas est alicuius quod apprehenditur ut bonum, et tamen non est vere bonum; ita quandoque est electio eius quod apprehenditur ut possibile eligenti, quod tamen non est ei possibile.

ra3 ‘ Ad tertium dicendum quod hoc ideo dicitur, quia an aliquid sit possibile, subditus non debet suo iudicio definire; sed in unoquoque, iudicio superioris stare.

008 ST2 qu13 ar6

ag1 ' Ad sextum sic proceditur. videtur quod homo ex necessitate eligat. sic enim se habet finis ad eligibilia, ut principia ad ea quae ex principiis consequuntur, * ut patet in vii ethic.. ' sed ex principiis ex necessitate deducuntur conclusiones. ergo ex fine de necessitate movetur aliquis ad eligendum.
ag2 ' Praeterea, * sicut dictum est, ' electio consequitur iudicium rationis de agendis. sed ratio ex necessitate iudicat de aliquibus, propter necessitatem praemissarum. ergo videtur quod etiam electio ex necessitate sequatur.
ag3 ' Praeterea, si aliqua duo sunt penitus aequalia, non magis movetur homo ad unum quam ad aliud, sicut famelicus, si habet cibum aequaliter appetibilem in diversis partibus, et secundum aequalem distantiam, non magis movetur ad unum quam ad alterum, * ut plato dixit, assignans " rationem quietis terrae in medio, * sicut dicitur in ii de caelo. ' sed multo minus potest eligi quod accipitur ut minus, quam quod accipitur ut aequale. ergo si proponantur duo vel plura, inter quae unum maius appareat, impossibile est aliquod aliorum eligere. ergo ex necessitate eligitur illud quod eminentius apparet. sed omnis electio est de omni eo quod videtur aliquo modo melius. ergo omnis electio est ex necessitate.
sc ' Sed contra est quod electio est actus potentiae rationalis; quae se habet ad opposita, * secundum philosophum.
co ' Respondeo dicendum quod homo non ex necessitate eligit. et hoc ideo, quia quod possibile est non esse, non necesse est esse. quod autem possibile sit non eligere vel eligere, huius ratio ex duplici hominis potestate accipi potest. potest enim homo velle et non velle, agere et non agere, potest etiam velle hoc aut illud, et agere hoc aut illud. cuius ratio ex ipsa virtute rationis accipitur. quidquid enim ratio potest apprehendere ut bonum, in hoc voluntas tendere potest. potest autem ratio apprehendere ut bonum non solum hoc quod est velle aut agere; sed hoc etiam quod est non velle et non agere. et rursum in omnibus particularibus bonis potest considerare rationem boni alicuius, et defectum alicuius boni, quod habet rationem mali, et secundum hoc, potest unumquodque huiusmodi bonorum apprehendere ut eligibile, vel fugibile. solum autem perfectum bonum, quod est beatitudo, non potest ratio apprehendere sub ratione mali, aut alicuius defectus. et ideo ex necessitate beatitudinem homo vult, nec potest velle non esse beatus, aut miser. electio autem, cum non sit de fine, sed de his quae sunt ad finem, * ut iam dictum est; ' non est perfecti boni, quod est beatitudo, sed aliorum particularium bonorum. et ideo homo non ex necessitate, sed libere eligit.
ra1 ' Ad primum ergo dicendum quod non semper ex principiis ex necessitate procedit conclusio, sed tunc solum quando principia non possunt esse vera si conclusio non sit vera. et similiter non oportet quod semper ex fine insit homini necessitas ad eligendum ea quae sunt ad finem, quia non omne quod est ad finem, tale est ut sine eo finis haberi non possit; aut, si tale sit, non semper sub tali ratione consideratur.
ra2 ' Ad secundum dicendum quod sententia sive iudicium rationis de rebus agendis est circa contingentia, quae a nobis fieri possunt, in quibus conclusiones non ex necessitate sequuntur ex principiis necessariis absoluta necessitate, sed necessariis solum ex conditione, ut, si currit, movetur.
ra3 ' Ad tertium dicendum quod nihil prohibet, si aliqua duo aequalia proponantur secundum unam considerationem, quin circa alterum consideretur aliqua conditio per quam emineat, et magis flectatur voluntas in ipsum quam in aliud.

008 ST2 qu14 ar

pr ' Deinde considerandum est de consilio. et circa hoc quaeruntur sex. primo, utrum consilium sit inquisitio. secundo, utrum consilium sit de fine, vel solum de his quae sunt ad finem. tertio, utrum consilium sit solum de his quae a nobis aguntur. quarto, utrum consilium sit de omnibus quae a nobis aguntur. quinto, utrum consilium procedat ordine resolutorio. sexto, utrum consilium procedat in infinitum.

008 ST2 qu14 ar1

ag1 ' Ad primum sic proceditur. videtur quod consilium non sit inquisitio. * dicit enim damascenus quod ° consilium est appetitus. ' sed ad appetitum non pertinet inquirere. ergo consilium non est inquisitio.
ag2 ' Praeterea, inquirere intellectus discurrentis est; et sic deo non convenit, cuius cognitio non est discursiva, * ut in primo habitum est. ' sed consilium deo attribuitur, * dicitur enim ad ephes. i, quod ° operatur omnia secundum consilium voluntatis suae. ' ergo consilium non est inquisitio.
ag3 ' Praeterea, inquisitio est de rebus dubiis. sed consilium datur de his quae sunt certa bona; * secundum illud apostoli, i ad cor. vii, ° de virginibus autem praeceptum domini non habeo, consilium autem do. ' ergo consilium non est inquisitio.
sc * Sed contra est quod gregorius nyssenus dicit, ° omne quidem consilium quaestio est; non autem omnis quaestio consilium.
co ' Respondeo dicendum quod electio, * sicut dictum est, ' consequitur iudicium rationis de rebus agendis. in rebus autem agendis multa incertitudo invenitur, quia actiones sunt circa singularia contingentia, quae propter sui variabilitatem incerta sunt. in rebus autem dubiis et incertis ratio non profert iudicium absque inquisitione praecedente. et ideo necessaria est inquisitio rationis ante iudicium de eligendis, et haec inquisitio consilium vocatur. * propter quod philosophus dicit, in iii ethic., quod ° electio est appetitus praeconsiliati.
ra1 ' Ad primum ergo dicendum quod, quando actus duarum potentiarum ad invicem ordinantur, in utroque est aliquid quod est alterius potentiae, et ideo uterque actus ab utraque potentia denominari potest. manifestum est autem quod actus rationis dirigentis in his quae sunt ad finem, et actus voluntatis secundum regimen rationis in ea tendentis, ad se invicem ordinantur. unde et in actu voluntatis, quae est electio, apparet aliquid rationis, scilicet ordo, et in consilio, quod est actus rationis, apparet aliquid voluntatis sicut materia, quia consilium est de his quae homo vult facere; et etiam sicut motivum, quia ex hoc quod homo vult finem, movetur ad consiliandum de his quae sunt ad finem. * et ideo sicut philosophus dicit, in vi ethic., quod " electio est intellectus appetitivus, ut ad electionem utrumque concurrere ostendat; * ita damascenus dicit quod " consilium est appetitus inquisitivus, ut consilium aliquo modo pertinere ostendat et ad voluntatem, circa quam et ex qua fit inquisitio, et ad rationem inquirentem.
ra2 ' Ad secundum dicendum quod ea quae dicuntur de deo, accipienda sunt absque omni defectu qui invenitur in nobis, sicut in nobis scientia est conclusionum per discursum a causis in effectus; sed scientia dicta de deo, significat certitudinem de omnibus effectibus in prima causa, absque omni discursu. et similiter consilium attribuitur deo quantum ad certitudinem sententiae vel iudicii, quae in nobis provenit ex inquisitione consilii. sed huiusmodi inquisitio in deo locum non habet, et ideo consilium secundum hoc deo non attribuitur. * et secundum hoc damascenus dicit quod ° deus non consiliatur, ignorantis enim est consiliari.
ra3 ' Ad tertium dicendum quod nihil prohibet aliqua esse certissima bona secundum sententiam sapientum et spiritualium virorum, quae tamen non sunt certa bona secundum sententiam plurium, vel carnalium hominum. et ideo de talibus consilia dantur.

008 ST2 qu14 ar2

ag1 ' Ad secundum sic proceditur. videtur quod consilium non solum sit de his quae sunt ad finem, sed etiam de fine. quaecumque enim dubitationem habent, de his potest inquiri. sed circa operabilia humana contingit esse dubitationem de fine, et non solum de his quae sunt ad finem. cum igitur inquisitio circa operabilia sit consilium, videtur quod consilium possit esse de fine.
ag2 ' Praeterea, materia consilii sunt operationes humanae. " sed quaedam operationes humanae sunt fines, * ut dicitur in i ethic. ' ergo consilium potest esse de fine.
sc * Sed contra est quod gregorius nyssenus dicit, quod ° non de fine, sed de his quae sunt ad finem, est consilium.
co ' Respondeo dicendum quod finis in operabilibus habet rationem principii, eo quod rationes eorum quae sunt ad finem, ex fine sumuntur. principium autem non cadit sub quaestione, sed principia oportet supponere in omni inquisitione. unde cum consilium sit quaestio, de fine non est consilium, sed solum de his quae sunt ad finem. tamen contingit id quod est finis respectu quorundam, ordinari ad alium finem, sicut etiam id quod est principium unius demonstrationis, est conclusio alterius. et ideo id quod accipitur ut finis in una inquisitione, potest accipi ut ad finem in alia inquisitione. et sic de eo erit consilium.
ra1 ' Ad primum ergo dicendum quod id quod accipitur ut finis, est iam determinatum. unde quandiu habetur ut dubium, non habetur ut finis. et ideo si de eo consilium habetur, non erit consilium de fine, sed de eo quod est ad finem.
ra2 ' Ad secundum dicendum quod de operationibus est consilium, inquantum ordinantur ad aliquem finem. unde si aliqua operatio humana sit finis, de ea, inquantum huiusmodi, non est consilium.

008 ST2 qu14 ar3

ag1 ' Ad tertium sic proceditur. videtur quod consilium non sit solum de his quae aguntur a nobis. consilium enim collationem quandam importat. sed collatio inter multos potest fieri etiam de rebus immobilibus, quae non fiunt a nobis, puta de naturis rerum. ergo consilium non solum est de his quae aguntur a nobis.
ag2 ' Praeterea, homines interdum consilium quaerunt de his quae sunt lege statuta, unde et iurisconsulti dicuntur. et tamen eorum qui quaerunt huiusmodi consilium, non est leges facere. ergo consilium non solum est de his quae a nobis aguntur.
ag3 ' Praeterea, dicuntur etiam quidam consultationes facere de futuris eventibus; qui tamen non sunt in potestate nostra. ergo consilium non solum est de his quae a nobis fiunt.
ag4 ' Praeterea, si consilium esset solum de his quae a nobis fiunt, nullus consiliaretur de his quae sunt per alium agenda. sed hoc patet esse falsum. ergo consilium non solum est de his quae a nobis fiunt.
sc * Sed contra est quod gregorius nyssenus dicit, ° consiliamur de his quae sunt in nobis, et per nos fieri possunt.
co ' Respondeo dicendum quod consilium proprie importat collationem inter plures habitam. quod et ipsum nomen designat, dicitur enim consilium quasi considium, eo quod multi consident ad simul conferendum. est autem considerandum quod in particularibus contingentibus, ad hoc quod aliquid certum cognoscatur, plures conditiones seu circumstantias considerare oportet, quas ab uno non facile est considerari, sed a pluribus certius percipiuntur, dum quod unus considerat, alii non occurrit, in necessariis autem et universalibus est absolutior et simplicior consideratio, ita quod magis ad huiusmodi considerationem unus per se sufficere potest. et ideo inquisitio consilii proprie pertinet ad contingentia singularia. cognitio autem veritatis in talibus non habet aliquid magnum, ut per se sit appetibilis, sicut cognitio universalium et necessariorum, sed appetitur secundum quod est utilis ad operationem, quia actiones sunt circa contingentia singularia. et ideo dicendum est quod proprie consilium est circa ea quae aguntur a nobis.
ra1 ' Ad primum ergo dicendum quod consilium importat collationem non quamcumque, sed collationem de rebus agendis, * ratione iam dicta.
ra2 ' Ad secundum dicendum quod id quod est lege positum, quamvis non sit ex operatione quaerentis consilium, tamen est directivum eius ad operandum, quia ista est una ratio aliquid operandi, mandatum legis.
ra3 ' Ad tertium dicendum quod consilium non solum est de his quae aguntur, sed de his quae ordinantur ad operationes. et propter hoc consultatio dicitur fieri de futuris eventibus, inquantum homo per futuros eventus cognitos dirigitur ad aliquid faciendum vel vitandum.
ra4 ' Ad quartum dicendum quod de aliorum factis consilium quaerimus, inquantum sunt quodammodo unum nobiscum, vel per unionem affectus, sicut amicus sollicitus est de his quae ad amicum spectant, sicut de suis; vel per modum instrumenti, nam agens principale et instrumentale sunt quasi una causa, cum unum agat per alterum; et sic dominus consiliatur de his quae sunt agenda per servum.

008 ST2 qu14 ar4

ag1 ' Ad quartum sic proceditur. videtur quod consilium sit de omnibus quae sunt per nos agenda. electio enim est appetitus praeconsiliati, * ut dictum est. ' sed electio est de omnibus quae per nos aguntur. ergo et consilium.
ag2 ' Praeterea, consilium importat inquisitionem rationis. sed in omnibus quae non per impetum passionis agimus, procedimus ex inquisitione rationis. ergo de omnibus quae aguntur a nobis, est consilium.
ag3 * Praeterea, philosophus dicit, in iii ethic., quod ° si per plura aliquid fieri potest, consilio inquiritur per quod facillime et optime fiat; si autem per unum, qualiter per illud fiat. ' sed omne quod fit, fit per unum vel per multa. ergo de omnibus quae fiunt a nobis, est consilium.
sc * Sed contra est quod gregorius nyssenus dicit, quod ° de his quae secundum disciplinam vel artem sunt operibus, non est consilium.
co ' Respondeo dicendum quod consilium est inquisitio quaedam, * ut dictum est. ' de illis autem inquirere solemus, quae in dubium veniunt, unde et ratio inquisitiva, quae dicitur argumentum, est rei dubiae faciens fidem. quod autem aliquid in operabilibus humanis non sit dubitabile, ex duobus contingit. uno modo, quia per determinatas vias proceditur ad determinatos fines, sicut contingit in artibus quae habent certas vias operandi; sicut scriptor non consiliatur quomodo debeat trahere litteras, hoc enim determinatum est per artem. alio modo, quia non multum refert utrum sic vel sic fiat, et ista sunt minima, quae parum adiuvant vel impediunt respectu finis consequendi; quod autem parum est, quasi nihil accipit ratio. " et ideo de duobus non consiliamur, quamvis ordinentur ad finem, * ut philosophus dicit, " scilicet de rebus parvis; et de his quae sunt determinata qualiter fieri debent, sicut est in operibus artium, praeter quasdam coniecturales, * ut gregorius nyssenus dicit, " ut puta medicinalis, negotiativa, et huiusmodi.
ra1 ' Ad primum ergo dicendum quod electio praesupponit consilium ratione iudicii vel sententiae. unde quando iudicium vel sententia manifesta est absque inquisitione, non requiritur consilii inquisitio.
ra2 ' Ad secundum dicendum quod ratio in rebus manifestis non inquirit, sed statim iudicat. et ideo non oportet in omnibus quae ratione aguntur, esse inquisitionem consilii.
ra3 ' Ad tertium dicendum quod quando aliquid per unum potest fieri, sed diversis modis, potest dubitationem habere, sicut et quando fit per plura, et ideo opus est consilio. sed quando determinatur non solum res, sed modus, tunc non est opus consilio.

008 ST2 qu14 ar5

ag1 ‘ Ad quintum sic proceditur. videtur quod consilium non procedat modo resolutorio. consilium enim est de his quae a nobis aguntur. sed operationes nostrae non procedunt modo resolutorio, sed magis modo compositivo, scilicet de simplicibus ad composita. ergo consilium non semper procedit modo resolutorio.

ag2 ‘ Praeterea, consilium est inquisitio rationis. sed ratio a prioribus incipit, et ad posteriora devenit, secundum convenientiorem ordinem cum igitur praeterita sint priora praesentibus, et praesentia priora futuris, in consiliando videtur esse procedendum a praesentibus et praeteritis in futura. quod non pertinet ad ordinem resolutorium. ergo in consiliis non servatur ordo resolutorius.

ag3 “ Praeterea, consilium non est nisi de his quae sunt nobis possibilia, * ut dicitur in iii ethic.. ‘ sed an sit nobis aliquid possibile, perpenditur ex eo quod possumus facere, vel non possumus facere, ut perveniamus in illud. ergo in inquisitione consilii a praesentibus incipere oportet.

sc * Sed contra est quod philosophus dicit, in iii ethic., quod ° ille qui consiliatur, videtur quaerere et resolvere.

co ‘ Respondeo dicendum quod in omni inquisitione oportet incipere ab aliquo principio. quod quidem si, sicut est prius in cognitione, ita etiam sit prius in esse, non est processus resolutorius, sed magis compositivus, procedere enim a causis in effectus, est processus compositivus, nam causae sunt simpliciores effectibus. si autem id quod est prius in cognitione, sit posterius in esse, est processus resolutorius, utpote cum de effectibus manifestis iudicamus, resolvendo in causas simplices. principium autem in inquisitione consilii est finis, qui quidem est prior in intentione, posterior tamen in esse. et secundum hoc, oportet quod inquisitio consilii sit resolutiva, incipiendo scilicet ab eo quod in futuro intenditur, quousque perveniatur ad id quod statim agendum est.

ra1 ‘ Ad primum ergo dicendum quod consilium est quidem de operationibus. sed ratio operationum accipitur ex fine, et ideo ordo ratiocinandi de operationibus, est contrarius ordini operandi.

ra2 ‘ Ad secundum dicendum quod ratio incipit ab eo quod est prius secundum rationem, non autem semper ab eo quod est prius tempore.

ra3 ‘ Ad tertium dicendum quod de eo quod est agendum propter finem, non quaereremus scire an sit possibile, si non esset congruum fini. et ideo prius oportet inquirere an conveniat ad ducendum in finem, quam consideretur an sit possibile.

008 ST2 qu14 ar6

ag1 ‘ Ad sextum sic proceditur. videtur quod inquisitio consilii procedat in infinitum. consilium enim est inquisitio de particularibus, in quibus est operatio. sed singularia sunt infinita. ergo inquisitio consilii est infinita.

ag2 ‘ Praeterea, sub inquisitione consilii cadit considerare non solum quid agendum sit, sed etiam quomodo impedimenta tollantur. sed quaelibet humana actio potest impediri, et impedimentum tolli potest per aliquam rationem humanam. ergo in infinitum remanet quaerere de impedimentis tollendis.

ag3 ‘ Praeterea, inquisitio scientiae demonstrativae non procedit in infinitum, quia est devenire in aliqua principia per se nota, quae omnimodam certitudinem habent. sed talis certitudo non potest inveniri in singularibus contingentibus, quae sunt variabilia et incerta. ergo inquisitio consilii procedit in infinitum.

sc ° Sed contra, nullus movetur ad id ad quod impossibile est quod perveniat, * ut dicitur in i de caelo. ‘ sed infinitum impossibile est transire. si igitur inquisitio consilii sit infinita, nullus consiliari inciperet. quod patet esse falsum.

co ‘ Respondeo dicendum quod inquisitio consilii est finita in actu ex duplici parte, scilicet ex parte principii, et ex parte termini. accipitur enim in inquisitione consilii duplex principium. unum proprium, ex ipso genere operabilium, et hoc est finis, de quo non est consilium, sed supponitur in consilio ut principium, * ut dictum est. ‘ aliud quasi ex alio genere assumptum sicut et in scientiis demonstrativis una scientia supponit aliqua ab alia, de quibus non inquirit. huiusmodi autem principia quae in inquisitione consilii supponuntur, sunt quaecumque sunt per sensum accepta, utpote quod hoc sit panis vel ferrum; et quaecumque sunt per aliquam scientiam speculativam vel practicam in universali cognita, sicut quod moechari est a deo prohibitum, et quod homo non potest vivere nisi nutriatur nutrimento convenienti. et de istis non inquirit consiliator. terminus autem inquisitionis est id quod statim est in potestate nostra ut faciamus. sicut enim finis habet rationem principii, ita id quod agitur propter finem, habet rationem conclusionis. unde id quod primo agendum occurrit, habet rationem ultimae conclusionis, ad quam inquisitio terminatur. nihil autem prohibet consilium potentia infinitum esse, secundum quod in infinitum possunt aliqua occurrere consilio inquirenda.

ra1 ‘ Ad primum ergo dicendum quod singularia non sunt infinita actu, sed in potentia tantum.

ra2 ‘ Ad secundum dicendum quod, licet humana actio possit impediri, non tamen semper habet impedimentum paratum. et ideo non semper oportet consiliari de impedimento tollendo.

ra3 ‘ Ad tertium dicendum quod in singularibus contingentibus potest aliquid accipi certum, etsi non simpliciter, tamen ut nunc, prout assumitur in operatione. socratem enim sedere non est necessarium, sed eum sedere, dum sedet, est necessarium. et hoc per certitudinem accipi potest.

008 ST2 qu15 ar

pr ‘ Deinde considerandum est de consensu. et circa hoc quaeruntur quatuor. primo, utrum consensus sit actus appetitivae, vel apprehensivae virtutis. secundo, utrum conveniat brutis animalibus. tertio, utrum sit de fine, vel de his quae sunt ad finem. quarto, utrum consensus in actum pertineat solum ad superiorem animae partem.

008 ST2 qu15 ar1

ag1 ‘ Ad primum sic proceditur. videtur quod consentire pertineat solum ad partem animae apprehensivam. * augustinus enim, xii de trin., “ consensum attribuit superiori rationi. ‘ sed ratio nominat apprehensivam virtutem. ergo consentire pertinet ad apprehensivam virtutem.

ag2 ‘ Praeterea, consentire est simul sentire. sed sentire est apprehensivae potentiae. ergo et consentire.

ag3 ‘ Praeterea, sicut assentire dicit applicationem intellectus ad aliquid, ita et consentire. sed assentire pertinet ad intellectum, qui est vis apprehensiva. ergo et consentire ad vim apprehensivam pertinet.

sc * Sed contra est quod damascenus dicit, in ii libro, quod ° si aliquis iudicet, et non diligat, non est sententia, “ idest consensus. ‘ sed diligere ad appetitivam virtutem pertinet. ergo et consensus.

co ‘ Respondeo dicendum quod consentire importat applicationem sensus ad aliquid. est autem proprium sensus quod cognoscitivus est rerum praesentium, vis enim imaginativa est apprehensiva similitudinum corporalium, etiam rebus absentibus quarum sunt similitudines; intellectus autem apprehensivus est universalium rationum, quas potest apprehendere indifferenter et praesentibus et absentibus singularibus. et quia actus appetitivae virtutis est quaedam inclinatio ad rem ipsam, secundum quandam similitudinem ipsa applicatio appetitivae virtutis ad rem, secundum quod ei inhaeret, accipit nomen sensus, quasi experientiam quandam sumens de re cui inhaeret, inquantum complacet sibi in ea. * unde et sap. i, dicitur, ° sentite de domino in bonitate. ‘ et secundum hoc, consentire est actus appetitivae virtutis.

ra1 ‘ Ad primum ergo dicendum quod, * sicut dicitur in iii de anima, “ voluntas in ratione est. * unde cum augustinus attribuit consensum rationi, “ accipit rationem secundum quod in ea includitur voluntas.

ra2 ‘ Ad secundum dicendum, quod sentire proprie dictum ad apprehensivam potentiam pertinet, sed secundum similitudinem cuiusdam experientiae, pertinet ad appetitivam, * ut dictum est.

ra3 ‘ Ad tertium dicendum quod assentire est quasi ad aliud sentire, et sic importat quandam distantiam ad id cui assentitur. sed consentire est simul sentire, et sic importat quandam coniunctionem ad id cui consentitur. et ideo voluntas, cuius est tendere ad ipsam rem, magis proprie dicitur consentire, intellectus autem, cuius operatio non est secundum motum ad rem, sed potius e converso, * ut in primo dictum est, ‘ magis proprie dicitur assentire, quamvis unum pro alio poni soleat. potest etiam dici quod intellectus assentit, inquantum a voluntate movetur.

008 ST2 qu15 ar2

ag1 ‘ Ad secundum sic proceditur. videtur quod consensus conveniat brutis animalibus. consensus enim importat determinationem appetitus ad unum. sed appetitus brutorum animalium sunt determinati ad unum. ergo consensus in brutis animalibus invenitur.

ag2 ‘ Praeterea, remoto priori, removetur posterius. sed consensus praecedit operis executionem. si ergo in brutis non esset consensus, non esset in eis operis executio. quod patet esse falsum.

ag3 ‘ Praeterea, homines interdum consentire dicuntur in aliquid agendum ex aliqua passione, puta concupiscentia vel ira. sed bruta animalia ex passione agunt. ergo in eis est consensus.

sc * Sed contra est quod damascenus dicit quod ° post iudicium, homo disponit et amat quod ex consilio iudicatum est, quod vocatur sententia, “ idest consensus. ‘ sed consilium non est in brutis animalibus. ergo nec consensus.

co ‘ Respondeo dicendum quod consensus, proprie loquendo, non est in brutis animalibus. cuius ratio est quia consensus importat applicationem appetitivi motus ad aliquid agendum. eius autem est applicare appetitivum motum ad aliquid agendum, in cuius potestate est appetitivus motus, sicut tangere lapidem convenit quidem baculo, sed applicare baculum ad tactum lapidis, est eius qui habet in potestate movere baculum. bruta autem animalia non habent in sui potestate appetitivum motum, sed talis motus in eis est ex instinctu naturae. unde brutum animal appetit quidem, sed non applicat appetitivum motum ad aliquid. et propter hoc non proprie dicitur consentire, sed solum rationalis natura, quae habet in potestate sua appetitivum motum, et potest ipsum applicare vel non applicare ad hoc vel ad illud.

ra1 ‘ Ad primum ergo dicendum quod in brutis animalibus invenitur determinatio appetitus ad aliquid passive tantum. consensus vero importat determinationem appetitus non solum passivam, sed magis activam.

ra2 ‘ Ad secundum dicendum quod, remoto priori, removetur posterius quod proprie ex eo tantum sequitur. si autem aliquid ex pluribus sequi possit, non propter hoc posterius removetur, uno priorum remoto, sicut si induratio possit fieri et a calido et frigido (nam lateres indurantur ab igne, et aqua congelata induratur ex frigore), non oportet quod, remoto calore, removeatur induratio. executio autem operis non solum sequitur ex consensu, sed etiam ex impetuoso appetitu, qualis est in brutis animalibus.

ra3 ‘ Ad tertium dicendum quod homines qui ex passione agunt, possunt passionem non sequi. non autem bruta animalia. unde non est similis ratio.

008 ST2 qu15 ar3

ag1 ‘ Ad tertium sic proceditur. videtur quod consensus sit de fine. quia propter quod unumquodque, illud magis. sed his quae sunt ad finem consentimus propter finem. ergo fini consentimus magis.

ag2 ‘ Praeterea, actio intemperati est finis eius, sicut et actio virtuosi est finis eius. sed intemperatus consentit in proprium actum. ergo consensus potest esse de fine.

ag3 ‘ Praeterea, appetitus eorum quae sunt ad finem, est electio, * ut supra dictum est. ‘ si igitur consensus esset solum de his quae sunt ad finem, in nullo ab electione differre videretur. * quod patet esse falsum per damascenum, qui dicit quod “ post dispositionem, quam vocaverat sententiam, fit electio. ‘ non ergo consensus est solum de his quae sunt ad finem.

sc ‘ Sed contra est quod * damascenus ibidem dicit, quod ° sententia, sive consensus, est quando homo disponit et amat quod ex consilio iudicatum est. ‘ sed consilium non est nisi de his quae sunt ad finem. ergo nec consensus.

co ‘ Respondeo dicendum quod consensus nominat applicationem appetitivi motus ad aliquid praeexistens in potestate applicantis in ordine autem agibilium, primo quidem oportet sumere apprehensionem finis; deinde appetitum finis; deinde consilium de his quae sunt ad finem; deinde appetitum eorum quae sunt ad finem. appetitus autem in ultimum finem tendit naturaliter, unde et applicatio motus appetitivi in finem apprehensum, non habet rationem consensus, sed simplicis voluntatis. de his autem quae sunt post ultimum finem, inquantum sunt ad finem, sub consilio cadunt, et sic potest esse de eis consensus, inquantum motus appetitivus applicatur ad id quod ex consilio iudicatum est. motus vero appetitivus in finem, non applicatur consilio, sed magis consilium ipsi, quia consilium praesupponit appetitum finis. sed appetitus eorum quae sunt ad finem, praesupponit determinationem consilii. et ideo applicatio appetitivi motus ad determinationem consilii, proprie est consensus. unde, cum consilium non sit nisi de his quae sunt ad finem, consensus, proprie loquendo, non est nisi de his quae sunt ad finem.

ra1 ‘ Ad primum ergo dicendum quod, sicut conclusiones scimus per principia, horum tamen non est scientia, sed quod maius est, scilicet intellectus; ita consentimus his quae sunt ad finem propter finem, cuius tamen non est consensus, sed quod maius est, scilicet voluntas.

ra2 ‘ Ad secundum dicendum quod intemperatus habet pro fine delectationem operis, propter quam consentit in opus, magis quam ipsam operationem.

ra3 ‘ Ad tertium dicendum quod electio addit supra consensum quandam relationem respectu eius cui aliquid praeeligitur, et ideo post consensum, adhuc remanet electio. potest enim contingere quod per consilium inveniantur plura ducentia ad finem, quorum dum quodlibet placet, in quodlibet eorum consentitur, sed ex multis quae placent, praeaccipimus unum eligendo. sed si inveniatur unum solum quod placeat, non differunt re consensus et electio, sed ratione tantum, ut consensus dicatur secundum quod placet ad agendum; electio autem, secundum quod praefertur his quae non placent.

008 ST2 qu15 ar4

ag1 ‘ Ad quartum sic proceditur. videtur quod consensus ad agendum non semper pertineat ad superiorem rationem. ° delectatio enim consequitur operationem, et perficit eam, sicut decor iuventutem, * sicut dicitur in x ethic.. “ sed consensus in delectationem pertinet ad inferiorem rationem, * ut dicit augustinus in xii de trin.. ‘ ergo consensus in actum non pertinet ad solam superiorem rationem.

ag2 ‘ Praeterea, actio in quam consentimus, dicitur esse voluntaria. sed multarum potentiarum est producere actiones voluntarias. ergo non sola superior ratio consentit in actum.

ag3 “ Praeterea, superior ratio intendit aeternis inspiciendis ac consulendis, * ut augustinus dicit in xii de trin.. ‘ sed multoties homo consentit in actum non propter rationes aeternas, sed propter aliquas ratio-

nes temporales, vel etiam propter aliquas animae passiones. non ergo consentire in actum pertinet ad solam superiorem rationem.
sc * Sed contra est quod augustinus dicit, xii de trin., ° non potest peccatum efficaciter perpetrandum mente decerni, nisi illa mentis intentio penes quam summa potestas est membra in opus movendi vel ab opere cohibendi, malae actioni cedat et serviat.
co ' Respondeo dicendum quod finalis sententia semper pertinet ad eum qui superior est, ad quem pertinet de aliis iudicare, quandiu enim iudicandum restat quod proponitur, nondum datur finalis sententia. manifestum est autem quod superior ratio est quae habet de omnibus iudicare, quia de sensibilibus per rationem iudicamus; de his vero quae ad rationes humanas pertinent, iudicamus secundum rationes divinas, quae pertinent ad rationem superiorem. et ideo quandiu incertum est an secundum rationes divinas resistatur vel non, nullum iudicium rationis habet rationem finalis sententiae. finalis autem sententia de agendis est consensus in actum. et ideo consensus in actum pertinet ad rationem superiorem, secundum tamen quod in ratione voluntas includitur, * sicut supra dictum est.
ra1 ' Ad primum ergo dicendum quod consensus in delectationem operis pertinet ad superiorem rationem, sicut et consensus in opus, sed consensus in delectationem cogitationis, pertinet ad rationem inferiorem, sicut ad ipsam pertinet cogitare. et tamen de hoc ipso quod est cogitare vel non cogitare, inquantum consideratur ut actio quaedam, habet iudicium superior ratio, et similiter de delectatione consequente. sed inquantum accipitur ut ad actionem aliam ordinatum, sic pertinet ad inferiorem rationem. quod enim ad aliud ordinatur, ad inferiorem artem vel potentiam pertinet quam finis ad quem ordinatur, unde ars quae est de fine, architectonica, seu principalis, vocatur.
ra2 ' Ad secundum dicendum quod, quia actiones dicuntur voluntariae ex hoc quod eis consentimus, non oportet quod consensus sit cuiuslibet potentiae, sed voluntatis, a qua dicitur voluntarium; quae est in ratione, * sicut dictum est.
ra3 ' Ad tertium dicendum quod ratio superior dicitur consentire, non solum quia secundum rationes aeternas semper moveat ad agendum; sed etiam quia secundum rationes aeternas non dissentit.

008 ST2 qu16 ar

pr ' Deinde considerandum est de usu. et circa hoc quaeruntur quatuor. primo, utrum uti sit actus voluntatis. secundo, utrum conveniat brutis animalibus. tertio, utrum sit tantum eorum quae sunt ad finem, vel etiam finis. quarto, de ordine usus ad electionem.

008 ST2 qu16 ar1

ag1 ' Ad primum sic proceditur. videtur quod uti non sit actus voluntatis. * dicit enim augustinus, in i de doctr. christ., quod ° uti est id quod in usum venerit, ad aliud obtinendum referre. ' sed referre aliquid ad aliud est rationis, cuius est conferre et ordinare. ergo uti est actus rationis. non ergo voluntatis.
ag2 * Praeterea, damascenus dicit quod ° homo impetum facit ad operationem, et dicitur impetus, deinde utitur, et dicitur usus. ' sed operatio pertinet ad potentiam executivam. actus autem voluntatis non sequitur actum executivae potentiae, sed executio est ultimum. ergo usus non est actus voluntatis.
ag3 * Praeterea, augustinus dicit, in libro octoginta trium quaest., ° omnia quae facta sunt, in usum hominis facta sunt, quia omnibus utitur iudicando ratio quae hominibus data est. ' sed iudicare de rebus a deo creatis pertinet ad rationem speculativam; quae omnino separata videtur a voluntate, quae est principium humanorum actuum. ergo uti non est actus voluntatis.
sc * Sed contra est quod augustinus dicit, in x de trin., ° uti est assumere aliquid in facultatem voluntatis.
co ' Respondeo dicendum quod usus rei alicuius importat applicationem rei illius ad aliquam operationem, unde et operatio ad quam applicamus rem aliquam, dicitur usus eius; sicut equitare est usus equi, et percutere est usus baculi. ad operationem autem applicamus et principia interiora agendi, scilicet ipsas potentias animae vel membra corporis, ut intellectum ad intelligendum, et oculum ad videndum; et etiam res exteriores, sicut baculum ad percutiendum. sed manifestum est quod res exteriores non applicamus ad aliquam operationem nisi per principia intrinseca, quae sunt potentiae animae, aut habitus potentiarum, aut organa, quae sunt corporis membra. * ostensum est autem supra quod ' voluntas est quae movet potentias animae ad suos actus; et hoc est applicare eas ad operationem. unde manifestum est quod uti primo et principaliter est voluntatis, tanquam primi moventis; rationis autem tanquam dirigentis; sed aliarum potentiarum tanquam exequentium, quae comparantur ad voluntatem, a qua applicantur ad agendum, sicut instrumenta ad principale agens. actio autem proprie non attribuitur instrumento, sed principali agenti, sicut aedificatio aedificatori, non autem instrumentis. unde manifestum est quod uti proprie est actus voluntatis.
ra1 ' Ad primum ergo dicendum quod ratio quidem in aliud refert, sed voluntas tendit in id quod est in aliud relatum per rationem. et secundum hoc dicitur quod uti est referre aliquid in alterum.
ra2 * Ad secundum dicendum quod damascenus loquitur " de usu, secundum quod pertinet ad executivas potentias.
ra3 ' Ad tertium dicendum quod etiam ipsa ratio speculativa applicatur ad opus intelligendi vel iudicandi, a voluntate. et ideo intellectus speculativus uti dicitur tanquam a voluntate motus, sicut aliae executivae potentiae.

008 ST2 qu16 ar2

ag1 ' Ad secundum sic proceditur. videtur quod uti conveniat brutis animalibus. frui enim est nobilius quam uti, * quia, ut augustinus dicit in x de trin., ° utimur eis quae ad aliud referimus, quo fruendum est. ' sed frui convenit brutis animalibus, * ut supra dictum est. ' ergo multo magis convenit eis uti.
ag2 ' Praeterea, applicare membra ad agendum est uti membris. sed bruta animalia applicant membra ad aliquid agendum; sicut pedes ad ambulandum, cornua ad percutiendum. ergo brutis animalibus convenit uti.
sc ' Sed contra est quod * augustinus dicit, in libro octoginta trium quaest., ° uti aliqua re non potest nisi animal quod rationis est particeps.
co * Respondeo dicendum quod, sicut dictum est, ' uti est applicare aliquod principium actionis ad actionem, sicut consentire est applicare motum appetitivum ad aliquid appetendum, * ut dictum est. ' applicare autem aliquid ad alterum non est nisi eius quod habet arbitrium super illud, quod non est nisi eius qui scit referre aliquid in alterum, quod ad rationem pertinet. et ideo solum animal rationale et consentit, et utitur.
ra1 ' Ad primum ergo dicendum quod frui importat absolutum motum appetitus in appetibile, sed uti importat motum appetitus ad aliquid in ordine ad alterum. si ergo comparentur uti et frui quantum ad obiecta, sic frui est nobilius quam uti, quia id quod est absolute appetibile, est melius quam id quod est appetibile solum in ordine ad aliud. sed si comparentur quantum ad vim apprehensivam praecedentem, maior nobilitas requiritur ex parte usus, quia ordinare aliquid in alterum est rationis; absolute autem aliquid apprehendere potest etiam sensus.
ra2 ' Ad secundum dicendum quod animalia per sua membra aliquid agunt instinctu naturae, non per hoc quod cognoscant ordinem membrorum ad illas operationes. unde non dicuntur proprie applicare membra ad agendum, nec uti membris.

008 ST2 qu16 ar3

ag1 ' Ad tertium sic proceditur. videtur quod usus possit esse etiam ultimi finis. * dicit enim augustinus, in x de trin., ° omnis qui fruitur, utitur. ' sed ultimo fine fruitur aliquis. ergo ultimo fine aliquis utitur.
ag2 ° Praeterea, uti est assumere aliquid in facultatem voluntatis, * ut ibidem dicitur. ' sed nihil magis assumitur a voluntate quam ultimus finis. ergo usus potest esse ultimi finis.
ag3 * Praeterea, hilarius dicit, in ii de trin., quod " aeternitas est in patre, species in imagine, idest in filio, usus in munere, idest in spiritu sancto. ' sed spiritus sanctus, cum sit deus, est ultimus finis. ergo ultimo fine contingit uti.
sc ' Sed contra est quod * dicit augustinus, in libro octoginta trium quaest., ° deo nullus recte utitur, sed fruitur. ' sed solus deus est ultimus finis. ergo ultimo fine non est utendum.
co * Respondeo dicendum quod uti, sicut dictum est, ' importat applicationem alicuius ad aliquid. quod autem applicatur ad aliud, se habet in ratione eius quod est ad finem. et ideo uti semper est eius quod est ad finem. propter quod et ea quae sunt ad finem accommoda, utilia dicuntur; et ipsa utilitas interdum usus nominatur. sed considerandum est quod ultimus finis dicitur dupliciter, uno modo, simpliciter; et alio modo, quoad aliquem. cum enim finis, * ut supra dictum est, ' dicatur quandoque quidem res, quandoque autem adeptio rei vel possessio eius, sicut avaro finis est vel pecunia vel possessio pecuniae; manifestum est quod, simpliciter loquendo, ultimus finis est ipsa res, non enim possessio pecuniae est bona, nisi propter bonum pecuniae. sed quoad hunc, adeptio pecuniae est finis ultimus, non enim quaereret pecuniam avarus, nisi ut haberet eam. ergo, simpliciter loquendo et proprie, pecunia homo aliquis fruitur, quia in ea ultimum finem constituit, sed inquantum refert eam ad possessionem, dicitur uti ea.
ra1 * Ad primum ergo dicendum quod augustinus loquitur " de usu communiter, secundum quod importat ordinem finis ad ipsam finis fruitionem, quam aliquis quaerit de fine.
ra2 ' Ad secundum dicendum quod finis assumitur in facultatem voluntatis, ut voluntas in illo quiescat. unde ipsa requies in fine, quae fruitio est, dicitur hoc modo usus finis. sed id quod est ad finem, assumitur in facultatem voluntatis non solum in ordine ad usum eius quod est ad finem, sed in ordine ad aliam rem, in qua voluntas quiescit.
ra3 * Ad tertium dicendum quod usus accipitur in verbis hilarii " pro quiete in ultimo fine, ' eo modo quo aliquis, communiter loquendo, dicitur uti fine ad obtinendum ipsum, * sicut dictum est. * unde augustinus, in vi de trin., dicit quod ° illa dilectio, delectatio, felicitas vel beatitudo usus ab eo appellatur.

008 ST2 qu16 ar4

ag1 ' Ad quartum sic proceditur. videtur quod usus praecedat electionem. post electionem enim nihil sequitur nisi executio. sed usus, cum pertineat ad voluntatem, praecedit executionem. ergo praecedit etiam electionem.
ag2 ' Praeterea, absolutum est ante relatum. ergo minus relatum est ante magis relatum. sed electio importat duas relationes, unam eius quod eligitur ad finem, aliam vero ad id cui praeeligitur, usus autem importat solam relationem ad finem. ergo usus est prior electione.
ag3 ' Praeterea, voluntas utitur aliis potentiis inquantum movet eas. sed voluntas movet etiam seipsam * ut dictum est. ' ergo etiam utitur seipsa, applicando se ad agendum. sed hoc facit cum consentit. ergo in ipso consensu est usus. sed consensus praecedit electionem * ut dictum est. ' ergo et usus.
sc * Sed contra est quod damascenus dicit, quod ° voluntas post electionem impetum facit ad operationem, et postea utitur. ' ergo usus sequitur electionem.
co ' Respondeo dicendum quod voluntas duplicem habitudinem habet ad volitum. unam quidem, secundum quod volitum est quodammodo in volente, per quandam proportionem vel ordinem ad volitum. unde et res quae naturaliter sunt proportionatae ad aliquem finem, dicuntur appetere illum naturaliter. sed sic habere finem, est imperfecte habere ipsum. omne autem imperfectum tendit in perfectionem. et ideo tam appetitus naturalis, quam voluntarius, tendit ut habeat ipsum finem realiter, quod est perfecte habere ipsum. et haec est secunda habitudo voluntatis ad volitum. volitum autem non solum est finis, sed id quod est ad finem. ultimum autem quod pertinet ad primam habitudinem voluntatis, respectu eius quod est ad finem, est electio, ibi enim completur proportio voluntatis, ut complete velit id quod est ad finem. sed usus iam pertinet ad secundam habitudinem voluntatis, qua tendit ad consequendum rem volitam. unde manifestum est quod usus sequitur electionem, si tamen accipiatur usus, secundum quod voluntas utitur executiva potentia movendo ipsam. sed quia voluntas etiam quodammodo rationem movet, et utitur ea, potest intelligi usus eius quod est ad finem, secundum quod est in consideratione rationis referentis ipsum in finem. et hoc modo usus praecedit electionem.
ra1 ' Ad primum ergo dicendum quod ipsam executionem operis praecedit motio qua voluntas movet ad exequendum, sequitur autem electionem. et sic, cum usus pertineat ad praedictam motionem voluntatis, medium est inter electionem et executionem.
ra2 ' Ad secundum dicendum quod id quod est per essentiam suam relatum, posterius est absoluto, sed id cui attribuuntur relationes, non oportet quod sit posterius. immo quanto causa est prior, tanto habet relationem ad plures effectus.
ra3 ' Ad tertium dicendum quod electio praecedit usum, si referantur ad idem. nihil autem prohibet quod usus unius praecedat electionem alterius. et quia actus voluntatis reflectuntur supra seipsos, in quolibet actu voluntatis potest accipi et consensus, et electio, et usus, ut si dicatur quod voluntas consentit se eligere, et consentit se consentire, et utitur se ad consentiendum et eligendum. et semper isti actus ordinati ad id quod est prius, sunt priores.

008 ST2 qu17 ar

pr ' Deinde considerandum est de actibus imperatis a voluntate. et circa hoc quaeruntur novem. primo, utrum imperare sit actus voluntatis, vel rationis. secundo, utrum imperare pertineat ad bruta animalia. tertio, de ordine imperii ad usum. quarto, utrum imperium et actus imperatus sint unus actus, vel diversi. quinto, utrum actus voluntatis imperetur. sexto, utrum actus rationis. septimo, utrum actus appetitus sensitivi. octavo, utrum actus animae vegetabilis. nono, utrum actus exteriorum membrorum.

008 ST2 qu17 ar1

ag1 ' Ad primum sic proceditur. videtur quod imperare non sit actus rationis, sed voluntatis. imperare enim est movere quoddam, * dicit enim avicenna quod " quadruplex est movens, scilicet perficiens, disponens, imperans et consilians. ' sed ad voluntatem pertinet movere omnes alias vires animae, * ut dictum est supra. ' ergo imperare est actus voluntatis.
ag2 ' Praeterea, sicut imperari pertinet ad id quod est subiectum, ita imperare pertinere videtur ad id quod est maxime liberum. sed radix libertatis est maxime in voluntate. ergo voluntatis est imperare.
ag3 ' Praeterea, ad imperium statim sequitur actus. sed ad actum rationis non statim sequitur actus, non enim qui iudicat aliquid esse faciendum, statim illud operatur. ergo imperare non est actus rationis, sed voluntatis.
sc * Sed contra est quod gregorius nyssenus dicit, et

etiam philosophus quod " appetitivum obedit rationi. ' ergo rationis est imperare.
co ' Respondeo dicendum quod imperare est actus rationis, praesupposito tamen actu voluntatis. ad cuius evidentiam, considerandum est quod, quia actus voluntatis et rationis supra se invicem possunt ferri, prout scilicet ratio ratiocinatur de volendo, et voluntas vult ratiocinari; contingit actum voluntatis praeveniri ab actu rationis, et e converso. et quia virtus prioris actus remanet in actu sequenti, contingit quandoque quod est aliquis actus voluntatis, secundum quod manet virtute in ipso aliquid de actu rationis, * ut dictum est de usu et de electione; ' et e converso aliquis est actus rationis, secundum quod virtute manet in ipso aliquid de actu voluntatis. imperare autem est quidem essentialiter actus rationis, imperans enim ordinat eum cui imperat, ad aliquid agendum, intimando vel denuntiando; sic autem ordinare per modum cuiusdam intimationis, est rationis. sed ratio potest aliquid intimare vel denuntiare dupliciter. uno modo, absolute, quae quidem intimatio exprimitur per verbum indicativi modi; sicut si aliquis alicui dicat, hoc est tibi faciendum. aliquando autem ratio intimat aliquid alicui, movendo ipsum ad hoc, et talis intimatio exprimitur per verbum imperativi modi; puta cum alicui dicitur, fac hoc. primum autem movens in viribus animae ad exercitium actus, est voluntas, * ut supra dictum est. |25| ' cum ergo secundum movens non moveat nisi in virtute primi moventis, sequitur quod hoc ipsum quod ratio movet imperando, sit ei ex virtute voluntatis. unde relinquitur quod imperare sit actus rationis, praesupposito actu voluntatis, in cuius virtute ratio movet per imperium ad exercitium actus.
ra1 ' Ad primum ergo dicendum quod imperare non est movere quocumque modo, sed cum quadam intimatione denuntiativa ad alterum. quod est rationis.
ra2 ' Ad secundum dicendum quod radix libertatis est voluntas sicut subiectum, sed sicut causa, est ratio. ex hoc enim voluntas libere potest ad diversa ferri, quia ratio potest habere diversas conceptiones boni. * et ideo philosophi definiunt " liberum arbitrium quod est liberum de ratione iudicium, quasi ratio sit causa libertatis.
ra3 ' Ad tertium dicendum quod ratio illa concludit quod imperium non sit actus rationis absolute, sed cum quadam motione, * ut dictum est.

008 ST2 qu17 ar2

ag1 ' Ad secundum sic proceditur. videtur quod imperare conveniat brutis animalibus. * quia secundum avicennam, ° virtus imperans motum est appetitiva, et virtus exequens motum est in musculis et in nervis. ' sed utraque virtus est in brutis animalibus. ergo imperium invenitur in brutis animalibus.
ag2 ' Praeterea, de ratione servi est quod ei imperetur. " sed corpus comparatur ad animam sicut servus ad dominum, * sicut dicit philosophus in i polit.. ' ergo corpori imperatur ab anima, etiam in brutis, quae sunt composita ex anima et corpore.
ag3 ' Praeterea, per imperium homo facit impetum ad opus. " sed impetus in opus invenitur in brutis animalibus, * ut damascenus dicit. ' ergo in brutis animalibus invenitur imperium.
sc ' Sed contra, imperium est actus rationis, * ut dictum est. ' sed in brutis non est ratio. ergo neque imperium.
co ' Respondeo dicendum quod imperare nihil aliud est quam ordinare aliquem ad aliquid agendum, cum quadam intimativa motione. ordinare autem est proprius actus rationis. unde impossibile est quod in brutis animalibus, in quibus non est ratio, sit aliquo modo imperium.
ra1 ' Ad primum ergo dicendum quod vis appetitiva dicitur imperare motum, inquantum movet rationem imperantem. sed hoc est solum in hominibus. in brutis autem animalibus virtus appetitiva non est proprie imperativa, nisi imperativum sumatur large pro motivo.
ra2 ' Ad secundum dicendum quod in brutis animalibus corpus quidem habet unde obediat, sed anima non habet unde imperet, quia non habet unde ordinet. et ideo non est ibi ratio imperantis et imperati; sed solum moventis et moti.
ra3 ' Ad tertium dicendum quod aliter invenitur impetus ad opus in brutis animalibus, et aliter in hominibus. homines enim faciunt impetum ad opus per ordinationem rationis, unde habet in eis impetus rationem imperii. in brutis autem fit impetus ad opus per instinctum naturae, quia scilicet appetitus eorum statim apprehenso convenienti vel inconvenienti, naturaliter movetur ad prosecutionem vel fugam. unde ordinantur ab alio ad agendum, non autem ipsa seipsa ordinant ad actionem. et ideo in eis est impetus, sed non imperium.

008 ST2 qu17 ar3

ag1 ' Ad tertium sic proceditur. videtur quod usus praecedat imperium. imperium enim est actus rationis praesupponens actum voluntatis, * ut supra dictum est. ' sed usus est actus voluntatis, * ut supra dictum est. ' ergo usus praecedit imperium.
ag2 ' Praeterea, imperium est aliquid eorum quae ad finem ordinantur. eorum autem quae sunt ad finem, est usus. ergo videtur quod usus sit prius quam imperium.
ag3 ' Praeterea, omnis actus potentiae motae a voluntate, usus dicitur, quia voluntas utitur aliis potentiis, * ut supra dictum est. ' sed imperium est actus rationis prout mota est a voluntate, * sicut dictum est. ' ergo imperium est quidam usus. commune autem est prius proprio. ergo usus est prius quam imperium.
sc * Sed contra est quod damascenus dicit, quod " impetus ad operationem praecedit usum. ' sed impetus ad operationem fit per imperium. ergo imperium praecedit usum.
co ' Respondeo dicendum quod usus eius quod est ad finem, secundum quod est in ratione referente ipsum in finem, praecedit electionem, * ut supra dictum est. ' unde multo magis praecedit imperium. sed usus eius quod est ad finem, secundum quod subditur potentiae executivae, sequitur imperium, eo quod usus utentis coniunctus est cum actu eius quo quis utitur; non enim utitur aliquis baculo, antequam aliquo modo per baculum operetur. imperium autem non est simul cum actu eius cui imperatur, sed naturaliter prius est imperium quam imperio obediatur, et aliquando etiam est prius tempore. unde manifestum est quod imperium est prius quam usus.
ra1 ' Ad primum ergo dicendum quod non omnis actus voluntatis praecedit hunc actum rationis qui est imperium, sed aliquis praecedit, scilicet electio; et aliquis sequitur, scilicet usus. quia post determinationem consilii, quae est iudicium rationis, voluntas eligit; et post electionem, ratio imperat ei per quod agendum est quod eligitur; et tunc demum voluntas alicuius incipit uti, exequendo imperium rationis; quandoque quidem voluntas alterius, cum aliquis imperat alteri; quandoque autem voluntas ipsius imperantis, cum aliquis imperat sibi ipsi.
ra2 ' Ad secundum dicendum quod, sicut actus sunt praevii potentiis, ita obiecta actibus. obiectum autem usus est id quod est ad finem. ex hoc ergo quod ipsum imperium est ad finem, magis potest concludi quod imperium sit prius usu, quam quod sit posterius.
ra3 ' Ad tertium dicendum quod, sicut actus voluntatis utentis ratione ad imperandum, praecedit ipsum imperium; ita etiam potest dici quod et istum usum voluntatis praecedit aliquod imperium rationis, eo quod actus harum potentiarum supra seipsos invicem reflectuntur.

008 ST2 qu17 ar4

ag1 ' Ad quartum sic proceditur. videtur quod actus imperatus non sit unus actus cum ipso imperio. diversarum enim potentiarum diversi sunt actus. sed alterius potentiae est actus imperatus, et alterius ipsum imperium, quia alia est potentia quae imperat, et alia cui imperatur. ergo non est idem actus imperatus cum imperio.
ag2 ' Praeterea, quaecumque possunt ab invicem separari, sunt diversa, nihil enim separatur a seipso. sed aliquando actus imperatus separatur ab imperio, praecedit enim quandoque imperium, et non sequitur actus imperatus. ergo alius actus est imperium ab actu imperato.
ag3 ' Praeterea, quaecumque se habent secundum prius et posterius, sunt diversa. sed imperium naturaliter praecedit actum imperatum. ergo sunt diversa.
sc * Sed contra est quod philosophus dicit, quod ° ubi est unum propter alterum, ibi est unum tantum. ' sed actus imperatus non est nisi propter imperium. ergo sunt unum.
co ' Respondeo dicendum quod nihil prohibet aliqua esse secundum quid multa, et secundum quid unum. " quinimmo omnia multa sunt secundum aliquid unum, * ut dionysius dicit, ult. cap. de div. nom.. ' est tamen differentia attendenda in hoc, quod quaedam sunt simpliciter multa, et secundum quid unum, quaedam vero e converso. unum autem hoc modo dicitur sicut et ens. ens autem simpliciter est substantia, sed ens secundum quid est accidens, vel etiam ens rationis. et ideo quaecumque sunt unum secundum substantiam, sunt unum simpliciter, et multa secundum quid. sicut totum in genere substantiae, compositum ex suis partibus vel integralibus vel essentialibus, est unum simpliciter, nam totum est ens et substantia simpliciter, partes vero sunt entia et substantiae in toto. quae vero sunt diversa secundum substantiam, et unum secundum accidens, sunt diversa simpliciter, et unum secundum quid, sicut multi homines sunt unus populus, et multi lapides sunt unus acervus; quae est unitas compositionis, aut ordinis. similiter etiam multa individua, quae sunt unum genere vel specie, sunt simpliciter multa, et secundum quid unum, nam esse unum genere vel specie, est esse unum secundum rationem. sicut autem in genere rerum naturalium, aliquod totum componitur ex materia et forma, ut homo ex anima et corpore, qui est unum ens naturale, licet habeat |25| multitudinem partium; ita etiam in actibus humanis, actus inferioris potentiae materialiter se habet ad actum superioris, inquantum inferior potentia agit in virtute superioris moventis ipsam, sic enim et actus moventis primi formaliter se habet ad actum instrumenti. unde patet quod imperium et actus imperatus sunt unus actus humanus, sicut quoddam totum est unum, sed est secundum partes multa.
ra1 ' Ad primum ergo dicendum quod, si essent potentiae diversae ad invicem non ordinatae, actus earum essent simpliciter diversi. sed quando una potentia est movens alteram, tunc actus earum sunt quodammodo unus, " nam idem est actus moventis et moti, * ut dicitur in iii physic..
ra2 ' Ad secundum dicendum quod ex hoc quod imperium et actus imperatus possunt ab invicem separari, habetur quod sunt multa partibus. nam partes hominis possunt ab invicem separari, quae tamen sunt unum toto.
ra3 ' Ad tertium dicendum quod nihil prohibet in his quae sunt multa partibus et unum toto, unum esse prius alio. sicut anima quodammodo est prius corpore, et cor est prius aliis membris.

008 ST2 qu17 ar5

ag1 ' Ad quintum sic proceditur. videtur quod actus voluntatis non sit imperatus. * dicit enim augustinus, in viii confess., ° imperat animus ut velit animus, nec tamen facit. ' velle autem est actus voluntatis. ergo actus voluntatis non imperatur.
ag2 ' Praeterea, ei convenit imperari, cui convenit imperium intelligere. sed voluntas non est intelligere imperium, differt enim voluntas ab intellectu, cuius est intelligere. ergo actus voluntatis non imperatur.
ag3 ' Praeterea, si aliquis actus voluntatis imperatur, pari ratione omnes imperantur. sed si omnes actus voluntatis imperantur, necesse est in infinitum procedere, quia actus voluntatis praecedit actum imperantis rationis, * ut dictum est; ' qui voluntatis actus si iterum imperatur, illud iterum imperium praecedet alius rationis actus, et sic in infinitum. hoc autem est inconveniens, quod procedatur in infinitum. non ergo actus voluntatis imperatur.
sc ' Sed contra, omne quod est in potestate nostra, subiacet imperio nostro. sed actus voluntatis sunt maxime in potestate nostra, nam omnes actus nostri intantum dicuntur in potestate nostra esse, inquantum voluntarii sunt. ergo actus voluntatis imperantur a nobis.
co * Respondeo dicendum quod, sicut dictum est, ' imperium nihil aliud est quam actus rationis ordinantis, cum quadam motione, aliquid ad agendum. manifestum est autem quod ratio potest ordinare de actu voluntatis, sicut enim potest iudicare quod bonum sit aliquid velle, ita potest ordinare imperando quod homo velit. ex quo patet quod actus voluntatis potest esse imperatus.
ra1 * Ad primum ergo dicendum quod, sicut augustinus ibidem dicit, " animus, quando perfecte imperat sibi ut velit, tunc iam vult, sed quod aliquando imperet et non velit, hoc contingit ex hoc quod non perfecte imperat. ' imperfectum autem imperium contingit ex hoc, quod ratio ex diversis partibus movetur ad imperandum vel non imperandum, unde fluctuat inter duo, et non perfecte imperat.
ra2 ' Ad secundum dicendum quod, sicut in membris corporalibus quodlibet membrum operatur non sibi soli, sed toti corpori, ut oculus videt toti corpori; ita etiam est in potentiis animae. nam intellectus intelligit non solum sibi, sed omnibus potentiis; et voluntas vult non solum sibi, sed omnibus potentiis. et ideo homo imperat sibi ipsi actum voluntatis, inquantum est intelligens et volens.
ra3 ' Ad tertium dicendum quod, cum imperium sit actus rationis, ille actus imperatur, qui rationi subditur. primus autem voluntatis actus non est ex rationis ordinatione, sed ex instinctu naturae, aut superioris causae, * ut supra dictum est. ' et ideo non oportet quod in infinitum procedatur.

008 ST2 qu17 ar6

ag1 ' Ad sextum sic proceditur. videtur quod actus rationis non possit esse imperatus. inconveniens enim videtur quod aliquid imperet sibi ipsi. sed ratio est quae imperat, * ut supra dictum est. ' ergo rationis actus non imperatur.
ag2 ' Praeterea, id quod est per essentiam, diversum est ab eo quod est per participationem. " sed potentia cuius actus imperatur a ratione, est ratio per participationem, * ut dicitur in i ethic.. ' ergo illius potentiae actus non imperatur, quae est ratio per essentiam.
ag3 ' Praeterea, ille actus imperatur, qui est in potestate nostra. sed cognoscere et iudicare verum, quod est actus rationis, non est semper in potestate nostra. non ergo actus rationis potest esse imperatus.
sc ' Sed contra, id quod libero arbitrio agimus, nostro imperio agi potest. sed actus rationis exercentur per liberum arbitrium, * dicit enim damascenus quod ° libero arbitrio homo exquirit, et scrutatur, et iudicat, et disponit. ' ergo actus rationis possunt esse imperati.
co ' Respondeo dicendum quod, quia ratio supra seipsam reflectitur, sicut ordinat de actibus aliarum potentiarum, ita etiam potest ordinare de actu suo. unde etiam actus suus potest esse imperatus. sed attendendum est quod actus rationis potest considerari dupliciter. uno modo, quantum ad exercitium actus. et sic actus rationis semper imperari potest, sicut cum indicitur alicui quod attendat, et ratione utatur. alio modo, quantum ad obiectum, respectu cuius, duo actus rationis attenduntur. primo quidem, ut veritatem circa aliquid apprehendat. et hoc non est in potestate nostra, hoc enim contingit per virtutem ali-

cuius luminis, vel naturalis vel supernaturalis. et ideo quantum ad hoc, actus rationis non est in potestate nostra, nec imperari potest. alius autem actus rationis est, dum his quae apprehendit assentit. si igitur fuerint talia apprehensa, quibus naturaliter intellectus assentiat, sicut prima principia, assensus talium vel dissensus non est in potestate nostra, sed in ordine naturae, et ideo, proprie loquendo, nec imperio subiacet. sunt autem quaedam apprehensa, quae non adeo convincunt intellectum, quin possit assentire vel dissentire, vel saltem assensum vel dissensum suspendere, propter aliquam causam, et in talibus assensus ipse vel dissensus in potestate nostra est, et sub imperio cadit.

ra1 ' Ad primum ergo dicendum quod ratio hoc modo imperat sibi ipsi, sicut et voluntas movet seipsam, * ut supra dictum est, ' inquantum scilicet utraque potentia reflectitur supra suum actum, et ex uno in aliud tendit.

ra2 ' Ad secundum dicendum quod, propter diversitatem obiectorum quae actui rationis subduntur, nihil prohibet rationem seipsam participare, sicut in cognitione conclusionum participatur cognitio principiorum.

ra3 ' Ad tertium patet responsio ex dictis.

008 ST2 qu17 ar7

ag1 ' Ad septimum sic proceditur. videtur quod actus sensitivi appetitus non sit imperatus. * dicit enim apostolus, rom. vii, ° non enim quod volo bonum, hoc ago, * et glossa exponit quod " homo vult non concupiscere, et tamen concupiscit. ' sed concupiscere est actus appetitus sensitivi. ergo actus appetitus sensitivi non subditur imperio nostro.

ag2 ' Praeterea, materia corporalis soli deo obedit, quantum ad transmutationem formalem, * ut in primo habitum est. ' sed actus appetitus sensitivi habet quandam formalem transmutationem corporis, scilicet calorem vel frigus. ergo actus appetitus sensitivi non subditur imperio humano.

ag3 ' Praeterea, proprium motivum appetitus sensitivi est apprehensum secundum sensum vel imaginationem. sed non est in potestate nostra semper quod aliquid apprehendamus sensu vel imaginatione. ergo actus appetitus sensitivi non subiacet imperio nostro.

sc * Sed contra est quod gregorius nyssenus dicit, quod ° obediens rationi dividitur in duo, in desiderativum et irascitivum, ' quae pertinent ad appetitum sensitivum. ergo actus appetitus sensitivi subiacet imperio rationis.

co ' Respondeo dicendum quod secundum hoc aliquis actus imperio nostro subiacet, prout est in potestate nostra, * ut supra dictum est. ' et ideo ad intelligendum qualiter actus appetitus sensitivi subdatur imperio rationis, oportet considerare qualiter sit in potestate nostra. est autem sciendum quod appetitus sensitivus in hoc differt ab appetitu intellectivo, qui dicitur voluntas, quod appetitus sensitivus est virtus organi corporalis, non autem voluntas. omnis autem actus virtutis utentis organo corporali, dependet non solum ex potentia animae, sed etiam ex corporalis organi dispositione, sicut visio ex potentia visiva, et qualitate oculi, per quam iuvatur vel impeditur. unde et actus appetitus sensitivi non solum dependet ex vi appetitiva, sed etiam ex dispositione corporis. illud autem quod est ex parte potentiae animae, sequitur apprehensionem. apprehensio autem imaginationis, cum sit particularis, regulatur ab apprehensione rationis, quae est universalis, sicut virtus activa particularis a virtute activa universali. et ideo ex ista parte, actus appetitus sensitivi subiacet imperio rationis. qualitas autem et dispositio corporis non subiacet imperio rationis. et ideo ex hac parte, impeditur quin motus sensitivi appetitus totaliter subdatur imperio rationis. contingit etiam quandoque quod motus appetitus sensitivi subito concitatur ad apprehensionem imaginationis |25| vel sensus. et tunc ille motus est praeter imperium rationis, quamvis potuisset impediri a ratione, si praevidisset. unde * philosophus dicit, in i polit., quod " ratio praeest irascibili et concupiscibili non principatu despotico, qui est domini ad servum; sed principatu politico aut regali, qui est ad liberos, qui non totaliter subduntur imperio.

ra1 ' Ad primum ergo dicendum quod hoc quod homo vult non concupiscere, et tamen concupiscit, contingit ex dispositione corporis, per quam impeditur appetitus sensitivus ne totaliter sequatur imperium rationis. * unde et apostolus ibidem subdit, ° video aliam legem in membris meis, repugnantem legi mentis meae. ' hoc etiam contingit propter subitum motum concupiscentiae, * ut dictum est.

ra2 ' Ad secundum dicendum quod qualitas corporalis dupliciter se habet ad actum appetitus sensitivi. uno modo, ut praecedens, prout aliquis est aliqualiter dispositus secundum corpus, ad hanc vel illam passionem. alio modo, ut consequens, sicut cum ex ira aliquis incalescit. qualitas igitur praecedens non subiacet imperio rationis, quia vel est ex natura, vel ex aliqua praecedenti motione, quae non statim quiescere potest. sed qualitas consequens sequitur imperium rationis, quia sequitur motum localem cordis, quod diversimode movetur secundum diversos actus sensitivi appetitus.

ra3 ' Ad tertium dicendum quod, quia ad apprehensionem sensus requiritur sensibile exterius, non est in potestate nostra apprehendere aliquid sensu, nisi sensibili praesente; cuius praesentia non semper est in potestate nostra. tunc enim homo potest uti sensu cum voluerit, nisi sit impedimentum ex parte organi. apprehensio autem imaginationis subiacet ordinationi rationis, secundum modum virtutis vel debilitatis imaginativae potentiae. quod enim homo non possit imaginari quae ratio considerat, contingit vel ex hoc quod non sunt imaginabilia, sicut incorporalia; vel propter debilitatem virtutis imaginativae, quae est ex aliqua indispositione organi.

008 ST2 qu17 ar8

ag1 ' Ad octavum sic proceditur. videtur quod actus vegetabilis animae imperio rationis subdantur. vires enim sensitivae nobiliores sunt viribus animae vegetabilis. sed vires animae sensitivae subduntur imperio rationis. ergo multo magis vires animae vegetabilis.

ag2 ' Praeterea, homo dicitur minor mundus, quia sic est anima in corpore, sicut deus in mundo. sed deus sic est in mundo, quod omnia quae sunt in mundo, obediunt eius imperio. ergo et omnia quae sunt in homine, obediunt imperio rationis, etiam vires vegetabilis animae.

ag3 ' Praeterea, laus et vituperium non contingit nisi in actibus qui subduntur imperio rationis. sed in actibus nutritivae et generativae potentiae, contingit esse laudem et vituperium, et virtutem et vitium, sicut patet in gula et luxuria, et virtutibus oppositis. ergo actus harum potentiarum subduntur imperio rationis.

sc * Sed contra est quod gregorius nyssenus dicit, quod ° id quod non persuadetur a ratione, est nutritivum et generativum.

co ' Respondeo dicendum quod actuum quidam procedunt ex appetitu naturali, quidam autem ex appetitu animali vel intellectuali, omne enim agens aliquo modo appetit finem. appetitus autem naturalis non consequitur aliquam apprehensionem, sicut sequitur appetitus animalis et intellectualis. ratio autem imperat per modum apprehensivae virtutis. et ideo actus illi qui procedunt ab appetitu intellectivo vel animali, possunt a ratione imperari, non autem actus illi qui procedunt ex appetitu naturali. huiusmodi autem sunt actus vegetabilis animae, * unde gregorius nyssenus dicit quod " vocatur naturale quod generativum et nutritivum. ' et propter hoc, actus vegetabilis animae non subduntur imperio rationis.

ra1 ' Ad primum ergo dicendum quod, quanto aliquis actus est immaterialior, tanto est nobilior, et magis subditus imperio rationis. unde ex hoc ipso quod vires animae vegetabilis non obediunt rationi, apparet has vires infimas esse.

ra2 ' Ad secundum dicendum quod similitudo attenditur quantum ad aliquid, quia scilicet, sicut deus movet mundum, ita anima movet corpus. non autem quantum ad omnia, non enim anima creavit corpus ex nihilo, sicut deus mundum; propter quod totaliter subditur eius imperio.

ra3 ' Ad tertium dicendum quod virtus et vitium, laus et vituperium, non debentur ipsis actibus nutritivae vel generativae potentiae, qui sunt digestio et formatio corporis humani; sed actibus sensitivae partis ordinatis ad actus generativae vel nutritivae; puta in concupiscendo delectationem cibi et venereorum, et utendo, secundum quod oportet, vel non secundum quod oportet.

008 ST2 qu17 ar9

ag1 ' Ad nonum sic proceditur. videtur quod membra corporis non obediant rationi quantum ad actus suos. constat enim quod membra corporis magis distant a ratione quam vires animae vegetabilis. sed vires animae vegetabilis non obediunt rationi, * ut dictum est. ' ergo multo minus membra corporis.

ag2 ' Praeterea, cor est principium motus animalis. sed motus cordis non subditur imperio rationis, * dicit enim gregorius nyssenus quod ° pulsativum non est persuasibile ratione. ' ergo motus membrorum corporalium non subiacet imperio rationis.

ag3 * Praeterea, augustinus dicit, xiv de civ. dei, quod ° motus membrorum genitalium aliquando importunus est, nullo poscente, aliquando autem destituit inhiantem, et cum in animo concupiscentia ferveat, friget in corpore. ' ergo motus membrorum non obediunt rationi.

sc * Sed contra est quod augustinus dicit, viii confess., ° imperat animus ut moveatur manus, et tanta est facilitas, ut vix a servitio discernatur imperium.

co ' Respondeo dicendum quod membra corporis sunt organa quaedam potentiarum animae. unde eo modo quo potentiae animae se habent ad hoc quod obediant rationi, hoc modo se habent etiam corporis membra. quia igitur vires sensitivae subduntur imperio rationis, non autem vires naturales; ideo omnes motus membrorum quae moventur a potentiis sensitivis, subduntur imperio rationis; motus autem membrorum qui consequuntur vires naturales, non subduntur imperio rationis.

ra1 ' Ad primum ergo dicendum quod membra non movent seipsa, sed moventur per potentias animae; quarum quaedam sunt rationi viciniores quam vires animae vegetabilis.

ra2 ' Ad secundum dicendum quod in his quae ad intellectum et voluntatem pertinent, primum invenitur id quod est secundum naturam, ex quo alia derivantur, ut a cognitione principiorum naturaliter notorum, cognitio conclusionum; et a voluntate finis naturaliter desiderati, derivatur electio eorum quae sunt ad finem. ita etiam in corporalibus motibus principium est secundum naturam. principium autem corporalis motus est a motu cordis. unde motus cordis est secundum naturam, et non secundum voluntatem, consequitur enim sicut per se accidens vitam, quae est ex unione animae et corporis. sicut motus gravium et levium consequitur formam substantialem ipsorum, unde et a generante moveri dicuntur, * secundum philosophum in viii physic.. ' et propter hoc motus iste vitalis dicitur. * unde gregorius nyssenus dicit quod " sicut generativum et nutritivum non obedit rationi, ita nec pulsativum, quod est vitale. pulsativum autem appellat motum cordis, qui manifestatur per venas pulsatiles.

ra3 ' Ad tertium dicendum quod, * sicut augustinus dicit in xiv de civ. dei, " hoc quod motus genitalium membrorum rationi non obedit, est ex poena peccati, ' ut scilicet anima suae inobedientiae ad deum in illo praecipue membro poenam inobedientiae patiatur, per quod peccatum originale ad posteros traducitur. sed quia per peccatum primi parentis, * ut infra dicetur, ' natura est sibi relicta, subtracto supernaturali dono quod homini divinitus erat collatum; ideo consideranda est ratio naturalis quare motus huiusmodi membrorum specialiter rationi non obedit. * cuius causam assignat aristoteles in libro de causis motus animalium, dicens " involuntarios esse motus cordis et membri pudendi, ' quia scilicet ex aliqua apprehensione huiusmodi membra commoventur, inquantum scilicet intellectus et phantasia repraesentant aliqua ex quibus consequuntur passiones animae, ad quas consequitur motus horum membrorum. non tamen moventur secundum iussum rationis aut intellectus, quia scilicet ad motum horum membrorum requiritur aliqua alteratio naturalis, scilicet caliditatis et frigiditatis, quae quidem alteratio non subiacet imperio rationis. specialiter autem hoc accidit in his duobus membris, |25| quia utrumque istorum membrorum est quasi quoddam animal separatum, inquantum est principium vitae, principium autem est virtute totum. cor enim principium est sensuum, et ex membro genitali virtus exit seminalis, quae est virtute totum animal. et ideo habent proprios motus naturaliter, quia principia oportet esse naturalia, * ut dictum est.

008 ST2 qu18 ar

pr ' Post hoc considerandum est de bonitate et malitia humanorum actuum. et primo, quomodo actio humana sit bona vel mala; secundo, de his quae consequuntur ad bonitatem vel malitiam humanorum actuum, puta meritum vel demeritum, peccatum et culpa. circa primum occurrit triplex consideratio, prima est de bonitate et malitia humanorum actuum in generali; secunda, de bonitate et malitia interiorum actuum; tertia, de bonitate et malitia exteriorum actuum. circa primum quaeruntur undecim. primo, utrum omnis actio sit bona, vel aliqua sit mala. secundo, utrum actio hominis habeat quod sit bona vel mala, ex obiecto. tertio, utrum hoc habeat ex circumstantia. quarto, utrum hoc habeat ex fine. quinto, utrum aliqua actio hominis sit bona vel mala in sua specie. sexto, utrum actus habeat speciem boni vel mali ex fine. septimo, utrum species quae est ex fine, contineatur sub specie quae est ex obiecto, sicut sub genere, aut e converso. octavo, utrum sit aliquis actus indifferens secundum suam speciem. nono, utrum aliquis actus sit indifferens secundum individuum. decimo, utrum aliqua circumstantia constituat actum moralem in specie boni vel mali. undecimo, utrum omnis circumstantia augens bonitatem vel malitiam, constituat actum moralem in specie boni vel mali.

008 ST2 qu18 ar1

ag1 ' Ad primum sic proceditur. videtur quod omnis actio hominis sit bona, et nulla sit mala. * dicit enim dionysius, iv cap. de div. nom., quod " malum non agit nisi virtute boni. ' sed virtute boni non fit malum. ergo nulla actio est mala.

ag2 ' Praeterea, nihil agit nisi secundum quod est actu. non est autem aliquid malum secundum quod est actu, sed secundum quod potentia privatur actu, " inquantum autem potentia perficitur per actum, est bonum, * ut dicitur in ix metaphys.. ' nihil ergo agit inquantum est malum, sed solum inquantum est bonum. omnis ergo actio est bona, et nulla mala.

ag3 ' Praeterea, malum non potest esse causa nisi per accidens, * ut patet per dionysium, iv cap. de div. nom.. ' sed omnis actionis est aliquis per se effectus. nulla ergo actio est mala, sed omnis actio est bona.

sc * Sed contra est quod dominus dicit, ioan. iii, ° omnis qui male agit, odit lucem. ' est ergo aliqua actio hominis mala.

co ' Respondeo dicendum quod de bono et malo in actionibus oportet loqui sicut de bono et malo in rebus, eo quod unaquaeque res talem actionem producit, qualis est ipsa. in rebus autem unumquodque tantum habet de bono, quantum habet de esse, bonum enim et ens convertuntur, * ut in primo dictum est. ‘solus autem deus habet totam plenitudinem sui esse secundum aliquid unum et simplex, unaquaeque vero res alia habet plenitudinem essendi sibi convenientem secundum diversa. unde in aliquibus contingit quod quantum ad aliquid habent esse, et tamen eis aliquid deficit ad plenitudinem essendi eis debitam. sicut ad plenitudinem esse humani requiritur quod sit quoddam compositum ex anima et corpore, habens omnes potentias et instrumenta cognitionis et motus, unde si aliquid horum deficiat alicui homini deficit ei aliquid de plenitudine sui esse. quantum igitur habet de esse, tantum habet de bonitate, inquantum vero aliquid ei deficit de plenitudine essendi, intantum deficit a bonitate, et dicitur malum, sicut homo caecus habet de bonitate quod vivit, et malum est ei quod caret visu. si vero nihil haberet de entitate vel bonitate, neque malum neque bonum dici posset. sed quia de ratione boni est ipsa plenitudo essendi, si quidem alicui aliquid defuerit de debita essendi plenitudine, non dicetur simpliciter bonum, sed secundum quid, inquantum est ens, poterit tamen dici simpliciter |25| ens et secundum quid non ens, * ut in primo dictum est. ‘ sic igitur dicendum est quod omnis actio, inquantum habet aliquid de esse, intantum habet de bonitate, inquantum vero deficit ei aliquid de plenitudine essendi quae debetur actioni humanae, intantum deficit a bonitate, et sic dicitur mala, puta si deficiat ei vel determinata quantitas secundum rationem, vel debitus locus, vel aliquid huiusmodi.

ra1 ‘ Ad primum ergo dicendum quod malum agit in virtute boni deficientis. si enim nihil esset ibi de bono, neque esset ens, neque agere posset. si autem non esset deficiens, non esset malum. unde et actio causata est quoddam bonum deficiens, quod secundum quid est bonum, simpliciter autem malum.

ra2 ‘ Ad secundum dicendum quod nihil prohibet aliquid esse secundum quid in actu, unde agere possit; et secundum aliud privari actu, unde causet deficientem actionem. sicut homo caecus actu habet virtutem gressivam, per quam ambulare potest, sed inquantum caret visu, qui dirigit in ambulando, patitur defectum in ambulando, dum ambulat cespitando.

ra3 ‘ Ad tertium dicendum quod actio mala potest habere aliquem effectum per se, secundum id quod habet de bonitate et entitate. sicut adulterium est causa generationis humanae, inquantum habet commixtionem maris et feminae, non autem inquantum caret ordine rationis.

008 ST2 qu18 ar2

ag1 ‘ Ad secundum sic proceditur. videtur quod actio non habeat bonitatem vel malitiam ex obiecto. obiectum enim actionis est res. “ in rebus autem non est malum, sed in usu peccantium, * ut augustinus dicit in libro iii de doct. christ.. ‘ ergo actio humana non habet bonitatem vel malitiam ex obiecto.

ag2 ‘ Praeterea, obiectum comparatur ad actionem ut materia. bonitas autem rei non est ex materia, sed magis ex forma, quae est actus. ergo bonum et malum non est in actibus ex obiecto.

ag3 ‘ Praeterea, obiectum potentiae activae comparatur ad actionem sicut effectus ad causam. sed bonitas causae non dependet ex effectu, sed magis e converso. ergo actio humana non habet bonitatem vel malitiam ex obiecto.

sc * Sed contra est quod dicitur osee ix, ° facti sunt abominabiles, sicut ea quae dilexerunt. ‘ fit autem homo deo abominabilis propter malitiam suae operationis. ergo malitia operationis est secundum obiecta mala quae homo diligit. et eadem ratio est de bonitate actionis.

co * Respondeo dicendum quod, sicut dictum est, ‘ bonum et malum actionis, sicut et ceterarum rerum, attenditur ex plenitudine essendi vel defectu ipsius. primum autem quod ad plenitudinem essendi pertinere videtur, est id quod dat rei speciem. sicut autem res naturalis habet speciem ex sua forma, ita actio habet speciem ex obiecto; sicut et motus ex termino. et ideo sicut prima bonitas rei naturalis attenditur ex sua forma, quae dat speciem ei, ita et prima bonitas actus moralis attenditur ex obiecto convenienti; * unde et a quibusdam vocatur bonum ex genere; “ puta, uti re sua. ‘ et sicut in rebus naturalibus primum malum est, si res generata non consequitur formam specificam, puta si non generetur homo, sed aliquid loco hominis; ita primum malum in actionibus moralibus est quod est ex obiecto, sicut accipere aliena. et dicitur malum ex genere, genere pro specie accepto, eo modo loquendi quo dicimus humanum genus totam humanam speciem.

ra1 ‘ Ad primum ergo dicendum quod, licet res exteriores sint in seipsis bonae, tamen non semper habent debitam proportionem ad hanc vel illam actionem. et ideo inquantum considerantur ut obiecta talium actionum, non habent rationem boni.

ra2 ‘ Ad secundum dicendum quod obiectum non est materia ex qua, sed materia circa quam, et habet quodammodo rationem formae, inquantum dat speciem.

ra3 ‘ Ad tertium dicendum quod non semper obiectum actionis humanae est obiectum activae potentiae. nam appetitiva potentia est quodammodo passiva, inquantum movetur ab appetibili, et tamen est principium humanorum actuum. neque etiam potentiarum activarum obiecta semper habent rationem effectus, sed quando iam sunt transmutata, sicut alimentum transmutatum est effectus nutritivae potentiae, sed alimentum nondum transmutatum comparatur ad potentiam nutritivam sicut materia circa quam operatur. ex hoc autem quod obiectum est aliquo modo effectus potentiae activae, sequitur quod sit terminus actionis eius, et per consequens quod det ei formam et speciem, motus enim habet speciem a terminis. et quamvis etiam bonitas actionis non causetur ex bonitate effectus, tamen ex hoc dicitur actio bona, quod bonum effectum inducere potest. et ita ipsa proportio actionis ad effectum, est ratio bonitatis ipsius.

008 ST2 qu18 ar3

ag1 ‘ Ad tertium sic proceditur. videtur quod actio non sit bona vel mala ex circumstantia. circumstantiae enim circumstant actum sicut extra ipsum existentes, * ut dictum est. “ sed bonum et malum sunt in ipsis rebus, * ut dicitur in vi metaphys.. ‘ ergo actio non habet bonitatem vel malitiam ex circumstantia.

ag2 ‘ Praeterea, bonitas vel malitia actus maxime consideratur in doctrina morum. sed circumstantiae, cum sint quaedam accidentia actuum, videntur esse praeter considerationem artis, “ quia nulla ars considerat id quod est per accidens, * ut dicitur in vi metaphys.. ‘ ergo bonitas vel malitia actionis non est ex circumstantia.

ag3 ‘ Praeterea, id quod convenit alicui secundum suam substantiam, non attribuitur ei per aliquod accidens. sed bonum et malum convenit actioni secundum suam substantiam, quia actio ex suo genere potest esse bona vel mala, * ut dictum est. ‘ ergo non convenit actioni ex circumstantia quod sit bona vel mala.

sc ‘ Sed contra est quod * philosophus dicit, in libro ethic., quod ° virtuosus operatur secundum quod oportet, et quando oportet, et secundum alias circumstantias. ‘ ergo ex contrario vitiosus, secundum unumquodque vitium, operatur quando non oportet, ubi non oportet, et sic de aliis circumstantiis. ergo actiones humanae secundum circumstantias sunt bonae vel malae.

co ‘ Respondeo dicendum quod in rebus naturalibus non invenitur tota plenitudo perfectionis quae debetur rei, ex forma substantiali, quae dat speciem; sed multum superadditur ex supervenientibus accidentibus, sicut in homine ex figura, ex colore, et huiusmodi; quorum si aliquod desit ad decentem habitudinem, consequitur malum. ita etiam est in actione. nam plenitudo bonitatis eius non tota consistit in sua specie, sed aliquid additur ex his quae adveniunt tanquam accidentia quaedam. et huiusmodi sunt circumstantiae debitae. unde si aliquid desit quod requiratur ad debitas circumstantias, erit actio mala.

ra1 ‘ Ad primum ergo dicendum quod circumstantiae sunt extra actionem, inquantum non sunt de essentia actionis, sunt tamen in ipsa actione velut quaedam accidentia eius. sicut et accidentia quae sunt in substantiis naturalibus, sunt extra essentias earum.

ra2 ‘ Ad secundum dicendum quod non omnia accidentia per accidens se habent ad sua subiecta, sed quaedam sunt per se accidentia; quae in unaquaque arte considerantur. et per hunc modum considerantur circumstantiae actuum in doctrina morali.

ra3 ‘ Ad tertium dicendum quod, cum bonum convertatur cum ente, sicut ens dicitur secundum substantiam et secundum accidens, ita et bonum attribuitur alicui et secundum esse suum essentiale, et secundum esse accidentale, tam in rebus naturalibus, quam in actionibus moralibus.

008 ST2 qu18 ar4

ag1 ‘ Ad quartum sic proceditur. videtur quod bonum et malum in actibus humanis non sint ex fine. * dicit enim dionysius, iv cap. de div. nom., quod ° nihil respiciens ad malum operatur. ‘ si igitur ex fine derivaretur operatio bona vel mala, nulla actio esset mala. quod patet esse falsum.

ag2 ‘ Praeterea, bonitas actus est aliquid in ipso existens. finis autem est causa extrinseca. non ergo secundum finem dicitur actio bona vel mala.

ag3 ‘ Praeterea, contingit aliquam bonam operationem ad malum finem ordinari, sicut cum aliquis dat eleemosynam propter inanem gloriam, et e converso aliquam malam operationem ordinari ad bonum finem, sicut cum quis furatur ut det pauperi. non ergo est ex fine actio bona vel mala.

sc * Sed contra est quod boetius dicit, in topic., quod ° cuius finis bonus est, ipsum quoque bonum est, et cuius finis malus est, ipsum quoque malum est.

co ‘ Respondeo dicendum quod eadem est dispositio rerum in bonitate, et in esse. sunt enim quaedam quorum esse ex alio non dependet, et in his sufficit considerare ipsum eorum esse absolute. quaedam vero sunt quorum esse dependet ab alio, unde oportet quod consideretur per considerationem ad causam a qua dependet. sicut autem esse rei dependet ab agente et forma, ita bonitas rei dependet a fine. unde in personis divinis, quae non habent bonitatem dependentem ab alio, non consideratur aliqua ratio bonitatis ex fine. actiones autem humanae, et alia quorum bonitas dependet ab alio, habent rationem bonitatis ex fine a quo dependent, praeter bonitatem absolutam quae in eis existit. sic igitur in actione humana bonitas quadruplex considerari potest. una quidem secundum genus, prout scilicet est actio, quia quantum habet de actione et entitate, tantum habet de bonitate, * ut dictum est. ‘ alia vero secundum speciem, quae accipitur secundum obiectum conveniens. tertia secundum circumstantias, quasi secundum accidentia quaedam. quarta autem secundum finem, quasi secundum habitudinem ad causam bonitatis.

ra1 ‘ Ad primum ergo dicendum quod bonum ad quod aliquis respiciens operatur, non semper est verum bonum; sed quandoque verum bonum, et quandoque apparens. et secundum hoc, ex fine sequitur actio mala.

ra2 ‘ Ad secundum dicendum quod, quamvis finis sit causa extrinseca, tamen debita proportio ad finem et relatio in ipsum, inhaeret actioni.

ra3 ‘ Ad tertium dicendum quod nihil prohibet actioni habenti unam praedictarum bonitatum, deesse aliam. et secundum hoc, contingit actionem quae est bona secundum speciem suam vel secundum circumstantias, ordinari ad finem malum, et e converso. non tamen est actio bona simpliciter, nisi omnes bonitates concurrant, quia ° quilibet singularis defectus causat malum, bonum autem causatur ex integra causa, * ut dionysius dicit, iv cap. de div. nom..

008 ST2 qu18 ar5

ag1 ‘ Ad quintum sic proceditur. videtur quod actus morales non differant specie secundum bonum et malum. bonum enim et malum in actibus invenitur conformiter rebus, * ut dictum est. ‘ sed in rebus bonum et malum non diversificant speciem, idem enim specie est homo bonus et malus. ergo neque etiam bonum et malum in actibus diversificant speciem.

ag2 ‘ Praeterea, malum, cum sit privatio, est quoddam non ens. “ sed non ens non potest esse differentia, * secundum philosophum, in iii metaphys.. ‘ cum ergo differentia constituat speciem, videtur quod aliquis actus, ex hoc quod est malus, non constituatur in aliqua specie. et ita bonum et malum non diversificant speciem humanorum actuum.

ag3 ‘ Praeterea, diversorum actuum secundum speciem, diversi sunt effectus. sed idem specie effectus potest consequi ex actu bono et malo, sicut homo generatur ex adulterio, et ex matrimoniali concubitu. ergo actus bonus et malus non differunt specie.

ag4 ‘ Praeterea, bonum et malum dicitur in actibus quandoque secundum circumstantiam, * ut dictum est. ‘ sed circumstantia, cum sit accidens, non dat speciem actui. ergo actus humani non differunt specie propter bonitatem et malitiam.

sc * Sed contra, secundum philosophum, in ii ethic., ° similes habitus similes actus reddunt. ‘ sed habitus bonus et malus differunt specie, ut liberalitas et prodigalitas. ergo et actus bonus et malus differunt specie.

co ‘ Respondeo dicendum quod omnis actus speciem habet ex suo obiecto, * sicut supra dictum est. ‘ unde oportet quod aliqua differentia obiecti faciat diversitatem speciei in actibus. est autem considerandum quod aliqua differentia obiecti facit differentiam speciei in actibus, secundum quod referuntur ad unum principium activum, quod non facit differentiam in actibus, secundum quod referuntur ad aliud principium activum. quia nihil quod est per accidens, constituit speciem, sed solum quod est per se, potest autem aliqua differentia obiecti esse per se in comparatione ad unum activum principium, et per accidens in comparatione ad aliud; sicut cognoscere colorem et sonum, per se differunt per comparationem ad sensum, non autem per comparationem ad intellectum. in actibus autem humanis bonum et malum dicitur per comparationem ad rationem, quia, * ut dionysius dicit, iv cap. de div. nom., “ bonum hominis est secundum rationem esse, malum autem quod est praeter rationem. ‘ unicuique enim rei est bonum quod convenit ei secundum suam formam; et malum quod est ei praeter ordinem suae formae. patet ergo quod differentia boni et mali circa obiectum considerata, comparatur per se ad rationem, scilicet secundum quod obiectum est ei conveniens vel non conveniens. |25| dicuntur autem aliqui actus humani, vel morales, secundum quod sunt a ratione. unde manifestum est quod bonum et malum diversificant speciem in actibus moralibus, differentiae enim per se diversificant speciem.

ra1 ‘ Ad primum ergo dicendum quod etiam in rebus naturalibus bonum et malum, quod est secundum naturam et contra naturam, diversificant speciem naturae, corpus enim mortuum et corpus vivum non sunt eiusdem speciei. et similiter bonum, inquantum est secundum rationem, et malum, inquantum est praeter rationem, diversificant speciem moris.

ra2 ‘ Ad secundum dicendum quod malum importat privationem non absolutam, sed consequentem talem potentiam. dicitur enim malus actus secundum suam speciem, non ex eo quod nullum habeat obiectum; sed quia habet obiectum non conveniens ratio-

ni, sicut tollere aliena. unde inquantum obiectum est aliquid positive, potest constituere speciem mali actus.
ra3 ‘ Ad tertium dicendum quod actus coniugalis et adulterium, secundum quod comparantur ad rationem, differunt specie, et habent effectus specie differentes, quia unum eorum meretur laudem et praemium, aliud vituperium et poenam. sed secundum quod comparantur ad potentiam generativam, non differunt specie. et sic habent unum effectum secundum speciem.
ra4 ‘ Ad quartum dicendum quod circumstantia quandoque sumitur ut differentia essentialis obiecti, secundum quod ad rationem comparatur, et tunc potest dare speciem actui morali. et hoc oportet esse, quandocumque circumstantia transmutat actum de bonitate in malitiam, non enim circumstantia faceret actum malum, nisi per hoc quod rationi repugnat.

008 ST2 qu18 ar6

ag1 ‘ Ad sextum sic proceditur. videtur quod bonum et malum quod est ex fine, non diversificent speciem in actibus. actus enim habent speciem ex obiecto. sed finis est praeter rationem obiecti. ergo bonum et malum quod est ex fine, non diversificant speciem actus.
ag2 ‘ Praeterea, id quod est per accidens, non constituit speciem, * ut dictum est. ‘ sed accidit alicui actui quod ordinetur ad aliquem finem; sicut quod aliquis det eleemosynam propter inanem gloriam. ergo secundum bonum et malum quod est ex fine, non diversificantur actus secundum speciem.
ag3 ‘ Praeterea, diversi actus secundum speciem, ad unum finem ordinari possunt, sicut ad finem inanis gloriae ordinari possunt actus diversarum virtutum, et diversorum vitiorum. non ergo bonum et malum quod accipitur secundum finem, diversificat speciem actuum.
sc * Sed contra est quod supra ostensum est, quod ‘ actus humani habent speciem a fine. ergo bonum et malum quod accipitur secundum finem, diversificat speciem actuum.
co ‘ Respondeo dicendum quod aliqui actus dicuntur humani, inquantum sunt voluntarii, * sicut supra dictum est. ‘ in actu autem voluntario invenitur duplex actus, scilicet actus interior voluntatis, et actus exterior, et uterque horum actuum habet suum obiectum. finis autem proprie est obiectum interioris actus voluntarii, id autem circa quod est actio exterior, est obiectum eius. sicut igitur actus exterior accipit speciem ab obiecto circa quod est; ita actus interior voluntatis accipit speciem a fine, sicut a proprio obiecto. ita autem quod est ex parte voluntatis, se habet ut formale ad id quod est ex parte exterioris actus, quia voluntas utitur membris ad agendum, sicut instrumentis; neque actus exteriores habent rationem moralitatis, nisi inquantum sunt voluntarii. et ideo actus humani species formaliter consideratur secundum finem, materialiter autem secundum obiectum exterioris actus. * unde philosophus dicit, in v ethic., quod ° ille qui furatur ut committat adulterium, est, per se loquendo, magis adulter quam fur.
ra1 ‘ Ad primum ergo dicendum quod etiam finis habet rationem obiecti, * ut dictum est.
ra2 ‘ Ad secundum dicendum quod ordinari ad talem finem, etsi accidat exteriori actui, non tamen accidit actui interiori voluntatis, qui comparatur ad exteriorem sicut formale ad materiale.
ra3 ‘ Ad tertium dicendum quod quando multi actus specie differentes ordinantur ad unum finem, est quidem diversitas speciei ex parte exteriorum actuum; sed unitas speciei ex parte actus interioris.

008 ST2 qu18 ar7

ag1 ‘ Ad septimum sic proceditur. videtur quod species bonitatis quae est ex fine, contineatur sub specie bonitatis quae est ex obiecto, sicut species sub genere, puta cum aliquis vult furari ut det eleemosynam. actus enim habet speciem ex obiecto, * ut dictum est. ‘ sed impossibile est quod aliquid contineatur in aliqua alia specie, quae sub propria specie non continetur, quia idem non potest esse in diversis speciebus non subalternis. ergo species quae est ex fine, continetur sub specie quae est ex obiecto.
ag2 ‘ Praeterea, semper ultima differentia constituit speciem specialissimam. sed differentia quae est ex fine, videtur esse posterior quam differentia quae est ex obiecto, quia finis habet rationem ultimi. ergo species quae est ex fine, continetur sub specie quae est ex obiecto, sicut species specialissima.
ag3 ‘ Praeterea, quanto aliqua differentia est magis formalis, tanto magis est specialis, quia differentia comparatur ad genus ut forma ad materiam. sed species quae est ex fine, est formalior ea quae est ex obiecto, * ut dictum est. ‘ ergo species quae est ex fine, continetur sub specie quae est ex obiecto, sicut species specialissima sub genere subalterno.
sc ‘ Sed contra, cuiuslibet generis sunt determinatae differentiae. sed actus eiusdem speciei ex parte obiecti, potest ad infinitos fines ordinari, puta furtum ad infinita bona vel mala. ergo species quae est ex fine, non continetur sub specie quae est ex obiecto, sicut sub genere.
co ‘ Respondeo dicendum quod obiectum exterioris actus dupliciter potest se habere ad finem voluntatis, uno modo, sicut per se ordinatum ad ipsum, sicut bene pugnare per se ordinatur ad victoriam; alio modo, per accidens, sicut accipere rem alienam per accidens ordinatur ad dandum eleemosynam. “ oportet autem, * ut philosophus dicit in vii metaphys., quod “ differentiae dividentes aliquod genus, et constituentes speciem illius generis, per se dividant illud. si autem per accidens, non recte procedit divisio, puta si quis dicat, animalium aliud rationale, aliud irrationale; et animalium irrationalium aliud alatum, aliud non alatum, alatum enim et non alatum non sunt per se determinativa eius quod est irrationale. oportet autem sic dividere, animalium aliud habens pedes, aliud non habens pedes; et habentium pedes, aliud habet duos, aliud quatuor, aliud multos, haec enim per se determinant priorem differentiam. ‘ sic igitur quando obiectum non est per se ordinatum ad finem, differentia specifica quae est ex obiecto, non est per se determinativa eius quae est ex fine, nec e converso. unde una istarum specierum non est sub alia, sed tunc actus moralis est sub duabus speciebus quasi disparatis. unde dicimus quod ille qui furatur ut moechetur, committit duas malitias in uno actu. |25| si vero obiectum per se ordinetur ad finem, una dictarum differentiarum est per se determinativa alterius. unde una istarum specierum continebitur sub altera. considerandum autem restat quae sub qua. ad cuius evidentiam, primo considerandum est quod quanto aliqua differentia sumitur a forma magis particulari, tanto magis est specifica. secundo, quod quanto agens est magis universale, tanto ex eo est forma magis universalis. tertio, quod quanto aliquis finis est posterior, tanto respondet agenti universaliori, sicut victoria, quae est ultimus finis exercitus, est finis intentus a summo duce; ordinatio autem huius aciei vel illius, est finis intentus ab aliquo inferiorum ducum. et ex istis sequitur quod differentia specifica quae est ex fine, est magis generalis; et differentia quae est ex obiecto per se ad talem finem ordinato, est specifica respectu eius. voluntas enim, cuius proprium obiectum est finis, est universale motivum respectu omnium potentiarum animae, quarum propria obiecta sunt obiecta particularium actuum.
ra1 ‘ Ad primum ergo dicendum quod secundum substantiam suam non potest aliquid esse in duabus speciebus, quarum una sub altera non ordinetur. sed secundum ea quae rei adveniunt, potest aliquid sub diversis speciebus contineri. sicut hoc pomum, secundum colorem, continetur sub hac specie, scilicet albi, et secundum odorem, sub specie bene redolentis. et similiter actus qui secundum substantiam suam est in una specie naturae, secundum conditiones morales supervenientes, ad duas species referri potest, * ut supra dictum est.
ra2 ‘ Ad secundum dicendum quod finis est postremum in executione; sed est primum in intentione rationis, secundum quam accipiuntur moralium actuum species.
ra3 ‘ Ad tertium dicendum quod differentia comparatur ad genus ut forma ad materiam, inquantum facit esse genus in actu. sed etiam genus consideratur ut formalius specie, secundum quod est absolutius, et minus contractum. “ unde et partes definitionis reducuntur ad genus causae formalis, * ut dicitur in libro physic.. ‘ et secundum hoc, genus est causa formalis speciei, et tanto erit formalius, quanto communius.

008 ST2 qu18 ar8

ag1 ‘ Ad octavum sic proceditur. videtur quod non sit aliquis actus indifferens secundum suam speciem. “ malum enim est privatio boni, * secundum augustinum. “ sed privatio et habitus sunt opposita immediata, * secundum philosophum. ‘ ergo non est aliquis actus qui secundum speciem suam sit indifferens, quasi medium existens inter bonum et malum.
ag2 ‘ Praeterea, actus humani habent speciem a fine vel obiecto, * ut dictum est. ‘ sed omne obiectum, et omnis finis habet rationem boni vel mali. ergo omnis actus humanus secundum suam speciem est bonus vel malus. nullus ergo est indifferens secundum speciem.
ag3 ‘ Praeterea, * sicut dictum est, ‘ actus dicitur bonus, qui habet debitam perfectionem bonitatis; malus, cui aliquid de hoc deficit. sed necesse est quod omnis actus vel habeat totam plenitudinem suae bonitatis, vel aliquid ei deficiat. ergo necesse est quod omnis actus secundum speciem suam sit bonus vel malus, et nullus indifferens.
sc ‘ Sed contra est quod * augustinus dicit, in libro de serm. dom. in mont., quod ° sunt quaedam facta media, quae possunt bono vel malo animo fieri, de quibus est temerarium iudicare. ‘ sunt ergo aliqui actus secundum speciem suam indifferentes.
co * Respondeo dicendum quod, sicut dictum est, ‘ actus omnis habet speciem ab obiecto; et actus humanus, qui dicitur moralis, habet speciem ab obiecto relato ad principium actuum humanorum, quod est ratio. unde si obiectum actus includat aliquid quod conveniat ordini rationis, erit actus bonus secundum suam speciem, sicut dare eleemosynam indigenti. si autem includat aliquid quod repugnet ordini rationis, erit malus actus secundum speciem, sicut furari, quod est tollere aliena. contingit autem quod obiectum actus non includit aliquid pertinens ad ordinem rationis, sicut levare festucam de terra, ire ad campum, et huiusmodi, et tales actus secundum speciem suam sunt indifferentes.
ra1 ‘ Ad primum ergo dicendum quod duplex est privatio. quaedam quae consistit in privatum esse, et haec nihil relinquit, sed totum aufert; ut caecitas totaliter aufert visum, et tenebrae lucem, et mors vitam. et inter hanc privationem et habitum oppositum, non potest esse aliquod medium circa proprium susceptibile. est autem alia privatio quae consistit in privari, sicut aegritudo est privatio sanitatis, non quod tota sanitas sit sublata, sed quod est quasi quaedam via ad totalem ablationem sanitatis, quae fit per mortem. et ideo talis privatio, cum aliquid relinquat, non semper est immediata cum opposito habitu. “ et hoc modo malum est privatio boni, * ut simplicius dicit in commento super librum praedic., ‘ quia non totum bonum aufert, sed aliquid relinquit. unde potest esse aliquod medium inter bonum et malum.
ra2 ‘ Ad secundum dicendum quod omne obiectum vel finis habet aliquam bonitatem vel malitiam, saltem naturalem, non tamen semper importat bonitatem vel malitiam moralem, quae consideratur per comparationem ad rationem, * ut dictum est. ‘ et de hac nunc agitur.
ra3 ‘ Ad tertium dicendum quod non quidquid habet actus, pertinet ad speciem eius. unde etsi in ratione suae speciei non contineatur quidquid pertinet ad plenitudinem bonitatis ipsius, non propter hoc est ex specie sua malus, nec etiam bonus, sicut homo secundum suam speciem neque virtuosus, neque vitiosus est.

008 ST2 qu18 ar9

ag1 ‘ Ad nonum sic proceditur. videtur quod aliquis actus secundum individuum sit indifferens. nulla enim species est quae sub se non contineat vel continere possit aliquod individuum. sed aliquis actus est indifferens secundum suam speciem, * ut dictum est. ‘ ergo aliquis actus individualis potest esse indifferens.
ag2 “ Praeterea, ex individualibus actibus causantur habitus conformes ipsis, * ut dicitur in ii ethic.. ‘ sed aliquis habitus est indifferens. * dicit enim philosophus, in iv ethic., “ de quibusdam, sicut de placidis et prodigis, quod non sunt mali, ‘ et tamen constat quod non sunt boni, cum recedant a virtute, et sic sunt indifferentes secundum habitum. ergo aliqui actus individuales sunt indifferentes.
ag3 ‘ Praeterea, bonum morale pertinet ad virtutem, malum autem morale pertinet ad vitium. sed contingit quandoque quod homo actum qui ex specie sua est indifferens, non ordinat ad aliquem finem vel vitii vel virtutis. ergo contingit aliquem actum individualem esse indifferentem.
sc * Sed contra est quod gregorius dicit in quadam homilia, ° otiosum verbum est quod utilitate rectitudinis, aut ratione iustae necessitatis aut piae utilitatis, caret. ‘ sed verbum otiosum est malum, quia de eo reddent homines rationem in die iudicii, * ut dicitur matth. xii. ‘ si autem non caret ratione iustae necessitatis aut piae utilitatis, est bonum. ergo omne verbum aut est bonum aut malum. pari ergo ratione, et quilibet alius actus vel est bonus vel malus. nullus ergo individualis actus est indifferens.
co ‘ Respondeo dicendum quod contingit quandoque aliquem actum esse indifferentem secundum speciem, qui tamen est bonus vel malus in individuo consideratus. et hoc ideo, quia actus moralis, * sicut dictum est, ‘ non solum habet bonitatem ex obiecto, a quo habet speciem; sed etiam ex circumstantiis, quae sunt quasi quaedam accidentia; sicut aliquid convenit individuo hominis secundum accidentia individualia, quod non convenit homini secundum rationem speciei. et oportet quod quilibet individualis actus habeat aliquam circumstantiam per quam trahatur ad bonum vel malum, ad minus ex parte intentionis finis. cum enim rationis sit ordinare, actus a ratione deliberativa procedens, si non sit ad debitum finem ordinatus, ex hoc ipso repugnat rationi, et habet rationem mali. si vero ordinetur ad debitum finem, convenit cum ordine rationis, unde habet rationem boni. necesse est autem quod vel ordinetur, vel non ordinetur ad debitum finem. unde necesse est omnem actum hominis a deliberativa ratione procedentem, in individuo consideratum, bonum esse vel malum. si autem non procedit a ratione deliberativa, sed ex quadam imaginatione, sicut cum aliquis fricat barbam, vel movet manum aut pedem; talis actus non est, proprie loquendo, moralis vel humanus; cum hoc habeat actus a ratione. et sic erit indifferens, quasi extra genus moralium actuum existens.
ra1 ‘ Ad primum ergo dicendum quod aliquem actum esse indifferentem secundum suam speciem, potest esse multipliciter. uno modo, sic quod ex sua specie debeatur ei quod sit indifferens. et sic procedit ratio. sed tamen isto modo nullus actus ex sua specie est indifferens, non enim est aliquod obiectum humani actus, quod non possit ordinari vel ad bonum vel ad malum, per finem vel circumstantiam. alio modo potest dici indifferens ex sua specie, quia non habet ex sua specie quod sit bonus vel malus. un-

de per aliquid aliud potest fieri bonus vel malus. sicut homo non habet ex sua specie quod sit albus vel niger, nec tamen habet ex sua specie quod non sit albus aut niger, potest enim albedo vel nigredo supervenire homini aliunde quam a principiis speciei.
ra2 * Ad secundum dicendum quod philosophus dicit " illum esse malum proprie, qui est aliis hominibus nocivus. et secundum hoc, dicit prodigum non esse malum, quia nulli alteri nocet nisi sibi ipsi. et similiter de omnibus aliis qui non sunt proximis nocivi. ' nos autem hic dicimus malum communiter omne quod est rationi rectae repugnans. et secundum hoc, omnis individualis actus est bonus vel malus, *ut dictum est.
ra3 ' Ad tertium dicendum quod omnis finis a ratione deliberativa intentus, pertinet ad bonum alicuius virtutis, vel ad malum alicuius vitii. nam hoc ipsum quod aliquis agit ordinate ad sustentationem vel quietem sui corporis, ad bonum virtutis ordinatur in eo qui corpus suum ordinat ad bonum virtutis. et idem patet in aliis.

008 ST2 qu18 ar10

ag1 ' Ad decimum sic proceditur. videtur quod circumstantia non possit constituere aliquam speciem boni vel mali actus. species enim actus est ex obiecto. sed circumstantiae differunt ab obiecto. ergo circumstantiae non dant speciem actus.
ag2 ' Praeterea, circumstantiae comparantur ad actum moralem sicut accidentia eius, * ut dictum est. ' sed accidens non constituit speciem. ergo circumstantia non constituit aliquam speciem boni vel mali.
ag3 ' Praeterea, unius rei non sunt plures species. unius autem actus sunt plures circumstantiae. ergo circumstantia non constituit actum moralem in aliqua specie boni vel mali.
sc ' Sed contra, locus est circumstantia quaedam. sed locus constituit actum moralem in quadam specie mali, furari enim aliquid de loco sacro est sacrilegium. ergo circumstantia constituit actum moralem in aliqua specie boni vel mali.
co ' Respondeo dicendum quod, sicut species rerum naturalium constituuntur ex naturalibus formis, ita species moralium actuum constituuntur ex formis prout sunt a ratione conceptae, * sicut ex supradictis patet. ' quia vero natura determinata est ad unum, nec potest esse processus naturae in infinitum, necesse est pervenire ad aliquam ultimam formam, ex qua sumatur differentia specifica, post quam alia differentia specifica esse non possit. et inde est quod in rebus naturalibus, id quod est accidens alicui rei, non potest accipi ut differentia constituens speciem. sed processus rationis non est determinatus ad aliquid unum, sed quolibet dato, potest ulterius procedere. et ideo quod in uno actu accipitur ut circumstantia superaddita obiecto quod determinat speciem actus, potest iterum accipi a ratione ordinante ut principalis conditio obiecti determinantis speciem actus. sicut tollere alienum habet speciem ex ratione alieni, ex hoc enim constituitur in specie furti, et si consideretur super hoc ratio loci vel temporis, se habebit in ratione circumstantiae. sed quia ratio etiam de loco vel de tempore, et aliis huiusmodi, ordinare potest; contingit conditionem loci circa obiectum accipi ut contrariam ordini rationis; puta quod ratio ordinat non esse iniuriam faciendam loco sacro. unde tollere aliquid alienum de loco sacro addit specialem repugnantiam ad ordinem rationis. et ideo locus, qui |25| prius considerabatur ut circumstantia, nunc consideratur ut principalis conditio obiecti rationi repugnans. et per hunc modum, quandocumque aliqua circumstantia respicit specialem ordinem rationis vel pro vel contra, oportet quod circumstantia det speciem actui morali vel bono vel malo.
ra1 ' Ad primum ergo dicendum quod circumstantia secundum quod dat speciem actui, consideratur ut quaedam conditio obiecti, * sicut dictum est, ' et quasi quaedam specifica differentia eius.
ra2 ' Ad secundum dicendum quod circumstantia manens in ratione circumstantiae, cum habeat rationem accidentis, non dat speciem, sed inquantum mutatur in principalem conditionem obiecti, secundum hoc dat speciem.
ra3 ' Ad tertium dicendum quod non omnis circumstantia constituit actum moralem in aliqua specie boni vel mali, cum non quaelibet circumstantia importet aliquam consonantiam vel dissonantiam ad rationem. unde non oportet, licet sint multae circumstantiae unius actus, quod unus actus sit in pluribus speciebus. licet etiam non sit inconveniens quod unus actus moralis sit in pluribus speciebus moris etiam disparatis, * ut dictum est.

008 ST2 qu18 ar11

ag1 ' Ad undecimum sic proceditur. videtur quod omnis circumstantia pertinens ad bonitatem vel malitiam, det speciem actui. bonum enim et malum sunt differentiae specificae moralium actuum. quod ergo facit differentiam in bonitate vel malitia moralis actus, facit differre secundum differentiam specificam, quod est differre secundum speciem. sed id quod addit in bonitate vel malitia actus, facit differre secundum bonitatem et malitiam. ergo facit differre secundum speciem. ergo omnis circumstantia addens in bonitate vel malitia actus, constituit speciem.
ag2 ' Praeterea, aut circumstantia adveniens habet in se aliquam rationem bonitatis vel malitiae, aut non. si non, non potest addere in bonitate vel malitia actus, quia quod non est bonum, non potest facere maius bonum; et quod non est malum, non potest facere maius malum. si autem habet in se rationem bonitatis vel malitiae, ex hoc ipso habet quandam speciem boni vel mali. ergo omnis circumstantia augens bonitatem vel malitiam, constituit novam speciem boni vel mali.
ag3 * Praeterea, secundum dionysium, iv cap. de div. nom., ° malum causatur ex singularibus defectibus. ' quaelibet autem circumstantia aggravans malitiam, habet specialem defectum. ergo quaelibet circumstantia addit novam speciem peccati. et eadem ratione, quaelibet augens bonitatem, videtur addere novam speciem boni, sicut quaelibet unitas addita numero, facit novam speciem numeri; bonum enim consistit in numero, pondere et mensura.
sc ' Sed contra, magis et minus non diversificant speciem. sed magis et minus est circumstantia addens in bonitate vel malitia. ergo non omnis circumstantia addens in bonitate vel malitia, constituit actum moralem in specie boni vel mali.
co * Respondeo dicendum quod, sicut dictum est, ' circumstantia dat speciem boni vel mali actui morali, inquantum respicit specialem ordinem rationis. contingit autem quandoque quod circumstantia non respicit ordinem rationis in bono vel malo, nisi praesupposita alia circumstantia, a qua actus moralis habet speciem boni vel mali. sicut tollere aliquid in magna quantitate vel parva, non respicit ordinem rationis in bono vel malo, nisi praesupposita aliqua alia conditione, per quam actus habeat malitiam vel bonitatem, puta hoc quod est esse alienum, quod repugnat rationi. unde tollere alienum in magna vel parva quantitate, non diversificat speciem peccati. tamen potest aggravare vel diminuere peccatum. et similiter est in aliis malis vel bonis. unde non omnis circumstantia addens in bonitate vel malitia, variat speciem moralis actus.
ra1 ' Ad primum ergo dicendum quod in his quae intenduntur et remittuntur, differentia intensionis et remissionis non diversificat speciem, sicut quod differt in albedine secundum magis et minus, non differt secundum speciem coloris. et similiter quod facit diversitatem in bono vel malo secundum intensionem et remissionem, non facit differentiam moralis actus secundum speciem.
ra2 ' Ad secundum dicendum quod circumstantia aggravans peccatum, vel augens bonitatem actus, quandoque non habet bonitatem vel malitiam secundum se, sed per ordinem ad aliam conditionem actus, * ut dictum est. ' et ideo non dat novam speciem, sed auget bonitatem vel malitiam quae est ex alia conditione actus.
ra3 ' Ad tertium dicendum quod non quaelibet circumstantia inducit singularem defectum secundum seipsam, sed solum secundum ordinem ad aliquid aliud. et similiter non semper addit novam perfectionem, nisi per comparationem ad aliquid aliud. et pro tanto, licet augeat bonitatem vel malitiam, non semper variat speciem boni vel mali.

008 ST2 qu19 ar

pr ' Deinde considerandum est de bonitate actus interioris voluntatis. et circa hoc quaeruntur decem. primo, utrum bonitas voluntatis dependeat ex obiecto. secundo, utrum ex solo obiecto dependeat. tertio, utrum dependeat ex ratione. quarto, utrum dependeat ex lege aeterna. quinto, utrum ratio errans obliget. sexto, utrum voluntas contra legem dei sequens rationem errantem, sit mala. septimo, utrum bonitas voluntatis in his quae sunt ad finem, dependeat ex intentione finis. octavo, utrum quantitas bonitatis vel malitiae in voluntate, sequatur quantitatem boni vel mali in intentione. nono, utrum bonitas voluntatis dependeat ex conformitate ad voluntatem divinam. decimo, utrum necesse sit voluntatem humanam conformari divinae voluntati in volito, ad hoc quod sit bona.

008 ST2 qu19 ar1

ag1 ' Ad primum sic proceditur. videtur quod bonitas voluntatis non dependeat ex obiecto. voluntas enim non potest esse nisi boni, " quia malum est praeter voluntatem, * ut dionysius dicit, iv cap. de div. nom.. ' si igitur bonitas voluntatis iudicaretur ex obiecto, sequeretur quod omnis voluntas esset bona, et nulla esset mala.
ag2 ' Praeterea, bonum per prius invenitur in fine, unde bonitas finis, inquantum huiusmodi, non dependet ab aliquo alio. * sed secundum philosophum, in vi ethic., ° bona actio est finis, licet factio nunquam sit finis, ' ordinatur enim semper, sicut ad finem, ad aliquid factum. ergo bonitas actus voluntatis non dependet ex aliquo obiecto.
ag3 ' Praeterea, unumquodque quale est, tale alterum facit. sed obiectum voluntatis est bonum bonitate naturae. non ergo potest praestare voluntati bonitatem moralem. moralis ergo bonitas voluntatis non dependet ex obiecto.
sc * Sed contra est quod philosophus dicit, in v ethic., quod " iustitia est secundum quam aliqui volunt iusta, et eadem ratione, virtus est secundum quam aliqui volunt bona. sed bona voluntas est quae est secundum virtutem. ' ergo bonitas voluntatis est ex hoc quod aliquis vult bonum.
co ' Respondeo dicendum quod bonum et malum sunt per se differentiae actus voluntatis. nam bonum et malum per se ad voluntatem pertinent; sicut verum et falsum ad rationem, cuius actus per se distinguitur differentia veri et falsi, prout dicimus opinionem esse veram vel falsam. unde voluntas bona et mala sunt actus differentes secundum speciem. differentia autem speciei in actibus est secundum obiecta, * ut dictum est. ' et ideo bonum et malum in actibus voluntatis proprie attenditur secundum obiecta.
ra1 ' Ad primum ergo dicendum quod voluntas non semper est veri boni, sed quandoque est apparentis boni, quod quidem habet aliquam rationem boni, non tamen simpliciter convenientis ad appetendum. et propter hoc actus voluntatis non est bonus semper, sed aliquando malus.
ra2 ' Ad secundum dicendum quod, quamvis aliquis actus possit esse ultimus finis hominis secundum aliquem modum, non tamen talis actus est actus voluntatis, * ut supra dictum est.
ra3 ' Ad tertium dicendum quod bonum per rationem repraesentatur voluntati ut obiectum; et inquantum cadit sub ordine rationis, pertinet ad genus moris, et causat bonitatem moralem in actu voluntatis. ratio enim principium est humanorum et moralium actuum, * ut supra dictum est.

008 ST2 qu19 ar2

ag1 ' Ad secundum sic proceditur. videtur quod bonitas voluntatis non dependeat solum ex obiecto. finis enim affinior est voluntati quam alteri potentiae. sed actus aliarum potentiarum recipiunt bonitatem non solum ex obiecto, sed etiam ex fine, * ut ex supradictis patet. ' ergo etiam actus voluntatis recipit bonitatem non solum ex obiecto, sed etiam ex fine.
ag2 ' Praeterea, bonitas actus non solum est ex obiecto, sed etiam ex circumstantiis, * ut supra dictum est. ' sed secundum diversitatem circumstantiarum contingit esse diversitatem bonitatis et malitiae in actu voluntatis, puta quod aliquis velit quando debet et ubi debet, et quantum debet, et quomodo debet, vel prout non debet. ergo bonitas voluntatis non solum dependet ex obiecto, sed etiam ex circumstantiis.
ag3 ' Praeterea, ignorantia circumstantiarum excusat malitiam voluntatis, * ut supra habitum est. ' sed hoc non esset, nisi bonitas et malitia voluntatis a circumstantiis dependeret. ergo bonitas et malitia voluntatis dependet ex circumstantiis, et non a solo obiecto.
sc ' Sed contra, ex circumstantiis, inquantum huiusmodi, actus non habet speciem, * ut supra dictum est. ' sed bonum et malum sunt specificae differentiae actus voluntatis, * ut dictum est. ' ergo bonitas et malitia voluntatis non dependet ex circumstantiis, sed ex solo obiecto.
co ' Respondeo dicendum quod in quolibet genere, quanto aliquid est prius, tanto est simplicius et in paucioribus consistens, sicut prima corpora sunt simplicia. et ideo invenimus quod ea quae sunt prima in quolibet genere, sunt aliquo modo simplicia, et in uno consistunt. principium autem bonitatis et malitiae humanorum actuum est ex actu voluntatis. et ideo bonitas et malitia voluntatis secundum aliquid unum attenditur, aliorum vero actuum bonitas et malitia potest secundum diversa attendi. illud autem unum quod est principium in quolibet genere, non est per accidens, sed per se, quia omne quod est per accidens, reducitur ad id quod est per se, sicut ad principium. et ideo bonitas voluntatis ex solo uno illo dependet, quod per se facit bonitatem in actu, scilicet ex obiecto, et non ex circumstantiis, quae sunt quaedam accidentia actus.
ra1 ' Ad primum ergo dicendum quod finis est obiectum voluntatis, non autem aliarum virium. unde quantum ad actum voluntatis, non differt bonitas quae est ex obiecto, a bonitate quae est ex fine, sicut in actibus aliarum virium, nisi forte per accidens, prout finis dependet ex fine, et voluntas ex voluntate.
ra2 ' Ad secundum dicendum quod, supposito quod voluntas sit boni, nulla circumstantia potest eam facere malam. quod ergo dicitur quod aliquis vult aliquod bonum quando non debet vel ubi non debet, potest intelligi dupliciter. uno modo, ita quod ista circumstantia referatur ad volitum. et sic voluntas non est boni, quia velle facere aliquid quando non debet fieri, non est velle bonum. alio modo, ita quod referatur ad actum volendi. et sic impossibile est quod aliquis velit bonum quando non debet, quia semper homo debet velle bonum, nisi forte per accidens, inquantum aliquis, volendo hoc bonum, impeditur ne tunc velit aliquod bonum debitum. et tunc non incidit malum ex eo quod aliquis vult illud bonum; sed ex eo quod non vult aliud bonum. et similiter dicendum est de aliis circumstantiis.
ra3 ' Ad tertium dicendum quod circumstantiarum ignorantia excusat malitiam voluntatis, secundum quod circumstantiae se tenent ex parte voliti, inquantum scilicet ignorat circumstantias actus quem vult.

008 ST2 qu19 ar3

ag1 ' Ad tertium sic proceditur. videtur quod bonitas voluntatis non dependeat a ratione. prius enim non dependet a posteriori. sed bonum per prius pertinet ad voluntatem quam ad rationem, * ut ex supradictis patet. ' ergo bonum voluntatis non dependet a ratione.

ag2 * Praeterea, philosophus dicit, in vi ethic., quod " bonitas intellectus practici est verum conforme appetitui recto. ' appetitus autem rectus est voluntas bona. ergo bonitas rationis practicae magis dependet a bonitate voluntatis, quam e converso.

ag3 ' Praeterea, movens non dependet ab eo quod movetur, sed e converso. voluntas autem movet rationem et alias vires, * ut supra dictum est. ' ergo bonitas voluntatis non dependet a ratione.

sc * Sed contra est quod hilarius dicit, in x de trin., ° immoderata est omnis susceptarum voluntatum pertinacia, ubi non rationi voluntas subiicitur. ' sed bonitas voluntatis consistit in hoc quod non sit immoderata. ergo bonitas voluntatis dependet ex hoc quod sit subiecta rationi.

co * Respondeo dicendum quod, sicut dictum est, ' bonitas voluntatis proprie ex obiecto dependet. obiectum autem voluntatis proponitur ei per rationem. nam bonum intellectum est obiectum voluntatis proportionatum ei; bonum autem sensibile, vel imaginarium, non est proportionatum voluntati, sed appetitui sensitivo, quia voluntas potest tendere in bonum universale, quod ratio apprehendit; appetitus autem sensitivus non tendit nisi in bonum particulare, quod apprehendit vis sensitiva. et ideo bonitas voluntatis dependet a ratione, eo modo quo dependet ab obiecto.

ra1 ' Ad primum ergo dicendum quod bonum sub ratione boni, idest appetibilis, per prius pertinet ad voluntatem quam ad rationem. sed tamen per prius pertinet ad rationem sub ratione veri, quam ad voluntatem sub ratione appetibilis, quia appetitus voluntatis non potest esse de bono, nisi prius a ratione apprehendatur.

ra2 * Ad secundum dicendum quod philosophus ibi loquitur " de intellectu practico, secundum quod est consiliativus et ratiocinativus eorum quae sunt ad finem, ' sic enim perficitur per prudentiam. in his autem quae sunt ad finem, rectitudo rationis consistit in conformitate ad appetitum finis debiti. sed tamen et ipse appetitus finis debiti praesupponit rectam apprehensionem de fine, quae est per rationem.

ra3 ' Ad tertium dicendum quod voluntas quodam modo movet rationem; et ratio alio modo movet voluntatem, ex parte scilicet obiecti, * ut supra dictum est.

008 ST2 qu19 ar4

ag1 ' Ad quartum sic proceditur. videtur quod bonitas voluntatis humanae non dependeat a lege aeterna. unius enim una est regula et mensura. sed regula humanae voluntatis, ex qua eius bonitas dependet, est ratio recta. ergo non dependet bonitas voluntatis a lege aeterna.

ag2 " Praeterea, mensura est homogenea mensurato, * ut dicitur x metaphys.. ' sed lex aeterna non est homogenea voluntati humanae. ergo lex aeterna non potest esse mensura voluntatis humanae, ut ab ea bonitas eius dependeat.

ag3 ' Praeterea, mensura debet esse certissima. sed lex aeterna est nobis ignota. ergo non potest esse nostrae voluntatis mensura, ut ab ea bonitas voluntatis nostrae dependeat.

sc ' Sed contra est quod * augustinus dicit, xxii libro contra faustum, quod ° peccatum est factum, dictum vel concupitum aliquid contra aeternam legem. ' sed malitia voluntatis est radix peccati. ergo, cum malitia bonitati opponatur, bonitas voluntatis dependet a lege aeterna.

co ' Respondeo dicendum quod in omnibus causis ordinatis, effectus plus dependet a causa prima quam a causa secunda, quia causa secunda non agit nisi in virtute primae causae. quod autem ratio humana sit regula voluntatis humanae, ex qua eius bonitas mensuretur, habet ex lege aeterna, quae est ratio divina. * unde in psalmo iv, dicitur, ° multi dicunt, quis ostendit nobis bona? signatum est super nos lumen vultus tui, domine, " quasi diceret, lumen rationis quod in nobis est, intantum potest nobis ostendere bona, et nostram voluntatem regulare, inquantum est lumen vultus tui, idest a vultu tuo derivatum. ' unde manifestum est quod multo magis dependet bonitas voluntatis humanae a lege aeterna, quam a ratione humana, et ubi deficit humana ratio, oportet ad rationem aeternam recurrere.

ra1 ' Ad primum ergo dicendum quod unius rei non sunt plures mensurae proximae, possunt tamen esse plures mensurae, quarum una sub alia ordinetur.

ra2 ' Ad secundum dicendum quod mensura proxima est homogenea mensurato, non autem mensura remota.

ra3 ' Ad tertium dicendum quod, licet lex aeterna sit nobis ignota secundum quod est in mente divina; innotescit tamen nobis aliqualiter vel per rationem naturalem, quae ab ea derivatur ut propria eius imago; vel per aliqualem revelationem superadditam.

008 ST2 qu19 ar5

ag1 ' Ad quintum sic proceditur. videtur quod voluntas discordans a ratione errante, non sit mala. ratio enim est regula voluntatis humanae, inquantum derivatur a lege aeterna, * ut dictum est. ' sed ratio errans non derivatur a lege aeterna. ergo ratio errans non est regula voluntatis humanae. non est ergo voluntas mala, si discordat a ratione errante.

ag2 ' Praeterea, * secundum augustinum, ' inferioris potestatis praeceptum non obligat, si contrarietur praecepto potestatis superioris, sicut si proconsul iubeat aliquid quod imperator prohibet. sed ratio errans quandoque proponit aliquid quod est contra praeceptum superioris, scilicet dei, cuius est summa potestas. ergo dictamen rationis errantis non obligat. non est ergo voluntas mala, si discordet a ratione errante.

ag3 ' Praeterea, omnis voluntas mala reducitur ad aliquam speciem malitiae. sed voluntas discordans a ratione errante, non potest reduci ad aliquam speciem malitiae, puta, si ratio errans errat in hoc, quod dicat esse fornicandum, voluntas eius qui fornicari non vult, ad nullam malitiam reduci potest. ergo voluntas discordans a ratione errante, non est mala.

sc ' Sed contra, * sicut in primo dictum est, ' conscientia nihil aliud est quam applicatio scientiae ad aliquem actum. scientia autem in ratione est. voluntas ergo discordans a ratione errante, est contra conscientiam. sed omnis talis voluntas est mala, * dicitur enim rom. xiv, ° omne quod non est ex fide, peccatum est, " idest omne quod est contra conscientiam. ' ergo voluntas discordans a ratione errante, est mala.

co ' Respondeo dicendum quod, cum conscientia sit quodammodo dictamen rationis (est enim quaedam applicatio scientiae ad actum, * ut in primo dictum est), ' idem est quaerere utrum voluntas discordans a ratione errante sit mala, quod quaerere utrum conscientia errans obliget. * circa quod, aliqui distinxerunt " tria genera actuum, quidam enim sunt boni ex genere; quidam sunt indifferentes; quidam sunt mali ex genere. dicunt ergo quod, si ratio vel conscientia dicat aliquid esse faciendum quod sit bonum ex suo genere, non est ibi error. similiter, si dicat aliquid non esse faciendum quod est malum ex suo genere, eadem enim ratione praecipiuntur bona, qua prohibentur mala. sed si ratio vel conscientia dicat alicui quod illa quae sunt secundum se mala, homo teneatur facere ex praecepto; vel quod illa quae sunt secundum se bona, sint prohibita; erit ratio vel conscientia errans. et similiter si ratio vel conscientia dicat alicui quod id quod est secundum se indifferens, ut levare festucam de terra, sit prohibitum vel praeceptum, erit ratio vel conscientia errans. dicunt ergo quod ratio vel conscientia errans circa indifferentia, sive praecipiendo sive prohibendo, obligat, ita quod voluntas discordans a tali ratione errante, |25| erit mala et peccatum. sed ratio vel conscientia errans praecipiendo ea quae sunt per se mala, vel prohibendo ea quae sunt per se bona et necessaria ad salutem, non obligat, unde in talibus voluntas discordans a ratione vel conscientia errante, non est mala. ' sed hoc irrationabiliter dicitur. in indifferentibus enim, voluntas discordans a ratione vel conscientia errante, est mala aliquo modo propter obiectum, a quo bonitas vel malitia voluntatis dependet, non autem propter obiectum secundum sui naturam; sed secundum quod per accidens a ratione apprehenditur ut malum ad faciendum vel ad vitandum. et quia obiectum voluntatis est id quod proponitur a ratione, * ut dictum est, ' ex quo aliquid proponitur a ratione ut malum, voluntas, dum in illud fertur, accipit rationem mali. hoc autem contingit non solum in indifferentibus, sed etiam in per se bonis vel malis. non solum enim id quod est indifferens, potest accipere rationem boni vel mali per accidens; sed etiam id quod est bonum, potest accipere rationem mali, vel illud quod est malum, rationem boni, propter apprehensionem rationis. puta, abstinere a fornicatione bonum quoddam est, tamen in hoc bonum non fertur voluntas, nisi secundum quod a ratione proponitur. si ergo proponatur ut malum a ratione errante, feretur in hoc sub ratione mali. unde voluntas erit mala, quia vult malum, non quidem id quod est malum per se, sed id quod |50| est malum per accidens, propter apprehensionem rationis. et similiter credere in christum est per se bonum, et necessarium ad salutem, sed voluntas non fertur in hoc, nisi secundum quod a ratione proponitur. unde si a ratione proponatur ut malum, voluntas feretur in hoc ut malum, non quia sit malum secundum se, sed quia est malum per accidens ex apprehensione rationis. * et ideo philosophus dicit, in vii ethic., quod, per se loquendo, ° incontinens est qui non sequitur rationem rectam, per accidens autem, qui non sequitur etiam rationem falsam. ' unde dicendum est simpliciter quod omnis voluntas discordans a ratione, sive recta sive errante, semper est mala.

ra1 ' Ad primum ergo dicendum quod iudicium rationis errantis licet non derivetur a deo, tamen ratio errans iudicium suum proponit ut verum, et per consequens ut a deo derivatum, a quo est omnis veritas.

ra2 * Ad secundum dicendum quod verbum augustini " habet locum, quando cognoscitur quod inferior potestas praecipit aliquid contra praeceptum superioris potestatis. ' sed si aliquis crederet quod praeceptum proconsulis esset praeceptum imperatoris, contemnendo praeceptum proconsulis, contemneret praeceptum imperatoris. et similiter si aliquis homo cognosceret quod ratio humana dictaret aliquid contra praeceptum dei, non teneretur rationem sequi, sed tunc ratio non totaliter esset errans. sed quando ratio errans proponit aliquid ut praeceptum dei, tunc idem est contemnere dictamen rationis, et dei praeceptum.

ra3 ' Ad tertium dicendum quod ratio, quando apprehendit aliquid ut malum, semper apprehendit illud sub aliqua ratione mali, puta quia contrariatur divino praecepto, vel quia est scandalum, vel propter aliquid huiusmodi. et tunc ad talem speciem malitiae reducitur talis mala voluntas.

008 ST2 qu19 ar6

ag1 ' Ad sextum sic proceditur. videtur quod voluntas concordans rationi erranti, sit bona. sicut enim voluntas discordans a ratione tendit in id quod ratio iudicat malum; ita voluntas concordans rationi, tendit in id quod ratio iudicat bonum. sed voluntas discordans a ratione, etiam errante, est mala. ergo voluntas concordans rationi, etiam erranti, est bona.

ag2 ' Praeterea, voluntas concordans praecepto dei et legi aeternae, semper est bona. sed lex aeterna et praeceptum dei proponitur nobis per apprehensionem rationis, etiam errantis. ergo voluntas concordans etiam rationi erranti, est bona.

ag3 ' Praeterea, voluntas discordans a ratione errante, est mala. si ergo voluntas concordans rationi erranti sit etiam mala, videtur quod omnis voluntas habentis rationem errantem, sit mala. et sic talis homo erit perplexus, et ex necessitate peccabit, quod est inconveniens. ergo voluntas concordans rationi erranti, est bona.

sc ' Sed contra, voluntas occidentium apostolos erat mala. sed tamen concordabat rationi erranti ipsorum, * secundum illud ioan. xvi, ° venit hora, ut omnis qui interficit vos, arbitretur obsequium se praestare deo. ' ergo voluntas concordans rationi erranti, potest esse mala.

co ' Respondeo dicendum quod, sicut praemissa quaestio eadem est cum quaestione qua quaeritur utrum conscientia erronea liget; ita ista quaestio eadem est cum illa qua quaeritur utrum conscientia erronea excuset. * haec autem quaestio dependet ab eo quod supra de ignorantia dictum est. dictum est enim supra quod ' ignorantia quandoque causat involuntarium, quandoque autem non. et quia bonum et malum morale consistit in actu inquantum est voluntarius, * ut ex praemissis patet; ' manifestum est quod illa ignorantia quae causat involuntarium, tollit rationem boni et mali moralis; non autem illa quae involuntarium non causat. * dictum est etiam supra quod ' ignorantia quae est aliquo modo volita, sive directe sive indirecte, non causat involuntarium. et dico ignorantiam directe voluntariam, in quam actus voluntatis fertur, indirecte autem, propter negligentiam, ex eo quod aliquis non vult illud scire quod scire tenetur, * ut supra dictum est. ' si igitur ratio vel conscientia erret errore voluntario, vel directe, vel propter negligentiam, quia est error circa id quod quis scire tenetur; tunc talis error |25| rationis vel conscientiae non excusat quin voluntas concordans rationi vel conscientiae sic erranti, sit mala. si autem sit error qui causet involuntarium, proveniens ex ignorantia alicuius circumstantiae absque omni negligentia; tunc talis error rationis vel conscientiae excusat, ut voluntas concordans rationi erranti non sit mala. puta, si ratio errans dicat quod homo teneatur ad uxorem alterius accedere, voluntas concordans huic rationi erranti est mala, eo quod error iste provenit ex ignorantia legis dei, quam scire tenetur. si autem ratio erret in hoc, quod credat aliquam mulierem submissam, esse suam uxorem, et, ea petente debitum, velit eam cognoscere; excusatur voluntas eius, ut non sit mala, quia error iste ex ignorantia circumstantiae provenit, quae excusat, et involuntarium causat.

ra1 ' Ad primum ergo dicendum quod, * sicut dionysius dicit in iv cap. de div. nom., ° bonum causatur ex integra causa, malum autem ex singularibus defectibus. ' et ideo ad hoc quod dicatur malum id in quod fertur voluntas, sufficit sive quod secundum suam naturam sit malum, sive quod apprehendatur ut malum. sed ad hoc quod sit bonum, requiritur quod utroque modo sit bonum.

ra2 ' Ad secundum dicendum quod lex aeterna errare non potest, sed ratio humana potest errare. et ideo voluntas concordans rationi humanae non semper est recta, nec semper est concordans legis aeternae.

ra3 ' Ad tertium dicendum quod, sicut in syllogisticis, uno inconvenienti dato, necesse est alia sequi; ita in moralibus, uno inconvenienti posito, ex necessitate alia sequuntur. sicut, supposito quod aliquis quaerat inanem gloriam, sive propter inanem gloriam faciat quod facere tenetur, sive dimittat, peccabit. nec tamen est perplexus, quia potest intentionem malam dimittere. et similiter, supposito errore rationis vel conscientiae qui procedit ex ignorantia non excusante, necesse est quod sequatur malum in voluntate. nec tamen est homo perplexus, quia potest ab errore recedere, cum ignorantia sit vincibilis et voluntaria.

008 ST2 qu19 ar7

ag1 ‘ Ad septimum sic proceditur. videtur quod bonitas voluntatis non dependeat ex intentione finis. * dictum est enim supra quod ‘ bonitas voluntatis dependet ex solo obiecto. sed in his quae sunt ad finem, aliud est obiectum voluntatis, et aliud finis intentus. ergo in talibus bonitas voluntatis non dependet ab intentione finis.
ag2 ‘ Praeterea, velle servare mandatum dei, pertinet ad voluntatem bonam. sed hoc potest referri ad malum finem, scilicet ad finem inanis gloriae, vel cupiditatis, dum aliquis vult obedire deo propter temporalia consequenda. ergo bonitas voluntatis non dependet ab intentione finis.
ag3 ‘ Praeterea, bonum et malum, sicut diversificant voluntatem, ita diversificant finem. sed malitia voluntatis non dependet a malitia finis intenti, qui enim vult furari ut det eleemosynam, voluntatem malam habet, licet intendat finem bonum. ergo etiam bonitas voluntatis non dependet a bonitate finis intenti.
sc * Sed contra est quod augustinus dicit, ix confess., quod “ intentio remuneratur a deo. ‘ sed ex eo aliquid remuneratur a deo, quia est bonum. ergo bonitas voluntatis ex intentione finis dependet.
co ‘ Respondeo dicendum quod intentio dupliciter se potest habere ad voluntatem, uno modo, ut praecedens; alio modo, ut concomitans. praecedit quidem causaliter intentio voluntatem, quando aliquid volumus propter intentionem alicuius finis. et tunc ordo ad finem consideratur ut ratio quaedam bonitatis ipsius voliti, puta cum aliquis vult ieiunare propter deum, habet enim ieiunium rationem boni ex hoc ipso quod fit propter deum. unde, cum bonitas voluntatis dependeat a bonitate voliti, * ut supra dictum est, ‘ necesse est quod dependeat ex intentione finis. consequitur autem intentio voluntatem, quando accedit voluntati praeexistenti, puta si aliquis velit aliquid facere, et postea referat illud in deum. et tunc primae voluntatis bonitas non dependet ex intentione sequenti, nisi quatenus reiteratur actus voluntatis cum sequenti intentione.
ra1 ‘ Ad primum ergo dicendum quod, quando intentio est causa volendi, ordo ad finem accipitur ut quaedam ratio bonitatis in obiecto, * ut dictum est.
ra2 ‘ Ad secundum dicendum quod voluntas non potest dici bona, si sit intentio mala causa volendi. qui enim vult dare eleemosynam propter inanem gloriam consequendam, vult id quod de se est bonum, sub ratione mali, et ideo, prout est volitum ab ipso, est malum. unde voluntas eius est mala. sed si intentio sit consequens, tunc voluntas potuit esse bona, et per intentionem sequentem non depravatur ille actus voluntatis qui praecessit, sed actus voluntatis qui iteratur.
ra3 * Ad tertium dicendum quod, sicut iam dictum est, “ malum contingit ex singularibus defectibus, bonum vero ex tota et integra causa. ‘ unde sive voluntas sit eius quod est secundum se malum, etiam sub ratione boni; sive sit boni sub ratione mali; semper voluntas erit mala. sed ad hoc quod sit voluntas bona, requiritur quod sit boni sub ratione boni; idest quod velit bonum, et propter bonum.

008 ST2 qu19 ar8

ag1 ‘ Ad octavum sic proceditur. videtur quod quantitas bonitatis in voluntate, dependeat ex quantitate bonitatis in intentione. * quia super illud matth. xii, ° bonus homo de thesauro bono cordis sui profert bona, * dicit glossa, “ tantum boni quis facit, quantum intendit. ‘ sed intentio non solum dat bonitatem actui exteriori, sed etiam voluntati, * ut dictum est. ‘ ergo tantum aliquis habet bonam voluntatem, quantum intendit.
ag2 ‘ Praeterea, augmentata causa, augmentatur effectus. sed intentionis bonitas est causa bonae voluntatis. ergo quantum quis intendit de bono, tantum voluntas est bona.
ag3 ‘ Praeterea, in malis quantum aliquis intendit, tantum peccat, si enim aliquis proiiciens lapidem, intenderet facere homicidium, reus esset homicidii. ergo, pari ratione, in bonis tantum est bona voluntas, quantum aliquis bonum intendit.
sc ‘ Sed contra, potest esse intentio bona, et voluntas mala. ergo, pari ratione, potest esse intentio magis bona, et voluntas minus bona.
co ‘ Respondeo dicendum quod circa actum et intentionem finis, duplex quantitas potest considerari, una ex parte obiecti, quia vult maius bonum, vel agit; alia ex intensione actus, quia intense vult vel agit, quod est maius ex parte agentis. si igitur loquamur de quantitate utriusque quantum ad obiectum, manifestum est quod quantitas actus non sequitur quantitatem intentionis. quod quidem ex parte actus exterioris, contingere potest dupliciter. uno modo, quia obiectum quod ordinatur ad finem intentum, non est proportionatum fini illi, sicut si quis daret decem libras, non posset consequi suam intentionem, si intenderet emere rem valentem centum libras. alio modo, propter impedimenta quae supervenire possunt circa exteriorem actum, quae non est in potestate nostra removere, puta, aliquis intendit ire usque romam, et occurrunt ei impedimenta, quod non potest hoc facere. sed ex parte interioris actus voluntatis, non est nisi uno modo, quia interiores actus voluntatis sunt in potestate nostra, non autem exteriores actus. sed voluntas potest velle aliquod obiectum non proportionatum fini intento, et sic voluntas quae fertur in illud obiectum absolute consideratum, non est tantum bona, quantum est intentio. sed quia etiam ipsa intentio quodammodo pertinet ad actum voluntatis, inquantum scilicet est ratio eius; propter hoc redundat quantitas bonae intentionis in voluntatem, inquantum scilicet voluntas vult aliquod bonum magnum ut finem, licet |25| illud per quod vult consequi tantum bonum, non sit dignum illo bono. si vero consideretur quantitas intentionis et actus secundum intensionem utriusque, sic intensio intentionis redundat in actum interiorem et exteriorem voluntatis, quia ipsa intentio quodammodo se habet formaliter ad utrumque, * ut ex supra dictis patet. ‘ licet materialiter, intentione existente intensa, possit esse actus interior vel exterior non ita intensus, materialiter loquendo, puta cum aliquis non ita intense vult medicinam sumere, sicut vult sanitatem. tamen hoc ipsum quod est intense intendere sanitatem, redundat formaliter in hoc quod est intense velle medicinam. sed tamen hoc est considerandum, quod intensio actus interioris vel exterioris potest referri ad intentionem ut obiectum, puta cum aliquis intendit intense velle, vel aliquid intense operari. et tamen non propter hoc intense vult vel operatur, quia quantitatem boni intenti non sequitur bonitas actus interioris vel exterioris, * ut dictum est. ‘ et inde est quod non quantum aliquis intendit mereri, meretur, quia quantitas meriti consistit in intensione actus, * ut infra dicetur.
ra1 * Ad primum ergo dicendum quod glossa illa loquitur “ quantum ad reputationem dei, qui praecipue considerat intentionem finis. * unde alia glossa dicit ibidem quod ° thesaurus cordis intentio est, ex qua deus iudicat opera. ‘ bonitas enim intentionis, * ut dictum est, ‘ redundat quodammodo in bonitatem voluntatis, quae facit etiam exteriorem actum meritorium apud deum.
ra2 ‘ Ad secundum dicendum quod bonitas intentionis non est tota causa bonae voluntatis. unde ratio non sequitur.
ra3 ‘ Ad tertium dicendum quod sola malitia intentionis sufficit ad malitiam voluntatis, et ideo etiam quantum mala est intentio, tantum mala est voluntas. sed non est eadem ratio de bonitate, * ut dictum est.

008 ST2 qu19 ar9

ag1 ‘ Ad nonum sic proceditur. videtur quod bonitas voluntatis humanae non dependeat ex conformitate voluntatis divinae. impossibile est enim voluntatem hominis conformari voluntati divinae, * ut patet per id quod dicitur isaiae lv, ° sicut exaltantur caeli a terra, ita exaltatae sunt viae meae a viis vestris, et cogitationes meae a cogitationibus vestris. ‘ si ergo ad bonitatem voluntatis requireretur conformitas ad divinam voluntatem, sequeretur quod impossibile esset hominis voluntatem esse bonam. quod est inconveniens.
ag2 ‘ Praeterea, sicut voluntas nostra derivatur a voluntate divina, ita scientia nostra derivatur a scientia divina. sed non requiritur ad scientiam nostram quod sit conformis scientiae divinae, multa enim deus scit quae nos ignoramus. ergo non requiritur quod voluntas nostra sit conformis voluntati divinae.
ag3 ‘ Praeterea, voluntas est actionis principium. sed actio nostra non potest conformari actioni divinae. ergo nec voluntas voluntati.
sc * Sed contra est quod dicitur matth. xxvi, ° non sicut ego volo, sed sicut tu vis, “ quod dicit quia rectum vult esse hominem, et ad deum dirigi, * ut augustinus exponit in enchirid.. ‘ rectitudo autem voluntatis est bonitas eius. ergo bonitas voluntatis dependet ex conformitate ad voluntatem divinam.
co * Respondeo dicendum quod, sicut dictum est, ‘ bonitas voluntatis dependet ex intentione finis. finis autem ultimus voluntatis humanae est summum bonum, quod est deus, * ut supra dictum est. ‘ requiritur ergo ad bonitatem humanae voluntatis, quod ordinetur ad summum bonum, quod est deus. hoc autem bonum primo quidem et per se comparatur ad voluntatem divinam ut obiectum proprium eius. illud autem quod est primum in quolibet genere, est mensura et ratio omnium quae sunt illius generis. unumquodque autem rectum et bonum est, inquantum attingit ad propriam mensuram. ergo ad hoc quod voluntas hominis sit bona, requiritur quod conformetur voluntati divinae.
ra1 ‘ Ad primum ergo dicendum quod voluntas hominis non potest conformari voluntati divinae per aequiparantiam, sed per imitationem. et similiter conformatur scientia hominis scientiae divinae, inquantum cognoscit verum. et actio hominis actioni divinae, inquantum est agenti conveniens. et hoc per imitationem, non autem per aequiparantiam.
ra2 ‘ Unde patet solutio ad secundum, et ad tertium argumentum.

008 ST2 qu19 ar10

ag1 ‘ Ad decimum sic proceditur. videtur quod voluntas hominis non debeat semper conformari divinae voluntati in volito. non enim possumus velle quod ignoramus, bonum enim apprehensum est obiectum voluntatis. sed quid deus velit, ignoramus in pluribus. ergo non potest humana voluntas divinae voluntati conformari in volito.
ag2 ‘ Praeterea, deus vult damnare aliquem, quem praescit in mortali peccato moriturum. si ergo homo teneretur conformare voluntatem suam divinae voluntati in volito, sequeretur quod homo teneretur velle suam damnationem. quod est inconveniens.
ag3 ‘ Praeterea, nullus tenetur velle aliquid quod est contra pietatem. sed si homo vellet illud quod deus vult, hoc esset quandoque contra pietatem, puta, cum deus vult mori patrem alicuius, si filius hoc idem vellet, contra pietatem esset. ergo non tenetur homo conformare voluntatem suam voluntati divinae in volito.
sc1 ‘ Sed contra est quia * super illud psalmi xxxii, ° rectos decet collaudatio, * dicit glossa, ° rectum cor habet qui vult quod deus vult. ‘ sed quilibet tenetur habere rectum cor. ergo quilibet tenetur velle quod deus vult.
sc2 ‘ Praeterea, forma voluntatis est ex obiecto sicut et cuiuslibet actus. si ergo tenetur homo conformare voluntatem suam voluntati divinae, sequitur quod teneatur conformare in volito.
sc3 ‘ Praeterea, repugnantia voluntatum consistit in hoc, quod homines diversa volunt. sed quicumque habet voluntatem repugnantem divinae voluntati, habet malam voluntatem. ergo quicumque non conformat voluntatem suam voluntati divinae in volito, habet malam voluntatem.
co * Respondeo dicendum quod, sicut ex praedictis patet, ‘ voluntas fertur in suum obiectum secundum quod a ratione proponitur. contingit autem aliquid a ratione considerari diversimode, ita quod sub una ratione est bonum, et secundum aliam rationem non bonum. et ideo voluntas alicuius, si velit illud esse, secundum quod habet rationem boni, est bona, et voluntas alterius, si velit illud idem non esse, secundum quod habet rationem mali, erit voluntas etiam bona. sicut iudex habet bonam voluntatem, dum vult occisionem latronis, quia iusta est, voluntas autem alterius, puta uxoris vel filii, qui non vult occidi ipsum, inquantum est secundum naturam mala occisio, est etiam bona. cum autem voluntas sequatur apprehensionem rationis vel intellectus, secundum quod ratio boni apprehensi fuerit communior, secundum hoc et voluntas fertur in bonum communius. sicut patet in exemplo proposito, nam iudex habet curam boni communis, quod est iustitia, et ideo vult occisionem latronis, quae habet rationem boni secundum relationem ad statum communem; uxor autem latronis considerare habet bonum privatum familiae, et secundum hoc vult maritum latronem non occidi. bonum autem totius universi est id quod est apprehensum a deo, qui est universi factor et gubernator, unde quidquid vult, vult sub ratione boni communis, quod est sua bonitas, quae est bonum totius universi. apprehensio autem creaturae, secundum suam naturam, est alicuius boni particularis proportionati suae naturae. |25| contingit autem aliquid esse bonum secundum rationem particularem, quod non est bonum secundum rationem universalem, aut e converso, * ut dictum est. ‘ et ideo contingit quod aliqua voluntas est bona volens aliquid secundum rationem particularem consideratum, quod tamen deus non vult secundum rationem universalem, et e converso. et inde est etiam quod possunt diversae voluntates diversorum hominum circa opposita esse bonae, prout sub diversis rationibus particularibus volunt hoc esse vel non esse. non est autem recta voluntas alicuius hominis volentis aliquod bonum particulare, nisi referat illud in bonum commune sicut in finem, cum etiam naturalis appetitus cuiuslibet partis ordinetur in bonum commune totius. ex fine autem sumitur quasi formalis ratio volendi illud quod ad finem ordinatur. unde ad hoc quod aliquis recta voluntate velit aliquod particulare bonum, oportet quod illud particulare bonum sit volitum materialiter, bonum autem commune divinum sit volitum formaliter. voluntas igitur humana tenetur conformari divinae voluntati in volito formaliter, tenetur enim velle bonum divinum et commune, sed non materialiter, * ratione iam dicta. ‘ sed tamen quantum ad utrumque, aliquo modo voluntas humana conformatur voluntati divinae. quia secundum quod conformatur voluntati divinae in communi ratione voliti, |50| conformatur ei in fine ultimo. secundum autem quod non conformatur ei in volito materialiter, conformatur ei secundum rationem causae efficientis, quia hanc propriam inclinationem consequentem naturam, vel apprehensionem particularem huius rei, habet res a deo sicut a causa effectiva. unde consuevit dici quod conformatur, quantum ad hoc, voluntas hominis voluntati divinae, quia vult hoc quod deus vult eum velle. est et alius modus conformitatis secundum rationem causae formalis, ut scilicet homo velit aliquid ex caritate, sicut deus vult. et ista etiam conformitas reducitur ad conformitatem formalem quae attenditur ex ordine ad ultimum finem, quod est proprium obiectum caritatis.
ra1 ‘ Ad primum ergo dicendum quod volitum divinum, secundum rationem communem, quale sit, sci-

re possumus. scimus enim quod deus quidquid vult, vult sub ratione boni. et ideo quicumque vult aliquid sub quacumque ratione boni, habet voluntatem conformem voluntati divinae, quantum ad rationem voliti. sed in particulari nescimus quid deus velit. et quantum ad hoc, non tenemur conformare voluntatem nostram divinae voluntati. in statu tamen gloriae, omnes videbunt in singulis quae volent, ordinem eorum ad id quod deus circa hoc vult. et ideo non solum formaliter, sed materialiter in omnibus suam voluntatem deo conformabunt.

ra2 ' Ad secundum dicendum quod deus non vult damnationem alicuius sub ratione damnationis, nec mortem alicuius inquantum est mors, ° quia ipse vult omnes homines salvos fieri, ' sed vult ista sub ratione iustitiae. unde sufficit circa talia quod homo velit iustitiam dei, et ordinem naturae servari.

ra3 ' Unde patet solutio ad tertium.

ra4 ' Ad primum vero quod in contrarium obiiciebatur, dicendum quod magis vult quod deus vult, qui conformat voluntatem suam voluntati divinae quantum ad rationem voliti, quam qui conformat quantum ad ipsam rem volitam, quia voluntas principalius fertur in finem, quam in id quod est ad finem.

ra5 ' Ad secundum dicendum quod species et forma actus magis attenditur secundum rationem obiecti, quam secundum id quod est materiale in obiecto.

ra6 ' Ad tertium dicendum quod non est repugnantia voluntatum, quando aliqui diversa volunt non secundum eandem rationem. sed si sub una ratione esset aliquid ab uno volitum, quod alius nollet, hoc induceret repugnantiam voluntatum. quod tamen non est in proposito.

008 ST2 qu20 ar

pr ' Deinde considerandum est de bonitate et malitia quantum ad exteriores actus. et circa hoc quaeruntur sex. primo, utrum bonitas et malitia per prius sit in actu voluntatis, vel in actu exteriori secundo, utrum tota bonitas vel malitia actus exterioris dependeat ex bonitate voluntatis. tertio, utrum sit eadem bonitas et malitia interioris et exterioris actus. quarto, utrum actus exterior aliquid addat de bonitate vel malitia supra actum interiorem. quinto, utrum eventus sequens aliquid addat de bonitate vel malitia ad actum exteriorem. sexto, utrum idem actus exterior possit esse bonus et malus.

008 ST2 qu20 ar1

ag1 ' Ad primum sic proceditur. videtur quod bonum et malum per prius consistat in actu exteriori quam in actu voluntatis. voluntas enim habet bonitatem ex obiecto, * ut supra dictum est. ' sed actus exterior est obiectum interioris actus voluntatis, dicimur enim velle furtum, vel velle dare eleemosynam. ergo malum et bonum per prius est in actu exteriori, quam in actu voluntatis.

ag2 ' Praeterea, bonum per prius convenit fini, quia ea quae sunt ad finem, habent rationem boni ex ordine ad finem. actus autem voluntatis non potest esse finis, * ut supra dictum est, ' actus alicuius alterius potentiae potest esse finis. ergo per prius consistit bonum in actu potentiae alterius, quam in actu voluntatis.

ag3 ' Praeterea, actus voluntatis formaliter se habet ad actum exteriorem, * ut supra dictum est. ' sed id quod est formale, est posterius, nam forma advenit materiae. ergo per prius est bonum et malum in actu exteriori quam in actu voluntatis.

sc * Sed contra est quod augustinus dicit, in libro retract., quod ° voluntas est qua peccatur, et recte vivitur. ' ergo bonum et malum morale per prius consistit in voluntate.

co ' Respondeo dicendum quod aliqui actus exteriores possunt dici boni vel mali dupliciter. uno modo, secundum genus suum, et secundum circumstantias in ipsis consideratas, sicut dare eleemosynam, servatis debitis circumstantiis, dicitur esse bonum. alio modo dicitur aliquid esse bonum vel malum ex ordine ad finem, sicut dare eleemosynam propter inanem gloriam, dicitur esse malum. cum autem finis sit proprium obiectum voluntatis, manifestum est quod ista ratio boni vel mali quam habet actus exterior ex ordine ad finem, per prius invenitur in actu voluntatis, et ex eo derivatur ad actum exteriorem. bonitas autem vel malitia quam habet actus exterior secundum se, propter debitam materiam et debitas circumstantias, non derivatur a voluntate, sed magis a ratione. unde si consideretur bonitas exterioris actus secundum quod est in ordinatione et apprehensione rationis, prior est quam bonitas actus voluntatis, sed si consideretur secundum quod est in executione operis, sequitur bonitatem voluntatis, quae est principium eius.

ra1 ' Ad primum ergo dicendum quod actus exterior est obiectum voluntatis, inquantum proponitur voluntati a ratione ut quoddam bonum apprehensum et ordinatum per rationem, et sic est prius quam bonum actus voluntatis. inquantum vero consistit in executione operis, est effectus voluntatis, et sequitur voluntatem.

ra2 ' Ad secundum dicendum quod finis est prior in intentione, sed est posterior in executione.

ra3 ' Ad tertium dicendum quod forma, secundum quod est recepta in materia, est posterior in via generationis quam materia, licet sit prior natura, sed secundum quod est in causa agente, est omnibus modis prior. voluntas autem comparatur ad actum exteriorem sicut causa efficiens. unde bonitas actus voluntatis est forma exterioris actus, sicut in causa agente existens.

008 ST2 qu20 ar2

ag1 ' Ad secundum sic proceditur. videtur quod tota bonitas et malitia actus exterioris dependeat ex voluntate. * dicitur enim matth. vii, ° non potest arbor bona malos fructus facere, nec arbor mala facere fructus bonos. " per arborem autem intelligitur voluntas, et per fructum opus, * secundum glossam. ' ergo non potest esse quod voluntas interior sit bona, et actus exterior sit malus; aut e converso.

ag2 * Praeterea, augustinus dicit, in libro retract., quod " non nisi voluntate peccatur. ' si ergo non sit peccatum in voluntate, non erit peccatum in exteriori actu. et ita tota bonitas vel malitia exterioris actus ex voluntate dependet.

ag3 ' Praeterea, bonum et malum de quo nunc loquimur, sunt differentiae moralis actus. " differentiae autem per se dividunt genus, * secundum philosophum, in vii metaphys.. ' cum igitur actus sit moralis ex eo quod est voluntarius, videtur quod bonum et malum accipitur in actu solum ex parte voluntatis.

sc ' Sed contra est quod * augustinus dicit, in libro contra mendacium, quod ° quaedam sunt quae nullo quasi bono fine, aut bona voluntate, possunt bene fieri.

co ' Respondeo dicendum quod, * sicut iam dictum est, ' in actu exteriori potest considerari duplex bonitas vel malitia, una secundum debitam materiam et circumstantias; alia secundum ordinem ad finem. et illa quidem quae est secundum ordinem ad finem, tota dependet ex voluntate. illa autem quae est ex debita materia vel circumstantiis, dependet ex ratione, et ex hac dependet bonitas voluntatis, secundum quod in ipsam fertur. est autem considerandum quod, * sicut supra dictum est, ' ad hoc quod aliquid sit malum, sufficit unus singularis defectus, ad hoc autem quod sit simpliciter bonum, non sufficit unum singulare bonum, sed requiritur integritas bonitatis. si igitur voluntas sit bona et ex obiecto proprio, et ex fine, consequens est actum exteriorem esse bonum. sed non sufficit ad hoc quod actus exterior sit bonus, bonitas voluntatis quae est ex intentione finis, sed si voluntas sit mala sive ex intentione finis, sive ex actu volito, consequens est actum exteriorem esse malum.

ra1 ' Ad primum ergo dicendum quod voluntas bona, prout significatur per arborem bonam, est accipienda secundum quod habet bonitatem ex actu voliti, et ex fine intento.

ra2 ' Ad secundum dicendum quod non solum aliquis voluntate peccat, quando vult malum finem; sed etiam quando vult malum actum.

ra3 ' Ad tertium dicendum quod voluntarium dicitur non solum actus interior voluntatis, sed etiam actus exteriores, prout a voluntate procedunt et ratione. et ideo circa utrosque actus potest esse differentia boni et mali.

008 ST2 qu20 ar3

ag1 ' Ad tertium sic proceditur. videtur quod non eadem sit bonitas vel malitia actus interioris voluntatis, et exterioris actus. actus enim interioris principium est vis animae interior apprehensiva vel appetitiva, actus autem exterioris principium est potentia exequens motum. ubi autem sunt diversa principia actionis, ibi sunt diversi actus. actus autem est subiectum bonitatis vel malitiae. non potest autem esse idem accidens in diversis subiectis. ergo non potest esse eadem bonitas interioris et exterioris actus.

ag2 ° Praeterea, virtus est quae bonum facit habentem, et opus eius bonum reddit, * ut dicitur in ii ethic.. ' sed alia est virtus intellectualis in potentia imperante, et alia virtus moralis in potentia imperata, * ut patet ex i ethic.. ' ergo alia est bonitas actus interioris, qui est potentiae imperantis, et alia est bonitas actus exterioris, qui est potentiae imperatae.

ag3 ' Praeterea, causa et effectus idem esse non possunt, nihil enim est causa sui ipsius. sed bonitas actus interioris est causa bonitatis actus exterioris, aut e converso, * ut dictum est. ' ergo non potest esse eadem bonitas utriusque.

sc * Sed contra est quod supra ostensum est quod ' actus voluntatis se habet ut formale ad actum exteriorem. ex formali autem et materiali fit unum. ergo est una bonitas actus interioris et exterioris.

co * Respondeo dicendum quod, sicut supra dictum est, ' actus interior voluntatis et actus exterior, prout considerantur in genere moris, sunt unus actus. contingit autem quandoque actum qui est unus subiecto, habere plures rationes bonitatis vel malitiae; et quandoque unam tantum. sic ergo dicendum quod quandoque est eadem bonitas vel malitia interioris et exterioris actus; quandoque alia et alia. * sicut enim iam dictum est, ' praedictae duae bonitates vel malitiae, scilicet interioris et exterioris actus, ad invicem ordinantur. contingit autem in his quae ad aliud ordinantur, quod aliquid est bonum ex hoc solum quod ad aliud ordinatur, sicut potio amara ex hoc solo est bona, quod est sanativa. unde non est alia bonitas sanitatis et potionis, sed una et eadem. quandoque vero illud quod ad aliud ordinatur, habet in se aliquam rationem boni, etiam praeter ordinem ad aliud bonum, sicut medicina saporosa habet rationem boni delectabilis, praeter hoc quod est sanativa. sic ergo dicendum quod, quando actus exterior est bonus vel malus solum ex ordine ad finem, tunc est omnino eadem bonitas vel malitia actus voluntatis, qui per se respicit finem, et actus exterioris, qui respicit finem mediante actu voluntatis. quando autem actus exterior habet bonitatem vel malitiam secundum se, scilicet secundum materiam vel circumstantias, tunc bonitas exterioris actus est una, et bonitas voluntatis quae est ex |25| fine, est alia, ita tamen quod et bonitas finis ex voluntate redundat in actum exteriorem, et bonitas materiae et circumstantiarum redundat in actum voluntatis, * sicut iam dictum est.

ra1 ' Ad primum ergo dicendum quod ratio illa probat quod actus interior et exterior sunt diversi secundum genus naturae. sed tamen ex eis sic diversis constituitur unum in genere moris, * ut supra dictum est.

ra2 * Ad secundum dicendum quod, sicut dicitur in vi ethic., " virtutes morales ordinantur ad ipsos actus virtutum, ' qui sunt quasi fines; prudentia autem, quae est in ratione, ad ea quae sunt ad finem. et propter hoc requiruntur diversae virtutes. sed ratio recta de ipso fine virtutum non habet aliam bonitatem quam bonitatem virtutis, secundum quod bonitas rationis participatur in qualibet virtute.

ra3 ' Ad tertium dicendum quod, quando aliquid ex uno derivatur in alterum sicut ex causa agente univoca, tunc aliud est quod est in utroque, sicut cum calidum calefacit, alius numero est calor calefacientis, et calor calefacti, licet idem specie. sed quando aliquid derivatur ab uno in alterum secundum analogiam vel proportionem, tunc est tantum unum numero, sicut a sano quod est in corpore animalis, derivatur sanum ad medicinam et urinam; nec alia sanitas est medicinae et urinae, quam sanitas animalis, quam medicina facit, et urina significat. et hoc modo a bonitate voluntatis derivatur bonitas actus exterioris, et e converso, scilicet secundum ordinem unius ad alterum.

008 ST2 qu20 ar4

ag1 ' Ad quartum sic proceditur. videtur quod exterior actus non addat in bonitate vel malitia supra actum interiorem. * dicit enim chrysostomus, super matth., ° voluntas est quae aut remuneratur pro bono, aut condemnatur pro malo. ' opera autem testimonia sunt voluntatis. non ergo quaerit deus opera propter se, ut sciat quomodo iudicet; sed propter alios, ut omnes intelligant quia iustus est deus. sed malum vel bonum magis est aestimandum secundum iudicium dei, quam secundum iudicium hominum. ergo actus exterior nihil addit ad bonitatem vel malitiam super actum interiorem.

ag2 ' Praeterea, una et eadem est bonitas interioris et exterioris actus, * ut dictum est. ' sed augmentum fit per additionem unius ad alterum. ergo actus exterior non addit in bonitate vel malitia super actum interiorem.

ag3 ' Praeterea, tota bonitas creaturae nihil addit supra bonitatem divinam, quia tota derivatur a bonitate divina. sed bonitas actus exterioris quandoque tota derivatur ex bonitate actus interioris, quandoque autem e converso, * ut dictum est. ' non ergo unum eorum addit in bonitate vel malitia super alterum.

sc ' Sed contra, omne agens intendit consequi bonum et vitare malum. si ergo per actum exteriorem nihil additur de bonitate vel malitia, frustra qui habet bonam voluntatem vel malam, facit opus bonum, aut desistit a malo opere. quod est inconveniens.

co ' Respondeo dicendum quod, si loquamur de bonitate exterioris actus quam habet ex voluntate finis, tunc actus exterior nihil addit ad bonitatem, nisi contingat ipsam voluntatem secundum se fieri meliorem in bonis, vel peiorem in malis. quod quidem videtur posse contingere tripliciter. uno modo, secundum numerum. puta, cum aliquis vult aliquid facere bono fine vel malo, et tunc quidem non facit, postmodum autem vult et facit; duplicatur actus voluntatis, et sic fit duplex bonum vel duplex malum. alio modo, quantum ad extensionem. puta, cum aliquis vult facere aliquid bono fine vel malo et propter aliquod impedimentum desistit; alius autem continuat motum voluntatis quousque opere perficiat; manifestum est quod huiusmodi voluntas est diuturnior in bono vel malo, et secundum hoc est peior vel melior. tertio, secundum intensionem. sunt enim quidam actus exteriores qui, inquantum sunt delectabiles vel poenosi, nati sunt intendere voluntatem vel remittere. constat autem quod quanto voluntas intensius tendit in bonum vel malum, tanto est melior vel peior. si autem loquamur de bonitate actus exterioris quam habet secundum materiam et debitas circumstantias, sic comparatur ad voluntatem ut terminus et finis. et hoc modo addit ad bonitatem vel malitiam voluntatis, quia omnis inclinatio vel motus perficitur in hoc quod consequitur finem, vel attingit terminum. unde non est perfecta voluntas, nisi sit talis quae, opportunitate data, operetur. si vero possi-

bilitas desit, |25| voluntate existente perfecta, ut operaretur si posset; defectus perfectionis quae est ex actu exteriori, est simpliciter involuntarium. involuntarium autem, sicut non meretur poenam vel praemium in operando bonum aut malum, ita non tollit aliquid de praemio vel de poena, si homo involuntarie simpliciter deficiat ad faciendum bonum vel malum.
ra1 * Ad primum ergo dicendum quod chrysostomus loquitur, " quando voluntas hominis est consummata, et non cessatur ab actu nisi propter impotentiam faciendi.
ra2 ' Ad secundum dicendum quod ratio illa procedit de bonitate actus exterioris quam habet a voluntate finis. sed bonitas actus exterioris quam habet ex materia et circumstantiis, est alia a bonitate voluntatis quae est ex fine, non autem alia a bonitate voluntatis quam habet ex ipso actu volito, sed comparatur ad ipsam ut ratio et causa eius, * sicut supra dictum est.
ra3 ' Et per hoc etiam patet solutio ad tertium.

008 ST2 qu20 ar5

ag1 ' Ad quintum sic proceditur. videtur quod eventus sequens addat ad bonitatem vel malitiam actus. effectus enim virtute praeexistit in causa. sed eventus consequuntur actus sicut effectus causas. ergo virtute praeexistunt in actibus. sed unumquodque secundum suam virtutem iudicatur bonum vel malum, " nam virtus est quae bonum facit habentem, * ut dicitur in ii ethic.. ' ergo eventus addunt ad bonitatem vel malitiam actus.
ag2 ' Praeterea, bona quae faciunt auditores, sunt effectus quidam consequentes ex praedicatione doctoris. sed huiusmodi bona redundant ad meritum praedicatoris, * ut patet per id quod dicitur philipp. iv, ° fratres mei carissimi et desideratissimi, gaudium meum et corona mea. ' ergo eventus sequens addit ad bonitatem vel malitiam actus.
ag3 ' Praeterea, poena non additur nisi crescente culpa, * unde dicitur deut. xxv, ° pro mensura peccati, erit et plagarum modus. ' sed ex eventu sequente additur ad poenam, * dicitur enim exod. xxi, ° quod si bos fuerit cornupeta ab heri et nudius tertius, et contestati sunt dominum eius, nec recluserit eum, occideritque virum aut mulierem; et bos lapidibus obruetur, et dominum eius occident. ' non autem occideretur, si bos non occidisset hominem, etiam non reclusus. ergo eventus sequens addit ad bonitatem vel malitiam actus.
ag4 ' Praeterea, si aliquis ingerat causam mortis percutiendo vel sententiam dando, et mors non sequatur, non contrahitur irregularitas. contraheretur autem si mors sequeretur. ergo eventus sequens addit ad bonitatem vel malitiam actus.
sc ' Sed contra, eventus sequens non facit actum malum qui erat bonus, nec bonum qui erat malus. puta si aliquis det eleemosynam pauperi, qua ille abutatur ad peccatum, nihil deperit ei qui eleemosynam fecit, et similiter si aliquis patienter ferat iniuriam sibi factam, non propter hoc excusatur ille qui fecit. ergo eventus sequens non addit ad bonitatem vel malitiam actus.
co ' Respondeo dicendum quod eventus sequens aut est praecogitatus, aut non. si est praecogitatus, manifestum est quod addit ad bonitatem vel malitiam. cum enim aliquis cogitans quod ex opere suo multa mala possunt sequi, nec propter hoc dimittit, ex hoc apparet voluntas eius esse magis inordinata. si autem eventus sequens non sit praecogitatus, tunc distinguendum est. quia si per se sequitur ex tali actu, et ut in pluribus, secundum hoc eventus sequens addit ad bonitatem vel malitiam actus, manifestum est enim meliorem actum esse ex suo genere, ex quo possunt plura bona sequi; et peiorem, ex quo nata sunt plura mala sequi. si vero per accidens, et ut in paucioribus, tunc eventus sequens non addit ad bonitatem vel ad malitiam actus, non enim datur iudicium de re aliqua secundum illud quod est per accidens, sed solum secundum illud quod est per se.
ra1 ' Ad primum ergo dicendum quod virtus causae existimatur secundum effectus per se, non autem secundum effectus per accidens.
ra2 ' Ad secundum dicendum quod bona quae auditores faciunt, consequuntur ex praedicatione doctoris sicut effectus per se. unde redundant ad praemium praedicatoris, et praecipue quando sunt praeintenta.
ra3 ' Ad tertium dicendum quod eventus ille pro quo illi poena infligenda mandatur, et per se sequitur ex tali causa, et iterum ponitur ut praecogitatus. et ideo imputatur ad poenam.
ra4 ' Ad quartum dicendum quod ratio illa procederet, si irregularitas sequeretur culpam. non autem sequitur culpam, sed factum, propter aliquem defectum sacramenti.

008 ST2 qu20 ar6

ag1 ' Ad sextum sic proceditur. videtur quod unus actus possit esse bonus et malus. " motus enim est unus qui est continuus, * ut dicitur in v physic.. ' sed unus motus continuus potest esse bonus et malus, puta si aliquis, continue ad ecclesiam vadens, primo quidem intendat inanem gloriam, postea intendat deo servire. ergo unus actus potest esse bonus et malus.
ag2 * Praeterea, secundum philosophum, in iii physic., ' actio et passio sunt unus actus. sed potest esse passio bona, sicut christi; et actio mala, sicut iudaeorum. ergo unus actus potest esse bonus et malus.
ag3 ' Praeterea, cum servus sit quasi instrumentum domini, actio servi est actio domini, sicut actio instrumenti est actio artificis. sed potest contingere quod actio servi procedat ex bona voluntate domini, et sic sit bona, et ex mala voluntate servi, et sic sit mala. ergo idem actus potest esse bonus et malus.
sc ' Sed contra, contraria non possunt esse in eodem. sed bonum et malum sunt contraria. ergo unus actus non potest esse bonus et malus.
co ' Respondeo dicendum quod nihil prohibet aliquid esse unum, secundum quod est in uno genere; et esse multiplex, secundum quod refertur ad aliud genus. sicut superficies continua est una, secundum quod consideratur in genere quantitatis, tamen est multiplex, secundum quod refertur ad genus coloris, si partim sit alba, et partim nigra. et secundum hoc, nihil prohibet aliquem actum esse unum secundum quod refertur ad genus naturae, qui tamen non est unus secundum quod refertur ad genus moris, sicut et e converso, * ut dictum est. ' ambulatio enim continua est unus actus secundum genus naturae, potest tamen contingere quod sint plures secundum genus moris, si mutetur ambulantis voluntas, quae est principium actuum moralium. si ergo accipiatur unus actus prout est in genere moris, impossibile est quod sit bonus et malus bonitate et malitia morali. si tamen sit unus unitate naturae, et non unitate moris, potest esse bonus et malus.
ra1 ' Ad primum ergo dicendum quod ille motus continuus qui procedit ex diversa intentione, licet sit unus unitate naturae, non est tamen unus unitate moris.
ra2 ' Ad secundum dicendum quod actio et passio pertinent ad genus moris, inquantum habent rationem voluntarii. et ideo secundum quod diversa voluntate dicuntur voluntaria, secundum hoc sunt duo moraliter, et potest ex una parte inesse bonum, et ex alia malum.
ra3 ' Ad tertium dicendum quod actus servi, inquantum procedit ex voluntate servi, non est actus domini, sed solum inquantum procedit ex mandato domini. unde sic non facit ipsum malum mala voluntas servi.

008 ST2 qu21 ar

pr ' Deinde considerandum est de his quae consequuntur actus humanos ratione bonitatis vel malitiae. et circa hoc quaeruntur quatuor. primo, utrum actus humanus, inquantum est bonus vel malus, habeat rationem rectitudinis vel peccati. secundo, utrum habeat rationem laudabilis vel culpabilis. tertio, utrum habeat rationem meriti vel demeriti. quarto, utrum habeat rationem meriti vel demeriti apud deum.

008 ST2 qu21 ar1

ag1 ' Ad primum sic proceditur. videtur quod actus humanus, inquantum est bonus vel malus, non habeat rationem rectitudinis vel peccati. " peccata enim sunt monstra in natura, * ut dicitur in ii physic.. ' monstra autem non sunt actus, sed sunt quaedam res generatae praeter ordinem naturae. " ea autem quae sunt secundum artem et rationem, imitantur ea quae sunt secundum naturam, * ut ibidem dicitur. ' ergo actus ex hoc quod est inordinatus et malus, non habet rationem peccati.
ag2 " Praeterea, peccatum, * ut dicitur in ii physic., " accidit in natura et arte, cum non pervenitur ad finem intentum a natura vel arte. ' sed bonitas vel malitia actus humani maxime consistit in intentione finis, et eius prosecutione. ergo videtur quod malitia actus non inducat rationem peccati.
ag3 ' Praeterea, si malitia actus induceret rationem peccati, sequeretur quod ubicumque esset malum, ibi esset peccatum. hoc autem est falsum, nam poena, licet habeat rationem mali, non tamen habet rationem peccati. non ergo ex hoc quod aliquis actus est malus, habet rationem peccati.
sc ' Sed contra, bonitas actus humani, * ut supra ostensum est, ' principaliter dependet a lege aeterna, et per consequens malitia eius in hoc consistit, quod discordat a lege aeterna. sed hoc facit rationem peccati, * dicit enim augustinus, xxii contra faustum, quod ° peccatum est dictum, vel factum, vel concupitum aliquid contra legem aeternam. ' ergo actus humanus ex hoc quod est malus, habet rationem peccati.
co ' Respondeo dicendum quod malum in plus est quam peccatum, sicut et bonum in plus est quam rectum. quaelibet enim privatio boni in quocumque constituit rationem mali, sed peccatum proprie consistit in actu qui agitur propter finem aliquem, cum non habet debitum ordinem ad finem illum. debitus autem ordo ad finem secundum aliquam regulam mensuratur. quae quidem regula in his quae secundum naturam agunt, est ipsa virtus naturae, quae inclinat in talem finem. quando ergo actus procedit a virtute naturali secundum naturalem inclinationem in finem, tunc servatur rectitudo in actu, quia medium non exit ab extremis, scilicet actus ab ordine activi principii ad finem. quando autem a rectitudine tali actus aliquis recedit, tunc incidit ratio peccati. in his vero quae aguntur per voluntatem, regula proxima est ratio humana; regula autem suprema est lex aeterna. quando ergo actus hominis procedit in finem secundum ordinem rationis et legis aeternae, tunc actus est rectus, quando autem ab hac rectitudine obliquatur, tunc dicitur esse peccatum. * manifestum est autem ex praemissis quod ' omnis actus voluntarius est malus per hoc quod recedit ab ordine rationis et legis aeternae, et omnis actus bonus concordat rationi et legi aeternae. unde sequitur quod actus humanus ex hoc quod est bonus vel malus, habeat rationem rectitudinis vel peccati.
ra1 ' Ad primum ergo dicendum quod monstra dicuntur esse peccata, inquantum producta sunt ex peccato in actu naturae existente.
ra2 ' Ad secundum dicendum quod duplex est finis, scilicet ultimus, et propinquus. in peccato autem naturae, deficit quidem actus a fine ultimo, qui est perfectio generati; non tamen deficit a quocumque fine proximo; operatur enim natura aliquid formando. similiter in peccato voluntatis, semper est defectus ab ultimo fine intento, quia nullus actus voluntarius malus est ordinabilis ad beatitudinem, quae est ultimus finis, licet non deficiat ab aliquo fine proximo, quem voluntas intendit et consequitur. unde etiam cum ipsa intentio huius finis ordinetur ad finem ultimum, in ipsa intentione huiusmodi finis potest inveniri ratio rectitudinis et peccati.
ra3 ' Ad tertium dicendum quod unumquodque ordinatur ad finem per actum suum, et ideo ratio peccati, quae consistit in deviatione ab ordine ad finem, proprie consistit in actu. sed poena respicit personam peccantem, * ut in primo dictum est.

008 ST2 qu21 ar2

ag1 ' Ad secundum sic proceditur. videtur quod actus humanus, ex hoc quod est bonus vel malus, non habeat rationem laudabilis vel culpabilis. ° peccatum enim contingit etiam in his quae aguntur a natura, * ut dicitur in ii physic.. " sed tamen ea quae sunt naturalia, non sunt laudabilia nec culpabilia, * ut dicitur in iii ethic.. ' ergo actus humanus, ex hoc quod est malus vel peccatum, non habet rationem culpae, et per consequens nec ex hoc quod est bonus, habet rationem laudabilis.
ag2 ' Praeterea, sicut contingit peccatum in actibus moralibus, ita et in actibus artis, * quia, ut dicitur in ii physic., ° peccat grammaticus non recte scribens, et medicus non recte dans potionem. ' sed non culpatur artifex ex hoc quod aliquod malum facit, quia ad industriam artificis pertinet quod possit et bonum opus facere et malum, cum voluerit. ergo videtur quod etiam actus moralis, ex hoc quod est malus, non habeat rationem culpabilis.
ag3 * Praeterea, dionysius dicit, in iv cap. de div. nom., quod " malum est infirmum et impotens. ' sed infirmitas vel impotentia vel tollit vel diminuit rationem culpae. non ergo actus humanus est culpabilis ex hoc quod est malus.
sc * Sed contra est quod philosophus dicit, quod ° laudabilia sunt virtutum opera; vituperabilia autem, vel culpabilia, opera contraria. ' sed actus boni sunt actus virtutis, quia ° virtus est quae bonum facit habentem, et opus eius bonum reddit, * ut dicitur in ii ethic., ' unde actus oppositi sunt actus mali. ergo actus humanus ex hoc quod est bonus vel malus, habet rationem laudabilis vel culpabilis.
co ' Respondeo dicendum quod, sicut malum est in plus quam peccatum, ita peccatum est in plus quam culpa. ex hoc enim dicitur aliquis actus culpabilis vel laudabilis, quod imputatur agenti, nihil enim est aliud laudari vel culpari, quam imputari alicui malitiam vel bonitatem sui actus. tunc autem actus imputatur agenti, quando est in potestate ipsius, ita quod habeat dominium sui actus. hoc autem est in omnibus actibus voluntariis, quia per voluntatem homo dominium sui actus habet, * ut ex supradictis patet. ' unde relinquitur quod bonum vel malum in solis actibus voluntariis constituit rationem laudis vel culpae; in quibus idem est malum, peccatum et culpa.
ra1 ' Ad primum ergo dicendum quod actus naturales non sunt in potestate naturalis agentis, cum natura sit determinata ad unum. et ideo, licet in actibus naturalibus sit peccatum, non tamen est ibi culpa.
ra2 ' Ad secundum dicendum quod ratio aliter se habet in artificialibus et aliter in moralibus. in artificialibus enim ratio ordinatur ad finem particularem, quod est aliquid per rationem excogitatum. in moralibus autem ordinatur ad finem communem totius humanae vitae. finis autem particularis ordinatur ad finem communem. cum ergo peccatum sit per deviationem ab ordine ad finem, * ut dictum est, ' in actu artis contingit dupliciter esse peccatum. uno modo, per deviationem a fine particulari intento ab artifice, et hoc peccatum erit proprium arti; puta si artifex, intendens facere bonum opus, faciat malum, vel intendens facere malum, faciat bonum. alio modo, per deviationem a fine communi humanae vitae, et hoc modo dicetur peccare, si intendat facere malum opus, et faciat, per quod alius decipiatur. sed hoc peccatum non est proprium artificis inquantum artifex, sed inquantum homo est. unde ex primo peccato culpatur artifex inquantum artifex, sed ex secundo culpatur homo inquantum homo. sed in moralibus, ubi attenditur ordo rationis ad finem commu-

nem humanae vitae, semper peccatum et malum attenditur per deviationem ab ordine rationis ad finem communem humanae vitae. et ideo culpatur ex tali peccato homo et inquantum est homo, et inquantum est moralis. * unde philosophus dicit, in vi ethic., quod ° in arte volens peccans est eligibilior; circa prudentiam autem |25| minus, sicut et in virtutibus moralibus, ' quarum prudentia est directiva.
ra3 ' Ad tertium dicendum quod illa infirmitas quae est in malis voluntariis, subiacet potestati hominis. et ideo nec tollit nec diminuit rationem culpae.

008 ST2 qu21 ar3

ag1 ' Ad tertium sic proceditur. videtur quod actus humanus non habeat rationem meriti et demeriti, propter suam bonitatem vel malitiam. meritum enim et demeritum dicitur per ordinem ad retributionem, quae locum solum habet in his quae ad alterum sunt. sed non omnes actus humani boni vel mali sunt ad alterum, sed quidam sunt ad seipsum. ergo non omnis actus humanus bonus vel malus habet rationem meriti vel demeriti.
ag2 ' Praeterea, nullus meretur poenam vel praemium ex hoc quod disponit ut vult de eo cuius est dominus, sicut si homo destruat rem suam, non punitur, sicut si destrueret rem alterius. sed homo est dominus suorum actuum. ergo ex hoc quod bene vel male disponit de suo actu, non meretur poenam vel praemium.
ag3 ' Praeterea, ex hoc quod aliquis sibi ipsi acquirit bonum, non meretur ut ei bene fiat ab alio, et eadem ratio est de malis. sed ipse actus bonus est quoddam bonum et perfectio agentis, actus autem inordinatus est quoddam malum ipsius. non ergo ex hoc quod homo facit malum actum vel bonum, meretur vel demeretur.
sc * Sed contra est quod dicitur isaiae iii, ° dicite iusto quoniam bene, quoniam fructum adinventionum suarum comedet. vae impio in malum, retributio enim manuum eius fiet ei.
co ' Respondeo dicendum quod meritum et demeritum dicuntur in ordine ad retributionem quae fit secundum iustitiam. retributio autem secundum iustitiam fit alicui ex eo quod agit in profectum vel nocumentum alterius. est autem considerandum quod unusquisque in aliqua societate vivens, est aliquo modo pars et membrum totius societatis. quicumque ergo agit aliquid in bonum vel malum alicuius in societate existentis, hoc redundat in totam societatem sicut qui laedit manum, per consequens laedit hominem. cum ergo aliquis agit in bonum vel malum alterius singularis personae, cadit ibi dupliciter ratio meriti vel demeriti. uno modo, secundum quod debetur ei retributio a singulari persona quam iuvat vel offendit. alio modo, secundum quod debetur ei retributio a toto collegio. quando vero aliquis ordinat actum suum directe in bonum vel malum totius collegii, debetur ei retributio primo quidem et principaliter a toto collegio, secundario vero, ab omnibus collegii partibus. cum vero aliquis agit quod in bonum proprium vel malum vergit, etiam debetur ei retributio, inquantum etiam hoc vergit in commune secundum quod ipse est pars collegii, licet non debeatur ei retributio inquantum est bonum vel malum singularis personae, quae est eadem agenti, nisi forte a seipso secundum quandam similitudinem, prout est iustitia hominis ad seipsum. sic igitur patet quod actus bonus vel malus habet rationem laudabilis vel culpabilis, secundum quod est in potestate voluntatis; rationem vero rectitudinis et peccati, |25| secundum ordinem ad finem; rationem vero meriti et demeriti, secundum retributionem iustitiae ad alterum.
ra1 ' Ad primum ergo dicendum quod quandoque actus hominis boni vel mali, etsi non ordinantur ad bonum vel malum alterius singularis personae, tamen ordinantur ad bonum vel ad malum alterius quod est ipsa communitas.
ra2 ' Ad secundum dicendum quod homo, qui habet dominium sui actus, ipse etiam, inquantum est alterius, scilicet communitatis, cuius est pars meretur aliquid vel demeretur, inquantum actus suos bene vel male disponit, sicut etiam si alia sua, de quibus communitati servire debet, bene vel male dispenset.
ra3 ' Ad tertium dicendum quod hoc ipsum bonum vel malum quod aliquis sibi facit per suum actum, redundat in communitatem, * ut dictum est.

008 ST2 qu21 ar4

ag1 ' Ad quartum sic proceditur. videtur quod actus hominis bonus vel malus non habeat rationem meriti vel demeriti per comparationem ad deum. quia, * ut dictum est, ' meritum et demeritum importat ordinem ad recompensationem profectus vel damni ad alterum illati. sed actus hominis bonus vel malus non cedit in aliquem profectum vel damnum ipsius dei, dicitur enim iob xxxv, ° si peccaveris quid ei nocebis? porro si iuste egeris, quid donabis ei? ' ergo actus hominis bonus vel malus non habet rationem meriti vel demeriti apud deum.
ag2 ' Praeterea, instrumentum nihil meretur vel demeretur apud eum qui utitur instrumento, quia tota actio instrumenti est utentis ipso. sed homo in agendo est instrumentum divinae virtutis principaliter ipsum moventis, * unde dicitur isaiae x, ° numquid gloriabitur securis contra eum qui secat in ea? aut exaltabitur serra contra eum a quo trahitur? " ubi manifeste hominem agentem comparat instrumento. ' ergo homo, bene agendo vel male, nihil meretur vel demeretur apud deum.
ag3 ' Praeterea, actus humanus habet rationem meriti vel demeriti, inquantum ordinatur ad alterum. sed non omnes actus humani ordinantur ad deum. ergo non omnes actus boni vel mali habent rationem meriti vel demeriti apud deum.
sc ' Sed contra est quod dicitur eccle. ult., ° cuncta quae fiunt adducet deus in iudicium, sive bonum sit sive malum. ' sed iudicium importat retributionem, respectu cuius meritum et demeritum dicitur. ergo omnis actus hominis bonus vel malus habet rationem meriti vel demeriti apud deum.
co * Respondeo dicendum quod, sicut dictum est, ' actus alicuius hominis habet rationem meriti vel demeriti, secundum quod ordinatur ad alterum, vel ratione eius, vel ratione communitatis. utroque autem modo actus nostri boni vel mali habent rationem meriti vel demeriti apud deum. ratione quidem ipsius, inquantum est ultimus hominis finis, est autem debitum ut ad finem ultimum omnes actus referantur, * ut supra habitum est. ' unde qui facit actum malum non referibilem in deum, non servat honorem dei, qui ultimo fini debetur. ex parte vero totius communitatis universi, quia in qualibet communitate ille qui regit communitatem, praecipue habet curam boni communis, unde ad eum pertinet retribuere pro his quae bene vel male fiunt in communitate. est autem deus gubernator et rector totius universi, * sicut in primo habitum est, ' et specialiter rationalium creaturarum. unde manifestum est quod actus humani habent rationem meriti vel demeriti per comparationem ad ipsum, alioquin sequeretur quod deus non haberet curam de actibus humanis.
ra1 ' Ad primum ergo dicendum quod per actum hominis deo secundum se nihil potest accrescere vel deperire, sed tamen homo, quantum in se est, aliquid subtrahit deo, vel ei exhibet, cum servat vel non servat ordinem quem deus instituit.
ra2 ' Ad secundum dicendum quod homo sic movetur a deo ut instrumentum, quod tamen non excluditur quin moveat seipsum per liberum arbitrium, * ut ex supradictis patet. ' et ideo per suum actum meretur vel demeretur apud deum.
ra3 ' Ad tertium dicendum quod homo non ordinatur ad communitatem politicam secundum se totum, et secundum omnia sua, et ideo non oportet quod quilibet actus eius sit meritorius vel demeritorius per ordinem ad communitatem politicam. sed totum quod homo est, et quod potest et habet, ordinandum est ad deum, et ideo omnis actus hominis bonus vel malus habet rationem meriti vel demeriti apud deum, quantum est ex ipsa ratione actus.

008 ST2 qu22 ar

pr ' Post hoc considerandum est de passionibus animae, et primo, in generali; secundo, in speciali. in generali autem, quatuor occurrunt circa eas consideranda, primo quidem, de subiecto earum; secundo, de differentia earum; tertio, de comparatione earum ad invicem; quarto, de malitia et bonitate ipsarum. circa primum quaeruntur tria. primo, utrum aliqua passio sit in anima. secundo, utrum magis in parte appetitiva quam in apprehensiva. tertio, utrum magis sit in appetitu sensitivo quam intellectivo, qui dicitur voluntas.

008 ST2 qu22 ar1

ag1 ' Ad primum sic proceditur. videtur quod nulla passio sit in anima. pati enim est proprium materiae. sed anima non est composita ex materia et forma, * ut in primo habitum est. ' ergo nulla passio est in anima.
ag2 " Praeterea, passio est motus, * ut dicitur in iii physic.. " sed anima non movetur, * ut probatur in i de anima. ' ergo passio non est in anima.
ag3 ' Praeterea, passio est via in corruptionem, " nam omnis passio, magis facta, abiicit a substantia, * ut dicitur in libro topicorum. ' sed anima est incorruptibilis. ergo nulla passio est in anima.
sc * Sed contra est quod apostolus dicit, ad rom. vii, ° cum essemus in carne, passiones peccatorum, quae per legem erant, operabantur in membris nostris. ' peccata autem sunt proprie in anima. ergo et passiones, quae dicuntur peccatorum, sunt in anima.
co ' Respondeo dicendum quod pati dicitur tripliciter. uno modo, communiter, secundum quod omne recipere est pati, etiam si nihil abiiciatur a re, sicut si dicatur aerem pati, quando illuminatur. hoc autem magis proprie est perfici, quam pati. alio modo dicitur pati proprie, quando aliquid recipitur cum alterius abiectione. sed hoc contingit dupliciter. quandoque enim abiicitur id quod non est conveniens rei, sicut cum corpus animalis sanatur, dicitur pati, quia recipit sanitatem, aegritudine abiecta. alio modo, quando e converso contingit, sicut aegrotare dicitur pati, quia recipitur infirmitas, sanitate abiecta. et hic est propriissimus modus passionis. nam pati dicitur ex eo quod aliquid trahitur ad agentem, quod autem recedit ab eo quod est sibi conveniens, maxime videtur ad aliud trahi. * et similiter in i de generat. dicitur quod, ' quando ex ignobiliori generatur nobilius, est " generatio simpliciter, et corruptio secundum quid, e converso autem quando ex nobiliori ignobilius generatur. ' et his tribus modis contingit esse in anima passionem. nam secundum receptionem tantum dicitur quod sentire et intelligere est quoddam pati. passio autem cum abiectione non est nisi secundum transmutationem corporalem, unde passio proprie dicta non potest competere animae nisi per accidens, inquantum scilicet compositum patitur. sed et in hoc |25| est diversitas, nam quando huiusmodi transmutatio fit in deterius, magis proprie habet rationem passionis, quam quando fit in melius. unde tristitia magis proprie est passio quam laetitia.
ra1 ' Ad primum igitur dicendum quod pati, secundum quod est cum abiectione et transmutatione, proprium est materiae, unde non invenitur nisi in compositis ex materia et forma. sed pati prout importat receptionem solam, non est necessarium quod sit materiae, sed potest esse cuiuscumque existentis in potentia. anima autem, etsi non sit composita ex materia et forma, habet tamen aliquid potentialitatis, secundum quam convenit sibi recipere et pati, " secundum quod intelligere pati est, * ut dicitur in iii de anima.
ra2 ' Ad secundum dicendum quod " pati et moveri, etsi non conveniat animae per se, convenit tamen ei per accidens, * ut in i de anima dicitur.
ra3 ' Ad tertium dicendum quod ratio illa procedit de passione quae est cum transmutatione ad deterius. et huiusmodi passio animae convenire non potest nisi per accidens, per se autem convenit composito, quod est corruptibile.

008 ST2 qu22 ar2

ag1 ' Ad secundum sic proceditur. videtur quod passio magis sit in parte animae apprehensiva quam in parte appetitiva. " quod enim est primum in quolibet genere videtur esse maximum eorum quae sunt in genere illo, et causa aliorum, * ut dicitur in ii metaphys.. ' sed passio prius invenitur in parte apprehensiva quam in parte appetitiva, non enim patitur pars appetitiva, nisi passione praecedente in parte apprehensiva. ergo passio est magis in parte apprehensiva quam in parte appetitiva.
ag2 ' Praeterea, quod est magis activum, videtur esse minus passivum, actio enim passioni opponitur. sed pars appetitiva est magis activa quam pars apprehensiva. ergo videtur quod in parte apprehensiva magis sit passio.
ag3 ' Praeterea, sicut appetitus sensitivus est virtus in organo corporali, ita et vis apprehensiva sensitiva. sed passio animae fit, proprie loquendo, secundum transmutationem corporalem. ergo non magis est passio in parte appetitiva sensitiva quam in apprehensiva sensitiva.
sc * Sed contra est quod augustinus dicit, in ix de civ. dei, quod ° motus animi, quos graeci pathe, nostri autem quidam, sicut cicero, perturbationes, quidam affectiones vel affectus, quidam vero, sicut in graeco habetur, expressius passiones vocant. ' ex quo patet quod passiones animae sunt idem quod affectiones. sed affectiones manifeste pertinent ad partem appetitivam, et non ad apprehensivam. ergo et passiones magis sunt in appetitiva quam in apprehensiva.
co * Respondeo dicendum quod, sicut iam dictum est, ' in nomine passionis importatur quod patiens trahatur ad id quod est agentis. magis autem trahitur anima ad rem per vim appetitivam quam per vim apprehensivam. nam per vim appetitivam anima habet ordinem ad ipsas res, prout in seipsis sunt, * unde philosophus dicit, in vi metaphys., quod " bonum et malum, quae sunt obiecta appetitivae potentiae, sunt in ipsis rebus. ' vis autem apprehensiva non trahitur ad rem, secundum quod in seipsa est; sed cognoscit eam secundum intentionem rei, quam in se habet vel recipit secundum proprium modum. * unde et ibidem dicitur quod " verum et falsum, quae ad cognitionem pertinent, non sunt in rebus, sed in mente. ' unde patet quod ratio passionis magis invenitur in parte appetitiva quam in parte apprehensiva.
ra1 ' Ad primum ergo dicendum quod e contrario se habet in his quae pertinent ad perfectionem, et in his quae pertinent ad defectum. nam in his quae ad perfectionem pertinent, attenditur intensio per accessum ad unum primum principium, cui quanto est aliquid propinquius, tanto est magis intensum, sicut intensio lucidi attenditur per accessum ad aliquid summe lucidum, cui quanto aliquid magis appropinquat, tanto est magis lucidum. sed in his quae ad defectum pertinent, attenditur intensio non per accessum ad aliquod summum, sed per recessum a perfecto, quia in hoc ratio privationis et defectus consistit. et ideo quanto minus recedit a primo, tanto est minus intensum, et propter hoc, in principio semper invenitur parvus defectus, qui postea procedendo magis multiplicatur. passio autem ad defectum pertinet, quia est alicuius secundum quod est in potentia. unde in his quae appropinquant primo perfecto, scilicet deo, invenitur parum de ratione potentiae et passionis, in aliis autem consequenter, plus. et sic etiam in priori vi animae, scilicet apprehensiva, invenitur minus de ratione passionis.
ra2 ' Ad secundum dicendum quod vis appetitiva dici-

tur esse magis activa, quia est magis principium exterioris actus. et hoc habet ex hoc ipso ex quo habet quod sit magis passiva, scilicet ex hoc quod habet ordinem ad rem ut est in seipsa, per actionem enim exteriorem pervenimus ad consequendas res.

ra3 * Ad tertium dicendum quod, sicut in primo dictum est, ‘ dupliciter organum animae potest transmutari. uno modo, transmutatione spirituali, secundum quod recipit intentionem rei. et hoc per se invenitur in actu apprehensivae virtutis sensitivae, sicut oculus immutatur a visibili, non ita quod coloretur, sed ita quod recipiat intentionem coloris. est autem alia naturalis transmutatio organi, prout organum transmutatur quantum ad suam naturalem dispositionem, puta quod calefit aut infrigidatur, vel alio simili modo transmutatur. et huiusmodi transmutatio per accidens se habet ad actum apprehensivae virtutis sensitivae, puta cum oculus fatigatur ex forti intuitu, vel dissolvitur ex vehementia visibilis. sed ad actum appetitus sensitivi per se ordinatur huiusmodi transmutatio, unde in definitione motuum appetitivae partis, materialiter ponitur aliqua naturalis transmutatio organi; sicut dicitur quod ira est accensio sanguinis circa cor. unde patet quod ratio passionis magis invenitur in actu sensitivae virtutis appetitivae, quam in actu sensitivae virtutis apprehensivae, licet utraque sit actus organi corporalis.

008 ST2 qu22 ar3

ag1 ‘ Ad tertium sic proceditur. videtur quod passio non magis sit in appetitu sensitivo quam in appetitu intellectivo. * dicit enim dionysius, ii cap. de div. nom., quod ° hierotheus ex quadam est doctus diviniore inspiratione, non solum discens, sed etiam patiens divina. ‘ sed passio divinorum non potest pertinere ad appetitum sensitivum, cuius obiectum est bonum sensibile. ergo passio est in appetitu intellectivo, sicut et in sensitivo.

ag2 ‘ Praeterea, quanto activum est potentius, tanto passio est fortior. sed obiectum appetitus intellectivi, quod est bonum universale, est potentius activum quam obiectum appetitus sensitivi, quod est bonum particulare. ergo ratio passionis magis invenitur in appetitu intellectivo quam in appetitu sensitivo.

ag3 ‘ Praeterea, gaudium et amor passiones quaedam esse dicuntur. sed haec inveniuntur in appetitu intellectivo, et non solum in sensitivo, alioquin non attribuerentur in scripturis deo et angelis. ergo passiones non magis sunt in appetitu sensitivo quam in intellectivo.

sc ‘ Sed contra est quod * dicit damascenus, in ii libro, describens animales passiones, ° passio est motus appetitivae virtutis sensibilis in imaginatione boni vel mali. et aliter, passio est motus irrationalis animae per suspicionem boni vel mali.

co * Respondeo dicendum quod, sicut iam dictum est, ‘ passio proprie invenitur ubi est transmutatio corporalis. quae quidem invenitur in actibus appetitus sensitivi; et non solum spiritualis, sicut est in apprehensione sensitiva, sed etiam naturalis. in actu autem appetitus intellectivi non requiritur aliqua transmutatio corporalis, quia huiusmodi appetitus non est virtus alicuius organi. unde patet quod ratio passionis magis proprie invenitur in actu appetitus sensitivi quam intellectivi; * ut etiam patet per definitiones damasceni inductas.

ra1 * Ad primum ergo dicendum quod passio divinorum ibi dicitur “ affectio ad divina, et coniunctio ad ipsa per amorem, ‘ quod tamen fit sine transmutatione corporali.

ra2 ‘ Ad secundum dicendum quod magnitudo passionis non solum dependet ex virtute agentis, sed etiam ex passibilitate patientis, quia quae sunt bene passibilia, multum patiuntur etiam a parvis activis. licet ergo obiectum appetitus intellectivi sit magis activum quam obiectum appetitus sensitivi, tamen appetitus sensitivus est magis passivus.

ra3 ‘ Ad tertium dicendum quod amor et gaudium et alia huiusmodi, cum attribuuntur deo vel angelis, aut hominibus secundum appetitum intellectivum, significant simplicem actum voluntatis cum similitudine effectus, absque passione. * unde dicit augustinus, ix de civ. dei, ° sancti angeli et sine ira puniunt et sine miseriae compassione subveniunt. et tamen, istarum nomina passionum, consuetudine locutionis humanae, etiam in eos usurpantur, propter quandam operum similitudinem, non propter affectionum infirmitatem.

008 ST2 qu23 ar

pr ‘ Deinde considerandum est de passionum differentia ad invicem. et circa hoc quaeruntur quatuor. primo, utrum passiones quae sunt in concupiscibili, sint diversae ab his quae sunt in irascibili. secundo, utrum contrarietas passionum irascibili sit secundum contrarietatem boni et mali. tertio, utrum sit aliqua passio non habens contrarium. quarto, utrum sint aliquae passiones differentes specie, in eadem potentia, non contrariae ad invicem.

008 ST2 qu23 ar1

ag1 ‘ Ad primum sic proceditur. videtur quod passiones eaedem sint in irascibili et in concupiscibili. * dicit enim philosophus, in ii ethic., quod “ passiones animae sunt quas sequitur gaudium et tristitia. ‘ sed gaudium et tristitia sunt in concupiscibili. ergo omnes passiones sunt in concupiscibili. non ergo sunt aliae in irascibili, et aliae in concupiscibili.

ag2 * Praeterea, matth. xiii, super illud, ° simile est regnum caelorum fermento etc., * dicit glossa hieronymi, ° in ratione possideamus prudentiam, in irascibili odium vitiorum, in concupiscibili desiderium virtutum. “ sed odium est in concupiscibili, sicut et amor, cui contrariatur, * ut dicitur in ii topic.. ‘ ergo eadem passio est in concupiscibili et irascibili.

ag3 ‘ Praeterea, passiones et actus differunt specie secundum obiecta. sed passionum irascibilis et concupiscibilis eadem obiecta sunt, scilicet bonum et malum. ergo eaedem sunt passiones irascibilis et concupiscibilis.

sc ‘ Sed contra, diversarum potentiarum actus sunt specie diversi, sicut videre et audire. sed irascibilis et concupiscibilis sunt duae potentiae dividentes appetitum sensitivum, * ut in primo dictum est. ‘ ergo, cum passiones sint motus appetitus sensitivi, * ut supra dictum est, ‘ passiones quae sunt in irascibili, erunt aliae secundum speciem a passionibus quae sunt in concupiscibili.

co ‘ Respondeo dicendum quod passiones quae sunt in irascibili et in concupiscibili, differunt specie. cum enim diversae potentiae habeant diversa obiecta, * ut in primo dictum est, ‘ necesse est quod passiones diversarum potentiarum ad diversa obiecta referantur. unde multo magis passiones diversarum potentiarum specie differunt, maior enim differentia obiecti requiritur ad diversificandam speciem potentiarum, quam ad diversificandam speciem passionum vel actuum. sicut enim in naturalibus diversitas generis consequitur diversitatem potentiae materiae, diversitas autem speciei diversitatem formae in eadem materia; ita in actibus animae, actus ad diversas potentias pertinentes, sunt non solum specie, sed etiam genere diversi; actus autem vel passiones respicientes diversa obiecta specialia comprehensa sub uno communi obiecto unius potentiae, differunt sicut species illius generis. ad cognoscendum ergo quae passiones sint in irascibili, et quae in concupiscibili, oportet assumere obiectum utriusque potentiae. * dictum est autem in primo quod ‘ obiectum potentiae concupiscibilis est bonum vel malum sensibile simpliciter acceptum, quod est delectabile vel dolorosum. sed quia necesse est quod interdum anima difficultatem vel pugnam patiatur in adipiscendo aliquod huiusmodi bonum, vel fugiendo aliquod huiusmodi malum, inquantum |25| hoc est quodammodo elevatum supra facilem potestatem animalis; ideo ipsum bonum vel malum, secundum quod habet rationem ardui vel difficilis, est obiectum irascibilis. quaecumque ergo passiones respiciunt absolute bonum vel malum, pertinent ad concupiscibilem; ut gaudium, tristitia, amor, odium, et similia. quaecumque vero passiones respiciunt bonum vel malum sub ratione ardui, prout est aliquid adipiscibile vel fugibile cum aliqua difficultate, pertinent ad irascibilem; ut audacia, timor, spes, et huiusmodi.

ra1 ‘ Ad primum ergo dicendum quod, * sicut in primo dictum est, ‘ ad hoc vis irascibilis data est animalibus, ut tollantur impedimenta quibus concupiscibilis in suum obiectum tendere prohibetur, vel propter difficultatem boni adipiscendi, vel propter difficultatem mali superandi. et ideo passiones irascibilis omnes terminantur ad passiones concupiscibilis. et secundum hoc, etiam passiones quae sunt in irascibili, consequitur gaudium et tristitia, quae sunt in concupiscibili.

ra2 “ Ad secundum dicendum quod odium vitiorum * attribuit hieronymus “ irascibili, non propter rationem odii, quae proprie competit concupiscibili; sed propter impugnationem, quae pertinet ad irascibilem.

ra3 ‘ Ad tertium dicendum quod bonum inquantum est delectabile, movet concupiscibilem. sed si bonum habeat quandam difficultatem ad adipiscendum, ex hoc ipso habet aliquid repugnans concupiscibili. et ideo necessarium fuit esse aliam potentiam quae in id tenderet. et eadem ratio est de malis. et haec potentia est irascibilis. unde ex consequenti passiones concupiscibilis et irascibilis specie differunt.

008 ST2 qu23 ar2

ag1 ‘ Ad secundum sic proceditur. videtur quod contrarietas passionum irascibilis non sit nisi secundum contrarietatem boni et mali. passiones enim irascibilis ordinantur ad passiones concupiscibilis, * ut dictum est. ‘ sed passiones concupiscibilis non contrariantur nisi secundum contrarietatem boni et mali; sicut amor et odium, gaudium et tristitia. ergo nec passiones irascibilis.

ag2 ‘ Praeterea, passiones differunt secundum obiecta; sicut et motus secundum terminos. sed contrarietas non est in motibus nisi secundum contrarietatem terminorum, * ut patet in v physic.. ‘ ergo neque in passionibus est contrarietas nisi secundum contrarietatem obiectorum. obiectum autem appetitus est bonum vel malum. ergo in nulla potentia appetitiva potest esse contrarietas passionum nisi secundum contrarietatem boni et mali.

ag3 ° Praeterea, omnis passio animae attenditur secundum accessum et recessum, * ut avicenna dicit, in sexto de naturalibus. ‘ sed accessus causatur ex ratione boni, recessus autem ex ratione mali, “ quia sicut bonum est quod omnia appetunt, * ut dicitur in i ethic., ‘ ita malum est quod omnia fugiunt. ergo contrarietas in passionibus animae non potest esse nisi secundum bonum et malum.

sc “ Sed contra, timor et audacia sunt contraria, * ut patet in iii ethic. ‘ sed timor et audacia non differunt secundum bonum et malum, quia utrumque est respectu aliquorum malorum. ergo non omnis contrarietas passionum irascibilis est secundum contrarietatem boni et mali.

co “ Respondeo dicendum quod passio quidam motus est, * ut dicitur in iii physic.. ‘ unde oportet contrarietatem passionum accipere secundum contrarietatem motuum vel mutationum. “ est autem duplex contrarietas in mutationibus vel motibus, * ut dicitur in v physic.. ‘ una quidem secundum accessum et recessum ab eodem termino, quae quidem contrarietas est proprie mutationum, idest generationis, quae est mutatio ad esse, et corruptionis, quae est mutatio ab esse. alia autem secundum contrarietatem terminorum, quae proprie est contrarietas motuum, sicut dealbatio, quae est motus a nigro in album, opponitur denigrationi, quae est motus ab albo in nigrum. sic igitur in passionibus animae duplex contrarietas invenitur, una quidem secundum contrarietatem obiectorum, scilicet boni et mali; alia vero secundum accessum et recessum ab eodem termino. in passionibus quidem concupiscibilis invenitur prima contrarietas tantum, quae scilicet est secundum obiecta, in passionibus autem irascibilis invenitur utraque. cuius ratio est quia obiectum concupiscibilis, * ut supra dictum est, ‘ est bonum vel malum sensibile absolute. bonum autem, inquantum bonum, non potest esse terminus ut a quo, sed solum ut ad quem, quia nihil refugit bonum inquantum bonum, sed omnia |25| appetunt ipsum. similiter nihil appetit malum inquantum huiusmodi, sed omnia fugiunt ipsum, et propter hoc, malum non habet rationem termini ad quem, sed solum termini a quo. sic igitur omnis passio concupiscibilis respectu boni, est ut in ipsum, sicut amor, desiderium et gaudium, omnis vero passio eius respectu mali, est ut ab ipso, sicut odium, fuga seu abominatio, et tristitia. unde in passionibus concupiscibilis non potest esse contrarietas secundum accessum et recessum ab eodem obiecto. sed obiectum irascibilis est sensibile bonum vel malum, non quidem absolute, sed sub ratione difficultatis vel arduitatis, * ut supra dictum est. ‘ bonum autem arduum sive difficile habet rationem ut in ipsum tendatur, inquantum est bonum, quod pertinet ad passionem spei; et ut ab ipso recedatur, inquantum est arduum vel difficile, quod pertinet ad passionem desperationis. similiter malum arduum habet rationem ut vitetur, inquantum est malum, et hoc pertinet ad passionem timoris, habet etiam rationem ut in ipsum tendatur, sicut in quoddam arduum, per quod scilicet aliquid evadit subiectionem mali, et sic tendit in ipsum audacia. invenitur ergo in passionibus irascibilis contrarietas secundum contrarietatem boni et mali, sicut inter spem et timorem, et iterum secundum accessum et recessum ab eodem termino, sicut inter audaciam et timorem.

ra ‘ Et per hoc patet responsio ad obiecta.

008 ST2 qu23 ar3

ag1 ‘ Ad tertium sic proceditur. videtur quod omnis passio animae habeat aliquid contrarium. omnis enim passio animae vel est in irascibili vel in concupiscibili, * sicut supra dictum est. ‘ sed utraeque passiones habent contrarietatem suo modo. ergo omnis passio animae habet contrarium.

ag2 ‘ Praeterea, omnis passio animae habet vel bonum vel malum pro obiecto, quae sunt obiecta universaliter appetitivae partis. sed passioni cuius obiectum est bonum, opponitur passio cuius obiectum est malum. ergo omnis passio habet contrarium.

ag3 ‘ Praeterea, omnis passio animae est secundum accessum vel secundum recessum, * ut dictum est. ‘ sed cuilibet accessui contrariatur recessus, et e converso. ergo omnis passio animae habet contrarium.

sc ‘ Sed contra, ira est quaedam passio animae. “ sed nulla passio ponitur contraria irae, * ut patet in iv ethic.. ‘ ergo non omnis passio habet contrarium.

co ‘ Respondeo dicendum quod singulare est in passione irae, quod non potest habere contrarium, neque secundum accessum et recessum, neque secundum contrarietatem boni et mali. causatur enim ira ex malo difficili iam iniacente. ad cuius praesentiam, necesse est quod aut appetitus succumbat, et sic non exit terminos tristitiae, quae est passio concupiscibilis, aut habet motum ad invadendum malum laesivum, quod pertinet ad iram. motum autem ad fugiendum habere non potest, quia iam malum ponitur praesens vel praeteritum. et sic motui irae non contrariatur aliqua passio secundum contrarietatem accessus et recessus. similiter etiam nec secundum contrarietatem boni et mali. quia malo iam iniacenti opponitur bonum iam adeptum, quod iam non potest habere rationem ardui vel difficilis. nec post adeptionem boni remanet alius motus, nisi quietatio appetitus in bono adepto, quae pertinet ad gaudium, quod est passio concupiscibilis. unde motus irae non potest habere aliquem motum animae contrarium, sed solummodo opponitur ei cessatio a motu, * sicut

philosophus dicit, in sua rhetorica, quod ° mitescere opponitur ei quod est irasci, ‘ quod non est oppositum contrarie, sed negative vel privative.
ra ‘Et per hoc patet responsio ad obiecta.

008 ST2 qu23 ar4

ag1 ‘ Ad quartum sic proceditur. videtur quod non possint in aliqua potentia esse passiones specie differentes, et non contrariae ad invicem. passiones enim animae differunt secundum obiecta. obiecta autem passionum animae sunt bonum et malum, secundum quorum differentiam passiones habent contrarietatem. ergo nullae passiones eiusdem potentiae, non habentes contrarietatem ad invicem, differunt specie.
ag2 ‘ Praeterea, differentia speciei est differentia secundum formam. “ sed omnis differentia secundum formam, est secundum aliquam contrarietatem, * ut dicitur in x metaphys.. ‘ ergo passiones eiusdem potentiae quae non sunt contrariae, non differunt specie.
ag3 ‘ Praeterea, cum omnis passio animae consistat in accessu vel recessu ad bonum vel ad malum, necesse videtur quod omnis differentia passionum animae sit vel secundum differentiam boni et mali; vel secundum differentiam accessus et recessus; vel secundum maiorem vel minorem accessum aut recessum. sed primae duae differentiae inducunt contrarietatem in passionibus animae, * ut dictum est. ‘ tertia autem differentia non diversificat speciem, quia sic essent infinitae species passionum animae. ergo non potest esse quod passiones eiusdem potentiae animae differant specie, et non sint contrariae.
sc ‘ Sed contra, amor et gaudium differunt specie, et sunt in concupiscibili. nec tamen contrariantur ad invicem, quin potius unum est causa alterius. ergo sunt aliquae passiones eiusdem potentiae quae differunt specie, nec sunt contrariae.
co ‘ Respondeo dicendum quod passiones differunt secundum activa, quae sunt obiecta passionum animae. differentia autem activorum potest attendi dupliciter, uno modo, secundum speciem vel naturam ipsorum activorum, sicut ignis differt ab aqua; alio modo, secundum diversam virtutem activam. diversitas autem activi vel motivi quantum ad virtutem movendi, potest accipi in passionibus animae secundum similitudinem agentium naturalium. omne enim movens trahit quodammodo ad se patiens, vel a se repellit. trahendo quidem ad se, tria facit in ipso. nam primo quidem, dat ei inclinationem vel aptitudinem ut in ipsum tendat, sicut cum corpus leve, quod est sursum, dat levitatem corpori generato, per quam habet inclinationem vel aptitudinem ad hoc quod sit sursum. secundo, si corpus generatum est extra locum proprium, dat ei moveri ad locum. tertio, dat ei quiescere, in locum cum pervenerit, quia ex eadem causa aliquid quiescit in loco, per quam movebatur ad locum. et similiter intelligendum est de causa repulsionis. in motibus autem appetitivae partis, bonum habet quasi virtutem attractivam, malum autem virtutem repulsivam. bonum ergo primo quidem in potentia appetitiva causat quandam inclinationem, seu aptitudinem, seu connaturalitatem ad bonum, quod pertinet ad passionem amoris. cui per contrarium respondet odium, ex parte mali. secundo, si bonum sit nondum habitum, dat ei motum ad assequendum bonum amatum, et hoc pertinet ad passionem desiderii vel concupiscentiae. et ex opposito, ex parte mali, |25| est fuga vel abominatio. tertio, cum adeptum fuerit bonum, dat appetitus quietationem quandam in ipso bono adepto, et hoc pertinet ad delectationem vel gaudium. cui opponitur ex parte mali dolor vel tristitia. in passionibus autem irascibilis, praesupponitur quidem aptitudo vel inclinatio ad prosequendum bonum vel fugiendum malum, ex concupiscibili, quae absolute respicit bonum vel malum. et respectu boni nondum adepti, est spes et desperatio. respectu autem mali nondum iniacentis, est timor et audacia. respectu autem boni adepti, non est aliqua passio in irascibili, quia iam non habet rationem ardui, * ut supra dictum est. ‘sed ex malo iam iniacenti, sequitur passio irae. sic igitur patet quod in concupiscibili sunt tres coniugationes passionum, scilicet amor et odium, desiderium et fuga gaudium et tristitia. similiter in irascibili sunt tres, scilicet spes et desperatio, timor et audacia, et ira, cui nulla passio opponitur. sunt ergo omnes passiones specie differentes undecim, sex quidem in concupiscibili, et quinque in irascibili; sub quibus omnes animae passiones continentur.
ra ‘ Et per hoc patet responsio ad obiecta.

008 ST2 qu24 ar

pr ‘ Deinde considerandum est de bono et malo circa passiones animae. et circa hoc quaeruntur quatuor. primo, utrum bonum et malum morale possit in passionibus animae inveniri. secundo, utrum omnis passio animae sit mala moraliter. tertio, utrum omnis passio addat, vel diminuat, ad bonitatem vel malitiam actus. quarto, utrum aliqua passio sit bona vel mala ex sua specie.

008 ST2 qu24 ar1

ag1 ‘ Ad primum sic proceditur. videtur quod nulla passio animae sit bona vel mala moraliter. bonum enim et malum morale est proprium hominis, “ mores enim proprie dicuntur humani, * ut ambrosius dicit, super lucam. ‘ sed passiones non sunt propriae hominum, sed sunt etiam aliis animalibus communes. ergo nulla passio animae est bona vel mala moraliter.
ag2 ‘ Praeterea, “ bonum vel malum hominis est secundum rationem esse, vel praeter rationem esse, * ut dionysius dicit, iv cap. de div. nom.. ‘ sed passiones animae non sunt in ratione, sed in appetitu sensitivo, * ut supra dictum est. ‘ ergo non pertinent ad bonum vel malum hominis, quod est bonum morale.
ag3 * Praeterea, philosophus dicit, in ii ethic., quod ° passionibus neque laudamur neque vituperamur. ‘ sed secundum bona et mala moralia, laudamur et vituperamur. ergo passiones non sunt bonae vel malae moraliter.
sc ‘ Sed contra est quod * augustinus dicit, in xiv de civ. dei, de passionibus animae loquens ° mala sunt ista, si malus est amor; bona, si bonus.
co ‘ Respondeo dicendum quod passiones animae dupliciter possunt considerari, uno modo, secundum se; alio modo, secundum quod subiacent imperio rationis et voluntatis. si igitur secundum se considerentur, prout scilicet sunt motus quidam irrationalis appetitus, sic non est in eis bonum vel malum morale, quod dependet a ratione, * ut supra dictum est. ‘ si autem considerentur secundum quod subiacent imperio rationis et voluntatis, sic est in eis bonum et malum morale. propinquior enim est appetitus sensitivus ipsi rationi et voluntati, quam membra exteriora; quorum tamen motus et actus sunt boni vel mali moraliter, secundum quod sunt voluntarii. unde multo magis et ipsae passiones, secundum quod sunt voluntariae, possunt dici bonae vel malae moraliter. dicuntur autem voluntariae vel ex eo quod a voluntate imperantur, vel ex eo quod a voluntate non prohibentur.
ra1 ‘ Ad primum ergo dicendum quod istae passiones secundum se consideratae, sunt communes hominibus et aliis animalibus, sed secundum quod a ratione imperantur, sunt propriae hominum.
ra2 ‘ Ad secundum dicendum quod “ etiam inferiores vires appetitivae dicuntur rationales, secundum quod participant aliqualiter rationem, * ut dicitur in i ethic..
ra3 * Ad tertium dicendum quod philosophus dicit quod “ non laudamur aut vituperamur secundum passiones absolute consideratas, sed non removet quin possint fieri laudabiles vel vituperabiles secundum quod a ratione ordinantur. * unde subdit, ° non enim laudatur aut vituperatur qui timet aut irascitur, sed qui aliqualiter, “ idest secundum rationem vel praeter rationem.

008 ST2 qu24 ar2

ag1 ‘ Ad secundum sic proceditur. videtur quod omnes passiones animae sint malae moraliter. * dicit enim augustinus, ix de civ. dei, quod ° passiones animae quidam vocant morbos vel perturbationes animae. ‘ sed omnis morbus vel perturbatio animae est aliquid malum moraliter. ergo omnis passio animae moraliter mala est.
ag2 * Praeterea, damascenus dicit quod ° operatio quidem qui secundum naturam motus est, passio vero qui praeter naturam. ‘ sed quod est praeter naturam in motibus animae, habet rationem peccati et mali moralis, * unde ipse alibi dicit quod ° diabolus versus est ex eo quod est secundum naturam, in id quod est praeter naturam. ‘ ergo huiusmodi passiones sunt malae moraliter.
ag3 ‘ Praeterea, omne quod inducit ad peccatum, habet rationem mali. sed huiusmodi passiones inducunt ad peccatum, unde * rom. vii ‘ dicuntur passiones peccatorum. ergo videtur quod sint malae moraliter.
sc * Sed contra est quod augustinus dicit, in xiv de civ. dei, quod ° rectus amor omnes istas affectiones rectas habet. metuunt enim peccare, cupiunt perseverare, dolent in peccatis, gaudent in operibus bonis.
co * Respondeo dicendum quod circa hanc quaestionem diversa fuit sententia stoicorum et peripateticorum, nam stoici dixerunt “ omnes passiones esse malas; * peripatetici vero dixerunt “ passiones moderatas esse bonas. ‘ quae quidem differentia, licet magna videatur secundum vocem, tamen secundum rem vel nulla est, vel parva, si quis utrorumque intentiones consideret. * stoici enim “ non discernebant inter sensum et intellectum; et per consequens nec inter intellectivum appetitum et sensitivum. unde non discernebant passiones animae a motibus voluntatis secundum hoc quod passiones animae sunt in appetitu sensitivo, simplices autem motus voluntatis sunt in intellectivo; sed omnem rationabilem motum appetitivae partis vocabant voluntatem, passionem autem dicebant motum progredientem extra limites rationis. * et ideo, eorum sententiam sequens, tullius, in iii libro de tusculanis quaestionibus, “ omnes passiones vocat animae morbos. * ex quo argumentatur quod qui ° morbosi sunt, sani non sunt; et qui sani non sunt, insipientes sunt. ‘ unde et insipientes insanos dicimus. |25| * peripatetici vero “ omnes motus appetitus sensitivi passiones vocant. unde eas bonas aestimant, cum sunt a ratione moderatae; malas autem, cum sunt praeter moderationem rationis. ex quo * patet quod tullius, in eodem libro, peripateticorum sententiam, qui approbabant mediocritatem passionum, inconvenienter improbat, dicens quod ° omne malum, etiam mediocre, vitandum est, nam sicut corpus, etiamsi mediocriter aegrum est, sanum non est; sic ista mediocritas morborum vel passionum animae, sana non est. ‘ non enim passiones dicuntur morbi vel perturbationes animae, nisi cum carent moderatione rationis.
ra1 ‘ Unde patet responsio ad primum.
ra2 ‘ Ad secundum dicendum quod in omni passione animae additur aliquid, vel diminuitur a naturali motu cordis, inquantum cor intensius vel remissius movetur, secundum systolen aut diastolen, et secundum hoc habet passionis rationem. non tamen oportet quod passio semper declinet ab ordine naturalis rationis.
ra3 ‘ Ad tertium dicendum quod passiones animae, inquantum sunt praeter ordinem rationis, inclinant ad peccatum, inquantum autem sunt ordinatae a ratione, pertinent ad virtutem.

008 ST2 qu24 ar3

ag1 ‘ Ad tertium sic proceditur. videtur quod passio quaecumque semper diminuat de bonitate actus moralis. omne enim quod impedit iudicium rationis, ex quo dependet bonitas actus moralis, diminuit per consequens bonitatem actus moralis. sed omnis passio impedit iudicium rationis, * dicit enim sallustius, in catilinario, ° omnes homines qui de rebus dubiis consultant, ab odio, ira, amicitia atque misericordia vacuos esse decet. ‘ ergo omnis passio diminuit bonitatem moralis actus.
ag2 ‘ Praeterea, actus hominis, quanto est deo similior, tanto est melior, * unde dicit apostolus, ephes. v, ° estote imitatores dei, sicut filii carissimi. sed deus et sancti angeli sine ira puniunt, sine miseriae compassione subveniunt * ut augustinus dicit, in ix de civ. dei. ‘ ergo est melius huiusmodi opera bona agere sine passione animae, quam cum passione.
ag3 ‘ Praeterea, sicut malum morale attenditur per ordinem ad rationem, ita et bonum morale. sed malum morale diminuitur per passionem, minus enim peccat qui peccat ex passione, quam qui peccat ex industria. ergo maius bonum operatur qui operatur bonum sine passione, quam qui operatur cum passione.
sc ‘ Sed contra est quod * augustinus dicit, ix de civ. dei, quod ° passio misericordiae rationi deservit, quando ita praebetur misericordia, ut iustitia conservetur, sive cum indigenti tribuitur, sive cum ignoscitur poenitenti. ‘ sed nihil quod deservit rationi, diminuit bonum morale. ergo passio animae non diminuit bonum moris.
co * Respondeo dicendum quod stoici, sicut ponebant “ omnem passionem animae esse malam, ita ponebant consequenter omnem passionem animae diminuere actus bonitatem, omne enim bonum ex permixtione mali vel totaliter tollitur, vel fit minus bonum. ‘ et hoc quidem verum est, si dicamus passiones animae solum inordinatos motus sensitivi appetitus, prout sunt perturbationes seu aegritudines. sed si passiones simpliciter nominemus omnes motus appetitus sensitivi, sic ad perfectionem humani boni pertinet quod etiam ipsae passiones sint moderatae per rationem. cum enim bonum hominis consistat in ratione sicut in radice, tanto istud bonum erit perfectius, quanto ad plura quae homini conveniunt, derivari potest. unde nullus dubitat quin ad perfectionem moralis boni pertineat quod actus exteriorum membrorum per rationis regulam dirigantur. unde, cum appetitus sensitivus possit obedire rationi, * ut supra dictum est, ‘ ad perfectionem moralis sive humani boni pertinet quod etiam ipsae passiones animae sint regulatae per rationem. sicut igitur melius est quod homo et velit bonum, et faciat exteriori actu; ita etiam ad perfectionem boni moralis pertinet quod homo ad bonum moveatur non solum secundum voluntatem, sed etiam secundum appetitum sensitivum; |25| * secundum illud quod in psalmo lxxxiii, dicitur, ° cor meum et caro mea exultaverunt in deum vivum, ‘ ut cor accipiamus pro appetitu intellectivo, carnem autem pro appetitu sensitivo.
ra1 ‘ Ad primum ergo dicendum quod passiones animae dupliciter se possunt habere ad iudicium rationis. uno modo, antecedenter. et sic, cum obnubilent iudicium rationis, ex quo dependet bonitas moralis actus, diminuunt actus bonitatem, laudabilius enim est quod ex iudicio rationis aliquis faciat opus caritatis, quam ex sola passione misericordiae. alio modo se habent consequenter. et hoc dupliciter. uno modo, per modum redundantiae, quia scilicet, cum superior pars animae intense movetur in aliquid, sequitur motum eius etiam pars inferior. et sic passio existens consequenter in appetitu sensitivo, est signum intensionis voluntatis. et sic indicat bonitatem moralem maiorem. alio modo, per modum electionis, quando scilicet homo ex iudicio rationis eligit affici aliqua passione, ut promptius operetur, cooperante appetitu sensitivo. et sic passio animae addit ad bonitatem actionis.
ra2 ‘ Ad secundum dicendum quod in deo et in angelis non est appetitus sensitivus, neque etiam membra corporea, et ideo bonum in eis non attenditur secundum ordinationem passionum aut corporeorum ac-

tuum, sicut in nobis.
ra3 ‘ Ad tertium dicendum quod passio tendens in malum, praecedens iudicium rationis, diminuit peccatum, sed consequens aliquo praedictorum modorum, auget ipsum, vel significat augmentum eius.

008 ST2 qu24 ar4

ag1 ‘ Ad quartum sic proceditur. videtur quod nulla passio animae, secundum speciem suam, sit bona vel mala moraliter. bonum enim et malum morale attenditur secundum rationem. sed passiones sunt in appetitu sensitivo, et ita id quod est secundum rationem, accidit eis. cum ergo nihil quod est per accidens, pertineat ad speciem rei; videtur quod nulla passio secundum suam speciem sit bona vel mala.
ag2 ‘ Praeterea, actus et passiones habent speciem ex obiecto. si ergo aliqua passio secundum suam speciem esset bona vel mala, oporteret quod passiones quarum obiectum est bonum, bonae essent secundum suam speciem, ut amor, desiderium et gaudium; et passiones quarum obiectum est malum essent malae secundum suam speciem, ut odium, timor et tristitia. sed hoc patet esse falsum. non ergo aliqua passio est bona vel mala ex sua specie.
ag3 ‘ Praeterea, nulla species passionum est quae non inveniatur in aliis animalibus. sed bonum morale non invenitur nisi in homine. ergo nulla passio animae bona est vel mala ex sua specie.
sc * Sed contra est quod augustinus dicit, ix de civ. dei, quod ° misericordia pertinet ad virtutem. * philosophus etiam dicit, in ii ethic., quod “ verecundia est passio laudabilis. ‘ ergo aliquae passiones sunt bonae vel malae secundum suam speciem.
co * Respondeo dicendum quod sicut de actibus dictum est, ‘ ita et de passionibus dicendum videtur, quod scilicet species actus vel passionis dupliciter considerari potest. uno modo, secundum quod est in genere naturae, et sic bonum vel malum morale non pertinet ad speciem actus vel passionis. alio modo, secundum quod pertinent ad genus moris, prout scilicet participant aliquid de voluntario et de iudicio rationis. et hoc modo bonum et malum morale possunt pertinere ad speciem passionis, secundum quod accipitur ut obiectum passionis aliquid de se conveniens rationi, vel dissonum a ratione, sicut patet de verecundia, quae est timor turpis; et de invidia, quae est tristitia de bono alterius. sic enim pertinent ad speciem exterioris actus.
ra1 ‘ Ad primum ergo dicendum quod ratio illa procedit de passionibus secundum quod pertinent ad speciem naturae, prout scilicet appetitus sensitivus in se consideratur. secundum vero quod appetitus sensitivus obedit rationi, iam bonum et malum rationis non est in passionibus eius per accidens, sed per se.
ra2 ‘ Ad secundum dicendum quod passiones quae in bonum tendunt, si sit verum bonum, sunt bonae, et similiter quae a vero malo recedunt. e converso vero passiones quae sunt per recessum a bono, et per accessum ad malum, sunt malae.
ra3 ‘ Ad tertium dicendum quod in brutis animalibus appetitus sensitivus non obedit rationi. et tamen inquantum ducitur quadam aestimativa naturali, quae subiicitur rationi superiori, scilicet divinae, est in eis quaedam similitudo moralis boni, quantum ad animae passiones.

008 ST2 qu25 ar

pr ‘ Deinde considerandum est de ordine passionum ad invicem. et circa hoc quaeruntur quatuor. primo, de ordine passionum irascibilis ad passiones concupiscibilis. secundo, de ordine passionum concupiscibilis ad invicem. tertio, de ordine passionum irascibilis ad invicem. quarto, de quatuor principalibus passionibus.

008 ST2 qu25 ar1

ag1 ‘ Ad primum sic proceditur. videtur quod passiones irascibilis sint priores passionibus concupiscibilis. ordo enim passionum est secundum ordinem obiectorum. sed obiectum irascibilis est bonum arduum, quod videtur esse supremum inter alia bona. ergo passiones irascibilis videntur praeesse passionibus concupiscibilis.
ag2 ‘ Praeterea, movens est prius moto. sed irascibilis comparatur ad concupiscibilem sicut movens ad motum, ad hoc enim datur animalibus, ut tollantur impedimenta quibus concupiscibilis prohibetur frui suo obiecto, * ut supra dictum est; “ removens autem prohibens habet rationem moventis, * ut dicitur in viii physic.. ‘ ergo passiones irascibilis sunt priores passionibus concupiscibilis.
ag3 ‘ Praeterea, gaudium et tristitia sunt passiones concupiscibilis. sed gaudium et tristitia consequuntur ad passiones irascibilis, * dicit enim philosophus, in iv ethic., quod ° punitio quietat impetum irae, delectationem loco tristitiae faciens. ‘ ergo passiones concupiscibilis sunt posteriores passionibus irascibilis.
sc ‘ Sed contra, passiones concupiscibilis respiciunt bonum absolutum, passiones autem irascibilis respiciunt bonum contractum, scilicet arduum. cum igitur bonum simpliciter sit prius quam bonum contractum, videtur quod passiones concupiscibilis sint priores passionibus irascibilis.
co ‘ Respondeo dicendum quod passiones concupiscibilis ad plura se habent quam passiones irascibilis. nam in passionibus concupiscibilis invenitur aliquid pertinens ad motum, sicut desiderium; et aliquid pertinens ad quietem, sicut gaudium et tristitia. sed in passionibus irascibilis non invenitur aliquid pertinens ad quietem, sed solum pertinens ad motum. cuius ratio est quia id in quo iam quiescitur, non habet rationem difficilis seu ardui, quod est obiectum irascibilis. quies autem, cum sit finis motus, est prior in intentione, sed posterior in executione. si ergo comparentur passiones irascibilis ad passiones concupiscibilis quae significant quietem in bono; manifeste passiones irascibilis praecedunt, ordine executionis, huiusmodi passiones concupiscibilis, sicut spes praecedit gaudium, unde et causat ipsum, * secundum illud apostoli, rom. xii, ° spe gaudentes. ‘ sed passio concupiscibilis importans quietem in malo, scilicet tristitia, media est inter duas passiones irascibilis. sequitur enim timorem, cum enim occurrerit malum quod timebatur, causatur tristitia. praecedit autem motum irae, quia cum ex tristitia praecedente aliquis insurgit in vindictam, hoc pertinet ad motum irae. et quia rependere vicem malis, apprehenditur ut bonum; cum iratus hoc consecutus fuerit, gaudet. et sic manifestum est quod omnis passio irascibilis terminatur ad |25| passionem concupiscibilis pertinentem ad quietem, scilicet vel ad gaudium vel ad tristitiam. sed si comparentur passiones irascibilis ad passiones concupiscibilis quae important motum, sic manifeste passiones concupiscibilis sunt priores, eo quod passiones irascibilis addunt supra passiones concupiscibilis; sicut et obiectum irascibilis addit supra obiectum concupiscibilis arduitatem sive difficultatem. spes enim supra desiderium addit quendam conatum, et quandam elevationem animi ad consequendum bonum arduum. et similiter timor addit supra fugam seu abominationem, quandam depressionem animi, propter difficultatem mali. sic ergo passiones irascibilis mediae sunt inter passiones concupiscibilis quae important motum in bonum vel in malum; et inter passiones concupiscibilis quae important quietem in bono vel in malo. et sic patet quod passiones irascibilis et principium habent a passionibus concupiscibilis, et in passiones concupiscibilis terminantur.
ra1 ‘ Ad primum ergo dicendum quod illa ratio procederet, si de ratione obiecti concupiscibilis esset aliquid oppositum arduo, sicut de ratione obiecti irascibilis est quod sit arduum. sed quia obiectum concupiscibilis est bonum absolute, prius naturaliter est quam obiectum irascibilis, sicut commune proprio.
ra2 ‘ Ad secundum dicendum quod removens prohibens non est movens per se, sed per accidens. nunc autem loquimur de ordine passionum per se. et praeterea irascibilis removet prohibens quietem concupiscibilis in suo obiecto. unde ex hoc non sequitur nisi quod passiones irascibilis praecedunt passiones concupiscibilis ad quietem pertinentes.
ra3 ‘ De quibus etiam tertia ratio procedit.

008 ST2 qu25 ar2

ag1 ‘ Ad secundum sic proceditur. videtur quod amor non sit prima passionum concupiscibilis. vis enim concupiscibilis a concupiscentia denominatur, quae est eadem passio cum desiderio. “ sed denominatio fit a potiori, * ut dicitur in ii de anima. ‘ ergo concupiscentia est potior amore.
ag2 ‘ Praeterea, amor unionem quandam importat, est enim vis unitiva et “ concretiva, * ut dionysius dicit, in iv cap. de div. nom.. ‘ sed concupiscentia vel desiderium est motus ad unionem rei concupitae vel desideratae. ergo concupiscentia est prior amore.
ag3 ‘ Praeterea, causa est prior effectu. sed delectatio est quandoque causa amoris, “ quidam enim propter delectationem amant, * ut dicitur in viii ethic.. ‘ ergo delectatio est prior amore. non ergo prima inter passiones concupiscibilis est amor.
sc * Sed contra est quod augustinus dicit, in xiv de civ. dei, quod “ omnes passiones ex amore causantur, ° amor enim inhians habere quod amatur, cupiditas est; id autem habens, eoque fruens, laetitia est. ‘ amor ergo est prima passionum concupiscibilis.
co ‘ Respondeo dicendum quod obiectum concupiscibilis sunt bonum et malum. naturaliter autem est prius bonum malo, eo quod malum est privatio boni. unde et omnes passiones quarum obiectum est bonum, naturaliter sunt priores passionibus quarum obiectum est malum, unaquaeque scilicet sua opposita, quia enim bonum quaeritur, ideo refutatur oppositum malum. bonum autem habet rationem finis, qui quidem est prior in intentione, sed est posterior in consecutione. potest ergo ordo passionum concupiscibilis attendi vel secundum intentionem, vel secundum consecutionem. secundum quidem consecutionem, illud est prius quod primo fit in eo quod tendit ad finem. manifestum est autem quod omne quod tendit ad finem aliquem, primo quidem habet aptitudinem seu proportionem ad finem, nihil enim tendit in finem non proportionatum; secundo, movetur ad finem; tertio, quiescit in fine post eius consecutionem. ipsa autem aptitudo sive proportio appetitus ad bonum est amor, qui nihil aliud est quam complacentia boni; motus autem ad bonum est desiderium vel concupiscentia; quies autem in bono est gaudium vel delectatio. et ideo secundum hunc ordinem, amor praecedit desiderium, et desiderium praecedit delectationem. sed secundum ordinem intentionis, est e converso, nam delectatio intenta causat desiderium et amorem. delectatio enim est fruitio boni, quae quodammodo est finis sicut et ipsum bonum, |25| * ut supra dictum est.
ra1 ‘ Ad primum ergo dicendum quod hoc modo nominatur aliquid, secundum quod nobis innotescit, “ voces enim sunt signa intellectuum, * secundum philosophum. ‘ nos autem, ut plurimum, per effectum cognoscimus causam. effectus autem amoris, quando quidem habetur ipsum amatum, est delectatio, quando vero non habetur, est desiderium vel concupiscentia. * ut autem augustinus dicit, in x de trin., ° amor magis sentitur, cum eum prodit indigentia. ‘ unde inter omnes passiones concupiscibilis, magis sensibilis est concupiscentia. et propter hoc, ab ea denominatur potentia.
ra2 ‘ Ad secundum dicendum quod duplex est unio amati ad amantem. una quidem realis, secundum scilicet coniunctionem ad rem ipsam. et talis unio pertinet ad gaudium vel delectationem, quae sequitur desiderium. alia autem est unio affectiva, quae est secundum aptitudinem vel proportionem, prout scilicet ex hoc quod aliquid habet aptitudinem ad alterum et inclinationem, iam participat aliquid eius. et sic amor unionem importat. quae quidem unio praecedit motum desiderii.
ra3 ‘ Ad tertium dicendum quod delectatio causat amorem, secundum quod est prior in intentione.

008 ST2 qu25 ar3

ag1 ‘ Ad tertium sic proceditur. videtur quod spes non sit prima inter passiones irascibilis. vis enim irascibilis ab ira denominatur. cum ergo denominatio fiat a potiori, videtur quod ira sit potior et prior quam spes.
ag2 ‘ Praeterea, arduum est obiectum irascibilis. sed magis videtur esse arduum quod aliquis conetur superare malum contrarium quod imminet ut futurum, quod pertinet ad audaciam; vel quod iniacet iam ut praesens, quod pertinet ad iram; quam quod conetur acquirere simpliciter aliquod bonum. et similiter magis videtur esse arduum quod conetur vincere malum praesens, quam malum futurum. ergo ira videtur esse potior passio quam audacia, et audacia quam spes. et sic spes non videtur esse prior.
ag3 ‘ Praeterea, prius occurrit, in motu ad finem, recessus a termino, quam accessus ad terminum. sed timor et desperatio important recessum ab aliquo, audacia autem et spes important accessum ad aliquid. ergo timor et desperatio praecedunt spem et audaciam.
sc ‘ Sed contra, quanto aliquid est propinquius primo, tanto est prius. sed spes est propinquior amori, qui est prima passionum. ergo spes est prior inter omnes passiones irascibilis.
co * Respondeo dicendum quod, sicut iam dictum est, ‘ omnes passiones irascibilis important motum in aliquid. motus autem ad aliquid in irascibili potest causari ex duobus, uno modo, ex sola aptitudine seu proportione ad finem, quae pertinet ad amorem vel odium; alio modo, ex praesentia ipsius boni vel mali, quae pertinet ad tristitiam vel gaudium. et quidem ex praesentia boni non causatur aliqua passio in irascibili, * ut dictum est, ‘ sed ex praesentia mali causatur passio irae. quia igitur in via generationis seu consecutionis, proportio vel aptitudo ad finem praecedit consecutionem finis; inde est quod ira, inter omnes passiones irascibilis, est ultima, ordine generationis. inter alias autem passiones irascibilis, quae important motum consequentem amorem vel odium boni vel mali, oportet quod passiones quarum obiectum est bonum, scilicet spes et desperatio, sint naturaliter priores passionibus quarum obiectum est malum, scilicet audacia et timore. ita tamen quod spes est prior desperatione, quia spes est motus in bonum secundum rationem boni quod de sua ratione est attractivum, et ideo est motus in bonum per se; desperatio autem est recessus a bono, qui non competit bono secundum quod est bonum, sed secundum aliquid aliud, unde est quasi per accidens. et eadem ratione, timor, cum sit recessus a malo, est prior quam audacia. quod autem spes et desperatio sint naturaliter priores quam timor et |25| audacia, ex hoc manifestum est, quod, sicut appetitus boni est ratio quare vitetur malum, ita etiam spes et desperatio sunt ratio timoris et audaciae, nam audacia consequitur spem victoriae, et timor consequitur desperationem vincendi. ira autem consequitur audaciam, “ nullus enim irascitur vindictam appetens, nisi audeat vindicare, * secundum quod avicenna dicit, in sexto de naturalibus. ‘ sic ergo patet quod spes est prima inter omnes passiones irascibilis. et si ordinem omnium passionum secundum viam generationis, scire velimus, primo occurrunt amor et odium; secundo, desiderium et fuga; tertio, spes et desperatio; quarto, timor et audacia; quinto, ira; sexto et ultimo, gaudium et tristitia, “ quae consequuntur ad omnes passiones, * ut dicitur in ii ethic.. ‘ ita tamen quod amor est prior odio, et desiderium fuga, et spes desperatione, et timor audacia, et gaudium quam tristitia, * ut ex praedictis colligi potest.
ra1 ‘ Ad primum ergo dicendum quod, quia ira causatur ex aliis passionibus sicut effectus a causis praece-

dentibus, ideo ab ea, tanquam a manifestiori, denominatur potentia.
ra2 ' Ad secundum dicendum quod arduum non est ratio accedendi vel appetendi, sed potius bonum. et ideo spes, quae directius respicit bonum, est prior, quamvis audacia aliquando sit in magis arduum, vel etiam ira.
ra3 ' Ad tertium dicendum quod appetitus primo et per se movetur in bonum, sicut in proprium obiectum; et ex hoc causatur quod recedat a malo. proportionatur enim motus appetitivae partis, non quidem motui naturali, sed intentioni naturae; quae per prius intendit finem quam remotionem contrarii, quae non quaeritur nisi propter adeptionem finis.

008 ST2 qu25 ar4

ag1 ' Ad quartum sic proceditur. videtur quod non sint istae quatuor principales passiones, gaudium et tristitia, spes et timor. * augustinus enim, in xiv de civ. dei, " non ponit spem, sed cupiditatem loco eius.
ag2 ' Praeterea, in passionibus animae est duplex ordo, scilicet intentionis, et consecutionis seu generationis. aut ergo principales passiones accipiuntur secundum ordinem intentionis, et sic tantum gaudium et tristitia, quae sunt finales, erunt principales passiones. aut secundum ordinem consecutionis seu generationis, et sic amor erit principalis passio. nullo ergo modo debent dici quatuor principales passiones istae quatuor, gaudium et tristitia, spes et timor.
ag3 ' Praeterea, sicut audacia causatur ex spe, ita timor ex desperatione. aut ergo spes et desperatio debent poni principales passiones, tanquam causae, aut spes et audacia, tanquam sibi ipsis affines.
sc * Sed contra est illud quod boetius, in libro de consol., " enumerans quatuor principales passiones, dicit, ° gaudia pelle, pelle timorem, spemque fugato, nec dolor adsit.
co ' Respondeo dicendum quod hae quatuor passiones communiter principales esse dicuntur. quarum duae, scilicet gaudium et tristitia, principales dicuntur, quia sunt completivae et finales simpliciter respectu omnium passionum, " unde ad omnes passiones consequuntur, * ut dicitur in ii ethic.. ' timor autem et spes sunt principales, non quidem quasi completivae simpliciter, sed quia sunt completivae in genere motus appetitivi ad aliquid, nam respectu boni, incipit motus in amore, et procedit in desiderium, et terminatur in spe; respectu vero mali, incipit in odio, et procedit ad fugam, et terminatur in timore. et ideo solet harum quatuor passionum numerus accipi secundum differentiam praesentis et futuri, motus enim respicit futurum, sed quies est in aliquo praesenti. de bono igitur praesenti est gaudium; de malo praesenti est tristitia; de bono vero futuro est spes; de malo futuro est timor. omnes autem aliae passiones, quae sunt de bono vel de malo praesenti vel futuro, ad has completive reducuntur. unde etiam a quibusdam dicuntur principales hae praedictae quatuor passiones, quia sunt generales. quod quidem verum est, si spes et timor designant motum appetitus communiter tendentem in aliquid appetendum vel fugiendum.
ra1 * Ad primum ergo dicendum quod augustinus ponit " desiderium vel cupiditatem loco spei, inquantum ad idem pertinere videntur, scilicet ad bonum futurum.
ra2 ' Ad secundum dicendum quod passiones istae dicuntur principales, secundum ordinem intentionis et complementi. et quamvis timor et spes non sint ultimae passiones simpliciter, tamen sunt ultimae in genere passionum tendentium in aliud quasi in futurum. nec potest esse instantia nisi de ira. quae tamen non potest poni principalis passio, quia est quidam effectus audaciae, quae non potest esse passio principalis, * ut infra dicetur.
ra3 ' Ad tertium dicendum quod desperatio importat recessum a bono, quod est quasi per accidens, et audacia importat accessum ad malum, quod etiam est per accidens. et ideo hae passiones non possunt esse principales, quia quod est per accidens, non potest dici principale. et sic etiam nec ira potest dici passio principalis, quae consequitur audaciam.

008 ST2 qu26 ar

pr ' Consequenter considerandum est de passionibus animae in speciali. et primo, de passionibus concupiscibilis; secundo, de passionibus irascibilis. prima consideratio erit tripartita, nam primo considerabimus de amore et odio; secundo, de concupiscentia et fuga tertio, de delectatione et tristitia. circa amorem consideranda sunt tria, primo, de ipso amore; secundo, de causa amoris; tertio, de effectibus eius. circa primum quaeruntur quatuor. primo, utrum amor sit in concupiscibili. secundo, utrum amor sit passio. tertio, utrum amor sit idem quod dilectio. quarto, utrum amor convenienter dividatur in amorem amicitiae et amorem concupiscentiae.

008 ST2 qu26 ar1

ag1 ' Ad primum sic proceditur. videtur quod amor non sit in concupiscibili. * dicitur enim sap. viii, " hanc, scilicet sapientiam, amavi et exquisivi a iuventute mea. ' sed concupiscibilis, cum sit pars appetitus sensitivi, non potest tendere in sapientiam, quae non comprehenditur sensu. ergo amor non est in concupiscibili.
ag2 ' Praeterea, amor videtur esse idem cuilibet passioni, * dicit enim augustinus, in xiv de civ. dei, ° amor inhians habere quod amatur, cupiditas est; id autem habens, eoque fruens, laetitia; fugiens quod ei adversatur, timor est; idque si acciderit sentiens, tristitia est. ' sed non omnis passio est in concupiscibili; sed timor, etiam hic enumeratus, est in irascibili. ergo non est simpliciter dicendum quod amor sit in concupiscibili.
ag3 * Praeterea, dionysius, in iv cap. de div. nom., ponit " quendam amorem naturalem. ' sed amor naturalis magis videtur pertinere ad vires naturales, quae sunt animae vegetabilis. ergo amor non simpliciter est in concupiscibili.
sc ' Sed contra est quod * philosophus dicit, in ii topic., quod " amor est in concupiscibili.
co ' Respondeo dicendum quod amor est aliquid ad appetitum pertinens, cum utriusque obiectum sit bonum. unde secundum differentiam appetitus est differentia amoris. est enim quidam appetitus non consequens apprehensionem ipsius appetentis, sed alterius, et huiusmodi dicitur appetitus naturalis. res enim naturales appetunt quod eis convenit secundum suam naturam, non per apprehensionem propriam, sed per apprehensionem instituentis naturam, * ut in i libro dictum est. ' alius autem est appetitus consequens apprehensionem ipsius appetentis, sed ex necessitate, non ex iudicio libero. et talis est appetitus sensitivus in brutis, qui tamen in hominibus aliquid libertatis participat, inquantum obedit rationi. alius autem est appetitus consequens apprehensionem appetentis secundum liberum iudicium. et talis est appetitus rationalis sive intellectivus, qui dicitur voluntas. in unoquoque autem horum appetituum, amor dicitur illud quod est principium motus tendentis in finem amatum. in appetitu autem naturali, principium huiusmodi motus est connaturalitas appetentis ad id in quod tendit, quae dici potest amor naturalis, sicut ipsa connaturalitas corporis gravis ad locum medium est per gravitatem, et potest dici amor naturalis. et similiter coaptatio appetitus sensitivi, vel voluntatis, ad aliquod bonum, idest ipsa complacentia boni, |25| dicitur amor sensitivus, vel intellectivus seu rationalis. amor igitur sensitivus est in appetitu sensitivo, sicut amor intellectivus in appetitu intellectivo. et pertinet ad concupiscibilem, quia dicitur per respectum ad bonum absolute, non per respectum ad arduum, quod est obiectum irascibilis.
ra1 ' Ad primum ergo dicendum quod * auctoritas illa loquitur " de amore intellectivo vel rationali.
ra2 ' Ad secundum dicendum quod amor dicitur esse timor, gaudium, cupiditas et tristitia, non quidem essentialiter, sed causaliter.
ra3 ' Ad tertium dicendum quod amor naturalis non solum est in viribus animae vegetativae, sed in omnibus potentiis animae, et etiam in omnibus partibus corporis, et universaliter in omnibus rebus, * quia, ut dionysius dicit, iv cap. de div. nom., ° omnibus est pulchrum et bonum amabile; ' cum unaquaeque res habeat connaturalitatem ad id quod est sibi conveniens secundum suam naturam.

008 ST2 qu26 ar2

ag1 ' Ad secundum sic proceditur. videtur quod amor non sit passio. nulla enim virtus passio est. " sed omnis amor est virtus quaedam, * ut dicit dionysius, iv cap. de div. nom.. ' ergo amor non est passio.
ag2 ' Praeterea, " amor est unio quaedam vel nexus, * secundum augustinum, in libro de trin.. ' sed unio vel nexus non est passio, sed magis relatio. ergo amor non est passio.
ag3 * Praeterea, damascenus dicit, in ii libro, quod " passio est motus quidam. ' amor autem non importat motum appetitus, qui est desiderium; sed principium huiusmodi motus. ergo amor non est passio.
sc ' Sed contra est quod * philosophus dicit, in viii ethic., quod " amor est passio.
co ' Respondeo dicendum quod passio est effectus agentis in patiente. agens autem naturale duplicem effectum inducit in patiens, nam primo quidem dat formam, secundo autem dat motum consequentem formam; sicut generans dat corpori gravitatem, et motum consequentem ipsam. et ipsa gravitas, quae est principium motus ad locum connaturalem propter gravitatem, potest quodammodo dici amor naturalis. sic etiam ipsum appetibile dat appetitui, primo quidem, quandam coaptationem ad ipsum, quae est complacentia appetibilis; ex qua sequitur motus ad appetibile. nam " appetitivus motus circulo agitur, * ut dicitur in iii de anima, ' appetibile enim movet appetitum, faciens se quodammodo in eius intentione; et appetitus tendit in appetibile realiter consequendum, ut sit ibi finis motus, ubi fuit principium. prima ergo immutatio appetitus ab appetibili vocatur amor, qui nihil est aliud quam complacentia appetibilis; et ex hac complacentia sequitur motus in appetibile, qui est desiderium; et ultimo quies, quae est gaudium. sic ergo, cum amor consistat in quadam immutatione appetitus ab appetibili, manifestum est quod amor et passio, proprie quidem, secundum quod est in concupiscibili; communiter autem, et extenso nomine, secundum quod est in voluntate.
ra1 ' Ad primum ergo dicendum quod, quia virtus significat principium motus vel actionis, " ideo amor, inquantum est principium appetitivi motus, * a dionysio " vocatur virtus.
ra2 ' Ad secundum dicendum quod unio pertinet ad amorem, inquantum per complacentiam appetitus amans se habet ad id quod amat, sicut ad seipsum, vel ad aliquid sui. et sic patet quod amor non est ipsa relatio unionis, sed unio est consequens amorem. * unde et dionysius dicit quod " amor est virtus unitiva, * et philosophus dicit, in ii polit., quod " unio est opus amoris.
ra3 ' Ad tertium dicendum quod amor, etsi non nominet motum appetitus tendentem in appetibile, nominat tamen motum appetitus quo immutatur ab appetibili, ut ei appetibile complaceat.

008 ST2 qu26 ar3

ag1 ' Ad tertium sic proceditur. videtur quod amor sit idem quod dilectio. * dionysius enim, iv cap. de div. nom., dicit quod " hoc modo se habent amor et dilectio, ° sicut quatuor et bis duo, rectilineum et habens rectas lineas. ' sed ista significant idem. ergo amor et dilectio significant idem.
ag2 ' Praeterea, appetitivi motus secundum obiecta differunt. sed idem est obiectum dilectionis et amoris. ergo sunt idem.
ag3 ' Praeterea, si dilectio et amor in aliquo differunt, maxime in hoc differre videntur, quod " dilectio sit in bono accipienda, amor autem in malo, * ut quidam dixerunt, secundum quod augustinus narrat, in xiv de civ. dei. ' sed hoc modo non differunt, * quia, ut ibidem augustinus dicit, " in sacris scripturis utrumque accipitur in bono et in malo. ' ergo amor et dilectio non differunt; * sicut ipse augustinus ibidem concludit quod ° non est aliud amorem dicere, et aliud dilectionem dicere.
sc ' Sed contra est quod * dionysius dicit, iv cap. de div. nom., quod ° quibusdam sanctorum visum est divinius esse nomen amoris quam nomen dilectionis.
co ' Respondeo dicendum quod quatuor nomina inveniuntur ad idem quodammodo pertinentia, scilicet amor, dilectio, caritas et amicitia. differunt tamen in hoc, quod " amicitia, * secundum philosophum in viii ethic., " est quasi habitus; ' amor autem et dilectio significantur per modum actus vel passionis; caritas autem utroque modo accipi potest. differenter tamen significatur actus per ista tria. nam amor communius est inter ea, omnis enim dilectio vel caritas est amor, sed non e converso. addit enim dilectio supra amorem, electionem praecedentem, ut ipsum nomen sonat. unde dilectio non est in concupiscibili, sed in voluntate tantum, et est in sola rationali natura. caritas autem addit supra amorem, perfectionem quandam amoris, inquantum id quod amatur magni pretii aestimatur, ut ipsum nomen designat.
ra1 ' Ad primum ergo dicendum quod * dionysius loquitur " de amore et dilectione, secundum quod sunt in appetitu intellectivo, ' sic enim amor idem est quod dilectio.
ra2 ' Ad secundum dicendum quod obiectum amoris est communius quam obiectum dilectionis, quia ad plura se extendit amor quam dilectio, * sicut dictum est.
ra3 ' Ad tertium dicendum quod non differunt amor et dilectio secundum differentiam boni et mali, sed * sicut dictum est. ' in parte tamen intellectiva idem est amor et dilectio. * et sic loquitur ibi augustinus de amore, unde parum post subdit quod ° recta voluntas est bonus amor, et perversa voluntas est malus amor. ' quia tamen amor, qui est passio concupiscibilis, plurimos inclinat ad malum, * inde habuerunt occasionem qui praedictam differentiam assignaverunt.
ra4 ' Ad quartum dicendum quod ideo aliqui posuerunt, etiam in ipsa voluntate, nomen amoris esse divinius nomine dilectionis, quia amor importat quandam passionem, praecipue secundum quod est in appetitu sensitivo; dilectio autem praesupponit iudicium rationis. magis autem homo in deum tendere potest per amorem, passive quodammodo ab ipso deo attractus, quam ad hoc eum propria ratio ducere possit, quod pertinet ad rationem dilectionis, * ut dictum est. ' et propter hoc, divinius est amor quam dilectio.

008 ST2 qu26 ar4

ag1 ' Ad quartum sic proceditur. videtur quod amor inconvenienter dividatur in amorem amicitiae et concupiscentiae. amor enim est passio, " amicitia vero est habitus, * ut dicit philosophus, in viii ethic.. ' sed habitus non potest esse pars divisiva passionis. ergo amor non convenienter dividitur per amorem concupiscentiae et amorem amicitiae.
ag2 ' Praeterea, nihil dividitur per id quod ei connumeratur, non enim homo connumeratur animali. sed concupiscentia connumeratur amori, sicut alia passio ab amore. ergo amor non potest dividi per concupiscentiam.
ag3 * Praeterea, secundum philosophum, in viii ethic., " triplex est amicitia, utilis, delectabilis et honesta. ' sed amicitia utilis et delectabilis habet concupiscentiam. ergo concupiscentia non debet dividi contra amicitiam.
sc ' Sed contra, quaedam dicimur amare quia ea concupiscimus, sicut ° dicitur aliquis amare vinum prop-

ter dulce quod in eo concupiscit, * ut dicitur in ii topic.. “ sed ad vinum, et ad huiusmodi, non habemus amicitiam, * ut dicitur in viii ethic.. ‘ ergo alius est amor concupiscentiae, et alius est amor amicitiae.
co ‘ Respondeo dicendum quod, * sicut philosophus dicit in ii rhetoric., “ amare est velle alicui bonum. ‘ sic ergo motus amoris in duo tendit, scilicet in bonum quod quis vult alicui, vel sibi vel alii; et in illud cui vult bonum. ad illud ergo bonum quod quis vult alteri, habetur amor concupiscentiae, ad illud autem cui aliquis vult bonum, habetur amor amicitiae. haec autem divisio est secundum prius et posterius. nam id quod amatur amore amicitiae, simpliciter et per se amatur, quod autem amatur amore concupiscentiae, non simpliciter et secundum se amatur, sed amatur alteri. sicut enim ens simpliciter est quod habet esse, ens autem secundum quid quod est in alio; ita bonum, quod convertitur cum ente, simpliciter quidem est quod ipsum habet bonitatem; quod autem est bonum alterius, est bonum secundum quid. et per consequens amor quo amatur aliquid ut ei sit bonum, est amor simpliciter, amor autem quo amatur aliquid ut sit bonum alterius, est amor secundum quid.
ra1 ‘ Ad primum ergo dicendum quod amor non dividitur per amicitiam et concupiscentiam, sed per amorem amicitiae et concupiscentiae. nam ille proprie dicitur amicus, cui aliquod bonum volumus, illud autem dicimur concupiscere, quod volumus nobis.
ra2 ‘ Et per hoc patet solutio ad secundum.
ra3 ‘ Ad tertium dicendum quod in amicitia utilis et delectabilis, vult quidem aliquis aliquod bonum amico, et quantum ad hoc salvatur ibi ratio amicitiae. sed quia illud bonum refert ulterius ad suam delectationem vel utilitatem, inde est quod amicitia utilis et delectabilis, inquantum trahitur ad amorem concupiscentiae, deficit a ratione verae amicitiae.

008 ST2 qu27 ar

pr ‘ Deinde considerandum est de causa amoris. et circa hoc quaeruntur quatuor. primo, utrum bonum sit sola causa amoris. secundo, utrum cognitio sit causa amoris. tertio, utrum similitudo. quarto, utrum aliqua alia animae passionum.

008 ST2 qu27 ar1

ag1 ‘ Ad primum sic proceditur. videtur quod non solum bonum sit causa amoris. bonum enim non est causa amoris, nisi quia amatur. sed contingit etiam malum amari, * secundum illud psalmi x, ° qui diligit iniquitatem, odit animam suam, ‘ alioquin omnis amor esset bonus. ergo non solum bonum est causa amoris.
ag2 * Praeterea, philosophus dicit, in ii rhetoric., quod ° eos qui mala sua dicunt, amamus. ‘ ergo videtur quod malum sit causa amoris.
ag3 * Praeterea, dionysius dicit, iv cap. de div. nom., quod “ non solum bonum, sed etiam pulchrum est omnibus amabile.
sc * Sed contra est quod augustinus dicit, viii de trin., ° non amatur certe nisi bonum. ‘ solum igitur bonum est causa amoris.
co * Respondeo dicendum quod, sicut supra dictum est, ‘ amor ad appetitivam potentiam pertinet, quae est vis passiva. unde obiectum eius comparatur ad ipsam sicut causa motus vel actus ipsius. oportet igitur ut illud sit proprie causa amoris quod est amoris obiectum. amoris autem proprium obiectum est bonum, quia, * ut dictum est, ‘ amor importat quandam connaturalitatem vel complacentiam amantis ad amatum; unicuique autem est bonum id quod est sibi connaturale et proportionatum. unde relinquitur quod bonum sit propria causa amoris.
ra1 ‘ Ad primum ergo dicendum quod malum nunquam amatur nisi sub ratione boni, scilicet inquantum est secundum quid bonum, et apprehenditur ut simpliciter bonum. et sic aliquis amor est malus, inquantum tendit in id quod non est simpliciter verum bonum. et per hunc modum homo diligit iniquitatem, inquantum per iniquitatem adipiscitur aliquod bonum, puta delectationem vel pecuniam vel aliquid huiusmodi.
ra2 ‘ Ad secundum dicendum quod illi qui mala sua dicunt, non propter mala amantur, sed propter hoc quod dicunt mala, hoc enim quod est dicere mala sua, habet rationem boni, inquantum excludit fictionem seu simulationem.
ra3 ‘ Ad tertium dicendum quod pulchrum est idem bono, sola ratione differens. cum enim bonum sit quod omnia appetunt, de ratione boni est quod in eo quietetur appetitus, sed ad rationem pulchri pertinet quod in eius aspectu seu cognitione quietetur appetitus. unde et illi sensus praecipue respiciunt pulchrum, qui maxime cognoscitivi sunt, scilicet visus et auditus rationi deservientes, dicimus enim pulchra visibilia et pulchros sonos. in sensibilibus autem aliorum sensuum, non utimur nomine pulchritudinis, non enim dicimus pulchros sapores aut odores. et sic patet quod pulchrum addit supra bonum, quendam ordinem ad vim cognoscitivam, ita quod bonum dicatur id quod simpliciter complacet appetitui; pulchrum autem dicatur id cuius ipsa apprehensio placet.

008 ST2 qu27 ar2

ag1 ‘ Ad secundum sic proceditur. videtur quod cognitio non sit causa amoris. quod enim aliquid quaeratur, hoc contingit ex amore. sed aliqua quaeruntur quae nesciuntur, sicut scientiae, “ cum enim in his idem sit eas habere quod eas nosse, * ut augustinus dicit in libro octoginta trium quaest., ‘ si cognoscerentur, haberentur, et non quaererentur. ergo cognitio non est causa amoris.
ag2 ‘ Praeterea, eiusdem rationis videtur esse quod aliquid incognitum ametur, et quod aliquid ametur plus quam cognoscatur. sed aliqua amantur plus quam cognoscantur, sicut deus, qui in hac vita potest per seipsum amari, non autem per seipsum cognosci. ergo cognitio non est causa amoris.
ag3 ‘ Praeterea, si cognitio esset causa amoris, non posset inveniri amor ubi non est cognitio. “ sed in omnibus rebus invenitur amor, * ut dicit dionysius in iv cap. de div. nom., ‘ non autem in omnibus invenitur cognitio. ergo cognitio non est causa amoris.
sc * Sed contra est quod augustinus probat, in x de trin., quod ° nullus potest amare aliquid incognitum.
co * Respondeo dicendum quod, sicut dictum est, ‘ bonum est causa amoris per modum obiecti. bonum autem non est obiectum appetitus, nisi prout est apprehensum. et ideo amor requirit aliquam apprehensionem boni quod amatur. * et propter hoc philosophus dicit, ix ethic., quod “ visio corporalis est principium amoris sensitivi. ‘ et similiter contemplatio spiritualis pulchritudinis vel bonitatis, est principium amoris spiritualis. sic igitur cognitio est causa amoris, ea ratione qua et bonum, quod non potest amari nisi cognitum.
ra1 ‘ Ad primum ergo dicendum quod ille qui quaerit scientiam, non omnino ignorat eam, sed secundum aliquid eam praecognoscit, vel in universali, vel in aliquo eius effectu, vel per hoc quod audit eam laudari, * ut augustinus dicit, x de trin.. ‘ sic autem eam cognoscere non est eam habere; sed cognoscere eam perfecte.
ra2 ‘ Ad secundum dicendum quod aliquid requiritur ad perfectionem cognitionis, quod non requiritur ad perfectionem amoris. cognitio enim ad rationem pertinet, cuius est distinguere inter ea quae secundum rem sunt coniuncta, et componere quodammodo ea quae sunt diversa, unum alteri comparando. et ideo ad perfectionem cognitionis requiritur quod homo cognoscat singillatim quidquid est in re, sicut partes et virtutes et proprietates. sed amor est in vi appetitiva, quae respicit rem secundum quod in se est. unde ad perfectionem amoris sufficit quod res prout in se apprehenditur, ametur. ob hoc ergo contingit quod aliquid plus amatur quam cognoscatur, quia potest perfecte amari, etiam si non perfecte cognoscatur. sicut maxime patet in scientiis, quas aliqui amant propter aliquam summariam cognitionem quam de eis habent, puta quod sciunt rhetoricam esse scientiam per quam homo potest persuadere, et hoc in rhetorica amant. et similiter est dicendum circa amorem dei.
ra3 ‘ Ad tertium dicendum quod etiam amor naturalis, qui est in omnibus rebus, causatur ex aliqua cognitione, non quidem in ipsis rebus naturalibus existente, sed in eo qui naturam instituit, * ut supra dictum est.

008 ST2 qu27 ar3

ag1 ‘ Ad tertium sic proceditur. videtur quod similitudo non sit causa amoris. idem enim non est causa contrariorum. sed similitudo est causa odii, * dicitur enim prov. xiii, quod ° inter superbos semper sunt iurgia; * et philosophus dicit, in viii ethic., quod “ figuli corrixantur ad invicem. ‘ ergo similitudo non est causa amoris.
ag2 * Praeterea, augustinus dicit, in iv confess., quod ° aliquis amat in alio quod esse non vellet, sicut homo amat histrionem, qui non vellet esse histrio. ‘ hoc autem non contingeret, si similitudo esset propria causa amoris, sic enim homo amaret in altero quod ipse haberet, vel vellet habere. ergo similitudo non est causa amoris.
ag3 ‘ Praeterea, quilibet homo amat id quo indiget, etiam si illud non habeat, sicut infirmus amat sanitatem, et pauper amat divitias. sed inquantum indiget et caret eis, habet dissimilitudinem ad ipsa. ergo non solum similitudo, sed etiam dissimilitudo est causa amoris.
ag4 * Praeterea, philosophus dicit, in ii rhetoric., quod ° beneficos in pecunias et salutem amamus, et similiter eos qui circa mortuos servant amicitiam, omnes diligunt. ‘ non autem omnes sunt tales. ergo similitudo non est causa amoris.
sc * Sed contra est quod dicitur eccli. xiii, ° omne animal diligit simile sibi.
co ‘ Respondeo dicendum quod similitudo, proprie loquendo, est causa amoris. sed considerandum est quod similitudo inter aliqua potest attendi dupliciter. uno modo, ex hoc quod utrumque habet idem in actu, sicut duo habentes albedinem, dicuntur similes. alio modo, ex hoc quod unum habet in potentia et in quadam inclinatione, illud quod aliud habet in actu, sicut si dicamus quod corpus grave existens extra suum locum, habet similitudinem cum corpore gravi in suo loco existenti. vel etiam secundum quod potentia habet similitudinem ad actum ipsum, nam in ipsa potentia quodammodo est actus. primus ergo similitudinis modus causat amorem amicitiae, seu benevolentiae. ex hoc enim quod aliqui duo sunt similes, quasi habentes unam formam, sunt quodammodo unum in forma illa, sicut duo homines sunt unum in specie humanitatis, et duo albi in albedine. et ideo affectus unius tendit in alterum, sicut in unum sibi; et vult ei bonum sicut et sibi. sed secundus modus similitudinis causat amorem concupiscentiae, vel amicitiam utilis seu delectabilis. quia unicuique existenti in potentia, inquantum huiusmodi, inest appetitus sui actus, et in eius consecutione delectatur, si sit sentiens et cognoscens. * dictum est autem supra quod ‘ in amore concupiscentiae amans proprie amat seipsum, cum vult illud bonum quod concupiscit. magis autem unusquisque seipsum amat quam alium, quia sibi unus est in substantia, alteri vero in similitudine alicuius formae. |25| et ideo si ex eo quod est sibi similis in participatione formae, impediatur ipse met a consecutione boni quod amat; efficitur ei odiosus, non inquantum est similis, sed inquantum est proprii boni impeditivus. “ et propter hoc figuli corrixantur ad invicem, quia se invicem impediunt in proprio lucro, et inter superbos sunt iurgia, quia se invicem impediunt in propria excellentia, quam concupiscunt.
ra1 ‘ Et per hoc patet responsio ad primum.
ra2 ‘ Ad secundum dicendum quod in hoc etiam quod aliquis in altero amat quod in se non amat, invenitur ratio similitudinis secundum proportionalitatem, nam sicut se habet alius ad hoc quod in eo amatur, ita ipse se habet ad hoc quod in se amat. puta si bonus cantor bonum amet scriptorem, attenditur ibi similitudo proportionis, secundum quod uterque habet quod convenit ei secundum suam artem.
ra3 ‘ Ad tertium dicendum quod ille qui amat hoc quo indiget, habet similitudinem ad id quod amat sicut quod est potentia ad actum, * ut dictum est.
ra4 ‘ Ad quartum dicendum quod secundum eandem similitudinem potentiae ad actum, ille qui non est liberalis, amat eum qui est liberalis, inquantum expectat ab eo aliquid quod desiderat. et eadem ratio est de perseverante in amicitia ad eum qui non perseverat. utrobique enim videtur esse amicitia propter utilitatem. vel dicendum quod, licet non omnes homines habeant huiusmodi virtutes secundum habitum completum, habent tamen ea secundum quaedam seminalia rationis, secundum quae, qui non habet virtutem, diligit virtuosum, tanquam suae naturali rationi conformem.

008 ST2 qu27 ar4

ag1 ‘ Ad quartum sic proceditur. videtur quod aliqua alia passio possit esse causa amoris. * dicit enim philosophus, in viii ethic., quod “ aliqui amantur propter delectationem. ‘ sed delectatio est passio quaedam. ergo aliqua alia passio est causa amoris.
ag2 ‘ Praeterea, desiderium quaedam passio est. sed aliquos amamus propter desiderium alicuius quod ab eis expectamus, sicut apparet in omni amicitia quae est propter utilitatem. ergo aliqua alia passio est causa amoris.
ag3 * Praeterea, augustinus dicit, in x de trin., ° cuius rei adipiscendae spem quisque non gerit, aut tepide amat, aut omnino non amat, quamvis quam pulchra sit videat. ‘ ergo spes etiam est causa amoris.
sc “ Sed contra est quod omnes aliae affectiones animi ex amore causantur, * ut augustinus dicit, xiv de civ. dei.
co ‘ Respondeo dicendum quod nulla alia passio animae est quae non praesupponat aliquem amorem. cuius ratio est quia omnis alia passio animae vel importat motum ad aliquid, vel quietem in aliquo. omnis autem motus in aliquid, vel quies in aliquo, ex aliqua connaturalitate vel coaptatione procedit, quae pertinet ad rationem amoris. unde impossibile est quod aliqua alia passio animae sit causa universaliter omnis amoris. contingit tamen aliquam aliam passionem esse causam amoris alicuius, sicut etiam unum bonum est causa alterius.
ra1 ‘ Ad primum ergo dicendum quod, cum aliquis amat aliquid propter delectationem, amor quidem ille causatur ex illa delectatione, sed delectatio illa iterum causatur ex alio amore praecedente; nullus enim delectatur nisi in re aliquo modo amata.
ra2 ‘ Ad secundum dicendum quod desiderium rei alicuius semper praesupponit amorem illius rei. sed desiderium alicuius rei potest esse causa ut res alia ametur, sicut qui desiderat pecuniam, amat propter hoc eum a quo pecuniam recipit.
ra3 ‘ Ad tertium dicendum quod spes causat vel auget amorem, et ratione delectationis, quia delectationem causat, et etiam ratione desiderii, quia spes desiderium fortificat, non enim ita intense desideramus quae non speramus. sed tamen et ipsa spes est alicuius boni amati.

008 ST2 qu28 ar

pr ‘ Deinde considerandum est de effectibus amoris. et circa hoc quaeruntur sex. primo, utrum unio sit effectus amoris. secundo, utrum mutua inhaesio. tertio, utrum extasis sit effectus amoris. quarto, utrum zelus. quinto, utrum amor sit passio laesiva amantis. sexto, utrum amor sit causa omnium quae amans agit.

008 ST2 qu28 ar1

ag1 ' Ad primum sic proceditur. videtur quod unio non sit effectus amoris. absentia enim unioni repugnat. sed amor compatitur secum absentiam, * dicit enim apostolus, ad galat. iv, ° bonum aemulamini in bono semper * (loquens de seipso, ut glossa dicit), ° et non tantum cum praesens sum apud vos. ' ergo unio non est effectus amoris.

ag2 ' Praeterea, omnis unio aut est per essentiam, sicut forma unitur materiae, et accidens subiecto, et pars toti vel alteri parti ad constitutionem totius, aut est per similitudinem vel generis, vel speciei, vel accidentis. sed amor non causat unionem essentiae, alioquin nunquam haberetur amor ad ea quae sunt per essentiam divisa. unionem autem quae est per similitudinem, amor non causat, sed magis ab ea causatur. * ut dictum est. ' ergo unio non est effectus amoris.

ag3 ' Praeterea, sensus in actu fit sensibile in actu, et intellectus in actu fit intellectum in actu. non autem amans in actu fit amatum in actu. ergo unio magis est effectus cognitionis quam amoris.

sc * Sed contra est quod dicit dionysius, iv cap. de div. nom., quod " amor quilibet est virtus unitiva.

co ' Respondeo dicendum quod duplex est unio amantis ad amatum. una quidem secundum rem, puta cum amatum praesentialiter adest amanti. alia vero secundum affectum. quae quidem unio consideranda est ex apprehensione praecedente, nam motus appetitivus sequitur apprehensionem. cum autem sit duplex amor, scilicet concupiscentiae et amicitiae, uterque procedit ex quadam apprehensione unitatis amati ad amantem. cum enim aliquis amat aliquid quasi concupiscens illud, apprehendit illud quasi pertinens ad suum bene esse. similiter cum aliquis amat aliquem amore amicitiae, vult ei bonum sicut et sibi vult bonum, unde apprehendit eum ut alterum se, inquantum scilicet vult ei bonum sicut et sibi ipsi. et inde est quod amicus dicitur esse alter ipse, * et augustinus dicit, in iv confess., ° bene quidam dixit de amico suo, dimidium animae suae. ' primam ergo unionem amor facit effective, quia movet ad desiderandum et quaerendum praesentiam amati, quasi sibi convenientis et ad se pertinentis. secundam autem unionem facit formaliter, quia ipse amor est talis unio vel nexus. unde * augustinus dicit, in viii de trin., quod ° amor est quasi vita quaedam duo aliqua copulans, vel copulare appetens, amantem scilicet et quod amatur. " quod enim dicit copulans, refertur ad unionem affectus, |25| sine qua non est amor, quod vero dicit copulare intendens, pertinet ad unionem realem.

ra1 ' Ad primum ergo dicendum quod obiectio illa procedit de unione reali. quam quidem requirit delectatio sicut causam, desiderium vero est in reali absentia amati, amor vero et in absentia et in praesentia.

ra2 ' Ad secundum dicendum quod unio tripliciter se habet ad amorem. quaedam enim unio est causa amoris. et haec quidem est unio substantialis, quantum ad amorem quo quis amat seipsum, quantum vero ad amorem quo quis amat alia, est unio similitudinis, * ut dictum est. ' quaedam vero unio est essentialiter ipse amor. et haec est unio secundum coaptationem affectus. quae quidem assimilatur unioni substantiali, inquantum amans se habet ad amatum, in amore quidem amicitiae, ut ad seipsum; in amore autem concupiscentiae, ut ad aliquid sui. quaedam vero unio est effectus amoris. et haec est unio realis, quam amans quaerit de re amata. et haec quidem unio est secundum convenientiam amoris, * ut enim philosophus refert, ii politic., ° aristophanes dixit quod amantes desiderarent ex ambobus fieri unum, sed quia ex hoc accideret aut ambos aut alterum corrumpi, " quaerunt unionem quae convenit et decet; ut scilicet simul conversentur, et simul colloquantur, et in aliis huiusmodi coniungantur.

ra3 ' Ad tertium dicendum quod cognitio perficitur per hoc quod cognitum unitur cognoscenti secundum suam similitudinem. sed amor facit quod ipsa res quae amatur, amanti aliquo modo uniatur, * ut dictum est. ' unde amor est magis unitivus quam cognitio.

008 ST2 qu28 ar2

ag1 ' Ad secundum sic proceditur. videtur quod amor non causet mutuam inhaesionem, ut scilicet amans sit in amato, et e converso. quod enim est in altero, continetur in eo. sed non potest idem esse continens et contentum. ergo per amorem non potest causari mutua inhaesio, ut amatum sit in amante et e converso.

ag2 ' Praeterea, nihil potest penetrare in interiora alicuius integri, nisi per aliquam divisionem. sed dividere quae sunt secundum rem coniuncta, non pertinet ad appetitum, in quo est amor, sed ad rationem. ergo mutua inhaesio non est effectus amoris.

ag3 ' Praeterea, si per amorem amans est in amato et e converso, sequetur quod hoc modo amatum uniatur amanti, sicut amans amato. sed ipsa unio est amor, * ut dictum est. ' ergo sequitur quod semper amans ametur ab amato, quod patet esse falsum. non ergo mutua inhaesio est effectus amoris.

sc * Sed contra est quod dicitur i ioan. iv, ° qui manet in caritate, in deo manet, et deus in eo. ' caritas autem est amor dei. ergo, eadem ratione, quilibet amor facit amatum esse in amante, et e converso.

co ' Respondeo dicendum quod iste effectus mutuae inhaesionis potest intelligi et quantum ad vim apprehensivam, et quantum ad vim appetitivam. nam quantum ad vim apprehensivam amatum dicitur esse in amante, inquantum amatum immoratur in apprehensione amantis; * secundum illud philipp. i, ° eo quod habeam vos in corde. ' amans vero dicitur esse in amato secundum apprehensionem inquantum amans non est contentus superficiali apprehensione amati, sed nititur singula quae ad amatum pertinent intrinsecus disquirere, et sic ad interiora eius ingreditur. sicut de spiritu sancto, qui est amor dei, * dicitur, i ad cor. ii, quod ° scrutatur etiam profunda dei. ' sed quantum ad vim appetitivam, amatum dicitur esse in amante, prout est per quandam complacentiam in eius affectu, ut vel delectetur in eo, aut in bonis eius, apud praesentiam; vel in absentia, per desiderium tendat in ipsum amatum per amorem concupiscentiae; vel in bona quae vult amato, per amorem amicitiae; non quidem ex aliqua extrinseca causa, sicut cum aliquis desiderat aliquid propter alterum, vel cum aliquis vult bonum alteri propter aliquid aliud; sed propter complacentiam amati interius radicatam. unde et amor dicitur intimus; et dicuntur viscera caritatis. e converso autem amans est in amato aliter quidem per amorem concupiscentiae, aliter per amorem amicitiae. amor namque |25| concupiscentiae non requiescit in quacumque extrinseca aut superficiali adeptione vel fruitione amati, sed quaerit amatum perfecte habere, quasi ad intima illius perveniens. in amore vero amicitiae, amans est in amato, inquantum reputat bona vel mala amici sicut sua, et voluntatem amici sicut suam, ut quasi ipse in suo amico videatur bona vel mala pati, et affici. " et propter hoc, proprium est amicorum eadem velle, et in eodem tristari et gaudere * secundum philosophum, in ix ethic. et in ii rhetoric.. ' ut sic, inquantum quae sunt amici aestimat sua, amans videatur esse in amato, quasi idem factus amato. inquantum autem e converso vult et agit propter amicum sicut propter seipsum, quasi reputans amicum idem sibi, sic amatum est in amante. potest autem et tertio modo mutua inhaesio intelligi in amore amicitiae, secundum viam redamationis, inquantum mutuo se amant amici, et sibi invicem bona volunt et operantur.

ra1 ' Ad primum ergo dicendum quod amatum continetur in amante, inquantum est impressum in affectu eius per quandam complacentiam. e converso vero amans continetur in amato, inquantum amans sequitur aliquo modo illud quod est intimum amati. nihil enim prohibet diverso modo esse aliquid continens et contentum, sicut genus continetur in specie et e converso.

ra2 ' Ad secundum dicendum quod rationis apprehensio praecedit affectum amoris. et ideo, sicut ratio disquirit, ita affectus amoris subintrat in amatum, * ut ex dictis patet.

ra3 ' Ad tertium dicendum quod illa ratio procedit de tertio modo mutuae inhaesionis, qui non invenitur in quolibet amore.

008 ST2 qu28 ar3

ag1 ' Ad tertium sic proceditur. videtur quod extasis non sit effectus amoris. extasis enim quandam alienationem importare videtur. sed amor non semper facit alienationem, sunt enim amantes interdum sui compotes. ergo amor non facit extasim.

ag2 ' Praeterea, amans desiderat amatum sibi uniri. magis ergo amatum trahit ad se, quam etiam pergat in amatum, extra se exiens.

ag3 ' Praeterea, amor unit amatum amanti, * sicut dictum est. ' si ergo amans extra se tendit, ut in amatum pergat, sequitur quod semper plus diligat amatum quam seipsum. quod patet esse falsum. non ergo extasis est effectus amoris.

sc * Sed contra est quod dionysius dicit, iv cap. de div. nom., quod ° divinus amor extasim facit, et quod ipse deus propter amorem est extasim passus. " cum ergo quilibet amor sit quaedam similitudo participata divini amoris, * ut ibidem dicitur, ' videtur quod quilibet amor causet extasim.

co ' Respondeo dicendum quod extasim pati aliquis dicitur, cum extra se ponitur. quod quidem contingit et secundum vim apprehensivam, et secundum vim appetitivam. secundum quidem vim apprehensivam aliquis dicitur extra se poni, quando ponitur extra cognitionem sibi propriam, vel quia ad superiorem sublimatur, sicut homo, dum elevatur ad comprehendenda aliqua quae sunt supra sensum et rationem, dicitur extasim pati, inquantum ponitur extra connaturalem apprehensionem rationis et sensus; vel quia ad inferiora deprimitur; puta, cum aliquis in furiam vel amentiam cadit, dicitur extasim passus. secundum appetitivam vero partem dicitur aliquis extasim pati, quando appetitus alicuius in alterum fertur, exiens quodammodo extra seipsum. primam quidem extasim facit amor dispositive, inquantum scilicet facit meditari de amato, * ut dictum est, ' intensa autem meditatio unius abstrahit ab aliis. sed secundam extasim facit amor directe, simpliciter quidem amor amicitiae; amor autem concupiscentiae non simpliciter, sed secundum quid. nam in amore concupiscentiae, quodammodo fertur amans extra seipsum, inquantum scilicet, non contentus gaudere de bono quod habet, quaerit frui aliquo extra se. sed quia illud extrinsecum bonum quaerit sibi habere, non exit simpliciter extra se, sed talis affectio in fine infra ipsum concluditur. sed in amore amicitiae, affectus alicuius |25| simpliciter exit extra se, quia vult amico bonum, et operatur, quasi gerens curam et providentiam ipsius, propter ipsum amicum.

ra1 ' Ad primum ergo dicendum quod illa ratio procedit de prima extasi.

ra2 ' Ad secundum dicendum quod illa ratio procedit de amore concupiscentiae, qui non facit simpliciter extasim, * ut dictum est.

ra3 ' Ad tertium dicendum quod ille qui amat, intantum extra se exit, inquantum vult bona amici et operatur. non tamen vult bona amici magis quam sua. unde non sequitur quod alterum plus quam se diligat.

008 ST2 qu28 ar4

ag1 ' Ad quartum sic proceditur. videtur quod zelus non sit effectus amoris. zelus enim est contentionis principium, * unde dicitur i ad cor. iii, ° cum sit inter vos zelus et contentio, etc.. ' sed contentio repugnat amori. ergo zelus non est effectus amoris.

ag2 ' Praeterea obiectum amoris est bonum, quod est communicativum sui. sed zelus repugnat communicationi, ad zelum enim pertinere videtur quod aliquis non patiatur consortium in amato; sicut viri dicuntur zelare uxores, quas nolunt habere communes cum ceteris. ergo zelus non est effectus amoris.

ag3 ' Praeterea, zelus non est sine odio, sicut nec sine amore, * dicitur enim in psalmo lxxii, ° zelavi super iniquos. ' non ergo debet dici magis effectus amoris quam odii.

sc ' Sed contra est quod * dionysius dicit, iv cap. de div. nom., quod ° deus appellatur zelotes propter multum amorem quem habet ad existentia.

co ' Respondeo dicendum quod zelus, quocumque modo sumatur, ex intensione amoris provenit. manifestum est enim quod quanto aliqua virtus intensius tendit in aliquid, fortius etiam repellit omne contrarium vel repugnans. " cum igitur amor sit quidam motus in amatum, * ut augustinus dicit in libro octoginta trium quaest., ' intensus amor quaerit excludere omne quod sibi repugnat. aliter tamen hoc contingit in amore concupiscentiae, et aliter in amore amicitiae. nam in amore concupiscentiae, qui intense aliquid concupiscit, movetur contra omne illud quod repugnat consecutioni vel fruitioni quietae eius quod amatur. et hoc modo viri dicuntur zelare uxores, ne per consortium aliorum impediatur singularitas quam in uxore quaerunt. similiter etiam qui quaerunt excellentiam, moventur contra eos qui excellere videntur, quasi impedientes excellentiam eorum. et iste est zelus invidiae, * de quo dicitur in psalmo xxxvi, ° noli aemulari in malignantibus, neque zelaveris facientes iniquitatem. ' amor autem amicitiae quaerit bonum amici, unde quando est intensus, facit hominem moveri contra omne illud quod repugnat bono amici. et secundum hoc, aliquis dicitur zelare pro amico, quando, si qua |25| dicuntur vel fiunt contra bonum amici, homo repellere studet. et per hunc etiam modum aliquis dicitur zelare pro deo, quando ea quae sunt contra honorem vel voluntatem dei, repellere secundum posse conatur; * secundum illud iii reg. xix, ° zelo zelatus sum pro domino exercituum. * et ioan. ii, super illud, ° zelus domus tuae comedit me, * dicit glossa quod ° bono zelo comeditur, qui quaelibet prava quae viderit, corrigere satagit; si nequit, tolerat et gemit.

ra1 * Ad primum ergo dicendum quod apostolus ibi loquitur ' de zelo invidiae; qui quidem est causa contentionis, non contra rem amatam, sed pro re amata contra impedimenta ipsius.

ra2 ' Ad secundum dicendum quod bonum amatur inquantum est communicabile amanti. unde omne illud quod perfectionem huius communicationis impedit, efficitur odiosum. et sic ex amore boni zelus causatur. ex defectu autem bonitatis contingit quod quaedam parva bona non possunt integre simul possideri a multis. et ex amore talium causatur zelus invidiae. non autem proprie ex his quae integre possunt a multis possideri, nullus enim invidet alteri de cognitione veritatis, quae a multis integre cognosci potest; sed forte de excellentia circa cognitionem huius.

ra3 ' Ad tertium dicendum quod hoc ipsum quod aliquis odio habet ea quae repugnant amato, ex amore procedit. unde zelus proprie ponitur effectus amoris magis quam odii.

008 ST2 qu28 ar5

ag1 ' Ad quintum sic proceditur. videtur quod amor sit passio laesiva. languor enim significat laesionem quandam languentis. sed amor causat languorem, * dicitur enim cant. ii, ° fulcite me floribus, stipate me malis, quia amore langueo. ' ergo amor est passio laesiva.

ag2 ' Praeterea, liquefactio est quaedam resolutio. sed amor est liquefactivus, * dicitur enim cant. v, ° anima mea liquefacta est, ut dilectus meus locutus est. ' ergo amor est resolutivus. est ergo corruptivus et laesivus.

ag3 ' Praeterea, fervor designat quendam excessum in caliditate, qui quidem excessus corruptivus est. sed fervor causatur ex amore, * dionysius enim, vii cap. cael. hier., " inter ceteras proprietates ad amorem seraphim pertinentes, ponit calidum et acutum et superfervens. * et cant. viii, dicitur de amore quod ° lampades eius sunt lampades ignis atque flammarum. ' ergo amor est passio laesiva et corruptiva.
sc * Sed contra est quod dicit dionysius, iv cap. de div. nom., quod " singula seipsa amant contentive, idest conservative. ' ergo amor non est passio laesiva, sed magis conservativa et perfectiva.
co * Respondeo dicendum quod, sicut supra dictum est, ' amor significat coaptationem quandam appetitivae virtutis ad aliquod bonum. nihil autem quod coaptatur ad aliquid quod est sibi conveniens, ex hoc ipso laeditur, sed magis, si sit possibile, proficit et melioratur. quod vero coaptatur ad aliquid quod non est sibi conveniens, ex hoc ipso laeditur et deterioratur. amor ergo boni convenientis est perfectivus et meliorativus amantis, amor autem boni quod non est conveniens amanti, est laesivus et deteriorativus amantis. unde maxime homo perficitur et melioratur per amorem dei, laeditur autem et deterioratur per amorem peccati, * secundum illud osee ix, ° facti sunt abominabiles, sicut ea quae dilexerunt. ' et hoc quidem dictum sit de amore, quantum ad id quod est formale in ipso, quod est scilicet ex parte appetitus. quantum vero ad id quod est materiale in passione amoris, quod est immutatio aliqua corporalis, accidit quod amor sit laesivus propter excessum immutationis, sicut accidit in sensu, et in omni actu virtutis animae qui exercetur per aliquam immutationem organi corporalis.
ra1 ' Ad ea vero quae in contrarium obiiciuntur, dicendum quod amori attribui possunt quatuor effectus proximi, scilicet liquefactio, fruitio, languor et fervor. inter quae primum est liquefactio, quae opponitur congelationi. ea enim quae sunt congelata, in seipsis constricta sunt, ut non possint de facili subintrationem alterius pati. ad amorem autem pertinet quod appetitus coaptetur ad quandam receptionem boni amati, prout amatum est in amante, * sicut iam supra dictum est. ' unde cordis congelatio vel duritia est dispositio repugnans amori. sed liquefactio importat quandam mollificationem cordis, qua exhibet se cor habile ut amatum in ipsum subintret. si ergo amatum fuerit praesens et habitum, causatur delectatio sive fruitio. si autem fuerit absens, consequuntur duae passiones, scilicet tristitia de absentia, quae significatur per languorem * (unde et tullius, in iii de tusculanis quaest., " maxime tristitiam aegritudinem nominat); ' et intensum desiderium de consecutione amati, quod significatur per fervorem. et isti quidem sunt effectus amoris formaliter accepti, secundum habitudinem appetitivae virtutis ad obiectum. sed in passione amoris, consequuntur aliqui effectus his proportionati, secundum immutationem organi.

008 ST2 qu28 ar6

ag1 ' Ad sextum sic proceditur. videtur quod amans non agat omnia ex amore. amor enim quaedam passio est, * ut supra dictum est. ' sed non omnia quae agit homo, agit ex passione, " sed quaedam agit ex electione, et quaedam ex ignorantia, * ut dicitur in v ethic.. ' ergo non omnia quae homo agit, agit ex amore.
ag2 ' Praeterea, appetitus est principium motus et actionis in omnibus animalibus, * ut patet in iii de anima. ' si igitur omnia quae quis agit, agit ex amore, aliae passiones appetitivae partis erunt superfluae.
ag3 ' Praeterea, nihil causatur simul a contrariis causis. sed quaedam fiunt ex odio. non ergo omnia sunt ex amore.
sc * Sed contra est quod dionysius dicit, iv cap. de div. nom., quod ° propter amorem boni omnia agunt quaecumque agunt.
co ' Respondeo dicendum quod omne agens agit propter finem aliquem, * ut supra dictum est. ' finis autem est bonum desideratum et amatum unicuique. unde manifestum est quod omne agens, quodcumque sit, agit quamcumque actionem ex aliquo amore.
ra1 ' Ad primum ergo dicendum quod obiectio illa procedit de amore qui est passio in appetitu sensitivo existens. nos autem loquimur nunc de amore communiter accepto, prout comprehendit sub se amorem intellectualem, rationalem, animalem, naturalem, * sic enim dionysius loquitur de amore in iv cap. de div. nom..
ra2 ' Ad secundum dicendum quod ex amore, * sicut iam dictum est, ' causantur et desiderium et tristitia et delectatio, et per consequens omnes aliae passiones. unde omnis actio quae procedit ex quacumque passione, procedit etiam ex amore, sicut ex prima causa. unde non superfluunt aliae passiones, quae sunt causae proximae.
ra3 ' Ad tertium dicendum quod odium etiam ex amore causatur, * sicut infra dicetur.

008 ST2 qu29 ar

pr ' Deinde considerandum est de odio. et circa hoc quaeruntur sex. primo, utrum causa et obiectum odii sit malum. secundo, utrum odium causetur ex amore. tertio, utrum odium sit fortius quam amor. quarto, utrum aliquis possit habere odio seipsum. quinto, utrum aliquis possit habere odio veritatem. sexto, utrum aliquid possit haberi odio in universali.

008 ST2 qu29 ar1

ag1 ' Ad primum sic proceditur. videtur quod obiectum et causa odii non sit malum. omne enim quod est, inquantum huiusmodi bonum est. si igitur obiectum odii sit malum, sequitur quod nulla res odio habeatur, sed solum defectus alicuius rei. quod patet esse falsum.
ag2 ' Praeterea, odire malum est laudabile, * unde in laudem quorundam dicitur ii machab. iii, quod ° leges optime custodiebantur, propter oniae pontificis pietatem, et animos odio habentes mala. ' si igitur nihil oditur nisi malum, sequitur quod omne odium sit laudabile. quod patet esse falsum.
ag3 ' Praeterea, idem non est simul bonum et malum. sed idem diversis est odibile et amabile. ergo odium non solum est mali, sed etiam boni.
sc ' Sed contra, odium contrariatur amori. sed obiectum amoris est bonum, * ut supra dictum est. ' ergo obiectum odii est malum.
co ' Respondeo dicendum quod, cum appetitus naturalis derivetur ab aliqua apprehensione, licet non coniuncta; eadem ratio videtur esse de inclinatione appetitus naturalis, et appetitus animalis, qui sequitur apprehensionem coniunctam, * sicut supra dictum est. ' in appetitu autem naturali hoc manifeste apparet, quod sicut unumquodque habet naturalem consonantiam vel aptitudinem ad id quod sibi convenit, quae est amor naturalis; ita ad id quod est ei repugnans et corruptivum, habet dissonantiam naturalem, quae est odium naturale. sic igitur et in appetitu animali, seu in intellectivo, amor est consonantia quaedam appetitus ad id quod apprehenditur ut conveniens, odium vero est dissonantia quaedam appetitus ad id quod apprehenditur ut repugnans et nocivum. sicut autem omne conveniens, inquantum huiusmodi, habet rationem boni; ita omne repugnans, inquantum huiusmodi, habet rationem mali. et ideo, sicut bonum est obiectum amoris, ita malum est obiectum odii.
ra1 ' Ad primum ergo dicendum quod ens, inquantum ens, non habet rationem repugnantis, sed magis convenientis, quia omnia conveniunt in ente. sed ens inquantum est hoc ens determinatum, habet rationem repugnantis ad aliquod ens determinatum. et secundum hoc, unum ens est odibile alteri, et est malum, etsi non in se, tamen per comparationem ad alterum.
ra2 ' Ad secundum dicendum quod, sicut aliquid apprehenditur ut bonum, quod non est vere bonum; ita aliquid apprehenditur ut malum, quod non est vere malum. unde contingit quandoque nec odium mali, nec amorem boni esse bonum.
ra3 ' Ad tertium dicendum quod contingit idem esse amabile et odibile diversis, secundum appetitum quidem naturalem, ex hoc quod unum et idem est conveniens uni secundum suam naturam, et repugnans alteri, sicut calor convenit igni, et repugnat aquae. secundum appetitum vero animalem, ex hoc quod unum et idem apprehenditur ab uno sub ratione boni, et ab alio sub ratione mali.

008 ST2 qu29 ar2

ag1 ' Ad secundum sic proceditur. videtur quod amor non sit causa odii. ° ea enim quae ex opposito dividuntur, naturaliter sunt simul, * ut dicitur in praedicamentis. ' sed amor et odium, cum sint contraria, ex opposito dividuntur. ergo naturaliter sunt simul. non ergo amor est causa odii.
ag2 ' Praeterea, unum contrariorum non est causa alterius. sed amor et odium sunt contraria. ergo amor non est causa odii.
ag3 ' Praeterea, posterius non est causa prioris. sed odium est prius amore, ut videtur, nam odium importat recessum a malo, amor vero accessum ad bonum. ergo amor non est causa odii.
sc * Sed contra est quod dicit augustinus, xiv de civ. dei, quod " omnes affectiones causantur ex amore. ' ergo et odium, cum sit quaedam affectio animae, causatur ex amore.
co * Respondeo dicendum quod, sicut dictum est, ' amor consistit in quadam convenientia amantis ad amatum, odium vero consistit in quadam repugnantia vel dissonantia. oportet autem in quolibet prius considerare quid ei conveniat, quam quid ei repugnet, per hoc enim aliquid est repugnans alteri, quia est corruptivum vel impeditivum eius quod est conveniens. unde necesse est quod amor sit prior odio; et quod nihil odio habeatur, nisi per hoc quod contrariatur convenienti quod amatur. et secundum hoc, omne odium ex amore causatur.
ra1 ' Ad primum ergo dicendum quod in his quae ex opposito dividuntur, quaedam inveniuntur quae sunt naturaliter simul et secundum rem, et secundum rationem, sicut duae species animalis, vel duae species coloris. quaedam vero sunt simul secundum rationem, sed unum realiter est prius altero et causa eius, sicut patet in speciebus numerorum, figurarum et motuum. quaedam vero non sunt simul nec secundum rem, nec secundum rationem, sicut substantia et accidens, nam substantia realiter est causa accidentis; et ens secundum rationem prius attribuitur substantiae quam accidenti, quia accidenti non attribuitur nisi inquantum est in substantia. amor autem et odium naturaliter quidem sunt simul secundum rationem, sed non realiter. unde nihil prohibet amorem esse causam odii.
ra2 ' Ad secundum dicendum quod amor et odium sunt contraria, quando accipiuntur circa idem. sed quando sunt de contrariis, non sunt contraria, sed se invicem consequentia eiusdem enim rationis est quod ametur aliquid, et odiatur eius contrarium. et sic amor unius rei est causa quod eius contrarium odiatur.
ra3 ' Ad tertium dicendum quod in executione prius est recedere ab uno termino, quam accedere ad alterum terminum. sed in intentione est e converso, propter hoc enim recedit ab uno termino, ut accedatur ad alterum. motus autem appetitivus magis pertinet ad intentionem quam ad executionem. et ideo amor est prior odio, cum utrumque sit motus appetitivus.

008 ST2 qu29 ar3

ag1 ' Ad tertium sic proceditur. videtur quod odium sit fortius amore. * dicit enim augustinus, in libro octoginta trium quaest., ° nemo est qui non magis dolorem fugiat, quam appetat voluptatem. ' sed fugere dolorem pertinet ad odium, appetitus autem voluptatis pertinet ad amorem. ergo odium est fortius amore.
ag2 ' Praeterea, debilius vincitur a fortiori. sed amor vincitur ab odio, quando scilicet amor convertitur in odium. ergo odium est fortius amore.
ag3 ' Praeterea, affectio animae per effectum manifestatur. sed fortius insistit homo ad repellendum odiosum, quam ad prosequendum amatum, sicut etiam bestiae abstinent a delectabilibus propter verbera, * ut augustinus introducit in libro octoginta trium quaest.. ' ergo odium est fortius amore.
sc ' Sed contra, bonum est fortius quam malum, " quia malum non agit nisi virtute boni, * ut dionysius dicit, cap. iv de div. nom.. ' sed odium et amor differunt secundum differentiam boni et mali. ergo amor est fortior odio.
co ' Respondeo dicendum quod impossibile est effectum sua causa esse fortiorem. omne autem odium procedit ex aliquo amore sicut ex causa, * ut supra dictum est. ' unde impossibile est quod odium sit fortius amore simpliciter. sed oportet ulterius quod amor, simpliciter loquendo, sit odio fortior. fortius enim movetur aliquid in finem, quam in ea quae sunt ad finem. recessus autem a malo ordinatur ad consecutionem boni, sicut ad finem. unde, simpliciter loquendo, fortior est motus animae in bonum quam in malum. sed tamen aliquando videtur odium fortius amore, propter duo. primo quidem, quia odium est magis sensibile quam amor. cum enim sensus perceptio sit in quadam immutatione, ex quo aliquid iam immutatum est, non ita sentitur sicut quando est in ipso immutari. unde calor febris hecticae, quamvis sit maior, non tamen ita sentitur sicut calor tertianae, quia calor hecticae iam versus est quasi in habitum et naturam. propter hoc etiam, amor magis sentitur in absentia amati, * sicut augustinus dicit, in x de trin., quod ° amor non ita sentitur, cum non prodit eum indigentia. ' et propter hoc etiam, repugnantia eius quod oditur, sensibilius percipitur quam convenientia eius quod amatur. secundo, quia non comparatur odium ad amorem sibi correspondentem. secundum enim diversitatem bonorum, est |25| diversitas amorum in magnitudine et parvitate, quibus proportionantur opposita odia. unde odium quod correspondet maiori amori, magis movet quam minor amor.
ra1 ' Et per hoc patet responsio ad primum. nam amor voluptatis est minor quam amor conservationis sui ipsius, cui respondet fuga doloris. et ideo magis fugitur dolor, quam ametur voluptas.
ra2 ' Ad secundum dicendum quod odium nunquam vinceret amorem, nisi propter maiorem amorem cui odium correspondet. sicut homo magis diligit se quam amicum, et propter hoc quod diligit se, habet odio etiam amicum, si sibi contrarietur.
ra3 ' Ad tertium dicendum quod ideo intensius aliquid operatur ad repellendum odiosa, quia odium est magis sensibile.

008 ST2 qu29 ar4

ag1 ' Ad quartum sic proceditur. videtur quod aliquis possit seipsum odio habere. * dicitur enim in psalmo x, ° qui diligit iniquitatem, odit animam suam. ' sed multi diligunt iniquitatem. ergo multi odiunt seipsos.
ag2 ' Praeterea, illum odimus, cui volumus et operamur malum. sed quandoque aliquis vult et operatur sibi ipsi malum, puta qui interimunt seipsos. ergo aliqui seipsos habent odio.
ag3 * Praeterea, boetius dicit, in ii de consol., quod ° avaritia facit homines odiosos, ' ex quo potest accipi quod omnis homo odit avarum. sed aliqui sunt avari. ergo illi odiunt seipsos.
sc * Sed contra est quod apostolus dicit, ad ephes. v, quod ° nemo unquam carnem suam odio habuit.
co ' Respondeo dicendum quod impossibile est quod aliquis, per se loquendo, odiat seipsum. naturaliter enim unumquodque appetit bonum, nec potest ali-

quis aliquid sibi appetere nisi sub ratione boni, " nam malum est praeter voluntatem, * ut dionysius dicit, iv cap. de div. nom.. ' amare autem aliquem est velle ei bonum, * ut supra dictum est. ' unde necesse est quod aliquis amet seipsum; et impossibile est quod aliquis odiat seipsum, per se loquendo. per accidens tamen contingit quod aliquis seipsum odio habeat. et hoc dupliciter. uno modo, ex parte boni quod sibi aliquis vult. accidit enim quandoque illud quod appetitur ut secundum quid bonum, esse simpliciter malum, et secundum hoc, aliquis per accidens vult sibi malum, quod est odire. alio modo, ex parte sui ipsius, cui vult bonum. unumquodque enim maxime est id quod est principalius in ipso, unde civitas dicitur facere quod rex facit, quasi rex sit tota civitas. manifestum est ergo quod homo maxime est mens hominis. contingit autem quod aliqui aestimant se esse maxime illud quod sunt secundum naturam corporalem et sensitivam. unde amant se secundum id quod aestimant se esse, sed odiunt id quod vere sunt, dum volunt |25| contraria rationi. et utroque modo, ille qui diligit iniquitatem, odit non solum animam suam, sed etiam seipsum.
ra1 ' Et per hoc patet responsio ad primum.
ra2 ' Ad secundum dicendum quod nullus sibi vult et facit malum, nisi inquantum apprehendit illud sub ratione boni. nam et illi qui interimunt seipsos, hoc ipsum quod est mori, apprehendunt sub ratione boni, inquantum est terminativum alicuius miseriae vel doloris.
ra3 ' Ad tertium dicendum quod avarus odit aliquod accidens suum, non tamen propter hoc odit seipsum, sicut aeger odit suam aegritudinem, ex hoc ipso quod se amat. vel dicendum quod avaritia odiosos facit aliis, non autem sibi ipsi. quinimmo causatur ex inordinato sui amore, secundum quem de bonis temporalibus plus sibi aliquis vult quam debeat.

008 ST2 qu29 ar5

ag1 ' Ad quintum sic proceditur. videtur quod aliquis non possit habere odio veritatem. bonum enim et ens et verum convertuntur. sed aliquis non potest habere odio bonitatem. ergo nec veritatem.
ag2 " Praeterea, omnes homines naturaliter scire desiderant, * ut dicitur in principio metaphys.. ' sed scientia non est nisi verorum. ergo veritas naturaliter desideratur et amatur. sed quod naturaliter inest, semper inest. nullus ergo potest habere odio veritatem.
ag3 * Praeterea, philosophus dicit, in ii rhetoric., quod ° homines amant non fictos. ' sed non nisi propter veritatem. ergo homo naturaliter amat veritatem. non potest ergo eam odio habere.
sc * Sed contra est quod apostolus dicit, ad galat. iv, ° factus sum vobis inimicus, verum dicens vobis.
co ' Respondeo dicendum quod bonum et verum et ens sunt idem secundum rem, sed differunt ratione. bonum enim habet rationem appetibilis, non autem ens vel verum, quia bonum est quod omnia appetunt. et ideo bonum, sub ratione boni, non potest odio haberi, nec in universali nec in particulari. ens autem et verum in universali quidem odio haberi non possunt, quia dissonantia est causa odii, et convenientia causa amoris; ens autem et verum sunt communia omnibus. sed in particulari nihil prohibet quoddam ens et quoddam verum odio haberi, inquantum habet rationem contrarii et repugnantis, contrarietas enim et repugnantia non adversatur rationi entis et veri, sicut adversatur rationi boni. contingit autem verum aliquod particulare tripliciter repugnare vel contrariari bono amato. uno modo, secundum quod veritas est causaliter et originaliter in ipsis rebus. et sic homo quandoque odit aliquam veritatem, dum vellet non esse verum quod est verum. alio modo, secundum quod veritas est in cognitione ipsius hominis, quae impedit ipsum a prosecutione amati. sicut si aliqui vellent non cognoscere veritatem fidei, ut libere peccarent, * ex quorum persona dicitur iob xxi, ° scientiam viarum tuarum nolumus. ' tertio modo habetur odio veritas particularis, tanquam repugnans, prout est in intellectu alterius. puta, cum aliquis vult latere in peccato, odit quod aliquis veritatem circa peccatum suum |25| cognoscat. * et secundum hoc dicit augustinus, in x confess., quod ° homines amant veritatem lucentem, oderunt eam redarguentem.
ra1 ' Et per hoc patet responsio ad primum.
ra2 ' Ad secundum dicendum quod cognoscere veritatem secundum se est amabile, * propter quod dicit augustinus quod " amant eam lucentem. ' sed per accidens cognitio veritatis potest esse odibilis, inquantum impedit ab aliquo desiderato.
ra3 ' Ad tertium dicendum quod ex hoc procedit quod non ficti amantur, quod homo amat secundum se cognoscere veritatem, quam homines non ficti manifestant.

008 ST2 qu29 ar6

ag1 ' Ad sextum sic proceditur. videtur quod odium non possit esse alicuius in universali. odium enim est passio appetitus sensitivi, qui movetur ex sensibili apprehensione. sed sensus non potest apprehendere universale. ergo odium non potest esse alicuius in universali.
ag2 ' Praeterea, odium causatur ex aliqua dissonantia; quae communitati repugnat. sed communitas est de ratione universalis. ergo odium non potest esse alicuius in universali.
ag3 ' Praeterea, obiectum odii est malum. " malum autem est in rebus, et non in mente, * ut dicitur in vi metaphys.. ' cum ergo universale sit solum in mente, quae abstrahit universale a particulari, videtur quod odium non possit esse alicuius universalis.
sc * Sed contra est quod philosophus dicit, in ii rhetoric., quod ° ira semper fit inter singularia odium autem etiam ad genera, furem enim odit et calumniatorem unusquisque.
co ' Respondeo dicendum quod de universali dupliciter contingit loqui, uno modo, secundum quod subest intentioni universalitatis; alio autem modo, de natura cui talis intentio attribuitur, alia est enim consideratio hominis universalis, et alia hominis in eo quod homo. si igitur universale accipiatur primo modo, sic nulla potentia sensitivae partis, neque apprehensiva neque appetitiva, ferri potest in universale, quia universale fit per abstractionem a materia individuali, in qua radicatur omnis virtus sensitiva. potest tamen aliqua potentia sensitiva, et apprehensiva et appetitiva, ferri in aliquid universaliter. sicut dicimus quod obiectum visus est color secundum genus, non quia visus cognoscat colorem universalem; sed quia quod color sit cognoscibilis a visu, non convenit colori inquantum est hic color, sed inquantum est color simpliciter. sic ergo odium etiam sensitivae partis, potest respicere aliquid in universali, quia ex natura communi aliquid adversatur animali, et non solum ex eo quod est particularis, sicut lupus ovi. unde ovis odit lupum generaliter. sed ira semper causatur ex aliquo particulari, quia ex aliquo actu laedentis; actus autem particularium sunt. * et propter hoc philosophus dicit quod ° ira semper est ad aliquid singulare; odium vero potest esse ad aliquid in genere. ' sed odium secundum quod est in parte intellectiva, cum consequatur apprehensionem universalem intellectus, potest |25| utroque modo esse respectu universalis.
ra1 ' Ad primum ergo dicendum quod sensus non apprehendit universale, prout est universale, apprehendit tamen aliquid cui per abstractionem accidit universalitas.
ra2 ' Ad secundum dicendum quod id quod commune est omnibus, non potest esse ratio odii. sed nihil prohibet aliquid esse commune multis, quod tamen dissonat ab aliis, et sic est eis odiosum.
ra3 ' Ad tertium dicendum quod illa obiectio procedit de universali secundum quod substat intentioni universalitatis, sic enim non cadit sub apprehensione vel appetitu sensitivo.

008 ST2 qu30 ar

pr ' Deinde considerandum est de concupiscentia. et circa hoc quaeruntur quatuor. primo, utrum concupiscentia sit in appetitu sensitivo tantum. secundo, utrum concupiscentia sit passio specialis. tertio, utrum sint aliquae concupiscentiae naturales, et aliquae non naturales. quarto, utrum concupiscentia sit infinita.

008 ST2 qu30 ar1

ag1 ' Ad primum sic proceditur. videtur quod concupiscentia non solum sit in appetitu sensitivo. est enim quaedam concupiscentia sapientiae, * ut dicitur sap. vi, ° concupiscentia sapientiae deducit ad regnum perpetuum. ' sed appetitus sensitivus non potest ferri in sapientiam. ergo concupiscentia non est in solo appetitu sensitivo.
ag2 ' Praeterea, desiderium mandatorum dei non est in appetitu sensitivo, * immo apostolus dicit, rom. vii, ° non habitat in me, hoc est in carne mea, bonum. ' sed desiderium mandatorum dei sub concupiscentia cadit, * secundum illud psalmi cxviii, ° concupivit anima mea desiderare iustificationes tuas. ' ergo concupiscentia non est solum in appetitu sensitivo.
ag3 ' Praeterea, cuilibet potentiae est concupiscibile proprium bonum. ergo concupiscentia est in qualibet potentiae animae, et non solum in appetitu sensitivo.
sc * Sed contra est quod damascenus dicit, quod ° irrationale obediens et persuasibile rationi, dividitur in concupiscentiam et iram. haec autem est irrationalis pars animae, passiva et appetitiva. ' ergo concupiscentia est in appetitu sensitivo.
co * Respondeo dicendum quod, sicut philosophus dicit in i rhetoric., ° concupiscentia est appetitus delectabilis. ' est autem duplex delectatio, * ut infra dicetur, ' una quae est in bono intelligibili, quod est bonum rationis; alia quae est in bono secundum sensum. prima quidem delectatio videtur esse animae tantum. secunda autem est animae et corporis, quia sensus est virtus in organo corporeo; unde et bonum secundum sensum est bonum totius coniuncti. talis autem delectationis appetitus videtur esse concupiscentia, quae simul pertineat et ad animam et ad corpus, ut ipsum nomen concupiscentiae sonat. unde concupiscentia, proprie loquendo, est in appetitu sensitivo; et in vi concupiscibili, quae ab ea denominatur.
ra1 ' Ad primum ergo dicendum quod appetitus sapientiae, vel aliorum spiritualium bonorum, interdum concupiscentia nominatur, vel propter similitudinem quandam, vel propter intensionem appetitus superioris partis, ex quo fit redundantia in inferiorem appetitum, ut simul etiam ipse inferior appetitus suo modo tendat in spirituale bonum consequens appetitum superiorem, et etiam ipsum corpus spiritualibus deserviat; * sicut in psalmo lxxxiii, dicitur, ° cor meum et caro mea exultaverunt in deum vivum.
ra2 ' Ad secundum dicendum quod desiderium magis pertinere potest, proprie loquendo, non solum ad inferiorem appetitum, sed etiam ad superiorem. non enim importat aliquam consociationem in cupiendo, sicut concupiscentia; sed simplicem motum in rem desideratam.
ra3 ' Ad tertium dicendum quod unicuique potentiae animae competit appetere proprium bonum appetitu naturali, qui non sequitur apprehensionem. sed appetere bonum appetitu animali, qui sequitur apprehensionem, pertinet solum ad vim appetitivam. appetere autem aliquid sub ratione boni delectabilis secundum sensum, quod proprie est concupiscere, pertinet ad vim concupiscibilem.

008 ST2 qu30 ar2

ag1 ' Ad secundum sic proceditur. videtur quod concupiscentia non sit passio specialis potentiae concupiscibilis. passiones enim distinguuntur secundum obiecta. sed obiectum concupiscibilis est delectabile secundum sensum; quod etiam est obiectum concupiscentiae, * secundum philosophum, in i rhetoric.. ' ergo concupiscentia non est passio specialis in concupiscibili.
ag2 * Praeterea, augustinus dicit, in libro octoginta trium quaest., quod ° cupiditas est amor rerum transeuntium, ' et sic ab amore non distinguitur. omnes autem passiones speciales ab invicem distinguuntur. ergo concupiscentia non est passio specialis in concupiscibili.
ag3 ' Praeterea, cuilibet passioni concupiscibilis opponitur aliqua passio specialis in concupiscibili, * ut supra dictum est. ' sed concupiscentiae non opponitur aliqua passio specialis in concupiscibili. * dicit enim damascenus quod ° expectatum bonum concupiscentiam constituit, praesens vero laetitiam, similiter expectatum malum timorem, praesens vero tristitiam, ' ex quo videtur quod, sicut tristitia contrariatur laetitiae, ita timor contrariatur concupiscentiae. timor autem non est in concupiscibili, sed in irascibili. non ergo concupiscentia est specialis passio in concupiscibili.
sc ' Sed contra est quod concupiscentia causatur ab amore, et tendit in delectationem, quae sunt passiones concupiscibilis. et sic distinguitur ab aliis passionibus concupiscibilis, tanquam passio specialis.
co * Respondeo dicendum quod, sicut dictum est, ' bonum delectabile secundum sensum est communiter obiectum concupiscibilis. unde secundum eius differentias, diversae passiones concupiscibilis distinguuntur. diversitas autem obiecti potest attendi vel secundum naturam ipsius obiecti, vel secundum diversitatem in virtute agendi. diversitas quidem obiecti activi quae est secundum rei naturam, facit materialem differentiam passionum. sed diversitas quae est secundum virtutem activam, facit formalem differentiam passionum, secundum quam passiones specie differunt. est autem alia ratio virtutis motivae ipsius finis vel boni, secundum quod est realiter praesens, et secundum quod est absens, nam secundum quod est praesens, facit in seipso quiescere; secundum autem quod est absens, facit ad seipsum moveri. unde ipsum delectabile secundum sensum, inquantum appetitum sibi adaptat quodammodo et conformat, causat amorem; inquantum vero absens attrahit ad seipsum, causat concupiscentiam; inquantum vero praesens quietat in seipso, causat delectationem. sic ergo concupiscentia est passio differens specie et ab amore et a delectatione. sed concupiscere hoc delectabile vel illud, facit concupiscentias diversas numero.
ra1 ' Ad primum ergo dicendum quod bonum delectabile non est absolute obiectum concupiscentiae, sed sub ratione absentis, sicut et sensibile sub ratione praeteriti, est obiectum memoriae. huiusmodi enim particulares conditiones diversificant speciem passionum, vel etiam potentiarum sensitivae partis, quae respicit particularia.
ra2 ' Ad secundum dicendum quod illa praedicatio est per causam, non per essentiam, non enim cupiditas est per se amor, sed amoris effectus, * vel aliter dicendum, quod augustinus accipit " cupiditatem large pro quolibet motu appetitus qui potest esse respectu boni futuri. unde comprehendit sub se et amorem et spem.
ra3 ' Ad tertium dicendum quod passio quae directe opponitur concupiscentiae, innominata est, quae ita se habet ad malum, sicut concupiscentia ad bonum. sed quia est mali absentis sicut et timor, quandoque loco eius ponitur timor, sicut et quandoque cupiditas loco spei. quod enim est parvum bonum vel malum, quasi non reputatur, et ideo pro omni motu appetitus in bonum vel in malum futurum, ponitur spes et timor, quae respiciunt bonum vel malum arduum.

008 ST2 qu30 ar3

ag1 ‘ Ad tertium sic proceditur. videtur quod concupiscentiarum non sint quaedam naturales, et quaedam non naturales. concupiscentia enim pertinet ad appetitum animalem, * ut dictum est. ‘ sed appetitus naturalis dividitur contra animalem. ergo nulla concupiscentia est naturalis.

ag2 ‘ Praeterea, diversitas materialis non facit diversitatem secundum speciem, sed solum secundum numerum, quae quidem diversitas sub arte non cadit. sed si quae sint concupiscentiae naturales et non naturales, non differunt nisi secundum diversa concupiscibilia, quod facit materialem differentiam, et secundum numerum tantum. non ergo dividendae sunt concupiscentiae per naturales et non naturales.

ag3 ‘ Praeterea, “ ratio contra naturam dividitur, * ut patet in ii physic.. ‘ si igitur in homine est aliqua concupiscentia non naturalis, oportet quod sit rationalis. sed hoc esse non potest, quia concupiscentia cum sit passio quaedam, pertinet ad appetitum sensitivum, non autem ad voluntatem, quae est appetitus rationis. non ergo sunt concupiscentiae aliquae non naturales.

sc * Sed contra est quod philosophus, in iii ethic. et in i rhetoric., “ ponit quasdam concupiscentias naturales, et quasdam non naturales.

co * Respondeo dicendum quod, sicut dictum est, ‘ concupiscentia est appetitus boni delectabilis. dupliciter autem aliquid est delectabile. uno modo, quia est conveniens naturae animalis, sicut cibus, potus, et alia huiusmodi. et huiusmodi concupiscentia delectabilis dicitur naturalis. alio modo aliquid est delectabile, quia est conveniens animali secundum apprehensionem, sicut cum aliquis apprehendit aliquid ut bonum et conveniens, et per consequens delectatur in ipso. et huiusmodi delectabilis concupiscentia dicitur non naturalis, et solet magis dici cupiditas. primae ergo concupiscentiae, naturales, communes sunt et hominibus et aliis animalibus, quia utrisque est aliquid conveniens et delectabile secundum naturam. et in his etiam omnes homines conveniunt, * unde et philosophus, in iii ethic., vocat eas communes et necessarias. ‘ sed secundae concupiscentiae sunt propriae hominum, quorum proprium est excogitare aliquid ut bonum et conveniens, praeter id quod natura requirit. * unde et in i rhetoric., philosophus dicit “ primas concupiscentias esse irrationales, secundas vero cum ratione. ‘ et quia diversi diversimode ratiocinantur, “ ideo etiam secundae dicuntur, |25| * in iii ethic., “ propriae et appositae, scilicet supra naturales.

ra1 ‘ Ad primum ergo dicendum quod illud idem quod appetitur appetitu naturali, potest appeti appetitu animali cum fuerit apprehensum. et secundum hoc cibi et potus et huiusmodi, quae appetuntur naturaliter, potest esse concupiscentia naturalis.

ra2 ‘ Ad secundum dicendum quod diversitas concupiscentiarum naturalium a non naturalibus, non est materialis tantum; sed etiam quodammodo formalis, inquantum procedit ex diversitate obiecti activi. obiectum autem appetitus est bonum apprehensum. unde ad diversitatem activi pertinet diversitas apprehensionis, prout scilicet apprehenditur aliquid ut conveniens absoluta apprehensione, ex qua causantur concupiscentiae naturales, * quas philosophus in rhetoric. vocat irrationales; ‘ et prout apprehenditur aliquid cum deliberatione, ex quo causantur concupiscentiae non naturales, * quae propter hoc in rhetoric. dicuntur cum ratione.

ra3 ‘ Ad tertium dicendum quod in homine non solum est ratio universalis, quae pertinet ad partem intellectivam; sed etiam ratio particularis, quae pertinet ad partem sensitivam, * ut in primo libro dictum est. ‘ et secundum hoc, etiam concupiscentia quae est cum ratione, potest ad appetitum sensitivum pertinere. et praeterea appetitus sensitivus potest etiam a ratione universali moveri, mediante imaginatione particulari.

008 ST2 qu30 ar4

ag1 ‘ Ad quartum sic proceditur. videtur quod concupiscentia non sit infinita. obiectum enim concupiscentiae est bonum; quod habet rationem finis. “ qui autem ponit infinitum, excludit finem, * ut dicitur in ii metaphys.. ‘ concupiscentia ergo non potest esse infinita.

ag2 ‘ Praeterea, concupiscentia est boni convenientis, cum procedat ex amore. sed infinitum, cum sit improportionatum, non potest esse conveniens. ergo concupiscentia non potest esse infinita.

ag3 ‘ Praeterea, infinita non est transire, et sic in eis non est pervenire ad ultimum. sed concupiscenti fit delectatio per hoc quod attingit ad ultimum. ergo si concupiscentia esset infinita, sequeretur quod nunquam fieret delectatio.

sc * Sed contra est quod philosophus dicit, in i polit., quod, in “ infinitum concupiscentia existente homines infinita desiderant.

co * Respondeo dicendum quod, sicut dictum est, ‘ duplex est concupiscentia, una naturalis, et alia non naturalis. naturalis quidem igitur concupiscentia non potest esse infinita in actu. est enim eius quod natura requirit, natura vero semper intendit in aliquid finitum et certum. unde nunquam homo concupiscit infinitum cibum, vel infinitum potum. sed sicut in natura contingit esse infinitum in potentia per successionem, ita huiusmodi concupiscentiam contingit infinitam esse per successionem; ut scilicet, post adeptum cibum iterum alia vice desideret cibum, vel quodcumque aliud quod natura requirit, quia huiusmodi corporalia bona, cum adveniunt, non perpetuo manent, sed deficiunt. * unde dixit dominus samaritanae, ioan. iv, ° qui biberit ex hac aqua, sitiet iterum. ‘ sed concupiscentia non naturalis omnino est infinita. sequitur enim rationem, * ut dictum est, ‘ rationi autem competit in infinitum procedere. unde qui concupiscit divitias, potest eas concupiscere, non ad aliquem certum terminum, sed simpliciter se divitem esse, quantumcumque potest. potest et alia ratio assignari, * secundum philosophum in i polit., ‘ quare quaedam concupiscentia sit finita, et quaedam infinita. semper enim concupiscentia finis est |25| infinita, finis enim per se concupiscitur, ut sanitas; unde maior sanitas magis concupiscitur, et sic in infinitum; sicut, si album per se disgregat, magis album magis disgregat. concupiscentia vero eius quod est ad finem, non est infinita, sed secundum illam mensuram appetitur qua convenit fini. unde qui finem ponunt in divitiis, habent concupiscentiam divitiarum in infinitum, “ qui autem divitias appetunt propter necessitatem vitae, concupiscunt divitias finitas, sufficientes ad necessitatem vitae, * ut philosophus dicit ibidem. ‘ et eadem est ratio de concupiscentia, quarumcumque aliarum rerum.

ra1 ‘ Ad primum ergo dicendum quod omne quod concupiscitur, accipitur ut quoddam finitum, vel quia est finitum secundum rem, prout semel concupiscitur in actu; vel quia est finitum secundum quod cadit sub apprehensione. non enim potest sub ratione infiniti apprehendi, ° quia infinitum est, cuius quantitatem accipientibus, semper est aliquid extra sumere, * ut dicitur in iii physic..

ra2 ‘ Ad secundum dicendum quod ratio quodammodo est virtutis infinitae inquantum potest in infinitum aliquid considerare, ut apparet in additione numerorum et linearum. unde infinitum aliquo modo sumptum, est proportionatum rationi. nam et universale, quod ratio apprehendit, est quodammodo infinitum, inquantum in potentia continet infinita singularia.

ra3 ‘ Ad tertium dicendum quod ad hoc quod aliquis delectetur, non requiritur quod omnia consequatur quae concupiscit, sed in quolibet concupito quod consequitur, delectatur.

008 ST2 qu31 ar

pr ‘ Deinde considerandum est de delectatione et tristitia. circa delectationem vero consideranda sunt quatuor, primo, de ipsa delectatione secundum se; secundo, de causis delectationis; tertio, de effectibus eius; quarto, de bonitate et malitia ipsius. circa primum quaeruntur octo. primo, utrum delectatio sit passio. secundo, utrum sit in tempore. tertio, utrum differat a gaudio. quarto, utrum sit in appetitu intellectivo. quinto, de comparatione delectationum superioris appetitus, ad delectationem inferioris. sexto, de comparatione delectationum sensitivarum ad invicem. septimo, utrum sit aliqua delectatio non naturalis. octavo, utrum delectatio possit esse contraria delectationi.

008 ST2 qu31 ar1

ag1 ‘ Ad primum sic proceditur. videtur quod delectatio non sit passio. * damascenus enim, in ii libro, “ distinguit operationem a passione, dicens quod ° operatio est motus qui est secundum naturam, passio vero est motus contra naturam. “ sed delectatio est operatio, * ut philosophus dicit, in vii et x ethic.. ‘ ergo delectatio non est passio.

ag2 “ Praeterea, pati est moveri, * ut dicitur in iii physic.. ‘ sed delectatio non consistit in moveri, sed in motum esse, causatur enim delectatio ex bono iam adepto. ergo delectatio non est passio.

ag3 ‘ Praeterea, delectatio consistit in quadam perfectione delectati, “ perficit enim operationem, * ut dicitur in x ethic.. “ sed perfici non est pati vel alterari, * ut dicitur in vii physic. et in ii de anima. ‘ ergo delectatio non est passio.

sc ‘ Sed contra est quod * augustinus, in ix et xiv de civ. dei, ponit “ delectationem, sive gaudium vel laetitiam, inter alias passiones animae.

co ‘ Respondeo dicendum quod motus appetitus sensitivi proprie passio nominatur, * sicut supra dictum est. ‘ affectio autem quaecumque ex apprehensione sensitiva procedens, est motus appetitus sensitivi. hoc autem necesse est competere delectationi. * nam, sicut philosophus dicit in i rhetoric., ° delectatio est quidam motus animae, et constitutio simul tota et sensibilis in naturam existentem. ‘ ad cuius intellectum, considerandum est quod, sicut contingit in rebus naturalibus aliqua consequi suas perfectiones naturales, ita hoc contingit in animalibus. et quamvis moveri ad perfectionem non sit totum simul, tamen consequi naturalem perfectionem est totum simul. haec autem est differentia inter animalia et alias res naturales, quod aliae res naturales, quando constituuntur in id quod convenit eis secundum naturam, hoc non sentiunt, sed animalia hoc sentiunt. et ex isto sensu causatur quidam motus animae in appetitu sensitivo, et iste motus est delectatio. * per hoc ergo quod dicitur quod “ delectatio est motus animae, ponitur in genere. per hoc autem quod dicitur constitutio in existentem naturam, idest in id quod existit in |25| natura rei, ponitur causa delectationis, scilicet praesentia connaturalis boni. per hoc autem quod dicitur simul tota, ostendit quod constitutio non debet accipi prout est in constitui, sed prout est in constitutum esse, quasi in termino motus, non enim delectatio est generatio, * ut plato posuit, “ sed magis consistit in factum esse, * ut dicitur in vii ethic.. “ per hoc autem quod dicitur sensibilis, excluduntur perfectiones rerum insensibilium, in quibus non est delectatio. ‘ sic ergo patet quod, cum delectatio sit motus in appetitu animali consequens apprehensionem sensus, delectatio est passio animae.

ra1 “ Ad primum ergo dicendum quod operatio connaturalis non impedita, est perfectio secunda, * ut habetur in ii de anima. ‘ et ideo, quando constituitur res in propria operatione connaturali et non impedita, sequitur delectatio, quae consistit in perfectum esse, * ut dictum est. ‘ sic ergo cum dicitur quod delectatio est operatio, non est praedicatio per essentiam, sed per causam.

ra2 ‘ Ad secundum dicendum quod in animali duplex motus considerari potest, unus secundum intentionem finis, qui pertinet ad appetitum, alius secundum executionem, qui pertinet ad exteriorem operationem licet ergo in eo qui iam consecutus est bonum in quo delectatur, cesset motus executionis, quo tenditur ad finem; non tamen cessat motus appetitivae partis, quae, sicut prius desiderabat non habitum, ita postea delectatur in habito. licet enim delectatio sit quies quaedam appetitus, considerata praesentia boni delectantis, quod appetitui satisfacit; tamen adhuc remanet immutatio appetitus ab appetibili, ratione cuius delectatio motus quidam est.

ra3 ‘ Ad tertium dicendum quod, quamvis nomen passionis magis proprie conveniat passionibus corruptivis et in malum tendentibus, sicut sunt aegritudines corporales, et tristitia et timor in anima; tamen etiam in bonum ordinantur aliquae passiones, * ut supra dictum est. ‘ et secundum hoc delectatio dicitur passio.

008 ST2 qu31 ar2

ag1 ‘ Ad secundum sic proceditur. videtur quod delectatio sit in tempore. “ delectatio enim est motus quidam, * ut in i rhetoric. philosophus dicit. ‘ sed motus omnis est in tempore. ergo delectatio est in tempore.

ag2 ‘ Praeterea, diuturnum, vel morosum, dicitur aliquid secundum tempus. sed aliquae delectationes dicuntur morosae. ergo delectatio est in tempore.

ag3 ‘ Praeterea, passiones animae sunt unius generis. sed aliquae passiones animae sunt in tempore. ergo et delectatio.

sc * Sed contra est quod philosophus dicit, in x ethic., quod ° secundum nullum tempus accipiet quis delectationem.

co ‘ Respondeo dicendum quod aliquid contingit esse in tempore dupliciter, uno modo, secundum se; alio modo, per aliud, et quasi per accidens. quia enim tempus est numerus successivorum, illa secundum se dicuntur esse in tempore, de quorum ratione est successio, vel aliquid ad successionem pertinens, sicut motus, quies, locutio, et alia huiusmodi. secundum aliud vero, et non per se, dicuntur esse in tempore illa de quorum ratione non est aliqua successio, sed tamen alicui successivo subiacent. sicut esse hominem de sui ratione non habet successionem, non enim est motus, sed terminus motus vel mutationis, scilicet generationis ipsius, sed quia humanum esse subiacet causis transmutabilibus, secundum hoc esse hominem est in tempore. sic igitur dicendum est quod delectatio secundum se quidem non est in tempore, est enim delectatio in bono iam adepto, quod est quasi terminus motus. sed si illud bonum adeptum transmutationi subiaceat, erit delectatio per accidens in tempore. si autem sit omnino intransmutabile, delectatio non erit in tempore nec per se, nec per accidens.

ra1 ‘ Ad primum ergo dicendum quod, * sicut dicitur in iii de anima, ‘ motus dupliciter dicitur. uno modo, qui est actus imperfecti, scilicet existentis in potentia, inquantum huiusmodi, et talis motus est successivus, et in tempore. alius autem motus est actus perfecti, idest existentis in actu; sicut intelligere, sentire et velle et huiusmodi, et etiam delectari. et huiusmodi motus non est successivus, nec per se in tempore.

ra2 ‘ Ad secundum dicendum quod delectatio dicitur diuturna vel morosa, secundum quod per accidens est in tempore.

ra3 ‘ Ad tertium dicendum quod aliae passiones non habent pro obiecto bonum adeptum, sicut delectatio. unde plus habent de ratione motus imperfecti, quam delectatio. et per consequens magis delectationi convenit non esse in tempore.

008 ST2 qu31 ar3

ag1 ‘ Ad tertium sic proceditur. videtur quod gaudium sit omnino idem quod delectatio. passiones enim animae differunt secundum obiecta. sed idem est obiectum gaudii et delectationis, scilicet bonum adeptum. ergo gaudium est omnino idem quod delectatio.

ag2 ‘ Praeterea, unus motus non terminatur ad duos terminos. sed idem est motus qui terminatur ad gaudium et delectationem, scilicet concupiscentia. ergo delectatio et gaudium sunt omnino idem.
ag3 ‘ Praeterea, si gaudium est aliud a delectatione, videtur quod, pari ratione, et laetitia et exultatio et iucunditas significent aliquid aliud a delectatione, et sic erunt omnes diversae passiones. quod videtur esse falsum. non ergo gaudium differt a delectatione.
sc ‘ Sed contra est quod in brutis animalibus non dicimus gaudium. sed in eis dicimus delectationem. non ergo est idem gaudium et delectatio.
co ‘ Respondeo dicendum quod “ gaudium, * ut avicenna dicit in libro suo de anima, “ est quaedam species delectationis. ‘ est enim considerandum quod, sicut sunt quaedam concupiscentiae naturales, quaedam autem non naturales, sed consequuntur rationem, * ut supra dictum est; ‘ ita etiam delectationum quaedam sunt naturales, et quaedam non naturales, quae sunt cum ratione. * vel, sicut damascenus et gregorius nyssenus dicunt, “ quaedam sunt corporales, quaedam animales, ‘ quod in idem redit. delectamur enim et in his quae naturaliter concupiscimus, ea adipiscentes; et in his quae concupiscimus secundum rationem. sed nomen gaudii non habet locum nisi in delectatione quae consequitur rationem, unde gaudium non attribuimus brutis animalibus, sed solum nomen delectationis. omne autem quod concupiscimus secundum naturam, possumus etiam cum delectatione rationis concupiscere, sed non e converso. unde de omnibus de quibus est delectatio, potest etiam esse gaudium in habentibus rationem. quamvis non semper de omnibus sit gaudium, quandoque enim aliquis sentit aliquam delectationem secundum corpus, de qua tamen non gaudet secundum rationem. et secundum hoc, patet quod delectatio est in plus quam gaudium.
ra1 ‘ Ad primum ergo dicendum quod, cum obiectum appetitus animalis sit bonum apprehensum, diversitas apprehensionis pertinet quodammodo ad diversitatem obiecti. et sic delectationes animales, quae dicuntur etiam gaudia, distinguuntur a delectationibus corporalibus, quae dicuntur solum delectationes, * sicut et de concupiscentiis supra dictum est.
ra2 ‘ Ad secundum dicendum quod similis differentia invenitur etiam in concupiscentiis, ita quod delectatio respondeat concupiscentiae, et gaudium respondeat desiderio, quod magis videtur pertinere ad concupiscentiam animalem. et sic secundum differentiam motus, est etiam differentia quietis.
ra3 ‘ Ad tertium dicendum quod alia nomina ad delectationem pertinentia, sunt imposita ab effectibus delectationis, nam laetitia imponitur a dilatatione cordis, ac si diceretur latitia; exultatio vero dicitur ab exterioribus signis delectationis interioris, quae apparent exterius, inquantum scilicet interius gaudium prosilit ad exteriora; iucunditas vero dicitur a quibusdam specialibus laetitiae signis vel effectibus. et tamen omnia ista nomina videntur pertinere ad gaudium, non enim utimur eis nisi in naturis rationalibus.

008 ST2 qu31 ar4

ag1 ‘ Ad quartum sic proceditur. videtur quod delectatio non sit in appetitu intellectivo. * dicit enim philosophus, in i rhetoric., quod ° delectatio est motus quidam sensibilis. ‘ sed motus sensibilis non est in parte intellectiva. ergo delectatio non est in parte intellectiva.
ag2 ‘ Praeterea, delectatio est passio quaedam. sed omnis passio est in appetitu sensitivo. ergo delectatio non est nisi in appetitu sensitivo.
ag3 ‘ Praeterea, delectatio est communis nobis et brutis. ergo non est nisi in parte quae nobis et brutis communis est.
sc * Sed contra est quod in psalmo xxxvi, dicitur, ° delectare in domino. ‘ sed ad deum non potest extendi appetitus sensitivus, sed solum intellectivus. ergo delectatio potest esse in appetitu intellectivo.
co * Respondeo dicendum quod, sicut dictum est, ‘ delectatio quaedam sequitur apprehensionem rationis. ad apprehensionem autem rationis, non solum commovetur appetitus sensitivus, per applicationem ad aliquid particulare; sed etiam appetitus intellectivus, qui dicitur voluntas. et secundum hoc, in appetitu intellectivo, sive in voluntate, est delectatio quae dicitur gaudium, non autem delectatio corporalis. hoc tamen interest inter delectationem utriusque appetitus, quod delectatio appetitus sensibilis est cum aliqua transmutatione corporali, delectatio autem appetitus intellectivi nihil aliud est quam simplex motus voluntatis. * et secundum hoc augustinus dicit, in xiv de civ. dei, quod ° cupiditas et laetitia non est aliud quam voluntas in eorum consensione quae volumus.
ra1 * Ad primum ergo dicendum quod in illa definitione philosophi, ‘ sensibile ponitur communiter pro quacumque apprehensione. * dicit enim philosophus in x ethic., quod ° secundum omnem sensum est delectatio; similiter autem et secundum intellectum et speculationem. * vel potest dici quod ipse definit “ delectationem appetitus sensitivi.
ra2 ‘ Ad secundum dicendum quod delectatio habet rationem passionis, proprie loquendo, inquantum est cum aliqua transmutatione corporali. et sic non est in appetitu intellectivo, sed secundum simplicem motum, sic enim etiam est in deo et in angelis. * unde dicit philosophus, in vii ethic., quod “ deus una simplici operatione gaudet. * et dionysius dicit, in fine cael. hier., quod ° angeli non sunt susceptibiles nostrae passibilis delectationis, sed congaudent deo secundum incorruptionis laetitiam.
ra3 ‘ Ad tertium dicendum quod in nobis non solum est delectatio in qua communicamus cum brutis, sed etiam in qua communicamus cum angelis. * unde ibidem dionysius dicit quod ° sancti homines multoties fiunt in participatione delectationum angelicarum. ‘ et ita in nobis est delectatio non solum in appetitu sensitivo, in quo communicamus cum brutis; sed etiam in appetitu intellectivo, in quo communicamus cum angelis.

008 ST2 qu31 ar5

ag1 ‘ Ad quintum sic proceditur. videtur quod delectationes corporales et sensibiles sint maiores delectationibus spiritualibus intelligibilibus. omnes enim aliquam delectationem sequuntur, * secundum philosophum, in x ethic.. ‘ sed plures sequuntur delectationes sensibiles, quam delectationes spirituales intelligibiles. ergo delectationes corporales sunt maiores.
ag2 ‘ Praeterea, magnitudo causae ex effectu cognoscitur. sed delectationes corporales habent fortiores effectus, ° transmutant enim corpus, et quibusdam insanias faciunt, * ut dicitur in vii ethic.. ‘ ergo delectationes corporales sunt fortiores.
ag3 ‘ Praeterea, delectationes corporales oportet temperare et refraenare, propter earum vehementiam. sed delectationes spirituales non oportet refraenare. ergo delectationes corporales sunt maiores.
sc * Sed contra est quod dicitur in psalmo cxviii, ° quam dulcia faucibus meis eloquia tua, super mel ori meo. * et philosophus dicit, in x ethic., quod ° maxima delectatio est quae est secundum operationem sapientiae.
co * Respondeo dicendum quod, sicut iam dictum est, ‘ delectatio provenit ex coniunctione convenientis quae sentitur vel cognoscitur. in operibus autem animae, praecipue sensitivae et intellectivae, est hoc considerandum, quod, cum non transeant in materiam exteriorem, sunt actus vel perfectiones operantis, scilicet intelligere, sentire, velle, et huiusmodi, nam actiones quae transeunt in exteriorem materiam, magis sunt actiones et perfectiones materiae transmutatae; motus enim est actus mobilis a movente. sic igitur praedictae actiones animae sensitivae et intellectivae, et ipsae sunt quoddam bonum operantis, et sunt etiam cognitae per sensum vel intellectum. unde etiam ex ipsis consurgit delectatio, et non solum ex eorum obiectis. si igitur comparentur delectationes intelligibiles delectationibus sensibilibus, secundum quod delectamur in ipsis actionibus, puta in cognitione sensus et in cognitione intellectus; non est dubium quod multo sunt maiores delectationes intelligibiles quam sensibiles. multo enim magis delectatur homo de hoc quod cognoscit aliquid intelligendo, quam de hoc quod cognoscit aliquid sentiendo. quia intellectualis cognitio et perfectior est, et etiam magis cognoscitur, quia intellectus magis reflectitur supra actum suum quam sensus. est etiam cognitio intellectiva magis dilecta, nullus enim est qui non magis vellet carere visu corporali quam visu intellectuali, eo modo quo bestiae vel stulti carent, * sicut augustinus dicit, in libro de civ. dei. ‘ sed si comparentur delectationes intelligibiles spirituales delectationibus sensibilibus corporalibus, sic, secundum se et simpliciter loquendo, delectationes spirituales sunt maiores. et hoc apparet secundum tria quae requiruntur ad delectationem, scilicet bonum coniunctum, et id cui coniungitur, et ipsa coniunctio. nam ipsum bonum spirituale et est maius quam corporale bonum; et est magis dilectum. cuius signum est quod homines etiam a maximis corporalibus voluptatibus abstinent, ut non perdant honorem, qui est bonum intelligibile. similiter etiam ipsa pars intellectiva est multo nobilior, et magis cognoscitiva, quam pars sensitiva. coniunctio etiam utriusque est magis intima, et magis perfecta, et magis firma. intimior quidem est, quia sensus sistit circa exteriora accidentia rei, intellectus vero penetrat usque ad rei essentiam; obiectum enim intellectus est quod quid est. perfectior autem est, quia coniunctioni sensibilis ad sensum adiungitur motus, qui est actus imperfectus, unde et delectationes sensibiles non sunt totae simul, sed in eis aliquid pertransit, et aliquid expectatur consummandum, ut patet in delectatione ciborum et venereorum. sed intelligibilia sunt absque motu, unde delectationes tales sunt totae simul. est etiam firmior, quia delectabilia corporalia sunt corruptibilia, et cito deficiunt; bona vero spiritualia sunt incorruptibilia. sed quoad nos, delectationes corporales sunt magis vehementes, propter tria. primo, quia sensibilia sunt magis nota, quoad nos, quam intelligibilia. secundo etiam, quia delectationes sensibiles, cum sint passiones sensitivi appetitus, sunt cum aliqua transmutatione corporali. quod non contingit in delectationibus spiritualibus, nisi per quandam redundantiam a superiori appetitu in inferiorem. tertio, quia delectationes corporales appetuntur ut medicinae quaedam contra corporales defectus vel molestias, ex quibus tristitiae quaedam consequuntur. unde delectationes corporales, tristitiis huiusmodi supervenientes, magis sentiuntur, et per consequens magis acceptantur, quam delectationes spirituales quae non habent tristitias contrarias, * ut infra dicetur.
ra1 ‘ Ad primum ergo dicendum quod ideo plures sequuntur delectationes corporales, quia bona sensibilia sunt magis et pluribus nota. et etiam quia homines indigent delectationibus ut medicinis contra multiplices dolores et tristitias, et cum plures hominum non possint attingere ad delectationes spirituales, quae sunt propriae virtuosorum, consequens et quod declinent ad corporales.
ra2 ‘ Ad secundum dicendum quod transmutatio corporis magis contingit ex delectationibus corporalibus, inquantum sunt passiones appetitus sensitivi.
ra3 ‘ Ad tertium dicendum quod delectationes corporales sunt secundum partem sensitivam, quae regulatur ratione, et ideo indigent temperari et refraenari per rationem. sed delectationes spirituales sunt secundum mentem, quae est ipsa regula, unde sunt secundum seipsas sobriae et moderatae.

008 ST2 qu31 ar6

ag1 ‘ Ad sextum sic proceditur. videtur quod delectationes quae sunt secundum tactum, non sint maiores delectationibus quae sunt secundum alios sensus. illa enim delectatio videtur esse maxima, qua exclusa, omne gaudium cessat. sed talis est delectatio quae est secundum visum, * dicitur enim tobiae v, ° quale gaudium erit mihi, qui in tenebris sedeo, et lumen caeli non video? ‘ ergo delectatio quae est per visum, est maxima inter sensibiles delectationes.
ag2 ° Praeterea, unicuique fit delectabile illud quod amat, * ut philosophus dicit, in i rhetoric.. ‘ sed inter alios sensus maxime diligitur visus. ergo delectatio quae est secundum visum, est maxima.
ag3 ‘ Praeterea, principium amicitiae delectabilis maxime est visio. sed causa talis amicitiae est delectatio. ergo secundum visum videtur esse maxime delectatio.
sc * Sed contra est quod philosophus dicit, in iii ethic., quod “ maximae delectationes sunt secundum tactum.
co * Respondeo dicendum quod, sicut iam dictum est, ‘ unumquodque, inquantum amatur, efficitur delectabile. “ sensus autem, * ut dicitur in principio metaphys., “ propter duo diliguntur, scilicet propter cognitionem, et propter utilitatem. ‘ unde et utroque modo contingit esse delectationem secundum sensum. sed quia apprehendere ipsam cognitionem tanquam bonum quoddam, proprium est hominis; ideo primae delectationes sensuum, quae scilicet sunt secundum cognitionem, sunt propriae hominum, delectationes autem sensuum inquantum diliguntur propter utilitatem, sunt communes omnibus animalibus. si igitur loquamur de delectatione sensus quae est ratione cognitionis, manifestum est quod secundum visum est maior delectatio quam secundum aliquem alium sensum. si autem loquamur de delectatione sensus quae est ratione utilitatis, sic maxima delectatio est secundum tactum. utilitas enim sensibilium attenditur secundum ordinem ad conservationem naturae animalis. ad hanc autem utilitatem propinquius se habent sensibilia tactus, est enim tactus cognoscitivus eorum ex quibus consistit animal, scilicet calidi et frigidi, et huiusmodi. unde secundum hoc, delectationes quae sunt secundum tactum, sunt maiores, quasi fini propinquiores. et propter hoc etiam, alia animalia, quae non habent delectationem secundum sensum nisi ratione utilitatis, non delectantur secundum alios sensus, nisi in ordine ad sensibilia tactus, ° neque enim odoribus leporum canes gaudent, sed cibatione; neque leo voce bovis, sed comestione, * ut dicitur in iii ethic.. ‘ cum igitur delectatio tactus sit maxima ratione utilitatis, delectatio autem visus ratione cognitionis; si quis utramque comparare velit, inveniet simpliciter delectationem tactus esse maiorem delectatione visus, secundum quod sistit infra limites sensibilis delectationis. quia manifestum est quod id quod est naturale in unoquoque, est potentissimum. huiusmodi autem delectationes tactus sunt ad quas ordinantur concupiscentiae naturales, sicut cibi, et venerea, et huiusmodi. sed si consideremus delectationes visus, secundum quod visus deservit intellectui; sic delectationes visus erunt potiores, ea ratione qua et intelligibiles delectationes sunt potiores sensibilibus.
ra1 ‘ Ad primum ergo dicendum quod gaudium, * sicut supra dictum est, ‘ significat animalem delectationem, et haec maxime pertinet ad visum. sed delectatio naturalis maxime pertinet ad tactum.
ra2 ‘ Ad secundum dicendum quod “ visus maxime diligitur propter cognitionem, eo quod multas rerum differentias nobis ostendit, * ut ibidem dicitur.
ra3 ‘ Ad tertium dicendum quod alio modo delectatio est causa amoris carnalis, et alio modo visio. nam delectatio, et maxime quae est secundum tactum, est causa amicitiae delectabilis per modum finis, visio autem est causa sicut unde est principium motus, inquantum per visum amabilis imprimitur species rei, quae allicit ad amandum et ad concupiscendum eius delectationem.

008 ST2 qu31 ar7

ag1 ‘ Ad septimum sic proceditur. videtur quod nulla delectatio sit innaturalis. delectatio enim in affectibus animae proportionatur quieti in corporibus. sed appetitus corporis naturalis non quiescit nisi in loco connaturali. ergo nec quies appetitus animalis, quae est delectatio, potest esse nisi in aliquo connaturali. nulla ergo delectatio est non naturalis.
ag2 ‘ Praeterea, illud quod est contra naturam, est violentum. “ sed omne violentum est contristans, * ut dicitur in v metaphys.. ‘ ergo nihil quod est contra naturam, potest esse delectabile.
ag3 ‘ Praeterea, constitui in propriam naturam, cum sentitur, causat delectationem; * ut patet ex definitione philosophi supra posita. ‘ sed constitui in naturam, unicuique est naturale, quia motus naturalis est qui est ad terminum naturalem. ergo omnis delectatio est naturalis.
sc * Sed contra est quod philosophus dicit, in vii ethic., quod “ quaedam delectationes sunt aegritudinales et contra naturam.
co “ Respondeo dicendum quod naturale dicitur quod est secundum naturam, * ut dicitur in ii physic.. ‘ natura autem in homine dupliciter sumi potest. uno modo, prout intellectus et ratio est potissime hominis natura, quia secundum eam homo in specie constituitur. et secundum hoc, naturales delectationes hominum dici possunt quae sunt in eo quod convenit homini secundum rationem, sicut delectari in contemplatione veritatis, et in actibus virtutum, est naturale homini. alio modo potest sumi natura in homine secundum quod condividitur rationi, id scilicet quod est commune homini et aliis, praecipue quod rationi non obedit. et secundum hoc, ea quae pertinent ad conservationem corporis, vel secundum individuum, ut cibus, potus, lectus, et huiusmodi, vel secundum speciem, sicut venereorum usus, dicuntur homini delectabilia naturaliter. secundum utrasque autem delectationes, contingit aliquas esse innaturales, simpliciter loquendo, sed connaturales secundum quid. contingit enim in aliquo individuo corrumpi aliquod principiorum naturalium speciei; et sic id quod est contra naturam speciei, fieri per accidens naturale huic individuo; sicut huic aquae calefactae est naturale quod calefaciat. ita igitur contingit quod id quod est contra naturam hominis, vel quantum ad rationem, vel quantum ad corporis conservationem, fiat huic homini |25| connaturale, propter aliquam corruptionem naturae in eo existentem. quae quidem corruptio potest esse vel ex parte corporis, sive ex aegritudine, sicut febricitantibus dulcia videntur amara et e converso; sive propter malam complexionem, sicut aliqui delectantur in comestione terrae vel carbonum, vel aliquorum huiusmodi, vel etiam ex parte animae, sicut propter consuetudinem aliqui, delectantur in comedendo homines, vel in coitu bestiarum aut masculorum, aut aliorum huiusmodi, quae non sunt secundum naturam humanam.
ra ‘ Et per hoc patet responsio ad obiecta.

008 ST2 qu31 ar8

ag1 ‘ Ad octavum sic proceditur. videtur quod delectationi non sit delectatio contraria. passiones enim animae speciem et contrarietatem recipiunt secundum obiecta. obiectum autem delectationis est bonum. cum igitur bonum non sit contrarium bono, “ sed bonum malo contrarietur, et malum malo, * ut dicitur in praedicamentis; ‘ videtur quod delectatio non sit contraria delectationi.
ag2 “ Praeterea, uni unum est contrarium, * ut probatur in x metaphys.. ‘ sed delectationi contraria est tristitia. non ergo delectationi contraria est delectatio.
ag3 ‘ Praeterea, si delectationi contraria est delectatio hoc non est nisi propter contrarietatem eorum in quibus aliquis delectatur. sed haec differentia est materialis, “ contrarietas autem est differentia secundum formam, * ut dicitur in x metaphys.. ‘ ergo contrarietas non est delectationis ad delectationem.
sc “ Sed contra, ea quae se impediunt, in eodem genere existentia, * secundum philosophum, “ sunt contraria. sed quaedam delectationes se invicem impediunt * ut dicitur in x ethic.. ‘ ergo aliquae delectationes sunt contrariae.
co ‘ Respondeo dicendum quod delectatio in affectionibus animae, * sicut dictum est, ‘ proportionatur quieti in corporibus naturalibus. dicuntur autem duae quietes esse contrariae, quae sunt in contrariis terminis; “ sicut quies quae est sursum, ei quae est deorsum, * ut dicitur v physic.. ‘ unde et contingit in affectibus animae duas delectationes esse contrarias.
ra1 * Ad primum ergo dicendum quod verbum illud philosophi est ‘ intelligendum secundum quod bonum et malum accipitur in virtutibus et vitiis, nam inveniuntur duo contraria vitia, non autem invenitur virtus contraria virtuti. in aliis autem nil prohibet duo bona esse ad invicem contraria, sicut calidum et frigidum, quorum unum est bonum igni, alterum aquae. et per hunc modum delectatio potest esse delectationi contraria. sed hoc in bono virtutis esse non potest, quia bonum virtutis non accipitur nisi per convenientiam ad aliquid unum, scilicet rationem.
ra2 ‘ Ad secundum dicendum quod delectatio se habet in affectibus animae, sicut quies naturalis in corporibus, est enim in aliquo convenienti et quasi connaturali. tristitia autem se habet sicut quies violenta, tristabile enim repugnat appetitui animali, sicut locus quietis violentae appetitui naturali. “ quieti autem naturali opponitur et quies violenta eiusdem corporis, et quies naturalis alterius, * ut dicitur in v physic.. ‘ unde delectationi opponitur et delectatio et tristitia.
ra3 ‘ Ad tertium dicendum quod ea in quibus delectamur, cum sint obiecta delectationis, non solum faciunt differentiam materialem, sed etiam formalem, si sit diversa ratio delectabilitatis. diversa enim ratio obiecti diversificat speciem actus vel passionis, * ut ex supradictis patet.

008 ST2 qu32 ar

pr ‘ Deinde considerandum est de causis delectationis. et circa hoc quaeruntur octo. primo, utrum operatio sit causa propria delectationis. secundo, utrum motus sit causa delectationis. tertio, utrum spes et memoria. quarto, utrum tristitia. quinto, utrum actiones aliorum sint nobis delectationis causa. sexto, utrum benefacere alteri sit causa delectationis. septimo, utrum similitudo sit causa delectationis. octavo, utrum admiratio sit causa delectationis.

008 ST2 qu32 ar1

ag1 ‘ Ad primum sic proceditur. videtur quod operatio non sit propria et prima causa delectationis. * ut enim philosophus dicit, in i rhetoric., ° delectari consistit in hoc quod sensus aliquid patiatur, ‘ requiritur enim ad delectationem cognitio, * sicut dictum est. ‘ sed per prius sunt cognoscibilia obiecta operationum quam ipsae operationes. ergo operatio non est propria causa delectationis.
ag2 ‘ Praeterea, delectatio potissime consistit in fine adepto, hoc enim est quod praecipue concupiscitur. sed non semper operatio est finis, sed quandoque ipsum operatum. non ergo operatio est propria et per se causa delectationis.
ag3 ‘ Praeterea, otium et requies dicuntur per cessationem operationis. “ haec autem sunt delectabilia, * ut dicitur in i rhetoric.. ‘ non ergo operatio est propria causa delectationis.
sc * Sed contra est quod philosophus dicit, vii et x ethic., quod ° delectatio est operatio connaturalis non impedita.
co * Respondeo dicendum quod, sicut supra dictum est, ‘ ad delectationem duo requiruntur, scilicet consecutio boni convenientis, et cognitio huiusmodi adeptionis. utrumque autem horum in quadam operatione consistit, nam actualis cognitio operatio quaedam est; similiter bonum conveniens adipiscimur aliqua operatione. ipsa etiam operatio propria est quoddam bonum conveniens. unde oportet quod omnis delectatio aliquam operationem consequatur.
ra1 ‘ Ad primum ergo dicendum quod ipsa obiecta operationum non sunt delectabilia, nisi inquantum coniunguntur nobis, vel per cognitionem solam, sicut cum delectamur in consideratione vel inspectione aliquorum; vel quocumque alio modo simul cum cognitione, sicut cum aliquis delectatur in hoc quod cognoscit se habere quodcumque bonum, puta divitias vel honorem vel aliquid huiusmodi; quae quidem non essent delectabilia, nisi inquantum apprehenduntur ut habita. * ut enim philosophus dicit, in ii polit., ° magnam delectationem habet putare aliquid sibi proprium; quae procedit ex naturali amore alicuius ad seipsum. ‘ habere autem huiusmodi nihil est aliud quam uti eis, vel posse uti. et hoc est per aliquam operationem. unde manifestum est quod omnis delectatio in operationem reducitur sicut in causam.
ra2 ‘ Ad secundum dicendum quod etiam in illis in quibus operationes non sunt fines, sed operata, ipsa operata sunt delectabilia inquantum sunt habita vel facta. quod refertur ad aliquem usum vel operationem.
ra3 ‘ Ad tertium dicendum quod operationes sunt delectabiles, inquantum sunt proportionatae et connaturales operanti. cum autem virtus humana sit finita, secundum aliquam mensuram operatio est sibi proportionata. unde si excedat illam mensuram, iam non erit sibi proportionata, nec delectabilis, sed magis laboriosa et attaedians. et secundum hoc, otium et ludus et alia quae ad requiem pertinent, delectabilia sunt, inquantum auferunt tristitiam quae est ex labore.

008 ST2 qu32 ar2

ag1 ‘ Ad secundum sic proceditur. videtur quod motus non sit causa delectationis. quia, * sicut supra dictum est, ‘ bonum praesentialiter adeptum est causa delectationis, * unde philosophus, in vii ethic., dicit quod “ delectatio non comparatur generationi, sed operationi rei iam existentis. ‘ id autem quod movetur ad aliquid, nondum habet illud; sed quodammodo est in via generationis respectu illius, “ secundum quod omni motui adiungitur generatio et corruptio, * ut dicitur in viii physic.. ‘ ergo motus non est causa delectationis.
ag2 ‘ Praeterea, motus praecipue laborem et lassitudinem inducit in operibus. sed operationes, ex hoc quod sunt laboriosae et lassantes, non sunt delectabiles, sed magis afflictivae. ergo motus non est causa delectationis.
ag3 ‘ Praeterea, motus importat innovationem quandam, quae opponitur consuetudini. “ sed ea quae sunt consueta, sunt nobis delectabilia, * ut philosophus dicit, in i rhetoric.. ‘ ergo motus non est causa delectationis.
sc * Sed contra est quod augustinus dicit, in viii confess., ° quid est hoc, domine deus meus, cum tu aeternum tibi tu ipse sis gaudium; et quaedam de te circa te semper gaudeant. quod haec rerum pars alterno defectu et profectu, offensionibus et conciliationibus gaudet? ‘ ex quo accipitur quod homines gaudent et delectantur in quibusdam alternationibus. et sic motus videtur esse causa delectationis.
co ‘ Respondeo dicendum quod ad delectationem tria requiruntur, scilicet duo quorum est coniunctio delectabilis; et tertium, quod est cognitio huius coniunctionis. “ et secundum haec tria motus efficitur delectabilis, * ut philosophus dicit, in vii ethic. et in i rhetoric.. ‘ nam ex parte nostra qui delectamur, transmutatio efficitur nobis delectabilis propter hoc, quod natura nostra transmutabilis est; et propter hoc, quod est nobis conveniens nunc, non erit nobis conveniens postea; sicut calefieri ad ignem est conveniens homini in hieme, non autem in aestate. ex parte vero boni delectantis quod nobis coniungitur, fit etiam transmutatio delectabilis. quia actio continuata alicuius agentis auget effectum, sicut quanto aliquis diutius appropinquat igni, magis calefit et desiccatur. naturalis autem habitudo in quadam mensura consistit. et ideo quando continuata praesentia delectabilis superexcedit mensuram naturalis habitudinis, efficitur remotio eius delectabilis. ex parte vero ipsius cognitionis, quia homo desiderat cognoscere aliquod totum et perfectum. cum ergo aliqua non poterunt apprehendi tota simul, delectat in his transmutatio, ut unum transeat et alterum succedat, et sic totum sentiatur. * unde augustinus dicit, in iv confess., |25| ° non vis utique stare syllabam, sed transvolare, ut aliae veniant, et totum audias. ita semper omnia ex quibus unum aliquid constat, et non sunt omnia simul, plus delectant omnia quam singula, si possint sentiri omnia. ‘ si ergo sit aliqua res cuius natura sit intransmutabilis; et non possit in ea fieri excessus naturalis habitudinis per continuationem delectabilis; et quae possit totum suum delectabile simul intueri, non erit ei transmutatio delectabilis. et quanto aliquae delectationes plus ad hoc accedunt, tanto plus continuari possunt.
ra1 ‘ Ad primum ergo dicendum quod id quod movetur, etsi nondum habeat perfecte id ad quod movetur, incipit tamen iam aliquid habere eius ad quod movetur, et secundum hoc, ipse motus habet aliquid delectationis. deficit tamen a delectationis perfectione, nam perfectiores delectationes sunt in rebus immobilibus. motus etiam efficitur delectabilis, inquantum per ipsum fit aliquid conveniens quod prius conveniens non erat, vel desinit esse, * ut supra dictum est.
ra2 ‘ Ad secundum dicendum quod motus laborem et lassitudinem inducit, secundum quod transcendit habitudinem naturalem. sic autem motus non est delectabilis, sed secundum quod removentur contraria habitudinis naturalis.
ra3 ‘ Ad tertium dicendum quod id quod est consuetum, efficitur delectabile, inquantum efficitur naturale, nam consuetudo est quasi altera natura. motus autem est delectabilis, non quidem quo receditur a consuetudine, sed magis secundum quod per ipsum impeditur corruptio naturalis habitudinis, quae posset provenire ex assiduitate alicuius operationis. et sic ex eadem causa connaturalitatis efficitur consuetudo delectabilis, et motus.

008 ST2 qu32 ar3

ag1 ‘ Ad tertium sic proceditur. videtur quod memoria et spes non sint causae delectationis. “ delectatio enim est de bono praesenti, * ut damascenus dicit. ‘ sed memoria et spes sunt de absenti, est enim memoria praeteritorum, spes vero futurorum. ergo memoria et spes non sunt causa delectationis.
ag2 ‘ Praeterea, idem non est causa contrariorum. sed spes est causa afflictionis, * dicitur enim prov. xiii, ° spes quae differtur, affligit animam. ‘ ergo spes non est causa delectationis.
ag3 ‘ Praeterea, sicut spes convenit cum delectatione in eo quod est de bono, ita etiam concupiscentia et amor. non ergo magis debet assignari spes causa delectationis, quam concupiscentia vel amor.
sc * Sed contra est quod dicitur rom. xii, ° spe gaudentes; * et in psalmo lxxvi, ° memor fui dei, et delectatus sum.
co ‘ Respondeo dicendum quod delectatio causatur ex praesentia boni convenientis, secundum quod sentitur, vel qualitercumque percipitur. est autem aliquid praesens nobis dupliciter, uno modo, secundum cognitionem, prout scilicet cognitum est in cognoscente secundum suam similitudinem; alio modo, secundum rem, prout scilicet unum alteri realiter coniungitur, vel actu vel potentia, secundum quemcumque coniunctionis modum. et quia maior est coniunctio secundum rem quam secundum similitudinem, quae est coniunctio cognitionis; itemque maior est coniunctio rei in actu quam in potentia, ideo maxima est delectatio quae fit per sensum, qui

requirit praesentiam rei sensibilis. secundum autem gradum tenet delectatio spei, in qua non solum est delectabilis coniunctio secundum apprehensionem, sed etiam secundum facultatem vel potestatem adipiscendi bonum quod delectat. tertium autem gradum tenet delectatio memoriae, quae habet solam coniunctionem apprehensionis.

ra1 ‘ Ad primum ergo dicendum quod spes et memoria sunt quidem eorum quae sunt simpliciter absentia, quae tamen secundum quid sunt praesentia, scilicet vel secundum apprehensionem solam; vel secundum apprehensionem et facultatem, ad minus aestimatam.

ra2 ‘ Ad secundum dicendum quod nihil prohibet idem, secundum diversa, esse causam contrariorum. sic igitur spes, inquantum habet praesentem aestimationem boni futuri, delectationem causat, inquantum autem caret praesentia eius, causat afflictionem.

ra3 ‘ Ad tertium dicendum quod etiam amor et concupiscentia delectationem causant. omne enim amatum fit delectabile amanti, eo quod amor est quaedam unio vel connaturalitas amantis ad amatum. similiter etiam omne concupitum est delectabile concupiscenti, cum concupiscentia sit praecipue appetitus delectationis. sed tamen spes, inquantum importat quandam certitudinem realis praesentiae boni delectantis, quam non importat nec amor nec concupiscentia, magis ponitur causa delectationis quam illa. et similiter magis quam memoria, quae est de eo quod iam transiit.

008 ST2 qu32 ar4

ag1 ‘ Ad quartum sic proceditur. videtur quod tristitia non sit causa delectationis. contrarium enim non est causa contrarii. sed tristitia contrariatur delectationi. ergo non est causa delectationis.

ag2 ‘ Praeterea, contrariorum contrarii sunt effectus. sed delectabilia memorata sunt causa delectationis. ergo tristia memorata sunt causa doloris, et non delectationis.

ag3 ‘ Praeterea, sicut se habet tristitia ad delectationem, ita odium ad amorem. sed odium non est causa amoris, sed magis e converso, * ut supra dictum est. ‘ ergo tristitia non est causa delectationis.

sc * Sed contra est quod in psalmo xli, dicitur, ° fuerunt mihi lacrimae meae panes die ac nocte. ‘ per panem autem refectio delectationis intelligitur. ergo lacrimae, quae ex tristitia oriuntur, possunt esse delectabiles.

co ‘ Respondeo dicendum quod tristitia potest dupliciter considerari, uno modo, secundum quod est in actu; alio modo, secundum quod est in memoria. et utroque modo tristitia potest esse delectationis causa. tristitia siquidem in actu existens est causa delectationis, inquantum facit memoriam rei dilectae, de cuius absentia aliquis tristatur, et tamen de sola eius apprehensione delectatur. memoria autem tristitiae fit causa delectationis, propter subsequentem evasionem. nam carere malo accipitur in ratione boni, unde secundum quod homo apprehendit se evasisse ab aliquibus tristibus et dolorosis, accrescit ei gaudii materia; * secundum quod augustinus dicit, xxii de civ. dei, quod ° saepe laeti tristium meminimus, et sani dolorum sine dolore, et inde amplius laeti et grati sumus. * et in viii confess. dicit quod ° quanto maius fuit periculum in proelio, tanto maius erit gaudium in triumpho.

ra1 “ Ad primum ergo dicendum quod contrarium quandoque per accidens est causa contrarii, sicut frigidum quandoque calefacit, * ut dicitur in viii physic.. ‘ et similiter tristitia per accidens est delectationis causa, inquantum fit per eam apprehensio alicuius delectabilis.

ra2 ‘ Ad secundum dicendum quod tristia memorata, inquantum sunt tristia et delectabilibus contraria, non causant delectationem, sed inquantum ab eis homo liberatur. et similiter memoria delectabilium, ex eo quod sunt amissa, potest causare tristitiam.

ra3 ‘ Ad tertium dicendum quod odium etiam per accidens potest esse causa amoris, prout scilicet aliqui diligunt se, inquantum conveniunt in odio unius et eiusdem.

008 ST2 qu32 ar5

ag1 ‘ Ad quintum sic proceditur. videtur quod actiones aliorum non sint nobis delectationis causa. causa enim delectationis est proprium bonum coniunctum. sed aliorum operationes non sunt nobis coniunctae. ergo non sunt nobis causa delectationis.

ag2 ‘ Praeterea, operatio est proprium bonum operantis. si igitur operationes aliorum sint nobis causa delectationis, pari ratione omnia alia bona aliorum erunt nobis delectationis causa. quod patet esse falsum.

ag3 ‘ Praeterea, operatio est delectabilis, inquantum procedit ex habitu nobis innato, * unde dicitur in ii ethic., quod ° signum generati habitus oportet accipere fientem in opere delectationem. ‘ sed operationes aliorum non procedunt ex habitibus qui in nobis sunt, sed interdum ex habitibus qui sunt in operantibus. non ergo operationes aliorum sunt nobis delectabiles, sed ipsis operantibus.

sc * Sed contra est quod dicitur in secunda canonica ioannis, ° gavisus sum valde, quoniam inveni de filiis tuis ambulantes in veritate.

co * Respondeo dicendum quod, sicut iam dictum est, ‘ ad delectationem duo requiruntur, scilicet consecutio proprii boni, et cognitio proprii boni consecuti. tripliciter ergo operatio alterius potest esse delectationis causa. uno modo, inquantum per operationem alicuius consequimur aliquod bonum. et secundum hoc, operationes illorum qui nobis aliquod bonum faciunt, sunt nobis delectabiles, quia bene pati ab alio est delectabile. alio modo, secundum quod per operationes aliorum efficitur nobis aliqua cognitio vel aestimatio proprii boni. et propter hoc homines delectantur in hoc quod laudantur vel honorantur ab aliis, quia scilicet per hoc accipiunt aestimationem in seipsis aliquod bonum esse. et quia ista aestimatio fortius generatur ex testimonio bonorum et sapientum, ideo in horum laudibus et honoribus homines magis delectantur. et quia adulator est apparens laudator, propter hoc etiam adulationes quibusdam sunt delectabiles. et quia amor est alicuius boni, et admiratio est alicuius magni, idcirco amari ab aliis, et in admiratione haberi, est delectabile; inquantum per hoc fit homini aestimatio propriae bonitatis vel magnitudinis, in quibus aliquis delectatur. tertio modo, inquantum ipsae operationes aliorum, si sint bonae, aestimantur ut bonum proprium, propter vim amoris, qui facit aestimare amicum quasi eundem sibi. et propter odium, quod facit aestimare bonum alterius esse sibi contrarium, |25| efficitur mala operatio inimici delectabilis. * unde dicitur i ad cor. xiii, quod ° caritas non gaudet super iniquitate, congaudet autem veritati.

ra1 ‘ Ad primum ergo dicendum quod operatio alterius potest esse mihi coniuncta vel per effectum, sicut in primo modo; vel per apprehensionem, sicut in secundo modo; vel per affectionem, sicut in tertio modo.

ra2 ‘ Ad secundum dicendum quod ratio illa procedit quantum ad tertium modum, non autem quantum ad duos primos.

ra3 ‘ Ad tertium dicendum quod operationes aliorum etsi non procedant ex habitibus qui in me sunt, causant tamen in me aliquid delectabile; vel faciunt mihi aestimationem sive apprehensionem proprii habitus; vel procedunt ex habitu illius qui est unum mecum per amorem.

008 ST2 qu32 ar6

ag1 ‘ Ad sextum sic proceditur. videtur quod benefacere alteri non sit delectationis causa. delectatio enim causatur ex consecutione proprii boni, * sicut supra dictum est. ‘ sed benefacere non pertinet ad consecutionem proprii boni, sed magis ad emissionem. ergo magis videtur esse causa tristitiae quam delectationis.

ag2 * Praeterea, philosophus dicit, in iv ethic., quod ° illiberalitas connaturalior est hominibus quam prodigalitas. ‘ sed ad prodigalitatem pertinet benefacere aliis, ad illiberalitatem autem pertinet desistere a benefaciendo. cum ergo “ operatio connaturalis sit delectabilis unicuique, * ut dicitur in vii et x ethic., ‘ videtur quod benefacere aliis non sit causa delectationis.

ag3 ‘ Praeterea, contrarii effectus ex contrariis causis procedunt. sed quaedam quae pertinent ad malefacere, sunt naturaliter homini delectabilia, sicut vincere, redarguere vel increpare alios, et etiam punire, quantum ad iratos, * ut dicit philosophus in i rhetoric.. ‘ ergo benefacere magis est causa tristitiae quam delectationis.

sc * Sed contra est quod philosophus dicit, in ii polit., quod ° largiri et auxiliari amicis aut extraneis, est delectabilissimum.

co ‘ Respondeo dicendum quod hoc ipsum quod est benefacere alteri, potest tripliciter esse delectationis causa. uno modo, per comparationem ad effectum, quod est bonum in altero constitutum. et secundum hoc, inquantum bonum alterius reputamus quasi nostrum bonum, propter unionem amoris, delectamur in bono quod per nos fit aliis, praecipue amicis, sicut in bono proprio. alio modo, per comparationem ad finem, sicut cum aliquis, per hoc quod alteri benefacit, sperat consequi aliquod bonum sibi ipsi, vel a deo vel ab homine. spes autem delectationis est causa. tertio modo, per comparationem ad principium. et sic hoc quod est benefacere alteri, potest esse delectabile per comparationem ad triplex principium. quorum unum est facultas benefaciendi, et secundum hoc, benefacere alteri fit delectabile, inquantum per hoc fit homini quaedam imaginatio abundantis boni in seipso existentis, ex quo possit aliis communicare. et ideo homines delectantur in filiis et in propriis operibus, sicut quibus communicant proprium bonum. aliud principium est habitus inclinans, secundum quem benefacere fit alicui connaturale. unde liberales delectabiliter dant aliis. tertium principium est motivum, puta cum aliquis movetur ab aliquo quem diligit, ad benefaciendum alicui, omnia enim quae facimus vel patimur propter amicum, delectabilia sunt, quia amor praecipua causa delectationis est.

ra1 ‘ Ad primum ergo dicendum quod emissio, inquantum est indicativa proprii boni, est delectabilis. sed inquantum evacuat proprium bonum potest esse contristans; sicut quando est immoderata.

ra2 ‘ Ad secundum dicendum quod prodigalitas habet immoderatam emissionem, quae repugnat naturae. et ideo prodigalitas dicitur esse contra naturam.

ra3 ‘ Ad tertium dicendum quod vincere, redarguere et punire, non est delectabile inquantum est in malum alterius, sed inquantum pertinet ad proprium bonum, quod plus homo amat quam odiat malum alterius. vincere enim est delectabile naturaliter, inquantum per hoc homini fit aestimatio propriae excellentiae. et propter hoc, omnes ludi in quibus est concertatio, et in quibus potest esse victoria, sunt maxime delectabiles, et universaliter omnes concertationes, secundum quod habent spem victoriae. redarguere autem et increpare potest esse dupliciter delectationis causa. uno modo, inquantum facit homini imaginationem propriae sapientiae et excellentiae, increpare enim et corripere est sapientum et maiorum alio modo, secundum quod aliquis, increpando et reprehendendo, alteri benefacit, quod est delectabile, * ut dictum est. ‘ irato autem est delectabile punire, inquantum videtur removere apparentem minorationem, quae videtur esse ex praecedenti laesione. cum enim aliquis est ab aliquo laesus, videtur per hoc ab illo minoratus esse, et ideo appetit ab hac minoratione liberari per retributionem laesionis. et sic patet quod benefacere alteri per se potest esse delectabile, sed malefacere alteri non est delectabile, nisi inquantum videtur pertinere ad proprium bonum.

008 ST2 qu32 ar7

ag1 ‘ Ad septimum sic proceditur. videtur quod similitudo non sit causa delectationis. principari enim et praeesse quandam dissimilitudinem importat. “ sed principari et praeesse naturaliter est delectabile, * ut dicitur in i rhetoric.. ‘ ergo dissimilitudo magis est causa delectationis quam similitudo.

ag2 ‘ Praeterea, nihil magis est dissimile delectationi quam tristitia. “ sed illi qui patiuntur tristitias, maxime sequuntur delectationes, * ut dicitur in vii ethic.. ‘ ergo dissimilitudo est magis causa delectationis quam similitudo.

ag3 ‘ Praeterea, illi qui sunt repleti aliquibus delectabilibus, non delectantur in eis, sed magis fastidiunt ea, sicut patet in repletione ciborum. non ergo similitudo est delectationis causa.

sc ‘ Sed contra est quod similitudo est causa amoris, * ut dictum est supra. ‘ amor autem est causa delectationis. ergo similitudo est causa delectationis.

co ‘ Respondeo dicendum quod similitudo est quaedam unitas, unde id quod est simile, inquantum est unum, est delectabile, sicut et amabile, * ut supra dictum est. ‘ et si quidem id quod est simile, proprium bonum non corrumpat, sed augeat, est simpliciter delectabile, puta homo homini, et iuvenis iuveni. si vero sit corruptivum proprii boni, sic per accidens efficitur fastidiosum vel contristans; non quidem inquantum est simile et unum, sed inquantum corrumpit id quod est magis unum. quod autem aliquid simile corrumpat proprium bonum, contingit dupliciter. uno modo, quia corrumpit mensuram proprii boni per quendam excessum, bonum enim, praecipue corporale, ut sanitas, in quadam commensuratione consistit. et propter hoc, superabundantes cibi, vel quaelibet delectationes corporales, fastidiuntur. alio modo, per directam contrarietatem ad proprium bonum, sicut figuli abominantur alios figulos, non inquantum sunt figuli, sed inquantum per eos amittunt excellentiam propriam, sive proprium lucrum, quae appetunt sicut proprium bonum.

ra1 ‘ Ad primum ergo dicendum quod, cum sit quaedam communicatio principantis ad subiectum, est ibi quaedam similitudo. tamen secundum quandam excellentiam, eo quod principari et praeesse pertinent ad excellentiam proprii boni, sapientum enim et meliorum est principari et praeesse. unde per hoc fit homini propriae bonitatis imaginatio. vel quia per hoc quod homo principatur et praeest, aliis benefacit, quod est delectabile.

ra2 ‘ Ad secundum dicendum quod id in quo delectatur tristatus, etsi non sit simile tristitiae, est tamen simile homini contristato. quia tristitiae contrariantur proprio bono eius qui tristatur. et ideo appetitur delectatio ab his qui in tristitia sunt, ut conferens ad proprium bonum, inquantum est medicativa contrarii. et ista est causa quare delectationes corporales, quibus sunt contrariae quaedam tristitiae, magis appetuntur, quam delectationes intellectuales, quae non habent contrarietatem tristitiae, * ut infra dicetur. ‘ exinde etiam est quod omnia animalia naturaliter appetunt delectationem, quia semper animal laborat per sensum et motum. et propter hoc etiam iuvenes maxime delectationes appetunt; propter multas transmutationes in eis existentes, dum sunt in statu augmenti. et etiam melancholici vehementer appetunt delectationes, ad expellendum tristitiam, “ quia corpus eorum quasi pravo humore corroditur, * ut dicitur in vii ethic..

ra3 ‘ Ad tertium dicendum quod bona corporalia in quadam mensura consistunt, et ideo superexcessus similium corrumpit proprium bonum. et propter hoc efficitur fastidiosum et contristans, inquantum contrariatur bono proprio hominis.

008 ST2 qu32 ar8

ag1 ‘ Ad octavum sic proceditur. videtur quod admiratio non sit causa delectationis. “ admirari enim est ignorantis naturae, * ut damascenus dicit. ‘ sed ignorantia non est delectabilis, sed magis scientia. ergo admiratio non est causa delectationis.

ag2 “ Praeterea, admiratio est principium sapientiae, quasi via ad inquirendum veritatem, * ut dicitur in principio metaphys.. ° sed delectabilius est contemplari iam cognita, quam inquirere ignota, * ut philosophus dicit in x ethic., ‘ cum hoc habeat difficultatem et impedimentum, illud autem non habeat; “ delectatio autem causatur ex operatione non impedita, * ut dicitur in vii ethic.. ‘ ergo admiratio non est causa delectationis, sed magis delectationem impedit.

ag3 ‘ Praeterea, unusquisque in consuetis delectatur, unde operationes habituum per consuetudinem acquisitorum, sunt delectabiles. “ sed consueta non sunt admirabilia, * ut dicit augustinus, super ioan.. ‘ ergo admiratio contrariatur causae delectationis.

sc * Sed contra est quod philosophus dicit, in i rhetoric., quod “ admiratio est delectationis causa.

co ‘ Respondeo dicendum quod adipisci desiderata est delectabile, * ut supra dictum est. ‘ et ideo quanto alicuius rei amatae magis crescit desiderium, tanto magis per adeptionem crescit delectatio. et etiam in ipso augmento desiderii fit augmentum delectationis, secundum quod fit etiam spes rei amatae; * sicut supra dictum est quod ‘ ipsum desiderium ex spe est delectabile. est autem admiratio desiderium quoddam sciendi, quod in homine contingit ex hoc quod videt effectum et ignorat causam, vel ex hoc quod causa talis effectus excedit cognitionem aut facultatem ipsius. et ideo admiratio est causa delectationis inquantum habet adiunctam spem consequendi cognitionem eius quod scire desiderat. et propter hoc omnia mirabilia sunt delectabilia, sicut quae sunt rara, et omnes repraesentationes rerum, etiam quae in se non sunt delectabiles; gaudet enim anima in collatione unius ad alterum, “ quia conferre unum alteri est proprius et connaturalis actus rationis, * ut philosophus dicit in sua poetica. ‘ et propter hoc etiam ° liberari a magnis periculis magis est delectabile, quia est admirabile, * ut dicitur in i rhetoric..

ra1 ‘ Ad primum ergo dicendum quod admiratio non est delectabilis inquantum habet ignorantiam, sed inquantum habet desiderium addiscendi causam; et inquantum admirans aliquid novum addiscit, scilicet talem esse quem non aestimabat.

ra2 ‘ Ad secundum dicendum quod delectatio duo habet, scilicet quietem in bono, et huiusmodi quietis perceptionem. quantum igitur ad primum, cum sit perfectius contemplari veritatem cognitam quam inquirere ignotam, contemplationes rerum scitarum, per se loquendo, sunt magis delectabiles quam inquisitiones rerum ignotarum. tamen per accidens, quantum ad secundum, contingit quod inquisitiones sunt quandoque delectabiliores, secundum quod ex maiori desiderio procedunt, desiderium autem maius excitatur ex perceptione ignorantiae. unde maxime homo delectatur in his quae de novo invenit aut addiscit.

ra3 ‘ Ad tertium dicendum quod ea quae sunt consueta, sunt delectabilia ad operandum, inquantum sunt quasi connaturalia. sed tamen ea quae sunt rara, possunt esse delectabilia, vel ratione cognitionis, quia desideratur eorum scientia, inquantum sunt mira; vel ratione operationis, ° quia ex desiderio magis inclinatur mens ad hoc quod intense in novitate operetur, * ut dicitur in x ethic.; ‘ perfectior enim operatio causat perfectiorem delectationem.

008 ST2 qu33 ar

pr ‘ Deinde considerandum est de effectibus delectationis. et circa hoc quaeruntur quatuor. primo, utrum delectationis sit dilatare. secundo, utrum delectatio causet sui sitim, vel desiderium. tertio, utrum delectatio impediat usum rationis. quarto, utrum delectatio perficiat operationem.

008 ST2 qu33 ar1

ag1 ‘ Ad primum sic proceditur. videtur quod dilatatio non sit effectus delectationis. dilatatio enim videtur ad amorem magis pertinere, * secundum quod dicit apostolus, ii ad cor. vi, ° cor nostrum dilatatum est. * unde et de praecepto caritatis in psalmo cxviii, dicitur, ° latum mandatum tuum nimis. ‘ sed delectatio est alia passio ab amore. ergo dilatatio non est effectus delectationis.

ag2 ‘ Praeterea, ex hoc quod aliquid dilatatur, efficitur capacius ad recipiendum. sed receptio pertinet ad desiderium, quod est rei nondum habitae. ergo dilatatio magis videtur pertinere ad desiderium quam ad delectationem.

ag3 ‘ Praeterea, constrictio dilatationi opponitur. sed constrictio videtur ad delectationem pertinere, nam illud constringimus quod firmiter volumus retinere; et talis est affectio appetitus circa rem delectantem. ergo dilatatio ad delectationem non pertinet.

sc * Sed contra est quod, ad expressionem gaudii, dicitur isaiae lx, ° videbis, et affluens, et mirabitur et dilatabitur cor tuum. ‘ ipsa etiam delectatio ex dilatatione nomen accepit ut laetitia nominetur * sicut supra dictum est.

co ‘ Respondeo dicendum quod latitudo est quaedam dimensio magnitudinis corporalis, unde in affectionibus animae non nisi secundum metaphoram dicitur. dilatatio autem dicitur quasi motus ad latitudinem. et competit delectationi secundum duo quae ad delectationem requiruntur. quorum unum est ex parte apprehensivae virtutis, quae apprehendit coniunctionem alicuius boni convenientis. ex hac autem apprehensione apprehendit se homo perfectionem quandam adeptum, quae est spiritualis magnitudo, et secundum hoc, animus hominis dicitur per delectationem magnificari, seu dilatari. aliud autem est ex parte appetitivae virtutis, quae assentit rei delectabili, et in ea quiescit, quodammodo se praebens ei ad eam interius capiendam. et sic dilatatur affectus hominis per delectationem, quasi se tradens ad continendum interius rem delectantem.

ra1 ‘ Ad primum ergo dicendum quod nihil prohibet in his quae dicuntur metaphorice, idem diversis attribui secundum diversas similitudines. et secundum hoc, dilatatio pertinet ad amorem ratione cuiusdam extensionis, inquantum affectus amantis ad alios extenditur, ut curet non solum quae sua sunt, sed quae aliorum. ad delectationem vero pertinet dilatatio, inquantum aliquid in seipso ampliatur, ut quasi capacius reddatur.

ra2 ‘ Ad secundum dicendum quod desiderium habet quidem aliquam ampliationem ex imaginatione rei desideratae, sed multo magis ex praesentia rei iam delectantis. quia magis praebet se animus rei iam delectanti, quam rei non habitae desideratae, cum delectatio sit finis desiderii.

ra3 ‘ Ad tertium dicendum quod ille qui delectatur, constringit quidem rem delectantem, dum ei fortiter inhaeret, sed cor suum ampliat, ut perfecte delectabili fruatur.

008 ST2 qu33 ar2

ag1 ‘ Ad secundum sic proceditur. videtur quod delectatio non causet desiderium sui ipsius. omnis enim motus cessat, cum pervenerit ad quietem. sed delectatio est quasi quaedam quies motus desiderii, * ut supra dictum est. ‘ cessat ergo motus desiderii, cum ad delectationem pervenerit. non ergo delectatio causat desiderium.

ag2 ‘ Praeterea, oppositum non est causa sui oppositi. sed delectatio quodammodo desiderio opponitur, ex parte obiecti, nam desiderium est boni non habiti, delectatio vero boni iam habiti. ergo delectatio non causat desiderium sui ipsius.

ag3 ‘ Praeterea, fastidium desiderio repugnat. sed delectatio plerumque causat fastidium. non ergo facit sui desiderium.

sc * Sed contra est quod dominus dicit, ioan. iv, ° qui biberit ex hac aqua, sitiet iterum, “ per aquam autem significatur, * secundum augustinum, “ delectatio corporalis.

co ‘ Respondeo dicendum quod delectatio dupliciter potest considerari, uno modo, secundum quod est in actu; alio modo, secundum quod est in memoria. item sitis, vel desiderium, potest dupliciter accipi, uno modo, proprie, secundum quod importat appetitum rei non habitae; alio modo, communiter, secundum quod importat exclusionem fastidii. secundum quidem igitur quod est in actu, delectatio non causat sitim vel desiderium sui ipsius, per se loquendo, sed solum per accidens, si tamen sitis vel desiderium dicatur rei non habitae appetitus, nam delectatio est affectio appetitus circa rem praesentem. sed contingit rem praesentem non perfecte haberi. et hoc potest esse vel ex parte rei habitae, vel ex parte habentis. ex parte quidem rei habitae, eo quod res habita non est tota simul, unde successive recipitur, et dum aliquis delectatur in eo quod habet, desiderat potiri eo quod restat; “ sicut qui audit primam partem versus, et in hoc delectatur, desiderat alteram partem versus audire, * ut augustinus dicit, iv confess.. ‘ et hoc modo omnes fere delectationes corporales faciunt sui ipsarum sitim, quousque consummentur, eo quod tales delectationes consequuntur aliquem motum, sicut patet in delectationibus ciborum. ex parte autem ipsius habentis, sicut cum aliquis aliquam rem in se perfectam existentem, non statim perfecte habet, sed paulatim acquirit. sicut in mundo isto, percipientes aliquid imperfecte de divina |25| cognitione, delectamur; et ipsa delectatio excitat sitim vel desiderium perfectae cognitionis; * secundum quod potest intelligi quod habetur eccli. xxiv, ° qui bibunt me, adhuc sitient. ‘ si vero per sitim vel desiderium intelligatur sola intensio affectus tollens fastidium, sic delectationes spirituales maxime faciunt sitim vel desiderium sui ipsarum. delectationes enim corporales, quia augmentatae, vel etiam continuatae, faciunt superexcrescentiam naturalis habitudinis, efficiuntur fastidiosae; ut patet in delectatione ciborum. et propter hoc, quando aliquis iam pervenit ad perfectum in delectationibus corporalibus, fastidit eas, et quandoque appetit aliquas alias. sed delectationes spirituales non superexcrescunt naturalem habitudinem, sed perficiunt naturam. unde cum pervenitur ad consummationem in ipsis, tunc sunt magis delectabiles, nisi forte per accidens, inquantum operationi contemplativae adiunguntur aliquae operationes virtutum corporalium, quae per assiduitatem operandi lassantur. * et per hunc etiam modum potest intelligi quod dicitur eccli. xxiv ° qui bibit me, adhuc sitiet. ‘ quia etiam de angelis, qui perfecte deum cognoscunt, et delectantur in ipso, * dicitur i petri i, quod |50| ° desiderant in eum conspicere. ‘ si vero consideretur delectatio prout est in memoria et non in actu, sic per se nata est causare sui ipsius sitim et desiderium, quando scilicet homo redit ad illam dispositionem in qua erat sibi delectabile quod praeteriit. si vero immutatus sit ab illa dispositione, memoria delectationis non causat in eo delectationem, sed fastidium, sicut pleno existenti memoria cibi.

ra1 ‘ Ad primum ergo dicendum quod, quando delectatio est perfecta, tunc habet omnimodam quietem, et cessat motus desiderii tendentis in non habitum. sed quando imperfecte habetur, tunc non omnino cessat motus desiderii tendentis in non habitum.

ra2 ‘ Ad secundum dicendum quod id quod imperfecte habetur, secundum quid habetur, et secundum quid non habetur. et ideo simul de eo potest esse et desiderium et delectatio.

ra3 ‘ Ad tertium dicendum quod delectationes alio modo causant fastidium, et alio modo desiderium, * ut dictum est.

008 ST2 qu33 ar3

ag1 ‘ Ad tertium sic proceditur. videtur quod delectatio non impediat usum rationis. quies enim maxime confert ad debitum rationis usum, * unde dicitur in vii physic., quod “ in sedendo et quiescendo fit anima sciens et prudens; * et sap. viii, ° intrans in domum meam, conquiescam cum illa, “ scilicet sapientia. ‘ sed delectatio est quaedam quies. ergo non impedit, sed magis iuvat rationis usum.

ag2 ‘ Praeterea, ea quae non sunt in eodem, etiam si sint contraria, non se impediunt. sed delectatio est in parte appetitiva, usus autem rationis in parte apprehensiva. ergo delectatio non impedit rationis usum.

ag3 ‘ Praeterea, quod impeditur ab alio, videtur quodammodo transmutari ab ipso. sed usus apprehensivae virtutis magis movet delectationem quam a delectatione moveatur, est enim causa delectationis. ergo delectatio non impedit usum rationis.

sc * Sed contra est quod philosophus dicit, in vi ethic., quod ° delectatio corrumpit existimationem prudentiae.

co * Respondeo dicendum quod, sicut dicitur in x ethic., “ delectationes propriae adaugent operationes, extraneae vero impediunt. ‘ est ergo quaedam delectatio quae habetur de ipso actu rationis, sicut cum aliquis delectatur in contemplando vel ratiocinando. et talis delectatio non impedit usum rationis, sed ipsum adiuvat, quia illud attentius operamur in quo delectamur; attentio autem adiuvat operationem. sed delectationes corporales impediunt usum rationis triplici ratione. primo quidem, ratione distractionis. quia, * sicut iam dictum est, ‘ ad ea in quibus delectamur, multum attendimus, cum autem attentio fortiter inhaeserit alicui rei, debilitatur circa alias res, vel totaliter ab eis revocatur. et secundum hoc, si delectatio corporalis fuerit magna, vel totaliter impediet usum rationis, ad se intentionem animi attrahendo; vel multum impediet. secundo, ratione contrarietatis. quaedam enim delectationes, maxime superexcedentes, sunt contra ordinem rationis. * et per hunc modum philosophus dicit, in vi ethic., quod ° delectationes corporales corrumpunt existimationem prudentiae, non autem existimationem speculativam, “ cui non contrariantur, ° puta |25| quod triangulus habet tres angulos aequales duobus rectis. ‘ secundum autem primum modum, utramque impedit. tertio modo, secundum quandam ligationem, inquantum scilicet ad delectationem corporalem sequitur quaedam transmutatio corporalis, maior etiam quam in aliis passionibus, quanto vehementius afficitur appetitus ad rem praesentem quam ad rem absentem. huiusmodi autem corporales perturbationes impediunt usum rationis, sicut patet in vinolentis, qui habent usum rationis ligatum vel impeditum.

ra1 ‘ Ad primum ergo dicendum quod delectatio corporalis habet quidem quietem appetitus in delectabili, quae quies intercum contrariatur rationi; sed ex parte corporis, semper habet transmutationem. et quantum ad utrumque, impedit rationis usum.

ra2 ‘ Ad secundum dicendum quod vis appetitiva et apprehensiva sunt quidem diversae partes, sed unius animae. et ideo cum intentio animae vehementer applicatur ad actum unius, impeditur ab actu contrario alterius.

ra3 ‘ Ad tertium dicendum quod usus rationis requirit debitum usum imaginationis et aliarum virium sensitivarum, quae utuntur organo corporali. et ideo ex transmutatione corporali usus rationis impeditur, impedito actu virtutis imaginativae et aliarum sensitivarum.

008 ST2 qu33 ar4

ag1 ‘ Ad quartum sic proceditur. videtur quod delectatio non perficiat operationem. omnis enim humana operatio ab usu rationis dependet. sed delectatio impedit usum rationis, * ut dictum est. ‘ ergo delectatio non perficit, sed debilitat operationem humanam.

ag2 ‘ Praeterea, nihil est perfectivum sui ipsius, vel suae causae. “ sed delectatio est operatio, * ut dicitur in vii et x ethic., ‘ quod oportet ut intelligatur vel es-

sentialiter, vel causaliter. ergo delectatio non perficit operationem.
ag3 ' Praeterea, si delectatio perficit operationem, aut perficit ipsam sicut finis, aut sicut forma, aut sicut agens. sed non sicut finis, quia operationes non quaeruntur propter delectationem, sed magis e converso, * ut supra dictum est. ' nec iterum per modum efficientis, quia magis operatio est causa efficiens delectationis. nec iterum sicut forma, non enim perficit delectatio operationem ut habitus quidam, * secundum philosophum, in x ethic.. ' delectatio ergo non perficit operationem.
sc ' Sed contra est quod * dicitur ibidem, quod " delectatio operationem perficit.
co ' Respondeo dicendum quod delectatio dupliciter operationem perficit. uno modo, per modum finis, non quidem secundum quod finis dicitur id propter quod aliquid est; sed secundum quod omne bonum completive superveniens, potest dici finis. * et secundum hoc dicit philosophus, in x ethic., quod ° delectatio perficit operationem sicut quidam superveniens finis, ' inquantum scilicet super hoc bonum quod est operatio, supervenit aliud bonum quod est delectatio, quae importat quietationem appetitus in bono praesupposito. secundo modo, ex parte causae agentis. non quidem directe, * quia philosophus dicit, in x ethic., quod ° perficit delectatio operationem, non sicut medicus sanum, sed sicut sanitas. ' indirecte autem, inquantum scilicet agens, quia delectatur in sua actione, vehementius attendit ad ipsam, et diligentius eam operatur. * et secundum hoc dicitur in x ethic., quod ° delectationes adaugent proprias operationes, et impediunt extraneas.
ra1 ' Ad primum ergo dicendum quod non omnis delectatio impedit actum rationis, sed delectatio corporalis; quae non consequitur actum rationis, sed actum concupiscibilis, qui per delectationem augetur. delectatio autem quae consequitur actum rationis, fortificat rationis usum.
ra2 * Ad secundum dicendum quod, sicut dicitur in ii physic., " contingit quod duo sibi invicem sunt causa, ita quod unum sit causa efficiens, et aliud causa finalis alterius. et per hunc modum, operatio causat delectationem sicut causa efficiens; delectatio autem perficit operationem per modum finis, * ut dictum est.
ra3 ' Ad tertium patet responsio ex dictis.

008 ST2 qu34 ar

pr ' Deinde considerandum est de bonitate et malitia delectationum. et circa hoc quaeruntur quatuor. primo, utrum omnis delectatio sit mala. secundo, dato quod non, utrum omnis delectatio sit bona. tertio, utrum aliqua delectatio sit optimum. quarto, utrum delectatio sit mensura vel regula secundum quam iudicetur bonum vel malum in moralibus.

008 ST2 qu34 ar1

ag1 ' Ad primum sic proceditur. videtur quod omnis delectatio sit mala. illud enim quod corrumpit prudentiam, et impedit rationis usum, videtur esse secundum se malum, " quia bonum hominis est secundum rationem esse, * ut dionysius dicit, in iv cap. de div. nom.. ' sed delectatio corrumpit prudentiam, et impedit rationis usum, et tanto magis, quanto delectationes sunt maiores. " unde in delectationibus venereis, quae sunt maximae, impossibile est aliquid intelligere, * ut dicitur in vii ethic.. et hieronymus etiam dicit, super matth., quod ° illo tempore quo coniugales actus geruntur, praesentia sancti spiritus non dabitur, etiam si propheta esse videatur qui officio generationis obsequitur. ' ergo delectatio est secundum se malum. ergo omnis delectatio mala.
ag2 ' Praeterea, illud quod fugit virtuosus, et prosequitur deficiens a virtute, videtur esse secundum se malum, et fugiendum, * quia, ut dicitur in x ethic., ° virtuosus est quasi mensura et regula humanorum actuum; * et apostolus dicit, i ad cor. ii, ° spiritualis iudicat omnia. ' sed pueri et bestiae, in quibus non est virtus, prosequuntur delectationes, fugit autem eas temperatus. ergo delectationes secundum se sunt malae, et fugiendae.
ag3 ° Praeterea, virtus et ars sunt circa difficile et bonum, * ut dicitur in ii ethic.. ' sed nulla ars ordinata est ad delectationem. ergo delectatio non est aliquid bonum.
sc * Sed contra est quod in psalmo xxxvi, dicitur, ° delectare in domino. ' cum igitur ad nihil mali auctoritas divina inducat, videtur quod non omnis delectatio sit mala.
co * Respondeo dicendum quod, sicut dicitur in x ethic., " aliqui posuerunt omnes delectationes esse malas. cuius ratio videtur fuisse, quia intentionem suam referebant ad solas delectationes sensibiles et corporales, quae sunt magis manifestae, nam et in ceteris intelligibilia a sensibilibus antiqui philosophi non distinguebant, nec intellectum a sensu, * ut dicitur in libro de anima. " delectationes autem corporales * ut dicitur in libro de anima. " delectationes autem corporales arbitrabantur dicendum omnes esse malas, ut sic homines, qui ad delectationes immoderatas sunt proni, a delectationibus se retrahentes, ad medium virtutis perveniant. ' sed haec existimatio non fuit conveniens. cum enim nullus possit vivere sine aliqua sensibili et corporali delectatione, si illi qui docent omnes delectationes esse malas, deprehendantur aliquas delectationes suscipere; magis homines ad delectationes erunt proclives exemplo operum, verborum doctrina praetermissa. in operationibus enim et passionibus humanis, in quibus experientia plurimum valet, magis movent exempla quam verba. dicendum est ergo aliquas delectationes esse bonas, et aliquas esse malas. est enim delectatio quies appetitivae virtutis in aliquo bono amato, et consequens aliquam operationem. unde huius ratio duplex accipi potest. una quidem ex parte boni in quo aliquis quiescens |25| delectatur. bonum enim et malum in moralibus dicitur secundum quod convenit rationi vel discordat ab ea, * ut supra dictum est, ' sicut in rebus naturalibus aliquid dicitur naturale ex eo quod naturae convenit, innaturale vero ex eo quod est a natura discordans. sicut igitur in naturalibus est quaedam quies naturalis, quae scilicet est in eo quod convenit naturae, ut cum grave quiescit deorsum; et quaedam innaturalis, quae est in eo quod repugnat naturae, sicut cum grave quiescit sursum, ita et in moralibus est quaedam delectatio bona, secundum quod appetitus superior aut inferior requiescit in eo quod convenit rationi; et quaedam mala, ex eo quod quiescit in eo quod a ratione discordat, et a lege dei. alia ratio accipi potest ex parte operationum, quarum quaedam sunt bonae, et quaedam malae. operationibus autem magis sunt affines delectationes, quae sunt eis coniunctae, quam concupiscentiae, quae tempore eas praecedunt. unde, cum concupiscentiae bonarum operationum sint bonae, malarum vero malae; multo magis delectationes bonarum operationum sunt bonae, malarum vero malae.
ra1 * Ad primum ergo dicendum quod, sicut supra dictum est, ' delectationes quae sunt de actu rationis, non impediunt rationem, neque corrumpunt prudentiam; sed delectationes extraneae, cuiusmodi sunt delectationes corporales. quae quidem rationis usum impediunt, * sicut supra dictum est, ' et per contrarietatem appetitus, qui quiescit in eo quod repugnat rationi, et ex hoc habet delectatio quod sit moraliter mala, vel secundum quandam ligationem rationis, sicut in concubitu coniugali delectatio, quamvis sit in eo quod convenit rationi, tamen impedit rationis usum, propter corporalem transmutationem adiunctam. sed ex hoc non consequitur malitiam moralem, sicut nec somnus quo ligatur usus rationis, moraliter est malus, si sit secundum rationem receptus, nam et ipsa ratio hoc habet, ut quandoque rationis usus intercipiatur. dicimus tamen quod huiusmodi ligamentum rationis ex delectatione in actu coniugali, etsi non habeat malitiam moralem, quia non est peccatum mortale nec veniale; provenit tamen ex quadam morali malitia, scilicet ex peccato primi parentis, nam hoc in statu innocentiae non erat, * ut patet ex his quae in primo dicta sunt.
ra2 ' Ad secundum dicendum quod temperatus non fugit omnes delectationes, sed immoderatas, et rationi non convenientes. quod autem pueri et bestiae delectationes prosequantur, non ostendit eas universaliter esse malas, quia in eis est naturalis appetitus a deo, qui movetur in id quod est eis conveniens.
ra3 ' Ad tertium dicendum quod non omnis boni est ars, sed exteriorum factibilium, * ut infra dicetur. ' circa operationes autem et passiones quae sunt in nobis, magis est prudentia et virtus quam ars. et tamen aliqua ars est factiva delectationis; " scilicet pulmentaria et pigmentaria, * ut dicitur in vii ethic..

008 ST2 qu34 ar2

ag1 ' Ad secundum sic proceditur. videtur quod omnis delectatio sit bona. * sicut enim in primo dictum est, ' bonum in tria dividitur, scilicet honestum, utile et delectabile. sed honestum omne est bonum; et similiter omne utile. ergo et omnis delectatio est bona.
ag2 " Praeterea, illud est per se bonum, quod non quaeritur propter aliud, * ut dicitur in i ethic.. ' sed delectatio non quaeritur propter aliud, ridiculum enim videtur ab aliquo quaerere quare vult delectari. ergo delectatio est per se bonum. sed quod per se praedicatur de aliquo, universaliter praedicatur de eo. ergo omnis delectatio est bona.
ag3 ' Praeterea, id quod ab omnibus desideratur, videtur esse per se bonum, " nam bonum est quod omnia appetunt, * ut dicitur in i ethic.. ' sed omnes appetunt aliquam delectationem, etiam pueri et bestiae. ergo delectatio est secundum se bonum. omnis ergo delectatio est bona.
sc * Sed contra est quod dicitur prov. ii, ° qui laetantur cum malefecerint, et exultant in rebus pessimis.
co ' Respondeo dicendum quod, * sicut aliqui stoicorum posuerunt " omnes delectationes esse malas, * ita epicurei posuerunt " delectationem secundum se esse bonum, et per consequens delectationes omnes esse bonas. qui ex hoc decepti esse videntur, quod non distinguebant inter id quod est bonum simpliciter, et id quod est bonum quoad hunc. ' simpliciter quidem bonum est quod secundum se bonum est. contingit autem quod non est secundum se bonum, esse huic bonum, dupliciter. uno modo, quia est ei conveniens secundum dispositionem in qua nunc est, quae tamen non est naturalis, sicut leproso bonum est quandoque comedere aliqua venenosa, quae non sunt simpliciter convenientia complexioni humanae. alio modo, quia id quod non est conveniens, aestimatur ut conveniens. et quia delectatio est quies appetitus in bono, si sit bonum simpliciter illud in quo quiescit appetitus, erit simpliciter delectatio, et simpliciter bona. si autem non sit bonum simpliciter, sed quoad hunc, tunc nec delectatio est simpliciter, sed huic, nec simpliciter est bona, sed bona secundum quid, vel apparens bona.
ra1 ' Ad primum ergo dicendum quod honestum et utile dicuntur secundum rationem, et ideo nihil est honestum vel utile, quod non sit bonum. delectabile autem dicitur secundum appetitum, qui quandoque in illud tendit quod non est conveniens rationi. et ideo non omne delectabile est bonum bonitate morali, quae attenditur secundum rationem.
ra2 ' Ad secundum dicendum quod ideo delectatio non quaeritur propter aliud, quia et quies in fine. finem autem contingit esse bonum et malum quamvis nunquam sit finis nisi secundum quod est bonum quoad hunc. ita etiam est de delectatione.
ra3 ' Ad tertium dicendum quod hoc modo omnia appetunt delectationem, sicut et bonum, cum delectatio sit quies appetitus in bono. sed sicut contingit non omne bonum quod appetitur, esse per se et vere bonum; ita non omnis delectatio est per se et vere bona.

008 ST2 qu34 ar3

ag1 ' Ad tertium sic proceditur. videtur quod nulla delectatio sit optimum. nulla enim generatio est optimum, nam generatio non potest esse ultimus finis. sed delectatio consequitur generationem, nam ex eo quod aliquid constituitur in suam naturam, delectatur, * ut supra dictum est. ' ergo nulla delectatio potest esse optimum.
ag2 ' Praeterea, illud quod est optimum, nullo addito potest fieri melius. sed delectatio aliquo addito fit melior, est enim melior delectatio cum virtute quam sine virtute. ergo delectatio non est optimum.
ag3 ' Praeterea, id quod est optimum, est universaliter bonum, sicut per se bonum existens, nam quod est per se, est prius et potius eo quod est per accidens. sed delectatio non est universaliter bonum, * ut dictum est. ' ergo delectatio non est optimum.
sc ' Sed contra beatitudo est optimum, cum sit finis humanae vitae. sed beatitudo non est sine delectatione, * dicitur enim in psalmo xv, ° adimplebis me laetitia cum vultu tuo; delectationes in dextera tua usque in finem.
co ' Respondeo dicendum quod * plato " non posuit omnes delectationes esse malas, sicut stoici; neque omnes esse bonas, sicut epicurei; sed quasdam esse bonas, et quasdam esse malas; ita tamen quod nulla sit summum bonum, vel optimum. sed quantum ex eius rationibus datur intelligi, in duobus deficit. in uno quidem quia, cum videret delectationes sensibiles et corporales in quodam motu et generatione consistere, sicut patet in repletione ciborum et huiusmodi; aestimavit omnes delectationes consequi generationem et motum. unde, cum generatio et motus sint actus imperfecti, sequeretur quod delectatio non haberet rationem ultimae perfectionis. ' sed hoc manifeste apparet falsum in delectationibus intellectualibus. aliquis enim non solum delectatur in generatione scientiae, puta cum addiscit aut miratur, * sicut supra dictum est; ' sed etiam in contemplando secundum scientiam iam acquisitam. " alio vero modo, quia dicebat optimum illud quod est simpliciter summum bonum, quod scilicet est ipsum bonum quasi abstractum et non participatum, sicut ipse deus est summum bonum. ' nos autem loquimur de optimo in rebus humanis. optimum autem in unaquaque re est ultimus finis. finis autem, * ut supra dictum est, ' dupliciter dicitur, scilicet ipsa res, et |25| usus rei; sicut finis avari est vel pecunia, vel possessio pecuniae. et secundum hoc, ultimus finis hominis dici potest vel ipse deus, qui est summum bonum simpliciter; vel fruitio ipsius, quae importat delectationem quandam in ultimo fine. et per hunc modum aliqua delectatio hominis potest dici optimum inter bona humana.
ra1 ' Ad primum ergo dicendum quod non omnis delectatio consequitur generationem; sed aliquae delectationes consequuntur operationes perfectas, * ut dictum est. ' et ideo nihil prohibet aliquam delectationem esse optimum, etsi non omnis sit talis.
ra2 ' Ad secundum dicendum quod ratio illa procedit de optimo simpliciter, per cuius participationem omnia sunt bona, unde ex nullius additione fit melius. sed in aliis bonis universaliter verum est quod quodlibet bonum ex additione alterius fit melius. quamvis posset dici quod delectatio non est aliquid extraneum ab operatione virtutis, sed concomitans ipsam, * ut in i ethic. dicitur.
ra3 ' Ad tertium dicendum quod delectatio non habet quod sit optimum ex hoc quod est delectatio, sed ex hoc quod est perfecta quies in optimo. unde non oportet quod omnis delectatio sit optima, aut etiam bona. sicut aliqua scientia est optima, non tamen omnis.

008 ST2 qu34 ar4

ag1 ' Ad quartum sic proceditur. videtur quod delectatio non sit mensura vel regula boni et mali mora-

lis. ° omnia enim mensurantur primo sui generis, * ut dicitur in x metaphys.. ' sed delectatio non est primum in genere moralium, sed praecedunt ipsam amor et desiderium. non ergo est regula bonitatis et malitiae in moralibus.
ag2 ' Praeterea, mensuram et regulam oportet esse uniformem, " et ideo motus qui est maxime uniformis, est mensura et regula omnium motuum, * ut dicitur in x metaphys.. ' sed delectatio est varia et multiformis, cum quaedam earum sint bonae, et quaedam malae. ergo delectatio non est mensura et regula moralium.
ag3 ' Praeterea, certius iudicium sumitur de effectu per causam, quam e converso. sed bonitas vel malitia operationis est causa bonitatis vel malitiae delectationis, " quia bonae delectationes sunt quae consequuntur bonas operationes, malae autem quae malas, * ut dicitur in x ethic.. ' ergo delectationes non sunt regula et mensura bonitatis et malitiae in moralibus.
sc * Sed contra est quod augustinus dicit, super illud psalmi vii, ° scrutans corda et renes deus, finis curae et cogitationis est delectatio ad quam quis nititur pervenire. * et philosophus dicit, in vii ethic., quod ° delectatio est finis architecton, " idest principalis, ° ad quem respicientes, unumquodque hoc quidem malum, hoc autem bonum simpliciter dicimus.
co ' Respondeo dicendum quod bonitas vel malitia moralis principaliter in voluntate consistit, * ut supra dictum est. ' utrum autem voluntas sit bona vel mala, praecipue ex fine cognoscitur. id autem habetur pro fine, in quo voluntas quiescit. quies autem voluntatis, et cuiuslibet appetitus, in bono, est delectatio. et ideo secundum delectationem voluntatis humanae, praecipue iudicatur homo bonus vel malus; est enim bonus et virtuosus qui gaudet in operibus virtutum; malus autem qui in operibus malis. delectationes autem appetitus sensitivi non sunt regula bonitatis vel malitiae moralis, nam cibus communiter delectabilis est secundum appetitum sensitivum, bonis et malis. sed voluntas bonorum delectatur in eis secundum convenientiam rationis, quam non curat voluntas malorum.
ra1 ' Ad primum ergo dicendum quod amor et desiderium sunt priora delectatione in via generationis. sed delectatio est prior secundum rationem finis, qui in operabilibus habet rationem principii, a quo maxime sumitur iudicium, sicut a regula vel mensura.
ra2 ' Ad secundum dicendum quod omnis delectatio in hoc est uniformis, quod est quies in aliquo bono, et secundum hoc potest esse regula vel mensura. nam ille bonus est cuius voluntas quiescit in vero bono; malus autem, cuius voluntas quiescit in malo.
ra3 ' Ad tertium dicendum quod, cum delectatio perficiat operationem per modum finis, * ut supra dictum est; ' non potest esse operatio perfecte bona, nisi etiam adsit delectatio in bono, nam bonitas rei dependet ex fine. et sic quodammodo bonitas delectationis est causa bonitas in operatione.

008 ST2 qu35 ar

pr ' Deinde considerandum est de dolore et tristitia. et circa hoc, primo considerandum est de tristitia, seu dolore, secundum se; secundo, de causis eius; tertio, de effectibus ipsius; quarto, de remediis eius; quinto, de bonitate vel malitia eius. circa primum quaeruntur octo. primo, utrum dolor sit passio animae. secundo, utrum tristitia sit idem quod dolor. tertio, utrum tristitia, seu dolor, sit contraria delectationi. quarto, utrum omnis tristitia omni delectationi contrarietur. quinto, utrum delectationi contemplationis sit aliqua tristitia contraria. sexto, utrum magis fugienda sit tristitia, quam delectatio appetenda. septimo, utrum dolor exterior sit maior quam dolor interior. octavo, de speciebus tristitiae.

008 ST2 qu35 ar1

ag1 ' Ad primum sic proceditur. videtur quod dolor non sit passio animae. nulla enim passio animae est in corpore. sed dolor potest esse in corpore, * dicit enim augustinus, in libro de vera relig., quod ° dolor qui dicitur corporis, est corruptio repentina salutis eius rei, quam, male utendo, anima corruptioni obnoxiavit. ' ergo dolor non est passio animae.
ag2 ' Praeterea, omnis passio animae pertinet ad vim appetitivam. sed dolor non pertinet ad vim appetitivam, sed magis ad apprehensivam, * dicit enim augustinus, in libro de natura boni, quod ° dolorem in corpore facit sensus resistens corpori potentiori. ' ergo dolor non est passio animae.
ag3 ' Praeterea, omnis passio animae pertinet ad appetitum animalem. sed dolor non pertinet ad appetitum animalem, sed magis ad appetitum naturalem, * dicit enim augustinus, viii super gen. ad litt., ° nisi aliquod bonum remansisset in natura, nullius boni amissi esset dolor in poena. ' ergo dolor non est passio animae.
sc * Sed contra est quod augustinus, xiv de civ. dei, ponit dolorem inter passiones animae, inducens illud virgilii, ° hinc metuunt, cupiunt, gaudentque dolentque.
co ' Respondeo dicendum quod, sicut ad delectationem duo requiruntur, scilicet coniunctio boni, et perceptio huiusmodi coniunctionis; ita etiam ad dolorem duo requiruntur, scilicet coniunctio alicuius mali (quod ea ratione est malum, quia privat aliquod bonum); et perceptio huiusmodi coniunctionis. quidquid autem coniungitur, si non habeat, respectu eius cui coniungitur, rationem boni vel mali, non potest causare delectationem vel dolorem. ex quo patet quod aliquid sub ratione boni vel mali, est obiectum delectationis et doloris. bonum autem et malum, inquantum huiusmodi, sunt obiecta appetitus. unde patet quod delectatio et dolor ad appetitum pertinent. omnis autem motus appetitivus, seu inclinatio consequens apprehensionem, pertinet ad appetitum intellectivum vel sensitivum, nam inclinatio appetitus naturalis non consequitur apprehensionem ipsius appetentis, sed alterius, * ut in primo dictum est. ' cum igitur delectatio et dolor praesupponant in eodem subiecto sensum vel apprehensionem aliquam, manifestum est quod dolor, sicut et delectatio, est in appetitu intellectivo vel sensitivo. omnis autem motus appetitus sensitivi dicitur passio, * ut supra dictum est. ' et praecipue illi qui in defectum sonant. unde dolor, secundum quod est in appetitu sensitivo, propriissime dicitur passio animae, |25| sicut molestiae corporales proprie passiones corporis dicuntur. * unde et augustinus, xiv de civ. dei, " dolorem specialiter aegritudinem nominat.
ra1 ' Ad primum ergo dicendum quod dolor dicitur esse corporis, quia causa doloris est in corpore, puta cum patimur aliquod nocivum corpori. sed motus doloris semper est in anima, nam " corpus non potest dolere nisi dolente anima, * ut augustinus dicit.
ra2 ' Ad secundum dicendum quod dolor dicitur esse sensus, non quia sit actus sensitivae virtutis, sed quia requiritur ad dolorem corporalem, sicut ad delectationem.
ra3 ' Ad tertium dicendum quod dolor de amissione boni demonstrat bonitatem naturae, non quia dolor sit actus naturalis appetitus, sed quia natura aliquid appetit ut bonum, quod cum removeri sentitur, sequitur doloris passio in appetitu sensitivo.

008 ST2 qu35 ar2

ag1 ' Ad secundum sic proceditur. videtur quod tristitia non sit dolor. * dicit enim augustinus, xiv de civ. dei, quod ° dolor in corporibus dicitur. ' tristitia autem dicitur magis in anima. ergo tristitia non est dolor.
ag2 ' Praeterea, dolor non est nisi de praesenti malo. sed tristitia potest esse de praeterito et de futuro, sicut poenitentia est tristitia de praeterito, et anxietas de futuro. ergo tristitia omnino a dolore differt.
ag3 ' Praeterea, dolor non videtur consequi nisi sensum tactus. sed tristitia potest consequi ex omnibus sensibus. ergo tristitia non est dolor, sed se habet in pluribus.
sc * Sed contra est quod apostolus dicit, ad rom. ix, ° tristitia est mihi magna, et continuus dolor cordi meo, " pro eodem utens tristitia et dolore.
co ' Respondeo dicendum quod delectatio et dolor ex duplici apprehensione causari possunt, scilicet ex apprehensione exterioris sensus, et ex apprehensione interiori sive intellectus sive imaginationis. interior autem apprehensio ad plura se extendit quam exterior, eo quod quaecumque cadunt sub exteriori apprehensione, cadunt sub interiori, sed non e converso. sola igitur illa delectatio quae ex interiori apprehensione causatur, gaudium nominatur, * ut supra dictum est. ' et similiter ille solus dolor qui ex apprehensione interiori causatur, nominatur tristitia. et sicut illa delectatio quae ex exteriori apprehensione causatur, delectatio quidem nominatur, non autem gaudium; ita ille dolor qui ex exteriori apprehensione causatur, nominatur quidem dolor, non autem tristitia. sic igitur tristitia est quaedam species doloris, sicut gaudium delectationis.
ra1 * Ad primum ergo dicendum quod augustinus loquitur ibi quantum ' ad usum vocabuli, quia dolor magis usitatur in corporalibus doloribus, qui sunt magis noti, quam in doloribus spiritualibus.
ra2 ' Ad secundum dicendum quod sensus exterior non percipit nisi praesens, vis autem cognitiva interior potest percipere praesens, praeteritum et futurum. et ideo tristitia potest esse de praesenti, praeterito et futuro, dolor autem corporalis, qui sequitur apprehensionem sensus exterioris, non potest esse nisi de praesenti.
ra3 ' Ad tertium dicendum quod sensibilia tactus sunt dolorosa, non solum inquantum sunt improportionata virtuti apprehensivae, sed etiam inquantum contrariantur naturae. aliorum vero sensuum sensibilia possunt quidem esse improportionata virtuti apprehensivae, non tamen contrariantur naturae, nisi in ordine ad sensibilia tactus. unde solus homo, qui est animal perfectum in cognitione, delectatur in sensibilibus aliorum sensuum secundum se ipsa, alia vero animalia non delectantur in eis nisi secundum quod referuntur ad sensibilia tactus, * ut dicitur in iii ethic.. ' et ideo de sensibilibus aliorum sensuum non dicitur esse dolor, secundum quod contrariatur delectationi naturali, sed magis tristitia, quae contrariatur gaudio animali. sic igitur si dolor accipiatur pro corporali dolore, quod usitatius est, dolor ex opposito dividitur contra tristitiam, secundum distinctionem apprehensionis interioris et exterioris; licet, quantum ad obiecta, delectatio ad plura se extendat quam dolor corporalis. si vero dolor accipiatur communiter, sic dolor est genus tristitiae, * ut dictum est.

008 ST2 qu35 ar3

ag1 ' Ad tertium sic proceditur. videtur quod dolor delectationi non contrarietur. unum enim contrariorum non est causa alterius. sed tristitia potest esse causa delectationis, * dicitur enim matth. v, ° beati qui lugent, quoniam ipsi consolabuntur. ' ergo non sunt contraria.
ag2 ' Praeterea, unum contrariorum non denominat aliud. sed in quibusdam ipse dolor vel tristitia est delectabilis, * sicut augustinus dicit, in iii confess., quod " dolor in spectaculis delectat. * et iv confess., dicit quod ° fletus amara res est, et tamen quandoque delectat. ' ergo dolor non contrariatur delectationi.
ag3 ' Praeterea, unum contrariorum non est materia alterius, quia contraria simul esse non possunt. sed dolor potest esse materia delectationis, * dicit enim augustinus, in libro de poenitentia, ° semper poenitens doleat, et de dolore gaudeat. * et philosophus dicit, in ix ethic., quod e converso ° malus dolet de eo quod delectatus est. ' ergo delectatio et dolor non sunt contraria.
sc * Sed contra est quod augustinus dicit, xiv de civ. dei, quod ° laetitia est voluntas in eorum consensione quae volumus, tristitia autem est voluntas in dissensione ab his quae nolumus. ' sed consentire et dissentire sunt contraria. ergo laetitia et tristitia sunt contraria.
co ' Respondeo dicendum quod, * sicut philosophus dicit x metaphys., " contrarietas est differentia secundum formam. ' forma autem, seu species, passionis et motus sumitur ex obiecto vel termino. unde, cum obiecta delectationis et tristitiae, seu doloris, sint contraria, scilicet bonum praesens et malum praesens, sequitur quod dolor et delectatio sint contraria.
ra1 ' Ad primum ergo dicendum quod nihil prohibet unum contrariorum esse causam alterius per accidens. sic autem tristitia potest esse causa delectationis. uno quidem modo, inquantum tristitia de absentia alicuius rei, vel de praesentia contrarii, vehementius quaerit id in quo delectetur, sicut sitiens vehementius quaerit delectationem potus, ut remedium contra tristitiam quam patitur. alio modo, inquantum ex magno desiderio delectationis alicuius, non recusat aliquis tristitias perferre, ut ad illam delectationem perveniat. et utroque modo luctus praesens ad consolationem futurae vitae perducit. quia ex hoc ipso quod homo luget pro peccatis, vel pro dilatione gloriae, meretur consolationem aeternam. similiter etiam meretur eam aliquis ex hoc quod, ad ipsam consequendam, non refugit labores et angustias propter ipsam sustinere.
ra2 ' Ad secundum dicendum quod dolor ipse potest esse delectabilis per accidens, inquantum scilicet habet adiunctam admirationem, ut in spectaculis; vel inquantum facit recordationem rei amatae, et facit percipere amorem eius, de cuius absentia doletur. unde, cum amor sit delectabilis, et dolor et omnia quae ex amore consequuntur, inquantum in eis sentitur amor, sunt delectabilia. et propter hoc etiam dolores in spectaculis possunt esse delectabiles, inquantum in eis sentitur aliquis amor conceptus ad illos qui in spectaculis commemorantur.
ra3 ' Ad tertium dicendum quod voluntas et ratio supra suos actus reflectuntur, inquantum ipsi actus voluntatis et rationis accipiuntur sub ratione boni vel mali. et hoc modo tristitia potest esse materia delectationis, vel e converso, non per se, sed per accidens, inquantum scilicet utrumque accipitur in ratione boni vel mali.

008 ST2 qu35 ar4

ag1 ' Ad quartum sic proceditur. videtur quod omnis tristitia omni delectationi contrarietur. sicut enim albedo et nigredo sunt contrariae species coloris, ita delectatio et tristitia sunt contrariae species animae passionum. sed albedo et nigredo universaliter sibi opponuntur. ergo etiam delectatio et tristitia.
ag2 ' Praeterea, medicinae per contraria fiunt. sed quaelibet delectatio est medicina contra quamlibet tristitiam, * ut patet per philosophum, in vii ethic.. ' ergo quaelibet delectatio cuilibet tristitiae contrariatur.
ag3 ' Praeterea, contraria sunt quae se invicem impediunt. sed quaelibet tristitia impedit quamlibet delectationem, * ut patet per illud quod dicitur x ethic.. ' ergo quaelibet tristitia cuilibet delectationi contrariatur.
sc ' Sed contra, contrariorum non est eadem causa. sed ab eodem habitu procedit quod aliquis gaudeat de uno, et tristetur de opposito, ° ex caritate enim contingit gaudere cum gaudentibus, et flere cum flentibus, * ut dicitur rom. xii. ' ergo non omnis tristitia omni delectationi contrariatur.
co * Respondeo dicendum quod, sicut dicitur in x metaphys., " contrarietas est differentia secundum formam. ' forma autem est et generalis, et specialis. unde contingit esse aliqua contraria secundum formam generis, sicut virtus et vitium; et secundum formam speciei, sicut iustitia et iniustitia. est autem considerandum quod quaedam specificantur secundum for-

mas absolutas, sicut substantiae et qualitates, quaedam vero specificantur per comparationem ad aliquid extra, sicut passiones et motus recipiunt speciem ex terminis sive ex obiectis. in his ergo quorum species considerantur secundum formas absolutas, contingit quidem species quae continentur sub contrariis generibus, non esse contrarias secundum rationem speciei, non tamen contingit quod habeant aliquam affinitatem vel convenientiam ad invicem. intemperantia enim et iustitia, quae sunt in contrariis generibus, virtute scilicet et vitio, non contrariantur ad invicem secundum rationem propriae speciei, nec tamen habent aliquam affinitatem vel convenientiam ad invicem. sed in illis quorum species sumuntur secundum habitudinem ad aliquid extrinsecum, contingit quod species contrariorum generum non solum non sunt contrariae ad invicem, sed etiam habent quandam convenientiam et affinitatem ad invicem, eo quod eodem modo se habere ad contraria, contrarietatem inducit, sicut accedere ad album et accedere ad nigrum habent rationem |25| contrarietatis; sed contrario modo se habere ad contraria, habet rationem similitudinis, sicut recedere ab albo et accedere ad nigrum. et hoc maxime apparet in contradictione, quae est principium oppositionis, nam in affirmatione et negatione eiusdem consistit oppositio, sicut album et non album; in affirmatione autem unius oppositorum et negatione alterius, attenditur convenientia et similitudo, ut si dicam nigrum et non album. tristitia autem et delectatio, cum sint passiones, specificantur ex obiectis. et quidem secundum genus suum, contrarietatem habent, nam unum pertinet ad prosecutionem, aliud vero ad fugam, ° quae se habent in appetitu sicut affirmatio et negatio in ratione, * ut dicitur in vi ethic.. ‘ et ideo tristia et delectatio quae sunt de eodem, habent oppositionem ad invicem secundum speciem. tristitia vero et delectatio de diversis, si quidem illa diversa non sint opposita, sed disparata, non habent oppositionem ad invicem secundum rationem speciei, sed sunt etiam disparatae, sicut tristari de morte amici, et delectari in contemplatione. si vero illa diversa sint contraria, tunc delectatio et tristitia non solum non habent contrarietatem secundum rationem speciei, sed etiam habent convenientiam et affinitatem, sicut gaudere de bono, et tristari de malo.

ra1 ‘ Ad primum ergo dicendum quod albedo et nigredo non habent speciem ex habitudine ad aliquid exterius, sicut delectatio et tristitia. unde non est eadem ratio.

ra2 ‘ Ad secundum dicendum quod genus sumitur ex materia, * ut patet in viii metaphys.. ‘ in accidentibus autem loco materiae est subiectum. * dictum est autem quod ‘ delectatio et tristitia contrariantur secundum genus. et ideo in qualibet tristitia est contraria dispositio subiecti dispositioni quae est in qualibet delectatione, nam in qualibet delectatione appetitus se habet ut acceptans id quod habet; in qualibet autem tristitia se habet ut fugiens. et ideo ex parte subiecti quaelibet delectatio est medicina contra quamlibet tristitiam, et quaelibet tristitia est impeditiva cuiuslibet delectationis, praecipue tamen quando delectatio tristitiae contrariatur etiam secundum speciem.

ra3 ‘ Unde patet solutio ad tertium. vel aliter dicendum quod, etsi non omnis tristitia contrarietur omni delectationi secundum speciem, tamen quantum ad effectum contrariantur, nam ex uno confortatur natura animalis, ex alio vero quodammodo molestatur.

008 ST2 qu35 ar5

ag1 ‘ Ad quintum sic proceditur. videtur quod delectationi contemplationis sit aliqua tristitia contraria. * dicit enim apostolus, ii ad cor. vii, ° quae secundum deum est tristitia, poenitentiam in salutem stabilem operatur. ‘ sed respicere ad deum pertinet ad superiorem rationem, cuius est contemplationi vacare, * secundum augustinum, in xii de trin.. ‘ ergo delectationi contemplationis opponitur tristitia.

ag2 ‘ Praeterea, contrariorum contrarii sunt effectus. si ergo unum contrariorum contemplatum est causa delectationis, aliud erit causa tristitiae. et sic delectationi contemplationis erit tristitia contraria.

ag3 ‘ Praeterea, sicut obiectum delectationis est bonum, ita obiectum tristitiae est malum. sed contemplatio potest habere mali rationem, * dicit enim philosophus, in xii metaphys., “ quod quaedam inconveniens est meditari. ergo ‘ contemplationis delectationi potest esse contraria tristitia.

ag4 ‘ Praeterea, operatio quaelibet, secundum quod non est impedita, est causa delectationis, * ut dicitur in vii et x ethic.. ‘ sed operatio contemplationis potest multipliciter impediri, vel ut totaliter non sit, vel ut cum difficultate sit. ergo in contemplatione potest esse tristitia delectationi contraria.

ag5 ‘ Praeterea, carnis afflictio est causa tristitiae. * sed sicut dicitur eccle. ult., ° frequens meditatio carnis est afflictio. ‘ ergo contemplatio habet tristitiam delectationi contrariam.

sc * Sed contra est quod dicitur sap. viii, ° non habet amaritudinem conversatio illius “ scilicet sapientiae, ° nec taedium convictus eius; sed laetitiam et gaudium. ‘ conversatio autem et convictus sapientiae est per contemplationem. ergo nulla tristitia est quae sit contraria delectationi contemplationis.

co ‘ Respondeo dicendum quod delectatio contemplationis potest intelligi dupliciter. uno modo, ita quod contemplatio sit delectationis causa, et non obiectum. et tunc delectatio non est de ipsa contemplatione, sed de re contemplata. contingit autem contemplari aliquid nocivum et contristans, sicut et aliquid conveniens et delectans. unde si sic delectatio contemplationis accipiatur, nihil prohibet delectationi contemplationis esse tristitiam contrariam. alio modo potest dici delectatio contemplationis, quia contemplatio est eius obiectum et causa, puta cum aliquis delectatur de hoc ipso quod contemplatur. * et sic, ut dicit gregorius nyssenus, ° ei delectationi quae est secundum contemplationem, non opponitur aliqua tristitia. * et hoc idem philosophus dicit, in i topic. et in x ethic.. ‘ sed hoc est intelligendum, per se loquendo. cuius ratio est, quia tristitia per se contrariatur delectationi quae est de contrario obiecto, sicut delectationi quae est de calore, contrariatur tristitia quae est de frigore. obiecto autem contemplationis nihil est contrarium, contrariorum enim rationes, secundum quod sunt apprehensae, non sunt contrariae, sed unum contrarium est ratio cognoscendi aliud. unde delectationi quae est in contemplando, non potest, per se loquendo, esse aliqua tristitia contraria. sed nec etiam habet tristitiam annexam, sicut corporales delectationes, quae sunt ut medicinae |25| quaedam contra aliquas molestias, sicut aliquis delectatur in potu ex hoc quod anxiatur siti, quando autem iam tota sitis est repulsa, etiam cessat delectatio potus. delectatio enim contemplationis non causatur ex hoc quod excluditur aliqua molestia, sed ex hoc quod est secundum seipsam delectabilis, non est enim generatio, sed operatio quaedam perfecta, * ut dictum est. ‘ per accidens autem admiscetur tristitia delectationi apprehensionis. et hoc dupliciter, uno modo, ex parte organi; alio modo, ex impedimento apprehensionis. ex parte quidem organi, admiscetur tristitia vel dolor apprehensioni, directe quidem in viribus apprehensivis sensitivae partis, quae habent organum corporale, vel ex sensibili, quod est contrarium debitae complexioni organi, sicut gustus rei amarae et olfactus rei foetidae; vel ex continuitate sensibilis convenientis, quod per assiduitatem facit superexcrescentiam naturalis habitus, * ut supra dictum est, ‘ et sic redditur apprehensio sensibilis quae prius erat delectabilis, taediosa. sed haec duo directe in contemplatione mentis locum non habent, quia mens non habet organum corporale. unde * dictum est in auctoritate inducta, quod “ non habet contemplatio mentis nec amaritudinem nec taedium. ‘ sed quia mens humana utitur in contemplando viribus apprehensivis sensitivis, in quarum actibus accidit lassitudo; |50| ideo indirecte admiscetur aliqua afflictio vel dolor contemplationi. sed neutro modo tristitia contemplationi per accidens adiuncta, contrariatur delectationi eius. nam tristitia quae est de impedimento contemplationis, non contrariatur delectationi contemplationis, sed magis habet affinitatem et convenientiam cum ipsa, * ut ex supradictis patet. ‘ tristitia vero vel afflictio quae est de lassitudine corporali, non ad idem genus refertur, unde est penitus disparata. et sic manifestum est quod delectationi quae est de ipsa contemplatione, nulla tristitia contrariatur; nec adiungitur ei aliqua tristitia nisi per accidens.

ra1 ‘ Ad primum ergo dicendum quod illa tristitia quae est secundum deum, non est de ipsa contemplatione mentis, sed est de aliquo quod mens contemplatur, scilicet de peccato, quod mens considerat ut contrarium dilectioni divinae.

ra2 ‘ Ad secundum dicendum quod ea quae sunt contraria in rerum natura, secundum quod sunt in mente, non habent contrarietatem. non enim rationes contrariorum sunt contrariae, sed magis unum contrarium est ratio cognoscendi aliud. propter quod est una scientia contrariorum.

ra3 ‘ Ad tertium dicendum quod contemplatio, secundum se, nunquam habet rationem mali, cum contemplatio nihil aliud sit quam consideratio veri, quod est bonum intellectus, sed per accidens tantum, inquantum scilicet contemplatio vilioris impedit contemplationem melioris; vel ex parte rei contemplatae, ad quam inordinatae appetitus afficitur.

ra4 ‘ Ad quartum dicendum quod tristitia quae est de impedimento contemplationis, non contrariatur delectationi contemplationis, sed est ei affinis, * ut dictum est.

ra5 ‘ Ad quintum dicendum quod afflictio carnis per accidens et indirecte se habet ad contemplationem mentis, * ut dictum est.

008 ST2 qu35 ar6

ag1 ‘ Ad sextum sic proceditur. videtur quod magis sit fugienda tristitia, quam delectatio appetenda. * dicit enim augustinus, in libro octoginta trium quaest., ° nemo est qui non magis dolorem fugiat, quam appetat voluptatem. ‘ illud autem in quo communiter omnia consentiunt, videtur esse naturale. ergo naturale est et conveniens quod plus tristitia fugiatur, quam delectatio appetatur.

ag2 ‘ Praeterea, actio contrarii facit ad velocitatem et intensionem motus, “ aqua enim calida citius et fortius congelatur, * ut dicit philosophus, in libro meteor.. ‘ sed fuga tristitiae est ex contrarietate contristantis, appetitus autem delectationis non est ex aliqua contrarietate, sed magis procedit ex convenientia delectantis. ergo maior est fuga tristitiae quam appetitus delectationis.

ag3 ‘ Praeterea, quanto aliquis secundum rationem fortiori passioni repugnat, tanto laudabilior est et virtuosior, quia “ virtus est circa difficile et bonum, * ut dicitur in ii ethic.. ‘ sed fortis, qui resistit motui quo fugitur dolor, est virtuosior quam temperatus, qui resistit motui quo appetitur delectatio, * dicit enim philosophus, in ii rhetoric., quod “ fortes et iusti maxime honorantur. ‘ ergo vehementior est motus quo fugitur tristitia, quam motus quo appetitur delectatio.

sc ‘ Sed contra, bonum est fortius quam malum, * ut patet per dionysium, iv cap. de div. nom.. ‘ sed delectatio est appetibilis propter bonum, quod est eius obiectum, fuga autem tristitiae est propter malum. ergo fortior est appetitus delectationis quam fuga tristitiae.

co ‘ Respondeo dicendum quod, per se loquendo, appetitus delectationis est fortior quam fuga tristitiae. cuius ratio est, quia causa delectationis est bonum conveniens, causa autem doloris sive tristitiae est aliquod malum repugnans. contingit autem aliquod bonum esse conveniens absque omni dissonantia, non autem potest esse aliquod malum totaliter, absque omni convenientia, repugnans. unde delectatio potest esse integra et perfecta, tristitia autem est semper secundum partem. unde naturaliter maior est appetitus delectationis quam fuga tristitiae. alia vero ratio est, quia bonum, quod est obiectum delectationis, propter seipsum appetitur, malum autem, quod est obiectum tristitiae, est fugiendum inquantum est privatio boni. quod autem est per se, potius est illo quod est per aliud. cuius etiam signum apparet in motibus naturalibus. nam omnis motus naturalis intensior est in fine, cum appropinquat ad terminum suae naturae convenientem, quam in principio, cum recedit a termino suae naturae non convenienti, quasi natura magis tendat in id quod est sibi conveniens, quam fugiat id quod est sibi repugnans. unde et inclinatio appetitivae virtutis, per se loquendo, vehementius tendit in delectationem quam fugiat tristitiam. sed per accidens contingit quod tristitiam aliquis magis fugit, quam delectationem appetat. et hoc tripliciter. primo quidem, ex parte apprehensionis. quia, * ut augustinus dicit, x de trin., |25| ° amor magis sentitur, cum eum prodit indigentia. ‘ ex indigentia autem amati procedit tristitia, quae est ex amissione alicuius boni amati, vel ex incursu alicuius mali contrarii. delectatio autem non habet indigentiam boni amati, sed quiescit in eo iam adepto. cum igitur amor sit causa delectationis et tristitiae, tanto magis fugitur tristitia, quanto magis sentitur amor ex eo quod contrariatur amori. secundo, ex parte causae contristantis, vel dolorem inferentis, quae repugnat bono magis amato quam sit bonum illud in quo delectamur. magis enim amamus consistentiam corporis naturalem, quam delectationem cibi. et ideo timore doloris qui provenit ex flagellis vel aliis huiusmodi, quae contrariantur bonae consistentiae corporis, dimittimus delectationem ciborum vel aliorum huiusmodi. tertio, ex parte effectus, inquantum scilicet tristitia impedit non unam tantum delectationem, sed omnes.

ra1 * Ad primum ergo dicendum quod illud quod augustinus dicit, quod ° dolor magis fugitur quam voluptas appetatur, ‘ est verum per accidens, et non per se. * et hoc patet ex eo quod subdit, ° quandoquidem videmus etiam immanissimas bestias a maximis voluptatibus absterreri dolorum metu, ‘ qui contrariatur vitae, quae maxime amatur.

ra2 ‘ Ad secundum dicendum quod aliter est in motu qui est ab interiori, et aliter in motu qui est ab exteriori. motus enim qui est ab interiori, magis tendit in id quod est conveniens, quam recedat a contrario, * sicut supra dictum est de motu naturali. ‘ sed motus qui est ab extrinseco, intenditur ex ipsa contrarietate, quia unumquodque suo modo nititur ad resistendum contrario, sicut ad conservationem sui ipsius. unde motus violentus intenditur in principio, et remittitur in fine. motus autem appetitivae partis est ab intrinseco, cum sit ab anima ad res. et ideo, per se loquendo, magis appetitur delectatio quam fugiatur tristitia. sed motus sensitivae partis est ab exteriori, quasi a rebus ad animam. unde magis sentitur quod est magis contrarium. et sic etiam per accidens, inquantum sensus requiritur ad delectationem et tristitiam, magis fugitur tristitia quam delectatio appetatur.

ra3 ‘ Ad tertium dicendum quod fortis non laudatur ex eo quod secundum rationem non vincitur a dolore vel tristitia quacumque, sed ea quae consistit in periculis mortis. quae quidem tristitia magis fugitur quam appetatur delectatio ciborum vel venereorum, circa quam est temperantia, sicut vita magis amatur quam cibus vel coitus. sed temperatus magis laudatur ex hoc quod non prosequitur delectationes tactus, quam ex hoc quod non fugit tristitias contrarias, * ut patet in iii ethic..

008 ST2 qu35 ar7

ag1 ‘ Ad septimum sic proceditur. videtur quod dolor

exterior sit maior quam dolor cordis interior. dolor enim exterior causatur ex causa repugnante bonae consistentiae corporis, in quo est vita, dolor autem interior causatur ex aliqua imaginatione mali. cum ergo vita magis ametur quam imaginatum bonum, videtur, * secundum praedicta, ' quod dolor exterior sit maior quam dolor interior.
ag2 ' Praeterea, res magis movet quam rei similitudo. sed dolor exterior provenit ex reali coniunctione alicuius contrarii, dolor autem interior ex similitudine contrarii apprehensa. ergo maior est dolor exterior quam dolor interior.
ag3 ' Praeterea, causa ex effectu cognoscitur. sed dolor exterior habet fortiores effectus, facilius enim homo moritur propter dolores exteriores quam propter dolorem interiorem. ergo exterior dolor est maior, et magis fugitur, quam dolor interior.
sc * Sed contra est quod dicitur eccli. xxv, ° omnis plaga tristitia cordis est, et omnis malitia nequitia mulieris. ' ergo, sicut nequitia mulieris alias nequitias superat, ut ibi intenditur; ita tristitia cordis omnem plagam exteriorem excedit.
co ' Respondeo dicendum quod dolor interior et exterior in uno conveniunt, et in duobus differunt. conveniunt quidem in hoc, quod uterque est motus appetitivae virtutis, * ut supra dictum est. ' differunt autem secundum illa duo quae ad tristitiam et delectationem requiruntur, scilicet secundum causam, quae est bonum vel malum coniunctum; et secundum apprehensionem. causa enim doloris exterioris est malum coniunctum quod repugnat corpori, causa autem interioris doloris est malum coniunctum quod repugnat appetitui. dolor etiam exterior sequitur apprehensionem sensus, et specialiter tactus, dolor autem interior sequitur apprehensionem interiorem, imaginationis scilicet vel etiam rationis. si ergo comparatur causa interioris doloris ad causam exterioris, una per se pertinet ad appetitum, cuius est uterque dolor, alia vero per aliud. nam dolor interior est ex hoc quod aliquid repugnat ipsi appetitui, exterior autem dolor, ex hoc quod repugnat appetitui quia repugnat corpori. semper autem quod est per se, prius est eo quod est per aliud. unde ex parte ista, dolor interior praeeminet dolori exteriori. similiter etiam ex parte apprehensionis. nam apprehensio rationis et imaginationis altior est quam apprehensio sensu tactus. unde simpliciter et per se loquendo, dolor interior potior est quam dolor exterior. cuius signum est, quod etiam dolores exteriores aliquis |25| voluntarie suscipit, ut evitet interiorem dolorem. et inquantum non repugnat dolor exterior interiori appetitui, fit quodammodo delectabilis et iucundus interiori gaudio. quandoque tamen dolor exterior est cum interiori dolore, et tunc dolor augetur. non solum enim interior dolor est maior quam exterior, sed etiam universalior. quidquid enim est repugnans corpori, potest esse repugnans interiori appetitui; et quidquid apprehenditur sensu, potest apprehendi imaginatione et ratione; sed non convertitur. * et ideo signanter in auctoritate adducta dicitur, " omnis plaga tristitia cordis est, ' quia etiam dolores exteriorum plagarum sub interiori cordis tristitia comprehenduntur.
ra1 ' Ad primum ergo dicendum quod dolor interior potest etiam esse de his quae contrariantur vitae. et sic comparatio doloris interioris ad exteriorem non est accipienda secundum diversa mala quae sunt causa doloris, sed secundum diversam comparationem huius causae doloris ad appetitum.
ra2 ' Ad secundum dicendum quod tristitia interior non procedit ex similitudine rei apprehensa, sicut ex causa, non enim homo tristatur interius de ipsa similitudine apprehensa, sed de re cuius est similitudo. quae quidem res tanto perfectius apprehenditur per aliquam similitudinem, quanto similitudo est magis immaterialis et abstracta. et ideo dolor interior, per se loquendo, est maior, tanquam de maiori malo existens; propter hoc quod interiori apprehensione magis cognoscitur malum.
ra3 ' Ad tertium dicendum quod immutationes corporales magis causantur ex dolore exteriori, tum quia causa doloris exterioris est corrumpens coniunctum corporaliter, quod exigit apprehensio tactus. tum etiam quia sensus exterior est magis corporalis quam sensus interior, sicut et appetitus sensitivus quam intellectivus. et propter hoc, * ut supra dictum est, ' ex motu appetitus sensitivi magis corpus immutatur. et similiter ex dolore exteriori, magis quam ex dolore interiori.

008 ST2 qu35 ar8

ag1 * Ad octavum sic proceditur. videtur quod damascenus " inconvenienter quatuor tristitiae species assignet, quae sunt acedia, achthos (vel anxietas * secundum gregorium nyssenum), " misericordia et invidia. ' tristitia enim delectationi opponitur. sed delectationis non assignantur aliquae species. ergo nec tristitiae species debent assignari.
ag2 ' Praeterea, poenitentia est quaedam species tristitiae. similiter etiam nemesis et zelus, * ut dicit philosophus, ii rhetoric.. ' quae quidem sub his speciebus non comprehenduntur. ergo insufficiens est eius praedicta divisio.
ag3 ' Praeterea, omnis divisio debet esse per opposita. sed praedicta non habent oppositionem ad invicem. * nam secundum gregorium ° acedia est tristitia vocem amputans; anxietas vero est tristitia aggravans; invidia vero est tristitia in alienis bonis; misericordia autem est tristitia in alienis malis. ' contingit autem aliquem tristari et de alienis malis, et de alienis bonis et simul cum hoc interius aggravari, et exterius vocem amittere. ergo praedicta divisio non est conveniens.
sc ' Sed contra est * auctoritas utriusque, scilicet gregorii nysseni et damasceni.
co ' Respondeo dicendum quod ad rationem speciei pertinet quod se habeat ex additione ad genus. sed generi potest aliquid addi dupliciter. uno modo, quod per se ad ipsum pertinet, et virtute continetur in ipso, sicut rationale additur animali. et talis additio facit veras species alicuius generis, * ut per philosophum patet, in vii et viii metaphys.. ' aliquid vero additur generi quasi aliquid extraneum a ratione ipsius, sicut si album animali addatur, vel aliquid huiusmodi. et talis additio non facit veras species generis, secundum quod communiter loquimur de genere et speciebus. interdum tamen dicitur aliquid esse species alicuius generis propter hoc quod habet aliquid extraneum ad quod applicatur generis ratio, sicut carbo et flamma dicuntur esse species ignis, propter applicationem naturae ignis ad materiam alienam. et simili modo loquendi dicuntur astrologia et perspectiva species mathematicae, inquantum principia mathematica applicantur ad materiam naturalem. et hoc modo loquendi assignantur hic species tristitiae, per applicationem rationis tristitiae ad aliquid extraneum. quod quidem extraneum accipi potest vel ex parte causae, obiecti; vel ex parte effectus. proprium enim obiectum tristitiae est proprium malum. unde extraneum obiectum tristitiae accipi potest vel secundum alterum tantum, quia scilicet est malum, sed non proprium, et sic est misericordia, quae est tristitia de alieno malo, inquantum tamen aestimatur ut |25| proprium. vel quantum ad utrumque, quia neque est de proprio, neque de malo, sed de bono alieno, inquantum tamen bonum alienum aestimatur ut proprium malum, et sic est invidia. proprius autem effectus tristitiae consistit in quadam fuga appetitus. unde extraneum circa effectum tristitiae, potest accipi quantum ad alterum tantum, quia scilicet tollitur fuga, et sic est anxietas quae sic aggravat animum, ut non appareat aliquod refugium, unde alio nomine dicitur angustia. si vero intantum procedat talis aggravatio, ut etiam exteriora membra immobilitet ab opere, quod pertinet ad acediam; sic erit extraneum quantum ad utrumque, quia nec est fuga, nec est in appetitu. ideo autem specialiter acedia dicitur vocem amputare, " quia vox inter omnes exteriores motus magis exprimit interiorem conceptum et affectum, non solum in hominibus, sed etiam in aliis animalibus, * ut dicitur in i polit..
ra1 ' Ad primum ergo dicendum quod delectatio causatur ex bono, quod uno modo dicitur. et ideo delectationis non assignantur tot species sicut tristitiae, quae causatur ex malo, " quod multifariam contingit, * ut dicit dionysius, iv cap. de div. nom..
ra2 ' Ad secundum dicendum quod poenitentia est de malo proprio, quod per se est obiectum tristitiae. unde non pertinet ad has species. zelus vero et nemesis sub invidia continentur, * ut infra patebit.
ra3 ' Ad tertium dicendum quod divisio ista non sumitur secundum oppositiones specierum, sed secundum diversitatem extraneorum ad quae trahitur ratio tristitiae, * ut dictum est.

008 ST2 qu36 ar

pr ' Deinde considerandum est de causis tristitiae. et circa hoc quaeruntur quatuor. primo, utrum causa doloris sit bonum amissum, vel magis malum coniunctum. secundo, utrum concupiscentia sit causa doloris. tertio, utrum appetitus unitatis sit causa doloris. quarto, utrum potestas cui resisti non potest, sit causa doloris.

008 ST2 qu36 ar1

ag1 ' Ad primum sic proceditur. videtur quod bonum amissum sit magis causa doloris quam malum coniunctum. * dicit enim augustinus, in libro de octo quaestionibus dulcitii, " dolorem esse de amissione bonorum temporalium. ' eadem ergo ratione, quilibet dolor ex amissione alicuius boni contingit.
ag2 * Praeterea, supra dictum est quod ' dolor qui delectationi contrariatur, est de eodem de quo est delectatio. sed delectatio est de bono, * sicut supra dictum est. ' ergo dolor est principaliter de amissione boni.
ag3 * Praeterea, secundum augustinum, xiv de civ. dei, " amor est causa tristitiae, sicut et aliarum affectionum animae. ' sed obiectum amoris est bonum. ergo dolor vel tristitia magis respicit bonum amissum quam malum coniunctum.
sc * Sed contra est quod damascenus dicit, in ii libro, quod ° expectatum malum timorem constituit, praesens vero tristitiam.
co ' Respondeo dicendum quod, si hoc modo se haberent privationes in apprehensione animae, sicut se habent in ipsis rebus, ista quaestio nullius momenti esse videretur. malum enim, * ut in primo libro habitum est, ' est privatio boni, privatio autem, in rerum natura, nihil est aliud quam carentia oppositi habitus, secundum hoc ergo, idem esset tristari de bono amisso, et de malo habito. sed tristitia est motus appetitus apprehensionem sequentis. in apprehensione autem ipsa privatio habet rationem cuiusdam entis, unde dicitur ens rationis. et sic malum, cum sit privatio, se habet per modum contrarii. et ideo, quantum ad motum appetitivum, differt utrum respiciat principalius malum coniunctum, vel bonum amissum. et quia motus appetitus animalis hoc modo se habet in operibus animae, sicut motus naturalis in rebus naturalibus; ex consideratione naturalium motuum veritas accipi potest. si enim accipiamus in motibus naturalibus accessum et recessum, accessus per se respicit id quod est conveniens naturae; recessus autem per se respicit id quod est contrarium; sicut grave per se recedit a loco superiori, accedit autem naturaliter ad locum inferiorem. sed si accipiamus causam utriusque motus, scilicet gravitatem, ipsa gravitas per prius inclinat ad locum deorsum, quam retrahat a loco sursum, a quo recedit ut deorsum tendat. sic igitur, cum tristitia in motibus appetitivis se habeat per modum |25| fugae vel recessus, delectatio autem per modum prosecutionis vel accessus; sicut delectatio per prius respicit bonum adeptum, quasi proprium obiectum, ita tristitia respicit malum coniunctum. sed causa delectationis et tristitiae, scilicet amor, per prius respicit bonum quam malum. sic ergo eo modo quo obiectum est causa passionis, magis proprie est causa tristitiae vel doloris malum coniunctum, quam bonum amissum.
ra1 ' Ad primum ergo dicendum quod ipsa amissio boni apprehenditur sub ratione mali, sicut et amissio mali apprehenditur sub ratione boni. * et ideo augustinus dicit " dolorem provenire ex amissione temporalium bonorum.
ra2 ' Ad secundum dicendum quod delectatio et dolor ei contrarius respiciunt idem, sed sub contraria ratione, nam si delectatio est de praesentia alicuius, tristitia est de absentia eiusdem. in uno autem contrariorum includitur privatio alterius, * ut patet in x metaphys.. ' et inde est quod tristitia quae est de contrario, est quodammodo de eodem sub contraria ratione.
ra3 ' Ad tertium dicendum quod, quando ex una causa proveniunt multi motus, non oportet quod omnes principalius respiciant illud quod principalius respicit causa, sed primus tantum. unusquisque autem aliorum principalius respicit illud quod est ei conveniens secundum propriam rationem.

008 ST2 qu36 ar2

ag1 ' Ad secundum sic proceditur. videtur quod concupiscentia non sit causa doloris seu tristitiae. tristitia enim per se respicit malum, * ut dictum est. ' concupiscentia autem est motus quidam appetitus in bonum. motus autem qui est in unum contrarium, non est causa motus qui respicit aliud contrarium. ergo concupiscentia non est causa doloris.
ag2 " Praeterea, dolor, * secundum damascenum, " est de praesenti, concupiscentia autem est de futuro. ' ergo concupiscentia non est causa doloris.
ag3 ' Praeterea, id quod est per se delectabile, non est causa doloris. " sed concupiscentia est secundum seipsam delectabilis, * ut philosophus dicit, in i rhetoric.. ' ergo concupiscentia non est causa doloris seu tristitiae.
sc * Sed contra est quod augustinus dicit, in enchirid., ° subintrantibus ignorantia agendarum rerum, et concupiscentia noxiarum, comites subinferuntur error et dolor. ' sed ignorantia est causa erroris. ergo concupiscentia est causa doloris.
co ' Respondeo dicendum quod tristitia est motus quidam appetitus animalis. motus autem appetitivus habet, * sicut dictum est, ' similitudinem appetitus naturalis. cuius duplex causa assignari potest, una per modum finis; alia sicut unde est principium motus. sicut descensionis corporis gravis causa sicut finis, est locus deorsum, principium autem motus est inclinatio naturalis, quae est ex gravitate. causa autem motus appetitivi per modum finis, est eius obiectum. * et sic supra dictum est quod ' causa doloris seu tristitiae est malum coniunctum. causa autem sicut unde est principium talis motus, est interior inclinatio appetitus. qui quidem per prius inclinatur ad bonum; et ex consequenti ad repudiandum malum contrarium. et ideo huiusmodi motus appetitivi primum principium est amor, qui est prima inclinatio appetitus ad bonum consequendum, secundum autem principium est odium, quod est inclinatio prima appetitus ad malum fugiendum. sed quia concupiscentia vel cupiditas est primus effectus amoris, quo maxime delectamur, * ut supra dictum est; * ideo frequenter augustinus cupiditatem vel concupiscentiam pro amore ponit, * ut etiam supra dictum est. |25| * et hoc modo concupiscentiam dicit esse universalem causam doloris. ' sed ipsa concupiscentia, secundum propriam rationem considerata, est interdum causa doloris. omne enim quod impedit motum ne perveniat ad terminum, est contrarium motui. illud autem quod est contrarium motui appetitus, est contristans. et sic per consequens concupiscentia fit causa tristitiae, inquantum de retardatione boni concupiti, vel totali ablatione, tristamur. universalis autem causa doloris esse non potest, quia magis dolemus de

subtractione bonorum praesentium, in quibus iam delectamur, quam futurorum, quae concupiscimus.
ra1 ' Ad primum ergo dicendum quod inclinatio appetitus ad bonum consequendum, est causa inclinationis appetitus ad malum fugiendum, * sicut dictum est. ' et ex hoc contingit quod motus appetitivi qui respiciunt bonum, ponuntur causa motuum appetitus qui respiciunt malum.
ra2 ' Ad secundum dicendum quod illud quod concupiscitur, etsi realiter sit futurum, est tamen quodammodo praesens, inquantum speratur. vel potest dici quod, licet ipsum bonum concupitum sit futurum, tamen impedimentum praesentialiter apponitur, quod dolorem causat.
ra3 ' Ad tertium dicendum quod concupiscentia est delectabilis, quandiu manet spes adipiscendi quod concupiscitur. sed, subtracta spe per impedimentum appositum, concupiscentia dolorem causat.

008 ST2 qu36 ar3

ag1 ' Ad tertium sic proceditur. videtur quod appetitus unitatis non sit causa doloris. * dicit enim philosophus, in x ethic., quod " haec opinio, quae posuit repletionem esse causam delectationis, et incisionem causam tristitiae, videtur esse facta ex delectationibus et tristitiis quae sunt circa cibum. ' sed non omnis delectatio vel tristitia est huiusmodi. ergo appetitus unitatis non est causa universalis doloris, cum repletio ad unitatem pertineat, incisio vero multitudinem inducat.
ag2 ' Praeterea, quaelibet separatio unitati opponitur. si ergo dolor causaretur ex appetitu unitatis, nulla separatio esset delectabilis. quod patet esse falsum in separatione omnium superfluorum.
ag3 ' Praeterea, eadem ratione appetimus coniunctionem boni, et remotionem mali. sed sicut coniunctio pertinet ad unitatem, cum sit unio quaedam; ita separatio est contrarium unitati. ergo appetitus unitatis non magis debet poni causa doloris quam appetitus separationis.
sc * Sed contra est quod augustinus dicit, in iii de libero arbitrio, ° quod ex dolore quem bestiae sentiunt, satis apparet in regendis animandisque suis corporibus, quam sint animae appetentes unitatis. quid enim est aliud dolor, nisi quidam sensus divisionis vel corruptionis impatiens?
co ' Respondeo dicendum quod eo modo quo concupiscentia vel cupiditas boni est causa doloris, etiam appetitus unitatis, vel amor, causa doloris ponendus est. bonum enim uniuscuiusque rei in quadam unitate consistit, prout scilicet unaquaeque res habet in se unita illa ex quibus consistit eius perfectio, * unde et platonici posuerunt " unum esse principium, sicut et bonum. ' unde naturaliter unumquodque appetit unitatem, sicut et bonitatem. et propter hoc, sicut amor vel appetitus boni est causa doloris, ita etiam amor vel appetitus unitatis.
ra1 ' Ad primum ergo dicendum quod non omnis unio perficit rationem boni, sed solum illa a qua dependet esse perfectum rei. et propter hoc etiam, " non cuiuslibet appetitus unitatis est causa doloris vel tristitiae, * ut quidam opinabantur. quorum opinionem ibi philosophus excludit per hoc, quod " quaedam repletiones non sunt delectabiles, ' sicut repleti cibis non delectantur in ciborum sumptione. talis enim repletio, sive unio, magis repugnaret ad perfectum esse, quam ipsum constitueret. unde dolor non causatur ex appetitu cuiuslibet unitatis, sed eius in qua consistit perfectio naturae.
ra2 ' Ad secundum dicendum quod separatio potest esse delectabilis, vel inquantum removetur illud quod est contrarium perfectioni rei, vel inquantum separatio habet aliquam unionem adiunctam, puta sensibilis ad sensum.
ra3 ' Ad tertium dicendum quod separatio nocivorum et corrumpentium appetitur, inquantum tollunt debitam unitatem. unde appetitus huiusmodi separationis non est prima causa doloris, sed magis appetitus unitatis.

008 ST2 qu36 ar4

ag1 ' Ad quartum sic proceditur. videtur quod potestas maior non debeat poni causa doloris. quod enim est in potestate agentis, nondum est praesens, sed futurum. dolor autem est de malo praesenti. ergo potestas maior non est causa doloris.
ag2 ' Praeterea, nocumentum illatum est causa doloris. sed nocumentum potest inferri etiam a potestate minore. ergo potestas maior non debet poni causa doloris.
ag3 ' Praeterea, causae appetitivorum motuum sunt interiores inclinationes animae. potestas autem maior est aliquid exterius. ergo non debet poni causa doloris.
sc * Sed contra est quod augustinus dicit, in libro de natura boni, ° in animo dolorem facit voluntas resistens potestati maiori; in corpore dolorem facit sensus resistens corpori potentiori.
co * Respondeo dicendum quod, sicut supra dictum est, ' malum coniunctum est causa doloris vel tristitiae per modum obiecti. id ergo quod est causa coniunctionis mali, debet poni causa doloris vel tristitiae. manifestum est autem hoc esse contra inclinationem appetitus, ut malo praesentialiter inhaereat. quod autem est contra inclinationem alicuius, nunquam advenit ei nisi per actionem alicuius fortioris. * et ideo potestas maior ponitur esse causa doloris ab augustino. ' sed sciendum est quod, si potestas fortior intantum invalescat quod mutet contrariam inclinationem in inclinationem propriam, iam non erit aliqua repugnantia vel violentia, sicut quando agens fortius, corrumpendo corpus grave, aufert ei inclinationem qua tendit deorsum; et tunc ferri sursum non est ei violentum, sed naturale. sic igitur si aliqua potestas maior intantum invalescat quod auferat inclinationem voluntatis vel appetitus sensitivi, ex ea non sequitur dolor vel tristitia, sed tunc solum sequitur, quando remanet inclinatio appetitus in contrarium. * et inde est quod augustinus dicit quod " voluntas resistens potestati fortiori, causat dolorem, ' si enim non resisteret, sed cederet consentiendo, |25| non sequeretur dolor, sed delectatio.
ra1 ' Ad primum ergo dicendum quod maior potestas dolorem causat, non secundum quod est agens in potentia, sed secundum quod est agens actu, dum scilicet facit coniunctionem mali corruptivi.
ra2 ' Ad secundum dicendum quod nihil prohibet aliquam potestatem quae non est maior simpliciter, esse maiorem quantum ad aliquid. et secundum hoc, aliquod nocumentum inferre potest. si autem nullo modo maior esset, nullo modo posset nocere. unde non posset causam doloris inferre.
ra3 ' Ad tertium dicendum quod exteriora agentia possunt esse causa motuum appetitivorum, inquantum causant praesentiam obiecti. et hoc modo potestas maior ponitur causa doloris.

008 ST2 qu37 ar

pr ' Deinde considerandum est de effectibus doloris vel tristitiae. et circa hoc quaeruntur quatuor. primo, utrum dolor auferat facultatem addiscendi. secundo, utrum aggravatio animi sit effectus tristitiae vel doloris. tertio, utrum tristitia vel dolor debilitet omnem operationem. quarto, utrum tristitia noceat corpori magis quam aliae passiones animae.

008 ST2 qu37 ar1

ag1 ' Ad primum sic proceditur. videtur quod dolor non auferat facultatem addiscendi. * dicitur enim isaiae xxvi, ° cum feceris iudicia tua in terra, iustitiam discent omnes habitatores orbis. * et infra, ° in tribulatione murmuris doctrina tua eis, ' sed ex iudiciis dei, et tribulatione, sequitur dolor seu tristitia in cordibus hominum. ergo dolor vel tristitia non tollit, sed magis auget facultatem addiscendi.
ag2 * Praeterea, isaiae xxviii, dicitur, ° quem docebit scientiam? et quem intelligere faciet auditum? ablactatos a lacte, avulsos ab uberibus " idest a delectationibus. ' sed dolor et tristitia maxime tollunt delectationes, impedit enim tristitia omnem delectationem, * ut dicitur in vii ethic.; et eccli. xi dicitur quod ° malitia unius horae oblivionem facit luxuriae maximae. ' ergo dolor non tollit, sed magis praebet facultatem addiscendi.
ag3 ' Praeterea, tristitia interior praeeminet dolori exteriori, * ut supra dictum est. ' sed simul cum tristitia potest homo addiscere. ergo multo magis simul cum dolore corporali.
sc * Sed contra est quod augustinus dicit, in i soliloq., ° quanquam acerrimo dolore dentium his diebus torquerer, non quidem sinebar animo volvere nisi ea quae iam forte didiceram. a discendo autem penitus impediebar, ad quod mihi tota intentione animi opus erat.
co ' Respondeo dicendum quod, quia omnes potentiae animae in una essentia animae radicantur, necesse est quod, quando intentio animae vehementer trahitur ad operationem unius potentiae, retrahatur ab operatione alterius, unius enim animae non potest esse nisi una intentio. et propter hoc, si aliquid ad se trahat totam intentionem animae, vel magnam partem ipsius, non compatitur secum aliquid aliud quod magnam attentionem requirat. manifestum est autem quod dolor sensibilis maxime trahit ad se intentionem animae, quia naturaliter unumquodque tota intentione tendit ad repellendum contrarium, sicut etiam in rebus naturalibus apparet. similiter etiam manifestum est quod ad addiscendum aliquid de novo, requiritur studium et conatus cum magna intentione, * ut patet per illud quod dicitur prov. ii, ° si quaesieris sapientiam quasi pecuniam, et sicut thesauros effoderis eam, tunc intelliges disciplinam. ' et ideo si sit dolor intensus, impeditur homo ne tunc aliquid addiscere possit. et tantum potest intendi, quod nec etiam, instante dolore, potest homo aliquid considerare etiam quod prius scivit. in hoc tamen attenditur diversitas secundum diversitatem amoris quem homo habet ad addiscendum vel considerandum, qui quanto maior fuerit, magis retinet intentionem animi, ne omnino feratur ad dolorem.
ra1 ' Ad primum ergo dicendum quod tristitia moderata, quae excludit evagationem animi, potest conferre ad disciplinam suscipiendam, et praecipue eorum per quae homo sperat se posse a tristitia liberari. et hoc modo " in tribulatione murmuris ' homines doctrinam dei magis recipiunt.
ra2 ' Ad secundum dicendum quod tam delectatio quam dolor, inquantum ad se trahunt animae intentionem, impediunt considerationem rationis, * unde in vii ethic. dicitur quod ° impossibile est in ipsa delectatione venereorum, aliquid intelligere. ' sed tamen dolor magis trahit ad se intentionem animae quam delectatio, sicut etiam videmus in rebus naturalibus, quod actio corporis naturalis magis intenditur in contrarium; sicut aqua calefacta magis patitur a frigido, ut fortius congeletur. si ergo dolor seu tristitia fuerit moderata, per accidens potest conferre ad addiscendum, inquantum aufert superabundantiam delectationum. sed per se impedit, et si intendatur, totaliter aufert.
ra3 ' Ad tertium dicendum quod dolor exterior accidit ex laesione corporali, et ita magis habet transmutationem corporalem adiunctam quam dolor interior, qui tamen est maior secundum illud quod est formale in dolore, quod est ex parte animae. et ideo dolor corporalis magis impedit contemplationem, quae requirit omnimodam quietem, quam dolor interior. et tamen etiam dolor interior, si multum intendatur, ita trahit intentionem, ut non possit homo de novo aliquid addiscere. unde et * gregorius propter tristitiam intermisit ezechielis expositionem.

008 ST2 qu37 ar2

ag1 ' Ad secundum sic proceditur. videtur quod aggravatio animi non sit effectus tristitiae. * dicit enim apostolus, ii ad cor. vii, ° ecce hoc ipsum, contristari vos secundum deum, quantam in vobis operatur sollicitudinem, sed defensionem, sed indignationem, etc.. ' sed sollicitudo et indignatio ad quandam erectionem animi pertinent, quae aggravationi opponitur. non ergo aggravatio est effectus tristitiae.
ag2 ' Praeterea, tristitia delectationi opponitur. sed effectus delectationis est dilatatio, cui non opponitur aggravatio, sed constrictio. ergo effectus tristitiae non debet poni aggravatio.
ag3 ' Praeterea, ad tristitiam pertinet absorbere, * ut patet per illud quod apostolus dicit, ii ad cor. ii, ° ne forte abundantiori tristitia absorbeatur qui est eiusmodi. ' sed quod aggravatur, non absorbetur, quinimmo sub aliquo ponderoso deprimitur; quod autem absorbetur, intra absorbens includitur. ergo aggravatio non debet poni effectus tristitiae.
sc ' Sed contra est quod * gregorius nyssenus et damascenus ponunt tristitiam aggravantem.
co ' Respondeo dicendum quod effectus passionum animae quandoque metaphorice nominantur, secundum similitudinem sensibilium corporum, eo quod motus appetitus animalis sunt similes inclinationibus appetitus naturalis. et per hunc modum fervor attribuitur amori, dilatatio delectationi, et aggravatio tristitiae. dicitur enim homo aggravari, ex eo quod aliquo pondere impeditur a proprio motu. * manifestum est autem ex praedictis quod ' tristitia contingit ex aliquo malo praesenti. quod quidem, ex hoc ipso quod repugnat motui voluntatis, aggravat animum, inquantum impedit ipsum ne fruatur eo quod vult. et si quidem non sit tanta vis mali contristantis ut auferat spem evadendi, licet animus aggravetur quantum ad hoc, quod in praesenti non potitur eo quod vult; remanet tamen motus ad repellendum nocivum contristans. si vero superexcrescat vis mali intantum ut spem evasionis excludat, tunc simpliciter impeditur etiam interior motus animi angustiati, ut neque hac neque illac divertere valeat. et quandoque etiam impeditur exterior motus corporis, ita quod remaneat homo stupidus in seipso.
ra1 ' Ad primum ergo dicendum quod illa erectio animi provenit ex tristitia quae est secundum deum, propter spem adiunctam de remissione peccati.
ra2 ' Ad secundum dicendum quod, quantum ad motum appetitivum pertinet, ad idem refertur constrictio et aggravatio. ex hoc enim quod aggravatur animus, ut ad exteriora libere progredi non possit, ad seipsum retrahitur, quasi in seipso constrictus.
ra3 ' Ad tertium dicendum quod tristitia absorbere hominem dicitur, quando sic totaliter vis contristantis mali afficit animam, ut omnem spem evasionis excludat. et sic etiam eodem modo aggravat et absorbet. quaedam enim se consequuntur in his quae metaphorice dicuntur, quae sibi repugnare videntur, si secundum proprietatem accipiantur.

008 ST2 qu37 ar3

ag1 ' Ad tertium sic proceditur. videtur quod tristitia non impediat omnem operationem. sollicitudo enim ex tristitia causatur, * ut patet per auctoritatem apostoli inductam. ' sed sollicitudo adiuvat ad bene operandum, * unde apostolus dicit, ii ad tim. ii, ° sollicite cura teipsum exhibere operarium inconfusibilem. ' ergo tristitia non impedit operationem, sed magis adiuvat ad bene operandum.
ag2 " Praeterea, tristitia causat in multis concupiscentiam, * ut dicitur in vii ethic.. ' sed concupiscentia facit ad intensionem operationis. ergo et tristitia.
ag3 ' Praeterea, sicut quaedam operationes propriae sunt gaudentium, ita etiam quaedam operationes his qui tristantur, sicut lugere. sed unumquodque augetur ex sibi convenienti. ergo aliquae operationes non impediuntur, sed meliorantur propter tristitiam.
sc * Sed contra est quod philosophus dicit, in x ethic., quod " delectatio perficit operationem, sed e contrario tristitia impedit.
co * Respondeo dicendum quod, sicut iam dictum est, ' tristitia quandoque non ita aggravat vel absorbet animum, ut omnem motum interiorem et exterio-

rem excludat; sed aliqui motus quandoque ex ipsa tristitia causantur. sic ergo operatio ad tristitiam dupliciter potest comparari. uno modo, sicut ad id de quo est tristitia. et sic tristitia quamlibet operationem impedit, nunquam enim illud quod cum tristitia facimus, ita bene facimus sicut illud quod facimus cum delectatione, vel sine tristitia. cuius ratio est, quia voluntas est causa operationis humanae, unde quando operatio est de qua aliquis contristatur, necesse est quod actio debilitetur. alio modo comparatur operatio ad tristitiam sicut ad principium et causam. et sic necesse est quod operatio talis ex tristitia augeatur, sicut quanto aliquis magis tristatur de re aliqua, tanto magis conatur ad expellendam tristitiam, dummodo remaneat spes expellendi, alioquin nullus motus vel operatio ex tristitia causaretur.
ra ' Et per hoc patet responsio ad obiecta.

008 ST2 qu37 ar4

ag1 ' Ad quartum sic proceditur. videtur quod tristitia non inferat maxime corpori nocumentum. tristitia enim habet esse spirituale in anima. sed ea quae habent tantum esse spirituale, non causant transmutationem corporalem, sicut patet de intentionibus colorum quae sunt in aere, a quibus nullum corpus coloratur. ergo tristitia non facit aliquod corporale nocumentum.
ag2 ' Praeterea, si facit aliquod corporale nocumentum, hoc non est nisi inquantum habet corporalem transmutationem adiunctam. sed corporalis transmutatio invenitur in omnibus animae passionibus, * ut supra dictum est. ' ergo non magis tristitia quam aliae animae passiones, corpori nocet.
ag3 * Praeterea, philosophus dicit, in vii ethic., quod ° irae et concupiscentiae quibusdam insanias faciunt, ' quod videtur esse maximum nocumentum, cum ratio sit excellentissimum eorum quae sunt in homine. desperatio etiam videtur esse magis nociva quam tristitia, cum sit causa tristitiae. ergo tristitia non magis nocet corpori quam aliae animae passiones.
sc * Sed contra est quod dicitur prov. xvii, ° animus gaudens aetatem floridam facit, spiritus tristis exsiccat ossa. * et prov. xxv, ° sicut tinea vestimento, et vermis ligno, ita tristitia viri nocet cordi. * et eccli. xxxviii, ° a tristitia festinat mors.
co ' Respondeo dicendum quod tristitia, inter omnes animae passiones, magis corpori nocet. cuius ratio est, quia tristitia repugnat humanae vitae quantum ad speciem sui motus; et non solum quantum ad mensuram seu quantitatem, sicut aliae animae passiones. consistit enim humana vita in quadam motione, quae a corde in cetera membra diffunditur, quae quidem motio convenit naturae humanae secundum aliquam determinatam mensuram. si ergo ista motio procedat ultra mensuram debitam, repugnabit humanae vitae secundum quantitatis mensuram; non autem secundum similitudinem speciei. si autem impediatur processus huius motionis, repugnabit vitae secundum suam speciem. est autem attendendum in omnibus animae passionibus, quod transmutatio corporalis, quae est in eis materialis, est conformis et proportionata motui appetitus, qui est formalis, sicut in omnibus materia proportionatur formae. illae ergo animae passiones quae important motum appetitus ad prosequendum aliquid, non repugnant vitali motioni secundum speciem, sed possunt repugnare secundum quantitatem, ut amor, gaudium, desiderium, et huiusmodi. et ideo ista secundum speciem suam iuvant naturam corporis, sed propter excessum possunt nocere. passiones autem quae important motum appetitus cum fuga vel retractione quadam, repugnant vitali motioni non solum secundum quantitatem, sed etiam secundum speciem motus, et ideo simpliciter nocent, sicut timor et desperatio, et prae omnibus tristitia, quae aggravat animum ex |25| malo praesenti, cuius est fortior impressio quam futuri.
ra1 ' Ad primum ergo dicendum quod, quia anima naturaliter movet corpus, spiritualis motus animae naturaliter est causa transmutationis corporalis. nec est simile de spiritualibus intentionibus, quae non habent naturaliter ordinem movendi alia corpora, quae non sunt nata moveri ab anima.
ra2 ' Ad secundum dicendum quod aliae passiones habent transmutationem corporalem conformem, secundum suam speciem, motioni vitali, sed tristitia contrariam, * ut supra dictum est.
ra3 ' Ad tertium dicendum quod ex leviori causa impeditur usus rationis quam corrumpatur vita, cum videamus multas aegritudines usum rationis tollere, quae nondum adimunt vitam. et tamen timor et ira maxime nocumentum corporale afferunt ex permixtione tristitiae, propter absentiam eius quod cupitur. ipsa etiam tristitia quandoque rationem aufert, sicut patet in his qui propter dolorem in melancholiam vel in maniam incidunt.

008 ST2 qu38 ar

pr ' Deinde considerandum est de remediis doloris seu tristitiae. et circa hoc quaeruntur quinque. primo, utrum dolor vel tristitia mitigetur per quamlibet delectationem. secundo, utrum mitigetur per fletum. tertio, utrum per compassionem amicorum. quarto, utrum per contemplationem veritatis. quinto, utrum per somnum et balnea.

008 ST2 qu38 ar1

ag1 ' Ad primum sic proceditur. videtur quod non quaelibet delectatio mitiget quemlibet dolorem seu tristitiam. non enim delectatio tristitiam mitigat, nisi inquantum ei contrariatur, " medicinae enim fiunt per contraria, * ut dicitur in ii ethic.. ' sed non quaelibet delectatio contrariatur cuilibet tristitiae, * ut supra dictum est. ' ergo non quaelibet delectatio mitigat quamlibet tristitiam.
ag2 ' Praeterea, illud quod causat tristitiam, non mitigat tristitiam. sed aliquae delectationes causant tristitiam, quia, * ut dicitur in ix ethic., ° malus tristatur quoniam delectatus est. ' non ergo omnis delectatio mitigat tristitiam.
ag3 * Praeterea, augustinus dicit, in iv confess., quod " ipse fugit de patria, in qua conversari solitus erat cum amico suo iam mortuo, ° minus enim quaerebant eum oculi eius, ubi videre non solebant. ' ex quo accipi potest quod illa in quibus nobis amici mortui vel absentes communicaverunt, efficiuntur nobis, de eorum morte vel absentia dolentibus, onerosa. sed maxime communicaverunt nobis in delectationibus. ergo ipsae delectationes efficiuntur nobis dolentibus onerosae. non ergo quaelibet delectatio mitigat quamlibet tristitiam.
sc * Sed contra est quod philosophus dicit, in vii ethic., quod ° expellit delectatio tristitiam, et quae contraria, et quae contingens, si sit fortis.
co * Respondeo dicendum quod, sicut ex praedictis patet, ' delectatio est quaedam quies appetitus in bono convenienti; tristitia autem est ex eo quod repugnat appetitui. unde sic se habet delectatio ad tristitiam in motibus appetitivis, sicut se habet in corporibus quies ad fatigationem, quae accidit ex aliqua transmutatione innaturali, nam et ipsa tristitia fatigationem quandam, seu aegritudinem appetitivae virtutis importat. sicut igitur quaelibet quies corporis remedium affert contra quamlibet fatigationem, ex quacumque causa innaturali provenientem; ita quaelibet delectatio remedium affert ad mitigandam quamlibet tristitiam, ex quocumque procedat.
ra1 ' Ad primum ergo dicendum quod, licet non omnis delectatio contrarietur omni tristitiae secundum speciem, contrariatur tamen secundum genus, * ut supra dictum est. ' et ideo ex parte dispositionis subiecti, quaelibet tristitia per quamlibet delectationem mitigari potest.
ra2 ' Ad secundum dicendum quod delectationes malorum non causant tristitiam in praesenti, sed in futuro, inquantum scilicet mali poenitent de malis de quibus laetitiam habuerunt. et huic tristitiae subvenitur per contrarias delectationes.
ra3 ' Ad tertium dicendum quod, quando sunt duae causae ad contrarios motus inclinantes, utraque alteram impedit, et tamen illa finaliter vincit, quae fortior est et diuturnior. in eo autem qui tristatur de his in quibus simul cum amico mortuo vel absente delectari consuevit, duae causae in contrarium moventes inveniuntur. nam mors vel absentia amici recogitata, inclinat ad dolorem, bonum autem praesens inclinat ad delectationem. unde utrumque per alterum minuitur. sed tamen, quia fortius movet sensus praesentis quam memoria praeteriti, et amor sui ipsius quam amor alterius diuturnius manet; inde est quod finaliter delectatio tristitiam expellit. * unde post pauca subdit ibidem augustinus quod ° pristinis generibus delectationum cedebat dolor eius.

008 ST2 qu38 ar2

ag1 ' Ad secundum sic proceditur. videtur quod fletus non mitiget tristitiam. nullus enim effectus diminuit suam causam. sed fletus, vel gemitus, est effectus tristitiae. ergo non minuit tristitiam.
ag2 ' Praeterea, sicut fletus vel gemitus est effectus tristitiae, ita risus est effectus laetitiae. sed risus non minuit laetitiam. ergo fletus non mitigat tristitiam.
ag3 ' Praeterea, in fletu repraesentatur nobis malum contristans. sed imaginatio rei contristantis auget tristitiam, sicut imaginatio rei delectantis auget laetitiam. ergo videtur quod fletus non mitiget tristitiam.
sc * Sed contra est quod augustinus dicit, in iv confess., " quod quando dolebat de morte amici, ° in solis gemitibus et lacrimis erat ei aliquantula requies.
co ' Respondeo dicendum quod lacrimae et gemitus naturaliter mitigant tristitiam. et hoc duplici ratione. primo quidem, quia omne nocivum interius clausum magis affligit, quia magis multiplicatur intentio animae circa ipsum, sed quando ad exteriora diffunditur, tunc animae intentio ad exteriora quodammodo disgregatur, et sic interior dolor minuitur. et propter hoc, quando homines qui sunt in tristitiis, exterius suam tristitiam manifestant vel fletu aut gemitu, vel etiam verbo, mitigatur tristitia. secundo, quia semper operatio conveniens homini secundum dispositionem in qua est, sibi est delectabilis. fletus autem et gemitus sunt quaedam operationes convenientes tristato vel dolenti. et ideo efficiuntur ei delectabiles. cum igitur omnis delectatio aliqualiter mitiget tristitiam vel dolorem, * ut dictum est, ' sequitur quod per planctum et gemitum tristitia mitigetur.
ra1 ' Ad primum ergo dicendum quod ipsa habitudo causae ad effectum contrariatur habitudini contristantis ad contristatum, nam omnis effectus est conveniens suae causae, et per consequens est ei delectabilis; contristans autem contrariatur contristato. et ideo effectus tristitiae habet contrariam habitudinem ad contristatum, quam contristans ad ipsum. et propter hoc, mitigatur tristitia per effectum tristitiae, ratione contrarietatis praedictae.
ra2 ' Ad secundum dicendum quod habitudo effectus ad causam est similis habitudini delectantis ad delectatum, quia utrobique convenientia invenitur. omne autem simile auget suum simile. et ideo per risum et alios effectus laetitiae augetur laetitia, nisi forte per accidens, propter excessum.
ra3 ' Ad tertium dicendum quod imaginatio rei contristantis, quantum est de se, nata est augere tristitiam, sed ex hoc ipso quod homo imaginatur quod facit illud quod convenit sibi secundum talem statum, consurgit inde quaedam delectatio. et eadem ratione, si alicui subrepat risus in statu in quo videtur sibi esse lugendum, ex hoc ipso dolet, tanquam faciat id quod non convenit, * ut tullius dicit, in iii de tuscul. quaestionibus.

008 ST2 qu38 ar3

ag1 ' Ad tertium sic proceditur. videtur quod dolor amici compatientis non mitiget tristitiam. contrariorum enim contrarii sunt effectus. * sed sicut augustinus dicit, viii confess., ° quando cum multis gaudetur, in singulis uberius est gaudium, quia fervere faciunt se, et inflammantur ex alterutro. ' ergo, pari ratione, quando multi simul tristantur, videtur quod sit maior tristitia.
ag2 " Praeterea, hoc requirit amicitia, ut amoris vicem quis rependat, * ut augustinus dicit, iv confess.. ' sed amicus condolens dolet de dolore amici dolentis. ergo ipse dolor amici condolentis est causa amico prius dolenti de proprio malo, alterius doloris. et sic, duplicato dolore, videtur tristitia crescere.
ag3 ' Praeterea, omne malum amici est contristans, sicut et malum proprium, nam amicus est alter ipse. sed dolor est quoddam malum. ergo dolor amici condolentis auget tristitiam amico cui condoletur.
sc * Sed contra est quod philosophus dicit, in ix ethic., quod " in tristitiis amicus condolens consolatur.
co ' Respondeo dicendum quod naturaliter amicus condolens in tristitiis est consolativus. * cuius duplicem rationem tangit philosophus in ix ethic.. ' quarum prima est quia, cum ad tristitiam pertineat aggravare, habet rationem cuiusdam oneris, a quo aliquis aggravatus alleviari conatur. cum ergo aliquis videt de sua tristitia alios contristatos, fit ei quasi quaedam imaginatio quod illud onus alii cum ipso ferant, quasi conantes ad ipsum ab onere alleviandum et ideo levius fert tristitiae onus, sicut etiam in portandis oneribus corporalibus contingit. secunda ratio, et melior, est quia per hoc quod amici contristantur ei, percipit se ab eis amari; quod est delectabile, * ut supra dictum est. ' unde, cum omnis delectatio mitiget tristitiam, * sicut supra dictum est, ' sequitur quod amicus condolens tristitiam mitiget.
ra1 ' Ad primum ergo dicendum quod in utroque amicitia manifestatur. scilicet et quod congaudet gaudenti, et quod condolet dolenti. et ideo utrumque ratione causae redditur delectabile.
ra2 ' Ad secundum dicendum quod ipse dolor amici secundum se contristaret. sed consideratio causae eius, quae est amor, magis delectat.
ra3 ' Et per hoc patet responsio ad tertium.

008 ST2 qu38 ar4

ag1 ' Ad quartum sic proceditur. videtur quod contemplatio veritatis non mitiget dolorem. * dicitur enim eccle. i, ° qui addit scientiam, addit et dolorem. ' sed scientia ad contemplationem veritatis pertinet. non ergo contemplatio veritatis mitigat dolorem.
ag2 ' Praeterea, contemplatio veritatis ad intellectum speculativum pertinet. sed intellectus speculativus non movet, * ut dicitur in iii de anima. ' cum igitur gaudium et dolor sint quidam motus animi, videtur quod contemplatio veritatis nihil faciat ad mitigationem doloris.
ag3 ' Praeterea, remedium aegritudinis apponendum est ubi est aegritudo. sed contemplatio veritatis est in intellectu. non ergo mitigat dolorem corporalem, qui est in sensu.
sc * Sed contra est quod augustinus dicit, in i soliloq., ° videbatur mihi, si se ille mentibus nostris veritatis fulgor aperiret, aut non me sensurum fuisse illum dolorem, aut certe pro nihilo toleraturum.
co * Respondeo dicendum quod, sicut supra dictum est, ' in contemplatione veritatis maxima delectatio consistit. omnis autem delectatio dolorem mitigat, * ut supra dictum est. ' et ideo contemplatio veritatis mitigat tristitiam vel dolorem, et tanto magis, quanto perfectius aliquis est amator sapientiae. et ideo homines ex contemplatione divina et futurae beatitudinis, in tribulationibus gaudent; * secundum illud iacobi i, ° omne gaudium existimate, fratres mei, cum in tentationes varias incideritis. ' et quod est amplius, etiam inter corporis cruciatus huiusmodi gaudium invenitur, ° sicut tiburtius martyr, cum nudatis plantis super ardentes prunas incederet, dixit, videtur mihi quod super roseos flores incedam, in nomine iesu christi.
ra1 ' Ad primum ergo dicendum quod " qui addit

scientiam, addit dolorem, ‘ vel propter difficultatem et defectum inveniendae veritatis, vel propter hoc, quod per scientiam homo cognoscit multa quae voluntati contrariantur. et sic ex parte rerum cognitarum, scientia dolorem causat, ex parte autem contemplationis veritatis, delectationem.
ra2 ‘ Ad secundum dicendum quod intellectus speculativus non movet animum ex parte rei speculatae, movet tamen animum ex parte ipsius speculationis, quae est quoddam bonum hominis, et naturaliter delectabilis.
ra3 ‘ Ad tertium dicendum quod in viribus animae fit redundantia a superiori ad inferius. et secundum hoc, delectatio contemplationis, quae est in superiori parte, redundat ad mitigandum etiam dolorem qui est in sensu.

008 ST2 qu38 ar5

ag1 ‘ Ad quintum sic proceditur. videtur quod somnus et balneum non mitigent tristitiam. tristitia enim in anima consistit. sed somnus et balneum ad corpus pertinent. non ergo aliquid faciunt ad mitigationem tristitiae.
ag2 ‘ Praeterea, idem effectus non videtur causari ex contrariis causis. sed huiusmodi, cum sint corporalia, repugnant contemplationi veritatis, quae est causa mitigationis tristitiae, * ut dictum est. ‘ non ergo per huiusmodi tristitia mitigatur.
ag3 ‘ Praeterea, tristitia et dolor, secundum quod pertinent ad corpus, in quadam transmutatione cordis consistunt. sed huiusmodi remedia magis videntur pertinere ad exteriores sensus et membra, quam ad interiorem cordis dispositionem. non ergo per huiusmodi tristitia mitigatur.
sc * Sed contra est quod augustinus dicit, ix confess., ° audieram balnei nomen inde dictum, quod anxietatem pellat ex animo * et infra, ° dormivi, et evigilavi, et non parva ex parte mitigatum inveni dolorem meum. * et inducit quod in hymno ambrosii dicitur, quod ° quies artus solutos reddit laboris usui, mentesque fessas allevat, luctusque solvit anxios.
co * Respondeo dicendum quod, sicut supra dictum est, ‘ tristitia secundum suam speciem repugnat vitali motioni corporis. et ideo illa quae reformant naturam corporalem in debitum statum vitalis motionis, repugnant tristitiae, et ipsam mitigant. per hoc etiam quod huiusmodi remediis reducitur natura ad debitum statum, causatur ex his delectatio, hoc enim est quod delectationem facit, * ut supra dictum est. ‘ unde, cum omnis delectatio tristitiam mitiget, per huiusmodi remedia corporalia tristitia mitigatur.
ra1 ‘ Ad primum ergo dicendum quod ipsa debita corporis dispositio, inquantum sentitur, delectationem causat, et per consequens tristitiam mitigat.
ra2 ‘ Ad secundum dicendum quod delectationum una aliam impedit, * ut supra dictum est, ‘ et tamen omnis delectatio tristitiam mitigat. unde non est inconveniens quod ex causis se invicem impedientibus tristitia mitigetur.
ra3 ‘ Ad tertium dicendum quod omnis bona dispositio corporis redundat quodammodo ad cor, sicut ad principium et finem corporalium motionum, * ut dicitur in libro de causa motus animalium.

008 ST2 qu39 ar

pr ‘ Deinde considerandum est de bonitate et malitia doloris vel tristitiae. et circa hoc quaeruntur quatuor. primo, utrum omnis tristitia sit malum. secundo, utrum possit esse bonum honestum. tertio, utrum possit esse bonum utile. quarto, utrum dolor corporis sit summum malum.

008 ST2 qu39 ar1

ag1 ‘ Ad primum sic proceditur. videtur quod omnis tristitia sit mala. * dicit enim gregorius nyssenus, ° omnis tristitia malum est, sui ipsius natura. ‘ sed quod naturaliter est malum, semper et ubique est malum. ergo omnis tristitia est mala.
ag2 ‘ Praeterea, illud quod omnes fugiunt, etiam virtuosi, est malum. sed tristitiam omnes fugiunt, etiam virtuosi, * quia, ut dicitur in vii ethic., ° etsi prudens non intendat delectari, tamen intendit non tristari. ‘ ergo tristitia est malum.
ag3 ‘ Praeterea, sicut malum corporale est obiectum et causa doloris corporalis, ita malum spirituale est obiectum et causa tristitiae spiritualis. sed omnis dolor corporalis est malum corporis. ergo omnis tristitia spiritualis est malum animae.
sc ‘ Sed contra, tristitia de malo contrariatur delectationi de malo. sed delectatio de malo est mala, * unde in detestationem quorundam dicitur prov. ii, quod ° laetantur cum malefecerint. ‘ ergo tristitia de malo est bona.
co ‘ Respondeo dicendum quod aliquid esse bonum vel malum, potest dici dupliciter. uno modo, simpliciter et secundum se. et sic omnis tristitia est quoddam malum, hoc enim ipsum quod est appetitum hominis anxiari de malo praesenti, rationem mali habet; impeditur enim per hoc quies appetitus in bono. alio modo dicitur aliquid bonum vel malum, ex suppositione alterius, sicut verecundia dicitur esse bonum, ex suppositione alicuius turpis commissi, * ut dicitur in iv ethic.. ‘ sic igitur, supposito aliquo contristabili vel doloroso, ad bonitatem pertinet quod aliquis de malo praesenti tristetur vel doleat. quod enim non tristaretur vel non doleret, non posset esse nisi quia vel non sentiret, vel quia non reputaret sibi repugnans, et utrumque istorum est malum manifeste. et ideo ad bonitatem pertinet ut, supposita praesentia mali, sequatur tristitia vel dolor. * et hoc est quod augustinus dicit, viii super gen. ad litt., ° adhuc est bonum quod dolet amissum bonum, nam nisi aliquod bonum remansisset in natura, nullius boni amissi dolor esset in poena. ‘ sed quia sermones morales sunt in singularibus, quorum sunt operationes, illud quod est ex suppositione bonum, debet bonum iudicari, “ sicut quod est ex suppositione voluntarium, iudicatur voluntarium, |25| * ut dicitur in iii ethic., * et supra habitum est.
ra1 ‘ Ad primum ergo dicendum quod * gregorius nyssenus loquitur ‘ de tristitia ex parte mali tristantis, non autem ex parte sentientis et repudiantis malum. et ex hac etiam parte omnes fugiunt tristitiam, inquantum fugiunt malum, sed sensum et refutationem mali non fugiunt. et sic etiam dicendum est de dolore corporali, nam sensus et recusatio mali corporalis attestatur naturae bonae.
ra2 ‘ Unde patet responsio ad secundum et tertium.

008 ST2 qu39 ar2

ag1 ‘ Ad secundum sic proceditur. videtur quod tristitia non habeat rationem boni honesti. quod enim ad inferos deducit, contrariatur honesto. * sed sicut dicit augustinus, xii super gen. ad litt., ° iacob hoc timuisse videtur, ne nimia tristitia sic perturbaretur, ut non ad requiem beatorum iret, sed ad inferos peccatorum. ‘ ergo tristitia non habet rationem boni honesti.
ag2 ‘ Praeterea, bonum honestum habet rationem laudabilis et meritorii. sed tristitia diminuit rationem laudis et meriti, * dicit enim apostolus, ii ad cor. ix, ° unusquisque prout destinavit in corde suo, non ex tristitia aut ex necessitate. ‘ ergo tristitia non est bonum honestum.
ag3 * Praeterea, sicut augustinus dicit, xiv de civ. dei, ° tristitia est de his quae, nobis nolentibus, accidunt. ‘ sed non velle ea quae praesentialiter fiunt, est habere voluntatem repugnantem ordinationi divinae, cuius providentiae subiacent omnia quae aguntur. ergo, cum conformitas humanae voluntatis ad divinam pertineat ad rectitudinem voluntatis, * ut supra dictum est; ‘ videtur quod tristitia contrarietur rectitudini voluntatis. et sic non habet rationem honesti.
sc ‘ Sed contra, omne quod meretur praemium vitae aeternae, habet rationem honesti. sed tristitia est huiusmodi, * ut patet per id quod dicitur matth. v, ° beati qui lugent, quoniam ipsi consolabuntur. ‘ ergo tristitia est bonum honestum.
co ‘ Respondeo dicendum quod, secundum illam rationem qua tristitia est bonum, potest esse bonum honestum. * dictum est enim quod ‘ tristitia est bonum secundum cognitionem et recusationem mali. quae quidem duo in dolore corporali, attestantur bonitati naturae, ex qua provenit quod sensus sentit, et natura refugit laesivum, quod causat dolorem. in interiori vero tristitia, cognitio mali quandoque quidem est per rectum iudicium rationis; et recusatio mali est per voluntatem bene dispositam detestantem malum. omne autem bonum honestum ex his duobus procedit, scilicet ex rectitudine rationis et voluntatis. unde manifestum est quod tristitia potest habere rationem boni honesti.
ra1 ‘ Ad primum ergo dicendum quod omnes passiones animae regulari debent secundum regulam rationis, quae est radix boni honesti. quam transcendit immoderata tristitia, * de qua loquitur augustinus. ‘ et ideo recedit a ratione boni honesti.
ra2 ‘ Ad secundum dicendum quod, sicut tristitia de malo procedit ex voluntate et ratione recta, quae detestatur malum; ita tristitia de bono procedit ex ratione et voluntate perversa, quae detestatur bonum. et ideo talis tristitia impedit laudem vel meritum boni honesti, sicut cum quis facit cum tristitia eleemosynam.
ra3 ‘ Ad tertium dicendum quod aliqua praesentialiter eveniunt, quae non fiunt deo volente, sed deo permittente, sicut peccata. unde voluntas repugnans peccato existenti vel in se vel in alio, non discordat a voluntate dei. mala vero poenalia praesentialiter contingunt, etiam deo volente. non tamen exigitur ad rectitudinem voluntatis, quod ea secundum se homo velit, sed solum quod non contranitatur ordini divinae iustitiae, * ut supra dictum est.

008 ST2 qu39 ar3

ag1 ‘ Ad tertium sic proceditur. videtur quod tristitia non possit esse bonum utile. * dicitur enim eccli. xxx, ° multos occidit tristitia, et non est utilitas in illa.
ag2 ‘ Praeterea, electio est de eo quod est utile ad finem aliquem. sed tristitia non est eligibilis, quinimmo ° idem sine tristitia, quam cum tristitia, est magis eligendum, * ut dicitur in iii topic.. ‘ ergo tristitia non est bonum utile.
ag3 ° Praeterea, omnis res est propter suam operationem, * ut dicitur in ii de coelo. “ sed tristitia impedit operationem, * ut dicitur in x ethic.. ‘ ergo tristitia non habet rationem boni utilis.
sc ‘ Sed contra, sapiens non quaerit nisi utilia. sed * sicut dicitur eccle. vii, ° cor sapientum ubi tristitia, et cor stultorum ubi laetitia. ‘ ergo tristitia est utilis.
co ‘ Respondeo dicendum quod ex malo praesenti insurgit duplex appetitivus motus. unus quidem est quo appetitus contrariatur malo praesenti. et ex ista parte tristitia non habet utilitatem, quia id quod est praesens, non potest non esse praesens. secundus motus consurgit in appetitu ad fugiendum vel repellendum malum contristans. et quantum ad hoc, tristitia habet utilitatem, si sit de aliquo quod est fugiendum. est enim aliquid fugiendum dupliciter. uno modo, propter seipsum, ex contrarietate quam habet ad bonum; sicut peccatum. et ideo tristitia de peccato utilis est ad hoc quod homo fugiat peccatum, * sicut apostolus dicit, ii ad cor. vii, ° gaudeo, non quia contristati estis, sed quia contristati estis ad poenitentiam. ‘ alio modo est aliquid fugiendum, non quia sit secundum se malum, sed quia est occasio mali; dum vel homo nimis inhaeret ei per amorem, vel etiam ex hoc praecipitatur in aliquod malum, sicut patet in bonis temporalibus. et secundum hoc, tristitia de bonis temporalibus potest esse utilis, * sicut dicitur eccle. vii, ° melius est ire ad domum luctus quam ad domum convivii, in illa enim finis cunctorum admonetur hominum. ‘ ideo autem tristitia in omni fugiendo est utilis, quia geminatur fugiendi causa. nam ipsum malum secundum se fugiendum est, ipsam autem tristitiam secundum se omnes fugiunt, sicut etiam bonum |25| omnes appetunt, et delectationem de bono. sicut ergo delectatio de bono facit ut bonum avidius quaeratur, ita tristitia de malo facit ut malum vehementius fugiatur.
ra1 * Ad primum ergo dicendum quod auctoritas illa intelligitur ‘ de immoderata tristitia, quae animum absorbet. huiusmodi enim tristitia immobilitat animum, et impedit fugam mali, * ut supra dictum est.
ra2 ‘ Ad secundum dicendum quod, sicut quodlibet eligibile fit minus eligibile propter tristitiam, ita quodlibet fugiendum redditur magis fugiendum propter tristitiam. et quantum ad hoc, tristitia est utilis.
ra3 ‘ Ad tertium dicendum quod tristitia de operatione aliqua, impedit operationem, sed tristitia de cessatione operationis, facit avidius operari.

008 ST2 qu39 ar4

ag1 ‘ Ad quartum sic proceditur. videtur quod tristitia sit summum malum. “ optimo enim opponitur pessimum, * ut dicitur in viii ethic.. ‘ sed quaedam delectatio est optimum, quae scilicet pertinet ad felicitatem. ergo aliqua tristitia est summum malum.
ag2 ‘ Praeterea, beatitudo est summum bonum hominis, quia est ultimus hominis finis. sed beatitudo consistit in hoc quod homo habeat quidquid velit, et nihil mali velit, * ut supra dictum est. ‘ ergo summum bonum hominis est impletio voluntatis ipsius. sed tristitia consistit in hoc quod accidit aliquid contra voluntatem, * ut patet per augustinum, xiv de civ. dei. ‘ ergo tristitia est summum malum hominis.
ag3 * Praeterea, augustinus sic argumentatur in soliloq., ° ex duabus partibus compositi sumus, ex anima scilicet et corpore, quarum pars deterior corpus est. summum autem bonum est melioris partis optimum, summum autem malum, pessimum deterioris. est autem optimum in animo sapientia, in corpore pessimum dolor. summum igitur bonum hominis est sapere, summum malum dolere.
sc ‘ Sed contra, culpa est magis malum quam poena, * ut in primo habitum est. ‘ sed tristitia seu dolor pertinet ad poenam peccati; sicut frui rebus mutabilibus est malum culpae. * dicit enim augustinus, in libro de vera religione, ° quis est dolor qui dicitur animi, nisi carere mutabilibus rebus quibus fruebatur, aut frui se posse speraverat? et hoc est totum quod dicitur malum, idest peccatum, et poena peccati. ‘ ergo tristitia seu dolor non est summum malum hominis.
co ‘ Respondeo dicendum quod impossibile est aliquam tristitiam seu dolorem esse summum hominis malum. omnis enim tristitia seu dolor aut est de hoc quod est vere malum, aut est de aliquo apparenti malo, quod est vere bonum. dolor autem seu tristitia quae est de vere malo, non potest esse summum malum, est enim aliquid eo peius, scilicet vel non iudicare esse malum illud quod vere est malum, vel etiam non refutare illud. tristitia autem vel dolor qui est de apparenti malo, quod est vere bonum, non potest esse summum malum, quia peius esset omnino alienari a vero bono. unde impossibile est quod aliqua tristitia vel dolor sit summum hominis malum.
ra1 ‘ Ad primum ergo dicendum quod duo bona sunt communia et delectationi et tristitiae, scilicet iudicium verum de bono et malo; et ordo debitus voluntatis approbantis bonum et recusantis malum. et sic patet quod in dolore vel tristitia est aliquod bonum per cuius privationem potest fieri deterius. sed non in omni delectatione est aliquod malum, per cuius remotionem possit fieri melius. unde delectatio aliqua potest esse summum hominis bonum, * eo modo quo supra dictum est, ‘ tristitia autem non potest esse summum hominis malum.
ra2 ‘ Ad secundum dicendum quod hoc ipsum quod est voluntatem repugnare malo, est quoddam bonum. et propter hoc, tristitia vel dolor non potest esse summum malum, quia habet aliquam permixtionem boni.

ra3 ‘ Ad tertium dicendum quod peius est quod nocet meliori, quam quod nocet peiori. “ malum autem dicitur quia nocet, * ut dicit augustinus in enchirid.. ‘ unde maius malum est quod est malum animae, quam quod est malum corporis. * unde non est efficax, ratio, quam augustinus inducit non ex sensu suo sed ex sensu alterius.

008 ST2 qu40 ar

pr ‘ Consequenter considerandum est de passionibus irascibilis, et primo, de spe et desperatione; secundo, de timore et audacia; tertio, de ira. circa primum quaeruntur octo. primo, utrum spes sit idem quod desiderium vel cupiditas. secundo, utrum spes sit in vi apprehensiva, vel in vi appetitiva. tertio, utrum spes sit in brutis animalibus. quarto, utrum spei contrarietur desperatio. quinto, utrum causa spei sit experientia. sexto, utrum in iuvenibus et ebriosis spes abundet. septimo, de ordine spei ad amorem. octavo, utrum spes conferat ad operationem.

008 ST2 qu40 ar1

ag1 ‘ Ad primum sic proceditur. videtur quod spes sit idem quod desiderium sive cupiditas. spes enim ponitur una quatuor principalium passionum. * sed augustinus, enumerans quatuor principales passiones, ponit cupiditatem loco spei, ut patet in xiv de civ. dei. ‘ ergo spes est idem quod cupiditas sive desiderium.
ag2 ‘ Praeterea, passiones differunt secundum obiecta. sed idem est obiectum spei, et cupiditatis sive desiderii, scilicet bonum futurum. ergo spes est idem quod cupiditas sive desiderium.
ag3 ‘ Si dicatur quod spes addit supra desiderium possibilitatem adipiscendi bonum futurum, contra, id quod per accidens se habet ad obiectum, non variat speciem passionis. sed possibile se habet per accidens ad bonum futurum, quod est obiectum cupiditatis vel desiderii, et spei. ergo spes non est passio specie differens a desiderio vel cupiditate.
sc ‘ Sed contra, diversarum potentiarum sunt diversae passiones specie differentes. sed spes est in irascibili; desiderium autem et cupiditas in concupiscibili. ergo spes differt specie a desiderio seu cupiditate.
co ‘ Respondeo dicendum quod species passionis ex obiecto consideratur circa obiectum autem spei quatuor conditiones attenduntur. primo quidem, quod sit bonum, non enim, proprie loquendo, est spes nisi de bono. et per hoc differt spes a timore, qui est de malo. secundo, ut sit futurum, non enim spes est de praesenti iam habito. et per hoc differt spes a gaudio, quod est de bono praesenti. tertio, requiritur quod sit aliquid arduum cum difficultate adipiscibile, non enim aliquis dicitur aliquid sperare minimum, quod statim est in sua potestate ut habeat. et per hoc differt spes a desiderio vel cupiditate, quae est de bono futuro absolute, unde pertinet ad concupiscibilem, spes autem ad irascibilem. quarto, quod illud arduum sit possibile adipisci, non enim aliquis sperat id quod omnino adipisci non potest. et secundum hoc differt spes a desperatione. sic ergo patet quod spes differt a desiderio, sicut differunt passiones irascibilis a passionibus concupiscibilis. et propter hoc, spes praesupponit desiderium, sicut et omnes passiones irascibilis praesupponunt passiones concupiscibilis, * ut supra dictum est.
ra1 * Ad primum ergo dicendum quod augustinus ponit ‘ cupiditatem loco spei, propter hoc quod utrumque respicit bonum futurum, et quia bonum quod non est arduum, quasi nihil reputatur; ut sic cupiditas maxime videatur tendere in bonum arduum, in quod etiam tendit spes.
ra2 ‘ Ad secundum dicendum quod obiectum spei non est bonum futurum absolute, sed cum arduitate et difficultate adipiscendi, * ut dictum est.
ra3 ‘ Ad tertium dicendum quod obiectum spei non tantum addit possibilitatem super obiectum desiderii, sed etiam arduitatem, quae ad aliam potentiam facit spem pertinere, scilicet ad irascibilem, quae respicit arduum, * ut in primo dictum est. ‘ possibile autem et impossibile non omnino per accidens se habent ad obiectum appetitivae virtutis. nam appetitus est principium motionis, nihil autem movetur ad aliquid nisi sub ratione possibilis; nullus enim movetur ad id quod existimat impossibile adipisci. et propter hoc, spes differt a desperatione secundum differentiam possibilis et impossibilis.

008 ST2 qu40 ar2

ag1 ‘ Ad secundum sic proceditur. videtur quod spes pertineat ad vim cognitivam. spes enim videtur esse expectatio quaedam, * dicit enim apostolus, rom. viii, ° si autem quod non videmus speramus, per patientiam expectamus. ‘ sed expectatio videtur ad vim cognitivam pertinere, cuius est exspectare. ergo spes ad cognitivam pertinet.
ag2 ‘ Praeterea, idem est, ut videtur, spes quod fiducia, unde et sperantes confidentes vocamus, quasi pro eodem utentes eo quod est confidere et sperare. sed fiducia, sicut et fides, videtur ad vim cognitivam pertinere. ergo et spes.
ag3 ‘ Praeterea, certitudo est proprietas cognitivae virtutis. sed certitudo attribuitur spei. ergo spes ad vim cognitivam pertinet.
sc ‘ Sed contra, spes est de bono, * sicut dictum est. ‘ bonum autem, inquantum huiusmodi, non est obiectum cognitivae, sed appetitivae virtutis. ergo spes non pertinet ad cognitivam, sed ad appetitivam virtutem.
co ‘ Respondeo dicendum quod, cum spes importet extensionem quandam appetitus in bonum, manifeste pertinet ad appetitivam virtutem, motus enim ad res pertinet proprie ad appetitum. actio vero virtutis cognitivae perficitur non secundum motum cognoscentis ad res, sed potius secundum quod res cognitae sunt in cognoscente. sed quia vis cognitiva movet appetitivam, repraesentando ei suum obiectum; secundum diversas rationes obiecti apprehensi, subsequuntur diversi motus in vi appetitiva. alius enim motus sequitur in appetitu ex apprehensione boni, et alius ex apprehensione mali, et similiter alius motus ex apprehensione praesentis et futuri, absoluti et ardui, possibilis et impossibilis. et secundum hoc, spes est motus appetitivae virtutis consequens apprehensionem boni futuri ardui possibilis adipisci, scilicet extensio appetitus in huiusmodi obiectum.
ra1 ‘ Ad primum ergo dicendum quod, quia spes respicit ad bonum possibile, insurgit dupliciter homini motus spei, sicut dupliciter est ei aliquid possibile, scilicet secundum propriam virtutem, et secundum virtutem alterius. quod ergo aliquis sperat per propriam virtutem adipisci, non dicitur expectare, sed sperare tantum. sed proprie dicitur expectare quod sperat ex auxilio virtutis alienae, ut dicatur exspectare quasi ex alio spectare, inquantum scilicet vis apprehensiva praecedens non solum respicit ad bonum quod intendit adipisci, sed etiam ad illud cuius virtute adipisci sperat; * secundum illud eccli. li, ° respiciens eram ad adiutorium hominum. ‘ motus ergo spei quandoque dicitur expectatio, propter inspectionem virtutis cognitivae praecedentem.
ra2 ‘ Ad secundum dicendum quod illud quod homo desiderat, et aestimat se posse adipisci, credit se adepturum, et ex tali fide in cognitiva praecedente, motus sequens in appetitu fiducia nominatur. denominatur enim motus appetitivus a cognitione praecedente, sicut effectus ex causa magis nota, magis enim cognoscit vis apprehensiva suum actum quam actum appetitivae.
ra3 ‘ Ad tertium dicendum quod certitudo attribuitur motui non solum appetitus sensitivi, sed etiam appetitus naturalis, sicut dicitur quod lapis certitudinaliter tendit deorsum. et hoc propter infallibilitatem quam habet ex certitudine cognitionis quae praecedit motum appetitus sensitivi, vel etiam naturalis.

008 ST2 qu40 ar3

ag1 ‘ Ad tertium sic proceditur. videtur quod in brutis animalibus non sit spes. “ spes enim est de futuro bono, * ut damascenus dicit. ‘ sed cognoscere futurum non pertinet ad animalia bruta, quae habent solum cognitionem sensitivam, quae non est futurorum. ergo spes non est in brutis animalibus.
ag2 ‘ Praeterea, obiectum spei est bonum possibile adipisci. sed possibile et impossibile sunt quaedam differentiae veri et falsi, quae solum sunt in mente, * ut philosophus dicit in vi metaphys.. ‘ ergo spes non est in brutis animalibus, in quibus non est mens.
ag3 * Praeterea, augustinus dicit, super gen. ad litt., quod “ animalia moventur visis. ‘ sed spes non est de eo quod videtur, ° nam quod videt quis, quid sperat? * ut dicitur rom. viii. ‘ ergo spes non est in brutis animalibus.
sc ‘ Sed contra, spes est passio irascibilis. sed in brutis animalibus est irascibilis. ergo et spes.
co ‘ Respondeo dicendum quod interiores passiones animalium ex exterioribus motibus deprehendi possunt. ex quibus apparet quod in animalibus brutis est spes. si enim canis videat leporem, aut accipiter avem, nimis distantem, non movetur ad ipsam, quasi non sperans se eam posse adipisci, si autem sit in propinquo, movetur, quasi sub spe adipiscendi. * ut enim supra dictum est, ‘ appetitus sensitivus brutorum animalium, et etiam appetitus naturalis rerum insensibilium, sequuntur apprehensionem alicuius intellectus, sicut et appetitus naturae intellectivae, qui dicitur voluntas. sed in hoc est differentia, quod voluntas movetur ex apprehensione intellectus coniuncti, sed motus appetitus naturalis sequitur apprehensionem intellectus separati, qui naturam instituit; et similiter appetitus sensitivus brutorum animalium, quae etiam quodam instinctu naturali agunt. unde in operibus brutorum animalium, et aliarum rerum naturalium, apparet similis processus sicut et in operibus artis. et per hunc modum in animalibus brutis est spes et desperatio.
ra1 ‘ Ad primum ergo dicendum quod, quamvis bruta animalia non cognoscant futurum, tamen ex instinctu naturali movetur animal ad aliquid in futurum, ac si futurum praevideret. huiusmodi enim instinctus est eis inditus ab intellectu divino praevidente futura.
ra2 ‘ Ad secundum dicendum quod obiectum spei non est possibile, prout est quaedam differentia veri, sic enim consequitur habitudinem praedicati ad subiectum. sed obiectum spei est possibile quod dicitur secundum aliquam potentiam. sic enim * distinguitur possibile in v metaphys., ‘ scilicet in duo possibilia praedicta.
ra3 ‘ Ad tertium dicendum quod, licet id quod est futurum, non cadat sub visu; tamen ex his quae videt animal in praesenti, movetur eius appetitus in aliquod futurum vel prosequendum vel vitandum.

008 ST2 qu40 ar4

ag1 ‘ Ad quartum sic proceditur. videtur quod desperatio non sit contraria spei. “ uni enim unum est contrarium, * ut dicitur in x metaphys.. ‘ sed spei contrariatur timor. non ergo contrariatur ei desperatio.
ag2 ‘ Praeterea, contraria videntur esse circa idem. sed spes et desperatio non sunt circa idem, nam spes respicit bonum, desperatio autem est propter aliquod malum impeditivum adeptionis boni. ergo spes non contrariatur desperationi.
ag3 ‘ Praeterea, motui contrariatur motus, quies vero opponitur motui ut privatio. sed desperatio magis videtur importare immobilitatem quam motum. ergo non contrariatur spei, quae importat motum extensionis in bonum speratum.
sc ‘ Sed contra est quod desperatio nominatur per contrarium spei.
co * Respondeo dicendum quod, sicut supra dictum est, ‘ in mutationibus invenitur duplex contrarietas. una secundum accessum ad contrarios terminos, et talis contrarietas sola invenitur in passionibus concupiscibilis, sicut amor et odium contrariantur. alio modo, per accessum et per recessum respectu eiusdem termini, et talis contrarietas invenitur in passionibus irascibilis, * sicut supra dictum est. ‘ obiectum autem spei, quod est bonum arduum, habet quidem rationem attractivi, prout consideratur cum possibilitate adipiscendi, et sic tendit in ipsum spes, quae importat quendam accessum. sed secundum quod consideratur cum impossibilitate obtinendi, habet rationem repulsivi, * quia, ut dicitur in iii ethic., ° cum ventum fuerit ad aliquid impossibile, tunc homines discedunt. ‘ et sic respicit hoc obiectum desperatio. unde importat motum cuiusdam recessus. et propter hoc, contrariatur spei sicut recessus accessui.
ra1 ‘ Ad primum ergo dicendum quod timor contrariatur spei secundum contrarietatem obiectorum, scilicet boni et mali, haec enim contrarietas invenitur in passionibus irascibilis, secundum quod derivantur a passionibus concupiscibilis. sed desperatio contrariatur ei solum secundum contrarietatem accessus et recessus.
ra2 ‘ Ad secundum dicendum quod desperatio non respicit malum sub ratione mali, sed per accidens quandoque respicit malum, inquantum facit impossibilitatem adipiscendi. potest autem esse desperatio ex solo superexcessu boni.
ra3 ‘ Ad tertium dicendum quod desperatio non importat solam privationem spei; sed importat quendam recessum a re desiderata, propter aestimatam impossibilitatem adipiscendi. unde desperatio praesupponit desiderium, sicut et spes, de eo enim quod sub desiderio nostro non cadit, neque spem neque desperationem habemus. et propter hoc etiam, utrumque eorum est de bono, quod sub desiderio cadit.

008 ST2 qu40 ar5

ag1 ‘ Ad quintum sic proceditur. videtur quod experientia non sit causa spei. experientia enim ad vim cognitivam pertinet, * unde philosophus dicit, in ii ethic., quod ° virtus intellectualis indiget experimento et tempore. ‘ spes autem non est in vi cognitiva, sed in appetitiva, * ut dictum est. ‘ ergo experientia non est causa spei.
ag2 * Praeterea, philosophus dicit, in ii rhetoric., quod ° senes sunt difficilis spei, propter experientiam, ‘ ex quo videtur quod experientia sit causa defectus spei. sed non est idem causa oppositorum. ergo experientia non est causa spei.
ag3 * Praeterea, philosophus dicit, in ii de caelo, quod ° de omnibus enuntiare aliquid, et nihil praetermittere, quandoque est signum stultitiae. ‘ sed quod homo tentet omnia ad magnitudinem spei pertinere videtur, stultitia autem provenit ex inexperientia. ergo inexperientia videtur esse magis causa spei quam experientia.
sc * Sed contra est quod philosophus dicit, in iii ethic., quod ° aliqui sunt bonae spei, propter multoties et multos vicisse, ‘ quod ad experientiam pertinet. ergo experientia est causa spei.
co * Respondeo dicendum quod, sicut supra dictum est, ‘ spei obiectum est bonum futurum arduum possibile adipisci. potest ergo aliquid esse causa spei, vel quia facit homini aliquid esse possibile, vel quia facit eum existimare aliquid esse possibile. primo modo est causa spei omne illud quod auget potestatem hominis, sicut divitiae, fortitudo, et, inter cetera, etiam experientia, nam per experientiam homo acquirit facultatem aliquid de facili faciendi, et ex hoc sequitur spes. * unde vegetius dicit, in libro de re militari, ° nemo facere metuit quod se bene didicisse confidit. ‘ alio modo est causa spei omne illud quod facit alicui existimationem quod aliquid sit sibi possibile. et hoc modo et doctrina, et persuasio quaelibet potest esse causa spei. et sic etiam experientia est causa spei, inquantum scilicet per experientiam fit homini existimatio quod aliquid sit sibi possibile, quod impossibile ante experientiam reputabat. sed per hunc

modum experientia potest etiam esse causa defectus spei. quia sicut per experientiam fit homini existimatio quod aliquid sibi sit possibile, quod reputabat impossibile; ita e converso per experientiam fit homini existimatio quod aliquid non sit sibi possibile, quod possibile existimabat. sic ergo experientia est causa spei duobus modis, causa autem defectus spei, uno modo. et propter hoc, magis dicere possumus eam esse causam spei.
ra1 ' Ad primum ergo dicendum quod experientia in operabilibus non solum causat scientiam; sed etiam causat quendam habitum, propter consuetudinem, qui facit operationem faciliorem. sed et ipsa virtus intellectualis facit ad potestatem facile operandi, demonstrat enim aliquid esse possibile. et sic causat spem.
ra2 ' Ad secundum dicendum quod in senibus est defectus spei propter experientiam, inquantum experientia facit existimationem impossibilis. * unde ibidem subditur quod " eis multa evenerunt in deterius.
ra3 ' Ad tertium dicendum quod stultitia et inexperientia possunt esse causa spei quasi per accidens, removendo scilicet scientiam per quam vere existimatur aliquid esse non possibile. unde ea ratione inexperientia est causa spei, qua experientia est causa defectus spei.

008 ST2 qu40 ar6

ag1 ' Ad sextum sic proceditur. videtur quod iuventus et ebrietas non sint causa spei. spes enim importat quandam certitudinem et firmitatem, * unde ad heb. vi, ' spes comparatur ancorae. sed iuvenes et ebrii deficiunt a firmitate, habent enim animum de facili mutabilem. ergo iuventus et ebrietas non est causa spei.
ag2 ' Praeterea, ea quae augent potestatem, maxime sunt causa spei, * ut supra dictum est. ' sed iuventus et ebrietas quandam infirmitatem habent adiunctam. ergo non sunt causa spei.
ag3 ' Praeterea, experientia est causa spei, * ut dictum est. ' sed iuvenibus experientia deficit. ergo iuventus non est causa spei.
sc * Sed contra est quod philosophus dicit, in iii ethic., quod ° inebriati sunt bene sperantes. * et in ii rhetoric. dicitur quod ° iuvenes sunt bonae spei.
co ' Respondeo dicendum quod iuventus est causa spei propter tria, * ut philosophus dicit in ii rhetoric.. ' et haec tria possunt accipi secundum tres conditiones boni quod est obiectum spei, quod est futurum, et arduum, et possibile, * ut dictum est. ' iuvenes enim multum habent de futuro, et parum de praeterito. et ideo, quia memoria est praeteriti, spes autem futuri; parum habent de memoria, sed multum vivunt in spe. iuvenes etiam, propter caliditatem naturae, habent multos spiritus, et ita in eis cor ampliatur. ex amplitudine autem cordis est quod aliquis ad ardua tendat. et ideo iuvenes sunt animosi et bonae spei. similiter etiam illi qui non sunt passi repulsam, nec experti impedimenta in suis conatibus, de facili reputant aliquid sibi possibile. unde et iuvenes, propter inexperientiam impedimentorum et defectuum, de facili reputant aliquid sibi possibile. et ideo sunt bonae spei. duo etiam istorum sunt in ebriis, scilicet caliditas et multiplicatio spirituum, propter vinum; et iterum inconsideratio periculorum vel defectuum. et propter eandem rationem etiam omnes stulti, et deliberatione non utentes, omnia tentant, et sunt bonae spei.
ra1 ' Ad primum ergo dicendum quod in iuvenibus et in ebriis licet non sit firmitas secundum rei veritatem, est tamen in eis secundum eorum aestimationem, reputant enim se firmiter assecuturos illud quod sperant.
ra2 ' Et similiter dicendum ad secundum, quod iuvenes et ebrii habent quidem infirmitatem secundum rei veritatem, sed secundum eorum existimationem, habent potestatem; quia suos defectus non cognoscunt.
ra3 ' Ad tertium dicendum quod non solum experientia, sed etiam inexperientia est quodammodo causa spei, * ut dictum est.

008 ST2 qu40 ar7

ag1 ' Ad septimum sic proceditur. videtur quod spes non sit causa amoris. * quia secundum augustinum, xiv de civ. dei, " prima affectionum animae est amor. ' sed spes est quaedam affectio animae. amor ergo praecedit spem. non ergo spes causat amorem.
ag2 ' Praeterea, desiderium praecedit spem. sed desiderium causatur ex amore, * ut dictum est. ' ergo etiam spes sequitur amorem. non ergo causat ipsum.
ag3 ' Praeterea, spes causat delectationem, * ut supra dictum est. ' sed delectatio non est nisi de bono amato. ergo amor praecedit spem.
sc * Sed contra est quod matth. i, super illud, abraham genuit isaac, isaac autem genuit iacob, dicit glossa, ° idest, fides spem, spes caritatem. ' caritas autem est amor. ergo amor causatur a spe.
co ' Respondeo dicendum quod spes duo respicere potest. respicit enim sicut obiectum, bonum speratum. sed quia bonum speratum est arduum possibile; aliquando autem fit aliquod arduum possibile nobis, non per nos, sed per alios; ideo spes etiam respicit illud per quod fit nobis aliquid possibile. inquantum igitur spes respicit bonum speratum, spes ex amore causatur, non enim est spes nisi de bono desiderato et amato. inquantum vero spes respicit illum per quem fit aliquid nobis possibile, sic amor causatur ex spe, et non e converso. ex hoc enim quod per aliquem speramus nobis posse provenire bona, movemur in ipsum sicut in bonum nostrum, et sic incipimus ipsum amare. ex hoc autem quod amamus aliquem, non speramus de eo, nisi per accidens, inquantum scilicet credimus nos redamari ab ipso. unde amari ab aliquo facit nos sperare de eo, sed amor eius causatur ex spe quam de eo habemus.
ra ' Et per haec patet responsio ad obiecta.

008 ST2 qu40 ar8

ag1 ' Ad octavum sic proceditur. videtur quod spes non adiuvet operationem, sed magis impediat. ad spem enim securitas pertinet. sed securitas parit negligentiam, quae impedit operationem. ergo spes impedit operationem.
ag2 ' Praeterea, tristitia impedit operationem, * ut supra dictum est. ' sed spes quandoque causat tristitiam, * dicitur enim prov. xiii, ° spes quae differtur, affligit animam. ' ergo spes impedit operationem.
ag3 ' Praeterea, desperatio contrariatur spei, * ut dictum est. ' sed desperatio, maxime in rebus bellicis, adiuvat operationem, * dicitur enim ii reg. ii, quod ° periculosa res est desperatio. ' ergo spes facit contrarium effectum, impediendo scilicet operationem.
sc * Sed contra est quod dicitur i ad cor. ix, quod ° qui arat, debet arare in spe fructus percipiendi. ' et eadem ratio est in omnibus aliis.
co ' Respondeo dicendum quod spes per se habet quod adiuvet operationem, intendendo ipsam. et hoc ex duobus. primo quidem, ex ratione sui obiecti, quod est bonum arduum possibile. existimatio enim ardui excitat attentionem, existimatio vero possibilis non retardat conatum. unde sequitur quod homo intente operetur propter spem. secundo vero, ex ratione sui effectus. spes enim, * ut supra dictum est, ' causat delectationem, quae adiuvat operationem, * ut supra dictum est. ' unde spes operationem adiuvat.
ra1 ' Ad primum ergo dicendum quod spes respicit bonum consequendum, securitas autem respicit malum vitandum. unde securitas magis videtur opponi timori, quam ad spem pertinere. et tamen securitas non causat negligentiam, nisi inquantum diminuit existimationem ardui, in quo etiam diminuitur ratio spei. illa enim in quibus homo nullum impedimentum timet, quasi iam non reputantur ardua.
ra2 ' Ad secundum dicendum quod spes per se causat delectationem, sed per accidens est ut causet tristitiam, * ut supra dictum est.
ra3 ' Ad tertium dicendum quod desperatio in bello fit periculosa, propter aliquam spem adiunctam. illi enim qui desperant de fuga, debilitantur in fugiendo, sed sperant mortem suam vindicare. et ideo ex hac spe acrius pugnant, unde periculosi hostibus fiunt.

008 ST2 qu41 ar

pr ' Consequenter considerandum est, primo, de timore; et secundo, de audacia. circa timorem consideranda sunt quatuor, primo, de ipso timore; secundo, de obiecto eius; tertio, de causa ipsius; quarto, de effectu. circa primum quaeruntur quatuor. primo, utrum timor sit passio animae. secundo, utrum sit specialis passio. tertio, utrum sit aliquis timor naturalis. quarto, de speciebus timoris.

008 ST2 qu41 ar1

ag1 ' Ad primum sic proceditur. videtur quod timor non sit passio animae. * dicit enim damascenus, in libro iii, quod " timor est virtus secundum systolen idest contractionem, essentiae desiderativa. sed nulla virtus est passio, * ut probatur in ii ethic.. ' ergo timor non est passio.
ag2 ' Praeterea, omnis passio est effectus ex praesentia agentis proveniens. " sed timor non est de aliquo praesenti, sed de futuro, * ut damascenus dicit in ii libro. ' ergo timor non est passio.
ag3 ' Praeterea, omnis passio animae est motus appetitus sensitivi, qui sequitur apprehensionem sensus. sensus autem non est apprehensivus futuri, sed praesentis. cum ergo timor sit de malo futuro, videtur quod non sit passio animae.
sc * Sed contra est quod augustinus, in xiv de civ. dei, " enumerat timorem inter alias animae passiones.
co ' Respondeo dicendum quod, inter ceteros animae motus, post tristitiam, timor magis rationem obtinet passionis. * ut enim supra dictum est, ' ad rationem passionis primo quidem pertinet quod sit motus passivae virtutis, ad quam scilicet comparetur suum obiectum per modum activi moventis, eo quod passio est effectus agentis. et per hunc modum, etiam sentire et intelligere dicuntur pati. secundo, magis proprie dicitur passio motus appetitivae virtutis. et adhuc magis proprie, motus appetitivae virtutis habentis organum corporale, qui fit cum aliqua transmutatione corporali. et adhuc propriissime illi motus passiones dicuntur, qui important aliquod nocumentum. manifestum est autem quod timor, cum sit de malo, ad appetitivam potentiam pertinet, quae per se respicit bonum et malum. pertinet autem ad appetitum sensitivum, fit enim cum quadam transmutatione, scilicet cum contractione, * ut damascenus dicit. ' et importat etiam habitudinem ad malum, secundum quod malum habet quodammodo victoriam super aliquod bonum. unde verissime sibi competit ratio passionis. tamen post tristitiam, quae est de malo praesenti, nam timor est de malo futuro, quod non ita movet sicut praesens.
ra1 ' Ad primum ergo dicendum quod virtus nominat quoddam principium actionis, et ideo, inquantum interiores motus appetitivae virtutis sunt principia exteriorum actuum, dicuntur virtutes. * philosophus autem " negat passionem esse virtutem quae est habitus.
ra2 ' Ad secundum dicendum quod, sicut passio corporis naturalis provenit ex corporali praesentia agentis, ita passio animae provenit ex animali praesentia agentis, absque praesentia corporali vel reali, inquantum scilicet malum quod est futurum realiter, est praesens secundum apprehensionem animae.
ra3 ' Ad tertium dicendum quod sensus non apprehendit futurum, sed ex eo quod apprehendit praesens, animal naturali instinctu movetur ad sperandum futurum bonum, vel timendum futurum malum.

008 ST2 qu41 ar2

ag1 ' Ad secundum sic proceditur. videtur quod timor non sit specialis passio. * dicit enim augustinus, in libro octoginta trium quaest., quod ° quem non exanimat metus, nec cupiditas eum vastat, nec aegritudo, " idest tristitia, ° macerat, nec ventilat gestiens et vana laetitia. ' ex quo videtur quod, remoto timore, omnes aliae passiones removentur. non ergo passio est specialis, sed generalis.
ag2 * Praeterea, philosophus dicit, in vi ethic., quod ° ita se habet in appetitu prosecutio et fuga, sicut in intellectu affirmatio et negatio. ' sed negatio non est aliquid speciale in intellectu, sicut nec affirmatio, sed aliquid commune ad multa. ergo nec fuga in appetitu. sed nihil est aliud timor quam fuga quaedam mali. ergo timor non est passio specialis.
ag3 ' Praeterea, si timor esset passio specialis, praecipue in irascibili esset. est autem timor etiam in concupiscibili. * dicit enim philosophus, in ii rhetoric., quod " timor est tristitia quaedam, * et damascenus dicit quod " timor est virtus desiderativa, ' tristitia autem et desiderium sunt in concupiscibili, * ut supra dictum est. ' non est ergo passio specialis, cum pertineat ad diversas potentias.
sc ' Sed contra est quod condividitur aliis passionibus animae; * ut patet per damascenum, in ii libro.
co ' Respondeo dicendum quod passiones animae recipiunt speciem ex obiectis. unde specialis passio est quae habet speciale obiectum. timor autem habet speciale obiectum, sicut et spes. sicut enim obiectum spei est bonum futurum arduum possibile adipisci; ita obiectum timoris est malum futurum difficile cui resisti non potest. unde timor est specialis passio animae.
ra1 ' Ad primum ergo dicendum quod omnes passiones animae derivantur ex uno principio, scilicet ex amore, in quo habent ad invicem connexionem. et ratione huius connexionis, remoto timore, removentur aliae passiones animae, non ideo quia sit passio generalis.
ra2 ' Ad secundum dicendum quod non omnis fuga appetitus est timor, sed fuga ab aliquo speciali obiecto, * ut dictum est. ' et ideo, licet fuga sit quoddam generale, tamen timor est passio specialis.
ra3 ' Ad tertium dicendum quod timor nullo modo est in concupiscibili, non enim respicit malum absolute, sed cum quadam difficultate vel arduitate, ut ei resisti vix possit. sed quia passiones irascibilis derivantur a passionibus concupiscibilis et ad eas terminantur, * ut supra dictum est; ' ideo timori attribuuntur ea quae sunt concupiscibilis. dicitur enim timor esse tristitia, inquantum obiectum, timoris est contristans, si praesens fuerit, * unde et philosophus dicit ibidem quod " timor procedit ex phantasia futuri mali corruptivi vel contristativi. * similiter et desiderium attribuitur a damasceno timori, ' quia, sicut spes oritur a desiderio boni ita timor ex fuga mali; fuga autem mali oritur ex desiderio boni, * ut ex supra dictis patet.

008 ST2 qu41 ar3

ag1 ' Ad tertium sic proceditur. videtur quod timor aliquis sit naturalis. * dicit enim damascenus, in iii libro, quod ° est quidam timor naturalis, nolente anima dividi a corpore.
ag2 ' Praeterea, timor ex amore oritur, * ut dictum est. ' sed est aliquis amor naturalis, * ut dionysius dicit, iv cap. de div. nom.. ' ergo etiam est aliquis timor naturalis.
ag3 ' Praeterea, timor opponitur spei, * ut supra dictum est. ' sed est aliqua spes naturae, * ut patet per id quod dicitur rom. iv, de abraham, quod " contra spem naturae, in spem gratiae credidit. ' ergo etiam est aliquis timor naturae.
sc ' Sed contra, ea quae sunt naturalia, communiter inveniuntur in rebus animatis et inanimatis. sed timor non invenitur in rebus inanimatis. ergo timor non est naturalis.
co ' Respondeo dicendum quod aliquis motus dicitur

naturalis, quia ad ipsum inclinat natura. sed hoc contingit dupliciter. uno modo, quod totum perficitur a natura, absque aliqua operatione apprehensivae virtutis, sicut moveri sursum est motus naturalis ignis, et augeri est motus naturalis animalium et plantarum. alio modo dicitur motus naturalis, ad quem natura inclinat, licet non perficiatur nisi per apprehensionem, quia, * sicut supra dictum est, ' motus cognitivae et appetitivae virtutis reducuntur in naturam, sicut in principium primum. et per hunc modum, etiam ipsi actus apprehensivae virtutis, ut intelligere, sentire et memorari, et etiam motus appetitus animalis, quandoque dicuntur naturales. et per hunc modum potest dici timor naturalis. et distinguitur a timore non naturali, secundum diversitatem obiecti. est enim, * ut philosophus dicit in ii rhetoric., ' timor de malo corruptivo, quod natura refugit propter naturale desiderium essendi, et talis timor dicitur naturalis. est iterum de malo contristativo, quod non repugnat naturae, sed desiderio appetitus, et talis timor non est naturalis. * sicut etiam supra ' amor, concupiscentia et delectatio distincta sunt per naturale et non naturale. sed secundum |25| primam acceptionem naturalis, sciendum est quod quaedam de passionibus animae quandoque dicuntur naturales, ut amor, desiderium et spes, aliae vero naturales dici non possunt. et hoc ideo, quia amor et odium, desiderium et fuga, important inclinationem quandam ad prosequendum bonum et fugiendum malum; quae quidem inclinatio pertinet etiam ad appetitum naturalem. et ideo est amor quidam naturalis, et desiderium vel spes potest quodammodo dici etiam in rebus naturalibus cognitione carentibus. sed aliae passiones animae important quosdam motus ad quos nullo modo sufficit inclinatio naturalis. vel quia de ratione harum passionum est sensus seu cognitio, * sicut dictum est quod ' apprehensio requiritur ad rationem delectationis et doloris, unde quae carent cognitione, non possunt dici delectari vel dolere. aut quia huiusmodi motus sunt contra rationem inclinationis naturalis, puta quod desperatio refugit bonum propter aliquam difficultatem; et timor refugit impugnationem mali contrarii, ad quod est inclinatio naturalis. et ideo huiusmodi passiones nullo modo attribuuntur rebus inanimatis.
ra ' Et per hoc patet responsio ad obiecta.

008 ST2 qu41 ar4

ag1 ' Ad quartum sic proceditur. * videtur quod inconvenienter damascenus assignet sex species timoris, scilicet ° segnitiem, erubescentiam, verecundiam, admirationem, stuporem, agoniam. * ut enim philosophus dicit, in ii rhetoric., ° timor est de malo contristativo. ' ergo species timoris debent respondere speciebus tristitiae. sunt autem quatuor species tristitiae, * ut supra dictum est. ' ergo solum debent esse quatuor species timoris, eis correspondentes.
ag2 ' Praeterea, illud quod in actu nostro consistit, nostrae potestati subiicitur. sed timor est de malo quod excedit potestatem nostram, * ut dictum est. ' non ergo segnities et erubescentia et verecundia, quae respiciunt operationem nostram, debent poni species timoris.
ag3 ' Praeterea, timor est de futuro, * ut dictum est. " sed verecundia est de turpi actu iam commisso, * ut gregorius nyssenus dicit. ' ergo verecundia non est species timoris.
ag4 ' Praeterea, timor non est nisi de malo. sed admiratio et stupor sunt de magno et insolito, sive bono sive malo. ergo admiratio et stupor non sunt species timoris.
ag5 ' Praeterea, philosophi ex admiratione sunt moti ad inquirendum veritatem, * ut dicitur in principio metaphys.. ' timor autem non movet ad inquirendum, sed magis ad fugiendum. ergo admiratio non est species timoris.
sc * Sed in contrarium sufficiat auctoritas damasceni et gregorii nysseni.
co * Respondeo dicendum quod, sicut dictum est, ' timor est de futuro malo quod excedit potestatem timentis, ut scilicet ei resisti non possit. sicut autem bonum hominis, ita et malum, potest considerari vel in operatione ipsius, vel in exterioribus rebus. in operatione autem ipsius hominis, potest duplex malum timeri. primo quidem, labor gravans naturam. et sic causatur segnities, cum scilicet aliquis refugit operari, propter timorem excedentis laboris. secundo, turpitudo laedens opinionem. et sic, si turpitudo timeatur in actu committendo, est erubescentia, si autem sit de turpi iam facto, est verecundia. malum autem quod in exterioribus rebus consistit, triplici ratione potest excedere hominis facultatem ad resistendum. primo quidem, ratione suae magnitudinis, cum scilicet aliquis considerat aliquod magnum malum, cuius exitum considerare non sufficit. et sic est admiratio. secundo, ratione dissuetudinis, quia scilicet aliquod malum inconsuetum nostrae considerationi offertur, et sic est magnum nostra reputatione. et hoc modo est stupor, qui causatur ex insolita imaginatione. tertio modo, ratione improvisionis, quia scilicet provideri non potest, sicut futura infortunia timentur. et talis timor dicitur agonia.
ra1 ' Ad primum ergo dicendum quod illae species tristitiae * quae supra positae sunt, ' non accipiuntur secundum diversitatem obiecti, sed secundum effectus, et secundum quasdam speciales rationes. et ideo non oportet quod illae species tristitiae respondeant istis speciebus timoris, quae accipiuntur secundum divisionem propriam obiecti ipsius timoris.
ra2 ' Ad secundum dicendum quod operatio secundum quod iam fit, subditur potestati operantis. sed aliquid circa operationem considerari potest facultatem operantis excedens, propter quod aliquis refugit actionem. et secundum hoc, segnities, erubescentia et verecundia ponuntur species timoris.
ra3 ' Ad tertium dicendum quod de actu praeterito potest timeri convitium vel opprobrium futurum. et secundum hoc, verecundia est species timoris.
ra4 ' Ad quartum dicendum quod non quaelibet admiratio et stupor sunt species timoris, sed admiratio quae est de magno malo, et stupor qui est de malo insolito. vel potest dici quod, sicut segnities refugit laborem exterioris operationis, ita admiratio et stupor refugiunt difficultatem considerationis rei magnae et insolitae, sive sit bona sive mala, ut hoc modo se habeat admiratio et stupor ad actum intellectus, sicut segnities ad exteriorem actum.
ra5 ' Ad quintum dicendum quod admirans refugit in praesenti dare iudicium de eo quod miratur, timens defectum, sed in futurum inquirit. stupens autem timet et in praesenti iudicare, et in futuro inquirere. unde admiratio est principium philosophandi, sed stupor est philosophicae considerationis impedimentum.

008 ST2 qu42 ar

pr ' Deinde considerandum est de obiecto timoris. et circa hoc quaeruntur sex. primo, utrum bonum sit obiectum timoris, vel malum. secundo, utrum malum naturae sit obiectum timoris. tertio, utrum timor sit de malo culpae. quarto, utrum ipse timor timeri possit. quinto, utrum repentina magis timeantur. sexto, utrum ea contra quae non est remedium, magis timeantur.

008 ST2 qu42 ar1

ag1 ' Ad primum sic proceditur. videtur quod bonum sit obiectum timoris. * dicit enim augustinus, in libro octoginta trium quaest., quod ° nihil timemus, nisi ne id quod amamus, aut adeptum amittamus, aut non adipiscamur speratum. ' sed id quod amamus est bonum. ergo timor respicit bonum sicut proprium obiectum.
ag2 * Praeterea, philosophus dicit, in ii rhetoric., quod ° potestas, et super alium ipsum esse, est terribile. ' sed huiusmodi est quoddam bonum. ergo bonum est obiectum timoris.
ag3 ' Praeterea, in deo nihil malum esse potest. sed mandatur nobis ut deum timeamus; * secundum illud psalmi xxxiii, ° timete dominum, omnes sancti eius. ' ergo etiam timor est de bono.
sc ' Sed contra est quod * damascenus dicit, in ii libro, quod " timor est de malo futuro.
co ' Respondeo dicendum quod timor est quidam motus appetitivae virtutis. ad virtutem autem appetitivam pertinet prosecutio et fuga, * ut dicitur in vi ethic.. ' est autem prosecutio boni. fuga autem mali. unde quicumque motus appetitivae virtutis importat prosecutionem, habet aliquod bonum pro obiecto, quicumque autem importat fugam, habet malum pro obiecto. unde, cum timor fugam quandam importet, primo et per se respicit malum sicut proprium obiectum. potest autem respicere etiam bonum, secundum quod habet habitudinem ad malum. quod quidem potest esse dupliciter. uno quidem modo, inquantum per malum privatur bonum. ex hoc autem ipso est aliquid malum, quod est privativum boni. unde, cum fugiatur malum quia malum est, sequitur ut fugiatur quia privat bonum quod quis amando prosequitur. * et secundum hoc dicit augustinus quod " nulla est causa timendi, nisi ne amittatur bonum amatum. ' alio modo comparatur bonum ad malum, ut causa ipsius, inquantum scilicet aliquod bonum sua virtute potest inducere aliquod nocumentum in bono amato. et ideo, sicut spes, * ut supra dictum est, ' ad duo respicit, scilicet ad bonum in quod tendit, et ad id per quod sperat se bonum concupitum adipisci; ita etiam timor ad duo respicit, scilicet ad malum quod refugit, |25| et ad illud bonum quod sua virtute potest infligere malum. et per hunc modum deus timetur ab homine, inquantum potest infligere poenam, vel spiritualem vel corporalem. per hunc etiam modum timetur potestas alicuius hominis, maxime quando est laesa, vel quando est iniusta, quia sic in promptu habet nocumentum inferre. ita etiam timetur super alium esse, idest inniti alii, ut scilicet in eius potestate sic constitutum nobis nocumentum inferre. sicut ille qui est conscius criminis, timetur, ne crimen revelet.
ra ' Et per hoc patet responsio ad obiecta.

008 ST2 qu42 ar2

ag1 ' Ad secundum sic proceditur. videtur quod timor non sit de malo naturae. * dicit enim philosophus, in ii rhetoric., quod ° timor consiliativos facit. " non autem consiliamur de his quae a natura eveniunt, * ut dicitur in iii ethic.. ' ergo timor non est de malo naturae.
ag2 ' Praeterea, defectus naturales semper homini imminent, ut mors et alia huiusmodi. si igitur de huiusmodi malis esset timor, oporteret quod homo semper esset in timore.
ag3 ' Praeterea, natura non movet ad contraria. sed malum naturae provenit ex natura. ergo quod timendo aliquis refugiat huiusmodi malum, non est a natura. timor ergo naturalis non est de malo naturae; ad quem tamen hoc malum pertinere videtur.
sc * Sed contra est quod philosophus dicit, in iii ethic., quod " inter omnia terribilissimum est mors, quae est malum naturae.
co ' Respondeo dicendum quod, * sicut philosophus dicit in ii rhetoric., timor provenit ° ex phantasia futuri mali corruptivi vel contristativi. ' sicut autem contristativum malum est quod contrariatur voluntati; ita corruptivum malum est quod contrariatur naturae. et hoc est malum naturae. unde de malo naturae potest esse timor. sed considerandum est quod malum naturae quandoque est a causa naturali, et tunc dicitur malum naturae, non solum quia privat naturae bonum, sed etiam quia est effectus naturae; sicut mors naturalis, et alii huiusmodi defectus. aliquando vero malum naturae provenit ex causa non naturali, sicut mors quae violenter infertur a persecutore. et utroque modo malum naturae quodammodo timetur, et quodammodo non timetur. cum enim timor proveniat ex phantasia futuri mali, * ut dicit philosophus; ' illud quod removet futuri mali phantasiam, excludit etiam timorem. quod autem non appareat aliquod malum ut futurum, potest ex duobus contingere. uno quidem modo, ex hoc quod est remotum et distans, hoc enim, propter distantiam, imaginamur ut non futurum. et ideo vel non timemus, vel parum timemus. * ut enim philosophus dicit, in ii rhetoric., ° quae valde longe sunt non timentur, sciunt enim omnes, quod morientur; sed quia non prope est, nihil curant. |25| ' alio modo aestimatur aliquod malum quod est futurum, ut non futurum, propter necessitatem, quae facit ipsum aestimare ut praesens. * unde philosophus dicit, in ii rhetoric., quod ° illi qui iam decapitantur non timent, " videntes sibi necessitatem mortis imminere; sed ° ad hoc quod aliquis timeat, oportet adesse aliquam spem salutis. ' sic igitur malum naturae non timetur, quia non apprehenditur ut futurum. si vero malum naturae, quod est corruptivum, apprehendatur ut propinquum, et tamen cum aliqua spe evasionis, tunc timebitur.
ra1 ' Ad primum ergo dicendum quod malum naturae quandoque non provenit a natura, * ut dictum est. ' secundum tamen quod a natura provenit, etsi non ex toto vitari possit, potest tamen differri. et sub hac spe, potest esse consilium de vitatione ipsius.
ra2 ' Ad secundum dicendum quod malum naturae, etsi semper immineat, non tamen semper imminet de propinquo. et ideo non semper timetur.
ra3 ' Ad tertium dicendum quod mors et alii defectus naturae proveniunt a natura universali, quibus tamen repugnat natura particularis quantum potest. et sic ex inclinatione particularis naturae, est dolor et tristitia de huiusmodi malis, cum sunt praesentia; et timor, si immineant in futurum.

008 ST2 qu42 ar3

ag1 ' Ad tertium sic proceditur. videtur quod timor possit esse de malo culpae. * dicit enim augustinus, super canonicam ioan., quod ° timore casto timet homo separationem a deo. ' sed nihil separat nos a deo nisi culpa; * secundum illud isaiae lix. ° peccata vestra diviserunt inter vos et deum vestrum. ' ergo timor potest esse de malo culpae.
ag2 * Praeterea, tullius dicit, in iv de tusculanis quaest., quod ° de illis timemus, cum futura sunt, de quorum praesentia tristamur. ' sed de malo culpae potest aliquis dolere vel tristari. ergo etiam malum culpae aliquis potest timere.
ag3 ' Praeterea, spes timori opponitur. sed spes potest esse de bono virtutis, ut * patet per philosophum in ix ethic.. et apostolus dicit, ad gal. v, ° confido de vobis in domino, quod nihil aliud sapietis. ' ergo etiam timor potest esse de malo culpae.
ag4 ' Praeterea, verecundia est quaedam species timoris, * ut supra dictum est. ' sed verecundia est de turpi facto. quod est malum culpae. ergo et timor.
sc * Sed contra est quod philosophus dicit, in ii rhetoric., quod ° non omnia mala timentur, puta si aliquis erit iniustus, aut tardus.
co * Respondeo dicendum quod, sicut supra dictum est, ' sicut obiectum spei est bonum futurum arduum quod quis potest adipisci; ita timor est de malo futuro arduo quod non potest de facili vitari. ex quo potest accipi quod id quod omnino subiacet potestati et voluntati nostrae, non habet rationem terribilis, sed illud solum est terribile, quod habet causam extrinsecam. malum autem culpae propriam causam habet voluntatem humanam. et ideo proprie non habet rationem terribilis. sed quia voluntas humana ab aliquo exteriori potest inclinari ad peccandum; si illud inclinans habeat magnam vim ad inclinandum, secundum hoc poterit esse timor de malo culpae, inquantum est ab exteriori causa, puta cum aliquis timet commorari in societate malorum, ne ab eis ad peccandum inducatur. sed proprie loquendo, in tali dispositione magis timet homo seductionem quam culpam secundum propriam rationem, idest inquan-

tum est voluntaria, sic enim non habet ut timeatur.
ra1 ' Ad primum ergo dicendum quod separatio a deo est quaedam poena consequens peccatum, et omnis poena aliquo modo est ab exteriori causa.
ra2 ' Ad secundum dicendum quod tristitia et timor in uno conveniunt, quia utrumque est de malo, differunt autem in duobus. in uno quidem, quia tristitia est de malo praesenti, timor de malo futuro. in alio vero, quia tristitia, cum sit in concupiscibili, respicit malum absolute, unde potest esse de quocumque malo, sive parvo sive magno. timor vero, cum sit in irascibili, respicit malum cum quadam arduitate seu difficultate, quae tollitur, inquantum aliquid subiacet voluntati. et ideo non omnia timemus quae sunt futura, de quibus tristamur cum sunt praesentia, sed aliqua, quae scilicet sunt ardua.
ra3 ' Ad tertium dicendum quod spes est de bono quod quis potest adipisci. potest autem aliquis adipisci bonum vel per se, vel per alium, et ideo spes potest esse de actu virtutis, qui est in potestate nostra constitutus. sed timor est de malo quod non subiacet nostrae potestati, et ideo semper malum quod timetur, est a causa extrinseca. bonum autem quod speratur, potest esse et a causa intrinseca, et a causa extrinseca.
ra4 * Ad quartum dicendum quod, sicut supra dictum est, ' verecundia non est timor de actu ipso peccati, sed de turpitudine vel ignominia quae consequitur ipsum, quae est a causa extrinseca.

008 ST2 qu42 ar4

ag1 ' Ad quartum sic proceditur. videtur quod timor timeri non possit. omne enim quod timetur, timendo custoditur, ne amittatur, sicut ille qui timet amittere sanitatem timendo custodit eam. si igitur timor timeatur, timendo se custodiet homo ne timeat. quod videtur esse inconveniens.
ag2 ' Praeterea, timor est quaedam fuga. sed nihil fugit seipsum. ergo timor non timet timorem.
ag3 ' Praeterea, timor est de futuro. sed ille qui timet, iam habet timorem. non ergo potest timere timorem.
sc ' Sed contra est quod homo potest amare amorem, et dolere de dolore. ergo etiam, pari ratione, potest timere timorem.
co * Respondeo dicendum quod, sicut dictum est, ' illud solum habet rationem terribilis, quod ex causa extrinseca provenit, non autem quod provenit ex voluntate nostra. timor autem partim provenit ex causa extrinseca, et partim subiacet voluntati. provenit quidem ex causa extrinseca, inquantum est passio quaedam consequens phantasiam imminentis mali. et secundum hoc, potest aliquis timere timorem, ne scilicet immineat ei necessitas timendi, propter ingruentiam alicuius excellentis mali. subiacet autem voluntati, inquantum appetitus inferior obedit rationi, unde homo potest timorem repellere. et secundum hoc, timor non potest timeri, * ut dicit augustinus, in libro octoginta trium quaest.. ' sed quia rationibus quas inducit, aliquis posset uti ad ostendendum quod timor nullo modo timeatur, ideo ad eas respondendum est.
ra1 ' Ad primum ergo dicendum quod, non omnis timor est unus timor, sed secundum diversa quae timentur, sunt diversi timores. nihil ergo prohibet quin uno timore aliquis praeservet se ab alio timore, et sic custodiat se non timentem illo timore.
ra2 ' Ad secundum dicendum quod, cum sit alius timor quo timetur malum imminens, et alius timor quo timetur ipse timor mali imminentis; non sequitur quod idem fugiat seipsum, vel quod sit idem fuga sui ipsius.
ra3 ' Ad tertium dicendum quod propter diversitatem timorum * iam dictam, ' timore praesenti potest homo timere futurum timorem.

008 ST2 qu42 ar5

ag1 ' Ad quintum sic proceditur. videtur quod insolita et repentina non sint magis terribilia. sicut enim spes est de bono, ita timor est de malo. sed experientia facit ad augmentum spei in bonis. ergo etiam facit ad augmentum timoris in malis.
ag2 * Praeterea, philosophus dicit, in ii rhetoric., quod " magis timentur non qui acutae sunt irae, sed mites et astuti. ' constat autem quod illi qui acutae irae sunt, magis habent subitos motus. ergo ea quae sunt subita, sunt minus terribilia.
ag3 ' Praeterea, quae sunt subita, minus considerari possunt. sed tanto aliqua magis timentur, quanto magis considerantur, * unde philosophus dicit, in iii ethic., quod ° aliqui videntur fortes propter ignorantiam, qui, si cognoverint quod aliud sit quam suspicantur, fugiunt. ' ergo repentina minus timentur.
sc * Sed contra est quod augustinus dicit, in ii confess., ° timor insolita et repentina exhorrescit, rebus quae amantur adversantia, dum praecavet securitati.
co * Respondeo dicendum quod, sicut supra dictum est, ' obiectum timoris est malum imminens quod non de facili repelli potest. hoc autem ex duobus contingit, scilicet ex magnitudine mali, et ex debilitate timentis. ad utrumque autem horum operatur quod aliquid sit insolitum et repentinum. primo quidem, facit ad hoc quod malum imminens maius appareat. omnia enim corporalia, et bona et mala, quanto magis considerantur, minora apparent. et ideo, sicut propter diuturnitatem dolor praesentis mali mitigatur, * ut patet per tullium in iii de tusculanis quaest.; ' ita etiam ex praemeditatione minuitur timor futuri mali. secundo, aliquid esse insolitum et repentinum facit ad debilitatem timentis, inquantum subtrahit remedia quae homo potest praeparare ad repellendum futurum malum, quae esse non possunt quando ex improviso malum occurrit.
ra1 ' Ad primum ergo dicendum quod obiectum spei est bonum quod quis potest adipisci. et ideo ea quae augmentant potestatem hominis, nata sunt augere spem, et eadem ratione, diminuere timorem, quia timor est de malo cui non de facili potest resisti. quia igitur experientia facit hominem magis potentem ad operandum, ideo, sicut auget spem, ita diminuit timorem.
ra2 ' Ad secundum dicendum quod illi qui habent iram acutam, non occultant eam, et ideo nocumenta ab eis illata non ita sunt repentina, quin praevideantur. sed homines mites et astuti occultant iram, et ideo nocumentum quod ab eis imminet, non potest praevideri, sed ex improviso advenit. * et propter hoc philosophus dicit quod tales magis timentur.
ra3 ' Ad tertium dicendum quod, per se loquendo, bona vel mala corporalia in principio maiora apparent. cuius ratio est, quia unumquodque magis apparet, contrario iuxta se posito. unde cum aliquis statim a paupertate ad divitias transit, propter paupertatem praeexistentem divitias magis aestimat, et e contrario divites statim ad paupertatem devenientes, eam magis horrent. et propter hoc, malum repentinum magis timetur, quia magis videtur esse malum. sed potest propter aliquod accidens contingere quod magnitudo alicuius mali lateat, puta cum hostes se insidiose occultant. et tunc verum est quod malum ex diligenti consideratione fit terribilius.

008 ST2 qu42 ar6

ag1 ' Ad sextum sic proceditur. videtur quod ea quae non habent remedium, non sint magis timenda. ad timorem enim requiritur quod remaneat aliqua spes salutis, * ut supra dictum est. ' sed in malis quae non habent remedium, nulla remanet spes salutis. ergo talia mala nullo modo timentur.
ag2 ' Praeterea, malo mortis nullum remedium adhiberi potest, non enim, secundum naturam, potest esse reditus a morte ad vitam. " non tamen mors maxime timetur, * ut dicit philosophus, in ii rhetoric.. ' non ergo ea magis timentur quae remedium non habent.
ag3 * Praeterea, philosophus dicit, in i ethic., quod ° non est magis bonum quod est diuturnius, eo quod est unius diei, neque quod est perpetuum, eo quod non est perpetuum. ' ergo, eadem ratione, neque maius malum. sed ea quae non habent remedium, non videntur differre ab aliis nisi propter diuturnitatem vel perpetuitatem. ergo propter hoc non sunt peiora, vel magis timenda.
sc * Sed contra est quod philosophus dicit, in ii rhetoric., quod ° omnia timenda sunt terribiliora quaecumque, si peccaverint, corrigi non contingit; aut quorum auxilia non sunt; aut non facilia.
co ' Respondeo dicendum quod obiectum timoris est malum, unde illud quod facit ad augmentum mali, facit ad augmentum timoris. malum autem augetur non solum secundum speciem ipsius mali, sed etiam secundum circumstantias, * ut ex supra dictis apparet. ' inter ceteras autem circumstantias, diuturnitas, vel etiam perpetuitas, magis videtur facere ad augmentum mali. ea enim quae sunt in tempore, secundum durationem temporis quodammodo mensurantur, unde si pati aliquid in tanto tempore est malum, pati idem in duplo tempore apprehenditur ut duplatum. et secundum hanc rationem, pati idem in infinito tempore, quod est perpetuo pati, habet quodammodo infinitum augmentum. mala autem quae, postquam advenerint, non possunt habere remedium, vel non de facili, accipiuntur ut perpetua vel diuturna. et ideo maxime redduntur timenda.
ra1 ' Ad primum ergo dicendum quod remedium mali est duplex. unum, per quod impeditur futurum malum, ne adveniat. et tali remedio sublato, aufertur spes, et per consequens timor. unde de tali remedio nunc non loquimur. aliud remedium mali est, quo malum iam praesens removetur. et de tali remedio nunc loquimur.
ra2 ' Ad secundum dicendum quod, licet mors sit irremediabile malum, tamen, quia non imminet de prope, non timetur, * ut supra dictum est.
ra3 * Ad tertium dicendum quod philosophus ibi loquitur ' de per se bono, quod est bonum secundum speciem suam. sic autem non fit aliquid magis bonum propter diuturnitatem vel perpetuitatem, sed propter naturam ipsius boni.

008 ST2 qu43 ar

pr ' Deinde considerandum est de causa timoris. et circa hoc quaeruntur duo. primo, utrum causa timoris sit amor. secundo, utrum causa timoris sit defectus.

008 ST2 qu43 ar1

ag1 ' Ad primum sic proceditur. videtur quod amor non sit causa timoris. illud enim quod introducit aliquid, est causa eius. sed " timor introducit amorem caritatis, * ut augustinus dicit, super canonicam ioan.. ' ergo timor est causa amoris, et non e converso.
ag2 * Praeterea, philosophus dicit, in ii rhetoric., quod ° illi maxime timentur, a quibus expectamus imminere nobis aliqua mala. ' sed per hoc quod ab aliquo expectamus malum, magis provocamur ad odium eius quam ad amorem. ergo timor magis causatur ab odio quam ab amore.
ag3 * Praeterea, supra dictum est quod ' ea quae sunt a nobis ipsis, non habent rationem terribilium. sed ea quae sunt ex amore, maxime proveniunt ex intimo cordis. ergo timor ex amore non causatur.
sc ' Sed contra est quod * augustinus dicit, in libro octoginta trium quaest., ° nulli dubium est non aliam esse metuendi causam, nisi ne id quod amamus, aut adeptum amittamus, aut non adipiscamur speratum. ' omnis ergo timor causatur ex hoc quod aliquid amamus. amor igitur est causa timoris.
co ' Respondeo dicendum quod obiecta passionum animae se habent ad eas tanquam formae ad res naturales vel artificiales, quia passiones animae speciem recipiunt ab obiectis, sicut res praedictae a suis formis. sicut igitur quidquid est causa formae, est causa rei constitutae per ipsam; ita etiam quidquid, et quocumque modo, est causa obiecti, est causa passionis. contingit autem aliquid esse causam obiecti vel per modum causae efficientis, vel per modum dispositionis materialis. sicut obiectum delectationis est bonum apparens conveniens coniunctum, cuius causa efficiens est illud quod facit coniunctionem, vel quod facit convenientiam vel bonitatem, vel apparentiam huiusmodi boni; causa autem per modum dispositionis materialis, est habitus, vel quaecumque dispositio secundum quam fit alicui conveniens aut apparens illud bonum quod est ei coniunctum. sic igitur, in proposito, obiectum timoris est aestimatum malum futurum propinquum cui resisti de facili non potest. et ideo illud quod potest inferre tale malum, est causa effectiva obiecti timoris, et per consequens ipsius timoris. illud autem per quod aliquis ita disponitur ut aliquid sit ei tale, est causa timoris, et obiecti eius, per modum dispositionis materialis. et hoc modo amor est causa timoris, ex hoc enim quod aliquis amat aliquod bonum, sequitur quod privativum talis boni sit ei malum, et per consequens quod timeat ipsum tanquam malum.
ra1 * Ad primum ergo dicendum quod, sicut supra dictum est, ' timor per se et primo respicit ad malum, quod refugit, quod opponitur alicui bono amato. et sic per se timor nascitur ex amore. secundario vero respicit ad id per quod provenit tale malum. et sic per accidens quandoque timor inducit amorem, inquantum scilicet homo qui timet puniri a deo, servat mandata eius, et sic incipit sperare, et spes introducit amorem, * ut supra dictum est.
ra2 ' Ad secundum dicendum quod ille a quo expectantur mala, primo quidem odio habetur, sed postquam ab ipso iam incipiunt sperari bona, tunc incipit amari. bonum autem cui contrariatur malum quod timetur, a principio amabatur.
ra3 ' Ad tertium dicendum quod ratio illa procedit de eo quod est causa mali terribilis per modum efficientis. amor autem est causa eius per modum materialis dispositionis, * ut dictum est.

008 ST2 qu43 ar2

ag1 ' Ad secundum sic proceditur. videtur quod defectus non sit causa timoris. illi enim qui potentiam habent, maxime timentur. sed defectus contrariatur potentiae. ergo defectus non est causa timoris.
ag2 ' Praeterea, illi qui iam decapitantur, maxime sunt in defectu. sed tales non timent. * ut dicitur in ii rhetoric.. ' ergo defectus non est causa timoris.
ag3 ' Praeterea, decertare ex fortitudine provenit, non ex defectu. ° sed decertantes timent eos qui pro eisdem decertant, * ut dicitur in ii rhetoric.. ' ergo defectus non est causa timoris.
sc ' Sed contra, contrariorum contrariae sunt causae. sed ° divitiae, et robur, et multitudo amicorum, et potestas, excludunt timorem, * ut dicitur in ii rhetoric.. ' ergo ex defectu horum timor causatur.
co * Respondeo dicendum quod, sicut supra dictum est, ' duplex causa timoris accipi potest, una quidem per modum materialis dispositionis, ex parte eius qui timet; alia per modum causae efficientis, ex parte eius qui timetur. quantum igitur ad primum, defectus, per se loquendo, est causa timoris, ex aliquo enim defectu virtutis contingit quod non possit aliquis de facili repellere imminens malum. sed tamen ad causandum timorem requiritur defectus cum aliqua mensura. minor enim est defectus qui causat timorem futuri mali, quam defectus consequens malum praesens, de quo est tristitia. et adhuc esset maior defectus, si totaliter sensus mali auferretur, vel amor boni cuius contrarium timetur. quantum vero ad secundum, virtus et robur, per se loquendo, est causa timoris, ex hoc enim quod aliquid quod apprehenditur ut nocivum, est virtuosum, contingit quod eius effectus repelli non potest. contingit tamen per accidens quod aliquis defectus ex ista parte causat timorem, inquantum ex aliquo defectu contingit quod aliquis velit nocumentum inferre, puta propter iniustitiam, vel quia ante laesus fuit, vel quia ti-

met laedi.
ra1 ' Ad primum ergo dicendum quod ratio illa procedit de causa timoris ex parte causae efficientis.
ra2 ' Ad secundum dicendum quod illi qui iam decapitantur, sunt in passione praesentis mali. et ideo iste defectus excedit mensuram timoris.
ra3 ' Ad tertium dicendum quod decertantes timent non propter potentiam, qua decertare possunt, sed propter defectum potentiae, ex quo contingit quod se superaturos non confidunt.

008 ST2 qu44 ar

pr ' Deinde considerandum est de effectibus timoris. et circa hoc quaeruntur quatuor. primo, utrum timor faciat contractionem. secundo, utrum faciat consiliativos. tertio, utrum faciat tremorem. quarto, utrum impediat operationem.

008 ST2 qu44 ar1

ag1 ' Ad primum sic proceditur. videtur quod timor non faciat contractionem. contractione enim facta, calor et spiritus ad interiora revocantur. sed ex multitudine caloris et spirituum in interioribus, magnificatur cor ad audacter aliquid aggrediendum, ut patet in iratis, cuius contrarium in timore accidit. non ergo timor facit contractionem.
ag2 ' Praeterea, multiplicatis spiritibus et calore in interioribus per contractionem, sequitur quod homo in vocem prorumpat, ut patet in dolentibus. sed timentes non emittunt vocem, sed magis redduntur taciturni. ergo timor non facit contractionem.
ag3 ' Praeterea, verecundia est quaedam species timoris, * ut supra dictum est. " sed verecundati rubescunt, * ut dicit tullius, iv de tusculanis quaest., et philosophus in iv ethic.. ' rubor autem faciei non attestatur contractioni, sed contrario. non ergo contractio est effectus timoris.
sc * Sed contra est quod damascenus dicit, in iii libro, quod " timor est virtus secundum systolen, idest secundum contractionem.
co * Respondeo dicendum quod, sicut supra dictum est, ' in passionibus animae est sicut formale ipse motus appetitivae potentiae, sicut autem materiale transmutatio corporalis, quorum unum alteri proportionatur. unde secundum similitudinem et rationem appetitivi motus, sequitur corporalis transmutatio. quantum autem ad animalem motum appetitus, timor contractionem quandam importat. cuius ratio est, quia timor provenit ex phantasia alicuius mali imminentis quod difficile repelli potest, * ut supra dictum est. ' quod autem aliquid difficile possit repelli, provenit ex debilitate virtutis, * ut supra dictum est. ' virtus autem, quanto est debilior, tanto ad pauciora se potest extendere. et ideo ex ipsa imaginatione quae causat timorem, sequitur quaedam contractio in appetitu. sicut etiam videmus in morientibus quod natura retrahitur ad interiora, propter debilitatem virtutis, et videmus etiam in civitatibus quod, quando cives timent, retrahunt se ab exterioribus, et recurrunt, quantum possunt, ad interiora. et secundum similitudinem huius contractionis, quae pertinet ad appetitum animalem, sequitur etiam in timore ex parte corporis, contractio caloris et spirituum ad interiora.
ra1 ' Ad primum ergo dicendum quod, * sicut philosophus dicit in libro de problematibus, ' licet in timentibus retrahantur spiritus ab exterioribus ad interiora, non tamen est idem motus spirituum in iratis et timentibus. nam in iratis, propter calorem et subtilitatem spirituum, quae proveniunt ex appetitu vindictae, interius fit spirituum motus ab inferioribus ad superiora, et ideo congregantur spiritus et calor circa cor. ex quo sequitur quod irati redduntur prompti et audaces ad invadendum. sed in timentibus, propter frigiditatem ingrossantem, spiritus moventur a superioribus ad inferiora, quae quidem frigiditas contingit ex imaginatione defectus virtutis. et ideo non multiplicantur calor et spiritus circa cor, sed magis a corde refugiunt. et propter hoc, timentes non prompte invadunt, sed magis refugiunt.
ra2 ' Ad secundum dicendum quod naturale est cuilibet dolenti, sive homini sive animali, quod utatur quocumque auxilio potest, ad repellendum nocivum praesens quod infert dolorem, unde videmus quod animalia dolentia percutiunt vel faucibus vel cornibus. maximum autem auxilium ad omnia in animalibus est calor et spiritus. et ideo in dolore natura conservat calorem et spiritum interius, ut hoc utatur ad repellendum nocivum. * et ideo philosophus dicit, in libro de problematibus, quod " multiplicatis introrsum spiritibus et calore, necesse est quod emittantur per vocem. et propter hoc, dolentes vix se possunt continere quin clament. ' sed in timentibus fit motus interioris caloris et spirituum a corde ad inferiora, * ut dictum est. ' et ideo timor contrariatur formationi vocis, quae fit per emissionem spirituum ad superiora per os. et propter hoc, timor tacentes facit. et inde est etiam quod " timor trementes facit, * ut dicit philosophus, in libro de problematibus.
ra3 ' Ad tertium dicendum quod pericula mortis non solum contrariantur appetitui animali, sed etiam contrariantur naturae. et propter hoc, in huiusmodi timore non solum fit contractio ex parte appetitus, sed etiam ex parte naturae corporalis. sic enim disponitur animal ex imaginatione mortis contrahens calorem ad interiora, sicut quando naturaliter mors imminet. et inde est quod " timentes mortem pallescunt, * ut dicitur in iv ethic.. ' sed malum quod timet verecundia, non opponitur naturae, sed solum appetitui animali. et ideo fit quidem contractio secundum appetitum animalem, non autem secundum naturam corporalem, sed magis anima, quasi in se contracta, vacat ad motionem spirituum et caloris, unde fit eorum diffusio ad exteriora. et propter hoc, verecundati rubescunt.

008 ST2 qu44 ar2

ag1 ' Ad secundum sic proceditur. videtur quod timor non faciat consiliativos. non enim est eiusdem consiliativos facere, et consilium impedire. sed timor consilium impedit, omnis enim passio perturbat quietem, quae requiritur ad bonum usum rationis. ergo timor non facit consiliativos.
ag2 ' Praeterea, consilium est actus rationis de futuris cogitantis et deliberantis. " sed aliquis timor est ° excutiens cogitata, et mentem a suo loco removet, * ut tullius dicit, in iv de tusculanis quaest.. ' ergo timor non facit consiliativos, sed magis impedit consilium.
ag3 ' Praeterea, sicut consilium adhibetur ad vitanda mala, ita etiam adhibetur ad consequenda bona. sed sicut timor est de malis vitandis, ita spes est de bonis consequendis. ergo timor non facit magis consiliativos quam spes.
sc ' Sed contra est quod * philosophus dicit, in ii rhetoric., quod " timor consiliativos facit.
co ' Respondeo dicendum quod aliquis potest dici consiliativus dupliciter. uno modo, a voluntate seu sollicitudine consiliandi. et sic timor consiliativos facit. * quia, ut philosophus in iii ethic. dicit, ° consiliamur de magnis, in quibus quasi nobis ipsis discredimus. ' ea autem quae timorem incutiunt, non sunt simpliciter mala, sed habent quandam magnitudinem, tum ex eo quod apprehenduntur ut quae difficiliter repelli possunt; tum etiam quia apprehenduntur ut de prope existentia, * sicut iam dictum est. ' unde homines maxime in timoribus quaerunt consiliari. alio modo dicitur aliquis consiliativus, a facultate bene consiliandi. et sic nec timor, nec aliqua passio consiliativos facit. quia homini affecto secundum aliquam passionem, videtur aliquid vel maius vel minus quam sit secundum rei veritatem, sicut amanti videntur ea quae amat, meliora; et timenti, ea quae timet, terribiliora. et sic ex defectu rectitudinis iudicii, quaelibet passio, quantum est de se, impedit facultatem bene consiliandi.
ra1 ' Et per hoc patet responsio ad primum.
ra2 ' Ad secundum dicendum quod quanto aliqua passio est fortior, tanto magis homo secundum ipsam affectus, impeditur. et ideo quando timor fuerit fortis, vult quidem homo consiliari, sed adeo perturbatur in suis cogitationibus, quod consilium adinvenire non potest. si autem sit parvus timor, qui sollicitudinem consiliandi inducat, nec multum rationem conturbet; potest etiam conferre ad facultatem bene consiliandi, ratione sollicitudinis consequentis.
ra3 ' Ad tertium dicendum quod etiam spes facit consiliativos, * quia, ut in ii rhetoric. philosophus dicit, ° nullus consiliatur de his de quibus desperat; " sicut nec de impossibilibus, * ut dicitur in iii ethic.. ' timor tamen facit magis consiliativos quam spes. quia spes est de bono, prout possumus ipsum consequi, timor autem de malo, prout vix repelli potest, et ita magis respicit rationem difficilis timor quam spes. in difficilibus autem, maxime in quibus nobis non confidimus, consiliamur, * sicut dictum est.

008 ST2 qu44 ar3

ag1 ' Ad tertium sic proceditur. videtur quod tremor non sit effectus timoris. tremor enim ex frigore accidit, videmus enim infrigidatos tremere. timor autem non videtur causare frigus, sed magis calorem desiccantem, cuius signum est quod timentes sitiunt, et praecipue in maximis timoribus, sicut patet in illis qui ad mortem ducuntur. ergo timor non causat tremorem.
ag2 ' Praeterea, emissio superfluitatum ex calore accidit, unde, ut plurimum, medicinae laxativae sunt calidae. sed huiusmodi emissiones superfluitatum ex timore frequenter contingunt. ergo timor videtur causare calorem. et sic non causat tremorem.
ag3 ' Praeterea, in timore calor ab exterioribus ad interiora revocatur. si igitur propter huiusmodi revocationem caloris, in exterioribus homo tremit; videtur quod similiter in omnibus exterioribus membris deberet causari tremor ex timore. hoc autem non videtur. non ergo tremor corporis est effectus timoris.
sc ' Sed contra est quod * tullius dicit, in iv de tusculanis quaest., quod ° terrorem sequitur tremor, et pallor, et dentium crepitus.
co * Respondeo dicendum quod, sicut supra dictum est, ' in timore fit quaedam contractio ab exterioribus ad interiora, et ideo exteriora frigida remanent. et propter hoc in eis accidit tremor, qui causatur ex debilitate virtutis continentis membra, ad huiusmodi autem debilitatem maxime facit defectus caloris, qui est instrumentum quo anima movet, * ut dicitur in ii de anima.
ra1 ' Ad primum ergo dicendum quod, calore ab exterioribus ad interiora revocato, multiplicatur calor interius, et maxime versus inferiora, idest circa nutritivam. et ideo, consumpto humido, consequitur sitis, et etiam interdum solutio ventris, et urinae emissio, et quandoque etiam seminis. vel huiusmodi " emissio superfluitatum accidit propter contractionem ventris et testiculorum. * ut philosophus dicit, in libro de problematibus.
ra2 ' Unde patet solutio ad secundum.
ra3 ' Ad tertium dicendum quod, quia in timore calor deserit cor, a superioribus ad inferiora tendens, ideo timentibus maxime tremit cor, et membra quae habent aliquam connexionem ad pectus, ubi est cor. unde timentes maxime tremunt in voce, propter vicinitatem vocalis arteriae ad cor. tremit etiam labium inferius, et tota inferior mandibula, propter continuationem ad cor, unde et crepitus dentium sequitur. et eadem ratione brachia et manus tremunt. vel etiam quia huiusmodi membra sunt magis mobilia. propter quod et genua tremunt timentibus; * secundum illud isaiae xxxv, ° confortate manus dissolutas, et genua trementia roborate.

008 ST2 qu44 ar4

ag1 ' Ad quartum sic proceditur. videtur quod timor impediat operationem. operatio enim maxime impeditur ex perturbatione rationis, quae dirigit in opere. sed timor perturbat rationem, * ut dictum est. ' ergo timor impedit operationem.
ag2 ' Praeterea, illi qui faciunt aliquid cum timore, facilius in operando deficiunt, sicut si aliquis incedat super trabem in alto positam, propter timorem de facili cadit; non autem caderet, si incederet super eandem trabem in imo positam, propter defectum timoris. ergo timor impedit operationem.
ag3 ' Praeterea, pigritia, sive segnities, est quaedam species timoris. sed pigritia impedit operationem. ergo et timor.
sc * Sed contra est quod apostolus dicit, ad philipp. ii, ° cum metu et tremore vestram salutem operamini, " quod non diceret, si timor bonam operationem impediret. ' timor ergo non impedit bonam operationem.
co ' Respondeo dicendum quod operatio hominis exterior causatur quidem ab anima sicut a primo movente, sed a membris corporeis sicut ab instrumentis. contingit autem operationem impediri et propter defectum instrumenti, et propter defectum principalis moventis. ex parte igitur instrumentorum corporalium, timor, quantum est de se, semper natus est impedire exteriorem operationem, propter defectum caloris qui ex timore accidit in exterioribus membris. sed ex parte animae, si sit timor moderatus, non multum rationem perturbans; confert ad bene operandum, inquantum causat quandam sollicitudinem, et facit hominem attentius consiliari et operari. si vero timor tantum increscat quod rationem perturbet, impedit operationem etiam ex parte animae. * sed de tali timore apostolus non loquitur.
ra1 ' Et per haec patet responsio ad primum.
ra2 ' Ad secundum dicendum quod illi qui cadunt de trabe in alto posita, patiuntur perturbationem imaginationis, propter timorem casus imaginati.
ra3 ' Ad tertium dicendum quod omnis timens refugit id quod timet, et ideo, cum pigritia sit timor de ipsa operatione, inquantum est laboriosa, impedit operationem, quia retrahit voluntatem ab ipsa. sed timor qui est de aliis rebus, intantum adiuvat operationem, inquantum inclinat voluntatem ad operandum ea per quae homo effugit id quod timet.

008 ST2 qu45 ar

pr ' Deinde considerandum est de audacia. et circa hoc quaeruntur quatuor. primo, utrum audacia sit contraria timori. secundo, quomodo audacia se habeat ad spem. tertio, de causa audaciae. quarto, de effectus ipsius.

008 ST2 qu45 ar1

ag1 ' Ad primum sic proceditur. videtur quod audacia non contrarietur timori. * dicit enim augustinus, in libro octoginta trium quaest., " quod audacia vitium est. ' vitium autem virtuti contrariatur. cum ergo timor non sit virtus, sed passio, videtur quod timori non contrarietur audacia.
ag2 ' Praeterea, uni unum est contrarium. sed timori contrariatur spes. non ergo contrariatur ei audacia.
ag3 ' Praeterea, unaquaeque passio excludit passionem oppositam. sed id quod excluditur per timorem, est securitas, * dicit enim augustinus, ii confess., quod " timor securitati praecavet ' ergo securitas contrariatur timori. non ergo audacia.
sc * Sed contra est quod philosophus dicit, in ii rhetoric., quod ° audacia est timori contraria.
co ' Respondeo dicendum quod de ratione contrariorum est quod maxime a se distent, * ut dicitur in x metaphys.. ' illud autem quod maxime distat a timore, est audacia, timor enim refugit nocumentum futurum, propter eius victoriam super ipsum timentem; sed audacia aggreditur periculum imminens, propter victoriam sui supra ipsum periculum. unde manifeste timori contrariatur audacia.
ra1 ' Ad primum ergo dicendum quod ira et audacia, et omnium passionum nomina, dupliciter accipi possunt. uno modo, secundum quod important absolute motus appetitus sensitivi in aliquod obiectum bo-

num vel malum, et sic sunt nomina passionum. alio modo, secundum quod simul cum huiusmodi motu important recessum ab ordine rationis, et sic sunt nomina vitiorum. * et hoc modo loquitur augustinus de audacia, ‘ sed nos loquimur nunc de audacia secundum primum modum.

ra2 ‘ Ad secundum dicendum quod uni secundum idem, non sunt plura contraria, sed secundum diversa, nihil prohibet uni plura contrariari. * et sic dictum est supra quod ‘ passiones irascibilis habent duplicem contrarietatem, unam secundum oppositionem boni et mali, et sic timor contrariatur spei; aliam secundum oppositionem accessus et recessus, et sic timori contrariatur audacia, spei vero desperatio.

ra3 ‘ Ad tertium dicendum quod securitas non significat aliquid contrarium timori, sed solam timoris exclusionem, ille enim dicitur esse securus, qui non timet. unde securitas opponitur timori sicut privatio, audacia autem sicut contrarium. et sicut contrarium includit in se privationem, ita audacia securitatem.

008 ST2 qu45 ar2

ag1 ‘ Ad secundum sic proceditur. videtur quod audacia non consequatur spem. “ audacia enim est respectu malorum et terribilium, * ut dicitur in iii ethic.. ‘ spes autem respicit bonum. * ut supra dictum est. ‘ ergo habent diversa obiecta, et non sunt unius ordinis. non ergo audacia consequitur spem.

ag2 ‘ Praeterea, sicut audacia contrariatur timori, ita desperatio spei. sed timor non sequitur desperationem, “ quinimmo desperatio excludit timorem. * ut philosophus dicit, in ii rhetoric.. ‘ ergo audacia non consequitur spem.

ag3 ‘ Praeterea, audacia intendit quoddam bonum, scilicet victoriam. sed tendere in bonum arduum pertinet ad spem. ergo audacia est idem spei. non ergo consequitur ad spem.

sc * Sed contra est quod philosophus dicit, in iii ethic., quod ° illi qui sunt bonae spei, sunt audaces. ‘ videtur ergo audacia consequi spem.

co * Respondeo dicendum quod, sicut iam pluries dictum est, ‘ omnes huiusmodi passiones animae ad appetitivam potentiam pertinent. omnis autem motus appetitivae potentiae reducitur ad prosecutionem vel fugam. prosecutio autem vel fuga est alicuius et per se, et per accidens, per se quidem est prosecutio boni, fuga vero mali; per accidens autem potest prosecutio esse mali, propter aliquod bonum adiunctum, et fuga boni, propter aliquod malum adiunctum. quod autem est per accidens, sequitur ad id quod est per se. et ideo prosecutio mali, sequitur prosecutionem boni, sicut et fuga boni sequitur fugam mali. haec autem quatuor pertinent ad quatuor passiones, nam prosecutio boni pertinet ad spem, fuga mali ad timorem, insecutio mali terribilis pertinet ad audaciam, fuga vero boni pertinet ad desperationem. unde sequitur quod audacia consequitur ad spem, ex hoc enim quod aliquis sperat superare terribile imminens, ex hoc audacter insequitur ipsum. ad timorem vero sequitur desperatio, ideo enim aliquis desperat, quia timet difficultatem quae est circa bonum sperandum.

ra1 ‘ Ad primum ergo dicendum quod ratio sequeretur, si bonum et malum essent obiecta non habentia ordinem ad invicem. sed quia malum habet aliquem ordinem ad bonum, est enim posterius bono, sicut privatio habitu; ideo audacia, quae insequitur malum, est post spem, quae insequitur bonum.

ra2 ‘ Ad secundum dicendum quod, etsi bonum simpliciter sit prius quam malum, tamen fuga per prius debetur malo quam bono, sicut insecutio per prius debetur bono quam malo. et ideo sicut spes est prior quam audacia, ita timor est prior quam desperatio. et sicut ex timore non semper sequitur desperatio, sed quando fuerit intensus; ita ex spe non semper sequitur audacia, sed quando fuerit vehemens.

ra3 ‘ Ad tertium dicendum quod audacia, licet sit circa malum cui coniunctum est bonum victoriae secundum aestimationem audacis, tamen respicit malum, bonum vero adiunctum respicit spes. et similiter desperatio respicit bonum directe, quod refugit, malum vero adiunctum respicit timor. unde, proprie loquendo, audacia non est pars spei, sed eius effectus, sicut nec desperatio est pars timoris, sed eius effectus. et propter hoc etiam audacia principalis passio esse non potest.

008 ST2 qu45 ar3

ag1 ‘ Ad tertium sic proceditur. videtur quod defectus aliquis sit causa audaciae. * dicit enim philosophus, in libro de problematibus, quod ° amatores vini sunt fortes et audaces. ‘ sed ex vino sequitur defectus ebrietatis. ergo audacia causatur ex aliquo defectu.

ag2 * Praeterea, philosophus dicit, in ii rhetoric., quod ° inexperti periculorum sunt audaces. ‘ sed inexperientia defectus quidam est. ergo audacia ex defectu causatur.

ag3 ‘ Praeterea, iniusta passi audaciores esse solent; sicut etiam bestiae cum percutiuntur, * ut dicitur in iii ethic.. ‘ sed iniustum pati ad defectum pertinet. ergo audacia ex aliquo defectu causatur.

sc * Sed contra est quod philosophus dicit, in ii rhetoric., quod “ causa audaciae est, ° cum in phantasia spes fuerit salutarium ut prope existentium, timendorum autem aut non entium, aut longe entium. ‘ sed id quod pertinet ad defectum, vel pertinet ad salutarium remotionem, vel ad terribilium propinquitatem. ergo nihil quod ad defectum pertinet, est causa audaciae.

co * Respondeo dicendum quod, sicut supra dictum est, ‘ audacia consequitur spem, et contrariatur timori, unde quaecumque nata sunt causare spem, vel excludere timorem, sunt causa audaciae. quia vero timor et spes, et etiam audacia, cum sint passiones quaedam, consistunt in motu appetitus et in quadam transmutatione corporali; dupliciter potest accipi causa audaciae, sive quantum ad provocationem spei, sive quantum ad exclusionem timoris, uno modo quidem, ex parte appetitivi motus; alio vero modo, ex parte transmutationis corporalis. ex parte quidem appetitivi motus, qui sequitur apprehensionem, provocatur spes causans audaciam, per ea quae faciunt nos aestimare quod possibile sit adipisci victoriam; vel secundum propriam potentiam, sicut fortitudo corporis, experientia in periculis, multitudo pecuniarum, et alia huiusmodi; sive per potentiam aliorum, sicut multitudo amicorum vel quorumcumque auxiliantium, et praecipue si homo confidat de auxilio divino; ° unde illi qui se bene habent ad divina, audaciores sunt, * ut etiam philosophus dicit, in ii rhetoric.. ‘ timor autem excluditur, secundum istum modum, per remotionem terribilium appropinquantium, puta quia homo non habet inimicos, quia nulli nocuit, quia non videt aliquod periculum imminere; illis enim videntur maxime pericula imminere, qui aliis nocuerunt. ex parte vero transmutationis corporalis, |25| causatur audacia per provocationem spei et exclusionem timoris, ex his quae faciunt caliditatem circa cor. * unde philosophus dicit, in libro de partibus animalium, quod ° illi qui habent parvum cor secundum quantitatem, sunt magis audaces; et animalia habentia magnum cor secundum quantitatem, sunt timida, quia calor naturalis non tantum potest calefacere magnum cor; sicut parvum, sicut ignis non tantum potest calefacere magnam domum, sicut parvam. * et in libro de problematibus dicit quod ° habentes pulmonem sanguineum, sunt audaciores, propter caliditatem cordis exinde consequentem. * et ibidem dicit quod ° vini amatores sunt magis audaces, propter caliditatem vini, * unde et supra dictum est quod ‘ ebrietas facit ad bonitatem spei, caliditas enim cordis repellit timorem, et causat spem, propter cordis extensionem et amplificationem.

ra1 ‘ Ad primum ergo dicendum quod ebrietas causat audaciam, non inquantum est defectus, sed inquantum facit cordis dilatationem, et inquantum etiam facit aestimationem cuiusdam magnitudinis.

ra2 ‘ Ad secundum dicendum quod illi qui sunt inexperti periculorum, sunt audaciores, non propter defectum, sed per accidens, inquantum scilicet, propter inexperientiam, neque debilitatem suam cognoscunt, neque praesentiam periculorum. et ita, per subtractionem causae timoris, sequitur audacia.

ra3 * Ad tertium dicendum quod, sicut philosophus dicit in ii rhetoric., ° iniustum passi redduntur audaciores, quia aestimant quod deus iniustum passis auxilium ferat. ‘ et sic patet quod nullus defectus causat audaciam nisi per accidens, inquantum scilicet habet adiunctam aliquam excellentiam, vel veram vel aestimatam, vel ex parte sui vel ex parte alterius.

008 ST2 qu45 ar4

ag1 ‘ Ad quartum sic proceditur. videtur quod audaces non sint promptiores in principio quam in ipsis periculis. tremor enim ex timore causatur, qui contrariatur audaciae, * ut ex dictis patet. “ sed audaces quandoque in principio tremunt, * ut philosophus dicit, in libro de problematibus. ‘ ergo non sunt promptiores in principio quam in ipsis periculis existentes.

ag2 ‘ Praeterea, per augmentum obiecti augetur passio, sicut si bonum est amabile, et magis bonum est magis amabile. sed arduum est obiectum audaciae. augmentato ergo arduo, augmentatur audacia. sed magis fit arduum et difficile periculum, quando est praesens. ergo debet tunc magis crescere audacia.

ag3 ‘ Praeterea, ex vulneribus inflictis provocatur ira. sed ira causat audaciam, * dicit enim philosophus, in ii rhetoric., quod “ ira est ausivum. ‘ ergo quando iam sunt in ipsis periculis, et percutiuntur, videtur quod magis audaces reddantur.

sc * Sed contra est quod dicitur in iii ethic., quod ° audaces praevolantes sunt et volentes ante pericula, in ipsis autem discedunt.

co ‘ Respondeo dicendum quod audacia, cum sit quidam motus appetitus sensitivi, sequitur apprehensionem sensitivae virtutis. virtus autem sensitiva non est collativa nec inquisitiva singulorum quae circumstant rem, sed subitum habet iudicium. contingit autem quandoque quod secundum subitam apprehensionem non possunt cognosci omnia quae difficultatem in aliquo negotio afferunt, unde surgit audaciae motus ad aggrediendum periculum. unde quando iam experiuntur ipsum periculum, sentiunt maiorem difficultatem quam aestimaverunt. et ideo deficiunt. sed ratio est discussiva omnium quae afferunt difficultatem negotio. et ideo fortes, qui ex iudicio rationis aggrediuntur pericula, in principio videntur remissi, quia non passi, sed cum deliberatione debita aggrediuntur. quando autem sunt in ipsis periculis, non experiuntur aliquid improvisum; sed quandoque minora illis quae praecogitaverunt. et ideo magis persistunt. vel etiam quia propter bonum virtutis pericula aggrediuntur, cuius boni voluntas in eis perseverat, quantacumque sint pericula. audaces autem, propter solam aestimationem facientem spem et excludentem timorem, * sicut dictum est.

ra1 ‘ Ad primum ergo dicendum quod etiam in audacibus accidit tremor, propter revocationem caloris ab exterioribus ad interiora, sicut etiam in timentibus. sed in audacibus revocatur calor ad cor, in timentibus autem, ad inferiora.

ra2 ‘ Ad secundum dicendum quod obiectum amoris est simpliciter bonum, unde augmentatum simpliciter augmentat amorem. sed obiectum audaciae est compositum ex bono et malo; et motus audaciae in malum, praesupponit motum spei in bonum. et ideo si tantum addatur de arduitate ad periculum quod excedat spem, non sequetur motus audaciae, sed diminuetur. si tamen sit motus audaciae, quanto maius est periculum, tanto maior audacia reputatur.

ra3 ‘ Ad tertium dicendum quod ex laesione non causatur ira, nisi supposita aliqua spe, * ut infra dicetur. ‘ et ideo si fuerit tantum periculum quod excedat spem victoriae, non sequetur ira. sed verum est quod, si ira sequatur, audacia augebitur.

008 ST2 qu46 ar

pr ‘ Deinde considerandum est de ira. et primo, de ira secundum se; secundo, de causa factiva irae, et remedio eius; tertio, de effectu eius. circa primum quaeruntur octo. primo, utrum ira sit passio specialis. secundo, utrum obiectum irae sit bonum, an malum. tertio, utrum ira sit in concupiscibili. quarto, utrum ira sit cum ratione. quinto, utrum ira sit naturalior quam concupiscentia. sexto, utrum ira sit gravior quam odium. septimo, utrum ira solum sit ad illos ad quos est iustitia. octavo, de speciebus irae.

008 ST2 qu46 ar1

ag1 ‘ Ad primum sic proceditur. videtur quod ira non sit passio specialis. ab ira enim denominatur potentia irascibilis. sed huius potentiae non est una tantum passio, sed multae. ergo ira non est una passio specialis.

ag2 ‘ Praeterea, cuilibet passioni speciali est aliquid contrarium; ut patet inducenti per singula. sed irae non est aliqua passio contraria, * ut supra dictum est. ‘ ergo ira non est passio specialis.

ag3 ‘ Praeterea, una specialis passio non includit aliam. sed ira includit multas passiones, est enim cum tristitia, et cum delectatione, et cum spe, * ut patet per philosophum, in ii rhetoric.. ‘ ergo ira non est passio specialis.

sc * Sed contra est quod damascenus ponit iram specialem passionem. et similiter tullius, iv de tusculanis quaest..

co ‘ Respondeo dicendum quod aliquid dicitur generale dupliciter. uno modo, per praedicationem, sicut animal est generale ad omnia animalia. alio modo, per causam, sicut sol est causa generalis omnium quae generantur in his inferioribus, * secundum dionysium, in iv cap. de div. nom.. ‘ sicut enim genus continet multas differentias potestate, secundum similitudinem materiae; ita causa agens continet multos effectus secundum virtutem activam. contingit autem aliquem effectum ex concursu diversarum causarum produci, et quia omnis causa aliquo modo in effectu manet, potest etiam dici, tertio modo, quod effectus ex congregatione multarum causarum productus, habet quandam generalitatem, inquantum continet multas causas quodammodo in actu. primo ergo modo, ira non est passio generalis, sed condivisa aliis passionibus, * ut supra dictum est. ‘ similiter autem nec secundo modo. non est enim causa aliarum passionum, sed per hunc modum potest dici generalis passio amor, * ut patet per augustinum, in xiv libro de civ. dei; ‘ amor enim est prima radix omnium passionum, * ut supra dictum est. ‘ sed tertio modo potest ira dici passio generalis, inquantum ex concursu multarum passionum causatur. |25| non enim insurgit motus irae nisi propter aliquam tristitiam illatam et nisi adsit desiderium et spes ulciscendi, * quia, ut philosophus dicit in ii rhetoric., ° iratus habet spem puniendi; appetit enim vindictam ut sibi possibilem. ‘ unde si fuerit multum excellens persona quae nocumentum intulit, non sequitur ira, sed solum tristitia, * ut avicenna dicit, in libro de anima.

ra1 ‘ Ad primum ergo dicendum quod, vis irascibilis denominatur ab ira, non quia omnis motus huius potentiae sit ira, sed quia ad iram terminantur omnes motus huius potentiae; et inter alios eius motus, iste est manifestior.

ra2 ‘ Ad secundum dicendum quod ex hoc ipso quod ira causatur ex contrariis passionibus, scilicet a spe, quae est boni, et a tristitia, quae est mali, includit in seipsa contrarietatem, et ideo non habet contrarium extra se. sicut etiam in mediis coloribus non invenitur contrarietas, nisi quae est simplicium colorum, ex quibus causantur.

ra3 ‘ Ad tertium dicendum quod ira includit multas passiones, non quidem sicut genus species, sed magis secundum continentiam causae et effectus.

008 ST2 qu46 ar2

ag1 ' Ad secundum sic proceditur. videtur quod obiectum irae sit malum. * dicit enim gregorius nyssenus quod " ira est quasi armigera concupiscentiae, ' inquantum scilicet impugnat id quod concupiscentiam impedit. sed omne impedimentum habet rationem mali. ergo ira respicit malum tanquam obiectum.
ag2 ' Praeterea, ira et odium conveniunt in effectu, utriusque enim est inferre nocumentum alteri. sed odium respicit malum tanquam obiectum, * ut supra dictum est. ' ergo etiam et ira.
ag3 ' Praeterea, ira causatur ex tristitia, unde * philosophus dicit, in vii ethic., quod " ira operatur cum tristitia. ' sed tristitiae obiectum est malum. ergo et irae.
sc1 ' Sed contra est quod * augustinus dicit, in ii confess., quod " ira appetit vindictam. ' sed appetitus vindictae est appetitus boni, cum vindicta ad iustitiam pertineat. ergo obiectum irae est bonum.
sc2 ' Praeterea, ira semper est cum spe, unde et delectationem causat, * ut dicit philosophus, in ii rhetoric.. ' sed spei et delectationis obiectum est bonum. ergo et irae.
co ' Respondeo dicendum quod motus appetitivae virtutis sequitur actum virtutis apprehensivae. vis autem apprehensiva dupliciter aliquid apprehendit, uno modo, per modum incomplexi, sicut cum intelligimus quid est homo; alio modo, per modum complexi, sicut cum intelligimus album inesse homini. unde utroque modo vis appetitiva potest tendere in bonum et malum. per modum quidem simplicis et incomplexi, cum appetitus simpliciter sequitur vel inhaeret bono, vel refugit malum. et tales motus sunt desiderium et spes, delectatio et tristitia, et alia huiusmodi. per modum autem complexi, sicut cum appetitus fertur in hoc quod aliquod bonum vel malum insit vel fiat circa alterum, vel tendendo in hoc, vel refugiendo ab hoc. sicut manifeste apparet in amore et odio, amamus enim aliquem, inquantum volumus ei inesse aliquod bonum; odimus autem aliquem, inquantum volumus ei inesse aliquod malum. et similiter est in ira, quicumque enim irascitur, quaerit vindicari de aliquo. et sic motus irae tendit in duo, scilicet in ipsam vindictam, quam appetit et sperat sicut quoddam bonum, unde et de ipsa delectatur, tendit etiam in illum de quo quaerit vindictam, sicut in contrarium et nocivum, quod pertinet ad rationem mali. est tamen duplex differentia attendenda circa hoc, irae ad odium et ad amorem. quarum prima est, quod ira semper respicit duo obiecta, amor vero et odium quandoque respiciunt unum obiectum tantum, sicut cum dicitur aliquis amare vinum vel |25| aliquid huiusmodi, aut etiam odire. secunda est, quia utrumque obiectorum quod respicit amor, est bonum, vult enim amans bonum alicui, tanquam sibi convenienti. utrumque vero eorum quae respicit odium, habet rationem mali, vult enim odiens malum alicui, tamquam cuidam inconvenienti. sed ira respicit unum obiectum secundum rationem boni, scilicet vindictam, quam appetit, et aliud secundum rationem mali, scilicet hominem nocivum, de quo vult vindicari. et ideo est passio quodammodo composita ex contrariis passionibus.
ra ' Et per hoc patet responsio ad obiecta.

008 ST2 qu46 ar3

ag1 ' Ad tertium sic proceditur. videtur quod ira sit in concupiscibili. * dicit enim tullius, in iv de tusculanis quaest., quod " ira est libido quaedam. ' sed libido est in concupiscibili. ergo et ira.
ag2 * Praeterea, augustinus dicit, in regula, quod " ira crescit in odium. * et tullius dicit, in eodem libro, quod " odium est ira inveterata. ' sed odium est in concupiscibili, sicut amor. ergo ira est in concupiscibili.
ag3 * Praeterea, damascenus et gregorius nyssenus dicunt quod " ira componitur ex tristitia et desiderio. ' sed utrumque horum est in concupiscibili. ergo ira est in concupiscibili.
sc ' Sed contra, vis concupiscibilis est alia ab irascibili. si igitur ira esset in concupiscibili, non denominaretur ab ea vis irascibilis.
co * Respondeo dicendum quod, sicut supra dictum est, ' passiones irascibilis in hoc differunt a passionibus concupiscibilis, quod obiecta passionum concupiscibilis sunt bonum et malum absolute; obiecta autem passionum irascibilis sunt bonum et malum cum quadam elevatione vel arduitate. * dictum est autem quod ' ira respicit duo obiecta, scilicet vindictam, quam appetit; et eum de quo vindictam quaerit. et circa utrumque quandam arduitatem ira requirit, non enim insurgit motus irae, nisi aliqua magnitudine circa utrumque existente; ° quaecumque enim nihil sunt, aut modica valde nullo digna aestimamus, * ut dicit philosophus, in ii rhetoric.. ' unde manifestum est quod ira non est in concupiscibili, sed in irascibili.
ra1 * Ad primum ergo dicendum quod tullius libidinem nominat ' appetitum cuiuscumque boni futuri non habita discretione ardui vel non ardui. " et secundum hoc, ' ponit iram sub libidine, inquantum est appetitus vindictae. sic autem libido communis est ad irascibilem et concupiscibilem.
ra2 ' Ad secundum dicendum quod ira dicitur crescere in odium, non quod eadem numero passio quae prius fuit ira, postmodum fiat odium per quandam inveterationem, sed per quandam causalitatem. ira enim, per diuturnitatem, causat odium.
ra3 ' Ad tertium dicendum quod ira dicitur componi ex tristitia et desiderio, non sicut ex partibus, sed sicut ex causis. * dictum est autem supra quod ' passiones concupiscibilis sunt causae passionum irascibilis.

008 ST2 qu46 ar4

ag1 ' Ad quartum sic proceditur. videtur quod ira non sit cum ratione. ira enim, cum sit passio quaedam, est in appetitu sensitivo. sed appetitus sensitivus non sequitur rationis apprehensionem, sed sensitivae partis. ergo ira non est cum ratione.
ag2 ' Praeterea, animalia bruta carent ratione. et tamen in eis invenitur ira. ergo ira non est cum ratione.
ag3 ' Praeterea, ebrietas ligat rationem. adiuvat autem ad iram. ergo ira non est cum ratione.
sc * Sed contra est quod philosophus dicit, in vii ethic., quod ° ira consequitur rationem aliqualiter.
co * Respondeo dicendum quod, sicut supra dictum est, ' ira est appetitus vindictae. haec autem collationem importat poenae infligendae ad nocumentum sibi illatum, * unde, in vii ethic., dicit philosophus quod ° syllogizans quoniam oportet talem oppugnare, irascitur confestim. ' conferre autem et syllogizare est rationis. et ideo ira est quodammodo cum ratione.
ra1 ' Ad primum ergo dicendum quod motus appetitivae virtutis potest esse cum ratione dupliciter. uno modo, cum ratione praecipiente, et sic voluntas est cum ratione; unde et dicitur appetitus rationalis. alio modo, cum ratione denuntiante, et sic ira est cum ratione. * dicit enim philosophus, in libro de problemat., quod ' ira est cum ratione, ° non sicut praecipiente ratione, sed ut manifestante iniuriam. ' appetitus enim sensitivus immediate rationi non obedit, sed mediante voluntate.
ra2 ' Ad secundum dicendum quod bruta animalia habent instinctum naturalem ex divina ratione eis inditum, per quem habent motus interiores et exteriores similes motibus rationis, * sicut supra dictum est.
ra3 * Ad tertium dicendum quod, sicut dicitur in vii ethic., " ira audit aliqualiter rationem, sicut nuntiantem quod iniuriatum est ei, sed non perfecte audit, quia non observat regulam rationis in rependendo vindictam. ' ad iram ergo requiritur aliquis actus rationis; et additur impedimentum rationis. * unde philosophus dicit, in libro de problemat., quod " illi qui sunt multum ebrii, tanquam nihil habentes de iudicio rationis, non irascuntur, sed quando sunt parum ebrii, irascuntur, tanquam habentes iudicium rationis, sed impeditum.

008 ST2 qu46 ar5

ag1 ' Ad quintum sic proceditur. videtur quod ira non sit naturalior quam concupiscentia. proprium enim hominis dicitur quod sit animal mansuetum natura. " sed mansuetudo opponitur irae, * ut dicit philosophus, in ii rhetoric.. ' ergo ira non est naturalior quam concupiscentia, sed omnino videtur esse contra hominis naturam.
ag2 ' Praeterea, ratio contra naturam dividitur, ea enim quae secundum rationem agunt, non dicimus secundum naturam agere. " sed ira est cum ratione, concupiscentia autem sine ratione, * ut dicitur in vii ethic.. ' ergo concupiscentia est naturalior quam ira.
ag3 ' Praeterea, ira est appetitus vindictae, concupiscentia autem maxime est appetitus delectabilium secundum tactum, scilicet ciborum et venereorum. haec autem sunt magis naturalia homini quam vindicta. ergo concupiscentia est naturalior quam ira.
sc * Sed contra est quod philosophus dicit, in vii ethic., quod ° ira est naturalior quam concupiscentia.
co ' Respondeo dicendum quod naturale dicitur illud quod causatur a natura, * ut patet in ii physic.. ' unde utrum aliqua passio sit magis vel minus naturalis, considerari non potest nisi ex causa sua. causa autem passionis, * ut supra dictum est, ' dupliciter accipi potest, uno modo, ex parte obiecti; alio modo, ex parte subiecti. si ergo consideretur causa irae et concupiscentiae ex parte obiecti, sic concupiscentia, et maxime ciborum et venereorum, naturalior est quam ira, inquantum ista sunt magis naturalia quam vindicta. si autem consideretur causa irae ex parte subiecti, sic quodammodo ira est naturalior, et quodammodo concupiscentia. potest enim natura alicuius hominis considerari vel secundum naturam generis, vel secundum naturam speciei, vel secundum complexionem propriam individui. si igitur consideretur natura generis, quae est natura huius hominis inquantum est animal; sic naturalior est concupiscentia quam ira, quia ex ipsa natura communi habet homo quandam inclinationem ad appetendum ea quae sunt conservativa vitae, vel secundum speciem vel secundum individuum. si autem consideremus naturam hominis ex parte speciei, scilicet inquantum est rationalis; sic ira est magis naturalis homini quam concupiscentia, inquantum ira est |25| cum ratione magis quam concupiscentia. * unde philosophus dicit, in iv ethic., quod ° humanius est punire, quod pertinet ad iram, quam mansuetum esse, ' unumquodque enim naturaliter insurgit contra contraria et nociva. si vero consideretur natura huius individui secundum propriam complexionem, sic ira naturalior est quam concupiscentia, quia scilicet habitudinem naturalem ad irascendum, quae est ex complexione, magis de facili sequitur ira, quam concupiscentia vel aliqua alia passio. est enim homo dispositus ad irascendum, secundum quod habet cholericam complexionem, cholera autem, inter alios humores, citius movetur; assimilatur enim igni. et ideo magis est in promptu ut ille qui est dispositus secundum naturalem complexionem ad iram, irascatur; quam de eo qui est dispositus ad concupiscendum, quod concupiscat. * et propter hoc philosophus dicit, in vii ethic., quod ' ira magis traducitur a parentibus in filios, quam concupiscentia.
ra1 ' Ad primum ergo dicendum quod in homine considerari potest et naturalis complexio ex parte corporis, quae est temperata; et ipsa ratio. ex parte igitur complexionis corporalis, naturaliter homo, secundum suam speciem, est non habens superexcellentiam neque irae neque alicuius alterius passionis, propter temperamentum suae complexionis. alia vero animalia, secundum quod recedunt ab hac qualitate complexionis ad dispositionem alicuius complexionis extremae, secundum hoc etiam naturaliter disponuntur ad excessum alicuius passionis, ut leo ad audaciam, canis ad iram, lepus ad timorem, et sic de aliis. ex parte vero rationis, est naturale homini et irasci et mansuetum esse, secundum quod ratio quodammodo causat iram, inquantum nuntiat causam irae; et quodammodo sedat iram, inquantum iratus non totaliter audit imperium rationis, * ut supra dictum est.
ra2 ' Ad secundum dicendum quod ipsa ratio pertinet ad naturam hominis. unde ex hoc ipso quod ira est cum ratione, sequitur quod secundum aliquem modum sit homini naturalis.
ra3 ' Ad tertium dicendum quod ratio illa procedit de ira et concupiscentia, ex parte obiecti.

008 ST2 qu46 ar6

ag1 ' Ad sextum sic proceditur. videtur quod ira sit gravior quam odium. * dicitur enim prov. xxvii, quod ° ira non habet misericordiam, nec erumpens furor. ' odium autem quandoque habet misericordiam. ergo ira est gravior quam odium.
ag2 ' Praeterea, maius est pati malum et de malo dolere, quam simpliciter pati. sed illi qui habet aliquem odio, sufficit quod ille quem odit, patiatur malum, irato autem non sufficit, sed quaerit quod cognoscat illud et de illo doleat, * ut dicit philosophus, in ii rhetoric.. ' ergo ira est gravior quam odium.
ag3 ' Praeterea, quanto ad constitutionem alicuius plura concurrunt, tanto videtur esse stabilius, sicut habitus permanentior est qui ex pluribus actibus causatur. sed ira causatur ex concursu plurium passionum, * ut supra dictum est, ' non autem odium. ergo ira est stabilior et gravior quam odium.
sc * Sed contra est quod augustinus, in regula, " odium comparat trabi, iram vero festucae.
co ' Respondeo dicendum quod species passionis, et ratio ipsius, ex obiecto pensatur. est autem obiectum irae et odii idem subiecto, nam sicut odiens appetit malum ei quem odit, ita iratus ei contra quem irascitur. sed non eadem ratione, sed odiens appetit malum inimici, inquantum est malum; iratus autem appetit malum eius contra quem irascitur, non inquantum est malum, sed inquantum habet quandam rationem boni, scilicet prout aestimat illud esse iustum, inquantum est vindicativum. * unde etiam supra dictum est quod ' odium est per applicationem mali ad malum; ira autem per applicationem boni ad malum. manifestum est autem quod appetere malum sub ratione iusti, minus habet de ratione mali quam velle malum alicuius simpliciter. velle enim malum alicuius sub ratione iusti, potest esse etiam secundum virtutem iustitiae, si praecepto rationis obtemperetur, sed ira in hoc solum deficit, quod non obedit rationis praecepto in ulciscendo. unde manifestum est quod odium est multo deterius et gravius quam ira.
ra1 ' Ad primum ergo dicendum quod in ira et odio duo possunt considerari, scilicet ipsum quod desideratur, et intensio desiderii. quantum igitur ad id quod desideratur ira habet magis misericordiam quam odium. quia enim odium appetit malum alterius secundum se, nulla mensura mali satiatur, " ea enim quae secundum se appetuntur, sine mensura appetuntur, * ut philosophus dicit i politic., ' sicut avarus divitias. * unde dicitur eccli. xii, ° inimicus si invenerit tempus, non satiabitur sanguine. ' sed ira non appetit malum nisi sub ratione iusti vindicativi. unde quando malum illatum excedit mensuram iustitiae, secundum aestimationem irascentis, tunc miseretur. * unde philosophus dicit, in ii rhetoric., quod ° iratus, si fiant multa, miserebitur, odiens autem pro nullo. ' quantum vero ad intensionem desiderii, ira magis excludit misericordiam quam odium, quia motus irae est impetuosior, propter cholerae inflammationem. * unde statim subditur, ° impetum concitati spiritus ferre quis poterit?
ra2 * Ad secundum dicendum quod, sicut dictum est,

‘ iratus appetit malum alicuius, inquantum habet rationem iusti vindicativi. vindicta autem fit per illationem poenae. est autem de ratione poenae quod sit contraria voluntati, et quod sit afflictiva, et quod pro aliqua culpa inferatur. et ideo iratus hoc appetit, ut ille cui nocumentum infert, percipiat, et doleat, et quod cognoscat propter iniuriam illatam sibi hoc provenire. sed odiens de hoc nihil curat, quia appetit malum alterius inquantum huiusmodi. non est autem verum quod id de quo quis tristatur, sit peius, iniustitia enim et imprudentia, cum sint mala, quia tamen sunt voluntaria, non contristant eos quibus insunt, * ut dicit philosophus, in ii rhetoric..

ra3 ‘ Ad tertium dicendum quod id quod ex pluribus causis causatur, tunc est stabilius, quando causae accipiuntur unius rationis, sed una causa potest praevalere multis aliis. odium autem provenit ex permanentiori causa quam ira. nam ira provenit ex aliqua commotione animi propter laesionem illatam, sed odium procedit ex aliqua dispositione hominis, secundum quam reputat sibi contrarium et nocivum id quod odit. et ideo sicut passio citius transit quam dispositio vel habitus, ita ira citius transit quam odium; quamvis etiam odium sit passio ex tali dispositione proveniens. * et propter hoc philosophus dicit, in ii rhetoric., quod ° odium est magis insanabile quam ira.

008 ST2 qu46 ar7

ag1 ‘ Ad septimum sic proceditur. videtur quod ira non solum sit ad illos ad quos est iustitia. non enim est iustitia hominis ad res irrationales. sed tamen homo quandoque irascitur rebus irrationalibus, puta cum scriptor ex ira proiicit pennam, vel eques percutit equum. ergo ira non solum est ad illos ad quos est iustitia.

ag2 ° Praeterea, non est iustitia hominis ad seipsum, nec ad ea quae sui ipsius sunt, * ut dicitur in v ethic.. ‘ sed homo quandoque sibi ipsi irascitur, sicut poenitens propter peccatum, * unde dicitur in psalmo iv, ° irascimini, et nolite peccare. ‘ ergo ira non solum est ad quos est iustitia.

ag3 ‘ Praeterea, iustitia et iniustitia potest esse alicuius ad totum aliquod genus, vel ad totam aliquam communitatem, puta cum civitas aliquem laesit. sed “ ira non est ad aliquod genus, sed solum ad aliquod singularium, * ut dicit philosophus, in ii rhetoric.. ‘ ergo ira non proprie est ad quos est iustitia et iniustitia.

sc * Sed contrarium accipi potest a philosopho in ii rhetoric..

co * Respondeo dicendum quod, sicut supra dictum est, ‘ ira appetit malum, inquantum habet rationem iusti vindicativi. et ideo ad eosdem est ira, ad quos est iustitia et iniustitia. nam inferre vindictam ad iustitiam pertinet, laedere autem aliquem pertinet ad iniustitiam. unde tam ex parte causae, quae est laesio illata ab altero; quam etiam ex parte vindictae, quam appetit iratus; manifestum est quod ad eosdem pertinet ira, ad quos iustitia et iniustitia.

ra1 * Ad primum ergo dicendum quod, sicut supra dictum est, ‘ ira, quamvis sit cum ratione, potest tamen etiam esse in brutis animalibus, quae ratione carent, inquantum naturali instinctu per imaginationem moventur ad aliquid simile operibus rationis. sic igitur, cum in homine sit et ratio et imaginatio, dupliciter in homine potest motus irae insurgere. uno modo, ex sola imaginatione nuntiante laesionem. et sic insurgit aliquis motus irae etiam ad res irrationales et inanimatas, secundum similitudinem illius motus qui est in animalibus contra quodlibet nocivum. alio modo, ex ratione nuntiante laesionem. * et sic, ut philosophus dicit ii rhetoric., ° nullo modo potest esse ira ad res insensibiles, neque ad mortuos. ‘ tum quia non dolent, quod maxime quaerunt irati in eis quibus irascuntur. tum etiam quia non est ad eos vindicta, cum eorum non sit iniuriam facere.

ra2 * Ad secundum dicendum quod, sicut philosophus dicit in v ethic., ° quaedam metaphorica iustitia et iniustitia est hominis ad seipsum, ‘ inquantum scilicet ratio regit irascibilem et concupiscibilem. et secundum hoc etiam homo dicitur de seipso vindictam facere, et per consequens sibi ipsi irasci. proprie autem et per se, non contingit aliquem sibi ipsi irasci.

ra3 * Ad tertium dicendum quod philosophus, in ii rhetoric., “ assignat unam differentiam inter odium et iram, quod ° odium potest esse ad aliquod genus, sicut habemus odio omne latronum genus, sed ira non est nisi ad aliquod singulare. ‘ cuius ratio est, quia odium causatur ex hoc quod qualitas alicuius rei apprehenditur ut dissonans nostrae dispositioni, et hoc potest esse vel in universali, vel in particulari. sed ira causatur ex hoc quod aliquis nos laesit per suum actum. actus autem omnes sunt singularium. et ideo ira semper est circa aliquod singulare. cum autem tota civitas nos laeserit, tota civitas computatur sicut unum singulare.

008 ST2 qu46 ar8

ag1 * Ad octavum sic proceditur. videtur quod damascenus inconvenienter “ assignet tres species irae, scilicet fel, maniam et furorem. ‘ nullius enim generis species diversificantur secundum aliquod accidens. sed ista tria diversificantur secundum aliquod accidens, ° principium enim motus irae fel vocatur; ira autem permanens dicitur mania; furor autem est ira observans tempus in vindictam. ‘ ergo non sunt diversae species irae.

ag2 * Praeterea, tullius, in iv de tusculanis quaest., dicit quod ° excandescentia graece dicitur thymosis; et est ira modo nascens et modo desistens. “ thymosis autem * secundum damascenum, “ est idem quod furor. ‘ non ergo furor tempus quaerit ad vindictam, sed tempore deficit.

ag3 * Praeterea, gregorius, xxi moral., ponit tres gradus irae, scilicet ° iram sine voce, et iram cum voce, et iram cum verbo expresso, * secundum illa tria quae dominus ponit matth. v, qui irascitur “ fratri suo, ubi tangitur ira sine voce; et postea subdit, qui dixerit fratri suo, raca, ubi tangitur ira cum voce, sed necdum pleno verbo formata; et postea dicit, qui autem dixerit fratri suo, fatue, ubi expletur vox perfectione sermonis. ergo insufficienter * divisit damascenus iram, nihil ponens ex parte vocis.

sc * Sed contra est auctoritas damasceni et gregorii nysseni.

co ‘ Respondeo dicendum quod tres species irae * quas damascenus ponit, et etiam gregorius nyssenus, ‘ sumuntur secundum ea quae dant irae aliquod augmentum. quod quidem contingit tripliciter. uno modo, ex facilitate ipsius motus, et talem iram vocat fel, quia cito accenditur. alio modo, ex parte tristitiae causantis iram, quae diu in memoria manet, et haec pertinet ad maniam, quae a manendo dicitur. tertio, ex parte eius quod iratus appetit, scilicet vindictae, et haec pertinet ad furorem, qui nunquam quiescit donec puniat. * unde philosophus, in iv ethic., “ quosdam irascentium vocat acutos, quia cito irascuntur; quosdam amaros, quia diu retinent iram; quosdam difficiles, quia nunquam quiescunt nisi puniant.

ra1 ‘ Ad primum ergo dicendum quod omnia illa per quae ira recipit aliquam perfectionem, non omnino per accidens se habent ad iram. et ideo nihil prohibet secundum ea species irae assignari.

ra2 ‘ Ad secundum dicendum quod excandescentia, * quam tullius ponit, ‘ magis videtur pertinere ad primam speciem irae, quae perficitur secundum velocitatem irae, quam ad furorem. nihil autem prohibet ut thymosis graece, quod latine furor dicitur, utrumque importet, et velocitatem ad irascendum et firmitatem propositi ad puniendum.

ra3 ‘ Ad tertium dicendum quod gradus illi irae distinguuntur secundum effectum irae, non autem secundum diversam perfectionem ipsius motus irae.

008 ST2 qu47 ar

pr ‘ Deinde considerandum est de causa effectiva irae, et de remediis eius. et circa hoc quaeruntur quatuor. primo, utrum semper motivum irae sit aliquid factum contra eum qui irascitur. secundo, utrum sola parvipensio vel despectio sit motivum irae. tertio, de causa irae ex parte irascentis. quarto, de causa irae ex parte eius contra quem aliquis irascitur.

008 ST2 qu47 ar1

ag1 ‘ Ad primum sic proceditur. videtur quod non semper aliquis irascatur propter aliquid contra se factum. homo enim, peccando, nihil contra deum facere potest, * dicitur enim iob xxxv, ° si multiplicatae fuerint iniquitates tuae, quid facies contra illum? ‘ dicitur tamen deus irasci contra homines propter peccata; * secundum illud psalmi cv, ° iratus est furore dominus in populum suum. ‘ ergo non semper aliquis irascitur propter aliquid contra se factum.

ag2 ‘ Praeterea, ira est appetitus vindictae. sed aliquis appetit vindictam facere etiam de his quae contra alios fiunt. ergo non semper motivum irae est aliquid contra nos factum.

ag3 * Praeterea, sicut philosophus dicit, in ii rhetoric., “ homines irascuntur praecipue contra eos qui despiciunt ° ea circa quae ipsi maxime student, sicut qui student in philosophia, irascuntur contra eos qui philosophiam despiciunt, * et simile est in aliis. ‘ sed despicere philosophiam non est nocere ipsi studenti. non ergo semper irascimur propter id quod contra nos fit.

ag4 ‘ Praeterea, “ ille qui tacet contra contumeliantem, magis ipsum ad iram provocat, * ut dicit chrysostomus. ‘ sed in hoc contra ipsum nihil agit, quod tacet. ergo non semper ira alicuius provocatur propter aliquid quod contra ipsum fit.

sc * Sed contra est quod philosophus dicit, in ii rhetoric., quod ° ira fit semper ex his quae ad seipsum. inimicitia autem et sine his quae ad ipsum, si enim putemus talem esse odimus.

co * Respondeo dicendum quod, sicut supra dictum est, ‘ ira est appetitus nocendi alteri sub ratione iusti vindicativi. vindicta autem locum non habet nisi ubi praecessit iniuria. nec iniuria omnis ad vindictam provocat, sed illa sola quae ad eum pertinet qui appetit vindictam, sicut enim unumquodque naturaliter appetit proprium bonum, ita etiam naturaliter repellit proprium malum. iniuria autem ab aliquo facta non pertinet ad aliquem, nisi aliquid fecerit quod aliquo modo sit contra ipsum. unde sequitur quod motivum irae alicuius semper sit aliquid contra ipsum factum.

ra1 ‘ Ad primum ergo dicendum quod ira non dicitur in deo secundum passionem animi, sed secundum iudicium iustitiae, prout vult vindictam facere de peccato. peccator enim, peccando, deo nihil nocere effective potest, tamen ex parte sua dupliciter contra deum agit. primo quidem, inquantum eum in suis mandatis contemnit. secundo, inquantum nocumentum aliquod infert alicui, vel sibi vel alteri, quod ad deum pertinet, prout ille cui nocumentum infertur, sub dei providentia et tutela continetur.

ra2 ‘ Ad secundum dicendum quod irascimur contra illos qui aliis nocent et vindictam appetimus, inquantum illi quibus nocetur, aliquo modo ad nos pertinent, vel per aliquam affinitatem, vel per amicitiam, vel saltem per communionem naturae.

ra3 ‘ Ad tertium dicendum quod id in quo maxime studemus, reputamus esse bonum nostrum. et ideo, cum illud despicitur, reputamus nos quoque despici, et arbitramur nos laesos.

ra4 ‘ Ad quartum dicendum quod tunc aliquis tacens ad iram provocat iniuriantem, quando videtur ex contemptu tacere, quasi parvipendat alterius iram. ipsa autem parvipensio quidam actus est.

008 ST2 qu47 ar2

ag1 ‘ Ad secundum sic proceditur. videtur quod non sola parvipensio vel despectio sit motivum irae. * dicit enim damascenus quod ° iniuriam passi, vel aestimantes pati, irascimur. ‘ sed homo potest iniuriam pati etiam absque despectu vel parvipensione. ergo non sola parvipensio est irae motivum.

ag2 ‘ Praeterea, eiusdem est appetere honorem, et contristari de parvipensione. sed bruta animalia non appetunt honorem. ergo non contristantur de parvipensione. “ et tamen in eis provocatur ira propter hoc quod vulnerantur, * ut dicit philosophus, in iii ethic.. ‘ ergo non sola parvipensio videtur esse motivum irae.

ag3 * Praeterea, philosophus, in ii rhetoric., “ ponit multas alias causas irae, puta ° oblivionem, et exultationem in infortuniis, denuntiationem malorum, impedimentum consequendae propriae voluntatis. ‘ non ergo sola parvipensio est provocativum irae.

sc * Sed contra est quod philosophus dicit, in ii rhetoric., quod ° ira est appetitus cum tristitia punitionis, propter apparentem parvipensionem non convenienter factam.

co ‘ Respondeo dicendum quod omnes causae irae reducuntur ad parvipensionem. sunt enim tres species parvipensionis, * ut dicitur in ii rhetoric., scilicet “ despectus, epereasmus, idest impedimentum voluntatis implendae, et contumeliatio, ‘ et ad haec tria omnia motiva irae reducuntur. cuius ratio potest accipi duplex. prima est, quia ira appetit nocumentum alterius, inquantum habet rationem iusti vindicativi, et ideo intantum quaerit vindictam, inquantum videtur esse iusta. iusta autem vindicta non fit nisi de eo quod est iniuste factum, et ideo provocativum ad iram semper est aliquid sub ratione iniusti. * unde dicit philosophus, in ii rhetoric., quod ° si homines putaverint eos qui laeserunt, esse iuste passos, non irascuntur, non enim fit ira ad iustum. ‘ contingit autem tripliciter nocumentum alicui inferri, scilicet ex ignorantia, ex passione, et ex electione. tunc autem aliquis maxime iniustum facit, quando ex electione vel industria, vel ex certa malitia nocumentum infert, * ut dicitur in v ethic.. ‘ et ideo maxime irascimur contra illos quos putamus ex industria nobis nocuisse. si enim putemus aliquos vel per ignorantiam, vel ex passione nobis intulisse iniuriam, vel non irascimur contra eos, vel multo minus, agere enim aliquid [25] ex ignorantia vel ex passione, diminuit rationem iniuriae, et est quodammodo provocativum misericordiae et veniae. illi autem qui ex industria nocumentum inferunt, ex contemptu peccare videntur, et ideo contra eos maxime irascimur. * unde philosophus dicit, in ii rhetoric., quod ° his qui propter iram aliquid fecerunt, aut non irascimur, aut minus irascimur, non enim propter parvipensionem videntur egisse. ‘ secunda ratio est, quia parvipensio excellentiae hominis opponitur, “ quae enim homines putant nullo digna esse, parvipendunt, * ut dicitur in ii rhetoric.. ‘ ex omnibus autem bonis nostris aliquam excellentiam quaerimus. et ideo quodcumque nocumentum nobis inferatur, inquantum excellentiae derogat, videtur ad parvipensionem pertinere.

ra1 ‘ Ad primum ergo dicendum quod ex quacumque alia causa aliquis iniuriam patiatur quam ex contemptu, illa causa minuit rationem iniuriae. sed solus contemptus, vel parvipensio, rationem irae auget. et ideo est per se causa irascendi.

ra2 ‘ Ad secundum dicendum quod, licet animal brutum non appetat honorem sub ratione honoris, appetit tamen naturaliter quandam excellentiam, et irascitur contra ea quae illi excellentiae derogant.

ra3 ‘ Ad tertium dicendum quod omnes illae causae ad quandam parvipensionem reducuntur. oblivio enim parvipensionis est evidens signum, ea enim quae magna aestimamus, magis memoriae infigimus. similiter ex quadam parvipensione est quod aliquis non vereatur contristare aliquem, denuntiando sibi aliqua tristia. qui etiam in infortuniis alicuius hilaritatis signa ostendit, videtur parum curare de bono vel malo eius. similiter etiam qui impedit aliquem a sui propositi assecutione, non propter aliquam utilitatem sibi inde provenientem, non videtur multum curare de amicitia eius. et ideo omnia talia, inquantum sunt signa contemptus, sunt provocativa irae.

008 ST2 qu47 ar3

ag1 ' Ad tertium sic proceditur. videtur quod excellentia alicuius non sit causa quod facilius irascatur. * dicit enim philosophus, in ii rhetoric., quod ° maxime aliqui irascuntur cum tristantur, ut infirmi, et egentes, et qui non habent id quod concupiscunt. 'sed omnia ista ad defectum pertinere videntur. ergo magis facit pronum ad iram defectus quam excellentia.
ag2 * Praeterea, philosophus dicit ibidem quod ° tunc aliqui maxime irascuntur, quando in eis despicitur id de quo potest esse suspicio quod vel non insit eis, vel quod insit eis debiliter, sed cum putant se multum excellere in illis in quibus despiciuntur, non curant. ' sed praedicta suspicio ex defectu provenit. ergo defectus est magis causa quod aliquis irascatur, quam excellentia.
ag3 ' Praeterea, ea quae ad excellentiam pertinent, maxime faciunt homines iucundos et bonae spei esse. * sed philosophus dicit, in ii rhetoric., quod ° in ludo, in risu, in festo, in prosperitate, in consummatione operum, in delectatione non turpi, et in spe optima, homines non irascuntur. ' ergo excellentia non est causa irae.
sc * Sed contra est quod philosophus, in eodem libro, dicit quod " homines propter excellentiam indignantur.
co ' Respondeo dicendum quod causa irae in eo qui irascitur, dupliciter accipi potest. uno modo, secundum habitudinem ad motivum irae. et sic excellentia est causa ut aliquis de facili irascatur. est enim motivum irae iniusta parvipensio, * ut dictum est. ' constat autem quod quanto aliquis est excellentior, iniustius parvipenditur in hoc in quo excellit. et ideo illi qui sunt in aliqua excellentia, maxime irascuntur, si parvipendantur, puta si dives parvipenditur in pecunia, et rhetor in loquendo, et sic de aliis. alio modo potest considerari causa irae in eo qui irascitur, ex parte dispositionis quae in eo relinquitur ex tali motivo. manifestum est autem quod nihil movet ad iram, nisi nocumentum quod contristat. ea autem quae ad defectum pertinent, maxime sunt contristantia, quia homines defectibus subiacentes facilius laeduntur. et ista est causa quare homines qui sunt infirmi, vel in aliis defectibus, facilius irascuntur, quia facilius contristantur.
ra1 ' Et per hoc patet responsio ad primum.
ra2 ' Ad secundum dicendum quod ille qui despicitur in eo in quo manifeste multum excellit, non reputat se aliquam iacturam pati, et ideo non contristatur, et ex hac parte minus irascitur. sed ex alia parte, inquantum indignius despicitur, habet maiorem rationem irascendi. nisi forte reputet se non invideri vel subsannari propter despectum; sed propter ignorantiam, vel propter aliud huiusmodi.
ra3 ' Ad tertium dicendum quod omnia illa impediunt iram, inquantum impediunt tristitiam. sed ex alia parte, nata sunt provocare iram, secundum quod faciunt hominem inconvenientius despici.

008 ST2 qu47 ar4

ag1 ' Ad quartum sic proceditur. videtur quod defectus alicuius non sit causa ut contra ipsum facilius irascamur. * dicit enim philosophus, in ii rhetoric., quod ° his qui confitentur et poenitent et humiliantur, non irascimur, sed magis ad eos mitescimus. unde et canes non mordent eos qui resident. ' sed haec pertinent ad parvitatem et defectum. ergo parvitas alicuius est causa ut ei minus irascamur.
ag2 ' Praeterea, nullus est maior defectus quam mortis. sed ad mortuos desinit ira. ergo defectus alicuius non est causa provocativa irae contra ipsum.
ag3 ' Praeterea, nullus aestimat aliquem parvum ex hoc quod est sibi amicus. sed ad amicos, si nos offenderint, vel si non iuverint, magis offendimur, * unde dicitur in psalmo liv, ° si inimicus meus maledixisset mihi, sustinuissem utique. ' ergo defectus alicuius non est causa ut contra ipsum facilius irascamur.
sc * Sed contra est quod philosophus dicit, in ii rhetoric., quod ° dives irascitur contra pauperem, si eum despiciat; et principans contra subiectum.
co * Respondeo dicendum quod, sicut supra dictum est, ' indigna despectio est maxime provocativa irae. defectus igitur vel parvitas eius contra quem irascimur, facit ad augmentum irae, inquantum auget indignam despectionem. sicut enim quanto aliquis est maior, tanto indignius despicitur; ita quanto aliquis est minor, tanto indignius despicit. et ideo nobiles irascuntur si despiciantur a rusticis, vel sapientes ab insipientibus, vel domini a servis. si vero parvitas vel defectus diminuat despectionem indignam, talis parvitas non auget, sed diminuit iram. et hoc modo illi qui poenitent de iniuriis factis, et confitentur se male fecisse, et humiliantur et veniam petunt, mitigant iram, * secundum illud prov. xv, ° responsio mollis frangit iram, ' inquantum scilicet tales videntur non despicere, sed magis magnipendere eos quibus se humiliant.
ra1 ' Et per hoc patet responsio ad primum.
ra2 ' Ad secundum dicendum quod duplex est causa quare ad mortuos cessat ira. una, quia non possunt dolere et sentire, quod maxime quaerunt irati in his quibus irascuntur. alio modo, quia iam videntur ad ultimum malorum pervenisse. unde etiam ad quoscumque graviter laesos cessat ira, inquantum eorum malum excedit mensuram iustae retributionis.
ra3 ' Ad tertium dicendum quod etiam despectio quae est ab amicis, videtur esse magis indigna. et ideo ex simili causa magis irascimur contra eos, si despiciant, vel nocendo vel non iuvando, sicut et contra minores.

008 ST2 qu48 ar

pr ' Deinde considerandum est de effectibus irae. et circa hoc quaeruntur quatuor. primo, utrum ira causet delectationem. secundo, utrum maxime causet fervorem in corde. tertio, utrum maxime impediat rationis usum. quarto, utrum causet taciturnitatem.

008 ST2 qu48 ar1

ag1 ' Ad primum sic proceditur. videtur quod ira non causet delectationem. tristitia enim delectationem excludit. sed ira est semper cum tristitia, * quia, ut dicitur in vii ethic., ° omnis qui facit aliquid per iram, facit tristatus. ' ergo ira non causat delectationem.
ag2 * Praeterea, philosophus dicit, in iv ethic., quod ° punitio quietat impetum irae, delectationem pro tristitia faciens, ' ex quo potest accipi quod delectatio irato provenit ex punitione, punitio autem excludit iram. ergo, adveniente delectatione, ira tollitur. non est ergo effectus delectationi coniunctus.
ag3 ' Praeterea, nullus effectus impedit causam suam, cum sit suae causae conformis. " sed delectationes impediunt iram, * ut dicitur in ii rhetoric.. ' ergo delectatio non est effectus irae.
sc ' Sed contra est quod * philosophus, in eodem libro, inducit proverbium, quod ° ira multo dulcior melle distillante in pectoribus virorum crescit.
co * Respondeo dicendum quod, sicut philosophus dicit in vii ethic., ' delectationes, maxime sensibiles et corporales, sunt medicinae quaedam contra tristitiam, et ideo quanto per delectationem contra maiorem tristitiam vel anxietatem remedium praestatur, tanto delectatio magis percipitur; sicut patet quod quando aliquis sitit, delectabilior fit ei potus. * manifestum est autem ex praedictis quod ' motus irae insurgit ex aliqua illata iniuria contristante; cui quidem tristitiae remedium adhibetur per vindictam. et ideo ad praesentiam vindictae delectatio sequitur, et tanto maior, quanto maior fuit tristitia. si igitur vindicta fuerit praesens realiter, fit perfecta delectatio, quae totaliter excludit tristitiam, et per hoc quietat motum irae. sed antequam vindicta sit praesens realiter, fit irascenti praesens dupliciter. uno modo, per spem, quia nullus irascitur nisi sperans vindictam, * ut supra dictum est. ' alio modo, secundum continuam cogitationem. unicuique enim concupiscenti est delectabile immorari in cogitatione eorum quae concupiscit, propter quod etiam imaginationes somniorum sunt delectabiles. et ideo, cum iratus multum in animo suo cogitet de vindicta, ex hoc delectatur. tamen delectatio non est perfecta, quae tollat tristitiam, et per consequens iram.
ra1 ' Ad primum ergo dicendum quod non de eodem iratus tristatur et gaudet, sed tristatur de illata iniuria, delectatur autem de vindicta cogitata et sperata. unde tristitia se habet ad iram sicut principium, sed delectatio sicut effectus vel terminus.
ra2 ' Ad secundum dicendum quod obiectio illa procedit de delectatione quae causatur ex reali praesentia vindictae, quae totaliter tollit iram.
ra3 ' Ad tertium dicendum quod delectationes praecedentes impediunt ne sequatur tristitia; et per consequens impediunt iram. sed delectatio de vindicta consequitur ipsam.

008 ST2 qu48 ar2

ag1 ' Ad secundum sic proceditur. videtur quod fervor non sit maxime effectus irae. fervor enim, * sicut supra dictum est, ' pertinet ad amorem. sed amor, * sicut supra dictum est, ' principium est et causa omnium passionum. cum ergo causa sit potior effectu, videtur quod ira non faciat maxime fervorem.
ag2 ' Praeterea, illa quae de se excitant fervorem, per temporis assiduitatem magis augentur, sicut amor diuturnitate convalescit. sed ira per tractum temporis debilitatur, * dicit enim philosophus, in ii rhetoric., quod " tempus quietat iram. ' ergo ira non proprie causat fervorem.
ag3 ' Praeterea, fervor additus fervori, augmentat fervorem. ° sed maior ira superveniens facit iram mitescere, * ut philosophus dicit, in ii rhetoric.. ' ergo ira non causat fervorem.
sc * Sed contra est quod damascenus dicit, quod ° ira est fervor eius qui circa cor est sanguinis, ex evaporatione fellis fiens.
co * Respondeo dicendum quod, sicut dictum est, ' corporalis transmutatio quae est in passionibus animae, proportionatur motui appetitus. manifestum est autem quod quilibet appetitus, etiam naturalis, fortius tendit in id quod est sibi contrarium, si fuerit praesens, unde videmus quod aqua calefacta magis congelatur, quasi frigido vehementius in calidum agente. motus autem appetitivus irae causatur ex aliqua iniuria illata, sicut ex quodam contrario iniacente. et ideo appetitus potissime tendit ad repellendum iniuriam per appetitum vindictae, et ex hoc sequitur magna vehementia et impetuositas in motu irae. et quia motus irae non est per modum retractionis, cui proportionatur frigus; sed magis per modum insecutionis, cui proportionatur calor; consequenter fit motus irae causativus cuiusdam fervoris sanguinis et spirituum circa cor, quod est instrumentum passionum animae. et exinde est quod, propter magnam perturbationem cordis quae est in ira, maxime apparent in iratis indicia quaedam in exterioribus membris. * ut enim gregorius dicit, in v moral., ° irae suae stimulis accensum cor palpitat corpus tremit, lingua se praepedit, facies ignescit, exasperantur oculi, et nequaquam recognoscuntur noti, ore quidem clamorem format, sed sensus quid loquatur, ignorat.
ra1 ' Ad primum ergo dicendum quod ° amor ipse non ita sentitur, nisi cum eum prodit indigentia, * ut augustinus dicit, in x de trin.. ' et ideo quando homo patitur detrimentum amatae excellentiae propter iniuriam illatam, magis sentitur amor; et ideo ferventius cor mutatur ad removendum impedimentum rei amatae; ut sic fervor ipse amoris per iram crescat, et magis sentiatur. et tamen fervor qui consequitur calorem, alia ratione pertinet ad amorem, et ad iram. nam fervor amoris est cum quadam dulcedine et lenitate, est enim in bonum amatum. et ideo assimilatur calori aeris et sanguinis, propter quod, sanguinei sunt magis amativi; * et dicitur quod " cogit amare iecur, in quo fit quaedam generatio sanguinis. ' fervor autem irae est cum amaritudine, ad consumendum, quia tendit ad punitionem contrarii. unde assimilatur calori ignis et cholerae, * et propter hoc damascenus dicit quod ° procedit ex evaporatione fellis, et fellea nominatur.
ra2 ' Ad secundum dicendum quod omne illud cuius causa per tempus diminuitur, necesse est quod tempore debilitetur. manifestum est autem quod memoria tempore diminuitur, quae enim antiqua sunt, a memoria de facili excidunt. ira autem causatur ex memoria iniuriae illatae. et ideo causa irae per tempus paulatim diminuitur, quousque totaliter tollatur. maior etiam videtur iniuria quando primo sentitur; et paulatim diminuitur eius aestimatio, secundum quod magis receditur a praesenti sensu iniuriae. et similiter etiam est de amore, si amoris causa remaneat in sola memoria, * unde philosophus dicit, in viii ethic., quod si ° diuturna fiat amici absentia, videtur amicitiae oblivionem facere. ' sed in praesentia amici, semper per tempus multiplicatur causa amicitiae, et ideo amicitia crescit. et similiter esset de ira, si continue multiplicaretur causa ipsius. tamen hoc ipsum quod ira cito consumitur, attestatur vehementi fervori ipsius. sicut enim ignis magnus cito extinguitur, consumpta materia; ita etiam ira, propter suam vehementiam, cito deficit.
ra3 ' Ad tertium dicendum quod omnis virtus divisa in plures partes, diminuitur. et ideo quando aliquis iratus alicui, irascitur postmodum alteri, ex hoc ipso diminuitur ira ad primum. et praecipue si ad secundum fuerit maior ira, nam iniuria quae excitavit iram ad primum, videbitur, comparatione secundae iniuriae, quae aestimatur maior, esse parva vel nulla.

008 ST2 qu48 ar3

ag1 ' Ad tertium sic proceditur. videtur quod ira non impediat rationem. illud enim quod est cum ratione, non videtur esse rationis impedimentum. " sed ira est cum ratione, * ut dicitur in vii ethic.. ' ergo ira non impedit rationem.
ag2 ' Praeterea, quanto magis impeditur ratio, tanto diminuitur manifestatio. * sed philosophus dicit in vii ethic., quod ° iracundus non est insidiator, sed manifestus. ' ergo ira non videtur impedire usum rationis, sicut concupiscentia; quae est insidiosa, * ut ibidem dicitur.
ag3 ' Praeterea, iudicium rationis evidentius fit ex adiunctione contrarii, quia contraria iuxta se posita magis elucescunt. sed ex hoc etiam crescit ira, * dicit enim philosophus, in ii rhetoric., quod ° magis homines irascuntur, si contraria praeexistunt, sicut honorati si dehonorentur; ' et sic de aliis. ergo ex eodem et ira crescit, et iudicium rationis adiuvatur. non ergo ira impedit iudicium rationis.
sc * Sed contra est quod gregorius dicit, in v moral., quod ° ira intelligentiae lucem subtrahit, cum mentem permovendo confundit.
co ' Respondeo dicendum quod mens vel ratio quamvis non utatur organo corporali in suo proprio actu; tamen, quia indiget ad sui actum quibusdam viribus sensitivis, quorum actus impediuntur corpore perturbato; necesse est quod perturbationes corporales etiam iudicium rationis impediant, sicut patet in ebrietate et somno. * dictum est autem quod ' ira maxime facit perturbationem corporalem circa cor, ita ut etiam usque ad exteriora membra derivetur. unde ira, inter ceteras passiones, manifestius impedit iudicium rationis; * secundum illud psalmi xxx, ° conturbatus est in ira oculus meus.
ra1 ' Ad primum ergo dicendum quod a ratione est principium irae, quantum ad motum appetitivum, qui est formalis in ira. sed perfectum iudicium rationis passio irae praeoccupat quasi non perfecte rationem audiens, propter commotionem caloris velociter impellentis, quae est materialis in ira. et quantum ad hoc, impedit iudicium rationis.

ra2 ‘ Ad secundum dicendum quod iracundus dicitur esse manifestus, non quia manifestum sit sibi quid facere debeat, sed quia manifeste operatur, non quaerens aliquam occultationem. quod partim contingit propter impedimentum rationis, quae non potest discernere quid sit occultandum et quid manifestandum, nec etiam excogitare occultandi vias. partim vero est ex ampliatione cordis, quae pertinet ad magnanimitatem, quam facit ira, unde * et de magnanimo philosophus dicit, in iv ethic., quod ° est manifestus oditor et amator et manifeste dicit et operatur. ‘ concupiscentia autem dicitur esse latens et insidiosa, quia, ut plurimum, delectabilia quae concupiscuntur, habent turpitudinem quandam et mollitiem, in quibus homo vult latere. in his autem quae sunt virilitatis et excellentiae, cuiusmodi sunt vindictae, quaerit homo manifestus esse.
ra3 * Ad tertium dicendum quod, sicut dictum est, ‘ motus irae a ratione incipit, et ideo secundum idem appositio contrarii ad contrarium adiuvat iudicium rationis, et auget iram. cum enim aliquis habet honorem vel divitias, et postea incurrit alicuius detrimentum, illud detrimentum apparet maius, tum propter vicinitatem contrarii; tum quia erat inopinatum. et ideo causat maiorem tristitiam, sicut etiam magna bona ex inopinato venientia, causant maiorem delectationem. et secundum augmentum tristitiae praecedentis, consequenter augetur et ira.

008 ST2 qu48 ar4

ag1 ‘ Ad quartum sic proceditur. videtur quod ira non causet taciturnitatem. taciturnitas enim locutioni opponitur. sed per crementum irae usque ad locutionem pervenitur, ut patet per gradus irae * quos dominus assignat, matth. v, dicens, ° qui irascitur fratri suo; et, qui dixerit fratri suo, raca; et, qui dixerit fratri suo, fatue. ‘ ergo ira non causat taciturnitatem.
ag2 ‘ Praeterea, ex hoc quod custodia rationis deficit, contingit quod homo prorumpat ad verba inordinata, * unde dicitur prov. xxv, ° sicut urbs patens et absque murorum ambitu, ita vir qui non potest cohibere in loquendo spiritum suum. ‘ sed ira maxime impedit iudicium rationis, * ut dictum est. ‘ ergo facit maxime profluere in verba inordinata. non ergo causat taciturnitatem.
ag3 * Praeterea, matth. xii dicitur, ex abundantia cordis os loquitur. ‘ sed per iram cor maxime perturbatur, * ut dictum est. ‘ ergo maxime causat locutionem. non ergo causat taciturnitatem.
sc * Sed contra est quod gregorius dicit, in v moral., quod ° ira per silentium clausa, intra mentem vehementius aestuat.
co ‘ Respondeo dicendum quod ira, * sicut iam dictum est, ‘ et cum ratione est, et impedit rationem. et ex utraque parte, potest taciturnitatem causare. ex parte quidem rationis, quando iudicium rationis intantum viget quod, etsi non cohibeat affectum ab inordinato appetitu vindictae, cohibet tamen linguam ab inordinata locutione. * unde gregorius, in v moral., dicit, ° aliquando ira perturbato animo, quasi ex iudicio, silentium indicit. ‘ ex parte vero impedimenti rationis, quia, * sicut dictum est, ‘ perturbatio irae usque ad exteriora membra perducitur; et maxime ad illa membra in quibus expressius relucet vestigium cordis, sicut in oculis et in facie et in lingua; * unde, sicut dictum est, ° lingua se praepedit, facies ignescit, exasperantur oculi. ‘ potest ergo esse tanta perturbatio irae, quod omnino impediatur lingua ab usu loquendi. et tunc sequitur taciturnitas.
ra1 ‘ Ad primum ergo dicendum quod augmentum irae quandoque est usque ad impediendum rationem a cohibitione linguae. quandoque autem ultra procedit, usque ad impediendum motum linguae, et aliorum membrorum exteriorum.
ra2 ‘ Et per hoc etiam patet solutio ad secundum.
ra3 ‘ Ad tertium dicendum quod perturbatio cordis quandoque potest superabundare usque ad hoc, quod per inordinatum motum cordis impediatur motus exteriorum membrorum. et tunc causatur taciturnitas, et immobilitas exteriorum membrorum, et quandoque etiam mors. si autem non fuerit tanta perturbatio, tunc ex abundantia perturbationis cordis, sequitur oris locutio.

008 ST2 qu49 ar

pr ‘ Post actus et passiones, considerandum est de principiis humanorum actuum. et primo, de principiis intrinsecis; secundo, de principiis extrinsecis. principium autem intrinsecum est potentia et habitus; sed quia de potentiis in prima parte dictum est, nunc restat de habitibus considerandum. et primo quidem, in generali; secundo vero, de virtutibus et vitiis, et aliis huiusmodi habitibus, qui sunt humanorum actuum principia. circa ipsos autem habitus in generali, quatuor consideranda sunt, primo quidem, de ipsa substantia habituum, secundo, de subiecto eorum; tertio, de causa generationis, augmenti et corruptionis ipsorum; quarto, de distinctione ipsorum. circa primum quaeruntur quatuor. primo, utrum habitus sit qualitas. secundo, utrum sit determinata species qualitatis. tertio, utrum habitus importet ordinem ad actum. quarto, de necessitate habitus.

008 ST2 qu49 ar1

ag1 ‘ Ad primum sic proceditur. videtur quod habitus non sit qualitas. * dicit enim augustinus, in libro octoginta trium quaest., quod ° hoc nomen habitus dictum est ab hoc verbo quod est habere. ‘ sed habere non solum pertinet ad qualitatem, sed ad alia genera, dicimur enim habere etiam quantitatem, et pecuniam, et alia huiusmodi. ergo habitus non est qualitas.
ag2 ‘ Praeterea, habitus ponitur unum praedicamentum; * ut patet in libro praedicamentorum. ‘ sed unum praedicamentum non continetur sub alio. ergo habitus non est qualitas.
ag3 ° Praeterea, omnis habitus est dispositio, * ut dicitur in praedicamentis. sed “ dispositio est ordo habentis partes, * ut dicitur in v metaphys.. ‘ hoc autem pertinet ad praedicamentum situs. ergo habitus non est qualitas.
sc * Sed contra est quod philosophus dicit, in praedicamentis, quod “ habitus est qualitas de difficili mobilis.
co ‘ Respondeo dicendum quod hoc nomen habitus ab habendo est sumptum. a quo quidem nomen habitus dupliciter derivatur, uno quidem modo, secundum quod homo, vel quaecumque alia res, dicitur aliquid habere; alio modo, secundum quod aliqua res aliquo modo se habet in seipsa vel ad aliquid aliud. circa primum autem, considerandum est quod habere, secundum quod dicitur respectu cuiuscumque quod habetur, commune est ad diversa genera. * unde philosophus inter post praedicamenta habere ponit, quae ‘ scilicet diversa rerum genera consequuntur; sicut sunt opposita, et prius et posterius, et alia huiusmodi. sed inter ea quae habentur, talis videtur esse distinctio, quod quaedam sunt in quibus nihil est medium inter habens et id quod habetur, sicut inter subiectum et qualitatem vel quantitatem nihil est medium. quaedam vero sunt in quibus est aliquid medium inter utrumque, sed sola relatio, sicut dicitur aliquis habere socium vel amicum. quaedam vero sunt inter quae est aliquid medium, non quidem actio vel passio, sed aliquid per modum actionis vel passionis, prout scilicet unum est ornans vel tegens, et aliud ornatum aut tectum, * unde philosophus dicit, in v metaphys., quod ° habitus dicitur tanquam actio quaedam habentis et habiti, ‘ sicut est in illis quae circa nos habemus. et ideo in his constituitur unum speciale genus rerum, quod dicitur |25| praedicamentum habitus, * de quo dicit philosophus, in v metaphys., quod ° inter habentem indumentum, et indumentum quod habetur, est habitus medius. ‘ si autem sumatur habere prout res aliqua dicitur quodam modo se habere in seipsa vel ad aliud; cum iste modus se habendi sit secundum aliquam qualitatem, hoc modo habitus quaedam qualitas est, * de quo philosophus, in v metaphys., dicit quod “ habitus dicitur dispositio secundum quam bene vel male disponitur dispositum, et aut secundum se aut ad aliud, ut sanitas habitus quidam est. ‘ et sic loquimur nunc de habitu. unde dicendum est quod habitus est qualitas.
ra1 ‘ Ad primum ergo dicendum quod obiectio illa procedit de habere communiter sumpto, sic enim est commune ad multa genera, * ut dictum est.
ra2 ‘ Ad secundum dicendum quod ratio illa procedit de habitu secundum quod intelligitur aliquid medium inter habens et id quod habetur, sic enim est quoddam praedicamentum, * ut dictum est.
ra3 ‘ Ad tertium dicendum quod dispositio quidem semper importat ordinem alicuius habentis partes, sed hoc contingit tripliciter, * ut statim ibidem philosophus subdit, “ scilicet aut secundum locum, aut secundum potentiam, aut secundum speciem. in quo, * ut simplicius dicit in commento praedicamentorum, “ comprehendit omnes dispositiones. corporales quidem, in eo quod dicit secundum locum, et hoc pertinet ad praedicamentum situs, qui est ordo partium in loco. quod autem dicit secundum potentiam, includit illas dispositiones quae sunt in praeparatione et idoneitate nondum perfecte, sicut scientia et virtus inchoata. quod autem dicit secundum speciem, includit perfectas dispositiones, quae dicuntur habitus, sicut scientia et virtus complete.

008 ST2 qu49 ar2

ag1 ‘ Ad secundum sic proceditur. videtur quod habitus non sit determinata species qualitatis. quia, * ut dictum est, ‘ habitus, secundum quod est qualitas, dicitur dispositio secundum quam bene aut male disponitur dispositum. sed hoc contingit secundum quamlibet qualitatem, nam et secundum figuram contingit aliquid bene vel male esse dispositum, et similiter secundum calorem et frigus, et secundum omnia huiusmodi. ergo habitus non est determinata species qualitatis.
ag2 * Praeterea, philosophus, in praedicamentis, “ caliditatem et frigiditatem dicit esse dispositiones vel habitus, sicut aegritudinem et sanitatem. ‘ sed calor et frigus sunt in tertia specie qualitatis. ergo habitus vel dispositio non distinguuntur ab aliis speciebus qualitatis.
ag3 ‘ Praeterea, difficile mobile non est differentia pertinens ad genus qualitatis, sed magis pertinet ad motum vel passionem. nullum autem genus determinatur ad speciem per differentiam alterius generis; sed oportet differentias per se advenire generi, * ut philosophus dicit, in vii metaphys.. ‘ ergo, cum habitus dicatur esse qualitas difficile mobilis, videtur quod non sit determinata species qualitatis.
sc * Sed contra est quod philosophus dicit, in praedicamentis, quod ° una species qualitatis est habitus et dispositio.
co * Respondeo dicendum quod philosophus, in praedicamentis, ponit “ inter quatuor species qualitatis primam, dispositionem et habitum. quarum quidem specierum differentias sic assignat * simplicius, in commento praedicamentorum, dicens quod ° qualitatum quaedam sunt naturales, quae secundum naturam insunt, et semper, quaedam autem sunt adventitiae, quae ab extrinseco efficiuntur, et possunt amitti. et haec quidem, “ quae sunt adventitiae, ° sunt habitus et dispositiones, secundum facile et difficile amissibile differentes. naturalium autem qualitatum quaedam sunt secundum id quod aliquid est in potentia, et sic est secunda species qualitatis. quaedam vero secundum quod aliquid est in actu, et hoc vel in profundum, vel secundum superficiem. si in profundum quidem, sic est tertia species qualitatis, secundum vero superficiem, est quarta species qualitatis, sicut figura et forma, quae est figura animati. ‘ sed ista distinctio specierum qualitatis inconveniens videtur. sunt enim multae figurae et qualitates passibiles non naturales, sed adventitiae, et multae dispositiones non adventitiae, sed naturales, sicut sanitas et pulchritudo et huiusmodi. et praeterea hoc non convenit ordini specierum, semper enim quod naturalius est, prius est. et ideo aliter accipienda est distinctio dispositionum et habituum ab aliis qualitatibus. proprie enim qualitas importat |25| quendam modum substantiae. modus autem est, * ut dicit augustinus, super gen. ad litteram, quem ‘ mensura praefigit, unde importat quandam determinationem secundum aliquam mensuram. et ideo sicut id secundum quod determinatur potentia materiae secundum esse substantiale dicitur qualitas quae est differentia substantiae; ita id secundum quod determinatur potentia subiecti secundum esse accidentale, dicitur qualitas accidentalis, quae est etiam quaedam differentia, * ut patet per philosophum in v metaphys.. ‘ modus autem sive determinatio subiecti secundum esse accidentale, potest accipi vel in ordine ad ipsam naturam subiecti; vel secundum actionem et passionem quae consequuntur principia naturae, quae sunt materia et forma; vel secundum quantitatem. si autem accipiatur modus vel determinatio subiecti secundum quantitatem, sic est quarta species qualitatis. et quia quantitas, secundum sui rationem, est sine motu, et sine ratione boni et mali; ideo ad quartam speciem qualitatis non pertinet quod aliquid sit bene vel male, cito vel tarde transiens. modus autem sive determinatio subiecti secundum actionem et passionem, attenditur in secunda et tertia specie qualitatis. et ideo in utraque consideratur quod aliquid facile vel difficile fiat, vel quod sit cito transiens aut diuturnum. non autem consideratur in his aliquid pertinens ad rationem boni vel mali, quia motus et |50| passiones non habent rationem finis, bonum autem et malum dicitur per respectum ad finem. sed modus et determinatio subiecti in ordine ad naturam rei, pertinet ad primam speciem qualitatis, quae est habitus et dispositio, * dicit enim philosophus, in vii physic., “ loquens de habitibus animae et corporis, quod sunt ° dispositiones quaedam perfecti ad optimum; dico autem perfecti, quod est dispositum secundum naturam. et quia ipsa forma et natura rei est finis et cuius causa fit aliquid, * ut dicitur in ii physic. ‘ ideo in prima specie consideratur et bonum et malum; et etiam facile et difficile mobile, secundum quod aliqua natura est finis generationis et motus. * unde in v metaphys. philosophus definit habitum, quod est “ dispositio secundum quam aliquis disponitur bene vel male. * et in ii ethic. dicit quod ° habitus sunt secundum quos ad passiones nos habemus bene vel male. ‘ quando enim est modus conveniens naturae rei, tunc habet rationem boni, quando autem non convenit, tunc habet rationem mali. et quia natura est id quod primum consideratur in re, ideo habitus ponitur prima species qualitatis.
ra1 ‘ Ad primum ergo dicendum quod dispositio ordinem quendam importat, * ut dictum est. ‘ unde non dicitur aliquis disponi per qualitatem, nisi in ordine ad aliquid. et si addatur bene vel male, quod pertinet ad rationem habitus, oportet quod attendatur ordo ad naturam, quae est finis. unde secundum figuram, vel secundum calorem vel frigus, non dicitur aliquis disponi bene vel male, nisi secundum ordinem ad naturam rei, secundum quod est conveniens vel non conveniens. unde et ipsae figurae et passibiles qualitates, secundum quod considerantur ut convenientes vel non convenientes naturae rei, pertinent ad habitus vel dispositiones, nam figura, prout convenit naturae rei, et color, pertinent ad pulchritudinem; calor autem et frigus, secundum quod conveniunt naturae rei, pertinent ad sanitatem. * et hoc modo caliditas et frigiditas ponuntur a philosopho in prima specie qualitatis.
ra2 ‘ Unde patet solutio ad secundum. licet a quibusdam aliter solvatur, * ut simplicius dicit, in commento praedicamentorum.
ra3 ‘ Ad tertium dicendum quod ista differentia, difficile mobile, non diversificat habitum ab aliis speciebus qualitatis, sed a dispositione. dispositio autem

dupliciter accipitur, uno modo, secundum quod est genus habitus, * nam in v metaphys. " dispositio ponitur in definitione habitus; ' alio modo, secundum quod est aliquid contra habitum divisum. et potest intelligi dispositio proprie dicta condividi contra habitum, dupliciter. uno modo, sicut perfectum et imperfectum in eadem specie, ut scilicet dispositio dicatur, retinens nomen commune, quando imperfecte inest, ita quod de facile amittitur; habitus autem, quando perfecte inest, ut non de facili amittatur. et sic dispositio fit habitus, sicut puer fit vir. alio modo possunt distingui sicut diversae species unius generis subalterni, ut dicantur dispositiones illae qualitates primae speciei, quibus convenit secundum propriam rationem ut de facili amittantur, quia habent causas transmutabiles, ut aegritudo et sanitas; habitus vero dicuntur illae qualitates quae secundum suam rationem habent quod non de facili transmutentur, quia habent causas immobiles, sicut scientiae et virtutes. et secundum hoc dispositio non fit habitus. * et hoc videtur magis consonum intentioni aristotelis. ' unde ad huius distinctionis probationem inducit communem |25| loquendi consuetudinem, secundum quam qualitates quae secundum rationem suam sunt facile mobiles, si ex aliquo accidenti difficile mobiles reddantur, habitus dicuntur, et e converso est de qualitatibus quae secundum suam rationem sunt difficile mobiles; nam si aliquis imperfecte habeat scientiam, ut de facili possit ipsam amittere, magis dicitur disponi ad scientiam quam scientiam habere. ex quo patet quod nomen habitus diuturnitatem quandam importat; non autem nomen dispositionis. nec impeditur quin secundum hoc facile et difficile mobile sint specificae differentiae, propter hoc quod ista pertinent ad passionem et motum, et non ad genus qualitatis. nam istae differentiae, quamvis per accidens videantur se habere ad qualitatem, designant tamen proprias et per se differentias qualitatum. sicut etiam in genere substantiae frequenter accipiuntur differentiae accidentales loco substantialium, inquantum per eas designantur principia essentialia.

008 ST2 qu49 ar3

ag1 ' Ad tertium sic proceditur. videtur quod habitus non importet ordinem ad actum. unumquodque enim agit secundum quod est actu. * sed philosophus dicit, in iii de anima, quod ° cum aliquis fit sciens secundum habitum, est etiam tunc in potentia, aliter tamen quam ante addiscere. ' ergo habitus non importat habitudinem principii ad actum.

ag2 ' Praeterea, illud quod ponitur in definitione alicuius, per se convenit illi. sed esse principium actionis ponitur in definitione potentiae; * ut patet in v metaphys.. ' ergo esse principium actus per se convenit potentiae. quod autem est per se, est primum in unoquoque genere. si ergo etiam habitus sit principium actus, sequitur quod sit posterior quam potentia. et sic non erit prima species qualitatis habitus vel dispositio.

ag3 ' Praeterea, sanitas quandoque est habitus, et similiter macies et pulchritudo. sed ista non dicuntur per ordinem ad actum. non ergo est de ratione habitus quod sit principium actus.

sc ' Sed contra est quod * augustinus dicit, in libro de bono coniugali, quod ° habitus est quo aliquid agitur cum opus est. * et commentator dicit, in iii de anima, quod ° habitus est quo quis agit cum voluerit.

co ' Respondeo dicendum quod habere ordinem ad actum potest competere habitui et secundum rationem habitus; et secundum rationem subiecti in quo est habitus. secundum quidem rationem habitus, convenit omni habitui aliquo modo habere ordinem ad actum. est enim de ratione habitus ut importet habitudinem quandam in ordine ad naturam rei, secundum quod convenit vel non convenit. sed natura rei, quae est finis generationis, ulterius etiam ordinatur ad alium finem, qui vel est operatio, vel aliquod operatum, ad quod quis pervenit per operationem. unde habitus non solum importat ordinem ad ipsam naturam rei, sed etiam consequenter ad operationem, inquantum est finis naturae, vel perducens ad finem. * unde et in v metaphys. dicitur in definitione habitus, quod " est dispositio secundum quam bene vel male disponitur dispositum aut secundum se, idest secundum suam naturam, aut ad aliud, idest in ordine ad finem. ' sed sunt quidam habitus qui etiam ex parte subiecti in quo sunt, primo et principaliter important ordinem ad actum. quia * ut dictum est, ' habitus primo et per se importat habitudinem ad naturam rei. si igitur natura rei in qua est habitus, consistat in ipso ordine ad actum, sequitur quod habitus principaliter importet ordinem ad actum. manifestum est autem |25| quod natura et ratio potentiae est ut sit principium actus. unde omnis habitus qui est alicuius potentiae ut subiecti, principaliter importat ordinem ad actum.

ra1 ' Ad primum ergo dicendum quod habitus est actus quidam, inquantum est qualitas, et secundum hoc potest esse principium operationis. sed est in potentia per respectum ad operationem. unde habitus dicitur actus primus, et operatio actus secundus; * ut patet in ii de anima.

ra2 ' Ad secundum dicendum quod non est de ratione habitus quod respiciat potentiam, sed quod respiciat naturam. et quia natura praecedit actionem, quam respicit potentia; ideo prior species qualitatis ponitur habitus quam potentia.

ra3 ' Ad tertium dicendum quod sanitas dicitur habitus, vel habitualis dispositio, in ordine ad naturam, * sicut dictum est. ' inquantum tamen natura est principium actus, ex consequenti importat ordinem ad actum. * unde philosophus dicit, in x de historia animal., quod " homo dicitur sanus, vel membrum aliquod, quando potest facere operationem sani. et est simile in aliis.

008 ST2 qu49 ar4

ag1 ' Ad quartum sic proceditur. videtur quod non sit necessarium esse habitus. habitus enim sunt quibus aliquid disponitur bene vel male ad aliquid, * sicut dictum est. ' sed per suam formam aliquid bene vel male disponitur, nam secundum formam aliquid est bonum, sicut et ens. ergo nulla necessitas est habituum.

ag2 ' Praeterea, habitus importat ordinem ad actum. sed potentia importat principium actus sufficienter, nam et potentiae naturales absque habitibus sunt principia actuum. ergo non fuit necessarium habitus esse.

ag3 ' Praeterea, sicut potentia se habet ad bonum et malum, ita et habitus, et sicut potentia non semper agit, ita nec habitus. existentibus igitur potentiis, superfluum fuit habitum esse.

sc ' Sed contra est quod habitus sunt perfectiones quaedam, * ut dicitur in vii physic.. ' sed perfectio est maxime necessaria rei, cum habeat rationem finis. ergo necessarium fuit habitus esse.

co * Respondeo dicendum quod, sicut supra dictum est, ' habitus importat dispositionem quandam in ordine ad naturam rei, et ad operationem vel finem eius, secundum quam bene vel male aliquid ad hoc disponitur. ad hoc autem quod aliquid indigeat disponi ad alterum, tria requiruntur. primo quidem, ut id quod disponitur, sit alterum ab eo ad quod disponitur; et sic se habeat ad ipsum ut potentia ad actum. unde si aliquid sit cuius natura non sit composita ex potentia et actu, et cuius substantia sit sua operatio, et ipsum sit propter seipsum; ibi habitus vel dispositio locum non habet, sicut patet in deo. secundo requiritur quod id quod est in potentia ad alterum, possit pluribus modis determinari, et ad diversa. unde si aliquid sit in potentia ad alterum, ita tamen quod non sit in potentia nisi ad ipsum, ibi dispositio et habitus locum non habet, quia tale subiectum ex sua natura habet debitam habitudinem ad talem actum. unde si corpus caeleste sit compositum ex materia et forma, cum illa materia non sit in potentia ad aliam formam, * ut in primo dictum est, ' non habet ibi locum dispositio vel habitus ad formam; aut etiam ad operationem, quia natura caelestis corporis non est in potentia nisi ad unum motum determinatum. tertio requiritur quod plura concurrant ad |25| disponendum subiectum ad unum eorum ad quae est in potentia, quae diversis modis commensurari possunt, ut sic disponatur bene vel male ad formam vel ad operationem. unde qualitates simplices elementorum, quae secundum unum modum determinatum naturis elementorum conveniunt, non dicimus dispositiones vel habitus, sed simplices qualitates, dicimus autem dispositiones vel habitus sanitatem, pulchritudinem et alia huiusmodi, quae important quandam commensurationem plurium quae diversis modis commensurari possunt. * propter quod philosophus dicit, in v metaphys., quod ° habitus est dispositio, et dispositio est ordo habentis partes vel secundum locum, vel secundum potentiam, vel secundum speciem; * ut supra dictum est. ' quia igitur multa sunt entium ad quorum naturas et operationes necesse est plura concurrere quae diversis modis commensurari possunt, ideo necesse est habitus esse.

ra1 ' Ad primum ergo dicendum quod per formam perficitur natura rei, sed oportet quod in ordine ad ipsam formam disponatur subiectum aliqua dispositione. ipsa tamen forma ordinatur ulterius ad operationem, quae vel est finis, vel via in finem. et si quidem habeat forma determinate unam tantum operationem determinatam, nulla alia dispositio requiritur ad operationem praeter ipsam formam. si autem sit talis forma quae possit diversimode operari, sicut est anima; oportet quod disponatur ad suas operationes per aliquos habitus.

ra2 ' Ad secundum dicendum quod potentia quandoque se habet ad multa, et ideo oportet quod aliquo alio determinetur. si vero sit aliqua potentia quae non se habeat ad multa, non indiget habitu determinante, * ut dictum est. ' et propter hoc vires naturales non agunt operationes suas mediantibus aliquibus habitibus, quia secundum seipsas sunt determinatae ad unum.

ra3 ' Ad tertium dicendum quod non idem habitus se habet ad bonum et malum, * sicut infra patebit. ' eadem autem potentia se habet ad bonum et malum. et ideo necessarii sunt habitus ut potentiae determinentur ad bonum.

008 ST2 qu50 ar

pr ' Deinde considerandum est de subiecto habituum. et circa hoc quaeruntur sex. primo, utrum in corpore sit aliquis habitus. secundo, utrum anima sit subiectum habitus secundum suam essentiam, vel secundum suam potentiam. tertio, utrum in potentiis sensitivae partis possit esse aliquis habitus. quarto, utrum in ipso intellectu sit aliquis habitus. quinto, utrum in voluntate sit aliquis habitus. sexto, utrum in substantiis separatis.

008 ST2 qu50 ar1

ag1 ' Ad primum sic proceditur. videtur quod in corpore non sit aliquis habitus. * ut enim commentator dicit, in iii de anima, ° habitus est quo quis agit cum voluerit. ' sed actiones corporales non subiacent voluntati, cum sint naturales. ergo in corpore non potest esse aliquis habitus.

ag2 ' Praeterea, omnes dispositiones corporales sunt facile mobiles. sed habitus est qualitas difficile mobilis. ergo nulla dispositio corporalis potest esse habitus.

ag3 ' Praeterea, omnes dispositiones corporales subiacent alterationi. sed alteratio non est nisi in tertia specie qualitatis, quae dividitur contra habitum. ergo nullus habitus est in corpore.

sc ' Sed contra est quod * philosophus, in praedicamentis, " sanitatem corporis, vel infirmitatem insanabilem, habitum nominari dicit.

co * Respondeo dicendum quod, sicut supra dictum est, ' habitus est quaedam dispositio alicuius subiecti existentis in potentia vel ad formam, vel ad operationem. secundum ergo quod habitus importat dispositionem ad operationem, nullus habitus est principaliter in corpore sicut in subiecto. omnis enim operatio corporis est aut a naturali qualitate corporis; aut est ab anima movente corpus. quantum igitur ad illas operationes quae sunt a natura, non disponitur corpus per aliquem habitum, quia virtutes naturales sunt determinatae ad unum; * dictum est autem quod ' habitualis dispositio requiritur ubi subiectum est in potentia ad multa. operationes vero quae sunt ab anima per corpus principaliter quidem sunt ipsius animae, secundario vero ipsius corporis. habitus autem proportionantur operationibus, unde ex similibus actibus similes habitus causantur, * ut dicitur in ii ethic.. ' et ideo dispositiones ad tales operationes principaliter sunt in anima. in corpore vero possunt esse secundario, inquantum scilicet corpus disponitur et habilitatur ad prompte deserviendum operationibus animae. si vero loquamur de dispositione subiecti ad formam, sic habitualis dispositio potest esse in corpore, quod |25| comparatur ad animam sicut subiectum ad formam. et hoc modo sanitas et pulchritudo, et huiusmodi, habituales dispositiones dicuntur. non tamen perfecte habent rationem habituum, quia causae eorum ex sua natura de facili transmutabiles sunt. * alexander vero posuit " nullo modo habitum vel dispositionem primae speciei esse in corpore, * ut simplicius refert in commento praedicament., sed dicebat " primam speciem qualitatis pertinere tantum ad animam. et quod * aristoteles inducit in praedicamentis " de sanitate et aegritudine, non inducit quasi haec pertineant ad primam speciem qualitatis, sed per modum exempli, ut sit sensus quod sicut aegritudo et sanitas possunt esse facile vel difficile mobiles, ita etiam qualitates primae speciei, quae dicuntur habitus et dispositio. sed patet hoc esse contra intentionem aristotelis. tum quia eodem modo loquendi utitur exemplificando de sanitate et aegritudine, et de virtute et de scientia. tum * quia in vii physic. expresse ponit " inter habitus pulchritudinem et sanitatem.

ra1 ' Ad primum ergo dicendum quod obiectio illa procedit de habitu secundum quod est dispositio ad operationem, et de actibus corporis qui sunt a natura, non autem de his qui sunt ab anima, quorum principium est voluntas.

ra2 ' Ad secundum dicendum quod dispositiones corporales non sunt simpliciter difficile mobiles, propter mutabilitatem corporalium causarum. possunt tamen esse difficile mobiles per comparationem ad tale subiectum, quia scilicet, tali subiecto durante, amoveri non possunt, vel quia sunt difficile mobiles per comparationem ad alias dispositiones. sed qualitates animae sunt simpliciter difficile mobiles, propter immobilitatem subiecti. * et ideo non dicit quod " sanitas difficile mobilis simpliciter sit habitus, sed quod est ut habitus, * sicut in graeco habetur. ' qualitates autem animae dicuntur simpliciter habitus.

ra3 ' Ad tertium dicendum quod dispositiones corporales quae sunt in prima specie qualitatis, * ut quidam posuerunt, ' differunt a qualitatibus tertiae speciei in hoc, quod qualitates tertiae speciei sunt ut in fieri et ut in motu, unde dicuntur passiones vel passibiles qualitates. quando autem iam pervenerint ad perfectum, quasi ad speciem, tunc iam sunt in prima specie qualitatis. * sed hoc improbat simplicius, in commento praedicamentorum, " quia secundum hoc calefactio esset in tertia specie qualitatis, calor autem in prima, * aristoteles autem ponit calorem in tertia. unde porphyrius dicit, sicut idem simplicius refert, " quod passio vel passibilis qualitas, et dispositio et habitus, differunt in corporibus secundum intensionem et remissionem. quando enim aliquid recipit caliditatem secundum calefieri tantum, non autem ut calefacere possit; tunc est passio, si sit cito transiens, vel passibilis qualitas, si sit manens. quando autem iam ad hoc perducitur quod potest etiam alterum calefacere, tunc est dispositio, si autem ulterius intantum confirmetur quod sit difficile mobilis, tunc erit habitus, ut sic dispositio sit quaedam intensio seu perfectio passionis vel passibilis qualitatis, habitus autem dispositionis. * sed hoc improbat simplicius, “ quia talis intensio et remissio non important diversitatem ex parte ipsius formae, sed ex diversa participatione subiecti. et ita non diversificarentur per hoc species qualitatis. * et ideo aliter dicendum est quod, sicut supra dictum est, ‘ commensuratio ipsarum qualitatum passibilium secundum convenientiam ad naturam, habet rationem dispositionis, et ideo, facta alteratione circa ipsas qualitates passibiles, quae sunt calidum et frigidum, humidum et siccum, fit ex consequenti alteratio secundum aegritudinem et sanitatem. primo autem et per se non est alteratio secundum huiusmodi habitus et dispositiones.

008 ST2 qu50 ar2

ag1 ‘ Ad secundum sic proceditur. videtur quod habitus sint in anima magis secundum essentiam quam secundum potentiam. dispositiones enim et habitus dicuntur in ordine ad naturam, * ut dictum est. ‘ sed natura magis attenditur secundum essentiam animae quam secundum potentias, quia anima secundum suam essentiam est natura corporis talis, et forma eius. ergo habitus sunt in anima secundum eius essentiam et non secundum potentiam.

ag2 ‘ Praeterea, accidentis non est accidens. habitus autem est quoddam accidens. sed potentiae animae sunt de genere accidentium, * ut in primo dictum est. ‘ ergo habitus non est in anima ratione suae potentiae.

ag3 ‘ Praeterea, subiectum est prius eo quod est in subiecto. sed habitus, cum pertineat ad primam speciem qualitatis, est prior quam potentia, quae pertinet ad secundam speciem. ergo habitus non est in potentia animae sicut in subiecto.

sc * Sed contra est quod philosophus, in i ethic., ponit “ diversos habitus in diversis partibus animae.

co * Respondeo dicendum quod, sicut supra dictum est, ‘ habitus importat dispositionem quandam in ordine ad naturam, vel ad operationem. si ergo accipiatur habitus secundum quod habet ordinem ad naturam, sic non potest esse in anima, si tamen de natura humana loquamur, quia ipsa anima est forma completiva humanae naturae; unde secundum hoc, magis potest esse aliquis habitus vel dispositio in corpore per ordinem ad animam, quam in anima per ordinem ad corpus. sed si loquamur de aliqua superiori natura, cuius homo potest esse particeps, * secundum illud ii petr. i, ° ut simus consortes naturae divinae, ‘ sic nihil prohibet in anima secundum suam essentiam esse aliquem habitum, scilicet gratiam, * ut infra dicetur. ‘ si vero accipiatur habitus in ordine ad operationem, sic maxime habitus inveniuntur in anima, inquantum anima non determinatur ad unam operationem, sed se habet ad multas, quod requiritur ad habitum, * ut supra dictum est. ‘ et quia anima est principium operationum per suas potentias, ideo secundum hoc, habitus sunt in anima secundum suas potentias.

ra1 ‘ Ad primum ergo dicendum quod essentia animae pertinet ad naturam humanam, non sicut subiectum disponendum ad aliquid aliud, sed sicut forma et natura ad quam aliquis disponitur.

ra2 ‘ Ad secundum dicendum quod accidens per se non potest esse subiectum accidentis. sed quia etiam in ipsis accidentibus est ordo quidam, subiectum secundum quod est sub uno accidente, intelligitur esse subiectum alterius. et sic dicitur unum accidens esse subiectum alterius, ut superficies coloris. et hoc modo potest potentia esse subiectum habitus.

ra3 ‘ Ad tertium dicendum quod habitus praemittitur potentiae, secundum quod importat dispositionem ad naturam, potentia autem semper importat ordinem ad operationem, quae est posterior, cum natura sit operationis principium. sed habitus cuius potentia est subiectum, non importat ordinem ad naturam, sed ad operationem. unde est posterior potentia. vel potest dici quod habitus praeponitur potentiae sicut completum incompleto, et actus potentiae. actus enim naturaliter est prior; quamvis potentia sit prior ordine generationis et temporis, * ut dicitur in vii et ix metaphys..

008 ST2 qu50 ar3

ag1 ‘ Ad tertium sic proceditur. videtur quod in potentiis sensitivae partis non possit esse aliquis habitus. sicut enim potentia nutritiva pars est irrationalis, ita et sensitiva. sed in potentiis nutritivae partis non ponitur aliquis habitus. ergo nec in potentiis sensitivae partis aliquis habitus debet poni.

ag2 ‘ Praeterea, sensitivae partes sunt communes nobis et brutis. sed in brutis non sunt aliqui habitus, quia non est in eis voluntas, quae in definitione habitus ponitur, * ut supra dictum est. ‘ ergo in potentiis sensitivis non sunt aliqui habitus.

ag3 ‘ Praeterea, habitus animae sunt scientiae et virtutes, et sicut scientia refertur ad vim apprehensivam, ita virtus ad vim appetitivam. sed in potentiis sensitivis non sunt aliquae scientiae, cum scientia sit universalium, quae vires sensitivae apprehendere non possunt. ergo etiam nec habitus virtutum in partibus sensitivis esse possunt.

sc ‘ Sed contra est quod * philosophus dicit, in iii ethic., quod “ aliquae virtutes, scilicet temperantia et fortitudo, sunt irrationabilium partium.

co ‘ Respondeo dicendum quod vires sensitivae dupliciter possunt considerari, uno modo, secundum quod operantur ex instinctu naturae; alio modo, secundum quod operantur ex imperio rationis. secundum igitur quod operantur ex instinctu naturae, sic ordinantur ad unum, sicut et natura. et ideo sicut in potentiis naturalibus non sunt aliqui habitus, ita etiam nec in potentiis sensitivis, secundum quod ex instinctu naturae operantur. secundum vero quod operantur ex imperio rationis, sic ad diversa ordinari possunt. et sic possunt in eis esse aliqui habitus, quibus bene aut male ad aliquid disponuntur.

ra1 ‘ Ad primum ergo dicendum quod vires nutritivae partis non sunt natae obedire imperio rationis, et ideo non sunt in eis aliqui habitus. sed vires sensitivae natae sunt obedire imperio rationis, et ideo in eis esse possunt aliqui habitus; nam secundum quod obediunt rationi, quodammodo rationales dicuntur, * ut in i ethic. dicitur.

ra2 ‘ Ad secundum dicendum quod vires sensitivae in brutis animalibus non operantur ex imperio rationis; sed si sibi relinquantur bruta animalia, operantur ex instinctu naturae. et sic in brutis animalibus non sunt aliqui habitus ordinati ad operationes. sunt tamen in eis aliquae dispositiones in ordine ad naturam, ut sanitas et pulchritudo. sed quia bruta animalia a ratione hominis per quandam consuetudinem disponuntur ad aliquid operandum sic vel aliter, hoc modo in brutis animalibus habitus quodammodo poni possunt, * unde augustinus dicit, in libro octoginta trium quaest., quod ° videmus immanissimas bestias a maximis voluptatibus absterreri dolorum metu, quod cum in earum consuetudinem verterit, domitae et mansuetae vocantur. ‘ deficit tamen ratio habitus quantum ad usum voluntatis, quia non habent dominium utendi vel non utendi, quod videtur ad rationem habitus pertinere. et ideo, proprie loquendo, in eis habitus esse non possunt.

ra3 “ Ad tertium dicendum quod appetitus sensitivus natus est moveri ab appetitu rationali, * ut dicitur in iii de anima, ‘ sed vires rationales apprehensivae natae sunt accipere a viribus sensitivis. et ideo magis convenit quod habitus sint in viribus sensitivis appetitivis quam in viribus sensitivis apprehensivis, cum in viribus sensitivis appetitivis non sint habitus nisi secundum quod operantur ex imperio rationis. quamvis etiam in ipsis interioribus viribus sensitivis apprehensivis possint poni aliqui habitus, secundum quos homo fit bene memorativus vel cogitativus vel imaginativus, * unde etiam philosophus dicit, in cap. de memoria, quod ° consuetudo multum operatur ad bene memorandum, ‘ quia etiam istae vires moventur ad operandum ex imperio rationis. vires autem apprehensivae exteriores, ut visus et auditus et huiusmodi, non sunt susceptivae aliquorum habituum, sed secundum dispositionem suae naturae ordinantur ad suos actus determinatos; sicut et membra corporis, in quibus non sunt habitus, sed magis in viribus imperantibus motum ipsorum.

008 ST2 qu50 ar4

ag1 ‘ Ad quartum sic proceditur. videtur quod in intellectu non sint aliqui habitus. habitus enim operationibus conformantur, * ut dictum est. “ sed operationes hominis sunt communes animae et corpori, * ut dicitur in i de anima. ‘ ergo et habitus. “ sed intellectus non est actus corporis, * ut dicitur in iii de anima. ‘ ergo intellectus non est subiectum alicuius habitus.

ag2 ‘ Praeterea, omne quod est in aliquo, est in eo per modum eius in quo est. sed id quod est forma sine materia, est actus tantum, quod autem est compositum ex forma et materia, habet potentiam et actum simul. ergo in eo quod est forma tantum, non potest esse aliquid quod sit simul in potentia et actu, sed solum in eo quod est compositum ex materia et forma. sed intellectus est forma sine materia. ergo habitus, qui habet potentiam simul cum actu, quasi medium inter utrumque existens, non potest esse in intellectu; sed solum in coniuncto, quod est compositum ex anima et corpore.

ag3 “ Praeterea, habitus est dispositio secundum quam aliquis bene vel male disponitur ad aliquid, * ut dicitur in v metaph.. ‘ sed quod aliquis bene vel male sit dispositus ad actum intellectus, provenit ex aliqua corporis dispositione, * unde etiam in ii de anima dicitur quod ° molles carne bene aptos mente videmus. ‘ ergo habitus cognoscitivi non sunt in intellectu, qui est separatus; sed in aliqua potentia quae est actus alicuius partis corporis.

sc * Sed contra est quod philosophus, in vi ethic., ponit “ scientiam et sapientiam et intellectum, qui est habitus principiorum, in ipsa intellectiva parte animae.

co * Respondeo dicendum quod circa habitus cognoscitivos diversimode sunt aliqui opinati. quidam enim, ponentes “ intellectum possibilem esse unum in omnibus hominibus, coacti sunt ponere quod habitus cognoscitivi non sunt in ipso intellectu, sed in viribus interioribus sensitivis. manifestum est enim quod homines in habitibus diversificantur, unde non possunt habitus cognoscitivi directe poni in eo quod, unum numero existens, est omnibus hominibus commune. unde si intellectus possibilis sit unus numero omnium hominum, habitus scientiarum, secundum quos homines diversificantur, non poterunt esse in intellectu possibili sicut in subiecto, sed erunt in viribus interioribus sensitivis, quae sunt diversae in diversis. sed ista positio, primo quidem, est contra intentionem aristotelis. manifestum est enim quod vires sensitivae non sunt rationales per essentiam, sed solum per participationem, * ut dicitur in i ethic.. philosophus autem ponit “ intellectuales virtutes, quae sunt sapientia, scientia et intellectus, in eo quod est rationale per essentiam. unde non sunt in viribus sensitivis, sed in ipso intellectu. * expresse etiam dicit, in iii de anima, quod “ intellectus possibilis, cum sic fiat singula, idest cum reducatur in actum singulorum per species intelligibiles, tunc fit secundum actum eo modo quo sciens dicitur esse in actu, quod quidem accidit cum aliquis possit operari per seipsum, scilicet considerando. est quidem igitur et tunc potentia quodammodo; non tamen similiter ut ante addiscere aut invenire. ipse ergo intellectus possibilis est in quo est habitus scientiae quo potest considerare etiam cum non considerat. ‘ secundo etiam, haec positio est contra rei veritatem. sicut enim eius est potentia cuius est operatio, ita etiam eius est habitus cuius est operatio. intelligere autem et considerare est proprius actus intellectus. ergo et habitus quo consideratur, est proprie in ipso intellectu.

ra1 * Ad primum ergo dicendum quod quidam dixerunt, ut simplicius refert in commento praedicamentorum, “ quod quia omnis operatio hominis est quodammodo coniuncti, * ut philosophus dicit in i de anima; “ ideo nullus habitus est animae tantum, sed coniuncti. et per hoc sequitur quod nullus habitus sit in intellectu, cum intellectus sit separatus, * ut ratio proposita procedebat. sed ista ratio non cogit. ‘ habitus enim non est dispositio obiecti ad potentiam, sed magis dispositio potentiae ad obiectum, unde habitus oportet quod sit in ipsa potentia quae est principium actus, non autem in eo quod comparatur ad potentiam sicut obiectum. ipsum autem intelligere non dicitur commune esse animae et corpori, nisi ratione phantasmatis, * ut dicitur in i de anima. patet autem quod “ phantasma comparatur ad intellectum possibilem ut obiectum, * ut dicitur in iii de anima. ‘ unde relinquitur quod habitus intellectivus sit principaliter ex parte ipsius intellectus, non autem ex parte phantasmatis, quod est commune animae et corpori. et ideo dicendum est quod intellectus possibilis est subiectum habitus, illi enim competit esse subiectum habitus, quod est in potentia ad multa; et hoc maxime competit intellectui possibili. unde intellectus possibilis est subiectum habituum intellectualium.

ra2 ‘ Ad secundum dicendum quod, sicut potentia ad esse sensibile convenit materiae corporali, ita potentia ad esse intelligibile convenit intellectui possibili. unde nihil prohibet in intellectu possibili esse habitum, qui est medius inter puram potentiam et actum perfectum.

ra3 ‘ Ad tertium dicendum quod, quia vires apprehensivae interius praeparant intellectui possibili proprium obiectum; ideo ex bona dispositione harum virium, ad quam cooperatur bona dispositio corporis, redditur homo habilis ad intelligendum. et sic habitus intellectivus secundario potest esse in istis viribus. principaliter autem est in intellectu possibili.

008 ST2 qu50 ar5

ag1 ‘ Ad quintum sic proceditur. videtur quod in voluntate non sit aliquis habitus. habitus enim qui in intellectu est, sunt species intelligibiles, quibus intelligit actu. sed voluntas non operatur per aliquas species. ergo voluntas non est subiectum alicuius habitus.

ag2 ‘ Praeterea, in intellectu agente non ponitur aliquis habitus, sicut in intellectu possibili, quia est potentia activa. sed voluntas est maxime potentia activa, quia movet omnes potentias ad suos actus, * ut supra dictum est. ‘ ergo in ipsa non est aliquis habitus.

ag3 ‘ Praeterea, in potentiis naturalibus non est aliquis habitus, quia ex sua natura sunt ad aliquid determinatae. sed voluntas ex sua natura ordinatur ad hoc quod tendat in bonum ordinatum ratione. ergo in voluntate non est aliquis habitus.

sc ‘ Sed contra est quod iustitia est habitus quidam. sed iustitia est in voluntate, “ est enim iustitia ° habitus secundum quem aliqui volunt et operantur iusta, * ut dicitur in v ethic.. ‘ ergo voluntas est subiectum alicuius habitus.

co ‘ Respondeo dicendum quod omnis potentia quae diversimode potest ordinari ad agendum, indiget habitu quo bene disponatur ad suum actum. voluntas autem, cum sit potentia rationalis, diversimode potest ad agendum ordinari. et ideo oportet in voluntate aliquem habitum ponere, quo bene disponatur ad suum actum. ex ipsa etiam ratione habitus apparet quod habet quendam principalem ordinem ad voluntatem, prout habitus est quo quis utitur cum voluerit, * ut supra dictum est.

ra1 ‘ Ad primum ergo dicendum quod, sicut in intellectu est aliqua species quae est similitudo obiecti, ita oportet in voluntate, et in qualibet vi appetitiva, esse aliquid quo inclinetur in suum obiectum, cum nihil aliud sit actus appetitivae virtutis quam inclinatio quaedam, * ut supra dictum est. ‘ ad ea ergo ad quae sufficienter inclinatur per naturam ipsius potentiae, non indiget aliqua qualitate inclinante. sed quia necessarium est ad finem humanae vitae, quod vis appetitiva inclinetur in aliquid determinatum, ad quod non inclinatur ex natura potentiae, quae se habet ad multa et diversa; ideo necesse est quod in voluntate, et in aliis viribus appetitivis, sint quaedam qualitates inclinantes, quae dicuntur habitus.

ra2 ‘ Ad secundum dicendum quod intellectus agens est agens tantum, et nullo modo patiens. “ sed voluntas, et quaelibet vis appetitiva, est movens motum, * ut dicitur in iii de anima. ‘ et ideo non est similis ratio de utroque, nam esse susceptivum habitus convenit ei quod est quodammodo in potentia.

ra3 ‘ Ad tertium dicendum quod voluntas ex ipsa natura potentiae inclinatur in bonum rationis. sed quia hoc bonum multipliciter diversificatur, necessarium est ut ad aliquod determinatum bonum rationis voluntas per aliquem habitum inclinetur, ad hoc quod sequatur promptior operatio.

008 ST2 qu50 ar6

ag1 ‘ Ad sextum sic proceditur. videtur quod in angelis non sint habitus. * dicit enim maximus, commentator dionysii, in vii cap. de cael. hier., “ non convenit arbitrari virtutes intellectuales, idest spirituales, more accidentium, quemadmodum et in nobis sunt, in divinis intellectibus, scilicet angelis, esse, ut aliud in alio sit sicut in subiecto, accidens enim omne illinc repulsum est. ‘ sed omnis habitus est accidens. ergo in angelis non sunt habitus.

ag2 * Praeterea, sicut dionysius dicit, in iv cap. de cael. hier., ° sanctae caelestium essentiarum dispositiones super omnia alia dei bonitatem participant. ‘ sed semper quod est per se, est prius et potius eo quod est per aliud. ergo angelorum essentiae per seipsas perficiuntur ad conformitatem dei. non ergo per aliquos habitus. * et haec videtur esse ratio maximi, qui ibidem subdit, ° si enim hoc esset, non utique maneret in semetipsa harum essentia, nec deificari per se, quantum foret possibile, valuisset.

ag3 “ Praeterea, habitus est dispositio quaedam, * ut dicitur in v metaphys.. ‘ sed dispositio, * ut ibidem dicitur, ‘ est ordo habentis partes. cum ergo angeli sint simplices substantiae, videtur quod in eis non sint dispositiones et habitus.

sc * Sed contra est quod dionysius dicit, vii cap. cael. hier., quod ° angeli primae hierarchiae nominantur calefacientes et throni et effusio sapientiae, manifestatio deiformis ipsorum habituum.

co * Respondeo dicendum quod quidam posuerunt “ in angelis non esse habitus; sed quaecumque dicuntur de eis, essentialiter dicuntur. * unde maximus, post praedicta verba quae induximus, dicit, ° habitudines earum, atque virtutes quae in eis sunt, essentiales sunt, propter immaterialitatem. * et hoc etiam simplicius dicit, in commento praedicamentorum, ° sapientia quae est in anima, habitus est, quae autem in intellectu, substantia. omnia enim quae sunt divina, et per se sufficientia sunt, et in seipsis existentia. ‘ quae quidem positio partim habet veritatem, et partim continet falsitatem. * manifestum est enim ex praemissis quod ‘ subiectum habitus non est nisi ens in potentia. * considerantes igitur praedicti commentatores quod “ angeli sunt substantiae immateriales, et quod non est in illis potentia materiae; secundum hoc, ab eis habitum excluserunt, et omne accidens. ‘ sed quia, licet in angelis non sit potentia materiae, est tamen in eis aliqua potentia (esse enim actum purum est proprium dei); ideo inquantum invenitur in eis de potentia, intantum in eis possunt habitus inveniri. sed quia potentia materiae et potentia intellectualis substantiae non est unius rationis, ideo per consequens nec habitus unius rationis est utrobique. |25| * unde simplicius dicit, in commento praedicamentorum, quod ° habitus intellectualis substantiae non sunt similes his qui sunt hic habitibus; sed magis sunt similes simplicibus et immaterialibus speciebus quas continet in seipsa. ‘ circa huiusmodi tamen habitum aliter se habet intellectus angelicus, et aliter intellectus humanus. intellectus enim humanus, cum sit infimus in ordine intellectuum, est in potentia respectu omnium intelligibilium, sicut materia prima respectu omnium formarum sensibilium, et ideo ad omnia intelligenda indiget aliquo habitu. sed intellectus angelicus non se habet sicut pura potentia in genere intelligibilium, sed sicut actus quidam, non autem sicut actus purus (hoc enim solius dei est), sed cum permixtione alicuius potentiae, et tanto minus habet de potentialitate, quanto est superior. et ideo, * ut in primo dictum est, ‘ inquantum est in potentia, indiget perfici habitualiter per aliquas species intelligibiles ad operationem propriam, sed inquantum est actu, per essentiam suam potest aliqua intelligere, ad minus seipsum, et alia secundum modum suae substantiae, * ut dicitur in lib. de causis, ‘ et tanto perfectius, quanto est perfectior. sed quia nullus angelus pertingit ad perfectionem dei, sed in infinitum distat; propter hoc, |50| ad attingendum ad ipsum deum per intellectum et voluntatem, indigent aliquibus habitibus, tanquam in potentia existentes respectu illius puri actus. * unde dionysius dicit “ habitus eorum esse deiformes, quibus scilicet deo conformantur. ‘ habitus autem qui sunt dispositiones ad esse naturale, non sunt in angelis, cum sint immateriales.

ra1 ‘ Ad primum ergo dicendum quod verbum maximi intelligendum est de habitibus et accidentibus materialibus.

ra2 ‘ Ad secundum dicendum quod quantum ad hoc quod convenit angelis per suam essentiam, non indigent habitu. sed quia non ita sunt per seipsos entes, quin participent sapientiam et bonitatem divinam; ideo inquantum indigent participare aliquid ab exteriori, intantum necesse est in eis ponere habitus.

ra3 ‘ Ad tertium dicendum quod in angelis non sunt partes essentiae, sed sunt partes secundum potentiam, inquantum intellectus eorum per plures species perficitur, et voluntas eorum se habet ad plura.

008 ST2 qu51 ar

pr ‘ Deinde considerandum est de causa habituum. et primo, quantum ad generationem ipsorum; secundo, quantum ad augmentum; tertio, quantum ad diminutionem et corruptionem. circa primum quaeruntur quatuor. primo, utrum aliquis habitus sit a natura. secundo, utrum aliquis habitus ex actibus causetur. tertio, utrum per unum actum possit generari habitus. quarto, utrum aliqui habitus sint in hominibus infusi a deo.

008 ST2 qu51 ar1

ag1 ‘ Ad primum sic proceditur. videtur quod nullus habitus sit a natura. eorum enim quae sunt a natura, usus non subiacet voluntati. “ sed habitus est quo quis utitur cum voluerit, * ut dicit commentator, in iii de anima. ‘ ergo habitus non est a natura.

ag2 ‘ Praeterea, natura non facit per duo quod per unum potest facere. sed potentiae animae sunt a natura. si igitur habitus potentiarum a natura essent, habitus et potentia essent unum.

ag3 ‘ Praeterea, natura non deficit in necessariis. sed habitus sunt necessarii ad bene operandum, * ut supra dictum est. ‘ si igitur habitus aliqui essent a natura, videtur quod natura non deficeret quin omnes habitus necessarios causaret. patet autem hoc esse falsum. ergo habitus non sunt a natura.

sc * Sed contra est quod in vi ethic., “ inter alios habitus ponitur intellectus principiorum, qui est a natura, ‘ unde et principia prima dicuntur naturaliter cognita.

co ‘ Respondeo dicendum quod aliquid potest esse naturale alicui dupliciter. uno modo, secundum naturam speciei, sicut naturale est homini esse risibile, et igni ferri sursum. alio modo, secundum naturam individui, sicut naturale est socrati vel platoni esse aegrotativum vel sanativum, secundum propriam complexionem. rursus, secundum utramque naturam potest dici aliquid naturale dupliciter, uno modo, quia totum est a natura; alio modo, quia secundum aliquid est a natura, et secundum aliquid est ab exteriori principio. sicut cum aliquis sanatur per seipsum, tota sanitas est a natura, cum autem aliquis sanatur auxilio medicinae, sanitas partim est a natura, partim ab exteriori principio. sic igitur si loquamur de habitu secundum quod est dispositio subiecti in ordine ad formam vel naturam, quolibet praedictorum modorum contingit habitum esse naturalem. est enim aliqua dispositio naturalis quae debetur humanae speciei, extra quam nullus homo invenitur. et haec est naturalis secundum naturam speciei. sed quia talis dispositio quandam latitudinem habet, contingit diversos gradus huiusmodi dispositionis convenire diversis hominibus secundum naturam individui. et huiusmodi dispositio potest esse vel totaliter a natura, vel partim a natura et partim ab exteriori principio, * sicut dictum est de his qui sanantur per |25| artem. ‘ sed habitus qui est dispositio ad operationem, cuius subiectum est potentia animae, * ut dictum est, ‘ potest quidem esse naturalis et secundum naturam speciei, et secundum naturam individui. secundum quidem naturam speciei, secundum quod se tenet ex parte ipsius animae, quae, cum sit forma corporis, est principium specificum. secundum autem naturam individui, ex parte corporis, quod est materiale principium. sed tamen neutro modo contingit in hominibus esse habitus naturales ita quod sint totaliter a natura. in angelis siquidem contingit, eo quod habent species intelligibiles naturaliter inditas, quod non competit animae humanae, * ut in primo dictum est. ‘ sunt ergo in hominibus aliqui habitus naturales, tanquam partim a natura existentes et partim ab exteriori principio; aliter quidem in apprehensivis potentiis, et aliter in appetitivis. in apprehensivis enim potentiis potest esse habitus naturalis secundum inchoationem, et secundum naturam speciei, et secundum naturam individui. secundum quidem naturam speciei, ex parte ipsius animae, sicut intellectus principiorum dicitur esse habitus naturalis. ex ipsa enim natura animae intellectualis, convenit homini quod statim, cognito quid est totum et quid est pars, |50| cognoscat quod omne totum est maius sua parte, et simile est in ceteris. sed quid sit totum, et quid sit pars, cognoscere non potest nisi per species intelligibiles a phantasmatibus acceptas. * et propter hoc philosophus, in fine posteriorum, ostendit quod “ cognitio principiorum provenit nobis ex sensu. ‘ secundum vero naturam individui, est aliquis habitus cognoscitivus secundum inchoationem naturalis, inquantum unus homo, ex dispositione organorum, est magis aptus ad bene intelligendum quam alius, inquantum ad operationem intellectus indigemus virtutibus sensitivis. in appetitivis autem potentiis non est aliquis habitus naturalis secundum inchoationem, ex parte ipsius animae, quantum ad ipsam substantiam habitus, sed solum quantum ad principia quaedam ipsius, sicut principia iuris communis dicuntur esse seminalia virtutum. et hoc ideo, quia inclinatio ad obiecta propria, quae videtur esse inchoatio habitus, non pertinet ad habitum, sed magis pertinet ad ipsam rationem potentiarum. sed ex parte corporis, secundum naturam individui, sunt aliqui habitus appetitivi secundum inchoationes naturales. sunt enim quidam dispositi ex propria corporis complexione ad castitatem vel mansuetudinem, vel ad aliquid huiusmodi.

ra1 ‘ Ad primum ergo dicendum quod obiectio illa procedit de natura secundum quod dividitur contra rationem et voluntatem, cum tamen ipsa ratio et voluntas ad naturam hominis pertineant.

ra2 ‘ Ad secundum dicendum quod aliquid etiam naturaliter potest superaddi potentiae, quod tamen ad ipsam potentiam pertinere non potest. sicut in angelis non potest pertinere ad ipsam potentiam intellectivam quod sit per se cognoscitiva omnium, quia oporteret quod esset actus omnium, quod solius dei est. id enim quo aliquid cognoscitur, oportet esse actualem similitudinem eius quod cognoscitur, unde sequeretur, si potentia angeli per seipsam cognosceret omnia, quod esset similitudo et actus omnium. unde oportet quod superaddantur potentiae intellectivae ipsius aliquae species intelligibiles, quae sunt similitudines rerum intellectarum, quia per participationem divinae sapientiae, et non per essentiam propriam, possunt intellectus eorum esse actu ea quae intelligunt. et sic patet quod non omne id quod pertinet ad habitum naturalem, potest ad potentiam pertinere.

ra3 ‘ Ad tertium dicendum quod natura non aequaliter se habet ad causandas omnes diversitates habituum, quia quidam possunt causari a natura, quidam non, * ut supra dictum est. ‘ et ideo non sequitur, si aliqui habitus sint naturales, quod omnes sint naturales.

008 ST2 qu51 ar2

ag1 ‘ Ad secundum sic proceditur. videtur quod nullus habitus possit ex actu causari. habitus enim est qualitas quaedam, * ut supra dictum est. ‘ omnis autem qualitas causatur in aliquo subiecto, inquantum est alicuius receptivum. cum igitur agens ex hoc quod agit, non recipiat aliquid, sed magis ex se emittat; videtur quod non possit aliquis habitus in agente ex propriis actibus generari.

ag2 ‘ Praeterea, illud in quo causatur aliqua qualitas, movetur ad qualitatem illam, sicut patet in re calefacta vel infrigidata, quod autem producit actum causantem qualitatem, movet, ut patet de calefaciente vel infrigidante. si igitur in aliquo causaretur habitus per actum sui ipsius, sequeretur quod idem esset movens et motum, agens et patiens. quod est impossibile, * ut dicitur in vii physic..

ag3 ‘ Praeterea, effectus non potest esse nobilior sua causa. sed habitus est nobilior quam actus praecedens habitum, quod patet ex hoc, quod nobiliores actus reddit. ergo habitus non potest causari ab actu praecedente habitum.

sc * Sed contra est quod philosophus, in ii ethic., docet “ habitus virtutum et vitiorum ex actibus causari.

co ‘ Respondeo dicendum quod in agente quandoque est solum activum principium sui actus, sicut in igne est solum principium activum calefaciendi. et in tali agente non potest aliquis habitus causari ex proprio actu, “ et inde est quod res naturales non possunt aliquid consuescere vel dissuescere, * ut dicitur in ii ethic.. ‘ invenitur autem aliquod agens in quo est principium activum et passivum sui actus, sicut patet in actibus humanis. nam actus appetitivae virtutis procedunt a vi appetitiva secundum quod movetur a vi apprehensiva repraesentante obiectum, et ulterius vis intellectiva, secundum quod ratiocinatur de conclusionibus, habet sicut principium activum propositionem per se notam. unde ex talibus actibus possunt in agentibus aliqui habitus causari, non quidem quantum ad primum activum principium, sed quantum ad principium actus quod movet motum. nam omne quod patitur et movetur ab alio, disponitur per actum agentis, unde ex multiplicatis actibus generatur quaedam qualitas in potentia passiva et mota, quae nominatur habitus. sicut habitus virtutum moralium causantur in appetitivis potentiis, secundum quod moventur a ratione, et habitus scientiarum causantur in intellectu, secundum quod movetur a primis propositionibus.

ra1 ‘ Ad primum ergo dicendum quod agens, inquantum est agens, non recipit aliquid. sed inquantum agit motum ab alio, sic recipit aliquid a movente, et sic causatur habitus.

ra2 ‘ Ad secundum dicendum quod idem, secundum idem, non potest esse movens et motum. nihil autem

prohibet idem a seipso moveri secundum diversa, * ut in viii physic. probatur.
ra3 ' Ad tertium dicendum quod actus praecedens habitum inquantum procedit a principio activo, procedit a nobiliori principio quam sit habitus generatus, sicut ipsa ratio est nobilius principium quam sit habitus virtutis moralis in vi appetitiva per actuum consuetudines generatus; et intellectus principiorum est nobilius principium quam scientia conclusionum.

008 ST2 qu51 ar3

ag1 ' Ad tertium sic proceditur. videtur quod per unum actum possit habitus generari. demonstratio enim actus rationis est. sed per unam demonstrationem causatur scientia quae est habitus conclusionis unius. ergo habitus potest causari ex uno actu.
ag2 ' Praeterea, sicut contingit actus crescere per multiplicationem, ita contingit actum crescere per intensionem. sed multiplicatis actibus, generatur habitus. ergo etiam si multum intendatur unus actus, poterit esse causa generativa habitus.
ag3 ' Praeterea, sanitas et aegritudo sunt habitus quidam. sed ex uno actu contingit hominem vel sanari vel infirmari. ergo unus actus potest habitum causare.
sc * Sed contra est quod philosophus dicit, in i ethic., quod ° una hirundo ver non facit, nec una dies, ita utique nec beatum nec felicem una dies, nec paucum tempus. sed beatitudo est operatio secundum habitum perfectae virtutis, * ut dicitur in i ethic.. ' ergo habitus virtutis, et eadem ratione alius habitus, non causatur per unum actum.
co * Respondeo dicendum quod, sicut iam dictum est, ' habitus per actum generatur inquantum potentia passiva movetur ab aliquo principio activo. ad hoc autem quod aliqua qualitas causetur in passivo, oportet quod activum totaliter vincat passivum. unde videmus quod, quia ignis non potest statim vincere suum combustibile, non statim inflammat ipsum, sed paulatim abiicit contrarias dispositiones, ut sic totaliter vincens ipsum, similitudinem suam ipsi imprimat. manifestum est autem quod principium activum quod est ratio, non totaliter potest supervincere appetitivam potentiam in uno actu, eo quod appetitiva potentia se habet diversimode et ad multa; iudicatur autem per rationem, in uno actu, aliquid appetendum secundum determinatas rationes et circumstantias. unde ex hoc non totaliter vincitur appetitiva potentia, ut feratur in idem ut in pluribus, per modum naturae, quod pertinet ad habitum virtutis. et ideo habitus virtutis non potest causari per unum actum, sed per multos. in apprehensivis autem potentiis considerandum est quod duplex est passivum, unum quidem ipse intellectus possibilis; aliud autem intellectus * quem vocat aristoteles passivum, ' qui est ratio particularis, idest vis cogitativa cum memorativa et imaginativa. respectu igitur primi passivi, potest esse aliquod activum quod uno actu |25| totaliter vincit potentiam sui passivi, sicut una propositio per se nota convincit intellectum ad assentiendum firmiter conclusioni; quod quidem non facit propositio probabilis. unde ex multis actibus rationis oportet causari habitum opinativum, etiam ex parte intellectus possibilis, habitum autem scientiae possibile est causari ex uno rationis actu, quantum ad intellectum possibilem. sed quantum ad inferiores vires apprehensivas, necessarium est eosdem actus pluries reiterari, ut aliquid firmiter memoriae imprimatur. * unde philosophus, in libro de memoria et reminiscentia, dicit quod ° meditatio confirmat memoriam. ' habitus autem corporales possibile est causari ex uno actu, si activum fuerit magnae virtutis, sicut quandoque medicina fortis statim inducit sanitatem.
ra ' Et per hoc patet responsio ad obiecta.

008 ST2 qu51 ar4

ag1 ' Ad quartum sic proceditur. videtur quod nullus habitus hominibus infundatur a deo. deus enim aequaliter se habet ad omnes. si igitur quibusdam infundit habitus aliquos, omnibus eos infunderet. quod patet esse falsum.
ag2 ' Praeterea, deus operatur in omnibus secundum modum qui convenit naturae ipsorum, quia " divinae providentiae est naturam salvare, * ut dicit dionysius, iv cap. de div. nom.. ' sed habitus in homine naturaliter causantur ex actibus, * ut dictum est. ' non ergo causat deus in hominibus aliquos habitus absque actibus.
ag3 ' Praeterea, si aliquis habitus a deo infunditur, per illum habitum homo potest multos actus producere. " sed ex illis actibus causatur similis habitus, * ut in ii ethic. dicitur. ' sequitur ergo duos habitus eiusdem speciei esse in eodem, unum acquisitum, et alterum infusum. quod videtur esse impossibile, non enim duae formae unius speciei possunt esse in eodem subiecto. non ergo habitus aliquis infunditur homini a deo.
sc * Sed contra est quod dicitur eccli. xv, ° implevit eum dominus spiritu sapientiae et intellectus. ' sed sapientia et intellectus quidam habitus sunt. ergo aliqui habitus homini a deo infunduntur.
co ' Respondeo dicendum quod duplici ratione aliqui habitus homini a deo infunduntur. prima ratio est, quia aliqui habitus sunt quibus homo bene disponitur ad finem excedentem facultatem humanae naturae, qui est ultima et perfecta hominis beatitudo, * ut supra dictum est. ' et quia habitus oportet esse proportionatos ei ad quod homo disponitur secundum ipsos, ideo necesse est quod etiam habitus ad huiusmodi finem disponentes, excedant facultatem humanae naturae. unde tales habitus nunquam possunt homini inesse nisi ex infusione divina, sicut est de omnibus gratuitis virtutibus. alia ratio est, quia deus potest producere effectus causarum secundarum absque ipsis causis secundis, * ut in primo dictum est. ' sicut igitur quandoque, ad ostensionem suae virtutis, producit sanitatem absque naturali causa, quae tamen per naturam posset causari; ita etiam quandoque, ad ostendendam suam virtutem, infundit homini illos etiam habitus qui naturali virtute possunt causari. sicut apostolis dedit scientiam scripturarum et omnium linguarum, quam homines per studium vel consuetudinem acquirere possunt, licet non ita perfecte.
ra1 ' Ad primum ergo dicendum quod deus, quantum ad suam naturam, aequaliter se habet ad omnes, sed secundum ordinem suae sapientiae certa ratione quaedam tribuit aliquibus, quae non tribuit aliis.
ra2 ' Ad secundum dicendum quod hoc quod deus in omnibus operatur secundum modum eorum, non excludit quin deus quaedam operetur quae natura operari non potest, sed ex hoc sequitur quod nihil operatur contra id quod naturae convenit.
ra3 ' Ad tertium dicendum quod actus qui producuntur ex habitu infuso, non causant aliquem habitum, sed confirmant habitum praeexistentem, sicut medicinalia remedia adhibita homini sano per naturam, non causant aliquam sanitatem, sed sanitatem prius habitam corroborant.

008 ST2 qu52 ar

pr ' Deinde considerandum est de augmento habituum. et circa hoc quaeruntur tria. primo, utrum habitus augeantur. secundo, utrum augeantur per additionem. tertio, utrum quilibet actus augeat habitum.

008 ST2 qu52 ar1

ag1 ' Ad primum sic proceditur. videtur quod habitus augeri non possint. " augmentum enim est circa quantitatem, * ut dicitur in v physic.. ' sed habitus non sunt in genere quantitatis, sed in genere qualitatis. ergo circa eos augmentum esse non potest.
ag2 " Praeterea, habitus est perfectio quaedam, * ut dicitur in vii physic.. ' sed perfectio, cum importet finem et terminum, non videtur posse recipere magis et minus. ergo habitus augeri non potest.
ag3 ' Praeterea, in his quae recipiunt magis et minus, contingit esse alterationem, alterari enim dicitur quod de minus calido fit magis calidum. sed in habitibus non est alteratio, * ut probatur in vii physic.. ' ergo habitus augeri non possunt.
sc ' Sed contra est quod fides est quidam habitus, et tamen augetur, " unde discipuli domino dicunt, domine, adauge nobis fidem, * ut habetur luc. xvii. ' ergo habitus augentur.
co ' Respondeo dicendum quod augmentum, sicut et alia ad quantitatem pertinentia, a quantitatibus corporalibus ad res spirituales intelligibiles transfertur; propter connaturalitatem intellectus nostri ad res corporeas, quae sub imaginatione cadunt. dicitur autem in quantitatibus corporeis aliquid magnum, secundum quod ad debitam perfectionem quantitatis perducitur, unde aliqua quantitas reputatur magna in homine, quae non reputatur magna in elephante. unde et in formis dicimus aliquid magnum, ex hoc quod est perfectum. et quia bonum habet rationem perfecti, propter hoc ° in his quae non mole magna sunt, idem est esse maius quod melius, * ut augustinus dicit, in vi de trin.. ' perfectio autem formae dupliciter potest considerari, uno modo, secundum ipsam formam; alio modo, secundum quod subiectum participat formam. inquantum igitur attenditur perfectio formae secundum ipsam formam, sic dicitur ipsa esse parva vel magna; puta magna vel parva sanitas vel scientia. inquantum vero attenditur perfectio formae secundum participationem subiecti, dicitur magis et minus; puta magis vel minus album vel sanum. non autem ista distinctio procedit secundum hoc, quod forma habeat esse praeter materiam aut subiectum, sed quia alia est consideratio eius secundum rationem speciei suae, et alia secundum quod participatur in subiecto. * secundum hoc igitur, circa |25| intensionem et remissionem habituum et formarum, fuerunt quatuor opiniones apud philosophos, ut simplicius narrat in commento praedicamentorum. plotinus enim et alii platonici ponebant " ipsas qualitates et habitus suscipere magis et minus, propter hoc quod materiales erant, et ex hoc habebant indeterminationem quandam, propter materiae infinitatem. * alii vero in contrarium ponebant quod " ipsae qualitates et habitus secundum se non recipiebant magis et minus; sed qualia dicuntur magis et minus, secundum diversam participationem; puta quod iustitia non dicatur magis et minus, sed iustum. * et hanc opinionem tangit aristoteles in praedicamentis. tertia fuit opinio stoicorum, media inter has. posuerunt enim " quod aliqui habitus secundum se recipiunt magis et minus, sicuti artes; quidam autem non, sicut virtutes. * quarta opinio fuit quorundam dicentium quod " qualitates et formae immateriales non recipiunt magis et minus, materiales autem recipiunt. ' ut igitur huius rei veritas manifestetur, considerandum est quod illud secundum quod sortitur aliquid speciem, oportet esse fixum et stans, et quasi indivisibile, quaecumque enim |50| ad illud attingunt, sub specie continentur; quaecumque autem recedunt ab illo, vel in plus vel in minus, pertinent ad aliam speciem, vel perfectiorem vel imperfectiorem. * unde philosophus dicit, in viii metaphys., quod " species rerum sunt sicut numeri, in quibus additio vel diminutio variat speciem. ' si igitur aliqua forma, vel quaecumque res, secundum seipsam vel secundum aliquid sui, sortiatur rationem speciei; necesse est quod, secundum se considerata, habeat determinatam rationem, quae neque in plus excedere, neque in minus deficere possit. et huiusmodi sunt calor et albedo, et aliae huiusmodi qualitates quae non dicuntur in ordine ad aliud, et multo magis substantia, quae est per se ens. illa vero quae recipiunt speciem ex aliquo ad quod ordinantur, possunt secundum seipsa diversificari in plus vel in minus, et nihilominus sunt eadem specie, propter unitatem eius ad quod ordinantur, ex quo recipiunt speciem. sicut motus secundum se est intensior et remissior, et tamen remanet eadem species, propter unitatem termini, ex quo specificatur. et idem potest considerari in sanitate, nam corpus pertingit ad rationem sanitatis, secundum quod habet dispositionem convenientem naturae animalis, cui possunt dispositiones diversae convenientes esse; unde potest variari |75| dispositio in plus vel in minus, et tamen semper remanet ratio sanitatis. * unde philosophus dicit, in x ethic., quod ° sanitas ipsa recipit magis et minus, non enim eadem est commensuratio in omnibus, neque in uno et eodem semper; sed remissa permanet sanitas usque ad aliquid. ' huiusmodi autem diversae dispositiones vel commensurationes sanitatis se habent secundum excedens et excessum, unde si nomen sanitatis esset impositum soli perfectissimae commensurationi, tunc ipsa sanitas non diceretur maior vel minor. sic igitur patet qualiter aliqua qualitas vel forma possit secundum seipsam augeri vel minui, et qualiter non. si vero consideremus qualitatem vel formam secundum participationem subiecti, sic etiam inveniuntur quaedam qualitates et formae recipere magis et minus, et quaedam non. * huiusmodi autem diversitatis causam simplicius assignat ex hoc, quod " substantia secundum seipsam non potest recipere magis et minus, quia est ens per se. et ideo omnis forma quae substantialiter participatur in subiecto, caret intensione et remissione, unde in genere substantiae nihil dicitur secundum magis et minus. et quia quantitas propinqua est substantiae, et figura etiam consequitur quantitatem; inde est quod neque etiam in istis dicitur aliquid secundum magis aut minus. |100| * unde philosophus dicit, in vii physic., quod " cum aliquid accipit formam et figuram, non dicitur alterari, sed magis fieri. ' aliae vero qualitates, quae sunt magis distantes a substantia, et coniunguntur passionibus et actionibus, recipiunt magis et minus secundum participationem subiecti. potest autem et magis explicari huiusmodi diversitatis ratio. * ut enim dictum est, ' id a quo aliquid habet speciem, oportet manere fixum et stans in indivisibili. duobus igitur modis potest contingere quod forma non participatur secundum magis et minus. uno modo, quia participans habet speciem secundum ipsam. et inde est quod nulla forma substantialis participatur secundum magis et minus. * et propter hoc philosophus dicit, in viii metaphys., quod, " sicut numerus non habet magis neque minus, sic neque substantia quae est secundum speciem, idest quantum ad participationem formae specificae; sed si quidem quae cum materia, idest, secundum materiales dispositiones invenitur magis et minus in substantia. ' alio modo potest contingere ex hoc quod ipsa indivisibilitas est de ratione formae, unde oportet quod, si aliquid participet formam illam, quod participet illam secundum rationem indivisibilitatis. et inde est quod species numeri non dicuntur secundum magis et minus, quia unaquaeque species in eis |125| constituitur per indivisibilem unitatem. et eadem ratio est de speciebus quantitatis continuae quae secundum numeros accipiuntur ut bicubitum et tricubitum; et de relationibus, ut duplum et triplum; et de figuris, ut trigonum et tetragonum. * et hanc rationem ponit aristoteles in praedicamentis, " ubi, assignans rationem quare figurae non recipiunt magis et minus, dicit, ° quae quidem enim recipiunt trigoni rationem et circuli, similiter trigona vel circuli sunt, ' quia scilicet indivisibilitas est de ipsa eorum ratione, unde quaecumque participant rationem eorum, oportet quod indivisibiliter participent. sic igitur patet quod, cum habitus et dispositiones dicantur secundum ordinem ad aliquid, * ut dicitur in vii physic., ' dupliciter potest intensio et remissio in habitibus et dispositionibus considerari. uno modo, secundum se, prout dicitur maior vel minor sanitas; vel maior vel minor scientia, quae ad plura vel pauciora se extendit. alio modo, secundum participationem subiecti, prout scilicet aequalis scientia vel sanitas magis recipitur in uno quam in alio, secundum diversam aptitudinem vel ex natura vel ex consuetudine. non enim habitus et dispositio dat speciem sub-

iecto, neque iterum in sui ratione includit indivisibilitatem. * quomodo autem circa virtutes se habeat, infra dicetur.
ra1 ‘ Ad primum ergo dicendum quod, sicut nomen magnitudinis derivatur a quantitatibus corporalibus ad intelligibiles perfectiones formarum; ita etiam et nomen augmenti, cuius terminus est magnum.
ra2 ‘ Ad secundum dicendum quod habitus quidem perfectio est, non tamen talis perfectio quae sit terminus sui subiecti, puta dans ei esse specificum. neque etiam in sui ratione terminum includit, sicut species numerorum. unde nihil prohibet quin recipiat magis et minus.
ra3 ‘ Ad tertium dicendum quod alteratio primo quidem est in qualitatibus tertiae speciei. in qualitatibus vero primae speciei potest esse alteratio per posterius, facta enim alteratione secundum calidum et frigidum, sequitur animal alterari secundum sanum et aegrum. et similiter, facta alteratione secundum passiones appetitus sensitivi, vel secundum vires sensitivas apprehensivas, sequitur alteratio secundum scientias et virtutes, * ut dicitur in vii physic..

008 ST2 qu52 ar2

ag1 ‘ Ad secundum sic proceditur. videtur quod augmentum habituum fiat per additionem. nomen enim augmenti, * ut dictum est, ‘ a quantitatibus corporalibus transfertur ad formas. sed in quantitatibus corporalibus non fit augmentum sine additione, * unde in i de generat. dicitur quod ° augmentum est praeexistenti magnitudini additamentum. ‘ ergo et in habitibus non fit augmentum nisi per additionem.
ag2 ‘ Praeterea, habitus non augetur nisi aliquo agente. sed omne agens aliquid facit in subiecto patiente, sicut calefaciens facit calorem in ipso calefacto. ergo non potest esse augmentum nisi aliqua fiat additio.
ag3 ‘ Praeterea, sicut id quod non est album, est in potentia ad album; ita id quod est minus album, est in potentia ad magis album. sed id quod non est album, non fit album nisi per adventum albedinis. ergo id quod est minus album, non fit magis album nisi per aliquam aliam albedinem supervenientem.
sc * Sed contra est quod philosophus dicit, in iv physic., ° ex calido fit magis calidum, nullo facto in materia calido, quod non esset calidum quando erat minus calidum. ‘ ergo, pari ratione, nec in aliis formis quae augentur, est aliqua additio.
co ‘ Respondeo dicendum quod huius quaestionis solutio dependet ex praemissa. * dictum est enim supra quod ‘ augmentum et diminutio in formis quae intenduntur et remittuntur, accidit uno modo non ex parte ipsius formae secundum se consideratae, sed ex diversa participatione subiecti. et ideo huiusmodi augmentum habituum et aliarum formarum, non fit per additionem formae ad formam; sed fit per hoc quod subiectum magis vel minus perfecte participat unam et eandem formam. et sicut per agens quod est actu, fit aliquid actu calidum, quasi de novo incipiens participare formam, non quod fiat ipsa forma, * ut probatur vii metaphys.; ‘ ita per actionem intensam ipsius agentis efficitur magis calidum, tanquam perfectius participans formam, non tanquam formae aliquid addatur. si enim per additionem intelligeretur huiusmodi augmentum in formis, hoc non posset esse nisi vel ex parte ipsius formae, vel ex parte subiecti. si autem ex parte ipsius formae, * iam dictum est quod ‘ talis additio vel subtractio speciem variaret; sicut variatur species coloris, quando de pallido fit album. si vero huiusmodi additio intelligatur ex parte subiecti, hoc non posset esse nisi vel quia aliqua pars subiecti recipit formam quam prius non habebat, ut si dicatur frigus crescere in homine qui prius frigebat in una parte, quando iam in pluribus partibus friget, vel quia aliquod aliud subiectum additur participans eandem formam, sicut si calidum adiungatur calido, vel album albo. sed secundum utrumque istorum duorum modorum, non dicitur aliquid magis album vel calidum, sed maius. sed quia quaedam accidentia augentur secundum seipsa, * ut supra dictum est, ‘ in quibusdam eorum fieri potest augmentum per additionem. augetur enim motus per hoc quod ei aliquid additur vel secundum tempus in quo est, vel secundum viam per quam est, et tamen manet eadem species, propter unitatem termini. augetur etiam nihilominus motus per intensionem, secundum participationem subiecti, inquantum scilicet idem motus potest vel magis vel minus expedite aut prompte fieri. similiter etiam et scientia potest augeri secundum seipsam per additionem, sicut cum aliquis plures conclusiones geometriae addiscit, augetur in eo habitus eiusdem scientiae secundum speciem. augetur nihilominus scientia in aliquo, secundum participationem subiecti, per intensionem, prout scilicet expeditius et clarius unus homo se habet alio in eisdem conclusionibus considerandis. in habitibus autem corporalibus non multum videtur fieri augmentum per additionem. quia non dicitur animal sanum simpliciter, aut pulchrum, nisi secundum omnes partes suas sit tale. quod autem ad perfectiorem commensurationem perducatur, hoc contingit secundum transmutationem simplicium qualitatum; quae non augentur nisi secundum intensionem, ex parte subiecti participantis. * quomodo autem se habeat circa virtutes, infra dicetur.
ra1 ‘ Ad primum ergo dicendum quod etiam in magnitudine corporali contingit dupliciter esse augmentum. uno modo, per additionem subiecti ad subiectum; sicut est in augmento viventium. alio modo, per solam intensionem, absque omni additione; sicut est in his quae rarefiunt, * ut dicitur in iv physic..
ra2 ‘ Ad secundum dicendum quod causa augens habitum, facit quidem semper aliquid in subiecto, non autem novam formam. sed facit quod subiectum perfectius participet formam praeexistentem, aut quod amplius se extendat.
ra3 ‘ Ad tertium dicendum quod id quod nondum est album, est in potentia ad formam ipsam, tanquam nondum habens formam, et ideo agens causat novam formam in subiecto. sed id quod est minus calidum aut album, non est in potentia ad formam, cum iam actu formam habeat, sed est in potentia ad perfectum participationis modum. et hoc consequitur per actionem agentis.

008 ST2 qu52 ar3

ag1 ‘ Ad tertium sic proceditur. videtur quod quilibet actus augeat habitum. multiplicata enim causa, multiplicatur effectus. sed actus sunt causa habituum aliquorum, * ut supra dictum est. ‘ ergo habitus augetur, multiplicatis actibus.
ag2 ‘ Praeterea, de similibus idem est iudicium. “ sed omnes actus ab eodem habitu procedentes sunt similes, * ut dicitur in ii ethic.. ‘ ergo, si aliqui actus augeant habitum, quilibet actus augebit ipsum.
ag3 ‘ Praeterea, simile augetur suo simili. sed quilibet actus est similis habitui a quo procedit. ergo quilibet actus auget habitum.
sc ‘ Sed contra, idem non est contrariorum causa. * sed, sicut dicitur in ii ethic., “ aliqui actus ab habitu procedentes diminuunt ipsum; ‘ utpote cum negligenter fiunt. ergo non omnis actus habitum auget.
co ‘ Respondeo dicendum quod “ similes actus similes habitus causant, * ut dicitur in ii ethic.. ‘ similitudo autem et dissimilitudo non solum attenditur secundum qualitatem eandem vel diversam; sed etiam secundum eundem vel diversum participationis modum. est enim dissimile non solum nigrum albo, sed etiam minus album magis albo, nam etiam motus fit a minus albo in magis album, tanquam ex opposito in oppositum, * ut dicitur in v physic.. ‘ quia vero usus habituum in voluntate hominis consistit, * ut ex supradictis patet; ‘ sicut contingit quod aliquis habens habitum non utitur illo, vel etiam agit actum contrarium; ita etiam potest contingere quod utitur habitu secundum actum non respondentem proportionaliter intensioni habitus. si igitur intensio actus proportionaliter aequetur intensioni habitus, vel etiam superexcedat; quilibet actus vel auget habitum, vel disponit ad augmentum ipsius; ut loquamur de augmento habituum ad similitudinem augmenti animalis. non enim quodlibet alimentum assumptum actu auget animal, sicut nec quaelibet gutta cavat lapidem, sed, multiplicato alimento, tandem fit augmentum. ita etiam, multiplicatis actibus, crescit habitus. si vero intensio actus proportionaliter deficiat ab intensione habitus, talis actus non disponit ad augmentum habitus, sed magis ad diminutionem ipsius.
ra ‘ Et per hoc patet responsio ad obiecta.

008 ST2 qu53 ar

pr ‘ Deinde considerandum est de corruptione et diminutione habituum. et circa hoc quaeruntur tria. primo, utrum habitus corrumpi possit. secundo, utrum possit diminui. tertio, de modo corruptionis et diminutionis.

008 ST2 qu53 ar1

ag1 ‘ Ad primum sic proceditur. videtur quod habitus corrumpi non possit. habitus enim inest sicut natura quaedam, unde operationes secundum habitum sunt delectabiles. sed natura non corrumpitur, manente eo cuius est natura. ergo neque habitus corrumpi potest, manente subiecto.
ag2 ‘ Praeterea, omnis corruptio formae vel est per corruptionem subiecti, vel est a contrario, sicut aegritudo corrumpitur corrupto animali, vel etiam superveniente sanitate. sed scientia, quae est quidam habitus, non potest corrumpi per corruptionem subiecti, quia intellectus, qui est subiectum eius, est substantia quaedam, et non corrumpitur, * ut dicitur in i de anima. ‘ similiter etiam non potest corrumpi a contrario, nam species intelligibiles non sunt ad invicem contrariae, * ut dicitur in vii metaphys.. ‘ ergo habitus scientiae nullo modo corrumpi potest.
ag3 ‘ Praeterea, omnis corruptio est per aliquem motum. sed habitus scientiae, qui est in anima, non potest corrumpi per motum per se ipsius animae, quia anima per se non movetur. movetur autem per accidens per motum corporis. nulla autem transmutatio corporalis videtur posse corrumpere species intelligibiles existentes in intellectu, cum intellectus sit per se locus specierum, sine corpore, unde ponitur quod nec per senium nec per mortem corrumpuntur habitus. ergo scientia corrumpi non potest. et per consequens, nec habitus virtutis, qui etiam est in anima rationali, et, * sicut philosophus dicit in i ethic., ° virtutes sunt permanentiores disciplinis.
sc ‘ Sed contra est quod * philosophus dicit, in libro de longitudine et brevitate vitae, “ quod scientiae corruptio est oblivio et deceptio. ‘ peccando etiam aliquis habitum virtutis amittit. et ex contrariis actibus virtutes generantur et corrumpuntur, * ut dicitur ii ethic..
co ‘ Respondeo dicendum quod secundum se dicitur aliqua forma corrumpi per contrarium suum, per accidens autem, per corruptionem sui subiecti. si igitur fuerit aliquis habitus cuius subiectum est corruptibile, et cuius causa habet contrarium, utroque modo corrumpi poterit, sicut patet de habitibus corporalibus, scilicet sanitate et aegritudine. illi vero habitus quorum subiectum est incorruptibile, non possunt corrumpi per accidens. sunt tamen habitus quidam qui, etsi principaliter sint in subiecto incorruptibili, secundario tamen sunt in subiecto corruptibili, sicut habitus scientiae, qui principaliter est quidem in intellectu possibili, secundario autem in viribus apprehensivis sensitivis, * ut supra dictum est. ‘ et ideo ex parte intellectus possibilis, habitus scientiae non potest corrumpi per accidens; sed solum ex parte inferiorum virium sensitivarum. est igitur considerandum si possunt huiusmodi habitus per se corrumpi. si igitur fuerit aliquis habitus qui habeat aliquod contrarium, vel ex parte sua vel ex parte suae causae, poterit per se corrumpi, si vero non habet contrarium, non poterit per se corrumpi. manifestum est autem quod species intelligibilis in intellectu possibili existens, non habet aliquid contrarium. neque iterum intellectui agenti, qui est causa eius, potest aliquid esse contrarium. unde si aliquis habitus sit in intellectu possibili immediate ab intellectu agente causatus, talis habitus est incorruptibilis et per se et per accidens. huiusmodi autem sunt habitus primorum principiorum, tam speculabilium quam practicorum, qui nulla oblivione vel deceptione corrumpi possunt, * sicut philosophus dicit, in vi ethic., de prudentia, “ quod non perditur per oblivionem. ‘ aliquis vero habitus est in intellectu possibili ex ratione causatus, scilicet habitus conclusionum, qui dicitur scientia, cuius causae dupliciter potest aliquid contrarium esse. uno modo, ex parte ipsarum propositionum ex quibus ratio procedit, etenim enuntiationi quae est, bonum est bonum, contraria est ea quae est, bonum non est bonum, * secundum philosophum, in ii periherm.. ‘ alio modo, quantum ad ipsum processum rationis; prout syllogismus sophisticus opponitur syllogismo dialectico vel demonstrativo. sic igitur patet quod per falsam rationem potest corrumpi habitus verae opinionis, aut etiam scientiae. * unde philosophus dicit quod ‘ deceptio est corruptio scientiae, * sicut supra dictum est. ‘ virtutum vero quaedam sunt intellectuales, quae sunt in ipsa ratione, * ut dicitur in vi ethic., ‘ de quibus est eadem ratio quae est de scientia vel opinione. quaedam vero sunt in parte animae appetitiva, quae sunt virtutes morales, et eadem ratio est de vitiis oppositis. habitus autem appetitivae partis causantur per hoc quod ratio nata est appetitivam partem movere. unde per iudicium rationis in contrarium moventis quocumque modo, scilicet sive ex ignorantia, sive ex passione, vel etiam ex electione, corrumpitur habitus virtutis vel vitii.
ra1 * Ad primum ergo dicendum quod, sicut dicitur in vii ethic., ‘ habitus similitudinem habet naturae, deficit tamen ab ipsa. et ideo, cum natura rei nullo modo removeatur ab ipsa, habitus difficile removetur.
ra2 ‘ Ad secundum dicendum quod, etsi speciebus intelligibilibus non sit aliquid contrarium, enuntiationibus tamen et processui rationis potest aliquid esse contrarium, * ut dictum est.
ra3 ‘ Ad tertium dicendum quod scientia non removetur per motum corporalem quantum ad ipsam radicem habitus, sed solum quantum ad impedimentum actus; inquantum intellectus indiget in suo actu viribus sensitivis, quibus impedimentum affertur per corporalem transmutationem. sed per intelligibilem motum rationis potest corrumpi habitus scientiae, etiam quantum ad ipsam radicem habitus. et similiter etiam potest corrumpi habitus virtutis. * tamen quod dicitur, “ virtutes esse permanentiores disciplinis, intelligendum est non ex parte subiecti vel causae, sed ex parte actus, ‘ nam virtutum usus est continuus per totam vitam, non autem usus disciplinarum.

008 ST2 qu53 ar2

ag1 ‘ Ad secundum sic proceditur. videtur quod habitus diminui non possit. habitus enim est quaedam qualitas et forma simplex. simplex autem aut totum habetur, aut totum amittitur. ergo habitus, etsi corrumpi possit, diminui non potest.
ag2 ‘ Praeterea, omne quod convenit accidenti, convenit eidem secundum se, vel ratione sui subiecti. habitus autem secundum seipsum non intenditur et remittitur, alioquin sequeretur quod aliqua species de suis individuis praedicaretur secundum magis et minus. si igitur secundum participationem subiecti diminui possit, sequeretur quod aliquid accidat habitui proprium, quod non sit commune ei et subiecto. cuicumque autem formae convenit aliquid proprium praeter suum subiectum, illa forma est separabilis, * ut dicitur in i de anima. ‘ sequitur ergo quod habitus sit forma separabilis, quod est impossibile.
ag3 ‘ Praeterea, ratio et natura habitus, sicut et cuiu-

slibet accidentis, consistit in concretione ad subiectum, unde et quodlibet accidens definitur per suum subiectum. si igitur habitus secundum seipsum non intenditur neque remittitur, neque etiam secundum concretionem sui ad subiectum diminui poterit. et ita nullo modo diminuetur.
sc ' Sed contra est quod contraria nata sunt fieri circa idem. augmentum autem et diminutio sunt contraria. cum igitur habitus possit augeri, videtur quod etiam possit diminui.
co ' Respondeo dicendum quod habitus dupliciter diminuuntur, sicut et augentur, * ut ex supradictis patet. ' et sicut ex eadem causa augentur ex qua generantur, ita ex eadem causa diminuuntur ex qua corrumpuntur, nam diminutio habitus est quaedam via ad corruptionem, sicut e converso generatio habitus est quoddam fundamentum augmenti ipsius.
ra1 ' Ad primum ergo dicendum quod habitus secundum se consideratus, est forma simplex, et secundum hoc non accidit ei diminutio, sed secundum diversum modum participandi, qui provenit ex indeterminatione potentiae ipsius participantis, quae scilicet diversimode potest unam formam participare, vel quae potest ad plura vel ad pauciora extendi.
ra2 ' Ad secundum dicendum quod ratio illa procederet, si ipsa essentia habitus nullo modo diminueretur. hoc autem non ponimus, sed quod quaedam diminutio essentiae habitus non habet principium ab habitu, sed a participante.
ra3 ' Ad tertium dicendum quod, quocumque modo significetur accidens, habet dependentiam ad subiectum secundum suam rationem, aliter tamen et aliter. nam accidens significatum in abstracto, importat habitudinem ad subiectum quae incipit ab accidente, et terminatur ad subiectum, nam albedo dicitur qua aliquid est album. et ideo in definitione accidentis abstracti non ponitur subiectum quasi prima pars definitionis, quae est genus; sed quasi secunda, quae est differentia; dicimus enim quod simitas est curvitas nasi. sed in concretis incipit habitudo a subiecto, et terminatur ad accidens, dicitur enim album quod habet albedinem. propter quod in definitione huiusmodi accidentis ponitur subiectum tanquam genus, quod est prima pars definitionis, dicimus enim quod simum est nasus curvus. sic igitur id quod convenit accidentibus ex parte subiecti, non autem ex ipsa ratione accidentis, non attribuitur accidenti in abstracto, sed in concreto. et huiusmodi est intensio et remissio in quibusdam accidentibus, unde albedo non dicitur magis et minus, sed album. et eadem ratio est in habitibus et aliis qualitatibus, nisi quod quidam habitus augentur vel diminuuntur per quandam additionem, * ut ex supradictis patet.

008 ST2 qu53 ar3

ag1 ' Ad tertium sic proceditur. videtur quod habitus non corrumpatur aut diminuatur per solam cessationem ab opere. habitus enim permanentiores sunt quam passibiles qualitates, * ut ex supradictis apparet. ' sed passibiles qualitates non corrumpuntur neque diminuuntur per cessationem ab actu, non enim albedo diminuitur si visum non immutet, neque calor si non calefaciat. ergo neque habitus diminuuntur vel corrumpuntur per cessationem ab actu.
ag2 ' Praeterea, corruptio et diminutio sunt quaedam mutationes. sed nihil mutatur absque aliqua causa movente. cum igitur cessatio ab actu non importet aliquam causam moventem, non videtur quod per cessationem ab actu possit esse diminutio vel corruptio habitus.
ag3 ' Praeterea, habitus scientiae et virtutis sunt in anima intellectiva, quae est supra tempus. ea vero quae sunt supra tempus, non corrumpuntur neque diminuuntur per temporis diuturnitatem. ergo neque huiusmodi habitus corrumpuntur vel diminuuntur per temporis diuturnitatem, si diu aliquis absque exercitio permaneat.
sc ' Sed contra est quod * philosophus, in libro de longit. et brevit. vitae, dicit quod " corruptio scientiae non solum est deceptio, sed etiam oblivio. * et in viii ethic. dicitur quod " multas amicitias inappellatio dissolvit. ' et eadem ratione, alii habitus virtutum per cessationem ab actu diminuuntur vel tolluntur.
co * Respondeo dicendum quod, sicut dicitur in viii physic., ' aliquid potest esse movens dupliciter, uno modo, per se, quod scilicet movet secundum rationem propriae formae, sicut ignis calefacit; alio modo, per accidens, sicut id quod removet prohibens. et hoc modo cessatio ab actu causat corruptionem vel diminutionem habituum, inquantum scilicet removetur actus qui prohibebat causas corrumpentes vel diminuentes habitum. * dictum est enim quod ' habitus per se corrumpuntur vel diminuuntur ex contrario agente. unde quorumcumque habituum contraria subcrescunt per temporis tractum, quae oportet subtrahi per actum ab habitu procedentem; huiusmodi habitus diminuuntur, vel etiam tolluntur totaliter, per diuturnam cessationem ab actu; ut patet et in scientia et in virtute. manifestum est enim quod habitus virtutis moralis facit hominem promptum ad eligendum medium in operationibus et passionibus. cum autem aliquis non utitur habitu virtutis ad moderandas passiones vel operationes proprias, necesse est quod proveniant multae passiones et operationes praeter modum virtutis, ex inclinatione appetitus sensitivi, et aliorum quae exterius movent. unde corrumpitur virtus, vel diminuitur, per cessationem ab actu. similiter etiam est ex parte habituum intellectualium, secundum quos est homo promptus ad recte iudicandum de | 25 | imaginatis. cum igitur homo cessat ab usu intellectualis habitus, insurgunt imaginationes extraneae, et quandoque ad contrarium ducentes; ita quod, nisi per frequentem usum intellectualis habitus, quodammodo succidantur vel comprimantur, redditur homo minus aptus ad recte iudicandum, et quandoque totaliter disponitur ad contrarium. et sic per cessationem ab actu diminuitur, vel etiam corrumpitur intellectualis habitus.
ra1 ' Ad primum ergo dicendum quod ita etiam calor per cessationem a calefaciendo corrumperetur, si per hoc incresceret frigidum, quod est calidi corruptivum.
ra2 ' Ad secundum dicendum quod cessatio ab actu est movens ad corruptionem vel diminutionem, sicut removens prohibens, * ut dictum est.
ra3 ' Ad tertium dicendum quod pars intellectiva animae secundum se est supra tempus, sed pars sensitiva subiacet tempori. et ideo per temporis cursum, transmutatur quantum ad passiones appetitivae partis et etiam quantum ad vires apprehensivas. * unde philosophus dicit, in iv physic., quod " tempus est causa oblivionis.

008 ST2 qu54 ar

pr ' Deinde considerandum est de distinctione habituum. et circa hoc quaeruntur quatuor. primo, utrum multi habitus possint esse in una potentia. secundo, utrum habitus distinguantur secundum obiecta. tertio, utrum habitus distinguantur secundum bonum et malum. quarto, utrum unus habitus ex multis habitibus constituatur.

008 ST2 qu54 ar1

ag1 ' Ad primum sic proceditur. videtur quod non possint esse multi habitus in una potentia. eorum enim quae secundum idem distinguuntur multiplicato uno, multiplicatur et aliud. sed secundum idem potentiae et habitus distinguuntur, scilicet secundum actus et obiecta. similiter ergo multiplicantur. non ergo possunt esse multi habitus in una potentia.
ag2 ' Praeterea, potentia est virtus quaedam simplex. sed in uno subiecto simplici non potest esse diversitas accidentium, quia subiectum est causa accidentis; ab uno autem simplici non videtur procedere nisi unum. ergo in una potentia non possunt esse multi habitus.
ag3 ' Praeterea, sicut corpus formatur per figuram, ita potentia formatur per habitum. sed unum corpus non potest simul formari diversis figuris. ergo neque una potentia potest simul formari diversis habitibus. non ergo plures habitus possunt simul esse in una potentia.
sc ' Sed contra est quod intellectus est una potentia, in qua tamen sunt diversarum scientiarum habitus.
co * Respondeo dicendum quod, sicut supra dictum est, ' habitus sunt dispositiones quaedam alicuius in potentia existentis ad aliquid, sive ad naturam, sive ad operationem vel finem naturae. et de illis quidem habitibus qui sunt dispositiones ad naturam, manifestum est quod possunt plures esse in uno subiecto, eo quod unius subiecti possunt diversimode partes accipi, secundum quarum dispositionem habitus dicuntur. sicut, si accipiantur humani corporis partes humores, prout disponuntur secundum naturam humanam, est habitus vel dispositio sanitatis, si vero accipiantur partes similes ut nervi et ossa et carnes, earum dispositio in ordine ad naturam, est fortitudo aut macies, si vero accipiantur membra, ut manus et pes et huiusmodi, earum dispositio naturae conveniens, est pulchritudo. et sic sunt plures habitus vel dispositiones in eodem. si vero loquamur de habitibus qui sunt dispositiones ad opera, qui proprie pertinent ad potentias; sic etiam contingit unius potentiae esse habitus plures. cuius ratio est, quia subiectum habitus est potentia passiva, * ut supra dictum est, ' potentia enim activa tantum non est alicuius habitus subiectum, * ut ex supradictis patet. ' potentia autem passiva comparatur ad |25| actum determinatum unius speciei, sicut materia ad formam, eo quod, sicut materia determinatur ad unam formam per unum agens, ita etiam potentia passiva a ratione unius obiecti activi determinatur ad unum actum secundum speciem. unde sicut plura obiecta possunt movere unam potentiam passivam, ita una potentia passiva potest esse subiectum diversorum actuum vel perfectionum secundum speciem. habitus autem sunt quaedam qualitates aut formae inhaerentes potentiae, quibus inclinatur potentia ad determinatos actus secundum speciem. unde ad unam potentiam possunt plures habitus pertinere, sicut et plures actus specie differentes.
ra1 ' Ad primum ergo dicendum quod, sicut in rebus naturalibus diversitas specierum est secundum formam, " diversitas autem generum est secundum materiam, * ut dicitur in v metaphys. ' (ea enim sunt diversa genere, quorum est materia diversa), ita etiam diversitas obiectorum secundum genus, facit distinctionem potentiarum * (unde philosophus dicit, in vi ethic., quod ° ad ea quae sunt genere altera, sunt etiam animae particulae aliae); ' diversitas vero obiectorum secundum speciem, facit diversitatem actuum secundum speciem, et per consequens habituum. quaecumque autem sunt diversa genere, sunt etiam specie diversa, sed non convertitur. et ideo diversarum potentiarum sunt diversi actus specie, et diversi habitus, non autem oportet quod diversi habitus sint diversarum potentiarum, sed possunt esse plures unius. et sicut sunt genera generum, et species specierum; ita etiam contingit esse diversas species habituum et potentiarum.
ra2 ' Ad secundum dicendum quod potentia, etsi sit quidem simplex secundum essentiam, est tamen multiplex virtute, secundum quod ad multos actus specie differentes se extendit. et ideo nihil prohibet in una potentia esse multos habitus specie differentes.
ra3 ' Ad tertium dicendum quod corpus formatur per figuram sicut per propriam terminationem, habitus autem non est terminatio potentiae, sed est dispositio ad actum sicut ad ultimum terminum. et ideo non possunt esse unius potentiae simul plures actus, nisi forte secundum quod unus comprehenditur sub alio, sicut nec unius corporis plures figurae, nisi secundum quod una est in alia, sicut trigonum in tetragono. non enim potest intellectus simul multa actu intelligere. potest tamen simul habitu multa scire.

008 ST2 qu54 ar2

ag1 ' Ad secundum sic proceditur. videtur quod habitus non distinguantur secundum obiecta. contraria enim sunt specie differentia. sed idem habitus scientiae est contrariorum, sicut medicina sani et aegri. non ergo secundum obiecta specie differentia, habitus distinguuntur.
ag2 ' Praeterea, diversae scientiae sunt diversi habitus. sed idem scibile pertinet ad diversas scientias, sicut terram esse rotundam demonstrat et naturalis et astrologus, * ut dicitur in ii physic.. ' ergo habitus non distinguuntur secundum obiecta.
ag3 ' Praeterea, eiusdem actus est idem obiectum. sed idem actus potest pertinere ad diversos habitus virtutum, si ad diversos fines referatur, sicut dare pecuniam alicui, si sit propter deum, pertinet ad caritatem; si vero sit propter debitum solvendum, pertinet ad iustitiam. ergo etiam idem obiectum potest ad diversos habitus pertinere. non ergo est diversitas habituum secundum diversitatem obiectorum.
sc ' Sed contra, actus differunt specie secundum diversitatem obiectorum, * ut supra dictum est. ' sed habitus sunt dispositiones quaedam ad actus. ergo etiam habitus distinguuntur secundum diversa obiecta.
co ' Respondeo dicendum quod habitus et est forma quaedam, et est habitus. potest ergo distinctio habituum secundum speciem attendi aut secundum communem modum quo formae specie distinguuntur; aut secundum proprium modum distinctionis habituum. distinguuntur siquidem formae ad invicem secundum diversa principia activa, eo quod omne agens facit simile secundum speciem. habitus autem importat ordinem ad aliquid. omnia autem quae dicuntur secundum ordinem ad aliquid, distinguuntur secundum distinctionem eorum ad quae dicuntur. est autem habitus dispositio quaedam ad duo ordinata, scilicet ad naturam, et ad operationem consequentem naturam. sic igitur secundum tria, habitus specie distinguuntur. uno quidem modo, secundum principia activa talium dispositionum; alio vero modo, secundum naturam; tertio vero modo, secundum obiecta specie differentia; * ut per sequentia explicabitur.
ra1 ' Ad primum ergo dicendum quod in distinctione potentiarum, vel etiam habituum, non est considerandum ipsum obiectum materialiter; sed ratio obiecti differens specie, vel etiam genere. quamvis autem contraria specie differant diversitate rerum, tamen eadem ratio est cognoscendi utrumque, quia unum per aliud cognoscitur. et ideo inquantum conveniunt in una ratione cognoscibilis, pertinent ad unum habitum cognoscitivum.
ra2 ' Ad secundum dicendum quod terram esse rotundam per aliud medium demonstrat naturalis, et per aliud astrologus, astrologus enim hoc demonstrat per media mathematica, sicut per figuras eclipsium, vel per aliud huiusmodi; naturalis vero hoc demonstrat per medium naturale, sicut per motum gravium ad medium, vel per aliud huiusmodi. tota autem virtus demonstrationis, " quae est syllogismus faciens scire, * ut dicitur in i poster., ' dependet ex medio. et ideo diversa media sunt sicut diversa principia activa, secundum quae habitus scientiarum diversificantur.
ra3 ' Ad tertium dicendum quod, * sicut philosophus dicit, in ii physic. et in vii ethic., ' ita se habet finis in operabilibus, sicut principium in demonstrativis. et ideo diversitas finium diversificat virtutes sicut et diversitas activorum principiorum. sunt etiam ipsi fines obiecta actuum interiorum, qui maxime pertinent ad virtutes, * ut ex supradictis patet.

008 ST2 qu54 ar3

ag1 ' Ad tertium sic proceditur. videtur quod habitus non distinguantur secundum bonum et malum. bonum enim et malum sunt contraria. sed idem habitus est contrariorum, * ut supra habitum est. ' ergo

habitus non distinguuntur secundum bonum et malum.
ag2 ‘ Praeterea, bonum convertitur cum ente, et sic, cum sit commune omnibus, non potest sumi ut differentia alicuius speciei; * ut patet per philosophum in iv topic.. ‘ similiter etiam malum, cum sit privatio et non ens, non potest esse alicuius entis differentia. non ergo secundum bonum et malum possunt habitus specie distingui.
ag3 ‘ Praeterea, circa idem obiectum contingit esse diversos habitus malos, sicut circa concupiscentias intemperantiam et insensibilitatem, et similiter etiam plures habitus bonos, scilicet virtutem humanam et virtutem heroicam sive divinam, * ut patet per philosophum in vii ethic.. ‘ non ergo distinguuntur habitus secundum bonum et malum.
sc ‘ Sed contra est quod habitus bonus contrariatur habitui malo, sicut virtus vitio. sed contraria sunt diversa secundum speciem. ergo habitus differunt specie secundum differentiam boni et mali.
co * Respondeo dicendum quod, sicut dictum est, ‘ habitus specie distinguuntur non solum secundum obiecta et principia activa, sed etiam in ordine ad naturam. quod quidem contingit dupliciter. uno modo, secundum convenientiam ad naturam, vel etiam secundum disconvenientiam ab ipsa. et hoc modo distinguuntur specie habitus bonus et malus, nam habitus bonus dicitur qui disponit ad actum convenientem naturae agentis; habitus autem malus dicitur qui disponit ad actum non convenientem naturae. sicut actus virtutum naturae humanae conveniunt, eo quod sunt secundum rationem, actus vero vitiorum, cum sint contra rationem, a natura humana discordant. et sic manifestum est quod secundum differentiam boni et mali, habitus specie distinguuntur. alio modo secundum naturam habitus distinguuntur, ex eo quod habitus unus disponit ad actum convenientem naturae inferiori; alius autem habitus disponit ad actum convenientem naturae superiori. et sic virtus humana, quae disponit ad actum convenientem naturae humanae, distinguitur a divina virtute vel heroica, quae disponit ad actum convenientem cuidam superiori naturae.
ra1 ‘ Ad primum ergo dicendum quod contrariorum potest esse unus habitus, secundum quod contraria conveniunt in una ratione. nunquam tamen contingit quod habitus contrarii sint unius speciei, contrarietas enim habituum est secundum contrarias rationes. et ita secundum bonum et malum habitus distinguuntur, scilicet inquantum unus habitus est bonus et alius malus, non autem ex hoc quod unus est boni et alius mali.
ra2 ‘ Ad secundum dicendum quod bonum commune omni enti non est differentia constituens speciem alicuius habitus, sed quoddam bonum determinatum, quod est secundum convenientiam ad determinatam naturam, scilicet humanam. similiter etiam malum quod est differentia constitutiva habitus, non est privatio pura, sed est aliquid determinatum repugnans determinatae naturae.
ra3 ‘ Ad tertium dicendum quod plures habitus boni circa idem specie, distinguuntur secundum convenientiam ad diversas naturas, * ut dictum est. ‘ plures vero habitus mali distinguuntur circa idem agendum secundum diversas repugnantias ad id quod est secundum naturam, sicut uni virtuti contrariantur diversa vitia circa eandem materiam.

008 ST2 qu54 ar4

ag1 ‘ Ad quartum sic proceditur. videtur quod unus habitus ex pluribus habitibus constituatur. illud enim cuius generatio non simul perficitur, sed successive, videtur constitui ex pluribus partibus. sed generatio habitus non est simul, sed successive ex pluribus actibus, * ut supra habitum est. ‘ ergo unus habitus constituitur ex pluribus habitibus.
ag2 ‘ Praeterea, ex partibus constituitur totum. sed uni habitui assignantur multae partes, * sicut tullius ponit “ multas partes fortitudinis, temperantiae et aliarum virtutum. ‘ ergo unus habitus constituitur ex pluribus.
ag3 ‘ Praeterea, de una sola conclusione potest scientia haberi et actu et habitu. sed multae conclusiones pertinent ad unam scientiam totam, sicut ad geometriam vel arithmeticam. ergo unus habitus constituitur ex multis.
sc ‘ Sed contra, habitus, cum sit qualitas quaedam, est forma simplex. sed nullum simplex constituitur ex pluribus. ergo unus habitus non constituitur ex pluribus habitibus.
co ‘ Respondeo dicendum quod habitus ad operationem ordinatus, de quo nunc principaliter intendimus, est perfectio quaedam potentiae. omnis autem perfectio proportionatur suo perfectibili. unde sicut potentia, cum sit una, ad multa se extendit secundum quod conveniunt in aliquo uno, idest in generali quadam ratione obiecti; ita etiam habitus ad multa se extendit secundum quod habent ordinem ad aliquod unum, puta ad unam specialem rationem obiecti, vel unam naturam, vel unum principium, * ut ex supradictis patet. ‘ si igitur consideremus habitum secundum ea ad quae se extendit, sic inveniemus in eo quandam multiplicitatem. sed quia illa multiplicitas est ordinata ad aliquid unum, ad quod principaliter respicit habitus, inde est quod habitus est qualitas simplex, non constituta ex pluribus habitibus, etiam si ad multa se extendat. non enim unus habitus se extendit ad multa, nisi in ordine ad unum, ex quo habet unitatem.
ra1 ‘ Ad primum ergo dicendum quod successio in generatione habitus non contingit ex hoc quod pars eius generetur post partem, sed ex eo quod subiectum non statim consequitur dispositionem firmam et difficile mobilem; et ex eo quod primo imperfecte incipit esse in subiecto, et paulatim perficitur. sicut etiam est de aliis qualitatibus.
ra2 ‘ Ad secundum dicendum quod partes quae singulis virtutibus cardinalibus assignantur, non sunt partes integrales, ex quibus constituatur totum sed partes subiectivae sive potentiales, * ut infra patebit.
ra3 ‘ Ad tertium dicendum quod ille qui in aliqua scientia acquirit per demonstrationem scientiam conclusionis unius, habet quidem habitum, sed imperfecte. cum vero acquirit per aliquam demonstrationem scientiam conclusionis alterius, non aggeneratur in eo alius habitus; sed habitus qui prius inerat fit perfectior, utpote ad plura se extendens; eo quod conclusiones et demonstrationes unius scientiae ordinatae sunt, et una derivatur ex alia.

008 ST2 qu55 ar

pr ‘ Consequenter considerandum est de habitibus in speciali. et quia habitus, ut dictum est, distinguuntur per bonum et malum, primo dicendum est de habitibus bonis, qui sunt virtutes et alia eis adiuncta, scilicet dona, beatitudines et fructus; secundo, de habitibus malis, scilicet de vitiis et peccatis. circa virtutes autem quinque consideranda sunt, primo, de essentia virtutis; secundo, de subiecto eius; tertio, de divisione virtutum; quarto, de causa virtutis; quinto, de quibusdam proprietatibus virtutis. circa primum quaeruntur quatuor. primo, utrum virtus humana sit habitus. secundo, utrum sit habitus operativus. tertio, utrum sit habitus bonus. quarto, de definitione virtutis.

008 ST2 qu55 ar1

ag1 ‘ Ad primum sic proceditur. videtur quod virtus humana non sit habitus. “ virtus enim est ° ultimum potentiae, * ut dicitur in i de caelo. ‘ sed ultimum uniuscuiusque reducitur ad genus illud cuius est ultimum, sicut punctum ad genus lineae. ergo virtus reducitur ad genus potentiae, et non ad genus habitus.
ag2 * Praeterea, augustinus dicit, in ii de libero arbit., quod ° virtus est bonus usus liberi arbitrii. ‘ sed usus liberi arbitrii est actus. ergo virtus non est habitus, sed actus.
ag3 ‘ Praeterea, habitibus non meremur, sed actibus, alioquin homo mereretur continue, etiam dormiendo. sed virtutibus meremur. ergo virtutes non sunt habitus, sed actus.
ag4 * Praeterea, augustinus dicit, in libro de moribus eccles., quod ° virtus est ordo amoris. * et in libro octoginta trium quaest., dicit quod ° ordinatio quae virtus vocatur, est fruendis frui, et utendis uti. ‘ ordo autem, seu ordinatio, nominat vel actum, vel relationem. ergo virtus non est habitus, sed actus vel relatio.
ag5 ‘ Praeterea, sicut inveniuntur virtutes humanae, ita et virtutes naturales. sed virtutes naturales non sunt habitus, sed potentiae quaedam. ergo etiam neque virtutes humanae.
sc * Sed contra est quod philosophus, in libro praedicament., “ scientiam et virtutem ponit esse habitus.
co ‘ Respondeo dicendum quod virtus nominat quandam potentiae perfectionem. uniuscuiusque autem perfectio praecipue consideratur in ordine ad suum finem. finis autem potentiae actus est. unde potentia dicitur esse perfecta, secundum quod determinatur ad suum actum. sunt autem quaedam potentiae quae secundum seipsas sunt determinatae ad suos actus; sicut potentiae naturales activae. et ideo huiusmodi potentiae naturales secundum seipsas dicuntur virtutes. potentiae autem rationales, quae sunt propriae hominis, non sunt determinatae ad unum, sed se habent indeterminate ad multa, determinantur autem ad actus per habitus, * sicut ex supradictis patet. ‘ et ideo virtutes humanae habitus sunt.
ra1 ‘ Ad primum ergo dicendum quod quandoque virtus dicitur id ad quod est virtus, scilicet vel obiectum virtutis, vel actus eius, sicut fides dicitur quandoque id quod creditur, quandoque vero ipsum credere, quandoque autem ipse habitus quo creditur. unde quando dicitur quod virtus est ultimum potentiae, sumitur virtus pro obiecto virtutis. id enim in quod ultimo potentia potest, est id ad quod dicitur virtus rei, sicut si aliquis potest ferre centum libras et non plus, virtus eius consideratur secundum centum libras, non autem secundum sexaginta. obiectio autem procedebat ac si essentialiter virtus esset ultimum potentiae.
ra2 ‘ Ad secundum dicendum quod bonus usus liberi arbitrii dicitur esse virtus, secundum eandem rationem, quia scilicet est id ad quod ordinatur virtus sicut ad proprium actum. nihil est enim aliud actus virtutis quam bonus usus liberi arbitrii.
ra3 ‘ Ad tertium dicendum quod aliquo dicimur mereri dupliciter. uno modo, sicut ipso merito, eo modo quo dicimur currere cursu, et hoc modo meremur actibus. alio modo dicimur mereri aliquo sicut principio merendi, sicut dicimur currere potentia motiva, et sic dicimur mereri virtutibus et habitibus.
ra4 ‘ Ad quartum dicendum quod virtus dicitur ordo vel ordinatio amoris, sicut id ad quod est virtus, per virtutem enim ordinatur amor in nobis.
ra5 ‘ Ad quintum dicendum quod potentiae naturales sunt de se determinatae ad unum, non autem potentiae rationales. et ideo non est simile, * ut dictum est.

008 ST2 qu55 ar2

ag1 ‘ Ad secundum sic proceditur. videtur quod non sit de ratione virtutis humanae quod sit habitus operativus. * dicit enim tullius, in iv de tuscul. quaest., quod “ sicut est sanitas et pulchritudo corporis, ita est virtus animae. ‘ sed sanitas et pulchritudo non sunt habitus operativi. ergo neque etiam virtus.
ag2 ‘ Praeterea, in rebus naturalibus invenitur virtus non solum ad agere, sed etiam ad esse, * ut patet per philosophum, in i de caelo, ‘ quod quaedam habent virtutem ut sint semper, quaedam vero non ad hoc quod sint semper, sed aliquo tempore determinato. sed sicut se habet virtus naturalis in rebus naturalibus, ita se habet virtus humana in rationalibus. ergo etiam virtus humana non solum est ad agere, sed etiam ad esse.
ag3 * Praeterea, philosophus dicit, in vii physic., quod “ virtus est dispositio perfecti ad optimum. ‘ optimum autem ad quod hominem oportet disponi per virtutem, est ipse deus, * ut probat augustinus in libro ii de moribus eccles.; ‘ ad quem disponitur anima per assimilationem ad ipsum. ergo videtur quod virtus dicatur qualitas quaedam animae in ordine ad deum, tanquam assimilativa ad ipsum, non autem in ordine ad operationem. non igitur est habitus operativus.
sc * Sed contra est quod philosophus dicit, in ii ethic., quod ° virtus uniuscuiusque rei est quae opus eius bonum reddit.
co ‘ Respondeo dicendum quod virtus, ex ipsa ratione nominis, importat quandam perfectionem potentiae, * ut supra dictum est. ‘ unde, cum duplex sit potentia, scilicet potentia ad esse et potentia ad agere, utriusque potentiae perfectio virtus vocatur. sed potentia ad esse se tenet ex parte materiae, quae est ens in potentia, potentia autem ad agere se tenet ex parte formae, quae est principium agendi, eo quod unumquodque agit inquantum est actu. in constitutione autem hominis, corpus se habet sicut materia, anima vero sicut forma. et quantum quidem ad corpus, homo communicat cum aliis animalibus; et similiter quantum ad vires quae sunt animae et corpori communes; solae autem illae vires quae sunt propriae animae, scilicet rationales, sunt hominis tantum. et ideo virtus humana, de qua loquimur, non potest pertinere ad corpus; sed pertinet tantum ad id quod est proprium animae. unde virtus humana non importat ordinem ad esse, sed magis ad agere. et ideo de ratione virtutis humanae est quod sit habitus operativus.
ra1 ‘ Ad primum ergo dicendum quod modus actionis sequitur dispositionem agentis, unumquodque enim quale est, talia operatur. et ideo, cum virtus sit principium aliqualis operationis, oportet quod in operante praeexistat secundum virtutem aliqua conformis dispositio. facit autem virtus operationem ordinatam. et ideo ipsa virtus est quaedam dispositio ordinata in anima, secundum scilicet quod potentiae animae ordinantur aliqualiter ad invicem, et ad id quod est extra. et ideo virtus, inquantum est conveniens dispositio animae, assimilatur sanitati et pulchritudini, quae sunt debitae dispositiones corporis. sed per hoc non excluditur quin virtus etiam sit operationis principium.
ra2 ‘ Ad secundum dicendum quod virtus quae est ad esse, non est propria hominis, sed solum virtus quae est ad opera rationis, quae sunt propria hominis.
ra3 ‘ Ad tertium dicendum quod, cum dei substantia sit eius actio, summa assimilatio hominis ad deum est secundum aliquam operationem. unde, * sicut supra dictum est, ‘ felicitas sive beatitudo, per quam homo maxime deo conformatur, quae est finis humanae vitae, in operatione consistit.

008 ST2 qu55 ar3

ag1 ‘ Ad tertium sic proceditur. videtur quod non sit de ratione virtutis quod sit habitus bonus. peccatum enim in malo semper sumitur. sed etiam peccati est aliqua virtus; * secundum illud i ad cor. xv, ° virtus peccati lex. ‘ ergo virtus non semper est habitus bonus.
ag2 ‘ Praeterea, virtus potentiae respondet. sed potentia non solum se habet ad bonum, sed etiam ad malum; * secundum illud isaiae v, ° vae, qui potentes estis ad bibendum vinum, et viri fortes ad miscendam ebrietatem. ‘ ergo etiam virtus se habet et ad bonum et ad malum.
ag3 * Praeterea, secundum apostolum, ii ad cor. xii, “ virtus in infirmitate perficitur. ‘ sed infirmitas est quoddam malum. ergo virtus non solum se habet ad bonum, sed etiam ad malum.
sc * Sed contra est quod augustinus dicit, in libro de moribus eccles., ° nemo autem dubitaverit quod virtus animam facit optimam. * et philosophus dicit, in ii ethic., quod ° virtus est quae bonum facit haben-

tem, et opus eius bonum reddit.
co * Respondeo dicendum quod, sicut supra dictum est, ' virtus importat perfectionem potentiae, unde virtus cuiuslibet rei determinatur ad ultimum in quod res potest, * ut dicitur in i de caelo. ' ultimum autem in quod unaquaeque potentia potest, oportet quod sit bonum, nam omne malum defectum quendam importat; * unde dionysius dicit, in iv cap. de div. nom., quod " omne malum est infirmum. ' et propter hoc oportet quod virtus cuiuslibet rei dicatur in ordine ad bonum. unde virtus humana, quae est habitus operativus, est bonus habitus, et boni operativus.
ra1 ' Ad primum ergo dicendum quod sicut perfectum, ita et bonum dicitur metaphorice in malis, dicitur enim et perfectus fur sive latro, et bonus fur sive latro; * ut patet per philosophum, in v metaphys.. ' secundum hoc ergo, etiam virtus metaphorice in malis dicitur. et sic virtus peccati dicitur lex, inquantum scilicet per legem occasionaliter est peccatum augmentatum, et quasi ad maximum suum posse pervenit.
ra2 ' Ad secundum dicendum quod malum ebrietatis et nimiae potationis, consistit in defectu ordinis rationis. contingit autem, cum defectu rationis, esse aliquam potentiam inferiorem perfectam ad id quod est sui generis, etiam cum repugnantia vel cum defectu rationis. perfectio autem talis potentiae, cum sit cum defectu rationis, non posset dici virtus humana.
ra3 ' Ad tertium dicendum quod tanto ratio perfectior esse ostenditur, quanto infirmitates corporis et inferiorum partium magis potest vincere seu tolerare. et ideo virtus humana, quae rationi attribuitur, in infirmitate perfici dicitur, non quidem rationis, sed in infirmitate corporis et inferiorum partium.

008 ST2 qu55 ar4

ag1 ' Ad quartum sic proceditur. videtur quod non sit conveniens definitio virtutis quae solet assignari, scilicet, " virtus est bona qualitas mentis, qua recte vivitur, qua nullus male utitur, quam deus in nobis sine nobis operatur. ' virtus enim est bonitas hominis, ipsa enim est quae bonum facit habentem. sed bonitas non videtur esse bona, sicut nec albedo est alba. igitur inconvenienter dicitur quod virtus est bona qualitas.
ag2 ' Praeterea, nulla differentia est communior suo genere, cum sit generis divisiva. sed bonum est communius quam qualitas, convertitur enim cum ente. ergo bonum non debet poni in definitione virtutis, ut differentia qualitatis.
ag3 * Praeterea, sicut augustinus dicit, in xii de trin., ° ubi primo occurrit aliquid quod non sit nobis pecoribusque commune, illud ad mentem pertinet. " sed quaedam virtutes sunt etiam irrationabilium partium; * ut philosophus dicit, in iii ethic.. ' non ergo omnis virtus est bona qualitas mentis.
ag4 ' Praeterea, rectitudo videtur ad iustitiam pertinere, unde idem dicuntur recti, et iusti. sed iustitia est species virtutis. inconvenienter ergo ponitur rectum in definitione virtutis, cum dicitur, qua recte vivitur.
ag5 ' Praeterea, quicumque superbit de aliquo, male utitur eo. sed multi superbiunt de virtute, * dicit enim augustinus, in regula, ° quod superbia etiam bonis operibus insidiatur, ut pereant. ' falsum est ergo quod nemo virtute male utatur.
ag6 ' Praeterea, homo per virtutem iustificatur. * sed augustinus dicit, super illud ioan., ° maiora horum faciet, qui creavit te sine te, non iustificabit te sine te. ' inconvenienter ergo dicitur quod virtutem deus in nobis sine nobis operatur.
sc * Sed contra est auctoritas augustini, ex cuius verbis praedicta definitio colligitur, et praecipue in ii de libero arbitrio.
co ' Respondeo dicendum quod ista definitio perfecte complectitur totam rationem virtutis. perfecta enim ratio uniuscuiusque rei colligitur ex omnibus causis eius. comprehendit autem praedicta definitio omnes causas virtutis. causa namque formalis virtutis, sicut et cuiuslibet rei, accipitur ex eius genere et differentia, cum dicitur qualitas bona, genus enim virtutis qualitas est, differentia autem bonum. esset tamen convenientior definitio, si loco qualitatis habitus poneretur, qui est genus propinquum. virtus autem non habet materiam ex qua, sicut nec alia accidentia, sed habet materiam circa quam; et materiam in qua, scilicet subiectum. materia autem circa quam est obiectum virtutis; quod non potuit in praedicta definitione poni, eo quod per obiectum determinatur virtus ad speciem; hic autem assignatur definitio virtutis in communi. unde ponitur subiectum loco causae materialis, cum dicitur quod est bona qualitas mentis. finis autem virtutis, cum sit habitus operativus, est ipsa operatio. sed notandum quod habituum operativorum aliqui sunt semper ad malum, sicut habitus vitiosi; aliqui vero quandoque ad bonum, et quandoque ad malum, sicut opinio se habet ad verum et ad falsum; virtus autem est habitus semper se habens ad bonum. et ideo, |25| ut discernatur virtus ab his quae semper se habent ad malum, dicitur, qua recte vivitur, ut autem discernatur ab his quae se habent quandoque ad bonum, quandoque ad malum, dicitur, qua nullus male utitur. causa autem efficiens virtutis infusae, de qua definitio datur, deus est. propter quod dicitur, quam deus in nobis sine nobis operatur. quae quidem particula si auferatur, reliquum definitionis erit commune omnibus virtutibus, et acquisitis et infusis.
ra1 ' Ad primum ergo dicendum quod id quod primo cadit in intellectu, est ens, unde unicuique apprehenso a nobis attribuimus quod sit ens; et per consequens quod sit unum et bonum, quae convertuntur cum ente. unde dicimus quod essentia est ens et una et bona; et quod unitas est ens et una et bona; et similiter de bonitate. non autem hoc habet locum in specialibus formis, sicut est albedo et sanitas, non enim omne quod apprehendimus, sub ratione albi et sani apprehendimus. sed tamen considerandum quod sicut accidentia et formae non subsistentes dicuntur entia, non quia ipsa habeant esse, sed quia eis aliquid est; ita etiam dicuntur bona vel una, non quidem aliqua alia bonitate vel unitate, sed quia eis est aliquid bonum vel unum. sic igitur et virtus dicitur bona, quia ea aliquid est bonum.
ra2 ' Ad secundum dicendum quod bonum quod ponitur in definitione virtutis, non est bonum commune, quod convertitur cum ente, et est in plus quam qualitas, sed est bonum rationis, * secundum quod dionysius dicit, in iv cap. de div. nom., ° quod bonum animae est secundum rationem esse.
ra3 ' Ad tertium dicendum quod virtus non potest esse in irrationali parte animae, nisi inquantum participat rationem, * ut dicitur in i ethic.. ' et ideo ratio, sive mens, est proprium subiectum virtutis humanae.
ra4 ' Ad quartum dicendum quod iustitiae est propria rectitudo quae constituitur circa res exteriores quae in usum hominis veniunt, quae sunt propria materia iustitiae, * ut infra patebit. ' sed rectitudo quae importat ordinem ad finem debitum et ad legem divinam, quae est regula voluntatis humanae, * ut supra dictum est, ' communis est omni virtuti.
ra5 ' Ad quintum dicendum quod virtute potest aliquis male uti tanquam obiecto, puta cum male sentit de virtute, cum odit eam, vel superbit de ea, non autem tanquam principio usus, ita scilicet quod malus sit actus virtutis.
ra6 ' Ad sextum dicendum quod virtus infusa causatur in nobis a deo sine nobis agentibus, non tamen sine nobis consentientibus. * et sic est intelligendum quod dicitur, " quam deus in nobis sine nobis operatur. ' quae vero per nos aguntur, deus in nobis causat non sine nobis agentibus, ipse enim operatur in omni voluntate et natura.

008 ST2 qu56 ar

pr ' Deinde considerandum est de subiecto virtutis. et circa hoc quaeruntur sex. primo, utrum virtus sit in potentia animae sicut in subiecto. secundo, utrum una virtus possit esse in pluribus potentiis. tertio, utrum intellectus possit esse subiectum virtutis. quarto, utrum irascibilis et concupiscibilis. quinto, utrum vires apprehensivae sensitivae. sexto, utrum voluntas.

008 ST2 qu56 ar1

ag1 ' Ad primum sic proceditur. videtur quod virtus non sit in potentia animae sicut in subiecto. * dicit enim augustinus, in ii de lib. arbit., quod " virtus est qua recte vivitur. ' vivere autem non est per potentiam animae, sed per eius essentiam. ergo virtus non est in potentia animae, sed in eius essentia.
ag2 * Praeterea, philosophus dicit, in ii ethic., ° virtus est quae bonum facit habentem, et opus eius bonum reddit. ' sed sicut opus constituitur per potentiam, ita habens virtutem constituitur per essentiam animae. ergo virtus non magis pertinet ad potentiam animae, quam ad eius essentiam.
ag3 ' Praeterea, potentia est in secunda specie qualitatis. virtus autem est quaedam qualitas, * ut supra dictum est. ' qualitatis autem non est qualitas. ergo virtus non est in potentia animae sicut in subiecto.
sc " Sed contra, virtus est ultimum potentiae, * ut dicitur in i de caelo. ' sed ultimum est in eo cuius est ultimum. ergo virtus est in potentia animae.
co ' Respondeo dicendum quod virtutem pertinere ad potentiam animae, ex tribus potest esse manifestum. primo quidem, ex ipsa ratione virtutis, quae importat perfectionem potentiae, perfectio autem est in eo cuius est perfectio. secundo, ex hoc quod est habitus operativus, * ut supra dictum est, ' omnis autem operatio est ab anima per aliquam potentiam. tertio, ex hoc quod disponit ad optimum, optimum autem est finis, qui vel est operatio rei, vel aliquid consecutum per operationem a potentia egredientem. unde virtus humana est in potentia animae sicut in subiecto.
ra1 ' Ad primum ergo dicendum quod vivere dupliciter sumitur. quandoque enim dicitur vivere ipsum esse viventis, et sic pertinet ad essentiam animae, quae est viventi essendi principium. alio modo vivere dicitur operatio viventis, et sic virtute recte vivitur, inquantum per eam aliquis recte operatur.
ra2 ' Ad secundum dicendum quod bonum vel est finis, vel in ordine ad finem dicitur. et ideo, cum bonum operantis consistat in operatione, hoc etiam ipsum quod virtus facit operantem bonum, refertur ad operationem, et per consequens ad potentiam.
ra3 ' Ad tertium dicendum quod unum accidens dicitur esse in alio sicut in subiecto, non quia accidens per seipsum possit sustentare aliud accidens, sed quia unum accidens inhaeret substantiae mediante alio accidente, ut color corpori mediante superficie; unde superficies dicitur esse subiectum coloris. et eo modo potentia animae dicitur esse subiectum virtutis.

008 ST2 qu56 ar2

ag1 ' Ad secundum sic proceditur. videtur quod una virtus possit esse in duabus potentiis. habitus enim cognoscuntur per actus. sed unus actus progreditur diversimode a diversis potentiis, sicut ambulatio procedit a ratione ut a dirigente, a voluntate sicut a movente, et a potentia motiva sicut ab exequente. ergo etiam unus habitus virtutis potest esse in pluribus potentiis.
ag2 * Praeterea, philosophus dicit, in ii ethic., quod " ad virtutem tria requiruntur, scilicet scire, velle et immobiliter operari. ' sed scire pertinet ad intellectum, velle ad voluntatem. ergo virtus potest esse in pluribus potentiis.
ag3 ' Praeterea, prudentia est in ratione, cum sit recta ratio agibilium, * ut dicitur in vi ethic.. ' est etiam in voluntate, quia non potest esse cum voluntate perversa, * ut in eodem libro dicitur. ' ergo una virtus potest esse in duabus potentiis.
sc ' Sed contra, virtus est in potentia animae sicut in subiecto. sed idem accidens non potest esse in pluribus subiectis. ergo una virtus non potest esse in pluribus potentiis animae.
co ' Respondeo dicendum quod aliquid esse in duobus, contingit dupliciter. uno modo, sic quod ex aequo sit in utroque. et sic impossibile est unam virtutem esse in duabus potentiis, quia diversitas potentiarum attenditur secundum generales conditiones obiectorum, diversitas autem habituum secundum speciales; unde ubicumque est diversitas potentiarum, est diversitas habituum, sed non convertitur. alio modo potest esse aliquid in duobus vel pluribus, non ex aequo, sed ordine quodam. et sic una virtus pertinere potest ad plures potentias; ita quod in una sit principaliter, et se extendat ad alias per modum diffusionis, vel per modum dispositionis; secundum quod una potentia movetur ab alia, et secundum quod una potentia accipit ab alia.
ra1 ' Ad primum ergo dicendum quod idem actus non potest aequaliter, et eodem ordine, pertinere ad diversas potentias, sed secundum diversas rationes, et diverso ordine.
ra2 ' Ad secundum dicendum quod scire praeexigitur ad virtutem moralem, inquantum virtus moralis operatur secundum rationem rectam. sed essentialiter in appetendo virtus moralis consistit.
ra3 ' Ad tertium dicendum quod prudentia realiter est in ratione sicut in subiecto, sed praesupponit rectitudinem voluntatis sicut principium, * ut infra dicetur.

008 ST2 qu56 ar3

ag1 ' Ad tertium sic proceditur. videtur quod intellectus non sit subiectum virtutis. * dicit enim augustinus, in libro de moribus eccles., quod " omnis virtus est amor. ' subiectum autem amoris non est intellectus, sed solum vis appetitiva. ergo nulla virtus est in intellectu.
ag2 ' Praeterea, virtus ordinatur ad bonum, * sicut ex supradictis patet. ' bonum autem non est obiectum intellectus, sed appetitivae virtutis. ergo subiectum virtutis non est intellectus, sed appetitiva virtus.
ag3 ° Praeterea, virtus est quae bonum facit habentem, * ut philosophus dicit. ' sed habitus perficiens intellectum non facit bonum habentem, non enim propter scientiam vel artem dicitur homo bonus. ergo intellectus non est subiectum virtutis.
sc ' Sed contra est quod mens maxime dicitur intellectus. subiectum autem virtutis est mens; * ut patet ex definitione virtutis supra inducta. ' ergo intellectus est subiectum virtutis.
co * Respondeo dicendum quod, sicut supra dictum est, ' virtus est habitus quo quis bene operatur. dupliciter autem habitus aliquis ordinatur ad bonum actum. uno modo, inquantum per huiusmodi habitum acquiritur homini facultas ad bonum actum, sicut per habitum grammaticae habet homo facultatem recte loquendi. non tamen grammatica facit ut homo semper recte loquatur, potest enim grammaticus barbarizare aut soloecismum facere. et eadem ratio est in aliis scientiis et artibus. alio modo, aliquis habitus non solum facit facultatem agendi, sed etiam facit quod aliquis recte facultate utatur, sicut iustitia non solum facit quod homo sit promptae voluntatis ad iusta operandum, sed etiam facit ut iuste operetur. et quia bonum, sicut et ens, non dicitur simpliciter aliquid secundum id quod est in potentia, sed secundum id quod est in actu; ideo ab huiusmodi habitibus simpliciter dicitur homo bonum operari, et esse bonus, puta quia est iustus vel temperatus; et eadem ratio est de similibus. et quia virtus est quae bonum facit habentem, et opus eius bonum reddit, huiusmodi habitus simpliciter dicuntur virtutes, quia reddunt bonum opus in actu, et simpliciter faciunt bonum habentem. primi vero habitus non simpliciter dicuntur virtutes, quia non reddunt bonum opus nisi in quadam facultate, |25| nec simpliciter faciunt

bonum habentem. non enim dicitur simpliciter aliquis homo bonus, ex hoc quod est sciens vel artifex, sed dicitur bonus solum secundum quid, puta bonus grammaticus, aut bonus faber. et propter hoc, plerumque scientia et ars contra virtutem dividitur, quandoque autem virtutes dicuntur, * ut patet in vi ethic.. ‘ subiectum igitur habitus qui secundum quid dicitur virtus, potest esse intellectus, non solum practicus, sed etiam intellectus speculativus, absque omni ordine ad voluntatem, * sic enim philosophus, in vi ethic., “ scientiam, sapientiam et intellectum, et etiam artem, ponit esse intellectuales virtutes. ‘ subiectum vero habitus qui simpliciter dicitur virtus, non potest esse nisi voluntas; vel aliqua potentia secundum quod est mota a voluntate. cuius ratio est, quia voluntas movet omnes alias potentias quae aliqualiter sunt rationales, ad suos actus, * ut supra habitum est, ‘ et ideo quod homo actu bene agat, contingit ex hoc quod homo habet bonam voluntatem. unde virtus quae facit bene agere in actu, non solum in facultate, oportet quod vel sit in ipsa voluntate; vel in aliqua potentia secundum quod est a voluntate mota. |50| contingit autem intellectum a voluntate moveri, sicut et alias potentias, considerat enim aliquis aliquid actu, eo quod vult. et ideo intellectus, secundum quod habet ordinem ad voluntatem, potest esse subiectum virtutis simpliciter dictae. et hoc modo intellectus speculativus, vel ratio, est subiectum fidei, movetur enim intellectus ad assentiendum his quae sunt fidei, ex imperio voluntatis; nullus enim credit nisi volens. intellectus vero practicus est subiectum prudentiae. cum enim prudentia sit recta ratio agibilium, requiritur ad prudentiam quod homo se bene habeat ad principia huius rationis agendorum, quae sunt fines; ad quos bene se habet homo per rectitudinem voluntatis, sicut ad principia speculabilium per naturale lumen intellectus agentis. et ideo sicut subiectum scientiae, quae est ratio recta speculabilium, est intellectus speculativus in ordine ad intellectum agentem; ita subiectum prudentiae est intellectus practicus in ordine ad voluntatem rectam.

ra1 * Ad primum ergo dicendum quod verbum augustini ‘ intelligendum est de virtute simpliciter dicta non quod omnis talis virtus sit simpliciter amor; sed quia dependet aliqualiter ab amore, inquantum dependet a voluntate, cuius prima affectio est amor, * ut supra dictum est.

ra2 ‘ Ad secundum dicendum quod bonum uniuscuiusque est finis eius, et ideo, cum verum sit finis intellectus, cognoscere verum est bonus actus intellectus. unde habitus perficiens intellectum ad verum cognoscendum, vel in speculativis vel in practicis, dicitur virtus.

ra3 ‘ Ad tertium dicendum quod ratio illa procedit de virtute simpliciter dicta.

008 ST2 qu56 ar4

ag1 ‘ Ad quartum sic proceditur. videtur quod irascibilis et concupiscibilis non possint esse subiectum virtutis. huiusmodi enim vires sunt communes nobis et brutis. sed nunc loquimur de virtute secundum quod est propria homini, sic enim dicitur virtus humana. non igitur humanae virtutis potest esse subiectum irascibilis et concupiscibilis, quae sunt partes appetitus sensitivi, * ut in primo dictum est.

ag2 ‘ Praeterea, appetitus sensitivus est vis utens organo corporali. sed bonum virtutis non potest esse in corpore hominis, * dicit enim apostolus, rom. vii, ° scio quod non habitat in carne mea bonum. ‘ ergo appetitus sensitivus non potest esse subiectum virtutis.

ag3 * Praeterea, augustinus probat, in libro de moribus eccles., quod “ virtus non est in corpore, sed in anima, eo quod per animam corpus regitur, unde quod aliquis corpore bene utatur, totum refertur ad animam; ° sicut si mihi auriga obtemperans, equos quibus praeest, recte regit, hoc totum mihi debetur. ‘ sed sicut anima regit corpus, ita etiam ratio regit appetitum sensitivum. ergo totum rationali parti debetur, quod irascibilis et concupiscibilis recte regantur. sed virtus est qua recte vivitur, * ut supra dictum est. ‘ virtus igitur non est in irascibili et concupiscibili, sed solum in parte rationali.

ag4 “ Praeterea, principalis actus virtutis moralis est electio, * ut dicitur in viii ethic.. ‘ sed electio non est actus irascibilis et concupiscibilis, sed rationis, * ut supra dictum est. ‘ ergo virtus moralis non est in irascibili et concupiscibili, sed in ratione.

sc ‘ Sed contra est quod fortitudo ponitur esse in irascibili, temperantia autem in concupiscibili. unde * philosophus dicit, in iii ethic., quod ° hae virtutes sunt irrationabilium partium.

co ‘ Respondeo dicendum quod irascibilis et concupiscibilis dupliciter considerari possunt. uno modo secundum se, inquantum sunt partes appetitus sensitivi. et hoc modo, non competit eis quod sint subiectum virtutis. alio modo possunt considerari inquantum participant rationem, per hoc quod natae sunt rationi obedire. et sic irascibilis vel concupiscibilis potest esse subiectum virtutis humanae, sic enim est principium humani actus, inquantum participat rationem. et in his potentiis necesse est ponere virtutes. quod enim in irascibili et concupiscibili sint aliquae virtutes, patet. actus enim qui progreditur ab una potentia secundum quod est ab alia mota, non potest esse perfectus, nisi utraque potentia sit bene disposita ad actum, sicut actus artificis non potest esse congruus, nisi et artifex sit bene dispositus ad agendum, et etiam ipsum instrumentum. in his igitur circa quae operatur irascibilis et concupiscibilis secundum quod sunt a ratione motae, necesse est ut aliquis habitus perficiens ad bene agendum sit non solum in ratione, sed etiam in irascibili et concupiscibili. et quia bona dispositio potentiae moventis motae, attenditur secundum conformitatem ad potentiam moventem; ideo virtus quae est in irascibili et concupiscibili, nihil aliud est quam quaedam habitualis conformitas istarum potentiarum ad rationem.

ra1 ‘ Ad primum ergo dicendum quod irascibilis et concupiscibilis secundum se consideratae, prout sunt partes appetitus sensitivi, communes sunt nobis et brutis. sed secundum quod sunt rationales per participationem, ut obedientes rationi, sic sunt propriae hominis. et hoc modo possunt esse subiectum virtutis humanae.

ra2 ‘ Ad secundum dicendum quod, sicut caro hominis ex se quidem non habet bonum virtutis, fit tamen instrumentum virtuosi actus, inquantum, movente ratione, membra nostra exhibemus ad serviendum iustitiae, ita etiam irascibilis et concupiscibilis ex se quidem non habent bonum virtutis sed magis infectionem fomitis; inquantum vero conformantur rationi, sic in eis adgeneratur bonum virtutis moralis.

ra3 ‘ Ad tertium dicendum quod alia ratione regitur corpus ab anima, et irascibilis et concupiscibilis a ratione. corpus enim ad nutum obedit animae absque contradictione, in his in quibus natum est ab anima moveri, unde * philosophus dicit, in i polit., quod “ anima regit corpus despotico principatu, idest sicut dominus servum. ‘ et ideo totus motus corporis refertur ad animam. et propter hoc in corpore non est virtus, sed solum in anima. sed irascibilis et concupiscibilis non ad nutum obediunt rationi, sed habent proprios motus suos, quibus interdum rationi repugnant, * unde in eodem libro philosophus dicit quod “ ratio regit irascibilem et concupiscibilem principatu politico, quo scilicet reguntur liberi, qui habent in aliquibus propriam voluntatem. ‘ et propter hoc etiam oportet in irascibili et concupiscibili esse aliquas virtutes, quibus bene disponantur ad actum.

ra4 ‘ Ad quartum dicendum quod in electione duo sunt, scilicet intentio finis, quae pertinet ad virtutem moralem; et praeacceptio eius quod est ad finem, quod pertinet ad prudentiam; “ ut dicitur in vi ethic.. ‘ quod autem habeat rectam intentionem finis circa passiones animae, hoc contingit ex bona dispositione irascibilis et concupiscibilis. et ideo virtutes morales circa passiones, sunt in irascibili et concupiscibili, sed prudentia est in ratione.

008 ST2 qu56 ar5

ag1 ‘ Ad quintum sic proceditur. videtur quod in viribus sensitivis apprehensivis interius, possit esse aliqua virtus. appetitus enim sensitivus potest esse subiectum virtutis, inquantum obedit rationi. sed vires sensitivae apprehensivae interius, rationi obediunt, ad imperium enim rationis operatur et imaginativa et cogitativa et memorativa. ergo in his viribus potest esse virtus.

ag2 ‘ Praeterea, sicut appetitus rationalis, qui est voluntas, in suo actu potest impediri, vel etiam adiuvari, per appetitum sensitivum; ita etiam intellectus vel ratio potest impediri, vel etiam iuvari, per vires praedictas. sicut ergo in viribus sensitivis appetitivis potest esse virtus, ita etiam in apprehensivis.

ag3 ‘ Praeterea, prudentia est quaedam virtus, * cuius partem ponit tullius memoriam, in sua rhetorica. ‘ ergo etiam in vi memorativa potest esse aliqua virtus. et eadem ratione, in aliis interioribus apprehensivis viribus.

sc “ Sed contra est quod omnes virtutes vel sunt intellectuales, vel morales, * ut dicitur in ii ethic.. ‘ morales autem virtutes omnes sunt in parte appetitiva, intellectuales autem in intellectu vel ratione, * sicut patet in vi ethic.. ‘ nulla ergo virtus est in viribus sensitivis apprehensivis interius.

co ‘ Respondeo dicendum quod in viribus sensitivis apprehensivis interius, ponuntur aliqui habitus. * quod patet ex hoc praecipue quod philosophus dicit, in libro de memoria, ° quod in memorando unum post aliud, operatur consuetudo, quae est quasi quaedam natura, ‘ nihil autem est aliud habitus consuetudinalis quam habitudo acquisita per consuetudinem, quae est in modum naturae. * unde de virtute dicit tullius, in sua rhetorica, quod est ° habitus in modum naturae, rationi consentaneus. ‘ in homine tamen id quod ex consuetudine acquiritur in memoria, et in aliis viribus sensitivis apprehensivis, non est habitus per se; sed aliquid annexum habitibus intellectivae partis, * ut supra dictum est. ‘ sed tamen si qui sunt habitus in talibus viribus, virtutes dici non possunt. virtus enim est habitus perfectus, quo non contingit nisi bonum operari, unde oportet quod virtus sit in illa potentia quae est consummativa boni operis. cognitio autem veri non consummatur in viribus sensitivis apprehensivis; sed huiusmodi vires sunt quasi praeparatoriae ad cognitionem intellectivam. et ideo in huiusmodi viribus non sunt virtutes, quibus cognoscitur verum; sed magis in intellectu vel ratione.

ra1 ‘ Ad primum ergo dicendum quod appetitus sensitivus se habet ad voluntatem, quae est appetitus rationis, sicut motus ab eo. et ideo opus appetitivae virtutis consummatur in appetitu sensitivo. et propter hoc, appetitus sensitivus est subiectum virtutis. virtutes autem sensitivae apprehensivae magis se habent ut moventes respectu intellectus, “ eo quod phantasmata se habent ad animam intellectivam, sicut colores ad visum, * ut dicitur in iii de anima. ‘ et ideo opus cognitionis in intellectu terminatur. et propter hoc, virtutes cognoscitivae sunt in ipso intellectu vel ratione.

ra2 ‘ Et per hoc patet solutio ad secundum.

ra3 ‘ Ad tertium dicendum quod memoria non ponitur pars prudentiae, sicut species est pars generis, quasi ipsa memoria sit quaedam virtus per se, sed quia unum eorum quae requiruntur ad prudentiam, est bonitas memoriae; ut sic quodammodo se habeat per modum partis integralis.

008 ST2 qu56 ar6

ag1 ‘ Ad sextum sic proceditur. videtur quod voluntas non sit subiectum alicuius virtutis. ad id enim quod convenit potentiae ex ipsa ratione potentiae, non requiritur aliquis habitus. sed de ipsa ratione voluntatis, cum sit in ratione, * secundum philosophum in iii de anima, ‘ est quod tendat in id quod est bonum secundum rationem, ad quod ordinatur omnis virtus, quia unumquodque naturaliter appetit proprium bonum, ° virtus enim est habitus per modum naturae, consentaneus rationi, * ut tullius dicit in sua rhetorica. ‘ ergo voluntas non est subiectum virtutis.

ag2 “ Praeterea, omnis virtus aut est intellectualis, aut moralis, * ut dicitur in i et ii ethic.. ‘ sed virtus intellectualis est, sicut in subiecto, in intellectu et ratione, non autem in voluntate, virtus autem moralis est, sicut in subiecto, in irascibili et concupiscibili, quae sunt rationales per participationem. ergo nulla virtus est in voluntate sicut in subiecto.

ag3 ‘ Praeterea, omnes actus humani, ad quos virtutes ordinantur, sunt voluntarii. si igitur respectu aliquorum humanorum actuum sit aliqua virtus in voluntate, pari ratione respectu omnium actuum humanorum erit virtus in voluntate. aut ergo in nulla alia potentia erit aliqua virtus, aut ad eundem actum ordinabuntur duae virtutes, quod videtur inconveniens. voluntas ergo non potest esse subiectum virtutis.

sc ‘ Sed contra est quod maior perfectio requiritur in movente quam in moto. sed voluntas movet irascibilem et concupiscibilem. multo ergo magis debet esse virtus in voluntate, quam in irascibili et concupiscibili.

co ‘ Respondeo dicendum quod, cum per habitum perficiatur potentia ad agendum, ibi indiget potentia habitu perficiente ad bene agendum, qui quidem habitus est virtus, ubi ad hoc non sufficit propria ratio potentiae. omnis autem potentiae propria ratio attenditur in ordine ad obiectum. unde cum, * sicut dictum est, ‘ obiectum voluntati sit bonum rationis voluntati proportionatum, quantum ad hoc non indiget voluntas virtute perficiente. sed si quod bonum immineat homini volendum, quod excedat proportionem volentis; sive quantum ad totam speciem humanam, sicut bonum divinum, quod transcendit limites humanae naturae, sive quantum ad individuum, sicut bonum proximi; ibi voluntas indiget virtute. et ideo huiusmodi virtutes quae ordinant affectum hominis in deum vel in proximum, sunt in voluntate sicut in subiecto; ut caritas, iustitia et huiusmodi.

ra1 ‘ Ad primum ergo dicendum quod ratio illa habet locum de virtute quae ordinat ad bonum proprium ipsius volentis, sicut temperantia et fortitudo, quae sunt circa passiones humanas et alia huiusmodi, * ut ex dictis patet.

ra2 ‘ Ad secundum dicendum quod rationale per participationem non solum est irascibilis et concupiscibilis; sed omnino, idest universaliter, appetitivum, * ut dicitur in i ethic.. ‘ sub appetitivo autem comprehenditur voluntas. et ideo, si qua virtus est in voluntate, erit moralis, nisi sit theologica, * ut infra patebit.

ra3 ‘ Ad tertium dicendum quod quaedam virtutes ordinantur ad bonum passionis moderatae, quod est proprium huius vel illius hominis, et in talibus non est necessarium quod sit aliqua virtus in voluntate, cum ad hoc sufficiat natura potentiae, * ut dictum est. ‘ sed hoc solum necessarium est in illis virtutibus quae ordinantur ad aliquod bonum extrinsecum.

008 ST2 qu57 ar

pr ‘ Deinde considerandum est de distinctione virtutum. et primo, quantum ad virtutes intellectuales; secundo, quantum ad morales; tertio, quantum ad theologicas. circa primum quaeruntur sex. primo, utrum habitus intellectuales speculativi sint virtutes. secundo, utrum sint tres, scilicet sapientia, scientia et intellectus. tertio, utrum habitus intellectualis qui est ars, sit virtus. quarto, utrum prudentia sit virtus distincta ab arte. quinto, utrum prudentia sit virtus necessaria homini. sexto, utrum eubulia, synesis et gnome sint virtutes adiunctae prudentiae.

008 ST2 qu57 ar1

ag1 ' Ad primum sic proceditur. videtur quod habitus intellectuales speculativi non sint virtutes. virtus enim est habitus operativus, * ut supra dictum est. ' sed habitus speculativi non sunt operativi, distinguitur enim speculativum a practico, idest operativo. ergo habitus intellectuales speculativi non sunt virtutes.

ag2 ' Praeterea, virtus est eorum per quae fit homo felix sive beatus, " eo quod felicitas est virtutis praemium, * ut dicitur in i ethic.. ' sed habitus intellectuales non considerant actus humanos, aut alia bona humana, per quae homo beatitudinem adipiscitur, sed magis res naturales et divinas. ergo huiusmodi habitus virtutes dici non possunt.

ag3 ' Praeterea, scientia est habitus speculativus. sed scientia et virtus distinguuntur sicut diversa genera non subalternatim posita; * ut patet per philosophum, in iv topic.. ' ergo habitus speculativi non sunt virtutes.

sc ' Sed contra, soli habitus speculativi considerant necessaria quae impossibile est aliter se habere. * sed philosophus ponit, in vi ethic., " quasdam virtutes intellectuales in parte animae quae considerat necessaria quae non possunt aliter se habere. ' ergo habitus intellectuales speculativi sunt virtutes.

co ' Respondeo dicendum quod, cum omnis virtus dicatur in ordine ad bonum, * sicut supra dictum est, ' duplici ratione aliquis habitus dicitur virtus, * ut supra dictum est, ' uno modo, quia facit facultatem bene operandi; alio modo, quia cum facultate, facit etiam usum bonum. et hoc, * sicut supra dictum est, ' pertinet solum ad illos habitus qui respiciunt partem appetitivam, eo quod vis appetitiva animae est quae facit uti omnibus potentiis et habitibus. cum igitur habitus intellectuales speculativi non perficiant partem appetitivam, nec aliquo modo ipsam respiciant, sed solam intellectivam; possunt quidem dici virtutes inquantum faciunt facultatem bonae operationis, quae est consideratio veri (hoc enim est bonum opus intellectus), non tamen dicuntur virtutes secundo modo, quasi facientes bene uti potentia seu habitu. ex hoc enim quod aliquis habet habitum scientiae speculativae, non inclinatur ad utendum, sed fit potens speculari verum in his quorum habet scientiam, sed quod utatur scientia habita, hoc est movente voluntate. et ideo virtus quae perficit voluntatem, ut caritas vel iustitia, |25| facit etiam bene uti huiusmodi speculativis habitibus. et secundum hoc etiam, in actibus horum habituum potest esse meritum, si ex caritate fiant, * sicut gregorius dicit, in vi moral., quod ° contemplativa est maioris meriti quam activa.

ra1 ' Ad primum ergo dicendum quod duplex est opus, scilicet exterius, et interius. practicum ergo, vel operativum, quod dividitur contra speculativum, sumitur ab opere exteriori, ad quod non habet ordinem habitus speculativus. sed tamen habet ordinem ad interius opus intellectus, quod est speculari verum. et secundum hoc est habitus operativus.

ra2 ' Ad secundum dicendum quod virtus est aliquorum dupliciter. uno modo, sicut obiectorum. et sic huiusmodi virtutes speculativae non sunt eorum per quae homo fit beatus; nisi forte secundum quod ly per dicit causam efficientem vel obiectum completae beatitudinis, quod est deus, quod est summum speculabile. alio modo dicitur virtus esse aliquorum sicut actuum. et hoc modo virtutes intellectuales sunt eorum per quae homo fit beatus. tum quia actus harum virtutum possunt esse meritorii, * sicut dictum est. ' tum etiam quia sunt quaedam inchoatio perfectae beatitudinis, quae in contemplatione veri consistit, * sicut supra dictum est.

ra3 ' Ad tertium dicendum quod scientia dividitur contra virtutem secundo modo dictam, quae pertinet ad vim appetitivam.

008 ST2 qu57 ar2

ag1 ' Ad secundum sic proceditur. videtur quod inconvenienter distinguantur tres virtutes intellectuales speculativae, scilicet sapientia, scientia et intellectus. species enim non debet condividi generi. " sed sapientia est quaedam scientia, * ut dicitur in vi ethic.. ' ergo sapientia non debet condividi scientiae, in numero virtutum intellectualium.

ag2 ' Praeterea, in distinctione potentiarum, habituum et actuum, quae attenditur secundum obiecta, attenditur principaliter distinctio quae est secundum rationem formalem obiectorum, * ut ex supradictis patet. ' non ergo diversi habitus debent distingui secundum materiale obiectum; sed secundum rationem formalem illius obiecti. sed principium demonstrationis est ratio sciendi conclusiones. non ergo intellectus principiorum debet poni habitus alius, aut alia virtus, a scientia conclusionum.

ag3 ' Praeterea, virtus intellectualis dicitur quae est in ipso rationali per essentiam. sed ratio, etiam speculativa, sicut ratiocinatur syllogizando demonstrative; ita etiam ratiocinatur syllogizando dialectice. ergo sicut scientia, quae causatur ex syllogismo demonstrativo, ponitur virtus intellectualis speculativa; ita etiam et opinio.

sc * Sed contra est quod philosophus, vi ethic., ponit " has solum tres virtutes intellectuales speculativas, scilicet sapientiam, scientiam et intellectum.

co ' Respondeo dicendum quod, * sicut iam dictum est, ' virtus intellectualis speculativa est per quam intellectus speculativus perficitur ad considerandum verum, hoc enim est bonum opus eius. verum autem est dupliciter considerabile, uno modo, sicut per se notum; alio modo, sicut per aliud notum. quod autem est per se notum, se habet ut principium; et percipitur statim ab intellectu. et ideo habitus perficiens intellectum ad huiusmodi veri considerationem, vocatur intellectus, qui est habitus principiorum. verum autem quod est per aliud notum, non statim percipitur ab intellectu, sed per inquisitionem rationis, et se habet in ratione termini. quod quidem potest esse dupliciter, uno modo, ut sit ultimum in aliquo genere; alio modo, ut sit ultimum respectu totius cognitionis humanae. ° et quia ea quae sunt posterius nota quoad nos, sunt priora et magis nota secundum naturam, * ut dicitur in i physic.; ' ideo id quod est ultimum respectu totius cognitionis humanae, est id quod est primum et maxime cognoscibile secundum naturam. et circa huiusmodi est sapientia, quae considerat altissimas causas, * ut dicitur in i metaphys.. ' unde convenienter iudicat et |25| ordinat de omnibus, quia iudicium perfectum et universale haberi non potest nisi per resolutionem ad primas causas. ad id vero quod est ultimum in hoc vel in illo genere cognoscibilium, perficit intellectum scientia. et ideo secundum diversa genera scibilium, sunt diversi habitus scientiarum, cum tamen sapientia non sit nisi una.

ra1 ' Ad primum ergo dicendum quod sapientia est quaedam scientia, inquantum habet id quod est commune omnibus scientiis, ut scilicet ex principiis conclusiones demonstret. sed quia habet aliquid proprium supra alias scientias, inquantum scilicet de omnibus iudicat; et non solum quantum ad conclusiones, sed etiam quantum ad prima principia, ideo habet rationem perfectioris virtutis quam scientia.

ra2 ' Ad secundum dicendum quod quando ratio obiecti sub uno actu refertur ad potentiam vel habitum, tunc non distinguuntur habitus vel potentiae penes rationem obiecti et obiectum materiale, sicut ad eandem potentiam visivam pertinet videre colorem, et lumen, quod est ratio videndi colorem et simul cum ipso videtur. principia vero demonstrationis possunt seorsum considerari, absque hoc quod considerentur conclusiones. possunt etiam considerari simul cum conclusionibus, prout principia in conclusiones deducuntur. considerare ergo hoc secundo modo principia, pertinet ad scientiam, quae considerat etiam conclusiones, sed considerare principia secundum seipsa, pertinet ad intellectum. unde, si quis recte consideret, istae tres virtutes non ex aequo distinguuntur ab invicem, sed ordine quodam; sicut accidit in totis potentialibus, quorum una pars est perfectior altera, sicut anima rationalis est perfectior quam sensibilis, et sensibilis quam vegetabilis. hoc enim modo, scientia dependet ab intellectu sicut a principaliori. et utrumque dependet a sapientia sicut a principalissimo, quae sub se continet et intellectum et scientiam, ut de conclusionibus scientiarum diiudicans, et de principiis earundem.

ra3 * Ad tertium dicendum quod, sicut supra dictum est, ' habitus virtutis determinate se habet ad bonum, nullo autem modo ad malum. bonum autem intellectus est verum, malum autem eius est falsum. unde soli illi habitus virtutes intellectuales dicuntur, quibus semper dicitur verum, et nunquam falsum. opinio vero et suspicio possunt esse veri et falsi. et ideo non sunt intellectuales virtutes, * ut dicitur in vi ethic..

008 ST2 qu57 ar3

ag1 ' Ad tertium sic proceditur. videtur quod ars non sit virtus intellectualis. * dicit enim augustinus, in libro de libero arbitrio, " quod virtute nullus male utitur. ' sed arte aliquis male utitur, potest enim aliquis artifex, secundum scientiam artis suae, male operari. ergo ars non est virtus.

ag2 ' Praeterea, virtutis non est virtus. " artis autem est aliqua virtus, * ut dicitur in vi ethic.. ' ergo ars non est virtus.

ag3 ' Praeterea, artes liberales sunt excellentiores quam artes mechanicae. sed sicut artes mechanicae sunt practicae, ita artes liberales sunt speculativae. ergo si ars esset virtus intellectualis, deberet virtutibus speculativis annumerari.

sc * Sed contra est quod philosophus, in vi ethic., ponit " artem esse virtutem; nec tamen connumerat eam virtutibus speculativis, quarum subiectum ponit scientificam partem animae.

co ' Respondeo dicendum quod ars nihil aliud est quam ratio recta aliquorum operum faciendorum. quorum tamen bonum non consistit in eo quod appetitus humanus aliquo modo se habet, sed in eo quod ipsum opus quod fit, in se bonum est. non enim pertinet ad laudem artificis, inquantum artifex est, qua voluntate opus faciat; sed quale sit opus quod facit. sic igitur ars, proprie loquendo, habitus operativus est. et tamen in aliquo convenit cum habitibus speculativis, quia etiam ad ipsos habitus speculativos pertinet qualiter se habeat res quam considerant, non autem qualiter se habeat appetitus humanus ad illas. dummodo enim verum geometra demonstret, non refert qualiter se habeat secundum appetitivam partem, utrum sit laetus vel iratus, sicut nec in artifice refert, * ut dictum est. ' et ideo eo modo ars habet rationem virtutis, sicut et habitus speculativi, inquantum scilicet nec ars, nec habitus speculativus, faciunt bonum opus quantum ad usum, quod est proprium virtutis perficientis appetitum; sed solum quantum ad facultatem bene agendi.

ra1 ' Ad primum ergo dicendum quod, cum aliquis habens artem operatur malum artificium, hoc non est opus artis, immo est contra artem, sicut etiam cum aliquis sciens verum mentitur, hoc quod dicit non est secundum scientiam, sed contra scientiam. unde sicut scientia se habet semper ad bonum, * ut dictum est, ' ita et ars, et secundum hoc dicitur virtus. in hoc tamen deficit a perfecta ratione virtutis, quia non facit ipsum bonum usum, sed ad hoc aliquid aliud requiritur, quamvis bonus usus sine arte esse non possit.

ra2 ' Ad secundum dicendum quod, quia ad hoc ut homo bene utatur arte quam habet, requiritur bona voluntas, quae perficitur per virtutem moralem; * ideo philosophus dicit quod " artis est virtus, scilicet moralis, ' inquantum ad bonum usum eius aliqua virtus moralis requiritur. manifestum est enim quod artifex per iustitiam, quae facit voluntatem rectam, inclinatur ut opus fidele faciat.

ra3 ' Ad tertium dicendum quod etiam in ipsis speculabilibus est aliquid per modum cuiusdam operis, puta constructio syllogismi aut orationis congruae aut opus numerandi vel mensurandi. et ideo quicumque ad huiusmodi opera rationis habitus speculativi ordinantur, dicuntur per quandam similitudinem artes, sed liberales; ad differentiam illarum artium quae ordinantur ad opera per corpus exercita, quae sunt quodammodo serviles, inquantum corpus serviliter subditur animae, et homo secundum animam est liber. illae vero scientiae quae ad nullum huiusmodi opus ordinantur, simpliciter scientiae dicuntur, non autem artes. nec oportet, si liberales artes sunt nobiliores, quod magis eis conveniat ratio artis.

008 ST2 qu57 ar4

ag1 ' Ad quartum sic proceditur. videtur quod prudentia non sit alia virtus ab arte. ars enim est ratio recta aliquorum operum. sed diversa genera operum non faciunt ut aliquid amittat rationem artis, sunt enim diversae artes circa opera valde diversa. cum igitur etiam prudentia sit quaedam ratio recta operum, videtur quod etiam ipsa debeat dici ars.

ag2 ' Praeterea, prudentia magis convenit cum arte quam habitus speculativi, utrumque enim eorum est circa contingens aliter se habere, * ut dicitur in vi ethic.. ' sed quidam habitus speculativi dicuntur artes. ergo multo magis prudentia debet dici ars.

ag3 ' Praeterea, " ad prudentiam pertinet bene consiliari, * ut dicitur in vi ethic.. " sed etiam in quibusdam artibus consiliari contingit, * ut dicitur in iii ethic., " sicut in arte militari, et gubernativa, et medicinali. ' ergo prudentia ab arte non distinguitur.

sc ' Sed contra est quod * philosophus distinguit prudentiam ab arte, in vi ethic..

co ' Respondeo dicendum quod ubi invenitur diversa ratio virtutis, ibi oportet virtutes distingui. * dictum est autem supra quod ' aliquis habitus habet rationem virtutis ex hoc solum quod facit facultatem boni operis, aliquis autem ex hoc quod facit non solum facultatem boni operis, sed etiam usum. ars autem facit solum facultatem boni operis, quia non respicit appetitum. prudentia autem non solum facit boni operis facultatem, sed etiam usum, respicit enim appetitum, tanquam praesupponens rectitudinem appetitus. cuius differentiae ratio est, quia ars est recta ratio factibilium; prudentia vero est recta ratio agibilium. differt autem facere et agere quia, * ut dicitur in ix metaphys., ' factio est actus transiens in exteriorem materiam, sicut aedificare, secare, et huiusmodi; agere autem est actus permanens in ipso agente, sicut videre, velle, et huiusmodi. sic igitur hoc modo se habet prudentia ad huiusmodi actus humanos, qui sunt usus potentiarum et habituum, sicut se habet ars ad exteriores factiones, quia utraque est perfecta ratio respectu illorum ad quae comparatur. perfectio autem et rectitudo rationis in speculativis, dependet ex principiis, ex quibus ratio syllogizat, * sicut dictum est quod |25| ' scientia dependet ab intellectu, qui est habitus principiorum, et praesupponit ipsum. " in humanis autem actibus se habent fines sicut principia in speculativis, * ut dicitur in vii ethic.. ' et ideo ad prudentiam, quae est recta ratio agibilium, requiritur quod homo sit bene dispositus circa fines, quod quidem est per appetitum rectum. et ideo ad prudentiam requiritur moralis virtus, per quam fit appetitus rectus. bonum autem artificialium non est bonum appetitus humani, sed bonum ipsorum operum artificialium, et ideo ars non praesupponit appetitum rectum. et inde est quod magis laudatur artifex qui volens peccat, quam qui peccat nolens; magis autem contra prudentiam est quod aliquis peccet volens, quam nolens, quia rectitudo voluntatis est de ratione prudentiae, non autem de ratione artis. sic igitur patet quod prudentia est virtus distincta ab arte.

ra1 ' Ad primum ergo dicendum quod diversa genera artificialium omnia sunt extra hominem, et ideo non diversificatur ratio virtutis. sed prudentia est recta

ratio ipsorum actuum humanorum, unde diversificatur ratio virtutis, * ut dictum est.
ra2 ' Ad secundum dicendum quod prudentia magis convenit cum arte quam habitus speculativi, quantum ad subiectum et materiam, utrumque enim est in opinativa parte animae, et circa contingens aliter se habere. sed ars magis convenit cum habitibus speculativis in ratione virtutis, quam cum prudentia, * ut ex dictis patet.
ra3 ' Ad tertium dicendum quod prudentia est bene consiliativa de his quae pertinent ad totam vitam hominis, et ad ultimum finem vitae humanae. sed in artibus aliquibus est consilium de his quae pertinent ad fines proprios illarum artium. unde aliqui, inquantum sunt bene consiliativi in rebus bellicis vel nauticis, dicuntur prudentes duces vel gubernatores, non autem prudentes simpliciter, sed illi solum qui bene consiliantur de his quae conferunt ad totam vitam.

008 ST2 qu57 ar5

ag1 ' Ad quintum sic proceditur. videtur quod prudentia non sit virtus necessaria ad bene vivendum. sicut enim se habet ars ad factibilia, quorum est ratio recta; ita se habet prudentia ad agibilia, secundum quae vita hominis consideratur, est enim eorum recta ratio prudentia, * ut dicitur in vi ethic.. ' sed ars non est necessaria in rebus factibilibus nisi ad hoc quod fiant, non autem postquam sunt factae. ergo nec prudentia est necessaria homini ad bene vivendum, postquam est virtuosus, sed forte solum quantum ad hoc quod virtuosus fiat.
ag2 " Praeterea, prudentia est per quam recte consiliamur, * ut dicitur in vi ethic.. ' sed homo potest ex bono consilio agere non solum proprio, sed etiam alieno. ergo non est necessarium ad bene vivendum quod ipse homo habeat prudentiam; sed sufficit quod prudentum consilia sequatur.
ag3 ' Praeterea, virtus intellectualis est secundum quam contingit semper dicere verum, et nunquam falsum. sed hoc non videtur contingere secundum prudentiam, non enim est humanum quod in consiliando de agendis nunquam erretur; cum humana agibilia sint contingentia aliter se habere. * unde dicitur sap. ix, ° cogitationes mortalium timidae, et incertae providentiae nostrae. ' ergo videtur quod prudentia non debeat poni intellectualis virtus.
sc * Sed contra est quod sap. viii, connumeratur aliis virtutibus necessariis ad vitam humanam, cum dicitur de divina sapientia, ° sobrietatem et prudentiam docet, iustitiam et virtutem, quibus utilius nihil est in vita hominibus.
co ' Respondeo dicendum quod prudentia est virtus maxime necessaria ad vitam humanam. bene enim vivere consistit in bene operari. ad hoc autem quod aliquis bene operetur, non solum requiritur quid faciat, sed etiam quomodo faciat; ut scilicet secundum electionem rectam operetur, non solum ex impetu aut passione. cum autem electio sit eorum quae sunt ad finem, rectitudo electionis duo requirit, scilicet debitum finem; et id quod convenienter ordinatur ad debitum finem. ad debitum autem finem homo convenienter disponitur per virtutem quae perficit partem animae appetitivam, cuius obiectum est bonum et finis. ad id autem quod convenienter in finem debitum ordinatur, oportet quod homo directe disponatur per habitum rationis, quia consiliari et eligere, quae sunt eorum quae sunt ad finem, sunt actus rationis. et ideo necesse est in ratione esse aliquam virtutem intellectualem, per quam perficiatur ratio ad hoc quod convenienter se habeat ad ea quae sunt ad finem. et haec virtus est prudentia. unde prudentia est virtus necessaria ad bene vivendum.
ra1 ' Ad primum ergo dicendum quod bonum artis consideratur non in ipso artifice, sed magis in ipso artificiato, cum ars sit ratio recta factibilium, factio enim, in exteriorem materiam transiens, non est perfectio facientis, sed facti, sicut motus est actus mobilis; ars autem circa factibilia est. sed prudentiae bonum attenditur in ipso agente, cuius perfectio est ipsum agere, est enim prudentia recta ratio agibilium, * ut dictum est. ' et ideo ad artem non requiritur quod artifex bene operetur, sed quod bonum opus faciat. requireretur autem magis quod ipsum artificiatum bene operaretur, sicut quod cultellus bene incideret, vel serra bene secaret; si proprie horum esset agere, et non magis agi, quia non habent dominium sui actus. et ideo ars non est necessaria ad bene vivendum ipsi artificis; sed solum ad faciendum artificiatum bonum, et ad conservandum ipsum. prudentia autem est necessaria homini ad bene vivendum, non solum ad hoc quod fiat bonus.
ra2 ' Ad secundum dicendum quod, cum homo bonum operatur non secundum propriam rationem, sed motus ex consilio alterius; nondum est omnino perfecta operatio ipsius, quantum ad rationem dirigentem, et quantum ad appetitum moventem. unde si bonum operetur, non tamen simpliciter bene; quod est bene vivere.
ra3 ' Ad tertium dicendum quod verum intellectus practici aliter accipitur quam verum intellectus speculativi, * ut dicitur in vi ethic.. ' nam verum intellectus speculativi accipitur per conformitatem intellectus ad rem. et quia intellectus non potest infallibiliter conformari rebus in contingentibus, sed solum in necessariis; ideo nullus habitus speculativus contingentium est intellectualis virtus, sed solum est circa necessaria. verum autem intellectus practici accipitur per conformitatem ad appetitum rectum. quae quidem conformitas in necessariis locum non habet, quae voluntate humana non fiunt, sed solum in contingentibus quae possunt a nobis fieri, sive sint agibilia interiora, sive factibilia exteriora. et ideo circa sola contingentia ponitur virtus intellectus practici, circa factibilia quidem, ars; circa agibilia vero prudentia.

008 ST2 qu57 ar6

ag1 ' Ad sextum sic proceditur. videtur quod inconvenienter adiungantur prudentiae eubulia, synesis et gnome. " eubulia enim est habitus quo bene consiliamur, * ut dicitur in vi ethic.. ' sed bene consiliari pertinet ad prudentiam, * ut in eodem libro dicitur. ' ergo eubulia non est virtus adiuncta prudentiae, sed magis est ipsa prudentia.
ag2 ' Praeterea, ad superiorem pertinet de inferioribus iudicare. illa ergo virtus videtur suprema, cuius est actus iudicium. sed synesis est bene iudicativa. ergo synesis non est virtus adiuncta prudentiae, sed magis ipsa est principalis.
ag3 ' Praeterea, sicut diversa sunt ea de quibus est iudicandum, ita etiam diversa sunt ea de quibus est consiliandum. sed circa omnia consiliabilia ponitur una virtus, scilicet eubulia. ergo ad bene iudicandum de agendis, non oportet ponere, praeter synesim, aliam virtutem, scilicet gnomen.
ag4 * Praeterea, tullius ponit, in sua rhetorica, " tres alias partes prudentiae, scilicet memoriam praeteritorum, intelligentiam praesentium, et providentiam futurorum. * macrobius etiam ponit, super somnium scipionis, " quasdam alias partes prudentiae, scilicet cautionem, docilitatem, et alia huiusmodi. ' non videntur igitur solae huiusmodi virtutes prudentiae adiungi.
sc * Sed contra est auctoritas philosophi, in vi ethic., " qui has tres virtutes ponit prudentiae adiunctas.
co ' Respondeo dicendum quod in omnibus potentiis ordinatis illa est principalior, quae ad principaliorem actum ordinatur. circa agibilia autem humana tres actus rationis inveniuntur, quorum primus est consiliari, secundus iudicare, tertius est praecipere. primi autem duo respondent actibus intellectus speculativi qui sunt inquirere et iudicare, nam consilium inquisitio quaedam est. sed tertius actus proprius est practici intellectus, inquantum est operativus, non enim ratio habet praecipere ea quae per hominem fieri non possunt. manifestum est autem quod in his quae per hominem fiunt, principalis actus est praecipere, ad quem alii ordinantur. et ideo virtuti quae est bene praeceptiva, scilicet prudentiae, tanquam principaliori, adiunguntur tanquam secundariae, eubulia, quae est bene consiliativa, et synesis et gnome, quae sunt partes iudicativae; * de quarum distinctione dicetur.
ra1 ' Ad primum ergo dicendum quod prudentia est bene consiliativa, non quasi bene consiliari sit immediate actus eius, sed quia hunc actum perficit mediante virtute sibi subiecta, quae est eubulia.
ra2 ' Ad secundum dicendum quod iudicium in agendis ad aliquid ulterius ordinatur, contingit enim aliquem bene iudicare de aliquo agendo, et tamen non recte exequi. sed ultimum complementum est, quando ratio iam bene praecipit de agendis.
ra3 ' Ad tertium dicendum quod iudicium de unaquaque re fit per propria principia eius. inquisitio autem nondum est per propria principia, quia his habitis, non esset opus inquisitione, sed iam res esset inventa. et ideo una sola virtus ordinatur ad bene consiliandum, duae autem virtutes ad bene iudicandum, quia distinctio non est in communibus principiis, sed in propriis. unde et in speculativis una est dialectica inquisitiva de omnibus, scientiae autem demonstrativae, quae sunt iudicativae, sunt diversae de diversis. distinguuntur autem synesis et gnome secundum diversas regulas quibus iudicatur, nam synesis est iudicativa de agendis secundum communem legem; gnome autem secundum ipsam rationem naturalem, in his in quibus deficit lex communis; * sicut plenius infra patebit.
ra4 ' Ad quartum dicendum quod memoria, intelligentia et providentia, similiter etiam cautio et docilitas, et alia huiusmodi, non sunt virtutes diversae a prudentia, sed quodammodo comparantur ad ipsam sicut partes integrales, inquantum omnia ista requiruntur ad perfectionem prudentiae. sunt etiam et quaedam partes subiectivae, seu species prudentiae, sicut oeconomica, regnativa, et huiusmodi. sed praedicta tria sunt quasi partes potentiales prudentiae, quia ordinantur sicut secundarium ad principale. * et de his infra dicetur.

008 ST2 qu58 ar

pr ' Deinde considerandum est de virtutibus moralibus. et primo, de distinctione earum a virtutibus intellectualibus; secundo, de distinctione earum ab invicem, secundum propriam materiam; tertio, de distinctione principalium, vel cardinalium, ab aliis. circa primum quaeruntur quinque. primo, utrum omnis virtus sit virtus moralis. secundo, utrum virtus moralis distinguatur ab intellectuali. tertio, utrum sufficienter dividatur virtus per intellectualem et moralem. quarto, utrum moralis virtus possit esse sine intellectuali. quinto, utrum e converso, intellectualis virtus possit esse sine morali.

008 ST2 qu58 ar1

ag1 ' Ad primum sic proceditur. videtur quod omnis virtus sit moralis. virtus enim moralis dicitur a more, idest consuetudine sed omnium virtutum actus consuescere possumus ergo omnis virtus est moralis.
ag2 * Praeterea, philosophus dicit, in ii ethic., quod ° virtus moralis est habitus electivus in medietate rationis consistens. ' sed omnis virtus videtur esse habitus electivus, quia actus cuiuslibet virtutis possumus ex electione facere. omnis etiam virtus aliqualiter in medio rationis consistit, * ut infra patebit. ' ergo omnis virtus est moralis.
ag3 * Praeterea, tullius dicit, in sua rhetorica, quod ° virtus est habitus in modum naturae, rationi consentaneus. ' sed cum omnis virtus humana ordinetur ad bonum hominis, oportet quod sit consentanea rationi, " cum bonum hominis sit secundum rationem esse, * ut dionysius dicit. ' ergo omnis virtus est moralis.
sc * Sed contra est quod philosophus dicit, in i ethic., ° dicentes de moribus, non dicimus quoniam sapiens vel intelligens; sed quoniam mitis vel sobrius. ' sic igitur sapientia et intellectus non sunt morales. quae tamen sunt virtutes, * sicut supra dictum est. ' non ergo omnis virtus est moralis.
co ' Respondeo dicendum quod ad huius evidentiam, considerare oportet quid sit mos, sic enim scire poterimus quid sit moralis virtus. mos autem duo significat. quandoque enim significat consuetudinem, * sicut dicitur act. xv, ° nisi circumcidamini secundum morem moysi, non poteritis salvi fieri. ' quandoque vero significat inclinationem quandam naturalem, vel quasi naturalem, ad aliquid agendum, unde etiam et brutorum animalium dicuntur aliqui mores; * unde dicitur ii machab. xi, quod ° leonum more irruentes in hostes, prostraverunt eos. * et sic accipitur mos in psalmo lxvii, ubi dicitur, ° qui habitare facit unius moris in domo. ' et hae quidem duae significationes in nullo distinguuntur, apud latinos, quantum ad vocem. in graeco autem distinguuntur, nam ethos, quod apud nos morem significat, quandoque habet primam longam, et scribitur per eta, graecam litteram; quandoque habet primam correptam, et scribitur per epsilon. dicitur autem virtus moralis a more, secundum quod mos significat quandam inclinationem naturalem, vel quasi naturalem, ad aliquid agendum. et huic significationi moris propinqua est alia significatio, qua significat consuetudinem, nam consuetudo quodammodo vertitur in naturam, et facit inclinationem similem |25| naturali. manifestum est autem quod inclinatio ad actum proprie convenit appetitivae virtuti, cuius est movere omnes potentias ad agendum, * ut ex supradictis patet. ' et ideo non omnis virtus dicitur moralis, sed solum illa quae est in vi appetitiva.
ra1 ' Ad primum ergo dicendum quod obiectio illa procedit de more, secundum quod significat consuetudinem.
ra2 ' Ad secundum dicendum quod omnis actus virtutis potest ex electione agi, sed electionem rectam agit sola virtus quae est in appetitiva parte animae, * dictum est enim supra quod ' eligere est actus appetitivae partis. unde habitus electivus, qui scilicet est electionis principium, est solum ille qui perficit vim appetitivam, quamvis etiam aliorum habituum actus sub electione cadere possint.
ra3 " Ad tertium dicendum quod natura est principium motus, * sicut dicitur in ii physic.. ' movere autem ad agendum proprium est appetitivae partis. et ideo assimilari naturae in consentiendo rationi, est proprium virtutum quae sunt in vi appetitiva.

008 ST2 qu58 ar2

ag1 ' Ad secundum sic proceditur. videtur quod virtus moralis ab intellectuali non distinguatur. * dicit enim augustinus, in libro de civ. dei, quod ° virtus est ars recte vivendi. ' sed ars est virtus intellectualis. ergo virtus moralis ab intellectuali non differt.
ag2 ' Praeterea, plerique in definitione virtutum moralium ponunt scientiam, * sicut quidam definiunt quod " perseverantia est scientia vel habitus eorum quibus est immanendum vel non immanendum; et sanctitas est scientia faciens fideles et servantes quae ad deum iusta. ' scientia autem est virtus intellectualis. ergo virtus moralis non debet distingui ab intellectuali.
ag3 * Praeterea, augustinus dicit, in i soliloq., quod ° virtus est recta et perfecta ratio. ' sed hoc pertinet ad virtutem intellectualem, * ut patet in vi ethic. ' ergo virtus moralis non est distincta ab intellectuali.
ag4 ' Praeterea, nihil distinguitur ab eo quod in eius definitione ponitur. sed virtus intellectualis ponitur in definitione virtutis moralis, * dicit enim philosophus, in ii ethic., quod ° virtus moralis est habitus electivus existens in medietate determinata ratione, prout sapiens determinabit. ' huiusmodi autem recta ratio determinans medium virtutis moralis, pertinet ad virtutem intellectualem, * ut dicitur in vi ethic.. ' ergo virtus moralis non distinguitur ab intellectuali.

sc * Sed contra est quod dicitur in i ethic., ° determinatur virtus secundum differentiam hanc, dicimus enim harum has quidem intellectuales, has vero morales.
co ' Respondeo dicendum quod omnium humanorum operum principium primum ratio est, et quaecumque alia principia humanorum operum inveniantur, quodammodo rationi obediunt; diversimode tamen. nam quaedam rationi obediunt omnino ad nutum, absque omni contradictione, sicut corporis membra, si fuerint in sua natura consistentia; statim enim ad imperium rationis, manus aut pes movetur ad opus. * unde philosophus dicit, in i polit., quod " anima regit corpus despotico principatu, idest sicut dominus servum, qui ius contradicendi non habet. * posuerunt igitur quidam quod " omnia principia activa quae sunt in homine, hoc modo se habent ad rationem. ' quod quidem si verum esset, sufficeret quod ratio esset perfecta, ad bene agendum. unde, cum virtus sit habitus quo perficimur ad bene agendum, sequeretur quod in sola ratione esset, et sic nulla virtus esset nisi intellectualis. * et haec fuit opinio socratis, qui dixit omnes virtutes esse prudentias, ut dicitur in vi ethic.. unde ponebat quod " homo, scientia in eo existente, peccare non poterat; sed quicumque peccabat, peccabat propter ignorantiam. ' hoc autem procedit ex suppositione falsi. pars enim appetitiva |25| obedit rationi non omnino ad nutum, sed cum aliqua contradictione, * unde philosophus dicit, in i polit., quod " ratio imperat appetitivae principatu politico, ' quo scilicet aliquis praeest liberis, qui habent ius in aliquo contradicendi. * unde augustinus dicit, super psalm., quod ° interdum praecedit intellectus, et sequitur tardus aut nullus affectus, ' intantum quod quandoque passionibus vel habitibus appetitivae partis hoc agitur, ut usus rationis in particulari impediatur. et secundum hoc, aliqualiter verum est quod * socrates dixit, quod ' scientia praesente, non peccatur, si tamen hoc extendatur usque ad usum rationis in particulari eligibili. sic igitur ad hoc quod homo bene agat, requiritur quod non solum ratio sit bene disposita per habitum virtutis intellectualis; sed etiam quod vis appetitiva sit bene disposita per habitum virtutis moralis. sicut igitur appetitus distinguitur a ratione, ita virtus moralis distinguitur ab intellectuali. unde sicut appetitus est principium humani actus secundum quod participat aliqualiter rationem, ita habitus moralis habet rationem virtutis humanae, inquantum rationi conformatur.
ra1 * Ad primum ergo dicendum quod augustinus communiter accipit ' artem, pro qualibet recta ratione. et sic sub arte includitur etiam prudentia, quae ita est recta ratio agibilium, sicut ars est recta ratio factibilium. et secundum hoc, * quod dicit quod ' virtus est ars recte vivendi, essentialiter convenit prudentiae, participative autem aliis virtutibus, prout secundum prudentiam diriguntur.
ra2 ' Ad secundum dicendum quod tales definitiones, a quibuscumque inveniantur datae, processerunt ex opinione socratica, * et sunt exponendae eo modo quo de arte praedictum est.
ra3 ' Et similiter dicendum est ad tertium.
ra4 ' Ad quartum dicendum quod recta ratio, quae est secundum prudentiam, ponitur in definitione virtutis moralis, non tanquam pars essentiae eius, sed sicut quiddam participatum in omnibus virtutibus moralibus, inquantum prudentia dirigit omnes virtutes morales.

008 ST2 qu58 ar3

ag1 ' Ad tertium sic proceditur. videtur quod virtus humana non sufficienter dividatur per virtutem moralem et intellectualem. prudentia enim videtur esse aliquid medium inter virtutem moralem et intellectualem, connumeratur enim virtutibus intellectualibus * in vi ethic.; ' et etiam ab omnibus communiter connumeratur inter quatuor virtutes cardinales, quae sunt morales, * ut infra patebit. ' non ergo sufficienter dividitur virtus per intellectualem et moralem, sicut per immediata.
ag2 ' Praeterea, continentia et perseverantia, et etiam patientia, non computantur inter virtutes intellectuales. nec etiam sunt virtutes morales, quia non tenent medium in passionibus, sed abundant in eis passiones. non ergo sufficienter dividitur virtus per intellectuales et morales.
ag3 ' Praeterea, fides, spes et caritas quaedam virtutes sunt. non tamen sunt virtutes intellectuales, hae enim solum sunt quinque, scilicet scientia, sapientia, intellectus, prudentia et ars, * ut dictum est. ' nec etiam sunt virtutes morales, quia non sunt circa passiones, circa quas maxime est moralis virtus. ergo virtus non sufficienter dividitur per intellectuales et morales.
sc * Sed contra est quod philosophus dicit, in ii ethic., ° duplicem esse virtutem, hanc quidem intellectualem, illam autem moralem.
co ' Respondeo dicendum quod virtus humana est quidam habitus perficiens hominem ad bene operandum. principium autem humanorum actuum in homine non est nisi duplex, scilicet intellectus sive ratio, et appetitus, haec enim sunt duo moventia in homine, * ut dicitur in iii de anima. ' unde omnis virtus humana oportet quod sit perfectiva alicuius istorum principiorum. si quidem igitur sit perfectiva intellectus speculativi vel practici ad bonum hominis actum, erit virtus intellectualis, si autem sit perfectiva appetitivae partis, erit virtus moralis. unde relinquitur quod omnis virtus humana vel est intellectualis vel moralis.
ra1 ' Ad primum ergo dicendum quod prudentia, secundum essentiam suam, est intellectualis virtus. sed secundum materiam, convenit cum virtutibus moralibus, est enim recta ratio agibilium, * ut supra dictum est. ' et secundum hoc, virtutibus moralibus connumeratur.
ra2 ' Ad secundum dicendum quod continentia et perseverantia non sunt perfectiones appetitivae virtutis sensitivae. quod ex hoc patet, quod in continente et perseverante superabundant inordinatae passiones, quod non esset, si appetitus sensitivus esset perfectus aliquo habitu conformante ipsum rationi. est autem continentia, seu perseverantia, perfectio rationalis partis, quae se tenet contra passiones ne deducatur. deficit tamen a ratione virtutis, quia virtus intellectiva quae facit rationem se bene habere circa moralia, praesupponit appetitum rectum finis, ut recte se habeat circa principia, idest fines, ex quibus ratiocinatur; quod continenti et perseveranti deest. neque etiam potest esse perfecta operatio quae a duabus potentiis procedit, nisi utraque potentia perficiatur per debitum habitum, sicut non sequitur perfecta actio alicuius agentis per instrumentum, si instrumentum non sit bene dispositum, quantumcumque principale agens sit perfectum. unde si appetitus sensitivus, quem movet rationalis pars, non sit perfectus; quantumcumque rationalis pars sit perfecta, actio consequens non erit perfecta. unde nec principium actionis erit virtus. " et propter hoc, continentia a delectationibus, et perseverantia a tristitiis, non sunt virtutes, sed aliquid minus virtute, * ut philosophus dicit, in vii ethic..
ra3 ' Ad tertium dicendum quod fides, spes et caritas sunt supra virtutes humanas, sunt enim virtutes hominis prout est factus particeps divinae gratiae.

008 ST2 qu58 ar4

ag1 ' Ad quartum sic proceditur. videtur quod virtus moralis possit esse sine intellectuali. ° virtus enim moralis, * ut dicit tullius, ° est habitus in modum naturae, rationi consentaneus. ' sed natura etsi consentiat alicui superiori rationi moventi, non tamen oportet quod illa ratio naturae coniungatur in eodem, sicut patet in rebus naturalibus cognitione carentibus. ergo potest esse in homine virtus moralis in modum naturae, inclinans ad consentiendum rationi, quamvis illius hominis ratio non sit perfecta per virtutem intellectualem.
ag2 ' Praeterea, per virtutem intellectualem homo consequitur rationis usum perfectum. sed quandoque contingit quod aliqui in quibus non multum viget usus rationis, sunt virtuosi et deo accepti. ergo videtur quod virtus moralis possit esse sine virtute intellectuali.
ag3 ' Praeterea, virtus moralis facit inclinationem ad bene operandum. sed quidam habent naturalem inclinationem ad bene operandum, etiam absque rationis iudicio. ergo virtutes morales possunt esse sine intellectuali.
sc * Sed contra est quod gregorius dicit, in xxii moral., quod ° ceterae virtutes, nisi ea quae appetunt, prudenter agant, virtutes esse nequaquam possunt. ' sed prudentia est virtus intellectualis, * ut supra dictum est. ' ergo virtutes morales non possunt esse sine intellectualibus.
co ' Respondeo dicendum quod virtus moralis potest quidem esse sine quibusdam intellectualibus virtutibus, sicut sine sapientia, scientia et arte, non autem potest esse sine intellectu et prudentia. sine prudentia quidem esse non potest moralis virtus, quia moralis virtus est habitus electivus, idest faciens bonam electionem. ad hoc autem quod electio sit bona, duo requiruntur. primo, ut sit debita intentio finis, et hoc fit per virtutem moralem, quae vim appetitivam inclinat ad bonum conveniens rationi, quod est finis debitus. secundo, ut homo recte accipiat ea quae sunt ad finem, et hoc non potest esse nisi per rationem recte consiliantem, iudicantem et praecipientem; quod pertinet ad prudentiam et ad virtutes sibi annexas, * ut supra dictum est. ' unde virtus moralis sine prudentia esse non potest. et per consequens nec sine intellectu. per intellectum enim cognoscuntur principia naturaliter nota, tam in speculativis quam in operativis. unde sicut recta ratio in speculativis, inquantum procedit ex principiis naturaliter cognitis, praesupponit intellectum principiorum; ita etiam prudentia, quae est recta ratio agibilium.
ra1 ' Ad primum ergo dicendum quod inclinatio naturae in rebus carentibus ratione, est absque electione, et ideo talis inclinatio non requirit ex necessitate rationem. sed inclinatio virtutis moralis est cum electione, et ideo ad suam perfectionem indiget quod sit ratio perfecta per virtutem intellectualem.
ra2 ' Ad secundum dicendum quod in virtuoso non oportet quod vigeat usus rationis quantum ad omnia, sed solum quantum ad ea quae sunt agenda secundum virtutem. et sic usus rationis viget in omnibus virtuosis. unde etiam qui videntur simplices, eo quod carent mundana astutia, possunt esse prudentes; * secundum illud matth. x, ° estote prudentes sicut serpentes, et simplices sicut columbae.
ra3 ' Ad tertium dicendum quod naturalis inclinatio ad bonum virtutis, est quaedam inchoatio virtutis, non autem est virtus perfecta. huiusmodi enim inclinatio, quanto est fortior, tanto potest esse periculosior, nisi recta ratio adiungatur, per quam fiat recta electio eorum quae conveniunt ad debitum finem, sicut equus currens, si sit caecus, tanto fortius impingit et laeditur, quanto fortius currit. et ideo, etsi virtus moralis non sit ratio recta, * ut socrates dicebat; ' non tamen solum est secundum rationem rectam, inquantum inclinat ad id quod est secundum rationem rectam, * ut platonici posuerunt; ' sed etiam oportet quod sit cum ratione recta, * ut aristoteles dicit, in vi ethic..

008 ST2 qu58 ar5

ag1 ' Ad quintum sic proceditur. videtur quod virtus intellectualis possit esse sine virtute morali. perfectio enim prioris non dependet a perfectione posterioris. sed ratio est prior appetitu sensitivo, et movens ipsum. ergo virtus intellectualis quae est perfectio rationis, non dependet a virtute morali, quae est perfectio appetitivae partis. potest ergo esse sine ea.
ag2 ' Praeterea, moralia sunt materia prudentiae, sicut factibilia sunt materia artis. sed ars potest esse sine propria materia, sicut faber sine ferro. ergo et prudentia potest esse sine virtutibus moralibus, quae tamen inter omnes intellectuales virtutes, maxime moralibus coniuncta videtur.
ag3 " Praeterea, prudentia est virtus bene consiliativa, * ut dicitur in vi ethic.. ' sed multi bene consiliantur, quibus tamen virtutes morales desunt. ergo prudentia potest esse sine virtute morali.
sc ' Sed contra, velle malum facere opponitur directe virtuti morali; non autem opponitur alicui quod sine virtute morali esse potest. opponitur autem prudentiae quod volens peccet, * ut dicitur in vi ethic.. ' non ergo prudentia potest esse sine virtute morali.
co ' Respondeo dicendum quod aliae virtutes intellectuales sine virtute morali esse possunt, sed prudentia sine virtute morali esse non potest. cuius ratio est, quia prudentia est recta ratio agibilium; non autem solum in universali, sed etiam in particulari, in quibus sunt actiones. recta autem ratio praeexigit principia ex quibus ratio procedit. oportet autem rationem circa particularia procedere non solum ex principiis universalibus, sed etiam ex principiis particularibus. circa principia quidem universalia agibilium, homo recte se habet per naturalem intellectum principiorum, per quem homo cognoscit quod nullum malum est agendum; vel etiam per aliquam scientiam practicam. sed hoc non sufficit ad recte ratiocinandum circa particularia. contingit enim quandoque quod huiusmodi universale principium cognitum per intellectum vel scientiam, corrumpitur in particulari per aliquam passionem, sicut concupiscenti, quando concupiscentia vincit, videtur hoc esse bonum quod concupiscit, licet sit contra universale iudicium rationis. et ideo, sicut homo disponitur ad recte se habendum circa principia universalia, per intellectum naturalem vel per habitum scientiae; ita ad hoc quod recte se habeat circa principia particularia agibilium, quae sunt fines, oportet quod perficiatur per aliquos habitus secundum quos fiat quodammodo homini connaturale recte iudicare de fine. et hoc fit per virtutem moralem, virtuosus enim recte iudicat de fine |25| virtutis, ° quia qualis unusquisque est, talis finis videtur ei, * ut dicitur in iii ethic.. ' et ideo ad rectam rationem agibilium, quae est prudentia, requiritur quod homo habeat virtutem moralem.
ra1 ' Ad primum ergo dicendum quod ratio, secundum quod est apprehensiva finis, praecedit appetitum finis, sed appetitus finis praecedit rationem ratiocinantem ad eligendum ea quae sunt ad finem, quod pertinet ad prudentiam. sicut etiam in speculativis, intellectus principiorum est principium rationis syllogizantis.
ra2 ' Ad secundum dicendum quod principia artificialium non diiudicantur a nobis bene vel male secundum dispositionem appetitus nostri, sicut fines, qui sunt moralium principia, sed solum per considerationem rationis. et ideo ars non requirit virtutem perficientem appetitum, sicut requirit prudentia.
ra3 ' Ad tertium dicendum quod prudentia non solum est bene consiliativa, sed etiam bene iudicativa et bene praeceptiva. quod esse non potest, nisi removeatur impedimentum passionum corrumpentium iudicium et praeceptum prudentiae; et hoc per virtutem moralem.

008 ST2 qu59 ar

pr ' Deinde considerandum est de distinctione moralium virtutum ad invicem. et quia virtutes morales quae sunt circa passiones, distinguuntur secundum diversitatem passionum, oportet primo considerare comparationem virtutis ad passionem; secundo, distinctionem moralium virtutum secundum passiones. circa primum quaeruntur quinque. primo, utrum virtus moralis sit passio. secundo, utrum virtus moralis possit esse cum passione. tertio, utrum possit esse cum tristitia. quarto, utrum omnis virtus moralis sit circa passionem. quinto, utrum aliqua virtus moralis possit esse sine passione.

008 ST2 qu59 ar1

ag1 ‘ Ad primum sic proceditur. videtur quod virtus moralis sit passio. medium enim est eiusdem generis cum extremis. sed virtus moralis est medium inter passiones. ergo virtus moralis est passio.
ag2 ‘ Praeterea, virtus et vitium, cum sint contraria, sunt in eodem genere. sed quaedam passiones vitia esse dicuntur, ut invidia et ira. ergo etiam quaedam passiones sunt virtutes.
ag3 ‘ Praeterea, misericordia quaedam passio est, est enim tristitia de alienis malis, * ut supra dictum est. ° hanc autem cicero, locutor egregius, non dubitavit appellare virtutem; * ut augustinus dicit, in ix de civ. dei. ‘ ergo passio potest esse virtus moralis.
sc * Sed contra est quod dicitur in ii ethic., quod ° passiones neque virtutes sunt neque malitiae.
co ‘ Respondeo dicendum quod virtus moralis non potest esse passio. et hoc patet triplici ratione. primo quidem, quia passio est motus quidam appetitus sensitivi, * ut supra dictum est. ‘ virtus autem moralis non est motus aliquis, sed magis principium appetitivi motus, habitus quidam existens. secundo quia passiones ex seipsis non habent rationem boni vel mali. bonum enim vel malum hominis est secundum rationem, unde passiones, secundum se consideratae, se habent et ad bonum et ad malum, secundum quod possunt convenire rationi vel non convenire. nihil autem tale potest esse virtus, cum virtus solum ad bonum se habeat, * ut supra dictum est. ‘ tertio quia, dato quod aliqua passio se habeat solum ad bonum, vel solum ad malum, secundum aliquem modum; tamen motus passionis, inquantum passio est, principium habet in ipso appetitu, et terminum in ratione, in cuius conformitatem appetitus tendit. motus autem virtutis est e converso, principium habens in ratione et terminum in appetitu, secundum quod a ratione movetur. * unde in definitione virtutis moralis dicitur, in ii ethic., ° quod est habitus electivus in medietate consistens determinata ratione, prout sapiens determinabit.
ra1 ‘ Ad primum ergo dicendum quod virtus, secundum suam essentiam, non est medium inter passiones, sed secundum suum effectum, quia scilicet inter passiones medium constituit.
ra2 ‘ Ad secundum dicendum quod, si vitium dicatur habitus secundum quem quis male operatur, manifestum est quod nulla passio est vitium. si vero dicatur vitium peccatum, quod est actus vitiosus, sic nihil prohibet passionem esse vitium, et e contrario concurrere ad actum virtutis; secundum quod passio vel contrariatur rationi, vel sequitur actum rationis.
ra3 ‘ Ad tertium dicendum quod misericordia dicitur esse virtus, idest virtutis actus, secundum quod ° motus ille animi rationi servit, quando scilicet ita praebetur misericordia, ut iustitia conservetur, sive cum indigenti tribuitur, sive cum ignoscitur poenitenti, * ut augustinus dicit ibidem. ‘ si tamen misericordia dicatur aliquis habitus quo homo perficitur ad rationabiliter miserendum, nihil prohibet misericordiam sic dictam esse virtutem. et eadem est ratio de similibus passionibus.

008 ST2 qu59 ar2

ag1 ‘ Ad secundum sic proceditur. videtur quod virtus moralis cum passione esse non possit. * dicit enim philosophus, in iv topic., quod ° mitis est qui non patitur, patiens autem qui patitur et non deducitur. ‘ et eadem ratio est de omnibus virtutibus moralibus. ergo omnis virtus moralis est sine passione.
ag2 “ Praeterea, virtus est quaedam recta habitudo animae, sicut sanitas corporis, * ut dicitur in vii physic., “ unde virtus quaedam sanitas animae esse videtur, * ut tullius dicit, in iv de tuscul. quaest.. “ passiones autem animae dicuntur morbi quidam animae, * ut in eodem libro tullius dicit. ‘ sanitas autem non compatitur secum morbum. ergo neque virtus compatitur animae passionem.
ag3 ‘ Praeterea, virtus moralis requirit perfectum usum rationis etiam in particularibus. sed hoc impeditur per passiones, * dicit enim philosophus, in vi ethic., quod ° delectationes corrumpunt existimationem prudentiae; * et sallustius dicit, in catilinario, quod “ non facile verum perspicit animus, ubi illa officiunt, scilicet animi passiones. ‘ virtus ergo moralis non potest esse cum passione.
sc * Sed contra est quod augustinus dicit, in xiv de civ. dei, ° si perversa est voluntas, perversos habebit hos motus, “ scilicet passionum, si autem recta est, ° non solum inculpabiles, verum etiam laudabiles erunt. ‘ sed nullum laudabile excluditur per virtutem moralem. virtus ergo moralis non excludit passiones, sed potest esse cum ipsis.
co ‘ Respondeo dicendum quod circa hoc fuit discordia inter stoicos et peripateticos, * sicut augustinus dicit, ix de civ. dei. stoici enim posuerunt “ quod passiones animae non possunt esse in sapiente, sive virtuoso, peripatetici vero, quorum sectam aristoteles instituit, * ut augustinus dicit in ix de civ. dei, posuerunt quod “ passiones simul cum virtute morali esse possunt, sed ad medium reductae. haec autem diversitas, * sicut augustinus ibidem dicit, “ magis erat secundum verba, quam secundum eorum sententias. quia enim stoici non distinguebant inter appetitum intellectivum, qui est voluntas, et inter appetitum sensitivum, qui per irascibilem et concupiscibilem dividitur; non distinguebant in hoc passiones animae ab aliis affectionibus humanis, quod passiones animae sint motus appetitus sensitivi, aliae vero affectiones, quae non sunt passiones animae, sunt motus appetitus intellectivi, qui dicitur voluntas, sicut peripatetici distinxerunt, sed solum quantum ad hoc quod passiones esse dicebant quascumque affectiones rationi repugnantes. quae si ex deliberatione oriantur, in sapiente, seu in virtuoso, esse non possunt. si autem subito oriantur, hoc in virtuoso potest accidere, ° eo quod animi visa quae appellant phantasias, non est in potestate |25| nostra utrum aliquando incidant animo; et cum veniunt ex terribilibus rebus, necesse est ut sapientis animum moveant, ita ut paulisper vel pavescat metu, vel tristitia contrahatur, tanquam his passionibus praevenientibus rationis officium; nec tamen approbant ista, eisque consentiunt; * ut augustinus narrat in ix de civ. dei, ab agellio dictum. ‘ sic igitur, si passiones dicantur inordinatae affectiones, non possunt esse in virtuoso, ita quod post deliberationem eis consentiatur; * ut stoici posuerunt. ‘ si vero passiones dicantur quicumque motus appetitus sensitivi, sic possunt esse in virtuoso, secundum quod sunt a ratione ordinati. * unde aristoteles dicit, in ii ethic., quod ° non bene quidam determinant virtutes impassibilitates quasdam et quietes, quoniam simpliciter dicunt, “ sed deberent dicere quod sunt quietes a passionibus quae sunt ut non oportet, et quando non oportet.
ra1 * Ad primum ergo dicendum quod philosophus exemplum illud inducit, “ sicut et multa alia in libris logicalibus, non secundum opinionem propriam, sed secundum opinionem aliorum. * haec autem fuit opinio stoicorum, quod “ virtutes essent sine passionibus animae. * quam opinionem philosophus excludit in ii ethic., dicens virtutes “ non esse impassibilitates. potest tamen dici quod, cum dicitur quod mitis non patitur, intelligendum est secundum passionem inordinatam.
ra2 * Ad secundum dicendum quod ratio illa, et omnes similes quas tullius ad hoc inducit in iv libro de tuscul. quaest., procedit ‘ de passionibus secundum quod significant inordinatas affectiones.
ra3 ‘ Ad tertium dicendum quod passio praeveniens iudicium rationis, si in animo praevaleat ut ei consentiatur, impedit consilium et iudicium rationis. si vero sequatur, quasi ex ratione imperata, adiuvat ad exequendum imperium rationis.

008 ST2 qu59 ar3

ag1 ‘ Ad tertium sic proceditur. videtur quod virtus cum tristitia esse non possit. virtutes enim sunt sapientiae effectus, * secundum illud sap. viii, “ sobrietatem et iustitiam docet, scilicet divina sapientia, prudentiam et virtutem. sed sapientiae convictus non habet amaritudinem, * ut postea subditur. ‘ ergo nec virtutes cum tristitia esse possunt.
ag2 ‘ Praeterea, tristitia est impedimentum operationis; * ut patet per philosophum, in vii et x ethic.. ‘ sed impedimentum bonae operationis repugnat virtuti. ergo tristitia repugnat virtuti.
ag3 ‘ Praeterea, tristitia est quaedam animi aegritudo; * ut tullius eam vocat, in iii de tuscul. quaest.. ‘ sed aegritudo animae contrariatur virtuti, quae est bona animae habitudo. ergo tristitia contrariatur virtuti, nec potest simul esse cum ea.
sc ‘ Sed contra est quod christus fuit perfectus virtute. sed in eo fuit tristitia, * dicit enim, ut habetur matth. xxvi, ° tristis est anima mea usque ad mortem. ‘ ergo tristitia potest esse cum virtute.
co * Respondeo dicendum quod sicut dicit augustinus, xiv de civ. dei, ° stoici voluerunt, pro tribus perturbationibus, in animo sapientis esse tres eupathias, idest tres bonas passiones, pro cupiditate scilicet voluntatem; pro laetitia, gaudium; pro metu, cautionem. * pro tristitia vero, negaverunt posse aliquid esse in animo “ sapientis, duplici ratione. primo quidem, quia tristitia est de malo quod iam accidit. nullum autem malum aestimant posse accidere sapienti, crediderunt enim quod, sicut solum hominis bonum est virtus, bona autem corporalia nulla bona hominis sunt; ita solum inhonestum est hominis malum, quod in virtuoso esse non potest. ‘ sed hoc irrationabiliter dicitur. cum enim homo sit ex anima et corpore compositus, id quod confert ad vitam corporis conservandam, aliquod bonum hominis est, non tamen maximum, quia eo potest homo male uti. unde et malum huic bono contrarium in sapiente esse potest, et tristitiam moderatam inducere. praeterea, etsi virtuosus sine gravi peccato esse possit, nullus tamen invenitur qui absque levibus peccatis vitam ducat, * secundum illud i ioan. i, ° si dixerimus quia peccatum non habemus, nos ipsos seducimus. ‘ tertio, quia virtuosus, etsi peccatum non habeat, forte quandoque habuit. et de hoc laudabiliter dolet; * secundum illud ii ad cor. vii, ° quae secundum deum est tristitia, poenitentiam in salutem stabilem operatur. |25| ‘ quarto, quia potest etiam dolere laudabiliter de peccato alterius. unde eo modo quo virtus moralis compatitur alias passiones ratione moderatas, compatitur etiam tristitiam. * secundo, movebantur ex hoc, quod tristitia est de praesenti malo, “ timor autem de malo futuro, sicut delectatio de bono praesenti, desiderium vero de bono futuro. potest autem hoc ad virtutem pertinere, quod aliquis bono habito fruatur, vel non habitum habere desideret, vel quod etiam malum futurum caveat. sed quod malo praesenti animus hominis substernatur, quod fit per tristitiam, omnino videtur contrarium rationi, unde cum virtute esse non potest. ‘ sed hoc irrationabiliter dicitur. est enim aliquod malum quod potest esse virtuoso praesens, * ut dictum est. ‘ quod quidem malum ratio detestatur. unde appetitus sensitivus in hoc sequitur detestationem rationis, quod de huiusmodi malo tristatur, moderate tamen, secundum rationis iudicium. hoc autem pertinet ad virtutem, ut appetitus sensitivus rationi conformetur, * ut dictum est. ‘ unde ad virtutem pertinet quod tristetur moderate in quibus tristandum est, * sicut etiam philosophus dicit in ii ethic.. ‘ et hoc |50| etiam utile est ad fugiendum mala. sicut enim bona propter delectationem promptius quaeruntur, ita mala propter tristitiam fortius fugiuntur. sic igitur dicendum est quod tristitia de his quae conveniunt virtuti, non potest simul esse cum virtute, quia virtus in propriis delectatur. sed de his quae quocumque modo repugnant virtuti, virtus moderate tristatur.
ra1 * Ad primum ergo dicendum quod ex illa auctoritate habetur quod ‘ de sapientia sapiens non tristetur. tristatur tamen de his quae sunt impeditiva sapientiae. et ideo in beatis, in quibus nullum impedimentum sapientiae esse potest, tristitia locum non habet.
ra2 ‘ Ad secundum dicendum quod tristitia impedit operationem de qua tristamur, sed adiuvat ad ea promptius exequenda per quae tristitia fugitur.
ra3 ‘ Ad tertium dicendum quod tristitia immoderata est animae aegritudo tristitia autem moderata ad bonam habitudinem animae pertinet, secundum statum praesentis vitae.

008 ST2 qu59 ar4

ag1 ‘ Ad quartum sic proceditur. videtur quod omnis virtus moralis sit circa passiones. * dicit enim philosophus, in ii ethic., quod ° circa voluptates et tristitias est moralis virtus. ‘ sed delectatio et tristitia sunt passiones, * ut supra dictum est. ‘ ergo omnis virtus moralis est circa passiones.
ag2 “ Praeterea, rationale per participationem est subiectum moralium virtutum, * ut dicitur in i ethic.. ‘ sed huiusmodi pars animae est in qua sunt passiones, * ut supra dictum est. ‘ ergo omnis virtus moralis est circa passiones.
ag3 ‘ Praeterea, in omni virtute morali est invenire aliquam passionem. aut ergo omnes sunt circa passiones, aut nulla. sed aliquae sunt circa passiones, ut fortitudo et temperantia, * ut dicitur in iii ethic.. ‘ ergo omnes virtutes morales sunt circa passiones.
sc ‘ Sed contra est quod iustitia, quae est virtus moralis, non est circa passiones, * ut dicitur in v ethic..
co ‘ Respondeo dicendum quod virtus moralis perficit appetitivam partem animae ordinando ipsam in bonum rationis. est autem rationis bonum id quod est secundum rationem moderatum seu ordinatum. unde circa omne id quod contingit ratione ordinari et moderari, contingit esse virtutem moralem. ratio autem ordinat non solum passiones appetitus sensitivi; sed etiam ordinat operationes appetitus intellectivi, qui est voluntas, quae non est subiectum passionis, * ut supra dictum est. ‘ et ideo non omnis virtus moralis est circa passiones; sed quaedam circa passiones, quaedam circa operationes.
ra1 ‘ Ad primum ergo dicendum quod non omnis virtus moralis est circa delectationes et tristitias sicut circa propriam materiam, sed sicut circa aliquid consequens proprium actum. omnis enim virtuosus delectatur in actu virtutis, et tristatur in contrario. * unde philosophus post praemissa verba subdit quod, ° si virtutes sunt circa actus et passiones; omni autem passioni et omni actui sequitur delectatio et tristitia; propter hoc virtus erit circa delectationes et tristitias, “ scilicet sicut circa aliquid consequens.
ra2 ‘ Ad secundum dicendum quod rationale per participationem non solum est appetitus sensitivus, qui est subiectum passionum; sed etiam voluntas, in qua non sunt passiones, * ut dictum est.
ra3 ‘ Ad tertium dicendum quod in quibusdam virtutibus sunt passiones sicut propria materia, in quibusdam autem non. unde non est eadem ratio de omnibus, * ut infra ostendetur.

008 ST2 qu59 ar5

ag1 ‘ Ad quintum sic proceditur. videtur quod virtus moralis possit esse absque passione. quanto enim virtus moralis est perfectior, tanto magis superat passiones. ergo in suo perfectissimo esse, est omnino absque passionibus.
ag2 ‘ Praeterea, tunc unumquodque est perfectum, quando est remotum a suo contrario, et ab his quae ad contrarium inclinant. sed passiones inclinant ad peccatum, quod virtuti contrariatur, * unde rom. vii, nominantur passiones peccatorum. ‘ ergo perfecta virtus est omnino absque passione.
ag3 ‘ Praeterea, secundum virtutem deo conformamur; * ut patet per augustinum, in libro de moribus eccles.. ‘ sed deus omnia operatur sine passione. ergo virtus perfectissima est absque omni passione.
sc ‘ Sed contra est quod nullus iustus est qui non gau-

det iusta operatione, * ut dicitur in i ethic.. ' sed gaudium est passio. ergo iustitia non potest esse sine passione. et multo minus aliae virtutes.
co ' Respondeo dicendum quod, si passiones dicamus inordinatas affectiones, * sicut stoici posuerunt; ' sic manifestum est quod virtus perfecta est sine passionibus. si vero passiones dicamus omnes motus appetitus sensitivi, sic planum est quod virtutes morales quae sunt circa passiones sicut circa propriam materiam, sine passionibus esse non possunt. cuius ratio est, quia secundum hoc, sequeretur quod virtus moralis faceret appetitum sensitivum omnino otiosum. non autem ad virtutem pertinet quod ea quae sunt subiecta rationi, a propriis actibus vacent, sed quod exequantur imperium rationis, proprios actus agendo. unde sicut virtus membra corporis ordinat ad actus exteriores debitos, ita appetitum sensitivum ad motus proprios ordinatos. virtutes vero morales quae non sunt circa passiones, sed circa operationes, possunt esse sine passionibus (et huiusmodi virtus est iustitia), quia per eas applicatur voluntas ad proprium actum, qui non est passio. sed tamen ad actum iustitiae sequitur gaudium, ad minus in voluntate, quod non est passio. et si hoc gaudium multiplicetur per iustitiae perfectionem, fiet gaudii redundantia usque ad appetitum sensitivum; secundum quod vires inferiores sequuntur motum superiorum, * ut supra dictum est. ' et sic per redundantiam |25| huiusmodi, quanto virtus fuerit perfectior, tanto magis passionem causat.
ra1 ' Ad primum ergo dicendum quod virtus passiones inordinatas superat, moderatas autem producit.
ra2 ' Ad secundum dicendum quod passiones inordinatae inducunt ad peccandum, non autem si sunt moderatae.
ra3 ' Ad tertium dicendum quod bonum in unoquoque consideratur secundum conditionem suae naturae. in deo autem et angelis non est appetitus sensitivus, sicut est in homine. et ideo bona operatio dei et angeli est omnino sine passione, sicut et sine corpore, bona autem operatio hominis est cum passione, sicut et cum corporis ministerio.

008 ST2 qu60 ar

pr ' Deinde considerandum est de distinctione virtutum moralium ad invicem. et circa hoc quaeruntur quinque. primo, utrum sit tantum una virtus moralis. secundo, utrum distinguantur virtutes morales quae sunt circa operationes, ab his quae sunt circa passiones. tertio, utrum circa operationes sit una tantum moralis virtus. quarto, utrum circa diversas passiones sint diversae morales virtutes. quinto, utrum virtutes morales distinguantur secundum diversa obiecta passionum.

008 ST2 qu60 ar1

ag1 ' Ad primum sic proceditur. videtur quod sit una tantum moralis virtus. sicut enim in actibus moralibus directio pertinet ad rationem, quae est subiectum intellectualium virtutum; ita inclinatio pertinet ad vim appetitivam, quae est subiectum moralium virtutum. sed una est intellectualis virtus dirigens in omnibus moralibus actibus, scilicet prudentia. ergo etiam una tantum est moralis virtus inclinans in omnibus moralibus actibus.
ag2 ' Praeterea, habitus non distinguuntur secundum materialia obiecta, sed secundum formales rationes obiectorum. formalis autem ratio boni ad quod ordinatur virtus moralis, est unum, scilicet modus rationis. ergo videtur quod sit una tantum moralis virtus.
ag3 ' Praeterea, moralia recipiunt speciem a fine, * ut supra dictum est. ' sed finis omnium virtutum moralium communis est unus, scilicet felicitas; proprii autem et propinqui sunt infiniti. non sunt autem infinitae virtutes morales. ergo videtur quod sit una tantum.
sc ' Sed contra est quod unus habitus non potest esse in diversis potentiis, * ut supra dictum est. ' sed subiectum virtutum moralium est pars appetitiva animae, quae per diversas potentias distinguitur, * ut in primo dictum est. ' ergo non potest esse una tantum virtus moralis.
co * Respondeo dicendum quod, sicut supra dictum est, ' virtutes morales sunt habitus quidam appetitivae partis. habitus autem specie differunt secundum speciales differentias obiectorum, * ut supra dictum est. ' species autem obiecti appetibilis, sicut et cuiuslibet rei, attenditur secundum formam specificam, quae est ab agente. est autem considerandum quod materia patientis se habet ad agens dupliciter. quandoque enim recipit formam agentis secundum eandem rationem, prout est in agente, sicut est in omnibus agentibus univocis. et sic necesse est quod, si agens est unum specie, quod materia recipiat formam unius speciei, sicut ab igne non generatur univoce nisi aliquid existens in specie ignis. aliquando vero materia recipit formam ab agente non secundum eandem rationem, prout est in agente, sicut patet in generantibus non univocis, ut animal generatur a sole. et tunc formae receptae in materia ab eodem agente, non sunt unius speciei sed diversificantur secundum diversam proportionem materiae ad recipiendum influxum agentis, sicut videmus quod ab una actione solis generantur per putrefactionem animalia diversarum specierum secundum diversam proportionem materiae. manifestum est autem quod in moralibus ratio est sicut imperans et movens; vis autem appetitiva est sicut imperata et mota. non autem appetitus recipit impressionem rationis quasi univoce, quia non fit rationale per |25| essentiam, sed per participationem, * ut dicitur in i ethic.. ' unde appetibilia secundum motionem rationis constituuntur in diversis speciebus, secundum quod diversimode se habent ad rationem. et ita sequitur quod virtutes morales sint diversae secundum speciem, et non una tantum.
ra1 ' Ad primum ergo dicendum quod obiectum rationis est verum. est autem eadem ratio veri in omnibus moralibus, quae sunt contingentia agibilia. unde est una sola virtus in eis dirigens, scilicet prudentia. obiectum autem appetitivae virtutis est bonum appetibile. cuius est diversa ratio, secundum diversam habitudinem ad rationem dirigentem.
ra2 ' Ad secundum dicendum quod illud formale est unum genere, propter unitatem agentis. sed diversificatur specie, propter diversas habitudines recipientium, * ut supra dictum est.
ra3 ' Ad tertium dicendum quod moralia non habent speciem a fine ultimo sed a finibus proximis, qui quidem, etsi infiniti sint numero, non tamen infiniti sunt specie.

008 ST2 qu60 ar2

ag1 ' Ad secundum sic proceditur. videtur quod virtutes morales non distinguantur ab invicem per hoc quod quaedam sunt circa operationes, quaedam circa passiones. * dicit enim philosophus, in ii ethic., quod " virtus moralis est circa delectationes et tristitias optimorum operativa. sed ' voluptates et tristitiae sunt passiones quaedam, * ut supra dictum est. ' ergo eadem virtus quae est circa passiones, est etiam circa operationes, utpote operativa existens.
ag2 ' Praeterea, passiones sunt principia exteriorum operationum. si ergo aliquae virtutes rectificant passiones, oportet quod etiam per consequens rectificent operationes. eaedem ergo virtutes morales sunt circa passiones et operationes.
ag3 ' Praeterea, ad omnem operationem exteriorem movetur appetitus sensitivus bene vel male. sed motus appetitus sensitivi sunt passiones. ergo eaedem virtutes quae sunt circa operationes, sunt circa passiones.
sc * Sed contra est quod philosophus ponit " iustitiam circa operationes; temperantiam autem et fortitudinem et mansuetudinem, circa passiones quasdam.
co ' Respondeo dicendum quod operatio et passio dupliciter potest comparari ad virtutem. uno modo, sicut effectus. et hoc modo, omnis moralis virtus habet aliquas operationes bonas, quarum est productiva; et delectationem aliquam vel tristitiam, quae sunt passiones, * ut supra dictum est. ' alio modo potest comparari operatio ad virtutem moralem, sicut materia circa quam est. et secundum hoc, oportet alias esse virtutes morales circa operationes, et alias circa passiones. cuius ratio est, quia bonum et malum in quibusdam operationibus attenditur secundum seipsas, qualitercumque homo afficiatur ad eas, inquantum scilicet bonum in eis et malum accipitur secundum rationem commensurationis ad alterum. et in talibus oportet quod sit aliqua virtus directiva operationum secundum seipsas, sicut sunt emptio et venditio, et omnes huiusmodi operationes in quibus attenditur ratio debiti vel indebiti ad alterum. et propter hoc, iustitia et partes eius proprie sunt circa operationes sicut circa propriam materiam. in quibusdam vero operationibus bonum et malum attenditur solum secundum commensurationem ad operantem. et ideo oportet in his bonum et malum considerari, secundum quod homo bene vel male afficitur circa huiusmodi. et propter hoc, oportet quod virtutes in talibus sint principaliter circa interiores affectiones, quae dicuntur animae passiones, sicut patet |25| de temperantia, fortitudine et aliis huiusmodi. contingit autem quod in operationibus quae sunt ad alterum, praetermittatur bonum virtutis propter inordinatam animi passionem. et tunc, inquantum corrumpitur commensuratio exterioris operationis, est corruptio iustitiae, inquantum autem corrumpitur commensuratio interiorum passionum, est corruptio alicuius alterius virtutis. sicut cum propter iram aliquis alium percutit, in ipsa percussione indebita corrumpitur iustitia, in immoderantia vero irae corrumpitur mansuetudo. et idem patet in aliis.
ra1 ' Et per hoc patet responsio ad obiecta. nam prima ratio procedit de operatione, secundum quod est effectus virtutis. aliae vero duae rationes procedunt ex hoc, quod ad idem concurrunt operatio et passio. sed in quibusdam virtus est principaliter circa operationem, in quibusdam circa passionem, ratione praedicta.

008 ST2 qu60 ar3

ag1 ' Ad tertium sic proceditur. videtur quod sit una tantum virtus moralis circa operationes. rectitudo enim omnium operationum exteriorum videtur ad iustitiam pertinere. sed iustitia est una virtus. ergo una sola virtus est circa operationes.
ag2 ' Praeterea, operationes maxime differentes esse videntur quae ordinantur ad bonum unius, et quae ordinantur ad bonum multitudinis. sed ista diversitas non diversificat virtutes morales, * dicit enim philosophus, in v ethic., quod " iustitia legalis, quae ordinat actus hominum ad commune bonum, non est aliud a virtute quae ordinat actus hominis ad unum tantum, nisi secundum rationem. ' ergo diversitas operationum non causat diversitatem virtutum moralium.
ag3 ' Praeterea, si sunt diversae virtutes morales circa diversas operationes, oporteret quod secundum diversitatem operationum, esset diversitas virtutum moralium. sed hoc patet esse falsum, nam ad iustitiam pertinet in diversis generibus commutationum rectitudinem statuere, et etiam in distributionibus, * ut patet in v ethic.. ' non ergo diversae virtutes sunt diversarum operationum.
sc ' Sed contra est quod religio est alia virtus a pietate, quarum tamen utraque est circa operationes quasdam.
co ' Respondeo dicendum quod omnes virtutes morales quae sunt circa operationes, conveniunt in quadam generali ratione iustitiae, quae attenditur secundum debitum ad alterum, distinguuntur autem secundum diversas speciales rationes. cuius ratio est quia in operationibus exterioribus ordo rationis instituitur * sicut dictum est, ' non secundum proportionem ad affectionem hominis, sed secundum ipsam convenientiam rei in seipsa; secundum quam convenientiam accipitur ratio debiti, ex quo constituitur ratio iustitiae, ad iustitiam enim pertinere videtur ut quis debitum reddat. unde omnes huiusmodi virtutes quae sunt circa operationes, habent aliquo modo rationem iustitiae. sed debitum non est unius rationis in omnibus, aliter enim debetur aliquid aequali, aliter superiori, aliter minori; et aliter ex pacto, vel ex promisso, vel ex beneficio suscepto. et secundum has diversas rationes debiti, sumuntur diversae virtutes, puta religio est per quam redditur debitum deo; pietas est per quam redditur debitum parentibus vel patriae; gratia est per quam redditur debitum benefactoribus; et sic de aliis.
ra1 ' Ad primum ergo dicendum quod iustitia proprie dicta est una specialis virtus, quae attendit perfectam rationem debiti, quod secundum aequivalentiam potest restitui. dicitur tamen et ampliato nomine iustitia, secundum quamcumque debiti redditionem. et sic non est una specialis virtus.
ra2 ' Ad secundum dicendum quod iustitia quae intendit bonum commune, est alia virtus a iustitia quae ordinatur ad bonum privatum alicuius, unde et ius commune distinguitur a iure privato; * et tullius ponit unam specialem virtutem, pietatem, quae ordinat ad bonum patriae. ' sed iustitia ordinans hominem ad bonum commune, est generalis per imperium, quia omnes actus virtutum ordinat ad finem suum, scilicet ad bonum commune. virtus autem secundum quod a tali iustitia imperatur, etiam iustitiae nomen accipit. et sic virtus a iustitia legali non differt nisi ratione, sicut sola ratione differt virtus operans secundum seipsam, et virtus operans ad imperium alterius.
ra3 ' Ad tertium dicendum quod in omnibus operationibus ad iustitiam specialem pertinentibus, est eadem ratio debiti. et ideo est eadem virtus iustitiae, praecipue quantum ad commutationes. forte enim distributiva est alterius speciei a commutativa, * sed de hoc infra quaeretur.

008 ST2 qu60 ar4

ag1 ' Ad quartum sic proceditur. videtur quod circa diversas passiones non sint diversae virtutes morales. eorum enim quae conveniunt in principio et fine, unus est habitus, sicut patet maxime in scientiis. sed omnium passionum unum est principium, scilicet amor; et omnes ad eundem finem terminantur, scilicet ad delectationem vel tristitiam; * ut supra habitum est. ' ergo circa omnes passiones est una tantum moralis virtus.
ag2 ' Praeterea, si circa diversas passiones essent diversae virtutes morales, sequeretur quod tot essent virtutes morales quot passiones. sed hoc patet esse falsum, quia circa oppositas passiones est una et eadem virtus moralis, sicut fortitudo circa timores et audacias, temperantia circa delectationes et tristitias. non ergo oportet quod circa diversas passiones sint diversae virtutes morales.
ag3 ' Praeterea, amor, concupiscentia et delectatio sunt passiones specie differentes, * ut supra habitum est. ' sed circa omnes has est una virtus, scilicet temperantia. ergo virtutes morales non sunt diversae circa diversas passiones.
sc ' Sed contra est quod fortitudo est circa timores et audacias; temperantia circa concupiscentias; mansuetudo circa iras; * ut dicitur in iii et iv ethic..
co ' Respondeo dicendum quod non potest dici quod circa omnes passiones sit una sola virtus moralis, sunt enim quaedam passiones ad diversas potentias pertinentes; aliae namque pertinent ad irascibilem, aliae ad concupiscibilem, * ut supra dictum est. ' nec tamen oportet quod omnis diversitas passionum sufficiat ad virtutes morales diversificandas. primo quidem, quia quaedam passiones sunt quae sibi opponuntur secundum contrarietatem, sicut gaudium et tristitia, timor et audacia, et alia huiusmodi. et circa

huiusmodi passiones sic oppositas, oportet esse unam et eandem virtutem. cum enim virtus moralis in quadam medietate consistat, medium in contrariis passionibus secundum eandem rationem instituitur, sicut et in naturalibus idem est medium inter contraria, ut inter album et nigrum. secundo, quia diversae passiones inveniuntur secundum eundem modum rationi repugnantes, puta secundum impulsum ad id quod est contra rationem; vel secundum retractionem ab eo quod est secundum rationem. et ideo diversae passiones concupiscibilis non pertinent ad diversas virtutes morales, quia earum motus secundum quendam ordinem se invicem consequuntur, utpote ad idem ordinati, scilicet ad consequendum bonum, vel ad fugiendum malum; sicut ex amore procedit concupiscentia, et ex concupiscentia pervenitur ad delectationem. et eadem ratio est de oppositis, quia ex odio sequitur fuga vel abominatio, quae perducit ad tristitiam. |25| sed passiones irascibilis non sunt unius ordinis, sed ad diversa ordinantur, nam audacia et timor ordinantur ad aliquod magnum periculum; spes et desperatio ad aliquod bonum arduum; ira autem ad superandum aliquod contrarium quod nocumentum intulit. et ideo circa has passiones diversae virtutes ordinantur, utpote temperantia circa passiones concupiscibilis; fortitudo circa timores et audacias; magnanimitas circa spem et desperationem; mansuetudo circa iras.

ra1 ' Ad primum ergo dicendum quod omnes passiones conveniunt in uno principio et fine communi, non autem in uno proprio principio seu fine. unde hoc non sufficit ad unitatem virtutis moralis.

ra2 ' Ad secundum dicendum quod, sicut in naturalibus idem est principium quo receditur ab uno principio, et acceditur ad aliud; et in rationalibus est eadem ratio contrariorum, ita etiam virtus moralis, quae in modum naturae rationi consentit, est eadem contrariarum passionum.

ra3 ' Ad tertium dicendum quod illae tres passiones ad idem obiectum ordinantur secundum quendam ordinem, * ut dictum est. ' et ideo ad eandem virtutem moralem pertinent.

008 ST2 qu60 ar5

ag1 ' Ad quintum sic proceditur. videtur quod virtutes morales non distinguantur secundum obiecta passionum. sicut enim sunt obiecta passionum, ita sunt obiecta operationum. sed virtutes morales quae sunt circa operationes, non distinguuntur secundum obiecta operationum, ad eandem enim virtutem iustitiae pertinet emere vel vendere domum, et equum. ergo etiam nec virtutes morales quae sunt circa passiones, diversificantur per obiecta passionum.

ag2 ' Praeterea, passiones sunt quidam actus vel motus appetitus sensitivi. sed maior diversitas requiritur ad diversitatem habituum, quam ad diversitatem actuum. diversa igitur obiecta quae non diversificant speciem passionis, non diversificabunt speciem virtutis moralis. ita scilicet quod de omnibus delectabilibus erit una virtus moralis, et similiter est de aliis.

ag3 ' Praeterea, magis et minus non diversificant speciem. sed diversa delectabilia non differunt nisi secundum magis et minus. ergo omnia delectabilia pertinent ad unam speciem virtutis. et eadem ratione, omnia terribilia, et similiter de aliis. non ergo virtus moralis distinguitur secundum obiecta passionum.

ag4 ' Praeterea, sicut virtus est operativa boni, ita est impeditiva mali. sed circa concupiscentias bonorum sunt diversae virtutes, sicut temperantia circa concupiscentias delectationum tactus, et eutrapelia circa delectationes ludi. ergo etiam circa timores malorum debent esse diversae virtutes.

sc ' Sed contra est quod castitas est circa delectabilia venereorum; abstinentia vero est circa delectabilia ciborum; et eutrapelia circa delectabilia ludorum.

co ' Respondeo dicendum quod perfectio virtutis ex ratione dependet, perfectio autem passionis, ex ipso appetitu sensitivo. unde oportet quod virtutes diversificentur secundum ordinem ad rationem, passiones autem, secundum ordinem ad appetitum. obiecta igitur passionum, secundum quod diversimode comparantur ad appetitum sensitivum, causant diversas passionum species, secundum vero quod comparantur ad rationem, causant diversas species virtutum. non est autem idem motus rationis, et appetitus sensitivi. unde nihil prohibet aliquam differentiam obiectorum causare diversitatem passionum, quae non causat diversitatem virtutum, sicut quando una virtus est circa multas passiones, * ut dictum est, ' et aliquam etiam differentiam obiectorum causare diversitatem virtutum, quae non causat diversitatem passionum, cum circa unam passionem, puta delectationem, diversae virtutes ordinentur. et quia diversae passiones ad diversas potentias pertinentes, semper pertinent ad diversas virtutes, * ut dictum est; ' ideo diversitas obiectorum quae respicit diversitatem potentiarum, semper diversificat species virtutum; puta quod aliquid sit bonum absolute, et aliquid bonum cum aliqua arduitate. et quia ordine quodam ratio inferiores hominis partes regit, et etiam se ad exteriora extendit; ideo etiam secundum quod unum obiectum passionis apprehenditur sensu |25| vel imaginatione, aut etiam ratione; et secundum etiam quod pertinet ad animam, corpus, vel exteriores res; diversam habitudinem habet ad rationem; et per consequens natum est diversificare virtutes. bonum igitur hominis, quod est obiectum amoris, concupiscentiae et delectationis, potest accipi vel ad sensum corporis pertinens; vel ad interiorem animae apprehensionem. et hoc, sive ordinetur ad bonum hominis in seipso, vel quantum ad corpus vel quantum ad animam; sive ordinetur ad bonum hominis in ordine ad alios. et omnis talis diversitas, propter diversum ordinem ad rationem, diversificat virtutem. sic igitur si consideretur aliquod bonum, si quidem sit per sensum tactus apprehensum, et ad consistentiam humanae vitae pertinens in individuo vel in specie, sicut sunt delectabilia ciborum et venereorum; erit pertinens ad virtutem temperantiae. delectationes autem aliorum sensuum, cum non sint vehementes, non praestant aliquam difficultatem rationi, et ideo circa eas non ponitur aliqua virtus, quae est circa difficile, sicut et ars, * ut dicitur in ii ethic.. ' bonum autem non sensu, sed interiori virtute apprehensum, ad ipsum hominem pertinens secundum seipsum, est sicut pecunia et honor; quorum pecunia ordinabilis est de se ad bonum corporis; honor autem consistit in apprehensione animae. et haec quidem bona considerari possunt vel absolute, secundum quod pertinent ad concupiscibilem; |50| vel cum arduitate quadam, secundum quod pertinent ad irascibilem. quae quidem distinctio non habet locum in bonis quae delectant tactum, quia huiusmodi sunt quaedam infima, et competunt homini secundum quod convenit cum brutis. circa bonum igitur pecuniae absolute sumptum, secundum quod est obiectum concupiscentiae vel delectationis aut amoris, est liberalitas. circa bonum autem huiusmodi cum arduitate sumptum, secundum quod est obiectum spei, est magnificentia. circa bonum vero quod est honor, si quidem sit absolute sumptum, secundum quod est obiectum amoris, sic est quaedam virtus quae vocatur philotimia, idest amor honoris. si vero cum arduitate consideretur, secundum quod est obiectum spei, sic est magnanimitas. unde liberalitas et philotimia videntur esse in concupiscibili, magnificentia vero et magnanimitas in irascibili. bonum vero hominis in ordine ad alium, non videtur arduitatem habere, sed accipitur ut absolute sumptum, prout est obiectum passionum concupiscibilis. quod quidem bonum potest esse alicui delectabile secundum quod praebet se alteri vel in his quae serio fiunt, idest in actionibus per rationem ordinatis ad debitum finem; vel in his quae fiunt ludo, idest in actionibus ordinatis ad delectationem tantum, quae non eodem modo se habent ad rationem sicut prima. in seriis autem se exhibet aliquis alteri dupliciter. uno modo, ut delectabilem decentibus verbis et factis, * et hoc pertinet ad quandam virtutem quam aristoteles nominat amicitiam; et potest dici affabilitas. ' alio modo praebet se |75| aliquis alteri ut manifestum, per dicta et facta, * et hoc pertinet ad aliam virtutem, quam nominat veritatem. ' manifestatio enim propinquius accedit ad rationem quam delectatio; et seria quam iocosa. unde et circa delectationes ludorum est alia virtus, * quam philosophus eutrapeliam nominat. sic igitur patet quod, secundum aristotelem, ' sunt decem virtutes morales circa passiones, scilicet fortitudo, temperantia, liberalitas, magnificentia, magnanimitas, philotimia, mansuetudo, amicitia, veritas et eutrapelia. et distinguuntur secundum diversas materias vel secundum diversas passiones; vel secundum diversa obiecta. si igitur addatur iustitia, quae est circa operationes, erunt omnes undecim.

ra1 ' Ad primum ergo dicendum quod omnia obiecta eiusdem operationis secundum speciem, eandem habitudinem habent ad rationem; non autem omnia obiecta eiusdem passionis secundum speciem, quia operationes non repugnant rationi, sicut passiones.

ra2 ' Ad secundum dicendum quod alia ratione diversificantur passiones, et alia virtutes, * sicut dictum est.

ra3 ' Ad tertium dicendum quod magis et minus non diversificant speciem, nisi propter diversam habitudinem ad rationem.

ra4 ' Ad quartum dicendum quod bonum fortius est ad movendum quam malum " quia malum non agit nisi virtute boni, * ut dionysius dicit, iv cap. de div. nom.. ' unde malum non facit difficultatem rationi quae requirat virtutem, nisi sit excellens, quod videtur esse unum in uno genere passionis. unde circa iras non ponitur nisi una virtus, scilicet mansuetudo, et similiter circa audacias una sola, scilicet fortitudo. sed bonum ingerit difficultatem, quae requirit virtutem, etiam si non sit excellens in genere talis passionis. et ideo circa concupiscentias ponuntur diversae virtutes morales, * ut dictum est.

008 ST2 qu61 ar

pr ' Deinde considerandum est de virtutibus cardinalibus. et circa hoc quaeruntur quinque. primo, utrum virtutes morales debeant dici cardinales, vel principales. secundo, de numero earum. tertio, quae sint. quarto, utrum differant ab invicem. quinto, utrum dividantur convenienter in virtutes politicas, et purgatorias, et purgati animi, et exemplares.

008 ST2 qu61 ar1

ag1 ' Ad primum sic proceditur. videtur quod virtutes morales non debeant dici cardinales, seu principales. quae enim ex opposito dividuntur, sunt simul natura, * ut dicitur in praedicamentis, ' et sic unum non est altero principalius. sed omnes virtutes ex opposito dividunt genus virtutis. ergo nullae earum debent dici principales.

ag2 ' Praeterea, finis principalior est his quae sunt ad finem. sed virtutes theologicae sunt circa finem, virtutes autem morales circa ea quae sunt ad finem. ergo virtutes morales non debent dici principales, seu cardinales; sed magis theologicae.

ag3 ' Praeterea, principalius est quod est per essentiam, quam quod est per participationem. sed virtutes intellectuales pertinent ad rationale per essentiam, virtutes autem morales ad rationale per participationem, * ut supra dictum est. ' ergo virtutes morales non sunt principales, sed magis virtutes intellectuales.

sc * Sed contra est quod ambrosius dicit, super lucam, exponens illud, ° beati pauperes spiritu, scimus virtutes esse quatuor cardinales, scilicet temperantiam, iustitiam, prudentiam, fortitudinem. ' hae autem sunt virtutes morales. ergo virtutes morales sunt cardinales.

co ' Respondeo dicendum quod, cum simpliciter de virtute loquimur, intelligimur loqui de virtute humana. virtus autem humana, * ut supra dictum est, ' secundum perfectam rationem virtutis dicitur, quae requirit rectitudinem appetitus, huiusmodi enim virtus non solum facit facultatem bene agendi, sed ipsum etiam usum boni operis causat. sed secundum imperfectam rationem virtutis dicitur virtus quae non requirit rectitudinem appetitus, quia solum facit facultatem bene agendi, non autem causat boni operis usum. constat autem quod perfectum est principalius imperfecto. et ideo virtutes quae continent rectitudinem appetitus, dicuntur principales. huiusmodi autem sunt virtutes morales; et inter intellectuales, sola prudentia, quae etiam quodammodo moralis est, secundum materiam, * ut ex supradictis patet. ' unde convenienter inter virtutes morales ponuntur illae quae dicuntur principales, seu cardinales.

ra1 ' Ad primum ergo dicendum quod, quando genus univocum dividitur in suas species, tunc partes divisionis ex aequo se habent secundum rationem generis; licet secundum naturam rei, una species sit principalior et perfectior alia, sicut homo aliis animalibus. sed quando est divisio alicuius analogi, quod dicitur de pluribus secundum prius et posterius; tunc nihil prohibet unum esse principalius altero, etiam secundum communem rationem; sicut substantia principalius dicitur ens quam accidens. et talis est divisio virtutum in diversa genera virtutum, eo quod bonum rationis non secundum eundem ordinem invenitur in omnibus.

ra2 ' Ad secundum dicendum quod virtutes theologicae sunt supra hominem, * ut supra dictum est. ' unde non proprie dicuntur virtutes humanae, sed superhumanae, vel divinae

ra3 ' Ad tertium dicendum, quod aliae virtutes intellectuales a prudentia, etsi sint principaliores quam morales quantum ad subiectum; non tamen sunt principaliores quantum ad rationem virtutis, quae respicit bonum, quod est obiectum appetitus.

008 ST2 qu61 ar2

ag1 ' Ad secundum sic proceditur. videtur quod non sint quatuor virtutes cardinales. prudentia enim est directiva aliarum virtutum moralium, * ut ex supradictis patet. ' sed id quod est directivum aliorum, principalius est. ergo prudentia sola est virtus principalis.

ag2 ' Praeterea, virtutes principales sunt aliquo modo morales. sed ad operationes morales ordinamur per rationem practicam, et appetitum rectum, * ut dicitur in vi ethic.. ' ergo solae duae virtutes cardinales sunt.

ag3 ' Praeterea, inter alias etiam virtutes una est principalior altera. sed ad hoc quod virtus dicatur principalis, non requiritur quod sit principalis respectu omnium, sed respectu quarundam. ergo videtur quod sint multo plures principales virtutes.

sc * Sed contra est quod gregorius dicit, in ii moral., ° in quatuor virtutibus tota boni operis structura consurgit.

co ' Respondeo dicendum quod numerus aliquorum accipi potest aut secundum principia formalia aut secundum subiecta, et utroque modo inveniuntur quatuor cardinales virtutes. principium enim formale virtutis de qua nunc loquimur, est rationis bonum. quod quidem dupliciter potest considerari. uno modo, secundum quod in ipsa consideratione rationis consistit. et sic erit una virtus principalis, quae dicitur prudentia. alio modo, secundum quod circa aliquid ponitur rationis ordo. et hoc vel circa operationes, et sic est iustitia, vel circa passiones, et sic necesse est esse duas virtutes. ordinem enim rationis necesse est ponere circa passiones, considerata repugnantia ipsarum ad rationem. quae quidem potest esse dupliciter. uno modo secundum quod passio impellit ad aliquid contrarium rationi, et sic necesse est quod passio reprimatur, et ab hoc denominatur temperantia. alio modo, secundum quod passio retrahit ab eo quod ratio dictat, sicut timor periculorum vel laborum, et sic necesse est quod homo firmetur in

eo quod est rationis, ne recedat; et ab hoc denominatur fortitudo. similiter secundum subiecta, idem numerus invenitur. quadruplex enim invenitur subiectum huius virtutis * de qua nunc loquimur, ' scilicet rationale per essentiam, quod prudentia perficit; et rationale per participationem, quod dividitur in tria; idest in voluntatem, quae est subiectum iustitiae; et in concupiscibilem, quae est subiectum temperantiae; et in irascibilem, quae est subiectum fortitudinis.
ra1 ' Ad primum ergo dicendum quod prudentia est simpliciter principalior omnibus. sed aliae ponuntur principales unaquaeque in suo genere.
ra2 ' Ad secundum dicendum quod rationale per participationem dividitur in tria, * ut dictum est.
ra3 ' Ad tertium dicendum quod omnes aliae virtutes, quarum una est principalior alia, reducuntur ad praedictas quatuor, et quantum ad subiectum, et quantum ad rationes formales.

008 ST2 qu61 ar3

ag1 ' Ad tertium sic proceditur. videtur quod aliae virtutes debeant dici magis principales quam istae. id enim quod est maximum in unoquoque genere, videtur esse principalius. sed magnanimitas operatur magnum in omnibus virtutibus, * ut dicitur in iv ethic.. ' ergo magnanimitas maxime debet dici principalis virtus.
ag2 ' Praeterea, illud per quod aliae virtutes firmantur, videtur esse maxime principalis virtus. sed humilitas est huiusmodi, * dicit enim gregorius quod ° qui ceteras virtutes sine humilitate congregat, quasi paleas in ventum portat. ' ergo humilitas videtur esse maxime principalis.
ag3 ' Praeterea, illud videtur esse principale, quod est perfectissimum. sed hoc pertinet ad patientiam; * secundum illud iacobi i, ° patientia opus perfectum habet. ' ergo patientia debet poni principalis.
sc ' Sed contra est quod * tullius, in sua rhetorica, ad has quatuor omnes alias reducit.
co ' Respondeo dicendum quod * sicut supra dictum est, ' huiusmodi quatuor virtutes cardinales accipiuntur secundum quatuor formales rationes virtutis de qua loquimur. quae quidem in aliquibus actibus vel passionibus principaliter inveniuntur. sicut bonum consistens in consideratione rationis, principaliter invenitur in ipso rationis imperio; non autem in consilio, neque in iudicio, * ut supra dictum est. ' similiter autem bonum rationis prout ponitur in operationibus secundum rationem recti et debiti, principaliter invenitur in commutationibus vel distributionibus quae sunt ad alterum cum aequalitate. bonum autem refraenandi passiones principaliter invenitur in passionibus quas maxime difficile est reprimere, scilicet in delectationibus tactus. bonum autem firmitatis ad standum in bono rationis contra impetum passionum, praecipue invenitur in periculis mortis, contra quae difficillimum est stare. sic igitur praedictas quatuor virtutes dupliciter considerare possumus. uno modo, secundum communes rationes formales. et secundum hoc, dicuntur principales, quasi generales ad omnes virtutes, utputa quod omnis virtus quae facit bonum in consideratione rationis, dicatur prudentia; et quod omnis virtus quae facit bonum debiti et recti in operationibus, dicatur iustitia; et omnis virtus quae cohibet passiones et deprimit, dicatur temperantia; et omnis virtus quae facit firmitatem animi contra quascumque passiones, dicatur fortitudo. * et sic multi loquuntur de istis virtutibus, tam sacri doctores quam etiam philosophi. ' et sic aliae virtutes sub ipsis continentur unde cessant omnes obiectiones. alio vero modo possunt accipi, secundum quod istae virtutes denominantur ab eo quod est praecipuum in unaquaque materia. et sic sunt speciales virtutes, contra alias divisae. dicuntur tamen principales respectu aliarum, propter principalitatem materiae, puta quod prudentia dicatur quae praeceptiva est; iustitia, quae est circa actiones debitas inter aequales; temperantia, quae reprimit concupiscentias delectationum tactus; fortitudo, quae firmat contra pericula mortis.
ra1 ' Et sic etiam cessant obiectiones, quia aliae virtutes possunt habere aliquas alias principalitates, sed istae dicuntur principales ratione materiae, * ut supra dictum est.

008 ST2 qu61 ar4

ag1 ' Ad quartum sic proceditur. videtur quod quatuor praedictae virtutes non sint diversae virtutes, et ab invicem distinctae. * dicit enim gregorius, in xxii moral., ° prudentia vera non est, quae iusta, temperans et fortis non est; nec perfecta temperantia, quae fortis, iusta et prudens non est; nec fortitudo integra, quae prudens, temperans et iusta non est; nec vera iustitia, quae prudens, fortis et temperans non est. ' hoc autem non contingeret, si praedictae quatuor virtutes essent ab invicem distinctae, diversae enim species eiusdem generis non denominant se invicem. ergo praedictae virtutes non sunt ab invicem distinctae.
ag2 ' Praeterea, eorum quae ab invicem sunt distincta, quod est unius, non attribuitur alteri. sed illud quod est temperantiae, attribuitur fortitudini, * dicit enim ambrosius, in i libro de offic., ° iure ea fortitudo vocatur, quando unusquisque seipsum vincit, nullis illecebris emollitur atque inflectitur. * de temperantia etiam dicit quod modum vel ordinem servat ° omnium quae vel agenda vel dicenda arbitramur. ' ergo videtur quod huiusmodi virtutes non sunt ab invicem distinctae.
ag3 * Praeterea, philosophus dicit, in ii ethic., " quod ad virtutem haec requiruntur, ° primum quidem, si sciens; deinde, si eligens, et eligens propter hoc; tertium autem, si firme et immobiliter habeat et operetur. ' sed horum primum videtur ad prudentiam pertinere, quae est recta ratio agibilium; secundum, scilicet eligere, ad temperantiam, ut aliquis non ex passione, sed ex electione agat, passionibus refraenatis; tertium, ut aliquis propter debitum finem operetur, rectitudinem quandam continet, quae videtur ad iustitiam pertinere aliud, scilicet firmitas et immobilitas, pertinet ad fortitudinem. ergo quaelibet harum virtutum est generalis ad omnes virtutes. ergo non distinguuntur ad invicem.
sc ' Sed contra est quod * augustinus dicit, in libro de moribus eccles., quod ° quadripartita dicitur virtus, ex ipsius amoris vario affectu, * et subiungit de praedictis quatuor virtutibus. ' praedictae ergo quatuor virtutes sunt ab invicem distinctae.
co * Respondeo dicendum quod, sicut supra dictum est, ' praedictae quatuor virtutes dupliciter a diversis accipiuntur. * quidam enim accipiunt eas, " prout significant quasdam generales conditiones humani animi, quae inveniuntur in omnibus virtutibus, ita scilicet quod prudentia nihil sit aliud quam quaedam rectitudo discretionis in quibuscumque actibus vel materiis; iustitia vero sit quaedam rectitudo animi, per quam homo operatur quod debet in quacumque materia; temperantia vero sit quaedam dispositio animi quae modum quibuscumque passionibus vel operationibus imponit, ne ultra debitum efferantur; fortitudo vero sit quaedam dispositio animae per quam firmetur in eo quod est secundum rationem, contra quoscumque impetus passionum vel operationum labores. ' haec autem quatuor sic distincta, non important diversitatem habituum virtuosorum quantum ad iustitiam, temperantiam et fortitudinem. cuilibet enim virtuti morali, ex hoc quod est habitus, convenit quaedam firmitas, ut a contrario non moveatur, * quod dictum est ad fortitudinem pertinere. ' ex hoc vero quod est virtus, habet quod ordinetur ad bonum, in quo importatur ratio recti vel debiti, quod dicebatur ad iustitiam pertinere. in hoc vero quod est virtus moralis rationem participans, habet quod modum rationis in omnibus servet, et ultra se non extendat, quod dicebatur pertinere ad temperantiam. solum autem hoc quod est discretionem habere, quod attribuebatur prudentiae, videtur distingui ab aliis tribus, inquantum hoc est ipsius rationis per essentiam; alia vero tria important quandam participationem rationis, per modum applicationis cuiusdam ad passiones vel operationes. sic igitur, * secundum praedicta, ' prudentia quidem esset virtus distincta ab aliis tribus, sed aliae tres non essent virtutes distinctae ab invicem; manifestum est enim quod una et eadem virtus et est habitus, et est virtus, et est moralis. * alii vero, et melius, accipiunt has quatuor virtutes " secundum quod determinantur ad materias speciales; ' unaquaeque quidem illarum ad unam materiam, in qua principaliter laudatur illa generalis conditio a qua nomen virtutis accipitur, * ut supra dictum est. ' et secundum hoc, manifestum est quod praedictae virtutes sunt diversi habitus, secundum diversitatem obiectorum distincti.
ra1 * Ad primum ergo dicendum quod gregorius loquitur ' de praedictis quatuor virtutibus secundum primam acceptionem. vel potest dici quod istae quatuor virtutes denominantur ab invicem per redundantiam quandam. id enim quod est prudentiae, redundat in alias virtutes, inquantum a prudentia diriguntur. unaquaeque vero aliarum redundat in alias ea ratione, quod qui potest quod est difficilius, potest et id quod minus est difficile. unde qui potest refraenare concupiscentias delectabilium secundum tactum, ne modum excedant, quod est difficillimum; ex hoc ipso redditur habilior ut refraenet audaciam in periculis mortis, ne ultra modum procedat, quod est longe facilius; et secundum hoc, fortitudo dicitur temperata. temperantia etiam dicitur fortis, ex redundantia fortitudinis in temperantiam, inquantum scilicet ille qui per fortitudinem habet animum firmum contra pericula mortis, quod est difficillimum, est habilior ut retineat animi firmitatem contra impetus delectationum; * quia, ut dicit tullius in i de offic., ° non est consentaneum ut qui metu non frangitur, cupiditate frangatur; nec qui invictum se a labore praestiterit, vinci a voluptate.
ra2 ' Et per hoc etiam patet responsio ad secundum. sic enim temperantia in omnibus modum servat, et fortitudo contra illecebras voluptatum animum servat inflexum, vel inquantum istae virtutes denominant quasdam generales conditiones virtutum; vel per redundantiam praedictam.
ra3 ' Ad tertium dicendum quod illae quatuor generales virtutum conditiones * quas ponit philosophus, ' non sunt propriae praedictis virtutibus. sed possunt eis appropriari, * secundum modum iam dictum.

008 ST2 qu61 ar5

ag1 ' Ad quintum sic proceditur. videtur quod inconvenienter huiusmodi quatuor virtutes dividantur in virtutes exemplares, purgati animi, purgatorias, et politicas. * ut enim macrobius dicit, in i super somnium scipionis, ° virtutes exemplares sunt quae in ipsa divina mente consistunt. * sed philosophus, in x ethic., dicit quod ° ridiculum est deo iustitiam, fortitudinem, temperantiam et prudentiam attribuere. ' ergo virtutes huiusmodi non possunt esse exemplares.
ag2 ' Praeterea, virtutes purgati animi dicuntur quae sunt absque passionibus, * dicit enim ibidem macrobius quod ° temperantiae purgati animi est terrenas cupiditates non reprimere, sed penitus oblivisci; fortitudinis autem passiones ignorare, non vincere. * dictum est autem supra quod ' huiusmodi virtutes sine passionibus esse non possunt. ergo huiusmodi virtutes purgati animi esse non possunt.
ag3 " Praeterea, virtutes purgatorias * dicit " esse eorum ° qui quadam humanorum fuga solis se inserunt divinis. ' sed hoc videtur esse vitiosum, * dicit enim tullius, in i de offic., ° quod qui despicere se dicunt ea quae plerique mirantur imperia et magistratus, his non modo non laudi, verum etiam vitio dandum puto. ' ergo non sunt aliquae virtutes purgatoriae.
ag4 * Praeterea, virtutes politicas esse dicit ° quibus boni viri reipublicae consulunt, urbesque tuentur. " sed ad bonum commune sola iustitia legalis ordinatur; * ut philosophus dicit, in v ethic.. ' ergo aliae virtutes non debent dici politicae.
sc * Sed contra est quod macrobius ibidem dicit, ° plotinus, inter philosophiae professores cum platone princeps, quatuor sunt, inquit, quaternarum genera virtutum. ex his primae politicae vocantur; secundae, purgatoriae; tertiae autem, iam purgati animi; quartae, exemplares.
co ' Respondeo dicendum quod, * sicut augustinus dicit in libro de moribus eccles., ° oportet quod anima aliquid sequatur, ad hoc quod ei possit virtus innasci, et hoc deus est, quem si sequimur, bene vivimus. ' oportet igitur quod exemplar humanae virtutis in deo praeexistat, sicut et in eo praeexistunt omnium rerum rationes. sic igitur virtus potest considerari vel prout est exemplariter in deo, et sic dicuntur virtutes exemplares. ita scilicet quod ipsa divina mens in deo dicatur prudentia; temperantia vero, conversio divinae intentionis ad seipsum, sicut in nobis temperantia dicitur per hoc quod concupiscibilis conformatur rationi; fortitudo autem dei est eius immutabilitas; iustitia vero dei est observatio legis aeternae in suis operibus, * sicut plotinus dixit. ' et quia homo secundum suam naturam est animal politicum, virtutes huiusmodi, prout in homine existunt secundum conditionem suae naturae, politicae vocantur, prout scilicet homo secundum has virtutes recte se habet in rebus humanis gerendis. secundum quem modum hactenus de his virtutibus locuti sumus. sed quia ad hominem pertinet ut etiam ad divina se trahat quantum potest, * ut etiam philosophus dicit, in x ethic.; ' et hoc nobis in sacra scriptura multipliciter commendatur, * ut est illud matth. v, ° estote perfecti, sicut et pater vester caelestis perfectus est, ' necesse est ponere quasdam virtutes medias inter politicas, quae sunt virtutes humanae, et exemplares, quae sunt virtutes divinae. quae quidem virtutes distinguuntur secundum diversitatem motus et termini. ita scilicet quod quaedam sunt virtutes transeuntium et in divinam similitudinem tendentium, et hae vocantur virtutes purgatoriae. ita scilicet quod prudentia omnia mundana divinorum contemplatione despiciat, omnemque animae cogitationem in divina sola dirigat; temperantia vero relinquat, inquantum natura patitur, quae corporis usus requirit; fortitudinis autem est ut anima non terreatur propter excessum a corpore, et accessum ad superna; iustitia vero est ut tota anima consentiat ad huius propositi viam. quaedam vero sunt virtutes iam assequentium divinam similitudinem, quae vocantur virtutes iam purgati animi. ita scilicet quod prudentia sola divina intueatur; temperantia terrenas cupiditates nesciat; fortitudo passiones ignoret; iustitia cum divina mente perpetuo foedere societur, eam scilicet imitando. quas quidem virtutes dicimus esse beatorum, vel aliquorum in hac vita perfectissimorum.
ra1 ' Ad primum ergo dicendum quod * philosophus loquitur ' de his virtutibus secundum quod sunt circa res humanas, puta iustitia circa emptiones et venditiones, fortitudo circa timores, temperantia circa concupiscentias. sic enim ridiculum est eas deo attribuere.
ra2 ' Ad secundum dicendum quod virtutes humanae sunt circa passiones, scilicet virtutes hominum in hoc mundo conversantium. sed virtutes eorum qui plenam beatitudinem assequuntur, sunt absque passionibus. * unde plotinus dicit quod " passiones politicae virtutes molliunt, idest ad medium reducunt; secundae, scilicet purgatoriae, auferunt; tertiae, quae sunt purgati animi, obliviscuntur; in quartis, scilicet exemplaribus, nefas est nominari. quamvis dici possit quod loquitur hic de passionibus secundum quod significant aliquos inordinatos motus.
ra3 ' Ad tertium dicendum quod deserere res humanas ubi necessitas imponitur, vitiosum est, alias est virtuosum. * unde parum supra tullius praemittit, ° his forsitan concedendum est rempublicam non capessentibus, qui excellenti ingenio doctrinae se dede-

runt; et his qui aut valetudinis imbecillitate, aut aliqua graviori causa impediti, a republica recesserunt; cum eius administrandae potestatem aliis laudemque concederent. * quod consonat ei quod augustinus dicit, xix de civ. dei, ° otium sanctum quaerit caritas veritatis; negotium iustum suscipit necessitas caritatis. quam sarcinam si nullus imponit, percipiendae atque intuendae vacandum est veritati, si autem imponitur, suscipienda est, propter caritatis necessitatem.

ra4 ' Ad quartum dicendum quod sola iustitia legalis directe respicit bonum commune, sed per imperium omnes alias virtutes ad bonum commune trahit, * ut in v ethic. dicit philosophus. ' est enim considerandum quod ad politicas virtutes, secundum quod hic dicuntur, pertinet non solum bene operari ad commune, sed etiam bene operari ad partes communis, scilicet ad domum, vel aliquam singularem personam.

008 ST2 qu62 ar

pr ' Deinde considerandum est de virtutibus theologicis. et circa hoc quaeruntur quatuor. primo, utrum sint aliquae virtutes theologicae. secundo, utrum virtutes theologicae distinguantur ab intellectualibus et moralibus. tertio, quot, et quae sint. quarto, de ordine earum.

008 ST2 qu62 ar1

ag1 ' Ad primum sic proceditur. videtur quod non sint aliquae virtutes theologicae. * ut enim dicitur in vii physic., ° virtus est dispositio perfecti ad optimum, dico autem perfectum, quod est dispositum secundum naturam. ' sed id quod est divinum, est supra naturam hominis. ergo virtutes theologicae non sunt virtutes hominis.

ag2 ' Praeterea, virtutes theologicae dicuntur quasi virtutes divinae. sed virtutes divinae sunt exemplares, * ut dictum est, ' quae quidem non sunt in nobis, sed in deo. ergo virtutes theologicae non sunt virtutes hominis.

ag3 ' Praeterea, virtutes theologicae dicuntur quibus ordinamur in deum, qui est primum principium et ultimus finis rerum. sed homo ex ipsa natura rationis et voluntatis, habet ordinem ad primum principium et ultimum finem. non ergo requiruntur aliqui habitus virtutum theologicarum, quibus ratio et voluntas ordinetur in deum.

sc ' Sed contra est quod praecepta legis sunt de actibus virtutum. sed de actibus fidei, spei et caritatis dantur praecepta in * lege divina, dicitur enim eccli. ii, " qui timetis deum, credite illi; item, sperate in illum; item, diligite illum. ' ergo fides, spes et caritas sunt virtutes in deum ordinantes. sunt ergo theologicae.

co ' Respondeo dicendum quod per virtutem perficitur homo ad actus quibus in beatitudinem ordinatur, * ut ex supradictis patet. ' est autem duplex hominis beatitudo sive felicitas, * ut supra dictum est. ' una quidem proportionata humanae naturae, ad quam scilicet homo pervenire potest per principia suae naturae. alia autem est beatitudo naturam hominis excedens, ad quam homo sola divina virtute pervenire potest, secundum quandam divinitatis participationem; * secundum quod dicitur ii petr. i, quod " per christum facti sumus consortes divinae naturae. ' et quia huiusmodi beatitudo proportionem humanae naturae excedit, principia naturalia hominis, ex quibus procedit ad bene agendum secundum suam proportionem, non sufficiunt ad ordinandum hominem in beatitudinem praedictam. unde oportet quod superaddantur homini divinitus aliqua principia, per quae ita ordinetur ad beatitudinem supernaturalem, sicut per principia naturalia ordinatur ad finem connaturalem, non tamen absque adiutorio divino. et huiusmodi principia virtutes dicuntur theologicae, tum quia habent deum pro obiecto, inquantum per eas |25| recte ordinamur in deum; tum quia a solo deo nobis infunduntur; tum quia sola divina revelatione, in sacra scriptura, huiusmodi virtutes traduntur.

ra1 ' Ad primum ergo dicendum quod aliqua natura potest attribui alicui rei dupliciter. uno modo, essentialiter, et sic huiusmodi virtutes theologicae excedunt hominis naturam. alio modo, participative, sicut lignum ignitum participat naturam ignis, et sic quodammodo fit homo particeps divinae naturae, * ut dictum est. ' et sic istae virtutes conveniunt homini secundum naturam participatam.

ra2 ' Ad secundum dicendum quod istae virtutes non dicuntur divinae, sicut quibus deus sit virtuosus, sed sicut quibus nos efficimur virtuosi a deo, et in ordine ad deum. unde non sunt exemplares, sed exemplatae.

ra3 ' Ad tertium dicendum quod ad deum naturaliter ratio et voluntas ordinatur prout est naturae principium et finis, secundum tamen proportionem naturae. sed ad ipsum secundum quod est obiectum beatitudinis supernaturalis, ratio et voluntas secundum suam naturam non ordinantur sufficienter.

008 ST2 qu62 ar2

ag1 ' Ad secundum sic proceditur. videtur quod virtutes theologicae non distinguantur a moralibus et intellectualibus. virtutes enim theologicae, si sunt in anima humana, oportet quod perficiant ipsam vel secundum partem intellectivam vel secundum partem appetitivam. sed virtutes quae perficiunt partem intellectivam, dicuntur intellectuales, virtutes autem quae perficiunt partem appetitivam, sunt morales. ergo virtutes theologicae non distinguuntur a virtutibus moralibus et intellectualibus.

ag2 ' Praeterea, virtutes theologicae dicuntur quae ordinant nos ad deum. sed inter intellectuales virtutes est aliqua quae ordinat nos ad deum, scilicet sapientia, quae est de divinis, utpote causam altissimam considerans. ergo virtutes theologicae ab intellectualibus virtutibus non distinguuntur.

ag3 * Praeterea, augustinus, in libro de moribus eccles., manifestat " in quatuor virtutibus cardinalibus quod sunt ordo amoris. ' sed amor est caritas, quae ponitur virtus theologica. ergo virtutes morales non distinguuntur a theologicis.

sc ' Sed contra, id quod est supra naturam hominis, distinguitur ab eo quod est secundum naturam hominis. sed virtutes theologicae sunt super naturam hominis, cui secundum naturam conveniunt virtutes intellectuales et morales, * ut ex supradictis patet. ' ergo distinguuntur ab invicem.

co * Respondeo dicendum quod, sicut supra dictum est, ' habitus specie distinguuntur secundum formalem differentiam obiectorum. obiectum autem theologicarum virtutum est ipse deus, qui est ultimus rerum finis, prout nostrae rationis cognitionem excedit. obiectum autem virtutum intellectualium et moralium est aliquid quod humana ratione comprehendi potest. unde virtutes theologicae specie distinguuntur a moralibus et intellectualibus.

ra1 ' Ad primum ergo dicendum quod virtutes intellectuales et morales perficiunt intellectum et appetitum hominis secundum proportionem naturae humanae, sed theologicae supernaturaliter.

ra2 " Ad secundum dicendum quod sapientia * quae a philosopho ponitur " intellectualis virtus, considerat divina secundum quod sunt investigabilia ratione humana. ' sed theologica virtus est circa ea secundum quod rationem humanam excedunt.

ra3 ' Ad tertium dicendum quod, licet caritas sit amor, non tamen omnis amor est caritas. cum ergo dicitur quod omnis virtus est ordo amoris, potest intelligi vel de amore communiter dicto; vel de amore caritatis. si de amore communiter dicto, sic dicitur quaelibet virtus esse ordo amoris, inquantum ad quamlibet cardinalium virtutum requiritur ordinata affectio, omnis autem affectionis radix et principium est amor, * ut supra dictum est. ' si autem intelligatur de amore caritatis, non datur per hoc intelligi quod quaelibet alia virtus essentialiter sit caritas, sed quod omnes aliae virtutes aliqualiter a caritate dependeant, * ut infra patebit.

008 ST2 qu62 ar3

ag1 ' Ad tertium sic proceditur. videtur quod inconvenienter ponantur tres virtutes theologicae, fides, spes et caritas. virtutes enim theologicae se habent in ordine ad beatitudinem divinam, sicut inclinatio naturae ad finem connaturalem. sed inter virtutes ordinatas ad finem connaturalem, ponitur una sola virtus naturalis, scilicet intellectus principiorum. ergo debet poni una sola virtus theologica.

ag2 ' Praeterea, theologicae virtutes sunt perfectiores virtutibus intellectualibus et moralibus. sed inter intellectuales virtutes fides non ponitur, sed est aliquid minus virtute, cum sit cognitio imperfecta. similiter etiam inter virtutes morales non ponitur spes, sed est aliquid minus virtute, cum sit passio. ergo multo minus debent poni virtutes theologicae.

ag3 ' Praeterea, virtutes theologicae ordinant animam hominis ad deum. sed ad deum non potest anima hominis ordinari nisi per intellectivam partem, in qua est intellectus et voluntas. ergo non debent esse nisi duae virtutes theologicae, una quae perficiat intellectum, alia quae perficiat voluntatem.

sc * Sed contra est quod apostolus dicit, i ad cor. xiii, ° nunc autem manent fides, spes, caritas, tria haec.

co * Respondeo dicendum quod, sicut supra dictum est, ' virtutes theologicae hoc modo ordinant hominem ad beatitudinem supernaturalem, sicut per naturalem inclinationem ordinatur homo in finem sibi connaturalem. hoc autem contingit secundum duo. primo quidem, secundum rationem vel intellectum, inquantum continet prima principia universalia cognita nobis per naturale lumen intellectus, ex quibus procedit ratio tam in speculandis quam in agendis. secundo, per rectitudinem voluntatis naturaliter tendentis in bonum rationis. sed haec duo deficiunt ab ordine beatitudinis supernaturalis; * secundum illud i ad cor. ii, ° oculus non vidit, et auris non audivit, et in cor hominis non ascendit, quae praeparavit deus diligentibus se. ' unde oportuit quod quantum ad utrumque, aliquid homini supernaturaliter adderetur, ad ordinandum ipsum in finem supernaturalem. et primo quidem, quantum ad intellectum, adduntur homini quaedam principia supernaturalia, quae divino lumine capiuntur, et haec sunt credibilia, de quibus est fides. secundo vero, voluntas ordinatur in illum finem et quantum ad motum intentionis, in ipsum tendentem sicut in id quod est possibile consequi, quod pertinet ad spem, et quantum ad unionem quandam spiritualem, per quam quodammodo transformatur in illum finem, quod fit per caritatem. appetitus enim |25| uniuscuiusque rei naturaliter movetur et tendit in finem sibi connaturalem, et iste motus provenit ex quadam conformitate rei ad suum finem.

ra1 ' Ad primum ergo dicendum quod intellectus indiget speciebus intelligibilibus, per quas intelligat, et ideo oportet quod in eo ponatur aliquis habitus naturalis superadditus potentiae. sed ipsa natura voluntatis sufficit ad naturalem ordinem in finem, sive quantum ad intentionem finis, sive quantum ad conformitatem ad ipsum. sed in ordine ad ea quae supra naturam sunt, ad nihil horum sufficit natura potentiae. et ideo oportet fieri superadditionem habitus supernaturalis quantum ad utrumque.

ra2 ' Ad secundum dicendum quod fides et spes imperfectionem quandam important, quia fides est de his quae non videntur, et spes de his quae non habentur. unde habere fidem et spem de his quae subduntur humanae potestati deficit a ratione virtutis. sed habere fidem et spem de his quae sunt supra facultatem naturae humanae excedit omnem virtutem homini proportionatam; * secundum illud i ad cor. i, ° quod infirmum est dei, fortius est hominibus.

ra3 ' Ad tertium dicendum quod ad appetitum duo pertinent, scilicet motus in finem; et conformatio ad finem per amorem. et sic oportet quod in appetitu humano duae virtutes theologicae ponantur, scilicet spes et caritas.

008 ST2 qu62 ar4

ag1 ' Ad quartum sic proceditur. videtur quod non sit hic ordo theologicarum virtutum, quod fides sit prior spe, et spes prior caritate. radix enim est prior eo quod est ex radice. sed caritas est radix omnium virtutum; * secundum illud ad ephes. iii, ° in caritate radicati et fundati. ' ergo caritas est prior aliis.

ag2 * Praeterea, augustinus dicit, in i de doct. christ., ° non potest aliquis diligere quod esse non crediderit. porro si credit et diligit, bene agendo efficit ut etiam speret. ' ergo videtur quod fides praecedat caritatem, et caritas spem.

ag3 ' Praeterea, amor est principium omnis affectionis, * ut supra dictum est. ' sed spes nominat quandam affectionem; est enim quaedam passio, * ut supra dictum est. ' ergo caritas, quae est amor, est prior spe.

sc * Sed contra est ordo quo apostolus ista enumerat, dicens, ° nunc autem manent fides, spes, caritas.

co ' Respondeo dicendum quod duplex est ordo, scilicet generationis, et perfectionis. ordine quidem generationis, quo materia est prior forma, et imperfectum perfecto, in uno et eodem; fides praecedit spem, et spes caritatem, secundum actus (nam habitus simul infunduntur). non enim potest in aliquid motus appetitivus tendere vel sperando vel amando, nisi quod est apprehensum sensu aut intellectu. per fidem autem apprehendit intellectus ea quae sperat et amat. unde oportet quod, ordine generationis, fides praecedat spem et caritatem. similiter autem ex hoc homo aliquid amat, quod apprehendit illud ut bonum suum. per hoc autem quod homo ab aliquo sperat se bonum consequi posse, reputat ipsum in quo spem habet, quoddam bonum suum. unde ex hoc ipso quod homo sperat de aliquo, procedit ad amandum ipsum. et sic, ordine generationis, secundum actus, spes praecedit caritatem. ordine vero perfectionis, caritas praecedit fidem et spem, eo quod tam fides quam spes per caritatem formatur, et perfectionem virtutis acquirit. sic enim caritas est mater omnium virtutum et radix, inquantum est omnium virtutum forma, * ut infra dicetur.

ra1 ' Et per hoc patet responsio ad primum.

ra2 * Ad secundum dicendum quod augustinus loquitur de spe ' qua quis sperat ex meritis iam habitis se ad beatitudinem perventurum, quod est spei formatae, quae sequitur caritatem. potest autem aliquis sperare antequam habeat caritatem, non ex meritis quae iam habet, sed quae sperat se habiturum.

ra3 * Ad tertium dicendum quod, sicut supra dictum est, cum de passionibus ageretur, ' spes respicit duo. unum quidem sicut principale obiectum, scilicet bonum quod speratur. et respectu huius, semper amor praecedit spem, nunquam enim speratur aliquod bonum nisi desideratum et amatum. respicit etiam spes illum a quo se sperat posse consequi bonum. et respectu huius, primo quidem spes praecedit amorem; quamvis postea ex ipso amore spes augeatur. per hoc enim quod aliquis reputat per aliquem se posse consequi aliquod bonum, incipit amare ipsum, et ex hoc ipso quod ipsum amat, postea fortius de eo sperat.

008 ST2 qu63 ar

pr ' Deinde considerandum est de causa virtutum. et circa hoc quaeruntur quatuor. primo, utrum virtus sit in nobis a natura. secundo, utrum aliqua virtus causetur in nobis ex assuetudine operum. tertio, utrum aliquae virtutes morales sint in nobis per infusionem. quarto, utrum virtus quam acquirimus ex assuetudine operum, sit eiusdem speciei cum virtute infusa.

008 ST2 qu63 ar1

ag1 ‘ Ad primum sic proceditur. videtur quod virtus sit in nobis a natura. * dicit enim damascenus, in iii libro, ° naturales sunt virtutes, et aequaliter insunt omnibus. * et antonius dicit, in sermone ad monachos, ° si naturam voluntas mutaverit, perversitas est; conditio servetur, et virtus est. * et matth. iv, super illud, ° circuibat iesus etc., * dicit glossa, ° docet naturales iustitias, scilicet castitatem, iustitiam, humilitatem, quas naturaliter habet homo.
ag2 ‘ Praeterea, bonum virtutis est secundum rationem esse, * ut ex dictis patet. ‘ sed id quod est secundum rationem, est homini naturale, cum ratio sit hominis natura. ergo virtus inest homini a natura.
ag3 ‘ Praeterea, illud dicitur esse nobis naturale, quod nobis a nativitate inest. sed virtutes quibusdam a nativitate insunt, * dicitur enim iob xxxi, ° ab infantia crevit mecum miseratio, et de utero egressa est mecum. ‘ ergo virtus inest homini a natura.
sc ‘ Sed contra, id quod inest homini a natura, est omnibus hominibus “ commune, et non tollitur per peccatum, quia etiam in daemonibus bona naturalia manent, * ut dionysius dicit, in iv cap. de div. nom.. ‘ sed virtus non inest omnibus hominibus; et abiicitur per peccatum. ergo non inest homini a natura.
co ‘ Respondeo dicendum quod circa formas corporales, * aliqui dixerunt quod “ sunt totaliter ab intrinseco, sicut ponentes latitationem formarum. * aliqui vero, quod “ totaliter sint ab extrinseco, sicut ponentes formas corporales esse ab aliqua causa separata. * aliqui vero, quod “ partim sint ab intrinseco, inquantum scilicet praeexistunt in materia in potentia; et partim ab extrinseco, inquantum scilicet reducuntur ad actum per agens. * ita etiam circa scientias et virtutes, aliqui quidem “ posuerunt eas totaliter esse ab intrinseco, ita scilicet quod omnes virtutes et scientiae naturaliter praeexistunt in anima; sed per disciplinam et exercitium impedimenta scientiae et virtutis tolluntur, quae adveniunt animae ex corporis gravitate; sicut cum ferrum clarificatur per limationem. * et haec fuit opinio platonicorum. alii vero dixerunt quod “ sunt totaliter ab extrinseco, idest ex influentia intelligentiae agentis, **|25|** * ut ponit avicenna. alii vero dixerunt quod “ secundum aptitudinem scientiae et virtutes sunt in nobis a natura, non autem secundum perfectionem, * ut philosophus dicit, in ii ethic.. et hoc verius est. ‘ ad cuius manifestationem, oportet considerare quod aliquid dicitur alicui homini naturale dupliciter, uno modo, ex natura speciei; alio modo, ex natura individui. et quia unumquodque habet speciem secundum suam formam, individuatur vero secundum materiam; forma vero hominis est anima rationalis, materia vero corpus, id quod convenit homini secundum animam rationalem, est ei naturale secundum rationem speciei; id vero quod est ei naturale secundum determinatam corporis complexionem, est ei naturale secundum naturam individui. quod enim est naturale homini ex parte corporis secundum speciem, quodammodo refertur ad animam, inquantum scilicet tale corpus est tali animae proportionatum. utroque autem modo virtus est homini naturalis secundum quandam inchoationem. secundum quidem naturam speciei, inquantum in ratione homini insunt naturaliter quaedam principia naturaliter cognita tam scibilium quam agendorum, quae sunt quaedam seminalia intellectualium virtutum et moralium; et inquantum in voluntate inest quidam naturalis appetitus boni quod est secundum rationem. secundum vero naturam individui, inquantum ex corporis **|50|** dispositione aliqui sunt dispositi vel melius vel peius ad quasdam virtutes, prout scilicet vires quaedam sensitivae actus sunt quarundam partium corporis, ex quarum dispositione adiuvantur vel impediuntur huiusmodi vires in suis actibus, et per consequens vires rationales, quibus huiusmodi sensitivae vires deserviunt. et secundum hoc, unus homo habet naturalem aptitudinem ad scientiam, alius ad fortitudinem, alius ad temperantiam. et his modis tam virtutes intellectuales quam morales, secundum quandam aptitudinis inchoationem, sunt in nobis a natura. non autem consummatio earum. quia natura determinatur ad unum, consummatio autem huiusmodi virtutum non est secundum unum modum actionis, sed diversimode, secundum diversas materias in quibus virtutes operantur, et secundum diversas circumstantias. sic ergo patet quod virtutes in nobis sunt a natura secundum aptitudinem et inchoationem, non autem secundum perfectionem, praeter virtutes theologicas, quae sunt totaliter ab extrinseco.
ra1 ‘ Et per hoc patet responsio ad obiecta. nam primae duae rationes procedunt secundum quod seminalia virtutum insunt nobis a natura, inquantum rationales sumus. tertia vero ratio procedit secundum quod ex naturali dispositione corporis, quam habet ex nativitate, unus habet aptitudinem ad miserendum, alius ad temperate vivendum, alius ad aliam virtutem.

008 ST2 qu63 ar2

ag1 ‘ Ad secundum sic proceditur. videtur quod virtutes in nobis causari non possint ex assuetudine operum. * quia super illud rom. xiv, ° omne quod non est ex fide, peccatum est, * dicit glossa augustini, ° omnis infidelium vita peccatum est; et nihil est bonum sine summo bono. ubi deest cognitio veritatis, falsa est virtus etiam in optimis moribus. ‘ sed fides non potest acquiri ex operibus, sed causatur in nobis a deo; * secundum illud ephes. ii, ° gratia estis salvati per fidem. ‘ ergo nulla virtus potest in nobis acquiri ex assuetudine operum.
ag2 ‘ Praeterea, peccatum, cum contrarietur virtuti, non compatitur secum virtutem. sed homo non potest vitare peccatum nisi per gratiam dei; * secundum illud sap. viii, ° didici quod non possum esse aliter continens, nisi deus det. ‘ ergo nec virtutes aliquae possunt in nobis causari ex assuetudine operum; sed solum dono dei.
ag3 ‘ Praeterea, actus qui sunt in virtutem, deficiunt a perfectione virtutis. sed effectus non potest esse perfectior causa. ergo virtus non potest causari ex actibus praecedentibus virtutem.
sc * Sed contra est quod dionysius dicit, iv cap. de div. nom., quod “ bonum est virtuosius quam malum. ‘ sed ex malis actibus causantur habitus vitiorum. ergo multo magis ex bonis actibus possunt causari habitus virtutum.
co * Respondeo dicendum quod de generatione habituum ex actibus, supra in generali dictum est. nunc autem specialiter quantum ad virtutem, considerandum est quod sicut supra dictum est, ‘ virtus hominis perficit ipsum ad bonum. cum autem ratio boni consistat in modo, specie et ordine, * ut augustinus dicit in libro de natura boni; sive in numero, pondere et mensura, ut dicitur sap. xi, ‘ oportet quod bonum hominis secundum aliquam regulam consideretur. quae quidem est duplex, * ut supra dictum est, ‘ scilicet ratio humana, et lex divina. et quia lex divina est superior regula, ideo ad plura se extendit, ita quod quidquid regulatur ratione humana, regulatur etiam lege divina, sed non convertitur. virtus igitur hominis ordinata ad bonum quod modificatur secundum regulam rationis humanae, potest ex actibus humanis causari, inquantum huiusmodi actus procedunt a ratione, sub cuius potestate et regula tale bonum consistit. virtus vero ordinans hominem ad bonum secundum quod modificatur per legem divinam, et non per rationem humanam, non potest causari per actus humanos, quorum principium est ratio, sed causatur solum in nobis per operationem divinam. et ideo, * huiusmodi virtutem definiens, augustinus posuit in definitione **|25|** “ virtutis, quam deus in nobis sine nobis operatur.
ra1 ‘ Et de huiusmodi etiam virtutibus prima ratio procedit.
ra2 ‘ Ad secundum dicendum quod virtus divinitus infusa, maxime si in sua perfectione consideretur, non compatitur secum aliquod peccatum mortale. sed virtus humanitus acquisita potest secum compati aliquem actum peccati, etiam mortalis, quia usus habitus in nobis est nostrae voluntati subiectus, * ut supra dictum est; ‘ non autem per unum actum peccati corrumpitur habitus virtutis acquisitae; habitui enim non contrariatur directe actus, sed habitus. et ideo, licet sine gratia homo non possit peccatum mortale vitare, ita quod nunquam peccet mortaliter; non tamen impeditur quin possit habitum virtutis acquirere, per quam a malis operibus abstineat ut in pluribus, et praecipue ab his quae sunt valde rationi contraria. sunt etiam quaedam peccata mortalia quae homo sine gratia nullo modo potest vitare, quae scilicet directe opponuntur virtutibus theologicis, quae ex dono gratiae sunt in nobis. * hoc tamen infra manifestius fiet.
ra3 * Ad tertium dicendum quod, sicut dictum est, ‘ virtutum acquisitarum praeexistunt in nobis quaedam semina sive principia, secundum naturam. quae quidem principia sunt nobiliora virtutibus eorum virtute acquisitis, sicut intellectus principiorum speculabilium est nobilior scientia conclusionum; et naturalis rectitudo rationis est nobilior rectificatione appetitus quae fit per participationem rationis, quae quidem rectificatio pertinet ad virtutem moralem. sic igitur actus humani, inquantum procedunt ex altioribus principiis, possunt causare virtutes acquisitas humanas.

008 ST2 qu63 ar3

ag1 ‘ Ad tertium sic proceditur. videtur quod praeter virtutes theologicas, non sint aliae virtutes nobis infusae a deo. ea enim quae possunt fieri a causis secundis, non fiunt immediate a deo, nisi forte aliquando miraculose, quia, * ut dionysius dicit, “ lex divinitatis est ultima per media adducere. ‘ sed virtutes intellectuales et morales possunt in nobis causari per nostros actus, * ut dictum est. ‘ non ergo convenienter causantur in nobis per infusionem.
ag2 ‘ Praeterea, in operibus dei multo minus est aliquid superfluum quam in operibus naturae. sed ad ordinandum nos in bonum supernaturale, sufficiunt virtutes theologicae. ergo non sunt aliae virtutes supernaturales, quas oporteat in nobis causari a deo.
ag3 ‘ Praeterea, natura non facit per duo, quod potest facere per unum, et multo minus deus. sed deus inseruit animae nostrae semina virtutum, * ut dicit glossa heb. i. ‘ ergo non oportet quod alias virtutes in nobis per infusionem causet.
sc * Sed contra est quod dicitur sap. viii, ° sobrietatem et iustitiam docet, prudentiam et virtutem.
co ‘ Respondeo dicendum quod oportet effectus esse suis causis et principiis proportionatos. omnes autem virtutes tam intellectuales quam morales, quae ex nostris actibus acquiruntur, procedunt ex quibusdam naturalibus principiis in nobis praeexistentibus, * ut supra dictum est. ‘ loco quorum naturalium principiorum, conferuntur nobis a deo virtutes theologicae, quibus ordinamur ad finem supernaturalem, * sicut supra dictum est. ‘ unde oportet quod his etiam virtutibus theologicis proportionaliter respondeant alii habitus divinitus causati in nobis, qui sic se habeant ad virtutes theologicas sicut se habent virtutes morales et intellectuales ad principia naturalia virtutum.
ra1 ‘ Ad primum ergo dicendum quod aliquae quidem virtutes morales et intellectuales possunt causari in nobis ex nostris actibus, tamen illae non sunt proportionatae virtutibus theologicis. et ideo oportet alias, eis proportionatas, immediate a deo causari.
ra2 ‘ Ad secundum dicendum quod virtutes theologicae sufficienter nos ordinant in finem supernaturalem, secundum quandam inchoationem, quantum scilicet ad ipsum deum immediate. sed oportet quod per alias virtutes infusas perficiatur anima circa alias res, in ordine tamen ad deum.
ra3 ‘ Ad tertium dicendum quod virtus illorum principiorum naturaliter inditorum, non se extendit ultra proportionem naturae. et ideo in ordine ad finem supernaturalem, indiget homo perfici per alia principia superaddita.

008 ST2 qu63 ar4

ag1 ‘ Ad quartum sic proceditur. videtur quod virtutes infusae non sint alterius speciei a virtutibus acquisitis. virtus enim acquisita et virtus infusa, * secundum praedicta, ‘ non videntur differre nisi secundum ordinem ad ultimum finem. sed habitus et actus humani non recipiunt speciem ab ultimo fine, sed a proximo. non ergo virtutes morales vel intellectuales infusae differunt specie ab acquisitis.
ag2 ‘ Praeterea, habitus per actus cognoscuntur. sed idem est actus temperantiae infusae, et acquisitae, scilicet moderari concupiscentias tactus. ergo non differunt specie.
ag3 ‘ Praeterea, virtus acquisita et infusa differunt secundum illud quod est immediate a deo factum, et a creatura. sed idem est specie homo quem deus formavit, et quem generat natura; et oculus quem caeco nato dedit, et quem virtus formativa causat. ergo videtur quod est eadem specie virtus acquisita, et infusa.
sc ‘ Sed contra, quaelibet differentia in definitione posita, mutata diversificat speciem. sed in definitione virtutis infusae ponitur, quam deus in nobis sine nobis operatur, * ut supra dictum est. ‘ ergo virtus acquisita, cui hoc non convenit, non est eiusdem speciei cum infusa.
co ‘ Respondeo dicendum quod dupliciter habitus distinguuntur specie. uno modo, * sicut praedictum est, ‘ secundum speciales et formales rationes obiectorum. obiectum autem virtutis cuiuslibet est bonum consideratum in materia propria, sicut temperantiae obiectum est bonum delectabilium in concupiscentiis tactus. cuius quidem obiecti formalis ratio est a ratione, quae instituit modum in his concupiscentiis, materiale autem est id quod est ex parte concupiscentiarum. manifestum est autem quod alterius rationis est modus qui imponitur in huiusmodi concupiscentiis secundum regulam rationis humanae, et secundum regulam divinam. puta in sumptione ciborum, ratione humana modus statuitur ut non noceat valetudini corporis, nec impediat rationis actum, secundum autem regulam legis divinae, requiritur quod homo castiget corpus suum, et in servitutem redigat, per abstinentiam cibi et potus, et aliorum huiusmodi. unde manifestum est quod temperantia infusa et acquisita differunt specie, et eadem ratio est de aliis virtutibus. alio modo habitus distinguuntur specie secundum ea ad quae ordinantur, non enim est eadem specie sanitas hominis et equi, propter diversas naturas ad quas ordinantur. * et eodem modo dicit philosophus, in iii polit.. “ quod diversae sunt virtutes civium, secundum quod bene se habent ad diversas politias. ‘ et per hunc etiam **|25|** modum differunt specie virtutes morales infusae, per quas homines bene se habent in ordine ad hoc quod sint cives sanctorum et domestici dei; et aliae virtutes acquisitae, secundum quas homo se bene habet in ordine ad res humanas.
ra1 ‘ Ad primum ergo dicendum quod virtus infusa et acquisita non solum differunt secundum ordinem ad ultimum finem; sed etiam secundum ordinem ad propria obiecta, * ut dictum est.
ra2 ‘ Ad secundum dicendum quod alia ratione modificat concupiscentias delectabilium tactus temperantia acquisita, et temperantia infusa, * ut dictum est. ‘ unde non habent eundem actum.
ra3 ‘ Ad tertium dicendum quod oculum caeci nati deus fecit ad eundem actum ad quem formantur alii oculi secundum naturam, et ideo fuit eiusdem speciei. et eadem ratio esset, si deus vellet miraculose causare in homine virtutes quales acquiruntur ex actibus. sed ita non est in proposito, * ut dictum est.

008 ST2 qu64 ar

pr ' Deinde considerandum est de proprietatibus virtutum. et primo quidem, de medio virtutum; secundo, de connexione virtutum; tertio, de aequalitate earum; quarto, de ipsarum duratione. circa primum quaeruntur quatuor. primo, utrum virtutes morales sint in medio. secundo, utrum medium virtutis moralis sit medium rei, vel rationis. tertio, utrum intellectuales virtutes consistant in medio. quarto, utrum virtutes theologicae.

008 ST2 qu64 ar1

ag1 ' Ad primum sic proceditur. videtur quod virtus moralis non consistat in medio. ultimum enim repugnat rationi medii. sed de ratione virtutis est ultimum, * dicitur enim in i de caelo, quod " virtus est ultimum potentiae. ' ergo virtus moralis non consistit in medio.
ag2 ' Praeterea, illud quod est maximum, non est medium. sed quaedam virtutes morales tendunt in aliquod maximum, sicut magnanimitas est circa maximos honores, et magnificentia circa maximos sumptus, * ut dicitur in iv ethic.. ' ergo non omnis virtus moralis est in medio.
ag3 ' Praeterea, si de ratione virtutis moralis sit in medio esse, oportet quod virtus moralis non perficiatur, sed magis corrumpatur, per hoc quod tendit ad extremum. sed quaedam virtutes morales perficiuntur per hoc quod tendunt ad extremum, sicut virginitas, quae abstinet ab omni delectabili venereo, et sic tenet extremum, et est perfectissima castitas. et dare omnia pauperibus est perfectissima misericordia vel liberalitas. ergo videtur quod non sit de ratione virtutis moralis esse in medio.
sc * Sed contra est quod philosophus dicit, in ii ethic., quod ° virtus moralis est habitus electivus in medietate existens.
co * Respondeo dicendum quod, sicut ex supradictis patet, ' virtus de sui ratione ordinat hominem ad bonum. moralis autem virtus proprie est perfectiva appetitivae partis animae circa aliquam determinatam materiam. mensura autem et regula appetitivi motus circa appetibilia, est ipsa ratio. bonum autem cuiuslibet mensurati et regulati consistit in hoc quod conformetur suae regulae, sicut bonum in artificiatis est ut consequantur regulam artis. malum autem per consequens in huiusmodi est per hoc quod aliquid discordat a sua regula vel mensura. quod quidem contingit vel per hoc quod superexcedit mensuram, vel per hoc quod deficit ab ea, sicut manifeste apparet in omnibus regulatis et mensuratis. et ideo patet quod bonum virtutis moralis consistit in adaequatione ad mensuram rationis. manifestum est autem quod inter excessum et defectum medium est aequalitas sive conformitas. unde manifeste apparet quod virtus moralis in medio consistit.
ra1 ' Ad primum ergo dicendum quod virtus moralis bonitatem habet ex regula rationis, pro materia autem habet passiones vel operationes. si ergo comparetur virtus moralis ad rationem, sic, secundum id quod rationis est, habet rationem extremi unius, quod est conformitas, excessus vero et defectus habet rationem alterius extremi, quod est difformitas. si vero consideretur virtus moralis secundum suam materiam, sic habet rationem medii, inquantum passionem reducit ad regulam rationis. * unde philosophus dicit, in ii ethic., quod " virtus secundum substantiam medietas est, inquantum regula virtutis ponitur circa propriam materiam, secundum optimum autem et bene, est extremitas, scilicet secundum conformitatem rationis.
ra2 ' Ad secundum dicendum quod medium et extrema considerantur in actionibus et passionibus secundum diversas circumstantias, unde nihil prohibet in aliqua virtute esse extremum secundum unam circumstantiam, quod tamen est medium secundum alias circumstantias, per conformitatem ad rationem. et sic est in magnificentia et magnanimitate. nam si consideretur quantitas absoluta eius in quod tendit magnificus et magnanimus, dicetur extremum et maximum, sed si consideretur hoc ipsum per comparationem ad alias circumstantias, sic habet rationem medii; quia in hoc tendunt huiusmodi virtutes secundum regulam rationis, idest ubi oportet, et quando oportet, et propter quod oportet. excessus autem, si in hoc maximum tendatur quando non oportet, vel ubi non oportet, vel propter quod non oportet; defectus autem est, si non tendatur in hoc maximum ubi oportet, et quando oportet. * et hoc est quod philosophus dicit, in iv ethic., quod ° magnanimus est quidem magnitudine extremus; eo autem quod ut oportet, medius.
ra3 ' Ad tertium dicendum quod eadem ratio est de virginitate et paupertate, quae est de magnanimitate. abstinet enim virginitas ab omnibus venereis, et paupertas ab omnibus divitiis, propter quod oportet, et secundum quod oportet; idest secundum mandatum dei, et propter vitam aeternam. si autem hoc fiat secundum quod non oportet, idest secundum aliquam superstitionem illicitam, vel etiam propter inanem gloriam; erit superfluum. si autem non fiat quando oportet, vel secundum quod oportet, est vitium per defectum, ut patet in transgredientibus votum virginitatis vel paupertatis.

008 ST2 qu64 ar2

ag1 ' Ad secundum sic proceditur. videtur quod medium virtutis moralis non sit medium rationis, sed medium rei. bonum enim virtutis moralis consistit in hoc quod est in medio. " bonum autem, * ut dicitur in vi metaphys., " est in rebus ipsis. ' ergo medium virtutis moralis est medium rei.
ag2 ' Praeterea, ratio est vis apprehensiva. sed virtus moralis non consistit in medio apprehensionum; sed magis in medio operationum et passionum. ergo medium virtutis moralis non est medium rationis, sed medium rei.
ag3 ' Praeterea, medium quod accipitur secundum proportionem arithmeticam vel geometricam, est medium rei. sed tale est medium iustitiae, * ut dicitur in v ethic.. ' ergo medium virtutis moralis non est medium rationis, sed rei.
sc * Sed contra est quod philosophus dicit, in ii ethic., quod ° virtus moralis in medio consistit quoad nos, determinata ratione.
co ' Respondeo dicendum quod medium rationis dupliciter potest intelligi. uno modo, secundum quod medium in ipso actu rationis existit, quasi ipse actus rationis ad medium reducatur. et sic, quia virtus moralis non perficit actum rationis, sed actum virtutis appetitivae; medium virtutis moralis non est medium rationis. alio modo potest dici medium rationis id quod a ratione ponitur in aliqua materia. et sic omne medium virtutis moralis est medium rationis, quia, * sicut dictum est, ' virtus moralis dicitur consistere in medio, per conformitatem ad rationem rectam. sed quandoque contingit quod medium rationis est etiam medium rei, et tunc oportet quod virtutis moralis medium sit medium rei; sicut est in iustitia. quandoque autem medium rationis non est medium rei, sed accipitur per comparationem ad nos, et sic est medium in omnibus aliis virtutibus moralibus. cuius ratio est quia iustitia est circa operationes, quae consistunt in rebus exterioribus, in quibus rectum institui debet simpliciter et secundum se, * ut supra dictum est, ' et ideo medium rationis in iustitia est idem cum medio rei, inquantum scilicet iustitia dat unicuique quod debet, et non plus nec minus. aliae vero virtutes morales consistunt circa passiones interiores, in quibus |25| non potest rectum constitui eodem modo, propter hoc quod homines diversimode se habent ad passiones, et ideo oportet quod rectitudo rationis in passionibus instituatur per respectum ad nos, qui afficimur secundum passiones.
ra1 ' Et per hoc patet responsio ad obiecta. nam, primae duae rationes procedunt de medio rationis quod scilicet invenitur in ipso actu rationis. tertia vero ratio procedit de medio iustitiae.

008 ST2 qu64 ar3

ag1 ' Ad tertium sic proceditur. videtur quod virtutes intellectuales non consistant in medio. virtutes enim morales consistunt in medio, inquantum conformantur regulae rationis. sed virtutes intellectuales sunt in ipsa ratione; et sic non videntur habere superiorem regulam. ergo virtutes intellectuales non consistunt in medio.
ag2 ' Praeterea, medium virtutis moralis determinatur a virtute intellectuali, * dicitur enim in ii ethic., quod ° virtus consistit in medietate determinata ratione, prout sapiens determinabit. ' si igitur virtus intellectualis iterum consistat in medio, oportet quod determinetur sibi medium per aliquam aliam virtutem. et sic procedetur in infinitum in virtutibus.
ag3 ' Praeterea, medium proprie est inter contraria; * ut patet per philosophum, in x metaphys.. ' sed in intellectu non videtur esse aliqua contrarietas, cum etiam ipsa contraria, secundum quod sunt in intellectu, non sint contraria, sed simul intelligantur, ut album et nigrum, sanum et aegrum. ergo in intellectualibus virtutibus non est medium.
sc ' Sed contra est quod " ars est virtus intellectualis, * ut dicitur in vi ethic.; " et tamen artis est aliquod medium, * ut dicitur in ii ethic.. ' ergo etiam virtus intellectualis consistit in medio.
co ' Respondeo dicendum quod bonum alicuius rei consistit in medio, secundum quod conformatur regulae vel mensurae quam contingit transcendere et ab ea deficere, * sicut dictum est. ' virtus autem intellectualis ordinatur ad bonum, sicut et moralis, * ut supra dictum est. ' unde secundum quod bonum virtutis intellectualis se habet ad mensuram, sic se habet ad rationem medii. bonum autem virtutis intellectualis est verum, speculativae quidem virtutis, verum absolute, * ut in vi ethic. dicitur; ' practicae autem virtutis, verum secundum conformitatem ad appetitum rectum. verum autem intellectus nostri absolute consideratum, est sicut mensuratum a re, res enim est mensura intellectus nostri, * ut dicitur in x metaphys.; ' ex eo enim quod res est vel non est, veritas est in opinione et in oratione. sic igitur bonum virtutis intellectualis speculativae consistit in quodam medio, per conformitatem ad ipsam rem, secundum quod dicit esse quod est, vel non esse quod non est; in quo ratio veri consistit. excessus autem est secundum affirmationem falsam, per quam dicitur esse quod non est, defectus autem accipitur secundum negationem falsam, per quam dicitur non esse quod est. verum autem virtutis |25| intellectualis practicae, comparatum quidem ad rem, habet rationem mensurati. et sic eodem modo accipitur medium per conformitatem ad rem, in virtutibus intellectualibus practicis, sicut in speculativis. sed respectu appetitus, habet rationem regulae et mensurae. unde idem medium, quod est virtutis moralis, etiam est ipsius prudentiae, scilicet rectitudo rationis, sed prudentiae quidem est istud medium ut regulantis et mensurantis; virtutis autem moralis, ut mensuratae et regulatae. similiter excessus et defectus accipitur diversimode utrobique.
ra1 ' Ad primum ergo dicendum quod etiam virtus intellectualis habet suam mensuram, * ut dictum est, ' et per conformitatem ad ipsam, accipitur in ipsa medium.
ra2 ' Ad secundum dicendum quod non est necesse in infinitum procedere in virtutibus, quia mensura et regula intellectualis virtutis non est aliquod aliud genus virtutis, sed ipsa res.
ra3 ' Ad tertium dicendum quod ipsae res contrariae non habent contrarietatem in anima, quia unum est ratio cognoscendi alterum, et tamen in intellectu est contrarietas affirmationis et negationis, quae sunt contraria, * ut dicitur in fine peri hermeneias. ' quamvis enim esse et non esse non sint contraria, sed contradictorie opposita, si considerentur ipsa significata prout sunt in rebus, quia alterum est ens, et alterum est pure non ens, tamen si referantur ad actum animae, utrumque ponit aliquid. unde esse et non esse sunt contradictoria, sed opinio qua opinamur quod bonum est bonum, est contraria opinioni qua opinamur quod bonum non est bonum. et inter huiusmodi contraria medium est virtus intellectualis.

008 ST2 qu64 ar4

ag1 ' Ad quartum sic proceditur. videtur quod virtus theologica consistat in medio. bonum enim aliarum virtutum consistit in medio. sed virtus theologica excedit in bonitate alias virtutes. ergo virtus theologica multo magis est in medio.
ag2 ' Praeterea, medium virtutis accipitur, moralis quidem secundum quod appetitus regulatur per rationem; intellectualis vero secundum quod intellectus noster mensuratur a re. sed virtus theologica et perficit intellectum, et appetitum, * ut supra dictum est. ' ergo etiam virtus theologica consistit in medio.
ag3 ' Praeterea, spes quae est virtus theologica, medium est inter desperationem et praesumptionem. similiter etiam fides incedit media inter contrarias haereses, * ut boetius dicit, in libro de duabus naturis, ' quod enim confitemur in christo unam personam et duas naturas, medium est inter haeresim nestorii, qui dicit duas personas et duas naturas; et haeresim eutychis, qui dicit unam personam et unam naturam. ergo virtus theologica consistit in medio.
sc ' Sed contra, in omnibus in quibus consistit virtus in medio, contingit peccare per excessum, sicut et per defectum. sed circa deum, qui est obiectum virtutis theologicae, non contingit peccare per excessum, * dicitur enim eccli. xliii, ° benedicentes deum, exaltate illum quantum potestis, maior enim est omni laude. ' ergo virtus theologica non consistit in medio.
co * Respondeo dicendum quod, sicut dictum est, ' medium virtutis accipitur per conformitatem ad suam regulam vel mensuram, secundum quod contingit ipsam transcendere vel ab ea deficere. virtutis autem theologicae duplex potest accipi mensura. una quidem secundum ipsam rationem virtutis. et sic mensura et regula virtutis theologicae est ipse deus, fides enim nostra regulatur secundum veritatem divinam, caritas autem secundum bonitatem eius, spes autem secundum magnitudinem omnipotentiae et pietatis eius. et ista est mensura excellens omnem humanam facultatem, unde nunquam potest homo tantum diligere deum quantum diligi debet, nec tantum credere aut sperare in ipsum, quantum debet. unde multo minus potest ibi esse excessus. et sic bonum talis virtutis non consistit in medio, sed tanto est melius, quanto magis acceditur ad summum. alia vero regula vel mensura virtutis theologicae est ex parte nostra, quia etsi non possumus ferri in deum quantum debemus, debemus tamen ferri in ipsum credendo, sperando et amando, secundum mensuram nostrae conditionis. unde per accidens potest in virtute theologica considerari medium et extrema, ex parte nostra.
ra1 ' Ad primum ergo dicendum quod bonum virtutum intellectualium et moralium consistit in medio per conformitatem ad regulam vel mensuram quam transcendere contingit. quod non est in virtutibus theologicis, per se loquendo, * ut dictum est.
ra2 ' Ad secundum dicendum quod virtutes morales et intellectuales perficiunt intellectum et appetitum nostrum in ordine ad mensuram et regulam creatam, virtutes autem theologicae in ordine ad mensuram et regulam increatam. unde non est similis ratio.
ra3 ' Ad tertium dicendum quod spes est media inter praesumptionem et desperationem, ex parte nostra, inquantum scilicet aliquis praesumere dicitur ex eo quod sperat a deo bonum quod excedit suam conditionem; vel non sperat quod secundum suam conditionem sperare posset. non autem potest esse superabundantia spei ex parte dei, cuius bonitas est infinita. similiter etiam fides est media inter contrarias haereses, non per comparationem ad obiectum,

quod est deus, cui non potest aliquis nimis credere, sed inquantum ipsa opinio humana est media inter contrarias opiniones, * ut ex supradictis patet.

008 ST2 qu65 ar

pr ' Deinde considerandum est de connexione virtutum. et circa hoc quaeruntur quinque. primo, utrum virtutes morales sint ad invicem connexae. secundo, utrum virtutes morales possint esse sine caritate. tertio, utrum caritas possit esse sine eis. quarto, utrum fides et spes possint esse sine caritate. quinto, utrum caritas possit esse sine eis.

008 ST2 qu65 ar1

ag1 ' Ad primum sic proceditur. videtur quod virtutes morales non sint ex necessitate connexae. virtutes enim morales quandoque causantur ex exercitio actuum, * ut probatur in ii ethic.. ' sed homo potest exercitari in actibus alicuius virtutis sine hoc quod exercitetur in actibus alterius virtutis. ergo una virtus moralis potest haberi sine altera.
ag2 ' Praeterea, magnificentia et magnanimitas sunt quaedam virtutes morales. sed aliquis potest habere alias virtutes morales, sine hoc quod habeat magnificentiam et magnanimitatem, * dicit enim philosophus, in iv ethic., quod " inops non potest esse magnificus, qui tamen potest habere quasdam alias virtutes; et quod ° ille qui parvis est dignus, et his se dignificat, temperatus est, magnanimus autem non est. ' ergo virtutes morales non sunt connexae.
ag3 ' Praeterea, sicut virtutes morales perficiunt partem appetitivam animae, ita virtutes intellectuales perficiunt partem intellectivam. sed virtutes intellectuales non sunt connexae, potest enim aliquis habere unam scientiam, sine hoc quod habeat aliam. ergo etiam neque virtutes morales sunt connexae.
ag4 ' Praeterea, si virtutes morales sint connexae, hoc non est nisi quia connectuntur in prudentia. sed hoc non sufficit ad connexionem virtutum moralium. videtur enim quod aliquis possit esse prudens circa agibilia quae pertinent ad unam virtutem, sine hoc quod sit prudens in his quae pertinent ad aliam, sicut etiam aliquis potest habere artem circa quaedam factibilia, sine hoc quod habeat artem circa alia. prudentia autem est recta ratio agibilium. ergo non est necessarium virtutes morales esse connexas.
sc * Sed contra est quod ambrosius dicit, super lucam, ° connexae sibi sunt, concatenataeque virtutes, ut qui unam habet, plures habere videatur. * augustinus etiam dicit, in vi de trin., quod ° virtutes quae sunt in animo humano, nullo modo separantur ab invicem. * et gregorius dicit, xxii moral., quod ° una virtus sine aliis aut omnino nulla est, aut imperfecta. * et tullius dicit, in ii de tuscul. quaest., ° si unam virtutem confessus es te non habere, nullam necesse est te habiturum.
co ' Respondeo dicendum quod virtus moralis potest accipi vel perfecta vel imperfecta. imperfecta quidem moralis virtus, ut temperantia vel fortitudo, nihil aliud est quam aliqua inclinatio in nobis existens ad opus aliquod de genere bonorum faciendum, sive talis inclinatio sit in nobis a natura, sive ex assuetudine. et hoc modo accipiendo virtutes morales, non sunt connexae, videmus enim aliquem ex naturali complexione, vel ex aliqua consuetudine, esse promptum ad opera liberalitatis, qui tamen non est promptus ad opera castitatis. perfecta autem virtus moralis est habitus inclinans in bonum opus bene agendum. et sic accipiendo virtutes morales, dicendum est eas connexas esse; ut fere ab omnibus ponitur. cuius ratio duplex assignatur, secundum quod diversimode aliqui virtutes cardinales distinguunt. * ut enim dictum est, * quidam distinguunt eas " secundum quasdam generales conditiones virtutum, utpote quod discretio pertineat ad prudentiam, rectitudo ad iustitiam, moderantia ad temperantiam, firmitas animi ad fortitudinem, in quacumque materia ista considerentur. et secundum hoc, manifeste apparet ratio connexionis, non enim firmitas habet laudem virtutis, si sit sine moderatione, vel rectitudine, aut discretione; et eadem ratio est de aliis. * et hanc rationem connexionis assignat gregorius, xxii moral., dicens quod |25| ° virtutes, si sint disiunctae, non possunt esse perfectae, " secundum rationem virtutis, ° quia nec prudentia vera est quae iusta, temperans et fortis non est; * et idem subdit de aliis virtutibus. et similem rationem assignat augustinus, in vi de trin.. alii vero ' distinguunt praedictas virtutes secundum materias. et secundum hoc * assignatur ratio connexionis ab aristotele, in vi ethic.. * quia sicut supra dictum est, ' nulla virtus moralis potest sine prudentia haberi, eo quod proprium virtutis moralis est facere electionem rectam, cum sit habitus electivus; ad rectam autem electionem non solum sufficit inclinatio in debitum finem, quod est directe per habitum virtutis moralis; sed etiam quod aliquis directe eligat ea quae sunt ad finem, quod fit per prudentiam, quae est consiliativa et iudicativa et praeceptiva eorum quae sunt ad finem. similiter etiam prudentia non potest haberi nisi habeantur virtutes morales, cum prudentia sit recta ratio agibilium, quae, sicut ex principiis, procedit ex finibus agibilium, ad quos aliquis recte se habet per virtutes morales. unde sicut scientia speculativa non potest haberi sine intellectu principiorum, ita nec prudentia sine virtutibus moralibus. ex quo manifeste sequitur virtutes morales esse connexas.
ra1 ' Ad primum ergo dicendum quod virtutum moralium quaedam perficiunt hominem secundum communem statum, scilicet quantum ad ea quae communiter in omni vita hominum occurrunt agenda. unde oportet quod homo simul exercitetur circa materias omnium virtutum moralium. et si quidem circa omnes exercitetur bene operando, acquiret habitus omnium virtutum moralium. si autem exercitetur bene operando circa unam materiam, non autem circa aliam, puta bene se habendo circa iras, non autem circa concupiscentias; acquiret quidem habitum aliquem ad refrenandum iras, qui tamen non habebit rationem virtutis, propter defectum prudentiae, quae circa concupiscentias corrumpitur. sicut etiam naturales inclinationes non habent perfectam rationem virtutis, si prudentia desit. quaedam vero virtutes morales sunt quae perficiunt hominem secundum aliquem eminentem statum, sicut magnificentia, et magnanimitas. et quia exercitium circa materias harum virtutum non occurrit unicuique communiter, potest aliquis habere alias virtutes morales, sine hoc quod habitus harum virtutum habeat actu, loquendo de virtutibus acquisitis. sed tamen, acquisitis aliis virtutibus, habet istas virtutes in potentia propinqua. cum enim aliquis per exercitium adeptus est liberalitatem circa mediocres donationes et sumptus, si superveniat ei abundantia pecuniarum, modico exercitio acquiret magnificentiae habitum. sicut geometer modico studio acquirit scientiam alicuius conclusionis quam nunquam consideravit. illud |25| autem habere dicimur, quod in promptu est ut habeamus; * secundum illud philosophi, in ii physic., ° quod parum deest, quasi nihil deesse videtur.
ra2 ' Et per hoc patet responsio ad secundum.
ra3 ' Ad tertium dicendum quod virtutes intellectuales sunt circa diversas materias ad invicem non ordinatas, sicut patet in diversis scientiis et artibus. et ideo non invenitur in eis connexio quae invenitur in virtutibus moralibus existentibus circa passiones et operationes, quae manifeste habent ordinem ad invicem. nam omnes passiones, a quibusdam primis procedentes, scilicet amore et odio, ad quasdam alias terminantur, scilicet delectationem et tristitiam. et similiter omnes operationes quae sunt virtutis moralis materia, habent ordinem ad invicem, et etiam ad passiones. et ideo tota materia moralium virtutum sub una ratione prudentiae cadit. habent tamen omnia intelligibilia ordinem ad prima principia. et secundum hoc, omnes virtutes intellectuales dependent ab intellectu principiorum; sicut prudentia a virtutibus moralibus, * ut dictum est. ' principia autem universalia, quorum est intellectus principiorum, non dependent a conclusionibus, de quibus sunt reliquae intellectuales virtutes; sicut morales dependent a prudentia, eo quod appetitus movet quodammodo rationem, et ratio appetitum, * ut supra dictum est.
ra4 ' Ad quartum dicendum quod ea ad quae inclinant virtutes morales, se habent ad prudentiam sicut principia, non autem factibilia se habent ad artem sicut principia, sed solum sicut materia. manifestum est autem quod, etsi ratio possit esse recta in una parte materiae, et non in alia; nullo tamen modo potest dici ratio recta, si sit defectus cuiuscumque principii. sicut si quis erraret circa hoc principium, omne totum est maius sua parte, non posset habere scientiam geometricam, quia oporteret multum recedere a veritate in sequentibus. et praeterea, agibilia sunt ordinata ad invicem; non autem factibilia, * ut dictum est. ' et ideo defectus prudentiae circa unam partem agibilium, induceret defectum etiam circa alia agibilia. quod in factibilibus non contingit.

008 ST2 qu65 ar2

ag1 ' Ad secundum sic proceditur. videtur quod virtutes morales possint esse sine caritate. * dicitur enim in libro sententiarum prosperi, quod ° omnis virtus praeter caritatem, potest esse communis bonis et malis. " sed caritas non potest esse nisi in bonis, * ut dicitur ibidem. ' ergo aliae virtutes possunt haberi sine caritate.
ag2 " Praeterea, virtutes morales possunt acquiri ex actibus humanis, * ut dicitur in ii ethic.. ' sed caritas non habetur nisi ex infusione; * secundum illud rom. v, ° caritas dei diffusa est in cordibus nostris per spiritum sanctum, qui datus est nobis. ' ergo aliae virtutes possunt haberi sine caritate.
ag3 ' Praeterea, virtutes morales connectuntur ad invicem, inquantum dependent a prudentia. sed caritas non dependet a prudentia; immo prudentiam excedit, * secundum illud ephes. iii, ° supereminentem scientiae caritatem christi. ' ergo virtutes morales non connectuntur caritati, sed sine ea esse possunt.
sc ' Sed contra est quod * dicitur i ioan. iii, ° qui non diligit, manet in morte. ' sed per virtutes perficitur vita spiritualis, ipsae enim sunt quibus recte vivitur, * ut augustinus dicit, in ii de lib. arbit.. ' ergo non possunt esse sine dilectione caritatis.
co * Respondeo dicendum quod, sicut supra dictum est, ' virtutes morales prout sunt operativae boni in ordine ad finem qui non excedit facultatem naturalem hominis, possunt per opera humana acquiri. et sic acquisitae sine caritate esse possunt, sicut fuerunt in multis gentilibus. secundum autem quod sunt operativae boni in ordine ad ultimum finem supernaturalem, sic perfecte et vere habent rationem virtutis; et non possunt humanis actibus acquiri, sed infunduntur a deo. et huiusmodi virtutes morales sine caritate esse non possunt. * dictum est enim supra quod ' aliae virtutes morales non possunt esse sine prudentia; prudentia autem non potest esse sine virtutibus moralibus, inquantum virtutes morales faciunt bene se habere ad quosdam fines, ex quibus procedit ratio prudentiae. ad rectam autem rationem prudentiae multo magis requiritur quod homo bene se habeat circa ultimum finem, quod fit per caritatem, quam circa alios fines, quod fit per virtutes morales, sicut ratio recta in speculativis maxime indiget primo principio indemonstrabili, quod est contradictoria non simul esse vera. unde manifestum fit quod nec prudentia infusa potest esse sine caritate; nec aliae virtutes morales consequenter, quae sine prudentia esse non possunt. * patet igitur ex dictis quod ' solae |25| virtutes infusae sunt perfectae, et simpliciter dicendae virtutes, quia bene ordinant hominem ad finem ultimum simpliciter. aliae vero virtutes, scilicet acquisitae, sunt secundum quid virtutes, non autem simpliciter, ordinant enim hominem bene respectu finis ultimi in aliquo genere, non autem respectu finis ultimi simpliciter. * unde rom. xiv super illud, ° omne quod non est ex fide, peccatum est, * dicit glossa augustini, ° ubi deest agnitio veritatis, falsa est virtus etiam in bonis moribus.
ra1 * Ad primum ergo dicendum quod virtutes ibi ' accipiuntur secundum imperfectam rationem virtutis. alioquin, si virtus moralis secundum perfectam rationem virtutis accipiatur, bonum facit habentem; et per consequens in malis esse non potest.
ra2 ' Ad secundum dicendum quod ratio illa procedit de virtutibus moralibus acquisitis.
ra3 ' Ad tertium dicendum quod, etsi caritas excedat scientiam et prudentiam, tamen prudentia dependet a caritate, * ut dictum est. ' et per consequens, omnes virtutes morales infusae.

008 ST2 qu65 ar3

ag1 ' Ad tertium sic proceditur. videtur quod caritas sine aliis virtutibus moralibus haberi possit. ad id enim ad quod sufficit unum, indebitum est quod plura ordinentur. sed sola caritas sufficit ad omnia opera virtutis implenda, * ut patet per id quod dicitur i ad cor. xiii, ° caritas patiens est, benigna est, etc.. ' ergo videtur quod, habita caritate, aliae virtutes superfluerent.
ag2 ' Praeterea, qui habet habitum virtutis, de facili operatur ea quae sunt virtutis, et ei secundum se placent, unde et signum habitus est delectatio quae fit in opere, * ut dicitur in ii ethic.. ' sed multi habent caritatem, absque peccato mortali existentes, qui tamen difficultatem in operibus virtutum patiuntur, neque eis secundum se placent, sed solum secundum quod referuntur ad caritatem. ergo multi habent caritatem, qui non habent alias virtutes.
ag3 ' Praeterea, caritas in omnibus sanctis invenitur. sed quidam sunt sancti qui tamen aliquibus virtutibus carent, * dicit enim beda quod " sancti magis humiliantur de virtutibus quas non habent, quam de virtutibus quas habent, glorientur. ' ergo non est necessarium quod qui habet caritatem, omnes virtutes morales habeat.
sc ' Sed contra est quod per caritatem tota lex impletur, * dicitur enim rom. xiii, ° qui diligit proximum, legem implevit. ' sed tota lex impleri non potest nisi per omnes virtutes morales, quia lex praecipit de omnibus actibus virtutum, * ut dicitur in v ethic.. ' ergo qui habet caritatem, habet omnes virtutes morales. * augustinus etiam dicit, in quadam epistola, quod " caritas includit in se omnes virtutes cardinales.
co ' Respondeo dicendum quod cum caritate simul infunduntur omnes virtutes morales. cuius ratio est quia deus non minus perfecte operatur in operibus gratiae, quam in operibus naturae. sic autem videmus in operibus naturae, quod non invenitur principium aliquorum operum in aliqua re, quin inveniantur in ea quae sunt necessaria ad huiusmodi opera perficienda, sicut in animalibus inveniuntur organa quibus perfici possunt opera ad quae peragenda anima habet potestatem. manifestum est autem quod caritas, inquantum ordinat hominem ad finem ultimum, est principium omnium bonorum operum quae in finem ultimum ordinari possunt. unde oportet quod cum caritate simul infundantur omnes virtutes morales, quibus homo perficit singula genera bonorum operum. et sic patet quod virtutes morales infusae non solum habent connexionem propter prudentiam; sed etiam propter caritatem. et quod qui amittit caritatem per peccatum mortale, amittit omnes virtutes morales infusas.
ra1 ' Ad primum ergo dicendum quod ad hoc quod actus inferioris potentiae sit perfectus, requiritur quod non solum adsit perfectio in superiori potentia, sed etiam in inferiori, si enim principale agens debito modo se haberet, non sequeretur actio perfecta, si instrumentum non esset bene dispositum. unde oportet ad hoc quod homo bene operetur in his quae sunt ad finem, quod non solum habeat virtutem qua bene se habeat circa finem, sed etiam virtutes quibus bene se habeat circa ea quae sunt ad finem, nam virtus quae est circa finem, se habet ut principalis et

motiva respectu earum quae sunt ad finem. et ideo cum caritate necesse est etiam habere alias virtutes morales.
ra2 ‘ Ad secundum dicendum quod quandoque contingit quod aliquis habens habitum, patitur difficultatem in operando, et per consequens non sentit delectationem et complacentiam in actu, propter aliquod impedimentum extrinsecus superveniens, sicut ille qui habet habitum scientiae, patitur difficultatem in intelligendo, propter somnolentiam vel aliquam infirmitatem. et similiter habitus moralium virtutum infusarum patiuntur interdum difficultatem in operando, propter aliquas dispositiones contrarias ex praecedentibus actibus relictas. quae quidem difficultas non ita accidit in virtutibus moralibus acquisitis, quia per exercitium actuum, quo acquiruntur, tolluntur etiam contrariae dispositiones.
ra3 ‘ Ad tertium dicendum quod aliqui sancti dicuntur aliquas virtutes non habere, inquantum patiuntur difficultatem in actibus earum, * ratione iam dicta; ‘ quamvis habitus omnium virtutum habeant.

008 ST2 qu65 ar4

ag1 ‘ Ad quartum sic proceditur. videtur quod fides et spes nunquam sint sine caritate. cum enim sint virtutes theologicae, digniores esse videntur virtutibus moralibus, etiam infusis. sed virtutes morales infusae non possunt esse sine caritate. ergo neque fides et spes.
ag2 “ Praeterea, nullus credit nisi volens, ‘ sed caritas est in voluntate * ut augustinus dicit, super ioan.. ‘ sicut perfectio eius, * ut supra dictum est. ‘ ergo fides non potest esse sine caritate.
ag3 * Praeterea, augustinus dicit, in enchirid., quod ° spes sine amore esse non potest. ‘ amor autem est caritas, de hoc enim amore ibi loquitur. ergo spes non potest esse sine caritate.
sc * Sed contra est quod matth. i, dicitur in glossa quod ° fides generat spem, spes vero caritatem. ‘ sed generans est prius generato, et potest esse sine eo. ergo fides potest esse sine spe; et spes sine caritate.
co ‘ Respondeo dicendum quod fides et spes, sicut et virtutes morales, dupliciter considerari possunt. uno modo, secundum inchoationem quandam; alio modo, secundum perfectum esse virtutis. cum enim virtus ordinetur ad bonum opus agendum, virtus quidem perfecta dicitur ex hoc quod potest in opus perfecte bonum, quod quidem est dum non solum bonum est quod fit, sed etiam bene fit. alioquin, si bonum sit quod fit, non autem bene fiat, non erit perfecte bonum, unde nec habitus qui est talis operis principium, habebit perfecte rationem virtutis. sicut si aliquis operetur iusta, bonum quidem facit, sed non erit opus perfectae virtutis, nisi hoc bene faciat, idest secundum electionem rectam, quod est per prudentiam, et ideo iustitia sine prudentia non potest esse virtus perfecta. sic igitur fides et spes sine caritate possunt quidem aliqualiter esse, perfectae autem virtutis rationem sine caritate non habent. cum enim fidei opus sit credere deo; credere autem sit alicui propria voluntate assentire, si non debito modo velit, non erit fidei opus perfectum. quod autem debito modo velit, hoc est per caritatem, quae perficit voluntatem, “ omnis enim rectus motus voluntatis ex recto amore procedit, * ut augustinus dicit, in xiv de civ. dei. ‘ sic igitur fides est quidem sine caritate, sed non perfecta virtus, sicut temperantia vel fortitudo sine prudentia. et similiter dicendum est de spe. |25| nam actus spei est expectare futuram beatitudinem a deo. qui quidem actus perfectus est, si fiat ex meritis quae quis habet, quod non potest esse sine caritate. si autem hoc expectet ex meritis quae nondum habet, sed proponit in futurum acquirere, erit actus imperfectus, et hoc potest esse sine caritate. et ideo fides et spes possunt esse sine caritate, sed sine caritate, proprie loquendo, virtutes non sunt; nam ad rationem virtutis pertinet ut non solum secundum ipsam aliquod bonum operemur, sed etiam bene, * ut dicitur in ii ethic..
ra1 ‘ Ad primum ergo dicendum quod virtutes morales dependent a prudentia, prudentia autem infusa nec rationem prudentiae habere potest absque caritate, utpote deficiente debita habitudine ad primum principium, quod est ultimus finis. fides autem et spes, secundum proprias rationes, nec a prudentia nec a caritate dependent. et ideo sine caritate esse possunt; licet non sint virtutes sine caritate, * ut dictum est.
ra2 ‘ Ad secundum dicendum quod ratio illa procedit de fide quae habet perfectam rationem virtutis.
ra3 * Ad tertium dicendum quod augustinus loquitur ibi ‘ de spe, secundum quod aliquis expectat futuram beatitudinem per merita quae iam habet, quod non est sine caritate.

008 ST2 qu65 ar5

ag1 ‘ Ad quintum sic proceditur. videtur quod caritas possit esse sine fide et spe. caritas enim est amor dei. sed deus potest a nobis amari naturaliter, etiam non praesupposita fide, vel spe futurae beatitudinis. ergo caritas potest esse sine fide et spe.
ag2 ‘ Praeterea, caritas est radix omnium virtutum; * secundum illud ephes. iii, ° in caritate radicati et fundati. ‘ sed radix aliquando est sine ramis. ergo caritas potest esse aliquando sine fide et spe et aliis virtutibus.
ag3 ‘ Praeterea, in christo fuit perfecta caritas. ipse tamen non habuit fidem et spem, quia fuit perfectus comprehensor, * ut infra dicetur. ‘ ergo caritas potest esse sine fide et spe.
sc * Sed contra est quod apostolus dicit, heb. xi, ° sine fide impossibile est placere deo; ‘ quod maxime pertinet ad caritatem, ut patet; * secundum illud proverb. viii, ° ego diligentes me diligo. ‘ spes etiam est quae introducit ad caritatem, * ut supra dictum est. ‘ ergo caritas non potest haberi sine fide et spe.
co ‘ Respondeo dicendum quod caritas non solum significat amorem dei, sed etiam amicitiam quandam ad ipsum; quae quidem super amorem addit mutuam redamationem cum quadam mutua communicatione, * ut dicitur in viii ethic.. ‘ et quod hoc ad caritatem pertineat, * patet per id quod dicitur i ioan. iv, ° qui manet in caritate, in deo manet, et deus in eo. * et i ad cor. i dicitur, ° fidelis deus, per quem vocati estis in societatem filii eius. ‘ haec autem societas hominis ad deum, quae est quaedam familiaris conversatio cum ipso, inchoatur quidem hic in praesenti per gratiam, perficietur autem in futuro per gloriam, quorum utrumque fide et spe tenetur. unde sicut aliquis non posset cum aliquo amicitiam habere, si discrederet vel desperaret se posse habere aliquam societatem vel familiarem conversationem cum ipso; ita aliquis non potest habere amicitiam ad deum, quae est caritas, nisi fidem habeat, per quam credat huiusmodi societatem et conversationem hominis cum deo, et speret se ad hanc societatem pertinere. et sic caritas sine fide et spe nullo modo esse potest.
ra1 ‘ Ad primum ergo dicendum quod caritas non est qualiscumque amor dei, sed amor dei quo diligitur ut beatitudinis obiectum, ad quod ordinamur per fidem et spem.
ra2 ‘ Ad secundum dicendum quod caritas est radix fidei et spei, inquantum dat eis perfectionem virtutis. sed fides et spes, secundum rationem propriam, praesupponuntur ad caritatem, * ut supra dictum est. ‘ et sic caritas sine eis esse non potest.
ra3 ‘ Ad tertium dicendum quod christo defuit fides et spes, propter id quod est imperfectionis in eis. sed loco fidei, habuit apertam visionem; et loco spei, plenam comprehensionem. et sic fuit perfecta caritas in eo.

008 ST2 qu66 ar

pr ‘ Deinde considerandum est de aequalitate virtutum. et circa hoc quaeruntur sex. primo, utrum virtus possit esse maior vel minor. secundo, utrum omnes virtutes simul in eodem existentes, sint aequales. tertio, de comparatione virtutum moralium ad intellectuales. quarto, de comparatione virtutum moralium ad invicem. quinto, de comparatione virtutum intellectualium ad invicem. sexto, de comparatione virtutum theologicarum ad invicem.

008 ST2 qu66 ar1

ag1 ‘ Ad primum sic proceditur. videtur quod virtus non possit esse maior vel minor. * dicitur enim in apoc. xxi, quod “ latera civitatis ierusalem sunt aequalia. per haec autem significantur virtutes, * ut glossa dicit ibidem. ‘ ergo omnes virtutes sunt aequales. non ergo potest esse virtus maior virtute.
ag2 ‘ Praeterea, omne illud cuius ratio consistit in maximo, non potest esse maius vel minus. sed ratio virtutis consistit in maximo, est enim virtus ultimum potentiae, * ut philosophus dicit in i de caelo; et augustinus etiam dicit, in ii de lib. arb., quod ° virtutes sunt maxima bona, quibus nullus potest male uti. ‘ ergo videtur quod virtus non possit esse maior neque minor.
ag3 ‘ Praeterea, quantitas effectus pensatur secundum virtutem agentis. sed virtutes perfectae, quae sunt virtutes infusae, sunt a deo, cuius virtus est uniformis et infinita. ergo videtur quod virtus non possit esse maior virtute.
sc ‘ Sed contra, ubicumque potest esse augmentum et superabundantia, potest esse inaequalitas. sed in virtutibus invenitur superabundantia et augmentum, * dicitur enim matth. v, ° nisi abundaverit iustitia vestra plus quam scribarum et pharisaeorum, non intrabitis in regnum caelorum; * et proverb. xv dicitur, ° in abundanti iustitia virtus maxima est. ‘ ergo videtur quod virtus possit esse maior vel minor.
co ‘ Respondeo dicendum quod cum quaeritur utrum virtus una possit esse maior alia, dupliciter intelligi potest quaestio. uno modo, in virtutibus specie differentibus. et sic manifestum est quod una virtus est alia maior. semper enim est potior causa suo effectu, et in effectibus, tanto aliquid est potius, quanto est causae propinquius. * manifestum est autem ex dictis quod ‘ causa et radix humani boni est ratio. et ideo prudentia, quae perficit rationem, praefertur in bonitate aliis virtutibus moralibus, perficientibus vim appetitivam inquantum participat rationem. et in his etiam tanto est una altera melior, quanto magis ad rationem accedit. unde et iustitia, quae est in voluntate, praefertur aliis virtutibus moralibus, et fortitudo, quae est in irascibili, praefertur temperantiae, quae est in concupiscibili, quae minus participat rationem, * ut patet in vii ethic.. ‘ alio modo potest intelligi quaestio in virtute eiusdem speciei. et sic, * secundum ea quae dicta sunt supra, cum de intensionibus habituum ageretur, ‘ virtus potest dupliciter dici maior et minor, uno modo, secundum seipsam; alio modo, ex parte participantis subiecti. si igitur secundum seipsam consideretur, magnitudo vel parvitas eius |25| attenditur secundum ea ad quae se extendit. quicumque autem habet aliquam virtutem, puta temperantiam, habet ipsam quantum ad omnia ad quae se temperantia extendit. quod de scientia et arte non contingit, non enim quicumque est grammaticus, scit omnia quae ad grammaticam pertinent. * et secundum hoc bene dixerunt stoici, ut simplicius dicit in commento praedicamentorum, quod “ virtus non recipit magis et minus, sicut scientia vel ars; eo quod ratio virtutis consistit in maximo. ‘ si vero consideretur virtus ex parte subiecti participantis, sic contingit virtutem esse maiorem vel minorem, sive secundum diversa tempora, in eodem; sive in diversis hominibus. quia ad attingendum medium virtutis, quod est secundum rationem rectam, unus est melius dispositus quam alius, vel propter maiorem assuetudinem, vel propter meliorem dispositionem naturae, vel propter perspicacius iudicium rationis, aut etiam propter maius gratiae donum, quod unicuique donatur secundum mensuram donationis christi, * ut dicitur ad ephes. iv. et in hoc deficiebant stoici, aestimantes “ nullum esse virtuosum dicendum, nisi qui summe fuerit dispositus ad virtutem. non enim exigitur ad rationem virtutis, quod attingat rectae rationis medium in indivisibili, * sicut stoici putabant, |50| “ sed sufficit prope medium esse, * ut in ii ethic. dicitur. ‘ idem etiam indivisibile signum unus propinquius et promptius attingit quam alius, sicut etiam patet in sagittatoribus trahentibus ad certum signum.
ra1 ‘ Ad primum ergo dicendum quod aequalitas illa non est secundum quantitatem absolutam, sed est secundum proportionem intelligenda, quia omnes virtutes proportionaliter crescunt in homine, * ut infra dicetur.
ra2 ‘ Ad secundum dicendum quod illud ultimum quod pertinet ad virtutem, potest habere rationem magis vel minus boni secundum praedictos modos, cum non sit ultimum indivisibile, * ut dictum est.
ra3 ‘ Ad tertium dicendum quod deus non operatur secundum necessitatem naturae, sed secundum ordinem suae sapientiae, secundum quam diversam mensuram virtutis hominibus largitur, * secundum illud ad ephes. iv, ° unicuique vestrum data est gratia secundum mensuram donationis christi.

008 ST2 qu66 ar2

ag1 ‘ Ad secundum sic proceditur. videtur quod non omnes virtutes in uno et eodem sint aequaliter intensae. * dicit enim apostolus, i ad cor. vii, ° unusquisque habet proprium donum a deo, alius quidem sic, alius autem sic. ‘ non esset autem unum donum magis proprium alicui quam aliud, si omnes virtutes dono dei infusas quilibet aequaliter haberet. ergo videtur quod non omnes virtutes sint aequales in uno et eodem.
ag2 ‘ Praeterea, si omnes virtutes essent aeque intensae in uno et eodem, sequeretur quod quicumque excederet aliquem in una virtute, excederet ipsum in omnibus aliis virtutibus. sed hoc patet esse falsum, quia diversi sancti de diversis virtutibus praecipue laudantur; sicut abraham de fide, moyses de mansuetudine, iob de patientia. * unde et de quolibet confessore cantatur in ecclesia, ° non est inventus similis illi, qui conservaret legem excelsi; “ eo quod quilibet habuit praerogativam alicuius virtutis. ‘ non ergo omnes virtutes sunt aequales in uno et eodem.
ag3 ‘ Praeterea, quanto habitus est intensior, tanto homo secundum ipsum delectabilius et promptius operatur. sed experimento patet quod unus homo delectabilius et promptius operatur actum unius virtutis quam actum alterius. non ergo omnes virtutes sunt aequales in uno et eodem.
sc * Sed contra est quod augustinus dicit, in vi de trin., quod ° quicumque sunt aequales in fortitudine, aequales sunt in prudentia et temperantia; * et sic de aliis. ‘ hoc autem non esset, nisi omnes virtutes unius hominis essent aequales. ergo omnes virtutes unius hominis sunt aequales.
co ‘ Respondeo dicendum quod quantitas virtutum, * sicut ex dictis patet, ‘ potest attendi dupliciter. uno modo, secundum rationem speciei. et sic non est dubium quod una virtus unius hominis sit maior quam alia, sicut caritas fide et spe. alio modo potest attendi secundum participationem subiecti, prout scilicet intenditur vel remittitur in subiecto. et secundum hoc, omnes virtutes unius hominis sunt aequales quadam aequalitate proportionis, inquantum aequaliter crescunt in homine, sicut digiti manus sunt inaequales secundum quantitatem, sed sunt aequales secundum proportionem, cum proportionaliter augeantur. huiusmodi autem aequalitatis oportet eodem modo rationem accipere, sicut et connexionis, aequalitas enim est quaedam connexio virtutum secundum quantitatem. * dictum est autem supra quod ‘ ratio connexionis virtutum dupliciter assignari potest. uno modo, secundum intellectum eorum qui intelligunt per has quatuor virtutes, quatuor conditiones generales virtutum, quarum una simul invenitur cum aliis in qualibet materia. et sic virtus in qualibet

materia non potest aequalis dici, nisi habeat omnes istas conditiones aequales. * et hanc rationem aequalitatis virtutum assignat augustinus, in vi de trin., dicens, ° si dixeris aequales esse istos fortitudine, sed illum praestare |25| prudentia; sequitur quod huius fortitudo minus prudens sit. ac per hoc, nec fortitudine aequales sunt, quando est illius fortitudo prudentior. atque ita de ceteris virtutibus invenies, si omnes eadem consideratione percurras. ‘ alio modo assignata est ratio connexionis virtutum * secundum eos qui intelligunt huiusmodi virtutes habere materias determinatas. ‘ et secundum hoc, ratio connexionis virtutum moralium accipitur ex parte prudentiae, et ex parte caritatis quantum ad virtutes infusas, non autem ex parte inclinationis, quae est ex parte subiecti, * ut supra dictum est. ‘ sic igitur et ratio aequalitatis virtutum potest accipi ex parte prudentiae, quantum ad id quod est formale in omnibus virtutibus moralibus, existente enim ratione aequaliter perfecta in uno et eodem, oportet quod proportionaliter secundum rationem rectam medium constituatur in qualibet materia virtutum. quantum vero ad id quod est materiale in virtutibus moralibus, scilicet inclinationem ipsam ad actum virtutis; potest esse unus homo magis promptus ad actum unius virtutis quam ad actum alterius, vel ex natura, vel ex consuetudine, vel etiam ex gratiae dono.

ra1 * Ad primum ergo dicendum quod verbum apostoli potest intelligi ‘ de donis gratiae gratis datae, quae non sunt communia omnibus, nec omnia aequalia in uno et eodem. vel potest dici quod refertur ad mensuram gratiae gratum facientis; secundum quam unus abundat in omnibus virtutibus plus quam alius, propter maiorem abundantiam prudentiae, vel etiam caritatis, in qua connectuntur omnes virtutes infusae.

ra2 ‘ Ad secundum dicendum quod unus sanctus laudatur praecipue de una virtute, et alius de alia, propter excellentiorem promptitudinem ad actum unius virtutis, quam ad actum alterius.

ra3 ‘ Et per hoc etiam patet responsio ad tertium.

008 ST2 qu66 ar3

ag1 ‘ Ad tertium sic proceditur. videtur quod virtutes morales praeemineant intellectualibus. quod enim magis est necessarium, et permanentius, est melius. sed virtutes morales sunt permanentiores etiam disciplinis, quae sunt virtutes intellectuales, et sunt etiam magis necessariae ad vitam humanam. ergo sunt praeferendae virtutibus intellectualibus.

ag2 ‘ Praeterea, de ratione virtutis est quod bonum faciat habentem. sed secundum virtutes morales dicitur homo bonus, non autem secundum virtutes intellectuales, nisi forte secundum solam prudentiam. ergo virtus moralis est melior quam intellectualis.

ag3 ‘ Praeterea, finis est nobilior his quae sunt ad finem. * sed sicut dicitur in vi ethic., ° virtus moralis facit rectam intentionem finis; prudentia autem facit rectam electionem eorum quae sunt ad finem. ‘ ergo virtus moralis est nobilior prudentia, quae est virtus intellectualis circa moralia.

sc “ Sed contra, virtus moralis est in rationali per participationem; virtus autem intellectualis in rationali per essentiam, * sicut dicitur in i ethic.. ‘ sed rationale per essentiam est nobilius quam rationale per participationem. ergo virtus intellectualis est nobilior virtute morali.

co ‘ Respondeo dicendum quod aliquid potest dici maius vel minus, dupliciter, uno modo, simpliciter; alio modo, secundum quid. nihil enim prohibet aliquid esse melius simpliciter, ut philosophari quam ditari, quod tamen non est melius secundum quid, idest necessitatem patienti. simpliciter autem consideratur unumquodque, quando consideratur secundum propriam rationem suae speciei. habet autem virtus speciem ex obiecto, * ut ex dictis patet. ‘ unde, simpliciter loquendo, illa virtus nobilior est quae habet nobilius obiectum. manifestum est autem quod obiectum rationis est nobilius quam obiectum appetitus, ratio enim apprehendit aliquid in universali; sed appetitus tendit in res, quae habent esse particulare. unde, simpliciter loquendo, virtutes intellectuales, quae perficiunt rationem, sunt nobiliores quam morales, quae perficiunt appetitum. sed si consideretur virtus in ordine ad actum, sic virtus moralis, quae perficit appetitum, cuius est movere alias potentias ad actum, * ut supra dictum est, ‘ nobilior est. et quia virtus dicitur ex eo quod est principium alicuius actus, cum sit perfectio potentiae, sequitur etiam quod ratio virtutis magis competat virtutibus moralibus quam virtutibus intellectualibus, quamvis virtutes intellectuales sint |25| nobiliores habitus simpliciter.

ra1 ‘ Ad primum ergo dicendum quod virtutes morales sunt magis permanentes quam intellectuales, propter exercitium earum in his quae pertinent ad vitam communem. sed manifestum est quod obiecta disciplinarum, quae sunt necessaria et semper eodem modo se habentia, sunt permanentiora quam obiecta virtutum moralium, quae sunt quaedam particularia agibilia. quod autem virtutes morales sunt magis necessariae ad vitam humanam, non ostendit eas esse nobiliores simpliciter, sed quoad hoc. quinimmo virtutes intellectuales speculativae, ex hoc ipso quod non ordinantur ad aliud sicut utile ordinatur ad finem, sunt digniores. hoc enim contingit quia secundum eas quodammodo inchoatur in nobis beatitudo, quae consistit in cognitione veritatis, * sicut supra dictum est.

ra2 ‘ Ad secundum dicendum quod secundum virtutes morales dicitur homo bonus simpliciter, et non secundum intellectuales, ea ratione, quia appetitus movet alias potentias ad suum actum, * ut supra dictum est. ‘ unde per hoc etiam non probatur nisi quod virtus moralis sit melior secundum quid.

ra3 ‘ Ad tertium dicendum quod prudentia non solum dirigit virtutes morales in eligendo ea quae sunt ad finem, sed etiam in praestituendo finem. est autem finis uniuscuiusque virtutis moralis attingere medium in propria materia, quod quidem medium determinatur secundum rectam rationem prudentiae, * ut dicitur in ii et vi ethic..

008 ST2 qu66 ar4

ag1 ‘ Ad quartum sic proceditur. videtur quod iustitia non sit praecipua inter virtutes morales. maius enim est dare alicui de proprio, quam reddere alicui quod ei debetur. sed primum pertinet ad liberalitatem; secundum autem ad iustitiam. ergo videtur quod liberalitas sit maior virtus quam iustitia.

ag2 ‘ Praeterea, illud videtur esse maximum in unoquoque, quod est perfectissimum in ipso. * sed sicut dicitur iac. i, ° patientia opus perfectum habet. ‘ ergo videtur quod patientia sit maior quam iustitia.

ag3 ° Praeterea, magnanimitas operatur magnum, in omnibus virtutibus, * ut dicitur in iv ethic.. ‘ ergo magnificat etiam ipsam iustitiam. est igitur maior quam iustitia.

sc * Sed contra est quod philosophus dicit, in v ethic., quod ° iustitia est praeclarissima virtutum.

co ‘ Respondeo dicendum quod virtus aliqua secundum suam speciem potest dici maior vel minor, vel simpliciter, vel secundum quid. simpliciter quidem virtus dicitur maior, secundum quod in ea maius bonum rationis relucet, * ut supra dictum est. ‘ et secundum hoc, iustitia inter omnes virtutes morales praecellit, tanquam propinquior rationi. quod patet et ex subiecto, et ex obiecto. ex subiecto quidem, quia est in voluntate sicut in subiecto, voluntas autem est appetitus rationalis, * ut ex dictis patet. ‘ secundum autem obiectum sive materiam, quia est circa operationes, quibus homo ordinatur non solum in seipso, sed etiam ad alterum. “ unde iustitia est praeclarissima virtutum, * ut dicitur in v ethic.. ‘ inter alias autem virtutes morales, quae sunt circa passiones, tanto in unaquaque magis relucet rationis bonum, quanto circa maiora motus appetitivus subditur rationi. maximum autem in his quae ad hominem pertinent est vita, a qua omnia alia dependent. et ideo fortitudo, quae appetitivum motum subdit rationi in his quae ad mortem et vitam pertinent, primum locum tenet inter virtutes morales quae sunt circa passiones, tamen ordinatur infra iustitiam. * unde philosophus dicit, in i rhetoric., quod |25| ° necesse est maximas esse virtutes, quae sunt aliis honoratissimae, siquidem est virtus potentia benefactiva. propter hoc, fortes et iustos maxime honorant, haec quidem enim in bello, scilicet fortitudo; haec autem, scilicet iustitia, et in bello et in pace utilis est. ‘ post fortitudinem autem ordinatur temperantia, quae subiicit rationi appetitum circa ea quae immediate ordinantur ad vitam, vel in eodem secundum numerum, vel in eodem secundum speciem, scilicet in cibis et venereis. et sic istae tres virtutes, simul cum prudentia, dicuntur esse principales etiam dignitate. secundum quid autem dicitur aliqua virtus esse maior, secundum quod adminiculum vel ornamentum praebet principali virtuti. sicut substantia est simpliciter dignior accidente; aliquod tamen accidens est secundum quid dignius substantia, inquantum perficit substantiam in aliquo esse accidentali.

ra1 ‘ Ad primum ergo dicendum quod actus liberalitatis oportet quod fundetur super actum iustitiae, ° non enim esset liberalis datio, si non de proprio daret, * ut in ii polit. dicitur. ‘ unde liberalitas sine iustitia esse non posset, quae secernit suum a non suo. iustitia autem potest esse sine liberalitate. unde iustitia simpliciter est maior liberalitate, tanquam communior, et fundamentum ipsius, liberalitas autem est secundum quid maior, cum sit quidam ornatus iustitiae, et complementum eius.

ra2 ‘ Ad secundum dicendum quod patientia dicitur habere opus perfectum in tolerantia malorum, in quibus non solum excludit iniustam vindictam, quam etiam excludit iustitia; neque solum odium quod facit caritas; neque solum iram, quod facit mansuetudo; sed etiam excludit tristitiam inordinatam, quae est radix omnium praedictorum. et ideo in hoc est perfectior et maior, quod in hac materia extirpat radicem. non autem est simpliciter perfectior omnibus aliis virtutibus. quia fortitudo non solum sustinet molestias absque perturbatione, quod est patientiae, sed etiam ingerit se eis, cum opus fuerit. unde quicumque est fortis, est patiens, sed non convertitur, est enim patientia quaedam fortitudinis pars.

ra3 “ Ad tertium dicendum quod magnanimitas non potest esse nisi aliis virtutibus praeexistentibus, * ut dicitur in iv ethic.. ‘ unde comparatur ad alias sicut ornatus earum. et sic secundum quid est maior omnibus aliis, non tamen simpliciter.

008 ST2 qu66 ar5

ag1 ‘ Ad quintum sic proceditur. videtur quod sapientia non sit maxima inter virtutes intellectuales. imperans enim maius est eo cui imperatur. sed prudentia videtur imperare sapientiae, * dicitur enim i ethic., quod ° quales disciplinarum debitum est esse in civitatibus, et quales unumquemque addiscere, et usquequo, haec praeordinat, “ scilicet politica, quae ad prudentiam pertinet, * ut dicitur in vi ethic.. ‘ cum igitur inter disciplinas etiam sapientia contineatur, videtur quod prudentia sit maior quam sapientia.

ag2 ‘ Praeterea, de ratione virtutis est quod ordinet hominem ad felicitatem, “ est enim virtus dispositio perfecti ad optimum, * ut dicitur in vii physic.. ‘ sed prudentia est recta ratio agibilium, per quae homo ad felicitatem perducitur, sapientia autem non considerat humanos actus, quibus ad beatitudinem pervenitur. ergo prudentia est maior virtus quam sapientia.

ag3 ‘ Praeterea, quanto cognitio est perfectior, tanto videtur esse maior. sed perfectiorem cognitionem habere possumus de rebus humanis, de quibus est scientia, quam de rebus divinis, de quibus est sapientia, * ut distinguit augustinus in xii de trin., ‘ quia divina incomprehensibilia sunt, * secundum illud iob xxxvi, ° ecce deus magnus, vincens scientiam nostram. ‘ ergo scientia est maior virtus quam sapientia.

ag4 ‘ Praeterea, cognitio principiorum est dignior quam cognitio conclusionum. sed sapientia concludit ex principiis indemonstrabilibus, quorum est intellectus; sicut et aliae scientiae. ergo intellectus est maior virtus quam sapientia.

sc * Sed contra est quod philosophus dicit, in vi ethic., quod “ sapientia est sicut caput inter virtutes intellectuales.

co * Respondeo dicendum quod, sicut dictum est, ‘ magnitudo virtutis secundum suam speciem, consideratur ex obiecto. obiectum autem sapientiae praecellit inter obiecta omnium virtutum intellectualium, considerat enim causam altissimam, quae deus est, * ut dicitur in principio metaphys.. ‘ et quia per causam iudicatur de effectu, et per causam superiorem de causis inferioribus; inde est quod sapientia habet iudicium de omnibus aliis virtutibus intellectualibus; et eius est ordinare omnes; et ipsa est quasi architectonica respectu omnium.

ra1 ‘ Ad primum ergo dicendum quod, cum prudentia sit circa res humanas, sapientia vero circa causam altissimam; impossibile est quod prudentia sit maior virtus quam sapientia, ° nisi, * ut dicitur in vi ethic., ° maximum eorum quae sunt in mundo, esset homo. * unde dicendum est, sicut in eodem libro dicitur, quod ‘ prudentia non imperat ipsi sapientiae, sed potius e converso, quia ° spiritualis iudicat omnia, et ipse a nemine iudicatur, * ut dicitur i ad cor. ii. ‘ non enim prudentia habet se intromittere de altissimis, quae considerat sapientia, sed imperat de his quae ordinantur ad sapientiam, scilicet quomodo homines debeant ad sapientiam pervenire. unde in hoc est prudentia, seu politica, ministra sapientiae, introducit enim ad eam, praeparans ei viam, sicut ostiarius ad regem.

ra2 ‘ Ad secundum dicendum quod prudentia considerat ea quibus pervenitur ad felicitatem, sed sapientia considerat ipsum obiectum felicitatis, quod est altissimum intelligibile. et si quidem esset perfecta consideratio sapientiae respectu sui obiecti, esset perfecta felicitas in actu sapientiae. sed quia actus sapientiae in hac vita est imperfectus respectu principalis obiecti, quod est deus; ideo actus sapientiae est quaedam inchoatio seu participatio futurae felicitatis. et sic propinquius se habet ad felicitatem quam prudentia.

ra3 ‘ Ad tertium dicendum quod, * sicut philosophus dicit, in i de anima, ° una notitia praefertur alteri aut ex eo quod est nobiliorum, aut propter certitudinem. ‘ si igitur subiecta sint aequalia in bonitate et nobilitate, illa quae est certior, erit maior virtus. sed illa quae est minus certa de altioribus et maioribus, praefertur ei quae est magis certa de inferioribus rebus. * unde philosophus dicit, in ii de caelo, quod “ magnum est de rebus caelestibus aliquid posse cognoscere etiam debili et topica ratione. * et in i de partibus animal., dicit quod ° amabile est magis parvum aliquid cognoscere de rebus nobilioribus quam multa cognoscere de rebus ignobilioribus. ‘ sapientia igitur ad quam pertinet dei cognitio, homini, maxime in statu huius vitae, non potest perfecte advenire, ut sit quasi eius possessio; “ sed hoc solius dei est, * ut dicitur in i metaphys.. ‘ sed tamen illa modica cognitio quae per sapientiam de deo haberi potest, omni alii cognitioni praefertur.

ra4 ‘ Ad quartum dicendum quod veritas et cognitio principiorum indemonstrabilium dependet ex ratione terminorum, cognito enim quid est totum et quid pars, statim cognoscitur quod omne totum est maius sua parte. cognoscere autem rationem entis et non entis, et totius et partis, et aliorum quae consequuntur ad ens, ex quibus sicut ex terminis constituuntur principia indemonstrabilia, pertinet ad sapientiam, quia ens commune est proprius effectus causae altissimae, scilicet dei. et ideo sapientia non solum utitur principiis indemonstrabilibus, quorum est intellectus, concludendo ex eis, sicut aliae scientiae; sed etiam iudicando de eis, et disputando contra negantes. unde sequitur quod sapientia sit maior virtus quam intellectus.

008 ST2 qu66 ar6

ag1 ' Ad sextum sic proceditur. videtur quod caritas non sit maxima inter virtutes theologicas. cum enim fides sit in intellectu, spes autem et caritas in vi appetitiva, * ut supra dictum est; ' videtur quod fides comparetur ad spem et caritatem, sicut virtus intellectualis ad moralem. sed virtus intellectualis est maior morali, * ut ex dictis patet. ' ergo fides est maior spe et caritate.
ag2 ' Praeterea, quod se habet ex additione ad aliud, videtur esse maius eo. sed spes, ut videtur, se habet ex additione ad caritatem, praesupponit enim spes amorem, * ut augustinus dicit in enchirid.; ' addit autem quendam motum protensionis in rem amatam. ergo spes est maior caritate.
ag3 ' Praeterea, causa est potior effectu. sed fides et spes sunt causa caritatis, * dicitur enim matth. i, in glossa, quod ° fides generat spem, et spes caritatem. ' ergo fides et spes sunt maiores caritate.
sc * Sed contra est quod apostolus dicit, i ad cor. xiii, ° nunc autem manent fides, spes, caritas, tria haec; maior autem horum est caritas.
co * Respondeo dicendum quod, sicut supra dictum est, ' magnitudo virtutis secundum suam speciem, consideratur ex obiecto. cum autem tres virtutes theologicae respiciant deum sicut proprium obiectum, non potest una earum dici maior altera ex hoc quod sit circa maius obiectum; sed ex eo quod una se habet propinquius ad obiectum quam alia. et hoc modo caritas est maior aliis. nam aliae important in sui ratione quandam distantiam ab obiecto, est enim fides de non visis, spes autem de non habitis. sed amor caritatis est de eo quod iam habetur, est enim amatum quodammodo in amante, et etiam amans per affectum trahitur ad unionem amati; * propter quod dicitur i ioan. iv, ° qui manet in caritate, in deo manet, et deus in eo.
ra1 ' Ad primum ergo dicendum quod non hoc modo se habent fides et spes ad caritatem, sicut prudentia ad virtutem moralem. et hoc propter duo. primo quidem, quia virtutes theologicae habent obiectum quod est supra animam humanam, sed prudentia et virtutes morales sunt circa ea quae sunt infra hominem. in his autem quae sunt supra hominem, nobilior est dilectio quam cognitio. perficitur enim cognitio, secundum quod cognita sunt in cognoscente, dilectio vero, secundum quod diligens trahitur ad rem dilectam. id autem quod est supra hominem, nobilius est in seipso quam sit in homine, quia unumquodque est in altero per modum eius in quo est. e converso autem est in his quae sunt infra hominem. secundo, quia prudentia moderatur motus appetitivos ad morales virtutes pertinentes, sed fides non moderatur motum appetitivum tendentem in deum, qui pertinet ad virtutes theologicas; sed solum ostendit obiectum. motus autem appetitivus in obiectum, excedit cognitionem humanam; * secundum illud ad ephes. iii, ° supereminentem scientiae caritatem christi.
ra2 ' Ad secundum dicendum quod spes praesupponit amorem eius quod quis adipisci se sperat, qui est amor concupiscentiae, quo quidem amore magis se amat qui concupiscit bonum, quam aliquid aliud. caritas autem importat amorem amicitiae, ad quam pervenitur spe, * ut supra dictum est.
ra3 ' Ad tertium dicendum quod causa perficiens est potior effectu, non autem causa disponens. sic enim calor ignis esset potior quam anima, ad quam disponit materiam, quod patet esse falsum. sic autem fides generat spem, et spes caritatem, secundum scilicet quod una disponit ad alteram.

008 ST2 qu67 ar

pr ' Deinde considerandum est de duratione virtutum post hanc vitam. et circa hoc quaeruntur sex. primo, utrum virtutes morales maneant post hanc vitam. secundo, utrum virtutes intellectuales. tertio, utrum fides. quarto, utrum remaneat spes. quinto, utrum aliquid fidei maneat, vel spei. sexto, utrum maneat caritas.

008 ST2 qu67 ar1

ag1 ' Ad primum sic proceditur. videtur quod virtutes morales non maneant post hanc vitam. homines enim in statu futurae gloriae erunt similes angelis, * ut dicitur matth. xxii. ' sed ridiculum est in angelis ponere virtutes morales, * ut dicitur in x ethic.. ' ergo neque in hominibus, post hanc vitam, erunt virtutes morales.
ag2 ' Praeterea, virtutes morales perficiunt hominem in vita activa. sed vita activa non manet post hanc vitam, * dicit enim gregorius, in vi moral., ° activae vitae opera cum corpore transeunt. ' ergo virtutes morales non manent post hanc vitam.
ag3 ' Praeterea, temperantia et fortitudo, quae sunt virtutes morales, sunt irrationalium partium, * ut philosophus dicit, in iii ethic.. ' sed irrationales partes animae corrumpuntur, corrupto corpore, eo quod sunt actus organorum corporalium. ergo videtur quod virtutes morales non maneant post hanc vitam.
sc * Sed contra est quod dicitur sap. i, quod ° iustitia perpetua est et immortalis.
co * Respondeo dicendum quod, sicut augustinus dicit, in xiv de trin., tullius posuit " post hanc vitam quatuor virtutes cardinales non esse; sed in alia vita homines esse beatos sola cognitione naturae, in qua nihil est melius aut amabilius, * ut augustinus dicit ibidem, " ea natura quae creavit omnes naturas. ipse autem postea determinat huiusmodi quatuor virtutes in futura vita existere, tamen alio modo. ' ad cuius evidentiam, sciendum est quod in huiusmodi virtutibus aliquid est formale; et aliquid quasi materiale. materiale quidem est in his virtutibus inclinatio quaedam partis appetitivae ad passiones vel operationes secundum modum aliquem. sed quia iste modus determinatur a ratione, ideo formale in omnibus virtutibus est ipse ordo rationis. sic igitur dicendum est quod huiusmodi virtutes morales in futura vita non manent, quantum ad id quod est materiale in eis. non enim habebunt in futura vita locum concupiscentiae et delectationes ciborum et venereorum; neque etiam timores et audaciae circa pericula mortis; neque etiam distributiones et communicationes rerum quae veniunt in usum praesentis vitae. sed quantum ad id quod est formale, remanebunt in beatis perfectissimae post hanc vitam, inquantum ratio uniuscuiusque rectissima erit circa ea quae ad ipsum pertinent secundum |25| statum illum; et vis appetitiva omnino movebitur secundum ordinem rationis, in his quae ad statum illum pertinent. * unde augustinus ibidem dicit quod ° prudentia ibi erit sine ullo periculo erroris; fortitudo, sine molestia tolerandorum malorum; temperantia, sine repugnatione libidinum. ut prudentiae sit nullum bonum deo praeponere vel aequare; fortitudinis, ei firmissime cohaerere; temperantiae, nullo defectu noxio delectari. ' de iustitia vero manifestius est quem actum ibi habebit, scilicet esse subditum deo, quia etiam in hac vita ad iustitiam pertinet esse subditum superiori.
ra1 ' Ad primum ergo dicendum quod * philosophus loquitur ibi ' de huiusmodi virtutibus moralibus, quantum ad id quod materiale est in eis, " sicut de iustitia, quantum ad commutationes et depositiones; de fortitudine, quantum ad terribilia et pericula; de temperantia, quantum ad concupiscentias pravas.
ra2 ' Et similiter dicendum est ad secundum. ea enim quae sunt activae vitae, materialiter se habent ad virtutes.
ra3 ' Ad tertium dicendum quod status post hanc vitam est duplex, unus quidem ante resurrectionem, quando animae erunt a corporibus separatae; alius autem post resurrectionem, quando animae iterato corporibus suis unientur. in illo ergo resurrectionis statu, erunt vires irrationales in organis corporis, sicut et nunc sunt. unde et poterit in irascibili esse fortitudo, et in concupiscibili temperantia, inquantum utraque vis perfecte erit disposita ad obediendum rationi. sed in statu ante resurrectionem, partes irrationales non erunt actu in anima, sed solum radicaliter in essentia ipsius, * ut in primo dictum est. ' unde nec huiusmodi virtutes erunt in actu nisi in radice, scilicet in ratione et voluntate, in quibus sunt seminalia quaedam harum virtutum, * ut dictum est. ' sed iustitia, quae est in voluntate, etiam actu remanebit. * unde specialiter de ea dictum est quod ' est perpetua et immortalis, tum ratione subiecti, quia voluntas incorruptibilis est; tum etiam propter similitudinem actus, * ut prius dictum est.

008 ST2 qu67 ar2

ag1 ' Ad secundum sic proceditur. videtur quod virtutes intellectuales non maneant post hanc vitam. * dicit enim apostolus, i ad cor. xiii, quod " scientia destruetur, ' et ratio est quia ex parte cognoscimus. sed sicut cognitio scientiae est ex parte, idest imperfecta; ita etiam cognitio aliarum virtutum intellectualium, quandiu haec vita durat. ergo omnes virtutes intellectuales post hanc vitam cessabunt.
ag2 * Praeterea, philosophus dicit, in praedicamentis, quod " scientia, cum sit habitus, est qualitas difficile mobilis, non enim de facili amittitur, nisi ex aliqua forti transmutatione vel aegritudine. ' sed nulla est tanta transmutatio corporis humani sicut per mortem. ergo scientia et aliae virtutes intellectuales non manent post hanc vitam.
ag3 ' Praeterea, virtutes intellectuales perficiunt intellectum ad bene operandum proprium actum. sed actus intellectus non videtur esse post hanc vitam, " eo quod nihil intelligit anima sine phantasmate, * ut dicitur in iii de anima; ' phantasmata autem post hanc vitam non manent, cum non sint nisi in organis corporeis. ergo virtutes intellectuales non manent post hanc vitam.
sc ' Sed contra est quod firmior est cognitio universalium et necessariorum, quam particularium et contingentium. sed in homine remanet post hanc vitam cognitio particularium contingentium, puta eorum quae quis fecit vel passus est; * secundum illud luc. xvi, ° recordare quia recepisti bona in vita tua, et lazarus similiter mala. ' ergo multo magis remanet cognitio universalium et necessariorum, quae pertinent ad scientiam et ad alias virtutes intellectuales.
co * Respondeo dicendum quod, sicut in primo dictum est, * quidam posuerunt quod " species intelligibiles non permanent in intellectu possibili nisi quandiu actu intelligit, nec est aliqua conservatio specierum, cessante consideratione actuali, nisi in viribus sensitivis, quae sunt actus corporalium organorum, scilicet in imaginativa et memorativa. huiusmodi autem vires corrumpuntur, corrupto corpore. et ideo secundum hoc, scientia nullo modo post hanc vitam remanebit, corpore corrupto; neque aliqua alia intellectualis virtus. * sed haec opinio est contra sententiam aristotelis, qui in iii de anima dicit quod ° intellectus possibilis est in actu, cum fit singula, sicut sciens; cum tamen sit in potentia ad considerandum in actu. ' est etiam contra rationem, quia species intelligibiles recipiuntur in intellectu possibili immobiliter, secundum modum recipientis. unde et intellectus possibilis dicitur locus specierum, quasi species intelligibiles conservans. sed phantasmata, ad quae respiciendo homo intelligit in hac vita, applicando ad ipsa species intelligibiles, * ut in primo dictum est, ' corrupto corpore corrumpuntur. unde quantum ad ipsa phantasmata, quae sunt quasi materialia in |25| virtutibus intellectualibus, virtutes intellectuales destruuntur, destructo corpore, sed quantum ad species intelligibiles, quae sunt in intellectu possibili, virtutes intellectuales manent. species autem se habent in virtutibus intellectualibus sicut formales. unde intellectuales virtutes manent post hanc vitam, quantum ad id quod est formale in eis, non autem quantum ad id quod est materiale, * sicut et de moralibus dictum est.
ra1 * Ad primum ergo dicendum quod verbum apostoli est intelligendum ' quantum ad id quod est materiale in scientia, et quantum ad modum intelligendi, quia scilicet neque phantasmata remanebunt, destructo corpore; neque erit usus scientiae per conversionem ad phantasmata.
ra2 ' Ad secundum dicendum quod per aegritudinem corrumpitur habitus scientiae quantum ad id quod est materiale in eo, scilicet quantum ad phantasmata, non autem quantum ad species intelligibiles, quae sunt in intellectu possibili.
ra3 ' Ad tertium dicendum quod anima separata post mortem habet alium modum intelligendi quam per conversionem ad phantasmata, * ut in primo dictum est. ' et sic scientia manet, non tamen secundum eundem modum operandi, * sicut et de virtutibus moralibus dictum est.

008 ST2 qu67 ar3

ag1 ' Ad tertium sic proceditur. videtur quod fides maneat post hanc vitam. nobilior enim est fides quam scientia. sed scientia manet post hanc vitam, * ut dictum est. ' ergo et fides.
ag2 * Praeterea, i ad cor. iii, dicitur, ° fundamentum aliud nemo potest ponere, praeter id quod positum est, quod est christus iesus, " idest fides christi iesu. ' sed sublato fundamento, non remanet id quod superaedificatur. ergo, si fides non remanet post hanc vitam, nulla alia virtus remaneret.
ag3 ' Praeterea, cognitio fidei et cognitio gloriae differunt secundum perfectum et imperfectum. sed cognitio imperfecta potest esse simul cum cognitione perfecta, sicut in angelo simul potest esse cognitio vespertina cum cognitione matutina; et aliquis homo potest simul habere de eadem conclusione scientiam per syllogismum demonstrativum, et opinionem per syllogismum dialecticum. ergo etiam fides simul esse potest, post hanc vitam, cum cognitione gloriae.
sc * Sed contra est quod apostolus dicit, ii ad cor. v, ° quandiu sumus in corpore, peregrinamur a domino, per fidem enim ambulamus, et non per speciem. ' sed illi qui sunt in gloria, non peregrinantur a domino, sed sunt ei praesentes. ergo fides non manet post hanc vitam in gloria.
co ' Respondeo dicendum quod oppositio est per se et propria causa quod unum excludatur ab alio, inquantum scilicet in omnibus oppositis includitur oppositio affirmationis et negationis. invenitur autem in quibusdam oppositio secundum contrarias formas, sicut in coloribus album et nigrum. in quibusdam autem, secundum perfectum et imperfectum, unde in alterationibus magis et minus accipiuntur ut contraria, " ut cum de minus calido fit magis calidum, * ut dicitur in v physic.. ' et quia perfectum et imperfectum opponuntur, impossibile est quod simul, secundum idem, sit perfectio et imperfectio. est autem considerandum quod imperfectio quidem quandoque est de ratione rei, et pertinet ad speciem ipsius, sicut defectus rationis pertinet ad rationem speciei equi vel bovis. et quia unum et idem numero manens non potest transferri de una specie in aliam, inde est quod, tali imperfectione sublata, tollitur species rei, sicut iam non esset bos vel equus, si esset rationalis. quandoque vero imperfectio non pertinet ad rationem speciei, sed accidit individuo secundum aliquid aliud, sicut alicui homini quandoque accidit defectus rationis, inquantum impeditur in eo rationis usus, propter somnum vel ebrietatem vel aliquid huiusmodi. patet autem quod, tali imperfectione remota, nihilominus substantia rei manet. |25| manifestum est autem quod imperfectio cognitionis est de ratione fidei. ponitur enim in eius definitione, ° fides enim est substantia sperandarum rerum, argumentum non apparentium, * ut dicitur ad heb. xi. et augustinus dicit ° quid est fides? credere quod non

vides. ‘ quod autem cognitio sit sine apparitione vel visione, hoc ad imperfectionem cognitionis pertinet. et sic imperfectio cognitionis est de ratione fidei. unde manifestum est quod fides non potest esse perfecta cognitio, eadem numero manens. sed ulterius considerandum est utrum simul possit esse cum cognitione perfecta, nihil enim prohibet aliquam cognitionem imperfectam simul esse aliquando cum cognitione perfecta. est igitur considerandum quod cognitio potest esse imperfecta tripliciter, uno modo, ex parte obiecti cognoscibilis; alio modo, ex parte medii; tertio modo, ex parte subiecti. ex parte quidem obiecti cognoscibilis, differunt secundum perfectum et imperfectum cognitio matutina et vespertina in angelis, nam cognitio matutina est de rebus secundum quod habent esse in verbo; cognitio autem vespertina est de eis secundum quod habent esse in propria natura, quod est imperfectum respectu primi esse. ex parte vero medii, differunt secundum perfectum et imperfectum cognitio quae est de aliqua conclusione per medium demonstrativum, et per medium probabile. ex parte vero subiecti differunt secundum perfectum et |50| imperfectum opinio, fides et scientia. nam de ratione opinionis est quod accipiatur unum cum formidine alterius oppositi, unde non habet firmam inhaesionem. de ratione vero scientiae est quod habeat firmam inhaesionem cum visione intellectiva, habet enim certitudinem procedentem ex intellectu principiorum. fides autem medio modo se habet, excedit enim opinionem, in hoc quod habet firmam inhaesionem; deficit vero a scientia, in hoc quod non habet visionem. manifestum est autem quod perfectum et imperfectum non possunt simul esse secundum idem, sed ea quae differunt secundum perfectum et imperfectum, secundum aliquid idem possunt simul esse in aliquo alio eodem. sic igitur cognitio perfecta et imperfecta ex parte obiecti, nullo modo possunt esse de eodem obiecto. possunt tamen convenire in eodem medio, et in eodem subiecto, nihil enim prohibet quod unus homo simul et semel per unum et idem medium habeat cognitionem de duobus, quorum unum est perfectum et aliud imperfectum, sicut de sanitate et aegritudine, et bono et malo. similiter etiam impossibile est quod cognitio perfecta et imperfecta ex parte medii, conveniant in uno medio. sed nihil prohibet quin conveniant in uno obiecto, et in uno subiecto, potest enim unus homo cognoscere eandem conclusionem per medium probabile, et demonstrativum. et est similiter impossibile quod cognitio perfecta et imperfecta ex parte subiecti, sint simul in eodem subiecto. |75| fides autem in sui ratione habet imperfectionem quae est ex parte subiecti, ut scilicet credens non videat id quod credit, beatitudo autem de sui ratione habet perfectionem ex parte subiecti, ut scilicet beatus videat id quo beatificatur, * ut supra dictum est. ‘ unde manifestum est quod impossibile est quod fides maneat simul cum beatitudine in eodem subiecto.

ra1 ‘ Ad primum ergo dicendum quod fides est nobilior quam scientia, ex parte obiecti, quia eius obiectum est veritas prima. sed scientia habet perfectiorem modum cognoscendi, qui non repugnat perfectioni beatitudinis, scilicet visioni, sicut repugnat ei modus fidei.

ra2 ‘ Ad secundum dicendum quod fides est fundamentum quantum ad id quod habet de cognitione. et ideo quando perficietur cognitio, erit perfectius fundamentum.

ra3 * Ad tertium patet solutio ex his quae dicta sunt.

008 ST2 qu67 ar4

ag1 ‘ Ad quartum sic proceditur. videtur quod spes maneat post mortem in statu gloriae. spes enim nobiliori modo perficit appetitum humanum quam virtutes morales. sed virtutes morales manent post hanc vitam, * ut patet per augustinum, in xiv de trin.. ‘ ergo multo magis spes.

ag2 ‘ Praeterea, spei opponitur timor. sed timor manet post hanc vitam, et in beatis quidem timor filialis, qui manet in saeculum; et in damnatis timor poenarum. ergo spes, pari ratione, potest permanere.

ag3 ‘ Praeterea, sicut spes est futuri boni, ita et desiderium. sed in beatis est desiderium futuri boni, et quantum ad gloriam corporis, quam animae beatorum desiderant, * ut dicit augustinus, xii super gen. ad litt.; ‘ et etiam quantum ad gloriam animae, * secundum illud eccli. xxiv, ° qui edunt me, adhuc esurient, et qui bibunt me, adhuc sitient; * et i petr. i, dicitur, ° in quem desiderant angeli prospicere. ‘ ergo videtur quod possit esse spes post hanc vitam in beatis.

sc * Sed contra est quod apostolus dicit, rom. viii, ° quod videt quis, quid sperat? ‘ sed beati vident id quod est obiectum spei, scilicet deum. ergo non sperant.

co * Respondeo dicendum quod, sicut dictum est, ‘ id quod de ratione sui importat imperfectionem subiecti, non potest simul stare cum subiecto opposita perfectione perfecto. sicut patet quod motus in ratione sui importat imperfectionem subiecti, est enim actus existentis in potentia, inquantum huiusmodi, unde quando illa potentia reducitur ad actum, iam cessat motus; non enim adhuc albatur, postquam iam aliquid factum est album. spes autem importat motum quendam in id quod non habetur; * ut patet ex his quae supra de passione spei diximus. ‘ et ideo quando habebitur id quod speratur, scilicet divina fruitio, iam spes esse non poterit.

ra1 ‘ Ad primum ergo dicendum quod spes est nobilior virtutibus moralibus quantum ad obiectum, quod est deus. sed actus virtutum moralium non repugnant perfectioni beatitudinis, sicut actus spei; nisi forte ratione materiae, secundum quam non manent. non enim virtus moralis perficit appetitum solum in id quod nondum habetur; sed etiam circa id quod praesentialiter habetur.

ra2 ‘ Ad secundum dicendum quod timor est duplex, servilis et filialis, * ut infra dicetur. ‘ servilis quidem est timor poenae, qui non poterit esse in gloria, nulla possibilitate ad poenam remanente. timor vero filialis habet duos actus, scilicet revereri deum, et quantum ad hunc actum manet; et timere separationem ab ipso, et quantum ad hunc actum non manet. separari enim a deo habet rationem mali, nullum autem malum ibi timebitur, * secundum illud proverb. i, ° abundantia perfruetur, malorum timore sublato. ‘ timor autem opponitur spei oppositione boni et mali, * ut supra dictum est, ‘ et ideo timor qui remanet in gloria, non opponitur spei. in damnatis autem magis potest esse timor poenae, quam in beatis spes gloriae. quia in damnatis erit successio poenarum, et sic remanet ibi ratio futuri, quod est obiectum timoris, sed gloria sanctorum est absque successione, secundum quandam aeternitatis participationem, in qua non est praeteritum et futurum, sed solum praesens. et tamen nec etiam in damnatis est proprie timor. nam |25| * sicut supra dictum est, ‘ timor nunquam est sine aliqua spe evasionis, quae omnino in damnatis non erit. unde nec timor; nisi communiter loquendo, secundum quod quaelibet expectatio mali futuri dicitur timor.

ra3 ‘ Ad tertium dicendum quod quantum ad gloriam animae, non potest esse in beatis desiderium, secundum quod respicit futurum, * ratione iam dicta. ‘ dicitur autem ibi esse esuries et sitis, per remotionem fastidii, et eadem ratione dicitur esse desiderium in angelis. respectu autem gloriae corporis, in animabus sanctorum potest quidem esse desiderium, non tamen spes, proprie loquendo, neque secundum quod spes est virtus theologica, sic enim eius obiectum est deus, non autem aliquod bonum creatum; neque secundum quod communiter sumitur. quia obiectum spei est arduum, * ut supra dictum est, ‘ bonum autem cuius iam inevitabilem causam habemus, non comparatur ad nos in ratione ardui. unde non proprie dicitur aliquis qui habet argentum, sperare se habiturum aliquid quod statim in potestate eius est ut emat. et similiter illi qui habent gloriam animae, non proprie dicuntur sperare gloriam corporis; sed solum desiderare.

008 ST2 qu67 ar5

ag1 ‘ Ad quintum sic proceditur. videtur quod aliquid fidei vel spei remaneat in gloria. remoto enim eo quod est proprium, remanet id quod est commune, * sicut dicitur in libro de causis, quod, ° remoto rationali, remanet vivum; et remoto vivo, remanet ens. ‘ sed in fide est aliquid quod habet commune cum beatitudine, scilicet ipsa cognitio, aliquid autem quod est sibi proprium, scilicet aenigma; est enim fides cognitio aenigmatica. ergo, remoto aenigmate fidei, adhuc remanet ipsa cognitio fidei.

ag2 ‘ Praeterea, fides est quoddam spirituale lumen animae, * secundum illud ephes. i, ° illuminatos oculos cordis vestri in agnitionem dei; ‘ sed hoc lumen est imperfectum respectu luminis gloriae, * de quo dicitur in psalmo xxxv, ° in lumine tuo videbimus lumen. ‘ lumen autem imperfectum remanet, superveniente lumine perfecto, non enim candela extinguitur, claritate solis superveniente. ergo videtur quod ipsum lumen fidei maneat cum lumine gloriae.

ag3 ‘ Praeterea, substantia habitus non tollitur per hoc quod subtrahitur materia, potest enim homo habitum liberalitatis retinere, etiam amissa pecunia; sed actum habere non potest. obiectum autem fidei est veritas prima non visa. ergo, hoc remoto per hoc quod videtur veritas prima, adhuc potest remanere ipse habitus fidei.

sc ‘ Sed contra est quod fides est quidam habitus simplex. simplex autem vel totum tollitur, vel totum manet. cum igitur fides non totaliter maneat, sed evacuetur, * ut dictum est; ‘ videtur quod totaliter tollatur.

co * Respondeo dicendum quod quidam dixerunt quod “ spes totaliter tollitur, fides autem partim tollitur, scilicet quantum ad aenigma, et partim manet, scilicet quantum ad substantiam cognitionis. ‘ quod quidem si sic intelligatur quod maneat non idem numero, sed idem genere, verissime dictum est, fides enim cum visione patriae convenit in genere, quod est cognitio. spes autem non convenit cum beatitudine in genere, comparatur enim spes ad beatitudinis fruitionem, sicut motus ad quietem in termino. si autem intelligatur quod eadem numero cognitio quae est fidei, maneat in patria; hoc est omnino impossibile. non enim, remota differentia alicuius speciei, remanet substantia generis eadem numero, sicut, remota differentia constitutiva albedinis, non remanet eadem substantia coloris numero, ut sic idem numero color sit quandoque albedo, quandoque vero nigredo. non enim comparatur genus ad differentiam sicut materia ad formam, ut remaneat substantia generis eadem numero, differentia remota; sicut remanet eadem numero substantia materiae, remota forma. genus enim et differentia non sunt partes speciei, alioquin non praedicarentur de specie. sed sicut species significat totum, idest compositum ex materia et forma in rebus materialibus, ita differentia significat totum, et similiter genus, sed genus denominat totum ab eo quod est sicut |25| materia; differentia vero ab eo quod est sicut forma; species vero ab utroque. sicut in homine sensitiva natura materialiter se habet ad intellectivam, animal autem dicitur quod habet naturam sensitivam; rationale quod habet intellectivam; homo vero quod habet utrumque. et sic idem totum significatur per haec tria, sed non ab eodem. unde patet quod, cum differentia non sit nisi designativa generis, remota differentia, non potest substantia generis eadem remanere, non enim remanet eadem animalitas, si sit alia anima constituens animal. unde non potest esse quod eadem numero cognitio, quae prius fuit aenigmatica, postea fiat visio aperta. et sic patet quod nihil idem numero vel specie quod est in fide, remanet in patria; sed solum idem genere.

ra1 ‘ Ad primum ergo dicendum quod, remoto rationali, non remanet vivum idem numero, sed idem genere, * ut ex dictis patet.

ra2 ‘ Ad secundum dicendum quod imperfectio luminis candelae non opponitur perfectioni solaris luminis, quia non respiciunt idem subiectum. sed imperfectio fidei et perfectio gloriae opponuntur ad invicem, et respiciunt idem subiectum. unde non possunt esse simul, sicut nec claritas aeris cum obscuritate eius.

ra3 ‘ Ad tertium dicendum quod ille qui amittit pecuniam, non amittit possibilitatem habendi pecuniam, et ideo convenienter remanet habitus liberalitatis. sed in statu gloriae non solum actu tollitur obiectum fidei, quod est non visum; sed etiam secundum possibilitatem, propter beatitudinis stabilitatem. et ideo frustra talis habitus remaneret.

008 ST2 qu67 ar6

ag1 ‘ Ad sextum sic proceditur. videtur quod caritas non maneat post hanc vitam in gloria. * quia, ut dicitur i ad cor. xiii, ° cum venerit quod perfectum est, evacuabitur quod ex parte est, “ idest quod est imperfectum. ‘ sed caritas viae est imperfecta. ergo evacuabitur, adveniente perfectione gloriae.

ag2 ‘ Praeterea, habitus et actus distinguuntur secundum obiecta. sed obiectum amoris est bonum apprehensum. cum ergo alia sit apprehensio praesentis vitae, et alia apprehensio futurae vitae; videtur quod non maneat eadem caritas utrobique.

ag3 ‘ Praeterea, eorum quae sunt unius rationis, imperfectum potest venire ad aequalitatem perfectionis, per continuum augmentum. sed caritas viae nunquam potest pervenire ad aequalitatem caritatis patriae, quantumcumque augeatur. ergo videtur quod caritas viae non remaneat in patria.

sc * Sed contra est quod apostolus dicit, i ad cor. xiii, ° caritas nunquam excidit.

co * Respondeo dicendum quod, sicut supra dictum est, ‘ quando imperfectio alicuius rei non est de ratione speciei ipsius, nihil prohibet idem numero quod prius fuit imperfectum, postea perfectum esse, sicut homo per augmentum perficitur, et albedo per intensionem. caritas autem est amor; de cuius ratione non est aliqua imperfectio, potest enim esse et habiti et non habiti, et visi et non visi. unde caritas non evacuatur per gloriae perfectionem, sed eadem numero manet.

ra1 ‘ Ad primum ergo dicendum quod imperfectio caritatis per accidens se habet ad ipsam, quia non est de ratione amoris imperfectio. remoto autem eo quod est per accidens, nihilominus remanet substantia rei. unde, evacuata imperfectione caritatis, non evacuatur ipsa caritas.

ra2 ‘ Ad secundum dicendum quod caritas non habet pro obiecto ipsam cognitionem, sic enim non esset eadem in via et in patria. sed habet pro obiecto ipsam rem cognitam, quae est eadem, scilicet ipsum deum.

ra3 ‘ Ad tertium dicendum quod caritas viae per augmentum non potest pervenire ad aequalitatem caritatis patriae, propter differentiam quae est ex parte causae, “ visio enim est quaedam causa amoris, * ut dicitur in ix ethic.. ‘ deus autem quanto perfectius cognoscitur, tanto perfectius amatur.

008 ST2 qu68 ar

pr ‘ Consequenter considerandum est de donis. et circa hoc quaeruntur octo. primo, utrum dona differant a virtutibus. secundo, de necessitate donorum. tertio, utrum dona sint habitus. quarto, quae, et quot sint. quinto, utrum dona sint connexa. sexto, utrum maneant in patria. septimo, de comparatione eorum ad invicem. octavo, de comparatione eorum ad virtutes.

008 ST2 qu68 ar1

ag1 ‘ Ad primum sic proceditur. videtur quod dona non distinguantur a virtutibus. * dicit enim gregorius, in i moral., exponens illud iob, ° nati sunt ei septem filii, septem nobis nascuntur filii, cum per conceptionem bonae cogitationis, sancti spiritus septem in nobis virtutes oriuntur. * et inducit illud quod habetur isaiae xi, " requiescet super eum spiritus intellectus etc., ubi enumerantur septem spiritus sancti dona. ' ergo septem dona spiritus sancti sunt virtutes.

ag2 * Praeterea, augustinus dicit, in libro de quaestionib. evang., exponens illud quod habetur matth. xii, ° tunc vadit, et assumit septem alios spiritus etc., septem vitia sunt contraria septem virtutibus spiritus sancti, " idest septem donis. ' sunt autem septem vitia contraria virtutibus communiter dictis. ergo dona non distinguuntur a virtutibus communiter dictis.

ag3 ' Praeterea, quorum est definitio eadem, ipsa quoque sunt eadem. sed definitio virtutis convenit donis, unumquodque enim donum est bona qualitas mentis qua recte vivitur, etc.. similiter definitio doni convenit virtutibus infusis, est enim donum datio irreddibilis, * secundum philosophum. ' ergo virtutes et dona non distinguuntur.

ag4 ' Praeterea, plura eorum quae enumerantur inter dona, sunt virtutes. nam * sicut supra dictum est, ' sapientia et intellectus et scientia sunt virtutes intellectuales; consilium autem ad prudentiam pertinet; pietas autem species est iustitiae; fortitudo autem quaedam virtus est moralis. ergo videtur quod virtutes non distinguantur a donis.

sc * Sed contra est quod gregorius, i moral., distinguit septem dona, " quae dicit significari per septem filios iob, a tribus virtutibus theologicis, quas dicit significari per tres filias iob. * et in ii moral., distinguit " eadem septem dona a quatuor virtutibus cardinalibus, quae dicit significari per quatuor angulos domus.

co ' Respondeo dicendum quod, si loquamur de dono et virtute secundum nominis rationem, sic nullam oppositionem habent ad invicem. nam ratio virtutis sumitur secundum quod perficit hominem ad bene agendum, * ut supra dictum est, ' ratio autem doni sumitur secundum comparationem ad causam a qua est. nihil autem prohibet illud quod est ab alio ut donum, esse perfectivum alicuius ad bene operandum, * praesertim cum supra dixerimus quod ' virtutes quaedam nobis sunt infusae a deo. unde secundum hoc, donum a virtute distingui non potest. et ideo * quidam posuerunt " quod dona non essent a virtutibus distinguenda. ' sed eis remanet non minor difficultas, ut scilicet rationem assignent quare quaedam virtutes dicantur dona, et non omnes; et quare aliqua computantur inter dona, quae non computantur inter virtutes, ut patet de timore. * unde alii dixerunt " dona a virtutibus esse distinguenda; ' sed non assignaverunt convenientem distinctionis causam, quae scilicet ita communis esset virtutibus, quod nullo modo donis, aut e converso. |25| * considerantes enim aliqui quod, " inter septem dona, quatuor pertinent ad rationem, scilicet sapientia scientia, intellectus et consilium; et tria ad vim appetitivam, scilicet fortitudo, pietas et timor; posuerunt quod dona perficiebant liberum arbitrium secundum quod est facultas rationis, virtutes vero secundum quod est facultas voluntatis, quia invenerunt duas solas virtutes in ratione vel intellectu, scilicet fidem et prudentiam, alias vero in vi appetitiva vel affectiva. ' oporteret autem, si haec distinctio esset conveniens, quod omnes virtutes essent in vi appetitiva, et omnia dona in ratione. * quidam vero, considerantes quod gregorius dicit, in ii moral., quod ° donum spiritus sancti, quod in mente sibi subiecta format temperantiam, prudentiam, iustitiam et fortitudinem; eandem mentem munit contra singula tentamenta per septem dona, * dixerunt quod " virtutes ordinantur ad bene operandum, dona vero ad resistendum tentationibus. ' sed nec ista distinctio sufficit. quia etiam virtutes tentationibus resistunt, inducentibus ad peccata, quae contrariantur virtutibus, unumquodque enim resistit naturaliter suo contrario. quod praecipue patet de caritate, * de qua dicitur cantic. viii, |50| ° aquae multae non potuerunt extinguere caritatem. * alii vero, considerantes quod ista dona traduntur in scriptura secundum quod fuerunt in christo, ut patet isaiae xi; dixerunt quod " virtutes ordinantur simpliciter ad bene operandum; sed dona ordinantur ad hoc ut per ea conformemur christo, praecipue quantum ad ea quae passus est, quia in passione eius praecipue huiusmodi dona resplenduerunt. ' sed hoc etiam non videtur esse sufficiens. quia ipse dominus praecipue nos inducit ad sui conformitatem secundum humilitatem et mansuetudinem, * matth. xi, ° discite a me, quia mitis sum et humilis corde; ' et secundum caritatem, * ut ioan. xv, ° diligatis invicem, sicut dilexi vos. ' et hae etiam virtutes praecipue in passione christi refulserunt. et ideo ad distinguendum dona a virtutibus, debemus sequi modum loquendi scripturae, in qua nobis traduntur non quidem sub nomine donorum, sed magis sub nomine spirituum, * sic enim dicitur isaiae xi, ° requiescet super eum spiritus sapientiae et intellectus, etc.. " ex quibus verbis manifeste datur intelligi quod ista septem enumerantur ibi, secundum quod sunt in nobis ab inspiratione divina. ' inspiratio autem significat quandam motionem ab |75| exteriori. est enim considerandum quod in homine est duplex principium movens, unum quidem interius, quod est ratio; aliud autem exterius, quod est deus, * ut supra dictum est; * et etiam philosophus hoc dicit, in cap. de bona fortuna. ' manifestum est autem quod omne quod movetur, necesse est proportionatum esse motori, et haec est perfectio mobilis inquantum est mobile, dispositio qua disponitur ad hoc quod bene moveatur a suo motore. quanto igitur movens est altior, tanto necesse est quod mobile perfectiori dispositione ei proportionetur, sicut videmus quod perfectius oportet esse discipulum dispositum, ad hoc quod altiorem doctrinam capiat a docente. manifestum est autem quod virtutes humanae perficiunt hominem secundum quod homo natus est moveri per rationem in his quae interius vel exterius agit. oportet igitur inesse homini altiores perfectiones, secundum quas sit dispositus ad hoc quod divinitus moveatur. et istae perfectiones vocantur dona, non solum quia infunduntur a deo; sed quia secundum ea homo disponitur ut efficiatur prompte mobilis ab inspiratione divina, * sicut dicitur isaiae l, ° dominus aperuit mihi aurem; ego autem non contradico, retrorsum non abii. * et philosophus etiam dicit, in cap. de bona fortuna, quod |100| " his qui moventur per instinctum divinum, non expedit consiliari secundum rationem humanam, sed quod sequantur interiorem instinctum, quia moventur a meliori principio quam sit ratio humana. * et hoc est quod quidam dicunt, quod " dona perficiunt hominem ad altiores actus quam sint actus virtutum.

ra1 ' Ad primum ergo dicendum quod huiusmodi dona nominantur quandoque virtutes, secundum communem rationem virtutis. habent tamen aliquid supereminens rationi communi virtutis, inquantum sunt quaedam divinae virtutes, perficientes hominem inquantum est a deo motus. * unde et philosophus, in vii ethic., " supra virtutem communem ponit quandam virtutem heroicam vel divinam, secundum quam dicuntur aliqui divini viri.

ra2 ' Ad secundum dicendum quod vitia, inquantum sunt contra bonum rationis, contrariantur virtutibus, inquantum autem sunt contra divinum instinctum, contrariantur donis. idem enim contrariatur deo et rationi, cuius lumen a deo derivatur.

ra3 ' Ad tertium dicendum quod definitio illa datur de virtute secundum communem modum virtutis. unde si volumus definitionem restringere ad virtutes prout distinguuntur a donis, dicemus quod hoc quod dicitur, qua recte vivitur, intelligendum est de rectitudine vitae quae accipitur secundum regulam rationis. similiter autem donum, prout distinguitur a virtute infusa, potest dici id quod datur a deo in ordine ad motionem ipsius; quod scilicet facit hominem bene sequentem suos instinctus.

ra4 ' Ad quartum dicendum quod sapientia dicitur intellectualis virtus, secundum quod procedit ex iudicio rationis, dicitur autem donum, secundum quod operatur ex instinctu divino. et similiter dicendum est de aliis.

008 ST2 qu68 ar2

ag1 ' Ad secundum sic proceditur. videtur quod dona non sint necessaria homini ad salutem. dona enim ordinantur ad quandam perfectionem ultra communem perfectionem virtutis. non autem est homini necessarium ad salutem ut huiusmodi perfectionem consequatur, quae est ultra communem statum virtutis, quia huiusmodi perfectio non cadit sub praecepto, sed sub consilio. ergo dona non sunt necessaria homini ad salutem.

ag2 ' Praeterea, ad salutem hominis sufficit quod homo se bene habeat et circa divina et circa humana. sed per virtutes theologicas homo se habet bene circa divina; per virtutes autem morales, circa humana. ergo dona non sunt homini necessaria ad salutem.

ag3 * Praeterea, gregorius dicit, in ii moral., quod ° spiritus sanctus dat sapientiam contra stultitiam, intellectum contra hebetudinem, consilium contra praecipitationem, fortitudinem contra timorem, scientiam contra ignorantiam, pietatem contra duritiam, timorem contra superbiam. ' sed sufficiens remedium potest adhiberi ad omnia ista tollenda per virtutes. ergo dona non sunt necessaria homini ad salutem.

sc ' Sed contra, inter dona summum videtur esse sapientia, infimum autem timor. utrumque autem horum necessarium est ad salutem, * quia de sapientia dicitur, sap. vii, ° neminem diligit deus nisi eum qui cum sapientia inhabitat; * et de timore dicitur, eccli. i, ° qui sine timore est, non poterit iustificari. ' ergo etiam alia dona media sunt necessaria ad salutem.

co * Respondeo dicendum quod, sicut dictum est, ' dona sunt quaedam hominis perfectiones, quibus homo disponitur ad hoc quod bene sequatur instinctum divinum. unde in his in quibus non sufficit instinctus rationis, sed est necessarius spiritus sancti instinctus, per consequens est necessarium donum. ratio autem hominis est perfecta dupliciter a deo, primo quidem, naturali perfectione, scilicet secundum lumen naturale rationis; alio modo, quadam supernaturali perfectione, per virtutes theologicas, * ut dictum est supra. ' et quamvis haec secunda perfectio sit maior quam prima, tamen prima perfectiori modo habetur ab homine quam secunda, nam prima habetur ab homine quasi plena possessio, secunda autem habetur quasi imperfecta; imperfecte enim diligimus et cognoscimus deum. manifestum est autem quod unumquodque quod perfecte habet naturam vel formam aliquam aut virtutem, potest per se secundum illam operari, non tamen exclusa operatione dei, qui in omni natura et voluntate interius operatur. sed id quod imperfecte habet naturam aliquam vel formam aut virtutem, non potest per se operari, nisi ab altero moveatur. sicut sol, quia est perfecte lucidus, per seipsum potest illuminare, luna autem, in qua est imperfecte natura lucis, |25| non illuminat nisi illuminata. medicus etiam, qui perfecte novit artem medicinae potest per se operari, sed discipulus eius, qui nondum est plene instructus, non potest per se operari, nisi ab eo instruatur. sic igitur quantum ad ea quae subsunt humanae rationi, in ordine scilicet ad finem connaturalem homini; homo potest operari, per iudicium rationis. si tamen etiam in hoc homo adiuvetur a deo per specialem instinctum, hoc erit superabundantis bonitatis, unde * secundum philosophos, ' non quicumque habebat virtutes morales acquisitas habebat virtutes heroicas vel divinas. sed in ordine ad finem ultimum supernaturalem, ad quem ratio movet secundum quod est aliqualiter et imperfecte formata per virtutes theologicas; non sufficit ipsa motio rationis, nisi desuper adsit instinctus et motio spiritus sancti; * secundum illud rom. viii, ° qui spiritu dei aguntur, hi filii dei sunt; et si filii, et haeredes, * et in psalmo cxlii, dicitur, ° spiritus tuus bonus deducet me in terram rectam; ' quia scilicet in haereditatem illius terrae beatorum nullus potest pervenire, nisi moveatur et deducatur a spiritu sancto. et ideo ad illum finem consequendum, necessarium est homini habere donum spiritus sancti.

ra1 ' Ad primum ergo dicendum quod dona excedunt communem perfectionem virtutum, non quantum ad genus operum, eo modo quo consilia excedunt praecepta, sed quantum ad modum operandi, secundum quod movetur homo ab altiori principio.

ra2 ' Ad secundum dicendum quod per virtutes theologicas et morales non ita perficitur homo in ordine ad ultimum finem, quin semper indigeat moveri quodam superiori instinctu spiritus sancti, * ratione iam dicta.

ra3 ' Ad tertium dicendum quod rationi humanae non sunt omnia cognita, neque omnia possibilia, sive accipiatur ut perfecta perfectione naturali, sive accipiatur ut perfecta theologicis virtutibus. unde non potest quantum ad omnia repellere stultitiam, et alia huiusmodi, de quibus ibi fit mentio. sed deus cuius scientiae et potestati omnia subsunt, sua motione ab omni stultitia et ignorantia et hebetudine et duritia et ceteris huiusmodi, nos tutos reddit. et ideo dona spiritus sancti, quae faciunt nos bene sequentes instinctum ipsius, dicuntur contra huiusmodi defectus dari.

008 ST2 qu68 ar3

ag1 ' Ad tertium sic proceditur. videtur quod dona spiritus sancti non sint habitus. habitus enim est qualitas in homine manens, est enim qualitas difficile mobilis, * ut dicitur in praedicamentis. ' sed proprium christi est quod dona spiritus sancti in eo requiescant; * ut dicitur isaiae xi. et ioan. i, dicitur, ° super quem videris spiritum descendentem, et manentem super eum, hic est qui baptizat, * quod exponens gregorius, in ii moral., dicit, ° in cunctis fidelibus spiritus sanctus venit; sed in solo mediatore semper singulariter permanet. ' ergo dona spiritus sancti non sunt habitus.

ag2 ' Praeterea, dona spiritus sancti perficiunt hominem secundum quod agitur a spiritu dei, * sicut dictum est. ' sed inquantum homo agitur a spiritu dei, se habet quodammodo ut instrumentum respectu eius. non autem convenit ut instrumentum perficiatur per habitum, sed principale agens. ergo dona spiritus sancti non sunt habitus.

ag3 ' Praeterea, sicut dona spiritus sancti sunt ex inspiratione divina, ita et donum prophetiae. sed prophetia non est habitus, " non enim semper spiritus prophetiae adest prophetis, * ut gregorius dicit, in i homilia ezechielis ' ergo neque etiam dona spiritus sancti sunt habitus.

sc * Sed contra est quod dominus dicit discipulis, de spiritu sancto loquens, ioan. xiv, ° apud vos manebit, et in vobis erit. ' spiritus autem sanctus non est in hominibus absque donis eius. ergo dona eius manent in hominibus. ergo non solum sunt actus vel passiones, sed etiam habitus permanentes.

co * Respondeo dicendum quod, sicut dictum est, ' dona sunt quaedam perfectiones hominis, quibus disponitur ad hoc quod homo bene sequatur instinctum spiritus sancti. * manifestum est autem ex supradictis quod ' virtutes morales perficiunt vim appetitivam secundum quod participat aliqualiter rationem, inquantum scilicet nata est moveri per imperium rationis. hoc igitur modo dona spiritus sancti se habent ad hominem in comparatione ad spiritum sanctum, sicut virtutes morales se habent ad vim appetitivam in comparatione ad rationem. virtutes autem morales habitus quidam sunt, quibus vires appetitivae disponuntur ad prompte obediendum rationi. unde et dona spiritus sancti sunt quidam habitus, quibus homo perficitur ad prompte obediendum spiritui sancto.

ra1 * Ad primum ergo dicendum quod gregorius ibidem solvit, dicens quod ° in illis donis sine quibus ad vitam perveniri non potest, spiritus sanctus in electis omnibus semper manet, sed in aliis non semper manet. ' septem autem dona sunt necessaria ad salutem, * ut dictum est. ' unde quantum ad ea, spiritus sanctus semper manet in sanctis.
ra2 ' Ad secundum dicendum quod ratio illa procedit de instrumento cuius non est agere, sed solum agi. tale autem instrumentum non est homo; sed sic agitur a spiritu sancto, quod etiam agit, inquantum est liberi arbitrii. unde indiget habitu.
ra3 ' Ad tertium dicendum quod prophetia est de donis quae sunt ad manifestationem spiritus, non autem ad necessitatem salutis. unde non est simile.

008 ST2 qu68 ar4

ag1 ' Ad quartum sic proceditur. videtur quod inconvenienter septem dona spiritus sancti enumerentur. in illa enim enumeratione ponuntur quatuor pertinentia ad virtutes intellectuales, scilicet sapientia, intellectus, scientia et consilium, quod pertinet ad prudentiam, nihil autem ibi ponitur quod pertineat ad artem, quae est quinta virtus intellectualis. similiter etiam ponitur aliquid pertinens ad iustitiam, scilicet pietas, et aliquid pertinens ad fortitudinem, scilicet donum fortitudinis, nihil autem ponitur ibi pertinens ad temperantiam. ergo insufficienter enumerantur dona.
ag2 ' Praeterea, pietas est pars iustitiae. sed circa fortitudinem non ponitur aliqua pars eius, sed ipsa fortitudo. ergo non debuit poni pietas, sed ipsa iustitia.
ag3 ' Praeterea, virtutes theologicae maxime ordinant nos ad deum. cum ergo dona perficiant hominem secundum quod movetur a deo, videtur quod debuissent poni aliqua dona pertinentia ad theologicas virtutes.
ag4 ' Praeterea, sicut deus timetur, ita etiam amatur, et in ipsum aliquis sperat, et de eo delectatur. amor autem, spes et delectatio sunt passiones condivisae timori. ergo, sicut timor ponitur donum, ita et alia tria debent poni dona.
ag5 ' Praeterea, intellectui adiungitur sapientia quae regit ipsum; fortitudini autem consilium, pietati vero scientia. ergo et timori debuit addi aliquod donum directivum. inconvenienter ergo septem dona spiritus sancti enumerantur.
sc * Sed in contrarium est auctoritas scripturae, isaiae xi.
co * Respondeo dicendum quod, sicut dictum est, ' dona sunt quidam habitus perficientes hominem ad hoc quod prompte sequatur instinctum spiritus sancti, sicut virtutes morales perficiunt vires appetitivas ad obediendum rationi. sicut autem vires appetitivae natae sunt moveri per imperium rationis, ita omnes vires humanae natae sunt moveri per instinctum dei, sicut a quadam superiori potentia. et ideo in omnibus viribus hominis quae possunt esse principia humanorum actuum, sicut sunt virtutes, ita etiam sunt dona, scilicet in ratione, et in vi appetitiva. ratio autem est speculativa et practica, et in utraque consideratur apprehensio veritatis, quae pertinet ad inventionem; et iudicium de veritate. ad apprehensionem igitur veritatis, perficitur speculativa ratio per intellectum; practica vero per consilium. ad recte autem iudicandum, speculativa quidem per sapientiam, practica vero per scientiam perficitur. appetitiva autem virtus, in his quidem quae sunt ad alterum, perficitur per pietatem. in his autem quae sunt ad seipsum, perficitur per fortitudinem contra terrorem periculorum, contra concupiscentiam vero inordinatam delectabilium, per timorem, * secundum illud proverb. xv, ° per timorem domini declinat omnis a malo; * et in psalmo cxviii, ° confige timore tuo carnes meas, a iudiciis enim tuis timui. |25| ' et sic patet quod haec dona extendunt se ad omnia ad quae se extendunt virtutes tam intellectuales quam morales.
ra1 ' Ad primum ergo dicendum quod dona spiritus sancti perficiunt hominem in his quae pertinent ad bene vivendum, ad quae non ordinatur ars, sed ad exteriora factibilia; est enim ars ratio recta non agibilium, sed factibilium, * ut dicitur in vi ethic.. ' potest tamen dici quod, quantum ad infusionem donorum, ars pertinet ad spiritum sanctum, qui est principaliter movens; non autem ad homines, qui sunt quaedam organa eius dum ab eo moventur. temperantiae autem respondet quodammodo donum timoris. sicut enim ad virtutem temperantiae pertinet, secundum eius propriam rationem, ut aliquis recedat a delectationibus pravis propter bonum rationis; ita ad donum timoris pertinet quod aliquis recedat a delectationibus pravis propter dei timorem.
ra2 ' Ad secundum dicendum quod nomen iustitiae imponitur a rectitudine rationis, et ideo nomen virtutis est convenientius quam nomen doni. sed nomen pietatis importat reverentiam quam habemus ad patrem et ad patriam. et quia pater omnium deus est, " etiam cultus dei pietas nominatur; * ut augustinus dicit, x de civ. dei. ' et ideo convenienter donum quo aliquis propter reverentiam dei bonum operatur ad omnes, pietas nominatur.
ra3 ' Ad tertium dicendum quod animus hominis non movetur a spiritu sancto, nisi ei secundum aliquem modum uniatur, sicut instrumentum non movetur ab artifice nisi per contactum, aut per aliquam aliam unionem. prima autem unio hominis est per fidem, spem et caritatem. unde istae virtutes praesupponuntur ad dona, sicut radices quaedam donorum. unde omnia dona pertinent ad has tres virtutes, sicut quaedam derivationes praedictarum virtutum.
ra4 ' Ad quartum dicendum quod amor et spes et delectatio habent bonum pro obiecto. summum autem bonum deus est, unde nomina harum passionum transferuntur ad virtutes theologicas, quibus anima coniungitur deo. timoris autem obiectum est malum, quod deo nullo modo competit, unde non importat coniunctionem ad deum, sed magis recessum ab aliquibus rebus propter reverentiam dei. et ideo non est nomen virtutis theologicae, sed doni, quod eminentius retrahit a malis quam virtus moralis.
ra5 ' Ad quintum dicendum quod per sapientiam dirigitur et hominis intellectus, et hominis affectus. et ideo ponuntur duo correspondentia sapientiae tanquam directivo, ex parte quidem intellectus, donum intellectus; ex parte autem affectus, donum timoris. ratio enim timendi deum praecipue sumitur ex consideratione excellentiae divinae, quam considerat sapientia.

008 ST2 qu68 ar5

ag1 ' Ad quintum sic proceditur. videtur quod dona non sint connexa. * dicit enim apostolus, i ad cor. xii, ° alii datur per spiritum sermo sapientiae, alii sermo scientiae secundum eundem spiritum. ' sed sapientia et scientia inter dona spiritus sancti computantur. ergo dona spiritus sancti dantur diversis, et non connectuntur sibi invicem in eodem.
ag2 * Praeterea, augustinus dicit, in xiv de trin., quod ° scientia non pollent fideles plurimi, quamvis polleant ipsa fide. ' sed fidem concomitatur aliquod de donis, ad minus donum timoris. ergo videtur quod dona non sint ex necessitate connexa in uno et eodem.
ag3 * Praeterea, gregorius, in i moral., dicit quod ° minor est sapientia, si intellectu careat; et valde inutilis est intellectus, si ex sapientia non subsistat. vile est consilium, cui opus fortitudinis deest; et valde fortitudo destruitur, nisi per consilium fulciatur. nulla est scientia, si utilitatem pietatis non habet; et valde inutilis est pietas, si scientiae discretione caret. timor quoque ipse, si non has virtutes habuerit, ad nullum opus bonae actionis surgit. ' ex quibus videtur quod unum donum possit sine alio haberi. non ergo dona spiritus sancti sunt connexa.
sc * Sed contra est quod ibidem gregorius praemittit, dicens, ° illud in hoc filiorum convivio perscrutandum videtur, quod semetipsos invicem pascunt. " per filios autem iob, de quibus loquitur, designantur dona spiritus sancti. ' ergo dona spiritus sancti sunt connexa, per hoc quod se invicem reficiunt.
co ' Respondeo dicendum quod huius quaestionis veritas de facili ex praemissis potest haberi. * dictum est enim supra quod ' sicut vires appetitivae disponuntur per virtutes morales in comparatione ad regimen rationis, ita omnes vires animae disponuntur per dona in comparatione ad spiritum sanctum moventem. spiritus autem sanctus habitat in nobis per caritatem, * secundum illud rom. v, ° caritas dei diffusa est in cordibus nostris per spiritum sanctum, qui datus est nobis, ' sicut et ratio nostra perficitur per prudentiam. unde sicut virtutes morales connectuntur sibi invicem in prudentia, ita dona spiritus sancti connectuntur sibi invicem in caritate, ita scilicet quod qui caritatem habet, omnia dona spiritus sancti habet; quorum nullum sine caritate haberi potest.
ra1 ' Ad primum ergo dicendum quod sapientia et scientia uno modo possunt considerari secundum quod sunt gratiae gratis datae, prout scilicet aliquis abundat intantum in cognitione rerum divinarum et humanarum, ut possit et fideles instruere et adversarios confutare. * et sic loquitur ibi apostolus de sapientia et scientia, unde signanter fit mentio de sermone sapientiae et scientiae. ' alio modo possunt accipi prout sunt dona spiritus sancti. et sic sapientia et scientia nihil aliud sunt quam quaedam perfectiones humanae mentis, secundum quas disponitur ad sequendum instinctus spiritus sancti in cognitione divinorum vel humanorum. et sic patet quod huiusmodi dona sunt in omnibus habentibus caritatem.
ra2 * Ad secundum dicendum quod augustinus ibi loquitur de scientia exponens praedictam auctoritatem apostoli, unde loquitur de " scientia praedicto modo accepta, secundum quod est gratia gratis data. * quod patet ex hoc quod subdit, ° aliud enim est scire tantummodo quid homo credere debeat propter adipiscendam vitam beatam, quae non nisi aeterna est; aliud autem scire quemadmodum hoc ipsum et piis opituletur, et contra impios defendatur; quam proprio appellare vocabulo scientiam videtur apostolus.
ra3 ' Ad tertium dicendum quod, sicut uno modo connexio virtutum cardinalium probatur per hoc quod una earum perficitur quodammodo per aliam, * ut supra dictum est; * ita gregorius eodem modo vult probare connexionem donorum, ' per hoc quod unum sine alio non potest esse perfectum. * unde praemittit dicens, ° valde singula quaelibet destituitur, si non una alii virtus virtuti suffragetur. ' non ergo datur intelligi quod unum donum possit esse sine alio, sed quod intellectus, si esset sine sapientia, non esset donum; sicut temperantia, si esset sine iustitia, non esset virtus.

008 ST2 qu68 ar6

ag1 ' Ad sextum sic proceditur. videtur quod dona spiritus sancti non maneant in patria. * dicit enim gregorius, in ii moral., quod ° spiritus sanctus contra singula tentamenta septem donis erudit mentem. ' sed in patria non erunt aliqua tentamenta; * secundum illud isaiae xi, ° non nocebunt et non occident in universo monte sancto meo. ' ergo dona spiritus sancti non erunt in patria.
ag2 ' Praeterea, dona spiritus sancti sunt habitus quidam, * ut supra dictum est. ' frustra autem essent habitus, ubi actus esse non possunt. actus autem quorundam donorum in patria esse non possunt, * dicit enim gregorius, in i moral., quod ° intellectus facit audita penetrare, et consilium prohibet esse praecipitem, et fortitudo facit non metuere adversa, et pietas replet cordis viscera operibus misericordiae; ' haec autem non competunt statui patriae. ergo huiusmodi dona non erunt in statu gloriae.
ag3 ' Praeterea, donorum quaedam perficiunt hominem in vita contemplativa, ut sapientia et intellectus; quaedam in vita activa, ut pietas et fortitudo. sed activa vita cum hac vita terminatur; * ut gregorius dicit, in vi moral.. ' ergo in statu gloriae non erunt omnia dona spiritus sancti.
sc * Sed contra est quod ambrosius dicit, in libro de spiritu sancto, ° civitas dei illa, ierusalem caelestis, non meatu alicuius fluvii terrestris abluitur; sed ex vitae fonte procedens spiritus sanctus, cuius nos brevi satiamur haustu, in illis caelestibus spiritibus redundantius videtur affluere, pleno septem virtutum spiritualium fervens meatu.
co ' Respondeo dicendum quod de donis dupliciter possumus loqui. uno modo, quantum ad essentiam donorum, et sic perfectissime erunt in patria, * sicut patet per auctoritatem ambrosii inductam. ' cuius ratio est quia dona spiritus sancti perficiunt mentem humanam ad sequendam motionem spiritus sancti, quod praecipue erit in patria, quando deus erit omnia in omnibus, * ut dicitur i ad cor. xv, ' et quando homo erit totaliter subditus deo. alio modo possunt considerari quantum ad materiam circa quam operantur, et sic in praesenti habent operationem circa aliquam materiam circa quam non habebunt operationem in statu gloriae. et secundum hoc, non manebunt in patria, * sicut supra de virtutibus cardinalibus dictum est.
ra1 ' Ad primum ergo dicendum quod * gregorius loquitur ibi ' de donis secundum quod competunt statui praesenti, sic enim donis protegimur contra tentamenta malorum. sed in statu gloriae, cessantibus malis, per dona spiritus sancti perficiemur in bono.
ra2 * Ad secundum dicendum quod gregorius quasi in singulis donis " ponit aliquid quod transit cum statu praesenti, et aliquid quod permanet etiam in futuro. dicit enim quod sapientia mentem de aeternorum spe et certitudine reficit, quorum duorum spes transit, sed certitudo remanet. et de intellectu dicit quod in eo quod audita penetrat, reficiendo cor, tenebras eius illustrat, quorum auditus transit, quia non docebit vir fratrem suum, * ut dicitur ierem. xxxi; sed illustratio mentis manebit. de " consilio autem dicit quod prohibet esse praecipitem, quod est necessarium in praesenti, et iterum quod ratione animum replet, quod est necessarium etiam in futuro. de fortitudine vero dicit quod adversa non metuit, quod est necessarium in praesenti, et iterum quod confidentiae cibos apponit, quod permanet etiam in futuro. de scientia vero unum tantum ponit, scilicet quod ignorantiae ieiunium superat, quod pertinet ad statum praesentem. sed quod addit, in ventre mentis, potest figuraliter intelligi repletio cognitionis, quae pertinet etiam ad statum futurum. de pietate vero dicit quod cordis viscera misericordiae operibus replet. ' quod quidem secundum verba, pertinet tantum ad statum praesentem. sed ipse intimus affectus proximorum, per viscera designatus, pertinet etiam ad futurum statum; in quo pietas non |25| exhibebit misericordiae opera, sed congratulationis affectum. " de timore vero dicit quod premit mentem, ne de praesentibus superbiat, quod pertinet ad statum praesentem; et quod de futuris cibo spei confortat, quod etiam pertinet ad statum praesentem, quantum ad spem; sed potest etiam ad statum futurum pertinere, quantum ad confortationem de rebus hic speratis, et ibi obtentis.
ra3 ' Ad tertium dicendum quod ratio illa procedit de donis quantum ad materiam. opera enim activae vitae non erunt materia donorum, sed omnia habebunt actus suos circa ea quae pertinent ad vitam contemplativam, quae est vita beata.

008 ST2 qu68 ar7

ag1 ' Ad septimum sic proceditur. videtur quod dignitas donorum non attenditur secundum enumerationem * qua enumerantur isaiae xi. ' illud enim videtur esse potissimum in donis, quod maxime deus ab homine requirit. sed maxime requirit deus ab homine timorem, * dicitur enim deut. x, ° et nunc, israel, quid dominus deus tuus petit a te, nisi ut timeas dominum deum tuum? * et malach. i, dicitur, ° si ego dominus, ubi timor meus? ' ergo videtur quod timor, qui enumeratur ultimo, non sit infimum donorum, sed maximum.

ag2 ' Praeterea, pietas videtur esse quoddam bonum universale. * dicit enim apostolus, i ad tim. iv, quod ° pietas ad omnia utilis est. ' sed bonum universale praefertur particularibus bonis. ergo pietas, quae penultimo enumeratur, videtur esse potissimum donorum.

ag3 ' Praeterea, scientia perficit iudicium hominis; consilium autem ad inquisitionem pertinet. sed iudicium praeeminet inquisitioni. ergo scientia est potius donum quam consilium, cum tamen post enumeretur.

ag4 ' Praeterea, fortitudo pertinet ad vim appetitivam; scientia autem ad rationem. sed ratio est eminentior quam vis appetitiva. ergo et scientia est eminentius donum quam fortitudo, quae tamen primo enumeratur. non ergo dignitas donorum attenditur secundum ordinem enumerationis eorum.

sc ' Sed contra est quod * augustinus dicit, in libro de serm. dom. in monte, ° videtur mihi septiformis operatio spiritus sancti, de qua isaias loquitur, his gradibus sententiisque congruere * (de quibus fit mentio matth. v); sed interest ordinis. nam ibi (scilicet in isaia) ° enumeratio ab excellentioribus coepit, hic vero, ab inferioribus.

co ' Respondeo dicendum quod dignitas donorum dupliciter potest attendi, uno modo, simpliciter, scilicet per comparationem ad proprios actus prout procedunt a suis principiis; alio modo, secundum quid, scilicet per comparationem ad materiam. simpliciter autem loquendo de dignitate donorum, eadem est ratio comparationis in ipsis et in virtutibus, quia dona ad omnes actus potentiarum animae perficiunt hominem, ad quos perficiunt virtutes, * ut supra dictum est. ' unde sicut virtutes intellectuales praeferuntur virtutibus moralibus; et in ipsis virtutibus intellectualibus contemplativae praeferuntur activis, ut sapientia intellectui, et scientia prudentiae et arti; ita tamen quod sapientia praefertur intellectui, et intellectus scientiae, sicut prudentia et synesis eubuliae, ita etiam in donis sapientia et intellectus, scientia et consilium, praeferuntur pietati et fortitudini et timori; in quibus etiam pietas praefertur fortitudini, et fortitudo timori, sicut iustitia fortitudini, et fortitudo temperantiae. sed quantum ad materiam, fortitudo et consilium praeferuntur scientiae et pietati, quia scilicet fortitudo et consilium in arduis locum habent; pietas autem, et etiam scientia, in communibus. sic igitur donorum dignitas ordini enumerationis respondet, |25| partim quidem simpliciter, secundum quod sapientia et intellectus omnibus praeferuntur, partim autem secundum ordinem materiae, secundum quod consilium et fortitudo praeferuntur scientiae et pietati.

ra1 ' Ad primum ergo dicendum quod timor maxime requiritur quasi primordium quoddam perfectionis donorum, quia initium sapientiae timor domini, non propter hoc quod sit ceteris dignius. prius enim est, secundum ordinem generationis, ut aliquis recedat a malo, quod fit per timorem, * ut dicitur proverb. xvi; ' quam quod operetur bonum, quod fit per alia dona.

ra2 ' Ad secundum dicendum quod pietas non comparatur * in verbis apostoli, ' omnibus donis dei, sed soli corporali exercitationi, " de qua praemittit quod ad modicum utilis est.

ra3 ' Ad tertium dicendum quod scientia etsi praeferatur consilio ratione iudicii, tamen consilium praefertur ratione materiae, nam consilium non habet locum nisi in arduis, * ut dicitur in iii ethic.; ' sed iudicium scientiae in omnibus locum habet.

ra4 ' Ad quartum dicendum quod dona directiva, quae pertinent ad rationem, donis exequentibus digniora sunt, si considerentur per comparationem ad actus prout egrediuntur a potentiis, ratio enim appetitivae praeeminet, ut regulans regulato. sed ratione materiae, adiungitur consilium fortitudini, sicut directivum exequenti, et similiter scientia pietati, quia scilicet consilium et fortitudo in arduis locum habent, scientia autem et pietas etiam in communibus. et ideo consilium simul cum fortitudine, ratione materiae, numeratur ante scientiam et pietatem.

008 ST2 qu68 ar8

ag1 ' Ad octavum sic proceditur. videtur quod virtutes sint praeferendae donis. * dicit enim augustinus, in xv de trin., de caritate loquens, ° nullum est isto dei dono excellentius. solum est quod dividit inter filios regni aeterni, et filios perditionis aeternae. dantur et alia per spiritum sanctum munera, sed sine caritate nihil prosunt. ' sed caritas est virtus. ergo virtus est potior donis spiritus sancti.

ag2 ' Praeterea, ea quae sunt priora naturaliter, videntur esse potiora. sed virtutes sunt priores donis spiritus sancti, * dicit enim gregorius, in ii moral., quod ° donum spiritus sancti in subiecta mente ante alia iustitiam, prudentiam, fortitudinem et temperantiam format, et sic eandem mentem septem mox virtutibus " (idest donis) ° temperat, ut contra stultitiam, sapientiam; contra hebetudinem, intellectum; contra praecipitationem, consilium; contra timorem, fortitudinem; contra ignorantiam, scientiam; contra duritiam, pietatem; contra superbiam, det timorem. ' ergo virtutes sunt potiores donis.

ag3 ' Praeterea, virtutibus nullus male uti potest, * ut augustinus dicit. ' donis autem potest aliquis male uti, * dicit enim gregorius, in i moral., quod ° hostiam nostrae precis immolamus ne sapientia elevet; ne intellectus, dum subtiliter currit, oberret; ne consilium, dum se multiplicat, confundat; ne fortitudo, dum fiduciam praebet, praecipitet; ne scientia, dum novit et non diligit, inflet; ne pietas, dum se extra rectitudinem inclinat, intorqueat; ne timor, dum plus iusto trepidat, in desperationis foveam mergat. ' ergo virtutes sunt digniores donis spiritus sancti.

sc ' Sed contra est quod dona dantur in adiutorium virtutum contra defectus, * ut patet in auctoritate inducta; ' et sic videtur quod perficiant quod virtutes perficere non possunt. sunt ergo dona potiora virtutibus.

co * Respondeo dicendum quod, sicut ex supradictis patet, ' virtutes in tria genera distinguuntur, sunt enim quaedam virtutes theologicae, quaedam intellectuales, quaedam morales. virtutes quidem theologicae sunt quibus mens humana deo coniungitur; virtutes autem intellectuales sunt quibus ratio ipsa perficitur; virtutes autem morales sunt quibus vires appetitivae perficiuntur ad obediendum rationi. dona autem spiritus sancti sunt quibus omnes vires animae disponuntur ad hoc quod subdantur motioni divinae. sic ergo eadem videtur esse comparatio donorum ad virtutes theologicas, per quas homo unitur spiritui sancto moventi; sicut virtutum moralium ad virtutes intellectuales, per quas perficitur ratio, quae est virtutum moralium motiva. unde sicut virtutes intellectuales praeferuntur virtutibus moralibus, et regulant eas; ita virtutes theologicae praeferuntur donis spiritus sancti, et regulant ea. * unde gregorius dicit, in i moral., quod ° neque ad denarii perfectionem septem filii " (idest septem dona) ° perveniunt, nisi in fide, spe et caritate fuerit omne quod agunt. ' sed si comparemus dona ad alias virtutes intellectuales vel morales, dona praeferuntur virtutibus. quia dona perficiunt vires animae in comparatione ad spiritum sanctum moventem, virtutes autem perficiunt vel ipsam rationem, vel alias vires in ordine ad rationem. manifestum est autem quod ad altiorem motorem |25| oportet maiori perfectione mobile esse dispositum. unde perfectiora sunt dona virtutibus.

ra1 ' Ad primum ergo dicendum quod caritas est virtus theologica; de qua concedimus quod sit potior donis.

ra2 ' Ad secundum dicendum quod aliquid est prius altero dupliciter. uno modo, ordine perfectionis et dignitatis, sicut dilectio dei est prior dilectione proximi. et hoc modo dona sunt priora virtutibus intellectualibus et moralibus, posteriora vero virtutibus theologicis. alio modo, ordine generationis seu dispositionis, sicut dilectio proximi praecedit dilectionem dei, quantum ad actum. et sic virtutes morales et intellectuales praecedunt dona, quia per hoc quod homo bene se habet circa rationem propriam, disponitur ad hoc quod se bene habeat in ordine ad deum.

ra3 ' Ad tertium dicendum quod sapientia et intellectus et alia huiusmodi sunt dona spiritus sancti, secundum quod caritate informantur; quae non agit perperam, * ut dicitur i ad cor. xiii. ' et ideo sapientia et intellectu et aliis huiusmodi nullus male utitur, secundum quod sunt dona spiritus sancti. sed ad hoc quod a caritatis perfectione non recedant, unum ab altero adiuvatur. * et hoc est quod gregorius dicere intendit.

008 ST2 qu69 ar

pr ' Deinde considerandum est de beatitudinibus. et circa hoc quaeruntur quatuor. primo, utrum beatitudines a donis et virtutibus distinguantur. secundo, de praemiis beatitudinum, utrum pertineant ad hanc vitam. tertio, de numero beatitudinum. quarto, de convenientia praemiorum quae eis attribuuntur.

008 ST2 qu69 ar1

ag1 ' Ad primum sic proceditur. videtur quod beatitudines a virtutibus et donis non distinguantur. * augustinus enim, in libro de serm. dom. in monte, attribuit beatitudines in matthaeo enumeratas, donis spiritus sancti, ambrosius autem, super lucam, attribuit beatitudines ibi enumeratas quatuor virtutibus cardinalibus. ' ergo beatitudines non distinguuntur a virtutibus et donis.

ag2 ' Praeterea, humanae voluntatis non est nisi duplex regula, scilicet ratio, et lex aeterna, * ut supra habitum est. ' sed virtutes perficiunt hominem in ordine ad rationem; dona autem in ordine ad legem aeternam spiritus sancti, * ut ex dictis patet. ' ergo non potest esse aliquid aliud pertinens ad rectitudinem voluntatis humanae, praeter virtutes et dona. non ergo beatitudines ab eis distinguuntur.

ag3 ' Praeterea, in enumeratione beatitudinum ponitur mititas, et iustitia, et misericordia; quae dicuntur esse quaedam virtutes. ergo beatitudines non distinguuntur a virtutibus et donis.

sc ' Sed contra est quod quaedam enumerantur inter beatitudines, quae nec sunt virtutes nec dona; sicut paupertas, et luctus, et pax. differunt ergo beatitudines et a virtutibus et a donis.

co * Respondeo dicendum quod, sicut supra dictum est, ' beatitudo est ultimus finis humanae vitae. dicitur autem aliquis iam finem habere, propter spem finis obtinendi, * unde et philosophus dicit, in i ethic., quod ° pueri dicuntur beati propter spem; * et apostolus dicit, rom. viii, ° spe salvi facti sumus. ' spes autem de fine consequendo insurgit ex hoc quod aliquis convenienter movetur ad finem, et appropinquat ad ipsum, quod quidem fit per aliquam actionem. ad finem autem beatitudinis movetur aliquis et appropinquat per operationes virtutum; et praecipue per operationes donorum, si loquamur de beatitudine aeterna, ad quam ratio non sufficit, sed in eam inducit spiritus sanctus, ad cuius obedientiam et sequelam per dona perficimur. et ideo beatitudines distinguuntur quidem a virtutibus et donis, non sicut habitus ab eis distincti, sed sicut actus distinguuntur ab habitibus.

ra1 * Ad primum ergo dicendum quod augustinus et ambrosius attribuunt ' beatitudines donis et virtutibus, sicut actus attribuuntur habitibus. dona autem sunt eminentiora virtutibus cardinalibus, * ut supra dictum est. * et ideo ambrosius, exponens beatitudines turbis propositas, attribuit eas virtutibus cardinalibus; augustinus autem, exponens " beatitudines discipulis propositas in monte, tanquam perfectioribus, attribuit eas donis spiritus sancti.

ra2 ' Ad secundum dicendum quod ratio illa probat quod non sunt alii habitus rectificantes humanam vitam, praeter virtutes et dona.

ra3 ' Ad tertium dicendum quod mititas accipitur pro actu mansuetudinis, et similiter dicendum est de iustitia et de misericordia. et quamvis haec videantur esse virtutes, attribuuntur tamen donis, quia etiam dona perficiunt hominem circa omnia circa quae perficiunt virtutes, * ut dictum est.

008 ST2 qu69 ar2

ag1 ' Ad secundum sic proceditur. videtur quod praemia quae attribuuntur beatitudinibus, non pertineant ad hanc vitam dicuntur enim aliqui beati propter spem praemiorum, * ut dictum est. ' sed obiectum spei beatitudo est futura. ergo praemia ista pertinent ad vitam futuram.

ag2 * Praeterea, luc. vi, ponuntur quaedam poenae " per oppositum ad beatitudines, cum dicitur, ° vae vobis qui saturati estis, quia esurietis. vae vobis qui ridetis nunc, quia lugebitis et flebitis. ' sed istae poenae non intelliguntur in hac vita, quia frequenter homines in hac vita non puniuntur, * secundum illud iob xxi, ° ducunt in bonis dies suos. ' ergo nec praemia beatitudinum pertinent ad hanc vitam.

ag3 ' Praeterea, regnum caelorum, quod ponitur praemium paupertatis, est beatitudo caelestis; * ut augustinus dicit, xix de civ. dei. ' plena etiam saturitas non nisi in futura vita habetur; * secundum illud psalmi xvi, ° satiabor cum apparuerit gloria tua. ' visio etiam dei, et manifestatio filiationis divinae, ad vitam futuram pertinent; * secundum illud i ioan. iii, ° nunc filii dei sumus, et nondum apparuit quid erimus. scimus quoniam cum apparuerit, similes ei erimus, quoniam videbimus eum sicuti est. ' ergo praemia illa pertinent ad vitam futuram.

sc ' Sed contra est quod * augustinus dicit, in libro de serm. dom. in monte, ° ista quidem in hac vita compleri possunt, sicut completa esse in apostolis credimus. nam illa omnimoda, et in angelicam formam mutatio, quae post hanc vitam promittitur, nullis verbis exponi potest.

co * Respondeo dicendum quod circa ista praemia expositores sacrae scripturae diversimode sunt locuti. quidam enim omnia ista " praemia ad futuram beatitudinem pertinere dicunt, * sicut ambrosius, super lucam. augustinus vero dicit " ea ad praesentem vitam pertinere. * chrysostomus autem, in suis homiliis, " quaedam eorum dicit pertinere ad futuram vitam, quaedam autem ad praesentem. ' ad cuius evidentiam, considerandum est quod spes futurae beatitudinis potest esse in nobis propter duo, primo quidem, propter aliquam praeparationem vel dispositionem ad futuram beatitudinem, quod est per modum meriti; alio modo, per quandam inchoationem imperfectam futurae beatitudinis in viris sanctis, etiam in hac vita. aliter enim habetur spes fructificationis arboris cum virescit frondibus, et aliter cum iam primordia fructuum incipiunt apparere. sic igitur ea quae in beatitudinibus tanguntur tanquam merita, sunt quaedam praeparationes vel dispositiones ad beatitudinem, vel perfectam vel inchoatam. ea vero quae ponuntur tanquam praemia, possunt esse vel ipsa beatitudo perfecta, et sic pertinent ad futuram vitam, vel aliqua inchoatio beatitudinis, sicut est in viris perfectis, et sic praemia pertinent ad praesentem vitam. cum enim aliquis incipit proficere in actibus virtutum et donorum, potest sperari de eo |25| quod perveniet et ad perfectionem viae, et ad perfectionem patriae.

ra1 ' Ad primum ergo dicendum quod spes est de futura beatitudine sicut de ultimo fine, potest etiam esse et de auxilio gratiae sicut de eo quod ducit ad finem, * secundum illud psalmi xxvii, ° in deo speravit cor meum, et adiutus sum.

ra2 ' Ad secundum dicendum quod mali, etsi interdum in hac vita temporales poenas non patiantur, patiuntur tamen spirituales. * unde augustinus dicit, in i confess., ° iussisti, domine, et sic est, ut poena sibi sit inordinatus animus. * et philosophus dicit, in ix ethic., de malis, quod ° contendit ipsorum anima, et hoc quidem huc trahit, illud autem illuc; * et postea concludit, ° si autem sic miserum est malum esse, fugiendum est malitiam intense. ' et similiter e converso boni, etsi in hac vita quandoque non habeant corporalia praemia, nunquam tamen deficiunt a spiritualibus, etiam in hac vita; * secundum illud matth. xix, et marc. x, ° centuplum accipietis etiam in hoc saeculo.

ra3 ' Ad tertium dicendum quod omnia illa praemia perfecte quidem consummabuntur in vita futura, sed interim etiam in hac vita quodammodo inchoantur. nam regnum caelorum, * ut augustinus dicit, ' potest intelligi perfectae sapientiae initium, secundum quod incipit in eis spiritus regnare. possessio etiam terrae significat affectum bonum animae requiescentis per desiderium in stabilitate haereditatis perpetuae, per terram significatae. consolantur autem in hac vita, spiritum sanctum, qui paracletus, idest consolator, dicitur, participando. saturantur etiam in hac vita illo cibo * de quo dominus dicit, ° meus cibus est ut faciam voluntatem patris mei. ' in hac etiam vita consequuntur homines misericordiam dei. in hac etiam vita, purgato oculo per donum intellectus, deus quodammodo videri potest. similiter etiam in hac vita qui motus suos pacificant, ad similitudinem dei accedentes, filii dei nominantur. tamen haec perfectius erunt in patria.

008 ST2 qu69 ar3

ag1 ' Ad tertium sic proceditur. videtur quod inconvenienter enumerentur beatitudines. attribuuntur enim beatitudines donis, * ut dictum est. ' donorum autem quaedam pertinent ad vitam contemplativam, scilicet sapientia et intellectus, nulla autem beatitudo ponitur in actu contemplationis, sed omnes in his quae pertinent ad vitam activam. ergo insufficienter beatitudines enumerantur.

ag2 ' Praeterea, ad vitam activam non solum pertinent dona exequentia; sed etiam quaedam dona dirigentia, ut scientia et consilium. nihil autem ponitur inter beatitudines quod directe ad actum scientiae vel consilii pertinere videatur. ergo insufficienter beatitudines tanguntur.

ag3 ' Praeterea, inter dona exequentia in vita activa, timor ponitur ad paupertatem pertinere; pietas autem videtur pertinere ad beatitudinem misericordiae. nihil autem ponitur directe ad fortitudinem pertinens. ergo insufficienter enumerantur beatitudines.

ag4 ' Praeterea, in sacra scriptura tanguntur multae aliae beatitudines, * sicut iob v, dicitur, ° beatus homo qui corripitur a domino; * et in psalmo i, ° beatus vir qui non abiit in consilio impiorum; * et proverb. iii, ° beatus vir qui invenit sapientiam. ' ergo insufficienter beatitudines enumerantur.

sc1 ' Sed contra, videtur quod superflue enumerentur. sunt enim septem dona spiritus sancti. beatitudines autem tanguntur octo.

sc2 * Praeterea, luc. vi, ponuntur quatuor tantum beatitudines. superflue ergo enumerantur septem, vel octo, in matthaeo.

co ' Respondeo dicendum quod beatitudines istae convenientissime enumerantur. ad cuius evidentiam, est considerandum quod triplicem * beatitudinem aliqui posuerunt, quidam enim posuerunt beatitudinem in vita voluptuosa; quidam in vita activa; quidam vero in vita contemplativa. ' hae autem tres beatitudines diversimode se habent ad beatitudinem futuram, cuius spe dicimur hic beati. nam beatitudo voluptuosa, quia falsa est et rationi contraria, impedimentum est beatitudinis futurae. beatitudo vero activae vitae dispositiva est ad beatitudinem futuram. beatitudo autem contemplativa, si sit perfecta, est essentialiter ipsa futura beatitudo, si autem sit imperfecta, est quaedam inchoatio eius. * et ideo dominus primo quidem posuit ' quasdam beatitudines quasi removentes impedimentum voluptuosae beatitudinis. consistit enim voluptuosa vita in duobus. primo quidem, in affluentia exteriorum bonorum, sive sint divitiae, sive sint honores. a quibus quidem retrahitur homo per virtutem sic ut moderate eis utatur, per donum autem excellentiori modo, ut scilicet homo totaliter ea contemnat. * unde prima beatitudo ponitur, beati pauperes spiritu, ' quod potest referri vel ad contemptum divitiarum; vel ad contemptum honorum, quod fit per humilitatem. secundo vero voluptuosa vita consistit in sequendo proprias passiones, sive irascibilis sive concupiscibilis. a sequela autem passionum irascibilis, retrahit virtus ne homo in eis superfluat, secundum regulam rationis, donum |25| autem excellentiori modo, ut scilicet homo, secundum voluntatem divinam, totaliter ab eis tranquillus reddatur. * unde secunda beatitudo ponitur, beati mites. ' a sequela vero passionum concupiscibilis, retrahit virtus, moderate huiusmodi passionibus utendo, donum vero, eas, si necesse fuerit, totaliter abiiciendo; quinimmo, si necessarium fuerit, voluntarium luctum assumendo. * unde tertia beatitudo ponitur, beati qui lugent. ' activa vero vita in his consistit praecipue quae proximis exhibemus, vel sub ratione debiti, vel sub ratione spontanei beneficii. et ad primum quidem nos virtus disponit, ut ea quae debemus proximis, non recusemus exhibere, quod pertinet ad iustitiam. donum autem ad hoc ipsum abundantiori quodam affectu nos inducit, ut scilicet ferventi desiderio opera iustitiae impleamus, sicut ferventi desiderio esuriens et sitiens cupit cibum vel potum. unde * quarta beatitudo ponitur, beati qui esuriunt et sitiunt iustitiam. ' circa spontanea vero dona nos perficit virtus ut illis donemus quibus ratio dictat esse donandum, puta amicis aut aliis nobis coniunctis, quod pertinet ad virtutem liberalitatis. sed donum, propter dei reverentiam, solam necessitatem considerat in his quibus gratuita beneficia praestat, * unde dicitur luc. xiv, ° cum facis prandium aut coenam, noli vocare amicos neque fratres tuos etc., sed voca pauperes et debiles etc., ' quod proprie est misereri. |50| * et ideo quinta beatitudo ponitur, beati misericordes. ' ea vero quae ad contemplativam vitam pertinent, vel sunt ipsa beatitudo finalis, vel aliqua inchoatio eius, et ideo non ponuntur in beatitudinibus tanquam merita, sed tanquam praemia. ponuntur autem tanquam merita effectus activae vitae, quibus homo disponitur ad contemplativam vitam. effectus autem activae vitae, quantum ad virtutes et dona quibus homo perficitur in seipso, est munditia cordis, ut scilicet mens hominis passionibus non inquinetur. * unde sexta beatitudo ponitur, beati mundo corde. ' quantum vero ad virtutes et dona quibus homo perficitur in comparatione ad proximum, effectus activae vitae est pax; * secundum illud isaiae xxxii, ° opus iustitiae pax. * et ideo septima beatitudo ponitur, beati pacifici.

ra1 ' Ad primum ergo dicendum quod actus donorum pertinentium ad vitam activam, exprimuntur in ipsis meritis, sed actus donorum pertinentium ad vitam contemplativam, exprimuntur in praemiis, * ratione iam dicta. ' videre enim deum respondet dono intellectus; et conformari deo quadam filiatione adoptiva, pertinet ad donum sapientiae.

ra2 ' Ad secundum dicendum quod in his quae pertinent ad activam vitam, cognitio non quaeritur propter seipsam, sed propter operationem, * ut etiam philosophus dicit, in ii ethic.. ' et ideo, quia beatitudo aliquid ultimum importat, non computantur inter beatitudines actus donorum dirigentium in vita activa, quos scilicet eliciunt, sicut consiliari est actus consilii, et iudicare est actus scientiae, sed magis attribuuntur eis actus operativi in quibus dirigunt, sicut scientiae lugere, et consilio misereri.

ra3 ' Ad tertium dicendum quod in attributione beatitudinum ad dona, possunt duo considerari. quorum unum est conformitas materiae. et secundum hoc, omnes primae quinque beatitudines possunt attribui scientiae et consilio, tanquam dirigentibus. sed inter dona exequentia distribuuntur, ita scilicet quod esuries et sitis iustitiae, et etiam misericordia, pertineant ad pietatem, quae perficit hominem in his quae sunt ad alterum; mititas autem ad fortitudinem, * dicit enim ambrosius, super lucam, quod ° fortitudinis est iram vincere, indignationem cohibere, ' est enim fortitudo circa passiones irascibilis; paupertas vero et luctus ad donum timoris, quo homo se retrahit a cupiditatibus et delectationibus mundi. alio modo possumus in his beatitudinibus considerare motiva ipsarum, et sic, quantum ad aliqua eorum, oportet aliter attribuere. praecipue enim ad mansuetudinem movet reverentia ad deum; quae pertinet ad pietatem. ad lugendum autem movet praecipue scientia, per quam homo cognoscit defectus suos et rerum mundanarum; * secundum illud eccle. i, ° qui addit scientiam, addit et dolorem. ' ad esuriendum autem iustitiae opera, praecipue movet animi fortitudo. ad miserendum vero praecipue movet consilium dei; * secundum illud dan. iv, ° consilium meum regi placeat, peccata tua eleemosynis redime, |25| et iniquitates tuas misericordiis pauperum. ' et hunc modum attributionis * sequitur augustinus, in libro de serm. dom. in monte.

ra4 ' Ad quartum dicendum quod necesse est beatitudines omnes quae in sacra scriptura ponuntur, ad has reduci vel quantum ad merita, vel quantum ad praemia, quia necesse est quod omnes pertineant aliquo modo vel ad vitam activam, vel ad vitam contemplativam. * unde quod dicitur, beatus vir qui corripitur a domino, ' pertinet ad beatitudinem luctus. * quod vero dicitur, beatus vir qui non abiit in consilio impiorum, ' pertinet ad munditiam cordis. * quod vero dicitur, beatus vir qui invenit sapientiam, ' pertinet ad praemium septimae beatitudinis. et idem patet de omnibus aliis quae possunt induci.

ra5 ' Ad quintum dicendum quod octava beatitudo est quaedam confirmatio et manifestatio omnium praecedentium. ex hoc enim quod aliquis est confirmatus in paupertate spiritus et mititate et aliis sequentibus, provenit quod ab his bonis propter nullam persecutionem recedit. unde octava beatitudo quodammodo ad septem praecedentes pertinet.

ra6 * Ad sextum dicendum quod lucas narrat ' sermonem domini factum esse ad turbas. unde beatitudines numerantur ab eo secundum capacitatem turbarum, quae solam voluptuosam et temporalem et terrenam beatitudinem noverunt. unde dominus per quatuor beatitudines quatuor excludit quae ad praedictam beatitudinem pertinere videntur. quorum primum est abundantia bonorum exteriorum, * quod excludit per hoc quod dicit, beati pauperes. ' secundum est quod sit bene homini quantum ad corpus, in cibis et potibus et aliis huiusmodi, * et hoc excludit per secundum quod ponit, beati qui esuritis. ' tertium est quod sit homini bene quantum ad cordis iucunditatem, * et hoc excludit tertio, dicens, beati qui nunc fletis. ' quartum est exterior hominum favor, et hoc * excludit quarto, dicens, beati eritis cum vos oderint homines. et sicut ambrosius dicit, ° paupertas pertinet ad temperantiam, quae illecebrosa non quaerit; esuries ad iustitiam, quia qui esurit, compatitur, et, compatiendo, largitur; fletus ad prudentiam, cuius est flere occidua; pati odium hominum, ad fortitudinem.

008 ST2 qu69 ar4

ag1 ' Ad quartum sic proceditur. videtur quod praemia beatitudinum inconvenienter enumerentur. in regno enim caelorum, quod est vita aeterna, bona omnia continentur. posito ergo regno caelorum, non oportuit alia praemia ponere.

ag2 ' Praeterea, regnum caelorum ponitur pro praemio et in prima beatitudine et in octava. ergo, eadem ratione, debuit poni in omnibus.

ag3 ' Praeterea, in beatitudinibus proceditur ascendendo, * sicut augustinus dicit. ' in praemiis autem videtur procedi descendendo, nam possessio terrae est minus quam regnum caelorum. ergo inconvenienter huiusmodi praemia assignantur.

sc ' Sed contra est * auctoritas ipsius domini, praemia huiusmodi proponentis.

co ' Respondeo dicendum quod praemia ista convenientissime assignantur, considerata conditione beatitudinum secundum tres beatitudines supra assignatas. tres enim primae beatitudines accipiuntur per retractionem ab his in quibus voluptuosa beatitudo consistit, quam homo desiderat quaerens id quod naturaliter desideratur, non ubi quaerere debet, scilicet in deo, sed in rebus temporalibus et caducis. et ideo praemia trium primarum beatitudinum accipiuntur secundum ea quae in beatitudine terrena aliqui quaerunt. quaerunt enim homines in rebus exterioribus, scilicet divitiis et honoribus, excellentiam quandam et abundantiam, quorum utrumque importat regnum caelorum, per quod homo consequitur excellentiam et abundantiam bonorum in deo. et ideo regnum caelorum dominus pauperibus spiritu repromisit. quaerunt autem homines feroces et immites per litigia et bella securitatem sibi acquirere, inimicos suos destruendo. unde dominus repromisit mitibus securam et quietam possessionem terrae viventium, per quam significatur soliditas aeternorum bonorum. quaerunt autem homines in concupiscentiis et delectationibus mundi, habere consolationem contra praesentis vitae labores. et ideo dominus consolationem lugentibus repromittit. aliae vero duae beatitudines pertinent ad opera activae beatitudinis, quae sunt opera virtutum ordinantium hominem ad proximum, a quibus operibus aliqui retrahuntur propter inordinatum amorem proprii boni. et ideo |25| dominus attribuit illa praemia his beatitudinibus, propter quae homines ab eis discedunt. discedunt enim aliqui ab operibus iustitiae, non reddentes debitum, sed potius aliena rapientes ut bonis temporalibus repleantur. et ideo dominus esurientibus iustitiam, saturitatem repromisit. discedunt etiam aliqui ab operibus misericordiae, ne se immisceant miseriis alienis. et ideo dominus misericordibus repromittit misericordiam, per quam ab omni miseria liberentur. aliae vero duae ultimae beatitudines pertinent ad contemplativam felicitatem seu beatitudinem, et ideo secundum convenientiam dispositionum quae ponuntur in merito, praemia redduntur. nam munditia oculi disponit ad clare videndum, unde mundis corde divina visio repromittitur. constituere vero pacem vel in seipso vel inter alios, manifestat hominem esse dei imitatorem, qui est deus unitatis et pacis. et ideo pro praemio redditur ei gloria divinae filiationis, quae est in perfecta coniunctione ad deum per sapientiam consummatam.

ra1 * Ad primum ergo dicendum quod, sicut chrysostomus dicit, ' omnia praemia ista unum sunt in re, scilicet beatitudo aeterna; quam intellectus humanus non capit. et ideo oportuit quod per diversa bona nobis nota, describeretur, observata convenientia ad merita quibus praemia attribuuntur.

ra2 ' Ad secundum dicendum quod, sicut octava beatitudo est firmitas quaedam omnium beatitudinum, ita debentur sibi omnium beatitudinum praemia. et ideo redit ad caput, ut intelligantur sibi consequenter omnia praemia attribui. * vel, secundum ambrosium, " pauperibus spiritu repromittitur regnum caelorum, quantum ad gloriam animae, sed passis persecutionem in corpore, quantum ad gloriam corporis.

ra3 ' Ad tertium dicendum quod etiam praemia secundum additionem se habent ad invicem. nam plus est possidere terram regni caelorum, quam simpliciter habere, multa enim habemus quae non firmiter et pacifice possidemus. plus est etiam consolari in regno, quam habere et possidere, multa enim cum dolore possidemus. plus est etiam saturari quam simpliciter consolari, nam saturitas abundantiam consolationis importat. misericordia vero excedit saturitatem, ut plus scilicet homo accipiat quam meruerit, vel desiderare potuerit. adhuc autem maius est deum videre, sicut maior est qui in curia regis non solum prandet, sed etiam faciem regis videt. summam autem dignitatem in domo regia filius regis habet.

008 ST2 qu70 ar

pr ‘ Deinde considerandum est de fructibus. et circa hoc quaeruntur quatuor. primo, utrum fructus spiritus sancti sint actus. secundo, utrum differant a beatitudinibus. tertio, de eorum numero. quarto, de oppositione eorum ad opera carnis.

008 ST2 qu70 ar1

ag1 ‘ Ad primum sic proceditur. videtur quod fructus spiritus sancti * quos apostolus nominat ad galat. v, ‘ non sint actus. id enim cuius est alius fructus, non debet dici fructus, sic enim in infinitum iretur. sed actuum nostrorum est aliquis fructus, * dicitur enim sap. iii, ° bonorum laborum gloriosus est fructus; * et ioan. iv, ° qui metit, mercedem accipit, et fructum congregat in vitam aeternam. ‘ ergo ipsi actus nostri non dicuntur fructus.

ag2 ‘ Praeterea, * sicut augustinus dicit, in x de trin., ° fruimur cognitis in quibus voluntas propter ipsa delectata conquiescit. ‘ sed voluntas nostra non debet conquiescere in actibus nostris propter se. ergo actus nostri fructus dici non debent.

ag3 ‘ Praeterea, inter fructus spiritus sancti enumerantur ab apostolo aliquae virtutes scilicet caritas, mansuetudo, fides et castitas. virtutes autem non sunt actus, sed habitus, * ut supra dictum est. ‘ ergo fructus non sunt actus.

sc * Sed contra est quod dicitur matth. xii, ° ex fructu arbor cognoscitur; “ idest, ex operibus suis homo, * ut ibi exponitur a sanctis. ‘ ergo ipsi actus humani dicuntur fructus.

co ‘ Respondeo dicendum quod nomen fructus a corporalibus ad spiritualia est translatum. dicitur autem in corporalibus fructus, quod ex planta producitur cum ad perfectionem pervenerit, et quandam in se suavitatem habet. qui quidem fructus ad duo comparari potest, scilicet ad arborem producentem ipsum; et ad hominem qui fructum ex arbore adipiscitur. secundum hoc igitur, nomen fructus in rebus spiritualibus dupliciter accipere possumus, uno modo, ut dicatur fructus hominis, quasi arboris, id quod ab eo producitur; alio modo, ut dicatur fructus hominis id quod homo adipiscitur. non autem omne id quod adipiscitur homo, habet rationem fructus, sed id quod est ultimum, delectationem habens. habet enim homo et agrum et arborem, quae fructus non dicuntur; sed solum id quod est ultimum, quod scilicet ex agro et arbore homo intendit habere. et secundum hoc, fructus hominis dicitur ultimus hominis finis, quo debet frui. si autem dicatur fructus hominis id quod ex homine producitur, sic ipsi actus humani fructus dicuntur, operatio enim est actus secundus operantis, et delectationem habet, si sit conveniens operanti. si igitur operatio hominis procedat ab homine secundum facultatem suae rationis, sic dicitur esse fructus rationis. si vero procedat ab homine secundum altiorem virtutem, quae est virtus spiritus sancti; sic dicitur esse operatio hominis fructus spiritus sancti, quasi cuiusdam divini seminis, * dicitur enim i ioan. iii, |25| ° omnis qui natus est ex deo, peccatum non facit, quoniam semen ipsius in eo manet.

ra1 ‘ Ad primum ergo dicendum quod, cum fructus habeat quodammodo rationem ultimi et finis, nihil prohibet alicuius fructus esse alium fructum, sicut finis ad finem ordinatur. opera igitur nostra inquantum sunt effectus quidam spiritus sancti in nobis operantis, habent rationem fructus, sed inquantum ordinantur ad finem vitae aeternae, sic magis habent rationem florum. * unde dicitur eccli. xxiv, ° flores mei fructus honoris et honestatis.

ra2 ‘ Ad secundum dicendum quod, cum dicitur voluntas in aliquo propter se delectari, potest intelligi dupliciter. uno modo, secundum quod ly propter dicit causam finalem, et sic propter se non delectatur aliquis nisi in ultimo fine. alio modo, secundum quod designat causam formalem, et sic propter se aliquis potest delectari in omni eo quod delectabile est secundum suam formam. sicut patet quod infirmus delectatur in sanitate propter se, sicut in fine; in medicina autem suavi, non sicut in fine, sed sicut in habente saporem delectabilem; in medicina autem austera, nullo modo propter se, sed solum propter aliud. sic igitur dicendum est quod in deo delectari debet homo propter se, sicut propter ultimum finem, in actibus autem virtuosis, non sicut propter finem, sed propter honestatem quam continent, delectabilem virtuosis. unde * ambrosius dicit quod “ opera virtutum dicuntur fructus, ° quia suos possessores sancta et sincera delectatione reficiunt.

ra3 ‘ Ad tertium dicendum quod nomina virtutum sumuntur quandoque pro actibus earum, * sicut augustinus dicit quod ° fides est credere quod non vides; et caritas est motus animi ad diligendum deum et proximum. ‘ et hoc modo sumuntur nomina virtutum in enumeratione fructuum.

008 ST2 qu70 ar2

ag1 ‘ Ad secundum sic proceditur. videtur quod fructus a beatitudinibus non differant. beatitudines enim attribuuntur donis, * ut supra dictum est. ‘ sed dona perficiunt hominem secundum quod movetur a spiritu sancto. ergo beatitudines ipsae sunt fructus spiritus sancti.

ag2 ‘ Praeterea, sicut se habet fructus vitae aeternae ad beatitudinem futuram, quae est rei; ita se habent fructus praesentis vitae ad beatitudines praesentis vitae, quae sunt spei. sed fructus vitae aeternae est ipsa beatitudo futura. ergo fructus vitae praesentis sunt ipsae beatitudines.

ag3 ‘ Praeterea, de ratione fructus est quod sit quiddam ultimum et delectabile. sed hoc pertinet ad rationem beatitudinis, * ut supra dictum est. ‘ ergo eadem ratio est fructus et beatitudinis. ergo non debent ab invicem distingui.

sc ‘ Sed contra, quorum species sunt diversae, ipsa quoque sunt diversa. sed in diversas partes dividuntur et fructus et beatitudines; ut patet per numerationem utrorumque. ergo fructus differunt a beatitudinibus.

co ‘ Respondeo dicendum quod plus requiritur ad rationem beatitudinis, quam ad rationem fructus. nam ad rationem fructus sufficit quod sit aliquid habens rationem ultimi et delectabilis, sed ad rationem beatitudinis, ulterius requiritur quod sit aliquid perfectum et excellens. unde omnes beatitudines possunt dici fructus, sed non convertitur. sunt enim fructus quaecumque virtuosa opera, in quibus homo delectatur. sed beatitudines dicuntur solum perfecta opera, quae etiam, ratione suae perfectionis, magis attribuuntur donis quam virtutibus, * ut supra dictum est.

ra1 ‘ Ad primum ergo dicendum quod ratio illa probat quod beatitudines sint fructus, non autem quod omnes fructus beatitudines sint.

ra2 ‘ Ad secundum dicendum quod fructus vitae aeternae est simpliciter ultimus et perfectus, et ideo in nullo distinguitur a beatitudine futura. fructus autem praesentis vitae non sunt simpliciter ultimi et perfecti, et ideo non omnes fructus sunt beatitudines.

ra3 ‘ Ad tertium dicendum quod aliquid amplius est de ratione beatitudinis quam de ratione fructus, * ut dictum est.

008 ST2 qu70 ar3

ag1 ‘ Ad tertium sic proceditur. videtur quod * apostolus inconvenienter enumeret, ad galat. v, duodecim fructus. alibi enim dicit esse tantum unum fructum praesentis vitae; secundum illud rom. vi, habetis fructum vestrum in sanctificatione et isaiae xxvii dicitur, ° hic est omnis fructus, ut auferatur peccatum. ‘ non ergo ponendi sunt duodecim fructus.

ag2 ‘ Praeterea, fructus est qui ex spirituali semine exoritur, * ut dictum est. * sed dominus, matth. xiii, ponit “ triplicem terrae bonae fructum ex spirituali semine provenientem, scilicet centesimum, et sexagesimum, et trigesimum. ‘ ergo non sunt ponendi duodecim fructus.

ag3 ‘ Praeterea, fructus habet in sui ratione quod sit ultimum et delectabile. sed ratio ista non invenitur in omnibus fructibus * ab apostolo enumeratis, ‘ patientia enim et longanimitas videntur in rebus contristantibus esse; fides autem non habet rationem ultimi, sed magis rationem primi fundamenti. superflue igitur huiusmodi fructus enumerantur.

sc ‘ Sed contra, videtur quod insufficienter et diminute enumerentur. * dictum est enim quod ‘ omnes beatitudines fructus dici possunt, sed non omnes hic enumerantur. nihil etiam hic ponitur ad actum sapientiae pertinens, et multarum aliarum virtutum. ergo videtur quod insufficienter enumerentur fructus.

co ‘ Respondeo dicendum quod numerus duodecim fructuum ab apostolo enumeratorum, conveniens est, et possunt significari per duodecim fructus * de quibus dicitur apoc. ult., ° ex utraque parte fluminis lignum vitae, afferens fructus duodecim. ‘ quia vero fructus dicitur quod ex aliquo principio procedit sicut ex semine vel radice, attendenda est distinctio horum fructuum secundum diversum processum spiritus sancti in nobis. qui quidem processus attenditur secundum hoc, ut primo mens hominis in seipsa ordinetur; secundo vero, ordinetur ad ea quae sunt iuxta; tertio vero, ad ea quae sunt infra. tunc autem bene mens hominis disponitur in seipsa, quando mens hominis bene se habet et in bonis et in malis. prima autem dispositio mentis humanae ad bonum, est per amorem, qui est prima affectio et omnium affectionum radix, * ut supra dictum est. ‘ et ideo inter fructus spiritus primo ponitur caritas; in qua specialiter spiritus sanctus datur, sicut in propria similitudine, cum et ipse sit amor. * unde dicitur rom. v, ° caritas dei diffusa est in cordibus nostris per spiritum sanctum, qui datus est nobis. ‘ ad amorem autem caritatis ex necessitate sequitur gaudium. omnis enim amans gaudet ex coniunctione amati. |25| caritas autem semper habet praesentem deum, quem amat; * secundum illud i ioan. iv, ° qui manet in caritate, in deo manet, et deus in eo. ‘ unde sequela caritatis est gaudium. perfectio autem gaudii est pax, quantum ad duo. primo quidem, quantum ad quietem ab exterioribus conturbantibus, non enim potest perfecte gaudere de bono amato, qui in eius fruitione ab aliis perturbatur; et iterum, qui perfecte cor habet in uno pacatum, a nullo alio molestari potest, cum alia quasi nihil reputet; * unde dicitur in psalmo cxviii, ° pax multa diligentibus legem tuam, et non est illis scandalum, ‘ quia scilicet ab exterioribus non perturbantur, quin deo fruantur. secundo, quantum ad sedationem desiderii fluctuantis, non enim perfecte gaudet de aliquo, cui non sufficit id de quo gaudet. haec autem duo importat pax, scilicet ut neque ab exterioribus perturbemur; et ut desideria nostra conquiescant in uno. unde post caritatem et gaudium, tertio ponitur pax. in malis autem bene se habet mens quantum ad duo primo quidem, ut non perturbetur mens per imminentiam malorum, quod pertinet ad patientiam. secundo, ut non perturbetur in dilatione bonorum, quod pertinet ad longanimitatem, “ nam carere bono habet rationem mali, * ut dicitur in v ethic.. ‘ ad id autem quod est iuxta hominem, scilicet proximum, bene disponitur mens hominis, primo quidem, |50| quantum ad voluntatem bene faciendi. et ad hoc pertinet bonitas. secundo, quantum ad beneficentiae executionem. et ad hoc pertinet benignitas, dicuntur enim benigni quos bonus ignis amoris fervere facit ad benefaciendum proximis. tertio, quantum ad hoc quod aequanimiter tolerentur mala ab eis illata. et ad hoc pertinet mansuetudo, quae cohibet iras. quarto, quantum ad hoc quod non solum per iram proximis non noceamus, sed etiam neque per fraudem vel per dolum. et ad hoc pertinet fides, si pro fidelitate sumatur. sed si sumatur pro fide qua creditur in deum, sic per hanc ordinatur homo ad id quod est supra se, ut scilicet homo intellectum suum deo subiiciat, et per consequens omnia quae ipsius sunt. sed ad id quod infra est, bene disponitur homo, primo quidem, quantum ad exteriores actiones, per modestiam, quae in omnibus dictis et factis modum observat. quantum ad interiores concupiscentias, per continentiam et castitatem, sive haec duo distinguantur per hoc, quod castitas refrenat hominem ad illicitis, continentia vero etiam a licitis; sive per hoc quod continens patitur concupiscentias sed non deducitur, castus autem neque patitur neque deducitur.

ra1 ‘ Ad primum ergo dicendum quod sanctificatio fit per omnes virtutes per quas etiam peccata tolluntur. unde fructus ibi singulariter nominatur propter unitatem generis, quod in multas species dividitur, secundum quas dicuntur multi fructus.

ra2 ‘ Ad secundum dicendum quod fructus centesimus, sexagesimus et trigesimus non diversificantur secundum diversas species virtuosorum actuum, sed secundum diversos perfectionis gradus etiam unius virtutis. sicut continentia coniugalis dicitur significari per fructum trigesimum; continentia vidualis per sexagesimum; virginalis autem per centesimum. et aliis etiam modis * sancti distinguunt ‘ tres evangelicos fructus secundum tres gradus virtutis. et ponuntur tres gradus, quia cuiuslibet rei perfectio attenditur secundum principium, medium et finem.

ra3 ‘ Ad tertium dicendum quod ipsum quod est in tristitiis non perturbari, rationem delectabilis habet. et fides etiam si accipiatur prout est fundamentum, habet quandam rationem ultimi et delectabilis, secundum quod continet certitudinem, * unde glossa exponit, ° fides, idest de invisibilibus certitudo.

ra4 ‘ Ad quartum dicendum quod, * sicut augustinus dicit, super epistolam ad galat., ° apostolus non hoc ita suscepit, ut doceret quod sunt “ (vel opera carnis, vel fructus spiritus); sed ° ut ostenderet in quo genere illa vitanda, illa vero sectanda sint. ‘ unde potuissent vel plures, vel etiam pauciores fructus enumerari. et tamen omnes donorum et virtutum actus possunt secundum quandam convenientiam ad haec reduci, secundum quod omnes virtutes et dona necesse est quod ordinent mentem aliquo praedictorum modorum. unde et actus sapientiae, et quorumcumque donorum ordinantium ad bonum, reducuntur ad caritatem, gaudium et pacem. ideo tamen potius haec quam alia enumeravit, quia hic enumerata magis important vel fruitionem bonorum, vel sedationem malorum; quod videtur ad rationem fructus pertinere.

008 ST2 qu70 ar4

ag1 ‘ Ad quartum sic proceditur. videtur quod fructus non contrarientur operibus carnis quae * apostolus ‘ enumerat. contraria enim sunt in eodem genere. sed opera carnis non dicuntur fructus. ergo fructus spiritus eis non contrariantur.

ag2 ‘ Praeterea, unum uni est contrarium. * sed plura enumerat apostolus opera carnis quam fructus spiritus. ‘ ergo fructus spiritus et opera carnis non contrariantur.

ag3 ‘ Praeterea, inter fructus spiritus primo ponuntur caritas, gaudium, pax, quibus non correspondent ea quae primo enumerantur inter opera carnis, quae sunt fornicatio, immunditia, impudicitia. ergo fructus spiritus non contrariantur operibus carnis.

sc * Sed contra est quod apostolus dicit ibidem, quod ° caro concupiscit adversus spiritum, et spiritus adversus carnem.

co ‘ Respondeo dicendum quod opera carnis et fructus spiritus possunt accipi dupliciter. uno modo, secundum communem rationem. et hoc modo in communi fructus spiritus sancti contrariantur operibus carnis. spiritus enim sanctus movet humanam mentem ad id quod est secundum rationem, vel potius ad id quod est supra rationem, appetitus autem carnis, qui est appetitus sensitivus, trahit ad bona sensibilia, quae sunt infra hominem. unde sicut motus sursum et motus deorsum contrariantur in naturalibus, ita in operibus humanis contrariantur opera carnis fructibus spiritus. alio modo possunt considerari secundum proprias rationes singulorum fructuum enumeratorum, et operum carnis. et sic non oportet quod singula singulis contraponantur, quia, * sicut dictum est, * apostolus ' non intendit enumerare omnia opera spiritualia, nec omnia opera carnalia. * sed tamen, secundum quandam adaptationem, augustinus, super epistolam ad galat., " contraponit singulis operibus carnis singulos fructus. ° sicut fornicationi, quae est amor explendae libidinis a legitimo connubio solutus, opponitur caritas, per quam anima coniungitur deo in qua etiam est vera castitas. immunditiae autem sunt omnes perturbationes de illa fornicatione conceptae, quibus gaudium tranquillitatis opponitur. idolorum autem servitus, propter quam bellum est gestum adversus evangelium dei, opponitur paci. |25| contra veneficia autem, et inimicitias et contentiones et aemulationes, animositates et dissensiones, opponuntur longanimitas, ad sustinendum mala hominum inter quos vivimus; et ad curandum, benignitas; et ad ignoscendum, bonitas. haeresibus autem opponitur fides, invidiae, mansuetudo; ebrietatibus et comessationibus, continentia.

ra1 ' Ad primum ergo dicendum quod id quod procedit ab arbore contra naturam arboris, non dicitur esse fructus eius, sed magis corruptio quaedam. et quia virtutum opera sunt connaturalia rationi, opera vero vitiorum sunt contra rationem; ideo opera virtutum fructus dicuntur, non autem opera vitiorum.

ra2 ' Ad secundum dicendum quod ° bonum contingit uno modo, malum vero omnifariam, * ut dionysius dicit, iv cap. de div. nom., ' unde et uni virtuti plura vitia opponuntur. et propter hoc, non est mirum si plura ponuntur opera carnis quam fructus spiritus.

ra3 * Ad tertium patet solutio ex dictis.

008 ST2 qu71 ar

pr ' Consequenter considerandum est de vitiis et peccatis. circa quae sex consideranda occurrunt, primo quidem, de ipsis vitiis et peccatis secundum se; secundo, de distinctione eorum; tertio, de comparatione eorum ad invicem; quarto, de subiecto peccati; quinto, de causa eius; sexto, de effectu ipsius. circa primum quaeruntur sex. primo, utrum vitium contrarietur virtuti. secundo, utrum vitium sit contra naturam. tertio, quid sit peius, utrum vitium vel actus vitiosus. quarto, utrum actus vitiosus possit esse simul cum virtute. quinto, utrum in omni peccato sit aliquis actus. sexto, de definitione peccati * quam augustinus ponit, xxii contra faustum, ° peccatum est dictum vel factum vel concupitum contra legem aeternam.

008 ST2 qu71 ar1

ag1 ' Ad primum sic proceditur. videtur quod vitium non contrarietur virtuti. uni enim unum est contrarium, * ut probatur in x metaphys.. ' sed virtuti contrariantur peccatum et malitia. non ergo contrariatur ei vitium, quia vitium dicitur etiam si sit indebita dispositio membrorum corporalium, vel quarumcumque rerum.

ag2 ' Praeterea, virtus nominat quandam perfectionem potentiae. sed vitium nihil nominat ad potentiam pertinens. ergo vitium non contrariatur virtuti.

ag3 * Praeterea, tullius dicit, in iv de tusculanis quaest., quod ° virtus est quaedam sanitas animae. ' sanitati autem opponitur aegritudo vel morbus, magis quam vitium. ergo virtuti non contrariatur vitium.

sc ' Sed contra est quod * dicit augustinus, in libro de perfectione iustitiae, quod ° vitium est qualitas secundum quam malus est animus. ' virtus autem est qualitas quae facit bonum habentem, * ut ex supradictis patet. ' ergo vitium contrariatur virtuti.

co ' Respondeo dicendum quod circa virtutem duo possumus considerare, scilicet ipsam essentiam virtutis; et id ad quod est virtus. in essentia quidem virtutis aliquid considerari potest directe; et aliquid ex consequenti. directe quidem virtus importat dispositionem quandam alicuius convenienter se habentis secundum modum suae naturae, * unde philosophus dicit, in vii physic. quod ° virtus est dispositio perfecti ad optimum; dico autem perfecti, quod est dispositum secundum naturam. ' ex consequenti autem sequitur quod virtus sit bonitas quaedam, in hoc enim consistit uniuscuiusque rei bonitas, quod convenienter se habeat secundum modum suae naturae. id autem ad quod virtus ordinatur, est actus bonus, * ut ex supradictis patet. ' secundum hoc igitur tria inveniuntur opponi virtuti. quorum unum est peccatum, quod opponitur sibi ex parte eius ad quod virtus ordinatur, nam peccatum proprie nominat actum inordinatum, sicut actus virtutis est actus ordinatus et debitus. secundum autem quod ad rationem virtutis consequitur quod sit bonitas quaedam, opponitur virtuti malitia. sed secundum id quod directe est de ratione virtutis, opponitur virtuti vitium, vitium enim uniuscuiusque rei esse videtur quod non sit disposita secundum quod convenit suae naturae. |25| * unde augustinus dicit, in iii de lib. arb., ° quod perfectioni naturae deesse perspexeris, id voca vitium.

ra1 ' Ad primum ergo dicendum quod illa tria non contrariantur virtuti secundum idem, sed peccatum quidem contrariatur secundum quod virtus est operativa boni; malitia autem secundum quod est bonitas quaedam; vitium autem proprie secundum quod est virtus.

ra2 ' Ad secundum dicendum quod virtus non solum importat perfectionem potentiae quae est principium agendi, sed etiam importat debitam dispositionem eius cuius est virtus, et hoc ideo quia unumquodque operatur secundum quod actu est. requiritur ergo quod aliquid sit in se bene dispositum, quod debet esse boni operativum. et secundum hoc virtuti vitium opponitur.

ra3 ' Ad tertium dicendum quod, * sicut tullius dicit, in iv de tusculanis quaest., " morbi et aegrotationes partes sunt vitiositatis, in corporibus enim morbum appellant totius corporis corruptionem, puta febrem vel aliquid huiusmodi; aegrotationem vero, morbum cum imbecillitate; vitium autem, cum partes corporis inter se dissident. ' et quamvis in corpore quandoque sit morbus sine aegrotatione, puta cum aliquis est interius male dispositus, non tamen exterius praepeditur a solitis operationibus; in animo tamen, * ut ipse dicit, ' haec duo non possunt nisi cogitatione secerni. necesse est enim quod quandocumque aliquis interius est male dispositus, habens inordinatum affectum, quod ex hoc imbecillis reddatur ad debitas operationes exercendas, quia unaquaeque arbor ex suo fructu cognoscitur, idest homo ex opere, * ut dicitur matth. xii. ° sed vitium animi, * ut tullius ibidem dicit, ° est habitus aut affectio animi in tota vita inconstans, et a seipsa dissentiens. ' quod quidem invenitur etiam absque morbo vel aegrotatione, ut puta cum aliquis ex infirmitate vel ex passione peccat. unde in plus se habet vitium quam aegrotatio vel morbus, sicut etiam virtus |25| in plus se habet quam sanitas, nam sanitas etiam quaedam virtus * ponitur in vii physic.. ' et ideo virtuti convenientius opponitur vitium quam aegrotatio vel morbus.

008 ST2 qu71 ar2

ag1 ' Ad secundum sic proceditur. videtur quod vitium non sit contra naturam. vitium enim contrariatur virtuti, * ut dictum est. ' sed virtutes non sunt in nobis a natura, sed causantur in nobis per infusionem aut ab assuetudine, * ut dictum est. ' ergo vitia non sunt contra naturam.

ag2 ' Praeterea, ea quae sunt contra naturam, non possunt assuefieri, " sicut lapis nunquam assuescit ferri sursum, * ut dicitur in ii ethic.. ' sed aliqui assuefiunt ad vitia. ergo vitia non sunt contra naturam.

ag3 ' Praeterea, nihil quod est contra naturam, invenitur in habentibus illam naturam ut in pluribus. sed vitia inveniuntur in hominibus ut in pluribus, * quia, sicut dicitur matth. vii, ° lata est via quae ducit ad perditionem, et multi vadunt per eam. ' ergo vitium non est contra naturam.

ag4 ' Praeterea, peccatum comparatur ad vitium sicut actus ad habitum, * ut ex supradictis patet. ' sed peccatum definitur esse dictum vel factum vel concupitum contra legem dei; * ut patet per augustinum, xxii contra faustum. ' lex autem dei est supra naturam. magis ergo dicendum est quod vitium sit contra legem, quam sit contra naturam.

sc * Sed contra est quod augustinus dicit, in iii de lib. arb., ° omne vitium, eo ipso quod vitium est, contra naturam est.

co * Respondeo dicendum quod, sicut dictum est, ' vitium virtuti contrariatur. virtus autem uniuscuiusque rei consistit in hoc quod sit bene disposita secundum convenientiam suae naturae, * ut supra dictum est. ' unde oportet quod in qualibet re vitium dicatur ex hoc quod est disposita contra id quod convenit naturae. unde et de hoc unaquaeque res vituperatur, ° a vitio autem nomen vituperationis tractum creditur, * ut augustinus dicit, in iii de lib. arb.. ' sed considerandum est quod natura uniuscuiusque rei potissime est forma secundum quam res speciem sortitur. homo autem in specie constituitur per animam rationalem. et ideo id quod est contra ordinem rationis, proprie est contra naturam hominis inquantum est homo; quod autem est secundum rationem, est secundum naturam hominis inquantum est homo. ° bonum autem hominis est secundum rationem esse, et malum hominis est praeter rationem esse, * ut dionysius dicit, iv cap. de div. nom.. ' unde virtus humana, quae hominem facit bonum, et opus ipsius bonum reddit, intantum est secundum naturam hominis, inquantum convenit rationi, vitium autem intantum est contra naturam hominis, inquantum est contra ordinem rationis.

ra1 ' Ad primum ergo dicendum quod virtutes, etsi non causentur a natura secundum suum esse perfectum, tamen inclinant ad id quod est secundum naturam, idest secundum ordinem rationis, * dicit enim tullius, in sua rhetorica, quod ° virtus est habitus in modum naturae rationi consentaneus. ' et hoc modo virtus dicitur esse secundum naturam, et per contrarium intelligitur quod vitium sit contra naturam.

ra2 * Ad secundum dicendum quod philosophus ibi loquitur ' de his quae sunt contra naturam, secundum quod esse contra naturam opponitur ei quod est esse a natura, non autem secundum quod esse contra naturam opponitur ei quod est esse secundum naturam, eo modo quo virtutes dicuntur esse secundum naturam, inquantum inclinant ad id quod naturae convenit.

ra3 ' Ad tertium dicendum quod in homine est duplex natura, scilicet rationalis et sensitiva. et quia per operationem sensus homo pervenit ad actus rationis, ideo plures sequuntur inclinationes naturae sensitivae quam ordinem rationis, plures enim sunt qui assequuntur principium rei, quam qui ad consummationem perveniunt. ex hoc autem vitia et peccata in hominibus proveniunt, quod sequuntur inclinationem naturae sensitivae contra ordinem rationis.

ra4 ' Ad quartum dicendum quod quidquid est contra rationem artificiati, est etiam contra naturam artis, qua artificiatum producitur. lex autem aeterna comparatur ad ordinem rationis humanae sicut ars ad artificiatum. unde eiusdem rationis est quod vitium et peccatum sit contra ordinem rationis humanae, et quod sit contra legem aeternam. * unde augustinus dicit, in iii de lib. arb., quod ° a deo habent omnes naturae quod naturae sunt, et intantum sunt vitiosae, inquantum ab eius, qua factae sunt, arte discedunt.

008 ST2 qu71 ar3

ag1 ' Ad tertium sic proceditur. videtur quod vitium, idest habitus malus sit peius quam peccatum, idest actus malus. sicut enim bonum quod est diuturnius, est melius; ita malum quod est diuturnius, est peius. sed habitus vitiosus est diuturnior quam actus vitiosi, qui statim transeunt. ergo habitus vitiosus est peior quam actus vitiosus.

ag2 ' Praeterea, plura mala sunt magis fugienda quam unum malum. sed habitus malus virtualiter est causa multorum malorum actuum. ergo habitus vitiosus est peior quam actus vitiosus.

ag3 ' Praeterea, causa est potior quam effectus. sed habitus perficit actum tam in bonitate quam in malitia. ergo habitus est potior actu et in bonitate et in malitia.

sc ' Sed contra, pro actu vitioso aliquis iuste punitur, non autem pro habitu vitioso, si non procedat ad actum. ergo actus vitiosus est peior quam habitus vitiosus.

co ' Respondeo dicendum quod habitus medio modo se habet inter potentiam et actum. manifestum est autem quod actus in bono et in malo praeeminet potentiae, * ut dicitur in ix metaphys., ' melius est enim bene agere quam posse bene agere; et similiter vituperabilius est male agere quam posse male agere. unde etiam sequitur quod habitus in bonitate et in malitia medium gradum obtineat inter potentiam et actum, ut scilicet, sicut habitus bonus vel malus praeeminet in bonitate vel malitia potentiae, ita etiam subdatur actui. quod etiam ex hoc apparet, quod habitus non dicitur bonus vel malus nisi ex hoc quod inclinat ad actum bonum vel malum. unde propter bonitatem vel malitiam actus, dicitur habitus bonus vel malus. et sic potior est actus in bonitate vel malitia quam habitus, quia propter quod unumquodque tale, et illud magis est.

ra1 ' Ad primum ergo dicendum quod nihil prohibet aliquid esse simpliciter altero potius, quod tamen secundum quid ab eo deficit. simpliciter enim potius iudicatur quod praeeminet quantum ad id quod per se consideratur in utroque, secundum quid autem quod praeeminet secundum id quod per accidens se habet ad utrumque. * ostensum est autem ex ipsa ratione actus et habitus, quod ' actus est potior in bonitate et malitia quam habitus. quod autem habitus sit diuturnior quam actus, accidit ex eo quod utrumque invenitur in tali natura quae non potest semper agere, et cuius actio est in motu transeunte. unde simpliciter actus est potior tam in bonitate quam in malitia, sed habitus est potior secundum quid.

ra2 ' Ad secundum dicendum quod habitus non est simpliciter plures actus, sed secundum quid, idest virtute. unde ex hoc non potest concludi quod habitus sit simpliciter potior in bonitate vel malitia quam actus.

ra3 ' Ad tertium dicendum quod habitus est causa actus in genere causae efficientis, sed actus est causa habitus in genere causae finalis, secundum quam consideratur ratio boni et mali. et ideo in bonitate et malitia actus praeeminet habitui.

008 ST2 qu71 ar4

ag1 ' Ad quartum sic proceditur. videtur quod actus vitiosus, sive peccatum, non possit simul esse cum virtute. contraria enim non possunt esse simul in eodem. sed peccatum quodammodo contrariatur virtuti, * ut dictum est. ' ergo peccatum non potest simul esse cum virtute.

ag2 ' Praeterea, peccatum est peius quam vitium, idest actus malus quam habitus malus. sed vitium non potest simul esse in eodem cum virtute. ergo neque peccatum.

ag3 ' Praeterea, sicut peccatum accidit in rebus voluntariis, ita et in rebus naturalibus, * ut dicitur in ii physic.. ' sed nunquam in rebus naturalibus accidit peccatum nisi per aliquam corruptionem virtutis naturalis, sicut monstra accidunt corrupto aliquo principio in semine, * ut dicitur in ii physic.. ' ergo etiam in rebus voluntariis non accidit peccatum nisi corrupta aliqua virtute animae. et sic peccatum et virtus non possunt esse in eodem.

sc * Sed contra est quod philosophus dicit, in ii ethic., quod “ per contraria virtus generatur et corrumpitur. ‘ sed unus actus virtuosus non causat virtutem, * ut supra habitum est. ‘ ergo neque unus actus peccati tollit virtutem. possunt ergo simul in eodem esse.

co ‘ Respondeo dicendum quod peccatum comparatur ad virtutem sicut actus malus ad habitum bonum. aliter autem se habet habitus in anima, et forma in re naturali. forma enim naturalis ex necessitate producit operationem sibi convenientem, unde non potest esse simul cum forma naturali actus formae contrariae; sicut non potest esse cum calore actus infrigidationis, neque simul cum levitate motus descensionis, nisi forte ex violentia exterioris moventis. sed habitus in anima non ex necessitate producit suam operationem, sed homo utitur eo cum voluerit. unde simul habitu in homine existente, potest non uti habitu, aut agere contrarium actum. et sic potest habens virtutem procedere ad actum peccati. actus autem peccati, si comparetur ad ipsam virtutem prout est habitus quidam, non potest ipsam corrumpere, si sit unus tantum, sicut enim non generatur habitus per unum actum, ita nec per unum actum corrumpitur, * ut supra dictum est. ‘ sed si comparetur actus peccati ad causam virtutum, sic possibile est quod per unum actum peccati aliquae virtutes corrumpantur. quodlibet enim peccatum mortale contrariatur caritati, quae est radix omnium virtutum infusarum, inquantum sunt virtutes, et ideo per unum actum peccati mortalis, exclusa caritate, excluduntur per consequens omnes virtutes infusae, quantum ad hoc quod sunt virtutes. et hoc dico propter fidem et spem, quarum habitus remanent informes post peccatum mortale, et sic non sunt virtutes. sed peccatum veniale, quod non contrariatur caritati nec excludit ipsam, per consequens etiam non excludit alias virtutes. virtutes vero acquisitae non tolluntur per unum actum cuiuscumque peccati. sic igitur peccatum mortale non potest simul esse cum virtutibus infusis, potest tamen simul esse cum virtutibus acquisitis. peccatum vero veniale potest simul esse et cum virtutibus infusis, et cum acquisitis.

ra1 ‘ Ad primum ergo dicendum quod peccatum non contrariatur virtuti secundum se, sed secundum suum actum. et ideo peccatum non potest simul esse cum actu virtutis, potest tamen simul esse cum habitu.

ra2 ‘ Ad secundum dicendum quod vitium directe contrariatur virtuti, sicut et peccatum actui virtuoso. et ideo vitium excludit virtutem, sicut peccatum excludit actum virtutis.

ra3 ‘ Ad tertium dicendum quod virtutes naturales agunt ex necessitate, et ideo, integra existente virtute, nunquam peccatum potest in actu inveniri. sed virtutes animae non producunt actus ex necessitate, unde non est similis ratio.

008 ST2 qu71 ar5

ag1 ‘ Ad quintum sic proceditur. videtur quod in quolibet peccato sit aliquis actus. sicut enim meritum comparatur ad virtutem, ita peccatum ad vitium comparatur. sed meritum non potest esse absque aliquo actu. ergo nec peccatum potest esse absque aliquo actu.

ag2 * Praeterea, augustinus dicit, in libro de lib. arb., quod ° omne peccatum adeo est voluntarium, quod si non sit voluntarium, non est peccatum. ‘ sed non potest esse aliquid voluntarium nisi per actum voluntatis. ergo omne peccatum habet aliquem actum.

ag3 ‘ Praeterea, si peccatum esset absque aliquo actu, sequeretur quod ex hoc ipso quod aliquis cessat ab actu debito, peccaret. sed continue aliquis cessat ab actu debito, ille scilicet qui nunquam actum debitum operatur. ergo sequeretur quod continue peccaret, quod est falsum. non ergo est aliquod peccatum absque actu.

sc * Sed contra est quod dicitur iac. iv, ° scienti bonum facere et non facienti, peccatum est illi. ‘ sed non facere non importat aliquem actum. ergo peccatum potest esse absque actu.

co ‘ Respondeo dicendum quod quaestio ista principaliter movetur propter peccatum omissionis, de quo aliqui diversimode opinantur. * quidam enim dicunt quod “ in omni peccato omissionis est aliquis actus vel interior vel exterior. interior quidem, sicut cum aliquis vult non ire ad ecclesiam quando ire tenetur. exterior autem, sicut cum aliquis illa hora qua ad ecclesiam ire tenetur, vel etiam ante, occupat se talibus quibus ab eundo ad ecclesiam impeditur. et hoc quodammodo videtur in primum redire, qui enim vult aliquid cum quo aliud simul esse non potest, ex consequenti vult illo carere; nisi forte non perpendat quod per hoc quod vult facere, impeditur ab eo quod facere tenetur; in quo casu posset per negligentiam culpabilis iudicari. * alii vero dicunt quod “ in peccato omissionis non requiritur aliquis actus, ipsum enim non facere quod quis facere tenetur, peccatum est. ‘ utraque autem opinio secundum aliquid veritatem habet. si enim intelligatur in peccato omissionis illud solum quod per se pertinet ad rationem peccati, sic quandoque omissionis peccatum est cum actu interiori, ut cum aliquis vult non ire ad ecclesiam, quandoque vero absque omni actu vel interiori vel exteriori, sicut cum aliquis hora qua tenetur ire ad ecclesiam, nihil cogitat de eundo vel non eundo ad ecclesiam. si vero in peccato omissionis intelligantur etiam causae vel occasiones omittendi, sic necesse est in peccato omissionis aliquem actum esse. non enim est peccatum omissionis nisi cum aliquis praetermittit quod potest facere et non facere. quod autem aliquis declinet ad non faciendum illud quod potest facere et non facere, non est nisi ex aliqua causa vel occasione coniuncta vel praecedente. et si quidem causa illa non sit in potestate hominis, omissio non habet rationem peccati, sicut cum aliquis propter infirmitatem praetermittit ad ecclesiam ire. si vero causa vel occasio omittendi subiaceat voluntati, omissio habet rationem peccati, et tunc semper oportet quod ista causa, inquantum est voluntaria, habeat aliquem actum, ad minus interiorem voluntatis. qui quidem actus quandoque directe fertur in ipsam omissionem, puta cum aliquis vult non ire ad ecclesiam, vitans laborem. et tunc talis actus per se pertinet ad omissionem, voluntas enim cuiuscumque peccati per se pertinet ad peccatum illud, eo quod voluntarium est de ratione peccati. quandoque autem actus voluntatis directe fertur in aliud, per quod homo impeditur ab actu debito, sive illud in quod fertur voluntas, sit coniunctum omissioni, puta cum aliquis vult ludere quando ad ecclesiam debet ire; sive etiam sit praecedens, puta cum aliquis vult diu vigilare de sero, ex quo sequitur quod non vadat hora matutinali ad ecclesiam. et tunc actus iste interior vel exterior per accidens se habet ad omissionem, quia omissio sequitur praeter intentionem; “ hoc autem dicimus per accidens esse, quod est praeter intentionem, * ut patet in ii physic.. ‘ unde manifestum est quod tunc peccatum omissionis habet quidem aliquem actum coniunctum vel praecedentem, qui tamen per accidens se habet ad peccatum omissionis. iudicium autem de rebus dandum est secundum illud quod est per se, et non secundum illud quod est per accidens. unde verius dici potest quod aliquod peccatum possit esse absque omni actu. alioquin etiam ad essentiam aliorum peccatorum actualium pertinerent actus et occasiones circumstantes.

ra1 ‘ Ad primum ergo dicendum quod plura requiruntur ad bonum quam ad malum, eo quod ° bonum contingit ex tota integra causa, malum autem ex singularibus defectibus, * ut dionysius dicit, iv cap. de div. nom.. ‘ et ideo peccatum potest contingere sive aliquis faciat quod non debet, sive non faciendo quod debet, sed meritum non potest esse nisi aliquis faciat voluntarie quod debet. et ideo meritum non potest esse sine actu, sed peccatum potest esse sine actu.

ra2 ‘ Ad secundum dicendum quod aliquid dicitur voluntarium non solum quia cadit super ipsum actus voluntatis, sed quia in potestate nostra est ut fiat vel non fiat, * ut dicitur in iii ethic.. ‘ unde etiam ipsum non velle potest dici voluntarium, inquantum in potestate hominis est velle et non velle.

ra3 ‘ Ad tertium dicendum quod peccatum omissionis contrariatur praecepto affirmativo, quod obligat semper, sed non ad semper. et ideo solum pro tempore illo aliquis cessando ab actu peccat, pro quo praeceptum affirmativum obligat.

008 ST2 qu71 ar6

ag1 ‘ Ad sextum sic proceditur. videtur quod inconvenienter definiatur peccatum, * cum dicitur, ‘ peccatum est ° dictum vel factum vel concupitum contra legem aeternam. ‘ dictum enim, vel factum, vel concupitum, importat aliquem actum. sed non omne peccatum importat aliquem actum, * ut dictum est. ‘ ergo haec definitio non includit omne peccatum.

ag2 * Praeterea, augustinus dicit, in libro de duabus animabus, ° peccatum est voluntas retinendi vel consequendi quod iustitia vetat. ‘ sed voluntas sub concupiscentia comprehenditur, secundum quod concupiscentia largo modo sumitur, pro omni appetitu. “ ergo suffecisset dicere, peccatum est concupitum contra legem aeternam; nec oportuit addere, dictum vel factum.

ag3 ‘ Praeterea, peccatum proprie consistere videtur in aversione a fine, nam bonum et malum principaliter considerantur secundum finem, * ut ex supradictis patet. * unde et augustinus, in i de lib. arb., per comparationem ad finem “ definit peccatum, dicens quod ° peccare nihil est aliud quam, neglectis rebus aeternis, temporalia sectari, * et in libro octoginta trium quaest., dicit quod ° omnis humana perversitas est uti fruendis et frui utendis. ‘ sed in praemissa definitione nulla fit mentio de aversione a debito fine. ergo insufficienter definitur peccatum.

ag4 ‘ Praeterea, ex hoc dicitur aliquid esse prohibitum, quia legi contrariatur. sed non omnia peccata sunt mala quia prohibita, sed quaedam sunt prohibita quia mala. non ergo in communi definitione peccati debuit poni quod sit contra legem dei.

ag5 ‘ Praeterea, peccatum significat malum hominis actum, * ut ex dictis patet. ‘ sed malum hominis est contra rationem esse, * ut dionysius dicit, iv cap. de div. nom.. ‘ ergo potius debuit dici quod peccatum sit contra rationem, quam quod peccatum sit contra legem aeternam.

sc * In contrarium sufficit auctoritas augustini.

co * Respondeo dicendum quod, sicut ex dictis patet, ‘ peccatum nihil aliud est quam actus humanus malus. quod autem aliquis actus sit humanus, habet ex hoc quod est voluntarius, * sicut ex supradictis patet, ‘ sive sit voluntarius quasi a voluntate elicitus, ut ipsum velle et eligere; sive quasi a voluntate imperatus, ut exteriores actus vel locutionis vel operationis. habet autem actus humanus quod sit malus, ex eo quod caret debita commensuratione. omnis autem commensuratio cuiuscumque rei attenditur per comparationem ad aliquam regulam, a qua si divertat, incommensurata erit. regula autem voluntatis humanae est duplex, una propinqua et homogenea, scilicet ipsa humana ratio; alia vero est prima regula, scilicet lex aeterna, quae est quasi ratio dei. et ideo * augustinus in definitione peccati posuit “ duo, unum quod pertinet ad substantiam actus humani, quod est quasi materiale in peccato, cum dixit, dictum vel factum vel concupitum; aliud autem quod pertinet ad rationem mali, quod est quasi formale in peccato, cum dixit, contra legem aeternam.

ra1 ‘ Ad primum ergo dicendum quod affirmatio et negatio reducuntur ad idem genus, sicut in divinis genitum et ingenitum ad relationem, * ut augustinus dicit, in v de trin.. ‘ et ideo pro eodem est accipiendum dictum et non dictum, factum et non factum.

ra2 ‘ Ad secundum dicendum quod prima causa peccati est in voluntate, quae imperat omnes actus voluntarios, in quibus solum invenitur peccatum, * et ideo augustinus quandoque per solam voluntatem definit peccatum. ‘ sed quia etiam ipsi exteriores actus pertinent ad substantiam peccati, cum sint secundum se mali, * ut dictum est, ‘ necesse fuit quod in definitione peccati poneretur etiam aliquid pertinens ad exteriores actus.

ra3 ‘ Ad tertium dicendum quod lex aeterna primo et principaliter ordinat hominem ad finem, consequenter autem facit hominem bene se habere circa ea quae sunt ad finem. * et ideo in hoc quod dicit “ contra legem aeternam, tangit aversionem a fine, et omnes alias inordinationes.

ra4 ‘ Ad quartum dicendum quod, cum dicitur quod non omne peccatum ideo est malum quia est prohibitum, intelligitur de prohibitione facta per ius positivum. si autem referatur ad ius naturale, quod continetur primo quidem in lege aeterna, secundario vero in naturali iudicatorio rationis humanae, tunc omne peccatum est malum quia prohibitum, ex hoc enim ipso quod est inordinatum, iuri naturali repugnat.

ra5 ‘ Ad quintum dicendum quod a theologis consideratur peccatum praecipue secundum quod est offensa contra deum, a philosopho autem morali, secundum quod contrariatur rationi. * et ideo augustinus convenientius definit peccatum ‘ ex hoc quod est contra legem aeternam, quam ex hoc quod est contra rationem, praecipue cum per legem aeternam regulemur in multis quae excedunt rationem humanam, sicut in his quae sunt fidei.

008 ST2 qu72 ar

pr ‘ Deinde considerandum est de distinctione peccatorum vel vitiorum. et circa hoc quaeruntur novem. primo, utrum peccata distinguantur specie secundum obiecta. secundo, de distinctione peccatorum spiritualium et carnalium. tertio, utrum secundum causas. quarto, utrum secundum eos in quos peccatur. quinto, utrum secundum diversitatem reatus. sexto, utrum secundum omissionem et commissionem. septimo, utrum secundum diversum processum peccati. octavo, utrum secundum abundantiam et defectum. nono, utrum secundum diversas circumstantias.

008 ST2 qu72 ar1

ag1 ‘ Ad primum sic proceditur. videtur quod peccata non differant specie secundum obiecta. actus enim humani praecipue dicuntur boni vel mali per comparationem ad finem, * ut supra ostensum est. ‘ cum igitur peccatum nihil aliud sit quam actus hominis malus, * sicut dictum est, ‘ videtur quod secundum fines peccata debeant distingui specie, magis quam secundum obiecta.

ag2 ‘ Praeterea, malum, cum sit privatio, distinguitur specie secundum diversas species oppositorum. sed peccatum est quoddam malum in genere humanorum actuum. ergo peccata magis distinguuntur specie secundum opposita, quam secundum obiecta.

ag3 ‘ Praeterea, si peccata specie differrent secundum obiecta, impossibile esset idem peccatum specie circa diversa obiecta inveniri. sed inveniuntur aliqua huiusmodi peccata, nam superbia est et in rebus spiritualibus et in corporalibus, * ut gregorius dicit, in libro xxxiv moral ; ‘ avaritia etiam est circa diversa genera rerum. ergo peccata non distinguuntur specie secundum obiecta.

sc ‘ Sed contra est quod peccatum est dictum vel factum vel concupitum contra legem dei. sed dicta vel facta vel concupita distinguuntur specie secundum diversa obiecta, quia actus per obiecta distinguuntur, * ut supra dictum est. ‘ ergo etiam peccata secundum obiecta specie distinguuntur.

co * Respondeo dicendum quod, sicut dictum est, ‘ ad rationem peccati duo concurrunt, scilicet actus voluntarius; et inordinatio eius, quae est per recessum a lege dei. horum autem duorum unum per se comparatur ad peccantem, qui intendit talem actum voluntarium exercere in tali materia, aliud autem, scilicet inordinatio actus, per accidens se habet ad intentionem peccantis; " nullus enim intendens ad malum operatur, * ut dionysius dicit, iv cap. de div. nom.. ' manifestum est autem quod unumquodque, consequitur speciem secundum illud quod est per se, non autem secundum id quod est per accidens, quia ea quae sunt per accidens, sunt extra rationem speciei. et ideo peccata specie distinguuntur ex parte actuum voluntariorum, magis quam ex parte inordinationis in peccato existentis. actus autem voluntarii distinguuntur specie secundum obiecta, * ut in superioribus ostensum est. ' unde sequitur quod peccata proprie distinguantur specie secundum obiecta.

ra1 ' Ad primum ergo dicendum quod finis principaliter habet rationem boni, et ideo comparatur ad actum voluntatis, qui est primordialis in omni peccato, sicut obiectum. unde in idem redit quod peccata differant secundum obiecta, vel secundum fines.

ra2 ' Ad secundum dicendum quod peccatum non est pura privatio, sed est actus debito ordine privatus. et ideo peccata magis distinguuntur specie secundum obiecta actuum, quam secundum opposita. quamvis etiam si distinguantur secundum opposita virtutes, in idem rediret, virtutes enim distinguuntur specie secundum obiecta, * ut supra habitum est.

ra3 ' Ad tertium dicendum quod nihil prohibet in diversis rebus specie vel genere differentibus, invenire unam formalem rationem obiecti, a qua peccatum speciem recipit. et hoc modo superbia circa diversas res excellentiam quaerit, avaritia vero abundantiam eorum quae usui humano accommodantur.

008 ST2 qu72 ar2

ag1 ' Ad secundum sic proceditur. videtur quod inconvenienter distinguantur peccata spiritualia a carnalibus. * dicit enim apostolus, ad galat. v, ° manifesta sunt opera carnis, quae sunt fornicatio, immunditia, impudicitia, luxuria, idolorum servitus, veneficia, etc., ' ex quo videtur quod omnia peccatorum genera sunt opera carnis. sed peccata carnalia dicuntur opera carnis. ergo non sunt distinguenda peccata carnalia a spiritualibus.

ag2 ' Praeterea, quicumque peccat, secundum carnem ambulat, * secundum illud rom. viii, ° si secundum carnem vixeritis, moriemini; si autem spiritu facta carnis mortificaveritis, vivetis. ' sed vivere vel ambulare secundum carnem, videtur pertinere ad rationem peccati carnalis. ergo omnia peccata sunt carnalia. non ergo sunt distinguenda peccata carnalia a spiritualibus.

ag3 ' Praeterea, superior pars animae, quae est mens vel ratio, spiritus nominatur, * secundum illud ephes. iv, ° renovamini spiritu mentis vestrae, ' ubi " spiritus pro ratione ponitur, * ut ibi glossa dicit. ' sed omne peccatum quod secundum carnem committitur, a ratione derivatur per consensum, quia superioris rationis est consentire in actum peccati, * ut infra dicetur. ' ergo eadem peccata sunt carnalia et spiritualia. non ergo sunt distinguenda ad invicem.

ag4 ' Praeterea, si aliqua peccata specialiter sunt carnalia, hoc potissime intelligendum videtur de illis peccatis quibus aliquis in corpus suum peccat. sed * sicut apostolus dicit, i ad cor. vi, ° omne peccatum quodcumque fecerit homo, extra corpus est, qui autem fornicatur, in corpus suum peccat. ' ergo sola fornicatio esset peccatum carnale, * cum tamen apostolus, ad ephes. v, " etiam avaritiam carnalibus peccatis annumeret.

sc * Sed contra est quod gregorius, xxxi moral., dicit quod ° septem capitalium vitiorum quinque sunt spiritualia, et duo carnalia.

co * Respondeo dicendum quod, sicut dictum est, ' peccata recipiunt speciem ex obiectis. omne autem peccatum consistit in appetitu alicuius commutabilis boni quod inordinate appetitur, et per consequens in eo iam habito inordinate aliquis delectatur. * ut autem ex superioribus patet, ' duplex est delectatio. una quidem animalis, quae consummatur in sola apprehensione alicuius rei ad votum habitae, et haec etiam potest dici delectatio spiritualis, sicut cum aliquis delectatur in laude humana, vel in aliquo huiusmodi. alia vero delectatio est corporalis, sive naturalis, quae in ipso tactu corporali perficitur, quae potest etiam dici delectatio carnalis. sic igitur illa peccata quae perficiuntur in delectatione spirituali, vocantur peccata spiritualia, illa vero quae perficiuntur in delectatione carnali, vocantur peccata carnalia; sicut gula, quae perficitur in delectatione ciborum, et luxuria, quae perficitur in delectatione venereorum. * unde et apostolus dicit ii ad cor. vii. ° emundemus nos ab omni inquinamento, carnis et spiritus.

ra1 ' Ad primum ergo dicendum quod, * sicut glossa ibidem dicit, ' illa vitia dicuntur opera carnis, ° non quia in voluptate carnis perficiantur, sed caro sumitur ibi pro homine, qui dum secundum se vivit, secundum carnem vivere dicitur; * ut etiam augustinus dicit, xiv de civ. dei. ' et huius ratio est ex hoc, quod omnis rationis humanae defectus ex sensu carnali aliquo modo initium habet.

ra2 ' Et per hoc etiam patet responsio ad secundum.

ra3 ' Ad tertium dicendum quod in peccatis etiam carnalibus est aliquis actus spiritualis, scilicet actus rationis, sed finis horum peccatorum, a quo denominantur, est delectatio carnis.

ra4 * Ad quartum dicendum quod, sicut glossa ibidem dicit, ° specialiter in fornicationis peccato servit anima corpori, intantum ut nihil aliud in ipso momento cogitare homini liceat. ' delectatio autem gulae, etsi sit carnalis, non ita absorbet rationem. vel potest dici quod in hoc peccato etiam quaedam iniuria fit corpori, dum inordinate maculatur. et ideo per hoc solum peccatum dicitur specialiter homo in corpus peccare. avaritia vero quae in carnalibus peccatis connumeratur, pro adulterio ponitur, quod est iniusta usurpatio uxoris alienae. vel potest dici quod res in qua delectatur avarus, corporale quoddam est, et quantum ad hoc, connumeratur peccatis carnalibus. sed ipsa delectatio non pertinet ad carnem, sed ad spiritum, * et ideo secundum gregorium, ' est spirituale peccatum.

008 ST2 qu72 ar3

ag1 ' Ad tertium sic proceditur. videtur quod peccata distinguantur specie secundum causas. ab eodem enim habet res speciem, a quo habet esse. sed peccata habent esse ex suis causis. ergo ab eis etiam speciem sortiuntur. differunt ergo specie secundum diversitatem causarum.

ag2 ' Praeterea, inter alias causas minus videtur pertinere ad speciem causa materialis. sed obiectum in peccato est sicut causa materialis. cum ergo secundum obiecta peccata specie distinguantur, videtur quod peccata multo magis secundum alias causas distinguantur specie.

ag3 * Praeterea, augustinus, super illud psalmi, " incensa igni et suffossa, * dicit quod ° omne peccatum est ex timore male humiliante, vel ex amore male inflammante. * dicitur etiam i ioan. ii, quod ° omne quod est in mundo, aut est concupiscentia carnis, aut concupiscentia oculorum, aut superbia vitae, ' dicitur autem aliquid esse in mundo, propter peccatum, secundum quod mundi nomine amatores mundi significantur, * ut augustinus dicit, super ioan.. gregorius etiam, xxxi moral., distinguit omnia peccata secundum " septem vitia capitalia. ' omnes autem huiusmodi divisiones respiciunt causas peccatorum. ergo videtur quod peccata differant specie secundum diversitatem causarum.

sc ' Sed contra est quia secundum hoc omnia peccata essent unius speciei, cum ex una causa causentur, * dicitur enim eccli. x, quod ° initium omnis peccati est superbia; * et i ad tim. ult., quod ° radix omnium malorum est cupiditas. ' manifestum est autem esse diversas species peccatorum. non ergo peccata distinguuntur specie secundum diversitates causarum.

co ' Respondeo dicendum quod, cum quatuor sint causarum genera, diversimode diversis attribuuntur. causa enim formalis et materialis respiciunt proprie substantiam rei, et ideo substantiae secundum formam et materiam specie et genere distinguuntur. agens autem et finis respiciunt directe motum et operationem, et ideo motus et operationes secundum huiusmodi causas specie distinguuntur; diversimode tamen. nam principia activa naturalia sunt determinata semper ad eosdem actus, et ideo diversae species in actibus naturalibus attenduntur non solum secundum obiecta, quae sunt fines vel termini, sed etiam secundum principia activa; sicut calefacere et infrigidare distinguuntur specie secundum calidum et frigidum. sed principia activa in actibus voluntariis, cuiusmodi sunt actus peccatorum, non se habent ex necessitate ad unum, et ideo ex uno principio activo vel motivo possunt diversae species peccatorum procedere; sicut ex timore male humiliante potest procedere quod homo furetur, et quod occidat, et quod deserat gregem sibi commissum; et haec eadem possunt procedere ex amore. unde manifestum est quod peccata non differant specie secundum diversas causas activas vel motivas; sed solum secundum diversitatem causae finalis. finis autem est obiectum voluntatis, * ostensum est enim supra quod ' actus humani habent speciem ex fine.

ra1 ' Ad primum ergo dicendum quod principia activa in actibus voluntariis, cum non sint determinata ad unum, non sufficiunt ad producendum humanos actus, nisi determinetur voluntas ad unum per intentionem finis; * ut patet per philosophum, in ix metaphys.. ' et ideo a fine perficitur et esse et species peccati.

ra2 ' Ad secundum dicendum quod obiecta, secundum quod comparantur ad actus exteriores, habent rationem materiae circa quam, sed secundum quod comparantur ad actum interiorem voluntatis, habent rationem finium; et ex hoc habent quod dent speciem actui. quamvis etiam secundum quod sunt materia circa quam, habeant rationem terminorum; a quibus motus specificantur, * ut dicitur in v physic. et in x ethic.. ' sed tamen etiam termini motus dant speciem motibus, inquantum habent rationem finis.

ra3 ' Ad tertium dicendum quod illae divisiones peccatorum non dantur ad distinguendas species peccatorum; sed ad manifestandas diversas causas eorum.

008 ST2 qu72 ar4

ag1 ' Ad quartum sic proceditur. videtur quod inconvenienter peccatum distinguatur per peccatum quod est in deum, in proximum, et in seipsum. illud enim quod est commune omni peccato, non debet poni quasi pars in divisione peccati. sed commune est omni peccato quod sit contra deum, ponitur enim in definitione peccati quod sit contra legem dei, * ut supra dictum est. ' non ergo peccatum in deum debet poni quasi pars in divisione peccatorum.

ag2 ' Praeterea, omnis divisio debet fieri per opposita. sed ista tria genera peccatorum non sunt opposita, quicumque enim peccat in proximum, peccat etiam in seipsum et in deum. non ergo peccatum convenienter dividitur secundum haec tria.

ag3 ' Praeterea, ea quae sunt extrinsecus, non conferunt speciem. sed deus et proximus sunt extra nos. ergo per haec non distinguuntur peccata secundum speciem. inconvenienter igitur secundum haec tria peccatum dividitur.

sc ' Sed contra est quod * isidorus, in libro de summo bono, distinguens peccata, dicit quod ° homo dicitur peccare in se, in deum, et in proximum.

co * Respondeo dicendum quod, sicut supra dictum est, ' peccatum est actus inordinatus. triplex autem ordo in homine debet esse. unus quidem secundum comparationem ad regulam rationis, prout scilicet omnes actiones et passiones nostrae debent secundum regulam rationis commensurari. alius autem ordo est per comparationem ad regulam divinae legis, per quam homo in omnibus dirigi debet. et si quidem homo naturaliter esset animal solitarium, hic duplex ordo sufficeret, sed quia " homo est naturaliter animal politicum et sociale, * ut probatur in i polit., ' ideo necesse est quod sit tertius ordo, quo homo ordinetur ad alios homines, quibus convivere debet. horum autem ordinum secundus continet primum, et excedit ipsum. quaecumque enim continentur sub ordine rationis, continentur sub ordine ipsius dei, sed quaedam continentur sub ordine ipsius dei, quae excedunt rationem humanam, sicut ea quae sunt fidei, et quae debentur soli deo. unde qui in talibus peccat, dicitur in deum peccare, sicut haereticus et sacrilegus et blasphemus. similiter etiam secundus ordo includit tertium, et excedit ipsum. quia in omnibus in quibus ordinamur ad proximum, oportet nos dirigi secundum regulam rationis, sed in quibusdam dirigimur secundum rationem quantum ad nos tantum, non autem quantum ad proximum. et quando in his peccatur, dicitur |25| homo peccare in seipsum, sicut patet de guloso, luxurioso et prodigo. quando vero peccat homo in his quibus ad proximum ordinatur, dicitur peccare in proximum, sicut patet de fure et homicida. sunt autem diversa quibus homo ordinatur ad deum, et ad proximum, et ad seipsum. unde haec distinctio peccatorum est secundum obiecta, secundum quae diversificantur species peccatorum. unde haec distinctio peccatorum proprie est secundum diversas peccatorum species. nam et virtutes, quibus peccata opponuntur, secundum hanc differentiam specie distinguuntur; * manifestum est enim ex dictis quod ' virtutibus theologicis homo ordinatur ad deum, temperantia vero et fortitudine ad seipsum, iustitia autem ad proximum.

ra1 ' Ad primum ergo dicendum quod peccare in deum, secundum quod ordo qui est ad deum, includit omnem humanum ordinem, commune est omni peccato. sed quantum ad id quod ordo dei excedit alios duos ordines, sic peccatum in deum est speciale genus peccati.

ra2 ' Ad secundum dicendum quod quando aliqua quorum unum includit alterum, ab invicem distinguuntur, intelligitur fieri distinctio non secundum illud quod unum continetur in altero, sed secundum illud quod unum excedit alterum. sicut patet in divisione numerorum et figurarum, non enim triangulus dividitur contra quadratum secundum quod continetur in eo, sed secundum quod exceditur ab eo; et similiter est de ternario et quaternario.

ra3 ' Ad tertium dicendum quod deus et proximus, quamvis sint exteriora respectu ipsius peccantis, non tamen sunt extranea respectu actus peccati; sed comparantur ad ipsum sicut propria obiecta ipsius.

008 ST2 qu72 ar5

ag1 ' Ad quintum sic proceditur. videtur quod divisio peccatorum quae est secundum reatum, diversificet speciem, puta cum dividitur secundum veniale et mortale. ea enim quae in infinitum differunt, non possunt esse unius speciei, nec etiam unius generis. sed veniale et mortale peccatum differunt in infinitum, veniali enim debetur poena temporalis, mortali poena aeterna; mensura autem poenae respondet quantitati culpae, * secundum illud deut. xxv, ° pro mensura delicti erit et plagarum modus. ' ergo veniale et mortale non sunt unius generis, nedum quod sint unius speciei.

ag2 ' Praeterea, quaedam peccata sunt mortalia ex genere, sicut homicidium et adulterium, quaedam vero ex suo genere sunt peccata venialia, sicut verbum otiosum et risus superfluus. ergo peccatum veniale et mortale specie differunt.

ag3 ' Praeterea, sicut se habet actus virtuosus ad praemium, ita se habet peccatum ad poenam. sed praemium est finis virtuosi actus. ergo et poena est finis peccati. sed peccata distinguuntur specie secundum fines, * ut dictum est. ' ergo etiam distinguuntur spe-

cie secundum reatum poenae.
sc ' Sed contra, ea quae constituunt speciem, sunt priora, sicut differentiae specificae. sed poena sequitur culpam, sicut effectus eius. ergo peccata non differunt specie secundum reatum poenae.
co ' Respondeo dicendum quod eorum quae specie differunt, duplex differentia invenitur. una quidem quae constituit diversitatem specierum, et talis differentia nunquam invenitur nisi in speciebus diversis; sicut rationale et irrationale, animatum et inanimatum. alia autem differentia est consequens diversitatem speciei, et talis differentia, etsi in aliquibus consequatur diversitatem speciei, in aliis tamen potest inveniri in eadem specie; sicut album et nigrum consequuntur diversitatem speciei corvi et cygni, tamen invenitur huiusmodi differentia in eadem hominis specie. dicendum est ergo quod differentia venialis et mortalis peccati, vel quaecumque alia differentia sumitur penes reatum, non potest esse differentia constituens diversitatem speciei. nunquam enim id quod est per accidens, constituit speciem. " id autem quod est praeter intentionem agentis, est per accidens, * ut patet in ii physic.. ' manifestum est autem quod poena est praeter intentionem peccantis. unde per accidens se habet ad peccatum, ex parte ipsius peccantis. ordinatur tamen ad peccatum ab exteriori, scilicet ex iustitia iudicantis, qui secundum diversas conditiones peccatorum diversas poenas infligit. unde differentia quae est ex reatu poenae, potest consequi diversam speciem peccatorum; |25| non autem constituit diversitatem speciei. differentia autem peccati venialis et mortalis consequitur diversitatem inordinationis, quae complet rationem peccati. duplex enim est inordinatio, una per subtractionem principii ordinis; alia qua, salvato principio ordinis, fit inordinatio circa ea quae sunt post principium. sicut in corpore animalis quandoque quidem inordinatio complexionis procedit usque ad destructionem principii vitalis, et haec est mors, quandoque vero, salvo principio vitae, fit inordinatio quaedam in humoribus, et tunc est aegritudo. principium autem totius ordinis in moralibus est finis ultimus, "qui ita se habet in operativis, sicut principium indemonstrabile in speculativis, * ut dicitur in vii ethic.. ' unde quando anima deordinatur per peccatum usque ad aversionem ab ultimo fine, scilicet deo, cui unimur per caritatem, tunc est peccatum mortale, quando vero fit deordinatio citra aversionem a deo, tunc est peccatum veniale. sicut enim in corporalibus deordinatio mortis, quae est per remotionem principii vitae, est irreparabilis secundum naturam; inordinatio autem aegritudinis reparari potest, propter id quod salvatur principium vitae; similiter est in his quae pertinent ad animam. nam in speculativis qui errat circa principia, impersuasibilis est, qui autem errat salvatis principiis, |50| per ipsa principia revocari potest. et similiter in operativis qui peccando avertitur ab ultimo fine, quantum est ex natura peccati, habet lapsum irreparabilem, et ideo dicitur peccare mortaliter, aeternaliter puniendus. qui vero peccat citra aversionem a deo, ex ipsa ratione peccati reparabiliter deordinatur, quia salvatur principium, et ideo dicitur peccare venialiter, quia scilicet non ita peccat ut mereatur interminabilem poenam.
ra1 ' Ad primum ergo dicendum quod peccatum mortale et veniale differunt in infinitum ex parte aversionis, non autem ex parte conversionis, per quam respicit obiectum, unde peccatum speciem habet. unde nihil prohibet in eadem specie inveniri aliquod peccatum mortale et veniale, sicut primus motus in genere adulterii est peccatum veniale; et verbum otiosum, quod plerumque est veniale, potest etiam esse mortale.
ra2 ' Ad secundum dicendum quod ex hoc quod invenitur aliquod peccatum mortale ex genere, et aliquod peccatum veniale ex genere, sequitur quod talis differentia consequatur diversitatem peccatorum secundum speciem, non autem quod causet eam. talis autem differentia potest inveniri etiam in his quae sunt eiusdem speciei, * ut dictum est.
ra3 ' Ad tertium dicendum quod praemium est de intentione merentis vel virtuose agentis, sed poena non est de intentione peccantis, sed magis est contra voluntatem ipsius. unde non est similis ratio.

008 ST2 qu72 ar6

ag1 ' Ad sextum sic proceditur. videtur quod peccatum commissionis et omissionis specie differant. delictum enim contra peccatum dividitur, * ephes. ii, ubi dicitur, ° cum essetis mortui delictis et peccatis vestris. * et exponit ibi glossa, ° delictis, idest dimittendo quae iubentur; et peccatis, scilicet agendo prohibita, ' ex quo patet quod per delictum intelligitur peccatum omissionis, per peccatum, peccatum commissionis. differunt igitur specie, cum ex opposito dividantur, tanquam diversae species.
ag2 ' Praeterea, peccato per se convenit quod sit contra legem dei, ponitur enim in eius definitione, * ut ex supradictis patet. ' sed in lege dei alia sunt praecepta affirmativa, contra quae est peccatum omissionis; et alia praecepta negativa, contra quae est peccatum commissionis. ergo peccatum omissionis et peccatum commissionis differunt specie.
ag3 ' Praeterea, omissio et commissio differunt sicut affirmatio et negatio. sed affirmatio et negatio non possunt esse unius speciei, quia negatio non habet speciem; non entis enim non sunt neque species neque differentiae, * ut philosophus dicit. ' ergo omissio et commissio non possunt esse unius speciei.
sc ' Sed contra, in eadem specie peccati invenitur omissio et commissio, avarus enim et aliena rapit, quod est peccatum commissionis; et sua non dat quibus dare debet, quod est peccatum omissionis. ergo omissio et commissio non differunt specie.
co ' Respondeo dicendum quod in peccatis invenitur duplex differentia, una materialis, et alia formalis. materialis quidem attenditur secundum naturalem speciem actuum peccati, formalis autem secundum ordinem ad unum finem proprium, quod est obiectum proprium. unde inveniuntur aliqui actus materialiter specie differentes, qui tamen formaliter sunt in eadem specie peccati, quia ad idem ordinantur, sicut ad eandem speciem homicidii pertinet iugulatio, lapidatio et perforatio, quamvis actus sint specie differentes secundum speciem naturae. sic ergo si loquamur de specie peccati omissionis et commissionis materialiter, differunt specie, large tamen loquendo de specie, secundum quod negatio vel privatio speciem habere potest. si autem loquamur de specie peccati omissionis et commissionis formaliter, sic non differunt specie, quia ad idem ordinantur, et ex eodem motivo procedunt. avarus enim ad congregandum pecuniam et rapit, et non dat ea quae dare debet; et similiter gulosus ad satisfaciendum gulae, et superflua comedit, et ieiunia debita praetermittit; et idem est videre in ceteris. semper enim in rebus negatio fundatur super aliqua affirmatione, quae est quodammodo causa eius, unde etiam in rebus naturalibus eiusdem rationis est quod ignis calefaciat, et quod non infrigidet.
ra1 ' Ad primum ergo dicendum quod illa divisio quae est per commissionem et omissionem, non est secundum diversas species formales, sed materiales tantum, * ut dictum est.
ra2 ' Ad secundum dicendum quod necesse fuit in lege dei proponi diversa praecepta affirmativa et negativa, ut gradatim homines introducerentur ad virtutem, prius quidem abstinendo a malo, ad quod inducimur per praecepta negativa; et postmodum faciendo bonum, ad quod inducimur per praecepta affirmativa. et sic praecepta affirmativa et negativa non pertinent ad diversas virtutes, sed ad diversos gradus virtutis. et per consequens non oportet quod contrarientur diversis peccatis secundum speciem. peccatum etiam non habet speciem ex parte aversionis, quia secundum hoc est negatio vel privatio, sed ex parte conversionis, secundum quod est actus quidam. unde secundum diversa praecepta legis non diversificantur peccata secundum speciem.
ra3 ' Ad tertium dicendum quod obiectio illa procedit de materiali diversitate speciei. sciendum est tamen quod negatio, etsi proprie non sit in specie, constituitur tamen in specie per reductionem ad aliquam affirmationem quam sequitur.

008 ST2 qu72 ar7

ag1 ' Ad septimum sic proceditur. videtur quod inconvenienter dividatur peccatum in peccatum cordis, oris, et operis. * augustinus enim, in xii de trin., ponit " tres gradus peccati, quorum primus est, cum carnalis sensus illecebram quandam ingerit, quod est peccatum cogitationis, secundus gradus est, quando sola cogitationis delectatione aliquis contentus est; tertius gradus est, quando faciendum decernitur per consensum. ' sed tria haec pertinent ad peccatum cordis. ergo inconvenienter peccatum cordis ponitur quasi unum genus peccati.
ag2 * Praeterea, gregorius, in iv moral., ponit " quatuor gradus peccati, quorum primus est culpa latens in corde; secundus, cum exterius publicatur; tertius est, cum consuetudine roboratur; quartus est, cum usque ad praesumptionem divinae misericordiae, vel ad desperationem, homo procedit. ' ubi non distinguitur peccatum operis a peccato oris; et adduntur duo alii peccatorum gradus. ergo inconveniens fuit prima divisio.
ag3 ' Praeterea, non potest esse peccatum in ore vel in opere, nisi fiat prius in corde. ergo ista peccata specie non differunt. non ergo debent contra se invicem dividi.
sc * Sed contra est quod hieronymus dicit, super ezech., ° tria sunt generalia delicta quibus humanum subiacet genus, aut enim cogitatione, aut sermone, aut opere peccamus.
co ' Respondeo dicendum quod aliqua inveniuntur differre specie dupliciter. uno modo, ex eo quod utrumque habet speciem completam, sicut equus et bos differunt specie. alio modo, secundum diversos gradus in aliqua generatione vel motu accipiuntur diversae species, sicut aedificatio est completa generatio domus, collocatio autem fundamenti et erectio parietis sunt species incompletae, * ut patet per philosophum, in x ethic.; ' et idem etiam potest dici in generationibus animalium. sic igitur peccatum dividitur per haec tria, scilicet peccatum oris, cordis et operis, non sicut per diversas species completas, nam consummatio peccati est in opere, unde peccatum operis habet speciem completam. sed prima inchoatio eius est quasi fundatio in corde; secundus autem gradus eius est in ore, secundum quod homo prorumpit facile ad manifestandum conceptum cordis; tertius autem gradus iam est in consummatione operis. et sic haec tria differunt secundum diversos gradus peccati. patet tamen quod haec tria pertinent ad unam perfectam peccati speciem, cum ab eodem motivo procedant, iracundus enim, ex hoc quod appetit vindictam, primo quidem perturbatur in corde; secundo, in verba contumeliosa prorumpit; tertio vero, procedit usque ad facta iniuriosa. et idem patet in luxuria, et in quolibet alio peccato.
ra1 ' Ad primum ergo dicendum quod omne peccatum cordis convenit in ratione occulti, et secundum hoc ponitur unus gradus. qui tamen per tres gradus distinguitur, scilicet cogitationis, delectationis et consensus.
ra2 ' Ad secundum dicendum quod peccatum oris et operis conveniunt in manifestatione, * et propter hoc a gregorio sub uno computantur. hieronymus autem distinguit " ea, quia in peccato oris est manifestatio tantum, et principaliter intenta, ' in peccato vero operis est principaliter expletio interioris conceptus cordis, sed manifestatio est ex consequenti. consuetudo vero et desperatio sunt gradus consequentes post speciem perfectam peccati, sicut adolescentia et iuventus post perfectam hominis generationem.
ra3 ' Ad tertium dicendum quod peccatum cordis et oris non distinguuntur a peccato operis, quando simul cum eo coniunguntur, sed prout quodlibet horum per se invenitur. sicut etiam pars motus non distinguitur a toto motu, quando motus est continuus, sed solum quando motus sistit in medio.

008 ST2 qu72 ar8

ag1 ' Ad octavum sic proceditur. videtur quod superabundantia et defectus non diversificent species peccatorum. superabundantia enim et defectus differunt secundum magis et minus. sed magis et minus non diversificant speciem. ergo superabundantia et defectus non diversificant speciem peccatorum.
ag2 ' Praeterea, sicut peccatum in agibilibus est ex hoc quod receditur a rectitudine rationis, ita falsitas in speculativis est ex hoc quod receditur a veritate rei. sed non diversificatur species falsitatis ex hoc quod aliquis dicit plus vel minus esse quam sit in re. ergo etiam non diversificatur species peccati ex hoc quod recedit a rectitudine rationis in plus vel in minus.
ag3 ° Praeterea, ex duabus speciebus non constituitur una species, * ut porphyrius dicit. ' sed superabundantia et defectus uniuntur in uno peccato, sunt enim simul quidam illiberales et prodigi, quorum duorum illiberalitas est peccatum secundum defectum, prodigalitas autem secundum superabundantiam. ergo superabundantia et defectus non diversificant speciem peccatorum.
sc ' Sed contra, contraria differunt secundum speciem, " nam contrarietas est differentia secundum formam, * ut dicitur in x metaphys.. ' sed vitia quae differunt secundum superabundantiam et defectum, sunt contraria, sicut illiberalitas prodigalitati. ergo differunt secundum speciem.
co ' Respondeo dicendum quod, cum in peccato sint duo, scilicet ipse actus, et inordinatio eius, prout receditur ab ordine rationis et legis divinae; species peccati attenditur non ex parte inordinationis, quae est praeter intentionem peccantis, * ut supra dictum est; ' sed magis ex parte ipsius actus, secundum quod terminatur ad obiectum, in quod fertur intentio peccantis. et ideo ubicumque occurrit diversum motivum inclinans intentionem ad peccandum, ibi est diversa species peccati. manifestum est autem quod non est idem motivum ad peccandum in peccatis quae sunt secundum superabundantiam, et in peccatis quae sunt secundum defectum; quinimmo sunt contraria motiva; sicut motivum in peccato intemperantiae est amor delectationum corporalium, motivum autem in peccato insensibilitatis est odium earum. unde huiusmodi peccata non solum differunt specie, sed etiam sunt sibi invicem contraria.
ra1 ' Ad primum ergo dicendum quod magis et minus, etsi non sint causa diversitatis speciei, consequuntur tamen quandoque species differentes, prout proveniunt ex diversis formis, sicut si dicatur quod ignis est levior aere. * unde philosophus dicit, in viii ethic., quod " qui posuerunt non esse diversas species amicitiarum propter hoc quod dicuntur secundum magis et minus, non sufficienti crediderunt signo. ' et hoc modo superexcedere rationem, vel deficere ab ea, pertinet ad diversa peccata secundum speciem, inquantum consequuntur diversa motiva.
ra2 ' Ad secundum dicendum quod intentio peccantis non est ut recedat a ratione, et ideo non efficitur eiusdem rationis peccatum superabundantiae et defectus propter recessum ab eadem rationis rectitudine. sed quandoque ille qui dicit falsum, intendit veritatem occultare, unde quantum ad hoc, non refert utrum dicat vel plus vel minus. si tamen recedere a veritate sit praeter intentionem, tunc manifestum est quod ex diversis causis aliquis movetur ad dicendum plus vel minus, et secundum hoc diversa est ratio falsitatis. sicut patet de iactatore, qui superexcedit dicendo falsum, quaerens gloriam; et de deceptore, qui diminuit, evadens debiti solutionem. unde et quaedam falsae opiniones sunt sibi invicem contrariae.

ra3 ‘ Ad tertium dicendum quod prodigus et illiberalis potest esse aliquis secundum diversa, ut scilicet sit aliquis illiberalis in accipiendo quae non debet, et prodigus in dando quae non debet. nihil autem prohibet contraria inesse eidem secundum diversa.

008 ST2 qu72 ar9

ag1 ‘ Ad nonum sic proceditur. videtur quod vitia et peccata diversificentur specie secundum diversas circumstantias. * quia, ut dicit dionysius, iv cap. de div. nom., ° malum contingit ex singularibus defectibus. ‘ singulares autem defectus sunt corruptiones singularum circumstantiarum. ergo ex singulis circumstantiis corruptis singulae species peccatorum consequuntur.
ag2 ‘ Praeterea, peccata sunt quidam actus humani. sed actus humani interdum accipiunt speciem a circumstantiis, * ut supra habitum est. ‘ ergo peccata differunt specie secundum quod diversae circumstantiae corrumpuntur.
ag3 ‘ Praeterea, diversae species gulae assignantur * secundum particulas quae in hoc versiculo continentur, ° praepropere, laute, nimis, ardenter, studiose. ‘ haec autem pertinent ad diversas circumstantias, nam praepropere est antequam oportet, nimis plus quam oportet, et idem patet in aliis. ergo species peccati diversificantur secundum diversas circumstantias.
sc * Sed contra est quod philosophus dicit, in iii et iv ethic., “ quod singula vitia peccant agendo et plus quam oportet, et quando non oportet, et similiter secundum omnes alias circumstantias. ‘ non ergo secundum hoc diversificantur peccatorum species.
co * Respondeo dicendum quod, sicut dictum est, ‘ ubi occurrit aliud motivum ad peccandum, ibi est alia peccati species, quia motivum ad peccandum est finis et obiectum. contingit autem quandoque quod in corruptionibus diversarum circumstantiarum est idem motivum, sicut illiberalis ab eodem movetur quod accipiat quando non oportet, et ubi non oportet, et plus quam oportet, et similiter de aliis circumstantiis; hoc enim facit propter inordinatum appetitum pecuniae congregandae. et in talibus diversarum circumstantiarum corruptiones non diversificant species peccatorum, sed pertinent ad unam et eandem peccati speciem. quandoque vero contingit quod corruptiones diversarum circumstantiarum proveniunt a diversis motivis. puta quod aliquis praepropere comedat, potest provenire ex hoc quod homo non potest ferre dilationem cibi, propter facilem consumptionem humiditatis; quod vero appetat immoderatum cibum, potest contingere propter virtutem naturae potentem ad convertendum multum cibum; quod autem aliquis appetat cibos deliciosos, contingit propter appetitum delectationis quae est in cibo. unde in talibus diversarum circumstantiarum corruptiones inducunt diversas peccati species.
ra1 ‘ Ad primum ergo dicendum quod malum, inquantum huiusmodi, privatio est, et ideo diversificatur specie secundum ea quae privantur, sicut et ceterae privationes. sed peccatum non sortitur speciem ex parte privationis vel aversionis, * ut supra dictum est; ‘ sed ex conversione ad obiectum actus.
ra2 ‘ Ad secundum dicendum quod circumstantia nunquam transfert actum in aliam speciem, nisi quando est aliud motivum.
ra3 ‘ Ad tertium dicendum quod in diversis speciebus gulae diversa sunt motiva, * sicut dictum est.

008 ST2 qu73 ar

pr ‘ Deinde considerandum est de comparatione peccatorum ad invicem. et circa hoc quaeruntur decem. primo, utrum omnia peccata et vitia sint connexa. secundo, utrum omnia sint paria. tertio, utrum gravitas peccatorum attendatur secundum obiecta. quarto, utrum secundum dignitatem virtutum quibus peccata opponuntur. quinto, utrum peccata carnalia sint graviora quam spiritualia. sexto, utrum secundum causas peccatorum attendatur gravitas peccatorum. septimo, utrum secundum circumstantias. octavo, utrum secundum quantitatem nocumenti. nono, utrum secundum conditionem personae in quam peccatur. decimo, utrum propter magnitudinem personae peccantis aggravetur peccatum.

008 ST2 qu73 ar1

ag1 ‘ Ad primum sic proceditur. videtur quod omnia peccata sint connexa. * dicitur enim iac. ii, ° quicumque totam legem servaverit, offendat autem in uno, factus est omnium reus. ‘ sed idem est esse reum omnium mandatorum legis, quod habere omnia peccata, quia, * sicut ambrosius dicit, ° peccatum est transgressio legis divinae, et caelestium inobedientia mandatorum. ‘ ergo quicumque peccat uno peccato, subiicitur omnibus peccatis.
ag2 ‘ Praeterea, quodlibet peccatum excludit virtutem sibi oppositam. sed qui caret una virtute, caret omnibus, * ut patet ex supradictis. ‘ ergo qui peccat uno peccato, privatur omnibus virtutibus. sed qui caret virtute, habet vitium sibi oppositum. ergo qui habet unum peccatum, habet omnia peccata.
ag3 ‘ Praeterea, virtutes omnes sunt connexae quae conveniunt in uno principio, * ut supra habitum est. ‘ sed sicut virtutes conveniunt in uno principio, ita et peccata, “ quia sicut amor dei, qui facit civitatem dei, est principium et radix omnium virtutum, ita amor sui, qui facit civitatem babylonis, est radix omnium peccatorum; * ut patet per augustinum, xiv de civ. dei. ‘ ergo etiam omnia vitia et peccata sunt connexa, ita ut qui unum habet, habeat omnia.
sc ‘ Sed contra, quaedam vitia sunt sibi invicem contraria, * ut patet per philosophum, in ii ethic.. ‘ sed impossibile est contraria simul inesse eidem. ergo impossibile est omnia peccata et vitia esse sibi invicem connexa.
co ‘ Respondeo dicendum quod aliter se habet intentio agentis secundum virtutem ad sequendum rationem, et aliter intentio peccantis ad divertendum a ratione. cuiuslibet enim agentis secundum virtutem intentio est ut rationis regulam sequatur, et ideo omnium virtutum intentio in idem tendit. et propter hoc omnes virtutes habent connexionem ad invicem in ratione recta agibilium, quae est prudentia, * sicut supra dictum est. ‘ sed intentio peccantis non est ad hoc quod recedat ab eo quod est secundum rationem, sed potius ut tendat in aliquod bonum appetibile, a quo speciem sortitur. huiusmodi autem bona in quae tendit intentio peccantis a ratione recedens, sunt diversa, nullam connexionem habentia ad invicem, immo etiam interdum sunt contraria. cum igitur vitia et peccata speciem habeant secundum illud ad quod convertuntur, manifestum est quod, secundum illud quod perficit speciem peccatorum, nullam connexionem habent peccata ad invicem. non enim peccatum committitur in accedendo a multitudine ad unitatem, sicut accidit in virtutibus quae sunt connexae, sed potius in recedendo ab unitate ad multitudinem.
ra1 * Ad primum ergo dicendum quod iacobus loquitur ‘ de peccato non ex parte conversionis, secundum quod peccata distinguuntur, * sicut dictum est, ‘ sed loquitur de eis ex parte aversionis, inquantum scilicet homo peccando recedit a legis mandato. omnia autem legis mandata sunt ab uno et eodem, * ut ipse ibidem dicit, ‘ et ideo idem deus contemnitur in omni peccato. * et ex hac parte dicit quod “ qui offendit in uno, factus est omnium reus, quia scilicet ‘ uno peccato peccando, incurrit poenae reatum ex hoc quod contemnit deum, ex cuius contemptu provenit omnium peccatorum reatus.
ra2 ‘ Ad secundum dicendum quod, * sicut supra dictum est, ‘ non per quemlibet actum peccati tollitur virtus opposita, nam peccatum veniale virtutem non tollit; peccatum autem mortale tollit virtutem infusam, inquantum avertit a deo; sed unus actus peccati etiam mortalis, non tollit habitum virtutis acquisitae. sed si multiplicentur actus intantum quod generetur contrarius habitus, excluditur habitus virtutis acquisitae. qua exclusa, excluditur prudentia, quia cum homo agit contra quamcumque virtutem, agit contra prudentiam. sine prudentia autem nulla virtus moralis esse potest, * ut supra habitum est. ‘ et ideo per consequens excluduntur omnes virtutes morales, quantum ad perfectum et formale esse virtutis, quod habent secundum quod participant prudentiam, remanent tamen inclinationes ad actus virtutum, non habentes rationem virtutis. sed non sequitur quod propter hoc homo incurrat omnia vitia vel peccata. primo quidem, quia uni virtuti plura vitia opponuntur, ita quod virtus potest privari per unum eorum, etsi alterum non adsit. secundo, quia peccatum directe opponitur virtuti quantum ad inclinationem virtutis ad actum, * ut supra dictum est, ‘ unde, remanentibus aliquibus |25| inclinationibus virtuosis, non potest dici quod homo habeat vitia vel peccata opposita.
ra3 ‘ Ad tertium dicendum quod amor dei est congregativus, inquantum affectum hominis a multis ducit in unum, et ideo virtutes, quae ex amore dei causantur, connexionem habent. sed amor sui disgregat affectum hominis in diversa, prout scilicet homo se amat appetendo sibi bona temporalia, quae sunt varia et diversa, et ideo vitia et peccata, quae causantur ex amore sui, non sunt connexa.

008 ST2 qu73 ar2

ag1 ‘ Ad secundum sic proceditur. videtur quod omnia peccata sint paria. hoc enim est peccare, facere quod non licet. sed facere quod non licet, uno et eodem modo in omnibus reprehenditur. ergo peccare uno et eodem modo reprehenditur. non ergo unum peccatum est alio gravius.
ag2 ‘ Praeterea, omne peccatum consistit in hoc quod homo transgreditur regulam rationis, quae ita se habet ad actus humanos, sicut regula linearis in corporalibus rebus. ergo peccare simile est ei quod est lineas transilire. sed lineas transilire est aequaliter et uno modo, etiam si aliquis longius recedat vel propinquius stet, quia privationes non recipiunt magis et minus. ergo omnia peccata sunt aequalia.
ag3 ‘ Praeterea, peccata virtutibus opponuntur. “ sed omnes virtutes aequales sunt, * ut tullius dicit, in paradoxis. ‘ ergo omnia peccata sunt paria.
sc * Sed contra est quod dominus dicit ad pilatum, ioan. xix, ° qui tradidit me tibi, maius peccatum habet. ‘ et tamen constat quod pilatus aliquod peccatum habuit. ergo unum peccatum est maius alio.
co ‘ Respondeo dicendum quod * opinio stoicorum fuit, quam tullius prosequitur in paradoxis, “ quod omnia peccata sunt paria. et ex hoc etiam derivatus est * quorundam haereticorum error, qui, ponentes “ omnia peccata esse paria, dicunt etiam omnes poenas inferni esse pares. et quantum ex verbis tullii perspici potest, stoici movebantur ex hoc quod considerabant peccatum ex parte privationis tantum, prout scilicet est recessus a ratione, unde simpliciter aestimantes quod nulla privatio susciperet magis et minus, posuerunt omnia peccata esse paria. ‘ sed si quis diligenter consideret, inveniet duplex privationum genus. est enim quaedam simplex et pura privatio, quae consistit quasi in corruptum esse, sicut mors est privatio vitae, et tenebra est privatio luminis. et tales privationes non recipiunt magis et minus, quia nihil residuum est de habitu opposito. unde non minus est mortuus aliquis primo die mortis, et tertio vel quarto, quam post annum, quando iam cadaver fuerit resolutum. et similiter non est magis tenebrosa domus, si lucerna sit operta pluribus velaminibus, quam si sit operta uno solo velamine totum lumen intercludente. est autem alia privatio non simplex, sed aliquid retinens de habitu opposito; quae quidem privatio magis consistit in corrumpi, quam in corruptum esse, sicut aegritudo, quae privat |25| debitam commensurationem humorum, ita tamen quod aliquid eius remanet, alioquin non remaneret animal vivum; et simile est de turpitudine, et aliis huiusmodi. huiusmodi autem privationes recipiunt magis et minus ex parte eius quod remanet de habitu contrario, multum enim refert ad aegritudinem vel turpitudinem, utrum plus vel minus a debita commensuratione humorum vel membrorum recedatur. et similiter dicendum est de vitiis et peccatis, sic enim in eis privatur debita commensuratio rationis, ut non totaliter ordo rationis tollatur; alioquin malum, si sit integrum, destruit seipsum, * ut dicitur in iv ethic.; ‘ non enim posset remanere substantia actus, vel affectio agentis, nisi aliquid remaneret de ordine rationis. et ideo multum interest ad gravitatem peccati, utrum plus vel minus recedatur a rectitudine rationis. et secundum hoc dicendum est quod non omnia peccata sunt paria.
ra1 ‘ Ad primum ergo dicendum quod peccata committere non licet, propter aliquam deordinationem quam habent. unde illa quae maiorem deordinationem continent, sunt magis illicita; et per consequens graviora peccata.
ra2 ‘ Ad secundum dicendum quod ratio illa procedit de peccato, ac si esset privatio pura.
ra3 ‘ Ad tertium dicendum quod virtutes sunt aequales proportionaliter in uno et eodem, tamen una virtus praecedit aliam dignitate secundum suam speciem; et unus etiam homo est alio virtuosior in eadem specie virtutis, * ut supra habitum est. ‘ et tamen si virtutes essent pares, non sequeretur vitia esse paria, quia virtutes habent connexionem, non autem vitia seu peccata.

008 ST2 qu73 ar3

ag1 ‘ Ad tertium sic proceditur. videtur quod peccatorum gravitas non varietur secundum obiecta. gravitas enim peccati pertinet ad modum vel qualitatem ipsius peccati. sed obiectum est materia ipsius peccati. ergo secundum diversa obiecta, peccatorum gravitas non variatur.
ag2 ‘ Praeterea, gravitas peccati est intensio malitiae ipsius. peccatum autem non habet rationem malitiae ex parte conversionis ad proprium obiectum, quod est quoddam bonum appetibile; sed magis ex parte aversionis. ergo gravitas peccatorum non variatur secundum diversa obiecta.
ag3 ‘ Praeterea, peccata quae habent diversa obiecta, sunt diversorum generum. sed ea quae sunt diversorum generum, non sunt comparabilia, * ut probatur in vii physic.. ‘ ergo unum peccatum non est gravius altero secundum diversitatem obiectorum.
sc ‘ Sed contra, peccata recipiunt speciem ex obiectis, * ut ex supradictis patet. ‘ sed aliquorum peccatorum unum est gravius altero secundum suam speciem, sicut homicidium furto. ergo gravitas peccatorum differt secundum obiecta.
co ‘ Respondeo dicendum quod, * sicut ex supradictis patet, ‘ gravitas peccatorum differt eo modo quo una aegritudo est alia gravior. sicut enim bonum sanitatis consistit in quadam commensuratione humorum per convenientiam ad naturam animalis, ita bonum virtutis consistit in quadam commensuratione humani actus secundum convenientiam ad regulam rationis. manifestum est autem quod tanto est gravior aegritudo, quanto tollitur debita humorum commensuratio per commensurationem prioris principii, sicut aegritudo quae provenit in corpore humano ex corde, quod est principium vitae, vel ex aliquo quod appropinquat cordi, periculosior est. unde oportet etiam quod peccatum sit tanto gravius, quanto deordinatio contingit circa aliquod principium quod est prius in ordine rationis. ratio autem ordinat omnia in agibilibus ex fine. et ideo quanto peccatum contingit in actibus humanis ex altiori fine, tanto peccatum est gravius. obiecta autem actuum sunt fines eorum, * ut ex supradictis patet. ‘ et ideo secundum diversitatem obiectorum attenditur diversitas gravitatis in peccatis. sicut patet quod res exteriores ordinantur ad hominem sicut ad finem; homo autem ordinatur ulterius in deum sicut in finem. |25| unde peccatum quod est circa ipsam substantiam homi-

nis, sicut homicidium est gravius peccato quod est circa res exteriores, sicut furtum; et adhuc est gravius peccatum quod immediate contra deum committitur, sicut infidelitas, blasphemia et huiusmodi. et in ordine quorumlibet horum peccatorum unum peccatum est gravius altero, secundum quod est circa aliquid principalius vel minus principale. et quia peccata habent speciem ex obiectis, differentia gravitatis quae attenditur penes obiecta, est prima et principalis, quasi consequens speciem.

ra1 ' Ad primum ergo dicendum quod obiectum, etsi sit materia circa quam terminatur actus, habet tamen rationem finis, secundum quod intentio agentis fertur in ipsum, * ut supra dictum est. ' forma autem actus moralis dependet ex fine, * ut ex superioribus patet.

ra2 ' Ad secundum dicendum quod ex ipsa indebita conversione ad aliquod bonum commutabile, sequitur aversio ab incommutabili bono, in qua perficitur ratio mali. et ideo oportet quod secundum diversitatem eorum quae pertinent ad conversionem, sequatur diversa gravitas malitiae in peccatis.

ra3 ' Ad tertium dicendum quod omnia obiecta humanorum actuum habent ordinem ad invicem, et ideo omnes actus humani quodammodo conveniunt in uno genere, secundum quod ordinantur ad ultimum finem. et ideo nihil prohibet omnia peccata esse comparabilia.

008 ST2 qu73 ar4

ag1 ' Ad quartum sic proceditur. videtur quod gravitas peccatorum non differat secundum dignitatem virtutum quibus peccata opponuntur, ut scilicet maiori virtuti gravius peccatum opponatur. * quia ut dicitur prov. xv, ° in abundanti iustitia virtus maxima est. * sed sicut dicit dominus, matth. v, abundans iustitia cohibet iram; ' quae est minus peccatum quam homicidium, quod cohibet minor iustitia. ergo maximae virtuti opponitur minimum peccatum.

ag2 * Praeterea, in ii ethic. dicitur quod " virtus est circa difficile et bonum, ' ex quo videtur quod maior virtus sit circa magis difficile. sed minus est peccatum si homo deficiat in magis difficili, quam si deficiat in minus difficili. ergo maiori virtuti minus peccatum opponitur.

ag3 ' Praeterea, caritas est maior virtus quam fides et spes, * ut dicitur i ad cor. xiii. ' odium autem, quod opponitur caritati, est minus peccatum quam infidelitas vel desperatio, quae opponuntur fidei et spei. ergo maiori virtuti opponitur minus peccatum.

sc * Sed contra est quod philosophus dicit, in viii ethic., quod ° pessimum optimo contrarium est. ' optimum autem in moralibus est maxima virtus; pessimum autem, gravissimum peccatum. ergo maximae virtuti opponitur gravissimum peccatum.

co ' Respondeo dicendum quod virtuti opponitur aliquod peccatum, uno quidem modo principaliter et directe, quod scilicet est circa idem obiectum, nam contraria circa idem sunt. et hoc modo oportet quod maiori virtuti opponatur gravius peccatum. sicut enim ex parte obiecti attenditur maior gravitas peccati, ita etiam maior dignitas virtutis, utrumque enim ex obiecto speciem sortitur, * ut ex supradictis patet. ' unde oportet quod maximae virtuti directe contrarietur maximum peccatum, quasi maxime ab eo distans in eodem genere. alio modo potest considerari oppositio virtutis ad peccatum, secundum quandam extensionem virtutis cohibentis peccatum, quanto enim fuerit virtus maior, tanto magis elongat hominem a peccato sibi contrario, ita quod non solum ipsum peccatum, sed etiam inducentia ad peccatum cohibet. et sic manifestum est quod quanto aliqua virtus fuerit maior, tanto etiam minora peccata cohibet, sicut etiam sanitas, quanto fuerit maior, tanto etiam minores distemperantias excludit. et per hunc modum maiori virtuti minus peccatum opponitur ex parte effectus.

ra1 ' Ad primum ergo dicendum quod ratio illa procedit de oppositione quae attenditur secundum cohibitionem peccati, sic enim abundans iustitia etiam minora peccata cohibet.

ra2 ' Ad secundum dicendum quod maiori virtuti, quae est circa bonum magis difficile, contrariatur directe peccatum quod est circa malum magis difficile. utrobique enim invenitur quaedam eminentia, ex hoc quod ostenditur voluntas proclivior in bonum vel in malum, ex hoc quod difficultate non vincitur.

ra3 ' Ad tertium dicendum quod caritas non est quicumque amor, sed amor dei. unde non opponitur ei quodcumque odium directe, sed odium dei, quod est gravissimum peccatorum.

008 ST2 qu73 ar5

ag1 ' Ad quintum sic proceditur. videtur quod peccata carnalia non sint minoris culpae quam peccata spiritualia. adulterium enim gravius peccatum est quam furtum, * dicitur enim prov. vi, ° non grandis est culpae cum quis furatus fuerit. qui autem adulter est, propter cordis inopiam perdet animam suam. ' sed furtum pertinet ad avaritiam, quae est peccatum spirituale; adulterium autem ad luxuriam, quae est peccatum carnale. ergo peccata carnalia sunt maioris culpae.

ag2 * Praeterea, augustinus dicit, super levit., quod " diabolus maxime gaudet de peccato luxuriae et idolatriae. ' sed de maiori culpa magis gaudet. ergo, cum luxuria sit peccatum carnale, videtur quod peccata carnalia sint maximae culpae.

ag3 * Praeterea, philosophus probat, in vii ethic., quod ° incontinens concupiscentiae est turpior quam incontinens irae. ' sed ira est peccatum spirituale, * secundum gregorium, xxxi moral.; ' concupiscentia autem pertinet ad peccata carnalia. ergo peccatum carnale est gravius quam peccatum spirituale.

sc * Sed contra est quod gregorius dicit, quod " peccata carnalia sunt minoris culpae, et maioris infamiae.

co ' Respondeo dicendum quod peccata spiritualia sunt maioris culpae quam peccata carnalia. quod non est sic intelligendum quasi quodlibet peccatum spirituale sit maioris culpae quolibet peccato carnali, sed quia, considerata hac sola differentia spiritualitatis et carnalitatis, graviora sunt quam cetera peccata, ceteris paribus. cuius ratio triplex potest assignari. prima quidem ex parte subiecti. nam peccata spiritualia pertinent ad spiritum, cuius est converti ad deum et ab eo averti, peccata vero carnalia consummantur in delectatione carnalis appetitus, ad quem principaliter pertinet ad bonum corporale converti. et ideo peccatum carnale, inquantum huiusmodi, plus habet de conversione, propter quod etiam est maioris adhaesionis, sed peccatum spirituale habet plus de aversione, ex qua procedit ratio culpae. et ideo peccatum spirituale, inquantum huiusmodi, est maioris culpae. secunda ratio potest sumi ex parte eius in quem peccatur. nam peccatum carnale, inquantum huiusmodi, est in corpus proprium; quod est minus diligendum, secundum ordinem caritatis, quam deus et proximus, in quos peccatur per peccata spiritualia. et ideo peccata spiritualia, inquantum huiusmodi, sunt maioris culpae. tertia ratio potest sumi ex parte motivi. quia quanto est gravius impulsivum ad peccandum, tanto homo minus peccat, * ut infra dicetur. |25| ' peccata autem carnalia habent vehementius impulsivum, idest ipsam concupiscentiam carnis nobis innatam. et ideo peccata spiritualia, inquantum huiusmodi, sunt maioris culpae.

ra1 ' Ad primum ergo dicendum quod adulterium non solum pertinet ad peccatum luxuriae, sed etiam pertinet ad peccatum iniustitiae. et quantum ad hoc, potest ad avaritiam reduci; * ut glossa dicit, ad ephes., super illud, ° omnis fornicator, aut immundus, aut avarus. ' et tunc gravius est adulterium quam furtum, quanto homini carior est uxor quam res possessa.

ra2 ' Ad secundum dicendum quod diabolus dicitur maxime gaudere de peccato luxuriae, quia est maximae adhaerentiae, et difficile ab eo homo potest eripi, " insatiabilis est enim delectabilis appetitus * ut philosophus dicit, in iii ethic..

ra3 ' Ad tertium dicendum quod philosophus dicit, " turpiorem esse incontinentem concupiscentiae quam incontinentem irae, quia minus participat de ratione. * et secundum hoc etiam dicit, in iii ethic., quod " peccata intemperantiae sunt maxime exprobrabilia, quia sunt circa illas delectationes quae sunt communes nobis et brutis, unde quodammodo per ista peccata homo brutalis redditur. et * inde est quod, sicut gregorius dicit, sunt maioris infamiae.

008 ST2 qu73 ar6

ag1 ' Ad sextum sic proceditur. videtur quod gravitas peccatorum non attendatur secundum causam peccati. quanto enim peccati causa fuerit maior, tanto vehementius movet ad peccandum, et ita difficilius potest ei resisti. sed peccatum diminuitur ex hoc quod ei difficilius resistitur, hoc enim pertinet ad infirmitatem peccantis, ut non facile resistat peccato; peccatum autem quod est ex infirmitate, levius iudicatur. non ergo peccatum habet gravitatem ex parte suae causae.

ag2 ' Praeterea, concupiscentia est generalis quaedam causa peccati, * unde dicit glossa, super illud rom. vii, ° nam concupiscentiam nesciebam etc., bona est lex, quae, dum concupiscentiam prohibet, omne malum prohibet. ' sed quanto homo fuerit victus maiori concupiscentia, tanto est minus peccatum. gravitas ergo peccati diminuitur ex magnitudine causae.

ag3 ' Praeterea, sicut rectitudo rationis est causa virtuosi actus, ita defectus rationis videtur esse causa peccati. sed defectus rationis, quanto fuerit maior, tanto est minus peccatum, intantum quod qui carent usu rationis, omnino excusentur a peccato; et qui ex ignorantia peccat, levius peccat. ergo gravitas peccati non augetur ex magnitudine causae.

sc ' Sed contra, multiplicata causa, multiplicatur effectus. ergo, si causa peccati maior fuerit, peccatum erit gravius.

co ' Respondeo dicendum quod in genere peccati, sicut et in quolibet alio genere, potest accipi duplex causa. una quae est propria et per se causa peccati, quae est ipsa voluntas peccandi, comparatur enim ad actum peccati sicut arbor ad fructum, * ut dicitur in glossa, super illud matth. vii, ° non potest arbor bona fructus malos facere. ' et huiusmodi causa quanto fuerit maior, tanto peccatum erit gravius, quanto enim voluntas fuerit maior ad peccandum, tanto homo gravius peccat. aliae vero causae peccati accipiuntur quasi extrinsecae et remotae, ex quibus scilicet voluntas inclinatur ad peccandum. et in his causis est distinguendum. quaedam enim harum inducunt voluntatem ad peccandum, secundum ipsam naturam voluntatis, sicut finis, quod est proprium obiectum voluntatis. et ex tali causa augetur peccatum, gravius enim peccat cuius voluntas ex intentione peioris finis inclinatur ad peccandum. aliae vero causae sunt quae inclinant voluntatem ad peccandum, praeter naturam et ordinem ipsius voluntatis, quae nata est moveri libere ex seipsa secundum iudicium rationis. unde causae quae diminuunt iudicium rationis, sicut ignorantia; vel quae diminuunt liberum motum voluntatis, sicut infirmitas vel violentia aut metus, aut aliquid huiusmodi, diminuunt peccatum, sicut et diminuunt voluntarium, |25| intantum quod si actus sit omnino involuntarius, non habet rationem peccati.

ra1 ' Ad primum ergo dicendum quod obiectio illa procedit de causa movente extrinseca, quae diminuit voluntarium, cuius quidem causae augmentum diminuit peccatum, * ut dictum est.

ra2 ' Ad secundum dicendum quod si sub concupiscentia includatur etiam ipse motus voluntatis, sic ubi est maior concupiscentia, est maius peccatum. si vero concupiscentia dicatur passio quaedam, quae est motus vis concupiscibilis, sic maior concupiscentia praecedens iudicium rationis et motum voluntatis, diminuit peccatum, quia qui maiori concupiscentia stimulatus peccat, cadit ex graviori tentatione; unde minus ei imputatur. si vero concupiscentia sic sumpta sequatur iudicium rationis et motum voluntatis, sic ubi est maior concupiscentia, est maius peccatum, insurgit enim interdum maior concupiscentiae motus ex hoc quod voluntas ineffrenate tendit in suum obiectum.

ra3 ' Ad tertium dicendum quod ratio illa procedit de causa quae causat involuntarium, et haec diminuit peccatum, * ut dictum est.

008 ST2 qu73 ar7

ag1 ' Ad septimum sic proceditur. videtur quod circumstantia non aggravet peccatum. peccatum enim habet gravitatem ex sua specie. circumstantia autem non dat speciem peccato, cum sit quoddam accidens eius. ergo gravitas peccati non consideratur ex circumstantia.

ag2 ' Praeterea, aut circumstantia est mala, aut non. si circumstantia mala est, ipsa per se causat quandam speciem mali, si vero non sit mala, non habet unde augeat malum. ergo circumstantia nullo modo auget peccatum.

ag3 ' Praeterea, malitia peccati est ex parte aversionis. sed circumstantiae consequuntur peccatum ex parte conversionis. ergo non augent malitiam peccati.

sc ' Sed contra est quod ignorantia circumstantiae diminuit peccatum, " qui enim peccat ex ignorantia circumstantiae, meretur veniam, * ut dicitur in iii ethic.. ' hoc autem non esset, nisi circumstantia aggravaret peccatum. ergo circumstantia peccatum aggravat.

co ' Respondeo dicendum quod " unumquodque ex eodem natum est augeri, ex quo causatur; * sicut philosophus dicit de habitu virtutis, in ii ethic.. ' manifestum est autem quod peccatum causatur ex defectu alicuius circumstantiae, ex hoc enim receditur ab ordine rationis, quod aliquis in operando non observat debitas circumstantias. unde manifestum est quod peccatum natum est aggravari per circumstantiam. sed hoc quidem contingit tripliciter. uno quidem modo, inquantum circumstantia transfert in aliud genus peccati. sicut peccatum fornicationis consistit in hoc quod homo accedit ad non suam, si autem addatur haec circumstantia, ut illa ad quam accedit sit alterius uxor, transfertur iam in aliud genus peccati, scilicet in iniustitiam, inquantum homo usurpat rem alterius. et secundum hoc, adulterium est gravius peccatum quam fornicatio. aliquando vero circumstantia non aggravat peccatum quasi trahens in aliud genus peccati, sed solum quia multiplicat rationem peccati. sicut si prodigus det quando non debet, et cui non debet, multiplicius peccat eodem genere peccati, quam si solum det cui non debet. et ex hoc ipso peccatum fit gravius, sicut etiam aegritudo est gravior quae plures partes corporis inficit. * unde et tullius dicit, in paradoxis, quod ° in patris vita |25| violanda, multa peccantur, violatur enim is qui procreavit, qui aluit, qui erudivit, qui in sede ac domo, atque in republica collocavit. ' tertio modo circumstantia aggravat peccatum ex eo quod auget deformitatem provenientem ex alia circumstantia. sicut accipere alienum constituit peccatum furti, si autem addatur haec circumstantia, ut multum accipiat de alieno, est peccatum gravius; quamvis accipere multum vel parum, de se non dicat rationem boni vel mali.

ra1 ' Ad primum ergo dicendum quod aliqua circumstantia dat speciem actui morali, * ut supra habitum est. ' et tamen circumstantia quae non dat speciem, potest aggravare peccatum. quia sicut bonitas rei non solum pensatur ex sua specie, sed etiam ex aliquo accidente; ita malitia actus non solum pensatur ex specie actus, sed etiam ex circumstantia.

ra2 ' Ad secundum dicendum quod utroque modo circumstantia potest aggravare peccatum. si enim sit mala, non tamen propter hoc oportet quod semper constituat speciem peccati, potest enim addere ratio-

nem malitiae in eadem specie, * ut dictum est. ' si autem non sit mala, potest aggravare peccatum in ordine ad malitiam alterius circumstantiae.
ra3 ' Ad tertium dicendum quod ratio debet ordinare actum non solum quantum ad obiectum, sed etiam quantum ad omnes circumstantias. et ideo aversio quaedam a regula rationis attenditur secundum corruptionem cuiuslibet circumstantiae, puta si aliquis operetur quando non debet, vel ubi non debet. et huiusmodi aversio sufficit ad rationem mali. hanc autem aversionem a regula rationis, sequitur aversio a deo, cui debet homo per rectam rationem coniungi.

008 ST2 qu73 ar8

ag1 ' Ad octavum sic proceditur. videtur quod gravitas peccati non augeatur secundum maius nocumentum. nocumentum enim est quidam eventus consequens actum peccati. sed eventus sequens non addit ad bonitatem vel malitiam actus, * ut supra dictum est. ' ergo peccatum non aggravatur propter maius nocumentum.
ag2 ' Praeterea, nocumentum maxime invenitur in peccatis quae sunt contra proximum, quia sibi ipsi nemo vult nocere; deo autem nemo potest nocere, * secundum illud iob xxxv, ° si multiplicatae fuerint iniquitates tuae, quid facies contra illum? homini, qui similis tibi est, nocebit impietas tua. ' si ergo peccatum aggravaretur propter maius nocumentum, sequeretur quod peccatum quo quis peccat in proximum, esset gravius peccato quo quis peccat in deum vel in seipsum.
ag3 ' Praeterea, maius nocumentum infertur alicui cum privatur vita gratiae, quam cum privatur vita naturae, quia vita gratiae est melior quam vita naturae, intantum quod homo debet vitam naturae contemnere ne amittat vitam gratiae. sed ille qui inducit aliquam mulierem ad fornicandum, quantum est de se, privat eam vita gratiae, inducens eam ad peccatum mortale. si ergo peccatum esset gravius propter maius nocumentum, sequeretur quod simplex fornicator gravius peccaret quam homicida, quod est manifeste falsum. non ergo peccatum est gravius propter maius nocumentum.
sc * Sed contra est quod augustinus dicit, in iii de lib. arb., ° quia vitium naturae adversatur, tantum additur malitiae vitiorum, quantum integritati naturarum minuitur. ' sed diminutio integritatis naturae est nocumentum. ergo tanto gravius est peccatum, quanto maius est nocumentum.
co ' Respondeo dicendum quod nocumentum tripliciter se habere potest ad peccatum. quandoque enim nocumentum quod provenit ex peccato, est praevisum et intentum, sicut cum aliquis aliquid operatur animo nocendi alteri, ut homicida vel fur. et tunc directe quantitas nocumenti adauget gravitatem peccati, quia tunc nocumentum est per se obiectum peccati. quandoque autem nocumentum est praevisum, sed non intentum, sicut cum aliquis transiens per agrum ut compendiosius vadat ad fornicandum, infert nocumentum his quae sunt seminata in agro, scienter, licet non animo nocendi. et sic etiam quantitas nocumenti aggravat peccatum, sed indirecte, inquantum scilicet ex voluntate multum inclinata ad peccandum, procedit quod aliquis non praetermittat facere damnum sibi vel alii, quod simpliciter non vellet. quandoque autem nocumentum nec est praevisum nec intentum. et tunc si per accidens se habeat ad peccatum, non aggravat peccatum directe, sed propter negligentiam considerandi nocumenta quae consequi possent, imputantur homini ad poenam mala quae eveniunt praeter eius intentionem, si dabat operam rei illicitae. si vero nocumentum per se sequatur ex actu peccati, licet non sit intentum nec praevisum, directe peccatum aggravat, quia quaecumque per se consequuntur ad peccatum, pertinent quodammodo ad ipsam peccati speciem. puta si aliquis publice fornicetur, sequitur scandalum plurimorum, quod quamvis ipse non intendat, nec forte praevideat, directe per hoc aggravatur peccatum. aliter tamen |25| videtur se habere circa nocumentum poenale, quod incurrit ipse qui peccat. huiusmodi enim nocumentum, si per accidens se habeat ad actum peccati, et non sit praevisum nec intentum, non aggravat peccatum, neque sequitur maiorem gravitatem peccati, sicut si aliquis currens ad occidendum, impingat et laedat sibi pedem. si vero tale nocumentum per se consequatur ad actum peccati, licet forte nec sit praevisum nec intentum, tunc maius nocumentum non facit gravius peccatum; sed e converso gravius peccatum inducit gravius nocumentum. sicut aliquis infidelis, qui nihil audivit de poenis inferni, graviorem poenam in inferno patietur pro peccato homicidii quam pro peccato furti, quia enim hoc nec intendit nec praevidet, non aggravatur ex hoc peccatum (sicut contingit circa fidelem, qui ex hoc ipso videtur peccare gravius, quod maiores poenas contemnit ut impleat voluntatem peccati), sed gravitas huiusmodi nocumenti solum causatur ex gravitate peccati.
ra1 ' Ad primum ergo dicendum quod, * sicut etiam supra dictum est, cum de bonitate et malitia exteriorum actuum ageretur, ' eventus sequens, si sit praevisus et intentus, addit ad bonitatem vel malitiam actus.
ra2 ' Ad secundum dicendum quod, quamvis nocumentum aggravet peccatum, non tamen sequitur quod ex solo nocumento peccatum aggravetur, quinimmo peccatum per se est gravius propter inordinationem, * ut supra dictum est. ' unde et ipsum nocumentum aggravat peccatum, inquantum facit actum esse magis inordinatum. unde non sequitur quod, si nocumentum maxime habeat locum in peccatis quae sunt contra proximum, quod illa peccata sunt gravissima, quia multo maior inordinatio invenitur in peccatis quae sunt contra deum, et in quibusdam eorum quae sunt contra seipsum. et tamen potest dici quod, etsi deo nullus possit nocere quantum ad eius substantiam, potest tamen nocumentum attentare in his quae dei sunt, sicut extirpando fidem, violando sacra, quae sunt peccata gravissima. sibi etiam aliquis quandoque scienter et volenter infert nocumentum, sicut patet in his qui se interimunt, licet finaliter hoc referant ad aliquod bonum apparens, puta ad hoc quod liberentur ab aliqua angustia.
ra3 ' Ad tertium dicendum quod illa ratio non sequitur, propter duo. primo quidem, quia homicida intendit directe nocumentum proximi, fornicator autem qui provocat mulierem, non intendit nocumentum, sed delectationem. secundo, quia homicida est per se et sufficiens causa corporalis mortis, spiritualis autem mortis nullus potest esse alteri causa per se et sufficiens; quia nullus spiritualiter moritur nisi propria voluntate peccando.

008 ST2 qu73 ar9

ag1 ' Ad nonum sic proceditur. videtur quod propter conditionem personae in quam peccatur, peccatum non aggravetur. si enim hoc esset, maxime aggravaretur ex hoc quod aliquis peccat contra aliquem virum iustum et sanctum. sed ex hoc non aggravatur peccatum, minus enim laeditur ex iniuria illata virtuosus, qui aequanimiter tolerat, quam alii, qui etiam interius scandalizati laeduntur. ergo conditio personae in quam peccatur, non aggravat peccatum.
ag2 ' Praeterea, si conditio personae aggravaret peccatum, maxime aggravaretur ex propinquitate, quia * sicut tullius dicit in paradoxis, ° in servo necando semel peccatur, in patris vita violanda multa peccantur. ' sed propinquitas personae in quam peccatur, non videtur aggravare peccatum, quia unusquisque sibi ipsi maxime est propinquus; et tamen minus peccat qui aliquod damnum sibi infert, quam si inferret alteri, puta si occideret equum suum, quam si occideret equum alterius, * ut patet per philosophum, in v ethic.. ' ergo propinquitas personae non aggravat peccatum.
ag3 ' Praeterea, conditio personae peccantis praecipue aggravat peccatum ratione dignitatis vel scientiae, * secundum illud sap. vi, ° potentes potenter tormenta patientur; * et luc. xii, ° servus sciens voluntatem domini, et non faciens, plagis vapulabit multis. ' ergo, pari ratione, ex parte personae in quam peccatur, magis aggravaret peccatum dignitas aut scientia personae in quam peccatur. sed non videtur gravius peccare qui facit iniuriam personae ditiori vel potentiori, quam alicui pauperi, quia non est personarum acceptio apud deum, secundum cuius iudicium gravitas peccati pensatur. ergo conditio personae in quam peccatur, non aggravat peccatum.
sc ' Sed contra est quod in sacra scriptura specialiter vituperatur peccatum quod contra servos dei committitur, * sicut iii reg. xix, ° altaria tua destruxerunt, et prophetas tuos occiderunt gladio. ' vituperatur etiam specialiter peccatum commissum contra personas propinquas, * secundum illud mich. vii, ° filius contumeliam facit patri, filia consurgit adversus matrem suam. ' vituperatur etiam specialiter peccatum quod committitur contra personas in dignitate constitutas, * ut patet iob xxxiv, ° qui dicit regi, apostata; qui vocat duces impios. ' ergo conditio personae in quam peccatur, aggravat peccatum.
co ' Respondeo dicendum quod persona in quam peccatur, est quodammodo obiectum peccati. * dictum est autem supra quod ' prima gravitas peccati attenditur ex parte obiecti. ex quo quidem tanto attenditur maior gravitas in peccato, quanto obiectum eius est principalior finis. fines autem principales humanorum actuum sunt deus, ipse homo, et proximus, quidquid enim facimus, propter aliquod horum facimus; quamvis etiam horum trium unum sub altero ordinetur. potest igitur ex parte horum trium considerari maior vel minor gravitas in peccato secundum conditionem personae in quam peccatur. primo quidem, ex parte dei, cui tanto magis aliquis homo coniungitur, quanto est virtuosior vel deo sacratior. et ideo iniuria tali personae illata, magis redundat in deum, * secundum illud zach. ii, ° qui vos tetigerit, tangit pupillam oculi mei. ' unde peccatum fit gravius ex hoc quod peccatur in personam magis deo coniunctam, vel ratione virtutis vel ratione officii. ex parte vero sui ipsius, manifestum est quod tanto aliquis gravius peccat, quanto in magis coniunctam personam, seu naturali necessitudine, seu beneficiis, seu quacumque coniunctione, peccaverit, quia videtur in seipsum magis peccare, et pro tanto gravius peccat, * secundum illud eccli. xiv, ° qui sibi nequam est, cui bonus erit? |25| ' ex parte vero proximi, tanto gravius peccatur, quanto peccatum plures tangit. et ideo peccatum quod fit in personam publicam, puta regem vel principem, qui gerit personam totius multitudinis, est gravius quam peccatum quod committitur contra unam personam privatam, * unde specialiter dicitur exod. xxii, ° principi populi tui non maledices. ' et similiter iniuria quae fit alicui famosae personae, videtur esse gravior, ex hoc quod in scandalum et in turbationem plurimorum redundat.
ra1 ' Ad primum ergo dicendum quod ille qui infert iniuriam virtuoso, quantum est in se, turbat eum et interius et exterius. sed quod iste interius non turbetur, contingit ex eius bonitate, quae non diminuit peccatum iniuriantis.
ra2 ' Ad secundum dicendum quod nocumentum quod quis sibi ipsi infert in his quae subsunt dominio propriae voluntatis, sicut in rebus possessis, habet minus de peccato quam si alteri inferatur, quia propria voluntate hoc agit. sed in his quae non subduntur dominio voluntatis, sicut sunt naturalia et spiritualia bona, est gravius peccatum nocumentum sibi ipsi inferre, gravius enim peccat qui occidit seipsum, quam qui occidit alterum. sed quia res propinquorum nostrorum non subduntur voluntatis nostrae dominio, non procedit ratio quantum ad nocumenta rebus illorum illata, quod circa ea minus peccetur; nisi forte velint, vel ratum habeant.
ra3 ' Ad tertium dicendum quod non est acceptio personarum si deus gravius punit peccantem contra excellentiores personas, hoc enim fit propter hoc quod hoc redundat in plurium nocumentum.

008 ST2 qu73 ar10

ag1 ' Ad decimum sic proceditur. videtur quod magnitudo personae peccantis non aggravet peccatum. homo enim maxime redditur magnus ex hoc quod deo adhaeret, * secundum illud eccli. xxv, ° quam magnus est qui invenit sapientiam et scientiam. sed non est super timentem deum. ' sed quanto aliquis magis deo adhaeret, tanto minus imputatur ei aliquid ad peccatum, * dicitur enim ii paralip. xxx, ° dominus bonus propitiabitur cunctis qui in toto corde requirunt dominum deum patrum suorum, et non imputabitur eis quod minus sanctificati sunt. ' ergo peccatum non aggravatur ex magnitudine personae peccantis.
ag2 ' Praeterea, non est personarum acceptio apud deum, * ut dicitur rom. ii. ' ergo non magis punit pro uno et eodem peccato, unum quam alium. non ergo aggravatur ex magnitudine personae peccantis.
ag3 ' Praeterea, nullus debet ex bono incommodum reportare. reportaret autem, si id quod agit, magis ei imputaretur ad culpam. ergo propter magnitudinem personae peccantis non aggravatur peccatum.
sc * Sed contra est quod isidorus dicit, in ii de summo bono, ° tanto maius cognoscitur peccatum esse, quanto maior qui peccat habetur.
co ' Respondeo dicendum quod duplex est peccatum. quoddam ex subreptione proveniens, propter infirmitatem humanae naturae. et tale peccatum minus imputatur ei qui est maior in virtute, eo quod minus negligit huiusmodi peccata reprimere, quae tamen omnino subterfugere infirmitas humana non sinit. alia vero peccata sunt ex deliberatione procedentia. et ista peccata tanto magis alicui imputantur, quanto maior est. et hoc potest esse propter quatuor. primo quidem, quia facilius possunt resistere peccato maiores, puta qui excedunt in scientia et virtute. * unde dominus dicit, luc. xii, quod ° servus sciens voluntatem domini sui, et non faciens, plagis vapulabit multis. ' secundo, propter ingratitudinem, quia omne bonum quo quis magnificatur, est dei beneficium, cui homo fit ingratus peccando. et quantum ad hoc, quaelibet maioritas, etiam in temporalibus bonis peccatum aggravat, * secundum illud sap. vi, ° potentes potenter tormenta patientur. ' tertio, propter specialem repugnantiam actus peccati ad magnitudinem personae, sicut si princeps iustitiam violet, qui ponitur iustitiae custos; et si sacerdos fornicetur, qui castitatem vovit. quarto, propter exemplum, sive scandalum, quia, * ut gregorius dicit in pastorali, | 25 | ° in exemplum culpa vehementer extenditur, quando pro reverentia gradus peccator honoratur. ' ad plurium etiam notitiam perveniunt peccata magnorum; et magis homines ea indigne ferunt.
ra1 * Ad primum ergo dicendum quod auctoritas illa loquitur ' de his quae per subreptionem infirmitatis humanae negligenter aguntur.
ra2 ' Ad secundum dicendum quod deus non accipit personas, si maiores plus punit, quia ipsorum maioritas facit ad gravitatem peccati, * ut dictum est.
ra3 ' Ad tertium dicendum quod homo magnus non reportat incommodum ex bono quod habet, sed ex malo usu illius.

008 ST2 qu74 ar

pr ' Deinde considerandum est de subiecto vitiorum, sive peccatorum. et circa hoc quaeruntur decem. primo, utrum voluntas possit esse subiectum peccati. secundo, utrum voluntas sola sit peccati subiectum. tertio, utrum sensualitas possit esse subiectum peccati. quarto, utrum possit esse subiectum peccati mortalis. quinto, utrum ratio possit esse subiectum peccati. sexto, utrum delectatio morosa, vel non morosa, sit in ratione inferiori sicut in subiecto. septimo, utrum peccatum consensus in actum sit in superiori ratione sicut in subiecto. octavo, utrum ratio inferior possit esse subiectum peccati mortalis. nono, utrum ratio superior possit esse subiectum peccati venialis. decimo, utrum in ratione superiori possit esse peccatum veniale circa proprium obiectum.

008 ST2 qu74 ar1

ag1 ' Ad primum sic proceditur. videtur quod voluntas non possit esse subiectum peccati. * dicit enim dionysius, in iv cap. de div. nom., quod ° malum est praeter voluntatem et intentionem. ' sed peccatum habet rationem mali. ergo peccatum non potest esse in voluntate.
ag2 ' Praeterea, voluntas est boni, vel apparentis boni. ex hoc autem quod voluntas vult bonum, non peccat, hoc autem quod vult apparens bonum quod non est vere bonum, magis pertinere videtur ad defectum virtutis apprehensivae quam ad defectum voluntatis. ergo peccatum nullo modo est in voluntate.
ag3 ' Praeterea, non potest esse idem subiectum peccati, et causa efficiens, quia causa efficiens et materialis non incidunt in idem, * ut dicitur in ii physic.. ' sed voluntas est causa efficiens peccati, prima enim causa peccandi est voluntas, * ut augustinus dicit, in libro de duabus animabus. ' ergo non est subiectum peccati.
sc * Sed contra est quod augustinus dicit, in libro retract., quod ° voluntas est qua peccatur, et recte vivitur.
co ' Respondeo dicendum quod peccatum quidam actus est, * sicut supra dictum est. ' actuum autem quidam transeunt in exteriorem materiam, ut urere et secare, et huiusmodi actus habent pro materia et subiecto id in quod transit actio; * sicut philosophus dicit, in iii physic., ' quod motus est actus mobilis a movente. quidam vero actus sunt non transeuntes in exteriorem materiam, sed manentes in agente, sicut appetere et cognoscere, et tales actus sunt omnes actus morales, sive sint actus virtutum, sive peccatorum. unde oportet quod proprium subiectum actus peccati sit potentia quae est principium actus. cum autem proprium sit actuum moralium quod sint voluntarii, * ut supra habitum est; ' sequitur quod voluntas, quae est principium actuum voluntariorum, sive bonorum sive malorum, quae sunt peccata, sit principium peccatorum. et ideo sequitur quod peccatum sit in voluntate sicut in subiecto.
ra1 ' Ad primum ergo dicendum quod malum dicitur esse praeter voluntatem, quia voluntas non tendit in ipsum sub ratione mali. sed quia aliquod malum est apparens bonum, ideo voluntas aliquando appetit aliquod malum. et secundum hoc peccatum est in voluntate.
ra2 ' Ad secundum dicendum quod si defectus apprehensivae virtutis nullo modo subiaceret voluntati, non esset peccatum nec in voluntate nec in apprehensiva virtute, sicut patet in his qui habent ignorantiam invincibilem. et ideo relinquitur quod etiam defectus apprehensivae virtutis subiacens voluntati, deputetur in peccatum.
ra3 ' Ad tertium dicendum quod ratio illa procedit in causis efficientibus quarum actiones transeunt in materiam exteriorem, et quae non movent se, sed alia. cuius contrarium est in voluntate. unde ratio non sequitur.

008 ST2 qu74 ar2

ag1 ' Ad secundum sic proceditur. videtur quod sola voluntas sit subiectum peccati. * dicit enim augustinus, in libro de duabus animabus, quod ° non nisi voluntate peccatur. ' sed peccatum est sicut in subiecto in potentia qua peccatur. ergo sola voluntas est subiectum peccati.
ag2 ' Praeterea, peccatum est quoddam malum contra rationem. sed bonum et malum ad rationem pertinens, est obiectum solius voluntatis. ergo sola voluntas est subiectum peccati.
ag3 ' Praeterea, omne peccatum est actus voluntarius, quia, * ut dicit augustinus, in libro de lib. arb., ° peccatum adeo est voluntarium, quod si non sit voluntarium, non est peccatum. ' sed actus aliarum virium non sunt voluntarii nisi inquantum illae vires moventur a voluntate. hoc autem non sufficit ad hoc quod sint subiectum peccati, quia secundum hoc etiam membra exteriora, quae moventur a voluntate, essent subiectum peccati; quod patet esse falsum. ergo sola voluntas est subiectum peccati.
sc ' Sed contra, peccatum virtuti contrariatur. contraria autem sunt circa idem. sed aliae etiam vires animae praeter voluntatem, sunt subiecta virtutum, * ut supra dictum est. ' ergo non sola voluntas est subiectum peccati.
co ' Respondeo dicendum quod, * sicut ex praedictis patet, ' omne quod est principium voluntarii actus, est subiectum peccati. actus autem voluntarii dicuntur non solum illi qui eliciuntur a voluntate, sed etiam illi qui a voluntate imperantur; * ut supra dictum est, cum de voluntario ageretur. ' unde non sola voluntas potest esse subiectum peccati, sed omnes illae potentiae quae possunt moveri ad suos actus, vel ab eis reprimi, per voluntatem. et eaedem etiam potentiae sunt subiecta habituum moralium bonorum vel malorum, quia eiusdem est actus et habitus.
ra1 ' Ad primum ergo dicendum quod non peccatur nisi voluntate sicut primo movente, aliis autem potentiis peccatur sicut ab ea motis.
ra2 ' Ad secundum dicendum quod bonum et malum pertinent ad voluntatem sicut per se obiecta ipsius, sed aliae potentiae habent aliquod determinatum bonum et malum, ratione cuius potest in eis esse et virtus et vitium et peccatum, secundum quod participant voluntate et ratione.
ra3 ' Ad tertium dicendum quod membra corporis non sunt principia actuum, sed solum organa, unde et comparantur ad animam moventem sicut servus, qui agitur et non agit. potentiae autem appetitivae interiores comparantur ad rationem quasi liberae, quia agunt quodammodo et aguntur, * ut patet per id quod dicitur i polit.. ' et praeterea actus exteriorum membrorum sunt actiones in exteriorem materiam transeuntes, sicut patet de percussione in peccato homicidii. et propter hoc non est similis ratio.

008 ST2 qu74 ar3

ag1 ' Ad tertium sic proceditur. videtur quod in sensualitate non possit esse peccatum. peccatum enim est proprium homini, qui ex suis actibus laudatur vel vituperatur. sed sensualitas est communis nobis et brutis. ergo in sensualitate non potest esse peccatum.
ag2 ° Praeterea, nullus peccat in eo quod vitare non potest; * sicut augustinus dicit, in libro de lib. arb.. ' sed homo non potest vitare quin actus sensualitatis sit inordinatus, est enim sensualitas perpetuae corruptionis, quandiu in hac mortali vita vivimus; unde et per serpentem significatur, * ut augustinus dicit, xii de trin.. ' ergo inordinatio motus sensualitatis non est peccatum.
ag3 ' Praeterea, illud quod homo ipse non facit, non imputatur ei ad peccatum. " sed hoc solum videmur nos ipsi facere, quod cum deliberatione rationis facimus; * ut philosophus dicit, in ix ethic.. ' ergo motus sensualitatis qui est sine deliberatione rationis, non imputatur homini ad peccatum.
sc * Sed contra est quod dicitur rom. vii, ° non enim quod volo bonum, hoc ago; sed quod odi malum, illud facio, * quod exponit augustinus de malo concupiscentiae, ' quam constat esse motum quendam sensualitatis. ergo in sensualitate est aliquod peccatum.
co * Respondeo dicendum quod, sicut supra dictum est, ' peccatum potest inveniri in qualibet potentia cuius actus potest esse voluntarius et inordinatus, in quo consistit ratio peccati. manifestum est autem quod actus sensualitatis potest esse voluntarius, inquantum sensualitas, idest appetitus sensitivus, nata est a voluntate moveri. unde relinquitur quod in sensualitate possit esse peccatum.
ra1 ' Ad primum ergo dicendum quod aliquae vires sensitivae partis, etsi sint communes nobis et brutis, tamen in nobis habent aliquam excellentiam ex hoc quod rationi iunguntur, sicut nos, prae aliis animalibus, habemus in parte sensitiva cogitativam et reminiscentiam, * ut in primo dictum est. ' et per hunc modum etiam appetitus sensitivus in nobis prae aliis animalibus habet quandam excellentiam, scilicet quod natus est obedire rationi. et quantum ad hoc, potest esse principium actus voluntarii; et per consequens subiectum peccati.
ra2 ' Ad secundum dicendum quod perpetua corruptio sensualitatis est intelligenda quantum ad fomitem, qui nunquam totaliter tollitur in hac vita, transit enim peccatum originale reatu, et remanet actu. sed talis corruptio fomitis non impedit quin homo rationabili voluntate possit reprimere singulos motus inordinatos sensualitatis, si praesentiat, puta divertendo cogitationem ad alia. sed dum homo ad aliud cogitationem divertit, potest etiam circa illud aliquis inordinatus motus insurgere, sicut cum aliquis transfert cogitationem suam a delectabilibus carnis, volens concupiscentiae motus vitare, ad speculationem scientiae, insurgit quandoque aliquis motus inanis gloriae impraemeditatus. et ideo non potest homo vitare omnes huiusmodi motus, propter corruptionem praedictam, sed hoc solum sufficit ad rationem peccati voluntarii, quod possit vitare singulos.
ra3 ' Ad tertium dicendum quod illud quod homo facit sine deliberatione rationis, non perfecte ipse facit, quia nihil operatur ibi id quod est principale in homine. unde non est perfecte actus humanus. et per consequens non potest esse perfecte actus virtutis vel peccati, sed aliquid imperfectum in genere horum. unde talis motus sensualitatis rationem praeveniens, est peccatum veniale, quod est quiddam imperfectum in genere peccati.

008 ST2 qu74 ar4

ag1 ' Ad quartum sic proceditur. videtur quod in sensualitate possit esse peccatum mortale. actus enim ex obiecto cognoscitur. sed circa obiecta sensualitatis contingit peccare mortaliter, sicut circa delectabilia carnis. ergo actus sensualitatis potest esse peccatum mortale. et ita in sensualitate peccatum mortale invenitur.
ag2 ' Praeterea, peccatum mortale contrariatur virtuti. sed virtus potest esse in sensualitate, temperantia enim et fortitudo sunt virtutes irrationabilium partium, * ut philosophus dicit, in iii ethic.. ' ergo in sensualitate potest esse peccatum mortale, cum contraria sint nata fieri circa idem.
ag3 ' Praeterea, veniale peccatum est dispositio ad mortale. sed dispositio et habitus sunt in eodem. cum igitur veniale peccatum sit in sensualitate, * ut dictum est; ' etiam mortale peccatum esse poterit in eadem.
sc * Sed contra est quod augustinus dicit, in libro retract., et habetur in glossa rom. vii, " inordinatus concupiscentiae motus (qui est peccatum sensualitatis) potest etiam esse in his qui sunt in gratia, ' in quibus tamen peccatum mortale non invenitur. ergo inordinatus motus sensualitatis non est peccatum mortale.
co ' Respondeo dicendum quod, sicut inordinatio corrumpens principium vitae corporalis, causat corporalem mortem; ita etiam inordinatio corrumpens principium spiritualis vitae, quod est finis ultimus, causat mortem spiritualem peccati mortalis, * ut supra dictum est. ' ordinare autem aliquid in finem non est sensualitatis, sed solum rationis. inordinatio autem a fine non est nisi eius cuius est ordinare in finem. unde peccatum mortale non potest esse in sensualitate, sed solum in ratione.
ra1 ' Ad primum ergo dicendum quod actus sensualitatis potest concurrere ad peccatum mortale, sed tamen actus peccati mortalis non habet quod sit peccatum mortale, ex eo quod est sensualitatis; sed ex eo quod est rationis, cuius est ordinare in finem. et ideo peccatum mortale non attribuitur sensualitati, sed rationi.
ra2 ' Ad secundum dicendum quod etiam actus virtutis non perficitur per id quod est sensualitatis tantum, sed magis per id quod est rationis et voluntatis, cuius est eligere, nam actus virtutis moralis non est sine electione. unde semper cum actu virtutis moralis, quae perficit vim appetitivam, est etiam actus prudentiae, quae perficit vim rationalem. et idem est etiam de peccato mortali, * sicut dictum est.
ra3 ' Ad tertium dicendum quod dispositio tripliciter se habet ad id ad quod disponit. quandoque enim est idem et in eodem, sicut scientia inchoata dicitur esse dispositio ad scientiam perfectam. quandoque autem est in eodem, sed non idem, sicut calor est dispositio ad formam ignis. quandoque vero nec idem nec in eodem, sicut in his quae habent ordinem ad invicem ut ex uno perveniatur in aliud, sicut bonitas imaginationis est dispositio ad scientiam, quae est in intellectu. et hoc modo veniale peccatum, quod est in sensualitate, potest esse dispositio ad peccatum mortale, quod est in ratione.

008 ST2 qu74 ar5

ag1 ' Ad quintum sic proceditur. videtur quod peccatum non possit esse in ratione. cuiuslibet enim potentiae peccatum est aliquis defectus ipsius. sed defectus rationis non est peccatum, sed magis excusat peccatum, excusatur enim aliquis a peccato propter ignorantiam. ergo in ratione non potest esse peccatum.
ag2 ' Praeterea, primum subiectum peccati est voluntas, * ut dictum est. ' sed ratio praecedit voluntatem, cum sit directiva ipsius. ergo peccatum esse non potest in ratione.
ag3 ' Praeterea, non potest esse peccatum nisi circa ea quae sunt in nobis. sed perfectio et defectus rationis non est eorum quae sunt in nobis, quidam enim sunt naturaliter ratione deficientes, vel ratione solertes. ergo in ratione non est peccatum.
sc * Sed contra est quod augustinus dicit, in libro xii de trin., " quod peccatum est in ratione inferiori et in ratione superiori.
co ' Respondeo dicendum quod peccatum cuiuslibet potentiae consistit in actu ipsius, * sicut ex dictis patet. ' habet autem ratio duplicem actum, unum quidem secundum se, in comparatione ad proprium obiectum, quod est cognoscere aliquod verum; alius autem actus rationis est inquantum est directiva aliarum virium. utroque igitur modo contingit esse peccatum in ratione. et primo quidem, inquantum errat in cognitione veri, quod quidem tunc imputatur ei ad peccatum, quando habet ignorantiam vel errorem circa id quod potest et debet scire. secundo, quando inordinatos actus inferiorum virium vel imperat, vel etiam post deliberationem non coercet.
ra1 ' Ad primum ergo dicendum quod ratio illa procedit de defectu rationis qui pertinet ad actum proprium respectu proprii obiecti, et hoc quando est defectus cognitionis eius quod quis non potest scire. tunc enim talis defectus rationis non est peccatum, sed excusat a peccato, sicut patet in his quae per furiosos committuntur. si vero sit defectus rationis circa id quod homo potest et debet scire, non omnino homo excusatur a peccato, sed ipse defectus imputatur ei ad peccatum. defectus autem qui est solum in dirigendo alias vires, semper imputatur ei ad peccatum, quia huic defectui occurrere potest per proprium actum.
ra2 * Ad secundum dicendum quod, sicut supra dictum est, ' cum de actibus voluntatis et rationis ageretur, voluntas quodammodo movet et praecedit rationem, et ratio quodammodo voluntatem, unde et motus voluntatis dici potest rationalis, et actus rationis potest dici voluntarius. et secundum hoc in ratione invenitur peccatum, vel prout est defectus eius voluntarius, vel prout actus rationis est principium actus voluntatis.
ra3 ' Ad tertium patet responsio ex dictis.

008 ST2 qu74 ar6

ag1 ‘ Ad sextum sic proceditur. videtur quod peccatum morosae delectationis non sit in ratione. delectatio enim importat motum appetitivae virtutis, * ut supra dictum est. ‘ sed vis appetitiva distinguitur a ratione, quae est vis apprehensiva. ergo delectatio morosa non est in ratione.

ag2 ‘ Praeterea, ex obiectis cognosci potest ad quam potentiam actus pertineat, per quem potentia ordinatur ad obiectum. sed quandoque est delectatio morosa circa bona sensibilia, et non circa bona rationis. ergo peccatum delectationis morosae non est in ratione.

ag3 ‘ Praeterea, morosum dicitur aliquid propter diuturnitatem temporis. sed diuturnitas temporis non est ratio quod aliquis actus pertineat ad aliquam potentiam. ergo delectatio morosa non pertinet ad rationem.

sc * Sed contra est quod augustinus dicit, xii de trin., quod ° consensus illecebrae si sola cogitationis delectatione contentus est, sic habendum existimo velut cibum vetitum mulier sola comederit. * per mulierem autem intelligitur ratio inferior, sicut ibidem ipse exponit. ‘ ergo peccatum morosae delectationis est in ratione.

co * Respondeo dicendum quod, sicut iam dictum est, ‘ peccatum contingit esse in ratione quandoque quidem inquantum est directiva humanorum actuum. manifestum est autem quod ratio non solum est directiva exteriorum actuum, sed etiam interiorum passionum. et ideo quando deficit ratio in directione interiorum passionum, dicitur esse peccatum in ratione, sicut etiam quando deficit in directione exteriorum actuum. deficit autem in directione passionum interiorum dupliciter. uno modo, quando imperat illicitas passiones, sicut quando homo ex deliberatione provocat sibi motum irae vel concupiscentiae. alio modo, quando non reprimit illicitum passionis motum, sicut cum aliquis, postquam deliberavit quod motus passionis insurgens est inordinatus, nihilominus circa ipsum immoratur, et ipsum non expellit. et secundum hoc dicitur peccatum delectationis morosae esse in ratione.

ra1 ‘ Ad primum ergo dicendum quod delectatio quidem est in vi appetitiva sicut in proximo principio, sed in ratione est sicut in primo motivo, * secundum hoc quod supra dictum est, ‘ quod actiones quae non transeunt in exteriorem materiam, sunt sicut in subiecto in suis principiis.

ra2 ‘ Ad secundum dicendum quod ratio actum proprium illicitum habet circa proprium obiectum, sed directionem habet circa omnia obiecta inferiorum virium quae per rationem dirigi possunt. et secundum hoc etiam delectatio circa sensibilia obiecta pertinet ad rationem.

ra3 ‘ Ad tertium dicendum quod delectatio dicitur morosa non ex mora temporis; sed ex eo quod ratio deliberans circa eam immoratur, nec tamen eam repellit, ° tenens et volvens libenter quae statim ut attigerunt animum, respui debuerunt, * ut augustinus dicit, xii de trin..

008 ST2 qu74 ar7

ag1 ‘ Ad septimum sic proceditur. videtur quod peccatum consensus in actum non sit in ratione superiori. consentire enim est actus appetitivae virtutis, * ut supra habitum est. ‘ sed ratio est vis apprehensiva. ergo peccatum consensus in actum non est in ratione superiori.

ag2 ‘ Praeterea, ratio superior intendit rationibus aeternis inspiciendis et consulendis, * ut augustinus dicit, xii de trin.. ‘ sed quandoque consentitur in actum non consultis rationibus aeternis, non enim semper homo cogitat de rebus divinis, quando consentit in aliquem actum. ergo peccatum consensus in actum non semper est in ratione superiori.

ag3 ‘ Praeterea, sicut per rationes aeternas potest homo regulare actus exteriores, ita etiam interiores delectationes, vel alias passiones. sed consensus in delectationem absque hoc quod opere statuatur implendum, est rationis inferioris; * ut dicit augustinus, xii de trin.. ‘ ergo etiam consensus in actum peccati debet interdum attribui rationi inferiori.

ag4 ‘ Praeterea, sicut ratio superior excedit inferiorem, ita ratio excedit vim imaginativam. sed quandoque procedit homo in actum per apprehensionem virtutis imaginativae, absque omni deliberatione rationis, sicut cum aliquis ex impraemeditato movet manum aut pedem. ergo etiam quandoque potest ratio inferior consentire in actum peccati, absque ratione superiori.

sc * Sed contra est quod augustinus dicit, xii de trin., ° si in consensione male utendi rebus quae per sensum corporis sentiuntur, ita decernitur quodcumque peccatum, ut, si potestas sit, etiam corpore compleatur, intelligenda est mulier cibum illicitum viro dedisse, ‘ per quem superior ratio significatur. ergo ad rationem superiorem pertinet consentire in actum peccati.

co ‘ Respondeo dicendum quod consensus importat iudicium quoddam de eo in quod consentitur. sicut enim ratio speculativa iudicat et sententiat de rebus intelligibilibus, ita ratio practica iudicat et sententiat de agendis. est autem considerandum quod in omni iudicio ultima sententia pertinet ad supremum iudicatorium, sicut videmus in speculativis quod ultima sententia de aliqua propositione datur per resolutionem ad prima principia. quandiu enim remanet aliquod principium altius, adhuc per ipsum potest examinari id de quo quaeritur, unde adhuc est suspensum iudicium, quasi nondum data finali sententia. manifestum est autem quod actus humani regulari possunt ex regula rationis humanae, quae sumitur ex rebus creatis, quas naturaliter homo cognoscit; et ulterius ex regula legis divinae, * ut supra dictum est. ‘ unde cum regula legis divinae sit superior, consequens est ut ultima sententia, per quam iudicium finaliter terminatur, pertineat ad rationem superiorem, quae intendit rationibus aeternis. cum autem de pluribus occurrit iudicandum, finale iudicium est de eo quod ultimo occurrit. in actibus autem humanis ultimo occurrit ipse actus; praeambulum autem est delectatio, quae inducit ad actum. et ideo ad rationem superiorem proprie pertinet consensus in actum; ad rationem vero inferiorem, quae habet inferius iudicium, pertinet iudicium praeambulum, quod |25| est de delectatione. quamvis etiam et de delectatione superior ratio iudicare possit, quia quidquid iudicio subditur inferioris, subditur etiam iudicio superioris, sed non convertitur.

ra1 ‘ Ad primum ergo dicendum quod consentire est actus appetitivae virtutis non absolute, sed consequenter ad actum rationis deliberantis et iudicantis, * ut supra dictum est, ‘ in hoc enim terminatur consensus, quod voluntas tendit in id quod est ratione iudicatum. unde consensus potest attribui et voluntati et rationi.

ra2 ‘ Ad secundum dicendum quod ex hoc ipso quod ratio superior non dirigit actus humanos secundum legem divinam, impediens actum peccati, dicitur ipsa consentire; sive cogitet de lege aeterna, sive non. cum enim cogitat de lege dei, actu eam contemnit, cum vero non cogitat, eam negligit per modum omissionis cuiusdam. unde omnibus modis consensus in actum peccati procedit ex superiori ratione, * quia, ut augustinus dicit, xii de trin., ° non potest peccatum efficaciter perpetrandum mente decerni, nisi illa mentis intentio penes quam summa potestas est membra in opus movendi vel ab opere cohibendi, malae actioni cedat aut serviat.

ra3 ‘ Ad tertium dicendum quod ratio superior, per considerationem legis aeternae, sicut potest dirigere vel cohibere actum exteriorem, ita etiam delectationem interiorem. sed tamen antequam ad iudicium superioris rationis deveniatur, statim ut sensualitas proponit delectationem, inferior ratio, per rationes temporales deliberans, quandoque huiusmodi delectationem acceptat, et tunc consensus in delectationem pertinet ad inferiorem rationem. si vero etiam consideratis rationibus aeternis, homo in eodem consensu perseveret, iam talis consensus ad superiorem rationem pertinebit.

ra4 ‘ Ad quartum dicendum quod apprehensio virtutis imaginativae est subita et sine deliberatione, et ideo potest aliquem actum causare antequam superior vel inferior ratio etiam habeat tempus deliberandi. sed iudicium rationis inferioris est cum deliberatione, quae indiget tempore, in quo etiam ratio superior deliberare potest. unde si non cohibeat ab actu peccati per suam deliberationem, ei imputatur.

008 ST2 qu74 ar8

ag1 ‘ Ad octavum sic proceditur. videtur quod consensus in delectationem non sit peccatum mortale. consentire enim in delectationem pertinet ad rationem inferiorem, cuius non est intendere rationibus aeternis vel legi divinae, et per consequens nec ab eis averti. sed omne peccatum mortale est per aversionem a lege divina; * ut patet per definitionem augustini, de peccato mortali datam, * quae supra posita est. ‘ ergo consensus in delectationem non est peccatum mortale.

ag2 ‘ Praeterea, consentire in aliquid non est malum nisi quia illud est malum in quod consentitur. sed propter quod unumquodque, et illud magis, vel saltem non minus. non ergo illud in quod consentitur, potest esse minus malum quam consensus. sed delectatio sine opere non est peccatum mortale, sed veniale tantum. ergo nec consensus in delectationem est peccatum mortale.

ag3 “ Praeterea, delectationes differunt in bonitate et malitia secundum differentiam operationum, * ut dicit philosophus, in x ethic.. ‘ sed alia operatio est interior cogitatio, et alia actus exterior, puta fornicationis. ergo et delectatio consequens actum interioris cogitationis, tantum differt a delectatione fornicationis in bonitate vel malitia, quantum differt cogitatio interior ab actu exteriori. et per consequens etiam eodem modo differt consentire in utrumque. sed cogitatio interior non est peccatum mortale; nec etiam consensus in cogitationem. ergo per consequens nec consensus in delectationem.

ag4 ‘ Praeterea, exterior actus fornicationis vel adulterii non est peccatum mortale ratione delectationis, quae etiam invenitur in actu matrimoniali; sed ratione inordinationis ipsius actus. sed ille qui consentit in delectationem, non propter hoc consentit in deordinationem actus. ergo non videtur mortaliter peccare.

ag5 ‘ Praeterea, peccatum homicidii est gravius quam simplicis fornicationis. sed consentire in delectationem quae consequitur cogitationem de homicidio, non est peccatum mortale. ergo multo minus consentire in delectationem quae consequitur cogitationem de fornicatione, est peccatum mortale.

ag6 “ Praeterea, oratio dominica quotidie dicitur pro remissione venialium, * ut augustinus dicit. ‘ sed consensum in delectationem augustinus docet esse abolendum per orationem dominicam, * dicit enim, in xii de trin., quod ° hoc est longe minus peccatum quam si opere statuatur implendum, et ideo de talibus quoque cogitationibus venia petenda est, pectusque percutiendum, atque dicendum, dimitte nobis debita nostra. ‘ ergo consensus in delectationem est peccatum veniale.

sc * Sed contra est quod augustinus post pauca subdit, ° totus homo damnabitur, nisi haec quae, sine voluntate operandi, sed tamen cum voluntate animum talibus oblectandi, solius cogitationis sentiuntur esse peccata, per mediatoris gratiam remittantur. ‘ sed nullus damnatur nisi pro peccato mortali. ergo consensus in delectationem est peccatum mortale.

co ‘ Respondeo dicendum quod * circa hoc aliqui diversimode opinati sunt. quidam enim dixerunt “ quod consensus in delectationem non est peccatum mortale, sed veniale tantum. * alii vero dixerunt quod “ est peccatum mortale, ‘ et haec opinio est communior et verisimilior. est enim considerandum quod, cum omnis delectatio consequatur aliquam operationem, * ut dicitur in x ethic.; ‘ et iterum cum omnis delectatio habeat aliquod obiectum, delectatio quaelibet potest comparari ad duo, scilicet ad operationem quam consequitur, et ad obiectum in quo quis delectatur. contingit autem quod aliqua operatio sit obiectum delectationis, sicut et aliqua alia res, quia ipsa operatio potest accipi ut bonum et finis, in quo quis delectatus requiescit. et quandoque quidem ipsamet operatio quam consequitur delectatio, est obiectum delectationis, inquantum scilicet vis appetitiva, cuius est delectari, reflectitur in ipsam operationem sicut in quoddam bonum; puta cum aliquis cogitat, et delectatur de hoc ipso quod cogitat, inquantum sua cogitatio placet. quandoque vero delectatio consequens unam operationem, puta cogitationem aliquam, habet pro obiecto aliam operationem quasi rem cogitatam, et tunc talis |25| delectatio procedit ex inclinatione appetitus non quidem in cogitationem, sed in operationem cogitatam. sic igitur aliquis de fornicatione cogitans, de duobus potest delectari, uno modo, de ipsa cogitatione; alio modo, de fornicatione cogitata. delectatio autem de cogitatione ipsa sequitur inclinationem affectus in cogitationem ipsam. cogitatio autem ipsa secundum se non est peccatum mortale, immo quandoque est veniale tantum, puta cum aliquis inutiliter cogitat; quandoque autem sine peccato omnino, puta cum aliquis utiliter de ea cogitat, sicut cum vult de ea praedicare vel disputare. et ideo per consequens affectio et delectatio quae sic est de cogitatione fornicationis, non est de genere peccati mortalis; sed quandoque est peccatum veniale, quandoque nullum. unde nec consensus in talem delectationem est peccatum mortale. * et secundum hoc prima opinio habet veritatem. ‘ quod autem aliquis cogitans de fornicatione, delectetur de ipso actu cogitato, hoc contingit ex hoc quod affectio eius inclinata est in hunc actum. unde quod aliquis consentiat in talem delectationem, hoc nihil aliud est quam quod ipse consentiat in hoc quod affectus suus sit inclinatus in fornicationem, nullus enim delectatur nisi in eo quod est conforme appetitui eius. quod autem aliquis ex deliberatione eligat quod affectus suus conformetur his quae secundum se sunt peccata mortalia, est peccatum mortale. unde talis consensus in delectationem peccati mortalis, est peccatum mortale; |50| * ut secunda opinio ponit.

ra1 ‘ Ad primum ergo dicendum quod consensus in delectationem potest esse non solum rationis inferioris, sed etiam superioris, * ut dictum est. ‘ et tamen ipsa etiam ratio inferior potest averti a rationibus aeternis. quia etsi non intendit eis ut secundum eas regulans, quod est proprium superioris rationis; intendit tamen eis ut secundum eas regulata. et hoc modo, ab eis se avertens, potest peccare mortaliter. nam et actus inferiorum virium, et etiam exteriorum membrorum, possunt esse peccata mortalia, secundum quod deficit ordinatio superioris rationis regulantis eos secundum rationes aeternas.

ra2 ‘ Ad secundum dicendum quod consensus in peccatum quod est veniale ex genere, est veniale peccatum. et secundum hoc potest concludi quod consensus in delectationem quae est de ipsa vana cogitatione fornicationis, est peccatum veniale. sed delectatio quae est in ipso actu fornicationis, de genere suo est peccatum mortale. sed quod ante consensum sit veniale peccatum tantum, hoc est per accidens, scilicet propter imperfectionem actus. quae quidem imperfectio tollitur per consensum deliberatum supervenientem. unde ex hoc adducitur in suam naturam, ut sit peccatum mortale.

ra3 ‘ Ad tertium dicendum quod ratio illa procedit de delectatione quae habet cogitationem pro obiecto.

ra4 ‘ Ad quartum dicendum quod delectatio quae habet actum exteriorem pro obiecto, non potest esse

absque complacentia exterioris actus secundum se; etiam si non statuatur implendum, propter prohibitionem alicuius superioris. unde actus fit inordinatus, et per consequens delectatio erit inordinata.
ra5 ' Ad quintum dicendum quod etiam consensus in delectationem quae procedit ex complacentia ipsius actus homicidii cogitati, est peccatum mortale. non autem consensus in delectationem quae procedit ex complacentia cogitationis de homicidio.
ra6 ' Ad sextum dicendum quod oratio dominica non solum contra peccata venialia dicenda est, sed etiam contra mortalia.

008 ST2 qu74 ar9

ag1 ' Ad nonum sic proceditur. videtur quod in superiori ratione non possit esse peccatum veniale, secundum quod est directiva inferiorum virium, idest secundum quod consentit in actum peccati. * dicit enim augustinus, in xii de trin., quod " ratio superior inhaeret rationibus aeternis. ' sed peccare mortaliter est per aversionem a rationibus aeternis. ergo videtur quod in superiori ratione non possit esse peccatum nisi mortale.
ag2 ' Praeterea, superior ratio se habet in vita spirituali tanquam principium; sicut et cor in vita corporali. sed infirmitates cordis sunt mortales. ergo peccata superioris rationis sunt mortalia.
ag3 ' Praeterea, peccatum veniale fit mortale, si fiat ex contemptu. sed hoc non videtur esse sine contemptu, quod aliquis ex deliberatione peccet etiam venialiter. cum ergo consensus rationis superioris semper sit cum deliberatione legis divinae, videtur quod non possit esse sine peccato mortali, propter contemptum divinae legis.
sc ' Sed contra, consensus in actum peccati pertinet ad rationem superiorem, * ut supra dictum est. ' sed consensus in actum peccati venialis est peccatum veniale. ergo in superiori ratione potest esse peccatum veniale.
co ' Respondeo dicendum quod, * sicut augustinus dicit, in xii de trin., ' ratio superior ° inhaeret rationibus aeternis conspiciendis aut consulendis, ' conspiciendis quidem, secundum quod earum veritatem speculatur; consulendis autem, secundum quod per rationes aeternas de aliis iudicat et ordinat; ad quod pertinet quod, deliberando per rationes aeternas, consentit in aliquem actum, vel dissentit ab eo. contingit autem quod inordinatio actus in quem consentit, non contrariatur rationibus aeternis, quia non est cum aversione a fine ultimo, sicut contrariatur actus peccati mortalis, sed est praeter eas, sicut actus peccati venialis. unde quando ratio superior in actum peccati venialis consentit, non avertitur a rationibus aeternis. unde non peccat mortaliter, sed venialiter.
ra1 ' Et per hoc patet responsio ad primum.
ra2 ' Ad secundum dicendum quod duplex est infirmitas cordis. una quae est in ipsa substantia cordis, et immutat naturalem complexionem ipsius, et talis infirmitas semper est mortalis. alia est autem infirmitas cordis propter aliquam inordinationem vel motus eius, vel aliquorum quae circumstant cor, et talis infirmitas non semper est mortalis. et similiter in ratione superiori semper est peccatum mortale, quando tollitur ipsa ordinatio rationis superioris ad proprium obiectum, quod est rationes aeternae. sed quando est inordinatio circa hoc, non est peccatum mortale, sed veniale.
ra3 ' Ad tertium dicendum quod deliberatus consensus in peccatum non semper pertinet ad contemptum legis divinae, sed solum quando peccatum legi divinae contrariatur.

008 ST2 qu74 ar10

ag1 ' Ad decimum sic proceditur. videtur quod in superiori ratione non possit esse peccatum veniale secundum seipsam, idest secundum quod inspicit rationes aeternas. actus enim potentiae non invenitur esse deficiens, nisi per hoc quod inordinate se habet circa suum obiectum. sed obiectum superioris rationis sunt aeternae rationes, a quibus deordinari non est sine peccato mortali. ergo in superiori ratione non potest esse peccatum veniale secundum seipsam.
ag2 ' Praeterea, cum ratio sit vis deliberativa, actus rationis semper est cum deliberatione. sed omnis inordinatus motus in his quae dei sunt, si sit cum deliberatione, est peccatum mortale. ergo in ratione superiori secundum seipsam, nunquam est peccatum veniale.
ag3 ' Praeterea, contingit quandoque quod peccatum ex subreptione est peccatum veniale, peccatum autem ex deliberatione est peccatum mortale, per hoc quod ratio deliberans recurrit ad aliquod maius bonum, contra quod homo agens gravius peccat, sicut cum de actu delectabili inordinato ratio deliberat quod est contra legem dei, gravius peccat consentiendo, quam si solum consideraret quod est contra virtutem moralem. sed ratio superior non potest recurrere ad aliquod altius quam sit suum obiectum. ergo si motus ex subreptione non sit peccatum mortale, neque etiam deliberatio superveniens faciet ipsum esse peccatum mortale, quod patet esse falsum. non ergo in ratione superiori secundum seipsam, potest esse peccatum veniale.
sc ' Sed contra, motus subreptitius infidelitatis est peccatum veniale. sed pertinet ad superiorem rationem secundum seipsam. ergo in ratione superiori potest esse peccatum veniale secundum seipsam.
co ' Respondeo dicendum quod ratio superior aliter fertur in suum obiectum, atque aliter in obiecta inferiorum virium quae per ipsam diriguntur. in obiecta enim inferiorum virium non fertur nisi inquantum de eis consulit rationes aeternas. unde non fertur in ea nisi per modum deliberationis. deliberatus autem consensus in his quae ex genere suo sunt mortalia, est mortale peccatum. et ideo ratio superior semper mortaliter peccat, si actus inferiorum virium in quos consentit, sint peccata mortalia. sed circa proprium obiectum habet duos actus, scilicet simplicem intuitum; et deliberationem, secundum quod etiam de proprio obiecto consulit rationes aeternas. secundum autem simplicem intuitum, potest aliquem inordinatum motum habere circa divina, puta cum quis patitur subitum infidelitatis motum. et quamvis infidelitas secundum suum genus sit peccatum mortale, tamen subitus motus infidelitatis est peccatum veniale. quia peccatum mortale non est nisi sit contra legem dei, potest autem aliquid eorum quae pertinent ad fidem, subito rationi occurrere sub quadam alia ratione, antequam super hoc consulatur, vel consuli possit, ratio aeterna, idest lex dei; puta cum quis resurrectionem mortuorum subito apprehendit ut impossibilem secundum naturam, et simul apprehendendo renititur, antequam tempus habeat deliberandi quod hoc est nobis traditum ut credendum secundum legem divinam. si vero post hanc deliberationem |25| motus infidelitatis maneat, est peccatum mortale. et ideo circa proprium obiectum, etsi sit peccatum mortale ex genere, potest ratio superior peccare venialiter in subitis motibus; vel etiam mortaliter per deliberatum consensum. in his autem quae pertinent ad inferiores vires, semper peccat mortaliter in his quae sunt peccata mortalia ex suo genere, non autem in his quae secundum suum genus sunt venialia peccata.
ra1 ' Ad primum ergo dicendum quod peccatum quod est contra rationes aeternas, etsi sit peccatum mortale ex genere, potest tamen esse peccatum veniale propter imperfectionem actus subiti, * ut dictum est.
ra2 ' Ad secundum dicendum quod in operativis ad rationem, ad quam pertinet deliberatio, pertinet etiam simplex intuitus eorum ex quibus deliberatio procedit, sicut etiam in speculativis ad rationem pertinet et syllogizare, et propositiones formare. et ideo etiam ratio potest habere subitum motum.
ra3 ' Ad tertium dicendum quod una et eadem res potest diversas considerationes habere, quarum una est altera altior, sicut deum esse potest considerari vel inquantum est cognoscibile ratione humana, vel inquantum creditur revelatione divina, quae est consideratio altior. et ideo quamvis obiectum rationis superioris sit quiddam secundum naturam rei altissimum, tamen potest etiam reduci in quandam altiorem considerationem. et hac ratione, quod in motu subito non erat peccatum mortale, per deliberationem reducentem in altiorem considerationem fit peccatum mortale, * sicut supra expositum est.

008 ST2 qu75 ar

pr ' Deinde considerandum est de causis peccatorum. et primo, in generali; secundo, in speciali. circa primum quaeruntur quatuor. primo, utrum peccatum habeat causam. secundo, utrum habeat causam interiorem. tertio, utrum habeat causam exteriorem. quarto, utrum peccatum sit causa peccati.

008 ST2 qu75 ar1

ag1 ' Ad primum sic proceditur. videtur quod peccatum non habeat causam. peccatum enim habet rationem mali, * ut dictum est. ' sed malum non habet causam, * ut dionysius dicit, iv cap. de div. nom.. ' ergo peccatum non habet causam.
ag2 ' Praeterea, causa est ad quam de necessitate sequitur aliud. sed quod est ex necessitate, non videtur esse peccatum, eo quod omne peccatum est voluntarium. ergo peccatum non habet causam.
ag3 ' Praeterea, si peccatum habet causam, aut habet pro causa bonum, aut malum. non autem bonum, quia bonum non facit nisi bonum; ° non enim potest arbor bona fructus malos facere, * ut dicitur matth. vii ' similiter autem nec malum potest esse causa peccati, quia malum poenae sequitur ad peccatum; malum autem culpae est idem quod peccatum. peccatum igitur non habet causam.
sc ' Sed contra, omne quod fit, habet causam, * quia, ut dicitur iob v, " nihil in terra sine causa fit. ' sed peccatum fit, est enim dictum vel factum vel concupitum contra legem dei. ergo peccatum habet causam.
co ' Respondeo dicendum quod peccatum est quidam actus inordinatus. ex parte igitur actus, potest habere per se causam, sicut et quilibet alius actus. ex parte autem inordinationis, habet causam eo modo quo negatio vel privatio potest habere causam. negationis autem alicuius potest duplex causa assignari. primo quidem, defectus causae, idest ipsius causae negatio, est causa negationis secundum seipsam, ad remotionem enim causae sequitur remotio effectus; sicut obscuritatis causa est absentia solis. alio modo, causa affirmationis ad quam sequitur negatio, est per accidens causa negationis consequentis, sicut ignis, causando calorem ex principali intentione, consequenter causat privationem frigiditatis. quorum primum potest sufficere ad simplicem negationem. sed cum inordinatio peccati, et quodlibet malum, non sit simplex negatio, sed privatio eius quod quid natum est et debet habere; necesse est quod talis inordinatio habeat causam agentem per accidens, quod enim natum est inesse et debet, nunquam abesset nisi propter causam aliquam impedientem. et secundum hoc consuevit dici quod malum, quod in quadam privatione consistit, habet causam deficientem, vel agentem per accidens. omnis autem causa per accidens reducitur ad causam per se. cum igitur peccatum ex parte inordinationis habeat causam agentem per accidens, ex parte autem actus habeat causam agentem per se; sequitur quod inordinatio peccati consequatur ex ipsa causa actus. sic igitur voluntas carens directione |25| regulae rationis et legis divinae, intendens aliquod bonum commutabile, causat actum quidem peccati per se, sed inordinationem actus per accidens et praeter intentionem, provenit enim defectus ordinis in actu, ex defectu directionis in voluntate.
ra1 ' Ad primum ergo dicendum quod peccatum non solum significat ipsam privationem boni, quae est inordinatio; sed significat actum sub tali privatione, quae habet rationem mali. * quod quidem qualiter habeat causam, dictum est.
ra2 ' Ad secundum dicendum quod, si illa definitio causae universaliter debeat verificari, oportet ut intelligatur de causa sufficienti et non impedita. contingit enim aliquid esse causam sufficientem alterius, et tamen non ex necessitate sequitur effectus, propter aliquod impedimentum superveniens, alioquin sequeretur quod omnia ex necessitate contingerent, * ut patet in vi metaphys.. ' sic igitur, etsi peccatum habeat causam, non tamen sequitur quod sit necessaria, quia effectus potest impediri.
ra3 * Ad tertium dicendum quod, sicut dictum est, ' voluntas sine adhibitione regulae rationis vel legis divinae, est causa peccati. hoc autem quod est non adhibere regulam rationis vel legis divinae, secundum se non habet rationem mali, nec poenae nec culpae, antequam applicetur ad actum. unde secundum hoc, peccati primi non est causa aliquod malum, sed bonum aliquod cum absentia alicuius alterius boni.

008 ST2 qu75 ar2

ag1 ' Ad secundum sic proceditur. videtur quod peccatum non habeat causam interiorem. id enim quod est interius alicui rei, semper adest ei. si igitur peccatum habeat causam interiorem, semper homo peccaret, cum, posita causa, ponatur effectus.
ag2 ' Praeterea, idem non est causa sui ipsius. sed interiores motus hominis sunt peccatum. ergo non sunt causa peccati.
ag3 ' Praeterea, quidquid est intra hominem, aut est naturale, aut voluntarium. sed id quod est naturale, non potest esse peccati causa, " quia peccatum est contra naturam, * ut dicit damascenus. ' quod autem est voluntarium, si sit inordinatum, iam est peccatum. non ergo aliquid intrinsecum potest esse causa primi peccati.
sc ' Sed contra est quod * augustinus dicit, quod " voluntas est causa peccati.
co * Respondeo dicendum quod, sicut iam dictum est, ' per se causam peccati oportet accipere ex parte ipsius actus. actus autem humani potest accipi causa interior et mediata, et immediata. immediata quidem causa humani actus est ratio et voluntas, secundum quam homo est liber arbitrio. causa autem remota est apprehensio sensitivae partis, et etiam appetitus sensitivus, sicut enim ex iudicio rationis voluntas movetur ad aliquid secundum rationem, ita etiam ex apprehensione sensus appetitus sensitivus in aliquid inclinatur. quae quidem inclinatio interdum trahit voluntatem et rationem, * sicut infra patebit. ' sic igitur duplex causa peccati interior potest assignari, una proxima, ex parte rationis et voluntatis; alia vero remota, ex parte imaginationis vel appetitus sensitivi. sed quia * supra dictum est quod ' causa peccati est aliquod bonum apparens motivum cum defectu debiti motivi, scilicet regulae rationis vel legis divinae; ipsum motivum quod est apparens bonum, pertinet ad apprehensionem sensus et appetitum. ipsa autem absentia debitae regulae pertinet ad rationem, quae nata est huiusmodi regulam considerare. sed ipsa perfectio voluntarii actus peccati pertinet ad voluntatem, ita quod ipse voluntatis actus, praemissis suppositis, iam est quoddam peccatum.
ra1 ' Ad primum ergo dicendum quod id quod est intrinsecum sicut potentia naturalis, semper inest. id autem quod est intrinsecum sicut actus interior appetitivae vel apprehensivae virtutis, non semper inest. ipsa autem potentia voluntatis est causa peccati in potentia, sed reducitur in actum per motus praecedentes et sensitivae partis primo, et rationis consequenter. ex hoc enim quod aliquid proponitur ut appetibile secundum sensum et appetitus sensitivus inclinatur in illud, ratio interdum cessat a consideratione regulae debitae. et sic voluntas producit actum

peccati. quia igitur motus praecedentes non semper sunt in actu, neque peccatum semper est in actu.
ra2 ' Ad secundum dicendum quod non omnes motus interiores sunt de substantia peccati, quod consistit principaliter in actu voluntatis, sed quidam praecedunt, et quidam consequuntur ipsum peccatum.
ra3 ' Ad tertium dicendum quod illud quod est causa peccati sicut potentia producens actum, est naturale. motus etiam sensitivae partis, ex quo sequitur peccatum, interdum est naturalis, sicut cum propter appetitum cibi aliquis peccat. sed efficitur peccatum innaturale ex hoc ipso quod deficit regula naturalis, quam homo secundum naturam suam debet attendere.

008 ST2 qu75 ar3

ag1 ' Ad tertium sic proceditur. videtur quod peccatum non habeat causam exteriorem. peccatum enim est actus voluntarius. voluntaria autem sunt eorum quae sunt in nobis; et ita non habent exteriorem causam. ergo peccatum non habet exteriorem causam.
ag2 ' Praeterea, sicut natura est principium interius, ita etiam voluntas. sed peccatum in rebus naturalibus nunquam accidit nisi ex aliqua interiori causa, ut puta monstruosi partus proveniunt ex corruptione alicuius principii interioris. ergo neque in moralibus potest contingere peccatum nisi ex interiori causa. non ergo habet peccatum causam exteriorem.
ag3 ' Praeterea, multiplicata causa, multiplicatur effectus. sed quanto plura sunt et maiora exterius inducentia ad peccandum, tanto minus id quod quis inordinate agit, ei imputatur ad peccatum. ergo nihil exterius est causa peccati.
sc * Sed contra est quod dicitur num. xxxi, ° nonne istae sunt quae deceperunt filios israel, et praevaricari vos fecerunt in domino super peccato phogor? ' ergo aliquid exterius potest esse causa faciens peccare.
co * Respondeo dicendum quod, sicut supra dictum est, ' causa interior peccati est et voluntas, ut perficiens actum peccati; et ratio, quantum ad carentiam debitae regulae; et appetitus sensitivus inclinans. sic ergo aliquid extrinsecum tripliciter posset esse causa peccati, vel quia moveret immediate ipsam voluntatem; vel quia moveret rationem; vel quia moveret appetitum sensitivum. voluntatem autem, * ut supra dictum est, ' interius movere non potest nisi deus; qui non potest esse causa peccati, * ut infra ostendetur. ' unde relinquitur quod nihil exterius potest esse causa peccati, nisi vel inquantum movet rationem, sicut homo vel daemon persuadens peccatum; vel sicut movens appetitum sensitivum, sicut aliqua sensibilia exteriora movent appetitum sensitivum. sed neque persuasio exterior in rebus agendis ex necessitate movet rationem; neque etiam res exterius propositae ex necessitate movent appetitum sensitivum, nisi forte aliquo modo dispositum; et tamen etiam appetitus sensitivus non ex necessitate movet rationem et voluntatem. unde aliquid exterius potest esse aliqua causa movens ad peccandum, non tamen sufficienter ad peccatum inducens, sed causa sufficienter complens peccatum est sola voluntas.
ra1 ' Ad primum ergo dicendum quod ex hoc ipso quod exteriora moventia ad peccandum non sufficienter et ex necessitate inducunt, sequitur quod remaneat in nobis peccare et non peccare.
ra2 ' Ad secundum dicendum quod per hoc quod ponitur interior causa peccati, non excluditur exterior, non enim id quod est exterius est causa peccati, nisi mediante causa interiori, * ut dictum est.
ra3 ' Ad tertium dicendum quod, multiplicatis exterioribus causis inclinantibus ad peccandum, multiplicantur actus peccati, quia plures ex illis causis, et plures, inclinantur ad actus peccati. sed tamen minuitur ratio culpae, quae consistit in hoc quod aliquid sit voluntarium et in nobis.

008 ST2 qu75 ar4

ag1 ' Ad quartum sic proceditur. videtur quod peccatum non sit causa peccati. sunt enim quatuor genera causarum, quorum nullum potest ad hoc congruere quod peccatum sit causa peccati. finis enim habet rationem boni, quod non competit peccato, quod de sua ratione est malum. et eadem ratione nec peccatum potest esse causa efficiens, " quia malum non est causa agens, sed est infirmum et impotens, * ut dionysius dicit, iv cap. de div. nom.. ' causa autem materialis et formalis videntur habere solum locum in naturalibus corporibus quae sunt composita ex materia et forma. ergo peccatum non potest habere causam materialem et formalem.
ag2 " Praeterea, agere sibi simile est rei perfectae, * ut dicitur in iv meteor.. ' sed peccatum de sui ratione est imperfectum. ergo peccatum non potest esse causa peccati.
ag3 ' Praeterea, si huius peccati sit causa aliud peccatum, eadem ratione et illius erit causa aliquod aliud peccatum, et sic procedetur in infinitum, quod est inconveniens. non ergo peccatum est causa peccati.
sc * Sed contra est quod gregorius dicit, super ezech., ° peccatum quod per poenitentiam citius non deletur, peccatum est et causa peccati.
co ' Respondeo dicendum quod, cum peccatum habeat causam ex parte actus, hoc modo unum peccatum posset esse causa alterius, sicut unus actus humanus potest esse causa alterius. contingit igitur unum peccatum esse causam alterius secundum quatuor genera causarum. primo quidem, secundum modum causae efficientis vel moventis, et per se et per accidens. per accidens quidem, sicut removens prohibens dicitur movens per accidens, cum enim per unum actum peccati homo amittit gratiam, vel caritatem, vel verecundiam, vel quodcumque aliud retrahens a peccato, incidit ex hoc in aliud peccatum; et sic primum peccatum est causa secundi per accidens. per se autem, sicut cum ex uno actu peccati homo disponitur ad hoc quod alium actum consimilem facilius committit, ex actibus enim causantur dispositiones et habitus inclinantes ad similes actus. secundum vero genus causae materialis, unum peccatum est causa alterius, inquantum praeparat ei materiam, sicut avaritia praeparat materiam litigio, quod plerumque est de divitiis congregatis. secundum vero genus causae finalis, unum peccatum est causa alterius, inquantum propter finem unius peccati aliquis committit aliud peccatum, sicut cum aliquis committit simoniam propter finem ambitionis, vel fornicationem propter furtum. et quia finis dat formam in moralibus, * ut supra habitum est, ' ex hoc etiam sequitur quod |25| unum peccatum sit formalis causa alterius, in actu enim fornicationis quae propter furtum committitur, est quidem fornicatio sicut materiale, furtum vero sicut formale.
ra1 ' Ad primum ergo dicendum quod peccatum, inquantum est inordinatum, habet rationem mali, sed inquantum est actus quidam, habet aliquod bonum, saltem apparens, pro fine. et ita ex parte actus potest esse causa et finalis et effectiva alterius peccati, licet non ex parte inordinationis. materiam autem habet peccatum non ex qua, sed circa quam. formam autem habet ex fine. et ideo secundum quatuor genera causarum peccatum potest dici causa peccati, * ut dictum est.
ra2 ' Ad secundum dicendum quod peccatum est imperfectum imperfectione morali ex parte inordinationis, sed ex parte actus potest habere perfectionem naturae. et secundum hoc potest esse causa peccati.
ra3 ' Ad tertium dicendum quod non omnis causa peccati est peccatum. unde non oportet quod procedatur in infinitum; sed potest perveniri ad aliquod primum peccatum, cuius causa non est aliud peccatum.

008 ST2 qu76 ar

pr ' Deinde considerandum est de causis peccati in speciali. et primo, de causis interioribus peccati; secundo, de exterioribus; tertio, de peccatis quae sunt causa aliorum peccatorum. prima autem consideratio, secundum praemissa, erit tripartita, nam primo, agetur de ignorantia, quae est causa peccati ex parte rationis; secundo, de infirmitate seu passione, quae est causa peccati ex parte appetitus sensitivi; tertio, de malitia, quae est causa peccati ex parte voluntatis. circa primum quaeruntur quatuor. primo, utrum ignorantia sit causa peccati. secundo, utrum ignorantia sit peccatum. tertio, utrum totaliter a peccato excuset. quarto, utrum diminuat peccatum.

008 ST2 qu76 ar1

ag1 ' Ad primum sic proceditur. videtur quod ignorantia non possit esse causa peccati. quia quod non est, nullius est causa. sed ignorantia est non ens, cum sit privatio quaedam scientiae. ergo ignorantia non est causa peccati.
ag2 ' Praeterea, causae peccati sunt accipiendae ex parte conversionis, * ut ex supradictis patet. ' sed ignorantia videtur respicere aversionem. ergo non debet poni causa peccati.
ag3 ' Praeterea, omne peccatum in voluntate consistit, * ut supra dictum est. ' sed voluntas non fertur nisi in aliquod cognitum, quia bonum apprehensum est obiectum voluntatis. ergo ignorantia non potest esse causa peccati.
sc * Sed contra est quod augustinus dicit, in libro de natura et gratia, " quod quidam per ignorantiam peccant.
co ' Respondeo dicendum quod, * secundum philosophum, in viii physic., ' causa movens est duplex, una per se, et alia per accidens. per se quidem, quae propria virtute movet, sicut generans est causa movens gravia et levia. per accidens autem, sicut removens prohibens, vel sicut ipsa remotio prohibentis. et hoc modo ignorantia potest esse causa actus peccati, est enim privatio scientiae perficientis rationem, quae prohibet actum peccati, inquantum dirigit actus humanos. considerandum est autem quod ratio secundum duplicem scientiam est humanorum actuum directiva, scilicet secundum scientiam universalem, et particularem. conferens enim de agendis, utitur quodam syllogismo, cuius conclusio est iudicium seu electio vel operatio. actiones autem in singularibus sunt. unde conclusio syllogismi operativi est singularis. singularis autem propositio non concluditur ex universali nisi mediante aliqua propositione singulari, sicut homo prohibetur ab actu parricidii per hoc quod scit patrem non esse occidendum, et per hoc quod scit hunc esse patrem. utriusque ergo ignorantia potest causare parricidii actum, scilicet et universalis principii, quod est quaedam regula rationis; et singularis circumstantiae. unde patet quod non quaelibet ignorantia peccantis est causa peccati, sed illa tantum quae tollit scientiam prohibentem actum peccati. unde si voluntas alicuius esset sic disposita quod non prohiberetur |25| ab actu parricidii, etiam si patrem agnosceret; ignorantia patris non est huic causa peccati, sed concomitanter se habet ad peccatum. et ideo talis non peccat propter ignorantiam, sed peccat ignorans, * secundum philosophum, in iii ethic..
ra1 ' Ad primum ergo dicendum quod non ens non potest esse alicuius causa per se, potest tamen esse causa per accidens, sicut remotio prohibentis.
ra2 ' Ad secundum dicendum quod sicut scientia quam tollit ignorantia, respicit peccatum ex parte conversionis; ita etiam ignorantia ex parte conversionis est causa peccati ut removens prohibens.
ra3 ' Ad tertium dicendum quod in illud quod est quantum ad omnia ignotum, non potest ferri voluntas, sed si aliquid est secundum aliquid notum et secundum aliquid ignotum, potest voluntas illud velle. et hoc modo ignorantia est causa peccati, sicut cum aliquis scit hunc quem occidit, esse hominem, sed nescit eum esse patrem; vel cum aliquis scit aliquem actum esse delectabilem, nescit tamen eum esse peccatum.

008 ST2 qu76 ar2

ag1 ' Ad secundum sic proceditur. videtur quod ignorantia non sit peccatum. peccatum enim est dictum vel factum vel concupitum contra legem dei, * ut supra habitum est. ' sed ignorantia non importat aliquem actum, neque interiorem neque exteriorem. ergo ignorantia non est peccatum.
ag2 ' Praeterea, peccatum directius opponitur gratiae quam scientiae. sed privatio gratiae non est peccatum, sed magis poena quaedam consequens peccatum. ergo ignorantia, quae est privatio scientiae, non est peccatum.
ag3 ' Praeterea, si ignorantia est peccatum, hoc non est nisi inquantum est voluntaria. sed si ignorantia sit peccatum inquantum est voluntaria, videtur peccatum in ipso actu voluntatis consistere magis quam in ignorantia. ergo ignorantia non erit peccatum, sed magis aliquid consequens ad peccatum.
ag4 ' Praeterea, omne peccatum per poenitentiam tollitur; nec aliquod peccatum transiens reatu remanet actu, nisi solum originale. ignorantia autem non tollitur per poenitentiam, sed adhuc remanet actu, omni reatu per poenitentiam remoto. ergo ignorantia non est peccatum, nisi forte sit originale.
ag5 ' Praeterea, si ipsa ignorantia sit peccatum, quandiu ignorantia remaneret in homine, tandiu actu peccaret. sed continue manet ignorantia in ignorante. ergo ignorans continue peccaret. quod patet esse falsum, quia sic ignorantia esset gravissimum. non ergo ignorantia est peccatum.
sc ' Sed contra, nihil meretur poenam nisi peccatum. sed ignorantia meretur poenam, * secundum illud i ad cor. xiv, ° si quis ignorat, ignorabitur. ' ergo ignorantia est peccatum.
co ' Respondeo dicendum quod ignorantia in hoc a nescientia differt, quod nescientia dicit simplicem scientiae negationem, unde cuicumque deest aliquarum rerum scientia, potest dici nescire illas; * secundum quem modum dionysius in angelis nescientiam ponit, vii cap. cael. hier.. ' ignorantia vero importat scientiae privationem, dum scilicet alicui deest scientia eorum quae aptus natus est scire. horum autem quaedam aliquis scire tenetur, illa scilicet sine quorum scientia non potest debitum actum recte exercere. unde omnes tenentur scire communiter ea quae sunt fidei, et universalia iuris praecepta, singuli autem ea quae ad eorum statum vel officium spectant. quaedam vero sunt quae etsi aliquis natus est scire, non tamen ea scire tenetur, sicut theoremata geometriae, et contingentia particularia, nisi in casu. manifestum est autem quod quicumque negligit habere vel facere id quod tenetur habere vel facere, peccat peccato omissionis. unde propter negligentiam, ignorantia eorum quae aliquis scire tenetur, est peccatum. non autem imputatur homini ad negligentiam, si nesciat ea quae scire non potest. unde horum ignorantia invincibilis dicitur, quia scilicet studio superari non potest. et propter hoc talis ignorantia, cum non sit voluntaria, eo quod non est in potestate nostra eam repellere, non est peccatum. ex quo patet quod nulla ignorantia invincibilis est peccatum, ignorantia autem |25| vincibilis est peccatum, si sit eorum quae aliquis scire tenetur; non autem si sit eorum quae quis scire non tenetur.
ra1 * Ad primum ergo dicendum quod, sicut supra dictum est, ' in hoc quod dicitur dictum vel factum vel concupitum, sunt intelligendae etiam negationes oppositae, secundum quod omissio habet rationem peccati. et ita negligentia, secundum quam ignorantia est peccatum, continetur sub praedicta definitione peccati, inquantum praetermittitur aliquid quod debuit dici vel fieri vel concupisci, ad scientiam debitam acquirendam.
ra2 ' Ad secundum dicendum quod privatio gratiae, etsi secundum se non sit peccatum, tamen ratione negligentiae praeparandi se ad gratiam, potest habere rationem peccati, sicut et ignorantia. et tamen quantum ad hoc est dissimile, quia homo potest aliquam scientiam acquirere per suos actus, gratia vero non acquiritur ex nostris actibus, sed ex dei munere.

ra3 ' Ad tertium dicendum quod, sicut in peccato transgressionis peccatum non consistit in solo actu voluntatis, sed etiam in actu volito qui est imperatus a voluntate; ita in peccato omissionis non solum actus voluntatis est peccatum, sed etiam ipsa omissio, inquantum est aliqualiter voluntaria. et hoc modo ipsa negligentia sciendi, vel inconsideratio, est peccatum.

ra4 ' Ad quartum dicendum quod licet, transeunte reatu per poenitentiam, remaneat ignorantia secundum quod est privatio scientiae; non tamen remanet negligentia, secundum quam ignorantia peccatum dicitur.

ra5 ' Ad quintum dicendum quod, sicut in aliis peccatis omissionis solo illo tempore homo actu peccat, pro quo praeceptum affirmativum obligat; ita est etiam de peccato ignorantiae. non enim continuo ignorans actu peccat, sed solum quando est tempus acquirendi scientiam quam habere tenetur.

008 ST2 qu76 ar3

ag1 ' Ad tertium sic proceditur. videtur quod ignorantia, ex toto excuset a peccato. * quia, ut augustinus dicit, " omne peccatum voluntarium est. ' sed ignorantia causat involuntarium * ut supra habitum est. ' ergo ignorantia totaliter excusat peccatum.

ag2 ' Praeterea, id quod aliquis facit praeter intentionem, per accidens agit. sed intentio non potest esse de eo quod est ignotum. ergo id quod per ignorantiam homo agit, per accidens se habet in actibus humanis. sed quod est per accidens, non dat speciem. nihil ergo quod est per ignorantiam factum, debet iudicari peccatum vel virtuosum in humanis actibus.

ag3 ' Praeterea, homo est subiectum virtutis et peccati inquantum est particeps rationis. sed ignorantia excludit scientiam, per quam ratio perficitur. ergo ignorantia totaliter excusat a peccato.

sc * Sed contra est quod augustinus dicit, in libro de lib. arb., quod ° quaedam per ignorantiam facta, recte improbantur. ' sed solum illa recte improbantur quae sunt peccata. ergo quaedam per ignorantiam facta, sunt peccata. non ergo ignorantia omnino excusat a peccato.

co ' Respondeo dicendum quod ignorantia de se habet quod faciat actum quem causat, involuntarium esse. * iam autem dictum est quod ' ignorantia dicitur causare actum quem scientia opposita prohibebat. et ita talis actus, si scientia adesset, esset contrarius voluntati, quod importat nomen involuntarii. si vero scientia quae per ignorantiam privatur, non prohiberet actum, propter inclinationem voluntatis in ipsum; ignorantia huius scientiae non facit hominem involuntarium, sed non volentem, * ut dicitur in iii ethic.. ' et talis ignorantia, quae non est causa actus peccati, * ut dictum est, ' quia non causat involuntarium, non excusat a peccato. et eadem ratio est de quacumque ignorantia non causante, sed consequente vel concomitante actum peccati. sed ignorantia quae est causa actus, quia causat involuntarium, de se habet quod excuset a peccato, eo quod voluntarium est de ratione peccati. sed quod aliquando non totaliter excuset a peccato, potest contingere ex duobus. uno modo, ex parte ipsius rei ignoratae. intantum enim ignorantia excusat a peccato, inquantum ignoratur aliquid esse peccatum. potest autem contingere quod aliquis ignoret quidem aliquam circumstantiam peccati, quam si sciret, retraheretur a peccando, sive illa circumstantia faciat |25| ad rationem peccati sive non; et tamen adhuc remanet in eius scientia aliquid per quod cognoscit illud esse actum peccati. puta si aliquis percutiens aliquem, sciat quidem ipsum esse hominem, quod sufficit ad rationem peccati; non tamen scit eum esse patrem, quod est circumstantia constituens novam speciem peccati; vel forte nescit quod ille se defendens repercutiat eum, quod si sciret, non percuteret, quod non pertinet ad rationem peccati. unde licet talis propter ignorantiam peccet, non tamen totaliter excusatur a peccato, quia adhuc remanet ei cognitio peccati. alio modo potest hoc contingere ex parte ipsius ignorantiae, quia scilicet ipsa ignorantia est voluntaria, vel directe, sicut cum aliquis studiose vult nescire aliqua, ut liberius peccet; vel indirecte, sicut cum aliquis propter laborem, vel propter alias occupationes, negligit addiscere id per quod a peccato retraheretur. talis enim negligentia facit ignorantiam ipsam esse voluntariam et peccatum, dummodo sit eorum quae quis scire tenetur et potest. et ideo talis ignorantia non totaliter excusat a peccato. si vero sit talis ignorantia quae omnino sit involuntaria, sive quia est invincibilis, sive quia est eius quod quis scire non tenetur; talis ignorantia omnino excusat a peccato.

ra1 ' Ad primum ergo dicendum quod non omnis ignorantia causat involuntarium, * sicut supra dictum est. ' unde non omnis ignorantia totaliter excusat a peccato.

ra2 ' Ad secundum dicendum quod inquantum remanet in ignorante de voluntario, intantum remanet de intentione peccati. et secundum hoc, non erit per accidens peccatum.

ra3 ' Ad tertium dicendum quod, si esset talis ignorantia quae totaliter usum rationis excluderet, omnino a peccato excusaret, sicut patet in furiosis et amentibus. non autem semper ignorantia causans peccatum est talis. et ideo non semper totaliter excusat a peccato.

008 ST2 qu76 ar4

ag1 ' Ad quartum sic proceditur. videtur quod ignorantia non diminuat peccatum. illud enim quod est commune in omni peccato, non diminuit peccatum. sed ignorantia est communis in omni peccato, * dicit enim philosophus, in iii ethic., quod " omnis malus est ignorans. ' ergo ignorantia non diminuit peccatum.

ag2 ' Praeterea, peccatum additum peccato facit maius peccatum. sed ipsa ignorantia est peccatum, * ut dictum est. ' ergo non diminuit peccatum.

ag3 ' Praeterea, non est eiusdem aggravare et diminuere peccatum. sed ignorantia aggravat peccatum, " quoniam super illud apostoli, ° ignoras quoniam benignitas dei, etc., * dicit ambrosius, ° gravissime peccas, si ignoras. ' ergo ignorantia non diminuit peccatum.

ag4 ' Praeterea, si aliqua ignorantia diminuit peccatum, hoc maxime videtur de illa quae totaliter tollit usum rationis. sed huiusmodi ignorantia non minuit peccatum, sed magis auget, * dicit enim philosophus, in iii ethic., quod ° ebrius meretur duplices maledictiones. ' ergo ignorantia non minuit peccatum.

sc ' Sed contra, quidquid est ratio remissionis peccati, alleviat peccatum. sed ignorantia est huiusmodi, * ut patet i ad tim. i, ° misericordiam consecutus sum, quia ignorans feci. ' ergo ignorantia diminuit, vel alleviat peccatum.

co ' Respondeo dicendum quod, quia omne peccatum est voluntarium, intantum ignorantia potest diminuere peccatum, inquantum diminuit voluntarium, si autem voluntarium non diminuat, nullo modo diminuet peccatum. manifestum est autem quod ignorantia quae totaliter a peccato excusat, quia totaliter voluntarium tollit, peccatum non minuit, sed omnino aufert. ignorantia vero quae non est causa peccati, sed concomitanter se habet ad peccatum, nec minuit peccatum nec auget. illa igitur sola ignorantia potest peccatum minuere, quae est causa peccati, et tamen totaliter a peccato non excusat. contingit autem quandoque quod talis ignorantia directe et per se est voluntaria, sicut cum aliquis sua sponte nescit aliquid, ut liberius peccet. et talis ignorantia videtur augere voluntarium et peccatum, ex intensione enim voluntatis ad peccandum provenit quod aliquis vult subire ignorantiae damnum, propter libertatem peccandi. quandoque vero ignorantia quae est causa peccati, non est directe voluntaria, sed indirecte vel per accidens, puta cum aliquis non vult laborare in studio, ex quo sequitur eum esse ignorantem; vel cum aliquis vult bibere vinum immoderate, ex quo sequitur eum inebriari et discretione carere. et talis ignorantia diminuit voluntarium, et per consequens peccatum. cum enim aliquid non cognoscitur esse peccatum, non potest dici quod voluntas directe et per se feratur in peccatum, sed per accidens, unde est ibi minor contemptus, |25| et per consequens minus peccatum.

ra1 ' Ad primum ergo dicendum quod ignorantia secundum quam omnis malus est ignorans, non est causa peccati; sed aliquid consequens ad causam, scilicet ad passionem vel habitum inclinantem in peccatum.

ra2 ' Ad secundum dicendum quod peccatum peccato additum facit plura peccata, non tamen facit semper maius peccatum, quia forte non coincidunt in idem peccatum, sed sunt plura. et potest contingere, si primum diminuat secundum, quod ambo simul non habeant tantam gravitatem quantam unum solum haberet. sicut homicidium gravius peccatum est a sobrio homine factum, quam si fiat ab ebrio, quamvis haec sint duo peccata, quia ebrietas plus diminuit de ratione sequentis peccati, quam sit sua gravitas.

ra3 * Ad tertium dicendum quod verbum ambrosii potest intelligi ' de ignorantia simpliciter affectata. vel potest intelligi in genere peccati ingratitudinis, in qua summus gradus est quod homo etiam beneficia non recognoscat. vel potest intelligi de ignorantia infidelitatis, quae fundamentum spiritualis aedificii subvertit.

ra4 ' Ad quartum dicendum quod ebrius meretur quidem duplices maledictiones, propter duo peccata quae committit, scilicet ebrietatem et aliud peccatum quod ex ebrietate sequitur. tamen ebrietas, ratione ignorantiae adiunctae, diminuit sequens peccatum, et forte plus quam sit gravitas ipsius ebrietatis, * ut dictum est. * vel potest dici quod illud verbum inducitur secundum ordinationem cuiusdam pittaci legislatoris, qui statuit ° ebrios, si percusserint, amplius puniendos; non ad veniam respiciens, quam ebrii debent magis habere; sed ad utilitatem, quia plures iniuriantur ebrii quam sobrii; * ut patet per philosophum, in ii politicorum.

008 ST2 qu77 ar

pr ' Deinde considerandum est de causa peccati ex parte appetitus sensitivi, utrum passio animae sit causa peccati. et circa hoc quaeruntur octo. primo, utrum passio appetitus sensitivi possit movere vel inclinare voluntatem. secundo, utrum possit superare rationem contra eius scientiam. tertio, utrum peccatum quod ex passione provenit, sit peccatum ex infirmitate. quarto, utrum haec passio quae est amor sui, sit causa omnis peccati. quinto, * de illis tribus causis quae ponuntur i ioan. ii, ° concupiscentia oculorum, concupiscentia carnis, et superbia vitae. ' sexto, utrum passio quae est causa peccati, diminuat ipsum. septimo, utrum totaliter excuset. octavo, utrum peccatum quod ex passione est, possit esse mortale.

008 ST2 qu77 ar1

ag1 ' Ad primum sic proceditur. videtur quod voluntas non moveatur a passione appetitus sensitivi. nulla enim potentia passiva movetur nisi a suo obiecto. voluntas autem est potentia passiva et activa simul, inquantum est movens et mota, * sicut in iii de anima philosophus dicit universaliter ' de vi appetitiva. cum ergo obiectum voluntatis non sit passio appetitus sensitivi, sed magis bonum rationis; videtur quod passio appetitus sensitivi non moveat voluntatem.

ag2 ' Praeterea, superior motor non movetur ab inferiori, sicut anima non movetur a corpore. sed voluntas, quae est appetitus rationis, comparatur ad appetitum sensitivum sicut motor superior ad inferiorem, * dicit enim philosophus, in iii de anima, quod ° appetitus rationis movet appetitum sensitivum, sicut in corporibus caelestibus sphaera movet sphaeram. ' ergo voluntas non potest moveri a passione appetitus sensitivi.

ag3 ' Praeterea, nullum immateriale potest moveri ab aliquo materiali. sed voluntas est quaedam potentia immaterialis, non enim utitur organo corporali, cum sit in ratione, * ut dicitur in iii de anima. ' appetitus autem sensitivus est vis materialis, utpote fundata in organo corporali. ergo passio appetitus sensitivi non potest movere appetitum intellectivum.

sc * Sed contra est quod dicitur dan. xiii, ° concupiscentia subvertit cor tuum.

co ' Respondeo dicendum quod passio appetitus sensitivi non potest directe trahere aut movere voluntatem, sed indirecte potest. et hoc dupliciter. uno quidem modo, secundum quandam abstractionem. cum enim omnes potentiae animae in una essentia animae radicentur, necesse est quod quando una potentia intenditur in suo actu, altera in suo actu remittatur, vel etiam totaliter impediatur. tum quia omnis virtus ad plura dispersa fit minor, unde e contrario, quando intenditur circa unum, minus potest ad alia dispergi. tum quia in operibus animae requiritur quaedam intentio, quae dum vehementer applicatur ad unum, non potest alteri vehementer attendere. et secundum hunc modum, per quandam distractionem, quando motus appetitus sensitivi fortificatur secundum quamcumque passionem, necesse est quod remittatur, vel totaliter impediatur motus proprius appetitus rationalis, qui est voluntas. alio modo, ex parte obiecti voluntatis, quod est bonum ratione apprehensum. impeditur enim iudicium et apprehensio rationis propter vehementem et inordinatam apprehensionem imaginationis, et iudicium virtutis aestimativae, ut patet in amentibus. manifestum est autem quod passionem appetitus sensitivi sequitur imaginationis apprehensio, et iudicium aestimativae, sicut etiam dispositionem linguae sequitur iudicium gustus. unde videmus quod homines in aliqua passione existentes, non facile imaginationem avertunt ab his circa quae afficiuntur. unde per consequens iudicium rationis |25| plerumque sequitur passionem appetitus sensitivi; et per consequens motus voluntatis, qui natus est sequi iudicium rationis.

ra1 ' Ad primum ergo dicendum quod per passionem appetitus sensitivi fit aliqua immutatio circa iudicium de obiecto voluntatis, * sicut dictum est; ' quamvis ipsa passio appetitus sensitivi non sit directe voluntatis obiectum.

ra2 ' Ad secundum dicendum quod superius non movetur ab inferiori directe, sed indirecte quodammodo moveri potest, * sicut dictum est.

ra3 ' Et similiter dicendum est ad tertium.

008 ST2 qu77 ar2

ag1 ' Ad secundum sic proceditur. videtur quod ratio non possit superari a passione contra suam scientiam. fortius enim non vincitur a debiliori. sed scientia, propter suam certitudinem, est fortissimum eorum quae in nobis sunt. ergo non potest superari a passione, quae est debilis et cito transiens.

ag2 ' Praeterea, voluntas non est nisi boni vel apparentis boni. sed cum passio trahit voluntatem in id quod est vere bonum, non inclinat rationem contra scientiam. cum autem trahit eam in id quod est apparens bonum et non existens, trahit eam in id quod rationi videtur, hoc autem est in scientia rationis, quod ei videtur. ergo passio nunquam inclinat rationem contra suam scientiam.

ag3 ' Si dicatur quod trahit rationem scientem aliquid in universali, ut contrarium iudicet in particulari, contra, universalis et particularis propositio, si opponantur, opponuntur secundum contradictionem, sicut omnis homo et non omnis homo. " sed duae opiniones quae sunt contradictoriarum, sunt contrariae, * ut dicitur in ii peri herm.. ' si igitur aliquis sciens aliquid in universali, iudicaret oppositum in singulari, sequeretur quod haberet simul contrarias

opiniones, quod est impossibile.
ag4 ‘ Praeterea, quicumque scit universale, scit etiam particulare quod novit sub universali contineri; sicut quicumque scit omnem mulam esse sterilem, scit hoc animal esse sterile, dummodo sciat quod sit mula; * ut patet per id quod dicitur in i poster.. ‘ sed ille qui scit aliquid in universali, puta nullam fornicationem esse faciendam, scit hoc particulare sub universali contineri, puta hunc actum esse fornicarium. ergo videtur quod etiam in particulari sciat.
ag5 ‘ Praeterea, ea quae sunt in voce, sunt signa intellectus animae, * secundum philosophum. ‘ sed homo in passione existens frequenter confitetur id quod eligit esse malum etiam in particulari. ergo etiam in particulari habet scientiam. sic igitur videtur quod passiones non possint trahere rationem contra scientiam universalem, quia non potest esse quod habeat scientiam universalem, et existimet oppositum in particulari.
sc * Sed contra est quod dicit apostolus, rom. vii, ° video aliam legem in membris meis repugnantem legi mentis meae, et captivantem me in lege peccati. ‘ lex autem quae est in membris, est concupiscentia, de qua supra locutus fuerat. cum igitur concupiscentia sit passio quaedam, videtur quod passio trahat rationem etiam contra hoc quod scit.
co ‘ Respondeo dicendum quod * opinio socratis fuit, ut philosophus dicit in vii ethic., quod “ scientia nunquam posset superari a passione. unde ponebat omnes virtutes esse scientias, et omnia peccata esse ignorantias. ‘ in quo quidem aliqualiter recte sapiebat. quia cum voluntas sit boni vel apparentis boni, nunquam voluntas in malum moveretur, nisi id quod non est bonum, aliqualiter rationi bonum appareret, et propter hoc voluntas nunquam in malum tenderet, nisi cum aliqua ignorantia vel errore rationis. * unde dicitur prov. xiv, ° errant qui operantur malum. ‘ sed quia experimento patet quod multi agunt contra ea quorum scientiam habent; et hoc etiam auctoritate divina confirmatur, * secundum illud luc. xii, ° servus qui cognovit voluntatem domini sui et non fecit, plagis vapulabit multis; * et iac. iv dicitur, “ scienti bonum facere et non facienti, peccatum est illi, ‘ non simpliciter verum dixit, sed oportet distinguere, * ut philosophus tradit in vii ethic.. ‘ cum enim ad recte agendum homo dirigatur duplici scientia, scilicet |25| universali et particulari; utriusque defectus sufficit ad hoc quod impediatur rectitudo operis et voluntatis, * ut supra dictum est. ‘ contingit igitur quod aliquis habeat scientiam in universali, puta nullam fornicationem esse faciendam; sed tamen non cognoscat in particulari hunc actum qui est fornicatio, non esse faciendum. et hoc sufficit ad hoc quod voluntas non sequatur universalem scientiam rationis. iterum considerandum est quod nihil prohibet aliquid sciri in habitu, quod tamen actu non consideratur. potest igitur contingere quod aliquis etiam rectam scientiam habeat in singulari, et non solum in universali, sed tamen in actu non consideret. et tunc non videtur difficile quod praeter id quod actu non considerat, homo agat. quod autem homo non consideret in particulari id quod habitualiter scit, quandoque quidem contingit ex solo defectu intentionis, puta cum homo sciens geometriam, non intendit ad considerandum geometriae conclusiones, quas statim in promptu habet considerare. quandoque autem homo non considerat id quod habet in habitu propter aliquod impedimentum superveniens, puta propter aliquam occupationem exteriorem, vel propter aliquam infirmitatem corporalem. et hoc modo ille qui est in passione constitutus, non considerat in particulari id quod scit in universali, inquantum passio impedit talem considerationem. impedit autem tripliciter. primo, per quandam distractionem, |50| * sicut supra expositum est. ‘ secundo, per contrarietatem, quia plerumque passio inclinat ad contrarium huius quod scientia universalis habet. tertio, per quandam immutationem corporalem, ex qua ratio quodammodo ligatur, ne libere in actum exeat, sicut etiam somnus vel ebrietas, quadam corporali transmutatione facta, ligant usum rationis. et quod hoc contingat in passionibus, patet ex hoc quod aliquando, cum passiones multum intenduntur, homo amittit totaliter usum rationis, multi enim propter abundantiam amoris et irae, sunt in insaniam conversi. et per hunc modum passio trahit rationem ad iudicandum in particulari contra scientiam quam habet in universali.
ra1 ‘ Ad primum ergo dicendum quod scientia universalis, quae est certissima, non habet principalitatem in operatione, sed magis scientia particularis, eo quod operationes sunt circa singularia. unde non est mirum si in operabilibus passio agit contra scientiam universalem, absente consideratione in particulari.
ra2 ‘ Ad secundum dicendum quod hoc ipsum quod rationi videatur in particulari aliquid bonum quod non est bonum, contingit ex aliqua passione. et tamen hoc particulare iudicium est contra universalem scientiam rationis.
ra3 ‘ Ad tertium dicendum quod non posset contingere quod aliquis haberet simul in actu scientiam aut opinionem veram de universali affirmativo, et opinionem falsam de particulari negativo, aut e converso. sed bene potest contingere quod aliquis habeat veram scientiam habitualiter de universali affirmativo, et falsam opinionem in actu de particulari negativo, actus enim directe non contrariatur habitui, sed actui.
ra4 ‘ Ad quartum dicendum quod ille qui habet scientiam in universali, propter passionem impeditur ne possit sub illa universali sumere, et ad conclusionem pervenire, sed assumit sub alia universali, quam suggerit inclinatio passionis, et sub ea concludit. unde * philosophus dicit, in vii ethic., quod “ syllogismus incontinentis habet quatuor propositiones, duas universales, quarum una est rationis, puta nullam fornicationem esse committendam; alia est passionis, puta delectationem esse sectandam. ‘ passio igitur ligat rationem ne assumat et concludat sub prima, unde, ea durante, assumit et concludit sub secunda.
ra5 ‘ Ad quintum dicendum quod, sicut ebrius quandoque proferre potest verba significantia profundas sententias, quas tamen mente diiudicare non potest, ebrietate prohibente; ita in passione existens, etsi ore proferat hoc non esse faciendum, tamen interius hoc animo sentit quod sit faciendum, * ut dicitur in vii ethic..

008 ST2 qu77 ar3

ag1 ‘ Ad tertium sic proceditur. videtur quod peccatum quod est ex passione, non debeat dici ex infirmitate. passio enim est quidam vehemens motus appetitus sensitivi, * ut dictum est. ‘ vehementia autem motus magis attestatur fortitudini quam infirmitati. ergo peccatum quod est ex passione, non debet dici ex infirmitate.
ag2 ‘ Praeterea, infirmitas hominis maxime attenditur secundum illud quod est in eo fragilius. hoc autem est caro, * unde dicitur in psalmo lxxvii, ° recordatus est quia caro sunt. ‘ ergo magis debet dici peccatum ex infirmitate quod est ex aliquo corporis defectu, quam quod est ex animae passione.
ag3 ‘ Praeterea, ad ea non videtur homo esse infirmus, quae eius voluntati subduntur. sed facere vel non facere ea ad quae passio inclinat, hominis voluntati subditur, * secundum illud gen. iv, ° sub te erit appetitus tuus, et tu dominaberis illius. ‘ ergo peccatum quod est ex passione, non est ex infirmitate.
sc * Sed contra est quod tullius, in iv libro de tuscul. quaest., “ passiones animae aegritudines vocat. ‘ aegritudines autem alio nomine infirmitates dicuntur. ergo peccatum quod est ex passione, debet dici ex infirmitate.
co ‘ Respondeo dicendum quod causa peccati propria est ex parte animae in qua principaliter est peccatum. potest autem dici infirmitas in anima ad similitudinem infirmitatis corporis. dicitur autem corpus hominis esse infirmum, quando debilitatur vel impeditur in executione propriae operationis, propter aliquam inordinationem partium corporis, ita scilicet quod humores et membra hominis non subduntur virtuti regitivae et motivae corporis. unde et membrum dicitur esse infirmum, quando non potest perficere operationem membri sani, sicut oculus quando non potest clare videre, * ut dicit philosophus, in x de historiis animalium. unde ‘ et infirmitas animae dicitur quando impeditur anima in propria operatione, propter inordinationem partium ipsius. sicut autem partes corporis dicuntur esse inordinatae, quando non sequuntur ordinem naturae; ita et partes animae dicuntur inordinatae, quando non subduntur ordini rationis, ratio enim est vis regitiva partium animae. sic ergo quando extra ordinem rationis vis concupiscibilis aut irascibilis aliqua passione afficitur, et per hoc impedimentum praestatur * modo praedicto ‘ debitae actioni hominis, dicitur peccatum esse ex infirmitate. unde * et philosophus, in i ethic., comparat incontinentem paralytico, ‘ cuius partes moventur in contrarium eius quod ipse disponit.
ra1 ‘ Ad primum ergo dicendum quod, sicut quanto fuerit motus fortior in corpore praeter ordinem naturae, tanto est maior infirmitas; ita quanto fuerit motus fortior passionis praeter ordinem rationis, tanto est maior infirmitas animae.
ra2 ‘ Ad secundum dicendum quod peccatum principaliter consistit in actu voluntatis, qui non impeditur per corporis infirmitatem, potest enim qui est corpore infirmus, promptam habere voluntatem ad aliquid faciendum. impeditur autem per passionem, * ut supra dictum est. ‘ unde cum dicitur peccatum esse ex infirmitate, magis est referendum ad infirmitatem animae quam ad infirmitatem corporis. dicitur tamen etiam ipsa infirmitas animae infirmitas carnis, inquantum ex conditione carnis passiones animae insurgunt in nobis, eo quod appetitus sensitivus est virtus utens organo corporali.
ra3 ‘ Ad tertium dicendum quod in potestate quidem voluntatis est assentire vel non assentire his in quae passio inclinat, et pro tanto dicitur noster appetitus sub nobis esse. sed tamen ipse assensus vel dissensus voluntatis impeditur per passionem, * modo praedicto.

008 ST2 qu77 ar4

ag1 ‘ Ad quartum sic proceditur. videtur quod amor sui non sit principium omnis peccati. id enim quod est secundum se bonum et debitum, non est propria causa peccati. sed amor sui est secundum se bonum et debitum, unde et praecipitur homini ut diligat proximum sicut seipsum, * levit. xix. ‘ ergo amor sui non potest esse propria causa peccati.
ag2 * Praeterea, apostolus dicit, rom. vii, ° occasione accepta, peccatum per mandatum operatum est in me omnem concupiscentiam, * ubi glossa dicit quod ° bona est lex, quae, dum concupiscentiam prohibet, omne malum prohibet, ‘ quod dicitur propter hoc, quia concupiscentia est causa omnis peccati. sed concupiscentia est alia passio ab amore, * ut supra habitum est. ‘ ergo amor sui non est causa omnis peccati.
ag3 * Praeterea, augustinus, super illud psalmi, “ incensa igni et suffossa, dicit quod omne peccatum est ° ex amore male inflammante, vel ex timore male humiliante. ‘ non ergo solus amor sui est causa peccati.
ag4 ‘ Praeterea, sicut homo quandoque peccat propter inordinatum sui amorem, ita etiam interdum peccat propter inordinatum amorem proximi. ergo amor sui non est causa omnis peccati.
sc * Sed contra est quod augustinus dicit, xiv de civ. dei, quod ° amor sui usque ad contemptum dei, facit civitatem babylonis. ‘ sed per quodlibet peccatum pertinet homo ad civitatem babylonis. ergo amor sui est causa omnis peccati.
co * Respondeo dicendum quod, sicut supra dictum est, ‘ propria et per se causa peccati accipienda est ex parte conversionis ad commutabile bonum; ex qua quidem parte omnis actus peccati procedit ex aliquo inordinato appetitu alicuius temporalis boni. quod autem aliquis appetat inordinate aliquod temporale bonum, procedit ex hoc quod inordinate amat seipsum, hoc enim est amare aliquem, velle ei bonum. unde manifestum est quod inordinatus amor sui est causa omnis peccati.
ra1 ‘ Ad primum ergo dicendum quod amor sui ordinatus est debitus et naturalis, ita scilicet quod velit sibi bonum quod congruit. sed amor sui inordinatus, qui perducit ad contemptum dei, ponitur esse causa peccati * secundum augustinum.
ra2 ‘ Ad secundum dicendum quod concupiscentia, qua aliquis appetit sibi bonum, reducitur ad amorem sui sicut ad causam, * ut iam dictum est.
ra3 ‘ Ad tertium dicendum quod aliquis dicitur amare et illud bonum quod optat sibi, et se, cui bonum optat. amor igitur secundum quod dicitur eius esse quod optatur, puta quod aliquis dicitur amare vinum vel pecuniam, recipit pro causa timorem, qui pertinet ad fugam mali. omne enim peccatum provenit vel ex inordinato appetitu alicuius boni, vel ex inordinata fuga alicuius mali. sed utrumque horum reducitur ad amorem sui. propter hoc enim homo vel appetit bona vel fugit mala, quia amat seipsum.
ra4 ‘ Ad quartum dicendum quod amicus est quasi alter ipse. et ideo quod peccatur propter amorem amici, videtur propter amorem sui peccari.

008 ST2 qu77 ar5

ag1 ‘ Ad quintum sic proceditur. videtur quod inconvenienter ponantur causae peccatorum esse concupiscentia carnis, concupiscentia oculorum, et superbia vitae. * quia secundum apostolum, i ad tim. ult., ° radix omnium malorum est cupiditas. ‘ sed superbia vitae sub cupiditate non continetur. ergo non oportet poni inter causas peccatorum.
ag2 ‘ Praeterea, concupiscentia carnis maxime ex visione oculorum excitatur, * secundum illud dan. xiii, ° species decepit te. ‘ ergo non debet dividi concupiscentia oculorum contra concupiscentiam carnis.
ag3 ‘ Praeterea, concupiscentia est delectabilis appetitus, * ut supra habitum est. ‘ delectationes autem contingunt non solum secundum visum, sed etiam secundum alios sensus. ergo deberet etiam poni concupiscentia auditus, et aliorum sensuum.
ag4 ‘ Praeterea, sicut homo inducitur ad peccandum ex inordinata concupiscentia boni, ita etiam ex inordinata fuga mali, * ut dictum est. ‘ sed nihil hic enumeratur pertinens ad fugam mali. ergo insufficienter causae peccatorum tanguntur.
sc * Sed contra est quod dicitur i ioan. ii, ° omne quod est in mundo, aut est concupiscentia carnis, aut concupiscentia oculorum, aut superbia vitae. ‘ in mundo autem dicitur aliquid esse propter peccatum, * unde et ibidem, dicit quod ° totus mundus in maligno positus est. ‘ ergo praedicta tria sunt causae peccatorum.
co * Respondeo dicendum quod, sicut iam dictum est, ‘ inordinatus amor sui est causa omnis peccati. in amore autem sui includitur inordinatus appetitus boni, unusquisque enim appetit bonum ei quem amat. unde manifestum est quod inordinatus appetitus boni est causa omnis peccati. bonum autem dupliciter est obiectum sensibilis appetitus, in quo sunt animae passiones, quae sunt causa peccati, uno modo, absolute, secundum quod est obiectum concupiscibilis; alio modo, sub ratione ardui, prout est obiectum irascibilis, * ut supra dictum est. ‘ est autem duplex concupiscentia, * sicut supra habitum est. ‘ una quidem naturalis, quae est eorum quibus natura corporis sustentatur; sive quantum ad conservationem individui, sicut cibus et potus et alia huiusmodi; sive quantum ad conservationem speciei, sicut in venereis. et horum inordinatus appetitus dicitur concupiscentia carnis. alia est concupiscentia animalis, eorum scilicet quae per sensum carnis sustentationem aut delectationem non afferunt, sed sunt delectabilia secundum apprehensionem imaginationis, aut ali-

cuius huiusmodi acceptionis, sicut sunt pecunia, ornatus vestium, et alia huiusmodi. et haec quidem animalis |25| concupiscentia vocatur concupiscentia oculorum, sive intelligatur concupiscentia oculorum, idest ipsius visionis, quae fit per oculos, ut referatur ad curiositatem, * secundum quod augustinus exponit, x confess.; sive ‘ referatur ad concupiscentiam rerum quae exterius oculis proponuntur, ut referatur ad cupiditatem, secundum quod ab aliis exponitur. appetitus autem inordinatus boni ardui pertinet ad superbiam vitae, nam superbia est appetitus inordinatus excellentiae, * ut inferius dicetur. ‘ et sic patet quod ad ista tria reduci possunt omnes passiones, quae sunt causa peccati. nam ad duo prima reducuntur omnes passiones concupiscibilis, ad tertium autem omnes passiones irascibilis; quod ideo non dividitur in duo, quia omnes passiones irascibilis conformantur concupiscentiae animali.

ra1 ‘ Ad primum ergo dicendum quod secundum quod cupiditas importat universaliter appetitum cuiuscumque boni, sic etiam superbia vitae continetur sub cupiditate. quomodo autem cupiditas, secundum quod est speciale vitium, quod avaritia nominatur, sit radix omnium peccatorum, * infra dicetur.

ra2 ‘ Ad secundum dicendum quod concupiscentia oculorum non dicitur hic concupiscentia omnium rerum quae oculis videri possunt, sed solum earum in quibus non quaeritur delectatio carnis, quae est secundum tactum, sed solum delectatio oculi, idest cuiuscumque apprehensivae virtutis.

ra3 ‘ Ad tertium dicendum quod sensus visus est excellentior inter omnes sensus, et ad plura se extendens, * ut dicitur in i metaphys.. ‘ et ideo nomen eius transfertur ad omnes alios sensus, et etiam ad omnes interiores apprehensiones, * ut augustinus dicit, in libro de verbis domini.

ra4 ‘ Ad quartum dicendum quod fuga mali causatur ex appetitu boni, * ut supra dictum est. ‘ et ideo ponuntur solum passiones inclinantes ad bonum, tamquam causae earum quae faciunt inordinate fugam mali.

008 ST2 qu77 ar6

ag1 ‘ Ad sextum sic proceditur. videtur quod peccatum non allevietur propter passionem. augmentum enim causae auget effectum, si enim calidum dissolvit, magis calidum magis dissolvit. sed passio est causa peccati, * ut habitum est. ‘ ergo quanto est intensior passio, tanto est maius peccatum. passio igitur non minuit peccatum, sed auget.

ag2 ‘ Praeterea, sicut se habet passio bona ad meritum, ita se habet mala passio ad peccatum. sed bona passio auget meritum, tanto enim aliquis magis videtur mereri, quanto ex maiori misericordia pauperi subvenit. ergo etiam mala passio magis aggravat peccatum quam alleviat.

ag3 ‘ Praeterea, quanto intensiori voluntate aliquis facit peccatum, tanto gravius videtur peccare. sed passio impellens voluntatem, facit eam vehementius ferri in actum peccati. ergo passio aggravat peccatum.

sc ‘ Sed contra, passio ipsa concupiscentiae vocatur tentatio carnis. sed quanto aliquis maiori tentatione prosternitur, tanto minus peccat, * ut patet per augustinum. ‘ ergo passio diminuit peccatum.

co ‘ Respondeo dicendum quod peccatum essentialiter consistit in actu liberi arbitrii, quod est facultas voluntatis et rationis. passio autem est motus appetitus sensitivi. appetitus autem sensitivus potest se habere ad liberum arbitrium et antecedenter, et consequenter. antecedenter quidem, secundum quod passio appetitus sensitivi trahit vel inclinat rationem et voluntatem, * ut supra dictum est. ‘ consequenter autem, secundum quod motus superiorum virium, si sint vehementes, redundant in inferiores, non enim potest voluntas intense moveri in aliquid, quin excitetur aliqua passio in appetitu sensitivo. si igitur accipiatur passio secundum quod praecedit actum peccati, sic necesse est quod diminuat peccatum. actus enim intantum est peccatum, inquantum est voluntarium et in nobis existens. in nobis autem aliquid esse dicitur per rationem et voluntatem. unde quanto ratio et voluntas ex se aliquid agunt, non ex impulsu passionis, magis est voluntarium et in nobis existens. et secundum hoc passio minuit peccatum, inquantum minuit voluntarium. passio autem consequens non diminuit peccatum, sed magis auget, vel potius est signum magnitudinis eius, inquantum scilicet demonstrat intensionem voluntatis ad actum peccati. et sic verum est quod quanto aliquis maiori |25| libidine vel concupiscentia peccat, tanto magis peccat.

ra1 ‘ Ad primum ergo dicendum quod passio est causa peccati ex parte conversionis. gravitas autem peccati magis attenditur ex parte aversionis; quae quidem ex conversione sequitur per accidens, idest praeter intentionem peccantis. causae autem per accidens augmentatae non augmentant effectus, sed solum causae per se.

ra2 ‘ Ad secundum dicendum quod bona passio consequens iudicium rationis, augmentat meritum. si autem praecedat, ut scilicet homo magis ex passione quam ex iudicio rationis moveatur ad bene agendum, talis passio diminuit bonitatem et laudem actus.

ra3 ‘ Ad tertium dicendum quod, etsi motus voluntatis sit intensior ex passione incitatus, non tamen ita est voluntatis proprius, sicut si sola ratione moveretur ad peccandum.

008 ST2 qu77 ar7

ag1 ‘ Ad septimum sic proceditur. videtur quod passio totaliter excuset a peccato. quidquid enim causat involuntarium, excusat totaliter a peccato. sed concupiscentia carnis, quae est quaedam passio, causat involuntarium, * secundum illud gal. v, ° caro concupiscit adversus spiritum, ut non quaecumque vultis, illa faciatis. ‘ ergo passio totaliter excusat a peccato.

ag2 ‘ Praeterea, passio causat ignorantiam quandam in particulari, * ut dictum est. ‘ sed ignorantia particularis totaliter excusat a peccato, * sicut supra habitum est. ‘ ergo passio totaliter excusat a peccato.

ag3 ‘ Praeterea, infirmitas animae gravior est quam infirmitas corporis. sed infirmitas corporis totaliter excusat a peccato, ut patet in phreneticis. ergo multo magis passio, quae est infirmitas animae.

sc * Sed contra est quod apostolus, rom. vii, vocat “ passiones peccatorum, ‘ non nisi quia peccata causant. quod non esset, si a peccato totaliter excusarent. ergo passiones non totaliter a peccato excusant.

co ‘ Respondeo dicendum quod secundum hoc solum actus aliquis qui de genere suo est malus, totaliter a peccato excusatur, quod totaliter involuntarius redditur. unde si sit talis passio quae totaliter involuntarium reddat actum sequentem, totaliter a peccato excusat, alioquin, non totaliter. circa quod duo consideranda videntur. primo quidem, quod aliquid potest esse voluntarium vel secundum se, sicut quando voluntas directe in ipsum fertur, vel secundum suam causam, quando voluntas fertur in causam et non in effectum, ut patet in eo qui voluntarie inebriatur; ex hoc enim quasi voluntarium ei imputatur quod per ebrietatem committit. secundo considerandum est quod aliquid dicitur voluntarium directe, vel indirecte, directe quidem, id in quod voluntas fertur; indirecte autem, illud quod voluntas potuit prohibere, sed non prohibet. secundum hoc igitur distinguendum est. quia passio quandoque quidem est tanta quod totaliter aufert usum rationis, sicut patet in his qui propter amorem vel iram insaniunt. et tunc si talis passio a principio fuit voluntaria, imputatur actus ad peccatum, quia est voluntarius in sua causa, * sicut etiam de ebrietate dictum est. ‘ si vero causa non fuit voluntaria, sed naturalis, puta cum aliquis ex aegritudine, vel aliqua huiusmodi causa, incidit in talem |25| passionem quae totaliter aufert usum rationis; actus omnino redditur involuntarius, et per consequens totaliter a peccato excusatur. quandoque vero passio non est tanta quod totaliter intercipiat usum rationis. et tunc ratio potest passionem excludere, divertendo ad alias cogitationes; vel impedire ne suum consequatur effectum, quia membra non applicantur operi nisi per consensum rationis, * ut supra dictum est. ‘ unde talis passio non totaliter excusat a peccato.

ra1 ‘ Ad primum ergo dicendum quod * hoc quod dicitur, ° ut non quaecumque vultis, illa faciatis, ‘ non est referendum ad ea quae fiunt per exteriorem actum, sed ad interiorem concupiscentiae motum, vellet enim homo nunquam concupiscere malum. sicut etiam * exponitur id quod dicitur rom. vii, quod ° odi malum, illud facio. ‘ vel potest referri ad voluntatem praecedentem passionem, ut patet in continentibus qui contra suum propositum agunt propter suam concupiscentiam.

ra2 ‘ Ad secundum dicendum quod ignorantia particularis quae totaliter excusat, est ignorantia circumstantiae quam quidem quis scire non potest, debita diligentia adhibita. sed passio causat ignorantiam iuris in particulari, dum impedit applicationem communis scientiae ad particularem actum. quam quidem passionem ratio repellere potest, * ut dictum est.

ra3 ‘ Ad tertium dicendum quod infirmitas corporis est involuntaria. esset autem simile, si esset voluntaria, * sicut de ebrietate dictum est, ‘ quae est quaedam corporalis infirmitas.

008 ST2 qu77 ar8

ag1 ‘ Ad octavum sic proceditur. videtur quod peccatum quod est ex passione, non possit esse mortale. veniale enim peccatum dividitur contra mortale. sed peccatum quod est ex infirmitate, est veniale, cum habeat in se causam veniae. cum igitur peccatum quod est ex passione, sit ex infirmitate, videtur quod non possit esse mortale.

ag2 ‘ Praeterea, causa non est potior effectu. sed passio non potest esse peccatum mortale, non enim in sensualitate est peccatum mortale, * ut supra habitum est. ‘ ergo peccatum quod est ex passione, non potest esse mortale.

ag3 ‘ Praeterea, passio abducit a ratione, * ut ex dictis patet. ‘ sed rationis est converti ad deum vel averti ab eo, in quo consistit ratio peccati mortalis. peccatum ergo quod est ex passione, non potest esse mortale.

sc ‘ Sed contra est quod * apostolus dicit, rom. vii, quod ° passiones peccatorum operantur in membris nostris ad fructificandum morti. ‘ hoc autem est proprium mortalis peccati, quod fructificet morti. ergo peccatum quod est ex passione, potest esse mortale.

co ‘ Respondeo dicendum quod peccatum mortale, * ut supra dictum est, ‘ consistit in aversione ab ultimo fine, qui est deus, quae quidem aversio pertinet ad rationem deliberantem, cuius etiam est ordinare in finem. hoc igitur solo modo potest contingere quod inclinatio animae in aliquid quod contrariatur ultimo fini, non sit peccatum mortale quia ratio deliberans non potest occurrere, quod contingit in subitis motibus. cum autem ex passione aliquis procedit ad actum peccati, vel ad consensum deliberatum, hoc non fit subito. unde ratio deliberans potest hic occurrere, potest enim excludere, vel saltem impedire passionem, * ut dictum est. ‘ unde si non occurrat, est peccatum mortale, sicut videmus quod multa homicidia et adulteria per passionem committuntur.

ra1 ‘ Ad primum ergo dicendum quod veniale dicitur tripliciter. uno modo, ex causa, quia scilicet habet aliquam causam veniae, quae diminuit peccatum, et sic peccatum ex infirmitate et ignorantia dicitur veniale. alio modo, ex eventu, sicut omne peccatum per poenitentiam fit veniale, idest veniam consecutum. tertio modo dicitur veniale ex genere, sicut verbum otiosum. et hoc solum veniale opponitur mortali, obiectio autem procedit de primo.

ra2 ‘ Ad secundum dicendum quod passio est causa peccati ex parte conversionis. quod autem sit mortale, est ex parte aversionis, quae per accidens sequitur ad conversionem, * ut dictum est. ‘ unde ratio non sequitur.

ra3 ‘ Ad tertium dicendum quod ratio non semper in suo actu totaliter a passione impeditur, unde remanet ei liberum arbitrium, ut possit averti vel converti ad deum. si autem totaliter tolleretur usus rationis, iam non esset peccatum nec mortale nec veniale.

008 ST2 qu78 ar

pr ‘ Deinde considerandum est de causa peccati quae est ex parte voluntatis, quae dicitur malitia. et circa hoc quaeruntur quatuor. primo, utrum aliquis possit ex certa malitia, seu industria, peccare. secundo, utrum quicumque peccat ex habitu, peccet ex certa malitia. tertio, utrum quicumque peccat ex certa malitia, peccet ex habitu. quarto, utrum ille qui peccat ex certa malitia, gravius peccet quam ille qui peccat ex passione.

008 ST2 qu78 ar1

ag1 ‘ Ad primum sic proceditur. videtur quod nullus peccet ex industria, sive ex certa malitia. ignorantia enim opponitur industriae, seu certae malitiae. “ sed omnis malus est ignorans, * secundum philosophum. et prov. xiv, dicitur, ° errant qui operantur malum. ‘ ergo nullus peccat ex certa malitia.

ag2 * Praeterea, dionysius dicit, iv cap. de div. nom., quod ° nullus intendens ad malum operatur. ‘ sed hoc videtur esse peccare ex malitia, intendere malum in peccando, quod enim est praeter intentionem, est quasi per accidens, et non denominat actum. ergo nullus ex malitia peccat.

ag3 ‘ Praeterea, malitia ipsa peccatum est. si igitur malitia sit causa peccati, sequetur quod peccatum sit causa peccati in infinitum, quod est inconveniens. nullus igitur ex malitia peccat.

sc * Sed contra est quod dicitur iob xxxiv, ° quasi de industria recesserunt a deo, et vias eius intelligere noluerunt. ‘ sed recedere a deo est peccare. ergo aliqui peccant ex industria, seu ex certa malitia.

co ‘ Respondeo dicendum quod homo, sicut et quaelibet alia res, naturaliter habet appetitum boni. unde quod ad malum eius appetitus declinet, contingit ex aliqua corruptione seu inordinatione in aliquo principiorum hominis, sic enim in actionibus rerum naturalium peccatum invenitur. principia autem humanorum actuum sunt intellectus et appetitus, tam rationalis, qui dicitur voluntas, quam sensitivus. peccatum igitur in humanis actibus contingit quandoque, sicut ex defectu intellectus, puta cum aliquis per ignorantiam peccat; et ex defectu appetitus sensitivi, sicut cum aliquis ex passione peccat; ita etiam ex defectu voluntatis, qui est inordinatio ipsius. est autem voluntas inordinata, quando minus bonum magis amat. consequens autem est ut aliquis eligat pati detrimentum in bono minus amato, ad hoc quod potiatur bono magis amato, sicut cum homo vult pati abscissionem membri etiam scienter, ut conservet vitam, quam magis amat. et per hunc modum, quando aliqua inordinata voluntas aliquod bonum temporale plus amat, puta divitias vel voluptatem, quam ordinem rationis vel legis divinae, vel caritatem dei, vel aliquid huiusmodi; sequitur quod velit dispendium pati in aliquo spiritualium bonorum, ut potiatur aliquo temporali bono. nihil autem est aliud malum quam privatio alicuius boni. et secundum hoc aliquis scienter vult aliquod malum spirituale, quod est malum simpliciter, |25| per quod bonum spirituale privatur, ut bono temporali potiatur. unde dicitur ex certa malitia, vel ex industria peccare, quasi scienter malum eligens.

ra1 ‘ Ad primum ergo dicendum quod ignorantia quandoque quidem excludit scientiam qua aliquis simpliciter scit hoc esse malum quod agitur, et tunc dicitur ex ignorantia peccare. quandoque autem excludit scientiam qua homo scit hoc nunc esse malum, sicut cum ex passione peccatur. quandoque au-

tem excludit scientiam qua aliquis scit hoc malum non sustinendum esse propter consecutionem illius boni, scit tamen simpliciter hoc esse malum, et sic dicitur ignorare qui ex certa malitia peccat.
ra2 ' Ad secundum dicendum quod malum non potest esse secundum se intentum ab aliquo, potest tamen esse intentum ad vitandum aliud malum, vel ad consequendum aliud bonum, * ut dictum est. ' et in tali casu aliquis eligeret consequi bonum per se intentum, absque hoc quod pateretur detrimentum alterius boni. sicut aliquis lascivus vellet frui delectatione absque offensa dei, sed duobus propositis, magis vult peccando incurrere offensam dei, quam delectatione privetur.
ra3 ' Ad tertium dicendum quod malitia ex qua aliquis dicitur peccare, potest intelligi malitia habitualis, secundum quod habitus malus * a philosopho ' nominatur malitia, sicut habitus bonus nominatur virtus. et secundum hoc aliquis dicitur ex malitia peccare, quia peccat ex inclinatione habitus. potest etiam intelligi malitia actualis. sive ipsa mali electio malitia nominetur, et sic dicitur aliquis ex malitia peccare, inquantum ex mali electione peccat. sive etiam malitia dicatur aliqua praecedens culpa, ex qua oritur subsequens culpa, sicut cum aliquis impugnat fraternam gratiam ex invidia. et tunc idem non est causa sui ipsius, sed actus interior est causa actus exterioris. et unum peccatum est causa alterius, non tamen in infinitum, quia est devenire ad aliquod primum peccatum, quod non causatur ex aliquo priori peccato, * ut ex supradictis patet.

008 ST2 qu78 ar2

ag1 ' Ad secundum sic proceditur. videtur quod non omnis qui peccat ex habitu, peccet ex certa malitia. peccatum enim quod est ex certa malitia, videtur esse gravissimum. sed quandoque homo aliquod leve peccatum committit ex habitu, sicut cum dicit verbum otiosum. non ergo omne peccatum quod est ex habitu, est ex certa malitia.
ag2 ° Praeterea, actus ex habitu procedentes sunt similes actibus ex quibus habitus generantur, * ut dicitur in ii ethic.. ' sed actus praecedentes habitum vitiosum non sunt ex certa malitia. ergo etiam peccata quae sunt ex habitu, non sunt ex certa malitia.
ag3 ' Praeterea, in his quae aliquis ex certa malitia committit, gaudet postquam commisit, * secundum illud prov. ii, ° qui laetantur cum male fecerint et exultant in rebus pessimis. ' et hoc ideo, quia unicuique est delectabile cum consequitur id quod intendit, et qui operatur quod est ei quodammodo connaturale secundum habitum. sed illi qui peccant ex habitu, post peccatum commissum dolent, poenitudine enim replentur pravi, idest habentes habitum vitiosum, * ut dicitur in ix ethic.. ' ergo peccata quae sunt ex habitu, non sunt ex certa malitia.
sc ' Sed contra, peccatum ex certa malitia dicitur esse quod est ex electione mali. sed unicuique est eligibile id ad quod inclinatur per proprium habitum; * ut dicitur in vi ethic. de habitu virtuoso. ' ergo peccatum quod est ex habitu, est ex certa malitia.
co ' Respondeo dicendum quod non est idem peccare habentem habitum, et peccare ex habitu. uti enim habitu non est necessarium, sed subiacet voluntati habentis, unde et habitus definitur esse quo quis utitur cum voluerit. et ideo sicut potest contingere quod aliquis habens habitum vitiosum, prorumpat in actum virtutis, eo quod ratio non totaliter corrumpitur per malum habitum, sed aliquid eius integrum manet, ex quo provenit quod peccator aliqua operatur de genere bonorum; ita etiam potest contingere quod aliquis habens habitum, interdum non ex habitu operetur, sed ex passione insurgente, vel etiam ex ignorantia. sed quandocumque utitur habitu vitioso, necesse est quod ex certa malitia peccet. quia unicuique habenti habitum, est per se diligibile id quod est ei conveniens secundum proprium habitum, quia fit ei quodammodo connaturale, secundum quod consuetudo et habitus vertitur in naturam. hoc autem quod est alicui conveniens secundum habitum vitiosum, est id quod excludit bonum spirituale. ex quo sequitur quod homo eligat malum spirituale, ut adipiscatur bonum quod est ei secundum habitum conveniens. et hoc est ex certa malitia peccare. unde manifestum est quod quicumque peccat ex habitu, peccet ex certa malitia.
ra1 ' Ad primum ergo dicendum quod peccata venialia non excludunt bonum spirituale, quod est gratia dei vel caritas. unde non dicuntur mala simpliciter, sed secundum quid. et propter hoc nec habitus ipsorum possunt dici simpliciter mali, sed solum secundum quid.
ra2 ' Ad secundum dicendum quod actus qui procedunt ex habitibus, sunt similes secundum speciem actibus ex quibus habitus generantur, differunt tamen ab eis sicut perfectum ab imperfecto. et talis est differentia peccati quod committitur ex certa malitia, ad peccatum quod committitur ex aliqua passione.
ra3 ' Ad tertium dicendum quod ille qui peccat ex habitu, semper gaudet de hoc quod ex habitu operatur, quandiu habitu utitur. sed quia potest habitu non uti, sed per rationem, quae non est totaliter corrupta, aliquid aliud meditari; potest contingere quod, non utens habitu, doleat de hoc quod per habitum commisit. plerumque tamen tales poenitent de peccato, non quia eis peccatum secundum se displiceat; sed propter aliquod incommodum quod ex peccato incurrunt.

008 ST2 qu78 ar3

ag1 ' Ad tertium sic proceditur. videtur quod quicumque peccat ex certa malitia, peccet ex habitu. * dicit enim philosophus, in v ethic., quod " non est cuiuslibet iniusta facere qualiter iniustus facit, scilicet ex electione, sed solum habentis habitum. ' sed peccare ex certa malitia est peccare ex electione mali, * ut dictum est. ' ergo peccare ex certa malitia non est nisi habentis habitum.
ag2 * Praeterea, origenes dicit, in i peri archon, quod ° non ad subitum quis evacuatur aut deficit, sed paulatim per partes defluere necesse est. ' sed maximus defluxus esse videtur ut aliquis ex certa malitia peccet. ergo non statim a principio, sed per multam consuetudinem, ex qua habitus generari potest, aliquis ad hoc devenit ut ex certa malitia peccet.
ag3 ' Praeterea, quandocumque aliquis ex certa malitia peccat, oportet quod ipsa voluntas de se inclinetur ad malum quod eligit. sed ex natura potentiae non inclinatur homo ad malum, sed magis ad bonum. ergo oportet, si eligit malum, quod hoc sit ex aliquo supervenienti, quod est passio vel habitus. sed quando aliquis peccat ex passione, non peccat ex certa malitia, sed ex infirmitate, * ut dictum est. ' ergo quandocumque aliquis peccat ex certa malitia, oportet quod peccet ex habitu.
sc ' Sed contra, sicut se habet habitus bonus ad electionem boni, ita habitus malus ad electionem mali. sed quandoque aliquis non habens habitum virtutis, eligit id quod est bonum secundum virtutem. ergo etiam quandoque aliquis non habens habitum vitiosum, potest eligere malum, quod est ex certa malitia peccare.
co ' Respondeo dicendum quod voluntas aliter se habet ad bonum, et aliter ad malum. ex natura enim suae potentiae inclinatur ad bonum rationis, sicut ad proprium obiectum, unde et omne peccatum dicitur esse contra naturam. quod ergo in aliquod malum voluntas eligendo inclinetur, oportet quod aliunde contingat. et quandoque quidem contingit ex defectu rationis, sicut cum aliquis ex ignorantia peccat, quandoque autem ex impulsu appetitus sensitivi, sicut cum peccat ex passione. sed neutrum horum est ex certa malitia peccare; sed tunc solum ex certa malitia aliquis peccat, quando ipsa voluntas ex seipsa movetur ad malum. quod potest contingere dupliciter. uno quidem modo, per hoc quod homo habet aliquam dispositionem corruptam inclinantem ad malum, ita quod secundum illam dispositionem fit homini quasi conveniens et simile aliquod malum, et in hoc, ratione convenientiae, tendit voluntas quasi in bonum, quia unumquodque secundum se tendit in id quod sibi est conveniens. talis autem dispositio corrupta vel est aliquis habitus acquisitus ex consuetudine, quae vertitur in naturam, vel est aliqua aegritudinalis habitudo ex parte corporis, sicut aliquis habens quasdam naturales inclinationes ad aliqua peccata, propter corruptionem naturae in ipso. alio modo contingit quod voluntas per se tendit in aliquod malum, per remotionem alicuius prohibentis. puta si aliquis prohibeatur peccare non quia peccatum ei secundum se displiceat, sed propter spem vitae |25| aeternae vel propter timorem gehennae; remota spe per desperationem, vel timore per praesumptionem, sequitur quod ex certa malitia, quasi absque freno, peccet. sic igitur patet quod peccatum quod est ex certa malitia, semper praesupponit in homine aliquam inordinationem, quae tamen non semper est habitus. unde non est necessarium quod quicumque peccat ex certa malitia, peccet ex habitu.
ra1 ' Ad primum ergo dicendum quod operari qualiter iniustus operatur, non solum est operari iniusta ex certa malitia, sed etiam delectabiliter, et sine gravi renisu rationis. quod non est nisi eius qui habet habitum.
ra2 ' Ad secundum dicendum quod non statim ad hoc aliquis labitur quod ex certa malitia peccet, sed praesupponitur aliquid, quod tamen non semper est habitus, * ut dictum est.
ra3 ' Ad tertium dicendum quod illud propter quod voluntas inclinatur ad malum, non semper habitus est vel passio, sed quaedam alia, * ut dictum est.
ra4 ' Ad quartum dicendum quod non est similis ratio de electione boni, et de electione mali. quia malum nunquam est sine bono naturae, sed bonum potest esse sine malo culpae perfecte.

008 ST2 qu78 ar4

ag1 ' Ad quartum sic proceditur. videtur quod ille qui peccat ex certa malitia, non peccet gravius quam ille qui peccat ex passione. ignorantia enim excusat peccatum vel in toto vel in parte. sed maior est ignorantia in eo qui peccat ex certa malitia, quam in eo qui peccat ex passione, nam ille qui peccat ex certa malitia, patitur ignorantiam principii, quae est maxima, * ut philosophus dicit, in vii ethic.; ' habet enim malam existimationem de fine, qui est principium in operativis. ergo magis excusatur a peccato qui peccat ex certa malitia, quam ille qui peccat ex passione.
ag2 ' Praeterea, quanto aliquis habet maius impellens ad peccandum, tanto minus peccat, sicut patet de eo qui maiori impetu passionis deiicitur in peccatum. sed ille qui peccat ex certa malitia, impellitur ab habitu, cuius est fortior impulsio quam passionis. ergo ille qui peccat ex habitu, minus peccat quam ille qui peccat ex passione.
ag3 ' Praeterea, peccare ex certa malitia est peccare ex electione mali. sed ille qui peccat ex passione, etiam eligit malum. ergo non minus peccat quam ille qui peccat ex certa malitia.
sc ' Sed contra est quod peccatum quod ex industria committitur, ex hoc ipso graviorem poenam meretur, * secundum illud iob xxxiv, ° quasi impios percussit eos in loco videntium, qui quasi de industria recesserunt ab eo. ' sed poena non augetur nisi propter gravitatem culpae. ergo peccatum ex hoc aggravatur, quod est ex industria, seu certa malitia.
co ' Respondeo dicendum quod peccatum quod est ex certa malitia, est gravius peccato quod est ex passione, triplici ratione. primo quidem quia, cum peccatum principaliter in voluntate consistat, quanto motus peccati est magis proprius voluntati, tanto peccatum est gravius, ceteris paribus. cum autem ex certa malitia peccatur, motus peccati est magis proprius voluntati, quae ex seipsa in malum movetur, quam quando ex passione peccatur, quasi ex quodam extrinseco impulsu ad peccandum. unde peccatum ex hoc ipso quod est ex malitia, aggravatur, et tanto magis, quanto fuerit vehementior malitia. ex eo vero quod est ex passione, diminuitur, et tanto magis, quanto passio fuerit magis vehemens. secundo, quia passio quae inclinat voluntatem ad peccandum, cito transit, et sic homo cito redit ad bonum propositum, poenitens de peccato. sed habitus, quo homo ex malitia peccat, est qualitas permanens, et ideo qui ex malitia peccat, diuturnius peccat. * unde philosophus, in vii ethic., comparat " intemperatum, qui peccat ex malitia, infirmo qui continue laborat; incontinentem autem, qui peccat ex passione, ei qui laborat interpolate. ' tertio, quia ille qui peccat ex certa malitia, est male dispositus quantum ad ipsum finem, qui est principium in operabilibus. et sic eius defectus est periculosior quam eius qui ex passione peccat, |25| cuius propositum tendit in bonum finem, licet hoc propositum interrumpatur ad horam propter passionem. semper autem defectus principii est pessimus. unde manifestum est quod gravius est peccatum quod est ex malitia, quam quod est ex passione.
ra1 ' Ad primum ergo dicendum quod ignorantia electionis, de qua obiectio procedit, neque excusat neque diminuit peccatum, * ut supra dictum est. ' unde neque maior ignorantia talis facit esse minus peccatum.
ra2 ' Ad secundum dicendum quod impulsio quae est ex passione, est quasi ex exteriori respectu voluntatis, sed per habitum inclinatur voluntas quasi ab interiori. unde non est similis ratio.
ra3 ' Ad tertium dicendum quod aliud est peccare eligentem, et aliud peccare ex electione. ille enim qui peccat ex passione, peccat quidem eligens, non tamen ex electione, quia electio non est in eo primum peccati principium, sed inducitur ex passione ad eligendum id quod extra passionem existens non eligeret. sed ille qui peccat ex certa malitia, secundum se eligit malum, * eo modo quo dictum est. ' et ideo electio in ipso est principium peccati; et propter hoc dicitur ex electione peccare.

008 ST2 qu79 ar

pr ' Deinde considerandum est de causis exterioribus peccati. et primo, ex parte dei; secundo, ex parte diaboli; tertio, ex parte hominis. circa primum quaeruntur quatuor. primo, utrum deus sit causa peccati. secundo, utrum actus peccati sit a deo. tertio, utrum deus sit causa excaecationis et obdurationis. quarto, utrum haec ordinentur ad salutem eorum qui excaecantur vel obdurantur.

008 ST2 qu79 ar1

ag1 ' Ad primum sic proceditur. videtur quod deus sit causa peccati. * dicit enim apostolus, rom. i, de quibusdam, ° tradidit eos deus in reprobum sensum, ut faciant ea quae non conveniunt. * et glossa ibidem dicit quod ° deus operatur in cordibus hominum, inclinando voluntates eorum in quodcumque voluerit, sive in bonum sive in malum. ' sed facere quae non conveniunt, et inclinari secundum voluntatem ad malum, est peccatum. ergo deus hominibus est causa peccati.
ag2 * Praeterea, sap. xiv, dicitur, ° creaturae dei in odium factae sunt, et in tentationem animae hominum. ' sed tentatio solet dici provocatio ad peccandum. cum ergo creaturae non sint factae nisi a deo, * ut in primo habitum est, ' videtur quod deus sit causa peccati provocans homines ad peccandum.
ag3 ' Praeterea, quidquid est causa causae, est causa effectus. sed deus est causa liberi arbitrii, quod est causa peccati. ergo deus est causa peccati.
ag4 ' Praeterea, omne malum opponitur bono. sed non repugnat divinae bonitati quod ipse sit causa mali poenae, * de isto enim malo dicitur isaiae xlv, quod ° deus est creans malum; * et amos iii, ° si est malum in civitate quod deus non fecerit? ' ergo e-

tiam divinae bonitati non repugnat quod deus sit causa culpae.
sc * Sed contra, sap. xi, dicitur de deo, ° nihil odisti eorum quae fecisti. ' odit autem deus peccatum, * secundum illud sap. xiv, ° odio est deo impius, et impietas eius. ' ergo deus non est causa peccati.
co ' Respondeo dicendum quod homo dupliciter est causa peccati vel sui vel alterius. uno modo, directe, inclinando scilicet voluntatem suam vel alterius ad peccandum. alio modo, indirecte, dum scilicet non retrahit aliquos a peccato, * unde ezech. iii speculatori dicitur, ° si non dixeris impio, morte morieris, sanguinem eius de manu tua requiram. ' deus autem non potest esse directe causa peccati vel sui vel alterius. quia omne peccatum est per recessum ab ordine qui est in ipsum sicut in finem. deus autem omnia inclinat et convertit in seipsum sicut in ultimum finem, * sicut dionysius dicit, i cap. de div. nom.. ' unde impossibile est quod sit sibi vel aliis causa discedendi ab ordine qui est in ipsum. unde non potest directe esse causa peccati. similiter etiam neque indirecte. contingit enim quod deus aliquibus non praebet auxilium ad vitandum peccata, quod si praeberet, non peccarent. sed hoc totum facit secundum ordinem suae sapientiae et iustitiae, cum ipse sit sapientia et iustitia. unde non imputatur ei quod alius peccat, sicut causae peccati, sicut gubernator non dicitur causa submersionis navis ex hoc quod non gubernat navem, nisi quando subtrahit gubernationem potens et debens gubernare. et sic patet quod deus nullo modo est causa peccati.
ra1 ' Ad primum ergo dicendum quod, * quantum ad verba apostoli, ex ipso textu patet solutio. ' si enim deus tradit aliquos in reprobum sensum, iam ergo reprobum sensum habent ad faciendum ea quae non conveniunt. dicitur ergo tradere eos in reprobum sensum, inquantum non prohibet eos quin suum sensum reprobum sequantur, sicut dicimur exponere illos quos non tuemur. * quod autem augustinus dicit, in libro de gratia et libero arbitrio, unde sumpta est glossa, quod ° deus inclinat voluntates hominum in bonum et malum; ' sic intelligendum est quod in bonum quidem directe inclinat voluntatem, in malum autem inquantum non prohibet, * sicut dictum est. ' et tamen hoc etiam contingit ex merito praecedentis peccati.
ra2 * Ad secundum dicendum quod, cum dicitur, ° creaturae dei factae sunt in odium et in tentationem animae hominum, ' haec praepositio in non ponitur causaliter, sed consecutive, non enim deus fecit creaturas ad malum hominum, sed hoc consecutum est propter insipientiam hominum. * unde subditur, " et in muscipulam pedibus insipientium, ' qui scilicet per suam insipientiam utuntur creaturis ad aliud quam ad quod factae sunt.
ra3 ' Ad tertium dicendum quod effectus causae mediae procedens ab ea secundum quod subditur ordini causae primae, reducitur etiam in causam primam. sed si procedat a causa media secundum quod exit ordinem causae primae, non reducitur in causam primam, sicut si minister faciat aliquid contra mandatum domini, hoc non reducitur in dominum sicut in causam. et similiter peccatum quod liberum arbitrium committit contra praeceptum dei, non reducitur in deum sicut in causam.
ra4 ' Ad quartum dicendum quod poena opponitur bono eius qui punitur, qui privatur quocumque bono. sed culpa opponitur bono ordinis qui est in deum, unde directe opponitur bonitati divinae. et propter hoc non est similis ratio de culpa et poena.

008 ST2 qu79 ar2

ag1 ' Ad secundum sic proceditur. videtur quod actus peccati non sit a deo. * dicit enim augustinus, in libro de perfectione iustitiae, quod ° actus peccati non est res aliqua. ' omne autem quod est a deo, est res aliqua. ergo actus peccati non est a deo.
ag2 ' Praeterea, homo non dicitur esse causa peccati nisi quia homo est causa actus peccati, nullus enim intendens ad malum operatur, * ut dionysius dicit, iv cap. de div. nom.. ' sed deus non est causa peccati, * ut dictum est. ' ergo deus non est causa actus peccati.
ag3 ' Praeterea, aliqui actus secundum suam speciem sunt mali et peccata, * ut ex supradictis patet. ' sed quidquid est causa alicuius, est causa eius quod convenit ei secundum suam speciem. si ergo deus esset causa actus peccati, sequeretur quod esset causa peccati. sed hoc non est verum, * ut ostensum est. ' ergo deus non est causa actus peccati.
sc ' Sed contra, actus peccati est quidam motus liberi arbitrii. " sed voluntas dei est causa omnium motionum, * ut augustinus dicit, iii de trin.. ' ergo voluntas dei est causa actus peccati.
co ' Respondeo dicendum quod actus peccati et est ens, et est actus; et ex utroque habet quod sit a deo. omne enim ens, quocumque modo sit, oportet quod derivetur a primo ente; * ut patet per dionysium, v cap. de div. nom.. ' omnis autem actio causatur ab aliquo existente in actu, quia nihil agit nisi secundum quod est actu, omne autem ens actu reducitur in primum actum, scilicet deum, sicut in causam, qui est per suam essentiam actus. unde relinquitur quod deus sit causa omnis actionis, inquantum est actio. sed peccatum nominat ens et actionem cum quodam defectu. defectus autem ille est ex causa creata, scilicet libero arbitrio, inquantum deficit ab ordine primi agentis, scilicet dei. unde defectus iste non reducitur in deum sicut in causam, sed in liberum arbitrium, sicut defectus claudicationis reducitur in tibiam curvam sicut in causam, non autem in virtutem motivam, a qua tamen causatur quidquid est motionis in claudicatione. et secundum hoc, deus est causa actus peccati, non tamen est causa peccati, quia non est causa huius, quod actus sit cum defectu.
ra1 ' Ad primum ergo dicendum quod * augustinus nominat ibi ' rem id quod est res simpliciter, scilicet substantiam. sic enim actus peccati non est res.
ra2 ' Ad secundum dicendum quod in hominem sicut in causam reducitur non solum actus, sed etiam ipse defectus, quia scilicet non subditur ei cui debet subdi, licet hoc ipse non intendat principaliter. et ideo homo est causa peccati. sed deus sic est causa actus, quod nullo modo est causa defectus concomitantis actum. et ideo non est causa peccati.
ra3 * Ad tertium dicendum quod, sicut dictum est supra, ' actus et habitus non recipiunt speciem ex ipsa privatione, in qua consistit ratio mali; sed ex aliquo obiecto cui coniungitur talis privatio. et sic ipse defectus, qui dicitur non esse a deo, pertinet ad speciem actus consequenter, et non quasi differentia specifica.

008 ST2 qu79 ar3

ag1 ' Ad tertium sic proceditur. videtur quod deus non sit causa excaecationis et indurationis. * dicit enim augustinus, in libro octoginta trium quaest., quod ° deus non est causa eius quod homo sit deterior. ' sed per excaecationem et obdurationem fit homo deterior. ergo deus non est causa excaecationis et obdurationis.
ag2 * Praeterea, fulgentius dicit quod ° deus non est ultor illius rei cuius est auctor. ' sed deus est ultor cordis obdurati, * secundum illud eccli. iii, ° cor durum male habebit in novissimo. ' ergo deus non est causa obdurationis.
ag3 ' Praeterea, idem effectus non attribuitur causis contrariis. sed causa excaecationis dicitur esse malitia hominis, * secundum illud sap. ii, ° excaecavit enim eos malitia eorum; ' et etiam diabolus, * secundum illud ii ad cor. iv, ° deus huius saeculi excaecavit mentes infidelium; ' quae quidem causae videntur esse contrariae deo. deus ergo non est causa excaecationis et obdurationis.
sc * Sed contra est quod dicitur isaiae vi, ° excaeca cor populi huius, et aures eius aggrava. * et rom. ix dicitur, ° cuius vult, miseretur; et quem vult, indurat.
co ' Respondeo dicendum quod excaecatio et obduratio duo important. quorum unum est motus animi humani inhaerentis malo, et aversi a divino lumine. et quantum ad hoc deus non est causa excaecationis et obdurationis, sicut non est causa peccati. aliud autem est subtractio gratiae, ex qua sequitur quod mens divinitus non illuminetur ad recte videndum, et cor hominis non emolliatur ad recte vivendum. et quantum ad hoc deus est causa excaecationis et obdurationis. est autem considerandum quod deus est causa universalis illuminationis animarum, * secundum illud ioan. i, ° erat lux vera quae illuminat omnem hominem venientem in hunc mundum, ' sicut sol est universalis causa illuminationis corporum. aliter tamen et aliter, nam sol agit illuminando per necessitatem naturae; deus autem agit voluntarie, per ordinem suae sapientiae. sol autem, licet quantum est de se omnia corpora illuminet, si quod tamen impedimentum inveniat in aliquo corpore, relinquit illud tenebrosum, sicut patet de domo cuius fenestrae sunt clausae. sed tamen illius obscurationis nullo modo causa est sol, non enim suo iudicio agit ut lumen interius non immittat, sed causa eius est solum ille qui claudit fenestram. deus autem proprio iudicio lumen gratiae non immittit illis |25| in quibus obstaculum invenit. unde causa subtractionis gratiae est non solum ille qui ponit obstaculum gratiae, sed etiam deus, qui suo iudicio gratiam non apponit. et per hunc modum deus est causa excaecationis, et aggravationis aurium, et obdurationis cordis. quae quidem distinguuntur secundum effectus gratiae, quae et perficit intellectum dono sapientiae, et affectum emollit igne caritatis. et quia ad cognitionem intellectus maxime deserviunt duo sensus, scilicet visus et auditus, quorum unus deservit inventioni, scilicet visus, alius disciplinae, scilicet auditus, ideo quantum ad visum, ponitur excaecatio; quantum ad auditum, aurium aggravatio; quantum ad affectum, obduratio.
ra1 ' Ad primum ergo dicendum quod, cum excaecatio et induratio, ex parte subtractionis gratiae, sint quaedam poenae, ex hac parte eis homo non fit deterior, sed deterior factus per culpam, haec incurrit, sicut et ceteras poenas.
ra2 ' Ad secundum dicendum quod obiectio illa procedit de obduratione secundum quod est culpa.
ra3 ' Ad tertium dicendum quod malitia est causa excaecationis meritoria, sicut culpa est causa poenae. et hoc etiam modo diabolus excaecare dicitur, inquantum inducit ad culpam.

008 ST2 qu79 ar4

ag1 ' Ad quartum sic proceditur. videtur quod excaecatio et obduratio semper ordinentur ad salutem eius qui excaecatur et obduratur. * dicit enim augustinus, in enchirid., quod ° deus, cum sit summe bonus, nullo modo permitteret fieri aliquod malum, nisi posset ex quolibet malo elicere bonum. ' multo igitur magis ordinat ad bonum illud malum cuius ipse est causa. sed excaecationis et obdurationis deus est causa, * ut dictum est. ' ergo haec ordinantur ad salutem eius qui excaecatur vel induratur.
ag2 * Praeterea, sap. i dicitur quod ° deus non delectatur in perditione impiorum. ' videretur autem in eorum perditione delectari, si eorum excaecationem in bonum eorum non converteret, sicut medicus videretur delectari in afflictione infirmi, si medicinam amaram, quam infirmo propinat, ad eius sanitatem non ordinaret. ergo deus excaecationem convertit in bonum excaecatorum.
ag3 ° Praeterea, deus non est personarum acceptor, * ut dicitur act. x. ' sed quorundam excaecationem ordinat ad eorum salutem, sicut quorundam iudaeorum, qui excaecati sunt ut christo non crederent, et non credentes occiderent, et postmodum compuncti converterentur, * sicut de quibusdam legitur act. ii; ut patet per augustinum, in libro de quaest. evang.. ' ergo deus omnium excaecationem convertit in eorum salutem.
sc ' Sed contra, non sunt facienda mala ut veniant bona, * ut dicitur rom. iii. ' sed excaecatio est malum. ergo deus non excaecat aliquos propter eorum bonum.
co ' Respondeo dicendum quod excaecatio est quoddam praeambulum ad peccatum. peccatum autem ad duo ordinatur, ad unum quidem per se, scilicet ad damnationem; ad aliud autem ex misericordi dei providentia, scilicet ad sanationem, inquantum deus permittit aliquos cadere in peccatum, ut peccatum suum agnoscentes, humilientur et convertantur, * sicut augustinus dicit, in libro de natura et gratia. ' unde et excaecatio ex sui natura ordinatur ad damnationem eius qui excaecatur, propter quod etiam ponitur reprobationis effectus, sed ex divina misericordia excaecatio ad tempus ordinatur medicinaliter ad salutem eorum qui excaecantur. sed haec misericordia non omnibus impenditur excaecatis, ° sed praedestinatis solum, quibus omnia cooperantur in bonum, * sicut dicitur rom. viii. ' unde quantum ad quosdam, excaecatio ordinatur ad sanationem, quantum autem ad alios, ad damnationem, * ut augustinus dicit, in iii de quaest. evang..
ra1 ' Ad primum ergo dicendum quod omnia mala quae deus facit vel permittit fieri, ordinantur in aliquod bonum, non tamen semper in bonum eius in quo est malum, sed quandoque ad bonum alterius, vel etiam totius universi. sicut culpam tyrannorum ordinavit in bonum martyrum; et poenam damnatorum ordinat in gloriam suae iustitiae.
ra2 ' Ad secundum dicendum quod deus non delectatur in perditione hominum quantum ad ipsam perditionem, sed ratione suae iustitiae, vel propter bonum quod inde provenit.
ra3 ' Ad tertium dicendum quod hoc quod deus aliquorum excaecationem ordinat in eorum salutem, misericordiae est, quod autem excaecatio aliorum ordinetur ad eorum damnationem, iustitiae est. quod autem misericordiam quibusdam impendit et non omnibus, non facit personarum acceptionem in deo, * sicut in primo dictum est.
ra4 ' Ad quartum dicendum quod mala culpae non sunt facienda ut veniant bona, sed mala poenae sunt inferenda propter bonum.

008 ST2 qu80 ar

pr ' Deinde considerandum est de causa peccati ex parte diaboli. et circa hoc quaeruntur quatuor. primo, utrum diabolus sit directe causa peccati. secundo, utrum diabolus inducat ad peccandum interius persuadendo. tertio, utrum possit necessitatem peccandi inducere. quarto, utrum omnia peccata ex diaboli suggestione proveniant.

008 ST2 qu80 ar1

ag1 ' Ad primum sic proceditur. videtur quod diabolus sit homini directe causa peccandi. peccatum enim directe in affectu consistit. * sed augustinus dicit, iv de trin., quod ° diabolus suae societati malignos affectus inspirat. * et beda, super act., dicit quod ° diabolus animam in affectum malitiae trahit. * et isidorus dicit, in libro de summo bono, quod ° diabolus corda hominum occultis cupiditatibus replet. ' ergo diabolus directe est causa peccati.
ag2 * Praeterea, hieronymus dicit quod ° sicut deus est perfector boni, ita diabolus est perfector mali. ' sed deus est directe causa bonorum nostrorum. ergo diabolus est directe causa peccatorum nostrorum.
ag3 * Praeterea, philosophus probat, in quodam cap. ethicae eudemicae, " quod oportet esse quoddam principium extrinsecum humani consilii. ' consilium autem humanum non solum est de bonis, sed etiam de malis. ergo sicut deus movet ad consilium bonum, et per hoc directe est causa boni; ita diabolus movet hominem ad consilium malum, et per hoc sequitur quod diabolus directe sit causa peccati.

sc * Sed contra est quod augustinus probat, in i et iii de lib. arb., ° quod nulla alia re fit mens hominis serva libidinis, nisi propria voluntate. ' sed homo non fit servus libidinis nisi per peccatum. ergo causa peccati non potest esse diabolus, sed sola propria voluntas.
co ' Respondeo dicendum quod peccatum actus quidam est. unde hoc modo potest esse aliquid directe causa peccati, per quem modum aliquis directe est causa alicuius actus. quod quidem non contingit nisi per hoc quod proprium principium illius actus movet ad agendum. proprium autem principium actus peccati est voluntas, quia omne peccatum est voluntarium. unde nihil potest directe esse causa peccati, nisi quod potest movere voluntatem ad agendum. voluntas autem, * sicut supra dictum est, ' a duobus moveri potest, uno modo, ab obiecto, sicut dicitur quod appetibile apprehensum movet appetitum; alio modo, ab eo quod interius inclinat voluntatem ad volendum. hoc autem non est nisi vel ipsa voluntas, vel deus, * ut supra ostensum est. ' deus autem non potest esse causa peccati, * ut dictum est. ' relinquitur ergo quod ex hac parte sola voluntas hominis sit directe causa peccati eius. ex parte autem obiecti, potest intelligi quod aliquid moveat voluntatem tripliciter. uno modo, ipsum obiectum propositum, sicut dicimus quod cibus excitat desiderium hominis ad comedendum. alio modo, ille qui proponit vel offert huiusmodi obiectum. tertio modo, ille qui persuadet obiectum |25| propositum habere rationem boni, quia et hic aliqualiter proponit proprium obiectum voluntati, quod est rationis bonum verum vel apparens. primo igitur modo, res sensibiles exterius apparentes movent voluntatem hominis ad peccandum, secundo autem et tertio modo, vel diabolus, vel etiam homo, potest incitare ad peccandum, vel offerendo aliquid appetibile sensui, vel persuadendo rationi. sed nullo istorum trium modorum potest aliquid esse directa causa peccati, quia voluntas non ex necessitate movetur ab aliquo obiecto nisi ab ultimo fine, * ut supra dictum est; ' unde non est sufficiens causa peccati neque res exterius oblata, neque ille qui eam proponit, neque ille qui persuadet. unde sequitur quod diabolus non sit causa peccati directe et sufficienter; sed solum per modum persuadentis, vel proponentis appetibile.
ra1 ' Ad primum ergo dicendum quod omnes illae auctoritates, et si quae similes inveniantur, sunt referendae ad hoc quod diabolus suggerendo, vel aliqua appetibilia proponendo, inducit in affectum peccati.
ra2 ' Ad secundum dicendum quod similitudo illa est attendenda quantum ad hoc, quod diabolus quodammodo est causa peccatorum nostrorum, sicut deus est aliquo modo causa bonorum nostrorum. non tamen attenditur quantum ad modum causandi, nam deus causat bona interius movendo voluntatem, quod diabolo convenire non potest.
ra3 ' Ad tertium dicendum quod deus est universale principium omnis interioris motus humani, sed quod determinetur ad malum consilium voluntas humana, hoc directe quidem est ex voluntate humana; et a diabolo per modum persuadentis, vel appetibilia proponentis.

008 ST2 qu80 ar2

ag1 ' Ad secundum sic proceditur. videtur quod diabolus non possit inducere ad peccandum interius instigando. interiores enim motus animae sunt quaedam opera vitae. sed nullum opus vitae potest esse nisi a principio intrinseco; nec etiam opus animae vegetabilis, quod est infimum inter opera vitae. ergo diabolus secundum interiores motus non potest hominem instigare ad malum.
ag2 ' Praeterea, omnes interiores motus, secundum ordinem naturae, a sensibus exterioribus oriuntur. sed praeter ordinem naturae aliquid operari est solius dei, * ut in primo dictum est. ' ergo diabolus non potest in interioribus motibus hominis aliquid operari, nisi secundum ea quae exterioribus sensibus apparent.
ag3 ' Praeterea, interiores actus animae sunt intelligere et imaginari. sed quantum ad neutrum horum potest diabolus aliquid operari. quia, * ut in primo habitum est, ' diabolus non imprimit in intellectum humanum. in phantasiam etiam videtur quod imprimere non possit, quia formae imaginatae, tanquam magis spirituales, sunt digniores quam formae quae sunt in materia sensibili; quas tamen diabolus imprimere non potest, * ut patet ex his quae in primo habita sunt. ' ergo diabolus non potest secundum interiores motus inducere hominem ad peccatum.
sc ' Sed contra est quia secundum hoc nunquam tentaret hominem nisi visibiliter apparendo. quod patet esse falsum.
co ' Respondeo dicendum quod interior pars animae est intellectiva et sensitiva. intellectiva autem continet intellectum et voluntatem. * et de voluntate quidem iam dictum est quomodo ad eam diabolus se habet. ' intellectus autem per se quidem movetur ab aliquo illuminante ipsum ad cognitionem veritatis, quod diabolus circa hominem non intendit, sed magis obtenebrare rationem ipsius ad consentiendum peccato. quae quidem obtenebratio provenit ex phantasia et appetitu sensitivo. unde tota interior operatio diaboli esse videtur circa phantasiam et appetitum sensitivum. quorum utrumque commovendo, potest inducere ad peccatum, potest enim operari ad hoc quod imaginationi aliquae formae imaginariae praesententur; potest etiam facere quod appetitus sensitivus concitetur ad aliquam passionem. * dictum est enim in primo libro quod ' natura corporalis spirituali naturaliter obedit ad motum localem. unde et diabolus omnia illa causare potest quae ex motu locali corporum inferiorum provenire possunt, nisi virtute divina reprimatur. quod autem aliquae formae repraesententur imaginationi, consequitur quandoque ad motum localem. * dicit enim philosophus, in libro de somno et vigilia, quod ° cum animal dormierit, descendente plurimo sanguine ad principium |25| sensitivum, simul descendunt motus, " sive impressiones relictae ex sensibilium motionibus, quae in sensibilibus speciebus conservantur, et movent principium apprehensivum, ' ita quod apparent ac si tunc principium sensitivum a rebus ipsis exterioribus immutaretur. unde talis motus localis spirituum vel humorum potest procurari a daemonibus, sive dormiant sive vigilent homines, et sic sequitur quod homo aliqua imaginetur. similiter etiam appetitus sensitivus concitatur ad aliquas passiones secundum quendam determinatum motum cordis et spirituum. unde ad hoc etiam diabolus potest cooperari. et ex hoc quod passiones aliquae concitantur in appetitu sensitivo, sequitur quod et motum sive intentionem sensibilem praedicto modo reductam ad principium apprehensivum, magis homo percipiat, * quia, ut philosophus in eodem libro dicit, ° amantes modica similitudine in apprehensionem rei amatae moventur. ' contingit etiam ex hoc quod passio est concitata, ut id quod proponitur imaginationi, iudicetur prosequendum, quia ei qui a passione detinetur, videtur esse bonum id ad quod per passionem inclinatur. et per hunc modum diabolus interius inducit ad peccandum.
ra1 ' Ad primum ergo dicendum quod opera vitae semper etsi sint ab aliquo principio intrinseco, tamen ad ea potest cooperari aliquod exterius agens, sicut etiam ad opera animae vegetabilis operatur calor exterior, ut facilius digeratur cibus.
ra2 ' Ad secundum dicendum quod huiusmodi apparitio formarum imaginabilium non est omnino praeter ordinem naturae. nec est per solum imperium, sed per motum localem, * ut dictum est.
ra3 ' Unde patet responsio ad tertium, quia formae illae sunt a sensibus acceptae primordialiter.

008 ST2 qu80 ar3

ag1 ' Ad tertium sic proceditur. videtur quod diabolus possit necessitatem inferre ad peccandum. potestas enim maior potest necessitatem inferre minori. * sed de diabolo dicitur iob xli, ° non est potestas super terram quae ei valeat comparari. ' ergo potest homini terreno necessitatem inferre ad peccandum.
ag2 ' Praeterea, ratio hominis non potest moveri nisi secundum ea quae exterius sensibus proponuntur et imaginationi repraesentantur, quia omnis nostra cognitio ortum habet a sensu, ° et non est intelligere sine phantasmate, * ut dicitur in libro de anima. ' sed diabolus potest movere imaginationem hominis, * ut dictum est, ' et etiam exteriores sensus, * dicit enim augustinus, in libro octoginta trium quaest., quod ° serpit hoc malum, " scilicet quod est a diabolo, ° per omnes aditus sensuales; dat se figuris, accommodat coloribus, adhaeret sonis, infundit saporibus. ' ergo potest rationem hominis ex necessitate inclinare ad peccandum.
ag3 * Praeterea, secundum augustinum, ° nonnullum peccatum est, cum caro concupiscit adversus spiritum. ' sed concupiscentiam carnis diabolus potest causare, sicut et ceteras passiones, * eo modo quo supra dictum est. ' ergo ex necessitate potest inducere ad peccandum.
sc * Sed contra est quod dicitur i petr. ult., ° adversarius vester diabolus tanquam leo rugiens circuit, quaerens quem devoret, cui resistite fortes in fide. ' frustra autem talis admonitio daretur, si homo ei ex necessitate succumberet. non ergo potest homini necessitatem inducere ad peccandum.
co ' Respondeo dicendum quod diabolus propria virtute, nisi refraenetur a deo, potest aliquem inducere ex necessitate ad faciendum aliquem actum qui de suo genere peccatum est, non autem potest inducere necessitatem peccandi. quod patet ex hoc quod homo motivo ad peccandum non resistit nisi per rationem, cuius usum totaliter impedire potest movendo imaginationem et appetitum sensitivum, sicut in arreptitiis patet. sed tunc, ratione sic ligata, quidquid homo agat, non imputatur ei ad peccatum. sed si ratio non sit totaliter ligata, ex ea parte qua est libera, potest resistere peccato, * sicut supra dictum est. ' unde manifestum est quod diabolus nullo modo potest necessitatem inducere homini ad peccandum.
ra1 ' Ad primum ergo dicendum quod non quaelibet potestas maior homine, potest movere voluntatem hominis, sed solus deus, * ut supra habitum est.
ra2 ' Ad secundum dicendum quod illud quod est apprehensum per sensum vel imaginationem, non ex necessitate movet voluntatem, si homo habeat usum rationis. nec semper huiusmodi apprehensio ligat rationem.
ra3 ' Ad tertium dicendum quod concupiscentia carnis contra spiritum, quando ratio ei actualiter resistit, non est peccatum, sed materia exercendae virtutis. quod autem ratio ei non resistat, non est in potestate diaboli. et ideo non potest inducere necessitatem peccati.

008 ST2 qu80 ar4

ag1 ' Ad quartum sic proceditur. videtur quod omnia peccata hominum sint ex suggestione diaboli. * dicit enim dionysius, iv cap. de div. nom., quod ° multitudo daemonum causa est omnium malorum et sibi et aliis.
ag2 ' Praeterea, quicumque peccat mortaliter, efficitur servus diaboli; * secundum illud ioan. viii, ° qui facit peccatum, servus est peccati. sed ei aliquis in servitutem addicitur, a quo superatus est, * ut dicitur ii petr. ii. ' ergo quicumque facit peccatum, superatus est a diabolo.
ag3 * Praeterea, gregorius dicit quod " peccatum diaboli est irreparabile, quia cecidit nullo suggerente. ' si igitur aliqui homines peccarent per liberum arbitrium, nullo suggerente, eorum peccatum esset irremediabile, quod patet esse falsum. ergo omnia peccata humana a diabolo suggeruntur.
sc * Sed contra est quod dicitur in libro de ecclesiasticis dogmatibus, ° non omnes cogitationes nostrae malae a diabolo excitantur, sed aliquoties ex nostri arbitrii motu emergunt.
co ' Respondeo dicendum quod occasionaliter quidem et indirecte diabolus est causa omnium peccatorum nostrorum, inquantum induxit primum hominem ad peccandum, ex cuius peccato intantum vitiata est humana natura, ut omnes simus ad peccandum proclives, sicut diceretur esse causa combustionis lignorum qui ligna siccaret, ex quo sequeretur quod facile incenderentur. directe autem non est causa omnium peccatorum humanorum, ita quod singula peccata persuadeat. * quod origenes probat ex hoc, quia " etiam si diabolus non esset, homines haberent appetitum cibi et venereorum et similium, qui posset esse inordinatus nisi ratione ordinaretur, quod subiacet libero arbitrio.
ra1 ' Ad primum ergo dicendum quod multitudo daemonum est causa omnium malorum nostrorum secundum primam originem, * ut dictum est.
ra2 ' Ad secundum dicendum quod non solum fit servus alicuius qui ab eo superatur, sed etiam qui se ei voluntarie subiicit. et hoc modo fit servus diaboli qui motu proprio peccat.
ra3 ' Ad tertium dicendum quod peccatum diaboli fuit irremediabile, quia nec aliquo suggerente peccavit, nec habuit aliquam pronitatem ad peccandum ex praecedenti suggestione causatam. quod de nullo hominis peccato dici potest.

008 ST2 qu81 ar

pr ' Deinde considerandum est de causa peccati ex parte hominis. cum autem homo sit causa peccati alteri homini exterius suggerendo, sicut et diabolus, habet quendam specialem modum causandi peccatum in alterum per originem. unde de peccato originali dicendum est. circa quod tria consideranda occurrunt, primo, de eius traductione; secundo, de eius essentia; tertio, de eius subiecto. circa primum quaeruntur quinque. primo, utrum primum peccatum hominis derivetur per originem in posteros. secundo, utrum omnia alia peccata primi parentis, vel etiam aliorum parentum, per originem in posteros deriventur. tertio, utrum peccatum originale derivetur ad omnes qui ex adam per viam seminis generantur. quarto, utrum derivaretur ad illos qui miraculose ex aliqua parte humani corporis formarentur. quinto, utrum si femina peccasset, viro non peccante, traduceretur originale peccatum.

008 ST2 qu81 ar1

ag1 ' Ad primum sic proceditur. videtur quod primum peccatum primi parentis non traducatur ad alios per originem. * dicitur enim ezech. xviii, ° filius non portabit iniquitatem patris. ' portaret autem, si ab eo iniquitatem traheret. ergo nullus trahit ab aliquo parentum per originem aliquod peccatum.
ag2 ' Praeterea, accidens non traducitur per originem, nisi traducto subiecto, eo quod accidens non transit de subiecto in subiectum. sed anima rationalis, quae est subiectum culpae, non traducitur per originem, * ut in primo ostensum est. ' ergo neque aliqua culpa per originem traduci potest.
ag3 ' Praeterea, omne illud quod traducitur per originem humanam, causatur ex semine. sed semen non potest causare peccatum, eo quod caret rationali parte animae, quae sola potest esse causa peccati. ergo nullum peccatum potest trahi per originem.
ag4 ' Praeterea, quod est perfectius in natura, virtuosius est ad agendum. sed caro perfecta non potest inficere animam sibi unitam, alioquin anima non posset emundari a culpa originali dum est carni unita. ergo multo minus semen potest inficere animam.
ag5 * Praeterea, philosophus dicit, in iii ethic., quod ° propter naturam turpes nullus increpat, sed eos qui propter desidiam et negligentiam. ' dicuntur autem natura turpes qui habent turpitudinem ex sua origine. ergo nihil quod est per originem, est increpabile, neque peccatum.
sc * Sed contra est quod apostolus dicit, rom. v, ° per

unum hominem peccatum in hunc mundum intravit. ‘ quod non potest intelligi per modum imitationis, * propter hoc quod dicitur sap. ii, ° invidia diaboli mors intravit in orbem terrarum. ‘ restat ergo quod per originem a primo homine peccatum in mundo intravit.
co ‘ Respondeo dicendum quod secundum fidem catholicam est tenendum quod primum peccatum primi hominis originaliter transit in posteros. propter quod etiam pueri mox nati deferuntur ad baptismum, tanquam ab aliqua infectione culpae abluendi. * contrarium autem est haeresis pelagianae, ut patet per augustinum in plurimis suis libris. ‘ ad investigandum autem qualiter peccatum primi parentis originaliter possit transire in posteros, diversi diversis viis processerunt. * quidam enim, considerantes quod “ peccati subiectum est anima rationalis, posuerunt quod cum semine rationalis anima traducatur, ut sic ex infecta anima animae infectae derivari videantur. * alii vero, hoc repudiantes tanquam erroneum, conati sunt “ ostendere quomodo culpa animae parentis traducitur in prolem, etiam si anima non traducatur, per hoc quod corporis defectus traducuntur a parente in prolem, sicut si leprosus generat leprosum, et podagricus podagricum, propter aliquam corruptionem seminis, licet talis corruptio non dicatur lepra vel podagra. cum autem corpus sit proportionatum animae, et defectus animae redundent in corpus, et e converso; simili modo dicunt quod culpabilis defectus animae per traductionem |25| seminis in prolem derivatur, quamvis semen actualiter non sit culpae subiectum. ‘ sed omnes huiusmodi viae insufficientes sunt. quia dato quod aliqui defectus corporales a parente transeant in prolem per originem; et etiam aliqui defectus animae ex consequenti, propter corporis indispositionem, sicut interdum ex fatuis fatui generantur, tamen hoc ipsum quod est ex origine aliquem defectum habere, videtur excludere rationem culpae, de cuius ratione est quod sit voluntaria. unde etiam posito quod anima rationalis traduceretur, ex hoc ipso quod infectio animae prolis non esset in eius voluntate, amitteret rationem culpae obligantis ad poenam, * quia, ut philosophus dicit in iii ethic., ° nullus improperabit caeco nato, sed magis miserebitur. ‘ et ideo alia via procedendum est, dicendo quod omnes homines qui nascuntur ex adam, possunt considerari ut unus homo, inquantum conveniunt in natura, quam a primo parente accipiunt; secundum quod in civilibus omnes qui sunt unius communitatis, reputantur quasi unum corpus, et tota communitas quasi unus homo. * porphyrius etiam dicit quod ° participatione speciei plures homines sunt unus homo. ‘ sic igitur multi homines ex adam derivati, sunt tanquam multa membra unius corporis. actus autem unius membri corporalis, puta manus, non est voluntarius voluntate ipsius manus, |50| sed voluntate animae, quae primo movet membra. unde homicidium quod manus committit, non imputaretur manui ad peccatum, si consideraretur manus secundum se ut divisa a corpore, sed imputatur ei inquantum est aliquid hominis quod movetur a primo principio motivo hominis. sic igitur inordinatio quae est in isto homine, ex adam generato, non est voluntaria voluntate ipsius sed voluntate primi parentis, qui movet motione generationis omnes qui ex eius origine derivantur, sicut voluntas animae movet omnia membra ad actum. unde peccatum quod sic a primo parente in posteros derivatur, dicitur originale, sicut peccatum quod ab anima derivatur ad membra corporis, dicitur actuale. et sicut peccatum actuale quod per membrum aliquod committitur, non est peccatum illius membri nisi inquantum illud membrum est aliquid ipsius hominis, propter quod vocatur peccatum humanum; ita peccatum originale non est peccatum huius personae, nisi inquantum haec persona recipit naturam a primo parente. unde et vocatur peccatum naturae; * secundum illud ephes. ii, ° eramus natura filii irae.
ra1 ‘ Ad primum ergo dicendum quod filius dicitur non portare peccatum patris, quia non punitur pro peccato patris, nisi sit particeps culpae. et sic est in proposito, derivatur enim per originem culpa a patre in filium, sicut et peccatum actuale per imitationem.
ra2 ‘ Ad secundum dicendum quod, etsi anima non traducatur, quia virtus seminis non potest causare animam rationalem; movet tamen ad ipsam dispositive. unde per virtutem seminis traducitur humana natura a parente in prolem, et simul cum natura naturae infectio, ex hoc enim fit iste qui nascitur consors culpae primi parentis, quod naturam ab eo sortitur per quandam generativam motionem.
ra3 ‘ Ad tertium dicendum quod, etsi culpa non sit actu in semine, est tamen ibi virtute humana natura, quam concomitatur talis culpa.
ra4 ‘ Ad quartum dicendum quod semen est principium generationis, quae est proprius actus naturae, eius propagationi deserviens. et ideo magis inficitur anima per semen quam per carnem iam perfectam, quae iam determinata est ad personam.
ra5 ‘ Ad quintum dicendum quod illud quod est per originem, non est increpabile, si consideretur iste qui nascitur secundum se. sed si consideretur prout refertur ad aliquod principium, sic potest esse ei increpabile, sicut aliquis qui nascitur patitur ignominiam generis ex culpa alicuius progenitorum causatam.

008 ST2 qu81 ar2

ag1 ‘ Ad secundum sic proceditur. videtur quod etiam alia peccata vel ipsius primi parentis, vel proximorum parentum, traducantur in posteros. poena enim nunquam debetur nisi culpae. sed aliqui puniuntur iudicio divino pro peccato proximorum parentum; * secundum illud exod. xx, ° ego sum deus zelotes, visitans iniquitatem patrum in filios, in tertiam et quartam generationem. ‘ iudicio etiam humano, in crimine laesae maiestatis, filii exheredantur pro peccato parentum. ergo etiam culpa proximorum parentum transit ad posteros.
ag2 ‘ Praeterea, magis potest transferre in alterum id quod habet aliquis a seipso, quam id quod habet ex alio, sicut ignis magis potest calefacere quam aqua calefacta, sed homo transfert in prolem per originem peccatum quod habet ab adam. ergo multo magis peccatum quod ipse commisit.
ag3 ‘ Praeterea, ideo contrahimus a primo parente peccatum originale, quia in eo fuimus sicut in principio naturae, quam ipse corrupit. sed similiter fuimus in proximis parentibus sicut in quibusdam principiis naturae, quae etsi sit corrupta, potest adhuc magis corrumpi per peccatum, * secundum illud apoc. ult., ° qui in sordibus est, sordescat adhuc. ‘ ergo filii contrahunt peccata proximorum parentum per originem, sicut et primi parentis.
sc ‘ Sed contra, bonum est magis diffusivum sui quam malum. sed merita proximorum parentum non traducuntur ad posteros. ergo multo minus peccata.
co ‘ Respondeo dicendum quod * augustinus hanc quaestionem movet in enchiridio, et ‘ insolutam relinquit. sed si quis diligenter attendit, impossibile est quod aliqua peccata proximorum parentum, vel etiam primi parentis praeter primum, per originem traducantur. cuius ratio est quia homo generat sibi idem in specie, non autem secundum individuum. et ideo ea quae directe pertinent ad individuum, sicut personales actus et quae ad eos pertinent, non traducuntur a parentibus in filios, non enim grammaticus traducit in filium scientiam grammaticae, quam proprio studio acquisivit. sed ea quae pertinent ad naturam speciei, traducuntur a parentibus in filios, nisi sit defectus naturae, sicut oculatus generat oculatum, nisi natura deficiat. et si natura sit fortis, etiam aliqua accidentia individualia propagantur in filios, pertinentia ad dispositionem naturae, sicut velocitas corporis, bonitas ingenii, et alia huiusmodi, nullo autem modo ea quae sunt pure personalia, * ut dictum est. ‘ sicut autem ad personam pertinet aliquid secundum seipsam, et aliquid ex dono gratiae; ita etiam ad naturam potest aliquid pertinere secundum seipsam, scilicet quod causatur ex principiis eius, et aliquid ex dono gratiae. et hoc modo iustitia |25| originalis, * sicut in primo dictum est, ‘ erat quoddam donum gratiae toti humanae naturae divinitus collatum in primo parente. quod quidem primus homo amisit per primum peccatum. unde sicut illa originalis iustitia traducta fuisset in posteros simul cum natura, ita etiam inordinatio opposita. sed alia peccata actualia vel primi parentis vel aliorum, non corrumpunt naturam quantum ad id quod naturae est; sed solum quantum ad id quod personae est, idest secundum pronitatem ad actum. unde alia peccata non traducuntur.
ra1 “ Ad primum ergo dicendum quod poena spirituali, * sicut augustinus dicit in epistola ad avitum, “ nunquam puniuntur filii pro parentibus, nisi communicent in culpa, vel per originem vel per imitationem, quia omnes animae immediate sunt dei, * ut dicitur ezech. xviii. ‘ sed poena corporali interdum, iudicio divino vel humano, puniuntur filii pro parentibus, inquantum filius est aliquid patris secundum corpus.
ra2 ‘ Ad secundum dicendum quod illud quod habet aliquis ex se, magis potest traducere, dummodo sit traducibile. sed peccata actualia proximorum parentum non sunt traducibilia, quia sunt pure personalia, * ut dictum est.
ra3 ‘ Ad tertium dicendum quod primum peccatum corrumpit naturam humanam corruptione ad naturam pertinente, alia vero peccata corrumpunt eam corruptione pertinente ad solam personam.

008 ST2 qu81 ar3

ag1 ‘ Ad tertium sic proceditur. videtur quod peccatum primi parentis non transeat per originem in omnes homines. mors enim est poena consequens originale peccatum. sed non omnes qui procedunt seminaliter ex adam, morientur, illi enim qui vivi reperientur in adventu domini, nunquam morientur, * ut videtur per quod dicitur i thessal. iv, ° nos qui vivimus, non praeveniemus in adventu domini eos qui dormierunt. ‘ ergo illi non contrahunt originale peccatum.
ag2 ‘ Praeterea, nullus dat alteri quod ipse non habet. sed homo baptizatus non habet peccatum originale. ergo non traducit ipsum in prolem.
ag3 “ Praeterea, donum christi est maius quam peccatum adae, * ut apostolus dicit, rom. v. ‘ sed donum christi non transit in omnes homines. ergo nec peccatum adae.
sc * Sed contra est quod apostolus dicit, rom. v, ° mors in omnes pertransiit, in quo omnes peccaverunt.
co ‘ Respondeo dicendum quod secundum fidem catholicam firmiter est tenendum quod omnes homines, praeter solum christum, ex adam derivati, peccatum originale ex eo contrahunt, alioquin non omnes indigerent redemptione quae est per christum; quod est erroneum. * ratio autem sumi potest ex hoc quod supra dictum est. ‘ quod sic ex peccato primi parentis traducitur culpa originalis in posteros, sicut a voluntate animae per motionem membrorum traducitur peccatum actuale ad membra corporis. manifestum est autem quod peccatum actuale traduci potest ad omnia membra quae nata sunt moveri a voluntate. unde et culpa originalis traducitur ad omnes illos qui moventur ab adam motione generationis.
ra1 ‘ Ad primum ergo dicendum quod * probabilius et communius tenetur quod omnes illi qui in ‘ adventu domini reperientur, morientur, et post modicum resurgent, * ut in tertio plenius dicetur. ‘ si tamen hoc verum sit * quod alii dicunt, quod illi nunquam morientur, sicut hieronymus narrat diversorum opiniones in quadam epistola ad minerium, de resurrectione carnis; dicendum est ad argumentum, ‘ quod illi etsi non moriantur, est tamen in eis reatus mortis, sed poena aufertur a deo, qui etiam peccatorum actualium poenas condonare potest.
ra2 ‘ Ad secundum dicendum quod peccatum originale per baptismum aufertur reatu, inquantum anima recuperat gratiam quantum ad mentem. remanet tamen peccatum originale actu quantum ad fomitem, qui est inordinatio inferiorum partium animae et ipsius corporis, secundum quod homo generat, et non secundum mentem. et ideo baptizati traducunt peccatum originale, non enim generant inquantum sunt renovati per baptismum, sed inquantum retinent adhuc aliquid de vetustate primi peccati.
ra3 ‘ Ad tertium dicendum quod, sicut peccatum adae traducitur in omnes qui ab adam corporaliter generantur, ita gratia christi traducitur in omnes qui ab eo spiritualiter generantur per fidem et baptismum, et non solum ad removendam culpam primi parentis, sed etiam ad removendum peccata actualia, et ad introducendum in gloriam.

008 ST2 qu81 ar4

ag1 ‘ Ad quartum sic proceditur. videtur quod, si aliquis formaretur ex carne humana miraculose, contraheret originale peccatum. * dicit enim quaedam glossa gen. iv, quod ° in lumbis adae fuit tota posteritas corrupta, quia non est separata prius in loco vitae, sed postea in loco exilii. ‘ sed si aliquis homo sic formaretur * sicut dictum est, ‘ caro eius separaretur in loco exilii. ergo contraheret originale peccatum.
ag2 ‘ Praeterea, peccatum originale causatur in nobis inquantum anima inficitur ex carne. sed caro tota hominis est infecta. ergo ex quacumque parte carnis homo formaretur, anima eius inficeretur infectione originalis peccati.
ag3 ‘ Praeterea, peccatum originale a primo parente pervenit in omnes, inquantum omnes in eo peccante fuerunt. sed illi qui ex carne humana formarentur, in adam fuissent. ergo peccatum originale contraherent.
sc ‘ Sed contra est quia non fuissent in adam secundum seminalem rationem; quod solum causat traductionem peccati originalis, * ut augustinus dicit, x super gen. ad litt..
co * Respondeo dicendum quod, sicut iam dictum est, ‘ peccatum originale a primo parente traducitur in posteros, inquantum moventur ab ipso per generationem, sicut membra moventur ab anima ad peccatum actuale. non autem est motio ad generationem nisi per virtutem activam in generatione. unde illi soli peccatum originale contrahunt, qui ab adam descendunt per virtutem activam in generatione originaliter ab adam derivatam, quod est secundum seminalem rationem ab eo descendere, nam ratio seminalis nihil aliud est quam vis activa in generatione. si autem aliquis formaretur virtute divina ex carne humana, manifestum est quod vis activa non derivaretur ab adam. unde non contraheret peccatum originale, sicut nec actus manus pertineret ad peccatum humanum, si manus non moveretur a voluntate hominis, sed ab aliquo extrinseco movente.
ra1 ‘ Ad primum ergo dicendum quod adam non fuit in loco exilii nisi post peccatum. unde non propter locum exilii, sed propter peccatum, traducitur originalis culpa ad eos ad quos activa eius generatio pervenit.
ra2 ‘ Ad secundum dicendum quod caro non inficit animam nisi inquantum est principium activum in generatione, * ut dictum est.
ra3 ‘ Ad tertium dicendum quod ille qui formaretur ex carne humana, fuisset in adam secundum corpulentam substantiam; sed non secundum seminalem rationem, * ut dictum est. ‘ et ideo non contraheret originale peccatum.

008 ST2 qu81 ar5

ag1 ‘ Ad quintum sic proceditur. videtur quod, si adam non peccasset, eva peccante, filii originale peccatum contraherent. peccatum enim originale a parentibus contrahimus, inquantum in eis fuimus, * secun-

dum illud apostoli, rom. v, ° in quo omnes peccaverunt. ' sed sicut homo praeexistit in patre suo, ita in matre. ergo ex peccato matris homo peccatum originale contraheret, sicut et ex peccato patris.
ag2 ' Praeterea, si eva peccasset, adam non peccante, filii passibiles et mortales nascerentur, mater enim dat materiam in generatione, * ut dicit philosophus, in ii de generat. animal.; ' mors autem, et omnis passibilitas, provenit ex necessitate materiae. sed passibilitas et necessitas moriendi sunt poena peccati originalis. ergo, si eva peccasset, adam non peccante, filii contraherent originale peccatum.
ag3 * Praeterea, damascenus dicit, in libro iii, quod " spiritus sanctus praevenit in virginem, de qua christus erat absque peccato originali nasciturus, purgans eam. ' sed illa purgatio non fuisset necessaria, si infectio originalis peccati non traheretur ex matre. ergo infectio originalis peccati ex matre trahitur. et sic, eva peccante, eius filii peccatum originale contraherent, etiam si adam non peccasset.
sc * Sed contra est quod apostolus dicit, rom. v, ° per unum hominem peccatum in hunc mundum intravit. ' magis autem fuisset dicendum quod per duos intrasset, cum ambo peccaverint; vel potius per mulierem, quae primo peccavit; si femina peccatum originale in prolem transmitteret. non ergo peccatum originale derivatur in filios a matre, sed a patre.
co ' Respondeo dicendum quod huius dubitationis solutio ex praemissis apparet. * dictum est enim supra quod ' peccatum originale a primo parente traducitur inquantum ipse movet ad generationem natorum, * unde dictum est quod, ' si materialiter tantum aliquis ex carne humana generaretur, originale peccatum non contraheret. manifestum est autem * secundum doctrinam philosophorum, ' quod principium activum in generatione est a patre, materiam autem mater ministrat. unde peccatum originale non contrahitur a matre, sed a patre. et secundum hoc, si, adam non peccante, eva peccasset, filii originale peccatum non contraherent. e converso autem esset, si adam peccasset, et eva non peccasset.
ra1 ' Ad primum ergo dicendum quod in patre praeexistit filius sicut in principio activo, sed in matre sicut in principio materiali et passivo. unde non est similis ratio.
ra2 * Ad secundum dicendum quod quibusdam videtur quod, " eva peccante, si adam non peccasset, filii essent immunes a culpa, paterentur tamen necessitatem moriendi, et alias passibilitates provenientes ex necessitate materiae, quam mater ministrat, non sub ratione poenae, sed sicut quosdam naturales defectus. ' sed hoc non videtur conveniens. immortalitas enim et impassibilitas primi status non erat ex conditione materiae, * ut in primo dictum est; ' sed ex originali iustitiae, per quam corpus subdebatur animae, quandiu anima esset subiecta deo. defectus autem originalis iustitiae est peccatum originale. si igitur, adam non peccante, peccatum originale non transfunderetur in posteros propter peccatum evae; manifestum est quod in filiis non esset defectus originalis iustitiae. unde non esset in eis passibilitas vel necessitas moriendi.
ra3 ' Ad tertium dicendum quod illa purgatio praeveniens in beata virgine, non requirebatur ad auferendum transfusionem originalis peccati, sed quia oportebat ut mater dei maxima puritate niteret. non enim est aliquid digne receptaculum dei, nisi sit mundum; * secundum illud psalmi xcii, ° domum tuam, domine, decet sanctitudo.

008 ST2 qu82 ar

pr ' Deinde considerandum est de peccato originali quantum ad suam essentiam. et circa hoc quaeruntur quatuor. primo, utrum originale peccatum sit habitus. secundo, utrum sit unum tantum in uno homine. tertio, utrum sit concupiscentia. quarto, utrum sit aequaliter in omnibus.

008 ST2 qu82 ar1

ag1 ' Ad primum sic proceditur. videtur quod originale peccatum non sit habitus. " originale enim peccatum est carentia originalis iustitiae, * ut anselmus dicit, in libro de concepto virginali, ' et sic originale peccatum est quaedam privatio. sed privatio opponitur habitui. ergo originale peccatum non est habitus.
ag2 ' Praeterea, actuale peccatum habet plus de ratione culpae quam originale, inquantum habet plus de ratione voluntarii. sed habitus actualis peccati non habet rationem culpae, alioquin sequeretur quod homo dormiens culpabiliter, peccaret. ergo nullus habitus originalis habet rationem culpae.
ag3 ' Praeterea, in malis actus semper praecedit habitum, nullus enim habitus malus est infusus, sed acquisitus. sed originale peccatum non praecedit aliquis actus. ergo originale peccatum non est habitus.
sc ' Sed contra est quod * augustinus dicit, in libro de baptismo puerorum, quod " secundum peccatum originale parvuli sunt concupiscibiles, etsi non sint actu concupiscentes. sed habilitas dicitur secundum aliquem habitum. ' ergo peccatum originale est habitus.
co * Respondeo dicendum quod, sicut supra dictum est, ' duplex est habitus. unus quidem quo inclinatur potentia ad agendum, sicut scientiae et virtutes habitus dicuntur. et hoc modo peccatum originale non est habitus. alio modo dicitur habitus dispositio alicuius naturae ex multis compositae, secundum quam bene se habet vel male ad aliquid, et praecipue cum talis dispositio versa fuerit quasi in naturam, ut patet de aegritudine et sanitate. et hoc modo peccatum originale est habitus. est enim quaedam inordinata dispositio proveniens ex dissolutione illius harmoniae in qua consistebat ratio originalis iustitiae, sicut etiam aegritudo corporalis est quaedam inordinata dispositio corporis, secundum quam solvitur aequalitas in qua consistit ratio sanitatis. unde peccatum originale languor naturae dicitur.
ra1 ' Ad primum ergo dicendum quod, sicut aegritudo corporalis habet aliquid de privatione, inquantum tollitur aequalitas sanitatis; et aliquid habet positive, scilicet ipsos humores inordinate dispositos, ita etiam peccatum originale habet privationem originalis iustitiae, et cum hoc inordinatam dispositionem partium animae. unde non est privatio pura, sed est quidam habitus corruptus.
ra2 ' Ad secundum dicendum quod actuale peccatum est inordinatio quaedam actus, originale vero, cum sit peccatum naturae, est quaedam inordinata dispositio ipsius naturae, quae habet rationem culpae inquantum derivatur ex primo parente, * ut dictum est. ' huiusmodi autem dispositio naturae inordinata habet rationem habitus, sed inordinata dispositio actus non habet rationem habitus. et propter hoc, peccatum originale potest esse habitus, non autem peccatum actuale.
ra3 ' Ad tertium dicendum quod obiectio illa procedit de habitu quo potentia inclinatur in actum, talis autem habitus non est peccatum originale. quamvis etiam ex peccato originali sequatur aliqua inclinatio in actum inordinatum, non directe, sed indirecte, scilicet per remotionem prohibentis, idest originalis iustitiae, quae prohibebat inordinatos motus, sicut etiam ex aegritudine corporali indirecte sequitur inclinatio ad motus corporales inordinatos. nec debet dici quod peccatum originale sit habitus infusus; aut acquisitus per actum nisi primi parentis, non autem huius personae; sed per vitiatam originem innatus.

008 ST2 qu82 ar2

ag1 ' Ad secundum sic proceditur. videtur quod in uno homine sint multa originalia peccata. * dicitur enim in psalmo l, ° ecce enim in iniquitatibus conceptus sum, et in peccatis concepit me mater mea. ' sed peccatum in quo homo concipitur, est originale. ergo plura peccata originalia sunt in uno homine.
ag2 ' Praeterea, unus et idem habitus non inclinat ad contraria, habitus enim inclinat per modum naturae, quae tendit in unum. sed peccatum originale, etiam in uno homine, inclinat ad diversa peccata et contraria. ergo peccatum originale non est unus habitus, sed plures.
ag3 ' Praeterea, peccatum originale inficit omnes animae partes. sed diversae partes animae sunt diversa subiecta peccati, * ut ex praemissis patet. ' cum igitur unum peccatum non possit esse in diversis subiectis, videtur quod peccatum originale non sit unum, sed multa.
sc * Sed contra est quod dicitur ioan. i, ° ecce agnus dei, ecce qui tollit peccatum mundi. " quod singulariter dicitur, quia peccatum mundi, quod est peccatum originale, est unum; * ut glossa ibidem exponit.
co ' Respondeo dicendum quod in uno homine est unum peccatum originale. cuius ratio dupliciter accipi potest. uno modo, ex parte causae peccati originalis. * dictum est enim supra quod ' solum primum peccatum primi parentis in posteros traducitur. unde peccatum originale in uno homine est unum numero; et in omnibus hominibus est unum proportione, in respectu scilicet ad primum principium. alio modo potest accipi ratio eius ex ipsa essentia originalis peccati. in omni enim inordinata dispositione unitas speciei consideratur ex parte causae; unitas autem secundum numerum, ex parte subiecti. sicut patet in aegritudine corporali, sunt enim diversae aegritudines specie quae ex diversis causis procedunt, puta ex superabundantia calidi vel frigidi, vel ex laesione pulmonis vel hepatis; una autem aegritudo secundum speciem, in uno homine non est nisi una numero. causa autem huius corruptae dispositionis quae dicitur originale peccatum, est una tantum, scilicet privatio originalis iustitiae, per quam sublata est subiectio humanae mentis ad deum. et ideo peccatum originale est unum specie. et in uno homine non potest esse nisi unum numero, in diversis autem hominibus est unum specie et proportione, diversum autem numero.
ra1 * Ad primum ergo dicendum quod pluraliter dicitur in peccatis, " secundum illum morem divinae scripturae quo frequenter ponitur pluralis numerus pro singulari, * sicut matth. ii, ° defuncti sunt qui quaerebant animam pueri. ' vel quia in peccato originali virtualiter praeexistunt omnia peccata actualia, sicut in quodam principio, unde est multiplex virtute. vel quia in peccato primi parentis quod per originem traducitur, fuerunt plures deformitates, scilicet superbiae, inobedientiae, gulae, et alia huiusmodi. vel quia multae partes animae inficiuntur per peccatum originale.
ra2 ' Ad secundum dicendum quod unus habitus non potest inclinare per se et directe, idest per propriam formam, ad contraria. sed indirecte et per accidens, scilicet per remotionem prohibentis, nihil prohibet, sicut, soluta harmonia corporis mixti, elementa tendunt in loca contraria. et similiter, soluta harmonia originalis iustitiae, diversae animae potentiae in diversa feruntur.
ra3 ' Ad tertium dicendum quod peccatum originale inficit diversas partes animae, secundum quod sunt partes unius totius, sicut et iustitia originalis continebat omnes animae partes in unum. et ideo est unum tantum peccatum originale. sicut etiam est una febris in uno homine, quamvis diversae partes corporis graventur.

008 ST2 qu82 ar3

ag1 ' Ad tertium sic proceditur. videtur quod peccatum originale non sit concupiscentia. " omne enim peccatum est contra naturam, * ut dicit damascenus, in ii libro. ' sed concupiscentia est secundum naturam, est enim proprius actus virtutis concupiscibilis, quae est potentia naturalis. ergo concupiscentia non est peccatum originale.
ag2 ' Praeterea, per peccatum originale sunt in nobis passiones peccatorum; * ut patet per apostolum, rom. vii. ' sed multae aliae sunt passiones praeter concupiscentiam, * ut supra habitum est. ' ergo peccatum originale non magis est concupiscentia quam aliqua alia passio.
ag3 ' Praeterea, per peccatum originale deordinantur omnes animae partes, * ut dictum est. ' sed intellectus est suprema inter animae partes; * ut patet per philosophum, in x ethic.. ' ergo peccatum originale magis est ignorantia quam concupiscentia.
sc * Sed contra est quod augustinus dicit, in libro retract., ° concupiscentia est reatus originalis peccati.
co ' Respondeo dicendum quod unumquodque habet speciem a sua forma. * dictum est autem supra quod ' species peccati originalis sumitur ex sua causa. unde oportet quod id quod est formale in originali peccato, accipiatur ex parte causae peccati originalis. oppositorum autem oppositae sunt causae. est igitur attendenda causa originalis peccati ex causa originalis iustitiae, quae ei opponitur. tota autem ordinatio originalis iustitiae ex hoc est, quod voluntas hominis erat deo subiecta. quae quidem subiectio primo et principaliter erat per voluntatem, cuius est movere omnes alias partes in finem, * ut supra dictum est. ' unde ex aversione voluntatis a deo, consecuta est inordinatio in omnibus aliis animae viribus. sic ergo privatio originalis iustitiae, per quam voluntas subdebatur deo, est formale in peccato originali, omnis autem alia inordinatio virium animae se habet in peccato originali sicut quiddam materiale. inordinatio autem aliarum virium animae praecipue in hoc attenditur, quod inordinate convertuntur ad bonum commutabile, quae quidem inordinatio communi nomine potest dici concupiscentia. et ita peccatum originale materialiter quidem est concupiscentia; formaliter vero, defectus originalis iustitiae.
ra1 ' Ad primum ergo dicendum quod, quia in homine concupiscibilis naturaliter regitur ratione, intantum concupiscere est homini naturale, inquantum est secundum rationis ordinem, concupiscentia autem quae transcendit limites rationis, est homini contra naturam. et talis est concupiscentia originalis peccati.
ra2 * Ad secundum dicendum quod, sicut supra dictum est, ' omnes passiones irascibilis ad passiones concupiscibilis reducuntur, sicut ad principaliores. inter quas concupiscentia vehementius movet, et magis sentitur, * ut supra habitum est. ' et ideo concupiscentiae attribuitur, tanquam principaliori, et in qua quodammodo omnes aliae passiones includuntur.
ra3 ' Ad tertium dicendum quod, sicut in bonis intellectus et ratio principalitatem habent, ita e converso in malis inferior pars animae principalior invenitur, quae obnubilat et trahit rationem, * ut supra dictum est. ' et propter hoc peccatum originale magis dicitur esse concupiscentia quam ignorantia, licet etiam ignorantia inter defectus materiales peccati originalis contineatur.

008 ST2 qu82 ar4

ag1 ' Ad quartum sic proceditur. videtur quod peccatum originale non sit aequaliter in omnibus. est enim peccatum originale concupiscentia inordinata, * ut dictum est. ' sed non omnes aequaliter sunt proni ad concupiscendum. ergo peccatum originale non est aequaliter in omnibus.
ag2 ' Praeterea, peccatum originale est quaedam inordinata dispositio animae, sicut aegritudo est quaedam inordinata dispositio corporis. sed aegritudo recipit magis et minus. ergo peccatum originale recipit magis et minus.
ag3 * Praeterea, augustinus dicit, in libro de nupt. et concupisc., quod ° libido transmittit originale peccatum in prolem. ' sed contingit esse maiorem libidinem unius in actu generationis, quam alterius. ergo peccatum originale potest esse maius in uno quam in alio.
sc ' Sed contra est quia peccatum originale est peccatum naturae, * ut dictum est. ' sed natura aequaliter est in omnibus. ergo et peccatum originale.
co ' Respondeo dicendum quod in originali peccato sunt duo, quorum unum est defectus originalis iusti-

tiae; aliud autem est relatio huius defectus ad peccatum primi parentis, a quo per vitiatam originem deducitur. quantum autem ad primum, peccatum originale non recipit magis et minus, quia totum donum originalis iustitiae est sublatum; privationes autem totaliter aliquid privantes, ut mors et tenebrae, non recipiunt magis et minus, * sicut supra dictum est. ‘ similiter etiam nec quantum ad secundum, aequaliter enim omnes relationem habent ad primum principium vitiatae originis, ex quo peccatum originale recipit rationem culpae; relationes enim non recipiunt magis et minus. unde manifestum est quod peccatum originale non potest esse magis in uno quam in alio.

ra1 ‘ Ad primum ergo dicendum quod, soluto vinculo originalis iustitiae, sub quo quodam ordine omnes vires animae continebantur, unaquaeque vis animae tendit in suum proprium motum; et tanto vehementius, quanto fuerit fortior. contingit autem vires aliquas animae esse fortiores in uno quam in alio, propter diversas corporis complexiones. quod ergo unus homo sit pronior ad concupiscendum quam alter, non est ratione peccati originalis, cum in omnibus aequaliter solvatur vinculum originalis iustitiae, et aequaliter in omnibus partes inferiores animae sibi relinquantur, sed accidit hoc ex diversa dispositione potentiarum, * sicut dictum est.

ra2 ‘ Ad secundum dicendum quod aegritudo corporalis non habet in omnibus aequalem causam, etiam si sit eiusdem speciei, puta, si sit febris ex cholera putrefacta, potest esse maior vel minor putrefactio, et propinquior vel remotior a principio vitae. sed causa originalis peccati in omnibus est aequalis. unde non est simile.

ra3 ‘ Ad tertium dicendum quod libido quae transmittit peccatum originale in prolem, non est libido actualis, quia dato quod virtute divina concederetur alicui quod nullam inordinatam libidinem in actu generationis sentiret, adhuc transmitteret in prolem originale peccatum. sed libido illa est intelligenda habitualiter, secundum quod appetitus sensitivus non continetur sub ratione vinculo originalis iustitiae. et talis libido in omnibus est aequalis.

008 ST2 qu83 ar

pr ‘ Deinde considerandum est de subiecto originalis peccati. et circa hoc quaeruntur quatuor. primo, utrum subiectum originalis peccati per prius sit caro vel anima. secundo, si anima, utrum per essentiam aut per potentias suas. tertio, utrum voluntas per prius sit subiectum peccati originalis quam aliae potentiae. quarto, utrum aliquae potentiae animae sint specialiter infectae, scilicet generativa, vis concupiscibilis et sensus tactus.

008 ST2 qu83 ar1

ag1 ‘ Ad primum sic proceditur. videtur quod peccatum originale magis sit in carne quam in anima. repugnantia enim carnis ad mentem ex corruptione originalis peccati procedit. sed radix huius repugnantiae in carne consistit, * dicit enim apostolus ad rom. vii, ° video aliam legem in membris meis, repugnantem legi mentis meae. ‘ ergo originale peccatum in carne principaliter consistit.

ag2 ‘ Praeterea, unumquodque potius est in causa quam in effectu, sicut calor magis est in igne calefaciente quam in aqua calefacta. sed anima inficitur infectione originalis peccati per semen carnale. ergo peccatum originale magis est in carne quam in anima.

ag3 ‘ Praeterea, peccatum originale ex primo parente contrahimus, prout in eo fuimus secundum rationem seminalem. sic autem non fuit ibi anima, sed sola caro. ergo originale peccatum non est in anima, sed in carne.

ag4 ‘ Praeterea, anima rationalis creata a deo corpori infunditur. si igitur anima per peccatum originale inficeretur, consequens esset quod ex sua creatione vel infusione inquinaretur. et sic deus esset causa peccati, qui est auctor creationis et infusionis.

ag5 ‘ Praeterea, nullus sapiens liquorem pretiosum vasi infunderet ex quo sciret ipsum liquorem infici. sed anima rationalis est pretiosior omni liquore. si ergo anima ex corporis unione infici posset infectione originalis culpae, deus, qui ipsa sapientia est, nunquam animam tali corpori infunderet. infundit autem. non ergo inquinatur ex carne. sic igitur peccatum originale non est in anima, sed in carne.

sc ‘ Sed contra est quod idem est subiectum virtutis et vitii sive peccati, quod contrariatur virtuti. sed caro non potest esse subiectum virtutis, * dicit enim apostolus, ad rom. vii, ° scio quod non habitat in me, hoc est in carne mea, bonum. ‘ ergo caro non potest esse subiectum originalis peccati, sed solum anima.

co ‘ Respondeo dicendum quod aliquid potest esse in aliquo dupliciter, uno modo, sicut in causa, vel principali vel instrumentali; alio modo, sicut in subiecto. peccatum ergo originale omnium hominum fuit quidem in ipso adam sicut in prima causa principali; * secundum illud apostoli, rom. v, ° in quo omnes peccaverunt. ‘ in semine autem corporali est peccatum originale sicut in causa instrumentali, eo quod per virtutem activam seminis traducitur peccatum originale in prolem, simul cum natura humana. sed sicut in subiecto, peccatum originale nullo modo potest esse in carne, sed solum in anima. cuius ratio est quia, * sicut supra dictum est, ‘ hoc modo ex voluntate primi parentis peccatum originale traducitur in posteros per quandam generativam motionem, sicut a voluntate alicuius hominis derivatur peccatum actuale ad alias partes eius. in qua quidem derivatione hoc potest attendi, quod quidquid provenit ex motione voluntatis peccati ad quamcumque partem hominis quae quocumque modo potest esse particeps peccati, vel per modum subiecti vel per modum instrumenti, habet rationem culpae, sicut ex voluntate gulae provenit concupiscentia cibi ad concupiscibilem, et sumptio cibi ad manus et os, quae inquantum moventur a voluntate ad peccatum, sunt instrumenta peccati. |25| quod vero ulterius derivatur ad vim nutritivam et ad interiora membra, quae non sunt nata moveri a voluntate, non habet rationem culpae. sic igitur, cum anima possit esse subiectum culpae, caro autem de se non habeat quod sit subiectum culpae; quidquid provenit de corruptione primi peccati ad animam, habet rationem culpae; quod autem provenit ad carnem, non habet rationem culpae, sed poenae. sic igitur anima est subiectum peccati originalis, non autem caro.

ra1 ‘ Ad primum ergo dicendum quod, * sicut augustinus dicit in libro retract., apostolus loquitur ibi ‘ de homine iam redempto, qui liberatus est a culpa, sed subiacet poenae, ratione cuius peccatum dicitur “ habitare in carne. ‘ unde ex hoc non sequitur quod caro sit subiectum culpae, sed solum poenae.

ra2 ‘ Ad secundum dicendum quod peccatum originale causatur ex semine sicut ex causa instrumentali. non autem oportet quod aliquid sit principalius in causa instrumentali quam in effectu, sed solum in causa principali. et hoc modo peccatum originale potiori modo fuit in adam, in quo fuit secundum rationem actualis peccati.

ra3 ‘ Ad tertium dicendum quod anima huius hominis non fuit secundum seminalem rationem in adam peccante sicut in principio effectivo, sed sicut in principio dispositivo, eo quod semen corporale, quod ex adam traducitur, sua virtute non efficit animam rationalem, sed ad eam disponit.

ra4 ‘ Ad quartum dicendum quod infectio originalis peccati nullo modo causatur a deo, sed ex solo peccato primi parentis per carnalem generationem. et ideo, cum creatio importet respectum animae ad solum deum, non potest dici quod anima ex sua creatione inquinetur. sed infusio importat respectum et ad deum infundentem, et ad carnem cui infunditur anima. et ideo, habito respectu ad deum infundentem, non potest dici quod anima per infusionem maculetur; sed solum habito respectu ad corpus cui infunditur.

ra5 ‘ Ad quintum dicendum quod bonum commune praefertur bono singulari. unde deus, secundum suam sapientiam, non praetermittit universalem ordinem rerum, qui est ut tali corpori talis anima infundatur, ut vitetur singularis infectio huius animae, praesertim cum natura animae hoc habeat, ut esse non incipiat nisi in corpore, * ut in primo habitum est. ‘ melius est autem ei sic esse secundum naturam, quam nullo modo esse, praesertim cum possit per gratiam damnationem evadere.

008 ST2 qu83 ar2

ag1 ‘ Ad secundum sic proceditur. videtur quod peccatum originale non sit per prius in essentia animae quam in potentiis. anima enim nata est esse subiectum peccati, quantum ad id quod potest a voluntate moveri. sed anima non movetur a voluntate secundum suam essentiam, sed solum secundum potentias. ergo peccatum originale non est in anima secundum suam essentiam, sed solum secundum potentias.

ag2 ‘ Praeterea, peccatum originale opponitur originali iustitiae. sed originalis iustitia erat in aliqua potentia animae, quae est subiectum virtutis. ergo et peccatum originale est magis in potentia animae quam in eius essentia.

ag3 ‘ Praeterea, sicut a carne peccatum originale derivatur ad animam, ita ab essentia animae derivatur ad potentias. sed peccatum originale magis est in anima quam in carne. ergo etiam magis est in potentiis animae quam in essentia.

ag4 ‘ Praeterea, peccatum originale dicitur esse concupiscentia, * ut dictum est. ‘ sed concupiscentia est in potentiis animae. ergo et peccatum originale.

sc ‘ Sed contra est quod peccatum originale dicitur esse peccatum naturale, * ut supra dictum est. ‘ anima autem est forma et natura corporis secundum essentiam suam, et non secundum potentias, * ut in primo habitum est. ‘ ergo anima est subiectum originalis peccati principaliter secundum suam essentiam.

co ‘ Respondeo dicendum quod illud animae est principaliter subiectum alicuius peccati, ad quod primo pertinet causa motiva illius peccati, sicut si causa motiva ad peccandum sit delectatio sensus, quae pertinet ad vim concupiscibilem sicut obiectum proprium eius, sequitur quod vis concupiscibilis sit proprium subiectum illius peccati. manifestum est autem quod peccatum originale causatur per originem. unde illud animae quod primo attingitur ab origine hominis, est primum subiectum originalis peccati. attingit autem origo animam ut terminum generationis, secundum quod est forma corporis; quod quidem convenit ei secundum essentiam propriam, * ut in primo habitum est. ‘ unde anima secundum essentiam est primum subiectum originalis peccati.

ra1 ‘ Ad primum ergo dicendum quod, sicut motio voluntatis alicuius propriae pervenit ad potentias animae, non autem ad animae essentiam; ita motio voluntatis primi generantis, per viam generationis, pervenit primo ad animae essentiam, * ut dictum est.

ra2 ‘ Ad secundum dicendum quod etiam originalis iustitia pertinebat primordialiter ad essentiam animae, erat enim donum divinitus datum humanae naturae, quam per prius respicit essentia animae quam potentiae. potentiae enim magis videntur pertinere ad personam, inquantum sunt principia personalium actuum. unde sunt propria subiecta peccatorum actualium, quae sunt peccata personalia.

ra3 ‘ Ad tertium dicendum quod corpus comparatur ad animam sicut materia ad formam, quae etsi sit posterior ordine generationis, est tamen prior ordine perfectionis et naturae. essentia autem animae comparatur ad potentias sicut subiecta ad accidentia propria, quae sunt posteriora subiecto et ordine generationis et etiam perfectionis. unde non est similis ratio.

ra4 ‘ Ad quartum dicendum quod concupiscentia se habet materialiter et ex consequenti in peccato originali, * ut supra dictum est.

008 ST2 qu83 ar3

ag1 ‘ Ad tertium sic proceditur. videtur quod peccatum originale non per prius inficiat voluntatem quam alias potentias. omne enim peccatum principaliter pertinet ad potentiam per cuius actum causatur. sed peccatum originale causatur per actum generativae potentiae. ergo inter ceteras potentias animae, videtur magis pertinere ad generativam potentiam.

ag2 ‘ Praeterea, peccatum originale per semen carnale traducitur. sed aliae vires animae propinquiores sunt carni quam voluntas, sicut patet de omnibus sensitivis, quae utuntur organo corporali. ergo in eis magis est peccatum originale quam in voluntate.

ag3 ‘ Praeterea, intellectus est prior voluntate, non enim est voluntas nisi de bono intellecto. si ergo peccatum originale inficit omnes potentias animae, videtur quod per prius inficiat intellectum, tanquam priorem.

sc ‘ Sed contra est quod iustitia originalis per prius respicit voluntatem, est enim rectitudo voluntatis, * ut anselmus dicit, in libro de conceptu virginali. ‘ ergo et peccatum originale, quod ei opponitur, per prius respicit voluntatem.

co ‘ Respondeo dicendum quod in infectione peccati originalis duo est considerare. primo quidem, inhaerentiam eius ad subiectum, et secundum hoc primo respicit essentiam animae, * ut dictum est. ‘ deinde oportet considerare inclinationem eius ad actum, et hoc modo respicit potentias animae. oportet ergo quod illam per prius respiciat, quae primam inclinationem habet ad peccandum. haec autem est voluntas, * ut ex supradictis patet. ‘ unde peccatum originale per prius respicit voluntatem.

ra1 ‘ Ad primum ergo dicendum quod peccatum originale non causatur in homine per potentiam generativam prolis, sed per actum potentiae generativae parentis. unde non oportet quod sua potentia generativa sit primum subiectum originalis peccati.

ra2 ‘ Ad secundum dicendum quod peccatum originale habet duplicem processum, unum quidem a carne ad animam; alium vero ab essentia animae ad potentias. primus quidem processus est secundum ordinem generationis, secundus autem secundum ordinem perfectionis. et ideo quamvis aliae potentiae, scilicet sensitivae, propinquiores sint carni; quia tamen voluntas est propinquior essentiae animae, tanquam superior potentia, primo pervenit ad ipsam infectio originalis peccati.

ra3 ‘ Ad tertium dicendum quod intellectus quodam modo praecedit voluntatem, inquantum proponit ei suum obiectum. alio vero modo voluntas praecedit intellectum, secundum ordinem motionis ad actum, quae quidem motio pertinet ad peccatum.

008 ST2 qu83 ar4

ag1 ‘ Ad quartum sic proceditur. videtur quod praedictae potentiae non sint magis infectae quam aliae. infectio enim originalis peccati magis videtur pertinere ad illam animae partem quae prius potest esse subiectum peccati. haec autem est rationalis pars, et praecipue voluntas. ergo ipsa est magis infecta per peccatum originale.

ag2 ‘ Praeterea, nulla vis animae inficitur per culpam, nisi inquantum potest obedire rationi. generativa autem non potest obedire, * ut dicitur in i ethic.. ergo ‘ generativa non est maxime infecta per originale peccatum.

ag3 ‘ Praeterea, visus inter alios sensus est spiritualior et propinquior rationi, inquantum plures differentias rerum ostendit, * ut dicitur in i metaphys.. ‘ sed infectio culpae primo est in ratione. ergo visus magis est infectus quam tactus.

sc * Sed contra est quod augustinus dicit, in xiv de civ. dei, quod “ infectio originalis culpae maxime ap-

paret in motu genitalium membrorum, qui rationi non subditur. ‘ sed illa membra deserviunt generativae virtuti in commixtione sexuum, in qua est delectatio secundum tactum, quae maxime concupiscentiam movet. ergo infectio originalis peccati maxime pertinet ad ista tria, scilicet potentiam generativam, vim concupiscibilem et sensum tactus.
co ‘ Respondeo dicendum quod illa corruptio praecipue infectio nominari solet, quae nata est in aliud transferri, unde et morbi contagiosi, sicut lepra et scabies et huiusmodi, infectiones dicuntur. corruptio autem originalis peccati traducitur per actum generationis, * sicut supra dictum est. ‘ unde potentiae quae ad huiusmodi actum concurrunt, maxime dicuntur esse infectae. huiusmodi autem actus deservit generativae, inquantum ad generationem ordinatur, habet autem in se delectationem tactus, quae est maximum obiectum concupiscibilis. et ideo, cum omnes partes animae dicantur esse corruptae per peccatum originale, specialiter tres praedictae dicuntur esse corruptae et infectae.
ra1 ‘ Ad primum ergo dicendum quod peccatum originale ex ea parte qua inclinat in peccata actualia, praecipue pertinet ad voluntatem, * ut dictum est. ‘ sed ex ea parte qua traducitur in prolem, pertinet propinque ad potentias praedictas, ad voluntatem autem remote.
ra2 ‘ Ad secundum dicendum quod infectio actualis culpae non pertinet nisi ad potentias quae moventur a voluntate peccantis. sed infectio originalis culpae non derivatur a voluntate eius qui ipsam contrahit, sed per originem naturae, cui deservit potentia generativa. et ideo in ea est infectio originalis peccati.
ra3 ‘ Ad tertium dicendum quod visus non pertinet ad actum generationis nisi secundum dispositionem remotam, prout scilicet per visum apparet species concupiscibilis. sed delectatio perficitur in tactu. et ideo talis infectio magis attribuitur tactui quam visui.

008 ST2 qu84 ar

pr ‘ Deinde considerandum est de causa peccati secundum quod unum peccatum est causa alterius. et circa hoc quaeruntur quatuor. primo, utrum cupiditas sit radix omnium peccatorum. secundo, utrum superbia sit initium omnis peccati. tertio, utrum praeter superbiam et avaritiam, debeant dici capitalia vitia aliqua specialia peccata. quarto, quot et quae sint capitalia vitia.

008 ST2 qu84 ar1

ag1 ‘ Ad primum sic proceditur. videtur quod cupiditas non sit radix omnium peccatorum. cupiditas enim, quae est immoderatus appetitus divitiarum, opponitur virtuti liberalitatis. sed liberalitas non est radix omnium virtutum. ergo cupiditas non est radix omnium peccatorum.
ag2 ‘ Praeterea, appetitus eorum quae sunt ad finem, procedit ex appetitu finis. sed divitiae, quarum appetitus est cupiditas, non appetuntur nisi ut utiles ad aliquem finem, * sicut dicitur in i ethic.. ‘ ergo cupiditas non est radix omnis peccati, sed procedit ex alia priori radice.
ag3 ‘ Praeterea, frequenter invenitur quod avaritia, quae cupiditas nominatur, oritur ex aliis peccatis, puta cum quis appetit pecuniam propter ambitionem, vel ut satisfaciat gulae. non ergo est radix omnium peccatorum.
sc * Sed contra est quod dicit apostolus, i ad tim. ult., ° radix omnium malorum est cupiditas.
co ‘ Respondeo dicendum quod secundum quosdam cupiditas multipliciter dicitur. uno modo, prout est appetitus inordinatus divitiarum. et sic est speciale peccatum. alio modo, secundum quod significat inordinatum appetitum cuiuscumque boni temporalis. et sic est genus omnis peccati, nam in omni peccato est inordinata conversio ad commutabile bonum, * ut dictum est. ‘ tertio modo sumitur prout significat quandam inclinationem naturae corruptae ad bona corruptibilia inordinate appetenda. et sic dicunt cupiditatem esse radicem omnium peccatorum, ad similitudinem radicis arboris, quae ex terra trahit alimentum, sic enim ex amore rerum temporalium omne peccatum procedit. et haec quidem quamvis vera sint, non tamen videntur esse * secundum intentionem apostoli, qui dixit ‘ cupiditatem esse radicem omnium peccatorum. * manifeste enim ibi loquitur contra eos qui, ° cum velint divites fieri, incidunt in tentationes et in laqueum diaboli, eo quod radix omnium malorum est cupiditas, * unde manifestum est quod loquitur ‘ de cupiditate secundum quod est appetitus inordinatus divitiarum. et secundum hoc, dicendum est quod cupiditas, secundum quod est speciale peccatum, dicitur radix omnium peccatorum, ad similitudinem radicis arboris, quae |25| alimentum praestat toti arbori. videmus enim quod per divitias homo acquirit facultatem perpetrandi quodcumque peccatum, et adimplendi desiderium cuiuscumque peccati, eo quod ad habenda quaecumque temporalia bona, potest homo per pecuniam iuvari; * secundum quod dicitur eccle. x, ° pecuniae obediunt omnia. ‘ et secundum hoc, patet quod cupiditas divitiarum est radix omnium peccatorum.
ra1 ‘ Ad primum ergo dicendum quod non ab eodem oritur virtus et peccatum. oritur enim peccatum ex appetitu commutabilis boni, et ideo appetitus illius boni quod iuvat ad consequenda omnia temporalia bona, radix peccatorum dicitur. virtus autem oritur ex appetitu incommutabilis boni, et ideo caritas, quae est amor dei, ponitur radix virtutum; * secundum illud ephes. iii, ° in caritate radicati et fundati.
ra2 ‘ Ad secundum dicendum quod appetitus pecuniarum dicitur esse radix peccatorum, non quia divitiae propter se quaerantur, tanquam ultimus finis, sed quia multum quaeruntur ut utiles ad omnem temporalem finem. et quia universale bonum est appetibilius quam aliquod particulare bonum, ideo magis movent appetitum quam quaedam bona singularia, quae simul cum multis aliis per pecuniam haberi possunt.
ra3 ‘ Ad tertium dicendum quod, sicut in rebus naturalibus non quaeritur quid semper fiat, sed quid in pluribus accidit, eo quod natura corruptibilium rerum impediri potest, ut non semper eodem modo operetur; ita etiam in moralibus consideratur quod ut in pluribus est, non autem quod est semper, eo quod voluntas non ex necessitate operatur. non igitur dicitur avaritia radix omnis mali, quin interdum aliquod aliud malum sit radix eius, sed quia ex ipsa frequentius alia mala oriuntur, * ratione praedicta.

008 ST2 qu84 ar2

ag1 ‘ Ad secundum sic proceditur. videtur quod superbia non sit initium omnis peccati. radix enim est quoddam principium arboris, et ita videtur idem esse radix peccati et initium peccati. sed cupiditas est radix omnis peccati, * ut dictum est. ‘ ergo ipsa etiam est initium omnis peccati, non autem superbia.
ag2 * Praeterea, eccli. x dicitur, ° initium superbiae hominis apostatare a deo. ‘ sed apostasia a deo est quoddam peccatum. ergo aliquod peccatum est initium superbiae, et ipsa non est initium omnis peccati.
ag3 ‘ Praeterea, illud videtur esse initium omnis peccati, quod facit omnia peccata. sed hoc est inordinatus amor sui, qui facit civitatem babylonis, * ut augustinus dicit, in xiv de civ. dei. ‘ ergo amor sui est initium omnis peccati, non autem superbia.
sc * Sed contra est quod dicitur eccli. x, ° initium omnis peccati superbia.
co * Respondeo dicendum quod quidam dicunt superbiam dici tripliciter. “ uno modo, secundum quod superbia significat inordinatum appetitum propriae excellentiae. et sic est speciale peccatum. alio modo, secundum quod importat quendam actualem contemptum dei, quantum ad hunc effectum qui est non subdi eius praecepto. et sic dicunt quod est generale peccatum. tertio modo, secundum quod importat quandam inclinationem ad huiusmodi contemptum, ex corruptione naturae. et sic dicunt quod est initium omnis peccati. et differt a cupiditate, quia cupiditas respicit peccatum ex parte conversionis ad bonum commutabile, ex quo peccatum quodammodo nutritur et fovetur, et propter hoc cupiditas dicitur radix, sed superbia respicit peccatum ex parte aversionis a deo, cuius praecepto homo subdi recusat; et ideo vocatur initium, quia ex parte aversionis incipit ratio mali. ‘ et haec quidem quamvis vera sint, * tamen non sunt secundum intentionem sapientis, qui dixit, “ initium omnis peccati est superbia. manifeste enim loquitur de superbia secundum quod est inordinatus appetitus propriae excellentiae, * ut patet per hoc quod subdit, ° sedes ducum superborum destruxit deus. * et de hac materia fere loquitur in toto capitulo. et ideo ‘ dicendum est quod superbia, etiam secundum quod est speciale peccatum, est initium omnis peccati. considerandum est enim quod in actibus voluntariis, cuiusmodi sunt peccata, duplex ordo |25| invenitur, scilicet intentionis, et executionis. in primo quidem ordine, habet rationem principii finis, * ut supra multoties dictum est. ‘ finis autem in omnibus bonis temporalibus acquirendis, est ut homo per illa quandam perfectionem et excellentiam habeat. et ideo ex hac parte superbia, quae est appetitus excellentiae, ponitur initium omnis peccati. sed ex parte executionis, est primum id quod praebet opportunitatem adimplendi omnia desideria peccati, quod habet rationem radicis, scilicet divitiae. et ideo ex hac parte avaritia ponitur esse radix omnium malorum, * ut dictum est.
ra1 ‘ Et per hoc patet responsio ad primum.
ra2 ‘ Ad secundum dicendum quod apostatare a deo dicitur esse initium superbiae ex parte aversionis, ex hoc enim quod homo non vult subdi deo, sequitur quod inordinate velit propriam excellentiam in rebus temporalibus. “ et sic apostasia a deo * non sumitur ibi “ quasi speciale peccatum, sed magis ut quaedam conditio generalis omnis peccati, quae est aversio ab incommutabili bono. ‘ vel potest dici quod apostatare a deo dicitur esse initium superbiae, quia est prima superbiae species. ad superbiam enim pertinet cuicumque superiori nolle subiici, et praecipue nolle subdi deo; ex quo contingit quod homo supra seipsum indebite extollatur, quantum ad alias superbiae species.
ra3 ‘ Ad tertium dicendum quod in hoc homo se amat, quod sui excellentiam vult, idem enim est se amare quod sibi velle bonum. unde ad idem pertinet quod ponatur initium omnis peccati superbia, vel amor proprius.

008 ST2 qu84 ar3

ag1 ‘ Ad tertium sic proceditur. videtur quod praeter superbiam et avaritiam, non sint quaedam alia peccata specialia quae dicantur capitalia. ° ita enim se videtur habere caput ad animalia, sicut radix ad plantas, * ut dicitur in ii de anima, ‘ nam radices sunt ori similes. si igitur cupiditas dicitur radix omnium malorum, videtur quod ipsa sola debeat dici vitium capitale, et nullum aliud peccatum.
ag2 ‘ Praeterea, caput habet quendam ordinem ad alia membra, inquantum a capite diffunditur quodammodo sensus et motus. sed peccatum dicitur per privationem ordinis. ergo peccatum non habet rationem capitis. et ita non debent poni aliqua capitalia peccata.
ag3 ‘ Praeterea, capitalia crimina dicuntur quae capite plectuntur. sed tali poena puniuntur quaedam peccata in singulis generibus. ergo vitia capitalia non sunt aliqua determinata secundum speciem.
sc * Sed contra est quod gregorius, xxxi moral., “ enumerat quaedam specialia vitia, quae dicit esse capitalia.
co ‘ Respondeo dicendum quod capitale a capite dicitur. caput autem proprie quidem est quoddam membrum animalis, quod est principium et directivum totius animalis. unde metaphorice omne principium caput vocatur, et etiam homines qui alios dirigunt et gubernant, capita aliorum dicuntur. dicitur ergo vitium capitale uno modo a capite proprie dicto, et secundum hoc, peccatum capitale dicitur peccatum quod capitis poena punitur. sed sic nunc non intendimus de capitalibus peccatis, sed secundum quod alio modo dicitur peccatum capitale a capite prout metaphorice significat principium vel directivum aliorum. et sic dicitur vitium capitale ex quo alia vitia oriuntur, et praecipue secundum originem causae finalis, quae est formalis origo, * ut supra dictum est. ‘ et ideo vitium capitale non solum est principium aliorum, sed etiam est directivum et quodammodo ductivum aliorum, semper enim ars vel habitus ad quem pertinet finis, principatur et imperat circa ea quae sunt ad finem. * unde gregorius, xxxi moral., “ huiusmodi vitia capitalia ducibus exercituum comparat.
ra1 ‘ Ad primum ergo dicendum quod capitale dicitur denominative a capite, quod quidem est per quandam derivationem vel participationem capitis, sicut habens aliquam proprietatem capitis, non sicut simpliciter caput. et ideo capitalia vitia dicuntur non solum illa quae habent rationem primae originis, sicut avaritia, quae dicitur radix, et superbia, quae dicitur initium, sed etiam illa quae habent rationem originis propinquae respectu plurium peccatorum.
ra2 ‘ Ad secundum dicendum quod peccatum caret ordine ex parte aversionis, ex hac enim parte habet rationem mali; ° malum autem, * secundum augustinum, in libro de natura boni, ° est privatio modi, speciei et ordinis. ‘ sed ex parte conversionis, respicit quoddam bonum. et ideo ex hac parte potest habere ordinem.
ra3 ‘ Ad tertium dicendum quod illa ratio procedit de capitali peccato secundum quod dicitur a reatu poenae. sic autem hic non loquimur.

008 ST2 qu84 ar4

ag1 ‘ Ad quartum sic proceditur. videtur quod non sit dicendum septem esse vitia capitalia, quae sunt inanis gloria, invidia, ira, tristitia, avaritia, gula, luxuria. peccata enim virtutibus opponuntur. virtutes autem principales sunt quatuor, * ut supra dictum est. ‘ ergo et vitia principalia, sive capitalia, non sunt nisi quatuor.
ag2 ‘ Praeterea, passiones animae sunt quaedam causae peccati, * ut supra dictum est. ‘ sed passiones animae principales sunt quatuor. de quarum duabus nulla fit mentio inter praedicta peccata, scilicet de spe et timore. enumerantur autem aliqua vitia ad quae pertinet delectatio et tristitia, nam delectatio pertinet ad gulam et luxuriam, tristitia vero ad acediam et invidiam. ergo inconvenienter enumerantur principalia peccata.
ag3 ‘ Praeterea, ira non est principalis passio. non ergo debuit poni inter principalia vitia.
ag4 ‘ Praeterea, sicut cupiditas, sive avaritia, est radix peccati, ita superbia est peccati initium, * ut supra dictum est. ‘ sed avaritia ponitur unum de septem vitiis capitalibus. ergo superbia inter vitia capitalia enumeranda esset.
ag5 ‘ Praeterea, quaedam peccata committuntur quae ex nullo horum causari possunt, sicut cum aliquis errat ex ignorantia; vel cum aliquis ex aliqua bona intentione committit aliquod peccatum, puta cum aliquis furatur ut det eleemosynam. ergo insufficienter capitalia vitia enumerantur.
sc ‘ Sed in contrarium est * auctoritas gregorii sic enumerantis, xxxi moralium.
co * Respondeo dicendum quod, sicut dictum est, ‘ vitia capitalia dicuntur ex quibus alia oriuntur, praecipue secundum rationem causae finalis. huiusmodi autem origo potest attendi dupliciter. uno quidem modo, secundum conditionem peccantis, qui sic dispositus est ut maxime afficiatur ad unum finem, ex quo ut plurimum in alia peccata procedat. sed iste modus originis sub arte cadere non potest, eo quod infinitae sunt particulares hominum dispositiones. a-

lio modo, secundum naturalem habitudinem ipsorum finium ad invicem. et secundum hoc, ut in pluribus unum vitium ex alio oritur. unde iste modus originis sub arte cadere potest. secundum hoc ergo, illa vitia capitalia dicuntur, quorum fines habent quasdam primarias rationes movendi appetitum, et secundum harum rationum distinctionem, distinguuntur capitalia vitia. movet autem aliquid appetitum dupliciter. uno modo, directe et per se, et hoc modo bonum movet appetitum ad prosequendum, malum autem, secundum eandem rationem, ad fugiendum. alio modo, indirecte et quasi per aliud, sicut aliquis aliquod malum prosequitur propter aliquod bonum adiunctum, vel aliquod bonum fugit propter aliquod malum adiunctum. bonum autem hominis est triplex. est enim primo quoddam bonum animae, quod scilicet ex sola apprehensione rationem appetibilitatis habet, scilicet excellentia laudis vel honoris, et hoc bonum inordinate prosequitur inanis gloria. aliud est bonum corporis, et hoc vel pertinet ad conservationem |25| individui, sicut cibus et potus, et hoc bonum inordinate prosequitur gula; aut ad conservationem speciei, sicut coitus, et ad hoc ordinatur luxuria. tertium bonum est exterius, scilicet divitiae, et ad hoc ordinatur avaritia. et eadem quatuor vitia inordinate fugiunt mala contraria. vel aliter, bonum praecipue movet appetitum ex hoc quod participat aliquid de proprietate felicitatis, quam naturaliter omnes appetunt. de cuius ratione est quidem primo quaedam perfectio, nam felicitas est perfectum bonum, ad quod pertinet excellentia vel claritas, quam appetit superbia vel inanis gloria. secundo de ratione eius est sufficientia, quam appetit avaritia in divitiis eam promittentibus. tertio est de conditione eius delectatio, sine qua felicitas esse non potest, * ut dicitur in i et x ethic., ' et hanc appetunt gula et luxuria. quod autem aliquis bonum fugiat propter aliquod malum coniunctum, hoc contingit dupliciter. quia aut hoc est respectu boni proprii, et sic est acedia, quae tristatur de bono spirituali, propter laborem corporalem adiunctum. aut est de bono alieno, et hoc, si sit sine insurrectione, pertinet ad invidiam, quae tristatur de bono alieno, inquantum est impeditivum propriae excellentiae; aut est cum quadam insurrectione ad vindictam, et sic est ira. et ad eadem etiam vitia pertinet prosecutio mali oppositi.

ra1 ' Ad primum ergo dicendum quod non est eadem ratio originis in virtutibus et vitiis, nam virtutes causantur per ordinem appetitus ad rationem, vel etiam ad bonum incommutabile, quod est deus; vitia autem oriuntur ex appetitu boni commutabilis. unde non oportet quod principalia vitia opponantur principalibus virtutibus.

ra2 ' Ad secundum dicendum quod timor et spes sunt passiones irascibilis. omnes autem passiones irascibilis oriuntur ex passionibus concupiscibilis, quae etiam omnes ordinantur quodammodo ad delectationem et tristitiam. et ideo delectatio et tristitia principaliter connumerantur in peccatis capitalibus, tanquam principalissimae passiones, * ut supra habitum est.

ra3 ' Ad tertium dicendum quod ira, licet non sit principalis passio, quia tamen habet specialem rationem appetitivi motus, prout aliquis impugnat bonum alterius sub ratione honesti, idest iusti vindicativi; ideo distinguitur ab aliis capitalibus vitiis.

ra4 ' Ad quartum dicendum quod superbia dicitur esse initium omnis peccati secundum rationem finis, * ut dictum est. ' et secundum eandem rationem accipitur principalitas vitiorum capitalium. et ideo superbia, quasi universale vitium, non connumeratur, sed magis ponitur velut regina quaedam omnium vitiorum, * sicut gregorius dicit. ' avaritia autem dicitur radix secundum aliam rationem, * sicut supra dictum est.

ra5 ' Ad quintum dicendum quod ista vitia dicuntur capitalia, quia ex eis ut frequentius alia oriuntur. unde nihil prohibet aliqua peccata interdum ex aliis causis oriri. potest tamen dici quod omnia peccata quae ex ignorantia proveniunt, possunt reduci ad acediam, ad quam pertinet negligentia qua aliquis recusat bona spiritualia acquirere propter laborem, ignorantia enim quae potest esse causa peccati, ex negligentia provenit, * ut supra dictum est. ' quod autem aliquis committat aliquod peccatum ex bona intentione, videtur ad ignorantiam pertinere, inquantum scilicet ignorat quod non sunt facienda mala ut veniant bona.

008 ST2 qu85 ar

pr ' Deinde considerandum est de effectibus peccati. et primo quidem, de corruptione boni naturae; secundo, de macula animae; tertio, de reatu poenae. circa primum quaeruntur sex. primo, utrum bonum naturae diminuatur per peccatum. secundo, utrum totaliter tolli possit. tertio, de quatuor vulneribus quae beda ponit, quibus natura humana vulnerata est propter peccatum. quarto, utrum privatio modi, speciei et ordinis, sit effectus peccati. quinto, utrum mors et alii defectus corporales sint effectus peccati. sexto, utrum sint aliquo modo homini naturales.

008 ST2 qu85 ar1

ag1 ' Ad primum sic proceditur. videtur quod peccatum non diminuat bonum naturae. peccatum enim hominis non est gravius quam peccatum daemonis. " sed bona naturalia in daemonibus manent integra post peccatum, * ut dionysius dicit, iv cap. de div. nom.. ' ergo peccatum etiam bonum naturae humanae non diminuit.

ag2 ' Praeterea, transmutato posteriori, non transmutatur prius, manet enim substantia eadem, transmutatis accidentibus. sed natura praeexistit actioni voluntariae. ergo, facta deordinatione circa actionem voluntariam per peccatum, non transmutatur propter hoc natura, ita quod bonum naturae diminuatur.

ag3 ' Praeterea, peccatum est actus quidam, diminutio autem passio. nullum autem agens, ex hoc ipso quod agit, patitur, potest autem contingere quod in unum agat, et ab alio patiatur. ergo ille qui peccat, per peccatum non diminuit bonum suae naturae.

ag4 ' Praeterea, nullum accidens agit in suum subiectum, quia quod patitur, est potentia ens; quod autem subiicitur accidenti, iam est actu ens secundum accidens illud. sed peccatum est in bono naturae sicut accidens in subiecto. ergo peccatum non diminuit bonum naturae, diminuere enim quoddam agere est.

sc * Sed contra est quod, sicut dicitur luc. x, ° homo descendens a ierusalem in iericho, idest in defectum peccati, expoliatur gratuitis et vulneratur in naturalibus, * ut beda exponit. ' ergo peccatum diminuit bonum naturae.

co ' Respondeo dicendum quod bonum naturae humanae potest tripliciter dici. primo, ipsa principia naturae, ex quibus natura constituitur, et proprietates ex his causatae, sicut potentiae animae et alia huiusmodi. secundo, quia homo a natura habet inclinationem ad virtutem, * ut supra habitum est, ' ipsa inclinatio ad virtutem est quoddam bonum naturae. tertio modo potest dici bonum naturae donum originalis iustitiae, quod fuit in primo homine collatum toti humanae naturae. primum igitur bonum naturae nec tollitur nec diminuitur per peccatum. tertium vero bonum naturae totaliter est ablatum per peccatum primi parentis. sed medium bonum naturae, scilicet ipsa naturalis inclinatio ad virtutem, diminuitur per peccatum. per actus enim humanos fit quaedam inclinatio ad similes actus, * ut supra habitum est. ' oportet autem quod ex hoc quod aliquid inclinatur ad unum contrariorum, diminuatur inclinatio eius ad aliud. unde cum peccatum sit contrarium virtuti, ex hoc ipso quod homo peccat, diminuitur bonum naturae quod est inclinatio ad virtutem.

ra1 ' Ad primum ergo dicendum quod * dionysius loquitur de bono primo naturae, quod est " esse, vivere et intelligere; ut patet eius verba intuenti.

ra2 ' Ad secundum dicendum quod natura, etsi sit prior quam voluntaria actio, tamen habet inclinationem ad quandam voluntariam actionem. unde ipsa natura secundum se non variatur propter variationem voluntariae actionis, sed ipsa inclinatio variatur ex illa parte qua ordinatur ad terminum.

ra3 ' Ad tertium dicendum quod actio voluntaria procedit ex diversis potentiis, quarum una est activa et alia passiva. et ex hoc contingit quod per actiones voluntarias causatur aliquid, vel aufertur ab homine sic agente, * ut supra dictum est, cum de generatione habituum ageretur.

ra4 ' Ad quartum dicendum quod accidens non agit effective in subiectum; agit tamen formaliter in ipsum, eo modo loquendi quo dicitur quod albedo facit album. et sic nihil prohibet quod peccatum diminuat bonum naturae, eo tamen modo quo est ipsa diminutio boni naturae, inquantum pertinet ad inordinationem actus. sed quantum ad inordinationem agentis, oportet dicere quod talis inordinatio causatur per hoc quod in actibus animae aliquid est activum et aliquid passivum, sicut sensibile movet appetitum sensitivum, et appetitus sensitivus inclinat rationem et voluntatem, * ut supra dictum est. ' et ex hoc causatur inordinatio, non quidem ita quod accidens agat in proprium subiectum; sed secundum quod obiectum agit in potentiam, et una potentia agit in aliam, et deordinat ipsam.

008 ST2 qu85 ar2

ag1 ' Ad secundum sic proceditur. videtur quod totum bonum humanae naturae possit per peccatum auferri. bonum enim naturae humanae finitum est, cum et ipsa natura humana sit finita. sed quodlibet finitum totaliter consumitur, facta continua ablatione. cum ergo bonum naturae continue per peccatum diminui possit, videtur quod possit quandoque totaliter consumi.

ag2 ' Praeterea, eorum quae sunt unius naturae, similis est ratio de toto et de partibus, sicut patet in aere et in aqua et carne, et omnibus corporibus similium partium. sed bonum naturae est totaliter uniforme. cum igitur pars eius possit auferri per peccatum, totum etiam per peccatum auferri posse videtur.

ag3 ' Praeterea, bonum naturae quod per peccatum minuitur, est habilitas ad virtutem. sed in quibusdam propter peccatum habilitas praedicta totaliter tollitur, ut patet in damnatis, qui reparari ad virtutem non possunt, sicut nec caecus ad visum. ergo peccatum potest totaliter tollere bonum naturae.

sc * Sed contra est quod augustinus dicit, in enchirid., quod " malum non est nisi in bono. ' sed malum culpae non potest esse in bono virtutis vel gratiae, quia est ei contrarium. ergo oportet quod sit in bono naturae. non ergo totaliter tollit ipsum.

co * Respondeo dicendum quod, sicut dictum est, ' bonum naturae quod per peccatum diminuitur, est naturalis inclinatio ad virtutem. quae quidem convenit homini ex hoc ipso quod rationalis est, ex hoc enim habet quod secundum rationem operetur, quod est agere secundum virtutem. per peccatum autem non potest totaliter ab homine tolli quod sit rationalis, quia iam non esset capax peccati. unde non est possibile quod praedictum naturae bonum totaliter tollatur. cum autem inveniatur huiusmodi bonum continue diminui per peccatum, * quidam " ad huius manifestationem usi sunt quodam exemplo, in quo invenitur aliquod finitum in infinitum diminui, nunquam tamen totaliter consumi. * dicit enim philosophus, in iii physic., quod " si ab aliqua magnitudine finita continue auferatur aliquid secundum eandem quantitatem, totaliter tandem consumetur, puta si a quacumque quantitate finita semper subtraxero mensuram palmi. si vero fiat subtractio semper secundum eandem proportionem, et non secundum eandem quantitatem, poterit in infinitum subtrahi, puta, si quantitas dividatur in duas partes, et a dimidio subtrahatur dimidium, ita in infinitum poterit procedi; ita tamen quod semper quod posterius subtrahitur, erit minus eo quod prius subtrahebatur. ' sed hoc in proposito non habet locum, non enim sequens peccatum |25| minus diminuit bonum naturae quam praecedens, sed forte magis, si sit gravius. et ideo aliter est dicendum quod praedicta inclinatio intelligitur ut media inter duo, fundatur enim sicut in radice in natura rationali, et tendit in bonum virtutis sicut in terminum et finem. dupliciter igitur potest intelligi eius diminutio, uno modo, ex parte radicis; alio modo, ex parte termini. primo quidem modo non diminuitur per peccatum, eo quod peccatum non diminuit ipsam naturam, * ut supra dictum est. ' sed diminuitur secundo modo, inquantum scilicet ponitur impedimentum pertingendi ad terminum. si autem primo modo diminueretur, oporteret quod quandoque totaliter consumeretur, natura rationali totaliter consumpta. sed quia diminuitur ex parte impedimenti quod apponitur ne pertingat ad terminum, manifestum est quod diminui quidem potest in infinitum, quia in infinitum possunt impedimenta apponi, secundum quod homo potest in infinitum addere peccatum peccato, non tamen potest totaliter consumi, quia semper manet radix talis inclinationis. sicut patet in diaphano corpore, quod quidem habet inclinationem ad susceptionem lucis ex hoc ipso quod est diaphanum, diminuitur autem haec inclinatio vel habilitas ex parte nebularum supervenientium, cum tamen semper maneat in radice naturae.

ra1 ' Ad primum ergo dicendum quod obiectio illa procedit quando fit diminutio per subtractionem. hic autem fit diminutio per appositionem impedimenti, quod neque tollit neque diminuit radicem inclinationis, * ut dictum est.

ra2 ' Ad secundum dicendum quod inclinatio naturalis est quidem tota uniformis, sed tamen habet respectum et ad principium et ad terminum, secundum quam diversitatem quodammodo diminuitur et quodammodo non diminuitur.

ra3 ' Ad tertium dicendum quod etiam in damnatis manet naturalis inclinatio ad virtutem, alioquin non esset in eis remorsus conscientiae. sed quod non reducatur in actum, contingit quia deest gratia, secundum divinam iustitiam. sicut etiam in caeco remanet aptitudo ad videndum in ipsa radice naturae, inquantum est animal naturaliter habens visum, sed non reducitur in actum, quia deest causa quae reducere possit formando organum quod requiritur ad videndum.

008 ST2 qu85 ar3

ag1 ' Ad tertium sic proceditur. videtur quod inconvenienter ponantur vulnera naturae esse, ex peccato consequentia, infirmitas, ignorantia, malitia et concupiscentia. non enim idem est effectus et causa eiusdem. sed ista ponuntur causae peccatorum, * ut ex supradictis patet. ' ergo non debent poni effectus peccati.

ag2 ' Praeterea, malitia nominat quoddam peccatum. non ergo debet poni inter effectus peccati.

ag3 ' Praeterea, concupiscentia est quiddam naturale, cum sit actus virtutis concupiscibilis. sed illud quod est naturale, non debet poni vulnus naturae. ergo concupiscentia non debet poni vulnus naturae.

ag4 * Praeterea, dictum est quod ' idem est peccare ex infirmitate, et ex passione. sed concupiscentia passio quaedam est. ergo non debet contra infirmitatem dividi.

ag5 * Praeterea, augustinus, in libro de natura et gratia, " ponit duo poenalia animae peccanti, scilicet ignorantiam et difficultatem, ex quibus oritur error et cruciatus, ' quae quidem quatuor non concordant istis quatuor. ergo videtur quod alterum eorum insufficienter ponatur.

sc * In contrarium est auctoritas bedae.

co ' Respondeo dicendum quod per iustitiam originalem perfecte ratio continebat inferiores animae vires, et ipsa ratio a deo perficiebatur ei subiecta. haec autem originalis iustitia subtracta est per peccatum primi parentis, * sicut iam dictum est. ' et ideo omnes vires animae remanent quodammodo destitutae proprio ordine, quo naturaliter ordinantur ad virtutem, et ipsa destitutio vulneratio naturae dicitur. sunt autem quatuor potentiae animae quae possunt esse subiecta virtutum, * ut supra dictum est, ' scilicet ratio, in qua est prudentia; voluntas, in qua est iustitia; irascibilis, in qua est fortitudo; concupiscibilis, in qua est temperantia. inquantum ergo ratio destituitur suo ordine ad verum, est vulnus ignorantiae; inquantum vero voluntas destituitur ordine ad bonum, est vulnus malitiae; inquantum vero irascibilis destituitur suo ordine ad arduum, est vulnus infirmitatis; inquantum vero concupiscentia destituitur ordine ad delectabile moderatum ratione, est vulnus concupiscentiae. sic igitur ita quatuor sunt vulnera inflicta toti humanae naturae ex peccato primi parentis. sed quia inclinatio ad bonum virtutis in unoquoque diminuitur per peccatum actuale, * ut ex dictis patet, |25| ' et ista sunt quatuor vulnera ex aliis peccatis consequentia, inquantum scilicet per peccatum et ratio hebetatur, praecipue in agendis; et voluntas induratur ad bonum; et maior difficultas bene agendi accrescit; et concupiscentia magis exardescit.

ra1 ' Ad primum ergo dicendum quod nihil prohibet id quod est effectus unius peccati, esse causam peccati alterius. ex hoc enim quod anima deordinatur per peccatum praecedens, facilius inclinatur ad peccandum.

ra2 ' Ad secundum dicendum quod malitia non sumitur hic pro peccato, sed pro quadam pronitate voluntatis ad malum; * secundum quod dicitur gen. viii, ° proni sunt sensus hominis ad malum ab adolescentia sua.

ra3 * Ad tertium dicendum quod, sicut supra dictum est, ' concupiscentia intantum est naturalis homini, inquantum subditur rationi. quod autem excedat limites rationis, hoc est homini contra naturam.

ra4 ' Ad quartum dicendum quod infirmitas communiter potest dici omnis passio, inquantum debilitat robur animae et impedit rationem. * sed beda accepit " infirmitatem stricte, secundum quod opponitur fortitudini, quae pertinet ad irascibilem.

ra5 ' Ad quintum dicendum quod difficultas quae ponitur * in libro augustini, ' includit ista tria quae pertinent ad appetitivas potentias, scilicet malitiam, infirmitatem et concupiscentiam, ex his enim tribus contingit quod aliquis non facile tendit in bonum. error autem et dolor sunt vulnera consequentia, ex hoc enim aliquis dolet, quod infirmatur circa ea quae concupiscit.

008 ST2 qu85 ar4

ag1 ' Ad quartum sic proceditur. videtur quod privatio modi, speciei et ordinis, non sit effectus peccati. * dicit enim augustinus, in libro de natura boni, quod ° ubi haec tria magna sunt, magnum bonum est; ubi parva, parvum; ubi nulla, nullum. ' sed peccatum non annullat bonum naturae. ergo non privat modum, speciem et ordinem.

ag2 ' Praeterea, nihil est causa sui ipsius. " sed ipsum peccatum est privatio modi, speciei et ordinis, * ut augustinus dicit, in libro de natura boni. ' ergo privatio modi, speciei et ordinis, non est effectus peccati.

ag3 ' Praeterea, diversa peccata diversos habent effectus. sed modus, species et ordo, cum sint quaedam diversa, diversas privationes habere videntur. ergo per diversa peccata privantur. non ergo est effectus cuiuslibet peccati privatio modi, speciei et ordinis.

sc ' Sed contra est quod peccatum est in anima sicut infirmitas in corpore; * secundum illud psalmi vi, ° miserere mei, domine, quoniam infirmus sum. ' sed infirmitas privat modum, speciem et ordinem ipsius corporis. ergo peccatum privat modum, speciem et ordinem animae.

co * Respondeo dicendum quod, sicut in primo dictum est, ' modus, species et ordo consequuntur unumquodque bonum creatum inquantum huiusmodi, et etiam unumquodque ens. omne enim esse et bonum consideratur per aliquam formam, secundum quam sumitur species. forma autem uniuscuiusque rei, qualiscumque sit, sive substantialis sive accidentalis, est secundum aliquam mensuram, * unde et in viii metaphys. dicitur quod " formae rerum sunt sicut numeri. ' et ex hoc habet modum quendam, qui mensuram respicit. ex forma vero sua unumquodque ordinatur ad aliud. sic igitur secundum diversos gradus bonorum, sunt diversi gradus modi, speciei et ordinis. est ergo quoddam bonum pertinens ad ipsam substantiam naturae, quod habet suum modum, speciem et ordinem, et illud nec privatur nec diminuitur per peccatum. est etiam quoddam bonum naturalis inclinationis, et hoc etiam habet suum modum, speciem et ordinem, et hoc diminuitur per peccatum, * ut dictum est, ' sed non totaliter tollitur. est etiam quoddam bonum virtutis et gratiae, quod etiam habet suum modum, speciem et ordinem, et hoc totaliter tollitur per peccatum mortale. est etiam quoddam bonum quod est ipse actus ordinatus, quod etiam habet suum modum, speciem et ordinem, et huius privatio est essentialiter ipsum peccatum. et sic patet qualiter peccatum |25| et est privatio modi, speciei et ordinis; et privat vel diminuit modum, speciem et ordinem.

ra1 ' Unde patet responsio ad duo prima.

ra3 ' Ad tertium dicendum quod modus, species et ordo se consequuntur, * sicut ex dictis patet. ' unde simul privantur et diminuuntur.

008 ST2 qu85 ar5

ag1 ' Ad quintum sic proceditur. videtur quod mors et alii corporales defectus non sint effectus peccati. si enim causa fuerit aequalis, et effectus erit aequalis. sed huiusmodi defectus non sunt aequales in omnibus, sed in quibusdam huiusmodi defectus magis abundant, cum tamen peccatum originale sit in omnibus aequale, * sicut dictum est, ' cuius videntur huiusmodi defectus maxime esse effectus. ergo mors et huiusmodi defectus non sunt effectus peccati.

ag2 ' Praeterea, remota causa, removetur effectus. sed remoto omni peccato per baptismum vel poenitentiam, non removentur huiusmodi defectus. ergo non sunt effectus peccati.

ag3 ' Praeterea, peccatum actuale habet plus de ratione culpae quam originale. sed peccatum actuale non transmutat naturam corporis ad aliquem defectum. ergo multo minus peccatum originale. non ergo mors et alii defectus corporales sunt effectus peccati.

sc * Sed contra est quod apostolus dicit, rom. v, ° per unum hominem peccatum in hunc mundum intravit, et per peccatum mors.

co ' Respondeo dicendum quod aliquid est causa alterius dupliciter, uno quidem modo, per se; alio modo, per accidens. per se quidem est causa alterius quod secundum virtutem suae naturae vel formae producit effectum, unde sequitur quod effectus sit per se intentus a causa. unde cum mors et huiusmodi defectus sint praeter intentionem peccantis, manifestum est quod peccatum non est per se causa istorum defectuum. per accidens autem aliquid est causa alterius, si sit causa removendo prohibens, * sicut dicitur in viii physic. quod ° divellens columnam, per accidens movet lapidem columnae superpositum. ' et hoc modo peccatum primi parentis est causa mortis et omnium huiusmodi defectuum in natura humana, inquantum per peccatum primi parentis sublata est originalis iustitia, per quam non solum inferiores animae vires continebantur sub ratione absque omni deordinatione, sed totum corpus continebatur sub anima absque omni defectu, * ut in primo habitum est. ' et ideo, subtracta hac originali iustitia per peccatum primi parentis, sicut vulnerata est humana natura quantum ad animam per deordinationem potentiarum, * ut supra dictum est; ' ita etiam est corruptibilis |25| effecta per deordinationem ipsius corporis. subtractio autem originalis iustitiae habet rationem poenae, sicut etiam subtractio gratiae. unde etiam mors, et omnes defectus corporales consequentes, sunt quaedam poenae originalis peccati. et quamvis huiusmodi defectus non sint intenti a peccante, sunt tamen ordinati secundum iustitiam dei punientis.

ra1 ' Ad primum ergo dicendum quod aequalitas causae per se, causat aequalem effectum, augmentata enim vel diminuta causa per se, augetur vel diminuitur effectus. sed aequalitas causae removentis prohibens, non ostendit aequalitatem effectuum. si quis enim aequali impulsu divellat duas columnas, non sequitur quod lapides superpositi aequaliter moveantur, sed ille velocius movebitur qui gravior erit secundum proprietatem suae naturae, cui relinquitur remoto prohibente. sic igitur, remota originali iustitia, natura corporis humani relicta est sibi, et secundum hoc, secundum diversitatem naturalis complexionis, quorundam corpora pluribus defectibus subiacent, quorundam vero paucioribus, quamvis existente originali peccato aequali.

ra2 ' Ad secundum dicendum quod culpa originalis et actualis removetur ab eodem a quo etiam removentur et huiusmodi defectus, * secundum illud apostoli, rom. viii, ° vivificabit mortalia corpora vestra per inhabitantem spiritum eius in vobis, ' sed utrumque fit secundum ordinem divinae sapientiae, congruo tempore. oportet enim quod ad immortalitatem et impassibilitatem gloriae, quae in christo inchoata est, et per christum nobis acquisita, perveniamus conformati prius passionibus eius. unde oportet quod ad tempus passibilitas in nostris corporibus remaneat, ad impassibilitatem gloriae promerendam conformiter christo.

ra3 ' Ad tertium dicendum quod in peccato actuali duo possumus considerare, scilicet ipsam substantiam actus, et rationem culpae. ex parte quidem substantiae actus, potest peccatum actuale aliquem defectum corporalem causare, sicut ex superfluo cibo aliqui infirmantur et moriuntur. sed ex parte culpae, privat gratiam quae datur homini ad rectificandum animae actus, non autem ad cohibendum defectus corporales, sicut originalis iustitia cohibebat. et ideo peccatum actuale non causat huiusmodi defectus, sicut originale.

008 ST2 qu85 ar6

ag1 ' Ad sextum sic proceditur. videtur quod mors et huiusmodi defectus sint homini naturales. ° corruptibile enim et incorruptibile differunt genere, * ut dicitur in x metaphys.. ' sed homo est eiusdem generis cum aliis animalibus, quae sunt naturaliter corruptibilia. ergo homo est naturaliter corruptibilis.

ag2 ' Praeterea, omne quod est compositum ex contrariis, est naturaliter corruptibile, quasi habens in se causam corruptionis suae. sed corpus humanum est huiusmodi. ergo est naturaliter corruptibile.

ag3 ' Praeterea, calidum naturaliter consumit humidum. vita autem hominis conservatur per calidum et humidum. cum igitur operationes vitae expleantur per actum caloris naturalis, * ut dicitur in ii de anima, ' videtur quod mors et huiusmodi defectus sint homini naturales.

sc1 ' Sed contra, quidquid est homini naturale, deus in homine fecit. sed deus mortem non fecit, * ut dicitur sap. i. ' ergo mors non est homini naturalis.

sc2 ' Praeterea, id quod est secundum naturam, non potest dici poena nec malum, quia unicuique rei est conveniens id quod est ei naturale. sed mors et huiusmodi defectus sunt poena peccati originalis, * ut supra dictum est. ' ergo non sunt homini naturales.

sc3 ' Praeterea, materia proportionatur formae, et quaelibet res suo fini. finis autem hominis est beatitudo perpetua, * ut supra dictum est. ' forma etiam humani corporis est anima rationalis, quae est incorruptibilis, * ut in primo habitum est. ' ergo corpus humanum est naturaliter incorruptibile.

co ' Respondeo dicendum quod de unaquaque re corruptibili dupliciter loqui possumus, uno modo, secundum naturam universalem; alio modo, secundum naturam particularem. natura quidem particularis est propria virtus activa et conservativa uniuscuiusque rei. et secundum hanc, " omnis corruptio et defectus est contra naturam, * ut dicitur in ii de caelo, ' quia huiusmodi virtus intendit esse et conservationem eius cuius est. natura vero universalis est virtus activa in aliquo universali principio naturae, puta in aliquo caelestium corporum; vel alicuius superioris substantiae, * secundum quod etiam deus a quibusdam dicitur natura naturans. ' quae quidem virtus intendit bonum et conservationem universi, ad quod exigitur alternatio generationis et corruptionis in rebus. et secundum hoc, corruptiones et defectus rerum sunt naturales, non quidem secundum inclinationem formae, quae est principium essendi et perfectionis; sed secundum inclinationem materiae, quae proportionaliter attribuitur tali formae secundum distributionem universalis agentis. et quamvis omnis forma intendat perpetuum esse quantum potest, nulla tamen forma rei corruptibilis potest assequi perpetuitatem sui, praeter animam rationalem, eo quod ipsa non est subiecta omnino materiae corporali, sicut aliae formae; quinimmo habet propriam operationem immaterialem, |25| * ut in primo habitum est. ' unde ex parte suae formae, naturalior est homini incorruptio quam aliis rebus corruptibilibus. sed quia et ipsa habet materiam ex contrariis compositam, ex inclinatione materiae sequitur corruptibilitas in toto. et secundum hoc, homo est naturaliter corruptibilis secundum naturam materiae sibi relictae, sed non secundum naturam formae. primae autem tres rationes procedunt ex parte materiae, aliae vero tres procedunt ex parte formae. unde ad earum solutionem, considerandum est quod forma hominis, quae est anima rationalis, secundum suam incorruptibilitatem proportionata est suo fini, qui est beatitudo perpetua. sed corpus humanum, quod est corruptibile secundum suam naturam consideratum, quodammodo proportionatum est suae formae, et quodammodo non. duplex enim conditio potest attendi in aliqua materia, una scilicet quam agens eligit; alia quae non est ab agente electa, sed est secundum conditionem naturalem materiae. sicut faber ad faciendum cultellum eligit materiam duram et ductilem, quae subtiliari possit ut sit apta incisioni, et secundum hanc conditionem ferrum est materia proportionata cultello, sed hoc quod ferrum sit frangibile et rubiginem contrahens, consequitur ex naturali dispositione ferri, nec hoc eligit artifex in ferro, sed magis repudiaret si posset. unde haec dispositio materiae non est proportionata intentioni artificis, nec intentioni artis. similiter corpus |50| humanum est materia electa a natura quantum ad hoc, quod est temperatae complexionis, ut possit esse convenientissimum organum tactus et aliarum virtutum sensitivarum et motivarum. sed quod sit corruptibile, hoc est ex conditione materiae, nec est electum a natura, quin potius natura eligeret materiam incorruptibilem, si posset. sed deus, cui subiacet omnis natura, in ipsa institutione hominis supplevit defectum naturae, et dono iustitiae originalis dedit corpori incorruptibilitatem quandam, * ut in primo dictum est. * et secundum hoc dicitur quod " deus mortem non fecit, et quod mors est poena peccati.

ra ' Unde patet responsio ad obiecta.

008 ST2 qu86 ar

pr ' Deinde considerandum est de macula peccati. et circa hoc quaeruntur duo. primo, utrum macula animae sit effectus peccati. secundo, utrum remaneat in anima post actum peccati.

008 ST2 qu86 ar1

ag1 ' Ad primum sic proceditur. videtur quod peccatum non causet aliquam maculam in anima. natura enim superior non potest inquinari ex contactu naturae inferioris, unde radius solaris non inquinatur per tactum corporum fetidorum, * ut augustinus dicit, in

libro contra quinque haereses. ' sed anima humana est multo superioris naturae quam res commutabiles, ad quas peccando convertitur. ergo ex eis maculam non contrahit peccando.
ag2 ' Praeterea, peccatum est principaliter in voluntate, * ut supra dictum est. " voluntas autem est in ratione, * ut dicitur in iii de anima. ' sed ratio, sive intellectus, non maculatur ex consideratione quarumcumque rerum, sed magis perficitur. ergo nec voluntas ex peccato maculatur.
ag3 ' Praeterea, si peccatum maculam causat, aut macula illa est aliquid positive, aut est privatio pura. si sit aliquid positive, non potest esse nisi dispositio vel habitus, nihil enim aliud videtur ex actu causari. dispositio autem et habitus non est, contingit enim, remota dispositione vel habitu, adhuc remanere maculam; ut patet in eo qui peccavit mortaliter prodigalitate, et postea transmutatur, mortaliter peccando, in habitum vitii oppositi. non ergo macula ponit aliquid positive in anima. similiter etiam nec est privatio pura. quia omnia peccata conveniunt ex parte aversionis et privationis gratiae. sequeretur ergo quod omnium peccatorum esset macula una. ergo macula non est effectus peccati.
sc * Sed contra est quod dicitur, eccli. xlvii, salomoni, ° dedisti maculam in gloria tua. * et ephes. v, ° ut exhiberet sibi gloriosam ecclesiam non habentem maculam aut rugam. * et utrobique loquitur de macula peccati. ' ergo macula est effectus peccati.
co ' Respondeo dicendum quod macula proprie dicitur in corporalibus, quando aliquod corpus nitidum perdit suum nitorem ex contactu alterius corporis, sicut vestis et aurum et argentum, aut aliud huiusmodi. in rebus autem spiritualibus ad similitudinem huius oportet maculam dici. habet autem anima hominis duplicem nitorem, unum quidem ex refulgentia luminis naturalis rationis, per quam dirigitur in suis actibus; alium vero ex refulgentia divini luminis, scilicet sapientiae et gratiae, per quam etiam homo perficitur ad bene et decenter agendum. est autem quasi quidam animae tactus, quando inhaeret aliquibus rebus per amorem. cum autem peccat, adhaeret rebus aliquibus contra lumen rationis et divinae legis, * ut ex supradictis patet. ' unde ipsum detrimentum nitoris ex tali contactu proveniens, macula animae metaphorice vocatur.
ra1 ' Ad primum ergo dicendum quod anima non inquinatur ex rebus inferioribus virtute earum, quasi agentibus eis in animam, sed magis e converso anima sua actione se inquinat, inordinate eis inhaerendo, contra lumen rationis et divinae legis.
ra2 ' Ad secundum dicendum quod actio intellectus perficitur secundum quod res intelligibiles sunt in intellectu per modum ipsius intellectus, et ideo intellectus ex eis non inficitur, sed magis perficitur. sed actus voluntatis consistit in motu ad ipsas res, ita quod amor conglutinat animam rei amatae. et ex hoc anima maculatur, quando in ordinate inhaeret; * secundum illud osee ix, ° facti sunt abominabiles, sicut ea quae dilexerunt.
ra3 ' Ad tertium dicendum quod macula non est aliquid positive in anima, nec significat privationem solam, sed significat privationem quandam nitoris animae in ordine ad suam causam, quae est peccatum. et ideo diversa peccata diversas maculas inducunt. et est simile de umbra, quae est privatio luminis ex obiecto alicuius corporis, et secundum diversitatem corporum obiectorum diversificantur umbrae.

008 ST2 qu86 ar2

ag1 ' Ad secundum sic proceditur. videtur quod macula non maneat in anima post actum peccati. nihil enim manet in anima post actum, nisi habitus vel dispositio. sed macula non est habitus vel dispositio, * ut supra habitum est. ' ergo macula non manet in anima post actum peccati.
ag2 ' Praeterea, hoc modo se habet macula ad peccatum, sicut umbra ad corpus, * ut supra dictum est. ' sed transeunte corpore, non manet umbra. ergo, transeunte actu peccati, non manet macula.
ag3 ' Praeterea, omnis effectus dependet ex sua causa. causa autem maculae est actus peccati. ergo, remoto actu peccati, non remanet macula in anima.
sc * Sed contra est quod dicitur iosue xxii, ° an parum vobis est quod peccastis in beelphegor, et usque in praesentem diem macula huius sceleris in vobis permanet?
co ' Respondeo dicendum quod macula peccati remanet in anima, etiam transeunte actu peccati. cuius ratio est quia macula, * sicut dictum est, ' importat quendam defectum nitoris propter recessum a lumine rationis vel divinae legis. et ideo quandiu homo manet extra huiusmodi lumen, manet in eo macula peccati, sed postquam redit ad lumen divinum et ad lumen rationis, quod fit per gratiam, tunc macula cessat. licet autem cesset actus peccati, quo homo discessit a lumine rationis vel legis divinae, non tamen statim homo ad illud redit in quo fuerat, sed requiritur aliquis motus voluntatis contrarius primo motui. sicut si aliquis sit distans alicui per aliquem motum, non statim cessante motu fit ei propinquus, sed oportet quod appropinquet rediens per motum contrarium.
ra1 ' Ad primum ergo dicendum quod post actum peccati nihil positive remanet in anima nisi dispositio vel habitus, remanet tamen aliquid privative, scilicet privatio coniunctionis ad divinum lumen.
ra2 ' Ad secundum dicendum quod, transeunte obstaculo corporis, remanet corpus diaphanum in aequali propinquitate et habitudine ad corpus illuminans, et ideo statim umbra transit. sed remoto actu peccati, non remanet anima in eadem habitudine ad deum. unde non est similis ratio.
ra3 ' Ad tertium dicendum quod actus peccati facit distantiam a deo, quam quidem distantiam sequitur defectus nitoris, hoc modo sicut motus localis facit localem distantiam. unde sicut, cessante motu, non tollitur distantia localis; ita nec, cessante actu peccati, tollitur macula.

008 ST2 qu87 ar

pr ' Deinde considerandum est de reatu poenae. et primo, de ipso reatu; secundo, de mortali et veniali peccato, quae distinguuntur secundum reatum. circa primum quaeruntur octo. primo, utrum reatus poenae sit effectus peccati. secundo, utrum peccatum possit esse poena alterius peccati. tertio, utrum aliquod peccatum faciat reum aeterna poena. quarto, utrum faciat reum poena infinita secundum quantitatem. quinto, utrum omne peccatum faciat reum aeterna et infinita poena. sexto, utrum reatus poenae possit remanere post peccatum. septimo, utrum omnis poena inferatur pro aliquo peccato. octavo, utrum unus sit reus poenae pro peccato alterius.

008 ST2 qu87 ar1

ag1 ' Ad primum sic proceditur. videtur quod reatus poenae non sit effectus peccati. quod enim per accidens se habet ad aliquid, non videtur esse proprius effectus eius. sed reatus poenae per accidens se habet ad peccatum, cum sit praeter intentionem peccantis. ergo reatus poenae non est effectus peccati.
ag2 ' Praeterea, malum non est causa boni. sed poena bona est, cum sit iusta, et a deo. ergo non est effectus peccati, quod est malum.
ag3 * Praeterea, augustinus dicit, in i confess., quod ° omnis inordinatus animus sibi ipsi est poena. ' sed poena non causat reatum alterius poenae, quia sic iretur in infinitum. ergo peccatum non causat reatum poenae.
sc * Sed contra est quod dicitur rom. ii, ° tribulatio et angustia in animam omnem operantis malum. ' sed operari malum est peccare. ergo peccatum inducit poenam, quae nomine tribulationis et angustiae designatur.
co ' Respondeo dicendum quod ex rebus naturalibus ad res humanas derivatur ut id quod contra aliquid insurgit, ab eo detrimentum patiatur. videmus enim in rebus naturalibus quod unum contrarium vehementius agit, altero contrario superveniente, propter quod " aquae calefactae magis congelantur, * ut dicitur in i meteor.. unde ' in hominibus hoc ex naturali inclinatione invenitur, ut unusquisque deprimat eum qui contra ipsum insurgit. manifestum est autem quod quaecumque continentur sub aliquo ordine, sunt quodammodo unum in ordine ad principium ordinis. unde quidquid contra ordinem aliquem insurgit, consequens est ut ab ipso ordine, vel principe ordinis, deprimatur. cum autem peccatum sit actus inordinatus, manifestum est quod quicumque peccat, contra aliquem ordinem agit. et ideo ab ipso ordine consequens est quod deprimatur. quae quidem depressio poena est. unde secundum tres ordines quibus subditur humana voluntas, triplici poena potest homo puniri. primo quidem enim subditur humana natura ordini propriae rationis; secundo, ordini exterioris hominis gubernantis vel spiritualiter vel temporaliter, politice seu oeconomice; tertio, subditur universali ordini divini regiminis. quilibet autem horum ordinum per peccatum pervertitur, dum ille qui peccat, agit et contra rationem, et contra legem humanam, et contra legem divinam. unde triplicem poenam incurrit, unam quidem a seipso, quae est conscientiae remorsus, |25| aliam vero ab homine, tertiam vero a deo.
ra1 ' Ad primum ergo dicendum quod poena consequitur peccatum inquantum malum est, ratione suae inordinationis. unde sicut malum est per accidens in actu peccantis, praeter intentionem ipsius, ita et reatus poenae.
ra2 ' Ad secundum dicendum quod poena quidem iusta esse potest et a deo et ab homine inflicta, unde ipsa poena non est effectus peccati directe, sed solum dispositive. sed peccatum facit hominem esse reum poenae, quod est malum, * dicit enim dionysius, iv cap. de div. nom., quod ° puniri non est malum, sed fieri poena dignum. ' unde reatus poenae directe ponitur effectus peccati.
ra3 ' Ad tertium dicendum quod poena illa inordinati animi debetur peccato ex hoc quod ordinem rationis pervertit. fit autem reus alterius poenae, per hoc quod pervertit ordinem legis divinae vel humanae.

008 ST2 qu87 ar2

ag1 ' Ad secundum sic proceditur. videtur quod peccatum non possit esse poena peccati. " poenae enim sunt inductae ut per eas homines reducantur ad bonum virtutis, * ut patet per philosophum, in x ethic.. ' sed per peccatum non reducitur homo in bonum virtutis, sed in oppositum. ergo peccatum non est poena peccati.
ag2 ' Praeterea, poenae iustae sunt a deo, * ut patet per augustinum, in libro octoginta trium quaest.. ' peccatum autem non est a deo, et est iniustum. non ergo peccatum potest esse poena peccati.
ag3 ' Praeterea, de ratione poenae est quod sit contra voluntatem. sed peccatum est a voluntate, * ut ex supradictis patet. ' ergo peccatum non potest esse poena peccati.
sc * Sed contra est quod gregorius dicit, super ezech., quod " quaedam peccata sunt poenae peccati.
co ' Respondeo dicendum quod de peccato dupliciter loqui possumus, per se, et per accidens. per se quidem nullo modo peccatum potest esse poena peccati. peccatum enim per se consideratur secundum quod egreditur a voluntate, sic enim habet rationem culpae. de ratione autem poenae est quod sit contra voluntatem, * ut in primo habitum est. ' unde manifestum est quod nullo modo, per se loquendo, peccatum potest esse poena peccati. per accidens autem peccatum potest esse poena peccati, tripliciter. primo quidem, ex parte causae quae est remotio prohibentis. sunt enim causae inclinantes ad peccatum passiones, tentatio diaboli, et alia huiusmodi; quae quidem causae impediuntur per auxilium divinae gratiae, quae subtrahitur per peccatum. unde cum ipsa subtractio gratiae sit quaedam poena, et a deo, * ut supra dictum est; ' sequitur quod per accidens etiam peccatum quod ex hoc sequitur, poena dicatur. * et hoc modo loquitur apostolus, rom. i, dicens, ° propter quod tradidit eos deus in desideria cordis eorum, ' quae sunt animae passiones, quia scilicet deserti homines ab auxilio divinae gratiae, vincuntur a passionibus. et hoc modo semper peccatum dicitur esse poena praecedentis peccati. alio modo ex parte substantiae actus, quae afflictionem inducit, sive sit actus interior, ut patet in ira et invidia; sive actus exterior, |25| ut patet cum aliqui gravi labore opprimuntur et damno, ut expleant actum peccati, * secundum illud sap. v, ° lassati sumus in via iniquitatis. ' tertio modo, ex parte effectus, ut scilicet aliquod peccatum dicatur poena respectu effectus consequentis. et his duobus ultimis modis, unum peccatum non solum est poena praecedentis peccati, sed etiam sui.
ra1 ' Ad primum ergo dicendum quod hoc etiam quod aliqui puniuntur a deo, dum permittit eos in aliqua peccata profluere, ad bonum virtutis ordinatur. quandoque quidem etiam ipsorum qui peccant, cum scilicet post peccatum humiliores et cautiores resurgunt. semper autem est ad emendationem aliorum, qui videntes aliquos ruere de peccato in peccatum, magis reformidant peccare. in aliis autem duobus modis, manifestum est quod poena ordinatur ad emendationem quia hoc ipsum quod homo laborem et detrimentum patitur in peccando, natum est retrahere homines a peccato.
ra2 ' Ad secundum dicendum quod ratio illa procedit de peccato secundum se.
ra3 ' Et similiter dicendum est ad tertium.

008 ST2 qu87 ar3

ag1 ' Ad tertium sic proceditur. videtur quod nullum peccatum inducat reatum aeternae poenae. poena enim iusta adaequatur culpae, iustitia enim aequalitas est. * unde dicitur isaiae xxvii, ° in mensura contra mensuram, cum abiecta fuerit, iudicabit eam. ' sed peccatum est temporale. ergo non inducit reatum poenae aeternae.
ag2 * Praeterea, poenae medicinae quaedam sunt, ut dicitur in ii ethic.. ' sed nulla medicina debet esse infinita, quia ordinatur ad finem; ° quod autem ordinatur ad finem, non est infinitum, * ut philosophus dicit, in i polit.. ' ergo nulla poena debet esse infinita.
ag3 ' Praeterea, nullus semper facit aliquid, nisi propter se in ipso delectetur. ° sed deus non delectatur in perditione hominum, * ut dicitur sap. i. ' ergo non puniet homines poena sempiterna.
ag4 ' Praeterea, nihil quod est per accidens, est infinitum. sed poena est per accidens, non est enim secundum naturam eius qui punitur. ergo non potest in infinitum durare.
sc * Sed contra est quod dicitur matth. xxv, ° ibunt hi in supplicium aeternum. * et marc. iii dicitur, ° qui autem blasphemaverit in spiritum sanctum, non habebit remissionem in aeternum, sed erit reus aeterni delicti.
co * Respondeo dicendum quod, sicut supra dictum est, ' peccatum ex hoc inducit reatum poenae, quod pervertit aliquem ordinem. manente autem causa, manet effectus. unde quandiu perversitas ordinis remanet, necesse est quod remaneat reatus poenae. pervertit autem aliquis ordinem quandoque quidem reparabiliter, quandoque autem irreparabiliter. semper enim defectus quo subtrahitur principium, irreparabilis est, si autem salvetur principium, eius virtute defectus reparari possunt. sicut si corrumpatur principium visivum, non potest fieri visionis reparatio, nisi sola virtute divina, si vero, salvo principio visivo, aliqua impedimenta adveniant visioni, reparari possunt per naturam vel per artem. cuiuslibet autem ordinis est aliquod principium, per quod aliquis fit particeps illius ordinis. et ideo si per peccatum corrumpatur principium ordinis quo voluntas hominis subditur deo, erit inordinatio, quantum est de se, irreparabilis, etsi reparari possit virtute divina. princi-

pium autem huius ordinis est ultimus finis, cui homo inhaeret per caritatem. et ideo quaecumque peccata avertunt a deo, caritatem auferentia, quantum est de se, inducunt reatum aeternae poenae.
ra1 ‘ Ad primum ergo dicendum quod poena peccato proportionatur secundum acerbitatem, tam in iudicio divino quam in humano. * sicut augustinus dicit, xxi de civ. dei, ‘ in nullo iudicio requiritur ut poena adaequetur culpae secundum durationem. non enim quia adulterium vel homicidium in momento committitur, propter hoc momentanea poena punitur, sed quandoque quidem perpetuo carcere vel exilio, quandoque etiam morte. in qua non consideratur occisionis mora, sed potius quod in perpetuum auferatur a societate viventium, et sic repraesentat suo modo aeternitatem poenae inflictae divinitus. iustum autem est, * secundum gregorium, ‘ quod qui in suo aeterno peccavit contra deum, in aeterno dei puniatur. dicitur autem aliquis in suo aeterno peccasse, non solum secundum continuationem actus in tota hominis vita durantis, sed quia ex hoc ipso quod finem in peccato constituit, voluntatem habet in aeternum peccandi. * unde dicit gregorius, xxxiv moral., quod ° iniqui voluissent sine fine vivere, ut sine fine potuissent in iniquitatibus permanere.
ra2 ‘ Ad secundum dicendum quod poena etiam quae secundum leges humanas infligitur, non semper est medicinalis ei qui punitur, sed solum aliis, sicut cum latro suspenditur, non ut ipse emendetur, sed propter alios, ut saltem metu poenae peccare desistant; * secundum illud prov. xix, ° pestilente flagellato, stultus sapientior erit. ‘ sic igitur et aeternae poenae reproborum a deo inflictae, sunt medicinales his qui consideratione poenarum abstinent a peccatis; * secundum illud psalmi lix, ° dedisti metuentibus te significationem, ut fugiant a facie arcus, ut liberentur dilecti tui.
ra3 ‘ Ad tertium dicendum quod deus non delectatur in poenis propter ipsas; sed delectatur in ordine suae iustitiae, quae haec requirit.
ra4 ‘ Ad quartum dicendum quod poena, etsi per accidens ordinetur ad naturam, per se tamen ordinatur ad privationem ordinis et ad dei iustitiam. et ideo, durante inordinatione, semper durat poena.

008 ST2 qu87 ar4

ag1 ‘ Ad quartum sic proceditur. videtur quod peccato debeatur poena infinita secundum quantitatem. * dicitur enim ierem. x, ° corripe me, domine, veruntamen in iudicio, et non in furore tuo, ne forte ad nihilum redigas me. ‘ ira autem vel furor dei metaphorice significat vindictam divinae iustitiae, redigi autem in nihilum est poena infinita, sicut et ex nihilo aliquid facere est virtutis infinitae. ergo secundum vindictam divinam, peccatum punitur poena infinita secundum quantitatem.
ag2 ‘ Praeterea, quantitati culpae respondet quantitas poenae; * secundum illud deuteron. xxv, ° pro mensura peccati erit et plagarum modus. ‘ sed peccatum quod contra deum committitur, est infinitum, tanto enim gravius est peccatum, quanto maior est persona contra quam peccatur, sicut gravius peccatum est percutere principem quam percutere hominem privatum; dei autem magnitudo est infinita. ergo poena infinita debetur pro peccato quod contra deum committitur.
ag3 ‘ Praeterea, dupliciter est aliquid infinitum, duratione scilicet, et quantitate. sed duratione est poena infinita. ergo et quantitate.
sc ‘ Sed contra est quia secundum hoc omnium mortalium peccatorum poenae essent aequales, non enim est infinitum infinito maius.
co ‘ Respondeo dicendum quod poena proportionatur peccato. in peccato autem duo sunt. quorum unum est aversio ab incommutabili bono, quod est infinitum, unde ex hac parte peccatum est infinitum. aliud quod est in peccato, est inordinata conversio ad commutabile bonum. et ex hac parte peccatum est finitum, tum quia ipsum bonum commutabile est finitum; tum quia ipsa conversio est finita, non enim possunt esse actus creaturae infiniti. ex parte igitur aversionis, respondet peccato poena damni, quae etiam est infinita, est enim amissio infiniti boni, scilicet dei. ex parte autem inordinatae conversionis, respondet ei poena sensus, quae etiam est finita.
ra1 ‘ Ad primum ergo dicendum quod omnino redigi in nihilum eum qui peccat, non convenit divinae iustitiae, quia repugnat perpetuitati poenae, quae est secundum divinam iustitiam, * ut dictum est. ‘ sed in nihilum redigi dicitur qui spiritualibus bonis privatur; * secundum illud i cor. xiii, ° si non habuero caritatem, nihil sum.
ra2 ‘ Ad secundum dicendum quod ratio illa procedit de peccato ex parte aversionis, sic enim homo contra deum peccat.
ra3 ‘ Ad tertium dicendum quod duratio poenae respondet durationi culpae, non quidem ex parte actus, sed ex parte maculae, qua durante manet reatus poenae. sed acerbitas poenae respondet gravitati culpae. culpa autem quae est irreparabilis, de se habet quod perpetuo duret, et ideo debetur ei poena aeterna. non autem ex parte conversionis habet infinitatem, et ideo non debetur ei ex hac parte poena infinita secundum quantitatem.

008 ST2 qu87 ar5

ag1 ‘ Ad quintum sic proceditur. videtur quod omne peccatum inducat reatum poenae aeternae. poena enim, * ut dictum est, ‘ proportionatur culpae. sed poena aeterna differt a temporali in infinitum. nullum autem peccatum differre videtur ab altero in infinitum, cum omne peccatum sit humanus actus, qui infinitus esse non potest. cum ergo alicui peccato debeatur poena aeterna, * sicut dictum est, ‘ videtur quod nulli peccato debeatur poena temporalis tantum.
ag2 ‘ Praeterea, peccatum originale est minimum peccatorum, * unde et augustinus dicit, in enchirid., quod ° mitissima poena est eorum qui pro solo peccato originali puniuntur. ‘ sed peccato originali debetur poena perpetua, nunquam enim videbunt regnum dei pueri qui sine baptismo decesserunt cum originali peccato; * ut patet per id quod dominus dicit, ioan. iii, ° nisi quis renatus fuerit denuo, non potest videre regnum dei. ‘ ergo multo magis omnium aliorum peccatorum poena erit aeterna.
ag3 ‘ Praeterea, peccato non debetur maior poena ex hoc quod alteri peccato adiungitur, cum utrumque peccatum suam habeat poenam taxatam secundum divinam iustitiam. sed peccato veniali debetur poena aeterna, si cum mortali peccato inveniatur in aliquo damnato, quia in inferno nulla potest esse remissio. ergo peccato veniali simpliciter debetur poena aeterna. nulli ergo peccato debetur poena temporalis.
sc * Sed contra est quod gregorius dicit, in iv dialog., quod “ quaedam leviores culpae post hanc vitam remittuntur. ‘ non ergo omnia peccata aeterna poena puniuntur.
co * Respondeo dicendum quod, sicut supra dictum est, ‘ peccatum causat reatum poenae aeternae, inquantum irreparabiliter repugnat ordini divinae iustitiae, per hoc scilicet quod contrariatur ipsi principio ordinis, quod est ultimus finis. manifestum est autem quod in quibusdam peccatis est quidem aliqua inordinatio, non tamen per contrarietatem ad ultimum finem, sed solum circa ea quae sunt ad finem, inquantum plus vel minus debite eis intenditur, salvato tamen ordine ad ultimum finem, puta cum homo, etsi nimis ad aliquam rem temporalem afficiatur, non tamen pro ea vellet deum offendere, aliquid contra praeceptum eius faciendo. unde huiusmodi peccatis non debetur aeterna poena, sed temporalis.
ra1 ‘ Ad primum ergo dicendum quod peccata non differunt in infinitum ex parte conversionis ad bonum commutabile, in qua consistit substantia actus, differunt autem in infinitum ex parte aversionis. nam quaedam peccata committuntur per aversionem ab ultimo fine, quaedam vero per inordinationem circa ea quae sunt ad finem. finis autem ultimus ab his quae sunt ad finem, in infinitum differt.
ra2 ‘ Ad secundum dicendum quod peccato originali non debetur poena aeterna ratione suae gravitatis, sed ratione conditionis subiecti, scilicet hominis qui sine gratia invenitur, per quam solam fit remissio poenae.
ra3 ‘ Et similiter dicendum est ad tertium, de veniali peccato. aeternitas enim poenae non respondet quantitati culpae, sed irremissibilitati ipsius, * ut dictum est.

008 ST2 qu87 ar6

ag1 ‘ Ad sextum sic proceditur. videtur quod reatus poenae non remaneat post peccatum. remota enim causa, removetur effectus. sed peccatum est causa reatus poenae. ergo, remoto peccato, cessat reatus poenae.
ag2 ‘ Praeterea, peccatum removetur per hoc quod homo ad virtutem redit. sed virtuoso non debetur poena, sed magis praemium. ergo, remoto peccato, non remanet reatus poenae.
ag3 “ Praeterea, poenae sunt medicinae, * ut dicitur in ii ethic.. ‘ sed postquam aliquis iam est ab infirmitate curatus, non adhibetur sibi medicina. ergo, remoto peccato, non remanet debitum poenae.
sc * Sed contra est quod dicitur ii reg. xii, quod ° david dixit ad nathan, peccavi domino. dixitque nathan ad david, dominus quoque transtulit peccatum tuum, non morieris. veruntamen quia blasphemare fecisti inimicos nomen domini, filius qui natus est tibi, morte morietur. ‘ punitur ergo aliquis a deo etiam postquam ei peccatum dimittitur. et sic reatus poenae remanet, peccato remoto.
co ‘ Respondeo dicendum quod in peccato duo possunt considerari, scilicet actus culpae, et macula sequens. planum est autem quod, cessante actu peccati, remanet reatus, in omnibus peccatis actualibus. actus enim peccati facit hominem reum poenae, inquantum transgreditur ordinem divinae iustitiae; ad quem non redit nisi per quandam recompensationem poenae, quae ad aequalitatem iustitiae reducit; ut scilicet qui plus voluntati suae indulsit quam debuit, contra mandatum dei agens, secundum ordinem divinae iustitiae, aliquid contra illud quod vellet, spontaneus vel invitus patiatur. quod etiam in iniuriis hominibus factis observatur, ut per recompensationem poenae reintegretur aequalitas iustitiae. unde patet quod, cessante actu peccati vel iniuriae illatae, adhuc remanet debitum poenae. sed si loquamur de ablatione peccati quantum ad maculam, sic manifestum est quod macula peccati ab anima auferri non potest, nisi per hoc quod anima deo coniungitur, per cuius distantiam detrimentum proprii nitoris incurrebat, quod est macula, * ut supra dictum est. ‘ coniungitur autem homo deo per voluntatem. unde macula peccati ab homine tolli non potest nisi voluntas hominis ordinem divinae iustitiae acceptet, ut scilicet vel ipse poenam sibi spontaneus assumat in recompensationem culpae praeteritae, vel etiam a deo illatam patienter sustineat, utroque enim modo poena rationem satisfactionis habet. poena autem |25| satisfactoria diminuit aliquid de ratione poenae. est enim de ratione poenae quod sit contra voluntatem. poena autem satisfactoria, etsi secundum absolutam considerationem sit contra voluntatem, tamen tunc, et pro hoc, est voluntaria. unde simpliciter est voluntaria, secundum quid autem involuntaria, * sicut patet ex his quae supra de voluntario et involuntario dicta sunt. ‘ dicendum est ergo quod, remota macula culpae, potest quidem remanere reatus non poenae simpliciter, sed satisfactoriae.
ra1 ‘ Ad primum ergo dicendum quod sicut, cessante actu peccati, remanet macula, * ut supra dictum est; ‘ ita etiam potest remanere reatus. cessante vero macula, non remanet reatus secundum eandem rationem, * ut dictum est.
ra2 ‘ Ad secundum dicendum quod virtuoso non debetur poena simpliciter, potest tamen sibi deberi poena ut satisfactoria, quia hoc ipsum ad virtutem pertinet, ut satisfaciat pro his in quibus offendit vel deum vel hominem.
ra3 ‘ Ad tertium dicendum quod, remota macula, sanatum est vulnus peccati quantum ad voluntatem. requiritur autem adhuc poena ad sanationem aliarum virium animae, quae per peccatum praecedens deordinatae fuerunt, ut scilicet per contraria curentur. requiritur etiam ad restituendum aequalitatem iustitiae; et ad amovendum scandalum aliorum, ut aedificentur in poena qui sunt scandalizati in culpa; * ut patet ex exemplo de david inducto.

008 ST2 qu87 ar7

ag1 ‘ Ad septimum sic proceditur. videtur quod non omnis poena sit propter aliquam culpam. * dicitur enim ioan. ix, de caeco nato, ° neque hic peccavit, neque parentes eius, ut nasceretur caecus. ‘ et similiter videmus quod multi pueri, etiam baptizati, graves poenas patiuntur, ut puta febres, daemonum oppressiones, et multa huiusmodi, cum tamen in eis non sit peccatum, postquam sunt baptizati. et antequam sint baptizati, non est in eis plus de peccato quam in aliis pueris, qui haec non patiuntur. non ergo omnis poena est pro peccato.
ag2 ‘ Praeterea, eiusdem rationis esse videtur quod peccatores prosperentur, et quod aliqui innocentes puniantur. utrumque autem in rebus humanis frequenter invenimus, * dicitur enim de iniquis in psalmo lxxii, ° in labore hominum non sunt, et cum hominibus non flagellabuntur; * et iob xxi, ° impii vivunt, sublevati sunt, confortatique divitiis; * et habacuc i, dicitur, ° quare respicis contemptores et taces, conculcante impio iustiorem se? ‘ non ergo omnis poena infligitur pro culpa.
ag3 * Praeterea, de christo dicitur i pet. ii, quod ° peccatum non fecit, nec inventus est dolus in ore eius. * et tamen ibidem dicitur quod ° passus est pro nobis. ‘ ergo non semper poena a deo dispensatur pro culpa.
sc * Sed contra est quod dicitur iob iv, ° quis unquam innocens periit? aut quando recti deleti sunt? quin potius vidi eos qui operantur iniquitatem, flante deo, periisse. * et augustinus dicit, in i retract., quod ° omnis poena iusta est, et pro peccato aliquo impenditur.
co * Respondeo dicendum quod, sicut iam dictum est, ‘ poena potest dupliciter considerari, simpliciter, et inquantum est satisfactoria. poena quidem satisfactoria est quodammodo voluntaria. et quia contingit eos qui differunt in reatu poenae, esse unum secundum voluntatem unione amoris, inde est quod interdum aliquis qui non peccavit, poenam voluntarius pro alio portat, sicut etiam in rebus humanis videmus quod aliquis in se transfert alterius debitum. si vero loquamur de poena simpliciter, secundum quod habet rationem poenae, sic semper habet ordinem ad culpam propriam, sed quandoque quidem ad culpam actualem, puta quando aliquis vel a deo vel ab homine pro peccato commisso punitur; quandoque vero ad culpam originalem. et hoc quidem vel principaliter, vel consequenter. principaliter quidem poena originalis peccati est quod natura humana sibi relinquitur, destituta auxilio originalis iustitiae, sed ad hoc consequuntur omnes poenalitates quae ex defectu naturae in hominibus contingunt. sciendum tamen est quod quandoque aliquid videtur esse poenale, quod tamen non habet simpliciter rationem poenae. poena enim est species mali, * ut in primo dictum est. ‘ malum autem est privatio boni. cum autem sint plura hominis bona, scilicet animae, corporis, et exteriorum rerum; contingit interdum quod homo |25| patiatur detrimentum in minori bono, ut augeatur in maiori, sicut cum patitur detrimentum pecuniae propter sanitatem corporis, vel in utroque horum propter salutem animae et propter gloriam

dei. et tunc tale detrimentum non est simpliciter malum hominis, sed secundum quid. unde non dicit simpliciter rationem poenae, sed medicinae, nam et medici austeras potiones propinant infirmis, ut conferant sanitatem. et quia huiusmodi non proprie habent rationem poenae, non reducuntur ad culpam sicut ad causam, nisi pro tanto, quia hoc ipsum quod oportet humanae naturae medicinas poenales exhibere, est ex corruptione naturae, quae est poena originalis peccati. in statu enim innocentiae non oportuisset aliquem ad profectum virtutis inducere per poenalia exercitia. unde hoc ipsum quod est poenale in talibus reducitur ad originalem culpam sicut ad causam.

ra1 ' Ad primum ergo dicendum quod huiusmodi defectus eorum qui nascuntur, vel etiam puerorum, sunt effectus et poenae originalis peccati, * ut dictum est. ' et manent etiam post baptismum, * propter causam superius dictam. ' et quod non sint aequaliter in omnibus, contingit propter naturae diversitatem, quae sibi relinquitur, * ut supra dictum est. ' ordinantur tamen huiusmodi defectus, secundum divinam providentiam, ad salutem hominum, vel eorum qui patiuntur, vel aliorum, qui poenis admonentur; et etiam ad gloriam dei.

ra2 ' Ad secundum dicendum quod bona temporalia et corporalia sunt quidem aliqua bona hominis, sed parva, bona vero spiritualia sunt magna hominis bona. pertinet igitur ad divinam iustitiam ut virtuosis det spiritualia bona; et de temporalibus bonis vel malis tantum det eis, quantum sufficit ad virtutem, * ut enim dionysius dicit, viii cap. de div. nom., ° divinae iustitiae est non emollire optimorum fortitudinem materialium donationibus. ' aliis vero hoc ipsum quod temporalia dantur, in malum spiritualium cedit. * unde in psalmo lxxii concluditur, ° ideo tenuit eos superbia.

ra3 ' Ad tertium dicendum quod christus poenam sustinuit satisfactoriam non pro suis, sed pro nostris peccatis.

008 ST2 qu87 ar8

ag1 ' Ad octavum sic proceditur. videtur quod aliquis puniatur pro peccato alterius. * dicitur enim exodi xx, ° ego sum deus zelotes, visitans iniquitatem patrum in filios in tertiam et quartam generationem, his qui oderunt me. * et matth. xxiii dicitur, ° ut veniat super vos omnis sanguis iustus qui effusus est super terram.

ag2 ' Praeterea, iustitia humana derivatur a iustitia divina. sed secundum iustitiam humanam aliquando filii puniuntur pro parentibus, sicut patet in crimine laesae maiestatis. ergo etiam secundum divinam iustitiam, unus punitur pro peccato alterius.

ag3 ' Praeterea, si dicatur filius non puniri pro peccato patris, sed pro peccato proprio, inquantum imitatur malitiam paternam, non magis hoc diceretur de filiis quam de extraneis, qui simili poena puniuntur his quorum peccata imitantur. non ergo videtur quod filii pro peccatis propriis puniantur, sed pro peccatis parentum.

sc * Sed contra est quod dicitur ezech. xviii, ° filius non portabit iniquitatem patris.

co ' Respondeo dicendum quod, si loquamur de poena satisfactoria, quae voluntarie assumitur, contingit quod unus portet poenam alterius inquantum sunt quodammodo unum, * sicut iam dictum est. ' si autem loquamur de poena pro peccato inflicta, inquantum habet rationem poenae, sic solum unusquisque pro peccato suo punitur, quia actus peccati aliquid personale est. si autem loquamur de poena quae habet rationem medicinae, sic contingit quod unus punitur pro peccato alterius. * dictum est enim quod ' detrimenta corporalium rerum, vel etiam ipsius corporis, sunt quaedam poenales medicinae ordinatae ad salutem animae. unde nihil prohibet talibus poenis aliquem puniri pro peccato alterius, vel a deo vel ab homine, utpote filios pro patribus, et subditos pro dominis, inquantum sunt quaedam res eorum. ita tamen quod, si filius vel subditus est particeps culpae, huiusmodi poenalis defectus habet rationem poenae quantum ad utrumque, scilicet eum qui punitur, et eum pro quo punitur. si vero non sit particeps culpae, habet rationem poenae quantum ad eum pro quo punitur, quantum vero ad eum qui punitur, rationem medicinae tantum, nisi per accidens, inquantum peccato alterius consentit; ordinatur enim ei ad bonum animae, si patienter sustineat. poenae vero spirituales non sunt medicinales tantum, quia bonum animae |25| non ordinatur ad aliud melius bonum. unde in bonis animae nullus patitur detrimentum sine culpa propria. et propter hoc etiam talibus poenis, * ut dicit augustinus in epistola ad avitum, ' unus non punitur pro alio, quia quantum ad animam, filius non est res patris. * unde et huius causam dominus assignans, dicit, ezech. xviii, ° omnes animae meae sunt.

ra1 ' Ad primum ergo dicendum quod utrumque dictum videtur esse referendum ad poenas temporales vel corporales, inquantum filii sunt res quaedam parentum, et successores praedecessorum. vel si referatur ad poenas spirituales, hoc dicitur propter imitationem culpae, * unde in exodo additur, ° his qui oderunt me; * et in matthaeo dicitur, ° et vos implete mensuram patrum vestrorum. * dicit autem puniri peccata patrum in filiis, quia filii, ' in peccatis parentum nutriti, proniores sunt ad peccandum, tum propter consuetudinem; tum etiam propter exemplum, patrum quasi auctoritatem sequentes. sunt etiam maiori poena digni, si, poenas patrum videntes, correcti non sunt. * ideo autem addidit, in tertiam et quartam generationem, ' quia tantum consueverunt homines vivere, ut tertiam et quartam generationem videant; et sic mutuo videre possunt et filii peccata patrum ad imitandum, et patres poenas filiorum ad dolendum.

ra2 ' Ad secundum dicendum quod poenae illae sunt corporales et temporales quas iustitia humana uni pro peccato alterius infligit. et sunt remedia quaedam, vel medicinae, contra culpas sequentes, ut vel ipsi qui puniuntur, vel alii, cohibeantur a similibus culpis.

ra3 ' Ad tertium dicendum quod magis dicuntur puniri pro peccatis aliorum propinqui quam extranei, tum quia poena propinquorum quodammodo redundat in illos qui peccaverunt, * ut dictum est, ' inquantum filius est quaedam res patris. tum etiam quia et domestica exempla, et domesticae poenae, magis movent. unde quando aliquis nutritus est in peccatis parentum, vehementius ea sequitur; et si ex eorum poenis non est deterritus, obstinatior videtur; unde et maiori poena dignus.

008 ST2 qu88 ar

pr ' Deinde, quia peccatum veniale et mortale distinguuntur secundum reatum, considerandum est de eis. et primo, considerandum est de veniali per comparationem ad mortale; secundo, de veniali secundum se. circa primum quaeruntur sex. primo, utrum veniale peccatum convenienter dividatur contra mortale. secundo, utrum distinguantur genere. tertio, utrum veniale peccatum sit dispositio ad mortale. quarto, utrum veniale peccatum possit fieri mortale. quinto, utrum circumstantia aggravans possit de veniali peccato facere mortale. sexto, utrum peccatum mortale possit fieri veniale.

008 ST2 qu88 ar1

ag1 ' Ad primum sic proceditur. videtur quod veniale peccatum non convenienter dividatur contra mortale. * dicit enim augustinus, xxii libro contra faustum, ° peccatum est dictum vel factum vel concupitum contra legem aeternam. ' sed esse contra legem aeternam, dat peccato quod sit mortale. ergo omne peccatum est mortale. non ergo peccatum veniale dividitur contra mortale.

ag2 * Praeterea, apostolus dicit, i cor. x, ° sive manducatis, sive bibitis, sive aliquid aliud facitis, omnia in gloriam dei facite. ' sed contra hoc praeceptum facit quicumque peccat, non enim peccatum fit propter gloriam dei. cum ergo facere contra praeceptum sit peccatum mortale, videtur quod quicumque peccat, mortaliter peccet.

ag3 ' Praeterea, quicumque amore alicui rei inhaeret, inhaeret ei vel sicut fruens, vel sicut utens; * ut patet per augustinum, in i de doctr. christ.. ' sed nullus peccans inhaeret bono commutabili quasi utens, non enim refert ipsum ad bonum quod nos beatos facit, quod proprie est uti, * ut augustinus dicit ibidem. ' ergo quicumque peccat, fruitur bono commutabili. ° sed frui rebus utendis est humana perversitas, * ut augustinus dicit, in libro octoginta trium quaest.. ' cum ergo perversitas peccatum mortale nominet, videtur quod quicumque peccat, mortaliter peccet.

ag4 ' Praeterea, quicumque accedit ad unum terminum, ex hoc ipso recedit ab alio. sed quicumque peccat, accedit ad bonum commutabile. ergo recedit a bono incommutabili. ergo peccat mortaliter. non ergo convenienter peccatum veniale contra mortale dividitur.

sc * Sed contra est quod augustinus dicit, in homil. xli super ioan., ° quod crimen est quod damnationem meretur, veniale autem est quod non meretur damnationem. ' sed crimen nominat peccatum mortale. ergo veniale peccatum convenienter dividitur contra mortale.

co ' Respondeo dicendum quod aliqua, secundum quod proprie accipiuntur, non videntur esse opposita, quae si metaphorice accipiantur, opponi inveniuntur, sicut ridere non opponitur ei quod est arescere; sed secundum quod ridere metaphorice de prato dicitur propter eius floritionem et virorem, opponitur ei quod est arescere. similiter si mortale proprie accipiatur, prout refertur ad mortem corporalem, non videtur oppositionem habere cum veniali, nec ad idem genus pertinere. sed si mortale accipiatur metaphorice, secundum quod dicitur in peccatis, mortale opponitur ei quod est veniale. cum enim peccatum sit quaedam infirmitas animae, * ut supra habitum est, ' peccatum aliquod mortale dicitur ad similitudinem morbi, qui dicitur mortalis ex eo quod inducit defectum irreparabilem per destitutionem alicuius principii, * ut dictum est. ' principium autem spiritualis vitae, quae est secundum virtutem, est ordo ad ultimum finem, * ut supra dictum est. ' qui quidem si destitutus fuerit, reparari non potest per aliquod principium intrinsecum, sed solum per virtutem divinam, * ut supra dictum est, |25| ' quia inordinationes eorum quae sunt ad finem, reparantur ex fine, sicut error qui accidit circa conclusiones, per veritatem principiorum. defectus ergo ordinis ultimi finis non potest per aliquid aliud reparari quod sit principalius; sicut nec error qui est circa principia. et ideo huiusmodi peccata dicuntur mortalia, quasi irreparabilia. peccata autem quae habent inordinationem circa ea quae sunt ad finem, conservato ordine ad ultimum finem, reparabilia sunt. et haec dicuntur venialia, tunc enim peccatum veniam habet, quando reatus poenae tollitur, qui cessat cessante peccato, * ut dictum est. ' secundum hoc ergo, mortale et veniale opponuntur sicut reparabile et irreparabile. et hoc dico per principium interius, non autem per comparationem ad virtutem divinam, quae omnem morbum et corporalem et spiritualem potest reparare. et propter hoc veniale peccatum convenienter dividitur contra mortale.

ra1 ' Ad primum ergo dicendum quod divisio peccati venialis et mortalis non est divisio generis in species, quae aequaliter participent rationem generis, sed analogi in ea de quibus praedicatur secundum prius et posterius. et ideo perfecta ratio peccati, * quam augustinus ponit, ' convenit peccato mortali. peccatum autem veniale dicitur peccatum secundum rationem imperfectam, et in ordine ad peccatum mortale, sicut accidens dicitur ens in ordine ad substantiam, secundum imperfectam rationem entis. non enim est contra legem, quia venialiter peccans non facit quod lex prohibet, nec praetermittit id ad quod lex per praeceptum obligat; sed facit praeter legem, quia non observat modum rationis quem lex intendit.

ra2 * Ad secundum dicendum quod illud ' praeceptum apostoli est affirmativum, unde non obligat ad semper. et sic non facit contra hoc praeceptum quicumque non actu refert in gloriam dei omne quod facit. sufficit ergo quod aliquis habitualiter referat se et omnia sua in deum, ad hoc quod non semper mortaliter peccet, cum aliquem actum non refert in gloriam dei actualiter. veniale autem peccatum non excludit habitualem ordinationem actus humani in gloriam dei, sed solum actualem, quia non excludit caritatem, quae habitualiter ordinat in deum. unde non sequitur quod ille qui peccat venialiter, peccet mortaliter.

ra3 ' Ad tertium dicendum quod ille qui peccat venialiter, inhaeret bono temporali non ut fruens, quia non constituit in eo finem; sed ut utens, referens in deum non actu, sed habitu.

ra4 ' Ad quartum dicendum quod bonum commutabile non accipitur ut terminus contrapositus incommutabili bono, nisi quando constituitur in eo finis. quod enim est ad finem, non habet rationem termini.

008 ST2 qu88 ar2

ag1 ' Ad secundum sic proceditur. videtur quod peccatum veniale et mortale non differant genere, ita scilicet quod aliquod sit peccatum mortale ex genere, et aliquod veniale ex genere. bonum enim et malum ex genere in actibus humanis accipitur per comparationem ad materiam sive ad obiectum, * ut supra dictum est. ' sed secundum quodlibet obiectum vel materiam, contingit peccare mortaliter et venialiter, quodlibet enim bonum commutabile potest homo diligere vel infra deum, quod est peccare venialiter, vel supra deum quod est peccare mortaliter. ergo peccatum veniale et mortale non differunt genere.

ag2 * Praeterea, sicut dictum est supra, ' peccatum mortale dicitur quod est irreparabile, peccatum autem veniale quod est reparabile. sed esse irreparabile convenit peccato quod fit ex malitia, quod * secundum quosdam ' irremissibile dicitur, esse autem reparabile convenit peccato quod fit per infirmitatem vel ignorantiam, quod dicitur remissibile. ergo peccatum mortale et veniale differunt sicut peccatum quod est ex malitia commissum, vel ex infirmitate et ignorantia. sed secundum hoc non differunt peccata genere, sed causa, * ut supra dictum est. ' ergo peccatum veniale et mortale non differunt genere.

ag3 * Praeterea, supra dictum est quod ' subiti motus tam sensualitatis quam rationis, sunt peccata venialia. sed subiti motus inveniuntur in quolibet peccati genere. ergo non sunt aliqua peccata venialia ex genere.

sc * Sed contra est quod augustinus, in sermone de purgatorio, " enumerat quaedam genera peccatorum venialium, et quaedam genera peccatorum mortalium.

co ' Respondeo dicendum quod peccatum veniale a venia dicitur. potest igitur aliquod peccatum dici veniale uno modo, quia est veniam consecutum, * et sic dicit ambrosius quod ° omne peccatum per poenitentiam fit veniale. ' et hoc dicitur veniale ex eventu. alio modo dicitur veniale, quia non habet in se unde veniam non consequatur vel totaliter vel in parte. in parte quidem, sicut cum habet in se aliquid diminuens culpam, ut cum fit ex infirmitate vel ignorantia. et hoc dicitur veniale ex causa. in toto autem, ex eo quod non tollit ordinem ad ultimum finem, unde non meretur poenam aeternam, sed temporalem. et de hoc veniali ad praesens intendimus. de primis enim duobus constat quod non habent genus aliquod determinatum. sed veniale tertio modo dictum, potest habere genus determinatum, ita quod aliquod peccatum dicatur veniale ex genere, et aliquod mortale ex genere, secundum quod genus vel species actus determinantur ex obiecto. cum enim voluntas fertur in aliquid quod secundum se repugnat caritati, per quam homo ordinatur in ultimum finem, peccatum ex suo obiecto habet quod sit mortale. unde est mortale ex genere, sive sit contra dilectionem dei, sicut blasphemia, periurium, et huiusmodi; sive contra dilectionem proximi, sicut homicidium, adulterium, et similia. unde huiusmodi sunt peccata mortalia ex suo genere. quandoque vero voluntas peccantis fertur in id quod |25| in se continet quandam inordinationem, non tamen contrariatur dilectioni dei et proximi, sicut verbum otiosum, risus superfluus, et alia huiusmodi. et talia sunt peccata venialia ex suo genere. sed quia actus morales recipiunt rationem boni et mali non solum ex obiecto, sed etiam ex aliqua dispositione agentis, * ut supra habitum est; ' contingit quandoque quod id quod est peccatum veniale ex genere ratione sui obiecti, fit mortale ex parte agentis, vel quia in eo constituit finem ultimum, vel quia ordinat ipsum ad aliquid quod est peccatum mortale ex genere, puta cum aliquis ordinat verbum otiosum ad adulterium committendum. similiter etiam ex parte agentis contingit quod aliquod peccatum quod ex suo genere est mortale, fit veniale, propter hoc scilicet quod actus est imperfectus, idest non deliberatus ratione, quae est principium proprium mali actus, * sicut supra dictum est de subitis motibus infidelitatis.

ra1 ' Ad primum ergo dicendum quod ex hoc ipso quod aliquis eligit id quod repugnat divinae caritati, convincitur praeferre illud caritati divinae, et per consequens plus amare ipsum quam deum. et ideo aliqua peccata ex genere, quae de se repugnant caritati, habent quod aliquid diligatur supra deum. et sic sunt ex genere suo mortalia.

ra2 ' Ad secundum dicendum quod ratio illa procedit de peccato veniali ex causa.

ra3 ' Ad tertium dicendum quod ratio illa procedit de peccato quod est veniale propter imperfectionem actus.

008 ST2 qu88 ar3

ag1 ' Ad tertium sic proceditur. videtur quod peccatum veniale non sit dispositio ad mortale. unum enim oppositum non disponit ad aliud. sed peccatum veniale et mortale ex opposito dividuntur, * ut dictum est. ' ergo peccatum veniale non est dispositio ad mortale.

ag2 ' Praeterea, actus disponit ad aliquid simile in specie sibi, * unde in ii ethic. dicitur quod ° ex similibus actibus generantur similes dispositiones et habitus. ' sed peccatum mortale et veniale differunt genere seu specie, * ut dictum est. ' ergo peccatum veniale non disponit ad mortale.

ag3 ' Praeterea, si peccatum dicatur veniale quia disponit ad mortale, oportebit quod quaecumque disponunt ad mortale peccatum, sint peccata venialia. sed omnia bona opera disponunt ad peccatum mortale, * dicit enim augustinus, in regula, quod " superbia bonis operibus insidiatur, ut pereant. ' ergo etiam bona opera erunt peccata venialia, quod est inconveniens.

sc * Sed contra est quod dicitur eccli. xix, ° qui spernit minima, paulatim defluit. ' sed ille qui peccat venialiter, videtur minima spernere. ergo paulatim disponitur ad hoc quod totaliter defluat per peccatum mortale.

co ' Respondeo dicendum quod disponens est quodammodo causa. unde secundum duplicem modum causae, est duplex dispositionis modus. est enim causa quaedam movens directe ad effectum, sicut calidum calefacit. est etiam causa indirecte movens, removendo prohibens, sicut removens columnam dicitur removere lapidem superpositum. et secundum hoc, actus peccati dupliciter ad aliquid disponit. uno quidem modo, directe, et sic disponit ad actum similem secundum speciem. et hoc modo, primo et per se peccatum veniale ex genere non disponit ad mortale ex genere, cum differant specie. sed per hunc modum peccatum veniale potest disponere, per quandam consequentiam, ad peccatum quod est mortale ex parte agentis. augmentata enim dispositione vel habitu per actus peccatorum venialium, intantum potest libido peccandi crescere, quod ille qui peccat, finem suum constituet in peccato veniali, nam unicuique habenti habitum, inquantum huiusmodi, finis est operatio secundum habitum. et sic, multoties peccando venialiter, disponetur ad peccatum mortale. alio modo actus humanus disponit ad aliquid removendo prohibens. et hoc modo peccatum veniale ex genere potest disponere ad peccatum mortale ex genere. qui enim peccat venialiter ex genere, praetermittit aliquem ordinem, et ex hoc quod consuescit voluntatem suam in minoribus debito ordini non subiicere, disponitur ad hoc quod etiam voluntatem suam non subiiciat ordini ultimi finis, |25| eligendo id quod est peccatum mortale ex genere.

ra1 ' Ad primum ergo dicendum quod peccatum veniale et mortale non dividuntur ex opposito, sicut duae species unius generis, * ut dictum est, ' sed sicut accidens contra substantiam dividitur. unde sicut accidens potest esse dispositio ad formam substantialem, ita et veniale peccatum ad mortale.

ra2 ' Ad secundum dicendum quod peccatum veniale non est simile mortali in specie, est tamen simile ei in genere, inquantum utrumque importat defectum debiti ordinis, licet aliter et aliter, * ut dictum est.

ra3 ' Ad tertium dicendum quod opus bonum non est per se dispositio ad mortale peccatum, potest tamen esse materia vel occasio peccati mortalis per accidens. sed peccatum veniale per se disponit ad mortale, * ut dictum est.

008 ST2 qu88 ar4

ag1 ' Ad quartum sic proceditur. videtur quod peccatum veniale possit fieri mortale. * dicit enim augustinus, exponens illud ioan. iii, ° qui incredulus est filio, non videbit vitam, " peccata minima (idest venialia), si negligantur, occidunt. ' sed ex hoc dicitur peccatum mortale, quod spiritualiter occidit animam. ergo peccatum veniale potest fieri mortale.

ag2 ' Praeterea, motus sensualitatis ante consensum rationis est peccatum veniale, post consensum vero est peccatum mortale, * ut supra dictum est. ' ergo peccatum veniale potest fieri mortale.

ag3 ' Praeterea, peccatum veniale et mortale differunt sicut morbus curabilis et incurabilis, * ut dictum est. ' sed morbus curabilis potest fieri incurabilis. ergo peccatum veniale potest fieri mortale.

ag4 ' Praeterea, dispositio potest fieri habitus. sed peccatum veniale est dispositio ad mortale, * ut dictum est. ' ergo veniale peccatum potest fieri mortale.

sc ' Sed contra, ea quae differunt in infinitum, non transmutantur in invicem. sed peccatum mortale et veniale differunt in infinitum, * ut ex praedictis patet. ' ergo veniale non potest fieri mortale.

co ' Respondeo dicendum quod peccatum veniale fieri mortale, potest tripliciter intelligi. uno modo sic quod idem actus numero, primo sit peccatum veniale, et postea mortale. et hoc esse non potest. quia peccatum principaliter consistit in actu voluntatis, sicut et quilibet actus moralis. unde non dicitur unus actus moraliter, si voluntas mutetur, quamvis etiam actio secundum naturam sit continua. si autem voluntas non mutetur, non potest esse quod de veniali fiat mortale. alio modo potest intelligi ut id quod est veniale ex genere, fiat mortale. et hoc quidem possibile est, inquantum constituitur in eo finis, vel inquantum refertur ad mortale peccatum sicut ad finem, * ut dictum est. ' tertio modo potest intelligi ita quod multa venialia peccata constituant unum peccatum mortale. quod si sic intelligatur quod ex multis peccatis venialibus integraliter constituatur unum peccatum mortale, falsum est. non enim omnia peccata venialia de mundo, possunt habere tantum de reatu, quantum unum peccatum mortale. quod patet ex parte durationis, quia peccatum mortale habet reatum poenae aeternae, peccatum autem veniale reatum poenae temporalis, * ut dictum est. ' patet etiam ex parte poenae damni, quia peccatum mortale meretur carentiam visionis divinae, cui nulla alia poena comparari potest |25| * ut chrysostomus dicit. ' patet etiam ex parte poenae sensus, quantum ad vermem conscientiae, licet forte quantum ad poenam ignis, non sint improportionales poenae. si vero intelligatur quod multa peccata venialia faciunt unum mortale dispositive, sic verum est, * sicut supra ostensum est, ' secundum duos modos dispositionis, quo peccatum veniale disponit ad mortale.

ra1 * Ad primum ergo dicendum quod augustinus loquitur in illo sensu, ' quod multa peccata venialia dispositive causant mortale.

ra2 ' Ad secundum dicendum quod ille idem motus sensualitatis qui praecessit consensum rationis nunquam fiet peccatum mortale, sed ipse actus rationis consentientis.

ra3 ' Ad tertium dicendum quod morbus corporalis non est actus, sed dispositio quaedam permanens, unde eadem manens, potest mutari. sed peccatum veniale est actus transiens, qui resumi non potest. et quantum ad hoc, non est simile.

ra4 ' Ad quartum dicendum quod dispositio quae fit habitus, est sicut imperfectum in eadem specie, sicut imperfecta scientia, dum perficitur, fit habitus. sed veniale peccatum est dispositio alterius generis, sicut accidens ad formam substantialem, in quam nunquam mutatur.

008 ST2 qu88 ar5

ag1 ' Ad quintum sic proceditur. videtur quod circumstantia possit de veniali peccato facere mortale. * dicit enim augustinus, in sermone de purgatorio, quod ° si diu teneatur iracundia, et ebrietas si assidua sit, transeunt in numerum peccatorum mortalium. ' sed ira et ebrietas non sunt ex suo genere peccata mortalia, sed venialia, alioquin semper essent mortalia. ergo circumstantia facit peccatum veniale esse mortale.

ag2 * Praeterea, magister dicit, xxiv dist. ii libri sent., quod " delectatio, si sit morosa, est peccatum mortale; si autem non sit morosa, est peccatum veniale. ' sed morositas est quaedam circumstantia. ergo circumstantia facit de peccato veniali mortale.

ag3 ' Praeterea, plus differunt malum et bonum quam veniale peccatum et mortale, quorum utrumque est in genere mali. sed circumstantia facit de actu bono malum, sicut patet cum quis dat eleemosynam propter inanem gloriam. ergo multo magis potest facere de peccato veniali mortale.

sc ' Sed contra est quod, cum circumstantia sit accidens, quantitas eius non potest excedere quantitatem ipsius actus, quam habet ex suo genere, semper enim subiectum praeeminet accidenti. si igitur actus ex suo genere sit peccatum veniale, non poterit per circumstantiam fieri peccatum mortale, cum peccatum mortale in infinitum quodammodo excedat quantitatem venialis, * ut ex dictis patet.

co ' Respondeo dicendum quod, * sicut supra dictum est, cum de circumstantiis ageretur, ' circumstantia, inquantum huiusmodi, est accidens actus moralis, contingit tamen circumstantiam accipi ut differentiam specificam actus moralis, et tunc amittit rationem circumstantiae, et constituit speciem moralis actus. hoc autem contingit in peccatis quando circumstantia addit deformitatem alterius generis sicut cum aliquis accedit ad non suam, est actus deformis deformitate opposita castitati; sed si accedat ad non suam quae est alterius uxor, additur deformitas opposita iustitiae, contra quam est ut aliquis usurpet rem alienam; et secundum hoc huiusmodi circumstantia constituit novam speciem peccati, quae dicitur adulterium. impossibile est autem quod circumstantia de peccato veniali faciat mortale, nisi afferat deformitatem alterius generis. * dictum est enim quod ' peccatum veniale habet deformitatem per hoc quod importat deordinationem circa ea quae sunt ad finem, peccatum autem mortale habet deformitatem per hoc quod importat deordinationem respectu ultimi finis. unde manifestum est quod circumstantia non potest de veniali peccato facere mortale, manens circumstantia, sed solum tunc quando transfert in aliam speciem, et fit quodammodo |25| differentia specifica moralis actus.

ra1 ' Ad primum ergo dicendum quod diuturnitas non est circumstantia trahens in aliam speciem, similiter nec frequentia vel assiduitas, nisi forte per accidens ex aliquo supervenienti. non enim aliquid acquirit novam speciem ex hoc quod multiplicatur vel protelatur, nisi forte in actu protelato vel multiplicato superveniat aliquid quod variet speciem, puta inobedientia vel contemptus, vel aliquid huiusmodi. dicendum est ergo quod, cum ira sit motus animi ad nocendum proximo, si sit tale nocumentum in quod tendit motus irae, quod ex genere suo sit peccatum mortale, sicut homicidium vel furtum, talis ira ex genere suo est peccatum mortale. sed quod sit peccatum veniale, habet ex imperfectione actus, inquantum est motus subitus sensualitatis. si vero sit diuturna, redit ad naturam sui generis per consensum rationis. si vero nocumentum in quod tendit motus irae, esset veniale ex genere suo, puta cum aliquis in hoc irascitur contra aliquem, quod vult ei dicere aliquod verbum leve et iocosum, quod modicum ipsum contristet; non erit ira peccatum mortale, quantumcumque sit diuturna; nisi forte per accidens, puta si ex hoc grave scandalum oriatur, vel propter aliquid huiusmodi. de ebrietate vero dicendum est quod secundum suam rationem habet quod sit peccatum mortale, quod enim homo absque necessitate reddat se impotentem ad utendum ratione, per quam homo in deum ordinatur et multa peccata occurrentia vitat, ex sola voluptate vini, expresse contrariatur virtuti. sed quod sit peccatum veniale, contingit propter |25| ignorantiam quandam vel infirmitatem, puta cum homo nescit virtutem vini, aut propriam debilitatem, unde non putat se inebriari, tunc enim non imputatur ei ebrietas ad peccatum, sed solum superabundantia potus. sed quando frequenter inebriatur, non potest per hanc ignorantiam excusari quin videatur voluntas eius eligere magis pati ebrietatem, quam abstinere a vino superfluo. unde redit peccatum ad suam naturam.

ra2 ' Ad secundum dicendum quod delectatio morosa non dicitur esse peccatum mortale, nisi in his quae ex suo genere sunt peccata mortalia; in quibus si delectatio non morosa sit, peccatum veniale est ex imperfectione actus, * sicut et de ira dictum est. ' dicitur enim ira diuturna, et delectatio morosa, propter approbationem rationis deliberantis.

ra3 ' Ad tertium dicendum quod circumstantia non facit de bono actu malum, nisi constituens speciem peccati, * ut supra etiam habitum est.

008 ST2 qu88 ar6

ag1 ' Ad sextum sic proceditur. videtur quod peccatum mortale possit fieri veniale. aequaliter enim distat peccatum veniale a mortali, et e contrario. sed peccatum veniale fit mortale, * ut dictum est. ' ergo etiam peccatum mortale potest fieri veniale.

ag2 ' Praeterea, peccatum veniale et mortale ponuntur differre secundum hoc, quod peccans mortaliter diligit creaturam plus quam deum, peccans autem venialiter diligit creaturam infra deum. contingit autem quod aliquis committens id quod est ex genere suo peccatum mortale, diligat creaturam infra deum, puta si aliquis, nesciens fornicationem simplicem esse peccatum mortale et contrariam divino amori, fornicetur, ita tamen quod propter divinum amorem paratus esset fornicationem praetermittere, si sciret fornicando se contra divinum amorem agere. ergo peccabit venialiter. et sic peccatum mortale potest fieri veniale.

ag3 ' Praeterea, * sicut dictum est, ' plus differt bo-

num a malo quam veniale a mortali. sed actus qui est de se malus, potest fieri bonus, sicut homicidium potest fieri actus iustitiae, sicut patet in iudice qui occidit latronem. ergo multo magis peccatum mortale potest fieri veniale.
sc ' Sed contra est quod aeternum nunquam potest fieri temporale. sed peccatum mortale meretur poenam aeternam, peccatum autem veniale poenam temporalem. ergo peccatum mortale nunquam potest fieri veniale.
co ' Respondeo dicendum quod veniale et mortale differunt sicut perfectum et imperfectum in genere peccati, * ut dictum est. ' imperfectum autem per aliquam additionem potest ad perfectionem venire. unde et veniale, per hoc quod additur ei deformitas pertinens ad genus peccati mortalis, efficitur mortale, sicut cum quis dicit verbum otiosum ut fornicetur. sed id quod est perfectum, non potest fieri imperfectum per additionem. et ideo peccatum mortale non fit veniale per hoc quod additur ei aliqua deformitas pertinens ad genus peccati venialis, non enim diminuitur peccatum eius qui fornicatur ut dicat verbum otiosum, sed magis aggravatur propter deformitatem adiunctam. potest tamen id quod est ex genere mortale, esse veniale propter imperfectionem actus, quia non perfecte pertingit ad rationem actus moralis, cum non sit deliberatus sed subitus, * ut ex dictis patet. ' et hoc fit per subtractionem quandam, scilicet deliberatae rationis. et quia a ratione deliberata habet speciem moralis actus, inde est quod per talem subtractionem solvitur species.
ra1 ' Ad primum ergo dicendum quod veniale differt a mortali sicut imperfectum a perfecto, ut puer a viro. fit autem ex puero vir, sed non convertitur. unde ratio non cogit.
ra2 ' Ad secundum dicendum quod, si sit talis ignorantia quae peccatum omnino excuset, sicut est furiosi vel amentis, tunc ex tali ignorantia fornicationem committens nec mortaliter nec venialiter peccat. si vero sit ignorantia non invincibilis, tunc ignorantia ipsa est peccatum, et continet in se defectum divini amoris. inquantum negligit homo addiscere ea per quae potest se in divino amore conservare.
ra3 ' Ad tertium dicendum quod, * sicut augustinus dicit, in libro contra mendacium, ° ea quae sunt secundum se mala, nullo fine bene fieri possunt. ' homicidium autem est occisio innocentis, et hoc nullo modo bene fieri potest. sed iudex qui occidit latronem, vel miles qui occidit hostem reipublicae, non appellantur homicidae, * ut augustinus dicit, in libro de libero arbitrio.

008 ST2 qu89 ar

pr ' Deinde considerandum est de peccato veniali secundum se. et circa hoc quaeruntur sex. primo, utrum peccatum veniale causet maculam in anima. secundo, de distinctione peccati venialis, prout figuratur per lignum, faenum et stipulam, * i cor. iii. ' tertio, utrum homo in statu innocentiae potuerit peccare venialiter. quarto, utrum angelus bonus vel malus possit peccare venialiter. quinto, utrum primi motus infidelium sint peccata venialia. sexto, utrum peccatum veniale possit esse in aliquo simul cum solo peccato originali.

008 ST2 qu89 ar1

ag1 ' Ad primum sic proceditur. videtur quod peccatum veniale causet maculam in anima. * dicit enim augustinus, in libro de poenit., quod " peccata venialia, si multiplicentur, decorem nostrum ita exterminant, ut a caelestis sponsi amplexibus nos separent. ' sed nihil aliud est macula quam detrimentum decoris. ergo peccata venialia causant maculam in anima.
ag2 ' Praeterea, peccatum mortale causat maculam in anima propter inordinationem actus et affectus ipsius peccantis. sed in peccato veniali est quaedam deordinatio actus et affectus. ergo peccatum veniale causat maculam in anima.
ag3 ' Praeterea, macula animae causatur ex contactu rei temporalis per amorem, * ut supra dictum est. ' sed in peccato veniali anima inordinato amore contingit rem temporalem. ergo peccatum veniale inducit maculam in anima.
sc * Sed contra est quod dicitur ephes. v, ° ut exhiberet ipse sibi gloriosam ecclesiam non habentem maculam; * glossa, ° idest aliquod peccatum criminale. ' ergo proprium peccati mortalis esse videtur quod maculam in anima causet.
co * Respondeo dicendum quod, sicut ex dictis patet, ' macula importat detrimentum nitoris ex aliquo contactu, sicut in corporalibus patet, ex quibus per similitudinem nomen maculae ad animam transfertur. sicut autem in corpore est duplex nitor, unus quidem ex intrinseca dispositione membrorum et coloris, alius autem ex exteriori claritate superveniente; ita etiam in anima est duplex nitor, unus quidem habitualis, quasi intrinsecus, alius autem actualis, quasi exterior fulgor. peccatum autem veniale impedit quidem nitorem actualem, non tamen habitualem, quia non excludit neque diminuit habitum caritatis et aliarum virtutum, * ut infra patebit, ' sed solum impedit earum actum. macula autem importat aliquid manens in re maculata, unde magis videtur pertinere ad detrimentum habitualis nitoris quam actualis. unde, proprie loquendo, peccatum veniale non causat maculam in anima. et si alicubi dicatur maculam inducere, hoc est secundum quid, inquantum impedit nitorem qui est ex actibus virtutum.
ra1 * Ad primum ergo dicendum quod augustinus loquitur in eo casu ' in quo multa peccata venialia dispositive inducunt ad mortale. aliter enim non separarent ab amplexu caelestis sponsi.
ra2 ' Ad secundum dicendum quod inordinatio actus in peccato mortali corrumpit habitum virtutis, non autem in peccato veniali.
ra3 ' Ad tertium dicendum quod in peccato mortali anima per amorem contingit rem temporalem quasi finem, et per hoc totaliter impeditur influxus splendoris gratiae, qui provenit in eos qui deo adhaerent ut ultimo fini per caritatem. sed in peccato veniali non adhaeret homo creaturae tanquam fini ultimo. unde non est simile.

008 ST2 qu89 ar2

ag1 " Ad secundum sic proceditur. videtur quod inconvenienter peccata venialia per lignum, faenum et stipulam designentur. ' lignum enim, faenum et stipula dicuntur superaedificari spirituali fundamento. sed peccata venialia sunt praeter spirituale aedificium, sicut etiam quaelibet falsae opiniones sunt praeter scientiam. ergo peccata venialia non convenienter designantur per lignum, faenum et stipulam.
ag2 ' Praeterea, ille qui aedificat lignum, faenum et stipulam, " sic salvus erit quasi per ignem. ' sed quandoque ille qui committit peccata venialia, non erit salvus etiam per ignem, puta cum peccata venialia inveniuntur in eo qui decedit cum peccato mortali. ergo inconvenienter per lignum, faenum et stipulam peccata venialia designantur.
ag3 * Praeterea, secundum apostolum, " alii sunt qui aedificant aurum, argentum, lapides pretiosos, idest amorem dei et proximi et bona opera; et alii qui aedificant lignum, faenum et stipulam. ' sed peccata venialia committunt etiam illi qui diligunt deum et proximum, et bona opera faciunt, * dicitur enim i ioan. i, ° si dixerimus quia peccatum non habemus, nosipsos seducimus. ' ergo non convenienter designantur peccata venialia per ista tria.
ag4 ' Praeterea, multo plures differentiae et gradus sunt peccatorum venialium quam tres. ergo inconvenienter sub his tribus comprehenduntur.
sc * Sed contra est quod apostolus dicit de eo qui superaedificat " lignum, faenum et stipulam, quod salvus erit quasi per ignem, ' et sic patietur poenam, sed non aeternam. reatus autem poenae temporalis proprie pertinet ad peccatum veniale, * ut dictum est. ' ergo per illa tria significantur peccata venialia.
co * Respondeo dicendum quod quidam intellexerunt " fundamentum esse fidem informem, super quam aliqui aedificant bona opera, quae significantur per aurum, argentum et lapides pretiosos; * quidam vero ' peccata etiam mortalia, quae significantur, * secundum eos, " per lignum, faenum et stipulam. * sed hanc expositionem improbat augustinus, in libro de fide et operibus, quia, ut apostolus dicit, ad gal. v, " qui opera carnis facit, regnum dei non consequetur, quod est salvum fieri; * apostolus autem dicit quod " ille qui aedificat lignum, faenum et stipulam, salvus erit quasi per ignem. ' unde non potest intelligi quod per lignum, faenum et stipulam peccata mortalia designentur. * quidam vero dicunt quod " per lignum, faenum et stipulam significantur opera bona, quae superaedificantur quidem spirituali aedificio, sed tamen commiscent se eis peccata venialia sicut, cum aliquis habet curam rei familiaris, quod bonum est, |25| commiscet se superfluus amor vel uxoris vel filiorum vel possessionum, sub deo tamen, ita scilicet quod pro his homo nihil vellet facere contra deum. ' sed hoc iterum non videtur conveniener dici. manifestum est enim quod omnia opera bona referuntur ad caritatem dei et proximi, unde pertinent ad aurum, argentum et lapides pretiosos. non ergo ad lignum, faenum et stipulam. et ideo dicendum est quod ipsa peccata venialia quae admiscent se procurantibus terrena, significantur per lignum, faenum et stipulam. sicut enim huiusmodi congregantur in domo, et non pertinent ad substantiam aedificii, et possunt comburi aedificio remanente; ita etiam peccata venialia multiplicantur in homine, manente spirituali aedificio; et pro istis patitur ignem vel temporalis tribulationis in hac vita, vel purgatorii post hanc vitam; et tamen salutem consequitur aeternam.
ra1 ' Ad primum ergo dicendum quod peccata venialia non dicuntur superaedificari spirituali fundamento quasi directe supra ipsum posita, sed quia ponuntur iuxta ipsum; * sicut accipitur ibi, super flumina babylonis, idest iuxta. ' quia peccata venialia non destruunt spirituale aedificium, * ut dictum est.
ra2 * Ad secundum dicendum quod non dicitur de quocumque aedificante " lignum, faenum et stipulam, quod salvus sit quasi per ignem, sed solum de eo qui aedificat supra fundamentum. quod quidem non est fides informis, * ut quidam aestimabant, " sed fides formata caritate, * secundum illud ephes. iii, ° in caritate radicati et fundati. ' ille ergo qui decedit cum peccato mortali et venialibus, habet quidem lignum, faenum et stipulam, sed non superaedificata supra fundamentum spirituale. " et ideo non erit salvus sic quasi per ignem.
ra3 ' Ad tertium dicendum quod illi qui sunt abstracti a cura temporalium rerum, etsi aliquando venialiter peccent, tamen levia peccata venialia committunt, et frequentissime per fervorem caritatis purgantur. unde tales non superaedificant venialia, quia in eis modicum manent. sed peccata venialia ipsorum qui circa terrena occupantur, diutius manent, quia non ita frequenter recurrere possunt ad huiusmodi peccata delenda per caritatis fervorem.
ra4 * Ad quartum dicendum quod, sicut philosophus dicit, in i de caelo, " omnia tribus includuntur, scilicet principio, medio et fine. ' et secundum hoc, omnes gradus venialium peccatorum ad tria reducuntur, scilicet ad lignum, quod diutius manet in igne; ad stipulam, quae citissime expeditur; ad faenum, quod medio modo se habet. secundum enim quod peccata venialia sunt maioris vel minoris adhaerentiae vel gravitatis, citius vel tardius per ignem purgantur.

008 ST2 qu89 ar3

ag1 ' Ad tertium sic proceditur. videtur quod homo in statu innocentiae potuerit peccare venialiter. * quia super illud i ad tim. ii, ° adam non est seductus, * dicit glossa, ° inexpertus divinae severitatis, in eo falli potuit, ut crederet veniale esse commissum. ' sed hoc non credidisset, nisi venialiter peccare potuisset. ergo venialiter peccare potuit, non peccando mortaliter.
ag2 * Praeterea, augustinus dicit, xi super gen. ad litt., ° non est arbitrandum quod esset hominem deiecturus tentator, nisi praecessisset in anima hominis quaedam elatio comprimenda. ' elatio autem deiectionem praecedens, quae facta est per peccatum mortale, non potuit esse nisi peccatum veniale. * similiter etiam in eodem augustinus dicit quod ° virum sollicitavit aliqua experiendi cupiditas, cum mulierem videret, sumpto vetito pomo, non esse mortuam. ' videtur etiam in eva fuisse aliquis infidelitatis motus, in hoc quod de verbis domini dubitavit, * ut patet per hoc quod dixit, ne forte moriamur, ut habetur gen. iii. ' haec autem videntur esse venialia peccata. ergo homo potuit venialiter peccare, antequam mortaliter peccaret.
ag3 ' Praeterea, peccatum mortale magis opponitur integritati primi status quam peccatum veniale. sed homo potuit peccare mortaliter, non obstante integritate primi status. ergo etiam potuit peccare venialiter.
sc ' Sed contra est quod cuilibet peccato debetur aliqua poena. sed nihil poenale esse potuit in statu innocentiae, * ut augustinus dicit, xiv de civ. dei. ' ergo non potuit peccare aliquo peccato quo non eiiceretur ab illo integritatis statu. sed peccatum veniale non mutat statum hominis. ergo non potuit peccare venialiter.
co * Respondeo dicendum quod communiter ponitur quod ' homo in statu innocentiae non potuit venialiter peccare. hoc autem non est sic intelligendum, quasi id quod nobis est veniale, si ipse committeret, esset sibi mortale, propter altitudinem sui status. dignitas enim personae est quaedam circumstantia aggravans peccatum, non tamen transfert in aliam speciem, nisi forte superveniente deformitate inobedientiae vel voti, vel alicuius huiusmodi, quod in proposito dici non potest. unde id quod est de se veniale, non potuit transferri in mortale, propter dignitatem primi status. sic ergo intelligendum est quod non potuit peccare venialiter, quia non potuit esse ut committeret aliquid quod esset de se veniale, antequam integritatem primi status amitteret peccando mortaliter. cuius ratio est quia peccatum veniale in nobis contingit vel propter imperfectionem actus, sicut subiti motus in genere peccatorum mortalium, vel propter inordinationem existentem circa ea quae sunt ad finem, servato debito ordine ad finem. utrumque autem horum contingit propter quendam defectum ordinis, ex eo quod inferius non continetur firmiter sub superiori. quod enim in nobis insurgat subitus motus sensualitatis, contingit ex hoc quod sensualitas non est omnino subdita rationi. quod vero insurgat subitus motus in ratione ipsa, provenit in nobis ex hoc quod ipsa executio |25| actus rationis non subditur deliberationi quae est ex altiori bono, * ut supra dictum est. ' quod vero humanus animus inordinetur circa ea quae sunt ad finem, servato debito ordine ad finem, provenit ex hoc quod ea quae sunt ad finem non ordinantur infallibiliter sub fine, qui tenet summum locum, quasi principium in appetibilibus, * ut supra dictum est. ' in statu autem innocentiae, * ut in primo habitum est, ' erat infallibilis ordinis firmitas, ut semper inferius contineretur sub superiori, quandiu summum hominis contineretur sub deo, * ut etiam augustinus dicit, xiv de civ. dei. ' et ideo oportebat quod inordinatio in homine non esset, nisi inciperet ab hoc quod summum hominis non subderetur deo; quod fit per peccatum mortale. ex quo patet quod homo in statu innocentiae non potuit peccare venialiter, antequam peccaret mortaliter.
ra1 ' Ad primum ergo dicendum quod * veniale non sumitur ibi secundum quod nunc de veniali loquimur, ' sed dicitur veniale quod est facile remissibile.
ra2 ' Ad secundum dicendum quod illa elatio quae

praecessit in animo hominis, fuit primum hominis peccatum mortale, dicitur autem praecessisse deiectionem eius in exteriorem actum peccati. huiusmodi autem elationem subsecuta est et experiendi cupiditas in viro, et dubitatio in muliere; quae ex hoc solo in quandam elationem prorupit, quod praecepti mentionem a serpente audivit, quasi nollet sub praecepto contineri.
ra3 ' Ad tertium dicendum quod peccatum mortale intantum opponitur integritati primi status, quod corrumpit ipsum, quod peccatum veniale facere non potest. et quia non potest simul esse quaecumque inordinatio cum integritate primi status, consequens est quod primus homo non potuerit peccare venialiter, antequam peccaret mortaliter.

008 ST2 qu89 ar4

ag1 ' Ad quartum sic proceditur. videtur quod angelus bonus vel malus possit peccare venialiter. homo enim cum angelis convenit in superiori animae parte, quae mens vocatur; * secundum illud gregorii, in homil., ° homo intelligit cum angelis. ' sed homo secundum superiorem partem animae potest peccare venialiter. ergo et angelus.
ag2 ' Praeterea, quicumque potest quod est plus, potest etiam quod est minus. sed angelus potuit diligere bonum creatum plus quam deum, quod fecit peccando mortaliter. ergo etiam potuit bonum creatum diligere infra deum inordinate, venialiter peccando.
ag3 ' Praeterea, angeli mali videntur aliqua facere quae sunt ex genere suo venialia peccata, provocando homines ad risum, et ad alias huiusmodi levitates. sed circumstantia personae non facit de veniali mortale, * ut dictum est, ' nisi speciali prohibitione superveniente, quod non est in proposito. ergo angelus potest peccare venialiter.
sc ' Sed contra est quod maior est perfectio angeli quam perfectio hominis in primo statu. sed homo in primo statu non potuit peccare venialiter. ergo multo minus angelus.
co ' Respondeo dicendum quod intellectus angeli, * sicut in primo dictum est, ' non est discursivus, ut scilicet procedat a principiis in conclusiones, seorsum utrumque intelligens, sicut in nobis contingit. unde oportet quod quandocumque considerat conclusiones, consideret eas prout sunt in principiis. in appetibilibus autem, * sicut multoties dictum est, ' fines sunt sicut principia; ea vero quae sunt ad finem, sunt sicut conclusiones. unde mens angeli non fertur in ea quae sunt ad finem, nisi secundum quod constant sub ordine finis. propter hoc ex natura sua habent quod non possit in eis esse deordinatio circa ea quae sunt ad finem, nisi simul sit deordinatio circa finem ipsum, quod est per peccatum mortale. sed angeli boni non moventur in ea quae sunt ad finem, nisi in ordine ad finem debitum, qui est deus. et propter hoc omnes eorum actus sunt actus caritatis. et sic in eis non potest esse peccatum veniale. angeli vero mali in nihil moventur nisi in ordine ad finem peccati superbiae ipsorum. et ideo in omnibus peccant mortaliter, quaecumque propria voluntate agunt. secus autem est de appetitu naturalis boni qui est in eis, * ut in primo dictum est.
ra1 ' Ad primum ergo dicendum quod homo convenit quidem cum angelis in mente, sive in intellectu; sed differt in modo intelligendi, * ut dictum est.
ra2 ' Ad secundum dicendum quod angelus non potuit minus diligere creaturam quam deum, nisi simul referens eam in deum, sicut in ultimum finem, vel aliquem finem inordinatum, * ratione iam dicta.
ra3 ' Ad tertium dicendum quod omnia illa quae videntur esse venialia, daemones procurant ut homines ad sui familiaritatem attrahant, et sic deducant eos in peccatum mortale. unde in omnibus talibus mortaliter peccant, propter intentionem finis.

008 ST2 qu89 ar5

ag1 ' Ad quintum sic proceditur. videtur quod primi motus sensualitatis in infidelibus sint peccata mortalia. * dicit enim apostolus, ad rom. viii, quod ° nihil est damnationis his qui sunt in christo iesu, qui non secundum carnem ambulant, * et loquitur ibi de concupiscentia sensualitatis, * ut ex praemissis apparet. ' haec ergo causa est quare concupiscere non sit damnabile his qui non secundum carnem ambulant, consentiendo scilicet concupiscentiae, quia sunt in christo iesu. sed infideles non sunt in christo iesu. ergo in infidelibus est damnabile. primi igitur motus infidelium sunt peccata mortalia.
ag2 * Praeterea, anselmus dicit, in libro de gratia et lib. arb., ° qui non sunt in christo, sentientes carnem, sequuntur damnationem, etiam si non secundum carnem ambulant. ' sed damnatio non debetur nisi peccato mortali. ergo, cum homo sentiat carnem secundum primum motum concupiscentiae, videtur quod primus motus concupiscentiae in infidelibus sit peccatum mortale.
ag3 * Praeterea, anselmus dicit, in eodem libro, ° sic factus est homo, ut concupiscentiam sentire non deberet. ' hoc autem debitum videtur homini remissum per gratiam baptismalem, quam infideles non habent. ergo quandocumque infidelis concupiscit, etiam si non consentiat, peccat mortaliter, contra debitum faciens.
sc * Sed contra est quod dicitur act. x, ° non est personarum acceptor deus. ' quod ergo uni non imputat ad damnationem, nec alteri. sed primos motus fidelibus non imputat ad damnationem. ergo etiam nec infidelibus.
co ' Respondeo dicendum quod irrationabiliter dicitur quod primi motus infidelium sint peccata mortalia, si eis non consentiatur. et hoc patet dupliciter. primo quidem, quia ipsa sensualitas non potest esse subiectum peccati mortalis, * ut supra habitum est. ' est autem eadem natura sensualitatis in infidelibus et fidelibus. unde non potest esse quod solus motus sensualitatis in infidelibus sit peccatum mortale. alio modo, ex statu ipsius peccantis. nunquam enim dignitas personae diminuit peccatum, sed magis auget, * ut ex supra dictis patet. ' unde nec peccatum est minus in fideli quam in infideli, sed multo maius. nam et infidelium peccata magis merentur veniam, propter ignorantiam, * secundum illud i ad tim. i, ° misericordiam dei consecutus sum, quia ignorans feci in incredulitate mea; ' et peccata fidelium aggravantur propter gratiae sacramenta, * secundum illud heb. x, ° quanto magis putatis deteriora mereri supplicia, qui sanguinem testamenti, in quo sanctificatus est, pollutum duxerit?
ra1 * Ad primum ergo dicendum quod apostolus loquitur ' de damnatione debita peccato originali, quae aufertur per gratiam iesu christi, quamvis maneat concupiscentiae fomes. unde hoc quod fideles concupiscunt, non est in eis signum damnationis originalis peccati, sicut est in infidelibus.
ra2 * Et hoc etiam modo intelligendum est dictum anselmi. ' unde patet solutio ad secundum.
ra3 ' Ad tertium dicendum quod illud debitum non concupiscendi erat per originalem iustitiam. unde id quod opponitur tali debito, non pertinet ad peccatum actuale, sed ad peccatum originale.

008 ST2 qu89 ar6

ag1 ' Ad sextum sic proceditur. videtur quod peccatum veniale possit esse in aliquo cum solo originali. dispositio enim praecedit habitum. sed veniale est dispositio ad mortale, * ut supra dictum est. ' ergo veniale in infideli, cui non remittitur originale, invenitur ante mortale. et sic quandoque infideles habent peccata venialia cum originali, sine mortalibus.
ag2 ' Praeterea, minus habet de connexione et convenientia veniale cum mortali, quam mortale peccatum cum mortali. sed infidelis subiectus originali peccato, potest committere unum peccatum mortale et non aliud. ergo etiam potest committere peccatum veniale, et non mortale.
ag3 ' Praeterea, determinari potest tempus in quo puer primo potest esse actor peccati actualis. ad quod tempus cum pervenerit, potest ad minus per aliquod breve spatium stare, quin peccet mortaliter, quia hoc etiam in maximis sceleratis contingit. in illo autem spatio, quantumcumque brevi, potest peccare venialiter. ergo peccatum veniale potest esse in aliquo cum originali peccato, absque mortali.
sc ' Sed contra est quia pro peccato originali puniuntur homines in limbo puerorum, ubi non est poena sensus, * ut infra dicetur. ' in inferno autem detruduntur homines propter solum peccatum mortale. ergo non erit locus in quo possit puniri ille qui habet peccatum veniale cum originali solo.
co ' Respondeo dicendum quod impossibile est quod peccatum veniale sit in aliquo cum originali peccato, absque mortali. cuius ratio est quia antequam ad annos discretionis perveniat, defectus aetatis, prohibens usum rationis, excusat eum a peccato mortali, unde multo magis excusat eum a peccato veniali, si committat aliquid quod sit ex genere suo tale. cum vero usum rationis habere inceperit, non omnino excusatur a culpa venialis et mortalis peccati. sed primum quod tunc homini cogitandum occurrit, est deliberare de seipso. et si quidem seipsum ordinaverit ad debitum finem, per gratiam consequetur remissionem originalis peccati. si vero non ordinet seipsum ad debitum finem, secundum quod in illa aetate est capax discretionis, peccabit mortaliter, non faciens quod in se est. et ex tunc non erit in eo peccatum veniale sine mortali, nisi postquam totum fuerit sibi per gratiam remissum.
ra1 ' Ad primum ergo dicendum quod veniale non est dispositio ex necessitate praecedens mortale, sed contingenter, sicut labor disponit quandoque ad febrem, non autem sicut calor disponit ad formam ignis.
ra2 ' Ad secundum dicendum quod non impeditur peccatum veniale esse simul cum solo originali propter distantiam eius vel convenientiam; sed propter defectum usus rationis, * ut dictum est.
ra3 ' Ad tertium dicendum quod ab aliis peccatis mortalibus potest puer incipiens habere usum rationis, per aliquod tempus abstinere, sed a peccato omissionis praedictae non liberatur, nisi quam cito potest, se convertat ad deum. primum enim quod occurrit homini discretionem habenti est quod de seipso cogitet, ad quem alia ordinet sicut ad finem, finis enim est prior in intentione. et ideo hoc est tempus pro quo obligatur ex dei praecepto affirmativo, quo dominus dicit, ° convertimini ad me, et ego convertar ad vos, * zachariae i.

008 ST2 qu90 ar

pr ' Consequenter considerandum est de principiis exterioribus actuum. principium autem exterius ad malum inclinans est diabolus, de cuius tentatione in primo dictum est. principium autem exterius movens ad bonum est deus, qui et nos instruit per legem, et iuvat per gratiam. unde primo, de lege; secundo, de gratia dicendum est. circa legem autem, primo oportet considerare de ipsa lege in communi; secundo, de partibus eius. circa legem autem in communi tria occurrunt consideranda, primo quidem, de essentia ipsius; secundo, de differentia legum; tertio, de effectibus legis. circa primum quaeruntur quatuor. primo, utrum lex sit aliquid rationis. secundo, de fine legis. tertio, de causa eius. quarto, de promulgatione ipsius.

008 ST2 qu90 ar1

ag1 ' Ad primum sic proceditur. videtur quod lex non sit aliquid rationis. * dicit enim apostolus, ad rom. vii, ° video aliam legem in membris meis, etc.. ' sed nihil quod est rationis, est in membris, quia ratio non utitur organo corporali. ergo lex non est aliquid rationis.
ag2 ' Praeterea, in ratione non est nisi potentia, habitus et actus. sed lex non est ipsa potentia rationis. similiter etiam non est aliquis habitus rationis, quia habitus rationis sunt virtutes intellectuales, * de quibus supra dictum est. ' nec etiam est actus rationis, quia cessante rationis actu, lex cessaret, puta in dormientibus. ergo lex non est aliquid rationis.
ag3 ' Praeterea, lex movet eos qui subiiciuntur legi, ad recte agendum. sed movere ad agendum proprie pertinet ad voluntatem, * ut patet ex praemissis. ' ergo lex non pertinet ad rationem, sed magis ad voluntatem, * secundum quod etiam iurisperitus dicit, ° quod placuit principi, legis habet vigorem.
sc ' Sed contra est quod ad legem pertinet praecipere et prohibere. sed imperare est rationis, * ut supra habitum est. ' ergo lex est aliquid rationis.
co ' Respondeo dicendum quod lex quaedam regula est et mensura actuum, secundum quam inducitur aliquis ad agendum, vel ab agendo retrahitur, dicitur enim lex a ligando, quia obligat ad agendum. regula autem et mensura humanorum actuum est ratio, quae est primum principium actuum humanorum, * ut ex praedictis patet, ' rationis enim est ordinare ad finem, qui est primum principium in agendis, * secundum philosophum. ' in unoquoque autem genere id quod est principium, est mensura et regula illius generis, sicut unitas in genere numeri, et motus primus in genere motuum. unde relinquitur quod lex sit aliquid pertinens ad rationem.
ra1 ' Ad primum ergo dicendum quod, cum lex sit regula quaedam et mensura, dicitur dupliciter esse in aliquo. uno modo, sicut in mensurante et regulante. et quia hoc est proprium rationis, ideo per hunc modum lex est in ratione sola. alio modo, sicut in regulato et mensurato. et sic lex est in omnibus quae inclinantur in aliquid ex aliqua lege, ita quod quaelibet inclinatio proveniens ex aliqua lege, potest dici lex, non essentialiter, sed quasi participative. et hoc modo inclinatio ipsa membrorum ad concupiscendum lex membrorum vocatur.
ra2 ' Ad secundum dicendum quod, sicut in actibus exterioribus est considerare operationem et operatum, puta aedificationem et aedificatum; ita in operibus rationis est considerare ipsum actum rationis, qui est intelligere et ratiocinari, et aliquid per huiusmodi actum constitutum. quod quidem in speculativa ratione primo quidem est definitio; secundo, enunciatio; tertio vero, syllogismus vel argumentatio. et quia ratio etiam practica utitur quodam syllogismo in operabilibus, * ut supra habitum est, * secundum quod philosophus docet in vii ethic.; ' ideo est invenire aliquid in ratione practica quod ita se habeat ad operationes, sicut se habet propositio in ratione speculativa ad conclusiones. et huiusmodi propositiones universales rationis practicae ordinatae ad actiones, habent rationem legis. quae quidem propositiones aliquando actualiter considerantur, aliquando vero habitualiter a ratione tenentur.
ra3 ' Ad tertium dicendum quod ratio habet vim movendi a voluntate, * ut supra dictum est, ' ex hoc enim quod aliquis vult finem, ratio imperat de his quae sunt ad finem. sed voluntas de his quae imperantur, ad hoc quod legis rationem habeat, oportet quod sit aliqua ratione regulata. * et hoc modo intelligitur quod " voluntas principis habet vigorem legis, ' alioquin voluntas principis magis esset iniquitas quam lex.

008 ST2 qu90 ar2

ag1 ' Ad secundum sic proceditur. videtur quod lex non ordinetur semper ad bonum commune sicut ad finem. ad legem enim pertinet praecipere et prohibere. sed praecepta ordinantur ad quaedam singularia bona. non ergo semper finis legis est bonum commune.
ag2 ' Praeterea, lex dirigit hominem ad agendum. sed actus humani sunt in particularibus. ergo et lex ad aliquod particulare bonum ordinatur.
ag3 * Praeterea, isidorus dicit, in libro etymol., ° si ratione lex constat, lex erit omne quod ratione constiterit. ' sed ratione consistit non solum quod ordinatur ad bonum commune, sed etiam quod ordinatur

ad bonum privatum. ergo lex non ordinatur solum ad bonum commune, sed etiam ad bonum privatum unius.
sc ' Sed contra est quod * isidorus dicit, in v etymol., quod ° lex est nullo privato commodo, sed pro communi utilitate civium conscripta.
co * Respondeo dicendum quod, sicut dictum est, ' lex pertinet ad id quod est principium humanorum actuum, ex eo quod est regula et mensura. sicut autem ratio est principium humanorum actuum, ita etiam in ipsa ratione est aliquid quod est principium respectu omnium aliorum. unde ad hoc oportet quod principaliter et maxime pertineat lex. primum autem principium in operativis, quorum est ratio practica, est finis ultimus. est autem ultimus finis humanae vitae felicitas vel beatitudo, * ut supra habitum est. ' unde oportet quod lex maxime respiciat ordinem qui est in beatitudinem. rursus, cum omnis pars ordinetur ad totum sicut imperfectum ad perfectum; unus autem homo est pars communitatis perfectae, necesse est quod lex proprie respiciat ordinem ad felicitatem communem. * unde et philosophus, " in praemissa definitione legalium, mentionem facit et de felicitate et communione politica. * dicit enim, in v ethic., quod ° legalia iusta dicimus factiva et conservativa felicitatis et particularum ipsius, politica communicatione, ' perfecta enim communitas civitas est, * ut dicitur in i polit.. ' in quolibet autem genere id quod maxime dicitur, est principium |25| aliorum, et alia dicuntur secundum ordinem ad ipsum, sicut ignis, qui est maxime calidus, est causa caliditatis in corporibus mixtis, quae intantum dicuntur calida, inquantum participant de igne. unde oportet quod, cum lex maxime dicatur secundum ordinem ad bonum commune, quodcumque aliud praeceptum de particulari opere non habeat rationem legis nisi secundum ordinem ad bonum commune. et ideo omnis lex ad bonum commune ordinatur.
ra1 ' Ad primum ergo dicendum quod praeceptum importat applicationem legis ad ea quae ex lege regulantur. ordo autem ad bonum commune, qui pertinet ad legem, est applicabilis ad singulares fines. et secundum hoc, etiam de particularibus quibusdam praecepta dantur.
ra2 ' Ad secundum dicendum quod operationes quidem sunt in particularibus, sed illa particularia referri possunt ad bonum commune, non quidem communitate generis vel speciei, sed communitate causae finalis, secundum quod bonum commune dicitur finis communis.
ra3 ' Ad tertium dicendum quod, sicut nihil constat firmiter secundum rationem speculativam nisi per resolutionem ad prima principia indemonstrabilia, ita firmiter nihil constat per rationem practicam nisi per ordinationem ad ultimum finem, qui est bonum commune. quod autem hoc modo ratione constat, legis rationem habet.

008 ST2 qu90 ar3

ag1 ' Ad tertium sic proceditur. videtur quod cuiuslibet ratio sit factiva legis. * dicit enim apostolus, ad rom. ii, quod ° cum gentes, quae legem non habent, naturaliter ea quae legis sunt faciunt, ipsi sibi sunt lex. ' hoc autem communiter de omnibus dicit. ergo quilibet potest facere sibi legem.
ag2 * Praeterea, sicut philosophus dicit, in libro ii ethic., ° intentio legislatoris est ut inducat hominem ad virtutem. ' sed quilibet homo potest alium inducere ad virtutem. ergo cuiuslibet hominis ratio est factiva legis.
ag3 ' Praeterea, sicut princeps civitatis est civitatis gubernator, ita quilibet paterfamilias est gubernator domus. sed princeps civitatis potest legem in civitate facere. ergo quilibet paterfamilias potest in sua domo facere legem.
sc ' Sed contra est quod * isidorus dicit, in libro etymol., et habetur in decretis, dist. ii, ° lex est constitutio populi, secundum quam maiores natu simul cum plebibus aliquid sanxerunt. ' non est ergo cuiuslibet facere legem.
co ' Respondeo dicendum quod lex proprie, primo et principaliter respicit ordinem ad bonum commune. ordinare autem aliquid in bonum commune est vel totius multitudinis, vel alicuius gerentis vicem totius multitudinis. et ideo condere legem vel pertinet ad totam multitudinem, vel pertinet ad personam publicam quae totius multitudinis curam habet. quia et in omnibus aliis ordinare in finem est eius cuius est proprius ille finis.
ra1 * Ad primum ergo dicendum quod, sicut supra dictum est, ' lex est in aliquo non solum sicut in regulante, sed etiam participative sicut in regulato. et hoc modo unusquisque sibi est lex, inquantum participat ordinem alicuius regulantis. * unde et ibidem subditur, ° qui ostendunt opus legis scriptum in cordibus suis.
ra2 ' Ad secundum dicendum quod persona privata non potest inducere efficaciter ad virtutem. potest enim solum monere, sed si sua monitio non recipiatur, non habet vim coactivam; quam debet habere lex, ad hoc quod efficaciter inducat ad virtutem, * ut philosophus dicit, in x ethic.. ' hanc autem virtutem coactivam habet multitudo vel persona publica, ad quam pertinet poenas infligere, * ut infra dicetur. ' et ideo solius eius est leges facere.
ra3 " Ad tertium dicendum quod, sicut homo est pars domus, ita domus est pars civitatis, civitas autem est communitas perfecta, * ut dicitur in i politic.. ' et ideo sicut bonum unius hominis non est ultimus finis, sed ordinatur ad commune bonum; ita etiam et bonum unius domus ordinatur ad bonum unius civitatis, quae est communitas perfecta. unde ille qui gubernat aliquam familiam, potest quidem facere aliqua praecepta vel statuta; non tamen quae proprie habeant rationem legis.

008 ST2 qu90 ar4

ag1 ' Ad quartum sic proceditur. videtur quod promulgatio non sit de ratione legis. lex enim naturalis maxime habet rationem legis. sed lex naturalis non indiget promulgatione. ergo non est de ratione legis quod promulgetur.
ag2 ' Praeterea, ad legem pertinet proprie obligare ad aliquid faciendum vel non faciendum. sed non solum obligantur ad implendam legem illi coram quibus promulgatur lex, sed etiam alii. ergo promulgatio non est de ratione legis.
ag3 ' Praeterea, obligatio legis extenditur etiam in futurum, " quia leges futuris negotiis necessitatem imponunt, * ut iura dicunt. ' sed promulgatio fit ad praesentes. ergo promulgatio non est de necessitate legis.
sc * Sed contra est quod dicitur in decretis, iv dist., quod ° leges instituuntur cum promulgantur.
co * Respondeo dicendum quod, sicut dictum est, ' lex imponitur aliis per modum regulae et mensurae. regula autem et mensura imponitur per hoc quod applicatur his quae regulantur et mensurantur. unde ad hoc quod lex virtutem obligandi obtineat, quod est proprium legis, oportet quod applicetur hominibus qui secundum eam regulari debent. talis autem applicatio fit per hoc quod in notitiam eorum deducitur ex ipsa promulgatione. unde promulgatio necessaria est ad hoc quod lex habeat suam virtutem. et sic ex quatuor praedictis potest colligi definitio legis, quae nihil est aliud quam quaedam rationis ordinatio ad bonum commune, ab eo qui curam communitatis habet, promulgata.
ra1 ' Ad primum ergo dicendum quod promulgatio legis naturae est ex hoc ipso quod deus eam mentibus hominum inseruit naturaliter cognoscendam.
ra2 ' Ad secundum dicendum quod illi coram quibus lex non promulgatur, obligantur ad legem servandam, inquantum in eorum notitiam devenit per alios, vel devenire potest, promulgatione facta.
ra3 ' Ad tertium dicendum quod promulgatio praesens in futurum extenditur per firmitatem scripturae, quae quodammodo semper eam promulgat. * unde isidorus dicit, in ii etymol., quod ° lex a legendo vocata est, quia scripta est.

008 ST2 qu91 ar

pr ' Deinde considerandum est de diversitate legum. et circa hoc quaeruntur sex. primo, utrum sit aliqua lex aeterna. secundo, utrum sit aliqua lex naturalis. tertio, utrum sit aliqua lex humana. quarto, utrum sit aliqua lex divina. quinto, utrum sit una tantum, vel plures. sexto, utrum sit aliqua lex peccati.

008 ST2 qu91 ar1

ag1 ' Ad primum sic proceditur. videtur quod non sit aliqua lex aeterna. omnis enim lex aliquibus imponitur. sed non fuit ab aeterno aliquis cui lex posset imponi, solus enim deus fuit ab aeterno. ergo nulla lex est aeterna.
ag2 ' Praeterea, promulgatio est de ratione legis. sed promulgatio non potuit esse ab aeterno, quia non erat ab aeterno cui promulgaretur. ergo nulla lex potest esse aeterna.
ag3 ' Praeterea, lex importat ordinem ad finem. sed nihil est aeternum quod ordinetur ad finem, solus enim ultimus finis est aeternus. ergo nulla lex est aeterna.
sc * Sed contra est quod augustinus dicit, in i de lib. arb., ° lex quae summa ratio nominatur, non potest cuipiam intelligenti non incommutabilis aeternaque videri.
co * Respondeo dicendum quod, sicut supra dictum est, ' nihil est aliud lex quam quoddam dictamen practicae rationis in principe qui gubernat aliquam communitatem perfectam. manifestum est autem, supposito quod mundus divina providentia regatur, * ut in primo habitum est, ' quod tota communitas universi gubernatur ratione divina. et ideo ipsa ratio gubernationis rerum in deo sicut in principe universitatis existens, legis habet rationem. et quia divina ratio nihil concipit ex tempore, sed habet aeternum conceptum, * ut dicitur prov. viii; ' inde est quod huiusmodi legem oportet dicere aeternam.
ra1 ' Ad primum ergo dicendum quod ea quae in seipsis non sunt, apud deum existunt, inquantum sunt ab ipso praecognita et praeordinata; * secundum illud rom. iv, ° qui vocat ea quae non sunt, tanquam ea quae sunt. ' sic igitur aeternus divinae legis conceptus habet rationem legis aeternae, secundum quod a deo ordinatur ad gubernationem rerum ab ipso praecognitarum.
ra2 ' Ad secundum dicendum quod promulgatio fit et verbo et scripto; et utroque modo lex aeterna habet promulgationem ex parte dei promulgantis, quia et verbum divinum est aeternum, et scriptura libri vitae est aeterna. sed ex parte creaturae audientis aut inspicientis, non potest esse promulgatio aeterna.
ra3 ' Ad tertium dicendum quod lex importat ordinem ad finem active, inquantum scilicet per eam ordinantur aliqua in finem, non autem passive, idest quod ipsa lex ordinetur ad finem, nisi per accidens in gubernante cuius finis est extra ipsum, ad quem etiam necesse est ut lex eius ordinetur. sed finis divinae gubernationis est ipse deus, nec eius lex est aliud ab ipso. unde lex aeterna non ordinatur in alium finem.

008 ST2 qu91 ar2

ag1 ' Ad secundum sic proceditur. videtur quod non sit in nobis aliqua lex naturalis. sufficienter enim homo gubernatur per legem aeternam, * dicit enim augustinus, in i de lib. arb., quod ° lex aeterna est qua iustum est ut omnia sint ordinatissima. ' sed natura non abundat in superfluis, sicut nec deficit in necessariis. ergo non est aliqua lex homini naturalis.
ag2 ' Praeterea, per legem ordinatur homo in suis actibus ad finem, * ut supra habitum est. ' sed ordinatio humanorum actuum ad finem non est per naturam, sicut accidit in creaturis irrationabilibus, quae solo appetitu naturali agunt propter finem, sed agit homo propter finem per rationem et voluntatem. ergo non est aliqua lex homini naturalis.
ag3 ' Praeterea, quanto aliquis est liberior, tanto minus est sub lege. sed homo est liberior omnibus animalibus, propter liberum arbitrium, quod prae aliis animalibus habet. cum igitur alia animalia non subdantur legi naturali, nec homo alicui legi naturali subditur.
sc * Sed contra est quod, rom. ii, super illud, ° cum gentes, quae legem non habent, naturaliter ea quae legis sunt faciunt, * dicit glossa, ° etsi non habent legem scriptam, habent tamen legem naturalem, qua quilibet intelligit et sibi conscius est quid sit bonum et quid malum.
co * Respondeo dicendum quod, sicut supra dictum est, ' lex, cum sit regula et mensura, dupliciter potest esse in aliquo, uno modo, sicut in regulante et mensurante; alio modo, sicut in regulato et mensurato, quia inquantum participat aliquid de regula vel mensura, sic regulatur vel mensuratur. unde cum omnia quae divinae providentiae subduntur, a lege aeterna regulentur et mensurentur, * ut ex dictis patet; ' manifestum est quod omnia participant aliqualiter legem aeternam, inquantum scilicet ex impressione eius habent inclinationes in proprios actus et fines. inter cetera autem rationalis creatura excellentiori quodam modo divinae providentiae subiacet, inquantum et ipsa fit providentiae particeps, sibi ipsi et aliis providens. unde et in ipsa participatur ratio aeterna, per quam habet naturalem inclinationem ad debitum actum et finem. et talis participatio legis aeternae in rationali creatura lex naturalis dicitur. * unde cum psalmista dixisset, " sacrificate sacrificium iustitiae, quasi quibusdam quaerentibus quae sunt iustitiae opera, subiungit, multi dicunt, quis ostendit nobis bona? cui quaestioni respondens, dicit, signatum est super nos lumen vultus tui, domine, |25| ' quasi lumen rationis naturalis, quo discernimus quid sit bonum et malum, quod pertinet ad naturalem legem, nihil aliud sit quam impressio divini luminis in nobis. unde patet quod lex naturalis nihil aliud est quam participatio legis aeternae in rationali creatura.
ra1 ' Ad primum ergo dicendum quod ratio illa procederet, si lex naturalis esset aliquid diversum a lege aeterna. non autem est nisi quaedam participatio eius, * ut dictum est.
ra2 ' Ad secundum dicendum quod omnis operatio, rationis et voluntatis derivatur in nobis ab eo quod est secundum naturam, * ut supra habitum est, ' nam omnis ratiocinatio derivatur a principiis naturaliter notis, et omnis appetitus eorum quae sunt ad finem, derivatur a naturali appetitu ultimi finis. et sic etiam oportet quod prima directio actuum nostrorum ad finem, fiat per legem naturalem.
ra3 ' Ad tertium dicendum quod etiam animalia irrationalia participant rationem aeternam suo modo, sicut et rationalis creatura. sed quia rationalis creatura participat eam intellectualiter et rationaliter, ideo participatio legis aeternae in creatura rationali proprie lex vocatur, nam lex est aliquid rationis, * ut supra dictum est. ' in creatura autem irrationali non participatur rationaliter, unde non potest dici lex nisi per similitudinem.

008 ST2 qu91 ar3

ag1 ' Ad tertium sic proceditur. videtur quod non sit aliqua lex humana. lex enim naturalis est participatio legis aeternae, * ut dictum est. ' sed per legem aeternam omnia sunt ordinatissima, * ut augustinus dicit, in i de lib. arb.. ' ergo lex naturalis sufficit ad omnia humana ordinanda. non est ergo necessarium quod sit aliqua lex humana.
ag2 ' Praeterea, lex habet rationem mensurae, * ut dictum est. ' sed ratio humana non est mensura rerum, sed potius e converso, * ut in x metaphys. dicitur. ' ergo ex ratione humana nulla lex procedere potest.
ag3 ' Praeterea, mensura debet esse certissima, * ut

dicitur in x metaphys.. ‘sed dictamen humanae rationis de rebus gerendis est incertum; * secundum illud sap. ix, ° cogitationes mortalium timidae, et incertae providentiae nostrae. ‘ergo ex ratione humana nulla lex procedere potest.

sc ‘Sed contra est quod * augustinus, in i de lib. arb., ponit “ duas leges, unam aeternam et aliam temporalem, quam dicit esse humanam.

co * Respondeo dicendum quod, sicut supra dictum est, ‘lex est quoddam dictamen practicae rationis. similis autem processus esse invenitur rationis practicae et speculativae, utraque enim ex quibusdam principiis ad quasdam conclusiones procedit, * ut superius habitum est. ‘ secundum hoc ergo dicendum est quod, sicut in ratione speculativa ex principiis indemonstrabilibus naturaliter cognitis producuntur conclusiones diversarum scientiarum, quarum cognitio non est nobis naturaliter indita, sed per industriam rationis inventa; ita etiam ex praeceptis legis naturalis, quasi ex quibusdam principiis communibus et indemonstrabilibus, necesse est quod ratio humana procedat ad aliqua magis particulariter disponenda. et istae particulares dispositiones adinventae secundum rationem humanam, dicuntur leges humanae, servatis aliis conditionibus quae pertinent ad rationem legis, * ut supra dictum est. * unde et tullius dicit, in sua rhetor., quod ° initium iuris est a natura profectum; deinde quaedam in consuetudinem ex utilitate rationis venerunt; postea res et a natura profectas et a consuetudine probatas legum metus et religio sanxit.

ra1 ‘ Ad primum ergo dicendum quod ratio humana non potest participare ad plenum dictamen rationis divinae, sed suo modo et imperfecte. et ideo sicut ex parte rationis speculativae, per naturalem participationem divinae sapientiae, inest nobis cognitio quorundam communium principiorum, non autem cuiuslibet veritatis propria cognitio, sicut in divina sapientia continetur; ita etiam ex parte rationis practicae naturaliter homo participat legem aeternam secundum quaedam communia principia, non autem secundum particulares directiones singulorum, quae tamen in aeterna lege continentur. et ideo necesse est ulterius quod ratio humana procedat ad particulares quasdam legum sanctiones.

ra2 ‘Ad secundum dicendum quod ratio humana secundum se non est regula rerum, sed principia ei naturaliter indita, sunt quaedam regulae generales et mensurae omnium eorum quae sunt per hominem agenda, quorum ratio naturalis est regula et mensura, licet non sit mensura eorum quae sunt a natura.

ra3 ‘Ad tertium dicendum quod ratio practica est circa operabilia, quae sunt singularia et contingentia, non autem circa necessaria, sicut ratio speculativa. et ideo leges humanae non possunt illam infallibilitatem habere quam habent conclusiones demonstrativae scientiarum. nec oportet quod omnis mensura sit omni modo infallibilis et certa, sed secundum quod est possibile in genere suo.

008 ST2 qu91 ar4

ag1 ‘ Ad quartum sic proceditur. videtur quod non fuerit necessarium esse aliquam legem divinam. quia, * ut dictum est, ‘lex naturalis est quaedam participatio legis aeternae in nobis. sed lex aeterna est lex divina, * ut dictum est. ‘ ergo non oportet quod praeter legem naturalem, et leges humanas ab ea derivatas, sit aliqua alia lex divina.

ag2 * Praeterea, eccli. xv dicitur quod ° deus dimisit hominem in manu consilii sui. ‘ consilium autem est actus rationis, * ut supra habitum est. ‘ergo homo dimissus est gubernationi suae rationis. sed dictamen rationis humanae est lex humana, * ut dictum est. ‘ergo non oportet quod homo alia lege divina gubernetur.

ag3 ‘ Praeterea, natura humana est sufficientior irrationalibus creaturis. sed irrationales creaturae non habent aliquam legem divinam praeter inclinationem naturalem eis inditam. ergo multo minus creatura rationalis debet habere aliquam legem divinam praeter naturalem legem.

sc * Sed contra est quod david expetit legem a deo sibi poni, dicens, ° legem pone mihi, domine, in via iustificationum tuarum.

co ‘ Respondeo dicendum quod praeter legem naturalem et legem humanam, necessarium fuit ad directionem humanae vitae habere legem divinam. et hoc propter quatuor rationes. primo quidem, quia per legem dirigitur homo ad actus proprios in ordine ad ultimum finem. et si quidem homo ordinaretur tantum ad finem qui non excederet proportionem naturalis facultatis hominis, non oporteret quod homo haberet aliquid directivum ex parte rationis, supra legem naturalem et legem humanitus positam, quae ab ea derivatur. sed quia homo ordinatur ad finem beatitudinis aeternae, quae excedit proportionem naturalis facultatis humanae, * ut supra habitum est; ‘ ideo necessarium fuit ut supra legem naturalem et humanam, dirigeretur etiam ad suum finem lege divinitus data. secundo, quia propter incertitudinem humani iudicii, praecipue de rebus contingentibus et particularibus, contingit de actibus humanis diversorum esse diversa iudicia, ex quibus etiam diversae et contrariae leges procedunt. ut ergo homo absque omni dubitatione scire possit quid ei sit agendum et quid vitandum, necessarium fuit ut in actibus propriis dirigeretur per legem divinitus datam, de qua constat quod non potest errare. |25| tertio, quia de his potest homo legem ferre, de quibus potest iudicare. iudicium autem hominis esse non potest de interioribus motibus, qui latent, sed solum de exterioribus actibus, qui apparent. et tamen ad perfectionem virtutis requiritur quod in utrisque actibus homo rectus existat. et ideo lex humana non potuit cohibere et ordinare sufficienter interiores actus, sed necessarium fuit quod ad hoc superveniret lex divina. * quarto quia, sicut augustinus dicit, in i de lib. arb., ‘ lex humana non potest omnia quae male fiunt, punire vel prohibere, quia dum auferre vellet omnia mala, sequeretur quod etiam multa bona tollerentur, et impediretur utilitas boni communis, quod est necessarium ad conversationem humanam. ut ergo nullum malum improhibitum et impunitum remaneat, necessarium fuit supervenire legem divinam, per quam omnia peccata prohibentur. * et istae quatuor causae tanguntur in psalmo xviii, ubi dicitur, “ lex domini immaculata, idest nullam peccati turpitudinem permittens; convertens animas, quia non solum exteriores actus, sed etiam interiores dirigit; testimonium domini fidele, propter certitudinem veritatis et rectitudinis; sapientiam praestans parvulis, inquantum ordinat hominem ad supernaturalem finem et divinum.

ra1 ‘ Ad primum ergo dicendum quod per naturalem legem participatur lex aeterna secundum proportionem capacitatis humanae naturae. sed oportet ut altiori modo dirigatur homo in ultimum finem supernaturalem. et ideo superadditur lex divinitus data, per quam lex aeterna participatur altiori modo.

ra2 ‘ Ad secundum dicendum quod consilium est inquisitio quaedam, unde oportet quod procedat ex aliquibus principiis. nec sufficit quod procedat ex principiis naturaliter inditis, quae sunt praecepta legis naturae, * propter praedicta, ‘ sed oportet quod superaddantur quaedam alia principia, scilicet praecepta legis divinae.

ra3 ‘ Ad tertium dicendum quod creaturae irrationales non ordinantur ad altiorem finem quam sit finis qui est proportionatus naturali virtuti ipsarum. et ideo non est similis ratio.

008 ST2 qu91 ar5

ag1 ‘ Ad quintum sic proceditur. videtur quod lex divina sit una tantum. unius enim regis in uno regno est una lex. sed totum humanum genus comparatur ad deum sicut ad unum regem; * secundum illud psalmi xlvi, ° rex omnis terrae deus. ‘ ergo est una tantum lex divina.

ag2 ‘ Praeterea, omnis lex ordinatur ad finem quem legislator intendit in eis quibus legem fert. sed unum et idem est quod deus intendit in omnibus hominibus; * secundum illud i ad tim. ii, ° vult omnes homines salvos fieri, et ad agnitionem veritatis venire. ‘ ergo una tantum est lex divina.

ag3 ‘ Praeterea, lex divina propinquior esse videtur legi aeternae, quae est una, quam lex naturalis, quanto altior est revelatio gratiae quam cognitio naturae. sed lex naturalis est una omnium hominum. ergo multo magis lex divina.

sc * Sed contra est quod apostolus dicit, ad heb. vii, ° translato sacerdotio, necesse est ut legis translatio fiat. ‘sed sacerdotium est duplex, * ut ibidem dicitur, scilicet ‘ sacerdotium leviticum, et sacerdotium christi. ergo etiam duplex est lex divina, scilicet lex vetus, et lex nova.

co * Respondeo dicendum quod, sicut in primo dictum est, ‘ distinctio est causa numeri. dupliciter autem inveniuntur aliqua distingui. uno modo, sicut ea quae sunt omnino specie diversa, ut equus et bos. alio modo, sicut perfectum et imperfectum in eadem specie, sicut puer et vir. et hoc modo lex divina distinguitur in legem veterem et legem novam. * unde apostolus, ad gal. iii, “ comparat statum veteris legis statui puerili existenti sub paedagogo, statum autem novae legis comparat statui viri perfecti, qui iam non est sub paedagogo. ‘ attenditur autem perfectio et imperfectio utriusque legis secundum tria quae ad legem pertinent, * ut supra dictum est. ‘ primo enim ad legem pertinet ut ordinetur ad bonum commune sicut ad finem, * ut supra dictum est. ‘ quod quidem potest esse duplex. scilicet bonum sensibile et terrenum, et ad tale bonum ordinabat directe lex vetus; unde statim, * exodi iii, ‘ in principio legis, invitatur populus ad regnum terrenum chananaeorum. et iterum bonum intelligibile et caeleste, et ad hoc ordinat lex nova. |25| unde statim christus ad regnum caelorum in suae praedicationis principio invitavit, * dicens, ° poenitentiam agite, appropinquavit enim regnum caelorum, * matth. iv. et ideo augustinus dicit, in iv contra faustum, quod ° temporalium rerum promissiones testamento veteri continentur, et ideo vetus appellatur, sed aeternae vitae promissio ad novum pertinet testamentum. ‘secundo ad legem pertinet dirigere humanos actus secundum ordinem iustitiae. in quo etiam superabundat lex nova legi veteri, interiores actus animi ordinando; * secundum illud matth. v, ° nisi abundaverit iustitia vestra plus quam scribarum et pharisaeorum, non intrabitis in regnum caelorum. * et ideo dicitur quod ° lex vetus cohibet manum, lex nova animum. ‘ tertio ad legem pertinet inducere homines ad observantias mandatorum. et hoc quidem lex vetus faciebat timore poenarum, lex autem nova facit hoc per amorem, qui in cordibus nostris infunditur per gratiam christi, quae in lege nova confertur, sed in lege veteri figurabatur. * et ideo dicit augustinus, contra adimantum manichaei discipulum, ° quod brevis differentia est legis et evangelii, timor et amor.

ra1 ‘ Ad primum ergo dicendum quod, sicut paterfamilias in domo alia mandata proponit pueris et adultis, ita etiam unus rex deus, in uno suo regno, aliam legem dedit hominibus adhuc imperfectis existentibus; et aliam perfectiorem iam manuductis per priorem legem ad maiorem capacitatem divinorum.

ra2 ‘ Ad secundum dicendum quod salus hominum non poterat esse nisi per christum; * secundum illud act. iv, ° non est aliud nomen datum hominibus, in quo oporteat nos salvos fieri. ‘ et ideo lex perfecte ad salutem omnes inducens, dari non potuit nisi post christi adventum. antea vero dari oportuit populo ex quo christus erat nasciturus, legem praeparatoriam ad christi susceptionem, in qua quaedam rudimenta salutaris iustitiae continerentur.

ra3 ‘ Ad tertium dicendum quod lex naturalis dirigit hominem secundum quaedam praecepta communia, in quibus conveniunt tam perfecti quam imperfecti, et ideo est una omnium. sed lex divina dirigit hominem etiam in quibusdam particularibus, ad quae non similiter se habent perfecti et imperfecti. et ideo oportuit legem divinam esse duplicem, * sicut iam dictum est.

008 ST2 qu91 ar6

ag1 ‘ Ad sextum sic proceditur. videtur quod non sit aliqua lex fomitis. * dicit enim isidorus, in v etymol., quod ° lex ratione consistit. ‘fomes autem non consistit ratione, sed magis a ratione deviat. ergo fomes non habet rationem legis.

ag2 ‘ Praeterea, omnis lex obligatoria est, ita quod qui ipsam non servant, transgressores dicuntur. sed fomes non constituit aliquem transgressorem ex hoc quod ipsum non sequitur, sed magis transgressor redditur si quis ipsum sequatur. ergo fomes non habet rationem legis.

ag3 ‘ Praeterea, lex ordinatur ad bonum commune, * ut supra habitum est. ‘ sed fomes non inclinat ad bonum commune, sed magis ad bonum privatum. ergo fomes non habet rationem legis.

sc * Sed contra est quod apostolus dicit, rom. vii, ° video aliam legem in membris meis, repugnantem legi mentis meae.

co * Respondeo dicendum quod, sicut supra dictum est, ‘lex essentialiter invenitur in regulante et mensurante, participative autem in eo quod mensuratur et regulatur; ita quod omnis inclinatio vel ordinatio quae invenitur in his quae subiecta sunt legi, participative dicitur lex, * ut ex supradictis patet. ‘ potest autem in his quae subduntur legi, aliqua inclinatio inveniri dupliciter a legislatore. uno modo, inquantum directe inclinat suos subditos ad aliquid; et diversos interdum ad diversos actus; secundum quem modum potest dici quod alia est lex militum, et alia est lex mercatorum. alio modo, indirecte, inquantum scilicet per hoc quod legislator destituit aliquem sibi subditum aliqua dignitate, sequitur quod transeat in alium ordinem et quasi in aliam legem, puta si miles ex militia destituatur, transibit in legem rusticorum vel mercatorum. sic igitur sub deo legislatore diversae creaturae diversas habent naturales inclinationes, ita ut quod uni est quodammodo lex, alteri sit contra legem, ut si dicam quod furibundum esse est quodammodo lex canis, est autem contra legem ovis vel alterius mansueti animalis. est ergo hominis lex, quam sortitur ex ordinatione divina secundum propriam conditionem, ut secundum rationem operetur. quae quidem lex fuit tam valida in primo statu, ut |25| nihil vel praeter rationem vel contra rationem posset subrepere homini. sed dum homo a deo recessit, incurrit in hoc quod feratur secundum impetum sensualitatis, et unicuique etiam particulariter hoc contingit, quanto magis a ratione recesserit, ut sic quodammodo bestiis assimiletur, quae sensualitatis impetu feruntur; * secundum illud psalmi xlviii, ° homo, cum in honore esset, non intellexit, comparatus est iumentis insipientibus, et similis factus est illis. ‘ sic igitur ipsa sensualitatis inclinatio, quae fomes dicitur, in aliis quidem animalibus simpliciter habet rationem legis, illo tamen modo quo in talibus lex dici potest, secundum directam inclinationem. in hominibus autem secundum hoc non habet rationem legis, sed magis est deviatio a lege rationis. sed inquantum per divinam iustitiam homo destituitur originali iustitia et vigore rationis, ipse impetus sensualitatis qui eum ducit, habet rationem legis, inquantum est poenalis et ex lege divina consequens, hominem destituente propria dignitate.

ra1 ‘ Ad primum ergo dicendum quod ratio illa procedit de fomite secundum se considerato, prout inclinat ad malum. sic enim non habet rationem legis, * ut dictum est, ‘sed secundum quod sequitur ex divinae legis iustitia, tanquam si diceretur lex esse quod aliquis nobilis, propter suam culpam, ad servilia opera induci permitteretur.

ra2 ‘ Ad secundum dicendum quod obiectio illa procedit de eo quod est lex quasi regula et mensura, sic

enim deviantes a lege transgressores constituuntur. sic autem fomes non est lex, sed per quandam participationem, * ut supra dictum est.
ra3 ' Ad tertium dicendum quod ratio illa procedit de fomite quantum ad inclinationem propriam, non autem quantum ad suam originem. et tamen si consideretur inclinatio sensualitatis prout est in aliis animalibus, sic ordinatur ad bonum commune, idest ad conservationem naturae in specie vel in individuo. et hoc est etiam in homine, prout sensualitas subditur rationi. sed fomes dicitur secundum quod exit rationis ordinem.

008 ST2 qu92 ar

pr ' Deinde considerandum est de effectibus legis. et circa hoc quaeruntur duo. primo, utrum effectus legis sit homines facere bonos. " secundo, utrum effectus legis sint imperare, vetare, permittere et punire, * sicut legisperitus dicit.

008 ST2 qu92 ar1

ag1 ' Ad primum sic proceditur. videtur quod legis non sit facere homines bonos. homines enim sunt boni per virtutem, virtus enim est quae bonum facit habentem, * ut dicitur in ii ethic.. ' sed virtus est homini a solo deo, ipse enim eam facit in nobis sine nobis, * ut supra dictum est in definitione virtutis. ' ergo legis non est facere homines bonos.
ag2 ' Praeterea, lex non prodest homini nisi legi obediat. sed hoc ipsum quod homo obedit legi, est ex bonitate. ergo bonitas praeexigitur in homine ad legem. non igitur lex facit homines bonos.
ag3 ' Praeterea, lex ordinatur ad bonum commune, * ut supra dictum est. ' sed quidam bene se habent in his quae ad commune pertinent, qui tamen in propriis non bene se habent. non ergo ad legem pertinet quod faciat homines bonos.
ag4 ' Praeterea, quaedam leges sunt tyrannicae, * ut philosophus dicit, in sua politica. ' sed tyrannus non intendit ad bonitatem subditorum, sed solum ad propriam utilitatem. non ergo legis est facere homines bonos.
sc * Sed contra est quod philosophus dicit, in ii ethic., quod ° voluntas cuiuslibet legislatoris haec est, ut faciat cives bonos.
co * Respondeo dicendum quod, sicut supra dictum est, ' lex nihil aliud est quam dictamen rationis in praesidente, quo subditi gubernantur. cuiuslibet autem subditi virtus est ut bene subdatur ei a quo gubernatur, sicut videmus quod virtus irascibilis et concupiscibilis in hoc consistit quod sint bene obedientes rationi. et per hunc modum ° virtus cuiuslibet subiecti est ut bene subiiciatur principanti, * ut philosophus dicit, in i polit.. ' ad hoc autem ordinatur unaquaeque lex, ut obediatur ei a subditis. unde manifestum est quod hoc sit proprium legis, inducere subiectos ad propriam ipsorum virtutem. cum igitur virtus sit quae bonum facit habentem, sequitur quod proprius effectus legis sit bonos facere eos quibus datur, vel simpliciter vel secundum quid. si enim intentio ferentis legem tendat in verum bonum, quod est bonum commune secundum iustitiam divinam regulatum, sequitur quod per legem homines fiant boni simpliciter. si vero intentio legislatoris feratur ad id quod non est bonum simpliciter, sed utile vel delectabile sibi, vel repugnans iustitiae divinae; tunc lex non facit homines bonos simpliciter, sed secundum quid, scilicet in ordine ad tale regimen. sic autem bonum invenitur etiam in per se malis, sicut aliquis dicitur bonus latro, quia operatur accommode ad finem.
ra1 ' Ad primum ergo dicendum quod duplex est virtus, * ut ex supradictis patet, ' scilicet acquisita, et infusa. ad utramque autem aliquid operatur operum assuetudo, sed diversimode, nam virtutem quidem acquisitam causat; ad virtutem autem infusam disponit, et eam iam habitam conservat et promovet. et quia lex ad hoc datur ut dirigat actus humanos, inquantum actus humani operantur ad virtutem, intantum lex facit homines bonos. * unde et philosophus dicit, ii polit., quod ° legislatores assuefacientes faciunt bonos.
ra2 ' Ad secundum dicendum quod non semper aliquis obedit legi ex bonitate perfecta virtutis, sed quandoque quidem ex timore poenae; quandoque autem ex solo dictamine rationis, quod est quoddam principium virtutis, * ut supra habitum est.
ra3 ' Ad tertium dicendum quod bonitas cuiuslibet partis consideratur in proportione ad suum totum, unde et * augustinus dicit, in iii confess., quod ° turpis omnis pars est quae suo toti non congruit. ' cum igitur quilibet homo sit pars civitatis, impossibile est quod aliquis homo sit bonus, nisi sit bene proportionatus bono communi, nec totum potest bene consistere nisi ex partibus sibi proportionatis. unde impossibile est quod bonum commune civitatis bene se habeat, nisi cives sint virtuosi, ad minus illi quibus convenit principari. sufficit autem, quantum ad bonum communitatis, quod alii intantum sint virtuosi quod principum mandatis obediant. * et ideo philosophus dicit, in iii polit., quod ° eadem est virtus principis et boni viri; non autem eadem est virtus cuiuscumque civis et boni viri.
ra4 ' Ad quartum dicendum quod lex tyrannica, cum non sit secundum rationem, non est simpliciter lex, sed magis est quaedam perversitas legis. et tamen inquantum habet aliquid de ratione legis, intendit ad hoc quod cives sint boni. non enim habet de ratione legis nisi secundum hoc quod est dictamen alicuius praesidentis in subditis, et ad hoc tendit ut subditi legi sint bene obedientes; quod est eos esse bonos, non simpliciter, sed in ordine ad tale regimen.

008 ST2 qu92 ar2

ag1 * Ad secundum sic proceditur. videtur quod legis actus non sint convenienter assignati in hoc quod dicitur quod " legis actus est imperare, vetare, permittere et punire. lex enim omnis praeceptum commune est, * ut legisconsultus dicit. ' sed idem est imperare quod praecipere. ergo alia tria superfluunt.
ag2 ' Praeterea, effectus legis est ut inducat subditos ad bonum, * sicut supra dictum est. ' sed consilium est de meliori bono quam praeceptum. ergo magis pertinet ad legem consulere quam praecipere.
ag3 ' Praeterea, sicut homo aliquis incitatur ad bonum per poenas, ita etiam et per praemia. ergo sicut punire ponitur effectus legis, ita etiam et praemiare.
ag4 ' Praeterea, intentio legislatoris est ut homines faciat bonos, * sicut supra dictum est. ' sed ille qui solo metu poenarum obedit legi, non est bonus, nam ° timore servili, qui est timor poenarum, etsi bonum aliquis faciat, non tamen bene aliquid fit, * ut augustinus dicit. ' non ergo videtur esse proprium legis quod puniat.
sc * Sed contra est quod isidorus dicit, in v etymol., ° omnis lex aut permittit aliquid, ut, vir fortis praemium petat. aut vetat, ut, sacrarum virginum nuptias nulli liceat petere. aut punit, ut, qui caedem fecerit, capite plectatur.
co ' Respondeo dicendum quod, sicut enuntiatio est rationis dictamen per modum enuntiandi, ita etiam lex per modum praecipiendi. rationis autem proprium est ut ex aliquo ad aliquid inducat. unde sicut in demonstrativis scientiis ratio inducit ut assentiatur conclusioni per quaedam principia, ita etiam inducit ut assentiatur legis praecepto per aliquid. praecepta autem legis sunt de actibus humanis, in quibus lex dirigit, * ut supra dictum est. ' sunt autem tres differentiae humanorum actuum. * nam sicut supra dictum est, ' quidam actus sunt boni ex genere, qui sunt actus virtutum, et respectu horum, ponitur legis actus praecipere vel imperare; " praecipit enim lex omnes actus virtutum, * ut dicitur in v ethic.. ' quidam vero sunt actus mali ex genere, sicut actus vitiosi, et respectu horum, lex habet prohibere. quidam vero ex genere suo sunt actus indifferentes, et respectu horum, lex habet permittere. et possunt etiam indifferentes dici omnes illi actus qui sunt vel parum boni vel parum mali. id autem per quod inducit lex ad hoc quod sibi obediatur, est timor poenae, |25| et quantum ad hoc, ponitur legis effectus punire.
ra1 ' Ad primum ergo dicendum quod, sicut cessare a malo habet quandam rationem boni, ita etiam prohibitio habet quandam rationem praecepti. et secundum hoc, large accipiendo praeceptum, universaliter lex praeceptum dicitur.
ra2 ' Ad secundum dicendum quod consulere non est proprius actus legis, sed potest pertinere etiam ad personam privatam, cuius non est condere legem. * unde etiam apostolus, i ad cor. vii, cum consilium quoddam daret, " dixit, ego dico, non dominus. ' et ideo non ponitur inter effectus legis.
ra3 ' Ad tertium dicendum quod etiam praemiare potest ad quemlibet pertinere, sed punire non pertinet nisi ad ministrum legis, cuius auctoritate poena infertur. et ideo praemiare non ponitur actus legis, sed solum punire.
ra4 ' Ad quartum dicendum quod per hoc quod aliquis incipit assuefieri ad vitandum mala et ad implendum bona propter metum poenae, perducitur quandoque ad hoc quod delectabiliter et ex propria voluntate hoc faciat. et secundum hoc, lex etiam puniendo perducit ad hoc quod homines sint boni.

008 ST2 qu93 ar

pr ' Deinde considerandum est de singulis legibus. et primo, de lege aeterna; secundo, de lege naturali; tertio, de lege humana; quarto, de lege veteri; quinto, de lege nova, quae est lex evangelii. de sexta autem lege, quae est lex fomitis, sufficiat quod dictum est cum de peccato originali ageretur. circa primum quaeruntur sex. primo, quid sit lex aeterna. secundo, utrum sit omnibus nota. tertio, utrum omnis lex ab ea derivetur. quarto, utrum necessaria subiiciantur legi aeternae. quinto, utrum contingentia naturalia subiiciantur legi aeternae. sexto, utrum omnes res humanae ei subiiciantur.

008 ST2 qu93 ar1

ag1 ' Ad primum sic proceditur. videtur quod lex aeterna non sit ratio summa in deo existens. lex enim aeterna est una tantum. sed rationes rerum in mente divina sunt plures, * dicit enim augustinus, in libro octoginta trium quaest., quod ° deus singula fecit propriis rationibus. ' ergo lex aeterna non videtur esse idem quod ratio in mente divina existens.
ag2 ' Praeterea, de ratione legis est quod verbo promulgetur, * ut supra dictum est. ' sed verbum in divinis dicitur personaliter, * ut in primo habitum est, ' ratio autem dicitur essentialiter. non igitur idem est lex aeterna quod ratio divina.
ag3 * Praeterea, augustinus dicit, in libro de vera relig., ° apparet supra mentem nostram legem esse, quae veritas dicitur. ' lex autem supra mentem nostram existens est lex aeterna. ergo veritas est lex aeterna. sed non est eadem ratio veritatis et rationis. ergo lex aeterna non est idem quod ratio summa.
sc * Sed contra est quod augustinus dicit, in i de lib. arb., quod ° lex aeterna est summa ratio, cui semper obtemperandum est.
co ' Respondeo dicendum quod, sicut in quolibet artifice praeexistit ratio eorum quae constituuntur per artem, ita etiam in quolibet gubernante oportet quod praeexistat ratio ordinis eorum quae agenda sunt per eos qui gubernationi subduntur. et sicut ratio rerum fiendarum per artem vocatur ars vel exemplar rerum artificiatarum, ita etiam ratio gubernantis actus subditorum, rationem legis obtinet, * servatis aliis quae supra esse diximus de legis ratione. ' deus autem per suam sapientiam conditor est universarum rerum, ad quas comparatur sicut artifex ad artificiata, * ut in primo habitum est. ' et etiam gubernator omnium actuum et motionum quae inveniuntur in singulis creaturis, * ut etiam in primo habitum est. ' unde sicut ratio divinae sapientiae inquantum per eam cuncta sunt creata, rationem habet artis vel exemplaris vel ideae; ita ratio divinae sapientiae moventis omnia ad debitum finem, obtinet rationem legis. et secundum hoc, lex aeterna nihil aliud est quam ratio divinae sapientiae, secundum quod est directiva omnium actuum et motionum.
ra1 * Ad primum ergo dicendum quod augustinus loquitur ibi de ' rationibus idealibus, quae respiciunt proprias naturas singularum rerum, et ideo in eis invenitur quaedam distinctio et pluralitas, secundum diversos respectus ad res, * ut in primo habitum est. ' sed lex dicitur directiva actuum in ordine ad bonum commune, * ut supra dictum est. ' ea autem quae sunt in seipsis diversa, considerantur ut unum, secundum quod ordinantur ad aliquod commune. et ideo lex aeterna est una, quae est ratio huius ordinis.
ra2 ' Ad secundum dicendum quod circa verbum quodcumque duo possunt considerari, scilicet ipsum verbum, et ea quae verbo exprimuntur. verbum enim vocale est quiddam ab ore hominis prolatum; sed hoc verbo exprimuntur quae verbis humanis significantur. et eadem ratio est de verbo hominis mentali, quod nihil est aliud quam quiddam mente conceptum, quo homo exprimit mentaliter ea de quibus cogitat. sic igitur in divinis ipsum verbum, quod est conceptio paterni intellectus, personaliter dicitur, sed omnia quaecumque sunt in scientia patris, sive essentialia sive personalia, sive etiam dei opera exprimuntur hoc verbo, * ut patet per augustinum, in xv de trin.. ' et inter cetera quae hoc verbo exprimuntur, etiam ipsa lex aeterna verbo ipso exprimitur. nec tamen propter hoc sequitur quod lex aeterna personaliter in divinis dicatur. appropriatur tamen filio, propter convenientiam quam habet ratio ad verbum.
ra3 ' Ad tertium dicendum quod ratio intellectus divini aliter se habet ad res quam ratio intellectus humani. intellectus enim humanus est mensuratus a rebus, ut scilicet conceptus hominis non sit verus propter seipsum, sed dicitur verus ex hoc quod consonat rebus, ex hoc enim quod res est vel non est, opinio vera vel falsa est. intellectus vero divinus est mensura rerum, quia unaquaeque res intantum habet de veritate, inquantum imitatur intellectum divinum, * ut in primo dictum est. ' et ideo intellectus divinus est verus secundum se. unde ratio eius est ipsa veritas.

008 ST2 qu93 ar2

ag1 ' Ad secundum sic proceditur. videtur quod lex aeterna non sit omnibus nota. * quia ut dicit apostolus, i ad cor., ° quae sunt dei, nemo novit nisi spiritus dei. ' sed lex aeterna est quaedam ratio in mente divina existens. ergo omnibus est ignota nisi soli deo.
ag2 * Praeterea, sicut augustinus dicit, in libro de lib. arb., ° lex aeterna est qua iustum est ut omnia sint ordinatissima. ' sed non omnes cognoscunt qualiter omnia sint ordinatissima. non ergo omnes cognoscunt legem aeternam.
ag3 * Praeterea, augustinus dicit, in libro de vera relig., quod ° lex aeterna est de qua homines iudicare non possunt. * sed sicut in i ethic. dicitur, ° unusquisque bene iudicat quae cognoscit. ' ergo lex aeterna non est nobis nota.
sc * Sed contra est quod augustinus dicit, in libro de lib. arb., quod ° aeternae legis notio nobis impressa est.
co ' Respondeo dicendum quod dupliciter aliquid cognosci potest, uno modo, in seipso; alio modo, in suo effectu, in quo aliqua similitudo eius invenitur; sicut aliquis non videns solem in sua substantia, cognoscit ipsum in sua irradiatione. sic igitur dicendum est quod legem aeternam nullus potest cognoscere secundum quod in seipsa est, nisi solum beati, qui deum per essentiam vident. sed omnis creatura rationalis ipsam cognoscit secundum aliquam eius irradiationem, vel maiorem vel minorem. omnis enim cognitio veritatis est quaedam irradiatio et participatio legis aeternae, quae est veritas incommutabilis, * ut augustinus dicit, in libro de vera relig.. ' verita-

tem autem omnes aliqualiter cognoscunt, ad minus quantum ad principia communia legis naturalis. in aliis vero quidam plus et quidam minus participant de cognitione veritatis; et secundum hoc etiam plus vel minus cognoscunt legem aeternam.

ra1 · Ad primum ergo dicendum quod ea quae sunt dei, in seipsis quidem cognosci a nobis non possunt, sed tamen in effectibus suis nobis manifestantur, * secundum illud rom. i, ° invisibilia dei per ea quae facta sunt, intellecta, conspiciuntur.

ra2 · Ad secundum dicendum quod legem aeternam etsi unusquisque cognoscat pro sua capacitate, * secundum modum praedictum, · nullus tamen eam comprehendere potest, non enim totaliter manifestari potest per suos effectus. et ideo non oportet quod quicumque cognoscit legem aeternam * secundum modum praedictum, · cognoscat totum ordinem rerum, quo omnia sunt ordinatissima.

ra3 · Ad tertium dicendum quod iudicare de aliquo potest intelligi dupliciter. uno modo, sicut vis cognitiva diiudicat de proprio obiecto; * secundum illud iob xii, ° nonne auris verba diiudicat, et fauces comedentis saporem? * et secundum istum modum iudicii, philosophus dicit quod " unusquisque bene iudicat quae cognoscit, · iudicando scilicet an sit verum quod proponitur. alio modo, secundum quod superior iudicat de inferiori quodam practico iudicio, an scilicet ita debeat esse vel non ita. et sic nullus potest iudicare de lege aeterna.

008 ST2 qu93 ar3

ag1 · Ad tertium sic proceditur. videtur quod non omnis lex a lege aeterna derivetur. est enim quaedam lex fomitis, * ut supra dictum est. · ipsa autem non derivatur a lege divina, quae est lex aeterna, ad ipsam enim pertinet prudentia carnis, * de qua apostolus dicit, ad rom. viii, quod ° legi dei non potest esse subiecta. · ergo non omnis lex procedit a lege aeterna.

ag2 · Praeterea, a lege aeterna nihil iniquum procedere potest, * quia sicut dictum est, " lex aeterna est secundum quam iustum est ut omnia sint ordinatissima. · sed quaedam leges sunt iniquae; * secundum illud isaiae x, ° vae qui condunt leges iniquas. · ergo non omnis lex procedit a lege aeterna.

ag3 * Praeterea, augustinus dicit, in i de lib. arbit., quod ° lex quae populo regendo scribitur, recte multa permittit quae per divinam providentiam vindicantur. · sed ratio divinae providentiae est lex aeterna, * ut dictum est. · ergo nec etiam omnis lex recta procedit a lege aeterna.

sc * Sed contra est quod, prov. viii, divina sapientia dicit, ° per me reges regnant, et legum conditores iusta decernunt. · ratio autem divinae sapientiae est lex aeterna, * ut supra dictum est. · ergo omnes leges a lege aeterna procedunt.

co * Respondeo dicendum quod, sicut supra dictum est, · lex importat rationem quandam directivam actuum ad finem. in omnibus autem moventibus ordinatis oportet quod virtus secundi moventis derivetur a virtute moventis primi, quia movens secundum non movet nisi inquantum movetur a primo. unde et in omnibus gubernantibus idem videmus, quod ratio gubernationis a primo gubernante ad secundos derivatur, sicut ratio eorum quae sunt agenda in civitate, derivatur a rege per praeceptum in inferiores administratores. et in artificialibus etiam ratio artificialium actuum derivatur ab architectore ad inferiores artifices, qui manu operantur. cum ergo lex aeterna sit ratio gubernationis in supremo gubernante, necesse est quod omnes rationes gubernationis quae sunt in inferioribus gubernantibus, a lege aeterna deriventur. huiusmodi autem rationes inferiorum gubernantium sunt quaecumque aliae leges praeter legem aeternam. unde omnes leges, inquantum participant de ratione recta, intantum derivantur a lege aeterna. * et propter hoc augustinus dicit, in i de lib. arb., quod ° in temporali lege nihil est iustum ac legitimum, quod non ex lege aeterna homines sibi derivaverunt.

ra1 · Ad primum ergo dicendum quod fomes habet rationem legis in homine, inquantum est poena consequens divinam iustitiam, et secundum hoc manifestum est quod derivatur a lege aeterna. inquantum vero inclinat ad peccatum, sic contrariatur legi dei, et non habet rationem legis, * ut ex supradictis patet.

ra2 · Ad secundum dicendum quod lex humana intantum habet rationem legis, inquantum est secundum rationem rectam, et secundum hoc manifestum est quod a lege aeterna derivatur. inquantum vero a ratione recedit, sic dicitur lex iniqua, et sic non habet rationem legis, sed magis violentiae cuiusdam. et tamen in ipsa lege iniqua inquantum servatur aliquid de similitudine legis propter ordinem potestatis eius qui legem fert, secundum hoc etiam derivatur a lege aeterna, omnis enim potestas a domino deo est, * ut dicitur rom. xiii.

ra3 · Ad tertium dicendum quod lex humana dicitur aliqua permittere, non quasi ea approbans, sed quasi ea dirigere non potens. multa autem diriguntur lege divina quae dirigi non possunt lege humana, plura enim subduntur causae superiori quam inferiori. unde hoc ipsum quod lex humana non se intromittat de his quae dirigere non potest, ex ordine legis aeternae provenit. secus autem esset si approbaret ea quae lex aeterna reprobat. unde ex hoc non habetur quod lex humana non derivetur a lege aeterna, sed quod non perfecte eam assequi possit.

008 ST2 qu93 ar4

ag1 · Ad quartum sic proceditur. videtur quod necessaria et aeterna subiiciantur legi aeternae. omne enim quod rationabile est, rationi subditur. sed voluntas divina est rationabilis, cum sit iusta. ergo rationi subditur. sed lex aeterna est ratio divina. ergo voluntas dei subditur legi aeternae. voluntas autem dei est aliquod aeternum. ergo etiam aeterna et necessaria legi aeternae subduntur.

ag2 · Praeterea, quidquid subiicitur regi, subiicitur legi regis. ° filius autem, * ut dicitur i ad cor. xv, ° subiectus erit deo et patri, cum tradiderit ei regnum. · ergo filius, qui est aeternus, subiicitur legi aeternae.

ag3 · Praeterea, lex aeterna est ratio divinae providentiae. sed multa necessaria subduntur divinae providentiae, sicut permanentia substantiarum incorporalium et corporum caelestium. ergo legi aeternae subduntur etiam necessaria.

sc · Sed contra, ea quae sunt necessaria, impossibile est aliter se habere, unde cohibitione non indigent. sed imponitur hominibus lex ut cohibeantur a malis, * ut ex supradictis patet. · ergo ea quae sunt necessaria, legi non subduntur.

co * Respondeo dicendum quod, sicut supra dictum est, · lex aeterna est ratio divinae gubernationis. quaecumque ergo divinae gubernationi subduntur, subiiciuntur etiam legi aeternae, quae vero gubernationi aeternae non subduntur, neque legi aeternae subduntur. horum autem distinctio attendi potest ex his quae circa nos sunt. humanae enim gubernationi subduntur ea quae per homines fieri possunt, quae vero ad naturam hominis pertinent, non subduntur gubernationi humanae, scilicet quod homo habeat animam, vel manus aut pedes. sic igitur legi aeternae subduntur omnia quae sunt in rebus a deo creatis, sive sint contingentia sive sint necessaria, ea vero quae pertinent ad naturam vel essentiam divinam, legi aeternae non subduntur, sed sunt realiter ipsa lex aeterna.

ra1 · Ad primum ergo dicendum quod de voluntate dei dupliciter possumus loqui. uno modo, quantum ad ipsam voluntatem, et sic, cum voluntas dei sit ipsa eius essentia, non subditur gubernationi divinae neque legi aeternae, sed est idem quod lex aeterna. alio modo possumus loqui de voluntate divina quantum ad ipsa quae deus vult circa creaturas, quae quidem subiecta sunt legi aeternae, inquantum horum ratio est in divina sapientia. et ratione horum, voluntas dei dicitur rationabilis. alioquin, ratione sui ipsius, magis est dicenda ipsa ratio.

ra2 · Ad secundum dicendum quod filius dei non est a deo factus, sed naturaliter ab ipso genitus. et ideo non subditur divinae providentiae aut legi aeternae, sed magis ipse est lex aeterna per quandam appropriationem, * ut patet per augustinum, in libro de vera relig.. · dicitur autem esse subiectus patri ratione humanae naturae, * secundum quam etiam pater dicitur esse maior eo.

ra3 · Tertium concedimus, quia procedit de necessariis creatis.

ra4 · Ad quartum dicendum quod, * sicut philosophus dicit, in v metaphys., " quaedam necessaria habent causam suae necessitatis, · et sic hoc ipsum quod impossibile est ea aliter esse, habent ab alio. et hoc ipsum est cohibitio quaedam efficacissima, nam quaecumque cohibentur, intantum cohiberi dicuntur, inquantum non possunt aliter facere quam de eis disponatur.

008 ST2 qu93 ar5

ag1 · Ad quintum sic proceditur. videtur quod naturalia contingentia non subsint legi aeternae. promulgatio enim est de ratione legis, * ut supra dictum est. · sed promulgatio non potest fieri nisi ad creaturas rationales, quibus potest aliquid denuntiari. ergo solae creaturae rationales subsunt legi aeternae. non ergo naturalia contingentia.

ag2 " Praeterea, ea quae obediunt rationi, participant aliqualiter ratione, * ut dicitur in i ethic.. · lex autem aeterna est ratio summa, * ut supra dictum est. · cum igitur naturalia contingentia non participent aliqualiter ratione, sed penitus sint irrationabilia, videtur quod non subsint legi aeternae.

ag3 · Praeterea, lex aeterna est efficacissima. sed in naturalibus contingentibus accidit defectus. non ergo subsunt legi aeternae.

sc * Sed contra est quod dicitur prov. viii, ° quando circumdabat mari terminum suum, et legem ponebat aquis ne transirent fines suos.

co · Respondeo dicendum quod aliter dicendum est de lege hominis, et aliter de lege aeterna, quae est lex dei. lex enim hominis non se extendit nisi ad creaturas rationales quae homini subiiciuntur. cuius ratio est quia lex est directiva actuum qui conveniunt subiectis gubernationi alicuius, unde nullus, proprie loquendo, suis actibus legem imponit. quaecumque autem aguntur circa usum rerum irrationalium homini subditarum, aguntur per actum ipsius hominis moventis huiusmodi res, nam huiusmodi irrationales creaturae non agunt seipsas, sed ab aliis aguntur, * ut supra habitum est. · et ideo rebus irrationalibus homo legem imponere non potest, quantumcumque ei subiiciantur. rebus autem rationalibus sibi subiectis potest imponere legem, inquantum suo praecepto, vel denuntiatione quacumque, imprimit menti earum quandam regulam quae est principium agendi. sicut autem homo imprimit, denuntiando, quoddam interius principium actuum homini sibi subiecto, ita etiam deus imprimit toti naturae principia propriorum actuum. et ideo per hunc modum dicitur deus praecipere toti naturae; * secundum illud psalmi cxlviii, ° praeceptum posuit, et non praeteribit. · et per hanc etiam rationem omnes motus et actiones totius naturae legi aeternae subduntur. unde alio modo creaturae |25| irrationales subduntur legi aeternae, inquantum moventur a divina providentia, non autem per intellectum divini praecepti, sicut creaturae rationales.

ra1 · Ad primum ergo dicendum quod hoc modo se habet impressio activi principii intrinseci, quantum ad res naturales, sicut se habet promulgatio legis quantum ad homines, quia per legis promulgationem imprimitur hominibus quoddam directivum principium humanorum actuum, * ut dictum est.

ra2 · Ad secundum dicendum quod creaturae irrationales non participant ratione humana, nec ei obediunt, participant tamen, per modum obedientiae, ratione divina. ad plura enim se extendit virtus rationis divinae quam virtus rationis humanae. et sicut membra corporis humani moventur ad imperium rationis, non tamen participant ratione, quia non habent aliquam apprehensionem ordinatam ad rationem; ita etiam creaturae irrationales moventur a deo, nec tamen propter hoc sunt rationales.

ra3 · Ad tertium dicendum quod defectus qui accidunt in rebus naturalibus, quamvis sint praeter ordinem causarum particularium, non tamen sunt praeter ordinem causarum universalium; et praecipue causae primae, quae deus est, cuius providentiam nihil subterfugere potest, * ut in primo dictum est. · et quia lex aeterna est ratio divinae providentiae, * ut dictum est, · ideo defectus rerum naturalium legi aeternae subduntur.

008 ST2 qu93 ar6

ag1 · Ad sextum sic proceditur. videtur quod non omnes res humanae subiiciantur legi aeternae. * dicit enim apostolus, ad gal. v, ° si spiritu ducimini, non estis sub lege. · sed viri iusti, qui sunt filii dei per adoptionem, spiritu dei aguntur; * secundum illud rom. viii, ° qui spiritu dei aguntur, hi filii dei sunt. · ergo non omnes homines sunt sub lege aeterna.

ag2 * Praeterea, apostolus dicit, ad rom. viii, ° prudentia carnis inimica est deo, legi enim dei subiecta non est. · sed multi homines sunt in quibus prudentia carnis dominatur. ergo legi aeternae, quae est lex dei, non subiiciuntur omnes homines.

ag3 * Praeterea, augustinus dicit, in i de lib. arb., quod ° lex aeterna est qua mali miseriam, boni vitam beatam merentur. · sed homines iam beati, vel iam damnati, non sunt in statu merendi. ergo non subsunt legi aeternae.

sc * Sed contra est quod augustinus dicit, xix de civ. dei, ° nullo modo aliquid legibus summi creatoris ordinatorisque subtrahitur, a quo pax universitatis administratur.

co · Respondeo dicendum quod duplex est modus quo aliquid subditur legi aeternae, * ut ex supradictis patet, · uno modo, inquantum participatur lex aeterna per modum cognitionis; alio modo, per modum actionis et passionis, inquantum participatur per modum principii motivi. et hoc secundo modo subduntur legi aeternae irrationales creaturae, * ut dictum est. · sed quia rationalis natura, cum eo quod est commune omnibus creaturis, habet aliquid sibi proprium inquantum est rationalis, ideo secundum utrumque modum legi aeternae subditur, quia et notionem legis aeternae aliquo modo habet, * ut supra dictum est; · et iterum unicuique rationali creaturae inest naturalis inclinatio ad id quod est consonum legi aeternae; " sumus enim innati ad habendum virtutes, * ut dicitur in ii ethic.. · uterque tamen modus imperfectus quidem est, et quodammodo corruptus, in malis; in quibus et inclinatio naturalis ad virtutem depravatur per habitum vitiosum; et iterum ipsa naturalis cognitio boni in eis obtenebratur per passiones et habitus peccatorum. in bonis autem uterque modus |25| invenitur perfectior, quia et supra cognitionem naturalem boni, superadditur eis cognitio fidei et sapientiae; et supra naturalem inclinationem ad bonum, superadditur eis interius motivum gratiae et virtutis. sic igitur boni perfecte subsunt legi aeternae, tanquam semper secundum eam agentes. mali autem subsunt quidem legi aeternae, imperfecte quidem quantum ad actiones ipsorum, prout imperfecte cognoscunt et imperfecte inclinantur ad bonum, sed quantum deficit ex parte actionis, suppletur ex parte passionis, prout scilicet intantum patiuntur quod lex aeterna dictat de eis, inquantum deficiunt facere quod legi aeternae convenit. * unde augustinus dicit, in i de lib. arb., ° iustos sub aeterna lege agere existimo. * et in libro de catechizandis rudibus, dicit quod ° deus ex iusta miseria animarum se deserentium, convenientissimis legibus inferiores partes creaturae suae novit ornare.

ra1 * Ad primum ergo dicendum quod illud verbum apostoli potest ' intelligi dupliciter. uno modo, ut esse sub lege intelligatur ille qui nolens obligationi legis subditur, quasi cuidam ponderi. * unde glossa ibidem dicit quod ° sub lege est qui timore supplicii quod lex minatur, non amore iustitiae, a malo opere abstinet. ' et hoc modo spirituales viri non sunt sub lege, quia per caritatem, quam spiritus sanctus cordibus eorum infundit, voluntarie id quod legis est, implent. alio modo potest etiam intelligi inquantum hominis opera qui spiritu sancto agitur, magis dicuntur esse opera spiritus sancti quam ipsius hominis. unde cum spiritus sanctus non sit sub lege, sicut nec filius, * ut supra dictum est; ' sequitur quod huiusmodi opera, inquantum sunt spiritus sancti, non sint sub lege. * et huic attestatur quod apostolus dicit, ii ad cor. iii, ° ubi spiritus domini, ibi libertas.

ra2 ' Ad secundum dicendum quod prudentia carnis non potest subiici legi dei ex parte actionis, quia inclinat ad actiones contrarias legi dei. subiicitur tamen legi dei ex parte passionis, quia meretur pati poenam secundum legem divinae iustitiae. nihilominus tamen in nullo homine ita prudentia carnis dominatur, quod totum bonum naturae corrumpatur. et ideo remanet in homine inclinatio ad agendum ea quae sunt legis aeternae. * habitum est enim supra quod ' peccatum non tollit totum bonum naturae.

ra3 ' Ad tertium dicendum quod idem est per quod aliquid conservatur in fine, et per quod movetur ad finem, sicut corpus grave gravitate quiescit in loco inferiori, per quam etiam ad locum ipsum movetur. et sic dicendum est quod, sicut secundum legem aeternam aliqui merentur beatitudinem vel miseriam, ita per eandem legem in beatitudine vel miseria conservantur. et secundum hoc, et beati et damnati subsunt legi aeternae.

008 ST2 qu94 ar

pr ' Deinde considerandum est de lege naturali. et circa hoc quaeruntur sex. primo, quid sit lex naturalis. secundo, quae sint praecepta legis naturalis. tertio, utrum omnes actus virtutum sint de lege naturali. quarto, utrum lex naturalis sit una apud omnes. quinto, utrum sit mutabilis. sexto, utrum possit a mente hominis deleri.

008 ST2 qu94 ar1

ag1 ' Ad primum sic proceditur. videtur quod lex naturalis sit habitus. * quia ut philosophus dicit, in ii ethic., ° tria sunt in anima, potentia, habitus et passio. ' sed naturalis lex non est aliqua potentiarum animae, nec aliqua passionum, ut patet enumerando per singula. ergo lex naturalis est habitus.

ag2 * Praeterea, basilius dicit quod " conscientia, sive synderesis, est lex intellectus nostri, ' quod non potest intelligi nisi de lege naturali. sed synderesis est habitus quidam, * ut in primo habitum est. ' ergo lex naturalis est habitus.

ag3 ' Praeterea, lex naturalis semper in homine manet, * ut infra patebit. ' sed non semper ratio hominis, ad quam lex pertinet, cogitat de lege naturali. ergo lex naturalis non est actus, sed habitus.

sc ' Sed contra est quod * augustinus dicit, in libro de bono coniugali, quod ° habitus est quo aliquid agitur cum opus est. ' sed naturalis lex non est huiusmodi, est enim in parvulis et damnatis, qui per eam agere non possunt. ergo lex naturalis non est habitus.

co ' Respondeo dicendum quod aliquid potest dici esse habitus dupliciter. uno modo, proprie et essentialiter, et sic lex naturalis non est habitus. * dictum est enim supra quod ' lex naturalis est aliquid per rationem constitutum, sicut etiam propositio est quoddam opus rationis. non est autem idem quod quis agit, et quo quis agit, aliquis enim per habitum grammaticae agit orationem congruam. cum igitur habitus sit quo quis agit, non potest esse quod lex aliqua sit habitus proprie et essentialiter. alio modo potest dici habitus id quod habitu tenetur, sicut dicitur fides id quod fide tenetur. et hoc modo, quia praecepta legis naturalis quandoque considerantur in actu a ratione, quandoque autem sunt in ea habitualiter tantum, secundum hunc modum potest dici quod lex naturalis sit habitus. sicut etiam principia indemonstrabilia in speculativis non sunt ipse habitus principiorum, sed sunt principia quorum est habitus.

ra1 * Ad primum ergo dicendum quod philosophus intendit ibi " investigare genus virtutis, et cum manifestum sit quod virtus sit quoddam principium actus, illa tantum ponit quae sunt principia humanorum actuum, scilicet potentias, habitus et passiones. ' praeter haec autem tria sunt quaedam alia in anima, sicut quidam actus, ut velle est in volente; et etiam cognita sunt in cognoscente; et proprietates naturales animae insunt ei, ut immortalitas et alia huiusmodi.

ra2 ' Ad secundum dicendum quod synderesis dicitur lex intellectus nostri, inquantum est habitus continens praecepta legis naturalis, quae sunt prima principia operum humanorum.

ra3 ' Ad tertium dicendum quod ratio illa concludit quod lex naturalis habitualiter tenetur. et hoc concedimus.

ra4 ' Ad id vero quod in contrarium obiicitur, dicendum quod eo quod habitualiter inest, quandoque aliquis uti non potest propter aliquod impedimentum, sicut homo non potest uti habitu scientiae propter somnum. et similiter puer non potest uti habitu intellectus principiorum, vel etiam lege naturali, quae ei habitualiter inest, propter defectum aetatis.

008 ST2 qu94 ar2

ag1 ' Ad secundum sic proceditur. videtur quod lex naturalis non contineat plura praecepta, sed unum tantum. lex enim continetur in genere praecepti, * ut supra habitum est. ' si igitur essent multa praecepta legis naturalis, sequeretur quod etiam essent multae leges naturales.

ag2 ' Praeterea, lex naturalis consequitur hominis naturam. sed humana natura est una secundum totum, licet sit multiplex secundum partes. aut ergo est unum praeceptum tantum legis naturae, propter unitatem totius, aut sunt multa, secundum multitudinem partium humanae naturae. et sic oportebit quod etiam ea quae sunt de inclinatione concupiscibilis, pertineant ad legem naturalem.

ag3 ' Praeterea, lex est aliquid ad rationem pertinens, * ut supra dictum est. ' sed ratio in homine est una tantum. ergo solum unum praeceptum est legis naturalis.

sc ' Sed contra est quia sic se habent praecepta legis naturalis in homine quantum ad operabilia, sicut se habent prima principia in demonstrativis. sed prima principia indemonstrabilia sunt plura. ergo etiam praecepta legis naturae sunt plura.

co ' Respondeo dicendum quod, * sicut supra dictum est, ' praecepta legis naturae hoc modo se habent ad rationem practicam, sicut principia prima demonstrationum se habent ad rationem speculativam, utraque enim sunt quaedam principia per se nota. dicitur autem aliquid per se notum dupliciter, uno modo, secundum se; alio modo, quoad nos. secundum se quidem quaelibet propositio dicitur per se nota, cuius praedicatum est de ratione subiecti, contingit tamen quod ignoranti definitionem subiecti, talis propositio non erit per se nota. sicut ista propositio, homo est rationale, est per se nota secundum sui naturam, quia qui dicit hominem, dicit rationale, et tamen ignoranti quid sit homo, haec propositio non est per se nota. et inde est quod, * sicut dicit boetius, in libro de hebdomad., ' quaedam sunt dignitates vel propositiones per se notae communiter omnibus, et huiusmodi sunt illae propositiones quarum termini sunt omnibus noti, ut, omne totum est maius sua parte, et, quae uni et eidem sunt aequalia, sibi invicem sunt aequalia. quaedam vero propositiones sunt per se notae solis sapientibus, qui terminos propositionum intelligunt quid significent, sicut intelligenti quod angelus non est corpus, per se notum est quod non est circumscriptive in loco, quod |25| non est manifestum rudibus, qui hoc non capiunt. in his autem quae in apprehensione omnium cadunt, quidam ordo invenitur. nam illud quod primo cadit in apprehensione, est ens, cuius intellectus includitur in omnibus quaecumque quis apprehendit. et ideo primum principium indemonstrabile est quod non est simul affirmare et negare, quod fundatur supra rationem entis et non entis, et super hoc principio omnia alia fundantur, * ut dicitur in iv metaphys.. ' sicut autem ens est primum quod cadit in apprehensione simpliciter, ita bonum est primum quod cadit in apprehensione practicae rationis, quae ordinatur ad opus, omne enim agens agit propter finem, qui habet rationem boni. et ideo primum principium in ratione practica est quod fundatur supra rationem boni, quae est, bonum est quod omnia appetunt. hoc est ergo primum praeceptum legis, quod bonum est faciendum et prosequendum, et malum vitandum. et super hoc fundantur omnia alia praecepta legis naturae, ut scilicet omnia illa facienda vel vitanda pertineant ad praecepta legis naturae, quae ratio practica naturaliter apprehendit esse bona humana. quia vero bonum habet rationem finis, malum autem rationem contrarii, inde est quod omnia illa ad quae homo habet naturalem inclinationem, |50| ratio naturaliter apprehendit ut bona, et per consequens ut opere prosequenda, et contraria eorum ut mala et vitanda. secundum igitur ordinem inclinationum naturalium, est ordo praeceptorum legis naturae. inest enim primo inclinatio homini ad bonum secundum naturam in qua communicat cum omnibus substantiis, prout scilicet quaelibet substantia appetit conservationem sui esse secundum suam naturam. et secundum hanc inclinationem, pertinent ad legem naturalem ea per quae vita hominis conservatur, et contrarium impeditur. secundo inest homini inclinatio ad aliqua magis specialia, secundum naturam in qua communicat cum ceteris animalibus. et secundum hoc, dicuntur ea esse de lege naturali " quae natura omnia animalia docuit, ' ut est coniunctio maris et feminae, et educatio liberorum, et similia. tertio modo inest homini inclinatio ad bonum secundum naturam rationis, quae est sibi propria, sicut homo habet naturalem inclinationem ad hoc quod veritatem cognoscat de deo, et ad hoc quod in societate vivat. et secundum hoc, ad legem naturalem pertinent ea quae ad huiusmodi inclinationem spectant, utpote quod homo ignorantiam vitet, quod alios non offendat cum quibus debet conversari, et cetera huiusmodi quae ad hoc spectant.

ra1 ' Ad primum ergo dicendum quod omnia ista praecepta legis naturae, inquantum referuntur ad unum primum praeceptum, habent rationem unius legis naturalis.

ra2 ' Ad secundum dicendum quod omnes inclinationes quarumcumque partium humanae naturae, puta concupiscibilis et irascibilis, secundum quod regulantur ratione, pertinent ad legem naturalem, et reducuntur ad unum primum praeceptum, * ut dictum est. ' et secundum hoc, sunt multa praecepta legis naturae in seipsis, quae tamen communicant in una radice.

ra3 ' Ad tertium dicendum quod ratio, etsi in se una sit, tamen est ordinativa omnium quae ad homines spectant. et secundum hoc, sub lege rationis continentur omnia ea quae ratione regulari possunt.

008 ST2 qu94 ar3

ag1 ' Ad tertium sic proceditur. videtur quod non omnes actus virtutum sint de lege naturae. quia, * ut supra dictum est, ' de ratione legis est ut ordinetur ad bonum commune. sed quidam virtutum actus ordinantur ad bonum privatum alicuius, ut patet praecipue in actibus temperantiae. non ergo omnes actus virtutum legi subduntur naturali.

ag2 ' Praeterea, omnia peccata aliquibus virtuosis actibus opponuntur. si igitur omnes actus virtutum sint de lege naturae, videtur ex consequenti quod omnia peccata sint contra naturam. quod tamen specialiter de quibusdam peccatis dicitur.

ag3 ' Praeterea, in his quae sunt secundum naturam, omnes conveniunt. sed in actibus virtutum non omnes conveniunt, aliquid enim est virtuosum uni, quod est alteri vitiosum. ergo non omnes actus virtutum sunt de lege naturae.

sc * Sed contra est quod damascenus dicit, in iii libro, quod " virtutes sunt naturales. ' ergo et actus virtuosi subiacent legi naturae.

co ' Respondeo dicendum quod de actibus virtuosis dupliciter loqui possumus, uno modo, inquantum sunt virtuosi; alio modo, inquantum sunt tales actus in propriis speciebus considerati. si igitur loquamur de actibus virtutum inquantum sunt virtuosi, sic omnes actus virtuosi pertinent ad legem naturae. * dictum est enim quod ' ad legem naturae pertinet omne illud ad quod homo inclinatur secundum suam naturam. inclinatur autem unumquodque naturaliter ad operationem sibi convenientem secundum suam formam, sicut ignis ad calefaciendum. unde cum anima rationalis sit propria forma hominis, naturalis inclinatio inest cuilibet homini ad hoc quod agat secundum rationem. et hoc est agere secundum virtutem. unde secundum hoc, omnes actus virtutum sunt de lege naturali, dictat enim hoc naturaliter unicuique propria ratio, ut virtuose agat. sed si loquamur de actibus virtuosis secundum seipsos, prout scilicet in propriis speciebus considerantur, sic non omnes actus virtuosi sunt de lege naturae. multa enim secundum virtutem fiunt, ad quae natura non primo inclinat; sed per rationis inquisitionem ea homines adinvenerunt, quasi utilia ad bene vivendum.

ra1 ' Ad primum ergo dicendum quod temperantia est circa concupiscentias naturales cibi et potus et venereorum, quae quidem ordinantur ad bonum commune naturae, sicut et alia legalia ordinantur ad bonum commune morale.

ra2 ' Ad secundum dicendum quod natura hominis potest dici vel illa quae est propria homini, et secundum hoc, omnia peccata, inquantum sunt contra rationem, sunt etiam contra naturam, * ut patet per damascenum, in ii libro. ' vel illa quae est communis homini et aliis animalibus, et secundum hoc, quaedam specialia peccata dicuntur esse contra naturam; sicut contra commixtionem maris et feminae, quae est naturalis omnibus animalibus, est concubitus masculorum, quod specialiter dicitur vitium contra naturam.

ra3 ' Ad tertium dicendum quod ratio illa procedit de actibus secundum seipsos consideratis. sic enim, propter diversas hominum conditiones, contingit quod aliqui actus sunt aliquibus virtuosi, tanquam eis proportionati et convenientes, qui tamen sunt aliis vitiosi, tanquam eis non proportionati.

008 ST2 qu94 ar4

ag1 ' Ad quartum sic proceditur. videtur quod lex naturae non sit una apud omnes. * dicitur enim in decretis, dist. i, quod ° ius naturale est quod in lege et in evangelio continetur. ' sed hoc non est commune omnibus, quia, * ut dicitur rom. x, ° non omnes obediunt evangelio. ' ergo lex naturalis non est una apud omnes.

ag2 " Praeterea, ea quae sunt secundum legem, iusta esse dicuntur, * ut dicitur in v ethic.. sed in eodem libro dicitur quod " nihil est ita iustum apud omnes, quin apud aliquos diversificetur. ' ergo lex etiam naturalis non est apud omnes eadem.

ag3 ' Praeterea, ad legem naturae pertinet id ad quod homo secundum naturam suam inclinatur, * ut supra dictum est. sed diversi homines naturaliter ad diversa inclinantur, alii quidem ad concupiscentiam voluptatum, alii ad desideria honorum, alii ad alia. ergo non est una lex naturalis apud omnes.

sc * Sed contra est quod isidorus dicit, in libro etymol., ° ius naturale est commune omnium nationum.

co * Respondeo dicendum quod, sicut supra dictum est, ‘ ad legem naturae pertinent ea ad quae homo naturaliter inclinatur; inter quae homini proprium est ut inclinetur ad agendum secundum rationem. ad rationem autem pertinet ex communibus ad propria procedere, * ut patet ex i physic.. ‘ aliter tamen circa hoc se habet ratio speculativa, et aliter ratio practica. quia enim ratio speculativa praecipue negotiatur circa necessaria, quae impossibile est aliter se habere, absque aliquo defectu invenitur veritas in conclusionibus propriis, sicut et in principiis communibus. sed ratio practica negotiatur circa contingentia, in quibus sunt operationes humanae, et ideo, etsi in communibus sit aliqua necessitas, quanto magis ad propria descenditur, tanto magis invenitur defectus. sic igitur in speculativis est eadem veritas apud omnes tam in principiis quam in conclusionibus, licet veritas non apud omnes cognoscatur in conclusionibus, sed solum in principiis, quae dicuntur communes conceptiones. in operativis autem non est eadem veritas vel rectitudo practica apud omnes quantum ad propria, sed solum quantum ad communia, et apud illos apud quos est eadem rectitudo in propriis, non est aequaliter omnibus nota. sic igitur patet quod, quantum ad communia principia rationis sive speculativae |25| sive practicae, est eadem veritas seu rectitudo apud omnes, et aequaliter nota. quantum vero ad proprias conclusiones rationis speculativae, est eadem veritas apud omnes, non tamen aequaliter omnibus nota, apud omnes enim verum est quod triangulus habet tres angulos aequales duobus rectis, quamvis hoc non sit omnibus notum. sed quantum ad proprias conclusiones rationis practicae, nec est eadem veritas seu rectitudo apud omnes; nec etiam apud quos est eadem, est aequaliter nota. apud omnes enim hoc rectum est et verum, ut secundum rationem agatur. ex hoc autem principio sequitur quasi conclusio propria, quod deposita sint reddenda. et hoc quidem ut in pluribus verum est, sed potest in aliquo casu contingere quod sit damnosum, et per consequens irrationabile, si deposita reddantur; puta si aliquis petat ad impugnandam patriam. et hoc tanto magis invenitur deficere, quanto magis ad particularia descenditur, puta si dicatur quod deposita sunt reddenda cum tali cautione, vel tali modo, quanto enim plures conditiones particulares apponuntur, tanto pluribus modis poterit deficere, ut non sit rectum vel in reddendo vel in non reddendo. sic igitur dicendum est quod lex naturae, quantum ad prima principia communia, est eadem apud omnes et secundum rectitudinem, et secundum notitiam. sed quantum ad quaedam propria, quae sunt quasi conclusiones principiorum communium, est eadem apud omnes ut |50| in pluribus et secundum rectitudinem et secundum notitiam, sed ut in paucioribus potest deficere et quantum ad rectitudinem, propter aliqua particularia impedimenta (sicut etiam naturae generabiles et corruptibiles deficiunt ut in paucioribus, propter impedimenta), et etiam quantum ad notitiam; et hoc propter hoc quod aliqui habent depravatam rationem ex passione, seu ex mala consuetudine, seu ex mala habitudine naturae; sicut apud germanos olim latrocinium non reputabatur iniquum, cum tamen sit expresse contra legem naturae, * ut refert iulius caesar, in libro de bello gallico.

ra1 * Ad primum ergo dicendum quod verbum illud ‘ non est sic intelligendum quasi omnia quae in lege et in evangelio continentur, sint de lege naturae, cum multa tradantur ibi supra naturam, sed quia ea quae sunt de lege naturae, plenarie ibi traduntur. * unde cum dixisset gratianus quod ° ius naturale est quod in lege et in evangelio continetur, * statim, exemplificando, subiunxit, ° quo quisque iubetur alii facere quod sibi vult fieri.

ra2 * Ad secundum dicendum quod verbum philosophi est intelligendum ‘ de his quae sunt naturaliter iusta non sicut principia communia, sed sicut quaedam conclusiones ex his derivatae; quae ut in pluribus rectitudinem habent, et ut in paucioribus deficiunt.

ra3 ‘ Ad tertium dicendum quod, sicut ratio in homine dominatur et imperat aliis potentiis, ita oportet quod omnes inclinationes naturales ad alias potentias pertinentes ordinentur secundum rationem. unde hoc est apud omnes communiter rectum, ut secundum rationem dirigantur omnes hominum inclinationes.

008 ST2 qu94 ar5

ag1 ‘ Ad quintum sic proceditur. videtur quod lex naturae mutari possit. * quia super illud eccli. xvii, ° addidit eis disciplinam et legem vitae, * dicit glossa, ° legem litterae, quantum ad correctionem legis naturalis, scribi voluit. ‘ sed illud quod corrigitur, mutatur. ergo lex naturalis potest mutari.

ag2 ‘ Praeterea, contra legem naturalem est occisio innocentis, et etiam adulterium et furtum. sed ista inveniuntur esse mutata a deo, puta cum deus praecepit abrahae quod occideret filium innocentem, * ut habetur gen. xxii; ‘ et cum praecepit iudaeis ut mutuata aegyptiorum vasa subriperent, * ut habetur exod. xii; ‘ et cum praecepit osee ut uxorem fornicariam acciperet, * ut habetur osee i. ‘ ergo lex naturalis potest mutari.

ag3 * Praeterea, isidorus dicit, in libro etymol., quod ° communis omnium possessio, et una libertas, est de iure naturali. ‘ sed haec videmus esse commutata per leges humanas. ergo videtur quod lex naturalis sit mutabilis.

sc * Sed contra est quod dicitur in decretis, dist. v, ° naturale ius ab exordio rationalis creaturae. nec variatur tempore, sed immutabile permanet.

co ‘ Respondeo dicendum quod lex naturalis potest intelligi mutari dupliciter. uno modo, per hoc quod aliquid ei addatur. et sic nihil prohibet legem naturalem mutari, multa enim supra legem naturalem superaddita sunt, ad humanam vitam utilia, tam per legem divinam, quam etiam per leges humanas. alio modo intelligitur mutatio legis naturalis per modum subtractionis, ut scilicet aliquid desinat esse de lege naturali, quod prius fuit secundum legem naturalem. et sic quantum ad prima principia legis naturae, lex naturae est omnino immutabilis. quantum autem ad secunda praecepta, * quae diximus esse quasi quasdam proprias conclusiones propinquas primis principiis, ‘ sic lex naturalis non immutatur quin ut in pluribus rectum sit semper quod lex naturalis habet. potest tamen immutari in aliquo particulari, et in paucioribus, propter aliquas speciales causas impedientes observantiam talium praeceptorum, * ut supra dictum est.

ra1 ‘ Ad primum ergo dicendum quod lex scripta dicitur esse data ad correctionem legis naturae, vel quia per legem scriptam suppletum est quod legi naturae deerat, vel quia lex naturae in aliquorum cordibus, quantum ad aliqua, corrupta erat intantum ut existimarent esse bona quae naturaliter sunt mala; et talis corruptio correctione indigebat.

ra2 ‘ Ad secundum dicendum quod naturali morte moriuntur omnes communiter, tam nocentes quam innocentes. quae quidem naturalis mors divina potestate inducitur propter peccatum originale; * secundum illud i reg. ii, ° dominus mortificat et vivificat. ‘ et ideo absque aliqua iniustitia, secundum mandatum dei, potest infligi mors cuicumque homini, vel nocenti vel innocenti. similiter etiam adulterium est concubitus cum uxore aliena, quae quidem est ei deputata secundum legem divinitus traditam. unde ad quamcumque mulierem aliquis accedat ex mandato divino, non est adulterium nec fornicatio. et eadem ratio est de furto, quod est acceptio rei alienae. quidquid enim accipit aliquis ex mandato dei, qui est dominus universorum, non accipit absque voluntate domini, quod est furari. nec solum in rebus humanis quidquid a deo mandatur, hoc ipso est debitum, sed etiam in rebus naturalibus quidquid a deo fit, est quodammodo naturale, * ut in primo dictum est.

ra3 ‘ Ad tertium dicendum quod aliquid dicitur esse de iure naturali dupliciter. uno modo, quia ad hoc natura inclinat, sicut non esse iniuriam alteri faciendam. alio modo, quia natura non induxit contrarium, sicut possemus dicere quod hominem esse nudum est de iure naturali, quia natura non dedit ei vestitum, sed ars adinvenit. et hoc modo “ communis omnium possessio, et omnium una libertas, * dicitur esse de iure naturali, ‘ quia scilicet distinctio possessionum et servitus non sunt inductae a natura, sed per hominum rationem, ad utilitatem humanae vitae. et sic in hoc lex naturae non est mutata nisi per additionem.

008 ST2 qu94 ar6

ag1 ‘ Ad sextum sic proceditur. videtur quod lex naturae possit a corde hominis aboleri. * quia rom. ii, super illud, ° cum gentes, quae legem non habent, etc., * dicit glossa quod ° in interiori homine per gratiam innovato, lex iustitiae inscribitur, quam deleverat culpa. ‘ sed lex iustitiae est lex naturae. ergo lex naturae potest deleri.

ag2 ‘ Praeterea, lex gratiae est efficacior quam lex naturae. sed lex gratiae deletur per culpam. ergo multo magis lex naturae potest deleri.

ag3 ‘ Praeterea, illud quod lege statuitur, inducitur quasi iustum. sed multa sunt ab hominibus statuta contra legem naturae. ergo lex naturae potest a cordibus hominum aboleri.

sc * Sed contra est quod augustinus dicit, in ii confess., ° lex tua scripta est in cordibus hominum, quam nec ulla quidem delet iniquitas. ‘ sed lex scripta in cordibus hominum est lex naturalis. ergo lex naturalis deleri non potest.

co * Respondeo dicendum quod, sicut supra dictum est, ‘ ad legem naturalem pertinent primo quidem quaedam praecepta communissima, quae sunt omnibus nota, quaedam autem secundaria praecepta magis propria, quae sunt quasi conclusiones propinquae principiis. quantum ergo ad illa principia communia, lex naturalis nullo modo potest a cordibus hominum deleri in universali. deletur tamen in particulari operabili, secundum quod ratio impeditur applicare commune principium ad particulare operabile, propter concupiscentiam vel aliquam aliam passionem, * ut supra dictum est. ‘ quantum vero ad alia praecepta secundaria, potest lex naturalis deleri de cordibus hominum, vel propter malas persuasiones, eo modo quo etiam in speculativis errores contingunt circa conclusiones necessarias; vel etiam propter pravas consuetudines et habitus corruptos; sicut apud quosdam non reputabantur latrocinia peccata, vel etiam vitia contra naturam, * ut etiam apostolus dicit, ad rom. i.

ra1 ‘ Ad primum ergo dicendum quod culpa delet legem naturae in particulari, non autem in universali, nisi forte quantum ad secunda praecepta legis naturae, * eo modo quo dictum est.

ra2 ‘ Ad secundum dicendum quod gratia etsi sit efficacior quam natura, tamen natura essentialior est homini, et ideo magis permanens.

ra3 ‘ Ad tertium dicendum quod ratio illa procedit de secundis praeceptis legis naturae, contra quae aliqui legislatores statuta aliqua fecerunt, quae sunt iniqua.

008 ST2 qu95 ar

pr ‘ Deinde considerandum est de lege humana. et primo quidem, de ipsa lege secundum se; secundo, de potestate eius; tertio, de eius mutabilitate. circa primum quaeruntur quatuor. primo, de utilitate ipsius. secundo, de origine eius. tertio, de qualitate ipsius. quarto, de divisione eiusdem.

008 ST2 qu95 ar1

ag1 ‘ Ad primum sic proceditur. videtur quod non fuerit utile aliquas leges poni ab hominibus. intentio enim cuiuslibet legis est ut per eam homines fiant boni, * sicut supra dictum est. ‘ sed homines magis inducuntur ad bonum voluntarii per monitiones, quam coacti per leges. ergo non fuit necessarium leges ponere.

ag2 * Praeterea, sicut dicit philosophus, in v ethic., ° ad iudicem confugiunt homines sicut ad iustum animatum. ‘ sed iustitia animata est melior quam inanimata, quae legibus continetur. ergo melius fuisset ut executio iustitiae committeretur arbitrio iudicum, quam quod super hoc lex aliqua ederetur.

ag3 ‘ Praeterea, lex omnis directiva est actuum humanorum, * ut ex supradictis patet. ‘ sed cum humani actus consistant in singularibus, quae sunt infinita, non possunt ea quae ad directionem humanorum actuum pertinent, sufficienter considerari, nisi ab aliquo sapiente, qui inspiciat singula. ergo melius fuisset arbitrio sapientum dirigi actus humanos, quam aliqua lege posita. ergo non fuit necessarium leges humanas ponere.

sc * Sed contra est quod isidorus dicit, in libro etymol., ° factae sunt leges ut earum metu humana coerceretur audacia, tutaque sit inter improbos innocentia, et in ipsis improbis formidato supplicio refrenetur nocendi facultas. ‘ sed haec sunt maxime necessaria humano generi. ergo necessarium fuit ponere leges humanas.

co * Respondeo dicendum quod, sicut ex supradictis patet, ‘ homini naturaliter inest quaedam aptitudo ad virtutem; sed ipsa virtutis perfectio necesse est quod homini adveniat per aliquam disciplinam. sicut etiam videmus quod per aliquam industriam subvenitur homini in suis necessitatibus, puta in cibo et vestitu, quorum initia quaedam habet a natura, scilicet rationem et manus, non autem ipsum complementum, sicut cetera animalia, quibus natura dedit sufficienter tegumentum et cibum. ad hanc autem disciplinam non de facili invenitur homo sibi sufficiens. quia perfectio virtutis praecipue consistit in retrahendo hominem ab indebitis delectationibus, ad quas praecipue homines sunt proni, et maxime iuvenes, circa quos efficacior est disciplina. et ideo oportet quod huiusmodi disciplinam, per quam ad virtutem perveniatur, homines ab alio sortiantur. et quidem quantum ad illos iuvenes qui sunt proni ad actus virtutum, ex bona dispositione naturae, vel consuetudine, vel magis divino munere, sufficit disciplina paterna, quae est per monitiones. sed quia inveniuntur quidam protervi et ad vitia proni, qui verbis de facili moveri non possunt; necessarium fuit ut per vim et metum cohiberentur a malo, ut saltem sic male facere desistentes, et aliis quietam vitam redderent, et ipsi tandem per huiusmodi assuetudinem ad hoc |25| perducerentur quod voluntarie facerent quae prius metu implebant, et sic fierent virtuosi. huiusmodi autem disciplina cogens metu poenae, est disciplina legum. unde necessarium fuit ad pacem hominum et virtutem, ut leges ponerentur, quia * sicut philosophus dicit, in i polit., ° sicut homo, si sit perfectus virtute, est optimum animalium; sic, si sit separatus a lege et iustitia, est pessimum omnium; ‘ quia homo habet arma rationis ad explendas concupiscentias et saevitias, quae non habent alia animalia.

ra1 ‘ Ad primum ergo dicendum quod homines bene dispositi melius inducuntur ad virtutem monitionibus voluntariis quam coactione, sed quidam male dispositi non ducuntur ad virtutem nisi cogantur.

ra2 * Ad secundum dicendum quod, sicut philosophus dicit, i rhetor., ° melius est omnia ordinari lege, quam dimittere iudicum arbitrio. ‘ et hoc propter tria. primo quidem, quia facilius est invenire paucos sapientes, qui sufficiant ad rectas leges ponendas, quam multos, qui requirerentur ad recte iudicandum de singulis. secundo, quia illi qui leges ponunt, ex multo tempore considerant quid lege ferendum sit, sed iudicia de singularibus factis fiunt ex casibus subito exortis. facilius autem ex multis consideratis potest homo videre quid rectum sit, quam solum ex aliquo uno facto. tertio, quia legislatores iudicant in u-

niversali, et de futuris, sed homines iudiciis praesidentes iudicant de praesentibus, ad quae afficiuntur amore vel odio, aut aliqua cupiditate; et sic eorum depravatur iudicium. quia ergo iustitia animata iudicis non invenitur in multis; et quia flexibilis est; ideo necessarium fuit, in quibuscumque est possibile, legem determinare quid iudicandum sit, et paucissima arbitrio hominum committere.
ra3 ' Ad tertium dicendum quod " quaedam singularia, quae non possunt lege comprehendi, necesse est committere iudicibus, * ut ibidem philosophus dicit, " puta de eo quod est factum esse vel non esse, et de aliis huiusmodi.

008 ST2 qu95 ar2

ag1 ' Ad secundum sic proceditur. videtur quod non omnis lex humanitus posita a lege naturali derivetur. * dicit enim philosophus, in v ethic., quod ° iustum legale est quod ex principio quidem nihil differt utrum sic vel aliter fiat. ' sed in his quae oriuntur ex lege naturali, differt utrum sic vel aliter fiat. ergo ea quae sunt legibus humanis statuta, non omnia derivantur a lege naturae.
ag2 ' Praeterea, ius positivum dividitur contra ius naturale, * ut patet per isidorum, in libro etymol., et per philosophum, in v ethic.. ' sed ea quae derivantur a principiis communibus legis naturae sicut conclusiones, pertinent ad legem naturae, * ut supra dictum est. ' ergo ea quae sunt de lege humana, non derivantur a lege naturae.
ag3 ' Praeterea, lex naturae est eadem apud omnes, * dicit enim philosophus, in v ethic., quod ° naturale iustum est quod ubique habet eandem potentiam. ' si igitur leges humanae a naturali lege derivarentur, sequeretur quod etiam ipsae essent eaedem apud omnes. quod patet esse falsum.
ag4 ' Praeterea, eorum quae a lege naturali derivantur, potest aliqua ratio assignari. sed " non omnium quae a maioribus lege statuta sunt, ratio reddi potest, * ut iurisperitus dicit. ' ergo non omnes leges humanae derivantur a lege naturali.
sc * Sed contra est quod tullius dicit, in sua rhetor., ° res a natura profectas, et a consuetudine probatas, legum metus et religio sanxit.
co * Respondeo dicendum quod, sicut augustinus dicit, in i de lib. arb., ° non videtur esse lex, quae iusta non fuerit. ' unde inquantum habet de iustitia, intantum habet de virtute legis. in rebus autem humanis dicitur esse aliquid iustum ex eo quod est rectum secundum regulam rationis. rationis autem prima regula est lex naturae, * ut ex supradictis patet. ' unde omnis lex humanitus posita intantum habet de ratione legis, inquantum a lege naturae derivatur. si vero in aliquo, a lege naturali discordet, iam non erit lex sed legis corruptio. sed sciendum est quod a lege naturali dupliciter potest aliquid derivari, uno modo, sicut conclusiones ex principiis; alio modo, sicut determinationes quaedam aliquorum communium. primus quidem modus est similis ei quo in scientiis ex principiis conclusiones demonstrativae producuntur. secundo vero modo simile est quod in artibus formae communes determinantur ad aliquid speciale, sicut artifex formam communem domus necesse est quod determinet ad hanc vel illam domus figuram. derivantur ergo quaedam a principiis communibus legis naturae per modum conclusionum, sicut hoc quod est non esse occidendum, ut conclusio quaedam derivari potest ab eo quod est nulli esse malum faciendum. quaedam vero per modum determinationis, sicut lex naturae habet quod ille qui peccat, |25| puniatur; sed quod tali poena puniatur, hoc est quaedam determinatio legis naturae. utraque igitur inveniuntur in lege humana posita. sed ea quae sunt primi modi, continentur lege humana non tanquam sint solum lege posita, sed habent etiam aliquid vigoris ex lege naturali. sed ea quae sunt secundi modi, ex sola lege humana vigorem habent.
ra1 * Ad primum ergo dicendum quod philosophus loquitur de illis ' quae sunt lege posita per determinationem vel specificationem quandam praeceptorum legis naturae.
ra2 ' Ad secundum dicendum quod ratio illa procedit de his quae derivantur a lege naturae tanquam conclusiones.
ra3 ' Ad tertium dicendum quod principia communia legis naturae non possunt eodem modo applicari omnibus, propter multam varietatem rerum humanarum. et exinde provenit diversitas legis positivae apud diversos.
ra4 * Ad quartum dicendum quod verbum illud iurisperiti ' intelligendum est in his quae sunt introducta a maioribus circa particulares determinationes legis naturalis; ad quas quidem determinationes se habet expertorum et prudentum iudicium sicut ad quaedam principia; inquantum scilicet statim vident quid congruentius sit particulariter determinari. * unde philosophus dicit, in vi ethic., quod ° in talibus oportet attendere expertorum et seniorum vel prudentum indemonstrabilibus enuntiationibus et opinionibus, non minus quam demonstrationibus.

008 ST2 qu95 ar3

ag1 * Ad tertium sic proceditur. videtur quod isidorus inconvenienter " qualitatem legis positivae describat, dicens, ° erit lex honesta, iusta, possibilis secundum naturam, secundum consuetudinem patriae, loco temporique conveniens, necessaria, utilis; manifesta quoque, ne aliquid per obscuritatem in captionem contineat; nullo privato commodo, sed pro communi utilitate civium scripta. * supra enim in tribus conditionibus " qualitatem legis explicaverat, dicens, ° lex erit omne quod ratione constiterit, dumtaxat quod religioni congruat, quod disciplinae conveniat, quod saluti proficiat. ' ergo superflue postmodum conditiones legis multiplicat.
ag2 " Praeterea, iustitia pars est honestatis; * ut tullius dicit, in i de offic.. " ergo postquam dixerat honesta, superflue additur iusta.
ag3 ' Praeterea, lex scripta, * secundum isidorum, ' contra consuetudinem dividitur. " non ergo debuit in definitione legis poni quod esset secundum consuetudinem patriae.
ag4 ' Praeterea, necessarium dupliciter dicitur. scilicet id quod est necessarium simpliciter, quod impossibile est aliter se habere, et huiusmodi necessarium non subiacet humano iudicio, unde talis necessitas ad legem humanam non pertinet. est etiam aliquid necessarium propter finem, et talis necessitas idem est quod utilitas. " ergo superflue utrumque ponitur, necessaria et utilis.
sc * Sed contra est auctoritas ipsius isidori.
co ' Respondeo dicendum quod uniuscuiusque rei quae est propter finem, necesse est quod forma determinetur secundum proportionem ad finem; sicut forma serrae talis est qualis convenit sectioni; * ut patet in ii physic.. ' qualibet etiam res recta et mensurata oportet quod habeat formam proportionalem suae regulae et mensurae. lex autem humana utrumque habet, quia et est aliquid ordinatum ad finem; et est quaedam regula vel mensura regulata vel mensurata quadam superiori mensura; quae quidem est duplex, scilicet lex divina et lex naturae, * ut ex supradictis patet. " finis autem humanae legis est utilitas hominum; * sicut etiam iurisperitus dicit. et ideo isidorus in conditione legis, primo quidem tria posuit, " scilicet quod religioni congruat, inquantum scilicet est proportionata legi divinae; quod disciplinae conveniat, inquantum est proportionata legi naturae; quod saluti proficiat, inquantum est proportionata utilitati humanae. et ad haec tria omnes aliae conditiones quas postea ponit, reducuntur. nam quod dicitur honesta, refertur ad hoc quod religioni congruat. quod autem subditur, ° iusta, possibilis secundum naturam, secundum consuetudinem |25| patriae, loco temporique conveniens, ' additur ad hoc quod conveniat disciplinae. attenditur enim humana disciplina primum quidem quantum ad ordinem rationis, qui importatur in hoc quod dicitur iusta. secundo, quantum ad facultatem agentium. debet enim esse disciplina conveniens unicuique secundum suam possibilitatem, observata etiam possibilitate naturae (non enim eadem sunt imponenda pueris, quae imponuntur viris perfectis); et secundum humanam consuetudinem; non enim potest homo solus in societate vivere, aliis morem non gerens. tertio, quantum ad debitas circumstantias, " dicit, loco temporique conveniens. quod vero subditur, necessaria, utilis, etc., refertur ad hoc quod expediat saluti, ' ut necessitas referatur ad remotionem malorum; utilitas, ad consecutionem bonorum; manifestatio vero, ad cavendum nocumentum quod ex ipsa lege posset provenire. * et quia, sicut supra dictum est, ' lex ordinatur ad bonum commune, hoc ipsum in ultima parte determinationis ostenditur.
ra ' Et per hoc patet responsio ad obiecta.

008 ST2 qu95 ar4

ag1 ' Ad quartum sic proceditur. videtur quod inconvenienter * isidorus divisionem legum humanarum ponat, sive iuris humani. " sub hoc enim iure comprehendit ius gentium, quod ideo sic nominatur, ut ipse dicit, quia eo omnes fere gentes utuntur. * sed sicut ipse dicit, ° ius naturale est quod est commune omnium nationum. ' ergo ius gentium non continetur sub iure positivo humano, sed magis sub iure naturali.
ag2 ' Praeterea, ea quae habent eandem vim, non videntur formaliter differre, sed solum materialiter. sed leges, plebiscita, senatusconsulta, * et alia huiusmodi quae ponit, ' omnia habent eandem vim. ergo videtur quod non differant nisi materialiter. sed talis distinctio in arte non est curanda, cum possit esse in infinitum. ergo inconvenienter huiusmodi divisio humanarum legum introducitur.
ag3 ' Praeterea, sicut in civitate sunt principes et sacerdotes et milites, ita etiam sunt et alia hominum officia. ergo videtur quod, sicut ponitur quoddam ius militare, et ius publicum, quod consistit in sacerdotibus et magistratibus; ita etiam debeant poni alia iura, ad alia officia civitatis pertinentia.
ag4 ' Praeterea, ea quae sunt per accidens, sunt praetermittenda. sed accidit legi ut ab hoc vel illo homine feratur. ergo inconvenienter ponitur divisio legum humanarum ex nominibus legislatorum, * ut scilicet quaedam dicatur cornelia, quaedam falcidia, etc..
sc * In contrarium auctoritas isidori sufficiat.
co ' Respondeo dicendum quod unumquodque potest per se dividi secundum id quod in eius ratione continetur. sicut in ratione animalis continetur anima, quae est rationalis vel irrationalis, et ideo animal proprie et per se dividitur secundum rationale et irrationale; non autem secundum album et nigrum, quae sunt omnino praeter rationem eius. sunt autem multa de ratione legis humanae, secundum quorum quodlibet lex humana proprie et per se dividi potest. est enim primo de ratione legis humanae quod sit derivata a lege naturae, * ut ex dictis patet. ' et secundum hoc dividitur ius positivum in ius gentium et ius civile, secundum duos modos quibus aliquid derivatur a lege naturae, * ut supra dictum est. ' nam ad ius gentium pertinent ea quae derivantur ex lege naturae sicut conclusiones ex principiis, ut iustae emptiones, venditiones, et alia huiusmodi, sine quibus homines ad invicem convivere non possent; quod est de lege naturae, " quia homo est naturaliter animal sociale, * ut probatur in i polit.. ' quae vero derivantur a lege naturae per modum particularis determinationis, pertinent ad |25| ius civile, secundum quod quaelibet civitas aliquid sibi accommodum determinat. secundo est de ratione legis humanae quod ordinetur ad bonum commune civitatis. et secundum hoc lex humana dividi potest secundum diversitatem eorum qui specialiter dant operam ad bonum commune, sicut sacerdotes, pro populo deum orantes; principes, populum gubernantes; et milites, pro salute populi pugnantes. et ideo istis hominibus specialia quaedam iura aptantur. tertio est de ratione legis humanae ut instituatur a gubernante communitatem civitatis, * sicut supra dictum est. ' et secundum hoc distinguuntur leges humanae secundum diversa regimina civitatum. " quorum unum, * secundum philosophum, in iii polit., " est regnum, quando scilicet civitas gubernatur ab uno, et secundum hoc accipiuntur constitutiones principum. aliud vero regimen est aristocratia, idest principatus optimorum, vel optimatum, et secundum hoc sumuntur responsa prudentum, et etiam senatusconsulta. aliud regimen est oligarchia, idest principatus paucorum divitum et potentum, et secundum hoc sumitur ius praetorium, quod etiam honorarium dicitur. aliud autem regimen est populi, quod nominatur democratia, et secundum hoc sumuntur plebiscita. aliud autem est tyrannicum, |50| quod est omnino corruptum, unde ex hoc non sumitur aliqua lex. est etiam aliquod regimen ex istis commixtum, quod est optimum, et secundum hoc sumitur lex, ° quam maiores natu simul cum plebibus sanxerunt, * ut isidorus dicit. ' quarto vero de ratione legis humanae est quod sit directiva humanorum actuum. et secundum hoc, secundum diversa de quibus leges feruntur, distinguuntur leges, quae interdum ab auctoribus nominantur, * sicut distinguitur lex iulia de adulteriis, lex cornelia de sicariis, et sic de aliis, ' non propter auctores, sed propter res de quibus sunt.
ra1 ' Ad primum ergo dicendum quod ius gentium est quidem aliquo modo naturale homini, secundum quod est rationalis, inquantum derivatur a lege naturali per modum conclusionis quae non est multum remota a principiis. unde de facili in huiusmodi homines consenserunt. distinguitur tamen a lege naturali, maxime ab eo quod est omnibus animalibus communis.
ra2 ' Ad alia patet responsio ex his quae dicta sunt.

008 ST2 qu96 ar

pr ' Deinde considerandum est de potestate legis humanae. et circa hoc quaeruntur sex. primo, utrum lex humana debeat poni in communi. secundo, utrum lex humana debeat omnia vitia cohibere. tertio, utrum omnium virtutum actus habeat ordinare. quarto, utrum imponat homini necessitatem quantum ad forum conscientiae. quinto, utrum omnes homines legi humanae subdantur. sexto, utrum his qui sunt sub lege, liceat agere praeter verba legis.

008 ST2 qu96 ar1

ag1 ' Ad primum sic proceditur. videtur quod lex humana non debeat poni in communi, sed magis in particulari. * dicit enim philosophus, in v ethic., quod ° legalia sunt quaecumque in singularibus lege ponunt; et etiam sententialia, ' quae sunt etiam singularia, quia de singularibus actibus sententiae feruntur. ergo lex non solum ponitur in communi, sed etiam in singulari.
ag2 ' Praeterea, lex est directiva humanorum actuum, * ut supra dictum est. ' sed humani actus in singularibus consistunt. ergo leges humanae non debent in universali ferri, sed magis in singulari.
ag3 ' Praeterea, lex est regula et mensura humanorum actuum, * ut supra dictum est. " sed mensura debet esse certissima, * ut dicitur in x metaphys.. ' cum ergo in actibus humanis non possit esse aliquod universale certum, quin in particularibus deficiat; videtur quod necesse sit leges non in universali, sed in singulari poni.
sc * Sed contra est quod iurisperitus dicit, quod ° iura constitui oportet in his quae saepius accidunt, ex his autem quae forte uno casu accidere possunt, iura non constituuntur.
co ' Respondeo dicendum quod unumquodque quod est propter finem, necesse est quod sit fini proportionatum. finis autem legis est bonum commune, * quia, ut isidorus dicit, in libro etymol., ° nullo privato commodo, sed pro communi utilitate civium

lex debet esse conscripta. ‘ unde oportet leges humanas esse proportionatas ad bonum commune. bonum autem commune constat ex multis. et ideo oportet quod lex ad multa respiciat, et secundum personas, et secundum negotia, et secundum tempora. constituitur enim communitas civitatis ex multis personis; et eius bonum per multiplices actiones procuratur; nec ad hoc solum instituitur quod aliquo modico tempore duret, sed quod omni tempore perseveret per civium successionem, * ut augustinus dicit, in xxii de civ. dei.

ra1 * Ad primum ergo dicendum quod philosophus in v ethic. “ ponit tres partes iusti legalis, quod est ius positivum. ‘ sunt enim quaedam quae simpliciter in communi ponuntur. et haec sunt leges communes. * et quantum ad huiusmodi, dicit quod ° legale est quod ex principio quidem nihil differt sic vel aliter, quando autem ponitur, differt, ‘ puta quod captivi statuto pretio redimantur. quaedam vero sunt quae sunt communia quantum ad aliquid, et singularia quantum ad aliquid. et huiusmodi dicuntur privilegia, quasi leges privatae, quia respiciunt singulares personas, et tamen potestas eorum extenditur ad multa negotia. * et quantum ad hoc, subdit, ° adhuc quaecumque in singularibus lege ponunt. ‘ dicuntur etiam quaedam legalia, non quia sint leges, sed propter applicationem legum communium ad aliqua particularia facta; sicut sunt sententiae, quae pro iure habentur. * et quantum ad hoc, subdit, et sententialia.

ra2 ‘ Ad secundum dicendum quod illud quod est directivum, oportet esse plurium directivum, * unde in x metaphys., philosophus dicit quod “ omnia quae sunt unius generis, mensurantur aliquo uno, quod est primum in genere illo. ‘ si enim essent tot regulae vel mensurae quot sunt mensurata vel regulata, cessaret utilitas regulae vel mensurae, quae est ut ex uno multa possint cognosci. et ita nulla esset utilitas legis, si non se extenderet nisi ad unum singularem actum. ad singulares enim actus dirigendos dantur singularia praecepta prudentium, sed lex est praeceptum commune, * ut supra dictum est.

ra3 “ Ad tertium dicendum quod non est eadem certitudo quaerenda in omnibus, * ut in i ethic. dicitur. ‘ unde in rebus contingentibus, sicut sunt naturalia et res humanae, sufficit talis certitudo ut aliquid sit verum ut in pluribus, licet interdum deficiat in paucioribus.

008 ST2 qu96 ar2

ag1 ‘ Ad secundum sic proceditur. videtur quod ad legem humanam pertineat omnia vitia cohibere. * dicit enim isidorus, in libro etymol., quod ° leges sunt factae ut earum metu coerceatur audacia. ‘ non autem sufficienter coerceretur, nisi quaelibet mala cohiberentur per legem. ergo lex humana debet quaelibet mala cohibere.

ag2 ‘ Praeterea, intentio legislatoris est cives facere virtuosos. sed non potest esse aliquis virtuosus, nisi ab omnibus vitiis compescatur. ergo ad legem humanam pertinet omnia vitia compescere.

ag3 ‘ Praeterea, lex humana a lege naturali derivatur, * ut supra dictum est. ‘ sed omnia vitia repugnant legi naturae. ergo lex humana omnia vitia debet cohibere.

sc * Sed contra est quod dicitur in i de lib. arb., ° videtur mihi legem istam quae populo regendo scribitur, recte ista permittere, et divinam providentiam vindicare. ‘ sed divina providentia non vindicat nisi vitia. ergo recte lex humana permittit aliqua vitia, non cohibendo ipsa.

co * Respondeo dicendum quod, sicut iam dictum est, ‘ lex ponitur ut quaedam regula vel mensura humanorum actuum. “ mensura autem debet esse homogenea mensurato, * ut dicitur in x metaphys., ‘ diversa enim diversis mensuris mensurantur. unde oportet quod etiam leges imponantur hominibus secundum eorum conditionem, * quia, ut isidorus dicit. ° lex debet esse possibilis et secundum naturam, et secundum consuetudinem patriae. ‘ potestas autem sive facultas operandi ex interiori habitu seu dispositione procedit, non enim idem est possibile ei qui non habet habitum virtutis, et virtuoso; sicut etiam non est idem possibile puero et viro perfecto. et propter hoc non ponitur eadem lex pueris quae ponitur adultis, multa enim pueris permittuntur quae in adultis lege puniuntur, vel etiam vituperantur. et similiter multa sunt permittenda hominibus non perfectis virtute, quae non essent toleranda in hominibus virtuosis. lex autem humana ponitur multitudini hominum, in qua maior pars est hominum non perfectorum virtute. et ideo lege humana non prohibentur omnia vitia, a quibus virtuosi abstinent; sed solum graviora, a quibus possibile est maiorem partem multitudinis abstinere; et praecipue quae sunt in nocumentum aliorum, sine quorum prohibitione societas |25| humana conservari non posset, sicut prohibentur lege humana homicidia et furta et huiusmodi.

ra1 ‘ Ad primum ergo dicendum quod audacia pertinere videtur ad invasionem aliorum. unde praecipue pertinet ad illa peccata quibus iniuria proximis irrogatur; quae lege humana prohibentur, * ut dictum est.

ra2 ‘ Ad secundum dicendum quod lex humana intendit homines inducere ad virtutem, non subito, sed gradatim. et ideo non statim multitudini imperfectorum imponit ea quae sunt iam virtuosorum, ut scilicet ab omnibus malis abstineant. alioquin imperfecti, huiusmodi praecepta ferre non valentes, in deteriora mala prorumperent, * sicut dicitur prov. xxx, ° qui nimis emungit, elicit sanguinem; * et matth. ix dicitur quod, “ si vinum novum, idest praecepta perfectae vitae, mittatur in utres veteres, idest in homines imperfectos, utres rumpuntur, et vinum effunditur, idest, praecepta contemnuntur, et homines ex contemptu ad peiora mala prorumpunt.

ra3 ‘ Ad tertium dicendum quod lex naturalis est quaedam participatio legis aeternae in nobis, lex autem humana deficit a lege aeterna. * dicit enim augustinus, in i de lib. arb., ° lex ista quae regendis civitatibus fertur, multa concedit atque impunita relinquit, quae per divinam providentiam vindicantur. neque enim quia non omnia facit, ideo quae facit, improbanda sunt. ‘ unde etiam lex humana non omnia potest prohibere quae prohibet lex naturae.

008 ST2 qu96 ar3

ag1 ‘ Ad tertium sic proceditur. videtur quod lex humana non praecipiat actus omnium virtutum. actibus enim virtutum opponuntur actus vitiosi. sed lex humana non prohibet omnia vitia, * ut dictum est. ‘ ergo etiam non praecipit actus omnium virtutum.

ag2 ‘ Praeterea, actus virtutis a virtute procedit. sed virtus est finis legis, et ita quod est ex virtute, sub praecepto legis cadere non potest. ergo lex humana non praecipit actus omnium virtutum.

ag3 ‘ Praeterea, lex ordinatur ad bonum commune, * ut dictum est. ‘ sed quidam actus virtutum non ordinantur ad bonum commune, sed ad bonum privatum. ergo lex non praecipit actus omnium virtutum.

sc * Sed contra est quod philosophus dicit, in v ethic., quod ° praecipit lex fortis opera facere, et quae temperati, et quae mansueti; similiter autem secundum alias virtutes et malitias, haec quidem iubens, haec autem prohibens.

co ‘ Respondeo dicendum quod species virtutum distinguuntur secundum obiecta, * ut ex supradictis patet. ‘ omnia autem obiecta virtutum referri possunt vel ad bonum privatum alicuius personae, vel ad bonum commune multitudinis, sicut ea quae sunt fortitudinis potest aliquis exequi vel propter conservationem civitatis, vel ad conservandum ius amici sui; et simile est in aliis. lex autem, * ut dictum est, ‘ ordinatur ad bonum commune. et ideo nulla virtus est de cuius actibus lex praecipere non possit. non tamen de omnibus actibus omnium virtutum lex humana praecipit, sed solum de illis qui sunt ordinabiles ad bonum commune, vel immediate, sicut cum aliqua directe propter bonum commune fiunt; vel mediate, sicut cum aliqua ordinantur a legislatore pertinentia ad bonam disciplinam, per quam cives informantur ut commune bonum iustitiae et pacis conservent.

ra1 ‘ Ad primum ergo dicendum quod lex humana non prohibet omnes actus vitiosos, secundum obligationem praecepti, sicut nec praecipit omnes actus virtuosos. prohibet tamen aliquos actus singulorum vitiorum, sicut etiam praecipit quosdam actus singularum virtutum.

ra2 ‘ Ad secundum dicendum quod aliquis actus dicitur esse virtutis dupliciter. uno modo, ex eo quod homo operatur virtuosa, sicut actus iustitiae est facere recta, et actus fortitudinis facere fortia. et sic lex praecipit aliquos actus virtutum. alio modo dicitur actus virtutis, quia aliquis operatur virtuosa eo modo quo virtuosus operatur. et talis actus semper procedit a virtute, nec cadit sub praecepto legis, sed est finis ad quem legislator ducere intendit.

ra3 ‘ Ad tertium dicendum quod non est aliqua virtus cuius actus non sint ordinabiles ad bonum commune, * ut dictum est, ‘ vel mediate vel immediate.

008 ST2 qu96 ar4

ag1 ‘ Ad quartum sic proceditur. videtur quod lex humana non imponat homini necessitatem in foro conscientiae. inferior enim potestas non potest imponere legem in iudicio superioris potestatis. sed potestas hominis, quae fert legem humanam, est infra potestatem divinam. ergo lex humana non potest imponere legem quantum ad iudicium divinum, quod est iudicium conscientiae.

ag2 ‘ Praeterea, iudicium conscientiae maxime dependet ex divinis mandatis. sed quandoque divina mandata evacuantur per leges humanas; * secundum illud matth. xv, ° irritum fecistis mandatum dei propter traditiones vestras. ‘ ergo lex humana non imponit necessitatem homini quantum ad conscientiam.

ag3 ‘ Praeterea, leges humanae frequenter ingerunt calumniam et iniuriam hominibus; * secundum illud isaiae x, ° vae qui condunt leges iniquas, et scribentes iniustitias scripserunt, ut opprimerent in iudicio pauperes, et vim facerent causae humilium populi mei. ‘ sed licitum est unicuique oppressionem et violentiam evitare. ergo leges humanae non imponunt necessitatem homini quantum ad conscientiam.

sc * Sed contra est quod dicitur i petr. ii, ° haec est gratia, si propter conscientiam sustineat quis tristitias, patiens iniuste.

co ‘ Respondeo dicendum quod leges positae humanitus vel sunt iustae, vel iniustae. si quidem iustae sint, habent vim obligandi in foro conscientiae a lege aeterna, a qua derivantur; * secundum illud prov. viii, ° per me reges regnant, et legum conditores iusta decernunt. ‘ dicuntur autem leges iustae et ex fine, quando scilicet ordinantur ad bonum commune; et ex auctore, quando scilicet lex lata non excedit potestatem ferentis; et ex forma, quando scilicet secundum aequalitatem proportionis imponuntur subditis onera in ordine ad bonum commune. cum enim unus homo sit pars multitudinis, quilibet homo hoc ipsum quod est et quod habet, est multitudinis, sicut et quaelibet pars id quod est, est totius. unde et natura aliquod detrimentum infert parti, ut salvet totum. et secundum hoc, leges huiusmodi, onera proportionabiliter inferentes, iustae sunt, et obligant in foro conscientiae, et sunt leges legales. iniustae autem sunt leges dupliciter. uno modo, per contrarietatem ad bonum humanum, e contrario praedictis, vel ex fine, sicut cum aliquis praesidens leges imponit onerosas subditis non pertinentes ad utilitatem communem, sed magis ad propriam cupiditatem vel gloriam; vel etiam ex auctore, sicut cum aliquis legem fert ultra sibi commissam potestatem; vel etiam ex forma, puta cum |25| inaequaliter onera multitudini dispensantur, etiam si ordinentur ad bonum commune. et huiusmodi magis sunt violentiae quam leges, quia, sicut * augustinus dicit, in libro de lib. arb., ° lex esse non videtur, quae iusta non fuerit. ‘ unde tales leges non obligant in foro conscientiae, nisi forte propter vitandum scandalum vel turbationem, propter quod etiam homo iuri suo debet cedere, * secundum illud matth. v, ° qui angariaverit te mille passus, vade cum eo alia duo; et qui abstulerit tibi tunicam, da ei et pallium. ‘ alio modo leges possunt esse iniustae per contrarietatem ad bonum divinum, sicut leges tyrannorum inducentes ad idololatriam, vel ad quodcumque aliud quod sit contra legem divinam. et tales leges nullo modo licet observare, * quia sicut dicitur act. v, ° obedire oportet deo magis quam hominibus.

ra1 ‘ Ad primum ergo dicendum quod, * sicut apostolus dicit, ad rom. xiii, ° omnis potestas humana a deo est, et ideo qui potestati resistit, “ in his quae ad ordinem potestatis pertinent, dei ordinationi resistit. ‘ et secundum hoc efficitur reus quantum ad conscientiam.

ra2 ‘ Ad secundum dicendum quod ratio illa procedit de legibus humanis quae ordinantur contra dei mandatum. et ad hoc ordo potestatis non se extendit. unde in talibus legi humanae non est parendum.

ra3 ‘ Ad tertium dicendum quod ratio illa procedit de lege quae infert gravamen iniustum subditis, ad quod etiam ordo potestatis divinitus concessus non se extendit. unde nec in talibus homo obligatur ut obediat legi, si sine scandalo vel maiori detrimento resistere possit.

008 ST2 qu96 ar5

ag1 ‘ Ad quintum sic proceditur. videtur quod non omnes legi subiiciantur. illi enim soli subiiciuntur legi, quibus lex ponitur. * sed apostolus dicit, i ad tim. i, quod ° iusto non est lex posita. ‘ ergo iusti non subiiciuntur legi humanae.

ag2 * Praeterea, urbanus papa dicit, et habetur in decretis, xix qu. ii, ° qui lege privata ducitur, nulla ratio exigit ut publica constringatur. ‘ lege autem privata spiritus sancti ducuntur omnes viri spirituales, qui sunt filii dei; * secundum illud rom. viii, ° qui spiritu dei aguntur, hi filii dei sunt. ‘ ergo non omnes homines legi humanae subiiciuntur.

ag3 * Praeterea, iurisperitus dicit quod “ princeps legibus solutus est. ‘ qui autem est solutus a lege, non subditur legi. ergo non omnes subiecti sunt legi.

sc * Sed contra est quod apostolus dicit, rom. xiii, ° omnis anima potestatibus sublimioribus subdita sit. ‘ sed non videtur esse subditus potestati, qui non subiicitur legi quam fert potestas. ergo omnes homines debent esse legi humanae subiecti.

co * Respondeo dicendum quod, sicut ex supradictis patet, ‘ lex de sui ratione duo habet, primo quidem, quod est regula humanorum actuum; secundo, quod habet vim coactivam. dupliciter ergo aliquis homo potest esse legi subiectus. uno modo, sicut regulatum regulae. et hoc modo omnes illi qui subduntur potestati, subduntur legi quam fert potestas. quod autem aliquis potestati non subdatur, potest contingere dupliciter. uno modo, quia est simpliciter absolutus ab eius subiectione. unde illi qui sunt de una civitate vel regno, non subduntur legibus principis alterius civitatis vel regni, sicut nec eius dominio. alio modo, secundum quod regitur superiori lege. puta si aliquis subiectus sit proconsuli, regulari debet eius mandato, non tamen in his quae dispensantur ei ab imperatore, quantum enim ad illa, non adstringitur mandato inferioris, cum superiori mandato dirigatur. et secundum hoc contingit quod aliquis simpliciter subiectus legi, secundum aliqua legi non adstringitur, secundum quae regitur superiori lege. alio vero modo dicitur aliquis subdi legi sicut coactum cogenti. et hoc modo homines virtuosi et iusti non subduntur legi, sed soli mali. quod enim est coactum et violentum, est contrarium voluntati. voluntas autem bonorum consonat legi, a qua malorum voluntas discordat. et ideo secundum hoc boni non sunt sub lege, |25| sed solum mali.

ra1 ‘ Ad primum ergo dicendum quod ratio illa procedit de subiectione quae est per modum coactionis. “ sic enim iusto non est lex posita, quia ipsi sibi sunt lex, dum ostendunt opus legis scriptum in cordibus suis, * sicut apostolus, ad rom. ii, dicit. ‘ unde in eos non habet lex vim coactivam, sicut habet in iniustos.
ra2 ‘ Ad secundum dicendum quod lex spiritus sancti est superior omni lege humanitus posita. et ideo viri spirituales, secundum hoc quod lege spiritus sancti ducuntur, non subduntur legi, quantum ad ea quae repugnant ductioni spiritus sancti. sed tamen hoc ipsum est de ductu spiritus sancti, quod homines spirituales legibus humanis subdantur; * secundum illud i petr. ii, ° subiecti estote omni humanae creaturae, propter deum.
ra3 ‘ Ad tertium dicendum quod princeps dicitur esse solutus a lege, quantum ad vim coactivam legis, nullus enim proprie cogitur a seipso; lex autem non habet vim coactivam nisi ex principis potestate. sic igitur princeps dicitur esse solutus a lege, quia nullus in ipsum potest iudicium condemnationis ferre, si contra legem agat. * unde super illud psalmi l, ° tibi soli peccavi etc., * dicit glossa quod ° lex non habet hominem qui sua facta diiudicet. ‘ sed quantum ad vim directivam legis, princeps subditur legi propria voluntate; * secundum quod dicitur extra, de constitutionibus, cap. cum omnes, ° quod quisque iuris in alterum statuit, ipse eodem iure uti debet. et sapientis dicit auctoritas, patere legem quam ipse tuleris. “ improperatur etiam his a domino qui dicunt et non faciunt; et qui aliis onera gravia imponunt, et ipsi nec digito volunt ea movere; * ut habetur matth. xxiii. ‘ unde quantum ad dei iudicium, princeps non est solutus a lege, quantum ad vim directivam eius; sed debet voluntarius, non coactus, legem implere. est etiam princeps supra legem, inquantum, si expediens fuerit, potest legem mutare, |25| et in ea dispensare, pro loco et tempore.

008 ST2 qu96 ar6

ag1 ‘ Ad sextum sic proceditur. videtur quod non liceat ei qui subditur legi, praeter verba legis agere. * dicit enim augustinus, in libro de vera relig., ° in temporalibus legibus, quamvis homines iudicent de his cum eas instituunt, tamen quando fuerint institutae et firmatae, non licebit de ipsis iudicare, sed secundum ipsas. ‘ sed si aliquis praetermittat verba legis, dicens se intentionem legislatoris servare, videtur iudicare de lege. ergo non licet ei qui subditur legi, ut praetermittat verba legis, ut intentionem legislatoris servet.
ag2 ‘ Praeterea, ad eum solum pertinet leges interpretari, cuius est condere leges. sed hominum subditorum legi non est leges condere. ergo eorum non est interpretari legislatoris intentionem, sed semper secundum verba legis agere debent.
ag3 ‘ Praeterea, omnis sapiens intentionem suam verbis novit explicare. sed illi qui leges condiderunt, reputari debent sapientes, * dicit enim sapientia, prov. viii, ° per me reges regnant, et legum conditores iusta decernunt. ‘ ergo de intentione legislatoris non est iudicandum nisi per verba legis.
sc * Sed contra est quod hilarius dicit, in iv de trin., ° intelligentia dictorum ex causis est assumenda dicendi, quia non sermoni res, sed rei debet esse sermo subiectus. ‘ ergo magis est attendendum ad causam quae movit legislatorem, quam ad ipsa verba legis.
co * Respondeo dicendum quod, sicut supra dictum est, ‘ omnis lex ordinatur ad communem hominum salutem, et intantum obtinet vim et rationem legis; secundum vero quod ab hoc deficit, virtutem obligandi non habet. * unde iurisperitus dicit quod ° nulla iuris ratio aut aequitatis benignitas patitur ut quae salubriter pro utilitate hominum introducuntur, ea nos duriori interpretatione, contra ipsorum commodum, perducamus ad severitatem. ‘ contingit autem multoties quod aliquid observari communi saluti est utile ut in pluribus, quod tamen in aliquibus casibus est maxime nocivum. quia igitur legislator non potest omnes singulares casus intueri, proponit legem secundum ea quae in pluribus accidunt, ferens intentionem suam ad communem utilitatem. unde si emergat casus in quo observatio talis legis sit damnosa communi saluti, non est observanda. sicut si in civitate obsessa statuatur lex quod portae civitatis maneant clausae, hoc est utile communi saluti ut in pluribus, si tamen contingat casus quod hostes insequantur aliquos cives, per quos civitas conservatur, damnosissimum esset civitati nisi eis portae aperirentur, et ideo in tali casu essent portae aperiendae, contra verba legis, ut servaretur utilitas communis, quam legislator intendit. sed tamen hoc est considerandum, quod si observatio legis secundum verba non habeat subitum periculum, |25| cui oportet statim occurri, non pertinet ad quemlibet ut interpretetur quid sit utile civitati et quid inutile, sed hoc solum pertinet ad principes, qui propter huiusmodi casus habent auctoritatem in legibus dispensandi. si vero sit subitum periculum, non patiens tantam moram ut ad superiorem recurri possit, ipsa necessitas dispensationem habet annexam, quia necessitas non subditur legi.
ra1 ‘ Ad primum ergo dicendum quod ille qui in casu necessitatis agit praeter verba legis, non iudicat de ipsa lege, sed iudicat de casu singulari, in quo videt verba legis observanda non esse.
ra2 ‘ Ad secundum dicendum quod ille qui sequitur intentionem legislatoris, non interpretatur legem simpliciter; sed in casu in quo manifestum est per evidentiam nocumenti, legislatorem aliud intendisse. si enim dubium sit, debet vel secundum verba legis agere, vel superiores consulere.
ra3 ‘ Ad tertium dicendum quod nullius hominis sapientia tanta est ut possit omnes singulares casus excogitare, et ideo non potest sufficienter per verba sua exprimere ea quae conveniunt ad finem intentum. et si posset legislator omnes casus considerare, non oporteret ut omnes exprimeret, propter confusionem vitandam, sed legem ferre deberet secundum ea quae in pluribus accidunt.

008 ST2 qu97 ar

pr ‘ Deinde considerandum est de mutatione legum. et circa hoc quaeruntur quatuor. primo, utrum lex humana sit mutabilis. secundo, utrum semper debeat mutari, quando aliquid melius occurrerit. tertio, utrum per consuetudinem aboleatur; et utrum consuetudo obtineat vim legis. quarto, utrum usus legis humanae per dispensationem rectorum immutari debeat.

008 ST2 qu97 ar1

ag1 ‘ Ad primum sic proceditur. videtur quod lex humana nullo modo debeat mutari. lex enim humana derivatur a lege naturali, * ut supra dictum est. ‘ sed lex naturalis immobilis perseverat. ergo et lex humana debet immobilis permanere.
ag2 * Praeterea, sicut philosophus dicit, in v ethic., “ mensura maxime debet esse permanens. ‘ sed lex humana est mensura humanorum actuum, * ut supra dictum est. ‘ ergo debet immobiliter permanere.
ag3 ‘ Praeterea, de ratione legis est quod sit iusta et recta, * ut supra dictum est. ‘ sed illud quod semel est rectum, semper est rectum. ergo illud quod semel est lex, semper debet esse lex.
sc * Sed contra est quod augustinus dicit, in i de lib. arb., ° lex temporalis quamvis iusta sit, commutari tamen per tempora iuste potest.
co * Respondeo dicendum quod sicut supra dictum est, ‘ lex humana est quoddam dictamen rationis, quo diriguntur humani actus. et secundum hoc duplex causa potest esse quod lex humana iuste mutetur, una quidem ex parte rationis; alia vero ex parte hominum, quorum actus lege regulantur. ex parte quidem rationis, quia humanae rationi naturale esse videtur ut gradatim ab imperfecto ad perfectum perveniat. unde videmus in scientiis speculativis quod qui primo philosophati sunt, quaedam imperfecta tradiderunt, quae postmodum per posteriores sunt magis perfecta. ita etiam est in operabilibus. nam primi qui intenderunt invenire aliquid utile communitati hominum, non valentes omnia ex seipsis considerare, instituerunt quaedam imperfecta in multis deficientia quae posteriores mutaverunt, instituentes aliqua quae in paucioribus deficere possent a communi utilitate. ex parte vero hominum, quorum actus lege regulantur, lex recte mutari potest propter mutationem conditionum hominum, quibus secundum diversas eorum conditiones diversa expediunt. * sicut augustinus ponit exemplum, in i de lib. arb., quod ° si populus sit bene moderatus et gravis, communisque utilitatis diligentissimus custos, recte lex fertur qua tali populo liceat creare sibi magistratus, per quos respublica administretur. porro si paulatim idem populus depravatus habeat venale suffragium, et regimen flagitiosis sceleratisque committat; recte adimitur tali populo potestas dandi honores, |25| et ad paucorum bonorum redit arbitrium.
ra1 ‘ Ad primum ergo dicendum quod naturalis lex est participatio quaedam legis aeternae, * ut supra dictum est, ‘ et ideo immobilis perseverat, quod habet ex immobilitate et perfectione divinae rationis instituentis naturam. sed ratio humana mutabilis est et imperfecta. et ideo eius lex mutabilis est. et praeterea lex naturalis continet quaedam universalia praecepta, quae semper manent, lex vero posita ab homine continet praecepta quaedam particularia, secundum diversos casus qui emergunt.
ra2 ‘ Ad secundum dicendum quod mensura debet esse permanens quantum est possibile. sed in rebus mutabilibus non potest esse aliquid omnino immutabiliter permanens. et ideo lex humana non potest esse omnino immutabilis.
ra3 ‘ Ad tertium dicendum quod rectum in rebus corporalibus dicitur absolute, et ideo semper, quantum est de se, manet rectum. sed rectitudo legis dicitur in ordine ad utilitatem communem, cui non semper proportionatur una eademque res, * sicut supra dictum est. ‘ et ideo talis rectitudo mutatur.

008 ST2 qu97 ar2

ag1 ‘ Ad secundum sic proceditur. videtur quod semper lex humana, quando aliquid melius occurrit, sit mutanda. leges enim humanae sunt adinventae per rationem humanam, sicut etiam aliae artes. sed in aliis artibus mutatur id quod prius tenebatur, si aliquid melius occurrat. ergo idem est etiam faciendum in legibus humanis.
ag2 ‘ Praeterea, ex his quae praeterita sunt, providere possumus de futuris. sed nisi leges humanae mutatae fuissent supervenientibus melioribus adinventionibus, multa inconvenientia sequerentur, eo quod leges antiquae inveniuntur multas ruditates continere. ergo videtur quod leges sint mutandae, quotiescumque aliquid melius occurrit statuendum.
ag3 ‘ Praeterea, leges humanae circa singulares actus hominum statuuntur. in singularibus autem perfectam cognitionem adipisci non possumus nisi per experientiam, quae tempore indiget, * ut dicitur in ii ethic.. ‘ ergo videtur quod per successionem temporis possit aliquid melius occurrere statuendum.
sc * Sed contra est quod dicitur in decretis, dist. xii, ° ridiculum est et satis abominabile dedecus, ut traditiones quas antiquitus a patribus suscepimus, infringi patiamur.
co * Respondeo dicendum quod, sicut dictum est, ‘ lex humana intantum recte mutatur, inquantum per eius mutationem communi utilitati providetur. habet autem ipsa legis mutatio, quantum in se est, detrimentum quoddam communis salutis. quia ad observantiam legum plurimum valet consuetudo, intantum quod ea quae contra communem consuetudinem fiunt, etiam si sint leviora de se, graviora videantur. unde quando mutatur lex, diminuitur vis constrictiva legis, inquantum tollitur consuetudo. et ideo nunquam debet mutari lex humana, nisi ex aliqua parte tantum recompensetur communi saluti, quantum ex ista parte derogatur. quod quidem contingit vel ex hoc quod aliqua maxima et evidentissima utilitas ex novo statuto provenit, vel ex eo quod est maxima necessitas, ex eo quod lex consueta aut manifestam iniquitatem continet, aut eius observatio est plurimum nociva. * unde dicitur a iurisperito quod ° in rebus novis constituendis, evidens debet esse utilitas, ut recedatur ab eo iure quod diu aequum visum est.
ra1 ‘ Ad primum ergo dicendum quod ea quae sunt artis, habent efficaciam ex sola ratione, et ideo ubicumque melior ratio occurrat, est mutandum quod prius tenebatur. ° sed leges habent maximam virtutem ex consuetudine, * ut philosophus dicit, in ii polit.. ‘ et inde non sunt de facili mutandae.
ra2 ‘ Ad secundum dicendum quod ratio illa concludit quod leges sunt mutandae, non tamen pro quacumque melioratione, sed pro magna utilitate vel necessitate, * ut dictum est.
ra3 ‘ Et similiter dicendum est ad tertium.

008 ST2 qu97 ar3

ag1 ‘ Ad tertium sic proceditur. videtur quod consuetudo non possit obtinere vim legis, nec legem amovere. lex enim humana derivatur a lege naturae et a lege divina, * ut ex supradictis patet. ‘ sed consuetudo hominum non potest immutare legem naturae, nec legem divinam. ergo etiam nec legem humanam immutare potest.
ag2 ‘ Praeterea, ex multis malis non potest fieri unum bonum. sed ille qui incipit primo contra legem agere, male facit. ergo, multiplicatis similibus actibus, non efficietur aliquod bonum. lex autem est quoddam bonum, cum sit regula humanorum actuum. ergo per consuetudinem non potest removeri lex, ut ipsa consuetudo vim legis obtineat.
ag3 ‘ Praeterea, ferre legem pertinet ad publicas personas, ad quas pertinet regere communitatem, unde privatae personae legem facere non possunt. sed consuetudo invalescit per actus privatarum personarum. ergo consuetudo non potest obtinere vim legis, per quam lex removeatur.
sc * Sed contra est quod augustinus dicit, in epist. ad casulan., ° mos populi dei et instituta maiorum pro lege sunt tenenda. et sicut praevaricatores legum divinarum, ita et contemptores consuetudinum ecclesiasticarum coercendi sunt.
co ‘ Respondeo dicendum quod omnis lex proficiscitur a ratione et voluntate legislatoris, lex quidem divina et naturalis a rationabili dei voluntate; lex autem humana a voluntate hominis ratione regulata. sicut autem ratio et voluntas hominis manifestantur verbo in rebus agendis, ita etiam manifestantur facto, hoc enim unusquisque eligere videtur ut bonum, quod opere implet. manifestum est autem quod verbo humano potest et mutari lex, et etiam exponi, inquantum manifestat interiorem motum et conceptum rationis humanae. unde etiam et per actus, maxime multiplicatos, qui consuetudinem efficiunt, mutari potest lex, et exponi, et etiam aliquid causari quod legis virtutem obtineat, inquantum scilicet per exteriores actus multiplicatos interior voluntatis motus, et rationis conceptus, efficacissime declaratur; cum enim aliquid multoties fit, videtur ex deliberato rationis iudicio provenire. et secundum hoc, consuetudo et habet vim legis, et legem abolet, et est legum interpretatrix.
ra1 ‘ Ad primum ergo dicendum quod lex naturalis et divina procedit a voluntate divina, * ut dictum est. ‘ unde non potest mutari per consuetudinem procedentem a voluntate hominis, sed solum per auctoritatem divinam mutari posset. et inde est quod nulla consuetudo vim obtinere potest contra legem divinam vel legem naturalem, * dicit enim isidorus, in synonym., ° usus auctoritati cedat, pravum usum lex et ratio vincat.
ra2 ‘ Ad secundum dicendum quod, * sicut supra dic-

tum est, ' leges humanae in aliquibus casibus deficiunt, unde possibile est quandoque praeter legem agere, in casu scilicet in quo deficit lex, et tamen actus non erit malus. et cum tales casus multiplicantur, propter aliquam mutationem hominum, tunc manifestatur per consuetudinem quod lex ulterius utilis non est, sicut etiam manifestaretur si lex contraria verbo promulgaretur. si autem adhuc maneat ratio eadem propter quam prima lex utilis erat, non consuetudo legem, sed lex consuetudinem vincit, nisi forte propter hoc solum inutilis lex videatur, quia non est possibilis secundum consuetudinem patriae, quae erat una de conditionibus legis. difficile enim est consuetudinem multitudinis removere.
ra3 ' Ad tertium dicendum quod multitudo in qua consuetudo introducitur duplicis conditionis esse potest. si enim sit libera multitudo, quae possit sibi legem facere, plus est consensus totius multitudinis ad aliquid observandum, quem consuetudo manifestat, quam auctoritas principis, qui non habet potestatem condendi legem, nisi inquantum gerit personam multitudinis. unde licet singulae personae non possint condere legem, tamen totus populus legem condere potest. si vero multitudo non habeat liberam potestatem condendi sibi legem, vel legem a superiori potestate positam removendi; tamen ipsa consuetudo in tali multitudine praevalens obtinet vim legis, inquantum per eos toleratur ad quos pertinet multitudini legem imponere, ex hoc enim ipso videntur approbare quod consuetudo induxit.

008 ST2 qu97 ar4

ag1 ' Ad quartum sic proceditur. videtur quod rectores multitudinis non possint in legibus humanis dispensare. " lex enim statuta est pro communi utilitate, * ut isidorus dicit. ' sed bonum commune non debet intermitti pro privato commodo alicuius personae, * quia, ut dicit philosophus, in i ethic., ° bonum gentis divinius est quam bonum unius hominis. ' ergo videtur quod non debeat dispensari cum aliquo ut contra legem communem agat.
ag2 * Praeterea, illis qui super alios constituuntur, praecipitur deut. i, ° ita parvum audietis ut magnum, nec accipietis cuiusquam personam, quia dei iudicium est. ' sed concedere alicui quod communiter denegatur omnibus, videtur esse acceptio personarum. ergo huiusmodi dispensationes facere rectores multitudinis non possunt, cum hoc sit contra praeceptum legis divinae.
ag3 " Praeterea, lex humana, si sit recta, oportet quod consonet legi naturali et legi divinae, aliter enim non congrueret religioni, nec conveniret disciplinae, quod requiritur ad legem, * ut isidorus dicit. ' sed in lege divina et naturali nullus homo potest dispensare. ergo nec etiam in lege humana.
sc * Sed contra est quod dicit apostolus, i ad cor. ix, ° dispensatio mihi credita est.
co ' Respondeo dicendum quod dispensatio proprie importat commensurationem alicuius communis ad singula, unde etiam gubernator familiae dicitur dispensator, inquantum unicuique de familia cum pondere et mensura distribuit et operationes et necessaria vitae. sic igitur et in quacumque multitudine ex eo dicitur aliquis dispensare, quod ordinat qualiter aliquod commune praeceptum sit a singulis adimplendum. contingit autem quandoque quod aliquod praeceptum quod est ad commodum multitudinis ut in pluribus, non est conveniens huic personae, vel in hoc casu, quia vel per hoc impediretur aliquid melius, vel etiam induceretur aliquod malum, * sicut ex supradictis patet. ' periculosum autem esset ut hoc iudicio cuiuslibet committeretur, nisi forte propter evidens et subitum periculum, * ut supra dictum est. ' et ideo ille qui habet regere multitudinem, habet potestatem dispensandi in lege humana quae suae auctoritati innititur, ut scilicet in personis vel casibus in quibus lex deficit, licentiam tribuat ut praeceptum legis non servetur. si autem absque hac ratione, pro sola voluntate, licentiam tribuat, non erit fidelis in dispensatione, aut erit imprudens, infidelis quidem, si non habeat intentionem ad bonum commune; imprudens autem, si rationem dispensandi ignoret. |25| * propter quod dominus dicit, lucae xii, ° quis, putas, est fidelis dispensator et prudens, quem constituit dominus super familiam suam?
ra1 ' Ad primum ergo dicendum quod, quando cum aliquo dispensatur ut legem communem non servet, non debet fieri in praeiudicium boni communis; sed ea intentione ut ad bonum commune proficiat.
ra2 ' Ad secundum dicendum quod non est acceptio personarum si non serventur aequalia in personis inaequalibus. unde quando conditio alicuius personae requirit ut rationabiliter in ea aliquid specialiter observetur, non est personarum acceptio si sibi aliqua specialis gratia fiat.
ra3 ' Ad tertium dicendum quod lex naturalis inquantum continet praecepta communia, quae nunquam fallunt, dispensationem recipere non potest. in aliis vero praeceptis, quae sunt quasi conclusiones praeceptorum communium, quandoque per hominem dispensatur, puta quod mutuum non reddatur proditori patriae, vel aliquid huiusmodi. ad legem autem divinam ita se habet quilibet homo, sicut persona privata ad legem publicam cui subiicitur. unde sicut in lege humana publica non potest dispensare nisi ille a quo lex auctoritatem habet, vel is cui ipse commiserit; ita in praeceptis iuris divini, quae sunt a deo, nullus potest dispensare nisi deus, vel si cui ipse specialiter committeret.

008 ST2 qu98 ar

pr ' Consequenter considerandum est de lege veteri. et primo, de ipsa lege; secundo, de praeceptis eius. circa primum quaeruntur sex. primo, utrum lex vetus sit bona. secundo, utrum sit a deo. tertio, utrum sit ab eo mediantibus angelis. quarto, utrum data sit omnibus. quinto, utrum omnes obliget. sexto, utrum congruo tempore fuerit data.

008 ST2 qu98 ar1

ag1 ' Ad primum sic proceditur. videtur quod lex vetus non fuerit bona. * dicitur enim ezech. xx ° dedi eis praecepta non bona, et iudicia in quibus non vivent. ' sed lex non dicitur bona nisi propter bonitatem praeceptorum quae continet. ergo lex vetus non fuit bona.
ag2 " Praeterea, ad bonitatem legis pertinet ut communi saluti proficiat * sicut isidorus dicit. ' sed lex vetus non fuit salutifera, sed magis mortifera et nociva. * dicit enim apostolus, rom. vii, ° sine lege peccatum mortuum erat. ego autem vivebam sine lege aliquando, sed cum venisset mandatum, peccatum revixit, ego autem mortuus sum; * et rom. v, ° lex subintravit ut abundaret delictum. ' ergo lex vetus non fuit bona.
ag3 ' Praeterea, ad bonitatem legis pertinet quod sit possibilis ad observandum et secundum naturam, et secundum humanam consuetudinem. sed hoc non habuit lex vetus, * dicit enim petrus, act. xv, ° quid tentatis imponere iugum super cervicem discipulorum, quod neque nos, neque patres nostri, portare potuimus? ' ergo videtur quod lex vetus non fuerit bona.
sc * Sed contra est quod apostolus dicit, rom. vii, itaque ° lex quidem sancta est, et mandatum sanctum et iustum et bonum.
co ' Respondeo dicendum quod absque omni dubio lex vetus bona fuit. sicut enim doctrina ostenditur esse vera ex hoc quod consonat rationi rectae, ita etiam lex aliqua ostenditur esse bona ex eo quod consonat rationi. lex autem vetus rationi consonabat. quia concupiscentiam reprimebat, quae rationi adversatur; ut patet in illo mandato, non concupisces rem proximi tui, * quod ponitur exod. xx. ' ipsa etiam omnia peccata prohibebat, quae sunt contra rationem. unde manifestum est quod bona erat. et haec est ratio * apostoli, rom. vii, " condelector, inquit, legi dei secundum interiorem hominem; * et iterum, " consentio legi, quoniam bona est. ' sed notandum est quod bonum diversos gradus habet, * ut dionysius dicit, iv cap. de div. nom., ' est enim aliquod bonum perfectum, et aliquod bonum imperfectum. perfecta quidem bonitas est, in his quae ad finem ordinantur, quando aliquid est tale quod per se sufficiens est inducere ad finem, imperfectum autem bonum est quod operatur aliquid ad hoc quod perveniatur ad finem, non tamen sufficit ad hoc quod ad finem perducat. sicut medicina perfecte bona est quae hominem sanat, imperfecta |25| autem est quae hominem adiuvat, sed tamen sanare non potest. est autem sciendum quod est alius finis legis humanae, et alius legis divinae. legis enim humanae finis est temporalis tranquillitas civitatis, ad quem finem pervenit lex cohibendo exteriores actus, quantum ad illa mala quae possunt perturbare pacificum statum civitatis. finis autem legis divinae est perducere hominem ad finem felicitatis aeternae; qui quidem finis impeditur per quodcumque peccatum, et non solum per actus exteriores, sed etiam per interiores. et ideo illud quod sufficit ad perfectionem legis humanae, ut scilicet peccata prohibeat et poenam apponat, non sufficit ad perfectionem legis divinae, sed oportet quod hominem totaliter faciat idoneum ad participationem felicitatis aeternae. quod quidem fieri non potest nisi per gratiam spiritus sancti, per quam diffunditur caritas in cordibus nostris, quae legem adimplet, gratia enim dei vita aeterna, * ut dicitur rom. vi. ' hanc autem gratiam lex vetus conferre non potuit, reservabatur enim hoc christo, * quia, ut dicitur ioan. i, ° lex per moysen data est; gratia et veritas per iesum christum facta est. ' et inde est quod lex vetus bona quidem est, sed imperfecta; * secundum illud heb. vii, ° nihil ad perfectum adduxit lex.
ra1 * Ad primum ergo dicendum quod dominus loquitur ibi ' de praeceptis caeremonialibus; quae quidem dicuntur non bona, quia gratiam non conferebant, per quam homines a peccato mundarentur, cum tamen per huiusmodi se peccatores ostenderent. * unde signanter dicitur, " et iudicia in quibus non vivent, idest per quae vitam gratiae obtinere non possunt; et postea subditur, et pollui eos in muneribus suis, idest pollutos ostendi, ° cum offerrent omne quod aperit vulvam, propter delicta sua.
ra2 ' Ad secundum dicendum quod lex dicitur occidisse, non quidem effective, sed occasionaliter, ex sua imperfectione, inquantum scilicet gratiam non conferebat, per quam homines implere possent quod mandabat, vel vitare quod vetabat. et sic occasio ista non erat data, sed sumpta ab hominibus. * unde et apostolus ibidem dicit, ° occasione accepta peccatum per mandatum seduxit me, et per illud occidit. * et ex hac etiam ratione dicitur quod " lex subintravit ut abundaret delictum, ' ut ly ut teneatur consecutive, non causaliter, inquantum scilicet homines, accipientes occasionem a lege, abundantius peccaverunt; tum quia gravius fuit peccatum post legis prohibitionem; tum etiam quia concupiscentia crevit, magis enim concupiscimus quod nobis prohibetur.
ra3 ' Ad tertium dicendum quod iugum legis servari non poterat sine gratia adiuvante, quam lex non dabat, * dicitur enim rom. ix, ° non est volentis neque currentis, " scilicet velle et currere in praeceptis dei, sed miserentis dei. * unde et in psalmo cxviii dicitur, ° viam mandatorum tuorum cucurri, cum dilatasti cor meum, ' scilicet per donum gratiae et caritatis.

008 ST2 qu98 ar2

ag1 ' Ad secundum sic proceditur. videtur quod lex vetus non fuerit a deo. * dicitur enim deut. xxxii, ° dei perfecta sunt opera. ' sed lex fuit imperfecta, * ut supra dictum est. ' ergo lex vetus non fuit a deo.
ag2 * Praeterea, eccle. iii dicitur, ° didici quod omnia opera quae fecit deus, perseverent in aeternum. ' sed lex vetus non perseverat in aeternum, * dicit enim apostolus, ad heb. vii, ° reprobatio fit quidem praecedentis mandati, propter infirmitatem eius et inutilitatem. ' ergo lex vetus non fuit a deo.
ag3 ' Praeterea, ad sapientem legislatorem pertinet non solum mala auferre, sed etiam occasiones malorum. sed vetus lex fuit occasio peccati, * ut supra dictum est. ' ergo ad deum, cui nullus est similis in legislatoribus, * ut dicitur iob xxxvi, ' non pertinebat legem talem dare.
ag4 * Praeterea, i ad tim. ii, dicitur quod ° deus vult omnes homines salvos fieri. ' sed lex vetus non sufficiebat ad salutem hominum, * ut supra dictum est. ' ergo ad deum non pertinebat talem legem dare. lex ergo vetus non est a deo.
sc * Sed contra est quod dominus dicit, matth. xv, loquens iudaeis, quibus erat lex vetus data, ° irritum fecistis mandatum dei propter traditiones vestras. * et paulo ante praemittitur, ° honora patrem tuum et matrem tuam, ' quod manifeste in lege veteri continetur. ergo lex vetus est a deo.
co ' Respondeo dicendum quod lex vetus a bono deo data est, qui est pater domini nostri iesu christi. lex enim vetus homines ordinabat ad christum dupliciter. uno quidem modo, testimonium christo perhibendo, * unde ipse dicit, lucae ult., ° oportet impleri omnia quae scripta sunt in lege et psalmis et prophetis de me; * et ioan. v, ° si crederetis moysi, crederetis forsitan et mihi, de me enim ille scripsit. ' alio modo, per modum cuiusdam dispositionis, dum, retrahens homines a cultu idololatriae, concludebat eos sub cultu unius dei, a quo salvandum erat humanum genus per christum, * unde apostolus dicit, ad gal. iii, ° priusquam veniret fides, sub lege custodiebamur conclusi in eam fidem quae revelanda erat. ' manifestum est autem quod eiusdem est disponere ad finem et ad finem perducere, et dico eiusdem per se vel per suos subiectos. non enim diabolus legem tulisset per quam homines adducerentur ad christum, per quem erat eiiciendus; * secundum illud matth. xii, ° si satanas satanam eiicit, divisum est regnum eius. ' et ideo ab eodem deo a quo facta est salus hominum per |25| gratiam christi, lex vetus data est.
ra1 ' Ad primum ergo dicendum quod nihil prohibet aliquid non esse perfectum simpliciter, quod tamen est perfectum secundum tempus, sicut dicitur aliquis puer perfectus non simpliciter, sed secundum temporis conditionem. ita etiam praecepta quae pueris dantur, sunt quidem perfecta secundum conditionem eorum quibus dantur, etsi non sint perfecta simpliciter. et talia fuerunt praecepta legis. * unde apostolus dicit, ad gal. iii, ° lex paedagogus noster fuit in christo.
ra2 ' Ad secundum dicendum quod opera dei perseverant in aeternum, quae sic deus fecit ut in aeternum perseverent, et haec sunt ea quae sunt perfecta. lex autem vetus reprobatur tempore perfectionis gratiae, non tanquam mala, sed tanquam infirma et inutilis pro isto tempore, * quia, ut subditur, nihil ad perfectum adduxit lex. unde ad gal. iii, dicit apostolus, ° ubi venit fides, iam non sumus sub paedagogo.
ra3 * Ad tertium dicendum quod, sicut supra dictum est, ' deus aliquando permittit aliquos cadere in peccatum, ut exinde humilientur. ita etiam voluit talem legem dare quam suis viribus homines implere non possent, ut sic dum homines de se praesumentes peccatores se invenirent, humiliati recurrerent ad auxilium gratiae.
ra4 ' Ad quartum dicendum quod, quamvis lex vetus non sufficeret ad salvandum hominem, tamen aderat aliud auxilium a deo hominibus simul cum lege, per quod salvari poterant, scilicet fides mediatoris, per quam iustificati sunt antiqui patres, sicut etiam nos iustificamur. et sic deus non deficiebat hominibus quin daret eis salutis auxilia.

008 ST2 qu98 ar3

ag1 ' Ad tertium sic proceditur. videtur quod lex vetus non fuerit data per angelos, sed immediate a deo. angelus enim nuntius dicitur, et sic nomen angeli ministerium importat, non dominium; * secundum illud psalmi cii, ° benedicite domino, omnes angeli

eius, ministri eius. ‘sed vetus lex a domino tradita esse perhibetur, * dicitur enim exod. xx, ° locutusque est dominus sermones hos, * et postea subditur, ° ego enim sum dominus deus tuus. * et idem modus loquendi frequenter repetitur in exodo, et in libris consequentibus legis. ‘ergo lex est immediate data a deo.
ag2 * Praeterea, sicut dicitur ioan. i, lex per moysen data est. ‘sed moyses immediate accepit a deo, * dicitur enim exod. xxxiii, ° loquebatur dominus ad moysen facie ad faciem, sicut loqui solet homo ad amicum suum. ‘ergo lex vetus immediate data est a deo.
ag3 ‘ Praeterea, ad solum principem pertinet legem ferre, * ut supra dictum est. ‘ sed solus deus est princeps salutis animarum, ° angeli vero sunt administratorii spiritus, * ut dicitur ad heb. i. ‘ ergo lex vetus per angelos dari non debuit, cum ordinaretur ad animarum salutem.
sc * Sed contra est quod dicit apostolus, ad gal. iii, ° lex data est per angelos in manu mediatoris. * et act. vii, dicit stephanus, ° accepistis legem in dispositione angelorum.
co ‘ Respondeo dicendum quod lex data est a deo per angelos. et praeter generalem rationem, * quam dionysius assignat, in iv cap. cael. hier., quod ° divina debent deferri ad homines mediantibus angelis, ‘ specialis ratio est quare legem veterem per angelos dari oportuit. * dictum est enim quod ‘ lex vetus imperfecta erat, sed disponebat ad salutem perfectam generis humani, quae futura erat per christum. sic autem videtur in omnibus potestatibus et artibus ordinatis, quod ille qui est superior, principalem et perfectum actum operatur per seipsum; ea vero quae disponunt ad perfectionem ultimam, operatur per suos ministros; sicut navifactor compaginat navem per seipsum, sed praeparat materiam per artifices subministrantes. et ideo conveniens fuit ut lex perfecta novi testamenti daretur immediate per ipsum deum hominem factum; lex autem vetus per ministros dei, scilicet per angelos, daretur hominibus. et per hunc modum * apostolus, in principio ad heb., probat eminentiam novae legis ad veterem, “ quia in novo testamento locutus est nobis deus in filio suo, in veteri autem testamento est sermo factus per angelos.
ra1 ‘ Ad primum ergo dicendum quod, * sicut gregorius dicit, in principio moral., ° angelus qui moysi apparuisse describitur, modo angelus, modo dominus memoratur. angelus videlicet, propter hoc quod exterius loquendo serviebat; dominus autem dicitur, quia interius praesidens loquendi efficaciam ministrabat. ‘ et inde est etiam quod quasi ex persona domini angelus loquebatur.
ra2 ‘ Ad secundum dicendum quod, * sicut augustinus dicit, xii super gen. ad litt., in exodo dicitur, ° locutus est dominus moysi facie ad faciem; * et paulo post subditur, ° ostende mihi gloriam tuam. sentiebat ergo quid videbat; et quod non videbat, desiderabat. ‘ non ergo videbat ipsam dei essentiam, et ita non immediate ab eo instruebatur. * quod ergo dicitur quod “ loquebatur ei facie ad faciem, secundum opinionem populi loquitur scriptura, qui putabat moysen ore ad os loqui cum deo, cum per subiectam creaturam, idest per angelum et nubem, ei loqueretur et appareret. ‘ vel per visionem faciei intelligitur quaedam eminens contemplatio et familiaris, infra essentiae divinae visionem.
ra3 ‘ Ad tertium dicendum quod solius principis est sua auctoritate legem instituere, sed quandoque legem institutam per alios promulgat. et ita deus sua auctoritate instituit legem, sed per angelos promulgavit.

008 ST2 qu98 ar4

ag1 ‘ Ad quartum sic proceditur. videtur quod lex vetus non debuerit dari soli populo iudaeorum. lex enim vetus disponebat ad salutem quae futura erat per christum, * ut dictum est. ‘ sed salus illa non erat futura solum in iudaeis, sed in omnibus gentibus; * secundum illud isaiae xlix, ° parum est ut sis mihi servus ad suscitandas tribus iacob et faeces israel convertendas, dedi te in lucem gentium, ut sis salus mea usque ad extremum terrae. ‘ ergo lex vetus dari debuit omnibus gentibus, et non uni populo tantum.
ag2 * Praeterea, sicut dicitur act. x, ° non est personarum acceptor deus, sed in omni gente qui timet deum et facit iustitiam, acceptus est illi. ‘ non ergo magis uni populo quam aliis viam salutis debuit aperire.
ag3 ‘ Praeterea, lex data est per angelos, * sicut iam dictum est. ‘ sed ministeria angelorum deus non solum iudaeis, sed omnibus gentibus semper exhibuit, * dicitur enim eccli. xvii, ° in unamquamque gentem praeposuit rectorem. ‘ omnibus etiam gentibus temporalia bona largitur, quae minus sunt curae deo quam spiritualia bona. ergo etiam legem omnibus populis dare debuit.
sc * Sed contra est quod dicitur rom. iii, ° quid ergo amplius est iudaeo? multum quidem per omnem modum. primum quidem, quia credita sunt illis eloquia dei. * et, in psalmo cxlvii dicitur, ° non fecit taliter omni nationi, et iudicia sua non manifestavit eis.
co ‘ Respondeo dicendum quod posset una ratio assignari quare potius populo iudaeorum data sit lex quam aliis populis, quia, aliis ad idololatriam declinantibus, solus populus iudaeorum in cultu unius dei remansit; et ideo alii populi indigni erant legem recipere, ne sanctum canibus daretur. sed ista ratio conveniens non videtur, quia populus ille etiam post legem latam, ad idololatriam declinavit, quod gravius fuit, * ut patet exod. xxxii; et amos v, ° numquid hostias et sacrificium obtulistis mihi in deserto quadraginta annis, domus israel? et portastis tabernaculum moloch vestro, et imaginem idolorum vestrorum, sidus dei vestri, quae fecistis vobis. * expresse etiam dicitur deut. ix, ° scito quod non propter iustitias tuas dominus deus tuus dedit tibi terram hanc in possessionem, cum durissimae cervici sis populus. * sed ratio ibi praemittitur, ° ut compleret verbum suum dominus, quod sub iuramento pollicitus est patribus tuis, abraham, isaac et iacob. ‘ quae autem promissio eis sit facta, * ostendit apostolus, ad galat. iii, dicens, ° abrahae dictae sunt promissiones, et semini eius. non dicit, seminibus, quasi in multis, sed quasi in uno, et semini tuo, qui est christus. |25| ‘ deus igitur et legem et alia beneficia specialia illi populo exhibuit propter promissionem eorum patribus factam ut ex eis christus nasceretur. decebat enim ut ille populus ex quo christus nasciturus erat, quadam speciali sanctificatione polleret; * secundum illud quod dicitur levit. xix, ° sancti eritis, quia ego sanctus sum. ‘ nec etiam fuit propter meritum ipsius abrahae ut talis promissio ei fieret, ut scilicet christus ex eius semine nasceretur, sed ex gratuita electione et vocatione. * unde dicitur isaiae xli, ° quis suscitavit ab oriente iustum, vocavit eum ut sequeretur se? ‘ sic ergo patet quod ex sola gratuita electione patres promissionem acceperunt, et populus ex eis progenitus legem accepit; * secundum illud deut. iv, ° audistis verba illius de medio ignis, quia dilexit patres, et elegit semen eorum post illos. ‘ si autem rursus quaeratur quare hunc populum elegit ut ex eo christus nasceretur, et non alium, conveniet * responsio augustini, quam dicit super ioan., ° quare hunc trahat et illum non trahat, noli velle diiudicare, si non vis errare.
ra1 ‘ Ad primum ergo dicendum quod, quamvis salus futura per christum, esset omnibus gentibus praeparata; tamen oportebat ex uno populo christum nasci, qui propter hoc prae aliis praerogativas habuit; * secundum illud rom. ix, “ quorum, scilicet iudaeorum, ° est adoptio filiorum dei, et testamentum et legislatio; quorum patres; ex quibus christus est secundum carnem.
ra2 ‘ Ad secundum dicendum quod acceptio personarum locum habet in his quae ex debito dantur, in his vero quae ex gratuita voluntate conferuntur, acceptio personarum locum non habet. non enim est personarum acceptor qui ex liberalitate de suo dat uni et non alteri, sed si esset dispensator bonorum communium, et non distribueret aequaliter secundum merita personarum, esset personarum acceptor. salutaria autem beneficia deus humano generi confert ex sua gratia. unde non est personarum acceptor si quibusdam prae aliis conferat. * unde augustinus dicit, in libro de praedest. sanct., ° omnes quos deus docet, misericordia docet, quos autem non docet, iudicio non docet. ‘ hoc enim venit ex damnatione humani generis pro peccato primi parentis.
ra3 ‘ Ad tertium dicendum quod beneficia gratiae subtrahuntur homini propter culpam, sed beneficia naturalia non subtrahuntur. inter quae sunt ministeria angelorum, quae ipse naturarum ordo requirit, ut scilicet per media gubernentur infima; et etiam corporalia subsidia, quae non solum hominibus, sed etiam iumentis deus administrat, * secundum illud psalmi xxxv, ° homines et iumenta salvabis, domine.

008 ST2 qu98 ar5

ag1 ‘ Ad quintum sic proceditur. videtur quod omnes homines obligarentur ad observandam veterem legem. quicumque enim subditur regi, oportet quod subdatur legi ipsius. sed vetus lex est data a deo, qui est rex omnis terrae, * ut in psalmo xlvi dicitur. ‘ ergo omnes habitantes terram tenebantur ad observantiam legis.
ag2 ‘ Praeterea, iudaei salvari non poterant nisi legem veterem observarent, * dicitur enim deut. xxvii, ° maledictus qui non permanet in sermonibus legis huius, nec eos opere perficit. ‘ si igitur alii homines sine observantia legis veteris potuissent salvari, peior fuisset conditio iudaeorum quam aliorum hominum.
ag3 ‘ Praeterea, gentiles ad ritum iudaicum et ad observantias legis admittebantur, * dicitur enim exod. xii, ° si quis peregrinorum in vestram voluerit transire coloniam, et facere phase domini, circumcidetur prius omne masculinum eius, et tunc rite celebrabit, eritque simul sicut indigena terrae. ‘ frustra autem ad observantias legales fuissent extranei admissi ex ordinatione divina, si absque legalibus observantiis salvari potuissent. ergo nullus salvari poterat nisi legem observaret.
sc * Sed contra est quod dionysius dicit, ix cap. cael. hier., quod “ multi gentilium per angelos sunt reducti in deum. ‘ sed constat quod gentiles legem non observabant. ergo absque observantia legis poterant aliqui salvari.
co ‘ Respondeo dicendum quod lex vetus manifestabat praecepta legis naturae, et superaddebat quaedam propria praecepta. quantum igitur ad illa quae lex vetus continebat de lege naturae, omnes tenebantur ad observantiam veteris legis, non quia erant de veteri lege, sed quia erant de lege naturae. sed quantum ad illa quae lex vetus superaddebat, non tenebantur aliqui ad observantiam veteris legis nisi solus populus iudaeorum. cuius ratio est quia lex vetus, * sicut dictum est, ‘ data est populo iudaeorum ut quandam praerogativam sanctitatis obtineret, propter reverentiam christ , qui ex illo populo nasciturus erat. quaecumque autem statuuntur ad specialem aliquorum sanctificationem, non obligant nisi illos, sicut ad quaedam obligantur clerici, qui mancipantur divino ministerio, ad quae laici non obligantur; similiter et religiosi ad quaedam perfectionis opera obligantur ex sua professione, ad quae saeculares non obligantur. et similiter ad quaedam specialia obligabatur populus ille, ad quae alii populi non obligabantur. * unde dicitur deut. xviii, ° perfectus eris, et absque macula, cum domino deo tuo. ‘ et propter hoc etiam quadam professione utebantur; * ut patet deut. xxvi, ° profiteor hodie coram domino deo tuo etc..
ra1 ‘ Ad primum ergo dicendum quod quicumque subduntur regi, obligantur ad legem eius observandam quam omnibus communiter proponit. sed si instituat aliqua observanda a suis familiaribus ministris, ad haec ceteri non obligantur.
ra2 ‘ Ad secundum dicendum quod homo quanto deo magis coniungitur, tanto efficitur melioris conditionis. et ideo quanto populus iudaeorum erat adstrictus magis ad divinum cultum, dignior aliis populis erat. * unde dicitur deut. iv, ° quae est alia gens sic inclyta, ut habeat caeremonias, iustaque iudicia, et universam legem? ‘ et similiter etiam quantum ad hoc sunt melioris conditionis clerici quam laici, et religiosi quam saeculares.
ra3 ‘ Ad tertium dicendum quod gentiles perfectius et securius salutem consequebantur sub observantiis legis quam sub sola lege naturali, et ideo ad eas admittebantur. sicut et nunc laici transeunt ad clericatum, et saeculares ad religionem, quamvis absque hoc possint salvari.

008 ST2 qu98 ar6

ag1 ‘ Ad sextum sic proceditur. videtur quod lex vetus non convenienter fuerit data tempore moysi. lex enim vetus disponebat ad salutem quae erat futura per christum, * sicut dictum est. ‘ sed statim homo post peccatum indiguit huiusmodi salutis remedio. ergo statim post peccatum lex vetus debuit dari.
ag2 ‘ Praeterea, lex vetus data est propter sanctificationem eorum ex quibus christus nasciturus erat. sed abrahae incoepit fieri promissio de semine, quod est christus, * ut habetur gen. xii. ‘ ergo statim tempore abrahae debuit lex dari.
ag3 ‘ Praeterea, sicut christus non est natus ex aliis descendentibus ex noe nisi ex abraham, cui facta est promissio; ita etiam non est natus ex aliis filiis abrahae nisi ex david, cui est promissio renovata, * secundum illud ii reg. xxiii, ° dixit vir cui constitutum est de christo dei iacob. ‘ ergo lex vetus debuit dari post david, sicut data est post abraham.
sc * Sed contra est quod apostolus dicit, ad gal. iii, quod ° lex propter transgressionem posita est, donec veniret semen cui promiserat, ordinata per angelos in manu mediatoris, “ idest ordinabiliter data, * ut glossa dicit. ‘ ergo congruum fuit ut lex vetus illo temporis ordine traderetur.
co ‘ Respondeo dicendum quod convenientissime lex vetus data fuit tempore moysi. cuius ratio potest accipi ex duobus, secundum quod quaelibet lex duobus generibus hominum imponitur. imponitur enim quibusdam duris et superbis, qui per legem compescuntur et domantur, imponitur etiam bonis, qui, per legem instructi, adiuvantur ad implendum quod intendunt. conveniens igitur fuit tali tempore legem veterem dari, ad superbiam hominum convincendam. de duobus enim homo superbiebat, scilicet de scientia, et de potentia. de scientia quidem, quasi ratio naturalis ei posset sufficere ad salutem. et ideo ut de hoc eius superbia convinceretur permissus est homo regimini suae rationis absque adminiculo legis scriptae, et experimento homo discere potuit quod patiebatur rationis defectum, per hoc quod homines usque ad idololatriam et turpissima vitia circa tempora abrahae sunt prolapsi. et ideo post haec tempora fuit necessarium legem scriptam dari in remedium humanae ignorantiae, quia per legem est cognitio peccati, * ut dicitur rom. iii. ‘ sed postquam homo est instructus per legem, convicta est eius superbia de infirmitate, dum implere non poterat quod cognoscebat. et ideo, * sicut apostolus concludit, ad rom. viii, ° quod impossibile erat legi, in qua infirmabatur per carnem, |25| misit deus filium suum, ut iustificatio legis impleretur in nobis. ‘ ex parte vero bonorum, lex data est in auxilium. quod quidem tunc maxime populo necessarium fuit, quando lex naturalis obscurari incipiebat propter exuberantiam peccatorum. oportebat autem huiusmodi auxilium quodam ordine dari, ut per imperfecta ad perfectionem manuducerentur. et ideo inter legem naturae et legem gratiae, oportuit legem veterem dari.
ra1 ‘ Ad primum ergo dicendum quod statim post peccatum primi hominis non competebat legem veterem dari, tum quia nondum homo recognoscebat se ea indigere, de sua ratione confisus. tum quia adhuc

dictamen legis naturae nondum erat obtenebratum per consuetudinem peccandi.
ra2 ‘ Ad secundum dicendum quod lex non debet dari nisi populo, est enim praeceptum commune, * ut dictum est. ‘ et ideo tempore abrahae data sunt quaedam familiaria praecepta, et quasi domestica, dei ad homines. sed postmodum, multiplicatis eius posteris intantum quod populus esset, et liberatis eis a servitute, lex convenienter potuit dari, nam servi non sunt pars populi vel civitatis, cui legem dari competit, * ut philosophus dicit, in iii polit..
ra3 ‘ Ad tertium dicendum quod, quia legem oportebat alicui populo dari, non solum illi ex quibus christus natus est, legem acceperunt; sed totus populus consignatus signaculo circumcisionis, quae fuit signum promissionis abrahae factae et ab eo creditae, * ut dicit apostolus, rom. iv. ‘ et ideo etiam ante david oportuit legem dari tali populo iam collecto.

008 ST2 qu99 ar

pr ‘ Deinde considerandum est de praeceptis veteris legis. et primo, de distinctione ipsorum; secundo, de singulis generibus distinctis. circa primum quaeruntur sex. primo, utrum legis veteris sint plura praecepta, vel unum tantum. secundo, utrum lex vetus contineat aliqua praecepta moralia. tertio, utrum praeter moralia contineat caeremonialia. quarto, utrum contineat, praeter haec, iudicialia. quinto, utrum praeter ista tria contineat aliqua alia. sexto, de modo quo lex inducebat ad observantiam praedictorum.

008 ST2 qu99 ar1

ag1 ‘ Ad primum sic proceditur. videtur quod in lege veteri non contineatur nisi unum praeceptum. lex enim est nihil aliud quam praeceptum, * ut supra habitum est. ‘ sed lex vetus est una. ergo non continet nisi unum praeceptum.
ag2 * Praeterea, apostolus dicit, rom. xiii, ° si quod est aliud mandatum, in hoc verbo instauratur, diliges proximum tuum sicut teipsum. ‘ sed istud mandatum est unum. ergo lex vetus non continet nisi unum mandatum.
ag3 * Praeterea, matth. vii, dicitur, ° omnia quaecumque vultis ut faciant vobis homines, et vos facite illis, haec est enim lex et prophetae. ‘ sed tota lex vetus continetur in lege et prophetis. ergo tota lex vetus non habet nisi unum praeceptum.
sc * Sed contra est quod apostolus dicit, ad ephes. ii, ° legem mandatorum decretis evacuans. * et loquitur de lege veteri, ut patet per glossam ibidem. ‘ ergo lex vetus continet in se multa mandata.
co ‘ Respondeo dicendum quod praeceptum legis, cum sit obligatorium, est de aliquo quod fieri debet. quod autem aliquid debeat fieri, hoc provenit ex necessitate alicuius finis. unde manifestum est quod de ratione praecepti est quod importet ordinem ad finem, inquantum scilicet illud praecipitur quod est necessarium vel expediens ad finem. contingit autem ad unum finem multa esse necessaria vel expedientia. et secundum hoc possunt de diversis rebus dari praecepta inquantum ordinantur ad unum finem. unde dicendum est quod omnia praecepta legis veteris sunt unum secundum ordinem ad unum finem, sunt tamen multa secundum diversitatem eorum quae ordinantur ad finem illum.
ra1 ‘ Ad primum ergo dicendum quod lex vetus dicitur esse una secundum ordinem ad finem unum, et tamen continet diversa praecepta, secundum distinctionem eorum quae ordinat ad finem. sicut etiam ars aedificativa est una secundum unitatem finis, quia tendit ad aedificationem domus, tamen continet diversa praecepta, secundum diversos actus ad hoc ordinatos.
ra2 ‘ Ad secundum dicendum quod, * sicut apostolus dicit, i ad tim. i, ° finis praecepti caritas est, ‘ ad hoc enim omnis lex tendit, ut amicitiam constituat vel hominum ad invicem, vel hominis ad deum. et ideo tota lex impletur in hoc uno mandato, ° diliges proximum tuum sicut teipsum, * sicut in quodam fine mandatorum omnium, ‘ in dilectione enim proximi includitur etiam dei dilectio, quando proximus diligitur propter deum. * unde apostolus hoc unum praeceptum posuit pro duobus quae sunt de dilectione dei et proximi, de quibus dicit dominus, matth. xxii, ° in his duobus mandatis pendet omnis lex et prophetae.
ra3 * Ad tertium dicendum quod, sicut dicitur in ix ethic., ° amicabilia quae sunt ad alterum, venerunt ex amicabilibus quae sunt homini ad seipsum, ‘ dum scilicet homo ita se habet ad alterum sicut ad se. * et ideo in hoc quod dicitur, ° omnia quaecumque vultis ut faciant vobis homines, et vos facite illis, ‘ explicatur quaedam regula dilectionis proximi, * quae etiam implicite continetur in hoc quod dicitur, ° diliges proximum tuum sicut teipsum. ‘ unde est quaedam explicatio istius mandati.

008 ST2 qu99 ar2

ag1 ‘ Ad secundum sic proceditur. videtur quod lex vetus non contineat praecepta moralia. lex enim vetus distinguitur a lege naturae, * ut supra habitum est. ‘ sed praecepta moralia pertinent ad legem naturae. ergo non pertinent ad legem veterem.
ag2 ‘ Praeterea, ibi subvenire debuit homini lex divina, ubi deficit ratio humana, sicut patet in his quae ad fidem pertinent, quae sunt supra rationem. sed ad praecepta moralia ratio hominis sufficere videtur. ergo praecepta moralia non sunt de lege veteri, quae est lex divina.
ag3 ‘ Praeterea, lex vetus dicitur littera occidens, * ut patet ii ad cor. iii. ‘ sed praecepta moralia non occidunt, sed vivificant; * secundum illud psalmi cxviii, ° in aeternum non obliviscar iustificationes tuas, quia in ipsis vivificasti me. ‘ ergo praecepta moralia non pertinent ad veterem legem.
sc * Sed contra est quod dicitur eccli. xvii, ° addidit illis disciplinam, et legem vitae haereditavit eos. ‘ disciplina autem pertinet ad mores, * dicit enim glossa ad heb. xii, super illud, omnis disciplina etc., ° disciplina est eruditio morum per difficilia. ‘ ergo lex a deo data, praecepta moralia continebat.
co * Respondeo dicendum quod lex vetus continebat praecepta quaedam moralia, * ut patet exod. xx, ° non occides, non furtum facies. ‘ et hoc rationabiliter. nam sicut intentio principalis legis humanae est ut faciat amicitiam hominum ad invicem; ita intentio legis divinae est ut constituat principaliter amicitiam hominis ad deum. cum autem similitudo sit ratio amoris, * secundum illud eccli. xiii, ° omne animal diligit simile sibi; ‘ impossibile est esse amicitiam hominis ad deum, qui est optimus, nisi homines boni efficiantur, * unde dicitur levit. xix, ° sancti eritis, quoniam ego sanctus sum. * bonitas autem hominis est virtus, quae facit bonum habentem. ‘ et ideo oportuit praecepta legis veteris etiam de actibus virtutum dari. et haec sunt moralia legis praecepta.
ra1 ‘ Ad primum ergo dicendum quod lex vetus distinguitur a lege naturae non tanquam ab ea omnino aliena, sed tanquam aliquid ei superaddens. sicut enim gratia praesupponit naturam, ita oportet quod lex divina praesupponat legem naturalem.
ra2 ‘ Ad secundum dicendum quod legi divinae conveniens erat ut non solum provideret homini in his ad quae ratio non potest, sed etiam in his circa quae contingit rationem hominis impediri. ratio autem hominis circa praecepta moralia, quantum ad ipsa communissima praecepta legis naturae, non poterat errare in universali, sed tamen, propter consuetudinem peccandi, obscurabatur in particularibus agendis. circa alia vero praecepta moralia, quae sunt quasi conclusiones deductae ex communibus principiis legis naturae, multorum ratio oberrabat, ita ut quaedam quae secundum se sunt mala, ratio multorum licita iudicaret. unde oportuit contra utrumque defectum homini subveniri per auctoritatem legis divinae. sicut etiam inter credenda nobis proponuntur non solum ea ad quae ratio attingere non potest, ut deum esse trinum; sed etiam ea ad quae ratio recta pertingere potest, ut deum esse unum; ad excludendum rationis humanae errorem, qui accidebat in multis.
ra3 ‘ Ad tertium dicendum quod, * sicut augustinus probat in libro de spiritu et littera, etiam ‘ littera legis quantum ad praecepta moralia, occidere dicitur occasionaliter, inquantum scilicet praecipit quod bonum est, non praebens auxilium gratiae ad implendum.

008 ST2 qu99 ar3

ag1 ‘ Ad tertium sic proceditur. videtur quod lex vetus non contineat praecepta caeremonialia, praeter moralia. omnis enim lex quae hominibus datur, est directiva humanorum actuum. actus autem humani morales dicuntur, * ut supra dictum est. ‘ ergo videtur quod in lege veteri hominibus data, non debeant contineri nisi praecepta moralia.
ag2 ‘ Praeterea, praecepta quae dicuntur caeremonialia, videntur ad divinum cultum pertinere. sed divinus cultus est actus virtutis, scilicet religionis, * quae, ut tullius dicit in sua rhetoric., ° divinae naturae cultum caeremoniamque affert. ‘ cum igitur praecepta moralia sint de actibus virtutum, * ut dictum est, ‘ videtur quod praecepta caeremonialia non sint distinguenda a moralibus.
ag3 ‘ Praeterea, praecepta caeremonialia esse videntur quae figurative aliquid significant. * sed sicut augustinus dicit, in ii de doctr. christ., ° verba inter homines obtinuerunt principatum significandi. ‘ ergo nulla necessitas fuit ut in lege continerentur praecepta caeremonialia de aliquibus actibus figurativis.
sc * Sed contra est quod dicitur deut. iv, ° decem verba scripsit in duabus tabulis lapideis, mihique mandavit in illo tempore ut docerem vos caeremonias et iudicia quae facere deberetis. ‘ sed decem praecepta legis sunt moralia. ergo praeter praecepta moralia sunt etiam alia praecepta caeremonialia.
co * Respondeo dicendum quod, sicut dictum est, ‘ lex divina principaliter instituitur ad ordinandum homines ad deum; lex autem humana principaliter ad ordinandum homines ad invicem. et ideo leges humanae non curaverunt aliquid instituere de cultu divino nisi in ordine ad bonum commune hominum, et propter hoc etiam multa confinxerunt circa res divinas, secundum quod videbatur eis expediens ad informandos mores hominum; sicut patet in ritu gentilium. sed lex divina e converso homines ad invicem ordinavit secundum quod conveniebat ordini qui est in deum, quem principaliter intendebat. ordinatur autem homo in deum non solum per interiores actus mentis, qui sunt credere, sperare et amare; sed etiam per quaedam exteriora opera, quibus homo divinam servitutem profitetur. et ista opera dicuntur ad cultum dei pertinere. qui quidem cultus caeremonia vocatur, quasi munia, idest dona, caereris, quae dicebatur dea frugum, * ut quidam dicunt, ‘ eo quod primo ex frugibus oblationes deo offerebantur. sive, * ut maximus valerius refert, ‘ nomen caeremoniae introductum est ad significandum cultum divinum apud latinos, a quodam oppido iuxta romam, quod caere vocabatur, eo quod, roma capta a gallis, illuc sacra romanorum ablata sunt, et reverentissime |25| habita. sic igitur illa praecepta quae in lege pertinent ad cultum dei, specialiter caeremonialia dicuntur.
ra1 ‘ Ad primum ergo dicendum quod humani actus se extendunt etiam ad cultum divinum. et ideo etiam de his continet praecepta lex vetus hominibus data.
ra2 * Ad secundum dicendum quod, sicut supra dictum est, ‘ praecepta legis naturae communia sunt, et indigent determinatione. determinantur autem et per legem humanam, et per legem divinam. et sicut ipsae determinationes quae fiunt per legem humanam, non dicuntur esse de lege naturae, sed de iure positivo; ita ipsae determinationes praeceptorum legis naturae quae fiunt per legem divinam, distinguuntur a praeceptis moralibus, quae pertinent ad legem naturae. colere ergo deum, cum sit actus virtutis, pertinet ad praeceptum morale, sed determinatio huius praecepti, ut scilicet colatur talibus hostiis et talibus muneribus, hoc pertinet ad praecepta caeremonialia. et ideo praecepta caeremonialia distinguuntur a praeceptis moralibus.
ra3 ‘ Ad tertium dicendum quod, * sicut dionysius dicit, i cap. cael. hier., ‘ divina hominibus manifestari non possunt nisi sub aliquibus similitudinibus sensibilibus. ipsae autem similitudines magis movent animum quando non solum verbo exprimuntur, sed etiam sensui offeruntur. et ideo divina traduntur in scripturis non solum per similitudines verbo expressas, sicut patet in metaphoricis locutionibus; sed etiam per similitudines rerum quae visui proponuntur, quod pertinet ad praecepta caeremonialia.

008 ST2 qu99 ar4

ag1 ‘ Ad quartum sic proceditur. videtur quod praeter praecepta moralia et caeremonialia, non sint aliqua praecepta iudicialia in veteri lege. * dicit enim augustinus, contra faustum, quod “ in lege veteri sunt praecepta vitae agendae, et praecepta vitae significandae. ‘ sed praecepta vitae agendae sunt moralia; praecepta autem vitae significandae sunt caeremonialia. ergo praeter haec duo genera praeceptorum, non sunt ponenda in lege alia praecepta iudicialia.
ag2 * Praeterea, super illud psalmi cxviii, ° a iudiciis tuis non declinavi, * dicit glossa, ° idest ab his quae constituisti regulam vivendi. ‘ sed regula vivendi pertinet ad praecepta moralia. ergo praecepta iudicialia non sunt distinguenda a moralibus.
ag3 ‘ Praeterea, iudicium videtur esse actus iustitiae; * secundum illud psalmi xciii, ° quoadusque iustitia convertatur in iudicium. ‘ sed actus iustitiae, sicut et actus ceterarum virtutum, pertinet ad praecepta moralia. ergo praecepta moralia includunt in se iudicialia, et sic non debent ab eis distingui.
sc * Sed contra est quod dicitur deut. vi, ° haec sunt praecepta et caeremoniae atque iudicia. ‘ praecepta autem antonomastice dicuntur moralia. ergo praeter praecepta moralia et caeremonialia, sunt etiam iudicialia.
co * Respondeo dicendum quod, sicut dictum est, ‘ ad legem divinam pertinet ut ordinet homines ad invicem et ad deum. utrumque autem horum in communi quidem pertinet ad dictamen legis naturae, ad quod referuntur moralia praecepta, sed oportet quod determinetur utrumque per legem divinam vel humanam, quia principia naturaliter nota sunt communia tam in speculativis quam in activis. sicut igitur determinatio communis praecepti de cultu divino fit per praecepta caeremonialia, sic et determinatio communis praecepti de iustitia observanda inter homines, determinatur per praecepta iudicialia. et secundum hoc, oportet tria praecepta legis veteris ponere; scilicet moralia, quae sunt de dictamine legis naturae; caeremonialia, quae sunt determinationes cultus divini; et iudicialia, quae sunt determinationes iustitiae inter homines observandae. * unde cum apostolus, rom. vii, dixisset quod lex est sancta, subiungit quod “ mandatum est iustum et sanctum et bonum, ‘ iustum quidem, quantum ad iudicialia; sanctum, quantum ad caeremonialia (nam sanctum dicitur quod est deo dicatum); bonum, idest honestum, quantum ad moralia.
ra1 ‘ Ad primum ergo dicendum quod tam praecepta moralia, quam etiam iudicialia, pertinent ad directionem vitae humanae. et ideo utraque continentur sub uno membro illorum quae * ponit augustinus, scilicet sub praeceptis vitae agendae.
ra2 ‘ Ad secundum dicendum quod iudicium significat executionem iustitiae, quae quidem est secundum applicationem rationis ad aliqua particularia determinate. unde praecepta iudicialia communicant in aliquo cum moralibus, inquantum scilicet a ratione derivantur; et in aliquo cum caeremonialibus, inquantum scilicet sunt quaedam determinationes communium praeceptorum. et ideo quandoque

sub iudiciis comprehenduntur praecepta iudicialia et moralia, * sicut deut. v, audi, israel, caeremonias atque iudicia; ' quandoque vero iudicialia et caeremonialia, * sicut levit. xviii, " facietis iudicia mea, et praecepta mea servabitis, ubi praecepta ad moralia referuntur, iudicia vero ad iudicialia et caeremonialia.
ra3 ' Ad tertium dicendum quod actus iustitiae in generali pertinet ad praecepta moralia, sed determinatio eius in speciali pertinet ad praecepta iudicialia.

008 ST2 qu99 ar5

ag1 ' Ad quintum sic proceditur. videtur quod aliqua alia praecepta contineantur in lege veteri praeter moralia, iudicialia et caeremonialia. iudicialia enim praecepta pertinent ad actum iustitiae, quae est hominis ad hominem; caeremonialia vero pertinent ad actum religionis, qua deus colitur. sed praeter has sunt multae aliae virtutes, scilicet temperantia, fortitudo, liberalitas, et aliae plures, * ut supra dictum est. ' ergo praeter praedicta oportet plura alia in lege veteri contineri.
ag2 * Praeterea, deut. xi dicitur, ° ama dominum deum tuum, et observa eius praecepta et caeremonias et iudicia atque mandata. ' sed praecepta pertinent ad moralia, * ut dictum est. ' ergo praeter moralia, iudicialia et caeremonialia, adhuc alia continentur in lege, quae dicuntur mandata.
ag3 * Praeterea, deut. vi dicitur, ° custodi praecepta domini dei tui, ac testimonia et caeremonias quas tibi praecepi. ' ergo praeter omnia praedicta adhuc in lege testimonia continentur.
ag4 * Praeterea, in psalmo cxviii dicitur, ° in aeternum non obliviscar iustificationes tuas, * glossa, ° idest legem. ' ergo praecepta legis veteris non solum sunt moralia, caeremonialia et iudicialia, sed etiam iustificationes.
sc * Sed contra est quod dicitur deut. vi, ° haec sunt praecepta et caeremoniae atque iudicia quae mandavit dominus deus vobis. ' et haec ponuntur in principio legis. ergo omnia praecepta legis sub his comprehenduntur.
co ' Respondeo dicendum quod in lege ponuntur aliqua tanquam praecepta; aliqua vero tanquam ad praeceptorum adimpletionem ordinata. praecepta quidem sunt de his quae sunt agenda. ad quorum impletionem ex duobus homo inducitur, scilicet ex auctoritate praecipientis; et ex utilitate impletionis, quae quidem est consecutio alicuius boni utilis, delectabilis vel honesti, aut fuga alicuius mali contrarii. oportuit igitur in veteri lege proponi quaedam quae auctoritatem dei praecipientis indicarent, * sicut illud deut. vi, ° audi, israel, dominus deus tuus deus unus est; * et illud gen. i, ° in principio creavit deus caelum et terram. ' et huiusmodi dicuntur testimonia. oportuit etiam quod in lege proponerentur quaedam praemia observantium legem, et poenae transgredientium, * ut patet deut. xxviii, ° si audieris vocem domini dei tui, faciet te excelsiorem cunctis gentibus, etc.. ' et huiusmodi dicuntur iustificationes, secundum quod deus aliquos iuste punit vel praemiat. ipsa autem agenda sub praecepto non cadunt nisi inquantum habent aliquam debiti rationem. est autem duplex debitum, unum quidem secundum regulam rationis, aliud autem |25| secundum regulam legis determinantis; * sicut philosophus, in v ethic., distinguit duplex iustum, ' scilicet morale et legale. debitum autem morale est duplex, dictat enim ratio aliquid faciendum vel tanquam necessarium, sine quo non potest esse ordo virtutis; vel tanquam utile ad hoc quod ordo virtutis melius conservetur. et secundum hoc, quaedam moralium praecise praecipiuntur vel prohibentur in lege, sicut, non occides, non furtum facies. * et haec proprie dicuntur praecepta. ' quaedam vero praecipiuntur vel prohibentur, non quasi praecise debita, sed propter melius. et ista possunt dici mandata, quia quandam inductionem habent et persuasionem. * sicut illud exod. xxii, ° si pignus acceperis vestimentum a proximo tuo, ante solis occasum reddas ei; " et aliqua similia. * unde hieronymus dicit quod ° in praeceptis est iustitia, in mandatis vero caritas. ' debitum autem ex determinatione legis, in rebus quidem humanis pertinet ad iudicialia; in rebus autem divinis, ad caeremonialia. quamvis etiam ea quae pertinent ad poenam vel praemia, dici possint testimonia, inquantum sunt protestationes quaedam divinae iustitiae. omnia vero praecepta legis possunt dici |50| iustificationes, inquantum sunt quaedam executiones legalis iustitiae. possunt etiam aliter mandata a praeceptis distingui, ut praecepta dicantur quae deus per seipsum iussit; mandata autem, quae per alios mandavit, ut ipsum nomen sonare videtur. ex quibus omnibus apparet quod omnia legis praecepta continentur sub moralibus, caeremonialibus et iudicialibus, alia vero non habent rationem praeceptorum, sed ordinantur ad praeceptorum observationem, * ut dictum est.
ra1 ' Ad primum ergo dicendum quod sola iustitia, inter alias virtutes, importat rationem debiti. et ideo moralia intantum sunt lege determinabilia, inquantum pertinent ad iustitiam, cuius etiam quaedam pars est religio, * ut tullius dicit. ' unde iustum legale non potest esse aliquod praeter caeremonialia et iudicialia praecepta.
ra2 ' Ad alia patet responsio per ea quae dicta sunt.

008 ST2 qu99 ar6

ag1 ' Ad sextum sic proceditur. videtur quod lex vetus non debuerit inducere ad observantiam praeceptorum per temporales promissiones et comminationes. intentio enim legis divinae est ut homines deo subdat per timorem et amorem, * unde dicitur deut. x, ° et nunc, israel, quid dominus deus tuus petit a te, nisi ut timeas dominum deum tuum, et ambules in viis eius, et diligas eum? ' sed cupiditas rerum temporalium abducit a deo, * dicit enim augustinus, in libro octoginta trium quaest., quod ° venenum caritatis est cupiditas. ' ergo promissiones et comminationes temporales videntur contrariari intentioni legislatoris, quod facit legem reprobabilem, * ut patet per philosophum, in ii polit..
ag2 ' Praeterea, lex divina est excellentior quam lex humana. videmus autem in scientiis quod quanto aliqua est altior, tanto per altiora media procedit. ergo cum lex humana procedat ad inducendum homines per temporales comminationes et promissiones, lex divina non debuit ex his procedere, sed per aliqua maiora.
ag3 ' Praeterea, illud non potest esse praemium iustitiae vel poena culpae, quod aequaliter evenit et bonis et malis. * sed sicut dicitur eccle. ix, ° universa, temporalia, aeque eveniunt iusto et impio, bono et malo, mundo et immundo, immolanti victimas et sacrificia contemnenti. ' ergo temporalia bona vel mala non convenienter ponuntur ut poenae vel praemia mandatorum legis divinae.
sc * Sed contra est quod dicitur isaiae i, ° si volueritis, et audieritis me, bona terrae comedetis. quod si nolueritis, et me ad iracundiam provocaveritis, gladius devorabit vos.
co ' Respondeo dicendum quod, sicut in scientiis speculativis inducuntur homines ad assentiendum conclusionibus per media syllogistica, ita etiam in quibuslibet legibus homines inducuntur ad observantias praeceptorum per poenas et praemia. videmus autem in scientiis speculativis quod media proponuntur auditori secundum eius conditionem, unde oportet ordinate in scientiis procedere, ut ex notioribus disciplina incipiat. ita etiam oportet eum qui vult inducere hominem ad observantiam praeceptorum, ut ex illis eum movere incipiat quae sunt in eius affectu, sicut pueri provocantur ad aliquid faciendum aliquibus puerilibus munusculis. * dictum est autem supra quod ' lex vetus disponebat ad christum sicut imperfectum ad perfectum, unde dabatur populo adhuc imperfecto in comparatione ad perfectionem quae erat futura per christum, et ideo populus ille comparatur puero sub paedagogo existenti, * ut patet galat. iii. ' perfectio autem hominis est ut, contemptis temporalibus, spiritualibus inhaereat, * ut patet per illud quod apostolus dicit, philipp. iii, ° quae quidem retro sunt obliviscens, ad ea quae priora sunt me extendo. quicumque ergo perfecti sumus, hoc sentiamus. ' imperfectorum autem est quod temporalia bona desiderent, |25| in ordine tamen ad deum. perversorum autem est quod in temporalibus bonis finem constituant. unde legi veteri conveniebat ut per temporalia, quae erant in affectu hominum imperfectorum, manuduceret homines ad deum.
ra1 ' Ad primum ergo dicendum quod cupiditas, qua homo constituit finem in temporalibus bonis, est caritatis venenum. sed consecutio temporalium bonorum quae homo desiderat in ordine ad deum, est quaedam via inducens imperfectos ad dei amorem; * secundum illud psalmi xlviii, ° confitebitur tibi cum benefeceris illi.
ra2 ' Ad secundum dicendum quod lex humana inducit homines ex temporalibus praemiis vel poenis per homines inducendis, lex vero divina ex praemiis vel poenis exhibendis per deum. et in hoc procedit per media altiora.
ra3 ' Ad tertium dicendum quod, sicut patet historias veteris testamenti revolventi, communis status populi semper sub lege in prosperitate fuit, quandiu legem observabant; et statim declinantes a praeceptis legis, in multas adversitates incidebant. sed aliquae personae particulares etiam iustitiam legis observantes, in aliquas adversitates incidebant, vel quia iam erant spirituales effecti, ut per hoc magis ab affectu temporalium abstraherentur, et eorum virtus probata redderetur; aut quia, opera legis exterius implentes, cor totum habebant in temporalibus defixum et a deo elongatum, * secundum quod dicitur isaiae xxix, ° populus hic labiis me honorat, cor autem eorum longe est a me.

008 ST2 qu100 ar

pr ' Deinde considerandum est de singulis generibus praeceptorum veteris legis. et primo, de praeceptis moralibus; secundo, de caeremonialibus; tertio, de iudicialibus. circa primum quaeruntur duodecim. primo, utrum omnia praecepta moralia veteris legis sint de lege naturae. secundo, utrum praecepta moralia veteris legis sint de actibus omnium virtutum. tertio, utrum omnia praecepta moralia veteris legis reducantur ad decem praecepta decalogi. quarto, de distinctione praeceptorum decalogi. quinto, de numero eorum. sexto, de ordine. septimo, de modo tradendi ipsa. octavo, utrum sint dispensabilia. nono, utrum modus observandi virtutem cadat sub praecepto. decimo, utrum modus caritatis cadat sub praecepto. undecimo, de distinctione aliorum praeceptorum moralium. duodecimo utrum praecepta moralia veteris legis iustificent.

008 ST2 qu100 ar1

ag1 ' Ad primum sic proceditur. videtur quod non omnia praecepta moralia pertineant ad legem naturae. * dicitur enim eccli. xvii, ° addidit illis disciplinam, et legem vitae haereditavit illos. ' sed disciplina dividitur contra legem naturae, eo quod lex naturalis non addiscitur, sed ex naturali instinctu habetur. ergo non omnia praecepta moralia sunt de lege naturae.
ag2 ' Praeterea, lex divina perfectior est quam lex humana. sed lex humana superaddit aliqua ad bonos mores pertinentia his quae sunt de lege naturae, quod patet ex hoc quod lex naturae est eadem apud omnes, huiusmodi autem morum instituta sunt diversa apud diversos. ergo multo fortius divina lex aliqua ad bonos mores pertinentia debuit addere supra legem naturae.
ag3 ' Praeterea, sicut ratio naturalis inducit ad aliquos bonos mores, ita et fides, * unde etiam dicitur ad galat. v, quod " fides per dilectionem operatur. ' sed fides non continetur sub lege naturae, quia ea quae sunt fidei, sunt supra rationem naturalem. ergo non omnia praecepta moralia legis divinae pertinent ad legem naturae.
sc * Sed contra est quod dicit apostolus, rom. ii, quod ° gentes, quae legem non habent, naturaliter ea quae legis sunt, faciunt, ' quod oportet intelligi de his quae pertinent ad bonos mores. ergo omnia moralia praecepta legis sunt de lege naturae.
co ' Respondeo dicendum quod praecepta moralia, a caeremonialibus et iudicialibus distincta, sunt de illis quae secundum se ad bonos mores pertinent. cum autem humani mores dicantur in ordine ad rationem, quae est proprium principium humanorum actuum, illi mores dicuntur boni qui rationi congruunt, mali autem qui a ratione discordant. sicut autem omne iudicium rationis speculativae procedit a naturali cognitione primorum principiorum, ita etiam omne iudicium rationis practicae procedit ex quibusdam principiis naturaliter cognitis, * ut supra dictum est. ' ex quibus diversimode procedi potest ad iudicandum de diversis. quaedam enim sunt in humanis actibus adeo explicita quod statim, cum modica consideratione, possunt approbari vel reprobari per illa communia et prima principia. quaedam vero sunt ad quorum iudicium requiritur multa consideratio diversarum circumstantiarum, quas considerare diligenter non est cuiuslibet, sed sapientum, sicut considerare particulares conclusiones scientiarum non pertinet ad omnes, sed ad solos philosophos. quaedam vero sunt ad quae diiudicanda indiget homo adiuvari per instructionem divinam, sicut est circa credenda. sic igitur patet quod, cum moralia praecepta sint de his quae pertinent ad bonos mores; haec autem sunt quae rationi congruunt; omne autem rationis humanae iudicium aliqualiter a naturali ratione derivatur, necesse est quod |25| omnia praecepta moralia pertineant ad legem naturae, sed diversimode. quaedam enim sunt quae statim per se ratio naturalis cuiuslibet hominis diiudicat esse facienda vel non facienda, sicut ° honora patrem tuum et matrem tuam, et, non occides, non furtum facies. ' et huiusmodi sunt absolute de lege naturae. quaedam vero sunt quae subtiliori consideratione rationis a sapientibus iudicantur esse observanda. et ista sic sunt de lege naturae, ut tamen indigeant disciplina, qua minores a sapientioribus instruantur, * sicut illud, ° coram cano capite consurge, et honora personam senis, ' et alia huiusmodi. quaedam vero sunt ad quae iudicanda ratio humana indiget instructione divina, per quam erudimur de divinis, * sicut est illud, ° non facies tibi sculptile neque omnem similitudinem; non assumes nomen dei tui in vanum.
ra ' Et per hoc patet responsio ad obiecta.

008 ST2 qu100 ar2

ag1 ' Ad secundum sic proceditur. videtur quod praecepta moralia legis non sint de omnibus actibus virtutum. observatio enim praeceptorum veteris legis iustificatio nominatur, * secundum illud psalmi cxviii, ° iustificationes tuas custodiam. ' sed iustificatio est executio iustitiae. ergo praecepta moralia non sunt nisi de actibus iustitiae.
ag2 ' Praeterea, id quod cadit sub praecepto, habet rationem debiti. sed ratio debiti non pertinet ad alias virtutes nisi ad solam iustitiam, cuius proprius actus est reddere unicuique debitum. ergo praecepta legis moralia non sunt de actibus aliarum virtutum, sed solum de actibus iustitiae.
ag3 " Praeterea, omnis lex ponitur propter bonum commune, * ut dicit isidorus. ' sed inter virtutes sola iustitia respicit bonum commune, * ut philosophus dicit, in v ethic.. ' ergo praecepta moralia sunt solum de actibus iustitiae.
sc * Sed contra est quod ambrosius dicit, quod ° peccatum est transgressio legis divinae, et caelestium inobedientia mandatorum. ' sed peccata contrariantur omnibus actibus virtutum. ergo lex divina habet ordinare de actibus omnium virtutum.
co ' Respondeo dicendum quod, cum praecepta legis

ordinentur ad bonum commune, * sicut supra habitum est, ‘ necesse est quod praecepta legis diversificentur secundum diversos modos communitatum, * unde et philosophus, in sua politica, docet quod “ alias leges oportet statuere in civitate quae regitur rege, et alias in ea quae regitur per populum, vel per aliquos potentes de civitate. est autem alius modus communitatis ad quam ordinatur lex humana, et ad quam ordinatur lex divina. lex enim humana ordinatur ad communitatem civilem, quae est hominum ad invicem. homines autem ordinantur ad invicem per exteriores actus, quibus homines sibi invicem communicant. huiusmodi autem communicatio pertinet ad rationem iustitiae, quae est proprie directiva communitatis humanae. et ideo lex humana non proponit praecepta nisi de actibus iustitiae; et si praecipiat actus aliarum virtutum, hoc non est nisi inquantum assumunt rationem iustitiae; * ut patet per philosophum, in v ethic.. ‘ sed communitas ad quam ordinat lex divina, est hominum ad deum, vel in praesenti vel in futura vita. et ideo lex divina praecepta proponit de omnibus illis per quae homines bene |25| ordinentur ad communicationem cum deo. homo autem deo coniungitur ratione, sive mente, in qua est dei imago. et ideo lex divina praecepta proponit de omnibus illis per quae ratio hominis est bene ordinata. hoc autem contingit per actus omnium virtutum, nam virtutes intellectuales ordinant bene actus rationis in seipsis; virtutes autem morales ordinant bene actus rationis circa interiores passiones et exteriores operationes. et ideo manifestum est quod lex divina convenienter proponit praecepta de actibus omnium virtutum, ita tamen quod quaedam, sine quibus ordo virtutis, qui est ordo rationis, observari non potest, cadunt sub obligatione praecepti; quaedam vero, quae pertinent ad bene esse virtutis perfectae, cadunt sub admonitione consilii.

ra1 ‘ Ad primum ergo dicendum quod adimpletio mandatorum legis etiam quae sunt de actibus aliarum virtutum, habet rationem iustificationis, inquantum iustum est ut homo obediat deo. vel etiam inquantum iustum est quod omnia quae sunt hominis, rationi subdantur.

ra2 ‘ Ad secundum dicendum quod iustitia proprie dicta attendit debitum unius hominis ad alium, sed in omnibus aliis virtutibus attenditur debitum inferiorum virium ad rationem. et secundum rationem huius debiti, * philosophus assignat, in v ethic., quandam iustitiam metaphoricam.

ra3 * Ad tertium patet responsio per ea quae dicta sunt de diversitate communitatis.

008 ST2 qu100 ar3

ag1 ‘ Ad tertium sic proceditur. videtur quod non omnia praecepta moralia veteris legis reducantur ad decem praecepta decalogi. prima enim et principalia legis praecepta sunt, diliges dominum deum tuum, et, diliges proximum tuum, * ut habetur matth. xxii. ‘ sed ista duo non continentur in praeceptis decalogi. ergo non omnia praecepta moralia continentur in praeceptis decalogi.

ag2 ‘ Praeterea, praecepta moralia non reducuntur ad praecepta caeremonialia, sed potius e converso. sed inter praecepta decalogi est unum caeremoniale, scilicet, ° memento ut diem sabbati sanctifices. ‘ ergo praecepta moralia non reducuntur ad omnia praecepta decalogi.

ag3 ‘ Praeterea, praecepta moralia sunt de omnibus actibus virtutum. sed inter praecepta decalogi ponuntur sola praecepta pertinentia ad actus iustitiae; ut patet discurrenti per singula. ergo praecepta decalogi non continent omnia praecepta moralia.

sc * Sed contra est quod, matth. v, super illud, ° beati estis cum maledixerint etc., * dicit glossa quod ° moyses, decem praecepta proponens, postea per partes explicat. ‘ ergo omnia praecepta legis sunt quaedam partes praeceptorum decalogi.

co ‘ Respondeo dicendum quod praecepta decalogi ab aliis praeceptis legis differunt in hoc, quod praecepta decalogi per seipsum deus dicitur populo proposuisse; alia vero praecepta proposuit populo per moysen. illa ergo praecepta ad decalogum pertinent, quorum notitiam homo habet per seipsum a deo. huiusmodi vero sunt illa quae statim ex principiis communibus primis cognosci possunt modica consideratione, et iterum illa quae statim ex fide divinitus infusa innotescunt. inter praecepta ergo decalogi non computantur duo genera praeceptorum, illa scilicet quae sunt prima et communia, quorum non oportet aliam editionem esse nisi quod sunt scripta in ratione naturali quasi per se nota, sicut quod nulli debet homo malefacere, et alia huiusmodi; et iterum illa quae per diligentem inquisitionem sapientum inveniuntur rationi convenire, haec enim proveniunt a deo ad populum mediante disciplina sapientum. utraque tamen horum praeceptorum continentur in praeceptis decalogi, sed diversimode. nam illa quae sunt prima et communia, continentur in eis sicut principia in conclusionibus proximis, illa vero quae per sapientes cognoscuntur, continentur in eis, e converso, sicut conclusiones in principiis.

ra1 ‘ Ad primum ergo dicendum quod illa duo praecepta sunt prima et communia praecepta legis naturae, quae sunt per se nota rationi humanae, vel per naturam vel per fidem. et ideo omnia praecepta decalogi ad illa duo referuntur sicut conclusiones ad principia communia.

ra2 ‘ Ad secundum dicendum quod praeceptum de observatione sabbati est secundum aliquid morale, inquantum scilicet per hoc praecipitur quod homo aliquo tempore vacet rebus divinis; * secundum illud psalmi xlv, ° vacate, et videte quoniam ego sum deus. ‘ et secundum hoc, inter praecepta decalogi computatur. non autem quantum ad taxationem temporis, quia secundum hoc est caeremoniale.

ra3 ‘ Ad tertium dicendum quod ratio debiti in aliis virtutibus est magis latens quam in iustitia. et ideo praecepta de actibus aliarum virtutum non sunt ita nota populo sicut praecepta de actibus iustitiae. et propter hoc actus iustitiae specialiter cadunt sub praeceptis decalogi, quae sunt prima legis elementa.

008 ST2 qu100 ar4

ag1 ‘ Ad quartum sic proceditur. videtur quod inconvenienter praecepta decalogi distinguantur. latria enim est alia virtus a fide. sed praecepta dantur de actibus virtutum. sed hoc quod * dicitur in principio decalogi, non habebis deos alienos coram me, ‘ pertinet ad fidem, * quod autem subditur, non facies sculptile etc., ‘ pertinet ad latriam. ergo sunt duo praecepta, et non unum, * sicut augustinus dicit.

ag2 * Praeterea, praecepta affirmativa in lege distinguuntur a “ negativis, sicut, honora patrem et matrem, et, non occides. sed hoc quod dicitur, ego sum dominus deus tuus, est affirmativum, quod autem subditur, non habebis deos alienos coram me, est negativum. ‘ ergo sunt duo praecepta, et non continentur sub uno, * ut augustinus ponit.

ag3 * Praeterea, apostolus, ad rom. vii, dicit, ° concupiscentiam nesciebam, nisi lex diceret, non concupisces. ‘ et sic videtur quod hoc praeceptum, non concupisces, sit unum praeceptum. non ergo debet distingui in duo.

sc * Sed contra est auctoritas augustini, in glossa super exod., “ ubi ponit tria praecepta pertinentia ad deum, et septem ad proximum.

co ‘ Respondeo dicendum quod praecepta decalogi diversimode a diversis distinguuntur. * hesychius enim, levit. xxvi, super illud, ° decem mulieres in uno clibano coquunt panes, * dicit “ praeceptum de observatione sabbati non esse de decem praeceptis, quia non est observandum, secundum litteram, secundum omne tempus. distinguit tamen quatuor praecepta pertinentia ad deum, ut primum sit, ego sum dominus deus tuus; secundum sit, non habebis deos alienos coram me * (et sic etiam distinguit haec duo hieronymus, osee x, super illud, propter duas iniquitates tuas); “ tertium vero praeceptum esse dicit, non facies tibi sculptile; quartum vero, non assumes nomen dei tui in vanum. pertinentia vero ad proximum dicit esse sex, ut primum sit, honora patrem tuum et matrem tuam; secundum, non occides; tertium, non moechaberis; quartum, non furtum facies; quintum, non falsum testimonium dices; sextum, non concupisces. ‘ sed primo hoc videtur inconveniens, quod praeceptum de observatione sabbati praeceptis decalogi interponatur, si nullo modo ad decalogum pertineat. * secundo quia, cum scriptum sit matth. vi, |25| “ nemo potest duobus dominis servire, eiusdem rationis esse videtur, et sub eodem praecepto cadere, ego sum dominus deus tuus, et, non habebis deos alienos. * unde origenes, distinguens etiam quatuor praecepta ordinantia “ ad deum, ponit ista duo pro uno praecepto; secundum vero ponit, non facies sculptile; tertium, non assumes nomen dei tui in vanum; quartum, memento ut diem sabbati sanctifices. * alia vero sex ponit sicut hesychius. ‘ sed quia facere sculptile vel similitudinem non est prohibitum nisi secundum hoc, ut non colantur pro diis (nam et in tabernaculo deus praecepit fieri imaginem seraphim, * ut habetur exod. xxv); convenientius augustinus ponit “ sub uno praecepto, non habebis deos alienos, et, non facies sculptile. ‘ similiter etiam concupiscentia uxoris alienae ad commixtionem, pertinet ad concupiscentiam carnis; concupiscentiae autem aliarum rerum, quae desiderantur ad possidendum, pertinent ad concupiscentiam oculorum; unde etiam * augustinus ponit “ duo praecepta de non concupiscendo rem alienam, et uxorem alienam. et sic ponit tria praecepta in ordine ad deum, et septem in ordine ad proximum. ‘ et hoc melius est.

ra1 ‘ Ad primum ergo dicendum quod latria non est nisi quaedam protestatio fidei, unde non sunt alia praecepta danda de latria, et alia de fide. potius tamen sunt danda de latria quam de fide, quia praeceptum fidei praesupponitur ad praecepta decalogi, sicut praeceptum dilectionis. sicut enim prima praecepta communia legis naturae sunt per se nota habenti rationem naturalem, et promulgatione non indigent; ita etiam et hoc quod est credere in deum, est primum et per se notum ei qui habet fidem, accedentem enim ad deum oportet credere quia est, * ut dicitur ad heb. xi. ‘ et ideo non indiget alia promulgatione nisi infusione fidei.

ra2 ‘ Ad secundum dicendum quod praecepta affirmativa distinguuntur a negativis, quando unum non comprehenditur in alio, sicut in honoratione parentum non includitur quod nullus homo occidatur, nec e converso. sed quando affirmativum comprehenditur in negativo vel e converso, non dantur super hoc diversa praecepta, sicut non datur aliud praeceptum “ de hoc quod est, non furtum facies, et de hoc quod est conservare rem alienam, vel restituere eam. ‘ et eadem ratione non sunt diversa praecepta de credendo in deum, et de hoc quod non credatur in alienos deos.

ra3 ‘ Ad tertium dicendum quod omnis concupiscentia convenit in una communi ratione, et ideo * apostolus singulariter de mandato concupiscendi loquitur. ‘ quia tamen in speciali diversae sunt rationes concupiscendi, * ideo augustinus distinguit “ diversa praecepta de non concupiscendo, differunt enim species concupiscentiae secundum diversitatem actionum vel concupiscibilium, * ut philosophus dicit, in x ethic..

008 ST2 qu100 ar5

ag1 ‘ Ad quintum sic proceditur. videtur quod inconvenienter praecepta decalogi enumerentur. * peccatum enim, ut ambrosius dicit, est ° transgressio legis divinae, et caelestium inobedientia mandatorum. ‘ sed peccata distinguuntur per hoc quod homo peccat vel in deum, vel in proximum, vel in seipsum. cum igitur in praeceptis decalogi non ponantur aliqua praecepta ordinantia hominem ad seipsum, sed solum ordinantia ipsum ad deum et proximum; videtur quod insufficiens sit enumeratio praeceptorum decalogi.

ag2 ‘ Praeterea, sicut ad cultum dei pertinebat observatio sabbati, ita etiam observatio aliarum solemnitatum, et immolatio sacrificiorum. sed inter praecepta decalogi est unum pertinens ad observantiam sabbati. ergo etiam debent esse aliqua pertinentia ad alias solemnitates, et ad ritum sacrificiorum.

ag3 ‘ Praeterea, sicut contra deum peccare contingit periurando, ita etiam blasphemando, vel alias contra doctrinam divinam mentiendo. sed ponitur unum praeceptum prohibens periurium, * cum dicitur, ° non assumes nomen dei tui in vanum. ‘ ergo peccatum blasphemiae, et falsae doctrinae, debent aliquo praecepto decalogi prohiberi.

ag4 ‘ Praeterea, sicut homo naturalem dilectionem habet ad parentes, ita etiam ad filios. mandatum etiam caritatis ad omnes proximos extenditur. sed praecepta decalogi ordinantur ad caritatem; * secundum illud i tim. i, ° finis praecepti caritas est. ‘ ergo sicut ponitur quoddam praeceptum pertinens ad parentes, ita etiam debuerunt poni aliqua praecepta pertinentia ad filios et ad alios proximos.

ag5 ‘ Praeterea, in quolibet genere peccati contingit peccare corde et opere. sed in quibusdam generibus peccatorum, scilicet in furto et adulterio, seorsum prohibetur peccatum operis, * cum dicitur, non moechaberis, non furtum facies; “ et seorsum peccatum cordis, cum dicitur, non concupisces rem proximi tui, et, non concupisces uxorem proximi tui. ergo etiam ‘ idem debuit poni in peccato homicidii et falsi testimonii.

ag6 ‘ Praeterea, sicut contingit peccatum provenire ex inordinatione concupiscibilis, ita etiam ex inordinatione irascibilis. sed quibusdam praeceptis prohibetur inordinata concupiscentia, * cum dicitur, non concupisces. ‘ ergo etiam aliqua praecepta in decalogo debuerunt poni per quae prohiberetur inordinatio irascibilis. non ergo videtur quod convenienter decem praecepta decalogi enumerentur.

sc * Sed contra est quod dicitur deut. iv, ° ostendit vobis pactum suum, quod praecepit ut faceretis; et decem verba quae scripsit in duabus tabulis lapideis.

co * Respondeo dicendum quod, sicut supra dictum est, ‘ sicut praecepta legis humanae ordinant hominem ad communitatem humanam, ita praecepta legis divinae ordinant hominem ad quandam communitatem seu rempublicam hominum sub deo. ad hoc autem quod aliquis in aliqua communitate bene commoretur, duo requiruntur, quorum primum est ut bene se habeat ad eum qui praeest communitati; aliud autem est ut homo bene se habeat ad alios communitatis consocios et comparticipes. oportet igitur quod in lege divina primo ferantur quaedam praecepta ordinantia hominem ad deum; et deinde alia praecepta ordinantia hominem ad alios proximos simul conviventes sub deo. principi autem communitatis tria debet homo, primo quidem, fidelitatem; secundo, reverentiam; tertio, famulatum. fidelitas quidem ad dominum in hoc consistit, ut honorem principatus ad alium non deferat. et quantum ad hoc accipitur primum praeceptum, * cum dicitur, ‘ non habebis deos alienos. reverentia autem ad dominum requiritur ut nihil iniuriosum in eum committatur. et quantum ad hoc accipitur secundum praeceptum, quod est, “ non assumes nomen domini dei tui in vanum. |25| ‘ famulatus autem debetur domino in recompensationem beneficiorum quae ab ipso percipiunt subditi. et ad hoc pertinet tertium praeceptum, de sanctificatione sabbati in memoriam creationis rerum. ad proximos autem aliquis bene se habet et specialiter, et generaliter. specialiter quidem, quantum ad illos quorum est debitor, ut eis debitum reddat. et quantum ad hoc accipitur praeceptum de honoratione parentum. generaliter autem, quantum ad omnes, ut nulli nocumentum inferatur, neque opere neque ore neque corde. opere quidem infertur nocumentum proximo, quandoque quidem in personam propriam, quantum ad consistentiam scilicet personae. et hoc prohibetur per hoc quod * dicitur, ‘ non occides. quandoque autem in personam coniunctam quantum ad propagationem prolis. et hoc prohibetur * cum dicitur, ‘ non moechaberis. quandoque autem in rem possessam, quae ordinatur ad utrumque. * et quantum ad hoc dicitur, ‘ non furtum facies. nocumentum autem oris prohibetur * cum dicitur, ° non loqueris contra proximum tuum falsum testimonium. ‘ nocumentum autem cordis prohibetur * cum dicitur, |50| ‘ non concupisces. et secundum hanc etiam differentiam possent distingui tria praecepta ordinantia in deum. quorum primum pertinet ad opus, * unde ibi dicitur, non facies sculptile. secundum ad os, unde dicitur, non assumes nomen dei tui in vanum. tertium ‘ pertinet ad cor, quia in sanctificatione sabbati, secundum quod est morale praeceptum, praecipitur quies cordis in deum. * vel, secundum augustinum, “ per primum praeceptum reveremur unitatem primi principii; per secundum, veritatem divinam; per tertium, eius bonitatem, qua sanctificamur, et in qua quiescimus sicut in fine.

ra1 ‘ Ad primum ergo potest responderi dupliciter. primo quidem, quia praecepta decalogi referuntur ad praecepta dilectionis. fuit autem dandum praeceptum homini de dilectione dei et proximi, quia quantum ad hoc lex naturalis obscurata erat propter peccatum, non autem quantum ad dilectionem sui ipsius, quia quantum ad hoc lex naturalis vigebat. vel quia etiam dilectio sui ipsius includitur in dilectione dei et proximi. in hoc enim homo vere se diligit, quod se ordinat in deum. et ideo etiam in praeceptis decalogi ponuntur solum praecepta pertinentia ad proximum et ad deum. aliter potest dici quod praecepta decalogi sunt illa quae immediate populus recepit a deo, * unde dicitur deut. x, ° scripsit in tabulis, iuxta id quod prius scripserat, verba decem, quae locutus est ad vos dominus. ‘ unde oportet praecepta decalogi talia esse quae statim in mente populi cadere possunt. praeceptum autem habet rationem debiti. quod autem homo ex necessitate debeat aliquid deo vel proximo, hoc de facili cadit in conceptione hominis, et praecipue fidelis. sed quod aliquid ex necessitate sit debitum homini de his quae pertinent ad seipsum et non ad alium, hoc non ita in promptu apparet, videtur enim primo aspectu quod quilibet sit liber in his quae ad ipsum pertinent. et ideo praecepta quibus prohibentur inordinationes hominis |25| ad seipsum, perveniunt ad populum mediante instructione sapientum. unde non pertinent ad decalogum.

ra2 ‘ Ad secundum dicendum quod omnes solemnitates legis veteris sunt institutae in commemorationem alicuius divini beneficii vel praeteriti commemorati, vel futuri praefigurati. et similiter propter hoc omnia sacrificia offerebantur. inter omnia autem beneficia dei commemoranda, primum et praecipuum erat beneficium creationis, quod commemoratur in sanctificatione sabbati, * unde exod. xx pro ratione huius praecepti ponitur, ° sex enim diebus fecit deus caelum et terram etc.. ‘ inter omnia autem futura beneficia, quae erant praefiguranda, praecipuum et finale erat quies mentis in deo, vel in praesenti per gratiam, vel in futuro per gloriam, quae etiam figurabatur per observantiam sabbati; * unde dicitur isaiae lviii, ° si averteris a sabbato pedem tuum, facere voluntatem tuam in die sancto meo, et vocaveris sabbatum delicatum, et sanctum domini gloriosum. ‘ haec enim beneficia primo et principaliter sunt in mente hominum, maxime fidelium. aliae vero solemnitates celebrantur propter aliqua particularia beneficia temporaliter transeuntia, sicut celebratio phase propter beneficium praeteritae liberationis ex aegypto, et propter futuram passionem christi, quae temporaliter transivit, inducens nos in quietem sabbati spiritualis. et ideo, praetermissis omnibus aliis solemnitatibus |25| et sacrificiis, de solo sabbato fiebat mentio inter praecepta decalogi.

ra3 * Ad tertium dicendum quod, sicut apostolus dicit, ad heb. vi, ° homines per maiorem sui iurant, et omnis controversiae eorum finis ad confirmationem est iuramentum. ‘ et ideo, quia iuramentum est omnibus commune, propter hoc prohibitio inordinationis circa iuramentum, specialiter praecepto decalogi prohibetur. peccatum vero falsae doctrinae non pertinet nisi ad paucos, unde non oportebat ut de hoc fieret mentio inter praecepta decalogi. quamvis etiam, quantum ad aliquem intellectum, * in hoc quod dicitur, “ non assumes nomen dei tui in vanum, prohibeatur falsitas doctrinae, * una enim glossa exponit, “ non dices christum esse creaturam.

ra4 ‘ Ad quartum dicendum quod statim ratio naturalis homini dictat quod nulli iniuriam faciat, et ideo praecepta prohibentia nocumentum, extendunt se ad omnes. sed ratio naturalis non statim dictat quod aliquid sit pro alio faciendum, nisi cui homo aliquid debet. debitum autem filii ad patrem adeo est manifestum quod nulla tergiversatione potest negari, eo quod pater est principium generationis et esse, et insuper educationis et doctrinae. et ideo non ponitur sub praecepto decalogi ut aliquod beneficium vel obsequium alicui impendatur nisi parentibus. parentes autem non videntur esse debitores filiis propter aliqua beneficia suscepta, sed potius e converso. filius etiam est aliquid patris; et patres amant filios ut aliquid ipsorum, * sicut dicit philosophus, in viii ethic.. ‘ unde eisdem rationibus non ponuntur aliqua praecepta decalogi pertinentia ad amorem filiorum, sicut neque etiam aliqua ordinantia hominem ad seipsum.

ra5 ‘ Ad quintum dicendum quod delectatio adulterii, et utilitas divitiarum, sunt propter seipsa appetibilia, inquantum habent rationem boni delectabilis vel utilis. et propter hoc oportuit in eis prohiberi non solum opus, sed etiam concupiscentiam. sed homicidium et falsitas sunt secundum seipsa horribilia, quia proximus et veritas naturaliter amantur, et non desiderantur nisi propter aliud. et ideo non oportuit circa peccatum homicidii et falsi testimonii prohibere peccatum cordis, sed solum operis.

ra6 * Ad sextum dicendum quod, sicut supra dictum est, ‘ omnes passiones irascibilis derivantur a passionibus concupiscibilis. et ideo in praeceptis decalogi, quae sunt quasi prima elementa legis, non erat mentio facienda de passionibus irascibilis, sed solum de passionibus concupiscibilis.

008 ST2 qu100 ar6

ag1 ‘ Ad sextum sic proceditur. videtur quod inconvenienter ordinentur decem praecepta decalogi. dilectio enim proximi videtur esse praevia ad dilectionem dei, quia proximus est nobis magis notus quam deus; * secundum illud i ioan. iv, ° qui fratrem suum, quem videt, non diligit, deum, quem non videt, quomodo potest diligere? ‘ sed tria prima praecepta pertinent ad dilectionem dei, septem vero alia ad dilectionem proximi. ergo inconvenienter praecepta decalogi ordinantur.

ag2 ‘ Praeterea, per praecepta affirmativa imperantur actus virtutum, per praecepta vero negativa prohibentur actus vitiorum. * sed secundum boetium, in commento praedicamentorum, “ prius sunt extirpanda vitia quam inserantur virtutes. ‘ ergo inter praecepta pertinentia ad proximum, primo ponenda fuerunt praecepta negativa quam affirmativa.

ag3 ‘ Praeterea, praecepta legis dantur de actibus hominum. sed prior est actus cordis quam oris vel exterioris operis. ergo inconvenienti ordine praecepta de non concupiscendo, quae pertinent ad cor, ultimo ponuntur.

sc * Sed contra est quod apostolus dicit, rom. xiii, ° quae a deo sunt, ordinata sunt. ‘ sed praecepta decalogi sunt immediate data a deo, * ut dictum est. ‘ ergo convenientem ordinem habent.

co * Respondeo dicendum quod, sicut dictum est, ‘ praecepta decalogi dantur de his quae statim in promptu mens hominis suscipit. manifestum est autem quod tanto aliquid magis a ratione suscipitur, quanto contrarium est gravius et magis rationi repugnans. manifestum est autem quod, cum rationis ordo a fine incipiat, maxime est contra rationem ut homo inordinate se habeat circa finem. finis autem humanae vitae et societatis est deus. et ideo primo oportuit per praecepta decalogi hominem ordinare ad deum, cum eius contrarium sit gravissimum. sicut etiam in exercitu, qui ordinatur ad ducem sicut ad finem, primum est quod miles subdatur duci, et huius contrarium est gravissimum; secundum vero est ut aliis coordinetur. inter ipsa autem per quae ordinamur in deum, primum occurrit quod homo fideliter ei subdatur, nullam participationem cum inimicis habens. secundum autem est quod ei reverentiam exhibeat. tertium autem est quod etiam famulatum impendat. maiusque peccatum est in exercitu si miles, infideliter agens, cum hoste pactum habeat, quam si aliquam irreverentiam faciat duci, et hoc est etiam gravius quam si in aliquo obsequio ducis deficiens inveniatur. in praeceptis autem ordinantibus ad proximum, manifestum est quod magis repugnat rationi, et gravius peccatum est, si homo non servet ordinem debitum ad personas quibus magis est debitor. et ideo inter praecepta ordinantia ad proximum, primo |25| ponitur praeceptum pertinens ad parentes. inter alia vero praecepta etiam apparet ordo secundum ordinem gravitatis peccatorum. gravius est enim, et magis rationi repugnans, peccare opere quam ore, et ore quam corde. et inter peccata operis, gravius est homicidium, per quod tollitur vita hominis iam existentis, quam adulterium, per quod impeditur certitudo prolis nasciturae; et adulterium gravius quam furtum, quod pertinet ad bona exteriora.

ra1 ‘ Ad primum ergo dicendum quod, quamvis secundum viam sensus proximus sit magis notus quam deus, tamen dilectio dei est ratio dilectionis proximi, * ut infra patebit. ‘ et ideo praecepta ordinantia ad deum, fuerunt praeordinanda.

ra2 ‘ Ad secundum dicendum quod, sicut deus est universale principium essendi omnibus, ita etiam pater est principium quoddam essendi filio. et ideo convenienter post praecepta pertinentia ad deum, ponitur praeceptum pertinens ad parentes. ratio autem procedit quando affirmativa et negativa pertinent ad idem genus operis. quamvis etiam et in hoc non habeat omnimodam efficaciam. etsi enim in executione operis, prius extirpanda sint vitia quam inserendae virtutes, * secundum illud psalmi xxxiii, ° declina a malo, et fac bonum, * et isaiae i, ° quiescite agere perverse, discite benefacere; ‘ tamen in cognitione prior est virtus quam peccatum, “ quia per rectum cognoscitur obliquum, * ut dicitur in i de anima. ‘ per legem autem cognitio peccati, * ut rom. iii dicitur. ‘ et secundum hoc, praeceptum affirmativum debuisset primo poni. sed non est ista ratio ordinis, * sed quae supra posita est. quia in praeceptis pertinentibus ad deum, quae sunt primae tabulae, ultimo ponitur praeceptum affirmativum, quia eius transgressio |25| minorem reatum inducit.

ra3 ‘ Ad tertium dicendum quod peccatum cordis etsi sit prius in executione, tamen eius prohibitio posterius cadit in ratione.

008 ST2 qu100 ar7

ag1 ‘ Ad septimum sic proceditur. videtur quod praecepta decalogi inconvenienter tradantur. praecepta enim affirmativa ordinant ad actus virtutum, praecepta autem negativa abstrahunt ab actibus vitiorum. sed circa quamlibet materiam opponuntur sibi virtutes et vitia. ergo in qualibet materia de qua ordinat praeceptum decalogi, debuit poni praeceptum affirmativum et negativum. inconvenienter igitur ponuntur quaedam affirmativa et quaedam negativa.

ag2 * Praeterea, isidorus dicit quod omnis lex ratione constat. ‘ sed omnia praecepta decalogi pertinent ad legem divinam. ergo in omnibus debuit ratio assignari, et non solum in primo et tertio praecepto.

ag3 ‘ Praeterea, per observantiam praeceptorum meretur aliquis praemia a deo. sed divinae promissiones sunt de praemiis praeceptorum. ergo promissio debuit poni in omnibus praeceptis, et non solum in primo et quarto.

ag4 ‘ Praeterea, lex vetus dicitur lex timoris, inquantum per comminationes poenarum inducebat ad observationes praeceptorum. sed omnia praecepta decalogi pertinent ad legem veterem. ergo in omnibus debuit poni comminatio poenae, et non solum in primo et secundo.

ag5 ‘ Praeterea, omnia praecepta dei sunt in memoria retinenda, * dicitur enim prov. iii, ° describe ea in tabulis cordis tui. ‘ inconvenienter ergo in solo tertio praecepto fit mentio de memoria. et ita videntur praecepta decalogi inconvenienter tradita esse.

sc * Sed contra est quod dicitur sap. xi, quod ° deus omnia fecit in numero, pondere et mensura. ‘ multo magis ergo in praeceptis suae legis congruum modum tradendi servavit.

co ‘ Respondeo dicendum quod in praeceptis divinae legis maxima sapientia continetur, * unde dicitur deut. iv, ° haec est vestra sapientia et intellectus coram populis. ‘ sapientis autem est omnia debito modo et ordine disponere. et ideo manifestum esse debet quod praecepta legis convenienti modo sunt tradita.

ra1 ‘ Ad primum ergo dicendum quod semper ad affirmationem sequitur negatio oppositi, non autem semper ad negationem unius oppositi sequitur affirmatio alterius. sequitur enim, si est album, non est nigrum, non tamen sequitur, si non est nigrum, ergo est album, quia ad plura sese extendit negatio quam affirmatio. et inde est etiam quod non esse faciendum iniuriam, quod pertinet ad praecepta negativa, ad plures personas se extendit, secundum primum dictamen rationis, quam esse debitum ut alicui obsequium vel beneficium impendatur. inest autem primo dictamen rationis quod homo debitor est beneficii vel obsequii exhibendi illis a quibus beneficia accepit, si nondum recompensavit. duo autem sunt quorum beneficiis sufficienter nullus recompensare potest, scilicet deus et pater, * ut dicitur in viii ethic.. ‘ et ideo sola duo praecepta affirmativa ponuntur, unum de honoratione parentum; aliud de celebratione sabbati in commemorationem divini beneficii.

ra2 ‘ Ad secundum dicendum quod illa praecepta quae sunt pure moralia, habent manifestam rationem, unde non oportuit quod in eis aliqua ratio adderetur. sed quibusdam praeceptis additur caeremoniale, vel determinativum praecepti moralis communis, sicut in primo praecepto, “ non facies sculptile; ‘ et in tertio praecepto determinatur dies sabbati. et ideo utrobique oportuit rationem assignari.

ra3 ‘ Ad tertium dicendum quod homines ut plurimum actus suos ad aliquam utilitatem ordinant. et ideo in illis praeceptis necesse fuit promissionem praemii apponere, ex quibus videbatur nulla utilitas sequi, vel aliqua utilitas impediri. quia vero parentes sunt iam in recedendo, ab eis non expectatur utilitas. et ideo praecepto de honore parentum additur promissio. similiter etiam praecepto de prohibitione idololatriae, quia per hoc videbatur impediri apparens utilitas quam homines credunt se posse consequi per pactum cum daemonibus initum.

ra4 ‘ Ad quartum dicendum quod poenae praecipue necessariae sunt contra illos qui sunt proni ad malum, * ut dicitur in x ethic.. ‘ et ideo illis solis praeceptis legis additur comminatio poenarum, in quibus erat pronitas ad malum. erant autem homines proni ad idololatriam, propter generalem consuetudinem gentium. et similiter sunt etiam homines proni ad periurium, propter frequentiam iuramenti. et ideo primis duobus praeceptis adiungitur comminatio.

ra5 ‘ Ad quintum dicendum quod praeceptum de sabbato ponitur ut commemorativum beneficii praeteriti. et ideo specialiter in eo fit mentio de memoria. vel quia praeceptum de sabbato habet determinationem adiunctam quae non est de lege naturae; et ideo hoc praeceptum speciali admonitione indiguit.

008 ST2 qu100 ar8

ag1 ‘ Ad octavum sic proceditur. videtur quod praecepta decalogi sint dispensabilia. praecepta enim decalogi sunt de iure naturali. sed iustum naturale in aliquibus deficit, et mutabile est, sicut et natura humana, * ut philosophus dicit, in v ethic.. ‘ defectus autem legis in aliquibus particularibus casibus est ratio dispensandi, * ut supra dictum est. ‘ ergo in praeceptis decalogi potest fieri dispensatio.

ag2 ‘ Praeterea, sicut se habet homo ad legem humanam, ita se habet deus ad legem datam divinitus. sed homo potest dispensare in praeceptis legis quae homo statuit. ergo, cum praecepta decalogi sint instituta a deo, videtur quod deus in eis possit dispensare. sed praelati vice dei funguntur in terris, * dicit enim apostolus, ii ad cor. ii, ° nam et ego, si quid donavi, propter vos donavi in persona christi. ‘ ergo etiam praelati possunt in praeceptis decalogi dispensare.

ag3 ‘ Praeterea, inter praecepta decalogi continetur prohibitio homicidii. sed in isto praecepto videtur dispensari per homines, puta cum, secundum praeceptum legis humanae, homines licite occiduntur, puta malefactores vel hostes. ergo praecepta decalogi sunt dispensabilia.

ag4 ‘ Praeterea, observatio sabbati continetur inter praecepta decalogi. sed in hoc praecepto fuit dispensatum, * dicitur enim i machab. ii, ° et cogitaverunt in die illa dicentes, omnis homo quicumque venerit ad nos in bello die sabbatorum, pugnemus adversus eum. ‘ ergo praecepta decalogi sunt dispensabilia.

sc * Sed contra est quod dicitur isaiae xxiv, “ quidam reprehenduntur de hoc quod mutaverunt ius, dissipaverunt foedus sempiternum, quod maxime videtur intelligendum de praeceptis decalogi. ‘ ergo praecepta decalogi mutari per dispensationem non possunt.

co * Respondeo dicendum quod, sicut supra dictum est, ‘ tunc in praeceptis debet fieri dispensatio, quando occurrit aliquis particularis casus in quo, si verbum legis observetur, contrariatur intentioni legislatoris. intentio autem legislatoris cuiuslibet ordinatur primo quidem et principaliter ad bonum commune; secundo autem, ad ordinem iustitiae et virtutis, secundum quem bonum commune conservatur, et ad ipsum pervenitur. si qua ergo praecepta dentur quae contineant ipsam conservationem boni communis, vel ipsum ordinem iustitiae et virtutis; huiusmodi praecepta continent intentionem legislatoris, et ideo indispensabilia sunt. puta si poneretur hoc praeceptum in aliqua communitate, quod nullus destrueret rempublicam, neque proderet civitatem hostibus, sive quod nullus faceret aliquid iniuste vel male; huiusmodi praecepta essent indispensabilia. sed si aliqua alia praecepta traderentur ordinata ad ista praecepta, quibus determinantur aliqui speciales modi, in talibus praeceptis dispensatio posset fieri; inquantum per omissionem huiusmodi praeceptorum in aliquibus casibus, non fieret praeiudicium primis praeceptis, quae continent intentionem legislatoris. puta si, ad conservationem reipublicae, statueretur in aliqua civitate quod de singulis vicis aliqui vigilarent ad custodiam civitatis obsessae; posset cum aliquibus dispensari propter aliquam |25| maiorem utilitatem. praecepta autem decalogi continent ipsam intentionem legislatoris, scilicet dei. nam praecepta primae tabulae, quae ordinant ad deum, continent ipsum ordinem ad bonum commune et finale, quod deus est; praecepta autem secundae tabulae continent ipsum ordinem iustitiae inter homines observandae, ut scilicet nulli fiat indebitum, et cuilibet reddatur debitum; secundum hanc enim rationem sunt intelligenda praecepta decalogi. et ideo praecepta decalogi sunt omnino indispensabilia.

ra1 * Ad primum ergo dicendum quod philosophus non loquitur de ‘ iusto naturali quod continet ipsum ordinem iustitiae, hoc enim nunquam deficit, iustitiam esse servandam. sed loquitur quantum ad determinatos modos observationis iustitiae, qui in aliquibus fallunt.

ra2 * Ad secundum dicendum quod, sicut apostolus dicit, ii ad tim. ii, ° deus fidelis permanet, negare seipsum non potest. ‘ negaret autem seipsum, si ipsum ordinem suae iustitiae auferret, cum ipse sit ipsa iustitia. et ideo in hoc deus dispensare non potest, ut homini liceat non ordinate se habere ad deum, vel non subdi ordini iustitiae eius, etiam in his secundum quae homines ad invicem ordinantur.

ra3 ‘ Ad tertium dicendum quod occisio hominis prohibetur in decalogo secundum quod habet rationem indebiti, sic enim praeceptum continet ipsam rationem iustitiae. lex autem humana hoc concedere non potest, quod licite homo indebite occidatur. sed malefactores occidi, vel hostes reipublicae, hoc non est indebitum. unde hoc non contrariatur praecepto decalogi, nec talis occisio est homicidium, quod praecepto decalogi prohibetur, * ut augustinus dicit, in i de lib. arb.. ‘ et similiter si alicui auferatur quod suum erat, si debitum est quod ipsum amittat, hoc non est furtum vel rapina, quae praecepto decalogi prohibentur. et ideo quando filii israel praecepto dei tulerunt aegyptiorum spolia, non fuit furtum, quia hoc eis debebatur ex sententia dei. similiter etiam abraham, cum consensit occidere filium, non consensit in homicidium, quia debitum erat eum occidi per mandatum dei, qui est dominus vitae et mortis. ipse enim est qui poenam mortis infligit omnibus hominibus, iustis et iniustis, pro peccato primi parentis, cuius sententiae si homo sit executor auctoritate divina, non erit homicida, sicut nec deus. et similiter etiam osee, accedens ad uxorem fornicariam, vel ad mulierem adulteram, non est moechatus nec fornicatus, quia accessit ad eam quae sua erat secundum mandatum divinum, qui est |25| auctor institutionis matrimonii. sic igitur praecepta ipsa decalogi, quantum ad rationem iustitiae quam continent, immutabilia sunt. sed quantum ad aliquam determinationem per applicationem ad singulares actus, ut scilicet hoc vel illud sit homicidium, furtum vel adulterium, aut non, hoc quidem est mutabile, quandoque sola auctoritate divina, in his scilicet quae a solo deo sunt instituta, sicut in matrimonio, et in aliis huiusmodi; quandoque etiam auctoritate humana, sicut in his quae sunt commissa hominum iurisdictioni. quantum enim ad hoc, homines gerunt vicem dei, non autem quantum ad omnia.

ra4 ‘ Ad quartum dicendum quod illa excogitatio magis fuit interpretatio praecepti quam dispensatio. non enim intelligitur violare sabbatum qui facit opus quod est necessarium ad salutem humanam; * sicut dominus probat, matth. xii.

008 ST2 qu100 ar9

ag1 ‘ Ad nonum sic proceditur. videtur quod modus virtutis cadat sub praecepto legis. est enim modus virtutis ut aliquis iuste operetur iusta, et fortiter fortia, et similiter de aliis virtutibus. * sed deut. xvi praecipitur, ° iuste quod iustum est exequeris. ‘ ergo modus virtutis cadit sub praecepto.

ag2 ‘ Praeterea, illud maxime cadit sub praecepto quod est de intentione legislatoris. sed intentio legislatoris ad hoc principaliter fertur ut homines faciat virtuosos, * sicut dicitur in ii ethic.. ‘ virtuosi autem est virtuose agere. ergo modus virtutis cadit sub praecepto.

ag3 ‘ Praeterea, modus virtutis proprie esse videtur ut aliquis voluntarie et delectabiliter operetur. sed hoc cadit sub praecepto legis divinae, * dicitur enim in psalmo xcix, ° servite domino in laetitia; * et ii ad cor. ix, ° non ex tristitia aut ex necessitate, hilarem enim datorem diligit deus; * ubi glossa dicit, ° quidquid boni facis, cum hilaritate fac, et tunc bene facis, si autem cum tristitia facis, fit de te, non tu facis. ‘ ergo modus virtutis cadit sub praecepto legis.

sc ‘ Sed contra, nullus potest operari eo modo quo operatur virtuosus, nisi habeat habitum virtutis; * ut patet per philosophum, in ii et v ethic.. ‘ quicumque autem transgreditur praeceptum legis, meretur poenam. sequeretur ergo quod ille qui non habet habitum virtutis, quidquid faceret, mereretur poenam. hoc autem est contra intentionem legis, quae intendit hominem, assuefaciendo ad bona opera, inducere ad virtutem. non ergo modus virtutis cadit sub praecepto.

co * Respondeo dicendum quod, sicut supra dictum est, ‘ praeceptum legis habet vim coactivam. illud ergo directe cadit sub praecepto legis, ad quod lex cogit. coactio autem legis est per metum poenae, * ut dicitur x ethic., ‘ nam illud proprie cadit sub praecepto legis, pro quo poena legis infligitur. ad instituendam autem poenam aliter se habet lex divina, et lex humana. non enim poena legis infligitur nisi pro illis de quibus legislator habet iudicare, quia ex iudicio lex punit. homo autem, qui est legis lator humanae, non habet iudicare nisi de exterioribus actibus, quia ° homines vident ea quae parent, * ut dicitur i reg. xvi. ‘ sed solius dei, qui est lator legis divinae est iudicare de interioribus motibus voluntatum; * secundum illud psalmi vii, ° scrutans corda et renes deus. ‘ secundum hoc igitur dicendum est quod modus virtutis quantum ad aliquid respicitur a lege humana et divina; quantum ad aliquid autem, a lege divina sed non a lege humana; quantum ad aliquid vero, nec a lege humana nec a lege divina. modus autem virtutis in tribus consistit, * secundum philosophum, in ii ethic.. ‘ quorum primum est, si aliquis operetur sciens. hoc autem diiudicatur et a lege divina et a lege humana. |25| quod enim aliquis facit ignorans, per accidens facit. unde secundum ignorantiam aliqua diiudicantur ad poenam vel ad veniam, tam secundum legem humanam quam secundum legem divinam. secundum autem est ut aliquis operetur volens, vel eligens et propter hoc eligens; in quo importatur duplex motus interior, scilicet voluntatis et intentionis, * de quibus supra dictum est. ‘ et ista duo non diiudicat lex humana, sed solum lex divina. lex enim humana non punit eum qui vult occidere et non occidit, punit autem eum lex divina, * secundum illud matth. v, ° qui irascitur fratri suo, reus erit iudicio. ‘ tertium autem est ut firme et immobiliter habeat et operetur. et ista firmitas proprie pertinet ad habitum, ut scilicet aliquis ex habitu radicato operetur. et quantum ad hoc, modus virtutis non cadit sub praecepto neque legis divinae neque legis humanae, neque enim ab homine neque a deo punitur tanquam praecepti transgressor, qui debitum honorem impendit parentibus, quamvis non habeat habitum pietatis.

ra1 ‘ Ad primum ergo dicendum quod modus faciendi actum iustitiae qui cadit sub praecepto, est ut fiat aliquid secundum ordinem iuris, non autem quod fiat ex habitu iustitiae.

ra2 ‘ Ad secundum dicendum quod intentio legislatoris est de duobus. de uno quidem, ad quod intendit per praecepta legis inducere, et hoc est virtus. aliud autem est de quo intendit praeceptum ferre, et hoc est id quod ducit vel disponit ad virtutem, scilicet actus virtutis. non enim idem est finis praecepti et id de quo praeceptum datur, sicut neque in aliis rebus idem est finis et quod est ad finem.

ra3 ‘ Ad tertium dicendum quod operari sine tristitia opus virtutis, cadit sub praecepto legis divinae, quia quicumque cum tristitia operatur, non volens operatur. sed delectabiliter operari, sive cum laetitia vel hilaritate, quodammodo cadit sub praecepto, scilicet secundum quod sequitur delectatio ex dilectione dei et proximi, quae cadit sub praecepto, cum amor sit causa delectationis, et quodammodo non, secundum quod “ delectatio consequitur habitum; delectatio enim operis est signum habitus generati, * ut dicitur in ii ethic.. ‘ potest enim aliquis actus esse delectabilis vel propter finem, vel propter convenientiam habitus.

008 ST2 qu100 ar10

ag1 ‘ Ad decimum sic proceditur. videtur quod modus caritatis cadat sub praecepto divinae legis. * dicitur enim matth. xix, ° si vis ad vitam ingredi, serva mandata, ‘ ex quo videtur quod observatio mandatorum sufficiat ad introducendum in vitam. sed opera bona non sufficiunt ad introducendum in vitam, nisi ex caritate fiant, * dicitur enim i ad cor. xiii, ° si distribuero in cibos pauperum omnes facultates meas, et si tradidero corpus meum ita ut ardeam, caritatem autem non habuero, nihil mihi prodest. ‘ ergo modus caritatis est in praecepto.

ag2 ‘ Praeterea, ad modum caritatis proprie pertinet ut omnia fiant propter deum. sed istud cadit sub praecepto, * dicit enim apostolus, i ad cor. x, ° omnia in gloriam dei facite. ‘ ergo modus caritatis cadit sub praecepto.

ag3 ‘ Praeterea, si modus caritatis non cadit sub praecepto, ergo aliquis potest implere praecepta legis non habens caritatem. sed quod potest fieri sine caritate, potest fieri sine gratia, quae semper adiuncta est caritati. ergo aliquis potest implere praecepta legis sine gratia. hoc autem est * pelagiani erroris; ut patet per augustinum, in libro de haeresibus. ‘ ergo modus caritatis est in praecepto.

sc ‘ Sed contra est quia quicumque non servat praeceptum, peccat mortaliter. si igitur modus caritatis cadat sub praecepto, sequitur quod quicumque operatur aliquid et non ex caritate, peccet mortaliter. sed quicumque non habet caritatem, operatur non ex caritate. ergo sequitur quod quicumque non habet caritatem, peccet mortaliter in omni opere quod facit, quantumcumque sit de genere bonorum. quod est inconveniens.

co ‘ Respondeo dicendum quod * circa hoc fuerunt contrariae opiniones. quidam enim dixerunt “ absolute modum caritatis esse sub praecepto. nec est impossibile observare hoc praeceptum caritatem non habenti, quia potest se disponere ad hoc quod caritas ei infundatur a deo. nec quandocumque aliquis non habens caritatem facit aliquid de genere bonorum, peccat mortaliter, quia hoc est praeceptum affirmativum, ut ex caritate operetur, et non obligat ad semper, sed pro tempore illo quo aliquis habet caritatem. * alii vero dixerunt quod “ omnino modus caritatis non cadit sub praecepto. ‘ utrique autem quantum ad aliquid, verum dixerunt. actus enim caritatis dupliciter considerari potest. uno modo, secundum quod est quidam actus per se. et hoc modo cadit sub praecepto legis quod de hoc specialiter datur, scilicet, ° diliges dominum deum tuum, et, diliges proximum tuum. * et quantum ad hoc, primi verum dixerunt. “ non enim est impossibile hoc praeceptum observare, ‘ quod est de actu caritatis, quia homo potest se disponere ad caritatem habendam, et quando habuerit eam, potest ea uti. |25| alio modo potest considerari actus caritatis secundum quod est modus actuum aliarum virtutum, hoc est secundum quod actus aliarum virtutum ordinantur ad caritatem, quae est finis praecepti, * ut dicitur i ad tim. i, * dictum est enim supra quod ‘ intentio finis est quidam modus formalis actus ordinati in finem. * et hoc modo verum est quod secundi dixerunt, quod “ modus caritatis non cadit sub praecepto, ‘ hoc est dictu, quod in hoc praecepto, honora patrem, non includitur quod honoretur pater ex caritate, sed solum quod honoretur pater. unde qui honorat patrem, licet non habens caritatem, non efficitur transgressor huius praecepti, etsi sit transgressor praecepti quod est de actu caritatis, propter quam transgressionem meretur poenam.

ra1 ‘ Ad primum ergo dicendum quod dominus non dixit, si vis ad vitam ingredi, serva unum mandatum, sed, serva omnia mandata. inter quae etiam continetur mandatum de dilectione dei et proximi.

ra2 ‘ Ad secundum dicendum quod sub mandato caritatis continetur ut diligatur deus ex toto corde, ad quod pertinet ut omnia referantur in deum. et ideo praeceptum caritatis implere homo non potest, nisi etiam omnia referantur in deum. sic ergo qui hono-

rat parentes, tenetur ex caritate honorare, “ non ex vi huius praecepti quod est, honora parentes, sed ex vi huius praecepti, diliges dominum deum tuum ex toto corde tuo. ‘ et cum ista sint duo praecepta affirmativa non obligantia ad semper, possunt pro diversis temporibus obligare. et ita potest contingere quod aliquis implens praeceptum de honoratione parentum, non tunc transgrediatur praeceptum de omissione modi caritatis.
ra3 ‘ Ad tertium dicendum quod observare omnia praecepta legis homo non potest, nisi impleat praeceptum caritatis, quod non fit sine gratia. * et ideo impossibile est quod pelagius dixit, “ hominem implere legem sine gratia.

008 ST2 qu100 ar11

ag1 ‘ Ad undecimum sic proceditur. videtur quod inconvenienter distinguantur alia moralia praecepta legis praeter decalogum. * quia ut dominus dicit, matth. xxii, ° in duobus praeceptis caritatis pendet omnis lex et prophetae. ‘ sed haec duo praecepta explicantur per decem praecepta decalogi. ergo non oportet alia praecepta moralia esse.
ag2 ‘ Praeterea, praecepta moralia a iudicialibus et caeremonialibus distinguuntur, * ut dictum est. ‘ sed determinationes communium praeceptorum moralium pertinent ad iudicialia et caeremonialia praecepta, communia autem praecepta moralia sub decalogo continentur, vel etiam decalogo praesupponuntur, * ut dictum est. ‘ ergo inconvenienter traduntur alia praecepta moralia praeter decalogum.
ag3 ‘ Praeterea, praecepta moralia sunt de actibus omnium virtutum, * ut supra dictum est. ‘ sicut igitur in lege ponuntur praecepta moralia praeter decalogum pertinentia ad latriam, liberalitatem et misericordiam, et castitatem; ita etiam deberent poni aliqua praecepta pertinentia ad alias virtutes, puta ad fortitudinem, sobrietatem, et alia huiusmodi. quod tamen non invenitur. non ergo convenienter distinguuntur in lege alia praecepta moralia quae sunt praeter decalogum.
sc * Sed contra est quod in psalmo xviii dicitur, ° lex domini immaculata, convertens animas. ‘ sed per alia etiam moralia quae decalogo superadduntur, homo conservatur absque macula peccati, et anima eius ad deum convertitur. ergo ad legem pertinebat etiam alia praecepta moralia tradere.
co * Respondeo dicendum quod, sicut ex dictis patet, ‘ praecepta iudicialia et caeremonialia ex sola institutione vim habent, quia antequam instituerentur, non videbatur differre utrum sic vel aliter fieret. sed praecepta moralia ex ipso dictamine naturalis rationis efficaciam habent, etiam si nunquam in lege statuantur. horum autem triplex est gradus. nam quaedam sunt certissima, et adeo manifesta quod editione non indigent; sicut mandata de dilectione dei et proximi, et alia huiusmodi, * ut supra dictum est, ‘ quae sunt quasi fines praeceptorum, unde in eis nullus potest errare secundum iudicium rationis. quaedam vero sunt magis determinata, quorum rationem statim quilibet, etiam popularis, potest de facili videre; et tamen quia in paucioribus circa huiusmodi contingit iudicium humanum perverti, huiusmodi editione indigent, et haec sunt praecepta decalogi. quaedam vero sunt quorum ratio non est adeo cuilibet manifesta, sed solum sapientibus, et ista sunt praecepta moralia superaddita decalogo, tradita a deo populo per moysen et aaron. sed quia ea quae sunt manifesta, sunt principia cognoscendi eorum quae non sunt manifesta; alia praecepta moralia superaddita decalogo reducuntur ad praecepta decalogi, per modum cuiusdam additionis ad ipsa. nam in primo praecepto decalogi prohibetur cultus alienorum deorum, cui superadduntur |25| alia praecepta prohibitiva eorum quae ordinantur in cultum idolorum; * sicut habetur deut. xviii, ° non inveniatur in te qui lustret filium suum aut filiam, ducens per ignem, nec sit maleficus atque incantator, nec pythones consulat neque divinos, et quaerat a mortuis veritatem. ‘ secundum autem praeceptum prohibet periurium. superadditur autem ei prohibitio blasphemiae, * levit. xxiv; ‘ et prohibitio falsae doctrinae, * deut. xiii. ‘ tertio vero praecepto superadduntur omnia caeremonialia. quarto autem praecepto, de honore parentum, superadditur praeceptum de honoratione senum, * secundum illud levit. xix, ° coram cano capite consurge, et honora personam senis; ‘ et universaliter omnia praecepta inducentia ad reverentiam exhibendam maioribus, vel ad beneficia exhibenda vel aequalibus vel minoribus. quinto autem praecepto, quod est de prohibitione homicidii, additur prohibitio odii et cuiuslibet violationis contra proximum, * sicut illud levit. xix, ° non stabis contra sanguinem proximi tui; ‘ et etiam prohibitio odii fratris, |50| * secundum illud, ° ne oderis fratrem tuum in corde tuo. ‘ praecepto autem sexto, quod est de prohibitione adulterii, superadditur praeceptum de prohibitione meretricii, * secundum illud deut. xxiii, ° non erit meretrix de filiabus israel, neque fornicator de filiis israel; ‘ et iterum prohibitio vitii contra naturam, * secundum illud levit. xviii, ° cum masculo non commisceberis, cum omni pecore non coibis. ‘ septimo autem praecepto, de prohibitione furti adiungitur praeceptum de prohibitione usurae, * secundum illud deut. xxiii, ° non foenerabis fratri tuo ad usuram; ‘ et prohibitio fraudis, * secundum illud deut. xxv, ° non habebis in sacculo diversa pondera; ‘ et universaliter omnia quae ad prohibitionem calumniae et rapinae pertinent. octavo vero praecepto, quod est de prohibitione falsi testimonii, additur prohibitio falsi iudicii, * secundum illud exod. xxiii, ° nec in iudicio plurimorum acquiesces sententiae, ut a veritate devies; ‘ et prohibitio mendacii, * sicut ibi subditur, |75| ° mendacium fugies; ‘ et prohibitio detractionis, * secundum illud levit. xix, ° non eris criminator et susurro in populis. ‘ aliis autem duobus praeceptis nulla alia adiunguntur, quia per ea universaliter omnis mala concupiscentia prohibetur.
ra1 ‘ Ad primum ergo dicendum quod ad dilectionem dei et proximi ordinantur quidem praecepta decalogi secundum manifestam rationem debiti, alia vero secundum rationem magis occultam.
ra2 ‘ Ad secundum dicendum quod praecepta caeremonialia et iudicialia sunt determinativa praeceptorum decalogi ex vi institutionis, non autem ex vi naturalis instinctus, sicut praecepta moralia superaddita.
ra3 ‘ Ad tertium dicendum quod praecepta legis ordinantur ad bonum commune, * ut supra dictum est. ‘ et quia virtutes ordinantes ad alium directe pertinent ad bonum commune; et similiter virtus castitatis, inquantum actus generationis deservit bono communi speciei; ideo de istis virtutibus directe dantur praecepta et decalogi et superaddita. de actu autem fortitudinis datur praeceptum proponendum per duces exhortantes in bello, quod pro bono communi suscipitur, * ut patet deut. xx, ubi mandatur sacerdoti, ° nolite metuere, nolite cedere. ‘ similiter etiam actus gulae prohibendus committitur monitioni paternae, quia contrariatur bono domestico, * unde dicitur deut. xxi, ex persona parentum, ° monita nostra audire contemnit, comessationibus vacat et luxuriae atque conviviis.

008 ST2 qu100 ar12

ag1 ‘ Ad duodecimum sic proceditur. videtur quod praecepta moralia veteris legis iustificarent. * dicit enim apostolus, rom. ii, ° non enim auditores legis iusti sunt apud deum, sed factores legis iustificabuntur. ‘ sed factores legis dicuntur qui implent praecepta legis. ergo praecepta legis adimpleta iustificabant.
ag2 * Praeterea, levit. xviii dicitur, ° custodite leges meas atque iudicia, quae faciens homo vivet in eis. ‘ sed vita spiritualis hominis est per iustitiam. ergo praecepta legis adimpleta iustificabant.
ag3 ‘ Praeterea, lex divina efficacior est quam lex humana. sed lex humana iustificat, est enim quaedam iustitia in hoc quod praecepta legis adimplentur. ergo praecepta legis iustificabant.
sc ‘ Sed contra est quod * apostolus dicit, ii ad cor. iii, littera occidit. quod secundum augustinum, in libro de spiritu et littera, intelligitur etiam de praeceptis moralibus. ‘ ergo praecepta moralia non iustificabant.
co ‘ Respondeo dicendum quod, sicut sanum proprie et primo dicitur quod habet sanitatem, per posterius autem quod significat sanitatem, vel quod conservat sanitatem; ita iustificatio primo et proprie dicitur ipsa factio iustitiae; secundario vero, et quasi improprie, potest dici iustificatio significatio iustitiae, vel dispositio ad iustitiam. quibus duobus modis manifestum est quod praecepta legis iustificabant, inquantum scilicet disponebant homines ad gratiam christi iustificantem, quam etiam significabant; quia * sicut dicit augustinus, contra faustum, ° etiam vita illius populi prophetica erat, et christi figurativa. ‘ sed si loquamur de iustificatione proprie dicta, sic considerandum est quod iustitia potest accipi prout est in habitu, vel prout est in actu, et secundum hoc, iustificatio dupliciter dicitur. uno quidem modo, secundum quod homo fit iustus adipiscens habitum iustitiae. alio vero modo, secundum quod opera iustitiae operatur, ut secundum hoc iustificatio nihil aliud sit quam iustitiae executio. iustitia autem, sicut et aliae virtutes potest accipi et acquisita et infusa, * ut ex supradictis patet. ‘ acquisita quidem causatur ex operibus, sed infusa causatur ab ipso deo per eius gratiam. et haec est vera iustitia, de qua nunc loquimur, |25| secundum quam aliquis dicitur iustus apud deum; * secundum illud rom. iv, ° si abraham ex operibus legis iustificatus est, habet gloriam, sed non apud deum. ‘ haec igitur iustitia causari non poterat per praecepta moralia, quae sunt de actibus humanis. et secundum hoc, praecepta moralia iustificare non poterant iustitiam causando. si vero accipiatur iustificatio pro executione iustitiae, sic omnia praecepta legis iustificabant, aliter tamen et aliter. nam praecepta caeremonialia continebant quidem iustitiam secundum se in generali, prout scilicet exhibebantur in cultum dei, in speciali vero non continebant secundum se iustitiam, nisi ex sola determinatione legis divinae. et ideo de huiusmodi praeceptis dicitur quod non iustificabant nisi ex devotione et obedientia facientium. praecepta vero moralia et iudicialia continebant id quod erat secundum se iustum vel in generali, vel etiam in speciali. sed moralia praecepta continebant id quod est secundum se iustum secundum iustitiam generalem quae est omnis virtus, * ut dicitur in v ethic.. ‘ praecepta vero iudicialia pertinebant ad iustitiam specialem, quae consistit circa contractus humanae vitae, qui sunt inter homines ad invicem.
ra1 ‘ Ad primum ergo dicendum quod * apostolus accipit ibi iustificationem pro executione iustitiae.
ra2 ‘ Ad secundum dicendum quod homo faciens praecepta legis dicitur vivere in eis, quia non incurrebat poenam mortis, quam lex transgressoribus infligebat. * in quo sensu inducit hoc apostolus, gal. iii.
ra3 ‘ Ad tertium dicendum quod praecepta legis humanae iustificant iustitia acquisita, de qua non quaeritur ad praesens, sed solum de iustitia quae est apud deum.

008 ST2 qu101 ar

pr ‘ Consequenter considerandum est de praeceptis caeremonialibus. et primo, de ipsis secundum se; secundo, de causa eorum; tertio, de duratione ipsorum. circa primum quaeruntur quatuor. primo, quae sit ratio praeceptorum caeremonialium. secundo, utrum sint figuralia. tertio, utrum debuerint esse multa. quarto, de distinctione ipsorum.

008 ST2 qu101 ar1

ag1 ‘ Ad primum sic proceditur. videtur quod ratio praeceptorum caeremonialium non in hoc consistat quod pertinent ad cultum dei. in lege enim veteri dantur iudaeis quaedam praecepta de abstinentia ciborum, * ut patet levit. xi; ‘ et etiam de abstinendo ab aliquibus vestimentis, * sicut illud levit. xix, ° vestem quae ex duobus texta est, non indueris; * et iterum quod praecipitur num. xv, ° ut faciant sibi fimbrias per angulos palliorum. ‘ sed huiusmodi non sunt praecepta moralia, quia non manent in nova lege. nec etiam iudicialia, quia non pertinent ad iudicium faciendum inter homines. ergo sunt caeremonialia. sed in nullo pertinere videntur ad cultum dei. ergo non est ratio caeremonialium praeceptorum quod pertineant ad cultum dei.
ag2 * Praeterea, dicunt quidam quod “ praecepta caeremonialia dicuntur illa quae pertinent ad solemnitates, quasi dicerentur a cereis, qui in solemnitatibus accenduntur. ‘ sed multa alia sunt pertinentia ad cultum dei praeter solemnitates. ergo non videtur quod praecepta caeremonialia ea ratione dicantur, quia pertinent ad cultum dei.
ag3 * Praeterea, secundum quosdam “ praecepta caeremonialia dicuntur quasi normae, idest regulae, salutis, ‘ nam chaire in graeco idem est quod salve. sed omnia praecepta legis sunt regulae salutis, et non solum illa quae pertinent ad dei cultum. ergo non solum illa praecepta dicuntur caeremonialia quae pertinent ad cultum dei.
ag4 * Praeterea, rabbi moyses dicit quod “ praecepta caeremonialia dicuntur quorum ratio non est manifesta. ‘ sed multa pertinentia ad cultum dei habent rationem manifestam, sicut observatio sabbati, et celebratio phase et scenopegiae, et multorum aliorum, quorum ratio assignatur in lege. ergo caeremonialia non sunt quae pertinent ad cultum dei.
sc * Sed contra est quod dicitur exod. xviii, ° esto populo in his quae ad deum pertinent, ostendasque populo caeremonias et ritum colendi.
co * Respondeo dicendum quod, sicut supra dictum est, ‘ caeremonialia praecepta determinant praecepta moralia in ordine ad deum, sicut iudicialia determinant praecepta moralia in ordine ad proximum. homo autem ordinatur ad deum per debitum cultum. et ideo caeremonialia proprie dicuntur quae ad cultum dei pertinent. * ratio autem huius nominis posita est supra, ubi praecepta caeremonialia ab aliis sunt distincta.
ra1 ‘ Ad primum ergo dicendum quod ad cultum dei pertinent non solum sacrificia et alia huiusmodi, quae immediate ad deum ordinari videntur, sed etiam debita praeparatio colentium deum ad cultum ipsius, sicut etiam in aliis quaecumque sunt praeparatoria ad finem, cadunt sub scientia quae est de fine. huiusmodi autem praecepta quae dantur in lege de vestibus et cibis colentium deum, et aliis huiusmodi, pertinent ad quandam praeparationem ipsorum ministrantium, ut sint idonei ad cultum dei, sicut etiam specialibus observantiis aliqui utuntur qui sunt in ministerio regis. unde etiam sub praeceptis caeremonialibus continentur.
ra2 * Ad secundum dicendum quod illa expositio nominis non videtur ‘ esse multum conveniens, praesertim cum non multum inveniatur in lege quod in solemnitatibus cerei accenderentur, sed in ipso etiam candelabro lucernae cum oleo olivarum praeparabantur, * ut patet lev. xxiv. ‘ nihilominus tamen potest dici quod in solemnitatibus omnia illa quae pertinebant ad cultum dei, diligentius observabantur, et secundum hoc, in observatione solemnitatum omnia caeremonialia includuntur.
ra3 ‘ Ad tertium dicendum quod nec illa expositio nominis videtur esse multum conveniens, nomen enim caeremoniae non est graecum, sed latinum. potest tamen dici quod, cum salus hominis sit a deo, praecipue illa praecepta videntur esse salutis regulae, quae hominem ordinant ad deum. et sic caeremonialia dicuntur quae ad cultum dei pertinent.
ra4 ‘ Ad quartum dicendum quod illa ratio caeremonialium est quodammodo probabilis, non quod ex eo dicuntur caeremonialia quia eorum ratio non est manifesta; sed hoc est quoddam consequens. quia enim praecepta ad cultum dei pertinentia oportet es-

se figuralia, * ut infra dicetur, ' inde est quod eorum ratio non est adeo manifesta.

008 ST2 qu101 ar2

ag1 ' Ad secundum sic proceditur. videtur quod praecepta caeremonialia non sint figuralia. pertinet enim ad officium cuiuslibet doctoris ut sic pronunciet ut de facili intelligi possit, * sicut augustinus dicit, in iv de doctr. christ.. ' et hoc maxime videtur esse necessarium in legis latione, quia praecepta legis populo proponuntur. unde lex debet esse manifesta, * ut isidorus dicit. ' si igitur praecepta caeremonialia data sunt in alicuius rei figuram, videtur inconvenienter tradidisse huiusmodi praecepta moyses, non exponens quid figurarent.
ag2 ' Praeterea, ea quae in cultum dei aguntur, maxime debent honestatem habere. sed facere aliqua facta ad alia repraesentanda, videtur esse theatricum, sive poeticum, in theatris enim repraesentabantur olim per aliqua quae ibi gerebantur, quaedam aliorum facta. ergo videtur quod huiusmodi non debeant fieri ad cultum dei. sed caeremonialia ordinantur ad cultum dei, * ut dictum est. ' ergo caeremonialia non debent esse figuralia.
ag3 * Praeterea, augustinus dicit, in enchirid., quod ° deus maxime colitur fide, spe et caritate. ' sed praecepta quae dantur de fide, spe et caritate, non sunt figuralia. ergo praecepta caeremonialia non debent esse figuralia.
ag4 * Praeterea, dominus dicit, ioan. iv, ° spiritus est deus, et eos qui adorant eum, in spiritu et veritate adorare oportet. ' sed figura non est ipsa veritas, immo contra se invicem dividuntur. ergo caeremonialia, quae pertinent ad cultum dei, non debent esse figuralia.
sc * Sed contra est quod apostolus dicit, ad colos. ii, ° nemo vos iudicet in cibo aut in potu, aut in parte diei festi aut neomeniae aut sabbatorum, quae sunt umbra futurorum.
co * Respondeo dicendum quod, sicut iam dictum est, ' praecepta caeremonialia dicuntur quae ordinantur ad cultum dei. est autem duplex cultus dei, interior, et exterior. cum enim homo sit compositus ex anima et corpore, utrumque debet applicari ad colendum deum, ut scilicet anima colat interiori cultu, et corpus exteriori, * unde dicitur in psalmo lxxxiii, ° cor meum et caro mea exultaverunt in deum vivum. ' et sicut corpus ordinatur in deum per animam, ita cultus exterior ordinatur ad interiorem cultum. consistit autem interior cultus in hoc quod anima coniungatur deo per intellectum et affectum. et ideo secundum quod diversimode intellectus et affectus colentis deum deo recte coniungitur, secundum hoc diversimode exteriores actus hominis ad cultum dei applicantur. in statu enim futurae beatitudinis, intellectus humanus ipsam divinam veritatem in seipsa intuebitur. et ideo exterior cultus non consistet in aliqua figura, sed solum in laude dei, quae procedit ex interiori cognitione et affectione; * secundum illud isaiae li, ° gaudium et laetitia invenietur in ea, gratiarum actio et vox laudis. ' in statu autem praesentis vitae, non possumus divinam |25| veritatem in seipsa intueri, sed oportet quod radius divinae veritatis nobis illucescat sub aliquibus sensibilibus figuris, * sicut dionysius dicit, i cap. cael. hier., ' diversimode tamen, secundum diversum statum cognitionis humanae. in veteri enim lege neque ipsa divina veritas in seipsa manifesta erat, neque etiam adhuc propalata erat via ad hoc perveniendi, * sicut apostolus dicit, ad heb. ix. ' et ideo oportebat exteriorem cultum veteris legis non solum esse figurativum futurae veritatis manifestandae in patria; sed etiam esse figurativum christi, qui est via ducens ad illam patriae veritatem. sed in statu novae legis, haec via iam est revelata. unde hanc praefigurari non oportet sicut futuram, sed commemorari oportet per modum praeteriti vel praesentis, sed solum oportet praefigurari futuram veritatem gloriae nondum revelatam. * et hoc est quod apostolus dicit, ad heb. x, ° umbram habet lex futurorum bonorum, non ipsam imaginem rerum, ' umbra enim minus est quam imago; tanquam imago pertineat ad novam legem, umbra vero ad veterem.
ra1 ' Ad primum ergo dicendum quod divina non sunt revelanda hominibus nisi secundum eorum capacitatem, alioquin daretur eis praecipitii materia, dum contemnerent quae capere non possent. et ideo utilius fuit ut sub quodam figurarum velamine divina mysteria rudi populo traderentur, ut sic saltem ea implicite cognoscerent, dum illis figuris deservirent ad honorem dei.
ra2 ' Ad secundum dicendum quod, sicut poetica non capiuntur a ratione humana propter defectum veritatis qui est in eis, ita etiam ratio humana perfecte capere non potest divina propter excedentem ipsorum veritatem. et ideo utrobique opus est repraesentatione per sensibiles figuras.
ra3 * Ad tertium dicendum quod augustinus ibi loquitur ' de cultu interiore; ad quem tamen ordinari oportet exteriorem cultum, * ut dictum est.
ra4 ' Et similiter dicendum est ad quartum, quia per christum homines plenius ad spiritualem dei cultum sunt introducti.

008 ST2 qu101 ar3

ag1 ' Ad tertium sic proceditur. videtur quod non debuerint esse multa caeremonialia praecepta. ea enim quae sunt ad finem, debent esse fini proportionata. sed caeremonialia praecepta, * sicut dictum est, ' ordinantur ad cultum dei et in figuram christi. est autem ° unus deus, a quo omnia; et unus dominus iesus christus, per quem omnia, * ut dicitur i ad cor. viii. ' ergo caeremonialia non debuerunt multiplicari.
ag2 ' Praeterea, multitudo caeremonialium praeceptorum transgressionis erat occasio; * secundum illud quod dicit petrus, act. xv, ° quid tentatis deum, imponere iugum super cervicem discipulorum, quod neque nos, neque patres nostri, portare potuimus? ' sed transgressio divinorum praeceptorum contrariatur humanae saluti. cum igitur lex omnis debeat saluti congruere hominum, * ut isidorus dicit, ' videtur quod non debuerint multa praecepta caeremonialia dari.
ag3 ' Praeterea, praecepta caeremonialia pertinebant ad cultum dei exteriorem et corporalem, * ut dictum est. ' sed huiusmodi cultum corporalem lex debebat diminuere, quia ordinabat ad christum, qui docuit homines deum colere in spiritu et veritate, * ut habetur ioan. iv. ' non ergo debuerunt multa praecepta caeremonialia dari.
sc * Sed contra est quod dicitur osee viii, ° scribam eis multiplices leges intus; * et iob xi, ut ° ostenderet tibi secreta sapientiae, quod multiplex sit lex eius.
co * Respondeo dicendum quod, sicut supra dictum est, ' omnis lex alicui populo datur. in populo autem duo genera hominum continentur, quidam proni ad malum, qui sunt per praecepta legis coercendi, * ut supra dictum est; ' quidam habentes inclinationem ad bonum, vel ex natura vel ex consuetudine, vel magis ex gratia; et tales sunt per legis praeceptum instruendi et in melius promovendi. quantum igitur ad utrumque genus hominum, expediebat praecepta caeremonialia in veteri lege multiplicari. erant enim in illo populo aliqui ad idololatriam proni, et ideo necesse erat ut ab idololatriae cultu per praecepta caeremonialia revocarentur ad cultum dei. et quia multipliciter homines idololatriae deserviebant, oportebat e contrario multa institui ad singula reprimenda, et iterum multa talibus imponi, ut, quasi onerati ex his quae ad cultum dei impenderent, non vacaret idololatriae deservire. ex parte vero eorum qui erant prompti ad bonum, etiam necessaria fuit multiplicatio caeremonialium praeceptorum. tum quia per hoc diversimode mens eorum referebatur in deum, et magis assidue. tum etiam quia mysterium christi, quod per huiusmodi caeremonialia figurabatur, multiplices utilitates attulit mundo, et multa circa ipsum consideranda erant, quae oportuit per |25| diversa caeremonialia figurari.
ra1 ' Ad primum ergo dicendum quod, quando id quod ordinatur ad finem, est sufficiens ad ducendum in finem, tunc sufficit unum ad unum finem, sicut una medicina, si sit efficax, sufficit quandoque ad sanitatem inducendam, et tunc non oportet multiplicari medicinam. sed propter debilitatem et imperfectionem eius quod est ad finem, oportet eam multiplicari, sicut multa remedia adhibentur infirmo, quando unum non sufficit ad sanandum. caeremoniae autem veteris legis invalidae et imperfectae erant et ad repraesentandum christi mysterium, quod est superexcellens; et ad subiugandum mentes hominum deo. * unde apostolus dicit, ad heb. vii, ° reprobatio fit praecedentis mandati, propter infirmitatem et inutilitatem, nihil enim ad perfectum adduxit lex. ' et ideo oportuit huiusmodi caeremonias multiplicari.
ra2 ' Ad secundum dicendum quod sapientis legislatoris est minores transgressiones permittere, ut maiores caveantur. et ideo, ut caveretur transgressio idololatriae, et superbiae quae in iudaeorum cordibus nasceretur si omnia praecepta legis implerent, non propter hoc praetermisit deus multa caeremonialia praecepta tradere, quia de facili sumebant ex hoc transgrediendi occasionem.
ra3 ' Ad tertium dicendum quod vetus lex in multis diminuit corporalem cultum. propter quod statuit quod non in omni loco sacrificia offerrentur, neque a quibuslibet. et multa huiusmodi statuit ad diminutionem exterioris cultus; * sicut etiam rabbi moyses aegyptius dicit. ' oportebat tamen non ita attenuare corporalem cultum dei, ut homines ad cultum daemonum declinarent.

008 ST2 qu101 ar4

ag1 ' Ad quartum sic proceditur. videtur quod caeremoniae veteris legis inconvenienter dividantur in sacrificia, sacra, sacramenta et observantias. caeremoniae enim veteris legis figurabant christum. sed hoc solum fiebat per sacrificia, per quae figurabatur sacrificium quo christus se obtulit oblationem et hostiam deo, * ut dicitur ad ephes. v. ' ergo sola sacrificia erant caeremonialia.
ag2 ' Praeterea, vetus lex ordinabatur ad novam. sed in nova lege ipsum sacrificium est sacramentum altaris. ergo in veteri lege non debuerunt distingui sacramenta contra sacrificia.
ag3 ' Praeterea, sacrum dicitur quod est deo dicatum, secundum quem modum tabernaculum et vasa eius sacrificari dicebantur. sed omnia caeremonialia erant ordinata ad cultum dei, * ut dictum est. ' ergo caeremonialia omnia sacra erant. non ergo una pars caeremonialium debet sacra nominari.
ag4 ' Praeterea, observantiae ab observando dicuntur. sed omnia praecepta legis observari debebant, * dicitur enim deut. viii, ° observa et cave ne quando obliviscaris domini dei tui, et negligas mandata eius atque iudicia et caeremonias. ' non ergo observantiae debent poni una pars caeremonialium.
ag5 ' Praeterea, solemnitates inter caeremonialia computantur, cum sint in umbram futuri, * ut patet ad colos. ii. ' similiter etiam oblationes et munera; * ut patet per apostolum, ad heb. ix. ' quae tamen sub nullo horum contineri videntur. ergo inconveniens est praedicta distinctio caeremonialium.
sc ' Sed contra est quod in veteri lege singula praedicta caeremoniae vocantur. sacrificia enim dicuntur caeremoniae * num. xv, ° offerat vitulum et sacrificia eius ac libamenta, ut caeremoniae eius postulant. * de sacramento etiam ordinis dicitur levit. vii, ° haec est unctio aaron et filiorum eius in caeremoniis. * de sacris etiam dicitur exod. xxxviii, haec sunt ° instrumenta tabernaculi testimonii in caeremoniis levitarum. * de observantiis etiam dicitur iii reg. ix, ° si aversi fueritis, non sequentes me, nec observantes caeremonias quas proposui vobis.
co * Respondeo dicendum quod, sicut supra dictum est, ' caeremonialia praecepta ordinantur ad cultum dei. in quo quidem cultu considerari possunt et ipse cultus, et colentes, et instrumenta colendi. ipse autem cultus specialiter consistit in sacrificiis, quae in dei reverentiam offeruntur. instrumenta autem colendi pertinent ad sacra, sicut est tabernaculum, et vasa, et alia huiusmodi. ex parte autem colentium duo possunt considerari. scilicet et eorum institutio ad cultum divinum, quod fit per quandam consecrationem vel populi, vel ministrorum, et ad hoc pertinent sacramenta. et iterum eorum singularis conversatio, per quam distinguuntur ab his qui deum non colunt, et ad hoc pertinent observantiae, puta in cibis et vestimentis et aliis huiusmodi.
ra1 ' Ad primum ergo dicendum quod sacrificia oportebat offerri et in aliquibus locis, et per aliquos homines, et totum hoc ad cultum dei pertinet. unde sicut per sacrificia significatur christus immolatus, ita etiam per sacramenta et sacra illorum figurabantur sacramenta et sacra novae legis; et per eorum observantias figurabatur conversatio populi novae legis. quae omnia ad christum pertinent.
ra2 ' Ad secundum dicendum quod sacrificium novae legis, idest eucharistia, continet ipsum christum, qui est sanctificationis auctor, sanctificavit enim per suum sanguinem populum, * ut dicitur ad heb. ult.. ' et ideo hoc sacrificium etiam est sacramentum. sed sacrificia veteris legis non continebant christum, sed ipsum figurabant, et ideo non dicuntur sacramenta. sed ad hoc designandum seorsum erant quaedam sacramenta in veteri lege, quae erant figurae futurae consecrationis. quamvis etiam quibusdam consecrationibus quaedam sacrificia adiungerentur.
ra3 ' Ad tertium dicendum quod etiam sacrificia et sacramenta erant sacra. sed quaedam erant quae erant sacra, utpote ad cultum dei dicata, nec tamen erant sacrificia nec sacramenta, et ideo retinebant sibi commune nomen sacrorum.
ra4 ' Ad quartum dicendum quod ea quae pertinebant ad conversationem populi colentis deum, retinebant sibi commune nomen observantiarum, inquantum a praemissis deficiebant. non enim dicebantur sacra, quia non habebant immediatum respectum ad cultum dei, sicut tabernaculum et vasa eius. sed per quandam consequentiam erant caeremonialia, inquantum pertinebant ad quandam idoneitatem populi colentis deum.
ra5 ' Ad quintum dicendum quod, sicut sacrificia offerebantur in determinato loco ita etiam offerebantur in determinatis temporibus, unde etiam solemnitates inter sacra computari videntur. oblationes autem et munera computantur cum sacrificiis, quia deo offerebantur, * unde apostolus dicit, ad heb. v, ° omnis pontifex ex hominibus assumptus, pro hominibus constituitur in his quae sunt ad deum, ut offerat dona et sacrificia.

008 ST2 qu102 ar

pr ' Deinde considerandum est de causis caeremonialium praeceptorum. et circa hoc quaeruntur sex. primo, utrum praecepta caeremonialia habeant causam. secundo, utrum habeant causam litteralem, vel solum figuralem. tertio, de causis sacrificiorum. quarto, de causis sacramentorum. quinto, de causis sacrorum. sexto, de causis observantiarum.

008 ST2 qu102 ar1

ag1 ' Ad primum sic proceditur. videtur quod caeremonialia praecepta non habeant causam. * quia super illud ephes. ii, legem mandatorum decretis evacuans, dicit glossa, ° idest, evacuans legem veterem quantum ad carnales observantias, decretis, idest praeceptis evangelicis, quae ex ratione sunt. ' sed si observantiae veteris legis ex ratione erant, frustra evacuarentur per rationabilia decreta novae legis. non ergo caeremoniales observantiae veteris legis habebant aliquam rationem.
ag2 ' Praeterea, vetus lex successit legi naturae. sed

in lege naturae fuit aliquod praeceptum quod nullam rationem habebat nisi ut hominis obedientia probaretur; sicut * augustinus dicit, viii super gen. ad litt., ' de prohibitione ligni vitae. ergo etiam in veteri lege aliqua praecepta danda erant in quibus hominis obedientia probaretur, quae de se nullam rationem haberent.
ag3 ' Praeterea, opera hominis dicuntur moralia secundum quod sunt a ratione. si igitur caeremonialium praeceptorum sit aliqua ratio, non different a moralibus praeceptis. videtur ergo quod caeremonialia praecepta non habeant aliquam causam, ratio enim praecepti ex aliqua causa sumitur.
sc * Sed contra est quod dicitur in psalmo xviii, ° praeceptum domini lucidum, illuminans oculos. ' sed caeremonialia sunt praecepta dei. ergo sunt lucida. quod non esset nisi haberent rationabilem causam. ergo praecepta caeremonialia habent rationabilem causam.
co " Respondeo dicendum quod, cum sapientis sit ordinare, * secundum philosophum, in i metaphys., ' ea quae ex divina sapientia procedunt, oportet esse ordinata, * ut apostolus dicit, ad rom. xiii. ' ad hoc autem quod aliqua sint ordinata, duo requiruntur. primo quidem, quod aliqua ordinentur ad debitum finem, qui est principium totius ordinis in rebus agendis, ea enim quae casu eveniunt praeter intentionem finis, vel quae non serio fiunt sed ludo, dicimus esse inordinata. secundo oportet quod id quod est ad finem, sit proportionatum fini. et ex hoc sequitur quod ratio eorum quae sunt ad finem, sumitur ex fine, sicut ratio dispositionis serrae sumitur ex sectione, quae est finis eius, * ut dicitur in ii physic.. ' manifestum est autem quod praecepta caeremonialia, sicut et omnia alia praecepta legis, sunt ex divina sapientia instituta, * unde dicitur deut. iv, ° haec est sapientia vestra et intellectus coram populis. ' unde necesse est dicere quod praecepta caeremonialia sint ordinata ad aliquem finem, ex quo eorum rationabiles causae assignari possunt.
ra1 ' Ad primum ergo dicendum quod observantiae veteris legis possunt dici sine ratione quantum ad hoc, quod ipsa facta in sui natura rationem non habebant, puta quod vestis non conficeretur ex lana et lino. poterant tamen habere rationem ex ordine ad aliud, inquantum scilicet vel aliquid per hoc figurabatur, vel aliquid excludebatur. sed decreta novae legis, quae praecipue consistunt in fide et dilectione dei, ex ipsa natura actus rationabilia sunt.
ra2 ' Ad secundum dicendum quod prohibitio ligni scientiae boni et mali non fuit propter hoc quod illud lignum esset naturaliter malum, sed tamen ipsa prohibitio habuit aliquam rationem ex ordine ad aliud, inquantum scilicet per hoc aliquid figurabatur. et sic etiam caeremonialia praecepta veteris legis habent rationem in ordine ad aliud.
ra3 ' Ad tertium dicendum quod praecepta moralia secundum suam naturam habent rationabiles causas, sicut, " non occides, non furtum facies. ' sed praecepta caeremonialia habent rationabiles causas ex ordine ad aliud, * ut dictum est.

008 ST2 qu102 ar2

ag1 ' Ad secundum sic proceditur. videtur quod praecepta caeremonialia non habeant causam litteralem, sed figuralem tantum. inter praecepta enim caeremonialia praecipua erant circumcisio, et immolatio agni paschalis. sed utrumque istorum non habebat nisi causam figuralem, quia utrumque istorum datum est in signum. * dicitur enim gen. xvii, ° circumcidetis carnem praeputii vestri, ut sit in signum foederis inter me et vos. * et de celebratione phase dicitur exod. xiii, ° erit quasi signum in manu tua, et quasi monumentum ante oculos tuos. ' ergo multo magis alia caeremonialia non habent nisi causam figuralem.
ag2 ' Praeterea, effectus proportionatur suae causae. sed omnia caeremonialia sunt figuralia, * ut supra dictum est. ' ergo non habent nisi causam figuralem.
ag3 ' Praeterea, illud quod de se est indifferens utrum sic vel non sic fiat, non videtur habere aliquam litteralem causam. sed quaedam sunt in praeceptis caeremonialibus quae non videntur differre utrum sic vel sic fiant, sicut est de numero animalium offerendorum, et aliis huiusmodi particularibus circumstantiis. ergo praecepta veteris legis non habent rationem litteralem.
sc ' Sed contra, sicut praecepta caeremonialia figurabant christum, ita etiam historiae veteris testamenti, * dicitur enim i ad cor. x, quod " omnia in figuram contingebant illis. ' sed in historiis veteris testamenti, praeter intellectum mysticum seu figuralem, est etiam intellectus litteralis. ergo etiam praecepta caeremonialia, praeter causas figurales, habebant etiam causas litterales.
co * Respondeo dicendum quod, sicut supra dictum est, ' ratio eorum quae sunt ad finem, oportet quod a fine sumatur. finis autem praeceptorum caeremonialium est duplex, ordinabatur enim ad cultum dei pro tempore illo, et ad figurandum christum; sicut etiam verba prophetarum sic respiciebant praesens tempus, quod etiam in figuram futuri dicebantur, * ut hieronymus dicit, super osee. ' sic igitur rationes praeceptorum caeremonialium veteris legis dupliciter accipi possunt. uno modo, ex ratione cultus divini qui erat pro tempore illo observandus. et rationes istae sunt litterales, sive pertineant ad vitandum idololatriae cultum; sive ad rememoranda aliqua dei beneficia; sive ad insinuandam excellentiam divinam; vel etiam ad designandam dispositionem mentis quae tunc requirebatur in colentibus deum. alio modo possunt eorum rationes assignari secundum quod ordinantur ad figurandum christum. et sic habent rationes figurales et mysticas, sive accipiantur ex ipso christo et ecclesia, quod pertinet ad allegoriam; sive ad mores populi christiani, quod pertinet ad moralitatem; sive ad statum futurae gloriae, prout in eam introducimur per christum, quod pertinet ad anagogiam.
ra1 ' Ad primum ergo dicendum quod, sicut intellectus metaphoricae locutionis in scripturis est litteralis, quia verba ad hoc proferuntur ut hoc significent; ita etiam significationes caeremoniarum legis quae sunt commemorativae beneficiorum dei propter quae instituta sunt, vel aliorum huiusmodi quae ad illum statum pertinebant, non transcendunt ordinem litteralium causarum. unde quod assignetur causa celebrationis phase quia est signum liberationis ex aegypto, et quod circumcisio est signum pacti quod deus habuit cum abraham, pertinet ad causam litteralem.
ra2 ' Ad secundum dicendum quod ratio illa procederet, si caeremonialia praecepta essent data solum ad figurandum futurum, non autem ad praesentialiter deum colendum.
ra3 ' Ad tertium dicendum quod, sicut in legibus humanis * dictum est quod ' in universali habent rationem, non autem quantum ad particulares conditiones, sed haec sunt ex arbitrio instituentium; ita etiam multae particulares determinationes in caeremoniis veteris legis non habent aliquam causam litteralem, sed solam figuralem; in communi vero habent etiam causam litteralem.

008 ST2 qu102 ar3

ag1 ' Ad tertium sic proceditur. videtur quod non possit conveniens ratio assignari caeremoniarum quae ad sacrificia pertinent. ea enim quae in sacrificium offerebantur, sunt illa quae sunt necessaria ad sustentandam humanam vitam, sicut animalia quaedam, et panes quidam. sed tali sustentamento deus non indiget; * secundum illud psalmi xlix, ° numquid manducabo carnes taurorum, aut sanguinem hircorum potabo? ' ergo inconvenienter huiusmodi sacrificia deo offerebantur.
ag2 ' Praeterea, in sacrificium divinum non offerebantur nisi de tribus generibus animalium quadrupedum, scilicet de genere bovum, ovium et caprarum; et de avibus, communiter quidem turtur et columba; specialiter autem in emundatione leprosi fiebat sacrificium de passeribus. multa autem alia animalia sunt eis nobiliora. cum igitur omne quod est optimum deo sit exhibendum, videtur quod non solum de istis rebus fuerint deo sacrificia offerenda.
ag3 ' Praeterea, sicut homo a deo habet dominium volatilium et bestiarum, ita etiam piscium. inconvenienter igitur pisces a divino sacrificio excludebantur.
ag4 ' Praeterea, indifferenter offerri mandantur turtures et columbae. sicut igitur mandantur offerri pulli columbarum, ita etiam pulli turturum.
ag5 ' Praeterea, deus est auctor vitae non solum hominum, sed etiam animalium; * ut patet per id quod dicitur gen. i. ' mors autem opponitur vitae. non ergo debuerunt deo offerri animalia occisa, sed magis animalia viventia. * praecipue quia etiam apostolus monet, rom. xii, ° ut exhibeamus nostra corpora hostiam viventem, sanctam, deo placentem.
ag6 ' Praeterea, si animalia deo in sacrificium non offerebantur nisi occisa, nulla videtur esse differentia qualiter occidantur. inconvenienter igitur determinatur modus immolationis, praecipue in avibus, * ut patet levit. i.
ag7 ' Praeterea, omnis defectus animalis via est ad corruptionem et mortem. si igitur animalia occisa deo offerebantur, inconveniens fuit prohibere oblationem animalis imperfecti, puta claudi aut caeci, aut aliter maculosi.
ag8 ' Praeterea, illi qui offerunt hostias deo, debent de his participare; * secundum illud apostoli, i cor. x, ° nonne qui edunt hostias, participes sunt altaris? ' inconvenienter igitur quaedam partes hostiarum offerentibus subtrahebantur, scilicet sanguis et adeps, et pectusculum et armus dexter.
ag9 ' Praeterea, sicut holocausta offerebantur in honorem dei, ita etiam hostiae pacificae et hostiae pro peccato. sed nullum animal feminini sexus offerebatur deo in holocaustum, fiebant tamen holocausta tam de quadrupedibus quam de avibus. ergo inconvenienter in hostiis pacificis et pro peccato offerebantur animalia feminini sexus; et tamen in hostiis pacificis non offerebantur aves.
ag10 ' Praeterea, omnes hostiae pacificae unius generis esse videntur. non ergo debuit poni ista differentia, quod quorundam pacificorum carnes non possent vesci in crastino, quorundam autem possent, * ut mandatur levit. vii.
ag11 ' Praeterea, omnia peccata in hoc conveniunt quod a deo avertunt. ergo pro omnibus peccatis, in dei reconciliationem, unum genus sacrificii debuit offerri.
ag12 ' Praeterea, omnia animalia quae offerebantur in sacrificium, uno modo offerebantur, scilicet occisa. non videtur ergo conveniens quod de terrae nascentibus diversimode fiebat oblatio, nunc enim offerebantur spicae, nunc simila, nunc panis, quandoque quidem coctus in clibano, quandoque in sartagine, quandoque in craticula.
ag13 ' Praeterea, omnia quae in usum nostrum veniunt, a deo recognoscere debemus. inconvenienter ergo praeter animalia, solum haec deo offerebantur, panis, vinum, oleum, thus et sal.
ag14 ' Praeterea, sacrificia corporalia exprimunt interius sacrificium cordis, quo homo spiritum suum offert deo. sed in interiori sacrificio plus est de dulcedine, quam repraesentat mel, quam de mordacitate, quam repraesentat sal, * dicitur enim eccli. xxiv, ° spiritus meus super mel dulcis. ' ergo inconvenienter prohibebatur in sacrificio apponi mel et fermentum, quod etiam facit panem sapidum; et praecipiebatur ibi apponi sal, quod est mordicativum, et thus, quod habet saporem amarum. videtur ergo quod ea quae pertinent ad caeremonias sacrificiorum, non habeant rationabilem causam.
sc * Sed contra est quod dicitur levit. i, ° oblata omnia adolebit sacerdos super altare in holocaustum et odorem suavissimum domino. * sed sicut dicitur sap. vii, ° neminem diligit deus nisi qui cum sapientia inhabitat, ' ex quo potest accipi quod quidquid est deo acceptum, est cum sapientia. ergo illae caeremoniae sacrificiorum cum sapientia erant, velut habentes rationabiles causas.
co * Respondeo dicendum quod, sicut supra dictum est, ' caeremoniae veteris legis duplicem causam habebant, unam scilicet litteralem, secundum quod ordinabantur ad cultum dei; aliam vero figuralem, sive mysticam, secundum quod ordinabantur ad figurandum christum. et ex utraque parte potest convenienter assignari causa caeremoniarum quae ad sacrificia pertinebant. secundum enim quod sacrificia ordinabantur ad cultum dei, causa sacrificiorum dupliciter accipi potest. uno modo, secundum quod per sacrificia repraesentabatur ordinatio mentis in deum, ad quam excitabatur sacrificium offerens. ad rectam autem ordinationem mentis in deum pertinet quod omnia quae homo habet, recognoscat a deo tanquam a primo principio, et ordinet in deum tanquam in ultimum finem. et hoc repraesentabatur in oblationibus et sacrificiis, secundum quod homo ex rebus suis, quasi in recognitionem quod haberet ea a deo, in honorem dei ea offerebat; * secundum quod dixit david, i paral. xxix, ° tua sunt omnia; et quae de manu tua accepimus, dedimus tibi. ' et ideo in oblatione sacrificiorum protestabatur homo quod deus esset primum principium creationis rerum et ultimus finis, ad quem essent omnia referenda. et quia pertinet ad rectam ordinationem mentis in deum ut mens humana non recognoscat alium primum auctorem rerum nisi solum deum, |25| neque in aliquo alio finem suum constituat; propter hoc prohibebatur in lege offerre sacrificium alicui alteri nisi deo, * secundum illud exod. xxii, ° qui immolat diis, occidetur, praeter domino soli. ' et ideo de causa caeremoniarum circa sacrificia potest assignari ratio alio modo, ex hoc quod per huiusmodi homines retrahebantur a sacrificiis idolorum. unde etiam praecepta de sacrificiis non fuerunt data populo iudaeorum nisi postquam declinavit ad idololatriam, adorando vitulum conflatilem, quasi huiusmodi sacrificia sint instituta ut populus ad sacrificandum promptus, huiusmodi sacrificia magis deo quam idolis offerret. * unde dicitur ierem. vii, ° non sum locutus cum patribus vestris, et non praecepi eis, in die qua eduxi eos de terra aegypti, de verbo holocautomatum et victimarum. ' inter omnia autem dona quae deus humano generi iam per peccatum lapso dedit, praecipuum est quod dedit filium suum, * unde dicitur ioan. iii, ° sic deus dilexit mundum ut filium suum unigenitum daret, ut omnis qui credit in ipsum non pereat, sed habeat vitam aeternam. ' et ideo potissimum sacrificium est quo ipse christus seipsum obtulit deo in odorem suavitatis, |50| * ut dicitur ad ephes. v. ' et propter hoc omnia alia sacrificia offerebantur in veteri lege ut hoc unum singulare et praecipuum sacrificium figuraretur, tanquam perfectum per imperfecta. * unde apostolus dicit ad heb. x, quod ° sacerdos veteris legis easdem saepe offerebat hostias, quae nunquam possunt auferre peccata, christus autem pro peccatis obtulit unam in sempiternum. ' et quia ex figurato sumitur ratio figurae, ideo rationes sacrificiorum figuralium veteris legis sunt sumendae ex vero sacrificio christi.
ra1 ' Ad primum ergo dicendum quod deus non volebat huiusmodi sacrificia sibi offerri propter ipsas res quae offerebantur, quasi eis indigeret, * unde dicitur isaiae i, ° holocausta arietum, et adipem pinguium, et sanguinem vitulorum et hircorum et agnorum, nolui. ' sed volebat ea sibi offerri, * ut supra dictum est, ' tum ad excludendam idololatriam; tum ad significandum debitum ordinem mentis humanae in deum; tum etiam ad figurandum mysterium redemptionis humanae factae per christum.
ra2 ' Ad secundum dicendum quod quantum ad omnia praedicta, conveniens ratio fuit quare ista animalia offerebantur deo in sacrificium, et non alia. pri-

mo quidem, ad excludendum idololatriam. quia omnia alia animalia offerebant idololatrae diis suis, vel eis ad maleficia utebantur, ista autem animalia apud aegyptios, cum quibus conversati erant, abominabilia erant ad occidendum, unde ea non offerebant in sacrificium diis suis; * unde dicitur exod. viii, ° abominationes aegyptiorum immolabimus domino deo nostro. ‘ oves enim colebant; hircos venerabantur, quia in eorum figura daemones apparebant; bobus autem utebantur ad agriculturam, quam inter res sacras habebant. secundo, hoc conveniens erat ad praedictam ordinationem mentis in deum. et hoc dupliciter. primo quidem, quia huiusmodi animalia maxime sunt per quae sustentatur humana vita, et cum hoc mundissima sunt, et mundissimum habent nutrimentum. alia vero animalia vel sunt silvestria, et non sunt communiter hominum usui deputata, vel, si sunt domestica, immundum habent nutrimentum, ut porcus et gallina; solum autem id quod est purum, deo est attribuendum. huiusmodi autem aves specialiter offerebantur, quia habentur in copia in terra promissionis. secundo, quia per immolationem huiusmodi animalium puritas mentis designatur. |25| * quia, ut dicitur in glossa levit. i, ° vitulum offerimus, cum carnis superbiam vincimus; agnum, cum irrationales motus corrigimus; haedum, cum lasciviam superamus; turturem, dum castitatem servamus; panes azymos, cum in azymis sinceritatis epulamur. ‘ in columba vero manifestum est quod significatur caritas et simplicitas mentis. tertio vero, conveniens fuit haec animalia offerri in figuram christi. * quia, ut in eadem glossa dicitur, ° christus in vitulo offertur, propter virtutem crucis; in agno, propter innocentiam; in ariete, propter principatum; in hirco, propter similitudinem carnis peccati. in turture et columba duarum naturarum coniunctio monstrabatur, “ vel in turture castitas, in columba caritas significatur. ° in similagine aspersio credentium per aquam baptismi figurabatur.

ra3 ‘ Ad tertium dicendum quod pisces, quia in aquis vivunt, magis sunt alieni ab homine quam alia animalia, quae vivunt in aere, sicut et homo. et iterum pisces, ex aqua extracti, statim moriuntur, unde non poterant in templo offerri, sicut alia animalia.

ra4 ‘ Ad quartum dicendum quod in turturibus meliores sunt maiores quam pulli; in columbis autem e converso. * et ideo, ut rabbi moyses dicit, ‘ mandantur offerri turtures et pulli columbarum, quia omne quod est optimum, deo est attribuendum.

ra5 ‘ Ad quintum dicendum quod animalia in sacrificium oblata occidebantur, quia veniunt in usum hominis occisa, secundum quod a deo dantur homini ad esum. et ideo etiam igni cremabantur, quia per ignem decocta fiunt apta humano usui. similiter etiam per occisionem animalium significatur destructio peccatorum. et quod homines erant digni occisione pro peccatis suis, ac si illa animalia loco eorum occiderentur, ad significandum expiationem peccatorum. per occisionem etiam huiusmodi animalium significabatur occisio christi.

ra6 ‘ Ad sextum dicendum quod specialis modus occidendi animalia immolata determinabatur in lege ad excludendum alios modos, quibus idololatrae animalia idolis immolabant. vel etiam, * ut rabbi moyses dicit, ° lex elegit genus occisionis quo animalia minus affligebantur occisa. ‘ per quod excludebatur etiam immisericordia offerentium, et deterioratio animalium occisorum.

ra7 ‘ Ad septimum dicendum quod, quia animalia maculosa solent haberi contemptui etiam apud homines, ideo prohibitum est ne deo in sacrificium offerrentur, propter quod * etiam prohibitum erat ° ne mercedem prostibuli, aut pretium canis, in domum dei offerrent. ‘ et eadem etiam ratione non offerebant animalia ante septimum diem, quia talia animalia erant quasi abortiva, nondum plene consistentia, propter teneritudinem.

ra8 ‘ Ad octavum dicendum quod triplex erat sacrificiorum genus. quoddam erat quod totum comburebatur, et hoc dicebatur holocaustum, quasi totum incensum. huiusmodi enim sacrificium offerebatur deo specialiter ad reverentiam maiestatis ipsius, et amorem bonitatis eius, et conveniebat perfectionis statui in impletione consiliorum. et ideo totum comburebatur, ut sicut totum animal, resolutum in vaporem, sursum ascendebat, ita etiam significaretur totum hominem, et omnia quae ipsius sunt, dei dominio esse subiecta, et ei esse offerenda. aliud autem erat sacrificium pro peccato, quod offerebatur deo ex necessitate remissionis peccati, et conveniebat statui poenitentium in satisfactione peccatorum. quod dividebatur in duas partes, nam una pars eius comburebatur, alia vero cedebat in usum sacerdotum; ad significandum quod expiatio peccatorum fit a deo per ministerium sacerdotum. nisi quando offerebatur sacrificium pro peccato totius populi, vel specialiter pro peccato sacerdotis, tunc enim totum comburebatur. non enim debebant in usum sacerdotum venire ea quae pro peccato eorum offerebantur, ut nihil peccati in eis remaneret. et quia hoc non esset satisfactio pro peccato, si enim cederet in usum eorum pro quorum peccatis offerebatur, idem esse videretur ac si non offerrent. tertium vero sacrificium vocabatur hostia pacifica, quae offerebatur deo vel pro gratiarum actione, vel pro salute et |25| prosperitate offerentium, ex debito beneficii vel accepti vel accipiendi, et convenit statui proficientium in impletione mandatorum. et ista dividebantur in tres partes, nam una pars incendebatur ad honorem dei, alia pars cedebat in usum sacerdotum, tertia vero pars in usum offerentium; ad significandum quod salus hominis procedit a deo, dirigentibus ministris dei, et cooperantibus ipsis hominibus qui salvantur. hoc autem generaliter observabatur, quod sanguis et adeps non veniebant neque in usum sacerdotum, neque in usum offerentium, sed sanguis effundebatur ad crepidinem altaris, in honorem dei; adeps vero adurebatur in igne. cuius ratio una quidem fuit ad excludendam idololatriam. idololatrae enim bibebant de sanguine victimarum, et comedebant adipes; * secundum illud deut. xxxii, ° de quorum victimis comedebant adipes, et bibebant vinum libaminum. ‘ secunda ratio est ad informationem humanae vitae. prohibebatur enim eis usus sanguinis, ad hoc quod horrerent humani sanguinis effusionem, * unde dicitur gen. ix, ° carnem cum sanguine non comedetis, sanguinem enim animarum vestrarum requiram. ‘ esus vero adipum prohibebatur eis ad vitandam lasciviam, * unde dicitur ezech. xxxiv, ° quod crassum erat, occidebatis. |50| ‘ tertia ratio est propter reverentiam divinam. quia sanguis est maxime necessarius ad vitam, ratione cuius dicitur anima esse in sanguine, adeps autem abundantiam nutrimenti demonstrat. et ideo ut ostenderetur quod a deo nobis est et vita et omnis bonorum sufficientia, ad honorem dei effundebatur sanguis, et adurebatur adeps. quarta ratio est quia per hoc figurabatur effusio sanguinis christi, et pinguedo caritatis eius, per quam se obtulit deo pro nobis. de hostiis autem pacificis in usum sacerdotis cedebat pectusculum et armus dexter, ad excludendum quandam divinationis speciem quae vocatur spatulamantia, quia scilicet in spatulis animalium immolatorum divinabant, et similiter in osse pectoris. et ideo ista offerentibus subtrahebantur. per hoc etiam significabatur quod sacerdoti erat necessaria sapientia cordis ad instruendum populum, quod significabatur per pectus, quod est tegumentum cordis; et etiam fortitudo ad sustentandum defectus, quae significatur per armum dextrum.

ra9 ‘ Ad nonum dicendum quod, quia holocaustum erat perfectissimum inter sacrificia, ideo non offerebatur in holocaustum nisi masculus, nam femina est animal imperfectum. oblatio autem turturum et columbarum erat propter paupertatem offerentium, qui maiora animalia offerre non poterant. et quia hostiae pacificae gratis offerebantur, et nullus eas offerre cogebatur nisi spontaneus; ideo huiusmodi aves non offerebantur inter hostias pacificas, sed inter holocausta et hostias pro peccato, quas quandoque oportebat offerre. aves etiam huiusmodi, propter altitudinem volatus, congruunt perfectioni holocaustorum, et etiam hostiis pro peccato, quia habent gemitum pro cantu.

ra10 ‘ Ad decimum dicendum quod inter omnia sacrificia holocaustum erat praecipuum, quia totum comburebatur in honorem dei, et nihil ex eo comedebatur. secundum vero locum in sanctitate tenebat hostia pro peccato, quae comedebatur solum in atrio a sacerdotibus, et in ipsa die sacrificii. tertium vero gradum tenebant hostiae pacificae pro gratiarum actione, quae comedebantur ipso die, sed ubique in ierusalem. quartum vero locum tenebant hostiae pacificae ex voto, quarum carnes poterant etiam in crastino comedi. et est ratio huius ordinis quia maxime obligatur homo deo propter eius maiestatem, secundo, propter offensam commissam; tertio, propter beneficia iam suscepta; quarto, propter beneficia speranta.

ra11 ‘ Ad undecimum dicendum quod peccata aggravantur ex statu peccantis, * ut supra dictum est. ‘ et ideo alia hostia mandatur offerri pro peccato sacerdotis et principis, vel alterius privatae personae. * est autem attendendum, ut rabbi moyses dicit, quod ° quanto gravius erat peccatum, tanto vilior species animalis offerebatur pro eo. unde capra, quod est vilissimum animal, offerebatur pro idololatria, quod est gravissimum peccatum; pro ignorantia vero sacerdotis offerebatur vitulus; pro negligentia autem principis, hircus.

ra12 ‘ Ad duodecimum dicendum quod lex in sacrificiis providere voluit paupertati offerentium, ut qui non posset habere animal quadrupes, saltem offerret avem; quam qui habere non posset, saltem offerret panem; et si hunc habere non posset, saltem offerret farinam vel spicas. causa vero figuralis est quia panis significat christum, qui est panis vivus, * ut dicitur ioan. vi. ‘ qui quidem erat sicut in spica, pro statu legis naturae, in fide patrum; erat autem sicut simila in doctrina legis prophetarum; erat autem sicut panis formatus post humanitatem assumptam; coctus igne, idest formatus spiritu sancto in clibano uteri virginalis; qui etiam fuit coctus in sartagine, per labores quos in mundo sustinebat; in cruce vero quasi in craticula adustus.

ra13 ‘ Ad decimumtertium dicendum quod ea quae in usum hominis veniunt de terrae nascentibus, vel sunt in cibum, et de eis offerebatur panis. vel sunt in potum, et de his offerebatur vinum. vel sunt in condimentum, et de his offerebatur oleum et sal. vel sunt in medicamentum, et de his offerebatur thus, quod est aromaticum et consolidativum. per panem autem figuratur caro christi; per vinum autem sanguis eius, per quem redempti sumus; oleum figurat gratiam christi; sal scientiam; thus orationem.

ra14 ‘ Ad decimumquartum dicendum quod mel non offerebatur in sacrificiis dei, tum quia consueverat offerri in sacrificiis idolorum. tum etiam ad excludendam omnem carnalem dulcedinem et voluptatem ab his qui deo sacrificare intendunt. fermentum vero non offerebatur, ad excludendam corruptionem. et forte etiam in sacrificiis idolorum solitum erat offerri. sal autem offerebatur, quia impedit corruptionem putredinis, sacrificia autem dei debent esse incorrupta. et etiam quia in sale significatur discretio sapientiae; vel etiam mortificatio carnis. thus autem offerebatur ad designandam devotionem mentis, quae est necessaria offerentibus; et etiam ad designandum odorem bonae famae, nam thus et pingue est, et odoriferum. et quia sacrificium zelotypiae non procedebat ex devotione, sed magis ex suspicione, ideo in eo non offerebatur thus.

008 ST2 qu102 ar4

ag1 ‘ Ad quartum sic proceditur. videtur quod caeremoniarum veteris legis quae ad sacra pertinent sufficiens ratio assignari non possit. * dicit enim paulus, act. xvii, ° deus, qui fecit mundum et omnia quae in eo sunt, hic, caeli et terrae cum sit dominus, non in manufactis templis habitat. ‘ inconvenienter igitur ad cultum dei tabernaculum, vel templum, in lege veteri est institutum.

ag2 ‘ Praeterea, status veteris legis non fuit immutatus nisi per christum. sed tabernaculum designabat statum veteris legis. non ergo debuit mutari per aedificationem alicuius templi.

ag3 ‘ Praeterea, divina lex praecipue etiam debet homines inducere ad divinum cultum. sed ad augmentum divini cultus pertinet quod fiant multa altaria et multa templa, sicut patet in nova lege. ergo videtur quod etiam in veteri lege non debuit esse solum unum templum aut unum tabernaculum sed multa.

ag4 ‘ Praeterea, tabernaculum, seu templum, ad cultum dei ordinabatur. sed in deo praecipue oportet venerari unitatem et simplicitatem. non videtur igitur fuisse conveniens ut tabernaculum, seu templum, per quaedam vela distingueretur.

ag5 ‘ Praeterea, virtus primi moventis, qui est deus, primo apparet in parte orientis, a qua parte incipit primus motus. sed tabernaculum fuit institutum ad dei adorationem. ergo debebat esse dispositum magis versus orientem quam versus occidentem.

ag6 * Praeterea, exod. xx, dominus praecepit ut ° non facerent sculptile, neque aliquam similitudinem. ‘ inconvenienter igitur in tabernaculo, vel in templo, fuerunt sculptae imagines cherubim. similiter etiam et arca, et propitiatorium, et candelabrum, et mensa, et duplex altare, sine rationabili causa ibi fuisse videntur.

ag7 * Praeterea, dominus praecepit, exod. xx, altare de terra facietis mihi. et iterum, non ascendes ad altare meum per gradus. ‘ inconvenienter igitur mandatur postmodum altare fieri de lignis auro vel aere contextis; et tantae altitudinis ut ad illud nisi per gradus ascendi non posset. * dicitur enim exod. xxvii, ° facies et altare de lignis setim, quod habebit quinque cubitos in longitudine, et totidem in latitudine, et tres cubitos in altitudine; et operies illud aere. * et exod. xxx dicitur, ° facies altare ad adolendum thymiamata, de lignis setim, vestiesque illud auro purissimo.

ag8 ‘ Praeterea, in operibus dei nihil debet esse superfluum, quia nec in operibus naturae aliquid superfluum invenitur. sed uni tabernaculo, vel domui, sufficit unum operimentum. inconvenienter igitur tabernaculo fuerunt apposita multa tegumenta, scilicet cortinae, saga cilicina, pelles arietum rubricatae, et pelles hyacintinae.

ag9 ‘ Praeterea, consecratio exterior interiorem sanctitatem significat, cuius subiectum est anima. inconvenienter igitur tabernaculum et eius vasa consecrabantur, cum essent quaedam corpora inanimata.

ag10 * Praeterea, in psalmo xxxiii dicitur, ° benedicam dominum in omni tempore, semper laus eius in ore meo. ‘ sed solemnitates instituuntur ad laudandum deum. non ergo fuit conveniens ut aliqui certi dies statuerentur ad solemnitates peragendas. sic igitur videtur quod caeremoniae sacrorum convenientes causas non haberent.

sc * Sed contra est quod apostolus dicit, ad heb. viii, quod ° illi qui offerunt secundum legem munera, exemplari et umbrae deserviunt caelestium, sicut responsum est moysi, cum consummaret tabernaculum, vide, inquit, omnia facito secundum exemplar quod tibi in monte monstratum est. ‘ sed valde rationabile est quod imaginem caelestium repraesentat. ergo caeremoniae sacrorum rationabilem causam habebant.

co ‘ Respondeo dicendum quod totus exterior cultus dei ad hoc praecipue ordinatur ut homines deum in reverentia habeant. habet autem hoc humanus affectus, ut ea quae communia sunt, et non distincta ab aliis, minus revereatur; ea vero quae habent aliquam excellentiae discretionem ab aliis, magis admiretur et revereatur. et inde etiam hominum consuetudo inolevit ut reges et principes, quos oportet in reverentia haberi a subditis, et pretiosioribus vestibus ornentur, et etiam ampliores et pulchriores habitationes possideant. et propter hoc oportuit ut aliqua specialia tempora, et speciale habitaculum, et specialia vasa, et speciales ministri ad cultum dei ordinarentur, ut per hoc animi hominum ad maiorem dei reverentiam adducerentur. similiter etiam status veteris legis, * sicut dictum est, ' institutus erat ad figurandum mysterium christi. oportet autem esse aliquid determinatum id per quod aliud figurari debet, ut scilicet eius aliquam similitudinem repraesentet. et ideo etiam oportuit aliqua specialia observari in his quae pertinent ad cultum dei.

ra1 ' Ad primum ergo dicendum quod cultus dei duo respicit, scilicet deum, qui colitur; et homines colentes. ipse igitur deus, qui colitur, nullo corporali loco clauditur, unde propter ipsum non oportuit tabernaculum fieri, aut templum. sed homines ipsum colentes corporales sunt, et propter eos oportuit speciale tabernaculum, vel templum, institui ad cultum dei, propter duo. primo quidem, ut ad huiusmodi locum convenientes cum hac cogitatione quod deputaretur ad colendum deum, cum maiori reverentia accederent. secundo, ut per dispositionem talis templi, vel tabernaculi, significarentur aliqua pertinentia ad excellentiam divinitatis vel humanitatis christi. * et hoc est quod salomon dicit, iii reg. viii, ° si caelum et caeli caelorum te capere non possunt, quanto magis domus haec, quam aedificavi tibi? et * postea subdit, ° sint oculi tui aperti super domum hanc, de qua dixisti, erit nomen meum ibi; ut exaudias deprecationem servi tui et populi tui israel. ' ex quo patet quod domus sanctuarii non est instituta ad hoc quod deum capiat, quasi localiter inhabitantem; sed ad hoc quod " nomen dei habitet ibi, |25| ' idest ut notitia dei ibi manifestetur per aliqua quae ibi fiebant vel dicebantur; et quod, propter reverentiam loci, orationes fierent ibi magis exaudibiles ex devotione orantium.

ra2 ' Ad secundum dicendum quod status veteris legis non fuit immutatus ante christum quantum ad impletionem legis, quae facta est solum per christum, est tamen immutatus quantum ad conditionem populi qui erat sub lege. nam primo populus fuit in deserto, non habens certam mansionem; postmodum autem habuerunt varia bella cum finitimis gentibus; ultimo autem, tempore david et salomonis, populus ille habuit quietissimum statum. et tunc primo aedificatum fuit templum, in loco quem designaverat abraham, ex divina demonstratione, ad immolandum. * dicitur enim gen. xxii, quod " dominus mandavit abrahae ut offerret filium suum ° in holocaustum super unum montium quem monstravero tibi. * et postea dicit quod appellavit nomen illius loci, ° dominus videt, ' quasi secundum dei praevisionem esset locus ille electus ad cultum divinum. * propter quod dicitur deut. xii, ° ad locum quem elegerit dominus deus vester, venietis, et offeretis holocausta et victimas vestras. ' locus autem ille designari non debuit per aedificationem templi ante tempus praedictum, propter tres rationes, * quas rabbi moyses assignat. |25| ' prima est ne gentes appropriarent sibi locum illum. secunda est ne gentes ipsum destruerent. tertia vero ratio est ne quaelibet tribus vellet habere locum illum in sorte sua, et propter hoc orirentur lites et iurgia. et ideo non fuit aedificatum templum donec haberent regem, per quem posset huiusmodi iurgium compesci. antea vero ad cultum dei erat ordinatum tabernaculum portatile per diversa loca, quasi nondum existente determinato loco divini cultus. et haec est ratio litteralis diversitatis tabernaculi et templi. ratio autem figuralis esse potest quia per haec duo significatur duplex status. per tabernaculum enim, quod est mutabile, significatur status praesentis vitae mutabilis. per templum vero, quod erat fixum et stans, significatur status futurae vitae, quae omnino invariabilis est. et propter hoc in aedificatione templi dicitur quod non est auditus sonitus mallei vel securis, ad significandum quod omnis perturbationis tumultus longe erit a statu futuro. vel per tabernaculum significatur status veteris legis, per templum autem a salomone constructum, status novae legis. unde ad constructionem tabernaculi soli iudaei sunt operati, ad aedificationem vero templi cooperati sunt etiam gentiles, scilicet tyrii et sidonii.

ra3 ' Ad tertium dicendum quod ratio unitatis templi, vel tabernaculi, potest esse et litteralis, et figuralis. litteralis quidem est ratio ad exclusionem idololatriae. quia gentiles diversis diis diversa templa constituebant, et ideo, ut firmaretur in animis hominum fides unitatis divinae, voluit deus ut in uno loco tantum sibi sacrificium offerretur. et iterum ut per hoc ostenderet quod corporalis cultus non propter se erat ei acceptus. et ideo compescebantur ne passim et ubique sacrificia offerrent. sed cultus novae legis, in cuius sacrificio spiritualis gratia continetur, est secundum se deo acceptus. et ideo multiplicatio altarium et templorum acceptatur in nova lege. quantum vero ad ea quae pertinebant ad spiritualem cultum dei, qui consistit in doctrina legis et prophetarum, erant etiam in veteri lege diversa loca deputata in quibus conveniebant ad laudem dei, quae dicebantur synagogae, sicut et nunc dicuntur ecclesiae, in quibus populus christianus ad laudem dei congregatur. et sic ecclesia nostra succedit in locum et templi et synagogae, quia ipsum sacrificium ecclesiae spirituale est; unde non distinguitur apud nos locus sacrificii a loco doctrinae. ratio autem figuralis esse potest quia per hoc significatur unitas ecclesiae, vel militantis vel triumphantis.

ra4 ' Ad quartum dicendum quod, sicut in unitate templi, vel tabernaculi, repraesentabatur unitas dei, vel unitas ecclesiae; ita etiam in distinctione tabernaculi, vel templi, repraesentabatur distinctio eorum quae deo sunt subiecta, ex quibus in dei venerationem consurgimus. distinguebatur autem tabernaculum in duas partes, in unam quae vocabatur sancta sanctorum, quae erat occidentalis; et aliam quae vocabatur sancta, quae erat ad orientem. et iterum ante tabernaculum erat atrium. haec igitur distinctio duplicem habet rationem. unam quidem, secundum quod tabernaculum ordinatur ad cultum dei. sic enim diversae partes mundi in distinctione tabernaculi figurantur. nam pars illa quae sancta sanctorum dicitur, figurabat saeculum altius, quod est spiritualium substantiarum, pars vero illa quae dicitur sancta, exprimebat mundum corporalem. et ideo sancta a sanctis sanctorum distinguebantur quodam velo, quod quatuor coloribus erat distinctum, per quos quatuor elementa designantur, scilicet bysso, per quod designatur terra, quia byssus, idest linum, de terra nascitur; purpura, per quam significatur aqua, fiebat enim purpureus color ex quibusdam conchis quae inveniuntur in mari; hyacintho, per quem significatur aer, quia habet aereum colorem; et cocco bis tincto, per quem designatur ignis. et hoc ideo quia materia quatuor elementorum est impedimentum per quod |25| velantur nobis incorporales substantiae. et ideo in interius tabernaculum, idest in sancta sanctorum, solus summus sacerdos, et semel in anno, introibat, ut designaretur quod haec est finalis perfectio hominis, ut ad illud saeculum introducatur. in tabernaculum vero exterius, idest in sancta, introibant sacerdotes quotidie, non autem populus, qui solum ad atrium accedebat, quia ipsa corpora populus percipere potest; ad interiores autem eorum rationes soli sapientes per considerationem attingere possunt. secundum vero rationem figuralem, per exterius tabernaculum, quod dicitur sancta, significatur status veteris legis, * ut apostolus dicit, ad heb. ix, " quia ad illud tabernaculum ° semper introibant sacerdotes sacrificiorum officia consummantes. ' per interius vero tabernaculum, quod dicitur sancta sanctorum, significatur vel caelestis gloria, vel etiam status spiritualis novae legis, qui est quaedam inchoatio futurae gloriae. in quem statum nos christus introduxit, quod figurabatur per hoc quod summus sacerdos, semel in anno, solus in sancta sanctorum intrabat. velum autem figurabat spiritualium occultationem sacrificiorum in veteribus sacrificiis. quod velum quatuor coloribus erat ornatum, bysso quidem, ad designandam carnis puritatem; purpura autem, ad figurandum passiones quas sancti |50| sustinuerunt pro deo; cocco bis tincto, ad significandum caritatem geminam dei et proximi; hyacintho autem significabatur caelestis meditatio. ad statum autem veteris legis aliter se habebat populus, et aliter sacerdotes. nam populus ipsa corporalia sacrificia considerabat, quae in atrio offerebantur. sacerdotes vero rationem sacrificiorum considerabant, habentes fidem magis explicitam de mysteriis christi. et ideo intrabant in exterius tabernaculum. quod etiam quodam velo distinguebatur ab atrio, quia quaedam erant velata populo circa mysterium christi, quae sacerdotibus erant nota. non tamen erant eis plene revelata, sicut postea in novo testamento, * ut habetur ephes. iii.

ra5 ' Ad quintum dicendum quod adoratio ad occidentem fuit introducta in lege ad excludendam idololatriam, nam omnes gentiles, in reverentiam solis, adorabant ad orientem; * unde dicitur ezech. viii, quod ° quidam habebant dorsa contra templum domini et facies ad orientem, et adorabant ad ortum solis. ' unde ad hoc excludendum, tabernaculum habebat sancta sanctorum ad occidentem, ut versus occidentem adorarent. ratio etiam figuralis esse potest quia totus status prioris tabernaculi ordinabatur ad figurandum mortem christi, quae significatur per occasum; * secundum illud psalmi lxvii, ° qui ascendit super occasum, dominus nomen illi.

ra6 ' Ad sextum dicendum quod eorum quae in tabernaculo continebantur, ratio reddi potest et litteralis et figuralis. litteralis quidem, per relationem ad cultum divinum. et quia * dictum est quod ' per tabernaculum interius, quod dicebatur sancta sanctorum, significabatur saeculum altius spiritualium substantiarum, ideo in illo tabernaculo tria continebantur. " scilicet arca testamenti, in qua erat urna aurea habens manna, et virga aaron quae fronduerat, et tabulae in quibus erant scripta decem praecepta ' legis. haec autem arca sita erat inter duos cherubim, qui se mutuis vultibus respiciebant. et super arcam erat quaedam tabula, quae dicebatur propitiatorium, super alas cherubim, quasi ab ipsis cherubim portaretur, ac si imaginaretur quod illa tabula esset sedes dei. unde et propitiatorium dicebatur, quasi exinde populo propitiaretur, ad preces summi sacerdotis. et ideo quasi portabatur a cherubim, quasi deo obsequentibus, arca vero testamenti erat quasi scabellum sedentis supra propitiatorium. per haec autem tria designantur tria quae sunt in illo altiori saeculo. scilicet deus, qui super omnia est, et incomprehensibilis omni creaturae. et propter hoc nulla similitudo eius ponebatur, ad repraesentandam eius invisibilitatem. sed ponebatur quaedam figura |25| sedis eius, quia scilicet creatura comprehensibilis est, quae est subiecta deo, sicut sedes sedenti. sunt etiam in illo altiori saeculo spirituales substantiae, quae angeli dicuntur. et hi significantur per duos cherubim; mutuo se respicientes, ad designandam concordiam eorum ad invicem, * secundum illud iob xxv, " qui facit concordiam in sublimibus. ' et propter hoc etiam non fuit unus tantum cherubim, ut designaretur multitudo caelestium spirituum, et excluderetur cultus eorum ab his quibus praeceptum erat ut solum unum deum colerent. sunt etiam in illo intelligibili saeculo rationes omnium eorum quae in hoc saeculo perficiuntur quodammodo clausae, sicut rationes effectuum clauduntur in suis causis, et rationes artificiatorum in artifice. et hoc significabatur per arcam, in qua repraesentabantur, per tria ibi contenta, tria quae sunt potissima in rebus humanis, scilicet sapientia, quae repraesentabatur per tabulas testamenti; potestas regiminis, quae repraesentabatur per virgam aaron; vita, quae repraesentabatur per manna, quod fuit sustentamentum vitae. vel per haec tria significabantur tria dei attributa, scilicet sapientia, in tabulis; potentia, in virga; bonitas, in manna, tum propter dulcedinem, tum quia ex dei misericordia est populo datum, et ideo in memoriam divinae misericordiae conservabatur. et haec tria * etiam figurata sunt in visione isaiae. " vidit enim dominum sedentem super solium excelsum et elevatum; et seraphim assistentes; et |50| domum impleri a gloria dei. unde et seraphim dicebant, plena est omnis terra gloria eius. ' et sic similitudines seraphim non ponebantur ad cultum, quod prohibebatur primo legis praecepto, sed in signum ministerii, * ut dictum est. ' in exteriori vero tabernaculo, quod significat praesens saeculum, continebantur etiam tria, scilicet altare thymiamatis, quod erat directe contra arcam; mensa propositionis, super quam duodecim panes apponebantur, erat posita ex parte aquilonari; candelabrum vero ex parte australi. quae tria videntur respondere tribus quae erant in arca clausa, sed magis manifeste eadem repraesentabant, oportet enim rationes rerum ad manifestiorem demonstrationem perduci quam sint in mente divina et angelorum, ad hoc quod homines sapientes eas cognoscere possint qui significantur per sacerdotes ingredientes tabernaculum. in candelabro igitur designabatur, sicut in signo sensibili, sapientia quae intelligibilibus verbis exprimebatur in tabulis. per altare vero thymiamatis significabatur officium sacerdotum, quorum erat populum ad deum reducere, et hoc etiam significabatur per virgam. nam in illo altari incedebatur thymiama boni odoris, per quod significabatur sanctitas populi acceptabilis deo, * dicitur enim apoc. viii, quod " per fumum aromatum significantur iustificationes sanctorum. |75| ' convenienter autem sacerdotalis dignitas in arca significabatur per virgam, in exteriori vero tabernaculo per altare thymiamatis, quia sacerdos mediator est inter deum et populum, regens populum per potestatem divinam, quam virga significat; et fructum sui regiminis, scilicet sanctitatem populi, deo offert, quasi in altari thymiamatis. per mensam autem significatur nutrimentum vitae, sicut et per manna. sed hoc est communius et grossius nutrimentum, illud autem suavius et subtilius. convenienter autem candelabrum ponebatur ex parte australi, mensa autem ex parte aquilonari, quia australis pars est dextera pars mundi, aquilonaris autem sinistra, * ut dicitur in ii de caelo et mundo; ' sapientia autem pertinet ad dextram, sicut et cetera spiritualia bona; temporale autem nutrimentum ad sinistram, * secundum illud prov. iii, " in sinistra illius divitiae et gloria. ' potestas autem sacerdotalis media est inter temporalia et spiritualem sapientiam, quia per eam et spiritualis sapientia et temporalia dispensantur. potest autem et horum alia ratio assignari magis litteralis. in arca enim continebantur tabulae legis, ad tollendam legis oblivionem, * unde dicitur exod. xxiv, ° dabo tibi duas tabulas lapideas et legem ac mandata quae scripsi, ut doceas filios israel. |100| ' virga vero aaron ponebatur ibi ad comprimendam dissensionem populi de sacerdotio aaron, * unde dicitur num. xvii, ° refer virgam aaron in tabernaculum testimonii, ut servetur in signum rebellium filiorum israel. ' manna autem conservabatur in arca, ad commemorandum beneficium quod dominus praestitit filiis israel in deserto, * unde dicitur exod. xvi, ° imple gomor ex eo, et custodiatur in futuras retro generationes, ut noverint panes de quibus alui vos in solitudine. ' candelabrum vero erat institutum ad honorificentiam tabernaculi, pertinet enim ad magnificentiam domus quod sit bene luminosa. habebat autem candelabrum septem calamos, * ut iosephus dicit, ' ad significandum septem planetas, quibus totus mundus illuminatur. et ideo ponebatur candelabrum ex parte australi, quia ex illa parte est nobis planetarum cursus. altare vero thymiamatis erat institutum ut iugiter in tabernaculo esset fumus boni odoris, tum propter venerationem tabernaculi; tum etiam in remedium fetoris quem oportebat accidere ex effusione sanguinis et occisione animalium. ea enim quae sunt fetida, despiciuntur quasi vilia, quae vero sunt boni odoris, homines magis appretiant. mensa autem apponebatur ad significandum quod sacerdotes templo servientes, in templo victum habere debebant, unde |125| duodecim panes superpositos mensae, in memoriam duodecim tribuum, solis sacerdotibus edere licitum erat, * ut habetur matth. xii. ' mensa autem non ponebatur directe in medio ante propitiatorium, ad excludendum ritum idololatriae, nam gentiles in sacris lunae proponebant mensam coram idolo lunae; * unde dicitur ierem. vii, ° mulieres conspergunt adipem ut faciant placentas reginae caeli. ' in atrio vero extra tabernaculum continebatur altare holocaustorum, in quo offerebantur deo sacrificia de his quae erant a populo possessa. et ideo in atrio poterat esse populus, qui huiusmodi deo offerebat per manus sacerdotum. sed ad altare interius, in quo ipsa devotio et sanctitas populi deo offerebatur, non poterant accedere nisi sacerdotes, quorum erat deo offerre populum. est autem hoc altare extra tabernaculum in atrio constitutum, ad removendum cultum idololatriae, nam gentiles infra templa altaria constituebant ad immolandum idolis. figuralis vero ratio omnium horum assignari potest ex relatione tabernaculi ad christum, qui figurabatur. est autem considerandum quod ad designandum imperfectionem legalium figurarum, diversae figurae fuerunt institutae in templo ad significandum christum. ipse enim significatur per propitiatorium, quia |150| ipse est propitiatio pro peccatis nostris, * ut dicitur i ioan. ii. ' et convenienter hoc propitiatorium a cherubim portatur, quia de eo scriptum est, " adorent eum omnes angeli dei, * ut habetur heb. i. ' ipse etiam significatur per arcam, quia sicut arca erat constructa de lignis setim, ita corpus christi de membris purissimis constabat. erat autem deaurata, quia christus fuit plenus sapientia et caritate, quae per aurum significantur. intra arcam autem erat urna aurea, idest sancta anima; habens manna, idest " omnem plenitudinem divinitatis. ' erat etiam in arca virga, idest potestas sacerdotalis, quia ipse est factus sacerdos in aeternum. erant etiam ibi tabulae testamenti, ad designandum quod ipse christus est legis dator. ipse etiam christus significatur per candelabrum, * quia ipse dicit, " ego sum lux mundi, ' per septem lucernas, septem dona spiritus sancti. ipse est spiritualis cibus, * secundum illud ioan. vi, ego sum panis vivus, ' duodecim autem panes significant duodecim apostolos, vel doctrinam eorum. sive per candelabrum et mensam |175| potest significari doctrina et fides ecclesiae, quae etiam illuminat et spiritualiter reficit. ipse etiam christus significatur per duplex altare holocaustorum et thymiamatis. quia per ipsum oportet nos deo offerre omnia virtutum opera, sive illa quibus carnem affligimus, quae offeruntur quasi in altari holocaustorum; sive illa quae, maiore mentis perfectione, per spiritualia perfectorum desideria, deo offeruntur in christo, quasi in altari thymiamatis, * secundum illud ad heb. ult., ° per ipsum ergo offeramus hostiam laudis semper deo.

ra7 ' Ad septimum dicendum quod dominus praecepit altare construi ad sacrificia et munera offerenda, in honorem dei et sustentationem ministrorum qui tabernaculo deserviebant. de constructione autem altaris datur a domino duplex praeceptum. unum quidem in principio legis, * exod. xx, ' ubi dominus mandavit quod facerent altare de terra, vel saltem " de lapidibus non sectis; ' et iterum quod non facerent altare excelsum, ad quod oporteret per gradus ascendere. et hoc, ad detestandum idololatriae cultum, gentiles enim idolis construebant altaria ornata et sublimia, in quibus credebant aliquid sanctitatis et numinis esse. * propter quod etiam dominus mandavit, deut. xvi, ° non plantabis lucum, et omnem arborem, iuxta altare domini dei tui, ' idololatrae enim consueverunt sub arboribus sacrificare, propter amoenitatem et umbrositatem. quorum etiam praeceptorum ratio figuralis fuit. quia in christo, qui est nostrum altare, debemus confiteri veram carnis naturam, quantum ad humanitatem, quod est altare de terra facere, et quantum ad divinitatem, debemus in eo confiteri patris aequalitatem, quod est non ascendere per gradus ad altare. nec etiam iuxta christum |25| debemus admittere doctrinam gentilium, ad lasciviam provocantem. sed facto tabernaculo ad honorem dei, non erant timendae huiusmodi occasiones idololatriae. et ideo dominus mandavit quod fieret altare holocaustorum de aere, quod esset omni populo conspicuum; et altare thymiamatis de auro, quod soli sacerdotes videbant. nec erat tanta pretiositas aeris ut per hoc populus ad aliquam idololatriam provocaretur. * sed quia exod. xx ponitur pro ratione huius praecepti, ° non ascendes per gradus ad altare meum, * id quod subditur, ne reveletur turpitudo tua; ' considerandum est quod hoc etiam fuit institutum ad excludendam idololatriam, nam in sacris priapi sua pudenda gentiles populo denudabant. postmodum autem indictus est sacerdotibus feminalium usus ad tegimen pudendorum. et ideo sine periculo institui potuit tanta altaris altitudo ut per aliquos gradus ligneos, non stantes sed portatiles, in hora sacrificii, sacerdotes ad altare ascenderent sacrificia offerentes.

ra8 ' Ad octavum dicendum quod corpus tabernaculi constabat ex quibusdam tabulis in longitudinem erectis, quae quidem interius tegebantur quibusdam cortinis ex quatuor coloribus variatis, scilicet de bysso retorta, et hyacintho, ac purpura, coccoque bis tincto. sed huiusmodi cortinae tegebant solum latera tabernaculi, in tecto autem tabernaculi erat operimentum unum de pellibus hyacinthinis; et super hoc aliud de pellibus arietum rubricatis; et desuper tertium de quibusdam sagis cilicinis, quae non tantum operiebant tectum tabernaculi, sed etiam descendebant usque terram, et tegebant tabulas tabernaculi exterius. horum autem operimentorum ratio litteralis in communi erat ornatus et protectio tabernaculi, ut in reverentia haberetur. in speciali vero, * secundum quosdam, ' per cortinas designabatur caelum sydereum, quod est diversis stellis variatum; per saga, aquae quae sunt supra firmamentum; per pelles rubricatas, caelum empyreum, in quo sunt angeli; per pelles hyacinthinas, caelum sanctae trinitatis. figuralis autem ratio horum est quia per tabulas ex quibus construebatur tabernaculum, significantur christi fideles, ex quibus construitur ecclesia. tegebantur autem interius tabulae cortinis quadricoloribus, quia fideles interius ornantur quatuor virtutibus; ° nam in bysso retorta, |25| * ut glossa dicit, ° significatur caro castitate renitens; in hyacintho, mens superna cupiens; in purpura, caro passionibus subiacens; in cocco bis tincto, mens inter passiones dei et proximi dilectione praefulgens. ' per operimenta vero tecti designantur praelati et doctores, in quibus debet renitere caelestis conversatio, quod significatur per pelles hyacinthinas; promptitudo ad martyrium, quod significant pelles rubricatae; austeritas vitae et tolerantia adversorum, quae significantur per saga cilicina, quae erant exposita ventis et pluviis, * ut glossa dicit.

ra9 ' Ad nonum dicendum quod sanctificatio tabernaculi et vasorum eius habebat causam litteralem ut in maiori reverentia haberetur, quasi per huiusmodi consecrationem divino cultui deputatum. figuralis autem ratio est quia per huiusmodi sanctificationem significatur spiritualis sanctificatio viventis tabernaculi, scilicet fidelium, ex quibus constituitur ecclesia christi.

ra10 ' Ad decimum dicendum quod in veteri lege erant septem solemnitates temporales, et una continua, * ut potest colligi num. xxviii et xxix. ' erat enim quasi continuum festum, quia quotidie mane et vespere immolabatur agnus. et per illud continuum festum iugis sacrificii repraesentabatur perpetuitas divinae beatitudinis. festorum autem temporalium primum erat quod iterabatur qualibet septimana. et haec erat solemnitas sabbati, quod celebrabatur in memoriam creationis rerum, * ut supra dictum est. ' alia autem solemnitas iterabatur quolibet mense, scilicet festum neomeniae, quod celebrabatur ad commemorandum opus divinae gubernationis. nam haec inferiora praecipue variantur secundum motum lunae, et ideo celebrabatur hoc festum in novitate lunae. non autem in eius plenitudine, ad evitandum idololatrarum cultum, qui in tali tempore lunae sacrificabant. haec autem duo beneficia sunt communia toti humano generi, et ideo frequentius iterabantur. alia vero quinque festa celebrabantur semel in anno, et recolebantur in eis beneficia specialiter illi populo exhibita. celebrabatur enim festum phase primo mense, ad commemorandum beneficium liberationis ex aegypto. celebrabatur autem festum pentecostes post quinquaginta |25| dies, ad recolendum beneficium legis datae. alia vero tria festa celebrabantur in mense septimo, qui quasi totus apud eos erat solemnis, sicut et septimus dies. in prima enim die mensis septimi erat festum tubarum, in memoriam liberationis isaac, quando abraham invenit arietem haerentem cornibus, quem repraesentabant per cornua quibus buccinabant. erat autem festum tubarum quasi quaedam invitatio ut praepararent se ad sequens festum, quod celebrabatur decimo die. et hoc erat festum expiationis, in memoriam illius beneficii quo deus propitiatus est peccato populi de adoratione vituli, ad preces moysi. post hoc autem celebrabatur festum scenopegiae, idest tabernaculorum, septem diebus, ad commemorandum beneficium divinae protectionis et deductionis per desertum, ubi in tabernaculis habitaverunt. unde in hoc festo debebant habere fructum arboris pulcherrimae, idest citrum, et lignum densarum frondium, idest myrtum, quae sunt odorifera; et spatulas palmarum, et salices de torrente, quae diu retinent suum virorem; et haec inveniuntur in terra promissionis; ad significandum quod per aridam terram deserti eos duxerat deus ad terram deliciosam. octavo autem die celebrabatur aliud festum, scilicet coetus atque collectae, in quo colligebantur a populo ea quae erant necessaria ad expensas cultus divini. et significabatur adunatio populi et pax |50| praestita in terra promissionis. figuralis autem ratio horum festorum est quia per iuge sacrificium agni figuratur perpetuitas christi, qui est agnus dei; * secundum illud heb. ult., ° iesus christus heri et hodie, ipse et in saecula. ' per sabbatum autem significatur spiritualis requies nobis data per christum, * ut habetur ad heb. iv. ' per neomeniam autem, quae est incoeptio novae lunae, significatur illuminatio primitivae ecclesiae per christum, eo praedicante et miracula faciente. per festum autem pentecostes significatur descensus spiritus sancti in apostolos. per festum autem tubarum significatur praedicatio apostolorum. per festum autem expiationis significatur emundatio a peccatis populi christiani. per festum autem tabernaculorum, peregrinatio eorum in hoc mundo, in quo ambulant in virtutibus proficiendo. per festum autem coetus atque collectae significatur congregatio fidelium in regno caelorum, et ideo istud festum dicebatur sanctissimum esse. et haec tria festa erant continua ad invicem, quia oportet expiatos a vitiis proficere in virtute, quousque perveniant ad dei visionem, * ut dicitur in psalmo lxxxiii.

008 ST2 qu102 ar5

ag1 ' Ad quintum sic proceditur. videtur quod sacramentorum veteris legis conveniens causa esse non possit. ea enim quae ad cultum divinum fiunt, non debent esse similia his quae idololatrae observabant, * dicitur enim deut. xii, ° non facies similiter domino deo tuo, omnes enim abominationes quas aversatur dominus, fecerunt diis suis. ' sed cultores idolorum in eorum cultu se incidebant usque ad effusionem sanguinis, * dicitur enim iii reg. xviii, quod ° incidebant se, iuxta ritum suum, cultris et lanceolis, donec perfunderentur sanguine. * propter quod dominus mandavit, deut. xiv, ° non vos incidetis, nec facietis calvitium super mortuo. ' inconvenienter igitur circumcisio erat instituta in lege.

ag2 ' Praeterea, ea quae in cultum divinum fiunt, debent honestatem et gravitatem habere; * secundum illud psalmi xxxiv, ° in populo gravi laudabo te. ' sed ad levitatem quandam pertinere videtur ut homines festinanter comedant. inconvenienter igitur praeceptum est, * exod. xii, ' ut comederent festinanter agnum paschalem. et alia etiam circa eius comestionem sunt instituta, quae videntur omnino irrationabilia esse.

ag3 ' Praeterea, sacramenta veteris legis figurae fuerunt sacramentorum novae legis. sed per agnum paschalem significatur sacramentum eucharistiae; * secundum illud i ad cor. v, ° pascha nostrum immolatus est christus. ' ergo etiam debuerunt esse aliqua sacramenta in lege quae praefigurarent alia sacramenta novae legis, sicut confirmationem et extremam unctionem et matrimonium, et alia sacramenta.

ag4 ' Praeterea, purificatio non potest convenienter fieri nisi ab aliquibus immunditiis. sed quantum ad deum, nullum corporale reputatur immundum, quia omne corpus creatura dei est; ° et omnis creatura dei bona, et nihil reiiciendum quod cum gratiarum actione percipitur, * ut dicitur i ad tim. iv. ' inconvenienter igitur purificabantur propter contactum hominis mortui, vel alicuius huiusmodi corporalis infectionis.

ag5 * Praeterea, eccli. xxxiv dicitur, ° ab immundo quid mundabitur? ' sed cinis vitulae rufae quae comburebatur, immundus erat, quia immundum reddebat, * dicitur enim num. xix, " quod sacerdos qui immolabat eam, commaculatus erat usque ad vesperum; similiter et ille qui eam comburebat; et etiam ille qui eius cineres colligebat. ' ergo inconvenienter praeceptum ibi fuit ut per huiusmodi cinerem aspersum immundi purificarentur.

ag6 ' Praeterea, peccata non sunt aliquid corporale, quod possit deferri de loco ad locum, neque etiam per aliquid immundum potest homo a peccato mundari. inconvenienter igitur ad expiationem peccatorum populi, sacerdos super unum hircorum confitebatur peccata filiorum israel, ut portaret ea in desertum, per alium autem, quo utebantur ad purificationes, simul cum vitulo comburentes extra castra, immundi reddebantur, ita quod oportebat eos lavare vestimenta et carnem aqua.

ag7 ' Praeterea, illud quod iam est mundatum, non oportet iterum mundari. inconvenienter igitur, mundata lepra hominis, vel etiam domus, alia purificatio adhibebatur; * ut habetur levit. xiv.

ag8 ' Praeterea, spiritualis immunditia non potest per corporalem aquam, vel pilorum rasuram, emundari. irrationabile igitur videtur quod dominus praecepit * exod. xxx, ' ut fieret labium aeneum cum basi sua ad lavandum manus et pedes sacerdotum qui ingressuri erant tabernaculum; et quod * praecipitur num. viii, quod ' levitae abstergerentur aqua lustrationis, et raderent omnes pilos carnis suae.

ag9 ' Praeterea, quod maius est, non potest sanctificari per illud quod minus est. inconvenienter igitur per quandam unctionem corporalem, et corporalia sacrificia, et oblationes corporales, fiebat in lege consecratio maiorum et minorum sacerdotum, * ut habetur levit. viii; et levitarum, ut habetur num. viii.

ag10 * Praeterea, sicut dicitur i reg. xvi, ° homines vident ea quae parent, deus autem intuetur cor. ' sed ea quae exterius parent in homine, est corporalis dispositio, et etiam indumenta. inconvenienter igitur sacerdotibus maioribus et minoribus quaedam specialia vestimenta deputabantur, * de quibus habetur exod. xxviii. ' et sine ratione videtur quod prohiberetur aliquis a sacerdotio propter corporales defectus, * secundum quod dicitur levit. xxi, ° homo de semine tuo per familias qui habuerit maculam, non offeret panes deo suo, si caecus fuerit, vel claudus, ' etc.. sic igitur videtur quod sacramenta veteris legis irrationabilia fuerint.

sc * Sed contra est quod dicitur levit. xx, ° ego sum

dominus, qui sanctifico vos. ‘ sed a deo nihil sine ratione fit, * dicitur enim in psalmo ciii, ° omnia in sapientia fecisti. ‘ ergo in sacramentis veteris legis, quae ordinabantur ad hominum sanctificationem, nihil erat sine rationabili causa.

co * Respondeo dicendum quod, sicut supra dictum est, ‘ sacramenta proprie dicuntur illa quae adhibebantur dei cultoribus ad quandam consecrationem, per quam scilicet deputabantur quodammodo ad cultum dei. cultus autem dei generali quidem modo pertinebat ad totum populum; sed speciali modo pertinebat ad sacerdotes et levitas, qui erant ministri cultus divini. et ideo in istis sacramentis veteris legis quaedam pertinebant communiter ad totum populum; quaedam autem specialiter ad ministros. et circa utrosque tria erant necessaria. quorum primum est institutio in statu colendi deum. et haec quidem institutio communiter quantum ad omnes, fiebat per circumcisionem, sine qua nullus admittebatur ad aliquid legalium, quantum vero ad sacerdotes, per sacerdotum consecrationem. secundo requirebatur usus eorum quae pertinent ad divinum cultum. et sic quantum ad populum, erat esus paschalis convivii, ad quem nullus incircumcisus admittebatur, * ut patet exod. xii, ‘ et quantum ad sacerdotes, oblatio victimarum, et esus panum propositionis et aliorum quae erant sacerdotum usibus deputata. tertio requirebatur remotio eorum per quae aliqui impediebantur a cultu divino, scilicet immunditiarum. et sic quantum ad populum, erant institutae quaedam purificationes a quibusdam exterioribus |25| immunditiis, et etiam expiationes a peccatis, quantum vero ad sacerdotes et levitas, erat instituta ablutio manuum et pedum, et rasio pilorum. et haec omnia habebant rationabiles causas et litterales, secundum quod ordinabantur ad cultum dei pro tempore illo; et figurales, secundum quod ordinabantur ad figurandum christum; ut patebit per singula.

ra1 ‘ Ad primum ergo dicendum quod litteralis ratio circumcisionis principalis quidem fuit ad protestationem fidei unius dei. et quia abraham fuit primus qui se ab infidelibus separavit, exiens de domo sua et de cognatione sua, ideo ipse primus circumcisionem accepit. * et hanc causam assignat apostolus, ad rom. iv, ° signum accepit circumcisionis, signaculum iustitiae fidei quae est in praeputio, “ quia scilicet in hoc legitur abrahae fides reputata ad iustitiam, quod contra spem in spem credidit, scilicet contra spem naturae in spem gratiae, ut fieret pater multarum gentium, cum ipse esset senex, et uxor sua esset anus et sterilis. ‘ et ut haec protestatio, et imitatio fidei abrahae, firmaretur in cordibus iudaeorum, acceperunt signum in carne sua, cuius oblivisci non possent, * unde dicitur gen. xvii, ° erit pactum meum in carne vestra in foedus aeternum. ‘ ideo autem fiebat octava die, quia antea puer est valde tenellus, et posset ex hoc graviter laedi, et reputatur adhuc quasi quiddam non solidatum, unde etiam nec animalia offerebantur ante octavum diem. ideo vero non magis tardabatur, ne propter dolorem aliqui signum circumcisionis refugerent, et ne parentes etiam, quorum amor increscit ad filios post frequentem conversationem et eorum augmentum, eos circumcisioni subtraherent. |25| secunda ratio esse potuit ad debilitationem concupiscentiae in membro illo. tertia ratio, in sugillationem sacrorum veneris et priapi, in quibus illa pars corporis honorabatur. dominus autem non prohibuit nisi incisionem quae in cultum idolorum fiebat, cui non erat similis praedicta circumcisio. figuralis vero ratio circumcisionis erat quia figurabatur ablatio corruptionis fienda per christum, quae perfecte complebitur in octava aetate, quae est aetas resurgentium. et quia omnis corruptio culpae et poenae provenit in nos per carnalem originem ex peccato primi parentis, ideo talis circumcisio fiebat in membro generationis. * unde apostolus dicit, ad colos. ii, ° circumcisi estis in christo circumcisione non manu facta in expoliatione corporis carnis, sed in circumcisione domini nostri iesu christi.

ra2 ‘ Ad secundum dicendum quod litteralis ratio paschalis convivii fuit in commemorationem beneficii quo deus eduxit eos de aegypto. unde per huiusmodi convivii celebrationem profitebantur se ad illum populum pertinere quem deus sibi assumpserat ex aegypto. quando enim sunt ex aegypto liberati, praeceptum est eis ut sanguine agni linirent superliminaria domorum, quasi protestantes se recedere a ritibus aegyptiorum, qui arietem colebant. unde et liberati sunt per sanguinis agni aspersionem vel linitionem in postibus domorum, a periculo exterminii quod imminebat aegyptiis. in illo autem exitu eorum de aegypto duo fuerunt, scilicet festinantia ad egrediendum, impellebant enim eos aegyptii ut exirent velociter, * ut habetur exod. xii; ‘ imminebatque periculum ei qui non festinaret exire cum multitudine, ne remanens occideretur ab aegyptiis. festinantia autem designabatur dupliciter. uno quidem modo per ea quae comedebant. praeceptum enim erat eis quod comederent panes azymos, in huius signum, quod “ non poterant fermentari, cogentibus exire aegyptiis; ‘ et quod comederent assum igni, |25| sic enim velocius praeparabatur; “ et quod os non comminuerent ‘ ex eo, quia in festinantia non vacat ossa frangere. alio modo, quantum ad modum comedendi. * dicitur enim, ° renes vestros accingetis, calceamenta habebitis in pedibus, tenentes baculos in manibus, et comedetis festinanter, ‘ quod manifeste designat homines existentes in promptu itineris. * ad idem etiam pertinet quod eis praecipitur, ° in una domo comedetis, neque feretis de carnibus eius foras, ‘ quia scilicet, propter festinantiam, non vacabat invicem mittere exennia. amaritudo autem quam passi fuerant in aegypto, significabatur per lactucas agrestes. figuralis autem ratio patet. quia per immolationem agni paschalis significabatur immolatio christi; * secundum illud i ad cor. v, ° pascha nostrum immolatus est christus. ‘ sanguis vero agni liberans ab exterminatore, linitis superliminaribus domorum, significat fidem passionis christi in corde et ore fidelium, per quam liberamur a peccato et a morte; * secundum illud i petr. i, ° redempti estis pretioso sanguine agni immaculati. ‘ comedebantur autem carnes illae, ad significandum esum corporis christi in sacramento. erant autem assae igni, ad significandum passionem, vel caritatem christi. comedebantur |50| autem cum azymis panibus, ad significandam puram conversationem fidelium sumentium corpus christi, * secundum illud i ad cor. v, ° epulemur in azymis sinceritatis et veritatis. ‘ lactucae autem agrestes addebantur, in signum poenitentiae peccatorum, quae necessaria est sumentibus corpus christi. renes autem accingendi sunt cingulo castitatis. calceamenta autem pedum sunt exempla mortuorum patrum. baculi autem habendi in manibus, significant pastoralem custodiam. praecipitur autem quod in una domo agnus paschalis comedatur, idest in ecclesia catholicorum, non in conventiculis haereticorum.

ra3 ‘ Ad tertium dicendum quod quaedam sacramenta novae legis habuerunt in veteri lege sacramenta figuralia sibi correspondentia. nam circumcisioni respondet baptismus, qui est fidei sacramentum, * unde dicitur ad col. ii, ° circumcisi estis in circumcisione domini nostri iesu christi, consepulti ei in baptismo. ‘ convivio vero agni paschalis respondet in nova lege sacramentum eucharistiae. omnibus autem purificationibus veteris legis respondet in nova lege sacramentum poenitentiae. consecrationi autem pontificum et sacerdotum respondet sacramentum ordinis. sacramento autem confirmationis, quod est sacramentum plenitudinis gratiae, non potest respondere in veteri lege aliquod sacramentum, quia nondum advenerat tempus plenitudinis, eo quod neminem ad perfectum adduxit lex. similiter autem et sacramento extremae unctionis, quod est quaedam immediata praeparatio ad introitum gloriae, cuius aditus nondum patebat in veteri lege, pretio nondum soluto. matrimonium autem fuit quidem in veteri lege prout erat in officium naturae; non autem prout est sacramentum coniunctionis christi et ecclesiae, quae nondum erat facta. unde et in veteri lege dabatur libellus repudii, quod est contra sacramenti rationem.

ra4 * Ad quartum dicendum quod, sicut dictum est, ‘ purificationes veteris legis ordinabantur ad removendum impedimenta cultus divini. qui quidem est duplex, scilicet spiritualis, qui consistit in devotione mentis ad deum; et corporalis, qui consistit in sacrificiis et oblationibus et aliis huiusmodi. a cultu autem spirituali impediuntur homines per peccata, quibus homines pollui dicebantur, sicut per idololatriam et homicidium, per adulteria et incestus. et ab istis pollutionibus purificabantur homines per aliqua sacrificia vel communiter oblata pro tota multitudine, vel etiam pro peccatis singulorum. non quod sacrificia illa carnalia haberent ex seipsis virtutem expiandi peccatum, sed quia significabant expiationem peccatorum futuram per christum, cuius participes erant etiam antiqui, protestantes fidem redemptoris in figuris sacrificiorum. a cultu vero exteriori impediebantur homines per quasdam immunditias corporales, quae quidem primo considerabantur in hominibus; consequenter etiam in aliis animalibus, et in vestimentis et domibus et vasis. in hominibus quidem immunditia reputabatur partim quidem ex ipsis hominibus; partim autem ex contactu rerum immundarum. ex ipsis autem hominibus immundum reputabatur omne illud quod corruptionem aliquam iam habebat, vel erat corruptioni expositum. et ideo, quia mors est corruptio quaedam, cadaver hominis |25| reputabatur immundum. similiter etiam, quia lepra ex corruptione humorum contingit, qui etiam exterius erumpunt et alios inficiunt, leprosi etiam reputabantur immundi. similiter etiam mulieres patientes sanguinis fluxum, sive per infirmitatem, sive etiam per naturam vel temporibus menstruis vel etiam tempore conceptionis. et eadem ratione viri reputabantur immundi fluxum seminis patientes, vel per infirmitatem, vel per pollutionem nocturnam, vel etiam per coitum. nam omnis humiditas praedictis modis ab homine egrediens, quandam immundam infectionem habet. inerat etiam hominibus immunditia quaedam ex contactu quarumcumque rerum immundarum. istarum autem immunditiarum ratio erat et litteralis, et figuralis. litteralis quidem, propter reverentiam eorum quae ad divinum cultum pertinent. tum quia homines pretiosas res contingere non solent cum fuerint immundi. tum etiam ut ex raro accessu ad sacra, ea magis venerarentur. cum enim omnes huiusmodi immunditias raro aliquis cavere possit, contingebat quod raro poterant homines accedere ad attingendum ea quae pertinebant ad divinum cultum, et sic quando accedebant, cum maiori reverentia et humilitate mentis accedebant. erat autem in quibusdam horum ratio litteralis ut homines non reformidarent accedere ad divinum cultum, quasi refugientes consortium leprosorum et similium infirmorum, quorum morbus abominabilis erat et contagiosus. in quibusdam etiam ratio erat |50| ad vitandum idololatriae cultum, quia gentiles in ritu suorum sacrificiorum utebantur quandoque humano sanguine et semine. omnes autem huiusmodi immunditiae corporales purificabantur vel per solam aspersionem aquae, vel quae maiores erant, per aliquod sacrificium ad expiandum peccatum, ex quo tales infirmitates contingebant. ratio autem figuralis harum immunditiarum fuit quia per huiusmodi exteriores immunditias figurabantur diversa peccata. nam immunditia cadaveris cuiuscumque significat immunditiam peccati, quod est mors animae. immunditia autem leprae significat immunditiam haereticae doctrinae, tum quia haeretica doctrina contagiosa est, sicut et lepra; tum etiam quia nulla falsa doctrina est quae vera falsis non admisceat, sicut etiam in superficie corporis leprosi apparet quaedam distinctio quarundam macularum ab alia carne integra. per immunditiam vero mulieris sanguinifluae, designatur immunditia idololatriae, propter immolatitium cruorem. per immunditiam vero viri seminiflui, designatur immunditia vanae locutionis, eo quod semen est verbum dei. per immunditiam vero coitus, et mulieris parientis, designatur immunditia peccati originalis. per immunditiam vero mulieris menstruatae, designatur immunditia mentis per voluptates emollitae. universaliter vero |75| per immunditiam contactus rei immundae designatur immunditia consensus in peccatum alterius; * secundum illud ii ad cor. vi, ° exite de medio eorum et separamini, et immundum ne tetigeritis. ‘ huiusmodi autem immunditia contactus derivabatur etiam ad res inanimatas, quidquid enim quocumque modo tangebat immundus, immundum erat. in quo lex attenuavit superstitionem gentilium, qui non solum per contactum immundi dicebant immunditiam contrahi, sed etiam per collocutionem aut per aspectum, * ut rabbi moyses dicit de muliere menstruata. per hoc autem mystice significabatur id quod dicitur sap. xiv, ° similiter odio sunt deo impius et impietas eius. ‘ erat autem et immunditia quaedam ipsarum rerum inanimatarum secundum se, sicut erat immunditia leprae in domo et in vestimentis. sicut enim morbus leprae accidit in hominibus ex humore corrupto putrefaciente carnem et corrumpente, ita etiam propter aliquam corruptionem et excessum humiditatis vel siccitatis, fit quandoque aliqua corrosio in lapidibus domus, vel etiam in vestimento. et ideo hanc corruptionem vocabat lex lepram, ex qua domus vel vestis immunda iudicaretur. tum quia omnis corruptio ad immunditiam pertinebat, * ut dictum est. ‘ tum etiam quia contra huiusmodi corruptionem gentiles deos |100| penates colebant, et ideo lex praecepit huiusmodi domus, in quibus fuerit talis corruptio perseverans, destrui, et vestes comburi, ad tollendam idololatriae occasionem. erat etiam et quaedam immunditia vasorum, de qua * dicitur num. xix, vas quod ° non habuerit cooperculum et ligaturam desuper, immundum erit. ‘ cuius immunditiae causa est quia in talia vasa de facili poterat aliquid immundum cadere, unde poterant immundari. erat etiam hoc praeceptum ad declinandam idololatriam, credebant enim idololatrae quod si mures aut lacertae, vel aliquid huiusmodi, quae immolabant idolis, cito caderent in vasa vel in aquas, quod essent diis gratiosa. adhuc etiam aliquae mulierculae vasa dimittunt discooperta in obsequium nocturnorum numinum, quae ianas vocant. harum autem immunditiarum ratio est figuralis quia per lepram domus significatur immunditia congregationis haereticorum. per lepram vero in veste linea significatur perversitas morum ex amaritudine mentis. per lepram vero vestis laneae significatur perversitas adulatorum. per lepram in stamine significantur vitia animae, per lepram vero in subtegmine significantur peccata carnalia, sicut enim stamen est in subtegmine, ita anima in corpore. per vas autem quod non habet operculum nec ligaturam, significatur homo qui non habet aliquod velamen taciturnitatis, et qui non constringitur aliqua censura disciplinae.

ra5 * Ad quintum dicendum quod, sicut dictum est, ‘ duplex erat immunditia in lege. una quidem per aliquam corruptionem mentis vel corporis, et haec immunditia maior erat. alia vero erat immunditia ex solo contactu rei immundae, et haec minor erat, et faciliori ritu expiabatur. nam immunditia prima expiabatur sacrificio pro peccato, quia omnis corruptio ex peccato procedit et peccatum significat, sed secunda immunditia expiabatur per solam aspersionem aquae cuiusdam, de qua quidem aqua expiationis * habetur num. xix. ‘ mandatur enim ibi a domino quod accipiant vaccam rufam, in memoriam peccati quod commiserunt in adoratione vituli. et dicitur vacca magis quam vitulus, quia sic dominus synagogam vocare consuevit; * secundum illud osee iv, sicut vacca lasciviens declinavit israel. ‘ et hoc forte ideo quia vaccas in morem aegyptii, coluerunt; * secundum illud osee x, vaccas bethaven coluerunt. ‘ et in detestationem peccati idololatriae, immolabatur extra castra. et ubicumque sacrificium fiebat pro expiatione multitudinis peccatorum, cremabatur extra castra totum. et ut significaretur per hoc sacrificium emundari populus ab universitate peccatorum, intingebat sacerdos digitum in sanguine eius, et aspergebat contra fores sanctuarii septem vicibus, quia septenarius universitatem significat. et ipsa etiam aspersio sanguinis pertinebat ad detestationem idololatriae, in qua sanguis immolatitius non effundebatur, sed congregabatur, et circa ipsum homines comedebant in honorem idolorum. comburebatur autem in igne. vel quia deus moysi in igne apparuit, et in igne data est lex. vel quia per hoc significabatur quod idololatria totaliter erat extirpanda, et omne quod ad idololatriam pertinebat, sicut vacca cremabatur, “ tam pelle et carnibus, quam sanguine et fimo, flammae traditis. ‘ adiungebatur etiam in combustione lignum cedrinum, hyssopus, coccusque bis tinctus, ad significandum quod, sicut ligna cedrina non de facili putrescunt, et coccus bis tinctus non amittit colorem, et hyssopus retinet odorem etiam postquam fuerit desiccatus; ita etiam hoc sacrificium erat in conservationem ipsius populi, et honestatis et devotionis ipsius. * unde dicitur de cineribus vaccae, ° ut sint multitudini filiorum israel in custodiam. * vel, secundum iosephum, ‘ quatuor elementa significata sunt, igni enim apponebatur cedrus, significans terram, propter sui terrestreitatem; hyssopus, significans aerem, propter odorem; coccus, significans aquam, eadem ratione qua et purpura, propter tincturas, quae ex aquis sumuntur, ut per hoc exprimeretur quod illud sacrificium offerebatur creatori quatuor elementorum. et quia huiusmodi sacrificium offerebatur pro peccato idololatriae, in eius detestationem et comburens, et cineres colligens, et ille qui aspergit aquas in quibus cinis ponebatur, immundi reputabantur, ut per hoc ostenderetur quod quidquid quocumque modo ad idololatriam pertinet, quasi immundum est abiiciendum. ab hac autem immunditia purificabantur per solam ablutionem vestimentorum, nec indigebant aqua aspergi propter huiusmodi immunditiam, quia sic esset processus in infinitum. ille enim qui aspergebat aquam, immundus fiebat, et sic si ipse seipsum aspergeret, immundus remaneret; si autem alius eum aspergeret, ille immundus esset; et similiter ille qui illum aspergeret, et sic in infinitum. figuralis autem ratio huius sacrificii est quia per vaccam rufam significatur christus secundum infirmitatem assumptam, quam femininus sexus designat. sanguinem passionis eius designat vaccae color. erat autem vacca rufa aetatis integrae, quia omnis operatio christi est perfecta. in qua nulla erat macula, nec portavit iugum, quia non portavit iugum peccati. praecipitur autem adduci ad moysen, quia imputabant ei transgressionem mosaicae legis in violatione sabbati. praecipitur etiam tradi eleazaro sacerdoti, quia christus occidendus in manus sacerdotum traditus est. immolatur autem extra castra, “ quia extra portam christus passus est. ‘ intingit autem sacerdos digitum in sanguine eius, quia per discretionem, quam digitus significat, mysterium passionis christi est considerandum et imitandum. aspergitur autem contra tabernaculum, per quod synagoga designatur, vel ad condemnationem iudaeorum non credentium; vel ad purificationem credentium. et hoc septem vicibus, vel propter septem dona spiritus sancti; vel propter septem dies, in quibus omne tempus intelligitur. sunt autem omnia quae ad christi incarnationem pertinent, igne cremanda, idest spiritualiter intelligenda, nam per pellem et carnem exterior christi operatio significatur; per sanguinem, subtilis et interna virtus exteriora vivificans; per fimum, lassitudo, sitis, et omnia huiusmodi ad infirmitatem pertinentia. adduntur autem tria, cedrus, quod significat altitudinem spei, vel contemplationis; hyssopus, quod significat humilitatem, vel fidem; coccus bis tinctus, quod significat geminam caritatem; per haec enim debemus christo passo adhaerere. iste autem cinis combustionis colligitur a viro mundo, quia reliquiae passionis pervenerunt ad gentiles, qui non fuerunt culpabiles in christi morte. apponuntur autem cineres in aqua ad expiandum, quia ex passione christi baptismus sortitur virtutem emundandi peccata. sacerdos autem qui immolabat et comburebat vaccam, et ille qui comburebat, et qui colligebat cineres, immundus erat, et etiam qui aspergebat aquam, vel quia iudaei facti sunt immundi ex occisione christi, per quam nostra peccata expiantur; et hoc usque ad vesperum, idest usque ad finem mundi, quando reliquiae israel convertentur. vel quia illi qui tractant sancta intendentes ad emundationem aliorum, ipsi etiam aliquas immunditias contrahunt, * ut gregorius dicit, in pastorali; ‘ et hoc usque ad vesperum, idest usque ad finem praesentis vitae.

ra6 * Ad sextum dicendum quod, sicut dictum est, ‘ immunditia quae ex corruptione proveniebat vel mentis vel corporis, expiabatur per sacrificia pro peccato. offerebantur autem specialia sacrificia pro peccatis singulorum, sed quia aliqui negligentes erant circa expiationem huiusmodi peccatorum et immunditiarum; vel etiam propter ignorantiam ab expiatione huiusmodi desistebant; institutum fuit ut semel in anno, decima die septimi mensis, fieret sacrificium expiationis pro toto populo. et quia, * sicut apostolus dicit, ad heb. vii, ° lex constituit homines sacerdotes infirmitatem habentes, ‘ oportebat quod sacerdos prius offerret pro seipso vitulum pro peccato, in commemorationem peccati quod aaron fecerat in conflatione vituli aurei; et arietem in holocaustum, per quod significabatur quod sacerdotis praelatio, quam aries designat, qui est dux gregis, erat ordinanda ad honorem dei. deinde autem offerebat pro populo duos hircos. quorum unus immolabatur, ad expiandum peccatum multitudinis. hircus enim animal fetidum est, et de pilis eius fiunt vestimenta pungentia, ut per hoc significaretur fetor et immunditia et aculei peccatorum. huius autem hirci immolati sanguis inferebatur, simul etiam cum sanguine vituli, in sancta sanctorum, et aspergebatur ex eo totum sanctuarium, ad significandum quod tabernaculum emundabatur ab immunditiis filiorum israel. corpus vero hirci et vituli quae immolata sunt pro peccato, oportebat comburi, ad ostendendum consumptionem peccatorum. non autem in altari, quia ibi non comburebantur totaliter nisi holocausta. unde mandatum erat ut comburerentur extra castra, in detestationem peccati, hoc enim fiebat quandocumque immolabatur sacrificium pro aliquo gravi peccato, vel pro multitudine peccatorum. alter vero hircus emittebatur in desertum, non quidem ut offerretur daemonibus, quos colebant gentiles in desertis, quia eis nihil licebat immolari; sed ad designandum effectum illius sacrificii immolati. et ideo sacerdos imponebat manum super caput eius, confitens peccata filiorum israel, ac si ille hircus deportaret ea in desertum, ubi a bestiis comederetur, quasi portans poenam pro peccatis populi. dicebatur autem portare peccata populi, vel quia in eius emissione significabatur remissio peccatorum populi, vel quia colligabatur super caput eius aliqua schedula ubi erant scripta peccata. ratio autem figuralis horum erat quia christus significatur et per vitulum, propter virtutem; et per arietem, quia ipse est dux fidelium; et per hircum, propter similitudinem carnis peccati. et ipse christus est immolatus pro peccatis et sacerdotum et populi, quia per eius passionem et maiores et minores a peccato mundantur. sanguis autem vituli et hirci infertur in sancta per pontificem, quia per sanguinem passionis christi patet nobis introitus in regnum caelorum. comburuntur autem eorum corpora extra castra, “ quia extra portam christus passus est, * ut apostolus dicit, ad heb. ult.. ‘ per hircum autem qui emittebatur, potest significari vel ipsa divinitas christi, quae in solitudinem abiit, homine christo patiente, non quidem locum mutans, sed virtutem cohibens, vel significatur concupiscentia mala, quam debemus a nobis abiicere, virtuosos autem motus domino immolare. de immunditia vero eorum qui huiusmodi sacrificia comburebant, * eadem ratio est quae in sacrificio vitulae rufae dicta est.

ra7 ‘ Ad septimum dicendum quod per ritum legis leprosus non emundabatur a macula leprae, sed emundatus ostendebatur. et hoc * significatur lev. xiv, cum dicitur de sacerdote, ° cum invenerit lepram esse emundatam, praecipiet ei qui purificatur. ‘ iam ergo lepra mundata erat, sed purificari dicebatur, inquantum iudicio sacerdotis restituebatur consortio hominum et cultui divino. contingebat tamen quandoque ut divino miraculo per ritum legis corporalis mundaretur lepra, quando sacerdos decipiebatur in iudicio. huiusmodi autem purificatio leprosi dupliciter fiebat, nam primo, iudicabatur esse mundus; secundo autem, restituebatur tanquam mundus consortio hominum et cultui divino, scilicet post septem dies. in prima autem purificatione offerebat pro se leprosus mundandus duos passeres vivos, et lignum cedrinum, et vermiculum, et hyssopum; hoc modo ut filo coccineo ligarentur passer et hyssopus simul cum ligno cedrino, ita scilicet quod lignum cedrinum esset quasi manubrium aspersorii. hyssopus vero et passer erant id quod de aspersorio tingebatur in sanguine alterius passeris immolati in aquis vivis. haec autem quatuor offerebat contra quatuor defectus leprae, nam contra putredinem, offerebatur cedrus, quae est arbor imputribilis; contra fetorem, hyssopus, quae est herba odorifera; contra insensibilitatem, passer vivus; contra turpitudinem coloris, vermiculus, qui habet vivum colorem. passer vero vivus avolare dimittebatur in agrum, quia leprosus restituebatur pristinae libertati. in octavo vero die admittebatur ad cultum divinum, et restituebatur consortio hominum. primo tamen rasis pilis totius corporis et vestimentis, eo quod lepra pilos corrodit, et vestimenta inquinat et fetida reddit. et postmodum sacrificium offerebatur pro delicto eius, quia lepra plerumque inducitur pro peccato. de sanguine autem sacrificii tingebatur extremum auriculae eius qui erat mundandus, et pollices manus dextrae et pedis, quia in istis partibus primum lepra dignoscitur et sentitur. adhibebantur etiam huic ritui tres liquores, scilicet sanguis, contra sanguinis corruptionem; oleum, ad designandam sanationem morbi; aqua viva, ad emundandum spurcitiem. figuralis autem ratio erat quia per duos passeres significantur divinitas et humanitas christi. quorum unus, scilicet humanitas, immolatur in vase fictili super aquas viventes, quia per passionem christi aquae baptismi consecrantur. alius autem, scilicet impassibilis divinitas, vivus remanebat, quia divinitas mori non potest. unde et avolabat, quia passione astringi non poterat. hic autem passer vivus, simul cum ligno cedrino et cocco, vel vermiculo, et hyssopo, idest fide, spe et caritate, * ut supra dictum est, ‘ mittitur in aquam ad aspergendum, quia in fide dei et hominis baptizamur. lavat autem homo, per aquam baptismi vel lacrymarum, vestimenta sua, idest opera, et omnes pilos, idest cogitationes. tingitur autem extremum auriculae dextrae eius qui mundatur, de sanguine et de oleo, ut eius auditum muniat contra corrumpentia verba, pollices autem manus dextrae et pedis tinguntur, ut sit eius actio sancta. alia vero quae ad hanc purificationem pertinent, vel etiam aliarum immunditiarum, non habent aliquid speciale praeter alia sacrificia pro peccatis vel pro delictis.

ra8 ‘ Ad octavum et nonum dicendum quod, sicut populus instituebatur ad cultum dei per circumcisionem, ita ministri per aliquam specialem purificationem vel consecrationem, unde et separari ab aliis praecipiuntur, quasi specialiter ad ministerium cultus divini prae aliis deputati. et totum quod circa eos fiebat in eorum consecratione vel institutione ad hoc pertinebat ut ostenderetur eos habere quandam praerogativam puritatis et virtutis et dignitatis. et ideo in institutione ministrorum tria fiebant, primo enim, purificabantur; secundo, ornabantur et consecrabantur; tertio, applicabantur ad usum ministerii. purificabantur quidem communiter omnes per ablutionem aquae, et per quaedam sacrificia; specialiter autem levitae radebant omnes pilos carnis suae; * ut habetur lev. viii. ‘ consecratio vero circa pontifices et sacerdotes hoc ordine fiebat. primo enim, postquam abluti erant, induebantur quibusdam vestimentis specialibus pertinentibus ad designandum dignitatem ipsorum. specialiter autem pontifex oleo unctionis in capite ungebatur, ut designaretur quod ab ipso diffundebatur potestas consecrandi ad alios, sicut oleum a capite derivatur ad inferiora; * ut habetur in psalmo cxxxii, ° sicut unguentum in capite, quod descendit in barbam, barbam aaron. ‘ levitae vero non habebant aliam consecrationem, nisi quod offerebantur domino a filiis israel per manus pontificis, qui orabat pro eis. minorum vero sacerdotum solae manus consecrabantur, quae erant applicandae ad sacrificia. et de sanguine animalis immolatitii tingebatur extremum auriculae dextrae ipsorum, et pollices pedis ac manus dextrae, ut scilicet essent obedientes legi dei in oblatione sacrificiorum, quod significatur in intinctione auris dextrae; et quod essent solliciti et prompti in executione sacrificiorum, quod significatur in intinctione pedis et manus dextrae. aspergebantur etiam ipsi, et vestimenta eorum, sanguine animalis immolati, in memoriam sanguinis agni per quem fuerunt liberati in aegypto. offerebantur autem in eorum consecratione huiusmodi sacrificia, vitulus pro peccato, in memoriam remissionis peccati aaron circa conflationem vituli; aries in holocaustum, in memoriam oblationis abrahae, cuius obedientiam pontifex imitari debebat; aries etiam consecrationis, qui erat quasi hostia pacifica, in memoriam liberationis de aegypto per sanguinem agni; canistrum panum, in memoriam mannae praestiti populo. pertinebat autem ad applicationem ministerii quod imponebantur super manus eorum adeps arietis, et torta panis unius, et armus dexter, ut ostenderetur quod accipiebant potestatem huiusmodi offerendi domino. levitae vero applicabantur ad ministerium per hoc quod intromittebantur in tabernaculum foederis, quasi ad ministrandum circa vasa sanctuarii. figuralis vero horum ratio erat quia illi qui sunt consecrandi ad spirituale ministerium christi, debent primo purificari per aquam baptismi et lacrymarum in fide passionis christi, quod est expiativum et purgativum sacrificium. et debent radere omnes pilos carnis, idest omnes pravas cogitationes. debent etiam ornari virtutibus; et consecrari oleo spiritus sancti; et aspersione sanguinis christi. et sic debent esse intenti ad exequenda spiritualia ministeria.

ra10 * Ad decimum dicendum quod, sicut iam dictum est, ‘ intentio legis erat inducere ad reverentiam divini cultus. et hoc dupliciter, uno modo, excludendo a cultu divino omne id quod poterat esse contemptibile; alio modo, apponendo ad cultum divinum omne illud quod videbatur ad honorificentiam pertinere. et si hoc quidem observabatur in tabernaculo et vasis eius, et animalibus immolandis, multo magis hoc observandum erat in ipsis ministris. et ideo ad removendum contemptum ministrorum, praeceptum fuit ut non haberent maculam vel defectum corporalem, quia huiusmodi homines solent apud alios in contemptu haberi. propter quod etiam institutum fuit ut non sparsim ex quolibet genere ad dei ministerium applicarentur, sed ex certa prosapia secundum generis successionem, ut ex hoc clariores et nobiliores haberentur. ad hoc autem quod in reverentia haberentur, adhibebatur eis specialis ornatus vestium, et specialis consecratio. et haec est in communi causa ornatus vestium. in speciali autem sciendum est quod pontifex habebat octo ornamenta. primo enim, habebat vestem lineam. secundo, habebat tunicam hyacinthinam; in cuius extremitate versus pedes, ponebantur per circuitum tintinabula quaedam, et mala punica facta ex hyacintho et purpura coccoque bis tincto. tertio, habebat superhumerale, quod tegebat humeros et anteriorem partem usque ad cingulum; quod erat ex auro et hyacintho et purpura, coccoque bis tincto, et bysso retorta. et super humeros habebat duos onychinos, in quibus erant sculpta nomina filiorum israel. quartum erat rationale, ex eadem materia factum; quod erat quadratum, et ponebatur in pectore, et coniungebatur superhumerali. et in hoc rationali erant duodecim lapides pretiosi distincti per quatuor ordines, in quibus etiam sculpta erant nomina filiorum israel, quasi ad designandum quod ferret onus totius populi, per hoc quod habebat nomina eorum in humeris; et quod iugiter debebat de eorum salute cogitare, per hoc quod portabat eos in pectore, quasi in corde habens. in quo etiam rationali mandavit dominus poni doctrinam et veritatem, quia quaedam pertinentia ad veritatem iustitiae et doctrinae, scribebantur in illo rationali. * iudaei tamen fabulantur quod " in rationali erat lapis qui secundum diversos colores mutabatur, secundum diversa quae debebant accidere filiis israel, et hoc vocant veritatem et doctrinam. ' quintum erat balteus, idest cingulus quidam, factus ex praedictis quatuor coloribus. sextum erat tiara, idest mitra quaedam, de bysso. septimum autem erat lamina aurea, pendens in fronte eius, in qua erat nomen domini. octavum autem erant femoralia linea, ut operirent carnem turpitudinis suae, quando accederent ad sanctuarium vel ad altare. ex istis autem octo ornamentis minores sacerdotes habebant quatuor, scilicet tunicam lineam, femoralia, balteum et tiaram. * horum autem ornamentorum quidam rationem litteralem assignant, " dicentes quod in istis ornamentis designatur dispositio orbis terrarum, quasi pontifex protestaretur se esse ministrum creatoris mundi, * unde etiam sap. xviii dicitur quod " in veste aaron erat descriptus orbis terrarum. ' nam femoralia linea figurabant terram, ex qua linum nascitur. baltei circumvolutio significabat oceanum, qui circumcingit terram. tunica hyacinthina suo colore significabat aerem, per cuius tintinabula significabantur tonitrua; per mala granata, coruscationes. superhumerale vero significabat sua varietate caelum sidereum, duo onychini, duo hemisphaeria, vel solem et lunam. duodecim gemmae in pectore, duodecim signa in zodiaco, quae dicebantur posita in rationali, quia in caelestibus sunt rationes terrenorum, * secundum illud iob xxxviii, ° numquid nosti ordinem caeli, et ponis rationem eius in terra? ' cidaris autem, vel tiara, significabat caelum empyreum. lamina aurea, deum omnibus praesidentem. figuralis vero ratio manifesta est. nam maculae vel defectus corporales a quibus debebant sacerdotes esse immunes, significant diversa vitia et peccata quibus debent carere. prohibetur enim esse caecus, idest, ne sit ignorans. ne sit claudus, idest instabilis, et ad diversa se inclinans. ne sit parvo, vel grandi, vel torto naso, idest ne per defectum discretionis, vel in plus vel in minus excedat, aut etiam aliqua prava exerceat; per nasum enim discretio designatur, quia est discretivus odoris. ne sit fracto pede vel manus, idest ne amittat virtutem bene operandi, vel procedendi in virtutem. repudiatur etiam si habeat gibbum vel ante vel retro, per quem significatur superfluus amor terrenorum. si est lippus, idest per carnalem affectum eius ingenium obscuratur, contingit enim lippitudo ex fluxu humoris. repudiatur etiam si habeat albuginem in oculo, idest praesumptionem candoris iustitiae in sua cogitatione. repudiatur etiam si habuerit iugem scabiem, idest petulantiam carnis. et si habuerit impetiginem, quae sine dolore corpus occupat, et membrorum decorem foedat, per quam avaritia designatur. et etiam si sit herniosus vel ponderosus, qui scilicet gestat pondus turpitudinis in corde, licet non exerceat in opere. per ornamenta vero designantur virtutes ministrorum dei. sunt autem quatuor quae sunt necessariae omnibus ministris, scilicet castitas, quae significatur per femoralia; puritas vero vitae, quae significatur per lineam tunicam; moderatio discretionis quae significatur per cingulum; rectitudo intentionis, quae significatur per tiaram protegentem caput. sed prae his pontifices debent quatuor habere. primo quidem, iugem dei memoriam in contemplatione, et hoc significat lamina aurea habens nomen dei, in fronte. secundo, quod supportent infirmitates populi, quod significat superhumerale. tertio, quod habeant populum in corde et in visceribus per sollicitudinem caritatis, quod significatur per rationale. quarto, quod habeant conversationem caelestem per opera perfectionis, quod significatur per tunicam hyacinthinam. unde et tunicae hyacinthinae adiunguntur in extremitate tintinabula aurea, per quae significatur doctrina divinorum, quae debet coniungi caelesti conversationi pontificis. adiunguntur autem mala punica, per quae significatur unitas fidei et concordia in bonis moribus, quia sic coniuncta debet esse eius doctrina, ut per eam fidei et pacis unitas non rumpatur.

008 ST2 qu102 ar6

ag1 ' Ad sextum sic proceditur. videtur quod observantiarum caeremonialium nulla fuerit rationabilis causa. * quia ut apostolus dicit. i ad tim. iv, ° omnis creatura dei est bona, et nihil reiiciendum quod cum gratiarum actione percipitur. ' inconvenienter igitur prohibiti sunt ab esu quorundam ciborum tanquam immundorum, * ut patet lev. xi.

ag2 ' Praeterea, sicut animalia dantur in cibum hominis, ita etiam et herbae, * unde dicitur gen. ix, ° quasi olera virentia dedi vobis omnem carnem. ' sed in herbis lex non distinxit aliquas immundas, cum tamen aliquae illarum sint maxime nocivae, ut puta venenosae. ergo videtur quod nec de animalibus aliqua debuerint prohiberi tanquam immunda.

ag3 ' Praeterea, si materia est immunda ex qua aliquid generatur, pari ratione videtur quod id quod generatur ex ea, sit immundum. sed ex sanguine generatur caro. cum igitur non omnes carnes prohiberentur tanquam immundae, pari ratione nec sanguis debuit prohiberi quasi immundus; aut adeps, qui ex sanguine generatur.

ag4 * Praeterea, dominus dicit, matth. x, " eos non esse timendos qui occidunt corpus, quia post mortem non habent quid faciant, ' quod non esset verum, si in nocumentum homini cederet quid ex eo fieret. multo igitur minus pertinet ad animal iam occisum qualiter eius carnes decoquantur. * irrationabile igitur videtur esse quod dicitur exod. xxiii, ° non coques haedum in lacte matris suae.

ag5 ' Praeterea, ea quae sunt primitiva in hominibus et animalibus, tanquam perfectiora, praecipiuntur domino offerri. * inconvenienter igitur praecipitur lev. xix, ° quando ingressi fueritis terram, et plantaveritis in ea ligna pomifera, auferetis praeputia eorum, " idest prima germina, et immunda erunt vobis, nec edetis ex eis.

ag6 ' Praeterea, vestimentum extra corpus hominis est. non igitur debuerunt quaedam specialia vestimenta iudaeis interdici, * puta quod dicitur lev. xix, ° vestem quae ex duobus texta est, non indueris; * et deut. xxii, ° non induetur mulier veste virili, et vir non induetur veste feminea; * et infra, ° non indueris vestimento quod ex lana linoque contextum est.

ag7 ' Praeterea, memoria mandatorum dei non pertinet ad corpus, sed ad cor. * inconvenienter igitur praecipitur deut. vi, quod ° ligarent praecepta dei quasi signum in manu sua, et quod scriberentur in limine ostiorum; et quod per angulos palliorum facerent fimbrias, in quibus ponerent vittas hyacinthinas, in memoriam mandatorum dei, * ut habetur num. xv.

ag8 * Praeterea, apostolus dicit, i ad cor. ix, quod non est cura " deo de bobus, et per consequens neque de aliis animalibus irrationalibus. * inconvenienter igitur praecipitur deut. xxii, ° si ambulaveris per viam, et inveneris nidum avis, non tenebis matrem cum filiis; * et deut. xxv, ° non alligabis os bovis triturantis; * et lev. xix, ° iumenta tua non facies coire cum alterius generis animantibus.

ag9 ' Praeterea, inter plantas non fiebat discretio mundorum ab immundis. ergo multo minus circa culturam plantarum debuit aliqua discretio adhiberi. ergo inconvenienter * praecipitur lev. xix, ° agrum non seres diverso semine; * et deut. xxii, ° non seres vineam tuam altero semine; et, non arabis in bove simul et asino.

ag10 ' Praeterea, ea quae sunt inanimata, maxime videmus hominum potestati esse subiecta. inconvenienter igitur arcetur homo ab argento et auro ex quibus fabricata sunt idola, et ab aliis quae in idolorum domibus inveniuntur, * praecepto legis quod habetur deut. vii. ridiculum etiam videtur esse praeceptum quod habetur deut. xxiii, ut ° egestiones humo operirent, fodientes in terra.

ag11 ' Praeterea, pietas maxime in sacerdotibus requiritur. sed ad pietatem pertinere videtur quod aliquis funeribus amicorum intersit, unde etiam de hac tobias laudatur, * ut habetur tob. i. ' similiter etiam quandoque ad pietatem pertinet quod aliquis in uxorem accipiat meretricem, quia per hoc eam a peccato et infamia liberat. ergo videtur quod haec inconvenienter prohibeantur sacerdotibus, * lev. xxi.

sc * Sed contra est quod dicitur deut. xviii, ° tu autem a domino deo tuo aliter institutus es, ' ex quo potest accipi quod huiusmodi observantiae sunt institutae a deo ad quandam specialem illius populi praerogativam. non ergo sunt irrationabiles, aut sine causa.

co ' Respondeo dicendum quod populus iudaeorum, * ut supra dictum est, ' specialiter erat deputatus ad cultum divinum; et inter eos, specialiter sacerdotes. et sicut aliae res quae applicantur ad cultum divinum, aliquam specialitatem debent habere, quod pertinet ad honorificentiam divini cultus; ita etiam et in conversatione illius populi, et praecipue sacerdotum, debuerunt esse aliqua specialia congruentia ad cultum divinum, vel spiritualem vel corporalem. cultus autem legis figurabat mysterium christi, unde omnia eorum gesta figurabant ea quae ad christum pertinent; * secundum illud i cor. x, ° omnia in figuram contingebant illis. ' et ideo rationes harum observantiarum dupliciter assignari possunt, uno modo, secundum congruentiam ad divinum cultum; alio modo, secundum quod figurant aliquid circa christianorum vitam.

ra1 * Ad primum ergo dicendum quod, sicut supra dictum est, ' duplex pollutio, vel immunditia, observabatur in lege, una quidem culpae, per quam polluebatur anima; alia autem corruptionis cuiusdam, per quam quodammodo inquinatur corpus. loquendo igitur de prima immunditia, nulla genera ciborum immunda sunt, vel hominem inquinare possunt, secundum suam naturam, * unde dicitur matth. xv, ° non quod intrat in os, coinquinat hominem; sed quae procedunt de ore, haec coinquinant hominem; * et exponitur hoc de peccatis. ' possunt tamen aliqui cibi per accidens inquinare animam, inquantum scilicet contra obedientiam vel votum, vel nimia concupiscentia comeduntur; vel inquantum praebent fomentum luxuriae, propter quod aliqui a vino et carnibus abstinent. secundum autem corporalem immunditiam, quae est corruptionis cuiusdam, aliquae animalium carnes immunditiam habent, vel quia ex rebus immundis nutriuntur, sicut porcus; aut immunde conversantur, sicut quaedam animalia sub terra habitantia, sicut talpae et mures et alia huiusmodi, unde etiam quendam fetorem contrahunt; vel quia eorum carnes, propter superfluam umiditatem vel siccitatem, corruptos humores in corporibus humanis generant. et ideo prohibitae sunt eis carnes animalium habentium soleas, idest ungulam unam non fissam, propter eorum terrestreitatem. et similiter sunt eis prohibitae carnes animalium habentium multas fissuras in pedibus, quia sunt nimis cholerica et adusta, sicut carnes leonis et huiusmodi. et eadem ratione prohibitae sunt eis aves quaedam rapaces, quae sunt nimiae siccitatis; et quaedam aves aquaticae, propter excessum humiditatis. similiter etiam quidam pisces non habentes pinnulas et squamas, ut anguillae et huiusmodi, propter excessum humiditatis. sunt autem eis concessa ad esum animalia ruminantia et findentia ungulam, quia habent humores bene digestos, et sunt medie complexionata, quia nec sunt nimis humida, quod significant ungulae; neque sunt nimis terrestria, cum non habeant ungulam continuam, sed fissam. in piscibus etiam concessi sunt eis pisces sicciores, quod significatur per hoc quod habent squamas et pinnulas, per hoc enim efficitur temperata complexio humida piscium. in avibus etiam sunt eis concessae magis temperatae, sicut gallinae, perdices, et aliae huiusmodi. alia ratio fuit in detestationem idololatriae. nam gentiles, et praecipue aegyptii, inter quos erant nutriti, huiusmodi animalia prohibita idolis immolabant, vel eis ad maleficia utebantur. animalia vero quae iudaeis sunt concessa ad esum non comedebant, sed ea tanquam deos colebant; vel propter aliam causam ab eis abstinebant, * ut supra dictum est. ' tertia ratio est ad tollendam nimiam diligentiam circa cibaria. et ideo conceduntur illa animalia quae de facili et in promptu haberi possunt. generaliter tamen prohibitus est eis esus sanguinis et adipis cuiuslibet animalis. sanguinis quidem tum ad vitandam crudelitatem, ut detestarentur humanum sanguinem effundere, * sicut supra dictum est. ' tum etiam ad vitandum idololatriae ritum, quia eorum consuetudo erat ut circa sanguinem congregatum adunarentur ad comedendum in honorem idolorum, quibus reputabant sanguinem acceptissimum esse. et ideo dominus mandavit quod sanguis effunderetur, et quod pulvere operiretur. et propter hoc etiam prohibitum est eis comedere animalia suffocata vel strangulata, quia sanguis eorum non separaretur a carne. vel quia in tali morte animalia multum affliguntur; et dominus voluit eos a crudelitate prohibere etiam circa animalia bruta, ut per hoc magis recederent a crudelitate hominis, habentes exercitium pietatis etiam circa bestias. adipis etiam esus prohibitus est eis, tum quia idololatrae comedebant illum in honorem deorum suorum. tum etiam quia cremabatur in honorem dei. tum etiam quia sanguis et adeps non generant bonum nutrimentum, quod pro causa * inducit rabbi moyses. ' causa autem prohibitionis esus nervorum exprimitur * gen. xxxii, ubi dicitur quod ° non comedunt filii israel nervum, eo quod tetigerit nervum femoris iacob, et obstupuerit. ' figuralis autem ratio horum est quia per omnia huiusmodi animalia prohibita designantur aliqua peccata, in quorum figuram illa animalia prohibentur. * unde dicit augustinus, in libro contra faustum, ° si de porco et agno requiratur, utrumque natura mundum est, quia omnis creatura dei bona est, quadam vero significatione, agnus mundus, porcus immundus est. tanquam, si stultum et sapientem diceres, utrumque hoc verbum natura vocis et litterarum et syllabarum ex quibus constat, mundum est, significatione autem unum est mundum, et aliud immundum. ' animal enim quod ruminat et ungulam findit, mundum est significatione. quia fissio ungulae significat distinctionem duorum testamentorum; vel patris et filii; vel duarum naturarum in christo; vel discretionem boni et mali. ruminatio autem significat meditationem scripturarum, et sanum intellectum earum. cuicumque autem horum alterum deest, spiritualiter immundus est. similiter etiam in piscibus illi qui habent squamas et pinnulas, significatione mundi sunt. quia per pinnulas significatur vita sublimis, vel contemplatio; per squamas autem significatur aspera vita; quorum utrumque necessarium est ad munditiam spiritualem. in avibus autem specialia quaedam genera prohibentur. in aquila enim quae alte volat, prohibetur superbia. in gryphe autem, qui equis et hominibus infestus est, crudelitas potentum prohibetur. in haliaeeto autem, qui pascitur minutis avibus, significantur illi qui sunt pauperibus molesti. in milvo autem, qui maxime insidiis utitur, designantur fraudulenti. in vulture autem, qui sequitur exercitum expectans comedere cadavera mortuorum, significantur illi qui mortes et seditiones hominum affectant ut inde lucrentur. per animalia corvini generis significantur illi qui sunt voluptatibus denigrati, vel qui sunt expertes bonae affectionis, quia corvus, semel emissus ab arca, non est reversus. per struthionem, qui, cum sit avis, volare non potest, sed semper est circa terram, significantur deo militantes et se negotiis saecularibus implicantes. nycticorax, quae in nocte acuti est visus, in die autem non videt, significat eos qui in temporalibus sunt astuti, in spiritualibus hebetes. larus autem, qui et volat in aere et natat in aqua, significat eos qui et circumcisionem et baptismum venerantur, vel significat eos qui per contemplationem volare volunt, et tamen vivunt in aquis voluptatum. accipiter vero, qui deservit hominibus ad praedam, significat eos qui ministrant potentibus ad depraedandum pauperes. per bubonem, qui in nocte pastum quaerit, |125| de die autem latet, significantur luxuriosi, qui occultari quaerunt in nocturnis operibus quae agunt. mergulus autem, cuius natura est ut sub undis diutius immoretur, significat gulosos, qui aquis deliciarum se immergunt. ibis vero avis est in africa habens longum rostrum, quae serpentibus pascitur, et forte est idem quod ciconia, et significat invidos, qui de malis aliorum, quasi de serpentibus, reficiuntur. cygnus autem est coloris candidi, et longo collo quod habet, ex profunditate terrae vel aquae cibum trahit, et potest significare homines qui per exteriorem iustitiae candorem lucra terrena quaerunt. onocrotalus autem avis est in partibus orientis, longo rostro, quae in faucibus habet quosdam folliculos, in quibus primo cibum reponit, et post horam in ventrem mittit, et significat avaros, qui immoderata sollicitudine vitae necessaria congregant. porphyrio autem, praeter modum aliarum avium, habet unum pedem latum ad natandum, alium fissum ad ambulandum, quia et in aqua natat ut anates, et in terra ambulat ut perdices, solo morsu bibit, omnem cibum aqua tingens, et significat eos qui nihil ad alterius arbitrium facere volunt, sed solum quod fuerit tinctum aqua propriae voluntatis. per herodionem qui vulgariter falco dicitur, significantur illi quorum " pedes sunt veloces ad effundendum sanguinem. ' charadrius autem, quae est avis garrula, significat loquaces. |150| upupa autem, quae nidificat in stercoribus et fetenti pascitur fimo, et gemitum in cantu simulat, significat tristitiam saeculi, quae in hominibus immundis mortem operatur. per vespertilionem autem, quae circa terram volitat, significantur illi qui, saeculari scientia praediti, sola terrena sapiunt. circa volatilia autem et quadrupedia, illa sola conceduntur eis quae posteriora crura habent longiora, ut salire possint. alia vero, quae terrae magis adhaerent, prohibentur, quia illi qui abutuntur doctrina quatuor evangelistarum, ut per eam in altum non subleventur, immundi reputantur. in sanguine vero et adipe et nervo, intelligitur prohiberi crudelitas, et voluptas, et fortitudo ad peccandum.

ra2 ' Ad secundum dicendum quod esus plantarum et aliorum terrae nascentium adfuit apud homines etiam ante diluvium, sed esus carnium videtur esse post diluvium introductus; * dicitur enim gen. ix, ° quasi olera virentia dedi vobis omnem carnem. ' et hoc ideo, quia esus terrae nascentium magis pertinet ad quandam simplicitatem vitae; esus autem carnium ad quasdam delicias et curiositatem vivendi. sponte enim terra herbam germinat, vel cum modico studio huiusmodi terrae nascentia in magna copia procurantur, oportet autem cum magno studio animalia vel nutrire, vel etiam capere. et ideo volens dominus populum suum reducere ad simpliciorem victum, multa in genere animalium eis prohibuit, non autem in genere terrae nascentium. vel etiam quia animalia immolabantur idolis, non autem terrae nascentia.

ra3 * Ad tertium patet responsio ex dictis.

ra4 ' Ad quartum dicendum quod, etsi haedus occisus non sentiat qualiter carnes eius coquantur, tamen in animo decoquentis ad quandam crudelitatem pertinere videtur si lac matris, quod datum est ei pro nutrimento, adhibeatur ad consumptionem carnium ipsius. vel potest dici quod gentiles in solemnitatibus idolorum taliter carnes haedi coquebant, ad immolandum vel ad comedendum. * et ideo exod. xxiii, postquam praedictum fuerat de solemnitatibus celebrandis in lege, subditur, ° non coques haedum in lacte matris suae. ' figuralis autem ratio huius prohibitionis est quia praefigurabatur quod christus, qui est haedus propter similitudinem carnis peccati, non erat a iudaeis coquendus, idest occidendus, in lacte matris, idest tempore infantiae. vel significatur quod haedus idest peccator, non est coquendus in lacte matris, idest non est blanditiis deliniendus.

ra5 ' Ad quintum dicendum quod gentiles fructus primitivos, quos fortunatos aestimabant, diis suis offerebant, vel etiam comburebant eos ad quaedam magica facienda. et ideo praeceptum est eis ut fructus trium primorum annorum immundos reputarent. in tribus enim annis fere omnes arbores terrae illius fructum producunt, quae scilicet vel seminando, vel inserendo, vel plantando coluntur. raro autem contingit quod ossa fructuum arboris, vel semina latentia, seminentur, haec enim tardius facerent fructum, sed lex respexit ad id quod frequentius fit. poma autem quarti anni, tanquam primitiae mundorum fructuum, deo offerebantur, a quinto autem anno, et deinceps, comedebantur. figuralis autem ratio est quia per hoc praefiguratur quod post tres status legis, quorum unus est ab abraham usque ad david, secundus usque ad transmigrationem babylonis, tertius usque ad christum, erat christus deo offerendus, qui est fructus legis. vel quia primordia nostrorum operum debent esse nobis suspecta, propter imperfectionem.

ra6 * Ad sextum dicendum quod sicut dicitur eccli. xix, ° amictus corporis enuntiat de homine. ' et ideo voluit dominus ut populus eius distingueretur ab aliis populis non solum signo circumcisionis, quod erat in carne, sed etiam certa habitus distinctione. et ideo prohibitum fuit eis ne induerentur vestimento ex lana et lino contexto, et ne mulier indueretur veste virili, aut e converso, propter duo. primo quidem, ad vitandum idololatriae cultum. huiusmodi enim variis vestibus ex diversis confectis gentiles in cultu suorum deorum utebantur. et etiam in cultu martis mulieres utebantur armis virorum; in cultu autem veneris e converso viri utebantur vestibus mulierum. alia ratio est ad declinandam luxuriam. nam per commixtiones varias in vestimentis omnis inordinata commixtio coitus excluditur. quod autem mulier induatur veste virili, aut e converso, incentivum est concupiscentiae, et occasionem libidini praestat. figuralis autem ratio est quia in vestimento contexto ex lana et lino interdicitur coniunctio simplicitatis innocentiae, quae figuratur per lanam, et subtilitatis malitiae, quae figuratur per linum. prohibetur etiam quod mulier non usurpet sibi doctrinam, vel alia virorum officia; vel vir declinet ad mollities mulierum.

ra7 * Ad septimum dicendum quod, sicut hieronymus dicit, super matth., ° dominus iussit ut in quatuor angulis palliorum hyacinthinas fimbrias facerent, ad populum israel dignoscendum ab aliis populis. ' unde per hoc se esse iudaeos profitebantur, et ideo per aspectum huius signi inducebantur in memoriam suae legis. * quod autem dicitur, ° ligabis ea in manu tua, et erunt semper ante oculos tuos, pharisaei male interpretabantur, scribentes in membranis decalogum moysi, et ligabant in fronte, quasi coronam, ut ante oculos moverentur, ' cum tamen intentio domini mandantis fuerit ut ligarentur in manu, idest in operatione; et essent ante oculos, idest in meditatione. in hyacinthinis etiam vittis, quae palliis inserebantur, significatur caelestis intentio, quae omnibus operibus nostris debet adiungi. potest tamen dici quod, quia populus ille carnalis erat et durae cervicis, oportuit etiam per huiusmodi sensibilia eos ad legis observantiam excitari.

ra8 ' Ad octavum dicendum quod affectus hominis est duplex, unus quidem secundum rationem; alius vero secundum passionem. secundum igitur affectum rationis, non refert quid homo circa bruta animalia agat, quia omnia sunt subiecta eius potestati a deo, * secundum illud psalmi viii, ° omnia subiecisti sub pedibus eius. * et secundum hoc apostolus dicit quod " non est cura deo de bobus, ' quia deus non requirit ab homine quid circa boves agat, vel circa alia animalia. quantum vero ad affectum passionis, movetur affectus hominis etiam circa alia animalia, quia enim passio misericordiae consurgit ex afflictionibus aliorum, contingit autem etiam bruta animalia poenas sentire, potest in homine consurgere misericordiae affectus etiam circa afflictiones animalium. proximum autem est ut qui exercetur in affectu misericordiae circa animalia, magis ex hoc disponatur ad affectum misericordiae circa homines, * unde dicitur prov. xii, ° novit iustus animas iumentorum suorum; viscera autem impiorum crudelia. ' et ideo ut dominus populum iudaicum, ad crudelitatem pronum, ad misericordiam revocaret, voluit eos exerceri ad misericordiam etiam circa bruta animalia, prohibens quaedam |25| circa animalia fieri quae ad crudelitatem quandam pertinere videntur. * et ideo prohibuit " ne coqueretur haedus in lacte matris; et quod non alligaretur os bovi trituranti; et quod non occideretur mater cum filiis. ' quamvis etiam dici possit quod haec prohibita sunt eis in detestationem idololatriae. nam aegyptii nefarium reputabant ut boves triturantes de frugibus comederent. aliqui etiam malefici utebantur matre avis incubante et pullis eius simul captis, ad fecunditatem et fortunam circa nutritionem filiorum. et etiam quia in auguriis reputabatur hoc esse fortunatum, quod inveniretur mater incubans filiis. circa commixtionem vero animalium diversae speciei, ratio litteralis potuit esse triplex. una quidem, ad detestationem idololatriae aegyptiorum, qui diversis commixtionibus utebantur in servitium planetarum, qui secundum diversas coniunctiones habent diversos effectus, et super diversas species rerum. alia ratio est ad excludendum concubitus contra naturam. tertia ratio est ad tollendam universaliter occasionem concupiscentiae. animalia enim diversarum specierum non commiscentur de facili ad invicem, nisi hoc per homines procuretur; et in aspectu coitus animalium excitatur homini concupiscentiae motus. unde etiam |50| * in traditionibus iudaeorum praeceptum invenitur, ut rabbi moyses dicit, ' ut homines avertant oculos ab animalibus coeuntibus. figuralis autem horum ratio est quia bovi trituranti, idest praedicatori deferenti segetes doctrinae, non sunt necessaria victus subtrahenda; * ut apostolus dicit, i ad cor. ix. ' matrem etiam non simul debemus tenere cum filiis, quia in quibusdam retinendi sunt spirituales sensus, quasi filii, et dimittenda est litteralis observantia, quasi mater; sicut in omnibus caeremoniis legis. prohibetur etiam quod iumenta, idest populares homines, non faciamus coire, idest coniunctionem habere, cum alterius generis animantibus, idest cum gentilibus vel iudaeis.

ra9 ' Ad nonum dicendum quod omnes illae commixtiones in agricultura sunt prohibitae, ad litteram, in detestationem idololatriae. quia aegyptii, in venerationem stellarum, diversas commixtiones faciebant et in seminibus et in animalibus et in vestibus, repraesentantes diversas coniunctiones stellarum. vel omnes huiusmodi commixtiones variae prohibentur ad detestationem coitus contra naturam. habent tamen figuralem rationem. * quia quod dicitur, " non seres vineam tuam altero semine, ' est spiritualiter intelligendum, quod in ecclesia, quae est spiritualis vinea, non est seminanda aliena doctrina. et similiter ager, idest ecclesia, " non est seminandus diverso semine, idest catholica doctrina et haeretica. non est etiam simul arandum in bove et asino, ' quia fatuus sapienti in praedicatione non est sociandus, quia unus impedit alium.

ra11 ' Ad undecimum dicendum quod malefici et sacerdotes idolorum utebantur in suis ritibus ossibus vel carnibus hominum mortuorum. et ideo, ad extirpandum idololatriae cultum, praecepit dominus ut sacerdotes minores, qui per tempora certa ministrabant in sanctuario, non inquinarentur in mortibus nisi valde propinquorum, scilicet patris et matris et huiusmodi coniunctarum personarum. pontifex autem semper debebat esse paratus ad ministerium sanctuarii, et ideo totaliter prohibitus erat ei accessus ad mortuos, quantumcumque propinquos. praeceptum etiam est eis ne ducerent uxorem meretricem ac repudiatam, sed virginem. tum propter reverentiam sacerdotum, quorum dignitas quodammodo ex tali coniugio diminui videretur. tum etiam propter filios, quibus esset ad ignominiam turpitudo matris, quod maxime tunc erat vitandum, quando sacerdotii dignitas secundum successionem generis conferebatur. praeceptum etiam erat eis ut non raderent caput nec barbam, nec in carnibus suis facerent incisuram, ad removendum idololatriae ritum. nam sacerdotes gentilium radebant caput et barbam, * unde dicitur baruch vi, ° sacerdotes sedent habentes tunicas scissas, et capita et barbam rasam. |25| " et etiam in cultu idolorum incidebant se cultris et lanceolis, * ut dicitur iii regum xviii. ' unde contraria praecepta sunt sacerdotibus veteris legis. spiritualis autem ratio horum est quia sacerdotes omnino debent esse immunes ab operibus mortuis, quae sunt opera peccati. et etiam non debent radere caput, idest deponere sapientiam; neque deponere barbam, idest sapientiae perfectionem; neque etiam scindere vestimenta aut incidere carnes, ut scilicet vitium schismatis non incurrant.

008 ST2 qu103 ar

pr ' Deinde considerandum est de duratione caeremonialium praeceptorum. et circa hoc quaeruntur quatuor. primo, utrum praecepta caeremonialia fuerint ante legem. secundo, utrum in lege aliquam virtutem habuerint iustificandi. tertio, utrum cessaverint christo veniente. quarto, utrum sit peccatum mortale observare ea post christum.

008 ST2 qu103 ar1

ag1 ' Ad primum sic proceditur. videtur quod caeremoniae legis fuerint ante legem. sacrificia enim et holocausta pertinent ad caeremonias veteris legis, * ut supra dictum est. ' sed sacrificia et holocausta fuerunt ante legem. * dicitur enim gen. iv, quod ° cain obtulit de fructibus terrae munera domino; abel autem obtulit de primogenitis gregis sui, et de adipibus eorum. ' noe etiam obtulit holocausta domino, * ut dicitur gen. viii; ' et abraham similiter, * ut dicitur gen. xxii. ' ergo caeremoniae veteris legis fuerunt ante legem.

ag2 ' Praeterea, ad caeremonias sacrorum pertinet constructio altaris, et eius inunctio. sed ista fuerunt ante legem. * legitur enim gen. xiii, quod ' abraham aedificavit altare domino; * et de iacob dicitur gen. xxviii, quod ° tulit lapidem et erexit in titulum fundens oleum desuper. ' ergo caeremoniae legales fuerunt ante legem.

ag3 ' Praeterea, inter sacramenta legalia primum videtur fuisse circumcisio. sed circumcisio fuit ante legem, * ut patet gen. xvii. ' similiter etiam sacerdotium fuit ante legem, * dicitur enim gen. xiv, quod " melchisedech erat sacerdos dei summi. ' ergo caeremoniae sacramentorum fuerunt ante legem.

ag4 ' Praeterea, discretio mundorum animalium ab immundis pertinet ad caeremonias observantiarum, * ut supra dictum est. ' sed talis discretio fuit ante legem, * dicitur enim gen. vii, ° ex omnibus mundis animalibus tolle septena et septena; de animantibus vero immundis, duo et duo. ' ergo caeremoniae legales fuerunt ante legem.

sc * Sed contra est quod dicitur deut. vi, ° haec sunt praecepta et caeremoniae quae mandavit dominus deus vester ut docerem vos. ‘ non autem indiguissent super his doceri, si prius praedictae caeremoniae fuissent. ergo caeremoniae legis non fuerunt ante legem.
co * Respondeo dicendum quod, sicut ex dictis patet, ‘ caeremoniae legis ad duo ordinabantur, scilicet ad cultum dei, et ad figurandum christum. quicumque autem colit deum, oportet quod per aliqua determinata eum colat, quae ad exteriorem cultum pertinent. determinatio autem divini cultus ad caeremonias pertinet; sicut etiam determinatio eorum per quae ordinamur ad proximum, pertinet ad praecepta iudicialia; * ut supra dictum est. ‘ et ideo sicut inter homines communiter erant aliqua iudicialia, non tamen ex auctoritate legis divinae instituta, sed ratione hominum ordinata; ita etiam erant quaedam caeremoniae, non quidem ex auctoritate alicuius legis determinatae, sed solum secundum voluntatem et devotionem hominum deum colentium. sed quia etiam ante legem fuerunt quidam viri praecipui prophetico spiritu pollentes, credendum est quod ex instinctu divino, quasi ex quadam privata lege, inducerentur ad aliquem certum modum colendi deum, qui et conveniens esset interiori cultui, et etiam congrueret ad significandum christi mysteria, quae figurabantur etiam per alia eorum gesta, * secundum illud i ad cor. x, ° omnia in figuram contingebant illis. ‘ fuerunt igitur ante legem quaedam caeremoniae, non tamen caeremoniae legis, quia non erant per aliquam |25| legislationem institutae.
ra1 ‘ Ad primum ergo dicendum quod huiusmodi oblationes et sacrificia et holocausta offerebant antiqui ante legem ex quadam devotione propriae voluntatis, secundum quod eis videbatur conveniens ut in rebus quas a deo acceperant, quas in reverentiam divinam offerrent, protestarentur se colere deum, qui est omnium principium et finis.
ra2 ‘ Ad secundum dicendum quod etiam sacra quaedam instituerunt, quia videbatur eis conveniens ut in reverentiam divinam essent aliqua loca ab aliis discreta, divino cultui mancipata.
ra3 ‘ Ad tertium dicendum quod sacramentum circumcisionis praecepto divino fuit statutum ante legem. unde non potest dici sacramentum legis quasi in lege institutum, sed solum quasi in lege observatum. * et hoc est quod dominus dicit, ioan. vii, ° circumcisio non ex moyse est, sed ex patribus eius. ‘ sacerdotium etiam erat ante legem apud colentes deum, secundum humanam determinationem, quia hanc dignitatem primogenitis attribuebant.
ra4 ‘ Ad quartum dicendum quod distinctio mundorum animalium et immundorum non fuit ante legem quantum ad esum, * cum dictum sit gen. ix, ° omne quod movetur et vivit, erit vobis in cibum, ‘ sed solum quantum ad sacrificiorum oblationem, quia de quibusdam determinatis animalibus sacrificia offerebant. si tamen quantum ad esum erat aliqua discretio animalium, hoc non erat quia esus illorum reputaretur illicitus, cum nulla lege esset prohibitus, sed propter abominationem vel consuetudinem, sicut et nunc videmus quod aliqua cibaria sunt in aliquibus terris abominabilia, quae in aliis comeduntur.

008 ST2 qu103 ar2

ag1 ‘ Ad secundum sic proceditur. videtur quod caeremoniae veteris legis habuerint virtutem iustificandi tempore legis. expiatio enim a peccato, et consecratio hominis, ad iustificationem pertinent, * sed exod. xxix, dicitur quod ‘ per aspersionem sanguinis et inunctionem olei consecrabantur sacerdotes et vestes eorum; * et levit. xvi, dicitur quod “ sacerdos per aspersionem sanguinis vituli ° expiabat sanctuarium ab immunditiis filiorum israel, et a praevaricationibus eorum atque peccatis. ‘ ergo caeremoniae veteris legis habebant virtutem iustificandi.
ag2 ‘ Praeterea, id per quod homo placet deo, ad iustitiam pertinet; * secundum illud psalmi x, ° iustus dominus, et iustitias dilexit, ‘ sed per caeremonias aliqui deo placebant, * secundum illud levit. x, ° quomodo potui placere domino in caeremoniis mente lugubri? ‘ ergo caeremoniae veteris legis habebant virtutem iustificandi.
ag3 ‘ Praeterea, ea quae sunt divini cultus magis pertinent ad animam quam ad corpus; * secundum illud psalmi xviii, ° lex domini immaculata, convertens animas. ‘ sed per caeremonias veteris legis mundabatur leprosus, * ut dicitur levit. xiv. ‘ ergo multo magis caeremoniae veteris legis poterant mundare animam, iustificando.
sc * Sed contra est quod apostolus dicit, galat. ii, ° si data esset lex quae posset iustificare, christus gratis mortuus esset, “ idest sine causa. sed hoc est inconveniens. ergo caeremoniae veteris legis non iustificabant.
co * Respondeo dicendum quod, sicut supra dictum est, ‘ in veteri lege duplex immunditia observabatur. una quidem spiritualis, quae est immunditia culpae. alia vero corporalis, quae tollebat idoneitatem ad cultum divinum, sicut leprosus dicebatur immundus, vel ille qui tangebat aliquod morticinum, et sic immunditia nihil aliud erat quam irregularitas quaedam. ab hac igitur immunditia caeremoniae veteris legis habebant virtutem emundandi, quia huiusmodi caeremoniae erant quaedam remedia adhibita ex ordinatione legis ad tollendas praedictas immunditias ex statuto legis inductas. * et ideo apostolus dicit, ad heb. ix, quod ° sanguis hircorum et taurorum, et cinis vitulae aspersus, inquinatos sanctificat ad emundationem carnis. ‘ et sicut ista immunditia quae per huiusmodi caeremonias emundabatur, erat magis carnis quam mentis; ita etiam ipsae caeremoniae iustitiae carnis * dicuntur ab ipso apostolo, parum supra, ° iustitiis, inquit, carnis usque ad tempus correctionis impositis. ‘ ab immunditia vero mentis, quae est immunditia culpae, non habebant virtutem expiandi. et hoc ideo quia expiatio a peccatis nunquam fieri potuit nisi per christum, qui tollit peccata mundi, * ut dicitur ioan. i, ‘ et quia |25| mysterium incarnationis et passionis christi nondum erat realiter peractum, illae veteris legis caeremoniae non poterant in se continere realiter virtutem profluentem a christo incarnato et passo, sicut continent sacramenta novae legis. et ideo non poterant a peccato mundare, * sicut apostolus dicit, ad heb. x, quod ° impossibile est sanguine taurorum aut hircorum auferri peccata. * et hoc est quod, gal. iv, apostolus vocat ea “ egena et infirma elementa, ‘ infirma quidem, quia non possunt a peccato mundare; sed haec infirmitas provenit ex eo quod sunt egena, idest eo quod non continent in se gratiam. poterat autem mens fidelium, tempore legis, per fidem coniungi christo incarnato et passo, et ita ex fide christi iustificabantur. cuius fidei quaedam protestatio erat huiusmodi caeremoniarum observatio, inquantum erant figura christi. et ideo pro peccatis offerebantur sacrificia quaedam in veteri lege, non quia ipsa sacrificia a peccato emundarent, sed quia erant quaedam protestationes fidei, quae a peccato mundabat. et hoc etiam ipsa lex innuit ex modo loquendi, * dicitur enim levit. iv et v, quod “ in oblatione hostiarum pro peccato orabit pro eo sacerdos, et dimittetur ei; ‘ quasi peccatum dimittatur non ex vi sacrificiorum, sed ex fide et devotione |50| offerentium. sciendum est tamen quod hoc ipsum quod veteris legis caeremoniae a corporalibus immunditiis expiabant, erat in figura expiationis a peccatis quae fit per christum. sic igitur patet quod caeremoniae in statu veteris legis non habebant virtutem iustificandi.
ra1 ‘ Ad primum ergo dicendum quod illa sanctificatio sacerdotum et filiorum eius, et vestium ipsorum, vel quorumcumque aliorum, per aspersionem sanguinis, nihil aliud erat quam deputatio ad divinum cultum, “ et remotio impedimentorum ad emundationem carnis, * ut apostolus dicit; “ in praefigurationem illius sanctificationis qua iesus per suum sanguinem sanctificavit populum. ‘ expiatio etiam ad remotionem huiusmodi corporalium immunditiarum referenda est, non ad remotionem culpae. unde etiam sanctuarium expiari dicitur, quod culpae subiectum esse non poterat.
ra2 ‘ Ad secundum dicendum quod sacerdotes placebant deo in caeremoniis propter obedientiam et devotionem et fidem rei praefiguratae, non autem propter ipsas res secundum se consideratas.
ra3 ‘ Ad tertium dicendum quod caeremoniae illae quae erant institutae in emundatione leprosi, non ordinabantur ad tollendam immunditiam infirmitatis leprae. quod patet ex hoc quod non adhibebantur huiusmodi caeremoniae nisi iam emundato, * unde dicitur levit. xiv, quod ° sacerdos, egressus de castris, cum invenerit lepram esse mundatam, praecipiet ei qui purificatur ut offerat, ‘ etc.; ex quo patet quod sacerdos constituebatur iudex leprae emundatae, non autem emundandae. adhibebantur autem huiusmodi caeremoniae ad tollendam immunditiam irregularitatis. dicunt tamen quod quandoque, si contingeret sacerdotem errare in iudicando, miraculose leprosus mundabatur a deo virtute divina, non autem virtute sacrificiorum. sicut etiam miraculose mulieris adulterae computrescebat femur, bibitis aquis in quibus sacerdos maledicta congesserat, * ut habetur num. v.

008 ST2 qu103 ar3

ag1 ‘ Ad tertium sic proceditur. videtur quod caeremoniae veteris legis non cessaverint in christi adventu. * dicitur enim baruch iv, ° hic est liber mandatorum dei, et lex quae est in aeternum. ‘ sed ad legem pertinebant legis caeremoniae. ergo legis caeremoniae in aeternum duraturae erant.
ag2 ‘ Praeterea, oblatio leprosi mundati ad legis caeremonias pertinebat. sed etiam * in evangelio praecipitur leproso emundato ut huiusmodi oblationes offerat. ‘ ergo caeremoniae veteris legis non cessaverunt christo veniente.
ag3 ‘ Praeterea, manente causa, manet effectus. sed caeremoniae veteris legis habebant quasdam rationabiles causas, inquantum ordinabantur ad divinum cultum; etiam praeter hoc quod ordinabantur in figuram christi. ergo caeremoniae veteris legis cessare non debuerunt.
ag4 ‘ Praeterea, circumcisio erat instituta in signum fidei abrahae; observatio autem sabbati ad recolendum beneficium creationis; et aliae solemnitates legis ad recolendum alia beneficia dei; * ut supra dictum est. ‘ sed fides abrahae est semper imitanda etiam a nobis; et beneficium creationis, et alia dei beneficia, semper sunt recolenda. ergo ad minus circumcisio et solemnitates legis cessare non debuerunt.
sc * Sed contra est quod apostolus dicit, ad coloss. ii, ° nemo vos iudicet in cibo aut in potu, aut in parte diei festi aut neomeniae aut sabbatorum, quae sunt umbra futurorum. * et ad heb. viii dicitur quod, ° dicendo novum testamentum, veteravit prius, quod autem antiquatur et senescit, prope interitum est.
co ‘ Respondeo dicendum quod omnia praecepta caeremonialia veteris legis ad cultum dei sunt ordinata, * ut supra dictum est. ‘ exterior autem cultus proportionari debet interiori cultui, qui consistit in fide, spe et caritate. unde secundum diversitatem interioris cultus, debuit diversificari cultus exterior. potest autem triplex status distingui interioris cultus. unus quidem secundum quem habetur fides et spes et de bonis caelestibus, et de his per quae in caelestia introducimur, de utrisque quidem sicut de quibusdam futuris. et talis fuit status fidei et spei in veteri lege. alius autem est status interioris cultus in quo habetur fides et spes de caelestibus bonis sicut de quibusdam futuris, sed de his per quae introducimur in caelestia, sicut de praesentibus vel praeteritis. et iste est status novae legis. tertius autem status est in quo utraque habentur ut praesentia, et nihil creditur ut absens, neque speratur ut futurum. et iste est status beatorum. in illo ergo statu beatorum nihil erit figurale ad divinum cultum pertinens, sed solum gratiarum actio et vox laudis. * et ideo dicitur apoc. xxi, de civitate beatorum, ° templum non vidi in ea, dominus enim deus omnipotens templum illius est, et agnus. ‘ pari igitur ratione, caeremoniae primi status, per quas figurabatur et secundus et tertius, veniente secundo |25| statu, cessare debuerunt; et aliae caeremoniae induci, quae convenirent statui cultus divini pro tempore illo, in quo bona caelestia sunt futura, beneficia autem dei per quae ad caelestia introducimur, sunt praesentia.
ra1 ‘ Ad primum ergo dicendum quod lex vetus dicitur esse in aeternum, secundum moralia quidem, simpliciter et absolute, secundum caeremonialia vero, quantum ad veritatem per ea figuratam.
ra2 ‘ Ad secundum dicendum quod mysterium redemptionis humani generis completum fuit in passione christi, unde tunc dominus ° dixit, consummatum est, * ut habetur ioan. xix. ‘ et ideo tunc totaliter debuerunt cessare legalia, quasi iam veritate eorum consummata. in cuius signum, in passione christi velum templi legitur esse scissum, * matth. xxvii. ‘ et ideo ante passionem christi, christo praedicante et miracula faciente, currebant simul lex et evangelium, quia iam mysterium christi erat inchoatum, sed nondum consummatum. et propter hoc mandavit dominus, ante passionem suam, leproso, ut legales caeremonias observaret.
ra3 ‘ Ad tertium dicendum quod rationes litterales caeremoniarum * supra assignatae ‘ referuntur ad divinum cultum, qui quidem cultus erat in fide venturi. et ideo, iam veniente eo qui venturus erat, et cultus ille cessat, et omnes rationes ad hunc cultum ordinatae.
ra4 ‘ Ad quartum dicendum quod fides abrahae fuit commendata in hoc quod credidit divinae promissioni de futuro semine, in quo benedicerentur omnes gentes. et ideo quandiu hoc erat futurum, oportebat protestari fidem abrahae in circumcisione. sed postquam iam hoc est perfectum, oportet idem alio signo declarari, scilicet baptismo, qui in hoc circumcisioni succedit; * secundum illud apostoli, ad coloss. ii, ° circumcisi estis circumcisione non manu facta in expoliatione corporis carnis, sed in circumcisione domini nostri iesu christi, consepulti ei in baptismo. ‘ sabbatum autem, quod significabat primam creationem, mutatur in diem dominicum, in quo commemoratur nova creatura inchoata in resurrectione christi. et similiter aliis solemnitatibus veteris legis novae solemnitates succedunt, quia beneficia illi populo exhibita, significant beneficia nobis concessa per christum. unde festo phase succedit festum passionis christi et resurrectionis. festo pentecostes, in quo fuit data lex vetus, succedit festum pentecostes in quo fuit data lex spiritus vitae. festo neomeniae succedit festum beatae virginis, in qua primo apparuit illuminatio solis, idest christi, per copiam gratiae. festo tubarum succedunt festa apostolorum. festo expiationis succedunt festa martyrum et confessorum. festo tabernaculorum succedit festum consecrationis ecclesiae. festo coetus atque collectae succedit festum angelorum; |25| vel etiam festum omnium sanctorum.

008 ST2 qu103 ar4

ag1 ‘ Ad quartum sic proceditur. videtur quod post passionem christi legalia possint sine peccato mortali observari. non est enim credendum quod apostoli, post acceptum spiritum sanctum, mortaliter peccaverint, eius enim plenitudine sunt induti virtute ex alto, * ut dicitur lucae ult.. ‘ sed apostoli post adventum spiritus sancti legalia observaverunt, * dicitur enim act. xvi, quod ‘ paulus circumcidit timotheum; * et act. xxi, dicitur quod paulus, secundum consilium iacobi, ° assumptis viris, purificatus cum eis intravit in templum, annuntians expletionem dierum purificationis, donec offerretur pro unoquoque eorum oblatio. ‘ ergo sine peccato mortali possunt post

christi passionem legalia observari.
ag2 ‘ Praeterea, vitare consortia gentilium ad caeremonias legis pertinebat. sed hoc observavit primus pastor ecclesiae, * dicitur enim ad gal. ii, quod, cum venissent quidam antiochiam, ° subtrahebat et segregabat se petrus a gentilibus. ‘ ergo absque peccato post passionem christi legis caeremoniae observari possunt.
ag3 ‘ Praeterea, praecepta apostolorum non induxerunt homines ad peccatum. sed ex decreto apostolorum statutum fuit quod gentiles quaedam de caeremoniis legis observarent, * dicitur enim act. xv, ° visum est spiritui sancto et nobis nihil ultra imponere oneris vobis quam haec necessaria, ut abstineatis vos ab immolatis simulacrorum, et sanguine, et suffocato, et fornicatione. ‘ ergo absque peccato caeremoniae legales possunt post christi passionem observari.
sc * Sed contra est quod apostolus dicit, ad gal. v, ° si circumcidimini, christus nihil vobis proderit. ‘sed nihil excludit fructum christi nisi peccatum mortale. ergo circumcidi, et alias caeremonias observare, post passionem christi est peccatum mortale.
co ‘ Respondeo dicendum quod omnes caeremoniae sunt quaedam protestationes fidei, in qua consistit interior dei cultus. sic autem fidem interiorem potest homo protestari factis, sicut et verbis, et in utraque protestatione, si aliquid homo falsum protestatur, peccat mortaliter. quamvis autem sit eadem fides quam habemus de christo, et quam antiqui patres habuerunt; tamen quia ipsi praecesserunt christum, nos autem sequimur, eadem fides diversis verbis significatur a nobis et ab eis. * nam ab eis dicebatur, “ ecce virgo concipiet et pariet filium, quae sunt verba futuri temporis, ‘ nos autem idem repraesentamus per verba praeteriti temporis, dicentes quod concepit et peperit. et similiter caeremoniae veteris legis significabant christum ut nasciturum et passurum, nostra autem sacramenta significant ipsum ut natum et passum. sicut igitur peccaret mortaliter qui nunc, suam fidem protestando, diceret christum nasciturum, quod antiqui pie et veraciter dicebant; ita etiam peccaret mortaliter, si quis nunc caeremonias observaret, quas antiqui pie et fideliter observabant. * et hoc est quod augustinus dicit, contra faustum, ° iam non promittitur nasciturus, passurus, resurrecturus, quod illa sacramenta quodammodo personabant, sed annuntiatur quod natus sit, passus sit, resurrexerit; quod |25| haec sacramenta quae a christianis aguntur, iam personant.
ra1 * Ad primum ergo dicendum quod circa hoc diversimode sensisse videntur hieronymus et augustinus. hieronymus enim distinxit duo tempora. “ unum tempus ante passionem christi, in quo legalia nec erant mortua, quasi non habentia vim obligatoriam, aut expiativam pro suo modo; nec etiam mortifera, quia non peccabant ea observantes. statim autem post passionem christi incoeperunt esse non solum mortua, idest non habentia virtutem et obligationem; sed etiam mortifera, ita scilicet quod peccabant mortaliter quicumque ea observabant. unde dicebat quod apostoli nunquam legalia observaverunt post passionem secundum veritatem; sed solum quadam pia simulatione, ne scilicet scandalizarent iudaeos et eorum conversionem impedirent. quae quidem simulatio sic intelligenda est, non quidem ita quod illos actus secundum rei veritatem non facerent, sed quia non faciebant tanquam legis caeremonias observantes; sicut si quis pelliculam virilis membri abscinderet propter sanitatem, non causa legalis circumcisionis observandae. ‘sed quia indecens videtur quod apostoli ea occultarent propter scandalum quae pertinent ad veritatem vitae et doctrinae, et quod simulatione uterentur in his quae pertinent ad salutem fidelium; * ideo convenientius augustinus distinxit tria tempora. |25| “ unum quidem ante christi passionem, in quo legalia non erant neque mortifera neque mortua. aliud autem post tempus evangelii divulgati, in quo legalia sunt et mortua et mortifera. tertium autem est tempus medium, scilicet a passione christi usque ad divulgationem evangelii, in quo legalia fuerunt quidem mortua, quia neque vim aliquam habebant, neque aliquis ea observare tenebatur; non tamen fuerunt mortifera, quia illi qui conversi erant ad christum ex iudaeis, poterant illa legalia licite observare, dummodo non sic ponerent spem in eis quod ea reputarent sibi necessaria ad salutem, quasi sine legalibus fides christi iustificare non posset. his autem qui convertebantur ex gentilitate ad christum, non inerat causa ut ea observarent. et ideo paulus circumcidit timotheum, qui ex matre iudaea genitus erat; titum autem, qui ex gentilibus natus erat, circumcidere noluit. ‘ideo autem noluit spiritus sanctus ut statim inhiberetur his qui ex iudaeis convertebantur observatio legalium, sicut inhibebatur his qui ex gentilibus convertebantur gentilitatis ritus, ut quaedam differentia inter hos ritus ostenderetur. nam gentilitatis ritus repudiabatur tanquam omnino illicitus, et a deo semper prohibitus, ritus autem legis cessabat tanquam impletus per christi passionem, utpote a deo in figuram christi institutus.
ra2 * Ad secundum dicendum quod, secundum hieronymum, “ petrus simulatorie se a gentilibus subtrahebat, ut vitaret iudaeorum scandalum, quorum erat apostolus. unde in hoc nullo modo peccavit, sed paulus eum similiter simulatorie reprehendit, ut vitaret scandalum gentilium, quorum erat apostolus. * sed augustinus hoc improbat, quia paulus in canonica scriptura, scilicet gal. ii, in qua nefas est credere aliquid esse falsum, dicit quod petrus “ reprehensibilis erat. ‘ unde verum est quod petrus peccavit, et paulus vere eum, non simulatorie, reprehendit. non autem peccavit petrus in hoc quod ad tempus legalia observabat, quia hoc sibi licebat, tanquam ex iudaeis converso. sed peccabat in hoc quod circa legalium observantiam nimiam diligentiam adhibebat ne scandalizaret iudaeos, ita quod ex hoc sequebatur gentilium scandalum.
ra3 * Ad tertium dicendum quod quidam dixerunt quod “ illa prohibitio apostolorum non est intelligenda ad litteram, sed secundum spiritualem intellectum, ut scilicet in prohibitione sanguinis, intelligatur prohibitio homicidii; in prohibitione suffocati, intelligatur prohibitio violentiae et rapinae; in prohibitione immolatorum, intelligatur prohibitio idololatriae; fornicatio autem prohibetur tanquam per se malum. * et hanc opinionem accipiunt ex quibusdam glossis, ‘ quae huiusmodi praecepta mystice exponunt. sed quia homicidium et rapina etiam apud gentiles reputabantur illicita, non oportuisset super hoc speciale mandatum dari his qui erant ex gentilitate conversi ad christum. * unde alii dicunt quod “ ad litteram illa comestibilia fuerunt prohibita, non propter observantiam legalium, sed propter gulam comprimendam. * unde dicit hieronymus, super illud ezech. xliv, ° omne morticinum etc., condemnat sacerdotes qui in turdis et ceteris huiusmodi, haec, cupiditate gulae, non custodiunt. ‘ sed quia sunt quaedam cibaria magis delicata et gulam provocantia, non videtur ratio quare fuerunt haec magis quam alia prohibita. et ideo dicendum, |25| * secundum tertiam opinionem, quod ‘ ad litteram ista sunt prohibita, non ad observandum caeremonias legis, sed ad hoc quod posset coalescere unio gentilium et iudaeorum insimul habitantium. iudaeis enim, propter antiquam consuetudinem, sanguis et suffocatum erant abominabilia, comestio autem immolatorum simulacris, poterat in iudaeis aggenerare circa gentiles suspicionem reditus ad idololatriam. et ideo ista fuerunt prohibita pro tempore illo, in quo de novo oportebat convenire in unum gentiles et iudaeos. procedente autem tempore, cessante causa, cessat effectus; manifestata evangelicae doctrinae veritate, in qua dominus docet quod “ nihil quod per os intrat, coinquinat hominem, * ut dicitur matth. xv; ° et quod nihil est reiiciendum quod cum gratiarum actione percipitur, * ut i ad tim. iv dicitur. ‘ fornicatio autem prohibetur specialiter, quia gentiles eam non reputabant esse peccatum.

008 ST2 qu104 ar

pr ‘ Consequenter considerandum est de praeceptis iudicialibus. et primo, considerandum est de ipsis in communi; secundo, de rationibus eorum. circa primum quaeruntur quatuor. primo, quae sint iudicialia praecepta. secundo, utrum sint figuralia. tertio, de duratione eorum. quarto, de distinctione eorum.

008 ST2 qu104 ar1

ag1 ‘ Ad primum sic proceditur. videtur quod ratio praeceptorum iudicialium non consistat in hoc quod sunt ordinantia ad proximum. iudicialia enim praecepta a iudicio dicuntur. sed multa sunt alia quibus homo ad proximum ordinatur, quae non pertinent ad ordinem iudiciorum. non ergo praecepta iudicialia dicuntur quibus homo ordinatur ad proximum.
ag2 ‘ Praeterea, praecepta iudicialia a moralibus distinguuntur, * ut supra dictum est. ‘ sed multa praecepta moralia sunt quibus homo ordinatur ad proximum, sicut patet in septem praeceptis secundae tabulae. non ergo praecepta iudicialia dicuntur ex hoc quod ad proximum ordinant.
ag3 ‘ Praeterea, sicut se habent praecepta caeremonialia ad deum, ita se habent iudicialia praecepta ad proximum, * ut supra dictum est. ‘sed inter praecepta caeremonialia sunt quaedam quae pertinent ad seipsum, sicut observantiae ciborum et vestimentorum, * de quibus supra dictum est. ‘ ergo praecepta iudicialia non ex hoc dicuntur quod ordinent hominem ad proximum.
sc ‘Sed contra est quod * dicitur ezech. xviii, inter cetera bona opera viri iusti, ° si iudicium verum fecerit inter virum et virum. ‘sed iudicialia praecepta a iudicio dicuntur. ergo praecepta iudicialia videntur dici illa quae pertinent ad ordinationem hominum ad invicem.
co * Respondeo dicendum quod, sicut ex supradictis patet, ‘ praeceptorum cuiuscumque legis quaedam habent vim obligandi ex ipso dictamine rationis, quia naturalis ratio dictat hoc esse debitum fieri vel vitari. et huiusmodi praecepta dicuntur moralia, eo quod a ratione dicuntur mores humani. alia vero praecepta sunt quae non habent vim obligandi ex ipso dictamine rationis, quia scilicet in se considerata non habent absolute rationem debiti vel indebiti; sed habent vim obligandi ex aliqua institutione divina vel humana. et huiusmodi sunt determinationes quaedam moralium praeceptorum. si igitur determinentur moralia praecepta per institutionem divinam in his per quae ordinatur homo ad deum, talia dicentur praecepta caeremonialia. si autem in his quae pertinent ad ordinationem hominum ad invicem, talia dicentur praecepta iudicialia. in duobus ergo consistit ratio iudicialium praeceptorum, scilicet ut pertineant ad ordinationem hominum ad invicem; et ut non habeant vim obligandi ex sola ratione, sed ex institutione.
ra1 ‘ Ad primum ergo dicendum quod iudicia exercentur officio aliquorum principum, qui habent potestatem iudicandi. ad principem autem pertinet non solum ordinare de his quae veniunt in litigium, sed etiam de voluntariis contractibus qui inter homines fiunt, et de omnibus pertinentibus ad populi communitatem et regimen. unde praecepta iudicialia non solum sunt illa quae pertinent ad lites iudiciorum; sed etiam quaecumque pertinent ad ordinationem hominum ad invicem, quae subest ordinationi principis tanquam supremi iudicis.
ra2 ‘ Ad secundum dicendum quod ratio illa procedit de illis praeceptis ordinantibus ad proximum, quae habent vim obligandi ex solo dictamine rationis.
ra3 ‘ Ad tertium dicendum quod etiam in his quae ordinant ad deum, quaedam sunt moralia, quae ipsa ratio fide informata dictat, sicut deum esse amandum et colendum. quaedam vero sunt caeremonialia, quae non habent vim obligationis nisi ex institutione divina. ad deum autem pertinent non solum sacrificia oblata deo, sed etiam quaecumque pertinent ad idoneitatem offerentium et deum colentium. homines enim ordinantur in deum sicut in finem, et ideo ad cultum dei pertinet, et per consequens ad caeremonialia praecepta, quod homo habeat quandam idoneitatem respectu cultus divini. sed homo non ordinatur ad proximum sicut in finem, ut oporteat eum disponi in seipso in ordine ad proximum, haec enim est comparatio servorum ad dominos, ° qui id quod sunt, dominorum sunt, * secundum philosophum, in i polit,. ‘ et ideo non sunt aliqua praecepta iudicialia ordinantia hominem in seipso, sed omnia talia sunt moralia, quia ratio, quae est principium moralium, se habet in homine respectu eorum quae ad ipsum pertinent, sicut princeps vel iudex in civitate. sciendum tamen quod, quia ordo hominis ad proximum magis subiacet rationi quam ordo hominis ad deum, plura praecepta moralia inveniuntur per quae ordinatur homo ad proximum, quam per quae ordinatur ad deum. et propter hoc etiam oportuit |25| plura esse caeremonialia in lege quam iudicialia.

008 ST2 qu104 ar2

ag1 ‘ Ad secundum sic proceditur. videtur quod praecepta iudicialia non figurent aliquid. hoc enim videtur esse proprium caeremonialium praeceptorum, quod sint in figuram alicuius rei instituta. si igitur etiam praecepta iudicialia aliquid figurent, non erit differentia inter iudicialia et caeremonialia praecepta.
ag2 ‘ Praeterea, sicuti illi populo iudaeorum data sunt quaedam iudicialia praecepta, ita etiam aliis populis gentilium. sed iudicialia praecepta aliorum populorum non figurant aliquid, sed ordinant quid fieri debeat. ergo videtur quod neque praecepta iudicialia veteris legis aliquid figurarent.
ag3 ‘ Praeterea, ea quae ad cultum divinum pertinent, figuris quibusdam tradi oportuit, quia ea quae dei sunt, supra nostram rationem sunt, * ut supra dictum est. ‘ sed ea quae sunt proximorum, non excedunt nostram rationem. ergo per iudicialia, quae ad proximum nos ordinant, non oportuit aliquid figurari.
sc * Sed contra est quod exod. xxi “ iudicialia praecepta allegorice et moraliter exponuntur.
co ‘ Respondeo dicendum quod dupliciter contingit aliquod praeceptum esse figurale. uno modo, primo et per se, quia scilicet principaliter est institutum ad aliquid figurandum. et hoc modo praecepta caeremonialia sunt figuralia, ad hoc enim sunt instituta, ut aliquid figurent pertinens ad cultum dei et ad mysterium christi. quaedam vero praecepta sunt figuralia non primo et per se, sed ex consequenti. et hoc modo praecepta iudicialia veteris legis sunt figuralia. non enim sunt instituta ad aliquid figurandum; sed ad ordinandum statum illius populi secundum iustitiam et aequitatem. sed ex consequenti aliquid figurabant, inquantum scilicet totus status illius populi, qui per huiusmodi praecepta disponebatur, figuralis erat; * secundum illud i ad cor. x, ° omnia in figuram contingebant illis.
ra1 ‘ Ad primum ergo dicendum quod praecepta caeremonialia alio modo sunt figuralia quam iudicialia, * ut dictum est.
ra2 ‘ Ad secundum dicendum quod populus iudaeorum ad hoc electus erat a deo, quod ex eo christus nasceretur. et ideo oportuit totum illius populi statum esse propheticum et figuralem, * ut augustinus dicit, contra faustum. ‘ et propter hoc etiam iudicialia illi populo tradita, magis sunt figuralia quam iudicialia aliis populis tradita. sicut etiam bella et gesta illius populi exponuntur mystice; non autem bella vel gesta assyriorum vel romanorum, quamvis longe clariora secundum homines.
ra3 ‘ Ad tertium dicendum quod ordo ad proximum in populo illo, secundum se consideratus, pervius erat rationi. sed secundum quod referebatur ad cul-

tum dei, superabat rationem. et ex hac parte erat figuralis.

008 ST2 qu104 ar3

ag1 ' Ad tertium sic proceditur. videtur quod praecepta iudicialia veteris legis perpetuam obligationem habeant. praecepta enim iudicialia pertinent ad virtutem iustitiae, nam iudicium dicitur iustitiae executio. iustitia autem est perpetua et immortalis, * ut dicitur sap. i. ' ergo obligatio praeceptorum iudicialium est perpetua.

ag2 ' Praeterea, institutio divina est stabilior quam institutio humana. sed praecepta iudicialia humanarum legum habent perpetuam obligationem. ergo multo magis praecepta iudicialia legis divinae.

ag3 * Praeterea, apostolus dicit, ad heb. vii, quod ° reprobatio fit praecedentis mandati propter infirmitatem ipsius et inutilitatem. ' quod quidem verum est de mandato caeremoniali quod ° non poterat facere perfectum iuxta conscientiam servientem solummodo in cibis et in potibus et variis baptismatibus et iustitiis carnis, * ut apostolus dicit, ad heb. ix. ' sed praecepta iudicialia utilia erant et efficacia ad id ad quod ordinabantur, scilicet ad iustitiam et aequitatem inter homines constituendam. ergo praecepta iudicialia veteris legis non reprobantur, sed adhuc efficaciam habent.

sc * Sed contra est quod apostolus dicit, ad heb. vii, quod ° translato sacerdotio, necesse est ut legis translatio fiat. ' sed sacerdotium est translatum ab aaron ad christum. ergo etiam et tota lex est translata. non ergo iudicialia praecepta adhuc obligationem habent.

co ' Respondeo dicendum quod iudicialia praecepta non habuerunt perpetuam obligationem, sed sunt evacuata per adventum christi, aliter tamen quam caeremonialia. nam caeremonialia adeo sunt evacuata ut non solum sint mortua, sed etiam mortifera observantibus post christum, maxime post evangelium divulgatum. praecepta autem iudicialia sunt quidem mortua, quia non habent vim obligandi, non tamen sunt mortifera. quia si quis princeps ordinaret in regno suo illa iudicialia observari, non peccaret, nisi forte hoc modo observarentur, vel observari mandarentur, tanquam habentia vim obligandi ex veteris legis institutione. talis enim intentio observandi esset mortifera. et huius differentiae ratio potest accipi ex praemissis. * dictum est enim quod ' praecepta caeremonialia sunt figuralia primo et per se, tanquam instituta principaliter ad figurandum christi mysteria ut futura. et ideo ipsa observatio eorum praeiudicat fidei veritati, secundum quam confitemur illa mysteria iam esse completa. praecepta autem iudicialia non sunt instituta ad figurandum, sed ad disponendum statum illius populi, qui ordinabatur ad christum. et ideo, mutato statu illius populi, christo iam veniente, iudicialia praecepta obligationem amiserunt, lex enim fuit paedagogus |25| ducens ad christum, * ut dicitur ad gal. iii. ' quia tamen huiusmodi iudicialia praecepta non ordinantur ad figurandum, sed ad aliquid fiendum, ipsa eorum observatio absolute non praeiudicat fidei veritati. sed intentio observandi tanquam ex obligatione legis, praeiudicat veritati fidei, quia per hoc haberetur quod status prioris populi adhuc duraret, et quod christus nondum venisset.

ra1 ' Ad primum ergo dicendum quod iustitia quidem perpetuo est observanda. sed determinatio eorum quae sunt iusta secundum institutionem humanam vel divinam, oportet quod varietur secundum diversum hominum statum.

ra2 ' Ad secundum dicendum quod praecepta iudicialia ab hominibus instituta habent perpetuam obligationem, manente illo statu regiminis. sed si civitas vel gens ad aliud regimen deveniat, oportet leges mutari. non enim eaedem leges conveniunt in democratia, quae est potestas populi, et in oligarchia, quae est potestas divitum; * ut patet per philosophum, in sua politica. ' et ideo etiam, mutato statu illius populi, oportuit praecepta iudicialia mutari.

ra3 ' Ad tertium dicendum quod illa praecepta iudicialia disponebant populum ad iustitiam et aequitatem secundum quod conveniebat illi statui. sed post christum, statum illius populi oportuit mutari, ut iam in christo non esset discretio gentilis et iudaei, sicut antea erat. et propter hoc oportuit etiam praecepta iudicialia mutari.

008 ST2 qu104 ar4

ag1 ' Ad quartum sic proceditur. videtur quod praecepta iudicialia non possint habere aliquam certam divisionem. praecepta enim iudicialia ordinant homines ad invicem. sed ea quae inter homines ordinari oportet, in usum eorum venientia, non cadunt sub certa distinctione, cum sint infinita. ergo praecepta iudicialia non possunt habere certam distinctionem.

ag2 ' Praeterea, praecepta iudicialia sunt determinationes moralium. sed moralia praecepta non videntur habere aliquam distinctionem, nisi secundum quod reducuntur ad praecepta decalogi. ergo praecepta iudicialia non habent aliquam certam distinctionem.

ag3 ' Praeterea, praecepta caeremonialia quia certam distinctionem habent, eorum distinctio in lege innuitur, dum quaedam vocantur sacrificia, quaedam observantiae. sed nulla distinctio innuitur in lege praeceptorum iudicialium. ergo videtur quod non habeant certam distinctionem.

sc ' Sed contra, ubi est ordo, oportet quod sit distinctio. sed ratio ordinis maxime pertinet ad praecepta iudicialia, per quae populus ille ordinabatur. ergo maxime debent habere distinctionem certam.

co ' Respondeo dicendum quod, cum lex sit quasi quaedam ars humanae vitae instituendae vel ordinandae, sicut in unaquaque arte est certa distinctio regularum artis, ita oportet in qualibet lege esse certam distinctionem praeceptorum, aliter enim ipsa confusio utilitatem legis auferret. et ideo dicendum est quod praecepta iudicialia veteris legis, per quae homines ad invicem ordinabantur, distinctionem habent secundum distinctionem ordinationis humanae. quadruplex autem ordo in aliquo populo inveniri potest, unus quidem, principum populi ad subditos; alius autem, subditorum ad invicem; tertius autem, eorum qui sunt de populo ad extraneos; quartus autem, ad domesticos, sicut patris ad filium, uxoris ad virum, et domini ad servum. et secundum istos quatuor ordines distingui possunt praecepta iudicialia veteris legis. dantur enim quaedam praecepta de institutione principum et officio eorum, et de reverentia eis exhibenda, et haec est una pars iudicialium praeceptorum. dantur etiam quaedam praecepta pertinentia ad concives ad invicem, puta circa emptiones et venditiones, et iudicia et poenas. et haec est secunda pars iudicialium praeceptorum. dantur etiam quaedam praecepta pertinentia ad extraneos, puta de bellis contra hostes, et de susceptione peregrinorum et advenarum. et haec est tertia pars iudicialium praeceptorum. dantur etiam in lege quaedam praecepta pertinentia ad domesticam conversationem, sicut de servis, et uxoribus, et filiis. |25| et haec est quarta pars iudicialium praeceptorum.

ra1 ' Ad primum ergo dicendum quod ea quae pertinent ad ordinationem hominum ad invicem, sunt quidem numero infinita; sed tamen reduci possunt ad aliqua certa, secundum differentiam ordinationis humanae, * ut dictum est.

ra2 ' Ad secundum dicendum quod praecepta decalogi sunt prima in genere moralium, * ut supra dictum est, ' et ideo convenienter alia praecepta moralia secundum ea distinguuntur. sed praecepta iudicialia et caeremonialia habent aliam rationem obligationis non quidem ex ratione naturali sed ex sola institutione. et ideo distinctionis eorum est alia ratio.

ra3 ' Ad tertium dicendum quod ex ipsis rebus quae per praecepta iudicialia ordinantur in lege, innuit lex distinctionem iudicialium praeceptorum.

008 ST2 qu105 ar

pr ' Deinde considerandum est de ratione iudicialium praeceptorum. et circa hoc quaeruntur quatuor. primo, de ratione praeceptorum iudicialium quae pertinent ad principes. secundo, de his quae pertinent ad convictum hominum ad invicem. tertio, de his quae pertinent ad extraneos. quarto, de his quae pertinent ad domesticam conversationem.

008 ST2 qu105 ar1

ag1 ' Ad primum sic proceditur. videtur quod inconvenienter lex vetus de principibus ordinaverit. * quia, ut philosophus dicit, in iii polit., ° ordinatio populi praecipue dependet ex maximo principatu. ' sed in lege non invenitur qualiter debeat institui supremus princeps. invenitur autem de inferioribus principibus, * primo quidem, exod. xviii, provide de omni plebe viros sapientes, etc.; et num. xi, congrega mihi septuaginta viros de senioribus israel; et deut. i, date ex vobis viros sapientes et gnaros, etc.. ' ergo insufficienter lex vetus principes populi ordinavit.

ag2 " Praeterea, optimi est optima adducere, * ut plato dicit. ' sed optima ordinatio civitatis vel populi cuiuscumque est ut gubernetur per regem, quia huiusmodi regimen maxime repraesentat divinum regimen, quo unus deus mundum gubernat. a principio igitur lex debuit regem populo instituere; et non permittere hoc eorum arbitrio, * sicut permittitur deut. xvii, ° cum dixeris, constituam super me regem, eum constitues, etc..

ag3 * Praeterea, sicut dicitur matth. xii, " omne regnum in se divisum desolabitur, ' quod etiam experimento patuit in populo iudaeorum, in quo divisio regni fuit destructionis causa. sed lex praecipue debet intendere ea quae pertinent ad communem salutem populi. ergo debuit in lege prohiberi divisio regni in duos reges. nec etiam debuit hoc auctoritate divina introduci; * sicut legitur introductum auctoritate domini per ahiam silonitem prophetam, iii reg. xi.

ag4 ' Praeterea, sicut sacerdotes instituuntur ad utilitatem populi in his quae ad deum pertinent, * ut patet heb. v; ' ita etiam principes instituuntur ad utilitatem populi in rebus humanis. sed sacerdotibus et levitis qui sunt in lege, deputantur aliqua ex quibus vivere debeant, sicut decimae et primitiae, et multa alia huiusmodi. ergo similiter principibus populi debuerunt aliqua ordinari unde sustentarentur, et praecipue cum inhibita sit eis munerum acceptio, * ut patet exod. xxiii, ° non accipietis munera, quae excaecant etiam prudentes, et subvertunt verba iustorum.

ag5 ' Praeterea, sicut regnum est optimum regimen, ita tyrannis est pessima corruptio regiminis. sed dominus regi instituendo instituit ius tyrannicum, * dicitur enim i reg. viii, ° hoc erit ius regis qui imperaturus est vobis, filios vestros tollet, ' etc.. ergo inconvenienter fuit provisum per legem circa principum ordinationem.

sc ' Sed contra est quod populus israel de pulchritudine ordinationis commendatur, * num. xxiv, ° quam pulchra tabernacula tua, iacob; et tentoria tua, israel. ' sed pulchritudo ordinationis populi dependet ex principibus bene institutis. ergo per legem populus fuit circa principes bene institutus.

co ' Respondeo dicendum quod circa bonam ordinationem principum in aliqua civitate vel gente, duo sunt attendenda. quorum unum est ut omnes aliquam partem habeant in principatu, per hoc enim conservatur pax populi, et omnes talem ordinationem amant et custodiunt, * ut dicitur in ii polit.. ' aliud est quod attenditur secundum speciem regiminis, vel ordinationis principatuum. cuius cum sint diversae species, * ut philosophus tradit, in iii polit., ' praecipuae tamen sunt regnum, in quo unus principatur " secundum virtutem; et aristocratia, idest potestas optimorum, in qua aliqui pauci principantur secundum virtutem. ' unde optima ordinatio principum est in aliqua civitate vel regno, in qua unus praeficitur secundum virtutem qui omnibus praesit; et sub ipso sunt aliqui principantes secundum virtutem; et tamen talis principatus ad omnes pertinet, tum quia ex omnibus eligi possunt, tum quia etiam ab omnibus eliguntur. talis enim est optima politia, bene commixta ex regno, inquantum unus praeest; et aristocratia, inquantum multi principantur secundum virtutem; et ex democratia, idest |25| potestate populi, inquantum ex popularibus possunt eligi principes, et ad populum pertinet electio principum. et hoc fuit institutum secundum legem divinam. nam moyses et eius successores gubernabant populum quasi singulariter omnibus principantes, quod est quaedam species regni. eligebantur autem septuaginta duo seniores secundum virtutem, * dicitur enim deut. i, ° tuli de vestris tribubus viros sapientes et nobiles, et constitui eos principes, ' et hoc erat aristocraticum. sed democraticum erat quod isti de omni populo eligebantur; * dicitur enim exod. xviii, ° provide de omni plebe viros sapientes, etc., ' et etiam quod populus eos eligebat; * unde dicitur deut. i, " date ex vobis viros sapientes, etc.. ' unde patet quod optima fuit ordinatio principum quam lex instituit.

ra1 ' Ad primum ergo dicendum quod populus ille sub speciali cura dei regebatur, * unde dicitur deut. vii, ° te elegit dominus deus tuus ut sis ei populus peculiaris. ' et ideo institutionem summi principis dominus sibi reservavit. * et hoc est quod moyses petivit, num. xxvii, ° provideat dominus deus spirituum omnis carnis, hominem qui sit super multitudinem hanc. ' et sic ex dei ordinatione institutus est iosue in principatu post moysen, et de singulis iudicibus qui post iosue fuerunt, legitur quod deus suscitavit populo salvatorem, et quod spiritus domini fuit in eis, * ut patet iudic. iii. ' et ideo etiam electionem regis non commisit dominus populo, sed sibi reservavit; * ut patet deut. xvii, ° eum constitues regem, quem dominus deus tuus elegerit.

ra2 ' Ad secundum dicendum quod regnum est optimum regimen populi, si non corrumpatur. sed propter magnam potestatem quae regi conceditur, de facili regnum degenerat in tyrannidem, nisi sit perfecta virtus eius cui talis potestas conceditur, " quia non est nisi virtuosi bene ferre bonas fortunas, * ut philosophus dicit, in iv ethic.. ' perfecta autem virtus in paucis invenitur, et praecipue iudaei crudeles erant et ad avaritiam proni, per quae vitia maxime homines in tyrannidem decidunt. et ideo dominus a principio eis regem non instituit cum plena potestate, sed iudicem et gubernatorem in eorum custodiam. sed postea regem ad petitionem populi, quasi indignatus, concessit, * ut patet per hoc quod dixit ad samuelem, i reg. viii, ° non te abiecerunt, sed me, ne regnem super eos. ' instituit tamen a principio circa regem instituendum, primo quidem, modum eligendi. in quo duo determinavit, ut scilicet in eius electione expectarent iudicium domini; et ut non facerent regem alterius gentis, quia tales reges solent parum affici ad gentem cui praeficiuntur, et per consequens non curare de eis. secundo, ordinavit circa reges institutos qualiter deberent se habere quantum ad seipsos, ut scilicet non multiplicarent currus et equos, neque uxores, neque etiam immensas |25| divitias; quia ex cupiditate horum principes ad tyrannidem declinant, et iustitiam derelinquunt. instituit etiam qualiter se deberent habere ad deum, ut scilicet semper legerent et cogitarent de lege dei, et semper essent in dei timore et obedientia. instituit etiam qualiter se haberent ad subditos suos, ut scilicet non superbe eos contemnerent, aut opprimerent, neque etiam a iustitia declinarent.

ra3 ' Ad tertium dicendum quod divisio regni, et multitudo regum, magis est populo illi data in poenam pro multis dissensionibus eorum, quas maxime contra regnum david iustum moverant, quam ad eorum profectum. * unde dicitur osee xiii, ° dabo tibi regem in furore meo; * et osee viii, ° ipsi regnaverunt, et non ex me, principes extiterunt, et non cognovi.

ra4 ' Ad quartum dicendum quod sacerdotes per successionem originis sacris deputabantur. et hoc ideo ut in maiori reverentia haberentur, si non quilibet ex populo posset sacerdos fieri, quorum honor cedebat in reverentiam divini cultus. et ideo oportuit ut eis specialia quaedam deputarentur, tam in decimis quam in primitiis, quam etiam in oblationibus et sacrificiis, ex quibus viverent. sed principes, * sicut dictum est, ' assumebantur ex toto populo, et ideo habebant certas possessiones proprias, ex quibus vivere poterant. et praecipue cum dominus prohiberet etiam in rege ne superabundaret divitiis aut magnifico apparatu, tum quia non erat facile quin ex his in superbiam et tyrannidem erigeretur; tum etiam quia, si principes non erant multum divites, et erat laboriosus principatus et sollicitudine plenus, non multum affectabatur a popularibus, et sic tollebatur seditionis materia.

ra5 ' Ad quintum dicendum quod illud ius non dabatur regi ex institutione divina; sed magis praenuntiatur usurpatio regum, qui sibi ius iniquum constituunt in tyrannidem degenerantes, et subditos depraedantes. * et hoc patet per hoc quod in fine subdit, ° vosque eritis ei servi, ' quod proprie pertinet ad tyrannidem, quia tyranni suis subditis principantur ut servis. unde hoc dicebat samuel ad deterrendum eos ne regem peterent, * sequitur enim, ° noluit autem audire populus vocem samuelis. ' potest tamen contingere quod etiam bonus rex, absque tyrannide, filios tollat, et constituat tribunos et centuriones, et multa accipiat a subditis, propter commune bonum procurandum.

008 ST2 qu105 ar2

ag1 ' Ad secundum sic proceditur. videtur quod inconvenienter fuerint tradita praecepta iudicialia quantum ad popularium convictum. non enim possunt homines pacifice vivere ad invicem, si unus accipiat ea quae sunt alterius. sed hoc videtur esse inductum in lege, * dicitur enim deut. xxiii, ° ingressus vineam proximi tui, comede uvas quantum tibi placuerit. ' ergo lex vetus non convenienter providebat hominum paci.

ag2 ' Praeterea, ex hoc maxime multae civitates et regna destruuntur, quod possessiones ad mulieres perveniunt, * ut philosophus dicit, in ii polit.. ' sed hoc fuit introductum in veteri lege, * dicitur enim num. xxvii, ° homo cum mortuus fuerit absque filio, ad filiam eius transibit hereditas. ' ergo non convenienter providit lex saluti populi.

ag3 ' Praeterea, societas hominum maxime per hoc conservatur, quod homines emendo et vendendo sibi invicem res suas commutant quibus indigent, * ut dicitur in i polit.. ' sed lex vetus abstulit virtutem venditionis, mandavit enim quod possessio vendita reverteretur ad venditorem in quinquagesimo anno iubilaei, * ut patet levit. xxv. ' inconvenienter igitur lex populum illum circa hoc instituit.

ag4 ' Praeterea, necessitatibus hominum maxime expedit ut homines sint prompti ad mutuum concedendum. quae quidem promptitudo tollitur per hoc quod creditores accepta non reddunt, * unde dicitur eccli. xxix, ° multi non causa nequitiae non faenerati sunt, sed fraudari gratis timuerunt. * hoc autem induxit lex. primo quidem, quia mandavit deut. xv, ° cui debetur aliquid ab amico vel proximo ac fratre suo, repetere non poterit, quia annus remissionis est domini; * et exod. xxii dicitur quod " si praesente domino animal mutuatum mortuum fuerit, reddere non tenetur. ' secundo, quia aufertur ei securitas quae habetur per pignus, * dicitur enim deut. xxiv, ° cum repetes a proximo tuo rem aliquam quam debet tibi, non ingredieris domum eius ut pignus auferas; * et iterum, ° non pernoctabit apud te pignus, sed statim reddes ei. ' ergo insufficienter fuit ordinatum in lege de mutuis.

ag5 ' Praeterea, ex defraudatione depositi maximum periculum imminet, et ideo est maxima cautela adhibenda, * unde etiam dicitur ii mach. iii, quod ° sacerdotes invocabant de caelo eum qui de depositis legem posuit, ut his qui deposuerant ea, salva custodiret. ' sed in praeceptis veteris legis parva cautela circa deposita adhibetur, * dicitur enim exod. xxii quod ' in amissione depositi statur iuramento eius apud quem fuit depositum. ergo non fuit circa hoc legis ordinatio conveniens.

ag6 ' Praeterea, sicut aliquis mercenarius locat operas suas, ita etiam aliqui locant domum, vel quaecumque alia huiusmodi. sed non est necessarium ut statim pretium locatae domus conductor exhibeat. ergo etiam nimis durum fuit quod praecipitur * levit. xix, ° non morabitur opus mercenarii tui apud te usque mane.

ag7 ' Praeterea, cum frequenter immineat iudiciorum necessitas, facilis debet esse accessus ad iudicem. inconvenienter igitur statuit lex, * deut. xvii, ' ut irent ad unum locum expetituri iudicium de suis dubiis.

ag8 ' Praeterea, possibile est non solum duos, sed etiam tres vel plures concordare ad mentiendum. * inconvenienter igitur dicitur deut. xix, ° in ore duorum vel trium testium stabit omne verbum.

ag9 ' Praeterea, poena debet taxari secundum quantitatem culpae, * unde dicitur etiam deut. xxv, ° pro mensura peccati erit et plagarum modus. ' sed quibusdam aequalibus culpis lex statuit inaequales poenas, * dicitur enim exod. xxii, quod " restituet fur quinque boves pro uno bove, et quatuor oves pro una ove. ' quaedam etiam non multum gravia peccata gravi poena puniuntur, * sicut num. xv, lapidatus est qui collegerat ligna in sabbato. " filius etiam protervus propter parva delicta, quia scilicet comessationibus vacabat et conviviis, mandatur lapidari, * deut. xxi. ' igitur inconvenienter in legibus sunt institutae poenae.

ag10 * Praeterea, sicut augustinus dicit, xxi de civ. dei, ° octo genera poenarum in legibus esse scribit tullius, damnum, vincula, verbera, talionem, ignominiam, exilium, mortem, servitutem. ' ex quibus aliqua sunt in lege statuta. damnum quidem, sicut cum fur condemnabatur ad quintuplum vel quadruplum. * vincula vero, sicut num. xv, mandatur de quodam quod in carcerem includatur. verbera vero, sicut deut. xxv, ° si eum qui peccavit dignum viderint plagis, prosternent, et coram se facient verberari. ' ignominiam etiam inferebat illi qui nolebat accipere uxorem fratris sui defuncti, quae tollebat calceamentum illius, et spuebat in faciem illius. mortem etiam inferebat, * ut patet levit. xx, ° qui maledixerit patri suo aut matri, morte moriatur. ' poenam etiam talionis lex induxit, * dicens exod. xxi, ° oculum pro oculo, dentem pro dente. ' inconveniens igitur videtur quod alias duas poenas, scilicet exilium et servitutem, lex vetus non inflixit.

ag11 ' Praeterea, poena non debetur nisi culpae. sed bruta animalia non possunt habere culpam. ergo inconvenienter eis infligitur poena, * exod. xxi, ° bos lapidibus obruetur qui occiderit virum aut mulierem. * et levit. xx dicitur, ° mulier quae succubuerit cuilibet iumento, simul interficiatur cum eo. ' sic igitur videtur quod inconvenienter ea quae pertinent ad convictum hominum ad invicem, fuerint in lege veteri ordinata.

ag12 * Praeterea, dominus mandavit exod. xxi, quod ' homicidium morte hominis puniretur. sed mors bruti animalis multo minus reputatur quam occisio hominis. ergo non potest sufficienter recompensari poena homicidii per occisionem bruti animalis. * inconvenienter igitur mandatur deut. xxi quod ° quando inventum fuerit cadaver occisi hominis, et ignorabitur caedis reus, seniores propinquioris civitatis tollant vitulam de armento quae non traxit iugum nec terram scidit vomere, et ducent eam ad vallem asperam atque saxosam quae numquam arata est nec sementa recepit, et caedent in ea cervices vitulae.

sc ' Sed contra est quod pro speciali beneficio commemoratur * in psalmo cxlvii, ° non fecit taliter omni nationi, et iudicia sua non manifestavit eis.

co ' Respondeo dicendum quod, * sicut augustinus in ii de civ. dei introducit a tullio dictum, ° populus est coetus multitudinis iuris consensu et utilitatis communione sociatus. ' unde ad rationem populi pertinet ut communicatio hominum ad invicem iustis praeceptis legis ordinetur. est autem duplex communicatio hominum ad invicem, una quidem quae fit auctoritate principum; alia autem fit propria voluntate privatarum personarum. et quia voluntate uniuscuiusque disponi potest quod eius subditur potestati, ideo auctoritate principum, quibus subiecti sunt homines, oportet quod iudicia inter homines exerceantur, et poenae malefactoribus inferantur. potestati vero privatarum personarum subduntur res possessae, et ideo propria voluntate in his possunt sibi invicem communicare, puta emendo, vendendo, donando, et aliis huiusmodi modis. circa utramque autem communicationem lex sufficienter ordinavit. statuit enim iudices, * ut patet deut. xvi, ° iudices et magistros constitues in omnibus portis eius, ut iudicent populum iusto iudicio. ' instituit etiam iustum iudicii ordinem, |25| * ut dicitur deut. i, ° quod iustum est iudicate, sive civis ille sit sive peregrinus, nulla erit personarum distantia. ' sustulit etiam occasionem iniusti iudicii, acceptionem munerum iudicibus prohibendo; * ut patet exod. xxiii, et deut. xvi. ' instituit etiam numerum testium duorum vel trium; * ut patet deut. xvii, et xix. ' instituit etiam certas poenas pro diversis delictis, * ut post dicetur. ' sed circa res possessas optimum est, * sicut dicit philosophus, in ii polit., quod ' possessiones sint distinctae, et usus sit partim communis, partim autem per voluntatem possessorum communicetur. et haec tria fuerunt in lege statuta. primo enim, ipsae possessiones divisae erant in singulos, * dicitur enim num. xxxiii, ° ego dedi vobis terram in possessionem, quam sorte dividetis vobis. ' et quia per possessionum irregularitatem plures civitates destruuntur, * ut philosophus dicit, in ii polit.; ' ideo circa possessiones regulandas triplex remedium lex adhibuit. |50| unum quidem, ut secundum numerum hominum aequaliter dividerentur, * unde dicitur num. xxxiii, ° pluribus dabitis latiorem, et paucioribus angustiorem. ' aliud remedium est ut possessiones non in perpetuum alienentur, sed certo tempore ad suos possessores revertantur, ut non confundantur sortes possessionum. tertium remedium est ad huiusmodi confusionem tollendam, ut proximi succedant morientibus, primo quidem gradu, filius; secundo autem, filia; tertio, fratres; quarto, patrui; quinto, quicumque propinqui. et ad distinctionem sortium conservandam, ulterius lex statuit ut mulieres quae sunt haeredes, nuberent suae tribus hominibus, * ut habetur num. xxxvi. ' secundo vero, instituit lex ut quantum ad aliqua usus rerum esset communis. et primo, quantum ad curam, * praeceptum est enim deut. xxii, ° non videbis bovem et ovem fratris tui errantem, et praeteribis, sed reduces fratri tuo; ' et similiter de aliis. secundo, quantum ad fructum. concedebatur enim communiter quantum ad omnes, ut ingressus in vineam amici posset licite comedere, dum tamen extra non auferret. quantum ad pauperes vero specialiter, ut eis relinquerentur manipuli obliti, et fructus et racemi remanentes, * ut habetur lev. xix, et deut. xxiv. ' et etiam communicabantur ea quae nascebantur in septimo anno; |75| * ut habetur exod. xxiii, et lev. xxv. ' tertio vero, statuit lex communicationem factam per eos qui sunt domini rerum. unam pure gratuitam, * unde dicitur deut. xiv, ° anno tertio separabis aliam decimam, venientque levites et peregrinus et pupillus et vidua, et comedent et saturabuntur. ' aliam vero cum recompensatione utilitatis, sicut per venditionem et emptionem, et locationem et conductionem, et per mutuum, et iterum per depositum, de quibus omnibus inveniuntur ordinationes certae in lege. unde patet quod lex vetus sufficienter ordinavit convictum illius populi.

ra1 ' Ad primum ergo dicendum quod, * sicut apostolus dicit, rom. xiii, ° qui diligit proximum, legem implevit, ' quia scilicet omnia praecepta legis, praecipue ordinata ad proximum, ad hunc finem ordinari videntur, ut homines se invicem diligant. ex dilectione autem procedit quod homines sibi invicem bona sua communicent, * quia ut dicitur i ioan. iii, ° qui viderit fratrem suum necessitatem patientem, et clauserit viscera sua ab eo, quomodo caritas dei manet in illo? ' et ideo intendebat lex homines assuefacere ut facile sibi invicem sua communicarent, * sicut et apostolus, i ad tim. vi, " divitibus mandat facile tribuere et communicare. ' non autem facile communicativus est qui non sustinet quod proximus aliquid modicum de suo accipiat, absque magno sui detrimento. et ideo lex ordinavit ut liceret intrantem in vineam proximi, racemos ibi comedere, non autem extra deferre, ne ex hoc daretur occasio gravis damni inferendi, ex quo pax perturbaretur. quae inter disciplinatos non perturbatur ex modicorum acceptione, sed magis amicitia confirmatur, et assuefiunt homines ad |25| facile communicandum.

ra2 ' Ad secundum dicendum quod lex non statuit quod mulieres succederent in bonis paternis, nisi in defectu filiorum masculorum. tunc autem necessarium erat ut successio mulieribus concederetur in consolationem patris, cui grave fuisset si eius hereditas omnino ad extraneos transiret. adhibuit tamen circa hoc lex cautelam debitam, praecipiens ut mulieres succedentes in haereditate paterna, nuberent suae tribus hominibus, ad hoc quod sortes tribuum non confunderentur, * ut habetur num. ult..

ra3 ' Ad tertium dicendum quod, * sicut philosophus dicit, in ii polit., ' regulatio possessionum multum confert ad conservationem civitatis vel gentis. unde, * sicut ipse dicit, apud quasdam gentilium civitates statutum fuit ° ut nullus possessionem vendere posset, nisi pro manifesto detrimento. ' si enim passim possessiones vendantur, potest contingere quod omnes possessiones ad paucos deveniant, et ita necesse erit civitatem vel regionem habitatoribus evacuari. et ideo lex vetus, ad huiusmodi periculum amovendum, sic ordinavit quod et necessitatibus hominum subveniretur, concedens possessionum venditionem usque ad certum tempus; et tamen periculum removit, praecipiens ut certo tempore possessio vendita ad vendentem rediret. et hoc instituit ut sortes non confunderentur, sed semper remaneret eadem distinctio determinata in tribubus. quia vero domus urbanae non erant sorte distinctae, ideo concessit quod in perpetuum vendi possent, sicut et mobilia bona. non enim erat statutus numerus domorum civitatis, sicut erat certa mensura possessionis, ad quam non addebatur, poterat autem aliquid addi ad numerum domorum civitatis. domus vero quae non erant in urbe, sed in villa muros non |25| habente, in perpetuum vendi non poterant, quia huiusmodi domus non construuntur nisi ad cultum et ad custodiam possessionum; et ideo lex congrue statuit idem ius circa utrumque.

ra4 * Ad quartum dicendum quod, sicut dictum est, ' intentio legis erat assuefacere homines suis praeceptis ad hoc quod sibi invicem de facili in necessitatibus subvenirent, quia hoc maxime est amicitiae fomentum. et hanc quidem facilitatem subveniendi non solum statuit in his quae gratis et absolute donantur, sed etiam in his quae mutuo conceduntur, quia huiusmodi subventio frequentior est, et pluribus necessaria. huiusmodi autem subventionis facilitatem multipliciter instituit. primo quidem, ut faciles se praeberent ad mutuum exhibendum, nec ab hoc retraherentur anno remissionis appropinquante, * ut habetur deut. xv. ' secundo, ne eum cui mutuum concederent, gravarent vel usuris, vel etiam aliqua pignora omnino vitae necessaria accipiendo, et si accepta fuerint, quod statim restituerentur. * dicitur enim deut. xxiii, ° non faeneraberis fratri tuo ad usuram; * et xxiv, ° non accipies loco pignoris inferiorem et superiorem molam, quia animam suam apposuit tibi; * et exod. xxii dicitur, |25| ° si pignus a proximo tuo acceperis vestimentum, ante solis occasum reddes ei. ‘ tertio, ut non importune exigerent. * unde dicitur exod. xxii, ° si pecuniam mutuam dederis populo meo pauperi qui habitat tecum, non urgebis eum quasi exactor. * et propter hoc etiam mandatur deut. xxiv, ° cum repetes a proximo tuo rem aliquam quam debet tibi, non ingredieris in domum eius ut pignus auferas; sed stabis foris, et ille tibi proferet quod habuerit, ‘ tum quia domus est tutissimum uniuscuiusque receptaculum, unde molestum homini est ut in domo sua invadatur; tum etiam quia non concedit creditori ut accipiat pignus quod voluerit, sed magis debitori ut det quo minus indiguerit. quarto, instituit quod in septimo anno debita penitus remitterentur. probabile enim erat ut illi qui commode reddere possent, ante septimum annum redderent, et gratis mutuantem non defraudarent. si autem omnino impotentes essent, eadem ratione eis erat debitum remittendum ex dilectione, qua etiam erat eis de novo dandum propter indigentiam. circa animalia vero mutuata haec lex statuit, ut propter negligentiam eius cui mutuata sunt, si in ipsius absentia moriantur vel debilitentur, reddere ea compellatur. si vero eo praesente et diligenter custodiente, mortua fuerint vel debilitata, non cogebatur restituere, et maxime |50| si erant mercede conducta, quia ita etiam potuissent mori et debilitari apud mutuantem; et ita, si conservationem animalis consequeretur, iam aliquod lucrum reportaret ex mutuo, et non esset gratuitum mutuum. et maxime hoc observandum erat quando animalia erant mercede conducta, quia tunc habebat certum pretium pro usu animalium; unde nihil accrescere debebat per restitutionem animalium, nisi propter negligentiam custodientis. si autem non essent mercede conducta, potuisset habere aliquam aequitatem ut saltem tantum restitueret quantum usus animalis mortui vel debilitati conduci potuisset.

ra5 ‘ Ad quintum dicendum quod haec differentia est inter mutuum et depositum, quia mutuum traditur in utilitatem eius cui traditur; sed depositum traditur in utilitatem deponentis. et ideo magis arctabatur aliquis in aliquibus casibus ad restituendum mutuum, quam ad restituendum depositum. depositum enim perdi poterat dupliciter. uno modo, ex causa inevitabili, vel naturali, puta si esset mortuum vel debilitatum animal depositum; vel extrinseca, puta si esset captum ab hostibus, vel si esset comestum a bestia; in quo tamen casu tenebatur deferre ad dominum animalis id quod de animali occiso supererat. in aliis autem praedictis casibus nihil reddere tenebatur, sed solum, ad expurgandam suspicionem fraudis, tenebatur iuramentum praestare. alio modo poterat perdi ex causa evitabili, puta per furtum. et tunc, propter negligentiam custodis, reddere tenebatur. sed, * sicut dictum est, ‘ ille qui mutuo accipiebat animal, tenebatur reddere, etiam si debilitatum aut mortuum fuisset in eius absentia. de minori enim negligentia tenebatur quam depositarius, qui non tenebatur nisi de furto.

ra6 ‘ Ad sextum dicendum quod mercenarii qui locant operas suas, pauperes sunt, de laboribus suis victum quaerentes quotidianum, et ideo lex provide ordinavit ut statim eis merces solveretur, ne victus eis deficeret. sed illi qui locant alias res, divites esse consueverunt, nec ita indigent locationis pretio ad suum victum quotidianum. et ideo non est eadem ratio in utroque.

ra7 ‘ Ad septimum dicendum quod iudices ad hoc inter homines constituuntur, quod determinent quod ambiguum inter homines circa iustitiam esse potest. dupliciter autem aliquid potest esse ambiguum. uno modo, apud simplices. et ad hoc dubium tollendum, * mandatur deut. xvi, ut ° iudices et magistri constituerentur per singulas tribus, ut iudicarent populum iusto iudicio. ‘ alio modo contingit aliquid esse dubium etiam apud peritos. et ideo ad hoc dubium tollendum, constituit lex ut omnes recurrerent ad locum principalem a deo electum, in quo et summus sacerdos esset, qui determinaret dubia circa caeremonias divini cultus; et summus iudex populi, qui determinaret quae pertinent ad iudicia hominum, sicut etiam nunc per appellationem, vel per consultationem, causae ab inferioribus iudicibus ad superiores deferuntur. * unde dicitur deut. xvii, ° si difficile et ambiguum apud te iudicium perspexeris, et iudicum intra portas tuas videris verba variari; ascende ad locum quem elegerit dominus, veniesque ad sacerdotes levitici generis, et ad iudicem qui fuerit illo tempore. ‘ huiusmodi autem ambigua iudicia non frequenter emergebant. unde ex hoc populus non gravabatur.

ra8 ‘ Ad octavum dicendum quod in negotiis humanis non potest haberi probatio demonstrativa et infallibilis, sed sufficit aliqua coniecturalis probabilitas, secundum quam rhetor persuadet. et ideo, licet sit possibile duos aut tres testes in mendacium convenire, non tamen est facile nec probabile quod conveniant; et ideo accipitur eorum testimonium tanquam verum; et praecipue si in suo testimonio non vacillent, vel alias suspecti non fuerint. et ad hoc etiam quod non de facili a veritate testes declinarent, instituit lex ut testes diligentissime examinarentur, et graviter punirentur qui invenirentur mendaces, * ut habetur deut. xix. ‘ fuit tamen aliqua ratio huiusmodi numeri determinandi, ad significandam infallibilem veritatem personarum divinarum, quae quandoque numerantur duae, quia spiritus sanctus est nexus duorum, quandoque exprimuntur tres; * ut augustinus dicit, super illud ioan. viii, ° in lege vestra scriptum est quia duorum hominum testimonium verum est.

ra9 ‘ Ad nonum dicendum quod non solum propter gravitatem culpae, sed etiam propter alias causas gravis poena infligitur. primo quidem, propter quantitatem peccati, quia maiori peccato, ceteris paribus, gravior poena debetur. secundo, propter peccati consuetudinem, quia a peccatis consuetis non faciliter homines abstrahuntur nisi per graves poenas. tertio, propter multam concupiscentiam vel delectationem in peccato, ab his enim non de facili homines abstrahuntur nisi per graves poenas. quarto, propter facilitatem committendi peccatum, et latendi in ipso, huiusmodi enim peccata, quando manifestantur, sunt magis punienda, ad terrorem aliorum. circa ipsam etiam quantitatem peccati quadruplex gradus est attendendus, etiam circa unum et idem factum. quorum primus est quando involuntarius peccatum committit. tunc enim, si omnino est involuntarius, totaliter excusatur a poena, * dicitur enim deut. xxii, “ quod puella quae opprimitur in agro, ° non est rea mortis, quia clamavit, et nullus affuit qui liberaret eam. ‘ si vero aliquo modo fuerit voluntarius, sed tamen ex infirmitate peccat, puta cum quis peccat ex passione, minuitur peccatum, et poena, secundum veritatem iudicii, diminui debet; nisi forte, propter communem utilitatem, poena aggravetur, ad abstrahendum homines ab huiusmodi peccatis, |25| * sicut dictum est. ‘ secundus gradus est quando quis per ignorantiam peccavit. et tunc aliquo modo reus reputabatur, propter negligentiam addiscendi; sed tamen non puniebatur per iudices, sed expiabat peccatum suum per sacrificia. unde * dicitur levit. iv, ° anima quae peccaverit per ignorantiam, etc.. ‘ sed hoc intelligendum est de ignorantia facti, non autem de ignorantia praecepti divini, quod omnes scire tenebantur. tertius gradus est quando aliquis ex superbia peccabat, idest ex certa electione vel ex certa malitia. et tunc puniebatur secundum quantitatem delicti. quartus autem gradus est quando peccabat per proterviam et pertinaciam. et tunc, quasi rebellis et destructor ordinationis legis, omnino occidendus erat. secundum hoc, dicendum est quod in poena furti considerabatur secundum legem id quod frequenter accidere poterat. et ideo pro furto aliarum rerum, quae de facili custodiri possunt a furibus, non reddebat fur nisi duplum. oves autem non de facili possunt custodiri a furto, quia pascuntur in agris, et ideo frequentius contingebat quod oves furto subtraherentur. unde lex maiorem poenam apposuit, ut scilicet quatuor oves pro una ove redderentur. adhuc autem boves difficilius custodiuntur, quia habentur in agris, et non ita pascuntur gregatim sicut oves. et ideo adhuc hic maiorem poenam apposuit, |50| ut scilicet quinque boves pro uno bove redderentur. et hoc dico, nisi forte idem animal inventum fuerit vivens apud eum, quia tunc solum duplum restituebat, sicut et in ceteris furtis; poterat enim haberi praesumptio quod cogitaret restituere, ex quo vivum servasset. * vel potest dici, secundum glossam, quod ° bos habet quinque utilitates, quia immolatur, arat, pascit carnibus, lactat, et corium etiam diversis usibus ministrat, ‘ et ideo pro uno bove quinque boves reddebantur. ovis autem habet quatuor utilitates, quia immolatur, pascit, lac dat, et lanam ministrat. filius autem contumax, non quia comedebat et bibebat, occidebatur, sed propter contumaciam et rebellionem, quae semper morte puniebatur, * ut dictum est. ‘ ille vero qui colligebat ligna in sabbato, lapidatus fuit tanquam legis violator, quae sabbatum observari praecipiebat in commemorationem fidei novitatis mundi, * sicut supra dictum est. ‘ unde occisus fuit tanquam infidelis.

ra10 ‘ Ad decimum dicendum quod lex vetus poenam mortis inflixit in gravioribus criminibus, scilicet in his quae contra deum peccantur, et in homicidio, et in furto hominum, et in irreverentia ad parentes, et in adulterio, et in incestibus. in furto autem aliarum rerum adhibuit poenam damni. in percussuris autem et mutilationibus induxit poenam talionis; et similiter in peccato falsi testimonii. in aliis autem minoribus culpis induxit poenam flagellationis vel ignominiae. poenam autem servitutis induxit in duobus casibus. in uno quidem, quando, septimo anno remissionis, ille qui erat servus, nolebat beneficio legis uti ut liber exiret. unde pro poena ei infligebatur ut in perpetuum servus remaneret. secundo, infligebatur furi, quando non habebat quod posset restituere, * sicut habetur exod. xxii. ‘ poenam autem exilii universaliter lex non statuit. quia in solo populo illo deus colebatur, omnibus aliis populis per idololatriam corruptis, unde si quis a populo illo universaliter exclusus esset, daretur ei occasio idololatriae. * et ideo i reg. xxvi dicitur quod david dixit ad saul, ° maledicti sunt qui eiecerunt me hodie, ut non habitem in hereditate domini, dicentes, vade, servi diis alienis. ‘ erat tamen aliquod particulare exilium. |25| * dicitur enim deut. xix quod ° qui percusserit proximum suum nesciens, et qui nullum contra ipsum habuisse odium comprobatur, ‘ ad unam urbium refugii confugiebat, et ibi manebat usque ad mortem summi sacerdotis. tunc enim licebat ei redire ad domum suam, quia in universali damno populi consueverunt particulares irae sedari, et ita proximi defuncti non sic proni erant ad eius occisionem.

ra11 ‘ Ad undecimum dicendum quod animalia bruta mandabantur occidi, non propter aliquam ipsorum culpam; sed in poenam dominorum, qui talia animalia non custodierant ab huiusmodi peccatis. et ideo magis puniebatur dominus si bos cornupeta fuerat ab heri et nudiustertius, in quo casu poterat occurri periculo; quam si subito cornupeta efficeretur. vel occidebantur animalia in detestationem peccati; et ne ex eorum aspectu aliquis horror hominibus incuteretur.

ra12 ‘ Ad duodecimum dicendum quod ratio litteralis illius mandati fuit * ut rabbi moyses dicit, ‘ quia frequenter interfector est de civitate propinquiori. unde occisio vitulae fiebat ad explorandum homicidium occultum. quod quidem fiebat per tria. quorum unum est quod seniores civitatis iurabant nihil se praetermisisse in custodia viarum. aliud est quia ille cuius erat vitula damnificabatur in occisione animalis, et si prius manifestaretur homicidium, animal non occideretur. tertium est quia locus in quo occidebatur vitula, remanebat incultus. et ideo, ad evitandum utrumque damnum, homines civitatis de facili manifestarent homicidam, si scirent, et raro poterat esse quin aliqua verba vel iudicia super hoc facta essent. vel hoc fiebat ad terrorem, in detestationem homicidii. per occisionem enim vitulae, quae est animal utile et fortitudine plenum, praecipue antequam laboret sub iugo, significabatur quod quicumque homicidium fecisset, quamvis esset utilis et fortis, occidendus erat; et morte crudeli, quod cervicis concisio significabat; et quod tanquam vilis et abiectus a consortio hominum excludendus erat, quod significabatur per hoc quod vitula occisa in loco aspero et inculto relinquebatur, in putredinem convertenda. mystice autem per vitulam de armento significatur caro |25| christi; quae non traxit iugum, quia non fecit peccatum; nec terram scidit vomere, idest seditionis maculam non admisit. per hoc autem quod in valle inculta occidebatur, significabatur despecta mors christi; per quam purgantur omnia peccata, et diabolus esse homicidii auctor ostenditur.

008 ST2 qu105 ar3

ag1 ‘ Ad tertium sic proceditur. videtur quod iudicialia praecepta non sint convenienter tradita quantum ad extraneos. * dicit enim petrus, act. x, ° in veritate comperi quoniam non est acceptor personarum deus; sed in omni gente qui timet deum et operatur iustitiam, acceptus est illi. ‘ sed illi qui sunt deo accepti, non sunt ab ecclesia dei excludendi. * inconvenienter igitur mandatur deut. xxiii, quod ° ammonites et moabites, etiam post decimam generationem, non intrabunt ecclesiam domini in aeternum; * e contrario autem ibidem praecipitur de quibusdam gentibus, ° non abominaberis idumaeum, quia frater tuus est; nec aegyptium, quia advena fuisti in terra eius.

ag2 ‘ Praeterea, ea quae non sunt in potestate nostra, non merentur aliquam poenam. sed quod homo sit eunuchus, vel ex scorto natus, non est in potestate eius. * ergo inconvenienter mandatur deut. xxiii, quod ° eunuchus, et ex scorto natus, non ingrediatur ecclesiam domini.

ag3 ‘ Praeterea, lex vetus misericorditer mandavit ut advenae non affligantur, * dicitur enim exod. xxii, ° advenam non contristabis, neque affliges eum, advenae enim et ipsi fuistis in terra aegypti; * et xxiii, ° peregrino molestus non eris, scitis enim advenarum animas, quia et ipsi peregrini fuistis in terra aegypti. ‘ sed ad afflictionem alicuius pertinet quod usuris opprimatur. inconvenienter igitur lex permisit, * deut. xxiii, ‘ ut alienis ad usuram pecuniam mutuarent.

ag4 ‘ Praeterea, multo magis appropinquant nobis homines quam arbores. sed his quae sunt nobis magis propinqua, magis debemus affectum et effectum dilectionis impendere; * secundum illud eccli. xiii, ° omne animal diligit simile sibi, sic et omnis homo proximum sibi. * inconvenienter igitur dominus, deut. xx, mandavit quod de “ civitatibus hostium captis omnes interficerent, et tamen arbores fructiferas non succiderent.

ag5 ‘ Praeterea, bonum commune secundum virtutem est bono privato praeferendum ab unoquoque. sed in bello quod committitur contra hostes, quaeritur bonum commune. * inconvenienter igitur mandatur deut. xx, quod, ‘ imminente proelio, aliqui domum remittantur, puta qui aedificavit domum novam, qui plantavit vineam, vel qui despondit uxorem.

ag6 ‘ Praeterea, ex culpa non debet quis commodum reportare. sed quod homo sit formidolosus et corde pavido, culpabile est, contrariatur enim virtuti fortitudinis. inconvenienter igitur a labore proelii excusabantur formidolosi et pavidum cor habentes.

sc * Sed contra est quod sapientia divina dicit, prov. viii, ° recti sunt omnes sermones mei, non est in eis pravum quid neque perversum.

co ‘ Respondeo dicendum quod cum extraneis potest esse hominum conversatio dupliciter, uno modo, pacifice; alio modo, hostiliter. et quantum ad utrumque modum ordinandum, lex convenientia praecepta continebat. tripliciter enim offerebatur iudaeis occasio ut cum extraneis pacifice communicarent. primo quidem, quando extranei per terram eorum transitum faciebant quasi peregrini. alio modo, quando in terram eorum adveniebant ad inhabitandum sicut advenae. et quantum ad utrumque, lex misericordiae praecepta proposuit, * nam exod. xxii dicitur, ° advenam non contristabis; * et xxiii dicitur, ° peregrino molestus non eris. ‘tertio vero, quando aliqui extranei totaliter in eorum consortium et ritum admitti volebant. et in his quidam ordo attendebatur. non enim statim recipiebantur quasi cives, sicut etiam apud quosdam gentilium statutum erat ut non reputarentur cives nisi qui ex avo, vel abavo, cives existerent, * ut philosophus dicit, in iii polit.. ‘et hoc ideo quia, si statim extranei advenientes reciperentur ad tractandum ea quae sunt populi, possent multa pericula contingere; dum extranei, non habentes adhuc amorem firmatum ad bonum publicum, aliqua contra populum attentarent. et ideo lex statuit ut de quibusdam gentibus habentibus aliquam affinitatem ad iudaeos, scilicet de aegyptiis, apud quos nati fuerant et nutriti, et de idumaeis, filiis esau fratris iacob, in tertia generatione reciperentur in consortium populi; quidam vero, quia hostiliter se ad eos habuerant, sicut ammonitae et moabitae, nunquam in consortium populi admitterentur; amalecitae autem, qui magis eis fuerant adversati, et cum eis nullum cognationis habebant consortium, quasi hostes perpetui haberentur; * dicitur enim exod. xvii, ° bellum dei erit contra amalec a generatione in generationem. ‘ similiter etiam quantum ad hostilem communicationem cum extraneis, lex convenientia praecepta tradidit. nam primo quidem, instituit ut bellum iuste iniretur, mandatur * enim deut. xx, quod ‘ quando accederent ad expugnandum civitatem, offerrent ei primum pacem. secundo, instituit ut fortiter bellum susceptum exequerentur, habentes de deo fiduciam. et ad hoc melius observandum, instituit quod, imminente proelio, sacerdos eos confortaret, promittendo auxilium dei. tertio, mandavit ut impedimenta proelii removerentur, remittendo quosdam ad domum, qui possent impedimenta praestare. quarto, instituit ut victoria moderate uterentur, parcendo mulieribus et parvulis, et etiam ligna fructifera regionis non incidendo.

ra1 ‘ Ad primum ergo dicendum quod homines nullius gentis exclusit lex a cultu dei et ab his quae pertinent ad animae salutem, * dicitur enim exod. xii, ° si quis peregrinorum in vestram voluerit transire coloniam, et facere phase domini; circumcidetur prius omne masculinum eius, et tunc rite celebrabit, eritque simul sicut indigena terrae. ‘ sed in temporalibus, quantum ad ea quae pertinebant ad communitatem populi, non statim quilibet admittebatur, * ratione supra dicta, ‘sed quidam in tertia generatione, scilicet aegyptii et idumaei; alii vero perpetuo excludebantur, in detestationem culpae praeteritae, sicut moabitae et ammonitae et amalecitae. sicut enim punitur unus homo propter peccatum quod commisit, ut alii videntes timeant et peccare desistant; ita etiam propter aliquod peccatum gens vel civitas potest puniri, ut alii a simili peccato abstineant. poterat tamen dispensative aliquis in collegium populi admitti propter aliquem virtutis actum, sicut * iudith xiv dicitur quod achior, dux filiorum ammon, ° appositus est ad populum israel, et omnis successio generis eius. ‘et similiter ruth moabitis, quae mulier virtutis erat. licet possit dici quod illa prohibitio extendebatur ad viros, non ad mulieres, quibus non competit simpliciter esse cives.

ra2 ‘ Ad secundum dicendum quod, * sicut philosophus dicit, in iii polit., ‘dupliciter aliquis dicitur esse civis, uno modo, simpliciter; et alio modo, secundum quid. simpliciter quidem civis est qui potest agere ea quae sunt civium, puta dare consilium vel iudicium in populo. secundum quid autem civis dici potest quicumque civitatem inhabitat, etiam viles personae et pueri et senes, qui non sunt idonei ad hoc quod habeant potestatem in his quae pertinent ad commune. ideo ergo spurii, propter vilitatem originis, excludebantur ab ecclesia, idest a collegio populi, usque ad decimam generationem. et similiter eunuchi, quibus non poterat competere honor qui patribus debebatur, et praecipue in populo iudaeorum, in quo dei cultus conservabatur per carnis generationem, nam etiam apud gentiles, qui multos filios genuerant, aliquo insigni honore donabantur, * sicut philosophus dicit, in ii polit.. ‘tamen quantum ad ea quae ad gratiam dei pertinent, eunuchi ab aliis non separabantur, sicut nec advenae, * ut dictum est, * dicitur enim isaiae lvi, ° non dicat filius advenae qui adhaeret domino, dicens, separatione dividet me dominus a populo suo. et non dicat eunuchus, ecce ego lignum aridum.

ra3 ‘ Ad tertium dicendum quod accipere usuras ab alienis non erat secundum intentionem legis, sed ex quadam permissione, propter pronitatem iudaeorum ad avaritiam; et ut magis pacifice se haberent ad extraneos, a quibus lucrabantur.

ra4 ‘ Ad quartum dicendum quod circa civitates hostium quaedam distinctio adhibebatur. quaedam enim erant remotae, non de numero illarum urbium quae eis erant repromissae, et in talibus urbibus expugnatis occidebantur masculi, qui pugnaverant contra populum dei; mulieribus autem et infantibus parcebatur. sed in civitatibus vicinis, quae erant eis repromissae omnes mandabantur interfici, propter iniquitates eorum priores, ad quas puniendas dominus populum israel quasi divinae iustitiae executorem mittebat, * dicitur enim deut. ix, ° quia illae egerunt impie, introeunte te deletae sunt. ‘ligna autem fructifera mandabantur reservari propter utilitatem ipsius populi, cuius ditioni civitas et eius territorium erat subiiciendum.

ra5 ‘ Ad quintum dicendum quod novus aedificator domus, aut plantator vineae, vel desponsator uxoris, excludebatur a proelio propter duo. primo quidem, quia ea quae homo de novo habet, vel statim paratus est ad habendum, magis solet amare, et per consequens eorum amissionem timere. unde probabile erat quod ex tali amore magis mortem timerent, et sic minus fortes essent ad pugnandum. secundo quia, * sicut philosophus dicit, in ii physic., ° infortunium videtur quando aliquis appropinquat ad aliquod bonum habendum, si postea impediatur ab illo. ‘et ideo ne propinqui remanentes magis contristarentur de morte talium, qui bonis sibi paratis potiti non fuerunt; et etiam populus, considerans hoc, horreret; huiusmodi homines a mortis periculo sunt sequestrati per subtractionem a proelio.

ra6 ‘ Ad sextum dicendum quod timidi remittebantur ad domum, non ut ipsi ex hoc commodum consequerentur; sed ne populus ex eorum praesentia incommodum consequeretur, dum per eorum timorem et fugam etiam alii ad timendum et fugiendum provocarentur.

008 ST2 qu105 ar4

ag1 ‘ Ad quartum sic proceditur. videtur quod inconvenienter lex vetus praecepta ediderit circa personas domesticas. “ servus enim id quod est, domini est, * ut philosophus dicit, in i polit.. ‘sed id quod est alicuius, perpetuo eius esse debet. * ergo inconvenienter lex mandavit exod. xxi, quod ‘ servi septimo anno liberi abscederent.

ag2 ‘ Praeterea, sicut animal aliquod, ut asinus aut bos, est possessio domini, ita etiam servus. * sed de animalibus praecipitur deut. xxii, quod ‘ restituantur dominis suis, si errare inveniantur. * inconvenienter ergo mandatur deut. xxiii, ° non tradas servum domino suo, qui ad te confugerit.

ag3 ‘ Praeterea, lex divina debet magis ad misericordiam provocare quam etiam lex humana. sed secundum leges humanas graviter puniuntur qui nimis aspere affligunt servos aut ancillas. asperrima autem videtur esse afflictio ex qua sequitur mors. * inconvenienter igitur statuitur exod. xxi, quod ° qui percusserit servum suum vel ancillam virga, si uno die supervixerit, non subiacebit poenae, quia pecunia illius est.

ag4 ‘ Praeterea, alius est principatus domini ad servum, et patris ad filium, * ut dicitur in i et iii polit.. ‘ sed hoc ad principatum domini ad servum pertinet, ut aliquis servum vel ancillam vendere possit. inconvenienter igitur lex permisit quod aliquis venderet filiam suam in famulam vel ancillam.

ag5 ‘ Praeterea, pater habet sui filii potestatem. sed eius est punire excessus, qui habet potestatem super peccantem. * inconvenienter igitur mandatur deut. xxi, quod ‘ pater ducat filium ad seniores civitatis puniendum.

ag6 ‘ Praeterea, dominus prohibuit, * deut. vii, ‘ ut cum alienigenis non sociarent coniugia; et coniuncta etiam separarentur, * ut patet i esdrae x. ‘ inconvenienter igitur * deut. xxi ‘ conceditur eis ut captivas alienigenarum ducere possint uxores.

ag7 ‘ Praeterea, dominus in uxoribus ducendis quosdam consanguinitatis et affinitatis gradus praecepit esse vitandos, * ut patet lev. xviii. ‘ inconvenienter igitur mandatur * deut. xxv, ‘ quod si aliquis esset mortuus absque liberis, uxorem ipsius frater eius acciperet.

ag8 ‘ Praeterea, inter virum et uxorem, sicut est maxima familiaritas, ita debet esse firmissima fides. sed hoc non potest esse, si matrimonium dissolubile fuerit. inconvenienter igitur dominus permisit, * deut. xxiv, ‘ quod aliquis posset uxorem dimittere, scripto libello repudii; et quod etiam ulterius eam recuperare non posset.

ag9 ‘ Praeterea, sicut uxor potest frangere fidem marito, ita etiam servus domino, et filius patri. sed ad investigandam iniuriam servi in dominum, vel filii in patrem, non est institutum in lege aliquod sacrificium. superflue igitur videtur institui sacrificium zelotypiae ad investigandum uxoris adulterium, * num. v. ‘sic igitur inconvenienter videntur esse tradita in lege praecepta iudicialia circa personas domesticas.

sc * Sed contra est quod dicitur in psalmo xviii, ° iudicia domini vera, iustificata in semetipsa.

co ‘ Respondeo dicendum quod communio domesticarum personarum ad invicem, * ut philosophus dicit, in i polit., ‘ est secundum quotidianos actus qui ordinantur ad necessitatem vitae. vita autem hominis conservatur dupliciter. uno modo, quantum ad individuum, prout scilicet homo idem numero vivit, et ad talem vitae conservationem opitulantur homini exteriora bona, ex quibus homo habet victum et vestitum et alia huiusmodi necessaria vitae; in quibus administrandis indiget homo servis. alio modo conservatur vita hominis secundum speciem per generationem, ad quam indiget homo uxore, ut ex ea generet filium. sic igitur in domestica communione sunt tres combinationes, scilicet domini ad servum, viri ad uxorem, patris ad filium. et quantum ad omnia ista lex vetus convenientia praecepta tradidit. nam quantum ad servos, instituit ut modeste tractarentur et quantum ad labores, ne scilicet immoderatis laboribus affligerentur, * unde deut. v, dominus mandavit ut in die sabbati “ requiesceret servus et ancilla tua sicut et tu, ‘ et iterum quantum ad poenas infligendas, imposuit enim poenam mutilatoribus servorum ut dimitterent eos liberos, * sicut habetur exod. xxi. ‘ et simile etiam statuit in ancilla quam in uxorem aliquis duxerit. statuit etiam specialiter circa servos qui erant ex populo, ut septimo anno liberi egrederentur cum omnibus quae apportaverant, etiam vestimentis, * ut habetur exod. xxi. mandatur etiam insuper deut. xv, ‘ ut ei detur viaticum. circa uxores vero, statuitur in lege quantum ad uxores ducendas. ut scilicet ducant uxores suae tribus, * sicut habetur num. ult., ‘ et hoc ideo, ne sortes tribuum confundantur. et quod aliquis in uxorem ducat uxorem fratris defuncti sine liberis, * ut habetur deut. xxv, ‘ et hoc ideo, ut ille qui non potuit habere successores secundum carnis originem, saltem habeat per quandam adoptionem, et sic non totaliter memoria defuncti deleretur. prohibuit etiam quasdam personas ne in coniugium ducerentur, scilicet alienigenas, propter periculum seductionis; et propinquas, propter reverentiam naturalem quae eis debetur. statuit etiam qualiter uxores iam ductae tractari deberent. ut scilicet non leviter infamarentur, unde mandatur puniri ille qui falso crimen imponit uxori, * ut habetur deut. xxii. ‘ et quod etiam propter uxoris odium filius detrimentum non pateretur, * ut habetur deut. xxi. ‘ et etiam quod, propter odium uxorem non affligeret, sed potius, scripto libello, eam dimitteret, * ut patet deut. xxiv. ‘ et ut etiam maior dilectio inter coniuges a principio contrahatur, praecipitur quod, cum aliquis nuper uxorem acceperit, nihil ei publicae necessitatis iniungatur, ut libere possit laetari cum uxore sua. circa filios autem, instituit ut patres eis disciplinam adhiberent, instruendo eos in fide, * unde habetur exod. xii, ° cum dixerint vobis filii vestri, quae est ista religio? dicetis eis, victima transitus domini est. ‘ et quod etiam instruerent eos in moribus, * unde dicitur deut. xxi, quod “ patres dicere debent, ° monita nostra audire contemnit, commessationibus vacat et luxuriae atque conviviis.

ra1 ‘ Ad primum ergo dicendum quod, quia filii israel erant a domino de servitute liberati, et per hoc divinae servituti addicti, noluit dominus ut in perpetuum servi essent. * unde dicitur lev. xxv, ° si paupertate compulsus vendiderit se tibi frater tuus, non eum opprimes servitute famulorum, sed quasi mercenarius et colonus erit. mei enim sunt servi, et ego eduxi eos de terra aegypti, non veneant condítione servorum. ‘ et ideo, quia simpliciter servi non erant, sed secundum quid, finito tempore, dimittebantur liberi.

ra2 ‘ Ad secundum dicendum quod mandatum illud intelligitur de servo qui a domino quaeritur ad occidendum, vel ad aliquod peccati ministerium.

ra3 ‘ Ad tertium dicendum quod circa laesiones servis illatas, lex considerasse videtur utrum sit certa vel incerta. si enim laesio certa esset, lex poenam adhibuit, pro mutilatione quidem, amissionem servi qui mandabatur libertati donandus; pro morte autem, homicidii poenam, cum servus in manu domini verberantis moreretur. si vero laesio non esset certa, sed aliquam apparentiam haberet, lex nullam poenam infligebat in proprio servo, puta cum percussus servus non statim moriebatur, sed post aliquos dies. incertum enim erat utrum ex percussione mortuus esset. quia si percussisset liberum hominem, ita tamen quod statim non moreretur, sed super baculum suum ambularet, non erat homicidii reus qui percusserat, etiam si postea moreretur. tenebatur tamen ad impensas solvendas quas percussus in medicos fecerat. sed hoc in servo proprio locum non habebat, quia quidquid servus habebat, et etiam ipsa persona servi, erat quaedam possessio domini. et ideo pro causa assignatur quare non subiaceat poenae pecuniariae, “ quia pecunia illius est.

ra4 * Ad quartum dicendum quod, sicut dictum est, ‘ nullus iudaeus poterat possidere iudaeum quasi simpliciter servum; sed erat servus secundum quid, quasi mercenarius, usque ad tempus. et per hunc modum permittebat lex quod, paupertate cogente, aliquis filium aut filiam venderet. et hoc etiam verba ipsius legis ostendunt, * dicit enim, ° si quis vendiderit filiam suam in famulam, non egredietur sicut ancillae exire consueverunt. ‘ per hunc etiam modum non solum filium, sed etiam seipsum aliquis vendere poterat, magis quasi mercenarium quam quasi servum; * secundum illud levit. xxv, ° si paupertate compulsus vendiderit se tibi frater tuus, non eum opprimes servitute famulorum, sed quasi mercenarius et colonus erit.

ra5 * Ad quintum dicendum quod, sicut philosophus dicit, in x ethic., ‘ principatus paternus habet solam admonendi potestatem; non autem habet vim coacti-

vam, per quam rebelles et contumaces comprimi possunt. et ideo in hoc casu lex mandabat ut filius contumax a principibus civitatis puniretur.
ra6 ‘ Ad sextum dicendum quod dominus alienigenas prohibuit in matrimonium duci propter periculum seductionis, ne inducerentur in idololatriam. et specialiter hoc prohibuit de illis gentibus quae in vicino habitabant, de quibus erat magis probabile quod suos ritus retinerent. si qua vero idololatriae cultum dimittere vellet, et ad legis cultum se transferre, poterat in matrimonium duci, sicut patet de ruth, quam duxit booz in uxorem. unde ipsa dixerat socrui suae, ° populus tuus populus meus, deus tuus deus meus, * ut habetur ruth i. ‘ et ideo captiva non aliter permittebatur in uxorem duci nisi prius rasa caesarie, et circumcisis unguibus, et deposita veste in qua capta est, et fleret patrem et matrem, per quae significatur idololatriae perpetua abiectio.
ra7 * Ad septimum dicendum quod, sicut chrysostomus dicit, super matth., ° quia immitigabile malum mors erat apud iudaeos, qui omnia pro praesenti vita faciebant, statutum fuit ut defuncto filius nasceretur ex fratre, quod erat quaedam mortis mitigatio. non autem alius quam frater vel propinquus iubebatur accipere uxorem defuncti, quia non ita crederetur “ (qui ex tali coniunctione erat nasciturus) ° esse filius eius qui obiit; et iterum extraneus non ita haberet necessitatem statuere domum eius qui obierat, sicut frater, cui etiam ex cognatione hoc facere iustum erat. ‘ ex quo patet quod frater in accipiendo uxorem fratris sui, persona fratris defuncti fungebatur.
ra8 ‘ Ad octavum dicendum quod lex permisit repudium uxoris, non quia simpliciter iustum esset, sed propter duritiam iudaeorum; * ut dominus dicit, matth. xix. * sed de hoc oportet plenius tractari cum de matrimonio agetur.
ra9 ‘ Ad nonum dicendum quod uxores fidem matrimonii frangunt per adulterium et de facili, propter delectationem; et latenter, ° quia oculus adulteri observat caliginem, * ut dicitur iob xxiv. ‘ non autem est similis ratio de filio ad patrem, vel de servo ad dominum, quia talis infidelitas non procedit ex concupiscentia delectationis, sed magis ex malitia; nec potest ita latere sicut infidelitas mulieris adulterae.

008 ST2 qu106 ar

pr ‘ Consequenter considerandum est de lege evangelii, quod dicitur lex nova. et primo, de ipsa secundum se; secundo, de ipsa per comparationem ad legem veterem; tertio, de his quae in lege nova continentur. circa primum quaeruntur quatuor. primo, qualis sit, utrum scilicet scripta vel indita. secundo, de virtute eius, utrum iustificet. tertio, de principio eius, utrum debuerit dari a principio mundi. quarto, de termino eius utrum scilicet sit duratura usque ad finem, an debeat ei alia lex succedere.

008 ST2 qu106 ar1

ag1 ‘ Ad primum sic proceditur. videtur quod lex nova sit lex scripta. lex enim nova est ipsum evangelium. * sed evangelium est descriptum, ioan. xx, ° haec autem scripta sunt ut credatis. ‘ ergo lex nova est lex scripta.
ag2 ‘ Praeterea, lex indita est lex naturae; * secundum illud rom. ii, ° naturaliter ea quae legis sunt faciunt, qui habent opus legis scriptum in cordibus suis. ‘ si igitur lex evangelii esset lex indita, non differret a lege naturae.
ag3 ‘ Praeterea, lex evangelii propria est eorum qui sunt in statu novi testamenti. sed lex indita communis est et eis qui sunt in novo testamento, et eis qui sunt in veteri testamento, * dicitur enim sap. vii, quod ° divina sapientia per nationes in animas sanctas se transfert, amicos dei et prophetas constituit. ‘ ergo lex nova non est lex indita.
sc ‘ Sed contra est quod lex nova est lex novi testamenti. sed lex novi testamenti est indita in corde. * apostolus enim, ad heb. viii, dicit, inducens auctoritatem quae habetur ierem. xxxi, ° ecce dies venient, dicit dominus, et consummabo super domum israel et super domum iuda testamentum novum, * et exponens quid sit hoc testamentum, dicit, ° quia hoc est testamentum quod disponam domui israel, dando leges meas in mentem eorum, et in corde eorum superscribam eas. ‘ ergo lex nova est lex indita.
co ‘ Respondeo dicendum quod ° unaquaeque res illud videtur esse quod in ea est potissimum, * ut philosophus dicit, in ix ethic.. ‘ id autem quod est potissimum in lege novi testamenti, et in quo tota virtus eius consistit, est gratia spiritus sancti, quae datur per fidem christi. et ideo principaliter lex nova est ipsa gratia spiritus sancti, quae datur christi fidelibus. et hoc * manifeste apparet per apostolum, qui, ad rom. iii, dicit, ° ubi est ergo gloriatio tua? exclusa est. per quam legem? factorum? non, sed per legem fidei, * ipsam enim fidei gratiam legem appellat. et expressius ad rom. viii dicitur, ° lex spiritus vitae in christo iesu liberavit me a lege peccati et mortis. * unde et augustinus dicit, in libro de spiritu et littera, quod ° sicut lex factorum scripta fuit in tabulis lapideis, ita lex fidei scripta est in cordibus fidelium. * et alibi dicit in eodem libro, ° quae sunt leges dei ab ipso deo scriptae in cordibus, nisi ipsa praesentia spiritus sancti? ‘ habet tamen lex nova quaedam sicut dispositiva ad gratiam spiritus sancti, et ad usum huius gratiae pertinentia, quae sunt quasi secundaria in lege nova, de quibus oportuit |25| instrui fideles christi et verbis et scriptis, tam circa credenda quam circa agenda. et ideo dicendum est quod principaliter nova lex est lex indita, secundario autem est lex scripta.
ra1 ‘ Ad primum ergo dicendum quod in scriptura evangelii non continentur nisi ea quae pertinent ad gratiam spiritus sancti vel sicut dispositiva, vel sicut ordinativa ad usum huius gratiae. sicut dispositiva quidem quantum ad intellectum per fidem, per quam datur spiritus sancti gratia, continentur in evangelio ea quae pertinent ad manifestandam divinitatem vel humanitatem christi. secundum affectum vero, continentur in evangelio ea quae pertinent ad contemptum mundi, per quem homo fit capax gratiae spiritus sancti, “ mundus enim, idest amatores mundi, non potest capere spiritum sanctum, * ut habetur ioan. xiv. ‘ usus vero spiritualis gratiae est in operibus virtutum, ad quae multipliciter scriptura novi testamenti homines exhortatur.
ra2 ‘ Ad secundum dicendum quod dupliciter est aliquid inditum homini. uno modo, pertinens ad naturam humanam, et sic lex naturalis est lex indita homini. alio modo est aliquid inditum homini quasi naturae superadditum per gratiae donum. et hoc modo lex nova est indita homini, non solum indicans quid sit faciendum, sed etiam adiuvans ad implendum.
ra3 ‘ Ad tertium dicendum quod nullus unquam habuit gratiam spiritus sancti nisi per fidem christi explicitam vel implicitam. per fidem autem christi pertinet homo ad novum testamentum. unde quibuscumque fuit lex gratiae indita, secundum hoc ad novum testamentum pertinebant.

008 ST2 qu106 ar2

ag1 ‘ Ad secundum sic proceditur. videtur quod lex nova non iustificet. nullus enim iustificatur nisi legi dei obediat; * secundum illud ad heb. v, ° factus est, “ scilicet christus, ° omnibus obtemperantibus sibi causa salutis aeternae. ‘ sed evangelium non semper hoc operatur quod homines ei obediant, * dicitur enim rom. x, ‘ non omnes obediunt evangelio. ergo lex nova non iustificat.
ag2 * Praeterea, apostolus probat, ad rom., quod ‘ lex vetus non iustificabat, quia ea adveniente praevaricatio crevit, * habetur enim ad rom. iv, ° lex iram operatur, ubi enim non est lex, nec praevaricatio. ‘ sed multo magis lex nova praevaricationem addidit, maiori enim poena est dignus qui post legem novam datam adhuc peccat; * secundum illud heb. x, ° irritam quis faciens legem moysi, sine ulla miseratione, duobus vel tribus testibus, moritur. quanto magis putatis deteriora mereri supplicia, qui filium dei conculcaverit, etc.? ‘ ergo lex nova non iustificat, sicut nec vetus.
ag3 ‘ Praeterea, iustificare est proprius effectus dei; * secundum illud ad rom. viii, ‘ deus qui iustificat. sed lex vetus fuit a deo, sicut et lex nova. ergo lex nova non magis iustificat quam lex vetus.
sc * Sed contra est quod apostolus dicit, ad rom. i, ° non erubesco evangelium, virtus enim dei est in salutem omni credenti. ‘ non autem est salus nisi iustificatis. ergo lex evangelii iustificat.
co * Respondeo dicendum quod, sicut dictum est, ‘ ad legem evangelii duo pertinent. unum quidem principaliter, scilicet ipsa gratia spiritus sancti interius data. et quantum ad hoc, nova lex iustificat. * unde augustinus dicit, in libro de spiritu et littera, “ ibi, scilicet in veteri testamento, lex extrinsecus posita est, qua iniusti terrerentur, hic, scilicet in novo testamento, intrinsecus data est, qua iustificarentur. ‘ aliud pertinet ad legem evangelii secundario, scilicet documenta fidei, et praecepta ordinantia affectum humanum et humanos actus. et quantum ad hoc, lex nova non iustificat. * unde apostolus dicit, ii ad cor. iii, ° littera occidit, spiritus autem vivificat. * et augustinus exponit, in libro de spiritu et littera, quod “ per litteram intelligitur qualibet scriptura extra homines existens, etiam moralium praeceptorum qualia continentur in evangelio. unde etiam littera evangelii occideret, nisi adesset interius gratia fidei sanans.
ra1 ‘ Ad primum ergo dicendum quod illa obiectio procedit de lege nova non quantum ad id quod est principale in ipsa, sed quantum ad id quod est secundarium in ipsa, scilicet quantum ad documenta et praecepta exterius homini proposita vel verbo vel scripto.
ra2 ‘ Ad secundum dicendum quod gratia novi testamenti, etsi adiuvet hominem ad non peccandum, non tamen ita confirmat in bono ut homo peccare non possit, hoc enim pertinet ad statum gloriae. et ideo si quis post acceptam gratiam novi testamenti peccaverit, maiori poena est dignus, tanquam maioribus beneficiis ingratus, et auxilio sibi dato non utens. nec tamen propter hoc dicitur quod lex nova iram operatur, quia quantum est de se, sufficiens auxilium dat ad non peccandum.
ra3 ‘ Ad tertium dicendum quod legem novam et veterem unus deus dedit, sed aliter et aliter. nam legem veterem dedit scriptam in tabulis lapideis, legem autem novam dedit scriptam in tabulis cordis carnalibus, * ut apostolus dicit, ii ad cor. iii. proinde sicut augustinus dicit, in libro de spiritu et littera, ° litteram istam extra hominem scriptam, et ministrationem mortis et ministrationem damnationis apostolus appellat. hanc autem, scilicet novi testamenti legem, ministrationem spiritus et ministrationem iustitiae dicit, quia per donum spiritus operamur iustitiam, et a praevaricationis damnatione liberamur.

008 ST2 qu106 ar3

ag1 ‘ Ad tertium sic proceditur. videtur quod lex nova debuerit dari a principio mundi. non enim est personarum acceptio apud deum, * ut dicitur ad rom. ii. ‘ sed omnes homines peccaverunt, et egent gloria dei, * ut dicitur ad rom. iii. ‘ ergo a principio mundi lex evangelii dari debuit, ut omnibus per eam subveniretur.
ag2 ‘ Praeterea, sicut in diversis locis sunt diversi homines, ita etiam in diversis temporibus. sed deus, ° qui vult omnes homines salvos fieri, * ut dicitur i ad tim. ii, ‘ mandavit evangelium praedicari in omnibus locis; * ut patet matth. ult., et marc. ult.. ‘ ergo omnibus temporibus debuit adesse lex evangelii, ita quod a principio mundi daretur.
ag3 ‘ Praeterea, magis est necessaria homini salus spiritualis, quae est aeterna, quam salus corporalis, quae est temporalis. sed deus ab initio mundi providit homini ea quae sunt necessaria ad salutem corporalem, tradens eius potestati omnia quae erant propter hominem creata, * ut patet gen. i. ‘ ergo etiam lex nova, quae maxime est necessaria ad salutem spiritualem, debuit hominibus a principio mundi dari.
sc * Sed contra est quod apostolus dicit, i ad cor. xv, ° non prius quod spirituale est, sed quod animale. ‘ sed lex nova est maxime spiritualis. ergo lex nova non debuit dari a principio mundi.
co ‘ Respondeo dicendum quod triplex ratio potest assignari quare lex nova non debuit dari a principio mundi. quarum prima est quia lex nova, * sicut dictum est, ‘ principaliter est gratia spiritus sancti; quae abundanter dari non debuit antequam impedimentum peccati ab humano genere tolleretur, consummata redemptione per christum; * unde dicitur ioan. vii, ° nondum erat spiritus datus, quia iesus nondum erat glorificatus. * et hanc rationem manifeste assignat apostolus ad rom. viii, ubi, postquam praemiserat de lege spiritus vitae, subiungit, ° deus, filium suum mittens in similitudinem carnis peccati, de peccato damnavit peccatum in carne, ut iustificatio legis impleretur in nobis. ‘ secunda ratio potest assignari ex perfectione legis novae. non enim aliquid ad perfectum adducitur statim a principio, sed quodam temporali successionis ordine, sicut aliquis prius fit puer, et postmodum vir. * et hanc rationem assignat apostolus ad gal. iii, ° lex paedagogus noster fuit in christo, ut ex fide iustificemur. at ubi venit fides, iam non sumus sub paedagogo. ‘ tertia ratio sumitur ex hoc quod lex nova est lex gratiae, et ideo primo oportuit quod homo relinqueretur sibi in statu |25| veteris legis, ut, in peccatum cadendo, suam infirmitatem cognoscens, recognosceret se gratia indigere. * et hanc rationem assignat apostolus ad rom. v, dicens, ° lex subintravit ut abundaret delictum, ubi autem abundavit delictum, superabundavit et gratia.
ra1 ‘ Ad primum ergo dicendum quod humanum genus propter peccatum primi parentis meruit privari auxilio gratiae. ° et ideo quibuscumque non datur, hoc est ex iustitia quibuscumque autem datur, hoc est ex gratia, * ut augustinus dicit, in libro de perfect. iustit.. ‘ unde non est acceptio personarum apud deum ex hoc quod non omnibus a principio mundi legem gratiae proposuit, quae erat debito ordine proponenda, * ut dictum est.
ra2 ‘ Ad secundum dicendum quod diversitas locorum non variat diversum statum humani generis, qui variatur per temporis successionem. et ideo omnibus locis proponitur lex nova, non autem omnibus temporibus, licet omni tempore fuerint aliqui ad novum testamentum pertinentes, * ut supra dictum est.
ra3 ‘ Ad tertium dicendum quod ea quae pertinent ad salutem corporalem, deserviunt homini quantum ad naturam, quae non tollitur per peccatum. sed ea quae pertinent ad spiritualem salutem, ordinantur ad gratiam, quae amittitur per peccatum. et ideo non est similis ratio de utrisque.

008 ST2 qu106 ar4

ag1 ‘ Ad quartum sic proceditur. videtur quod lex nova non sit duratura usque ad finem mundi. * quia ut apostolus dicit, i ad cor. xiii, ° cum venerit quod perfectum est, evacuabitur quod ex parte est. ‘ sed lex nova ex parte est, * dicit enim apostolus ibidem, ° ex parte cognoscimus, et ex parte prophetamus. ‘ ergo lex nova evacuanda est, alio perfectiori statu succedente.
ag2 ‘ Praeterea, dominus, * ioan. xvi, ‘ promisit discipulis suis in adventu spiritus sancti paracleti cognitionem omnis veritatis. sed nondum ecclesia omnem veritatem cognoscit, in statu novi testamenti. ergo expectandus est alius status, in quo per spiritum sanctum omnis veritas manifestetur.
ag3 ‘ Praeterea, sicut pater est alius a filio et filius a patre, ita spiritus sanctus a patre et filio. sed fuit quidam status conveniens personae patris, scilicet status veteris legis, in quo homines generationi intende-

bant. similiter etiam est alius status conveniens personae filii, scilicet status novae legis, in quo clerici, intendentes sapientiae, quae appropriatur filio, principantur. ergo erit status tertius spiritus sancti, in quo spirituales viri principabuntur.
ag4 ' Praeterea, * dominus dicit, matth. xxiv, " praedicabitur hoc ° evangelium regni in universo orbe, et tunc veniet consummatio. ' sed evangelium christi iamdiu est praedicatum in universo orbe; nec tamen adhuc venit consummatio. ergo evangelium christi non est evangelium regni, sed futurum est aliud evangelium spiritus sancti, quasi alia lex.
sc * Sed contra est quod dominus dicit, matth. xxiv, ° dico vobis quia non praeteribit generatio haec donec omnia fiant, * quod chrysostomus exponit de generatione fidelium christi. ' ergo status fidelium christi manebit usque ad consummationem saeculi.
co ' Respondeo dicendum quod status mundi variari potest dupliciter. uno modo, secundum diversitatem legis. et sic huic statui novae legis nullus alius status succedet. successit enim status novae legis statui veteris legis tanquam perfectior imperfectiori. nullus autem status praesentis vitae potest esse perfectior quam status novae legis. nihil enim potest esse propinquius fini ultimo quam quod immediate in finem ultimum introducit. hoc autem facit nova lex, * unde apostolus dicit, ad heb. x, ° habentes itaque, fratres, fiduciam in introitu sanctorum in sanguine christi, quam initiavit nobis viam novam, accedamus ad eum. ' unde non potest esse aliquis perfectior status praesentis vitae quam status novae legis, quia tanto est unumquodque perfectius, quanto ultimo fini propinquius. alio modo status hominum variari potest secundum quod homines diversimode se habent ad eandem legem, vel perfectius vel minus perfecte. et sic status veteris legis frequenter fuit mutatus, cum quandoque leges optime custodirentur, quandoque omnino praetermitterentur. sic etiam status novae legis diversificatur, secundum diversa loca et tempora et personas, inquantum gratia spiritus sancti perfectius vel minus |25| perfecte ab aliquibus habetur. non est tamen expectandum quod sit aliquis status futurus in quo perfectius gratia spiritus sancti habeatur quam hactenus habita fuerit, maxime ab apostolis, qui primitias spiritus acceperunt, ° idest et tempore prius et ceteris abundantius, * ut glossa dicit rom. viii.
ra1 ' Ad primum ergo dicendum quod, * sicut dionysius dicit, in eccl. hier., ' triplex est hominum status, primus quidem veteris legis; secundus novae legis; tertius status succedit non in hac vita, sed in patria. sed sicut primus status est figuralis et imperfectus respectu status evangelici, ita hic status est figuralis et imperfectus respectu status patriae; * quo veniente, iste status evacuatur, sicut ibi dicitur, ° videmus nunc per speculum in aenigmate, tunc autem facie ad faciem.
ra2 ' Ad secundum dicendum quod, * sicut augustinus dicit in libro contra faustum, montanus et priscilla posuerunt quod " promissio domini de spiritu sancto dando non fuit completa in apostolis, sed in eis. et similiter * manichaei posuerunt quod fuit completa in manichaeo, " quem dicebant esse spiritum paracletum. et ideo utrique non recipiebant actus apostolorum, in quibus manifeste ostenditur quod illa promissio fuit in apostolis completa, * sicut dominus iterato eis promisit, act. i, ° baptizamini in spiritu sancto non post multos hos dies; * quod impletum legitur act. ii. sed istae vanitates excluduntur per hoc quod dicitur ioan. vii, ° nondum erat spiritus datus, quia iesus nondum erat glorificatus, ' ex quo datur intelligi quod statim glorificato christo in resurrectione et ascensione, fuit spiritus sanctus datus. et per hoc etiam excluditur quorumcumque vanitas qui dicerent esse expectandum aliud tempus spiritus sancti. docuit autem spiritus sanctus apostolos omnem veritatem de his quae pertinent ad necessitatem salutis, scilicet de credendis et agendis. non tamen docuit eos de omnibus futuris eventibus, hoc enim ad eos non pertinebat, * secundum illud act. i, ° non est vestrum |25| nosse tempora vel momenta, quae pater posuit in sua potestate.
ra3 ' Ad tertium dicendum quod lex vetus non solum fuit patris, sed etiam filii, quia christus in veteri lege figurabatur. * unde dominus dicit, ioan. v, ° si crederetis moysi, crederetis forsitan et mihi, de me enim ille scripsit. ' similiter etiam lex nova non solum est christi, sed etiam spiritus sancti; * secundum illud rom. viii, ° lex spiritus vitae in christo iesu, etc.. ' unde non est expectanda alia lex, quae sit spiritus sancti.
ra4 * Ad quartum dicendum quod, cum christus statim in principio evangelicae praedicationis dixerit, " appropinquavit regnum caelorum, ' stultissimum est dicere quod evangelium christi non sit evangelium regni. sed praedicatio evangelii christi potest intelligi dupliciter. uno modo, quantum ad divulgationem notitiae christi, et sic praedicatum fuit evangelium in universo orbe etiam tempore apostolorum, * ut chrysostomus dicit. et secundum hoc, quod additur, " et tunc erit consummatio, intelligitur de destructione ierusalem, de qua tunc ad litteram loquebatur. ' alio modo potest intelligi praedicatio evangelii in universo orbe cum pleno effectu, ita scilicet quod in qualibet gente fundetur ecclesia. et ita, * sicut dicit augustinus, in epistola ad hesych., ' nondum est praedicatum evangelium in universo orbe, sed, hoc facto, veniet consummatio mundi.

008 ST2 qu107 ar

pr ' Deinde considerandum est de comparatione legis novae ad legem veterem. et circa hoc quaeruntur quatuor. primo, utrum lex nova sit alia lex a lege veteri. secundo, utrum lex nova impleat veterem. tertio, utrum lex nova contineatur in veteri. quarto, quae sit gravior, utrum lex nova vel vetus.

008 ST2 qu107 ar1

ag1 ' Ad primum sic proceditur. videtur quod lex nova non sit alia a lege veteri. utraque enim lex datur fidem dei habentibus, quia ° sine fide impossibile est placere deo, * ut dicitur heb. xi. ' sed eadem fides est antiquorum et modernorum, * ut dicitur in glossa matth. xxi. ' ergo etiam est eadem lex.
ag2 * Praeterea, augustinus dicit, in libro contra adamantum manich. discip., quod ° brevis differentia legis et evangelii est timor et amor. ' sed secundum haec duo nova lex et vetus diversificari non possunt, quia etiam in veteri lege proponuntur praecepta caritatis; * lev. xix, ° diliges proximum tuum; * et deut. vi, ° diliges dominum deum tuum. * similiter etiam diversificari non possunt per aliam differentiam quam augustinus assignat, contra faustum, quod ° vetus testamentum habuit promissa temporalia, novum testamentum habet promissa spiritualia et aeterna. ' quia etiam in novo testamento promittuntur aliqua promissa temporalia; * secundum illud marc. x, ° accipiet centies tantum in tempore hoc, domos et fratres, etc.. ' et in veteri testamento sperabantur promissa spiritualia et aeterna; * secundum illud ad heb. xi, ° nunc autem meliorem patriam appetunt, idest caelestem, ' quod dicitur de antiquis patribus. ergo videtur quod nova lex non sit alia a veteri.
ag3 ' Praeterea, apostolus videtur distinguere utramque legem, * ad rom. iii, veterem legem appellans legem factorum, legem vero novam appellans legem fidei. ' sed lex vetus fuit etiam fidei; * secundum illud heb. xi, ° omnes testimonio fidei probati sunt, * quod dicit de patribus veteris testamenti. ' similiter etiam lex nova est lex factorum, * dicitur enim matth. v, ° benefacite his qui oderunt vos; * et luc. xxii, ° hoc facite in meam commemorationem. ' ergo lex nova non est alia a lege veteri.
sc * Sed contra est quod apostolus dicit, ad heb. vii, ° translato sacerdotio, necesse est ut legis translatio fiat. ' sed aliud est sacerdotium novi et veteris testamenti, * ut ibidem apostolus probat. ' ergo est etiam alia lex.
co * Respondeo dicendum quod, sicut supra dictum est, ' omnis lex ordinat conversationem humanam in ordine ad aliquem finem. ea autem quae ordinantur ad finem, secundum rationem finis dupliciter diversificari possunt. uno modo, quia ordinantur ad diversos fines, et haec est diversitas speciei, maxime si sit finis proximus. alio modo, secundum propinquitatem ad finem vel distantiam ab ipso. sicut patet quod motus differunt specie secundum quod ordinantur ad diversos terminos, secundum vero quod una pars motus est propinquior termino quam alia, attenditur differentia in motu secundum perfectum et imperfectum. sic ergo duae leges distingui possunt dupliciter. uno modo, quasi omnino diversae, utpote ordinatae ad diversos fines, sicut lex civitatis quae esset ordinata ad hoc quod populus dominaretur, esset specie differens ab illa lege quae esset ad hoc ordinata quod optimates civitatis dominarentur. alio modo duae leges distingui possunt secundum quod una propinquius ordinat ad finem, alia vero remotius. puta in una et eadem civitate dicitur alia lex quae imponitur viris perfectis, qui statim possunt exequi ea quae pertinent ad bonum commune; et alia lex de disciplina puerorum, qui sunt instruendi qualiter postmodum opera virorum exequantur. dicendum est ergo quod secundum primum modum, lex nova non est alia a lege veteri, quia |25| utriusque est unus finis, scilicet ut homines subdantur deo; est autem unus deus et novi et veteris testamenti, * secundum illud rom. iii, ° unus deus est qui iustificat circumcisionem ex fide, et praeputium per fidem. ' alio modo, lex nova est alia a veteri. quia lex vetus est quasi paedagogus puerorum, * ut apostolus dicit, ad gal. iii, ' lex autem nova est lex perfectionis, quia est lex caritatis, * de qua apostolus dicit, ad colos. iii, quod ' est vinculum perfectionis.
ra1 ' Ad primum ergo dicendum quod unitas fidei utriusque testamenti attestatur unitati finis, * dictum est enim supra ' quod obiectum theologicarum virtutum, inter quas est fides, est finis ultimus. sed tamen fides habuit alium statum in veteri et in nova lege, nam quod illi credebant futurum, nos credimus factum.
ra2 ' Ad secundum dicendum quod omnes differentiae quae assignantur inter novam legem et veterem, accipiuntur secundum perfectum et imperfectum. praecepta enim legis cuiuslibet dantur de actibus virtutum. ad operanda autem virtutum opera aliter inclinantur imperfecti, qui nondum habent virtutis habitum; et aliter illi qui sunt per habitum virtutis perfecti. illi enim qui nondum habent habitum virtutis, inclinantur ad agendum virtutis opera ex aliqua causa extrinseca, puta ex comminatione poenarum, vel ex promissione aliquarum extrinsecarum remunerationum, puta honoris vel divitiarum vel alicuius huiusmodi. et ideo lex vetus, quae dabatur imperfectis, idest nondum consecutis gratiam spiritualem, dicebatur lex timoris, inquantum inducebat ad observantiam praeceptorum per comminationem quarundam poenarum. et dicitur habere temporalia quaedam promissa. illi autem qui habent virtutem, inclinantur ad virtutis opera agenda propter amorem virtutis, non propter aliquam poenam aut remunerationem extrinsecam. et ideo lex nova, cuius principalitas consistit in ipsa spirituali gratia indita cordibus, dicitur lex amoris. et dicitur habere promissa spiritualia et aeterna, quae sunt obiecta virtutis, praecipue caritatis. et ita per se in ea inclinantur, non quasi in extranea, sed quasi in propria. |25| * et propter hoc etiam lex vetus dicitur " cohibere manum, non animum, ' quia qui timore poenae ab aliquo peccato abstinet, non simpliciter eius voluntas a peccato recedit, sicut recedit voluntas eius qui amore iustitiae abstinet a peccato. et propter hoc lex nova, quae est lex amoris, dicitur animum cohibere. fuerunt tamen aliqui in statu veteris testamenti habentes caritatem et gratiam spiritus sancti, qui principaliter expectabant promissiones spirituales et aeternas. et secundum hoc pertinebant ad legem novam. similiter etiam in novo testamento sunt aliqui carnales nondum pertingentes ad perfectionem novae legis, quos oportuit etiam in novo testamento induci ad virtutis opera per timorem poenarum, et per aliqua temporalia promissa. lex autem vetus etsi praecepta caritatis daret, non tamen per eam dabatur spiritus sanctus, per quem diffunditur caritas in cordibus nostris, * ut dicitur rom. v.
ra3 * Ad tertium dicendum quod, sicut supra dictum est, ' lex nova dicitur lex fidei, inquantum eius principalitas consistit in ipsa gratia quae interius datur credentibus, unde dicitur gratia fidei. habet autem secundario aliqua facta et moralia et sacramentalia, sed in his non consistit principalitas legis novae, sicut principalitas veteris legis in eis consistebat. illi autem qui in veteri testamento deo fuerunt accepti per fidem, secundum hoc ad novum testamentum pertinebant, non enim iustificabantur nisi per fidem christi, qui est auctor novi testamenti. * unde et de moyse dicit apostolus, ad heb. xi, quod ° maiores divitias aestimabat thesauro aegyptiorum, improperium christi.

008 ST2 qu107 ar2

ag1 ' Ad secundum sic proceditur. videtur quod lex nova legem veterem non impleat. impletio enim contrariatur evacuationi. sed lex nova evacuat, vel excludit observantias legis veteris, * dicit enim apostolus, ad gal. v, ° si circumcidimini, christus nihil vobis proderit. ' ergo lex nova non est impletiva veteris legis.
ag2 ' Praeterea, contrarium non est impletivum sui contrarii. sed dominus in lege nova proposuit quaedam praecepta contraria praeceptis veteris legis. * dicitur enim matth. v, ° audistis quia dictum est antiquis, quicumque dimiserit uxorem suam, det ei libellum repudii. ego autem dico vobis, quicumque dimiserit uxorem suam, facit eam moechari. ' et idem consequenter patet in prohibitione iuramenti, et etiam in prohibitione talionis, et in odio inimicorum. similiter etiam videtur dominus exclusisse praecepta veteris legis de discretione ciborum, * matth. xv, ° non quod intrat in os, coinquinat hominem. ' ergo lex nova non est impletiva veteris.
ag3 ' Praeterea, quicumque contra legem agit, non implet legem. sed christus in aliquibus contra legem fecit. tetigit enim leprosum, * ut dicitur matth. viii, ' quod erat contra legem. similiter etiam videtur sabbatum pluries violasse, * unde de eo dicebant iudaei, ioan. ix, ° non est hic homo a deo, qui sabbatum non custodit. ' ergo christus non implevit legem. et ita lex nova data a christo, non est veteris impletiva.
ag4 ' Praeterea, in veteri lege continebantur praecepta moralia, caeremonialia et iudicialia, * ut supra dictum est. ' sed dominus, * matth. v, ' ubi quantum ad aliqua legem implevit, nullam mentionem videtur facere de iudicialibus et caeremonialibus. ergo videtur quod lex nova non sit totaliter veteris impletiva.
sc * Sed contra est quod dominus dicit, matth. v, ° non veni solvere legem, sed adimplere. * et postea, subdit, ° iota unum, aut unus apex, non praeteribit a lege, donec omnia fiant.
co * Respondeo dicendum quod, sicut dictum est, ' lex nova comparatur ad veterem sicut perfectum ad imperfectum. omne autem perfectum adimplet id quod imperfecto deest. et secundum hoc lex nova adimplet veterem legem, inquantum supplet illud quod veteri legi deerat. in veteri autem lege duo possunt considerari, scilicet finis; et praecepta contenta in lege. finis vero cuiuslibet legis est ut homines efficiantur iusti et virtuosi, * ut supra dictum est. ' unde et finis veteris legis erat iustificatio hominum. quam quidem lex efficere non poterat, sed figurabat quibusdam caeremonialibus factis, et promittebat verbis. et quantum ad hoc, lex nova implet veterem legem iustificando virtute passionis christi. * et hoc est quod apostolus dicit, ad rom. viii, ° quod impossibile erat legi, deus, filium suum mittens in similitudinem carnis peccati, damnavit peccatum in carne, ut

iustificatio legis impleretur in nobis. ' et quantum ad hoc, lex nova exhibet quod lex vetus promittebat; * secundum illud ii ad cor. i, " quotquot promissiones dei sunt, in illo est, idest in christo. ' et iterum quantum ad hoc etiam complet quod vetus lex figurabat. * unde ad colos. ii dicitur de caeremonialibus quod " erant |25| umbra futurorum, corpus autem christi, ' idest, veritas pertinet ad christum. unde lex nova dicitur lex veritatis, lex autem vetus umbrae vel figurae. praecepta vero veteris legis adimplevit christus et opere, et doctrina. opere quidem, quia circumcidi voluit, et alia legalia observare, quae erant illo tempore observanda; * secundum illud gal. iv, ° factum sub lege. ' sua autem doctrina adimplevit praecepta legis tripliciter. primo quidem, verum intellectum legis exprimendo. sicut patet in homicidio et adulterio, in quorum prohibitione scribae et pharisaei non intelligebant nisi exteriorem actum prohibitum, unde dominus legem adimplevit, ostendendo etiam interiores actus peccatorum cadere sub prohibitione. secundo, adimplevit dominus praecepta legis, ordinando quomodo tutius observaretur quod lex vetus statuerat. sicut lex vetus statuerat ut homo non peiuraret, et hoc tutius observatur si omnino a iuramento abstineat, nisi in casu necessitatis. tertio, adimplevit dominus praecepta legis, superaddendo quaedam perfectionis consilia, * ut patet matth. xix, " ubi dominus dicenti se observasse praecepta veteris legis, dicit, unum tibi deest. |50| ° si vis perfectus esse, vade et vende omnia quae habes, etc..

ra1 ' Ad primum ergo dicendum quod lex nova non evacuat observantiam veteris legis nisi quantum ad caeremonialia, * ut supra habitum est. ' haec autem erant in figuram futuri. unde ex hoc ipso quod caeremonialia praecepta sunt impleta, perfectis his quae figurabantur, non sunt ulterius observanda, quia si observarentur, adhuc significaretur aliquid ut futurum et non impletum. sicut etiam promissio futuri doni locum iam non habet, promissione iam impleta per doni exhibitionem et per hunc modum, caeremoniae legis tolluntur cum implentur.

ra2 * Ad secundum dicendum quod, sicut augustinus dicit, contra faustum, " praecepta illa domini non sunt contraria praeceptis veteris legis ° quod enim dominus praecepit de uxore non dimittenda, non est contrarium ei quod lex praecepit. neque enim ait lex, qui voluerit, dimittat uxorem; cui esset contrarium non dimittere. sed utique nolebat dimitti uxorem a viro, qui hanc interposuit moram, ut in dissidium animus praeceps libelli conscriptione refractus absisteret. unde dominus, ad hoc confirmandum ut non facile uxor dimittatur, solam causam fornicationis excepit. ' et idem etiam dicendum est in prohibitione iuramenti, * sicut dictum est. ' et idem etiam patet in prohibitione talionis. taxavit enim modum vindictae lex, ut non procederetur ad immoderatam vindictam, a qua dominus perfectius removit eum quem monuit omnino a vindicta abstinere. circa odium vero inimicorum, removit falsum pharisaeorum intellectum, nos monens ut persona odio non haberetur, sed culpa. circa discretionem vero ciborum, quae caeremonialis erat, dominus non mandavit ut tunc non observaretur, sed ostendit quod nulli cibi secundum suam naturam erant immundi, sed solum secundum figuram, * ut supra dictum est.

ra3 ' Ad tertium dicendum quod tactus leprosi erat prohibitus in lege, quia ex hoc incurrebat homo quandam irregularitatis immunditiam, sicut et ex tactu mortui, * ut supra dictum est. ' sed dominus, qui erat mundator leprosi, immunditiam incurrere non poterat. per ea autem quae fecit in sabbato, sabbatum non solvit secundum rei veritatem, sicut ipse magister in evangelio ostendit, tum quia operabatur miracula virtute divina, quae semper operatur in rebus; tum quia salutis humanae opera faciebat, cum pharisaei etiam saluti animalium in die sabbati providerent; tum quia etiam ratione necessitatis discipulos excusavit in sabbato spicas colligentes. sed videbatur solvere secundum superstitiosum intellectum pharisaeorum, qui credebant etiam a salubribus operibus esse in die sabbati abstinendum, quod erat contra intentionem legis.

ra4 ' Ad quartum dicendum quod caeremonialia praecepta legis non commemorantur * matth. v, ' quia eorum observantia totaliter excluditur per impletionem, * ut dictum est. ' de iudicialibus vero praeceptis commemoravit praeceptum talionis, ut quod de hoc diceretur, de omnibus aliis esset intelligendum. in quo quidem praecepto docuit legis intentionem non esse ad hoc quod poena talionis quaereretur propter livorem vindictae, quem ipse excludit, monens quod homo debet esse paratus etiam maiores iniurias sufferre, sed solum propter amorem iustitiae. quod adhuc in nova lege remanet.

008 ST2 qu107 ar3

ag1 ' Ad tertium sic proceditur. videtur quod lex nova in lege veteri non contineatur. lex enim nova praecipue in fide consistit, unde dicitur lex fidei, * ut patet rom. iii. ' sed multa credenda traduntur in nova lege quae in veteri non continentur. ergo lex nova non continetur in veteri.

ag2 * Praeterea, quaedam glossa dicit, matth. v, super illud, " qui solverit unum de mandatis istis minimis, quod mandata legis sunt minora, in evangelio vero sunt mandata maiora. ' maius autem non potest contineri in minori. ergo lex nova non continetur in veteri.

ag3 ' Praeterea, quod continetur in altero, simul habetur habito illo. si igitur lex nova contineretur in veteri, sequeretur quod, habita veteri lege, habeatur et nova. superfluum igitur fuit, habita veteri lege, iterum dari novam. non ergo nova lex continetur in veteri.

sc * Sed contra est quod, sicut dicitur ezech. i, ° rota erat in rota, " idest novum testamentum in veteri, * ut gregorius exponit.

co ' Respondeo dicendum quod aliquid continetur in alio dupliciter. uno modo, in actu, sicut locatum in loco. alio modo, virtute, sicut effectus in causa, vel complementum in incompleto, sicut genus continet species potestate, et sicut tota arbor continetur in semine. et per hunc modum nova lex continetur in veteri, * dictum est enim quod ' nova lex comparatur ad veterem sicut perfectum ad imperfectum. * unde chrysostomus exponens illud quod habetur marc. iv, ° ultro terra fructificat primum herbam, deinde spicam, deinde plenum frumentum in spica, * sic dicit, ° primo herbam fructificat in lege naturae; postmodum spicas in lege moysi; postea plenum frumentum, in evangelio. ' sic igitur est lex nova in veteri sicut fructus in spica.

ra1 ' Ad primum ergo dicendum quod omnia quae credenda traduntur in novo testamento explicite et aperte, traduntur credenda in veteri testamento, sed implicite sub figura. et secundum hoc etiam quantum ad credenda lex nova continetur in veteri.

ra2 ' Ad secundum dicendum quod praecepta novae legis dicuntur esse maiora quam praecepta veteris legis, quantum ad explicitam manifestationem. sed quantum ad ipsam substantiam praeceptorum novi testamenti, omnia continentur in veteri testamento. * unde augustinus dicit, contra faustum, quod ° pene omnia quae monuit vel praecepit dominus, ubi adiungebat, ego autem dico vobis, inveniuntur etiam in illis veteribus libris. sed quia non intelligebant homicidium nisi peremptionem corporis humani, aperuit dominus omnem iniquum motum ad nocendum fratri, in homicidii genere deputari. ' et quantum ad huiusmodi manifestationes, praecepta novae legis dicuntur maiora praeceptis veteris legis. nihil tamen prohibet maius in minori virtute contineri, sicut arbor continetur in semine.

ra3 ' Ad tertium dicendum quod illud quod implicite datum est, oportet explicari. et ideo post veterem legem latam, oportuit etiam novam legem dari.

008 ST2 qu107 ar4

ag1 ' Ad quartum sic proceditur. videtur quod lex nova sit gravior quam lex vetus. * matth. enim v, super illud, qui solverit unum de mandatis his minimis, dicit chrysostomus, ° mandata moysi in actu facilia sunt, non occides, non adulterabis. mandata autem christi, idest, non irascaris, non concupiscas, in actu difficilia sunt. ' ergo lex nova est gravior quam vetus.

ag2 ' Praeterea, facilius est terrena prosperitate uti quam tribulationes perpeti. sed in veteri testamento observationem veteris legis consequebatur prosperitas temporalis, * ut patet deut. xxviii. ' observatores autem novae legis consequitur multiplex adversitas, * prout dicitur ii ad cor. vi, ° exhibeamus nosmetipsos sicut dei ministros in multa patientia, in tribulationibus, in necessitatibus, in angustiis, etc.. ' ergo lex nova est gravior quam lex vetus.

ag3 ' Praeterea, quod se habet ex additione ad alterum, videtur esse difficilius. sed lex nova se habet ex additione ad veterem. nam lex vetus prohibuit periurium, lex nova etiam iuramentum, lex vetus prohibuit discidium uxoris sine libello repudii, lex autem nova omnino discidium prohibuit, * ut patet matth. v, secundum expositionem augustini. ' ergo lex nova est gravior quam vetus.

sc * Sed contra est quod dicitur matth. xi, ° venite ad me omnes qui laboratis et onerati estis. * quod exponens hilarius dicit, ° legis difficultatibus laborantes, et peccatis saeculi oneratos, ad se advocat. * et postmodum de iugo evangelii subdit, ° iugum enim meum suave est, et onus meum leve. ' ergo lex nova est levior quam vetus.

co ' Respondeo dicendum quod circa opera virtutis, de quibus praecepta legis dantur, duplex difficultas attendi potest. una quidem ex parte exteriorum operum, quae ex seipsis quandam difficultatem habent et gravitatem. et quantum ad hoc, lex vetus est multo gravior quam nova, quia ad plures actus exteriores obligabat lex vetus in multiplicibus caeremoniis, quam lex nova, quae praeter praecepta legis naturae, paucissima superaddidit in doctrina christi et apostolorum; licet aliqua sint postmodum superaddita ex institutione sanctorum patrum. * in quibus etiam augustinus dicit " esse moderationem attendendam, ne conversatio fidelium onerosa reddatur. * dicit enim, ad inquisitiones ianuarii, de quibusdam, quod ° ipsam religionem nostram, quam in manifestissimis et paucissimis celebrationum sacramentis dei misericordia voluit esse liberam, servilibus premunt oneribus, adeo ut tolerabilior sit conditio iudaeorum, qui legalibus sacramentis, non humanis praesumptionibus subiiciuntur. ' alia autem difficultas est circa opera virtutum in interioribus actibus, puta quod aliquis opus virtutis exerceat prompte et delectabiliter. et circa hoc difficile est virtus, hoc enim non habenti virtutem est valde difficile; sed per virtutem redditur facile. et quantum ad hoc, praecepta novae legis sunt graviora praeceptis veteris legis, quia in nova lege prohibentur |25| interiores motus animi, qui expresse in veteri lege non prohibebantur in omnibus, etsi in aliquibus prohiberentur; in quibus tamen prohibendis poena non apponebatur. hoc autem est difficillimum non habenti virtutem, * sicut etiam philosophus dicit, in v ethic., quod " operari ea quae iustus operatur, facile est; sed operari ea eo modo quo iustus operatur, scilicet delectabiliter et prompte, est difficile non habenti iustitiam. * et sic etiam dicitur i ioan. v, quod ' mandata eius gravia non sunt, * quod exponens augustinus dicit quod ° non sunt gravia amanti, sed non amanti sunt gravia.

ra1 ' Ad primum ergo dicendum quod * auctoritas illa expresse loquitur ' de difficultate novae legis quantum ad expressam cohibitionem interiorum motuum.

ra2 ' Ad secundum dicendum quod adversitates quas patiuntur observatores novae legis, non sunt ab ipsa lege impositae. sed tamen propter amorem, in quo ipsa lex consistit, faciliter tollerantur, * quia sicut augustinus dicit, in libro de verbis domini, ° omnia saeva et immania facilia et prope nulla efficit amor.

ra3 ' Ad tertium dicendum quod illae additiones ad praecepta veteris legis, ad hoc ordinantur ut facilius impleatur quod vetus lex mandabat, * sicut augustinus dicit. ' et ideo per hoc non ostenditur quod lex nova sit gravior, sed magis quod sit facilior.

008 ST2 qu108 ar

pr ' Deinde considerandum est de his quae continentur in lege nova. et circa hoc quaeruntur quatuor. primo, utrum lex nova debeat aliqua opera exteriora praecipere vel prohibere. secundo, utrum sufficienter se habeat in exterioribus actibus praecipiendis vel prohibendis. tertio, utrum convenienter instituat homines quantum ad actus interiores. quarto, utrum convenienter superaddat consilia praeceptis.

008 ST2 qu108 ar1

ag1 ' Ad primum sic proceditur. videtur quod lex nova nullos exteriores actus debeat praecipere vel prohibere. lex enim nova est evangelium regni; * secundum illud matth. xxiv, ° praedicabitur hoc evangelium regni in universo orbe. ' sed regnum dei non consistit in exterioribus actibus, sed solum in interioribus; * secundum illud luc. xvii, ° regnum dei intra vos est; * et rom. xiv, ° non est regnum dei esca et potus, sed iustitia et pax et gaudium in spiritu sancto. ' ergo lex nova non debet praecipere vel prohibere aliquos exteriores actus.

ag2 ' Praeterea, lex nova est lex spiritus, * ut dicitur rom. viii. ' sed ubi spiritus domini, ibi libertas, * ut dicitur ii ad cor. iii. ' non est autem libertas ubi homo obligatur ad aliqua exteriora opera facienda vel vitanda. ergo lex nova non continet aliqua praecepta vel prohibitiones exteriorum actuum.

ag3 ' Praeterea, omnes exteriores actus pertinere intelliguntur ad manum, sicut interiores actus pertinent ad animum. sed haec ponitur differentia inter novam legem et veterem, quod ° vetus lex cohibet manum, sed lex nova cohibet animum. ' ergo in lege nova non debent poni prohibitiones et praecepta exteriorum actuum, sed solum interiorum.

sc ' Sed contra est quod per legem novam efficiuntur homines filii lucis. * unde dicitur ioan. xii, ° credite in lucem, ut filii lucis sitis. ' sed filios lucis decet opera lucis facere, et opera tenebrarum abiicere; * secundum illud ephes. v, ° eratis aliquando tenebrae, nunc autem lux in domino. ut filii lucis ambulate. ' ergo lex nova quaedam exteriora opera debuit prohibere, et quaedam praecipere.

co * Respondeo dicendum quod, sicut dictum est, ' principalitas legis novae est gratia spiritus sancti, quae manifestatur in fide per dilectionem operante. hanc autem gratiam consequuntur homines per dei filium hominem factum, cuius humanitatem primo replevit gratia, et exinde est ad nos derivata. * unde dicitur ioan. i, ° verbum caro factum est; * et postea subditur, ° plenum gratiae et veritatis; * et infra, ° de plenitudine eius nos omnes accepimus, et gratiam pro gratia. * unde subditur quod ' gratia et veritas per iesum christum facta est. et ideo convenit ut per aliqua exteriora sensibilia gratia a verbo incarnato profluens in nos deducatur; et ex hac interiori gratia, per quam caro spiritui subditur, exteriora quaedam opera sensibilia producantur. sic igitur exteriora opera dupliciter ad gratiam pertinere possunt. uno modo, sicut inducentia aliqualiter ad gratiam. et talia sunt opera sacramentorum quae in lege nova sunt instituta, sicut baptismus, eucharistia, et alia huiusmodi. alia vero sunt opera exteriora quae ex instinctu gratiae producuntur. et in his est quaedam differentia attendenda. quaedam enim habent necessariam convenientiam |25| vel contrarietatem ad interiorem gratiam, quae in fide per dilectionem operante consistit. et huiusmodi exteriora opera sunt praecepta vel prohibita in lege nova, sicut praecepta est confessio fidei, et prohibita negatio; * dicitur enim matth. x, ° qui confitebitur me coram hominibus, confitebor et ego eum coram patre meo. qui autem negaverit me coram hominibus, negabo et ego eum coram patre meo. ‘ alia vero sunt opera quae non habent necessariam contrarietatem vel convenientiam ad fidem per dilectionem operantem. et talia opera non sunt in nova lege praecepta vel prohibita ex ipsa prima legis institutione; sed relicta sunt a legislatore, scilicet christo, unicuique, secundum quod aliquis curam gerere debet. et sic unicuique liberum est circa talia determinare quid sibi expediat facere vel vitare; et cuicumque praesidenti, circa talia ordinare suis subditis quid sit in talibus faciendum vel vitandum. unde etiam quantum ad hoc dicitur lex evangelii lex libertatis, nam lex vetus multa determinabat, et pauca relinquebat hominum libertati determinanda.

ra1 ‘ Ad primum ergo dicendum quod regnum dei in interioribus actibus principaliter consistit, sed ex consequenti etiam ad regnum dei pertinent omnia illa sine quibus interiores actus esse non possunt. sicut si regnum dei est interior iustitia et pax et gaudium spirituale, necesse est quod omnes exteriores actus qui repugnant iustitiae aut paci aut gaudio spirituali, repugnent regno dei, et ideo sunt in evangelio regni prohibendi. illa vero quae indifferenter se habent respectu horum, puta comedere hos vel illos cibos, in his non est regnum dei, * unde apostolus praemittit, ° non est regnum dei esca et potus.

ra2 ‘ Ad secundum dicendum quod, * secundum philosophum, in i metaphys., ° liber est qui sui causa est. ‘ ille ergo libere aliquid agit qui ex seipso agit. quod autem homo agit ex habitu suae naturae convenienti, ex seipso agit, quia habitus inclinat in modum naturae. si vero habitus esset naturae repugnans, homo non ageret secundum quod est ipse, sed secundum aliquam corruptionem sibi supervenientem. quia igitur gratia spiritus sancti est sicut interior habitus nobis infusus inclinans nos ad recte operandum, facit nos libere operari ea quae conveniunt gratiae, et vitare ea quae gratiae repugnant. sic igitur lex nova dicitur lex libertatis dupliciter. uno modo, quia non arctat nos ad facienda vel vitanda aliqua, nisi quae de se sunt vel necessaria vel repugnantia saluti, quae cadunt sub praecepto vel prohibitione legis. secundo, quia huiusmodi etiam praecepta vel prohibitiones facit nos libere implere, inquantum ex interiori instinctu gratiae ea implemus. et propter haec duo lex nova dicitur lex perfectae libertatis, * iac. i.

ra3 ‘ Ad tertium dicendum quod lex nova, cohibendo animum ab inordinatis motibus, oportet quod etiam cohibeat manum ab inordinatis actibus, qui sunt effectus interiorum motuum.

008 ST2 qu108 ar2

ag1 ‘ Ad secundum sic proceditur. videtur quod lex nova insufficienter exteriores actus ordinaverit. ad legem enim novam praecipue pertinere videtur fides per dilectionem operans; * secundum illud ad gal. v, ° in christo iesu neque circumcisio aliquid valet neque praeputium, sed fides quae per dilectionem operatur. ‘ sed lex nova explicavit quaedam credenda quae non erant in veteri lege explicita, sicut de fide trinitatis. ergo etiam debuit superaddere aliqua exteriora opera moralia, quae non erant in veteri lege determinata.

ag2 ‘ Praeterea, in veteri lege non solum instituta sunt sacramenta, sed etiam aliqua sacra, * ut supra dictum est. ‘ sed in nova lege, etsi sint instituta aliqua sacramenta, nulla tamen sacra instituta a domino videntur, puta quae pertineant ad sanctificationem alicuius templi aut vasorum, vel etiam ad aliquam solemnitatem celebrandam. ergo lex nova insufficienter exteriora ordinavit.

ag3 ‘ Praeterea, in veteri lege, sicut erant quaedam observantiae pertinentes ad dei ministros, ita etiam erant quaedam observantiae pertinentes ad populum; * ut supra dictum est, ‘ cum de caeremonialibus veteris legis ageretur. sed in nova lege videntur aliquae observantiae esse datae ministris dei, * ut patet matth. x, ° nolite possidere aurum neque argentum, neque pecuniam in zonis vestris, * et cetera quae ibi sequuntur, et quae dicuntur luc. ix et x. ‘ ergo etiam debuerunt aliquae observantiae institui in nova lege ad populum fidelem pertinentes.

ag4 ‘ Praeterea, in veteri lege, praeter moralia et caeremonialia, fuerunt quaedam iudicialia praecepta. sed in lege nova non traduntur aliqua iudicialia praecepta. ergo lex nova insufficienter exteriora opera ordinavit.

sc * Sed contra est quod dominus dicit, matth. vii, ° omnis qui audit verba mea haec et facit ea, assimilabitur viro sapienti qui aedificavit domum suam supra petram. ‘ sed sapiens aedificator nihil omittit eorum quae sunt necessaria ad aedificium. ergo in verbis christi sufficienter sunt omnia posita quae pertinent ad salutem humanam.

co * Respondeo dicendum quod, sicut dictum est, ‘ lex nova in exterioribus illa solum praecipere debuit vel prohibere, per quae in gratiam introducimur, vel quae pertinent ad rectum gratiae usum ex necessitate. et quia gratiam ex nobis consequi non possumus, sed per christum solum, ideo sacramenta, per quae gratiam consequimur, ipse dominus instituit per seipsum, scilicet baptismum, eucharistiam, ordinem ministrorum novae legis, instituendo apostolos et septuaginta duos discipulos, et poenitentiam, et matrimonium indivisibile. confirmationem etiam promisit per spiritus sancti missionem. ex eius etiam institutione apostoli leguntur oleo infirmos ungendo sanasse, * ut habetur marc. vi. ‘ quae sunt novae legis sacramenta. rectus autem gratiae usus est per opera caritatis. quae quidem secundum quod sunt de necessitate virtutis, pertinent ad praecepta moralia, quae etiam in veteri lege tradebantur. unde quantum ad hoc, lex nova super veterem addere non debuit circa exteriora agenda. determinatio autem praedictorum operum in ordine ad cultum dei, pertinet ad praecepta caeremonialia legis; in ordine vero ad proximum, ad iudicialia; * ut supra dictum est. ‘ et ideo, quia istae determinationes non sunt secundum se de necessitate interioris gratiae, in qua lex consistit; idcirco non cadunt |25| sub praecepto novae legis, sed relinquuntur humano arbitrio; quaedam quidem quantum ad subditos, quae scilicet pertinent singillatim ad unumquemque; quaedam vero ad praelatos temporales vel spirituales, quae scilicet pertinent ad utilitatem communem. sic igitur lex nova nulla alia exteriora opera determinare debuit praecipiendo vel prohibendo, nisi sacramenta, et moralia praecepta quae de se pertinent ad rationem virtutis, puta non esse occidendum, non esse furandum, et alia huiusmodi.

ra1 ‘ Ad primum ergo dicendum quod ea quae sunt fidei, sunt supra rationem humanam, unde in ea non possumus pervenire nisi per gratiam. et ideo, abundantiori gratia superveniente, oportuit plura credenda explicari. sed ad opera virtutum dirigimur per rationem naturalem, quae est regula quaedam operationis humanae, * ut supra dictum est. ‘ et ideo in his non oportuit aliqua praecepta dari ultra moralia legis praecepta, quae sunt de dictamine rationis.

ra2 ‘ Ad secundum dicendum quod in sacramentis novae legis datur gratia, quae non est nisi a christo, et ideo oportuit quod ab ipso institutionem haberent. sed in sacris non datur aliqua gratia, puta in consecratione templi vel altaris vel aliorum huiusmodi, aut etiam in ipsa celebritate solemnitatum. et ideo talia, quia secundum seipsa non pertinent ad necessitatem interioris gratiae, dominus fidelibus instituenda reliquit pro suo arbitrio.

ra3 ‘ Ad tertium dicendum quod illa praecepta dominus dedit apostolis non tanquam caeremoniales observantias, sed tanquam moralia instituta. et possunt intelligi dupliciter. uno modo, * secundum augustinum, in libro de consensu evangelist., ‘ ut non sint praecepta, sed concessiones. concessit enim eis ut possent pergere ad praedicationis officium sine pera et baculo et aliis huiusmodi, tanquam habentes potestatem necessaria vitae accipiendi ab illis quibus praedicabant, * unde subdit, ‘ dignus enim est operarius cibo suo. non autem peccat, sed supererogat, qui sua portat, ex quibus vivat in praedicationis officio, non accipiens sumptum ab his quibus evangelium praedicat, sicut paulus fecit. alio modo possunt intelligi, * secundum aliorum sanctorum expositionem, ‘ ut sint quaedam statuta temporalia apostolis data pro illo tempore quo mittebantur ad praedicandum in iudaea ante christi passionem. indigebant enim discipuli, quasi adhuc parvuli sub christi cura existentes, accipere aliqua specialia instituta a christo, sicut et quilibet subditi a suis praelatis, et praecipue quia erant paulatim exercitandi ut temporalium sollicitudinem abdicarent, per quod reddebantur idonei ad hoc quod evangelium per universum orbem praedicarent. nec est mirum si, adhuc durante statu veteris legis, |25| et nondum perfectam libertatem spiritus consecutis, quosdam determinatos modos vivendi instituit. quae quidem statuta, imminente passione, removit, tanquam discipulis iam per ea sufficienter exercitatis. * unde luc. xxii, dixit, ° quando misi vos sine sacculo et pera et calceamentis, numquid aliquid defuit vobis? at illi dixerunt, nihil. dixit ergo eis, sed nunc qui habet sacculum, tollat; similiter et peram. ‘ iam enim imminebat tempus perfectae libertatis, ut totaliter suo dimitterentur arbitrio in his quae secundum se non pertinent ad necessitatem virtutis.

ra4 ‘ Ad quartum dicendum quod iudicialia etiam, secundum se considerata, non sunt de necessitate virtutis quantum ad talem determinationem sed solum quantum ad communem rationem iustitiae. et ideo iudicialia praecepta reliquit dominus disponenda his qui curam aliorum erant habituri vel spiritualem vel temporalem. sed circa iudicialia praecepta veteris legis quaedam explanavit, propter malum intellectum pharisaeorum, * ut infra dicetur.

008 ST2 qu108 ar3

ag1 ‘ Ad tertium sic proceditur. videtur quod circa interiores actus lex nova insufficienter hominem ordinaverit. sunt enim decem praecepta decalogi ordinantia hominem ad deum et proximum. sed dominus solum circa tria illorum aliquid adimplevit, scilicet circa prohibitionem homicidii, et circa prohibitionem adulterii, et circa prohibitionem periurii. ergo videtur quod insufficienter hominem ordinaverit, adimpletionem aliorum praeceptorum praetermittens.

ag2 ‘ Praeterea, dominus nihil ordinavit in evangelio de iudicialibus praeceptis nisi circa repudium uxoris, et circa poenam talionis, et circa persecutionem inimicorum. sed multa sunt alia iudicialia praecepta veteris legis, * ut supra dictum est. ‘ ergo quantum ad hoc, insufficienter vitam hominum ordinavit.

ag3 ‘ Praeterea, in veteri lege, praeter praecepta moralia et iudicialia, erant quaedam caeremonialia. circa quae dominus nihil ordinavit. ergo videtur insufficienter ordinasse.

ag4 ‘ Praeterea, ad interiorem bonam mentis dispositionem pertinet ut nullum bonum opus homo faciat propter quemcumque temporalem finem. sed multa sunt alia temporalia bona quam favor humanus, multa etiam alia sunt bona opera quam ieiunium, eleemosyna et oratio. ergo inconveniens fuit quod dominus docuit solum circa haec tria opera gloriam favoris humani vitari, et nihil aliud terrenorum bonorum.

ag5 ‘ Praeterea, naturaliter homini inditum est ut sollicitetur circa ea quae sunt sibi necessaria ad vivendum, in qua etiam sollicitudine alia animalia cum homine conveniunt, * unde dicitur prov. vi, ° vade ad formicam, o piger, et considera vias eius. parat in aestate cibum sibi, et congregat in messe quod comedat. ‘ sed omne praeceptum quod datur contra inclinationem naturae, est iniquum, utpote contra legem naturalem existens. ergo inconvenienter videtur dominus prohibuisse sollicitudinem victus et vestitus.

ag6 ‘ Praeterea, nullus actus virtutis est prohibendus. sed iudicium est actus iustitiae; * secundum illud psalmi xciii, ° quousque iustitia convertatur in iudicium. ‘ ergo inconvenienter videtur dominus iudicium prohibuisse. et ita videtur lex nova insufficienter hominem ordinasse circa interiores actus.

sc ‘ Sed contra est quod * augustinus dicit, in libro de serm. dom. in monte, ° considerandum est quia, cum dixit, qui audit verba mea haec, satis significat sermonem istum domini omnibus praeceptis quibus christiana vita formatur, esse perfectum.

co ‘ Respondeo dicendum quod, * sicut ex inducta auctoritate augustini apparet, ‘ sermo quem dominus in monte proposuit, totam informationem christianae vitae continet. in quo perfecte interiores motus hominis ordinantur. nam post declaratum beatitudinis finem; et commendata apostolica dignitate, per quos erat doctrina evangelica promulganda; ordinat interiores hominis motus, primo quidem quantum ad seipsum; et deinde quantum ad proximum. quantum autem ad seipsum, dupliciter; secundum duos interiores hominis motus circa agenda, qui sunt voluntas de agendis, et intentio de fine. unde primo ordinat hominis voluntatem secundum diversa legis praecepta, ut scilicet abstineat aliquis non solum ab exterioribus operibus quae sunt secundum se mala, sed etiam ab interioribus, et ab occasionibus malorum. deinde ordinat intentionem hominis, docens quod in bonis quae agimus, neque quaeramus humanam gloriam, neque mundanas divitias, quod est thesaurizare in terra. consequenter autem ordinat interiorem hominis motum quoad proximum, ut scilicet eum non temerarie aut iniuste iudicemus, aut praesumptuose; neque tamen sic simus apud proximum remissi, ut eis sacra committamus, si sint indigni. ultimo autem docet modum adimplendi evangelicam doctrinam, scilicet implorando divinum auxilium; et conatum apponendo ad ingrediendum per angustam portam perfectae virtutis; et cautelam adhibendo |25| ne a seductoribus corrumpamur. et quod observatio mandatorum eius est necessaria ad virtutem, non autem sufficit sola confessio fidei, vel miraculorum operatio, vel solus auditus.

ra1 ‘ Ad primum ergo dicendum quod dominus circa illa legis praecepta adimpletionem apposuit, in quibus scribae et pharisaei non rectum intellectum habebant. et hoc contingebat praecipue circa tria praecepta decalogi. nam circa prohibitionem adulterii et homicidii, aestimabant solum exteriorem actum prohiberi, non autem interiorem appetitum. quod magis credebant circa homicidium et adulterium quam circa furtum vel falsum testimonium, quia motus irae in homicidium tendens, et concupiscentiae motus tendens in adulterium, videntur aliqualiter nobis a natura inesse; non autem appetitus furandi, vel falsum testimonium dicendi. circa periurium vero habebant falsum intellectum, credentes periurium quidem esse peccatum; iuramentum autem per se esse appetendum et frequentandum, quia videtur ad dei reverentiam pertinere. et ideo dominus ostendit iuramentum non esse appetendum tanquam bonum; sed melius esse absque iuramento loqui, nisi necessitas cogat.

ra2 ‘ Ad secundum dicendum quod circa iudicialia praecepta dupliciter scribae et pharisaei errabant. primo quidem, quia quaedam quae in lege moysi erant tradita tanquam permissiones, aestimabant esse per se iusta, scilicet repudium uxoris, et usuras accipere ab extraneis. * et ideo dominus prohibuit uxoris repudium, matth. v; et usurarum acceptionem, luc. vi, dicens, ° date mutuum nihil inde sperantes. ‘ alio modo errabant credentes quaedam quae lex vetus instituerat facienda propter iustitiam, esse exequenda ex appetitu vindictae; vel ex cupiditate temporalium rerum; vel ex odio inimicorum. et hoc in tribus praeceptis. appetitum enim vindictae credebant esse licitum, propter praeceptum datum de poena talionis. quod quidem fuit datum ut iustitia servaretur, non ut homo vindictam quaereret. et ideo dominus, ad hoc removendum, docet animum hominis sic debere esse praeparatum ut, si necesse sit, etiam paratus sit plura sustinere. motum autem cupiditatis aestimabant esse licitum, propter praecepta iudicialia in quibus mandabatur restitutio rei ablatae fieri etiam cum aliqua additione, * ut supra dictum est. ‘ et hoc quidem lex mandavit propter iustitiam observandam, non ut daret cupiditati locum. et ideo dominus docet ut ex cupiditate nostra non repetamus, sed simus parati, si necesse fuerit, etiam ampliora dare. motum vero odii credebant esse licitum, propter |25| praecepta legis data de hostium interfectione. quod quidem lex statuit propter iustitiam implendam, * ut supra dictum est, ‘ non propter odia exsaturanda. et ideo dominus docet ut ad inimicos dilectionem habeamus, et parati simus, si opus fuerit, etiam benefacere. “ haec enim praecepta secundum praeparationem animi sunt accipienda, * ut augustinus exponit.

ra3 ‘ Ad tertium dicendum quod praecepta moralia omnino in nova lege remanere debebant, quia secundum se pertinent ad rationem virtutis. praecepta autem iudicialia non remanebant ex necessitate secundum modum quem lex determinavit; sed relinquebatur arbitrio hominum utrum sic vel aliter esset determinandum. et ideo convenienter dominus circa haec duo genera praeceptorum nos ordinavit. praeceptorum autem caeremonialium observatio totaliter per rei impletionem tollebatur. et ideo circa huiusmodi praecepta, in illa communi doctrina, nihil ordinavit. ostendit tamen alibi quod totus corporalis cultus qui erat determinatus in lege, erat in spiritualem commutandus; * ut patet ioan. iv, ubi dixit, ° venit hora quando neque in monte hoc neque in ierosolymis adorabitis patrem; sed veri adoratores adorabunt patrem in spiritu et veritate.

ra4 ‘ Ad quartum dicendum quod omnes res mundanae ad tria reducuntur, scilicet ad honores, divitias et delicias; * secundum illud i ioan. ii, “ omne quod est in mundo, concupiscentia carnis est, ‘ quod pertinet ad delicias carnis; “ et concupiscentia oculorum, ‘ quod pertinet ad divitias; “ et superbia vitae, ‘ quod pertinet ad ambitum gloriae et honoris. superfluas autem carnis delicias lex non repromisit, sed magis prohibuit. repromisit autem celsitudinem honoris, et abundantiam divitiarum, * dicitur enim deut. xxviii, ° si audieris vocem domini dei tui, faciet te excelsiorem cunctis gentibus, ‘ quantum ad primum; * et post pauca subdit, ° abundare te faciet omnibus bonis, ‘ quantum ad secundum. quae quidem promissa sic prave intelligebant iudaei, ut propter ea esset deo serviendum, sicut propter finem. et ideo dominus hoc removit, docens primo, quod opera virtutis non sunt |25| facienda propter humanam gloriam. et ponit tria opera, ad quae omnia alia reducuntur, nam omnia quae aliquis facit ad refrenandum seipsum in suis concupiscentiis, reducuntur ad ieiunium; quaecumque vero fiunt propter dilectionem proximi, reducuntur ad eleemosynam; quaecumque vero propter cultum dei fiunt, reducuntur ad orationem. ponit autem haec tria specialiter quasi praecipua, et per quae homines maxime solent gloriam venari. secundo, docuit quod non debemus finem constituere in divitiis, * cum dixit, ° nolite thesaurizare vobis thesauros in terra.

ra5 ‘ Ad quintum dicendum quod dominus sollicitudinem necessariam non prohibuit, sed sollicitudinem inordinatam. est autem quadruplex inordinatio sollicitudinis vitanda circa temporalia. primo quidem, ut in eis finem non constituamus, neque deo serviamus propter necessaria victus et vestitus. * unde dicit, ° nolite thesaurizare vobis etc.. ‘ secundo, ut non sic sollicitemur de temporalibus, cum desperatione divini auxilii. * unde dominus dicit, ° scit pater vester quia his omnibus indigetis. ‘ tertio, ne sit sollicitudo praesumptuosa, ut scilicet homo confidat se necessaria vitae per suam sollicitudinem posse procurare, absque divino auxilio. quod dominus removet per hoc quod ° homo non potest aliquid adiicere ad staturam suam. ‘ quarto, per hoc quod homo sollicitudinis tempus praeoccupat, quia scilicet de hoc sollicitus est nunc, quod non pertinet ad curam praesentis temporis, sed ad curam futuri. * unde dicit, nolite solliciti esse in crastinum.

ra6 ‘ Ad sextum dicendum quod dominus non prohibet iudicium iustitiae, sine quo non possent sancta subtrahi ab indignis. sed prohibet iudicium inordinatum, * ut dictum est.

008 ST2 qu108 ar4

ag1 ‘ Ad quartum sic proceditur. videtur quod inconvenienter in lege nova consilia quaedam determinata sint proposita. consilia enim dantur de rebus expedientibus ad finem; * ut supra dictum est, cum de consilio ageretur. ‘ sed non eadem omnibus expediunt. ergo non sunt aliqua consilia determinata omnibus proponenda.

ag2 ‘ Praeterea, consilia dantur de meliori bono. sed non sunt determinati gradus melioris boni. ergo non debent aliqua determinata consilia dari.

ag3 ‘ Praeterea, consilia pertinent ad perfectionem vitae. sed obedientia pertinet ad perfectionem vitae. ergo inconvenienter de ea consilium non datur in evangelio.

ag4 ‘ Praeterea, multa ad perfectionem vitae pertinentia inter praecepta ponuntur, * sicut hoc quod dicitur, diligite inimicos vestros; et praecepta etiam quae dedit dominus apostolis, matth. x. ‘ ergo inconvenienter traduntur consilia in nova lege, tum quia non omnia ponuntur; tum etiam quia a praeceptis non distinguuntur.

sc ‘ Sed contra, consilia sapientis amici magnam utilitatem afferunt; * secundum illud prov. xxvii, ° unguento et variis odoribus delectatur cor, et bonis amici consiliis anima dulcoratur. ‘ sed christus maxime est sapiens et amicus. ergo eius consilia maximam utilitatem continent, et convenientia sunt.

co ‘ Respondeo dicendum quod haec est differentia inter consilium et praeceptum, quod praeceptum importat necessitatem, consilium autem in optione ponitur eius cui datur. et ideo convenienter in lege nova, quae est lex libertatis, supra praecepta sunt addita consilia, non autem in veteri lege, quae erat lex servitutis. oportet igitur quod praecepta novae legis intelligantur esse data de his quae sunt necessaria ad consequendum finem aeternae beatitudinis, in quem lex nova immediate introducit. consilia vero oportet esse de illis per quae melius et expeditius potest homo consequi finem praedictum. est autem homo constitutus inter res mundi huius et spiritualia bona, in quibus beatitudo aeterna consistit, ita quod quanto plus inhaeret uni eorum, tanto plus recedit ab altero, et e converso. qui ergo totaliter inhaeret rebus huius mundi, ut in eis finem constituat, habens eas quasi rationes et regulas suorum operum, totaliter excidit a spiritualibus bonis. et ideo huiusmodi inordinatio tollitur per praecepta. sed quod homo totaliter ea quae sunt mundi abiiciat, non est necessarium ad perveniendum in finem praedictum, quia potest homo utens rebus huius mundi, dummodo in eis finem non constituat, ad beatitudinem aeternam pervenire. sed expeditius perveniet totaliter bona huius mundi abdicando. et ideo de hoc dantur consilia evangelii. bona autem huius mundi, quae pertinent ad usum humanae vitae, |25| in tribus consistunt, scilicet in divitiis exteriorum bonorum, “ quae pertinent ad concupiscentiam oculorum; in deliciis carnis, quae pertinent ad concupiscentiam carnis; et in honoribus, quae pertinent ad superbiam vitae; * sicut patet i ioan. ii. ‘ haec autem tria totaliter derelinquere, secundum quod possibile est, pertinet ad consilia evangelica. in quibus etiam tribus fundatur omnis religio, quae statum perfectionis profitetur, nam divitiae abdicantur per paupertatem; deliciae carnis per perpetuam castitatem; superbia vitae per obedientiae servitutem. haec autem simpliciter observata pertinent ad consilia simpliciter proposita. sed observatio uniuscuiusque eorum in aliquo speciali casu, pertinet ad consilium secundum quid, scilicet in casu illo. puta cum homo dat aliquam eleemosynam pauperi quam dare non tenetur, consilium sequitur quantum ad factum illud. similiter etiam quando aliquo tempore determinato a delectationibus carnis abstinet ut orationibus vacet, consilium sequitur pro tempore illo. similiter etiam quando aliquis non sequitur voluntatem suam in aliquo facto quod licite posset facere, consilium sequitur in casu illo, puta si benefaciat inimicis quando non tenetur, vel si offensam remittat cuius iuste posset exigere vindictam. et sic etiam omnia consilia particularia ad illa tria generalia et perfecta reducuntur.

ra1 ‘ Ad primum ergo dicendum quod praedicta consilia, quantum est de se sunt omnibus expedientia, sed ex indispositione aliquorum contingit quod alicui expedientia non sunt, quia eorum affectus ad haec non inclinatur. et ideo dominus, consilia evangelica proponens, semper facit mentionem de idoneitate hominum ad observantiam consiliorum. dans enim consilium perpetuae paupertatis, * matth. xix, praemittit, ° si vis perfectus esse; * et postea subdit, ° vade et vende omnia quae habes. * similiter, dans consilium perpetuae castitatis, cum dixit, ° sunt eunuchi qui castraverunt seipsos propter regnum caelorum, * statim subdit, ° qui potest capere, capiat. * et similiter apostolus, i ad cor. vii, praemisso consilio virginitatis, dicit, ° porro hoc ad utilitatem vestram dico, non ut laqueum vobis iniiciam.

ra2 ‘ Ad secundum dicendum quod meliora bona particulariter in singulis sunt indeterminata. sed illa quae sunt simpliciter et absolute meliora bona in universali, sunt determinata. ad quae etiam omnia illa particularia reducuntur, * ut dictum est.

ra3 ‘ Ad tertium dicendum quod etiam consilium obedientiae dominus intelligitur dedisse in hoc quod dixit, et sequatur me; quem sequimur non solum imitando opera, sed etiam obediendo mandatis ipsius; * secundum illud ioan. x. ° oves meae vocem meam audiunt, et sequuntur me.

ra4 ‘ Ad quartum dicendum quod ea quae de vera dilectione inimicorum, et similibus, * dominus dicit matth. v et luc. vi, ‘ si referantur ad praeparationem animi, sunt de necessitate salutis, ut scilicet homo sit paratus benefacere inimicis, et alia huiusmodi facere, cum necessitas hoc requirat. et ideo inter praecepta ponuntur. sed ut aliquis hoc inimicis exhibeat prompte in actu, ubi specialis necessitas non occurrit, pertinet ad consilia particularia, * ut dictum est. * illa autem quae ponuntur matth. x, et luc. ix, et x, ‘ fuerunt quaedam praecepta disciplinae pro tempore illo, vel concessiones quaedam, * ut supra dictum est. ‘ et ideo non inducuntur tanquam consilia.

008 ST2 qu109 ar

pr ‘ Consequenter considerandum est de exteriori principio humanorum actuum, scilicet de deo, prout ab ipso per gratiam adiuvamur ad recte agendum. et primo, considerandum est de gratia dei; secundo, de causa eius; tertio, de eius effectibus. prima autem consideratio erit tripartita, nam primo considerabimus de necessitate gratiae; secundo, de ipsa gratia quantum ad eius essentiam; tertio, de eius divisione. circa primum quaeruntur decem. primo, utrum absque gratia possit homo aliquod verum cognoscere. secundo, utrum absque gratia dei possit homo aliquod bonum facere vel velle. tertio, utrum homo absque gratia possit deum diligere super omnia. quarto, utrum absque gratia possit praecepta legis observare. quinto, utrum absque gratia possit mereri vitam aeternam. sexto, utrum homo possit se ad gratiam praeparare sine gratia. septimo, utrum homo sine gratia possit resurgere a peccato. octavo, utrum absque gratia possit homo vitare peccatum. nono, utrum homo gratiam consecutus possit, absque alio divino auxilio, bonum facere et vitare peccatum. decimo, utrum possit perseverare in bono per seipsum.

008 ST2 qu109 ar1

ag1 ‘ Ad primum sic proceditur. videtur quod homo sine gratia nullum verum cognoscere possit. * quia super illud i cor. xii, ° nemo potest dicere, dominus iesus, nisi in spiritu sancto, * dicit glossa ambrosii, ° omne verum, a quocumque dicatur, a spiritu sancto est. ‘ sed spiritus sanctus habitat in nobis per gratiam. ergo veritatem cognoscere non possumus sine gratia.

ag2 * Praeterea, augustinus dicit, in i soliloq., quod ° disciplinarum certissima talia sunt qualia illa quae a sole illustrantur ut videri possint; deus autem ipse est qui illustrat; ratio autem ita est in mentibus ut in oculis est aspectus; mentis autem oculi sunt sensus animae. ‘ sed sensus corporis, quantumcumque sit purus, non potest aliquod visibile videre sine solis illustratione. ergo humana mens, quantumcumque sit perfecta, non potest ratiocinando veritatem cognoscere absque illustratione divina. quae ad auxilium gratiae pertinet.

ag3 ‘ Praeterea, humana mens non potest veritatem intelligere nisi cogitando; * ut patet per augustinum xiv de trin.. sed apostolus dicit, ii ad cor. iii, ° non sufficientes sumus aliquid cogitare a nobis, quasi ex nobis. ‘ ergo homo non potest cognoscere veritatem per seipsum sine auxilio gratiae.

sc * Sed contra est quod augustinus dicit, in i retract., ° non approbo quod in oratione dixi, deus, qui non nisi mundos verum scire voluisti. responderi enim potest multos etiam non mundos multa scire vera. ‘ sed per gratiam homo mundus efficitur; * secundum illud psalmi l, ° cor mundum crea in me, deus; et spiritum rectum innova in visceribus meis. ‘ ergo sine gratia potest homo per seipsum veritatem cognoscere.

co ‘ Respondeo dicendum quod cognoscere veritatem est usus quidam, vel actus, intellectualis luminis, * quia secundum apostolum, ad ephes. v, ° omne quod manifestatur, lumen est. ‘ usus autem quilibet quendam motum importat, large accipiendo motum secundum quod intelligere et velle motus quidam esse dicuntur, * ut patet per philosophum in iii de anima. ‘ videmus autem in corporalibus quod ad motum non solum requiritur ipsa forma quae est principium motus vel actionis; sed etiam requiritur motio primi moventis. primum autem movens in ordine corporalium est corpus caeleste. unde quantumcumque ignis habeat perfectum calorem, non alteraret nisi per motionem caelestis corporis. manifestum est autem quod, sicut omnes motus corporales reducuntur in motum caelestis corporis sicut in primum movens corporale; ita omnes motus tam corporales quam spirituales reducuntur in primum movens simpliciter, quod est deus. et ideo quantumcumque natura aliqua corporalis vel spiritualis ponatur perfecta, non potest in suum actum procedere nisi moveatur a deo. quae quidem motio est secundum suae providentiae rationem; non secundum necessitatem naturae, sicut motio corporis caelestis. non solum autem a deo est omnis motio sicut a primo |25| movente; sed etiam ab ipso est omnis formalis perfectio sicut a primo actu. sic igitur actio intellectus, et cuiuscumque entis creati, dependet a deo quantum ad duo, uno modo, inquantum ab ipso habet formam per quam agit; alio modo, inquantum ab ipso movetur ad agendum. unaquaeque autem forma indita rebus creatis a deo, habet efficaciam respectu alicuius actus determinati, in quem potest secundum suam proprietatem, ultra autem non potest nisi per aliquam formam superadditam, sicut aqua non potest calefacere nisi calefacta ab igne. sic igitur intellectus humanus habet aliquam formam, scilicet ipsum intelligibile lumen, quod est de se sufficiens ad quaedam intelligibilia cognoscenda, ad ea scilicet in quorum notitiam per sensibilia possumus devenire. altiora vero intelligibilia intellectus humanus cognoscere non potest nisi fortiori lumine perficiatur, sicut lumine fi-

dei vel prophetiae; quod dicitur lumen gratiae, inquantum est naturae superadditum. sic igitur dicendum est quod ad cognitionem cuiuscumque veri, homo indiget auxilio divino ut intellectus a deo moveatur ad suum actum. non autem indiget ad cognoscendam veritatem in omnibus, nova illustratione superaddita naturali illustrationi; sed in quibusdam, quae excedunt naturalem cognitionem. et tamen quandoque deus miraculose per suam gratiam aliquos instruit de his quae per naturalem rationem cognosci possunt, sicut et quandoque miraculose facit quaedam quae natura facere potest.
ra1 ‘ Ad primum ergo dicendum quod omne verum, a quocumque dicatur, est a spiritu sancto sicut ab infundente naturale lumen, et movente ad intelligendum et loquendum veritatem. non autem sicut ab inhabitante per gratiam gratum facientem, vel sicut a largiente aliquod habituale donum naturae superadditum, sed hoc solum est in quibusdam veris cognoscendis et loquendis; et maxime in illis quae pertinent ad fidem, * de quibus apostolus loquebatur.
ra2 ‘ Ad secundum dicendum quod sol corporalis illustrat exterius; sed sol intelligibilis, qui est deus, illustrat interius. unde ipsum lumen naturale animae inditum est illustratio dei, qua illustramur ab ipso ad cognoscendum ea quae pertinent ad naturalem cognitionem. et ad hoc non requiritur alia illustratio, sed solum ad illa quae naturalem cognitionem excedunt.
ra3 ‘ Ad tertium dicendum quod semper indigemus divino auxilio ad cogitandum quodcumque, inquantum ipse movet intellectum ad agendum, actu enim intelligere aliquid est cogitare, * ut patet per augustinum, xiv de trin..

008 ST2 qu109 ar2

ag1 ‘ Ad secundum sic proceditur. videtur quod homo possit velle et facere bonum absque gratia. illud enim est in hominis potestate cuius ipse est dominus. sed homo est dominus suorum actuum, et maxime eius quod est velle, * ut supra dictum est. ‘ ergo homo potest velle et facere bonum per seipsum absque auxilio gratiae.
ag2 ‘ Praeterea, unumquodque magis potest in id quod est sibi secundum naturam, quam in id quod est sibi praeter naturam. sed peccatum est contra naturam, * ut damascenus dicit, in ii libro, ‘ opus autem virtutis est homini secundum naturam, * ut supra dictum est. ‘ cum igitur homo per seipsum possit peccare, videtur quod multo magis per seipsum possit bonum velle et facere.
ag3 “ Praeterea, bonum intellectus est verum, * ut philosophus dicit, in vi ethic.. ‘ sed intellectus potest cognoscere verum per seipsum, sicut et quaelibet alia res potest suam naturalem operationem per se facere. ergo multo magis homo potest per seipsum facere et velle bonum.
sc * Sed contra est quod apostolus dicit, rom. ix, “ non est volentis, scilicet velle, neque currentis, scilicet currere, sed miserentis dei. * et augustinus dicit, in libro de correpț. et gratia, quod ° sine gratia nullum prorsus, sive cogitando, sive volendo et amando, sive agendo, faciunt homines bonum.
co ‘ Respondeo dicendum quod natura hominis dupliciter potest considerari, uno modo, in sui integritate, sicut fuit in primo parente ante peccatum; alio modo, secundum quod est corrupta in nobis post peccatum primi parentis. secundum autem utrumque statum, natura humana indiget auxilio divino ad faciendum vel volendum quodcumque bonum, sicut primo movente, * ut dictum est. ‘ sed in statu naturae integrae, quantum ad sufficientiam operativae virtutis, poterat homo per sua naturalia velle et operari bonum suae naturae proportionatum, quale est bonum virtutis acquisitae, non autem bonum superexcedens, quale est bonum virtutis infusae. sed in statu naturae corruptae etiam deficit homo ab hoc quod secundum suam naturam potest, ut non possit totum huiusmodi bonum implere per sua naturalia. quia tamen natura humana per peccatum non est totaliter corrupta, ut scilicet toto bono naturae privetur; potest quidem etiam in statu naturae corruptae, per virtutem suae naturae aliquod bonum particulare agere, sicut aedificare domos, plantare vineas, et alia huiusmodi; non tamen totum bonum sibi connaturale, ita quod in nullo deficiat. sicut homo infirmus potest per seipsum aliquem motum habere; non tamen perfecte potest moveri motu hominis sani, nisi sanetur auxilio medicinae. sic igitur virtute gratuita superaddita virtuti naturae indiget homo in statu naturae integrae quantum ad unum, scilicet ad operandum |25| et volendum bonum supernaturale. sed in statu naturae corruptae, quantum ad duo, scilicet ut sanetur; et ulterius ut bonum supernaturalis virtutis operetur, quod est meritorium. ulterius autem in utroque statu indiget homo auxilio divino ut ab ipso moveatur ad bene agendum.
ra1 ‘ Ad primum ergo dicendum quod homo est dominus suorum actuum, et volendi et non volendi, propter deliberationem rationis, quae potest flecti ad unam partem vel ad aliam. sed quod deliberet vel non deliberet, si huius etiam sit dominus, oportet quod hoc sit per deliberationem praecedentem. et cum hoc non procedat in infinitum, oportet quod finaliter deveniatur ad hoc quod liberum arbitrium hominis moveatur ab aliquo exteriori principio quod est supra mentem humanam, scilicet a deo; * ut etiam philosophus probat in cap. de bona fortuna. ‘ unde mens hominis etiam sani non ita habet dominium sui actus quin indigeat moveri a deo. et multo magis liberum arbitrium hominis infirmi post peccatum, quod impeditur a bono per corruptionem naturae.
ra2 ‘ Ad secundum dicendum quod peccare nihil aliud est quam deficere a bono quod convenit alicui secundum suam naturam. unaquaeque autem res creata, sicut esse non habet nisi ab alio, et in se considerata est nihil, ita indiget conservari in bono suae naturae convenienti ab alio. potest autem per seipsam deficere a bono, sicut et per seipsam potest deficere in non esse, nisi divinitus conservaretur.
ra3 ‘ Ad tertium dicendum quod etiam verum non potest homo cognoscere sine auxilio divino, * sicut supra dictum est. ‘ et tamen magis est natura humana corrupta per peccatum quantum ad appetitum boni, quam quantum ad cognitionem veri.

008 ST2 qu109 ar3

ag1 ‘ Ad tertium sic proceditur. videtur quod homo non possit diligere deum super omnia ex solis naturalibus sine gratia. diligere enim deum super omnia est proprius et principalis caritatis actus. sed caritatem homo non potest habere per seipsum, quia ° caritas dei diffusa est in cordibus nostris per spiritum sanctum, qui datus est nobis, * ut dicitur rom. v. ‘ ergo homo ex solis naturalibus non potest deum diligere super omnia.
ag2 ‘ Praeterea, nulla natura potest supra seipsam. sed diligere aliquid plus quam se, est tendere in aliquid supra seipsum. ergo nulla natura creata potest deum diligere supra seipsam sine auxilio gratiae.
ag3 ‘ Praeterea, deo, cum sit summum bonum, debetur summus amor, qui est ut super omnia diligatur. sed ad summum amorem deo impendendum, qui ei a nobis debetur, homo non sufficit sine gratia, alioquin frustra gratia adderetur. ergo homo non potest sine gratia ex solis naturalibus diligere deum super omnia.
sc “ Sed contra, primus homo in solis naturalibus constitutus fuit, * ut a quibusdam ponitur. ‘ in quo statu manifestum est quod aliqualiter deum dilexit. sed non dilexit deum aequaliter sibi, vel minus se, quia secundum hoc peccasset. ergo dilexit deum supra se. ergo homo ex solis naturalibus potest deum diligere plus quam se, et super omnia.
co * Respondeo dicendum quod, sicut supra dictum est in primo, * in quo etiam circa naturalem dilectionem angelorum diversae opiniones sunt positae; ‘ homo in statu naturae integrae poterat operari virtute suae naturae bonum quod est sibi connaturale, absque superadditione gratuiti doni, licet non absque auxilio dei moventis. diligere autem deum super omnia est quiddam connaturale homini; et etiam cuilibet creaturae non solum rationali, sed irrationali et etiam inanimatae, secundum modum amoris qui unicuique creaturae competere potest. cuius ratio est quia unicuique naturale est quod appetat et amet aliquid, secundum quod aptum natum est esse, ° sic enim agit unumquodque, prout aptum natum est, * ut dicitur in ii physic.. ‘ manifestum est autem quod bonum partis est propter bonum totius. unde etiam naturali appetitu vel amore unaquaeque res particularis amat bonum suum proprium propter bonum commune totius universi, quod est deus. * unde et dionysius dicit, in libro de div. nom., quod ° deus convertit omnia ad amorem sui ipsius. ‘ unde homo in statu naturae integrae dilectionem sui ipsius referebat ad amorem dei sicut ad finem, et similiter dilectionem omnium aliarum rerum. et ita deum diligebat plus quam seipsum, et super omnia. sed in statu naturae corruptae homo ab hoc |25| deficit secundum appetitum voluntatis rationalis, quae propter corruptionem naturae sequitur bonum privatum, nisi sanetur per gratiam dei. et ideo dicendum est quod homo in statu naturae integrae non indigebat dono gratiae superadditae naturalibus bonis ad diligendum deum naturaliter super omnia; licet indigeret auxilio dei ad hoc eum moventis. sed in statu naturae corruptae indiget homo etiam ad hoc auxilio gratiae naturam sanantis.
ra1 ‘ Ad primum ergo dicendum quod caritas diligit deum super omnia eminentius quam natura. natura enim diligit deum super omnia, prout est principium et finis naturalis boni, caritas autem secundum quod est obiectum beatitudinis, et secundum quod homo habet quandam societatem spiritualem cum deo. addit etiam caritas super dilectionem naturalem dei promptitudinem quandam et delectationem, sicut et quilibet habitus virtutis addit supra actum bonum qui fit ex sola naturali ratione hominis virtutis habitum non habentis.
ra2 ‘ Ad secundum dicendum quod, cum dicitur quod nulla natura potest supra seipsam, non est intelligendum quod non possit ferri in aliquod obiectum quod est supra se, manifestum est enim quod intellectus noster naturali cognitione potest aliqua cognoscere quae sunt supra seipsum, ut patet in naturali cognitione dei. sed intelligendum est quod natura non potest in actum excedentem proportionem suae virtutis. talis autem actus non est diligere deum super omnia, hoc enim est naturale cuilibet naturae creatae, * ut dictum est.
ra3 ‘ Ad tertium dicendum quod amor dicitur summus non solum quantum ad gradum dilectionis, sed etiam quantum ad rationem diligendi, et dilectionis modum. et secundum hoc, supremus gradus dilectionis est quo caritas diligit deum ut beatificantem, * sicut dictum est.

008 ST2 qu109 ar4

ag1 ‘ Ad quartum sic proceditur. videtur quod homo sine gratia per sua naturalia possit praecepta legis implere. * dicit enim apostolus, ad rom. ii, quod ° gentes, quae legem non habent, naturaliter ea quae legis sunt faciunt. ‘ sed illud quod naturaliter homo facit, potest per seipsum facere absque gratia. ergo homo potest legis praecepta facere absque gratia.
ag2 * Praeterea, hieronymus dicit, in expositione catholicae fidei, ° illos esse maledicendos qui deum praecepisse homini aliquid impossibile dicunt. ‘ sed impossibile est homini quod per seipsum implere non potest. ergo homo potest implere omnia praecepta legis per seipsum.
ag3 ‘ Praeterea, inter omnia praecepta legis maximum est illud, ° diliges dominum deum tuum ex toto corde tuo; * ut patet matth. xxii. ‘ sed hoc mandatum potest homo implere ex solis naturalibus, diligendo deum super omnia, * ut supra dictum est. ‘ ergo omnia mandata legis potest homo implere sine gratia.
sc * Sed contra est quod augustinus dicit, in libro de haeresibus, “ hoc pertinere ad haeresim pelagianorum, ut credant ° sine gratia posse hominem facere omnia divina mandata.
co ‘ Respondeo dicendum quod implere mandata legis contingit dupliciter. uno modo, quantum ad substantiam operum, prout scilicet homo operatur iusta et fortia, et alia virtutis opera. et hoc modo homo in statu naturae integrae potuit omnia mandata legis implere, alioquin non potuisset in statu illo non peccare, cum nihil aliud sit peccare quam transgredi divina mandata. sed in statu naturae corruptae non potest homo implere omnia mandata divina sine gratia sanante. alio modo possunt impleri mandata legis non solum quantum ad substantiam operis, sed etiam quantum ad modum agendi, ut scilicet ex caritate fiant. et sic neque in statu naturae integrae, neque in statu naturae corruptae, potest homo implere absque gratia legis mandata. * unde augustinus, in libro de correpț. et grat., cum dixisset quod “ sine gratia nullum prorsus bonum homines faciunt, subdit, ° non solum ut, monstrante ipsa quid faciendum sit, sciant; verum etiam ut, praestante ipsa, faciant cum dilectione quod sciunt. ‘ indigent insuper in utroque statu auxilio dei moventis ad mandata implenda, * ut dictum est.
ra1 ‘ Ad primum ergo dicendum quod, * sicut augustinus dicit, in libro de spir. et litt., ° non moveat quod naturaliter eos dixit quae legis sunt facere, hoc enim agit spiritus gratiae, ut imaginem dei, in qua naturaliter facti sumus, instauret in nobis.
ra2 ‘ Ad secundum dicendum quod illud quod possumus cum auxilio divino, non est nobis omnino impossibile; * secundum illud philosophi, in iii ethic., ° quae per amicos possumus, aliqualiter per nos possumus. * unde et hieronymus ibidem ° confitetur sic nostrum liberum esse arbitrium, ut dicamus nos semper indigere dei auxilio.
ra3 ‘ Ad tertium dicendum quod praeceptum de dilectione dei non potest homo implere ex puris naturalibus secundum quod ex caritate impletur, * ut ex supradictis patet.

008 ST2 qu109 ar5

ag1 ‘ Ad quintum sic proceditur. videtur quod homo possit mereri vitam aeternam sine gratia. * dicit enim dominus, matth. xix, ° si vis ad vitam ingredi, serva mandata, ‘ ex quo videtur quod ingredi in vitam aeternam sit constitutum in hominis voluntate. sed id quod in nostra voluntate constitutum est, per nos ipsos possumus. ergo videtur quod homo per seipsum possit vitam aeternam mereri.
ag2 ‘ Praeterea, vita aeterna est praemium vel merces quae hominibus redditur a deo; * secundum illud matth. v, ° merces vestra multa est in caelis. ‘ sed merces vel praemium redditur a deo homini secundum opera eius; * secundum illud psalmi lxi, ° tu reddes unicuique secundum opera eius. ‘ cum igitur homo sit dominus suorum operum, videtur quod in eius potestate constitutum sit ad vitam aeternam pervenire.
ag3 ‘ Praeterea, vita aeterna est ultimus finis humanae vitae. sed quaelibet res naturalis per sua naturalia potest consequi finem suum. ergo multo magis homo, qui est altioris naturae, per sua naturalia potest pervenire ad vitam aeternam absque aliqua gratia.
sc ‘ Sed contra est quod * apostolus dicit, ad rom. vi, ° gratia dei vita aeterna. * quod ideo dicitur, sicut glossa ibidem dicit, ° ut intelligeremus deum ad aeternam vitam pro sua miseratione nos perducere.
co ‘ Respondeo dicendum quod actus perducentes ad finem oportet esse fini proportionatos. nullus autem actus excedit proportionem principii activi. et ideo videmus in rebus naturalibus quod nulla res potest perficere effectum per suam operationem qui exce-

dat virtutem activam, sed solum potest producere per operationem suam effectum suae virtuti proportionatum. vita autem aeterna est finis excedens proportionem naturae humanae, * ut ex supradictis patet. ‘ et ideo homo per sua naturalia non potest producere opera meritoria proportionata vitae aeternae, sed ad hoc exigitur altior virtus, quae est virtus gratiae. et ideo sine gratia homo non potest mereri vitam aeternam. potest tamen facere opera perducentia ad aliquod bonum homini connaturale, “ sicut laborare in agro, bibere, manducare, et habere amicum, et alia huiusmodi; * ut augustinus dicit, in tertia responsione contra pelagianos.

ra1 ‘ Ad primum ergo dicendum quod homo sua voluntate facit opera meritoria vitae aeternae, sed, * sicut augustinus in eodem libro dicit, ‘ ad hoc exigitur quod voluntas hominis praeparetur a deo per gratiam.

ra2 ‘ Ad secundum dicendum quod, * sicut glossa dicit rom. vi, super illud, ° gratia dei vita aeterna, certum est vitam aeternam bonis operibus reddi, sed ipsa opera quibus redditur, ad dei gratiam pertinent, * cum etiam supra dictum sit quod ‘ ad implendum mandata legis secundum debitum modum, per quem eorum impletio est meritoria, requiritur gratia.

ra3 ‘ Ad tertium dicendum quod obiectio illa procedit de fine homini connaturali. natura autem humana, ex hoc ipso quod nobilior est, potest ad altiorem finem perduci, saltem auxilio gratiae, ad quem inferiores naturae nullo modo pertingere possunt. sicut homo est melius dispositus ad sanitatem qui aliquibus auxiliis medicinae potest sanitatem consequi, quam ille qui nullo modo; * ut philosophus introducit in ii de caelo.

008 ST2 qu109 ar6

ag1 ‘ Ad sextum sic proceditur. videtur quod homo possit seipsum ad gratiam praeparare per seipsum, absque exteriori auxilio gratiae. nihil enim imponitur homini quod sit ei impossibile, * ut supra dictum est. * sed zach. i dicitur, ° convertimini ad me, et ego convertar ad vos. ‘ nihil autem est aliud se ad gratiam praeparare quam ad deum converti. ergo videtur quod homo per seipsum possit se ad gratiam praeparare absque auxilio gratiae.

ag2 ‘ Praeterea, homo se ad gratiam praeparat faciendo quod in se est, quia si homo facit quod in se est, deus ei non denegat gratiam; * dicitur enim matth. vii, quod “ deus dat spiritum bonum petentibus se. ‘ sed illud in nobis esse dicitur quod est in nostra potestate. ergo videtur quod in nostra potestate sit constitutum ut nos ad gratiam praeparemus.

ag3 ‘ Praeterea, si homo indiget gratia ad hoc quod praeparet se ad gratiam, pari ratione indigebit gratia ad hoc quod praeparet se ad illam gratiam, et sic procederetur in infinitum, quod est inconveniens. ergo videtur standum in primo, ut scilicet homo sine gratia possit se ad gratiam praeparare.

ag4 * Praeterea, prov. xvi dicitur, ‘ hominis est praeparare animum. sed illud dicitur esse hominis quod per seipsum potest. ergo videtur quod homo per seipsum se possit ad gratiam praeparare.

sc * Sed contra est quod dicitur ioan. vi, ° nemo potest venire ad me, nisi pater, qui misit me, traxerit eum. ‘ si autem homo seipsum praeparare posset, non oporteret quod ab alio traheretur. ergo homo non potest se praeparare ad gratiam absque auxilio gratiae.

co ‘ Respondeo dicendum quod duplex est praeparatio voluntatis humanae ad bonum. una quidem qua praeparatur ad bene operandum et ad deo fruendum. et talis praeparatio voluntatis non potest fieri sine habituali gratiae dono, quod sit principium operis meritorii, * ut dictum est. ‘ alio modo potest intelligi praeparatio voluntatis humanae ad consequendum ipsum gratiae habitualis donum. ad hoc autem quod praeparet se ad susceptionem huius doni, non oportet praesupponere aliquod aliud donum habituale in anima, quia sic procederetur in infinitum, sed oportet praesupponi aliquod auxilium gratuitum dei interius animam moventis, sive inspirantis bonum propositum. his enim duobus modis indigemus auxilio divino, * ut supra dictum est. ‘ quod autem ad hoc indigeamus auxilio dei moventis, manifestum est. necesse est enim, cum omne agens agat propter finem, quod omnis causa convertat suos effectus ad suum finem. et ideo, cum secundum ordinem agentium sive moventium sit ordo finium, necesse est quod ad ultimum finem convertatur homo per motionem primi moventis, ad finem autem proximum per motionem alicuius inferiorum moventium, sicut animus militis convertitur ad quaerendum victoriam ex motione ducis exercitus, ad sequendum autem vexillum alicuius aciei ex motione tribuni. sic igitur, cum deus sit primum movens simpliciter, ex eius motione est quod omnia in ipsum convertantur secundum communem intentionem boni, per quam |25| unumquodque intendit assimilari deo secundum suum modum. * unde et dionysius, in libro de div. nom., dicit quod “ deus convertit omnia ad seipsum. ‘ sed homines iustos convertit ad seipsum sicut ad specialem finem, quem intendunt, et cui cupiunt adhaerere sicut bono proprio; * secundum illud psalmi lxxii, mihi adhaerere deo bonum est. ‘ et ideo quod homo convertatur ad deum, hoc non potest esse nisi deo ipsum convertente. hoc autem est praeparare se ad gratiam, quasi ad deum converti, sicut ille qui habet oculum aversum a lumine solis, per hoc se praeparat ad recipiendum lumen solis, quod oculos suos convertit versus solem. unde patet quod homo non potest se praeparare ad lumen gratiae suscipiendum, nisi per auxilium gratuitum dei interius moventis.

ra1 ‘ Ad primum ergo dicendum quod conversio hominis ad deum fit quidem per liberum arbitrium; et secundum hoc homini praecipitur quod se ad deum convertat. sed liberum arbitrium ad deum converti non potest nisi deo ipsum ad se convertente; * secundum illud ierem. xxxi, ° converte me, et convertar, quia tu dominus deus meus; * et thren. ult., ° converte nos, domine, ad te, et convertemur.

ra2 ‘ Ad secundum dicendum quod nihil homo potest facere nisi a deo moveatur; * secundum illud ioan. xv, “ sine me nihil potestis facere. ‘ et ideo cum dicitur homo facere quod in se est, dicitur hoc esse in potestate hominis secundum quod est motus a deo.

ra3 ‘ Ad tertium dicendum quod obiectio illa procedit de gratia habituali, ad quam requiritur aliqua praeparatio, quia omnis forma requirit susceptibile dispositum. sed hoc quod homo moveatur a deo non praeexigit aliquam aliam motionem, cum deus sit primum movens. unde non oportet abire in infinitum.

ra4 ‘ Ad quartum dicendum quod hominis est praeparare animum, quia hoc facit per liberum arbitrium, sed tamen hoc non facit sine auxilio dei moventis et ad se attrahentis, * ut dictum est.

008 ST2 qu109 ar7

ag1 ‘ Ad septimum sic proceditur. videtur quod homo possit resurgere a peccato sine auxilio gratiae. illud enim quod praeexigitur ad gratiam, fit sine gratia. sed resurgere a peccato praeexigitur ad illuminationem gratiae, * dicitur enim ad ephes. v, ° exurge a mortuis, et illuminabit te christus. ‘ ergo homo potest resurgere a peccato sine gratia.

ag2 ‘ Praeterea, peccatum virtuti opponitur sicut morbus sanitati, * ut supra dictum est. ‘ sed homo per virtutem naturae potest resurgere de aegritudine ad sanitatem sine auxilio exterioris medicinae, propter hoc quod intus manet principium vitae, a quo procedit operatio naturalis. ergo videtur quod, simili ratione, homo possit reparari per seipsum, redeundo de statu peccati ad statum iustitiae, absque auxilio exterioris gratiae.

ag3 ‘ Praeterea, quaelibet res naturalis potest redire ad actum convenientem suae naturae, sicut aqua calefacta per seipsam redit ad naturalem frigiditatem, et lapis sursum proiectus per seipsum redit ad suum naturalem motum. sed peccatum est quidam actus contra naturam; * ut patet per damascenus, in ii libro. ‘ ergo videtur quod homo possit per seipsum redire de peccato ad statum iustitiae.

sc * Sed contra est quod apostolus dicit, ad gal. ii, ° si data est lex quae potest iustificare, ergo christus gratis mortuus est, “ idest sine causa. ‘ pari ergo ratione, si homo habet naturam per quam potest iustificari, christus gratis, idest sine causa, mortuus est. sed hoc est inconveniens dicere. ergo non potest homo per seipsum iustificari, idest redire de statu culpae ad statum iustitiae.

co ‘ Respondeo dicendum quod homo nullo modo potest resurgere a peccato per seipsum sine auxilio gratiae. cum enim peccatum transiens actu remaneat reatu, * ut supra dictum est; ‘ non est idem resurgere a peccato quod cessare ab actu peccati. sed resurgere a peccato est reparari hominem ad ea quae peccando amisit. incurrit autem homo triplex detrimentum peccando, * ut ex supradictis patet, ‘ scilicet maculam, corruptionem naturalis boni, et reatum poenae. maculam quidem incurrit, inquantum privatur decore gratiae ex deformitate peccati. bonum autem naturae corrumpitur, inquantum natura hominis deordinatur voluntate hominis deo non subiecta, hoc enim ordine sublato, consequens est ut tota natura hominis peccantis inordinata remaneat. reatus vero poenae est per quem homo peccando mortaliter meretur damnationem aeternam. manifestum est autem de singulis horum trium, quod non possunt reparari nisi per deum. cum enim decor gratiae proveniat ex illustratione divini luminis, non potest talis decor in anima reparari, nisi deo denuo illustrante, unde requiritur habituale donum, quod est gratiae lumen. similiter ordo naturae reparari non potest, ut voluntas hominis deo subiiciatur, nisi deo voluntatem hominis ad se trahente, |25| * sicut dictum est. ‘ similiter etiam reatus poenae aeternae remitti non potest nisi a deo, in quem est offensa commissa, et qui est hominum iudex. et ideo requiritur auxilium gratiae ad hoc quod homo a peccato resurgat, et quantum ad habituale donum, et quantum ad interiorem dei motionem.

ra1 ‘ Ad primum ergo dicendum quod illud indicitur homini quod pertinet ad actum liberi arbitrii qui requiritur in hoc quod homo a peccato resurgat. * et ideo cum dicitur, exsurge, et illuminabit te christus, ‘ non est intelligendum quod tota exurrectio a peccato praecedat illuminationem gratiae, sed quia cum homo per liberum arbitrium a deo motum surgere conatur a peccato, recipit lumen gratiae iustificantis.

ra2 ‘ Ad secundum dicendum quod naturalis ratio non est sufficiens principium huius sanitatis quae est in homine per gratiam iustificantem; sed huius principium est gratia, quae tollitur per peccatum. et ideo non potest homo per seipsum reparari, sed indiget ut denuo ei lumen gratiae infundatur, sicut si corpori mortuo resuscitando denuo infunderetur anima.

ra3 ‘ Ad tertium dicendum quod, quando natura est integra, per seipsam potest reparari ad id quod est sibi conveniens et proportionatum, sed ad id quod superexcedit suam proportionem, reparari non potest sine exteriori auxilio. sic igitur humana natura defluens per actum peccati, quia non manet integra sed corrumpitur, * ut supra dictum est, ‘ non potest per seipsam reparari neque etiam ad bonum sibi connaturale; et multo minus ad bonum supernaturalis iustitiae.

008 ST2 qu109 ar8

ag1 ‘ Ad octavum sic proceditur. videtur quod homo sine gratia possit non peccare. ° nullus enim peccat in eo quod vitare non potest; * ut augustinus dicit, in libro de duab. animab., et de lib. arb.. ‘ si ergo homo existens in peccato mortali non possit vitare peccatum, videtur quod peccando non peccet. quod est inconveniens.

ag2 ‘ Praeterea, ad hoc corripitur homo ut non peccet. si igitur homo in peccato mortali existens non potest non peccare, videtur quod frustra ei correptio adhibeatur. quod est inconveniens.

ag3 * Praeterea, eccli. xv dicitur, ° ante hominem vita et mors, bonum et malum, quod placuerit ei, dabitur illi. ‘ sed aliquis peccando non desinit esse homo. ergo adhuc in eius potestate est eligere bonum vel malum. et ita potest homo sine gratia vitare peccatum.

sc * Sed contra est quod augustinus dicit, in libro de perfect. iustit., ° quisquis negat nos orare debere ne intremus in tentationem (negat autem hoc qui contendit ad non peccandum gratiae dei adiutorium non esse homini necessarium, sed, sola lege accepta, humanam sufficere voluntatem), ab auribus omnium removendum, et ore omnium anathematizandum esse non dubito.

co ‘ Respondeo dicendum quod de homine dupliciter loqui possumus, uno modo, secundum statum naturae integrae; alio modo, secundum statum naturae corruptae. secundum statum quidem naturae integrae, etiam sine gratia habituali, poterat homo non peccare nec mortaliter nec venialiter, quia peccare nihil aliud est quam recedere ab eo quod est secundum naturam, quod vitare homo poterat in integritate naturae. non tamen hoc poterat sine auxilio dei in bono conservantis, quo subtracto, etiam ipsa natura in nihilum decideret. in statu autem naturae corruptae, indiget homo gratia habituali sanante naturam, ad hoc quod omnino a peccato abstineat. quae quidem sanatio primo fit in praesenti vita secundum mentem, appetitu carnali nondum totaliter reparato, unde * apostolus, ad rom. vii, in persona hominis reparati, dicit, ° ego ipse mente servio legi dei, carne autem legi peccati. ‘ in quo quidem statu potest homo abstinere a peccato mortali quod in ratione consistit, * ut supra habitum est. ‘ non autem potest homo abstinere ab omni peccato veniali, propter corruptionem inferioris appetitus sensualitatis, cuius motus singulos quidem ratio reprimere potest (et ex hoc habent rationem peccati et voluntarii), non autem omnes, quia dum uni resistere nititur, fortassis alius insurgit; et etiam quia ratio non semper potest |25| esse pervigil ad huiusmodi motus vitandos; * ut supra dictum est. ‘ similiter etiam antequam hominis ratio, in qua est peccatum mortale, reparetur per gratiam iustificantem, potest singula peccata mortalia vitare, et secundum aliquod tempus, quia non est necesse quod continuo peccet in actu. sed quod diu maneat absque peccato mortali, esse non potest. * unde et gregorius dicit, super ezech., quod ° peccatum quod mox per poenitentiam non deletur, suo pondere ad aliud trahit. ‘ et huius ratio est quia, sicut rationi subdi debet inferior appetitus, ita etiam ratio debet subdi deo, et in ipso constituere finem suae voluntatis. per finem autem oportet quod regulentur omnes actus humani, sicut per rationis iudicium regulari debent motus inferioris appetitus. sicut ergo, inferiori appetitu non totaliter subiecto rationi, non potest esse quin contingant inordinati motus in appetitu sensitivo; ita etiam, ratione hominis non existente subiecta deo, consequens est ut contingant multae inordinationes in ipsis actibus rationis. cum enim homo non habet cor suum firmatum in deo, ut pro nullo bono consequendo vel malo vitando ab eo separari vellet; occurrunt multa propter quae consequenda vel vitanda homo recedit a deo contemnendo praecepta ipsius, et ita peccat mortaliter, praecipue quia in repentinis homo operatur secundum finem praeconceptum, et secundum habitum |50| praeexistentem, * ut philosophus dicit, in iii ethic.; ‘ quamvis ex praemeditatione rationis homo possit aliquid agere praeter ordinem finis praeconcepti, et praeter inclinationem habitus. sed quia homo non potest semper esse in tali praemeditatione, non potest contingere ut diu permaneat quin operetur secundum consequentiam voluntatis deordinatae a deo, nisi cito per gratiam ad debitum ordinem reparetur.

ra1 ‘ Ad primum ergo dicendum quod homo potest vitare singulos actus peccati, non tamen omnes, nisi per gratiam, * ut dictum est. ‘ et tamen quia ex eius defectu est quod homo se ad gratiam habendam non praeparet, per hoc a peccato non excusatur, quod sine gratia peccatum vitare non potest.
ra2 “ Ad secundum dicendum quod correptio utilis est ° ut ex dolore correptionis voluntas regenerationis oriatur. si tamen qui corripitur filius est promissionis, ut, strepitu correptionis forinsecus insonante ac flagellante, deus in illo intrinsecus occulta inspiratione operetur et velle; * ut augustinus dicit, in libro de corrept. et grat.. ‘ ideo ergo necessaria est correptio, quia voluntas hominis requiritur ad hoc quod a peccato abstineat. sed tamen correptio non est sufficiens sine dei auxilio, * unde dicitur eccle. vii, ° considera opera dei, quod nemo possit corrigere quem ille despexerit.
ra3 * Ad tertium dicendum quod, sicut augustinus dicit, in hypognost., ‘ verbum illud intelligitur de homine secundum statum naturae integrae, quando nondum erat servus peccati, unde poterat peccare et non peccare. nunc etiam quodcumque vult homo, datur ei. sed hoc quod bonum velit, habet ex auxilio gratiae.

008 ST2 qu109 ar9

ag1 ‘ Ad nonum sic proceditur. videtur quod ille qui iam consecutus est gratiam, per seipsum possit operari bonum et vitare peccatum, absque alio auxilio gratiae. unumquodque enim aut frustra est, aut imperfectum, si non implet illud ad quod datur. sed gratia ad hoc datur nobis ut possimus bonum facere et vitare peccatum. si igitur per gratiam hoc homo non potest, videtur quod vel gratia sit frustra data, vel sit imperfecta.
ag2 ‘ Praeterea, per gratiam ipse spiritus sanctus in nobis habitat; * secundum illud i ad cor. iii, ° nescitis quia templum dei estis, et spiritus dei habitat in vobis? ‘ sed spiritus sanctus, cum sit omnipotens, sufficiens est ut nos inducat ad bene operandum, et ut nos a peccato custodiat. ergo homo gratiam consecutus potest utrumque praedictorum absque alio auxilio gratiae.
ag3 ‘ Praeterea, si homo consecutus gratiam adhuc alio auxilio gratiae indiget ad hoc quod recte vivat et a peccato abstineat, pari ratione et si illud aliud auxilium gratiae consecutus fuerit, adhuc alio auxilio indigebit. procedetur ergo in infinitum, quod est inconveniens. ergo ille qui est in gratia, non indiget alio auxilio gratiae ad hoc quod bene operetur et a peccato abstineat.
sc ‘ Sed contra est quod * augustinus dicit, in libro de natura et gratia, quod ° sicut oculus corporis plenissime sanus, nisi candore lucis adiutus, non potest cernere; sic et homo perfectissime etiam iustificatus, nisi aeterna luce iustitiae divinitus adiuvetur, recte non potest vivere. ‘ sed iustificatio fit per gratiam; * secundum illud rom. iii. ° iustificati gratis per gratiam ipsius. ‘ ergo etiam homo iam habens gratiam indiget alio auxilio gratiae ad hoc quod recte vivat.
co * Respondeo dicendum quod, sicut supra dictum est, ‘ homo ad recte vivendum dupliciter auxilio dei indiget. uno quidem modo, quantum ad aliquod habituale donum, per quod natura humana corrupta sanetur; et etiam sanata elevetur ad operandum opera meritoria vitae aeternae, quae excedunt proportionem naturae. alio modo indiget homo auxilio gratiae ut a deo moveatur ad agendum. quantum igitur ad primum auxilii modum, homo in gratia existens non indiget alio auxilio gratiae quasi aliquo alio habitu infuso. indiget tamen auxilio gratiae secundum alium modum, ut scilicet a deo moveatur ad recte agendum. et hoc propter duo. primo quidem, ratione generali, propter hoc quod, * sicut supra dictum est, ‘ nulla res creata potest in quemcumque actum prodire nisi virtute motionis divinae. secundo, ratione speciali, propter conditionem status humanae naturae. quae quidem licet per gratiam sanetur quantum ad mentem, remanet tamen in ea corruptio et infectio quantum ad carnem, per quam servit legi peccati, * ut dicitur ad rom. vii. ‘ remanet etiam quaedam ignorantiae obscuritas in intellectu, * secundum quam, ut etiam dicitur rom. viii, ° quid oremus sicut oportet, nescimus. ‘ propter varios enim rerum eventus, et quia etiam nosipsos |25| non perfecte cognoscimus, non possumus ad plenum scire quid nobis expediat; * secundum illud sap. ix, ° cogitationes mortalium timidae, et incertae providentiae nostrae. ‘ et ideo necesse est nobis ut a deo dirigamur et protegamur, qui omnia novit et omnia potest. et propter hoc etiam renatis in filios dei per gratiam, convenit dicere, ° et ne nos inducas in tentationem, et, fiat voluntas tua sicut in caelo et in terra, ‘ et cetera quae in oratione dominica continentur ad hoc pertinentia.
ra1 ‘ Ad primum ergo dicendum quod donum habitualis gratiae non ad hoc datur nobis ut per ipsum non indigeamus ulterius divino auxilio, indiget enim quaelibet creatura ut a deo conservetur in bono quod ab ipso accepit. et ideo si post acceptam gratiam homo adhuc indiget divino auxilio, non potest concludi quod gratia sit in vacuum data, vel quod sit imperfecta. quia etiam in statu gloriae, quando gratia erit omnino perfecta, homo divino auxilio indigebit. hic autem aliqualiter gratia imperfecta est, inquantum hominem non totaliter sanat, * ut dictum est.
ra2 ‘ Ad secundum dicendum quod operatio spiritus sancti qua nos movet et protegit, non circumscribitur per effectum habitualis doni quod in nobis causat; sed praeter hunc effectum nos movet et protegit, simul cum patre et filio.
ra3 ‘ Ad tertium dicendum quod ratio illa concludit quod homo non indigeat alia habituali gratia.

008 ST2 qu109 ar10

ag1 ‘ Ad decimum sic proceditur. videtur quod homo in gratia constitutus non indigeat auxilio gratiae ad perseverandum. perseverantia enim est aliquid minus virtute, sicut et continentia, * ut patet per philosophum in vii ethic.. ‘ sed homo non indiget alio auxilio gratiae ad habendum virtutes, ex quo est iustificatus per gratiam. ergo multo minus indiget auxilio gratiae ad habendum perseverantiam.
ag2 ‘ Praeterea, omnes virtutes simul infunduntur. sed perseverantia ponitur quaedam virtus. ergo videtur quod, simul cum gratia infusis aliis virtutibus, perseverantia detur.
ag3 * Praeterea, sicut apostolus dicit, ad rom. v, ‘ plus restitutum est homini per donum christi, quam amiserit per peccatum adae. sed adam accepit unde posset perseverare. ergo multo magis nobis restituitur per gratiam christi ut perseverare possimus. et ita homo non indiget gratia ad perseverandum.
sc * Sed contra est quod augustinus dicit, in libro de perseverantia, ° cur perseverantia poscitur a deo, si non datur a deo? an et ista irrisoria petitio est, cum id ab eo petitur quod scitur non ipsum dare, sed, ipso non dante, esse in hominis potestate? ‘ sed perseverantia petitur etiam ab illis qui sunt per gratiam sanctificati, quod intelligitur cum dicimus, sanctificetur nomen tuum, * ut ibidem augustinus confirmat per verba cypriani. ‘ ergo homo etiam in gratia constitutus, indiget ut ei perseverantia a deo detur.
co ‘ Respondeo dicendum quod perseverantia tripliciter dicitur. quandoque enim significat habitum mentis per quem homo firmiter stat, ne removeatur ab eo quod est secundum virtutem, per tristitias irruentes, ut sic se habeat perseverantia ad tristitias sicut continentia ad concupiscentias et delectationes * ut philosophus dicit, in vii ethic.. ‘ alio modo potest dici perseverantia habitus quidam secundum quem habet homo propositum perseverandi in bono usque in finem. et utroque istorum modorum, perseverantia simul cum gratia infunditur sicut et continentia et ceterae virtutes. alio modo dicitur perseverantia continuatio quaedam boni usque ad finem vitae. et ad talem perseverantiam habendam homo in gratia constitutus non quidem indiget aliqua alia habituali gratia, sed divino auxilio ipsum dirigente et protegente contra tentationum impulsus, * sicut ex praecedenti quaestione apparet. ‘ et ideo postquam aliquis est iustificatus per gratiam, necesse habet a deo petere praedictum perseverantiae donum, ut scilicet custodiatur a malo usque ad finem vitae. multis enim datur gratia, quibus non datur perseverare in gratia.
ra1 ‘ Ad primum ergo dicendum quod obiectio illa procedit de primo modo perseverantiae, sicut et secunda obiectio procedit de secundo.
ra2 ‘ Unde patet solutio ad secundum.
ra3 ‘ Ad tertium dicendum quod, * sicut augustinus dicit, in libro de natura et gratia, ° homo in primo statu accepit donum per quod perseverare posset, non autem accepit ut perseveraret. nunc autem per gratiam christi multi accipiunt et donum gratiae quo perseverare possunt, et ulterius eis datur quod perseverent. ‘ et sic donum christi est maius quam delictum adae. et tamen facilius homo per gratiae donum perseverare poterat in statu innocentiae, in quo nulla erat rebellio carnis ad spiritum, quam nunc possumus, quando reparatio gratiae christi, etsi sit inchoata quantum ad mentem, nondum tamen est consummata quantum ad carnem. quod erit in patria, ubi homo non solum perseverare poterit, sed etiam peccare non poterit.

008 ST2 qu110 ar

pr ‘ Deinde considerandum est de gratia dei quantum ad eius essentiam. et circa hoc quaeruntur quatuor. primo, utrum gratia ponat aliquid in anima. secundo, utrum gratia sit qualitas. tertio, utrum gratia differat a virtute infusa. quarto, de subiecto gratiae.

008 ST2 qu110 ar1

ag1 ‘ Ad primum sic proceditur. videtur quod gratia non ponat aliquid in anima. sicut enim homo dicitur habere gratiam dei, ita etiam gratiam hominis, * unde dicitur gen. xxxix, quod ° dominus dedit ioseph gratiam in conspectu principis carceris. ‘ sed per hoc quod homo dicitur habere gratiam hominis, nihil ponitur in eo qui gratiam alterius habet; sed in eo cuius gratiam habet, ponitur acceptatio quaedam. ergo per hoc quod homo dicitur gratiam dei habere, nihil ponitur in anima, sed solum significatur acceptatio divina.
ag2 ‘ Praeterea, sicut anima vivificat corpus, itã deus vivificat animam, * unde dicitur deut. xxx, ‘ ipse est vita tua. sed anima vivificat corpus immediate. ergo etiam nihil cadit medium inter deum et animam. non ergo gratia ponit aliquid creatum in anima.
ag3 * Praeterea, ad rom. i, super illud, ° gratia vobis et pax, * dicit glossa. “ gratia, idest remissio peccatorum, ‘ sed remissio peccatorum non ponit in anima aliquid, sed solum in deo, non imputando peccatum; * secundum illud psalmi xxxi, ° beatus vir cui non imputavit dominus peccatum. ‘ ergo nec gratia ponit aliquid in anima.
sc ‘ Sed contra, lux ponit aliquid in illuminato. sed gratia est quaedam lux animae, * unde augustinus dicit, in libro de natura et gratia, ° praevaricatorem legis digne lux deserit veritatis, qua desertus utique fit caecus. ‘ ergo gratia ponit aliquid in anima.
co ‘ Respondeo dicendum quod secundum communem modum loquendi, gratia tripliciter accipi consuevit. uno modo, pro dilectione alicuius, sicut consuevimus dicere quod iste miles habet gratiam regis, idest, rex habet eum gratum. secundo sumitur pro aliquo dono gratis dato, sicut consuevimus dicere, hanc gratiam facio tibi. tertio modo sumitur pro recompensatione beneficii gratis dati, secundum quod dicimur agere gratias beneficiorum. quorum trium secundum dependet ex primo, ex amore enim quo aliquis alium gratum habet, procedit quod aliquid ei gratis impendat. ex secundo autem procedit tertium, quia ex beneficiis gratis exhibitis gratiarum actio consurgit. quantum igitur ad duo ultima, manifestum est quod gratia aliquid ponit in eo qui gratiam accipit, primo quidem, ipsum donum gratis datum; secundo, huius doni recognitionem. sed quantum ad primum, est differentia attendenda circa gratiam dei et gratiam hominis. quia enim bonum creaturae provenit ex voluntate divina, ideo ex dilectione dei qua vult creaturae bonum, profluit aliquod bonum in creatura. voluntas autem hominis movetur ex bono praeexistente in rebus, et inde est quod dilectio hominis non causat totaliter rei bonitatem, sed praesupponit ipsam vel in parte vel in toto. patet igitur quod quamlibet dei dilectionem sequitur aliquod bonum in creatura causatum quandoque, non tamen dilectioni aeternae coaeternum. et secundum huiusmodi boni differentiam, differens consideratur dilectio dei ad creaturam. una quidem communis, secundum quam |25| diligit omnia quae sunt, * ut dicitur sap. xi; ‘ secundum quam esse naturale rebus creatis largitur. alia autem est dilectio specialis, secundum quam trahit creaturam rationalem supra conditionem naturae, ad participationem divini boni. et secundum hanc dilectionem dicitur aliquem diligere simpliciter, quia secundum hanc dilectionem vult deus simpliciter creaturae bonum aeternum, quod est ipse. sic igitur per hoc quod dicitur homo gratiam dei habere, significatur quiddam supernaturale in homine a deo proveniens. quandoque tamen gratia dei dicitur ipsa aeterna dei dilectio, secundum quod dicitur etiam gratia praedestinationis, inquantum deus gratuito, et non ex meritis, aliquos praedestinavit sive elegit; * dicitur enim ad ephes. i, ° praedestinavit nos in adoptionem filiorum, in laudem gloriae gratiae suae.
ra1 ‘ Ad primum ergo dicendum quod etiam in hoc quod dicitur aliquis habere gratiam hominis, intelligitur in aliquo esse aliquid quod sit homini gratum, sicut et in hoc quod dicitur aliquis gratiam dei habere; sed differenter. nam illud quod est homini gratum in alio homine, praesupponitur eius dilectioni, causatur autem ex dilectione divina quod est in homine deo gratum, * ut dictum est.
ra2 ‘ Ad secundum dicendum quod deus est vita animae per modum causae efficientis, sed anima est vita corporis per modum causae formalis inter formam autem et materiam non cadit aliquod medium, quia forma per seipsam informat materiam vel subiectum. sed agens informat subiectum non per suam substantiam, sed per formam quam in materia causat.
ra3 * Ad tertium dicendum quod augustinus dicit, in libro retract., ° ubi dixi gratiam esse remissionem peccatorum, pacem vero in reconciliatione dei, non sic accipiendum est ac si pax ipsa et reconciliatio non pertineant ad gratiam generalem; sed quod specialiter nomine gratiae remissionem significaverit peccatorum. ‘ non ergo sola remissio peccatorum ad gratiam pertinet, sed etiam multa alia dei dona. et etiam remissio peccatorum non fit sine aliquo effectu divinitus in nobis causato, * ut infra patebit.

008 ST2 qu110 ar2

ag1 ‘ Ad secundum sic proceditur. videtur quod gratia non sit qualitas animae. nulla enim qualitas agit in suum subiectum, quia actio qualitatis non est absque actione subiecti, et sic oporteret quod subiectum ageret in seipsum. sed gratia agit in animam, iustificando ipsam. ergo gratia non est qualitas.
ag2 ‘ Praeterea, substantia est nobilior qualitate. sed gratia est nobilior quam natura animae, multa enim possumus per gratiam ad quae natura non sufficit, * ut supra dictum est. ‘ ergo gratia non est qualitas.
ag3 ‘ Praeterea, nulla qualitas remanet postquam desinit esse in subiecto. sed gratia remanet. non enim corrumpitur, quia sic in nihilum redigeretur, sicut ex nihilo creatur, unde et dicitur nova creatura, * ad gal. ult.. ‘ ergo gratia non est qualitas.
sc * Sed contra est quod, super illud psalmi ciii, ° ut exhilaret faciem in oleo, * dicit glossa quod ° gratia est nitor animae, sanctum concilians amorem. ‘ sed

nitor animae est quaedam qualitas, sicut et pulchritudo corporis. ergo gratia est quaedam qualitas.
co * Respondeo dicendum quod, sicut iam dictum est, ' in eo qui dicitur gratiam dei habere, significatur esse quidam effectus gratuitae dei voluntatis. * dictum est autem supra quod ' dupliciter ex gratuita dei voluntate homo adiuvatur. uno modo, inquantum anima hominis movetur a deo ad aliquid cognoscendum vel volendum vel agendum. et hoc modo ipse gratuitus effectus in homine non est qualitas, sed motus quidam animae, " actus enim moventis in moto est motus, * ut dicitur in iii physic.. ' alio modo adiuvatur homo ex gratuita dei voluntate, secundum quod aliquod habituale donum a deo animae infunditur. et hoc ideo, quia non est conveniens quod deus minus provideat his quos diligit ad supernaturale bonum habendum, quam creaturis quas diligit ad bonum naturale habendum. creaturis autem naturalibus sic providet ut non solum moveat eas ad actus naturales, sed etiam largiatur eis formas et virtutes quasdam, quae sunt principia actuum, ut secundum seipsas inclinentur ad huiusmodi motus. et sic motus quibus a deo moventur, fiunt creaturis connaturales et faciles; * secundum illud sap. viii, et disponit omnia suaviter. ' multo igitur magis illis quos movet ad consequendum bonum supernaturale aeternum, infundit aliquas formas seu qualitates supernaturales, secundum quas suaviter et prompte ab ipso |25| moveantur ad bonum aeternum consequendum. et sic donum gratiae qualitas quaedam est.
ra1 ' Ad primum ergo dicendum quod gratia, secundum quod est qualitas, dicitur agere in animam non per modum causae efficientis, sed per modum causae formalis, sicut albedo facit album, et iustitia iustum.
ra2 ' Ad secundum dicendum quod omnis substantia vel est ipsa natura rei cuius est substantia, vel est pars naturae, secundum quem modum materia vel forma substantia dicitur. et quia gratia est supra naturam humanam, non potest esse quod sit substantia aut forma substantialis, sed est forma accidentalis ipsius animae. id enim quod substantialiter est in deo, accidentaliter fit in anima participante divinam bonitatem, ut de scientia patet. secundum hoc ergo, quia anima imperfecte participat divinam bonitatem, ipsa participatio divinae bonitatis quae est gratia, imperfectiori modo habet esse in anima quam anima in seipsa subsistat. est tamen nobilior quam natura animae, inquantum est expressio vel participatio divinae bonitatis, non autem quantum ad modum essendi.
ra3 * Ad tertium dicendum quod, sicut dicit boetius, " accidentis esse est inesse. ' unde omne accidens non dicitur ens quasi ipsum esse habeat, sed quia eo aliquid est, unde et magis dicitur esse entis quam ens, * ut dicitur in vii metaphys.. et quia ' eius est fieri vel corrumpi cuius est esse, ideo, proprie loquendo, nullum accidens neque fit neque corrumpitur, sed dicitur fieri vel corrumpi, secundum quod subiectum incipit vel desinit esse in actu secundum illud accidens. et secundum hoc etiam gratia dicitur creari, ex eo quod homines secundum ipsam creantur, idest in novo esse constituuntur, ex nihilo, idest non ex meritis; * secundum illud ad ephes. ii, ° creati in christo iesu in operibus bonis.

008 ST2 qu110 ar3

ag1 ' Ad tertium sic proceditur. videtur quod gratia sit idem quod virtus. * dicit enim augustinus quod ° gratia operans est fides quae per dilectionem operatur; * ut habetur in libro de spiritu et littera. ' sed fides quae per dilectionem operatur, est virtus. ergo gratia est virtus.
ag2 ' Praeterea, cuicumque convenit definitio, et definitum. sed definitiones de virtute datae sive a sanctis sive a philosophis, conveniunt gratiae, ipsa enim bonum facit habentem et opus eius bonum reddit; ipsa etiam est bona qualitas mentis qua recte vivitur, etc.. ergo gratia est virtus.
ag3 ' Praeterea, gratia est qualitas quaedam. sed manifestum est quod non est in quarta specie qualitatis, quae est forma et circa aliquid constans figura, quia non pertinet ad corpus. neque etiam in tertia est, quia non est passio vel passibilis qualitas, quae est in parte animae sensitiva, * ut probatur in vii physic.; ' ipsa autem gratia principaliter est in mente. neque iterum est in secunda specie, quae est potentia vel impotentia naturalis, quia gratia est supra naturam; et non se habet ad bonum et malum, sicut potentia naturalis. ergo relinquitur quod sit in prima specie, quae est habitus vel dispositio. habitus autem mentis sunt virtutes, quia etiam ipsa scientia quodammodo est virtus, * ut supra dictum est. ' ergo gratia est idem quod virtus.
sc ' Sed contra, si gratia est virtus, maxime videtur quod sit aliqua trium theologicarum virtutum. sed gratia non est fides vel spes, quia haec possunt esse sine gratia gratum faciente. neque etiam caritas, quia gratia praevenit caritatem, * ut augustinus dicit, in libro de praedest. sanctorum. ' ergo gratia non est virtus.
co * Respondeo dicendum quod quidam posuerunt " idem esse gratiam et virtutem secundum essentiam, sed differre solum secundum rationem, ut gratia dicatur secundum quod facit hominem deo gratum, vel secundum quod gratis datur; virtus autem, secundum quod perficit ad bene operandum. * et hoc videtur sensisse magister, in ii sent.. ' sed si quis recte consideret rationem virtutis, hoc stare non potest. * quia ut philosophus dicit, in vii physic., ° virtus est quaedam dispositio perfecti, dico autem perfectum, quod est dispositum secundum naturam. ' ex quo patet quod virtus uniuscuiusque rei dicitur in ordine ad aliquam naturam praeexistentem, quando scilicet unumquodque sic est dispositum, secundum quod congruit suae naturae. manifestum est autem quod virtutes acquisitae per actus humanos, * de quibus supra dictum est, ' sunt dispositiones quibus homo convenienter disponitur in ordine ad naturam qua homo est. virtutes autem infusae disponunt hominem altiori modo, et ad altiorem finem, unde etiam oportet quod in ordine ad aliquam altiorem naturam. hoc autem est in ordine ad naturam divinam participatam; * secundum quod dicitur ii petr. i, ° maxima et pretiosa nobis promissa donavit, |25| ut per haec efficiamini divinae consortes naturae. ' et secundum acceptionem huius naturae, dicimur regenerari in filios dei. sicut igitur lumen naturale rationis est aliquid praeter virtutes acquisitas, quae dicuntur in ordine ad ipsum lumen naturale; ita etiam ipsum lumen gratiae, quod est participatio divinae naturae, est aliquid praeter virtutes infusas, quae a lumine illo derivantur, et ad illud lumen ordinantur. * unde et apostolus dicit, ad ephes. v, ° eratis aliquando tenebrae, nunc autem lux in domino, ut filii lucis ambulate. ' sicut enim virtutes acquisitae perficiunt hominem ad ambulandum congruenter lumini naturali rationis; ita virtutes infusae perficiunt hominem ad ambulandum congruenter lumini gratiae.
ra1 * Ad primum ergo dicendum quod augustinus nominat fidem ' per dilectionem operantem gratiam, quia actus fidei per dilectionem operantis est primus actus in quo gratia gratum faciens manifestatur.
ra2 ' Ad secundum dicendum quod bonum positum in definitione virtutis, dicitur secundum convenientiam ad aliquam naturam praeexistentem, vel essentialem vel participatam. sic autem bonum non attribuitur gratiae, sed sicut radici bonitatis in homine, * ut dictum est.
ra3 ' Ad tertium dicendum quod gratia reducitur ad primam speciem qualitatis. nec tamen est idem quod virtus, sed habitudo quaedam quae praesupponitur virtutibus infusis, sicut earum principium et radix.

008 ST2 qu110 ar4

ag1 ' Ad quartum sic proceditur. videtur quod gratia non sit in essentia animae sicut in subiecto, sed in aliqua potentiarum. * dicit enim augustinus, in hypognost., quod " gratia comparatur ad voluntatem, sive ad liberum arbitrium, sicut sessor ad equum. ' sed voluntas, sive liberum arbitrium, est potentia quaedam, * ut in primo dictum est. ' ergo gratia est in potentia animae sicut in subiecto.
ag2 " Praeterea, ex gratia incipiunt merita hominis, * ut augustinus dicit. ' sed meritum consistit in actu, qui ex aliqua potentia procedit. ergo videtur quod gratia sit perfectio alicuius potentiae animae.
ag3 ' Praeterea, si essentia animae sit proprium subiectum gratiae, oportet quod anima inquantum habet essentiam, sit capax gratiae. sed hoc est falsum, quia sic sequeretur quod omnis anima esset gratiae capax. non ergo essentia animae est proprium subiectum gratiae.
ag4 ' Praeterea, essentia animae est prior potentiis eius. prius autem potest intelligi sine posteriori. ergo sequetur quod gratia possit intelligi in anima, nulla parte vel potentia animae intellecta, scilicet neque voluntate neque intellectu neque aliquo huiusmodi. quod est inconveniens.
sc ' Sed contra est quod per gratiam regeneramur in filios dei. sed generatio per prius terminatur ad essentiam quam ad potentias. ergo gratia per prius est in essentia animae quam in potentiis.
co ' Respondeo dicendum quod ista quaestio ex praecedenti dependet. si enim gratia sit idem quod virtus, necesse est quod sit in potentia animae sicut in subiecto, nam potentia animae est proprium subiectum virtutis, * ut supra dictum est. ' si autem gratia differt a virtute, non potest dici quod potentia animae sit gratiae subiectum, quia omnis perfectio potentiae animae habet rationem virtutis, * ut supra dictum est. ' unde relinquitur quod gratia, sicut est prius virtute, ita habeat subiectum prius potentiis animae, ita scilicet quod sit in essentia animae. sicut enim per potentiam intellectivam homo participat cognitionem divinam per virtutem fidei; et secundum potentiam voluntatis amorem divinum, per virtutem caritatis; ita etiam per naturam animae participat, secundum quandam similitudinem, naturam divinam, per quandam regenerationem sive recreationem.
ra1 ' Ad primum ergo dicendum quod, sicut ab essentia animae effluunt eius potentiae, quae sunt operum principia; ita etiam ab ipsa gratia effluunt virtutes in potentias animae, per quas potentiae moventur ad actus. et secundum hoc gratia comparatur ad voluntatem ut movens ad motum, quae est comparatio sessoris ad equum, non autem sicut accidens ad subiectum.
ra2 ' Et per hoc etiam patet solutio ad secundum. est enim gratia principium meritorii operis mediantibus virtutibus, sicut essentia animae est principium operum vitae mediantibus potentiis.
ra3 ' Ad tertium dicendum quod anima est subiectum gratiae secundum quod est in specie intellectualis vel rationalis naturae. non autem constituitur anima in specie per aliquam potentiam, cum potentiae sint proprietates naturales animae speciem consequentes. et ideo anima secundum suam essentiam differt specie ab aliis animabus, scilicet brutorum animalium et plantarum. et propter hoc, non sequitur, si essentia animae humanae sit subiectum gratiae, quod quaelibet anima possit esse gratiae subiectum, hoc enim convenit essentiae animae inquantum est talis speciei.
ra4 ' Ad quartum dicendum quod, cum potentiae animae sint naturales proprietates speciem consequentes, anima non potest sine his esse. dato autem quod sine his esset, adhuc tamen anima diceretur secundum speciem suam intellectualis vel rationalis, non quia actu haberet has potentias; sed propter speciem talis essentiae ex qua natae sunt huiusmodi potentiae effluere.

008 ST2 qu111 ar

pr ' Deinde considerandum est de divisione gratiae. et circa hoc quaeruntur quinque. primo, utrum convenienter dividatur gratia per gratiam gratis datam et gratiam gratum facientem. secundo, de divisione gratiae gratum facientis per operantem et cooperantem. tertio, de divisione eiusdem per gratiam praevenientem et subsequentem. quarto, de divisione gratiae gratis datae. quinto, de comparatione gratiae gratum facientis et gratis datae.

008 ST2 qu111 ar1

ag1 ' Ad primum sic proceditur. videtur quod gratia non convenienter dividatur per gratiam gratum facientem et gratiam gratis datam. gratia enim est quoddam dei donum, * ut ex supradictis patet. ' homo autem ideo non est deo gratus quia aliquid est ei datum a deo, sed potius e converso, ideo enim aliquid datur alicui gratis a deo, quia est homo gratus ei. ergo nulla est gratia gratum faciens.
ag2 ' Praeterea, quaecumque non dantur ex meritis praecedentibus, dantur gratis. sed etiam ipsum bonum naturae datur homini absque merito praecedenti, quia natura praesupponitur ad meritum. ergo ipsa natura est etiam gratis data a deo. natura autem dividitur contra gratiam. inconvenienter igitur hoc quod est gratis datum, ponitur ut gratiae differentia, quia invenitur etiam extra gratiae genus.
ag3 ' Praeterea, omnis divisio debet esse per opposita. sed etiam ipsa gratia gratum faciens, per quam iustificamur, gratis nobis a deo conceditur; * secundum illud rom. iii, ° iustificati gratis per gratiam ipsius. ' ergo gratia gratum faciens non debet dividi contra gratiam gratis datam.
sc ' Sed contra est quod * apostolus utrumque attribuit gratiae, ' scilicet et gratum facere, et esse gratis datum. * dicit enim quantum ad primum, ad ephes. i, ° gratificavit nos in dilecto filio suo. * quantum vero ad secundum, dicitur ad rom. xi, ° si autem gratia, iam non ex operibus, alioquin gratia iam non est gratia. ' potest ergo distingui gratia quae vel habet unum tantum, vel utrumque.
co * Respondeo dicendum quod, sicut apostolus dicit, ad rom. xiii, ° quae a deo sunt, ordinata sunt. ' in hoc autem ordo rerum consistit, quod quaedam per alia in deum reducuntur; * ut dionysius dicit, in cael. hier.. ' cum igitur gratia ad hoc ordinetur ut homo reducatur in deum, ordine quodam hoc agitur, ut scilicet quidam per alios in deum reducantur. secundum hoc igitur duplex est gratia. una quidem per quam ipse homo deo coniungitur, quae vocatur gratia gratum faciens. alia vero per quam unus homo cooperatur alteri ad hoc quod ad deum reducatur. huiusmodi autem donum vocatur gratia gratis data, quia supra facultatem naturae, et supra meritum personae, homini conceditur, sed quia non datur ad hoc ut homo ipse per eam iustificetur, sed potius ut ad iustificationem alterius cooperetur, ideo non vocatur gratum faciens. * et de hac dicit apostolus, i ad cor. xii, ° unicuique datur manifestatio spiritus ad utilitatem, " scilicet aliorum.
ra1 ' Ad primum ergo dicendum quod gratia non dicitur facere gratum effective, sed formaliter, scilicet quia per hanc homo iustificatur, et dignus efficitur vocari deo gratus; * secundum quod dicitur ad coloss. i, ° dignos nos fecit in partem sortis sanctorum in lumine.
ra2 ' Ad secundum dicendum quod gratia, secundum quod gratis datur, excludit rationem debiti. potest autem intelligi duplex debitum. unum quidem ex merito proveniens, quod refertur ad personam, cuius est agere meritoria opera; * secundum illud ad rom. iv, ° ei qui operatur, merces imputatur secundum debitum, non secundum gratiam. ' aliud est debitum ex conditione naturae, puta si dicamus debitum esse homini quod habeat rationem et alia quae ad humanam pertinent naturam. neutro autem modo dicitur debitum propter hoc quod deus creaturae obligatur, sed potius inquantum creatura debet subiici deo ut in ea divina ordinatio impleatur, quae quidem est ut

talis natura tales conditiones vel proprietates habeat, et quod talia operans talia consequatur. dona igitur naturalia carent primo debito, non autem carent secundo debito. sed dona supernaturalia utroque debito carent, et ideo specialius sibi nomen gratiae vindicant.
ra3 ‘ Ad tertium dicendum quod gratia gratum faciens addit aliquid supra rationem gratiae gratis datae quod etiam ad rationem gratiae pertinet, quia scilicet hominem gratum facit deo. et ideo gratia gratis data, quae hoc non facit, retinet sibi nomen commune, sicut in pluribus aliis contingit. et sic opponuntur duae partes divisionis sicut gratum faciens et non faciens gratum.

008 ST2 qu111 ar2

ag1 ‘ Ad secundum sic proceditur. videtur quod gratia inconvenienter dividatur per operantem et cooperantem. gratia enim accidens quoddam est, * ut supra dictum est. ‘sed accidens non potest agere in subiectum. ergo nulla gratia debet dici operans.
ag2 ‘ Praeterea, si gratia aliquid operetur in nobis, maxime operatur iustificationem. sed hoc non sola gratia operatur in nobis, * dicit enim augustinus, super illud ioan. xiv, ° opera quae ego facio, et ipse faciet, qui creavit te sine te, non iustificabit te sine te. ‘ergo nulla gratia debet dici simpliciter operans.
ag3 ‘ Praeterea, cooperari alicui videtur pertinere ad inferius agens, non autem ad principalius. sed gratia principalius operatur in nobis quam liberum arbitrium; *secundum illud rom. ix, ° non est volentis neque currentis, sed miserentis dei. ‘ergo gratia non debet dici cooperans.
ag4 ‘Praeterea, divisio debet dari per opposita. sed operari et cooperari non sunt opposita, idem enim potest operari et cooperari. ergo inconvenienter dividitur gratia per operantem et cooperantem.
sc ‘ Sed contra est quod * augustinus dicit, in libro de grat. et lib. arb., ° cooperando deus in nobis perficit quod operando incipit, quia ipse ut velimus operatur incipiens, qui volentibus cooperatur perficiens. ‘ sed operationes dei quibus movet nos ad bonum, ad gratiam pertinent. ergo convenienter gratia dividitur per operantem et cooperantem.
co * Respondeo dicendum quod, sicut supra dictum est, ‘ gratia dupliciter potest intelligi, uno modo, divinum auxilium quo nos movet ad bene volendum et agendum; alio modo, habituale donum nobis divinitus inditum. utroque autem modo gratia dicta convenienter dividitur per operantem et cooperantem. operatio enim alicuius effectus non attribuitur mobili, sed moventi. in illo ergo effectu in quo mens nostra est mota et non movens, solus autem deus movens, operatio deo attribuitur, et secundum hoc dicitur gratia operans. in illo autem effectu in quo mens nostra et movet et movetur, operatio non solum attribuitur deo, sed etiam animae, et secundum hoc dicitur gratia cooperans. est autem in nobis duplex actus. primus quidem, interior voluntatis. et quantum ad istum actum, voluntas se habet ut mota, deus autem ut movens, et praesertim cum voluntas incipit bonum velle quae prius malum volebat. et ideo secundum quod deus movet humanam mentem ad hunc actum, dicitur gratia operans. alius autem actus est exterior; qui cum a voluntate imperetur, * ut supra habitum est, ‘ consequens est ut ad hunc actum operatio attribuatur voluntati. et quia etiam ad hunc actum deus nos adiuvat, et interius confirmando voluntatem ut ad actum perveniat, et exterius facultatem operandi praebendo; respectu huius actus |25| dicitur gratia cooperans. * unde post praemissa verba subdit augustinus, ° ut autem velimus operatur, cum autem volumus, ut perficiamus nobis cooperatur. ‘ sic igitur si gratia accipiatur pro gratuita dei motione qua movet nos ad bonum meritorium, convenienter dividitur gratia per operantem et cooperantem. si vero accipiatur gratia pro habituali dono, sic etiam duplex est gratiae effectus, sicut et cuiuslibet alterius formae, quorum primus est esse, secundus est operatio; sicut caloris operatio est facere calidum, et exterior calefactio. sic igitur habitualis gratia, inquantum animam sanat vel iustificat, sive gratam deo facit, dicitur gratia operans, inquantum vero est principium operis meritorii, quod etiam ex libero arbitrio procedit, dicitur cooperans
ra1 ‘ Ad primum ergo dicendum quod, secundum quod gratia est quaedam qualitas accidentalis, non agit in animam effective; sed formaliter, sicut albedo dicitur facere albam superficiem.
ra2 ‘ Ad secundum dicendum quod deus non sine nobis nos iustificat, quia per motum liberi arbitrii, dum iustificamur, dei iustitiae consentimus. ille tamen motus non est causa gratiae, sed effectus. unde tota operatio pertinet ad gratiam.
ra3 ‘ Ad tertium dicendum quod cooperari dicitur aliquis alicui non solum sicut secundarium agens principali agenti, sed sicut adiuvans ad praesuppositum finem. homo autem per gratiam operantem adiuvatur a deo ut bonum velit. et ideo, praesupposito iam fine, consequens est ut gratia nobis cooperetur.
ra4 ‘ Ad quartum dicendum quod gratia operans et cooperans est eadem gratia, sed distinguitur secundum diversos effectus, *ut ex dictis patet.

008 ST2 qu111 ar3

ag1 ‘ Ad tertium sic proceditur. videtur quod gratia inconvenienter dividatur in praevenientem et subsequentem. gratia enim est divinae dilectionis effectus. sed dei dilectio nunquam est subsequens, sed semper praeveniens; * secundum illud i ioan. iv, ° non quasi nos dilexerimus deum, sed quia ipse prior dilexit nos. ‘ergo gratia non debet poni praeveniens et subsequens.
ag2 ‘ Praeterea, gratia gratum faciens est una tantum in homine, cum sit sufficiens, * secundum illud ii ad cor. xii, ° sufficit tibi gratia mea. ‘ sed idem non potest esse prius et posterius. ergo gratia inconvenienter dividitur in praevenientem et subsequentem.
ag3 ‘ Praeterea, gratia cognoscitur per effectus. sed infiniti sunt effectus gratiae, quorum unus praecedit alium. ergo si penes hoc gratia deberet dividi in praevenientem et subsequentem, videtur quod infinitae essent species gratiae. infinita autem relinquuntur a qualibet arte. non ergo gratia convenienter dividitur in praevenientem et subsequentem.
sc ‘ Sed contra est quod gratia dei ex eius misericordia provenit. * sed utrumque in psalmo legitur, ° misericordia eius praeveniet me; * et iterum, ° misericordia eius subsequetur me. ‘ ergo gratia convenienter dividitur in praevenientem et subsequentem.
co ‘ Respondeo dicendum quod, sicut gratia dividitur in operantem et cooperantem secundum diversos effectus, ita etiam in praevenientem et subsequentem, qualitercumque gratia accipiatur. sunt autem quinque effectus gratiae in nobis, quorum primus est ut anima sanetur; secundus est ut bonum velit; tertius est ut bonum quod vult, efficaciter operetur; quartus est ut in bono perseveret; quintus est ut ad gloriam perveniat. et ideo gratia secundum quod causat in nobis primum effectum, vocatur praeveniens respectu secundi effectus; et prout causat in nobis secundum, vocatur subsequens respectu primi effectus. et sicut unus effectus est posterior uno effectu et prior alio, ita gratia potest dici et praeveniens et subsequens secundum eundem effectum, respectu diversorum. * et hoc est quod augustinus dicit, in libro de nat. et grat., ° praevenit ut sanemur, subsequitur ut sanati vegetemur, praevenit ut vocemur, subsequitur ut glorificemur.
ra1 ‘Ad primum ergo dicendum quod dilectio dei nominat aliquid aeternum, et ideo nunquam potest dici nisi praeveniens. sed gratia significat effectum temporalem, qui potest praecedere aliquid et ad aliquid subsequi. et ideo gratia potest dici praeveniens et subsequens.
ra2 ‘Ad secundum dicendum quod gratia non diversificatur per hoc quod est praeveniens et subsequens, secundum essentiam, sed solum secundum effectum, sicut et de operante et cooperante * dictum est. ‘ quia etiam secundum quod gratia subsequens ad gloriam pertinet, non est alia numero a gratia praeveniente per quam nunc iustificamur. sicut enim caritas viae non evacuatur, sed perficitur in patria, ita etiam et de lumine gratiae est dicendum, quia neutrum in sui ratione imperfectionem importat.
ra3 ‘ Ad tertium dicendum quod, quamvis effectus gratiae possint esse infiniti numero, sicut sunt infiniti actus humani; tamen omnes reducuntur ad aliqua determinata in specie. et praeterea omnes conveniunt in hoc quod unus alium praecedit.

008 ST2 qu111 ar4

ag1 * Ad quartum sic proceditur. videtur quod gratia gratis data inconvenienter ab apostolo distinguatur. ‘ omne enim donum quod nobis a deo gratis datur, potest dici gratia gratis data. sed infinita sunt dona quae nobis gratis a deo conceduntur, tam in bonis animae quam in bonis corporis, quae tamen nos deo gratos non faciunt. ergo gratiae gratis datae non possunt comprehendi sub aliqua certa divisione.
ag2 ‘ Praeterea, gratia gratis data distinguitur contra gratiam gratum facientem. sed fides pertinet ad gratiam gratum facientem, quia per ipsam iustificamur, * secundum illud rom. v, ° iustificati ergo ex fide, etc.. ‘ ergo inconvenienter fides ponitur inter gratias gratis datas, praesertim cum aliae virtutes ibi non ponantur, ut spes et caritas.
ag3 ‘ Praeterea, operatio sanitatum, et loqui diversa genera linguarum, miracula quaedam sunt. interpretatio etiam sermonum ad sapientiam vel scientiam pertinet; * secundum illud dan. i, ° pueris his dedit deus scientiam et disciplinam in omni libro et sapientia. ‘ ergo inconvenienter dividitur gratia sanitatum, et genera linguarum, contra operationem virtutum; et interpretatio sermonum contra sermonem sapientiae et scientiae.
ag4 ‘ Praeterea, sicut sapientia et scientia sunt quaedam dona spiritus sancti, ita etiam intellectus et consilium, pietas, fortitudo et timor, * ut supra dictum est. ‘ergo haec etiam deberent poni inter gratias gratis datas.
sc * Sed contra est quod apostolus dicit, i ad cor. xii, ° alii per spiritum datur sermo sapientiae, alii autem sermo scientiae secundum eundem spiritum, alteri fides in eodem spiritu, alii gratia sanitatum, alii operatio virtutum, alii prophetia, alii discretio spirituum, alii genera linguarum, alii interpretatio sermonum.
co * Respondeo dicendum quod, sicut supra dictum est, ‘ gratia gratis data ordinatur ad hoc quod homo alteri cooperetur ut reducatur ad deum. homo autem ad hoc operari non potest interius movendo, hoc enim solius dei est; sed solum exterius docendo vel persuadendo. et ideo gratia gratis data illa sub se continet quibus homo indiget ad hoc quod alterum instruat in rebus divinis, quae sunt supra rationem. ad hoc autem tria requiruntur. primo quidem, quod homo sit sortitus plenitudinem cognitionis divinorum, ut ex hoc possit alios instruere. secundo, ut possit confirmare vel probare ea quae dicit, alias non esset efficax eius doctrina. tertio, ut ea quae concipit, possit convenienter auditoribus proferre. quantum igitur ad primum, tria sunt necessaria, sicut etiam apparet in magisterio humano. oportet enim quod ille qui debet alium instruere in aliqua scientia, primo quidem, ut principia illius scientiae sint ei certissima. et quantum ad hoc ponitur fides, quae est certitudo de rebus invisibilibus, quae supponuntur ut principia in catholica doctrina. secundo, oportet quod doctor recte se habeat circa principales conclusiones scientiae. et sic ponitur sermo sapientiae, quae est cognitio divinorum. tertio, oportet ut etiam abundet exemplis et cognitione effectuum, per quos interdum oportet manifestare causas. et quantum ad hoc ponitur sermo scientiae, quae est cognitio rerum humanarum, quia |25| “ invisibilia dei per ea quae facta sunt, conspiciuntur. ‘ confirmatio autem in his quae subduntur rationi, est per argumenta. in his autem quae sunt supra rationem divinitus revelata, confirmatio est per ea quae sunt divinae virtuti propria. et hoc dupliciter. uno quidem modo, ut doctor sacrae doctrinae faciat quae solus deus facere potest, in operibus miraculosis, sive sint ad salutem corporum, et quantum ad hoc ponitur gratia sanitatum; sive ordinentur ad solam divinae potestatis manifestationem, sicut quod sol stet aut tenebrescat, quod mare dividatur; et quantum ad hoc ponitur operatio virtutum. secundo, ut possit manifestare ea quae solius dei est scire. et haec sunt contingentia futura, et quantum ad hoc ponitur prophetia; et etiam occulta cordium, et quantum ad hoc ponitur discretio spirituum. facultas autem pronuntiandi potest attendi vel quantum ad idioma in quo aliquis intelligi possit, et secundum hoc ponuntur genera linguarum, vel quantum ad sensum eorum quae sunt proferenda, et quantum ad hoc ponitur interpretatio sermonum.
ra1 * Ad primum ergo dicendum quod, sicut supra dictum est, ‘ non omnia beneficia quae nobis divinitus conceduntur, gratiae gratis datae dicuntur, sed solum illa quae excedunt facultatem naturae, sicut quod piscator abundet sermone sapientiae et scientiae et aliis huiusmodi. et talia ponuntur hic sub gratia gratis data.
ra2 ‘Ad secundum dicendum quod fides non numeratur hic inter gratias gratis datas secundum quod est quaedam virtus iustificans hominem in seipso, sed secundum quod importat quandam supereminentem certitudinem fidei, ex qua homo sit idoneus ad instruendum alios de his quae ad fidem pertinent. spes autem et caritas pertinent ad vim appetitivam, secundum quod per eam homo in deum ordinatur.
ra3 ‘ Ad tertium dicendum quod gratia sanitatum distinguitur a generali operatione virtutum, quia habet specialem rationem inducendi ad fidem; ad quam aliquis magis promptus redditur per beneficium corporalis sanitatis quam per fidei virtutem assequitur. similiter etiam loqui variis linguis, et interpretari sermones, habent speciales quasdam rationes movendi ad fidem, et ideo ponuntur speciales gratiae gratis datae.
ra4 ‘ Ad quartum dicendum quod sapientia et scientia non computantur inter gratias gratis datas secundum quod enumerantur inter dona spiritus sancti, prout scilicet mens hominis est bene mobilis per spiritum sanctum ad ea quae sunt sapientiae vel scientiae, sic enim sunt dona spiritus sancti, * ut supra dictum est. ‘ sed computantur inter gratias gratis datas secundum quod important quandam abundantiam scientiae et sapientiae, ut homo possit non solum in seipso recte sapere de divinis, sed etiam alios instruere et contradicentes revincere. et ideo inter gratias gratis datas signanter ponitur sermo sapientiae, et sermo scientiae, * quia ut augustinus dicit, xiv de trin., ° aliud est scire tantummodo quid homo credere debeat propter adipiscendam vitam beatam; aliud, scire quemadmodum hoc ipsum et piis opituletur, et contra impios defendatur.

008 ST2 qu111 ar5

ag1 ‘ Ad quintum sic proceditur. videtur quod gratia gratis data sit dignior quam gratia gratum faciens. ° bonum enim gentis est melius quam bonum unius; * ut philosophus dicit, in i ethic.. ‘ sed gratia gratum faciens ordinatur solum ad bonum unius hominis, gratia autem gratis data ordinatur ad bonum commune totius ecclesiae, * ut supra dictum est. ‘ ergo gratia gratis data est dignior quam gratia gratum faciens.
ag2 ‘ Praeterea, maioris virtutis est quod aliquid possit agere in aliud, quam quod solum in seipso perficiatur, sicut maior est claritas corporis quod potest etiam alia corpora illuminare, quam eius quod ita in se lucet quod alia illuminare non potest. * propter quod etiam philosophus dicit, in v ethic., quod “ iustitia est praeclarissima virtutum, ‘ per quam homo recte se habet etiam ad alios. sed per gratiam gra-

tum facientem homo perficitur in seipso, per gratiam autem gratis datam homo operatur ad perfectionem aliorum. ergo gratia gratis data est dignior quam gratia gratum faciens.
ag3 ' Praeterea, id quod est proprium meliorum, dignius est quam id quod est commune omnium, sicut ratiocinari, quod est proprium hominis, dignius est quam sentire, quod est commune omnibus animalibus. sed gratia gratum faciens est communis omnibus membris ecclesiae, gratia autem gratis data est proprium donum digniorum membrorum ecclesiae. ergo gratia gratis data est dignior quam gratia gratum faciens.
sc ' Sed contra est quod * apostolus, i ad cor. xii, enumeratis gratiis gratis datis, subdit, ° adhuc excellentiorem viam vobis demonstro, * et sicut per subsequentia patet, loquitur ' de caritate, quae pertinet ad gratiam gratum facientem. ergo gratia gratum faciens excellentior est quam gratia gratis data.
co ' Respondeo dicendum quod unaquaeque virtus tanto excellentior est, quanto ad altius bonum ordinatur. semper autem finis potior est his quae sunt ad finem. gratia autem gratum faciens ordinat hominem immediate ad coniunctionem ultimi finis. gratiae autem gratis datae ordinant hominem ad quaedam praeparatoria finis ultimi, sicut per prophetiam et miracula et alia huiusmodi homines inducuntur ad hoc quod ultimo fini coniungantur. et ideo gratia gratum faciens est multo excellentior quam gratia gratis data.
ra1 ' Ad primum ergo dicendum quod, * sicut philosophus dicit, in xii metaphys., ' bonum multitudinis, sicut exercitus, est duplex. unum quidem quod est in ipsa multitudine, puta ordo exercitus. aliud autem quod est separatum a multitudine, sicut bonum ducis, et hoc melius est, quia ad hoc etiam illud aliud ordinatur. gratia autem gratis data ordinatur ad bonum commune ecclesiae quod est ordo ecclesiasticus, sed gratia gratum faciens ordinatur ad bonum commune separatum, quod est ipse deus. et ideo gratia gratum faciens est nobilior.
ra2 ' Ad secundum dicendum quod, si gratia gratis data posset hoc agere in altero quod homo per gratiam gratum facientem consequitur, sequeretur quod gratia gratis data esset nobilior, sicut excellentior est claritas solis illuminantis quam corporis illuminati. sed per gratiam gratis datam homo non potest causare in alio coniunctionem ad deum, quam ipse habet per gratiam gratum facientem; sed causat quasdam dispositiones ad hoc. et ideo non oportet quod gratia gratis data sit excellentior, sicut nec in igne calor manifestativus speciei eius, per quam agit ad inducendum calorem in alia, est nobilior quam forma substantialis ipsius.
ra3 ' Ad tertium dicendum quod sentire ordinatur ad ratiocinari sicut ad finem, et ideo ratiocinari est nobilius. hic autem est e converso, quia id quod est proprium, ordinatur ad id quod est commune sicut ad finem. unde non est simile.

008 ST2 qu112 ar

pr ' Deinde considerandum est de causa gratiae. et circa hoc quaeruntur quinque. primo, utrum solus deus sit causa efficiens gratiae. secundo, utrum requiratur aliqua dispositio ad gratiam ex parte recipientis ipsam, per actum liberi arbitrii. tertio, utrum talis dispositio possit esse necessitas ad gratiam. quarto, utrum gratia sit aequalis in omnibus. quinto, utrum aliquis possit scire se habere gratiam.

008 ST2 qu112 ar1

ag1 ' Ad primum sic proceditur. videtur quod non solus deus sit causa gratiae. * dicitur enim ioan. i, ° gratia et veritas per iesum christum facta est. ' sed in nomine iesu christi intelligitur non solum natura divina assumens, sed etiam natura creata assumpta. ergo aliqua creatura potest esse causa gratiae.
ag2 ' Praeterea, ista differentia ponitur inter sacramenta novae legis et veteris, quod sacramenta novae legis causant gratiam, quam sacramenta veteris legis solum significant. sed sacramenta novae legis sunt quaedam visibilia elementa. ergo non solus deus est causa gratiae.
ag3 * Praeterea, secundum dionysium, in libro cael. hier., " angeli purgant et illuminant et perficiunt et angelos inferiores et etiam homines. ' sed rationalis creatura purgatur, illuminatur et perficitur per gratiam. ergo non solus deus est causa gratiae.
sc * Sed contra est quod in psalmo lxxxiii dicitur, ° gratiam et gloriam dabit dominus.
co ' Respondeo dicendum quod nulla res agere potest ultra suam speciem, quia semper oportet quod causa potior sit effectu. donum autem gratiae excedit omnem facultatem naturae creatae, cum nihil aliud sit quam quaedam participatio divinae naturae, quae excedit omnem aliam naturam. et ideo impossibile est quod aliqua creatura gratiam causet. sic enim necesse est quod solus deus deificet, communicando consortium divinae naturae per quandam similitudinis participationem, sicut impossibile est quod aliquid igniat nisi solus ignis.
ra1 ' Ad primum ergo dicendum quod " humanitas christi est sicut quoddam organum divinitatis eius; * ut damascenus dicit, in iii libro. ' instrumentum autem non agit actionem agentis principalis propria virtute, sed virtute principalis agentis. et ideo humanitas christi non causat gratiam propria virtute, sed virtute divinitatis adiunctae, ex qua actiones humanitatis christi sunt salutares.
ra2 ' Ad secundum dicendum quod, sicut in ipsa persona christi humanitas causat salutem nostram per gratiam, virtute divina principaliter operante; ita etiam in sacramentis novae legis, quae derivantur a christo, causatur gratia instrumentaliter quidem per ipsa sacramenta, sed principaliter per virtutem spiritus sancti in sacramentis operantis; * secundum illud ioan. iii, ° nisi quis renatus fuerit ex aqua et spiritu sancto, etc..
ra3 ' Ad tertium dicendum quod angelus purgat, illuminat et perficit angelum vel hominem, per modum instructionis cuiusdam, non autem iustificando per gratiam. * unde dionysius dicit, vii cap. de div. nom., quod ° huiusmodi purgatio, illuminatio et perfectio nihil est aliud quam divinae scientiae assumptio.

008 ST2 qu112 ar2

ag1 ' Ad secundum sic proceditur. videtur quod non requiratur aliqua praeparatio sive dispositio ad gratiam ex parte hominis. * quia ut apostolus dicit, rom. iv, ° ei qui operatur, merces non imputatur secundum gratiam, sed secundum debitum. ' sed praeparatio hominis per liberum arbitrium non est nisi per aliquam operationem. ergo tolleretur ratio gratiae.
ag2 ' Praeterea, ille qui in peccato progreditur, non se praeparat ad gratiam habendam. sed aliquibus in peccato progredientibus data est gratia, sicut patet de paulo, qui gratiam consecutus est ° dum esset spirans minarum et caedis in discipulos domini, * ut dicitur act. ix. ergo ' nulla praeparatio ad gratiam requiritur ex parte hominis.
ag3 ' Praeterea, agens infinitae virtutis non requirit dispositionem in materia, cum nec ipsam materiam requirat, sicut in creatione apparet; cui collatio gratiae comparatur, quae dicitur nova creatura, * ad gal. ult.. ' sed solus deus, qui est infinitae virtutis, gratiam causat, * ut dictum est. ' ergo nulla praeparatio requiritur ex parte hominis ad gratiam consequendam.
sc ' Sed contra est quod * dicitur amos iv, ° praeparare in occursum dei tui, israel. * et i reg. vii dicitur, ° praeparate corda vestra domino.
co * Respondeo dicendum quod, sicut supra dictum est, ' gratia dupliciter dicitur, quandoque quidem ipsum habituale donum dei; quandoque autem ipsum auxilium dei moventis animam ad bonum. primo igitur modo accipiendo gratiam, praeexigitur ad gratiam aliqua gratiae praeparatio, quia nulla forma potest esse nisi in materia disposita. sed si loquamur de gratia secundum quod significat auxilium dei moventis ad bonum, sic nulla praeparatio requiritur ex parte hominis quasi praeveniens divinum auxilium, sed potius quaecumque praeparatio in homine esse potest, est ex auxilio dei moventis animam ad bonum. et secundum hoc, ipse bonus motus liberi arbitrii quo quis praeparatur ad donum gratiae suscipiendum, est actus liberi arbitrii moti a deo, et quantum ad hoc, dicitur homo se praeparare, * secundum illud prov. xvi, ° hominis est praeparare animum. ' et est principaliter a deo movente liberum arbitrium, * et secundum hoc, dicitur " a deo voluntas hominis praeparari, et a domino gressus hominis dirigi.
ra1 ' Ad primum ergo dicendum quod praeparatio hominis ad gratiam habendam, quaedam est simul cum ipsa infusione gratiae. et talis operatio est quidem meritoria; sed non gratiae, quae iam habetur, sed gloriae, quae nondum habetur. est autem alia praeparatio gratiae imperfecta, quae aliquando praecedit donum gratiae gratum facientis, quae tamen est a deo movente. sed ista non sufficit ad meritum, nondum homine per gratiam iustificato, quia nullum meritum potest esse nisi ex gratia, * ut infra dicetur.
ra2 ' Ad secundum dicendum quod, cum homo ad gratiam se praeparare non possit nisi deo eum praeveniente et movente ad bonum, non refert utrum subito vel paulatim aliquis ad perfectam praeparationem perveniat, * dicitur enim eccli. xi, quod ° facile est in oculis dei subito honestare pauperem. ' contingit autem quandoque quod deus movet hominem ad aliquod bonum, non tamen perfectum, et talis praeparatio praecedit gratiam. sed quandoque statim perfecte movet ipsum ad bonum, et subito homo gratiam accipit; * secundum illud ioan. vi, ° omnis qui audivit a patre et didicit, venit ad me. ' et ita contigit paulo, quia subito, cum esset in progressu peccati, perfecte motum est cor eius a deo, audiendo et addiscendo et veniendo; et ideo subito est gratiam consecutus.
ra3 ' Ad tertium dicendum quod agens infinitae virtutis non exigit materiam, vel dispositionem materiae, quasi praesuppositam ex alterius causae actione. sed tamen oportet quod, secundum conditionem rei causandae, in ipsa re causet et materiam et dispositionem debitam ad formam. et similiter ad hoc quod deus gratiam infundat animae, nulla praeparatio exigitur quam ipse non faciat.

008 ST2 qu112 ar3

ag1 ' Ad tertium sic proceditur. videtur quod ex necessitate detur gratia se praeparanti ad gratiam, vel facienti quod in se est. * quia super illud rom. v, ° iustificati ex fide pacem habeamus etc., * dicit glossa, ° deus recipit eum qui ad se confugit, aliter esset in eo iniquitas. ' sed impossibile est in deo iniquitatem esse. ergo impossibile est quod deus non recipiat eum qui ad se confugit. ex necessitate igitur gratiam assequitur.
ag2 * Praeterea, anselmus dicit, in libro de casu diaboli, quod " ista est causa quare deus non concedit diabolo gratiam, quia ipse non voluit accipere, nec paratus fuit. ' sed remota causa, necesse est removeri effectum. ergo si aliquis velit accipere gratiam, necesse est quod ei detur.
ag3 ' Praeterea, bonum est communicativum sui; * ut patet per dionysium, in iv cap. de div. nom.. ' sed bonum gratiae est melius quam bonum naturae. cum igitur forma naturalis ex necessitate adveniat materiae dispositae, videtur quod multo magis gratia ex necessitate detur praeparanti se ad gratiam.
sc ' Sed contra est quod homo comparatur ad deum sicut lutum ad figulum; * secundum illud ierem. xviii, ° sicut lutum in manu figuli, sic vos in manu mea. ' sed lutum non ex necessitate accipit formam a figulo, quantumcumque sit praeparatum. ergo neque homo recipit ex necessitate gratiam a deo, quantumcumque se praeparet.
co * Respondeo dicendum quod, sicut supra dictum est, ' praeparatio ad hominis gratiam est a deo sicut a movente, a libero autem arbitrio sicut a moto. potest igitur praeparatio dupliciter considerari. uno quidem modo, secundum quod est a libero arbitrio. et secundum hoc, nullam necessitatem habet ad gratiae consecutionem, quia donum gratiae excedit omnem praeparationem virtutis humanae. alio modo potest considerari secundum quod est a deo movente. et tunc habet necessitatem ad id ad quod ordinatur a deo, non quidem coactionis, sed infallibilitatis, quia intentio dei deficere non potest; * secundum quod et augustinus dicit, in libro de praedest. sanct., ° quod per beneficia dei certissime liberantur quicumque liberantur. ' unde si ex intentione dei moventis est quod homo cuius cor movet, gratiam consequatur, infallibiliter ipsam consequitur; * secundum illud ioan. vi, ° omnis qui audivit a patre et didicit, venit ad me.
ra1 ' Ad primum ergo dicendum quod * glossa illa loquitur ' de illo qui confugit ad deum per actum meritorium liberi arbitrii iam per gratiam informati, quem si non reciperet, esset contra iustitiam quam ipse statuit. vel si refertur ad motum liberi arbitrii ante gratiam, * loquitur secundum quod ' ipsum confugium hominis ad deum est per motionem divinam, quam iustum est non deficere.
ra2 ' Ad secundum dicendum quod defectus gratiae prima causa est ex nobis, sed collationis gratiae prima causa est a deo; * secundum illud osee xiii, ° perditio tua, israel, tantummodo ex me auxilium tuum.
ra3 ' Ad tertium dicendum quod etiam in rebus naturalibus dispositio materiae non ex necessitate consequitur formam, nisi per virtutem agentis qui dispositionem causat.

008 ST2 qu112 ar4

ag1 ' Ad quartum sic proceditur. videtur quod gratia non sit maior in uno quam in alio. gratia enim causatur in nobis ex dilectione divina, * ut dictum est. * sed sap. vi dicitur, ° pusillum et magnum ipse fecit, et aequaliter est illi cura de omnibus. ' ergo omnes aequaliter gratiam ab eo consequuntur.
ag2 ' Praeterea, ea quae in summo dicuntur, non recipiunt magis et minus. sed gratia in summo dicitur, quia coniungit ultimo fini. ergo non recipit magis et minus. non ergo est maior in uno quam in alio.
ag3 ' Praeterea, gratia est vita animae, * ut supra dictum est. ' sed vivere non dicitur secundum magis et minus. ergo etiam neque gratia.
sc * Sed contra est quod dicitur ad ephes. iv, ° unicuique data est gratia secundum mensuram donationis christi. ' quod autem mensurate datur, non omnibus aequaliter datur. ergo non omnes aequalem gratiam habent.
co * Respondeo dicendum quod, sicut supra dictum est, ' habitus duplicem magnitudinem habere potest, unam ex parte finis vel obiecti, secundum quod dicitur una virtus alia nobilior inquantum ad maius bonum ordinatur; aliam vero ex parte subiecti, quod magis vel minus participat habitum inhaerentem. secundum igitur primam magnitudinem, gratia gratum faciens non potest esse maior et minor, quia gratia secundum sui rationem coniungit hominem summo bono, quod est deus. sed ex parte subiecti, gratia potest suscipere magis vel minus, prout scilicet unus perfectius illustratur a lumine gratiae quam alius. cuius diversitatis ratio quidem est aliqua ex parte praeparantis se ad gratiam, qui enim se magis ad gratiam praeparat, pleniorem gratiam accipit. sed ex hac parte non potest accipi prima ratio huius diversitatis, quia praeparatio ad gratiam non est hominis nisi inquantum liberum arbitrium eius praeparatur a deo. unde prima causa huius diversitatis accipienda est ex parte ipsius dei, qui diversimode suae gratiae dona dispensat, ad hoc quod ex diversis gradibus pulchritudo et perfectio ecclesiae consurgat, si-

cut etiam diversos gradus rerum instituit ut esset universum perfectum. * unde apostolus, ad ephes. iv, postquam dixerat, ° unicuique |25| data est gratia secundum mensuram donationis christi, * enumeratis diversis gratiis, subiungit, ° ad consummationem sanctorum, in aedificationem corporis christi.
ra1 ' Ad primum ergo dicendum quod cura divina dupliciter considerari potest. uno modo, quantum ad ipsum divinum actum, qui est simplex et uniformis. et secundum hoc, aequaliter se habet eius cura ad omnes, quia scilicet uno actu et simplici et maiora et minora dispensat. alio modo potest considerari ex parte eorum quae in creaturis ex divina cura proveniunt. et secundum hoc invenitur inaequalitas, inquantum scilicet deus sua cura quibusdam maiora, quibusdam minora providet dona.
ra2 ' Ad secundum dicendum quod ratio illa procedit secundum primum modum magnitudinis gratiae. non enim potest gratia secundum hoc maior esse, quod ad maius bonum ordinet, sed ex eo quod magis vel minus ordinat ad idem bonum magis vel minus participandum. potest enim esse diversitas intensionis et remissionis secundum participationem subiecti, et in ipsa gratia et in finali gloria.
ra3 ' Ad tertium dicendum quod vita naturalis pertinet ad substantiam hominis, et ideo non recipit magis et minus. sed vitam gratiae participat homo accidentaliter, et ideo eam potest homo magis vel minus habere.

008 ST2 qu112 ar5

ag1 ' Ad quintum sic proceditur. videtur quod homo possit scire se habere gratiam. gratia enim est in anima per sui essentiam. sed certissima cognitio animae est eorum quae sunt in anima per sui essentiam; * ut patet per augustinum, xii super gen. ad litt.. ' ergo gratia certissime potest cognosci a deo qui gratiam habet.
ag2 ' Praeterea, sicut scientia est donum dei, ita et gratia. sed qui a deo scientiam accipit, scit se scientiam habere; * secundum illud sap. vii, ° dominus dedit mihi horum quae sunt veram scientiam. ' ergo pari ratione qui accipit gratiam a deo, scit se gratiam habere.
ag3 ' Praeterea, lumen est magis cognoscibile quam tenebra, * quia secundum apostolum, ad ephes. v, ° omne quod manifestatur, lumen est. ' sed peccatum, quod est spiritualis tenebra, per certitudinem potest sciri ab eo qui habet peccatum. ergo multo magis gratia, quae est spirituale lumen.
ag4 * Praeterea, apostolus dicit, i ad cor. ii, ° nos autem non spiritum huius mundi accepimus, sed spiritum qui a deo est, ut sciamus quae a deo donata sunt nobis. ' sed gratia est praecipuum donum dei. ergo homo qui accepit gratiam per spiritum sanctum, per eundem spiritum scit gratiam esse sibi datam.
ag5 * Praeterea, gen. xxii, ex persona domini dicitur ad abraham, ° nunc cognovi quod timeas dominum, idest, cognoscere te feci. * loquitur autem ibi de timore casto, qui non est sine gratia. ' ergo homo potest cognoscere se habere gratiam.
sc * Sed contra est quod dicitur eccle. ix, ° nemo scit utrum sit dignus odio vel amore. ' sed gratia gratum faciens facit hominem dignum dei amore. ergo nullus potest scire utrum habeat gratiam gratum facientem.
co ' Respondeo dicendum quod tripliciter aliquid cognosci potest. uno modo, per revelationem. et hoc modo potest aliquis scire se habere gratiam. revelat enim deus hoc aliquando aliquibus ex speciali privilegio, ut securitatis gaudium etiam in hac vita in eis incipiat, et confidentius et fortius magnifica opera prosequantur, et mala praesentis vitae sustineant, * sicut paulo dictum est, ii ad cor. xii, ° sufficit tibi gratia mea. ' alio modo homo cognoscit aliquid per seipsum, et hoc certitudinaliter. et sic nullus potest scire se habere gratiam. certitudo enim non potest haberi de aliquo, nisi possit diiudicari per proprium principium, sic enim certitudo habetur de conclusionibus demonstrativis per indemonstrabilia universalia principia; nullus autem posset scire se habere scientiam alicuius conclusionis, si principium ignoraret. principium autem gratiae, et obiectum eius, est ipse deus, qui propter sui excellentiam est nobis ignotus; * secundum illud iob xxxvi, ° ecce, deus magnus, vincens scientiam nostram. ' et ideo eius praesentia in nobis vel absentia per certitudinem cognosci non potest; * secundum illud iob ix, ° si venerit ad me, non videbo eum, |25| si autem abierit, non intelligam. ' et ideo homo non potest per certitudinem diiudicare utrum ipse habeat gratiam; * secundum illud i ad cor. iv, ° sed neque meipsum iudico, qui autem iudicat me, dominus est. ' tertio modo cognoscitur aliquid coniecturaliter per aliqua signa. et hoc modo aliquis cognoscere potest se habere gratiam, inquantum scilicet percipit se delectari in deo, et contemnere res mundanas; et inquantum homo non est conscius sibi alicuius peccati mortalis. * secundum quem modum potest intelligi quod habetur apoc. ii, ° vincenti dabo manna absconditum, quod nemo novit nisi qui accipit, ' quia scilicet ille qui accipit, per quandam experientiam dulcedinis novit, quam non experitur ille qui non accipit. ista tamen cognitio imperfecta est. * unde apostolus dicit, i ad cor. iv, ° nihil mihi conscius sum, sed non in hoc iustificatus sum. * quia ut dicitur in psalmo xviii, ° delicta quis intelligit? ab occultis meis munda me, domine.
ra1 ' Ad primum ergo dicendum quod illa quae sunt per essentiam sui in anima, cognoscuntur experimentali cognitione, inquantum homo experitur per actus principia intrinseca, sicut voluntatem percipimus volendo, et vitam in operibus vitae.
ra2 ' Ad secundum dicendum quod de ratione scientiae est quod homo certitudinem habeat de his quorum habet scientiam, et similiter de ratione fidei est quod homo sit certus de his quorum habet fidem. et hoc ideo, quia certitudo pertinet ad perfectionem intellectus, in quo praedicta dona existunt. et ideo quicumque habet scientiam vel fidem, certus est se habere. non est autem similis ratio de gratia et caritate et aliis huiusmodi, quae perficiunt vim appetitivam.
ra3 ' Ad tertium dicendum quod peccatum habet pro principio et pro obiecto bonum commutabile, quod nobis est notum. obiectum autem vel finis gratiae est nobis ignotum, propter sui luminis immensitatem; * secundum illud i ad tim. ult., ° lucem habitat inaccessibilem.
ra4 ' Ad quartum dicendum quod * apostolus ibi loquitur ' de donis gloriae, quae sunt nobis data in spe, quae certissime cognoscimus per fidem; licet non cognoscamus per certitudinem nos habere gratiam, per quam nos possumus ea promereri. * vel potest dici quod loquitur ' de notitia privilegiata, quae est per revelationem. * unde subdit, ° nobis autem revelavit deus per spiritum sanctum.
ra5 ' Ad quintum dicendum quod illud * etiam verbum abrahae dictum, potest referri ' ad notitiam experimentalem, quae est per exhibitionem operis. in opere enim illo quod fecerat abraham, cognoscere potuit experimentaliter se dei timorem habere. vel potest etiam ad revelationem referri.

008 ST2 qu113 ar

pr ' Deinde considerandum est de effectibus gratiae. et primo, de iustificatione impii, quae est effectus gratiae operantis; secundo, de merito, quod est effectus gratiae cooperantis. circa primum quaeruntur decem. primo, quid sit iustificatio impii. secundo, utrum ad eam requiratur gratiae infusio. tertio, utrum ad eam requiratur aliquis motus liberi arbitrii. quarto, utrum ad eam requiratur motus fidei. quinto, utrum ad eam requiratur motus liberi arbitrii contra peccatum. sexto, utrum praemissis sit connumeranda remissio peccatorum. septimo, utrum in iustificatione impii sit ordo temporis, aut sit subito. octavo, de naturali ordine eorum quae ad iustificationem concurrunt. nono, utrum iustificatio impii sit maximum opus dei. decimo, utrum iustificatio impii sit miraculosa.

008 ST2 qu113 ar1

ag1 ' Ad primum sic proceditur. videtur quod iustificatio impii non sit remissio peccatorum. peccatum enim non solum iustitiae opponitur, sed omnibus virtutibus; * ut ex supradictis patet. ' sed iustificatio significat motum quendam ad iustitiam. non ergo omnis peccati remissio est iustificatio, cum omnis motus sit de contrario in contrarium.
ag2 ' Praeterea, unumquodque debet denominari ab eo quod est potissimum in ipso, * ut dicitur in ii de anima. ' sed remissio peccatorum praecipue fit per fidem, * secundum illud act. xv, ° fide purificans corda eorum; ' et per caritatem, * secundum illud prov. x, ° universa delicta operit caritas. ' magis ergo remissio peccatorum debuit denominari a fide vel a caritate, quam a iustitia.
ag3 ' Praeterea, remissio peccatorum idem esse videtur quod vocatio, vocatur enim qui distat; distat autem aliquis a deo per peccatum. sed vocatio iustificationem praecedit; * secundum illud rom. viii, ° quos vocavit, hos et iustificavit. ' ergo iustificatio non est remissio peccatorum.
sc * Sed contra est quod, rom. viii super illud, ° quos vocavit, hos et iustificavit, * dicit glossa, " remissione peccatorum. ' ergo remissio peccatorum est iustificatio.
co ' Respondeo dicendum quod iustificatio passive accepta importat motum ad iustitiam; sicut et calefactio motum ad calorem. cum autem iustitia de sui ratione importet quandam rectitudinem ordinis, dupliciter accipi potest. uno modo, secundum quod importat ordinem rectum in ipso actu hominis. et secundum hoc iustitia ponitur virtus quaedam, sive sit particularis iustitia, quae ordinat actum hominis secundum rectitudinem in comparatione ad alium singularem hominem; sive sit iustitia legalis, quae ordinat secundum rectitudinem actum hominis in comparatione ad bonum commune multitudinis; * ut patet in v ethic.. ' alio modo dicitur iustitia prout importat rectitudinem quandam ordinis in ipsa interiori dispositione hominis, prout scilicet supremum hominis subditur deo, et inferiores vires animae subduntur supremae, scilicet rationi. " et hanc etiam dispositionem vocat * philosophus, in v ethic., " iustitiam metaphorice dictam. ' haec autem iustitia in homine potest fieri dupliciter. uno quidem modo, per modum simplicis generationis, quae est ex privatione ad formam. et hoc modo iustificatio posset competere etiam ei qui non esset in peccato, dum huiusmodi iustitiam a deo acciperet, sicut adam dicitur accepisse originalem iustitiam. alio modo potest fieri huiusmodi |25| iustitia in homine secundum rationem motus qui est de contrario in contrarium. et secundum hoc, iustificatio importat transmutationem quandam de statu iniustitiae ad statum iustitiae praedictae. et hoc modo loquimur hic de iustificatione impii; * secundum illud apostoli, ad rom. iv, ° ei qui non operatur, credenti autem in eum qui iustificat impium, ' etc.. et quia motus magis denominatur a termino ad quem quam a termino a quo, ideo huiusmodi transmutatio, qua aliquis transmutatur a statu iniustitiae per remissionem peccati, sortitur nomen a termino ad quem, et vocatur iustificatio impii.
ra1 ' Ad primum ergo dicendum quod omne peccatum, secundum quod importat quandam inordinationem mentis non subditae deo, iniustitia potest dici praedictae iustitiae contraria; * secundum illud i ioan. iii, ° omnis qui facit peccatum, et iniquitatem facit, et peccatum est iniquitas. ' et secundum hoc, remotio cuiuslibet peccati dicitur iustificatio.
ra2 ' Ad secundum dicendum quod fides et caritas dicunt ordinem specialem mentis humanae ad deum secundum intellectum vel affectum. sed iustitia importat generaliter totam rectitudinem ordinis. et ideo magis denominatur huiusmodi transmutatio a iustitia quam a caritate vel fide.
ra3 ' Ad tertium dicendum quod vocatio refertur ad auxilium dei interius moventis et excitantis mentem ad deserendum peccatum. quae quidem motio dei non est ipsa remissio peccati, sed causa eius.

008 ST2 qu113 ar2

ag1 ' Ad secundum sic proceditur. videtur quod ad remissionem culpae, quae est iustificatio impii, non requiratur gratiae infusio. potest enim aliquis removeri ab uno contrario sine hoc quod perducatur ad alterum, si contraria sint mediata. sed status culpae et status gratiae sunt contraria mediata, est enim medius status innocentiae, in quo homo nec gratiam habet nec culpam. ergo potest alicui remitti culpa sine hoc quod perducatur ad gratiam.
ag2 ' Praeterea, remissio culpae consistit in reputatione divina; * secundum illud psalmi xxxi, ° beatus vir cui non imputavit dominus peccatum. ' sed infusio gratiae ponit etiam aliquid in nobis, * ut supra habitum est. ' ergo infusio gratiae non requiritur ad remissionem culpae.
ag3 ' Praeterea, nullus subiicitur simul duobus contrariis. sed quaedam peccata sunt contraria, sicut prodigalitas et illiberalitas. ergo qui subiicitur peccato prodigalitatis, non simul subiicitur peccato illiberalitatis. potest tamen contingere quod prius ei subiiciebatur. ergo peccando vitio prodigalitatis, liberatur a peccato illiberalitatis. et sic remittitur aliquod peccatum sine gratia.
sc * Sed contra est quod dicitur rom. iii, ° iustificati gratis per gratiam ipsius.
co ' Respondeo dicendum quod homo peccando deum offendit, * sicut ex supradictis patet. ' offensa autem non remittitur alicui nisi per hoc quod animus offensi pacatur offendenti. et ideo secundum hoc peccatum nobis remitti dicitur, quod deus nobis pacatur. quae quidem pax consistit in dilectione qua deus nos diligit. dilectio autem dei, quantum est ex parte actus divini, est aeterna et immutabilis, sed quantum ad effectum quem nobis imprimit, quandoque interrumpitur, prout scilicet ab ipso quandoque deficimus et quandoque iterum recuperamus. effectus autem divinae dilectionis in nobis qui per peccatum tollitur, est gratia, qua homo fit dignus vita aeterna, a qua peccatum mortale excludit. et ideo non posset intelligi remissio culpae, nisi adesset infusio gratiae.
ra1 ' Ad primum ergo dicendum quod plus requiritur ad hoc quod offendenti remittatur offensa, quam ad hoc quod simpliciter aliquis non offendens non habeatur odio. potest enim apud homines contingere quod unus homo aliquem alium nec diligat nec odiat; sed si eum offendat, quod ei dimittat offensam, hoc non potest contingere absque speciali benevolentia. benevolentia autem dei ad hominem reparari dicitur per donum gratiae. et ideo licet, antequam homo peccet, potuerit esse sine gratia et sine culpa; tamen post peccatum, non potest esse sine culpa nisi gratiam habeat.
ra2 ' Ad secundum dicendum quod, sicut dilectio dei non solum consistit in actu voluntatis divinae, sed etiam importat quendam gratiae effectum, * ut supra dictum est; ' ita etiam et hoc quod est deum non imputare peccatum homini, importat quendam effectum in ipso cuius peccatum non imputatur. quod enim alicui non imputetur peccatum a deo, ex divina dilectione procedit.
ra3 ' Ad tertium dicendum quod, * sicut augustinus dicit, in libro de nuptiis et concup., ° si a peccato desistere, hoc esset non habere peccatum, sufficeret ut hoc moneret scriptura, fili, peccasti, non adiicias iterum. non autem sufficit, sed additur, et de pristinis deprecare, ut tibi remittantur. ' transit enim peccatum actu, et remanet reatu, * ut supra dictum est. ' et ideo cum aliquis a peccato unius vitii transit in peccatum contrarii vitii, desinit quidem habere actum praeteriti, sed non desinit habere reatum, unde simul habet reatum utriusque peccati. non enim peccata sunt sibi contraria ex parte aversionis a deo, ex

qua parte peccatum reatum habet.

008 ST2 qu113 ar3

ag1 ‘ Ad tertium sic proceditur. videtur quod ad iustificationem impii non requiratur motus liberi arbitrii. videmus enim quod per sacramentum baptismi iustificantur pueri absque motu liberi arbitrii, et etiam interdum adulti, * dicit enim augustinus, in iv confess., “ quod cum quidam suus amicus laboraret febribus, ° iacuit diu sine sensu in sudore letali; et dum desperaretur, baptizatus est nesciens, et recreatus est; ‘ quod fit per gratiam iustificantem. sed deus potentiam suam non alligavit sacramentis. ergo etiam potest iustificare hominem sine sacramentis absque omni motu liberi arbitrii.

ag2 ‘ Praeterea, in dormiendo homo non habet usum rationis, sine quo non potest esse motus liberi arbitrii. sed salomon in dormiendo consecutus est a deo donum sapientiae; * ut habetur iii reg. iii, et ii paral. i. ‘ ergo etiam, pari ratione, donum gratiae iustificantis quandoque datur homini a deo absque motu liberi arbitrii.

ag3 ‘ Praeterea, per eandem causam gratia producitur in esse et conservatur, * dicit enim augustinus, viii super gen. ad litt., quod ° ita se debet homo ad deum convertere, ut ab illo semper fiat iustus. ‘ sed absque motu liberi arbitrii gratia in homine conservatur. ergo absque motu liberi arbitrii potest a principio infundi.

sc * Sed contra est quod dicitur ioan. vi, ° omnis qui audit a patre et didicit, venit ad me. ‘ sed discere non est sine motu liberi arbitrii, addiscens enim consentit docenti. ergo nullus venit ad deum per gratiam iustificantem absque motu liberi arbitrii.

co ‘ Respondeo dicendum quod iustificatio impii fit deo movente hominem ad iustitiam, ipse enim est qui iustificat impium, * ut dicitur rom. iv. ‘ deus autem movet omnia secundum modum uniuscuiusque, sicut in naturalibus videmus quod aliter moventur ab ipso gravia et aliter levia, propter diversam naturam utriusque. unde et homines ad iustitiam movet secundum conditionem naturae humanae. homo autem secundum propriam naturam habet quod sit liberi arbitrii. et ideo in eo qui habet usum liberi arbitrii, non fit motio a deo ad iustitiam absque motu liberi arbitrii; sed ita infundit donum gratiae iustificantis, quod etiam simul cum hoc movet liberum arbitrium ad donum gratiae acceptandum, in his qui sunt huius motionis capaces.

ra1 ‘ Ad primum ergo dicendum quod pueri non sunt capaces motus liberi arbitrii, et ideo moventur a deo ad iustitiam per solam informationem animae ipsorum. non autem hoc fit sine sacramento, quia sicut peccatum originale, a quo iustificantur, non propria voluntate ad eos pervenit, sed per carnalem originem; ita etiam per spiritualem regenerationem a christo in eos gratia derivatur. et eadem ratio est de furiosis et amentibus qui nunquam usum liberi arbitrii habuerunt. sed si quis aliquando habuerit usum liberi arbitrii, et postmodum eo careat vel per infirmitatem vel per somnum; non consequitur gratiam iustificantem per baptismum exterius adhibitum, aut per aliquod aliud sacramentum, nisi prius habuerit sacramentum in proposito; quod sine usu liberi arbitrii non contingit. * et hoc modo ille de quo loquitur augustinus, recreatus fuit, ‘ quia et prius et postea baptismum acceptavit.

ra2 ‘ Ad secundum dicendum quod etiam salomon dormiendo non meruit sapientiam, nec accepit. sed in somno declaratum est ei quod, propter praecedens desiderium, ei a deo sapientia infunderetur, * unde ex eius persona dicitur, sap. vii, “ optavi, et datus est mihi sensus. vel potest dici quod ‘ ille somnus non fuit naturalis, sed somnus prophetiae; * secundum quod dicitur num. xii, ° si quis fuerit inter vos propheta domini, per somnium aut in visione loquar ad eum. ‘ in quo casu aliquis usum liberi arbitrii habet. et tamen sciendum est quod non est eadem ratio de dono sapientiae et de dono gratiae iustificantis. nam donum gratiae iustificantis praecipue ordinat hominem ad bonum, quod est obiectum voluntatis, et ideo ad ipsum movetur homo per motum voluntatis, qui est motus liberi arbitrii. sed sapientia perficit intellectum, qui praecedit voluntatem, unde absque completo motu liberi arbitrii, potest intellectus dono sapientiae illuminari. sicut etiam videmus quod in dormiendo aliqua hominibus revelantur, * sicut dicitur iob xxxiii, ° quando irruit sopor super homines et dormiunt in lectulo, tunc aperit aures virorum, et erudiens eos instruit disciplina.

ra3 ‘ Ad tertium dicendum quod in infusione gratiae iustificantis est quaedam transmutatio animae, et ideo requiritur motus proprius animae humanae, ut anima moveatur secundum modum suum. sed conservatio gratiae est absque transmutatione, unde non requiritur aliquis motus ex parte animae, sed sola continuatio influxus divini.

008 ST2 qu113 ar4

ag1 ‘ Ad quartum sic proceditur. videtur quod ad iustificationem impii non requiratur motus fidei. sicut enim per fidem iustificatur homo, ita etiam et per quaedam alia. scilicet per timorem; * de quo dicitur eccli. i, ° timor domini expellit peccatum, nam qui sine timore est, non poterit iustificari. ‘ et iterum per caritatem; * secundum illud luc. vii, ° dimissa sunt ei peccata multa, quoniam dilexit multum. ‘ et iterum per humilitatem; * secundum illud iac. iv, ° deus superbis resistit, humilibus autem dat gratiam. ‘ et iterum per misericordiam; * secundum illud prov. xv, ° per misericordiam et fidem purgantur peccata. ‘ non ergo magis motus fidei requiritur ad iustificationem quam motus praedictarum virtutum.

ag2 ‘ Praeterea, actus fidei non requiritur ad iustificationem nisi inquantum per fidem homo cognoscit deum. sed etiam aliis modis potest homo deum cognoscere, scilicet per cognitionem naturalem, et per donum sapientiae. ergo non requiritur actus fidei ad iustificationem impii.

ag3 ‘ Praeterea, diversi sunt articuli fidei. si igitur actus fidei requiratur ad iustificationem impii, videtur quod oporteret hominem, quando primo iustificatur, de omnibus articulis fidei cogitare. sed hoc videtur inconveniens, cum talis cogitatio longam temporis moram requirat. ergo videtur quod actus fidei non requiratur ad iustificationem.

sc * Sed contra est quod dicitur rom. v, ° iustificati igitur ex fide, pacem habeamus ad deum.

co * Respondeo dicendum quod, sicut dictum est, ‘ motus liberi arbitrii requiritur ad iustificationem impii, secundum quod mens hominis movetur a deo. deus autem movet animam hominis convertendo eam ad seipsum; * ut dicitur in psalmo lxxxiv, secundum aliam litteram, ° deus, tu convertens vivificabis nos. ‘ et ideo ad iustificationem impii requiritur motus mentis quo convertitur in deum. prima autem conversio in deum fit per fidem; * secundum illud ad heb. xi, ° accedentem ad deum oportet credere quia est. ‘ et ideo motus fidei requiritur ad iustificationem impii.

ra1 ‘ Ad primum ergo dicendum quod motus fidei non est perfectus nisi sit caritate informatus, unde simul in iustificatione impii cum motu fidei, est etiam motus caritatis. movetur autem liberum arbitrium in deum ad hoc quod ei se subiiciat, unde etiam concurrit actus timoris filialis, et actus humilitatis. contingit enim unum et eundem actum liberi arbitrii diversarum virtutum esse, secundum quod una imperat et alia imperatur, prout scilicet actus est ordinabilis ad diversos fines. actus autem misericordiae operatur contra peccatum per modum satisfactionis, et sic sequitur iustificationem, vel per modum praeparationis, inquantum misericordes misericordiam consequuntur, et sic etiam potest praecedere iustificationem; vel etiam ad iustificationem concurrere simul cum praedictis virtutibus, secundum quod misericordia includitur in dilectione proximi.

ra2 ‘ Ad secundum dicendum quod per cognitionem naturalem homo non convertitur in deum inquantum est obiectum beatitudinis et iustificationis causa, unde talis cognitio non sufficit ad iustificationem. donum autem sapientiae praesupponit cognitionem fidei, * ut ex supradictis patet.

ra3 * Ad tertium dicendum quod, sicut apostolus dicit, ad rom. iv, ° credenti in eum qui iustificat impium, reputabitur fides eius ad iustitiam, secundum propositum gratiae dei. ‘ ex quo patet quod in iustificatione impii requiritur actus fidei quantum ad hoc, quod homo credat deum esse iustificatorem hominum per mysterium christi.

008 ST2 qu113 ar5

ag1 ‘ Ad quintum sic proceditur. videtur quod ad iustificationem impii non requiratur motus liberi arbitrii in peccatum. sola enim caritas sufficit ad deletionem peccati, * secundum illud prov. x, ° universa delicta operit caritas. ‘ sed caritatis obiectum non est peccatum. ergo non requiritur ad iustificationem impii motus liberi arbitrii in peccatum.

ag2 ‘ Praeterea, qui in anteriora tendit, ad posteriora respicere non debet; * secundum illud apostoli, ad philipp. iii, ° quae quidem retro sunt obliviscens, ad ea vero quae sunt priora extendens meipsum, ad destinatum persequor bravium supernae vocationis. ‘ sed tendenti in iustitiam retrorsum sunt peccata praeterita. ergo eorum debet oblivisci, nec in ea se debet extendere per motum liberi arbitrii.

ag3 ‘ Praeterea, in iustificatione impii non remittitur unum peccatum sine alio, impium enim est a deo dimidiam sperare veniam. si igitur in iustificatione impii oporteat liberum arbitrium moveri contra peccatum, oporteret quod de omnibus peccatis suis cogitaret. quod videtur inconveniens, tum quia requireretur magnum tempus ad huiusmodi cogitationem; tum etiam quia peccatorum quorum est homo oblitus, veniam habere non posset. ergo motus liberi arbitrii in peccatum non requiritur ad iustificationem impii.

sc * Sed contra est quod dicitur in psalmo xxxi, ° dixi, confitebor adversum me iniustitiam meam domino, et tu remisisti impietatem peccati mei.

co * Respondeo dicendum quod, sicut supra dictum est, ‘ iustificatio impii est quidam motus quo humana mens movetur a deo a statu peccati in statum iustitiae. oportet igitur quod humana mens se habeat ad utrumque extremorum secundum motum liberi arbitrii, sicut se habet corpus localiter motum ab aliquo movente ad duos terminos motus. manifestum est autem in motu locali corporum quod corpus motum recedit a termino a quo, et accedit ad terminum ad quem. unde oportet quod mens humana, dum iustificatur, per motum liberi arbitrii recedat a peccato, et accedat ad iustitiam. recessus autem et accessus in motu liberi arbitrii accipitur secundum detestationem et desiderium, * dicit enim augustinus, super ioan. exponens illud, ° mercenarius autem fugit, affectiones nostrae motus animorum sunt, laetitia animi diffusio, timor animi fuga est; progrederis animo cum appetis, fugis animo cum metuis. ‘ oportet igitur quod in iustificatione impii sit motus liberi arbitrii duplex, unus quo per desiderium tendat in dei iustitiam; et alius quo detestetur peccatum.

ra1 ‘ Ad primum ergo dicendum quod ad eandem virtutem pertinet prosequi unum oppositorum, et refugere aliud. et ideo sicut ad caritatem pertinet diligere deum, ita etiam detestari peccata, per quae anima separatur a deo.

ra2 ‘ Ad secundum dicendum quod ad posteriora non debet homo regredi per amorem; sed quantum ad hoc debet ea oblivisci, ut ad ea non afficiatur. debet tamen eorum recordari per considerationem ut ea detestetur, sic enim ab eis recedit.

ra3 ‘ Ad tertium dicendum quod in tempore praecedente iustificationem, oportet quod homo singula peccata quae commisit detestetur, quorum memoriam habet. et ex tali consideratione praecedenti subsequitur in anima quidam motus detestantis universaliter omnia peccata commissa, inter quae etiam includuntur peccata oblivioni tradita, quia homo in statu illo est sic dispositus ut etiam de his quae non meminit, contereretur, si memoriae adessent. et iste motus concurrit ad iustificationem.

008 ST2 qu113 ar6

ag1 ‘ Ad sextum sic proceditur. videtur quod remissio peccatorum non debeat numerari inter ea quae requiruntur ad iustificationem impii. substantia enim rei non connumeratur his quae ad rem requiruntur, sicut homo non debet connumerari animae et corpori. sed ipsa iustificatio impii est remissio peccatorum, * ut dictum est. ‘ ergo remissio peccatorum non debet computari inter ea quae ad iustificationem impii requiruntur.

ag2 ‘ Praeterea, idem est gratiae infusio et culpae remissio, sicut idem est illuminatio et tenebrarum expulsio. sed idem non debet connumerari sibi ipsi, unum enim multitudini opponitur. ergo non debet culpae remissio connumerari infusioni gratiae.

ag3 ‘ Praeterea, remissio peccatorum consequitur ad motum liberi arbitrii in deum et in peccatum, sicut effectus ad causam. per fidem enim et contritionem remittuntur peccata. sed effectus non debet connumerari suae causae, quia ea quae connumerantur quasi ad invicem condivisa, sunt simul natura. ergo remissio culpae non debet connumerari aliis quae requiruntur ad iustificationem impii.

sc ‘ Sed contra est quod in enumeratione eorum quae requiruntur ad rem, non debet praetermitti finis, qui est potissimum in unoquoque. sed remissio peccatorum est finis in iustificatione impii, * dicitur enim isaiae xxvii, ° iste est omnis fructus, ut auferatur peccatum eius. ‘ ergo remissio peccatorum debet connumerari inter ea quae requiruntur ad iustificationem impii.

co ‘ Respondeo dicendum quod quatuor enumerantur quae requiruntur ad iustificationem impii, scilicet gratiae infusio; motus liberi arbitrii in deum per fidem; et motus liberi arbitrii in peccatum; et remissio culpae. cuius ratio est quia, * sicut dictum est, ‘ iustificatio est quidam motus quo anima movetur a deo a statu culpae in statum iustitiae. in quolibet autem motu quo aliquid ab altero movetur, tria requiruntur, primo quidem, motio ipsius moventis; secundo, motus mobilis; et tertio, consummatio motus, sive perventio ad finem. ex parte igitur motionis divinae, accipitur gratiae infusio; ex parte vero liberi arbitrii moti, accipiuntur duo motus ipsius, secundum recessum a termino a quo, et accessum ad terminum ad quem; consummatio autem, sive perventio ad terminum huius motus, importatur per remissionem culpae, in hoc enim iustificatio consummatur.

ra1 ‘ Ad primum ergo dicendum quod iustificatio impii dicitur esse ipsa remissio peccatorum, secundum quod omnis motus accipit speciem a termino. et tamen ad terminum consequendum multa alia requiruntur, ut * ex supradictis patet.

ra2 ‘ Ad secundum dicendum quod gratiae infusio et remissio culpae dupliciter considerari possunt. uno modo, secundum ipsam substantiam actus. et sic idem sunt, eodem enim actu deus et largitur gratiam et remittit culpam. alio modo possunt considerari ex parte obiectorum. et sic differunt, secundum differentiam culpae quae tollitur, et gratiae quae infunditur. sicut etiam in rebus naturalibus generatio et corruptio differunt, quamvis generatio unius sit corruptio alterius.

ra3 ‘ Ad tertium dicendum quod ista non est connumeratio secundum divisionem generis in species, in qua oportet quod connumerata sint simul, sed secundum differentiam eorum quae requiruntur ad completionem alicuius. in qua quidem enumeratione aliquid potest esse prius, et aliquid posterius, quia principiorum et partium rei compositae potest esse aliquid alio prius.

008 ST2 qu113 ar7

ag1 ' Ad septimum sic proceditur. videtur quod iustificatio impii non fiat in instanti, sed successive. * quia ut dictum est, ' ad iustificationem impii requiritur motus liberi arbitrii. actus autem liberi arbitrii est eligere, qui praeexigit deliberationem consilii, * ut supra habitum est. ' cum igitur deliberatio discursum quendam importet, qui successionem quandam habet, videtur quod iustificatio impii sit successiva.

ag2 ' Praeterea, motus liberi arbitrii non est absque actuali consideratione. sed impossibile est simul multa intelligere in actu, * ut in primo dictum est. ' cum igitur ad iustificationem impii requiratur motus liberi arbitrii in diversa, scilicet in deum et in peccatum, videtur quod iustificatio impii non possit esse in instanti.

ag3 ' Praeterea, forma quae suscipit magis et minus, successive recipitur in subiecto, sicut patet de albedine et nigredine. sed gratia suscipit magis et minus, * ut supra dictum est. ' ergo non recipitur subito in subiecto. cum igitur ad iustificationem impii requiratur gratiae infusio, videtur quod iustificatio impii non possit esse in instanti.

ag4 ' Praeterea, motus liberi arbitrii qui ad iustificationem impii concurrit, est meritorius, et ita oportet quod procedat a gratia, sine qua nullum est meritum, * ut infra dicetur. ' sed prius est aliquid consequi formam, quam secundum formam operari. ergo prius infunditur gratia, et postea liberum arbitrium movetur in deum et in detestationem peccati. non ergo iustificatio est tota simul.

ag5 ' Praeterea, si gratia infundatur animae, oportet dare aliquod instans in quo primo animae insit. similiter si culpa remittitur, oportet ultimum instans dare in quo homo culpae subiaceat. sed non potest esse idem instans, quia sic opposita simul inessent eidem. ergo oportet esse duo instantia sibi succedentia, inter quae, * secundum philosophum, in vi physic., ' oportet esse tempus medium. non ergo iustificatio fit tota simul, sed successive.

sc ' Sed contra est quod iustificatio impii fit per gratiam spiritus sancti iustificantis. sed spiritus sanctus subito advenit mentibus hominum; * secundum illud act. ii, ° factus est repente de caelo sonus tanquam advenientis spiritus vehementis; * ubi dicit glossa quod ° nescit tarda molimina spiritus sancti gratia. ' ergo iustificatio impii non est successiva, sed instantanea.

co ' Respondeo dicendum quod tota iustificatio impii originaliter consistit in gratiae infusione, per eam enim et liberum arbitrium movetur, et culpa remittitur. gratiae autem infusio fit in instanti absque successione. cuius ratio est quia quod aliqua forma non subito imprimatur subiecto, contingit ex hoc quod subiectum non est dispositum, et agens indiget tempore ad hoc quod subiectum disponat. et ideo videmus quod statim cum materia est disposita per alterationem praecedentem, forma substantialis acquiritur materiae, et eadem ratione, quia diaphanum est secundum se dispositum ad lumen recipiendum, subito illuminatur a corpore lucido in actu. * dictum est autem supra quod ' deus ad hoc quod gratiam infundat animae, non requirit aliquam dispositionem nisi quam ipse facit. facit autem huiusmodi dispositionem sufficientem ad susceptionem gratiae, quandoque quidem subito, quandoque autem paulatim et successive, * ut supra dictum est. ' quod enim agens naturale non subito possit disponere materiam, contingit ex hoc quod est aliqua disproportio eius quod in materia resistit, ad virtutem agentis, et propter hoc videmus quod quanto virtus agentis fuerit fortior, tanto materia citius disponitur. cum igitur virtus divina sit |25| infinita, potest quamcumque materiam creatam subito disponere ad formam, et multo magis liberum arbitrium hominis, cuius motus potest esse instantaneus secundum naturam. sic igitur iustificatio impii fit a deo in instanti.

ra1 ' Ad primum ergo dicendum quod motus liberi arbitrii qui concurrit ad iustificationem impii, est consensus ad detestandum peccatum et ad accedendum ad deum, qui quidem consensus subito fit. contingit autem quandoque quod praecedit aliqua deliberatio, quae non est de substantia iustificationis, sed via in iustificationem, sicut motus localis est via ad illuminationem, et alteratio ad generationem.

ra2 * Ad secundum dicendum quod, sicut in primo dictum est, ' nihil prohibet duo simul intelligere actu, secundum quod sunt quodammodo unum, sicut simul intelligimus subiectum et praedicatum, inquantum uniuntur in ordine affirmationis unius. et per eundem modum liberum arbitrium potest in duo simul moveri, secundum quod unum ordinatur in aliud. motus autem liberi arbitrii in peccatum, ordinatur ad motum liberi arbitrii in deum, propter hoc enim homo detestatur peccatum, quia est contra deum, cui vult adhaerere. et ideo liberum arbitrium in iustificatione impii simul detestatur peccatum et convertit se ad deum, sicut etiam corpus simul, recedendo ab uno loco, accedit ad alium.

ra3 ' Ad tertium dicendum quod non est ratio quare forma subito in materia non recipiatur, quia magis et minus inesse potest, sic enim lumen non subito reciperetur in aere, qui potest magis et minus illuminari. sed ratio est accipienda ex parte dispositionis materiae vel subiecti, * ut dictum est.

ra4 ' Ad quartum dicendum quod in eodem instanti in quo forma acquiritur, incipit res operari secundum formam, sicut ignis statim cum est generatus, movetur sursum; et si motus eius esset instantaneus, in eodem instanti compleretur. motus autem liberi arbitrii, qui est velle, non est successivus, sed instantaneus. et ideo non oportet quod iustificatio impii sit successiva.

ra5 ' Ad quintum dicendum quod successio duorum oppositorum in eodem subiecto aliter est consideranda in his quae subiacent tempori, et aliter in his quae sunt supra tempus. in his enim quae subiacent tempori, non est dare ultimum instans in quo forma prior subiecto inest, est autem dare ultimum tempus, et primum instans in quo forma sequens inest materiae vel subiecto. cuius ratio est quia in tempore non potest accipi ante unum instans aliud instans praecedens immediate, eo quod instantia non consequenter se habeant in tempore, sicut nec puncta in linea, * ut probatur in vi physic.. ' sed tempus terminatur ad instans. et ideo in toto tempore praecedenti, quo aliquid movetur ad unam formam, subest formae oppositae, et in ultimo instanti illius temporis, quod est primum instans sequentis temporis, habet formam, quae est terminus motus. sed in his quae sunt supra tempus, aliter se habet. si qua enim successio sit ibi affectuum vel intellectualium conceptionum, puta in angelis, talis successio non mensuratur tempore continuo, sed tempore discreto, sicut et ipsa quae mensurantur non sunt continua, * ut in primo habitum est. ' unde in talibus est dandum ultimum |25| instans in quo primum fuit, et primum instans in quo est id quod sequitur, nec oportet esse tempus medium, quia non est ibi continuitas temporis, quae hoc requirebat. mens autem humana quae iustificatur, secundum se quidem est supra tempus, sed per accidens subditur tempori, inquantum scilicet intelligit cum continuo et tempore secundum phantasmata, in quibus species intelligibiles considerat, * ut in primo dictum est. ' et ideo iudicandum est, secundum hoc, de eius mutatione secundum conditionem temporalium motuum, ut scilicet dicamus quod non est dare ultimum instans in quo culpa infuit, sed ultimum tempus; est autem dare primum instans in quo gratia inest, in toto autem tempore praecedenti inerat culpa.

008 ST2 qu113 ar8 ,

ag1 ' Ad octavum sic proceditur. videtur quod gratiae infusio non sit prima ordine naturae inter ea quae requiruntur ad iustificationem impii. prius enim est recedere a malo quam accedere ad bonum; * secundum illud psalmi xxxvi, ° declina a malo, et fac bonum. ' sed remissio culpae pertinet ad recessum a malo, infusio autem gratiae pertinet ad prosecutionem boni. ergo naturaliter prius est remissio culpae quam infusio gratiae.

ag2 ' Praeterea, dispositio praecedit naturaliter formam ad quam disponit. sed motus liberi arbitrii est quaedam dispositio ad susceptionem gratiae. ergo naturaliter praecedit infusionem gratiae.

ag3 ' Praeterea, peccatum impedit animam ne libere tendat in deum. sed prius est removere id quod prohibet motum, quam motus sequatur. ergo prius est naturaliter remissio culpae et motus liberi arbitrii in peccatum, quam motus liberi arbitrii in deum, et quam infusio gratiae.

sc ' Sed contra, causa naturaliter est prior effectu. sed gratiae infusio causa est omnium aliorum quae requiruntur ad iustificationem impii, * ut supra dictum est. ' ergo est naturaliter prior.

co ' Respondeo dicendum quod praedicta quatuor quae requiruntur ad iustificationem impii, tempore quidem sunt simul, quia iustificatio impii non est successiva, * ut dictum est, ' sed ordine naturae unum eorum est prius altero. et inter ea naturali ordine primum est gratiae infusio; secundum, motus liberi arbitrii in deum; tertium est motus liberi arbitrii in peccatum; quartum vero est remissio culpae. cuius ratio est quia in quolibet motu naturaliter primum est motio ipsius moventis; secundum autem est dispositio materiae, sive motus ipsius mobilis; ultimum vero est finis vel terminus motus, ad quem terminatur motio moventis. ipsa igitur dei moventis motio est gratiae infusio, * ut dictum est supra; ' motus autem vel dispositio mobilis est duplex motus liberi arbitrii; terminus autem vel finis motus est remissio culpae, * ut ex supradictis patet. ' et ideo naturali ordine primum in iustificatione impii est gratiae infusio; secundum est motus liberi arbitrii in deum; tertium vero est motus liberi arbitrii in peccatum (propter hoc enim ille qui iustificatur, detestatur peccatum, quia est contra deum, unde motus liberi arbitrii in deum, |25| praecedit naturaliter motum liberi arbitrii in peccatum, cum sit causa et ratio eius); quartum vero et ultimum est remissio culpae, ad quam tota ista transmutatio ordinatur sicut ad finem, * ut dictum est.

ra1 ' Ad primum ergo dicendum quod recessus a termino et accessus ad terminum dupliciter considerari possunt. uno modo, ex parte mobilis. et sic naturaliter recessus a termino praecedit accessum ad terminum, prius enim est in subiecto mobili oppositum quod abiicitur, et postmodum est id quod per motum assequitur mobile. sed ex parte agentis, est e converso. agens enim per formam quae in eo praeexistit, agit ad removendum contrarium, sicut sol per suam lucem agit ad removendum tenebras. et ideo ex parte solis, prius est illuminare quam tenebras removere; ex parte autem aeris illuminandi, prius est purgari a tenebris quam consequi lumen, ordine naturae; licet utrumque sit simul tempore. et quia infusio gratiae et remissio culpae dicuntur ex parte dei iustificantis, ideo ordine naturae prior est gratiae infusio quam culpae remissio. sed si sumantur ea quae sunt ex parte hominis iustificati, est e converso, nam prius est naturae ordine liberatio a culpa, quam consecutio gratiae iustificantis. vel potest dici quod termini iustificationis sunt culpa sicut a quo, et iustitia sicut ad quem, gratia vero est causa remissionis culpae, et adeptionis iustitiae.

ra2 ' Ad secundum dicendum quod dispositio subiecti praecedit susceptionem formae ordine naturae, sequitur tamen actionem agentis, per quam etiam ipsum subiectum disponitur. et ideo motus liberi arbitrii naturae ordine praecedit consecutionem gratiae, sequitur autem gratiae infusionem.

ra3 * Ad tertium dicendum quod, sicut philosophus dicit, in ii physic., ' in motibus animi omnino praecedit motus in principium speculationis, vel in finem actionis, sed in exterioribus motibus remotio impedimenti praecedit assecutionem finis. et quia motus liberi arbitrii est motus animi, prius naturae ordine movetur in deum sicut in finem, quam ad removendum impedimentum peccati.

008 ST2 qu113 ar9

ag1 ' Ad nonum sic proceditur. videtur quod iustificatio impii non sit maximum opus dei. per iustificationem enim impii consequitur aliquis gratiam viae. sed per glorificationem consequitur aliquis gratiam patriae, quae maior est. ergo glorificatio angelorum vel hominum est maius opus quam iustificatio impii.

ag2 ' Praeterea, iustificatio impii ordinatur ad bonum particulare unius hominis. sed bonum universi est maius quam bonum unius hominis; * ut patet in i ethic.. ' ergo maius opus est creatio caeli et terrae quam iustificatio impii.

ag3 ' Praeterea, maius est ex nihilo aliquid facere, et ubi nihil cooperatur agenti, quam ex aliquo facere aliquid cum aliqua cooperatione patientis. sed in opere creationis ex nihilo fit aliquid, unde nihil potest cooperari agenti. sed in iustificatione impii deus ex aliquo aliquid facit, idest ex impio iustum, et est ibi aliqua cooperatio ex parte hominis, quia est ibi motus liberi arbitrii, * ut dictum est. ' ergo iustificatio impii non est maximum opus dei.

sc * Sed contra est quod in psalmo cxliv, dicitur, ° miserationes eius super omnia opera eius. * et in collecta dicitur, ° deus, qui omnipotentiam tuam parcendo maxime et miserando manifestas. * et augustinus dicit exponens illud ioan. xiv, maiora horum faciet, ° quod maius opus est ut ex impio iustus fiat, quam creare caelum et terram.

co ' Respondeo dicendum quod opus aliquod potest dici magnum dupliciter. uno modo, ex parte modi agendi. et sic maximum est opus creationis, in quo ex nihilo fit aliquid. alio modo potest dici opus magnum propter magnitudinem eius quod fit. et secundum hoc, maius opus est iustificatio impii, quae terminatur ad bonum aeternum divinae participationis, quam creatio caeli et terrae, quae terminatur ad bonum naturae mutabilis. * et ideo augustinus, cum dixisset quod ° maius est quod ex impio fiat iustus, quam creare caelum et terram, * subiungit, ° caelum enim et terra transibit, praedestinatorum autem salus et iustificatio permanebit. ' sed sciendum est quod aliquid magnum dicitur dupliciter. uno modo, secundum quantitatem absolutam. et hoc modo donum gloriae est maius quam donum gratiae iustificantis impium. et secundum hoc, glorificatio iustorum est maius opus quam iustificatio impii. alio modo dicitur aliquid magnum quantitate proportionis, sicut dicitur mons parvus, et milium magnum. et hoc modo donum gratiae impium iustificantis est maius quam donum gloriae beatificantis iustum, quia plus excedit donum gratiae dignitatem impii, qui erat dignus poena, quam donum gloriae dignitatem iusti, qui |25| ex hoc ipso quod est iustificatus, est dignus gloria. * et ideo augustinus dicit ibidem, ° iudicet qui potest, utrum maius sit iustos angelos creare quam impios iustificare. certe, si aequalis est utrumque potentiae, hoc maioris est misericordiae.

ra1 ' Et per hoc patet responsio ad primum.

ra2 ' Ad secundum dicendum quod bonum universi est maius quam bonum particulare unius, si accipiatur utrumque in eodem genere. sed bonum gratiae unius maius est quam bonum naturae totius universi.

ra3 ' Ad tertium dicendum quod ratio illa procedit ex parte modi agendi, secundum quem creatio est maximum opus dei.

008 ST2 qu113 ar10

ag1 ' Ad decimum sic proceditur. videtur quod iustificatio impii sit opus miraculosum. opera enim miraculosa sunt maiora non miraculosis. sed iustificatio impii est maius opus quam alia opera miraculosa; * ut patet per augustinum in auctoritate inducta. ' ergo iustificatio impii est opus miraculosum.

ag2 ' Praeterea, motus voluntatis ita est in anima, sicut inclinatio naturalis in rebus naturalibus. sed quando deus aliquid operatur in rebus naturalibus contra inclinationem naturae, est opus miraculosum, sicut cum illuminat caecum, vel suscitat mortuum. voluntas autem impii tendit in malum. cum igitur deus, iustificando hominem, moveat eum in bonum, videtur quod iustificatio impii sit miraculosa.

ag3 ' Praeterea, sicut sapientia est donum dei, ita et iustitia. sed miraculosum est quod aliquis subito sine studio sapientiam assequatur a deo. ergo miraculosum est quod aliquis impius iustificetur a deo.

sc ' Sed contra, opera miraculosa sunt supra potentiam naturalem. sed iustificatio impii non est supra potentiam naturalem, * dicit enim augustinus, in libro de praedest. sanct., quod ° posse habere fidem, sicut posse habere caritatem, naturae est hominum, habere autem gratiae est fidelium. ' ergo iustificatio impii non est miraculosa.

co ' Respondeo dicendum quod in operibus miraculosis tria consueverunt inveniri. quorum unum est ex parte potentiae agentis, quia sola divina virtute fieri possunt. et ideo sunt simpliciter mira, quasi habentia causam occultam, * ut in primo dictum est. ' et secundum hoc, tam iustificatio impii quam creatio mundi, et universaliter omne opus quod a solo deo fieri potest, miraculosum dici potest. secundo, in quibusdam miraculosis operibus invenitur quod forma inducta est supra naturalem potentiam talis materiae, sicut in suscitatione mortui vita est supra naturalem potentiam talis corporis. et quantum ad hoc, iustificatio impii non est miraculosa, quia naturaliter anima est gratiae capax; ° eo enim ipso quod facta est ad imaginem dei, capax est dei per gratiam, * ut augustinus dicit. ' tertio modo, in operibus miraculosis invenitur aliquid praeter solitum et consuetum ordinem causandi effectum, sicut cum aliquis infirmus sanitatem perfectam assequitur subito, praeter solitum cursum sanationis quae fit a natura vel arte. et quantum ad hoc, iustificatio impii quandoque est miraculosa, et quandoque non. est enim iste consuetus et communis cursus iustificationis, ut, |25| deo movente interius animam, homo convertatur ad deum, primo quidem conversione imperfecta, et postmodum ad perfectam deveniat, quia ° caritas inchoata meretur augeri, ut aucta mereatur perfici, * sicut augustinus dicit. ' quandoque vero tam vehementer deus animam movet ut statim quandam perfectionem iustitiae assequatur, sicut fuit in conversione pauli, adhibita etiam exterius miraculosa prostratione. et ideo conversio pauli, tanquam miraculosa, in ecclesia commemoratur celebriter.

ra1 ' Ad primum ergo dicendum quod quaedam miraculosa opera, etsi sint minora quam iustificatio impii quantum ad bonum quod fit, sunt tamen praeter consuetum ordinem talium effectuum. et ideo plus habent de ratione miraculi.

ra2 ' Ad secundum dicendum quod non quandocumque res naturalis movetur contra suam inclinationem, est opus miraculosum, alioquin miraculosum esset quod aqua calefieret, vel quod lapis sursum proiiceretur, sed quando hoc fit praeter ordinem propriae causae, quae nata est hoc facere. iustificare autem impium nulla alia causa potest nisi deus, sicut nec aquam calefacere nisi ignis. et ideo iustificatio impii a deo, quantum ad hoc, non est miraculosa.

ra3 ' Ad tertium dicendum quod sapientiam et scientiam homo natus est acquirere a deo per proprium ingenium et studium, et ideo quando praeter hunc modum homo sapiens vel sciens efficitur, est miraculosum. sed gratiam iustificantem non est homo natus acquirere per suam operationem, sed deo operante. unde non est simile.

008 ST2 qu114 ar

pr ' Deinde considerandum est de merito, quod est effectus gratiae cooperantis. et circa hoc quaeruntur decem. primo, utrum homo possit aliquid mereri a deo. secundo, utrum aliquis sine gratia possit mereri vitam aeternam. tertio, utrum aliquis per gratiam possit mereri vitam aeternam ex condigno. quarto, utrum gratia sit principium merendi mediante caritate principaliter. quinto, utrum homo possit sibi mereri primam gratiam. sexto, utrum homo possit eam mereri alii. septimo, utrum possit sibi aliquis mereri reparationem post lapsum. octavo, utrum possit sibi mereri augmentum gratiae vel caritatis. nono, utrum possit sibi mereri finalem perseverantiam. decimo, utrum bona temporalia cadant sub merito.

008 ST2 qu114 ar1

ag1 ' Ad primum sic proceditur. videtur quod homo non possit aliquid mereri a deo. nullus enim videtur mercedem mereri ex hoc quod reddit alteri quod debet. sed ° per omnia bona quae facimus, non possumus sufficienter recompensare deo quod debemus, quin semper amplius debeamus; * ut etiam philosophus dicit, in viii ethic.. unde et luc. xvii, dicitur, ° cum omnia quae praecepta sunt, feceritis, dicite, servi inutiles sumus, quod debuimus facere, fecimus. ' ergo homo non potest aliquid mereri a deo.

ag2 ' Praeterea, ex eo quod aliquis sibi proficit, nihil videtur mereri apud eum cui nihil proficit. sed homo bene operando sibi proficit, vel alteri homini, non autem deo, * dicitur enim iob xxxv, ° si iuste egeris, quid donabis ei, aut quid de manu tua accipiet? ' ergo homo non potest aliquid a deo mereri.

ag3 ' Praeterea, quicumque apud aliquem aliquid meretur, constituit eum sibi debitorem, debitum enim est ut aliquis merendi mercedem rependat. sed deus nulli est debitor, * unde dicitur rom. xi, ° quis prior dedit ei, et retribuetur ei? ' ergo nullus a deo potest aliquid mereri.

sc * Sed contra est quod dicitur ierem. xxxi, ° est merces operi tuo. ' sed merces dicitur quod pro merito redditur. ergo videtur quod homo possit a deo mereri.

co ' Respondeo dicendum quod meritum et merces ad idem referuntur, id enim merces dicitur quod alicui recompensatur pro retributione operis vel laboris, quasi quoddam pretium ipsius. unde sicut reddere iustum pretium pro re accepta ab aliquo, est actus iustitiae; ita etiam recompensare mercedem operis vel laboris, est actus iustitiae. iustitia autem aequalitas quaedam est; * ut patet per philosophum, in v ethic.. ' et ideo simpliciter est iustitia inter eos quorum est simpliciter aequalitas, eorum vero quorum non est simpliciter aequalitas, non est simpliciter iustitia, sed quidam iustitiae modus potest esse, sicut dicitur quoddam ius paternum vel dominativum, * ut in eodem libro philosophus dicit. ' et propter hoc, in his in quibus est simpliciter iustum, est etiam simpliciter ratio meriti et mercedis. in quibus autem est secundum quid iustum, et non simpliciter, in his etiam non simpliciter est ratio meriti, sed secundum quid, inquantum salvatur ibi iustitiae ratio, sic enim et filius meretur aliquid a patre, et servus a domino. manifestum est autem quod inter deum et hominem est maxima inaequalitas, in infinitum enim distant, et totum quod est hominis bonum, est a deo. unde non potest hominis ad deum esse iustitia secundum absolutam aequalitatem, sed secundum proportionem quandam, inquantum scilicet uterque operatur secundum modum suum. modus |25| autem et mensura humanae virtutis homini est a deo. et ideo meritum hominis apud deum esse non potest nisi secundum praesuppositionem divinae ordinationis, ita scilicet ut id homo consequatur a deo per suam operationem quasi mercedem, ad quod deus ei virtutem operandi deputavit. sicut etiam res naturales hoc consequuntur per proprios motus et operationes, ad quod a deo sunt ordinatae. differenter tamen, quia creatura rationalis seipsam movet ad agendum per liberum arbitrium, unde sua actio habet rationem meriti; quod non est in aliis creaturis.

ra1 ' Ad primum ergo dicendum quod homo inquantum propria voluntate facit illud quod debet, meretur. alioquin actus iustitiae quo quis reddit debitum, non esset meritorius.

ra2 ' Ad secundum dicendum quod deus ex bonis nostris non quaerit utilitatem, sed gloriam, idest manifestationem suae bonitatis, quod etiam ex suis operibus quaerit. ex hoc autem quod eum colimus, nihil ei accrescit, sed nobis. et ideo meremur aliquid a deo, non quasi ex nostris operibus aliquid ei accrescat, sed inquantum propter eius gloriam operamur.

ra3 ' Ad tertium dicendum quod, quia actio nostra non habet rationem meriti nisi ex praesuppositione divinae ordinationis, non sequitur quod deus efficiatur simpliciter debitor nobis, sed sibi ipsi, inquantum debitum est ut sua ordinatio impleatur.

008 ST2 qu114 ar2

ag1 ' Ad secundum sic proceditur. videtur quod aliquis sine gratia possit mereri vitam aeternam. illud enim homo a deo meretur ad quod divinitus ordinatur, * sicut dictum est. ' sed homo secundum suam naturam ordinatur ad beatitudinem sicut ad finem, unde etiam naturaliter appetit esse beatus. ergo homo per sua naturalia, absque gratia, mereri potest beatitudinem, quae est vita aeterna.

ag2 ' Praeterea, idem opus quanto est minus debitum, tanto est magis meritorium. sed minus debitum est bonum quod fit ab eo qui minoribus beneficiis est praeventus. cum igitur ille qui habet solum bona naturalia, minora beneficia sit consecutus a deo quam ille qui cum naturalibus habet gratuita; videtur quod eius opera sint apud deum magis meritoria. et ita, si ille qui habet gratiam, potest mereri aliquo modo vitam aeternam, multo magis ille qui non habet.

ag3 ' Praeterea, misericordia et liberalitas dei in infinitum excedit misericordiam et liberalitatem humanam. sed unus homo potest apud alium mereri, etiam si nunquam suam gratiam ante habuerit. ergo videtur quod multo magis homo absque gratia vitam aeternam possit a deo mereri.

sc * Sed contra est quod apostolus dicit, rom. vi, ° gratia dei vita aeterna.

co ' Respondeo dicendum quod hominis sine gratia duplex status considerari potest * sicut supra dictum est, ' unus quidem naturae integrae, qualis fuit in adam ante peccatum; alius autem naturae corruptae, sicut est in nobis ante reparationem gratiae. si ergo loquamur de homine quantum ad primum statum, sic una ratione non potest mereri absque gratia vitam aeternam per pura naturalia. quia scilicet meritum hominis dependet ex praeordinatione divina. actus autem cuiuscumque rei non ordinatur divinitus ad aliquid excedens proportionem virtutis quae est principium actus, hoc enim est ex institutione divinae providentiae, ut nihil agat ultra suam virtutem. vita autem aeterna est quoddam bonum excedens proportionem naturae creatae, quia etiam excedit cognitionem et desiderium eius, * secundum illud i ad cor. ii, ° nec oculus vidit, nec auris audivit, nec in cor hominis ascendit. ' et inde est quod nulla natura creata est sufficiens principium actus meritorii vitae aeternae, nisi superaddatur aliquod supernaturale donum, quod gratia dicitur. si vero loquamur de homine sub peccato existente, additur cum hac secunda ratio, propter impedimentum peccati. cum enim peccatum sit quaedam dei offensa excludens a vita aeterna, * ut patet per supradicta; |25| ' nullus in statu peccati existens potest vitam aeternam mereri, nisi prius deo reconcilietur, dimisso peccato, quod fit per gratiam. peccatori enim non debetur vita, sed mors; * secundum illud rom. vi, ° stipendia peccati mors.

ra1 ' Ad primum ergo dicendum quod deus ordinavit humanam naturam ad finem vitae aeternae consequendum non propria virtute, sed per auxilium gratiae. et hoc modo eius actus potest esse meritorius vitae aeternae.

ra2 ' Ad secundum dicendum quod homo sine gratia non potest habere aequale opus operi quod ex gratia procedit, quia quanto est perfectius principium actionis, tanto est perfectior actio. sequeretur autem ratio, supposita aequalitate operationis utrobique.

ra3 ' Ad tertium dicendum quod, quantum ad primam rationem inductam, dissimiliter se habet in deo et in homine. nam homo omnem virtutem benefaciendi habet a deo, non autem ab homine. et ideo a deo non potest homo aliquid mereri nisi per donum eius, * quod apostolus signanter exprimit, dicens, ° quis prior dedit ei, et retribuetur illi? ' sed ab homine potest aliquis mereri antequam ab eo acceperit, per id quod accepit a deo. sed quantum ad secundam rationem, sumptam ex impedimento peccati, simile est de homine et de deo, quia etiam homo ab alio mereri non potest quem offendit prius, nisi ei satisfaciens reconcilietur.

008 ST2 qu114 ar3

ag1 ' Ad tertium sic proceditur. videtur quod homo in gratia constitutus non possit mereri vitam aeternam ex condigno. * dicit enim apostolus, ad rom. viii, ° non sunt condignae passiones huius temporis ad futuram gloriam quae revelabitur in nobis. ' sed inter alia opera meritoria maxime videntur esse meritoriae sanctorum passiones. ergo nulla opera hominum sunt meritoria vitae aeternae ex condigno.

ag2 ' Praeterea, * super illud rom. vi, ° gratia dei vita aeterna, * dicit glossa, ° posset recte dicere, stipendium iustitiae vita aeterna, sed maluit dicere, gratia dei vita aeterna, ut intelligeremus deum ad aeternam vitam pro sua miseratione nos perducere, non meritis nostris. ' sed id quod ex condigno quis meretur, non ex miseratione, sed ex merito accipit. ergo videtur quod homo non possit per gratiam mereri vitam aeternam ex condigno.

ag3 ' Praeterea, illud meritum videtur esse condignum quod aequatur mercedi. sed nullus actus praesentis vitae potest aequari vitae aeternae, quae cognitionem et desiderium nostrum excedit. excedit etiam caritatem vel dilectionem viae, sicut et excedit naturam. ergo homo non potest per gratiam mereri vitam aeternam ex condigno.

sc ' Sed contra, id quod redditur secundum iustum iudicium, videtur esse merces condigna. sed vita aeterna redditur a deo secundum iudicium iustitiae; * secundum illud ii ad tim. iv, ° in reliquo reposita est mihi corona iustitiae, quam reddet mihi dominus in illa die, iustus iudex. ' ergo homo meretur vitam aeternam ex condigno.

co ' Respondeo dicendum quod opus meritorium hominis dupliciter considerari potest, uno modo, secundum quod procedit ex libero arbitrio; alio modo, secundum quod procedit ex gratia spiritus sancti. si consideretur secundum substantiam operis, et secundum quod procedit ex libero arbitrio, sic non potest ibi esse condignitas, propter maximam inaequalitatem. sed est ibi congruitas, propter quandam aequalitatem proportionis, videtur enim congruum ut homini operanti secundum suam virtutem, deus recompenset secundum excellentiam suae virtutis. si autem loquamur de opere meritorio secundum quod procedit ex gratia spiritus sancti, sic est meritorium vitae aeternae ex condigno. sic enim valor meriti attenditur secundum virtutem spiritus sancti moventis nos in vitam aeternam; * secundum illud ioan. iv, ° fiet in eo fons aquae salientis in vitam aeternam. ' attenditur etiam pretium operis secundum dignitatem gratiae, per quam homo, consors factus divinae naturae, adoptatur in filium dei, cui debetur hereditas ex ipso iure adoptionis, * secundum illud rom. viii, ° si filii, et heredes.

ra1 * Ad primum ergo dicendum quod apostolus loquitur ' de passionibus sanctorum secundum eorum substantiam.

ra2 * Ad secundum dicendum quod verbum glossae intelligendum est ' quantum ad primam causam perveniendi ad vitam aeternam, quae est miseratio dei. meritum autem nostrum est causa subsequens.

ra3 ' Ad tertium dicendum quod gratia spiritus sancti quam in praesenti habemus, etsi non sit aequalis gloriae in actu, est tamen aequalis in virtute, sicut et semen arborum, in quo est virtus ad totam arborem. et similiter per gratiam inhabitat hominem spiritus sanctus, qui est sufficiens causa vitae aeternae, unde et dicitur esse pignus hereditatis nostrae, * ii ad cor. i.

008 ST2 qu114 ar4

ag1 ‘ Ad quartum sic proceditur. videtur quod gratia non sit principium meriti principalius per caritatem quam per alias virtutes. merces enim operi debetur; * secundum illud matth. xx, ° voca operarios, et redde illis mercedem suam. ‘ sed quaelibet virtus est principium alicuius operis, est enim virtus habitus operativus, * ut supra habitum est. ‘ ergo quaelibet virtus est aequaliter principium merendi.
ag2 * Praeterea, apostolus dicit, i ad cor. iii, ° unusquisque propriam mercedem accipiet secundum proprium laborem. ‘ sed caritas magis diminuit laborem quam augeat, * quia sicut augustinus dicit, in libro de verbis dom., ° omnia saeva et immania, facilia et prope nulla facit amor. ‘ ergo caritas non est principalius principium merendi quam alia virtus.
ag3 ‘ Praeterea, illa virtus videtur principalius esse principium merendi, cuius actus sunt maxime meritorii. sed maxime meritorii videntur esse actus fidei et patientiae, sive fortitudinis, sicut patet in martyribus, qui pro fide patienter et fortiter usque ad mortem certaverunt. ergo aliae virtutes principalius sunt principium merendi quam caritas.
sc * Sed contra est quod dominus, ioan. xiv, dicit, ° si quis diligit me, diligetur a patre meo, et ego diligam eum, et manifestabo ei meipsum. ‘ sed in manifesta dei cognitione consistit vita aeterna; * secundum illud ioan. xvii, ° haec est vita aeterna, ut cognoscant te solum deum verum et vivum. ‘ ergo meritum vitae aeternae maxime residet penes caritatem.
co * Respondeo dicendum quod, sicut ex dictis accipi potest, ‘ humanus actus habet rationem merendi ex duobus, primo quidem et principaliter, ex divina ordinatione, secundum quod actus dicitur esse meritorius illius boni ad quod homo divinitus ordinatur; secundo vero, ex parte liberi arbitrii, inquantum scilicet homo habet prae ceteris creaturis ut per se agat, voluntarie agens. et quantum ad utrumque, principalitas meriti penes caritatem consistit. primo enim considerandum est quod vita aeterna in dei fruitione consistit. motus autem humanae mentis ad fruitionem divini boni, est proprius actus caritatis, per quem omnes actus aliarum virtutum ordinantur in hunc finem, secundum quod aliae virtutes imperantur a caritate. et ideo meritum vitae aeternae primo pertinet ad caritatem, ad alias autem virtutes secundario, secundum quod eorum actus a caritate imperantur. similiter etiam manifestum est quod id quod ex amore facimus, maxime voluntarie facimus. unde etiam secundum quod ad rationem meriti requiritur quod sit voluntarium, principaliter meritum caritati attribuitur.
ra1 ‘ Ad primum ergo dicendum quod caritas, inquantum habet ultimum finem pro obiecto, movet alias virtutes ad operandum. semper enim habitus ad quem pertinet finis, imperat habitibus ad quos pertinent ea quae sunt ad finem; * ut ex supradictis patet.
ra2 ‘ Ad secundum dicendum quod opus aliquod potest esse laboriosum et difficile dupliciter. uno modo, ex magnitudine operis. et sic magnitudo laboris pertinet ad augmentum meriti. et sic caritas non diminuit laborem, immo facit aggredi opera maxima; magna enim operatur, si est, * ut gregorius dicit in quadam homilia. ‘ alio modo ex defectu ipsius operantis, unicuique enim est laboriosum et difficile quod non prompta voluntate facit. et talis labor diminuit meritum, et a caritate tollitur.
ra3 ‘ Ad tertium dicendum quod fidei actus non est meritorius nisi fides per dilectionem operetur, * ut dicitur ad gal. v. ‘ similiter etiam actus patientiae et fortitudinis non est meritorius nisi aliquis ex caritate haec operetur; * secundum illud i ad cor. xiii, ° si tradidero corpus meum ita ut ardeam, caritatem autem non habuero, nihil mihi prodest.

008 ST2 qu114 ar5

ag1 ‘ Ad quintum sic proceditur. videtur quod homo possit sibi mereri primam gratiam. * quia ut augustinus dicit, ° fides meretur iustificationem. ‘ iustificatur autem homo per primam gratiam. ergo homo potest sibi mereri primam gratiam.
ag2 ‘ Praeterea, deus non dat gratiam nisi dignis. sed non dicitur aliquis dignus aliquo dono, nisi qui ipsum promeruit ex condigno. ergo aliquis ex condigno potest mereri primam gratiam.
ag3 ‘ Praeterea, apud homines aliquis potest promereri donum iam acceptum, sicut qui accepit equum a domino, meretur ipsum bene utendo eo in servitio domini. sed deus est liberalior quam homo. ergo multo magis primam gratiam iam susceptam potest homo promereri a deo per subsequentia opera.
sc ‘ Sed contra est quod ratio gratiae repugnat mercedi operum; * secundum illud rom. iv, ° ei qui operatur, merces non imputatur secundum gratiam, sed secundum debitum. ‘ sed illud meretur homo quod imputatur quasi merces operis eius. ergo primam gratiam non potest homo mereri.
co ‘ Respondeo dicendum quod donum gratiae considerari potest dupliciter. uno modo, secundum rationem gratuiti doni. et sic manifestum est quod omne meritum repugnat gratiae, * quia ut ad rom. xi apostolus dicit, ° si ex operibus, iam non ex gratia. ‘ alio modo potest considerari secundum naturam ipsius rei quae donatur. et sic etiam non potest cadere sub merito non habentis gratiam, tum quia excedit proportionem naturae; tum etiam quia ante gratiam, in statu peccati, homo habet impedimentum promerendi gratiam, scilicet ipsum peccatum. postquam autem iam aliquis habet gratiam, non potest gratia iam habita sub merito cadere, quia merces est terminus operis, gratia vero est principium cuiuslibet boni operis in nobis, * ut supra dictum est. ‘ si vero aliud donum gratuitum aliquis mereatur virtute gratiae praecedentis, iam non erit prima. unde manifestum est quod nullus potest sibi mereri primam gratiam.
ra1 ‘ Ad primum ergo dicendum quod, * sicut augustinus dicit in libro retract., “ ipse aliquando in hoc fuit deceptus, quod credidit initium fidei esse ex nobis, sed consummationem nobis dari ex deo, quod ipse ibidem retractat. et ad hunc sensum videtur pertinere quod fides iustificationem mereatur. ‘ sed si supponamus, sicut fidei veritas habet, quod initium fidei sit in nobis a deo; iam etiam ipse actus fidei consequitur primam gratiam, et ita non potest esse meritorius primae gratiae. per fidem igitur iustificatur homo, non quasi homo credendo mereatur iustificationem, sed quia, dum iustificatur, credit; eo quod motus fidei requiritur ad iustificationem impii, * ut supra dictum est.
ra2 ‘ Ad secundum dicendum quod deus non dat gratiam nisi dignis. non tamen ita quod prius digni fuerint, sed quia ipse per gratiam eos facit dignos, ° qui solus potest facere mundum de immundo conceptum semine.
ra3 ‘ Ad tertium dicendum quod omne bonum opus hominis procedit a prima gratia sicut a principio. non autem procedit a quocumque humano dono. et ideo non est similis ratio de dono gratiae et de dono humano.

008 ST2 qu114 ar6

ag1 ‘ Ad sextum sic proceditur. videtur quod homo possit alteri mereri primam gratiam. * quia matth. ix, super illud, ° videns iesus fidem illorum etc., * dicit glossa, ° quantum valet apud deum fides propria, apud quem sic valuit aliena ut intus et extra sanaret hominem. ‘ sed interior sanatio hominis est per primam gratiam. ergo homo potest alteri mereri primam gratiam.
ag2 ‘ Praeterea, orationes iustorum non sunt vacuae, sed efficaces; * secundum illud iac. ult., ° multum valet deprecatio iusti assidua. * sed ibidem praemittitur, ° orate pro invicem ut salvemini. ‘ cum igitur salus hominis non possit esse nisi per gratiam, videtur quod unus homo possit alteri mereri primam gratiam.
ag3 * Praeterea, luc. xvi dicitur, ° facite vobis amicos de mammona iniquitatis, ut cum defeceritis, recipiant vos in aeterna tabernacula. ‘ sed nullus recipitur in aeterna tabernacula nisi per gratiam, per quam solam aliquis meretur vitam aeternam, * ut supra dictum est. ‘ ergo unus homo potest alteri acquirere, merendo, primam gratiam.
sc * Sed contra est quod dicitur ierem. xv, ° si steterint moyses et samuel coram me, non est anima mea ad populum istum, ‘ qui tamen fuerunt maximi meriti apud deum. videtur ergo quod nullus possit alteri mereri primam gratiam.
co * Respondeo dicendum quod, sicut ex supradictis patet, ‘ opus nostrum habet rationem meriti ex duobus. primo quidem, ex vi motionis divinae, et sic meretur aliquis ex condigno. alio modo habet rationem meriti, secundum quod procedit ex libero arbitrio, inquantum voluntarie aliquid facimus. et ex hac parte est meritum congrui, quia congruum est ut, dum homo bene utitur sua virtute, deus secundum superexcellentem virtutem excellentius operetur. ex quo patet quod merito condigni nullus potest mereri alteri primam gratiam nisi solus christus. quia unusquisque nostrum movetur a deo per donum gratiae ut ipse ad vitam aeternam perveniat, et ideo meritum condigni ultra hanc motionem non se extendit. sed anima christi mota est a deo per gratiam non solum ut ipse perveniret ad gloriam vitae aeternae, sed etiam ut alios in eam adduceret, inquantum est caput ecclesiae et auctor salutis humanae; * secundum illud ad heb. ii, ° qui multos filios in gloriam adduxerat, auctorem salutis etc.. ‘ sed merito congrui potest aliquis alteri mereri primam gratiam. quia enim homo in gratia constitutus implet dei voluntatem, congruum est, secundum amicitiae proportionem, ut deus impleat hominis voluntatem in salvatione alterius, licet quandoque possit habere impedimentum ex parte illius cuius aliquis sanctus iustificationem desiderat. * et in hoc casu loquitur auctoritas ieremiae ultimo inducta.
ra1 ‘ Ad primum ergo dicendum quod fides aliorum valet alii ad salutem merito congrui, non merito condigni.
ra2 ‘ Ad secundum dicendum quod impetratio orationis innititur misericordiae, meritum autem condigni innititur iustitiae. et ideo multa orando impetrat homo ex divina misericordia, quae tamen non meretur secundum iustitiam; * secundum illud dan. ix, ° neque enim in iustificationibus nostris prosternimus preces ante faciem tuam, sed in miserationibus tuis multis.
ra3 ‘ Ad tertium dicendum quod pauperes eleemosynas recipientes dicuntur recipere alios in aeterna tabernacula, vel impetrando eis veniam orando; vel merendo per alia bona ex congruo; vel etiam materialiter loquendo, quia per ipsa opera misericordiae quae quis in pauperes exercet, meretur recipi in aeterna tabernacula.

008 ST2 qu114 ar7

ag1 ‘ Ad septimum sic proceditur. videtur quod aliquis possit mereri sibi ipsi reparationem post lapsum. illud enim quod iuste a deo petitur, homo videtur posse mereri. “ sed nihil iustius a deo petitur, * ut augustinus dicit, “ quam quod reparetur post lapsum; * secundum illud psalmi lxx, ° cum defecerit virtus mea, ne derelinquas me, domine. ‘ ergo homo potest mereri ut reparetur post lapsum.
ag2 ‘ Praeterea, multo magis homini prosunt opera sua quam prosint alii. sed homo potest aliquo modo alteri mereri reparationem post lapsum, sicut et primam gratiam. ergo multo magis sibi potest mereri ut reparetur post lapsum.
ag3 ‘ Praeterea, homo qui aliquando fuit in gratia, per bona opera quae fecit, meruit sibi vitam aeternam; * ut ex supradictis patet. ‘ sed ad vitam aeternam non potest quis pervenire nisi reparetur per gratiam. ergo videtur quod sibi meruit reparationem per gratiam.
sc * Sed contra est quod dicitur ezech. xviii, ° si averterit se iustus a iustitia sua, et fecerit iniquitatem; omnes iustitiae eius quas fecerat, non recordabuntur. ‘ ergo nihil valebunt ei praecedentia merita ad hoc quod resurgat. non ergo aliquis potest sibi mereri reparationem post lapsum futurum.
co ‘ Respondeo dicendum quod nullus potest sibi mereri reparationem post lapsum futurum, neque merito condigni, neque merito congrui. merito quidem condigni hoc sibi mereri non potest, quia ratio huius meriti dependet ex motione divinae gratiae, quae quidem motio interrumpitur per sequens peccatum. unde omnia beneficia quae postmodum aliquis a deo consequitur, quibus reparatur, non cadunt sub merito; tanquam motione prioris gratiae usque ad hoc non se extendente. meritum etiam congrui quo quis alteri primam gratiam meretur, impeditur ne consequatur effectum, propter impedimentum peccati in eo cui quis meretur. multo igitur magis impeditur talis meriti efficacia per impedimentum quod est et in eo qui meretur et in eo cui meretur, hic enim utrumque in unam personam concurrit. et ideo nullo modo aliquis potest sibi mereri reparationem post lapsum.
ra1 ‘ Ad primum ergo dicendum quod desiderium quo quis desiderat reparationem post lapsum, iustum dicitur, et similiter oratio, quia tendit ad iustitiam. non tamen ita quod iustitiae innitatur per modum meriti, sed solum misericordiae.
ra2 ‘ Ad secundum dicendum quod aliquis potest alteri mereri ex congruo primam gratiam, quia non est ibi impedimentum saltem ex parte merentis. quod invenitur dum aliquis post meritum gratiae a iustitia recedit.
ra3 * Ad tertium dicendum quod quidam dixerunt quod “ nullus meretur absolute vitam aeternam, nisi per actum finalis gratiae; sed solum sub conditione, si perseverat. ‘ sed hoc irrationabiliter dicitur, quia quandoque actus ultimae gratiae non est magis meritorius, sed minus, quam actus praecedentis, propter aegritudinis oppressionem. unde dicendum quod quilibet actus caritatis meretur absolute vitam aeternam. sed per peccatum sequens ponitur impedimentum praecedenti merito, ut non sortiatur effectum, sicut etiam causae naturales deficiunt a suis effectibus propter superveniens impedimentum.

008 ST2 qu114 ar8

ag1 ‘ Ad octavum sic proceditur. videtur quod homo non possit mereri augmentum gratiae vel caritatis. cum enim aliquis acceperit praemium quod meruit, non debetur ei alia merces, * sicut de quibusdam dicitur matth. vi, ° receperunt mercedem suam. ‘ si igitur aliquis mereretur augmentum caritatis vel gratiae, sequeretur quod, gratia augmentata, non posset ulterius expectare aliud praemium. quod est inconveniens.
ag2 ‘ Praeterea, nihil agit ultra suam speciem. sed principium meriti est gratia vel caritas, * ut ex supradictis patet. ‘ ergo nullus potest maiorem gratiam vel caritatem mereri quam habeat.
ag3 ‘ Praeterea, id quod cadit sub merito, meretur homo per quemlibet actum a gratia vel caritate procedentem, sicut per quemlibet talem actum meretur homo vitam aeternam. si igitur augmentum gratiae vel caritatis cadat sub merito, videtur quod per quemlibet actum caritate informatum aliquis mereatur augmentum caritatis. sed id quod homo meretur, infallibiliter a deo consequitur, nisi impediatur per peccatum sequens, * dicitur enim ii ad tim. i, ° scio cui credidi, et certus sum quia potens est depositum meum servare. ‘ sic ergo sequeretur quod per quemlibet actum meritorium gratia vel caritas augeretur. quod videtur esse inconveniens, cum quandoque ac-

tus meritorii non sint multum ferventes, ita quod sufficiant ad caritatis augmentum. non ergo augmentum caritatis cadit sub merito.
sc * Sed contra est quod augustinus dicit, super epist. ioan., quod ° caritas meretur augeri, ut aucta mereatur perfici. ‘ ergo augmentum caritatis vel gratiae cadit sub merito.
co * Respondeo dicendum quod, sicut supra dictum est, ‘ illud cadit sub merito condigni, ad quod motio gratiae se extendit. motio autem alicuius moventis non solum se extendit ad ultimum terminum motus, sed etiam ad totum progressum in motu. terminus autem motus gratiae est vita aeterna, progressus autem in hoc motu est secundum augmentum caritatis vel gratiae, * secundum illud prov. iv, ° iustorum semita quasi lux splendens procedit, et crescit usque ad perfectum diem, “ qui est dies gloriae. ‘ sic igitur augmentum gratiae cadit sub merito condigni.
ra1 ‘ Ad primum ergo dicendum quod praemium est terminus meriti. est autem duplex terminus motus, scilicet ultimus; et medius, qui est et principium et terminus. et talis terminus est merces augmenti. merces autem favoris humani est sicut ultimus terminus his qui finem in hoc constituunt, unde tales nullam aliam mercedem recipiunt.
ra2 ‘ Ad secundum dicendum quod augmentum gratiae non est supra virtutem praeexistentis gratiae, licet sit supra quantitatem ipsius, sicut arbor, etsi sit supra quantitatem seminis, non est tamen supra virtutem ipsius.
ra3 ‘ Ad tertium dicendum quod quolibet actu meritorio meretur homo augmentum gratiae, sicut et gratiae consummationem, quae est vita aeterna. sed sicut vita aeterna non statim redditur, sed suo tempore; ita nec gratia statim augetur, sed suo tempore; cum scilicet aliquis sufficienter fuerit dispositus ad gratiae augmentum.

008 ST2 qu114 ar9

ag1 ‘ Ad nonum sic proceditur. videtur quod aliquis possit perseverantiam mereri. illud enim quod homo obtinet petendo, potest cadere sub merito habentis gratiam. sed perseverantiam petendo homines a deo obtinent, alioquin frustra peteretur a deo in petitionibus orationis dominicae, * ut augustinus exponit, in libro de dono persever.. ‘ ergo perseverantia potest cadere sub merito habentis gratiam.
ag2 ‘ Praeterea, magis est non posse peccare quam non peccare. sed non posse peccare cadit sub merito, meretur enim aliquis vitam aeternam, de cuius ratione est impeccabilitas. ergo multo magis potest aliquis mereri ut non peccet, quod est perseverare.
ag3 ‘ Praeterea, maius est augmentum gratiae quam perseverantia in gratia quam quis habet. sed homo potest mereri augmentum gratiae, * ut supra dictum est. ‘ ergo multo magis potest mereri perseverantiam in gratia quam quis habet.
sc ‘ Sed contra est quod omne quod quis meretur, a deo consequitur, nisi impediatur per peccatum. sed multi habent opera meritoria, qui non consequuntur perseverantiam. nec potest dici quod hoc fiat propter impedimentum peccati, quia hoc ipsum quod est peccare, opponitur perseverantiae; ita quod, si aliquis perseverantiam mereretur, deus non permitteret aliquem cadere in peccatum. non igitur perseverantia cadit sub merito.
co ‘ Respondeo dicendum quod, cum homo naturaliter habeat liberum arbitrium flexibile ad bonum et ad malum, dupliciter potest aliquis perseverantiam in bono obtinere a deo. uno quidem modo, per hoc quod liberum arbitrium determinatur ad bonum per gratiam consummatam, quod erit in gloria. alio modo, ex parte motionis divinae, quae hominem inclinat ad bonum usque in finem. * sicut autem ex dictis patet, ‘ illud cadit sub humano merito, quod comparatur ad motum liberi arbitrii directi a deo movente, sicut terminus, non autem id quod comparatur ad praedictum motum sicut principium. unde patet quod perseverantia gloriae, quae est terminus praedicti motus, cadit sub merito, perseverantia autem viae non cadit sub merito, quia dependet solum ex motione divina, quae est principium omnis meriti. sed deus gratis perseverantiae bonum largitur, cuicumque illud largitur.
ra1 ‘ Ad primum ergo dicendum quod etiam ea quae non meremur, orando impetramus. nam et peccatores deus audit, peccatorum veniam petentes, quam non merentur, * ut patet per augustinum, super illud ioan. ix, “ scimus quia peccatores deus non exaudit; * alioquin frustra dixisset publicanus, “ deus, propitius esto mihi peccatori, * ut dicitur luc. xviii. ‘ et similiter perseverantiae donum aliquis petendo a deo impetrat vel sibi vel alii, quamvis sub merito non cadat.
ra2 ‘ Ad secundum dicendum quod perseverantia quae erit in gloria, comparatur ad motum liberi arbitrii meritorium sicut terminus, non autem perseverantia viae, * ratione praedicta.
ra3 ‘ Et similiter dicendum est ad tertium, de augmento gratiae, * ut per praedicta patet.

008 ST2 qu114 ar10

ag1 ‘ Ad decimum sic proceditur. videtur quod temporalia bona cadant sub merito. illud enim quod promittitur aliquibus ut praemium iustitiae, cadit sub merito. sed temporalia bona promissa sunt in lege veteri sicut merces iustitiae, * ut patet deut. xxviii. ‘ ergo videtur quod bona temporalia cadant sub merito.
ag2 ‘ Praeterea, illud videtur sub merito cadere, quod deus alicui retribuit pro aliquo servitio quod fecit. sed deus aliquando recompensat hominibus pro servitio sibi facto, aliqua bona temporalia. * dicitur enim exod. i, ° et quia timuerunt obstetrices deum, aedificavit illis domos; * ubi glossa gregorii dicit quod ° benignitatis earum merces potuit in aeterna vita retribui, sed pro culpa mendacii, terrenam recompensationem accepit. * et ezech. xxix dicitur, ° rex babylonis servire fecit exercitum suum servitute magna adversus tyrum, et merces non est reddita ei; * et postea subdit, ° erit merces exercitui illius, et dedi ei terram aegypti, pro eo quod laboraverit mihi. ‘ ergo bona temporalia cadunt sub merito.
ag3 ‘ Praeterea, sicut bonum se habet ad meritum, ita malum se habet ad demeritum. sed propter demeritum peccati aliqui puniuntur a deo temporalibus poenis, * sicut patet de sodomitis, gen. xix. ‘ ergo et bona temporalia cadunt sub merito.
sc ‘ Sed contra est quod illa quae cadunt sub merito, non similiter se habent ad omnes. sed bona temporalia et mala similiter se habent ad bonos et malos; * secundum illud eccle. ix, ° universa aeque eveniunt iusto et impio, bono et malo, mundo et immundo, immolanti victimas et sacrificia contemnenti. ‘ ergo bona temporalia non cadunt sub merito.
co ‘ Respondeo dicendum quod illud quod sub merito cadit, est praemium vel merces, quod habet rationem alicuius boni. bonum autem hominis est duplex, unum simpliciter, et aliud secundum quid. simpliciter quidem bonum hominis est ultimus finis eius, * secundum illud psalmi lxxii, ° mihi autem adhaerere deo bonum est, ‘ et per consequens omnia illa quae ordinantur ut ducentia ad hunc finem. et talia simpliciter cadunt sub merito. bonum autem secundum quid et non simpliciter hominis, est quod est bonum ei ut nunc, vel quod ei est secundum aliquid bonum. et huiusmodi non cadunt sub merito simpliciter, sed secundum quid. secundum hoc ergo dicendum est quod, si temporalia bona considerentur prout sunt utilia ad opera virtutum, quibus perducimur in vitam aeternam, secundum hoc directe et simpliciter cadunt sub merito, sicut et augmentum gratiae, et omnia illa quibus homo adiuvatur ad perveniendum in beatitudinem, post primam gratiam. tantum enim dat deus viris iustis de bonis temporalibus, et etiam de malis, quantum eis expedit ad perveniendum ad vitam aeternam. et intantum sunt simpliciter bona huiusmodi temporalia. * unde dicitur in psalmo, ° timentes autem dominum non minuentur omni bono; * et alibi, ° non vidi iustum derelictum. ‘ si autem considerentur huiusmodi temporalia bona secundum se, |25| sic non sunt simpliciter bona hominis, sed secundum quid. et ita non simpliciter cadunt sub merito, sed secundum quid, inquantum scilicet homines moventur a deo ad aliqua temporaliter agenda, in quibus suum propositum consequuntur, deo favente. ut sicut vita aeterna est simpliciter praemium operum iustitiae per relationem ad motionem divinam, * sicut supra dictum est; ‘ ita temporalia bona in se considerata habeant rationem mercedis, habito respectu ad motionem divinam qua voluntates hominum moventur ad haec prosequenda; licet interdum in his non habeant homines rectam intentionem.
ra1 ‘ Ad primum ergo dicendum quod, * sicut augustinus dicit, contra faust., libro iv, ° in illis temporalibus promissis figurae fuerunt futurorum spiritualium, quae implentur in nobis. carnalis enim populus promissis vitae praesentis inhaerebat, et illorum non tantum lingua, sed etiam vita prophetica fuit.
ra2 ‘ Ad secundum dicendum quod illae retributiones dicuntur esse divinitus factae secundum comparationem ad divinam motionem, non autem secundum respectum ad malitiam voluntatis. praecipue quantum ad regem babylonis, qui non impugnavit tyrum quasi volens deo servire, sed potius ut sibi dominium usurparet. similiter etiam obstetrices, licet habuerunt bonam voluntatem quantum ad liberationem puerorum, non tamen fuit earum recta voluntas quantum ad hoc quod mendacium confinxerunt.
ra3 ‘ Ad tertium dicendum quod temporalia mala infliguntur in poenam impiis, inquantum per ea non adiuvantur ad consecutionem vitae aeternae. iustis autem, qui per huiusmodi mala iuvantur, non sunt poenae, sed magis medicinae, * ut etiam supra dictum est.
ra4 ‘ Ad quartum dicendum quod omnia aeque eveniunt bonis et malis, quantum ad ipsam substantiam bonorum vel malorum temporalium. sed non quantum ad finem, quia boni per huiusmodi manuducuntur ad beatitudinem, non autem mali. et haec de moralibus in communi dicta sufficiant.

SUMMA THEOLOGIAE - SECUNDA SECUNDAE

----

009 ST3 qu ar

pr ‘ Post communem considerationem de virtutibus et vitiis et aliis ad materiam moralem pertinentibus, necesse est considerare singula in speciali, sermones enim morales universales sunt minus utiles, eo quod actiones in particularibus sunt. potest autem aliquid in speciali considerari circa moralia dupliciter, uno modo, ex parte ipsius materiae moralis, puta cum consideratur de hac virtute vel hoc vitio; alio modo, quantum ad speciales status hominum, puta cum consideratur de subditis et praelatis, de activis et contemplativis, vel quibuscumque aliis differentiis hominum. primo ergo considerabimus specialiter de his quae pertinent ad omnes hominum status; secundo vero, specialiter de his quae pertinent ad determinatos status. est autem considerandum circa primum quod, si seorsum determinaremus de virtutibus, donis, vitiis et praeceptis, oporteret idem multoties dicere, qui enim sufficienter vult tractare de hoc praecepto, “ non moechaberis, ‘ necesse habet inquirere de adulterio, quod est quoddam peccatum, cuius etiam cognitio dependet ex cognitione oppositae virtutis. erit igitur compendiosior et expeditior considerationis via si simul sub eodem tractatu consideratio procedit de virtute et dono sibi correspondente, et vitiis oppositis, et praeceptis affirmativis vel negativis. erit autem hic considerationis modus |25| conveniens ipsis vitiis secundum propriam speciem, ostensum est enim supra quod vitia et peccata diversificantur specie secundum materiam vel obiectum, non autem secundum alias differentias peccatorum, puta cordis, oris et operis, vel secundum infirmitatem, ignorantiam et malitiam, et alias huiusmodi differentias; est autem eadem materia circa quam et virtus recte operatur et vitia opposita a rectitudine recedunt. sic igitur tota materia morali ad considerationem virtutum reducta, omnes virtutes sunt ulterius reducendae ad septem, quarum tres sunt theologicae, de quibus primo est agendum; aliae vero quatuor sunt cardinales, de quibus posterius agetur. virtutum autem intellectualium una quidem est prudentia, quae inter cardinales virtutes continetur et numeratur; ars vero non pertinet ad moralem, quae circa agibilia versatur, cum ars sit recta ratio factibilium, * ut supra dictum est; ‘ aliae vero tres intellectuales virtutes, scilicet sapientia, intellectus et scientia, communicant etiam in nomine cum donis quibusdam spiritus sancti, unde simul etiam de eis considerabitur in consideratione donorum virtutibus correspondentium. aliae vero virtutes morales omnes aliqualiter reducuntur ad virtutes cardinales, * ut ex supradictis patet, ‘ unde in consideratione |50| alicuius virtutis cardinalis considerabuntur etiam omnes virtutes ad eam qualitercumque pertinentes et vitia opposita. et sic nihil moralium erit praetermissum.

009 ST3 qu1 ar

pr ‘ Circa virtutes igitur theologicas primo erit considerandum de fide; secundo, de spe; tertio, de caritate. circa fidem vero quadruplex consideratio occurrit, prima quidem de ipsa fide; secunda de donis intellectus et scientiae sibi correspondentibus; tertia de vitiis oppositis; quarta de praeceptis ad hanc virtutem pertinentibus. circa fidem vero primo erit considerandum de eius obiecto; secundo, de eius actu; tertio, de ipso habitu fidei. circa primum quaeruntur decem. primo, utrum obiectum fidei sit veritas prima. secundo, utrum obiectum fidei sit aliquid complexum vel incomplexum, idest res aut enuntiabile. tertio, utrum fidei possit subesse falsum. quarto, utrum obiectum fidei possit esse aliquid visum. quinto, utrum possit esse aliquid scitum. sexto, utrum credibilia debeant distingui per certos articulos. septimo, utrum iidem articuli subsint fidei secundum omne tempus. octavo, de numero articulorum. nono, de modo tradendi articulos in symbolo. decimo, cuius sit fidei symbolum constituere.

009 ST3 qu1 ar1

ag1 ‘ Ad primum sic proceditur. videtur quod obiectum fidei non sit veritas prima. illud enim videtur esse obiectum fidei quod nobis proponitur ad credendum. sed non solum proponuntur nobis ad credendum ea quae pertinent ad divinitatem, quae est veritas prima; sed etiam ea quae pertinent ad humanitatem christi et ecclesiae sacramenta et creaturarum conditionem. ergo non solum veritas prima est fidei obiectum.
ag2 ‘ Praeterea, fides et infidelitas sunt circa idem, cum sint opposita. sed circa omnia quae in sacra scriptura continentur potest esse infidelitas, quidquid enim horum homo negaverit, infidelis reputatur. ergo etiam fides est circa omnia quae in sacra scriptura continentur. sed ibi multa continentur de hominibus et de aliis rebus creatis. ergo obiectum fidei non solum est veritas prima, sed etiam veritas creata.
ag3 ‘ Praeterea, fides caritati condividitur, * ut supra dictum est. ‘ sed caritate non solum diligimus deum, qui est summa bonitas, sed etiam diligimus proximum. ergo fidei obiectum non est solum veritas prima.
sc * Sed contra est quod dionysius dicit, vii cap. de div. nom., quod ° fides est circa simplicem et semper existentem veritatem. ‘ haec autem est veritas prima. ergo obiectum fidei est veritas prima.

co ' Respondeo dicendum quod cuiuslibet cognoscitivi habitus obiectum duo habet, scilicet id quod materialiter cognoscitur, quod est sicut materiale obiectum; et id per quod cognoscitur, quod est formalis ratio obiecti. sicut in scientia geometriae materialiter scita sunt conclusiones; formalis vero ratio sciendi sunt media demonstrationis, per quae conclusiones cognoscuntur. sic igitur in fide, si consideremus formalem rationem obiecti, nihil est aliud quam veritas prima. non enim fides de qua loquimur assentit alicui nisi quia est a deo revelatum; unde ipsi veritati divinae innititur tanquam medio. si vero consideremus materialiter ea quibus fides assentit, non solum est ipse deus, sed etiam multa alia. quae tamen sub assensu fidei non cadunt nisi secundum quod habent aliquem ordinem ad deum, prout scilicet per aliquos divinitatis effectus homo adiuvatur ad tendendum in divinam fruitionem. et ideo etiam ex hac parte obiectum fidei est quodammodo veritas prima, inquantum nihil cadit sub fide nisi in ordine ad deum, sicut etiam obiectum medicinae est sanitas, quia nihil medicina considerat nisi in ordine ad sanitatem.
ra1 ' Ad primum ergo dicendum quod ea quae pertinent ad humanitatem christi et ad sacramenta ecclesiae vel ad quascumque creaturas cadunt sub fide inquantum per haec ordinamur ad deum. et eis etiam assentimus propter divinam veritatem.
ra2 ' Et similiter dicendum est ad secundum, de omnibus illis quae in sacra scriptura traduntur.
ra3 ' Ad tertium dicendum quod etiam caritas diligit proximum propter deum; et sic obiectum eius proprie est ipse deus, * ut infra dicetur.

009 ST3 qu1 ar2

ag1 ' Ad secundum sic proceditur. videtur quod obiectum fidei non sit aliquid complexum per modum enuntiabilis. obiectum enim fidei est veritas prima, * sicut dictum est. ' sed prima veritas est aliquid incomplexum. ergo obiectum fidei non est aliquid complexum.
ag2 ' Praeterea, expositio fidei in symbolo continetur. sed in symbolo non ponuntur enuntiabilia, sed res, non enim dicitur ibi quod deus sit omnipotens, sed, " credo in deum omnipotentem. ' ergo obiectum fidei non est enuntiabile, sed res.
ag3 ' Praeterea, fidei succedit visio, * secundum illud i ad cor. xiii, ° videmus nunc per speculum in aenigmate, tunc autem facie ad faciem. ' sed visio patriae est de incomplexo, cum sit ipsius divinae essentiae. ergo etiam fides viae.
sc ' Sed contra, fides est media inter scientiam et opinionem. medium autem et extrema sunt eiusdem generis. cum igitur scientia et opinio sint circa enuntiabilia, videtur quod similiter fides sit circa enuntiabilia. et ita obiectum fidei, cum fides sit circa enuntiabilia, est aliquid complexum.
co ' Respondeo dicendum quod cognita sunt in cognoscente secundum modum cognoscentis. est autem modus proprius humani intellectus ut componendo et dividendo veritatem cognoscat, * sicut in primo dictum est. ' et ideo ea quae sunt secundum se simplicia intellectus humanus cognoscit secundum quandam complexionem, sicut e converso intellectus divinus incomplexe cognoscit ea quae sunt secundum se complexa. sic igitur obiectum fidei dupliciter considerari potest. uno modo, ex parte ipsius rei creditae, et sic obiectum fidei est aliquid incomplexum, scilicet res ipsa de qua fides habetur. alio modo, ex parte credentis, et secundum hoc obiectum fidei est aliquid complexum per modum enuntiabilis. * et ideo utrumque vere opinatum fuit apud antiquos, ' et secundum aliquid utrumque est verum.
ra1 ' Ad primum ergo dicendum quod ratio illa procedit de obiecto fidei ex parte ipsius rei creditae.
ra2 ' Ad secundum dicendum quod in symbolo tanguntur ea de quibus est fides inquantum ad ea terminatur actus credentis, ut ex ipso modo loquendi apparet. actus autem credentis non terminatur ad enuntiabile, sed ad rem. non enim formamus enuntiabilia nisi ut per ea de rebus cognitionem habeamus, sicut in scientia, ita et in fide.
ra3 ' Ad tertium dicendum quod visio patriae erit veritatis primae secundum quod in se est, * secundum illud i ioan. iii, ° cum apparuerit, similes ei erimus et videbimus eum sicuti est. ' et ideo visio illa erit non per modum enuntiabilis, sed per modum simplicis intelligentiae. sed per fidem non apprehendimus veritatem primam sicut in se est. unde non est similis ratio.

009 ST3 qu1 ar3

ag1 ' Ad tertium sic proceditur. videtur quod fidei possit subesse falsum. fides enim condividitur spei et caritati. sed spei potest aliquid subesse falsum, multi enim sperant se habituros vitam aeternam qui non habebunt. similiter etiam et caritati, multi enim diliguntur tanquam boni qui tamen boni non sunt. ergo etiam fidei potest aliquid subesse falsum.
ag2 ' Praeterea, abraham credidit christum nasciturum, * secundum illud ioan. viii, ° abraham, pater vester, exultavit ut videret diem meum. ' sed post tempus abrahae deus poterat non incarnari, sola enim sua voluntate carnem accepit, et ita esset falsum quod abraham de christo credidit. ergo fidei potest subesse falsum.
ag3 ' Praeterea, fides antiquorum fuit quod christus esset nasciturus, et haec fides duravit in multis usque ad praedicationem evangelii. sed christo iam nato, antequam praedicare inciperet, falsum erat christum nasciturum. ergo fidei potest subesse falsum.
ag4 ' Praeterea, unum de pertinentibus ad fidem est ut aliquis credat sub sacramento altaris verum corpus christi contineri. potest autem contingere, quando non recte consecratur, quod non est ibi verum corpus christi, sed solum panis. ergo fidei potest subesse falsum.
sc ' Sed contra, nulla virtus perficiens intellectum se habet ad falsum secundum quod est malum intellectus, * ut patet per philosophum, in vi ethic.. ' sed fides est quaedam virtus perficiens intellectum, * ut infra patebit. ' ergo ei non potest subesse falsum.
co ' Respondeo dicendum quod nihil subest alicui potentiae vel habitui aut etiam actui, nisi mediante ratione formali obiecti, sicut color videri non potest nisi per lucem, et conclusio sciri non potest nisi per medium demonstrationis. * dictum est autem quod ' ratio formalis obiecti fidei est veritas prima. unde nihil potest cadere sub fide nisi inquantum stat sub veritate prima. sub qua nullum falsum stare potest, sicut nec non ens sub ente, nec malum sub bonitate. unde relinquitur quod fidei non potest subesse aliquod falsum.
ra1 ' Ad primum ergo dicendum quod, quia verum est bonum intellectus, non autem est bonum appetitivae virtutis, ideo omnes virtutes quae perficiunt intellectum excludunt totaliter falsum, quia de ratione virtutis est quod se habeat solum ad bonum. virtutes autem perficientes partem appetitivam non excludunt totaliter falsum, potest enim aliquis secundum iustitiam aut temperantiam agere aliquam falsam opinionem habens de eo circa quod agit. et ita, cum fides perficiat intellectum, spes autem et caritas appetitivam partem, non est similis ratio de eis. et tamen neque etiam spei subest falsum. non enim aliquis sperat se habiturum vitam aeternam secundum propriam potestatem (hoc enim esset praesumptionis), sed secundum auxilium gratiae, in qua si perseveraverit, omnino infallibiliter vitam aeternam consequetur. similiter etiam ad caritatem pertinet diligere deum in quocumque fuerit. unde non refert ad caritatem utrum in isto sit deus qui propter deum diligitur.
ra2 ' Ad secundum dicendum quod deum non incarnari, secundum se consideratum, fuit possibile etiam post tempus abrahae. sed secundum quod cadit sub praescientia divina, habet quandam necessitatem infallibilitatis, * ut in primo dictum est. ' et hoc modo cadit sub fide. unde prout cadit sub fide, non potest esse falsum.
ra3 ' Ad tertium dicendum quod hoc ad fidem credentis pertinebat post christi nativitatem quod crederet eum quandoque nasci. sed illa determinatio temporis, in qua decipiebatur, non erat ex fide, sed ex coniectura humana. possibile est enim hominem fidelem ex coniectura humana falsum aliquid aestimare. sed quod ex fide falsum aestimet, hoc est impossibile.
ra4 ' Ad quartum dicendum quod fides credentis non refertur ad has species panis vel illas, sed ad hoc quod verum corpus christi sit sub speciebus panis sensibilis quando recte fuerit consecratum. unde si non sit recte consecratum, fidei non suberit propter hoc falsum.

009 ST3 qu1 ar4

ag1 ' Ad quartum sic proceditur. videtur quod obiectum fidei sit aliquid visum. * dicit enim dominus thomae, ioan. xx, ° quia vidisti me, credidisti. ' ergo et de eodem est visio et fides.
ag2 * Praeterea, apostolus, i ad cor. xiii, dicit, ° videmus nunc per speculum in aenigmate. " et loquitur de cognitione fidei. ' ergo id quod creditur videtur.
ag3 ' Praeterea, fides est quoddam spirituale lumen. sed quolibet lumine aliquid videtur. ergo fides est de rebus visis.
ag4 " Praeterea, quilibet sensus visus nominatur, * ut augustinus dicit, in libro de verb. dom.. ' sed fides est de auditis, * secundum illud ad rom. x, " fides ex auditu. ' ergo fides est de rebus visis.
sc * Sed contra est quod apostolus dicit, ad heb. xi, quod ° fides est argumentum non apparentium.
co ' Respondeo dicendum quod fides importat assensum intellectus ad id quod creditur. assentit autem alicui intellectus dupliciter. uno modo, quia ad hoc movetur ab ipso obiecto, quod est vel per seipsum cognitum, sicut patet in principiis primis, quorum est intellectus; vel est per aliud cognitum, sicut patet de conclusionibus, quarum est scientia. alio modo intellectus assentit alicui non quia sufficienter moveatur ab obiecto proprio, sed per quandam electionem voluntarie declinans in unam partem magis quam in aliam. et si quidem hoc fit cum dubitatione et formidine alterius partis, erit opinio, si autem fit cum certitudine absque tali formidine, erit fides. illa autem videri dicuntur quae per seipsa movent intellectum nostrum vel sensum ad sui cognitionem. unde manifestum est quod nec fides nec opinio potest esse de visis aut secundum sensum aut secundum intellectum.
ra1 ' Ad primum ergo dicendum quod ° thomas aliud vidit et aliud credidit. hominem vidit et deum credens confessus est, cum dixit, dominus meus et deus meus.
ra2 ' Ad secundum dicendum quod ea quae subsunt fidei dupliciter considerari possunt. uno modo, in speciali, et sic non possunt esse simul visa et credita, * sicut dictum est. ' alio modo, in generali, scilicet sub communi ratione credibilis. et sic sunt visa ab eo qui credit, non enim crederet nisi videret ea esse credenda, vel propter evidentiam signorum vel propter aliquid huiusmodi.
ra3 ' Ad tertium dicendum quod lumen fidei facit videre ea quae creduntur. sicut enim per alios habitus virtutum homo videt illud quod est sibi conveniens secundum habitum illum, ita etiam per habitum fidei inclinatur mens hominis ad assentiendum his quae conveniunt rectae fidei et non aliis.
ra4 ' Ad quartum dicendum quod auditus est verborum significantium ea quae sunt fidei, non autem est ipsarum rerum de quibus est fides. et sic non oportet ut huiusmodi res sint visae.

009 ST3 qu1 ar5

ag1 ' Ad quintum sic proceditur. videtur quod ea quae sunt fidei possint esse scita. ea enim quae non sciuntur videntur esse ignorata, quia ignorantia scientiae opponitur. sed ea quae sunt fidei non sunt ignorata, horum enim ignorantia ad infidelitatem pertinet, * secundum illud i ad tim. i, ° ignorans feci in incredulitate mea. ' ergo ea quae sunt fidei possunt esse scita.
ag2 ' Praeterea, scientia per rationes acquiritur. sed ad ea quae sunt fidei a sacris auctoribus rationes inducuntur. ergo ea quae sunt fidei possunt esse scita.
ag3 ' Praeterea, ea quae demonstrative probantur sunt scita, quia demonstratio est syllogismus faciens scire. sed quaedam quae in fide continentur sunt demonstrative probata a philosophis, sicut deum esse, et deum esse unum, et alia huiusmodi. ergo ea quae sunt fidei possunt esse scita.
ag4 ' Praeterea, opinio plus distat a scientia quam fides, cum fides dicatur esse media inter opinionem et scientiam. " sed opinio et scientia possunt esse aliquo modo de eodem, * ut dicitur in i poster.. ' ergo etiam fides et scientia.
sc * Sed contra est quod gregorius dicit, quod ° apparentia non habent fidem, sed agnitionem. ' ea ergo de quibus est fides agnitionem non habent. sed ea quae sunt scita habent agnitionem. ergo de his quae sunt scita non potest esse fides.
co ' Respondeo dicendum quod omnis scientia habetur per aliqua principia per se nota, et per consequens visa. et ideo oportet quaecumque sunt scita aliquo modo esse visa. non autem est possibile quod idem ab eodem sit creditum et visum, * sicut supra dictum est. ' unde etiam impossibile est quod ab eodem idem sit scitum et creditum. potest tamen contingere ut id quod est visum vel scitum ab uno, sit creditum ab alio. ea enim quae de trinitate credimus nos visuros speramus, * secundum illud i ad cor. xiii, ° videmus nunc per speculum in aenigmate, tunc autem facie ad faciem, ' quam quidem visionem iam angeli habent, unde quod nos credimus illi vident. et similiter potest contingere ut id quod est visum vel scitum ab uno homine, etiam in statu viae, sit ab alio creditum, qui hoc demonstrative non novit. id tamen quod communiter omnibus hominibus proponitur ut credendum est communiter non scitum. et ista sunt quae simpliciter fidei subsunt. et ideo fides et scientia non sunt de eodem.
ra1 ' Ad primum ergo dicendum quod infideles eorum quae sunt fidei ignorantiam habent, quia nec vident aut sciunt ea in seipsis, nec cognoscunt ea esse credibilia. sed per hunc modum fideles habent eorum notitiam, non quasi demonstrative, sed inquantum per lumen fidei videntur esse credenda, * ut dictum est.
ra2 ' Ad secundum dicendum quod rationes quae inducuntur a sanctis ad probandum ea quae sunt fidei non sunt demonstrativae, sed persuasiones quaedam manifestantes non esse impossibile quod in fide proponitur. " vel procedunt ex principiis fidei, scilicet ex auctoritatibus sacrae scripturae, * sicut dionysius dicit, ii cap. de div. nom.. ' ex his autem principiis ita probatur aliquid apud fideles sicut etiam ex principiis naturaliter notis probatur aliquid apud omnes. unde etiam theologia scientia est, * ut in principio operis dictum est.
ra3 ' Ad tertium dicendum quod ea quae demonstrative probari possunt inter credenda numerantur, non quia de ipsis sit simpliciter fides apud omnes, sed quia praeexiguntur ad ea quae sunt fidei, et oportet ea saltem per fidem praesupponi ab his qui horum demonstrationem non habent.
ra4 * Ad quartum dicendum quod, sicut philosophus ibidem dicit, " a diversis hominibus de eodem omnino potest haberi scientia et opinio, * sicut et nunc dictum est de scientia et fide. ' sed ab uno et eodem potest quidem haberi fides et scientia de eodem secundum quid, scilicet subiecto, sed non secundum idem, potest enim esse quod de una et eadem re aliquis aliquid sciat et aliquid aliud opinetur; et similiter de deo potest aliquis demonstrative scire quod sit unus, et credere quod sit trinus. sed de eodem secundum idem non potest esse simul in uno homine scien-

tia nec cum opinione nec cum fide, alia tamen et alia ratione. scientia enim cum opinione simul esse non potest simpliciter de eodem, quia de ratione scientiae est quod id quod scitur existimetur esse impossibile aliter se habere; de ratione autem opinionis est quod id quod quis existimat, existimet possibile aliter se habere. sed id quod fide tenetur, propter fidei certitudinem, existimatur etiam impossibile aliter se habere, sed ea ratione non potest simul idem et secundum idem esse scitum et creditum, quia scitum est visum et creditum est non visum. * ut dictum est.

009 ST3 qu1 ar6

ag1 ‘ Ad sextum sic proceditur. videtur quod credibilia non sint per certos articulos distinguenda. eorum enim omnium quae in sacra scriptura continentur est fides habenda. sed illa non possunt reduci ad aliquem certum numerum, propter sui multitudinem. ergo superfluum videtur articulos fidei distinguere.
ag2 ‘ Praeterea, materialis distinctio, cum in infinitum fieri possit, est ab arte praetermittenda. sed formalis ratio obiecti credibilis est una et indivisibilis, * ut supra dictum est, ‘ scilicet veritas prima, et sic secundum rationem formalem credibilia distingui non possunt. ergo praetermittenda est credibilium materialis distinctio per articulos.
ag3 * Praeterea, sicut a quibusdam dicitur, ° articulus est indivisibilis veritas de deo arctans nos ad credendum. ‘ sed credere est voluntarium, * quia, sicut augustinus dicit, “ nullus credit nisi volens. ‘ ergo videtur quod inconvenienter distinguantur credibilia per articulos.
sc * Sed contra est quod isidorus dicit, ° articulus est perceptio divinae veritatis tendens in ipsam. ‘ sed perceptio divinae veritatis competit nobis secundum distinctionem quandam, quae enim in deo unum sunt in nostro intellectu multiplicantur. ergo credibilia debent per articulos distingui.
co ‘ Respondeo dicendum quod nomen articuli ex graeco videtur esse derivatum. arthron enim in graeco, quod in latino articulus dicitur, significat quandam coaptationem aliquarum partium distinctarum. et ideo particulae corporis sibi invicem coaptatae dicuntur membrorum articuli. et similiter in grammatica apud graecos dicuntur articuli quaedam partes orationis coaptatae aliis dictionibus ad exprimendum earum genus, numerum vel casum. et similiter in rhetorica articuli dicuntur quaedam partium coaptationes, * dicit enim tullius, in iv rhet., quod ° articulus dicitur cum singula verba intervallis distinguuntur caesa oratione, hoc modo, acrimonia, voce, vultu adversarios perterruisti. ‘ unde et credibilia fidei christianae dicuntur per articulos distingui inquantum in quasdam partes dividuntur habentes aliquam coaptationem ad invicem. est autem obiectum fidei aliquid non visum circa divina, * ut supra dictum est. ‘ et ideo ubi occurrit aliquid speciali ratione non visum, ibi est specialis articulus. ubi autem multa secundum eandem rationem sunt incognita, ibi non sunt articuli distinguendi. sicut aliam difficultatem habet ad videndum quod deus sit passus, et aliam quod mortuus resurrexerit, et ideo distinguitur articulus resurrectionis ab articulo passionis. |25| sed quod sit passus, mortuus et sepultus, unam et eandem difficultatem habent, ita quod, uno suscepto, non est difficile alia suscipere, et propter hoc omnia haec pertinent ad unum articulum.
ra1 ‘ Ad primum ergo dicendum quod aliqua sunt credibilia de quibus est fides secundum se; aliqua vero sunt credibilia de quibus non est fides secundum se, sed solum in ordine ad alia, sicut etiam in aliis scientiis quaedam proponuntur ut per se intenta, et quaedam ad manifestationem aliorum. quia vero fides principaliter est de his quae videnda speramus in patria, * secundum illud heb. xi, ° fides est substantia sperandarum rerum; ‘ ideo per se ad fidem pertinent illa quae directe nos ordinant ad vitam aeternam, sicut sunt tres personae, omnipotentia dei, mysterium incarnationis christi, et alia huiusmodi. et secundum ista distinguuntur articuli fidei. quaedam vero proponuntur in sacra scriptura ut credenda non quasi principaliter intenta, sed ad praedictorum manifestationem, sicut quod abraham habuit duos filios, quod ad tactum ossium elisaei suscitatus est mortuus, et alia huiusmodi, quae narrantur in sacra scriptura in ordine ad manifestationem divinae maiestatis vel incarnationis christi. et secundum talia non oportet articulos distinguere.
ra2 ‘ Ad secundum dicendum quod ratio formalis obiecti fidei potest accipi dupliciter. uno modo, ex parte ipsius rei creditae. et sic ratio formalis omnium credibilium est una, scilicet veritas prima. et ex hac parte articuli non distinguuntur. alio modo potest accipi formalis ratio credibilium ex parte nostra. et sic ratio formalis credibilis est ut sit non visum. et ex hac parte articuli fidei distinguuntur, * ut visum est.
ra3 “ Ad tertium dicendum quod illa definitio datur de articulo magis secundum quandam etymologiam nominis prout habet derivationem latinam, quam secundum eius veram significationem prout a graeco derivatur. ‘ unde non est magni ponderis. potest tamen dici quod, licet ad credendum necessitate coactionis nullus arctetur, cum credere sit voluntarium; arctatur tamen necessitate finis, quia ° accedentem ad deum oportet credere, et sine fide impossibile est placere deo, * ut apostolus dicit, heb. xi.

009 ST3 qu1 ar7

ag1 ‘ Ad septimum sic proceditur. videtur quod articuli fidei non creverint secundum temporum successionem. * quia, ut apostolus dicit, ad heb. xi, ° fides est substantia sperandarum rerum. ‘ sed omni tempore sunt eadem speranda. ergo omni tempore sunt eadem credenda.
ag2 ‘ Praeterea, in scientiis humanitus ordinatis per successionem temporum augmentum factum est propter defectum cognitionis in primis qui scientias invenerunt, * ut patet per philosophum, in ii metaphys.. ‘ sed doctrina fidei non est inventa humanitus, sed tradita a deo. dei enim donum est, * ut dicitur ephes. ii. ‘ cum igitur in deum nullus defectus scientiae cadat, videtur quod a principio cognitio credibilium fuerit perfecta, et quod non creverit secundum successionem temporum.
ag3 ‘ Praeterea, operatio gratiae non minus ordinate procedit quam operatio naturae. “ sed natura semper initium sumit a perfectis * ut boetius dicit, in libro de consol.. ‘ ergo etiam videtur quod operatio gratiae a perfectis initium sumpserit, ita quod illi qui primo tradiderunt fidem perfectissime eam cognoverunt.
ag4 ‘ Praeterea, sicut per apostolos ad nos fides christi pervenit, ita etiam in veteri testamento per priores patres ad posteriores devenit cognitio fidei, * secundum illud deut. xxxii, ° interroga patrem tuum et annuntiabit tibi. ‘ sed apostoli plenissime fuerunt instructi de mysteriis, acceperunt enim, ° sicut tempore prius, ita et ceteris abundantius, * ut dicit glossa, super illud rom. viii, ° nos ipsi primitias spiritus habentes. ‘ ergo videtur quod cognitio credibilium non creverit per temporum successionem.
sc * Sed contra est quod gregorius dicit, quod ° secundum incrementa temporum crevit scientia sanctorum patrum, et quanto viciniores adventui salvatoris fuerunt, tanto sacramenta salutis plenius perceperunt.
co ‘ Respondeo dicendum quod ita se habent in doctrina fidei articuli fidei sicut principia per se nota in doctrina quae per rationem naturalem habetur. in quibus principiis ordo quidam invenitur, ut quaedam in aliis implicite contineantur, sicut omnia principia reducuntur ad hoc sicut ad primum, ° impossibile est simul affirmare et negare, * ut patet per philosophum, in iv metaphys.. ‘ et similiter omnes articuli implicite continentur in aliquibus primis credibilibus, scilicet ut credatur deus esse et providentiam habere circa hominum salutem, * secundum illud ad heb. xi, ° accedentem ad deum oportet credere quia est, et quod inquirentibus se remunerator sit. ‘ in esse enim divino includuntur omnia quae credimus in deo aeternaliter existere, in quibus nostra beatitudo consistit, in fide autem providentiae includuntur omnia quae temporaliter a deo dispensantur ad hominum salutem, quae sunt via in beatitudinem. et per hunc etiam modum aliorum subsequentium articulorum quidam in aliis continentur, sicut in fide redemptionis humanae implicite continetur et incarnatio christi et eius passio et omnia huiusmodi. sic igitur dicendum est quod, quantum ad substantiam articulorum fidei, non est factum eorum augmentum per temporum successionem, quia quaecumque posteriores crediderunt continebantur in fide |25| praecedentium patrum, licet implicite. sed quantum ad explicationem, crevit numerus articulorum, quia quaedam explicite cognita sunt a posterioribus quae a prioribus non cognoscebantur explicite. * unde dominus moysi dicit, exod. vi, ° ego sum deus abraham, deus isaac, deus iacob, et nomen meum adonai non indicavi eis. * et david dicit, ° super senes intellexi. * et apostolus dicit, ad ephes. iii, ° aliis generationibus non est agnitum mysterium christi sicut nunc revelatum est sanctis apostolis eius et prophetis.
ra1 ‘ Ad primum ergo dicendum quod semper fuerunt eadem speranda apud omnes. quia tamen ad haec speranda homines non pervenerunt nisi per christum, quanto a christo fuerunt remotiores secundum tempus, tanto a consecutione sperandorum longinquiores, * unde apostolus dicit, ad heb. xi, ° iuxta fidem defuncti sunt omnes isti, non acceptis repromissionibus, sed a longe eas respicientes. ‘ quanto autem aliquid a longinquioribus videtur, tanto minus distincte videtur. et ideo bona speranda distinctius cognoverunt qui fuerunt adventui christi vicini.
ra2 ‘ Ad secundum dicendum quod profectus cognitionis dupliciter contingit. uno modo, ex parte docentis, qui in cognitione proficit, sive unus sive plures, per temporum successionem. et ista est ratio augmenti in scientiis per rationem humanam inventis. alio modo, ex parte addiscentis, sicut magister qui novit totam artem non statim a principio tradit eam discipulo, quia capere non posset, sed paulatim, condescendens eius capacitati. et hac ratione profecerunt homines in cognitione fidei per temporum successionem. * unde apostolus, ad gal. iii, ‘ comparat statum veteris testamenti pueritiae.
ra3 ‘ Ad tertium dicendum quod ad generationem naturalem duae causae praeexiguntur, scilicet agens et materia. secundum igitur ordinem causae agentis, naturaliter prius est quod est perfectius, et sic natura a perfectis sumit exordium, quia imperfecta non ducuntur ad perfectionem nisi per aliqua perfecta praeexistentia. secundum vero ordinem causae materialis, prius est quod est imperfectius, et secundum hoc natura procedit ab imperfecto ad perfectum. in manifestatione autem fidei deus est sicut agens, qui habet perfectam scientiam ab aeterno, homo autem est sicut materia recipiens influxum dei agentis. et ideo oportuit quod ab imperfectis ad perfectum procederet cognitio fidei in hominibus. et licet in hominibus quidam se habuerint per modum causae agentis, quia fuerunt fidei doctores; tamen ° manifestatio spiritus datur talibus ad utilitatem communem, * ut dicitur i ad cor. xii. ‘ et ideo tantum dabatur patribus qui erant instructores fidei de cognitione fidei, quantum oportebat pro tempore illo populo tradi vel nude vel in figura.
ra4 ‘ Ad quartum dicendum quod ultima consummatio gratiae facta est per christum, unde et tempus eius dicitur tempus plenitudinis, * ad gal. iv. ‘ et ideo illi qui fuerunt propinquiores christo vel ante, sicut ioannes baptista, vel post, sicut apostoli, plenius mysteria fidei cognoverunt. quia et circa statum hominis hoc videmus, quod perfectio est in iuventute, et tanto habet homo perfectiorem statum vel ante vel post, quanto est iuventuti propinquior.

009 ST3 qu1 ar8

ag1 ‘ Ad octavum sic proceditur. videtur quod inconvenienter articuli fidei enumerentur. ea enim quae possunt ratione demonstrativa sciri non pertinent ad fidem ut apud omnes sint credibilia, * sicut supra dictum est. ‘ sed deum esse unum potest esse scitum per demonstrationem, * unde et philosophus hoc in xii metaphys. probat, et multi alii philosophi ad hoc demonstrationes induxerunt. ‘ ergo deum esse unum non debet poni unus articulus fidei.
ag2 ‘ Praeterea, sicut de necessitate fidei est quod credamus deum omnipotentem, ita etiam quod credamus eum omnia scientem et omnibus providentem; et circa utrumque eorum aliqui erraverunt. debuit ergo inter articulos fidei fieri mentio de sapientia et providentia divina, sicut et de omnipotentia.
ag3 ‘ Praeterea, eadem est notitia patris et filii, * secundum illud ioan. xiv, ° qui videt me videt et patrem. ‘ ergo unus tantum articulus debet esse de patre et filio; et, eadem ratione, de spiritu sancto.
ag4 ‘ Praeterea, persona patris non est minor quam filii et spiritus sancti. sed plures articuli ponuntur circa personam spiritus sancti, et similiter circa personam filii. ergo plures articuli debent poni circa personam patris.
ag5 ‘ Praeterea, sicut personae patris et personae spiritus sancti aliquid appropriatur, ita et personae filii secundum divinitatem. sed in articulis ponitur aliquod opus appropriatum patri, scilicet opus creationis; et similiter aliquod opus appropriatum spiritui sancto, scilicet quod locutus est per prophetas. ergo etiam inter articulos fidei debet aliquod opus appropriari filio secundum divinitatem.
ag6 ‘ Praeterea, sacramentum eucharistiae specialem habet difficultatem prae multis articulis. ergo de ea debuit poni specialis articulus. non videtur ergo quod articuli sufficienter enumerentur.
sc ‘ Sed in contrarium est auctoritas ecclesiae sic enumerantis.
co ‘ Respondeo dicendum quod, sicut dictum est, ‘ illa per se pertinent ad fidem quorum visione in vita aeterna perfruemur, et per quae ducemur in vitam aeternam. duo autem nobis ibi videnda proponuntur, scilicet occultum divinitatis, cuius visio nos beatos facit; et mysterium humanitatis christi, per quem ° in gloriam filiorum dei accessum habemus, * ut dicitur ad rom. v. unde dicitur ioan. xvii, ° haec est vita aeterna, ut cognoscant te, deum verum, et quem misisti iesum christum. ‘ et ideo prima distinctio credibilium est quod quaedam pertinent ad maiestatem divinitatis; quaedam vero pertinent ad mysterium humanitatis christi, quod est pietatis sacramentum, * ut dicitur i ad tim. iii. ‘ circa maiestatem autem divinitatis tria nobis credenda proponuntur. primo quidem, unitas divinitatis, et ad hoc pertinet primus articulus. secundo, trinitas personarum, et de hoc sunt tres articuli secundum tres personas. tertio vero proponuntur nobis opera divinitatis propria. quorum primum pertinet ad esse naturae, et sic proponitur nobis articulus creationis. secundum vero pertinet ad esse gratiae, et sic proponuntur nobis sub uno articulo omnia pertinentia ad sanctificationem humanam. tertium vero pertinet ad esse gloriae, et sic ponitur alius articulus de |25| resurrectione carnis et de vita aeterna. et ita sunt septem articuli ad divinitatem pertinentes. similiter etiam circa humanitatem christi ponuntur septem articuli. quorum primus est de incarnatione sive de conceptione christi; secundus de nativitate eius ex virgine; tertius de passione eius et morte et sepultura; quartus est de descensu ad inferos; quintus est de resurrectione; sextus de ascensione; septimus de adventu ad iudicium. et sic in universo sunt quatuordecim. * quidam tamen distinguunt “ duodecim articulos fidei, sex pertinentes ad divinitatem et sex pertinentes ad humanitatem. tres enim articulos trium personarum comprehendunt sub uno, quia eadem est cognitio trium personarum. articulum vero de opere glorificationis distin-

guunt in duos, scilicet in resurrectionem carnis et gloriam animae. similiter articulum conceptionis et nativitatis coniungunt in unum.
ra1 ' Ad primum ergo dicendum quod multa per fidem tenemus de deo quae naturali ratione investigare philosophi non potuerunt, puta circa providentiam eius et omnipotentiam, et quod ipse solus sit colendus. quae omnia continentur sub articulo unitatis dei.
ra2 ' Ad secundum dicendum quod ipsum nomen divinitatis importat provisionem quandam, * ut in primo libro dictum est. ' potentia autem in habentibus intellectum non operatur nisi secundum voluntatem et cognitionem. et ideo omnipotentia dei includit quodammodo omnium scientiam et providentiam, non enim posset omnia quae vellet in istis inferioribus agere nisi ea cognosceret et eorum providentiam haberet.
ra3 ' Ad tertium dicendum quod patris et filii et spiritus sancti est una cognitio quantum ad unitatem essentiae, quae pertinet ad primum articulum. quantum vero ad distinctionem personarum, quae est per relationes originis, quodammodo in cognitione patris includitur cognitio filii, non enim esset pater si filium non haberet, quorum nexus est spiritus sanctus. * et quantum ad hoc bene moti sunt qui posuerunt unum articulum trium personarum. ' sed quia circa singulas personas sunt aliqua attendenda circa quae contingit esse errorem, quantum ad hoc de tribus personis possunt poni tres articuli. * arius enim credidit " patrem omnipotentem et aeternum, sed non credidit filium coaequalem et consubstantialem patri, et ideo necessarium fuit apponere articulum de persona filii ad hoc determinandum. ' et eadem ratione contra macedonium necesse fuit ponere articulum tertium de persona spiritus sancti. et similiter etiam conceptio christi et nativitas, et etiam resurrectio et vita aeterna, secundum unam rationem possunt comprehendi sub uno articulo, inquantum ad unum ordinantur, et secundum aliam rationem possunt distingui, inquantum seorsum habent speciales difficultates.
ra4 ' Ad quartum dicendum quod filio et spiritui sancto convenit mitti ad sanctificandam creaturam, circa quod plura credenda occurrunt. et ideo circa personam filii et spiritus sancti plures articuli multiplicantur quam circa personam patris, qui nunquam mittitur, * ut in primo dictum est.
ra5 ' Ad quintum dicendum quod sanctificatio creaturae per gratiam et consummatio per gloriam fit etiam per donum caritatis, quod appropriatur spiritui sancto, et per donum sapientiae, quod appropriatur filio. et ideo utrumque opus pertinet et ad filium et ad spiritum sanctum per appropriationem secundum rationes diversas.
ra6 ' Ad sextum dicendum quod in sacramento eucharistiae duo possunt considerari. unum scilicet quod sacramentum est, et hoc habet eandem rationem cum aliis effectibus gratiae sanctificantis. aliud est quod miraculose ibi corpus christi continetur, et sic concluditur sub omnipotentia, sicut et omnia alia miracula, quae omnipotentiae attribuuntur.

009 ST3 qu1 ar9

ag1 ' Ad nonum sic proceditur. videtur quod inconvenienter articuli fidei in symbolo ponantur. sacra enim scriptura est regula fidei, cui nec addere nec subtrahere licet, * dicitur enim deut. iv, ° non addetis ad verbum quod vobis loquor, neque auferetis ab eo. ' ergo illicitum fuit aliquod symbolum constituere quasi regulam fidei, post sacram scripturam editam.
ag2 * Praeterea, sicut apostolus dicit, ad ephes. iv, ° una est fides. ' sed symbolum est professio fidei. ergo inconvenienter traditur multiplex symbolum.
ag3 ' Praeterea, confessio fidei quae in symbolo continetur pertinet ad omnes fideles. sed non omnibus fidelibus convenit credere in deum, sed solum illis qui habent fidem formatam. ergo inconvenienter symbolum fidei traditur sub hac forma verborum, ° credo in unum deum.
ag4 ' Praeterea, descensus ad inferos est unus de articulis fidei, * sicut supra dictum est. ' sed in symbolo patrum non fit mentio de descensu ad inferos. ergo videtur insufficienter collectum.
ag5 * Praeterea, sicut augustinus dicit, exponens illud ioan. xiv, ° creditis in deum, et in me credite, " petro aut paulo credimus, ' sed non dicimur credere nisi in deum. cum igitur ecclesia catholica sit pure aliquid creatum, * videtur quod inconvenienter dicatur, ° in unam sanctam, catholicam et apostolicam ecclesiam.
ag6 ' Praeterea, symbolum ad hoc traditur ut sit regula fidei. sed regula fidei debet omnibus proponi et publice. quodlibet igitur symbolum deberet in missa cantari, sicut symbolum patrum. non videtur ergo esse conveniens editio articulorum fidei in symbolo.
sc ' Sed contra est quod ecclesia universalis non potest errare, quia spiritu sancto gubernatur, qui est spiritus veritatis, hoc enim * promisit dominus discipulis, ioan. xvi, dicens, ° cum venerit ille spiritus veritatis, docebit vos omnem veritatem. ' sed symbolum est auctoritate universalis ecclesiae editum. nihil ergo inconveniens in eo continetur.
co * Respondeo dicendum quod, sicut apostolus dicit, ad heb. xi, ° accedentem ad deum oportet credere. ' credere autem non potest aliquis nisi ei veritas quam credat proponatur. et ideo necessarium fuit veritatem fidei in unum colligi, ut facilius posset omnibus proponi, ne aliquis per ignorantiam a fidei veritate deficeret. et ab huiusmodi collectione sententiarum fidei nomen symboli est acceptum.
ra1 ' Ad primum ergo dicendum quod veritas fidei in sacra scriptura diffuse continetur et variis modis, et in quibusdam obscure; ita quod ad eliciendum fidei veritatem ex sacra scriptura requiritur longum studium et exercitium, ad quod non possunt pervenire omnes illi quibus necessarium est cognoscere fidei veritatem, quorum plerique, aliis negotiis occupati, studio vacare non possunt. et ideo fuit necessarium ut ex sententiis sacrae scripturae aliquid manifestum summarie colligeretur quod proponeretur omnibus ad credendum. quod quidem non est additum sacrae scripturae, sed potius ex sacra scriptura assumptum.
ra2 ' Ad secundum dicendum quod in omnibus symbolis eadem fidei veritas docetur. sed ibi oportet populum diligentius instrui de fidei veritate ubi errores insurgunt, ne fides simplicium per haereticos corrumpatur. et haec fuit causa quare necesse fuit edere plura symbola. quae in nullo alio differunt nisi quod in uno plenius explicantur quae in alio continentur implicite, secundum quod exigebat haereticorum instantia.
ra3 ' Ad tertium dicendum quod confessio fidei traditur in symbolo quasi ex persona totius ecclesiae, quae per fidem unitur. fides autem ecclesiae est fides formata, talis enim fides invenitur in omnibus illis qui sunt numero et merito de ecclesia. et ideo confessio fidei in symbolo traditur secundum quod convenit fidei formatae, ut etiam si qui fideles fidem formatam non habent, ad hanc formam pertingere studeant.
ra4 ' Ad quartum dicendum quod de descensu ad inferos nullus error erat exortus apud haereticos, et ideo non fuit necessarium aliquam explicationem circa hoc fieri. et propter hoc non reiteratur in symbolo patrum, sed supponitur tanquam praedeterminatum in symbolo apostolorum. non enim symbolum sequens abolet praecedens, sed potius illud exponit, * ut dictum est.
ra5 " Ad quintum dicendum quod, si dicatur in sanctam ecclesiam catholicam, est hoc intelligendum secundum quod fides nostra refertur ad spiritum sanctum, qui sanctificat ecclesiam, ut sit sensus, credo in spiritum sanctum sanctificantem ecclesiam. sed melius est et secundum communiorem usum, ut non ponatur ibi in, sed simpliciter dicatur sanctam ecclesiam catholicam, * sicut etiam leo papa dicit.
ra6 ' Ad sextum dicendum quod, quia symbolum patrum est declarativum symboli apostolorum, et etiam fuit conditum fide iam manifestata et ecclesia pacem habente, propter hoc publice in missa cantatur. symbolum autem apostolorum, quod tempore persecutionis editum fuit, fide nondum publicata, occulte dicitur in prima et in completorio, quasi contra tenebras errorum praeteritorum et futurorum.

009 ST3 qu1 ar10

ag1 ' Ad decimum sic proceditur. videtur quod non pertineat ad summum pontificem fidei symbolum ordinare. nova enim editio symboli necessaria est propter explicationem articulorum fidei, * sicut dictum est. ' sed in veteri testamento articuli fidei magis ac magis explicabantur secundum temporum successionem propter hoc quod veritas fidei magis manifestabatur secundum maiorem propinquitatem ad christum, * ut supra dictum est. ' cessante ergo tali causa in nova lege, non debet fieri maior ac maior explicatio articulorum fidei. ergo non videtur ad auctoritatem summi pontificis pertinere nova symboli editio.
ag2 ' Praeterea, illud quod est sub anathemate interdictum ab universali ecclesia non subest potestati alicuius hominis. sed nova symboli editio interdicta est sub anathemate auctoritate universalis ecclesiae. * dicitur enim in gestis primae ephesinae synodi quod, ° perlecto symbolo nicaenae synodi, decrevit sancta synodus aliam fidem nulli licere proferre vel conscribere vel componere praeter definitam a sanctis patribus qui in nicaea congregati sunt cum spiritu sancto, * et subditur anathematis poena; et idem etiam reiteratur in gestis chalcedonensis synodi. ' ergo videtur quod non pertineat ad auctoritatem summi pontificis nova editio symboli.
ag3 ' Praeterea, athanasius non fuit summus pontifex, sed alexandrinus patriarcha. et tamen symbolum constituit quod in ecclesia cantatur. ergo non magis videtur pertinere editio symboli ad summum pontificem quam ad alios.
sc ' Sed contra est quod editio symboli facta est in synodo generali. sed huiusmodi synodus auctoritate solius summi pontificis potest congregari, * ut habetur in decretis, dist. xvii. ' ergo editio symboli ad auctoritatem summi pontificis pertinet.
co * Respondeo dicendum quod, sicut supra dictum est, ' nova editio symboli necessaria est ad vitandum insurgentes errores. ad illius ergo auctoritatem pertinet editio symboli ad cuius auctoritatem pertinet sententialiter determinare ea quae sunt fidei, ut ab omnibus inconcussa fide teneantur. hoc autem pertinet ad auctoritatem summi pontificis, ° ad quem maiores et difficiliores ecclesiae quaestiones referuntur * ut dicitur in decretis, dist. xvii. unde et dominus, luc. xxii, petro dixit, quem summum pontificem constituit, ° ego pro te rogavi, petre, ut non deficiat fides tua, et tu aliquando conversus confirma fratres tuos. ' et huius ratio est quia una fides debet esse totius ecclesiae, * secundum illud i ad cor. i, ° idipsum dicatis omnes, et non sint in vobis schismata. ' quod servari non posset nisi quaestio fidei de fide exorta determinaretur per eum qui toti ecclesiae praeest, ut sic eius sententia a tota ecclesia firmiter teneatur. et ideo ad solam auctoritatem summi pontificis pertinet nova editio symboli, sicut et omnia alia quae pertinent ad totam ecclesiam, ut congregare synodum generalem et alia huiusmodi.
ra1 ' Ad primum ergo dicendum quod in doctrina christi et apostolorum veritas fidei est sufficienter explicata. " sed quia perversi homines apostolicam doctrinam et ceteras scripturas ° pervertunt ad sui ipsorum perditionem, * sicut dicitur ii pet. ult.; ' ideo necessaria est, temporibus procedentibus, explanatio fidei contra insurgentes errores.
ra2 ' Ad secundum dicendum quod prohibitio et sententia synodi se extendit ad privatas personas, quarum non est determinare de fide. non enim per huiusmodi sententiam synodi generalis ablata est potestas sequenti synodo novam editionem symboli facere, non quidem aliam fidem continentem, sed eandem magis expositam. sic enim quaelibet synodus observavit, ut sequens synodus aliquid exponeret supra id quod praecedens synodus exposuerat, propter necessitatem alicuius haeresis insurgentis. unde pertinet ad summum pontificem, cuius auctoritate synodus congregatur et eius sententia confirmatur.
ra3 ' Ad tertium dicendum quod athanasius non composuit manifestationem fidei per modum symboli, sed magis per modum cuiusdam doctrinae, ut ex ipso modo loquendi apparet. sed quia integram fidei veritatem eius doctrina breviter continebat, auctoritate summi pontificis est recepta, ut quasi regula fidei habeatur.

009 ST3 qu2 ar

pr ' Deinde considerandum est de actu fidei. et primo, de actu interiori; secundo, de actu exteriori. circa primum quaeruntur decem. primo, quid sit credere, quod est actus interior fidei. secundo, quot modis dicatur. tertio, utrum credere aliquid supra rationem naturalem sit necessarium ad salutem. quarto, utrum credere ea ad quae ratio naturalis pervenire potest sit necessarium. quinto, utrum sit necessarium ad salutem credere aliqua explicite. sexto, utrum ad credendum explicite omnes aequaliter teneantur. septimo, utrum habere explicitam fidem de christo semper sit necessarium ad salutem. octavo, utrum credere trinitatem explicite sit de necessitate salutis. nono, utrum actus fidei sit meritorius. decimo, utrum ratio humana diminuat meritum fidei.

009 ST3 qu2 ar1

ag1 ' Ad primum sic proceditur. videtur quod credere non sit cum assensione cogitare. cogitatio enim importat quandam inquisitionem, dicitur enim cogitare quasi simul agitare. * sed damascenus dicit, in iv lib., quod ° fides est non inquisitus consensus. ' ergo cogitare non pertinet ad actum fidei.
ag2 ' Praeterea, fides in ratione ponitur, * ut infra dicetur. ' sed cogitare est actus cogitativae potentiae, quae pertinet ad partem sensitivam, * ut in primo dictum est. ' ergo cogitatio ad fidem non pertinet.
ag3 ' Praeterea, credere est actus intellectus, quia eius obiectum est verum. sed assentire non videtur esse actus intellectus, sed voluntatis, sicut et consentire, * ut supra dictum est. ' ergo credere non est cum assensione cogitare.
sc ' In contrarium est quod * augustinus sic definit credere in libro de praed. sanct..
co ' Respondeo dicendum quod cogitare tripliciter sumi potest. uno modo, communiter pro qualibet actuali consideratione intellectus, * sicut augustinus dicit, in xiv de trin., ° hanc nunc dico intelligentiam qua intelligimus cogitantes. ' alio modo dicitur cogitare magis proprie consideratio intellectus quae est cum quadam inquisitione, antequam perveniatur ad perfectionem intellectus per certitudinem visionis. * et secundum hoc augustinus, xv de trin., dicit quod ° dei filius non cogitatio dicitur, sed verbum dei dicitur. cogitatio quippe nostra proveniens ad id quod scimus atque inde formata verbum nostrum verum est. et ideo verbum dei sine cogitatione debet intelligi, non aliquid habens formabile, quod possit esse informe. ' et secundum hoc cogitatio proprie dicitur motus animi deliberantis nondum perfecti per plenam visionem veritatis. sed quia talis motus potest esse vel animi deliberantis circa intentiones universales, quod pertinet ad intellectivam partem; vel circa intentiones particulares, quod pertinet ad partem sensitivam, ideo cogitare secundo modo sumitur pro actu intellectus deliberantis; tertio modo, pro actu virtutis cogitativae. si igitur cogitare sumatur communiter, secundum primum modum, sic hoc quod dicitur cum assensione cogitare non dicit totam rationem eius quod est credere, nam per hunc modum etiam qui considerat ea quae scit vel intelligit cum assensione cogitat. |25| si vero sumatur cogitare secundo modo, sic in hoc intelligitur tota ratio huius actus

qui est credere. actuum enim ad intellectum pertinentium quidam habent firmam assensionem absque tali cogitatione, sicut cum aliquis considerat ea quae scit vel intelligit, talis enim consideratio iam est formata. quidam vero actus intellectus habent quidem cogitationem informem absque firma assensione, sive in neutram partem declinent, sicut accidit dubitanti; sive in unam partem magis declinent sed teneantur aliquo levi signo, sicut accidit suspicanti; sive uni parti adhaereant, tamen cum formidine alterius, quod accidit opinanti. sed actus iste qui est credere habet firmam adhaesionem ad unam partem, in quo convenit credens cum sciente et intelligente, et tamen eius cognitio non est perfecta per manifestam visionem, in quo convenit cum dubitante, suspicante et opinante. et sic proprium est credentis ut cum assensu cogitet, et per hoc distinguitur iste actus qui est credere ab omnibus actibus intellectus qui sunt circa verum vel falsum.
ra1 ' Ad primum ergo dicendum quod fides non habet inquisitionem rationis naturalis demonstrantis id quod creditur. habet tamen inquisitionem quandam eorum per quae inducitur homo ad credendum, puta quia sunt dicta a deo et miraculis confirmata.
ra2 ' Ad secundum dicendum quod cogitare non sumitur hic prout est actus cogitativae virtutis, sed prout pertinet ad intellectum, * ut dictum est.
ra3 ' Ad tertium dicendum quod intellectus credentis determinatur ad unum non per rationem, sed per voluntatem. et ideo assensus hic accipitur pro actu intellectus secundum quod a voluntate determinatur ad unum.

009 ST3 qu2 ar2

ag1 ' Ad secundum sic proceditur. videtur quod inconvenienter distinguatur actus fidei per hoc quod est ° credere deo, credere deum et credere in deum. ' unius enim habitus unus est actus. sed fides est unus habitus, cum sit una virtus. ergo inconvenienter ponuntur plures actus eius.
ag2 ' Praeterea, illud quod est commune omni actui fidei non debet poni ut particularis actus fidei. sed credere deo invenitur communiter in quolibet actu fidei, quia fides innititur primae veritati. ergo videtur quod inconvenienter distinguatur a quibusdam aliis actibus fidei.
ag3 ' Praeterea, illud quod convenit etiam non fidelibus non potest poni fidei actus. sed credere deum esse convenit etiam infidelibus. ergo non debet poni inter actus fidei.
ag4 ' Praeterea, moveri in finem pertinet ad voluntatem, cuius obiectum est bonum et finis. sed credere non est actus voluntatis, sed intellectus. ergo non debet poni differentia una eius quod est credere in deum, quod importat motum in finem.
sc * Sed contra est quod augustinus hanc distinctionem ponit, in libris de verb. dom., et super ioan..
co ' Respondeo dicendum quod actus cuiuslibet potentiae vel habitus accipitur secundum ordinem potentiae vel habitus ad suum obiectum. obiectum autem fidei potest tripliciter considerari. cum enim credere ad intellectum pertineat prout est a voluntate motus ad assentiendum, * ut dictum est, ' potest obiectum fidei accipi vel ex parte ipsius intellectus, vel ex parte voluntatis intellectum moventis. si quidem ex parte intellectus, sic in obiecto fidei duo possunt considerari, * sicut supra dictum est. ' quorum unum est materiale obiectum fidei. et sic ponitur actus fidei credere deum, quia, * sicut supra dictum est, ' nihil proponitur nobis ad credendum nisi secundum quod ad deum pertinet. aliud autem est formalis ratio obiecti, quod est sicut medium propter quod tali credibili assentitur. et sic ponitur actus fidei credere deo, quia, * sicut supra dictum est, ' formale obiectum fidei est veritas prima, cui inhaeret homo ut propter eam creditis assentiat. si vero consideretur tertio modo obiectum fidei, secundum quod intellectus est motus a voluntate, sic ponitur actus fidei |25| credere in deum, veritas enim prima ad voluntatem refertur secundum quod habet rationem finis.
ra1 ' Ad primum ergo dicendum quod per ista tria non designantur diversi actus fidei, sed unus et idem actus habens diversam relationem ad fidei obiectum.
ra2 ' Et per hoc etiam patet responsio ad secundum.
ra3 ' Ad tertium dicendum quod credere deum non convenit infidelibus sub ea ratione qua ponitur actus fidei. non enim credunt deum esse sub his conditionibus quas fides determinat. et ideo nec vere deum credunt, * quia, ut philosophus dicit, ix metaphys., " in simplicibus defectus cognitionis est solum in non attingendo totaliter.
ra4 * Ad quartum dicendum quod, sicut supra dictum est, ' voluntas movet intellectum et alias vires animae in finem. et secundum hoc ponitur actus fidei credere in deum.

009 ST3 qu2 ar3

ag1 ' Ad tertium sic proceditur. videtur quod credere non sit necessarium ad salutem. ad salutem enim et perfectionem cuiuslibet rei ea sufficere videntur quae conveniunt ei secundum suam naturam. sed ea quae sunt fidei excedunt naturalem hominis rationem, cum sint non apparentia, * ut supra dictum est. ' ergo credere non videtur esse necessarium ad salutem.
ag2 ' Praeterea, periculose homo assentit illis in quibus non potest iudicare utrum illud quod ei proponitur sit verum vel falsum, * secundum illud iob xii, ° nonne auris verba diiudicat? ' sed tale iudicium homo habere non potest in his quae sunt fidei, quia non potest homo ea resolvere in principia prima, per quae de omnibus iudicamus. ergo periculosum est talibus fidem adhibere. credere ergo non est necessarium ad salutem.
ag3 ' Praeterea, salus hominis in deo consistit, * secundum illud psalm., ° salus autem iustorum a domino. sed invisibilia dei per ea quae facta sunt intellecta conspiciuntur; sempiterna quoque virtus eius et divinitas, * ut dicitur rom. i. ' quae autem conspiciuntur intellectu non creduntur. ergo non est necessarium ad salutem ut homo aliqua credat.
sc * Sed contra est quod dicitur heb. xi, ° sine fide impossibile est placere deo.
co ' Respondeo dicendum quod in omnibus naturis ordinatis invenitur quod ad perfectionem naturae inferioris duo concurrunt, unum quidem quod est secundum proprium motum; aliud autem quod est secundum motum superioris naturae. sicut aqua secundum motum proprium movetur ad centrum, secundum autem motum lunae movetur circa centrum secundum fluxum et refluxum, similiter etiam orbes planetarum moventur propriis motibus ab occidente in orientem, motu autem primi orbis ab oriente in occidentem. sola autem natura rationalis creata habet immediatum ordinem ad deum. quia ceterae creaturae non attingunt ad aliquid universale, sed solum ad aliquid particulare, participantes divinam bonitatem vel in essendo tantum, sicut inanimata, vel etiam in vivendo et cognoscendo singularia, sicut plantae et animalia, natura autem rationalis, inquantum cognoscit universalem boni et entis rationem, habet immediatum ordinem ad universale essendi principium. perfectio ergo rationalis creaturae non solum consistit in eo quod ei competit secundum suam naturam, sed etiam in eo quod ei attribuitur ex quadam supernaturali participatione divinae bonitatis. * unde et supra dictum est quod ' ultima beatitudo hominis consistit in quadam supernaturali dei visione. ad quam quidem visionem homo pertingere non potest nisi per modum addiscentis a deo docente, |25| * secundum illud ioan. vi, ° omnis qui audit a patre et didicit venit ad me. ' huius autem disciplinae fit homo particeps non statim, sed successive, secundum modum suae naturae. omnis autem talis addiscens oportet quod credat, ad hoc quod ad perfectam scientiam perveniat, * sicut etiam philosophus dicit quod " oportet addiscentem credere. ' unde ad hoc quod homo perveniat ad perfectam visionem beatitudinis praeexigitur quod credat deo tanquam discipulus magistro docenti.
ra1 ' Ad primum ergo dicendum quod, quia natura hominis dependet a superiori natura, ad eius perfectionem non sufficit cognitio naturalis, sed requiritur quaedam supernaturalis, * ut supra dictum est.
ra2 ' Ad secundum dicendum quod, sicut homo per naturale lumen intellectus assentit principiis, ita homo virtuosus per habitum virtutis habet rectum iudicium de his quae conveniunt virtuti illi. et hoc modo etiam per lumen fidei divinitus infusum homini homo assentit his quae sunt fidei, non autem contrariis. et ideo ° nihil periculi vel damnationis inest his qui sunt in christo iesu, ' ab ipso illuminati per fidem.
ra3 ' Ad tertium dicendum quod invisibilia dei altiori modo, quantum ad plura, percipit fides quam ratio naturalis ex creaturis in deum procedens. * unde dicitur eccli. iii, ° plurima super sensum hominis ostensa sunt tibi.

009 ST3 qu2 ar4

ag1 ' Ad quartum sic proceditur. videtur quod ea quae ratione naturali probari possunt non sit necessarium credere. in operibus enim dei nihil superfluum invenitur, multo minus quam in operibus naturae. sed ad id quod per unum potest fieri superflue apponitur aliud. ergo ea quae per naturalem rationem cognosci possunt superfluum esset per fidem accipere.
ag2 ' Praeterea, ea necesse est credere de quibus est fides. sed non est de eodem scientia et fides, * ut supra habitum est. ' cum igitur scientia sit de omnibus illis quae naturali ratione cognosci possunt, videtur quod non oporteat credere ea quae per naturalem rationem probantur.
ag3 ' Praeterea, omnia scibilia videntur esse unius rationis. si igitur quaedam eorum proponuntur homini ut credenda, pari ratione omnia huiusmodi necesse esset credere. hoc autem est falsum. non ergo ea quae per naturalem rationem cognosci possunt necesse est credere.
sc ' Sed contra est quia necesse est deum credere esse unum et incorporeum, quae naturali ratione a philosophis probantur.
co ' Respondeo dicendum quod necessarium est homini accipere per modum fidei non solum ea quae sunt supra rationem, sed etiam ea quae per rationem cognosci possunt. et hoc propter tria. primo quidem, ut citius homo ad veritatis divinae cognitionem perveniat. scientia enim ad quam pertinet probare deum esse et alia huiusmodi de deo, ultimo hominibus addiscenda proponitur, praesuppositis multis aliis scientiis. et sic non nisi post multum tempus vitae suae homo ad dei cognitionem perveniret. secundo, ut cognitio dei sit communior. multi enim in studio scientiae proficere non possunt, vel propter hebetudinem ingenii; vel propter alias occupationes et necessitates temporalis vitae; vel etiam propter torporem addiscendi. qui omnino a dei cognitione fraudarentur nisi proponerentur eis divina per modum fidei. tertio modo, propter certitudinem. ratio enim humana in rebus divinis est multum deficiens, cuius signum est quia philosophi, de rebus humanis naturali investigatione perscrutantes, in multis erraverunt et sibi ipsis contraria senserunt. ut ergo esset indubitata et certa cognitio apud homines de deo, oportuit quod divina eis per modum fidei traderentur, quasi a deo dicta, qui mentiri non potest.
ra1 ' Ad primum ergo dicendum quod investigatio naturalis rationis non sufficit humano generi ad cognitionem divinorum etiam quae ratione ostendi possunt. et ideo non est superfluum ut talia credantur.
ra2 ' Ad secundum dicendum quod de eodem non potest esse scientia et fides apud eundem. sed id quod est ab uno scitum potest esse ab alio creditum, * ut supra dictum est.
ra3 ' Ad tertium dicendum quod, si omnia scibilia conveniant in ratione scientiae, non tamen conveniunt in hoc quod aequaliter ordinent ad beatitudinem. et ideo non aequaliter omnia proponuntur ut credenda.

009 ST3 qu2 ar5

ag1 ' Ad quintum sic proceditur. videtur quod non tenetur homo ad credendum aliquid explicite. nullus enim tenetur ad id quod non est in eius potestate. sed credere aliquid explicite non est in hominis potestate, * dicitur enim rom. x, ° quomodo credent ei quem non audierunt? quomodo audient sine praedicante? quomodo autem praedicabunt nisi mittantur? ' ergo credere aliquid explicite homo non tenetur.
ag2 ' Praeterea, sicut per fidem ordinamur in deum, ita et per caritatem. sed ad servandum praecepta caritatis homo non tenetur, sed sufficit sola praeparatio animi, * sicut patet in illo praecepto domini quod ponitur matth. v, ° si quis percusserit te in una maxilla, praebe ei et aliam, * et in aliis consimilibus, ut augustinus exponit, in libro de serm. dom. in monte. ' ergo etiam non tenetur homo explicite aliquid credere, sed sufficit quod habeat animum paratum ad credendum ea quae a deo proponuntur.
ag3 ' Praeterea, bonum fidei in quadam obedientia consistit, * secundum illud rom. i, ° ad obediendum fidei in omnibus gentibus. ' sed ad virtutem obedientiae non requiritur quod homo aliqua determinata praecepta observet, sed sufficit quod habeat promptum animum ad obediendum, * secundum illud psalm., ° paratus sum, et non sum turbatus, ut custodiam mandata tua. ' ergo videtur quod etiam ad fidem sufficiat quod homo habeat promptum animum ad credendum ea quae ei divinitus proponi possent, absque hoc quod explicite aliquid credat.
sc * Sed contra est quod dicitur ad heb. xi, ° accedentem ad deum oportet credere quia est, et quod inquirentibus se remunerator est.
co ' Respondeo dicendum quod praecepta legis quae homo tenetur implere dantur de actibus virtutum qui sunt via perveniendi ad salutem. actus autem virtutis, * sicut supra dictum est, ' sumitur secundum habitudinem habitus ad obiectum. sed in obiecto cuiuslibet virtutis duo possunt considerari, scilicet id quod est proprie et per se virtutis obiectum, quod necessarium est in omni actu virtutis; et iterum id quod per accidens sive consequenter se habet ad propriam rationem obiecti. sicut ad obiectum fortitudinis proprie et per se pertinet sustinere pericula mortis et aggredi hostes cum periculo propter bonum commune, sed quod homo armetur vel ense percutiat in bello iusto, aut aliquid huiusmodi faciat, reducitur quidem ad obiectum fortitudinis, sed per accidens. determinatio igitur virtuosi actus ad proprium et per se obiectum virtutis est sub necessitate praecepti, sicut et ipse virtutis actus. sed determinatio actus virtuosi ad ea quae accidentaliter vel secundario se habent ad proprium et per se virtutis obiectum non cadit sub necessitate praecepti nisi pro loco et tempore. dicendum est ergo quod fidei obiectum per se est id per quod homo beatus efficitur, * ut supra dictum est. ' per accidens autem vel secundario se habent ad obiectum fidei omnia quae in |25| scriptura divinitus tradita continentur, sicut quod abraham habuit duos filios, quod david fuit filius isai, et alia huiusmodi. quantum ergo ad prima credibilia, quae sunt articuli fidei, tenetur homo explicite credere, sicut et tenetur habere fidem. quantum autem ad alia credibilia, non tenetur homo explicite credere, sed solum implicite vel in praeparatione animi, inquantum paratus est credere quidquid in divina scriptura continetur. sed tunc solum huiusmodi tenetur explicite credere quando hoc ei constiterit in doctrina fidei contineri.
ra1 ' Ad primum ergo dicendum quod, si in potestate hominis esse dicatur aliquid excluso auxilio gratiae, sic ad multa tenetur homo ad quae non potest sine

gratia reparante, sicut ad diligendum deum et proximum; et similiter ad credendum articulos fidei. sed tamen hoc potest homo cum auxilio gratiae. quod quidem auxilium quibuscumque divinitus datur, misericorditer datur; quibus autem non datur, ex iustitia non datur, in poenam praecedentis peccati, saltem originalis peccati; * ut augustinus dicit, in libro de cor. et gratia.

ra2 ‘ Ad secundum dicendum quod homo tenetur ad determinate diligendum illa diligibilia quae sunt proprie et per se caritatis obiecta, scilicet deus et proximus. sed obiectio procedit de illis praeceptis caritatis quae quasi consequenter pertinent ad obiectum caritatis.

ra3 ‘ Ad tertium dicendum quod virtus obedientiae proprie in voluntate consistit. et ideo ad actum obedientiae sufficit promptitudo voluntatis subiecta praecipienti, quae est proprium et per se obiectum obedientiae. sed hoc praeceptum vel illud per accidens vel consequenter se habet ad proprium et per se obiectum obedientiae.

009 ST3 qu2 ar6

ag1 ‘ Ad sextum sic proceditur. videtur quod aequaliter omnes teneantur ad habendum fidem explicitam. ad ea enim quae sunt de necessitate salutis omnes tenentur, sicut patet de praeceptis caritatis. sed explicatio credendorum est de necessitate salutis, * ut dictum est. ‘ ergo omnes aequaliter tenentur ad explicite credendum.

ag2 ‘ Praeterea, nullus debet examinari de eo quod explicite credere non tenetur. sed quandoque etiam simplices examinantur de minimis articulis fidei. ergo omnes tenentur explicite omnia credere.

ag3 ‘ Praeterea, si minores non tenentur habere fidem explicitam, sed solum implicitam, oportet quod habeant fidem implicitam in fide maiorum. sed hoc videtur esse periculosum, quia posset contingere quod illi maiores errarent. ergo videtur quod minores etiam debeant habere fidem explicitam. sic ergo omnes aequaliter tenentur ad explicite credendum.

sc * Sed contra est quod dicitur iob i, quod ° boves arabant et asinae pascebantur iuxta eos, “ quia videlicet minores, qui significantur per asinos, debent in credendis adhaerere maioribus, qui per boves significantur; * ut gregorius exponit, in ii moral..

co ‘ Respondeo dicendum quod explicatio credendorum fit per revelationem divinam, credibilia enim naturalem rationem excedunt. revelatio autem divina ordine quodam ad inferiores pervenit per superiores, sicut ad homines per angelos, et ad inferiores angelos per superiores, * ut patet per dionysium, in cael. hier.. ‘ et ideo, pari ratione, explicatio fidei oportet quod perveniat ad inferiores homines per maiores. “ et ideo sicut superiores angeli, qui inferiores illuminant, habent pleniorem notitiam de rebus divinis quam inferiores, * ut dicit dionysius, xii cap. cael. hier.; ‘ ita etiam superiores homines, ad quos pertinet alios erudire, tenentur habere pleniorem notitiam de credendis et magis explicite credere.

ra1 ‘ Ad primum ergo dicendum quod explicatio credendorum non aequaliter quantum ad omnes est de necessitate salutis, quia plura tenentur explicite credere maiores, qui habent officium alios instruendi, quam alii.

ra2 ‘ Ad secundum dicendum quod simplices non sunt examinandi de subtilitatibus fidei nisi quando habetur suspicio quod sint ab haereticis depravati, qui in his quae ad subtilitatem fidei pertinent solent fidem simplicium depravare. si tamen inveniuntur non pertinaciter perversae doctrinae adhaerere, si in talibus ex simplicitate deficiant, non eis imputatur.

ra3 ‘ Ad tertium dicendum quod minores non habent fidem implicitam in fide maiorum nisi quatenus maiores adhaerent doctrinae divinae, * unde et apostolus dicit, i ad cor. iv, ° imitatores mei estote, sicut et ego christi. ‘ unde humana cognitio non fit regula fidei, sed veritas divina. a qua si aliqui maiorum deficiant, non praeiudicat fidei simplicium, qui eos rectam fidem habere credunt, nisi pertinaciter eorum erroribus in particulari adhaereant contra universalis ecclesiae fidem, quae non potest deficere, * domino dicente, luc. xxii, ° ego pro te rogavi, petre, ut non deficiat fides tua.

009 ST3 qu2 ar7

ag1 ‘ Ad septimum sic proceditur. videtur quod credere explicite mysterium christi non sit de necessitate salutis apud omnes. non enim tenetur homo explicite credere ea quae angeli ignorant, quia explicatio fidei fit per revelationem divinam, quae pervenit ad homines mediantibus angelis, * ut dictum est. ‘ sed etiam angeli mysterium incarnationis ignoraverunt, * unde quaerebant in psalm., ° quis est iste rex gloriae? * et isaiae lxiii, ° quis est iste qui venit de edom? * ut dionysius exponit, cap. vii cael. hier.. ‘ ergo ad credendum explicite mysterium incarnationis homines non tenebantur.

ag2 ‘ Praeterea, constat beatum ioannem baptistam de maioribus fuisse, et propinquissimum christo, * de quo dominus dicit, matth. xi, quod ° inter natos mulierum nullus maior eo surrexit. ‘ sed ioannes baptista non videtur christi mysterium explicite cognovisse, cum a christo quaesierit, ° tu es qui venturus es, an alium expectamus? * ut habetur matth. xi. ‘ ergo non tenebantur etiam maiores ad habendum explicitam fidem de christo.

ag3 “ Praeterea, multi gentilium salutem adepti sunt per ministerium angelorum, * ut dionysius dicit, ix cap. cael. hier.. ‘ sed gentiles non habuerunt fidem de christo nec explicitam nec implicitam, ut videtur, quia nulla eis revelatio facta est. ergo videtur quod credere explicite christi mysterium non fuerit omnibus necessarium ad salutem.

sc * Sed contra est quod augustinus dicit, in libro de cor. et gratia, ° illa fides sana est qua credimus nullum hominem, sive maioris sive parvae aetatis, liberari a contagio mortis et obligatione peccati nisi per unum mediatorem dei et hominum iesum christum.

co * Respondeo dicendum quod, sicut supra dictum est, ‘ illud proprie et per se pertinet ad obiectum fidei per quod homo beatitudinem consequitur. via autem hominibus veniendi ad beatitudinem est mysterium incarnationis et passionis christi, * dicitur enim act. iv, ° non est aliud nomen datum hominibus in quo oporteat nos salvos fieri. ‘ et ideo mysterium incarnationis christi aliqualiter oportuit omni tempore esse creditum apud omnes, diversimode tamen secundum diversitatem temporum et personarum. nam ante statum peccati homo habuit explicitam fidem de christi incarnatione secundum quod ordinabatur ad consummationem gloriae, non autem secundum quod ordinabatur ad liberationem a peccato per passionem et resurrectionem, quia homo non fuit praescius peccati futuri. videtur autem incarnationis christi praescius fuisse per hoc quod dixit, ° propter hoc relinquet homo patrem et matrem et adhaerebit uxori suae, * ut habetur gen. ii; et hoc apostolus, ad ephes. v, dicit ° sacramentum magnum esse in christo et ecclesia; ‘ quod quidem sacramentum non est credibile primum hominem ignorasse. post peccatum autem fuit explicite creditum mysterium christi non solum quantum ad incarnationem, sed etiam quantum ad passionem et resurrectionem, quibus humanum genus a |25| peccato et morte liberatur. aliter enim non praefigurassent christi passionem quibusdam sacrificiis et ante legem et sub lege. quorum quidem sacrificiorum significatum explicite maiores cognoscebant, minores autem sub velamine illorum sacrificiorum, credentes ea divinitus esse disposita de christo venturo, quodammodo habebant velatam cognitionem. * et sicut supra dictum est, ‘ ea quae ad mysteria christi pertinent tanto distinctius cognoverunt quanto christo propinquiores fuerunt. post tempus autem gratiae revelatae tam maiores quam minores tenentur habere fidem explicitam de mysteriis christi; praecipue quantum ad ea quae communiter in ecclesia sollemnizantur et publice proponuntur, sicut sunt articuli incarnationis, * de quibus supra dictum est. ‘ alias autem subtiles considerationes circa incarnationis articulos tenentur aliqui magis vel minus explicite credere secundum quod convenit statui et officio uniuscuiusque.

ra1 ‘ Ad primum ergo dicendum quod ° angelos non omnino latuit mysterium regni dei, * sicut augustinus dicit, v super gen. ad litt.. ‘ quasdam tamen rationes huius mysterii perfectius cognoverunt christo revelante.

ra2 ‘ Ad secundum dicendum quod ioannes baptista non quaesivit de adventu christi in carnem quasi hoc ignoraret, cum ipse hoc expresse confessus fuerit, dicens, ° ego vidi, et testimonium perhibui quia hic est filius dei, * ut habetur ioan. i. unde non dixit, ‘ tu es qui venisti? sed, ° tu es qui venturus es? ‘ quaerens de futuro, non de praeterito. similiter non est credendum quod ignoraverit eum ad passionem venturum, * ipse enim dixerat, ° ecce agnus dei, qui tollit peccata mundi, ‘ praenuntians eius immolationem futuram; et cum hoc prophetae alii ante praedixerint, * sicut praecipue patet in isaiae liii. potest igitur dici, sicut gregorius dicit, quod “ inquisivit ignorans an ad infernum esset in propria persona descensurus. ‘ sciebat autem quod virtus passionis eius extendenda erat usque ad eos qui in limbo detinebantur, * secundum illud zach. ix, ° tu quoque in sanguine testamenti tui emisisti vinctos de lacu in quo non est aqua. ‘ nec hoc tenebatur explicite credere, antequam esset impletum, quod per seipsum deberet descendere. * vel potest dici, |25| sicut ambrosius dicit, super luc., quod “ non quaesivit ex dubitatione seu ignorantia, sed magis ex pietate. * vel potest dici, sicut chrysostomus dicit, quod “ non quaesivit quasi ipse ignoraret, sed ut per christum satisfieret eius discipulis. unde et christus ad discipulorum instructionem respondit, signa operum ostendens.

ra3 ‘ Ad tertium dicendum quod multis gentilium facta fuit revelatio de christo, ut patet per ea quae praedixerunt. * nam iob xix dicitur, ° scio quod redemptor meus vivit. “ sibylla etiam praenuntiavit quaedam de christo, * ut augustinus dicit. invenitur etiam in historiis romanorum quod “ tempore constantini augusti et irenae matris eius inventum fuit quoddam sepulcrum in quo iacebat homo auream laminam habens in pectore in qua scriptum erat, ° christus nascetur ex virgine et credo in eum. o sol, sub irenae et constantini temporibus iterum me videbis. ‘ si qui tamen salvati fuerunt quibus revelatio non fuit facta, non fuerunt salvati absque fide mediatoris. quia etsi non habuerunt fidem explicitam, habuerunt tamen fidem implicitam in divina providentia, credentes deum esse liberatorem hominum secundum modos sibi placitos et secundum quod aliquibus veritatem cognoscentibus ipse revelasset, * secundum illud iob xxxv, ° qui docet nos super iumenta terrae.

009 ST3 qu2 ar8

ag1 ‘ Ad octavum sic proceditur. videtur quod credere trinitatem explicite non fuerit de necessitate salutis. * dicit enim apostolus, ad heb. xi, ° credere oportet accedentem ad deum quia est, et quia inquirentibus se remunerator est. ‘ sed hoc potest credi absque fide trinitatis. ergo non oportebat explicite fidem de trinitate habere.

ag2 * Praeterea, dominus dicit, ioan. xvii, ° pater, manifestavi nomen tuum hominibus, * quod exponens augustinus dicit, ° non illud nomen tuum quo vocaris deus, sed illud quo vocaris pater meus. * et postea subdit etiam, ° in hoc quod deus fecit hunc mundum, notus in omnibus gentibus; in hoc quod non est cum diis falsis colendus, notus in iudaea deus; in hoc vero quod pater est huius christi per quem tollit peccatum mundi, hoc nomen eius, prius occultum, nunc manifestavit eis. ‘ ergo ante christi adventum non erat cognitum quod in deitate esset paternitas et filiatio. non ergo trinitas explicite credebatur.

ag3 ‘ Praeterea, illud tenemur explicite credere in deo quod est beatitudinis obiectum. sed obiectum beatitudinis est bonitas summa, quae potest intelligi in deo etiam sine personarum distinctione. ergo non fuit necessarium credere explicite trinitatem.

sc ‘ Sed contra est quod in veteri testamento multipliciter expressa est trinitas personarum, * sicut statim in principio gen. dicitur, ad expressionem trinitatis, ° faciamus hominem ad imaginem et similitudinem nostram. ‘ ergo a principio de necessitate salutis fuit credere trinitatem.

co ‘ Respondeo dicendum quod mysterium christi explicite credi non potest sine fide trinitatis, quia in mysterio christi hoc continetur quod filius dei carnem assumpserit, quod per gratiam spiritus sancti mundum renovaverit, et iterum quod de spiritu sancto conceptus fuerit. et ideo eo modo quo mysterium christi ante christum fuit quidem explicite creditum a maioribus, implicite autem et quasi obumbrate a minoribus, ita etiam et mysterium trinitatis. et ideo etiam post tempus gratiae divulgatae tenentur omnes ad explicite credendum mysterium trinitatis. et omnes qui renascuntur in christo hoc adipiscuntur per invocationem trinitatis, * secundum illud matth. ult., ° euntes, docete omnes gentes, baptizantes eos in nomine patris et filii et spiritus sancti.

ra1 ‘ Ad primum ergo dicendum quod illa duo explicite credere de deo omni tempore et quoad omnes necessarium fuit. non tamen est sufficiens omni tempore et quoad omnes.

ra2 ‘ Ad secundum dicendum quod ante christi adventum fides trinitatis erat occulta in fide maiorum. sed per christum manifestata est mundo per apostolos.

ra3 ‘ Ad tertium dicendum quod summa bonitas dei secundum modum quo nunc intelligitur per effectus, potest intelligi absque trinitate personarum. sed secundum quod intelligitur in seipso, prout videtur a beatis, non potest intelligi sine trinitate personarum. et iterum ipsa missio personarum divinarum perducit nos in beatitudinem.

009 ST3 qu2 ar9

ag1 ‘ Ad nonum sic proceditur. videtur quod credere non sit meritorium. principium enim merendi est caritas, * ut supra dictum est. ‘ sed fides est praeambula ad caritatem, sicut et natura. ergo, sicut actus naturae non est meritorius (quia naturalibus non meremur), ita etiam nec actus fidei.

ag2 ‘ Praeterea, credere medium est inter opinari et scire vel considerare scita. sed consideratio scientiae non est meritoria; similiter autem nec opinio. ergo etiam neque credere est meritorium.

ag3 ‘ Praeterea, ille qui assentit alicui rei credendo aut habet causam sufficienter inducentem ipsum ad credendum, aut non. si habet sufficiens inductivum ad credendum, non videtur hoc ei esse meritorium, quia non est ei iam liberum credere et non credere. si autem non habet sufficiens inductivum ad credendum, levitatis est credere, * secundum illud eccli. xix, ° qui cito credit levis est corde, ‘ et sic non videtur esse meritorium. ergo credere nullo modo est meritorium.

sc * Sed contra est quod dicitur ad heb. xi, quod ° sancti per fidem adepti sunt repromissiones. ‘ quod non esset nisi credendo mererentur. ergo ipsum credere est meritorium.

co * Respondeo dicendum quod, sicut supra dictum est, ‘ actus nostri sunt meritorii inquantum procedunt ex libero arbitrio moto a deo per gratiam. unde omnis actus humanus qui subiicitur libero arbitrio, si sit relatus in deum, potest meritorius esse. ipsum autem credere est actus intellectus assentientis veritati divinae ex imperio voluntatis a deo motae per gratiam, et sic subiacet libero arbitrio in ordine ad deum. unde actus fidei potest esse meritorius.

ra1 ‘ Ad primum ergo dicendum quod natura comparatur ad caritatem, quae est merendi principium, sicut materia ad formam. fides autem comparatur ad

caritatem sicut dispositio praecedens ultimam formam. manifestum est autem quod subiectum vel materia non potest agere in virtute formae, neque etiam dispositio praecedens, antequam forma adveniat. sed postquam forma advenerit, tam subiectum quam dispositio praecedens agit in virtute formae, quae est principale agendi principium, sicut calor ignis agit in virtute formae substantialis. sic ergo neque natura neque fides sine caritate possunt producere actum meritorium, sed caritate superveniente, actus fidei fit meritorius per caritatem, sicut et actus naturae et naturalis liberi arbitrii.
ra2 ‘ Ad secundum dicendum quod in scientia duo possunt considerari, scilicet ipse assensus scientis ad rem scitam, et consideratio rei scitae. assensus autem scientiae non subiicitur libero arbitrio, quia sciens cogitur ad assentiendum per efficaciam demonstrationis. et ideo assensus scientiae non est meritorius. sed consideratio actualis rei scitae subiacet libero arbitrio, est enim in potestate hominis considerare vel non considerare. et ideo consideratio scientiae potest esse meritoria, si referatur ad finem caritatis, idest ad honorem dei vel utilitatem proximi. sed in fide utrumque subiacet libero arbitrio. et ideo quantum ad utrumque actus fidei potest esse meritorius. sed opinio non habet firmum assensum, “ est enim quoddam debile et infirmum, * secundum philosophum, in i poster.. ‘ unde non videtur procedere ex perfecta voluntate. et sic ex parte assensus non multum videtur habere rationem meriti. sed ex parte considerationis actualis potest meritoria esse.
ra3 ‘ Ad tertium dicendum quod ille qui credit habet sufficiens inductivum ad credendum, inducitur enim auctoritate divinae doctrinae miraculis confirmatae, et, quod plus est, interiori instinctu dei invitantis. unde non leviter credit. tamen non habet sufficiens inductivum ad sciendum. et ideo non tollitur ratio meriti.

009 ST3 qu2 ar10

ag1 ‘ Ad decimum sic proceditur. videtur quod ratio inducta ad ea quae sunt fidei diminuat meritum fidei. * dicit enim gregorius, in quadam homilia, quod ° fides non habet meritum cui humana ratio praebet experimentum. ‘ si ergo ratio humana sufficienter experimentum praebens totaliter excludit meritum fidei, videtur quod qualiscumque ratio humana inducta ad ea quae sunt fidei diminuat meritum fidei.
ag2 ‘ Praeterea, quidquid diminuit rationem virtutis diminuit rationem meriti, quia “ felicitas virtutis est praemium * ut etiam philosophus dicit, in i ethic.. ‘ sed ratio humana videtur diminuere rationem virtutis ipsius fidei, quia de ratione fidei est quod sit non apparentium, * ut supra dictum est; ‘ quanto autem plures rationes inducuntur ad aliquid, tanto minus est non apparens. ergo ratio humana inducta ad ea quae sunt fidei meritum fidei diminuit.
ag3 ‘ Praeterea, contrariorum contrariae sunt causae. sed id quod inducitur in contrarium fidei auget meritum fidei, sive sit persecutio cogentis ad recedendum a fide, sive etiam sit ratio aliqua hoc persuadens. ergo ratio coadiuvans fidem diminuit meritum fidei.
sc * Sed contra est quod i petri iii dicitur, ° parati semper ad satisfactionem omni poscenti vos rationem de ea quae in vobis est fide et spe. ‘ non autem ad hoc induceret apostolus si per hoc meritum fidei diminueretur. non ergo ratio diminuit meritum fidei.
co * Respondeo dicendum quod, sicut dictum est, ‘ actus fidei potest esse meritorius inquantum subiacet voluntati non solum quantum ad usum, sed etiam quantum ad assensum. ratio autem humana inducta ad ea quae sunt fidei dupliciter potest se habere ad voluntatem credentis. uno quidem modo, sicut praecedens, puta cum quis aut non haberet voluntatem, aut non haberet promptam voluntatem ad credendum, nisi ratio humana induceretur. et sic ratio humana inducta diminuit meritum fidei, * sicut etiam supra dictum est quod ‘ passio praecedens electionem in virtutibus moralibus diminuit laudem virtuosi actus. sicut enim homo actus virtutum moralium debet exercere propter iudicium rationis, non propter passionem; ita credere debet homo ea quae sunt fidei non propter rationem humanam, sed propter auctoritatem divinam. alio modo ratio humana potest se habere ad voluntatem credentis consequenter. cum enim homo habet promptam voluntatem ad credendum, diligit veritatem creditam, et super ea excogitat et amplectitur si quas rationes ad hoc invenire potest. et quantum ad hoc ratio humana non excludit meritum fidei, sed est signum maioris meriti, sicut etiam passio consequens in virtutibus moralibus est signum promptioris voluntatis, * ut supra dictum est. * et hoc significatur ioan. iv, ubi |25| samaritani ad mulierem, per quam ratio humana figuratur, dixerunt, ° iam non propter tuam loquelam credimus.
ra1 ‘ Ad primum ergo dicendum quod * gregorius loquitur in casu illo “ quando homo non habet voluntatem credendi nisi propter rationem inductam. ‘ quando autem homo habet voluntatem credendi ex auctoritate divina, etiam si habeat rationem demonstrativam ad aliquid eorum, puta ad hoc quod est deum esse, non propter hoc tollitur vel minuitur meritum fidei.
ra2 ‘ Ad secundum dicendum quod rationes quae inducuntur ad auctoritatem fidei non sunt demonstrationes quae in visionem intelligibilem intellectum humanum reducere possunt. et ideo non desinunt esse non apparentia. sed removent impedimenta fidei, ostendendo non esse impossibile quod in fide proponitur. unde per tales rationes non diminuitur meritum fidei nec ratio fidei. sed rationes demonstrativae inductae ad ea quae sunt fidei, praeambula tamen ad articulos, etsi diminuant rationem fidei, quia faciunt esse apparens id quod proponitur; non tamen diminuunt rationem caritatis, per quam voluntas est prompta ad ea credendum etiam si non apparerent. et ideo non diminuitur ratio meriti.
ra3 ‘ Ad tertium dicendum quod ea quae repugnant fidei, sive in consideratione hominis sive in exteriori persecutione, intantum augent meritum fidei inquantum ostenditur voluntas magis prompta et firma in fide. et ideo martyres maius fidei meritum habuerunt non recedentes a fide propter persecutiones; et etiam sapientes maius meritum fidei habent non recedentes a fide propter rationes philosophorum vel haereticorum contra fidem inductas. sed ea quae conveniunt fidei non semper diminuunt promptitudinem voluntatis ad credendum. et ideo non semper diminuunt meritum fidei.

009 ST3 qu3 ar

pr ‘ Deinde considerandum est de exteriori fidei actu, qui est confessio. et circa hoc quaeruntur duo. primo, utrum confessio sit actus fidei. secundo, utrum confessio sit necessaria ad salutem.

009 ST3 qu3 ar1

ag1 ‘ Ad primum sic proceditur. videtur quod confessio non sit actus fidei. non enim idem actus pertinet ad diversas virtutes. sed confessio pertinet ad poenitentiam, cuius ponitur pars. ergo non est actus fidei.
ag2 ‘ Praeterea, ab hoc quod homo confiteatur fidem retrahitur interdum per timorem, vel etiam propter aliquam confusionem, * unde et apostolus, ad ephes. ult., petit “ orari pro se ut detur sibi ° cum fiducia notum facere mysterium evangelii. ‘ sed non recedere a bono propter confusionem vel timorem pertinet ad fortitudinem, quae moderatur audacias et timores. ergo videtur quod confessio non sit actus fidei, sed magis fortitudinis vel constantiae.
ag3 ‘ Praeterea, sicut per fidei fervorem inducitur aliquis ad confitendum fidem exterius, ita etiam inducitur ad alia exteriora bona opera facienda, * dicitur enim gal. v quod ° fides per dilectionem operatur. ‘ sed alia exteriora opera non ponuntur actus fidei. ergo etiam neque confessio.
sc * Sed contra est quod, ii ad thess. i, super illud, ° et opus fidei in virtute, * dicit glossa, ° idest confessionem, quae proprie est opus fidei.
co ‘ Respondeo dicendum quod actus exteriores illius virtutis proprie sunt actus ad cuius fines secundum suas species referuntur, sicut ieiunare secundum suam speciem refertur ad finem abstinentiae, quae est compescere carnem, et ideo est actus abstinentiae. confessio autem eorum quae sunt fidei secundum suam speciem ordinatur sicut ad finem ad id quod est fidei, * secundum illud ii ad cor. iv, ° habentes eundem spiritum fidei credimus, propter quod et loquimur, ‘ exterior enim locutio ordinatur ad significandum id quod in corde concipitur. unde sicut conceptus interior eorum quae sunt fidei est proprie fidei actus, ita etiam et exterior confessio.
ra1 ‘ Ad primum ergo dicendum quod triplex est confessio quae in scripturis laudatur. una est confessio eorum quae sunt fidei. et ista est proprius actus fidei, utpote relata ad fidei finem, * sicut dictum est. ‘ alia est confessio gratiarum actionis sive laudis. et ista est actus latriae, ordinatur enim ad honorem deo exterius exhibendum, quod est finis latriae. tertia est confessio peccatorum. et haec ordinatur ad deletionem peccati, quae est finis poenitentiae. unde pertinet ad poenitentiam.
ra2 “ Ad secundum dicendum quod removens prohibens non est causa per se, sed per accidens, * ut patet per philosophum, in viii phys.. ‘ unde fortitudo, quae removet impedimentum confessionis fidei, scilicet timorem vel erubescentiam, non est proprie et per se causa confessionis, sed quasi per accidens.
ra3 ‘ Ad tertium dicendum quod fides interior, mediante dilectione, causat omnes exteriores actus virtutum mediantibus aliis virtutibus, imperando, non eliciendo. sed confessionem producit tanquam proprium actum, nulla alia virtute mediante.

009 ST3 qu3 ar2

ag1 ‘ Ad secundum sic proceditur. videtur quod confessio fidei non sit necessaria ad salutem. illud enim videtur ad salutem sufficere per quod homo attingit finem virtutis. sed finis proprius fidei est coniunctio humanae mentis ad veritatem divinam, quod potest etiam esse sine exteriori confessione. ergo confessio fidei non est necessaria ad salutem.
ag2 ‘ Praeterea, per exteriorem confessionem fidei homo fidem suam alii homini patefacit. sed hoc non est necessarium nisi illis qui habent alios in fide instruere. ergo videtur quod minores non teneantur ad fidei confessionem.
ag3 ‘ Praeterea, illud quod potest vergere in scandalum et turbationem aliorum non est necessarium ad salutem, * dicit enim apostolus, i ad cor. x, ° sine offensione estote iudaeis et gentibus et ecclesiae dei. ‘ sed per confessionem fidei quandoque ad perturbationem infideles provocantur. ergo confessio fidei non est necessaria ad salutem.
sc * Sed contra est quod apostolus dicit, ad rom. x, ° corde creditur ad iustitiam, ore autem confessio fit ad salutem.
co ‘ Respondeo dicendum quod ea quae sunt necessaria ad salutem cadunt sub praeceptis divinae legis. confessio autem fidei, cum sit quoddam affirmativum, non potest cadere nisi sub praecepto affirmativo. unde eo modo est de necessariis ad salutem quo modo potest cadere sub praecepto affirmativo divinae legis. praecepta autem affirmativa, * ut supra dictum est, ‘ non obligant ad semper, etsi semper obligent, obligant autem pro loco et tempore et secundum alias circumstantias debitas secundum quas oportet actum humanum limitari ad hoc quod sit actus virtutis. sic igitur confiteri fidem non semper neque in quolibet loco est de necessitate salutis, sed aliquo loco et tempore, quando scilicet per omissionem huius confessionis subtraheretur honor debitus deo, vel etiam utilitas proximis impendenda; puta si aliquis interrogatus de fide taceret, et ex hoc crederetur vel quod non haberet fidem vel quod fides non esset vera, vel alii per eius taciturnitatem averterentur a fide. in huiusmodi enim casibus confessio fidei est de necessitate salutis.
ra1 ‘ Ad primum ergo dicendum quod finis fidei, sicut et aliarum virtutum, referri debet ad finem caritatis, qui est amor dei et proximi. et ideo quando honor dei vel utilitas proximi hoc exposcit, non debet esse contentus homo ut per fidem suam ipse veritati divinae coniungatur; sed debet fidem exterius confiteri.
ra2 ‘ Ad secundum dicendum quod in casu necessitatis, ubi fides periclitatur, quilibet tenetur fidem suam aliis propalare vel ad instructionem aliorum fidelium sive confirmationem, vel ad reprimendum infidelium insultationem. sed aliis temporibus instruere homines de fide non pertinet ad omnes fideles.
ra3 ‘ Ad tertium dicendum quod, si turbatio infidelium oriatur de confessione fidei manifesta absque aliqua utilitate fidei vel fidelium, non est laudabile in tali casu fidem publice confiteri. * unde dominus dicit, matth. vii, ° nolite sanctum dare canibus, neque margaritas vestras spargere ante porcos, ne conversi dirumpant vos. ‘ sed si utilitas aliqua fidei speretur aut necessitas adsit, contempta turbatione infidelium, debet homo fidem publice confiteri. * unde matth. xv dicitur quod, “ cum discipuli dixissent domino quod pharisaei, audito eius verbo, scandalizati sunt, dominus respondit, sinite illos, scilicet turbari, ° caeci sunt et duces caecorum.

009 ST3 qu4 ar

pr ‘ Deinde considerandum est de ipsa fidei virtute. et primo quidem, de ipsa fide; secundo, de habentibus fidem; tertio, de causa fidei; quarto, de effectibus eius. circa primum quaeruntur octo. primo, quid sit fides. secundo, in qua vi animae sit sicut in subiecto. tertio, utrum forma eius sit caritas. quarto, utrum eadem numero sit fides formata et informis. quinto, utrum fides sit virtus. sexto, utrum sit una virtus. septimo, de ordine eius ad alias virtutes. octavo, de comparatione certitudinis eius ad certitudinem virtutum intellectualium.

009 ST3 qu4 ar1

ag1 ‘ Ad primum sic proceditur. videtur quod sit incompetens fidei definitio * quam apostolus ponit, ad heb. xi, dicens, ° est autem fides substantia sperandarum rerum, argumentum non apparentium. ‘ nulla enim qualitas est substantia. sed fides est qualitas, cum sit virtus theologica, * ut supra dictum est. ‘ ergo non est substantia.
ag2 ‘ Praeterea, diversarum virtutum diversa sunt obiecta. sed res speranda est obiectum spei. non ergo debet poni in definitione fidei tanquam eius obiectum.
ag3 ‘ Praeterea, fides magis perficitur per caritatem quam per spem, quia caritas est forma fidei, * ut infra dicetur. ‘ magis ergo poni debuit in definitione fidei res diligenda quam res speranda.
ag4 ‘ Praeterea, idem non debet poni in diversis generibus. sed substantia et argumentum sunt diversa genera non subalternatim posita. ergo inconvenienter fides dicitur esse substantia et argumentum.
ag5 ‘ Praeterea, per argumentum veritas manifestatur eius ad quod inducitur argumentum. sed illud dicitur esse apparens cuius veritas est manifestata. ergo videtur implicari oppositio * in hoc quod dicitur “ argumentum non apparentium. ‘ inconvenienter ergo describitur fides.
sc ‘ In contrarium sufficit auctoritas apostoli.
co * Respondeo dicendum quod, licet quidam dicant “ praedicta apostoli verba non esse fidei definitionem, ‘ tamen, si quis recte consideret, omnia ex quibus fides potest definiri in praedicta descriptione tanguntur, licet verba non ordinentur sub forma definitionis, sicut etiam apud philosophos praetermissa syllogistica forma syllogismorum principia tangun-

tur. ad cuius evidentiam considerandum est quod, cum habitus cognoscantur per actus et actus per obiecta, fides, cum sit habitus quidam, debet definiri per proprium actum in comparatione ad proprium obiectum. actus autem fidei est credere, qui, * sicut supra dictum est, ' actus est intellectus determinati ad unum ex imperio voluntatis. sic ergo actus fidei habet ordinem et ad obiectum voluntatis, quod est bonum et finis; et ad obiectum intellectus, quod est verum. et quia fides, cum sit virtus theologica, * sicut supra dictum est, ' habet idem pro obiecto et fine, necesse est quod obiectum fidei et finis proportionaliter sibi correspondeant. * dictum est autem supra quod ' veritas prima est obiectum fidei secundum quod ipsa est non visa |25| et ea quibus propter ipsam inhaeretur. et secundum hoc oportet quod ipsa veritas prima se habeat ad actum fidei per modum finis secundum rationem rei non visae. quod pertinet ad rationem rei speratae, * secundum illud apostoli, ad rom. viii, ° quod non videmus speramus, ' veritatem enim videre est ipsam habere; non autem sperat aliquis id quod iam habet, sed spes est de hoc quod non habetur, * ut supra dictum est. ' sic igitur habitudo actus fidei ad finem, qui est obiectum voluntatis, * significatur in hoc quod dicitur, ° fides est substantia rerum sperandarum. ' substantia enim solet dici prima inchoatio cuiuscumque rei, et maxime quando tota res sequens continetur virtute in primo principio, puta si dicamus quod prima principia indemonstrabilia sunt substantia scientiae, quia scilicet primum quod in nobis est de scientia sunt huiusmodi principia, et in eis virtute continetur tota scientia. per hunc ergo modum dicitur fides esse substantia rerum sperandarum, quia scilicet prima inchoatio rerum sperandarum in nobis est per assensum fidei, quae virtute continet omnes res sperandas. in hoc enim speramus beatificari quod videbimus aperta visione veritatem cui per fidem adhaeremus, * ut patet per ea quae supra de felicitate dicta sunt. |50| ' habitudo autem actus fidei ad obiectum intellectus, secundum quod est obiectum fidei, * designatur in hoc quod dicitur, " argumentum non apparentium. ' et sumitur argumentum pro argumenti effectu, per argumentum enim intellectus inducitur ad adhaerendum alicui vero; unde ipsa firma adhaesio intellectus ad veritatem fidei non apparentem vocatur hic argumentum. * unde alia littera habet convictio, ' quia scilicet per auctoritatem divinam intellectus credentis convincitur ad assentiendum his quae non videt. si quis ergo in formam definitionis huiusmodi verba reducere velit, potest dicere quod " fides est habitus mentis, qua inchoatur vita aeterna in nobis, faciens intellectum assentire non apparentibus. ' per hoc autem fides ab omnibus aliis distinguitur quae ad intellectum pertinent. * per hoc enim quod dicitur " argumentum, ' distinguitur fides ab opinione, suspicione et dubitatione, per quae non est prima adhaesio intellectus firma ad aliquid. * per hoc autem quod dicitur " non apparentium, ' distinguitur fides a scientia et intellectu, per quae aliquid fit apparens. per hoc |75| * autem quod dicitur " substantia sperandarum rerum, ' distinguitur virtus fidei a fide communiter sumpta, quae non ordinatur ad beatitudinem speratam. omnes autem aliae definitiones quaecumque de fide dantur, explicationes sunt huius quam apostolus ponit. * quod enim dicit augustinus, ° fides est virtus qua creduntur quae non videntur; * et quod dicit damascenus, quod ° fides est non inquisitus consensus; * et quod alii dicunt, quod ° fides est certitudo quaedam animi de absentibus supra opinionem et infra scientiam; * idem est ei quod apostolus dicit, " argumentum non apparentium. * quod vero dionysius dicit, vii cap. de div. nom., quod ° fides est manens credentium fundamentum, collocans eos in veritate et in ipsis veritatem, * idem est ei quod dicitur, " substantia sperandarum rerum.

ra1 ' Ad primum ergo dicendum quod substantia non sumitur hic secundum quod est genus generalissimum contra alia genera divisum, sed secundum quod in quolibet genere invenitur quaedam similitudo substantiae, prout scilicet primum in quolibet genere, continens in se alia virtute, dicitur esse substantia illorum.

ra2 ' Ad secundum dicendum quod, cum fides pertineat ad intellectum secundum quod imperatur a voluntate, oportet quod ordinetur, sicut ad finem, ad obiecta illarum virtutum quibus perficitur voluntas. inter quas est spes, * ut infra patebit. ' et ideo in definitione fidei ponitur obiectum spei.

ra3 ' Ad tertium dicendum quod dilectio potest esse et visorum et non visorum, et praesentium et absentium. et ideo res diligenda non ita proprie adaptatur fidei sicut res speranda, cum spes sit semper absentium et non visorum.

ra4 ' Ad quartum dicendum quod substantia et argumentum, secundum quod in definitione fidei ponuntur, non important diversa genera fidei neque diversos actus, sed diversas habitudines unius actus ad diversa obiecta, * ut ex dictis patet.

ra5 ' Ad quintum dicendum quod argumentum quod sumitur ex propriis principiis rei facit rem esse apparentem. sed argumentum quod sumitur ex auctoritate divina non facit rem in se esse apparentem. et tale argumentum ponitur in definitione fidei.

009 ST3 qu4 ar2

ag1 ' Ad secundum sic proceditur. videtur quod fides non sit in intellectu sicut in subiecto. * dicit enim augustinus, in libro de praed. sanct., quod ° fides in credentium voluntate consistit. ' sed voluntas est alia potentia ab intellectu. ergo fides non est in intellectu sicut in subiecto.

ag2 ' Praeterea, assensus fidei ad aliquid credendum provenit ex voluntate deo obediente. tota ergo laus fidei ex obedientia esse videtur. sed obedientia est in voluntate. ergo et fides. non ergo est in intellectu.

ag3 ' Praeterea, intellectus est vel speculativus vel practicus. sed fides non est in intellectu speculativo, " qui, cum nihil dicat de imitabili et fugiendo, * ut dicitur in iii de anima, ' non est principium operationis, " fides autem est quae per dilectionem operatur, * ut dicitur ad gal. v. ' similiter etiam nec in intellectu practico, cuius obiectum est verum contingens factibile vel agibile, obiectum enim fidei est verum aeternum, * ut ex supradictis patet. ' non ergo fides est in intellectu sicut in subiecto.

sc ' Sed contra est quod fidei succedit visio patriae, * secundum illud i ad cor. xiii, ° videmus nunc per speculum in aenigmate, tunc autem facie ad faciem. ' sed visio est in intellectu. ergo et fides.

co ' Respondeo dicendum quod, cum fides sit quaedam virtus, oportet quod actus eius sit perfectus. ad perfectionem autem actus qui ex duobus activis principiis procedit requiritur quod utrumque activorum principiorum sit perfectum, non enim potest bene secari nisi et secans habeat artem et serra sit bene disposita ad secandum. dispositio autem ad bene agendum in illis potentiis animae quae se habent ad opposita est habitus, * ut supra dictum est. ' et ideo oportet quod actus procedens ex duabus talibus potentiis sit perfectus habitu aliquo praeexistente in utraque potentiarum. * dictum est autem supra quod ' credere est actus intellectus secundum quod movetur a voluntate ad assentiendum, procedit enim huiusmodi actus et a voluntate et ab intellectu. quorum uterque natus est per habitum perfici, * secundum praedicta. ' et ideo oportet quod tam in voluntate sit aliquis habitus quam in intellectu, si debeat actus fidei esse perfectus, sicut etiam ad hoc quod actus concupiscibilis sit perfectus, oportet quod sit habitus prudentiae in ratione et habitus temperantiae in concupiscibili. credere autem est immediate actus intellectus, quia obiectum huius actus est verum, quod proprie pertinet ad intellectum. et ideo necesse est quod fides, quae est proprium principium |25| huius actus, sit in intellectu sicut in subiecto.

ra1 " Ad primum ergo dicendum quod augustinus fidem accipit pro actu fidei, qui dicitur consistere in credentium voluntate inquantum ex imperio voluntatis intellectus credibilibus assentit.

ra2 ' Ad secundum dicendum quod non solum oportet voluntatem esse promptam ad obediendum, sed etiam intellectum esse bene dispositum ad sequendum imperium voluntatis, sicut oportet concupiscibilem esse bene dispositam ad sequendum imperium rationis. et ideo non solum oportet esse habitum virtutis in voluntate imperante, sed etiam in intellectu assentiente.

ra3 ' Ad tertium dicendum quod fides est in intellectu speculativo sicut in subiecto, ut manifeste patet ex fidei obiecto. sed quia veritas prima, quae est fidei obiectum, est finis omnium desideriorum et actionum nostrarum, * ut patet per augustinum, in i de trin.; ' inde est quod per dilectionem operatur. " sicut etiam intellectus speculativus extensione fit practicus, * ut dicitur in iii de anima.

009 ST3 qu4 ar3

ag1 ' Ad tertium sic proceditur. videtur quod caritas non sit forma fidei. unumquodque enim sortitur speciem per suam formam. eorum ergo quae ex opposito dividuntur sicut diversae species unius generis, unum non potest esse forma alterius. sed fides et caritas dividuntur ex opposito, * i ad cor. xiii, ' sicut diversae species virtutis. ergo caritas non potest esse forma fidei.

ag2 ' Praeterea, forma et id cuius est forma sunt in eodem, quia ex eis fit unum simpliciter. sed fides est in intellectu, caritas autem in voluntate. ergo caritas non est forma fidei.

ag3 ' Praeterea, forma est principium rei. sed principium credendi ex parte voluntatis magis videtur esse obedientia quam caritas, * secundum illud ad rom. i, ° ad obediendum fidei in omnibus gentibus. ' ergo obedientia magis est forma fidei quam caritas.

sc ' Sed contra est quod unumquodque operatur per suam formam. " fides autem per dilectionem operatur. ' ergo dilectio caritatis est forma fidei.

co * Respondeo dicendum quod, sicut ex superioribus patet, ' actus voluntarii speciem recipiunt a fine, qui est voluntatis obiectum. id autem a quo aliquid speciem sortitur se habet ad modum formae in rebus naturalibus. et ideo cuiuslibet actus voluntarii forma quodammodo est finis ad quem ordinatur, tum quia ex ipso recipit speciem; tum etiam quia modus actionis oportet quod respondeat proportionaliter fini. * manifestum est autem ex praedictis quod ' actus fidei ordinatur ad obiectum voluntatis, quod est bonum, sicut ad finem. hoc autem bonum quod est finis fidei, scilicet bonum divinum, est proprium obiectum caritatis. et ideo caritas dicitur forma fidei, inquantum per caritatem actus fidei perficitur et formatur.

ra1 ' Ad primum ergo dicendum quod caritas dicitur esse forma fidei inquantum informat actum ipsius. nihil autem prohibet unum actum a diversis habitibus informari, et secundum hoc ad diversas species reduci ordine quodam, * ut supra dictum est, cum de actibus humanis in communi ageretur.

ra2 ' Ad secundum dicendum quod obiectio illa procedit de forma intrinseca. sic autem caritas non est forma fidei, sed prout informat actum eius, * ut supra dictum est.

ra3 ' Ad tertium dicendum quod etiam ipsa obedientia, et similiter spes et quaecumque alia virtus posset praecedere actum fidei, formatur a caritate, * sicut infra patebit. ' et ideo ipsa caritas ponitur forma fidei.

009 ST3 qu4 ar4

ag1 ' Ad quartum sic proceditur. videtur quod fides informis non fiat formata, nec e converso. * quia ut dicitur i ad cor. xiii, ° cum venerit quod perfectum est, evacuabitur quod ex parte est. ' sed fides informis est imperfecta respectu formatae. ergo, adveniente fide formata, fides informis excluditur, ut non sit unus habitus numero.

ag2 ' Praeterea, illud quod est mortuum non fit vivum. sed fides informis est mortua, * secundum illud iac. ii, ° fides sine operibus mortua est. ' ergo fides informis non potest fieri formata.

ag3 ' Praeterea, gratia dei adveniens non habet minorem effectum in homine fideli quam in infideli. sed adveniens homini infideli causat in eo habitum fidei. ergo etiam adveniens fideli qui habebat prius habitum fidei informis causat in eo alium habitum fidei.

ag4 * Praeterea, sicut boetius dicit, " accidentia alterari non possunt. ' sed fides est quoddam accidens. ergo non potest eadem fides quandoque esse formata et quandoque informis.

sc * Sed contra est quod iac. ii, super illud, ° fides sine operibus mortua est, * dicit glossa, " quibus reviviscit. ' ergo fides quae erat prius mortua et informis fit formata et vivens.

co ' Respondeo dicendum quod * circa hoc fuerunt diversae opiniones. quidam enim dixerunt quod " alius est habitus fidei formatae et informis, sed, adveniente fide formata, tollitur fides informis. et similiter, homine post fidem formatam peccante mortaliter, succedit alius habitus fidei informis a deo infusus. ' sed hoc non videtur esse conveniens quod gratia adveniens homini aliquod dei donum excludat, neque etiam quod aliquod dei donum homini infundatur propter peccatum mortale. * et ideo alii dixerunt quod " sunt quidem diversi habitus fidei formatae et informis, sed tamen, adveniente fide formata, non tollitur habitus fidei informis, sed simul manet in eodem cum habitu fidei formatae. ' sed hoc etiam videtur inconveniens quod habitus fidei informis in habente fidem formatam remaneat otiosus. et ideo aliter dicendum quod idem est habitus fidei formatae et informis. cuius ratio est quia habitus diversificatur secundum illud quod per se ad habitum pertinet. cum autem fides sit perfectio intellectus, illud per se ad fidem pertinet quod pertinet ad intellectum, quod autem pertinet ad voluntatem non per se pertinet ad fidem, ita quod per hoc diversificari possit habitus fidei. distinctio autem fidei formatae et informis est secundum id quod pertinet ad voluntatem, idest secundum caritatem, non autem secundum illud quod pertinet ad intellectum. |25| unde fides formata et informis non sunt diversi habitus.

ra1 " Ad primum ergo dicendum quod verbum apostoli est intelligendum quando imperfectio est de ratione imperfecti. tunc enim oportet quod, adveniente perfecto, imperfectum excludatur, sicut, adveniente aperta visione, excluditur fides, de cuius ratione est ut sit non apparentium. ' sed quando imperfectio non est de ratione rei imperfectae, tunc illud numero idem quod erat imperfectum fit perfectum, sicut pueritia non est de ratione hominis, et ideo idem numero qui erat puer fit vir. informitas autem fidei non est de ratione fidei, sed per accidens se habet ad ipsam, * ut dictum est. ' unde ipsamet fides informis fit formata.

ra2 ' Ad secundum dicendum quod illud quod facit vitam animalis est de ratione ipsius, quia est forma essentialis eius, scilicet anima. et ideo mortuum vivum fieri non potest, sed aliud specie est quod est mortuum et quod est vivum. sed id quod facit fidem esse formatam vel vivam non est de essentia fidei. et ideo non est simile.

ra3 ' Ad tertium dicendum quod gratia facit fidem non solum quando fides de novo incipit esse in homine, sed etiam quandiu fides durat, * dictum est enim supra quod ' deus semper operatur iustificationem hominis, sicut sol semper operatur illuminationem aeris. unde gratia non minus facit adveniens fideli quam adveniens infideli, quia in utroque operatur fidem, in uno quidem confirmando eam et perficiendo, in alio de novo creando. vel potest dici quod hoc est per accidens, scilicet propter dispositionem subiecti, quod gratia non causat fidem in eo qui habet. sicut e contrario secundum peccatum mortale non

tollit gratiam ab eo qui eam amisit per peccatum mortale praecedens.
ra4 ‘ Ad quartum dicendum quod per hoc quod fides formata fit informis non mutatur ipsa fides, sed mutatur subiectum fidei, quod est anima, quod quandoque quidem habet fidem sine caritate, quandoque autem cum caritate.

009 ST3 qu4 ar5

ag1 ‘ Ad quintum sic proceditur. videtur quod fides non sit virtus. virtus enim ordinatur ad bonum, nam “virtus est quae bonum facit habentem, * ut dicit philosophus, in ii ethic.. ‘ sed fides ordinatur ad verum. ergo fides non est virtus.
ag2 ‘ Praeterea, perfectior est virtus infusa quam acquisita. sed fides, propter sui imperfectionem, non ponitur inter virtutes intellectuales acquisitas, * ut patet per philosophum, in vi ethic.. ‘ ergo multo minus potest poni virtus infusa.
ag3 ‘ Praeterea, fides formata et informis sunt eiusdem speciei, * ut dictum est. ‘ sed fides informis non est virtus, quia non habet connexionem cum aliis virtutibus. ergo nec fides formata est virtus.
ag4 ‘ Praeterea, gratiae gratis datae et fructus distinguuntur a virtutibus. sed fides enumeratur inter gratias gratis datas, * i ad cor. xii, ‘ et similiter inter fructus, * ad gal. v. ‘ ergo fides non est virtus.
sc ‘ Sed contra est quod homo per virtutes iustificatur, “ nam iustitia est tota virtus, * ut dicitur in v ethic.. ‘ sed per fidem homo iustificatur, * secundum illud ad rom. v, ° iustificati ergo ex fide pacem habemus ‘ etc.. ergo fides est virtus.
co * Respondeo dicendum quod, sicut ex supradictis patet, ‘ virtus humana est per quam actus humanus redditur bonus. unde quicumque habitus est semper principium boni actus, potest dici virtus humana. talis autem habitus est fides formata. cum enim credere sit actus intellectus assentientis vero ex imperio voluntatis, ad hoc quod iste actus sit perfectus duo requiruntur. quorum unum est ut infallibiliter intellectus tendat in suum bonum, quod est verum, aliud autem est ut infallibiliter ordinetur ad ultimum finem, propter quem voluntas assentit vero. et utrumque invenitur in actu fidei formatae. nam ex ratione ipsius fidei est quod intellectus semper feratur in verum, quia fidei non potest subesse falsum, * ut supra habitum est, ‘ ex caritate autem, quae format fidem, habet anima quod infallibiliter voluntas ordinetur in bonum finem. et ideo fides formata est virtus. fides autem informis non est virtus, quia etsi habeat perfectionem debitam actus fidei informis ex parte intellectus, non tamen habet perfectionem debitam ex parte voluntatis. sicut etiam si temperantia esset in concupiscibili et prudentia non esset in rationali, temperantia non esset virtus, * ut supra dictum est, ‘ quia ad actum temperantiae requiritur et actus rationis et actus concupiscibilis, sicut ad actum fidei |25| requiritur actus voluntatis et actus intellectus.
ra1 ‘ Ad primum ergo dicendum quod ipsum verum est bonum intellectus, cum sit eius perfectio. et ideo inquantum per fidem intellectus determinatur ad verum, fides habet ordinem in bonum quoddam. sed ulterius, inquantum fides formatur per caritatem, habet etiam ordinem ad bonum secundum quod est voluntatis obiectum.
ra2 * Ad secundum dicendum quod fides de qua philosophus loquitur “ innititur rationi humanae non ex necessitate concludenti, cui potest subesse falsum. ‘ et ideo talis fides non est virtus. sed fides de qua loquimur innititur veritati divinae quae est infallibilis, et ita non potest ei subesse falsum. et ideo talis fides potest esse virtus.
ra3 ‘ Ad tertium dicendum quod fides formata et informis non differunt specie sicut in diversis speciebus existentes, differunt autem sicut perfectum et imperfectum in eadem specie. unde fides informis, cum sit imperfecta, non pertingit ad perfectam rationem virtutis, “ nam virtus est perfectio quaedam, * ut dicitur in vii physic..
ra4 * Ad quartum dicendum quod quidam ponunt quod “ fides quae connumeratur inter gratias gratis datas est fides informis. ‘ sed hoc non convenienter dicitur. quia gratiae gratis datae, quae ibi enumerantur, non sunt communes omnibus membris ecclesiae, * unde apostolus ibi dicit, “ divisiones gratiarum sunt; et iterum, alii datur hoc, alii datur illud. ‘ fides autem informis est communis omnibus membris ecclesiae, quia informitas non est de substantia eius, secundum quod est donum gratuitum. unde dicendum est quod fides ibi sumitur pro “ aliqua fidei excellentia, sicut pro constantia fidei, * ut dicit glossa, ‘ vel pro sermone fidei. fides autem ponitur fructus secundum quod habet aliquam delectationem in suo actu, ratione certitudinis. * unde ad gal. v, ubi enumerantur fructus, “ exponitur fides de invisibilibus certitudo.

009 ST3 qu4 ar6

ag1 ‘ Ad sextum sic proceditur. videtur quod non sit una fides. ° sicut enim fides est donum dei, * ut dicitur ad ephes. ii, ‘ ita etiam sapientia et scientia inter dona dei computantur, * ut patet isaiae xi. ‘ sed sapientia et scientia differunt per hoc quod sapientia est de aeternis, scientia vero de temporalibus, * ut patet per augustinum, xii de trin.. ‘ cum igitur fides sit et de aeternis et de quibusdam temporalibus, videtur quod non sit una fides, sed distinguatur in partes.
ag2 ‘ Praeterea, confessio est actus fidei, * ut supra dictum est. ‘ sed non est una et eadem confessio fidei apud omnes, nam quod nos confitemur factum, antiqui patres confitebantur futurum, * ut patet isaiae vii, ° ecce virgo concipiet. ‘ ergo non est una fides.
ag3 ‘ Praeterea, fides est communis omnibus fidelibus christi. sed unum accidens non potest esse in diversis subiectis. ergo non potest esse una fides omnium.
sc * Sed contra est quod apostolus dicit, ad ephes. iv, ° unus dominus, una fides.
co ‘ Respondeo dicendum quod fides, si sumatur pro habitu, dupliciter potest considerari. uno modo, ex parte obiecti. et sic est una fides, obiectum enim formale fidei est veritas prima, cui inhaerendo credimus quaecumque sub fide continentur. alio modo, ex parte subiecti. et sic fides diversificatur secundum quod est diversorum. manifestum est autem quod fides, sicut et quilibet alius habitus, ex formali ratione obiecti habet speciem, sed ex subiecto individuatur. et ideo, si fides sumatur pro habitu quo credimus, sic fides est una specie, et differens numero in diversis. si vero sumatur pro eo quod creditur, sic etiam est una fides. quia idem est quod ab omnibus creditur, et si sint diversa credibilia quae communiter omnes credunt, tamen omnia reducuntur ad unum.
ra1 ‘ Ad primum ergo dicendum quod temporalia quae in fide proponuntur non pertinent ad obiectum fidei nisi in ordine ad aliquod aeternum, quod est veritas prima, * sicut supra dictum est. ‘ et ideo fides una est de temporalibus et aeternis. secus autem est de sapientia et scientia, quae considerant temporalia et aeterna secundum proprias rationes utrorumque.
ra2 ‘ Ad secundum dicendum quod illa differentia praeteriti et futuri non contingit ex aliqua diversitate rei creditae, sed ex diversa habitudine credentium ad unam rem creditam, * ut etiam supra habitum est.
ra3 ‘ Ad tertium dicendum quod illa ratio procedit ex diversitate fidei secundum numerum.

009 ST3 qu4 ar7

ag1 ‘ Ad septimum sic proceditur. videtur quod fides non sit prima inter virtutes. * dicitur enim luc. xii, in glossa super illud, “ dico vobis amicis meis, quod fortitudo est fidei fundamentum. ‘ sed fundamentum est prius eo cuius est fundamentum. ergo fides non est prima virtus.
ag2 * Praeterea, quaedam glossa dicit, super illum psalmum, “ noli aemulari, quod spes introducit ad fidem. ‘ spes autem est virtus quaedam, * ut infra dicetur. ‘ ergo fides non est prima virtutum.
ag3 * Praeterea, supra dictum est quod ‘ intellectus credentis inclinatur ad assentiendum his quae sunt fidei ex obedientia ad deum. sed obedientia etiam est quaedam virtus. non ergo fides est prima virtus.
ag4 “ Praeterea, fides informis non est fundamentum, sed fides formata, * sicut in glossa dicitur, i ad cor. iii. ‘ formatur autem fides per caritatem, * ut supra dictum est. ‘ ergo fides a caritate habet quod sit fundamentum. caritas ergo est magis fundamentum quam fides, nam fundamentum est prima pars aedificii. et ita videtur quod sit prior fide.
ag5 ‘ Praeterea, secundum ordinem actuum intelligitur ordo habituum. sed in actu fidei actus voluntatis, quem perficit caritas, praecedit actum intellectus, quem perficit fides, sicut causa, quae praecedit effectum. ergo caritas praecedit fidem. non ergo fides est prima virtutum.
sc * Sed contra est quod apostolus dicit, ad heb. xi, quod ° fides est substantia sperandarum rerum. ‘ sed substantia habet rationem primi. ergo fides est prima inter virtutes.
co ‘ Respondeo dicendum quod aliquid potest esse prius altero dupliciter, uno modo, per se; alio modo, per accidens. per se quidem inter omnes virtutes prima est fides. cum enim in agibilibus finis sit principium, * ut supra dictum est, ‘ necesse est virtutes theologicas, quarum obiectum est ultimus finis, esse priores ceteris virtutibus. ipse autem ultimus finis oportet quod prius sit in intellectu quam in voluntate, quia voluntas non fertur in aliquid nisi prout est in intellectu apprehensum. unde cum ultimus finis sit quidem in voluntate per spem et caritatem, in intellectu autem per fidem, necesse est quod fides sit prima inter omnes virtutes, quia naturalis cognitio non potest attingere ad deum secundum quod est obiectum beatitudinis, prout tendit in ipsum spes et caritas. sed per accidens potest aliqua virtus esse prior fide. causa enim per accidens est per accidens prior. removere autem prohibens pertinet ad causam per accidens, * ut patet per philosophum, in viii physic.. ‘ et secundum hoc aliquae virtutes possunt dici per accidens priores fide, inquantum removent impedimenta credendi, sicut fortitudo removet inordinatum timorem impedientem fidem; humilitas autem superbiam, per quam intellectus recusat se submittere veritati fidei. |25| et idem potest dici de aliquibus aliis virtutibus, quamvis non sint verae virtutes nisi praesupposita fide, * ut patet per augustinum, in libro contra iulianum.
ra1 ‘ Unde patet responsio ad primum.
ra2 ‘ Ad secundum dicendum quod spes non potest universaliter introducere ad fidem. non enim potest spes haberi de aeterna beatitudine nisi credatur possibilis, quia impossibile non cadit sub spe, * ut ex supradictis patet. ‘ sed ex spe aliquis introduci potest ad hoc quod perseveret in fide, vel quod fidei firmiter adhaereat. et secundum hoc dicitur spes introducere ad fidem.
ra3 ‘ Ad tertium dicendum quod obedientia dupliciter dicitur. quandoque enim importat inclinationem voluntatis ad implendum divina mandata. et sic non est specialis virtus, sed generaliter includitur in omni virtute, quia omnes actus virtutum cadunt sub praeceptis legis divinae, * ut supra dictum est. ‘ et hoc modo ad fidem requiritur obedientia. alio modo potest accipi obedientia secundum quod importat inclinationem quandam ad implendam mandata secundum quod habent rationem debiti. et sic obedientia est specialis virtus, et est pars iustitiae, reddit enim superiori debitum obediendo sibi. et hoc modo obedientia sequitur fidem, per quam manifestatur homini quod deus sit superior, cui debeat obedire.
ra4 ‘ Ad quartum dicendum quod ad rationem fundamenti non solum requiritur quod sit primum, sed etiam quod sit aliis partibus aedificii connexum, non enim esset fundamentum nisi ei aliae partes aedificii cohaererent. connexio autem spiritualis aedificii est per caritatem, * secundum illud coloss. iii, ° super omnia caritatem habete, quae est vinculum perfectionis. ‘ et ideo fides sine caritate fundamentum esse non potest, nec tamen oportet quod caritas sit prior fide.
ra5 ‘ Ad quintum dicendum quod actus voluntatis praeexigitur ad fidem, non tamen actus voluntatis caritate informatus, sed talis actus praesupponit fidem, quia non potest voluntas perfecto amore in deum tendere nisi intellectus rectam fidem habeat circa ipsum.

009 ST3 qu4 ar8

ag1 ‘ Ad octavum sic proceditur. videtur quod fides non sit certior scientia et aliis virtutibus intellectualibus. dubitatio enim opponitur certitudini, unde videtur illud esse certius quod minus potest habere de dubitatione; sicut est albius quod est nigro impermixtius. sed intellectus et scientia, et etiam sapientia, non habent dubitationem circa ea quorum sunt, credens autem interdum potest pati motum dubitationis et dubitare de his quae sunt fidei. ergo fides non est certior virtutibus intellectualibus.
ag2 ‘ Praeterea, visio est certior auditu. “ sed fides est ex auditu, * ut dicitur ad rom. x, ‘ in intellectu autem et scientia et sapientia includitur quaedam intellectualis visio. ergo certior est scientia vel intellectus quam fides.
ag3 ‘ Praeterea, quanto aliquid est perfectius in his quae ad intellectum pertinent, tanto est certius. sed intellectus est perfectior fide, quia per fidem ad intellectum pervenitur, * secundum illud isaiae vii, ° nisi credideritis, non intelligetis, * secundum aliam litteram. et augustinus dicit etiam de scientia, xiv de trin., quod “ per scientiam roboratur fides. ‘ ergo videtur quod certior sit scientia vel intellectus quam fides.
sc * Sed contra est quod apostolus dicit, i ad thess. ii, ° cum accepissetis a nobis verbum auditus, “ scilicet per fidem, ° accepistis illud non ut verbum hominum, sed, sicut vere est, verbum dei. ‘ sed nihil certius verbo dei. ergo scientia non est certior fide, nec aliquid aliud.
co * Respondeo dicendum quod, sicut supra dictum est, ‘ virtutum intellectualium duae sunt circa contingentia, scilicet prudentia et ars. quibus praefertur fides in certitudine ratione suae materiae, quia est de aeternis, quae non contingit aliter se habere. tres autem reliquae intellectuales virtutes, scilicet sapientia, scientia et intellectus, sunt de necessariis, * ut supra dictum est. ‘ sed sciendum est quod sapientia, scientia et intellectus dupliciter dicuntur, uno modo, secundum quod ponuntur virtutes intellectuales * a philosopho, in vi ethic.; ‘ alio modo, secundum quod ponuntur dona spiritus sancti. primo igitur modo, dicendum est quod certitudo potest considerari dupliciter. uno modo, ex causa certitudinis, et sic dicitur esse certius illud quod habet certiorem causam. et hoc modo fides est certior tribus praedictis, quia fides innititur veritati divinae, tria autem praedicta innituntur rationi humanae. alio modo potest considerari certitudo ex parte subiecti, et sic dicitur esse certius quod plenius consequitur intellectus hominis. et per hunc modum, quia ea quae sunt fidei sunt supra intellectum hominis, non autem ea quae subsunt tribus praedictis, ideo ex hac parte fides est minus certa. sed quia unumquodque iudicatur simpliciter quidem secundum causam suam; secundum autem dispositionem quae est ex parte subiecti iudicatur secundum quid, |25| inde est quod fides est simpliciter certior, sed alia sunt certiora secundum quid, scilicet quoad nos. similiter etiam, si accipiantur tria praedicta secundum quod sunt dona praesentis vitae, comparantur ad fidem sicut ad principium quod praesupponunt. unde etiam secundum hoc fides est eis certior.

ra1 ' Ad primum ergo dicendum quod illa dubitatio non est ex parte causae fidei, sed quoad nos, inquantum non plene assequimur per intellectum ea quae sunt fidei.
ra2 ' Ad secundum dicendum quod, ceteris paribus, visio est certior auditu. sed si ille a quo auditur multum excedit visum videntis, sic certior est auditus quam visus. sicut aliquis parvae scientiae magis certificatur de eo quod audit ab aliquo scientissimo quam de eo quod sibi secundum suam rationem videtur. et multo magis homo certior est de eo quod audit a deo, qui falli non potest, quam de eo quod videt propria ratione, quae falli potest.
ra3 ' Ad tertium dicendum quod perfectio intellectus et scientiae excedit cognitionem fidei quantum ad maiorem manifestationem, non tamen quantum ad certiorem inhaesionem. quia tota certitudo intellectus vel scientiae secundum quod sunt dona, procedit a certitudine fidei, sicut certitudo cognitionis conclusionum procedit ex certitudine principiorum. secundum autem quod scientia et sapientia et intellectus sunt virtutes intellectuales, innituntur naturali lumini rationis, quod deficit a certitudine verbi dei, cui innititur fides.

009 ST3 qu5 ar

pr ' Deinde considerandum est de habentibus fidem. et circa hoc quaeruntur quatuor. primo, utrum angelus aut homo in prima sui conditione habuerit fidem. secundo, utrum daemones habeant fidem. tertio, utrum haeretici errantes in uno articulo fidei habeant fidem de aliis articulis. quarto, utrum fidem habentium unus alio habeat maiorem fidem.

009 ST3 qu5 ar1

ag1 ' Ad primum sic proceditur. videtur quod angelus aut homo in sua prima conditione fidem non habuerit. * dicit enim hugo de sancto victore, ° quia homo oculum contemplationis non habet, deum et quae in deo sunt videre non valet. ' sed angelus in statu primae conditionis, ante confirmationem vel lapsum, habuit oculum contemplationis, " videbat enim res in verbo, * ut augustinus dicit, in ii super gen. ad litt.. ' et similiter primus homo in statu innocentiae videtur habuisse oculum contemplationis apertum, * dicit enim hugo de sancto victore, in suis sententiis, quod ° novit homo, in primo statu, creatorem suum non ea cognitione quae foris auditu solo percipitur, sed ea quae intus per inspirationem ministratur, non ea qua deus modo a credentibus absens fide quaeritur, sed ea qua per praesentiam contemplationis manifestius cernebatur. ' ergo homo vel angelus in statu primae conditionis fidem non habuit.
ag2 ' Praeterea, cognitio fidei est aenigmatica et obscura, * secundum illud i ad cor. xiii, ° videmus nunc per speculum in aenigmate. ' sed in statu primae conditionis non fuit aliqua obscuritas neque in homine neque in angelo, quia tenebrositas est poena peccati. ergo fides in statu primae conditionis esse non potuit neque in homine neque in angelo.
ag3 * Praeterea, apostolus dicit, ad rom. x, quod ° fides est ex auditu. ' sed hoc locum non habuit in primo statu angelicae conditionis aut humanae, non enim erat ibi auditus ab alio. ergo fides in statu illo non erat neque in homine neque in angelo.
sc * Sed contra est quod apostolus dicit, ad heb. xi, ° accedentem ad deum oportet credere. ' sed angelus et homo in sui prima conditione erant in statu accedendi ad deum. ergo fide indigebant.
co * Respondeo dicendum quod quidam dicunt quod " in angelis ante confirmationem et lapsum, et in homine ante peccatum, non fuit fides, propter manifestam contemplationem quae tunc erat de rebus divinis. sed cum fides sit argumentum non apparentium, * secundum apostolum; " et per fidem credantur ea quae non videntur, * ut augustinus dicit, ' illa sola manifestatio excludit fidei rationem per quam redditur apparens vel visum id de quo principaliter est fides. principale autem obiectum fidei est veritas prima, cuius visio beatos facit et fidei succedit. cum igitur angelus ante confirmationem, et homo ante peccatum, non habuit illam beatitudinem qua deus per essentiam videtur; manifestum est quod non habuit sic manifestam cognitionem quod excluderetur ratio fidei. unde quod non habuit fidem, hoc esse non potuit nisi quod penitus ei erat ignotum illud de quo est fides. " et si homo et angelus fuerunt creati in puris naturalibus, * ut quidam dicunt, ' forte posset teneri quod fides non fuit in angelo ante confirmationem nec in homine ante peccatum, cognitio enim fidei est supra naturalem cognitionem de deo non solum hominis, sed etiam angeli. sed quia |25| * in primo iam diximus quod ' homo et angelus creati sunt cum dono gratiae, ideo necesse est dicere quod per gratiam acceptam et nondum consummatam fuerit in eis inchoatio quaedam speratae beatitudinis, quae quidem inchoatur in voluntate per spem et caritatem, sed in intellectu per fidem, * ut supra dictum est. ' et ideo necesse est dicere quod angelus ante confirmationem habuerat fidem, et similiter homo ante peccatum. sed tamen considerandum est quod in obiecto fidei est aliquid quasi formale, scilicet veritas prima super omnem naturalem cognitionem creaturae existens; et aliquid materiale, sicut id cui assentimus inhaerendo primae veritati. quantum ergo ad primum horum, communiter fides est in omnibus habentibus cognitionem de deo, futura beatitudine nondum adepta, inhaerendo primae veritati. sed quantum ad ea quae materialiter credenda proponuntur, quaedam sunt credita ab uno quae sunt manifeste scita ab alio, etiam in statu praesenti, * ut supra dictum est. ' et secundum hoc etiam potest dici quod angelus ante confirmationem et homo ante peccatum quaedam de divinis mysteriis manifesta cognitione cognoverunt quae nunc non possumus cognoscere nisi credendo.
ra1 ' Ad primum ergo dicendum quod, quamvis dicta hugonis de sancto victore magistralia sint et robur auctoritatis non habeant, tamen potest dici quod contemplatio quae tollit necessitatem fidei est contemplatio patriae, qua supernaturalis veritas per essentiam videtur. hanc autem contemplationem non habuit angelus ante confirmationem nec homo ante peccatum. sed eorum contemplatio erat altior quam nostra, per quam, magis de propinquo accedentes ad deum, plura manifeste cognoscere poterant de divinis effectibus et mysteriis quam nos possumus. unde non inerat eis fides qua ita quaereretur deus absens sicut a nobis quaeritur. erat enim eis magis praesens per lumen sapientiae quam sit nobis, licet nec eis esset ita praesens sicut est beatis per lumen gloriae.
ra2 ' Ad secundum dicendum quod in statu primae conditionis hominis vel angeli non erat obscuritas culpae vel poenae. inerat tamen intellectui hominis et angeli quaedam obscuritas naturalis, secundum quod omnis creatura tenebra est comparata immensitati divini luminis. et talis obscuritas sufficit ad fidei rationem.
ra3 ' Ad tertium dicendum quod in statu primae conditionis non erat auditus ab homine exterius loquente, sed a deo interius inspirante, sicut et prophetae audiebant, * secundum illud psalm., ° audiam quid loquatur in me dominus deus.

009 ST3 qu5 ar2

ag1 ' Ad secundum sic proceditur. videtur quod in daemonibus non sit fides. * dicit enim augustinus, in libro de praed. sanct., quod ° fides consistit in credentium voluntate. ' haec autem voluntas bona est qua quis vult credere deo. cum igitur in daemonibus non sit aliqua voluntas deliberata bona, * ut in primo dictum est, ' videtur quod in daemonibus non sit fides.
ag2 ' Praeterea, fides est quoddam donum divinae gratiae, * secundum illud ephes. ii, ° gratia estis salvati per fidem, donum enim dei est. " sed daemones dona gratuita amiserunt per peccatum, * ut dicitur in glossa, super illud osee iii, ° ipsi respiciunt ad deos alienos, et diligunt vinacia uvarum. ' ergo fides in daemonibus post peccatum non remansit.
ag3 ' Praeterea, infidelitas videtur esse gravius inter peccata, * ut patet per augustinum, super illud ioan. xv, ° si non venissem, et locutus eis non fuissem, peccatum non haberent, nunc autem excusationem non habent de peccato suo. ' sed in quibusdam hominibus est peccatum infidelitatis. si igitur fides esset in daemonibus, aliquorum hominum peccatum esset gravius peccato daemonum. quod videtur esse inconveniens. non ergo fides est in daemonibus.
sc * Sed contra est quod dicitur iac. ii, ° daemones credunt et contremiscunt.
co * Respondeo dicendum quod, sicut supra dictum est, ' intellectus credentis assentit rei creditae non quia ipsam videat vel secundum se vel per resolutionem ad prima principia per se visa, sed propter imperium voluntatis. quod autem voluntas moveat intellectum ad assentiendum potest contingere ex duobus. uno modo, ex ordine voluntatis ad bonum, et sic credere est actus laudabilis. alio modo, quia intellectus convincitur ad hoc quod iudicet esse credendum his quae dicuntur, licet non convincatur per evidentiam rei. sicut si aliquis propheta praenuntiaret in sermone domini aliquid futurum, et adhiberet signum mortuum suscitando, ex hoc signo convinceretur intellectus videntis ut cognosceret manifeste hoc dici a deo, qui non mentitur; licet illud futurum quod praedicitur in se evidens non esset, unde ratio fidei non tolleretur. dicendum est ergo quod in fidelibus christi laudatur fides secundum primum modum. et secundum hoc non est in daemonibus, sed solum secundo modo. vident enim multa manifesta indicia ex quibus percipiunt doctrinam ecclesiae esse a deo; quamvis ipsi res ipsas quas ecclesia docet non videant, puta deum esse trinum et unum, vel aliquid huiusmodi.
ra1 ' Ad primum ergo dicendum quod daemonum fides est quodammodo coacta ex signorum evidentia. et ideo non pertinet ad laudem voluntatis ipsorum quod credunt.
ra2 ' Ad secundum dicendum quod fides quae est donum gratiae inclinat hominem ad credendum secundum aliquem affectum boni, etiam si sit informis. unde fides quae est in daemonibus non est donum gratiae; sed magis coguntur ad credendum ex perspicacitate naturalis intellectus.
ra3 ' Ad tertium dicendum quod hoc ipsum daemonibus displicet quod signa fidei sunt tam evidentia ut per ea credere compellantur. et ideo in nullo malitia eorum minuitur per hoc quod credunt.

009 ST3 qu5 ar3

ag1 ' Ad tertium sic proceditur. videtur quod haereticus qui discredit unum articulum fidei possit habere fidem informem de aliis articulis. non enim intellectus naturalis haeretici est potentior quam intellectus catholici. sed intellectus catholici indiget adiuvari, ad credendum quemcumque articulum fidei, dono fidei. ergo videtur quod nec haeretici aliquos articulos credere possint sine dono fidei informis.
ag2 ' Praeterea, sicut sub fide continentur multi articuli fidei, ita sub una scientia, puta geometria, continentur multae conclusiones. sed homo aliquis potest habere scientiam geometriae circa quasdam geometricas conclusiones, aliis ignoratis. ergo homo aliquis potest habere fidem de aliquibus articulis fidei, alios non credendo.
ag3 ' Praeterea, sicut homo obedit deo ad credendum articulos fidei, ita etiam ad servanda mandata legis. sed homo potest esse obediens circa quaedam mandata et non circa alia. ergo potest habere fidem circa quosdam articulos et non circa alios.
sc ' Sed contra, sicut peccatum mortale contrariatur caritati, ita discredere unum articulum contrariatur fidei. sed caritas non remanet in homine post unum peccatum mortale. ergo neque fides postquam discredit unum articulum fidei.
co ' Respondeo dicendum quod haereticus qui discredit unum articulum fidei non habet habitum fidei neque formatae neque informis. cuius ratio est quia species cuiuslibet habitus dependet ex formali ratione obiecti, qua sublata, species habitus remanere non potest. formale autem obiectum fidei est veritas prima secundum quod manifestatur in scripturis sacris et doctrina ecclesiae. unde quicumque non inhaeret, sicut infallibili et divinae regulae, doctrinae ecclesiae, quae procedit ex veritate prima in scripturis sacris manifestata, ille non habet habitum fidei, sed ea quae sunt fidei alio modo tenet quam per fidem. sicut si aliquis teneat mente aliquam conclusionem non cognoscens medium illius demonstrationis, manifestum est quod non habet eius scientiam, sed opinionem solum. manifestum est autem quod ille qui inhaeret doctrinae ecclesiae tanquam infallibili regulae, omnibus assentit quae ecclesia docet. alioquin, si de his quae ecclesia docet quae vult tenet et quae vult non tenet, non iam inhaeret ecclesiae doctrinae sicut infallibili regulae, sed propriae voluntati. et sic manifestum est quod haereticus qui pertinaciter discredit unum articulum non est paratus sequi in omnibus doctrinam ecclesiae (si enim non pertinaciter, iam non est haereticus, sed solum errans). unde manifestum est quod talis haereticus circa unum articulum fidem non habet de aliis articulis, sed opinionem quandam secundum propriam voluntatem.
ra1 ' Ad primum ergo dicendum quod alios articulos fidei, de quibus haereticus non errat, non tenet eo modo sicut tenet eos fidelis, scilicet simpliciter inhaerendo primae veritati, ad quod indiget homo adiuvari per habitum fidei, sed tenet ea quae sunt fidei propria voluntate et iudicio.
ra2 ' Ad secundum dicendum quod in diversis conclusionibus unius scientiae sunt diversa media per quae probantur, quorum unum potest cognosci sine alio. et ideo homo potest scire quasdam conclusiones unius scientiae, ignoratis aliis. sed omnibus articulis fidei inhaeret fides propter unum medium, scilicet propter veritatem primam propositam nobis in scripturis secundum doctrinam ecclesiae intellectis sane. et ideo qui ab hoc medio decidit totaliter fide caret.
ra3 ' Ad tertium dicendum quod diversa praecepta legis possunt referri vel ad diversa motiva proxima, et sic unum sine alio servari potest. vel ad unum motivum primum, quod est perfecte obedire deo, a quo decidit quicumque unum praeceptum transgreditur, * secundum illud iac. ii, ° qui offendit in uno factus est omnium reus.

009 ST3 qu5 ar4

ag1 ' Ad quartum sic proceditur. videtur quod fides non possit esse maior in uno quam in alio. quantitas enim habitus attenditur secundum obiecta. sed quicumque habet fidem credit omnia quae sunt fidei, quia qui deficit ab uno totaliter amittit fidem, * ut supra dictum est. ' ergo videtur quod fides non possit esse maior in uno quam in alio.
ag2 ' Praeterea, ea quae sunt in summo non recipiunt magis neque minus. sed ratio fidei est in summo, requiritur enim ad fidem quod homo inhaereat primae veritati super omnia. ergo fides non recipit magis et minus.
ag3 ' Praeterea, ita se habet fides in cognitione gratuita sicut intellectus principiorum in cognitione naturali, eo quod articuli fidei sunt prima principia gratuitae cognitionis, * ut ex dictis patet. ' sed intellectus principiorum aequaliter invenitur in omnibus hominibus. ergo et fides aequaliter invenitur in omnibus fidelibus.
sc ' Sed contra, ubicumque invenitur parvum et magnum, ibi invenitur maius et minus. sed in fide invenitur magnum et parvum, * dicit enim dominus petro, matth. xiv, ° modicae fidei, quare dubitasti? * et mulieri dixit, matth. xv, ° mulier, magna est fides tua. ' ergo fides potest esse maior in uno quam in alio.
co * Respondeo dicendum quod, sicut supra dictum

est, ‘ quantitas habitus ex duobus attendi potest, uno modo, ex obiecto; alio modo, secundum participationem subiecti. obiectum autem fidei potest dupliciter considerari, uno modo, secundum formalem rationem; alio modo, secundum ea quae materialiter credenda proponuntur. formale autem obiectum fidei est unum et simplex scilicet veritas prima, * ut supra dictum est. ‘ unde ex hac parte fides non diversificatur in credentibus, sed est una specie in omnibus, * ut supra dictum est. ‘ sed ea quae materialiter credenda proponuntur sunt plura, et possunt accipi vel magis vel minus explicite. et secundum hoc potest unus homo plura explicite credere quam alius. et sic in uno potest esse maior fides secundum maiorem fidei explicationem. si vero consideretur fides secundum participationem subiecti, hoc contingit dupliciter. nam actus fidei procedit et ex intellectu et ex voluntate, * ut supra dictum est. ‘ potest ergo fides in aliquo dici maior uno modo ex parte intellectus, propter maiorem certitudinem et firmitatem, alio modo ex parte voluntatis, propter |25| maiorem promptitudinem seu devotionem vel confidentiam.

ra1 ‘ Ad primum ergo dicendum quod ille qui pertinaciter discredit aliquid eorum quae sub fide continentur non habet habitum fidei, quem tamen habet ille qui non explicite omnia credit, sed paratus est omnia credere. et secundum hoc ex parte obiecti unus habet maiorem fidem quam alius, inquantum plura explicite credit, * ut dictum est.

ra2 ‘ Ad secundum dicendum quod de ratione fidei est ut veritas prima omnibus praeferatur. sed tamen eorum qui eam omnibus praeferunt quidam certius et devotius se ei subiiciunt quam alii. et secundum hoc fides est maior in uno quam in alio.

ra3 ‘ Ad tertium dicendum quod intellectus principiorum consequitur ipsam naturam humanam, quae aequaliter in omnibus invenitur. sed fides consequitur donum gratiae, quod non est aequaliter in omnibus, * ut supra dictum est. ‘ unde non est eadem ratio. et tamen secundum maiorem capacitatem intellectus, unus magis cognoscit virtutem principiorum quam alius.

009 ST3 qu6 ar

pr ‘ Deinde considerandum est de causa fidei. et circa hoc quaeruntur duo. primo, utrum fides sit homini infusa a deo. secundo, utrum fides informis sit donum.

009 ST3 qu6 ar1

ag1 ‘ Ad primum sic proceditur. videtur quod fides non sit homini infusa a deo. * dicit enim augustinus, xiv de trin., quod ° per scientiam gignitur in nobis fides, nutritur, defenditur et roboratur. ‘ sed ea quae per scientiam in nobis gignuntur magis videntur acquisita esse quam infusa. ergo fides non videtur in nobis esse ex infusione divina.

ag2 ‘ Praeterea, illud ad quod homo pertingit audiendo et videndo videtur esse ab homine acquisitum. sed homo pertingit ad credendum et videndo miracula et audiendo fidei doctrinam, * dicitur enim ioan. iv, ° cognovit pater quia illa hora erat in qua dixit ei iesus, filius tuus vivit, et credidit ipse et domus eius tota; * et rom. x dicitur quod ° fides est ex auditu. ‘ ergo fides habetur ab homine tanquam acquisita.

ag3 ‘ Praeterea, illud quod consistit in hominis voluntate ab homine potest acquiri. “ sed fides consistit in credentium voluntate, * ut augustinus dicit, in libro de praed. sanct.. ‘ ergo fides potest esse ab homine acquisita.

sc * Sed contra est quod dicitur ad ephes. ii, ° gratia estis salvati per fidem, et non ex vobis, ne quis glorietur, dei enim donum est.

co ‘ Respondeo dicendum quod ad fidem duo requiruntur. quorum unum est ut homini credibilia proponantur, quod requiritur ad hoc quod homo aliquid explicite credat. aliud autem quod ad fidem requiritur est assensus credentis ad ea quae proponuntur. quantum igitur ad primum horum, necesse est quod fides sit a deo. ea enim quae sunt fidei excedunt rationem humanam, unde non cadunt in contemplatione hominis nisi deo revelante. sed quibusdam quidem revelantur immediate a deo, sicut sunt revelata apostolis et prophetis, quibusdam autem proponuntur a deo mittente fidei praedicatores, * secundum illud rom. x, ° quomodo praedicabunt nisi mittantur? ‘ quantum vero ad secundum, scilicet ad assensum hominis in ea quae sunt fidei, potest considerari duplex causa. una quidem exterius inducens, sicut miraculum visum, vel persuasio hominis inducentis ad fidem. quorum neutrum est sufficiens causa, videntium enim unum et idem miraculum, et audientium eandem praedicationem, quidam credunt et quidam non credunt. et ideo oportet ponere aliam causam interiorem, quae movet hominem interius ad assentiendum his quae sunt fidei. * hanc autem causam pelagiani ponebant “ solum liberum arbitrium hominis, * et propter hoc dicebant quod |25| “ initium fidei est ex nobis, inquantum scilicet ex nobis est quod parati sumus ad assentiendum his quae sunt fidei; sed consummatio fidei est a deo, per quem nobis proponuntur ea quae credere debemus. ‘ sed hoc est falsum. quia cum homo, assentiendo his quae sunt fidei, elevetur supra naturam suam, oportet quod hoc insit ei ex supernaturali principio interius movente, quod est deus. et ideo fides quantum ad assensum, qui est principalis actus fidei, est a deo interius movente per gratiam.

ra1 ‘ Ad primum ergo dicendum quod per scientiam gignitur fides et nutritur per modum exterioris persuasionis, quae fit ab aliqua scientia. sed principalis et propria causa fidei est id quod interius movet ad assentiendum.

ra2 ‘ Ad secundum dicendum quod etiam ratio illa procedit de causa proponente exterius ea quae sunt fidei, vel persuadente ad credendum vel verbo vel facto.

ra3 ‘ Ad tertium dicendum quod credere quidem in voluntate credentium consistit, sed oportet quod voluntas hominis praeparetur a deo per gratiam ad hoc quod elevetur in ea quae sunt supra naturam, * ut supra dictum est.

009 ST3 qu6 ar2

ag1 ‘ Ad secundum sic proceditur. videtur quod fides informis non sit donum dei. * dicitur enim deut. xxxii, quod “ dei perfecta sunt opera. ‘ fides autem informis est quiddam imperfectum. ergo fides informis non est opus dei.

ag2 ‘ Praeterea, sicut actus dicitur deformis propter hoc quod caret debita forma, ita etiam fides dicitur informis propter hoc quod caret debita forma. sed actus deformis peccati non est a deo, * ut supra dictum est. ‘ ergo neque etiam fides informis est a deo.

ag3 ‘ Praeterea, quaecumque deus sanat totaliter sanat, * dicitur enim ioan. vii, ° si circumcisionem accipit homo in sabbato ut non solvatur lex moysi, mihi indignamini quia totum hominem salvum feci in sabbato. ‘ sed per fidem homo sanatur ab infidelitate. quicumque ergo donum fidei a deo accipit simul sanatur ab omnibus peccatis. sed hoc non fit nisi per fidem formatam. ergo sola fides formata est donum dei. non ergo fides informis.

sc * Sed contra est quod quaedam glossa dicit, i ad cor. xiii, quod ° fides quae est sine caritate est donum dei. ‘ sed fides quae est sine caritate est fides informis. ergo fides informis est donum dei.

co ‘ Respondeo dicendum quod informitas privatio quaedam est. est autem considerandum quod privatio quandoque quidem pertinet ad rationem speciei, quandoque autem non, sed supervenit rei iam habenti propriam speciem. sicut privatio debitae commensurationis humorum est de ratione speciei ipsius aegritudinis, tenebrositas autem non est de ratione speciei ipsius diaphani, sed supervenit. quia igitur cum assignatur causa alicuius rei, intelligitur assignari causa eius secundum quod in propria specie existit, ideo quod non est causa privationis non potest dici esse causa illius rei ad quam pertinet privatio sicut existens de ratione speciei ipsius, non enim potest dici causa aegritudinis quod non est causa distemperantiae humorum. potest tamen aliquid dici esse causa diaphani quamvis non sit causa obscuritatis, quae non est de ratione speciei diaphani. informitas autem fidei non pertinet ad rationem speciei ipsius fidei, cum fides dicatur informis propter defectum cuiusdam exterioris formae, * sicut dictum est. ‘ et ideo illud est causa fidei informis quod est causa fidei simpliciter dictae. hoc autem est deus, * ut dictum est. ‘ unde relinquitur quod fides informis sit donum dei.

ra1 ‘ Ad primum ergo dicendum quod fides informis, etsi non sit perfecta simpliciter perfectione virtutis, est tamen perfecta quadam perfectione quae sufficit ad fidei rationem.

ra2 ‘ Ad secundum dicendum quod deformitas actus est de ratione speciei ipsius actus secundum quod est actus moralis, * ut supra dictum est, ‘ dicitur enim actus deformis per privationem formae intrinsecae, quae est debita commensuratio circumstantiarum actus. et ideo non potest dici causa actus deformis deus, qui non est causa deformitatis, licet sit causa actus inquantum est actus. vel dicendum quod deformitas non solum importat privationem debitae formae, sed etiam contrariam dispositionem. unde deformitas se habet ad actum sicut falsitas ad fidem. et ideo sicut actus deformis non est a deo, ita nec aliqua fides falsa. et sicut fides informis est a deo, ita etiam actus qui sunt boni ex genere, quamvis non sint caritate formati, sicut plerumque in peccatoribus contingit.

ra3 ‘ Ad tertium dicendum quod ille qui accipit a deo fidem absque caritate non simpliciter sanatur ab infidelitate, quia non removetur culpa praecedentis infidelitatis, sed sanatur secundum quid, ut scilicet cesset a tali peccato. hoc autem frequenter contingit, quod aliquis desistit ab uno actu peccati, etiam deo hoc faciente, qui tamen ab actu alterius peccati non desistit, propria iniquitate suggerente. et per hunc modum datur aliquando a deo homini quod credat, non tamen datur ei caritatis donum, sicut etiam aliquibus absque caritate datur donum prophetiae vel aliquid simile.

009 ST3 qu7 ar

pr ‘ Deinde considerandum est de effectibus fidei. et circa hoc quaeruntur duo. primo, utrum timor sit effectus fidei. secundo, utrum purificatio cordis sit effectus fidei.

009 ST3 qu7 ar1

ag1 ‘ Ad primum sic proceditur. videtur quod timor non sit effectus fidei. effectus enim non praecedit causam. sed timor praecedit fidem, * dicitur enim eccli. ii, ° qui timetis deum, credite illi. ‘ ergo timor non est effectus fidei.

ag2 ‘ Praeterea, idem non est causa contrariorum. sed timor et spes sunt contraria, * ut supra dictum est, “ fides autem generat spem, * ut dicitur in glossa, matth. i. ‘ ergo non est causa timoris.

ag3 ‘ Praeterea, contrarium non est causa contrarii. sed obiectum fidei est quoddam bonum, quod est veritas prima, obiectum autem timoris est malum, * ut supra dictum est. ‘ actus autem habent speciem ex obiectis, * secundum supradicta. ‘ ergo fides non est causa timoris.

sc * Sed contra est quod dicitur iac. ii, ° daemones credunt et contremiscunt.

co ‘ Respondeo dicendum quod timor est quidam motus appetitivae virtutis, * ut supra dictum est. ‘ omnium autem appetitivorum motuum principium est bonum vel malum apprehensum. unde oportet quod timoris et omnium appetitivorum motuum sit principium aliqua apprehensio. per fidem autem fit in nobis quaedam apprehensio de quibusdam malis poenalibus quae secundum divinum iudicium inferuntur, et per hunc modum fides est causa timoris quo quis timet a deo puniri, qui est timor servilis. est etiam causa timoris filialis, quo quis timet separari a deo, vel quo quis refugit se deo comparare reverendo ipsum; inquantum per fidem hanc existimationem habemus de deo, quod sit quoddam immensum et altissimum bonum, a quo separari est pessimum et cui velle aequari est malum. sed primi timoris, scilicet servilis, est causa fides informis. sed secundi timoris, scilicet filialis, est causa fides formata, quae per caritatem facit hominem deo inhaerere et ei subiici.

ra1 ‘ Ad primum ergo dicendum quod timor dei non potest universaliter praecedere fidem, quia si omnino eius ignorantiam haberemus quantum ad praemia vel poenas de quibus per fidem instruimur, nullo modo eum timeremus. sed supposita fide de aliquibus articulis fidei, puta de excellentia divina, sequitur timor reverentiae, ex quo sequitur ulterius ut homo intellectum suum deo subiiciat ad credendum omnia quae sunt promissa a deo. * unde ibi sequitur, ° et non evacuabitur merces vestra.

ra2 ‘ Ad secundum dicendum quod idem secundum contraria potest esse contrariorum causa, non autem idem secundum idem. fides autem generat spem secundum quod facit nobis existimationem de praemiis quae deus retribuit iustis. est autem causa timoris secundum quod facit nobis aestimationem de poenis quas peccatoribus infliget.

ra3 ‘ Ad tertium dicendum quod obiectum fidei primum et formale est bonum quod est veritas prima. sed materialiter fidei proponuntur credenda etiam quaedam mala, puta quod malum sit deo non subiici vel ab eo separari, et quod peccatores poenalia mala sustinebunt a deo. et secundum hoc fides potest esse causa timoris.

009 ST3 qu7 ar2

ag1 ‘ Ad secundum sic proceditur. videtur quod purificatio cordis non sit effectus fidei. puritas enim cordis praecipue in affectu consistit. sed fides in intellectu est. ergo fides non causat cordis purificationem.

ag2 ‘ Praeterea, illud quod causat cordis purificationem non potest simul esse cum impuritate. sed fides simul potest esse cum impuritate peccati, sicut patet in illis qui habent fidem informem. ergo fides non purificat cor.

ag3 ‘ Praeterea, si fides aliquo modo purificaret cor humanum, maxime purificaret hominis intellectum. sed intellectum non purificat ab obscuritate, cum sit cognitio aenigmatica. ergo fides nullo modo purificat cor.

sc * Sed contra est quod dicit petrus, act. xv, ° fide purificans corda eorum.

co ‘ Respondeo dicendum quod impuritas uniuscuiusque rei consistit in hoc quod rebus vilioribus immiscetur, non enim dicitur argentum esse impurum ex permixtione auri, per quam melius redditur, sed ex permixtione plumbi vel stanni. manifestum est autem quod rationalis creatura dignior est omnibus temporalibus et corporalibus creaturis. et ideo impura redditur ex hoc quod temporalibus se subiicit per amorem. a qua quidem impuritate purificatur per contrarium motum, dum scilicet tendit in id quod est supra se, scilicet in deum. in quo quidem motu primum principium est fides, ° accedentem enim ad deum oportet credere, * ut dicitur heb. xi. ‘ et ideo primum principium purificationis cordis est fides, quae si perficiatur per caritatem formatam, perfectam purificationem causat.

ra1 ‘ Ad primum ergo dicendum quod ea quae sunt in intellectu sunt principia eorum quae sunt in affectu, inquantum scilicet bonum intellectum movet affectum.

ra2 ‘ Ad secundum dicendum quod fides etiam informis excludit quandam impuritatem sibi oppositam, scilicet impuritatem erroris, quae contingit ex hoc quod intellectus humanus inordinate inhaeret rebus se inferioribus, dum scilicet vult secundum rationes

rerum sensibilium metiri divina. sed quando per caritatem formatur, tunc nullam impuritatem secum compatitur, ° quia universa delicta operit caritas, * ut dicitur prov. x.
ra3 ' Ad tertium dicendum quod obscuritas fidei non pertinet ad impuritatem culpae, sed magis ad naturalem defectum intellectus humani, secundum statum praesentis vitae.

009 ST3 qu8 ar

pr ' Deinde considerandum est de dono intellectus et scientiae, quae respondent virtuti fidei. et circa donum intellectus quaeruntur octo. primo, utrum intellectus sit donum spiritus sancti. secundo, utrum possit simul esse in eodem cum fide. tertio, utrum intellectus qui est donum sit speculativus tantum, vel etiam practicus. quarto, utrum omnes qui sunt in gratia habeant donum intellectus. quinto, utrum hoc donum inveniatur in aliquibus absque gratia. sexto, quomodo se habeat donum intellectus ad alia dona. septimo, de eo quod respondet huic dono in beatitudinibus. octavo, de eo quod respondet ei in fructibus.

009 ST3 qu8 ar1

ag1 ' Ad primum sic proceditur. videtur quod intellectus non sit donum spiritus sancti. dona enim gratuita distinguuntur a donis naturalibus, superadduntur enim eis. sed intellectus est quidam habitus naturalis in anima, quo cognoscuntur principia naturaliter nota, * ut patet in vi ethic.. ' ergo non debet poni donum spiritus sancti.
ag2 ' Praeterea, dona divina participantur a creaturis secundum earum proportionem et modum, * ut patet per dionysium, in libro de div. nom.. ' sed modus humanae naturae est ut non simpliciter veritatem cognoscat, quod pertinet ad rationem intellectus, sed discursive, quod est proprium rationis, * ut patet per dionysium, in vii cap. de div. nom.. ' ergo cognitio divina quae hominibus datur magis debet dici donum rationis quam intellectus.
ag3 ' Praeterea, in potentiis animae intellectus contra voluntatem dividitur, * ut patet in iii de anima. ' sed nullum donum spiritus sancti dicitur voluntas. ergo etiam nullum donum spiritus sancti debet dici intellectus.
sc * Sed contra est quod dicitur isaiae xi, ° requiescet super eum spiritus domini, spiritus sapientiae et intellectus.
co ' Respondeo dicendum quod nomen intellectus quandam intimam cognitionem importat, dicitur enim intelligere quasi intus legere. et hoc manifeste patet considerantibus differentiam intellectus et sensus, nam cognitio sensitiva occupatur circa qualitates sensibiles exteriores; cognitio autem intellectiva penetrat usque ad essentiam rei, " obiectum enim intellectus est quod quid est, * ut dicitur in iii de anima. ' sunt autem multa genera eorum quae interius latent, ad quae oportet cognitionem hominis quasi intrinsecus penetrare. nam sub accidentibus latet natura rerum substantialis, sub verbis latent significata verborum, sub similitudinibus et figuris latet veritas figurata, res etiam intelligibiles sunt quodammodo interiores respectu rerum sensibilium quae exterius sentiuntur, et in causis latent effectus et e converso. unde respectu horum omnium potest dici intellectus. sed cum cognitio hominis a sensu incipiat, quasi ab exteriori, manifestum est quod quanto lumen intellectus est fortius, tanto potest magis ad intima penetrare. lumen autem naturale nostri intellectus est finitae virtutis, unde usque ad determinatum aliquid pertingere potest. indiget igitur homo supernaturali lumine ut ulterius penetret ad cognoscendum quaedam quae per lumen naturale cognoscere non valet. et illud lumen supernaturale |25| homini datum vocatur donum intellectus.
ra1 ' Ad primum ergo dicendum quod per lumen naturale nobis inditum statim cognoscuntur quaedam principia communia quae sunt naturaliter nota. sed quia homo ordinatur ad beatitudinem supernaturalem, * ut supra dictum est, ' necesse est quod homo ulterius pertingat ad quaedam altiora. et ad hoc requiritur donum intellectus.
ra2 ' Ad secundum dicendum quod discursus rationis semper incipit ab intellectu et terminatur ad intellectum, ratiocinamur enim procedendo ex quibusdam intellectis, et tunc rationis discursus perficitur quando ad hoc pervenimus ut intelligamus illud quod prius erat ignotum. quod ergo ratiocinamur ex aliquo praecedenti intellectu procedit. donum autem gratiae non procedit ex lumine naturae, sed superadditur ei, quasi perficiens ipsum. et ideo ista superadditio non dicitur ratio, sed magis intellectus, quia ita se habet lumen superadditum ad ea quae nobis supernaturaliter innotescunt sicut se habet lumen naturale ad ea quae primordialiter cognoscimus.
ra3 ' Ad tertium dicendum quod voluntas nominat simpliciter appetitivum motum, absque determinatione alicuius excellentiae. sed intellectus nominat quandam excellentiam cognitionis penetrandi ad intima. et ideo supernaturale donum magis nominatur nomine intellectus quam nomine voluntatis.

009 ST3 qu8 ar2

ag1 ' Ad secundum sic proceditur. videtur quod donum intellectus non simul habeatur cum fide. * dicit enim augustinus, in libro octogintatrium quaest., ° id quod intelligitur intelligentis comprehensione finitur. ' sed id quod creditur non comprehenditur, * secundum illud apostoli, ad philipp. iii, ° non quod iam comprehenderim aut perfectus sim. ' ergo videtur quod fides et intellectus non possint esse in eodem.
ag2 ' Praeterea, omne quod intelligitur intellectu videtur. sed fides est de non apparentibus, * ut supra dictum est. ' ergo fides non potest simul esse in eodem cum intellectu.
ag3 ' Praeterea, intellectus est certior quam scientia. sed scientia et fides non possunt esse de eodem, * ut supra habitum est. ' multo ergo minus intellectus et fides.
sc * Sed contra est quod gregorius dicit, in libro moral., quod ° intellectus de auditis mentem illustrat. ' sed aliquis habens fidem potest esse illustratus mente circa audita, * unde dicitur luc. ult. quod ° dominus aperuit discipulis suis sensum ut intelligerent scripturas. ' ergo intellectus potest simul esse cum fide.
co ' Respondeo dicendum quod hic duplici distinctione est opus, una quidem ex parte fidei; alia autem ex parte intellectus. ex parte quidem fidei, distinguendum est quod quaedam per se et directe cadunt sub fide, quae naturalem rationem excedunt, sicut deum esse trinum et unum, filium dei esse incarnatum. quaedam vero cadunt sub fide quasi ordinata ad ista secundum aliquem modum, sicut omnia quae in scriptura divina continentur. ex parte vero intellectus, distinguendum est quod dupliciter dici possumus aliqua intelligere. uno modo, perfecte, quando scilicet pertingimus ad cognoscendum essentiam rei intellectae, et ipsam veritatem enuntiabilis intellecti, secundum quod in se est. et hoc modo ea quae directe cadunt sub fide intelligere non possumus, durante statu fidei. sed quaedam alia ad fidem ordinata etiam hoc modo intelligi possunt. alio modo contingit aliquid intelligi imperfecte, quando scilicet ipsa essentia rei, vel veritas propositionis, non cognoscitur quid sit aut quomodo sit, sed tamen cognoscitur quod ea quae exterius apparent veritati non contrariantur; inquantum scilicet homo intelligit quod propter ea quae exterius apparent non est recedendum ab his quae sunt fidei. et secundum hoc nihil prohibet, durante statu fidei, intelligere etiam ea quae per se sub fide cadunt.
ra1 ' Et per hoc patet responsio ad obiecta. nam primae tres rationes procedunt secundum quod aliquid perfecte intelligitur. ultima autem ratio procedit de intellectu eorum quae ordinantur ad fidem.

009 ST3 qu8 ar3

ag1 ' Ad tertium sic proceditur. videtur quod intellectus qui ponitur donum spiritus sancti non sit practicus, sed speculativus tantum. " intellectus enim, * ut gregorius dicit, in i moral., " altiora quaedam penetrat. ' sed ea quae pertinent ad intellectum practicum non sunt alta, sed quaedam infima, scilicet singularia, circa quae sunt actus. ergo intellectus qui ponitur donum non est intellectus practicus.
ag2 ' Praeterea, intellectus qui est donum est dignius aliquid quam intellectus qui est virtus intellectualis. sed intellectus qui est virtus intellectualis est solum circa necessaria, * ut patet per philosophum, in vi ethic.. ' ergo multo magis intellectus qui est donum est solum circa necessaria. sed intellectus practicus non est circa necessaria, sed circa contingentia aliter se habere, quae opere humano fieri possunt. ergo intellectus qui est donum non est intellectus practicus.
ag3 ' Praeterea, donum intellectus illustrat mentem ad ea quae naturalem rationem excedunt. sed operabilia humana, quorum est practicus intellectus, non excedunt naturalem rationem, quae dirigit in rebus agendis, * ut ex supradictis patet. ' ergo intellectus qui est donum non est intellectus practicus.
sc * Sed contra est quod dicitur in psalm., ° intellectus bonus omnibus facientibus eum.
co * Respondeo dicendum quod, sicut dictum est, ' donum intellectus non solum se habet ad ea quae primo et principaliter cadunt sub fide, sed etiam ad omnia quae ad fidem ordinantur. operationes autem bonae quendam ordinem ad fidem habent, " nam fides per dilectionem operatur, * ut apostolus dicit, ad gal. v. ' et ideo donum intellectus etiam ad quaedam operabilia se extendit, non quidem ut circa ea principaliter versetur; sed inquantum in agendis regulamur ° rationibus aeternis, quibus conspiciendis et consulendis, * secundum augustinum, xii de trin., " inhaeret superior ratio, ' quae dono intellectus perficitur.
ra1 ' Ad primum ergo dicendum quod operabilia humana, secundum quod in se considerantur, non habent aliquam excellentiae altitudinem. sed secundum quod referuntur ad regulam legis aeternae et ad finem beatitudinis divinae, sic altitudinem habent, ut circa ea possit esse intellectus.
ra2 ' Ad secundum dicendum quod hoc ipsum pertinet ad dignitatem doni quod est intellectus, quod intelligibilia aeterna vel necessaria considerat non solum secundum quod in se sunt, sed etiam secundum quod sunt regulae quaedam humanorum actuum, quia quanto virtus cognoscitiva ad plura se extendit, tanto nobilior est.
ra3 ' Ad tertium dicendum quod regula humanorum actuum est et ratio humana et lex aeterna, * ut supra dictum est. ' lex autem aeterna excedit naturalem rationem. et ideo cognitio humanorum actuum secundum quod regulantur a lege aeterna, excedit rationem naturalem, et indiget supernaturali lumine doni spiritus sancti.

009 ST3 qu8 ar4

ag1 ' Ad quartum sic proceditur. videtur quod donum intellectus non insit omnibus hominibus habentibus gratiam. * dicit enim gregorius, ii moral., quod " donum intellectus datur contra hebetudinem mentis. ' sed multi habentes gratiam adhuc patiuntur mentis hebetudinem. ergo donum intellectus non est in omnibus habentibus gratiam.
ag2 ' Praeterea, inter ea quae ad cognitionem pertinent sola fides videtur esse necessaria ad salutem, " quia per fidem christus habitat in cordibus nostris, * ut dicitur ad ephes. iii. ' sed non omnes habentes fidem habent donum intellectus, " immo qui credunt, debent orare ut intelligant, * sicut augustinus dicit, in libro de trin.. ' ergo donum intellectus non est necessarium ad salutem. non ergo est in omnibus habentibus gratiam.
ag3 ' Praeterea, ea quae sunt communia omnibus habentibus gratiam nunquam ab habentibus gratiam subtrahuntur. sed gratia intellectus et aliorum donorum ° aliquando se utiliter subtrahit, quandoque enim, dum sublimia intelligendo in elationem se animus erigit, in rebus imis et vilibus gravi hebetudine pigrescit, * ut gregorius dicit, in ii moral.. ' ergo donum intellectus non est in omnibus habentibus gratiam.
sc * Sed contra est quod dicitur in psalm., ° nescierunt neque intellexerunt, in tenebris ambulant. ' sed nullus habens gratiam ambulat in tenebris, * secundum illud ioan. viii, ° qui sequitur me non ambulat in tenebris. ' ergo nullus habens gratiam caret dono intellectus.
co ' Respondeo dicendum quod in omnibus habentibus gratiam necesse est esse rectitudinem voluntatis, quia ° per gratiam praeparatur voluntas hominis ad bonum, * ut augustinus dicit. ' voluntas autem non potest recte ordinari in bonum nisi praeexistente aliqua cognitione veritatis, quia obiectum voluntatis est bonum intellectum, * ut dicitur in iii de anima. ' sicut autem per donum caritatis spiritus sanctus ordinat voluntatem hominis ut directe moveatur in bonum quoddam supernaturale, ita etiam per donum intellectus illustrat mentem hominis ut cognoscat veritatem quandam supernaturalem, in quam oportet tendere voluntatem rectam. et ideo, sicut donum caritatis est in omnibus habentibus gratiam gratum facientem, ita etiam donum intellectus.
ra1 ' Ad primum ergo dicendum quod aliqui habentes gratiam gratum facientem possunt pati hebetudinem circa aliqua quae sunt praeter necessitatem salutis. sed circa ea quae sunt de necessitate salutis sufficienter instruuntur a spiritu sancto, * secundum illud i ioan. ii, ° unctio docet vos de omnibus.
ra2 ' Ad secundum dicendum quod etsi non omnes habentes fidem plene intelligant ea quae proponuntur credenda, intelligunt tamen ea esse credenda, et quod ab eis pro nullo est deviandum.
ra3 ' Ad tertium dicendum quod donum intellectus nunquam se subtrahit sanctis circa ea quae sunt necessaria ad salutem. sed circa alia interdum se subtrahit, ut non omnia ad liquidum per intellectum penetrare possint, ad hoc quod superbiae materia subtrahatur.

009 ST3 qu8 ar5

ag1 ' Ad quintum sic proceditur. videtur quod intellectus donum inveniatur etiam in non habentibus gratiam gratum facientem. * augustinus enim, exponens illud psalm., ° concupivit anima mea desiderare iustificationes tuas, * dicit quod ° praevolat intellectus, sequitur tardus aut nullus affectus. ' sed in omnibus habentibus gratiam gratum facientem est promptus affectus, propter caritatem. ergo donum intellectus potest esse in his qui non habent gratiam gratum facientem.
ag2 * Praeterea, danielis x dicitur quod ' intelligentia opus est in visione prophetica, et ita videtur quod prophetia non sit sine dono intellectus. sed prophetia potest esse sine gratia gratum faciente, * ut patet matth. vii, ubi dicentibus, " in nomine tuo prophetavimus, respondetur, nunquam novi vos. ' ergo donum intellectus potest esse sine gratia gratum faciente.
ag3 ' Praeterea, donum intellectus respondet virtuti fidei, * secundum illud isaiae vii, secundum aliam litteram, ° nisi credideritis, non intelligetis. ' sed fides potest esse sine gratia gratum faciente. ergo etiam donum intellectus.
sc * Sed contra est quod dominus dicit, ioan. vi, ° omnis qui audivit a patre et didicit, venit ad me. ' sed per intellectum audita addiscimus vel penetramus, * ut patet per gregorium, in i moral.. ' ergo quicumque habet intellectus donum venit ad christum. quod non est sine gratia gratum faciente. ergo donum intellectus non est sine gratia gratum faciente.
co * Respondeo dicendum quod, sicut supra dictum

est, ‘ dona spiritus sancti perficiunt animam secundum quod est bene mobilis a spiritu sancto. sic ergo intellectuale lumen gratiae ponitur donum intellectus, inquantum intellectus hominis est bene mobilis a spiritu sancto. huius autem motus consideratio in hoc est quod homo apprehendat veritatem circa finem. unde nisi usque ad hoc moveatur a spiritu sancto intellectus humanus ut rectam aestimationem de fine habeat, nondum assecutus est donum intellectus; quantumcumque ex illustratione spiritus alia quaedam praeambula cognoscat. rectam aut aestimationem de ultimo fine non habet nisi ille qui circa finem non errat, sed ei firmiter inhaeret tanquam optimo. quod est solum habentis gratiam gratum facientem, sicut etiam in moralibus rectam aestimationem habet homo de fine per habitum virtutis. unde donum intellectus nullus habet sine gratia gratum faciente.

ra1 * Ad primum ergo dicendum quod augustinus “ intellectum nominat quamcumque illustrationem intellectualem. ‘ quae tamen non pertingit ad perfectam doni rationem nisi usque ad hoc mens hominis deducatur ut rectam aestimationem habeat homo circa finem.

ra2 ‘ Ad secundum dicendum quod intelligentia quae necessaria est ad prophetiam est quaedam illustratio mentis circa ea quae prophetis revelantur. non est autem illustratio mentis circa aestimationem rectam de ultimo fine, quae pertinet ad donum intellectus.

ra3 ‘ Ad tertium dicendum quod fides importat solum assensum ad ea quae proponuntur. sed intellectus importat quandam perceptionem veritatis, quae non potest esse circa finem nisi in eo qui habet gratiam gratum facientem, * ut dictum est. ‘ et ideo non est similis ratio de intellectu et fide.

009 ST3 qu8 ar6

ag1 ‘ Ad sextum sic proceditur. videtur quod donum intellectus non distinguatur ab aliis donis. quorum enim opposita sunt eadem, ipsa quoque sunt eadem. sed sapientiae opponitur stultitia, hebetudini intellectus, praecipitationi consilium, ignorantiae scientia, * ut patet per gregorium, ii moral.. ‘ non videntur autem differre stultitia, hebetudo, ignorantia et praecipitatio. ergo nec intellectus distinguitur ab aliis donis.

ag2 ‘ Praeterea, intellectus qui ponitur virtus intellectualis differt ab aliis intellectualibus virtutibus per hoc sibi proprium, quod est circa principia per se nota. sed donum intellectus non est circa aliqua principia per se nota, quia ad ea quae naturaliter per se cognoscuntur sufficit naturalis habitus primorum principiorum; ad ea vero quae sunt supernaturalia sufficit fides, quia articuli fidei sunt sicut prima principia in supernaturali cognitione, * sicut dictum est. ‘ ergo donum intellectus non distinguitur ab aliis donis intellectualibus.

ag3 ‘ Praeterea, omnis cognitio intellectiva vel est speculativa vel practica. sed donum intellectus se habet ad utrumque, * ut dictum est. ‘ ergo non distinguitur ab aliis donis intellectualibus, sed omnia in se complectitur.

sc ‘ Sed contra est quod quaecumque connumerantur ad invicem oportet esse aliquo modo ab invicem distincta, quia distinctio est principium numeri. sed donum intellectus connumeratur aliis donis, * ut patet isaiae xi. ‘ ergo donum intellectus est distinctum ab aliis donis.

co ‘ Respondeo dicendum quod distinctio doni intellectus ab aliis tribus donis, scilicet pietate, fortitudine et timore, manifesta est, quia donum intellectus pertinet ad vim cognoscitivam, illa vero tria pertinent ad vim appetitivam. sed differentia huius doni intellectus ad alia tria, scilicet sapientiam, scientiam et consilium, quae etiam ad vim cognoscitivam pertinent, non est adeo manifesta. * videtur autem quibusdam quod “ donum intellectus distinguatur a dono scientiae et consilii per hoc quod illa duo pertineant ad practicam cognitionem, donum vero intellectus ad speculativam. a dono vero sapientiae, quod etiam ad speculativam cognitionem pertinet, distinguitur in hoc quod ad sapientiam pertinet iudicium, ad intellectum vero capacitas intellectus eorum quae proponuntur, sive penetratio ad intima eorum. * et secundum hoc supra numerum donorum assignavimus. ‘ sed diligenter intuenti, donum intellectus non solum se habet circa speculanda, sed etiam circa operanda, * ut dictum est, ‘ et similiter etiam donum scientiae circa utrumque se habet, * ut infra dicetur. ‘ et ideo oportet aliter eorum distinctionem accipere. omnia enim haec quatuor dicta ordinantur ad supernaturalem |25| cognitionem, quae in nobis per fidem fundatur. ° fides autem est ex auditu, * ut dicitur rom. x. ‘ unde oportet aliqua proponi homini ad credendum non sicut visa, sed sicut audita, quibus per fidem assentiat. fides autem primo quidem et principaliter se habet ad veritatem primam; secundario, ad quaedam circa creaturas consideranda; et ulterius se extendit etiam ad directionem humanorum operum, secundum quod per dilectionem operatur, * ut ex dictis patet. ‘ sic igitur circa ea quae fidei proponuntur credenda duo requiruntur ex parte nostra. primo quidem, ut intellectu penetrentur vel capiantur, et hoc pertinet ad donum intellectus. secundo autem oportet ut de eis homo habeat iudicium rectum, ut aestimet his esse inhaerendum et ab eorum oppositis recedendum. hoc igitur iudicium, quantum ad res divinas, pertinet ad donum sapientiae; quantum vero ad res creatas, pertinet ad donum scientiae; quantum vero ad applicationem ad singularia opera, pertinet ad donum consilii.

ra1 “ Ad primum ergo dicendum quod praedicta differentia quatuor donorum manifeste competit distinctioni eorum quae gregorius ponit eis esse opposita. ‘ hebetudo enim acuitati opponitur. dicitur autem per similitudinem intellectus acutus quando potest penetrare ad intima eorum quae proponuntur. unde hebetudo mentis est per quam mens ad intima penetrare non sufficit. stultus autem dicitur ex hoc quod perverse iudicat circa communem finem vitae. et ideo proprie opponitur sapientiae, quae facit rectum iudicium circa universalem causam. ignorantia vero importat defectum mentis etiam circa quaecumque particularia. et ideo opponitur scientiae, per quam homo habet rectum iudicium circa particulares causas, scilicet circa creaturas. praecipitatio vero manifeste opponitur consilio, per quod homo ad actionem non procedit ante deliberationem rationis.

ra2 ‘ Ad secundum dicendum quod donum intellectus est circa prima principia cognitionis gratuitae, aliter tamen quam fides. nam ad fidem pertinet eis assentire, ad donum vero intellectus pertinet penetrare mente ea quae dicuntur.

ra3 ‘ Ad tertium dicendum quod donum intellectus pertinet ad utramque cognitionem, scilicet speculativam et practicam, non quantum ad iudicium, sed quantum ad apprehensionem, ut capiantur ea quae dicuntur.

009 ST3 qu8 ar7

ag1 ‘ Ad septimum sic proceditur. videtur quod dono intellectus non respondeat beatitudo sexta, scilicet, ° beati mundo corde, quoniam ipsi deum videbunt. ‘ munditia enim cordis maxime videtur pertinere ad affectum. sed donum intellectus non pertinet ad affectum, sed magis ad vim intellectivam. ergo praedicta beatitudo non respondet dono intellectus.

ag2 * Praeterea, act. xv dicitur, ° fide purificans corda eorum. ‘ sed per purificationem cordis acquiritur munditia cordis. ergo praedicta beatitudo magis pertinet ad virtutem fidei quam ad donum intellectus.

ag3 ‘ Praeterea, dona spiritus sancti perficiunt hominem in praesenti vita. sed visio dei non pertinet ad vitam praesentem, ipsa enim beatos facit, * ut supra habitum est. ‘ ergo sexta beatitudo, continens dei visionem, non pertinet ad donum intellectus.

sc * Sed contra est quod augustinus dicit, in libro de serm. dom. in monte, ° sexta operatio spiritus sancti, quae est intellectus, convenit mundis corde, qui purgato oculo possunt videre quod oculus non vidit.

co ‘ Respondeo dicendum quod in sexta beatitudine, sicut et in aliis, duo continentur, unum per modum meriti, scilicet munditia cordis; aliud per modum praemii, scilicet visio dei, * ut supra dictum est. ‘ et utrumque pertinet aliquo modo ad donum intellectus. est enim duplex munditia. una quidem praeambula et dispositiva ad dei visionem, quae est depuratio affectus ab inordinatis affectionibus, et haec quidem munditia cordis fit per virtutes et dona quae pertinent ad vim appetitivam. alia vero munditia cordis est quae est quasi completiva respectu visionis divinae, et haec quidem est munditia mentis depuratae a phantasmatibus et erroribus, ut scilicet ea quae de deo proponuntur non accipiantur per modum corporalium phantasmatum, nec secundum haereticas perversitates. et hanc munditiam facit donum intellectus. similiter etiam duplex est dei visio. una quidem perfecta, per quam videtur dei essentia. alia vero imperfecta, per quam, etsi non videamus de deo quid est, videmus tamen quid non est, et tanto in hac vita deum perfectius cognoscimus quanto magis intelligimus eum excedere quidquid intellectu comprehenditur. et utraque dei visio pertinet ad donum intellectus, prima quidem ad donum intellectus consummatum, secundum quod erit in patria; secunda vero ad donum intellectus inchoatum, secundum quod habetur in via.

ra1 ‘ Et per hoc patet responsio ad obiecta. nam primae duae rationes procedunt de prima munditia. tertia vero de perfecta dei visione, dona autem et hic nos perficiunt secundum quandam inchoationem, et in futuro implebuntur, * ut supra dictum est.

009 ST3 qu8 ar8

ag1 ‘ Ad octavum sic proceditur. videtur quod in fructibus fides non respondeat dono intellectus. intellectus enim est fructus fidei, * dicitur enim isaiae vii, ° nisi credideritis, non intelligetis, * secundum aliam litteram, ubi nos habemus, ° si non credideritis, non permanebitis. ‘ non ergo fides est fructus intellectus.

ag2 ‘ Praeterea, prius non est fructus posterioris. sed fides videtur esse prior intellectu, quia fides est fundamentum totius spiritualis aedificii, * ut supra dictum est. ‘ ergo fides non est fructus intellectus.

ag3 ‘ Praeterea, plura sunt dona pertinentia ad intellectum quam pertinentia ad appetitum. sed inter fructus ponitur tantum unum pertinens ad intellectum, scilicet fides, omnia vero alia pertinent ad appetitum. ergo fides non magis videtur respondere intellectui quam sapientiae vel scientiae seu consilio.

sc ‘ Sed contra est quod finis uniuscuiusque rei est fructus eius. sed donum intellectus videtur principaliter ordinari ad certitudinem fidei, quae ponitur fructus, * dicit enim glossa, ad gal. v, “ quod fides quae est fructus est de invisibilibus certitudo. ‘ ergo in fructibus fides respondet dono intellectus.

co * Respondeo dicendum quod, sicut supra dictum est, cum de fructibus ageretur, ‘ fructus spiritus dicuntur quaedam ultima et delectabilia quae in nobis proveniunt ex virtute spiritus sancti. ultimum autem delectabile habet rationem finis, qui est proprium obiectum voluntatis. et ideo oportet quod id quod est ultimum et delectabile in voluntate sit quodammodo fructus omnium aliorum quae pertinent ad alias potentias. secundum hoc ergo doni vel virtutis perficientis aliquam potentiam potest accipi duplex fructus, unus quidem pertinens ad suam potentiam; alius autem quasi ultimus, pertinens ad voluntatem. et secundum hoc dicendum est quod dono intellectus respondet pro proprio fructu fides, idest fidei certitudo, sed pro ultimo fructu respondet ei gaudium, quod pertinet ad voluntatem.

ra1 ‘ Ad primum ergo dicendum quod intellectus est fructus fidei quae est virtus. sic autem non accipitur fides cum dicitur fructus, sed pro quadam certitudine fidei, ad quam homo pervenit per donum intellectus.

ra2 ‘ Ad secundum dicendum quod fides non potest universaliter praecedere intellectum, non enim posset homo assentire credendo aliquibus propositis nisi ea aliqualiter intelligeret. sed perfectio intellectus consequitur fidem quae est virtus, ad quam quidem intellectus perfectionem sequitur quaedam fidei certitudo.

ra3 ‘ Ad tertium dicendum quod cognitionis practicae fructus non potest esse in ipsa, quia talis cognitio non scitur propter se, sed propter aliud. sed cognitio speculativa habet fructum in seipsa, scilicet certitudinem eorum quorum est. et ideo dono consilii, quod pertinet solum ad practicam cognitionem, non respondet aliquis fructus proprius. donis autem sapientiae, intellectus et scientiae, quae possunt etiam ad speculativam cognitionem pertinere, respondet solum unus fructus, qui est certitudo significata nomine fidei. plures autem fructus ponuntur pertinentes ad partem appetitivam, quia, * sicut iam dictum est, ‘ ratio finis, quae importatur in nomine fructus, magis pertinet ad vim appetitivam quam intellectivam.

009 ST3 qu9 ar

pr ‘ Deinde considerandum est de dono scientiae. et circa hoc quaeruntur quatuor. primo, utrum scientia sit donum. secundo, utrum sit circa divina. tertio, utrum sit speculativa vel practica. quarto, quae beatitudo ei respondeat

009 ST3 qu9 ar1

ag1 ‘ Ad primum sic proceditur. videtur quod scientia non sit donum. dona enim spiritus sancti naturalem facultatem excedunt. sed scientia importat effectum quendam naturalis rationis, * dicit enim philosophus, in i poster.. “ quod demonstratio est syllogismus faciens scire. ‘ ergo scientia non est donum spiritus sancti.

ag2 ‘ Praeterea, dona spiritus sancti sunt communia omnibus sanctis, * ut supra dictum est. * sed augustinus, xiv de trin., dicit quod ° scientia non pollent fideles plurimi, quamvis polleant ipsa fide. ‘ ergo scientia non est donum.

ag3 ‘ Praeterea, donum est perfectius virtute, * ut supra dictum est. ‘ ergo unum donum sufficit ad perfectionem unius virtutis. sed virtuti fidei respondet donum intellectus, * ut supra dictum est. ‘ ergo non respondet ei donum scientiae. nec apparet cui alii virtuti respondeat. ergo, cum dona sint perfectiones virtutum, * ut supra dictum est, ‘ videtur quod scientia non sit donum.

sc * Sed contra est quod isaiae xi ‘ computatur inter septem dona.

co ‘ Respondeo dicendum quod gratia est perfectior quam natura, unde non deficit in his in quibus homo per naturam perfici potest. cum autem homo per naturalem rationem assentit secundum intellectum alicui veritati, dupliciter perficitur circa veritatem illam, primo quidem, quia capit eam; secundo, quia de ea certum iudicium habet. et ideo ad hoc quod intellectus humanus perfecte assentiat veritati fidei duo requiruntur. quorum unum est quod sane capiat ea quae proponuntur, quod pertinet ad donum intellectus, * ut supra dictum est. ‘ aliud autem est ut habeat certum et rectum iudicium de eis, discernendo scilicet credenda non credendis. et ad hoc necessarium est donum scientiae.

ra1 ‘ Ad primum ergo dicendum quod certitudo cognitionis in diversis naturis invenitur diversimode, secundum diversam conditionem uniuscuiusque naturae. nam homo consequitur certum iudicium de veritate per discursum rationis, et ideo scientia humana ex ratione demonstrativa acquiritur. sed in deo est certum iudicium veritatis absque omni discursu per simplicem intuitum, * ut in primo dictum est, ‘ et ideo divina scientia non est discursiva vel ratiocinativa, sed absoluta et simplex. cui similis est scientia quae ponitur donum spiritus sancti, cum sit quae-

dam participativa similitudo ipsius.
ra2 ‘ Ad secundum dicendum quod circa credenda duplex scientia potest haberi. una quidem per quam homo scit quid credere debeat, discernens credenda a non credendis, et secundum hoc scientia est donum, et convenit omnibus sanctis. alia vero est scientia circa credenda per quam homo non solum scit quid credi debeat, sed etiam scit fidem manifestare et alios ad credendum inducere et contradictores revincere. et ista scientia ponitur inter gratias gratis datas, quae non datur omnibus, sed quibusdam. * unde augustinus, post verba inducta, subiungit, ° aliud est scire tantummodo quid homo credere debeat, aliud scire quemadmodum hoc ipsum et piis opituletur et contra impios defendatur.
ra3 ‘ Ad tertium dicendum quod dona sunt perfectiora virtutibus moralibus et intellectualibus. non sunt autem perfectiora virtutibus theologicis, sed magis omnia dona ad perfectionem theologicarum virtutum ordinantur sicut ad finem. et ideo non est inconveniens si diversa dona ad unam virtutem theologicam ordinantur.

009 ST3 qu9 ar2

ag1 ‘ Ad secundum sic proceditur. videtur quod scientiae donum sit circa res divinas. * dicit enim augustinus, xiv de trin., quod “ per scientiam, gignitur fides, nutritur et roboratur. ‘ sed fides est de rebus divinis, quia obiectum fidei est veritas prima, * ut supra habitum est. ‘ ergo et donum scientiae est de rebus divinis.
ag2 ‘ Praeterea, donum scientiae est dignius quam scientia acquisita. sed aliqua scientia acquisita est circa res divinas, sicut scientia metaphysicae. ergo multo magis donum scientiae est circa res divinas.
ag3 * Praeterea, sicut dicitur rom. i, ° invisibilia dei per ea quae facta sunt intellecta conspiciuntur. ‘ si igitur est scientia circa res creatas, videtur quod etiam sit circa res divinas.
sc * Sed contra est quod augustinus, xiv de trin., dicit, ° rerum divinarum scientia proprie sapientia nuncupetur, humanarum autem proprie scientiae nomen obtineat.
co ‘ Respondeo dicendum quod certum iudicium de re aliqua maxime datur ex sua causa. et ideo secundum ordinem causarum oportet esse ordinem iudiciorum, sicut enim causa prima est causa secundae, ita per causam primam iudicatur de causa secunda. de causa autem prima non potest iudicari per aliam causam. et ideo iudicium quod fit per causam primam est primum et perfectissimum. in his autem in quibus aliquid est perfectissimum, nomen commune generis appropriatur his quae deficiunt a perfectissimo, ipsi autem perfectissimo adaptatur aliud speciale nomen, ut patet in logicis. nam in genere convertibilium illud quod significat quod quid est, speciali nomine definitio vocatur, quae autem ab hoc deficiunt convertibilia existentia nomen commune sibi retinent, scilicet quod propria dicuntur. quia igitur nomen scientiae importat quandam certitudinem iudicii, * ut dictum est; ‘ si quidem certitudo iudicii fit per altissimam causam, habet speciale nomen, quod est sapientia, dicitur enim sapiens in unoquoque genere qui novit altissimam causam illius generis, per quam potest de omnibus iudicare. simpliciter autem sapiens dicitur qui novit altissimam causam simpliciter, scilicet deum. et ideo cognitio divinarum rerum vocatur sapientia. cognitio vero rerum humanarum vocatur scientia, quasi communi nomine importante certitudinem iudicii appropriato ad iudicium quod fit per causas secundas. et ideo, |25| sic accipiendo scientiae nomen, ponitur donum distinctum a dono sapientiae. unde donum scientiae est solum circa res humanas, vel circa res creatas.
ra1 ‘ Ad primum ergo dicendum quod, licet ea de quibus est fides sint res divinae et aeternae, tamen ipsa fides est quoddam temporale in animo credentis. et ideo scire quid credendum sit pertinet ad donum scientiae. scire autem ipsas res creditas secundum seipsas per quandam unionem ad ipsas pertinet ad donum sapientiae. unde donum sapientiae magis respondet caritati, quae unit mentem hominis deo.
ra2 ‘ Ad secundum dicendum quod ratio illa procedit secundum quod nomen scientiae communiter sumitur. sic autem scientia non ponitur speciale donum, sed secundum quod restringitur ad iudicium quod fit per res creatas.
ra3 * Ad tertium dicendum quod, sicut supra dictum est, ‘ quilibet cognoscitivus habitus formaliter quidem respicit medium per quod aliquid cognoscitur, materialiter autem id quod per medium cognoscitur. et quia id quod est formale potius est, ideo illae scientiae quae ex principiis mathematicis concludunt circa materiam naturalem, magis cum mathematicis connumerantur, utpote eis similiores, licet quantum ad materiam magis conveniant cum naturali, * et propter hoc dicitur in ii physic. quod “ sunt magis naturales. ‘ et ideo, cum homo per res creatas deum cognoscit, magis videtur hoc pertinere ad scientiam, ad quam pertinet formaliter, quam ad sapientiam, ad quam pertinet materialiter. et e converso, cum secundum res divinas iudicamus de rebus creatis, magis hoc ad sapientiam quam ad scientiam pertinet.

009 ST3 qu9 ar3

ag1 ‘ Ad tertium sic proceditur. videtur quod scientia quae ponitur donum sit scientia practica. * dicit enim augustinus, xii de trin., quod ° actio qua exterioribus rebus utimur scientiae deputatur. ‘ sed scientia cui deputatur actio est practica. ergo scientia quae est donum est scientia practica.
ag2 * Praeterea, gregorius dicit, in i moral., ° nulla est scientia si utilitatem pietatis non habet, et valde inutilis est pietas si scientiae discretione caret. ‘ ex quo habetur quod scientia dirigit pietatem. sed hoc non potest competere scientiae speculativae. ergo scientia quae est donum non est speculativa, sed practica.
ag3 ‘ Praeterea, dona spiritus sancti non habentur nisi a iustis, * ut supra habitum est. ‘ sed scientia speculativa potest haberi etiam ab iniustis, * secundum illud iac. ult., ° scienti bonum et non facienti, peccatum est illi. ‘ ergo scientia quae est donum non est speculativa, sed practica.
sc * Sed contra est quod gregorius dicit, in i moral., ° scientia in die suo convivium parat, quia in ventre mentis ignorantiae ieiunium superat. ‘ sed ignorantia non tollitur totaliter nisi per utramque scientiam, scilicet speculativam et practicam. ergo scientia quae est donum est et speculativa et practica.
co * Respondeo dicendum quod, sicut supra dictum est, ‘ donum scientiae ordinatur, sicut et donum intellectus, ad certitudinem fidei. fides autem primo et principaliter in speculatione consistit, inquantum scilicet inhaeret primae veritati. sed quia prima veritas est etiam ultimus finis, propter quem operamur, inde etiam est quod fides ad operationem se extendit, * secundum illud gal. v, ° fides per dilectionem operatur. ‘ unde etiam oportet quod donum scientiae primo quidem et principaliter respiciat speculationem, inquantum scilicet homo scit quid fide tenere debeat. secundario autem se extendit etiam ad operationem, secundum quod per scientiam credibilium, et eorum quae ad credibilia consequuntur, dirigimur in agendis.
ra1 ‘ Ad primum ergo dicendum quod * augustinus loquitur “ de dono scientiae secundum quod se extendit ad operationem, attribuitur enim ei actio, sed non sola nec primo. et hoc etiam modo dirigit pietatem.
ra2 ‘ Unde patet solutio ad secundum.
ra3 * Ad tertium dicendum quod, sicut dictum est ‘ de dono intellectus quod non quicumque intelligit habet donum intellectus, sed qui intelligit quasi ex habitu gratiae; ita etiam de dono scientiae est intelligendum quod illi soli donum scientiae habeant qui ex infusione gratiae certum iudicium habent circa credenda et agenda, quod in nullo deviat a rectitudine iustitiae. et haec est scientia sanctorum, * de qua dicitur sap. x, ° iustum deduxit dominus per vias rectas et dedit illi scientiam sanctorum.

009 ST3 qu9 ar4

ag1 ‘ Ad quartum sic proceditur. videtur quod scientiae non respondeat tertia beatitudo, scilicet, ° beati qui lugent, quoniam ipsi consolabuntur. ‘ sicut enim malum est causa tristitiae et luctus, ita etiam bonum est causa laetitiae. sed per scientiam principalius manifestantur bona quam mala, quae per bona cognoscuntur, “ rectum enim est iudex sui ipsius et obliqui, * ut dicitur in i de anima. ‘ ergo praedicta beatitudo non convenienter respondet scientiae.
ag2 ‘ Praeterea, consideratio veritatis est actus scientiae. sed in consideratione veritatis non est tristitia, sed magis gaudium, * dicitur enim sap. viii, ° non habet amaritudinem conversatio illius, nec taedium convictus illius, sed laetitiam et gaudium. ‘ ergo praedicta beatitudo non convenienter respondet dono scientiae.
ag3 ‘ Praeterea, donum scientiae prius consistit in speculatione quam in operatione. sed secundum quod consistit in speculatione, non respondet sibi luctus, “ quia intellectus speculativus nihil dicit de imitabili et fugiendo, * ut dicitur in iii de anima; ‘ neque dicit aliquid laetum et triste. ergo praedicta beatitudo non convenienter ponitur respondere dono scientiae.
sc ‘ Sed contra est quod * augustinus dicit, in libro de serm. dom. in monte, ° scientia convenit lugentibus, qui didicerunt quibus malis vincti sunt, quae quasi bona petierunt.
co ‘ Respondeo dicendum quod ad scientiam proprie pertinet rectum iudicium creaturarum. creaturae autem sunt ex quibus homo occasionaliter a deo avertitur, * secundum illud sap. xiv, ° creaturae factae sunt in odium, et in muscipulam pedibus insipientium, ‘ qui scilicet rectum iudicium de his non habent, dum aestimant in eis esse perfectum bonum; unde in eis finem constituendo, peccant et verum bonum perdunt. et hoc damnum homini innotescit per rectum iudicium de creaturis, quod habetur per donum scientiae. et ideo beatitudo luctus ponitur respondere dono scientiae.
ra1 ‘ Ad primum ergo dicendum quod bona creata non excitant spirituale gaudium nisi quatenus referuntur ad bonum divinum, ex quo proprie consurgit gaudium spirituale. et ideo directe quidem spiritualis pax, et gaudium consequens, respondet dono sapientiae. dono autem scientiae respondet quidem primo luctus de praeteritis erratis; et consequenter consolatio, dum homo per rectum iudicium scientiae creaturas ordinat in bonum divinum. et ideo in hac beatitudine ponitur luctus pro merito, et consolatio consequens pro praemio. quae quidem inchoatur in hac vita, perficitur autem in futura.
ra2 ‘ Ad secundum dicendum quod de ipsa consideratione veritatis homo gaudet, sed de re circa quam considerat veritatem potest tristari quandoque. et secundum hoc luctus scientiae attribuitur.
ra3 ‘ Ad tertium dicendum quod scientiae secundum quod in speculatione consistit, non respondet beatitudo aliqua, quia beatitudo hominis non consistit in consideratione creaturarum, sed in contemplatione dei. sed aliqualiter beatitudo hominis consistit in debito usu creaturarum et ordinata affectione circa ipsas, et hoc dico quantum ad beatitudinem viae. et ideo scientiae non attribuitur aliqua beatitudo pertinens ad contemplationem; sed intellectui et sapientiae, quae sunt circa divina.

009 ST3 qu10 ar

pr ‘ Consequenter considerandum est de vitiis oppositis. et primo, de infidelitate, quae opponitur fidei; secundo, de blasphemia, quae opponitur confessioni; tertio, de ignorantia et hebetudine, quae opponuntur scientiae et intellectui. circa primum, considerandum est de infidelitate in communi; secundo, de haeresi, tertio, de apostasia a fide. circa primum quaeruntur duodecim. primo, utrum infidelitas sit peccatum. secundo, in quo sit sicut in subiecto. tertio, utrum sit maximum peccatorum. quarto, utrum omnis actio infidelium sit peccatum. quinto, de speciebus infidelitatis. sexto, de comparatione earum ad invicem. septimo, utrum cum infidelibus sit disputandum de fide. octavo, utrum sint cogendi ad fidem. nono, utrum sit eis communicandum. decimo, utrum possint christianis fidelibus praeesse. undecimo, utrum ritus infidelium sint tolerandi. duodecimo, utrum pueri infidelium sint invitis parentibus baptizandi.

009 ST3 qu10 ar1

ag1 ‘ Ad primum sic proceditur. videtur quod infidelitas non sit peccatum. omne enim peccatum est contra naturam, * ut patet per damascenum, in ii libro. ‘ sed infidelitas non videtur esse contra naturam, * dicit enim augustinus, in libro de praed. sanct., quod ° posse habere fidem, sicut posse habere caritatem, naturae est hominum, habere autem fidem, quemadmodum habere caritatem, gratiae est fidelium. ‘ ergo non habere fidem, quod est infidelem esse, non est peccatum.
ag2 ‘ Praeterea, nullus peccat in eo quod vitare non potest, quia omne peccatum est voluntarium. sed non est in potestate hominis quod infidelitatem vitet, quam vitare non potest nisi fidem habendo, * dicit enim apostolus, ad rom. x, ° quomodo credent ei quem non audierunt? quomodo autem audient sine praedicante? ‘ ergo infidelitas non videtur esse peccatum.
ag3 * Praeterea, sicut supra dictum est, ‘ sunt septem vitia capitalia, ad quae omnia peccata reducuntur. sub nullo autem horum videtur contineri infidelitas. ergo infidelitas non est peccatum.
sc ‘ Sed contra, virtuti contrariatur vitium. sed fides est virtus, cui contrariatur infidelitas. ergo infidelitas est peccatum.
co ‘ Respondeo dicendum quod infidelitas dupliciter accipi potest. uno modo, secundum puram negationem, ut dicatur infidelis ex hoc solo quod non habet fidem. alio modo potest intelligi infidelitas secundum contrarietatem ad fidem, quia scilicet aliquis repugnat auditui fidei, vel etiam contemnit ipsam, * secundum illud isaiae liii, ° quis credidit auditui nostro? ‘ et in hoc proprie perficitur ratio infidelitatis. et secundum hoc infidelitas est peccatum. si autem accipiatur infidelitas secundum negationem puram, sicut in illis qui nihil audierunt de fide, non habet rationem peccati, sed magis poenae, quia talis ignorantia divinorum ex peccato primi parentis est consecuta. qui autem sic sunt infideles damnantur quidem propter alia peccata, quae sine fide remitti non possunt, non autem damnantur propter infidelitatis peccatum. * unde dominus dicit, ioan. xv, ° si non venissem, et locutus eis non fuissem, peccatum non haberent, * quod exponens augustinus dicit quod ° loquitur de illo peccato quo non crediderunt in christum.
ra1 ‘ Ad primum ergo dicendum quod habere fidem non est in natura humana, sed in natura humana est ut mens hominis non repugnet interiori instinctui et exteriori veritatis praedicationi. unde infidelitas secundum hoc est contra naturam.
ra2 ‘ Ad secundum dicendum quod ratio illa procedit de infidelitate secundum quod importat simplicem negationem.
ra3 ‘ Ad tertium dicendum quod infidelitas secundum quod est peccatum, oritur ex superbia, ex qua contingit quod homo intellectum suum non vult subiicere regulis fidei et sano intellectui patrum. * unde gregorius dicit, xxxi moral., quod ° ex inani gloria oriuntur novitatum praesumptiones. ‘ quamvis posset dici quod, sicut virtutes theologicae non reducuntur ad virtutes cardinales, sed sunt priores eis; ita etiam vitia opposita virtutibus theologicis non reducuntur

ad vitia capitalia.

009 ST3 qu10 ar2

ag1 ‘ Ad secundum sic proceditur. videtur quod infidelitas non sit in intellectu sicut in subiecto. “ omne enim peccatum in voluntate est, * ut augustinus dicit, in libro de duabus anim.. ‘ sed infidelitas est quoddam peccatum, * ut dictum est. ‘ ergo infidelitas est in voluntate, non in intellectu.
ag2 ‘ Praeterea, infidelitas habet rationem peccati ex eo quod praedicatio fidei contemnitur. sed contemptus ad voluntatem pertinet. ergo infidelitas est in voluntate.
ag3 * Praeterea, ii ad cor. xi, super illud, ° ipse satanas transfigurat se in angelum lucis, * dicit glossa quod, ° si angelus malus se bonum fingat, etiam si credatur bonus, non est error periculosus aut morbidus, si facit vel dicit quae bonis angelis congruunt. ‘ cuius ratio esse videtur propter rectitudinem voluntatis eius qui ei inhaeret intendens bono angelo adhaerere. ergo totum peccatum infidelitatis esse videtur in perversa voluntate. non ergo est in intellectu sicut in subiecto.
sc ‘ Sed contra, contraria sunt in eodem subiecto. sed fides, cui contrariatur infidelitas, est in intellectu sicut in subiecto. ergo et infidelitas in intellectu est.
co * Respondeo dicendum quod, sicut supra dictum est, ‘ peccatum dicitur esse in illa potentia quae est principium actus peccati. actus autem peccati potest habere duplex principium. unum quidem primum et universale, quod imperat omnes actus peccatorum, et hoc principium est voluntas, quia omne peccatum est voluntarium. aliud autem principium actus peccati est proprium et proximum, quod elicit peccati actum, sicut concupiscibilis est principium gulae et luxuriae, et secundum hoc gula et luxuria dicuntur esse in concupiscibili. dissentire autem, qui est proprius actus infidelitatis, est actus intellectus, sed moti a voluntate, sicut et assentire. et ideo infidelitas, sicut et fides, est quidem in intellectu sicut in proximo subiecto, in voluntate autem sicut in primo motivo. et hoc modo dicitur omne peccatum esse in voluntate.
ra1 ‘ Unde patet responsio ad primum.
ra2 ‘ Ad secundum dicendum quod contemptus voluntatis causat dissensum intellectus, in quo perficitur ratio infidelitatis. unde causa infidelitatis est in voluntate, sed ipsa infidelitas est in intellectu.
ra3 ‘ Ad tertium dicendum quod ille qui credit malum angelum esse bonum non dissentit ab eo quod est fidei, quia ° sensus corporis fallitur, mens vero non removetur a vera rectaque sententia, * ut ibidem dicit glossa. “ sed si aliquis satanae adhaereret cum incipit ad sua ducere, idest ad mala et falsa, tunc non careret peccato, * ut ibidem dicitur.

009 ST3 qu10 ar3

ag1 ‘ Ad tertium sic proceditur. videtur quod infidelitas non sit maximum peccatorum. * dicit enim augustinus, et habetur v, qu. i, ° utrum catholicum pessimis moribus alicui haeretico in cuius vita, praeter id quod haereticus est, non inveniunt homines quod reprehendant, praeponere debeamus, non audeo praecipitare sententiam. ‘ sed haereticus est infidelis. ergo non est simpliciter dicendum quod infidelitas sit maximum peccatorum.
ag2 ‘ Praeterea, illud quod diminuit vel excusat peccatum non videtur esse maximum peccatum. sed infidelitas excusat vel diminuit peccatum, * dicit enim apostolus, i ad tim. i, ° prius fui blasphemus et persecutor et contumeliosus, sed misericordiam consecutus sum, quia ignorans feci in incredulitate. ‘ ergo infidelitas non est maximum peccatum.
ag3 ‘ Praeterea, maiori peccato debetur maior poena, * secundum illud deut. xxv, ° pro mensura peccati erit et plagarum modus. ‘ sed maior poena debetur fidelibus peccantibus quam infidelibus, * secundum illud ad heb. x, ° quanto magis putatis deteriora mereri supplicia qui filium dei conculcaverit, et sanguinem testamenti pollutum duxerit, in quo sanctificatus est? ‘ ergo infidelitas non est maximum peccatum.
sc * Sed contra est quod augustinus dicit, exponens illud ioan. xv, ° si non venissem, et locutus eis non fuissem, peccatum non haberent, magnum, inquit, quoddam peccatum sub generali nomine vult intelligi. hoc enim est peccatum, scilicet infidelitatis, quo tenentur cuncta peccata. ‘ infidelitas ergo est maximum omnium peccatorum.
co ‘ Respondeo dicendum quod omne peccatum formaliter consistit in aversione a deo, * ut supra dictum est. ‘ unde tanto aliquod peccatum est gravius quanto per ipsum homo magis a deo separatur. per infidelitatem autem maxime homo a deo elongatur, quia nec veram dei cognitionem habet; per falsam autem cognitionem ipsius non appropinquat ei, sed magis ab eo elongatur. nec potest esse quod quantum ad quid deum cognoscat qui falsam opinionem de ipso habet, quia id quod ipse opinatur non est deus. unde manifestum est quod peccatum infidelitatis est maius omnibus peccatis quae contingunt in perversitate morum. secus autem est de peccatis quae opponuntur aliis virtutibus theologicis, * ut infra dicetur.
ra1 ‘ Ad primum ergo dicendum quod nihil prohibet peccatum quod est gravius secundum suum genus esse minus grave secundum aliquas circumstantias. “ et propter hoc augustinus noluit praecipitare sententiam de malo catholico et haeretico alias non peccante, ‘ quia peccatum haeretici, etsi sit gravius ex genere, potest tamen ex aliqua circumstantia alleviari; et e converso peccatum catholici ex aliqua circumstantia aggravari.
ra2 ‘ Ad secundum dicendum quod infidelitas habet et ignorantiam adiunctam, et habet renisum ad ea quae sunt fidei, et ex hac parte habet rationem peccati gravissimi. ex parte autem ignorantiae habet aliquam rationem excusationis, et maxime quando aliquis ex malitia non peccat, sicut fuit in apostolo.
ra3 ‘ Ad tertium dicendum quod infidelis pro peccato infidelitatis gravius punitur quam alius peccator pro quocumque alio peccato, considerato peccati genere. sed pro alio peccato, puta pro adulterio, si committatur a fideli et ab infideli, ceteris paribus, gravius peccat fidelis quam infidelis, tum propter notitiam veritatis ex fide; tum etiam propter sacramenta fidei quibus est imbutus, quibus peccando contumeliam facit.

009 ST3 qu10 ar4

ag1 ‘ Ad quartum sic proceditur. videtur quod quaelibet actio infidelis sit peccatum. * quia super illud rom. xiv, ° omne quod non est ex fide peccatum est, * dicit glossa, ° omnis infidelium vita est peccatum. ‘ sed ad vitam infidelium pertinet omne quod agunt. ergo omnis actio infidelis est peccatum.
ag2 ‘ Praeterea, fides intentionem dirigit. sed nullum bonum potest esse quod non est ex intentione recta. ergo in infidelibus nulla actio potest esse bona.
ag3 ‘ Praeterea, corrupto priori, corrumpuntur posteriora. sed actus fidei praecedit actus omnium virtutum. ergo, cum in infidelibus non sit actus fidei, nullum bonum opus facere possunt, sed in omni actu suo peccant.
sc * Sed contra est quod cornelio adhuc infideli existenti dictum est “ quod acceptae erant deo eleemosynae eius. ‘ ergo non omnis actio infidelis est peccatum, sed aliqua actio eius est bona.
co * Respondeo dicendum quod, sicut supra dictum est, ‘ peccatum mortale tollit gratiam gratum facientem, non autem totaliter corrumpit bonum naturae. unde, cum infidelitas sit quoddam mortale peccatum, infideles quidem gratia carent, remanet tamen in eis aliquod bonum naturae. unde manifestum est quod infideles non possunt operari opera bona quae sunt ex gratia, scilicet opera meritoria, tamen opera bona ad quae sufficit bonum naturae aliqualiter operari possunt. unde non oportet quod in omni suo opere peccent, sed quandocumque aliquod opus operantur ex infidelitate, tunc peccant. sicut enim habens fidem potest aliquod peccatum committere in actu quem non refert ad fidei finem, vel venialiter vel etiam mortaliter peccando; ita etiam infidelis potest aliquem actum bonum facere in eo quod non refert ad finem infidelitatis.
ra1 ‘ Ad primum ergo dicendum quod verbum illud est intelligendum vel quia vita infidelium non potest esse sine peccato, cum peccata sine fide non tollantur. vel quia quidquid agunt ex infidelitate peccatum est. * unde ibi subditur, ° quia omnis infideliter vivens vel agens vehementer peccat.
ra2 ‘ Ad secundum dicendum quod fides dirigit intentionem respectu finis ultimi supernaturalis. sed lumen etiam naturalis rationis potest dirigere intentionem respectu alicuius boni connaturalis.
ra3 ‘ Ad tertium dicendum quod per infidelitatem non corrumpitur totaliter in infidelibus ratio naturalis, quin remaneat in eis aliqua veri cognitio, per quam possunt facere aliquod opus de genere bonorum. “ de cornelio tamen sciendum est quod infidelis non erat, alioquin eius operatio accepta non fuisset deo, cui sine fide nullus potest placere. habebat autem fidem implicitam, nondum manifestata evangelii veritate. unde ut eum in fide plene instrueret, mittitur ad eum petrus.

009 ST3 qu10 ar5

ag1 ‘ Ad quintum sic proceditur. videtur quod non sint plures infidelitatis species. cum enim fides et infidelitas sint contraria, oportet quod sint circa idem. sed formale obiectum fidei est veritas prima, a qua habet unitatem, licet multa materialiter credat. ergo etiam obiectum infidelitatis est veritas prima, ea vero quae discredit infidelis materialiter se habent in infidelitate. sed differentia secundum speciem non attenditur secundum principia materialia, sed secundum principia formalia. ergo infidelitatis non sunt diversae species secundum diversitatem eorum in quibus infideles errant.
ag2 ‘ Praeterea, infinitis modis potest aliquis a veritate fidei deviare. si igitur secundum diversitates errorum diversae species infidelitatis assignentur, videtur sequi quod sint infinitae infidelitatis species. et ita huiusmodi species non sunt considerandae.
ag3 ‘ Praeterea, idem non invenitur in diversis speciebus. sed contingit aliquem esse infidelem ex eo quod errat circa diversa. ergo diversitas errorum non facit diversas species infidelitatis. sic igitur infidelitatis non sunt plures species.
sc ‘ Sed contra est quod unicuique virtuti opponuntur plures species vitiorum, “ bonum enim contingit uno modo, malum vero multipliciter, * ut patet per dionysium, iv cap. de div. nom., et per philosophum, in ii ethic.. ‘ sed fides est una virtus. ergo ei opponuntur plures infidelitatis species.
co ‘ Respondeo dicendum quod quaelibet virtus consistit in hoc quod attingat regulam aliquam cognitionis vel operationis humanae, * ut supra dictum est. ‘ attingere autem regulam est uno modo circa unam materiam, sed a regula deviare contingit multipliciter. et ideo uni virtuti multa vitia opponuntur. diversitas autem vitiorum quae unicuique virtuti opponitur potest considerari dupliciter. uno modo, secundum diversam habitudinem ad virtutem. et secundum hoc determinatae sunt quaedam species vitiorum quae opponuntur virtuti, sicut virtuti morali opponitur unum vitium secundum excessum ad virtutem, et aliud vitium secundum defectum a virtute. alio modo potest considerari diversitas vitiorum oppositorum uni virtuti secundum corruptionem diversorum quae ad virtutem requiruntur. et secundum hoc uni virtuti, puta temperantiae vel fortitudini, opponuntur infinita vitia, secundum quod infinitis modis contingit diversas circumstantias virtutis corrumpi, ut a rectitudine virtutis recedatur. * unde et pythagorici “ malum posuerunt infinitum. ‘ sic ergo dicendum est quod, si infidelitas attendatur secundum comparationem ad fidem, diversae sunt infidelitatis species et numero determinatae. cum enim peccatum infidelitatis consistat in renitendo fidei, hoc potest contingere dupliciter. quia aut |25| renititur fidei nondum susceptae, et talis est infidelitas paganorum sive gentilium. aut renititur fidei christianae susceptae, vel in figura, et sic est infidelitas iudaeorum; vel in ipsa manifestatione veritatis, et sic est infidelitas haereticorum. unde in generali possunt assignari tres praedictae species infidelitatis. si vero distinguantur infidelitatis species secundum errorem in diversis quae ad fidem pertinent, sic non sunt determinatae infidelitatis species, “ possunt enim errores in infinitum multiplicari, * ut patet per augustinum, in libro de haeresibus.
ra1 ‘ Ad primum ergo dicendum quod formalis ratio alicuius peccati potest accipi dupliciter. uno modo, secundum intentionem peccantis, et sic id ad quod convertitur peccans est formale obiectum peccati; et ex hoc diversificantur eius species. alio modo, secundum rationem mali, et sic illud bonum a quo receditur est formale obiectum peccati; sed ex hac parte peccatum non habet speciem, immo privatio est speciei. sic igitur dicendum est quod infidelitatis obiectum est veritas prima sicut a qua recedit, sed formale eius obiectum sicut ad quod convertitur est sententia falsa quam sequitur; et ex hac parte eius species diversificantur. unde sicut caritas est una, quae inhaeret summo bono, sunt autem diversa vitia caritati opposita, quae per conversionem ad diversa bona temporalia recedunt ab uno summo bono, et iterum secundum diversas habitudines inordinatas ad deum; ita etiam fides est una virtus, ex hoc quod adhaeret uni primae veritati; sed infidelitatis species sunt multae, ex hoc quod infideles diversas falsas sententias sequuntur.
ra2 ‘ Ad secundum dicendum quod obiectio illa procedit de distinctione specierum infidelitatis secundum diversa in quibus erratur.
ra3 ‘ Ad tertium dicendum quod sicut fides est una quia multa credit in ordine ad unum, ita infidelitas potest esse una, etiam si in multis erret, inquantum omnia habent ordinem ad unum. nihil tamen prohibet hominem diversis infidelitatis speciebus errare, sicut etiam potest unus homo diversis vitiis subiacere et diversis corporalibus morbis.

009 ST3 qu10 ar6

ag1 ‘ Ad sextum sic proceditur. videtur quod infidelitas gentilium sive paganorum sit gravior ceteris. sicut enim corporalis morbus tanto est gravior quanto saluti principalioris membri contrariatur, ita peccatum tanto videtur esse gravius quanto contrariatur ei quod est principalius in virtute. sed principalius in fide est fides unitatis divinae, a qua deficiunt gentiles, multitudinem deorum credentes. ergo eorum infidelitas est gravissima.
ag2 ‘ Praeterea, inter haereticos tanto haeresis aliquorum detestabilior est quanto in pluribus et principalioribus veritati fidei contradicunt, * sicut haeresis arii, qui separavit divinitatem, detestabilior fuit quam haeresis nestorii, “ qui separavit humanitatem christi a persona filii dei. ‘ sed gentiles in pluribus et principalioribus recedunt a fide quam iudaei et haeretici, quia omnino nihil de fide recipiunt. ergo eorum infidelitas est gravissima.
ag3 ‘ Praeterea, omne bonum est diminutivum mali. sed aliquod bonum est in iudaeis, quia confitentur vetus testamentum esse a deo. bonum etiam est in haereticis, quia venerantur novum testamentum. ergo minus peccant quam gentiles, qui utrumque testamentum detestantur.
sc * Sed contra est quod dicitur ii pet. ii, ° melius erat illis non cognoscere viam iustitiae quam post cognitam retrorsum converti. ‘ sed gentiles non cognoverunt viam iustitiae, haeretici autem et iudaei aliqualiter cognoscentes deseruerunt. ergo eorum pec-

catum est gravius.
co ‘Respondeo dicendum quod in infidelitate, * sicut dictum est, ‘duo possunt considerari. quorum unum est comparatio eius ad fidem. et ex hac parte aliquis gravius contra fidem peccat qui fidei renititur quam suscepit quam qui renititur fidei nondum susceptae, sicut gravius peccat qui non implet quod promisit quam si non impleat quod nunquam promisit. et secundum hoc infidelitas haereticorum, qui profitentur fidem evangelii et ei renituntur corrumpentes ipsam, gravius peccant quam iudaei, qui fidem evangelii nunquam susceperunt. sed quia susceperunt eius figuram in veteri lege, quam male interpretantes corrumpunt, ideo etiam ipsorum infidelitas est gravius peccatum quam infidelitas gentilium, qui nullo modo fidem evangelii susceperunt. aliud quod in infidelitate consideratur est corruptio eorum quae ad fidem pertinent. et secundum hoc, cum in pluribus errent gentiles quam iudaei, et iudaei quam haeretici, gravior est infidelitas gentilium quam iudaeorum, et iudaeorum quam haereticorum, nisi forte quorundam, puta manichaeorum, qui etiam circa credibilia plus errant quam gentiles. harum tamen duarum gravitatum prima praeponderat secundae quantum ad rationem culpae. quia infidelitas habet rationem culpae, * ut supra dictum est, ‘magis ex hoc quod |25| renititur fidei quam ex hoc quod non habet ea quae fidei sunt, hoc enim videtur, * ut dictum est, ‘ magis ad rationem poenae pertinere unde, simpliciter loquendo, infidelitas haereticorum est pessima.
ra ‘Et per hoc patet responsio ad obiecta.

009 ST3 qu10 ar7

ag1 ‘ Ad septimum sic proceditur. videtur quod non sit cum infidelibus publice disputandum. * dicit enim apostolus, ii ad tim. ii, ° noli verbis contendere, ad nihilum enim utile est nisi ad subversionem audientium. ‘sed disputatio publica cum infidelibus fieri non potest sine contentione verborum. ergo non est publice disputandum cum infidelibus.
ag2 * Praeterea, lex marciani augusti, per canones confirmata, sic dicit, ° iniuriam facit iudicio religiosissimae synodi, si quis semel iudicata ac recte disposita revolvere et publice disputare contendit. ‘ sed omnia quae ad fidem pertinent sunt per sacra concilia determinata. ergo graviter peccat, iniuriam synodo faciens, si quis de his quae sunt fidei publice disputare praesumat.
ag3 ‘ Praeterea, disputatio argumentis aliquibus agitur. sed argumentum est ratio rei dubiae faciens fidem. ea autem quae sunt fidei, cum sint certissima, non sunt in dubitationem adducenda. ergo de his quae sunt fidei non est publice disputandum.
sc * Sed contra est quod act. ix dicitur quod ° saulus invalescebat et confundebat iudaeos; et quod loquebatur gentibus et disputabat cum graecis.
co ‘ Respondeo dicendum quod in disputatione fidei duo sunt consideranda, unum quidem ex parte disputantis; aliud autem ex parte audientium. ex parte quidem disputantis est consideranda intentio. si enim disputet tanquam de fide dubitans, et veritatem fidei pro certo non supponens, sed argumentis experiri intendens, procul dubio peccat, tanquam dubius in fide et infidelis. si autem disputet aliquis de fide ad confutandum errores, vel etiam ad exercitium, laudabile est. ex parte vero audientium considerandum est utrum illi qui disputationem audiunt sint instructi et firmi in fide, aut simplices et in fide titubantes. et coram quidem sapientibus in fide firmis nullum periculum est disputare de fide. sed circa simplices est distinguendum. quia aut sunt sollicitati sive pulsati ab infidelibus, puta iudaeis vel haereticis sive paganis, nitentibus corrumpere in eis fidem, aut omnino non sunt sollicitati super hoc, sicut in terris in quibus non sunt infideles. in primo casu necessarium est publice disputare de fide, dummodo inveniantur aliqui ad hoc sufficientes et idonei, qui errores confutare possint. per hoc enim simplices in fide firmabuntur; et tolletur infidelibus decipiendi facultas; et ipsa taciturnitas eorum qui resistere deberent pervertentibus fidei veritatem esset erroris confirmatio. * unde gregorius, in ii pastoral., ° sicut incauta locutio in errorem pertrahit, ita indiscretum |25| silentium eos qui erudiri poterant in errore derelinquit. ‘in secundo vero casu periculosum est publice disputare de fide coram simplicibus; quorum fides ex hoc est firmior quod nihil diversum audierunt ab eo quod credunt. et ideo non expedit eis ut verba infidelium audiant disceptantium contra fidem.
ra1 “ Ad primum ergo dicendum quod apostolus non prohibet totaliter disputationem, sed inordinatam, quae magis fit contentione verborum quam firmitate sententiarum.
ra2 “ Ad secundum dicendum quod lex illa prohibet publicam disputationem de fide quae procedit ex dubitatione fidei, non autem illam quae est ad fidei conservationem.
ra3 ‘ Ad tertium dicendum quod non debet disputari de his quae sunt fidei quasi de eis dubitando, sed propter veritatem manifestandam et errores confutandos. oportet enim ad fidei confirmationem aliquando cum infidelibus disputare, quandoque quidem defendendo fidem, * secundum illud i pet. iii, ° parati semper ad satisfactionem omni poscenti vos rationem de ea quae est in vobis spe et fide; ‘ quandoque autem ad convincendos errantes, * secundum illud ad tit. i, ° ut sit potens exhortari in doctrina sana, et eos qui contradicunt arguere.

009 ST3 qu10 ar8

ag1 ‘ Ad octavum sic proceditur. videtur quod infideles nullo modo compellendi sint ad fidem. * dicitur enim matth. xiii quod “ servi patrisfamilias in cuius agro erant zizania seminata quaesierunt ab eo, ° vis imus et colligimus ea? et ipse respondit, non, ne forte, colligentes zizania, eradicetis simul cum eis triticum. * ubi dicit chrysostomus, ° haec dixit dominus prohibens occisiones fieri. nec enim oportet interficere haereticos, quia si eos occideritis, necesse est multos sanctorum simul subverti. ‘ergo videtur quod pari ratione nec aliqui infideles sint ad fidem cogendi.
ag2 * Praeterea, in decretis, dist. xlv, sic dicitur, ° de iudaeis praecepit sancta synodus nemini deinceps ad credendum vim inferre. ‘ergo pari ratione nec alii infideles sunt ad fidem cogendi.
ag3 * Praeterea, augustinus dicit quod “ cetera potest homo nolens, credere nonnisi volens. ‘ sed voluntas cogi non potest. ergo videtur quod infideles non sint ad fidem cogendi.
ag4 * Praeterea, ezech. xviii dicitur ex persona dei, ° nolo mortem peccatoris. ‘sed nos debemus voluntatem nostram conformare divinae, * ut supra dictum est. ‘ ergo etiam nos non debemus velle quod infideles occidantur.
sc * Sed contra est quod dicitur luc. xiv, ° exi in vias et saepes et compelle intrare, ut impleatur domus mea. ‘ sed homines in domum dei, idest in ecclesiam, intrant per fidem. ergo aliqui sunt compellendi ad fidem.
co ‘ Respondeo dicendum quod infidelium quidam sunt qui nunquam susceperunt fidem, sicut gentiles et iudaei. et tales nullo modo sunt ad fidem compellendi, ut ipsi credant, quia credere voluntatis est. sunt tamen compellendi a fidelibus, si facultas adsit, ut fidem non impediant vel blasphemiis, vel malis persuasionibus, vel etiam apertis persecutionibus. et propter hoc fideles christi frequenter contra infideles bellum movent, non quidem ut eos ad credendum cogant (quia si etiam eos vicissent et captivos haberent, in eorum libertate relinquerent an credere vellent), sed propter hoc ut eos compellant ne fidem christi impediant. alii vero sunt infideles qui quandoque fidem susceperunt et eam profitentur, sicut haeretici vel quicumque apostatae. et tales sunt etiam corporaliter compellendi ut impleant quod promiserunt et teneant quod semel susceperunt.
ra1 “ Ad primum ergo dicendum quod per illam auctoritatem quidam intellexerunt esse prohibitam non quidem excommunicationem haereticorum, sed eorum occisionem, * ut patet per auctoritatem chrysostomi inductam. et augustinus, ad vincentium, de se dicit, ° haec primitus mea sententia erat, neminem ad unitatem christi esse cogendum, verbo esse agendum, disputatione pugnandum. sed haec opinio mea non contradicentium verbis, sed demonstrantium superatur exemplis. legum enim terror ita profuit ut multi dicant, gratias domino, qui vincula nostra dirupit. * quod ergo dominus dicit, ° sinite utraque crescere usque ad messem, * qualiter intelligendum sit apparet ex hoc quod subditur, ° ne forte, colligentes zizania, eradicetis simul cum eis et triticum. * ubi satis ostendit, sicut augustinus dicit (contra epist. parmen.), ° cum metus iste non subest, idest quando ita cuiusque crimen notum est et omnibus execrabile apparet ut vel nullos prorsus, vel non tales habeat defensores per quos possit schisma contingere, non dormiat severitas disciplinae.
ra2 ‘ Ad secundum dicendum quod iudaei, si nullo modo susceperunt fidem, non sunt cogendi ad fidem. si autem susceperunt fidem, ° oportet ut fidem necessitate cogantur retinere, * sicut in eodem capitulo dicitur.
ra3 “ Ad tertium dicendum quod, sicut vovere est voluntatis, reddere autem est necessitatis, ‘ ita accipere fidem est voluntatis, sed tenere iam acceptam est necessitatis. et ideo haeretici sunt compellendi ut fidem teneant. * dicit enim augustinus, ad bonifacium comitem, ° ubi est quod isti clamare consueverunt, liberum est credere vel non credere, cui vim christus intulit? agnoscant in paulo prius cogentem christum et postea docentem.
ra4 * Ad quartum dicendum quod, sicut in eadem epistola augustinus dicit, ° nullus nostrum vult aliquem haereticum perire. sed aliter non meruit habere pacem domus david, nisi absalom filius eius in bello quod contra patrem gerebat fuisset extinctus. sic ecclesia catholica, si aliquorum perditione ceteros colligit, dolorem materni sanat cordis tantorum liberatione populorum.

009 ST3 qu10 ar9

ag1 ‘ Ad nonum sic proceditur. videtur quod cum infidelibus possit communicari. * dicit enim apostolus, i ad cor. x, ° si quis vocat vos infidelium ad coenam, et vultis ire, omne quod vobis apponitur manducate. * et chrysostomus dicit, ° ad mensam paganorum si volueris ire, sine ulla prohibitione permittimus. ‘ sed ad coenam alicuius ire est ei communicare. ergo licet infidelibus communicare.
ag2 * Praeterea, apostolus dicit, i ad cor. v, ° quid mihi est de his qui foris sunt iudicare? ‘ foris autem sunt infideles. cum igitur per iudicium ecclesiae aliquorum communio fidelibus inhibeatur, videtur quod non sit inhibendum fidelibus cum infidelibus communicare.
ag3 ‘ Praeterea, dominus non potest uti servo nisi ei communicando saltem verbo, quia dominus movet servum per imperium. sed christiani possunt habere servos infideles, vel iudaeos vel etiam paganos sive saracenos. ergo possunt licite cum eis communicare.
sc * Sed contra est quod dicitur deut. vii, ° non inibis cum eis foedus, nec misereberis eorum, neque sociabis cum eis connubia. * et super illud lev. xv, ° mulier quae redeunte mense etc., * dicit glossa, ° sic oportet ab idololatria abstinere ut nec idololatras nec eorum discipulos contingamus, nec cum eis communionem habeamus.
co ‘ Respondeo dicendum quod communio alicuius personae interdicitur fidelibus dupliciter, uno modo, in poenam illius cui communio fidelium subtrahitur; alio modo, ad cautelam eorum quibus interdicitur ne alii communicent. et utraque causa ex verbis apostoli accipi potest, * i ad cor. v. nam postquam sententiam excommunicationis protulit, subdit pro ratione, ° nescitis quia modicum fermentum totam massam corrumpit? * et postea rationem subdit ex parte poenae per iudicium ecclesiae illatae, cum dicit, ° nonne de his qui intus sunt vos iudicatis? ‘ primo igitur modo non interdicit ecclesia fidelibus communionem infidelium qui nullo modo fidem christianam receperunt, scilicet paganorum vel iudaeorum, quia non habet de eis iudicare spirituali iudicio, sed temporali, in casu cum, inter christianos commorantes, aliquam culpam committunt et per fideles temporaliter puniuntur. sed isto modo, scilicet in poenam, interdicit ecclesia fidelibus communionem illorum infidelium qui a fide suscepta deviant, vel corrumpendo fidem, sicut haeretici, vel etiam totaliter a fide recedendo, sicut apostatae. in utrosque enim horum excommunicationis sententiam profert ecclesia. sed quantum ad secundum modum, videtur esse distinguendum |25| secundum diversas conditiones personarum et negotiorum et temporum. si enim aliqui fuerint firmi in fide, ita quod ex communione eorum cum infidelibus conversio infidelium magis sperari possit quam fidelium a fide aversio; non sunt prohibendi infidelibus communicare qui fidem non susceperunt, scilicet paganis vel iudaeis, et maxime si necessitas urgeat. si autem sint simplices et infirmi in fide, de quorum subversione probabiliter timeri possit, prohibendi sunt ab infidelium communione, et praecipue ne magnam familiaritatem cum eis habeant, vel absque necessitate eis communicent.
ra1 ‘ Ad primum ergo dicendum quod dominus illud praecipit de illis gentibus quarum terram ingressuri erant iudaei, qui erant proni ad idololatriam, et ideo timendum erat ne per continuam conversationem cum eis alienarentur a fide. * et ideo ibidem subditur, ° quia seducet filium tuum ne sequatur me.
ra2 ‘ Ad secundum dicendum quod ecclesia in infideles non habet iudicium quoad poenam spiritualem eis infligendam. habet tamen iudicium super aliquos infideles quoad temporalem poenam infligendam, ad quod pertinet quod ecclesia aliquando, propter aliquas speciales culpas, subtrahit aliquibus infidelibus communionem fidelium.
ra3 ‘ Ad tertium dicendum quod magis est probabile quod servus, qui regitur imperio domini, convertatur ad fidem domini fidelis, quam e converso. et ideo non est prohibitum quin fideles habeant servos infideles. si tamen domino periculum immineret ex communione talis servi, deberet eum a se abiicere, * secundum illud mandatum domini, matth. v et xviii, ° si pes tuus scandalizaverit te, abscinde eum et proiice abs te.

009 ST3 qu10 ar10

ag1 ‘ Ad decimum sic proceditur. videtur quod infideles possint habere praelationem vel dominium supra fideles. * dicit enim apostolus, i ad tim. vi, ° quicumque sunt sub iugo servi dominos suos omni honore dignos arbitrentur, * et quod loquatur de infidelibus patet per hoc quod subdit, ° qui autem fideles habent dominos non contemnant. * et i pet. ii dicitur, ° servi, subditi estote in omni timore dominis, non tantum bonis et modestis, sed etiam dyscolis. ‘ non autem hoc praeciperetur per apostolicam doctrinam nisi infideles possent fidelibus praeesse. ergo videtur quod infideles possint praeesse fidelibus.
ag2 ‘ Praeterea, quicumque sunt de familia alicuius principis subsunt ei. sed fideles aliqui erant de familia infidelium principum, * unde dicitur ad philipp. iv, ° salutant vos omnes sancti, maxime autem qui de caesaris domo sunt, “ scilicet neronis, qui infidelis erat. ergo infideles possunt fidelibus praeesse.
ag3 * Praeterea, sicut philosophus dicit, in i polit., “ servus est instrumentum domini in his quae ad humanam vitam pertinent, ‘ sicut et minister artificis est instrumentum artificis in his quae pertinent ad operationem artis. sed in talibus potest fidelis infideli subiici, possunt enim fideles infidelium coloni esse. ergo infideles possunt fidelibus praefici etiam quantum ad dominium.
sc ‘Sed contra est quod ad eum qui praeest pertinet

habere iudicium super eos quibus praeest. sed infideles non possunt iudicare de fidelibus, * dicit enim apostolus, i ad cor. vi, ° audet aliquis vestrum, habens negotium adversus alterum, iudicari apud iniquos, idest infideles, et non apud sanctos? ‘ ergo videtur quod infideles fidelibus praeesse non possint.

co ‘ Respondeo dicendum quod circa hoc dupliciter loqui possumus. uno modo, de dominio vel praelatione infidelium super fideles de novo instituenda. et hoc nullo modo permitti debet. cedit enim hoc in scandalum et in periculum fidei, de facili enim illi qui subiiciuntur aliorum iurisdictioni immutari possunt ab eis quibus subsunt ut sequantur eorum imperium, nisi illi qui subsunt fuerint magnae virtutis. et similiter infideles contemnunt fidem si fidelium defectus cognoscant. et ideo apostolus prohibuit quod fideles non contendant iudicio coram iudice infideli. et ideo nullo modo permittit ecclesia quod infideles acquirant dominium super fideles, vel qualitercumque eis praeficiantur in aliquo officio. alio modo possumus loqui de dominio vel praelatione iam praeexistenti. ubi considerandum est quod dominium et praelatio introducta sunt ex iure humano, distinctio autem fidelium et infidelium est ex iure divino. ius autem divinum, quod est ex gratia, non tollit ius humanum, quod est ex naturali ratione. et ideo distinctio fidelium et infidelium, secundum se considerata, non tollit dominium et praelationem infidelium supra fideles. potest tamen iuste per sententiam vel ordinationem ecclesiae, auctoritatem dei habentis, tale ius dominii vel praelationis tolli, quia infideles merito suae infidelitatis merentur potestatem amittere super fideles, qui transferuntur in filios dei sed hoc quidem ecclesia quandoque facit, quandoque autem non |25| facit. in illis enim infidelibus qui etiam temporali subiectione subiiciuntur ecclesiae et membris eius, hoc ius ecclesiae statuit, ut servus iudaeorum, statim factus christianus, a servitute liberetur, nullo pretio dato, si fuerit vernaculus, idest in servitute natus; et similiter si, infidelis existens, fuerit emptus ad servitium. si autem fuerit emptus ad mercationem, tenetur eum infra tres menses exponere ad vendendum. nec in hoc iniuriam facit ecclesia, quia, cum ipsi iudaei sint servi ecclesiae, potest disponere de rebus eorum; sicut etiam principes saeculares multas leges ediderunt erga suos subditos in favorem libertatis. in illis vero infidelibus qui temporaliter ecclesiae vel eius membris non subiacent, praedictum ius ecclesia non statuit, licet posset instituere de iure. et hoc facit ad scandalum vitandum. sicut etiam dominus, * matth. xvii, ‘ ostendit quod poterat se a tributo excusare quia liberi sunt filii, sed tamen mandavit tributum solvi ad scandalum vitandum. * ita etiam et paulus, cum dixisset quod servi dominos suos honorarent, subiungit, ° ne nomen domini et doctrina blasphemetur.

ra1 ‘ Unde patet responsio ad primum.

ra2 ‘ Ad secundum dicendum quod illa praelatio caesaris praeexistebat distinctioni fidelium ab infidelibus, unde non solvebatur per conversionem aliquorum ad fidem. et utile erat quod aliqui fideles locum in familia imperatoris haberent, ad defendendum alios fideles, sicut beatus sebastianus christianorum animos, quos in tormentis videbat deficere, confortabat, et adhuc latebat sub militari chlamyde in domo diocletiani.

ra3 ‘ Ad tertium dicendum quod servi subiiciuntur dominis suis ad totam vitam, et subditi praefectis ad omnia negotia, sed ministri artificum subduntur eis ad aliqua specialia opera. unde periculosius est quod infideles accipiant dominium vel praelationem super fideles quam quod accipiant ab eis ministerium in aliquo artificio. et ideo permittit ecclesia quod christiani possint colere terras iudaeorum, quia per hoc non habent necesse conversari cum eis. salomon etiam expetiit a rege tyri magistros operum ad ligna caedenda, * ut habetur iii reg. v. ‘ et tamen si ex tali communicatione vel convictu subversio fidelium timeretur, esset penitus interdicendum.

009 ST3 qu10 ar11

ag1 ‘ Ad undecimum sic proceditur. videtur quod ritus infidelium non sint tolerandi. manifestum est enim quod infideles in suis ritibus peccant eos servando. sed peccato consentire videtur qui non prohibet cum prohibere possit, * ut habetur in glossa rom. i, super illud, ° non solum qui faciunt, sed etiam qui consentiunt facientibus. ‘ ergo peccant qui eorum ritus tolerant.

ag2 ‘ Praeterea, ritus iudaeorum idololatriae comparantur, * quia super illud gal. v, ° nolite iterum iugo servitutis contineri, * dicit glossa, ° non est levior haec legis servitus quam idololatriae. ‘ sed non sustineretur quod idololatriae ritum aliqui exercerent, quinimmo christiani principes templa idolorum primo claudi, et postea dirui fecerunt, * ut augustinus narrat, xviii de civ. dei. ‘ ergo etiam ritus iudaeorum tolerari non debent.

ag3 ‘ Praeterea, peccatum infidelitatis est gravissimum, * ut supra dictum est. ‘ sed alia peccata non tolerantur, sed lege puniuntur, sicut adulterium, furtum et alia huiusmodi. ergo etiam ritus infidelium tolerandi non sunt.

sc ‘ Sed contra est quod * in decretis, dist. xlv, can. qui sincera, dicit gregorius de iudaeis, ° omnes festivitates suas, **sicut hactenus ipsi et patres eorum per longa colentes tempora tenuerunt, liberam habeant observandi celebrandique licentiam.**

co ‘ Respondeo dicendum quod humanum regimen **derivatur a divino regimine, et ipsum debet imitari. deus autem, quamvis sit omnipotens et summe bonus, permittit tamen aliqua mala fieri in universo, quae prohibere posset, ne, eis sublatis, maiora bona tollerentur, vel etiam peiora mala sequerentur. sic igitur et in regimine humano illi qui praesunt recte aliqua mala tolerant, ne aliqua bona impediantur, vel etiam ne aliqua mala peiora incurrantur,** * sicut augustinus dicit, in ii de ordine, ° aufer meretrices de rebus humanis, turbaveris omnia libidinibus. ‘ sic igitur, quamvis infideles in suis ritibus peccent, tolerari possunt vel propter aliquod bonum quod ex eis provenit, vel propter aliquod malum quod vitatur. ex hoc autem quod iudaei ritus suos observant, in quibus olim praefigurabatur veritas fidei quam tenemus, hoc bonum provenit quod testimonium fidei nostrae habemus ab hostibus, et quasi in figura nobis repraesentatur quod credimus. et ideo in suis ritibus tolerantur. aliorum vero infidelium ritus, qui nihil veritatis aut utilitatis afferunt, non sunt aliqualiter tolerandi, nisi forte ad aliquod malum vitandum, scilicet ad vitandum scandalum vel dissidium quod ex hoc posset provenire, vel impedimentum salutis eorum, qui paulatim, sic tolerati, convertuntur ad fidem. propter hoc enim etiam haereticorum et paganorum ritus aliquando ecclesia toleravit, quando erat magna infidelium multitudo.

ra ‘ Et per hoc patet responsio ad obiecta.

009 ST3 qu10 ar12

ag1 ‘ Ad duodecimum sic proceditur. videtur quod **pueri iudaeorum et aliorum infidelium sint baptizandi parentibus invitis. maius enim est vinculum matrimoniale quam ius patriae potestatis, quia ius patriae potestatis potest per hominem solvi, cum filiusfamilias emancipatur; vinculum autem matrimoniale non potest solvi per hominem,** * secundum illud matth. xix, ° **quod deus coniunxit homo non separet.** ‘ **sed propter infidelitatem solvitur vinculum matrimoniale,** * **dicit enim apostolus,** i ad cor. vii, ° **quod si infidelis discedit, discedat, non enim servituti subiectus est frater aut soror in huiusmodi;** * et canon dicit quod “ **si coniux infidelis non vult sine contumelia sui creatoris cum altero stare, quod alter coniugum non debet ei cohabitare.** ‘ **ergo multo magis propter infidelitatem tollitur ius patriae potestatis in suos filios. possunt ergo eorum filii baptizari eis invitis.**

ag2 ‘ Praeterea, magis debet homini subveniri circa **periculum mortis aeternae quam circa periculum mortis temporalis. sed si aliquis videret hominem in periculo mortis temporalis et ei non ferret auxilium, peccaret. cum ergo filii iudaeorum et aliorum infidelium sint in periculo mortis aeternae si parentibus relinquuntur, qui eos in sua infidelitate informant, videtur quod sint eis auferendi et baptizandi et in fide instruendi.**

ag3 ‘ **Praeterea, filii servorum sunt servi et in potestate dominorum. sed iudaei sunt servi regum et principum. ergo et filii eorum. reges igitur et principes habent potestatem de filiis iudaeorum facere quod voluerint. nulla ergo erit iniuria si eos baptizent invitis parentibus.**

ag4 ‘ Praeterea, quilibet homo magis est dei, a quo habet animam, quam patris carnalis, a quo habet corpus. non ergo est iniustum si pueri iudaeorum carnalibus parentibus auferantur et deo per baptismum consecrentur.

ag5 ‘ **Praeterea, baptismus efficacior est ad salutem quam praedicatio, quia per baptismum statim tollitur peccati macula, reatus poenae, et aperitur ianua caeli. sed si periculum sequitur ex defectu praedicationis, imputatur ei qui non praedicavit,** * ut habetur ezech. iii, et xxxiii de eo qui ° videt gladium venientem et non insonuerit tuba. ‘ ergo multo magis, si pueri iudaeorum damnentur propter defectum baptismi, imputatur ad peccatum eis qui potuerunt baptizare et non baptizaverunt.

sc ‘ **Sed contra, nemini facienda est iniuria. fieret autem iudaeis iniuria si eorum filii baptizarentur eis invitis, quia amitterent ius patriae potestatis in filios iam fideles. ergo eis invitis non sunt baptizandi.**

co ‘ **Respondeo dicendum quod maximam habet auctoritatem ecclesiae consuetudo, quae semper est in omnibus aemulanda. quia et ipsa doctrina catholicorum doctorum ab ecclesia auctoritatem habet, unde magis standum est auctoritati ecclesiae quam auctoritati vel augustini vel hieronymi vel cuiuscumque doctoris. hoc autem ecclesiae usus nunquam habuit quod iudaeorum filii invitis parentibus baptizarentur, quamvis fuerint retroactis temporibus multi catholici principes potentissimi, ut constantinus, theodosius, quibus familiares fuerunt sanctissimi episcopi, ut sylvester constantino et ambrosius theodosio, qui nullo modo hoc praetermisissent ab eis impetrare, si hoc esset consonum rationi. et ideo periculosum videtur hanc assertionem de novo inducere, ut praeter consuetudinem in ecclesia hactenus observatam, iudaeorum filii invitis parentibus baptizarentur. et huius ratio est duplex. una quidem propter periculum fidei. si enim pueri nondum usum rationis habentes baptismum susciperent,** postmodum, cum ad perfectam aetatem pervenirent, de facili possent a parentibus induci ut relinquerent quod ignorantes susceperunt. quod vergeret in fidei detrimentum. alia vero ratio est quia repugnat iustitiae naturali. filius enim naturaliter est aliquid patris. et primo quidem a parentibus non distinguitur secundum corpus, quandiu in matris utero continetur. postmodum vero, postquam ab utero egreditur, antequam usum liberi arbitrii habeat, continetur sub parentum cura sicut |25| sub quodam spirituali utero. quandiu enim usum rationis non habet puer, non differt ab animali irrationali. unde sicut bos vel equus est alicuius ut utatur eo cum voluerit, secundum ius civile, sicut proprio instrumento; ita de iure naturali est quod filius, antequam habeat usum rationis, sit sub cura patris. unde contra iustitiam naturalem esset si puer, antequam habeat usum rationis, a cura parentum subtrahatur, vel de eo aliquid ordinetur invitis parentibus. postquam autem incipit habere usum liberi arbitrii, iam incipit esse suus, et potest, quantum ad ea quae sunt iuris divini vel naturalis, sibi ipsi providere. et tunc est inducendus ad fidem non coactione, sed persuasione; et potest etiam invitis parentibus consentire fidei et baptizari, non autem antequam habeat usum rationis. * unde de pueris antiquorum patrum dicitur “ quod salvati sunt in fide parentum, ‘ per quod datur intelligi quod ad parentes pertinet providere filiis de sua salute, praecipue antequam habeant usum rationis.

ra1 ‘ Ad primum ergo dicendum quod in vinculo matrimoniali uterque coniugum habet usum liberi arbitrii, et uterque potest invito altero fidei assentire. sed hoc non habet locum in puero antequam habeat usum rationis. sed postquam habet usum rationis, tunc tenet similitudo, si converti voluerit.

ra2 ‘ Ad secundum dicendum quod a morte naturali non est aliquis eripiendus contra ordinem iuris civilis, puta, si aliquis a suo iudice condemnetur ad mortem temporalem, nullus debet eum violenter eripere. unde nec aliquis debet irrumpere ordinem iuris naturalis, quo filius est sub cura patris, ut eum liberet a periculo mortis aeternae.

ra3 ‘ Ad tertium dicendum quod iudaei sunt servi principum servitute civili, quae non excludit ordinem iuris naturalis vel divini.

ra4 ‘ Ad quartum dicendum quod homo ordinatur ad deum per rationem per quam eum cognoscere potest. unde puer, antequam usum rationis habeat, naturali ordine ordinatur in deum per rationem parentum, quorum curae naturaliter subiacet; et secundum eorum dispositionem sunt circa ipsum divina agenda.

ra5 ‘ Ad quintum dicendum quod periculum quod sequitur de praedicatione omissa non imminet nisi eis quibus commissum est officium praedicandi, * unde in ezechiel praemittitur, ° speculatorem dedi te filiis israel. ‘ providere autem pueris infidelium de sacramentis salutis pertinet ad parentes eorum. unde eis imminet periculum si, propter subtractionem sacramentorum, eorum parvuli detrimentum salutis patiantur.

009 ST3 qu11 ar

pr ‘ Deinde considerandum est de haeresi. circa quam quaeruntur quatuor. primo, utrum haeresis sit infidelitatis species. secundo, de materia eius circa quam est. tertio, utrum haeretici sint tolerandi. quarto, utrum revertentes sint recipiendi.

009 ST3 qu11 ar1

ag1 ‘ Ad primum sic proceditur. videtur quod haeresis non sit infidelitatis species. infidelitas enim in intellectu est, * ut supra dictum est. ‘ sed haeresis non videtur ad intellectum pertinere, sed magis ad vim appetitivam. * dicit enim hieronymus, et habetur in decretis, xxiv, qu. iii, ° haeresis graece ab electione dicitur, quod scilicet eam sibi unusquisque eligat disciplinam quam putat esse meliorem, ‘ electio autem est actus appetitivae virtutis, * ut supra dictum est. ‘ ergo haeresis non est infidelitatis species.

ag2 ‘ Praeterea, vitium praecipue accipit speciem a fine, * unde philosophus dicit, in v ethic., quod ° ille qui moechatur ut furetur, magis est fur quam moechus. ‘ sed finis haeresis est commodum temporale, et maxime principatus et gloria, quod pertinet ad vitium superbiae vel cupiditatis, * dicit enim augustinus, in libro de util. cred., quod ° haereticus est qui alicuius temporalis commodi, et maxime gloriae principatusque sui gratia, falsas ac novas opiniones vel gignit vel sequitur. ‘ ergo haeresis non est species infidelitatis, sed magis superbiae.

ag3 ‘ Praeterea, infidelitas, cum sit in intellectu, non videtur ad carnem pertinere. sed haeresis pertinet ad opera carnis, * dicit enim apostolus, ad gal. v, ° manifesta sunt opera carnis, quae sunt fornicatio, immunditia; * et inter cetera postmodum subdit, “ dissensiones, sectae, ‘ quae sunt idem quod haereses. ergo haeresis non est infidelitatis species.

sc ‘ Sed contra est quod falsitas veritati opponitur. sed ° haereticus est qui falsas vel novas opiniones vel gignit vel sequitur. ‘ ergo opponitur veritati, cui fides innititur. ergo sub infidelitate continetur.

co ‘ Respondeo dicendum quod nomen haeresis, * sicut dictum est, ‘ electionem importat. electio autem,

* ut supra dictum est, ' est eorum quae sunt ad finem, praesupposito fine. in credendis autem voluntas assentit alicui vero tanquam proprio bono, * ut ex supradictis patet. ' unde quod est principale verum habet rationem finis ultimi, quae autem secundaria sunt habent rationem eorum quae sunt ad finem. quia vero quicumque credit alicuius dicto assentit, principale videtur esse, et quasi finis, in unaquaque credulitate ille cuius dicto assentitur, quasi autem secundaria sunt ea quae quis tenendo vult alicui assentire. sic igitur qui recte fidem christianam habet sua voluntate assentit christo in his quae vere ad eius doctrinam pertinent. a rectitudine igitur fidei christianae dupliciter aliquis potest deviare. uno modo, quia ipsi christo non vult assentire, et hic habet quasi malam voluntatem circa ipsum finem. et hoc pertinet ad speciem infidelitatis paganorum et iudaeorum. alio modo, per hoc quod intendit quidem christo assentire, sed deficit in eligendo ea quibus christo assentiat, quia non eligit ea quae sunt vere a christo tradita, sed ea quae sibi propria mens suggerit. et ideo haeresis est infidelitatis species pertinens ad eos qui |25| fidem christi profitentur, sed eius dogmata corrumpunt.

ra1 ' Ad primum ergo dicendum quod hoc modo electio pertinet ad infidelitatem sicut et voluntas ad fidem, * ut supra dictum est.

ra2 ' Ad secundum dicendum quod vitia habent speciem ex fine proximo, sed ex fine remoto habent genus et causam. sicut cum aliquis moechatur ut furetur, est ibi quidem species moechiae ex proprio fine et obiecto, sed ex fine ultimo ostenditur quod moechia ex furto oritur, et sub eo continetur sicut effectus sub causa vel sicut species sub genere, * ut patet ex his quae supra de actibus dicta sunt in communi. ' unde et similiter in proposito finis proximus haeresis est adhaerere falsae sententiae propriae, et ex hoc speciem habet. sed ex fine remoto ostenditur causa eius, scilicet quod oritur ex superbia vel cupiditate.

ra3 " Ad tertium dicendum quod, sicut haeresis dicitur ab eligendo, ita secta a sectando, * sicut isidorus dicit, in libro etymol., ' et ideo haeresis et secta idem sunt. et utrumque pertinet ad opera carnis, non quidem quantum ad ipsum actum infidelitatis respectu proximi obiecti, sed ratione causae, quae est vel appetitus finis indebiti, secundum quod oritur ex superbia vel cupiditate, * ut dictum est; ' vel etiam aliqua phantastica illusio, " quae est errandi principium, * ut etiam philosophus dicit, in iv metaphys., ' phantasia autem quodammodo ad carnem pertinet, inquantum actus eius est cum organo corporali.

009 ST3 qu11 ar2

ag1 ' Ad secundum sic proceditur. videtur quod haeresis non sit proprie circa ea quae sunt fidei. " sicut enim sunt haereses et sectae in christianis, ita etiam fuerunt in iudaeis et pharisaeis, * sicut isidorus dicit, in libro etymol.. ' sed eorum dissensiones non erant circa ea quae sunt fidei. ergo haeresis non est circa ea quae sunt fidei sicut circa propriam materiam.

ag2 ' Praeterea, materia fidei sunt res quae creduntur. sed haeresis non solum est circa res, sed etiam circa verba, et circa expositiones sacrae scripturae. * dicit enim hieronymus quod ° quicumque aliter scripturam intelligit quam sensus spiritus sancti efflagitat, a quo scripta est, licet ab ecclesia non recesserit, tamen haereticus appellari potest, * et alibi dicit quod " ex verbis inordinate prolatis fit haeresis. ' ergo haeresis non est proprie circa materiam fidei.

ag3 ' Praeterea, etiam circa ea quae ad fidem pertinent inveniuntur quandoque sacri doctores dissentire, * sicut hieronymus et augustinus circa cessationem legalium. ' et tamen hoc est absque vitio haeresis. ergo haeresis non est proprie circa materiam fidei.

sc * Sed contra est quod augustinus dicit, contra manichaeos, ° qui in ecclesia christi morbidum aliquid pravumque quid sapiunt, si correcti ut sanum rectumque sapiant, resistant contumaciter, suaque pestifera et mortifera dogmata emendare nolunt, sed defendere persistunt, haeretici sunt. ' sed pestifera et mortifera dogmata non sunt nisi illa quae opponuntur dogmatibus fidei, per quam iustus vivit, * ut dicitur rom. i. ' ergo haeresis est circa ea quae sunt fidei sicut circa propriam materiam.

co ' Respondeo dicendum quod de haeresi nunc loquimur secundum quod importat corruptionem fidei christianae. non autem ad corruptionem fidei christianae pertinet si aliquis habeat falsam opinionem in his quae non sunt fidei, puta in geometricalibus vel in aliis huiusmodi, quae omnino ad fidem pertinere non possunt, sed solum quando aliquis habet falsam opinionem circa ea quae ad fidem pertinent. ad quam aliquid pertinet dupliciter, * sicut supra dictum est, ' uno modo, directe et principaliter, sicut articuli fidei; alio modo, indirecte et secundario, sicut ea ex quibus sequitur corruptio alicuius articuli. et circa utraque potest esse haeresis, eo modo quo et fides.

ra1 ' Ad primum ergo dicendum quod sicut haereses iudaeorum et pharisaeorum erant circa opiniones aliquas ad iudaismum vel pharisaeam pertinentes, ita etiam christianorum haereses sunt circa ea quae pertinent ad fidem christi.

ra2 ' Ad secundum dicendum quod ille dicitur aliter exponere sacram scripturam quam spiritus sanctus efflagitat qui ad hoc expositionem sacrae scripturae intorquet quod contrariatur ei quod est per spiritum sanctum revelatum. * unde dicitur ezech. xiii de falsis prophetis quod " perseveraverunt confirmare sermonem, scilicet per falsas expositiones scripturae. ' similiter etiam per verba quae quis loquitur suam fidem profitetur, est enim confessio actus fidei, * ut supra dictum est. ' et ideo si sit inordinata locutio circa ea quae sunt fidei, sequi potest ex hoc corruptio fidei. * unde leo papa in quadam epistola ad proterium episcopum alexandrinum, dicit, ° quia inimici christi crucis omnibus et verbis nostris insidiantur et syllabis, nullam illis vel tenuem occasionem demus qua nos nestoriano sensui congruere mentiantur.

ra3 ' Ad tertium dicendum quod, * sicut augustinus dicit, et habetur in decretis, xxiv, qu. iii, ° si qui sententiam suam, quamvis falsam atque perversam, nulla pertinaci animositate defendunt, quaerunt autem cauta sollicitudine veritatem, corrigi parati cum invenerint, nequaquam sunt inter haereticos deputandi, ' quia scilicet non habent electionem contradicentem ecclesiae doctrinae. sic ergo aliqui doctores dissensisse videntur vel circa ea quorum nihil interest ad fidem utrum sic vel aliter teneatur; vel etiam in quibusdam ad fidem pertinentibus quae nondum erant per ecclesiam determinata. postquam autem essent auctoritate universalis ecclesiae determinata, si quis tali ordinationi pertinaciter repugnaret, haereticus censeretur. quae quidem auctoritas principaliter residet in summo pontifice. * dicitur enim xxiv, qu. i, ° quoties fidei ratio ventilatur, arbitror omnes fratres nostros et coepiscopos non nisi ad petrum, idest sui nominis auctoritatem, referre debere. ' contra cuius auctoritatem nec hieronymus nec augustinus nec aliquis sacrorum doctorum suam sententiam defendit. * unde dicit hieronymus, ° haec est fides, papa beatissime, quam in catholica didicimus ecclesia. in qua si minus perite aut parum caute forte aliquid positum est, emendari cupimus a te, qui petri fidem et sedem tenes. |25| si autem haec nostra confessio apostolatus tui iudicio comprobatur, quicumque me culpare voluerit, se imperitum vel malevolum, vel etiam non catholicum sed haereticum, comprobabit.

009 ST3 qu11 ar3

ag1 ' Ad tertium sic proceditur. videtur quod haeretici sint tolerandi. * dicit enim apostolus, ii ad tim. ii, ° servum dei oportet mansuetum esse, cum modestia corripientem eos qui resistunt veritati, ne quando det illis poenitentiam deus ad cognoscendam veritatem, et resipiscant a laqueis diaboli. ' sed si haeretici non tolerantur, sed morti traduntur, aufertur eis facultas poenitendi. ergo hoc videtur esse contra praeceptum apostoli.

ag2 ' Praeterea, illud quod est necessarium in ecclesia est tolerandum. sed haereses sunt necessariae in ecclesia, * dicit enim apostolus, i ad cor. xi, ° oportet haereses esse, ut et qui probati sunt manifesti fiant in vobis. ' ergo videtur quod haeretici sunt tolerandi.

ag3 * Praeterea, dominus mandavit, matth. xiii, servis suis " ut zizania permitterent crescere usque ad messem, quae est finis saeculi, * ut ibidem exponitur. ' sed per zizania significantur haeretici, * secundum expositionem sanctorum. ' ergo haeretici sunt tolerandi.

sc * Sed contra est quod apostolus dicit, ad tit. iii, ° haereticum hominem, post primam et secundam correptionem, devita, sciens quia subversus est qui eiusmodi est.

co ' Respondeo dicendum quod circa haereticos duo sunt consideranda, unum quidem ex parte ipsorum; aliud ex parte ecclesiae. ex parte quidem ipsorum est peccatum per quod meruerunt non solum ab ecclesia per excommunicationem separari, sed etiam per mortem a mundo excludi. multo enim gravius est corrumpere fidem, per quam est animae vita, quam falsare pecuniam, per quam temporali vitae subvenitur. unde si falsarii pecuniae, vel alii malefactores, statim per saeculares principes iuste morti traduntur; multo magis haeretici, statim cum de haeresi convincuntur, possent non solum excommunicari, sed et iuste occidi. ex parte autem ecclesiae est misericordia, ad errantium conversionem. et ideo non statim condemnat, sed post primam et secundam correctionem, * ut apostolus docet. ' postmodum vero, si adhuc pertinax inveniatur, ecclesia, de eius conversione non sperans, aliorum saluti providet, eum ab ecclesia separando per excommunicationis sententiam; et ulterius relinquit eum iudicio saeculari a mundo exterminandum per mortem. * dicit enim hieronymus, et habetur xxiv, qu. iii, ° resecandae sunt putridae carnes, et scabiosa ovis a caulis repellenda, ne tota domus, massa, corpus et pecora, ardeat, corrumpatur, putrescat, intereat. arius in alexandria una scintilla fuit, sed quoniam non statim oppressus est, |25| totum orbem eius flamma populata est.

ra1 ' Ad primum ergo dicendum quod ad modestiam illam pertinet ut primo et secundo corripiatur. quod si redire noluerit, iam pro subverso habetur, * ut patet in auctoritate apostoli inducta.

ra2 ' Ad secundum dicendum quod utilitas quae ex haeresibus provenit est praeter haereticorum intentionem, " dum scilicet constantia fidelium comprobatur, * ut apostolus dicit; " et ut excutiamus pigritiam, divinas scripturas sollicitius intuentes, * sicut augustinus dicit. ' sed ex intentione eorum est corrumpere fidem, quod est maximi nocumenti. et ideo magis respiciendum est ad id quod est per se de eorum intentione, ut excludantur; quam ad hoc quod est praeter eorum intentionem, ut sustineantur.

ra3 * Ad tertium dicendum quod, sicut habetur in decretis, xxiv, qu. iii, ° aliud est excommunicatio, et aliud eradicatio. excommunicatur enim ad hoc aliquis, * ut ait apostolus, ° ut spiritus eius salvus fiat in die domini. ' si tamen totaliter eradicentur per mortem haeretici, non est etiam contra mandatum domini, quod est in eo casu intelligendum quando non possunt extirpari zizania sine extirpatione tritici, * ut supra dictum est, cum de infidelibus in communi ageretur.

009 ST3 qu11 ar4

ag1 ' Ad quartum sic proceditur. videtur quod revertentes ab haeresi sint omnino ab ecclesia recipiendi. * dicitur enim ierem. iii, ex persona domini, ° fornicata es cum amatoribus multis, tamen revertere ad me, dicit dominus. ' sed ecclesiae iudicium est iudicium dei, * secundum illud deut. i, ° ita parvum audietis ut magnum, neque accipietis cuiusquam personam, quia dei iudicium est. ' ergo si aliqui fornicati fuerint per infidelitatem, quae est spiritualis fornicatio, nihilominus sunt recipiendi.

ag2 * Praeterea, dominus, matth. xviii, petro mandat ut " fratri peccanti dimittat non solum septies, sed usque septuagies septies, * per quod intelligitur, secundum expositionem hieronymi, quod ' quotiescumque aliquis peccaverit, est ei dimittendum. ergo quotiescumque aliquis peccaverit in haeresim relapsus, erit ab ecclesia suscipiendus.

ag3 ' Praeterea, haeresis est quaedam infidelitas. sed alii infideles volentes converti ab ecclesia recipiuntur. ergo etiam haeretici sunt recipiendi.

sc * Sed contra est quod decretalis dicit, quod ° si aliqui, post abiurationem erroris, deprehensi fuerint in abiuratam haeresim recidisse, saeculari iudicio sunt relinquendi. ' non ergo ab ecclesia sunt recipiendi.

co ' Respondeo dicendum quod ecclesia, secundum domini institutionem, caritatem suam extendit ad omnes, non solum amicos, verum etiam inimicos et persequentes, * secundum illud matth. v, ° diligite inimicos vestros, benefacite his qui oderunt vos. ' pertinet autem ad caritatem ut aliquis bonum proximi et velit et operetur. est autem duplex bonum. unum quidem spirituale, scilicet salus animae, quod principaliter respicit caritas, hoc enim quilibet ex caritate debet alii velle. unde quantum ad hoc, haeretici revertentes, quotiescumque relapsi fuerint, ab ecclesia recipiuntur ad poenitentiam, per quam impenditur eis via salutis. aliud autem est bonum quod secundario respicit caritas, scilicet bonum temporale, sicuti est vita corporalis, possessio mundana, bona fama, et dignitas ecclesiastica sive saecularis. hoc enim non tenemur ex caritate aliis velle nisi in ordine ad salutem aeternam et eorum et aliorum. unde si aliquid de huiusmodi bonis existens in uno impedire possit aeternam salutem in multis, non oportet quod ex caritate huiusmodi bonum ei velimus, sed potius quod velimus eum illo carere, tum quia salus aeterna praeferenda est bono temporali; tum quia bonum multorum praefertur bono unius. si autem haeretici revertentes semper reciperentur ut conservarentur in vita et aliis temporalibus bonis, posset in praeiudicium salutis aliorum hoc esse, tum quia, si relaberentur |25| alios inficerent; tum etiam quia, si sine poena evaderent, alii securius in haeresim relaberentur; * dicitur enim eccle. viii, ° ex eo quod non cito profertur contra malos sententia, absque timore ullo filii hominum perpetrant mala. ' et ideo ecclesia quidem primo revertentes ab haeresi non solum recipit ad poenitentiam, sed etiam conservat eos in vita; et interdum restituit eos dispensative ad ecclesiasticas dignitates quas prius habebant, si videantur vere conversi. et hoc pro bono pacis frequenter legitur esse factum. sed quando recepti iterum relabuntur, videtur esse signum inconstantiae eorum circa fidem. et ideo ulterius redeuntes recipiuntur quidem ad poenitentiam, non tamen ut liberentur a sententia mortis.

ra1 ' Ad primum ergo dicendum quod in iudicio dei semper recipiuntur redeuntes, quia deus scrutator est cordium, et vere redeuntes cognoscit. sed hoc ecclesia imitari non potest. praesumit autem eos non vere reverti qui, cum recepti fuissent, iterum sunt relapsi. et ideo eis viam salutis non denegat, sed a periculo mortis eos non tuetur.

ra2 ' Ad secundum dicendum quod dominus loquitur petro de peccato in eum commisso, quod est semper dimittendum, ut fratri redeunti parcatur. non autem intelligitur de peccato in proximum vel in deum commisso, " quod non est nostri arbitrii dimittere, * ut hieronymus dicit; ' sed in hoc est lege modus statutus, secundum quod congruit honori dei et utilitati proximorum.

ra3 ' Ad tertium dicendum quod alii infideles, qui nunquam fidem acceperant, conversi ad fidem nondum ostendunt aliquod signum inconstantiae circa fidem, sicut haeretici relapsi. et ideo non est similis ratio de utrisque.

009 ST3 qu12 ar

pr ‘ Deinde considerandum est de apostasia. et circa hoc quaeruntur duo. primo, utrum apostasia ad infidelitatem pertineat. secundo, utrum propter apostasiam a fide subditi absolvantur a dominio praesidentium apostatarum.

009 ST3 qu12 ar1

ag1 ‘ Ad primum sic proceditur. videtur quod apostasia non pertineat ad infidelitatem. illud enim quod est omnis peccati principium non videtur ad infidelitatem pertinere, quia multa peccata sine infidelitate existunt. sed apostasia videtur esse omnis peccati principium, * dicitur enim eccli. x, ° initium superbiae hominis apostatare a deo; * et postea subditur, ° initium omnis peccati superbia. ‘ ergo apostasia non pertinet ad infidelitatem.

ag2 ‘ Praeterea, infidelitas in intellectu consistit. sed apostasia magis videtur consistere in exteriori opere vel sermone, aut etiam in interiori voluntate, * dicitur enim prov. vi, ° homo apostata vir inutilis, gradiens ore perverso, annuit oculis, terit pede, digito loquitur, pravo corde machinatur malum, et in omni tempore iurgia seminat. ‘ si quis etiam se circumcideret, vel sepulcrum mahumeti adoraret, apostata reputaretur. ergo apostasia non pertinet directe ad infidelitatem.

ag3 ‘ Praeterea, haeresis, quia ad infidelitatem pertinet, est quaedam determinata species infidelitatis. si ergo apostasia ad infidelitatem pertineret, sequeretur quod esset quaedam determinata species infidelitatis. quod non videtur, * secundum praedicta. ‘ non ergo apostasia ad infidelitatem pertinet.

sc * Sed contra est quod dicitur ioan. vi, “ multi ex discipulis eius abierunt retro, ‘ quod est apostatare, * de quibus supra dixerat dominus, “ sunt quidam ex vobis qui non credunt. ‘ ergo apostasia pertinet ad infidelitatem.

co ‘ Respondeo dicendum quod apostasia importat retrocessionem quandam a deo. quae quidem diversimode fit, secundum diversos modos quibus homo deo coniungitur. primo namque coniungitur homo deo per fidem; secundo, per debitam et subiectam voluntatem ad obediendum praeceptis eius; tertio, per aliqua specialia ad supererogationem pertinentia, sicut per religionem et clericaturam vel sacrum ordinem. remoto autem posteriori remanet prius, sed non convertitur. contingit ergo aliquem apostatare a deo retrocedendo a religione quam professus est, vel ab ordine quem suscepit, et haec dicitur apostasia religionis seu ordinis. contingit etiam aliquem apostatare a deo per mentem repugnantem divinis mandatis. quibus duabus apostasiis existentibus, adhuc potest remanere homo deo coniunctus per fidem. sed si a fide discedat, tunc omnino a deo retrocedere videtur. et ideo simpliciter et absolute est apostasia per quam aliquis discedit a fide, quae vocatur apostasia perfidiae. et per hunc modum apostasia simpliciter dicta ad infidelitatem pertinet.

ra1 ‘ Ad primum ergo dicendum quod obiectio illa procedit de secunda apostasia, quae importat voluntatem a mandatis dei resilientem, quae invenitur in omni peccato mortali.

ra2 ‘ Ad secundum dicendum quod ad fidem pertinet non solum credulitas cordis, sed etiam protestatio interioris fidei per exteriora verba et facta, nam confessio est actus fidei. et per hunc etiam modum quaedam exteriora verba vel opera ad infidelitatem pertinent, inquantum sunt infidelitatis signa, per modum quo signum sanitatis sanum dicitur. “ auctoritas autem inducta, etsi possit intelligi de omni apostasia, verissime tamen convenit in apostasia a fide. quia enim fides est primum fundamentum sperandarum rerum, et sine fide impossibile est placere deo; sublata fide, nihil remanet in homine quod possit esse utile ad salutem aeternam; et propter hoc primo dicitur, homo apostata vir inutilis. ‘ fides etiam est vita animae, * secundum illud rom. i, ° iustus ex fide vivit. ‘ sicut ergo, sublata vita corporali, omnia membra et partes hominis a debita dispositione recedunt; ita, sublata vita iustitiae, quae est per fidem, apparet inordinatio in omnibus membris. et primo quidem in ore, per quod maxime manifestatur cor; secundo, in oculis; tertio, in instrumentis motus; quarto, in voluntate, quae ad malum tendit. et ex his sequitur quod iurgia seminet, alios intendens separare a fide, sicut et ipse recessit.

ra3 ‘ Ad tertium dicendum quod species alicuius qualitatis vel formae non diversificatur per hoc quod est terminus motus a quo vel ad quem, sed potius e converso secundum terminos motuum species attenduntur. apostasia autem respicit infidelitatem ut terminum ad quem est motus recedentis a fide. unde apostasia non importat determinatam speciem infidelitatis, sed quandam circumstantiam aggravantem, * secundum illud ii pet. ii, ° melius erat eis veritatem non cognoscere quam post agnitam retroire.

009 ST3 qu12 ar2

ag1 ‘ Ad secundum sic proceditur. videtur quod princeps propter apostasiam a fide non amittat dominium in subditos, quin ei teneantur obedire. * dicit enim ambrosius quod ° iulianus imperator, quamvis esset apostata, habuit tamen sub se christianos milites, quibus cum dicebat, producite aciem pro defensione reipublicae, obediebant ei. ‘ ergo propter apostasiam principis subditi non absolvuntur ab eius dominio.

ag2 ‘ Praeterea, apostata a fide infidelis est. sed infidelibus dominis inveniuntur aliqui sancti viri fideliter servisse, sicut ioseph pharaoni, et daniel nabuchodonosor, et mardochaeus assuero. ergo propter apostasiam a fide non est dimittendum quin principi obediatur a subditis.

ag3 ‘ Praeterea, sicut per apostasiam a fide receditur a deo, ita per quodlibet peccatum. si ergo propter apostasiam a fide perderent principes ius imperandi subditis fidelibus, pari ratione propter alia peccata hoc amitterent. sed hoc patet esse falsum. non ergo propter apostasiam a fide est recedendum ab obedientia principum.

sc * Sed contra est quod gregorius vii dicit, ° nos, sanctorum praedecessorum statuta tenentes, eos qui excommunicatis fidelitate aut sacramento sunt constricti, apostolica auctoritate a sacramento absolvimus, et ne sibi fidelitatem observent omnibus modis prohibemus, quousque ad satisfactionem veniant. ‘ sed apostatae a fide sunt excommunicati, sicut et haeretici, * ut dicit decretalis ad abolendam. ‘ ergo principibus apostatantibus a fide non est obediendum.

co * Respondeo dicendum quod, sicut supra dictum est, ‘ infidelitas secundum seipsam non repugnat dominio, eo quod dominium introductum est de iure gentium, quod est ius humanum; distinctio autem fidelium et infidelium est secundum ius divinum, per quod non tollitur ius humanum. sed aliquis per infidelitatem peccans potest sententialiter ius dominii amittere, sicut et quandoque propter alias culpas. ad ecclesiam autem non pertinet punire infidelitatem in illis qui nunquam fidem susceperunt, * secundum illud apostoli, i ad cor. v, ° quid mihi de his qui foris sunt iudicare? ‘ sed infidelitatem illorum qui fidem susceperunt potest sententialiter punire. et convenienter in hoc puniuntur quod subditis fidelibus dominari non possint, hoc enim vergere posset in magnam fidei corruptionem; quia, * ut dictum est, ° homo apostata suo corde machinatur malum et iurgia seminat, ‘ intendens homines separare a fide. et ideo quam cito aliquis per sententiam denuntiatur excommunicatus propter apostasiam a fide, ipso facto eius subditi sunt absoluti a dominio eius et iuramento fidelitatis quo ei tenebantur.

ra1 ‘ Ad primum ergo dicendum quod illo tempore ecclesia, in sui novitate, nondum habebat potestatem terrenos principes compescendi. et ideo toleravit fideles iuliano apostatae obedire in his quae non erant contra fidem, ut maius fidei periculum vitaretur.

ra2 ‘ Ad secundum dicendum quod alia ratio est de aliis infidelibus, qui nunquam fidem susceperunt, * ut dictum est.

ra3 ‘ Ad tertium dicendum quod apostasia a fide totaliter separat hominem a deo, * ut dictum est, ‘ quod non contingit in quibuscumque aliis peccatis.

009 ST3 qu13 ar

pr ‘ Deinde considerandum est de peccato blasphemiae, quod opponitur confessioni fidei. et primo, de blasphemia in generali; secundo, de blasphemia quae dicitur peccatum in spiritum sanctum. circa primum quaeruntur quatuor. primo, utrum blasphemia opponatur confessioni fidei. secundo, utrum blasphemia semper sit peccatum mortale. tertio, utrum blasphemia sit maximum peccatorum. quarto, utrum blasphemia sit in damnatis.

009 ST3 qu13 ar1

ag1 ‘ Ad primum sic proceditur. videtur quod blasphemia non opponatur confessioni fidei. nam blasphemare est contumeliam vel aliquod convicium inferre in iniuriam creatoris. sed hoc magis pertinet ad malevolentiam contra deum quam ad infidelitatem. ergo blasphemia non opponitur confessioni fidei.

ag2 * Praeterea, ad ephes. iv, super illud, ° blasphemia tollatur a vobis, * dicit glossa, “ quae fit in deum vel in sanctos. ‘ sed confessio fidei non videtur esse nisi de his quae pertinent ad deum, qui est fidei obiectum. ergo blasphemia non semper opponitur confessioni fidei.

ag3 * Praeterea, a quibusdam dicitur quod “ sunt tres blasphemiae species, quarum una est cum attribuitur deo quod ei non convenit; secunda est cum ab eo removetur quod ei convenit; tertia est cum attribuitur creaturae quod deo appropriatur. ‘ et sic videtur quod blasphemia non solum sit circa deum, sed etiam circa creaturas. fides autem habet deum pro obiecto. ergo blasphemia non opponitur confessioni fidei.

sc * Sed contra est quod apostolus dicit, i ad tim. i, ° prius fui blasphemus et persecutor; * et postea subdit, ° ignorans feci in incredulitate. ‘ ex quo videtur quod blasphemia ad infidelitatem pertineat.

co ‘ Respondeo dicendum quod nomen blasphemiae importare videtur quandam derogationem alicuius excellentis bonitatis, et praecipue divinae. “ deus autem, * ut dionysius dicit, i cap. de div. nom., “ est ipsa essentia bonitatis. ‘ unde quidquid deo convenit pertinet ad bonitatem ipsius; et quidquid ad ipsum non pertinet longe est a ratione perfectae bonitatis, quae est eius essentia. quicumque igitur vel negat aliquid de deo quod ei convenit, vel asserit de eo quod ei non convenit, derogat divinae bonitati. quod quidem potest contingere dupliciter, uno quidem modo, secundum solam opinionem intellectus; alio modo, coniuncta quadam affectus detestatione, sicut e contrario fides dei per dilectionem perficitur ipsius. huiusmodi igitur derogatio divinae bonitatis est vel secundum intellectum tantum; vel etiam secundum affectum. si consistat tantum in corde, est cordis blasphemia. si autem exterius prodeat per locutionem, est oris blasphemia. et secundum hoc blasphemia confessioni opponitur.

ra1 ‘ Ad primum ergo dicendum quod ille qui contra deum loquitur convicium inferre intendens, derogat divinae bonitati non solum secundum veritatem intellectus, sed etiam secundum pravitatem voluntatis detestantis et impedientis pro posse divinum honorem. quod est blasphemia perfecta.

ra2 ‘ Ad secundum dicendum quod sicut deus in sanctis suis laudatur, inquantum laudantur opera quae deus in sanctis efficit; ita et blasphemia quae fit in sanctos ex consequenti in deum redundat.

ra3 ‘ Ad tertium dicendum quod secundum illa tria non possunt, proprie loquendo, distingui diversae species peccati blasphemiae. attribuere enim deo quod ei non convenit, vel removere ab eo quod ei convenit, non differt nisi secundum affirmationem et negationem. quae quidem diversitas habitus speciem non distinguit, quia per eandem scientiam innotescit falsitas affirmationum et negationum, et per eandem ignorantiam utroque modo erratur, cum negatio probetur per affirmationem, * ut habetur i poster.. ‘ quod autem ea quae sunt dei propria creaturis attribuantur, ad hoc pertinere videtur quod aliquid ei attribuatur quod ei non conveniat. quidquid enim est deo proprium est ipse deus, attribuere ergo id quod dei proprium est alicui creaturae est ipsum deum dicere idem creaturae.

009 ST3 qu13 ar2

ag1 ‘ Ad secundum sic proceditur. videtur quod blasphemia non semper sit peccatum mortale. * quia super illud ad col. iii, ° nunc autem deponite vos etc., * dicit glossa, “ post maiora prohibet minora. ‘ et tamen subdit de blasphemia. ergo blasphemia inter peccata minora computatur, quae sunt peccata venialia.

ag2 ‘ Praeterea, omne peccatum mortale opponitur alicui praecepto decalogi. sed blasphemia non videtur alicui eorum opponi ergo blasphemia non est peccatum mortale.

ag3 ‘ Praeterea, peccata quae absque deliberatione committuntur non sunt mortalia, propter quod primi motus non sunt peccata mortalia, quia deliberationem rationis praecedunt, * ut ex supradictis patet. ‘ sed blasphemia quandoque absque deliberatione procedit. ergo non semper est peccatum mortale.

sc * Sed contra est quod dicitur levit. xxiv, ° qui blasphemaverit nomen domini, morte moriatur. ‘ sed poena mortis non infertur nisi pro peccato mortali. ergo blasphemia est peccatum mortale.

co * Respondeo dicendum quod, sicut supra dictum est, ‘ peccatum mortale est per quod homo separatur a primo principio spiritualis vitae, quod est caritas dei. unde quaecumque caritati repugnant, ex suo genere sunt peccata mortalia. blasphemia autem secundum genus suum repugnat caritati divinae, quia derogat divinae bonitati, * ut dictum est, ‘ quae est obiectum caritatis. et ideo blasphemia est peccatum mortale ex suo genere.

ra1 ‘ Ad primum ergo dicendum quod glossa illa non est sic intelligenda quasi omnia quae subduntur sint peccata minora. sed quia, cum supra non expressisset nisi maiora, postmodum etiam quaedam minora subdit, inter quae etiam quaedam de maioribus ponit.

ra2 ‘ Ad secundum dicendum quod, cum blasphemia opponatur confessioni fidei, * ut dictum est, ‘ eius prohibitio reducitur ad prohibitionem infidelitatis, quae * intelligitur in eo quod dicitur, ° ego sum dominus deus tuus etc.. * vel prohibetur per id quod dicitur, ° non assumes nomen dei tui in vanum. ‘ magis enim in vanum assumit nomen dei qui aliquod falsum de deo asserit quam qui per nomen dei aliquod falsum confirmat.

ra3 ‘ Ad tertium dicendum quod blasphemia potest absque deliberatione ex subreptione procedere dupliciter. uno modo, quod aliquis non advertat hoc quod dicit esse blasphemiam. quod potest contingere cum aliquis subito ex aliqua passione in verba imaginata prorumpit, quorum significationem non considerat. et tunc est peccatum veniale, et non habet proprie rationem blasphemiae. alio modo, quando advertit hoc esse blasphemiam, considerans significata verborum. et tunc non excusatur a peccato mortali, sicut nec ille qui ex subito motu irae aliquem occidit iuxta se sedentem.

009 ST3 qu13 ar3

ag1 ‘ Ad tertium sic proceditur. videtur quod peccatum blasphemiae non sit maximum peccatum. “ malum enim dicitur quod nocet, * secundum augustinum, in enchirid.. ‘ sed magis nocet peccatum homi-

cidii, quod perimit vitam hominis, quam peccatum blasphemiae, quod deo nullum nocumentum potest inferre. ergo peccatum homicidii est gravius peccato blasphemiae.
ag2 ' Praeterea, quicumque peierat inducit deum testem falsitati, et ita videtur eum asserere esse falsum. sed non quilibet blasphemus usque ad hoc procedit ut deum asserat esse falsum. ergo periurium est gravius peccatum quam blasphemia.
ag3 * Praeterea, super illud psalm., ° nolite extollere in altum cornu vestrum, * dicit glossa, ° maximum est vitium excusationis peccati. ' non ergo blasphemia est maximum peccatum.
sc ' Sed contra est quod * isaiae xviii, super illud, ad populum terribilem etc., dicit glossa, ° omne peccatum, blasphemiae comparatum, levius est.
co * Respondeo dicendum quod, sicut supra dictum est, ' blasphemia opponitur confessioni fidei. et ideo habet in se gravitatem infidelitatis. et aggravatur peccatum si superveniat detestatio voluntatis; et adhuc magis si prorumpat in verba; sicut et laus fidei augetur per dilectionem et confessionem. unde, cum infidelitas sit maximum peccatum secundum suum genus, * sicut supra dictum est, ' consequens est quod etiam blasphemia sit peccatum maximum, ad idem genus pertinens et ipsum aggravans.
ra1 ' Ad primum ergo dicendum quod homicidium et blasphemia si comparentur secundum obiecta in quae peccatur, manifestum est quod blasphemia, quae est directe peccatum in deum, praeponderat homicidio, quod est peccatum in proximum. si autem comparentur secundum effectum nocendi, sic homicidium praeponderat, plus enim homicidium nocet proximo quam blasphemia deo. sed quia in gravitate culpae magis attenditur intentio voluntatis perversae quam effectus operis, * ut ex supradictis patet; ' ideo, cum blasphemus intendat nocumentum inferre honori divino, simpliciter loquendo gravius peccat quam homicida. homicidium tamen primum locum tenet in peccatis inter peccata in proximum commissa.
ra2 ' Ad secundum dicendum quod * super illud ad ephes. iv, ° blasphemia tollatur a vobis, * dicit glossa ° peius est blasphemare quam peierare. ' qui enim peierat non dicit aut sentit aliquid falsum de deo, sicut blasphemus, sed deum adhibet testem falsitati non tanquam aestimans deum esse falsum testem, sed tanquam sperans quod deus super hoc non testificetur per aliquod evidens signum.
ra3 ' Ad tertium dicendum quod excusatio peccati est quaedam circumstantia aggravans omne peccatum, etiam ipsam blasphemiam. et pro tanto dicitur esse maximum peccatum, quia quodlibet facit maius.

009 ST3 qu13 ar4

ag1 ' Ad quartum sic proceditur. videtur quod damnati non blasphement. detinentur enim nunc aliqui mali a blasphemando propter timorem futurarum poenarum. sed damnati has poenas experiuntur, unde magis eas abhorrent. ergo multo magis a blasphemando compescuntur.
ag2 ' Praeterea, blasphemia, cum sit gravissimum peccatum, est maxime demeritorium. sed in futura vita non est status merendi neque demerendi. ergo nullus erit locus blasphemiae.
ag3 * Praeterea, eccle. xi dicitur quod ° in quocumque loco lignum ceciderit, ibi erit, ' ex quo patet quod post hanc vitam homini non accrescit nec meritum nec peccatum quod non habuit in hac vita. sed multi damnabuntur qui in hac vita non fuerunt blasphemi. ergo nec in futura vita blasphemabunt.
sc * Sed contra est quod dicitur apoc. xvi, ° aestuaverunt homines aestu magno, et blasphemaverunt nomen domini habentis potestatem super has plagas, * ubi dicit glossa quod ° in inferno positi, quamvis sciant se pro merito puniri, dolebunt tamen quod deus tantam potentiam habeat quod plagas eis inferat. ' hoc autem esset blasphemia in praesenti. ergo et in futuro.
co * Respondeo dicendum quod, sicut dictum est, ' ad rationem blasphemiae pertinet detestatio divinae bonitatis. illi autem qui sunt in inferno retinebunt perversam voluntatem, aversam a dei iustitia, in hoc quod diligunt ea pro quibus puniuntur, et vellent eis uti si possent, et odiunt poenas quae pro huiusmodi peccatis infliguntur; dolent tamen de peccatis quae commiserunt, non quia ipsa odiant, sed quia pro eis puniuntur. sic ergo talis detestatio divinae iustitiae est in eis interior cordis blasphemia. et credibile est quod post resurrectionem erit in eis etiam vocalis blasphemia, sicut in sanctis vocalis laus dei.
ra1 ' Ad primum ergo dicendum quod homines deterrentur in praesenti a blasphemia propter timorem poenarum quas se putant evadere. sed damnati in inferno non sperant se posse poenas evadere. et ideo, tanquam desperati, feruntur ad omne ad quod eis perversa voluntas suggerit.
ra2 ' Ad secundum dicendum quod mereri et demereri pertinent ad statum viae. unde bona in viatoribus sunt meritoria, mala vero demeritoria. in beatis autem bona non sunt meritoria, sed pertinentia ad eorum beatitudinis praemium. et similiter mala in damnatis non sunt demeritoria, sed pertinent ad damnationis poenam.
ra3 ' Ad tertium dicendum quod quilibet in peccato mortali decedens fert secum voluntatem detestantem divinam iustitiam quantum ad aliquid. et secundum hoc poterit ei inesse blasphemia.

009 ST3 qu14 ar

pr ' Deinde considerandum est in speciali de blasphemia in spiritum sanctum. et circa hoc quaeruntur quatuor. primo, utrum blasphemia vel peccatum in spiritum sanctum sit idem quod peccatum ex certa malitia. secundo, de speciebus huius peccati. tertio, utrum sit irremissibile. quarto, utrum aliquis possit peccare in spiritum sanctum a principio, antequam alia peccata committat.

009 ST3 qu14 ar1

ag1 ' Ad primum sic proceditur. videtur quod peccatum in spiritum sanctum non sit idem quod peccatum ex certa malitia. peccatum enim in spiritum sanctum est peccatum blasphemiae, * ut patet matth. xii. ' sed non omne peccatum ex certa malitia est peccatum blasphemiae, contingit enim multa alia peccatorum genera ex certa malitia committi. ergo peccatum in spiritum sanctum non est idem quod peccatum ex certa malitia.
ag2 ' Praeterea, peccatum ex certa malitia dividitur contra peccatum ex ignorantia et contra peccatum ex infirmitate. sed peccatum in spiritum sanctum dividitur contra peccatum in filium hominis, * ut patet matth. xii. ' ergo peccatum in spiritum sanctum non est idem quod peccatum ex certa malitia, quia quorum opposita sunt diversa, ipsa quoque sunt diversa.
ag3 ' Praeterea, peccatum in spiritum sanctum est quoddam genus peccati cui determinatae species assignantur. sed peccatum ex certa malitia non est speciale genus peccati, sed est quaedam conditio vel circumstantia generalis quae potest esse circa omnia peccatorum genera. ergo peccatum in spiritum sanctum non est idem quod peccatum ex certa malitia.
sc * Sed contra est quod magister dicit, xliii dist. ii lib. sent., quod " ille peccat in spiritum sanctum cui malitia propter se placet. ' hoc autem est peccare ex certa malitia. ergo idem videtur esse peccatum ex certa malitia quod peccatum in spiritum sanctum.
co ' Respondeo dicendum quod de peccato seu blasphemia in spiritum sanctum tripliciter aliqui loquuntur. * antiqui enim doctores, scilicet athanasius, hilarius, ambrosius, hieronymus et chrysostomus " dicunt esse peccatum in spiritum sanctum quando, ad litteram, aliquid blasphemum dicitur contra spiritum sanctum, sive spiritus sanctus accipiatur secundum quod est nomen essentiale conveniens toti trinitati, cuius quaelibet persona et spiritus est et sanctus; sive prout est nomen personale unius in trinitate personae. * et secundum hoc distinguitur, matth. xii " blasphemia in spiritum sanctum contra blasphemiam in filium hominis. ' christus enim operabatur quaedam humanitus, comedendo, bibendo et alia huiusmodi faciendo; et quaedam divinitus, scilicet daemones eiiciendo, mortuos suscitando, et cetera huiusmodi; quae quidem agebat et per virtutem propriae divinitatis, et per operationem spiritus sancti, quo secundum humanitatem erat repletus. iudaei autem primo quidem dixerant blasphemiam in filium hominis, " cum dicebant eum voracem, potatorem vini et publicanorum amatorem, * ut habetur matth. xi. ' postmodum autem blasphemaverunt in spiritum sanctum, dum opera quae ipse operabatur virtute propriae divinitatis et per operationem spiritus sancti, attribuebant |25| principi daemoniorum. et propter hoc dicuntur in spiritum sanctum blasphemasse. * augustinus autem, in libro de verb. dom., " blasphemiam vel peccatum in spiritum sanctum dicit esse finalem impoenitentiam, quando scilicet aliquis perseverat in peccato mortali usque ad mortem. quod quidem non solum verbo oris fit, sed etiam verbo cordis et operis, non uno sed multis. hoc autem verbum, sic acceptum, dicitur esse contra spiritum sanctum, quia est contra remissionem peccatorum, quae fit per spiritum sanctum, qui est caritas patris et filii. nec hoc dominus dixit iudaeis quasi ipsi peccarent in spiritum sanctum, nondum enim erant finaliter impoenitentes. sed admonuit eos ne, taliter loquentes, ad hoc pervenirent quod in spiritum sanctum peccarent. et * sic intelligendum est quod dicitur marc. iii, ubi, postquam dixerat, ° qui blasphemaverit in spiritum sanctum etc., * subiungit evangelista ° quoniam dicebant, spiritum immundum habet. * alii vero aliter accipiunt, dicentes " peccatum vel blasphemiam in spiritum sanctum esse quando aliquis peccat contra appropriatum bonum spiritus sancti, cui appropriatur bonitas, sicut patri appropriatur potentia et filio sapientia. unde peccatum in patrem dicunt esse quando peccatur ex infirmitate; peccatum autem in filium, quando peccatur ex ignorantia; |50| peccatum autem in spiritum sanctum, quando peccatur ex certa malitia, idest ex ipsa electione mali, * ut supra expositum est. ' quod quidem contingit dupliciter. uno modo, ex inclinatione habitus vitiosi, qui malitia dicitur, et sic non est idem peccare ex malitia quod peccare in spiritum sanctum. alio modo contingit ex eo quod per contemptum abiicitur et removetur id quod electionem peccati poterat impedire, sicut spes per desperationem, et timor per praesumptionem, et quaedam alia huiusmodi, * ut infra dicetur. ' haec autem omnia quae peccati electionem impediunt, sunt effectus spiritus sancti in nobis. et ideo sic ex malitia peccare est peccare in spiritum sanctum.
ra1 ' Ad primum ergo dicendum quod, sicut confessio fidei non solum consistit in protestatione oris, sed etiam in protestatione operis; ita etiam blasphemia spiritus sancti potest considerari et in ore et in corde et in opere.
ra2 ' Ad secundum dicendum quod secundum tertiam acceptionem blasphemia in spiritum sanctum distinguitur contra blasphemiam in filium hominis secundum quod filius hominis est etiam filius dei, " idest dei virtus et dei sapientia. ' unde secundum hoc, peccatum in filium hominis erit peccatum ex ignorantia vel ex infirmitate.
ra3 ' Ad tertium dicendum quod peccatum ex certa malitia secundum quod provenit ex inclinatione habitus, non est speciale peccatum, sed quaedam generalis peccati conditio. prout vero est ex speciali contemptu effectus spiritus sancti in nobis, habet rationem specialis peccati. et secundum hoc etiam peccatum in spiritum sanctum est speciale genus peccati. et similiter secundum primam expositionem. secundum autem secundam expositionem, non est speciale genus peccati, nam finalis impoenitentia potest esse circumstantia cuiuslibet generis peccati.

009 ST3 qu14 ar2

ag1 ' Ad secundum sic proceditur. videtur quod inconvenienter assignentur sex species peccati in spiritum sanctum, scilicet " desperatio, praesumptio, impoenitentia, obstinatio, impugnatio veritatis agnitae et invidentia fraternae gratiae; * quas species ponit magister, xliii dist. ii lib. sent., ' negare enim divinam iustitiam vel misericordiam ad infidelitatem pertinet. sed per desperationem aliquis reiicit divinam misericordiam, per praesumptionem autem divinam iustitiam. ergo unumquodque eorum potius est species infidelitatis quam peccati in spiritum sanctum.
ag2 ' Praeterea, impoenitentia videtur respicere peccatum praeteritum, obstinatio autem peccatum futurum. sed praeteritum vel futurum non diversificant speciem virtutis vel vitii, secundum enim eandem fidem qua credimus christum natum, antiqui crediderunt eum nasciturum. ergo obstinatio et impoenitentia non debent poni duae species peccati in spiritum sanctum.
ag3 ° Praeterea, veritas et gratia per iesum christum facta est, * ut habetur ioan. i. ' ergo videtur quod impugnatio veritatis agnitae et invidentia fraternae gratiae magis pertineant ad blasphemiam in filium hominis quam ad blasphemiam in spiritum sanctum.
ag4 * Praeterea, bernardus dicit, in libro de dispensat. et praecept., ° quod nolle obedire est resistere spiritui sancto. * glossa etiam dicit, levit. x, quod ° simulata poenitentia est blasphemia spiritus sancti. ' schisma etiam videtur directe opponi spiritui sancto, per quem ecclesia unitur. et ita videtur quod non sufficienter tradantur species peccati in spiritum sanctum.
sc * Sed contra, augustinus dicit, in libro de fide ad petrum, quod " illi qui desperant de indulgentia peccatorum, vel qui sine meritis de misericordia dei praesumunt, peccant in spiritum sanctum. * et in enchiridio dicit quod ° qui in obstinatione mentis diem claudit extremum, reus est peccato in spiritum sanctum. * et in libro de verb. dom. dicit quod " impoenitentia est peccatum in spiritum sanctum. * et in libro de serm. dom. in monte dicit quod " invidiae facibus fraternitatem impugnare est peccare in spiritum sanctum. * et in libro de unico bapt. dicit quod ° qui veritatem contemnit, aut circa fratres malignus est, quibus veritas revelatur; aut circa deum ingratus, cuius inspiratione ecclesia instruitur; ' et sic videtur quod peccet in spiritum sanctum.
co ' Respondeo dicendum quod, secundum quod peccatum in spiritum sanctum tertio modo accipitur, convenienter praedictae species ei assignantur. quae distinguuntur secundum remotionem vel contemptum eorum per quae potest homo ab electione peccati impediri. quae quidem sunt vel ex parte divini iudicii; vel ex parte donorum ipsius; vel etiam ex parte ipsius peccati. avertitur enim homo ab electione peccati ex consideratione divini iudicii, quod habet iustitiam cum misericordia, et per spem, quae consurgit ex consideratione misericordiae remittentis peccata et praemiantis bona, et haec tollitur per desperationem, et iterum per timorem, qui insurgit ex consideratione divinae iustitiae punientis peccata; et hic tollitur per praesumptionem, dum scilicet aliquis se praesumit gloriam adipisci sine meritis, vel veniam sine poenitentia. dona autem dei quibus retrahimur a peccato sunt duo. quorum unum est agnitio veritatis, contra quod ponitur impugnatio veritatis agnitae, dum scilicet aliquis veritatem fidei agnitam impugnat ut licentius peccet. aliud est auxilium interioris gratiae, contra quod ponitur invidentia fraternae gratiae, dum scilicet aliquis non solum invidet personae fratris, sed etiam invidet gratiae dei crescenti in mundo. ex parte vero peccati duo sunt quae hominem a peccato retrahere possunt. quorum unum est inordinatio et turpitudo actus, cuius consi-

deratio inducere solet in homine poenitentiam de peccato |25| commisso. et contra hoc ponitur impoenitentia, non quidem eo modo quo dicit permanentiam in peccato usque ad mortem, * sicut supra impoenitentia accipiebatur ‘ (sic enim non esset speciale peccatum, sed quaedam peccati circumstantia); sed accipitur hic impoenitentia secundum quod importat propositum non poenitendi. aliud autem est parvitas et brevitas boni quod quis in peccato quaerit, * secundum illud rom. vi, ° quem fructum habuistis in quibus nunc erubescitis? ‘ cuius consideratio inducere solet hominem ad hoc quod eius voluntas in peccato non firmetur. et hoc tollitur per obstinationem, quando scilicet homo firmat suum propositum in hoc quod peccato inhaereat. * et de his duobus dicitur ierem. viii, ° nullus est qui agat poenitentiam super peccato suo, dicens, quid feci? “ quantum ad primum; ° omnes conversi sunt ad cursum quasi equus impetu vadens ad praelium, “ quantum ad secundum.

ra1 ‘ Ad primum ergo dicendum quod peccatum desperationis vel praesumptionis non consistit in hoc quod dei iustitia vel misericordia non credatur, sed in hoc quod contemnatur.

ra2 ‘ Ad secundum dicendum quod obstinatio et impoenitentia non solum differunt secundum praeteritum et futurum, sed secundum quasdam formales rationes ex diversa consideratione eorum quae in peccato considerari possunt, * ut dictum est.

ra3 ‘ Ad tertium dicendum quod gratiam et veritatem christus fecit per dona spiritus sancti, quae hominibus dedit.

ra4 ‘ Ad quartum dicendum quod nolle obedire pertinet ad obstinationem; simulatio poenitentiae ad impoenitentiam; schisma ad invidentiam fraternae gratiae, per quam membra ecclesiae uniuntur.

009 ST3 qu14 ar3

ag1 ‘ Ad tertium sic proceditur. videtur quod peccatum in spiritum sanctum non sit irremissibile. * dicit enim augustinus, in libro de verb. dom., ° de nullo desperandum est quandiu patientia domini ad poenitentiam adducit. ‘ sed si aliquod peccatum esset irremissibile, esset de aliquo peccatore desperandum. ergo peccatum in spiritum sanctum non est irremissibile.

ag2 ‘ Praeterea, nullum peccatum remittitur nisi per hoc quod anima sanatur a deo. ° sed omnipotenti medico nullus insanabilis languor occurrit, * sicut dicit glossa super illud psalm., ° qui sanat omnes infirmitates tuas. ‘ ergo peccatum in spiritum sanctum non est irremissibile.

ag3 “ Praeterea, liberum arbitrium se habet ad bonum et ad malum. sed quandiu durat status viae, potest aliquis a quacumque virtute excidere, cum etiam angelus de caelo ceciderit, * unde dicitur iob iv, ° in angelis suis reperit pravitatem, quanto magis qui habitant domos luteas? ‘ ergo pari ratione potest aliquis a quocumque peccato ad statum iustitiae redire. ergo peccatum in spiritum sanctum non est irremissibile.

sc * Sed contra est quod dicitur matth. xii, ° qui dixerit verbum contra spiritum sanctum, non remittetur ei neque in hoc saeculo neque in futuro. * et augustinus dicit, in libro de serm. dom. in monte, quod ° tanta est labes huius peccati quod humilitatem deprecandi subire non potest.

co ‘ Respondeo dicendum quod secundum diversas acceptiones peccati in spiritum sanctum, diversimode irremissibile dicitur. si enim dicatur peccatum in spiritum sanctum finalis impoenitentia, sic dicitur irremissibile quia nullo modo remittitur. peccatum enim mortale in quo homo perseverat usque ad mortem, quia in hac vita non remittitur per poenitentiam, nec etiam in futuro dimittetur. secundum autem alias duas acceptiones dicitur irremissibile, non quia nullo modo remittatur, sed quia, quantum est de se, habet meritum ut non remittatur. et hoc dupliciter. uno modo, quantum ad poenam. qui enim ex ignorantia vel infirmitate peccat, minorem poenam meretur, qui autem ex certa malitia peccat, non habet aliquam excusationem unde eius poena minuatur. similiter etiam qui blasphemabat in filium hominis, eius divinitate nondum revelata, poterat habere aliquam excusationem propter infirmitatem carnis quam in eo aspiciebat, et sic minorem poenam merebatur, sed qui ipsam divinitatem blasphemabat, opera spiritus sancti diabolo attribuens, nullam excusationem habebat unde eius poena diminueretur. * et ideo dicitur, secundum expositionem chrysostomi, “ hoc peccatum iudaeis non remitti neque in hoc saeculo neque in futuro, quia pro eo passi sunt poenam et in praesenti vita per romanos, et in futura vita in poena inferni. * sicut etiam athanasius inducit exemplum de eorum parentibus, ‘ qui primo quidem contra moysen contenderunt propter defectum |25| aquae et panis, et hoc dominus sustinuit patienter, habebant enim excusationem ex infirmitate carnis. sed postmodum gravius peccaverunt quasi blasphemantes in spiritum sanctum, beneficia dei qui eos de aegypto eduxerat, idolo attribuentes, * cum dixerunt, ° hi sunt dii tui, israel, qui te eduxerunt de terra aegypti. ‘ et ideo dominus et temporaliter fecit eos puniri, quia ° ceciderunt in die illo quasi tria millia hominum; ‘ et in futurum eis poenam comminatur, * dicens, ° ego autem in die ultionis visitabo hoc peccatum eorum. ‘ alio modo potest intelligi quantum ad culpam, sicut aliquis dicitur morbus incurabilis secundum naturam morbi, per quem tollitur id ex quo morbus potest curari, puta cum morbus tollit virtutem naturae, vel inducit fastidium cibi et medicinae; licet etiam talem morbum deus possit curare. ita etiam peccatum in spiritum sanctum dicitur irremissibile secundum suam naturam, inquantum excludit ea per quae fit remissio peccatorum. per hoc tamen non praecluditur via remittendi et sanandi omnipotentiae et misericordiae dei, per quam aliquando tales quasi miraculose spiritualiter sanantur.

ra1 ‘ Ad primum ergo dicendum quod de nemine desperandum est in hac vita, considerata omnipotentia et misericordia dei. sed considerata conditione peccati, dicuntur aliqui filii diffidentiae, * ut habetur ad ephes. ii.

ra2 ‘ Ad secundum dicendum quod ratio illa procedit ex parte omnipotentiae dei, non secundum conditionem peccati.

ra3 ‘ Ad tertium dicendum quod liberum arbitrium remanet quidem semper in hac vita vertibile, tamen quandoque abiicit a se id per quod verti potest ad bonum, quantum in ipso est. unde ex parte sua peccatum est irremissibile, licet deus remittere possit.

009 ST3 qu14 ar4

ag1 ‘ Ad quartum sic proceditur. videtur quod homo non possit primo peccare in spiritum sanctum, non praesuppositis aliis peccatis. naturalis enim ordo est ut ab imperfecto ad perfectum quis moveatur. et hoc quidem in bonis apparet, * secundum illud proverb. iv, ° iustorum semita quasi lux splendens crescit et proficit usque ad perfectum diem. ‘ sed perfectum dicitur in malis quod est maximum malum, * ut patet per philosophum, in v metaphys.. ‘ cum igitur peccatum in spiritum sanctum sit gravissimum, videtur quod homo ad hoc peccatum perveniat per alia peccata minora.

ag2 ‘ Praeterea, peccare in spiritum sanctum est peccare ex certa malitia, sive ex electione. sed hoc non statim potest homo, antequam multoties peccaverit, * dicit enim philosophus, in v ethic., quod, “ si homo possit iniusta facere, non tamen potest statim operari sicut iniustus, scilicet ex electione. ‘ ergo videtur quod peccatum in spiritum sanctum non possit committi nisi post alia peccata.

ag3 ‘ Praeterea, poenitentia et impoenitentia sunt circa idem. sed poenitentia non est nisi de peccatis praeteritis. ergo etiam neque impoenitentia, quae est species peccati in spiritum sanctum. peccatum ergo in spiritum sanctum praesupponit alia peccata.

sc ‘ Sed contra est quod ° facile est in conspectu dei subito honestare pauperem, * ut dicitur eccli. xi. ‘ ergo e contrario possibile est, secundum malitiam daemonis suggerentis, ut statim aliquis inducatur in gravissimum peccatum, quod est in spiritum sanctum.

co * Respondeo dicendum quod, sicut dictum est, ‘ peccare in spiritum sanctum uno modo est peccare ex certa malitia. ex certa autem malitia dupliciter peccare contingit, * sicut dictum est. ‘ uno modo, ex inclinatione habitus, quod non est proprie peccare in spiritum sanctum. et hoc modo peccare ex certa malitia non contingit a principio, oportet enim actus peccatorum praecedere ex quibus causetur habitus ad peccandum inclinans. alio modo potest aliquis peccare ex certa malitia abiiciendo per contemptum ea per quae homo retrahitur a peccando, quod proprie est peccare in spiritum sanctum, * sicut dictum est. ‘ et hoc etiam plerumque praesupponit alia peccata, * quia sicut dicitur proverb. xviii, ° impius, cum in profundum peccatorum venerit, contemnit. ‘ potest tamen contingere quod aliquis in primo actu peccati in spiritum sanctum peccet per contemptum, tum propter libertatem arbitrii; tum etiam propter multas dispositiones praecedentes; vel etiam propter aliquod vehemens motivum ad malum et debilem affectum hominis ad bonum. et ideo in viris perfectis hoc vix aut nunquam accidere potest quod statim a principio peccent in spiritum sanctum. * unde dicit origenes, in i periarch., ° non arbitror quod aliquis ex his qui in summo perfectoque |25| gradu constiterint, ad subitum evacuetur aut decidat, sed paulatim ac per partes eum decidere necesse est. ‘ et eadem ratio est si peccatum in spiritum sanctum accipiatur ad litteram pro blasphemia spiritus sancti. talis enim blasphemia de qua dominus loquitur, semper ex malitiae contemptu procedit. si vero per peccatum in spiritum sanctum intelligatur finalis impoenitentia, * secundum intellectum augustini, ‘ quaestionem non habet, quia ad peccatum in spiritum sanctum requiritur continuatio peccatorum usque in finem vitae.

ra1 ‘ Ad primum ergo dicendum quod tam in bono quam in malo, ut in pluribus, proceditur ab imperfecto ad perfectum, prout homo proficit vel in bono vel in malo. et tamen in utroque unus potest incipere a maiori quam alius. et ita illud a quo aliquis incipit, potest esse perfectum in bono vel in malo secundum genus suum; licet sit imperfectum secundum seriem processus hominis in melius vel in peius proficientis.

ra2 ‘ Ad secundum dicendum quod ratio illa procedit de peccato ex malitia quando est ex inclinatione habitus.

ra3 ‘ Ad tertium dicendum quod, si accipiatur impoenitentia * secundum intentionem augustini, ‘ secundum quod importat permanentiam in peccato usque in finem, sic planum est quod impoenitentia praesupponit peccata, sicut et poenitentia. sed si loquamur de impoenitentia habituali, secundum quod ponitur species peccati in spiritum sanctum, sic manifestum est quod impoenitentia potest esse etiam ante peccata, potest enim ille qui nunquam peccavit habere propositum vel poenitendi vel non poenitendi, si contingeret eum peccare.

009 ST3 qu15 ar

pr ‘ Deinde considerandum est de vitiis oppositis scientiae et intellectui. et quia de ignorantia, quae opponitur scientiae, dictum est supra, cum de causis peccatorum ageretur; quaerendum est nunc de caecitate mentis et hebetudine sensus, quae opponuntur dono intellectus. et circa hoc quaeruntur tria. primo, utrum caecitas mentis sit peccatum. secundo, utrum hebetudo sensus sit aliud peccatum a caecitate mentis. tertio, utrum haec vitia a peccatis carnalibus oriantur.

009 ST3 qu15 ar1

ag1 ‘ Ad primum sic proceditur. videtur quod caecitas mentis non sit peccatum. illud enim quod excusat a peccato non videtur esse peccatum. sed caecitas excusat a peccato, * dicitur enim ioan. ix, ° si caeci essetis, non haberetis peccatum. ‘ ergo caecitas mentis non est peccatum.

ag2 ‘ Praeterea, poena differt a culpa. sed caecitas mentis est quaedam poena, * ut patet per illud quod habetur isaiae vi, ° excaeca cor populi huius; ‘ non enim esset a deo, cum sit malum, nisi poena esset. ergo caecitas mentis non est peccatum.

ag3 “ Praeterea, omne peccatum est voluntarium, * ut augustinus dicit. ‘ sed caecitas mentis non est voluntaria, * quia ut augustinus dicit, x confess., ° cognoscere veritatem lucentem omnes amant; * et eccle. xi dicitur, ° dulce lumen, et delectabile oculis videre solem. ‘ ergo caecitas mentis non est peccatum.

sc * Sed contra est quod gregorius, xxxi moral., “ caecitatem mentis ponit inter vitia quae causantur ex luxuria.

co ‘ Respondeo dicendum quod sicut caecitas corporalis est privatio eius quod est principium corporalis visionis, ita etiam caecitas mentis est privatio eius quod est principium mentalis sive intellectualis visionis. cuius quidem principium est triplex. unum quidem est lumen naturalis rationis. et hoc lumen, cum pertineat ad speciem animae rationalis, nunquam privatur ab anima. impeditur tamen quandoque a proprio actu per impedimenta virium inferiorum, quibus indiget intellectus humanus ad intelligendum, sicut patet in amentibus et furiosis, * ut in primo dictum est. ‘ aliud autem principium intellectualis visionis est aliquod lumen habituale naturali lumini rationis superadditum. et hoc quidem lumen interdum privatur ab anima. et talis privatio est caecitas quae est poena, secundum quod privatio luminis gratiae quaedam poena ponitur. * unde dicitur de quibusdam, sap. ii, ° excaecavit illos malitia eorum. ‘ tertium principium visionis intellectualis est aliquod intelligibile principium per quod homo intelligit alia. cui quidem principio intelligibili mens hominis potest intendere vel non intendere. et quod ei non intendat contingit dupliciter. quandoque quidem ex hoc quod habet voluntatem spontanee se avertentem a consideratione talis principii, * secundum illud psalm., |25| ° noluit intelligere ut bene ageret. ‘ alio modo, per occupationem mentis circa alia quae magis diligit, quibus ab inspectione huius principii mens avertitur, * secundum illud psalm., ° supercecidit ignis, “ scilicet concupiscentiae, ° et non viderunt solem. ‘ et utroque modo caecitas mentis est peccatum.

ra1 ‘ Ad primum ergo dicendum quod caecitas quae excusat a peccato est quae contingit ex naturali defectu non potentis videre.

ra2 ‘ Ad secundum dicendum quod ratio illa procedit de secunda caecitate, quae est poena.

ra3 ‘ Ad tertium dicendum quod intelligere veritatem cuilibet est secundum se amabile. potest tamen per accidens esse alicui odibile, inquantum scilicet per hoc homo impeditur ab aliis quae magis amat.

009 ST3 qu15 ar2

ag1 ‘ Ad secundum sic proceditur. videtur quod hebetudo sensus non sit aliud a caecitate mentis. unum enim uni est contrarium. sed dono intellectus opponitur hebetudo, * ut patet per gregorium, in ii moral.; ‘ cui etiam opponitur caecitas mentis, eo quod intellectus principium quoddam visivum designat. ergo hebetudo sensus est idem quod caecitas mentis.

ag2 * Praeterea, gregorius, in xxxi moral., de hebetudine loquens, “ nominat eam hebetudinem sensus circa intelligentiam. ‘ sed hebetari sensu circa intelligentiam nihil aliud esse videtur quam intelligendo deficere, quod pertinet ad mentis caecitatem. ergo hebetudo sensus idem est quod caecitas mentis.

ag3 ‘ Praeterea, si in aliquo differunt, maxime videntur in hoc differre quod caecitas mentis est voluntaria, * ut supra dictum est, ‘ hebetudo autem sensus est naturalis. sed defectus naturalis non est pecca-

tum. ergo secundum hoc hebetudo sensus non esset peccatum. * quod est contra gregorium, ' qui connumerat eam inter vitia quae ex gula oriuntur.
sc ' Sed contra est quod diversarum causarum sunt diversi effectus. * sed gregorius, xxxi moral., dicit quod " hebetudo mentis oritur ex gula, caecitas autem mentis ex luxuria. ' ergo sunt diversa vitia.
co ' Respondeo dicendum quod hebes acuto opponitur. acutum autem dicitur aliquid ex hoc quod est penetrativum. unde et hebes dicitur aliquid ex hoc quod est obtusum, penetrare non valens. sensus autem corporalis per quandam similitudinem penetrare dicitur medium inquantum ex aliqua distantia suum obiectum percipit; vel inquantum potest quasi penetrando intima rei percipere. unde in corporalibus dicitur aliquis esse acuti sensus qui potest percipere sensibile aliquod ex remotis, vel videndo vel audiendo vel olfaciendo; et e contrario dicitur sensu hebetari qui non percipit nisi ex propinquo et magna sensibilia. ad similitudinem autem corporalis sensus dicitur etiam circa intelligentiam esse aliquis sensus, " qui est aliquorum primorum extremorum, * ut dicitur in vi ethic., ' sicut etiam sensus est cognoscitivus sensibilium quasi quorundam principiorum cognitionis. hic autem sensus qui est circa intelligentiam non percipit suum obiectum per medium distantiae corporalis, sed per quaedam alia media, sicut cum per proprietatem rei percipit eius essentiam, et per effectus percipit causam. ille ergo dicitur esse acuti sensus circa intelligentiam qui statim ad apprehensionem proprietatis rei, vel etiam effectus, naturam rei comprehendit, et inquantum usque ad minimas conditiones rei considerandas pertingit. ille autem dicitur esse hebes circa intelligentiam qui ad cognoscendam veritatem rei |25| pertingere non potest nisi per multa ei exposita, et tunc etiam non potest pertingere ad perfecte considerandum omnia quae pertinent ad rei rationem. sic igitur hebetudo sensus circa intelligentiam importat quandam debilitatem mentis circa considerationem spiritualium bonorum, caecitas autem mentis importat omnimodam privationem cognitionis ipsorum. et utrumque opponitur dono intellectus, per quem homo spiritualia bona apprehendendo cognoscit et ad eorum intima subtiliter penetrat. habet autem hebetudo rationem peccati sicut et caecitas mentis, inquantum scilicet est voluntaria, ut patet in eo qui, affectus circa carnalia, de spiritualibus subtiliter discutere fastidit vel negligit.
ra ' Et per hoc patet responsio ad obiecta.

009 ST3 qu15 ar3

ag1 ' Ad tertium sic proceditur. videtur quod caecitas mentis et hebetudo sensus non oriantur ex vitiis carnalibus. * augustinus enim, in libro retract., retractans illud quod dixerat in soliloq., ° deus, qui non nisi mundos verum scire voluisti, * dicit quod ° responderi potest multos etiam non mundos multa vera scire. ' sed homines maxime efficiuntur immundi per vitia carnalia. ergo caecitas mentis et hebetudo sensus non causantur a vitiis carnalibus.
ag2 ' Praeterea, caecitas mentis et hebetudo sensus sunt defectus quidam circa partem animae intellectivam; vitia autem carnalia pertinent ad corruptionem carnis. sed caro non agit in animam, sed potius e converso. ergo vitia carnalia non causant caecitatem mentis et hebetudinem sensus.
ag3 ' Praeterea, unumquodque magis patitur a propinquiori quam a remotiori. sed propinquiora sunt menti vitia spiritualia quam carnalia. ergo caecitas mentis et hebetudo sensus magis causantur ex vitiis spiritualibus quam ex vitiis carnalibus.
sc * Sed contra est quod gregorius, xxxi moral., dicit quod " hebetudo sensus circa intelligentiam oritur ex gula, caecitas mentis ex luxuria.
co ' Respondeo dicendum quod perfectio intellectualis operationis in homine consistit in quadam abstractione a sensibilium phantasmatibus. et ideo quanto intellectus hominis magis fuerit liber ab huiusmodi phantasmatibus, tanto potius considerare intelligibilia poterit et ordinare omnia sensibilia, * sicut et anaxagoras dixit quod " oportet intellectum esse immixtum ad hoc quod imperet, et agens oportet quod dominetur super materiam ad hoc quod possit eam movere. ' manifestum est autem quod delectatio applicat intentionem ad ea in quibus aliquis delectatur, * unde philosophus dicit, in x ethic., quod " unusquisque ea in quibus delectatur optime operatur, contraria vero nequaquam vel debiliter. ' vitia autem carnalia, scilicet gula et luxuria, consistunt circa delectationes tactus, ciborum scilicet et venereorum, quae sunt vehementissimae inter omnes corporales delectationes. et ideo per haec vitia intentio hominis maxime applicatur ad corporalia, et per consequens debilitatur operatio hominis circa intelligibilia, magis autem per luxuriam quam per gulam, quanto delectationes venereorum sunt vehementiores quam ciborum. et ideo ex luxuria oritur caecitas mentis, quae quasi totaliter spiritualium bonorum cognitionem excludit, ex gula autem |25| hebetudo sensus, quae reddit hominem debilem circa huiusmodi intelligibilia. et e converso oppositae virtutes, scilicet abstinentia et castitas, maxime disponunt hominem ad perfectionem intellectualis operationis. * unde dicitur dan. i, " quod pueris his, scilicet abstinentibus et continentibus, ° dedit deus scientiam et disciplinam in omni libro et sapientia.
ra1 ' Ad primum ergo dicendum quod, quamvis aliqui vitiis carnalibus subditi possint quandoque subtiliter aliqua speculari circa intelligibilia, propter bonitatem ingenii naturalis vel habitus superadditi; tamen necesse est ut ab hac subtilitate contemplationis eorum intentio plerumque retrahatur propter delectationes corporales. et ita immundi possunt aliqua vera scire sed ex sua immunditia circa hoc impediuntur.
ra2 ' Ad secundum dicendum quod caro non agit in partem intellectivam alterando ipsam, sed impediendo operationem ipsius per modum praedictum.
ra3 ' Ad tertium dicendum quod vitia carnalia, quo magis sunt remota a mente, eo magis eius intentionem ad remotiora distrahunt. unde magis impediunt mentis contemplationem.

009 ST3 qu16 ar

pr ' Deinde considerandum est de praeceptis pertinentibus ad praedicta. et circa hoc quaeruntur duo. primo, de praeceptis pertinentibus ad fidem. secundo, de praeceptis pertinentibus ad dona scientiae et intellectus.

009 ST3 qu16 ar1

ag1 ' Ad primum sic proceditur. videtur quod in veteri lege dari debuerint praecepta credendi. praeceptum enim est de eo quod est debitum et necessarium. sed maxime necessarium est homini quod credat, * secundum illud heb. xi, ° sine fide impossibile est placere deo. ' ergo maxime oportuit praecepta dari de fide.
ag2 ' Praeterea, novum testamentum continetur in veteri sicut figuratum in figura, * ut supra dictum est. ' sed in novo testamento ponuntur expressa mandata de fide, * ut patet ioan. xiv, ° creditis in deum, et in me credite. ' ergo videtur quod in veteri lege etiam debuerint aliqua praecepta dari de fide.
ag3 ' Praeterea, eiusdem rationis est praecipere actum virtutis et prohibere vitia opposita. sed in veteri lege ponuntur multa praecepta prohibentia infidelitatem, * sicut exod. xx, ° non habebis deos alienos coram me; * et iterum deut. xiii mandatur quod " non audient verba prophetae aut somniatoris qui eos de fide dei vellet divertere. ' ergo in veteri lege etiam debuerunt dari praecepta de fide.
ag4 ' Praeterea, confessio est actus fidei, * ut supra dictum est. ' sed de confessione et promulgatione fidei dantur praecepta in veteri lege, * mandatur enim exod. xii quod " filiis suis interrogantibus rationem assignent paschalis observantiae; * et deut. xiii mandatur " quod ille qui disseminat doctrinam contra fidem occidatur. ' ergo lex vetus praecepta fidei debuit habere.
ag5 ' Praeterea, omnes libri veteris testamenti sub lege veteri continentur, * unde dominus, ioan. xv, dicit in lege esse scriptum, ° odio habeurunt me gratis, * quod tamen scribitur in psalmo. sed eccli. ii dicitur, ° qui timetis dominum, credite illi. ' ergo in veteri lege fuerunt praecepta danda de fide.
sc * Sed contra est quod apostolus, ad rom. iii, " legem veterem nominat legem factorum, et dividit eam contra legem fidei. ' ergo in lege veteri non fuerunt praecepta danda de fide.
co ' Respondeo dicendum quod lex non imponitur ab aliquo domino nisi suis subditis, et ideo praecepta legis cuiuslibet praesupponunt subiectionem recipientis legem ad eum qui dat legem. prima autem subiectio hominis ad deum est per fidem, * secundum illud heb. xi, ° accedentem ad deum oportet credere quia est. ' et ideo fides praesupponitur ad legis praecepta. * et propter hoc exod. xx id quod est fidei praemittitur ante legis praecepta, cum dicitur, ° ego sum dominus deus tuus, qui eduxi te de terra aegypti. * et similiter deut. vi praemittitur, ° audi, israel, dominus deus tuus unus est, ' et postea statim incipit agere de praeceptis. sed quia in fide multa continentur ordinata ad fidem qua credimus deum esse, quod est primum et principale inter omnia credibilia, * ut dictum est; ' ideo, praesupposita fide de deo, per quam mens humana deo subiiciatur, possunt dari praecepta de aliis credendis, * sicut augustinus dicit, super ioan., quod " plurima sunt nobis de fide mandata, exponens illud, hoc est praeceptum meum. ' sed in veteri lege non erant secreta fidei populo exponenda. et ideo, supposita fide unius dei, nulla alia praecepta sunt in veteri lege data de credendis.
ra1 ' Ad primum ergo dicendum quod fides est necessaria tanquam principium spiritualis vitae. et ideo praesupponitur ad legis susceptionem.
ra2 " Ad secundum dicendum quod ibi etiam dominus praesupponit aliquid de fide, scilicet fidem unius dei, cum dicit, creditis in deum, et aliquid praecipit, scilicet fidem incarnationis, per quam unus est deus et homo; quae quidem fidei explicatio pertinet ad fidem novi testamenti. et ideo subdit, et in me credite.
ra3 ' Ad tertium dicendum quod praecepta prohibitiva respiciunt peccata, quae corrumpunt virtutem. virtus autem corrumpitur ex particularibus defectibus, * ut supra dictum est. ' et ideo, praesupposita fide unius dei, in lege veteri fuerunt danda prohibitiva praecepta, quibus homines prohiberentur ab his particularibus defectibus per quos fides corrumpi posset.
ra4 ' Ad quartum dicendum quod etiam confessio vel doctrina fidei praesupponit subiectionem hominis ad deum per fidem. et ideo magis potuerunt dari praecepta in veteri lege pertinentia ad confessionem et doctrinam fidei quam pertinentia ad ipsam fidem.
ra5 " Ad quintum dicendum quod in illa etiam auctoritate praesupponitur fides per quam credimus deum esse, unde praemittit, qui timetis deum, quod non posset esse sine fide. quod autem addit, credite illi, ad quaedam credibilia specialia referendum est, et praecipue ad illa quae promittit deus sibi obedientibus. * unde subdit, ° et non evacuabitur merces vestra.

009 ST3 qu16 ar2

ag1 ' Ad secundum sic proceditur. videtur quod in veteri lege inconvenienter tradantur praecepta pertinentia ad scientiam et intellectum. scientia enim et intellectus ad cognitionem pertinent. cognitio autem praecedit et dirigit actionem. ergo praecepta ad scientiam et intellectum pertinentia debent praecedere praecepta pertinentia ad actionem. cum ergo prima praecepta legis sint praecepta decalogi, videtur quod inter praecepta decalogi debuerunt tradi aliqua praecepta pertinentia ad scientiam et intellectum.
ag2 ' Praeterea, disciplina praecedit doctrinam, prius enim homo ab alio discit quam alium doceat. sed dantur in veteri lege aliqua praecepta de doctrina, et affirmativa, * ut praecipitur deut. iv, ° docebis ea filios ac nepotes tuos; ' et etiam prohibitiva, * sicut habetur deut. iv, ° non addetis ad verbum quod vobis loquor, neque auferetis ab eo. ' ergo videtur quod etiam aliqua praecepta dari debuerint inducentia hominem ad addiscendum.
ag3 ' Praeterea, scientia et intellectus magis videntur necessaria sacerdoti quam regi, * unde dicitur malach. ii, ° labia sacerdotis custodiunt scientiam, et legem requirunt ex ore eius; * et osee iv dicitur, ° quia scientiam repulisti, repellam te et ego, ne sacerdotio fungaris mihi. ' sed regi mandatur quod addiscat scientiam legis, * ut patet deut. xvii. ' ergo multo magis debuit praecipi in lege quod sacerdotes legem addiscerent.
ag4 ' Praeterea, meditatio eorum quae ad scientiam et intellectum pertinent non potest esse in dormiendo. impeditur etiam per occupationes extraneas. ergo inconvenienter praecipitur, * deut. vi, ° meditaberis ea sedens in domo tua, et ambulans in itinere, dormiens atque consurgens. ' inconvenienter ergo traduntur in veteri lege praecepta ad scientiam et intellectum pertinentia.
sc * Sed contra est quod dicitur deut. iv, ° audientes universi praecepta haec, dicant, en populus sapiens et intelligens.
co ' Respondeo dicendum quod circa scientiam et intellectum tria possunt considerari, primo quidem, acceptio ipsius; secundo, usus eius; tertio vero, conservatio ipsius. acceptio quidem scientiae vel intellectus fit per doctrinam et disciplinam. et utrumque in lege praecipitur. * dicitur enim deut. vi, ° erunt verba haec quae ego praecipio tibi, in corde tuo, ' quod pertinet ad disciplinam, pertinet enim ad discipulum ut cor suum applicet his quae dicuntur. * quod vero subditur, ° et narrabis ea filiis tuis, ' pertinet ad doctrinam. usus vero scientiae vel intellectus est meditatio eorum quae quis scit vel intelligit. * et quantum ad hoc subditur, ° et meditaberis sedens in domo tua, ' etc., conservatio autem fit per memoriam. * et quantum ad hoc subdit, ° et ligabis ea quasi signum in manu tua, eruntque et movebuntur inter oculos tuos, scribesque ea in limine et ostiis domus tuae. ' per quae omnia iugem memoriam mandatorum dei significat, ea enim quae continue sensibus nostris occurrunt, vel tactu, sicut ea quae in manu habemus; vel visu, sicut ea quae ante oculos mentis sunt continue; vel ad quae oportet nos saepe recurrere, sicut ad ostium domus; a memoria nostra excidere non possunt. |25| * et deut. iv manifestius dicitur, ° ne obliviscaris verborum quae viderunt oculi tui, et ne excidant de corde tuo cunctis diebus vitae tuae. ' et haec etiam abundantius in novo testamento, tam in doctrina evangelica quam apostolica, mandata leguntur.
ra1 * Ad primum ergo dicendum quod, sicut dicitur deut. iv, ° haec est vestra sapientia et intellectus coram populis, ' ex quo datur intelligi quod scientia et intellectus fidelium dei consistit in praeceptis legis. et ideo primo sunt proponenda legis praecepta; et postmodum homines sunt inducendi ad eorum scientiam vel intellectum. et ideo praemissa praecepta non debuerunt poni inter praecepta decalogi, quae sunt prima.
ra2 ' Ad secundum dicendum quod etiam in lege ponuntur praecepta pertinentia ad disciplinam, * ut dictum est. ' expressius tamen praecipitur doctrina quam disciplina, quia doctrina pertinet ad maiores, qui sunt sui iuris, immediate sub lege existentes, quibus debent dari legis praecepta, disciplina autem pertinet ad minores, ad quos praecepta legis per maiores debent pervenire.
ra3 ' Ad tertium dicendum quod scientia legis est adeo annexa officio sacerdotis ut simul cum iniunctione officii intelligatur etiam et scientiae legis iniun-

ctio. et ideo non oportuit specialia praecepta dari de instructione sacerdotum. sed doctrina legis dei non adeo est annexa regali officio, quia rex constituitur super populum in temporalibus. et ideo specialiter praecipitur ut rex instruatur de his quae pertinent ad legem dei per sacerdotes.
ra4 ' Ad quartum dicendum quod illud praeceptum legis non est sic intelligendum quod homo dormiendo meditetur de lege dei, sed quod dormiens, idest vadens dormitum, de lege dei meditetur; quia ex hoc etiam homines dormiendo nanciscuntur meliora phantasmata, " secundum quod pertranseunt motus a vigilantibus ad dormientes, * ut patet per philosophum, in i ethic.. ' similiter etiam mandatur ut in omni actu suo aliquis meditetur de lege, non quod semper actu de lege cogitet, sed quod omnia quae facit secundum legem moderetur.

009 ST3 qu17 ar

pr ' Consequenter post fidem considerandum est de spe. et primo, de ipsa spe; secundo, de dono timoris; tertio, de vitiis oppositis; quarto, de praeceptis ad hoc pertinentibus. circa primum occurrit primo consideratio de ipsa spe; secundo, de subiecto eius. circa primum quaeruntur octo. primo, utrum spes sit virtus. secundo, utrum obiectum eius sit beatitudo aeterna. tertio, utrum unus homo possit sperare beatitudinem alterius per virtutem spei. quarto, utrum homo licite possit sperare in homine. quinto, utrum spes sit virtus theologica. sexto, de distinctione eius ab aliis virtutibus theologicis. septimo, de ordine eius ad fidem. octavo, de ordine eius ad caritatem.

009 ST3 qu17 ar1

ag1 ' Ad primum sic proceditur. videtur quod spes non sit virtus. ° virtute enim nullus male utitur; * ut dicit augustinus, in libro de lib. arb.. ' sed spe aliquis male utitur, quia circa passionem spei contingit esse medium et extrema, sicut et circa alias passiones. ergo spes non est virtus.
ag2 ' Praeterea, nulla virtus procedit ex meritis, quia ° virtutem deus in nobis sine nobis operatur, * ut augustinus dicit. ° sed spes est ex gratia et meritis proveniens; * ut magister dicit, xxvi dist. iii lib. sent.. ' ergo spes non est virtus.
ag3 " Praeterea, virtus est dispositio perfecti; * ut dicitur in vii physic.. ' spes autem est dispositio imperfecti, scilicet eius qui non habet id quod sperat. ergo spes non est virtus.
sc * Sed contra est quod gregorius, in i moral., dicit quod " per tres filias iob significantur hae tres virtutes, fides, spes, caritas. ' ergo spes est virtus.
co * Respondeo dicendum quod, secundum philosophum, in ii ethic., ° virtus uniuscuiusque rei est quae bonum facit habentem et opus eius bonum reddit. ' oportet igitur, ubicumque invenitur aliquis actus hominis bonus, quod respondeat alicui virtuti humanae. in omnibus autem regulatis et mensuratis bonum consideratur per hoc quod aliquid propriam regulam attingit, sicut dicimus vestem esse bonam quae nec excedit nec deficit a debita mensura. humanorum autem actuum, * sicut supra dictum est, ' duplex est mensura, una quidem proxima et homogenea, scilicet ratio; alia autem est suprema et excedens, scilicet deus. et ideo omnis actus humanus attingens ad rationem aut ad ipsum deum est bonus. actus autem spei de qua nunc loquimur attingit ad deum. * ut enim supra dictum est, cum de passione spei ageretur, ' obiectum spei est bonum futurum arduum possibile haberi. possibile autem est aliquid nobis dupliciter, uno modo, per nos ipsos; alio modo, per alios; * ut patet in iii ethic.. ' inquantum igitur speramus aliquid ut possibile nobis per divinum auxilium, spes nostra attingit ad ipsum deum, cuius auxilio innititur. et ideo patet quod spes est virtus, cum faciat actum hominis |25| bonum et debitam regulam attingentem.
ra1 ' Ad primum ergo dicendum quod in passionibus accipitur medium virtutis per hoc quod attingitur ratio recta, et in hoc etiam consistit ratio virtutis. unde etiam et in spe bonum virtutis accipitur secundum quod homo attingit sperando regulam debitam, scilicet deum. et ideo spe attingente deum nullus potest male uti, sicut nec virtute morali attingente rationem, quia hoc ipsum quod est attingere est bonus usus virtutis. quamvis spes de qua nunc loquimur non sit passio, sed habitus mentis, * ut infra patebit.
ra2 ' Ad secundum dicendum quod spes dicitur ex meritis provenire quantum ad ipsam rem expectatam, prout aliquis sperat se beatitudinem adepturum ex gratia et meritis. vel quantum ad actum spei formatae. ipse autem habitus spei, per quam aliquis expectat beatitudinem, non causatur ex meritis, sed pure ex gratia.
ra3 ' Ad tertium dicendum quod ille qui sperat est quidem imperfectus secundum considerationem ad id quod sperat obtinere, quod nondum habet, sed est perfectus quantum ad hoc quod iam attingit propriam regulam, scilicet deum, cuius auxilio innititur.

009 ST3 qu17 ar2

ag1 ' Ad secundum sic proceditur. videtur quod beatitudo aeterna non sit obiectum proprium spei. illud enim homo non sperat quod omnem animi sui motum excedit, cum spei actus sit quidam animi motus. sed beatitudo aeterna excedit omnem humani animi motum, * dicit enim apostolus, i ad cor. ii, quod ° in cor hominis non ascendit. ' ergo beatitudo non est proprium obiectum spei.
ag2 ' Praeterea, petitio est spei interpretativa, * dicitur enim in psalm., ° revela domino viam tuam et spera in eo, et ipse faciet. ' sed homo petit a deo licite non solum beatitudinem aeternam, sed etiam bona praesentis vitae tam spiritualia quam temporalia, et etiam liberationem a malis, quae in beatitudine aeterna non erunt, * ut patet in oratione dominica, matth. vi. ' ergo beatitudo aeterna non est proprium obiectum spei.
ag3 ' Praeterea, spei obiectum est arduum. sed in comparatione ad hominem multa alia sunt ardua quam beatitudo aeterna. ergo beatitudo aeterna non est proprium obiectum spei.
sc * Sed contra est quod apostolus dicit, ad heb. vi, ° habemus spem incedentem, idest incedere facientem, ad interiora velaminis, idest ad beatitudinem caelestem; * ut glossa ibidem exponit. ' ergo obiectum spei est beatitudo aeterna.
co * Respondeo dicendum quod, sicut dictum est, ' spes de qua loquimur attingit deum innitens eius auxilio ad consequendum bonum speratum. oportet autem effectum esse causae proportionatum. et ideo bonum quod proprie et principaliter a deo sperare debemus est bonum infinitum, quod proportionatur virtuti dei adiuvantis, nam infinitae virtutis est proprium ad infinitum bonum perducere. hoc autem bonum est vita aeterna, quae in fruitione ipsius dei consistit, non enim minus aliquid ab eo sperandum est quam sit ipse, cum non sit minor eius bonitas, per quam bona creaturae communicat, quam eius essentia. et ideo proprium et principale obiectum spei est beatitudo aeterna.
ra1 ' Ad primum ergo dicendum quod beatitudo aeterna perfecte quidem in cor hominis non ascendit, ut scilicet cognosci possit ab homine viatore quae et qualis sit, sed secundum communem rationem, scilicet boni perfecti, cadere potest in apprehensione hominis. et hoc modo motus spei in ipsam consurgit. unde * et signanter apostolus dicit quod " spes incedit usque ad interiora velaminis, quia id quod speramus est nobis adhuc velatum.
ra2 ' Ad secundum dicendum quod quaecumque alia bona non debemus a deo petere nisi in ordine ad beatitudinem aeternam. unde et spes principaliter quidem respicit beatitudinem aeternam; alia vero quae petuntur a deo respicit secundario, in ordine ad beatitudinem aeternam. sicut etiam fides respicit principaliter deum, et secundario respicit ea quae ad deum ordinantur, * ut supra dictum est.
ra3 ' Ad tertium dicendum quod homini qui anhelat ad aliquid magnum, parvum videtur omne aliud quod est eo minus. et ideo homini speranti beatitudinem aeternam, habito respectu ad istam spem, nihil aliud est arduum. sed habito respectu ad facultatem sperantis, possunt etiam quaedam alia ei esse ardua. et secundum hoc eorum potest esse spes in ordine ad principale obiectum.

009 ST3 qu17 ar3

ag1 ' Ad tertium sic proceditur. videtur quod aliquis possit sperare alteri beatitudinem aeternam. * dicit enim apostolus, philipp. i, ° confidens hoc ipsum, quia qui coepit in vobis opus bonum perficiet usque in diem christi iesu. ' perfectio aut illius diei erit beatitudo aeterna. ergo aliquis potest alteri sperare beatitudinem aeternam.
ag2 ' Praeterea, ea quae a deo petimus speramus obtinere ab eo. sed a deo petimus quod alios ad beatitudinem aeternam perducat, * secundum illud iac. ult., ° orate pro invicem ut salvemini. ' ergo possumus aliis sperare beatitudinem aeternam.
ag3 ' Praeterea, spes et desperatio sunt de eodem. sed aliquis potest desperare de beatitudine aeterna alicuius, * alioquin frustra diceret augustinus, in libro de verb. dom., ° de nemine esse desperandum dum vivit. ' ergo etiam potest aliquis sperare alteri vitam aeternam.
sc * Sed contra est quod augustinus dicit, in enchirid., quod ° spes non est nisi rerum ad eum pertinentium qui earum spem gerere perhibetur.
co ' Respondeo dicendum quod spes potest esse alicuius dupliciter. uno quidem modo, absolute, et sic est solum boni ardui ad se pertinentis. alio modo, ex praesuppositione alterius, et sic potest esse etiam eorum quae ad alium pertinent. ad cuius evidentiam sciendum est quod amor et spes in hoc differunt quod amor importat quandam unionem amantis ad amatum; spes autem importat quendam motum sive protensionem appetitus in aliquod bonum arduum. unio autem est aliquorum distinctorum, et ideo amor directe potest respicere alium, quem sibi aliquis unit per amorem, habens eum sicut seipsum. motus autem semper est ad proprium terminum proportionatum mobili, et ideo spes directe respicit proprium bonum, non autem id quod ad alium pertinet. sed praesupposita unione amoris ad alterum, iam aliquis potest desiderare et sperare aliquid alteri sicut sibi. et secundum hoc aliquis potest sperare alteri vitam aeternam, inquantum est ei unitus per amorem. et sicut est eadem virtus caritatis qua quis diligit deum, seipsum et proximum, ita etiam est eadem virtus spei qua quis sperat sibi ipsi et alii.
ra ' Et per hoc patet responsio ad obiecta.

009 ST3 qu17 ar4

ag1 ' Ad quartum sic proceditur. videtur quod aliquis possit licite sperare in homine. spei enim obiectum est beatitudo aeterna. sed ad beatitudinem aeternam consequendam adiuvamur patrociniis sanctorum, * dicit enim gregorius in i dial., quod ° praedestinatio iuvatur precibus sanctorum. ' ergo aliquis potest in homine sperare.
ag2 ' Praeterea, si non potest aliquis sperare in homine, non esset reputandum alicui in vitium quod in eo aliquis sperare non possit. sed hoc de quibusdam in vitium dicitur, * ut patet ierem. ix, ° unusquisque a proximo suo se custodiat, et in omni fratre suo non habeat fiduciam. ' ergo licite potest aliquis sperare in homine.
ag3 ' Praeterea, petitio est interpretativa spei, * sicut dictum est. ' sed licite potest homo aliquid petere ab homine. ergo licite potest sperare de eo.
sc * Sed contra est quod dicitur ierem. xvii, ° maledictus homo qui confidit in homine.
co ' Respondeo dicendum quod spes, * sicut dictum est, ' duo respicit, scilicet bonum quod obtinere intendit; et auxilium per quod illud bonum obtinetur. bonum autem quod quis sperat obtinendum habet rationem causae finalis; auxilium autem per quod quis sperat illud bonum obtinere habet rationem causae efficientis. in genere autem utriusque causae invenitur principale et secundarium. principalis enim finis est finis ultimus; secundarius autem finis est bonum quod est ad finem. similiter principalis causa agens est primum agens; secundaria vero causa efficiens est agens secundarium instrumentale. spes autem respicit beatitudinem aeternam sicut finem ultimum; divinum autem auxilium sicut primam causam inducentem ad beatitudinem. sicut igitur non licet sperare aliquod bonum praeter beatitudinem sicut ultimum finem, sed solum sicut id quod est ad finem beatitudinis ordinatum; ita etiam non licet sperare de aliquo homine, vel de aliqua creatura, sicut de prima causa movente in beatitudinem; licet autem sperare de aliquo homine, vel de aliqua creatura, sicut de agente secundario et instrumentali, per quod aliquis adiuvatur ad quaecumque bona consequenda in beatitudinem ordinata. et hoc modo ad sanctos convertimur; et ab hominibus aliqua petimus; et vituperantur illi de quibus aliquis confidere non potest ad auxilium ferendum.
ra ' Et per hoc patet responsio ad obiecta.

009 ST3 qu17 ar5

ag1 ' Ad quintum sic proceditur. videtur quod spes non sit virtus theologica. virtus enim theologica est quae habet deum pro obiecto. sed spes non habet solum deum pro obiecto, sed etiam alia bona quae a deo obtinere speramus. ergo spes non est virtus theologica.
ag2 ' Praeterea, virtus theologica non consistit in medio duorum vitiorum, * ut supra habitum est. ' sed spes consistit in medio praesumptionis et desperationis. ergo spes non est virtus theologica.
ag3 ' Praeterea, expectatio pertinet ad longanimitatem, quae est pars fortitudinis. cum ergo spes sit quaedam expectatio, videtur quod spes non sit virtus theologica, sed moralis.
ag4 ' Praeterea, obiectum spei est arduum. sed tendere in arduum pertinet ad magnanimitatem, quae est virtus moralis. ergo spes est virtus moralis, et non theologica.
sc * Sed contra est quod, i ad cor. xiii, ' connumeratur fidei et caritati quae sunt virtutes theologicae.
co ' Respondeo dicendum quod, cum differentiae specificae per se dividant genus, oportet attendere unde habeat spes rationem virtutis, ad hoc quod sciamus sub qua differentia virtutis collocetur. * dictum est autem supra quod ' spes habet rationem virtutis ex hoc quod attingit supremam regulam humanorum actuum; quam attingit et sicut primam causam efficientem, inquantum eius auxilio innititur; et sicut ultimam causam finalem, inquantum in eius fruitione beatitudinem expectat. et sic patet quod spei, inquantum est virtus, principale obiectum est deus. cum igitur in hoc consistat ratio virtutis theologicae quod deum habeat pro obiecto, * sicut supra dictum est, ' manifestum est quod spes est virtus theologica.
ra1 ' Ad primum ergo dicendum quod quaecumque alia spes adipisci expectat, sperat in ordine ad deum sicut ad ultimum finem et sicut ad primam causam efficientem, * ut dictum est.
ra2 ' Ad secundum dicendum quod medium accipitur in regulatis et mensuratis secundum quod regula vel mensura attingitur; secundum autem quod exceditur regula, est superfluum; secundum autem defectum a regula, est diminutum. in ipsa autem regula vel mensura non est accipere medium et extrema. virtus autem moralis est circa ea quae regulantur ratione sicut circa proprium obiectum, et ideo per se convenit ei esse in medio ex parte proprii obiecti. sed virtus theologica est circa ipsam regulam primam, non regulatam alia regula, sicut circa proprium obiectum. et ideo per se, et secundum proprium obiectum, non convenit virtuti theologicae esse in medio. sed potest sibi competere per accidens, ratione eius quod

ordinatur ad principale obiectum. sicut fides non potest habere medium et extrema in hoc quod innitatur primae veritati, cui nullus potest nimis inniti, sed ex parte eorum quae credit, potest habere medium et extrema, sicut unum verum est medium inter duo falsa. et similiter spes non habet medium et extrema ex parte principalis obiecti, quia divino auxilio nullus potest nimis inniti, sed quantum ad ea quae confidit aliquis se adepturum, potest ibi esse medium et extrema, inquantum vel praesumit ea quae sunt supra suam proportionem, vel desperat de his quae sunt sibi proportionata.
ra3 ' Ad tertium dicendum quod expectatio quae ponitur in definitione spei non importat dilationem, sicut expectatio quae pertinet ad longanimitatem, sed importat respectum ad auxilium divinum, sive illud quod speratur differatur, sive non differatur.
ra4 ' Ad quartum dicendum quod magnanimitas tendit in arduum sperans aliquid quod est suae potestatis. unde proprie respicit operationem aliquorum magnorum. sed spes, secundum quod est virtus theologica, respicit arduum alterius auxilio assequendum, * ut dictum est.

009 ST3 qu17 ar6

ag1 ' Ad sextum sic proceditur. videtur quod spes non sit virtus distincta ab aliis theologicis. habitus enim distinguuntur secundum obiecta, * ut supra dictum est. ' sed idem est obiectum spei et aliarum virtutum theologicarum. ergo spes non distinguitur ab aliis virtutibus theologicis.
ag2 * Praeterea, in symbolo fidei, in quo fidem profitemur, dicitur, ° expecto resurrectionem mortuorum et vitam futuri saeculi. ' sed expectatio futurae beatitudinis pertinet ad spem, * ut supra dictum est. ' ergo spes a fide non distinguitur.
ag3 ' Praeterea, per spem homo tendit in deum. sed hoc proprie pertinet ad caritatem. ergo spes a caritate non distinguitur.
sc ' Sed contra, ubi non est distinctio ibi non est numerus. sed spes connumeratur aliis virtutibus theologicis, * dicit enim gregorius, in i moral., " esse tres virtutes, fidem, spem et caritatem. ' ergo spes est virtus distincta ab aliis theologicis.
co ' Respondeo dicendum quod virtus aliqua dicitur theologica ex hoc quod habet deum pro obiecto cui inhaeret. potest autem aliquis alicui rei inhaerere dupliciter, uno modo, propter seipsum; alio modo, inquantum ex eo ad aliud devenitur. caritas igitur facit hominem deo inhaerere propter seipsum, mentem hominis uniens deo per affectum amoris. spes autem et fides faciunt hominem inhaerere deo sicut cuidam principio ex quo aliqua nobis proveniunt. de deo autem provenit nobis et cognitio veritatis et adeptio perfectae bonitatis. fides ergo facit hominem deo inhaerere inquantum est nobis principium cognoscendi veritatem, credimus enim ea vera esse quae nobis a deo dicuntur. spes autem facit deo adhaerere prout est nobis principium perfectae bonitatis, inquantum scilicet per spem divino auxilio innitimur ad beatitudinem obtinendam.
ra1 ' Ad primum ergo dicendum quod deus secundum aliam et aliam rationem est obiectum harum virtutum, * ut dictum est. ' ad distinctionem autem habituum sufficit diversa ratio obiecti, * ut supra habitum est.
ra2 ' Ad secundum dicendum quod expectatio ponitur in symbolo fidei non quia sit actus proprius fidei, sed inquantum actus spei praesupponit fidem, * ut dicetur, ' et sic actus fidei manifestantur per actus spei.
ra3 ' Ad tertium dicendum quod spes facit tendere in deum sicut in quoddam bonum finale adipiscendum, et sicut in quoddam adiutorium efficax ad subveniendum. sed caritas proprie facit tendere in deum uniendo affectum hominis deo, ut scilicet homo non sibi vivat sed deo.

009 ST3 qu17 ar7

ag1 ' Ad septimum sic proceditur. videtur quod spes praecedat fidem. * quia super illud psalm., ° spera in domino, et fac bonitatem, * dicit glossa, ° spes est introitus fidei, initium salutis. ' sed salus est per fidem, per quam iustificamur. ergo spes praecedit fidem.
ag2 ' Praeterea, illud quod ponitur in definitione alicuius debet esse prius et magis notum. sed spes ponitur in definitione fidei, * ut patet heb. xi, " fides est substantia rerum sperandarum. ' ergo spes est prior fide.
ag3 ' Praeterea, spes praecedit actum meritorium, * dicit enim apostolus, i ad cor. ix, quod ° qui arat debet arare in spe fructus percipiendi. ' sed actus fidei est meritorius. ergo spes praecedit fidem.
sc * Sed contra est quod matth. i dicitur, ° abraham genuit isaac, " idest fides spem, * sicut dicit glossa.
co ' Respondeo dicendum quod fides absolute praecedit spem. obiectum enim spei est bonum futurum arduum possibile haberi. ad hoc ergo quod aliquis speret, requiritur quod obiectum spei proponatur ei ut possibile. sed obiectum spei est uno modo beatitudo aeterna, et alio modo divinum auxilium, * ut ex dictis patet. ' et utrumque eorum proponitur nobis per fidem, per quam nobis innotescit quod ad vitam aeternam possumus pervenire, et quod ad hoc paratum est nobis divinum auxilium, * secundum illud heb. xi, ° accedentem ad deum oportet credere quia est, et quia inquirentibus se remunerator est. ' unde manifestum est quod fides praecedit spem.
ra1 * Ad primum ergo dicendum quod, sicut glossa ibidem subdit, " spes dicitur introitus fidei, idest rei creditae, quia per spem intratur ad videndum illud quod creditur. vel potest dici quod est introitus fidei quia per eam homo intrat ad hoc quod stabiliatur et perficiatur in fide.
ra2 ' Ad secundum dicendum quod in definitione fidei ponitur res speranda quia proprium obiectum fidei est non apparens secundum seipsum. unde fuit necessarium ut quadam circumlocutione designaretur per id quod consequitur ad fidem.
ra3 ' Ad tertium dicendum quod non omnis actus meritorius habet spem praecedentem, sed sufficit si habeat concomitantem vel consequentem.

009 ST3 qu17 ar8

ag1 ' Ad octavum sic proceditur. videtur quod caritas sit prior spe. * dicit enim ambrosius, super illud luc. xvii, ° si habueritis fidem sicut granum sinapis, etc., ex fide est caritas, ex caritate spes. ' sed fides est prior caritate. ergo caritas est prior spe.
ag2 * Praeterea, augustinus dicit, xiv de civ. dei, quod ° boni motus atque affectus ex amore et sancta caritate veniunt. ' sed sperare, secundum quod est actus spei, est quidam bonus animi motus. ergo derivatur a caritate.
ag3 * Praeterea, magister dicit, xxvi dist. iii lib. sent., quod ° spes ex meritis provenit, quae praecedunt non solum rem speratam, sed etiam spem, quam natura praeit caritas. ' caritas ergo est prior spe.
sc * Sed contra est quod apostolus dicit, i ad tim. i, ° finis praecepti caritas est de corde puro et conscientia bona, * glossa, " idest spe. ' ergo spes est prior caritate.
co ' Respondeo dicendum quod duplex est ordo. unus quidem secundum viam generationis et materiae, secundum quem imperfectum prius est perfecto. alius autem ordo est perfectionis et formae, secundum quem perfectum naturaliter prius est imperfecto. secundum igitur primum ordinem spes est prior caritate. quod sic patet. quia spes, et omnis appetitivus motus, ex amore derivatur, * ut supra habitum est, cum de passionibus ageretur. ' amor autem quidam est perfectus, quidam imperfectus. perfectus quidem amor est quo aliquis secundum se amatur, ut puta cui aliquis vult bonum, sicut homo amat amicum. imperfectus amor est quo quis amat aliquid non secundum ipsum, sed ut illud bonum sibi ipsi proveniat, sicut homo amat rem quam concupiscit. primus autem amor dei pertinet ad caritatem, quae inhaeret deo secundum seipsum, sed spes pertinet ad secundum amorem, quia ille qui sperat aliquid sibi obtinere intendit. et ideo in via generationis spes est prior caritate. " sicut enim aliquis introducitur ad amandum deum per hoc quod, timens ab ipso puniri, cessat a peccato, * ut augustinus dicit, super primam canonicam ioan.; ' ita etiam et spes introducit ad caritatem, inquantum aliquis, sperans remunerari a deo, accenditur ad amandum deum et servandum praecepta eius. sed secundum ordinem perfectionis caritas naturaliter prior est. et ideo, adveniente caritate, |25| spes perfectior redditur, quia de amicis maxime speramus. * et hoc modo dicit ambrosius quod " spes est ex caritate.
ra1 ' Unde patet responsio ad primum.
ra2 ' Ad secundum dicendum quod spes, et omnis motus appetitivus, ex amore provenit aliquo, quo scilicet aliquis amat bonum expectatum. sed non omnis spes provenit a caritate, sed solum motus spei formatae, qua scilicet aliquis sperat bonum a deo ut ab amico.
ra3 " Ad tertium dicendum quod magister loquitur de spe formata, quam naturaliter praecedit caritas, et merita ex caritate causata.

009 ST3 qu18 ar

pr ' Deinde considerandum est de subiecto spei. et circa hoc quaeruntur quatuor. primo, utrum virtus spei sit in voluntate sicut in subiecto. secundo, utrum sit in beatis. tertio, utrum sit in damnatis. quarto, utrum in viatoribus habeat certitudinem.

009 ST3 qu18 ar1

ag1 ' Ad primum sic proceditur. videtur quod spes non sit in voluntate sicut in subiecto. spei enim obiectum est bonum arduum, * ut supra dictum est. ' arduum autem non est obiectum voluntatis, sed irascibilis. ergo spes non est in voluntate, sed in irascibili.
ag2 ' Praeterea, ad id ad quod unum sufficit, superflue apponitur aliud. sed ad perficiendum potentiam voluntatis sufficit caritas, quae est perfectissima virtutum. ergo spes non est in voluntate.
ag3 ' Praeterea, una potentia non potest simul esse in duobus actibus, sicut intellectus non potest simul multa intelligere. sed actus spei simul esse potest cum actu caritatis. cum ergo actus caritatis manifeste pertineat ad voluntatem, actus spei non pertinet ad ipsam. sic ergo spes non est in voluntate.
sc ' Sed contra, anima non est capax dei nisi secundum mentem; in qua est memoria, intelligentia et voluntas, * ut patet per augustinum, in libro de trin.. ' sed spes est virtus theologica habens deum pro obiecto. cum igitur non sit neque in memoria neque in intelligentia, quae pertinent ad vim cognoscitivam, relinquitur quod sit in voluntate sicut in subiecto.
co ' Respondeo dicendum quod, * sicut ex praedictis patet, ' habitus per actus cognoscuntur. actus autem spei est quidam motus appetitivae partis, cum sit eius obiectum bonum. cum autem sit duplex appetitus in homine, scilicet appetitus sensitivus, qui dividitur per irascibilem et concupiscibilem, et appetitus intellectivus, qui dicitur voluntas, * ut in primo habitum est; ' similes motus qui sunt in appetitu inferiori cum passione, in superiori sunt sine passione, * ut ex supradictis patet. ' actus autem virtutis spei non potest pertinere ad appetitum sensitivum, quia bonum quod est obiectum principale huius virtutis non est aliquod bonum sensibile, sed bonum divinum. et ideo spes est in appetitu superiori, qui dicitur voluntas, sicut in subiecto, non autem in appetitu inferiori, ad quem pertinet irascibilis.
ra1 ' Ad primum ergo dicendum quod irascibilis obiectum est arduum sensibile. obiectum autem virtutis spei est arduum intelligibile; vel potius supra intellectum existens.
ra2 ' Ad secundum dicendum quod caritas sufficienter perficit voluntatem quantum ad unum actum, qui est diligere. requiritur autem alia virtus ad perficiendum ipsam secundum alium actum eius, qui est sperare.
ra3 ' Ad tertium dicendum quod motus spei et motus caritatis habent ordinem ad invicem, * ut ex supradictis patet. ' unde nihil prohibet utrumque motum simul esse unius potentiae. sicut et intellectus potest simul multa intelligere ad invicem ordinata, * ut in primo habitum est.

009 ST3 qu18 ar2

ag1 ' Ad secundum sic proceditur. videtur quod spes sit in beatis. christus enim a principio suae conceptionis fuit perfectus comprehensor. sed ipse habuit spem, * cum ex eius persona dicatur in psalm., ° in te, domine, speravi, * ut glossa exponit. ' ergo in beatis potest esse spes.
ag2 ' Praeterea, sicut adeptio beatitudinis est quoddam bonum arduum, ita etiam eius continuatio. sed homines antequam beatitudinem adipiscantur habent spem de beatitudinis adeptione. ergo postquam sunt beatitudinem adepti, possunt sperare beatitudinis continuationem.
ag3 ' Praeterea, per virtutem spei potest aliquis beatitudinem sperare non solum sibi sed etiam aliis, * ut supra dictum est. ' sed beati qui sunt in patria sperant beatitudinem aliis, alioquin non rogarent pro eis. ergo in beatis potest esse spes.
ag4 ' Praeterea, ad beatitudinem sanctorum pertinet non solum gloria animae sed etiam gloria corporis. sed animae sanctorum qui sunt in patria expectant adhuc gloriam corporis, * ut patet apoc. vi, et xii super gen. ad litt.. ' ergo spes potest esse in beatis.
sc * Sed contra est quod apostolus dicit, ad rom. viii, ° quod videt quis, quid sperat? ' sed beati fruuntur dei visione. ergo in eis spes locum non habet.
co ' Respondeo dicendum quod, subtracto eo quod dat speciem rei, solvitur species, et res non potest eadem remanere, sicut remota forma corporis naturalis, non remanet idem secundum speciem. spes autem recipit speciem a suo obiecto principali, sicut et ceterae virtutes, * ut ex supradictis patet. ' obiectum autem principale eius est beatitudo aeterna secundum quod est possibilis haberi ex auxilio divino, * ut supra dictum est. ' quia ergo bonum arduum possibile non cadit sub ratione spei nisi secundum quod est futurum, ideo, cum beatitudo iam non fuerit futura sed praesens, non potest ibi esse virtus spei. et ideo spes, sicut et fides, evacuatur in patria, et neutrum eorum in beatis esse potest.
ra1 ' Ad primum ergo dicendum quod christus, etsi esset comprehensor, et per consequens beatus, quantum ad divinam fruitionem; erat tamen simul viator quantum ad passibilitatem naturae, quam adhuc gerebat. et ideo gloriam impassibilitatis et immortalitatis sperare poterat. non tamen ita quod haberet virtutem spei, quae non respicit gloriam corporis sicut principale obiectum, sed potius fruitionem divinam.
ra2 ' Ad secundum dicendum quod beatitudo sanctorum dicitur vita aeterna, quia per hoc quod deo fruuntur, efficiuntur quodammodo participes aeternitatis divinae, quae excedit omne tempus. et ita continuatio beatitudinis non diversificatur per praesens, praeteritum et futurum. et ideo beati non habent spem de continuatione beatitudinis, sed habent ipsam rem, quia non est ibi ratio futuri.
ra3 ' Ad tertium dicendum quod, durante virtute spei, eadem spe aliquis sperat beatitudinem sibi et aliis. sed evacuata spe in beatis qua sperabant sibi beatitudinem, sperant quidem aliis beatitudinem, sed non virtute spei, sed magis ex amore caritatis. sicut etiam qui habet caritatem dei eadem caritate diligit proximum, et tamen aliquis potest diligere proximum non habens virtutem caritatis, alio quodam amore.
ra4 ' Ad quartum dicendum quod, cum spes sit virtus theologica habens deum pro obiecto, principale obiectum spei est gloria animae, quae in fruitione divina consistit, non autem gloria corporis. gloria etiam

corporis, etsi habeat rationem ardui per comparationem ad naturam humanam, non habet tamen rationem ardui habenti gloriam animae. tum quia gloria corporis est minimum quiddam in comparatione ad gloriam animae. tum etiam quia habens gloriam animae habet iam sufficienter causam gloriae corporis.

009 ST3 qu18 ar3

ag1 ' Ad tertium sic proceditur. videtur quod in damnatis sit spes. diabolus enim est et damnatus et princeps damnatorum, * secundum illud matth. xxv, ° ite, maledicti, in ignem aeternum, qui paratus est diabolo et angelis eius. ' sed diabolus habet spem, * secundum illud iob xl, ° ecce spes eius frustrabitur eum. ' ergo videtur quod damnati habeant spem.
ag2 ' Praeterea, sicut fides potest esse formata et informis, ita et spes. sed fides informis potest esse in daemonibus et damnatis, * secundum illud iac. ii, ° daemones credunt et contremiscunt. ' ergo videtur quod etiam spes informis potest esse in damnatis.
ag3 ' Praeterea, nulli hominum post mortem accrescit meritum vel demeritum quod in vita non habuit, * secundum illud eccle. xi, ° si ceciderit lignum ad austrum aut ad aquilonem, in quocumque loco ceciderit ibi erit. ' sed multi qui damnabuntur habuerunt in hac vita spem, nunquam desperantes. ergo etiam in futura vita spem habebunt.
sc ' Sed contra est quod spes causat gaudium, * secundum illud rom. xii, " spe gaudentes. ' sed damnati non sunt in gaudio, sed in dolore et luctu, * secundum illud isaiae lxv, ° servi mei laudabunt prae exultatione cordis, et vos clamabitis prae dolore cordis et prae contritione spiritus ululabitis. ' ergo spes non est in damnatis.
co ' Respondeo dicendum quod sicut de ratione beatitudinis est ut in ea quietetur voluntas, ita de ratione poenae est ut id quod pro poena infligitur voluntati repugnet. non potest autem voluntatem quietare, vel ei repugnare, quod ignoratur. * et ideo augustinus dicit, super gen. ad litt., quod " angeli perfecte beati esse non potuerunt in primo statu ante confirmationem, vel miseri ante lapsum, cum non essent praescii sui eventus, ' requiritur enim ad veram et perfectam beatitudinem ut aliquis certus sit de suae beatitudinis perpetuitate; alioquin voluntas non quietaretur. similiter etiam, cum perpetuitas damnationis pertineat ad poenam damnatorum, non vere haberet rationem poenae nisi voluntati repugnaret, quod esse non posset si perpetuitatem suae damnationis ignorarent. et ideo ad conditionem miseriae damnatorum pertinet ut ipsi sciant quod nullo modo possunt damnationem evadere et ad beatitudinem pervenire, * unde dicitur iob xv, ° non credit quod reverti possit de tenebris ad lucem. ' unde patet quod non possunt apprehendere beatitudinem ut bonum possibile, sicut nec beati ut bonum futurum. et ideo neque in beatis neque in damnatis est spes. sed in viatoribus sive sint in vita ista sive in purgatorio, potest esse spes, quia utrobique apprehendunt beatitudinem ut futurum possibile.
ra1 ' Ad primum ergo dicendum quod, * sicut gregorius dicit, xxxiii moral., " hoc dicitur de diabolo secundum membra eius, quorum spes annullabitur. vel si intelligatur de ipso diabolo, potest referri ad spem qua sperat se de sanctis victoriam obtinere, * secundum illud quod supra praemiserat, ° habet fiduciam quod iordanis influat in os eius. ' haec autem non est spes de qua loquimur.
ra2 * Ad secundum dicendum quod, sicut augustinus dicit, in enchirid., ° fides est et malarum rerum et bonarum, et praeteritarum et praesentium et futurarum, et suarum et alienarum, sed spes non est nisi rerum bonarum futurarum ad se pertinentium. ' et ideo magis potest esse fides informis in damnatis quam spes, quia bona divina non sunt eis futura possibilia, sed sunt eis absentia.
ra3 ' Ad tertium dicendum quod defectus spei in damnatis non variat demeritum, sicut nec evacuatio spei in beatis auget meritum, sed utrumque contingit propter mutationem status.

009 ST3 qu18 ar4

ag1 ' Ad quartum sic proceditur. videtur quod spes viatorum non habeat certitudinem. spes enim est in voluntate sicut in subiecto. sed certitudo non pertinet ad voluntatem, sed ad intellectum. ergo spes non habet certitudinem.
ag2 ' Praeterea, spes ex gratia et meritis provenit, * ut supra dictum est. ' sed in hac vita scire per certitudinem non possumus quod gratiam habeamus, * ut supra dictum est. ' ergo spes viatorum non habet certitudinem.
ag3 ' Praeterea, certitudo esse non potest de eo quod potest deficere. sed multi viatores habentes spem deficiunt a consecutione beatitudinis. ergo spes viatorum non habet certitudinem.
sc " Sed contra est quod spes est certa expectatio futurae beatitudinis, * sicut magister dicit, xxvi dist. iii sent.. quod potest accipi ex hoc quod dicitur ii ad tim. i, ° scio cui credidi, et certus sum quia potens est depositum meum servare.
co ' Respondeo dicendum quod certitudo invenitur in aliquo dupliciter, scilicet essentialiter, et participative. essentialiter quidem invenitur in vi cognoscitiva, participative autem in omni eo quod a vi cognoscitiva movetur infallibiliter ad finem suum; secundum quem modum dicitur quod natura certitudinaliter operatur, tanquam mota ab intellectu divino certitudinaliter movente unumquodque ad suum finem. et per hunc etiam modum virtutes morales certius arte dicuntur operari, inquantum per modum naturae moventur a ratione ad suos actus. et sic etiam spes certitudinaliter tendit in suum finem, quasi participans certitudinem a fide, quae est in vi cognoscitiva.
ra1 ' Unde patet responsio ad primum.
ra2 ' Ad secundum dicendum quod spes non innititur principaliter gratiae iam habitae, sed divinae omnipotentiae et misericordiae, per quam etiam qui gratiam non habet eam consequi potest, ut sic ad vitam aeternam perveniat. de omnipotentia autem dei et eius misericordia certus est quicumque fidem habet.
ra3 ' Ad tertium dicendum quod hoc quod aliqui habentes spem deficiant a consecutione beatitudinis, contingit ex defectu liberi arbitrii ponentis obstaculum peccati, non autem ex defectu divinae omnipotentiae vel misericordiae, cui spes innititur. unde hoc non praeiudicat certitudini spei.

009 ST3 qu19 ar

pr ' Deinde considerandum est de dono timoris. et circa hoc quaeruntur duodecim. primo, utrum deus debeat timeri. secundo, de divisione timoris in timorem filialem, initialem, servilem et mundanum. tertio, utrum timor mundanus semper sit malus. quarto, utrum timor servilis sit bonus. quinto, utrum sit idem in substantia cum filiali. sexto, utrum adveniente caritate excludatur timor servilis. septimo, utrum timor sit initium sapientiae. octavo, utrum timor initialis sit idem in substantia cum timore filiali. nono, utrum timor sit donum spiritus sancti. decimo, utrum crescat crescente caritate. undecimo, utrum maneat in patria. duodecimo, quid respondeat ei in beatitudinibus et fructibus.

009 ST3 qu19 ar1

ag1 ' Ad primum sic proceditur. videtur quod deus timeri non possit. obiectum enim timoris est malum futurum, * ut supra habitum est. ' sed deus est expers omnis mali, cum sit ipsa bonitas. ergo deus timeri non potest.
ag2 ' Praeterea, timor spei opponitur. sed spem habemus de deo. ergo non possumus etiam simul eum timere.
ag3 * Praeterea, sicut philosophus dicit, in ii rhet., ° illa timemus ex quibus nobis mala proveniunt. ' sed mala non proveniunt nobis a deo, sed ex nobis ipsis, * secundum illud osee xiii, ° perditio tua, israel, ex me auxilium tuum. ' ergo deus timeri non debet.
sc * Sed contra est quod dicitur ierem. x, ° quis non timebit te, o rex gentium? * et malach. i, ° si ego dominus, ubi timor meus?
co ' Respondeo dicendum quod sicut spes habet duplex obiectum, quorum unum est ipsum bonum futurum cuius adeptionem quis expectat, aliud autem est auxilium alicuius per quem expectat se adipisci quod sperat; ita etiam et timor duplex obiectum habere potest, quorum unum est ipsum malum quod homo refugit, aliud autem est illud a quo malum provenire potest. primo igitur modo deus, qui est ipsa bonitas, obiectum timoris esse non potest. sed secundo modo potest esse obiectum timoris, inquantum scilicet ab ipso, vel per comparationem ad ipsum, nobis potest aliquod malum imminere. ab ipso quidem potest nobis imminere malum poenae, quod non est simpliciter malum, sed secundum quid, bonum autem simpliciter. cum enim bonum dicatur in ordine ad finem, malum autem importat huius ordinis privationem; illud est malum simpliciter quod excludit ordinem a fine ultimo, quod est malum culpae. malum autem poenae est quidem malum, inquantum privat aliquod particulare bonum, est tamen bonum simpliciter, inquantum dependet ab ordine finis ultimi. per comparationem autem ad deum potest nobis malum culpae provenire, si ab eo separemur. et per hunc modum deus potest et debet timeri.
ra1 ' Ad primum ergo dicendum quod ratio illa procedit secundum quod malum est timoris obiectum.
ra2 ' Ad secundum dicendum quod in deo est considerare et iustitiam, secundum quam peccantes punit; et misericordiam, secundum quam nos liberat. secundum igitur considerationem iustitiae ipsius, insurgit in nobis timor, secundum autem considerationem misericordiae, consurgit in nobis spes. et ita secundum diversas rationes deus est obiectum spei et timoris.
ra3 ' Ad tertium dicendum quod malum culpae non est a deo sicut ab auctore, sed est a nobis ipsis, inquantum a deo recedimus. malum autem poenae est quidem a deo auctore inquantum habet rationem boni, prout scilicet est iustum, sed quod iuste nobis poena infligatur, hoc primordialiter ex merito nostri peccati contingit. * secundum quem modum dicitur sap. i, quod ° deus mortem non fecit, sed impii manibus et verbis accersierunt illam.

009 ST3 qu19 ar2

ag1 ' Ad secundum sic proceditur. videtur quod inconvenienter dividatur timor in filialem, initialem, servilem et mundanum. * damascenus enim, in ii lib., ponit " sex species timoris, scilicet segnitiem, erubescentiam, et alia * de quibus supra dictum est, quae in hac divisione non tanguntur. ' ergo videtur quod haec divisio timoris sit inconveniens.
ag2 ' Praeterea, quilibet horum timorum vel est bonus vel malus. sed est aliquis timor, scilicet naturalis, qui neque bonus est moraliter, cum sit in daemonibus, * secundum illud iac. ii, ° daemones credunt et contremiscunt; ' neque etiam est malus, cum sit in christo, * secundum illud marc. xiv ° coepit iesus pavere et taedere. ' ergo timor insufficienter dividitur secundum praedicta.
ag3 ' Praeterea, alia est habitudo filii ad patrem, et uxoris ad virum, et servi ad dominum. sed timor filialis, qui est filii in comparatione ad patrem, distinguitur a timore servili, qui est servi per comparationem ad dominum. ergo etiam timor castus, qui videtur esse uxoris per comparationem ad virum, debet distingui ab omnibus istis timoribus.
ag4 ' Praeterea, sicut timor servilis timet poenam, ita timor initialis et mundanus. non ergo debuerunt ad invicem distingui isti timores.
ag5 ' Praeterea, sicut concupiscentia est boni, ita etiam timor est mali. sed alia est concupiscentia oculorum, qua quis concupiscit bona mundi; alia est concupiscentia carnis, qua quis concupiscit delectationem propriam. ergo etiam alius est timor mundanus, quo quis timet amittere bona exteriora; et alius est timor humanus, quo quis timet propriae personae detrimentum.
sc * Sed contra est auctoritas magistri, xxxiv dist. iii lib. sent..
co ' Respondeo dicendum quod de timore nunc agimus secundum quod per ipsum aliquo modo ad deum convertimur vel ab eo avertimur. cum enim obiectum timoris sit malum, quandoque homo propter mala quae timet a deo recedit, et iste dicitur timor humanus vel mundanus. quandoque autem homo per mala quae timet ad deum convertitur et ei inhaeret. quod quidem malum est duplex, scilicet malum poenae, et malum culpae. si igitur aliquis convertatur ad deum et ei inhaereat propter timorem poenae, erit timor servilis. si autem propter timorem culpae, erit timor filialis, nam filiorum est timere offensam patris. si autem propter utrumque, est timor initialis, qui est medius inter utrumque timorem. * utrum autem malum culpae possit timeri, supra habitum est, cum de passione timoris ageretur.
ra1 " Ad primum ergo dicendum quod damascenus dividit timorem secundum quod est passio animae. ' haec autem divisio timoris attenditur in ordine ad deum, * ut dictum est.
ra2 ' Ad secundum dicendum quod bonum morale praecipue consistit in conversione ad deum, malum autem morale in aversione a deo. et ideo omnes praedicti timores vel important bonum morale vel malum. sed timor naturalis praesupponitur bono et malo morali. et ideo non connumeratur inter istos timores.
ra3 ' Ad tertium dicendum quod habitudo servi ad dominum est per potestatem domini servum sibi subiicientis, sed habitudo filii ad patrem, vel uxoris ad virum, est e converso per affectum filii se subdentis patri vel uxoris se coniungentis viro unione amoris. unde timor filialis et castus ad idem pertinent, quia per caritatis amorem deus pater noster efficitur, * secundum illud rom viii, ° accepistis spiritum adoptionis filiorum, in quo clamamus, abba, pater; ' et secundum eandem caritatem dicitur etiam sponsus noster, * secundum illud ii ad cor. xi, ° despondi vos uni viro, virginem castam exhibere christo. ' timor autem servilis ad aliud pertinet, quia caritatem in sua ratione non includit.
ra4 ' Ad quartum dicendum quod praedicti tres timores respiciunt poenam sed diversimode. nam timor mundanus sive humanus respicit poenam a deo avertentem, quam quandoque inimici dei infligunt vel comminantur. sed timor servilis et initialis respiciunt poenam per quam homines attrahuntur ad deum, divinitus inflictam vel comminatam. quam quidem poenam principaliter timor servilis respicit, timor autem initialis secundario.
ra5 ' Ad quintum dicendum quod eadem ratione homo a deo avertitur propter timorem amittendi bona mundana, et propter timorem amittendi incolumitatem proprii corporis, quia bona exteriora ad corpus pertinent. et ideo uterque timor hic pro eodem computatur, quamvis mala quae timentur sint diversa, sicut et bona quae concupiscuntur. ex qua quidem diversitate provenit diversitas peccatorum secundum speciem, quibus tamen omnibus commune est a deo abducere.

009 ST3 qu19 ar3

ag1 ' Ad tertium sic proceditur. videtur quod timor mundanus non semper sit malus. ad timorem enim humanum pertinere videtur quod homines reveremur. sed quidam vituperantur de hoc quod homines non reverentur, * ut patet luc. xviii de illo iudice iniquo, ° qui nec deum timebat nec homines reverebatur. ' ergo videtur quod timor mundanus non semper sit malus.
ag2 ' Praeterea, ad timorem mundanum videntur pertinere poenae quae per potestates saeculares infliguntur. sed per huiusmodi poenas provocamur ad bene agendum, * secundum illud rom. xiii, ° vis non

timere potestatem? bonum fac, et habebis laudem ex illa. ‘ergo timor mundanus non semper est malus.
ag3 ‘ Praeterea, illud quod inest nobis naturaliter non videtur esse malum, eo quod naturalia sunt nobis a deo. sed naturale est homini ut timeat proprii corporis detrimentum et amissionem bonorum temporalium, quibus praesens vita sustentatur. ergo videtur quod timor mundanus non semper sit malus.
sc * Sed contra est quod dominus dicit, matth. x, ° nolite timere eos qui corpus occidunt, ‘ ubi timor mundanus prohibetur. nihil autem divinitus prohibetur nisi malum. ergo timor mundanus est malus.
co * Respondeo dicendum quod, sicut ex supradictis patet, ‘actus morales et habitus ex obiectis et nomen et speciem habent. proprium autem obiectum appetitivi motus est bonum finale. et ideo a proprio fine omnis motus appetitivus et specificatur et nominatur. si quis enim cupiditatem nominaret amorem laboris, quia propter cupiditatem homines laborant, non recte nominaret, non enim cupidi laborem quaerunt sicut finem, sed sicut id quod est ad finem, sicut finem autem quaerunt divitias, unde cupiditas recte nominatur desiderium vel amor divitiarum, quod est malum. et per hunc modum amor mundanus proprie dicitur quo aliquis mundo innititur tanquam fini. et sic amor mundanus semper est malus. timor autem ex amore nascitur, illud enim homo timet amittere quod amat; * ut patet per augustinum, in libro octogintatrium quaest.. ‘ et ideo timor mundanus est qui procedit ab amore mundano tanquam a mala radice. et propter hoc et ipse timor mundanus semper est malus.
ra1 ‘ Ad primum ergo dicendum quod aliquis potest revereri homines dupliciter. uno modo, inquantum est in eis aliquod divinum, puta bonum gratiae aut virtutis, vel saltem naturalis dei imaginis, et hoc modo vituperantur qui homines non reverentur. alio modo potest aliquis homines revereri inquantum deo contrariantur. et sic laudantur qui homines non reverentur, * secundum illud eccli. xlviii, de elia vel elisaeo, ° in diebus suis non pertimuit principem.
ra2 ‘ Ad secundum dicendum quod potestates saeculares, quando inferunt poenas ad retrahendum a peccato, in hoc sunt dei ministri, * secundum illud rom. xiii, ° minister enim dei est, vindex in iram ei qui male agit. ‘ et secundum hoc timere potestatem saecularem non pertinet ad timorem mundanum, sed ad timorem servilem vel initialem.
ra3 ‘ Ad tertium dicendum quod naturale est quod homo refugiat proprii corporis detrimentum, vel etiam damna temporalium rerum, sed quod homo propter ista recedat a iustitia, est contra rationem naturalem. * unde etiam philosophus dicit, in iii ethic., quod “ quaedam sunt, scilicet peccatorum opera, ad quae nullo timore aliquis debet cogi, ‘ quia peius est huiusmodi peccata committere quam poenas quascumque pati.

009 ST3 qu19 ar4

ag1 ‘ Ad quartum sic proceditur. videtur quod timor servilis non sit bonus. quia cuius usus est malus, ipsum quoque malum est. sed usus timoris servilis est malus, * quia sicut glossa dicit rom. viii, ° qui timore aliquid facit, etsi bonum sit quod facit, non tamen bene facit. ‘ergo timor servilis non est bonus.
ag2 ‘ Praeterea, illud quod ex radice peccati oritur non est bonum. sed timor servilis oritur ex radice peccati, * quia super illud iob iii, ° quare non in vulva mortuus sum? * dicit gregorius, ° cum ex peccato praesens poena metuitur, et amissa dei facies non amatur, timor ex tumore est, non ex humilitate. ‘ ergo timor servilis est malus.
ag3 ‘ Praeterea, sicuti amori caritatis opponitur amor mercenarius, ita timori casto videtur opponi timor servilis. sed amor mercenarius semper est malus. ergo et timor servilis.
sc ‘ Sed contra, nullum malum est a spiritu sancto. sed timor servilis est ex spiritu sancto, * quia super illud rom. viii, ° non accepistis spiritum servitutis etc., * dicit glossa, ° unus spiritus est qui facit duos timores, scilicet servilem et castum. ‘ ergo timor servilis non est malus.
co ‘ Respondeo dicendum quod timor servilis ex parte servilitatis habet quod sit malus. servitus enim libertati opponitur. unde, “ cum liber sit qui causa sui est, * ut dicitur in principio metaphys. ‘ servus est qui non causa sui operatur, sed quasi ab extrinseco motus. quicumque autem ex amore aliquid facit, quasi ex seipso operatur, quia ex propria inclinatione movetur ad operandum. et ideo contra rationem servilitatis est quod aliquis ex amore operetur. sic ergo timor servilis, inquantum servilis est, caritati contrariatur. si ergo servilitas esset de ratione timoris, oporteret quod timor servilis simpliciter esset malus, sicut adulterium simpliciter est malum, quia id ex quo contrariatur caritati pertinet ad adulterii speciem. sed praedicta servilitas non pertinet ad speciem timoris servilis, sicut nec informitas ad speciem fidei informis. species enim moralis habitus vel actus ex obiecto accipitur. obiectum autem timoris servilis est poena; cui accidit quod bonum cui contrariatur poena ametur tanquam finis ultimus, et per consequens poena timeatur tanquam principale malum, quod contingit in non habente caritatem; vel quod ordinetur in deum sicut in finem, et per consequens poena non timeatur tanquam principale malum, quod contingit in habente caritatem. non enim tollitur species habitus per hoc quod eius obiectum vel finis ordinatur ad ulteriorem finem. et ideo timor servilis secundum suam substantiam bonus est, |25| sed servilitas eius mala est.
ra1 “ Ad primum ergo dicendum quod verbum illud augustini intelligendum est de eo qui facit aliquid timore servili inquantum est servilis, ut scilicet non amet iustitiam, sed solum timeat poenam.
ra2 ‘ Ad secundum dicendum quod timor servilis secundum suam substantiam non oritur ex tumore. sed eius servilitas ex tumore nascitur, inquantum scilicet homo affectum suum non vult subiicere iugo iustitiae per amorem.
ra3 ‘ Ad tertium dicendum quod amor mercenarius dicitur qui deum diligit propter bona temporalia. quod secundum se caritati contrariatur. et ideo amor mercenarius semper est malus. sed timor servilis secundum suam substantiam non importat nisi timorem poenae, sive timeatur ut principale malum, sive non timeatur ut malum principale.

009 ST3 qu19 ar5

ag1 ‘ Ad quintum sic proceditur. videtur quod timor servilis sit idem in substantia cum timore filiali. ita enim videtur se habere timor filialis ad servilem sicut fides formata ad informem, quorum unum est cum peccato mortali, aliud vero non. sed eadem secundum substantiam est fides formata et informis. ergo etiam idem est secundum substantiam timor servilis et filialis.
ag2 ‘ Praeterea, habitus diversificantur secundum obiecta. sed idem est obiectum timoris servilis et filialis, quia utroque timore timetur deus. ergo idem est secundum substantiam timor servilis et timor filialis.
ag3 ‘ Praeterea, sicut homo sperat frui deo et etiam ab eo beneficia obtinere, ita etiam timet separari a deo et poenas ab eo pati. sed eadem est spes qua speramus frui deo et qua speramus alia beneficia obtinere ab eo, * ut dictum est. ‘ ergo etiam idem est timor filialis, quo timemus separationem a deo, et timor servilis, quo timemus ab eo puniri.
sc * Sed contra est quod augustinus, super prim. canonic. ioan., dicit “ esse duos timores, unum servilem, et alium filialem vel castum.
co ‘ Respondeo dicendum quod proprie obiectum timoris est malum. et quia actus et habitus distinguuntur secundum obiecta, * ut ex dictis patet, ‘ necesse est quod secundum diversitatem malorum etiam timores specie differant. differunt autem specie malum poenae, quod refugit timor servilis, et malum culpae, quod refugit timor filialis, * ut ex supradictis patet. ‘ unde manifestum est quod timor servilis et filialis non sunt idem secundum substantiam, sed differunt specie.
ra1 ‘ Ad primum ergo dicendum quod fides formata et informis non differunt secundum obiectum, utraque enim fides et credit deo et credit deum, sed differunt solum per aliquod extrinsecum, scilicet secundum praesentiam et absentiam caritatis. et ideo non differunt secundum substantiam. sed timor servilis et filialis differunt secundum obiecta. et ideo non est similis ratio.
ra2 ‘ Ad secundum dicendum quod timor servilis et timor filialis non habent eandem habitudinem ad deum, nam timor servilis respicit deum sicut principium inflictivum poenarum; timor autem filialis respicit deum non sicut principium activum culpae, sed potius sicut terminum a quo refugit separari per culpam. et ideo ex hoc obiecto quod est deus non consequuntur identitatem speciei. quia etiam motus naturales secundum habitudinem ad aliquem terminum specie diversificantur, non enim est idem motus specie qui est ab albedine et qui est ad albedinem.
ra3 ‘ Ad tertium dicendum quod spes respicit deum sicut principium tam respectu fruitionis divinae quam respectu cuiuscumque alterius beneficii. non sic autem est de timore. et ideo non est similis ratio.

009 ST3 qu19 ar6

ag1 ‘ Ad sextum sic proceditur. videtur quod timor servilis non remaneat cum caritate. * dicit enim augustinus, super prim. canonic. ioan., quod ° cum coeperit caritas habitare, pellitur timor, qui ei praeparavit locum.
ag2 ° Praeterea, caritas dei diffunditur in cordibus nostris per spiritum sanctum, qui datus est nobis, * ut dicitur rom. v. ° sed ubi spiritus domini, ibi libertas, * ut habetur ii ad cor. iii. ‘ cum ergo libertas excludat servitutem, videtur quod timor servilis expellatur caritate adveniente.
ag3 ‘ Praeterea, timor servilis ex amore sui causatur, inquantum poena diminuit proprium bonum. sed amor dei expellit amorem sui, facit enim contemnere seipsum, * ut patet ex auctoritate augustini, xiv de civ. dei, quod ° amor dei usque ad contemptum sui facit civitatem dei. ‘ ergo videtur quod veniente caritate timor servilis tollatur.
sc ‘ Sed contra est quod timor servilis est donum spiritus sancti, * ut supra dictum est. ‘ sed dona spiritus sancti non tolluntur adveniente caritate, per quam spiritus sanctus in nobis habitat. ergo veniente caritate non tollitur timor servilis.
co ‘ Respondeo dicendum quod timor servilis ex amore sui causatur, quia est timor poenae, quae est detrimentum proprii boni. unde hoc modo timor poenae potest stare cum caritate sicut et amor sui, eiusdem enim rationis est quod homo cupiat bonum suum et quod timeat eo privari. amor autem sui tripliciter se potest habere ad caritatem. uno enim modo contrariatur caritati, secundum scilicet quod aliquis in amore proprii boni finem constituit. alio vero modo in caritate includitur, secundum quod homo se propter deum et in deo diligit. tertio modo a caritate quidem distinguitur, sed caritati non contrariatur, puta cum aliquis diligit quidem seipsum secundum rationem proprii boni, ita tamen quod in hoc proprio bono non constituat finem, sicut etiam et ad proximum potest esse aliqua alia specialis dilectio praeter dilectionem caritatis, quae fundatur in deo, dum proximus diligitur vel ratione consanguinitatis vel alicuius alterius conditionis humanae, quae tamen referibilis sit ad caritatem. sic igitur et timor poenae includitur uno modo in caritate, nam separari a deo est quaedam poena, quam caritas maxime refugit. unde hoc pertinet ad timorem castum. alio autem modo contrariatur caritati, secundum quod aliquis refugit poenam contrariam bono suo naturali sicut principale malum contrarium bono quod diligitur ut finis. et sic timor poenae non est cum caritate. alio modo timor poenae distinguitur quidem secundum substantiam a timore casto, quia scilicet homo timet malum |25| poenale non ratione separationis a deo, sed inquantum est nocivum proprii boni, nec tamen in illo bono constituitur eius finis, unde nec illud malum formidatur tanquam principale malum. et talis timor poenae potest esse cum caritate. sed iste timor poenae non dicitur esse servilis nisi quando poena formidatur sicut principale malum, * ut ex dictis patet. ‘ et ideo timor inquantum servilis non manet cum caritate, sed substantia timoris servilis cum caritate manere potest, sicut amor sui manere potest cum caritate.
ra1 * Ad primum ergo dicendum quod augustinus loquitur “ de timore inquantum servilis est.
ra2 ‘ Et sic etiam procedunt aliae duae rationes.

009 ST3 qu19 ar7

ag1 ‘ Ad septimum sic proceditur. videtur quod timor non sit initium sapientiae. initium enim est aliquid rei. sed timor non est aliquid sapientiae, quia timor est in vi appetitiva, sapientia autem est in vi intellectiva. ergo videtur quod timor non sit initium sapientiae.
ag2 ‘ Praeterea, nihil est principium sui ipsius. sed timor dei ipse est sapientia, * ut dicitur iob xxviii. ‘ ergo videtur quod timor dei non sit initium sapientiae.
ag3 ‘ Praeterea, principio non est aliquid prius. sed timore est aliquid prius, quia fides praecedit timorem. ergo videtur quod timor non sit initium sapientiae.
sc * Sed contra est quod dicitur in psalm., ° initium sapientiae timor domini.
co ‘ Respondeo dicendum quod initium sapientiae potest aliquid dici dupliciter, uno modo, quia est initium ipsius sapientiae quantum ad eius essentiam; alio modo, quantum ad eius effectum. sicut initium artis secundum eius essentiam sunt principia ex quibus procedit ars, initium autem artis secundum eius effectum est unde incipit ars operari; sicut si dicamus quod principium artis aedificativae est fundamentum, quia ibi incipit aedificator operari. cum autem sapientia sit cognitio divinorum, * ut infra dicetur, ‘ aliter consideratur a nobis et aliter a philosophis. quia enim vita nostra ad divinam fruitionem ordinatur et dirigitur secundum quandam participationem divinae naturae, quae est per gratiam; sapientia secundum nos non solum consideratur ut est cognoscitiva dei, sicut apud philosophos; sed etiam ut est directiva humanae vitae, quae non solum dirigitur secundum rationes humanas, sed etiam secundum rationes divinas, * ut patet per augustinum, xii de trin.. ‘ sic igitur initium sapientiae secundum eius essentiam sunt prima principia sapientiae, quae sunt articuli fidei. et secundum hoc fides dicitur sapientiae initium. sed quantum ad effectum, initium sapientiae est unde sapientia incipit operari. et hoc modo timor est initium sapientiae. aliter tamen timor servilis, et aliter timor filialis. timor enim servilis est sicut principium extra disponens ad sapientiam, inquantum aliquis |25| timore poenae discedit a peccato, et per hoc habilitatur ad sapientiae effectum; * secundum illud eccli. i, ° timor domini expellit peccatum. ‘ timor autem castus vel filialis est initium sapientiae sicut primus sapientiae effectus. cum enim ad sapientiam pertineat quod humana vita reguletur secundum rationes divinas, hinc oportet sumere principium, ut homo deum revereatur et se ei subiiciat, sic enim consequenter in omnibus secundum deum regulabitur.
ra1 ‘ Ad primum ergo dicendum quod ratio illa ostendit quod timor non est principium sapientiae quantum ad essentiam sapientiae.
ra2 ‘ Ad secundum dicendum quod timor dei comparatur ad totam vitam humanam per sapientiam dei regulatam sicut radix ad arborem, * unde dicitur eccli. i, ° radix sapientiae est timere dominum, rami enim illius longaevi. ‘ et ideo sicut radix virtute dicitur

esse tota arbor, ita timor dei dicitur esse sapientia.
ra3 * Ad tertium dicendum quod, sicut dictum est, ' alio modo fides est principium sapientiae et alio modo timor. * unde dicitur eccli. xxv, ° timor dei initium dilectionis eius, initium autem fidei agglutinandum est ei.

009 ST3 qu19 ar8

ag1 ' Ad octavum sic proceditur. videtur quod timor initialis differat secundum substantiam a timore filiali. timor enim filialis ex dilectione causatur. sed timor initialis est principium dilectionis, * secundum illud eccli. xxv, ° timor domini initium est dilectionis. ' ergo timor initialis est alius a filiali.
ag2 ' Praeterea, timor initialis timet poenam, quae est obiectum servilis timoris, et sic videtur quod timor initialis sit idem cum servili. sed timor servilis est alius a filiali. ergo etiam timor initialis est alius secundum substantiam a filiali.
ag3 ' Praeterea, medium differt eadem ratione ab utroque extremorum. sed timor initialis est medium inter timorem servilem et timorem filialem. ergo differt et a filiali et a servili.
sc ' Sed contra est quod perfectum et imperfectum non diversificant substantiam rei. sed timor initialis et filialis differunt secundum perfectionem et imperfectionem caritatis, * ut patet per augustinum, in prim. canonic. ioan.. ' ergo timor initialis non differt secundum substantiam a filiali.
co ' Respondeo dicendum quod timor initialis dicitur ex eo quod est initium. sed cum et timor servilis et timor filialis sint aliquo modo initium sapientiae, uterque potest aliquo modo initialis dici. sed sic non accipitur initialis secundum quod distinguitur a timore servili et filiali. sed accipitur secundum quod competit statui incipientium, in quibus inchoatur quidam timor filialis per inchoationem caritatis; non tamen est in eis timor filialis perfecte, quia nondum pervenerunt ad perfectionem caritatis. et ideo timor initialis hoc modo se habet ad filialem, sicut caritas imperfecta ad perfectam. caritas autem perfecta et imperfecta non differunt secundum essentiam, sed solum secundum statum. et ideo dicendum est quod etiam timor initialis, prout hic sumitur, non differt secundum essentiam a timore filiali.
ra1 ' Ad primum ergo dicendum quod timor qui est initium dilectionis est timor servilis, " qui introducit caritatem sicut seta introducit linum, * ut augustinus dicit. ' vel, si hoc referatur ad timorem initialem, dicitur esse dilectionis initium non absolute, sed quantum ad statum caritatis perfectae.
ra2 ' Ad secundum dicendum quod timor initialis non timet poenam sicut proprium obiectum, sed inquantum habet aliquid de timore servili adiunctum. qui secundum substantiam manet quidem cum caritate, servilitate remota, sed actus eius manet quidem cum caritate imperfecta in eo qui non solum movetur ad bene agendum ex amore iustitiae, sed etiam ex timore poenae; sed iste actus cessat in eo qui habet caritatem perfectam, quae foras mittit timorem habentem poenam, * ut dicitur i ioan. iv.
ra3 ' Ad tertium dicendum quod timor initialis est medium inter timorem filialem et servilem non sicut inter ea quae sunt unius generis; "sed sicut imperfectum est medium inter ens perfectum et non ens, * ut dicitur in ii metaphys.; ' quod tamen est idem secundum substantiam cum ente perfecto, differt autem totaliter a non ente.

009 ST3 qu19 ar9

ag1 ' Ad nonum sic proceditur. videtur quod timor non sit donum spiritus sancti. nullum enim donum spiritus sancti opponitur virtuti, quae etiam est a spiritu sancto, alioquin spiritus sanctus esset sibi contrarius. sed timor opponitur spei, quae est virtus. ergo timor non est donum spiritus sancti.
ag2 ' Praeterea, virtutis theologicae proprium est quod deum habeat pro obiecto. sed timor habet deum pro obiecto, inquantum deus timetur. ergo timor non est donum, sed virtus theologica.
ag3 ' Praeterea, timor ex amore consequitur. sed amor ponitur quaedam virtus theologica. ergo etiam timor est virtus theologica, quasi ad idem pertinens.
ag4 * Praeterea, gregorius dicit, ii moral., quod " timor datur contra superbiam. ' sed superbiae opponitur virtus humilitatis. ergo etiam timor sub virtute comprehenditur.
ag5 ' Praeterea, dona sunt perfectiora virtutibus, " dantur enim in adiutorium virtutum, * ut gregorius dicit, ii moral.. ' sed spes est perfectior timore, quia spes respicit bonum, timor malum. cum ergo spes sit virtus, non debet dici quod timor sit donum.
sc * Sed contra est quod isaiae xi ' timor domini enumeratur inter septem dona spiritus sancti.
co ' Respondeo dicendum quod multiplex est timor, * ut supra dictum est. ' timor autem humanus, * ut dicit augustinus, in libro de gratia et lib. arb., ' non est donum dei, hoc enim timore petrus negavit christum, * sed ille timor de quo dictum est, ° illum timete qui potest animam et corpus mittere in gehennam. ' similiter etiam timor servilis non est numerandus inter septem dona spiritus sancti, licet sit a spiritu sancto. quia, * ut augustinus dicit, in libro de nat. et gratia, " potest habere annexam voluntatem peccandi, ' dona autem spiritus sancti non possunt esse cum voluntate peccandi, quia non sunt sine caritate, * ut dictum est. ' unde relinquitur quod timor dei qui numeratur inter septem dona spiritus sancti est timor filialis sive castus. * dictum est enim supra quod ' dona spiritus sancti sunt quaedam habituales perfectiones potentiarum animae quibus redduntur bene mobiles a spiritu sancto, sicut virtutibus moralibus potentiae appetitivae redduntur bene mobiles a ratione. ad hoc autem quod aliquid sit bene mobile ab aliquo movente, primo requiritur ut sit ei subiectum, non repugnans, quia ex repugnantia mobilis |25| ad movens impeditur motus. hoc autem facit timor filialis vel castus, inquantum per ipsum deum reveremur, et refugimus nos ipsi subducere. " et ideo timor filialis quasi primum locum tenet ascendendo inter dona spiritus sancti, ultimum autem descendendo; * sicut augustinus dicit, in libro de serm. dom. in monte.
ra1 ' Ad primum ergo dicendum quod timor filialis non contrariatur virtuti spei. non enim per timorem filialem timemus ne nobis deficiat quod speramus obtinere per auxilium divinum, sed timemus ab hoc auxilio nos subtrahere. et ideo timor filialis et spes sibi invicem cohaerent et se invicem perficiunt.
ra2 ' Ad secundum dicendum quod proprium et principale obiectum timoris est malum quod quis refugit. et per hunc modum deus non potest esse obiectum timoris, * sicut supra dictum est. ' est autem per hunc modum obiectum spei et aliarum virtutum theologicarum. quia per virtutem spei non solum innitimur divino auxilio ad adipiscendum quaecumque alia bona; sed principaliter ad adipiscendum ipsum deum, tanquam principale bonum. et idem patet in aliis virtutibus theologicis.
ra3 ' Ad tertium dicendum quod ex hoc quod amor est principium timoris non sequitur quod timor dei non sit habitus distinctus a caritate, quae est amor dei, quia amor est principium omnium affectionum, et tamen in diversis habitibus perficimur circa diversas affectiones. ideo tamen amor magis habet rationem virtutis quam timor, quia amor respicit bonum, ad quod principaliter virtus ordinatur secundum propriam rationem, * ut ex supradictis patet. ' et propter hoc etiam spes ponitur virtus. timor autem principaliter respicit malum, cuius fugam importat. unde est aliquid minus virtute theologica.
ra4 * Ad quartum dicendum quod, sicut dicitur eccli. x, ° initium superbiae hominis apostatare a deo, ' hoc est nolle subdi deo, quod opponitur timori filiali, qui deum reveretur. et sic timor excludit principium superbiae, propter quod datur contra superbiam. nec tamen sequitur quod sit idem cum virtute humilitatis, sed quod sit principium eius, dona enim spiritus sancti sunt principia virtutum intellectualium et moralium, * ut supra dictum est. ' sed virtutes theologicae sunt principia donorum, * ut supra habitum est.
ra5 ' Unde patet responsio ad quintum.

009 ST3 qu19 ar10

ag1 ' Ad decimum sic proceditur. videtur quod crescente caritate diminuatur timor. * dicit enim augustinus, super prim. canonic. ioan., ° quantum caritas crescit, tantum timor decrescit.
ag2 ' Praeterea, crescente spe diminuitur timor. sed crescente caritate crescit spes, * ut supra habitum est. ' ergo crescente caritate diminuitur timor.
ag3 ' Praeterea, amor importat unionem, timor autem separationem. sed crescente unione diminuitur separatio. ergo crescente amore caritatis diminuitur timor.
sc ' Sed contra est quod * dicit augustinus, in libro octoginta trium quaest., quod ° dei timor non solum inchoat, sed etiam perficit sapientiam, idest quae summe diligit deum et proximum tanquam seipsum.
co * Respondeo dicendum quod duplex est timor dei, sicut dictum est, ' unus quidem filialis, quo quis timet offensam ipsius vel separationem ab ipso; alius autem servilis, quo quis timet poenam. timor autem filialis necesse est quod crescat crescente caritate, sicut effectus crescit crescente causa, quanto enim aliquis magis diligit aliquem, tanto magis timet eum offendere et ab eo separari. sed timor servilis, quantum ad servilitatem, totaliter tollitur caritate adveniente, remanet tamen secundum substantiam timor poenae, * ut dictum est. ' et iste timor diminuitur caritate crescente, maxime quantum ad actum, quia quanto aliquis magis diligit deum, tanto minus timet poenam. primo quidem, quia minus attendit ad proprium bonum, cui contrariatur poena. secundo, quia firmius inhaerens magis confidit de praemio, et per consequens minus timet de poena.
ra1 ' Ad primum ergo dicendum quod * augustinus loquitur de timore poenae.
ra2 ' Ad secundum dicendum quod timor poenae est qui diminuitur crescente spe. sed ea crescente crescit timor filialis, quia quanto aliquis certius expectat alicuius boni consecutionem per auxilium alterius, tanto magis veretur eum offendere vel ab eo separari.
ra3 ' Ad tertium dicendum quod timor filialis non importat separationem sed magis subiectionem ad ipsum, separationem autem refugit a subiectione ipsius. sed quodammodo separationem importat per hoc quod non praesumit se ei adaequare, sed ei se subiicit. quae etiam separatio invenitur in caritate, inquantum diligit deum supra se et supra omnia. unde amor caritatis augmentatus reverentiam timoris non minuit, sed auget.

009 ST3 qu19 ar11

ag1 ' Ad undecimum sic proceditur. videtur quod timor non remaneat in patria. * dicitur enim prov. i, ° abundantia perfruetur, timore malorum sublato, ' quod intelligitur de homine iam sapientia perfruente in beatitudine aeterna. sed omnis timor est alicuius mali, quia malum est obiectum timoris, * ut supra dictum est. ' ergo nullus timor erit in patria.
ag2 ' Praeterea, homines in patria erunt deo conformes, * secundum illud i ioan. iii, ° cum apparuerit, similes ei erimus. ' sed deus nihil timet. ergo homines in patria non habebunt aliquem timorem.
ag3 ' Praeterea, spes est perfectior quam timor, quia spes est respectu boni, timor respectu mali. sed spes non erit in patria. ergo nec timor erit in patria.
sc * Sed contra est quod dicitur in psalm., ° timor domini sanctus permanet in saeculum.
co ' Respondeo dicendum quod timor servilis, sive timor poenae, nullo modo erit in patria, excluditur enim talis timor per securitatem aeternae beatitudinis, quae est de ipsius beatitudinis ratione, * sicut supra dictum est. ' timor autem filialis, sicut augetur augmentata caritate, ita caritate perfecta perficietur. unde non habebit in patria omnino eundem actum quem habet modo. ad cuius evidentiam sciendum est quod proprium obiectum timoris est malum possibile, sicut proprium obiectum spei est bonum possibile. et cum motus timoris sit quasi fugae, importat timor fugam mali ardui possibilis, parva enim mala timorem non inducunt. sicut autem bonum uniuscuiusque est ut in suo ordine consistat, ita malum uniuscuiusque est ut suum ordinem deserat. ordo autem creaturae rationalis est ut sit sub deo et supra ceteras creaturas. unde sicut malum creaturae rationalis est ut subdat se creaturae inferiori per amorem, ita etiam malum eius est si non deo se subiiciat, sed in ipsum praesumptuose insiliat vel contemnat. hoc autem malum creaturae rationali secundum suam naturam consideratae possibile est, propter naturalem liberi arbitrii flexibilitatem, sed in beatis fit non possibile per gloriae perfectionem. fuga igitur huius mali quod est deo non subiici, ut possibilis naturae, impossibilis autem beatitudini, erit in patria. in via autem est fuga huius mali ut omnino possibilis. |25| * et ideo gregorius dicit, xvii moral., exponens illud iob xxvi, ° columnae caeli contremiscunt et pavent ad nutum eius, ipsae, inquit, virtutes caelestium, quae hunc sine cessatione conspiciunt, in ipsa contemplatione contremiscunt. sed idem tremor, ne eis poenalis sit, non timoris est sed admirationis, " quia scilicet admirantur deum ut supra se existentem et eis incomprehensibilem. * augustinus etiam, in xiv de civ. dei, " hoc modo ponit timorem in patria, quamvis hoc sub dubio derelinquat. ° timor, inquit, ille castus permanens in saeculum saeculi, si erit in futuro saeculo non erit timor exterrens a malo quod accidere potest; sed tenens in bono quod amitti non potest. ubi enim boni adepti amor immutabilis est, profecto, si dici potest, mali cavendi timor securus est. timoris quippe casti nomine ea voluntas significata est qua nos necesse erit nolle peccare, et non sollicitudine infirmitatis ne forte peccemus, sed tranquillitate caritatis cavere peccatum. aut, si nullius omnino generis timor ibi esse poterit, ita fortasse timor in saeculum saeculi dictus est permanens, quia id permanebit quo timor ipse perducit.
ra1 ' Ad primum ergo dicendum quod in auctoritate praedicta excluditur a beatis timor sollicitudinem habens, de malo praecavens, " non autem timor securus, * ut augustinus dicit.
ra2 ' Ad secundum dicendum quod, * sicut dicit dionysius, ix cap. de div. nom., ° eadem et similia sunt deo et dissimilia, hoc quidem secundum contingentem non imitabilis imitationem, " idest inquantum secundum suum posse imitantur deum, qui non est perfecte imitabilis; ° hoc autem secundum hoc quod causata minus habent a causa, infinitis mensuris et incomparabilibus deficientia. ' unde non oportet quod, si deo non convenit timor, quia non habet superiorem cui subiiciatur, quod propter hoc non conveniat beatis, quorum beatitudo consistit in perfecta subiectione ad deum.
ra3 ' Ad tertium dicendum quod spes importat quendam defectum, scilicet futuritionem beatitudinis, quae tollitur per eius praesentiam. sed timor importat defectum naturalem creaturae, secundum quod in infinitum distat a deo, quod etiam in patria remanebit. et ideo timor non evacuabitur totaliter.

009 ST3 qu19 ar12

ag1 ' Ad duodecimum sic proceditur. videtur quod paupertas spiritus non sit beatitudo respondens dono timoris. timor enim est initium spiritualis vitae, * ut ex dictis patet. ' sed paupertas pertinet ad perfectionem vitae spiritualis, * secundum illud matth. xix, ° si vis perfectus esse, vade et vende omnia quae habes, et da pauperibus. ' ergo paupertas spiritus non respondet dono timoris.
ag2 * Praeterea, in psalm. dicitur, ° confige timore tuo carnes meas, ' ex quo videtur quod ad timorem pertineat carnem reprimere. sed ad repressionem

carnis maxime videtur pertinere beatitudo luctus. ergo beatitudo luctus magis respondet dono timoris quam beatitudo paupertatis.
ag3 ‘ Praeterea, donum timoris respondet virtuti spei, * sicut dictum est. ‘ sed spei maxime videtur respondere beatitudo ultima, quae est, ° beati pacifici, quoniam filii dei vocabuntur, * quia, ut dicitur rom. v, ° gloriamur in spe gloriae filiorum dei. ‘ ergo illa beatitudo magis respondet dono timoris quam paupertas spiritus.
ag4 * Praeterea, supra dictum est quod ‘ beatitudinibus respondent fructus. sed nihil in fructibus invenitur respondere dono timoris. ergo etiam neque in beatitudinibus aliquid ei respondet.
sc ‘ Sed contra est quod * augustinus dicit, in libro de serm. dom. in mont., ° timor dei congruit humilibus, de quibus dicitur, beati pauperes spiritu.
co ‘ Respondeo dicendum quod timori proprie respondet paupertas spiritus. cum enim ad timorem filialem pertineat deo reverentiam exhibere et ei subditum esse, id quod ex huiusmodi subiectione consequitur pertinet ad donum timoris. ex hoc autem quod aliquis deo se subiicit, desinit quaerere in seipso vel in aliquo alio magnificari nisi in deo, hoc enim repugnaret perfectae subiectioni ad deum. * unde dicitur in psalm., ° hi in curribus et hi in equis, nos autem in nomine dei nostri invocabimus. ‘ et ideo ex hoc quod aliquis perfecte timet deum, consequens est quod non quaerat magnificari in seipso per superbiam; neque etiam quaerat magnificari in exterioribus bonis, scilicet honoribus et divitiis; quorum utrumque pertinet ad paupertatem spiritus, “ secundum quod paupertas spiritus intelligi potest vel exinanitio inflati et superbi spiritus, * ut augustinus exponit; “ vel etiam abiectio temporalium rerum quae fit spiritu, idest propria voluntate per instinctum spiritus sancti, * ut ambrosius et hieronymus exponunt.
ra1 ‘ Ad primum ergo dicendum quod, cum beatitudo sit actus virtutis perfectae, omnes beatitudines ad perfectionem spiritualis vitae pertinent. in qua quidem perfectione principium esse videtur ut tendens ad perfectam spiritualium bonorum participationem terrena bona contemnat, sicut etiam timor primum locum habet in donis. non autem consistit perfectio in ipsa temporalium desertione, sed haec est via ad perfectionem. timor autem filialis, cui respondet beatitudo paupertatis, etiam est cum perfectione sapientiae, * ut supra dictum est.
ra2 ‘ Ad secundum dicendum quod directius opponitur subiectioni ad deum, quam facit timor filialis, indebita magnificatio hominis vel in seipso vel in aliis rebus quam delectatio extranea. quae tamen opponitur timori ex consequenti, quia qui deum reveretur et ei subiicitur, non delectatur in aliis a deo. sed tamen delectatio non pertinet ad rationem ardui, quam respicit timor, sicut magnificatio. et ideo directe beatitudo paupertatis respondet timori, beatitudo autem luctus ex consequenti.
ra3 ‘ Ad tertium dicendum quod spes importat motum secundum habitudinem ad terminum ad quem tenditur, sed timor importat magis motum secundum habitudinem recessus a termino. et ideo ultima beatitudo, quae est spiritualis perfectionis terminus, congrue respondet spei per modum obiecti ultimi, sed prima beatitudo, quae est per recessum a rebus exterioribus impedientibus divinam subiectionem, congrue respondet timori.
ra4 ‘ Ad quartum dicendum quod in fructibus illa quae pertinent ad moderatum usum vel abstinentiam a rebus temporalibus, videntur dono timoris convenire, sicut modestia, continentia et castitas.

009 ST3 qu20 ar

pr ‘ Deinde considerandum est de vitiis oppositis. et primo, de desperatione; secundo, de praesumptione. circa primum quaeruntur quatuor. primo, utrum desperatio sit peccatum. secundo, utrum possit esse sine infidelitate. tertio, utrum sit maximum peccatorum. quarto, utrum oriatur ex acedia.

009 ST3 qu20 ar1

ag1 ‘ Ad primum sic proceditur. videtur quod desperatio non sit peccatum. omne enim peccatum habet conversionem ad commutabile bonum cum aversione ab incommutabili bono; * ut patet per augustinum, in lib. de lib. arb.. ‘ sed desperatio non habet conversionem ad commutabile bonum. ergo non est peccatum.
ag2 ‘ Praeterea, illud quod oritur ex bona radice non videtur esse peccatum, quia ° non potest arbor bona fructus malos facere, * ut dicitur matth. vii. ‘ sed desperatio videtur procedere ex bona radice, scilicet ex timore dei, vel ex horrore magnitudinis propriorum peccatorum. ergo desperatio non est peccatum.
ag3 ‘ Praeterea, si desperatio esset peccatum, in damnatis esset peccatum quod desperant. sed hoc non imputatur eis ad culpam, sed magis ad damnationem. ergo neque viatoribus imputatur ad culpam. et ita desperatio non est peccatum.
sc ‘ Sed contra, illud per quod homines in peccata inducuntur videtur esse non solum peccatum, sed principium peccatorum. sed desperatio est huiusmodi, * dicit enim apostolus de quibusdam, ad ephes. iv, ° qui desperantes semetipsos tradiderunt impudicitiae in operationem omnis immunditiae et avaritiae. ‘ ergo desperatio non solum est peccatum, sed aliorum peccatorum principium.
co * Respondeo dicendum quod secundum philosophum, in vi ethic., “ id quod est in intellectu affirmatio vel negatio est in appetitu prosecutio et fuga, et quod est in intellectu verum vel falsum est in appetitu bonum et malum. ‘ et ideo omnis motus appetitivus conformiter se habens intellectui vero, est secundum se bonus, omnis autem motus appetitivus conformiter se habens intellectui falso, est secundum se malus et peccatum. circa deum autem vera existimatio intellectus est quod ex ipso provenit hominum salus, et venia peccatoribus datur; * secundum illud ezech. xviii, ° nolo mortem peccatoris, sed ut convertatur et vivat. ‘ falsa autem opinio est quod peccatori poenitenti veniam deneget, vel quod peccatores ad se non convertat per gratiam iustificantem. et ideo sicut motus spei, qui conformiter se habet ad existimationem veram, est laudabilis et virtuosus; ita oppositus motus desperationis, qui se habet conformiter existimationi falsae de deo, est vitiosus et peccatum.
ra1 ‘ Ad primum ergo dicendum quod in quolibet peccato mortali est quodammodo aversio a bono incommutabili et conversio ad bonum commutabile, sed aliter et aliter. nam principaliter consistunt in aversione a bono incommutabili peccata quae opponuntur virtutibus theologicis, ut odium dei, desperatio et infidelitas, quia virtutes theologicae habent deum pro obiecto, ex consequenti autem important conversionem ad bonum commutabile, inquantum anima deserens deum consequenter necesse est quod ad alia convertatur. peccata vero alia principaliter consistunt in conversione ad commutabile bonum, ex consequenti vero in aversione ab incommutabili bono, non enim qui fornicatur intendit a deo recedere, sed carnali delectatione frui, ex quo sequitur quod a deo recedat.
ra2 ‘ Ad secundum dicendum quod ex radice virtutis potest aliquid procedere dupliciter. uno modo, directe ex parte ipsius virtutis, sicut actus procedit ex habitu, et hoc modo ex virtuosa radice non potest aliquod peccatum procedere; * hoc enim sensu augustinus dicit, in libro de lib. arb., quod ° virtute nemo male utitur. ‘ alio modo procedit aliquid ex virtute indirecte sive occasionaliter. et sic nihil prohibet aliquod peccatum ex aliqua virtute procedere, sicut interdum de virtutibus aliqui superbiunt, * secundum illud augustini, ° superbia bonis operibus insidiatur ut pereant. ‘ et hoc modo ex timore dei vel ex horrore propriorum peccatorum contingit desperatio, inquantum his bonis aliquis male utitur, occasionem ab eis accipiens desperandi.
ra3 ‘ Ad tertium dicendum quod damnati non sunt in statu sperandi, propter impossibilitatem reditus ad beatitudinem. et ideo quod non sperant non imputatur eis ad culpam, sed est pars damnationis ipsorum. sicut etiam in statu viae si quis desperaret de eo quod non est natus adipisci, vel quod non est debitum adipisci, non esset peccatum, puta si medicus desperat de curatione alicuius infirmi, vel si aliquis desperat se fore divitias adepturum.

009 ST3 qu20 ar2

ag1 ‘ Ad secundum sic proceditur. videtur quod desperatio sine infidelitate esse non possit. certitudo enim spei a fide derivatur. sed manente causa non tollitur effectus. ergo non potest aliquis certitudinem spei amittere desperando nisi fide sublata.
ag2 ‘ Praeterea, praeferre culpam propriam bonitati vel misericordiae divinae est negare infinitatem divinae misericordiae vel bonitatis, quod est infidelitatis. sed qui desperat culpam suam praefert misericordiae vel bonitati divinae, * secundum illud gen. iv, ° maior est iniquitas mea quam ut veniam merear. ‘ ergo quicumque desperat est infidelis.
ag3 ‘ Praeterea, quicumque incidit in haeresim damnatam est infidelis. sed desperans videtur incidere in haeresim damnatam, * scilicet novatianorum, qui dicunt “ peccata non remitti post baptismum. ‘ ergo videtur quod quicumque desperat sit infidelis.
sc ‘ Sed contra est quod remoto posteriori non removetur prius. sed spes est posterior fide, * ut supra dictum est. ‘ ergo remota spe potest remanere fides. non ergo quicumque desperat est infidelis.
co ‘ Respondeo dicendum quod infidelitas pertinet ad intellectum, desperatio vero ad vim appetitivam. intellectus autem universalium est, sed vis appetitiva movetur ad particularia, est enim motus appetitivus ab anima ad res, quae in seipsis particulares sunt. contingit autem aliquem habentem rectam existimationem in universali circa motum appetitivum non recte se habere, corrupta eius aestimatione in particulari, “ quia necesse est quod ab aestimatione in universali ad appetitum rei particularis perveniatur mediante aestimatione particulari, * ut dicitur in iii de anima; ‘ sicut a propositione universali non infertur conclusio particularis nisi assumendo particularem. et inde est quod aliquis habens rectam fidem in universali deficit in motu appetitivo circa particulare, corrupta particulari eius aestimatione per habitum vel per passionem. sicut ille qui fornicatur, eligendo fornicationem ut bonum sibi ut nunc, habet corruptam aestimationem in particulari, cum tamen retineat universalem aestimationem veram secundum fidem, scilicet quod fornicatio sit mortale peccatum. et similiter aliquis, retinendo in universali veram aestimationem fidei, scilicet quod est remissio peccatorum in ecclesia, potest pati motum desperationis, quasi sibi in tali statu existenti non sit sperandum de venia, corrupta aestimatione eius circa particulare. et per hunc |25| modum potest esse desperatio sine infidelitate, sicut et alia peccata mortalia.
ra1 ‘ Ad primum ergo dicendum quod effectus tollitur non solum sublata causa prima, sed etiam sublata causa secunda. unde motus spei auferri potest non solum sublata universali aestimatione fidei, quae est sicut causa prima certitudinis spei; sed etiam sublata aestimatione particulari, quae est sicut secunda causa.
ra2 ‘ Ad secundum dicendum quod si quis in universali aestimaret misericordiam dei non esse infinitam, esset infidelis. hoc autem non existimat desperans, sed quod sibi in statu illo, propter aliquam particularem dispositionem, non sit de divina misericordia sperandum.
ra3 * Et similiter dicendum ad tertium quod novatiani “ in universali negant remissionem peccatorum fieri in ecclesia.

009 ST3 qu20 ar3

ag1 ‘ Ad tertium sic proceditur. videtur quod desperatio non sit maximum peccatorum. potest enim esse desperatio absque infidelitate, * sicut dictum est. ‘ sed infidelitas est maximum peccatorum, quia subruit fundamentum spiritualis aedificii. ergo desperatio non est maximum peccatorum.
ag2 ‘ Praeterea, maiori bono maius malum opponitur; * ut patet per philosophum, in viii ethic.. ‘ sed caritas est maior spe, * ut dicitur i cor. xiii. ‘ ergo odium est maius peccatum quam desperatio.
ag3 ‘ Praeterea, in peccato desperationis est solum inordinata aversio a deo. sed in aliis peccatis est non solum aversio inordinata, sed etiam inordinata conversio. ergo peccatum desperationis non est gravius, sed minus aliis.
sc ‘ Sed contra, peccatum insanabile videtur esse gravissimum, * secundum illud ierem. xxx, ° insanabilis fractura tua, pessima plaga tua. ‘ sed peccatum desperationis est insanabile, * secundum illud ierem. xv, ° plaga mea desperabilis renuit curari. ‘ ergo desperatio est gravissimum peccatum.
co ‘ Respondeo dicendum quod peccata quae opponuntur virtutibus theologicis sunt secundum suum genus aliis peccatis graviora. cum enim virtutes theologicae habeant deum pro obiecto, peccata eis opposita important directe et principaliter aversionem a deo. in quolibet autem peccato mortali principalis ratio mali et gravitas est ex hoc quod avertit a deo, si enim posset esse conversio ad bonum commutabile sine aversione a deo, quamvis esset inordinata, non esset peccatum mortale. et ideo illud quod primo et per se habet aversionem a deo est gravissimum inter peccata mortalia. virtutibus autem theologicis opponuntur infidelitas, desperatio et odium dei. inter quae odium et infidelitas, si desperationi comparentur, invenientur secundum se quidem, idest secundum rationem propriae speciei, graviora. infidelitas enim provenit ex hoc quod homo ipsam dei veritatem non credit; odium vero dei provenit ex hoc quod voluntas hominis ipsi divinae bonitati contrariatur; desperatio autem ex hoc quod homo non sperat se bonitatem dei participare. ex quo patet quod infidelitas et odium dei sunt contra deum secundum quod in se est; desperatio autem secundum quod eius bonum participatur a nobis. unde maius peccatum est, secundum se loquendo, non credere dei veritatem, vel odire deum, quam non sperare consequi gloriam ab ipso. sed si comparetur desperatio ad alia duo peccata ex parte nostra, sic desperatio est periculosior, quia per spem revocamur |25| a malis et introducimur in bona prosequenda; et ideo, sublata spe, irrefrenate homines labuntur in vitia, et a bonis laboribus retrahuntur. * unde super illud proverb. xxiv, ° si desperaveris lapsus in die angustiae, minuetur fortitudo tua, * dicit glossa, ° nihil est execrabilius desperatione, quam qui habet et in generalibus huius vitae laboribus, et, quod peius est, in fidei certamine constantiam perdit. * et isidorus dicit, in libro de summo bono, ° perpetrare flagitium aliquod mors animae est, sed desperare est descendere in infernum.
ra ‘ Et per hoc patet responsio ad obiecta.

009 ST3 qu20 ar4

ag1 ‘ Ad quartum sic proceditur. videtur quod desperatio ex acedia non oriatur. idem enim non procedit ex diversis causis. “ desperatio autem futuri saeculi procedit ex luxuria; * ut dicit gregorius, xxxi moral.. ‘ non ergo procedit ex acedia.
ag2 ‘ Praeterea, sicut spei opponitur desperatio, ita gaudio spirituali opponitur acedia. sed gaudium spirituale procedit ex spe, * secundum illud rom. xii, ° spe gaudentes. ‘ ergo acedia procedit ex desperatione, et non e converso.
ag3 ‘ Praeterea, contrariorum contrariae sunt causae. sed spes, cui opponitur desperatio, videtur procedere ex consideratione divinorum beneficiorum, et maxime ex consideratione incarnationis, * dicit e-

nim augustinus, xii de trin., ° nihil tam necessarium fuit ad erigendum spem nostram quam ut demonstraretur nobis quantum nos deus diligeret. quid vero huius rei isto indicio manifestius, quam quod dei filius naturae nostrae dignatus est inire consortium? ' ergo desperatio magis procedit ex negligentia huius considerationis quam ex acedia.
sc * Sed contra est quod gregorius, xxxi moral., " desperationem enumerat inter ea quae procedunt ex acedia.
co ' Respondeo dicendum quod, * sicut supra dictum est, ' obiectum spei est bonum arduum possibile vel per se vel per alium. dupliciter ergo potest in aliquo spes deficere de beatitudine obtinenda, uno modo, quia non reputat eam ut bonum arduum; alio modo, quia non reputat eam ut possibilem adipisci vel per se vel per alium. ad hoc autem quod bona spiritualia non sapiunt nobis quasi bona, vel non videantur nobis magna bona, praecipue perducimur per hoc quod affectus noster est infectus amore delectationum corporalium, inter quas praecipuae sunt delectationes venereae. nam ex affectu harum delectationum contingit quod homo fastidit bona spiritualia, et non sperat ea quasi quaedam bona ardua. et secundum hoc desperatio causatur ex luxuria. ad hoc autem quod aliquod bonum arduum non aestimet ut possibile sibi adipisci per se vel per alium, perducitur ex nimia deiectione; quae quando in affectu hominis dominatur, videtur ei quod nunquam possit ad aliquod bonum relevari. et quia acedia est tristitia quaedam deiectiva spiritus, ideo per hunc modum desperatio ex acedia generatur. hoc autem est proprium obiectum spei, scilicet quod sit possibile, nam bonum et arduum etiam ad alias passiones pertinent. unde specialius oritur ex acedia. potest tamen oriri ex luxuria, ratione iam dicta.
ra1 ' Unde patet responsio ad primum.
ra2 * Ad secundum dicendum quod, sicut philosophus dicit, in ii rhetor., " sicut spes facit delectationem, ita etiam homines in delectationibus existentes efficiuntur maioris spei. ' et per hunc etiam modum homines in tristitiis existentes facilius in desperationem incidunt, * secundum illud ii ad cor. ii, ° ne maiori tristitia absorbeatur qui eiusmodi est. ' sed tamen quia spei obiectum est bonum, in quod naturaliter tendit appetitus, non autem refugit ab eo naturaliter, sed solum propter aliquod impedimentum superveniens; ideo directius quidem ex spe oritur gaudium, desperatio autem e converso ex tristitia.
ra3 ' Ad tertium dicendum quod ipsa etiam negligentia considerandi divina beneficia ex acedia provenit. homo enim affectus aliqua passione praecipue illa cogitat quae ad illam pertinent passionem. unde homo in tristitiis constitutus non de facili aliqua magna et iucunda cogitat, sed solum tristia, nisi per magnum conatum se avertat a tristibus.

009 ST3 qu21 ar

pr ' Deinde considerandum est de praesumptione. et circa hoc quaeruntur quatuor. primo, quid sit obiectum praesumptionis cui innititur. secundo, utrum sit peccatum. tertio, cui opponatur. quarto, ex quo vitio oriatur.

009 ST3 qu21 ar1

ag1 ' Ad primum sic proceditur. videtur quod praesumptio quae est peccatum in spiritum sanctum non innitatur deo, sed propriae virtuti. quanto enim minor est virtus, tanto magis peccat qui ei nimis innititur. sed minor est virtus humana quam divina. ergo gravius peccat qui praesumit de virtute humana quam qui praesumit de virtute divina. sed peccatum in spiritum sanctum est gravissimum. ergo praesumptio quae ponitur species peccati in spiritum sanctum inhaeret virtuti humanae magis quam divinae.
ag2 ' Praeterea, ex peccato in spiritum sanctum alia peccata oriuntur, peccatum enim in spiritum sanctum dicitur malitia ex qua quis peccat. sed magis videntur alia peccata oriri ex praesumptione qua homo praesumit de seipso quam ex praesumptione qua homo praesumit de deo, quia amor sui est principium peccandi, * ut patet per augustinum, xiv de civ. dei. ' ergo videtur quod praesumptio quae est peccatum in spiritum sanctum maxime innitatur virtuti humanae.
ag3 ' Praeterea, peccatum contingit ex conversione inordinata ad bonum commutabile. sed praesumptio est quoddam peccatum. ergo magis contingit ex conversione ad virtutem humanam, quae est bonum commutabile, quam ex conversione ad virtutem divinam, quae est bonum incommutabile.
sc ' Sed contra est quod sicut ex desperatione aliquis contemnit divinam misericordiam, cui spes innititur, ita ex praesumptione contemnit divinam iustitiam, quae peccatores punit. sed sicut misericordia est in deo, ita etiam et iustitia est in ipso. ergo sicut desperatio est per aversionem a deo, ita praesumptio est per inordinatam conversionem ad ipsum.
co ' Respondeo dicendum quod praesumptio videtur importare quandam immoderantiam spei. spei autem obiectum est bonum arduum possibile. possibile autem est aliquid homini dupliciter, uno modo, per propriam virtutem; alio modo, non nisi per virtutem divinam. circa utramque autem spem per immoderantiam potest esse praesumptio. nam circa spem per quam aliquis de propria virtute confidit, attenditur praesumptio ex hoc quod aliquis tendit in aliquid ut sibi possibile quod suam facultatem excedit, * secundum quod dicitur iudith vi, ° praesumentes de se humilias. ' et talis praesumptio opponitur virtuti magnanimitatis, quae medium tenet in huiusmodi spe. circa spem autem qua aliquis inhaeret divinae potentiae, potest per immoderantiam esse praesumptio in hoc quod aliquis tendit in aliquod bonum ut possibile per virtutem et misericordiam divinam quod possibile non est, sicut cum aliquis sperat se veniam obtinere sine poenitentia, vel gloriam sine meritis. haec autem praesumptio est proprie species peccati in spiritum sanctum, quia scilicet per huiusmodi praesumptionem tollitur vel contemnitur adiutorium spiritus sancti per quod homo revocatur a peccato.
ra1 ' Ad primum ergo dicendum quod, * sicut supra dictum est, ' peccatum quod est contra deum secundum suum genus est gravius ceteris peccatis. unde praesumptio qua quis inordinate innititur deo gravius peccatum est quam praesumptio qua quis innititur propriae virtuti. quod enim aliquis innitatur divinae virtuti ad consequendum id quod deo non convenit, hoc est diminuere divinam virtutem. patet autem quod gravius peccat qui diminuit divinam virtutem quam qui propriam virtutem superextollit.
ra2 ' Ad secundum dicendum quod ipsa etiam praesumptio qua quis de deo inordinate praesumit amorem sui includit, quo quis proprium bonum inordinate desiderat. quod enim multum desideramus, aestimamus nobis de facili per alios posse provenire, etiam si non possit.
ra3 ' Ad tertium dicendum quod praesumptio de divina misericordia habet et conversionem ad bonum commutabile, inquantum procedit ex desiderio inordinato proprii boni; et aversionem a bono incommutabili, inquantum attribuit divinae virtuti quod ei non convenit; per hoc enim avertitur homo a veritate divina.

009 ST3 qu21 ar2

ag1 ' Ad secundum sic proceditur. videtur quod praesumptio non sit peccatum. nullum enim peccatum est ratio quod homo exaudiatur a deo. sed per praesumptionem aliqui exaudiuntur a deo, * dicitur enim iudith ix, ° exaudi me miseram deprecantem et de tua misericordia praesumentem. ' ergo praesumptio de divina misericordia non est peccatum.
ag2 ' Praeterea, praesumptio importat superexcessum spei. sed in spe quae habetur de deo non potest esse superexcessus, cum eius potentia et misericordia sint infinita. ergo videtur quod praesumptio non sit peccatum.
ag3 ' Praeterea, id quod est peccatum non excusat a peccato. sed praesumptio excusat a peccato, * dicit enim magister, xxii dist. ii lib. sent., quod " adam minus peccavit quia sub spe veniae peccavit, ' quod videtur ad praesumptionem pertinere. ergo praesumptio non est peccatum.
sc ' Sed contra est quod ponitur species peccati in spiritum sanctum.
co ' Respondeo dicendum quod, * sicut supra dictum est ' circa desperationem, omnis motus appetitivus qui conformiter se habet ad intellectum falsum est secundum se malus et peccatum. praesumptio autem est motus quidam appetitivus, quia importat quandam spem inordinatam. habet autem se conformiter intellectui falso, sicut et desperatio, sicut enim falsum est quod deus poenitentibus non indulgeat, vel quod peccantes ad poenitentiam non convertat, ita falsum est quod in peccato perseverantibus veniam concedat, et a bono opere cessantibus gloriam largiatur; cui existimationi conformiter se habet praesumptionis motus. et ideo praesumptio est peccatum. minus tamen quam desperatio, quanto magis proprium est deo misereri et parcere quam punire, propter eius infinitam bonitatem. illud enim secundum se deo convenit, hoc autem propter nostra peccata.
ra1 ' Ad primum ergo dicendum quod praesumere aliquando ponitur pro sperare, quia ipsa spes recta quae habetur de deo praesumptio videtur si mensuretur secundum conditionem humanam. non autem est praesumptio si attendatur immensitas bonitatis divinae.
ra2 ' Ad secundum dicendum quod praesumptio non importat superexcessum spei ex hoc quod aliquis nimis speret de deo, sed ex hoc quod speret de deo aliquid quod deo non convenit. quod etiam est minus sperare de eo, quia hoc est eius virtutem quodammodo diminuere, * ut dictum est.
ra3 ' Ad tertium dicendum quod peccare cum proposito perseverandi in peccato sub spe veniae ad praesumptionem pertinet. et hoc non diminuit, sed auget peccatum. peccare autem sub spe veniae quandoque percipiendae cum proposito abstinendi a peccato et poenitendi de ipso, hoc non est praesumptionis, sed hoc peccatum diminuit, quia per hoc videtur habere voluntatem minus firmatam ad peccandum.

009 ST3 qu21 ar3

ag1 ' Ad tertium sic proceditur. videtur quod praesumptio magis opponatur timori quam spei. inordinatio enim timoris opponitur recto timori. sed praesumptio videtur ad inordinationem timoris pertinere, * dicitur enim sap. xvii, ° semper praesumit saeva perturbata conscientia; * et ibidem dicitur quod timor est praesumptionis adiutorium. ' ergo praesumptio opponitur timori magis quam spei.
ag2 ' Praeterea, contraria sunt quae maxime distant. sed praesumptio magis distat a timore quam a spe, quia praesumptio importat motum ad rem, sicut et spes; timor autem motum a re. ergo praesumptio magis contrariatur timori quam spei.
ag3 ' Praeterea, praesumptio totaliter excludit timorem, non autem totaliter excludit spem, sed solum rectitudinem spei. cum ergo opposita sint quae se interimunt, videtur quod praesumptio magis opponatur timori quam spei.
sc ' Sed contra est quod duo invicem opposita vitia contrariantur uni virtuti, sicut timiditas et audacia fortitudini. sed peccatum praesumptionis contrariatur peccato desperationis, quod directe opponitur spei. ergo videtur quod etiam praesumptio directius spei opponatur.
co ' Respondeo dicendum quod, * sicut augustinus dicit, in iv contra iulian., ° omnibus virtutibus non solum sunt vitia manifesta discretione contraria, sicut prudentiae temeritas, verum etiam vicina quodammodo, nec veritate, sed quadam specie fallente similia, sicut prudentiae astutia. * et hoc etiam philosophus dicit, in ii ethic., quod " virtus maiorem convenientiam videtur habere cum uno oppositorum vitiorum quam cum alio, ' sicut temperantia cum insensibilitate et fortitudo cum audacia. praesumptio igitur manifestam oppositionem videtur habere ad timorem, praecipue servilem, qui respicit poenam ex dei iustitia provenientem, cuius remissionem praesumptio sperat. sed secundum quandam falsam similitudinem magis contrariatur spei, quia importat quandam inordinatam spem de deo. et quia directius aliqua opponuntur quae sunt unius generis quam quae sunt generum diversorum (nam contraria sunt in eodem genere), ideo directius praesumptio opponitur spei quam timori, utrumque enim respicit idem obiectum cui innititur, sed spes ordinate, praesumptio inordinate.
ra1 ' Ad primum ergo dicendum quod sicut spes abusive dicitur de malo, proprie autem de bono, ita etiam praesumptio. et secundum hunc modum inordinatio timoris praesumptio dicitur.
ra2 ' Ad secundum dicendum quod contraria sunt quae maxime distant in eodem genere. praesumptio autem et spes important motum eiusdem generis, qui potest esse vel ordinatus vel inordinatus. et ideo praesumptio directius contrariatur spei quam timori, nam spei contrariatur ratione propriae differentiae, sicut inordinatum ordinato; timori autem contrariatur ratione differentiae sui generis, scilicet motus spei.
ra3 ' Ad tertium dicendum quod quia praesumptio contrariatur timori contrarietate generis, virtuti autem spei contrarietate differentiae, ideo praesumptio excludit totaliter timorem etiam secundum genus, spem autem non excludit nisi ratione differentiae, excludendo eius ordinationem.

009 ST3 qu21 ar4

ag1 ' Ad quartum sic proceditur. videtur quod praesumptio non causetur ex inani gloria. praesumptio enim maxime videtur inniti divinae misericordiae. misericordia autem respicit miseriam, quae opponitur gloriae. ergo praesumptio non oritur ex inani gloria.
ag2 ' Praeterea, praesumptio opponitur desperationi. sed desperatio oritur ex tristitia, * ut dictum est. ' cum igitur oppositorum oppositae sint causae, videtur quod oriatur ex delectatione. et ita videtur quod oriatur ex vitiis carnalibus, quorum delectationes sunt vehementiores.
ag3 ' Praeterea, vitium praesumptionis consistit in hoc quod aliquis tendit in aliquod bonum quod non est possibile, quasi possibile. sed quod aliquis aestimet possibile quod est impossibile, provenit ex ignorantia. ergo praesumptio magis provenit ex ignorantia quam ex inani gloria.
sc * Sed contra est quod gregorius dicit, xxxi moral., quod " praesumptio novitatum est filia inanis gloriae.
co * Respondeo dicendum quod, sicut supra dictum est, ' duplex est praesumptio. una quidem quae innititur propriae virtuti, attentans scilicet aliquid ut sibi possibile quod propriam virtutem excedit. et talis praesumptio manifeste ex inani gloria procedit, ex hoc enim quod aliquis multam desiderat gloriam, sequitur quod attentet ad gloriam quaedam super vires suas. et huiusmodi praecipue sunt nova, quae maiorem admirationem habent. * et ideo signanter gregorius " praesumptionem novitatum posuit filiam inanis gloriae. ' alia vero est praesumptio quae innititur inordinate divinae misericordiae vel potentiae, per quam sperat se obtinere gloriam sine meritis et veniam sine poenitentia. et talis praesumptio videtur oriri directe ex superbia, ac si ipse tanti se aestimet quod etiam eum peccantem deus non puniat vel a gloria excludat.
ra ' Et per hoc patet responsio ad obiecta.

009 ST3 qu22 ar

pr ' Deinde considerandum est de praeceptis pertinentibus ad spem et timorem. et circa hoc quaeruntur duo. primo, de praeceptis pertinentibus ad spem. secundo, de praeceptis pertinentibus ad timorem.

009 ST3 qu22 ar1

ag1 ' Ad primum sic proceditur. videtur quod nullum praeceptum sit dandum pertinens ad virtutem spei. quod enim potest sufficienter fieri per unum, non oportet quod ad id aliquid aliud inducatur. sed ad sperandum bonum sufficienter homo inducitur ex ipsa naturali inclinatione. ergo non oportet quod ad hoc inducatur homo per legis praeceptum.

ag2 ' Praeterea, cum praecepta dentur de actibus virtutum, principalia praecepta debent dari de actibus principalium virtutum. sed inter omnes virtutes principaliores sunt tres virtutes theologicae, scilicet spes, fides et caritas. cum igitur principalia legis praecepta sint praecepta decalogi, ad quae omnia alia reducuntur, * ut supra habitum est; ' videtur quod, si de spe daretur aliquod praeceptum, quod deberet inter praecepta decalogi contineri. non autem continetur. ergo videtur quod nullum praeceptum in lege debeat dari de actu spei.

ag3 ' Praeterea, eiusdem rationis est praecipere actum virtutis et prohibere actum vitii oppositi. sed non invenitur aliquod praeceptum datum per quod prohibeatur desperatio, quae est opposita spei. ergo videtur quod nec de spe conveniat aliquod praeceptum dari.

sc * Sed contra est quod augustinus dicit, super illud ioan. xv, ° hoc est praeceptum meum, ut diligatis invicem, de fide nobis quam multa mandata sunt; quam multa de spe. ' ergo de spe convenit aliqua praecepta dari.

co ' Respondeo dicendum quod praeceptorum quae in sacra scriptura inveniuntur quaedam sunt de substantia legis; quaedam vero sunt praeambula ad legem. praeambula quidem sunt ad legem illa quibus non existentibus lex locum habere non potest. huiusmodi autem sunt praecepta de actu fidei et de actu spei, quia per actum fidei mens hominis inclinatur ut recognoscat auctorem legis talem cui se subdere debeat; per spem vero praemii homo inducitur ad observantiam praeceptorum. praecepta vero de substantia legis sunt quae homini iam subiecto et ad obediendum parato imponuntur, pertinentia ad rectitudinem vitae. et ideo huiusmodi praecepta statim in ipsa legis latione proponuntur per modum praeceptorum. spei vero et fidei praecepta non erant proponenda per modum praeceptorum, quia nisi homo iam crederet et speraret, frustra ei lex proponeretur. sed sicut praeceptum fidei proponendum fuit per modum denuntiationis vel commemorationis, * ut supra dictum est; ' ita etiam praeceptum spei in prima legis latione proponendum fuit per modum promissionis, qui enim obedientibus praemia promittit, ex hoc ipso incitat ad spem. unde omnia promissa quae in lege continentur sunt spei excitativa. sed quia, lege iam posita, pertinet ad sapientes viros ut non solum inducant homines ad observantiam praeceptorum, |25| sed etiam multo magis ad conservandum legis fundamentum; ideo post primam legis lationem in sacra scriptura multipliciter inducuntur homines ad sperandum, etiam per modum admonitionis vel praecepti, et non solum per modum promissionis, sicut in lege, * sicut patet in psalm., ° sperate in eo omnes congregationes populi, * et in multis aliis scripturae locis.

ra1 ' Ad primum ergo dicendum quod natura sufficienter inclinat ad sperandum bonum naturae humanae proportionatum. sed ad sperandum supernaturale bonum oportuit hominem induci auctoritate legis divinae, partim quidem promissis, partim autem admonitionibus vel praeceptis. et tamen ad ea etiam ad quae naturalis ratio inclinat, sicut sunt actus virtutum moralium, necessarium fuit praecepta legis divinae dari, propter maiorem firmitatem; et praecipue quia naturalis ratio hominis obtenebrata erat per concupiscentias peccati.

ra2 ' Ad secundum dicendum quod praecepta decalogi pertinent ad primam legis lationem. et ideo inter praecepta decalogi non fuit dandum praeceptum aliquod de spe, sed sufficit per aliquas promissiones positas inducere ad spem, * ut patet in primo et quarto praecepto.

ra3 ' Ad tertium dicendum quod in illis ad quorum observationem homo tenetur ex ratione debiti, sufficit praeceptum affirmativum dari de eo quod faciendum est, in quibus prohibitiones eorum quae sunt vitanda intelliguntur. sicut datur praeceptum de honoratione parentum, non autem prohibetur quod parentes dehonorentur, nisi per hoc quod dehonorantibus poena adhibetur in lege. et quia debitum est ad humanam salutem ut speret homo de deo, fuit ad hoc homo inducendus aliquo praedictorum modorum quasi affirmative, in quo intelligeretur prohibitio oppositi.

009 ST3 qu22 ar2

ag1 ' Ad secundum sic proceditur. videtur quod de timore non fuerit dandum aliquod praeceptum in lege. timor enim dei est de his quae sunt praeambula ad legem, " cum sit initium sapientiae. ' sed ea quae sunt praeambula ad legem non cadunt sub praeceptis legis. ergo de timore non est dandum aliquod praeceptum legis.

ag2 ' Praeterea, posita causa ponitur effectus. sed amor est causa timoris, " omnis enim timor ex aliquo amore procedit, * ut augustinus dicit, in libro octoginta trium quaest.. ergo, ' posito praecepto de amore, superfluum fuisset praecipere timorem.

ag3 ' Praeterea, timori aliquo modo opponitur praesumptio. sed nulla prohibitio invenitur in lege de praesumptione data. ergo videtur quod nec de timore aliquod praeceptum dari debuerit.

sc * Sed contra est quod dicitur deut. x, ° et nunc, israel, quid dominus deus tuus petit a te, nisi ut timeas dominum deum tuum? ' sed illud a nobis requirit quod nobis praecipit observandum. ergo sub praecepto cadit quod aliquis timeat deum.

co ' Respondeo dicendum quod duplex est timor, scilicet servilis et filialis. sicut autem aliquis inducitur ad observantiam praeceptorum legis per spem praemiorum, ita etiam inducitur ad legis observantiam per timorem poenarum, qui est timor servilis. et ideo sicut, * secundum praedicta, ' in ipsa legis latione non fuit praeceptum dandum de actu spei, sed ad hoc fuerunt homines inducendi per promissa; ita nec de timore qui respicit poenam fuit praeceptum dandum per modum praecepti, sed ad hoc fuerunt homines inducendi per comminationem poenarum. quod fuit factum et in ipsis praeceptis decalogi, et postmodum consequenter in secundariis legis praeceptis. sed sicut sapientes et prophetae consequenter, intendentes homines stabilire in obedientia legis, documenta tradiderunt de spe per modum admonitionis vel praecepti, ita etiam et de timore. sed timor filialis, qui reverentiam exhibet deo, est quasi quoddam genus ad dilectionem dei, et principium quoddam omnium eorum quae in dei reverentiam observantur. et ideo de timore filiali dantur praecepta in lege sicut et de dilectione, quia utrumque est praeambulum ad exteriores actus qui praecipiuntur in lege, ad quos pertinent praecepta decalogi. * et ideo in auctoritate legis inducta requiritur " ab homine timor, |25| et ut ambulet in viis dei colendo ipsum, et ut diligat ipsum.

ra1 ' Ad primum ergo dicendum quod timor filialis est quoddam praeambulum ad legem non sicut extrinsecum aliquid, sed sicut principium legis, sicut etiam dilectio. et ideo de utroque dantur praecepta, quae sunt quasi quaedam principia communia totius legis.

ra2 ' Ad secundum dicendum quod ex amore sequitur timor filialis, sicut etiam et alia bona opera quae ex caritate fiunt. et ideo sicut post praeceptum caritatis dantur praecepta de aliis actibus virtutum, ita etiam simul dantur praecepta de timore et amore caritatis. sicut etiam in scientiis demonstrativis non sufficit ponere principia prima, nisi etiam ponantur conclusiones quae ex his sequuntur vel proxime vel remote.

ra3 ' Ad tertium dicendum quod inductio ad timorem sufficit ad excludendum praesumptionem, sicut etiam inductio ad spem sufficit ad excludendum desperationem, * ut dictum est.

009 ST3 qu23 ar

pr ' Consequenter considerandum est de caritate. et primo, de ipsa caritate; secundo, de dono sapientiae ei correspondente. circa primum consideranda sunt quinque, primo, de ipsa caritate; secundo, de obiecto caritatis; tertio, de actibus eius; quarto, de vitiis oppositis; quinto, de praeceptis ad hoc pertinentibus. circa primum est duplex consideratio, prima quidem de ipsa caritate secundum se; secunda de caritate per comparationem ad subiectum. circa primum quaeruntur octo. primo, utrum caritas sit amicitia. secundo, utrum sit aliquid creatum in anima. tertio, utrum sit virtus. quarto, utrum sit virtus specialis. quinto, utrum sit una virtus. sexto, utrum sit maxima virtutum. septimo, utrum sine ea possit esse aliqua vera virtus. octavo, utrum sit forma virtutum.

009 ST3 qu23 ar1

ag1 ' Ad primum sic proceditur. videtur quod caritas non sit amicitia. ° nihil enim est ita proprium amicitiae sicut convivere amico; * ut philosophus dicit, in viii ethic.. ' sed caritas est hominis ad deum et ad angelos, quorum non est cum hominibus conversatio, * ut dicitur dan. ii. ' ergo caritas non est amicitia.

ag2 " Praeterea, amicitia non est sine reamatione, * ut dicitur in viii ethic.. ' sed caritas habetur etiam ad inimicos, * secundum illud matth. v, ° diligite inimicos vestros. ' ergo caritas non est amicitia.

ag3 " Praeterea, amicitiae tres sunt species, * secundum philosophum, in viii ethic., " scilicet amicitia delectabilis, utilis et honesti. ' sed caritas non est amicitia utilis aut delectabilis, * dicit enim hieronymus, in epist. ad paulinum, quae ponitur in principio bibliae, ° illa est vera necessitudo, et christi glutino copulata, quam non utilitas rei familiaris, non praesentia tantum corporum, non subdola et palpans adulatio, sed dei timor et divinarum scripturarum studia conciliant. ' similiter etiam non est amicitia honesti, quia caritate diligimus etiam peccatores; " amicitia vero honesti non est nisi ad virtuosos, * ut dicitur in viii ethic.. ' ergo caritas non est amicitia.

sc * Sed contra est quod ioan. xv dicitur, ° iam non dicam vos servos, sed amicos meos. ' sed hoc non dicebatur eis nisi ratione caritatis. ergo caritas est amicitia.

co * Respondeo dicendum quod, secundum philosophum, in viii ethic., ' non quilibet amor habet rationem amicitiae, sed amor qui est cum benevolentia, quando scilicet sic amamus aliquem ut ei bonum velimus. si autem rebus amatis non bonum velimus, sed ipsum eorum bonum velimus nobis, sicut dicimur amare vinum aut equum aut aliquid huiusmodi, non est amor amicitiae, sed cuiusdam concupiscentiae, ridiculum enim est dicere quod aliquis habeat amicitiam ad vinum vel ad equum. sed nec benevolentia sufficit ad rationem amicitiae, sed requiritur quaedam mutua amatio, quia amicus est amico amicus. talis autem mutua benevolentia fundatur super aliqua communicatione. cum igitur sit aliqua communicatio hominis ad deum secundum quod nobis suam beatitudinem communicat, super hac communicatione oportet aliquam amicitiam fundari. * de qua quidem communicatione dicitur i ad cor. i, ° fidelis deus, per quem vocati estis in societatem filii eius. ' amor autem super hac communicatione fundatus est caritas. unde manifestum est quod caritas amicitia quaedam est hominis ad deum.

ra1 ' Ad primum ergo dicendum quod duplex est hominis vita. una quidem exterior secundum naturam sensibilem et corporalem, et secundum hanc vitam non est nobis communicatio vel conversatio cum deo et angelis. alia autem est vita hominis spiritualis secundum mentem. et secundum hanc vitam est nobis conversatio et cum deo et cum angelis. in praesenti quidem statu imperfecte, * unde dicitur philipp. iii, ° nostra conversatio in caelis est. ' sed ista conversatio perficietur in patria, quando servi eius servient deo et videbunt faciem eius, * ut dicitur apoc. ult.. ' et ideo hic est caritas imperfecta, sed perficietur in patria.

ra2 ' Ad secundum dicendum quod amicitia se extendit ad aliquem dupliciter. uno modo, respectu sui ipsius, et sic amicitia nunquam est nisi ad amicum. alio modo se extendit ad aliquem respectu alterius personae, sicut, si aliquis habet amicitiam ad aliquem hominem, ratione eius diligit omnes ad illum hominem pertinentes, sive filios sive servos sive qualitercumque ei attinentes. et tanta potest esse dilectio amici quod propter amicum amantur hi qui ad ipsum pertinent etiam si nos offendant vel odiant. et hoc modo amicitia caritatis se extendit etiam ad inimicos, quos diligimus ex caritate in ordine ad deum, ad quem principaliter habetur amicitia caritatis.

ra3 ' Ad tertium dicendum quod amicitia honesti non habetur nisi ad virtuosum sicut ad principalem personam, sed eius intuitu diliguntur ad eum attinentes etiam si non sint virtuosi. et hoc modo caritas, quae maxime est amicitia honesti, se extendit ad peccatores, quos ex caritate diligimus propter deum.

009 ST3 qu23 ar2

ag1 ' Ad secundum sic proceditur. videtur quod caritas non sit aliquid creatum in anima. * dicit enim augustinus, in viii de trin., ° qui proximum diligit, consequens est ut ipsam dilectionem diligat. deus autem dilectio est. consequens est ergo ut praecipue deum diligat. * et in xv de trin. dicit, ° ita dictum est, deus caritas est, sicut dictum est, deus spiritus est. ' ergo caritas non est aliquid creatum in anima, sed est ipse deus.

ag2 ' Praeterea, deus est spiritualiter vita animae, sicut anima vita corporis, * secundum illud deut. xxx, ° ipse est vita tua. ' sed anima vivificat corpus per seipsam. ergo deus vivificat animam per seipsum. vivificat autem eam per caritatem, * secundum illud i ioan. iii, ° nos scimus quoniam translati sumus de morte ad vitam, quoniam diligimus fratres. ' ergo deus est ipsa caritas.

ag3 ' Praeterea, nihil creatum est infinitae virtutis, sed magis omnis creatura est vanitas. caritas autem non est vanitas, sed magis vanitati repugnat, et est infinitae virtutis, quia animam hominis ad bonum infinitum perducit. ergo caritas non est aliquid creatum in anima.

sc * Sed contra est quod augustinus dicit, in iii de doct. christ., ° caritatem voco motum animi ad fruendum deo propter ipsum. ' sed motus animi est aliquid creatum in anima. ergo et caritas est aliquid creatum in anima.

co * Respondeo dicendum quod magister perscrutatur hanc quaestionem in xvii dist. i lib. sent., et ponit quod " caritas non est aliquid creatum in anima, sed est ipse spiritus sanctus mentem inhabitans. nec est sua intentio quod iste motus dilectionis quo deum diligimus sit ipse spiritus sanctus, sed quod iste motus dilectionis est a spiritu sancto non mediante aliquo habitu, sicut a spiritu sancto sunt alii actus virtuosi mediantibus habitibus aliarum virtutum, puta habitu spei aut fidei aut alicuius alterius virtutis. et hoc dicebat propter excellentiam caritatis. ' sed si quis recte consideret, hoc magis redundat in caritatis detrimentum. non enim motus caritatis ita procedit a spiritu sancto movente humanam mentem quod humana mens sit mota tantum et nullo modo sit principium huius motus, sicut cum aliquod corpus movetur ab aliquo exteriori movente. hoc enim est contra rationem voluntarii, cuius oportet principium in ipso esse, * sicut supra dictum est. ' unde sequeretur quod diligere non esset voluntarium. quod implicat contradictionem, cum amor de sui ratione importet quod sit actus voluntatis. similiter etiam non potest dici quod sic moveat spiritus sanctus voluntatem ad actum diligendi sicut movetur instrumentum quod, etsi sit principium actus, non tamen est in ipso agere vel non agere. sic enim etiam tolleretur ratio |25| voluntarii, et excluderetur ratio meriti, * cum tamen supra habitum sit quod ' dilectio caritatis est radix merendi. sed oportet quod sic voluntas moveatur a spiritu sancto ad diligendum quod etiam ipsa sit efficiens hunc actum. nullus autem actus perfecte producitur ab aliqua potentia activa nisi sit ei connaturalis per aliquam formam quae sit principium actionis. unde deus, qui omnia movet ad debitos fines, singulis rebus indidit formas per quas inclinantur ad fines sibi praestitutos a deo, et secundum hoc disponit omnia suaviter, * ut dicitur sap. viii. ' manifestum est autem quod actus caritatis excedit naturam potentiae voluntatis. nisi ergo aliqua forma superadderetur naturali potentiae per quam inclinaretur ad dilectionis actum, secundum hoc esset actus iste imperfectior actibus naturalibus et actibus aliarum virtutum, nec esset facilis et delectabilis. quod patet esse falsum, quia nulla virtus habet tantam inclinationem ad suum actum sicut caritas, nec aliqua ita delectabiliter operatur. unde maxime necesse est quod ad actum caritatis existat in nobis aliqua habitualis forma superaddita potentiae naturali, inclinans ipsam ad caritatis actum, et faciens eam prompte et delectabiliter operari.

ra1 ' Ad primum ergo dicendum quod ipsa essentia divina caritas est, sicut et sapientia est, et sicut bonitas est. unde sicut dicimur boni bonitate quae deus est, et sapientes sapientia quae deus est, quia bonitas qua formaliter boni sumus est participatio quaedam divinae bonitatis, et sapientia qua formaliter sapientes sumus est participatio quaedam divinae sapientiae; ita etiam caritas qua formaliter diligimus proximum est quaedam participatio divinae caritatis. * hic enim modus loquendi consuetus est apud platonicos, quorum doctrinis augustinus fuit imbutus. quod quidam " non advertentes ex verbis eius sumpserunt occasionem errandi.

ra2 ' Ad secundum dicendum quod deus est vita effective et animae per caritatem et corporis per animam, sed formaliter caritas est vita animae, sicut et anima corporis. unde per hoc potest concludi quod, sicut anima immediate unitur corpori, ita caritas animae.

ra3 ' Ad tertium dicendum quod caritas operatur formaliter. efficacia autem formae est secundum virtutem agentis qui inducit formam. et ideo quod caritas non est vanitas, sed facit effectum infinitum dum coniungit animam deo iustificando ipsam, hoc demonstrat infinitatem virtutis divinae, quae est caritatis auctor.

009 ST3 qu23 ar3

ag1 ' Ad tertium sic proceditur. videtur quod caritas non sit virtus. caritas enim est amicitia quaedam. sed amicitia a philosophis non ponitur virtus, * ut in libro ethic. patet, ' neque enim connumeratur inter virtutes morales neque inter intellectuales. ergo etiam neque caritas est virtus.

ag2 " Praeterea, virtus est ultimum potentiae, * ut dicitur in i de caelo. ' sed caritas non est ultimum; sed magis gaudium et pax. ergo videtur quod caritas non sit virtus; sed magis gaudium et pax.

ag3 ' Praeterea, omnis virtus est quidam habitus accidentalis. sed caritas non est habitus accidentalis, cum sit nobilior ipsa anima; nullum autem accidens est nobilius subiecto. ergo caritas non est virtus.

sc * Sed contra est quod augustinus dicit, in libro de moribus eccles., ° caritas est virtus quae, cum nostra rectissima affectio est, coniungit nos deo, qua eum diligimus.

co ' Respondeo dicendum quod humani actus bonitatem habent secundum quod regulantur debita regula et mensura, et ideo humana virtus, quae est principium omnium bonorum actuum hominis, consistit in attingendo regulam humanorum actuum. quae quidem est duplex, * ut supra dictum est, scilicet ' humana ratio, et ipse deus. unde sicut virtus moralis definitur per hoc quod est secundum rationem rectam, * ut patet in ii ethic., ' ita etiam attingere deum constituit rationem virtutis, * sicut etiam supra dictum est de fide et spe. ' unde, cum caritas attingit deum, quia coniungit nos deo, * ut patet per auctoritatem augustini inductam; ' consequens est caritatem esse virtutem.

ra1 * Ad primum ergo dicendum quod philosophus in viii ethic. " non negat amicitiam esse virtutem, sed dicit quod est virtus vel cum virtute. ' posset enim dici quod est virtus moralis circa operationes quae sunt ad alium, sub alia tamen ratione quam iustitia. nam iustitia est circa operationes quae sunt ad alium sub ratione debiti legalis, amicitia autem sub ratione cuiusdam debiti amicabilis et moralis, vel magis sub ratione beneficii gratuiti, * ut patet per philosophum, in viii ethic.. ' potest tamen dici quod non est virtus per se ab aliis distincta. non enim habet rationem laudabilis et honesti nisi ex obiecto, secundum scilicet quod fundatur super honestate virtutum, quod patet ex hoc quod non quaelibet amicitia habet rationem laudabilis et honesti, sicut patet in amicitia delectabilis et utilis. unde amicitia virtuosa magis est aliquid consequens ad virtutes quam sit virtus. nec est simile de caritate, quae non fundatur principaliter super virtute humana, sed super bonitate divina.

ra2 ' Ad secundum dicendum quod eiusdem virtutis est diligere aliquem et gaudere de illo, nam gaudium amorem consequitur, * ut supra habitum est, cum de passionibus ageretur. ' et ideo magis ponitur virtus amor quam gaudium, quod est amoris effectus. ultimum autem quod ponitur in ratione virtutis non importat ordinem effectus, sed magis ordinem superexcessus cuiusdam, sicut centum librae excedunt sexaginta.

ra3 ' Ad tertium dicendum quod omne accidens secundum suum esse est inferius substantia, quia substantia est ens per se, accidens autem in alio. sed secundum rationem suae speciei, accidens quidem quod causatur ex principiis subiecti est indignius subiecto, sicut effectus causa. accidens autem quod causatur ex participatione alicuius superioris naturae est dignius subiecto, inquantum est similitudo superioris naturae, sicut lux diaphano. et hoc modo caritas est dignior anima, inquantum est participatio quaedam spiritus sancti.

009 ST3 qu23 ar4

ag1 ' Ad quartum sic proceditur. videtur quod caritas non sit virtus specialis. * dicit enim hieronymus, ° ut breviter omnem virtutis definitionem complectar, virtus est caritas, qua diligitur deus et proximus. * et augustinus dicit, in libro de moribus eccles., quod ° virtus est ordo amoris. ' sed nulla virtus specialis ponitur in definitione virtutis communis. ergo caritas non est specialis virtus.

ag2 ' Praeterea, illud quod se extendit ad opera omnium virtutum non potest esse specialis virtus. sed caritas se extendit ad opera omnium virtutum, * secundum illud i ad cor. xiii, ° caritas patiens est, benigna est, ' etc.. extendit etiam se ad omnia opera humana, * secundum illud i ad cor. ult., ° omnia opera vestra in caritate fiant. ' ergo caritas non est specialis virtus.

ag3 ' Praeterea, praecepta legis respondent actibus virtutum. * sed augustinus, in libro de perfect. hum. iust., dicit quod ° generalis iussio est, diliges; et generalis prohibitio, non concupisces. ' ergo caritas est generalis virtus.

sc ' Sed contra, nullum generale connumeratur speciali. sed caritas connumeratur specialibus virtutibus, scilicet fidei et spei, * secundum illud i ad cor. xiii, ° nunc autem manent fides, spes, caritas, tria haec. ' ergo caritas est virtus specialis.

co ' Respondeo dicendum quod actus et habitus specificantur per obiecta, * ut ex supradictis patet. ' proprium autem obiectum amoris est bonum, * ut supra habitum est. ' et ideo ubi est specialis ratio boni, ibi est specialis ratio amoris. bonum autem divinum, inquantum est beatitudinis obiectum, habet specialem rationem boni. et ideo amor caritatis, qui est amor huius boni, est specialis amor. unde et caritas est specialis virtus.

ra1 ' Ad primum ergo dicendum quod caritas ponitur in definitione omnis virtutis, non quia sit essentialiter omnis virtus, sed quia ab ea dependent aliqualiter omnes virtutes, * ut infra dicetur. ' sicut etiam prudentia ponitur in definitione virtutum moralium, * ut patet in ii et vi ethic., ' eo quod virtutes morales dependent a prudentia.

ra2 ' Ad secundum dicendum quod virtus vel ars ad quam pertinet finis ultimus, imperat virtutibus vel artibus ad quas pertinent alii fines secundarii, " sicut militaris imperat equestri, * ut dicitur in i ethic.. ' et ideo, quia caritas habet pro obiecto ultimum finem humanae vitae, scilicet beatitudinem aeternam, ideo extendit se ad actus totius humanae vitae per modum imperii, non quasi immediate eliciens omnes actus virtutum.

ra3 ' Ad tertium dicendum quod praeceptum de diligendo dicitur esse iussio generalis, quia ad hoc reducuntur omnia alia praecepta sicut ad finem, * secundum illud i ad tim. i, ° finis praecepti caritas est.

009 ST3 qu23 ar5

ag1 ' Ad quintum sic proceditur. videtur quod caritas non sit una virtus. habitus enim distinguuntur secundum obiecta. sed duo sunt obiecta caritatis, deus et proximus, quae in infinitum ab invicem distant. ergo caritas non est una virtus.

ag2 ' Praeterea, diversae rationes obiecti diversificant habitum, etiam si obiectum sit realiter idem, * ut ex supradictis patet. ' sed multae sunt rationes diligendi deum, quia ex singulis beneficiis eius percepti debitores sumus dilectionis ipsius. ergo caritas non est una virtus.

ag3 ' Praeterea, sub caritate includitur amicitia ad proximum. * sed philosophus, in viii ethic., ' ponit diversas amicitiae species. ergo caritas non est una virtus, sed multiplicatur in diversas species.

sc ' Sed contra, sicut obiectum fidei est deus, ita et caritatis. sed fides est una virtus, propter unitatem divinae veritatis, * secundum illud ad ephes. iv, ° una fides. ' ergo etiam caritas est una virtus, propter unitatem divinae bonitatis.

co ' Respondeo dicendum quod caritas, * sicut dictum est, ' est quaedam amicitia hominis ad deum. diversae autem amicitiarum species accipiuntur quidem uno modo secundum diversitatem finis, et secundum hoc dicuntur tres species amicitiae, scilicet amicitia utilis, delectabilis et honesti. alio modo, secundum diversitatem communicationum in quibus amicitiae fundantur, sicut alia species amicitiae est consanguineorum, et alia concivium aut peregrinantium, quarum una fundatur super communicatione naturali, aliae super communicatione civili vel peregrinationis; * ut patet per philosophum, in viii ethic.. ' neutro autem istorum modorum caritas potest dividi in plura. nam caritatis finis est unus, scilicet divina bonitas. est etiam et una communicatio beatitudinis aeternae, super quam haec amicitia fundatur. unde relinquitur quod caritas est simpliciter una virtus, non distincta in plures species.

ra1 ' Ad primum ergo dicendum quod ratio illa directe procederet si deus et proximus ex aequo essent caritatis obiecta. hoc autem non est verum, sed deus est principale obiectum caritatis, proximus autem ex caritate diligitur propter deum.

ra2 ' Ad secundum dicendum quod caritate diligitur deus propter seipsum. unde una sola ratio diligendi principaliter attenditur a caritate, scilicet divina bonitas, quae est eius substantia, * secundum illud psalm., ° confitemini domino, quoniam bonus. ' aliae autem rationes ad diligendum inducentes, vel debitum dilectionis facientes, sunt secundariae et consequentes ex prima.

ra3 ' Ad tertium dicendum quod amicitiae humanae, * de qua philosophus loquitur, ' est diversus finis et diversa communicatio. quod in caritate locum non habet, * ut dictum est. ' et ideo non est similis ratio.

009 ST3 qu23 ar6

ag1 ' Ad sextum sic proceditur. videtur quod caritas non sit excellentissima virtutum. altioris enim potentiae altior est virtus, sicut et altior operatio. sed intellectus est altior voluntate, et dirigit ipsam. ergo fides, quae est in intellectu, est excellentior caritate, quae est in voluntate.

ag2 ' Praeterea, illud per quod aliud operatur, videtur eo esse inferius, sicut minister, per quem dominus aliquid operatur, est inferior domino. ° sed fides per dilectionem operatur, * ut habetur ad gal. v. ' ergo fides est excellentior caritate.

ag3 ' Praeterea, illud quod se habet ex additione ad aliud, videtur esse perfectius. sed spes videtur se habere ex additione ad caritatem, nam caritatis obiectum est bonum, spei autem obiectum est bonum arduum. ergo spes est excellentior caritate.

sc * Sed contra est quod dicitur i ad cor. xiii, ° maior horum est caritas.

co ' Respondeo dicendum quod, cum bonum in humanis actibus attendatur secundum quod regulantur debita regula, necesse est quod virtus humana, quae est principium bonorum actuum, consistat in attingendo humanorum actuum regulam. est autem duplex regula humanorum actuum, * ut supra dictum est, ' scilicet ratio humana et deus, sed deus est prima regula, a qua etiam humana ratio regulanda est. et ideo virtutes theologicae, quae consistunt in attingendo illam regulam primam, eo quod earum obiectum est deus, excellentiores sunt virtutibus moralibus vel intellectualibus, quae consistunt in attingendo rationem humanam. propter quod oportet quod etiam inter ipsas virtutes theologicas illa sit potior quae magis deum attingit. semper autem id quod est per se magis est eo quod est per aliud. fides autem et spes attingunt quidem deum secundum quod ex ipso provenit nobis vel cognitio veri vel adeptio boni, sed caritas attingit ipsum deum ut in ipso sistat, non ut ex eo aliquid nobis proveniat. et ideo caritas est excellentior fide et spe; et per consequens omnibus aliis virtutibus. sicut etiam prudentia, quae attingit rationem secundum se, est excellentior quam aliae virtutes morales, quae attingunt rationem secundum quod ex ea medium constituitur in operationibus vel passionibus humanis.

ra1 ' Ad primum ergo dicendum quod operatio intellectus completur secundum quod intellectum est in intelligente, et ideo nobilitas operationis intellectualis attenditur secundum mensuram intellectus. operatio autem voluntatis, et cuiuslibet virtutis appetitivae, perficitur in inclinatione appetentis ad rem sicut ad terminum. ideo dignitas operationis appetitivae attenditur secundum rem quae est obiectum operationis. ea autem quae sunt infra animam nobiliori modo sunt in anima quam in seipsis, quia unumquodque est in aliquo per modum eius in quo est, * ut habetur in libro de causis, ' quae vero sunt supra animam nobiliori modo sunt in seipsis quam sint in anima. et ideo eorum quae sunt infra nos nobilior est cognitio quam dilectio, * propter quod philosophus, in x ethic., " praetulit virtutes intellectuales moralibus. ' sed eorum quae sunt supra nos, et praecipue dilectio dei, cognitioni praefertur. et ideo caritas est excellentior fide.

ra2 ' Ad secundum dicendum quod fides non operatur per dilectionem sicut per instrumentum, ut dominus per servum; sed sicut per formam propriam. et ideo ratio non sequitur.

ra3 ' Ad tertium dicendum quod idem bonum est obiectum caritatis et spei, sed caritas importat unionem ad illud bonum, spes autem distantiam quandam ab eo. et inde est quod caritas non respicit illud bonum ut arduum sicut spes, quod enim iam unitum est non habet rationem ardui. et ex hoc apparet quod caritas est perfectior spe.

009 ST3 qu23 ar7

ag1 ' Ad septimum sic proceditur. videtur quod sine caritate possit esse aliqua vera virtus. virtutis enim proprium est bonum actum producere. sed illi qui non habent caritatem faciunt aliquos bonos actus, puta dum nudum vestiunt, famelicum pascunt et similia operantur. ergo sine caritate potest esse aliqua vera virtus.
ag2 ' Praeterea, caritas non potest esse sine fide, procedit enim ex fide non ficta, * ut apostolus dicit, i tim. i. ' sed in infidelibus potest esse vera castitas, dum concupiscentias cohibent; et vera iustitia, dum recte iudicant. ergo vera virtus potest esse sine caritate.
ag3 ' Praeterea, scientia et ars quaedam virtutes sunt, * ut patet in vi ethic.. ' sed huiusmodi inveniuntur in hominibus peccatoribus non habentibus caritatem. ergo vera virtus potest esse sine caritate.
sc * Sed contra est quod apostolus dicit, i ad cor. xiii, ° si distribuero in cibos pauperum omnes facultates meas, et si tradidero corpus meum ita ut ardeam, caritatem autem non habeam, nihil mihi prodest. ' sed virtus vera multum prodest, * secundum illud sap. viii, ° sobrietatem et iustitiam docet, prudentiam et virtutem, quibus in vita nihil est utilius hominibus. ' ergo sine caritate vera virtus esse non potest.
co ' Respondeo dicendum quod virtus ordinatur ad bonum, * ut supra habitum est. ' bonum autem principaliter est finis, nam ea quae sunt ad finem non dicuntur bona nisi in ordine ad finem. sicut ergo duplex est finis, unus ultimus et alius proximus, ita etiam est duplex bonum, unum quidem ultimum, et aliud proximum et particulare. ultimum quidem et principale bonum hominis est dei fruitio, * secundum illud psalm., ° mihi adhaerere deo bonum est, ' et ad hoc ordinatur homo per caritatem. bonum autem secundarium et quasi particulare hominis potest esse duplex, unum quidem quod est vere bonum, utpote ordinabile, quantum est in se, ad principale bonum, quod est ultimus finis; aliud autem est bonum apparens et non verum, quia abducit a finali bono. sic igitur patet quod virtus vera simpliciter est illa quae ordinat ad principale bonum hominis, * sicut etiam philosophus, in vii physic., dicit quod " virtus est dispositio perfecti ad optimum. ' et sic nulla vera virtus potest esse sine caritate. sed si accipiatur virtus secundum quod est in ordine ad aliquem finem particularem, sic potest aliqua virtus dici sine caritate, inquantum ordinatur ad aliquod particulare bonum. sed si illud particulare bonum non sit verum bonum, sed apparens, virtus etiam [25] quae est in ordine ad hoc bonum non erit vera virtus, sed falsa similitudo virtutis, sicut ° non est vera virtus avarorum prudentia, qua excogitant diversa genera lucellorum; et avarorum iustitia, qua gravium damnorum metu contemnunt aliena; et avarorum temperantia, qua luxuriae, quoniam sumptuosa est, cohibent appetitum; et avarorum fortitudo, qua, ut ait horatius, per mare pauperiem fugiunt, per saxa, per ignes, * ut augustinus dicit, in iv lib. contra iulian.. ' si vero illud bonum particulare sit verum bonum, puta conservatio civitatis vel aliquid huiusmodi, erit quidem vera virtus, sed imperfecta, nisi referatur ad finale et perfectum bonum. et secundum hoc simpliciter vera virtus sine caritate esse non potest.
ra1 ' Ad primum ergo dicendum quod actus alicuius caritate carentis potest esse duplex. unus quidem secundum hoc quod caritate caret, utpote cum facit aliquid in ordine ad id per quod caret caritate. et talis actus semper est malus, * sicut augustinus dicit, in iv contra iulian., quod " actus infidelis, inquantum est infidelis, semper est peccatum; ' etiam si nudum operiat vel quidquid aliud huiusmodi faciat, ordinans ad finem suae infidelitatis. alius autem potest esse actus carentis caritate non secundum id quod caritate caret, sed secundum quod habet aliquod aliud donum dei, vel fidem vel spem, vel etiam naturae bonum, quod non totum per peccatum tollitur, * ut supra dictum est. ' et secundum hoc sine caritate potest quidem esse aliquis actus bonus ex suo genere, non tamen perfecte bonus, quia deest debita ordinatio ad ultimum finem.
ra2 ' Ad secundum dicendum quod, cum finis se habeat in agibilibus sicut principium in speculativis, sicut non potest esse simpliciter vera scientia si desit recta aestimatio de primo et indemonstrabili principio; ita non potest esse simpliciter vera iustitia aut vera castitas si desit ordinatio debita ad finem, quae est per caritatem, quantumcumque aliquis se recte circa alia habeat.
ra3 ' Ad tertium dicendum quod scientia et ars de sui ratione important ordinem ad aliquod particulare bonum, non autem ultimum finem humanae vitae, sicut virtutes morales, quae simpliciter faciunt hominem bonum, * ut supra dictum est. ' et ideo non est similis ratio.

009 ST3 qu23 ar8

ag1 ' Ad octavum sic proceditur. videtur quod caritas non sit forma virtutum. forma enim alicuius rei vel est exemplaris, vel est essentialis. sed caritas non est forma exemplaris virtutum aliarum, quia sic oporteret quod aliae virtutes essent eiusdem speciei cum ipsa. similiter etiam non est forma essentialis aliarum virtutum, quia non distingueretur ab aliis. ergo nullo modo est forma virtutum.
ag2 ' Praeterea, caritas comparatur ad alias virtutes ut radix et fundamentum, * secundum illud ephes. iii, ° in caritate radicati et fundati. ' radix autem vel fundamentum non habet rationem formae, sed magis rationem materiae, quia est prima pars in generatione. ergo caritas non est forma virtutum.
ag3 " Praeterea, forma et finis et efficiens non incidunt in idem numero, * ut patet in ii physic.. ' sed caritas dicitur finis et mater virtutum. ergo non debet dici forma virtutum.
sc * Sed contra est quod ambrosius dicit " caritatem esse formam virtutum.
co ' Respondeo dicendum quod in moralibus forma actus attenditur principaliter ex parte finis, cuius ratio est quia principium moralium actuum est voluntas, cuius obiectum et quasi forma est finis. semper autem forma actus consequitur formam agentis. unde oportet quod in moralibus id quod dat actui ordinem ad finem, det ei et formam. * manifestum est autem secundum praedicta quod ' per caritatem ordinantur actus omnium aliarum virtutum ad ultimum finem. et secundum hoc ipsa dat formam actibus omnium aliarum virtutum. et pro tanto dicitur esse forma virtutum, nam et ipsae virtutes dicuntur in ordine ad actus formatos.
ra1 ' Ad primum ergo dicendum quod caritas dicitur esse forma aliarum virtutum non quidem exemplariter aut essentialiter, sed magis effective, inquantum scilicet omnibus formam imponit secundum modum praedictum.
ra2 " Ad secundum dicendum quod caritas comparatur fundamento et radici inquantum ex ea sustentantur et nutriuntur omnes aliae virtutes, et non secundum rationem qua fundamentum et radix habent rationem causae materialis.
ra3 ' Ad tertium dicendum quod caritas dicitur finis aliarum virtutum quia omnes alias virtutes ordinat ad finem suum. et quia mater est quae in se concipit ex alio, ex hac ratione dicitur mater aliarum virtutum, quia ex appetitu finis ultimi concipit actus aliarum virtutum, imperando ipsos.

009 ST3 qu24 ar

pr ' Deinde considerandum est de caritate in comparatione ad subiectum. et circa hoc quaeruntur duodecim. primo, utrum caritas sit in voluntate tanquam in subiecto. secundo, utrum caritas causetur in homine ex actibus praecedentibus, vel ex infusione divina. tertio, utrum infundatur secundum capacitatem naturalium. quarto, utrum augeatur in habente ipsam. quinto, utrum augeatur per additionem. sexto, utrum quolibet actu augeatur. septimo, utrum augeatur in infinitum. octavo, utrum caritas viae possit esse perfecta. nono, de diversis gradibus caritatis. decimo, utrum caritas possit diminui. undecimo, utrum caritas semel habita possit amitti. duodecimo, utrum amittatur per unum actum peccati mortalis.

009 ST3 qu24 ar1

ag1 ' Ad primum sic proceditur. videtur quod voluntas non sit subiectum caritatis. caritas enim amor quidam est. sed amor, * secundum philosophum, ' est in concupiscibili. ergo et caritas est in concupiscibili, et non in voluntate.
ag2 ' Praeterea, caritas est principalissima virtutum, * ut supra dictum est. ' sed subiectum virtutis est ratio. ergo videtur quod caritas sit in ratione, et non in voluntate.
ag3 ' Praeterea, caritas se extendit ad omnes actus humanos, * secundum illud i ad cor. ult., ° omnia vestra in caritate fiant. ' sed principium humanorum actuum est liberum arbitrium. ergo videtur quod caritas maxime sit in libero arbitrio sicut in subiecto, et non in voluntate.
sc ' Sed contra est quod obiectum caritatis est bonum, quod etiam est obiectum voluntatis. ergo caritas est in voluntate sicut in subiecto.
co ' Respondeo dicendum quod, cum duplex sit appetitus, scilicet sensitivus et intellectivus, qui dicitur voluntas, * ut in primo habitum est; ' utriusque obiectum est bonum, sed diversimode. nam obiectum appetitus sensitivi est bonum per sensum apprehensum, obiectum vero appetitus intellectivi, vel voluntatis, est bonum sub communi ratione boni, prout est apprehensibile ab intellectu. caritatis autem obiectum non est aliquod bonum sensibile, sed bonum divinum, quod solo intellectu cognoscitur. et ideo caritatis subiectum non est appetitus sensitivus, sed appetitus intellectivus, idest voluntas.
ra1 ' Ad primum ergo dicendum quod concupiscibilis est pars appetitus sensitivi, non autem appetitus intellectivi, * ut in primo ostensum est. ' unde amor qui est in concupiscibili est amor sensitivi boni. ad bonum autem divinum, quod est intelligibile, concupiscibilis se extendere non potest, sed sola voluntas. et ideo concupiscibilis subiectum caritatis esse non potest.
ra2 ' Ad secundum dicendum quod voluntas etiam, * secundum philosophum, in iii de anima, ' in ratione est. et ideo per hoc quod caritas est in voluntate non est aliena a ratione. tamen ratio non est regula caritatis, sicut humanarum virtutum, sed regulatur a dei sapientia, et excedit regulam rationis humanae, * secundum illud ephes. iii, ° supereminentem scientiae caritatem christi. ' unde non est in ratione neque sicut in subiecto, sicut prudentia; neque sicut in regulante, sicut iustitia vel temperantia; sed solum per quandam affinitatem voluntatis ad rationem.
ra3 ' Ad tertium dicendum quod liberum arbitrium non est alia potentia a voluntate, * ut in primo dictum est. ' et tamen caritas non est in voluntate secundum rationem liberi arbitrii, cuius actus est eligere, ° electio enim est eorum quae sunt ad finem, voluntas autem est ipsius finis, * ut dicitur in iii ethic.. ' unde caritas, cuius obiectum est finis ultimus, magis debet dici esse in voluntate quam in libero arbitrio.

009 ST3 qu24 ar2

ag1 ' Ad secundum sic proceditur. videtur quod caritas non causetur in nobis ex infusione. illud enim quod est commune omnibus creaturis, naturaliter hominibus inest. * sed sicut dionysius dicit, in iv cap. de div. nom., ° omnibus diligibile et amabile est bonum divinum, ' quod est obiectum caritatis. ergo caritas inest nobis naturaliter, et non ex infusione.
ag2 ' Praeterea, quanto aliquid est magis diligibile, tanto facilius diligi potest. sed deus est maxime diligibilis, cum sit summe bonus. ergo facilius est ipsum diligere quam alia. sed ad alia diligenda non indigemus aliquo habitu infuso. ergo nec etiam ad diligendum deum.
ag3 * Praeterea, apostolus dicit, i ad tim. i, ° finis praecepti est caritas de corde bono et conscientia pura et fide non ficta. ' sed haec tria pertinent ad actus humanos. ergo caritas causatur in nobis ex actibus praecedentibus, et non ex infusione.
sc * Sed contra est quod apostolus dicit, rom. v, ° caritas dei diffusa est in cordibus nostris per spiritum sanctum, qui datus est nobis.
co * Respondeo dicendum quod, sicut dictum est, ' caritas est amicitia quaedam hominis ad deum fundata super communicationem beatitudinis aeternae. haec autem communicatio non est secundum bona naturalia, sed secundum dona gratuita, * quia, ut dicitur rom. vi, ° gratia dei vita aeterna. ' unde et ipsa caritas facultatem naturae excedit. quod autem excedit naturae facultatem non potest esse neque naturale neque per potentias naturales acquisitum, quia effectus naturalis non transcendit suam causam. unde caritas non potest neque naturaliter nobis inesse, neque per vires naturales est acquisita, sed per infusionem spiritus sancti, qui est amor patris et filii, cuius participatio in nobis est ipsa caritas creata, * sicut supra dictum est.
ra1 * Ad primum ergo dicendum quod dionysius loquitur " de dilectione dei quae fundatur super communicatione naturalium bonorum, et ideo naturaliter omnibus inest. ' sed caritas fundatur super quadam communicatione supernaturali. unde non est similis ratio.
ra2 ' Ad secundum dicendum quod sicut deus secundum se est maxime cognoscibilis, non tamen nobis, propter defectum nostrae cognitionis, quae dependet a rebus sensibilibus; ita etiam deus in se est maxime diligibilis inquantum est obiectum beatitudinis, sed hoc modo non est maxime diligibilis a nobis, propter inclinationem affectus nostri ad visibilia bona. unde oportet quod ad deum hoc modo maxime diligendum nostris cordibus caritas infundatur.
ra3 " Ad tertium dicendum quod cum caritas dicitur in nobis procedere ° ex corde bono et conscientia pura et fide non ficta, " hoc referendum est ad actum caritatis, qui ex praemissis excitatur. vel etiam hoc dicitur quia huiusmodi actus disponunt hominem ad recipiendum caritatis infusionem. et similiter etiam dicendum est * de eo quod augustinus dicit, quod " timor introducit caritatem, * et de hoc quod dicitur in glossa matth. i, quod ° fides generat spem, et spes caritatem.

009 ST3 qu24 ar3

ag1 ' Ad tertium sic proceditur. videtur quod caritas infundatur secundum quantitatem naturalium. * dicitur enim matth. xxv quod ° dedit unicuique secundum propriam virtutem. ' sed caritatem nulla virtus praecedit in homine nisi naturalis, quia sine caritate nulla est virtus, * ut dictum est. ' ergo secundum capacitatem virtutis naturalis infunditur homini caritas a deo.
ag2 ' Praeterea, omnium ordinatorum ad invicem secundum proportionatur primo, sicut videmus quod in rebus materialibus forma proportionatur materiae, et in donis gratuitis gloria proportionatur gratiae. sed caritas, cum sit perfectio naturae, comparatur ad capacitatem naturalem sicut secundum ad primum. ergo videtur quod caritas infundatur secundum naturalium capacitatem.
ag3 ' Praeterea, homines et angeli secundum eandem rationem caritatem participant, quia in utrisque est similis beatitudinis ratio, * ut habetur matth. xxii, et luc. xx. " sed in angelis caritas et alia dona gratuita sunt data secundum capacitatem naturalium; * ut magister dicit, iii dist. ii lib. sent.. ' ergo idem etiam

videtur esse in hominibus.
sc * Sed contra est quod dicitur ioan. iii, ° spiritus ubi vult spirat; * et i ad cor. xii, ° haec omnia operatur unus et idem spiritus, dividens singulis prout vult. ‘ ergo caritas datur non secundum capacitatem naturalium, sed secundum voluntatem spiritus sua dona distribuentis.
co ‘ Respondeo dicendum quod uniuscuiusque quantitas dependet a propria causa rei, quia universalior causa effectum maiorem producit. caritas autem, cum superexcedat proportionem naturae humanae, * ut dictum est, ‘ non dependet ex aliqua naturali virtute, sed ex sola gratia spiritus sancti eam infundentis. et ideo quantitas caritatis non dependet ex conditione naturae vel ex capacitate naturalis virtutis, sed solum ex voluntate spiritus sancti distribuentis sua dona prout vult. * unde et apostolus dicit, ad ephes. iv, ° unicuique nostrum data est gratia secundum mensuram donationis christi.
ra1 ‘ Ad primum ergo dicendum quod illa virtus secundum quam sua dona deus dat unicuique, est dispositio vel praeparatio praecedens, sive conatus gratiam accipientis. sed hanc etiam dispositionem vel conatum praevenit spiritus sanctus, movens mentem hominis vel plus vel minus secundum suam voluntatem. * unde et apostolus dicit, ad coloss. i, ° qui dignos nos fecit in partem sortis sanctorum in lumine.
ra2 ‘ Ad secundum dicendum quod forma non excedit proportionem materiae, sed sunt eiusdem generis. similiter etiam gratia et gloria ad idem genus referuntur, quia gratia nihil est aliud quam quaedam inchoatio gloriae in nobis. sed caritas et natura non pertinent ad idem genus. et ideo non est similis ratio.
ra3 ‘ Ad tertium dicendum quod angelus est naturae intellectualis, et secundum suam conditionem competit ei ut totaliter feratur in omne id in quod fertur, * ut in primo habitum est. ‘ et ideo in superioribus angelis fuit maior conatus et ad bonum in perseverantibus et ad malum in cadentibus. et ideo superiorum angelorum persistentes facti sunt meliores et cadentes facti sunt peiores aliis. sed homo est rationalis naturae, cui competit esse quandoque in potentia et quandoque in actu. et ideo non oportet quod feratur totaliter in id in quod fertur; sed eius qui habet meliora naturalia potest esse minor conatus, et e converso. et ideo non est simile.

009 ST3 qu24 ar4

ag1 ‘ Ad quartum sic proceditur. videtur quod caritas augeri non possit. nihil enim augetur nisi quantum. duplex autem est quantitas, scilicet dimensiva, et virtualis. quarum prima caritati non convenit, cum sit quaedam spiritualis perfectio. virtualis autem quantitas attenditur secundum obiecta, secundum quae caritas non crescit, quia minima caritas diligit omnia quae sunt ex caritate diligenda. ergo caritas non augetur.
ag2 ‘ Praeterea, illud quod est in termino non recipit augmentum. sed caritas est in termino, quasi maxima virtutum existens et summus amor optimi boni. ergo caritas augeri non potest.
ag3 ‘ Praeterea, augmentum quidam motus est. ergo quod augetur movetur. quod ergo augetur essentialiter movetur essentialiter. sed non movetur essentialiter nisi quod corrumpitur vel generatur. ergo caritas non potest augeri essentialiter, nisi forte de novo generetur vel corrumpatur, quod est inconveniens.
sc * Sed contra est quod augustinus dicit, super ioan., quod ° caritas meretur augeri, ut aucta mereatur et perfici.
co ‘ Respondeo dicendum quod caritas viae potest augeri. ex hoc enim dicimur esse viatores quod in deum tendimus, qui est ultimus finis nostrae beatitudinis. in hac autem via tanto magis procedimus quanto deo magis propinquamus, cui non appropinquatur passibus corporis, sed affectibus mentis. hanc autem propinquitatem facit caritas, quia per ipsam mens deo unitur. et ideo de ratione caritatis viae est ut possit augeri, si enim non posset augeri, iam cessaret viae processus. et ideo apostolus caritatem viam nominat, * dicens i ad cor. xii, ° adhuc excellentiorem viam vobis demonstro.
ra1 ‘ Ad primum ergo dicendum quod caritati non convenit quantitas dimensiva, sed solum quantitas virtualis. quae non solum attenditur secundum numerum obiectorum, ut scilicet plura vel pauciora diligantur, sed etiam secundum intensionem actus, ut magis vel minus aliquid diligatur. et hoc modo virtualis quantitas caritatis augetur.
ra2 ‘ Ad secundum dicendum quod caritas est in summo ex parte obiecti, inquantum scilicet eius obiectum est summum bonum, et ex hoc sequitur quod ipsa sit excellentior aliis virtutibus. sed non est omnis caritas in summo quantum ad intensionem actus.
ra3 * Ad tertium dicendum quod quidam dixerunt “ caritatem non augeri secundum suam essentiam, sed solum secundum radicationem in subiecto, vel secundum fervorem. ‘ sed hi propriam vocem ignoraverunt. cum enim sit accidens, eius esse est inesse, unde nihil est aliud ipsam secundum essentiam augeri quam eam magis inesse subiecto, quod est eam magis radicari in subiecto. similiter etiam ipsa essentialiter est virtus ordinata ad actum, unde idem est ipsam augeri secundum essentiam et ipsam habere efficaciam ad producendum ferventioris dilectionis actum. augetur ergo essentialiter non quidem ita quod esse incipiat vel esse desinat in subiecto, sicut obiectio procedit, sed ita quod magis in subiecto esse incipiat.

009 ST3 qu24 ar5

ag1 ‘ Ad quintum sic proceditur. videtur quod caritas augeatur per additionem. sicut enim est augmentum secundum quantitatem corporalem, ita secundum quantitatem virtualem. sed augmentum quantitatis corporalis fit per additionem, * dicit enim philosophus, in i de gen., quod ° augmentum est praeexistenti magnitudini additamentum. ‘ ergo etiam augmentum caritatis, quod est secundum virtualem quantitatem, erit per additionem.
ag2 ‘ Praeterea, caritas in anima est quoddam spirituale lumen, * secundum illud i ioan. ii, ° qui diligit fratrem suum in lumine manet. ‘ sed lumen crescit in aere per additionem, sicut in domo lumen crescit alia candela superaccensa. ergo etiam caritas crescit in anima per additionem.
ag3 ‘ Praeterea, augere caritatem ad deum pertinet, sicut et ipsam creare, * secundum illud ii ad cor. ix, ° augebit incrementa frugum iustitiae vestrae. ‘ sed deus primo infundendo caritatem aliquid facit in anima quod ibi prius non erat. ergo etiam augendo caritatem aliquid ibi facit quod prius non erat. ergo caritas augetur per additionem.
sc ‘ Sed contra est quod caritas est forma simplex. simplex autem simplici additum non facit aliquid maius, * ut probatur in vi physic.. ‘ ergo caritas non augetur per additionem.
co ‘ Respondeo dicendum quod omnis additio est alicuius ad aliquid. unde in omni additione oportet saltem praeintelligere distinctionem eorum quorum unum additur alteri, ante ipsam additionem. si igitur caritas addatur caritati, oportet praesupponi caritatem additam ut distinctam a caritate cui additur, non quidem ex necessitate secundum esse, sed saltem secundum intellectum. posset enim deus etiam quantitatem corporalem augere addendo aliquam magnitudinem non prius existentem, sed tunc creatam, quae quamvis prius non fuerit in rerum natura, habet tamen in se unde eius distinctio intelligi possit a quantitate cui additur. si igitur caritas addatur caritati, oportet praesupponere, ad minus secundum intellectum, distinctionem unius caritatis ab alia. distinctio autem in formis est duplex, una quidem secundum speciem; alia autem secundum numerum. distinctio quidem secundum speciem in habitibus est secundum diversitatem obiectorum, distinctio vero secundum numerum est secundum diversitatem subiecti. potest igitur contingere quod aliquis habitus per additionem augeatur dum extenditur ad quaedam obiecta ad quae prius se non extendebat, et sic augetur scientia geometriae in eo qui de novo incipit scire aliqua geometricalia quae prius nesciebat. hoc autem non potest dici de caritate, quia etiam minima caritas se extendit ad omnia illa quae sunt ex caritate diligenda. non ergo talis additio in augmento caritatis potest intelligi praesupposita distinctione secundum speciem caritatis additae ad eam cui superadditur. relinquitur ergo, si fiat additio caritatis ad caritatem, quod hoc fit praesupposita distinctione secundum numerum, quae est secundum diversitatem subiectorum, sicut albedo augetur per hoc quod album additur albo, quamvis hoc augmento non fiat aliquid magis album. sed hoc in proposito dici non potest. quia subiectum caritatis non est nisi mens rationalis, unde tale caritatis augmentum fieri non posset nisi per hoc quod una mens rationalis alteri adderetur, quod est impossibile. quamvis etiam si esset possibile tale augmentum, faceret maiorem diligentem, non autem magis diligentem. relinquitur ergo quod nullo modo caritas augeri potest per additionem caritatis ad caritatem, sicut quidam ponunt. sic ergo caritas augetur solum per hoc quod subiectum magis ac magis participat caritatem, idest secundum quod magis reducitur in actum illius et magis subditur illi. hic enim est modus augmenti proprius cuiuslibet formae quae intenditur, eo quod esse huiusmodi formae totaliter consistit in eo quod inhaeret susceptibili. et ideo, cum magnitudo rei consequitur esse ipsius, formam esse maiorem hoc est eam magis inesse susceptibili, non autem aliam formam advenire. hoc enim esset si forma haberet aliquam quantitatem ex seipsa, non per comparationem ad subiectum. sic igitur et caritas augetur per hoc quod intenditur in subiecto, et hoc est ipsam augeri secundum essentiam, non autem per hoc quod caritas addatur caritati.
ra1 ‘ Ad primum ergo dicendum quod quantitas corporalis habet aliquid inquantum est quantitas; et aliquid inquantum est forma accidentalis. inquantum est quantitas, habet quod sit distinguibilis secundum situm vel secundum numerum. et ideo hoc modo consideratur augmentum magnitudinis per additionem; ut patet in animalibus. inquantum vero est forma accidentalis, est distinguibilis solum secundum subiectum. et secundum hoc habet proprium augmentum, sicut et aliae formae accidentales, per modum intensionis eius in subiecto, sicut patet in his quae rarefiunt, * ut probat philosophus, in iv physic.. ‘ et similiter etiam scientia habet quantitatem, inquantum est habitus, ex parte obiectorum. et sic augetur per additionem, inquantum aliquis plura cognoscit. habet etiam quantitatem, inquantum est quaedam forma accidentalis, ex eo quod inest subiecto. et secundum hoc augetur in eo qui certius eadem scibilia cognoscit nunc quam prius. similiter etiam et caritas habet duplicem quantitatem. sed secundum eam quae est ex parte obiecti, non augetur, * ut dictum est. ‘ unde relinquitur quod per solam intensionem augeatur.
ra2 ‘ Ad secundum dicendum quod additio luminis ad lumen potest intelligi in aere propter diversitatem luminarium causantium lumen. sed talis distinctio non habet locum in proposito, quia non est nisi unum luminare influens lumen caritatis.
ra3 ‘ Ad tertium dicendum quod infusio caritatis importat quandam mutationem secundum habere caritatem et non habere, et ideo oportet quod aliquid adveniat quod prius non infuit. sed augmentatio caritatis importat mutationem secundum minus aut magis habere. et ideo non oportet quod aliquid insit quod prius non infuerit, sed quod magis insit quod prius minus inerat. et hoc est quod facit deus caritatem augendo, scilicet quod magis insit, et quod perfectius similitudo spiritus sancti participetur in anima.

009 ST3 qu24 ar6

ag1 ‘ Ad sextum sic proceditur. videtur quod quolibet actu caritatis caritas augeatur. quod enim potest id quod maius est, potest id quod minus est. sed quilibet actus caritatis meretur vitam aeternam, quae maius est quam simplex caritatis augmentum, quia vita aeterna includit caritatis perfectionem. ergo multo magis quilibet actus caritatis caritatem auget.
ag2 ‘ Praeterea, sicut habitus virtutum acquisitarum generatur ex actibus, ita etiam augmentum caritatis causatur per actus caritatis. sed quilibet actus virtuosus operatur ad virtutis generationem. ergo etiam quilibet actus caritatis operatur ad caritatis augmentum.
ag3 * Praeterea, gregorius dicit quod “ in via dei stare retrocedere est. ‘ sed nullus, dum movetur actu caritatis, retrocedit. ergo quicumque movetur actu caritatis, procedit in via dei. ergo quolibet actu caritatis caritas augetur.
sc ‘ Sed contra est quod effectus non excedit virtutem causae. sed quandoque aliquis actus caritatis cum aliquo tepore vel remissione emittitur. non ergo perducit ad excellentiorem caritatem, sed magis disponit ad minorem.
co ‘ Respondeo dicendum quod augmentum spirituale caritatis quodammodo simile est augmento corporali. augmentum autem corporale in animalibus et plantis non est motus continuus, ita scilicet quod, si aliquid tantum augetur in tanto tempore, necesse sit quod proportionaliter in qualibet parte illius temporis aliquid augeatur, sicut contingit in motu locali, sed per aliquod tempus natura operatur disponens ad augmentum et nihil augens actu, et postmodum producit in effectum id ad quod disposuerat, augendo animal vel plantam in actu. ita etiam non quolibet actu caritatis caritas actu augetur, sed quilibet actus caritatis disponit ad caritatis augmentum, inquantum ex uno actu caritatis homo redditur promptior iterum ad agendum secundum caritatem; et, habilitate crescente, homo prorumpit in actum ferventiorem dilectionis, quo conetur ad caritatis profectum; et tunc caritas augetur in actu.
ra1 ‘ Ad primum ergo dicendum quod quilibet actus caritatis meretur vitam aeternam, non quidem statim exhibendam, sed suo tempore. similiter etiam quilibet actus caritatis meretur caritatis augmentum, non tamen statim augetur, sed quando aliquis conatur ad huiusmodi augmentum.
ra2 ‘ Ad secundum dicendum quod etiam in generatione virtutis acquisitae non quilibet actus complet generationem virtutis, sed quilibet operatur ad eam ut disponens, et ultimus, qui est perfectior, agens in virtute omnium praecedentium, reducit eam in actum. sicut etiam est in multis guttis cavantibus lapidem.
ra3 ‘ Ad tertium dicendum quod in via dei procedit aliquis non solum dum actu caritas eius augetur, sed etiam dum disponitur ad augmentum.

009 ST3 qu24 ar7

ag1 ‘ Ad septimum sic proceditur. videtur quod caritas non augeatur in infinitum. “ omnis enim motus est ad aliquem finem et terminum, * ut dicitur in ii metaphys.. ‘ sed augmentum caritatis est quidam motus. ergo tendit ad aliquem finem et terminum. non ergo caritas in infinitum augetur.
ag2 ‘ Praeterea, nulla forma excedit capacitatem sui subiecti. sed capacitas creaturae rationalis, quae est subiectum caritatis, est finita. ergo caritas in infinitum augeri non potest.
ag3 ‘ Praeterea, omne finitum per continuum augmentum potest pertingere ad quantitatem alterius finiti quantumcumque maioris, nisi forte id quod accrescit per augmentum semper sit minus et minus; * sicut philosophus dicit, in iii physic., quod “ si uni lineae addatur quod subtrahitur ab alia linea quae in infinitum dividitur, in infinitum additione facta, nunquam pertingetur ad quandam determinatam

quantitatem quae est composita ex duabus lineis, scilicet divisa et ea cui additur quod ex alia subtrahitur. ‘quod in proposito non contingit, non enim necesse est ut secundum caritatis augmentum sit minus quam prius; sed magis probabile est quod sit aequale aut maius. cum ergo caritas patriae sit quiddam finitum, si caritas viae in infinitum augeri potest, sequitur quod caritas viae possit adaequare caritatem patriae, quod est inconveniens. non ergo caritas viae in infinitum potest augeri.
sc * Sed contra est quod apostolus dicit, ad philipp. iii. ° non quod iam acceperim, aut iam perfectus sim, sequor autem si quo modo comprehendam. * ubi dicit glossa, ° nemo fidelium, etsi multum profecerit, dicat, sufficit mihi. qui enim hoc dicit, exit de via ante finem. ‘ergo semper in via caritas potest magis ac magis augeri.
co ‘ Respondeo dicendum quod terminus augmento alicuius formae potest praefigi tripliciter. uno modo, ex ratione ipsius formae, quae habet terminatam mensuram, ad quam cum perventum fuerit, non potest ultra procedi in forma, sed si ultra processum fuerit, pervenietur ad aliam formam, sicut patet in pallore, cuius terminos per continuam alterationem aliquis transit, vel ad albedinem vel ad nigredinem perveniens. alio modo, ex parte agentis, cuius virtus non se extendit ad ulterius augendum formam in subiecto. tertio, ex parte subiecti, quod non est capax amplioris perfectionis. nullo autem istorum modorum imponitur terminus augmento caritatis in statu viae. ipsa enim caritas secundum rationem propriae speciei terminum augmenti non habet, est enim participatio quaedam infinitae caritatis, quae est spiritus sanctus. similiter etiam causa augens caritatem est infinitae virtutis, scilicet deus. similiter etiam ex parte subiecti terminus huic augmento praefigi non potest, quia semper, caritate excrescente, superexcrescit habilitas ad ulterius augmentum. unde relinquitur quod caritatis augmento nullus terminus praefigi possit in hac vita.
ra1 ‘ Ad primum ergo dicendum quod augmentum caritatis est ad aliquem finem, sed ille finis non est in hac vita, sed in futura.
ra2 ‘ Ad secundum dicendum quod capacitas creaturae spiritualis per caritatem augetur, quia per ipsam cor dilatatur, * secundum illud ii ad cor. vi, ° cor nostrum dilatatum est. ‘ et ideo adhuc ulterius manet habilitas ad maius augmentum.
ra3 ‘ Ad tertium dicendum quod ratio illa procedit in his quae habent quantitatem eiusdem rationis, non autem in his quae habent diversam rationem quantitatis; sicut linea, quantumcumque crescat, non attingit quantitatem superficiei. non est autem eadem ratio quantitatis caritatis viae, quae sequitur cognitionem fidei, et caritatis patriae, quae sequitur visionem apertam. unde ratio non sequitur.

009 ST3 qu24 ar8

ag1 ‘ Ad octavum sic proceditur. videtur quod caritas in hac vita non possit esse perfecta. maxime enim haec perfectio in apostolis fuisset. sed in eis non fuit, * dicit enim apostolus, ad philipp. iii, ° non quod iam conprehenderim aut perfectus sim. ‘ ergo caritas in hac vita perfecta esse non potest.
ag2 * Praeterea, augustinus dicit, in libro octoginta trium quaest., quod ° nutrimentum caritatis est diminutio cupiditatis; perfectio, nulla cupiditas. ‘sed hoc non potest esse in hac vita, in qua sine peccato vivere non possumus, * secundum illud i ioan. i, ° si dixerimus quia peccatum non habemus, nos ipsos seducimus, ‘ omne autem peccatum ex aliqua inordinata cupiditate procedit. ergo in hac vita caritas perfecta esse non potest.
ag3 ‘ Praeterea, illud quod iam perfectum est non habet ulterius crescere. sed caritas in hac vita semper potest augeri, * ut dictum est. ‘ ergo caritas in hac vita non potest esse perfecta.
sc * Sed contra est quod augustinus dicit, super prim. canonic. ioan., ° caritas cum fuerit roborata, perficitur, cum ad perfectionem pervenerit, dicit, cupio dissolvi et esse cum christo. ‘ sed hoc possibile est in hac vita, sicut in paulo fuit. ergo caritas in hac vita potest esse perfecta.
co ‘ Respondeo dicendum quod perfectio caritatis potest intelligi dupliciter, uno modo, ex parte diligibilis; alio modo, ex parte diligentis. ex parte quidem diligibilis perfecta est caritas ut diligatur aliquid quantum diligibile est. deus autem tantum diligibilis est quantum bonus est. bonitas autem eius est infinita. unde infinite diligibilis est. nulla autem creatura potest eum diligere infinite, cum qualibet virtus creata sit finita. unde per hunc modum nullius creaturae caritas potest esse perfecta, sed solum caritas dei, qua seipsum diligit. ex parte vero diligentis caritas dicitur perfecta quando aliquis secundum totum suum posse diligit. quod quidem contingit tripliciter. uno modo, sic quod totum cor hominis actualiter semper feratur in deum. et haec est perfectio caritatis patriae, quae non est possibilis in hac vita, in qua impossibile est, propter humanae vitae infirmitatem, semper actu cogitare de deo et moveri dilectione ad ipsum. alio modo, ut homo studium suum deputet ad vacandum deo et rebus divinis, praetermissis aliis nisi quantum necessitas praesentis vitae requirit. et ista est perfectio caritatis quae est possibilis in via, non tamen est communis omnibus caritatem habentibus. tertio modo, ita quod habitualiter aliquis totum cor suum ponat in deo, ita scilicet quod nihil cogitet vel velit quod sit divinae dilectioni contrarium. et haec perfectio est |25| communis omnibus caritatem habentibus.
ra1 “ Ad primum ergo dicendum quod apostolus negat de se perfectionem patriae. * unde glossa ibi dicit quod ° perfectus erat viator, sed nondum ipsius itineris perfectione perventor.
ra2 ‘ Ad secundum dicendum quod hoc dicitur propter peccata venialia. quae non contrariantur habitui caritatis, sed actui, et ita non repugnant perfectioni viae, sed perfectioni patriae.
ra3 ‘ Ad tertium dicendum quod perfectio viae non est perfectio simpliciter. et ideo semper habet quo crescat.

009 ST3 qu24 ar9

ag1 ‘ Ad nonum sic proceditur. videtur quod inconvenienter distinguantur tres gradus caritatis, scilicet caritas incipiens, proficiens et perfecta. inter principium enim caritatis et eius ultimam perfectionem sunt multi gradus medii. non ergo unum solum medium debuit poni.
ag2 ‘ Praeterea, statim cum caritas incipit esse, incipit etiam proficere non ergo debet distingui caritas proficiens a caritate incipiente.
ag3 ‘ Praeterea, quantumcumque aliquis habeat in hoc mundo caritatem perfectam, potest etiam eius caritas augeri, * ut dictum est. ‘ sed caritatem augeri est ipsam proficere. ergo caritas perfecta non debet distingui a caritate proficiente. inconvenienter igitur praedicti tres gradus caritatis assignantur.
sc * Sed contra est quod augustinus dicit, super prim. canonic. ioan., ° caritas cum fuerit nata, nutritur, “ quod pertinet ad incipientes; ° cum fuerit nutrita, roboratur, “ quod pertinet ad proficientes; ° cum fuerit roborata, perficitur, “ quod pertinet ad perfectos. ‘ ergo est triplex gradus caritatis.
co ‘ Respondeo dicendum quod spirituale augmentum caritatis considerari potest quantum ad aliquid simile corporali hominis augmento. quod quidem quamvis in plurimas partes distingui possit, habet tamen aliquas determinatas distinctiones secundum determinatas actiones vel studia ad quae homo perducitur per augmentum, sicut infantilis aetas dicitur antequam habeat usum rationis; postea autem distinguitur alius status hominis quando iam incipit loqui et ratione uti; iterum tertius status eius est pubertatis, quando iam incipit posse generare; et sic inde quousque perveniatur ad perfectum. ita etiam et diversi gradus caritatis distinguuntur secundum diversa studia ad quae homo perducitur per caritatis augmentum. nam primo quidem incumbit homini studium principale ad recedendum a peccato et resistendum concupiscentiis eius, quae in contrarium caritatis movent. et hoc pertinet ad incipientes, in quibus caritas est nutrienda vel fovenda ne corrumpatur. secundum autem studium succedit, ut homo principaliter intendat ad hoc quod in bono proficiat. et hoc studium pertinet ad proficientes, qui ad hoc principaliter intendunt ut in eis caritas per augmentum roboretur. tertium autem studium est ut homo ad hoc principaliter intendat ut deo inhaereat et eo fruatur. et hoc pertinet ad perfectos, “ qui cupiunt dissolvi et esse cum christo. |25| ‘ sicut etiam videmus in motu corporali quod primum est recessus a termino; secundum autem est appropinquatio ad alium terminum; tertium autem quies in termino.
ra1 ‘ Ad primum ergo dicendum quod omnis illa determinata distinctio quae potest accipi in augmento caritatis, comprehenditur sub istis tribus quae dicta sunt. “ sicut etiam omnis divisio continuorum comprehenditur sub tribus his, principio, medio et fine; * ut philosophus dicit, in i de caelo.
ra2 ‘ Ad secundum dicendum quod illis in quibus caritas incipit, quamvis proficiant, principalior tamen cura imminet ut resistant peccatis, quorum impugnatione inquietantur. sed postea, hanc impugnationem minus sentientes, iam quasi securius ad profectum intendunt; “ ex una tamen parte facientes opus, et ex alia parte habentes manum ad gladium, * ut dicitur in esdra de aedificatoribus ierusalem.
ra3 ‘ Ad tertium dicendum quod perfecti etiam in caritate proficiunt, sed non est ad hoc principalis eorum cura, sed iam eorum studium circa hoc maxime versatur ut deo inhaereant. et quamvis hoc etiam quaerant et incipientes et proficientes, tamen magis sentiunt circa alia sollicitudinem, incipientes quidem de vitatione peccatorum, proficientes vero de profectu virtutum.

009 ST3 qu24 ar10

ag1 ‘ Ad decimum sic proceditur. videtur quod caritas possit diminui. contraria enim nata sunt fieri circa idem. sed diminutio et augmentum sunt contraria. cum igitur caritas augeatur, * ut dictum est supra, ‘ videtur quod etiam possit diminui.
ag2 * Praeterea, augustinus, x confess., ad deum loquens, dicit, ° minus te amat qui tecum aliquid amat. * et in libro octogintatrium quaest. dicit quod ° nutrimentum caritatis est diminutio cupiditatis, ‘ ex quo videtur quod etiam e converso augmentum cupiditatis sit diminutio caritatis. sed cupiditas, qua amatur aliquid aliud quam deus, potest in homine crescere. ergo caritas potest diminui.
ag3 * Praeterea, sicut augustinus dicit, viii super gen. ad litt., ° non ita deus operatur hominem iustum iustificando eum, ut, si abscesserit, maneat in absente quod fecit, ‘ ex quo potest accipi quod eodem modo deus operatur in homine caritatem eius conservando, quo operatur primo ei caritatem infundendo. sed in prima caritatis infusione minus se praeparanti deus minorem caritatem infundit. ergo etiam in conservatione caritatis minus se praeparanti minorem caritatem conservat. potest ergo caritas diminui.
sc ‘ Sed contra est quod caritas in scriptura igni comparatur, * secundum illud cant. viii, “ lampades eius, scilicet caritatis, lampades ignis atque flammarum. ‘ sed ignis, quandiu manet, semper ascendit. ergo caritas, quandiu manet, ascendere potest; sed descendere, idest diminui, non potest.
co ‘ Respondeo dicendum quod quantitas caritatis quam habet in comparatione ad obiectum proprium, minui non potest, sicut nec augeri, * ut supra dictum est. ‘ sed cum augeatur secundum quantitatem quam habet per comparationem ad subiectum, hic oportet considerare utrum ex hac parte diminui possit. si autem diminuatur, oportet quod vel diminuatur per aliquem actum; vel per solam cessationem ab actu. per cessationem quidem ab actu diminuuntur virtutes ex actibus acquisitae, et quandoque etiam corrumpuntur, * ut supra dictum est, * unde de amicitia philosophus dicit, in viii ethic., quod ° multas amicitias inappellatio solvit, “ idest non appellare amicum vel non colloqui ei. ‘ sed hoc ideo est quia conservatio uniuscuiusque rei dependet ex sua causa; causa autem virtutis acquisitae est actus humanus; unde, cessantibus humanis actibus, virtus acquisita diminuitur et tandem totaliter corrumpitur. sed hoc in caritate locum non habet, quia caritas non causatur ab humanis actibus, sed solum a deo, * ut supra dictum est. ‘ unde relinquitur quod etiam cessante actu, propter hoc nec diminuitur nec |25| corrumpitur, si desit peccatum in ipsa cessatione. relinquitur ergo quod diminutio caritatis non possit causari nisi vel a deo, vel ab aliquo peccato. a deo quidem non causatur aliquis defectus in nobis nisi per modum poenae, secundum quod subtrahit gratiam in poenam peccati. unde nec ei competit diminuere caritatem nisi per modum poenae. poena autem debetur peccato. unde relinquitur quod, si caritas diminuatur, quod causa diminutionis eius sit peccatum, vel effective vel meritorie. neutro autem modo peccatum mortale diminuit caritatem, sed totaliter corrumpit ipsam, et effective, quia omne peccatum mortale contrariatur caritati, * ut infra dicetur; ‘ et etiam meritorie, quia qui peccando mortaliter aliquid contra caritatem agit, dignum est ut deus ei subtrahat caritatem. similiter etiam nec per peccatum veniale caritas diminui potest, neque effective, neque meritorie. effective quidem non, quia ad ipsam caritatem non attingit. caritas enim est circa finem ultimum, veniale autem peccatum est quaedam inordinatio circa ea quae sunt ad finem. non autem diminuitur amor finis ex hoc quod aliquis inordinationem aliquam committit circa ea quae sunt ad finem, sicut aliquando contingit quod aliqui infirmi, multum amantes sanitatem, inordinate tamen se habent circa diaetae observationem; sicut etiam et in speculativis falsae opiniones circa ea quae deducuntur ex principiis, non diminuunt |50| certitudinem principiorum. similiter etiam veniale peccatum non meretur diminutionem caritatis. cum enim aliquis delinquit in minori, non meretur detrimentum pati in maiori. deus enim non plus se avertit ab homine quam homo se avertit ab ipso. unde qui inordinate se habet circa ea quae sunt ad finem, non meretur detrimentum pati in caritate, per quam ordinatur ad ultimum finem. unde consequens est quod caritas nullo modo diminui possit, directe loquendo. potest tamen indirecte dici diminutio caritatis dispositio ad corruptionem ipsius, quae fit vel per peccata venialia; vel etiam per cessationem ab exercitio operum caritatis.
ra1 ‘ Ad primum ergo dicendum quod contraria sunt circa idem quando subiectum aequaliter se habet ad utrumque contrariorum. sed caritas non eodem modo se habet ad augmentum et diminutionem, potest enim habere causam augentem, sed non potest habere causam minuentem, * sicut dictum est. ‘ unde ratio non sequitur.
ra2 ‘ Ad secundum dicendum quod duplex est cupiditas. una quidem qua finis in creaturis constituitur. et haec totaliter mortificat caritatem, “ cum sit venenum ipsius, * ut augustinus dicit ibidem. ‘ et hoc facit quod deus minus ametur, scilicet quam debet amari ex caritate, non quidem caritatem diminuendo, sed eam totaliter tollendo. * et sic intelligendum est quod dicitur, ° minus te amat qui tecum aliquid amat, * subditur enim, quod ° non propter te amat. ‘ quod non contingit in peccato veniali, sed solum in mortali, quod enim amatur in peccato veniali, propter deum amatur habitu, etsi non actu. est autem alia cupiditas venialis peccati, quae semper diminuitur per caritatem, sed tamen talis cupiditas caritatem diminuere non potest, * ratione iam dicta.
ra3 ‘ Ad tertium dicendum quod in infusione caritatis requiritur motus liberi arbitrii, * sicut supra dictum est. ‘ et ideo illud quod diminuit intensionem li-

beri arbitrii, dispositive operatur ad hoc quod caritas infundenda sit minor. sed ad conservationem caritatis non requiritur motus liberi arbitrii, alioquin non remaneret in dormientibus. unde per impedimentum intensionis motus liberi arbitrii non diminuitur caritas.

009 ST3 qu24 ar11

ag1 ‘ Ad undecimum sic proceditur. videtur quod caritas semel habita non possit amitti. si enim amittitur, non amittitur nisi propter peccatum. sed ille qui habet caritatem non potest peccare. * dicitur enim i ioan. iii, ° omnis enim qui natus est ex deo, peccatum non facit, quia semen ipsius in eo manet, et non potest peccare, quoniam ex deo natus est. ‘ caritatem autem non habent nisi filii dei, ° ipsa enim est quae distinguit inter filios regni et filios perditionis, * ut augustinus dicit, in xv de trin.. ‘ ergo ille qui habet caritatem non potest eam amittere.
ag2 * Praeterea, augustinus dicit, in viii de trin., quod ° dilectio, si non est vera, dilectio dicenda non est. * sed sicut ipse dicit in epist. ad iulianum comitem, ° caritas quae deseri potest, nunquam vera fuit. ‘ ergo neque caritas fuit. si ergo caritas semel habeatur, nunquam amittitur.
ag3 * Praeterea, gregorius dicit, in homilia pentecostes, quod ° amor dei magna operatur, si est, si desinit operari, caritas non est. ‘ sed nullus magna operando amittit caritatem. ergo, si caritas insit, amitti non potest.
ag4 ‘ Praeterea, liberum arbitrium non inclinatur ad peccatum nisi per aliquod motivum ad peccandum. sed caritas excludit omnia motiva ad peccandum, et amorem sui, et cupiditatem, et quidquid aliud huiusmodi est. ergo caritas amitti non potest.
sc * Sed contra est quod dicitur apoc. ii, ° habeo adversum te pauca, quod caritatem primam reliquisti.
co ‘ Respondeo dicendum quod per caritatem spiritus sanctus in nobis habitat, * ut ex supradictis patet. ‘ tripliciter ergo possumus considerare caritatem. uno modo, ex parte spiritus sancti moventis animam ad diligendum deum. et ex hac parte caritas impeccabilitatem habet ex virtute spiritus sancti, qui infallibiliter operatur quodcumque voluerit. unde impossibile est haec duo simul esse vera, quod spiritus sanctus aliquem velit movere ad actum caritatis, et quod ipse caritatem amittat peccando, “ nam donum perseverantiae computatur inter ° beneficia dei quibus certissime liberantur quicumque liberantur, * ut augustinus dicit, in libro de praed. sanct.. ‘ alio modo potest considerari caritas secundum propriam rationem. et sic caritas non potest nisi illud quod pertinet ad caritatis rationem. unde caritas nullo modo potest peccare, sicut nec calor potest infrigidare; “ et sicut etiam iniustitia non potest bonum facere, * ut augustinus dicit, in libro de serm. dom. in monte. ‘ tertio modo potest considerari caritas ex parte subiecti, quod est vertibile secundum arbitrii libertatem. potest autem attendi comparatio caritatis ad hoc subiectum et secundum universalem rationem qua comparatur forma ad materiam; et secundum specialem |25| rationem qua comparatur habitus ad potentiam. est autem de ratione formae quod sit in subiecto amissibiliter quando non replet totam potentialitatem materiae, sicut patet in formis generabilium et corruptibilium. quia materia horum sic recipit unam formam quod remanet in ea potentia ad aliam formam, quasi non repleta tota materiae potentialitate per unam formam; et ideo una forma potest amitti per acceptionem alterius. sed forma corporis caelestis, quia replet totam materiae potentialitatem, ita quod non remanet in ea potentia ad aliam formam, inamissibiliter inest. sic igitur caritas patriae, quia replet totam potentialitatem rationalis mentis, inquantum scilicet omnis actualis motus eius fertur in deum, inamissibiliter habetur. caritas autem viae non sic replet potentialitatem sui subiecti, quia non semper actu fertur in deum. unde quando actu in deum non fertur, potest aliquid occurrere per quod caritas amittatur. habitui vero proprium est ut inclinet potentiam ad agendum quod convenit habitui inquantum facit id videri bonum quod ei convenit, malum autem quod ei repugnat. sicut enim gustus diiudicat sapores secundum suam dispositionem, ita mens hominis diiudicat de aliquo faciendo secundum suam habitualem dispositionem, * unde et philosophus dicit, in iii ethic., quod ° qualis unusquisque est, talis finis videtur ei. ‘ ibi ergo caritas inamissibiliter habetur, ubi id quod convenit caritati non potest videri nisi bonum, scilicet in patria, ubi |50| deus videtur per essentiam, quae est ipsa essentia bonitatis. et ideo caritas patriae amitti non potest. caritas autem viae, in cuius statu non videtur ipsa dei essentia, quae est essentia bonitatis, potest amitti.
ra1 “ Ad primum ergo dicendum quod auctoritas illa loquitur secundum potestatem spiritus sancti, cuius conservatione a peccato immunes redduntur quos ipse movet quantum ipse voluerit.
ra2 ‘ Ad secundum dicendum quod caritas quae deseri potest ex ipsa ratione caritatis, vera caritas non est. hoc enim esset si hoc in suo amore haberet, quod ad tempus amaret et postea amare desineret quod non esset verae dilectionis. sed si caritas amittatur ex mutabilitate subiecti, contra propositum caritatis, quod in suo actu includitur; hoc non repugnat veritati caritatis.
ra3 ‘ Ad tertium dicendum quod amor dei semper magna operatur in proposito, quod pertinet ad rationem caritatis. non tamen semper magna operatur in actu, propter conditionem subiecti.
ra4 ‘ Ad quartum dicendum quod caritas, secundum rationem sui actus, excludit omne motivum ad peccandum. sed quandoque contingit quod caritas actu non agit. et tunc potest intervenire aliquod motivum ad peccandum, cui si consentiatur, caritas amittitur.

009 ST3 qu24 ar12

ag1 ‘ Ad duodecimum sic proceditur. videtur quod caritas non amittatur per unum actum peccati mortalis. * dicit enim origenes, in i periarch., ° si aliquando satietas capit aliquem ex his qui in summo perfectoque constiterint gradu, non arbitror quod ad subitum quis evacuetur aut decidat, sed paulatim ac per partes eum decidere necesse est. ‘ sed homo decidit caritatem amittens. ergo caritas non amittitur per unum solum actum peccati mortalis.
ag2 * Praeterea, leo papa dicit, in serm. de passione, alloquens petrum, ° vidit in te dominus non fidem victam, non dilectionem aversam, sed constantiam fuisse turbatam. abundavit fletus, ubi non defecit affectus, et fons caritatis lavit verba formidinis. * et ex hoc accepit bernardus quod dixit ° in petro caritatem non fuisse extinctam, sed sopitam. ‘ sed petrus, negando christum, peccavit mortaliter. ergo caritas non amittitur per unum actum peccati mortalis.
ag3 ‘ Praeterea, caritas est fortior quam virtus acquisita. sed habitus virtutis acquisitae non tollitur per unum actum peccati contrarium. ergo multo minus caritas tollitur per unum actum peccati mortalis contrarium.
ag4 ‘ Praeterea, caritas importat dilectionem dei et proximi. sed aliquis committens aliquod peccatum mortale retinet dilectionem dei et proximi, ut videtur, inordinatio enim affectionis circa ea quae sunt ad finem non tollit amorem finis, * ut supra dictum est. ‘ ergo potest remanere caritas ad deum, existente peccato mortali per inordinatam affectionem circa aliquod temporale bonum.
ag5 ‘ Praeterea, virtutis theologicae obiectum est ultimus finis. sed aliae virtutes theologicae, scilicet fides et spes, non excluduntur per unum actum peccati mortalis, immo remanent informes. ergo etiam caritas potest remanere informis, etiam uno peccato mortali perpetrato.
sc ‘ Sed contra, per peccatum mortale fit homo dignus morte aeterna, * secundum illud rom. vi, ° stipendia peccati mors. ‘ sed quilibet habens caritatem habet meritum vitae aeternae, * dicitur enim ioan. xiv, ° si quis diligit me, diligetur a patre meo, et ego diligam eum, et manifestabo ei meipsum; ‘ in qua quidem manifestatione vita aeterna consistit, * secundum illud ioan. xvii, ° haec est vita aeterna, ut cognoscant te, verum deum, et quem misisti, iesum christum. ‘ nullus autem potest esse simul dignus vita aeterna et morte aeterna. ergo impossibile est quod aliquis habeat caritatem cum peccato mortali. tollitur ergo caritas per unum actum peccati mortalis.
co ‘ Respondeo dicendum quod unum contrarium per aliud contrarium superveniens tollitur. quilibet autem actus peccati mortalis contrariatur caritati secundum propriam rationem, quae consistit in hoc quod deus diligatur super omnia, et quod homo totaliter se illi subiiciat, omnia sua referendo in ipsum. est igitur de ratione caritatis ut sic diligat deum quod in omnibus velit se ei subiicere, et praeceptorum eius regulam in omnibus sequi, quidquid enim contrariatur praeceptis eius, manifeste contrariatur caritati. unde de se habet quod caritatem excludere possit. et si quidem caritas esset habitus acquisitus ex virtute subiecti dependens, non oporteret quod statim per unum actum contrarium tolleretur. actus enim non directe contrariatur habitui, sed actui, conservatio autem habitus in subiecto non requirit continuitatem actus, unde ex superveniente contrario actu non statim habitus acquisitus excluditur. sed caritas, cum sit habitus infusus, dependet ex actione dei infundentis, qui sic se habet in infusione et conservatione caritatis sicut sol in illuminatione aeris, * ut dictum est. ‘ et ideo, sicut lumen statim cessaret esse in aere quod aliquod obstaculum poneretur illuminationi solis, ita etiam caritas statim deficit esse in anima quod aliquod obstaculum ponitur |25| influentiae caritatis a deo in animam. manifestum est autem quod per quodlibet mortale peccatum, quod divinis praeceptis contrariatur, ponitur praedictae infusioni obstaculum, quia ex hoc ipso quod homo eligendo praefert peccatum divinae amicitiae, quae requirit ut dei voluntatem sequamur, consequens est ut statim per unum actum peccati mortalis habitus caritatis perdatur. * unde et augustinus dicit, viii super gen. ad litt., quod ° homo, deo sibi praesente, illuminatur; absente autem, continuo tenebratur; a quo non locorum intervallis, sed voluntatis aversione discedit.
ra1 “ Ad primum ergo dicendum quod verbum origenis potest uno modo sic intelligi quod homo qui est in statu perfecto non subito procedit in actum peccati mortalis, sed ad hoc disponitur per aliquam negligentiam praecedentem. ‘ unde et peccata venialia dicuntur esse dispositio ad mortale, * sicut supra dictum est. ‘ sed tamen per unum actum peccati mortalis, si eum commiserit, decidit, caritate amissa. * sed quia ipse subdit, ° si aliquis brevis lapsus acciderit, et cito resipiscat, non penitus ruere videtur, “ potest aliter dici quod ipse intelligit eum penitus evacuari et decidere qui sic decidit ut ex malitia peccet. quod non statim in viro perfecto a principio contingit.
ra2 ‘ Ad secundum dicendum quod caritas amittitur dupliciter. uno modo, directe, per actualem contemptum. et hoc modo petrus caritatem non amisit. alio modo, indirecte, quando committitur aliquod contrarium caritati propter aliquam passionem concupiscentiae vel timoris. et hoc modo petrus, contra caritatem faciens, caritatem amisit, sed eam cito recuperavit.
ra4 ‘ Ad quartum dicendum quod non quaelibet inordinatio affectionis quae est circa ea quae sunt ad finem, idest circa bona creata, constituit peccatum mortale, sed solum quando est talis inordinatio quae repugnat divinae voluntati. et hoc directe contrariatur caritati, * ut dictum est.
ra5 ‘ Ad quintum dicendum quod caritas importat unionem quandam ad deum, non autem fides neque spes. omne autem peccatum mortale consistit in aversione a deo, * ut supra dictum est. ‘ et ideo omne peccatum mortale contrariatur caritati. non autem omne peccatum mortale contrariatur fidei vel spei, sed quaedam determinata peccata, per quae habitus fidei et spei tollitur, sicut et per omne peccatum mortale habitus caritatis. unde patet quod caritas non potest remanere informis, cum sit ultima forma virtutum, ex hoc quod respicit deum in ratione finis ultimi, * ut dictum est.

009 ST3 qu25 ar

pr ‘ Deinde considerandum est de obiecto caritatis. circa quod duo consideranda occurrunt, primo quidem de his quae sunt ex caritate diligenda; secundo, de ordine diligendorum. circa primum quaeruntur duodecim. primo, utrum solus deus sit ex caritate diligendus, vel etiam proximus. secundo, utrum caritas sit ex caritate diligenda. tertio, utrum creaturae irrationales sint ex caritate diligendae. quarto, utrum aliquis possit ex caritate seipsum diligere. quinto, utrum corpus proprium. sexto, utrum peccatores sint ex caritate diligendi. septimo, utrum peccatores seipsos diligant. octavo, utrum inimici sint ex caritate diligendi. nono, utrum sint eis signa amicitiae exhibenda. decimo, utrum angeli sint ex caritate diligendi. undecimo, utrum daemones. duodecimo, de enumeratione diligendorum ex caritate.

009 ST3 qu25 ar1

ag1 ‘ Ad primum sic proceditur. videtur quod dilectio caritatis sistat in deo, et non se extendat ad proximum. sicut enim deo debemus amorem, ita et timorem, * secundum illud deut. x, ° et nunc, israel, quid dominus deus petit nisi ut timeas et diligas eum? ‘ sed alius est timor quo timetur homo, qui dicitur timor humanus; et alius timor quo timetur deus, qui est vel servilis vel filialis; * ut ex supradictis patet. ‘ ergo etiam alius est amor caritatis, quo diligitur deus; et alius est amor quo diligitur proximus.
ag2 * Praeterea, philosophus dicit, in viii ethic., quod ° amari est honorari. ‘ sed alius est honor qui debetur deo, qui est honor latriae; et alius est honor qui debetur creaturae, qui est honor duliae. ergo etiam alius est amor quo diligitur deus, et quo diligitur proximus.
ag3 “ Praeterea, spes generat caritatem; * ut habetur in glossa, matth. i. ‘ sed spes ita habetur de deo quod reprehenduntur sperantes in homine, * secundum illud ierem. xvii, ° maledictus homo qui confidit in homine. ‘ ergo caritas ita debetur deo quod ad proximum non se extendat.
sc * Sed contra est quod dicitur i ioan. iv, ° hoc mandatum habemus a deo, ut qui diligit deum, diligat et fratrem suum.
co * Respondeo dicendum quod, sicut supra dictum est, ‘ habitus non diversificantur nisi ex hoc quod variat speciem actus, omnes enim actus unius speciei ad eundem habitum pertinent. cum autem species actus ex obiecto sumatur secundum formalem rationem ipsius, necesse est quod idem specie sit actus qui fertur in rationem obiecti, et qui fertur in obiectum sub tali ratione, sicut est eadem specie visio qua videtur lumen, et qua videtur color secundum luminis rationem. ratio autem diligendi proximum deus est, hoc enim debemus in proximo diligere, ut in deo sit. unde manifestum est quod idem specie actus est quo diligitur deus, et quo diligitur proximus. et propter hoc habitus caritatis non solum se extendit ad dilectionem dei, sed etiam ad dilectionem proximi.
ra1 ‘ Ad primum ergo dicendum quod proximus potest timeri dupliciter, sicut et amari. uno modo, propter id quod est sibi proprium, puta cum aliquis timet tyrannum propter eius crudelitatem, vel cum amat ipsum propter cupiditatem acquirendi aliquid ab eo. et talis timor humanus distinguitur a timore dei, et similiter amor. alio modo timetur homo et amatur propter id quod est dei in ipso, sicut cum saecularis potestas timetur propter ministerium divinum quod habet ad vindictam malefactorum, et amatur propter iustitiam. et talis timor hominis non distinguitur a timore dei, sicut nec amor.

ra2 ' Ad secundum dicendum quod amor respicit bonum in communi, sed honor respicit proprium bonum honorati, defertur enim alicui in testimonium propriae virtutis. et ideo amor non diversificatur specie propter diversam quantitatem bonitatis diversorum, dummodo referuntur ad aliquod unum bonum commune, sed honor diversificatur secundum propria bona singulorum. unde eodem amore caritatis diligimus omnes proximos, inquantum referuntur ad unum bonum commune, quod est deus, sed diversos honores diversis deferimus, secundum propriam virtutem singulorum. et similiter deo singularem honorem latriae exhibemus, propter eius singularem virtutem.
ra3 ' Ad tertium dicendum quod vituperantur qui sperant in homine sicut in principali auctore salutis, non autem qui sperant in homine sicut in adiuvante ministerialiter sub deo. et similiter reprehensibile esset si quis proximum diligeret tanquam principalem finem, non autem si quis proximum diligat propter deum, quod pertinet ad caritatem.

009 ST3 qu25 ar2

ag1 ' Ad secundum sic proceditur. videtur quod caritas non sit ex caritate diligenda. ea enim quae sunt ex caritate diligenda, duobus praeceptis caritatis concluduntur, * ut patet matth. xxii. ' sed sub neutro eorum caritas continetur, quia nec caritas est deus nec est proximus. ergo caritas non est ex caritate diligenda.
ag2 ' Praeterea, caritas fundatur super communicatione beatitudinis, * ut supra dictum est. ' sed caritas non potest esse particeps beatitudinis. ergo caritas non est ex caritate diligenda.
ag3 ' Praeterea, caritas est amicitia quaedam, * ut supra dictum est. ' sed nullus potest habere amicitiam ad caritatem, vel ad aliquod accidens, " quia huiusmodi reamare non possunt, quod est de ratione amicitiae, * ut dicitur in viii ethic.. ' ergo caritas non est ex caritate diligenda.
sc * Sed contra est quod augustinus dicit, viii de trin., ° qui diligit proximum, consequens est ut etiam ipsam dilectionem diligat. ' sed proximus diligitur ex caritate. ergo consequens est ut etiam caritas ex caritate diligatur.
co ' Respondeo dicendum quod caritas amor quidam est. amor autem ex natura potentiae cuius est actus habet quod possit supra seipsum reflecti. quia enim voluntatis obiectum est bonum universale, quidquid sub ratione boni continetur potest cadere sub actu voluntatis; et quia ipsum velle est quoddam bonum, potest velle se velle, sicut etiam intellectus, cuius obiectum est verum, intelligit se intelligere, quia hoc etiam est quoddam verum. sed amor etiam ex ratione propriae speciei habet quod supra se reflectatur, quia est spontaneus motus amantis in amatum; unde ex hoc ipso quod amat aliquis, amat se amare. sed caritas non est simplex amor, sed habet rationem amicitiae, * ut supra dictum est. ' per amicitiam autem amatur aliquid dupliciter. uno modo, sicut ipse amicus ad quem amicitiam habemus et cui bona volumus. alio modo, sicut bonum quod amico volumus. et hoc modo caritas per caritatem amatur, et non primo, quia caritas est illud bonum quod optamus omnibus quos ex caritate diligimus. et eadem ratio est de beatitudine et de aliis virtutibus.
ra1 ' Ad primum ergo dicendum quod deus et proximus sunt illi ad quos amicitiam habemus. sed in illorum dilectione includitur dilectio caritatis, diligimus enim proximum et deum inquantum hoc amamus, ut nos et proximus deum diligamus, quod est caritatem habere.
ra2 ' Ad secundum dicendum quod caritas est ipsa communicatio spiritualis vitae, per quam ad beatitudinem pervenitur. et ideo amatur sicut bonum desideratum omnibus quos ex caritate diligimus.
ra3 ' Ad tertium dicendum quod ratio illa procedit secundum quod per amicitiam amantur illi ad quos amicitiam habemus.

009 ST3 qu25 ar3

ag1 ' Ad tertium sic proceditur. videtur quod etiam creaturae irrationales sint ex caritate diligendae. per caritatem enim maxime conformamur deo. sed deus diligit creaturas irrationales ex caritate, diligit enim omnia quae sunt, * ut habetur sap. xi; ' et omne quod diligit, seipso diligit, qui est caritas. ergo et nos debemus creaturas irrationales ex caritate diligere.
ag2 ' Praeterea, caritas principaliter fertur in deum, ad alia autem se extendit secundum quod ad deum pertinent. sed sicut creatura rationalis pertinet ad deum inquantum habet similitudinem imaginis, ita etiam creatura irrationalis inquantum habet similitudinem vestigii. ergo caritas etiam se extendit ad creaturas irrationales.
ag3 ' Praeterea, sicut caritatis obiectum est deus, ita et fidei. sed fides se extendit ad creaturas irrationales, inquantum credimus caelum et terram esse creata a deo, et pisces et aves esse productos ex aquis, et gressibilia animalia et plantas ex terra. ergo caritas etiam se extendit ad creaturas irrationales.
sc ' Sed contra est quod dilectio caritatis solum se extendit ad deum et proximum. sed nomine proximi non potest intelligi creatura irrationalis, quia non communicat cum homine in vita rationali. ergo caritas non se extendit ad creaturas irrationales.
co ' Respondeo dicendum quod caritas, * secundum praedicta, ' est amicitia quaedam. per amicitiam autem amatur uno quidem modo, amicus ad quem amicitia habetur; et alio modo, bona quae amico optantur. primo ergo modo nulla creatura irrationalis potest ex caritate amari. et hoc triplici ratione. quarum duae pertinent communiter ad amicitiam, quae ad creaturas irrationales haberi non potest. primo quidem, quia amicitia ad eum habetur cui volumus bonum. non autem proprie possum bonum velle creaturae irrationali, quia non est eius proprie habere bonum, sed solum creaturae rationalis, quae est domina utendi bono quod habet per liberum arbitrium. * et ideo philosophus dicit, in ii physic., quod " huiusmodi rebus non dicimus aliquid bene vel male contingere nisi secundum similitudinem. ' secundo, quia omnis amicitia fundatur super aliqua communicatione vitae, ° nihil enim est ita proprium amicitiae sicut convivere, * ut patet per philosophum, viii ethic.. ' creaturae autem irrationales non possunt communicationem habere in vita humana, quae est secundum rationem. unde nulla amicitia potest haberi ad creaturas irrationales, nisi forte secundum metaphoram. tertia ratio est propria caritati, quia caritas |25| fundatur super communicatione beatitudinis aeternae, cuius creatura irrationalis capax non est. unde amicitia caritatis non potest haberi ad creaturam irrationalem. possunt tamen ex caritate diligi creaturae irrationales sicut bona quae aliis volumus, inquantum scilicet ex caritate volumus eas conservari ad honorem dei et utilitatem hominum. et sic etiam ex caritate deus eas diligit.
ra1 ' Unde patet responsio ad primum.
ra2 ' Ad secundum dicendum quod similitudo vestigii non causat capacitatem vitae aeternae, sicut similitudo imaginis. unde non est similis ratio.
ra3 ' Ad tertium dicendum quod fides se potest extendere ad omnia quae sunt quocumque modo vera. sed amicitia caritatis se extendit ad illa sola quae nata sunt habere bonum vitae aeternae. unde non est simile.

009 ST3 qu25 ar4

ag1 ' Ad quartum sic proceditur. videtur quod homo non diligat seipsum ex caritate. * dicit enim gregorius, in quadam homilia, quod ° caritas minus quam inter duos haberi non potest. ' ergo ad seipsum nullus habet caritatem.
ag2 ' Praeterea, amicitia de sui ratione importat reamationem et aequalitatem, * ut patet in viii ethic., ' quae quidem non possunt esse homini ad seipsum. sed caritas amicitia quaedam est, * ut dictum est. ' ergo ad seipsum aliquis caritatem habere non potest.
ag3 ' Praeterea, illud quod ad caritatem pertinet non potest esse vituperabile, quia ° caritas non agit perperam, * ut dicitur i ad cor. xiii. ' sed amare seipsum est vituperabile, * dicitur enim ii ad tim. iii, ° in novissimis diebus instabunt tempora periculosa, et erunt homines amantes seipsos. ' ergo homo non potest seipsum ex caritate diligere.
sc * Sed contra est quod dicitur levit. xix, ° diliges amicum tuum sicut teipsum. ' sed amicum ex caritate diligimus. ergo et nosipsos ex caritate debemus diligere.
co ' Respondeo dicendum quod, cum caritas sit amicitia quaedam, * sicut dictum est, ' dupliciter possumus de caritate loqui. uno modo, sub communi ratione amicitiae. et secundum hoc dicendum est quod amicitia proprie non habetur ad seipsum, sed aliquid maius amicitia, quia amicitia unionem quandam importat, * dicit enim dionysius quod " amor est virtus unitiva; ' unicuique autem ad seipsum est unitas, quae est potior unione. unde sicut unitas est principium unionis, ita amor quo quis diligit seipsum, est forma et radix amicitiae, in hoc enim amicitiam habemus ad alios, quod ad eos nos habemus sicut ad nosipsos; * dicitur enim in ix ethic. quod ° amicabilia quae sunt ad alterum veniunt ex his quae sunt ad seipsum. ' sicut etiam de principiis non habetur scientia, sed aliquid maius, scilicet intellectus. alio modo possumus loqui de caritate secundum propriam rationem ipsius, prout scilicet est amicitia hominis ad deum principaliter, et ex consequenti ad ea quae sunt dei. inter quae etiam est ipse homo qui caritatem habet. et sic inter cetera quae ex caritate diligit quasi ad deum pertinentia, etiam seipsum ex caritate diligit.
ra1 " Ad primum ergo dicendum quod gregorius loquitur de caritate secundum communem amicitiae rationem.
ra2 ' Et secundum hoc etiam procedit secunda ratio.
ra3 ' Ad tertium dicendum quod amantes seipsos vituperantur inquantum amant se secundum naturam sensibilem, cui obtemperant. quod non est vere amare seipsum secundum naturam rationalem, ut sibi velit ea bona quae pertinent ad perfectionem rationis. et hoc modo praecipue ad caritatem pertinet diligere seipsum.

009 ST3 qu25 ar5

ag1 ' Ad quintum sic proceditur. videtur quod homo non debeat corpus suum ex caritate diligere. non enim diligimus illum cui convivere non volumus. sed homines caritatem habentes refugiunt corporis convictum, * secundum illud rom. vii, ° quis me liberabit de corpore mortis huius? * et philipp. i, ° desiderium habens dissolvi et cum christo esse. ' ergo corpus nostrum non est ex caritate diligendum.
ag2 ' Praeterea, amicitia caritatis fundatur super communicatione divinae fruitionis. sed huius fruitionis corpus particeps esse non potest. ergo corpus non est ex caritate diligendum.
ag3 ' Praeterea, caritas, cum sit amicitia quaedam, ad eos habetur qui reamare possunt. sed corpus nostrum non potest nos ex caritate diligere. ergo non est ex caritate diligendum.
sc ' Sed contra est quod * augustinus, in i de doct. christ., ponit " quatuor ex caritate diligenda, inter quae unum est corpus proprium.
co ' Respondeo dicendum quod corpus nostrum secundum duo potest considerari, uno modo, secundum eius naturam; alio modo, secundum corruptionem culpae et poenae. natura autem corporis nostri non est a malo principio creata, * ut manichaei fabulantur, ' sed est a deo. unde possumus eo uti ad servitium dei, * secundum illud rom. vi, ° exhibete membra vestra arma iustitiae deo. ' et ideo ex dilectione caritatis qua diligimus deum, debemus etiam corpus nostrum diligere. sed infectionem culpae et corruptionem poenae in corpore nostro diligere non debemus, sed potius ad eius remotionem anhelare desiderio caritatis.
ra1 ' Ad primum ergo dicendum quod apostolus non refugiebat corporis communionem quantum ad corporis naturam, immo secundum hoc nolebat ab eo spoliari, * secundum illud ii ad cor. v, ° nolumus expoliari, sed supervestiri. " sed volebat carere infectione concupiscentiae, quae remanet in corpore; et corruptione ipsius, quae aggravat animam, ne possit deum videre. unde signanter dixit, de corpore mortis huius.
ra2 ' Ad secundum dicendum quod corpus nostrum quamvis deo frui non possit cognoscendo et amando ipsum, tamen per opera quae per corpus agimus ad perfectam dei fruitionem possumus venire. unde et ex fruitione animae redundat quaedam beatitudo ad corpus, " scilicet sanitatis et incorruptionis vigor; * ut augustinus dicit, in epistola ad diosc.. ' et ideo, quia corpus aliquo modo est particeps beatitudinis, potest dilectione caritatis amari.
ra3 ' Ad tertium dicendum quod reamatio habet locum in amicitia quae est ad alterum, non autem in amicitia quae est ad seipsum, vel secundum animam vel secundum corpus.

009 ST3 qu25 ar6

ag1 ' Ad sextum sic proceditur. videtur quod peccatores non sint ex caritate diligendi. * dicitur enim in psalm., ° iniquos odio habui. ' sed david caritatem habebat. ergo ex caritate magis sunt odiendi peccatores quam diligendi.
ag2 " Praeterea, probatio dilectionis exhibitio est operis; * ut gregorius dicit, in homilia pentecostes. ' sed peccatoribus iusti non exhibent opera dilectionis, sed magis opera quae videntur esse odii, * secundum illud psalm., ° in matutino interficiebam omnes peccatores terrae. * et dominus praecepit, exod. xxii, ° maleficos non patieris vivere. ' ergo peccatores non sunt ex caritate diligendi.
ag3 ' Praeterea, ad amicitiam pertinet ut amicis velimus et optemus bona. sed sancti ex caritate optant peccatoribus mala, * secundum illud psalm., ° convertantur peccatores in infernum. ' ergo peccatores non sunt ex caritate diligendi.
ag4 ' Praeterea, proprium amicorum est de eisdem gaudere et idem velle. sed caritas non facit velle quod peccatores volunt, neque facit gaudere de hoc de quo peccatores gaudent; sed magis facit contrarium. ergo peccatores non sunt ex caritate diligendi.
ag5 ° Praeterea, proprium est amicorum simul convivere, * ut dicitur in viii ethic.. ' sed cum peccatoribus non est convivendum, * secundum illud ii ad cor. vi, ° recedite de medio eorum. ' ergo peccatores non sunt ex caritate diligendi.
sc * Sed contra est quod augustinus dicit, in i de doct. christ., " quod cum dicitur, diliges proximum tuum, ° manifestum est omnem hominem proximum esse deputandum. ' sed peccatores non desinunt esse homines, quia peccatum non tollit naturam. ergo peccatores sunt ex caritate diligendi.
co ' Respondeo dicendum quod in peccatoribus duo possunt considerari, scilicet natura, et culpa. secundum naturam quidem, quam a deo habent, capaces sunt beatitudinis, super cuius communicatione caritas fundatur, * ut supra dictum est. ' et ideo secundum naturam suam sunt ex caritate diligendi. sed culpa eorum deo contrariatur, et est beatitudinis impedimentum. unde secundum culpam, qua deo adversantur, sunt odiendi quicumque peccatores, etiam pater et mater et propinqui, * ut habetur luc. xiv. ' debemus enim in peccatoribus odire quod peccatores sunt, et diligere quod homines sunt beatitudinis capaces. et hoc est eos vere ex caritate diligere propter deum.
ra1 " Ad primum ergo dicendum quod iniquos propheta odio habuit inquantum iniqui sunt, habens odio iniquitatem ipsorum, quod est ipsorum malum. et hoc est perfectum odium, de quo ipse dicit, perfecto odio oderam illos. eiusdem autem rationis est odi-

re malum alicuius et diligere bonum eius. unde etiam istud odium perfectum ad caritatem pertinet.
ra2 “ Ad secundum dicendum quod amicis peccantibus, * sicut philosophus dicit, in ix ethic., “ non sunt subtrahenda amicitiae beneficia, quousque habeatur spes sanationis eorum, ‘ sed magis est eis auxiliandum ad recuperationem virtutis quam ad recuperationem pecuniae, si eam amisissent, quanto virtus est magis amicitiae affinis quam pecunia. sed quando in maximam malitiam incidunt et insanabiles fiunt, tunc non est eis amicitiae familiaritas exhibenda. et ideo huiusmodi peccantes, de quibus magis praesumitur nocumentum aliorum quam eorum emendatio, secundum legem divinam et humanam praecipiuntur occidi. et tamen hoc facit iudex non ex odio eorum, sed ex caritatis amore quo bonum publicum praefertur vitae singularis personae. et tamen mors per iudicem inflicta peccatori prodest, sive convertatur, ad culpae expiationem; sive non convertatur, ad culpae terminationem, quia per hoc tollitur ei potestas amplius peccandi.
ra3 “ Ad tertium dicendum quod huiusmodi imprecationes quae in sacra scriptura inveniuntur, tripliciter possunt intelligi. uno modo, per modum praenuntiationis, non per modum optationis, ut sit sensus, convertantur peccatores in infernum, idest convertentur. alio modo, per modum optationis, ut tamen desiderium optantis non referatur ad poenam hominum, sed ad iustitiam punientis, * secundum illud, ° laetabitur iustus cum viderit vindictam. “ quia nec ipse deus puniens laetatur in perditione impiorum, * ut dicitur sap. i, “ sed in sua iustitia, quia iustus dominus, et iustitias dilexit. tertio, ut desiderium referatur ad remotionem culpae, non ad ipsam poenam, ut scilicet peccata destruantur et homines remaneant.
ra4 ‘ Ad quartum dicendum quod ex caritate diligimus peccatores non quidem ut velimus quae ipsi volunt, vel gaudeamus de his de quibus ipsi gaudent, sed ut faciamus eos velle quod volumus, et gaudere de his de quibus gaudemus. * unde dicitur ierem. xv, ° ipsi convertentur ad te, et tu non converteris ad eos.
ra5 ‘ Ad quintum dicendum quod convivere peccatoribus infirmis quidem est vitandum, propter periculum quod eis imminet ne ab eis subvertantur. perfectis autem, de quorum corruptione non timetur, laudabile est quod cum peccatoribus conversentur, ut eos convertant. sic enim dominus cum peccatoribus manducabat et bibebat, * ut habetur matth. ix. ‘ convictus tamen peccatorum quantum ad consortium peccati vitandus est omnibus. * et sic dicitur ii ad cor. vi, ° recedite de medio eorum, et immundum ne tetigeritis, ‘ scilicet secundum peccati consensum.

009 ST3 qu25 ar7

ag1 ‘ Ad septimum sic proceditur. videtur quod peccatores seipsos diligant. illud enim quod est principium peccati maxime in peccatoribus invenitur. sed amor sui est principium peccati, * dicit enim augustinus, xiv de civ. dei, quod “ facit civitatem babylonis. ‘ ergo peccatores maxime amant seipsos.
ag2 ‘ Praeterea, peccatum non tollit naturam. sed hoc unicuique convenit ex sua natura quod diligat seipsum, unde etiam creaturae irrationales naturaliter appetunt proprium bonum, puta conservationem sui esse et alia huiusmodi. ergo peccatores diligunt seipsos.
ag3 ° Praeterea, omnibus est diligibile bonum; * ut dionysius dicit, in iv cap. de div. nom.. ‘ sed multi peccatores reputant se bonos. ergo multi peccatores seipsos diligunt.
sc * Sed contra est quod dicitur in psalm., ° qui diligit iniquitatem, odit animam suam.
co ‘ Respondeo dicendum quod amare seipsum uno modo commune est omnibus; alio modo proprium est bonorum; tertio modo proprium est malorum. quod enim aliquis amet id quod seipsum esse aestimat, hoc commune est omnibus. homo autem dicitur esse aliquid dupliciter. uno modo, secundum suam substantiam et naturam. et secundum hoc omnes aestimant bonum commune se esse id quod sunt, scilicet ex anima et corpore compositos. et sic etiam omnes homines, boni et mali, diligunt seipsos, inquantum diligunt sui ipsorum conservationem. alio modo dicitur esse homo aliquid secundum principalitatem, sicut princeps civitatis dicitur esse civitas; unde quod principes faciunt, dicitur civitas facere. sic autem non omnes aestimant se esse id quod sunt. principale enim in homine est mens rationalis, secundarium autem est natura sensitiva et corporalis, “ quorum primum apostolus nominat interiorem hominem, secundum exteriorem, * ut patet ii ad cor. iv. ‘ boni autem aestimant principale in seipsis rationalem naturam, sive interiorem hominem, unde secundum hoc aestimant se esse quod sunt. mali autem aestimant principale in seipsis naturam sensitivam et corporalem, scilicet exteriorem hominem. unde non recte cognoscentes seipsos, non vere diligunt seipsos, sed diligunt id quod seipsos esse reputant. boni autem, vere cognoscentes seipsos, vere seipsos diligunt. |25| * et hoc probat philosophus, in ix ethic., “ per quinque quae sunt amicitiae propria. unusquisque enim amicus primo quidem vult suum amicum esse et vivere; secundo, vult ei bona; tertio, operatur bona ad ipsum; quarto, convivit ei delectabiliter; quinto, concordat cum ipso, quasi in iisdem delectatus et contristatus. ‘ et secundum hoc boni diligunt seipsos quantum ad interiorem hominem, quia etiam volunt ipsum servari in sua integritate; et optant ei bona eius, quae sunt bona spiritualia; et etiam ad assequenda operam impendunt; et delectabiliter ad cor proprium redeunt, quia ibi inveniunt et bonas cogitationes in praesenti, et memoriam bonorum praeteritorum, et spem futurorum bonorum, ex quibus delectatio causatur; similiter etiam non patiuntur in seipsis voluntatis dissensionem, quia tota anima eorum tendit in unum. e contrario autem mali non volunt conservari integritatem interioris hominis; neque appetunt spiritualia eius bona; neque ad hoc operantur; neque delectabile est eis secum convivere redeundo ad cor, quia inveniunt ibi mala et praesentia et praeterita et futura, quae abhorrent; neque etiam sibi ipsis concordant, propter conscientiam remordentem, * secundum illud psalm., ° arguam te, et statuam contra faciem tuam. ‘ et per eadem probari potest quod mali amant seipsos secundum corruptionem exterioris hominis. |50| sic autem boni non amant seipsos.
ra1 ‘ Ad primum ergo dicendum quod amor sui qui est principium peccati, est ille qui est proprius malorum, perveniens usque ad contemptum dei, * ut ibi dicitur, ‘ quia mali sic etiam cupiunt exteriora bona quod spiritualia contemnunt.
ra2 ‘ Ad secundum dicendum quod naturalis amor, etsi non totaliter tollatur a malis, tamen in eis pervertitur per modum iam dictum.
ra3 ‘ Ad tertium dicendum quod mali, inquantum aestimant se bonos, sic aliquid participant de amore sui. nec tamen ista est vera sui dilectio, sed apparens. quae etiam non est possibilis in his qui valde sunt mali.

009 ST3 qu25 ar8

ag1 ‘ Ad octavum sic proceditur. videtur quod non sit de necessitate caritatis ut inimici diligantur. * dicit enim augustinus, in enchirid., quod ° hoc tam magnum bonum, scilicet diligere inimicos, ° non est tantae multitudinis quantam credimus exaudiri cum in oratione dicitur, dimitte nobis debita nostra. ‘ sed nulli dimittitur peccatum sine caritate, * quia, ut dicitur proverb. x, ° universa delicta operit caritas. ‘ ergo non est de necessitate caritatis diligere inimicos.
ag2 ‘ Praeterea, caritas non tollit naturam. sed unaquaeque res, etiam irrationalis, naturaliter odit suum contrarium, sicut ovis lupum, et aqua ignem. ergo caritas non facit quod inimici diligantur.
ag3 “ Praeterea, caritas non agit perperam. ‘ sed hoc videtur esse perversum quod aliquis diligat inimicos, sicut et quod aliquis odio habeat amicos, * unde ii reg. xix exprobrando dicit ioab ad david, ° diligis odientes te, et odio habes diligentes te. ‘ ergo caritas non facit ut inimici diligantur.
sc * Sed contra est quod dominus dicit, matth. v, ° diligite inimicos vestros.
co ‘ Respondeo dicendum quod dilectio inimicorum tripliciter potest considerari. uno quidem modo, ut inimici diligantur inquantum sunt inimici. et hoc est perversum et caritati repugnans, quia hoc est diligere malum alterius. alio modo potest accipi dilectio inimicorum quantum ad naturam, sed in universali. et sic dilectio inimicorum est de necessitate caritatis, ut scilicet aliquis diligens deum et proximum ab illa generalitate dilectionis proximi inimicos suos non excludat. tertio modo potest considerari dilectio inimicorum in speciali, ut scilicet aliquis in speciali moveatur motu dilectionis ad inimicum. et istud non est de necessitate caritatis absolute, quia nec etiam moveri motu dilectionis in speciali ad quoslibet homines singulariter est de necessitate caritatis, quia hoc esset impossibile. est tamen de necessitate caritatis secundum praeparationem animi, ut scilicet homo habeat animum paratum ad hoc quod in singulari inimicum diligeret si necessitas occurreret. sed quod absque articulo necessitatis homo etiam hoc actu impleat ut diligat inimicum propter deum, hoc pertinet ad perfectionem caritatis. cum enim ex caritate diligatur proximus propter deum, quanto aliquis magis diligit deum, tanto etiam magis ad proximum dilectionem ostendit, nulla inimicitia impediente. sicut si aliquis multum diligeret aliquem hominem, amore ipsius filios eius amaret etiam sibi inimicos. |25| * et secundum hunc modum loquitur augustinus.
ra1 ‘ Unde patet responsio ad primum.
ra2 ‘ Ad secundum dicendum quod unaquaeque res naturaliter odio habet id quod est sibi contrarium inquantum est sibi contrarium. inimici autem sunt nobis contrarii inquantum sunt inimici. unde hoc debemus in eis odio habere, debet enim nobis displicere quod nobis inimici sunt. non autem sunt nobis contrarii inquantum homines sunt et beatitudinis capaces. et secundum hoc debemus eos diligere.
ra3 ‘ Ad tertium dicendum quod diligere inimicos inquantum sunt inimici, hoc est vituperabile. et hoc non facit caritas, * ut dictum est.

009 ST3 qu25 ar9

ag1 ‘ Ad nonum sic proceditur. videtur quod de necessitate caritatis sit quod aliquis homo signa vel effectus dilectionis inimico exhibeat. * dicitur enim i ioan. iii, ° non diligamus verbo neque lingua, sed opere et veritate. ‘ sed opere diligit aliquis exhibendo ad eum quem diligit signa et effectus dilectionis. ergo de necessitate caritatis est ut aliquis huiusmodi signa et effectus inimicis exhibeat.
ag2 * Praeterea, matth. v dominus simul dicit, ° diligite inimicos vestros, et, benefacite his qui oderunt vos. ‘ sed diligere inimicos est de necessitate caritatis. ergo et benefacere inimicis.
ag3 ‘ Praeterea, caritate amatur non solum deus, sed etiam proximus. * sed gregorius dicit, in homilia pentecostes, quod ° amor dei non potest esse otiosus, magna enim operatur, si est; si desinit operari, amor non est. ‘ ergo caritas quae habetur ad proximum non potest esse sine operationis effectu. sed de necessitate caritatis est ut omnis proximus diligatur, etiam inimicus. ergo de necessitate caritatis est ut etiam ad inimicos signa et effectus dilectionis extendamus.
sc * Sed contra est quod matth. v, super illud, ° benefacite his qui oderunt vos, * dicit glossa quod “ benefacere inimicis est cumulus perfectionis. ‘ sed id quod pertinet ad perfectionem caritatis non est de necessitate ipsius. ergo non est de necessitate caritatis quod aliquis signa et effectus dilectionis inimicis exhibeat.
co ‘ Respondeo dicendum quod effectus et signa caritatis ex interiori dilectione procedunt et ei proportionantur. dilectio autem interior ad inimicum in communi quidem est de necessitate praecepti absolute; in speciali autem non absolute, sed secundum praeparationem animi, * ut supra dictum est. ‘ sic igitur dicendum est de effectu vel signo dilectionis exterius exhibendo. sunt enim quaedam beneficia vel signa dilectionis quae exhibentur proximis in communi, puta cum aliquis orat pro omnibus fidelibus vel pro toto populo, aut cum aliquod beneficium impendit aliquis toti communitati. et talia beneficia vel dilectionis signa inimicis exhibere est de necessitate praecepti, si enim non exhiberentur inimicis, hoc pertineret ad livorem vindictae, * contra id quod dicitur levit. xix, ° non quaeres ultionem; et non eris memor iniuriae civium tuorum. ‘ alia vero sunt beneficia vel dilectionis signa quae quis exhibet particulariter aliquibus personis. et talia beneficia vel dilectionis signa inimicis exhibere non est de necessitate salutis nisi secundum praeparationem animi, ut scilicet subveniatur eis in articulo necessitatis, * secundum illud proverb. xxv, ° si esurierit inimicus tuus, ciba illum, si sitit, da illi potum. ‘ sed quod praeter articulum necessitatis huiusmodi beneficia |25| aliquis inimicis exhibeat, pertinet ad perfectionem caritatis, “ per quam aliquis non solum cavet vinci a malo, quod necessitatis est, sed etiam vult in bono vincere malum, quod est etiam perfectionis, ‘ dum scilicet non solum cavet propter iniuriam sibi illatam detrahi ad odium; sed etiam propter sua beneficia inimicum intendit pertrahere ad suum amorem.
ra ‘ Et per hoc patet responsio ad obiecta.

009 ST3 qu25 ar10

ag1 ‘ Ad decimum sic proceditur. videtur quod angelos non debeamus ex caritate diligere. * ut enim augustinus dicit, in libro de doct. christ., ° gemina est dilectio caritatis, scilicet dei et proximi. ‘ sed dilectio angelorum non continetur sub dilectione dei, cum sint substantiae creatae, nec etiam videtur contineri sub dilectione proximi, cum non communicent nobiscum in specie. ergo angeli non sunt ex caritate diligendi.
ag2 ‘ Praeterea, magis conveniunt nobiscum bruta animalia quam angeli, nam nos et bruta animalia sumus in eodem genere propinquo. sed ad bruta animalia non habemus caritatem, * ut supra dictum est. ‘ ergo etiam neque ad angelos.
ag3 ° Praeterea, nihil est ita proprium amicorum sicut convivere, * ut dicitur in viii ethic.. ‘ sed angeli non convivunt nobiscum, nec etiam eos videre possumus. ergo ad eos caritatis amicitiam habere non valemus.
sc * Sed contra est quod augustinus dicit, in i de doct. christ., ° iam vero si vel cui praebendum, vel a quo nobis praebendum est officium misericordiae, recte proximus dicitur; manifestum est praecepto quo iubemur diligere proximum, etiam sanctos angelos contineri, a quibus multa nobis misericordiae impenduntur officia.
co ‘ Respondeo dicendum quod amicitia caritatis, * sicut supra dictum est, ‘ fundatur super communicatione beatitudinis aeternae, in cuius participatione communicant cum angelis homines, * dicitur enim matth. xxii quod ° in resurrectione erunt homines sicut angeli in caelo. ‘ et ideo manifestum est quod amicitia caritatis etiam ad angelos se extendit.
ra1 ‘ Ad primum ergo dicendum quod proximus non solum dicitur communicatione speciei, sed etiam communicatione beneficiorum pertinentium ad vitam aeternam; super qua communicatione amicitia caritatis fundatur.
ra2 ‘ Ad secundum dicendum quod bruta animalia conveniunt nobiscum in genere propinquo ratione naturae sensitivae, secundum quam non sumus participes aeternae beatitudinis, sed secundum mentem rationalem; in qua communicamus cum angelis.

ra3 ‘ Ad tertium dicendum quod angeli non convivunt nobis exteriori conversatione, quae nobis est secundum sensitivam naturam. convivimus tamen angelis secundum mentem, imperfecte quidem in hac vita, perfecte autem in patria, * sicut et supra dictum est.

009 ST3 qu25 ar11

ag1 ‘ Ad undecimum sic proceditur. videtur quod daemones ex caritate debeamus diligere. angeli enim sunt nobis proximi inquantum communicamus cum eis in rationali mente. sed etiam daemones sic nobiscum communicant, quia data naturalia in eis manent integra, “ scilicet esse, vivere et intelligere, * ut dicitur in iv cap. de div. nom.. ‘ ergo debemus daemones ex caritate diligere.
ag2 ‘ Praeterea, daemones differunt a beatis angelis differentia peccati, sicut et peccatores homines a iustis. sed iusti homines ex caritate diligunt peccatores. ergo etiam ex caritate debent diligere daemones.
ag3 ‘ Praeterea, illi a quibus beneficia nobis impenduntur debent a nobis ex caritate diligi tanquam proximi, * sicut patet ex auctoritate augustini supra inducta. “ sed daemones nobis in multis sunt utiles, dum nos tentando nobis coronas fabricant, * sicut augustinus dicit, xi de civ. dei. ‘ ergo daemones sunt ex caritate diligendi.
sc * Sed contra est quod dicitur isaiae xxviii, ° delebitur foedus vestrum cum morte, et pactum vestrum cum inferno non stabit. ‘ sed perfectio pacis et foederis est per caritatem. ergo ad daemones, qui sunt inferni incolae et mortis procuratores, caritatem habere non debemus.
co * Respondeo dicendum quod, sicut supra dictum est, ‘ in peccatoribus ex caritate debemus diligere naturam, peccatum odire. in nomine autem daemonis significatur natura peccato deformata. et ideo daemones ex caritate non sunt diligendi. et si non fiat vis in nomine, et quaestio referatur ad illos spiritus qui daemones dicuntur, utrum sint ex caritate diligendi, * respondendum est, secundum praemissa, quod ‘ aliquid ex caritate diligitur dupliciter. uno modo, sicut ad quem amicitia habetur. et sic ad illos spiritus caritatis amicitiam habere non possumus. pertinet enim ad rationem amicitiae ut amicis nostris bonum velimus. illud autem bonum vitae aeternae quod respicit caritas, spiritibus illis a deo aeternaliter damnatis ex caritate velle non possumus, hoc enim repugnaret caritati dei, per quam eius iustitiam approbamus. alio modo diligitur aliquid sicut quod volumus permanere ut bonum alterius, per quem modum ex caritate diligimus irrationales creaturas, inquantum volumus eas permanere ad gloriam dei et utilitatem hominum, * ut supra dictum est. ‘ et per hunc modum et naturam daemonum etiam ex caritate diligere possumus, inquantum scilicet volumus illos spiritus in suis naturalibus conservari ad gloriam dei.
ra1 ‘ Ad primum ergo dicendum quod mens angelorum non habet impossibilitatem ad aeternam beatitudinem habendam, sicut habet mens daemonum. et ideo amicitia caritatis, quae fundatur super communicatione vitae aeternae magis quam super communicatione naturae, habetur ad angelos, non autem ad daemones.
ra2 ‘ Ad secundum dicendum quod homines peccatores in hac vita habent possibilitatem perveniendi ad beatitudinem aeternam. quod non habent illi qui sunt in inferno damnati; de quibus, quantum ad hoc, est eadem ratio sicut et de daemonibus.
ra3 ‘ Ad tertium dicendum quod utilitas quae nobis ex daemonibus provenit non est ex eorum intentione, sed ex ordinatione divinae providentiae. et ideo ex hoc non inducimur ad habendum amicitiam eorum, sed ad hoc quod simus deo amici, qui eorum perversam intentionem convertit in nostram utilitatem.

009 ST3 qu25 ar12

ag1 ‘ Ad duodecimum sic proceditur. videtur quod inconvenienter enumerentur quatuor ex caritate diligenda, scilicet deus, proximus, corpus nostrum et nos ipsi. * ut enim augustinus dicit, super ioan., ° qui non diligit deum, nec seipsum diligit. ‘ in dei ergo dilectione includitur dilectio sui ipsius. non ergo est alia dilectio sui ipsius, et alia dilectio dei.
ag2 ‘ Praeterea, pars non debet dividi contra totum. sed corpus nostrum est quaedam pars nostri. non ergo debet dividi, quasi aliud diligibile, corpus nostrum a nobis ipsis.
ag3 ‘ Praeterea, sicut nos habemus corpus, ita etiam et proximus. sicut ergo dilectio qua quis diligit proximum, distinguitur a dilectione qua quis diligit seipsum; ita dilectio qua quis diligit corpus proximi, debet distingui a dilectione qua quis diligit corpus suum. non ergo convenienter distinguuntur quatuor ex caritate diligenda.
sc * Sed contra est quod augustinus dicit, in i de doct. christ., “ quatuor sunt diligenda, unum quod supra nos est, scilicet deus; alterum quod nos sumus; tertium quod iuxta nos est, scilicet proximus; quartum quod infra nos est, scilicet proprium corpus.
co * Respondeo dicendum quod, sicut dictum est, ‘ amicitia caritatis super communicatione beatitudinis fundatur. in qua quidem communicatione unum quidem est quod consideratur ut principium influens beatitudinem, scilicet deus; aliud est beatitudinem directe participans, scilicet homo et angelus; tertium autem est id ad quod per quandam redundantiam beatitudo derivatur, scilicet corpus humanum. id quidem quod est beatitudinem influens est ea ratione diligibile quia est beatitudinis causa. id autem quod est beatitudinem participans potest esse duplici ratione diligibile, vel quia est unum nobiscum; vel quia est nobis consociatum in beatitudinis participatione. et secundum hoc sumuntur duo ex caritate diligibilia, prout scilicet homo diligit et seipsum et proximum.
ra1 ‘ Ad primum ergo dicendum quod diversa habitudo diligentis ad diversa diligibilia facit diversam rationem diligibilitatis. et secundum hoc, quia alia est habitudo hominis diligentis ad deum et ad seipsum, propter hoc ponuntur duo diligibilia, cum dilectio unius sit causa dilectionis alterius. unde, ea remota, alia removetur.
ra2 ‘ Ad secundum dicendum quod subiectum caritatis est mens rationalis quae potest beatitudinis esse capax, ad quam corpus directe non attingit, sed solum per quandam redundantiam. et ideo homo secundum rationalem mentem, quae est principalis in homine, alio modo se diligit secundum caritatem, et alio modo corpus proprium.
ra3 ‘ Ad tertium dicendum quod homo diligit proximum et secundum animam et secundum corpus ratione cuiusdam consociationis in beatitudine. et ideo ex parte proximi est una tantum ratio dilectionis. unde corpus proximi non ponitur speciale diligibile.

009 ST3 qu26 ar

pr ‘ Deinde considerandum est de ordine caritatis. et circa hoc quaeruntur tredecim. primo, utrum sit aliquis ordo in caritate. secundo, utrum homo debeat deum diligere plus quam proximum. tertio, utrum plus quam seipsum. quarto, utrum se plus quam proximum. quinto, utrum homo debeat plus diligere proximum quam corpus proprium. sexto, utrum unum proximum plus quam alterum. septimo, utrum plus proximum meliorem, vel sibi magis coniunctum. octavo, utrum coniunctum sibi secundum carnis affinitatem, vel secundum alias necessitudines. nono, utrum ex caritate plus debeat diligere filium quam patrem. decimo, utrum magis debeat diligere matrem quam patrem. undecimo, utrum uxorem plus quam patrem vel matrem. duodecimo, utrum magis benefactorem quam beneficiatum. decimotertio, utrum ordo caritatis maneat in patria.

009 ST3 qu26 ar1

ag1 ‘ Ad primum sic proceditur. videtur quod in caritate non sit aliquis ordo. caritas enim quaedam virtus est. sed in aliis virtutibus non assignatur aliquis ordo. ergo neque in caritate aliquis ordo assignari debet.
ag2 ‘ Praeterea, sicuti fidei obiectum est prima veritas, ita caritatis obiectum est summa bonitas. sed in fide non ponitur aliquis ordo, sed omnia aequaliter creduntur. ergo nec in caritate debet poni aliquis ordo.
ag3 ‘ Praeterea, caritas in voluntate est. ordinare autem non est voluntatis, sed rationis. ergo ordo non debet attribui caritati.
sc * Sed contra est quod dicitur cant. ii, ° introduxit me rex in cellam vinariam; ordinavit in me caritatem.
co * Respondeo dicendum quod, sicut philosophus dicit, in v metaphys., “ prius et posterius dicitur secundum relationem ad aliquod principium. ‘ ordo autem includit in se aliquem modum prioris et posterioris. unde oportet quod ubicumque est aliquod principium, sit etiam aliquis ordo. * dictum autem est supra quod ‘ dilectio caritatis tendit in deum sicut in principium beatitudinis, in cuius communicatione amicitia caritatis fundatur. et ideo oportet quod in his quae ex caritate diliguntur attendatur aliquis ordo, secundum relationem ad primum principium huius dilectionis, quod est deus.
ra1 ‘ Ad primum ergo dicendum quod caritas tendit in ultimum finem sub ratione finis ultimi, quod non convenit alicui alii virtuti, * ut supra dictum est. ‘ finis autem habet rationem principii in appetibilibus et in agendis, * ut ex supradictis patet. ‘ et ideo caritas maxime importat comparationem ad primum principium. et ideo in ea maxime consideratur ordo secundum relationem ad primum principium.
ra2 ‘ Ad secundum dicendum quod fides pertinet ad vim cognitivam, cuius operatio est secundum quod res cognitae sunt in cognoscente. caritas autem est in vi affectiva, cuius operatio consistit in hoc quod anima tendit in ipsas res. ordo autem principalius invenitur in ipsis rebus; et ex eis derivatur ad cognitionem nostram. et ideo ordo magis appropriatur caritati quam fidei. licet etiam in fide sit aliquis ordo, secundum quod principaliter est de deo, secundario autem de aliis quae referuntur ad deum.
ra3 ‘ Ad tertium dicendum quod ordo pertinet ad rationem sicut ad ordinantem, sed ad vim appetitivam pertinet sicut ad ordinatam. et hoc modo ordo in caritate ponitur.

009 ST3 qu26 ar2

ag1 ‘ Ad secundum sic proceditur. videtur quod deus non sit magis diligendus quam proximus. * dicitur enim i ioan. iv, ° qui non diligit fratrem suum, quem videt, deum, quem non videt, quomodo potest diligere? ‘ ex quo videtur quod illud sit magis diligibile quod est magis visibile, “ nam et visio est principium amoris, * ut dicitur ix ethic.. ‘ sed deus est minus visibilis quam proximus. ergo etiam est minus ex caritate diligibilis.
ag2 ‘ Praeterea, similitudo est causa dilectionis, * secundum illud eccli. xiii, ° omne animal diligit simile sibi. ‘ sed maior est similitudo hominis ad proximum suum quam ad deum. ergo homo ex caritate magis diligit proximum quam deum.
ag3 ‘ Praeterea, illud quod in proximo caritas diligit, deus est; * ut patet per augustinum, in i de doct. christ.. ‘ sed deus non est maior in seipso quam in proximo. ergo non est magis diligendus in seipso quam in proximo. ergo non debet magis diligi deus quam proximus.
sc ‘ Sed contra, illud magis est diligendum propter quod aliqua odio sunt habenda. sed proximi sunt odio habendi propter deum, si scilicet a deo abducunt, * secundum illud luc. xiv, ° si quis venit ad me et non odit patrem et matrem et uxorem et filios et fratres et sorores, non potest meus esse discipulus. ‘ ergo deus est magis ex caritate diligendus quam proximus.
co ‘ Respondeo dicendum quod unaquaeque amicitia respicit principaliter illud in quo principaliter invenitur illud bonum super cuius communicatione fundatur, sicut amicitia politica principalius respicit principem civitatis, a quo totum bonum commune civitatis dependet; unde et ei maxime debetur fides et obedientia a civibus. amicitia autem caritatis fundatur super communicatione beatitudinis, quae consistit essentialiter in deo sicut in primo principio, a quo derivatur in omnes qui sunt beatitudinis capaces. et ideo principaliter et maxime deus est ex caritate diligendus, ipse enim diligitur sicut beatitudinis causa; proximus autem sicut beatitudinem simul nobiscum ab eo participans.
ra1 ‘ Ad primum ergo dicendum quod dupliciter est aliquid causa dilectionis. uno modo, sicut id quod est ratio diligendi. et hoc modo bonum est causa diligendi, quia unumquodque diligitur inquantum habet rationem boni. alio modo, quia est via quaedam ad acquirendum dilectionem. et hoc modo visio est causa dilectionis, non quidem ita quod ea ratione sit aliquid diligibile quia est visibile; sed quia per visionem perducimur ad dilectionem non ergo oportet quod illud quod est magis visibile sit magis diligibile, sed quod prius occurrat nobis ad diligendum. “ et hoc modo argumentatur apostolus. ‘ proximus enim, quia est nobis magis visibilis, primo occurrit nobis diligendus, ° ex his enim quae novit animus discit incognita amare, * ut gregorius dicit, in quadam homilia. ‘ unde si aliquis proximum non diligit, argui potest quod nec deum diligit, non propter hoc quod proximus sit magis diligibilis; sed quia prius diligendus occurrit. deus autem est magis diligibilis propter maiorem bonitatem.
ra2 ‘ Ad secundum dicendum quod similitudo quam habemus ad deum est prior et causa similitudinis quam habemus ad proximum, ex hoc enim quod participamus a deo id quod ab ipso etiam proximus habet similes proximo efficimur. et ideo ratione similitudinis magis debemus deum quam proximum diligere.
ra3 ‘ Ad tertium dicendum quod deus, secundum substantiam suam consideratus, in quocumque sit, aequalis est, quia non minuitur per hoc quod est in aliquo. sed tamen non aequaliter habet proximus bonitatem dei sicut habet ipsam deus, nam deus habet ipsam essentialiter, proximus autem participative.

009 ST3 qu26 ar3

ag1 ‘ Ad tertium sic proceditur. videtur quod homo non debeat ex caritate plus deum diligere quam seipsum. * dicit enim philosophus, in ix ethic., quod ° amicabilia quae sunt ad alterum veniunt ex amicabilibus quae sunt ad seipsum. ‘ sed causa est potior effectu. ergo maior est amicitia hominis ad seipsum quam ad quemcumque alium. ergo magis se debet diligere quam deum.
ag2 ‘ Praeterea, unumquodque diligitur inquantum est proprium bonum. sed id quod est ratio diligendi magis diligitur quam id quod propter hanc rationem diligitur, sicut principia, quae sunt ratio cognoscendi, magis cognoscuntur. ergo homo magis diligit seipsum quam quodcumque aliud bonum dilectum. non ergo magis diligit deum quam seipsum.
ag3 ‘ Praeterea, quantum aliquis diligit deum, tantum diligit frui eo. sed quantum aliquis diligit frui deo, tantum diligit seipsum, quia hoc est summum bonum quod aliquis sibi velle potest. ergo homo non plus debet ex caritate deum diligere quam seipsum.
sc * Sed contra est quod augustinus dicit, in i de doct. christ., ° si teipsum non propter te debes diligere, sed propter ipsum ubi dilectionis tuae rectissimus finis est, non succenseat aliquis alius homo si et ipsum propter deum diligas. ‘ sed propter quod unumquodque, illud magis. ergo magis debet homo diligere deum quam seipsum.

co ‘ Respondeo dicendum quod a deo duplex bonum accipere possumus, scilicet bonum naturae, et bonum gratiae. super communicatione autem bonorum naturalium nobis a deo facta fundatur amor naturalis, quo non solum homo in suae integritate naturae super omnia diligit deum et plus quam seipsum, sed etiam quaelibet creatura suo modo, idest vel intellectuali vel rationali vel animali, vel saltem naturali amore, sicut lapides et alia quae cognitione carent, quia unaquaeque pars naturaliter plus amat commune bonum ° totius quam particulare bonum proprium. quod manifestatur ex opere, quaelibet enim pars habet inclinationem principalem ad actionem communem utilitati totius. apparet etiam hoc in politicis virtutibus, secundum quas cives pro bono communi et dispendia propriarum rerum et personarum interdum sustinent. unde multo magis hoc verificatur in amicitia caritatis, quae fundatur super communicatione donorum gratiae. et ideo ex caritate magis debet homo diligere deum, qui est bonum commune omnium, quam seipsum, quia beatitudo est in deo sicut in communi et fontali omnium principio qui beatitudinem participare possunt.

ra1 * Ad primum ergo dicendum quod philosophus loquitur “ de amicabilibus quae sunt ad alterum in quo bonum quod est obiectum amicitiae invenitur secundum aliquem particularem modum, non autem de amicabilibus quae sunt ad alterum in quo bonum praedictum invenitur secundum rationem totius.

ra2 ‘ Ad secundum dicendum quod bonum totius diligit quidem pars secundum quod est sibi conveniens, non autem ita quod bonum totius ad se referat, sed potius ita quod seipsam refert in bonum totius.

ra3 ‘ Ad tertium dicendum quod hoc quod aliquis velit frui deo, pertinet ad amorem quo deus amatur amore concupiscentiae. magis autem amamus deum amore amicitiae quam amore concupiscentiae, quia maius est in se bonum dei quam participare possumus fruendo ipso. et ideo simpliciter homo magis diligit deum ex caritate quam seipsum.

009 ST3 qu26 ar4

ag1 ‘ Ad quartum sic proceditur. videtur quod homo ex caritate non magis debeat diligere seipsum quam proximum. principale enim obiectum caritatis est deus, * ut supra dictum est. ‘ sed quandoque homo habet proximum magis deo coniunctum quam sit ipse. ergo debet aliquis magis talem diligere quam seipsum.

ag2 ‘ Praeterea, detrimentum illius quem magis diligimus, magis vitamus. sed homo ex caritate sustinet detrimentum pro proximo, * secundum illud proverb. xii, ° qui negligit damnum propter amicum, iustus est. ‘ ergo homo debet ex caritate magis alium diligere quam seipsum.

ag3 * Praeterea, i ad cor. xiii dicitur quod ° caritas non quaerit quae sua sunt. ‘ sed illud maxime amamus cuius bonum maxime quaerimus. ergo per caritatem aliquis non amat seipsum magis quam proximum.

sc * Sed contra est quod dicitur levit. xix, et matth. xxii, ° diliges proximum tuum sicut teipsum, ‘ ex quo videtur quod dilectio hominis ad seipsum est sicut exemplar dilectionis quae habetur ad alterum. sed exemplar potius est quam exemplatum. ergo homo ex caritate magis debet diligere seipsum quam proximum.

co ‘ Respondeo dicendum quod in homine duo sunt, scilicet natura spiritualis, et natura corporalis. per hoc autem homo dicitur diligere seipsum quod diligit se secundum naturam spiritualem, * ut supra dictum est. ‘ et secundum hoc debet homo magis se diligere, post deum, quam quemcumque alium. et hoc patet ex ipsa ratione diligendi. * nam sicut supra dictum est, ‘ deus diligitur ut principium boni super quo fundatur dilectio caritatis; homo autem seipsum diligit ex caritate secundum rationem qua est particeps praedicti boni; proximus autem diligitur secundum rationem societatis in isto bono. consociatio autem est ratio dilectionis secundum quandam unionem in ordine ad deum. unde sicut unitas potior est quam unio, ita quod homo ipse participet bonum divinum est potior ratio diligendi quam quod alius associetur sibi in hac participatione. et ideo homo ex caritate debet magis seipsum diligere quam proximum. et huius signum est quod homo non debet subire aliquod malum peccati, quod contrariatur participationi beatitudinis, ut proximum liberet a peccato.

ra1 ‘ Ad primum ergo dicendum quod dilectio caritatis non solum habet quantitatem a parte obiecti, quod est deus; sed ex parte diligentis qui est ipse homo caritatem habens, sicut et quantitas cuiuslibet actionis dependet quodammodo ex ipso subiecto. et ideo, licet proximus melior sit deo propinquior, quia tamen non est ita propinquus caritatem habenti sicut ipse sibi, non sequitur quod magis debeat aliquis proximum quam seipsum diligere.

ra2 ‘ Ad secundum dicendum quod detrimenta corporalia debet homo sustinere propter amicum, et in hoc ipso seipsum magis diligit secundum spiritualem mentem, quia hoc pertinet ad perfectionem virtutis, quae est bonum mentis. sed in spiritualibus non debet homo pati detrimentum peccando ut proximum liberet a peccato, * sicut dictum est.

ra3 * Ad tertium dicendum quod, sicut augustinus dicit, in regula, ° quod dicitur, caritas non quaerit quae sua sunt, sic intelligitur quia communia propriis anteponit. ‘ semper autem commune bonum est magis amabile unicuique quam proprium bonum, sicut etiam ipsi parti est magis amabile bonum totius quam bonum partiale sui ipsius, * ut dictum est.

009 ST3 qu26 ar5

ag1 ‘ Ad quintum sic proceditur. videtur quod homo non magis debeat diligere proximum quam corpus proprium. in proximo enim intelligitur corpus nostri proximi. si ergo debet homo diligere proximum plus quam corpus proprium, sequitur quod plus debeat diligere corpus proximi quam corpus proprium.

ag2 ‘ Praeterea, homo plus debet diligere animam propriam quam proximum, * ut dictum est. ‘ sed corpus proprium propinquius est animae nostrae quam proximus. ergo plus debemus diligere corpus proprium quam proximum.

ag3 ‘ Praeterea, unusquisque exponit id quod minus amat pro eo quod magis amat. sed non omnis homo tenetur exponere corpus proprium pro salute proximi, sed hoc est perfectorum, * secundum illud ioan. xv, ° maiorem caritatem nemo habet quam ut animam suam ponat quis pro amicis suis. ‘ ergo homo non tenetur ex caritate plus diligere proximum quam corpus proprium.

sc * Sed contra est quod augustinus dicit, in i de doct. christ., quod ° plus debemus diligere proximum quam corpus proprium.

co ‘ Respondeo dicendum quod illud magis est ex caritate diligendum quod habet pleniorem rationem diligibilis ex caritate, * ut dictum est. ‘ consociatio autem in plena participatione beatitudinis, quae est ratio diligendi proximum, est maior ratio diligendi quam participatio beatitudinis per redundantiam, quae est ratio diligendi proprium corpus. et ideo proximum, quantum ad salutem animae, magis debemus diligere quam proprium corpus.

ra1 ‘ Ad primum ergo dicendum quod * quia, secundum philosophum, in ix ethic., “ unumquodque videtur esse id quod est praecipuum in ipso; ‘ cum dicitur proximus esse magis diligendus quam proprium corpus, intelligitur hoc quantum ad animam, quae est potior pars eius.

ra2 ‘ Ad secundum dicendum quod corpus nostrum est propinquius animae nostrae quam proximus quantum ad constitutionem propriae naturae. sed quantum ad participationem beatitudinis maior est consociatio animae proximi ad animam nostram quam etiam corporis proprii.

ra3 ‘ Ad tertium dicendum quod cuilibet homini imminet cura proprii corporis, non autem imminet cuilibet homini cura de salute proximi, nisi forte in casu. et ideo non est de necessitate caritatis quod homo proprium corpus exponat pro salute proximi, nisi in casu quod tenetur eius saluti providere. sed quod aliquis sponte ad hoc se offerat, pertinet ad perfectionem caritatis.

009 ST3 qu26 ar6

ag1 ‘ Ad sextum sic proceditur. videtur quod unus proximus non sit magis diligendus quam alius. * dicit enim augustinus, in i de doct. christ., ° omnes homines aeque diligendi sunt. sed cum omnibus prodesse non possis, his potissimum consulendum est qui pro locorum et temporum vel quarumlibet rerum opportunitatibus, constrictius tibi quasi quadam sorte iunguntur. ‘ ergo proximorum unus non est magis diligendus quam alius.

ag2 ‘ Praeterea, ubi una et eadem est ratio diligendi diversos, non debet esse inaequalis dilectio. sed una est ratio diligendi omnes proximos, scilicet deus; * ut patet per augustinum, in i de doct. christ.. ‘ ergo omnes proximos aequaliter diligere debemus.

ag3 “ Praeterea, amare est velle bonum alicui; * ut patet per philosophum, in ii rhet.. ‘ sed omnibus proximis aequale bonum volumus, scilicet vitam aeternam. ergo omnes proximos aequaliter debemus diligere.

sc ‘ Sed contra est quod tanto unusquisque magis debet diligi, quanto gravius peccat qui contra eius dilectionem operatur. sed gravius peccat qui agit contra dilectionem aliquorum proximorum quam qui agit contra dilectionem aliorum, * unde levit. xx praecipitur quod ° qui maledixerit patri aut matri, morte moriatur, ‘ quod non praecipitur de his qui alios homines maledicunt. ergo quosdam proximorum magis debemus diligere quam alios.

co ‘ Respondeo dicendum quod * circa hoc fuit duplex opinio. quidam enim dixerunt quod “ omnes proximi sunt aequaliter ex caritate diligendi quantum ad affectum, sed non quantum ad exteriorem effectum; ponentes ordinem dilectionis esse intelligendum secundum exteriora beneficia, quae magis debemus impendere proximis quam alienis; non autem secundum interiorem affectum, quem aequaliter debemus impendere omnibus, etiam inimicis. ‘ sed hoc irrationabiliter dicitur. non enim minus est ordinatus affectus caritatis, qui est inclinatio gratiae, quam appetitus naturalis, qui est inclinatio naturae, utraque enim inclinatio ex divina sapientia procedit. videmus autem in naturalibus quod inclinatio naturalis proportionatur actui vel motui qui convenit naturae uniuscuiusque, sicut terra habet maiorem inclinationem gravitatis quam aqua, quia competit ei esse sub aqua. oportet igitur quod etiam inclinatio gratiae, quae est affectus caritatis, proportionetur his quae sunt exterius agenda, ita scilicet ut ad eos intensiorem caritatis affectum habeamus quibus convenit nos magis beneficos esse. et ideo dicendum est quod etiam secundum affectum oportet magis unum proximorum quam alium diligere. et ratio est quia, cum principium dilectionis sit deus et ipse diligens, necesse est quod secundum propinquitatem maiorem ad alterum istorum principiorum maior sit dilectionis affectus, |25| * sicut enim supra dictum est, ‘ in omnibus in quibus invenitur aliquod principium, ordo attenditur secundum comparationem ad illud principium.

ra1 ‘ Ad primum ergo dicendum quod dilectio potest esse inaequalis dupliciter. uno modo, ex parte eius boni quod amico optamus. et quantum ad hoc, omnes homines aeque diligimus ex caritate, quia omnibus optamus bonum idem in genere, scilicet beatitudinem aeternam. alio modo dicitur maior dilectio propter intensiorem actum dilectionis. et sic non oportet omnes aeque diligere. vel aliter dicendum quod dilectio inaequaliter potest ad aliquos haberi dupliciter. uno modo, ex eo quod quidam diliguntur et alii non diliguntur. et hanc inaequalitatem oportet servare in beneficentia, quia non possumus omnibus prodesse, sed in benevolentia dilectionis talis inaequalitas haberi non debet. alia vero est inaequalitas dilectionis ex hoc quod quidam plus aliis diliguntur. “ augustinus ergo non intendit hanc excludere inaequalitatem, sed primam, ut patet ex his quae de beneficentia dicit.

ra2 ‘ Ad secundum dicendum quod non omnes proximi aequaliter se habent ad deum, sed quidam sunt ei propinquiores, propter maiorem bonitatem. qui sunt magis diligendi ex caritate quam alii, qui sunt ei minus propinqui.

ra3 ‘ Ad tertium dicendum quod ratio illa procedit de quantitate dilectionis ex parte boni quod amicis optamus.

009 ST3 qu26 ar7

ag1 ‘ Ad septimum sic proceditur. videtur quod magis debeamus diligere meliores quam nobis coniunctiores. illud enim videtur esse magis diligendum quod nulla ratione debet odio haberi, quam illud quod aliqua ratione est odiendum, sicut et albius est quod est nigro impermixtius. sed personae nobis coniunctae sunt secundum aliquam rationem odiendae, * secundum illud luc. xiv, ° si quis venit ad me et non odit patrem et matrem, ‘ etc., homines autem boni nulla ratione sunt odiendi. ergo videtur quod meliores sint magis amandi quam coniunctiores.

ag2 ‘ Praeterea, secundum caritatem homo maxime conformatur deo. sed deus diligit magis meliorem. ergo et homo per caritatem magis debet meliorem diligere quam sibi coniunctiorem.

ag3 ‘ Praeterea, secundum unamquamque amicitiam illud est magis amandum quod magis pertinet ad id supra quod amicitia fundatur, amicitia enim naturali magis diligimus eos qui sunt magis nobis secundum naturam coniuncti, puta parentes vel filios. sed amicitia caritatis fundatur super communicatione beatitudinis, ad quam magis pertinent meliores quam nobis coniunctiores. ergo ex caritate magis debemus diligere meliores quam nobis coniunctiores.

sc * Sed contra est quod dicitur i ad tim. v, ° si quis suorum, et maxime domesticorum curam non habet, fidem negavit et est infideli deterior. ‘ sed interior caritatis affectio debet respondere exteriori effectui. ergo caritas magis debet haberi ad propinquiores quam ad meliores.

co ‘ Respondeo dicendum quod omnis actus oportet quod proportionetur et obiecto et agenti, sed ex obiecto habet speciem, ex virtute autem agentis habet modum suae intensionis; sicut motus habet speciem ex termino ad quem est, sed intensionem velocitatis habet ex dispositione mobilis et virtute moventis. sic igitur dilectio speciem habet ex obiecto, sed intensionem habet ex parte ipsius diligentis. obiectum autem caritativae dilectionis deus est; homo autem diligens est. diversitas igitur dilectionis quae est secundum caritatem, quantum ad speciem est attendenda in proximis diligendis secundum comparationem ad deum, ut scilicet ei qui est deo propinquior maius bonum ex caritate velimus. quia licet bonum quod omnibus vult caritas, scilicet beatitudo aeterna, sit unum secundum se, habet tamen diversos gradus secundum diversas beatitudinis participationes, et hoc ad caritatem pertinet, ut velit iustitiam dei servari, secundum quam meliores perfectius beatitudinem participant. et hoc pertinet ad speciem dilectionis, sunt enim diversae dilectionis species secundum diversa bona quae optamus his quos diligimus. sed intensio dilectionis est attendenda per comparationem ad ipsum hominem qui diligit. et secundum hoc illos qui sunt sibi propinquiores intensiori affectu diligit homo ad illud bonum ad quod eos diligit, quam meliores ad maius bonum. est etiam ibi et alia differentia attendenda. nam aliqui proximi |25| sunt propinqui nobis secundum naturalem originem, a qua discedere non possunt, quia secundum eam sunt id quod sunt. sed bonitas virtutis, secundum quam aliqui appropinquant deo, potest accedere et recedere, augeri et minui, * ut ex supradictis patet. ‘ et ideo possum ex caritate velle quod iste qui est mihi coniunctus sit melior alio, et sic ad maiorem beatitudinis gradum pervenire possit. est autem et alius modus quo plus diligimus ex caritate magis nobis coniunctos, quia pluribus modis eos diligimus. ad eos enim qui non sunt nobis coniuncti non habemus nisi amicitiam caritatis. ad eos vero qui sunt nobis coniuncti habemus aliquas alias amicitias, secundum modum coniunctionis eorum ad nos. cum autem bonum super quod fundatur quaelibet alia amicitia honesta ordinetur sicut ad finem ad bonum super quod fundatur caritas, consequens est ut caritas imperet actui cuiuslibet alterius amicitiae, sicut ars quae est circa finem imperat arti quae est circa ea quae sunt ad finem. et sic hoc ipsum quod est diligere aliquem quia consanguineus vel quia coniunctus est vel concivis, vel propter quodcumque huiusmodi aliud licitum ordinabile in finem caritatis, potest a caritate imperari. et ita ex caritate eliciente cum imperante pluribus modis diligimus magis nobis coniunctos.

ra1 ‘ Ad primum ergo dicendum quod in propinquis nostris non praecipimur odire quod propinqui nostri sunt; sed hoc solum quod impediunt nos a deo. et in hoc non sunt propinqui, sed inimici, * secundum illud mich. vii, ° inimici hominis domestici eius.

ra2 ‘ Ad secundum dicendum quod caritas facit hominem conformari deo secundum proportionem, ut scilicet ita se habeat homo ad id quod suum est, sicut deus ad id quod suum est. quaedam enim possumus ex caritate velle, quia sunt nobis convenientia, quae tamen deus non vult, quia non convenit ei ut ea velit, * sicut supra habitum est, cum de bonitate voluntatis ageretur.

ra3 ‘ Ad tertium dicendum quod caritas non solum elicit actum dilectionis secundum rationem obiecti, sed etiam secundum rationem diligentis, * ut dictum est. ‘ ex quo contingit quod magis coniunctus magis amatur.

009 ST3 qu26 ar8

ag1 ‘ Ad octavum sic proceditur. videtur quod non sit maxime diligendus ille qui est nobis coniunctus secundum carnalem originem. * dicitur enim proverb. xviii, ° vir amicabilis ad societatem magis erit amicus quam frater. * et maximus valerius dicit quod ° amicitiae vinculum praevalidum est, neque ulla ex parte sanguinis viribus inferius. hoc etiam certius et exploratius, quod illud nascendi sors fortuitum opus dedit; hoc uniuscuiusque solido iudicio incoacta voluntas contrahit. ‘ ergo illi qui sunt coniuncti sanguine non sunt magis amandi quam alii.

ag2 * Praeterea, ambrosius dicit, in i de offic., ° non minus vos diligo, quos in evangelio genui, quam si in coniugio suscepissem. non enim vehementior est natura ad diligendum quam gratia. plus certe diligere debemus quos perpetuo nobiscum putamus futuros, quam quos in hoc tantum saeculo. ‘ non ergo consanguinei sunt magis diligendi his qui sunt aliter nobis coniuncti.

ag3 ° Praeterea, probatio dilectionis est exhibitio operis; * ut gregorius dicit, in homilia. ‘ sed quibusdam magis debemus impendere dilectionis opera quam etiam consanguineis, sicut magis est obediendum in exercitu duci quam patri. ergo illi qui sunt sanguine iuncti non sunt maxime diligendi.

sc ‘ Sed contra est quod in praeceptis decalogi specialiter mandatur de honoratione parentum; * ut patet exod. xx. ‘ ergo illi qui sunt nobis coniuncti secundum carnis originem sunt a nobis specialius diligendi.

co ‘ Respondeo dicendum quod, * sicut dictum est, ‘ illi qui sunt nobis magis coniuncti, sunt ex caritate magis diligendi, tum quia intensius diliguntur; tum etiam quia pluribus rationibus diliguntur. intensio autem dilectionis est ex coniunctione dilecti ad diligentem. et ideo diversorum dilectio est mensuranda secundum diversam rationem coniunctionis, ut scilicet unusquisque diligatur magis in eo quod pertinet ad illam coniunctionem secundum quam diligitur. et ulterius comparanda est dilectio dilectioni secundum comparationem coniunctionis ad coniunctionem. sic igitur dicendum est quod amicitia consanguineorum fundatur in coniunctione naturalis originis; amicitia autem concivium in communicatione civili; et amicitia commilitantium in communicatione bellica. et ideo in his quae pertinent ad naturam plus debemus diligere consanguineos; in his autem quae pertinent ad civilem conversationem plus debemus diligere concives; et in bellicis plus commilitones. * unde et philosophus dicit, in ix ethic., quod ° singulis propria et congruentia est attribuendum. sic autem et facere videntur. ad nuptias quidem vocant cognatos, videbitur utique et nutrimento parentibus oportere maxime sufficere, et honorem paternum. ‘ et simile etiam in aliis. si autem comparemus coniunctionem |25| ad coniunctionem, constat quod coniunctio naturalis originis est prior et immobilior, quia est secundum id quod pertinet ad substantiam; aliae autem coniunctiones sunt supervenientes, et removeri possunt. et ideo amicitia consanguineorum est stabilior. sed aliae amicitiae possunt esse potiores secundum illud quod est proprium unicuique amicitiae.

ra1 ‘ Ad primum ergo dicendum quod quia amicitia sociorum propria electione contrahitur in his quae sub nostra electione cadunt, puta in agendis, praeponderat haec dilectio dilectioni consanguineorum, ut scilicet magis cum illis consentiamus in agendis. amicitia tamen consanguineorum est stabilior, utpote naturalior existens, et praevalet in his quae ad naturam spectant. unde magis eis tenemur in provisione necessariorum.

ra2 * Ad secundum dicendum quod ambrosius loquitur “ de dilectione quantum ad beneficia quae pertinent ad communicationem gratiae, scilicet de instructione morum. ‘ in hac enim magis debet homo subvenire filiis spiritualibus, quos spiritualiter genuit, quam filiis corporalibus, quibus tenetur magis providere in corporalibus subsidiis.

ra3 ‘ Ad tertium dicendum quod ex hoc quod duci exercitus magis obeditur in bello quam patri, non probatur quod simpliciter pater minus diligatur, sed quod minus diligatur secundum quid, idest secundum dilectionem bellicae communicationis.

009 ST3 qu26 ar9

ag1 ‘ Ad nonum sic proceditur. videtur quod homo ex caritate magis debeat diligere filium quam patrem. illum enim magis debemus diligere cui magis debemus benefacere. sed magis debemus benefacere filiis quam parentibus, * dicit enim apostolus, ii ad cor. xii, ° non debent filii thesaurizare parentibus, sed parentes filiis. ‘ ergo magis sunt diligendi filii quam parentes.

ag2 ‘ Praeterea, gratia perficit naturam. “ sed naturaliter parentes plus diligunt filios quam ab eis diligantur; * ut philosophus dicit, in viii ethic.. ‘ ergo magis debemus diligere filios quam parentes.

ag3 ‘ Praeterea, per caritatem affectus hominis deo conformatur. sed deus magis diligit filios quam diligatur ab eis. ergo etiam et nos magis debemus diligere filios quam parentes.

sc * Sed contra est quod ambrosius dicit, ° primo deus diligendus est, secundo parentes, inde filii, post domestici.

co * Respondeo dicendum quod, sicut supra dictum est, ‘ gradus dilectionis ex duobus pensari potest. uno modo, ex parte obiecti. et secundum hoc id quod habet maiorem rationem boni est magis diligendum, et quod est deo similius. et sic pater est magis diligendus quam filius, quia scilicet patrem diligimus sub ratione principii, quod habet rationem eminentioris boni et deo similioris. alio modo computantur gradus dilectionis ex parte ipsius diligentis. et sic magis diligitur quod est coniunctius. “ et secundum hoc filius est magis diligendus quam pater; * ut philosophus dicit, in viii ethic.. ‘ primo quidem, quia parentes diligunt filios ut aliquid sui existentes; pater autem non est aliquid filii; et ideo dilectio secundum quam pater diligit filium similior est dilectioni qua quis diligit seipsum. secundo, quia parentes magis sciunt aliquos esse suos filios quam e converso. tertio, quia filius est magis propinquus parenti, utpote pars existens, quam pater filio, ad quem habet habitudinem principii. quarto, quia parentes diutius amaverunt, nam statim pater incipit diligere filium; filius autem tempore procedente incipit diligere patrem. dilectio autem quanto est diuturnior, tanto est fortior, * secundum illud eccli. ix, ° non derelinquas amicum antiquum, novus enim non erit similis illi.

ra1 ‘ Ad primum ergo dicendum quod principio debetur subiectio reverentiae et honor, effectui autem proportionaliter competit recipere influentiam principii et provisionem ipsius. et propter hoc parentibus a filiis magis debetur honor, filiis autem magis debetur cura provisionis.

ra2 ‘ Ad secundum dicendum quod pater naturaliter plus diligit filium secundum rationem coniunctionis ad seipsum. sed secundum rationem eminentioris boni filius naturaliter plus diligit patrem.

ra3 ‘ Ad tertium dicendum quod, * sicut augustinus dicit, in i de doct. christ., ° deus diligit nos ad nostram utilitatem et suum honorem. ‘ et ideo, quia pater comparatur ad nos in habitudine principii, sicut et deus, ad patrem proprie pertinet ut ei a filiis honor impendatur, ad filium autem ut eius utilitati a parentibus provideatur. quamvis in articulo necessitatis filius obligatus sit ex beneficiis susceptis, ut parentibus maxime provideat.

009 ST3 qu26 ar10

ag1 ‘ Ad decimum sic proceditur. videtur quod homo magis debeat diligere matrem quam patrem. * ut enim philosophus dicit, in i de gen. animal., ° femina in generatione dat corpus. ‘ sed homo non habet animam a patre, sed per creationem a deo, * ut in primo dictum est. ‘ ergo homo plus habet a matre quam a patre. plus ergo debet diligere matrem quam patrem.

ag2 ‘ Praeterea, magis amantem debet homo magis diligere. sed mater plus diligit filium quam pater, * dicit enim philosophus, in ix ethic., quod ° matres magis sunt amatrices filiorum. laboriosior enim est generatio matrum; et magis sciunt quoniam ipsarum sunt filii quam patres. ‘ ergo mater est magis diligenda quam pater.

ag3 ‘ Praeterea, ei debetur maior dilectionis affectus qui pro nobis amplius laboravit, * secundum illud rom. ult., ° salutate mariam, quae multum laboravit in vobis. ‘ sed mater plus laborat in generatione et educatione quam pater, * unde dicitur eccli. vii, ° gemitum matris tuae ne obliviscaris. ‘ ergo plus debet homo diligere matrem quam patrem.

sc * Sed contra est quod hieronymus dicit, super ezech., quod ° post deum, omnium patrem, diligendus est pater, “ et postea addit de matre.

co ‘ Respondeo dicendum quod in istis comparationibus id quod dicitur est intelligendum per se, ut videlicet intelligatur esse quaesitum de patre inquantum est pater, an sit plus diligendus matre inquantum est mater. “ potest enim in omnibus huiusmodi tanta esse distantia virtutis et malitiae ut amicitia solvatur vel minuatur; * ut philosophus dicit, in viii ethic.. et ideo, ut ambrosius dicit, ° boni domestici sunt malis filiis praeponendi. ‘ sed per se loquendo, pater magis est amandus quam mater. amantur enim pater et mater ut principia quaedam naturalis originis. pater autem habet excellentiorem rationem principii quam mater, quia pater est principium per modum agentis, mater autem magis per modum patientis et materiae. et ideo, per se loquendo, pater est magis diligendus.

ra1 ‘ Ad primum ergo dicendum quod in generatione hominis mater ministrat materiam corporis informem, formatur autem per virtutem formativam quae est in semine patris. et quamvis huiusmodi virtus non possit creare animam rationalem, disponit tamen materiam corporalem ad huiusmodi formae susceptionem.

ra2 ‘ Ad secundum dicendum quod hoc pertinet ad aliam rationem dilectionis, alia enim est species amicitiae qua diligimus amantem, et qua diligimus generantem. nunc autem loquimur de amicitia quae debetur patri et matri secundum generationis rationem.

009 ST3 qu26 ar11

ag1 ‘ Ad undecimum sic proceditur. videtur quod homo plus debeat diligere uxorem quam patrem et matrem. nullus enim dimittit rem aliquam nisi pro re magis dilecta. * sed gen. ii dicitur quod ‘ propter uxorem relinquet homo patrem et matrem. ergo magis debet diligere uxorem quam patrem vel matrem.

ag2 * Praeterea, apostolus dicit, ad ephes. v, quod ° viri debent diligere uxores sicut seipsos. ‘ sed homo magis debet diligere seipsum quam parentes. ergo etiam magis debet diligere uxorem quam parentes.

ag3 ‘ Praeterea, ubi sunt plures rationes dilectionis, ibi debet esse maior dilectio. sed in amicitia quae est ad uxorem sunt plures rationes dilectionis, * dicit enim philosophus, in viii ethic., quod ° in hac amicitia videtur esse utile et delectabile et propter virtutem, si virtuosi sint coniuges. ‘ ergo maior debet esse dilectio ad uxorem quam ad parentes.

sc “ Sed contra est quod vir debet diligere uxorem suam sicut carnem suam, * ut dicitur ad ephes. v. ‘ sed corpus suum minus debet homo diligere quam proximum, * ut supra dictum est. ‘ inter proximos autem magis debemus diligere parentes. ergo magis debemus diligere parentes quam uxorem.

co * Respondeo dicendum quod, sicut dictum est, ‘ gradus dilectionis attendi potest et secundum rationem boni, et secundum coniunctionem ad diligentem. secundum igitur rationem boni, quod est obiectum dilectionis, magis sunt diligendi parentes quam uxores, quia diliguntur sub ratione principii et eminentioris cuiusdam boni. secundum autem rationem coniunctionis magis diligenda est uxor, quia uxor coniungitur viro ut una caro existens, * secundum illud matth. xix, ° itaque iam non sunt duo, sed una caro. ‘ et ideo intensius diligitur uxor, sed maior reverentia est parentibus exhibenda.

ra1 ‘ Ad primum ergo dicendum quod non quantum ad omnia deseritur pater et mater propter uxorem, in quibusdam enim magis debet homo assistere parentibus quam uxori. sed quantum ad unionem carnalis copulae et cohabitationis, relictis omnibus parentibus, homo adhaeret uxori.

ra2 “ Ad secundum dicendum quod in verbis apostoli non est intelligendum quod homo debeat diligere uxorem suam aequaliter sibi ipsi, sed quia dilectio quam aliquis habet ad seipsum est ratio dilectionis quam quis habet ad uxorem sibi coniunctam.

ra3 ‘ Ad tertium dicendum quod etiam in amicitia paterna inveniuntur multae rationes dilectionis. et quantum ad aliquid praeponderant rationi dilectionis quae habetur ad uxorem, secundum scilicet rationem boni, quamvis illae praeponderent secundum coniunctionis rationem.

ra4 “ Ad quartum dicendum quod illud etiam non est sic intelligendum quod ly sicut importet aequalitatem, sed rationem dilectionis. ‘ diligit enim homo uxorem suam principaliter ratione carnalis coniunctionis.

009 ST3 qu26 ar12

ag1 ‘ Ad duodecimum sic proceditur. videtur quod homo magis debeat diligere benefactorem quam beneficiatum. * quia ut dicit augustinus, in libro de catechiz. rud., ° nulla est maior provocatio ad amandum quam praevenire amando, nimis enim durus est animus qui dilectionem, etsi non vult impendere, nolit rependere. ‘ sed benefactores praeveniunt nos in beneficio caritatis. ergo benefactores maxime debemus diligere.

ag2 ‘ Praeterea, tanto aliquis est magis diligendus

quanto gravius homo peccat si ab eius dilectione desistat, vel contra eam agat. sed gravius peccat qui benefactorem non diligit, vel contra eum agit, quam si diligere desinat eum cui hactenus benefecit. ergo magis sunt amandi benefactores quam hi quibus benefacimus.
ag3 " Praeterea, inter omnia diligenda maxime diligendus est deus et post eum pater, * ut hieronymus dicit. ' sed isti sunt maximi benefactores. ergo benefactor est maxime diligendus.
sc * Sed contra est quod philosophus dicit, in ix ethic., quod ° benefactores magis videntur amare beneficiatos quam e converso.
co * Respondeo dicendum quod, sicut supra dictum est, ' aliquid magis diligitur dupliciter, uno quidem modo, quia habet rationem excellentioris boni; alio modo, ratione maioris coniunctionis. primo quidem igitur modo benefactor est magis diligendus, quia, cum sit principium boni in beneficiato, habet excellentioris boni rationem; * sicut et de patre dictum est. 'secundo autem modo magis diligimus beneficiatos, * ut philosophus probat, in ix ethic., per quatuor rationes. ' primo quidem, quia beneficiatus est quasi quoddam opus benefactoris, unde consuevit dici de aliquo, iste est factura illius. naturale autem est cuilibet quod diligat opus suum, sicut videmus quod poetae diligunt poemata sua. et hoc ideo quia unumquodque diligit suum esse et suum vivere, quod maxime manifestatur in suo agere. secundo, quia unusquisque naturaliter diligit illud in quo inspicit suum bonum. habet quidem igitur et benefactor in beneficiato aliquod bonum, et e converso, sed benefactor inspicit in beneficiato suum bonum honestum, beneficiatus in benefactore suum bonum utile. bonum autem honestum delectabilius consideratur quam bonum utile, tum quia est diuturnius, utilitas enim cito transit, et delectatio memoriae non est sicut delectatio rei praesentis; tum etiam quia bona honesta magis cum delectatione recolimus quam utilitates |25| quae nobis ab aliis provenerunt. tertio, quia ad amantem pertinet agere, vult enim et operatur bonum amato, ad amatum autem pertinet pati. et ideo excellentioris est amare. et propter hoc ad benefactorem pertinet ut plus amet. quarto, quia difficilius est beneficia impendere quam recipere. ea vero in quibus laboramus magis diligimus; quae vero nobis de facili proveniunt quodammodo contemnimus.
ra1 ' Ad primum ergo dicendum quod in benefactore est ut beneficiatus provocetur ad ipsum amandum. benefactor autem diligit beneficiatum non quasi provocatus ab illo, sed ex seipso motus. quod autem est ex se potius est eo quod est per aliud.
ra2 ' Ad secundum dicendum quod amor beneficiati ad benefactorem est magis debitus, et ideo contrarium habet rationem maioris peccati. sed amor benefactoris ad beneficiatum est magis spontaneus, et ideo habet maiorem promptitudinem.
ra3 ' Ad tertium dicendum quod deus etiam plus nos diligit quam nos eum diligimus, et parentes plus diligunt filios quam ab eis diligantur. nec tamen oportet quod quoslibet beneficiatos plus diligamus quibuslibet benefactoribus. benefactores enim a quibus maxima beneficia recepimus, scilicet deum et parentes, praeferimus his quibus aliqua minora beneficia impendimus.

009 ST3 qu26 ar13

ag1 ' Ad tertiumdecimum sic proceditur. videtur quod ordo caritatis non remaneat in patria. * dicit enim augustinus, in libro de vera relig., ° perfecta caritas est ut plus potiora bona, et minus minora diligamus. ' sed in patria erit perfecta caritas. ergo plus diliget aliquis meliorem quam seipsum vel sibi coniunctum.
ag2 ' Praeterea, ille magis amatur cui maius bonum volumus. sed quilibet in patria existens vult maius bonum ei qui plus bonum habet, alioquin voluntas eius non per omnia divinae voluntati conformaretur. ibi autem plus bonum habet qui melior est. ergo in patria quilibet magis diliget meliorem. et ita magis alium quam seipsum, et extraneum quam propinquum.
ag3 ' Praeterea, tota ratio dilectionis in patria deus erit, * tunc enim implebitur quod dicitur i ad cor. xv, ° ut sit deus omnia in omnibus. ' ergo magis diligitur qui est deo propinquior. et ita aliquis magis diliget meliorem quam seipsum, et extraneum quam coniunctum.
sc ' Sed contra est quia natura non tollitur per gloriam, sed perficitur. ordo autem caritatis * supra positus ' ex ipsa natura procedit. omnia autem naturaliter plus se quam alia amant. ergo iste ordo caritatis remanebit in patria.
co ' Respondeo dicendum quod necesse est ordinem caritatis remanere in patria quantum ad hoc quod deus est super omnia diligendus. hoc enim simpliciter erit tunc, quando homo perfecte eo fruetur. sed de ordine sui ipsius ad alios distinguendum videtur. quia * sicut supra dictum est, ' dilectionis gradus distingui potest vel secundum differentiam boni quod quis alii exoptat; vel secundum intensionem dilectionis. primo quidem modo plus diliget meliores quam seipsum, minus vero minus bonos. volet enim quilibet beatus unumquemque habere quod sibi debetur secundum divinam iustitiam, propter perfectam conformitatem voluntatis humanae ad divinam. nec tunc erit tempus proficiendi per meritum ad maius praemium, sicut nunc accidit, quando potest homo melioris et virtutem et praemium desiderare, sed tunc voluntas uniuscuiusque infra hoc sistet quod est determinatum divinitus. secundo vero modo aliquis plus seipsum diliget quam proximum, etiam meliorem. quia intensio actus dilectionis provenit ex parte subiecti diligentis, * ut supra dictum est. ' et ad hoc etiam donum caritatis unicuique confertur a deo, ut primo quidem mentem suam in deum ordinet, quod pertinet ad dilectionem sui ipsius; secundario vero ordinem aliorum in deum velit, |25| vel etiam operetur secundum suum modum. sed quantum ad ordinem proximorum ad invicem simpliciter quis magis diliget meliorem, secundum caritatis amorem. tota enim vita beata consistit in ordinatione mentis ad deum. unde totus ordo dilectionis beatorum observabitur per comparationem ad deum, ut scilicet ille magis diligatur et propinquior sibi habeatur ab unoquoque qui est deo propinquior. cessabit enim tunc provisio, quae est in praesenti vita necessaria, qua necesse est ut unusquisque magis sibi coniuncto, secundum quamcumque necessitudinem, provideat magis quam alieno; ratione cuius in hac vita ex ipsa inclinatione caritatis homo plus diligit magis sibi coniunctum, cui magis debet impendere caritatis effectum. continget tamen in patria quod aliquis sibi coniunctum pluribus rationibus diliget, non enim cessabunt ab animo beati honestae dilectionis causae. tamen omnibus istis rationibus praefertur incomparabiliter ratio dilectionis quae sumitur ex propinquitate ad deum.
ra1 ' Ad primum ergo dicendum quod quantum ad coniunctos sibi ratio illa concedenda est. sed quantum ad seipsum oportet quod aliquis plus se quam alios diligat, tanto magis quanto perfectior est caritas, quia perfectio caritatis ordinat hominem perfecte in deum quod pertinet ad dilectionem sui ipsius, * ut dictum est.
ra2 ' Ad secundum dicendum quod ratio illa procedit de ordine dilectionis secundum gradum boni quod aliquis vult amato.
ra3 ' Ad tertium dicendum quod unicuique erit deus tota ratio diligendi eo quod deus est totum hominis bonum, dato enim, per impossibile, quod deus non esset hominis bonum, non esset ei ratio diligendi. et ideo in ordine dilectionis oportet quod post deum homo maxime diligat seipsum.

009 ST3 qu27 ar

pr ' Deinde considerandum est de actu caritatis. et primo, de principali actu caritatis, qui est dilectio; secundo, de aliis actibus vel effectibus consequentibus. circa primum quaeruntur octo. primo, quid sit magis proprium caritatis, utrum amari vel amare. secundo, utrum amare, prout est actus caritatis, sit idem quod benevolentia. tertio, utrum deus sit propter seipsum amandus. quarto, utrum possit in hac vita immediate amari. quinto, utrum possit amari totaliter. sexto, utrum eius dilectio habeat modum. septimo, quid sit melius, utrum diligere amicum vel diligere inimicum. octavo, quid sit melius, utrum diligere deum vel diligere proximum.

009 ST3 qu27 ar1

ag1 ' Ad primum sic proceditur. videtur quod caritatis magis sit proprium amari quam amare. caritas enim in melioribus melior invenitur. sed meliores debent magis amari. ergo caritatis magis est proprium amari.
ag2 ' Praeterea, illud quod in pluribus invenitur videtur esse magis conveniens naturae, et per consequens melius. * sed sicut dicit philosophus, in viii ethic., ° multi magis volunt amari quam amare, propter quod amatores adulationis sunt multi. ' ergo melius est amari quam amare, et per consequens magis conveniens caritati.
ag3 ' Praeterea, propter quod unumquodque, illud magis. sed homines propter hoc quod amantur, amant, * dicit enim augustinus, in libro de catechiz. rud., quod ° nulla est maior provocatio ad amandum quam praevenire amando. ' ergo caritas magis consistit in amari quam in amare.
sc * Sed contra est quod philosophus dicit, in viii ethic., quod ° magis existit amicitia in amare quam in amari. ' sed caritas est amicitia quaedam. ergo caritas magis consistit in amare quam in amari.
co ' Respondeo dicendum quod amare convenit caritati inquantum est caritas. caritas enim, cum sit virtus quaedam, secundum suam essentiam habet inclinationem ad proprium actum. amari autem non est actus caritatis ipsius qui amatur, sed actus caritatis eius est amare; amari autem competit ei secundum communem rationem boni, prout scilicet ad eius bonum alius per actum caritatis movetur. unde manifestum est quod caritati magis convenit amare quam amari, magis enim convenit unicuique quod convenit ei per se et substantialiter quam quod convenit ei per aliud. et huius duplex est signum. primum quidem, quia amici magis laudantur ex hoc quod amant quam ex hoc quod amantur, quinimmo si non ament et amentur, vituperantur. secundo, quia matres, quae maxime amant, plus quaerunt amare quam amari, ° quaedam enim, * ut philosophus dicit, in eodem libro, ° filios suos dant nutrici, et amant quidem, reamari autem non quaerunt, si non contingat.
ra1 ' Ad primum ergo dicendum quod meliores ex eo quod meliores sunt, sunt magis amabiles. sed ex eo quod in eis est perfectior caritas, sunt magis amantes, secundum tamen proportionem amati. non enim melior minus amat id quod infra ipsum est quam amabile sit, sed ille qui est minus bonus non attingit ad amandum meliorem quantum amabilis est.
ra2 * Ad secundum dicendum quod, sicut philosophus dicit ibidem, " homines volunt amari inquantum volunt honorari. ' sicut enim honor exhibetur alicui ut quoddam testimonium boni in ipso qui honoratur, ita per hoc quod aliquis amatur ostenditur in ipso esse aliquod bonum, quia solum bonum amabile est. sic igitur amari et honorari quaerunt homines propter aliud, scilicet ad manifestationem boni in amato existentis. amare autem quaerunt caritatem habentes secundum se, quasi ipsum sit bonum caritatis, sicut et quilibet actus virtutis est bonum virtutis illius. unde magis pertinet ad caritatem velle amare quam velle amari.
ra3 ' Ad tertium dicendum quod propter amari aliqui amant, non ita quod amari sit finis eius quod est amare, sed eo quod est via quaedam ad hoc inducens quod homo amet.

009 ST3 qu27 ar2

ag1 ' Ad secundum sic proceditur. videtur quod amare, secundum quod est actus caritatis, nihil sit aliud quam benevolentia. * dicit enim philosophus, in ii rhet. " amare est velle alicui bona. ' sed hoc est benevolentia. ergo nihil aliud est actus caritatis quam benevolentia.
ag2 ' Praeterea, cuius est habitus, eius est actus. sed habitus caritatis est in potentia voluntatis, * ut supra dictum est. ' ergo etiam actus caritatis est actus voluntatis. sed non nisi in bonum tendens, quod est benevolentia. ergo actus caritatis nihil est aliud quam benevolentia.
ag3 * Praeterea, philosophus, in ix ethic., ponit " quinque ad amicitiam pertinentia, quorum primum est quod homo velit amico bonum; secundum est quod velit ei esse et vivere; tertium est quod ei convivat; quartum est quod eadem eligat; quintum est quod condoleat et congaudeat. ' sed prima duo ad benevolentiam pertinent. ergo primus actus caritatis est benevolentia.
sc * Sed contra est quod philosophus dicit, in eodem libro, quod " benevolentia neque est amicitia neque est amatio, sed est amicitiae principium. ' sed caritas est amicitia, * ut supra dictum est. ' ergo benevolentia non est idem quod dilectio, quae est caritatis actus.
co ' Respondeo dicendum quod benevolentia proprie dicitur actus voluntatis quo alteri bonum volumus. hic autem voluntatis actus differt ab actuali amore tam secundum quod est in appetitu sensitivo, quam etiam secundum quod est in appetitu intellectivo, qui est voluntas. amor enim qui est in appetitu sensitivo passio quaedam est. omnis autem passio cum quodam impetu inclinat in suum obiectum. passio autem amoris hoc habet quod non subito exoritur, sed per aliquam assiduam inspectionem rei amatae. * et ideo philosophus, in ix ethic., " ostendens differentiam inter benevolentiam et amorem qui est passio, dicit quod benevolentia non habet distensionem et appetitum, idest aliquem impetum inclinationis, sed ex solo iudicio rationis homo vult bonum alicui. ' similiter etiam talis amor est ex quadam consuetudine, benevolentia autem interdum oritur ex repentino, sicut accidit nobis de pugilibus qui pugnant, quorum alterum vellemus vincere. sed amor qui est in appetitu intellectivo etiam differt a benevolentia. importat enim quandam unionem secundum affectus amantis ad amatum, inquantum scilicet amans aestimat amatum quodammodo ut unum sibi, vel ad se pertinens, et sic movetur in ipsum. sed benevolentia est simplex actus voluntatis quo volumus alicui bonum, etiam non praesupposita praedicta unione affectus ad ipsum. sic igitur in dilectione, secundum quod est |25| actus caritatis, includitur quidem benevolentia, sed dilectio sive amor addit unionem affectus. * et propter hoc philosophus dicit ibidem quod " benevolentia est principium amicitiae.
ra1 " Ad primum ergo dicendum quod philosophus ibi definit amare non ponens totam rationem ipsius, sed aliquid ad rationem eius pertinens in quo maxime manifestatur dilectionis actus.
ra2 ' Ad secundum dicendum quod dilectio est actus voluntatis in bonum tendens, sed cum quadam unione ad amatum, quae quidem in benevolentia non importatur.
ra3 " Ad tertium dicendum quod intantum illa quae philosophus ibi ponit ad amicitiam pertinent, inquantum proveniunt ex amore quem quis habet ad seipsum, * ut ibidem dicitur, ' ut scilicet haec omnia aliquis erga amicum agat sicut ad seipsum. quod pertinet ad praedictam unionem affectus.

009 ST3 qu27 ar3

ag1 ' Ad tertium sic proceditur. videtur quod deus non propter seipsum, sed propter aliud diligatur ex

caritate. * dicit enim gregorius, in quadam homilia, ° ex his quae novit animus discit incognita amare. ' vocat autem incognita intelligibilia et divina, cognita autem sensibilia. ergo deus est propter alia diligendus.
ag2 ' Praeterea, amor sequitur cognitionem. sed deus per aliud cognoscitur, * secundum illud rom. i. ° invisibilia dei per ea quae facta sunt intellecta conspiciuntur. ' ergo etiam propter aliud amatur, et non propter se.
ag3 " Praeterea, spes generat caritatem, * ut dicitur in glossa matth. i. ° timor etiam caritatem introducit; * ut augustinus dicit, super prim. canonic. ioan.. ' sed spes expectat aliquid adipisci a deo, timor autem refugit aliquid quod a deo infligi potest. ergo videtur quod deus propter aliquod bonum speratum, vel propter aliquod malum timendum sit amandus. non ergo est amandus propter seipsum.
sc * Sed contra est quod, sicut augustinus dicit, in i de doct. christ., ° frui est amore inhaerere alicui propter seipsum. ' sed deo fruendum est, * ut in eodem libro dicitur. ' ergo deus diligendus est propter seipsum.
co ' Respondeo dicendum quod ly propter importat habitudinem alicuius causae. est autem quadruplex genus causae, scilicet finalis, formalis, efficiens et materialis, ad quam reducitur etiam materialis dispositio, quae non est causa simpliciter, sed secundum quid. et secundum haec quatuor genera causarum dicitur aliquid propter alterum diligendum. secundum quidem genus causae finalis, sicut diligimus medicinam propter sanitatem. secundum autem genus causae formalis, sicut diligimus hominem propter virtutem, quia scilicet virtute formaliter est bonus, et per consequens diligibilis. secundum autem causam efficientem, sicut diligimus aliquos inquantum sunt filii talis patris. secundum autem dispositionem, quae reducitur ad genus causae materialis, dicimur aliquid diligere propter id quod nos disposuit ad eius dilectionem, puta propter aliqua beneficia suscepta, quamvis postquam iam amare incipimus, non propter illa beneficia amemus amicum, sed propter eius virtutem. primis igitur tribus modis deum non diligimus propter aliud, sed propter seipsum. non enim ordinatur ad aliud sicut ad finem, sed ipse est finis ultimus omnium. neque etiam informatur aliquo alio ad hoc quod sit bonus, sed eius substantia est eius bonitas, secundum quam exemplariter omnia bona sunt. neque iterum ei ab altero bonitas inest, sed ab ipso omnibus aliis. sed quarto modo potest diligi propter aliud, quia scilicet ex aliquibus aliis disponimur ad hoc quod in dei dilectione proficiamus, puta |25| per beneficia ab eo suscepta, vel etiam per praemia sperata, vel per poenas quas per ipsum vitare intendimus.
ra1 " Ad primum ergo dicendum quod ex his quae animus novit discit incognita amare, non quod cognita sint ratio diligendi ipsa incognita per modum causae formalis vel finalis vel efficientis, sed quia per hoc homo disponitur ad amandum incognita.
ra2 ' Ad secundum dicendum quod cognitio dei acquiritur quidem per alia, sed postquam iam cognoscitur, non per alia cognoscitur, sed per seipsum; * secundum illud ioan. iv. ° iam non propter tuam loquelam credimus, ipsi enim vidimus, et scimus quia hic est vere salvator mundi.
ra3 ' Ad tertium dicendum quod spes et timor ducunt ad caritatem per modum dispositionis cuiusdam, * ut ex supradictis patet.

009 ST3 qu27 ar4

ag1 ' Ad quartum sic proceditur. videtur quod deus in hac vita non possit immediate amari. " incognita enim amari non possunt; * ut augustinus dicit, x de trin.. ' sed deum non cognoscimus immediate in hac vita, quia ° videmus nunc per speculum in aenigmate, * ut dicitur i ad cor. xiii. ' ergo neque etiam eum immediate amamus.
ag2 ' Praeterea, qui non potest quod minus est non potest quod maius est. sed maius est amare deum quam cognoscere ipsum, " qui enim adhaeret deo per amorem unus spiritus cum illo fit, * ut dicitur i ad cor. vi. ' sed homo non potest deum cognoscere immediate. ergo multo minus amare.
ag3 ' Praeterea, homo a deo disiungitur per peccatum, * secundum illud isaiae lix, ° peccata vestra diviserunt inter vos et deum vestrum. ' sed peccatum magis est in voluntate quam in intellectu. ergo minus potest homo deum diligere immediate quam immediate eum cognoscere.
sc ' Sed contra est quod cognitio dei, quia est mediata, dicitur aenigmatica, et evacuatur in patria, * ut patet i ad cor. xiii. ' sed caritas non evacuatur, * ut dicitur i ad cor. xiii. ' ergo caritas viae immediate deo adhaeret.
co * Respondeo dicendum quod, sicut supra dictum est, ' actus cognitivae virtutis perficitur per hoc quod cognitum est in cognoscente, actus autem virtutis appetitivae perficitur per hoc quod appetitus inclinatur in rem ipsam. et ideo oportet quod motus appetitivae virtutis sit in res secundum conditionem ipsarum rerum, actus autem cognitivae virtutis est secundum modum cognoscentis. est autem ipse ordo rerum talis secundum se quod deus est propter seipsum cognoscibilis et diligibilis, utpote essentialiter existens ipsa veritas et bonitas, per quam alia et cognoscuntur et amantur. sed quoad nos, quia nostra cognitio a sensu ortum habet, prius sunt cognoscibilia quae sunt sensui propinquiora; et ultimus terminus cognitionis est in eo quod est maxime a sensu remotum. secundum hoc ergo dicendum est quod dilectio, quae est appetitivae virtutis actus, etiam in statu viae tendit in deum primo, et ex ipso derivatur ad alia, et secundum hoc caritas deum immediate diligit, alia vero mediante deo. in cognitione vero est e converso, quia scilicet per alia deum cognoscimus, " sicut causam per effectus, vel per modum eminentiae aut negationis * ut patet per dionysium, in libro de div. nom..
ra1 ' Ad primum ergo dicendum quod quamvis incognita amari non possint, tamen non oportet quod sit idem ordo cognitionis et dilectionis. nam dilectio est cognitionis terminus. et ideo ubi desinit cognitio, scilicet in ipsa re quae per aliam cognoscitur, ibi statim dilectio incipere potest.
ra2 ' Ad secundum dicendum quod quia dilectio dei est maius aliquid quam eius cognitio, maxime secundum statum viae, ideo praesupponit ipsam. et quia cognitio non quiescit in rebus creatis, sed per eas in aliud tendit, in illo dilectio incipit, et per hoc ad alia derivatur, per modum cuiusdam circulationis, dum cognitio, a creaturis incipiens, tendit in deum; et dilectio, a deo incipiens sicut ab ultimo fine, ad creaturas derivatur.
ra3 ' Ad tertium dicendum quod per caritatem tollitur aversio a deo quae est per peccatum; non autem per solam cognitionem. et ideo caritas est quae, diligendo, animam immediate deo coniungit spiritualis vinculo unionis.

009 ST3 qu27 ar5

ag1 ' Ad quintum sic proceditur. videtur quod deus non possit totaliter amari. amor enim sequitur cognitionem. sed deus non potest totaliter a nobis cognosci, quia hoc esset eum comprehendere. ergo non potest a nobis totaliter amari.
ag2 ' Praeterea, amor est unio quaedam, * ut patet per dionysium, iv cap. de div. nom.. ' sed cor hominis non potest ad deum uniri totaliter, " quia deus est maior corde nostro, * ut dicitur i ioan. iii. ' ergo deus non potest totaliter amari.
ag3 ' Praeterea, deus seipsum totaliter amat. si igitur ab aliquo alio totaliter amatur, aliquis alius diligit deum tantum quantum ipse se diligit. hoc autem est inconveniens. ergo deus non potest totaliter diligi ab aliqua creatura.
sc * Sed contra est quod dicitur deut. vi, ° diliges dominum deum tuum ex toto corde tuo.
co ' Respondeo dicendum quod, cum dilectio intelligatur quasi medium inter amantem et amatum, cum quaeritur an deus possit totaliter diligi, tripliciter potest intelligi. uno modo, ut modus totalitatis referatur ad rem dilectam. et sic deus est totaliter diligendus, quia totum quod ad deum pertinet homo diligere debet. alio modo potest intelligi ita quod totalitas referatur ad diligentem. et sic etiam deus totaliter diligi debet, quia ex toto posse suo debet homo diligere deum, et quidquid habet ad dei amorem ordinare, * secundum illud deut. vi, ° diliges dominum deum tuum ex toto corde tuo. ' tertio modo potest intelligi secundum comparationem diligentis ad rem dilectam, ut scilicet modus diligentis adaequet modum rei dilectae. et hoc non potest esse. cum enim unumquodque intantum diligibile sit inquantum est bonum, deus, cuius bonitas est infinita, est infinite diligibilis, nulla autem creatura potest deum infinite diligere, quia omnis virtus creaturae, sive naturalis sive infusa, est finita.
ra1 ' Et per hoc patet responsio ad obiecta. nam primae tres obiectiones procedunt secundum hunc tertium sensum, ultima autem ratio procedit in sensu secundo.

009 ST3 qu27 ar6

ag1 ' Ad sextum sic proceditur. videtur quod divinae dilectionis sit aliquis modus habendus. ratio enim boni consistit in modo, specie et ordine, * ut patet per augustinum, in libro de nat. boni. ' sed dilectio dei est optimum in homine, * secundum illud ad coloss. iii, ° super omnia caritatem habete. ' ergo dilectio dei debet modum habere.
ag2 * Praeterea, augustinus dicit, in libro de morib. eccles., ° dic mihi, quaeso te, quis sit diligendi modus. vereor enim ne plus minusve quam oportet inflammer desiderio et amore domini mei ' frustra autem quaereret modum nisi esset aliquis divinae dilectionis modus. ergo est aliquis modus divinae dilectionis.
ag3 * Praeterea, sicut augustinus dicit, iv super gen. ad litt., ° modus est quem unicuique propria mensura praefigit. ' sed mensura voluntatis humanae, sicut et actionis exterioris, est ratio. ergo sicut in exteriori effectu caritatis oportet habere modum a ratione praestitum, * secundum illud rom. xii, ° rationabile obsequium vestrum; ' ita etiam ipsa interior dilectio dei debet modum habere.
sc * Sed contra est quod bernardus dicit, in libro de diligendo deum, ° quod causa diligendi deum deus est; modus, sine modo diligere.
co * Respondeo dicendum quod, sicut patet ex inductione auctoritate augustini, ' modus importat quandam mensurae determinationem. haec autem determinatio invenitur et in mensura et in mensurato, aliter tamen et aliter. in mensura enim invenitur essentialiter, quia mensura secundum seipsam est determinativa et modificativa aliorum, in mensuratis autem invenitur mensura secundum aliud, idest inquantum attingunt mensuram. et ideo in mensura nihil potest accipi immodificatum, sed res mensurata est immodificata nisi mensuram attingat, sive deficiat sive excedat. in omnibus autem appetibilibus et agibilibus mensura est finis, quia eorum quae appetimus et agimus oportet propriam rationem ex fine accipere, * ut patet per philosophum, in ii physic.. ' et ideo finis secundum seipsum habet modum, ea vero quae sunt ad finem habent modum ex eo quod sunt fini proportionata. * et ideo, sicut philosophus dicit, in i polit., ° appetitus finis in omnibus artibus est absque fine et termino, eorum autem quae sunt ad finem est aliquis terminus. ' non enim medicus imponit aliquem terminum sanitati, sed facit eam perfectam quantumcumque potest, sed medicinae imponit terminum; non enim dat tantum de medicina quantum potest, sed secundum proportionem ad sanitatem; quam quidem proportionem si medicina excederet, vel ab ea deficeret, esset immoderata. |25| finis autem omnium actionum humanarum et affectionum est dei dilectio, per quam maxime attingimus ultimum finem, * ut supra dictum est. ' et ideo in dilectione dei non potest accipi modus sicut in re mensurata, ut sit in ea accipere plus et minus, sed sicut invenitur modus in mensura, in qua non potest esse excessus, sed quanto plus attingitur regula, tanto melius est. et ita quanto plus deus diligitur, tanto est dilectio melior.
ra1 ' Ad primum ergo dicendum quod illud quod est per se potius est eo quod est per aliud. et ideo bonitas mensurae, quae per se habet modum, potior est quam bonitas mensurati, quod habet modum per aliud. et sic etiam caritas, quae habet modum sicut mensura, praeeminet aliis virtutibus, quae habent modum sicut mensuratae.
ra2 * Ad secundum dicendum quod augustinus ibidem subiungit " quod modus diligendi deum est ut ex toto corde diligatur, idest ut diligatur quantumcumque potest diligi. ' et hoc pertinet ad modum qui convenit mensurae.
ra3 ' Ad tertium dicendum quod affectio illa cuius obiectum subiacet iudicio rationis, est ratione mensuranda. sed obiectum divinae dilectionis, quod est deus, excedit iudicium rationis. et ideo non mensuratur ratione, sed rationem excedit. nec est simile de interiori actu caritatis et exterioribus actibus. nam interior actus caritatis habet rationem finis, quia ultimum bonum hominis consistit in hoc quod anima deo inhaereat, * secundum illud psalm., ° mihi adhaerere deo bonum est. ' exteriores autem actus sunt sicut ad finem. et ideo sunt commensurandi et secundum caritatem et secundum rationem.

009 ST3 qu27 ar7

ag1 ' Ad septimum sic proceditur. videtur quod magis meritorium sit diligere inimicum quam amicum. * dicitur enim matth. v, ° si diligitis eos qui vos diligunt, quam mercedem habebitis? ' diligere ergo amicum non meretur mercedem. sed diligere inimicum meretur mercedem, * ut ibidem ostenditur. ' ergo magis est meritorium diligere inimicos quam diligere amicos.
ag2 ' Praeterea, tanto aliquid est magis meritorium quanto ex maiori caritate procedit. " sed diligere inimicum est perfectorum filiorum dei, * ut augustinus dicit, in enchirid., ' diligere autem amicum est etiam caritatis imperfectae. ergo maioris meriti est diligere inimicum quam diligere amicum.
ag3 ' Praeterea, ubi est maior conatus ad bonum, ibi videtur esse maius meritum, ° quia unusquisque propriam mercedem accipiet secundum suum laborem, * ut dicitur i cor. iii. ' sed maiori conatu indiget homo ad hoc quod diligat inimicum quam ad hoc quod diligat amicum, quia difficilius est. ergo videtur quod diligere inimicum sit magis meritorium quam diligere amicum.
sc ' Sed contra est quia illud quod est melius est magis meritorium. sed melius est diligere amicum, quia melius est diligere meliorem; amicus autem, qui amat, est melior quam inimicus, qui odit. ergo diligere amicum est magis meritorium quam diligere inimicum.
co ' Respondeo dicendum quod ratio diligendi proximum ex caritate deus est, * sicut supra dictum est. ' cum ergo quaeritur quid sit melius, vel magis meritorium, utrum diligere amicum vel inimicum, dupliciter istae dilectiones comparari possunt, uno modo, ex parte proximi qui diligitur; alio modo, ex parte rationis propter quam diligitur. primo quidem modo dilectio amici praeeminet dilectioni inimici. quia amicus et melior est et magis coniunctus; unde est materia magis conveniens dilectioni; et propter hoc actus dilectionis super hanc materiam transiens melior est. unde et eius oppositum est deterius, peius enim est odire amicum quam inimicum. secundo autem modo dilectio inimici praeeminet, propter duo. primo quidem, quia dilectionis amici potest esse alia ratio quam deus, sed dilectionis inimici solus deus est

ratio. secundo quia, supposito quod uterque propter deum diligatur, fortior ostenditur esse dei dilectio quae animum hominis ad remotiora extendit, scilicet usque ad dilectionem inimicorum, sicut virtus ignis tanto ostenditur esse fortior quanto ad remotiora diffundit suum calorem. tanto etiam ostenditur divina dilectio esse fortior quanto propter ipsam difficiliora implemus, sicut et virtus ignis tanto est fortior quanto comburere potest materiam minus combustibilem. |25| sed sicut idem ignis in propinquiora fortius agit quam in remotiora, ita etiam caritas ferventius diligit coniunctos quam remotos. et quantum ad hoc dilectio amicorum, secundum se considerata, est ferventior et melior quam dilectio inimicorum.
ra1 “ Ad primum ergo dicendum quod verbum domini est per se intelligendum. ‘ tunc enim dilectio amicorum apud deum mercedem non habet, quando propter hoc solum amantur quia amici sunt, et hoc videtur accidere quando sic amantur amici quod inimici non diliguntur. est tamen meritoria amicorum dilectio si propter deum diligantur, et non solum quia amici sunt.
ra2 ‘ Ad alia patet responsio per ea quae dicta sunt. nam duae rationes sequentes procedunt ex parte rationis diligendi; ultima vero ex parte eorum qui diliguntur.

009 ST3 qu27 ar8

ag1 ‘ Ad octavum sic proceditur. videtur quod magis sit meritorium diligere proximum quam diligere deum. illud enim videtur esse magis meritorium quod apostolus magis elegit. sed apostolus praeelegit dilectionem proximi dilectioni dei, * secundum illud ad rom. ix, ° optabam anathema esse a christo pro fratribus meis. ‘ ergo magis est meritorium diligere proximum quam diligere deum.
ag2 ‘ Praeterea, minus videtur esse meritorium aliquo modo diligere amicum, * ut dictum est. ‘ sed deus maxime est amicus, ° qui prior dilexit nos, * ut dicitur i ioan. iv. ‘ ergo diligere eum videtur esse minus meritorium.
ag3 ‘ Praeterea, * illud quod est difficilius videtur esse virtuosius et magis meritorium, “ quia virtus est circa difficile et bonum, * ut dicitur in ii ethic.. ‘ sed facilius est diligere deum quam proximum, tum quia naturaliter omnia deum diligunt; tum quia in deo nihil occurrit quod non sit diligendum, quod circa proximum non contingit. ergo magis est meritorium diligere proximum quam diligere deum.
sc ‘ Sed contra, propter quod unumquodque, illud magis. sed dilectio proximi non est meritoria nisi propter hoc quod proximus diligitur propter deum. ergo dilectio dei est magis meritoria quam dilectio proximi.
co ‘ Respondeo dicendum quod comparatio ista potest intelligi dupliciter. uno modo, ut seorsum consideretur utraque dilectio. et tunc non est dubium quod dilectio dei est magis meritoria, debetur enim ei merces propter seipsam, quia ultima merces est frui deo, in quem tendit divinae dilectionis motus. unde et diligenti deum merces promittitur, * ioan. xiv, ° si quis diligit me, diligetur a patre meo, et manifestabo ei meipsum. ‘ alio modo potest attendi ista comparatio ut dilectio dei accipiatur secundum quod solus diligitur; dilectio autem proximi accipiatur secundum quod proximus diligitur propter deum. et sic dilectio proximi includet dilectionem dei, sed dilectio dei non includet dilectionem proximi. unde erit comparatio dilectionis dei perfectae, quae extendit se etiam ad proximum, ad dilectionem dei insufficientem et imperfectam, quia hoc mandatum ° habemus a deo, ut qui diligit deum, diligat et fratrem suum. ‘ et in hoc sensu dilectio proximi praeeminet.
ra1 * Ad primum ergo dicendum quod secundum unam glossae expositionem, “ hoc apostolus tunc non optabat quando erat in statu gratiae, ut scilicet separaretur a christo pro fratribus suis, sed hoc optaverat quando erat in statu infidelitatis. ‘ unde in hoc non est imitandus. vel potest dici, * sicut dicit chrysostomus, in libro de compunct., quod “ per hoc non ostenditur quod apostolus plus diligeret proximum quam deum, sed quod plus diligebat deum quam seipsum. volebat enim ad tempus privari fruitione divina, quod pertinet ad dilectionem sui, ad hoc quod honor dei procuraretur in proximis, quod pertinet ad dilectionem dei.
ra2 ‘ Ad secundum dicendum quod dilectio amici pro tanto est quandoque minus meritoria quia amicus diligitur propter seipsum, et ita deficit a vera ratione amicitiae caritatis, quae deus est. et ideo quod deus diligatur propter seipsum non diminuit meritum, sed hoc constituit totam meriti rationem.
ra3 ‘ Ad tertium dicendum quod plus facit ad rationem meriti et virtutis bonum quam difficile. unde non oportet quod omne difficilius sit magis meritorium, sed quod sic est difficilius ut etiam sit melius.

009 ST3 qu28 ar

pr ‘ Deinde considerandum est de effectibus consequentibus actum caritatis principalem, qui est dilectio. et primo, de effectibus interioribus; secundo, de exterioribus. circa primum tria consideranda sunt, primo, de gaudio; secundo, de pace; tertio, de misericordia. circa primum quaeruntur quatuor. primo, utrum gaudium sit effectus caritatis. secundo, utrum huiusmodi gaudium compatiatur secum tristitiam. tertio, utrum istud gaudium possit esse plenum. quarto, utrum sit virtus.

009 ST3 qu28 ar1

ag1 ‘ Ad primum sic proceditur. videtur quod gaudium non sit effectus caritatis in nobis. ex absentia enim rei amatae magis sequitur tristitia quam gaudium. sed deus, quem per caritatem diligimus, est nobis absens, quandiu in hac vita vivimus, ° quandiu enim sumus in corpore, peregrinamur a domino, * ut dicitur ii ad cor. v. ‘ ergo caritas in nobis magis causat tristitiam quam gaudium.
ag2 ‘ Praeterea, per caritatem maxime meremur beatitudinem. sed inter ea per quae beatitudinem meremur ponitur luctus, qui ad tristitiam pertinet, * secundum illud matth. v, ° beati qui lugent, quoniam consolabuntur. ‘ ergo magis est effectus caritatis tristitia quam gaudium.
ag3 ‘ Praeterea, caritas est virtus distincta a spe, * ut ex supradictis patet. ‘ sed gaudium causatur ex spe, * secundum illud rom. xii, ° spe gaudentes. ‘ non ergo causatur ex caritate.
sc * Sed contra est quia, sicut dicitur rom. v, ° caritas dei diffusa est in cordibus nostris per spiritum sanctum, qui datus est nobis. ‘ sed gaudium in nobis causatur ex spiritu sancto, * secundum illud rom. xiv, ° non est regnum dei esca et potus, sed iustitia et pax et gaudium in spiritu sancto. ‘ ergo caritas est causa gaudii.
co ‘ Respondeo dicendum quod, * sicut supra dictum est, cum de passionibus ageretur, ‘ ex amore procedit et gaudium et tristitia, sed contrario modo. gaudium enim ex amore causatur vel propter praesentiam boni amati; vel etiam propter hoc quod ipsi bono amato proprium bonum inest et conservatur. et hoc secundum maxime pertinet ad amorem benevolentiae, per quem aliquis gaudet de amico prospere se habente, etiam si sit absens. e contrario autem ex amore sequitur tristitia vel propter absentiam amati; vel propter hoc quod cui volumus bonum suo bono privatur, aut aliquo malo deprimitur. caritas autem est amor dei, cuius bonum immutabile est, quia ipse est sua bonitas. et ex hoc ipso quod amatur est in amante per nobilissimum sui effectum, * secundum illud i ioan. iv, ° qui manet in caritate, in deo manet et deus in eo. ‘ et ideo spirituale gaudium, quod de deo habetur, ex caritate causatur.
ra1 ‘ Ad primum ergo dicendum quod quandiu sumus in corpore dicimur peregrinari a domino, in comparatione ad illam praesentiam qua quibusdam est praesens per speciei visionem, * unde et apostolus subdit ibidem, ° per fidem enim ambulamus, et non per speciem. ‘ est autem praesens etiam se amantibus etiam in hac vita per gratiae inhabitationem.
ra2 ‘ Ad secundum dicendum quod luctus qui beatitudinem meretur est de his quae sunt beatitudini contraria. unde eiusdem rationis est quod talis luctus ex caritate causetur, et gaudium spirituale de deo, quia eiusdem rationis est gaudere de aliquo bono et tristari de his quae ei repugnant.
ra3 ‘ Ad tertium dicendum quod de deo potest esse spirituale gaudium dupliciter, uno modo, secundum quod gaudemus de bono divino in se considerato; alio modo, secundum quod gaudemus de bono divino prout a nobis participatur. primum autem gaudium melius est, et hoc procedit principaliter ex caritate. sed secundum gaudium procedit etiam ex spe, per quam expectamus divini boni fruitionem. quamvis etiam ipsa fruitio, vel perfecta vel imperfecta, secundum mensuram caritatis obtineatur.

009 ST3 qu28 ar2

ag1 ‘ Ad secundum sic proceditur. videtur quod gaudium spirituale quod ex caritate causatur recipiat admixtionem tristitiae. congaudere enim bonis proximi ad caritatem pertinet, * secundum illud i ad cor. xiii, ° caritas non gaudet super iniquitate, congaudet autem veritati. ‘ sed hoc gaudium recipit permixtionem tristitiae, * secundum illud rom. xii, ° gaudere cum gaudentibus, flere cum flentibus. ‘ ergo gaudium spirituale caritatis admixtionem tristitiae patitur.
ag2 ‘ Praeterea, poenitentia, * sicut dicit gregorius, ‘ est ° anteacta mala flere, et flenda iterum non committere. ‘ sed vera poenitentia non est sine caritate. ergo gaudium caritatis habet tristitiae admixtionem.
ag3 ‘ Praeterea, ex caritate contingit quod aliquis desiderat esse cum christo, * secundum illud philipp. i, ° desiderium habens dissolvi et esse cum christo. ‘ sed ex isto desiderio sequitur in homine quaedam tristitia, * secundum illud psalm., ° heu mihi, quia incolatus meus prolongatus est. ‘ ergo gaudium caritatis recipit admixtionem tristitiae.
sc ‘ Sed contra est quod gaudium caritatis est gaudium de divina sapientia. sed huiusmodi gaudium non habet permixtionem tristitiae, * secundum illud sap. viii, ° non habet amaritudinem conversatio illius. ‘ ergo gaudium caritatis non patitur permixtionem tristitiae.
co ‘ Respondeo dicendum quod ex caritate causatur duplex gaudium de deo, * sicut supra dictum est. ‘ unum quidem principale, quod est proprium caritatis, quo scilicet gaudemus de bono divino secundum se considerato. et tale gaudium caritatis permixtionem tristitiae non patitur, sicut nec illud bonum de quo gaudetur potest aliquam mali admixtionem habere. * et ideo apostolus dicit, ad philipp. iv, ° gaudete in domino semper. ‘ aliud autem est gaudium caritatis quo gaudet quis de bono divino secundum quod participatur a nobis. haec autem participatio potest impediri per aliquod contrarium. et ideo ex hac parte gaudium caritatis potest habere permixtionem tristitiae, prout scilicet aliquis tristatur de eo quod repugnat participationi divini boni vel in nobis vel in proximis, quos tanquam nosipsos diligimus.
ra1 ‘ Ad primum ergo dicendum quod fletus proximi non est nisi de aliquo malo. omne autem malum importat defectum participationis summi boni. et ideo intantum caritas facit condolere proximo inquantum participatio divini boni in eo impeditur.
ra2 ‘ Ad secundum dicendum quod “ peccata dividunt inter nos et deum, * ut dicitur isaiae lix. ‘ et ideo haec est ratio dolendi de peccatis praeteritis nostris, vel etiam aliorum, inquantum per ea impedimur a participatione divini boni.
ra3 ‘ Ad tertium dicendum quod, quamvis in incolatu huius miseriae aliquo modo participemus divinum bonum per cognitionem et amorem, tamen huius vitae miseria impedit a perfecta participatione divini boni, qualis erit in patria. et ideo haec etiam tristitia qua quis luget de dilatione gloriae pertinet ad impedimentum participationis divini boni.

009 ST3 qu28 ar3

ag1 ‘ Ad tertium sic proceditur. videtur quod spirituale gaudium quod ex caritate causatur non possit in nobis impleri. quanto enim maius gaudium de deo habemus, tanto gaudium eius in nobis magis impletur. sed nunquam possumus tantum de deo gaudere quantum dignum est ut de eo gaudeatur, quia semper bonitas eius, quae est infinita, excedit gaudium creaturae, quod est finitum. ergo gaudium de deo nunquam potest impleri.
ag2 ‘ Praeterea, illud quod est impletum non potest esse maius. sed gaudium etiam beatorum potest esse maius, quia unius gaudium est maius quam alterius. ergo gaudium de deo non potest in creatura impleri.
ag3 ‘ Praeterea, nihil aliud videtur esse comprehensio quam cognitionis plenitudo. sed sicut vis cognoscitiva creaturae est finita, ita et vis appetitiva eiusdem. cum ergo deus non possit ab aliqua creatura comprehendi, videtur quod non possit alicuius creaturae gaudium de deo impleri.
sc * Sed contra est quod dominus discipulis dixit, ioan. xv, ° gaudium meum in vobis sit, et gaudium vestrum impleatur.
co ‘ Respondeo dicendum quod plenitudo gaudii potest intelligi dupliciter. uno modo, ex parte rei de qua gaudetur, ut scilicet tantum gaudeatur de ea quantum est dignum de ea gauderi. et sic solum dei gaudium est plenum de seipso, quia gaudium eius est infinitum, et hoc est condignum infinitae bonitati dei; cuiuslibet autem creaturae gaudium oportet esse finitum. alio modo potest intelligi plenitudo gaudii ex parte gaudentis. gaudium autem comparatur ad desiderium sicut quies ad motum; * ut supra dictum est, cum de passionibus ageretur. ‘ est autem quies plena cum nihil restat de motu. unde tunc est gaudium plenum quando iam nihil desiderandum restat. quandiu autem in hoc mundo sumus, non quiescit in nobis desiderii motus, quia adhuc restat quod deo magis appropinquemus per gratiam, * ut ex supradictis patet. ‘ sed quando iam ad beatitudinem perfectam perventum fuerit, nihil desiderandum restabit, quia ibi erit plena dei fruitio, in qua homo obtinebit quidquid etiam circa alia bona desideravit, * secundum illud psalm., ° qui replet in bonis desiderium tuum. ‘ et ideo quiescet desiderium non solum quo desideramus deum, sed etiam erit omnium desideriorum quies. unde gaudium beatorum est perfecte plenum, et etiam superplenum, |25| quia plus obtinebunt quam desiderare suffecerint; ° non enim in cor hominis ascendit quae praeparavit deus diligentibus se, * ut dicitur i ad cor. ii. et hinc est quod dicitur luc. vi, ° mensuram bonam et supereffluentem dabunt in sinus vestros. ‘ quia tamen nulla creatura est capax gaudii de deo ei condigni, inde est quod illud gaudium omnino plenum non capitur in homine, sed potius homo intrat in ipsum, * secundum illud matth. xxv, ° intra in gaudium domini tui.
ra1 ‘ Ad primum ergo dicendum quod ratio illa procedit de plenitudine gaudii ex parte rei de qua gaudetur.
ra2 ‘ Ad secundum dicendum quod cum perventum fuerit ad beatitudinem, unusquisque attinget terminum sibi praefixum ex praedestinatione divina, nec restabit ulterius aliquid quo tendatur, quamvis in illa terminatione unus perveniat ad maiorem propinquitatem dei, alius ad minorem. et ideo uniuscuiusque gaudium erit plenum ex parte gaudentis, quia uniuscuiusque desiderium plene quietabitur. erit tamen gaudium unius maius quam alterius, propter pleniorem participationem divinae beatitudinis.
ra3 ‘ Ad tertium dicendum quod comprehensio importat plenitudinem cognitionis ex parte rei cognitae, ut scilicet tantum cognoscatur res quantum cognosci potest. habet tamen etiam cognitio aliquam

plenitudinem ex parte cognoscentis, * sicut et de gaudio dictum est. * unde et apostolus dicit, ad coloss. i, ° impleamini agnitione voluntatis eius in omni sapientia et intellectu spirituali.

009 ST3 qu28 ar4

ag1 ' Ad quartum sic proceditur. videtur quod gaudium sit virtus. vitium enim contrariatur virtuti. sed tristitia ponitur vitium, ut patet de acedia et de invidia. ergo etiam gaudium debet poni virtus.
ag2 ' Praeterea, sicut amor et spes sunt passiones quaedam quarum obiectum est bonum, ita et gaudium. sed amor et spes ponuntur virtutes. ergo et gaudium debet poni virtus.
ag3 ' Praeterea, praecepta legis dantur de actibus virtutum. sed praecipitur nobis quod de deo gaudeamus, * secundum illud ad philipp. iv, ° gaudete in domino semper. ' ergo gaudium est virtus.
sc ' Sed contra est quod neque connumeratur inter virtutes theologicas, neque inter virtutes morales, neque inter virtutes intellectuales, * ut ex supradictis patet.
co ' Respondeo dicendum quod virtus, * sicut supra habitum est, ' est habitus quidam operativus; et ideo secundum propriam rationem habet inclinationem ad aliquem actum. est autem contingens ex uno habitu plures actus eiusdem rationis ordinatos provenire, quorum unus sequatur ex altero. et quia posteriores actus non procedunt ab habitu virtutis nisi per actum priorem, inde est quod virtus non definitur nec denominatur nisi ab actu priori, quamvis etiam alii actus ab ea consequantur. manifestum est autem * ex his quae supra de passionibus dicta sunt, ' quod amor est prima affectio appetitivae potentiae, ex qua sequitur et desiderium et gaudium. et ideo habitus virtutis idem est qui inclinat ad diligendum, et ad desiderandum bonum dilectum, et ad gaudendum de eo. sed quia dilectio inter hos actus est prior, inde est quod virtus non denominatur a gaudio nec a desiderio, sed a dilectione, et dicitur caritas. sic ergo gaudium non est aliqua virtus a caritate distincta, sed est quidam caritatis actus sive effectus. et propter hoc connumeratur inter fructus, * ut patet gal. v.
ra1 ' Ad primum ergo dicendum quod tristitia quae est vitium causatur ex inordinato amore sui, quod non est aliquod speciale vitium, sed quaedam generalis radix vitiorum, * ut supra dictum est. ' et ideo oportuit tristitias quasdam particulares ponere specialia vitia, quia non derivantur ab aliquo speciali vitio, sed a generali. sed amor dei ponitur specialis virtus, quae est caritas, ad quam reducitur gaudium, * ut dictum est, ' sicut proprius actus eius.
ra2 ' Ad secundum dicendum quod spes consequitur ex amore sicut et gaudium, sed spes addit ex parte obiecti quandam specialem rationem, scilicet arduum et possibile adipisci; et ideo ponitur specialis virtus. sed gaudium ex parte obiecti nullam rationem specialem addit supra amorem quae possit causare specialem virtutem.
ra3 ' Ad tertium dicendum quod intantum datur praeceptum legis de gaudio inquantum est actus caritatis; licet non sit primus actus eius.

009 ST3 qu29 ar

pr ' Deinde considerandum est de pace. et circa hoc quaeruntur quatuor. primo, utrum pax sit idem quod concordia. secundo, utrum omnia appetant pacem. tertio, utrum pax sit effectus caritatis. quarto, utrum pax sit virtus.

009 ST3 qu29 ar1

ag1 ' Ad primum sic proceditur. videtur quod pax sit idem quod concordia. * dicit enim augustinus, xix de civ. dei, quod ° pax hominum est ordinata concordia. ' sed non loquimur nunc nisi de pace hominum. ergo pax est idem quod concordia.
ag2 ' Praeterea, concordia est quaedam unio voluntatum. sed ratio pacis in tali unione consistit, * dicit enim dionysius, xi cap. de div. nom., quod ° pax est omnium unitiva et consensus operativa. ' ergo pax est idem quod concordia.
ag3 ' Praeterea, quorum est idem oppositum, et ipsa sunt idem. sed idem opponitur concordiae et paci, scilicet dissensio, * unde dicitur, i ad cor. xiv, ° non est dissensionis deus, sed pacis. ' ergo pax est idem quod concordia.
sc ' Sed contra est quod concordia potest esse aliquorum impiorum in malo. " sed non est pax impiis, * ut dicitur isaiae xlviii. ' ergo pax non est idem quod concordia.
co ' Respondeo dicendum quod pax includit concordiam et aliquid addit. unde ubicumque est pax, ibi est concordia, non tamen ubicumque est concordia, est pax, si nomen pacis proprie sumatur. concordia enim, proprie sumpta, est ad alterum, inquantum scilicet diversorum cordium voluntates simul in unum consensum conveniunt. contingit etiam unius hominis cor tendere in diversa, et hoc dupliciter. uno quidem modo, secundum diversas potentias appetitivas, sicut appetitus sensitivus plerumque tendit in contrarium rationalis appetitus, * secundum illud ad gal. v, ° caro concupiscit adversus spiritum. ' alio modo, inquantum una et eadem vis appetitiva in diversa appetibilia tendit quae simul assequi non potest. unde necesse est esse repugnantiam motuum appetitus. unio autem horum motuum est quidem de ratione pacis, non enim homo habet pacatum cor quandiu, etsi habeat aliquid quod vult, tamen adhuc restat ei aliquid volendum quod simul habere non potest. haec autem unio non est de ratione concordiae. unde concordia importat unionem appetituum diversorum appetentium, pax autem, supra hanc unionem, importat etiam appetituum unius appetentis unionem.
ra1 * Ad primum ergo dicendum quod augustinus loquitur ibi " de pace quae est unius hominis ad alium. et hanc pacem dicit esse concordiam, non quamlibet, sed ordinatam, ex eo scilicet quod unus homo concordat cum alio secundum illud quod utrique convenit. si enim homo concordet cum alio non spontanea voluntate, sed quasi coactus timore alicuius mali imminentis, talis concordia non est vere pax, quia non servatur ordo utriusque concordantis, sed perturbatur ab aliquo timorem inferente. et propter hoc praemittit quod pax est tranquillitas ordinis. quae quidem tranquillitas consistit in hoc quod omnes motus appetitivi in uno homine conquiescunt.
ra2 ' Ad secundum dicendum quod, si homo simul cum alio homine in idem consentiat, non tamen consensus eius est omnino unitus nisi etiam sibi invicem omnes motus appetitivi eius sint consentientes.
ra3 ' Ad tertium dicendum quod paci opponitur duplex dissensio, scilicet dissensio hominis ad seipsum, et dissensio hominis ad alterum. concordiae vero opponitur haec sola secunda dissensio.

009 ST3 qu29 ar2

ag1 ' Ad secundum sic proceditur. videtur quod non omnia appetant pacem. pax enim, * secundum dionysium, ' est unitiva consensus. sed in his quae cognitione carent non potest uniri consensus. ergo huiusmodi pacem appetere non possunt.
ag2 ' Praeterea, appetitus non fertur simul ad contraria. sed multi sunt appetentes bella et dissensiones. ergo non omnes appetunt pacem.
ag3 ' Praeterea, solum bonum est appetibile. sed quaedam pax videtur esse mala, * alioquin dominus non diceret, matth. x, ° non veni mittere pacem. ' ergo non omnia pacem appetunt.
ag4 ' Praeterea, illud quod omnia appetunt videtur esse summum bonum, quod est ultimus finis. sed pax non est huiusmodi, quia etiam in statu viae habetur; alioquin * frustra dominus mandaret, marc. ix, ° pacem habete inter vos. ' ergo non omnia pacem appetunt.
sc ' Sed contra est quod * augustinus dicit, xix de civ. dei, quod " omnia pacem appetunt. * et idem etiam dicit dionysius, xi cap. de div. nom..
co ' Respondeo dicendum quod ex hoc ipso quod homo aliquid appetit, consequens est ipsum appetere eius quod appetit assecutionem, et per consequens remotionem eorum quae consecutionem impedire possunt. potest autem impediri assecutio boni desiderati per contrarium appetitum vel sui ipsius vel alterius, et utrumque tollitur per pacem, * sicut supra dictum est. ' et ideo necesse est quod omne appetens appetat pacem, inquantum scilicet omne appetens appetit tranquille et sine impedimento pervenire ad id quod appetit, in quo consistit ratio pacis, * quam augustinus definit " tranquillitatem ordinis.
ra1 ' Ad primum ergo dicendum quod pax importat unionem non solum appetitus intellectualis seu rationalis aut animalis, ad quos potest pertinere consensus, sed etiam appetitus naturalis. * et ideo dionysius dicit quod ° pax est operativa et consensus et connaturalitatis, ' ut in consensu importetur unio appetituum ex cognitione procedentium; per connaturalitatem vero importatur unio appetituum naturalium.
ra2 ' Ad secundum dicendum quod illi etiam qui bella quaerunt et dissensiones non desiderant nisi pacem, quam se habere non aestimant. * ut enim dictum est, ' non est pax si quis cum alio concordet contra id quod ipse magis vellet. et ideo homines quaerunt hanc concordiam rumpere bellando, tanquam defectum pacis habentem, ut ad pacem perveniant in qua nihil eorum voluntati repugnet. et propter hoc omnes bellantes quaerunt per bella ad pacem aliquam pervenire perfectiorem quam prius haberent.
ra3 ' Ad tertium dicendum quod, quia pax consistit in quietatione et unione appetitus; sicut autem appetitus potest esse vel boni simpliciter vel boni apparentis, ita etiam et pax potest esse et vera et apparens, vera quidem pax non potest esse nisi circa appetitum veri boni; quia omne malum, etsi secundum aliquid appareat bonum, unde ex aliqua parte appetitum quietet, habet tamen multos defectus, ex quibus appetitus remanet inquietus et perturbatus. unde pax vera non potest esse nisi in bonis et bonorum. pax autem quae malorum est, est pax apparens et non vera. * unde dicitur sap. xiv, ° in magno viventes inscientiae bello, tot et tanta mala pacem arbitrati sunt.
ra4 ' Ad quartum dicendum quod, cum vera pax non sit nisi de bono, sicut dupliciter habetur verum bonum, scilicet perfecte et imperfecte, ita est duplex pax vera. una quidem perfecta, quae consistit in perfecta fruitione summi boni, per quam omnes appetitus uniuntur quietati in uno. et hic est ultimus finis creaturae rationalis, * secundum illud psalm., ° qui posuit fines tuos pacem. ' alia vero est pax imperfecta, quae habetur in hoc mundo. quia etsi principalis animae motus quiescat in deo, sunt tamen aliqua repugnantia et intus et extra quae perturbant hanc pacem.

009 ST3 qu29 ar3

ag1 ' Ad tertium sic proceditur. videtur quod pax non sit proprius effectus caritatis. caritas enim non habetur sine gratia gratum faciente. sed pax a quibusdam habetur qui non habent gratiam gratum facientem, sicut et gentiles aliquando habent pacem. ergo pax non est effectus caritatis.
ag2 ' Praeterea, illud non est effectus caritatis cuius contrarium cum caritate esse potest. sed dissensio, quae contrariatur paci, potest esse cum caritate, videmus enim quod etiam sacri doctores, * ut hieronymus et augustinus, ' in aliquibus opinionibus dissenserunt; * paulus etiam et barnabas dissensisse leguntur, act. xv. ' ergo videtur quod pax non sit effectus caritatis.
ag3 ' Praeterea, idem non est proprius effectus diversorum. sed pax est effectus iustitiae, * secundum illud isaiae xxxii, ° opus iustitiae pax. ' ergo non est effectus caritatis.
sc * Sed contra est quod dicitur in psalm., ° pax multa diligentibus legem tuam.
co ' Respondeo dicendum quod duplex unio est de ratione pacis, * sicut dictum est, ' quarum una est secundum ordinationem propriorum appetituum in unum; alia vero est secundum unionem appetitus proprii cum appetitu alterius. et utramque unionem efficit caritas. primam quidem unionem, secundum quod deus diligitur ex toto corde, ut scilicet omnia referamus in ipsum, et sic omnes appetitus nostri in unum feruntur. aliam vero, prout diligimus proximum sicut nosipsos, ex quo contingit quod homo vult implere voluntatem proximi sicut et sui ipsius. et propter hoc inter amicabilia unum ponitur identitas electionis, * ut patet in ix ethic.; et tullius dicit, in libro de amicitia, quod ° amicorum est idem velle et nolle.
ra1 ' Ad primum ergo dicendum quod a gratia gratum faciente nullus deficit nisi propter peccatum, ex quo contingit quod homo sit aversus a fine debito, in aliquo indebito finem constituens. et secundum hoc appetitus eius non inhaeret principaliter vero finali bono, sed apparenti. et propter hoc sine gratia gratum faciente non potest esse vera pax, sed solum apparens.
ra2 * Ad secundum dicendum quod, sicut philosophus dicit, in ix ethic., " ad amicitiam non pertinet concordia in opinionibus, sed concordia in bonis conferentibus ad vitam, et praecipue in magnis, ' quia dissentire in aliquibus parvis quasi videtur non esse dissensus. et propter hoc nihil prohibet aliquos caritatem habentes in opinionibus dissentire. nec hoc repugnat paci, quia opiniones pertinent ad intellectum, qui praecedit appetitum, qui per pacem unitur. similiter etiam, existente concordia in principalibus bonis, dissensio in aliquibus parvis non est contra caritatem. procedit enim talis dissensio ex diversitate opinionum, dum unus aestimat hoc de quo est dissensio pertinere ad illud bonum in quo conveniunt, et alius aestimat non pertinere. et secundum hoc talis dissensio de minimis et de opinionibus repugnat quidem paci perfectae, in qua plene veritas cognoscetur et omnis appetitus complebitur, non tamen repugnat paci imperfectae, qualis habetur in via.
ra3 ' Ad tertium dicendum quod pax est opus iustitiae indirecte, inquantum scilicet removet prohibens. sed est opus caritatis directe, quia secundum propriam rationem caritas pacem causat. " est enim amor vis unitiva, * ut dionysius dicit, iv cap. de div. nom. ' pax autem est unio appetitivarum inclinationum.

009 ST3 qu29 ar4

ag1 ' Ad quartum sic proceditur. videtur quod pax sit virtus. praecepta enim non dantur nisi de actibus virtutum. sed dantur praecepta de habendo pacem, * ut patet marc. ix, ° pacem habete inter vos. ' ergo pax est virtus.
ag2 ' Praeterea, non meremur nisi actibus virtutum. sed facere pacem est meritorium, secundum * illud matth. v, ° beati pacifici, quoniam filii dei vocabuntur. ' ergo pax est virtus.
ag3 ' Praeterea, vitia virtutibus opponuntur. sed dissensiones, quae opponuntur paci, numerantur inter vitia; * ut patet ad gal. v. ' ergo pax est virtus.
sc ' Sed contra, virtus non est finis ultimus, sed via in ipsum. " sed pax est quodammodo finis ultimus; * ut augustinus dicit, xix de civ. dei. ' ergo pax non est virtus.
co * Respondeo dicendum quod, sicut supra dictum est, ' cum omnes actus se invicem consequuntur, secundum eandem rationem ab agente procedentes, omnes huiusmodi actus ab una virtute procedunt, nec habent singuli singulas virtutes a quibus procedant. ut patet in rebus corporalibus, quia enim ignis calefaciendo liquefacit et rarefacit, non est in igne alia virtus liquefactiva et alia rarefactiva, sed omnes actus hos operatur ignis per unam suam virtutem calefactivam. cum igitur pax causetur ex caritate secun-

dum ipsam rationem dilectionis dei et proximi, * ut ostensum est, ‘ non est alia virtus cuius pax sit proprius actus nisi caritas, * sicut et de gaudio dictum est.
ra1 ‘ Ad primum ergo dicendum quod ideo praeceptum datur de pace habenda, quia est actus caritatis. et propter hoc etiam est actus meritorius. et ideo ponitur inter beatitudines, quae sunt actus virtutis perfectae, * ut supra dictum est. ‘ ponitur etiam inter fructus, inquantum est quoddam finale bonum spiritualem dulcedinem habens.
ra2 ‘ Et per hoc patet solutio ad secundum.
ra3 ‘ Ad tertium dicendum quod uni virtuti multa vitia opponuntur, secundum diversos actus eius. et secundum hoc caritati non solum opponitur odium, ratione actus dilectionis; sed etiam acedia vel invidia, ratione gaudii; et dissensio, ratione pacis.

009 ST3 qu30 ar

pr ‘ Deinde considerandum est de misericordia. et circa hoc quaeruntur quatuor. primo, utrum malum sit causa misericordiae ex parte eius cuius miseremur. secundo, quorum sit misereri. tertio, utrum misericordia sit virtus. quarto, utrum sit maxima virtutum.

009 ST3 qu30 ar1

ag1 ‘ Ad primum sic proceditur. videtur quod malum non sit proprie motivum ad misericordiam. * ut enim supra ostensum est, ‘ culpa est magis malum quam poena. sed culpa non est provocativum ad misericordiam, sed magis ad indignationem. ergo malum non est misericordiae provocativum.
ag2 ‘ Praeterea, ea quae sunt crudelia seu dira videntur quendam excessum mali habere. * sed philosophus dicit, in ii rhet., quod ° dirum est aliud a miserabili, et expulsivum miserationis. ‘ ergo malum, inquantum huiusmodi, non est motivum ad misericordiam.
ag3 ‘ Praeterea, signa malorum non vere sunt mala. sed signa malorum provocant ad misericordiam; * ut patet per philosophum, in ii rhet.. ‘ ergo malum non est proprie provocativum misericordiae.
sc * Sed contra est quod damascenus dicit, in ii lib., quod “ misericordia est species tristitiae. ‘ sed motivum ad tristitiam est malum. ergo motivum ad misericordiam est malum.
co * Respondeo dicendum quod, sicut augustinus dicit, ix de civ. dei, ° misericordia est alienae miseriae in nostro corde compassio, qua utique, si possumus, subvenire compellimur, ‘ dicitur enim misericordia ex eo quod aliquis habet miserum cor super miseria alterius. miseria autem felicitati opponitur. est autem de ratione beatitudinis sive felicitatis ut aliquis potiatur eo quod vult, * nam sicut augustinus dicit, xiii de trin., ° beatus qui habet omnia quae vult, et nihil mali vult. ‘ et ideo e contrario ad miseriam pertinet ut homo patiatur quae non vult. tripliciter autem aliquis vult aliquid. uno quidem modo, appetitu naturali, sicut omnes homines volunt esse et vivere. alio modo homo vult aliquid per electionem ex aliqua praemeditatione. tertio modo homo vult aliquid non secundum se, sed in causa sua, puta, qui vult comedere nociva, quodammodo dicimus eum velle infirmari. sic igitur motivum misericordiae est, tanquam ad miseriam pertinens, primo quidem illud quod contrariatur appetitui naturali volentis, scilicet mala corruptiva et contristantia, quorum contraria homines naturaliter appetunt. unde * philosophus dicit, in ii rhet., quod ° misericordia est tristitia quaedam super apparenti malo corruptivo vel contristativo. ‘ secundo, huiusmodi magis efficiuntur ad misericordiam |25| provocantia si sint contra voluntatem electionis. * unde et philosophus ibidem dicit quod “ illa mala sunt miserabilia quorum fortuna est causa, puta cum aliquod malum eveniat unde sperabatur bonum. ‘ tertio autem, sunt adhuc magis miserabilia si sunt contra totam voluntatem, puta si aliquis semper sectatus est bona et eveniunt ei mala. * et ideo philosophus dicit, in eodem libro, quod ° misericordia maxime est super malis eius qui indignus patitur.
ra1 ‘ Ad primum ergo dicendum quod de ratione culpae est quod sit voluntaria. et quantum ad hoc non habet rationem miserabilis, sed magis rationem puniendi. sed quia culpa potest esse aliquo modo poena, inquantum scilicet habet aliquid annexum quod est contra voluntatem peccantis, secundum hoc potest habere rationem miserabilis. et secundum hoc miseremur et compatimur peccantibus, * sicut gregorius dicit, in quadam homilia, quod “ vera iustitia non habet dedignationem, scilicet ad peccatores, sed compassionem. * et matth. ix dicitur, ° videns iesus turbas misertus est eis, quia erant vexati, et iacentes sicut oves non habentes pastorem.
ra2 ‘ Ad secundum dicendum quod quia misericordia est compassio miseriae alterius, proprie misericordia est ad alterum, non autem ad seipsum, nisi secundum quandam similitudinem, sicut et iustitia, secundum quod in homine considerantur diversae partes, * ut dicitur in v ethic.. et secundum hoc dicitur eccli. xxx, ° miserere animae tuae placens deo. ‘ sicut ergo misericordia non est proprie ad seipsum, sed dolor, puta cum patimur aliquid crudele in nobis; ita etiam, si sint aliquae personae ita nobis coniunctae ut sint quasi aliquid nostri, puta filii aut parentes, in eorum malis non miseremur, sed dolemus, sicut in vulneribus propriis. et secundum hoc * philosophus dicit quod “ dirum est expulsivum miserationis.
ra3 ‘ Ad tertium dicendum quod sicut ex spe et memoria bonorum sequitur delectatio, ita ex spe et memoria malorum sequitur tristitia, non autem tam vehemens sicut ex sensu praesentium. et ideo signa malorum, inquantum repraesentant nobis mala miserabilia sicut praesentia, commovent ad miserendum.

009 ST3 qu30 ar2

ag1 ‘ Ad secundum sic proceditur. videtur quod defectus non sit ratio miserendi ex parte miserentis. proprium enim dei est misereri, * unde dicitur in psalm., ° miserationes eius super omnia opera eius. ‘ sed in deo nullus est defectus. ergo defectus non potest esse ratio miserendi.
ag2 ‘ Praeterea, si defectus est ratio miserendi, oportet quod illi qui maxime sunt cum defectu maxime misereantur. sed hoc est falsum, * dicit enim philosophus, in ii rhet., quod ° qui ex toto perierunt non miserentur. ‘ ergo videtur quod defectus non sit ratio miserendi ex parte miserentis.
ag3 ‘ Praeterea, sustinere aliquam contumeliam ad defectum pertinet. * sed philosophus dicit ibidem quod ° illi qui sunt in contumeliativa dispositione non miserentur. ‘ ergo defectus ex parte miserentis non est ratio miserendi.
sc ‘ Sed contra est quod misericordia est quaedam tristitia. sed defectus est ratio tristitiae, unde infirmi facilius contristantur, * ut supra dictum est. ‘ ergo ratio miserendi est defectus miserentis.
co ‘ Respondeo dicendum quod, cum misericordia sit compassio super miseria aliena, * ut dictum est, ‘ ex hoc contingit quod aliquis misereatur ex quo contingit quod de miseria aliena doleat. quia autem tristitia seu dolor est de proprio malo, intantum aliquis de miseria aliena tristatur aut dolet inquantum miseriam alienam apprehendit ut suam. hoc autem contingit dupliciter. uno modo, secundum unionem affectus, quod fit per amorem. quia enim amans reputat amicum tanquam seipsum, malum ipsius reputat tanquam suum malum, et ideo dolet de malo amici sicut de suo. * et inde est quod philosophus, in ix ethic., “ inter alia amicabilia ponit hoc quod est condolere amico. * et apostolus dicit, ad rom. xii, ° gaudere cum gaudentibus, flere cum flentibus. ‘ alio modo contingit secundum unionem realem, utpote cum malum aliquorum propinquum est ut ab eis ad nos transeat. * et ideo philosophus dicit, in ii rhet., “ homines miserentur super illos qui sunt eis coniuncti et similes, quia per hoc fit eis aestimatio quod ipsi etiam possint similia pati. et inde est etiam quod senes et sapientes, qui considerant se posse in mala incidere, et debiles et formidolosi magis sunt misericordes. e contrario autem alii, qui reputant |25| se esse felices et intantum potentes quod nihil mali putant se posse pati, non ita miserentur. ‘ sic igitur semper defectus est ratio miserendi, vel inquantum aliquis defectum alicuius reputat suum, propter unionem amoris; vel propter possibilitatem similia patiendi.
ra1 ‘ Ad primum ergo dicendum quod deus non miseretur nisi propter amorem, inquantum amat nos tanquam aliquid sui.
ra2 ‘ Ad secundum dicendum quod illi qui iam sunt in infimis malis non timent se ulterius pati aliquid, et ideo non miserentur. similiter etiam nec illi qui valde timent, quia tantum intendunt propriae passioni quod non intendunt miseriae alienae.
ra3 ‘ Ad tertium dicendum quod illi qui sunt in contumeliativa dispositione, sive quia sint contumeliam passi, sive quia velint contumeliam inferre, provocantur ad iram et audaciam, quae sunt quaedam passiones virilitatis extollentes animum hominis ad arduum. unde auferunt homini aestimationem quod sit aliquid in futurum passurus. unde tales, dum sunt in hac dispositione, non miserentur, * secundum illud prov. xxvii, ° ira non habet misericordiam, neque erumpens furor. ‘ et ex simili ratione superbi non miserentur, qui contemnunt alios et reputant eos malos. unde reputant quod digne patiantur quidquid patiuntur. * unde et gregorius dicit quod “ falsa iustitia, scilicet superborum, non habet compassionem, sed dedignationem.

009 ST3 qu30 ar3

ag1 ‘ Ad tertium sic proceditur. videtur quod misericordia non sit virtus. principale enim in virtute est electio, * ut patet per philosophum, in libro ethic.. ‘ electio autem est appetitus praeconsiliati, * ut in eodem libro dicitur. ‘ illud ergo quod impedit consilium non potest dici virtus. sed misericordia impedit consilium, * secundum illud sallustii, ° omnes homines qui de rebus dubiis consultant ab ira et misericordia vacuos esse decet, non enim animus facile verum providet ubi ista officiunt. ‘ ergo misericordia non est virtus.
ag2 ‘ Praeterea, nihil quod est contrarium virtuti est laudabile. “ sed nemesis contrariatur misericordiae, * ut philosophus dicit, in ii rhet.. “ nemesis autem est passio laudabilis, * ut dicitur in ii ethic.. ‘ ergo misericordia non est virtus.
ag3 ‘ Praeterea, gaudium et pax non sunt speciales virtutes quia consequuntur ex caritate, * ut supra dictum est. ‘ sed etiam misericordia consequitur ex caritate, “ sic enim ex caritate flemus cum flentibus sicut gaudemus cum gaudentibus. ‘ ergo misericordia non est specialis virtus.
ag4 ‘ Praeterea, cum misericordia ad vim appetitivam pertineat, non est virtus intellectualis. nec est virtus theologica, cum non habeat deum pro obiecto. similiter etiam non est virtus moralis, quia nec est circa operationes, hoc enim pertinet ad iustitiam; nec est circa passiones, non enim reducitur ad aliquam duodecim medietatum * quas philosophus ponit, in ii ethic.. ‘ ergo misericordia non est virtus.
sc * Sed contra est quod augustinus dicit, in ix de civ. dei, ° longe melius et humanius et piorum sensibus accommodatius cicero in caesaris laude locutus est, ubi ait, nulla de virtutibus tuis nec admirabilior nec gratior misericordia est. ‘ ergo misericordia est virtus.
co ‘ Respondeo dicendum quod misericordia importat dolorem de miseria aliena. iste autem dolor potest nominare, uno quidem modo, motum appetitus sensitivi. et secundum hoc misericordia passio est, et non virtus. alio vero modo potest nominare motum appetitus intellectivi, secundum quod alicui displicet malum alterius. hic autem motus potest esse secundum rationem regulatus, et potest secundum hunc motum ratione regulatum regulari motus inferioris appetitus. * unde augustinus dicit, in ix de civ. dei, quod ° iste motus animi, scilicet misericordia, servit rationi quando ita praebetur misericordia ut iustitia conservetur, sive cum indigenti tribuitur, sive cum ignoscitur poenitenti. ‘ et quia ratio virtutis humanae consistit in hoc quod motus animi ratione reguletur, * ut ex superioribus patet, ‘ consequens est misericordiam esse virtutem.
ra1 * Ad primum ergo dicendum quod auctoritas illa sallustii “ intelligitur de misericordia secundum quod est passio ratione non regulata. sic enim ‘ impedit consilium rationis, dum facit a iustitia discedere.
ra2 * Ad secundum dicendum quod philosophus loquitur ibi de “ misericordia et nemesi secundum quod utrumque est passio. ‘ et habent quidem contrarietatem ex parte aestimationis quam habent de malis alienis, de quibus misericors dolet, inquantum aestimat aliquem indigna pati; nemeseticus autem gaudet, inquantum aestimat aliquos digne pati, et tristatur si indignis bene accidat. et utrumque est laudabile, et ab eodem more descendens, * ut ibidem dicitur. ‘ sed proprie misericordiae opponitur invidia, * ut infra dicetur.
ra3 ‘ Ad tertium dicendum quod gaudium et pax nihil adiiciunt super rationem boni quod est obiectum caritatis, et ideo non requirunt alias virtutes quam caritatem. sed misericordia respicit quandam specialem rationem, scilicet miseriam eius cuius miseretur.
ra4 ‘ Ad quartum dicendum quod misericordia, secundum quod est virtus, est moralis virtus circa passiones existens, et reducitur ad illam medietatem quae dicitur nemesis, quia ab eodem more procedunt, * ut in ii rhet.. dicitur. “ has autem medietates philosophus non ponit virtutes, sed passiones, quia etiam secundum quod sunt passiones, laudabiles sunt. ‘ nihil tamen prohibet quin ab aliquo habitu electivo proveniant. et secundum hoc assumunt rationem virtutis.

009 ST3 qu30 ar4

ag1 ‘ Ad quartum sic proceditur. videtur quod misericordia sit maxima virtutum. maxime enim ad virtutem pertinere videtur cultus divinus. sed misericordia cultui divino praefertur, * secundum illud osee vi et matth. xii, ° misericordiam volo, et non sacrificium. ‘ ergo misericordia est maxima virtus.
ag2 * Praeterea, super illud i ad tim. iv, ° pietas ad omnia utilis est, * dicit glossa ambrosii, ° omnis summa disciplinae christianae in misericordia et pietate est. ‘ sed disciplina christiana continet omnem virtutem. ergo summa totius virtutis in misericordia consistit.
ag3 “ Praeterea, virtus est quae bonum facit habentem. ‘ ergo tanto aliqua virtus est melior quanto facit hominem deo similiorem, quia per hoc melior est homo quod deo est similior. sed hoc maxime facit misericordia, * quia de deo dicitur in psalm. quod ° miserationes eius sunt super omnia opera eius. * unde et luc. vi dominus dicit, ° estote misericordes, sicut et pater vester misericors est. ‘ misericordia igitur est maxima virtutum.
sc * Sed contra est quod apostolus, ad coloss. iii, cum dixisset, ° induite vos, sicut dilecti dei, viscera misericordiae etc., * postea subdit, ° super omnia, caritatem habete. ‘ ergo misericordia non est maxima virtutum.
co ‘ Respondeo dicendum quod aliqua virtus potest esse maxima dupliciter, uno modo, secundum se; alio modo, per comparationem ad habentem. secundum se quidem misericordia maxima est. pertinet enim ad misericordiam quod alii effundat; et, quod plus est, quod defectus aliorum sublevet; et hoc est maxime superioris. unde et misereri ponitur proprium deo, et in hoc maxime dicitur eius omnipotentia manifestari. sed quoad habentem, misericordia non est maxima, nisi ille qui habet sit maximus, qui nullum supra se habeat, sed omnes sub se. ei enim qui supra se aliquem habet maius est et melius co-

niungi superiori quam supplere defectum inferioris. et ideo quantum ad hominem, qui habet deum superiorem, caritas, per quam deo unitur, est potior quam misericordia, per quam defectus proximorum supplet. sed inter omnes virtutes quae ad proximum pertinent potissima est misericordia, sicut etiam est potioris actus, nam supplere defectum alterius, inquantum huiusmodi, est superioris et melioris.
ra1 ' Ad primum ergo dicendum quod deum non colimus per exteriora sacrificia aut munera propter ipsum, sed propter nos et propter proximos, non enim indiget sacrificiis nostris, sed vult ea sibi offerri propter nostram devotionem et proximorum utilitatem. et ideo misericordia, qua subvenitur defectibus aliorum, est sacrificium ei magis acceptum, utpote propinquius utilitatem proximorum inducens, * secundum illud heb. ult., ° beneficentiae et communionis nolite oblivisci, talibus enim hostiis promeretur deus.
ra2 ' Ad secundum dicendum quod summa religionis christianae in misericordia consistit quantum ad exteriora opera. interior tamen affectio caritatis, qua coniungimur deo, praeponderat et dilectioni et misericordiae in proximos.
ra3 ' Ad tertium dicendum quod per caritatem assimilamur deo tanquam ei per affectum uniti. et ideo potior est quam misericordia, per quam assimilamur deo secundum similitudinem operationis.

009 ST3 qu31 ar

pr ' Deinde considerandum est de exterioribus actibus vel effectibus caritatis. et primo, de beneficentia; secundo, de eleemosyna, quae est quaedam pars beneficentiae; tertio, de correctione fraterna, quae est quaedam eleemosyna. circa primum quaeruntur quatuor. primo, utrum beneficentia sit actus caritatis. secundo, utrum sit omnibus benefaciendum. tertio, utrum magis coniunctis sit magis benefaciendum. quarto, utrum beneficentia sit virtus specialis.

009 ST3 qu31 ar1

ag1 ' Ad primum sic proceditur. videtur quod beneficentia non sit actus caritatis. caritas enim maxime habetur ad deum. sed ad eum non possumus esse benefici, * secundum illud iob xxxv, ° quid dabis ei? aut quid de manu tua accipiet? ' ergo beneficentia non est actus caritatis.
ag2 ' Praeterea, beneficentia maxime consistit in collatione donorum. sed hoc pertinet ad liberalitatem. ergo beneficentia non est actus caritatis, sed liberalitatis.
ag3 ' Praeterea, omne quod quis dat, vel dat sicut debitum vel dat sicut non debitum. sed beneficium quod impenditur tanquam debitum pertinet ad iustitiam, quod autem impenditur tanquam non debitum, gratis datur, et secundum hoc pertinet ad misericordiam. ergo omnis beneficentia vel est actus iustitiae vel est actus misericordiae. non est ergo actus caritatis.
sc ' Sed contra, caritas est amicitia quaedam, * ut dictum est. * sed philosophus, in ix ethic., " inter alios amicitiae actus ponit hoc unum quod est operari bonum ad amicos, quod est amicis benefacere. ' ergo beneficentia est actus caritatis.
co ' Respondeo dicendum quod beneficentia nihil aliud importat quam facere bonum alicui. potest autem hoc bonum considerari dupliciter. uno modo, secundum communem rationem boni. et hoc pertinet ad communem rationem beneficentiae. et hoc est actus amicitiae, et per consequens caritatis. nam in actu dilectionis includitur benevolentia, per quam aliquis vult bonum amico, * ut supra habitum est. ' voluntas autem est effectiva eorum quae vult, si facultas adsit. et ideo ex consequenti benefacere amico ex actu dilectionis consequitur. et propter hoc beneficentia secundum communem rationem, est amicitiae vel caritatis actus. si autem bonum quod quis facit alteri accipiatur sub aliqua speciali ratione boni, sic beneficentia accipiet specialem rationem, et pertinebit ad aliquam specialem virtutem.
ra1 ' Ad primum ergo dicendum quod, * sicut dionysius dicit, iv cap. de div. nom., ° amor movet ordinata ad mutuam habitudinem, et inferiora convertit in superiora ut ab eis perficiantur, et superiora movet ad inferiorum provisionem. ' et quantum ad hoc beneficentia est effectus dilectionis. et ideo nostrum non est deo benefacere, sed eum honorare, nos ei subiiciendo, eius autem est ex sua dilectione nobis benefacere.
ra2 ' Ad secundum dicendum quod in collatione donorum duo sunt attendenda, quorum unum est exterius datum; aliud autem est interior passio quam habet quis ad divitias, in eis delectatus. ad liberalitatem autem pertinet moderari interiorem passionem, ut scilicet aliquis non superexcedat in concupiscendo et amando divitias, ex hoc enim efficietur homo facile emissivus donorum. unde si homo det aliquod donum magnum, et tamen cum quadam concupiscentia retinendi, datio non est liberalis. sed ex parte exterioris dati collatio beneficii pertinet in generali ad amicitiam vel caritatem. unde hoc non derogat amicitiae, si aliquis rem quam concupiscit retinere det alicui propter amorem; sed magis ex hoc ostenditur amicitiae perfectio.
ra3 ' Ad tertium dicendum quod sicut amicitia seu caritas respicit in beneficio collato communem rationem boni, ita iustitia respicit ibi rationem debiti. misericordia vero respicit ibi rationem relevantis miseriam vel defectum.

009 ST3 qu31 ar2

ag1 ' Ad secundum sic proceditur. videtur quod non sit omnibus benefaciendum. * dicit enim augustinus, in i de doct. christ., quod " omnibus prodesse non possumus. ' sed virtus non inclinat ad impossibile. ergo non oportet omnibus benefacere.
ag2 * Praeterea, eccli. xii dicitur, ° da iusto, et non recipias peccatorem. ' sed multi homines sunt peccatores. non ergo omnibus est benefaciendum.
ag3 ° Praeterea, caritas non agit perperam, * ut dicitur i ad cor. xiii. ' sed benefacere quibusdam est agere perperam, puta si aliquis benefaciat inimicis reipublicae; vel si benefaciat excommunicato, quia per hoc ei communicat. ergo, cum benefacere sit actus caritatis, non est omnibus benefaciendum.
sc * Sed contra est quod apostolus dicit, ad gal. ult., ° dum tempus habemus, operemur bonum ad omnes.
co * Respondeo dicendum quod, sicut supra dictum est, ' beneficentia consequitur amorem ex ea parte qua movet superiora ad provisionem inferiorum. gradus autem in hominibus non sunt immutabiles, sicut in angelis, quia homines possunt pati multiplices defectus; unde qui est superior secundum aliquid, vel est vel potest esse inferior secundum aliud. et ideo, cum dilectio caritatis se extendat ad omnes, etiam beneficentia se debet extendere ad omnes, pro loco tamen et tempore, omnes enim actus virtutum sunt secundum debitas circumstantias limitandi.
ra1 ' Ad primum ergo dicendum quod, simpliciter loquendo, non possumus omnibus benefacere in speciali, nullus tamen est de quo non possit occurrere casus in quo oporteat ei benefacere etiam in speciali. et ideo caritas requirit ut homo, etsi non actu alicui benefaciat, habeat tamen hoc in sui animi praeparatione, ut benefaciat cuicumque si tempus adesset. aliquod tamen beneficium est quod possumus omnibus impendere, si non in speciali saltem in generali, sicut cum oramus pro omnibus fidelibus et infidelibus.
ra2 ' Ad secundum dicendum quod in peccatore duo sunt, scilicet culpa et natura. est ergo subveniendum peccatori quantum ad sustentationem naturae, non est autem ei subveniendum ad fomentum culpae; hoc enim non esset benefacere, sed potius malefacere.
ra3 ' Ad tertium dicendum quod excommunicatis et reipublicae hostibus sunt beneficia subtrahenda inquantum per hoc arcentur a culpa. si tamen immineret necessitas, ne natura deficeret, esset eis subveniendum, debito tamen modo, puta ne fame aut siti morerentur, aut aliquod huiusmodi dispendium, nisi secundum ordinem iustitiae, paterentur.

009 ST3 qu31 ar3

ag1 ' Ad tertium sic proceditur. videtur quod non sit magis benefaciendum his qui sunt nobis magis coniuncti. * dicitur enim luc. xiv, ° cum facis prandium aut cenam, noli vocare amicos tuos neque fratres neque cognatos. ' sed isti sunt maxime coniuncti. ergo non est magis benefaciendum coniunctis, sed potius extraneis indigentibus, * sequitur enim, ° sed cum facis convivium, voca pauperes et debiles, etc..
ag2 ' Praeterea, maximum beneficium est quod homo aliquem in bello adiuvet. sed miles in bello magis debet iuvare extraneum commilitonem quam consanguineum hostem. ergo beneficia non sunt magis exhibenda magis coniunctis.
ag3 ' Praeterea, prius sunt debita restituenda quam gratuita beneficia impendenda. sed debitum est quod aliquis impendat beneficium ei a quo accepit. ergo benefactoribus magis est benefaciendum quam propinquis.
ag4 ' Praeterea, magis sunt diligendi parentes quam filii, * ut supra dictum est. ' sed magis est benefaciendum filiis, quia non debent filii thesaurizare parentibus, * ut dicitur ii ad cor. xii. ' ergo non est magis benefaciendum magis coniunctis.
sc * Sed contra est quod augustinus dicit, in i de doct. christ., ° cum omnibus prodesse non possis, his potissimum consulendum est qui, pro locorum et temporum vel quarumlibet rerum opportunitatibus, constrictius tibi, quasi quadam sorte, iunguntur.
co ' Respondeo dicendum quod gratia et virtus imitantur naturae ordinem, qui est ex divina sapientia institutus. est autem talis ordo naturae ut unumquodque agens naturale per prius magis diffundat suam actionem ad ea quae sunt sibi propinquiora, sicut ignis magis calefacit rem sibi magis propinquam. et similiter deus in substantias sibi propinquiores per prius et copiosius dona suae bonitatis diffundit; * ut patet per dionysium, iv cap. cael. hier.. ' exhibitio autem beneficiorum est quaedam actio caritatis in alios. et ideo oportet quod ad magis propinquos simus magis benefici. sed propinquitas unius hominis ad alium potest attendi secundum diversa in quibus sibi ad invicem homines communicant, ut consanguinei naturali communicatione, concives in civili, fideles in spirituali, et sic de aliis. et secundum diversas coniunctiones sunt diversimode diversa beneficia dispensanda, nam unicuique est magis exhibendum beneficium pertinens ad illam rem secundum quam est magis nobis coniunctus, simpliciter loquendo. tamen hoc potest variari secundum diversitatem locorum et temporum et negotiorum, nam in aliquo casu est magis subveniendum extraneo, puta si sit in extrema necessitate, quam etiam patri non tantam necessitatem patienti.
ra1 ' Ad primum ergo dicendum quod dominus non prohibet simpliciter vocare amicos aut consanguineos ad convivium, sed vocare eos ea intentione quod te ipsi reinvitent. hoc enim non erit caritatis, sed cupiditatis. potest tamen contingere quod extranei sint magis invitandi in aliquo casu, propter maiorem indigentiam. intelligendum est enim quod magis coniunctis magis est, ceteris paribus, benefaciendum. si autem duorum unus sit magis coniunctus et alter magis indigens, non potest universali regula determinari cui sit magis subveniendum, quia sunt diversi gradus et indigentiae et propinquitatis, sed hoc requirit prudentis iudicium.
ra2 ' Ad secundum dicendum quod bonum commune multorum divinius est quam bonum unius. unde pro bono communi reipublicae vel spiritualis vel temporalis virtuosum est quod aliquis etiam propriam vitam exponat periculo. et ideo, cum communicatio in bellicis ordinetur ad conservationem reipublicae, in hoc miles impendens commilitoni auxilium, non impendit ei tanquam privatae personae, sed sicut totam rempublicam iuvans. et ideo non est mirum si in hoc praefertur extraneus coniuncto secundum carnem.
ra3 ' Ad tertium dicendum quod duplex est debitum. unum quidem quod non est numerandum in bonis eius qui debet, sed potius in bonis eius cui debetur. puta si aliquis habet pecuniam aut rem aliam alterius vel furto sublatam vel mutuo acceptam sive depositam, vel aliquo alio simili modo, quantum ad hoc plus debet homo reddere debitum quam ex eo benefacere coniunctis. nisi forte esset tantae necessitatis articulus in quo etiam liceret rem alienam accipere ad subveniendum necessitatem patienti. nisi forte et ille cui res debetur in simili necessitate esset. in quo tamen casu pensanda esset utriusque conditio secundum alias conditiones, prudentis iudicio, quia " in talibus non potest universalis regula dari, propter varietatem singulorum casuum, * ut philosophus dicit, in ix ethic.. ' aliud autem est debitum quod computatur in bonis eius qui debet, et non eius cui debetur, puta si debeatur non ex necessitate iustitiae, sed ex quadam morali aequitate, ut contingit in beneficiis gratis susceptis. nullius autem benefactoris beneficium est tantum sicut parentum, et ideo parentes in recompensandis beneficiis sunt omnibus aliis praeferendi; nisi necessitas ex alia parte praeponderaret, vel aliqua alia conditio, puta communis utilitas ecclesiae vel reipublicae. in aliis autem est aestimatio habenda et coniunctionis et beneficii suscepti. quae similiter non potest |25| communi regula determinari.
ra4 ' Ad quartum dicendum quod parentes sunt sicut superiores, et ideo amor parentum est ad benefaciendum, amor autem filiorum ad honorandum parentes. et tamen in necessitatis extremae articulo magis liceret deserere filios quam parentes; quos nullo modo deserere licet, propter obligationem beneficiorum susceptorum; * ut patet per philosophum, in viii ethic..

009 ST3 qu31 ar4

ag1 ' Ad quartum sic proceditur. videtur quod beneficentia sit specialis virtus. praecepta enim ad virtutes ordinantur, ° quia legislatores intendunt facere homines virtuosos, * sicut dicitur in ii ethic.. ' sed seorsum datur praeceptum de beneficentia et de dilectione, * dicitur enim matth. v, ° diligite inimicos vestros, benefacite his qui oderunt vos. ' ergo beneficentia est virtus distincta a caritate.
ag2 ' Praeterea, vitia virtutibus opponuntur. sed beneficentiae opponuntur aliqua specialia vitia, per quae nocumentum proximo infertur, puta rapina, furtum et alia huiusmodi. ergo beneficentia est specialis virtus.
ag3 ' Praeterea, caritas non distinguitur in multas species. sed beneficentia videtur distingui in multas species, secundum diversas beneficiorum species. ergo beneficentia est alia virtus a caritate.
sc ' Sed contra est quod actus interior et exterior non requirunt diversas virtutes. sed beneficentia et benevolentia non differunt nisi sicut actus exterior et interior, quia beneficentia est executio benevolentiae. ergo, sicut benevolentia non est alia virtus a caritate, ita nec beneficentia.
co ' Respondeo dicendum quod virtutes diversificantur secundum diversas rationes obiecti. eadem autem est ratio formalis obiecti caritatis et beneficentiae, nam utraque respicit communem rationem boni, * ut ex praedictis patet. ' unde beneficentia non est alia virtus a caritate, sed nominat quendam caritatis actum.
ra1 ' Ad primum ergo dicendum quod praecepta non dantur de habitibus virtutum, sed de actibus. et ideo diversitas praeceptorum non significat diversos habitus virtutum, sed diversos actus.
ra2 ' Ad secundum dicendum quod sicut omnia bene-

ficia proximo exhibita, inquantum considerantur sub communi ratione boni, reducuntur ad amorem; ita omnia nocumenta, inquantum considerantur secundum communem rationem mali, reducuntur ad odium. prout autem considerantur secundum aliquas speciales rationes vel boni vel mali, reducuntur ad aliquas speciales virtutes vel vitia. et secundum hoc etiam sunt diversae beneficiorum species.
ra3 ' Unde patet responsio ad tertium.

009 ST3 qu32 ar

pr ' Deinde considerandum est de eleemosyna. et circa hoc quaeruntur decem. primo, utrum eleemosynae largitio sit actus caritatis. secundo, de distinctione eleemosynarum. tertio, quae sint potiores eleemosynae, utrum spirituales vel corporales. quarto, utrum corporales eleemosynae habeant effectum spiritualem. quinto, utrum dare eleemosynas sit in praecepto. sexto, utrum corporalis eleemosyna sit danda de necessario. septimo, utrum sit danda de iniuste acquisito. octavo, quorum sit dare eleemosynam. nono, quibus sit danda. decimo, de modo dandi eleemosynas.

009 ST3 qu32 ar1

ag1 ' Ad primum sic proceditur. videtur quod dare eleemosynam non sit actus caritatis. actus enim caritatis non potest esse sine caritate. sed largitio eleemosynarum potest esse sine caritate, * secundum illud i ad cor. xiii, ° si distribuero in cibos pauperum omnes facultates meas, caritatem autem non habuero. ' ergo dare eleemosynam non est actus caritatis.
ag2 ' Praeterea, eleemosyna computatur inter opera satisfactionis, * secundum illud dan. iv, ° peccata tua eleemosynis redime. ' sed satisfactio est actus iustitiae. ergo dare eleemosynam non est actus caritatis, sed iustitiae.
ag3 ' Praeterea, offerre hostiam deo est actus latriae. sed dare eleemosynam est offerre hostiam deo, * secundum illud ad heb. ult., ° beneficentiae et communionis nolite oblivisci, talibus enim hostiis promeretur deus. ' ergo caritatis non est actus dare eleemosynam, sed magis latriae.
ag4 * Praeterea, philosophus dicit, in iv ethic., quod " dare aliquid propter bonum est actus liberalitatis. ' sed hoc maxime fit in largitione eleemosynarum. ergo dare eleemosynam non est actus caritatis.
sc * Sed contra est quod dicitur i ioan. iii, ° qui habuerit substantiam huius mundi, et viderit fratrem suum necessitatem patientem, et clauserit viscera sua ab eo, quomodo caritas dei manet in illo?
co ' Respondeo dicendum quod exteriores actus ad illam virtutem referuntur ad quam pertinet id quod est motivum ad agendum huiusmodi actus. motivum autem ad dandum eleemosynas est ut subveniatur necessitatem patienti, * unde quidam, definientes eleemosynam, dicunt quod " eleemosyna est opus quo datur aliquid indigenti ex compassione propter deum. quod quidem motivum pertinet ad misericordiam, * ut supra dictum est. ' unde manifestum est quod dare eleemosynam proprie est actus misericordiae. et hoc apparet ex ipso nomine, nam in graeco a misericordia derivatur, sicut in latino miseratio. et quia misericordia est effectus caritatis, * ut supra ostensum est, ' ex consequenti dare eleemosynam est actus caritatis, misericordia mediante.
ra1 ' Ad primum ergo dicendum quod aliquid dicitur esse actus virtutis dupliciter. uno modo, materialiter, sicut actus iustitiae est facere iusta. et talis actus virtutis potest esse sine virtute, multi enim non habentes habitum iustitiae iusta operantur, vel ex naturali ratione, vel ex timore sive ex spe aliquid adipiscendi. alio modo dicitur esse aliquid actus virtutis formaliter, sicut actus iustitiae est actio iusta eo modo quo iustus facit, scilicet prompte et delectabiliter. et hoc modo actus virtutis non est sine virtute. secundum hoc ergo dare eleemosynas materialiter potest esse sine caritate, formaliter autem eleemosynas dare, idest propter deum, delectabiliter et prompte et omni eo modo quo debet, non est sine caritate.
ra2 ' Ad secundum dicendum quod nihil prohibet actum qui est proprie unius virtutis elicitive, attribui alteri virtuti sicut imperanti et ordinanti ad suum finem. et hoc modo dare eleemosynam ponitur inter opera satisfactoria, inquantum miseratio in defectum patientis ordinatur ad satisfaciendum pro culpa. secundum autem quod ordinatur ad placandum deum, habet rationem sacrificii, et sic imperatur a latria.
ra3 ' Unde patet responsio ad tertium.
ra4 ' Ad quartum dicendum quod dare eleemosynam pertinet ad liberalitatem inquantum liberalitas aufert impedimentum huius actus, quod esse posset ex superfluo amore divitiarum, propter quem aliquis efficitur nimis retentivus earum.

009 ST3 qu32 ar2

ag1 ' Ad secundum sic proceditur. videtur quod inconvenienter eleemosynarum genera distinguantur. ponuntur enim septem eleemosynae corporales, scilicet pascere esurientem, potare sitientem, vestire nudum, recolligere hospitem, visitare infirmum, redimere captivum, et sepelire mortuum; * quae in hoc versu continentur, ° visito, poto, cibo, redimo, tego, colligo, condo. ' ponuntur etiam aliae septem eleemosynae spirituales, scilicet docere ignorantem, consulere dubitanti, consolari tristem, corrigere peccantem, remittere offendenti, portare onerosos et graves, et pro omnibus orare; * quae etiam in hoc versu continentur, ° consule, castiga, solare, remitte, fer, ora; ' ita tamen quod sub eodem intelligatur consilium et doctrina. videtur autem quod inconvenienter huiusmodi eleemosynae distinguantur. eleemosyna enim ordinatur ad subveniendum proximo. sed per hoc quod proximus sepelitur, in nullo ei subvenitur, * alioquin non esset verum quod dominus dicit, matth. x, ° nolite timere eos qui occidunt corpus, et post hoc non habent amplius quid faciant. * unde et dominus, matth. xxv, commemorans misericordiae opera, ' de sepultura mortuorum mentionem non facit. ergo videtur quod inconvenienter huiusmodi eleemosynae distinguantur.
ag2 ' Praeterea, eleemosyna datur ad subveniendum necessitatibus proximi, * sicut dictum est. ' sed multae aliae sunt necessitates humanae vitae quam praedictae, sicut quod caecus indiget ductore, claudus sustentatione, pauper divitiis. ergo inconvenienter praedictae eleemosynae enumerantur.
ag3 ' Praeterea, dare eleemosynam est actus misericordiae. sed corrigere delinquentem magis videtur ad severitatem pertinere quam ad misericordiam. ergo non debet computari inter eleemosynas spirituales.
ag4 ' Praeterea, eleemosyna ordinatur ad subveniendum defectui. sed nullus est homo qui defectum ignorantiae non patiatur in aliquibus. ergo videtur quod quilibet debeat quemlibet docere, si ignoret id quod ipse scit.
sc * Sed contra est quod gregorius dicit, in quadam homilia, ° habens intellectum curet omnino ne taceat; habens rerum affluentiam vigilet ne a misericordiae largitate torpescat; habens artem qua regitur magnopere studeat ut usum atque utilitatem illius cum proximo partiatur; habens loquendi locum apud divitem damnationem pro retento talento timeat si, cum valet, non apud eum pro pauperibus intercedat. ' ergo praedictae eleemosynae convenienter distinguuntur secundum ea in quibus homines abundant et deficiunt.
co ' Respondeo dicendum quod praedicta eleemosynarum distinctio convenienter sumitur secundum diversos defectus proximorum. quorum quidam sunt ex parte animae, ad quos ordinantur spirituales eleemosynae; quidam vero ex parte corporis, ad quos ordinantur eleemosynae corporales. defectus enim corporalis aut est in vita, aut est post vitam. si quidem est in vita, aut est communis defectus respectu eorum quibus omnes indigent; aut est specialis propter aliquod accidens superveniens. si primo modo, aut defectus est interior, aut exterior. interior quidem est duplex, unus quidem cui subvenitur per alimentum siccum, scilicet fames, et secundum hoc ponitur pascere esurientem; alius autem est cui subvenitur per alimentum humidum, scilicet sitis, et secundum hoc dicitur potare sitientem. defectus autem communis respectu exterioris auxilii est duplex, unus respectu tegumenti, et quantum ad hoc ponitur vestire nudum; alius est respectu habitaculi, et quantum ad hoc est suscipere hospitem. similiter autem si sit defectus aliquis specialis, aut est ex causa intrinseca, sicut infirmitas, et quantum ad hoc ponitur visitare infirmum, aut ex causa extrinseca, et quantum ad hoc ponitur redemptio captivorum. post vitam autem exhibetur mortuis sepultura. similiter autem spiritualibus defectibus spiritualibus actibus subvenitur dupliciter. uno modo, poscendo auxilium a deo, et quantum ad hoc ponitur oratio, qua quis pro aliis orat. alio modo, |25| impendendo humanum auxilium, et hoc tripliciter. uno modo, contra defectum intellectus, et si quidem sit defectus speculativi intellectus, adhibetur ei remedium per doctrinam; si autem practici intellectus, adhibetur ei remedium per consilium. alio modo est defectus ex passione appetitivae virtutis, inter quos est maximus tristitia, cui subvenitur per consolationem. tertio modo, ex parte inordinati actus, qui quidem tripliciter considerari potest. uno modo, ex parte ipsius peccantis, inquantum procedit ab eius inordinata voluntate, et sic adhibetur remedium per correctionem. alio modo, ex parte eius in quem peccatur, et sic, si quidem sit peccatum in nos, remedium adhibemus remittendo offensam; " si autem sit in deum vel in proximum, non est nostri arbitrii remittere, * ut hieronymus dicit, super matth.. ' tertio modo, ex parte sequelae ipsius actus inordinati, ex qua gravantur ei conviventes, etiam praeter peccantis intentionem, et sic remedium adhibetur supportando; maxime in his qui ex infirmitate peccant, * secundum illud rom. xv, ° debemus nos firmiores infirmitates aliorum portare. ' et non solum secundum quod infirmi sunt graves ex inordinatis actibus, sed etiam quaecumque eorum onera sunt supportanda, * secundum illud galat. vi, ° alter alterius onera portate.
ra1 ' Ad primum ergo dicendum quod sepultura mortui non confert ei quantum ad sensum quem corpus post mortem habeat. et secundum hoc dominus dicit quod interficientes corpus non habent amplius quid faciant. et propter hoc etiam dominus non commemorat sepulturam inter alia misericordiae opera, sed numerat solum illa quae sunt evidentioris necessitatis. pertinet tamen ad defunctum quid de eius corpore agatur, tum quantum ad hoc quod vivit in memoriis hominum, cuius honor dehonestatur si insepultus remaneat; tum etiam quantum ad affectum quem adhuc vivens habebat de suo corpore, cui piorum affectus conformari debet post mortem ipsius. et secundum hoc aliqui commendantur de mortuorum sepultura, ut tobias et illi qui dominum sepelierunt; * ut patet per augustinum, in libro de cura pro mortuis agenda.
ra2 ' Ad secundum dicendum quod omnes aliae necessitates ad has reducuntur. nam et caecitas et claudicatio sunt infirmitates quaedam, unde dirigere caecum et sustentare claudum reducitur ad visitationem infirmorum. similiter etiam subvenire homini contra quamcumque oppressionem illatam extrinsecus reducitur ad redemptionem captivorum. divitiae autem, quibus paupertati subvenitur, non quaeruntur nisi ad subveniendum praedictis defectibus, et ideo non fuit specialis mentio de hoc defectu facienda.
ra3 ' Ad tertium dicendum quod correctio peccantium, quantum ad ipsam executionem actus, severitatem iustitiae continere videtur. sed quantum ad intentionem corrigentis, qui vult hominem a malo culpae liberare, pertinet ad misericordiam et dilectionis affectum, * secundum illud prov. xxvii, ° meliora sunt verbera diligentis quam fraudulenta oscula odientis.
ra4 ' Ad quartum dicendum quod non quaelibet nescientia pertinet ad hominis defectum, sed solum ea qua quis nescit ea quae convenit eum scire, cui defectui per doctrinam subvenire ad eleemosynam pertinet. in quo tamen observandae sunt debitae circumstantiae personae et loci et temporis, sicut et in aliis actibus virtuosis.

009 ST3 qu32 ar3

ag1 ' Ad tertium sic proceditur. videtur quod eleemosynae corporales sint potiores quam spirituales. laudabilius enim est magis indigenti eleemosynam facere, ex hoc enim eleemosyna laudem habet quod indigenti subvenit. sed corpus, cui subvenitur per eleemosynas corporales, est indigentioris naturae quam spiritus, cui subvenitur per eleemosynas spirituales. ergo eleemosynae corporales sunt potiores.
ag2 ' Praeterea, recompensatio beneficii laudem et meritum eleemosynae minuit, * unde et dominus dicit, luc. xiv, ° cum facis prandium aut cenam, noli vocare vicinos divites, ne forte et ipsi te reinvitent. ' sed in eleemosynis spiritualibus semper est recompensatio, quia qui orat pro alio sibi proficit, * secundum illud psalm., ° oratio mea in sinu meo convertetur; ' qui etiam alium docet, ipse in scientia proficit. quod non contingit in eleemosynis corporalibus. ergo eleemosynae corporales sunt potiores quam spirituales.
ag3 ' Praeterea, ad laudem eleemosynae pertinet quod pauper ex eleemosyna data consoletur, * unde iob xxxi dicitur, ° si non benedixerunt mihi latera eius; * et ad philemonem dicit apostolus, ° viscera sanctorum requieverunt per te, frater. ' sed quandoque magis est grata pauperi eleemosyna corporalis quam spiritualis. ergo eleemosyna corporalis potior est quam spiritualis.
sc * Sed contra est quod augustinus, in libro de serm. dom. in monte, super illud, ° qui petit a te, da ei, * dicit, ° dandum est quod nec tibi nec alteri noceat, et cum negaveris quod petit, indicanda est iustitia, ut non eum inanem dimittas. et aliquando melius aliquid dabis, cum iniuste petentem correxeris. ' correctio autem est eleemosyna spiritualis. ergo spirituales eleemosynae sunt corporalibus praeferendae.
co ' Respondeo dicendum quod comparatio istarum eleemosynarum potest attendi dupliciter. uno modo, simpliciter loquendo, et secundum hoc eleemosynae spirituales praeeminent, triplici ratione. primo quidem quia id quod exhibetur nobilius est, scilicet donum spirituale, quod praeeminet corporali, * secundum illud prov. iv, ° donum bonum tribuam vobis, legem meam ne derelinquatis. ' secundo, ratione eius cui subvenitur, quia spiritus nobilior est corpore. unde sicut homo sibi ipsi magis debet providere quantum ad spiritum quam quantum ad corpus, ita et proximo, quem debet tanquam seipsum diligere. tertio, quantum ad ipsos actus quibus subvenitur proximo, quia spirituales actus sunt nobiliores corporalibus, qui sunt quodammodo serviles. alio modo possunt comparari secundum aliquem particularem casum, in quo quaedam corporalis eleemosyna alicui spirituali praefertur. puta, magis esset pascendum fame morientem quam docendum, " sicut et indigenti, * secundum philosophum, " melius est ditari quam philosophari, ' quamvis hoc sit simpliciter melius.
ra1 ' Ad primum ergo dicendum quod dare magis indigenti melius est, ceteris paribus. sed si minus indigens sit melior, et melioribus indigeat, dare ei melius est. et sic est in proposito.
ra2 ' Ad secundum dicendum quod recompensatio non minuit meritum et laudem eleemosynae si non sit intenta, sicut etiam humana gloria, si non sit intenta, non minuit rationem virtutis; * sicut et de catone sallustius dicit quod ° quo magis gloriam fugiebat, eo magis eum gloria sequebatur. ' et ita contingit in eleemosynis spiritualibus. et tamen intentio bonorum spiritualium non minuit meritum, sicut inten-

tio bonorum corporalium.
ra3 ‘ Ad tertium dicendum quod meritum dantis eleemosynam attenditur secundum id in quo debet rationabiliter requiescere voluntas accipientis, non in eo in quo requiescit si sit inordinata.

009 ST3 qu32 ar4

ag1 ‘ Ad quartum sic proceditur. videtur quod eleemosynae corporales non habeant effectum spiritualem. effectus enim non est potior sua causa. sed bona spiritualia sunt potiora corporalibus. non ergo eleemosynae corporales habent spirituales effectus.
ag2 ‘ Praeterea, dare corporale pro spirituali vitium simoniae est. sed hoc vitium est omnino vitandum. non ergo sunt dandae eleemosynae ad consequendum spirituales effectus.
ag3 ‘ Praeterea, multiplicata causa, multiplicatur effectus. si igitur eleemosyna corporalis causaret spiritualem effectum, sequeretur quod maior eleemosyna magis spiritualiter proficeret. * quod est contra illud quod legitur luc. xxi “ de vidua mittente duo aera minuta in gazophylacium, quae, secundum sententiam domini, plus omnibus misit. ‘ non ergo eleemosyna corporalis habet spiritualem effectum.
sc * Sed contra est quod dicitur eccli. xxix, ° eleemosyna viri gratiam hominis quasi pupillam conservabit.
co ‘ Respondeo dicendum quod eleemosyna corporalis tripliciter potest considerari. uno modo, secundum suam substantiam. et secundum hoc non habet nisi corporalem effectum, inquantum scilicet supplet corporales defectus proximorum. alio modo potest considerari ex parte causae eius, inquantum scilicet aliquis eleemosynam corporalem dat propter dilectionem dei et proximi. et quantum ad hoc affert fructum spiritualem, * secundum illud eccli. xxix, ° perde pecuniam propter fratrem. pone thesaurum in praeceptis altissimi, et proderit tibi magis quam aurum. ‘ tertio modo, ex parte effectus. et sic etiam habet spiritualem fructum, inquantum scilicet proximus, cui per corporalem eleemosynam subvenitur, movetur ad orandum pro benefactore. * unde et ibidem subditur, ° conclude eleemosynam in sinu pauperis, et haec pro te exorabit ab omni malo.
ra1 ‘ Ad primum ergo dicendum quod ratio illa procedit de corporali eleemosyna secundum suam substantiam.
ra2 ‘ Ad secundum dicendum quod ille qui dat eleemosynam non intendit emere aliquid spirituale per corporale, quia scit spiritualia in infinitum corporalibus praeeminere, sed intendit per caritatis affectum spiritualem fructum promereri.
ra3 ‘ Ad tertium dicendum quod vidua, quae minus dedit secundum quantitatem, plus dedit secundum suam proportionem; ex quo pensatur in ipsa maior caritatis affectus, ex qua corporalis eleemosyna spiritualem efficaciam habet.

009 ST3 qu32 ar5

ag1 ‘ Ad quintum sic proceditur. videtur quod dare eleemosynam non sit in praecepto. consilia enim a praeceptis distinguuntur. sed dare eleemosynam est consilium, * secundum illud dan. iv, ° consilium meum regi placeat, peccata tua eleemosynis redime. ‘ ergo dare eleemosynam non est in praecepto.
ag2 ‘ Praeterea, cuilibet licet sua re uti et eam retinere. sed retinendo rem suam aliquis eleemosynam non dabit. ergo licitum est eleemosynam non dare. non ergo dare eleemosynam est in praecepto.
ag3 ‘ Praeterea, omne quod cadit sub praecepto aliquo tempore obligat transgressores ad peccatum mortale, quia praecepta affirmativa obligant pro tempore determinato. si ergo dare eleemosynam caderet sub praecepto, esset determinare aliquod tempus in quo homo peccaret mortaliter nisi eleemosynam daret. sed hoc non videtur, quia semper probabiliter aestimari potest quod pauperi aliter subveniri possit; et quod id quod est in eleemosynas erogandum possit ei esse necessarium vel in praesenti vel in futuro. ergo videtur quod dare eleemosynam non sit in praecepto.
ag4 ‘ Praeterea, omnia praecepta reducuntur ad praecepta decalogi. sed inter illa praecepta nihil continetur de datione eleemosynarum. ergo dare eleemosynas non est in praecepto.
sc ‘ Sed contra, nullus punitur poena aeterna pro omissione alicuius quod non cadit sub praecepto. sed aliqui puniuntur poena aeterna pro omissione eleemosynarum; * ut patet matth. xxv. ‘ ergo dare eleemosynam est in praecepto.
co ‘ Respondeo dicendum quod cum dilectio proximi sit in praecepto, necesse est omnia illa cadere sub praecepto sine quibus dilectio proximi non conservatur. ad dilectionem autem proximi pertinet ut proximo non solum velimus bonum, sed etiam operemur, * secundum illud i ioan. iii, ° non diligamus verbo neque lingua, sed opere et veritate. ‘ ad hoc autem quod velimus et operemur bonum alicuius requiritur quod eius necessitati subveniamus, quod fit per eleemosynarum largitionem. et ideo eleemosynarum largitio est in praecepto. sed quia praecepta dantur de actibus virtutum, necesse est quod hoc modo donum eleemosynae cadat sub praecepto, secundum quod actus est de necessitate virtutis, scilicet secundum quod recta ratio requirit. secundum quam est aliquid considerandum ex parte dantis; et aliquid ex parte eius cui est eleemosyna danda. ex parte quidem dantis considerandum est ut id quod est in eleemosynas erogandum sit ei superfluum, * secundum illud luc. xi, ° quod superest date eleemosynam. ‘ et dico superfluum non solum respectu sui ipsius, quod est supra id quod est necessarium individuo; sed etiam respectu aliorum quorum cura sibi incumbit, quia prius oportet quod unusquisque sibi provideat et his quorum cura ei incumbit (respectu quorum dicitur necessarium personae secundum quod persona dignitatem |25| importat), et postea de residuo aliorum necessitatibus subveniatur sicut et natura primo accipit sibi, ad sustentationem proprii corporis, quod est necessarium ministerio virtutis nutritivae; superfluum autem erogat ad generationem alterius per virtutem generativam. ex parte autem recipientis requiritur quod necessitatem habeat, alioquin non esset ratio quare eleemosyna ei daretur. sed cum non possit ab aliquo uno omnibus necessitatem habentibus subveniri, non omnis necessitas obligat ad praeceptum, sed illa sola sine qua is qui necessitatem patitur sustentari non potest. * in illo enim casu locum habet quod ambrosius dicit, ° pasce fame morientem. si non paveris, occidisti. ‘ sic igitur dare eleemosynam de superfluo est in praecepto; et dare eleemosynam ei qui est in extrema necessitate. alias autem eleemosynam dare est in consilio, sicut et de quolibet meliori bono dantur consilia.
ra1 “ Ad primum ergo dicendum quod daniel loquebatur regi qui non erat legi dei subiectus. et ideo ea etiam quae pertinent ad praeceptum legis, quam non profitebatur, erant ei proponenda per modum consilii. vel potest dici quod loquebatur in casu illo in quo dare eleemosynam non est in praecepto.
ra2 ‘ Ad secundum dicendum quod bona temporalia, quae homini divinitus conferuntur, eius quidem sunt quantum ad proprietatem, sed quantum ad usum non solum debent esse eius, sed etiam aliorum, qui ex eis sustentari possunt ex eo quod ei superfluit. * unde basilius dicit, ° si fateris ea tibi divinitus provenisse “ (scilicet temporalia bona) ° an iniustus est deus inaequaliter res nobis distribuens? cur tu abundas, ille vero mendicat, nisi ut tu bonae dispensationis merita consequaris, ille vero patientiae braviis decoretur? est panis famelici quem tu tenes, nudi tunica quam in conclavi conservas, discalceati calceus qui penes te marcescit, indigentis argentum quod possides inhumatum. quocirca tot iniuriaris quot dare valeres. * et hoc idem dicit ambrosius, in decret., dist. xlvii.
ra3 ‘ Ad tertium dicendum quod est aliquod tempus dare in quo mortaliter peccat si eleemosynam dare omittat, ex parte quidem recipientis, cum apparet evidens et urgens necessitas, nec apparet in promptu qui ei subveniat; ex parte vero dantis, cum habet superflua quae secundum statum praesentem non sunt sibi necessaria, prout probabiliter aestimari potest. nec oportet quod consideret ad omnes casus qui possunt contingere in futurum, hoc enim esset de crastino cogitare, * quod dominus prohibet, matth. vi. ‘ sed debet diiudicari superfluum et necessarium secundum ea quae probabiliter et ut in pluribus occurrunt.
ra4 ‘ Ad quartum dicendum quod omnis subventio proximi reducitur ad praeceptum de honoratione parentum. * sic enim et apostolus interpretatur, i ad tim. iv, dicens, ° pietas ad omnia utilis est, promissionem habens vitae quae nunc est et futurae, “ quod dicit quia in praecepto de honoratione parentum additur promissio, ut sis longaevus super terram. ‘ sub pietate autem comprehenditur omnis eleemosynarum largitio.

009 ST3 qu32 ar6

ag1 ‘ Ad sextum sic proceditur. videtur quod aliquis non debeat eleemosynam dare de necessario. ordo enim caritatis non minus attenditur penes effectum beneficii quam penes interiorem affectum. peccat autem qui praepostere agit in ordine caritatis, quia ordo caritatis est in praecepto. cum ergo ex ordine caritatis plus debeat aliquis se quam proximum diligere, videtur quod peccet si subtrahat sibi necessaria ut alteri largiatur.
ag2 ‘ Praeterea, quicumque largitur de his quae sunt necessaria sibi est propriae substantiae dissipator, quod pertinet ad prodigum, * ut patet per philosophum, in iv ethic.. ‘ sed nullum opus vitiosum est faciendum. ergo non est danda eleemosyna de necessario.
ag3 * Praeterea, apostolus dicit, i ad tim. v, ° si quis suorum, et maxime domesticorum curam non habet, fidem negavit et est infideli deterior. ‘ sed quod aliquis det de his quae sunt sibi necessaria vel suis videtur derogare curae quam quis debet habere de se et de suis. ergo videtur quod quicumque de necessariis eleemosynam dat, quod graviter peccet.
sc * Sed contra est quod dominus dicit, matth. xix, ° si vis perfectus esse, vade et vende omnia quae habes, et da pauperibus. ‘ sed ille qui dat omnia quae habet pauperibus non solum dat superflua sed etiam necessaria. ergo de necessariis potest homo eleemosynam dare.
co ‘ Respondeo dicendum quod necessarium dupliciter dicitur. uno modo, sine quo aliquid esse non potest. et de tali necessario omnino eleemosyna dari non debet, puta si aliquis in articulo necessitatis constitutus haberet solum unde posset sustentari, et filii sui vel alii ad eum pertinentes; de hoc enim necessario eleemosynam dare est sibi et suis vitam subtrahere. sed hoc dico nisi forte talis casus immineret ubi, subtrahendo sibi, daret alicui magnae personae, per quam ecclesia vel respublica sustentaretur, quia pro talis personae liberatione seipsum et suos laudabiliter periculo mortis exponeret, cum bonum commune sit proprio praeferendum. alio modo dicitur aliquid esse necessarium sine quo non potest convenienter vita transigi secundum conditionem vel statum personae propriae et aliarum personarum quarum cura ei incumbit. huius necessarii terminus non est in indivisibili constitutus, sed multis additis, non potest diiudicari esse ultra tale necessarium; et multis subtractis, adhuc remanet unde possit convenienter aliquis vitam transigere secundum proprium statum. de huiusmodi ergo eleemosynam dare est bonum, et non cadit sub praecepto, sed sub consilio. inordinatum autem esset si aliquis tantum sibi de bonis propriis subtraheret ut aliis largiretur, quod de residuo non posset vitam transigere convenienter secundum proprium statum et negotia occurrentia, nullus enim inconvenienter vivere debet. |25| sed ab hoc tria sunt excipienda. quorum primum est quando aliquis statum mutat, puta per religionis ingressum. tunc enim, omnia sua propter christum largiens, opus perfectionis facit, se in alio statu ponendo. secundo, quando ea quae sibi subtrahit, etsi sint necessaria ad convenientiam vitae, tamen de facili resarciri possunt, ut non sequatur maximum inconveniens. tertio, quando occurreret extrema necessitas alicuius privatae personae, vel etiam aliqua magna necessitas reipublicae. in his enim casibus laudabiliter praetermitteret aliquis id quod ad decentiam sui status pertinere videretur, ut maiori necessitati subveniret.
ra ‘ Et per hoc patet de facili responsio ad obiecta.

009 ST3 qu32 ar7

ag1 ‘ Ad septimum sic proceditur. videtur quod possit eleemosyna fieri de illicite acquisitis. * dicitur enim luc. xvi, ° facite vobis amicos de mammona iniquitatis. ‘ mammona autem significat divitias. ergo de divitiis inique acquisitis potest sibi aliquis spiritualles amicos facere, eleemosynas largiendo.
ag2 ‘ Praeterea, omne turpe lucrum videtur esse illicite acquisitum. sed turpe lucrum est quod de meretricio acquiritur, unde et de huiusmodi sacrificium vel oblatio deo offerri non debet, * secundum illud deut. xxiii, ° non offeres mercedem prostibuli in domo dei tui. ‘ similiter etiam turpiter acquiritur quod acquiritur per aleas, * quia, ut philosophus dicit, in iv ethic., ° tales ab amicis lucrantur, quibus oportet dare. ‘ turpissime etiam acquiritur aliquid per simoniam, per quam aliquis spiritui sancto iniuriam facit. et tamen de huiusmodi eleemosyna fieri potest. ergo de male acquisitis potest aliquis eleemosynam facere.
ag3 ‘ Praeterea, maiora mala sunt magis vitanda quam minora. sed minus peccatum est detentio rei alienae quam homicidium, quod aliquis incurrit nisi alicui in ultima necessitate subveniat, * ut patet per ambrosium, qui dicit, ° pasce fame morientem, quoniam si non paveris, occidisti. ‘ ergo aliquis potest eleemosynam facere in aliquo casu de male acquisitis.
sc * Sed contra est quod augustinus dicit, in libro de verb. dom., ° de iustis laboribus facite eleemosynas. non enim corrupturi estis iudicem christum, ut non vos audiat cum pauperibus, quibus tollitis. nolite velle eleemosynas facere de faenore et usuris. fidelibus dico, quibus corpus christi erogamus.
co ‘ Respondeo dicendum quod tripliciter potest esse aliquid illicite acquisitum. uno enim modo id quod illicite ab aliquo acquiritur debetur ei a quo est acquisitum, nec potest ab eo retineri qui acquisivit, sicut contingit in rapina et furto et usuris. et de talibus, cum homo teneatur ad restitutionem, eleemosyna fieri non potest. alio vero modo est aliquid illicite acquisitum quia ille quidem qui acquisivit retinere non potest, nec tamen debetur ei a quo acquisivit, quia scilicet contra iustitiam accepit, et alter contra iustitiam dedit, sicut contingit in simonia, in qua dans et accipiens contra iustitiam legis divinae agit. unde non debet fieri restitutio ei qui dedit, sed debet in eleemosynas erogari. et eadem ratio est in similibus, in quibus scilicet et datio et acceptio est contra legem. tertio modo est aliquid illicite acquisitum, non quidem quia ipsa acquisitio sit illicita, sed quia id ex quo acquiritur est illicitum, sicut patet de eo quod mulier acquirit per meretricium. et hoc proprie vocatur turpe lucrum. quod enim mulier meretricium exerceat, turpiter agit et contra legem dei, sed in eo quod accipit non iniuste agit nec contra legem. unde quod sic illicite acquisitum est retineri potest, et de eo eleemosyna fieri.
ra1 * Ad primum ergo dicendum quod, sicut augustinus dicit, in libro de verb. dom., ° illud verbum domini quidam male intelligendo, rapiunt res alienas, et aliquid inde pauperibus largiuntur, et putant se facere quod praeceptum est. intellectus iste corrigendus est. sed omnes divitiae iniquitatis dicuntur, * ut dicit

in libro de quaestionibus evangelii, ° quia non sunt divitiae nisi iniquis, qui in eis spem constituunt. iniquum mammona dixit quia variis divitiarum illecebris nostros tentat affectus. vel quia in pluribus praedecessoribus, quibus patrimonio succedis, aliquis reperitur qui iniuste usurpavit aliena, quamvis tu nescias * ut basilius dicit. ' vel omnes divitiae dicuntur iniquitatis, idest inaequalitatis, quia non aequaliter sunt omnibus distributae uno egente et alio superabundante.
ra2 * Ad secundum dicendum quod de acquisito per meretricium iam dictum est qualiter eleemosyna fieri possit. ' non autem fit de eo sacrificium vel oblatio ad altare, tum propter scandalum; tum propter sacrorum reverentiam. de eo etiam quod est per simoniam acquisitum potest fieri eleemosyna, quia non est debitum ei qui dedit, sed meretur illud amittere. circa illa vero quae per aleas acquiruntur videtur esse aliquid illicitum ex iure divino, scilicet quod aliquis lucretur ab his qui rem suam alienare non possunt, sicut sunt minores et furiosi et huiusmodi; et quod aliquis trahat alium ex cupiditate lucrandi ad ludum; et quod fraudulenter ab eo lucretur. et in his casibus tenetur ad restitutionem, et sic de eo non potest eleemosynam facere. aliquid autem videtur esse ulterius illicitum ex iure positivo civili, quod prohibet universaliter tale lucrum. sed quia ius civile non obligat omnes, sed eos solos qui sunt his legibus subiecti; et iterum per dissuetudinem abrogari potest, ideo apud illos qui sunt huiusmodi legibus obstricti, tenentur universaliter ad restitutionem qui lucrantur; nisi forte contraria consuetudo praevaleat; aut nisi aliquis lucratus sit ab eo qui traxit eum ad ludum. in quo casu non teneretur restituere, quia ille qui amisit non est dignus recipere; nec potest licite retinere, tali iure positivo durante; unde debet de hoc eleemosynam facere in hoc casu.
ra3 ' Ad tertium dicendum quod in casu extremae necessitatis omnia sunt communia. unde licet ei qui talem necessitatem patitur accipere de alieno ad sui sustentationem, si non inveniat qui sibi dare velit. et eadem ratione licet habere aliquid de alieno et de hoc eleemosynam dare, quinimmo et accipere, si aliter subveniri non possit necessitatem patienti. si tamen fieri potest sine periculo, debet requisita domini voluntate pauperi providere extremam necessitatem patienti.

009 ST3 qu32 ar8

ag1 ' Ad octavum sic proceditur. videtur quod ille qui est in potestate alterius constitutus possit eleemosynam facere. religiosi enim sunt in potestate eorum quibus obedientiam voverunt. sed si eis non liceret eleemosynam facere, damnum reportarent ex statu religionis, * quia sicut ambrosius dicit, ° summa christianae religionis in pietate consistit, ' quae maxime per eleemosynarum largitionem commendatur. ergo illi qui sunt in potestate alterius constituti possunt eleemosynam facere.
ag2 ' Praeterea, uxor est sub potestate viri, * ut dicitur gen. iii. ' sed uxor potest eleemosynam facere, cum assumatur in viri societatem, unde et de beata lucia dicitur quod, ignorante sponso, eleemosynas faciebat. ergo per hoc quod aliquis est in potestate alterius constitutus, non impeditur quin possit eleemosynas facere.
ag3 ' Praeterea, naturalis quaedam subiectio est filiorum ad parentes, * unde apostolus, ad ephes. vi, dicit, ° filii, obedite parentibus vestris in domino. ' sed filii, ut videtur, possunt de rebus patris eleemosynas dare, quia sunt quodammodo ipsorum, cum sint haeredes; et cum possint eis uti ad usum corporis, multo magis videtur quod possint eis uti, eleemosynas dando, ad remedium animae suae. ergo illi qui sunt in potestate constituti possunt eleemosynas dare.
ag4 ' Praeterea, servi sunt sub potestate dominorum, * secundum illud ad tit. ii, ° servos dominis suis subditos esse. ' licet autem eis aliquid in utilitatem domini facere, quod maxime fit si pro eis eleemosynas largiantur. ergo illi qui sunt in potestate constituti possunt eleemosynas facere.
sc ' Sed contra est quod eleemosynae non sunt faciendae de alieno, " sed de iustis laboribus propriis unusquisque eleemosynam facere debet; * ut augustinus dicit, in libro de verb. dom.. ' sed si subiecti aliis eleemosynam facerent, hoc esset de alieno. ergo illi qui sunt sub potestate aliorum non possunt eleemosynam facere.
co ' Respondeo dicendum quod ille qui est sub potestate alterius constitutus, inquantum huiusmodi, secundum superioris potestatem regulari debet, hic est enim ordo naturalis, ut inferiora secundum superiora regulentur. et ideo oportet quod ea in quibus inferior superiori subiicitur, dispenset non aliter quam ei sit a superiore commissum. sic igitur ille qui est sub potestate constitutus de re secundum quam superiori subiicitur eleemosynam facere non debet nisi quatenus ei a superiore fuerit permissum. si quis vero habeat aliquid secundum quod potestati superioris non subsit, iam secundum hoc non est potestati subiectus, quantum ad hoc proprii iuris existens. et de hoc potest eleemosynam facere.
ra1 ' Ad primum ergo dicendum quod monachus, si habet dispensationem a praelato commissam, potest facere eleemosynam de rebus monasterii, secundum quod sibi est commissum. si vero non habet dispensationem, quia nihil proprium habet, tunc non potest facere eleemosynam sine licentia abbatis vel expresse habita vel probabiliter praesumpta, nisi forte in articulo extremae necessitatis, in quo licitum esset ei furari ut eleemosynam daret. nec propter hoc efficitur peioris conditionis, * quia sicut dicitur in libro de eccles. dogmat., ° bonum est facultates cum dispensatione pauperibus erogare, sed melius est, pro intentione sequendi dominum, insimul donare, et, absolutum sollicitudine, egere cum christo.
ra2 ' Ad secundum dicendum quod si uxor habeat alias res praeter dotem, quae ordinatur ad sustentanda onera matrimonii, vel ex proprio lucro vel quocumque alio licito modo, potest dare eleemosynas, etiam irrequisito assensu viri, moderatas tamen, ne ex earum superfluitate vir depauperetur. alias autem non debet dare eleemosynas sine consensu viri vel expresso vel praesumpto, nisi in articulo necessitatis, * sicut de monacho dictum est. ' quamvis enim mulier sit aequalis in actu matrimonii, tamen in his quae ad dispositionem domus pertinent vir caput est mulieris, * secundum apostolum, i ad cor. xi. ' beata autem lucia sponsum habebat, non virum. unde de consensu matris poterat eleemosynam facere.
ra3 ' Ad tertium dicendum quod ea quae sunt filiifamilias sunt patris. et ideo non potest eleemosynam facere (nisi forte aliquam modicam, de qua potest praesumere quod patri placeat), nisi forte alicuius rei esset sibi a patre dispensatio commissa. et idem dicendum de servis.
ra4 ' Unde patet solutio ad quartum.

009 ST3 qu32 ar9

ag1 ' Ad nonum sic proceditur. videtur quod non sit magis propinquioribus eleemosyna facienda. * dicitur enim eccli. xii, ° da misericordi, et ne suscipias peccatorem, benefac humili, et non des impio. ' sed quandoque contingit quod propinqui nostri sunt peccatores et impii. ergo non sunt eis magis eleemosynae faciendae.
ag2 ' Praeterea, eleemosynae sunt faciendae propter retributionem mercedis aeternae, * secundum illud matth. vi, ° et pater tuus, qui videt in abscondito, reddet tibi. ' sed retributio aeterna maxime acquiritur ex eleemosynis quae sanctis erogantur, * secundum illud luc. xvi, ° facite vobis amicos de mammona iniquitatis, ut, cum defeceritis, recipiant vos in aeterna tabernacula; * quod exponens augustinus, in libro de verb. dom., dicit, ° qui sunt qui habebunt aeterna habitacula nisi sancti dei? et qui sunt qui ab eis accipiendi sunt in tabernacula nisi qui eorum indigentiae serviunt? ' ergo magis sunt eleemosynae dandae sanctioribus quam propinquioribus.
ag3 ' Praeterea, maxime homo est sibi propinquus. sed sibi non potest homo eleemosynam facere. ergo videtur quod non sit magis facienda eleemosyna personae magis coniunctae.
sc * Sed contra est quod apostolus dicit, i ad tim. v, ° si quis suorum, et maxime domesticorum curam non habet, fidem negavit et est infideli deterior.
co ' Respondeo dicendum quod, * sicut augustinus dicit, in i de doct. christ., " illi qui sunt nobis magis coniuncti quasi quadam sorte nobis obveniunt, ut eis magis providere debemus. ' est tamen circa hoc discretionis ratio adhibenda, secundum differentiam coniunctionis et sanctitatis et utilitatis. nam multo sanctiori magis indigentiam patienti, et magis utili ad commune bonum, est magis eleemosyna danda quam personae propinquiori; maxime si non sit multum coniuncta, cuius cura specialis nobis immineat, et si magnam necessitatem non patiatur.
ra1 ' Ad primum ergo dicendum quod peccatori non est subveniendum inquantum peccator est, idest ut per hoc in peccato foveatur, sed inquantum homo est, idest ut natura sustentetur.
ra2 ' Ad secundum dicendum quod opus eleemosynae ad mercedem retributionis aeternae dupliciter valet. uno quidem modo, ex radice caritatis. et secundum hoc eleemosyna est meritoria prout in ea servatur ordo caritatis, secundum quem propinquioribus magis providere debemus, ceteris paribus. * unde ambrosius dicit, in i de offic., ° est illa probanda liberalitas, ut proximos sanguinis tui non despicias, si egere cognoscas, melius est enim ut ipse subvenias tuis, quibus pudor est ab aliis sumptum deposcere. ' alio modo valet eleemosyna ad retributionem vitae aeternae ex merito eius cui donatur, qui orat pro eo qui eleemosynam dedit. " et secundum hoc loquitur ibi augustinus.
ra3 ' Ad tertium dicendum quod, cum eleemosyna sit opus misericordiae, sicut misericordia non est proprie ad seipsum, sed per quandam similitudinem, * ut supra dictum est; ' ita etiam, proprie loquendo, nullus sibi eleemosynam facit, nisi forte ex persona alterius. puta, cum aliquis distributor ponitur eleemosynarum, potest et ipse sibi accipere, si indigeat, eo tenore quo et aliis ministrat.

009 ST3 qu32 ar10

ag1 ' Ad decimum sic proceditur. videtur quod eleemosyna non sit abundanter facienda. eleemosyna enim maxime debet fieri coniunctioribus. " sed illis non debet sic dari ut ditiores inde fieri velint; * sicut ambrosius dicit, in i de offic.. ' ergo nec aliis debet abundanter dari.
ag2 * Praeterea, ambrosius dicit ibidem, ° non debent simul effundi opes, sed dispensari. ' sed abundantia eleemosynarum ad effusionem pertinet. ergo eleemosyna non debet fieri abundanter.
ag3 * Praeterea, ii ad cor. viii dicit apostolus, " non ut aliis sit remissio, idest ut alii de nostris otiose vivant; vobis autem sit tribulatio, idest paupertas. ' sed hoc contingeret si eleemosyna daretur abundanter. ergo non est abundanter eleemosyna largienda.
sc * Sed contra est quod dicitur tob. iv, ° si multum tibi fuerit, abundanter tribue.
co ' Respondeo dicendum quod abundantia eleemosynae potest considerari et ex parte dantis, et ex parte recipientis. ex parte quidem dantis cum scilicet aliquis dat quod est multum secundum proportionem propriae facultatis. et sic laudabile est abundanter dare, unde et dominus, * luc. xxi, ' laudavit viduam, quae ° ex eo quod deerat illi, omnem victum quem habuit misit, * observatis tamen his quae supra dicta sunt de eleemosyna facienda de necessariis. ' ex parte vero eius cui datur est abundans eleemosyna dupliciter. uno modo, quod suppleat sufficienter eius indigentiam. et sic laudabile est abundanter eleemosynam tribuere. alio modo, ut superabundet ad superfluitatem. et hoc non est laudabile, sed melius est pluribus indigentibus elargiri. * unde et apostolus dicit, i ad cor. xiii, ° si distribuero in cibos pauperum; * ubi glossa dicit, ° per hoc cautela eleemosynae docetur, ut non uni sed multis detur, ut pluribus prosit.
ra1 ' Ad primum ergo dicendum quod ratio illa procedit de abundantia superexcedente necessitatem recipientis eleemosynam
ra2 " Ad secundum dicendum quod auctoritas illa loquitur de abundantia eleemosynae ex parte dantis. ' sed intelligendum est quod deus non vult simul effundi omnes opes, nisi in mutatione status. * unde subdit ibidem, ° nisi forte ut elisaeus boves suos occidit, et pavit pauperes ex eo quod habuit, ut nulla cura domestica teneretur.
ra3 " Ad tertium dicendum quod auctoritas inducta, quantum ad hoc quod dicit, non ut alii sit remissio vel refrigerium, loquitur de abundantia eleemosynae quae superexcedit necessitatem recipientis, cui non est danda eleemosyna ut inde luxurietur, sed ut inde sustentetur. ' circa quod tamen est discretio adhibenda propter diversas conditiones hominum, quorum quidam, delicatioribus nutriti, indigent magis delicatis cibis aut vestibus. * unde et ambrosius dicit, in libro de offic., ° consideranda est in largiendo aetas atque debilitas. nonnunquam etiam verecundia, quae ingenuos procit natales. aut si quis ex divitiis in egestatem cecidit sine vitio suo. " quantum vero ad id quod subditur, vobis autem tribulatio, loquitur de abundantia ex parte dantis. * sed, sicut glossa ibi dicit, " non hoc ideo dicit quin melius esset, scilicet abundanter dare. ° sed de infirmis timet, quos sic dare monet ut egestatem non patiantur.

009 ST3 qu33 ar

pr ' Deinde considerandum est de correctione fraterna. et circa hoc quaeruntur octo. primo, utrum fraterna correctio sit actus caritatis. secundo, utrum sit sub praecepto. tertio, utrum hoc praeceptum extendat se ad omnes, vel solum in praelatis. quarto, utrum subditi teneantur ex hoc praecepto praelatos corrigere. quinto, utrum peccator possit corrigere. sexto, utrum aliquis debeat corrigi qui ex correctione fit deterior. septimo, utrum secreta correctio debeat praecedere denuntiationem. octavo, utrum testium inductio debeat praecedere denuntiationem.

009 ST3 qu33 ar1

ag1 ' Ad primum sic proceditur. videtur quod fraterna correctio non sit actus caritatis. * dicit enim glossa matth. xviii, super illud, ° si peccaverit in te frater tuus, " quod frater est arguendus ex zelo iustitiae. ' sed iustitia est virtus distincta a caritate. ergo correctio fraterna non est actus caritatis, sed iustitiae.
ag2 ' Praeterea, correctio fraterna fit per secretam admonitionem. sed admonitio est consilium quoddam, quod pertinet ad prudentiam, " prudentis enim est esse bene consiliativum, * ut dicitur in vi ethic.. ' ergo fraterna correctio non est actus caritatis, sed prudentiae.
ag3 ' Praeterea, contrarii actus non pertinent ad eandem virtutem. sed supportare peccantem est actus caritatis, * secundum illud ad gal. vi, ° alter alterius onera portate, et sic adimplebitis legem christi, " quae est lex caritatis. ' ergo videtur quod corrigere fratrem peccantem, quod est contrarium supportationi, non sit actus caritatis.
sc ' Sed contra, corripere delinquentem est quaedam eleemosyna spiritualis. sed eleemosyna est actus caritatis, * ut supra dictum est. ' ergo et correctio fraterna est actus caritatis.
co ' Respondeo dicendum quod correctio delinquentis est quoddam remedium quod debet adhiberi contra peccatum alicuius. peccatum autem alicuius dupliciter considerari potest, uno quidem modo, inquantum est nocivum ei qui peccat; alio modo, inquantum vergit in nocumentum aliorum, qui ex eius peccato laeduntur vel scandalizantur; et etiam inquantum est in nocumentum boni communis, cuius iustitia per peccatum hominis perturbatur. duplex er-

go est correctio delinquentis. una quidem quae adhibet remedium peccato inquantum est quoddam malum ipsius peccantis, et ista est proprie fraterna correctio, quae ordinatur ad emendationem delinquentis. removere autem malum alicuius eiusdem rationis est et bonum eius procurare. procurare autem fratris bonum pertinet ad caritatem, per quam volumus et operamur bonum amico. unde etiam correctio fraterna est actus caritatis, quia per eam repellimus malum fratris, scilicet peccatum. cuius remotio magis pertinet ad caritatem quam etiam remotio exterioris damni, vel etiam corporalis nocumenti, quanto contrarium bonum virtutis magis est affine caritati quam bonum corporis vel exteriorum rerum. unde correctio fraterna magis est actus caritatis quam curatio infirmitatis corporalis, vel subventio qua excluditur exterior egestas. alia vero correctio est quae adhibet remedium peccati delinquentis secundum quod est in malum aliorum, et etiam praecipue in nocumentum communis boni. et talis correctio est actus iustitiae, cuius est conservare |25| rectitudinem iustitiae unius ad alium.

ra1 " Ad primum ergo dicendum quod glossa illa loquitur de secunda correctione, quae est actus iustitiae. vel, si loquatur etiam de prima, iustitia ibi sumitur secundum quod est universalis virtus, * ut infra dicetur, ' prout etiam " omne peccatum est iniquitas, ° ut dicitur i ioan. iii, ' quasi contra iustitiam existens.

ra2 * Ad secundum dicendum quod, sicut philosophus dicit, in vi ethic., ° prudentia facit rectitudinem in his quae sunt ad finem, ' de quibus est consilium et electio. tamen cum per prudentiam aliquid recte agimus ad finem alicuius virtutis moralis, puta temperantiae vel fortitudinis, actus ille est principaliter illius virtutis ad cuius finem ordinatur. quia ergo admonitio quae fit in correctione fraterna ordinatur ad amovendum peccatum fratris, quod pertinet ad caritatem; manifestum est quod talis admonitio principaliter est actus caritatis, quasi imperantis, prudentiae vero secundario, quasi exequentis et dirigentis actum.

ra3 ' Ad tertium dicendum quod correctio fraterna non opponitur supportationi infirmorum, sed magis ex ea consequitur. intantum enim aliquis supportat peccantem inquantum contra eum non turbatur, sed benevolentiam ad eum servat. et ex hoc contingit quod eum satagit emendare.

009 ST3 qu33 ar2

ag1 ' Ad secundum sic proceditur. videtur quod correctio fraterna non sit in praecepto. nihil enim quod est impossibile cadit sub praecepto, * secundum illud hieronymi, ° maledictus qui dicit deum aliquid impossibile praecepisse. * sed eccle. vii dicitur, ° considera opera dei, quod nemo possit corrigere quem ille despexerit. ' ergo correctio fraterna non est in praecepto.

ag2 ' Praeterea, omnia praecepta legis divinae ad praecepta decalogi reducuntur. sed correctio fraterna non cadit sub aliquo praeceptorum decalogi. ergo non cadit sub praecepto.

ag3 ' Praeterea, omissio praecepti divini est peccatum mortale, quod in sanctis viris non invenitur. sed omissio fraternae correctionis invenitur in sanctis et in spiritualibus viris, * dicit enim augustinus, i de civ. dei, quod ° non solum inferiores, verum etiam hi qui superiorem vitae gradum tenent ab aliorum reprehensione se abstinent, propter quaedam cupiditatis vincula, non propter officia caritatis. ' ergo correctio fraterna non est in praecepto.

ag4 ' Praeterea, illud quod est in praecepto habet rationem debiti. si ergo correctio fraterna caderet sub praecepto, hoc fratribus deberemus ut eos peccantes corrigeremus. sed ille qui debet alicui debitum corporale, puta pecuniam, non debet esse contentus ut ei occurrat creditor, sed debet eum quaerere ut debitum reddat. oporteret ergo quod homo quaereret correctione indigentes ad hoc quod eos corrigeret. quod videtur inconveniens, tum propter multitudinem peccantium, ad quorum correctionem unus homo non posset sufficere; tum etiam quia oporteret quod religiosi de claustris suis exirent ad homines corrigendos, quod est inconveniens. non ergo fraterna correctio est in praecepto.

sc * Sed contra est quod augustinus dicit, in libro de verb. dom., ° si neglexeris corrigere, peior eo factus es qui peccavit. ' sed hoc non esset nisi per huiusmodi negligentiam aliquis praeceptum omitteret. ergo correctio fraterna est in praecepto.

co ' Respondeo dicendum quod correctio fraterna cadit sub praecepto. sed considerandum est quod sicut praecepta negativa legis prohibent actus peccatorum, ita praecepta affirmativa inducunt ad actus virtutum. actus autem peccatorum sunt secundum se mali, et nullo modo bene fieri possunt, nec aliquo tempore aut loco, " quia secundum se sunt coniuncti malo fini, * ut dicitur in ii ethic.. ' et ideo praecepta negativa obligant semper et ad semper. sed actus virtutum non quolibet modo fieri debent, sed observatis debitis circumstantiis quae requiruntur ad hoc quod sit actus virtuosus, ut scilicet fiat ubi debet, et quando debet, et secundum quod debet. et quia dispositio eorum quae sunt ad finem attenditur secundum rationem finis, in istis circumstantiis virtuosi actus praecipue attendenda est ratio finis, qui est bonum virtutis. si ergo sit aliqua talis omissio alicuius circumstantiae circa virtuosum actum quae totaliter tollat bonum virtutis, hoc contrariatur praecepto. si autem sit defectus alicuius circumstantiae quae non totaliter tollat virtutem, licet non perfecte attingat ad bonum virtutis, non est contra praeceptum. * unde et philosophus dicit, in ii ethic., quod " si parum discedatur a medio, non est contra virtutem, sed si multum discedatur, corrumpitur virtus in suo actu. ' correctio autem fraterna ordinatur ad fratris emendationem. |25| et ideo hoc modo cadit sub praecepto, secundum quod est necessaria ad istum finem, non autem ita quod quolibet loco vel tempore frater delinquens corrigatur.

ra1 ' Ad primum ergo dicendum quod in omnibus bonis agendis operatio hominis non est efficax nisi adsit auxilium divinum, et tamen homo debet facere quod in se est. * unde augustinus dicit, in libro de corr. et grat., ° nescientes quis pertineat ad praedestinatorum numerum et quis non pertineat, sic affici debemus caritatis affectu ut omnes velimus salvos fieri. ' et ideo omnibus debemus fraternae correctionis officium impendere sub spe divini auxilii.

ra2 * Ad secundum dicendum quod, sicut supra dictum est, ' omnia praecepta quae pertinent ad impendendum aliquod beneficium proximo reducuntur ad praeceptum de honoratione parentum.

ra3 ' Ad tertium dicendum quod correctio fraterna tripliciter omitti potest. uno quidem modo, meritorie, quando ex caritate aliquis correctionem omittit. * dicit enim augustinus, in i de civ. dei, ° si propterea quisque obiurgandis et corripiendis male agentibus parcit, quia opportunius tempus inquiritur; vel eisdem ipsis metuit ne deteriores ex hoc efficiantur, vel ad bonam vitam et piam erudiendos impediant alios infirmos et premant, atque avertant a fide; non videtur esse cupiditatis occasio, sed consilium caritatis. ' alio modo praetermittitur fraterna correctio cum peccato mortali, quando scilicet formidatur, * ut ibi dicitur, ° iudicium vulgi et carnis excruciatio vel peremptio; ' dum tamen haec ita dominentur in animo quod fraternae caritati praeponantur. et hoc videtur contingere quando aliquis praesumit de aliquo delinquente probabiliter quod posset eum a peccato retrahere, et tamen propter timorem vel cupiditatem praetermittit. tertio modo huiusmodi omissio est peccatum veniale, quando timor et cupiditas tardiorem faciunt hominem ad corrigendum delicta fratris, non tamen ita quod, si ei constaret quod fratrem posset a peccato retrahere, propter timorem vel cupiditatem dimitteret, quibus in animo suo praeponit caritatem fraternam. et hoc modo quandoque viri sancti negligunt corrigere delinquentes.

ra4 ' Ad quartum dicendum quod illud quod debetur alicui determinatae et certae personae, sive sit bonum corporale sive spirituale, oportet quod ei impendamus non expectantes quod nobis occurrat, sed debitam sollicitudinem habentes ut eum inquiramus. unde sicut ille qui debet pecuniam creditori debet eum requirere cum tempus fuerit ut ei debitum reddat, ita qui habet spiritualiter curam alicuius debet eum quaerere ad hoc quod eum corrigat de peccato. sed illa beneficia quae non debentur certae personae sed communiter omnibus proximis, sive sint corporalia sive spiritualia, non oportet nos quaerere quibus impendamus, sed sufficit quod impendamus eis qui nobis occurrunt, " hoc enim quasi pro quadam sorte habendum est, * ut augustinus dicit, in i de doct. christ.. et propter hoc dicit, in libro de verb. dom., quod ° admonet nos dominus noster non negligere invicem peccata nostra, non quaerendo quid reprehendas, sed videndo quid corrigas. ' alioquin efficeremur exploratores vitae aliorum, * contra id quod dicitur prov. xxiv, ° ne quaeras impietatem in domo iusti, et non vastes requiem eius. ' unde patet quod nec religiosos oportet exire claustrum ad corrigendum delinquentes.

009 ST3 qu33 ar3

ag1 ' Ad tertium sic proceditur. videtur quod correctio fraterna non pertineat nisi ad praelatos. * dicit enim hieronymus, ° sacerdotes studeant illud evangelii implere, si peccaverit in te frater tuus, ' etc.. sed nomine sacerdotum consueverunt significari praelati, qui habent curam aliorum. ergo videtur quod ad solos praelatos pertineat fraterna correctio.

ag2 ' Praeterea, fraterna correctio est quaedam eleemosyna spiritualis. sed corporalem eleemosynam facere pertinet ad eos qui sunt superiores in temporalibus, scilicet ad ditiores. ergo etiam fraterna correctio pertinet ad eos qui sunt superiores in spiritualibus, scilicet ad praelatos.

ag3 ' Praeterea, ille qui corripit alium movet eum sua admonitione ad melius. sed in rebus naturalibus inferiora moventur a superioribus. ergo etiam secundum ordinem virtutis, qui sequitur ordinem naturae, ad solos praelatos pertinet inferiores corrigere.

sc * Sed contra est quod dicitur xxiv, qu. iii, ° tam sacerdotes quam reliqui fideles omnes summam debent habere curam de his qui pereunt, quatenus eorum redargutione aut corrigantur a peccatis, aut, si incorrigibiles appareant, ab ecclesia separentur.

co ' Respondeo dicendum quod, * sicut dictum est, ' duplex est correctio. una quidem quae est actus caritatis, qui specialiter tendit ad emendationem fratris delinquentis per simplicem admonitionem. et talis correctio pertinet ad quemlibet caritatem habentem, sive sit subditus sive praelatus. est autem alia correctio quae est actus iustitiae, per quam intenditur bonum commune, quod non solum procuratur per admonitionem fratris, sed interdum etiam per punitionem, ut alii a peccato timentes desistant. et talis correctio pertinet ad solos praelatos, qui non solum habent admonere, sed etiam corrigere puniendo.

ra1 " Ad primum ergo dicendum quod etiam in correctione fraterna, quae ad omnes pertinet, gravior est cura praelatorum; * ut dicit augustinus, in i de civ. dei. ' sicut enim temporalia beneficia potius debet aliquis exhibere illis quorum curam temporalem habet, ita etiam beneficia spiritualia, puta correctionem, doctrinam et alia huiusmodi magis debet exhibere illis qui sunt suae spirituali curae commissi. * non ergo intendit hieronymus dicere quod " ad solos sacerdotes pertineat praeceptum de correctione fraterna, sed quod ad hos specialiter pertinet.

ra2 ' Ad secundum dicendum quod sicut ille qui habet unde corporaliter subvenire possit quantum ad hoc dives est, ita ille qui habet sanum rationis iudicium, ex quo possit alterius delictum corrigere quantum ad hoc est superior habendus.

ra3 ' Ad tertium dicendum quod etiam in rebus naturalibus quaedam mutuo in se agunt, quia quantum ad aliquid sunt se invicem superiora, prout scilicet utrumque est quodammodo in potentia et quodammodo in actu respectu alterius. et similiter aliquis, inquantum habet sanum rationis iudicium in hoc in quo alter delinquit, potest eum corrigere, licet non sit simpliciter superior.

009 ST3 qu33 ar4

ag1 ' Ad quartum sic proceditur. videtur quod aliquis non teneatur corrigere praelatum suum. * dicitur enim exod. xix, ° bestia quae tetigerit montem lapidabitur, * et ii reg. vi dicitur quod ' oza percussus est a domino quia tetigit arcam. sed per montem et arcam significatur praelatus. ergo praelati non sunt corrigendi a subditis.

ag2 * Praeterea, gal. ii, super illud, ° in faciem ei restiti, * dicit glossa, ° ut par. ' ergo, cum subditus non sit par praelato, non debet eum corrigere.

ag3 * Praeterea, gregorius dicit, ° sanctorum vitam corrigere non praesumat nisi qui de se meliora sentit. ' sed aliquis non debet de se meliora sentire quam de praelato suo. ergo praelati non sunt corrigendi.

sc * Sed contra est quod augustinus dicit, in regula, ° non solum vestri, sed etiam ipsius, idest praelati, miseremini, qui inter vos quanto in loco superiore, tanto in periculo maiore versatur. ' sed correctio fraterna est opus misericordiae. ergo etiam praelati sunt corrigendi.

co ' Respondeo dicendum quod correctio quae est actus iustitiae per coercionem poenae non competit subditis respectu praelati. sed correctio fraterna, quae est actus caritatis, pertinet ad unumquemque respectu cuiuslibet personae ad quam caritatem debet habere, si in eo aliquid corrigibile inveniatur. actus enim ex aliquo habitu vel potentia procedens se extendit ad omnia quae continentur sub obiecto illius potentiae vel habitus, sicut visio ad omnia quae continentur sub obiecto visus. sed quia actus virtuosus debet esse moderatus debitis circumstantiis, ideo in correctione qua subditi corrigunt praelatos debet modus congruus adhiberi, ut scilicet non cum protervia et duritia, sed cum mansuetudine et reverentia corrigantur. * unde apostolus dicit, i ad tim. v, ° seniorem ne increpaveris, sed obsecra ut patrem. * et ideo dionysius " redarguit demophilum monachum quia sacerdotem irreverenter correxerat, eum percutiens et de ecclesia eiiciens.

ra1 ' Ad primum ergo dicendum quod tunc praelatus inordinate tangi videtur quando irreverenter obiurgatur, vel etiam quando ei detrahitur. et hoc significatur per contactum montis et arcae damnatum a deo.

ra2 " Ad secundum dicendum quod in faciem resistere coram omnibus ' excedit modum fraternae correctionis, et ideo sic paulus petrum non reprehendisset nisi aliquo modo par esset, quantum ad fidei defensionem. sed in occulto admonere et reverenter, hoc potest etiam ille qui non est par. * unde apostolus, ad coloss. ult., scribit ut praelatum suum admoneant, cum dicit, ° dicite archippo, ministerium tuum imple. ' sciendum tamen est quod ubi immineret periculum fidei, etiam publice essent praelati a subditis arguendi. unde et paulus, qui erat subditus petro, propter imminens periculum scandali circa fidem, petrum publice arguit. * et sicut glossa augustini dicit, ad gal. ii, ° ipse petrus exemplum maioribus praebuit ut, sicubi forte rectum tramitem reliquissent, non dedignentur etiam a posterioribus corrigi.

ra3 ' Ad tertium dicendum quod praesumere se esse simpliciter meliorem quam praelatus sit, videtur esse praesumptuosae superbiae. sed aestimare se meliorem quantum ad aliquid non est praesumptionis, quia nullus est in hac vita qui non habeat aliquem defectum. et etiam considerandum est quod cum aliquis praelatum caritative monet, non propter hoc se maiorem existimat, sed auxilium impartitur ei qui,

° quanto in loco superiori, tanto in periculo maiori versatur, *ut augustinus dicit, in regula.

009 ST3 qu33 ar5

ag1 ‘ Ad quintum sic proceditur. videtur quod peccator corrigere debeat delinquentem. nullus enim propter peccatum quod commisit a praecepto observando excusatur. sed correctio fraterna cadit sub praecepto, * ut dictum est. ‘ ergo videtur quod propter peccatum quod quis commisit non debeat praetermittere huiusmodi correctionem.

ag2 ‘ Praeterea, eleemosyna spiritualis est potior quam eleemosyna corporalis. sed ille qui est in peccato non debet abstinere quin eleemosynam corporalem faciat. ergo multo minus debet abstinere a correctione delinquentis propter peccatum praecedens.

ag3 * Praeterea, i ioan. i dicitur, ° si dixerimus quia peccatum non habemus, nosipsos seducimus. ‘ si igitur propter peccatum aliquis impeditur a correctione fraterna, nullus erit qui possit corrigere delinquentem. hoc autem est inconveniens. ergo et primum.

sc * Sed contra est quod isidorus dicit, in libro de summo bono, ° non debet vitia aliorum corrigere qui est vitiis subiectus. * et rom. ii dicitur, ° in quo alium iudicas, teipsum condemnas, eadem enim agis quae iudicas.

co * Respondeo dicendum quod, sicut dictum est, ‘ correctio delinquentis pertinet ad aliquem inquantum viget in eo rectum iudicium rationis. peccatum autem, * ut supra dictum est, ‘ non tollit totum bonum naturae, quin remaneat in peccante aliquid de recto iudicio rationis. et secundum hoc potest sibi competere alterius delictum arguere. sed tamen per peccatum praecedens impedimentum quoddam huic correctioni affertur, propter tria. primo quidem, quia ex peccato praecedenti indignus redditur ut alium corrigat. et praecipue si maius peccatum commisit, non est dignus ut alium corrigat de minori peccato. unde * super illud matth. vii, ° quid vides festucam ‘ etc., * dicit hieronymus, ° de his loquitur qui, cum mortali crimine detineantur obnoxii, minora peccata fratribus non concedunt. ‘ secundo, redditur indebita correctio propter scandalum, quod sequitur ex correctione si peccatum corripientis sit manifestum, quia videtur quod ille qui corrigit non corrigat ex caritate, sed magis ad ostentationem. * unde super illud matth. vii, ° quomodo dicis fratri tuo |25| ‘ etc., * exponit chrysostomus, ° in quo proposito? puta ex caritate, ut salves proximum tuum? non, quia teipsum ante salvares. vis ergo non alios salvare, sed per bonam doctrinam malos actus celare, et scientiae laudem ab hominibus quaerere. ‘ tertio modo, propter superbiam corripientis, inquantum scilicet aliquis, propria peccata parvipendens, seipsum proximo praefert in corde suo, peccata eius austera severitate diiudicans, ac si ipse esset iustus. * unde augustinus dicit, in libro de serm. dom. in monte, ° accusare vitia officium est bonorum, quod cum mali faciunt, alienas partes agunt. * et ideo, sicut augustinus dicit in eodem, ° cogitemus, cum aliquem reprehendere nos necessitas coegerit, utrum tale sit vitium quod nunquam habuimus, et tunc cogitemus nos homines esse, et habere potuisse. vel tale quod habuimus et iam non habemus, et tunc tangat memoriam communis fragilitas, ut illam correctionem non odium sed misericordia praecedat. si autem invenerimus nos in eodem vitio esse, non obiurgemus, sed congemiscamus et ad pariter poenitendum invitemus. ‘ ex his igitur patet quod peccator, si cum humilitate corripiat delinquentem, non peccat, nec sibi novam condemnationem acquirit; licet per hoc vel in conscientia fratris, vel saltem sua, pro peccato praeterito condemnabilem se esse ostendat.

ra ‘ Unde patet responsio ad obiecta.

009 ST3 qu33 ar6

ag1 ‘ Ad sextum sic proceditur. videtur quod aliquis non debeat a correctione cessare propter timorem ne ille fiat deterior. peccatum enim est quaedam infirmitas animae, * secundum illud psalm., ° miserere mei, domine, quoniam infirmus sum. ‘ sed ille cui imminet cura infirmi etiam propter eius contradictionem vel contemptum non debet cessare, quia tunc imminet maius periculum, sicut patet circa furiosos. ergo multo magis debet homo peccantem corrigere, quantumcumque graviter ferat.

ag2 * Praeterea, secundum hieronymum, ° veritas vitae non est dimittenda propter scandalum. ‘ praecepta autem dei pertinent ad veritatem vitae. cum ergo correctio fraterna cadat sub praecepto, * ut dictum est, ‘ videtur quod non sit dimittenda propter scandalum eius qui corripitur.

ag3 * Praeterea, secundum apostolum, ad rom. iii, ° non sunt facienda mala ut veniant bona. ‘ ergo, pari ratione, non sunt praetermittenda bona ne veniant mala. sed correctio fraterna est quoddam bonum. ergo non est praetermittenda propter timorem ne ille qui corripitur fiat deterior.

sc * Sed contra est quod dicitur prov. ix, ° noli arguere derisorem, ne oderit te, * ubi dicit glossa, ° non est timendum ne tibi derisor, cum arguitur, contumelias inferat, sed hoc potius providendum, ne, tractus ad odium, inde fiat peior. ‘ ergo cessandum est a correctione fraterna quando timetur ne fiat ille inde deterior.

co * Respondeo dicendum quod, sicut dictum est, ‘ duplex est correctio delinquentis. una quidem pertinens ad praelatos, quae ordinatur ad bonum commune, et habet vim coactivam. et talis correctio non est dimittenda propter turbationem eius qui corripitur. tum quia, si propria sponte emendari non velit, cogendus est per poenas ut peccare desistat. tum etiam quia, si incorrigibilis sit, per hoc providetur bono communi, dum servatur ordo iustitiae, et unius exemplo alii deterrentur. unde iudex non praetermittit ferre sententiam condemnationis in peccantem propter timorem turbationis ipsius, vel etiam amicorum eius. alia vero est correctio fraterna, cuius finis est emendatio delinquentis, non habens coactionem sed simplicem admonitionem. et ideo ubi probabiliter aestimatur quod peccator admonitionem non recipiat, sed ad peiora labatur, est ab huiusmodi correctione desistendum, quia ea quae sunt ad finem debent regulari secundum quod exigit ratio finis.

ra1 ‘ Ad primum ergo dicendum quod medicus quadam coactione utitur in phreneticum, qui curam eius recipere non vult. et huic similatur correctio praelatorum, quae habet vim coactivam, non autem simplex correctio fraterna.

ra2 ‘ Ad secundum dicendum quod de correctione fraterna datur praeceptum secundum quod est actus virtutis. hoc autem est secundum quod proportionatur fini. et ideo quando est impeditiva finis, puta cum efficitur homo deterior, iam non pertinet ad veritatem vitae, nec cadit sub praecepto.

ra3 ‘ Ad tertium dicendum quod ea quae ordinantur ad finem habent rationem boni ex ordine ad finem. et ideo correctio fraterna, quando est impeditiva finis, scilicet emendationis fratris, iam non habet rationem boni. et ideo cum praetermittitur talis correctio, non praetermittitur bonum ne eveniat malum.

009 ST3 qu33 ar7

ag1 ‘ Ad septimum sic proceditur. videtur quod in correctione fraterna non debeat, ex necessitate praecepti, admonitio secreta praecedere denuntiationem. operibus enim caritatis praecipue debemus deum imitari, * secundum illud ephes. v, ° estote imitatores dei, sicut filii carissimi, et ambulate in dilectione. ‘ deus autem interdum publice punit hominem pro peccato nulla secreta monitione praecedente. ergo videtur quod non sit necessarium admonitionem secretam praecedere denuntiationem.

ag2 * Praeterea, sicut augustinus dicit, in libro contra mendacium, ° ex gestis sanctorum intelligi potest qualiter sunt praecepta sacrae scripturae intelligenda. ‘ sed in gestis sanctorum invenitur facta publica denuntiatio peccati occulti nulla secreta monitione praecedente, * sicut legitur gen. xxxvii quod ioseph ° accusavit fratres suos apud patrem crimine pessimo; * et act. v dicitur quod ‘ petrus ananiam et saphiram, occulte defraudantes de pretio agri, publice denuntiavit nulla secreta admonitione praemissa. ipse etiam dominus non legitur secreto admonuisse iudam antequam eum denuntiaret. non ergo est de necessitate praecepti ut secreta admonitio praecedat publicam denuntiationem.

ag3 ‘ Praeterea, accusatio est gravior quam denuntiatio. sed ad publicam accusationem potest aliquis procedere nulla admonitione secreta praecedente, * determinatur enim in decretali quod “ accusationem debet praecedere inscriptio. ‘ ergo videtur quod non sit de necessitate praecepti quod secreta admonitio praecedat publicam denuntiationem.

ag4 ‘ Praeterea, non videtur esse probabile quod ea quae sunt in communi consuetudine religiosorum sint contra praecepta christi. sed consuetum est in religionibus quod in capitulis aliqui proclamantur de culpis nulla secreta admonitione praemissa. ergo videtur quod hoc non sit de necessitate praecepti.

ag5 ‘ Praeterea, religiosi tenentur suis praelatis obedire. sed quandoque praelati praecipiunt, vel communiter omnibus vel alicui specialiter, ut si quid scit corrigendum, ei dicatur. ergo videtur quod teneantur ei dicere etiam ante secretam admonitionem. non ergo est de necessitate praecepti ut secreta admonitio praecedat publicam denuntiationem.

sc ‘ Sed contra est quod * augustinus dicit, in libro de verbis dom., exponens illud, ° corripe ipsum inter te et ipsum solum, studens correctioni, parcens pudori. forte enim prae verecundia incipit defendere peccatum suum, et quem vis facere meliorem, facis peiorem. ‘ sed ad hoc tenemur per praeceptum caritatis ut caveamus ne frater deterior efficiatur. ergo ordo correctionis fraternae cadit sub praecepto.

co ‘ Respondeo dicendum quod circa publicam denuntiationem peccatorum distinguendum est. aut enim peccata sunt publica, aut sunt occulta. si quidem sint publica, non est tantum adhibendum remedium ei qui peccavit, ut melior fiat, sed etiam aliis, in quorum notitiam devenit, ut non scandalizentur. et ideo talia peccata sunt publice arguenda, * secundum illud apostoli, i ad tim. v, ° peccantem coram omnibus argue, ut ceteri timorem habeant; “ quod intelligitur de peccatis publicis, * ut augustinus dicit, in libro de verbis dom.. ‘ si vero sint peccata occulta, sic videtur habere locum * quod dominus dicit, ° si peccaverit in te frater tuus, ‘ quando enim te offendit publice coram aliis, iam non solum in te peccat, sed etiam in alios, quos turbat. sed quia etiam in occultis peccatis potest parari proximorum offensa, ideo adhuc distinguendum videtur. quaedam enim peccata occulta sunt quae sunt in nocumentum proximorum vel corporale vel spirituale, puta si aliquis occulte tractet quomodo civitas tradatur hostibus; vel si haereticus privatim homines a fide avertat. et quia hic ille qui occulte peccat non solum in te peccat, sed etiam in alios; oportet statim ad denuntiationem procedere, ut huiusmodi nocumentum impediatur, nisi forte aliquis firmiter aestimaret quod statim per secretam admonitionem posset |25| huiusmodi mala impedire. quaedam vero peccata sunt quae sunt solum in malum peccantis et tui, in quem peccatur vel quia a peccante laederis, vel saltem ex sola notitia. et tunc ad hoc solum tendendum est ut fratri peccanti subveniatur. et sicut medicus corporalis sanitatem confert, si potest, sine alicuius membri abscissione; si autem non potest, abscindit membrum minus necessarium, ut vita totius conservetur, ita etiam ille qui studet emendationi fratris debet, si potest, sic emendare fratrem, quantum ad conscientiam, ut fama eius conservetur. quae quidem est utilis, primo quidem et ipsi peccanti, non solum in temporalibus, in quibus quantum ad multa homo patitur detrimentum amissa fama; sed etiam quantum ad spiritualia, quia prae timore infamiae multi a peccato retrahuntur, unde quando se infamatos conspiciunt, irrefrenate peccant. * unde hieronymus dicit, ° corripiendus est seorsum frater, ne, si semel pudorem aut verecundiam amiserit, permaneat in peccato. ‘ secundo debet conservari fama fratris peccantis, tum quia, uno infamato, alii infamantur, * secundum illud augustini, in epist. ad plebem hipponensem, ° cum de aliquibus qui sanctum nomen profitentur aliquid criminis vel falsi sonuerit vel veri patuerit, instant, satagunt, ambiunt ut de omnibus hoc credatur. ‘ tum etiam quia ex peccato unius publicato alii provocantur |50| ad peccatum. sed quia conscientia praeferenda est famae, voluit dominus ut saltem cum dispendio famae fratris conscientia per publicam denuntiationem a peccato liberetur. unde patet de necessitate praecepti esse quod secreta admonitio publicam denuntiationem praecedat.

ra1 ‘ Ad primum ergo dicendum quod omnia occulta deo sunt nota. et ideo hoc modo se habent occulta peccata ad iudicium divinum sicut publica ad humanum. et tamen plerumque deus peccatores quasi secreta admonitione arguit interius inspirando, vel vigilanti vel dormienti, * secundum illud iob xxxiii, ° per somnium in visione nocturna, quando irruit sopor super homines, tunc aperit aures virorum, et erudiens eos instruit disciplina, ut avertat hominem ab his quae fecit.

ra2 “ Ad secundum dicendum quod dominus peccatum iudae, tanquam deus, sicut publicum habebat. unde statim poterat ad publicandum procedere. tamen ipse non publicavit, sed obscuris verbis eum de peccato suo admonuit. petrus autem publicavit peccatum occultum ananiae et saphirae tanquam executor dei, cuius revelatione peccatum cognovit. de ioseph autem credendum est quod fratres suos quandoque admonuerit, licet non sit scriptum. vel potest dici quod peccatum publicum erat inter fratres, unde dicit pluraliter, accusavit fratres suos.

ra3 ‘ Ad tertium dicendum quod quando imminet periculum multitudinis, non habent ibi locum haec verba domini, quia tunc frater peccans non peccat in te tantum.

ra4 ‘ Ad quartum dicendum quod huiusmodi proclamationes quae in capitulis religiosorum fiunt sunt de aliquibus levibus, quae famae non derogant. unde sunt quasi quaedam commemorationes potius oblitarum culparum quam accusationes vel denuntiationes. si essent tamen talia de quibus frater infamaretur, contra praeceptum domini ageret qui per hunc modum peccatum fratris publicaret.

ra5 ‘ Ad quintum dicendum quod praelato non est obediendum contra praeceptum divinum, * secundum illud act. v, ° obedire oportet deo magis quam hominibus. ‘ et ideo quando praelatus praecipit ut sibi dicatur quod quis sciverit corrigendum, intelligendum est praeceptum sane, salvo ordine correctionis fraternae, sive praeceptum fiat communiter ad omnes, sive ad aliquem specialiter. sed si praelatus expresse praeciperet contra hunc ordinem a domino constitutum, et ipse peccaret praecipiens et ei obediens, quasi contra praeceptum domini agens, unde non esset ei obediendum. quia praelatus non est iudex occultorum, sed solus deus, unde non habet potestatem praecipiendi aliquid super occultis nisi inquantum per aliqua indicia manifestatur, puta per infamiam vel aliquas suspiciones; in quibus casibus potest praelatus praecipere eodem modo sicut et iudex saecularis vel ecclesiasticus potest exigere iuramentum de veritate dicenda.

009 ST3 qu33 ar8

ag1 ‘ Ad octavum sic proceditur. videtur quod testium inductio non debeat praecedere publicam denuntiationem. peccata enim occulta non sunt aliis manifestanda, “ quia sic homo magis esset proditor criminis quam corrector fratris, * ut augustinus dicit. ‘ sed ille qui inducit testes peccatum fratris alteri manifestat. ergo in peccatis occultis non debet te-

stium inductio praecedere publicam denuntiationem.
ag2 ‘ Praeterea, homo debet diligere proximum sicut seipsum. sed nullus ad suum peccatum occultum inducit testes. ergo neque ad peccatum occultum fratris debet inducere.
ag3 ‘ Praeterea, testes inducuntur ad aliquid probandum. sed in occultis non potest fieri probatio per testes. ergo frustra huiusmodi testes inducuntur.
ag4 * Praeterea, augustinus dicit, in regula, quod ° prius praeposito debet ostendi quam testibus. ‘ sed ostendere praeposito sive praelato est dicere ecclesiae. non ergo testium inductio debet praecedere publicam denuntiationem.
sc * Sed contra est quod dominus dicit, matth. xviii.
co ‘ Respondeo dicendum quod de uno extremo ad aliud extremum convenienter transitur per medium. in correctione autem fraterna dominus voluit quod principium esset occultum, dum frater corriperet fratrem inter se et ipsum solum; finem autem voluit esse publicum, ut scilicet ecclesiae denuntiaretur. et ideo convenienter in medio ponitur testium inductio, ut primo paucis indicetur peccatum fratris, qui possint prodesse et non obesse, ut saltem sic sine multitudinis infamia emendetur.
ra1 * Ad primum ergo dicendum quod quidam sic intellexerunt “ ordinem fraternae correctionis esse servandum ut primo frater sit in secreto corripiendus, et si audierit, bene quidem. si autem non audierit, si peccatum sit omnino occultum, dicebant non esse ulterius procedendum. si autem incipit iam ad plurium notitiam devenire aliquibus indiciis, debet ulterius procedi, secundum quod dominus mandat. * sed hoc est contra id quod augustinus dicit, in regula, quod “ peccatum fratris non debet occultari, ne putrescat in corde. ‘ et ideo aliter dicendum est quod post admonitionem secretam semel vel pluries factam, quandiu spes probabiliter habetur de correctione, per secretam admonitionem procedendum est. ex quo autem iam probabiliter cognoscere possumus quod secreta admonitio non valet, procedendum est ulterius, quantumcumque sit peccatum occultum, ad testium inductionem. nisi forte probabiliter aestimaretur quod hoc ad emendationem fratris non proficeret, sed exinde deterior redderetur, quia propter hoc est totaliter a correctione cessandum, * ut supra dictum est.
ra2 ‘ Ad secundum dicendum quod homo non indiget testibus ad emendationem sui peccati, quod tamen potest esse necessarium ad emendationem peccati fratris. unde non est similis ratio.
ra3 ‘ Ad tertium dicendum quod testes possunt induci propter tria. “ uno modo, ad ostendendum quod hoc sit peccatum de quo aliquis arguitur; * ut hieronymus dicit. “ secundo, ad convincendum de actu, si actus iteretur; * ut augustinus dicit, in regula. tertio, ° ad testificandum quod frater admonens fecit quod in se fuit; * ut chrysostomus dicit.
ra4 “ Ad quartum dicendum quod augustinus intelligit quod prius dicatur praelato quam testibus secundum quod praelatus est quaedam singularis persona quae magis potest prodesse quam alii, non autem quod dicatur ei tanquam ecclesiae, idest sicut in loco iudicis residenti.

009 ST3 qu34 ar

pr ‘ Deinde considerandum est de vitiis oppositis caritati. et primo, de odio, quod opponitur ipsi dilectioni; secundo, de acedia et invidia, quae opponuntur gaudio caritatis; tertio, de discordia et schismate, quae opponuntur paci; quarto, de offensione et scandalo, quae opponuntur beneficentiae et correctioni fraternae. circa primum quaeruntur sex, primo, utrum deus possit odio haberi. secundo, utrum odium dei sit maximum peccatorum. tertio, utrum odium proximi semper sit peccatum. quarto, utrum sit maximum inter peccata quae sunt in proximum. quinto, utrum sit vitium capitale. sexto, ex quo capitali vitio oriatur.

009 ST3 qu34 ar1

ag1 ‘ Ad primum sic proceditur. videtur quod deum nullus odio habere possit. * dicit enim dionysius, iv cap. de div. nom., quod ° omnibus amabile et diligibile est ipsum bonum et pulchrum. ‘ sed deus est ipsa bonitas et pulchritudo. ergo a nullo odio habetur.
ag2 * Praeterea, in apocryphis esdrae dicitur quod ° omnia invocant veritatem, et benignantur in operibus eius. ‘ sed deus est ipsa veritas, * ut dicitur ioan. xiv. ‘ ergo omnes diligunt deum, et nullus eum odio habere potest.
ag3 ‘ Praeterea, odium est aversio quaedam. * sed sicut dionysius dicit, in iv cap. de div. nom., “ deus omnia ad seipsum convertit. ‘ ergo nullus eum odio habere potest.
sc * Sed contra est, quod dicitur in psalm., ° superbia eorum qui te oderunt ascendit semper; * et ioan. xv, ° nunc autem et viderunt et oderunt me et patrem meum.
co * Respondeo dicendum quod, sicut ex supradictis patet, ‘ odium est quidam motus appetitivae potentiae, quae non movetur nisi ab aliquo apprehenso. deus autem dupliciter ab homine apprehendi potest, uno modo, secundum seipsum, puta cum per essentiam videtur; alio modo, per effectus suos, cum scilicet ° invisibilia dei per ea quae facta sunt intellecta conspiciuntur. ‘ deus autem per essentiam suam est ipsa bonitas, quam nullus habere odio potest, quia de ratione boni est ut ametur. et ideo impossibile est quod aliquis videns deum per essentiam eum odio habeat. sed effectus eius aliqui sunt qui nullo modo possunt esse contrarii voluntati humanae, quia esse, vivere et intelligere est appetibile et amabile omnibus, quae sunt quidam effectus dei. unde etiam secundum quod deus apprehenditur ut auctor horum effectuum, non potest odio haberi. sunt autem quidam effectus dei qui repugnant inordinatae voluntati, sicut inflictio poenae; et etiam cohibitio peccatorum per legem divinam, quae repugnat voluntati depravatae per peccatum. et quantum ad considerationem talium effectuum, ab aliquibus deus odio haberi potest, inquantum scilicet apprehenditur peccatorum prohibitor et poenarum inflictor.
ra1 ‘ Ad primum ergo dicendum quod ratio illa procedit quantum ad illos qui vident dei essentiam, quae est ipsa essentia bonitatis.
ra2 ‘ Ad secundum dicendum quod ratio illa procedit quantum ad hoc quod apprehenditur deus ut causa illorum effectuum qui naturaliter ab hominibus amantur, inter quos sunt opera veritatis praebentis suam cognitionem hominibus.
ra3 ‘ Ad tertium dicendum quod deus convertit omnia ad seipsum inquantum est essendi principium, quia omnia, inquantum sunt, tendunt in dei similitudinem, qui est ipsum esse.

009 ST3 qu34 ar2

ag1 ‘ Ad secundum sic proceditur. videtur quod odium dei non sit maximum peccatorum. gravissimum enim peccatum est peccatum in spiritum sanctum, quod est irremissibile, * ut dicitur matth. xii. ‘ sed odium dei non computatur inter species peccati in spiritum sanctum; * ut ex supradictis patet. ‘ ergo odium dei non est gravissimum peccatorum.
ag2 ‘ Praeterea, peccatum consistit in elongatione a deo. sed magis videtur esse elongatus a deo infidelis, qui nec dei cognitionem habet, quam fidelis, qui saltem, quamvis deum odio habet, eum tamen cognoscit. ergo videtur quod gravius sit peccatum infidelitatis quam peccatum odii in deum.
ag3 ‘ Praeterea, deus habetur odio solum ratione suorum effectuum qui repugnant voluntati, inter quos praecipuum est poena. sed odire poenam non est maximum peccatorum. ergo odium dei non est maximum peccatorum.
sc “ Sed contra est quod optimo opponitur pessimum; * ut patet per philosophum, in viii ethic.. ‘ sed odium dei opponitur dilectioni dei, in qua consistit optimum hominis. ergo odium dei est pessimum peccatum hominis.
co ‘ Respondeo dicendum quod defectus peccati consistit in aversione a deo, * ut supra dictum est. ‘ huiusmodi autem aversio rationem culpae non haberet nisi voluntaria esset. unde ratio culpae consistit in voluntaria aversione a deo. haec autem voluntaria aversio a deo per se quidem importatur in odio dei, in aliis autem peccatis quasi participative et secundum aliud. sicut enim voluntas per se inhaeret ei quod amat, ita secundum se refugit id quod odit, unde quando aliquis odit deum, voluntas eius secundum se ab eo avertitur. sed in aliis peccatis, puta cum aliquis fornicatur, non avertitur a deo secundum se, sed secundum aliud, inquantum scilicet appetit inordinatam delectationem, quae habet annexam aversionem a deo. semper autem id quod est per se est potius eo quod est secundum aliud. unde odium dei inter alia peccata est gravius.
ra1 * Ad primum ergo dicendum quod, sicut gregorius dicit, xxv moral., ° aliud est bona non facere, aliud est bonorum odisse datorem, sicut aliud est ex praecipitatione, aliud ex deliberatione peccare ‘ ex quo datur intelligi quod odire deum, omnium bonorum datorem, sit ex deliberatione peccare, quod est peccatum in spiritum sanctum. unde manifestum est quod odium dei maxime est peccatum in spiritum sanctum, secundum quod peccatum in spiritum sanctum nominat aliquod genus speciale peccati. ideo tamen non computatur inter species peccati in spiritum sanctum, quia generaliter invenitur in omni specie peccati in spiritum sanctum.
ra2 ‘ Ad secundum dicendum quod ipsa infidelitas non habet rationem culpae nisi inquantum est voluntaria. et ideo tanto est gravior quanto est magis voluntaria. quod autem sit voluntaria provenit ex hoc quod aliquis odio habet veritatem quae proponitur. unde patet quod ratio peccati in infidelitate sit ex odio dei, circa cuius veritatem est fides. et ideo, sicut causa est potior effectu, ita odium dei est maius peccatum quam infidelitas.
ra3 ‘ Ad tertium dicendum quod non quicumque odit poenas odit deum, poenarum auctorem, nam multi odiunt poenas qui tamen patienter eas ferunt ex reverentia divinae iustitiae. * unde et augustinus dicit, x confess., quod “ mala poenalia deus tolerare iubet, non amari. ‘ sed prorumpere in odium dei punientis, hoc est habere odio ipsam dei iustitiam, quod est gravissimum peccatum. * unde gregorius dicit, xxv moral., ° sicut nonnunquam gravius est peccatum diligere quam perpetrare, ita nequius est odisse iustitiam quam non fecisse.

009 ST3 qu34 ar3

ag1 ‘ Ad tertium sic proceditur. videtur quod non omne odium proximi sit peccatum. nullum enim peccatum invenitur in praeceptis vel consiliis legis divinae, * secundum illud prov. viii. ° recti sunt omnes sermones mei, non est in eis pravum quid nec perversum. * sed luc. xiv dicitur, ° si quis venit ad me et non odit patrem et matrem, non potest meus esse discipulus. ‘ ergo non omne odium proximi est peccatum.
ag2 ‘ Praeterea, nihil potest esse peccatum secundum quod deum imitamur. sed imitando deum quosdam odio habemus, * dicitur enim rom. i, ° detractores, deo odibiles. ‘ ergo possumus aliquos odio habere absque peccato.
ag3 ‘ Praeterea, nihil naturalium est peccatum, quia ° peccatum est recessus ab eo quod est secundum naturam, * ut damascenus dicit, in ii libro. ‘ sed naturale est unicuique rei quod odiat id quod est sibi contrarium et quod nitatur ad eius corruptionem. ergo videtur non esse peccatum quod aliquis habeat odio inimicum suum.
sc * Sed contra est quod dicitur i ioan. ii, ° qui fratrem suum odit in tenebris est. ‘ sed tenebrae spirituales sunt peccata. ergo odium proximi non potest esse sine peccato.
co ‘ Respondeo dicendum quod odium amori opponitur, * ut supra dictum est. ‘ unde tantum habet odium de ratione mali quantum amor habet de ratione boni. amor autem debetur proximo secundum id quod a deo habet, idest secundum naturam et gratiam, non autem debetur ei amor secundum id quod habet a seipso et diabolo, scilicet secundum peccatum et iustitiae defectum. et ideo licet habere odio in fratre peccatum et omne illud quod pertinet ad defectum divinae iustitiae, sed ipsam naturam et gratiam fratris non potest aliquis habere odio sine peccato. hoc autem ipsum quod in fratre odimus culpam et defectum boni, pertinet ad fratris amorem, eiusdem enim rationis est quod velimus bonum alicuius et quod odimus malum ipsius. unde, simpliciter accipiendo odium fratris, semper est cum peccato.
ra1 ‘ Ad primum ergo dicendum quod parentes, quantum ad naturam et affinitatem qua nobis coniunguntur, sunt a nobis secundum praeceptum dei honorandi, * ut patet exod. xx. ‘ odiendi autem sunt quantum ad hoc quod impedimentum praestant nobis accedendi ad perfectionem divinae iustitiae.
ra2 ‘ Ad secundum dicendum quod deus in detractoribus odio habet culpam, non naturam. et sic sine culpa possumus odio detractores habere.
ra3 ‘ Ad tertium dicendum quod homines secundum bona quae habent a deo non sunt nobis contrarii, unde quantum ad hoc sunt amandi. contrariantur autem nobis secundum quod contra nos inimicitias exercent, quod ad eorum culpam pertinet, et quantum ad hoc sunt odio habendi. hoc enim in eis debemus habere odio, quod nobis sunt inimici.

009 ST3 qu34 ar4

ag1 ‘ Ad quartum sic proceditur. videtur quod odium proximi sit gravissimum peccatum eorum quae in proximo committuntur. * dicitur enim i ioan. iii, ° omnis qui odit fratrem suum homicida est. ‘ sed homicidium est gravissimum peccatorum quae committuntur in proximum. ergo et odium.
ag2 “ Praeterea, pessimum opponitur optimo. ‘ sed optimum eorum quae proximo exhibemus est amor, omnia enim alia ad dilectionem referuntur. ergo et pessimum est odium.
sc1 ‘ Sed contra, “ malum dicitur quod nocet; * secundum augustinum, in enchirid.. ‘ sed plus aliquis nocet proximo per alia peccata quam per odium, puta per furtum et homicidium et adulterium. ergo odium non est gravissimum peccatum.
sc2 * Praeterea, chrysostomus, exponens illud matth., ° qui solverit unum de mandatis istis minimis, * dicit, ° mandata moysi, non occides, non adulterabis, in remuneratione modica sunt, in peccato autem magna, mandata autem christi, idest non irascaris, non concupiscas, in remuneratione magna sunt, in peccato autem minima. ‘ odium autem pertinet ad interiorem motum, sicut et ira et concupiscentia. ergo odium proximi est minus peccatum quam homicidium.
co ‘ Respondeo dicendum quod peccatum quod committitur in proximum habet rationem mali ex duobus, uno quidem modo, ex deordinatione eius qui peccat; alio modo, ex nocumento quod infertur ei contra quem peccatur. primo ergo modo odium est maius peccatum quam exteriores actus qui sunt in proximi nocumentum, quia scilicet per odium deordinatur voluntas hominis, quae est potissimum in homine, et ex qua est radix peccati. unde etiam si exteriores actus inordinati essent absque inordinatione voluntatis, non essent peccata, puta cum aliquis ignoranter vel zelo iustitiae hominem occidit. et si quid culpae est in exterioribus peccatis quae contra proximum committuntur, totum est ex interiori odio. sed quantum ad nocumentum quod proximo infertur peiora sunt exteriora peccata quam interius odium.
ra ‘ Et per hoc patet responsio ad obiecta.

009 ST3 qu34 ar5

ag1 ' Ad quintum sic proceditur. videtur quod odium sit vitium capitale. odium enim directe opponitur caritati. sed caritas est principalissima virtutum et mater aliarum. ergo odium est maxime vitium capitale, et principium omnium aliorum.

ag2 ' Praeterea, peccata oriuntur in nobis secundum inclinationem passionum, * secundum illud ad rom. vii, ° passiones peccatorum operabantur in membris nostris, ut fructificarent morti. ' sed in passionibus animae ex amore et odio videntur omnes aliae sequi, * ut ex supradictis patet. ' ergo odium debet poni inter vitia capitalia.

ag3 ' Praeterea, vitium est malum morale. sed odium principalius respicit malum quam alia passio. ergo videtur quod odium debet poni vitium capitale.

sc * Sed contra est quod gregorius, xxxi moral., " non enumerat odium inter septem vitia capitalia.

co * Respondeo dicendum quod, sicut supra dictum est, ' vitium capitale est ex quo ut frequentius alia vitia oriuntur. vitium autem est contra naturam hominis inquantum est animal rationale. in his autem quae contra naturam fiunt paulatim id quod est naturae corrumpitur. unde oportet quod primo recedatur ab eo quod est minus secundum naturam, et ultimo ab eo quod est maxime secundum naturam, quia id quod est primum in constructione est ultimum in resolutione. id autem quod est maxime et primo naturale homini est quod diligat bonum, et praecipue bonum divinum et bonum proximi. et ideo odium, quod huic dilectioni opponitur, non est primum in deletione virtutis, quae fit per vitia, sed ultimum. et ideo odium non est vitium capitale.

ra1 * Ad primum ergo dicendum quod, sicut dicitur in vii physic., ° virtus uniuscuiusque rei consistit in hoc quod sit bene disposita secundum suam naturam. ' et ideo in virtutibus oportet esse primum et principale quod est primum et principale in ordine naturali. et propter hoc caritas ponitur principalissima virtutum. et eadem ratione odium non potest esse primum in vitiis, * ut dictum est.

ra2 ' Ad secundum dicendum quod odium mali quod contrariatur naturali bono est primum inter passiones animae, sicut et amor naturalis boni. sed odium boni connaturalis non potest esse primum, sed habet rationem ultimi, quia tale odium attestatur corruptioni naturae iam factae, sicut et amor extranei boni.

ra3 ' Ad tertium dicendum quod duplex est malum. quoddam verum, quia scilicet repugnat naturali bono, et huius mali odium potest habere rationem prioritatis inter passiones. est autem aliud malum non verum, sed apparens, quod scilicet est verum bonum et connaturale, sed aestimatur ut malum propter corruptionem naturae. et huiusmodi mali odium oportet quod sit in ultimo. hoc autem odium est vitiosum, non autem primum.

009 ST3 qu34 ar6

ag1 ' Ad sextum sic proceditur. videtur quod odium non oriatur ex invidia. invidia enim est tristitia quaedam de alienis bonis. odium autem non oritur ex tristitia, sed potius e converso, tristamur enim de praesentia malorum quae odimus. ergo odium non oritur ex invidia.

ag2 ' Praeterea, odium dilectioni opponitur. sed dilectio proximi refertur ad dilectionem dei, * ut supra habitum est. ' ergo et odium proximi refertur ad odium dei. sed odium dei non causatur ex invidia, non enim invidemus his qui maxime a nobis distant, sed his qui propinqui videntur, * ut patet per philosophum, in ii rhet.. ' ergo odium non causatur ex invidia.

ag3 ' Praeterea, unius effectus una est causa. sed odium causatur ex ira, * dicit enim augustinus, in regula, quod " ira crescit in odium. ' non ergo causatur odium ex invidia.

sc * Sed contra est quod gregorius dicit, xxxi moral., quod " de invidia oritur odium.

co * Respondeo dicendum quod, sicut dictum est, ' odium proximi est ultimum in progressu peccati, eo quod opponitur dilectioni qua naturaliter proximus diligitur. quod autem aliquis recedat ab eo quod est naturale, contingit ex hoc quod intendit vitare aliquid quod est naturaliter fugiendum. naturaliter autem omne animal fugit tristitiam, sicut et appetit delectationem; * sicut patet per philosophum, in vii et x ethic.. ' et ideo sicut ex delectatione causatur amor, ita ex tristitia causatur odium, sicut enim movemur ad diligendum ea quae nos delectant, inquantum ex hoc ipso accipiuntur sub ratione boni; ita movemur ad odiendum ea quae nos contristant, inquantum ex hoc ipso accipiuntur sub ratione mali. unde cum invidia sit tristitia de bono proximi, sequitur quod bonum proximi reddatur nobis odiosum. et inde est quod ex invidia oritur odium.

ra1 ' Ad primum ergo dicendum quod quia vis appetitiva, sicut et apprehensiva, reflectitur super suos actus, sequitur quod in motibus appetitivae virtutis sit quaedam circulatio. secundum igitur primum processum appetitivi motus, ex amore consequitur desiderium, ex quo consequitur delectatio, cum quis consecutus fuerit quod desiderabat. et quia hoc ipsum quod est delectari in bono amato habet quandam rationem boni, sequitur quod delectatio causet amorem. et secundum eandem rationem sequitur quod tristitia causet odium.

ra2 ' Ad secundum dicendum quod alia ratio est de dilectione et odio. nam dilectionis obiectum est bonum, quod a deo in creaturas derivatur, et ideo dilectio per prius est dei, et per posterius est proximi. sed odium est mali, quod non habet locum in ipso deo, sed in eius effectibus, * unde etiam supra dictum est quod ' deus non habetur odio nisi inquantum apprehenditur secundum suos effectus. et ideo per prius est odium proximi quam odium dei. unde, cum invidia ad proximum sit mater odii quod est ad proximum, fit per consequens causa odii quod est in deum.

ra3 ' Ad tertium dicendum quod nihil prohibet secundum diversas rationes aliquid oriri ex diversis causis. et secundum hoc odium potest oriri et ex ira et ex invidia. directius tamen oritur ex invidia, per quam ipsum bonum proximi redditur contristabile et per consequens odibile. sed ex ira oritur odium secundum quoddam augmentum. nam primo per iram appetimus malum proximi secundum quandam mensuram, prout scilicet habet rationem vindictae, postea autem per continuitatem irae pervenitur ad hoc quod homo malum proximi absolute desideret, quod pertinet ad rationem odii. unde patet quod odium ex invidia causatur formaliter secundum rationem obiecti; ex ira autem dispositive.

009 ST3 qu35 ar

pr ' Deinde considerandum est de vitiis oppositis gaudio caritatis. quod quidem est et de bono divino, cui gaudio opponitur acedia; et de bono proximi, cui gaudio opponitur invidia. unde primo considerandum est de acedia; secundo, de invidia. circa primum quaeruntur quatuor. primo, utrum acedia sit peccatum. secundo, utrum sit speciale vitium. tertio, utrum sit mortale peccatum. quarto, utrum sit vitium capitale.

009 ST3 qu35 ar1

ag1 ' Ad primum sic proceditur. videtur quod acedia non sit peccatum. ° passionibus enim non laudamur neque vituperamur; * secundum philosophum, in ii ethic.. ' sed acedia est quaedam passio, " est enim species tristitiae, * ut damascenus dicit, * et supra habitum est. ' ergo acedia non est peccatum.

ag2 ' Praeterea, nullus defectus corporalis qui statutis horis accidit habet rationem peccati. sed acedia est huiusmodi, * dicit enim cassianus, in x lib. de institutis monasteriorum, ° maxime acedia circa horam sextam monachum inquietat, ut quaedam febris ingruens tempore praestituto, ardentissimos aestus accensionum suarum solitis ac statutis horis animae inferens aegrotanti. ' ergo acedia non est peccatum.

ag3 ' Praeterea, illud quod ex radice bona procedit non videtur esse peccatum. sed acedia ex bona radice procedit, * dicit enim cassianus, in eodem libro, quod " acedia provenit ex hoc quod aliquis ° ingemiscit se fructum spiritualem non habere, et absentia longeque posita magnificat monasteria; ' quod videtur ad humilitatem pertinere. ergo acedia non est peccatum.

ag4 ' Praeterea, omne peccatum est fugiendum, * secundum illud eccli. xxi, ° quasi a facie colubri, fuge peccatum. * sed cassianus dicit, in eodem libro, ° experimento probatum est acediae impugnationem non declinando fugiendam, sed resistendo superandam. ' ergo acedia non est peccatum.

sc ' Sed contra, illud quod interdicitur in sacra scriptura est peccatum. sed acedia est huiusmodi, * dicitur enim eccli. vi, " subiice humerum tuum et porta illam, idest spiritualem sapientiam, et non acedieris in vinculis eius. ' ergo acedia est peccatum.

co ' Respondeo dicendum quod " acedia, * secundum damascenum, " est quaedam tristitia aggravans, ' quae scilicet ita deprimit animum hominis ut nihil ei agere libeat; sicuti ea quae sunt acida etiam frigida sunt. et ideo acedia importat quoddam taedium operandi, * ut patet per hoc quod dicitur in glossa super illud psalm.., ° omnem escam abominata est anima eorum; * et a quibusdam dicitur quod " acedia est torpor mentis bona negligentis inchoare. ' huiusmodi autem tristitia semper est mala, quandoque quidem etiam secundum seipsam; quandoque vero secundum effectum. tristitia enim secundum se mala est quae est de eo quod est apparens malum et vere bonum, sicut e contrario delectatio mala est quae est de eo quod est apparens bonum et vere malum. cum igitur spirituale bonum sit vere bonum, tristitia quae est de spirituali bono est secundum se mala. sed etiam tristitia quae est de vere malo mala est secundum effectum si sic hominem aggravet ut eum totaliter a bono opere retrahat, * unde et apostolus, ii ad cor. ii, " non vult ut poenitens maiori tristitia de peccato absorbeatur. ' quia igitur acedia, secundum quod hic sumitur, nominat tristitiam spiritualis boni, est dupliciter mala, et secundum se et secundum |25| effectum. et ideo acedia est peccatum, malum enim in motibus appetitivis dicimus esse peccatum, * ut ex supradictis patet.

ra1 ' Ad primum ergo dicendum quod passiones secundum se non sunt peccata, sed secundum quod applicantur ad aliquod malum, vituperantur; sicut et laudantur ex hoc quod applicantur ad aliquod bonum. unde tristitia secundum se non nominat nec aliquid laudabile nec vituperabile, sed tristitia de malo vero moderata nominat aliquid laudabile; tristitia autem de bono, et iterum tristitia immoderata, nominat aliquid vituperabile. et secundum hoc acedia ponitur peccatum.

ra2 ' Ad secundum dicendum quod passiones appetitus sensitivi et in se possunt esse peccata venialia, et inclinant animam ad peccatum mortale. et quia appetitus sensitivus habet organum corporale, sequitur quod per aliquam corporalem transmutationem homo fit habilior ad aliquod peccatum. et ideo potest contingere quod secundum aliquas transmutationes corporales certis temporibus provenientes aliqua peccata nos magis impugnent. omnis autem corporalis defectus de se ad tristitiam disponit. et ideo ieiunantes, circa meridiem, quando iam incipiunt sentire defectum cibi et urgeri ab aestibus solis, magis ab acedia impugnantur.

ra3 ' Ad tertium dicendum quod ad humilitatem pertinet ut homo, defectus proprios considerans, seipsum non extollat. sed hoc non pertinet ad humilitatem, sed potius ad ingratitudinem, quod bona quae quis a deo possidet contemnat. et ex tali contemptu sequitur acedia, de his enim tristamur quae quasi mala vel vilia reputamus. sic igitur necesse est ut aliquis aliorum bona extollat quod tamen bona sibi divinitus provisa non contemnat, quia sic ei tristia redderentur.

ra4 ' Ad quartum dicendum quod peccatum semper est fugiendum, sed impugnatio peccati quandoque est vincenda fugiendo, quandoque resistendo. fugiendo quidem, quando continua cogitatio auget peccati incentivum, sicut est in luxuria, * unde dicitur i ad cor. vi, ° fugite fornicationem. ' resistendo autem, quando cogitatio perseverans tollit incentivum peccati, quod provenit ex aliqua levi apprehensione. et hoc contingit in acedia, quia quanto magis cogitamus de bonis spiritualibus, tanto magis nobis placentia redduntur; ex quo cessat acedia.

009 ST3 qu35 ar2

ag1 ' Ad secundum sic proceditur. videtur quod acedia non sit speciale vitium. illud enim quod convenit omni vitio non constituit specialis vitii rationem. sed quodlibet vitium facit hominem tristari de bono spirituali opposito, nam luxuriosus tristatur de bono continentiae, et gulosus de bono abstinentiae. cum ergo acedia sit tristitia de bono spirituali, * sicut dictum est, ' videtur quod acedia non sit speciale peccatum.

ag2 ' Praeterea, acedia, cum sit tristitia quaedam, gaudio opponitur. sed gaudium non ponitur una specialis virtus. ergo neque acedia debet poni speciale vitium.

ag3 ' Praeterea, spirituale bonum, cum sit quoddam commune obiectum quod virtus appetit et vitium refugit, non constituit specialem rationem virtutis aut vitii nisi per aliquid additum contrahatur. sed nihil videtur quod contrahat ipsum ad acediam, si sit vitium speciale, nisi labor, ex hoc enim aliqui refugiunt spiritualia bona quia sunt laboriosa; unde et acedia taedium quoddam est. refugere autem labores, et quaerere quietem corporalem, ad idem pertinere videtur, scilicet ad pigritiam. ergo acedia nihil aliud esset quam pigritia. quod videtur esse falsum, nam pigritia sollicitudini opponitur, acediae autem gaudium. non ergo acedia est speciale vitium.

sc * Sed contra est quod gregorius, xxxi moral., " distinguit acediam ab aliis vitiis. ' ergo est speciale peccatum.

co ' Respondeo dicendum quod, cum acedia sit tristitia de spirituali bono, si accipiatur spirituale bonum communiter, non habebit acedia rationem specialis vitii, quia * sicut dictum est, ' omne vitium refugit spirituale bonum virtutis oppositae. similiter etiam non potest dici quod sit speciale vitium acedia inquantum refugit spirituale bonum prout est laboriosum vel molestum corpori, aut delectationis eius impeditivum, quia hoc etiam non separaret acediam a vitiis carnalibus, quibus aliquis quietem et delectationem corporis quaerit. et ideo dicendum est quod in spiritualibus bonis est quidam ordo, nam omnia spiritualia bona quae sunt in actibus singularum virtutum ordinantur ad unum spirituale bonum quod est bonum divinum, circa quod est specialis virtus, quae est caritas. unde ad quamlibet virtutem pertinet gaudere de proprio spirituali bono, quod consistit in proprio actu, sed ad caritatem pertinet specialiter illud gaudium spirituale quo quis gaudet de bono divino. et similiter illa tristitia qua quis tristatur de bono spirituali quod est in actibus singularum virtutum non pertinet ad aliquod vitium speciale, sed ad omnia vitia. sed tristari de bono divino, de quo caritas gaudet, pertinet ad speciale vitium, quod acedia vocatur.

ra ' Et per hoc patet responsio ad obiecta.

009 ST3 qu35 ar3

ag1 ' Ad tertium sic proceditur. videtur quod acedia non sit peccatum mortale. omne enim peccatum mortale contrariatur praecepto legis dei. sed acedia nulli praecepto contrariari videtur, ut patet discurrenti per singula praecepta decalogi. ergo acedia non est peccatum mortale.

ag2 ‘ Praeterea, peccatum operis in eodem genere non est minus quam peccatum cordis. sed recedere operè ab aliquo spirituali bono in deum ducente non est peccatum mortale, alioquin mortaliter peccaret quicumque consilia non observaret. ergo recedere corde per tristitiam ab huiusmodi spiritualibus operibus non est peccatum mortale. non ergo acedia est peccatum mortale.
ag3 ‘ Praeterea, nullum peccatum mortale in viris perfectis invenitur. sed acedia invenitur in viris perfectis, * dicit enim ‘ cassianus, in lib. x de institutis coenobiorum, quod ° acedia est solitariis magis experta, et in eremo commorantibus infestior hostis ac frequens. ‘ergo acedia non est peccatum mortale.
sc * Sed contra est quod dicitur ii ad cor. vii, “ tristitia saeculi mortem operatur. sed huiusmodi est acedia, non enim est tristitia secundum deum, quae contra tristitiam saeculi dividitur, quae mortem operatur. ergo est peccatum mortale.
co * Respondeo dicendum quod, sicut supra dictum est, ‘ peccatum mortale dicitur quod tollit spiritualem vitam, quae est per caritatem, secundum quam deus nos inhabitat, unde illud peccatum ex suo genere est mortale quod de se, secundum propriam rationem, contrariatur caritati. huiusmodi autem est acedia. nam proprius effectus caritatis est gaudium de deo, * ut supra dictum est, ‘ acedia autem est tristitia de bono spirituali inquantum est bonum divinum. unde secundum suum genus acedia est peccatum mortale. sed considerandum est in omnibus peccatis quae sunt secundum suum genus mortalia quod non sunt mortalia nisi quando suam perfectionem consequuntur. est autem consummatio peccati in consensu rationis, loquimur enim nunc de peccato humano, quod in actu humano consistit, cuius principium est ratio. unde si sit inchoatio peccati in sola sensualitate, et non pertingat usque ad consensum rationis, propter imperfectionem actus est peccatum veniale. sicut in genere adulterii concupiscentia quae consistit in sola sensualitate est peccatum veniale; si tamen pervenitur usque ad consensum rationis, est peccatum mortale. ita etiam et motus acediae in sola sensualitate quandoque est, propter repugnantiam carnis ad spiritum, et tunc est peccatum veniale. quandoque vero pertingit usque ad rationem, quae consentit in fugam et horrorem et detestationem boni divini, carne omnino contra spiritum praevalente. et tunc manifestum est |25| quod acedia est peccatum mortale.
ra1 ‘ Ad primum ergo dicendum quod acedia contrariatur praecepto de sanctificatione sabbati, in quo, secundum quod est praeceptum morale, praecipitur quies mentis in deo, cui contrariatur tristitia mentis de bono divino.
ra2 ‘ Ad secundum dicendum quod acedia non est recessus mentalis a quocumque spirituali bono, sed a bono divino, cui oportet mentem inhaerere ex necessitate. unde si aliquis contristetur de hoc quod aliquis cogit eum implere opera virtutis quae facere non tenetur, non est peccatum acediae, sed quando contristatur in his quae ei imminent facienda propter deum.
ra3 ‘ Ad tertium dicendum quod in viris sanctis inveniuntur aliqui imperfecti motus acediae, qui tamen non pertingunt usque ad consensum rationis.

009 ST3 qu35 ar4

ag1 ‘ Ad quartum sic proceditur. videtur quod acedia non debeat poni vitium capitale. vitium enim capitale dicitur quod movet ad actus peccatorum, * ut supra habitum est. ‘ sed acedia non movet ad agendum, sed magis retrahit ab agendo. ergo non debet poni vitium capitale.
ag2 ‘ Praeterea, vitium capitale habet filias sibi deputatas. * assignat autem gregorius, xxxi moral., sex filias acediae, quae sunt ° malitia, rancor, pusillanimitas, desperatio, torpor circa praecepta, vagatio mentis circa illicita, ‘ quae non videntur convenienter oriri ex acedia. nam rancor idem esse videtur quod odium, quod oritur ex invidia, * ut supra dictum est. ‘ malitia autem est genus ad omnia vitia, et similiter vagatio mentis circa illicita, et in omnibus vitiis inveniuntur. torpor autem circa praecepta idem videtur esse quod acedia. pusillanimitas autem et desperatio ex quibuscumque peccatis oriri possunt. non ergo convenienter ponitur acedia esse vitium capitale.
ag3 * Praeterea, isidorus, in libro de summo bono, “ distinguit vitium acediae a vitio tristitiae, dicens tristitiam esse inquantum recedit a graviori et laborioso ad quod tenetur; acediam inquantum se convertit ad quietem indebitam. et dicit de tristitia oriri rancorem, pusillanimitatem, amaritudinem, desperationem, de acedia vero dicit oriri septem, quae sunt otiositas, somnolentia, importunitas mentis, inquietudo corporis, instabilitas, verbositas, curiositas. * ergo videtur quod vel a gregorio vel ab isidoro “ male assignetur acedia vitium capitale cum suis filiabus.
sc * Sed contra est quod gregorius dicit, xxxi moral., “ acediam esse vitium capitale et habere praedictas filias.
co * Respondeo dicendum quod, sicut supra dictum est, ‘ vitium capitale dicitur ex quo promptum est ut alia vitia oriantur secundum rationem causae finalis. sicut autem homines multa operantur propter delectationem, tum ut ipsam consequantur, tum etiam ex eius impetu ad aliquid agendum permoti; ita etiam propter tristitiam multa operantur, vel ut ipsam evitent, vel ex eius pondere in aliqua agenda proruentes. unde cum acedia sit tristitia quaedam, * ut supra dictum est, ‘ convenienter ponitur vitium capitale.
ra1 ‘ Ad primum ergo dicendum quod acedia, aggravando animum, impedit hominem ab illis operibus quae tristitiam causant. sed tamen inducit animum ad aliqua agenda vel quae sunt tristitiae consona, sicut ad plorandum; vel etiam ad aliqua per quae tristitia evitatur.
ra2 * Ad secundum dicendum quod gregorius convenienter assignat filias acediae. quia enim, ut philosophus dicit, in viii ethic., ° nullus diu absque delectatione potest manere cum tristitia, ‘ necesse est quod ex tristitia aliquid dupliciter oriatur, uno modo, ut homo recedat a contristantibus; alio modo, ut ad alia transeat in quibus delectatur, sicut illi qui non possunt gaudere in spiritualibus delectationibus transferunt se ad corporales, * secundum philosophum, in x ethic.. ‘ in fuga autem tristitiae talis processus attenditur quod primo homo fugit contristantia; secundo, etiam impugnat ea quae tristitiam ingerunt. spiritualia autem bona, de quibus tristatur acedia, sunt et finis et id quod est ad finem. fuga autem finis fit per desperationem. fuga autem bonorum quae sunt ad finem, quantum ad ardua, quae subsunt consiliis, fit per pusillanimitatem; quantum autem ad ea quae pertinent ad communem iustitiam, fit per torporem circa praecepta. impugnatio autem contristantium bonorum spiritualium quandoque quidem est contra homines qui ad bona spiritualia inducunt, et hoc est rancor; quandoque vero se extendit ad ipsa spiritualia bona, in quorum detestationem aliquis |25| adducitur, et hoc proprie est malitia. inquantum autem propter tristitiam a spiritualibus aliquis transfert se ad delectabilia exteriora, ponitur filia acediae evagatio circa illicita. per quod patet responsio ad ea quae circa singulas filias obiiciebantur. nam malitia non accipitur hic secundum quod est genus vitiorum, * sed sicut dictum est. ‘ rancor etiam non accipitur hic communiter pro odio, sed pro quadam indignatione, * sicut dictum est. et idem dicendum est de aliis.
ra3 ‘ Ad tertium dicendum quod * etiam cassianus, in libro de institutis coenob., “ distinguit tristitiam ab acedia, * sed convenientius gregorius acediam tristitiam nominat. * quia sicut supra dictum est, ‘ tristitia non est vitium ab aliis distinctum secundum quod aliquis recedit a gravi et laborioso opere, vel secundum quascumque alias causas aliquis tristetur, sed solum secundum quod contristatur de bono divino. quod pertinet ad rationem acediae, quae intantum convertit ad quietem indebitam inquantum aspernatur bonum divinum. “ illa autem quae isidorus ponit oriri ex tristitia et acedia reducuntur ad ea quae gregorius ponit. nam amaritudo, quam ponit isidorus oriri ex tristitia, est quidam effectus rancoris. otiositas autem et somnolentia reducuntur ad torporem circa praecepta, circa quae est aliquis otiosus, omnino ea praetermittens et somnolentus, ea negligenter implens. omnia autem alia quinque quae ponit ex acedia oriri pertinent ad evagationem mentis circa illicita. quae quidem secundum quod in ipsa arce mentis residet volentis importune ad diversa se diffundere, vocatur importunitas mentis; secundum autem quod pertinet ad cognitivam, dicitur curiositas; quantum autem ad locutionem, dicitur verbositas; quantum autem ad corpus in eodem loco non manens, dicitur inquietudo corporis, quando scilicet aliquis per inordinatos motus |25| membrorum vagationem indicat mentis; quantum autem ad diversa loca, dicitur instabilitas. vel potest accipi instabilitas secundum mutabilitatem propositi.

009 ST3 qu36 ar

pr ‘ Deinde considerandum est de invidia. et circa hoc quaeruntur quatuor. primo, quid sit invidia. secundo, utrum sit peccatum. tertio, utrum sit peccatum mortale. quarto, utrum sit vitium capitale, et de filiabus eius.

009 ST3 qu36 ar1

ag1 ‘ Ad primum sic proceditur. videtur quod invidia non sit tristitia. obiectum enim tristitiae est malum. sed obiectum invidiae est bonum, * dicit enim gregorius, in v moral., de invido loquens, ° tabescentem mentem sua poena sauciat, quam felicitas torquet aliena. ‘ergo invidia non est tristitia.
ag2 ‘ Praeterea, similitudo non est causa tristitiae, sed magis delectationis. sed similitudo est causa invidiae, * dicit enim philosophus, in ii rhet., ° invidebunt tales quibus sunt aliqui similes aut secundum genus, aut secundum cognationem, aut secundum staturam, aut secundum habitum, aut secundum opinionem. ‘ergo invidia non est tristitia.
ag3 ‘ Praeterea, tristitia ex aliquo defectu causatur, unde illi qui sunt in magno defectu sunt ad tristitiam proni, * ut supra dictum est, cum de passionibus ageretur. “ sed illi quibus modicum deficit, et qui sunt amatores honoris, et qui reputantur sapientes, sunt invidi; * ut patet per philosophum, in ii rhet.. ‘ ergo invidia non est tristitia.
ag4 ‘ Praeterea, tristitia delectationi opponitur. oppositorum autem non est eadem causa. ergo, cum memoria bonorum habitorum sit causa delectationis, * ut supra dictum est, ‘ non erit causa tristitiae. est autem causa invidiae, * dicit enim philosophus, in ii rhet., quod “ his aliqui invident qui habent aut possederunt quae ipsis conveniebant aut quae ipsi quandoque possidebant. ‘ ergo invidia non est tristitia.
sc * Sed contra est quod damascenus, in ii libro, ponit “ invidiam speciem tristitiae, et dicit quod invidia est tristitia in alienis bonis.
co ‘ Respondeo dicendum quod obiectum tristitiae est malum proprium. contingit autem id quod est alienum bonum apprehendi ut malum proprium. et secundum hoc de bono alieno potest esse tristitia. sed hoc contingit dupliciter. uno modo, quando quis tristatur de bono alicuius inquantum imminet sibi ex hoc periculum alicuius nocumenti, sicut cum homo tristatur de exaltatione inimici sui, timens ne eum laedat. “ et talis tristitia non est invidia, sed magis timoris effectus; * ut philosophus dicit, in ii rhet.. ‘ alio modo bonum alterius aestimatur ut malum proprium inquantum est diminutivum propriae gloriae vel excellentiae. et hoc modo de bono alterius tristatur invidia. “ et ideo praecipue de illis bonis homines invident in quibus est gloria, et in quibus homines amant honorari et in opinione esse; * ut philosophus dicit, in ii rhet..
ra1 ‘ Ad primum ergo dicendum quod nihil prohibet id quod est bonum uni apprehendi ut malum alteri. et secundum hoc tristitia aliqua potest esse de bono, * ut dictum est.
ra2 ‘ Ad secundum dicendum quod quia invidia est de gloria alterius inquantum diminuit gloriam quam quis appetit, consequens est ut ad illos tantum invidia habeatur quibus homo vult se aequare vel praeferre in gloria. hoc autem non est respectu multum a se distantium, nullus enim, nisi insanus, studet se aequare vel praeferre in gloria his qui sunt multo eo maiores, puta plebeius homo regi; vel etiam rex plebeio, quem multum excedit. et ideo his qui multum distant vel loco vel tempore vel statu homo non invidet, sed his qui sunt propinqui, quibus se nititur aequare vel praeferre. nam cum illi excedunt in gloria, accidit hoc contra nostram utilitatem, et inde causatur tristitia. similitudo autem delectationem causat inquantum concordat voluntati.
ra3 ‘ Ad tertium dicendum quod nullus conatur ad ea in quibus est multum deficiens. et ideo cum aliquis in hoc eum excedat, non invidet. sed si modicum deficiat, videtur quod ad hoc pertingere possit, et sic ad hoc conatur. unde si frustraretur eius conatus propter excessum gloriae alterius, tristatur. et inde est quod amatores honoris sunt magis invidi. et similiter etiam pusillanimes sunt invidi, quia omnia reputant magna, et quidquid boni alicui accidat, reputant se in magno superatos esse. * unde et iob v dicitur, ° parvulum occidit invidia. * et dicit gregorius, in v moral., quod ° invidere non possumus nisi eis quos nobis in aliquo meliores putamus.
ra4 ‘ Ad quartum dicendum quod memoria praeteritorum bonorum, inquantum fuerunt habita, delectationem causat, sed inquantum sunt amissa, causant tristitiam. et inquantum ab aliis habentur, causant invidiam, quia hoc maxime videtur gloriae propriae derogare. * et ideo dicit philosophus, in ii rhet., quod ° senes invident iunioribus; et illi qui multa expenderunt ad aliquid consequendum invident his qui parvis expensis illud sunt consecuti; ‘ dolent enim de amissione suorum bonorum, et de hoc quod alii consecuti sunt bona.

009 ST3 qu36 ar2

ag1 ‘ Ad secundum sic proceditur. videtur quod invidia non sit peccatum. * dicit enim hieronymus, ad laetam, de instruct. filiae, ° habeat socias cum quibus discat, quibus invideat, quarum laudibus mordeatur. ‘ sed nullus est sollicitandus ad peccandum. ergo invidia non est peccatum.
ag2 “ Praeterea, invidia est tristitia de alienis bonis, * ut damascenus dicit. ‘ sed hoc quandoque laudabiliter fit, * dicitur enim prov. xxix, ° cum impii sumpserint principatum, gemet populus. ‘ ergo invidia non semper est peccatum.
ag3 ‘ Praeterea, invidia zelum quendam nominat. sed zelus quidam est bonus, ° zelus domus tuae comedit me. * secundum illud psalm., ‘ ergo invidia non semper est peccatum.
ag4 ‘ Praeterea, poena dividitur contra culpam. sed invidia est quaedam poena, * dicit enim gregorius, v moral., ° cum devictum cor livoris putredo corruperit, ipsa quoque exteriora indicant quam graviter animum vesania instigat, color quippe pallore afficitur, oculi deprimuntur, mens accenditur, membra frigescunt, fit in cogitatione rabies, in dentibus stridor. ‘ ergo invidia non est peccatum.
sc * Sed contra est quod dicitur ad gal. v, ° non efficiamur inanis gloriae cupidi, invicem provocantes, invicem invidentes.
co * Respondeo dicendum quod, sicut dictum est, ‘ invidia est tristitia de alienis bonis. sed haec tristitia potest contingere quatuor modis. uno quidem modo, quando aliquis dolet de bono alicuius inquantum ex eo timetur nocumentum vel sibi ipsi vel etiam aliis bonis. et talis tristitia non est invidia, * ut dictum est; ‘ et potest esse sine peccato. * unde gregorius,

xxii moral., ait, ° evenire plerumque solet ut, non amissa caritate, et inimici nos ruina laetificet, et rursum eius gloria sine invidiae culpa contristet, cum et ruente eo quosdam bene erigi credimus, et proficiente illo plerosque iniuste opprimi formidamus. ‘ alio modo potest aliquis tristari de bono alterius, non ex eo quod ipse habet bonum, sed ex eo quod nobis deest bonum illud quod ipse habet. et hoc proprie est zelus; * ut philosophus dicit, in ii rhet.. ‘ et si iste zelus sit circa bona honesta, laudabilis est, * secundum illud i ad cor. xiv, ° aemulamini spiritualia. ‘ si autem sit de bonis temporalibus, potest esse cum peccato, et sine peccato. tertio modo aliquis tristatur de bono alterius inquantum ille cui accidit bonum est eo indignus. quae quidem |25| tristitia non potest oriri ex bonis honestis, ex quibus aliquis iustus efficitur; * sed sicut philosophus dicit, in ii rhet., “ est de divitiis et de talibus, quae possunt provenire dignis et indignis. et haec tristitia, secundum ipsum, vocatur nemesis, et pertinet ad bonos mores. sed hoc ideo dicit quia considerabat ipsa bona temporalia secundum se, prout possunt magna videri non respicientibus ad aeterna. ‘ sed secundum doctrinam fidei, temporalia bona quae indignis proveniunt ex iusta dei ordinatione disponuntur vel ad eorum correctionem vel ad eorum damnationem, et huiusmodi bona quasi nihil sunt in comparatione ad bona futura, quae servantur bonis. et ideo huiusmodi tristitia prohibetur in scriptura sacra, * secundum illud psalm., ° noli aemulari in malignantibus, neque zelaveris facientes iniquitatem. * et alibi, ° pene effusi sunt gressus mei, quia zelavi super iniquos, pacem peccatorum videns. ‘ quarto aliquis tristatur de bonis alicuius inquantum alter excedit ipsum in bonis. et hoc proprie est invidia. et istud semper est pravum, * ut etiam philosophus dicit, in ii rhet., ‘ quia dolet de eo de quo est gaudendum, |50| scilicet de bono proximi.

ra1 ‘ Ad primum ergo dicendum quod ibi sumitur invidia pro zelo quo quis debet incitari ad proficiendum cum melioribus.

ra2 ‘ Ad secundum dicendum quod ratio illa procedit de tristitia alienorum bonorum secundum primum modum.

ra3 ‘ Ad tertium dicendum quod invidia differt a zelo, * sicut dictum est. ‘ unde zelus aliquis potest esse bonus, sed invidia semper est mala.

ra4 ‘ Ad quartum dicendum quod nihil prohibet aliquod peccatum, ratione alicuius adiuncti, poenale esse; * ut supra dictum est, cum de peccatis ageretur.

009 ST3 qu36 ar3

ag1 ‘ Ad tertium sic proceditur. videtur quod invidia non sit peccatum mortale. invidia enim, cum sit tristitia, est passio appetitus sensitivi. sed in sensualitate non est peccatum mortale, sed solum in ratione; * ut patet per augustinum, xii de trin.. ‘ ergo invidia non est peccatum mortale.

ag2 ‘ Praeterea, in infantibus non potest esse peccatum mortale. sed in eis potest esse invidia, * dicit enim augustinus, in i confess., ° vidi ego et expertus sum zelantem puerum, nondum loquebatur, et intuebatur pallidus amaro aspectu collactaneum suum. ‘ ergo invidia non est peccatum mortale.

ag3 ‘ Praeterea, omne peccatum mortale alicui virtuti contrariatur. sed invidia non contrariatur alicui virtuti, sed nemesi, quae est quaedam passio; * ut patet per philosophum, in ii rhet.. ‘ ergo invidia non est peccatum mortale.

sc * Sed contra est quod dicitur iob v, ° parvulum occidit invidia. ‘ nihil autem occidit spiritualiter nisi peccatum mortale. ergo invidia est peccatum mortale.

co ‘ Respondeo dicendum quod invidia ex genere suo est peccatum mortale. genus enim peccati ex obiecto consideratur. invidia autem, secundum rationem sui obiecti, contrariatur caritati, per quam est vita animae spiritualis, * secundum illud i ioan. iii, ° nos scimus quoniam translati sumus de morte ad vitam, quoniam diligimus fratres. ‘ utriusque enim obiectum, et caritatis et invidiae, est bonum proximi, sed secundum contrarium motum, nam caritas gaudet de bono proximi, invidia autem de eodem tristatur, * ut ex dictis patet. ‘ unde manifestum est quod invidia ex suo genere est peccatum mortale. * sed sicut supra dictum est, ‘ in quolibet genere peccati mortalis inveniuntur aliqui imperfecti motus in sensualitate existentes qui sunt peccata venialia, sicut in genere adulterii primus motus concupiscentiae, et in genere homicidii primus motus irae. ita etiam et in genere invidiae inveniuntur aliqui primi motus quandoque etiam in viris perfectis, qui sunt peccata venialia.

ra1 ‘ Ad primum ergo dicendum quod motus invidiae secundum quod est passio sensualitatis, est quoddam imperfectum in genere actuum humanorum, quorum principium est ratio. unde talis invidia non est peccatum mortale. et similis est ratio de invidia parvulorum, in quibus non est usus rationis.

ra2 ‘ Unde patet responsio ad secundum.

ra3 * Ad tertium dicendum quod invidia, secundum philosophum, in ii rhet. “ opponitur et nemesi et misericordiae, sed secundum diversa. ‘ nam misericordiae opponitur directe, secundum contrarietatem principalis obiecti, invidus enim tristatur de bono proximi; misericors autem tristatur de malo proximi. “ unde invidi non sunt misericordes, * sicut ibidem dicitur, “ nec e converso. ‘ ex parte vero eius de cuius bono tristatur invidus, opponitur invidia nemesi, nemeseticus enim tristatur de bono indigne agentium, * secundum illud psalm., ° zelavi super iniquos, pacem peccatorum videns; ‘ invidus autem tristatur de bono eorum qui sunt digni. unde patet quod prima contrarietas est magis directa quam secunda. misericordia autem quaedam virtus est, et caritatis proprius effectus. unde invidia misericordiae opponitur et caritati.

009 ST3 qu36 ar4

ag1 ‘ Ad quartum sic proceditur. videtur quod invidia non sit vitium capitale. vitia enim capitalia distinguuntur contra filias capitalium vitiorum. sed invidia est filia inanis gloriae, * dicit enim philosophus, in ii rhet., quod ° amatores honoris et gloriae magis invident. ‘ ergo invidia non est vitium capitale.

ag2 ‘ Praeterea, vitia capitalia videntur esse leviora quam alia quae ex eis oriuntur, * dicit enim gregorius, xxxi moral., ° prima vitia deceptae menti quasi sub quadam ratione se ingerunt, sed quae sequuntur, dum mentem ad omnem insaniam protrahunt, quasi bestiali clamore mentem confundunt. ‘ sed invidia videtur esse gravissimum peccatum, * dicit enim gregorius, v moral., ° quamvis per omne vitium quod perpetratur humano cordi antiqui hostis virus infunditur, in hac tamen nequitia tota sua viscera serpens concutit, et imprimendae malitiae pestem vomit. ‘ ergo invidia non est vitium capitale.

ag3 * Praeterea, videtur quod inconvenienter eius filiae assignentur a gregorio, xxxi moral., ubi dicit quod ° de invidia oritur odium, susurratio, detractio, exultatio in adversis proximi et afflictio in prosperis. ‘ exultatio enim in adversis proximi, et afflictio in prosperis, idem videtur esse quod invidia, * ut ex praemissis patet. ‘ non ergo ista debent poni ut filiae invidiae.

sc * Sed contra est auctoritas gregorii, xxxi moral., qui ponit “ invidiam vitium capitale, et ei praedictas filias assignat.

co ‘ Respondeo dicendum quod sicut acedia est tristitia de bono spirituali divino, ita invidia est tristitia de bono proximi. * dictum est autem supra ‘ acediam esse vitium capitale, ea ratione quia ex acedia homo impellitur ad aliqua facienda vel ut fugiat tristitiam vel ut tristitiae satisfaciat. unde eadem ratione invidia ponitur vitium capitale.

ra1 * Ad primum ergo dicendum quod, sicut gregorius dicit, in xxxi moral. ° capitalia vitia tanta sibi coniunctione coniunguntur ut non nisi unum de altero proferatur. prima namque superbiae soboles inanis est gloria, quae dum oppressam mentem corruperit, mox invidiam gignit, quia dum vani nominis potentiam appetit, ne quis hanc alius adipisci valeat, tabescit. ‘ non est ergo contra rationem vitii capitalis quod ipsum ex alio oriatur, sed quod non habeat aliquam principalem rationem producendi ex se multa genera peccatorum. forte tamen propter hoc quod invidia manifeste ex inani gloria nascitur, non ponitur vitium capitale * neque ab isidoro, in libro de summo bono, neque a cassiano, in libro de instit. coenob..

ra2 ‘ Ad secundum dicendum quod ex verbis illis non habetur quod invidia sit maximum peccatorum, sed quod quando diabolus invidiam suggerit, ad hoc hominem inducit quod ipse principaliter in corde habet; * quia sicut ibi inducitur consequenter, ° invidia diaboli mors introivit in orbem terrarum. ‘ est tamen quaedam invidia quae inter gravissima peccata computatur, scilicet invidentia fraternae gratiae, secundum quod aliquis dolet de ipso augmento gratiae dei, non solum de bono proximi. unde ponitur peccatum in spiritum sanctum, quia per hanc invidentiam homo quodammodo invidet spiritui sancto, qui in suis operibus glorificatur.

ra3 ‘ Ad tertium dicendum quod numerus filiarum invidiae sic potest sumi. quia in conatu invidiae est aliquid tanquam principium, et aliquid tanquam medium, et aliquid tanquam terminus. principium quidem est ut aliquis diminuat gloriam alterius vel in occulto, et sic est susurratio; vel manifeste, et sic est detractio. medium autem est quia aliquis intendens diminuere gloriam alterius aut potest, et sic est exultatio in adversis; aut non potest, et sic est afflictio in prosperis. terminus autem est in ipso odio, quia sicut bonum delectans causat amorem, ita tristitia causat odium, * ut supra dictum est. ‘ afflictio autem in prosperis proximi uno modo est ipsa invidia, inquantum scilicet aliquis tristatur de prosperis alicuius secundum quod habent quandam gloriam. alio vero modo est filia invidiae, secundum quod prospera proximi eveniunt contra conatum invidentis, qui nititur impedire. exultatio autem in adversis non est directe idem quod invidia, sed ex ea sequitur, nam ex tristitia de bono proximi, quae est invidia, sequitur exultatio de malo eiusdem.

009 ST3 qu37 ar

pr ‘ Deinde considerandum est de peccatis quae opponuntur paci. et primo, de discordia, quae est in corde; secundo, de contentione, quae est in ore; tertio, de his quae pertinent ad opus, scilicet, de schismate, rixa et bello. circa primum quaeruntur duo, primo, utrum discordia sit peccatum. secundo, utrum sit filia inanis gloriae.

009 ST3 qu37 ar1

ag1 ‘ Ad primum sic proceditur. videtur quod discordia non sit peccatum. discordare enim ab aliquo est recedere ab alterius voluntate. sed hoc non videtur esse peccatum, quia voluntas proximi non est regula voluntatis nostrae, sed sola voluntas divina. ergo discordia non est peccatum.

ag2 ‘ Praeterea, quicumque inducit aliquem ad peccandum, et ipse peccat. sed inducere inter aliquos discordiam non videtur esse peccatum, * dicitur enim act. xxiii, quod ° sciens paulus quia una pars esset sadducaeorum et altera pharisaeorum, exclamavit in concilio, viri fratres, ego pharisaeus sum, filius pharisaeorum, de spe et resurrectione mortuorum ego iudicor. et cum haec dixisset, facta est dissensio inter pharisaeos et sadducaeos. ‘ ergo discordia non est peccatum.

ag3 ‘ Praeterea, peccatum, praecipue mortale, in sanctis viris non invenitur. sed in sanctis viris invenitur discordia, * dicitur enim act. xv, ° facta est dissensio inter paulum et barnabam, ita ut discederent ab invicem. ‘ ergo discordia non est peccatum, et maxime mortale.

sc * Sed contra est quod ad gal. v dissensiones, idest discordiae, ponuntur inter opera carnis, de quibus subditur, ° qui talia agunt, regnum dei non consequuntur. ‘ nihil autem excludit a regno dei nisi peccatum mortale. ergo discordia est peccatum mortale.

co ‘ Respondeo dicendum quod discordia concordiae opponitur. concordia autem, * ut supra dictum est, ‘ ex caritate causatur, inquantum scilicet caritas multorum corda coniungit in aliquid unum, quod est principaliter quidem bonum divinum, secundario autem bonum proximi. discordia igitur ea ratione est peccatum, inquantum huiusmodi concordiae contrariatur. sed sciendum quod haec concordia per discordiam tollitur dupliciter, uno quidem modo, per se; alio vero modo, per accidens. per se quidem in humanis actibus et motibus dicitur esse id quod est secundum intentionem. unde per se discordat aliquis a proximo quando scienter et ex intentione dissentit a bono divino et a proximi bono, in quo debet consentire. et hoc est peccatum mortale ex suo genere, propter contrarietatem ad caritatem, licet primi motus huius discordiae, propter imperfectionem actus, sint peccata venialia. per accidens autem in humanis actibus consideratur ex hoc quod aliquid est praeter intentionem. unde cum intentio aliquorum est ad aliquod bonum quod pertinet ad honorem dei vel utilitatem proximi, sed unus aestimat hoc esse bonum, alius autem habet contrariam opinionem, discordia tunc est per accidens contra bonum divinum vel proximi. et talis discordia non est peccatum, nec repugnat caritati, nisi huiusmodi discordia sit vel cum |25| errore circa ea quae sunt de necessitate salutis, vel pertinacia indebite adhibeatur, * cum etiam supra dictum est quod ‘ concordia quae est caritatis effectus est unio voluntatum, non unio opinionum. ex quo patet quod discordia quandoque est ex peccato unius tantum, puta cum unus vult bonum, cui alius scienter resistit, quandoque autem est cum peccato utriusque, puta cum uterque dissentit a bono alterius, et uterque diligit bonum proprium.

ra1 ‘ Ad primum ergo dicendum quod voluntas unius hominis secundum se considerata non est regula voluntatis alterius. sed inquantum voluntas proximi inhaeret voluntati dei, fit per consequens regula regulata secundum primam regulam. et ideo discordare a tali voluntate est peccatum, quia per hoc discordatur a regula divina.

ra2 ‘ Ad secundum dicendum quod sicut voluntas hominis adhaerens deo est quaedam regula recta, a qua peccatum est discordare; ita etiam voluntas hominis deo contraria est quaedam perversa regula, a qua bonum est discordare. facere ergo discordiam per quam tollitur bona concordia quam caritas facit, est grave peccatum, * unde dicitur prov. vi, ° sex sunt quae odit dominus, et septimum detestatur anima eius, “ et hoc septimum * ponit “ eum qui seminat inter fratres discordias. ‘ sed causare discordiam per quam tollitur mala concordia, scilicet in mala voluntate, est laudabile. et hoc modo laudabile fuit quod paulus dissensionem posuit inter eos qui erant concordes in malo, * nam et dominus de se dicit, matth. x, ° non veni pacem mittere, sed gladium.

ra3 ‘ Ad tertium dicendum quod discordia quae fuit inter paulum et barnabam fuit per accidens et non per se, uterque enim intendebat bonum, sed uni videbatur hoc esse bonum, alii aliud. quod ad defectum humanum pertinebat, non enim erat talis controversia in his quae sunt de necessitate salutis. quamvis hoc ipsum fuerit ex divina providentia ordinatum, propter utilitatem inde consequentem.

009 ST3 qu37 ar2

ag1 ‘ Ad secundum sic proceditur. videtur quod discordia non sit filia inanis gloriae. ira enim est aliud vitium ab inani gloria. sed discordia videtur esse filia irae, * secundum illud prov. xv, ° vir iracundus provocat rixas. ‘ ergo non est filia inanis gloriae.

ag2 * Praeterea, augustinus dicit, super ioan., exponens illud quod habetur ioan. vii, ° nondum erat spiritus datus, livor separat, caritas iungit. ' sed discordia nihil est aliud quam quaedam separatio voluntatum. ergo discordia procedit ex livore, idest invidia, magis quam ex inani gloria.
ag3 ' Praeterea, illud ex quo multa mala oriuntur videtur esse vitium capitale. sed discordia est huiusmodi, quia * super illud matth. xii, ° omne regnum contra se divisum desolabitur, * dicit hieronymus, ° quo modo concordia parvae res crescunt, sic discordia maximae dilabuntur. ' ergo ipsa discordia debet poni vitium capitale, magis quam filia inanis gloriae.
sc * Sed contra est auctoritas gregorii, xxxi moral..
co ' Respondeo dicendum quod discordia importat quandam disgregationem voluntatum, inquantum scilicet voluntas unius stat in uno, et voluntas alterius stat in altero. quod autem voluntas alicuius in proprio sistat, provenit ex hoc quod aliquis ea quae sunt sua praefert his quae sunt aliorum. quod cum inordinate fit, pertinet ad superbiam et inanem gloriam. et ideo discordia, per quam unusquisque sequitur quod suum est et recedit ab eo quod est alterius, ponitur filia inanis gloriae.
ra1 ' Ad primum ergo dicendum quod rixa non est idem quod discordia. nam rixa consistit in exteriori opere, unde convenienter causatur ab ira, quae movet animum ad nocendum proximo. sed discordia consistit in disiunctione motuum voluntatis, quam facit superbia vel inanis gloria, * ratione iam dicta.
ra2 ' Ad secundum dicendum quod in discordia consideratur quidem ut terminus a quo recessus a voluntate alterius, et quantum ad hoc causatur ex invidia. ut terminus autem ad quem, accessus ad id quod est sibi proprium, et quantum ad hoc causatur ex inani gloria. et quia in quolibet motu terminus ad quem est potior termino a quo (finis enim est potior principio), potius ponitur discordia filia inanis gloriae quam invidiae, licet ex utraque oriri possit secundum diversas rationes, * ut dictum est.
ra3 " Ad tertium dicendum quod ideo concordia magnae res crescunt et per discordiam dilabuntur, quia virtus quanto est magis unita, tanto est fortior, et per separationem diminuitur; * ut dicitur in libro de causis. ' unde patet quod hoc pertinet ad proprium effectum discordiae, quae est divisio voluntatum, non autem pertinet ad originem diversorum vitiorum a discordia, per quod habeat rationem vitii capitalis.

009 ST3 qu38 ar

pr ' Deinde considerandum est de contentione. et circa hoc quaeruntur duo. primo, utrum contentio sit peccatum mortale. secundo, utrum sit filia inanis gloriae.

009 ST3 qu38 ar1

ag1 ' Ad primum sic proceditur. videtur quod contentio non sit peccatum mortale. peccatum enim mortale in viris spiritualibus non invenitur. in quibus tamen invenitur contentio, * secundum illud luc. xxii, ° facta est contentio inter discipulos iesu, quis eorum esset maior. ' ergo contentio non est peccatum mortale.
ag2 ' Praeterea, nulli bene disposito debet placere peccatum mortale in proximo. * sed dicit apostolus, ad philipp. i, ° quidam ex contentione christum annuntiant; * et postea subdit, ° et in hoc gaudeo, sed et gaudebo. ' ergo contentio non est peccatum mortale.
ag3 ' Praeterea, contingit quod aliqui vel in iudicio vel in disputatione contendunt non aliquo animo malignandi, sed potius intendentes ad bonum, sicut illi qui contra haereticos disputando contendunt. * unde super illud, i reg. xiv, ° accidit quadam die ' etc., * dicit glossa, ° catholici contra haereticos contentiones commovent, ubi prius ad certamen convocantur. ' ergo contentio non est peccatum mortale.
ag4 ' Praeterea, iob videtur cum deo contendisse, * secundum illud iob xxxix, ° numquid qui contendit cum deo tam facile conquiescit? ' et tamen iob non peccavit mortaliter, * quia dominus de eo dicit, ° non estis locuti recte coram me, sicut servus meus iob, * ut habetur iob ult.. ' ergo contentio non semper est peccatum mortale.
sc ' Sed contra est quod contrariatur praecepto apostoli, * qui dicit ii ad tim. ii, ° noli verbis contendere. * et gal. v contentio numeratur inter opera carnis, ° quae qui agunt, regnum dei non possident, * ut ibidem dicitur. ' sed omne quod excludit a regno dei, et quod contrariatur praecepto, est peccatum mortale. ergo contentio est peccatum mortale.
co ' Respondeo dicendum quod contendere est contra aliquem tendere. unde sicut discordia contrarietatem quandam importat in voluntate, ita contentio contrarietatem quandam importat in locutione. et propter hoc etiam cum oratio alicuius per contraria se diffundit, vocatur contentio, * quae ponitur unus color rhetoricus a tullio, qui dicit, ° contentio est cum ex contrariis rebus oratio efficitur, hoc pacto, habet assentatio iucunda principia, eadem exitus amarissimos affert. ' contrarietas autem locutionis potest attendi dupliciter, uno modo, quantum ad intentionem contendentis; alio modo, quantum ad modum. in intentione quidem considerandum est utrum aliquis contrarietur veritati, quod est vituperabile, vel falsitati, quod est laudabile. in modo autem considerandum est utrum talis modus contrariandi conveniat et personis et negotiis, quia hoc est laudabile * (unde et tullius dicit, in iii rhet., ° quod contentio est oratio acris ad confirmandum et confutandum accommodata), ' vel excedat convenientiam personarum et negotiorum, et sic contentio est vituperabilis. si ergo accipiatur contentio secundum quod importat impugnationem veritatis et inordinatum modum, sic est peccatum mortale. * et hoc modo definit ambrosius contentionem, dicens, |25| ° contentio est impugnatio veritatis cum confidentia clamoris. ' si autem contentio dicatur impugnatio falsitatis cum debito modo acrimoniae, sic contentio est laudabilis. si autem accipiatur contentio secundum quod importat impugnationem falsitatis cum inordinato modo, sic potest esse peccatum veniale, nisi forte tanta inordinatio fiat in contendendo quod ex hoc generetur scandalum aliorum. * unde et apostolus, cum dixisset, ii ad tim. ii, ° noli verbis contendere, * subdit, ° ad nihil enim utile est, nisi ad subversionem audientium.
ra1 ' Ad primum ergo dicendum quod in discipulis christi non erat contentio cum intentione impugnandi veritatem, quia unusquisque defendebat quod sibi verum videbatur. erat tamen in eorum contentione inordinatio, quia contendebant de quo non erat contendendum, scilicet de primatu honoris; nondum enim erant spirituales, * sicut glossa ibidem dicit. ' unde et dominus eos consequenter compescuit.
ra2 ' Ad secundum dicendum quod illi qui ex contentione christum praedicabant reprehensibiles erant, quia quamvis non impugnarent veritatem fidei, sed eam praedicarent, impugnabant tamen veritatem quantum ad hoc quod putabant se suscitare pressuram apostolo veritatem fidei praedicanti. unde apostolus non gaudebat de eorum contentione, sed de fructu qui ex hoc proveniebat, scilicet quod christus annuntiabatur, quia ex malis etiam occasionaliter subsequuntur bona.
ra3 ' Ad tertium dicendum quod secundum completam rationem contentionis prout est peccatum mortale, ille in iudicio contendit qui impugnat veritatem iustitiae, et in disputatione contendit qui intendit impugnare veritatem doctrinae. et secundum hoc catholici non contendunt contra haereticos, sed potius e converso. si autem accipiatur contentio in iudicio vel disputatione secundum imperfectam rationem, scilicet secundum quod importat quandam acrimoniam locutionis, sic non semper est peccatum mortale.
ra4 ' Ad quartum dicendum quod contentio ibi sumitur communiter pro disputatione. * dixerat enim iob, xiii cap., ° ad omnipotentem loquar, et disputare cum deo cupio, ' non tamen intendens neque veritatem impugnare, sed exquirere; neque circa hanc inquisitionem aliqua inordinatione vel animi vel vocis uti.

009 ST3 qu38 ar2

ag1 ' Ad secundum sic proceditur. videtur quod contentio non sit filia inanis gloriae. contentio enim affinitatem habet ad zelum, * unde dicitur i ad cor. iii, ° cum sit inter vos zelus et contentio, nonne carnales estis, et secundum hominem ambulatis? ' zelus autem ad invidiam pertinet. ergo contentio magis ex invidia oritur.
ag2 ' Praeterea, contentio cum clamore quodam est. sed clamor ex ira oritur; * ut patet per gregorium, xxxi moral.. ' ergo etiam contentio oritur ex ira.
ag3 ' Praeterea, inter alia scientia praecipue videtur esse materia superbiae et inanis gloriae, * secundum illud i ad cor. viii, ° scientia inflat. ' sed contentio provenit plerumque ex defectu scientiae, per quam veritas cognoscitur, non impugnatur. ergo contentio non est filia inanis gloriae.
sc * Sed contra est auctoritas gregorii, xxxi moral..
co * Respondeo dicendum quod, sicut supra dictum est, ' discordia est filia inanis gloriae, eo quod discordantium uterque in suo proprio stat, et unus alteri non acquiescit; proprium autem superbiae est et inanis gloriae propriam excellentiam quaerere. sicut autem discordantes aliqui sunt ex hoc quod stant corde in propriis, ita contendentes sunt aliqui ex hoc quod unusquisque verbo id quod sibi videtur defendit. et ideo eadem ratione ponitur contentio filia inanis gloriae sicut et discordia.
ra1 ' Ad primum ergo dicendum quod contentio, sicut et discordia, habet affinitatem cum invidia quantum ad recessum eius a quo aliquis discordat vel cum quo contendit. sed quantum ad id in quo sistit ille qui contendit, habet convenientiam cum superbia et inani gloria, inquantum scilicet in proprio sensu statur, * ut supra dictum est.
ra2 ' Ad secundum dicendum quod clamor assumitur in contentione de qua loquimur ad finem impugnandae veritatis. unde non est principale in contentione. et ideo non oportet quod contentio ex eodem derivetur ex quo derivatur clamor.
ra3 ' Ad tertium dicendum quod superbia et inanis gloria occasionem sumunt praecipue a bonis, etiam sibi contrariis, puta cum de humilitate aliquis superbit, est enim huiusmodi derivatio non per se, sed per accidens, secundum quem modum nihil prohibet contrarium a contrario oriri. et ideo nihil prohibet ea quae ex superbia vel inani gloria per se et directe oriuntur causari ex contrariis eorum ex quibus occasionaliter superbia oritur.

009 ST3 qu39 ar

pr ' Deinde considerandum est de vitiis oppositis paci pertinentibus ad opus; quae sunt schisma, rixa, seditio et bellum. primo ergo circa schisma quaeruntur quatuor. primo, utrum schisma sit speciale peccatum. secundo, utrum sit gravius infidelitate. tertio, de potestate schismaticorum. quarto, de poena eorum.

009 ST3 qu39 ar1

ag1 ' Ad primum sic proceditur. videtur quod schisma non sit peccatum speciale. schisma enim, * ut pelagius papa dicit, ' scissuram sonat. sed omne peccatum scissuram quandam facit, * secundum illud isaiae lix, ° peccata vestra diviserunt inter vos et deum vestrum. ' ergo schisma non est speciale peccatum.
ag2 ' Praeterea, illi videntur esse schismatici qui ecclesiae non obediunt. sed per omne peccatum fit homo inobediens praeceptis ecclesiae, quia peccatum, * secundum ambrosium, ' est caelestium inobedientia mandatorum. ergo omne peccatum est schisma.
ag3 ' Praeterea, haeresis etiam dividit hominem ab unitate fidei. si ergo schismatis nomen divisionem importat, videtur quod non differat a peccato infidelitatis quasi speciale peccatum.
sc * Sed contra est quod augustinus, contra faustum, " distinguit inter schisma et haeresim, dicens quod ° schisma est eadem opinantem atque eodem ritu colentem quo ceteri, solo congregationis delectari dissidio, haeresis vero diversa opinatur ab his quae catholica credit ecclesia. ' ergo schisma non est generale peccatum.
co * Respondeo dicendum quod, sicut isidorus dicit, in libro etymol., " nomen schismatis a scissura animorum vocatum est. ' scissio autem unitati opponitur. unde peccatum schismatis dicitur quod directe et per se opponitur unitati, sicut enim in rebus naturalibus id quod est per accidens non constituit speciem, ita etiam nec in rebus moralibus. in quibus id quod est intentum est per se, quod autem sequitur praeter intentionem est quasi per accidens. et ideo peccatum schismatis proprie est speciale peccatum ex eo quod intendit se ab unitate separare quam caritas facit. quae non solum alteram personam alteri unit spirituali dilectionis vinculo, sed etiam totam ecclesiam in unitate spiritus. et ideo proprie schismatici dicuntur qui propria sponte et intentione se ab unitate ecclesiae separant, quae est unitas principalis, nam unitas particularis aliquorum ad invicem ordinatur ad unitatem ecclesiae, sicut compositio singulorum membrorum in corpore naturali ordinatur ad totius corporis unitatem. ecclesiae autem unitas in duobus attenditur, scilicet in connexione membrorum ecclesiae ad invicem, seu communicatione; et iterum in ordine omnium membrorum ecclesiae ad unum caput; * secundum illud ad coloss. ii, ° inflatus sensu carnis suae, et non tenens caput, ex quo totum corpus, per nexus et coniunctiones subministratum et constructum, crescit in augmentum dei. |25| ' hoc autem caput est ipse christus, cuius vicem in ecclesia gerit summus pontifex. et ideo schismatici dicuntur qui subesse renuunt summo pontifici, et qui membris ecclesiae ei subiectis communicare recusant.
ra1 ' Ad primum ergo dicendum quod divisio hominis a deo per peccatum non est intenta a peccante, sed praeter intentionem eius accidit ex inordinata conversione ipsius ad commutabile bonum. et ideo non est schisma, per se loquendo.
ra2 ' Ad secundum dicendum quod non obedire praeceptis cum rebellione quadam constituit schismatis rationem. dico autem cum rebellione, cum et pertinaciter praecepta ecclesiae contemnit, et iudicium eius subire recusat. hoc autem non facit quilibet peccator. unde non omne peccatum est schisma.
ra3 ' Ad tertium dicendum quod haeresis et schisma distinguuntur secundum ea quibus utrumque per se et directe opponitur. nam haeresis per se opponitur fidei, schisma autem per se opponitur unitati ecclesiasticae caritatis. et ideo sicut fides et caritas sunt diversae virtutes, quamvis quicumque careat fide careat caritate; ita etiam schisma et haeresis sunt diversa vitia, quamvis quicumque est haereticus sit etiam schismaticus, sed non convertitur. * et hoc est quod hieronymus dicit, in epist. ad gal., ° inter schisma et haeresim hoc interesse arbitror, quod haeresis perversum dogma habet, schisma ab ecclesia separat. ' et tamen sicut amissio caritatis est via ad amittendum fidem, * secundum illud i ad tim. i, ° a quibus quidam aberrantes, " scilicet a caritate et aliis huiusmodi, conversi sunt in vaniloquium; ' ita etiam schisma est via ad haeresim. * unde hieronymus ibidem subdit quod ° schisma a principio aliqua in parte potest intelligi diversum ab haeresi, ceterum nullum schisma est, nisi sibi aliquam haeresim confingat, ut recte ab ecclesia recessisse videatur.

009 ST3 qu39 ar2

ag1 ' Ad secundum sic proceditur. videtur quod schisma gravius peccatum sit quam infidelitas. maius e-

nim peccatum graviori poena punitur, *secundum illud deut. xxv, ° pro mensura peccati erit et plagarum modus. ' sed peccatum schismatis gravius invenitur punitum quam etiam peccatum infidelitatis sive idololatriae. * legitur enim exod. xxxii ' quod propter idololatriam sunt aliqui humana manu gladio interfecti, * de peccato autem schismatis legitur num. xvi, ° si novam rem fecerit dominus, ut aperiens terra os suum deglutiat eos et omnia quae ad illos pertinent, descenderintque viventes in infernum, scietis quod blasphemaverunt dominum. ' decem etiam tribus, quae vitio schismatis a regno david recesserunt, sunt gravissime punitae, * ut habetur iv reg. xvii. ' ergo peccatum schismatis est gravius peccato infidelitatis.
ag2 ' Praeterea, ° bonum multitudinis est maius et divinius quam bonum unius; * ut patet per philosophum, in i ethic.. ' sed schisma est contra bonum multitudinis, idest contra ecclesiasticam unitatem, infidelitas autem est contra bonum particulare unius, quod est fides unius hominis singularis. ergo videtur quod schisma sit gravius peccatum quam infidelitas.
ag3 ' Praeterea, maiori malo maius bonum opponitur; * ut patet per philosophum, in viii ethic.. ' sed schisma opponitur caritati, quae est maior virtus quam fides, cui opponitur infidelitas, * ut ex praemissis patet. ' ergo schisma est gravius peccatum quam infidelitas.
sc ' Sed contra, quod se habet ex additione ad alterum potius est vel in bono vel in malo. sed haeresis se habet per additionem ad schisma, addit enim perversum dogma, * ut patet ex auctoritate hieronymi supra inducta. ' ergo schisma est minus peccatum quam infidelitas.
co ' Respondeo dicendum quod gravitas peccati dupliciter potest considerari, uno modo, secundum suam speciem; alio modo, secundum circumstantias. et quia circumstantiae particulares sunt et infinitis modis variari possunt, cum quaeritur in communi de duobus peccatis quod sit gravius, intelligenda est quaestio de gravitate quae attenditur secundum genus peccati. genus autem seu species peccati attenditur ex obiecto; * sicut ex supradictis patet. ' et ideo illud peccatum quod maiori bono contrariatur est ex suo genere gravius, sicut peccatum in deum quam peccatum in proximum. manifestum est autem quod infidelitas est peccatum contra ipsum deum, secundum quod in se est veritas prima, cui fides innititur. schisma autem est contra ecclesiasticam unitatem, quae est quoddam bonum participatum, et minus quam sit ipse deus. unde manifestum est quod peccatum infidelitatis ex suo genere est gravius quam peccatum schismatis, licet possit contingere quod aliquis schismaticus gravius peccet quam quidam infidelis, vel propter maiorem contemptum, vel propter maius periculum quod inducit, vel propter aliquid huiusmodi.
ra1 ' Ad primum ergo dicendum quod populo illi manifestum erat iam per legem susceptam quod erat unus deus et quod non erant alii dii colendi, et hoc erat apud eos per multiplicia signa confirmatum. et ideo non oportebat quod peccantes contra hanc fidem per idololatriam punirentur inusitata aliqua et insolita poena, sed solum communi. sed non erat sic notum apud eos quod moyses deberet esse semper eorum princeps. et ideo rebellantes eius principatui oportebat miraculosa et insueta poena puniri. vel potest dici quod peccatum schismatis quandoque gravius est punitum in populo illo quia erat ad seditiones et schismata promptus, * dicitur enim i esdr. iv, ° civitas illa a diebus antiquis adversus regem rebellat, et seditiones et praelia concitantur in ea. ' poena autem maior quandoque infligitur pro peccato magis consueto, * ut supra habitum est, ' nam poenae sunt medicinae quaedam ad arcendum homines a peccato; unde ubi est maior pronitas ad peccandum, debet severior poena adhiberi. decem autem tribus non solum fuerunt punitae pro peccato schismatis, sed etiam pro peccato idololatriae, * ut ibidem dicitur.
ra2 " Ad secundum dicendum quod sicut bonum multitudinis est maius quam bonum unius qui est de multitudine, ' ita est minus quam bonum extrinsecum ad quod multitudo ordinatur, sicut bonum ordinis exercitus est minus quam bonum ducis. et similiter bonum ecclesiasticae unitatis, cui opponitur schisma, est minus quam bonum veritatis divinae, cui opponitur infidelitas.
ra3 ' Ad tertium dicendum quod caritas habet duo obiecta, unum principale, scilicet bonitatem divinam; et aliud secundarium, scilicet bonum proximi. schisma autem et alia peccata quae fiunt in proximum opponuntur caritati quantum ad secundarium bonum, quod est minus quam obiectum fidei, quod est ipse deus. et ideo ista peccata sunt minora quam infidelitas. sed odium dei, quod opponitur caritati quantum ad principale obiectum, non est minus. tamen inter peccata quae sunt in proximum, peccatum schismatis videtur esse maximum, quia est contra spirituale bonum multitudinis.

009 ST3 qu39 ar3

ag1 ' Ad tertium sic proceditur. videtur quod schismatici habeant aliquam potestatem. * dicit enim augustinus, in libro contra donatist., ° sicut redeuntes ad ecclesiam qui priusquam recederent baptizati sunt non rebaptizantur, ita redeuntes qui priusquam recederent ordinati sunt non utique rursus ordinantur. ' sed ordo est potestas quaedam. ergo schismatici habent aliquam potestatem, quia retinent ordinem.
ag2 * Praeterea, augustinus dicit, in libro de unic. bapt., ° potest sacramentum tradere separatus, sicut potest habere separatus. ' sed potestas tradendi sacramenta est maxima potestas. ergo schismatici, qui sunt ab ecclesia separati, habent potestatem spiritualem.
ag3 * Praeterea, urbanus papa dicit quod ° ab episcopis quondam catholice ordinatis sed in schismate a romana ecclesia separatis qui consecrati sunt, eos, cum ad ecclesiae unitatem redierint, servatis propriis ordinibus, misericorditer suscipi iubemus, si eos vita et scientia commendat. ' sed hoc non esset nisi spiritualis potestas apud schismaticos remaneret. ergo schismatici habent spiritualem potestatem.
sc * Sed contra est quod cyprianus dicit in quadam epistola, et habetur vii, qu. i, can. novatianus, ° qui nec unitatem, inquit, spiritus nec conventionis pacem observat, et se ab ecclesiae vinculo atque a sacerdotum collegio separat, nec episcopi potestatem habere potest nec honorem.
co ' Respondeo dicendum quod duplex est spiritualis potestas, una quidem sacramentalis; alia iurisdictionalis. sacramentalis quidem potestas est quae per aliquam consecrationem confertur. omnes autem consecrationes ecclesiae sunt immobiles, manente re quae consecratur, sicut patet etiam in rebus inanimatis, nam altare semel consecratum non consecratur iterum nisi fuerit dissipatum. et ideo talis potestas secundum suam essentiam remanet in homine qui per consecrationem eam est adeptus quandiu vivit, sive in schisma sive in haeresim labatur, quod patet ex hoc quod rediens ad ecclesiam non iterum consecratur. sed quia potestas inferior non debet exire in actum nisi secundum quod movetur a potestate superiori, ut etiam in rebus naturalibus patet; inde est quod tales usum potestatis amittunt, ita scilicet quod non liceat eis sua potestate uti. si tamen usi fuerint, eorum potestas effectum habet in sacramentalibus, quia in his homo non operatur nisi sicut instrumentum dei; unde effectus sacramentales non excluduntur propter culpam quamcumque conferentis sacramentum. potestas autem iurisdictionalis est quae ex simplici iniunctione hominis confertur. et talis potestas non immobiliter adhaeret. unde in schismaticis et haereticis non manet. unde non possunt nec absolvere nec excommunicare nec indulgentias facere, aut aliquid huiusmodi, quod si fecerint, nihil est actum. cum ergo dicitur tales non habere potestatem |25| spiritualem, intelligendum est vel de potestate secunda, vel, si referatur ad primam potestatem, non est referendum ad ipsam essentiam potestatis, sed ad legitimum usum eius.
ra ' Et per hoc patet responsio ad obiecta.

009 ST3 qu39 ar4

ag1 ' Ad quartum sic proceditur. videtur quod poena schismaticorum non sit conveniens ut excommunicentur. excommunicatio enim maxime separat hominem a communione sacramentorum. * sed augustinus dicit, in libro contra donatist., quod " baptisma potest recipi a schismatico. ' ergo videtur quod excommunicatio non est conveniens poena schismatis.
ag2 ' Praeterea, ad fideles christi pertinet ut eos qui sunt dispersi reducant, * unde contra quosdam dicitur ezech. xxxiv, ° quod abiectum est non reduxistis, quod perierat non quaesistis. ' sed schismatici convenientius reducuntur per aliquos qui eis communicent. ergo videtur quod non sint excommunicandi.
ag3 ' Praeterea, pro eodem peccato non infligitur duplex poena, * secundum illud nahum i, ° non iudicabit deus bis in idipsum. ' sed pro peccato schismatis aliqui poena temporali puniuntur, * ut habetur xxiii, qu. v, ubi dicitur, ° divinae et mundanae leges statuerunt ut ab ecclesiae unitate divisi, et eius pacem perturbantes, a saecularibus potestatibus comprimantur. ' non ergo sunt puniendi per excommunicationem.
sc * Sed contra est quod num. xvi dicitur, ° recedite a tabernaculis hominum impiorum, " qui scilicet schisma fecerant, ° et nolite tangere quae ad eos pertinent, ne involvamini in peccatis eorum.
co ' Respondeo dicendum quod per quae peccat quis, per ea debet puniri, * ut dicitur sap. xi. ' schismaticus autem, * ut ex dictis patet, ' in duobus peccat. in uno quidem, quia separat se a communione membrorum ecclesiae. et quantum ad hoc conveniens poena schismaticorum est ut excommunicentur. in alio vero, quia subdi recusant capiti ecclesiae. et ideo, quia coerceri nolunt per spiritualem potestatem ecclesiae, iustum est ut potestate temporali coerceantur.
ra1 ' Ad primum ergo dicendum quod baptismum a schismaticis recipere non licet nisi in articulo necessitatis, quia melius est de hac vita cum signo christi exire, a quocumque detur, etiam si sit iudaeus vel paganus, quam sine hoc signo, quod per baptismum confertur.
ra2 ' Ad secundum dicendum quod per excommunicationem non interdicitur illa communicatio per quam aliquis salubribus monitis divisos reducit ad ecclesiae unitatem. tamen et ipsa separatio quodammodo eos reducit, dum, de sua separatione confusi, quandoque ad poenitentiam adducuntur.
ra3 ' Ad tertium dicendum quod poenae praesentis vitae sunt medicinales; et ideo quando una poena non sufficit ad coercendum hominem, superadditur altera, sicut et medici diversas medicinas corporales apponunt quando una non est efficax et ita ecclesia, quando aliqui per excommunicationem non sufficienter reprimuntur, adhibet coercionem brachii saecularis. sed si una poena sit sufficiens, non debet alia adhiberi.

009 ST3 qu40 ar

pr ' Deinde considerandum est de bello. et circa hoc quaeruntur quatuor. primo, utrum aliquod bellum sit licitum. secundo, utrum clericis sit licitum bellare. tertio, utrum liceat bellantibus uti insidiis. quarto, utrum liceat in diebus festis bellare.

009 ST3 qu40 ar1

ag1 ' Ad primum sic proceditur. videtur quod bellare semper sit peccatum. poena enim non infligitur nisi pro peccato. sed bellantibus a domino indicitur poena, * secundum illud matth. xxvi, ° omnis qui acceperit gladium gladio peribit. ' ergo omne bellum est illicitum.
ag2 ' Praeterea, quidquid contrariatur divino praecepto est peccatum. sed bellare contrariatur divino praecepto, * dicitur enim matth. v, ° ego dico vobis non resistere malo; * et rom. xii dicitur, ° non vos defendentes, carissimi, sed date locum irae. ' ergo bellare semper est peccatum.
ag3 ' Praeterea, nihil contrariatur actui virtutis nisi peccatum. sed bellum contrariatur paci. ergo bellum semper est peccatum.
ag4 ' Praeterea, omne exercitium ad rem licitam licitum est, sicut patet in exercitiis scientiarum. sed exercitia bellorum, quae fiunt in torneamentis, prohibentur ab ecclesia, quia morientes in huiusmodi tyrociniis ecclesiastica sepultura privantur. ergo bellum videtur esse simpliciter peccatum.
sc ' Sed contra est quod * augustinus dicit, in sermone de puero centurionis, ° si christiana disciplina omnino bella culparet, hoc potius consilium salutis petentibus in evangelio daretur, ut abiicerent arma, seque militiae omnino subtraherent. dictum est autem eis, neminem concutiatis; estote contenti stipendiis vestris. quibus proprium stipendium sufficere praecepit, militare non prohibuit.
co ' Respondeo dicendum quod ad hoc quod aliquod bellum sit iustum, tria requiruntur. primo quidem, auctoritas principis, cuius mandato bellum est gerendum. non enim pertinet ad personam privatam bellum movere, quia potest ius suum in iudicio superioris prosequi. similiter etiam quia convocare multitudinem, quod in bellis oportet fieri, non pertinet ad privatam personam. cum autem cura reipublicae commissa sit principibus, ad eos pertinet rem publicam civitatis vel regni seu provinciae sibi subditae tueri. et sicut licite defendunt eam materiali gladio contra interiores quidem perturbatores, dum malefactores puniunt, * secundum illud apostoli, ad rom. xiii, ° non sine causa gladium portat, minister enim dei est, vindex in iram ei qui male agit; ' ita etiam gladio bellico ad eos pertinet rempublicam tueri ab exterioribus hostibus. * unde et principibus dicitur in psalm., ° eripite pauperem, et egenum de manu peccatoris liberate. * unde augustinus dicit, contra faust., ° ordo naturalis, mortalium paci accommodatus, hoc poscit, ut suscipiendi belli auctoritas atque consilium penes principes sit. ' secundo, requiritur causa iusta, ut scilicet illi qui impugnantur propter aliquam culpam impugnationem mereantur. * unde augustinus dicit, in libro quaest., ° iusta bella solent definiri quae ulciscuntur iniurias, si gens |25| vel civitas plectenda est quae vel vindicare neglexerit quod a suis improbe factum est, vel reddere quod per iniuriam ablatum est. ' tertio, requiritur ut sit intentio bellantium recta, qua scilicet intenditur vel ut bonum promoveatur, vel ut malum vitetur. * unde augustinus, in libro de verbis dom., ° apud veros dei cultores etiam illa bella pacata sunt quae non cupiditate aut crudelitate, sed pacis studio geruntur, ut mali coerceantur et boni subleventur. ' potest autem contingere quod etiam si sit legitima auctoritas indicentis bellum et causa iusta, nihilominus propter pravam intentionem bellum reddatur illicitum. * dicit enim augustinus, in libro contra faust., ° nocendi cupiditas, ulciscendi crudelitas, implacatus et implacabilis animus, feritas rebellandi, libido dominandi, et si qua sunt similia, haec sunt quae in bellis iure culpantur.
ra1 ' Ad primum ergo dicendum quod, * sicut augustinus dicit, in ii lib. contra manich., ° ille accipit gladium qui, nulla superiori aut legitima potestate aut iubente vel concedente, in sanguinem alicuius armatur. ' qui vero ex auctoritate principis vel iudicis, si sit persona privata; vel ex zelo iustitiae, quasi ex auctoritate dei, si sit persona publica, gladio utitur, non ipse accipit gladium, sed ab alio sibi commisso utitur. unde ei poena non debetur. nec tamen illi etiam qui cum peccato gladio utuntur semper gladio occiduntur. sed ipso suo gladio semper pereunt, quia

pro peccato gladii aeternaliter puniuntur, nisi poeniteant.
ra2 " Ad secundum dicendum quod huiusmodi praecepta, * sicut augustinus dicit, in libro de serm. dom. in monte, "semper sunt servanda in praeparatione animi, ' ut scilicet semper homo sit paratus non resistere vel non se defendere si opus fuerit. sed quandoque est aliter agendum propter commune bonum, et etiam illorum cum quibus pugnatur. * unde augustinus dicit, in epist. ad marcellinum, ° agenda sunt multa etiam cum invitis benigna quadam asperitate plectendis. nam cui licentia iniquitatis eripitur, utiliter vincitur, quoniam nihil est infelicius felicitate peccantium, qua poenalis nutritur impunitas, et mala voluntas, velut hostis interior, roboratur.
ra3 ' Ad tertium dicendum quod etiam illi qui iusta bella gerunt pacem intendunt. et ita paci non contrariantur nisi malae, quam dominus non venit mittere in terram, * ut dicitur matth. x. unde augustinus dicit, ad bonifacium, ° non quaeritur pax ut bellum exerceatur, sed bellum geritur ut pax acquiratur. esto ergo bellando pacificus, ut eos quos expugnas ad pacis utilitatem vincendo perducas.
ra4 ' Ad quartum dicendum quod exercitia hominum ad res bellicas non sunt universaliter prohibita, sed inordinata exercitia et periculosa, ex quibus occisiones et depraedationes proveniunt. apud antiquos autem exercitationes ad bella sine huiusmodi periculis erant, " et ideo vocabantur meditationes armorum, vel bella sine sanguine, * ut per hieronymum patet, in quadam epistola.

009 ST3 qu40 ar2

ag1 ' Ad secundum sic proceditur. videtur quod clericis et episcopis liceat pugnare. bella enim intantum sunt licita et iusta, * sicut dictum est, ' inquantum tuentur pauperes et totam rempublicam ab hostium iniuriis. sed hoc maxime videtur ad praelatos pertinere, * dicit enim gregorius, in quadam homilia, ° lupus super oves venit, cum quilibet iniustus et raptor fideles quosque atque humiles opprimit. sed is qui pastor videbatur esse et non erat, relinquit oves et fugit, quia dum sibi ab eo periculum metuit, resistere eius iniustitiae non praesumit. ' ergo praelatis et clericis licitum est pugnare.
ag2 * Praeterea, xxiii, qu. viii, leo papa scribit, ° cum saepe adversa a saracenorum partibus pervenerint nuntia, quidam in romanorum portum saracenos clam furtiveque venturos esse dicebant. pro quo nostrum congregari praecepimus populum, maritimumque ad littus descendere decrevimus. ' ergo episcopis licet ad bella procedere.
ag3 ' Praeterea, eiusdem rationis esse videtur quod homo aliquid faciat, et quod facienti consentiat, * secundum illud rom. i, ° non solum digni sunt morte qui faciunt, sed et qui consentiunt facientibus. ' maxime autem consentit qui ad aliquid faciendum alios inducit. licitum autem est episcopis et clericis inducere alios ad bellandum, * dicitur enim xxiii, qu. viii, quod ° hortatu et precibus adriani romanae urbis episcopi, carolus bellum contra longobardos suscepit. ' ergo etiam eis licet pugnare.
ag4 ' Praeterea, illud quod est secundum se honestum et meritorium non est illicitum praelatis et clericis. sed bellare est quandoque et honestum et meritorium, * dicitur enim xxiii, qu. viii, quod ° si aliquis pro veritate fidei et salvatione patriae ac defensione christianorum mortuus fuerit, a deo caeleste praemium consequetur. ' ergo licitum est episcopis et clericis bellare.
sc ' Sed contra est quod petro, in persona episcoporum et clericorum, * dicitur matth. xxvi, ° converte gladium tuum in vaginam. ' non ergo licet eis pugnare.
co ' Respondeo dicendum quod ad bonum societatis humanae plura sunt necessaria. diversa autem a diversis melius et expeditius aguntur quam ab uno; * ut patet per philosophum, in sua politica. ' et quaedam negotia sunt adeo sibi repugnantia ut convenienter simul exerceri non possint. et ideo illis qui maioribus deputantur prohibentur minora, sicut secundum leges humanas militibus, qui deputantur ad exercitia bellica, negotiationes interdicuntur. bellica autem exercitia maxime repugnant illis officiis quibus episcopi et clerici deputantur, propter duo. primo quidem, generali ratione, quia bellica exercitia maximas inquietudines habent; unde multum impediunt animum a contemplatione divinorum et laude dei et oratione pro populo, quae ad officium pertinent clericorum. et ideo sicut negotiationes, propter hoc quod nimis implicant animum, interdicuntur clericis, ita et bellica exercitia, * secundum illud ii ad tim. ii, ° nemo militans deo implicat se saecularibus negotiis. ' secundo, propter specialem rationem. nam omnes clericorum ordines ordinantur ad altaris ministerium, in quo sub sacramento repraesentatur passio christi, * secundum illud i ad cor. xi, ° quotiescumque manducabitis panem hunc et calicem bibetis, |25| mortem domini annuntiabitis, donec veniat. ' et ideo non competit eis occidere vel effundere sanguinem, sed magis esse paratos ad propriam sanguinis effusionem pro christo, ut imitentur opere quod gerunt ministerio. et propter hoc est institutum ut effundentes sanguinem, etiam sine peccato, sint irregulares. nulli autem qui est deputatus ad aliquod officium licet id per quod suo officio incongruus redditur. unde clericis omnino non licet bella gerere, quae ordinantur ad sanguinis effusionem.
ra1 ' Ad primum ergo dicendum quod praelati debent resistere non solum lupis qui spiritualiter interficiunt gregem, sed etiam raptoribus et tyrannis qui corporaliter vexant, non autem materialibus armis in propria persona utendo, sed spiritualibus; * secundum illud apostoli, ii ad cor. x, ° arma militiae nostrae non sunt carnalia, sed spiritualia. ' quae quidem sunt salubres admonitiones, devotae orationes, contra pertinaces excommunicationis sententia.
ra2 ' Ad secundum dicendum quod praelati et clerici, ex auctoritate superioris, possunt interesse bellis, non quidem ut ipsi propria manu pugnent, sed ut iuste pugnantibus spiritualiter subveniant suis exhortationibus et absolutionibus et aliis huiusmodi spiritualibus subventionibus. sicut et in veteri lege mandabatur, * ios. vi, ' quod sacerdotes sacris tubis in bellis clangerent. et ad hoc primo fuit concessum quod episcopi vel clerici ad bella procederent. quod autem aliqui propria manu pugnent, abusionis est.
ra3 * Ad tertium dicendum quod, sicut supra habitum est, ' omnis potentia vel ars vel virtus ad quam pertinet finis habet disponere de his quae sunt ad finem. bella autem carnalia in populo fideli sunt referenda, sicut ad finem, ad bonum spirituale divinum, cui clerici deputantur. et ideo ad clericos pertinet disponere et inducere alios ad bellandum bella iusta. non enim interdicitur eis bellare quia peccatum sit, sed quia tale exercitium eorum personae non congruit.
ra4 ' Ad quartum dicendum quod, licet exercere bella iusta sit meritorium, tamen illicitum redditur clericis propter hoc quod sunt ad opera magis meritoria deputati. sicut matrimonialis actus potest esse meritorius, et tamen virginitatem voventibus damnabilis redditur, propter obligationem eorum ad maius bonum.

009 ST3 qu40 ar3

ag1 ' Ad tertium sic proceditur. videtur quod non sit licitum in bellis uti insidiis. * dicitur enim deut. xvi, ° iuste quod iustum est exequeris. ' sed insidiae, cum sint fraudes quaedam, videntur ad iniustitiam pertinere. ergo non est utendum insidiis etiam in bellis iustis.
ag2 ' Praeterea, insidiae et fraudes fidelitati videntur opponi, sicut et mendacia. sed quia ad omnes fidem debemus servare, nulli homini est mentiendum; * ut patet per augustinum, in libro contra mendacium. "cum ergo fides hosti servanda sit, * ut augustinus dicit, ad bonifacium, ' videtur quod non sit contra hostes insidiis utendum.
ag3 * Praeterea, matth. vii dicitur, ° quae vultis ut faciant vobis homines, et vos facite illis, ' et hoc est observandum ad omnes proximos. inimici autem sunt proximi. cum ergo nullus sibi velit insidias vel fraudes parari, videtur quod nullus ex insidiis debeat gerere bella.
sc * Sed contra est quod augustinus dicit, in libro quaest., ° cum iustum bellum suscipitur, utrum aperte pugnet aliquis an ex insidiis, nihil ad iustitiam interest. ' et hoc probat auctoritate domini, qui mandavit iosue ut insidias poneret habitatoribus civitatis hai, * ut habetur ios. viii.
co ' Respondeo dicendum quod insidiae ordinantur ad fallendum hostes. dupliciter autem aliquis potest falli ex facto vel dicto alterius uno modo, ex eo quod ei dicitur falsum, vel non servatur promissum. et istud semper est illicitum. et hoc modo nullus debet hostes fallere, " sunt enim quaedam iura bellorum et foedera etiam inter ipsos hostes servanda, * ut ambrosius dicit, in libro de officiis. ' alio modo potest aliquis falli ex dicto vel facto nostro, quia ei propositum aut intellectum non aperimus. hoc autem semper facere non tenemur, quia etiam in doctrina sacra multa sunt occultanda, maxime infidelibus, ne irrideant, * secundum illud matth. vii, ° nolite sanctum dare canibus. ' unde multo magis ea quae ad impugnandum inimicos paramus sunt eis occultanda. unde inter cetera documenta rei militaris hoc praecipue ponitur de occultandis consiliis ne ad hostes perveniant; * ut patet in libro stratagematum frontini. ' et talis occultatio pertinet ad rationem insidiarum quibus licitum est uti in bellis iustis. nec proprie huiusmodi insidiae vocantur fraudes; nec iustitiae repugnant; nec ordinatae voluntati, esset enim inordinata voluntas si aliquis vellet nihil sibi ab aliis occultari.
ra ' Et per hoc patet responsio ad obiecta.

009 ST3 qu40 ar4

ag1 ' Ad quartum sic proceditur. videtur quod in diebus festis non liceat bellare. festa enim sunt ordinata ad vacandum divinis, unde intelliguntur per observationem sabbati, * quae praecipitur exod. xx; ' sabbatum enim interpretatur requies. sed bella maximam inquietudinem habent. ergo nullo modo est in diebus festis pugnandum.
ag2 ' Praeterea, * isaiae lviii reprehenduntur quidam quod in diebus ieiunii ° repetunt debita et committunt lites, pugno percutientes. ' ergo multo magis in diebus festis illicitum est bellare.
ag3 ' Praeterea, nihil est inordinate agendum ad vitandum incommodum temporale. sed bellare in die festo, hoc videtur esse secundum se inordinatum. ergo pro nulla necessitate temporalis incommodi vitandi debet aliquis in die festo bellare.
sc * Sed contra est quod i machab. ii dicitur, ° cogitaverunt laudabiliter iudaei, dicentes, omnis homo quicumque venerit ad nos in bello in die sabbatorum, pugnemus adversus eum.
co ' Respondeo dicendum quod observatio festorum non impedit ea quae ordinantur ad hominis salutem etiam corporalem. * unde dominus arguit iudaeos, dicens, ioan. vii, ° mihi indignamini quia totum hominem salvum feci in sabbato? ' et inde est quod medici licite possunt medicari homines in die festo. multo autem magis est conservanda salus reipublicae, per quam impediuntur occisiones plurimorum et innumera mala et temporalia et spiritualia, quam salus corporalis unius hominis. et ideo pro tuitione reipublicae fidelium licitum est iusta bella exercere in diebus festis, si tamen hoc necessitas exposcat, hoc enim esset tentare deum, si quis, imminente tali necessitate, a bello vellet abstinere. sed necessitate cessante, non est licitum bellare in diebus festis, propter rationes inductas.
ra ' Et per hoc patet responsio ad obiecta.

009 ST3 qu41 ar

pr ' Deinde considerandum est de rixa. et circa hoc quaeruntur duo. primo, utrum rixa sit peccatum. secundo, utrum sit filia irae.

009 ST3 qu41 ar1

ag1 ' Ad primum sic proceditur. videtur quod rixa non semper sit peccatum. rixa enim videtur esse contentio quaedam, * dicit enim isidorus, in libro etymol., quod ° rixosus est a rictu canino dictus, semper enim ad contradicendum paratus est, et iurgio delectatur, et provocat contendentem. ' sed contentio non semper est peccatum. ergo neque rixa.
ag2 * Praeterea, gen. xxvi dicitur quod ° servi isaac foderunt alium puteum, et pro illo quoque rixati sunt. ' sed non est credendum quod familia isaac rixaretur publice, eo non contradicente, si hoc esset peccatum. ergo rixa non est peccatum.
ag3 ' Praeterea, rixa videtur esse quoddam particulare bellum. sed bellum non semper est peccatum. ergo rixa non semper est peccatum.
sc * Sed contra est quod ad gal. v rixae ponuntur inter opera carnis, ° quae qui agunt regnum dei non consequuntur. ' ergo rixae non solum sunt peccata, sed etiam sunt peccata mortalia.
co ' Respondeo dicendum quod sicut contentio importat quandam contradictionem verborum, ita etiam rixa importat quandam contradictionem in factis, * unde super illud gal. v dicit glossa " quod rixae sunt quando ex ira invicem se percutiunt. ' et ideo rixa videtur esse quoddam privatum bellum, quod inter privatas personas agitur non ex aliqua publica auctoritate, sed magis ex inordinata voluntate. et ideo rixa semper importat peccatum. et in eo quidem qui alterum invadit iniuste est peccatum mortale, inferre enim nocumentum proximo etiam opere manuali non est absque mortali peccato. in eo autem qui se defendit potest esse sine peccato, et quandoque cum peccato veniali, et quandoque etiam cum mortali, secundum diversum motum animi eius, et diversum modum se defendendi. nam si solo animo repellendi iniuriam illatam, et cum debita moderatione se defendat, non est peccatum, nec proprie potest dici rixa ex parte eius. si vero cum animo vindictae vel odii, vel cum excessu debitae moderationis se defendat, semper est peccatum, sed veniale quidem quando aliquis levis motus odii vel vindictae se immiscet, vel cum non multum excedat moderatam defensionem; mortale autem quando obfirmato animo in impugnantem insurgit ad eum occidendum vel graviter laedendum.
ra1 " Ad primum ergo dicendum quod rixa non simpliciter nominat contentionem, sed tria in praemissis verbis isidori ponuntur quae inordinationem rixae declarant. primo quidem, promptitudinem animi ad contendendum, quod significat cum dicit, semper ad contradicendum paratus, scilicet sive alius bene aut male dicat aut faciat. secundo, quia in ipsa contradictione delectatur, unde sequitur, et in iurgio delectatur. tertio, quia ipse alios provocat ad contradictiones, unde sequitur, et provocat contendentem.
ra2 " Ad secundum dicendum quod ibi non intelligitur quod servi isaac sint rixati, sed quod incolae terrae rixati sunt contra eos. ' unde illi peccaverunt, non autem servi isaac, qui calumniam patiebantur.
ra3 ' Ad tertium dicendum quod ad hoc quod iustum sit bellum, requiritur quod fiat auctoritate publicae potestatis, * sicut supra dictum est. ' rixa autem fit ex privato affectu irae vel odii. si enim minister principis aut iudicis publica potestate aliquos invadat qui se defendant, non dicuntur ipsi rixari, sed illi qui publicae potestati resistunt. et sic illi qui invadunt non rixantur neque peccant, sed illi qui se inordinate defendunt.

009 ST3 qu41 ar2

ag1 ' Ad secundum sic proceditur. videtur quod rixa non sit filia irae. * dicitur enim iac. iv, ° unde bella et lites in vobis? nonne ex concupiscentiis quae mili-

tant in membris vestris? ' sed ira non pertinet ad concupiscibilem. ergo rixa non est filia irae, sed magis concupiscentiae.
ag2 * Praeterea, prov. xxviii dicitur, ° qui se iactat et dilatat iurgia concitat. ' sed idem videtur esse rixa quod iurgium. ergo videtur quod rixa sit filia superbiae vel inanis gloriae, ad quam pertinet se iactare et dilatare.
ag3 * Praeterea, prov. xviii dicitur, ° labia stulti immiscent se rixis. ' sed stultitia differt ab ira, non enim opponitur mansuetudini, sed magis sapientiae vel prudentiae. ergo rixa non est filia irae.
ag4 * Praeterea, prov. x dicitur, ° odium suscitat rixas. " sed odium oritur ex invidia; * ut gregorius dicit, xxxi moral.. ' ergo rixa non est filia irae, sed invidiae.
ag5 * Praeterea, prov. xvii dicitur, ° qui meditatur discordias seminat rixas. ' sed discordia est filia inanis gloriae, * ut supra dictum est. ' ergo et rixa.
sc ' Sed contra est quod * gregorius dicit, xxxi moral., quod " ex ira oritur rixa. * et prov. xv et xxix dicitur, ° vir iracundus provocat rixas.
co * Respondeo dicendum quod, sicut dictum est, ' rixa importat quandam contradictionem usque ad facta pervenientem, dum unus alterum laedere molitur. dupliciter autem unus alium laedere intendit. uno modo, quasi intendens absolute malum ipsius. et talis laesio pertinet ad odium, cuius intentio est ad laedendum inimicum vel in manifesto vel in occulto. alio modo aliquis intendit alium laedere eo sciente et repugnante, quod importatur nomine rixae. et hoc proprie pertinet ad iram, quae est appetitus vindictae, non enim sufficit irato quod latenter noceat ei contra quem irascitur, sed vult quod ipse sentiat, et quod contra voluntatem suam aliquid patiatur in vindictam eius quod fecit, * ut patet per ea quae supra dicta sunt de passione irae. ' et ideo rixa proprie oritur ex ira.
ra1 * Ad primum ergo dicendum quod, sicut supra dictum est, ' omnes passiones irascibilis ex passionibus concupiscibilis oriuntur. et secundum hoc, illud quod proxime oritur ex ira, oritur etiam ex concupiscentia sicut ex prima radice.
ra2 ' Ad secundum dicendum quod iactatio et dilatatio sui, quae fit per superbiam vel inanem gloriam, non directe concitat iurgium aut rixam, sed occasionaliter, inquantum scilicet ex hoc concitatur ira, dum aliquis sibi ad iniuriam reputat quod alter ei se praeferat; et sic ex ira sequuntur iurgia et rixae.
ra3 ' Ad tertium dicendum quod ira, * sicut supra dictum est, ' impedit iudicium rationis, unde habet similitudinem cum stultitia. et ex hoc sequitur quod habeant communem effectum, ex defectu enim rationis contingit quod aliquis inordinate alium laedere molitur.
ra4 ' Ad quartum dicendum quod rixa, etsi quandoque ex odio oriatur, non tamen est proprius effectus odii. quia praeter intentionem odientis est quod rixose et manifeste inimicum laedat, quandoque enim etiam occulte laedere quaerit; sed quando videt se praevalere cum rixa et iurgio laesionem intendit. sed rixose aliquem laedere est proprius effectus irae, * ratione iam dicta.
ra5 ' Ad quintum dicendum quod ex rixis sequitur odium et discordia in cordibus rixantium. et ideo ille qui meditatur, idest qui intendit inter aliquos seminare discordias, procurat quod ad invicem rixantur, sicut quodlibet peccatum potest imperare actum alterius peccati, ordinando illum in suum finem. sed ex hoc non sequitur quod rixa sit filia inanis gloriae proprie et directe.

009 ST3 qu42 ar

pr ' Deinde considerandum est de seditione. et circa hoc quaeruntur duo primo, utrum sit speciale peccatum. secundo, utrum sit mortale peccatum.

009 ST3 qu42 ar1

ag1 ' Ad primum sic proceditur. videtur quod seditio non sit speciale peccatum ab aliis distinctum. * quia ut isidorus dicit, in libro etymol., ° seditiosus est qui dissensionem animorum facit et discordias gignit. ' sed ex hoc quod aliquis aliquod peccatum procurat, non peccat alio peccati genere nisi illo quod procurat. ergo videtur quod seditio non sit speciale peccatum a discordia distinctum.
ag2 ' Praeterea, seditio divisionem quandam importat. sed nomen etiam schismatis sumitur a scissura, * ut supra dictum est. ' ergo peccatum seditionis non videtur esse distinctum a peccato schismatis.
ag3 ' Praeterea, omne peccatum speciale ab aliis distinctum vel est vitium capitale, aut ex aliquo vitio capitali oritur. sed seditio neque computatur inter vitia capitalia, neque inter vitia quae ex capitalibus oriuntur, * ut patet in xxxi moral., ' ubi utraque vitia numerantur. ergo seditio non est speciale peccatum ab aliis distinctum.
sc ' Sed contra est quod * ii ad cor. xii ' seditiones ab aliis peccatis distinguuntur.
co ' Respondeo dicendum quod seditio est quoddam peccatum speciale, quod quantum ad aliquid convenit cum bello et rixa, quantum autem ad aliquid differt ab eis. convenit quidem cum eis in hoc quod importat quandam contradictionem. differt autem ab eis in duobus. primo quidem, quia bellum et rixa important mutuam impugnationem in actu, sed seditio potest dici sive fiat huiusmodi impugnatio in actu, sive sit praeparatio ad talem impugnationem. * unde glossa ii ad cor. xii dicit quod " seditiones sunt tumultus ad pugnam, cum scilicet aliqui se praeparant et intendunt pugnare. ' secundo differunt, quia bellum proprie est contra extraneos et hostes, quasi multitudinis ad multitudinem; rixa autem est unius ad unum, vel paucorum ad paucos; seditio autem proprie est inter partes unius multitudinis inter se dissentientes, puta cum una pars civitatis excitatur in tumultum contra aliam. et ideo seditio, quia habet speciale bonum cui opponitur, scilicet unitatem et pacem multitudinis, ideo est speciale peccatum.
ra1 ' Ad primum ergo dicendum quod seditiosus dicitur qui seditionem excitat. et quia seditio quandam discordiam importat, ideo seditiosus est qui discordiam facit non quamcumque, sed inter partes alicuius multitudinis. peccatum autem seditionis non solum est in eo qui discordiam seminat, sed etiam in eis qui inordinate ab invicem dissentiunt.
ra2 ' Ad secundum dicendum quod seditio differt a schismate in duobus. primo quidem, quia schisma opponitur spirituali unitati multitudinis, scilicet unitati ecclesiasticae, seditio autem opponitur temporali vel saeculari multitudinis unitati, puta civitatis vel regni. secundo, quia schisma non importat aliquam praeparationem ad pugnam corporalem, sed solum importat dissensionem spiritualem, seditio autem importat praeparationem ad pugnam corporalem.
ra3 ' Ad tertium dicendum quod seditio, sicut et schisma, sub discordia continetur. utrumque enim est discordia quaedam, non unius ad unum, sed partium multitudinis ad invicem.

009 ST3 qu42 ar2

ag1 ' Ad secundum sic proceditur. videtur quod seditio non semper sit peccatum mortale. seditio enim importat tumultum ad pugnam; * ut patet per glossam supra inductam. ' sed pugna non semper est peccatum mortale, sed quandoque est iusta et licita, * ut supra habitum est. ' ergo multo magis seditio potest esse sine peccato mortali.
ag2 ' Praeterea, seditio est discordia quaedam, * ut dictum est. ' sed discordia potest esse sine peccato mortali, et quandoque etiam sine omni peccato. ergo etiam seditio.
ag3 ' Praeterea, laudantur qui multitudinem a potestate tyrannica liberant. sed hoc non de facili potest fieri sine aliqua dissensione multitudinis, dum una pars multitudinis nititur retinere tyrannum, alia vero nititur eum abiicere. ergo seditio potest fieri sine peccato.
sc * Sed contra est quod apostolus, ii ad cor. xii, prohibet ' seditiones inter alia quae sunt peccata mortalia. ergo seditio est peccatum mortale.
co * Respondeo dicendum quod, sicut dictum est, ' seditio opponitur unitati multitudinis, idest populi, civitatis vel regni. * dicit autem augustinus, ii de civ. dei, quod ° populum determinant sapientes non omnem coetum multitudinis, sed coetum iuris consensu et utilitatis communione sociatum. ' unde manifestum est unitatem cui opponitur seditio esse unitatem iuris et communis utilitatis. manifestum est ergo quod seditio opponitur et iustitiae et communi bono. et ideo ex suo genere est peccatum mortale, et tanto gravius quanto bonum commune, quod impugnatur per seditionem, est maius quam bonum privatum, quod impugnatur per rixam. peccatum autem seditionis primo quidem et principaliter pertinet ad eos qui seditionem procurant, qui gravissime peccant. secundo autem, ad eos qui eos sequuntur, perturbantes bonum commune. illi vero qui bonum commune defendunt, eis resistentes, non sunt dicendi seditiosi, sicut nec illi qui se defendunt dicuntur rixosi, * ut supra dictum est.
ra1 ' Ad primum ergo dicendum quod pugna quae est licita fit pro communi utilitate, * sicut supra dictum est. ' sed seditio fit contra commune bonum multitudinis. unde semper est peccatum mortale.
ra2 ' Ad secundum dicendum quod discordia ab eo quod non est manifeste bonum potest esse sine peccato. sed discordia ab eo quod est manifeste bonum non potest esse sine peccato. et talis discordia est seditio, quae opponitur utilitati multitudinis, quae est manifeste bonum.
ra3 ' Ad tertium dicendum quod regimen tyrannicum non est iustum, quia non ordinatur ad bonum commune, sed ad bonum privatum regentis, * ut patet per philosophum, in iii polit. et in viii ethic.. ' et ideo perturbatio huius regiminis non habet rationem seditionis, nisi forte quando sic inordinate perturbatur tyranni regimen quod multitudo subiecta maius detrimentum patitur ex perturbatione consequenti quam ex tyranni regimine. magis autem tyrannus seditiosus est, qui in populo sibi subiecto discordias et seditiones nutrit, ut tutius dominari possit. hoc enim tyrannicum est, cum sit ordinatum ad bonum proprium praesidentis cum multitudinis nocumento.

009 ST3 qu43 ar

pr ' Deinde considerandum restat de vitiis quae beneficentiae opponuntur. inter quae alia quidem pertinent ad rationem iustitiae, illa scilicet quibus aliquis iniuste proximum laedit, sed contra caritatem specialiter scandalum esse videtur. et ideo considerandum est hic de scandalo. circa quod quaeruntur octo. primo, quid sit scandalum. secundo, utrum scandalum sit peccatum. tertio, utrum sit peccatum speciale. quarto, utrum sit peccatum mortale. quinto, utrum perfectorum sit scandalizari. sexto, utrum eorum sit scandalizare. septimo, utrum spiritualia bona sint dimittenda propter scandalum. octavo, utrum sint propter scandalum temporalia dimittenda.

009 ST3 qu43 ar1

ag1 " Ad primum sic proceditur. videtur quod scandalum inconvenienter definiatur esse ° dictum vel factum minus rectum praebens occasionem ruinae. ' scandalum enim peccatum est, * ut post dicetur. * sed secundum augustinum, xxii contra faust., ° peccatum est dictum vel factum vel concupitum contra legem dei. ' ergo praedicta definitio est insufficiens, quia praetermittitur cogitatum sive concupitum.
ag2 ' Praeterea, cum inter actus virtuosos vel rectos unus sit virtuosior vel rectior altero, illud solum videtur non esse minus rectum quod est rectissimum. si igitur scandalum sit dictum vel factum minus rectum, sequetur quod omnis actus virtuosus praeter optimum sit scandalum.
ag3 ' Praeterea, occasio nominat causam per accidens. sed id quod est per accidens non debet poni in definitione, quia non dat speciem. ergo inconvenienter in definitione scandali ponitur occasio.
ag4 ' Praeterea, ex quolibet facto alterius potest aliquis sumere occasionem ruinae, quia causae per accidens sunt indeterminatae. si igitur scandalum est quod praebet alteri occasionem ruinae, quodlibet factum vel dictum poterit esse scandalum. quod videtur inconveniens.
ag5 ' Praeterea, occasio ruinae datur proximo quando offenditur aut infirmatur. sed scandalum dividitur contra offensionem et infirmitatem, * dicit enim apostolus, ad rom. xiv, ° bonum est non manducare carnem et non bibere vinum, neque in quo frater tuus offenditur aut scandalizatur aut infirmatur. ' ergo praedicta definitio scandali non est conveniens.
sc * Sed contra est quod hieronymus, exponens illud quod habetur matth. xv, ° scis quia pharisaei, audito hoc verbo, ' etc., * dicit, ° quando legimus, quicumque scandalizaverit, hoc intelligimus, qui dicto vel facto occasionem ruinae dederit.
co * Respondeo dicendum quod, sicut hieronymus ibidem dicit, ° quod graece scandalon dicitur, nos offensionem vel ruinam et impactionem pedis possumus dicere. ' contingit enim quod quandoque aliquis obex ponitur alicui in via corporali, cui impingens disponitur ad ruinam, et talis obex dicitur scandalum. et similiter in processu viae spiritualis contingit aliquem disponi ad ruinam spiritualem per dictum vel factum alterius, inquantum scilicet aliquis sua admonitione vel inductione aut exemplo alterum trahit ad peccandum. et hoc proprie dicitur scandalum. nihil autem secundum propriam rationem disponit ad spiritualem ruinam nisi quod habet aliquem defectum rectitudinis, quia id quod est perfecte rectum magis munit hominem contra casum quam ad ruinam inducat. " et ideo convenienter dicitur quod dictum vel factum minus rectum praebens occasionem ruinae sit scandalum.
ra1 ' Ad primum ergo dicendum quod cogitatio vel concupiscentia mali latet in corde, unde non proponitur alteri ut obex disponens ad ruinam. et propter hoc non potest habere scandali rationem.
ra2 ' Ad secundum dicendum quod minus rectum hic non dicitur quod ab aliquo alio superatur in rectitudine, sed quod habet aliquem rectitudinis defectum, vel quia est secundum se malum, sicut peccata; vel quia habet speciem mali, sicut cum aliquis recumbit in idolio. quamvis enim hoc secundum se non sit peccatum, si aliquis hoc non corrupta intentione faciat; tamen quia habet quandam speciem vel similitudinem venerationis idoli, potest alteri praebere occasionem ruinae. * et ideo apostolus monet, i ad thess. v, ° ab omni specie mala abstinete vos. " et ideo convenienter dicitur minus rectum, ut comprehendantur tam illa quae sunt secundum se peccata, quam illa quae habent speciem mali.
ra3 * Ad tertium dicendum quod, sicut supra habitum est, ' nihil potest esse homini sufficiens causa peccati, quod est spiritualis ruina, nisi propria voluntas. et ideo dicta vel facta alterius hominis possunt esse solum causa imperfecta, aliqualiter inducens ad ruinam. " et propter hoc non dicitur, dans causam ruinae, sed, dans occasionem, quod significat causam imperfectam, et non semper causam per accidens. ' et tamen nihil prohibet in quibusdam definitionibus poni id quod est per accidens, quia id quod est secundum accidens uni potest per se alteri convenire, sicut in definitione fortunae ponitur causa per accidens, * in ii physic..
ra4 ' Ad quartum dicendum quod dictum vel factum alterius potest esse alteri causa peccandi dupliciter, uno modo, per se; alio modo, per accidens. per se quidem, quando aliquis suo malo verbo vel facto intendit alium ad peccandum inducere; vel, etiam si ipse hoc non intendat, ipsum factum est tale quod de sui ratione habet ut sit inductivum ad peccandum, puta quod aliquis publice facit peccatum vel quod habet similitudinem peccati. et tunc ille qui huiusmodi

actum facit proprie dat occasionem ruinae, unde vocatur scandalum activum. per accidens autem aliquod verbum vel factum unius est alteri causa peccandi, quando etiam praeter intentionem operantis, et praeter conditionem operis, aliquis male dispositus ex huiusmodi opere inducitur ad peccandum, puta cum aliquis invidet bonis aliorum. et tunc ille qui facit huiusmodi actum rectum non dat occasionem, quantum in se est, sed alius sumit occasionem, * secundum illud ad rom. vii, ° occasione autem accepta, etc.. ' et ideo hoc est scandalum passivum sine activo, quia ille qui recte agit, quantum est de se, non dat occasionem ruinae quam alter patitur. quandoque ergo contingit quod et sit simul scandalum activum in uno et passivum in altero, puta cum ad inductionem unius alius peccat. quandoque vero est scandalum activum sine passivo, puta cum |25| aliquis inducit verbo vel facto alium ad peccandum, et ille non consentit. quandoque vero est scandalum passivum sine activo, * sicut iam dictum est.

ra5 ' Ad quintum dicendum quod infirmitas nominat promptitudinem ad scandalum; offensio autem nominat indignationem alicuius contra eum qui peccat, quae potest esse quandoque sine ruina; scandalum autem importat ipsam impactionem ad ruinam.

009 ST3 qu43 ar2

ag1 ' Ad secundum sic proceditur. videtur quod scandalum non sit peccatum. peccata enim non eveniunt ex necessitate, quia omne peccatum est voluntarium, * ut supra habitum est. * sed matth. xviii dicitur, ° necesse est ut veniant scandala. ' ergo scandalum non est peccatum.

ag2 ' Praeterea, nullum peccatum procedit ex pietatis affectu, quia ° non potest arbor bona fructus malos facere, * ut dicitur matth. vii. ' sed aliquod scandalum est ex pietatis affectu, * dicit enim dominus petro, matth. xvi, ° scandalum mihi es; * ubi dicit hieronymus quod ° error apostoli, de pietatis affectu veniens, nunquam incentivum videtur esse diaboli. ' ergo non omne scandalum est peccatum.

ag3 ' Praeterea, scandalum impactionem quandam importat. sed non quicumque impingit, cadit. ergo scandalum potest esse sine peccato, quod est spiritualis casus.

sc " Sed contra est quod scandalum est dictum vel factum minus rectum. ' ex hoc autem habet aliquid rationem peccati quod a rectitudine deficit. ergo scandalum semper est cum peccato.

co * Respondeo dicendum quod, sicut iam supra dictum est, ' duplex est scandalum, scilicet passivum, in eo qui scandalizatur; et activum, in eo qui scandalizat, dans occasionem ruinae. scandalum igitur passivum semper est peccatum in eo qui scandalizatur, non enim scandalizatur nisi inquantum aliqualiter ruit spirituali ruina, quae est peccatum. potest tamen esse scandalum passivum sine peccato eius ex cuius facto aliquis scandalizatur, sicut cum aliquis scandalizatur de his quae alius bene facit. similiter etiam scandalum activum semper est peccatum in eo qui scandalizat. quia vel ipsum opus quod facit est peccatum, vel etiam, si habeat speciem peccati, dimittendum est semper propter proximi caritatem, ex qua unusquisque conatur saluti proximi providere; et sic qui non dimittit contra caritatem agit. potest tamen esse scandalum activum sine peccato alterius qui scandalizatur, * sicut supra dictum est.

ra1 " Ad primum ergo dicendum quod hoc quod dicitur, necesse est ut veniant scandala, non est intelligendum de necessitate absoluta, ' sed de necessitate conditionali, qua scilicet necesse est praescita vel praenuntiata a deo evenire, si tamen coniunctim accipiatur, * ut in primo libro dictum est. ' vel necesse est evenire scandala necessitate finis, " quia utilia sunt ad hoc quod qui probati sunt manifesti fiant. ' vel necesse est evenire scandala secundum conditionem hominum, qui sibi a peccatis non cavent. sicut si aliquis medicus, videns aliquos indebita diaeta utentes, dicat, necesse est tales infirmari, quod intelligendum est sub hac conditione, si diaetam non mutent. et similiter necesse est evenire scandala si homines conversationem malam non mutent.

ra2 ' Ad secundum dicendum quod scandalum ibi large ponitur pro quolibet impedimento. volebat enim petrus christi passionem impedire, quodam pietatis affectu ad christum.

ra3 ' Ad tertium dicendum quod nullus impingit spiritualiter nisi retardetur aliqualiter a processu in via dei, quod fit saltem per peccatum veniale.

009 ST3 qu43 ar3

ag1 ' Ad tertium sic proceditur. videtur quod scandalum non sit speciale peccatum. scandalum enim est " dictum vel factum minus rectum. ' sed omne peccatum est huiusmodi. ergo omne peccatum est scandalum. non ergo scandalum est speciale peccatum.

ag2 " Praeterea, omne speciale peccatum, sive omnis specialis iniustitia, invenitur separatim ab aliis; * ut dicitur in v ethic.. ' sed scandalum non invenitur separatim ab aliis peccatis. ergo scandalum non est speciale peccatum.

ag3 ' Praeterea, omne speciale peccatum constituitur secundum aliquid quod dat speciem morali actui. sed ratio scandali constituitur per hoc quod coram aliis peccatur. in manifesto autem peccare, etsi sit circumstantia aggravans, non videtur constituere peccati speciem. ergo scandalum non est speciale peccatum.

sc ' Sed contra, speciali virtuti speciale peccatum opponitur. sed scandalum opponitur speciali virtuti, scilicet caritati, * dicitur enim rom. xiv, ° si propter cibum frater tuus contristatur, iam non secundum caritatem ambulas. ' ergo scandalum est speciale peccatum.

co * Respondeo dicendum quod, sicut supra dictum est, ' duplex est scandalum, activum scilicet, et passivum. passivum quidem scandalum non potest esse speciale peccatum, quia ex dicto vel facto alterius aliquem ruere contingit secundum quodcumque genus peccati; nec hoc ipsum quod est occasionem peccandi sumere ex dicto vel facto alterius specialem rationem peccati constituit, quia non importat specialem deformitatem speciali virtuti oppositam. scandalum autem activum potest accipi dupliciter, per se scilicet, et per accidens. per accidens quidem, quando est praeter intentionem agentis, ut puta cum aliquis suo facto vel verbo inordinato non intendit alteri dare occasionem ruinae, sed solum suae satisfacere voluntati. et sic etiam scandalum activum non est peccatum speciale, quia quod est per accidens non constituit speciem. per se autem est activum scandalum quando aliquis suo inordinato dicto vel facto intendit alium trahere ad peccatum. et sic ex intentione specialis finis sortitur rationem specialis peccati, finis enim dat speciem in moralibus, * ut supra dictum est. ' unde sicut furtum est speciale peccatum, aut homicidium, propter speciale nocumentum proximi quod intenditur; ita etiam scandalum est speciale peccatum, propter hoc quod intenditur speciale proximi nocumentum. |25| et opponitur directe correctioni fraternae, in qua attenditur specialis nocumenti remotio.

ra1 ' Ad primum ergo dicendum quod omne peccatum potest materialiter se habere ad scandalum activum. sed formalem rationem specialis peccati potest habere ex intentione finis, * ut dictum est.

ra2 ' Ad secundum dicendum quod scandalum activum potest inveniri separatim ab aliis peccatis, ut puta cum aliquis proximum scandalizat facto quod de se non est peccatum, sed habet speciem mali.

ra3 ' Ad tertium dicendum quod scandalum non habet rationem specialis peccati ex praedicta circumstantia, sed ex intentione finis, * ut dictum est.

009 ST3 qu43 ar4

ag1 ' Ad quartum sic proceditur. videtur quod scandalum sit peccatum mortale. omne enim peccatum quod contrariatur caritati est peccatum mortale, * ut supra dictum est. ' sed scandalum contrariatur caritati, * ut dictum est. ' ergo scandalum est peccatum mortale.

ag2 ' Praeterea, nulli peccato debetur poena damnationis aeternae nisi mortali. sed scandalo debetur poena damnationis aeternae, * secundum illud matth. xviii, ° qui scandalizaverit unum de pusillis istis qui in me credunt, expedit ei ut suspendatur mola asinaria in collo eius et demergatur in profundum maris. * quia, ut dicit hieronymus, ° multo melius est pro culpa brevem recipere poenam quam aeternis servari cruciatibus. ' ergo scandalum est peccatum mortale.

ag3 ' Praeterea, omne peccatum quod in deum committitur est peccatum mortale, quia solum peccatum mortale avertit hominem a deo. sed scandalum est peccatum in deum, * dicit enim apostolus, i ad cor. viii, ° percutientes conscientiam fratrum infirmam, in christum peccatis. ' ergo scandalum semper est peccatum mortale.

sc ' Sed contra, inducere aliquem ad peccandum venialiter potest esse peccatum veniale. sed hoc pertinet ad rationem scandali. ergo scandalum potest esse peccatum veniale.

co * Respondeo dicendum quod, sicut supra dictum est, ' scandalum importat impactionem quandam, per quam aliquis disponitur ad ruinam. et ideo scandalum passivum quandoque quidem potest esse peccatum veniale, quasi habens impactionem tantum, puta cum aliquis ex inordinato dicto vel facto alterius commovetur motu venialis peccati. quandoque vero est peccatum mortale, quasi habens cum impactione ruinam, puta cum aliquis ex inordinato dicto vel facto alterius procedit usque ad peccatum mortale. scandalum autem activum, si sit quidem per accidens, potest esse quandoque quidem peccatum veniale, puta cum aliquis vel actum peccati venialis committit; vel actum qui non est secundum se peccatum sed habet aliquam speciem mali, cum aliqua levi indiscretione. quandoque vero est peccatum mortale, sive quia committit actum peccati mortalis; sive quia contemnit salutem proximi, ut pro ea conservanda non praetermittat aliquis facere quod sibi libuerit. si vero scandalum activum sit per se, puta cum intendit inducere alium ad peccandum, si quidem intendat inducere ad peccandum mortaliter, est peccatum mortale. et similiter si intendat inducere ad peccandum venialiter per actum peccati mortalis. si vero intendat inducere proximum ad peccandum venialiter per actum peccati venialis, est peccatum veniale.

ra ' Et per hoc patet responsio ad obiecta.

009 ST3 qu43 ar5

ag1 ' Ad quintum sic proceditur. videtur quod scandalum passivum possit etiam in perfectos cadere. christus enim fuit maxime perfectus. * sed ipse dixit petro, ° scandalum mihi es. ' ergo multo magis alii perfecti possunt scandalum pati.

ag2 ' Praeterea, scandalum importat impedimentum aliquod quod alicui opponitur in vita spirituali. sed etiam perfecti viri in processibus spiritualis vitae impediri possunt, * secundum illud i ad thess. ii, ° voluimus venire ad vos, ego quidem paulus, semel et iterum, sed impedivit nos satanas. ' ergo etiam perfecti viri possunt scandalum pati.

ag3 ' Praeterea, etiam in perfectis viris peccata venialia inveniri possunt, * secundum illud i ioan. i, ° si dixerimus quoniam peccatum non habemus, ipsi nos seducimus. ' sed scandalum passivum non semper est peccatum mortale, sed quandoque veniale, * ut dictum est. ' ergo scandalum passivum potest in perfectis viris inveniri.

sc * Sed contra est quod super illud matth. xviii, ° qui scandalizaverit unum de pusillis istis, * dicit hieronymus, ° nota quod qui scandalizatur parvulus est, maiores enim scandala non recipiunt.

co ' Respondeo dicendum quod scandalum passivum importat quandam commotionem animi a bono in eo qui scandalum patitur. nullus autem commovetur qui rei immobili firmiter inhaeret. maiores autem, sive perfecti, soli deo inhaerent, cuius est immutabilis bonitas, quia etsi inhaereant suis praelatis, non inhaerent eis nisi inquantum illi inhaerent christo, * secundum illud i ad cor. iv, ° imitatores mei estote, sicut et ego christi. ' unde quantumcumque videant alios inordinate se habere dictis vel factis, ipsi a sua rectitudine non recedunt, * secundum illud psalm., ° qui confidunt in domino, sicut mons sion, non commovebitur in aeternum qui habitat in ierusalem. ' et ideo in his qui perfecte deo adhaerent per amorem scandalum non invenitur, * secundum illud psalm., ° pax multa diligentibus legem tuam, et non est illis scandalum.

ra1 * Ad primum ergo dicendum quod, sicut supra dictum est, " scandalum large ponitur ibi pro quolibet impedimento. unde dominus petro dicit, scandalum mihi es, quia nitebatur eius propositum impedire circa passionem subeundam.

ra2 ' Ad secundum dicendum quod in exterioribus actibus perfecti viri possunt impediri. sed in interiori voluntate per dicta vel facta aliorum non impediuntur quominus tendant in deum, * secundum illud rom. viii, ° neque mors neque vita poterit nos separare a caritate dei.

ra3 ' Ad tertium dicendum quod perfecti viri ex infirmitate carnis incidunt interdum in aliqua peccata venialia, non autem ex aliorum dictis vel factis scandalizantur secundum veram scandali rationem. sed potest esse in eis quaedam appropinquatio ad scandalum, * secundum illud psalm., ° mei pene moti sunt pedes.

009 ST3 qu43 ar6

ag1 ' Ad sextum sic proceditur. videtur quod scandalum activum possit inveniri in viris perfectis. passio enim est effectus actionis. sed ex dictis vel factis perfectorum aliqui passive scandalizantur, * secundum illud matth. xv, ° scis quia pharisaei, audito hoc verbo, scandalizati sunt? ' ergo in perfectis viris potest inveniri scandalum activum.

ag2 ' Praeterea, petrus post acceptum spiritum sanctum in statu perfectorum erat. sed postea gentiles scandalizavit, * dicitur enim ad gal. ii, ° cum vidissem quod non recte ambularent ad veritatem evangelii, " dixi cephae, idest petro, coram omnibus, ° si tu cum iudaeus sis, gentiliter et non iudaice vivis, quomodo gentes cogis iudaizare? ' ergo scandalum activum potest esse in viris perfectis.

ag3 ' Praeterea, scandalum activum quandoque est peccatum veniale. sed peccata venialia possunt etiam esse in viris perfectis. ergo scandalum activum potest esse in viris perfectis.

sc ' Sed contra, plus repugnat perfectioni scandalum activum quam passivum. sed scandalum passivum non potest esse in viris perfectis. ergo multo minus scandalum activum.

co ' Respondeo dicendum quod scandalum activum proprie est cum aliquis tale aliquid dicit vel facit quod de se tale est ut alterum natum sit inducere ad ruinam, quod quidem est solum id quod inordinate fit vel dicitur. ad perfectos autem pertinet ea quae agunt secundum regulam rationis ordinare, * secundum illud i ad cor. xiv, ° omnia honeste et secundum ordinem fiant in vobis. ' et praecipue hanc cautelam adhibent in his in quibus non solum ipsi offenderent, sed etiam aliis offensionem pararent. et si quidem in eorum manifestis dictis vel factis aliquid ab hac moderatione desit, hoc provenit ex infirmitate humana, secundum quam a perfectione deficiunt. non tamen intantum deficiunt ut multum ab ordine rationis recedatur, sed modicum et leviter, quod non est tam magnum ut ex hoc rationabiliter possit ab alio sumi peccandi occasio.

ra1 ' Ad primum ergo dicendum quod scandalum passivum semper ab aliquo activo causatur, sed non semper ab aliquo scandalo activo alterius, sed eiusdem qui scandalizatur; quia scilicet ipse seipsum

scandalizat.
ra2 ‘ Ad secundum dicendum quod petrus peccavit quidem, et reprehensibilis fuit, * secundum sententiam augustini ‘ et ipsius pauli, subtrahens se a gentilibus ut vitaret scandalum iudaeorum, quia hoc incaute aliqualiter faciebat, ita quod ex hoc gentiles ad fidem conversi scandalizabantur. non tamen factum petri erat tam grave peccatum quod merito possent alii scandalizari. unde patiebantur scandalum passivum, non autem erat in petro scandalum activum.
ra3 ‘ Ad tertium dicendum quod peccata venialia perfectorum praecipue consistunt in subitis motibus, qui, cum sint occulti, scandalizare non possunt. si qua vero etiam in exterioribus dictis vel factis venialia peccata committant, tam levia sunt ut de se scandalizandi virtutem non habeant.

009 ST3 qu43 ar7

ag1 ‘ Ad septimum sic proceditur. videtur quod bona spiritualia sint propter scandalum dimittenda. * augustinus enim, in libro contra epistolam parmen., docet quod “ ubi schismatis periculum timetur, a punitione peccatorum cessandum est. ‘ sed punitio peccatorum est quoddam spirituale, cum sit actus iustitiae. ergo bonum spirituale est propter scandalum dimittendum.
ag2 ‘ Praeterea, sacra doctrina maxime videtur esse spiritualis. sed ab ea est cessandum propter scandalum, * secundum illud matth. vii, ° nolite sanctum dare canibus, neque margaritas vestras spargatis ante porcos, ne conversi dirumpant vos. ‘ ergo bonum spirituale est dimittendum propter scandalum.
ag3 ‘ Praeterea, correctio fraterna, cum sit actus caritatis, est quoddam spirituale bonum. sed interdum ex caritate dimittitur, ad vitandum scandalum aliorum; * ut augustinus dicit, in i de civ. dei. ‘ ergo bonum spirituale est propter scandalum dimittendum.
ag4 * Praeterea, hieronymus dicit quod “ dimittendum est propter scandalum omne quod potest praetermitti salva triplici veritate, scilicet vitae, iustitiae et doctrinae. ‘ sed impletio consiliorum, et largitio eleemosynarum, multoties potest praetermitti salva triplici veritate praedicta, alioquin semper peccarent omnes qui praetermittunt. et tamen haec sunt maxima inter spiritualia opera. ergo spiritualia opera debent praetermitti propter scandalum.
ag5 ‘ Praeterea, vitatio cuiuslibet peccati est quoddam spirituale bonum, quia quodlibet peccatum affert peccanti aliquod spirituale detrimentum. sed videtur quod pro scandalo proximi vitando debeat aliquis quandoque peccare venialiter, puta cum peccando venialiter impedit peccatum mortale alterius, debet enim homo impedire damnationem proximi quantum potest sine detrimento propriae salutis, quae non tollitur per peccatum veniale. ergo aliquod bonum spirituale debet homo praetermittere propter scandalum vitandum.
sc * Sed contra est quod gregorius dicit, super ezech., ° si de veritate scandalum sumitur, utilius nasci permittitur scandalum quam veritas relinquatur. ‘ sed bona spiritualia maxime pertinent ad veritatem. ergo bona spiritualia non sunt propter scandalum dimittenda.
co ‘ Respondeo dicendum quod, cum duplex sit scandalum, activum scilicet et passivum, quaestio ista non habet locum de scandalo activo, quia cum scandalum activum sit dictum vel factum minus rectum, nihil est cum scandalo activo faciendum. habet autem locum quaestio si intelligatur de scandalo passivo. considerandum est igitur quid sit dimittendum ne alius scandalizetur. est autem in spiritualibus bonis distinguendum. nam quaedam horum sunt de necessitate salutis, quae praetermitti non possunt sine peccato mortali. manifestum est autem quod nullus debet mortaliter peccare ut alterius peccatum impediat, quia secundum ordinem caritatis plus debet homo suam salutem spiritualem diligere quam alterius. et ideo ea quae sunt de necessitate salutis praetermitti non debent propter scandalum vitandum. in his autem spiritualibus bonis quae non sunt de necessitate salutis videtur distinguendum. quia scandalum quod ex eis oritur quandoque ex malitia procedit, cum scilicet aliqui volunt impedire huiusmodi spiritualia bona, scandala concitando, et hoc est scandalum pharisaeorum, qui de doctrina domini scandalizabantur. * quod esse contemnendum dominus docet, matth. xv. ‘ quandoque vero scandalum procedit ex infirmitate vel ignorantia, et huiusmodi est scandalum pusillorum. propter quod sunt spiritualia opera vel occultanda, vel etiam interdum |25| differenda, ubi periculum non imminet, quousque, reddita ratione, huiusmodi scandalum cesset. si autem post redditam rationem huiusmodi scandalum duret, iam videtur ex malitia esse, et sic propter ipsum non sunt huiusmodi spiritualia opera dimittenda.
ra1 ‘ Ad primum ergo dicendum quod poenarum inflictio non est propter se expetenda, sed poenae infliguntur ut medicinae quaedam ad cohibendum peccata. et ideo intantum habent rationem iustitiae inquantum per eas peccata cohibentur. si autem per inflictionem poenarum manifestum sit plura et maiora peccata sequi, tunc poenarum inflictio non continebitur sub iustitia. “ et in hoc casu loquitur augustinus, quando scilicet ex excommunicatione aliquorum imminet periculum schismatis, tunc enim excommunicationem ferre non pertineret ad veritatem iustitiae.
ra2 ‘ Ad secundum dicendum quod circa doctrinam duo sunt consideranda, scilicet veritas quae docetur; et ipse actus docendi. quorum primum est de necessitate salutis, ut scilicet contrarium veritati non doceat, sed veritatem secundum congruentiam temporis et personarum proponat ille cui incumbit docendi officium. et ideo propter nullum scandalum quod sequi videatur debet homo, praetermissa veritate, falsitatem docere. sed ipse actus docendi inter spirituales eleemosynas computatur, * ut supra dictum est. ‘ et ideo eadem ratio est de doctrina et de aliis misericordiae operibus, * de quibus postea dicetur.
ra3 ‘ Ad tertium dicendum quod correctio fraterna, * sicut supra dictum est, ‘ ordinatur ad emendationem fratris. et ideo intantum computanda est inter spiritualia bona inquantum hoc consequi potest. quod non contingit si ex correctione frater scandalizetur. et ideo si propter scandalum correctio dimittatur, non dimittitur spirituale bonum.
ra4 ‘ Ad quartum dicendum quod in veritate vitae, doctrinae et iustitiae non solum comprehenditur id quod est de necessitate salutis, sed etiam id per quod perfectius pervenitur ad salutem, * secundum illud i ad cor. xii, ° aemulamini charismata meliora. ‘ unde etiam consilia non sunt simpliciter praetermittenda, nec etiam misericordiae opera, propter scandalum, sed sunt interdum occultanda vel differenda propter scandalum pusillorum, * ut dictum est. ‘ quandoque tamen consiliorum observatio et impletio operum misericordiae sunt de necessitate salutis. quod patet in his qui iam voverunt consilia; et in his quibus ex debito imminet defectibus aliorum subvenire, vel in temporalibus, puta pascendo esurientem, vel in spiritualibus, puta docendo ignorantem; sive huiusmodi fiant debita propter iniunctum officium, ut patet in praelatis, sive propter necessitatem indigentis. et tunc eadem ratio est de huiusmodi sicut de aliis quae sunt de necessitate salutis.
ra5 * Ad quintum dicendum quod quidam dixerunt quod “ peccatum veniale est committendum propter vitandum scandalum. ‘ sed hoc implicat contraria, si enim faciendum est, iam non est malum neque peccatum; nam peccatum non potest esse eligibile. contingit tamen aliquid propter aliquam circumstantiam non esse peccatum veniale quod, illa circumstantia sublata, peccatum veniale esset, sicut verbum iocosum est peccatum veniale quando absque utilitate dicitur; si autem ex causa rationabili proferatur, non est otiosum neque peccatum. quamvis autem per peccatum veniale gratia non tollatur, per quam est hominis salus; inquantum tamen veniale disponit ad mortale, vergit in detrimentum salutis.

009 ST3 qu43 ar8

ag1 ‘ Ad octavum sic proceditur. videtur quod temporalia sint dimittenda propter scandalum. magis enim debemus diligere spiritualem salutem proximi, quae impeditur per scandalum, quam quaecumque temporalia bona. sed id quod minus diligimus dimittimus propter id quod magis diligimus. ergo temporalia magis debemus dimittere ad vitandum scandalum proximorum.
ag2 * Praeterea, secundum regulam hieronymi, “ omnia quae possunt praetermitti salva triplici veritate, sunt propter scandalum dimittenda. ‘ sed temporalia possunt praetermitti salva triplici veritate. ergo sunt propter scandalum dimittenda.
ag3 ‘ Praeterea, in temporalibus bonis nihil est magis necessarium quam cibus. sed cibus est praetermittendus propter scandalum, * secundum illud rom. xiv, ° noli cibo tuo illum perdere pro quo christus mortuus est. ‘ ergo multo magis omnia alia temporalia sunt propter scandalum dimittenda.
ag4 ‘ Praeterea, temporalia nullo convenientiori modo conservare aut recuperare possumus quam per iudicium. sed iudiciis uti non licet, et praecipue cum scandalo, * dicitur enim matth. v, ° ei qui vult tecum in iudicio contendere et tunicam tuam tollere, dimitte ei et pallium; * et i ad cor. vi, ° iam quidem omnino delictum est in vobis quod iudicia habetis inter vos. quare non magis iniuriam accipitis? quare non magis fraudem patimini? ‘ ergo videtur quod temporalia sint propter scandalum dimittenda.
ag5 ‘ Praeterea, inter omnia temporalia minus videntur dimittenda quae sunt spiritualibus annexa. sed ista sunt propter scandalum dimittenda, apostolus enim, seminans spiritualia, temporalia stipendia non accepit, ne offendiculum daret evangelio christi, * ut patet i ad cor. ix; ‘ et ex simili causa ecclesia in aliquibus terris non exigit decimas, propter scandalum vitandum. ergo multo magis alia temporalia sunt propter scandalum dimittenda.
sc ‘ Sed contra est quod beatus thomas cantuariensis repetiit res ecclesiae cum scandalo regis.
co ‘ Respondeo dicendum quod circa temporalia bona distinguendum est. aut enim sunt nostra, aut sunt nobis ad conservandum pro aliis commissa; sicut bona ecclesiae committuntur praelatis, et bona communia quibuscumque reipublicae rectoribus. et talium conservatio, sicut et depositorum, imminet his quibus sunt commissa ex necessitate. et ideo non sunt propter scandalum dimittenda, sicut nec alia quae sunt de necessitate salutis. temporalia vero quorum nos sumus domini dimittere, ea tribuendo si penes nos ea habeamus, vel non repetendo si apud alios sint, propter scandalum quandoque quidem debemus, quandoque autem non. si enim scandalum ex hoc oriatur propter ignorantiam vel infirmitatem aliorum, * quod supra diximus ‘ esse scandalum pusillorum; tunc vel totaliter dimittenda sunt temporalia; vel aliter scandalum sedandum, scilicet per aliquam admonitionem. * unde augustinus dicit, in libro de serm. dom. in monte, ° dandum est quod nec tibi nec alteri noceat, quantum ab homine credi potest. et cum negaveris quod petit, indicanda est ei iustitia, et melius ei aliquid dabis, cum petentem iniuste correxeris. ‘ aliquando vero scandalum nascitur ex malitia, quod est scandalum pharisaeorum. et propter eos qui sic scandala concitant non sunt temporalia dimittenda, quia hoc et noceret |25| bono communi, daretur enim malis rapiendi occasio; et noceret ipsis rapientibus, qui retinendo aliena in peccato remanerent. * unde gregorius dicit, in moral., ° quidam, dum temporalia nobis rapiunt, solummodo sunt tolerandi, quidam vero, servata aequitate, prohibendi; non sola cura ne nostra subtrahantur, sed ne rapientes non sua semetipsos perdant.
ra1 ‘ Et per hoc patet solutio ad primum.
ra2 ‘ Ad secundum dicendum quod si passim permitteretur malis hominibus ut aliena raperent, vergeret hoc in detrimentum veritatis vitae et iustitiae. et ideo non oportet propter quodcumque scandalum temporalia dimitti.
ra3 “ Ad tertium dicendum quod non est de intentione apostoli monere quod cibus totaliter propter scandalum dimittatur, quia sumere cibum est de necessitate salutis. sed talis cibus est propter scandalum dimittendus, * secundum illud i ad cor. viii, ° non manducabo carnem in aeternum, ne fratrem meum scandalizem.
ra4 ‘ Ad quartum dicendum quod * secundum augustinum, in libro de serm. dom. in monte, “ illud praeceptum domini est intelligendum secundum praeparationem animi, ut scilicet homo sit paratus prius pati iniuriam vel fraudem quam iudicium subire, si hoc expediat. ‘ quandoque tamen non expedit, * ut dictum est. ‘ et similiter intelligendum est verbum apostoli.
ra5 ‘ Ad quintum dicendum quod scandalum quod vitabat apostolus ex ignorantia procedebat gentilium, qui hoc non consueverant. et ideo ad tempus abstinendum erat, ut prius instruerentur hoc esse debitum. et ex simili causa ecclesia abstinet de decimis exigendis in terris in quibus non est consuetum decimas solvere.

009 ST3 qu44 ar

pr ‘ Deinde considerandum est de praeceptis caritatis. et circa hoc quaeruntur octo. primo, utrum de caritate sint danda praecepta. secundo, utrum unum tantum, vel duo. tertio, utrum duo sufficiant. “ quarto, utrum convenienter praecipiatur ut deus ex toto corde diligatur. quinto, utrum convenienter addatur, ex tota mente etc.. ‘ sexto, utrum praeceptum hoc possit in vita ista impleri. “ septimo, de hoc praecepto, diliges proximum tuum sicut teipsum. ‘ octavo, utrum ordo caritatis cadat sub praecepto.

009 ST3 qu44 ar1

ag1 ‘ Ad primum sic proceditur. videtur quod de caritate non debeat dari aliquod praeceptum. caritas enim imponit modum actibus omnium virtutum, de quibus dantur praecepta, cum sit forma virtutum, * ut supra dictum est. ‘ sed modus non est in praecepto, ut communiter dicitur. ergo de caritate non sunt danda praecepta.
ag2 “ Praeterea, caritas, quae in cordibus nostris per spiritum sanctum diffunditur, facit nos liberos, quia ubi spiritus domini, ibi libertas, * ut dicitur ii ad cor. iii. ‘ sed obligatio, quae ex praeceptis nascitur, libertati opponitur, quia necessitatem imponit. ergo de caritate non sunt danda praecepta.
ag3 ‘ Praeterea, caritas est praecipua inter omnes virtutes, ad quas ordinantur praecepta, * ut ex supradictis patet. ‘ si igitur de caritate dantur aliqua praecepta, deberent poni inter praecipua praecepta, quae sunt praecepta decalogi. non autem ponuntur. ergo nulla praecepta sunt de caritate danda.
sc ‘ Sed contra, illud quod deus requirit a nobis cadit sub praecepto. requirit autem deus ab homine ut diligat eum, * ut dicitur deut. x. ‘ ergo de dilectione caritatis, quae est dilectio dei, sunt danda praecepta.
co * Respondeo dicendum quod, sicut supra dictum est, ‘ praeceptum importat rationem debiti. intantum ergo aliquid cadit sub praecepto inquantum habet rationem debiti. est autem aliquid debitum dupliciter, uno modo, per se; alio modo, propter aliud. per se quidem debitum est in unoquoque negotio id quod est finis, quia habet rationem per se boni; propter aliud autem est debitum id quod ordinatur ad finem, sicut medico per se debitum est ut sanet; propter aliud autem ut det medicinam ad sanandum. finis autem spiritualis vitae est ut homo uniatur deo, quod fit per caritatem, et ad hoc ordinantur, sicut ad finem, omnia quae pertinent ad spiritualem vitam. * unde et apostolus dicit, i ad tim. i, ° finis praecepti est caritas de corde puro et conscientia bona et fide non ficta. ‘ omnes enim virtutes, de quarum acti-

bus dantur praecepta, ordinantur vel ad purificandum cor a turbinibus passionum, sicut virtutes quae sunt circa passiones; vel saltem ad habendam bonam conscientiam, sicut virtutes quae sunt circa operationes; vel ad habendam rectam fidem, sicut illa quae pertinent ad divinum cultum. et haec tria requiruntur ad diligendum deum, nam cor impurum a dei dilectione abstrahitur propter passionem inclinantem ad terrena; conscientia vero mala facit horrere divinam iustitiam propter timorem poenae; fides autem ficta trahit affectum in id quod de deo fingitur, separans a dei veritate. |25| in quolibet autem genere id quod est per se potius est eo quod est propter aliud. et ideo maximum praeceptum est de caritate, * ut dicitur matth. xxii.

ra1 ' Ad primum ergo dicendum quod, * sicut supra dictum est cum de praeceptis ageretur, ' modus dilectionis non cadit sub illis praeceptis quae dantur de aliis actibus virtutum, " puta sub hoc praecepto, honora patrem tuum et matrem tuam, ' non cadit quod hoc ex caritate fiat. cadit tamen actus dilectionis sub praeceptis specialibus.

ra2 ' Ad secundum dicendum quod obligatio praecepti non opponitur libertati nisi in eo cuius mens aversa est ab eo quod praecipitur sicut patet in his qui ex solo timore praecepta custodiunt. sed praeceptum dilectionis non potest impleri nisi ex propria voluntate. et ideo libertati non repugnat.

ra3 ' Ad tertium dicendum quod omnia praecepta decalogi ordinantur ad dilectionem dei et proximi. et ideo praecepta caritatis non fuerunt connumeranda inter praecepta decalogi, sed in omnibus includuntur.

009 ST3 qu44 ar2

ag1 ' Ad secundum sic proceditur. videtur quod de caritate non fuerint danda duo praecepta. praecepta enim legis ordinantur ad virtutem, * ut supra dictum est. ' sed caritas est una virtus, * ut ex supradictis patet. ' ergo de caritate non fuit dandum nisi unum praeceptum.

ag2 * Praeterea, sicut augustinus dicit, in i de doct. christ., " caritas in proximo non diligit nisi deum. ' sed ad diligendum deum sufficienter ordinamur per hoc praeceptum, " diliges dominum deum tuum. ' ergo non oportuit addere aliud praeceptum de dilectione proximi.

ag3 ' Praeterea, diversa peccata diversis praeceptis opponuntur. sed non peccat aliquis praetermittens dilectionem proximi, si non praetermittat dilectionem dei, * quinimmo dicitur luc. xiv, ° si quis venit ad me et non odit patrem suum et matrem suam, non potest meus esse discipulus. ' ergo non est aliud praeceptum de dilectione dei et de dilectione proximi.

ag4 * Praeterea, apostolus dicit, ad rom. xiii, ° qui diligit proximum legem implevit. ' sed non impletur lex nisi per observantiam omnium praeceptorum. ergo omnia praecepta includuntur in dilectione proximi. sufficit ergo hoc unum praeceptum de dilectione proximi. non ergo debent esse duo praecepta caritatis.

sc * Sed contra est quod dicitur i ioan. iv, ° hoc mandatum habemus a deo, ut qui diligit deum diligat et fratrem suum.

co ' Respondeo dicendum quod, * sicut supra dictum est cum de praeceptis ageretur, ' hoc modo se habent praecepta in lege sicut propositiones in scientiis speculativis. in quibus conclusiones virtute continentur in primis principiis, unde qui perfecte cognosceret principia secundum totam suam virtutem, non opus haberet ut ei conclusiones seorsum proponerentur. sed quia non omnes qui cognoscunt principia sufficiunt considerare quidquid in principiis virtute continetur, necesse est propter eos ut in scientiis ex principiis conclusiones deducantur. in operabilibus autem, in quibus praecepta legis nos dirigunt, finis habet rationem principii, * ut supra dictum est. ' dilectio autem dei finis est, ad quem dilectio proximi ordinatur. et ideo non solum oportet dari praeceptum de dilectione dei, sed etiam de dilectione proximi, propter minus capaces, qui non de facili considerarent unum horum praeceptorum sub alio contineri.

ra1 ' Ad primum ergo dicendum quod, si caritas sit una virtus, habet tamen duos actus, quorum unus ordinatur ad alium sicut ad finem. praecepta autem dantur de actibus virtutum. et ideo oportuit esse plura praecepta caritatis.

ra2 ' Ad secundum dicendum quod deus diligitur in proximo sicut finis in eo quod est ad finem. et tamen oportuit de utroque explicite dari praecepta, * ratione iam dicta.

ra3 ' Ad tertium dicendum quod id quod est ad finem habet rationem boni ex ordine ad finem. et secundum hoc etiam recedere ab eo habet rationem mali, et non aliter.

ra4 ' Ad quartum dicendum quod in dilectione proximi includitur dilectio dei sicut finis in eo quod est ad finem, et e converso. et tamen oportuit utrumque praeceptum explicite dari, * ratione iam dicta.

009 ST3 qu44 ar3

ag1 ' Ad tertium sic proceditur. videtur quod non sufficiant duo praecepta caritatis. praecepta enim dantur de actibus virtutum. actus autem secundum obiecta distinguuntur. cum igitur quatuor homo debeat ex caritate diligere, scilicet deum, seipsum, proximum et corpus proprium, * ut ex supradictis patet; ' videtur quod quatuor debeant esse caritatis praecepta. et sic duo non sufficiunt.

ag2 ' Praeterea, caritatis actus non solum est dilectio, sed gaudium, pax, beneficentia. sed de actibus virtutum sunt danda praecepta. ergo duo praecepta caritatis non sufficiunt.

ag3 ' Praeterea, sicut ad virtutem pertinet facere bonum, ita et declinare a malo. sed ad faciendum bonum inducimur per praecepta affirmativa, ad declinandum a malo per praecepta negativa. ergo de caritate fuerunt danda praecepta non solum affirmativa, sed etiam negativa. et sic praedicta duo praecepta caritatis non sufficiunt.

sc * Sed contra est quod dominus dicit, matth. xxii, ° in his duobus mandatis tota lex pendet et prophetae.

co ' Respondeo dicendum quod caritas, * sicut supra dictum est, ' est amicitia quaedam. amicitia autem ad alterum est. * unde gregorius dicit, in quadam homilia, ° caritas minus quam inter duos haberi non potest. ' quomodo autem ex caritate aliquis seipsum diligat, * supra dictum est. ' cum autem dilectio et amor sit boni, bonum autem sit vel finis vel id quod est ad finem, convenienter de caritate duo praecepta sufficiunt, unum quidem quo inducimur ad deum diligendum sicut finem; aliud autem quo inducimur ad diligendum proximum propter deum sicut propter finem.

ra1 ' Ad primum ergo dicendum quod, * sicut augustinus dicit, in i de doct. christ., ° cum quatuor sint ex caritate diligenda, " de secundo et quarto, idest de dilectione sui et corporis proprii, ° nulla praecepta danda erant, quantumlibet enim homo excidat a veritate, remanet illi dilectio sui et dilectio corporis sui. ' modus autem diligendi praecipiendus est homini, ut scilicet se ordinate diligat et corpus proprium. quod quidem fit per hoc quod homo diligit deum et proximum.

ra2 ' Ad secundum dicendum quod alii actus caritatis consequuntur ex actu dilectionis sicut effectus ex causa, * ut ex supradictis patet. ' unde in praeceptis dilectionis virtute includuntur praecepta de aliis actibus. et tamen propter tardiores inveniuntur de singulis explicite praecepta tradita, * de gaudio quidem, philipp. iv, ° gaudete in domino semper; * de pace autem, ad heb. ult., ° pacem sequimini cum omnibus; * de beneficentia autem, ad gal. ult., ° dum tempus habemus, operemur bonum ad omnes. ' de singulis beneficentiae partibus inveniuntur praecepta tradita in sacra scriptura, ut patet diligenter consideranti.

ra3 ' Ad tertium dicendum quod plus est operari bonum quam vitare malum. et ideo in praeceptis affirmativis virtute includuntur praecepta negativa. et tamen explicite inveniuntur praecepta data contra vitia caritati opposita. nam * contra odium dicitur lev. xix, ° ne oderis fratrem tuum in corde tuo * contra acediam dicitur eccli. vi, ° ne acedieris in vinculis eius; * contra invidiam, gal. v, ° non efficiamur inanis gloriae cupidi, invicem provocantes, invicem invidentes; * contra discordiam vero, i ad cor. i, ° idipsum dicatis omnes, et non sint in vobis schismata; * contra scandalum autem, ad rom. xiv, ° ne ponatis offendiculum fratri vel scandalum.

009 ST3 qu44 ar4

ag1 ' Ad quartum sic proceditur. videtur quod inconvenienter mandetur quod deus diligatur ex toto corde. modus enim virtuosi actus non est in praecepto, * ut ex supradictis patet. " sed hoc quod dicitur ex toto corde, importat modum divinae dilectionis. ergo ' inconvenienter praecipitur quod deus ex toto corde diligatur.

ag2 " Praeterea, totum et perfectum est cui nihil deest; * ut dicitur in iii physic.. ' si igitur in praecepto cadit quod deus ex toto corde diligatur, quicumque facit aliquid quod non pertinet ad dei dilectionem agit contra praeceptum, et per consequens peccat mortaliter. sed peccatum veniale non pertinet ad dei dilectionem. ergo peccatum veniale erit mortale. quod est inconveniens.

ag3 ' Praeterea, diligere deum ex toto corde est perfectionis, * quia secundum philosophum, " totum et perfectum idem sunt. ' sed ea quae sunt perfectionis non cadunt sub praecepto, sed sub consilio. ergo non debet praecipi quod deus ex toto corde diligatur.

sc * Sed contra est quod dicitur deut. vi, ° diliges dominum deum tuum ex toto corde tuo.

co ' Respondeo dicendum quod, cum praecepta dentur de actibus virtutum, hoc ergo modo aliquis actus cadit sub praecepto, secundum quod est actus virtutis. requiritur autem ad actum virtutis non solum quod cadat super debitam materiam, sed etiam quod vestiatur debitis circumstantiis, quibus sit proportionatus tali materiae. deus autem est diligendus sicut finis ultimus, ad quem omnia sunt referenda. et ideo totalitas quaedam fuit designanda circa praeceptum de dilectione dei.

ra1 ' Ad primum ergo dicendum quod sub praecepto quod datur de actu alicuius virtutis non cadit modus quem habet ille actus ex alia superiori virtute. cadit tamen sub praecepto modus ille qui pertinet ad rationem propriae virtutis. * et talis modus significatur cum dicitur, " ex toto corde.

ra2 ' Ad secundum dicendum quod dupliciter contingit ex toto corde deum diligere. uno quidem modo, in actu, idest ut totum cor hominis semper actualiter in deum feratur. et ista est perfectio patriae. alio modo, ut habitualiter totum cor hominis in deum feratur, ita scilicet quod nihil contra dei dilectionem cor hominis recipiat. et haec est perfectio viae. cui non contrariatur peccatum veniale, quia non tollit habitum caritatis, cum non tendat in oppositum obiectum; sed solum impedit caritatis usum.

ra3 ' Ad tertium dicendum quod perfectio caritatis ad quam ordinantur consilia est media inter duas perfectiones praedictas, ut scilicet homo, quantum possibile est, se abstrahat a rebus temporalibus etiam licitis, quae, occupando animum, impediunt actualem motum cordis in deum.

009 ST3 qu44 ar5

ag1 ' Ad quintum sic proceditur. videtur quod inconvenienter, * deut. vi, super hoc quod dicitur, ° diliges dominum deum tuum ex toto corde tuo, * addatur, ° et ex tota anima tua et ex tota fortitudine tua. ' non enim accipitur hic cor pro membro corporali, quia diligere deum non est corporis actus. oportet igitur quod cor accipiatur spiritualiter. cor autem spiritualiter acceptum vel est ipsa anima vel aliquid animae. superfluum igitur fuit utrumque ponere.

ag2 ' Praeterea, fortitudo hominis praecipue dependet ex corde, sive spiritualiter hoc accipiatur, sive corporaliter. * ergo postquam dixerat, ° diliges dominum deum tuum ex toto corde tuo, * superfluum fuit addere, ° ex tota fortitudine tua.

ag3 * Praeterea, matth. xxii dicitur, ° in tota mente tua, ' quod hic non ponitur. ergo videtur quod inconvenienter hoc praeceptum detur * deut. vi.

sc ' Sed contra est auctoritas scripturae.

co ' Respondeo dicendum quod hoc praeceptum diversimode invenitur traditum in diversis locis. * nam sicut dictum est, * deut. vi ponuntur tria, scilicet " ex toto corde, et ex tota anima, et ex tota fortitudine. * matth. xxii ponuntur duo horum, scilicet " ex toto corde et in tota anima, et omittitur ex tota fortitudine, sed additur in tota mente. * sed marc. xii ponuntur quatuor, " scilicet ex toto corde, et ex tota anima, et ex tota mente, et ex tota virtute, quae est idem fortitudini. * et haec etiam quatuor tanguntur luc. x, " nam loco fortitudinis seu virtutis ponitur ex omnibus viribus tuis. ' et ideo horum quatuor est ratio assignanda, nam quod alicubi unum horum omittitur, hoc est quia unum intelligitur ex aliis. est igitur considerandum quod dilectio est actus voluntatis, quae hic significatur per cor, nam sicut cor corporale est principium omnium corporalium motuum, ita etiam voluntas, et maxime quantum ad intentionem finis ultimi, quod est obiectum caritatis, est principium omnium spiritualium motuum. tria autem sunt principia factuum quae moventur a voluntate, scilicet intellectus, qui |25| significatur per mentem; vis appetitiva inferior, quae significatur per animam; et vis executiva exterior, quae significatur per fortitudinem seu virtutem sive vires. " praecipitur ergo nobis ut tota nostra intentio feratur in deum, quod est ex toto corde; et quod intellectus noster subdatur deo, quod est ex tota mente; et quod appetitus noster reguletur secundum deum, quod est ex tota anima; et quod exterior actus noster obediat deo, quod est ex tota fortitudine vel virtute vel viribus deum diligere. * chrysostomus tamen, super matth., " accipit e contrario cor et animam quam dictum sit. * augustinus vero, in i de doct. christ., " refert cor ad cogitationes, et animam ad vitam, mentem ad intellectum. * quidam autem dicunt, " ex toto corde, idest intellectu; anima, idest voluntate; mente, idest memoria. * vel, secundum gregorium nyssenum, " per cor significat animam vegetabilem, per animam sensitivam, per mentem intellectivam, quia ' hoc quod nutrimur, sentimus et intelligimus, debemus ad deum referre.

ra ' Et per hoc patet responsio ad obiecta.

009 ST3 qu44 ar6

ag1 ' Ad sextum sic proceditur. videtur quod hoc praeceptum de dilectione dei possit servari in via. * quia secundum hieronymum, in expos. cathol. fid., ° maledictus qui dicit deum aliquid impossibile praecepisse. ' sed deus hoc praeceptum dedit, * ut patet deut. vi. ' ergo hoc praeceptum potest in via impleri.

ag2 ' Praeterea, quicumque non implet praeceptum peccat mortaliter, * quia secundum ambrosium, " peccatum nihil est aliud quam ° transgressio legis divinae et caelestium inobedientia mandatorum. ' si ergo hoc praeceptum non potest in via servari, sequitur quod nullus possit esse in vita ista sine peccato mortali. * quod est contra id quod apostolus dicit, i ad cor. i, ° confirmabit vos usque in finem sine crimine; * et i ad tim. iii, ° ministrent nullum crimen habentes.

ag3 ' Praeterea, praecepta dantur ad dirigendos homines in viam salutis, * secundum illud psalm., ° praeceptum domini lucidum, illuminans oculos. ' sed frustra dirigitur aliquis ad impossibile. non ergo impossibile est hoc praeceptum in vita ista servari.

sc * Sed contra est quod augustinus dicit, in libro de

perfect. iustit. ° quod in plenitudine caritatis patriae praeceptum illud implebitur diliges dominum deum tuum, etc.. nam cum adhuc est aliquid carnalis concupiscentiae quod continendo frenetur, non omnino ex tota anima diligitur deus.
co ‘ Respondeo dicendum quod praeceptum aliquod dupliciter impleri potest, uno modo, perfecte; alio modo, imperfecte. perfecte quidem impletur praeceptum quando pervenitur ad finem quem intendit praecipiens, impletur autem, sed imperfecte, quando, etsi non pertingat ad finem praecipientis, non tamen receditur ab ordine ad finem. sicut si dux exercitus praecipiat militibus ut pugnent, ille perfecte implet praeceptum qui pugnando hostem vincit, quod dux intendit, ille autem implet, sed imperfecte, cuius pugna ad victoriam non pertingit, non tamen contra disciplinam militarem agit. intendit autem deus per hoc praeceptum ut homo deo totaliter uniatur, quod fiet in patria, quando deus erit omnia in omnibus, * ut dicitur i ad cor. xv. ‘ et ideo plene et perfecte in patria implebitur hoc praeceptum. in via vero impletur, sed imperfecte. et tamen in via tanto unus alio perfectius implet, quanto magis accedit per quandam similitudinem ad patriae perfectionem.
ra1 ‘ Ad primum ergo dicendum quod ratio illa probat quod aliquo modo potest impleri in via, licet non perfecte.
ra2 ‘ Ad secundum dicendum quod sicut miles qui legitime pugnat, licet non vincat, non inculpatur nec poenam meretur; ita etiam qui in via hoc praeceptum implet nihil contra divinam dilectionem agens, non peccat mortaliter.
ra3 ‘ Ad tertium dicendum quod, * sicut augustinus dicit, in libro de perfect. iustit., ° cur non praeciperetur homini ista perfectio, quamvis eam in hac vita nemo habeat? non enim recte curritur, si quo currendum est nesciatur. quomodo autem sciretur, si nullis praeceptis ostenderetur?

009 ST3 qu44 ar7

ag1 ‘ Ad septimum sic proceditur. videtur quod inconvenienter detur praeceptum de dilectione proximi. dilectio enim caritatis ad omnes homines extenditur, etiam ad inimicos; * ut patet matth. v. ‘sed nomen proximi importat quandam propinquitatem, quae non videtur haberi ad omnes homines. ergo videtur quod inconvenienter detur hoc praeceptum.
ag2 * Praeterea, secundum philosophum, in ix ethic., ° amicabilia quae sunt ad alterum venerunt ex amicabilibus quae sunt ad seipsum, ‘ ex quo videtur quod dilectio sui ipsius sit principium dilectionis proximi. sed principium potius est eo quod est ex principio. ergo non debet homo diligere proximum sicut seipsum.
ag3 ‘ Praeterea, homo seipsum diligit naturaliter, non autem proximum. inconvenienter igitur mandatur quod homo diligat proximum sicut seipsum.
sc * Sed contra est quod dicitur matth. xxii, ° secundum praeceptum est simile huic, diliges proximum tuum sicut teipsum.
co ‘ Respondeo dicendum quod hoc praeceptum convenienter traditur, tangitur enim in eo et diligendi ratio et dilectionis modus. ratio quidem diligendi tangitur ex eo quod proximus nominatur, propter hoc enim ex caritate debemus alios diligere, quia sunt nobis proximi et secundum naturalem dei imaginem et secundum capacitatem gloriae. nec refert utrum dicatur proximus vel frater, * ut habetur i ioan. iv; ‘ vel amicus, * ut habetur lev. xix, ‘ quia per omnia haec eadem affinitas designatur. “ modus autem dilectionis tangitur cum dicitur, sicut teipsum. ‘ quod non est intelligendum quantum ad hoc quod aliquis proximum aequaliter sibi diligat; sed similiter sibi. et hoc tripliciter. primo quidem, ex parte finis, ut scilicet aliquis diligat proximum propter deum, sicut et seipsum propter deum debet diligere; ut sic sit dilectio proximi sancta. secundo, ex parte regulae dilectionis, ut scilicet aliquis non condescendat proximo in aliquo malo, sed solum in bonis, sicut et suae voluntati satisfacere debet homo solum in bonis; ut sic sit dilectio proximi iusta. tertio, ex parte rationis dilectionis, ut scilicet non diligat aliquis proximum propter propriam utilitatem vel delectationem, sed ea ratione quod velit proximo bonum, sicut vult bonum sibi ipsi; ut sic dilectio proximi sit vera. nam cum quis diligit proximum propter |25| suam utilitatem vel delectationem, non vere diligit proximum, sed seipsum.
ra ‘ Et per hoc patet responsio ad obiecta.

009 ST3 qu44 ar8

ag1 ‘ Ad octavum sic proceditur. videtur quod ordo caritatis non cadat sub praecepto. quicumque enim transgreditur praeceptum iniuriam facit. sed si aliquis diligat aliquem quantum debet, et alterum quemcumque plus diligat, nulli facit iniuriam. ergo non transgreditur praeceptum. ordo ergo caritatis non cadit sub praecepto.
ag2 ‘ Praeterea, ea quae cadunt sub praecepto sufficienter nobis traduntur in sacra scriptura. sed ordo caritatis * qui supra positus est ‘ nusquam traditur nobis in sacra scriptura. ergo non cadit sub praecepto.
ag3 ‘ Praeterea, ordo distinctionem quandam importat. sed indistincte praecipitur dilectio proximi, * cum dicitur, ° diliges proximum tuum sicut teipsum. ‘ ergo ordo caritatis non cadit sub praecepto.
sc ‘ Sed contra est quod illud quod deus in nobis facit per gratiam, instruit per legis praecepta, * secundum illud ierem. xxxi, ° dabo legem meam in cordibus eorum. ‘ sed deus causat in nobis ordinem caritatis, * secundum illud cant. ii, ° ordinavit in me caritatem. ‘ ergo ordo caritatis sub praecepto legis cadit.
co ‘ Respondeo dicendum quod, * sicut dictum est, ‘ modus qui pertinet ad rationem virtuosi actus cadit sub praecepto quod datur de actu virtutis. ordo autem caritatis pertinet ad ipsam rationem virtutis, cum accipiatur secundum proportionem dilectionis ad diligibile, * ut ex supradictis patet. ‘ unde manifestum est quod ordo caritatis debet cadere sub praecepto.
ra1 ‘ Ad primum ergo dicendum quod homo plus satisfacit ei quem plus diligit. et ita, si minus diligeret aliquis eum quem plus debet diligere, plus vellet satisfacere illi cui minus satisfacere debet. et sic fieret iniuria illi quem plus debet diligere.
ra2 “ Ad secundum dicendum quod ordo quatuor diligendorum ex caritate in sacra scriptura exprimitur. nam cum mandatur quod deum ex toto corde diligamus, datur intelligi quod deum super omnia debemus diligere. cum autem mandatur quod aliquis diligat proximum sicut seipsum, praefertur dilectio sui ipsius dilectioni proximi. * similiter etiam cum mandatur, i ioan. iii, “ quod debemus pro fratribus animam ponere, idest vitam corporalem, datur intelligi quod proximum plus debemus diligere quam corpus proprium. * similiter etiam cum mandatur, ad gal. ult., “ quod maxime operemur bonum ad domesticos fidei; * et i ad tim. v vituperatur ° qui non habet curam suorum, et maxime domesticorum; ‘ datur intelligi quod inter proximos, meliores et magis propinquos magis debemus diligere.
ra3 “ Ad tertium dicendum quod ex ipso quod dicitur, diliges proximum tuum, datur consequenter intelligi quod illi qui sunt magis proximi sunt magis diligendi.

009 ST3 qu45 ar

pr ‘ Deinde considerandum est de dono sapientiae, quod respondet caritati. et primo, de ipsa sapientia; secundo, de vitio opposito. circa primum quaeruntur sex. primo, utrum sapientia debeat numerari inter dona spiritus sancti. secundo, in quo sit sicut in subiecto. tertio, utrum sapientia sit speculativa tantum, vel etiam practica. quarto, utrum sapientia quae est donum possit esse cum peccato mortali. quinto, utrum sit in omnibus habentibus gratiam gratum facientem. sexto, quae beatitudo ei respondeat.

009 ST3 qu45 ar1

ag1 ‘ Ad primum sic proceditur. videtur quod sapientia non debeat inter dona spiritus sancti computari. dona enim sunt perfectiora virtutibus, * ut supra dictum est. ‘ sed virtus se habet solum ad bonum, * unde et augustinus dicit, in libro de lib. arb., quod “ nullus virtutibus male utitur. ‘ ergo multo magis dona spiritus sancti se habent solum ad bonum. sed sapientia se habet etiam ad malum, * dicitur enim iac. iii ‘ quaedam sapientia esse terrena, animalis, diabolica. ergo sapientia non debet poni inter dona spiritus sancti.
ag2 * Praeterea, sicut augustinus dicit, xiv de trin., ° sapientia est divinarum rerum cognitio. ‘ sed cognitio divinarum rerum quam homo potest per sua naturalia habere, pertinet ad sapientiam quae est virtus intellectualis, cognitio autem divinorum supernaturalis pertinet ad fidem quae est virtus theologica, * ut ex supradictis patet. ‘ ergo sapientia magis debet dici virtus quam donum.
ag3 * Praeterea, iob xxviii dicitur, ° ecce timor domini ipsa est sapientia, * habetur, “ ecce, pietas ipsa est sapientia. * ubi secundum litteram septuaginta, qua utitur augustinus, “ habetur, ecce, pietas ipsa est sapientia. ‘ sed tam timor quam pietas ponuntur dona spiritus sancti. ergo sapientia non debet numerari inter dona spiritus sancti quasi donum ab aliis distinctum.
sc * Sed contra est quod isaiae xi dicitur, ° requiescet super eum spiritus domini, sapientiae et intellectus, etc..
co ‘ Respondeo dicendum quod * secundum philosophum, in principio metaphys., “ ad sapientem pertinet considerare causam altissimam, per quam de aliis certissime iudicatur, et secundum quam omnia ordinari oportet. ‘ causa autem altissima dupliciter accipi potest, vel simpliciter, vel in aliquo genere. ille igitur qui cognoscit causam altissimam in aliquo genere et per eam potest de omnibus quae sunt illius generis iudicare et ordinare, dicitur esse sapiens in illo genere, ut in medicina vel architectura, * secundum illud i ad cor. iii, ° ut sapiens architectus fundamentum posui. ‘ ille autem qui cognoscit causam altissimam simpliciter, quae est deus, dicitur sapiens simpliciter, inquantum per regulas divinas omnia potest iudicare et ordinare. huiusmodi autem iudicium consequitur homo per spiritum sanctum, * secundum illud i ad cor. ii, ° spiritualis iudicat omnia; * quia, sicut ibidem dicitur, ° spiritus omnia scrutatur, etiam profunda dei. ‘ unde manifestum est quod sapientia est donum spiritus sancti.
ra1 ‘ Ad primum ergo dicendum quod bonum dicitur dupliciter. uno modo, quod vere est bonum et simpliciter perfectum. alio modo dicitur aliquid esse bonum, secundum quandam similitudinem, quod est in malitia perfectum, sicut dicitur bonus latro vel perfectus latro, * ut patet per philosophum, in v metaphys.. ‘ et sicut circa ea quae sunt vere bona invenitur aliqua altissima causa, quae est summum bonum, quod est ultimus finis, per cuius cognitionem homo dicitur vere sapiens; ita etiam in malis est invenire aliquid ad quod alia referuntur sicut ad ultimum finem, per cuius cognitionem homo dicitur esse sapiens ad male agendum; * secundum illud ierem. iv, ° sapientes sunt ut faciant mala, bene autem facere nescierunt. ‘ quicumque enim avertitur a fine debito, necesse est quod aliquem finem indebitum sibi praestituat, quia omne agens agit propter finem. “ unde si praestituat sibi finem in bonis exterioribus terrenis, vocatur sapientia terrena; si autem in bonis corporalibus, vocatur sapientia animalis; si autem in aliqua excellentia, vocatur sapientia diabolica, propter imitationem superbiae diaboli, * de quo dicitur iob xli, ° ipse est rex super universos filios superbiae.
ra2 ‘ Ad secundum dicendum quod sapientia quae ponitur donum differt ab ea quae ponitur virtus intellectualis acquisita. nam illa acquiritur studio humano, haec autem est de sursum descendens, * ut dicitur iac. iii. ‘ similiter et differt a fide. nam fides assentit veritati divinae secundum seipsam, sed iudicium quod est secundum veritatem divinam pertinet ad donum sapientiae. et ideo donum sapientiae praesupponit fidem, quia “ unusquisque bene iudicat quae cognoscit, * ut dicitur in i ethic..
ra3 ‘ Ad tertium dicendum quod sicut pietas, quae pertinet ad cultum dei, est manifestativa fidei, inquantum per cultum dei protestamur fidem; ita etiam pietas manifestat sapientiam. et propter hoc dicitur quod pietas est sapientia. et eadem ratione timor. per hoc enim ostenditur quod homo rectum habet iudicium de divinis, quod deum timet et colit.

009 ST3 qu45 ar2

ag1 ‘ Ad secundum sic proceditur. videtur quod sapientia non sit in intellectu sicut in subiecto. * dicit enim augustinus, in libro de gratia novi test., quod “ sapientia est caritas dei. ‘ sed caritas est sicut in subiecto in voluntate, non in intellectu, * ut supra habitum est. ‘ ergo sapientia non est in intellectu sicut in subiecto.
ag2 * Praeterea, eccli. vi dicitur, ° sapientia doctrinae secundum nomen eius est. ‘ dicitur autem sapientia quasi sapida scientia, quod videtur ad affectum pertinere, ad quem pertinet experiri spirituales delectationes sive dulcedines. ergo sapientia non est in intellectu, sed magis in affectu.
ag3 ‘ Praeterea, potentia intellectiva sufficienter perficitur per donum intellectus. sed ad id quod potest fieri per unum superfluum esset plura ponere. ergo non est in intellectu.
sc ‘ Sed contra est quod * gregorius dicit, in ii moral., quod “ sapientia contrariatur stultitiae. ‘ sed stultitia est in intellectu. ergo et sapientia.
co * Respondeo dicendum quod, sicut supra dictum est, ‘ sapientia importat quandam rectitudinem iudicii secundum rationes divinas. rectitudo autem iudicii potest contingere dupliciter, uno modo, secundum perfectum usum rationis; alio modo, propter connaturalitatem quandam ad ea de quibus iam est iudicandum. sicut de his quae ad castitatem pertinent per rationis inquisitionem recte iudicat ille qui didicit scientiam moralem, sed per quandam connaturalitatem ad ipsa recte iudicat de eis ille qui habet habitum castitatis. sic igitur circa res divinas ex rationis inquisitione rectum iudicium habere pertinet ad sapientiam quae est virtus intellectualis, sed rectum iudicium habere de eis secundum quandam connaturalitatem ad ipsa pertinet ad sapientiam secundum quod donum est spiritus sancti, * sicut dionysius dicit, in ii cap. de div. nom., “ quod hierotheus est perfectus in divinis ° non solum discens, sed et patiens divina. ‘ huiusmodi autem compassio sive connaturalitas ad res divinas fit per caritatem, quae quidem unit nos deo, * secundum illud i ad cor. vi, ° qui adhaeret deo unus spiritus est. ‘ sic igitur sapientia quae est donum causam quidem habet in voluntate, scilicet caritatem, sed essentiam habet in intellectu, cuius actus est recte iudicare, * ut supra habitum est.
ra1 ‘ Ad primum ergo dicendum quod * augustinus loquitur de sapientia quantum ad suam causam. ‘ ex qua etiam sumitur nomen sapientiae, secundum quod saporem quendam importat.
ra2 “ Unde patet responsio ad secundum. si tamen iste sit intellectus illius auctoritatis. quod non videtur, quia talis expositio non convenit nisi secundum nomen quod habet sapientia in latina lingua. in graeco autem non competit; et forte nec in aliis linguis. unde potius videtur nomen sapientiae ibi accipi pro eius fama, qua a cunctis commendatur.
ra3 ‘ Ad tertium dicendum quod intellectus habet duos actus, scilicet percipere, et iudicare. ad quorum primum ordinatur donum intellectus, ad secundum autem, secundum rationes divinas, donum sapientiae; sed secundum rationes humanas, donum scientiae.

009 ST3 qu45 ar3

ag1 ' Ad tertium sic proceditur. videtur quod sapientia non sit practica, sed speculativa tantum. donum enim sapientiae est excellentius quam sapientia secundum quod est intellectualis virtus. sed sapientia secundum quod est intellectualis virtus est speculativa tantum. ergo multo magis sapientia quae est donum est speculativa, et non practica.
ag2 ' Praeterea, practicus intellectus est circa operabilia, quae sunt contingentia. sed sapientia est circa divina, quae sunt aeterna et necessaria. ergo sapientia non potest esse practica.
ag3 * Praeterea, gregorius dicit, in vi moral., quod ° in contemplatione principium, quod deus est, quaeritur, in operatione autem sub gravi necessitatis fasce laboratur. ' sed ad sapientiam pertinet divinorum visio, ad quam non pertinet sub aliquo fasce laborare, * quia ut dicitur sap. viii, ° non habet amaritudinem conversatio eius, nec taedium convictus illius. ' ergo sapientia est contemplativa tantum, non autem practica sive activa.
sc * Sed contra est quod dicitur ad coloss. iv, ° in sapientia ambulate ad eos qui foris sunt. ' hoc autem pertinet ad actionem. ergo sapientia non solum est speculativa, sed etiam practica.
co * Respondeo dicendum quod, sicut augustinus dicit, in xii de trin., " superior pars rationis sapientiae deputatur, inferior autem scientiae. superior autem ratio, * ut ipse in eodem libro dicit, " intendit rationibus supernis, scilicet divinis, et conspiciendis et consulendis, conspiciendis quidem, secundum quod divina in seipsis contemplatur; consulendis autem, secundum quod per divina iudicat de humanis, per divinas regulas dirigens actus humanos. ' sic igitur sapientia, secundum quod est donum, non solum est speculativa, sed etiam practica.
ra1 ' Ad primum ergo dicendum quod quanto aliqua virtus est altior, tanto ad plura se extendit; * ut habetur in libro de causis. ' unde ex hoc ipso quod sapientia quae est donum est excellentior quam sapientia quae est virtus intellectualis, utpote magis de propinquo deum attingens, per quandam scilicet unionem animae ad ipsum, habet quod non solum dirigat in contemplatione, sed etiam in actione.
ra2 ' Ad secundum dicendum quod divina in se quidem sunt necessaria et aeterna, sunt tamen regulae contingentium, quae humanis actibus subsunt.
ra3 ' Ad tertium dicendum quod prius est considerare aliquid in seipso quam secundum quod ad alterum comparatur. unde ad sapientiam per prius pertinet contemplatio divinorum, " quae est visio principii; ' et posterius dirigere actus humanos secundum rationes divinas. nec tamen in actibus humanis ex directione sapientiae provenit amaritudo aut labor, sed potius amaritudo propter sapientiam vertitur in dulcedinem, et labor in requiem.

009 ST3 qu45 ar4

ag1 ' Ad quartum sic proceditur. videtur quod sapientia possit esse sine gratia, cum peccato mortali. de his enim quae cum peccato mortali haberi non possunt praecipue sancti gloriantur, * secundum illud ii ad cor. i, ° gloria nostra haec est, testimonium conscientiae nostrae. ' sed de sapientia non debet aliquis gloriari, * secundum illud ierem. ix, ° non glorietur sapiens in sapientia sua. ' ergo sapientia potest esse sine gratia, cum peccato mortali.
ag2 ' Praeterea, sapientia importat cognitionem divinorum, * ut dictum est. ' sed aliqui cum peccato mortali possunt habere cognitionem veritatis divinae, * secundum illud rom. i, ° veritatem dei in iniustitia detinent. ' ergo sapientia potest esse cum peccato mortali.
ag3 * Praeterea, augustinus dicit, in xv de trin., de caritate loquens, ° nullum est isto dei dono excellentius, solum est quod dividit inter filios regni aeterni et filios perditionis aeternae. ' sed sapientia differt a caritate. ergo non dividit inter filios regni et filios perditionis. ergo potest esse cum peccato mortali.
sc * Sed contra est quod dicitur sap. i, ° in malevolam animam non introibit sapientia, nec habitabit in corpore subdito peccatis.
co ' Respondeo dicendum quod sapientia quae est donum spiritus sancti, * sicut dictum est, ' facit rectitudinem iudicii circa res divinas, vel per regulas divinas de aliis, ex quadam connaturalitate sive unione ad divina. quae quidem est per caritatem, * ut dictum est. ' et ideo sapientia de qua loquimur praesupponit caritatem. caritas autem non potest esse cum peccato mortali, * ut ex supradictis patet. ' unde relinquitur quod sapientia de qua loquimur non potest esse cum peccato mortali.
ra1 ' Ad primum ergo dicendum quod illud intelligendum est de sapientia in rebus mundanis; sive etiam in rebus divinis per rationes humanas. de qua sancti non gloriantur, sed eam se fatentur non habere, * secundum illud prov. xxx, ° sapientia hominum non est mecum. ' gloriantur autem de sapientia divina, * secundum illud i ad cor. i, ° factus est nobis sapientia a deo.
ra2 ' Ad secundum dicendum quod ratio illa procedit de cognitione divinorum quae habetur per studium et inquisitionem rationis. quae potest haberi cum peccato mortali, non autem illa sapientia de qua loquimur.
ra3 ' Ad tertium dicendum quod sapientia, etsi differat a caritate, tamen praesupponit eam; et ex hoc ipso dividit inter filios perditionis et regni.

009 ST3 qu45 ar5

ag1 ' Ad quintum sic proceditur. videtur quod sapientia non sit in omnibus habentibus gratiam. maius enim est sapientiam habere quam sapientiam audire. sed solum perfectorum est sapientiam audire, * secundum illud i ad cor. ii, ° sapientiam loquimur inter perfectos. ' cum ergo non omnes habentes gratiam sint perfecti, videtur quod multo minus omnes habentes gratiam sapientiam habeant.
ag2 " Praeterea, sapientis est ordinare; * ut philosophus dicit, in principio metaphys.. et iac. iii dicitur quod ' est iudicans sine simulatione. sed non omnium habentium gratiam est de aliis iudicare aut alios ordinare, sed solum praelatorum. ergo non omnium habentium gratiam est habere sapientiam.
ag3 ' Praeterea, sapientia datur contra stultitiam; * ut gregorius dicit, in ii moral.. ' sed multi habentes gratiam sunt naturaliter stulti, ut patet de amentibus baptizatis, vel qui postmodum sine peccato in amentiam incidunt. ergo non in omnibus habentibus gratiam est sapientia.
sc ' Sed contra est quod quicumque qui est sine peccato mortali diligitur a deo, quia caritatem habet, qua deum diligit; " deus autem diligentes se diligit, * ut dicitur prov. viii. sed sap. vii dicitur quod ° neminem diligit deus nisi eum qui cum sapientia inhabitat. ' ergo in omnibus habentibus gratiam, sine peccato mortali existentibus, est sapientia.
co ' Respondeo dicendum quod sapientia de qua loquimur, * sicut dictum est, ' importat quandam rectitudinem iudicii circa divina et conspicienda et consulenda. et quantum ad utrumque, ex unione ad divina secundum diversos gradus aliqui sapientiam sortiuntur. quidam enim tantum sortiuntur de recto iudicio, tam in contemplatione divinorum quam etiam in ordinatione rerum humanarum secundum divinas regulas, quantum est necessarium ad salutem. et hoc nulli deest sine peccato mortali existenti per gratiam gratum facientem, quia si natura non deficit in necessariis, multo minus gratia. * unde dicitur i ioan. ii, ° unctio docet vos de omnibus. ' quidam autem altiori gradu percipiunt sapientiae donum, et quantum ad contemplationem divinorum, inquantum scilicet altiora quaedam mysteria et cognoscunt et aliis manifestare possunt; et etiam quantum ad directionem humanorum secundum regulas divinas, inquantum possunt secundum eas non solum seipsos, sed etiam alios ordinare. et iste gradus sapientiae non est communis omnibus habentibus gratiam gratum facientem, sed magis pertinet ad gratias gratis datas, quas spiritus sanctus distribuit prout vult, * secundum illud i ad cor. xii, ° alii datur per spiritum sermo sapientiae, etc..
ra1 " Ad primum ergo dicendum quod apostolus loquitur ibi de sapientia secundum quod se extendit ad occulta mysteria divinorum, * sicut et ibidem dicitur, ° loquimur dei sapientiam in mysterio absconditam.
ra2 ' Ad secundum dicendum quod quamvis ordinare alios homines et de eis iudicare pertineat ad solos praelatos, tamen ordinare proprios actus et de eis iudicare pertinet ad unumquemque; * ut patet per dionysium, in epistola ad demophilum.
ra3 ' Ad tertium dicendum quod amentes baptizati, sicut et pueri, habent quidem habitum sapientiae, secundum quod est donum spiritus sancti, sed non habent actum, propter impedimentum corporale quo impeditur in eis usus rationis.

009 ST3 qu45 ar6

ag1 ' Ad sextum sic proceditur. videtur quod septima beatitudo non respondeat dono sapientiae. * septima enim beatitudo est, ° beati pacifici, quoniam filii dei vocabuntur. ' utrumque autem horum pertinet immediate ad caritatem. * nam de pace dicitur in psalm., ° pax multa diligentibus legem tuam. * et ut apostolus dicit, rom. v, ° caritas dei diffusa est in cordibus nostris per spiritum sanctum, qui datus est nobis; " qui quidem est spiritus adoptionis filiorum, in quo clamamus, abba, pater, * ut dicitur rom. viii. ' ergo septima beatitudo magis debet attribui caritati quam sapientiae.
ag2 ' Praeterea, unumquodque magis manifestatur per proximum effectum quam per remotum. sed proximus effectus sapientiae videtur esse caritas, * secundum illud sap. vii, ° per nationes in animas sanctas se transfert, amicos dei et prophetas constituit, ' pax autem et adoptio filiorum videntur esse remoti effectus, cum procedant ex caritate, * ut dictum est. ' ergo beatitudo sapientiae respondens deberet magis determinari secundum dilectionem caritatis quam secundum pacem.
ag3 * Praeterea, iac. iii dicitur, ° quae desursum est sapientia primo quidem pudica est, deinde autem pacifica, modesta, suadibilis, bonis consentiens, plena misericordia et fructibus bonis, iudicans sine simulatione. ' beatitudo ergo correspondens sapientiae non magis debuit accipi secundum pacem quam secundum alios effectus caelestis sapientiae.
sc ' Sed contra est quod * augustinus dicit, in libro de serm. dom. in monte, quod ° sapientia convenit pacificis, in quibus nullus motus est rebellis, sed obtemperans rationi.
co ' Respondeo dicendum quod septima beatitudo congrue adaptatur dono sapientiae et quantum ad meritum et quantum ad praemium. " ad meritum quidem pertinet quod dicitur, beati pacifici. ' pacifici autem dicuntur quasi pacem facientes vel in seipsis vel etiam in aliis. quorum utrumque contingit per hoc quod ea in quibus pax constituitur ad debitum ordinem rediguntur, " nam pax est tranquillitas ordinis, * ut augustinus dicit, xix de civ. dei. ' ordinare autem pertinet ad sapientiam; * ut patet per philosophum, in principio metaphys.. ' et ideo esse pacificum convenienter attribuitur sapientiae. " ad praemium autem pertinet quod dicitur, filii dei vocabuntur. ' dicuntur autem aliqui filii dei inquantum participant similitudinem filii unigeniti et naturalis, * secundum illud rom. viii, ° quos praescivit conformes fieri imaginis filii sui, ' qui quidem est sapientia genita. et ideo percipiendo donum sapientiae, ad dei filiationem homo pertingit.
ra1 ' Ad primum ergo dicendum quod caritatis est habere pacem, sed facere pacem est sapientiae ordinantis. " similiter etiam spiritus sanctus intantum dicitur spiritus adoptionis inquantum per eum datur nobis similitudo filii naturalis, qui est genita sapientia.
ra2 ' Ad secundum dicendum quod illud est intelligendum de sapientia increata, quae prima se nobis unit per donum caritatis, et ex hoc revelat nobis mysteria, quorum cognitio est sapientia infusa. et ideo sapientia infusa, quae est donum, non est causa caritatis, sed magis effectus.
ra3 * Ad tertium dicendum quod, sicut iam dictum est, ' ad sapientiam, secundum quod est donum, pertinet non solum contemplari divina, sed etiam regulare humanos actus. in qua quidem directione primo occurrit remotio a malis quae contrariantur sapientiae, " unde et timor dicitur esse initium sapientiae, inquantum facit recedere a malis. ' ultimum autem est, sicut finis, quod omnia ad debitum ordinem redigantur, quod pertinet ad rationem pacis. * et ideo convenienter iacobus dicit quod " sapientia quae desursum est, quae est donum spiritus sancti, primum est pudica, quasi vitans corruptelas peccati; deinde autem pacifica, quod est finalis effectus sapientiae, propter quod ponitur beatitudo. ' iam vero omnia quae sequuntur manifestant ea per quae sapientia ad pacem perducit, et ordine congruo. nam homini per pudicitiam a corruptelis recedenti primo occurrit quod quantum ex se potest, modum in omnibus teneat, " et quantum ad hoc dicitur, modesta. ' secundo, ut in his in quibus ipse sibi non sufficit, aliorum monitis acquiescat, * et quantum ad hoc subdit, " suadibilis. ' et haec duo pertinent ad hoc quod homo consequatur pacem in seipso. |25| sed ulterius, ad hoc quod homo sit pacificus etiam aliis, primo requiritur ut bonis eorum non repugnet, * et hoc est quod dicit, " bonis consentiens. ' secundo, quod defectibus proximi et compatiatur in affectu et subveniat in effectu, * et hoc est quod dicit, " plena misericordia et fructibus bonis. ' tertio requiritur ut caritative emendare peccata satagat, * et hoc est quod dicit, " iudicans sine simulatione, ' ne scilicet, correctionem praetendens, odium intendat explere.

009 ST3 qu46 ar

pr ' Deinde considerandum est de stultitia, quae opponitur sapientiae. et circa hoc quaeruntur tria. primo, utrum stultitia opponatur sapientiae. secundo, utrum stultitia sit peccatum. tertio, ad quod vitium capitale reducatur.

009 ST3 qu46 ar1

ag1 ' Ad primum sic proceditur. videtur quod stultitia non opponatur sapientiae. sapientiae enim directe videtur opponi insipientia. sed stultitia non videtur esse idem quod insipientia, quia insipientia videtur esse solum circa divina, sicut et sapientia; stultitia autem se habet et circa divina et circa humana. ergo sapientiae non opponitur stultitia.
ag2 ' Praeterea, unum oppositorum non est via perveniendi ad aliud. sed stultitia est via perveniendi ad sapientiam, * dicitur enim i ad cor. iii, ° si quis videtur inter vos sapiens esse in hoc saeculo, stultus fiat, ut sit sapiens. ' ergo sapientiae non opponitur stultitia.
ag3 ' Praeterea, unum oppositorum non est causa alterius. sapientia autem est causa stultitiae, * dicitur enim ierem. x, ° stultus factus est omnis homo a scientia sua; ' sapientia autem quaedam scientia est. * et isaiae xlvii dicitur, ° sapientia tua et scientia tua, haec decepit te, ' decipi autem ad stultitiam pertinet. ergo sapientiae non opponitur stultitia.
ag4 * Praeterea, isidorus dicit, in libro etymol., quod ° stultus est qui per ignominiam non commovetur ad dolorem, et qui non movetur iniuria. ' sed hoc pertinet ad sapientiam spiritualem; * ut gregorius dicit, in x moral.. ' ergo sapientiae non opponitur stultitia.
sc * Sed contra est quod gregorius dicit, in ii moral., quod " donum sapientiae datur contra stultitiam.
co ' Respondeo dicendum quod nomen stultitiae a stupore videtur esse sumptum, * unde isidorus dicit, in libro etymol., ° stultus est qui propter stuporem non movetur. ' et differt stultitia a fatuitate, * sicut ibidem dicitur, ' quia stultitia importat hebetudinem cordis et obtusionem sensuum; fatuitas autem impor-

tat totaliter spiritualis sensus privationem. et ideo convenienter stultitia sapientiae opponitur. ° sapiens * enim, ut ibidem isidorus dicit, ° dictus est a sapore, quia sicut gustus est aptus ad discretionem saporis ciborum, sic sapiens ad dignoscentiam rerum atque causarum. ' unde patet quod stultitia opponitur sapientiae sicut contrarium; fatuitas autem sicut pura negatio. nam fatuus caret sensu iudicandi; stultus autem habet, sed hebetatum; sapiens autem subtilem ac perspicacem.
ra1 * Ad primum ergo dicendum quod, sicut isidorus ibidem dicit, ° insipiens contrarius est sapienti, eo quod est sine sapore discretionis et sensus. ' unde idem videtur esse insipientia cum stultitia. praecipue autem videtur aliquis esse stultus quando patitur defectum in sententia iudicii quae attenditur secundum causam altissimam, nam si deficiat in iudicio circa aliquid modicum, non ex hoc vocatur aliquis stultus.
ra2 ' Ad secundum dicendum quod sicut est quaedam sapientia mala, * ut supra dictum est, ' quae dicitur sapientia saeculi, quia accipit pro causa altissima et fine ultimo aliquod terrenum bonum; ita etiam est aliqua stultitia bona, huic sapientiae malae opposita, per quam aliquis terrena contemnit. et de hac stultitia loquitur apostolus.
ra3 " Ad tertium dicendum quod sapientia saeculi est quae decipit et facit esse stultum apud deum, * ut patet per apostolum, i ad cor. iii.
ra4 ' Ad quartum dicendum quod non moveri iniuriis quandoque quidem contingit ex hoc quod homini non sapiunt terrena, sed sola caelestia. unde hoc pertinet ad stultitiam mundi, sed ad sapientiam dei, * ut gregorius ibidem dicit. ' quandoque autem contingit ex hoc quod homo est simpliciter circa omnia stupidus, ut patet in amentibus, qui non discernunt quid sit iniuria. et hoc pertinet ad stultitiam simpliciter.

009 ST3 qu46 ar2

ag1 ' Ad secundum sic proceditur. videtur quod stultitia non sit peccatum. nullum enim peccatum provenit in nobis a natura. sed quidam sunt stulti naturaliter. ergo stultitia non est peccatum.
ag2 " Praeterea, omne peccatum est voluntarium, * ut augustinus dicit. ' sed stultitia non est voluntaria. ergo non est peccatum.
ag3 ' Praeterea, omne peccatum opponitur alicui praecepto divino. sed stultitia nulli praecepto opponitur. ergo stultitia non est peccatum.
sc * Sed contra est quod dicitur prov. i, ° prosperitas stultorum perdet eos. ' sed nullus perditur nisi pro peccato. ergo stultitia est peccatum.
co ' Respondeo dicendum quod stultitia, * sicut dictum est, ' importat quendam stuporem sensus in iudicando, et praecipue circa altissimam causam, quae est finis ultimus et summum bonum. circa quod aliquis potest pati stuporem in iudicando dupliciter. uno modo, ex indispositione naturali, sicut patet in amentibus. et talis stultitia non est peccatum. alio modo, inquantum immergit homo sensum suum rebus terrenis, ex quo redditur eius sensus ineptus ad percipiendum divina, * secundum illud i ad cor. ii, ° animalis homo non percipit ea quae sunt spiritus dei, ' sicut etiam homini habenti gustum infectum malo humore non sapiunt dulcia. et talis stultitia est peccatum.
ra1 ' Et per hoc patet responsio ad primum.
ra2 ' Ad secundum dicendum quod quamvis stultitiam nullus velit, vult tamen ea ad quae consequitur esse stultum, scilicet abstrahere sensum suum a spiritualibus et immergere terrenis. et idem etiam contingit in aliis peccatis. nam luxuriosus vult delectationem sine qua non est peccatum, quamvis non simpliciter velit peccatum, vellet enim frui delectatione sine peccato.
ra3 ' Ad tertium dicendum quod stultitia opponitur praeceptis quae dantur de contemplatione veritatis; * de quibus supra habitum est cum de scientia et intellectu ageretur.

009 ST3 qu46 ar3

ag1 ' Ad tertium sic proceditur. videtur quod stultitia non sit filia luxuriae. * gregorius enim, xxxi moral., enumerat luxuriae filias; ' inter quas tamen non continetur stultitia. ergo stultitia non procedit ex luxuria.
ag2 * Praeterea, apostolus dicit, i ad cor. iii, ° sapientia huius mundi stultitia est apud deum. * sed sicut gregorius dicit, x moral., ° sapientia mundi est cor machinationibus tegere, " quod pertinet ad duplicitatem. ' ergo stultitia est magis filia duplicitatis quam luxuriae.
ag3 ' Praeterea, ex ira aliqui praecipue vertuntur in furorem et insaniam, quae pertinent ad stultitiam. ergo stultitia magis oritur ex ira quam ex luxuria.
sc * Sed contra est quod dicitur prov. vii, " statim eam sequitur, scilicet meretricem, ignorans quod ad vincula stultus trahatur.
co * Respondeo dicendum quod, sicut iam dictum est, ' stultitia, secundum quod est peccatum, provenit ex hoc quod sensus spiritualis hebetatus est, ut non sit aptus ad spiritualia diiudicanda. maxime autem sensus hominis immergitur ad terrena per luxuriam, quae est circa maximas delectationes, quibus anima maxime absorbetur. et ideo stultitia quae est peccatum maxime nascitur ex luxuria.
ra1 ' Ad primum ergo dicendum quod ad stultitiam pertinet quod homo habeat fastidium de deo et de donis ipsius. * unde gregorius duo numerat " inter filias luxuriae quae pertinent ad stultitiam, scilicet odium dei et desperationem futuri saeculi, quasi dividens stultitiam in duas partes.
ra2 " Ad secundum dicendum quod verbum illud apostoli non est intelligendum causaliter, sed essentialiter, quia scilicet ipsa sapientia mundi est stultitia apud deum. ' unde non oportet quod quaecumque pertinent ad sapientiam mundi sint causa huius stultitiae.
ra3 ' Ad tertium dicendum quod ira, * ut supra dictum est, ' sua acuitate maxime immutat corporis naturam. unde maxime causat stultitiam quae provenit ex impedimento corporali. sed stultitia quae provenit ex impedimento spirituali, scilicet ex immersione mentis ad terrena, maxime provenit ex luxuria, * ut dictum est.

009 ST3 qu47 ar

pr ' Consequenter, post virtutes theologicas, primo considerandum est, circa virtutes cardinales, de prudentia. et primo, de prudentia secundum se; secundo, de partibus eius; tertio, de dono ei correspondente; quarto, de vitiis oppositis; quinto, de praeceptis ad hoc pertinentibus. circa primum quaeruntur sexdecim. primo, utrum prudentia sit in voluntate, vel in ratione. secundo, si est in ratione, utrum in practica tantum, vel etiam in speculativa. tertio, utrum sit cognoscitiva singularium. quarto, utrum sit virtus. quinto, utrum sit virtus specialis. sexto, utrum praestituat finem virtutibus moralibus. septimo, utrum constituat medium in eis. octavo, utrum praecipere sit proprius actus eius. nono, utrum sollicitudo vel vigilantia pertineat ad prudentiam. decimo, utrum prudentia se extendat ad regimen multitudinis. undecimo, utrum prudentia quae est respectu boni proprii sit eadem specie cum ea quae se extendit ad bonum commune duodecimo, utrum prudentia sit in subditis, an solum in principibus. tertiodecimo, utrum inveniatur in malis. quartodecimo, utrum inveniatur in omnibus bonis. quintodecimo, utrum insit nobis a natura. sextodecimo, utrum perdatur per oblivionem.

009 ST3 qu47 ar1

ag1 ' Ad primum sic proceditur. videtur quod prudentia non sit in vi cognoscitiva, sed in appetitiva. * dicit enim augustinus, in libro de moribus eccle., ° prudentia est amor ea quibus adiuvatur ab eis quibus impeditur sagaciter eligens. ' sed amor non est in cognoscitiva, sed in appetitiva. ergo prudentia est in vi appetitiva.
ag2 * Praeterea, sicut ex praedicta definitione apparet, ' ad prudentiam pertinet eligere sagaciter. sed electio est actus appetitivae virtutis, * ut supra habitum est. ' ergo prudentia non est in vi cognoscitiva, sed in appetitiva.
ag3 * Praeterea, philosophus dicit, in vi ethic., quod ° in arte quidem volens peccans eligibilior est, circa prudentiam autem, minus, quemadmodum et circa virtutes. ' sed virtutes morales, de quibus ibi loquitur, sunt in parte appetitiva, ars autem in ratione. ergo prudentia magis est in parte appetitiva quam in ratione.
sc ' Sed contra est quod * augustinus dicit, in libro octoginta trium quaest., ° prudentia est cognitio rerum appetendarum et fugiendarum.
co * Respondeo dicendum quod, sicut isidorus dicit, in libro etymol., ° prudens dicitur quasi porro videns, perspicax enim est, et incertorum videt casus. ' visio autem non est virtutis appetitivae, sed cognoscitivae. unde manifestum est quod prudentia directe pertinet ad vim cognoscitivam. non autem ad vim sensitivam, quia per eam cognoscuntur solum ea quae praesto sunt et sensibus offeruntur. cognoscere autem futura ex praesentibus vel praeteritis, quod pertinet ad prudentiam, proprie rationis est, quia hoc per quandam collationem agitur. unde relinquitur quod prudentia proprie sit in ratione.
ra1 ' Ad primum ergo dicendum quod, * sicut supra dictum est, ' voluntas movet omnes potentias ad suos actus. primus autem actus appetitivae virtutis est amor, * ut supra dictum est. ' sic igitur prudentia dicitur esse amor non quidem essentialiter, sed inquantum amor movet ad actum prudentiae. * unde et postea subdit augustinus quod ° prudentia est amor bene discernens ea quibus adiuvetur ad tendendum in deum ab his quibus impediri potest. ' dicitur autem amor discernere, inquantum movet rationem ad discernendum.
ra2 ' Ad secundum dicendum quod prudens considerat ea quae sunt procul inquantum ordinantur ad adiuvandum vel impediendum ea quae sunt praesentialiter agenda. unde patet quod ea quae considerat prudentia ordinantur ad alia sicut ad finem. eorum autem quae sunt ad finem est consilium in ratione et electio in appetitu. quorum duorum consilium magis proprie pertinet ad prudentiam, * dicit enim philosophus, in vi ethic., quod " prudens est bene consiliativus. ' sed quia electio praesupponit consilium, " est enim appetitus praeconsiliati, * ut dicitur in iii ethic.; ' ideo etiam eligere potest attribui prudentiae consequenter, inquantum scilicet electionem per consilium dirigit.
ra3 ' Ad tertium dicendum quod laus prudentiae non consistit in sola consideratione, sed in applicatione ad opus, quod est finis practicae rationis. et ideo si in hoc defectus accidat, maxime est contrarium prudentiae, quia sicut finis est potissimus in unoquoque, ita et defectus qui est circa finem est pessimus. * unde ibidem philosophus subdit quod " prudentia non est solum cum ratione, sicut ars, ' habet enim, * ut dictum est, ' applicationem ad opus, quod fit per voluntatem.

009 ST3 qu47 ar2

ag1 ' Ad secundum sic proceditur. videtur quod prudentia non solum pertineat ad rationem practicam, sed etiam ad speculativam. * dicitur enim prov. x, ° sapientia est viro prudentia. ' sed sapientia principalius consistit in contemplatione. ergo et prudentia.
ag2 * Praeterea, ambrosius dicit, in i de officiis, ° prudentia in veri investigatione versatur, et scientiae plenioris infundit cupiditatem. ' sed hoc pertinet ad rationem speculativam. ergo prudentia consistit etiam in ratione speculativa.
ag3 " Praeterea, in eadem parte animae ponitur a philosopho ars et prudentia; * ut patet in vi ethic.. ' sed ars non solum invenitur practica, sed etiam speculativa, ut patet in artibus liberalibus. ergo etiam prudentia invenitur et practica et speculativa.
sc * Sed contra est quod philosophus dicit, in vi ethic., quod " prudentia est recta ratio agibilium. ' sed hoc non pertinet nisi ad rationem practicam. ergo prudentia non est nisi in ratione practica.
co * Respondeo dicendum quod, sicut philosophus dicit, in vi ethic., ° prudentis est bene posse consiliari. ' consilium autem est de his quae sunt per nos agenda in ordine ad finem aliquem. ratio autem eorum quae sunt agenda propter finem est ratio practica. unde manifestum est quod prudentia non consistit nisi in ratione practica.
ra1 * Ad primum ergo dicendum quod, sicut supra dictum est, ' sapientia considerat causam altissimam simpliciter. unde consideratio causae altissimae in quolibet genere pertinet ad sapientiam in illo genere. in genere autem humanorum actuum causa altissima est finis communis toti vitae humanae. et hunc finem intendit prudentia, * dicit enim philosophus, in vi ethic., quod " sicut ille qui ratiocinatur bene ad aliquem finem particularem, puta ad victoriam, dicitur esse prudens non simpliciter, sed in hoc genere, scilicet in rebus bellicis; ita ille qui bene ratiocinatur ad totum bene vivere dicitur prudens simpliciter. ' unde manifestum est quod prudentia est sapientia in rebus humanis, non autem sapientia simpliciter, quia non est circa causam altissimam simpliciter; est enim circa bonum humanum, homo autem non est optimum eorum quae sunt. * et ideo signanter dicitur quod " prudentia est sapientia viro, non autem sapientia simpliciter.
ra2 ' Ad secundum dicendum quod * ambrosius et etiam tullius nomen prudentiae largius sumunt " pro qualibet cognitione humana tam speculativa quam practica. ' quamvis dici possit quod ipse actus speculativae rationis, secundum quod est voluntarius, cadit sub electione et consilio quantum ad suum exercitium, et per consequens cadit sub ordinatione prudentiae. sed quantum ad suam speciem, prout comparatur ad obiectum, quod est verum necessarium, non cadit sub consilio nec sub prudentia.
ra3 ' Ad tertium dicendum quod omnis applicatio rationis rectae ad aliquid factibile pertinet ad artem. sed ad prudentiam non pertinet nisi applicatio rationis rectae ad ea de quibus est consilium. " et huiusmodi sunt in quibus non sunt viae determinatae perveniendi ad finem; * ut dicitur in iii ethic.. ' quia igitur ratio speculativa quaedam facit, puta syllogismum, propositionem et alia huiusmodi, in quibus proceditur secundum certas et determinatas vias; inde est quod respectu horum potest salvari ratio artis, non autem ratio prudentiae. et ideo invenitur aliqua ars speculativa, non autem aliqua prudentia.

009 ST3 qu47 ar3

ag1 ' Ad tertium sic proceditur. videtur quod prudentia non sit cognoscitiva singularium. prudentia enim est in ratione, * ut dictum est. " sed ratio est universalium, * ut dicitur in i physic.. ' ergo prudentia non est cognoscitiva nisi universalium.
ag2 ' Praeterea, singularia sunt infinita. sed infinita non possunt comprehendi a ratione. ergo prudentia, quae est ratio recta, non est singularium.
ag3 ' Praeterea, particularia per sensum cognoscuntur. sed prudentia non est in sensu, multi enim habentes sensus exteriores perspicaces non sunt prudentes. ergo prudentia non est singularium.
sc * Sed contra est quod philosophus dicit, in vi ethic., quod ° prudentia non est universalium solum, sed oportet et singularia cognoscere.
co * Respondeo dicendum quod, sicut supra dictum est, ' ad prudentiam pertinet non solum consideratio rationis, sed et am applicatio ad opus, quae est finis practicae rationis. nullus autem potest convenienter aliquid alteri applicare nisi utrumque cognoscat, scilicet et id quod applicandum est et id cui applican-

dum est. operationes autem sunt in singularibus. et ideo necesse est quod prudens et cognoscat universalia principia rationis, et cognoscat singularia, circa quae sunt operationes.
ra1 ' Ad primum ergo dicendum quod ratio primo quidem et principaliter est universalium, potest tamen universales rationes ad particularia applicare (unde syllogismorum conclusiones non solum sunt universales, sed etiam particulares); quia intellectus per quandam reflexionem se ad materiam extendit, * ut dicitur in iii de anima.
ra2 ' Ad secundum dicendum quod quia infinitas singularium non potest ratione humana comprehendi, inde est quod sunt incertae providentiae nostrae, * ut dicitur sap. ix. ' tamen per experientiam singularia infinita reducuntur ad aliqua finita quae ut in pluribus accidunt, quorum cognitio sufficit ad prudentiam humanam.
ra3 * Ad tertium dicendum quod, sicut philosophus dicit, in vi ethic., " prudentia non consistit in sensu exteriori, quo cognoscimus sensibilia propria, sed in sensu interiori, qui perficitur per memoriam et experimentum ad prompte iudicandum de particularibus expertis. ' non tamen ita quod prudentia sit in sensu interiori sicut in subiecto principali, sed principaliter quidem est in ratione, per quandam autem applicationem pertingit ad huiusmodi sensum.

009 ST3 qu47 ar4

ag1 ' Ad quartum sic proceditur. videtur quod prudentia non sit virtus. * dicit enim augustinus, in i de lib. arb., quod " prudentia est appetendarum et vitandarum rerum scientia. ' sed scientia contra virtutem dividitur; * ut patet in praedicamentis. ' ergo prudentia non est virtus.
ag2 ' Praeterea, virtutis non est virtus. " sed artis est virtus; * ut philosophus dicit, in vi ethic.. ' ergo ars non est virtus. sed in arte est prudentia, * dicitur enim ii paral. ii de hiram quod ° sciebat caelare omnem sculpturam, et adinvenire prudenter quodcumque in opere necessarium est. ' ergo prudentia non est virtus.
ag3 ' Praeterea, nulla virtus potest esse immoderata. sed prudentia est immoderata, alioquin * frustra diceretur in prov. xxiii, ° prudentiae tuae pone modum. ' ergo prudentia non est virtus.
sc * Sed contra est quod gregorius, in ii moral., " prudentiam, temperantiam, fortitudinem et iustitiam dicit esse quatuor virtutes.
co ' Respondeo dicendum quod, * sicut supra dictum est cum de virtutibus in communi ageretur, ° virtus est quae bonum facit habentem et opus eius bonum reddit. ' bonum autem potest dici dupliciter, uno modo, materialiter, pro eo quod est bonum; alio modo, formaliter, secundum rationem boni. bonum autem, inquantum huiusmodi, est obiectum appetitivae virtutis. et ideo si qui habitus sunt qui faciant rectam considerationem rationis non habito respectu ad rectitudinem appetitus, minus habent de ratione virtutis, tanquam ordinantes ad bonum materialiter, idest ad id quod est bonum non sub ratione boni, plus autem habent de ratione virtutis habitus illi qui respiciunt rectitudinem appetitus, quia respiciunt bonum non solum materialiter, sed etiam formaliter, idest id quod est bonum sub ratione boni. ad prudentiam autem pertinet, * sicut dictum est, ' applicatio rectae rationis ad opus, quod non fit sine appetitu recto. et ideo prudentia non solum habet rationem virtutis quam habent aliae virtutes intellectuales; sed etiam habet rationem virtutis quam habent virtutes morales, quibus etiam connumeratur.
ra1 * Ad primum ergo dicendum quod augustinus ibi " large accepit scientiam pro qualibet recta ratione.
ra2 * Ad secundum dicendum quod philosophus dicit " artis esse virtutem, quia non importat rectitudinem appetitus, et ideo ad hoc quod homo recte utatur arte, requiritur quod habeat virtutem, quae faciat rectitudinem appetitus. ' prudentia autem non habet locum in his quae sunt artis, tum quia ars ordinatur ad aliquem particularem finem; tum quia ars habet determinata media per quae pervenitur ad finem. dicitur tamen aliquis prudenter operari in his quae sunt artis per similitudinem quandam, in quibusdam enim artibus, propter incertitudinem eorum quibus pervenitur ad finem, necessarium est consilium, " sicut in medicinali et in navigatoria, * ut dicitur in iii ethic..
ra3 " Ad tertium dicendum quod illud dictum sapientis non est sic intelligendum quasi ipsa prudentia sit moderanda, sed quia secundum prudentiam est aliis modus imponendus.

009 ST3 qu47 ar5

ag1 ' Ad quintum sic proceditur. videtur quod prudentia non sit specialis virtus. nulla enim specialis virtus ponitur in communi definitione virtutis. sed prudentia ponitur in communi definitione virtutis, * quia in ii ethic. definitur virtus ° habitus electivus in medietate existens determinata ratione quoad nos, prout sapiens determinabit; ' recta autem ratio intelligitur secundum prudentiam, * ut dicitur in vi ethic.. ' ergo prudentia non est specialis virtus.
ag2 * Praeterea, philosophus dicit, in vi ethic., quod ' ° virtus moralis recte facit operari finem, prudentia autem ea quae sunt ad finem. ' sed in qualibet virtute sunt aliqua operanda propter finem. ergo prudentia est in qualibet virtute. non est ergo virtus specialis.
ag3 ' Praeterea, specialis virtus habet speciale obiectum. sed prudentia non habet speciale obiectum, " est enim recta ratio agibilium, * ut dicitur in vi ethic.; ' agibilia autem sunt omnia opera virtutum. ergo prudentia non est specialis virtus.
sc ' Sed contra est quod condividitur et connumeratur aliis virtutibus, * dicitur enim sap. viii. ° sobrietatem et prudentiam docet, iustitiam et virtutem.
co ' Respondeo dicendum quod cum actus et habitus recipiant speciem ex obiectis, * ut ex supradictis patet, ' necesse est quod habitus cui respondet speciale obiectum ab aliis distinctum specialis sit habitus, et si est bonus, est specialis virtus. speciale autem obiectum dicitur non secundum materialem considerationem ipsius, sed magis secundum rationem formalem, * ut ex supradictis patet, ' nam una et eadem res cadit sub actu diversorum habituum, et etiam diversarum potentiarum, secundum rationes diversas. maior autem diversitas obiecti requiritur ad diversitatem potentiae quam ad diversitatem habitus, * cum plures habitus inveniantur in una potentia, * ut supra dictum est. ' diversitas ergo rationis obiecti quae diversificat potentiam, multo magis diversificat habitum. sic igitur dicendum est quod cum prudentia sit in ratione, * ut dictum est, ' diversificatur quidem ab aliis virtutibus intellectualibus secundum materialem diversitatem obiectorum. nam sapientia, scientia et intellectus sunt circa necessaria; ars autem et prudentia circa contingentia; sed ars circa factibilia, quae scilicet in exteriori materia |25| constituuntur, sicut domus, cultellus et huiusmodi; prudentia autem est circa agibilia, quae scilicet in ipso operante consistunt, * ut supra habitum est. ' sed a virtutibus moralibus distinguitur prudentia secundum formalem rationem potentiarum distinctivam, scilicet intellectivi, in quo est prudentia; et appetitivi, in quo est virtus moralis. unde manifestum est prudentiam esse specialem virtutem ab omnibus aliis virtutibus distinctam.
ra1 ' Ad primum ergo dicendum quod illa definitio non datur de virtute in communi, sed de virtute morali. in cuius definitione convenienter ponitur virtus intellectualis communicans in materia cum ipsa, scilicet prudentia, quia sicut virtutis moralis subiectum est aliquid participans ratione, ita virtus moralis habet rationem virtutis inquantum participat virtutem intellectualem.
ra2 ' Ad secundum dicendum quod ex illa ratione habetur quod prudentia adiuvet omnes virtutes, et in omnibus operetur. sed hoc non sufficit ad ostendendum quod non sit virtus specialis, quia nihil prohibet in aliquo genere esse aliquam speciem quae aliqualiter operetur in omnibus speciebus eiusdem generis; sicut sol aliqualiter influit in omnia corpora.
ra3 ' Ad tertium dicendum quod agibilia sunt quidem materia prudentiae secundum quod sunt obiectum rationis, scilicet sub ratione veri. sunt autem materia moralium virtutum secundum quod sunt obiectum virtutis appetitivae, scilicet sub ratione boni.

009 ST3 qu47 ar6

ag1 ' Ad sextum sic proceditur. videtur quod prudentia praestituat finem virtutibus moralibus. cum enim prudentia sit in ratione, virtus autem moralis in vi appetitiva, videtur quod hoc modo se habeat prudentia ad virtutem moralem sicut ratio ad vim appetitivam. sed ratio praestituit finem potentiae appetitivae. ergo prudentia praestituit finem virtutibus moralibus.
ag2 ' Praeterea, homo excedit res irrationales secundum rationem, sed secundum alia cum eis communicat. sic igitur se habent aliae partes hominis ad rationem sicut se habent creaturae irrationales ad hominem. sed " homo est finis creaturarum irrationalium * ut dicitur in i politic. ' ergo omnes aliae partes hominis ordinantur ad rationem sicut ad finem. sed prudentia est recta ratio agibilium, * ut dictum est. ' ergo omnia agibilia ordinantur ad prudentiam sicut ad finem. ipsa ergo praestituit finem omnibus virtutibus moralibus.
ag3 ' Praeterea, proprium est virtutis vel artis seu potentiae ad quam pertinet finis ut praecipiat aliis virtutibus seu artibus ad quas pertinent ea quae sunt ad finem. sed prudentia disponit de aliis virtutibus moralibus et praecipit eis. ergo praestituit eis finem.
sc * Sed contra est quod philosophus dicit, in vi ethic., quod ° virtus moralis intentionem finis facit rectam, prudentia autem quae ad hanc. ' ergo ad prudentiam non pertinet praestituere finem virtutibus moralibus, sed solum disponere de his quae sunt ad finem.
co ' Respondeo dicendum quod finis virtutum moralium est bonum humanum bonum autem humanae animae est secundum rationem esse; * ut patet per dionysium, iv cap. de div. nom.. ' unde necesse est quod fines moralium virtutum praeexistant in ratione. sicut autem in ratione speculativa sunt quaedam ut naturaliter nota, quorum est intellectus; et quaedam quae per illa innotescunt, scilicet conclusiones, quarum est scientia, ita in ratione practica praeexistunt quaedam ut principia naturaliter nota, et huiusmodi sunt fines virtutum moralium, quia finis se habet in operabilibus sicut principium in speculativis, * ut supra habitum est; ' et quaedam sunt in ratione practica ut conclusiones, et huiusmodi sunt ea quae sunt ad finem, in quae pervenimus ex ipsis finibus. et horum est prudentia, applicans universalia principia ad particulares conclusiones operabilium. et ideo ad prudentiam non pertinet praestituere finem virtutibus moralibus, sed solum disponere de his quae sunt ad finem.
ra1 ' Ad primum ergo dicendum quod virtutibus moralibus praestituit finem ratio naturalis quae dicitur synderesis, * ut in primo habitum est, ' non autem prudentia, * ratione iam dicta.
ra2 ' Et per hoc etiam patet responsio ad secundum.
ra3 ' Ad tertium dicendum quod finis non pertinet ad virtutes morales tanquam ipsae praestituant finem, sed quia tendunt in finem a ratione naturali praestitutum. ad quod iuvantur per prudentiam, quae eis viam parat, disponendo ea quae sunt ad finem. unde relinquitur quod prudentia sit nobilior virtutibus moralibus, et moveat eas. sed synderesis movet prudentiam, sicut intellectus principiorum scientiam.

009 ST3 qu47 ar7

ag1 ' Ad septimum sic proceditur. videtur quod ad prudentiam non pertineat invenire medium in virtutibus moralibus. consequi enim medium est finis moralium virtutum. sed prudentia non praestituit finem moralibus virtutibus, * ut ostensum est. ' ergo non invenit in eis medium.
ag2 ' Praeterea, illud quod est per se non videtur causam habere, sed ipsum esse est sui ipsius causa, quia unumquodque dicitur esse per causam suam. sed existere in medio convenit virtuti morali per se, quasi positum in eius definitione, * ut ex dictis patet. ' non ergo prudentia causat medium in virtutibus moralibus.
ag3 ' Praeterea, prudentia operatur secundum modum rationis. sed virtus moralis tendit ad medium per modum naturae, * quia ut tullius dicit, in ii rhet., ° virtus est habitus per modum naturae rationi consentaneus. ' ergo prudentia non praestituit medium virtutibus moralibus.
sc * Sed contra est quod in supraposita definitione virtutis moralis dicitur quod ° est in medietate existens determinata ratione prout sapiens determinabit.
co ' Respondeo dicendum quod hoc ipsum quod est conformari rationi rectae est finis proprius cuiuslibet moralis virtutis, temperantia enim hoc intendit, ne propter concupiscentias homo divertat a ratione; et similiter fortitudo ne a recto iudicio rationis divertat propter timorem vel audaciam. et hic finis praestitutus est homini secundum naturalem rationem, naturalis enim ratio dictat unicuique ut secundum rationem operetur. sed qualiter et per quae homo in operando attingat medium rationis pertinet ad dispositionem prudentiae. licet enim attingere medium sit finis virtutis moralis, tamen per rectam dispositionem eorum quae sunt ad finem medium invenitur.
ra1 ' Et per hoc patet responsio ad primum.
ra2 ' Ad secundum dicendum quod sicut agens naturale facit ut forma sit in materia, non tamen facit ut formae conveniant ea quae per se ei insunt; ita etiam prudentia medium constituit in passionibus et operationibus, non tamen facit quod medium quaerere conveniat virtuti.
ra3 ' Ad tertium dicendum quod virtus moralis per modum naturae intendit pervenire ad medium. sed quia medium non eodem modo invenitur in omnibus, ideo inclinatio naturae, quae semper eodem modo operatur, ad hoc non sufficit, sed requiritur ratio prudentiae.

009 ST3 qu47 ar8

ag1 ' Ad octavum sic proceditur. videtur quod praecipere non sit principalis actus prudentiae. praecipere enim pertinet ad bona quae sunt fienda. * sed augustinus, xiv de trin., " ponit actum prudentiae praecavere insidias. ' ergo praecipere non est principalis actus prudentiae.
ag2 * Praeterea, philosophus dicit, in vi ethic., quod ° prudentis videtur esse bene consiliari. ' sed alius actus videtur esse consiliari et praecipere, * ut ex supradictis patet. ' ergo prudentiae principalis actus non est praecipere.
ag3 ' Praeterea, praecipere, vel imperare, videtur pertinere ad voluntatem, cuius obiectum est finis et quae movet alias potentias animae. sed prudentia non est in voluntate, sed in ratione. ergo prudentiae actus non est praecipere.
sc ' Sed contra est quod * philosophus dicit, in vi ethic., quod " prudentia praeceptiva est.
co ' Respondeo dicendum quod prudentia est recta ratio agibilium, * ut supra dictum est. ' unde oportet quod ille sit praecipuus actus prudentiae qui est praecipuus actus rationis agibilium. cuius quidem sunt tres actus. quorum primus est consiliari, quod pertinet ad inventionem, nam consiliari est quaerere, * ut supra habitum est. ' secundus actus est iudicare de inventis, et hic sistit speculativa ratio. sed practica ratio, quae ordinatur ad opus, procedit ulterius et est tertius actus eius praecipere, qui quidem actus consistit in applicatione consiliatorum et iudicatorum ad operandum. et quia iste actus est propinquior fini rationis practicae, inde est quod iste est principalis ac-

tus rationis practicae, et per consequens prudentiae. et huius signum est quod perfectio artis consistit in iudicando, non autem in praecipiendo. ideo reputatur melior artifex qui volens peccat in arte, quasi habens rectum iudicium, quam qui peccat nolens, quod videtur esse ex defectu iudicii. " sed in prudentia est e converso, * ut dicitur in vi ethic., ' imprudentior enim est qui volens peccat, quasi deficiens in principali actu prudentiae, qui est praecipere, quam qui peccat nolens.
ra1 ' Ad primum ergo dicendum quod actus praecipiendi se extendit et ad bona prosequenda et ad mala cavenda. " et tamen praecavere insidias non attribuit augustinus prudentiae quasi principalem actum ipsius, ' sed quia iste actus prudentiae non manet in patria.
ra2 ' Ad secundum dicendum quod bonitas consilii requiritur ut ea quae sunt bene inventa applicentur ad opus. et ideo praecipere pertinet ad prudentiam, quae est bene consiliativa.
ra3 ' Ad tertium dicendum quod movere absolute pertinet ad voluntatem. sed praecipere importat motionem cum quadam ordinatione. et ideo est actus rationis, * ut supra dictum est.

009 ST3 qu47 ar9

ag1 ' Ad nonum sic proceditur. videtur quod sollicitudo non pertineat ad prudentiam. sollicitudo enim inquietudinem quandam importat, * dicit enim isidorus, in libro etymol., quod " sollicitus dicitur qui est inquietus. ' sed motio maxime pertinet ad vim appetitivam. ergo et sollicitudo. sed prudentia non est in vi appetitiva, sed in ratione, * ut supra habitum est. ' ergo sollicitudo non pertinet ad prudentiam.
ag2 ' Praeterea, sollicitudini videtur opponi certitudo veritatis, * unde dicitur i reg. ix quod samuel dixit ad saul, ° de asinis quas nudiustertius perdidisti ne sollicitus sis, quia inventae sunt. ' sed certitudo veritatis pertinet ad prudentiam, cum sit virtus intellectualis. ergo sollicitudo opponitur prudentiae, magis quam ad eam pertineat.
ag3 * Praeterea, philosophus dicit, in iv ethic., quod ° ad magnanimum pertinet pigrum esse et otiosum. ' pigritiae autem opponitur sollicitudo. cum ergo prudentia non opponatur magnanimitati, quia bonum non est bono contrarium, * ut dicitur in praedic.; ' videtur quod sollicitudo non pertineat ad prudentiam.
sc * Sed contra est quod dicitur i pet. iv, ° estote prudentes, et vigilate in orationibus. ' sed vigilantia est idem sollicitudini. ergo sollicitudo pertinet ad prudentiam.
co ' Respondeo dicendum quod, * sicut dicit isidorus, in libro etymol., " sollicitus dicitur quasi solers citus, ' inquantum scilicet aliquis ex quadam solertia animi velox est ad prosequendum ea quae sunt agenda. hoc autem pertinet ad prudentiam, cuius praecipuus actus est circa agenda praecipere de praeconsiliatis et iudicatis. * unde philosophus dicit, in vi ethic., quod ° oportet operari quidem velociter consiliata, consiliari autem tarde. ' et inde est quod sollicitudo proprie ad prudentiam pertinet. * et propter hoc augustinus dicit, in libro de moribus eccles., quod ° prudentiae sunt excubiae atque diligentissima vigilantia ne, subrepente paulatim mala suasione, fallamur.
ra1 ' Ad primum ergo dicendum quod motus pertinet quidem ad vim appetitivam sicut ad principium movens, tamen secundum directionem et praeceptum rationis, in quo consistit ratio sollicitudinis.
ra2 * Ad secundum dicendum quod, secundum philosophum, in i ethic., ° certitudo non est similiter quaerenda in omnibus, sed in unaquaque materia secundum proprium modum. ' quia vero materiae prudentiae sunt singularia contingentia, circa quae sunt operationes humanae, non potest certitudo prudentiae tanta esse quod omnino sollicitudo tollatur.
ra3 " Ad tertium dicendum quod magnanimus dicitur esse piger et otiosus, ' non quia de nullo sit sollicitus, sed quia non est superflue sollicitus de multis, sed confidit in his de quibus confidendum est, et circa illa non superflue sollicitatur. superfluitas enim timoris et diffidentiae facit superfluitatem sollicitudinis, quia timor facit consiliativos, * ut supra dictum est cum de passione timoris ageretur.

009 ST3 qu47 ar10

ag1 ' Ad decimum sic proceditur. videtur quod prudentia non se extendat ad regimen multitudinis, sed solum ad regimen sui ipsius. * dicit enim philosophus, in v ethic., quod " virtus relata ad bonum commune est iustitia. ' sed prudentia differt a iustitia. ergo prudentia non refertur ad bonum commune.
ag2 ' Praeterea, ille videtur esse prudens qui sibi ipsi bonum quaerit et operatur. sed frequenter illi qui quaerunt bona communia negligunt sua. ergo non sunt prudentes.
ag3 ' Praeterea, prudentia dividitur contra temperantiam et fortitudinem. sed temperantia et fortitudo videntur dici solum per comparationem ad bonum proprium. ergo etiam et prudentia.
sc * Sed contra est quod dominus dicit, matth. xxiv, ° quis, putas, est fidelis servus et prudens, quem constituit dominus super familiam suam?
co * Respondeo dicendum quod, sicut philosophus dicit, in vi ethic., quidam posuerunt quod " prudentia non se extendit ad bonum commune, sed solum ad bonum proprium. et hoc ideo quia existimabant quod non oportet hominem quaerere nisi bonum proprium. ' sed haec aestimatio repugnat caritati, quae non quaerit quae sua sunt, * ut dicitur i ad cor. xiii. unde et apostolus de seipso dicit, i ad cor. x, ° non quaerens quod mihi utile sit, sed quod multis, ut salvi fiant. ' repugnat etiam rationi rectae, quae hoc iudicat, quod bonum commune sit melius quam bonum unius. quia igitur ad prudentiam pertinet recte consiliari, iudicare et praecipere de his per quae pervenitur ad debitum finem, manifestum est quod prudentia non solum se habet ad bonum privatum unius hominis, sed etiam ad bonum commune multitudinis.
ra1 * Ad primum ergo dicendum quod philosophus ibi loquitur ' de virtute morali. sicut autem omnis virtus moralis relata ad bonum commune dicitur legalis iustitia, ita prudentia relata ad bonum commune vocatur politica, ut sic se habeat politica ad iustitiam legalem, sicut se habet prudentia simpliciter dicta ad virtutem moralem.
ra2 ' Ad secundum dicendum quod ille qui quaerit bonum commune multitudinis ex consequenti etiam quaerit bonum suum, propter duo. primo quidem, quia bonum proprium non potest esse sine bono communi vel familiae vel civitatis aut regni. * unde et maximus valerius dicit de antiquis romanis quod ° malebant esse pauperes in divite imperio quam divites in paupere imperio. ' secundo quia, cum homo sit pars domus et civitatis, oportet quod homo consideret quid sit sibi bonum ex hoc quod est prudens circa bonum multitudinis, bona enim dispositio partis accipitur secundum habitudinem ad totum; * quia ut augustinus dicit, in libro confess., ° turpis est omnis pars suo toti non congruens.
ra3 ' Ad tertium dicendum quod etiam temperantia et fortitudo possunt referri ad bonum commune, " unde de actibus earum dantur praecepta legis, * ut dicitur in v ethic.. ' magis tamen prudentia et iustitia, quae pertinent ad partem rationalem, ad quam directe pertinent communia, sicut ad partem sensitivam pertinent singularia.

009 ST3 qu47 ar11

ag1 ' Ad undecimum sic proceditur. videtur quod prudentia quae est respectu boni proprii sit eadem specie cum ea quae se extendit ad bonum commune. * dicit enim philosophus, in vi ethic., quod ° politica et prudentia idem habitus est, esse autem non idem ipsis.
ag2 * Praeterea, philosophus dicit, in iii polit., quod ° eadem est virtus boni viri et boni principis. ' sed politica maxime est in principe, in quo est sicut architectonica. cum ergo prudentia sit virtus boni viri, videtur quod sit idem habitus prudentia et politica.
ag3 ' Praeterea, ea quorum unum ordinatur ad aliud non diversificant speciem aut substantiam habitus. sed bonum proprium, quod pertinet ad prudentiam simpliciter dictam, ordinatur ad bonum commune, quod pertinet ad politicam. ergo politica et prudentia neque differunt specie, neque secundum habitus substantiam.
sc ' Sed contra est quod diversae scientiae sunt politica, quae ordinatur ad bonum commune civitatis; et oeconomica, quae est de his quae pertinent ad bonum commune domus vel familiae; et monastica, quae est de his quae pertinent ad bonum unius personae. ergo pari ratione et prudentiae sunt species diversae secundum hanc diversitatem materiae.
co * Respondeo dicendum quod, sicut supra dictum est, ' species habituum diversificantur secundum diversitatem obiecti quae attenditur penes rationem formalem ipsius. ratio autem formalis omnium quae sunt ad finem attenditur ex parte finis; * sicut ex supradictis patet. ' et ideo necesse est quod ex relatione ad diversos fines diversificentur species habitus. diversi autem fines sunt bonum proprium unius, et bonum familiae, et bonum civitatis et regni. unde necesse est quod et prudentiae differant specie secundum differentiam horum finium, ut scilicet una sit prudentia simpliciter dicta, quae ordinatur ad bonum proprium; alia autem oeconomica, quae ordinatur ad bonum commune domus vel familiae; et tertia politica, quae ordinatur ad bonum commune civitatis vel regni.
ra1 " Ad primum ergo dicendum quod philosophus non intendit dicere quod politica sit idem secundum substantiam habitus cuilibet prudentiae, sed prudentiae quae ordinatur ad bonum commune. ' quae quidem prudentia dicitur secundum communem rationem prudentiae, prout scilicet est quaedam recta ratio agibilium, dicitur autem politica secundum ordinem ad bonum commune.
ra2 * Ad secundum dicendum quod, sicut philosophus ibidem dicit, ° ad bonum virum pertinet posse bene principari et bene subiici. ' et ideo in virtute boni viri includitur etiam virtus principis. sed virtus principis et subditi differt specie, sicut etiam virtus viri et mulieris, * ut ibidem dicitur.
ra3 ' Ad tertium dicendum quod etiam diversi fines quorum unus ordinatur ad alium diversificant speciem habitus, sicut equestris et militaris et civilis differunt specie, licet finis unius ordinetur ad finem alterius. et similiter, licet bonum unius ordinetur ad bonum multitudinis, tamen hoc non impedit quin talis diversitas faciat habitus differre specie. sed ex hoc sequitur quod habitus qui ordinatur ad finem ultimum sit principalior, et imperet aliis habitibus.

009 ST3 qu47 ar12

ag1 ' Ad duodecimum sic proceditur. videtur quod prudentia non sit in subditis, sed solum in principibus. * dicit enim philosophus, in iii polit., quod ° prudentia sola est propria virtus principis, aliae autem virtutes sunt communes subditorum et principum. subditi autem non est virtus prudentia, sed opinio vera.
ag2 * Praeterea, in i polit. dicitur quod ° servus omnino non habet quid consiliativum. " sed prudentia facit bene consiliativos: * ut dicitur in vi ethic.. ' ergo prudentia non competit servis, seu subditis.
ag3 ' Praeterea, prudentia est praeceptiva, * ut supra dictum est. ' sed praecipere non pertinet ad servos vel subditos, sed solum ad principes. ergo prudentia non est in subditis, sed solum in principibus.
sc * Sed contra est quod philosophus dicit, in vi ethic., quod " prudentiae politicae sunt duae species, una quae est legum positiva, quae pertinet ad principes; alia quae retinet commune nomen politicae, quae est circa singularia. ' huiusmodi autem singularia peragere pertinet etiam ad subditos. ergo prudentia non solum est principum, sed etiam subditorum.
co ' Respondeo dicendum quod prudentia in ratione est. regere autem et gubernare proprie rationis est. et ideo unusquisque inquantum participat de regimine et gubernatione, intantum convenit sibi habere rationem et prudentiam. manifestum est autem quod subditi inquantum est subditus, et servi inquantum est servus, non est regere et gubernare, sed magis regi et gubernari. et ideo prudentia non est virtus servi inquantum est servus, nec subditi inquantum est subditus. sed quia quilibet homo, inquantum est rationalis, participat aliquid de regimine secundum arbitrium rationis, intantum convenit ei prudentiam habere. unde manifestum " est quod prudentia quidem in principe est ad modum artis architectonicae, * ut dicitur in vi ethic., " in subditis autem ad modum artis manu operantis.
ra1 " Ad primum ergo dicendum quod verbum philosophi est intelligendum per se loquendo, quia scilicet virtus prudentiae non est virtus subditi inquantum huiusmodi.
ra2 " Ad secundum dicendum quod servus non habet consiliativum inquantum est servus, sic enim est instrumentum domini. est tamen consiliativus inquantum est animal rationale.
ra3 ' Ad tertium dicendum quod per prudentiam homo non solum praecipit aliis, sed etiam sibi ipsi, prout scilicet ratio dicitur praecipere inferioribus viribus.

009 ST3 qu47 ar13

ag1 ' Ad decimumtertium sic proceditur. videtur quod prudentia possit esse in peccatoribus. * dicit enim dominus, luc. xvi, ° filii huius saeculi prudentiores filiis lucis in generatione sua sunt. ' sed filii huius saeculi sunt peccatores. ergo in peccatoribus potest esse prudentia.
ag2 ' Praeterea, fides est nobilior virtus quam prudentia. sed fides potest esse in peccatoribus. ergo et prudentia.
ag3 " Praeterea, prudentis hoc opus maxime dicimus, bene consiliari; * ut dicitur in vi ethic.. ' sed multi peccatores sunt boni consilii. ergo multi peccatores habent prudentiam.
sc * Sed contra est quod philosophus dicit, in vi ethic., ° impossibile prudentem esse non entem bonum. ' sed nullus peccator est bonus. ergo nullus peccator est prudens.
co ' Respondeo dicendum quod prudentia dicitur tripliciter. est enim quaedam prudentia falsa, vel per similitudinem dicta. cum enim prudens sit qui bene disponit ea quae sunt agenda propter aliquem bonum finem, ille qui propter malum finem aliqua disponit congruentia illi fini habet falsam prudentiam, inquantum illud quod accipit pro fine non est vere bonum, sed secundum similitudinem, sicut dicitur aliquis bonus latro. hoc enim modo potest secundum similitudinem dici prudens latro qui convenientes vias adinvenit ad latrocinandum. et huiusmodi est prudentia * de qua apostolus dicit, ad rom. viii, ° prudentia carnis mors est, ' quae scilicet finem ultimum constituit in delectatione carnis. secunda autem prudentia est quidem vera, quia adinvenit vias accommodatas ad finem vere bonum; sed est imperfecta, duplici ratione. uno modo, quia illud bonum quod accipit pro fine non est communis finis totius humanae vitae, sed alicuius specialis negotii, puta cum aliquis adinvenit vias accommodatas ad negotiandum vel ad navigandum, dicitur prudens negotiator vel nauta. alio modo, quia deficit in principali actu prudentiae, puta cum aliquis bene consiliatur et recte iudicat etiam de his quae pertinent ad totam vitam, sed non efficaciter praecipit. tertia autem prudentia est et vera et perfecta, quae ad bonum finem totius vitae recte consiliatur, iudicat et praecipit. |25| et haec sola dicitur prudentia simpliciter. quae in peccatoribus esse non potest. prima autem prudentia est in solis peccatoribus. prudentia autem imperfecta est communis bonis et malis, maxime illa quae est

imperfecta propter finem particularem. nam illa quae est imperfecta propter defectum principalis actus etiam non est nisi in malis.
ra1 " Ad primum ergo dicendum quod illud verbum domini intelligitur de prima prudentia. unde non dicitur simpliciter quod sint prudentes; sed quod sint prudentes in generatione sua.
ra2 ' Ad secundum dicendum quod fides in sui ratione non importat aliquam conformitatem ad appetitum rectorum operum, sed ratio fidei consistit in sola cognitione. sed prudentia importat ordinem ad appetitum rectum. tum quia principia prudentiae sunt fines operabilium, de quibus aliquis habet rectam aestimationem per habitus virtutum moralium, quae faciunt appetitum rectum, unde prudentia non potest esse sine virtutibus moralibus, * ut supra ostensum est. ' tum etiam quia prudentia est praeceptiva rectorum operum, quod non contingit nisi existente appetitu recto. unde fides licet sit nobilior quam prudentia propter obiectum, tamen prudentia secundum sui rationem magis repugnat peccato, quod procedit ex perversitate appetitus.
ra3 ' Ad tertium dicendum quod peccatores possunt quidem esse bene consiliativi ad aliquem finem malum, vel ad aliquod particulare bonum, ad finem autem bonum totius vitae non sunt bene consiliativi perfecte, quia consilium ad effectum non perducunt. unde non est in eis prudentia, quae se habet solum ad bonum, * sed sicut philosophus dicit, in vi ethic., " est in talibus deinotica idest naturalis industria, quae se habet ad bonum et ad malum; vel astutia, quae se habet solum ad malum, * quam supra diximus falsam prudentiam vel prudentiam carnis.

009 ST3 qu47 ar14

ag1 ' Ad decimumquartum sic proceditur. videtur quod prudentia non sit in omnibus habentibus gratiam. ad prudentiam enim requiritur industria quaedam, per quam sciant bene providere quae agenda sunt. sed multi habentes gratiam carent tali industria. ergo non omnes habentes gratiam habent prudentiam.
ag2 ' Praeterea, prudens dicitur qui est bene consiliativus, * ut dictum est. ' sed multi habent gratiam qui non sunt bene consiliativi, sed necesse habent regi consilio alieno. ergo non omnes habentes gratiam habent prudentiam.
ag3 * Praeterea, philosophus dicit, in iii topic., quod ° iuvenes non constat esse prudentes. ' sed multi iuvenes habent gratiam. ergo prudentia non invenitur in omnibus gratiam habentibus.
sc ' Sed contra est quod nullus habet gratiam nisi sit virtuosus. sed nullus potest esse virtuosus nisi habeat prudentiam, * dicit enim gregorius, in ii moral., quod ° ceterae virtutes, nisi ea quae appetunt prudenter agant, virtutes esse nequaquam possunt. ' ergo omnes habentes gratiam habent prudentiam.
co ' Respondeo dicendum quod necesse est virtutes esse connexas, ita ut qui unam habet omnes habeat, * ut supra ostensum est. ' quicumque autem habet gratiam habet caritatem. unde necesse est quod habeat omnes alias virtutes. et ita, cum prudentia sit virtus, * ut ostensum est, ' necesse est quod habeat prudentiam.
ra1 ' Ad primum ergo dicendum quod duplex est industria. una quidem quae est sufficiens ad ea quae sunt de necessitate salutis. et talis industria datur omnibus habentibus gratiam, quos unctio docet de omnibus, * ut dicitur i ioan. ii. ' est autem alia industria plenior, per quam aliquis sibi et aliis potest providere, non solum de his quae sunt necessaria ad salutem sed etiam de quibuscumque pertinentibus ad humanam vitam. et talis industria non est in omnibus habentibus gratiam.
ra2 ' Ad secundum dicendum quod illi qui indigent regi consilio alieno saltem in hoc sibi ipsis consulere sciunt, si gratiam habent, ut aliorum requirant consilia, et discernant consilia bona a malis.
ra3 ' Ad tertium dicendum quod prudentia acquisita causatur ex exercitio actuum, unde ° indiget ad sui generationem experimento et tempore, * ut dicitur in ii ethic.. ' unde non potest esse in iuvenibus nec secundum habitum nec secundum actum. sed prudentia gratuita causatur ex infusione divina. unde in pueris baptizatis nondum habentibus usum rationis est prudentia secundum habitum, sed non secundum actum, sicut et in amentibus. in his autem qui iam habent usum rationis est etiam secundum actum quantum ad ea quae sunt de necessitate salutis, sed per exercitium meretur augmentum quousque perficiatur, sicut et ceterae virtutes. * unde et apostolus dicit, ad heb. v, quod ° perfectorum est solidus cibus, qui pro consuetudine exercitatos habent sensus ad discretionem boni et mali.

009 ST3 qu47 ar15

ag1 ' Ad decimumquintum sic proceditur. videtur quod prudentia insit nobis a natura. * dicit enim philosophus, in vi ethic., quod " ea quae pertinent ad prudentiam naturalia videntur esse, scilicet synesis, gnome et huiusmodi, non autem ea quae pertinent ad sapientiam speculativam. ' sed eorum quae sunt unius generis eadem est originis ratio. ergo etiam prudentia inest nobis a natura.
ag2 ' Praeterea, aetatum variatio est secundum naturam. sed prudentia consequitur aetates, * secundum illud iob xii, ° in antiquis est sapientia, et in multo tempore prudentia. ' ergo prudentia est naturalis.
ag3 ' Praeterea, prudentia magis convenit naturae humanae quam naturae brutorum animalium. sed bruta animalia habent quasdam naturales prudentias; * ut patet per philosophum, in viii de historiis animal.. ' ergo prudentia est naturalis.
sc * Sed contra est quod philosophus dicit, in ii ethic., quod ° virtus intellectualis plurimum ex doctrina habet et generationem et augmentum, ideo experimento indiget et tempore. ' sed prudentia est virtus intellectualis, * ut supra habitum est. ' ergo prudentia non inest nobis a natura, sed ex doctrina et experimento.
co * Respondeo dicendum quod, sicut ex praemissis patet, ' prudentia includit cognitionem et universalium et singularium operabilium, ad quae prudens universalia principia applicat. quantum igitur ad universalem cognitionem, eadem ratio est de prudentia et de scientia speculativa. quia utriusque prima principia universalia sunt naturaliter nota, * ut ex supradictis patet, ' nisi quod principia communia prudentiae sunt magis connaturalia homini; * ut enim philosophus dicit, in x ethic., ° vita quae est secundum speculationem est melior quam quae est secundum hominem. ' sed alia principia universalia posteriora, sive sint rationis speculativae sive practicae, non habentur per naturam, sed per inventionem secundum viam experimenti, vel per disciplinam. quantum autem ad particularem cognitionem eorum circa quae operatio consistit est iterum distinguendum. quia operatio consistit circa aliquid vel sicut circa finem; vel sicut circa ea quae sunt ad finem. fines autem recti humanae vitae sunt determinati. et ideo potest esse naturalis inclinatio respectu horum finium, * sicut supra dictum est quod ' quidam habent ex naturali dispositione quasdam virtutes quibus inclinantur |25| ad rectos fines, et per consequens etiam habent naturaliter rectum iudicium de huiusmodi finibus. sed ea quae sunt ad finem in rebus humanis non sunt determinata, sed multipliciter diversificantur secundum diversitatem personarum et negotiorum. unde quia inclinatio naturae semper est ad aliquid determinatum, talis cognitio non potest homini inesse naturaliter, licet ex naturali dispositione unus sit aptior ad huiusmodi discernenda quam alius; sicut etiam accidit circa conclusiones speculativarum scientiarum. quia igitur prudentia non est circa fines, sed circa ea quae sunt ad finem, * ut supra habitum est; ' ideo prudentia non est naturalis.
ra1 * Ad primum ergo dicendum quod philosophus ibi loquitur " de pertinentibus ad prudentiam secundum quod ordinantur ad fines, * unde supra praemiserat quod " principia sunt eius quod est cuius gratia, idest finis. * et propter hoc non facit mentionem " de eubulia, quae est consiliativa eorum quae sunt ad finem.
ra2 ' Ad secundum dicendum quod prudentia magis est in senibus non solum propter naturalem dispositionem, quietatis motibus passionum sensibilium, sed etiam propter experientiam longi temporis.
ra3 ' Ad tertium dicendum quod in brutis animalibus sunt determinatae viae perveniendi ad finem, unde videmus quod omnia animalia eiusdem speciei similiter operantur. sed hoc non potest esse in homine, propter rationem eius, quae, cum sit cognoscitiva universalium, ad infinita singularia se extendit.

009 ST3 qu47 ar16

ag1 ' Ad decimumsextum sic proceditur. videtur quod prudentia possit amitti per oblivionem. scientia enim, cum sit necessariorum, est certior quam prudentia, quae est contingentium operabilium. sed scientia amittitur per oblivionem. ergo multo magis prudentia.
ag2 * Praeterea, sicut philosophus dicit, in ii ethic., ° virtus ex eisdem generatur et corrumpitur contrario modo factis. ' sed ad generationem prudentiae necessarium est experimentum, " quod fit ex multis memoriis, * ut dicitur in principio metaphys.. ' ergo, cum oblivio memoriae opponatur, videtur quod prudentia per oblivionem possit amitti.
ag3 ' Praeterea, prudentia non est sine cognitione universalium. sed universalium cognitio potest per oblivionem amitti. ergo et prudentia.
sc * Sed contra est quod philosophus dicit, in vi ethic., quod ° oblivio est artis, et non prudentiae.
co ' Respondeo dicendum quod oblivio respicit cognitionem tantum. et ideo per oblivionem potest aliquis artem totaliter perdere, et similiter scientiam, quae in ratione consistunt. sed prudentia non consistit in sola cognitione, sed etiam in appetitu, quia * ut dictum est, ' principalis eius actus est praecipere, quod est applicare cognitionem habitam ad appetendum et operandum. et ideo prudentia non directe tollitur per oblivionem, sed magis corrumpitur per passiones, * dicit enim philosophus, in vi ethic., quod ° delectabile et triste pervertit existimationem prudentiae. * unde dan. xiii dicitur, ° species decepit te, et concupiscentia subvertit cor tuum; * et exod. xxiii dicitur, ° ne accipias munera, quae excaecant etiam prudentes. ' oblivio tamen potest impedire prudentiam, inquantum procedit ad praecipiendum ex aliqua cognitione, quae per oblivionem tolli potest.
ra1 ' Ad primum ergo dicendum quod scientia est in sola ratione. unde de ea est alia ratio, * ut supra dictum est.
ra2 ' Ad secundum dicendum quod experimentum prudentiae non acquiritur ex sola memoria, sed ex exercitio recte praecipiendi.
ra3 ' Ad tertium dicendum quod prudentia principaliter consistit non in cognitione universalium, sed in applicatione ad opera, * ut dictum est. ' et ideo oblivio universalis cognitionis non corrumpit id quod est principale in prudentia, sed aliquid impedimentum ei affert, * ut dictum est.

009 ST3 qu48 ar

pr ' Deinde considerandum est de partibus prudentiae. et circa hoc quaeruntur quatuor, primo, quae sint partes prudentiae; secundo, de partibus quasi integralibus eius; tertio, de partibus subiectivis eius; quarto, de partibus potentialibus.
ag1 ' Ad primum sic proceditur. videtur quod inconvenienter assignentur partes prudentiae. * tullius enim, in ii rhet., " ponit tres partes prudentiae, scilicet memoriam, intelligentiam et providentiam. * macrobius autem, secundum sententiam plotini, " attribuit prudentiae sex, scilicet rationem, intellectum, circumspectionem, providentiam, docilitatem et cautionem. * aristoteles autem, in vi ethic., dicit " ad prudentiam pertinere eubuliam, synesim et gnomen. facit etiam mentionem circa prudentiam de eustochia et solertia, sensu et intellectu. * quidam autem alius philosophus graecus dicit quod " ad prudentiam decem pertinent, scilicet eubulia, solertia, providentia, regnativa, militaris, politica, oeconomica, dialectica, rhetorica, physica. ' ergo videtur quod vel una assignatio sit superflua, vel alia diminuta.
ag2 ' Praeterea, prudentia dividitur contra scientiam. sed politica, oeconomica, dialectica, rhetorica, physica sunt quaedam scientiae. non ergo sunt partes prudentiae.
ag3 ' Praeterea, partes non excedunt totum. sed memoria intellectiva, vel intelligentia, ratio, sensus et docilitas non solum pertinent ad prudentiam, sed etiam ad omnes habitus cognoscitivos. ergo non debent poni partes prudentiae.
ag4 ' Praeterea, sicut consiliari et iudicare et praecipere sunt actus rationis practicae, ita etiam et uti, * sicut supra habitum est. ' sicut ergo eubulia adiungitur prudentiae, quae pertinet ad consilium, et synesis et gnome, quae pertinent ad iudicium; ita etiam debuit poni aliquid pertinens ad usum.
ag5 ' Praeterea, sollicitudo ad prudentiam pertinet, * sicut supra habitum est. ' ergo etiam inter partes prudentiae sollicitudo poni debuit.
co ' Respondeo dicendum quod triplex est pars, scilicet integralis, ut paries, tectum et fundamentum sunt partes domus; subiectiva, sicut bos et leo sunt partes animalis; et potentialis, sicut nutritivum et sensitivum sunt partes animae. tribus ergo modis possunt assignari partes alicui virtuti. uno modo, ad similitudinem partium integralium, ut scilicet illa dicantur esse partes virtutis alicuius quae necesse est concurrere ad perfectum actum virtutis illius. et sic ex omnibus enumeratis possunt accipi octo partes prudentiae, " scilicet sex quas enumerat macrobius; quibus addenda est septima, scilicet memoria, quam ponit tullius; et eustochia sive solertia, quam ponit aristoteles ' (nam sensus prudentiae etiam intellectus dicitur, * unde philosophus dicit, in vi ethic., ° horum igitur oportet habere sensum, hic autem est intellectus). ' quorum octo quinque pertinent ad prudentiam secundum id quod est cognoscitiva, scilicet memoria, ratio, intellectus, docilitas et solertia, tria vero alia pertinent ad eam secundum quod est praeceptiva, applicando cognitionem ad opus, scilicet providentia, circumspectio et cautio. quorum diversitatis ratio patet ex hoc quod circa cognitionem tria sunt consideranda. primo quidem, ipsa cognitio. quae si sit praeteritorum, est memoria, si autem praesentium, sive contingentium sive necessariorum, vocatur intellectus sive intelligentia. secundo, ipsa cognitionis |25| acquisitio. quae fit vel per disciplinam, " et ad hoc pertinet docilitas, vel per inventionem, et ad hoc pertinet eustochia, quae est bona coniecturatio. huius autem pars, * ut dicitur in vi ethic., " est solertia, quae est velox coniecturatio medii, * ut dicitur in i poster.. ' tertio considerandus est usus cognitionis, secundum scilicet quod ex cognitis aliquis procedit ad alia cognoscenda vel iudicanda. et hoc pertinet ad rationem. ratio autem, ad hoc quod recte praecipiat, tria debet habere. primo quidem, ut ordinet aliquid accommodum ad finem, et hoc pertinet ad providentiam. secundo, ut attendat circumstantias negotii, quod pertinet ad circumspectionem. tertio, ut vitet impedimenta, quod pertinet ad cautionem. partes autem subiectivae virtutis dicuntur species eius diversae. et hoc modo partes prudentiae, secundum quod proprie sumuntur, sunt prudentia per quam aliquis regit seipsum, et prudentia per quam aliquis regit multitudinem, quae differunt specie, * ut dictum est, ' et iterum prudentia quae est multitudinis regitiva dividitur in diversas species secundum diversas species multitudinis. est autem quaedam multitudo adunata ad aliquod speciale negotium, sicut exercitus congregatur ad pugnandum, |50| cuius regitiva est prudentia militaris. quaedam ve-

ro multitudo est adunata ad totam vitam, sicut multitudo unius domus vel familiae, cuius regitiva est prudentia oeconomica; et multitudo unius civitatis vel regni, cuius quidem directiva est in principe regnativa, in subditis autem politica simpliciter dicta. si vero prudentia sumatur large, secundum quod includit etiam scientiam speculativam, * ut supra dictum est; ' tunc etiam partes eius ponuntur dialectica, rhetorica et physica, secundum tres modos procedendi in scientiis. quorum unus est per demonstrationem ad scientiam causandam, quod pertinet ad physicam; ut sub physica intelligantur omnes scientiae demonstrativae. alius modus est ex probabilibus ad opinionem faciendam, quod pertinet ad dialecticam. tertius modus est ex quibusdam coniecturis ad suspicionem inducendam, vel ad aliqualiter persuadendum, quod pertinet ad rhetoricam. potest tamen dici quod haec tria pertinent ad prudentiam etiam proprie dictam, quae ratiocinatur interdum quidem ex necessariis, interdum ex probabilibus, interdum autem ex quibusdam coniecturis. partes autem potentiales alicuius virtutis dicuntur virtutes adiunctae quae ordinantur ad aliquos secundarios actus vel materias, quasi non habentes totam potentiam principalis virtutis. " et secundum hoc ponuntur partes prudentiae eubulia, quae est circa consilium; et synesis, quae est circa iudicium |75| eorum quae communiter accidunt; et gnome, quae est circa iudicium eorum in quibus oportet quandoque a communi lege recedere. ' prudentia vero est circa principalem actum, qui est praecipere.

ra1 ' Ad primum ergo dicendum quod diversae assignationes differunt secundum quod diversa genera partium ponuntur; vel secundum quod sub una parte unius assignationis includuntur multae partes alterius assignationis. " sicut tullius sub providentia includit cautionem et circumspectionem; sub intelligentia autem rationem, docilitatem et solertiam.

ra2 ' Ad secundum dicendum quod oeconomica et politica non accipiuntur hic secundum quod sunt scientiae; sed secundum quod sunt prudentiae quaedam. * de aliis autem tribus patet responsio ex dictis.

ra3 ' Ad tertium dicendum quod omnia illa ponuntur partes prudentiae non secundum suam communitatem; sed secundum quod se habent ad ea quae pertinent ad prudentiam.

ra4 ' Ad quartum dicendum quod recte praecipere et recte uti semper se comitantur, quia ad praeceptum rationis sequitur obedientia inferiorum virium, quae pertinent ad usum.

ra5 ' Ad quintum dicendum quod sollicitudo includitur in ratione providentiae.

009 ST3 qu49 ar

pr ' Deinde considerandum est de singulis prudentiae partibus quasi integralibus. et circa hoc quaeruntur octo. primo, de memoria. secundo, de intellectu vel intelligentia. tertio, de docilitate. quarto, de solertia. quinto, de ratione. sexto, de providentia. septimo, de circumspectione. octavo, de cautione.

009 ST3 qu49 ar1

ag1 ' Ad primum sic proceditur. videtur quod memoria non sit pars prudentiae. memoria enim, * ut probat philosophus, ' est in parte animae sensitiva. prudentia autem est in ratiocinativa; * ut patet in vi ethic.. ' ergo memoria non est pars prudentiae.

ag2 ' Praeterea, prudentia per exercitium acquiritur et proficit. sed memoria inest nobis a natura. ergo memoria non est pars prudentiae.

ag3 ' Praeterea, memoria est praeteritorum. prudentia autem futurorum operabilium, de quibus est consilium, * ut dicitur in vi ethic.. ' ergo memoria non est pars prudentiae.

sc ' Sed contra est quod * tullius, in ii rhet., " ponit memoriam inter partes prudentiae.

co ' Respondeo dicendum quod prudentia est circa contingentia operabilia, * sicut dictum est. ' in his autem non potest homo dirigi per ea quae sunt simpliciter et ex necessitate vera, sed ex his quae ut in pluribus accidunt, oportet enim principia conclusionibus esse proportionata, et ex talibus talia concludere, * ut dicitur in vi ethic.. ' quid autem in pluribus sit verum oportet per experimentum considerare, * unde et in ii ethic. philosophus dicit quod ° virtus intellectualis habet generationem et augmentum ex experimento et tempore. ' experimentum autem est ex pluribus memoriis; * ut patet in i metaphys.. ' unde consequens est quod ad prudentiam requiritur plurium memoriam habere. unde convenienter memoria ponitur pars prudentiae.

ra1 ' Ad primum ergo dicendum quod quia, * sicut dictum est, ' prudentia applicat universalem cognitionem ad particularia, quorum est sensus, inde multa quae pertinent ad partem sensitivam requiruntur ad prudentiam. inter quae est memoria.

ra2 ' Ad secundum dicendum quod sicut prudentia aptitudinem quidem habet ex natura, sed eius complementum est ex exercitio vel gratia * ita etiam, ut tullius dicit, in sua rhetorica, " memoria non solum a natura proficiscitur, sed etiam habet plurimum artis et industriae. ' et sunt quatuor per quae homo proficit in bene memorando. quorum primum est ut eorum quae vult memorari quasdam similitudines assumat convenientes, nec tamen omnino consuetas, quia ea quae sunt inconsueta magis miramur, et sic in eis animus magis et vehementius detinetur; ex quo fit quod eorum quae in pueritia vidimus magis memoremur. ideo autem necessaria est huiusmodi similitudinum vel imaginum adinventio, quia intentiones simplices et spirituales facilius ex anima elabuntur nisi quibusdam similitudinibus corporalibus quasi alligentur, quia humana cognitio potentior est circa sensibilia. unde et memorativa ponitur in parte sensitiva. secundo, oportet ut homo ea quae memoriter vult tenere sua consideratione ordinate disponat, ut ex uno memorato facile ad aliud procedatur. * unde philosophus dicit, in libro de mem., ° a locis videntur reminisci aliquando, causa autem est quia velociter ab alio in aliud veniunt. ' tertio, oportet ut homo sollicitudinem apponat et affectum adhibeat ad ea quae vult memorari, quia quo aliquid magis fuerit |25| impressum animo, eo minus elabitur. * unde et tullius dicit, in sua rhetorica, quod ° sollicitudo conservat integras simulacrorum figuras. ' quarto, oportet quod ea frequenter meditemur quae volumus memorari. * unde philosophus dicit, in libro de mem., quod ° meditationes memoriam salvant, * quia, ut in eodem libro dicitur, " consuetudo est quasi natura; ' unde quae multoties intelligimus cito reminiscimur, quasi naturali quodam ordine ab uno ad aliud procedentes.

ra3 ' Ad tertium dicendum quod ex praeteritis oportet nos quasi argumentum sumere de futuris. et ideo memoria praeteritorum necessaria est ad bene consiliandum de futuris.

009 ST3 qu49 ar2

ag1 ' Ad secundum sic proceditur. videtur quod intellectus non sit pars prudentiae. eorum enim quae ex opposito dividuntur unum non est pars alterius. sed intellectus ponitur virtus intellectualis condivisa prudentiae, * ut patet in vi ethic.. ' ergo intellectus non debet poni pars prudentiae.

ag2 ' Praeterea, intellectus ponitur inter dona spiritus sancti, et correspondet fidei, * ut supra habitum est. ' sed prudentia est alia virtus a fide, * ut per supradicta patet. ' ergo intellectus non pertinet ad prudentiam.

ag3 " Praeterea, prudentia est singularium operabilium, * ut dicitur in vi ethic.. ' sed intellectus est universalium cognoscitivus et immaterialium; ut * patet in iii de anima. ' ergo intellectus non est pars prudentiae.

sc * Sed contra est quod tullius ponit intelligentiam partem prudentiae, et macrobius intellectum, quod in idem redit.

co ' Respondeo dicendum quod intellectus non sumitur hic pro potentia intellectiva, sed prout importat quandam rectam aestimationem alicuius extremi principii quod accipitur ut per se notum, sicut et prima demonstrationum principia intelligere dicimur. omnis autem deductio rationis ab aliquibus procedit quae accipiuntur ut prima. unde oportet quod omnis processus rationis ab aliquo intellectu procedat. quia igitur prudentia est recta ratio agibilium, ideo necesse est quod totus processus prudentiae ab intellectu derivetur. et propter hoc intellectus ponitur pars prudentiae.

ra1 ' Ad primum ergo dicendum quod ratio prudentiae terminatur, sicut ad conclusionem quandam, ad particulare operabile, ad quod applicat universalem cognitionem, * ut ex dictis patet. ' conclusio autem singularis syllogizatur ex universali et singulari propositione. unde oportet quod ratio prudentiae ex duplici intellectu procedat. quorum unus est qui est cognoscitivus universalium. quod pertinet ad intellectum qui ponitur virtus intellectualis, quia naturaliter nobis cognita sunt non solum universalia principia speculativa, sed etiam practica, sicut nulli esse malefaciendum, * ut ex dictis patet. " alius autem intellectus est qui, * ut dicitur in vi ethic., " est cognoscitivus extremi, idest alicuius primi singularis et contingentis operabilis, propositionis scilicet minoris, quam oportet esse singularem in syllogismo prudentiae, * ut dictum est. ' hoc autem primum singulare est aliquis singularis finis, * ut ibidem dicitur. |25| ' unde intellectus qui ponitur pars prudentiae est quaedam recta aestimatio de aliquo particulari fine.

ra2 ' Ad secundum dicendum quod intellectus qui ponitur donum spiritus sancti est quaedam acuta perspectio divinorum, * ut ex supradictis patet. ' aliter autem ponitur intellectus pars prudentiae, * ut dictum est.

ra3 ' Ad tertium dicendum quod ipsa recta aestimatio de fine particulari et intellectus dicitur, inquantum est alicuius principii; et sensus, inquantum est particularis. * et hoc est quod philosophus dicit, in vi ethic., " horum, scilicet singularium, oportet habere sensum, hic autem est intellectus. ' non autem hoc est intelligendum de sensu particulari quo cognoscimus propria sensibilia, sed de sensu interiori quo de particulari iudicamus.

009 ST3 qu49 ar3

ag1 ' Ad tertium sic proceditur. videtur quod docilitas non debeat poni pars prudentiae. illud enim quod requiritur ad omnem virtutem intellectualem non debet appropriari alicui earum. sed docilitas necessaria est ad quamlibet virtutem intellectualem. ergo non debet poni pars prudentiae.

ag2 ' Praeterea, ea quae ad virtutes humanas pertinent sunt in nobis, quia secundum ea quae in nobis sunt laudamur vel vituperamur. sed non est in potestate nostra quod dociles simus, sed hoc ex naturali dispositione quibusdam contingit. ergo non est pars prudentiae.

ag3 ' Praeterea, docilitas ad discipulum pertinet. sed prudentia, cum sit praeceptiva, magis videtur ad magistros pertinere, qui etiam praeceptores dicuntur. ergo docilitas non est pars prudentiae.

sc * Sed contra est quod macrobius, secundum sententiam plotini, " ponit docilitatem inter partes prudentiae.

co * Respondeo dicendum quod, sicut supra dictum est, ' prudentia consistit circa particularia operabilia. in quibus cum sint quasi infinitae diversitates, non possunt ab uno homine sufficienter omnia considerari, nec per modicum tempus, sed per temporis diuturnitatem. unde in his quae ad prudentiam pertinent maxime indiget homo ab alio erudiri, et praecipue ex senibus, qui sanum intellectum adepti sunt circa fines operabilium. * unde philosophus dicit, in vi ethic., ° oportet attendere expertorum et seniorum et prudentium indemonstrabilibus enuntiationibus et opinionibus non minus quam demonstrationibus, propter experientiam enim vident principia. * unde et prov. iii dicitur, ° ne innitaris prudentiae tuae; * et eccli. vi dicitur, ° in multitudine presbyterorum, idest seniorum, prudentium sta, et sapientiae illorum ex corde coniungere. ' hoc autem pertinet ad docilitatem, ut aliquis sit bene disciplinae susceptivus. et ideo convenienter ponitur docilitas pars prudentiae.

ra1 ' Ad primum ergo dicendum quod etsi docilitas utilis sit ad quamlibet virtutem intellectualem, praecipue tamen ad prudentiam, * ratione iam dicta.

ra2 ' Ad secundum dicendum quod docilitas, sicut et alia quae ad prudentiam pertinent, secundum aptitudinem quidem est a natura, sed ad eius consummationem plurimum valet humanum studium, dum scilicet homo sollicite, frequenter et reverenter applicat animum suum documentis maiorum, non negligens ea propter ignaviam, nec contemnens propter superbiam.

ra3 ' Ad tertium dicendum quod per prudentiam aliquis praecipit non solum aliis, sed etiam sibi ipsi, * ut dictum est. ' unde etiam in subditis locum habet, * ut supra dictum est, ' ad quorum prudentiam pertinet docilitas. quamvis etiam ipsos maiores oporteat dociles quantum ad aliqua esse, quia nullus in his quae subsunt prudentiae sibi quantum ad omnia sufficit, * ut dictum est

009 ST3 qu49 ar4

ag1 ' Ad quartum sic proceditur. videtur quod solertia non sit pars prudentiae. solertia enim se habet ad facile invenienda media in demonstrationibus; * ut patet in i poster.. ' sed ratio prudentiae non est demonstrativa, cum sit contingentium. ergo ad prudentiam non pertinet solertia.

ag2 " Praeterea, ad prudentiam pertinet bene consiliari, * ut dicitur in vi ethic.. ' sed in bene consiliando non habet locum " solertia, quae est eustochia quaedam, idest bona coniecturatio, quae est sine ratione et velox; oportet autem consiliari tarde; * ut dicitur in vi ethic.. ' ergo solertia non debet poni pars prudentiae.

ag3 ' Praeterea, solertia, * ut dictum est, ' est quaedam bona coniecturatio. sed coniecturis uti est proprie rhetorum. ergo solertia magis pertinet ad rhetoricam quam ad prudentiam.

sc * Sed contra est quod isidorus dicit, in libro etymol., ° sollicitus dicitur quasi solers et citus. ' sed sollicitudo ad prudentiam pertinet, * ut supra dictum est. ' ergo et solertia.

co ' Respondeo dicendum quod prudentis est rectam aestimationem habere de operandis. recta autem aestimatio sive opinio acquiritur in operativis, sicut in speculativis, dupliciter, uno quidem modo, per se inveniendo; alio modo, ab alio addiscendo. sicut autem docilitas ad hoc pertinet ut homo bene se habeat in acquirendo rectam opinionem ab alio; ita solertia ad hoc pertinet ut homo bene se habeat in acquirendo rectam existimationem per seipsum. " ita tamen ut solertia accipiatur pro eustochia, cuius est pars. nam eustochia est bene coniecturativa de quibuscumque, solertia autem est ° facilis et prompta coniecturatio circa inventionem medii, * ut dicitur in i poster.. tamen ille philosophus " qui ponit solertiam partem prudentiae, accipit eam communiter pro omni eustochia, unde dicit quod ° solertia est habitus qui provenit ex repentino, inveniens quod convenit.

ra1 ' Ad primum ergo dicendum quod solertia non solum se habet circa inventionem medii in demonstrativis, sed etiam in operativis, puta cum aliquis videns aliquos amicos factos coniecturat eos esse inimicos eiusdem, * ut ibidem philosophus dicit. ' et hoc modo solertia pertinet ad prudentiam.

ra2 ' Ad secundum dicendum quod * philosophus veram rationem inducit in vi ethic. ad ostendendum " quod eubulia, quae est bene consiliativa, non est eustochia, cuius laus est in veloci consideratione

eius quod oportet, potest autem esse aliquis bene consiliativus etiam si diutius consilietur vel tardius. ‘nec tamen propter hoc excluditur quin bona coniecturatio ad bene consiliandum valeat. et quandoque necessaria est, quando scilicet ex improviso occurrit aliquid agendum. et ideo solertia convenienter ponitur pars prudentiae.
ra3 ‘ Ad tertium dicendum quod rhetorica etiam ratiocinatur circa operabilia. unde nihil prohibet idem ad rhetoricam et prudentiam pertinere. et tamen coniecturatio hic non sumitur solum secundum quod pertinet ad coniecturas quibus utuntur rhetores, sed secundum quod in quibuscumque dicitur homo coniicere veritatem.

009 ST3 qu49 ar5
ag1 ‘ Ad quintum sic proceditur. videtur quod ratio non debeat poni pars prudentiae. subiectum enim accidentis non est pars eius. sed prudentia est in ratione sicut in subiecto, * ut dicitur in vi ethic.. ‘ ergo ratio non debet poni pars prudentiae.
ag2 ‘ Praeterea, illud quod est multis commune non debet alicuius eorum poni pars, vel, si ponatur, debet poni pars eius cui potissime convenit. ratio autem necessaria est in omnibus virtutibus intellectualibus, et praecipue in sapientia et scientia, quae utuntur ratione demonstrativa. ergo ratio non debet poni pars prudentiae.
ag3 ‘ Praeterea, ratio non differt per essentiam potentiae ab intellectu, * ut prius habitum est. ‘ si ergo intellectus ponitur pars prudentiae, superfluum fuit addere rationem.
sc * Sed contra est quod macrobius, secundum sententiam plotini, “ rationem numerat inter partes prudentiae.
co “ Respondeo dicendum quod opus prudentis est esse bene consiliativum, * ut dicitur in vi ethic.. ‘ consilium autem est inquisitio quaedam ex quibusdam ad alia procedens. hoc autem est opus rationis. unde ad prudentiam necessarium est quod homo sit bene ratiocinativus. et quia ea quae exiguntur ad perfectionem prudentiae dicuntur exigitivae vel quasi integrales partes prudentiae, inde est quod ratio inter partes prudentiae connumerari debet.
ra1 ‘ Ad primum ergo dicendum quod ratio non sumitur hic pro ipsa potentia rationis, sed pro eius bono usu.
ra2 ‘ Ad secundum dicendum quod certitudo rationis est ex intellectu, sed necessitas rationis est ex defectu intellectus, illa enim in quibus vis intellectiva plenarie viget ratione non indigent, sed suo simplici intuitu veritatem comprehendunt, sicut deus et angeli. particularia autem operabilia, in quibus prudentia dirigit, recedunt praecipue ab intelligibilium conditione, et tanto magis quanto minus sunt certa seu determinata. ea enim quae sunt artis, licet sint singularia, tamen sunt magis determinata et certa, unde in pluribus eorum non est consilium, propter certitudinem, * ut dicitur in iii ethic.. ‘ et ideo quamvis in quibusdam aliis virtutibus intellectualibus sit certior ratio quam prudentia, tamen ad prudentiam maxime requiritur quod sit homo bene ratiocinativus, ut possit bene applicare universalia principia ad particularia, quae sunt varia et incerta.
ra3 ‘ Ad tertium dicendum quod etsi intellectus et ratio non sunt diversae potentiae, tamen denominantur ex diversis actibus, nomen enim intellectus sumitur ab intima penetratione veritatis; nomen autem rationis ab inquisitione et discursu. et ideo utrumque ponitur pars prudentiae, * ut ex dictis patet.

009 ST3 qu49 ar6
ag1 ‘ Ad sextum sic proceditur. videtur quod providentia non debeat poni pars prudentiae. nihil enim est pars sui ipsius. sed providentia videtur idem esse quod prudentia, * quia ut isidorus dicit, in libro etymol., “ prudens dicitur quasi porro videns, et ex hoc etiam nomen providentiae sumitur, * ut boetius dicit, in fine de consol.. ‘ ergo providentia non est pars prudentiae.
ag2 ‘ Praeterea, prudentia est solum practica. sed providentia potest etiam esse speculativa, quia visio, ex qua sumitur nomen providentiae, magis pertinet ad speculativam quam ad operativam. ergo providentia non est pars prudentiae.
ag3 ‘ Praeterea, principalis actus prudentiae est praecipere, secundarii autem iudicare et consiliari. sed nihil horum videtur importari proprie per nomen providentiae. ergo providentia non est pars prudentiae.
sc ‘ Sed contra est auctoritas * tullii et macrobii, “ qui ponunt providentiam partem prudentiae, * ut ex dictis patet.
co * Respondeo dicendum quod, sicut supra dictum est, ‘ prudentia proprie est circa ea quae sunt ad finem; et hoc ad eius officium proprie pertinet, ut ad finem debite ordinentur. et quamvis aliqua necessaria sint propter finem quae subiiciuntur divinae providentiae, humanae tamen prudentiae non subiiciuntur nisi contingentia operabilia quae per hominem possunt fieri propter finem. praeterita autem in necessitatem quandam transeunt, quia impossibile est non esse quod factum est. similiter etiam praesentia, inquantum huiusmodi, necessitatem quandam habent, necesse est enim socratem sedere dum sedet. unde consequens est quod contingentia futura, secundum quod sunt per hominem in finem humanae vitae ordinabilia, pertineant ad prudentiam. utrumque autem horum importatur in nomine providentiae, importat enim providentia respectum quendam alicuius distantis, ad quod ea quae in praesenti occurrunt ordinanda sunt. unde providentia est pars prudentiae.
ra1 ‘ Ad primum ergo dicendum quod quandocumque multa requiruntur ad unum, necesse est unum eorum esse principale, ad quod omnia alia ordinantur. unde et in quolibet toto necesse est esse unam partem formalem et praedominantem, a qua totum unitatem habet. et secundum hoc providentia est principalior inter omnes partes prudentiae, quia omnia alia quae requiruntur ad prudentiam ad hoc necessaria sunt ut aliquid recte ordinetur ad finem. et ideo nomen ipsius prudentiae sumitur a providentia, sicut a principaliori sua parte.
ra2 ‘ Ad secundum dicendum quod speculatio est circa universalia et circa necessaria, quae secundum se non sunt procul, cum sint ubique et semper, etsi sint procul quoad nos, inquantum ab eorum cognitione deficimus. unde providentia non proprie dicitur in speculativis, sed solum in practicis.
ra3 ‘ Ad tertium dicendum quod in recta ordinatione ad finem, quae includitur in ratione providentiae, importatur rectitudo consilii et iudicii et praecepti, sine quibus recta ordinatio ad finem esse non potest.

009 ST3 qu49 ar7
ag1 ‘ Ad septimum sic proceditur. videtur quod circumspectio non possit esse pars prudentiae. circumspectio enim videtur esse consideratio quaedam eorum quae circumstant. huiusmodi autem sunt infinita, quae non possunt comprehendi ratione, in qua est prudentia. ergo circumspectio non debet poni pars prudentiae.
ag2 ‘ Praeterea, circumstantiae magis videntur pertinere ad virtutes morales quam ad prudentiam. sed circumspectio nihil aliud esse videtur quam respectus circumstantiarum. ergo circumspectio magis videtur pertinere ad morales virtutes quam ad prudentiam.
ag3 ‘ Praeterea, qui potest videre quae procul sunt multo magis potest videre quae circa sunt. sed per providentiam homo est potens prospicere quae procul sunt. ergo ipsa sufficit ad considerandum ea quae circumstant. non ergo oportuit, praeter providentiam, ponere circumspectionem partem prudentiae.
sc * Sed contra est auctoritas macrobii, * ut supra dictum est.
co ‘ Respondeo dicendum quod ad prudentiam, * sicut dictum est, ‘ praecipue pertinet recte ordinare aliquid in finem. quod quidem recte non fit nisi et finis sit bonus, et id quod ordinatur in finem sit etiam bonum et conveniens fini. sed quia prudentia, * sicut dictum est, ‘ est circa singularia operabilia, in quibus multa concurrunt, contingit aliquid secundum se consideratum esse bonum et conveniens fini, quod tamen ex aliquibus concurrentibus redditur vel malum vel non opportunum ad finem. sicut ostendere signa amoris alicui, secundum se consideratum, videtur esse conveniens ad alliciendum eius animum ad amorem, sed si contingat in animo illius superbia vel suspicio adulationis, non erit hoc conveniens ad finem. et ideo necessaria est circumspectio ad prudentiam, ut scilicet homo id quod ordinatur in finem comparet etiam cum his quae circumstant.
ra1 ‘ Ad primum ergo dicendum quod licet ea quae possunt circumstare sint infinita, tamen ea quae circumstant in actu non sunt infinita, sed pauca quaedam sunt quae immutant iudicium rationis in agendis.
ra2 ‘ Ad secundum dicendum quod circumstantiae pertinent ad prudentiam quidem sicut ad determinandum eas, ad virtutes autem morales inquantum per circumstantiarum determinationem perficiuntur.
ra3 ‘ Ad tertium dicendum quod sicut ad providentiam pertinet prospicere id quod est per se conveniens fini, ita ad circumspectionem pertinet considerare an sit conveniens fini secundum ea quae circumstant. utrumque autem horum habet specialem difficultatem. et ideo utrumque eorum seorsum ponitur pars prudentiae.

009 ST3 qu49 ar8
ag1 ‘ Ad octavum sic proceditur. videtur quod cautio non debeat poni pars prudentiae. in his enim in quibus non potest malum esse non est necessaria cautio. sed “ virtutibus nemo male utitur, * ut dicitur in libro de lib. arb.. ‘ ergo cautio non pertinet ad prudentiam, quae est directiva virtutum.
ag2 ‘ Praeterea, eiusdem est providere bona et cavere mala, sicut eiusdem artis est facere sanitatem et curare aegritudinem. sed providere bona pertinet ad providentiam. ergo etiam cavere mala. non ergo cautio debet poni alia pars prudentiae a providentia.
ag3 ‘ Praeterea, nullus prudens conatur ad impossibile. sed nullus potest praecavere omnia mala quae possunt contingere. ergo cautio non pertinet ad prudentiam.
sc * Sed contra est quod apostolus dicit, ad ephes. v, ° videte quomodo caute ambuletis.
co ‘ Respondeo dicendum quod ea circa quae est prudentia sunt contingentia operabilia, in quibus, sicut verum potest admisceri falso, ita et malum bono, propter multiformitatem huiusmodi operabilium, in quibus bona plerumque impediuntur a malis, et mala habent speciem boni. et ideo necessaria est cautio ad prudentiam, ut sic accipiantur bona quod vitentur mala.
ra1 ‘ Ad primum ergo dicendum quod cautio non est necessaria in moralibus actibus ut aliquis sibi caveat ab actibus virtutum, sed ut sibi caveat ab eis per quae actus virtutum impediri possunt.
ra2 ‘ Ad secundum dicendum quod opposita mala cavere eiusdem rationis est et prosequi bona. sed vitare aliqua impedimenta extrinseca, hoc pertinet ad aliam rationem. et ideo cautio distinguitur a providentia, quamvis utrumque pertineat ad unam virtutem prudentiae.
ra3 ‘ Ad tertium dicendum quod malorum quae homini vitanda occurrunt quaedam sunt quae ut in pluribus accidere solent. et talia comprehendi ratione possunt. et contra haec ordinatur cautio, ut totaliter vitentur, vel ut minus noceant. quaedam vero sunt quae ut in paucioribus et casualiter accidunt. et haec, cum sint infinita, ratione comprehendi non possunt, nec sufficienter homo potest ea praecavere, quamvis per officium prudentiae homo contra omnes fortunae insultus disponere possit ut minus laedatur.

009 ST3 qu50 ar
pr ‘ Deinde considerandum est de partibus subiectivis prudentiae. et quia de prudentia per quam aliquis regit seipsum iam dictum est, restat dicendum de speciebus prudentiae quibus multitudo gubernatur. circa quas quaeruntur quatuor. primo, utrum legispositiva debeat poni species prudentiae. secundo, utrum politica. tertio, utrum oeconomica. quarto, utrum militaris.

009 ST3 qu50 ar1
ag1 ‘ Ad primum sic proceditur. videtur quod regnativa non debeat poni species prudentiae. regnativa enim ordinatur ad iustitiam conservandam, * dicitur enim in v ethic. quod “ princeps est custos iusti. ‘ ergo regnativa magis pertinet ad iustitiam quam ad prudentiam.
ag2 * Praeterea, secundum philosophum, in iii polit., “ regnum est una sex politiarum. sed nulla species prudentiae sumitur secundum alias quinque politias, quae sunt aristocratia, politia (quae alio nomine dicitur timocratia), tyrannis, oligarchia, democratia. ‘ ergo nec secundum regnum debet sumi regnativa.
ag3 ‘ Praeterea, leges condere non solum pertinet ad reges, sed etiam ad quosdam alios principatus, et etiam ad populum; * ut patet per isidorum, in libro etymol. sed philosophus, in vi ethic., “ ponit legispositivam partem prudentiae. ‘ inconvenienter igitur loco eius ponitur regnativa.
sc * Sed contra est quod philosophus dicit, in iii polit., quod ° prudentia est propria virtus principis. ‘ ergo specialis prudentia debet esse regnativa.
co * Respondeo dicendum quod sicut ex supradictis patet, ‘ ad prudentiam pertinet regere et praecipere. et ideo ubi invenitur specialis ratio regiminis et praecepti in humanis actibus, ibi etiam invenitur specialis ratio prudentiae. manifestum est autem quod in eo qui non solum seipsum habet regere, sed etiam communitatem perfectam civitatis vel regni, invenitur specialis et perfecta ratio regiminis, tanto enim regimen perfectius est quanto est universalius, ad plura se extendens et ulteriorem finem attingens. et ideo regi, ad quem pertinet regere civitatem vel regnum, prudentia competit secundum specialem et perfectissimam sui rationem. et propter hoc regnativa ponitur species prudentiae.
ra1 ‘ Ad primum ergo dicendum quod omnia quae sunt virtutum moralium pertinent ad prudentiam sicut ad dirigentem, unde et ratio recta prudentiae ponitur in definitione virtutis moralis, * ut supra dictum est. ‘ et ideo etiam executio iustitiae, prout ordinatur ad bonum commune, quae pertinet ad officium regis, indiget directione prudentiae. unde istae duae virtutes sunt maxime propriae regi, scilicet prudentia et iustitia, * secundum illud ierem. xxiii, ° regnabit rex, et sapiens erit et faciet iudicium et iustitiam in terra. ‘ quia tamen dirigere magis pertinet ad regem, exequi vero ad subditos, ideo regnativa magis ponitur species prudentiae, quae est directiva, quam iustitiae, quae est executiva.
ra2 “ Ad secundum dicendum quod regnum inter alias politias est optimum regimen, * ut dicitur in viii ethic.. ‘ et ideo species prudentiae magis debuit denominari a regno. ita tamen quod sub regnativa comprehendantur omnia alia regimina recta, non autem perversa, quae virtuti opponuntur, unde non pertinent ad prudentiam.
ra3 “ Ad tertium dicendum quod philosophus denominat regnativam a principali actu regis, qui est leges ponere. ‘ quod etsi conveniat aliis, non convenit eis nisi secundum quod participant aliquid de regimine regis.

009 ST3 qu50 ar2

ag1 ‛ Ad secundum sic proceditur. videtur quod politica inconvenienter ponatur pars prudentiae. regnativa enim est pars politicae prudentiae, * ut dictum est. ‛ sed pars non debet dividi contra totum. ergo politica non debet poni alia species prudentiae.
ag2 ‛ Praeterea, species habituum distinguuntur secundum diversa obiecta. sed eadem sunt quae oportet regnantem praecipere et subditum exequi. ergo politica, secundum quod pertinet ad subditos, non debet poni species prudentiae distincta a regnativa.
ag3 ‛ Praeterea, unusquisque subditorum est singularis persona. sed quaelibet singularis persona seipsam sufficienter dirigere potest per prudentiam communiter dictam. ergo non oportet poni aliam speciem prudentiae quae dicatur politica.
sc * Sed contra est quod philosophus dicit, in vi ethic., ° eius autem quae circa civitatem haec quidem ut architectonica prudentia legispositiva; haec autem commune nomen habet politica, circa singularia existens.
co ‛ Respondeo dicendum quod servus per imperium movetur a domino et subditus a principante, aliter tamen quam irrationalia et inanimata moveantur a suis motoribus. nam inanimata et irrationalia aguntur solum ab alio, non autem ipsa agunt seipsa quia non habent dominium sui actus per liberum arbitrium. et ideo rectitudo regiminis ipsorum non est in ipsis, sed solum in motoribus. sed homines servi, vel quicumque subditi, ita aguntur ab aliis per praeceptum quod tamen agunt seipsos per liberum arbitrium. et ideo requiritur in eis quaedam rectitudo regiminis per quam seipsos dirigant in obediendo principatibus. et ad hoc pertinet species prudentiae quae politica vocatur.
ra1 * Ad primum ergo dicendum quod sicut dictum est, ‛ regnativa est perfectissima species prudentiae. et ideo prudentia subditorum, quae deficit a prudentia regnativa, retinet sibi nomen commune, ut politica dicatur, sicut in logicis convertibile quod non significat essentiam retinet sibi commune nomen proprii.
ra2 ‛ Ad secundum dicendum quod diversa ratio obiecti diversificat habitum secundum speciem, * ut ex supradictis patet. ‛ eadem autem agenda considerantur quidem a rege secundum universaliorem rationem quam considerentur a subdito, qui obedit, uni enim regi in diversis officiis multi obediunt. et ideo regnativa comparatur ad hanc politicam de qua loquimur sicut ars architectonica ad eam quae manu operatur.
ra3 ‛ Ad tertium dicendum quod per prudentiam communiter dictam regit homo seipsum in ordine ad proprium bonum, per politicam autem de qua loquimur, in ordine ad bonum commune.

009 ST3 qu50 ar3

ag1 ‛ Ad tertium sic proceditur. videtur quod oeconomica non debeat poni species prudentiae. * quia ut philosophus dicit, in vi ethic., “ prudentia ordinatur ad bene vivere totum. sed oeconomica ordinatur ad aliquem particularem finem, scilicet ad divitias, * ut dicitur in i ethic.. ‛ ergo oeconomica non est species prudentiae.
ag2 * Praeterea, sicut supra habitum est, ‛ prudentia non est nisi bonorum. sed oeconomica potest esse etiam malorum, multi enim peccatores providi sunt in gubernatione familiae. ergo oeconomica non debet poni species prudentiae.
ag3 ‛ Praeterea, sicut in regno invenitur principans et subiectum, ita etiam in domo. si ergo oeconomica est species prudentiae sicut et politica, deberet etiam paterna prudentia poni, sicut et regnativa. non autem ponitur. ergo nec oeconomica debet poni species prudentiae.
sc * Sed contra est quod philosophus dicit, in vi ethic., quod “ illarum, scilicet prudentiarum quae se habent ad regimen multitudinis, ° haec quidem oeconomica, haec autem legispositiva, haec autem politica.
co ‛ Respondeo dicendum quod ratio obiecti diversificata secundum universale et particulare, vel secundum totum et partem, diversificat artes et virtutes, secundum quam diversitatem una est principalis respectu alterius. manifestum est autem quod domus medio modo se habet inter unam singularem personam et civitatem vel regnum, nam sicut una singularis persona est pars domus, ita una domus est pars civitatis vel regni. et ideo sicut prudentia communiter dicta, quae est regitiva unius, distinguitur a politica prudentia, ita oportet quod oeconomica distinguatur ab utraque.
ra1 ‛ Ad primum ergo dicendum quod divitiae comparantur ad oeconomicam non sicut finis ultimus, sed sicut instrumenta quaedam, * ut dicitur in i polit.. ‛ finis autem ultimus oeconomicae est totum bene vivere secundum domesticam conversationem. * philosophus autem i ethic. ponit exemplificando “ divitias finem oeconomicae secundum studium plurimorum.
ra2 ‛ Ad secundum dicendum quod ad aliqua particularia quae sunt in domo disponenda possunt aliqui peccatores provide se habere, sed non ad ipsum totum bene vivere domesticae conversationis, ad quod praecipue requiritur vita virtuosa.
ra3 ‛ Ad tertium dicendum quod pater in domo habet quandam similitudinem regii principatus, * ut dicitur in viii ethic., ‛ non tamen habet perfectam potestatem regiminis sicut rex. et ideo non ponitur separatim paterna species prudentiae, sicut regnativa.

009 ST3 qu50 ar4

ag1 ‛ Ad quartum sic proceditur. videtur quod militaris non debeat poni species prudentiae. “ prudentia enim contra artem dividitur, * ut dicitur in vi ethic.. ‛ sed militaris videtur esse quaedam ars in rebus bellicis; * sicut patet per philosophum, in iii ethic.. ‛ ergo militaris non debet poni species prudentiae.
ag2 ‛ Praeterea, sicut militare negotium continetur sub politico, ita etiam et plura alia negotia, sicut mercatorum, artificum et aliorum huiusmodi. sed secundum alia negotia quae sunt in civitate non accipiuntur aliquae species prudentiae. ergo etiam neque secundum militare negotium.
ag3 ‛ Praeterea, in rebus bellicis plurimum valet militum fortitudo. ergo militaris magis pertinet ad fortitudinem quam ad prudentiam.
sc * Sed contra est quod dicitur prov. xxiv, ° cum dispositione initur bellum, et erit salus ubi sunt multa consilia. ‛ sed consiliari pertinet ad prudentiam. ergo in rebus bellicis maxime necessaria est aliqua species prudentiae quae militaris dicitur.
co ‛ Respondeo dicendum quod ea quae secundum artem et rationem aguntur conformia esse oportet his quae sunt secundum naturam, quae a ratione divina sunt instituta. natura autem ad duo intendit primo quidem, ad regendum unamquamque rem in seipsa; secundo vero, ad resistendum extrinsecis impugnantibus et corruptivis. et propter hoc non solum dedit animalibus vim concupiscibilem, per quam moveantur ad ea quae sunt saluti eorum accommoda; sed etiam vim irascibilem, per quam animal resistit impugnantibus. unde et in his quae sunt secundum rationem non solum oportet esse prudentiam politicam, per quam convenienter disponantur ea quae pertinent ad bonum commune; sed etiam militarem, per quam hostium insultus repellantur.
ra1 ‛ Ad primum ergo dicendum quod militaris potest esse ars secundum quod habet quasdam regulas recte utendi quibusdam exterioribus rebus, puta armis et equis, sed secundum quod ordinatur ad bonum commune, habet magis rationem prudentiae.
ra2 ‛ Ad secundum dicendum quod alia negotia quae sunt in civitate ordinantur ad aliquas particulares utilitates, sed militare negotium ordinatur ad tuitionem totius boni communis.
ra3 ‛ Ad tertium dicendum quod executio militiae pertinet ad fortitudinem, sed directio ad prudentiam, et praecipue secundum quod est in duce exercitus.

009 ST3 qu51 ar

pr ‛ Deinde considerandum est de virtutibus adiunctis prudentiae, quae sunt quasi partes potentiales ipsius. et circa hoc quaeruntur quatuor. primo, utrum eubulia sit virtus. secundo, utrum sit specialis virtus a prudentia distincta. tertio, utrum synesis sit specialis virtus. quarto, utrum gnome sit specialis virtus.

009 ST3 qu51 ar1

ag1 ‛ Ad primum sic proceditur. videtur quod eubulia non sit virtus. * quia secundum augustinum, in libro de lib. arb., ° virtutibus nullus male utitur. ‛ sed eubulia, quae est bene consiliativa, aliqui male utuntur, vel quia astuta consilia excogitant ad malos fines consequendos; aut quia etiam ad bonos fines consequendos aliqua peccata ordinant, puta qui furatur ut eleemosynam det. ergo eubulia non est virtus.
ag2 “ Praeterea, virtus perfectio quaedam est, * ut dicitur in vii phys.. ‛ sed eubulia circa consilium consistit, quod importat dubitationem et inquisitionem, quae imperfectionis sunt. ergo eubulia non est virtus.
ag3 ‛ Praeterea, virtutes sunt connexae ad invicem, * ut supra habitum est. ‛ sed eubulia non est connexa aliis virtutibus multi enim peccatores sunt bene consiliativi, et multi iusti sunt in consiliis tardi. ergo eubulia non est virtus.
sc “ Sed contra est quod eubulia est rectitudo consilii, * ut philosophus dicit, in vi ethic.. sed ‛ recta ratio perficit rationem virtutis. ergo eubulia est virtus.
co * Respondeo dicendum quod, sicut supra dictum est, ‛ de ratione virtutis humanae est quod faciat actum hominis bonum. inter ceteros autem actus hominis proprium est ei consiliari, quia hoc importat quandam rationis inquisitionem circa agenda, in quibus consistit vita humana; “ nam vita speculativa est supra hominem, * ut dicitur in x ethic.. ‛ eubulia autem importat bonitatem consilii, “ dicitur enim ab eu, quod est bonum, et boule, quod est consilium, quasi bona consiliatio, vel potius bene consiliativa. ‛ unde manifestum est quod eubulia est virtus humana.
ra1 ‛ Ad primum ergo dicendum quod non est bonum consilium sive aliquis malum finem sibi in consiliando praestituat, sive etiam ad bonum finem malas vias adinveniat. sicut etiam in speculativis non est bona ratiocinatio sive aliquis falsum concludat, sive etiam concludat verum ex falsis, quia non utitur convenienti medio. et ideo utrumque praedictorum est contra rationem eubuliae, * ut philosophus dicit, in vi ethic..
ra2 ‛ Ad secundum dicendum quod etsi virtus sit essentialiter perfectio quaedam, non tamen oportet quod omne illud quod est materia virtutis perfectionem importet. oportet enim circa omnia humana perfici per virtutes, et non solum circa actus rationis, inter quos est consilium; sed etiam circa passiones appetitus sensitivi, quae adhuc sunt multo imperfectiores. vel potest dici quod virtus humana est perfectio secundum modum hominis, qui non potest per certitudinem comprehendere veritatem rerum simplici intuitu; et praecipue in agibilibus, quae sunt contingentia.
ra3 ‛ Ad tertium dicendum quod in nullo peccatore, inquantum huiusmodi, invenitur eubulia. omne enim peccatum est contra bonam consiliationem. requiritur enim ad bene consiliandum non solum adinventio vel excogitatio eorum quae sunt opportuna ad finem, sed etiam aliae circumstantiae, scilicet tempus congruum, ut nec nimis tardus nec nimis velox sit in consiliis; et modus consiliandi, ut scilicet sit firmus in suo consilio; et aliae huiusmodi debitae circumstantiae, quae peccator peccando non observat. quilibet autem virtuosus est bene consiliativus in his quae ordinantur ad finem virtutis, licet forte in aliquibus particularibus negotiis non sit bene consiliativus, puta in mercationibus vel in rebus bellicis vel in aliquo huiusmodi.

009 ST3 qu51 ar2

ag1 ‛ Ad secundum sic proceditur. videtur quod eubulia non sit virtus distincta a prudentia. quia * ut philosophus dicit, in vi ethic., ° videtur prudentis esse bene consiliari. ‛ sed hoc pertinet ad eubuliam, * ut dictum est. ‛ ergo eubulia non distinguitur a prudentia.
ag2 ‛ Praeterea, humani actus, ad quos ordinantur humanae virtutes, praecipue specificantur ex fine, * ut supra habitum est. ‛ sed ad eundem finem ordinantur eubulia et prudentia, * ut dicitur vi ethic., ‛ idest non ad quendam particularem finem, sed ad communem finem totius vitae. ergo eubulia non est virtus distincta a prudentia.
ag3 ‛ Praeterea, in scientiis speculativis ad eandem scientiam pertinet inquirere et determinare. ergo pari ratione in operativis hoc pertinet ad eandem virtutem. sed inquirere pertinet ad eubuliam, determinare autem ad prudentiam. ergo eubulia non est alia virtus a prudentia.
sc “ Sed contra, prudentia est praeceptiva, * ut dicitur in vi ethic.. ‛ hoc autem non convenit eubuliae. ergo eubulia est alia virtus a prudentia.
co * Respondeo dicendum quod, sicut dictum est supra, ‛ virtus proprie ordinatur ad actum, quem reddit bonum. et ideo oportet secundum differentiam actuum esse diversas virtutes, et maxime quando non est eadem ratio bonitatis in actibus. si enim esset eadem ratio bonitatis in eis, tunc ad eandem virtutem pertinerent diversi actus, sicut ex eodem dependet bonitas amoris, desiderii et gaudii, et ideo omnia ista pertinent ad eandem virtutem caritatis. actus autem rationis ordinati ad opus sunt diversi, nec habent eandem rationem bonitatis, ex alia enim efficitur homo bene consiliativus, et bene iudicativus, et bene praeceptivus; quod patet ex hoc quod ista aliquando ab invicem separantur. et ideo oportet aliam esse virtutem eubuliam, per quam homo est bene consiliativus; et aliam prudentiam, per quam homo est bene praeceptivus. et sicut consiliari ordinatur ad praecipere tanquam ad principalius, ita etiam eubulia ordinatur ad prudentiam tanquam ad principaliorem virtutem; sine qua nec virtus esset, sicut nec morales virtutes sine prudentia, nec ceterae virtutes sine caritate.
ra1 ‛ Ad primum ergo dicendum quod ad prudentiam pertinet bene consiliari imperative, ad eubuliam autem elicitive.
ra2 ‛ Ad secundum dicendum quod ad unum finem ultimum, quod est bene vivere totum, ordinantur diversi actus secundum quendam gradum, nam praecedit consilium, sequitur iudicium, et ultimum est praeceptum, quod immediate se habet ad finem ultimum, alii autem duo actus remote se habent. qui tamen habent quosdam proximos fines, consilium quidem inventionem eorum quae sunt agenda; iudicium autem certitudinem. unde ex hoc non sequitur quod eubulia et prudentia non sint diversae virtutes, sed quod eubulia ordinetur ad prudentiam sicut virtus secundaria ad principalem.
ra3 ‛ Ad tertium dicendum quod etiam in speculativis alia rationalis scientia est dialectica, quae ordinatur ad inquisitionem inventivam; et alia scientia demonstrativa, quae est veritatis determinativa.

009 ST3 qu51 ar3

ag1 ‛ Ad tertium sic proceditur. videtur quod synesis non sit virtus. “ virtutes enim non insunt nobis a natura, * ut dicitur in ii ethic.. “ sed synesis inest aliquibus a natura, * ut dicit philosophus, in vi ethic.. ‛ ergo synesis non est virtus.
ag2 “ Praeterea, synesis, * ut in eodem libro dicitur, “ est solum iudicativa. ‛ sed iudicium solum, sine praecepto, potest esse etiam in malis. cum ergo virtus sit solum in bonis, videtur quod synesis non sit virtus.

ag3 ' Praeterea, nunquam est defectus in praecipiendo nisi sit aliquis defectus in iudicando, saltem in particulari operabili, in quo omnis malus errat. si ergo synesis ponitur virtus ad bene iudicandum, videtur quod non sit necessaria alia virtus ad bene praecipiendum. et ideo prudentia erit superflua, quod est inconveniens. non ergo synesis est virtus.
sc ' Sed contra, iudicium est perfectius quam consilium. sed eubulia, quae est bene consiliativa, est virtus. ergo multo magis synesis, quae est bene iudicativa, est virtus.
co ' Respondeo dicendum quod synesis importat iudicium rectum non quidem circa speculabilia, sed circa particularia operabilia, circa quae etiam est prudentia. " unde secundum synesim dicuntur in graeco aliqui syneti, idest sensati, vel eusyneti, idest homines boni sensus, sicut e contrario qui carent hac virtute dicuntur asyneti, idest insensati. ' oportet autem quod secundum differentiam actuum qui non reducuntur in eandem causam sit etiam diversitas virtutum. manifestum est autem quod bonitas consilii et bonitas iudicii non reducuntur in eandem causam, multi enim sunt bene consiliativi qui tamen non sunt bene sensati, quasi recte iudicantes. sicut etiam in speculativis aliqui sunt bene inquirentes, propter hoc quod ratio eorum prompta est ad discurrendum per diversa, quod videtur provenire ex dispositione imaginativae virtutis, quae de facili potest formare diversa phantasmata, et tamen huiusmodi quandoque non sunt boni iudicii, quod est propter defectum intellectus, qui maxime contingit ex mala dispositione communis sensus non bene iudicantis. et ideo oportet praeter eubuliam esse aliam virtutem quae est bene iudicativa. et haec dicitur synesis.
ra1 ' Ad primum ergo dicendum quod rectum iudicium in hoc consistit quod vis cognoscitiva apprehendat rem aliquam secundum quod in se est. quod quidem provenit ex recta dispositione virtutis apprehensivae, sicut in speculo, si fuerit bene dispositum, imprimuntur formae corporum secundum quod sunt; si vero fuerit speculum male dispositum, apparent ibi imagines distortae et prave se habentes. quod autem virtus cognoscitiva sit bene disposita ad recipiendum res secundum quod sunt, contingit quidem radicaliter ex natura, consummative autem ex exercitio vel ex munere gratiae. et hoc dupliciter. uno modo, directe ex parte ipsius cognoscitivae virtutis, puta quia non est imbuta pravis conceptionibus, sed veris et rectis, et hoc pertinet ad synesim secundum quod est specialis virtus. alio modo, indirecte, ex bona dispositione appetitivae virtutis, ex qua sequitur quod homo bene iudicet de appetibilibus. et sic bonum virtutis iudicium consequitur habitus virtutum moralium, sed circa fines, synesis autem est magis circa ea quae sunt ad finem.
ra2 ' Ad secundum dicendum quod in malis potest quidem iudicium rectum esse in universali, sed in particulari agibili semper eorum iudicium corrumpitur, * ut supra habitum est.
ra3 ' Ad tertium dicendum quod contingit quandoque id quod bene iudicatum est differri, vel negligenter agi aut inordinate. et ideo post virtutem quae est bene iudicativa necessaria est finalis virtus principalis quae sit bene praeceptiva, scilicet prudentia.

009 ST3 qu51 ar4

ag1 ' Ad quartum sic proceditur. videtur quod gnome non sit specialis virtus a synesi distincta. quia secundum synesim dicitur aliquis bene iudicativus. sed nullus potest dici bene iudicativus nisi in omnibus bene iudicet. ergo synesis se extendit ad omnia diiudicanda. non est ergo aliqua alia virtus bene iudicativa quae gnome vocatur.
ag2 ' Praeterea, iudicium medium est inter consilium et praeceptum. sed una tantum virtus est bene consiliativa, scilicet eubulia; et una tantum virtus est bene praeceptiva, scilicet prudentia. ergo una tantum est virtus bene iudicativa, scilicet synesis.
ag3 ' Praeterea, ea quae raro accidunt, in quibus oportet a communibus legibus discedere, videntur praecipue casualia esse, quorum non est ratio, * ut dicitur in ii phys.. ' omnes autem virtutes intellectuales pertinent ad rationem rectam. ergo circa praedicta non est aliqua virtus intellectualis.
sc * Sed contra est quod philosophus determinat, in vi ethic., " gnomen esse specialem virtutem.
co ' Respondeo dicendum quod habitus cognoscitivi distinguuntur secundum altiora vel inferiora principia, sicut sapientia in speculativis altiora principia considerat quam scientia, et ideo ab ea distinguitur. et ita etiam oportet esse in activis. manifestum est autem quod illa quae sunt praeter ordinem inferioris principii sive causae reducuntur quandoque in ordinem altioris principii, sicut monstruosi partus animalium sunt praeter ordinem virtutis activae in semine, tamen cadunt sub ordine altioris principii, scilicet caelestis corporis, vel ulterius providentiae divinae. unde ille qui consideraret virtutem activam in semine non posset iudicium certum ferre de huiusmodi monstris, de quibus tamen potest iudicari secundum considerationem divinae providentiae. contingit autem quandoque aliquid esse faciendum praeter communes regulas agendorum, puta cum impugnatori patriae non est depositum reddendum, vel aliquid aliud huiusmodi. et ideo oportet de huiusmodi iudicare secundum aliqua altiora principia quam sint regulae communes, secundum quas iudicat synesis. et secundum illa altiora principia exigitur altior virtus iudicativa, quae vocatur gnome, quae importat quandam perspicacitatem iudicii.
ra1 ' Ad primum ergo dicendum quod synesis est vere iudicativa de omnibus quae secundum communes regulas fiunt. sed praeter communes regulas sunt quaedam alia diiudicanda, * ut iam dictum est.
ra2 ' Ad secundum dicendum quod iudicium debet sumi ex propriis principiis rei, inquisitio autem fit etiam per communia. unde etiam in speculativis dialectica, quae est inquisitiva, procedit ex communibus, demonstrativa autem, quae est iudicativa, procedit ex propriis. et ideo eubulia, ad quam pertinet inquisitio consilii, est una de omnibus, non autem synesis, quae est iudicativa. praeceptum autem respicit in omnibus unam rationem boni. et ideo etiam prudentia non est nisi una.
ra3 ' Ad tertium dicendum quod omnia illa quae praeter communem cursum contingere possunt considerare pertinet ad solam providentiam divinam, sed inter homines ille qui est magis perspicax potest plura horum sua ratione diiudicare. et ad hoc pertinet gnome, quae importat quandam perspicacitatem iudicii.

009 ST3 qu52 ar

pr ' Deinde considerandum est de dono consilii, quod respondet prudentiae. et circa hoc quaeruntur quatuor. primo, utrum consilium debeat poni inter septem dona spiritus sancti. secundo, utrum donum consilii respondeat virtuti prudentiae. tertio, utrum donum consilii maneat in patria. quarto, utrum quinta beatitudo, quae est, beati misericordes, respondeat dono consilii.

009 ST3 qu52 ar1

ag1 ' Ad primum sic proceditur. videtur quod consilium non debeat poni inter dona spiritus sancti. dona enim spiritus sancti in adiutorium virtutum dantur; * ut patet per gregorium, in ii moral.. ' sed ad consiliandum homo sufficienter perficitur per virtutem prudentiae, vel etiam eubuliae, * ut ex dictis patet. ' ergo consilium non debet poni inter dona spiritus sancti.
ag2 ' Praeterea, haec videtur esse differentia inter septem dona spiritus sancti et gratias gratis datas, quod gratiae gratis datae non dantur omnibus, sed distribuuntur diversis; dona autem spiritus sancti dantur omnibus habentibus spiritum sanctum. sed consilium videtur esse de his quae specialiter aliquibus a spiritu sancto dantur, * secundum illud i machab. ii, ° ecce simon, frater vester, ipse vir consilii est. ' ergo consilium magis debet poni inter gratias gratis datas quam inter septem dona spiritus sancti.
ag3 * Praeterea, rom. viii dicitur, ° qui spiritu dei aguntur, hi filii dei sunt. ' sed his qui ab alio aguntur non competit consilium. cum igitur dona spiritus sancti maxime competant filiis dei, " qui acceperunt spiritum adoptionis filiorum, ' videtur quod consilium inter dona spiritus sancti poni non debeat.
sc * Sed contra est quod isaiae xi dicitur, ° requiescet super eum spiritus consilii et fortitudinis.
co ' Respondeo dicendum quod dona spiritus sancti, * ut supra dictum est, ' sunt quaedam dispositiones quibus anima redditur bene mobilis a spiritu sancto. deus autem movet unumquodque secundum modum eius quod movetur, sicut ° creaturam corporalem movet per tempus et locum, creaturam autem spiritualem per tempus et non per locum, * ut augustinus dicit, viii super gen. ad litt.. ' est autem proprium rationali creaturae quod per inquisitionem rationis moveatur ad aliquid agendum, quae quidem inquisitio consilium dicitur. et ideo spiritus sanctus per modum consilii creaturam rationalem movet. et propter hoc consilium ponitur inter dona spiritus sancti.
ra1 ' Ad primum ergo dicendum quod prudentia vel eubulia, sive sit acquisita sive infusa, dirigit hominem in inquisitione consilii secundum ea quae ratio comprehendere potest, unde homo per prudentiam vel eubuliam fit bene consilians vel sibi vel alii. sed quia humana ratio non potest comprehendere singularia et contingentia quae occurrere possunt, fit quod ° cogitationes mortalium sunt timidae, et incertae providentiae nostrae, * ut dicitur sap. ix. ' et ideo indiget homo in inquisitione consilii dirigi a deo, qui omnia comprehendit. quod fit per donum consilii, per quod homo dirigitur quasi consilio a deo accepto. sicut etiam in rebus humanis qui sibi ipsis non sufficiunt in inquisitione consilii a sapientioribus consilium requirunt.
ra2 ' Ad secundum dicendum quod hoc potest pertinere ad gratiam gratis datam quod aliquis sit ita boni consilii quod aliis consilium praebeat. sed quod aliquis a deo consilium habeat quid fieri oporteat in his quae sunt necessaria ad salutem, hoc est commune omnium sanctorum.
ra3 ' Ad tertium dicendum quod filii dei aguntur a spiritu sancto secundum modum eorum, salvato scilicet libero arbitrio, " quae est facultas voluntatis et rationis. ' et sic inquantum ratio a spiritu sancto instruitur de agendis, competit filiis dei donum consilii.

009 ST3 qu52 ar2

ag1 ' Ad secundum sic proceditur. videtur quod donum consilii non respondeat convenienter virtuti prudentiae. inferius enim in suo supremo attingit id quod est superius, * ut patet per dionysium, vii cap. de div. nom., ' sicut homo attingit angelum secundum intellectum. sed virtus cardinalis est inferior dono, * ut supra habitum est. ' cum ergo consilium sit primus et infimus actus prudentiae, supremus autem actus eius est praecipere, medius autem iudicare; videtur quod donum respondens prudentiae non sit consilium, sed magis iudicium vel praeceptum.
ag2 ' Praeterea, uni virtuti sufficienter auxilium praebetur per unum donum, quia quanto aliquid est superius tanto est magis unitum, * ut probatur in libro de causis. ' sed prudentiae auxilium praebetur per donum scientiae, quae non solum est speculativa, sed etiam practica, * ut supra habitum est. ' ergo donum consilii non respondet virtuti prudentiae.
ag3 ' Praeterea, ad prudentiam proprie pertinet dirigere, * ut supra habitum est. ' sed ad donum consilii pertinet quod homo dirigatur a deo, * sicut dictum est. ' ergo donum consilii non pertinet ad virtutem prudentiae.
sc ' Sed contra est quod donum consilii est circa ea quae sunt agenda propter finem. sed circa haec etiam est prudentia. ergo sibi invicem correspondent.
co ' Respondeo dicendum quod principium motivum inferius praecipue adiuvatur et perficitur per hoc quod movetur a superiori motivo principio, sicut corpus in hoc quod movetur a spiritu. manifestum est autem quod rectitudo rationis humanae comparatur ad rationem divinam sicut principium motivum inferius ad superius, ratio enim aeterna est suprema regula omnis humanae rectitudinis. et ideo prudentia, quae importat rectitudinem rationis, maxime perficitur et iuvatur secundum quod regulatur et movetur a spiritu sancto. quod pertinet ad donum consilii, * ut dictum est. ' unde donum consilii respondet prudentiae, sicut ipsam adiuvans et perficiens.
ra1 ' Ad primum ergo dicendum quod iudicare et praecipere non est moti, sed moventis. et quia in donis spiritus sancti mens humana non se habet ut movens, sed magis ut mota, * ut supra dictum est; ' inde est quod non fuit conveniens quod donum correspondens prudentiae praeceptum diceretur vel iudicium, sed consilium, per quod potest significari motio mentis consiliatae ab alio consiliante.
ra2 ' Ad secundum dicendum quod scientiae donum non directe respondet prudentiae, cum sit in speculativa, sed secundum quandam extensionem eam adiuvat. donum autem consilii directe respondet prudentiae, sicut circa eadem existens.
ra3 ' Ad tertium dicendum quod movens motum ex hoc quod movetur movet. unde mens humana ex hoc ipso quod dirigitur a spiritu sancto, fit potens dirigere se et alios.

009 ST3 qu52 ar3

ag1 ' Ad tertium sic proceditur. videtur quod donum consilii non maneat in patria. consilium enim est eorum quae sunt agenda propter finem. sed in patria nihil erit agendum propter finem, quia ibi homines ultimo fine potiuntur. ergo in patria non est donum consilii.
ag2 ' Praeterea, consilium dubitationem importat, in his enim quae manifesta sunt ridiculum est consiliari, * sicut patet per philosophum, in iii ethic.. ' in patria autem tolletur omnis dubitatio. ergo in patria non erit consilium.
ag3 ' Praeterea, in patria sancti maxime deo conformantur, * secundum illud i ioan. iii, ° cum apparuerit, similes ei erimus. ' sed deo non convenit consilium, * secundum illud rom. xi, ° quis consiliarius eius fuit? ' ergo etiam neque sanctis in patria competit donum consilii.
sc * Sed contra est quod dicit gregorius, xvii moral., ° cumque uniuscuiusque gentis vel culpa vel iustitia ad supernae curiae consilium ducitur, eiusdem gentis praepositus vel obtinuisse in certamine vel non obtinuisse perhibetur.
co * Respondeo dicendum quod, sicut dictum est, ' dona spiritus sancti ad hoc pertinent quod creatura rationalis movetur a deo. circa motionem autem humanae mentis a deo duo considerari oportet. primo quidem, quod alia est dispositio eius quod movetur dum movetur; et alia dum est in termino motus. et quidem quando movens est solum principium movendi, cessante motu cessat actio moventis super mobile, quod iam pervenit ad terminum, sicut domus, postquam aedificata est, non aedificatur ulterius ab aedificatore. sed quando movens non solum est causa movendi, sed etiam est causa ipsius formae ad quam est motus, tunc non cessat actio moventis etiam post adeptionem formae, sicut sol illuminat aerem etiam postquam est illuminatus. et hoc modo deus causat in nobis et virtutem et cognitionem non solum quando primo acquirimus, sed etiam quandiu in eis perseveramus. et sic cognitionem agendorum causat deus in beatis, non quasi in ignorantibus, sed quasi continuando in eis cognitionem eorum quae agenda sunt. tamen quaedam sunt quae beati, vel angeli vel homines, non cognoscunt, quae non sunt de essentia beatitudinis, sed pertinent ad gubernationem rerum secundum divinam providentiam. et quantum ad hoc est aliud considerandum, scilicet

quod mens beatorum aliter movetur a deo, et aliter mens viatorum. nam mens viatorum movetur a deo in agendis per hoc quod sedatur anxietas dubitationis in eis praecedens. in mente vero beatorum circa ea |25| quae non cognoscunt est simplex nescientia, a qua etiam angeli purgantur, * secundum dionysium, vi cap. eccl. hier., ‘ non autem praecedit in eis inquisitio dubitationis, sed simplex conversio ad deum. et hoc est deum consulere, * sicut augustinus dicit, v super gen. ad litt., quod “ angeli de inferioribus deum consulunt. ‘ unde et instructio qua super hoc a deo instruuntur consilium dicitur. et secundum hoc donum consilii est in beatis, inquantum in eis a deo continuatur cognitio eorum quae sciunt; et inquantum illuminantur de his quae nesciunt circa agenda.
ra1 ‘ Ad primum ergo dicendum quod etiam in beatis sunt aliqui actus ordinati ad finem, vel quasi procedentes ex consecutione finis, sicut quod deum laudant; vel quibus alios pertrahunt ad finem quem ipsi sunt consecuti, sicut sunt ministeria angelorum et orationes sanctorum. et quantum ad hoc habet in eis locum donum consilii.
ra2 ‘ Ad secundum dicendum quod dubitatio pertinet ad consilium secundum statum vitae praesentis, non autem pertinet secundum quod est consilium in patria. sicut etiam virtutes cardinales non habent omnino eosdem actus in patria et in via.
ra3 ‘ Ad tertium dicendum quod consilium non est in deo sicut in recipiente, sed sicut in dante. hoc autem modo conformantur deo sancti in patria, sicut recipiens influenti.

009 ST3 qu52 ar4

ag1 ‘ Ad quartum sic proceditur. videtur quod quinta beatitudo, quae est de misericordia, non respondeat dono consilii. omnes enim beatitudines sunt quidam actus virtutum, * ut supra habitum est. ‘ sed per consilium in omnibus virtutum actibus dirigimur. ergo consilio non respondet magis quinta beatitudo quam alia.
ag2 ‘ Praeterea, praecepta dantur de his quae sunt de necessitate salutis, consilium autem datur de his quae non sunt de necessitate salutis. misericordia autem est de necessitate salutis, * secundum illud iac. ii, ° iudicium sine misericordia ei qui non fecit misericordiam, ‘ paupertas autem non est de necessitate salutis, sed pertinet ad perfectionem vitae, * ut patet matth. xix. ‘ ergo dono consilii magis respondet beatitudo paupertatis quam beatitudo misericordiae.
ag3 ‘ Praeterea, fructus consequuntur ad beatitudines, important enim delectationem quandam spiritualem quae consequitur perfectos actus virtutum. sed inter fructus non ponitur aliquid respondens dono consilii, * ut patet gal. v. ‘ ergo etiam beatitudo misericordiae non respondet dono consilii.
sc ‘ Sed contra est quod * augustinus dicit, in libro de serm. dom. in monte, ° consilium convenit misericordibus, quia unicum remedium est de tantis malis erui, dimittere aliis et dare.
co ‘ Respondeo dicendum quod consilium proprie est de his quae sunt utilia ad finem. unde ea quae maxime sunt utilia ad finem maxime debent correspondere dono consilii. hoc autem est misericordia, * secundum illud i ad tim. iv, ° pietas ad omnia utilis est. ‘ et ideo specialiter dono consilii respondet beatitudo misericordiae, non sicut elicienti, sed sicut dirigenti.
ra1 ‘ Ad primum ergo dicendum quod etsi consilium dirigat in omnibus actibus virtutum, specialiter tamen dirigit in operibus misericordiae, * ratione iam dicta.
ra2 ‘ Ad secundum dicendum quod consilium, secundum quod est donum spiritus sancti, dirigit nos in omnibus quae ordinantur in finem vitae aeternae, sive sint de necessitate salutis sive non. et tamen non omne opus misericordiae est de necessitate salutis.
ra3 ‘ Ad tertium dicendum quod fructus importat quoddam ultimum. in practicis autem non est ultimum in cognitione, sed in operatione, quae est finis. et ideo inter fructus nihil ponitur quod pertineat ad cognitionem practicam, sed solum ea quae pertinent ad operationes, in quibus cognitio practica dirigit. inter quae ponitur bonitas et benignitas, quae respondent misericordiae.

009 ST3 qu53 ar

pr ‘ Deinde considerandum est de vitiis oppositis prudentiae. * dicit autem augustinus, in iv contra iulian., quod ° omnibus virtutibus non solum sunt vitia manifesta discretione contraria, sicut prudentiae temeritas, verum etiam vicina quodammodo, nec veritate, sed quadam specie fallente similia, sicut ipsi prudentiae astutia. ‘ primo ergo considerandum est de vitiis quae manifeste contrarietatem habent ad prudentiam, quae scilicet vitia proveniunt ex defectu prudentiae vel eorum quae ad prudentiam requiruntur; secundo, de vitiis quae habent quandam similitudinem falsam cum prudentia quae scilicet contingunt per abusum eorum quae ad prudentiam requiruntur. quia vero sollicitudo ad prudentiam pertinet, circa primum consideranda sunt duo, primo quidem, de imprudentia; secundo, de negligentia, quae sollicitudini opponitur. circa primum quaeruntur sex. primo, de imprudentia, utrum sit peccatum. secundo, utrum sit speciale peccatum. tertio, de praecipitatione, sive temeritate. quarto, de inconsideratione. quinto, de inconstantia. sexto, de origine horum vitiorum.

009 ST3 qu53 ar1

ag1 ‘ Ad primum sic proceditur. videtur quod imprudentia non sit peccatum. “ omne enim peccatum est voluntarium, * ut augustinus dicit. ‘ imprudentia autem non est aliquid voluntarium, nullus enim vult esse imprudens. ergo imprudentia non est peccatum.
ag2 ‘ Praeterea, nullum peccatum nascitur cum homine nisi originale. sed imprudentia nascitur cum homine, unde et iuvenes imprudentes sunt. nec est originale peccatum, quod opponitur originali iustitiae. ergo imprudentia non est peccatum.
ag3 ‘ Praeterea, omne peccatum per poenitentiam tollitur. sed imprudentia non tollitur per poenitentiam. ergo imprudentia non est peccatum.
sc ‘ Sed contra, spiritualis thesaurus gratiae non tollitur nisi per peccatum. tollitur autem per imprudentiam, * secundum illud prov. xxi, ° thesaurus desiderabilis et oleum in habitaculo iusti, et homo imprudens dissipabit illud.
co ‘ Respondeo dicendum quod imprudentia dupliciter accipi potest, uno modo, privative; alio modo, contrarie. negative autem non proprie dicitur, ita scilicet quod importet solam carentiam prudentiae, quae potest esse sine peccato. privative quidem imprudentia dicitur inquantum aliquis caret prudentia quam natus est et debet habere. et secundum hoc imprudentia est peccatum ratione negligentiae, qua quis non adhibet studium ad prudentiam habendam. contrarie vero accipitur imprudentia secundum quod ratio contrario modo movetur vel agit prudentiae. puta, si recta ratio prudentiae agit consiliando, imprudens consilium spernit, et sic de aliis quae in actu prudentis observanda sunt. et hoc modo imprudentia est peccatum secundum rationem propriam prudentiae. non enim potest hoc contingere quod homo contra prudentiam agat, nisi divertens a regulis quibus ratio prudentiae rectificatur. unde si hoc contingat per aversionem a regulis divinis, est peccatum mortale, puta cum quis quasi contemnens et repudians divina documenta, praecipitanter agit. si vero praeter eas agat absque contemptu, et absque detrimento eorum quae sunt de necessitate salutis, est peccatum veniale.
ra1 ‘ Ad primum ergo dicendum quod deformitatem imprudentiae nullus vult, sed actum imprudentiae vult temerarius, qui vult praecipitanter agere. * unde et philosophus dicit, vi ethic., quod ° ille qui circa prudentiam peccat volens, minus acceptatur.
ra2 ‘ Ad secundum dicendum quod ratio illa procedit de imprudentia secundum quod sumitur negative. sciendum tamen quod carentia prudentiae et cuiuslibet virtutis includitur in carentia originalis iustitiae, quae totam animam perficiebat. et secundum hoc omnes isti defectus virtutum possunt reduci ad originale peccatum.
ra3 ‘ Ad tertium dicendum quod per poenitentiam restituitur prudentia infusa, et sic cessat carentia huius prudentiae. non tamen restituitur prudentia acquisita quantum ad habitum, sed tollitur actus contrarius, in quo proprie consistit peccatum imprudentiae.

009 ST3 qu53 ar2

ag1 ‘ Ad secundum sic proceditur. videtur quod imprudentia non sit speciale peccatum. quicumque enim peccat agit contra rationem rectam, quae est prudentia. sed imprudentia consistit in hoc quod aliquis agit contra prudentiam, * ut dictum est. ‘ ergo imprudentia non est speciale peccatum.
ag2 ‘ Praeterea, prudentia magis est affinis moralibus actibus quam scientia. sed ignorantia, quae opponitur scientiae, ponitur inter generales causas peccati. ergo multo magis imprudentia.
ag3 ‘ Praeterea, peccata contingunt ex hoc quod virtutum circumstantiae corrumpuntur, * unde et dionysius dicit, iv cap. de div. nom., quod ° malum contingit ex singularibus defectibus. ‘ sed multa requiruntur ad prudentiam, sicut ratio, intellectus, docilitas, et cetera * quae supra posita sunt. ‘ ergo multae sunt imprudentiae species. ergo non est peccatum speciale.
sc ‘ Sed contra, imprudentia est contrarium prudentiae, * ut dictum est. ‘ sed prudentia est una virtus specialis. ergo imprudentia est unum vitium speciale.
co ‘ Respondeo dicendum quod aliquod vitium vel peccatum potest dici generale dupliciter, uno modo, absolute, quia scilicet est generale respectu omnium peccatorum; alio modo, quia est generale respectu quorundam vitiorum quae sunt species eius. primo autem modo potest dici aliquod vitium generale dupliciter. uno modo, per essentiam, quia scilicet praedicatur de omnibus peccatis. et hoc modo imprudentia non est generale peccatum, sicut nec prudentia generalis virtus, cum sint circa actus speciales, scilicet circa ipsos actus rationis. alio modo, per participationem. et hoc modo imprudentia est generale peccatum. sicut enim prudentia participatur quodammodo in omnibus virtutibus, inquantum est directiva earum, ita et imprudentia in omnibus vitiis et peccatis, nullum enim peccatum accidere potest nisi sit defectus in aliquo actu rationis dirigentis, quod pertinet ad imprudentiam. si vero dicatur peccatum generale non simpliciter, sed secundum aliquod genus, quia scilicet continet sub se multas species; sic imprudentia est generale peccatum. continet enim sub se diversas species tripliciter. uno quidem modo, per oppositum ad diversas partes subiectivas prudentiae. sicut enim distinguitur prudentia in monasticam, quae est regitiva unius, et in alias species prudentiae quae sunt multitudinis regitivae, * ut supra habitum est; ‘ ita etiam imprudentia. alio modo, secundum |25| partes quasi potentiales prudentiae, quae sunt virtutes adiunctae, et accipiuntur secundum diversos actus rationis. et hoc modo, quantum ad defectum consilii, circa quod est eubulia, est praecipitatio, sive temeritas, imprudentiae species. quantum vero ad defectum iudicii, circa quod sunt synesis et gnome, est inconsideratio. quantum vero ad ipsum praeceptum, quod est proprius actus prudentiae, est inconstantia et negligentia. tertio modo possunt sumi per oppositum ad ea quae requiruntur ad prudentiam, quae sunt quasi partes integrales prudentiae. sed quia omnia illa ordinantur ad dirigendum praedictos tres rationis actus, inde est quod omnes defectus oppositi reducuntur ad quatuor praedictas partes. sicut incautela et incircumspectio includitur sub inconsideratione. quod autem aliquis deficiat a docilitate vel memoria vel ratione, pertinet ad praecipitationem. improvidentia vero et defectus intelligentiae et solertiae pertinent ad negligentiam et inconstantiam.
ra1 ‘ Ad primum ergo dicendum quod ratio illa procedit de generalitate quae est secundum participationem.
ra2 ‘ Ad secundum dicendum quod quia scientia est magis remota a moralibus quam prudentia secundum propriam rationem utriusque, inde est quod ignorantia non habet de se rationem peccati moralis, sed solum ratione negligentiae praecedentis vel effectus sequentis. et propter hoc ponitur inter generales causas peccati. sed imprudentia secundum propriam rationem importat vitium morale. et ideo magis potest poni speciale peccatum.
ra3 ‘ Ad tertium dicendum quod quando corruptio diversarum circumstantiarum habet idem motivum, non diversificatur peccati species, sicut eiusdem speciei est peccatum ut aliquis accipiat non sua ubi non debet, et quando non debet. sed si sint diversa motiva, tunc essent diversae species, puta si unus acciperet unde non deberet ut faceret iniuriam loco sacro, quod faceret speciem sacrilegii; alius quando non debet propter solum superfluum appetitum habendi, quod esset simplex avaritia. et ideo defectus eorum quae requiruntur ad prudentiam non diversificant species nisi quatenus ordinantur ad diversos actus rationis, * ut dictum est.

009 ST3 qu53 ar3

ag1 ‘ Ad tertium sic proceditur. videtur quod praecipitatio non sit peccatum sub imprudentia contentum. imprudentia enim opponitur virtuti prudentiae. sed praecipitatio opponitur dono consilii, * dicit enim gregorius, in ii moral., quod “ donum consilii datur contra praecipitationem. ‘ ergo praecipitatio non est peccatum sub imprudentia contentum.
ag2 ‘ Praeterea, praecipitatio videtur ad temeritatem pertinere. temeritas autem praesumptionem importat, quae pertinet ad superbiam. ergo praecipitatio non est vitium sub imprudentia contentum.
ag3 ‘ Praeterea, praecipitatio videtur importare quandam inordinatam festinationem. sed in consiliando non solum contingit esse peccatum per hoc quod aliquis est festinus, sed etiam si sit nimis tardus, ita quod praetereat opportunitas operis; et etiam “ secundum inordinationes aliarum circumstantiarum, * ut dicitur in vi ethic.. ‘ ergo non magis praecipitatio debet poni peccatum sub imprudentia contentum quam tarditas, aut aliqua alia huiusmodi ad inordinationem consilii pertinentia.
sc * Sed contra est quod dicitur prov. iv, ° via impiorum tenebrosa, nesciunt ubi corruant. ‘ tenebrae autem viae impietatis pertinent ad imprudentiam. ergo corruere, sive praecipitari, ad imprudentiam pertinet.
co ‘ Respondeo dicendum quod praecipitatio in actibus animae metaphorice dicitur secundum similitudinem a corporali motu acceptam. dicitur autem praecipitari secundum corporalem motum quod a superiori in ima pervenit secundum impetum quendam proprii motus vel alicuius impellentis, non ordinate incedendo per gradus. summum autem animae est ipsa ratio. imum autem est operatio per corpus exercita. gradus autem medii, per quos oportet ordinate descendere, sunt memoria praeteritorum, intelligentia praesentium, solertia in considerandis futuris eventibus, ratiocinatio conferens unum alteri, docilitas, per quam aliquis acquiescit sententiis maiorum, per quos quidem gradus aliquis ordinate descendit recte consiliando. si quis autem feratur ad agendum per impetum voluntatis vel passionis, pertransitis huiusmodi gradibus, erit praecipitatio. cum ergo inordinatio consilii ad imprudentiam pertineat, manifestum est quod vitium praecipitationis sub imprudentia continetur.
ra1 ‘ Ad primum ergo dicendum quod consilii rectitu-

do pertinet ad donum consilii et ad virtutem prudentiae, licet diversimode, * ut supra dictum est. ‘ et ideo praecipitatio utrique contrariatur.
ra2 ‘ Ad secundum dicendum quod illa dicuntur fieri temere quae ratione non reguntur. quod quidem potest contingere dupliciter. uno modo, ex impetu voluntatis vel passionis. alio modo, ex contemptu regulae dirigentis, et hoc proprie importat temeritas. unde videtur ex radice superbiae provenire, quae refugit subesse regulae alienae. praecipitatio autem se habet ad utrumque. unde temeritas sub praecipitatione continetur, quamvis praecipitatio magis respiciat primum.
ra3 ‘ Ad tertium dicendum quod in inquisitione consilii multa particularia sunt consideranda, * et ideo philosophus dicit, in vi ethic., ° oportet consiliari tarde. ‘ unde praecipitatio directius opponitur rectitudini consilii quam tarditas superflua, quae habet quandam similitudinem recti consilii.

009 ST3 qu53 ar4

ag1 ‘ Ad quartum sic proceditur. videtur quod inconsideratio non sit peccatum speciale sub imprudentia contentum. lex enim divina ad nullum peccatum nos inducit, * secundum illud psalm., ° lex domini immaculata. ‘ inducit autem ad non considerandum, * secundum illud matth. x, ° nolite cogitare quomodo aut quid loquamini. ‘ ergo inconsideratio non est peccatum.
ag2 ‘ Praeterea, quicumque consiliatur oportet quod multa consideret. sed per defectum consilii est praecipitatio; et per consequens ex defectu considerationis. ergo praecipitatio sub inconsideratione continetur. non ergo inconsideratio est speciale peccatum.
ag3 ‘ Praeterea, prudentia consistit in actibus rationis practicae, qui sunt consiliari, iudicare de consiliatis, et praecipere. sed considerare praecedit omnes istos actus, quia pertinet etiam ad intellectum speculativum. ergo inconsideratio non est speciale peccatum sub imprudentia contentum.
sc * Sed contra est quod dicitur prov. iv, ° oculi tui videant recta, et palpebrae tuae praecedant gressus tuos, “ quod pertinet ad prudentiam. ‘ sed contrarium huius agitur per inconsiderationem. ergo inconsideratio est speciale peccatum sub imprudentia contentum.
co ‘ Respondeo dicendum quod consideratio importat actum intellectus veritatem rei intuentis. sicut autem inquisitio pertinet ad rationem, ita iudicium pertinet ad intellectum, unde et in speculativis demonstrativa scientia dicitur iudicativa, inquantum per resolutionem in prima principia intelligibilia de veritate inquisitorum diiudicatur. et ideo consideratio maxime pertinet ad iudicium. unde et defectus recti iudicii ad vitium inconsiderationis pertinet, prout scilicet aliquis in recte iudicando deficit ex hoc quod contemnit vel negligit attendere ea ex quibus rectum iudicium procedit. unde manifestum est quod inconsideratio est peccatum.
ra1 ‘ Ad primum ergo dicendum quod dominus non prohibet considerare ea quae sunt agenda vel dicenda, quando homo habet opportunitatem. sed dat fiduciam discipulis in verbis inductis ut, deficiente sibi opportunitate vel propter imperitiam vel quia subito praeoccupantur, in solo divino confidant consilio, quia ° cum ignoramus quid agere debeamus, hoc solum habemus residui, ut oculos nostros dirigamus ad deum, * sicut dicitur ii paral. xx. ‘ alioquin, si homo praetermittat facere quod potest, solum divinum auxilium expectans, videtur tentare deum.
ra2 ‘ Ad secundum dicendum quod tota consideratio eorum quae in consilio attenduntur ordinatur ad recte iudicandum, et ideo consideratio in iudicio perficitur. unde etiam inconsideratio maxime opponitur rectitudini iudicii.
ra3 ‘ Ad tertium dicendum quod inconsideratio hic accipitur secundum determinatam materiam, idest secundum agibilia humana, in quibus plura sunt attendenda ad recte iudicandum quam etiam in speculativis; quia operationes sunt in singularibus.

009 ST3 qu53 ar5

ag1 ‘ Ad quintum sic proceditur. videtur quod inconstantia non sit vitium sub imprudentia contentum. inconstantia enim videtur in hoc consistere quod homo non persistat in aliquo difficili. sed persistere in difficilibus pertinet ad fortitudinem. ergo inconstantia magis opponitur fortitudini quam prudentiae.
ag2 * Praeterea, iac. iii dicitur, ° ubi zelus et contentio, ibi inconstantia et omne opus pravum. ‘ sed zelus ad invidiam pertinet. ergo inconstantia non pertinet ad imprudentiam, sed magis ad invidiam.
ag3 ‘ Praeterea, ille videtur esse inconstans qui non perseverat in eo quod proposuerat. “ quod quidem pertinet in delectationibus ad incontinentem, in tristitiis autem ad mollem sive delicatum, * ut dicitur vii ethic.. ‘ ergo inconstantia non pertinet ad imprudentiam.
sc ‘ Sed contra est quod ad prudentiam pertinet praeferre maius bonum minus bono. ergo desistere a meliori pertinet ad imprudentiam. sed hoc est inconstantia. ergo inconstantia pertinet ad imprudentiam.
co ‘ Respondeo dicendum quod inconstantia importat recessum quendam a bono proposito definito. huiusmodi autem recessus principium quidem habet a vi appetitiva, non enim aliquis recedit a priori bono proposito nisi propter aliquid quod sibi inordinate placet. sed iste recessus non consummatur nisi per defectum rationis, quae fallitur in hoc quod repudiat id quod recte acceptaverat, et quia, cum possit resistere impulsui passionis, si non resistat, hoc est ex debilitate ipsius, quae non tenet se firmiter in bono concepto. et ideo inconstantia, quantum ad sui consummationem, pertinet ad defectum rationis. sicut autem omnis rectitudo rationis practicae pertinet aliqualiter ad prudentiam, ita omnis defectus eiusdem pertinet ad imprudentiam. et ideo inconstantia, secundum sui consummationem, ad imprudentiam pertinet. et sicut praecipitatio est ex defectu circa actum consilii, et inconsideratio circa actum iudicii, ita inconstantia circa actum praecepti, ex hoc enim dicitur aliquis esse inconstans quod ratio deficit in praecipiendo ea quae sunt consiliata et iudicata.
ra1 ‘ Ad primum ergo dicendum quod bonum prudentiae participatur in omnibus virtutibus moralibus, et secundum hoc persistere in bono pertinet ad omnes virtutes morales. praecipue tamen ad fortitudinem, quae patitur maiorem impulsum ad contrarium.
ra2 ‘ Ad secundum dicendum quod invidia et ira, quae est contentionis principium, faciunt inconstantiam ex parte appetitivae virtutis, ex qua est principium inconstantiae, * ut dictum est.
ra3 ‘ Ad tertium dicendum quod continentia et perseverantia non videntur esse in vi appetitiva, sed solum in ratione. continens enim patitur quidem perversas concupiscentias, et perseverans graves tristitias, quod designat defectum appetitivae virtutis, sed ratio firmiter persistit, continentis quidem contra concupiscentias, perseverantis autem contra tristitias. unde continentia et perseverantia videntur esse species constantiae ad rationem pertinentis, ad quam etiam pertinet inconstantia.

009 ST3 qu53 ar6

ag1 ‘ Ad sextum sic proceditur. videtur quod praedicta vitia non oriantur ex luxuria. inconstantia enim oritur ex invidia, * ut dictum est. ‘ sed invidia est vitium distinctum a luxuria. ergo praedicta vitia non oriuntur ex luxuria.
ag2 * Praeterea, iac. i dicitur, ° vir duplex animo inconstans est in omnibus viis suis. ‘ sed duplicitas non videtur ad luxuriam pertinere, sed magis ad dolositatem, quae est filia avaritiae, * secundum gregorium, xxxi moral.. ‘ ergo praedicta vitia non oriuntur ex luxuria.
ag3 ‘ Praeterea, praedicta vitia pertinent ad defectum rationis. sed vitia spiritualia propinquiora sunt rationi quam vitia carnalia. ergo praedicta vitia magis oriuntur ex vitiis spiritualibus quam ex vitiis carnalibus.
sc ‘ Sed contra est quod * gregorius, xxxi moral., “ ponit praedicta vitia ex luxuria oriri.
co * Respondeo dicendum quod, sicut philosophus dicit, in vi ethic., ° delectatio maxime corrumpit existimationem prudentiae, ‘ et praecipue delectatio quae est in venereis, quae totam animam absorbet et trahit ad sensibilem delectationem; perfectio autem prudentiae, et cuiuslibet intellectualis virtutis, consistit in abstractione a sensibilibus. unde cum praedicta vitia pertineant ad defectum prudentiae et rationis practicae, * sicut habitum est, ‘ sequitur quod ex luxuria maxime oriantur.
ra1 ‘ Ad primum ergo dicendum quod invidia et ira causant inconstantiam pertrahendo rationem ad aliud, sed luxuria causat inconstantiam totaliter extinguendo iudicium rationis. * unde philosophus dicit, in vii ethic., quod ° incontinens irae audit quidem rationem, sed non perfecte, incontinens autem concupiscentiae totaliter eam non audit.
ra2 ‘ Ad secundum dicendum quod etiam duplicitas animi est quoddam consequens ad luxuriam, sicut et inconstantia, prout duplicitas animi importat vertibilitatem animi ad diversa. * unde et terentius dicit, in eunucho, quod ° in amore est bellum, et rursus pax et induttae.
ra3 ‘ Ad tertium dicendum quod vitia carnalia intantum magis extinguunt iudicium rationis inquantum longius abducunt a ratione.

009 ST3 qu54 ar

pr ‘ Deinde considerandum est de negligentia. et circa hoc quaeruntur tria. primo, utrum negligentia sit peccatum speciale. secundo, cui virtuti opponatur. tertio, utrum negligentia sit peccatum mortale.

009 ST3 qu54 ar1

ag1 ‘ Ad primum sic proceditur. videtur quod negligentia non sit peccatum speciale. negligentia enim diligentiae opponitur. sed diligentia requiritur in qualibet virtute, sicut et eligentia. ergo negligentia non est peccatum speciale.
ag2 ‘ Praeterea, illud quod invenitur in quolibet peccato non est speciale peccatum. sed negligentia invenitur in quolibet peccato, quia omnis qui peccat negligit ea per quae a peccato retraheretur; et qui in peccato perseverat negligit conteri de peccato. ergo negligentia non est speciale peccatum.
ag3 ‘ Praeterea, omne peccatum speciale habet materiam determinatam. sed negligentia non videtur habere determinatam materiam, neque enim est circa mala aut indifferentia, quia ea praetermittere nulli ad negligentiam deputatur; similiter etiam non est circa bona, quia si negligenter aguntur, iam non sunt bona. ergo videtur quod negligentia non sit vitium speciale.
sc ‘ Sed contra est quod peccata quae committuntur ex negligentia distinguuntur contra peccata quae committuntur ex contemptu.
co ‘ Respondeo dicendum quod negligentia importat defectum debitae sollicitudinis. omnis autem defectus debiti actus habet rationem peccati. unde manifestum est quod negligentia habet rationem peccati, et eo modo quo sollicitudo est specialis virtutis actus, necesse est quod negligentia sit speciale peccatum. sunt enim aliqua peccata specialia quia sunt circa aliquam materiam specialem, sicut luxuria est circa venerea, quaedam autem sunt vitia specialia propter specialitatem actus se extendentis ad omnem materiam. et huiusmodi sunt omnia vitia quae sunt circa actum rationis, nam quilibet actus rationis se extendit ad quamlibet materiam moralem. et ideo, cum sollicitudo sit quidam specialis actus rationis, * ut supra habitum est, ‘ consequens est quod negligentia, quae importat defectum sollicitudinis, sit speciale peccatum.
ra1 ‘ Ad primum ergo dicendum quod diligentia videtur esse idem sollicitudini, quia in his quae diligimus maiorem sollicitudinem adhibemus. unde diligentia, sicut et sollicitudo, requiritur ad quamlibet virtutem, inquantum in qualibet virtute requiruntur debiti actus rationis.
ra2 ‘ Ad secundum dicendum quod in quolibet peccato necesse est esse defectum circa aliquem actum rationis, puta defectum consilii et aliorum huiusmodi. unde sicut praecipitatio est speciale peccatum propter specialem actum rationis qui praetermittitur, scilicet consilium, quamvis possit inveniri in quolibet genere peccatorum; ita negligentia est speciale peccatum propter defectum specialis actus rationis qui est sollicitudo, quamvis inveniatur aliqualiter in omnibus peccatis.
ra3 ‘ Ad tertium dicendum quod materia negligentiae proprie sunt bona quae quis agere debet, non quod ipsa sunt bona cum negligenter aguntur; sed quia per negligentiam accidit defectus bonitatis in eis, sive praetermittatur totaliter actus debitus propter defectum sollicitudinis, sive etiam aliqua debita circumstantia actus.

009 ST3 qu54 ar2

ag1 ‘ Ad secundum sic proceditur. videtur quod negligentia non opponatur prudentiae. negligentia enim videtur esse idem quod pigritia vel torpor, qui pertinet ad acediam, * ut patet per gregorium, xxxi moral.. ‘ acedia autem non opponitur prudentiae, sed magis caritati, * ut supra dictum est. ‘ ergo negligentia non opponitur prudentiae.
ag2 ‘ Praeterea, ad negligentiam videtur pertinere omne peccatum omissionis. sed peccatum omissionis non opponitur prudentiae, sed magis virtutibus moralibus executivis. ergo negligentia non opponitur prudentiae.
ag3 ‘ Praeterea, imprudentia est circa aliquem actum rationis. sed negligentia non importat defectum neque circa consilium, in quo deficit praecipitatio; neque circa iudicium, in quo deficit inconsideratio; neque circa praeceptum, in quo deficit inconstantia. ergo negligentia non pertinet ad imprudentiam.
ag4 * Praeterea, dicitur eccle. vii, ° qui timet deum nihil negligit. ‘ sed unumquodque peccatum praecipue excluditur per virtutem oppositam. ergo negligentia magis opponitur timori quam prudentiae.
sc * Sed contra est quod dicitur eccli. xx, ° lascivus et imprudens non observant tempus. ‘ sed hoc pertinet ad negligentiam. ergo negligentia opponitur prudentiae.
co ‘ Respondeo dicendum quod negligentia directe opponitur sollicitudini. sollicitudo autem ad rationem pertinet, et rectitudo sollicitudinis ad prudentiam. unde, per oppositum, negligentia ad imprudentiam pertinet. et hoc etiam ex ipso nomine apparet. * quia sicut isidorus dicit, in libro etymol., ° negligens dicitur quasi nec eligens. ‘ electio autem recta eorum quae sunt ad finem ad prudentiam pertinet. unde negligentia pertinet ad imprudentiam.
ra1 ‘ Ad primum ergo dicendum quod negligentia consistit in defectu interioris actus, ad quem pertinet etiam electio. pigritia autem et torpor magis pertinent ad executionem, ita tamen quod pigritia importat tarditatem ad exequendum; torpor remissionem quandam importat in ipsa executione. et ideo convenienter torpor ex acedia nascitur, “ quia acedia est tristitia aggravans, idest impediens animum ab operando.
ra2 ‘ Ad secundum dicendum quod omissio pertinet ad exteriorem actum, est enim omissio quando praetermittitur aliquis actus debitus. et ideo opponitur iustitiae. et est effectus negligentiae, sicut etiam executio iusti operis est effectus rationis rectae.
ra3 ‘ Ad tertium dicendum quod negligentia est circa actum praecipiendi ad quem etiam pertinet sollicitudo. aliter tamen circa hunc actum deficit negligens, et aliter inconstans. inconstans enim deficit in praecipiendo quasi ab aliquo impeditus, negligens autem

per defectum promptae voluntatis.
ra4 ' Ad quartum dicendum quod timor dei operatur ad vitationem cuiuslibet peccati, quia * ut dicitur prov. xv, ° per timorem domini declinat omnis a malo. ' et ideo timor facit negligentiam vitare. non tamen ita quod directe negligentia timori opponatur, sed inquantum timor excitat hominem ad actus rationis. * unde etiam supra habitum est, cum de passionibus ageretur, quod ' timor facit consiliativos.

009 ST3 qu54 ar3

ag1 ' Ad tertium sic proceditur. videtur quod negligentia non possit esse peccatum mortale. * quia super illud iob ix, ° verebar opera mea etc., * dicit glossa gregorii quod " illam, scilicet negligentiam, ° minor amor dei exaggerat. ' sed ubicumque est peccatum mortale, totaliter tollitur amor dei. ergo negligentia non est peccatum mortale.
ag2 ' Praeterea, * super illud eccli. vii, ° de negligentia purga te cum paucis, * dicit glossa, ° quamvis oblatio parva sit, multorum delictorum purgat negligentias. ' sed hoc non esset si negligentia esset peccatum mortale. ergo negligentia non est peccatum mortale.
ag3 ' Praeterea, in lege fuerunt statuta sacrificia pro peccatis mortalibus, * sicut patet in levitico. ' sed nullum fuit statutum sacrificium pro negligentia. ergo negligentia non est peccatum mortale.
sc * Sed contra est quod habetur prov. xix, ° qui negligit vitam suam mortificabitur.
co * Respondeo dicendum quod, sicut supra dictum est, ' negligentia provenit ex quadam remissione voluntatis, per quam contingit quod ratio non sollicitatur ut praecipiat ea quae debet vel eo modo quo debet. potest ergo dupliciter contingere quod negligentia sit peccatum mortale. uno modo, ex parte eius quod praetermittitur per negligentiam. quod quidem si sit de necessitate salutis, sive sit actus sive circumstantia, erit peccatum mortale. alio modo, ex parte causae. si enim voluntas intantum sit remissa circa ea quae sunt dei ut totaliter a dei caritate deficiat, talis negligentia est peccatum mortale. et hoc praecipue contingit quando negligentia sequitur ex contemptu. alioquin, si negligentia consistat in praetermissione alicuius actus vel circumstantiae quae non sit de necessitate salutis; nec hoc fiat ex contemptu, sed ex aliquo defectu fervoris, qui impeditur interdum per aliquod veniale peccatum, tunc negligentia non est peccatum mortale, sed veniale.
ra1 ' Ad primum ergo dicendum quod minor amor dei potest intelligi dupliciter. uno modo, per defectum fervoris caritatis, et sic causatur negligentia quae est peccatum veniale. alio modo, per defectum ipsius caritatis, sicut dicitur minor amor dei quando aliquis diligit deum solum amore naturali. et tunc causatur negligentia quae est peccatum mortale.
ra2 ' Ad secundum dicendum quod ° parva oblatio cum humili mente et pura dilectione facta, * ut ibi dicitur, ' non solum purgat peccata venialia, sed etiam mortalia.
ra3 ' Ad tertium dicendum quod quando negligentia consistit in praetermissione eorum quae sunt de necessitate salutis, tunc trahitur ad aliud genus peccati magis manifestum. peccata enim quae consistunt in interioribus actibus sunt magis occulta. et ideo pro eis certa sacrificia non iniungebantur in lege, quia sacrificiorum oblatio erat quaedam publica protestatio peccati, quae non est facienda de peccato occulto.

009 ST3 qu55 ar

pr ' Deinde considerandum est de vitiis oppositis prudentiae quae habent similitudinem cum ipsa. et circa hoc quaeruntur octo. primo, utrum prudentia carnis sit peccatum. secundo, utrum sit peccatum mortale. tertio, utrum astutia sit peccatum speciale. quarto, de dolo. quinto, de fraude. sexto, de sollicitudine temporalium rerum. septimo, de sollicitudine futurorum. octavo, de origine horum vitiorum.

009 ST3 qu55 ar1

ag1 ' Ad primum sic proceditur. videtur quod prudentia carnis non sit peccatum. prudentia enim est nobilior virtus quam aliae virtutes morales, utpote omnium regitiva. sed nulla iustitia vel temperantia est peccatum. ergo etiam neque aliqua prudentia est peccatum.
ag2 ' Praeterea, prudenter operari ad finem qui licite amatur non est peccatum. sed caro licite amatur, nemo enim unquam carnem suam odio habuit, * ut habetur ad ephes. v. ' ergo prudentia carnis non est peccatum.
ag3 ' Praeterea, sicut homo tentatur a carne, ita etiam tentatur a mundo, et etiam a diabolo. sed non ponitur inter peccata aliqua prudentia mundi, vel etiam diaboli. ergo neque debet poni inter peccata aliqua prudentia carnis.
sc ' Sed contra, nullus est inimicus deo nisi propter iniquitatem, * secundum illud sap. xiv, ° simul odio sunt deo impius et impietas eius. * sed sicut dicitur ad rom. viii, ° prudentia carnis inimica est deo. ' ergo prudentia carnis est peccatum.
co * Respondeo dicendum quod, sicut supra dictum est, ' prudentia est circa ea quae sunt ad finem totius vitae. et ideo prudentia carnis proprie dicitur secundum quod aliquis bona carnis habet ut ultimum finem suae vitae. manifestum est autem quod hoc est peccatum, per hoc enim homo deordinatur circa ultimum finem, qui non consistit in bonis corporis, * sicut supra habitum est. ' et ideo prudentia carnis est peccatum.
ra1 ' Ad primum ergo dicendum quod iustitia et temperantia in sui ratione important id unde virtus laudatur, scilicet aequalitatem et concupiscentiarum refrenationem, et ideo nunquam accipiuntur in malo. sed nomen prudentiae sumitur a providendo, * sicut supra dictum est, ' quod potest etiam ad mala extendi. et ideo, licet prudentia simpliciter dicta in bono accipiatur, aliquo tamen addito potest accipi in malo. et secundum hoc dicitur prudentia carnis esse peccatum.
ra2 ' Ad secundum dicendum quod caro est propter animam sicut materia propter formam et instrumentum propter principale agens. et ideo sic licite diligitur caro ut ordinetur ad bonum animae sicut ad finem. si autem in ipso bono carnis constituatur ultimus finis, erit inordinata et illicita dilectio. et hoc modo ad amorem carnis ordinatur prudentia carnis.
ra3 ' Ad tertium dicendum quod diabolus nos tentat non per modum appetibilis, sed per modum suggerentis. et ideo, cum prudentia importet ordinem ad aliquem finem appetibilem, non ita dicitur prudentia diaboli sicut prudentia respectu alicuius mali finis, sub cuius ratione tentat nos mundus et caro, inquantum scilicet proponuntur nobis ad appetendum bona mundi vel carnis. et ideo " dicitur prudentia carnis, et etiam prudentia mundi, * secundum illud luc. xvi, ° filii huius saeculi prudentiores sunt in generatione sua etc.. ' apostolus autem totum comprehendit sub prudentia carnis, quia etiam exteriores res mundi appetimus propter carnem. potest tamen dici quod quia prudentia quodammodo dicitur sapientia, * ut supra dictum est, ' ideo secundum tres tentationes potest intelligi triplex prudentia. * unde dicitur iac. iii ' sapientia esse terrena, animalis, diabolica, * ut supra expositum est cum de sapientia ageretur.

009 ST3 qu55 ar2

ag1 ' Ad secundum sic proceditur. videtur quod prudentia carnis sit peccatum mortale. rebellare enim divinae legi est peccatum mortale quia per hoc dominus contemnitur. sed prudentia carnis non est subiecta legi dei, * ut habetur rom. viii. ' ergo prudentia carnis est peccatum mortale.
ag2 ' Praeterea, omne peccatum in spiritum sanctum est peccatum mortale. sed prudentia carnis videtur esse peccatum in spiritum sanctum, non enim potest esse subiecta legi dei, * ut dicitur rom. viii; ' et ita videtur esse peccatum irremissibile, quod est proprium peccati in spiritum sanctum. ergo prudentia carnis est peccatum mortale.
ag3 ' Praeterea, maximo bono opponitur maximum malum; * ut patet in viii ethic.. ' sed prudentia carnis opponitur prudentiae quae est praecipua inter virtutes morales. ergo prudentia carnis est praecipuum inter peccata moralia. et ita est peccatum mortale.
sc ' Sed contra, illud quod diminuit peccatum non importat de se rationem peccati mortalis. sed caute prosequi ea quae pertinent ad curam carnis, quod videtur ad prudentiam carnis pertinere, diminuit peccatum. ergo prudentia carnis de sui ratione non importat peccatum mortale.
co * Respondeo dicendum quod, sicut supra dictum est, ' prudens dicitur aliquis dupliciter, uno modo, simpliciter, scilicet in ordine ad finem totius vitae; alio modo, secundum quid, scilicet in ordine ad finem aliquem particularem, puta sicut dicitur aliquis prudens in negotiatione vel in aliquo huiusmodi. si ergo prudentia carnis accipiatur secundum absolutam prudentiae rationem, ita scilicet quod in cura carnis constituatur ultimus finis totius vitae, sic est peccatum mortale, quia per hoc homo avertitur a deo, cum impossibile sit esse plures fines ultimos, * ut supra habitum est. ' si vero prudentia carnis accipiatur secundum rationem particularis prudentiae, sic prudentia carnis est peccatum veniale. contingit enim quandoque quod aliquis inordinate afficitur ad aliquod delectabile carnis absque hoc quod avertatur a deo per peccatum mortale, unde non constituit finem totius vitae in delectatione carnis. et sic adhibere studium ad hanc delectationem consequendam est peccatum veniale, quod pertinet ad prudentiam carnis. si vero aliquis actu curam carnis referat in finem honestum, puta cum aliquis studet comestioni propter corporis sustentationem, non vocatur prudentia carnis, quia sic utitur homo cura carnis ut ad finem.
ra1 * Ad primum ergo dicendum quod apostolus loquitur de ' prudentia carnis secundum quod finis totius vitae humanae constituitur in bonis carnis. et sic est peccatum mortale.
ra2 ' Ad secundum dicendum quod prudentia carnis non importat peccatum in spiritum sanctum. * quod enim dicitur quod " non potest esse subiecta legi dei, non sic est intelligendum quasi ille qui habet prudentiam carnis non possit converti et subiici legi dei, sed quia ipsa prudentia carnis legi dei non potest esse subiecta, sicut nec iniustitia potest esse iusta, nec calor potest esse frigidus, quamvis calidum posset esse frigidum.
ra3 ' Ad tertium dicendum quod omne peccatum opponitur prudentiae, sicut et prudentia participatur in omni virtute. sed ideo non oportet quod quodlibet peccatum prudentiae oppositum sit gravissimum, sed solum quando opponitur prudentiae in aliquo maximo.

009 ST3 qu55 ar3

ag1 ' Ad tertium sic proceditur. videtur quod astutia non sit speciale peccatum. verba enim sacrae scripturae non inducunt aliquem ad peccatum. inducunt autem ad astutiam, * secundum illud prov. i, ° ut detur parvulis astutia. ' ergo astutia non est peccatum.
ag2 * Praeterea, prov. xiii dicitur, ° astutus omnia agit cum consilio. ' aut ergo ad finem bonum; aut ad finem malum. si ad finem bonum, non videtur esse peccatum. si autem ad finem malum, videtur pertinere ad prudentiam carnis vel saeculi. ergo astutia non est speciale peccatum a prudentia carnis distinctum.
ag3 * Praeterea, gregorius, x moral., exponens illud iob xii, ° deridetur iusti simplicitas, * dicit, ° sapientia huius mundi est cor machinationibus tegere, sensum verbis velare, quae falsa sunt vera ostendere, quae vera sunt falsa demonstrare. * et postea subdit, ° haec prudentia usu a iuvenibus scitur, a pueris pretio discitur. ' sed ea quae praedicta sunt videntur ad astutiam pertinere. ergo astutia non distinguitur a prudentia carnis vel mundi; et ita non videtur esse speciale peccatum.
sc * Sed contra est quod apostolus dicit, ii ad cor. iv, ° abdicamus occulta dedecoris, non ambulantes in astutia, neque adulterantes verbum dei. ' ergo astutia est quoddam peccatum.
co ' Respondeo dicendum quod prudentia est recta ratio agibilium, sicut scientia est recta ratio scibilium. contingit autem contra rectitudinem scientiae dupliciter peccari in speculativis, uno quidem modo, quando ratio inducitur ad aliquam conclusionem falsam quae apparet vera; alio modo, ex eo quod ratio procedit ex aliquibus falsis quae videntur esse vera, sive sint ad conclusionem veram sive ad conclusionem falsam. ita etiam aliquod peccatum potest esse contra prudentiam habens aliquam similitudinem eius dupliciter. uno modo, quia studium rationis ordinatur ad finem qui non est vere bonus sed apparens, et hoc pertinet ad prudentiam carnis. alio modo, inquantum aliquis ad finem aliquem consequendum, vel bonum vel malum, utitur non veris viis, sed simulatis et apparentibus, et hoc pertinet ad peccatum astutiae. unde est quoddam peccatum prudentiae oppositum a prudentia carnis distinctum.
ra1 ' Ad primum ergo dicendum quod, * sicut augustinus dicit, in iv contra iulian., " sicut prudentia abusive quandoque in malo accipitur, ita etiam astutia quandoque in bono. ' et hoc propter similitudinem unius ad alterum. proprie tamen astutia in malo accipitur; * sicut et philosophus dicit, in vi ethic..
ra2 ' Ad secundum dicendum quod astutia potest consiliari et ad finem bonum et ad finem malum, nec oportet ad finem bonum falsis viis pervenire et simulatis, sed veris. unde etiam astutia si ordinetur ad bonum finem, est peccatum.
ra3 * Ad tertium dicendum quod gregorius " sub prudentia mundi accepit omnia quae possunt ad falsam prudentiam pertinere. ' unde etiam sub hac comprehenditur astutia.

009 ST3 qu55 ar4

ag1 ' Ad quartum sic proceditur. videtur quod dolus non sit peccatum ad astutiam pertinens. peccatum enim in perfectis viris non invenitur, praecipue mortale. invenitur autem in eis aliquis dolus, * secundum illud ii ad cor. xii, ° cum essem astutus, dolo vos cepi. ' ergo dolus non est semper peccatum.
ag2 ' Praeterea, dolus maxime ad linguam pertinere videtur, * secundum illud psalm., ° linguis suis dolose agebant. ' astutia autem, sicut et prudentia, est in ipso actu rationis ergo dolus non pertinet ad astutiam.
ag3 * Praeterea, prov. xii dicitur, ° dolus in corde cogitantium mala. ' sed non omnis malorum cogitatio pertinet ad astutiam. ergo dolus non videtur ad astutiam pertinere.
sc ' Sed contra est quod astutia ad circumveniendum ordinatur, * secundum illud apostoli, ad ephes. iv, ° in astutia ad circumventionem erroris. ' ad quod etiam dolus ordinatur. ergo dolus pertinet ad astutiam.
co * Respondeo dicendum quod, sicut supra dictum est, ' ad astutiam pertinet assumere vias non veras, sed simulatas et apparentes, ad aliquem finem prosequendum vel bonum vel malum. assumptio autem harum viarum potest dupliciter considerari. uno quidem modo, in ipsa excogitatione viarum huiusmodi, et hoc proprie pertinet ad astutiam, sicut etiam excogitatio rectarum viarum ad debitum finem pertinet ad prudentiam. alio modo potest considerari talium viarum assumptio secundum executionem operis, et secundum hoc pertinet ad dolum. et ideo dolus importat quandam executionem astutiae. et secundum hoc ad astutiam pertinet.
ra1 ' Ad primum ergo dicendum quod sicut astutia proprie accipitur in malo, abusive autem in bono; ita etiam et dolus, qui est astutiae executio.
ra2 ' Ad secundum dicendum quod executio astutiae ad decipiendum primo quidem et principaliter fit

per verba, quae praecipuum locum tenent inter signa quibus homo significat aliquid alteri, * ut patet per augustinum, in libro de doct. christ.. ' et ideo dolus maxime attribuitur locutioni. contingit tamen esse dolum et in factis, * secundum illud psalm., ° et dolum facerent in servos eius. ' est etiam et dolus in corde, * secundum illud eccli. xix. ° interiora eius plena sunt dolo. ' sed hoc est secundum quod aliquis dolos excogitat, * secundum illud psalm., ° dolos tota die meditabantur.
ra3 ' Ad tertium dicendum quod quicumque cogitant aliquod malum facere, necesse est quod excogitent aliquas vias ad hoc quod suum propositum impleant, et ut plurimum excogitant vias dolosas, quibus facilius propositum consequantur. quamvis contingat quandoque quod absque astutia et dolo aliqui aperte et per violentiam malum operentur. sed hoc, quia difficilius fit, in paucioribus accidit.

009 ST3 qu55 ar5

ag1 ' Ad quintum sic proceditur. videtur quod fraus ad astutiam non pertineat. non enim est laudabile quod aliquis decipi se patiatur, ad quod astutia tendit. est autem laudabile quod aliquis patiatur fraudem, * secundum illud i ad cor. vi, ° quare non magis fraudem patimini? ' ergo fraus non pertinet ad astutiam.
ag2 ' Praeterea, fraus pertinere videtur ad illicitam acceptionem vel receptionem exteriorum rerum, * dicitur enim act. v quod ° vir quidam nomine ananias, cum saphira uxore sua, vendidit agrum et fraudavit de pretio agri. ' sed illicite usurpare vel retinere res exteriores pertinet ad iniustitiam vel illiberalitatem. ergo fraus non pertinet ad astutiam, quae opponitur prudentiae.
ag3 ' Praeterea, nullus astutia utitur contra seipsum. sed aliquorum fraudes sunt contra seipsos, * dicitur enim prov. i de quibusdam quod ' moliuntur fraudes contra animas suas. ergo fraus non pertinet ad astutiam.
sc ' Sed contra, fraus ad deceptionem ordinatur, * secundum illud iob xiii, ° numquid decipietur ut homo vestris fraudulentiis? ' ad idem etiam ordinatur astutia. ergo fraus ad astutiam pertinet.
co ' Respondeo dicendum quod sicut dolus consistit in executione astutiae, ita etiam et fraus, sed in hoc differre videntur quod dolus pertinet universaliter ad executionem astutiae, sive fiat per verba sive per facta; fraus autem magis proprie pertinet ad executionem astutiae secundum quod fit per facta.
ra1 ' Ad primum ergo dicendum quod apostolus non inducit fideles ad hoc quod decipiantur in cognoscendo, sed ad hoc quod effectum deceptionis patienter tolerent in sustinendis iniuriis fraudulenter illatis.
ra2 ' Ad secundum dicendum quod executio astutiae potest fieri per aliquod aliud vitium, sicut et executio prudentiae fit per virtutes. et hoc modo nihil prohibet defraudationem pertinere ad avaritiam vel illiberalitatem.
ra3 ' Ad tertium dicendum quod illi qui fraudes faciunt ex eorum intentione non moliuntur aliquid contra seipsos vel contra animas suas, sed ex iusto dei iudicio provenit ut id quod contra alios moliuntur contra eos retorqueatur; * secundum illud psalm., ° incidit in foveam quam fecit.

009 ST3 qu55 ar6

ag1 ' Ad sextum sic proceditur. videtur quod licitum sit sollicitudinem habere de temporalibus rebus. ad praesidentem enim pertinet sollicitum esse de his quibus praeest, * secundum illud rom. xii, ° qui praeest in sollicitudine. ' sed homo praeest ex divina ordinatione temporalibus rebus, * secundum illud psalm., ° omnia subiecisti sub pedibus eius, oves et boves etc.. ' ergo homo debet habere sollicitudinem de temporalibus rebus.
ag2 ' Praeterea, unusquisque sollicitus est de fine propter quem operatur. sed licitum est hominem operari propter temporalia, quibus vitam sustentet, * unde apostolus dicit, ii ad thess. iii, ° si quis non vult operari, non manducet. ' ergo licitum est sollicitari de rebus temporalibus.
ag3 ' Praeterea, sollicitudo de operibus misericordiae laudabilis est, * secundum illud ii ad tim. i, ° cum romam venisset, sollicite me quaesivit. ' sed sollicitudo temporalium rerum quandoque pertinet ad opera misericordiae, puta cum quis sollicitudinem adhibet ad procurandum negotia pupillorum et pauperum. ergo sollicitudo temporalium rerum non est illicita.
sc * Sed contra est quod dominus dicit, matth. vi, ° nolite solliciti esse, dicentes, quid manducabimus aut quid bibemus, aut quo operiemur? ' quae tamen sunt maxime necessaria.
co ' Respondeo dicendum quod sollicitudo importat studium quoddam adhibitum ad aliquid consequendum. manifestum est autem quod maius studium adhibetur ubi est timor deficiendi, et ideo ubi est securitas consequendi, minor intervenit sollicitudo. sic ergo sollicitudo temporalium rerum tripliciter potest esse illicita. uno quidem modo, ex parte eius de quo sollicitamur, si scilicet temporalia tanquam finem quaeramus. * unde et augustinus dicit, in libro de operibus monach., ° cum dominus dicit, nolite solliciti esse etc., hoc dicit ut non ista intueantur, et propter ista faciant quidquid in evangelii praedicatione facere iubentur. ' alio modo potest esse temporalium sollicitudo illicita propter superfluum studium quod apponitur ad temporalia procuranda, propter quod homo a spiritualibus, quibus principalius inservire debet, retrahitur. et ideo * dicitur matth. xiii quod ' sollicitudo saeculi suffocat verbum. tertio modo, ex parte timoris superflui, quando scilicet aliquis timet ne, faciendo quod debet, necessaria sibi deficiant. quod dominus tripliciter excludit. primo, propter maiora beneficia homini praestita divinitus praeter suam sollicitudinem, scilicet corpus et animam. secundo, propter subventionem qua deus animalibus et plantis subvenit absque opere humano, secundum proportionem suae naturae. tertio, ex divina providentia, propter |25| cuius ignorantiam gentiles circa temporalia bona quaerenda principalius sollicitantur. et ideo concludit quod principaliter nostra sollicitudo esse debet de spiritualibus bonis, sperantes quod etiam temporalia nobis provenient ad necessitatem, si fecerimus quod debemus.
ra1 ' Ad primum ergo dicendum quod temporalia bona subiecta sunt homini ut eis utatur ad necessitatem, non ut in eis finem constituat, et superflue circa ea sollicitetur.
ra2 ' Ad secundum dicendum quod sollicitudo eius qui corporali labore panem acquirit non est superflua, sed moderata. * et ideo hieronymus dicit quod " labor exercendus est, sollicitudo tollenda, superflua scilicet, animum inquietans.
ra3 ' Ad tertium dicendum quod sollicitudo temporalium in operibus misericordiae ordinatur ad finem caritatis. et ideo non est illicita, nisi sit superflua.

009 ST3 qu55 ar7

ag1 ' Ad septimum sic proceditur. videtur quod aliquis debeat esse sollicitus in futurum. * dicitur enim prov. vi, ° vade ad formicam, o piger, et considera vias eius, et disce sapientiam, quae cum non habeat ducem nec praeceptorem, parat in aestate cibum sibi, et congregat in messe quod comedat. ' sed hoc est in futurum sollicitari. ergo laudabilis est sollicitudo futurorum.
ag2 ' Praeterea, sollicitudo ad prudentiam pertinet. sed prudentia praecipue est futurorum, praecipua enim pars eius est providentia futurorum, * ut supra dictum est. ' ergo virtuosum est sollicitari de futuris.
ag3 ' Praeterea, quicumque reponit aliquid in posterum conservandum sollicitus est in futurum. sed ipse christus legitur, * ioan. xii, ' loculos habuisse ad aliquid conservandum, quos iudas deferebat. apostoli etiam conservabant pretia praediorum, quae ante pedes eorum ponebantur, * ut legitur act. iv. ' ergo licitum est in futurum sollicitari.
sc ' Sed contra est quod * dominus dicit, matth. vi, ° nolite solliciti esse in crastinum. ' cras autem ibi ponitur pro futuro, * sicut dicit hieronymus.
co ' Respondeo dicendum quod nullum opus potest esse virtuosum nisi debitis circumstantiis vestiatur; inter quas una est debitum tempus, * secundum illud eccle. viii, ° omni negotio tempus est et opportunitas. ' quod non solum in exterioribus operibus, sed etiam in interiori sollicitudine locum habet. unicuique enim tempori competit propria sollicitudo, sicut tempori aestatis competit sollicitudo metendi, tempori autumni sollicitudo vindemiae. si quis ergo tempore aestatis de vindemia iam esset sollicitus, superflue praeoccuparet futuri temporis sollicitudinem. * unde huiusmodi sollicitudinem tanquam superfluam dominus prohibet, dicens, ° nolite solliciti esse in crastinum. * unde subdit, ° crastinus enim dies sollicitus erit sibi ipsi, " idest, suam propriam sollicitudinem habebit, quae sufficiet ad animum affligendum. * et hoc est quod subdit, ° sufficit diei malitia sua, " idest afflictio sollicitudinis.
ra1 ' Ad primum ergo dicendum quod formica habet sollicitudinem congruam tempori, et hoc nobis imitandum proponitur.
ra2 ' Ad secundum dicendum quod ad prudentiam pertinet providentia debita futurorum. esset autem inordinata futurorum providentia vel sollicitudo si quis temporalia, in quibus dicitur praeteritum et futurum, tanquam fines quaereret; vel si superflua quaereret ultra praesentis vitae necessitatem; vel si tempus sollicitudinis praeoccuparet.
ra3 ' Ad tertium dicendum quod, * sicut augustinus dicit, in libro de serm. dom. in monte, ° cum viderimus aliquem servum dei providere ne ista necessaria sibi desint, non iudicemus eum de crastino sollicitum esse. nam et ipse dominus propter exemplum loculos habere dignatus est; et in actibus apostolorum scriptum est ea quae ad victum sunt necessaria procurata esse in futurum propter imminentem famem. non ergo dominus improbat si quis humano more ista procuret, sed si quis propter ista militet deo.

009 ST3 qu55 ar8

ag1 ' Ad octavum sic proceditur. videtur quod huiusmodi vitia non oriantur ex avaritia. * quia sicut dictum est, ' per luxuriam maxime ratio patitur defectum in sua rectitudine. sed huiusmodi vitia opponuntur rationi rectae, scilicet prudentiae. ergo huiusmodi vitia maxime ex luxuria oriuntur, * praesertim cum philosophus dicat, in vii ethic., quod " venus est dolosa, et eius corrigia est varia, et quod ex insidiis agit incontinens concupiscentiae.
ag2 ' Praeterea, praedicta vitia habent quandam similitudinem prudentiae, * ut dictum est. ' sed ad prudentiam, cum sit in ratione, maiorem propinquitatem habere videntur vitia magis spiritualia, sicut superbia et inanis gloria. ergo huiusmodi vitia magis videntur ex superbia oriri quam ex avaritia.
ag3 ' Praeterea, homo insidiis utitur non solum in diripiendis bonis alienis, sed etiam in machinando aliorum caedes, quorum primum pertinet ad avaritiam, secundum ad iram. sed insidiis uti pertinet ad astutiam, dolum et fraudem. ergo praedicta vitia non solum oriuntur ex avaritia, sed etiam ex ira.
sc ' Sed contra est quod * gregorius, xxxi moral., " ponit fraudem filiam avaritiae.
co * Respondeo dicendum quod, sicut dictum est, ' prudentia carnis et astutia, cum dolo et fraude, quandam similitudinem habent cum prudentia in aliquali usu rationis. praecipue autem inter alias virtutes morales usus rationis rectae apparet in iustitia, quae est in appetitu rationali. et ideo usus rationis indebitus etiam maxime apparet in vitiis oppositis iustitiae. opponitur autem sibi maxime avaritia. et ideo praedicta vitia maxime ex avaritia oriuntur.
ra1 ' Ad primum ergo dicendum quod luxuria, propter vehementiam delectationis et concupiscentiae, totaliter opprimit rationem, ne prodeat in actum. in praedictis autem vitiis aliquis usus rationis est, licet inordinatus. unde praedicta vitia non oriuntur directe ex luxuria. " quod autem philosophus venerem dolosam appellat, hoc dicitur secundum quandam similitudinem, inquantum scilicet subito hominem surripit, sicut et in dolis agitur; non tamen per astutias, sed magis per violentiam concupiscentiae et delectationis. * unde et subdit quod " venus furatur intellectum multum sapientis.
ra2 ' Ad secundum dicendum quod ex insidiis agere ad quandam pusillanimitatem pertinere videtur, " magnanimus enim in omnibus vult manifestus esse, * ut philosophus dicit, in iv ethic.. ' et ideo quia superbia quandam similitudinem magnanimitatis habet vel fingit, inde est quod non directe ex superbia huiusmodi vitia oriuntur, quae utuntur fraude et dolis. magis autem hoc pertinet ad avaritiam, quae utilitatem quaerit, parvipendens excellentiam.
ra3 ' Ad tertium dicendum quod ira habet subitum motum, unde praecipitanter agit et absque consilio; quo utuntur praedicta vitia, licet inordinate. quod autem aliqui insidiis utantur ad caedes aliorum, non provenit ex ira, sed magis ex odio, " quia iracundus appetit esse manifestus in nocendo, * ut dicit philosophus, in ii rhet..

009 ST3 qu56 ar

pr ' Deinde considerandum est de praeceptis ad prudentiam pertinentibus. et circa hoc quaeruntur duo. primo, de praeceptis pertinentibus ad prudentiam. secundo, de praeceptis pertinentibus ad vitia opposita.

009 ST3 qu56 ar1

ag1 ' Ad primum sic proceditur. videtur quod de prudentia fuerit dandum aliquod praeceptum inter praecepta decalogi. de principaliori enim virtute principaliora praecepta dari debent. sed principaliora praecepta legis sunt praecepta decalogi. cum ergo prudentia sit principalior inter virtutes morales, videtur quod de prudentia fuerit dandum aliquod praeceptum inter praecepta decalogi.
ag2 ' Praeterea, in doctrina evangelica continetur lex maxime quantum ad praecepta decalogi. sed in doctrina evangelica datur praeceptum de prudentia, * ut patet matth. x, ° estote prudentes sicut serpentes. ' ergo inter praecepta decalogi debuit praecipi actus prudentiae.
ag3 ' Praeterea, alia documenta veteris testamenti ad praecepta decalogi ordinantur, * unde et malach. ult. dicitur, ° mementote legis moysi, servi mei, quam mandavi ei in horeb. ' sed in aliis documentis veteris testamenti dantur praecepta de prudentia, * sicut prov. iii, ° ne innitaris prudentiae tuae; * et infra, iv cap., ° palpebrae tuae praecedant gressus tuos. ' ergo et in lege debuit aliquod praeceptum de prudentia dari, et praecipue inter praecepta decalogi.
sc ' Sed contrarium patet enumeranti praecepta decalogi.
co ' Respondeo dicendum quod, * sicut supra dictum est cum de praeceptis ageretur, ' praecepta decalogi, sicut data sunt omni populo, ita etiam cadunt in aestimatione omnium, quasi ad naturalem rationem pertinentia. praecipue autem sunt de dictamine rationis naturalis fines humanae vitae, qui se habent in agendis sicut principia naturaliter cognita in speculativis, * ut ex supradictis patet. ' prudentia autem non est circa finem, sed circa ea quae sunt ad finem, * ut supra dictum est. ' et ideo non fuit conveniens ut inter praecepta decalogi aliquod praeceptum poneretur ad prudentiam directe pertinens. ad quam tamen omnia praecepta decalogi pertinent secundum quod ipsa est directiva omnium virtuosorum actuum.
ra1 ' Ad primum ergo dicendum quod licet prudentia sit simpliciter principalior virtus aliis virtutibus moralibus, iustitia tamen principalius respicit rationem debiti, quod requiritur ad praeceptum, * ut supra dictum est. ' et ideo principalia praecepta legis, quae

sunt praecepta decalogi, magis debuerunt ad iustitiam quam ad prudentiam pertinere.
ra2 ‘ Ad secundum dicendum quod doctrina evangelica est doctrina perfectionis, et ideo oportuit quod in ipsa perfecte instrueretur homo de omnibus quae pertinent ad rectitudinem vitae, sive sint fines sive ea quae sunt ad finem. et propter hoc oportuit in doctrina evangelica etiam de prudentia praecepta dari.
ra3 ‘ Ad tertium dicendum quod sicut alia doctrina veteris testamenti ordinatur ad praecepta decalogi ut ad finem, ita etiam conveniens fuit ut in subsequentibus documentis veteris testamenti homines instruerentur de actu prudentiae, qui est circa ea quae sunt ad finem.

009 ST3 qu56 ar2

ag1 ‘ Ad secundum sic proceditur. videtur quod in veteri lege fuerint inconvenienter praecepta prohibitiva proposita de vitiis oppositis prudentiae. opponuntur enim prudentiae non minus illa quae habent directam oppositionem ad ipsam, sicut imprudentia et partes eius, quam illa quae cum ipsa similitudinem habent, sicut astutia et quae ad ipsam pertinent. sed haec vitia prohibentur in lege, * dicitur enim lev. xix, ° non facies calumniam proximo tuo; * et deut. xxv, ° non habebis in sacculo tuo diversa pondera, maius et minus. ‘ ergo et de illis vitiis quae directe opponuntur prudentiae aliqua praecepta prohibitiva dari debuerunt.
ag2 ‘ Praeterea, in multis aliis rebus potest fraus fieri quam in emptione et venditione. inconvenienter igitur fraudem in sola emptione et venditione lex prohibuit.
ag3 ‘ Praeterea, eadem ratio est praecipiendi actum virtutis et prohibendi actum vitii oppositi. sed actus prudentiae non inveniuntur in lege praecepti. ergo nec aliqua opposita vitia debuerunt in lege prohiberi.
sc ‘ Sed contrarium patet per praecepta legis inducta.
co * Respondeo dicendum quod, sicut supra dictum est, ‘ iustitia maxime respicit rationem debiti, quod requiritur ad praeceptum, quia iustitia est ad reddendum debitum alteri, * ut infra dicetur. ‘ astutia autem quantum ad executionem maxime committitur in his circa quae est iustitia, * ut dictum est. ‘ et ideo conveniens fuit ut praecepta prohibitiva darentur in lege de executione astutiae inquantum ad iniustitiam pertinet, sicut cum dolo vel fraude aliquis alicui calumniam ingerit, vel eius bona surripit.
ra1 ‘ Ad primum ergo dicendum quod illa vitia quae directe opponuntur prudentiae manifesta contrarietate non ita pertinent ad iniustitiam sicut executio astutiae. et ideo non ita prohibentur in lege sicut fraus et dolus, quae ad iniustitiam pertinent.
ra2 ‘ Ad secundum dicendum quod omnis fraus vel dolus commissa in his quae ad iustitiam pertinent potest intelligi esse prohibita, * lev. xix, ‘ in prohibitione calumniae. praecipue autem solet fraus exerceri et dolus in emptione et venditione, * secundum illud eccli. xxvi, ° non iustificabitur caupo a peccato labiorum. ‘ propter hoc specialiter praeceptum prohibitivum datur in lege de fraude circa emptiones et venditiones commissa.
ra3 ‘ Ad tertium dicendum quod omnia praecepta de actibus iustitiae in lege data pertinent ad executionem prudentiae, sicut et praecepta prohibitiva data de furto, calumnia et fraudulenta venditione pertinent ad executionem astutiae.

009 ST3 qu57 ar

pr ‘ Consequenter post prudentiam considerandum est de iustitia. circa quam quadruplex consideratio occurrit, prima est de iustitia; secunda, de partibus eius; tertia, de dono ad hoc pertinente; quarta, de praeceptis ad iustitiam pertinentibus. circa iustitiam vero consideranda sunt quatuor, primo quidem, de iure; secundo, de ipsa iustitia; tertio, de iniustitia; quarto, de iudicio. circa primum quaeruntur quatuor. primo, utrum ius sit obiectum iustitiae. secundo, utrum ius convenienter dividatur in ius naturale et positivum. tertio, utrum ius gentium sit ius naturale. quarto, utrum ius dominativum et paternum debeat specialiter distingui.

009 ST3 qu57 ar1

ag1 ‘ Ad primum sic proceditur. videtur quod ius non sit obiectum iustitiae. * dicit enim celsus iurisconsultus quod “ ius est ars boni et aequi. ‘ ars autem non est obiectum iustitiae, sed est per se virtus intellectualis. ergo ius non est obiectum iustitiae.
ag2 ‘ Praeterea, “ lex, * sicut isidorus dicit, in libro etymol., “ iuris est species. ‘ lex autem non est obiectum iustitiae, sed magis prudentiae, * unde et philosophus “ legispositivam partem prudentiae ponit. ‘ ergo ius non est obiectum iustitiae.
ag3 ‘ Praeterea, iustitia principaliter subiicit hominem deo, * dicit enim augustinus, libro de moribus eccles., quod ° iustitia est amor deo tantum serviens, et ob hoc bene imperans ceteris, quae homini subiecta sunt. ‘ sed ius non pertinet ad divina, sed solum ad humana, * dicit enim isidorus, in libro etymol., quod ° fas lex divina est, ius autem lex humana. ‘ ergo ius non est obiectum iustitiae.
sc ‘ Sed contra est quod * isidorus dicit, in eodem, quod “ ius dictum est quia est iustum. ‘ sed iustum est obiectum iustitiae, * dicit enim philosophus, in v ethic., quod ° omnes talem habitum volunt dicere iustitiam a quo operativi iustorum sunt. ‘ ergo ius est obiectum iustitiae.
co ‘ Respondeo dicendum quod iustitiae proprium est inter alias virtutes ut ordinet hominem in his quae sunt ad alterum. importat enim aequalitatem quandam, ut ipsum nomen demonstrat, dicuntur enim vulgariter ea quae adaequantur iustari. aequalitas autem ad alterum est. aliae autem virtutes perficiunt hominem solum in his quae ei conveniunt secundum seipsum. sic igitur illud quod est rectum in operibus aliarum virtutum, ad quod tendit intentio virtutis quasi in proprium obiectum, non accipitur nisi per comparationem ad agentem. rectum vero quod est in opere iustitiae, etiam praeter comparationem ad agentem, constituitur per comparationem ad alium, illud enim in opere nostro dicitur esse iustum quod respondet secundum aliquam aequalitatem alteri, puta recompensatio mercedis debitae pro servitio impenso. sic igitur iustum dicitur aliquid, quasi habens rectitudinem iustitiae, ad quod terminatur actio iustitiae, etiam non considerato qualiter ab agente fiat. sed in aliis virtutibus non determinatur aliquid rectum nisi secundum quod aliqualiter fit ab agente. et propter hoc specialiter iustitiae prae aliis virtutibus determinatur secundum se obiectum, quod vocatur iustum. et hoc quidem est ius. unde manifestum est quod ius est obiectum iustitiae.
ra1 ‘ Ad primum ergo dicendum quod consuetum est quod nomina a sui prima impositione detorqueantur ad alia significanda, sicut nomen medicinae impositum est primo ad significandum remedium quod praestatur infirmo ad sanandum, deinde tractum est ad significandum artem qua hoc fit. ita etiam hoc nomen ius primo impositum est ad significandum ipsam rem iustam; postmodum autem derivatum est ad artem qua cognoscitur quid sit iustum; et ulterius ad significandum locum in quo ius redditur, sicut dicitur aliquis comparere in iure; et ulterius dicitur etiam ius quod redditur ab eo ad cuius officium pertinet iustitiam facere, licet etiam id quod decernit sit iniquum.
ra2 ‘ Ad secundum dicendum quod sicut eorum quae per artem exterius fiunt quaedam ratio in mente artificis praeexistit, quae dicitur regula artis; ita etiam illius operis iusti quod ratio determinat quaedam ratio praeexistit in mente, quasi quaedam prudentiae regula. et hoc si in scriptum redigatur, vocatur lex, “ est enim lex, * secundum isidorum, “ constitutio scripta. ‘ et ideo lex non est ipsum ius, proprie loquendo, sed aliqualis ratio iuris.
ra3 ‘ Ad tertium dicendum quod quia iustitia aequalitatem importat, deo autem non possumus aequivalens recompensare, inde est quod iustum, secundum perfectam rationem, non possumus reddere deo. et propter hoc non dicitur proprie ius lex divina, sed fas, quia videlicet sufficit deo ut impleamus quod possumus. iustitia tamen ad hoc tendit ut homo, quantum potest, deo recompenset, totaliter animam ei subiiciens.

009 ST3 qu57 ar2

ag1 ‘ Ad secundum sic proceditur. videtur quod ius non convenienter dividatur in ius naturale et ius positivum. illud enim quod est naturale est immutabile, et idem apud omnes. non autem invenitur in rebus humanis aliquid tale, quia omnes regulae iuris humani in aliquibus casibus deficiunt, nec habent suam virtutem ubique. ergo non est aliquod ius naturale.
ag2 ‘ Praeterea, illud dicitur esse positivum quod ex voluntate humana procedit. sed non ideo aliquid est iustum quia a voluntate humana procedit, alioquin voluntas hominis iniusta esse non posset. ergo, cum iustum sit idem quod ius, videtur quod nullum sit ius positivum.
ag3 ‘ Praeterea, ius divinum non est ius naturale, cum excedat naturam humanam. similiter etiam non est ius positivum, quia non innititur auctoritati humanae, sed auctoritati divinae. ergo inconvenienter dividitur ius per naturale et positivum.
sc * Sed contra est quod philosophus dicit, in v ethic., quod ° politici iusti hoc quidem naturale est, hoc autem legale, “ idest lege positum.
co * Respondeo dicendum quod, sicut dictum est, ‘ ius, sive iustum, est aliquod opus adaequatum alteri secundum aliquem aequalitatis modum. dupliciter autem potest alicui homini aliquid esse adaequatum. uno quidem modo, ex ipsa natura rei, puta cum aliquis tantum dat ut tantundem recipiat. et hoc vocatur ius naturale. alio modo aliquid est adaequatum vel commensuratum alteri ex condicto, sive ex communi placito, quando scilicet aliquis reputat se contentum si tantum accipiat. quod quidem potest fieri dupliciter. uno modo, per aliquod privatum condictum, sicut quod firmatur aliquo pacto inter privatas personas. alio modo, ex condicto publico, puta cum totus populus consentit quod aliquid habeatur quasi adaequatum et commensuratum alteri; vel cum hoc ordinat princeps, qui curam populi habet et eius personam gerit. et hoc dicitur ius positivum.
ra1 ‘ Ad primum ergo dicendum quod illud quod est naturale habenti naturam immutabilem, oportet quod sit semper et ubique tale. natura autem hominis est mutabilis. et ideo id quod naturale est homini potest aliquando deficere. sicut naturalem aequalitatem habet ut deponenti depositum reddatur, et si ita esset quod natura humana semper esset recta, hoc esset semper servandum. sed quia quandoque contingit quod voluntas hominis depravatur, est aliquis casus in quo depositum non est reddendum, ne homo perversam voluntatem habens male eo utatur, ut puta si furiosus vel hostis reipublicae arma deposita reposcat.
ra2 ‘ Ad secundum dicendum quod voluntas humana ex communi condicto potest aliquid facere iustum in his quae secundum se non habent aliquam repugnantiam ad naturalem iustitiam. et in his habet locum ius positivum. unde * philosophus dicit, in v ethic., quod “ legale iustum est ° quod ex principio quidem nihil differt sic vel aliter, quando autem ponitur, differt. ‘ sed si aliquid de se repugnantiam habeat ad ius naturale, non potest voluntate humana fieri iustum, puta si statuatur quod liceat furari vel adulterium committere. * unde dicitur isaiae x, ° vae qui condunt leges iniquas.
ra3 ‘ Ad tertium dicendum quod ius divinum dicitur quod divinitus promulgatur. et hoc quidem partim est de his quae sunt naturaliter iusta, sed tamen eorum iustitia homines latet, partim autem est de his quae fiunt iusta institutione divina. unde etiam ius divinum per haec duo distingui potest, sicut et ius humanum. sunt enim in lege divina quaedam praecepta quia bona, et prohibita quia mala, quaedam vero bona quia praecepta, et mala quia prohibita.

009 ST3 qu57 ar3

ag1 ‘ Ad tertium sic proceditur. videtur quod ius gentium sit idem cum iure naturali. non enim omnes homines conveniunt nisi in eo quod est eis naturale. sed in iure gentium omnes homines conveniunt, * dicit enim iurisconsultus quod “ ius gentium est quo gentes humanae utuntur. ‘ ergo ius gentium est ius naturale.
ag2 ‘ Praeterea, servitus inter homines est naturalis, quidam enim sunt naturaliter servi, * ut philosophus probat, in i polit.. “ sed servitutes pertinent ad ius gentium, * ut isidorus dicit. ‘ ergo ius gentium est ius naturale.
ag3 ‘ Praeterea, ius, * ut dictum est, ‘ dividitur per ius naturale et positivum. sed ius gentium non est ius positivum, non enim omnes gentes unquam convenerunt ut ex communi condicto aliquid statuerent. ergo ius gentium est ius naturale.
sc ‘ Sed contra est quod * isidorus dicit, quod “ ius aut naturale est, aut civile, aut gentium. ‘ et ita ius gentium distinguitur a iure naturali.
co * Respondeo dicendum quod, sicut dictum est, ‘ ius sive iustum naturale est quod ex sui natura est adaequatum vel commensuratum alteri. hoc autem potest contingere dupliciter. uno modo, secundum absolutam sui considerationem, sicut masculus ex sui ratione habet commensurationem ad feminam ut ex ea generet, et parens ad filium ut eum nutriat. alio modo aliquid est naturaliter alteri commensuratum non secundum absolutam sui rationem, sed secundum aliquid quod ex ipso consequitur, puta proprietas possessionum. si enim consideretur iste ager absolute, non habet unde magis sit huius quam illius, sed si consideretur quantum ad opportunitatem colendi et ad pacificum usum agri, secundum hoc habet quandam commensurationem ad hoc quod sit unius et non alterius, * ut patet per philosophum, in ii polit.. ‘ absolute autem apprehendere aliquid non solum convenit homini, sed etiam aliis animalibus. et ideo ius quod dicitur naturale secundum primum modum, commune est nobis et aliis animalibus. “ a iure autem naturali sic dicto recedit ius gentium, * ut iurisconsultus dicit, ° quia illud omnibus animalibus, hoc solum hominibus inter se commune est. ‘ considerare autem aliquid comparando ad id quod ex ipso sequitur, est proprium rationis. et ideo hoc quidem est naturale homini secundum rationem naturalem, quae hoc dictat. |25| * et ideo dicit gaius iurisconsultus, ° quod naturalis ratio inter omnes homines constituit, id apud omnes gentes custoditur, vocaturque ius gentium.
ra1 ‘ Et per hoc patet responsio ad primum.
ra2 ‘ Ad secundum dicendum quod hunc hominem esse servum, absolute considerando, magis quam alium, non habet rationem naturalem, sed solum secundum aliquam utilitatem consequentem, inquantum “ utile est huic quod regatur a sapientiori, et illi quod ab hoc iuvetur, * ut dicitur in i polit.. ‘ et ideo servitus pertinens ad ius gentium est naturalis secundo modo, sed non primo.
ra3 ‘ Ad tertium dicendum quod quia ea quae sunt iuris gentium naturalis ratio dictat, puta ex propinquo habentia aequitatem; inde est quod non indigent aliqua speciali institutione, sed ipsa naturalis ratio ea instituit, * ut dictum est in auctoritate inducta.

009 ST3 qu57 ar4

ag1 ‘ Ad quartum sic proceditur. videtur quod non debeat specialiter distingui ius paternum et dominativum. “ ad iustitiam enim pertinet reddere unicuique quod suum est; * ut dicit ambrosius, in i de offi-

ciis. ‘ sed ius est obiectum iustitiae, * sicut dictum est. ‘ ergo ius ad unumquemque aequaliter pertinet. et sic non debet distingui specialiter ius patris et domini.
ag2 ‘ Praeterea, ratio iusti est lex, * ut dictum est. ‘ sed lex respicit commune bonum civitatis et regni, * ut supra habitum est, ‘ non autem respicit bonum privatum unius personae, aut etiam unius familiae. non ergo debet esse aliquod speciale ius vel iustum dominativum vel paternum, “ cum dominus et pater pertineant ad domum, * ut dicitur in i polit..
ag3 ‘ Praeterea, multae aliae sunt differentiae graduum in hominibus, ut puta quod quidam sunt milites, quidam sacerdotes, quidam principes. ergo ad eos debet aliquod speciale iustum determinari.
sc * Sed contra est quod philosophus, in v ethic., “ specialiter a iusto politico distinguit dominativum et paternum, et alia huiusmodi.
co ‘ Respondeo dicendum quod ius, sive iustum dicitur per commensurationem ad alterum. alterum autem potest dici dupliciter. uno modo, quod simpliciter est alterum, sicut quod est omnino distinctum, sicut apparet in duobus hominibus quorum unus non est sub altero, sed ambo sunt sub uno principe civitatis. et inter tales, * secundum philosophum, in v ethic., ‘ est simpliciter iustum. alio modo dicitur aliquid alterum non simpliciter, sed quasi aliquid eius existens. et hoc modo in rebus humanis filius est aliquid patris, quia quodammodo est pars eius, * ut dicitur in viii ethic.; “ et servus est aliquid domini, quia est instrumentum eius, * ut dicitur in i polit.. ‘ et ideo patris ad filium non est comparatio sicut ad simpliciter alterum, et propter hoc non est ibi simpliciter iustum, sed quoddam iustum, scilicet paternum. et eadem ratione nec inter dominum et servum, sed est inter eos dominativum iustum. uxor autem, quamvis sit aliquid viri, quia comparatur ad eam sicut ad proprium corpus, * ut patet per apostolum, ad ephes. v; ‘ tamen magis distinguitur a viro quam filius a patre vel servus a domino, assumitur enim in quandam socialem vitam matrimonii. |25| * et ideo, ut philosophus dicit, “ inter virum et uxorem plus est de ratione iusti quam inter patrem et filium, vel dominum et servum. ‘ quia tamen vir et uxor habent immediatam relationem ad domesticam communitatem, * ut patet in i polit.; ‘ ideo inter eos non est etiam simpliciter politicum iustum, sed magis iustum oeconomicum.
ra1 ‘ Ad primum ergo dicendum quod ad iustitiam pertinet reddere ius suum unicuique, supposita tamen diversitate unius ad alterum, si quis enim sibi det quod sibi debetur, non proprie vocatur hoc iustum. et quia quod est filii est patris, et quod est servi est domini, ideo non est proprie iustitia patris ad filium, vel domini ad servum.
ra2 ‘ Ad secundum dicendum quod filius, inquantum filius, est aliquid patris; et similiter servus, inquantum servus, est aliquid domini. uterque tamen prout consideratur ut quidam homo, est aliquid secundum se subsistens ab aliis distinctum. et ideo inquantum uterque est homo, aliquo modo ad eos est iustitia. et propter hoc etiam aliquae leges dantur de his quae sunt patris ad filium, vel domini ad servum. sed inquantum uterque est aliquid alterius, secundum hoc deficit ibi perfecta ratio iusti vel iuris.
ra3 ‘ Ad tertium dicendum quod omnes aliae diversitates personarum quae sunt in civitate, habent immediatam relationem ad communitatem civitatis et ad principem ipsius. et ideo ad eos est iustum secundum perfectam rationem iustitiae. distinguitur tamen istud iustum secundum diversa officia. unde et dicitur ius militare vel ius magistratuum aut sacerdotum, non propter defectum a simpliciter iusto, sicut dicitur ius paternum et dominativum, sed propter hoc quod unicuique conditioni personae secundum proprium officium aliquid proprium debetur.

009 ST3 qu58 ar

pr ‘ Deinde considerandum est de iustitia. circa quam quaeruntur duodecim. primo, quid sit iustitia. secundo, utrum iustitia semper sit ad alterum. tertio, utrum sit virtus. quarto, utrum sit in voluntate sicut in subiecto. quinto, utrum sit virtus generalis. sexto, utrum secundum quod est generalis, sit idem in essentia cum omni virtute. septimo, utrum sit aliqua iustitia particularis. octavo, utrum iustitia particularis habeat propriam materiam. nono, utrum sit circa passiones, vel circa operationes tantum. decimo, utrum medium iustitiae sit medium rei. undecimo, utrum actus iustitiae sit reddere unicuique quod suum est. duodecimo, utrum iustitia sit praecipua inter alias virtutes morales.

009 ST3 qu58 ar1

ag1 ‘ Ad primum sic proceditur. videtur quod * inconvenienter definiatur a iurisperitis quod ° iustitia est constans et perpetua voluntas ius suum unicuique tribuens. iustitia enim, * secundum philosophum, in v ethic., ° est habitus a quo sunt aliqui operativi iustorum, et a quo operantur et volunt iusta. ‘ sed voluntas nominat potentiam, vel etiam actum. ergo inconvenienter iustitia dicitur esse voluntas.
ag2 ‘ Praeterea, rectitudo voluntatis non est voluntas, alioquin, si voluntas esset sua rectitudo, sequeretur quod nulla voluntas esset perversa. sed * secundum anselmum, in libro de veritate, “ iustitia est rectitudo. ‘ ergo iustitia non est voluntas.
ag3 ‘ Praeterea, sola dei voluntas est perpetua. si ergo iustitia est perpetua voluntas, in solo deo erit iustitia.
ag4 ‘ Praeterea, omne perpetuum est constans, quia est immutabile. superflue ergo utrumque ponitur in definitione iustitiae, et perpetuum et constans.
ag5 ‘ Praeterea, reddere ius unicuique pertinet ad principem. si igitur iustitia sit ius suum unicuique tribuens, sequetur quod iustitia non sit nisi in principe. quod est inconveniens.
ag6 * Praeterea, augustinus dicit, in libro de moribus eccles., quod ° iustitia est amor deo tantum serviens. ‘ non ergo reddit unicuique quod suum est.
co ‘ Respondeo dicendum quod praedicta iustitiae definitio conveniens est, si recte intelligatur. cum enim omnis virtus sit habitus qui est principium boni actus, necesse est quod virtus definiatur per actum bonum circa propriam materiam virtutis. est autem iustitia circa ea quae ad alterum sunt sicut circa propriam materiam, * ut infra patebit. ‘ et ideo actus iustitiae per comparationem ad propriam materiam et obiectum tangitur cum “ dicitur, ius suum unicuique tribuens, quia, ut * isidorus dicit, in libro etymol., “ iustus dicitur quia ius custodit. ‘ ad hoc autem quod aliquis actus circa quamcumque materiam sit virtuosus, requiritur quod sit voluntarius, et quod sit stabilis et firmus, * quia philosophus dicit, in ii ethic., quod “ ad virtutis actum requiritur primo quidem quod operetur sciens, secundo autem quod eligens et propter debitum finem, tertio quod immobiliter operetur. ‘ primum autem horum includitur in secundo, quia “ quod per ignorantiam agitur est involuntarium, * ut dicitur in iii ethic. |25| ‘ et ideo in definitione iustitiae primo ponitur voluntas, ad ostendendum quod actus iustitiae debet esse voluntarius. additur autem de constantia et perpetuitate, ad designandum actus firmitatem. et ideo praedicta definitio est completa definitio iustitiae, nisi quod actus ponitur pro habitu, qui per actum specificatur, habitus enim ad actum dicitur. et si quis vellet in debitam formam definitionis reducere, posset sic dicere, quod iustitia est habitus secundum quem aliquis constanti et perpetua voluntate ius suum unicuique tribuit. * et quasi est eadem definitio cum ea quam philosophus ponit, in v ethic., dicens quod ° iustitia est habitus secundum quem aliquis dicitur operativus secundum electionem iusti.
ra1 ‘ Ad primum ergo dicendum quod voluntas hic nominat actum, non potentiam. est autem consuetum quod apud auctores habitus per actus definiantur, * sicut augustinus dicit, super ioan., quod “ fides est credere quod non vides.
ra2 ‘ Ad secundum dicendum quod neque etiam iustitia est essentialiter rectitudo, sed causaliter tantum, est enim habitus secundum quem aliquis recte operatur et vult.
ra3 ‘ Ad tertium dicendum quod voluntas potest dici perpetua dupliciter. uno modo, ex parte ipsius actus, qui perpetuo durat. et sic solius dei voluntas est perpetua. alio modo, ex parte obiecti, quia scilicet aliquis vult perpetuo facere aliquid. et hoc requiritur ad rationem iustitiae. non enim sufficit ad rationem iustitiae quod aliquis velit ad horam in aliquo negotio servare iustitiam, quia vix invenitur aliquis qui velit in omnibus iniuste agere, sed requiritur quod homo habeat voluntatem perpetuo et in omnibus iustitiam conservandi.
ra4 ‘ Ad quartum dicendum quod quia perpetuum non accipitur secundum durationem perpetuam actus voluntatis, non superflue additur constans, ut sicut per hoc quod dicitur perpetua voluntas designatur quod aliquis gerat in proposito perpetuo iustitiam conservandi, ita etiam per hoc quod dicitur constans designatur quod in hoc proposito firmiter perseveret.
ra5 ‘ Ad quintum dicendum quod iudex reddit quod suum est per modum imperantis et dirigentis, “ quia iudex est iustum animatum, et princeps est custos iusti, * ut dicitur in v ethic.. ‘ sed subditi reddunt quod suum est unicuique per modum executionis.
ra6 ‘ Ad sextum dicendum quod sicut in dilectione dei includitur dilectio proximi, * ut supra dictum est; ‘ ita etiam in hoc quod homo servit deo includitur quod unicuique reddat quod debet.

009 ST3 qu58 ar2

ag1 ‘ Ad secundum sic proceditur. videtur quod iustitia non semper sit ad alterum. * dicit enim apostolus, ad rom. iii, quod ° iustitia dei est per fidem iesu christi. ‘ sed fides non dicitur per comparationem unius hominis ad alterum. ergo neque iustitia.
ag2 * Praeterea, secundum augustinum, in libro de moribus eccles., “ ad iustitiam pertinet, ob hoc quod servit deo, ° bene imperare ceteris, quae homini sunt subiecta. ‘ sed appetitus sensitivus est homini subiectus, * ut patet gen. iv, ubi dicitur, “ subter te erit appetitus eius, scilicet peccati, et tu dominaberis illius. ‘ ergo ad iustitiam pertinet dominari proprio appetitui. et sic erit iustitia ad seipsum.
ag3 ‘ Praeterea, iustitia dei est aeterna. sed nihil aliud fuit deo coaeternum. ergo de ratione iustitiae non est quod sit ad alterum.
ag4 ‘ Praeterea, sicut operationes quae sunt ad alterum indigent rectificari, ita etiam operationes quae sunt ad seipsum. sed per iustitiam rectificantur operationes, * secundum illud prov. xi, ° iustitia simplicis dirigit viam eius. ‘ ergo iustitia non solum est circa ea quae sunt ad alterum, sed etiam circa ea quae sunt ad seipsum.
sc ‘ Sed contra est quod * tullius dicit, in i de offic., quod ° iustitiae ea ratio est qua societas hominum inter ipsos, et vitae communitas continetur. ‘ sed hoc importat respectum ad alterum. ergo iustitia est solum circa ea quae sunt ad alterum.
co * Respondeo dicendum quod, sicut supra dictum est, ‘ cum nomen iustitiae aequalitatem importet, ex sua ratione iustitia habet quod sit ad alterum, nihil enim est sibi aequale, sed alteri. et quia ad iustitiam pertinet actus humanos rectificare, * ut dictum est, ‘ necesse est quod alietas ista quam requirit iustitia, sit diversorum agere potentium. actiones autem sunt suppositorum et totorum, non autem, proprie loquendo, partium et formarum, seu potentiarum, non enim proprie dicitur quod manus percutiat, sed homo per manum; neque proprie dicitur quod calor calefaciat, sed ignis per calorem. secundum tamen similitudinem quandam haec dicuntur. iustitia ergo proprie dicta requirit diversitatem suppositorum, et ideo non est nisi unius hominis ad alium. sed secundum similitudinem accipiuntur in uno et eodem homine diversa principia actionum quasi diversa agentia, sicut ratio et irascibilis et concupiscibilis. et ideo metaphorice in uno et eodem homine dicitur esse iustitia, secundum quod ratio imperat irascibili et concupiscibili, et secundum quod hae obediunt rationi, et universaliter secundum quod unicuique parti hominis attribuitur quod ei convenit. * unde philosophus, in v ethic., “ hanc iustitiam appellat secundum metaphoram dictam.
ra1 ‘ Ad primum ergo dicendum quod iustitia quae fit per fidem in nobis, est per quam iustificatur impius, quae quidem in ipsa debita ordinatione partium animae consistit, * sicut supra dictum est, cum de iustificatione impii ageretur. ‘ hoc autem pertinet ad iustitiam metaphorice dictam, quae potest inveniri etiam in aliquo solitariam vitam agente.
ra2 ‘ Et per hoc patet responsio ad secundum.
ra3 ‘ Ad tertium dicendum quod iustitia dei est ab aeterno secundum voluntatem et propositum aeternum, et in hoc praecipue iustitia consistit. quamvis secundum effectum non sit ab aeterno, quia nihil est deo coaeternum.
ra4 ‘ Ad quartum dicendum quod actiones quae sunt hominis ad seipsum sufficienter rectificantur rectificatis passionibus per alias virtutes morales. sed actiones quae sunt ad alterum indigent speciali rectificatione, non solum per comparationem ad agentem, sed etiam per comparationem ad eum ad quem sunt. et ideo circa eas est specialis virtus, quae est iustitia.

009 ST3 qu58 ar3

ag1 ‘ Ad tertium sic proceditur. videtur quod iustitia non sit virtus. * dicitur enim luc. xvii, ° cum feceritis omnia quae praecepta sunt vobis, dicite, servi inutiles sumus, quod debuimus facere fecimus. ‘ sed non est inutile facere opus virtutis, * dicit enim ambrosius, in ii de offic., ° utilitatem non pecuniarii lucri aestimationem dicimus, sed acquisitionem pietatis. ‘ ergo facere quod quis debet facere non est opus virtutis. est autem opus iustitiae. ergo iustitia non est virtus.
ag2 ‘ Praeterea, quod fit ex necessitate non est meritorium. sed reddere alicui quod suum est, quod pertinet ad iustitiam, est necessitatis. ergo non est meritorium. actibus autem virtutum meremur. ergo iustitia non est virtus.
ag3 ‘ Praeterea, omnis virtus moralis est circa agibilia. ea autem quae exterius constituuntur non sunt agibilia, sed factibilia, * ut patet per philosophum, in ix metaphys.. ‘ cum igitur ad iustitiam pertineat exterius facere aliquod opus secundum se iustum, videtur quod iustitia non sit virtus moralis.
sc * Sed contra est quod gregorius dicit, in ii moral., quod “ in quatuor virtutibus, scilicet temperantia, prudentia, fortitudine et iustitia, tota boni operis structura consurgit.
co “ Respondeo dicendum quod virtus humana est ° quae bonum reddit actum humanum, et ipsum hominem bonum facit. “ quod quidem convenit iustitiae. ‘ actus enim hominis bonus redditur ex hoc quod attingit regulam rationis, secundum quam humani actus rectificantur. unde cum iustitia operationes humanas rectificet, manifestum est quod opus hominis bonum reddit. * et ut tullius dicit, in i de offic., ° ex iustitia praecipue viri boni nominantur. * unde, sicut ibidem dicit, “ in ea virtutis splendor est maximus.
ra1 ‘ Ad primum ergo dicendum quod cum aliquis facit quod debet, non affert utilitatem lucri ei cui facit quod debet, sed solum abstinet a damno eius. sibi tamen facit utilitatem, inquantum spontanea et prompta voluntate facit illud quod debet, quod est virtuose agere. * unde dicitur sap. viii quod ° sapientia dei sobrietatem et iustitiam docet, prudentiam et virtutem; “ quibus in vita nihil est utilius hominibus, scilicet virtuosis.
ra2 ‘ Ad secundum dicendum quod duplex est necessitas. una coactionis, et haec, quia repugnat volunta-

ti, tollit rationem meriti. alia autem est necessitas ex obligatione praecepti, sive ex necessitate finis, quando scilicet aliquis non potest consequi finem virtutis nisi hoc faciat. et talis necessitas non excludit rationem meriti, inquantum aliquis hoc quod sic est necessarium voluntarie agit. excludit tamen gloriam supererogationis, * secundum illud i ad cor. ix, ° si evangelizavero, non est mihi gloria, necessitas enim mihi incumbit.
ra3 ‘ Ad tertium dicendum quod iustitia non consistit circa exteriores res quantum ad facere, quod pertinet ad artem, sed quantum ad hoc quod utitur eis ad alterum.

009 ST3 qu58 ar4

ag1 ‘ Ad quartum sic proceditur. videtur quod iustitia non sit in voluntate sicut in subiecto. iustitia enim quandoque veritas dicitur. sed veritas non est voluntatis, sed intellectus. ergo iustitia non est in voluntate sicut in subiecto.
ag2 ‘ Praeterea, iustitia est circa ea quae sunt ad alterum. sed ordinare aliquid ad alterum est rationis. iustitia ergo non est in voluntate sicut in subiecto, sed magis in ratione.
ag3 ‘ Praeterea, iustitia non est virtus intellectualis, cum non ordinetur ad cognitionem. unde relinquitur quod sit virtus moralis. “ sed subiectum virtutis moralis est rationale per participationem, quod est irascibilis et concupiscibilis, * ut patet per philosophum, in i ethic.. ‘ ergo iustitia non est in voluntate sicut in subiecto, sed magis in irascibili et concupiscibili.
sc * Sed contra est quod anselmus dicit, quod ° iustitia est rectitudo voluntatis propter se servata.
co ‘ Respondeo dicendum quod illa potentia est subiectum virtutis ad cuius potentiae actum rectificandum virtus ordinatur. iustitia autem non ordinatur ad dirigendum aliquem actum cognoscitivum, non enim dicimur iusti ex hoc quod recte aliquid cognoscimus. et ideo subiectum iustitiae non est intellectus vel ratio, quae est potentia cognoscitiva. sed quia iusti dicimur in hoc quod aliquid recte agimus; proximum autem principium actus est vis appetitiva; necesse est quod iustitia sit in aliqua vi appetitiva sicut in subiecto. est autem duplex appetitus, scilicet voluntas, quae est in ratione; et appetitus sensitivus consequens apprehensionem sensus, qui dividitur per irascibilem et concupiscibilem, * ut in primo habitum est. ‘ reddere autem unicuique quod suum est non potest procedere ex appetitu sensitivo, quia apprehensio sensitiva non se extendit ad hoc quod considerare possit proportionem unius ad alterum, sed hoc est proprium rationis. unde iustitia non potest esse sicut in subiecto in irascibili vel concupiscibili, sed solum in voluntate. * et ideo philosophus “ definit iustitiam per actum voluntatis, * ut ex supradictis patet.
ra1 ‘ Ad primum ergo dicendum quod quia voluntas est appetitus rationalis, ideo rectitudo rationis, quae veritas dicitur, voluntati impressa, propter propinquitatem ad rationem, nomen retinet veritatis. et inde est quod quandoque iustitia veritas vocatur.
ra2 ‘ Ad secundum dicendum quod voluntas fertur in suum obiectum consequenter ad apprehensionem rationis. et ideo, quia ratio ordinat in alterum, voluntas potest velle aliquid in ordine ad alterum, quod pertinet ad iustitiam.
ra3 ‘ Ad tertium dicendum quod rationale per participationem non solum est irascibilis et concupiscibilis, “ sed omnino appetitivum, * ut dicitur in i ethic., ‘ quia omnis appetitus obedit rationi. sub appetitivo autem comprehenditur voluntas. et ideo voluntas potest esse subiectum virtutis moralis.

009 ST3 qu58 ar5

ag1 ‘ Ad quintum sic proceditur. videtur quod iustitia non sit virtus generalis. iustitia enim condividitur aliis virtutibus, * ut patet sap. viii, ° sobrietatem et iustitiam docet, prudentiam et virtutem. ‘ sed generale non condividitur seu connumeratur speciebus sub illo generali contentis. ergo iustitia non est virtus generalis.
ag2 ‘ Praeterea, sicut iustitia ponitur virtus cardinalis, ita etiam temperantia et fortitudo. sed temperantia vel fortitudo non ponitur virtus generalis. ergo neque iustitia debet aliquo modo poni virtus generalis.
ag3 ‘ Praeterea, iustitia est semper ad alterum, * ut supra dictum est. ‘ sed peccatum quod est in proximum non est peccatum generale, sed dividitur contra peccatum quo peccat homo contra seipsum. ergo etiam neque iustitia est virtus generalis.
sc ‘ Sed contra est quod * philosophus dicit, in v ethic., quod “ iustitia est omnis virtus.
co ‘ Respondeo dicendum quod iustitia, * sicut dictum est, ‘ ordinat hominem in comparatione ad alium. quod quidem potest esse dupliciter. uno modo, ad alium singulariter consideratum. alio modo, ad alium in communi, secundum scilicet quod ille qui servit alicui communitati servit omnibus hominibus qui sub communitate illa continentur. ad utrumque igitur se potest habere iustitia secundum propriam rationem. manifestum est autem quod omnes qui sub communitate aliqua continentur comparantur ad communitatem sicut partes ad totum. pars autem id quod est totius est, unde et quodlibet bonum partis est ordinabile in bonum totius. secundum hoc igitur bonum cuiuslibet virtutis, sive ordinantis aliquem hominem ad seipsum sive ordinantis ipsum ad aliquas alias personas singulares, est referibile ad bonum commune, ad quod ordinat iustitia. et secundum hoc actus omnium virtutum possunt ad iustitiam pertinere, secundum quod ordinat hominem ad bonum commune. et quantum ad hoc iustitia dicitur virtus generalis. et quia ad legem pertinet ordinare in bonum commune, * ut supra habitum est, ‘ inde est quod talis iustitia, praedicto modo generalis, dicitur iustitia legalis, quia scilicet per eam homo concordat legi ordinanti actus omnium virtutum in bonum commune.
ra1 ‘ Ad primum ergo dicendum quod iustitia condividitur seu connumeratur aliis virtutibus non inquantum est generalis, sed inquantum est specialis virtus, * ut infra dicetur.
ra2 ‘ Ad secundum dicendum quod temperantia et fortitudo sunt in appetitu sensitivo, idest in concupiscibili et irascibili. huiusmodi autem vires sunt appetitivae quorundam bonorum particularium, sicut et sensus est particularium cognoscitivus. sed iustitia est sicut in subiecto in appetitu intellectivo, qui potest esse universalis boni, cuius intellectus est apprehensivus. et ideo iustitia magis potest esse virtus generalis quam temperantia vel fortitudo.
ra3 ‘ Ad tertium dicendum quod illa quae sunt ad seipsum sunt ordinabilia ad alterum, praecipue quantum ad bonum commune. unde et iustitia legalis, secundum quod ordinat ad bonum commune, potest dici virtus generalis; et eadem ratione iniustitia potest dici peccatum commune, * unde dicitur i ioan. iii quod ‘ omne peccatum est iniquitas.

009 ST3 qu58 ar6

ag1 ‘ Ad sextum sic proceditur. videtur quod iustitia, secundum quod est generalis, sit idem per essentiam cum omni virtute. * dicit enim philosophus, in v ethic., quod “ virtus et iustitia legalis ° est eadem omni virtuti, esse autem non est idem. ‘ sed illa quae differunt solum secundum esse, vel secundum rationem, non differunt secundum essentiam. ergo iustitia est idem per essentiam cum omni virtute.
ag2 ‘ Praeterea, omnis virtus quae non est idem per essentiam cum omni virtute, est pars virtutis. “ sed iustitia praedicta, * ut ibidem philosophus dicit, “ non est pars virtutis, sed tota virtus. ‘ ergo praedicta iustitia est idem essentialiter cum omni virtute.
ag3 ‘ Praeterea, per hoc quod aliqua virtus ordinat actum suum ad altiorem finem, non diversificatur secundum essentiam habitus, sicut idem est essentialiter habitus temperantiae, etiam si actus eius ordinetur ad bonum divinum. sed ad iustitiam legalem pertinet quod actus omnium virtutum ordinentur ad altiorem finem, idest ad bonum commune multitudinis, quod praeeminet bono unius singularis personae. ergo videtur quod iustitia legalis essentialiter sit omnis virtus.
ag4 ‘ Praeterea, omne bonum partis ordinabile est ad bonum totius, unde si non ordinetur in illud, videtur esse vanum et frustra. sed illud quod est secundum virtutem non potest esse huiusmodi. ergo videtur quod nullus actus possit esse alicuius virtutis qui non pertineat ad iustitiam generalem, quae ordinat in bonum commune. et sic videtur quod iustitia generalis sit idem in essentia cum omni virtute.
sc * Sed contra est quod philosophus dicit, in v ethic., quod ° multi in propriis quidem possunt virtute uti, in his autem quae ad alterum non possunt. * et in iii polit. dicit quod ° non est simpliciter eadem virtus boni viri et boni civis. ‘ sed virtus boni civis est iustitia generalis, per quam aliquis ordinatur ad bonum commune. ergo non est eadem iustitia generalis cum virtute communi, sed una potest sine alia haberi.
co ‘ Respondeo dicendum quod generale dicitur aliquid dupliciter. uno modo, per praedicationem, sicut animal est generale ad hominem et equum et ad alia huiusmodi. et hoc modo generale oportet quod sit idem essentialiter cum his ad quae est generale, quia genus pertinet ad essentiam speciei et cadit in definitione eius. alio modo dicitur aliquid generale secundum virtutem, sicut causa universalis est generalis ad omnes effectus, ut sol ad omnia corpora, quae illuminantur vel immutantur per virtutem ipsius. et hoc modo generale non oportet quod sit idem in essentia cum his ad quae est generale, quia non est eadem essentia causae et effectus. hoc autem modo, * secundum praedicta, ‘ iustitia legalis dicitur esse virtus generalis, inquantum scilicet ordinat actus aliarum virtutum ad suum finem, quod est movere per imperium omnes alias virtutes. sicut enim caritas potest dici virtus generalis inquantum ordinat actus omnium virtutum ad bonum divinum, ita etiam iustitia legalis inquantum ordinat actus omnium virtutum ad bonum commune. sicut ergo caritas, quae respicit bonum divinum ut proprium obiectum, est quaedam specialis virtus secundum suam essentiam; ita etiam iustitia legalis est specialis virtus secundum suam essentiam, secundum quod respicit commune bonum ut proprium obiectum. et sic est in
|25| principe principaliter, et quasi architectonice; in subditis autem secundario et quasi ministrative. potest tamen quaelibet virtus, secundum quod a praedicta virtute, speciali quidem in essentia, generali autem secundum virtutem, ordinatur ad bonum commune, dici iustitia legalis. et hoc modo loquendi iustitia legalis est idem in essentia cum omni virtute, differt autem ratione. * et hoc modo loquitur philosophus.
ra1 ‘ Unde patet responsio ad primum et secundum.
ra3 ‘ Ad tertium dicendum quod etiam illa ratio secundum hunc modum procedit de iustitia legali, secundum quod virtus imperata a iustitia legali iustitia legalis dicitur.
ra4 ‘ Ad quartum dicendum quod quaelibet virtus secundum propriam rationem ordinat actum suum ad proprium finem illius virtutis. quod autem ordinetur ad ulteriorem finem, sive semper sive aliquando, hoc non habet ex propria ratione, sed oportet esse aliam superiorem virtutem a qua in illum finem ordinetur. et sic oportet esse unam virtutem superiorem quae ordinet omnes virtutes in bonum commune, quae est iustitia legalis, et est alia per essentiam ab omni virtute.

009 ST3 qu58 ar7

ag1 ‘ Ad septimum sic proceditur. videtur quod non sit aliqua iustitia particularis praeter iustitiam generalem. in virtutibus enim nihil est superfluum, sicut nec in natura. sed iustitia generalis sufficienter ordinat hominem circa omnia quae ad alterum sunt. ergo non est necessaria aliqua iustitia particularis.
ag2 ‘ Praeterea, unum et multa non diversificant speciem virtutis. sed iustitia legalis ordinat hominem ad alium secundum ea quae ad multitudinem pertinent, * ut ex praedictis patet. ‘ ergo non est alia species iustitiae quae ordinet hominem ad alterum in his quae pertinent ad unam singularem personam.
ag3 ‘ Praeterea, inter unam singularem personam et multitudinem civitatis media est multitudo domestica. si ergo est iustitia alia particularis per comparationem ad unam personam praeter iustitiam generalem, pari ratione debet esse alia iustitia oeconomica, quae ordinet hominem ad bonum commune unius familiae. quod quidem non dicitur. ergo nec aliqua particularis iustitia est praeter iustitiam legalem.
sc * Sed contra est quod chrysostomus dicit, super illud matth. v, ° beati qui esuriunt et sitiunt iustitiam, iustitiam autem dicit vel universalem virtutem, vel particularem avaritiae contrariam.
co * Respondeo dicendum quod, sicut dictum est, ‘ iustitia legalis non est essentialiter omnis virtus, sed oportet praeter iustitiam legalem, quae ordinat hominem immediate ad bonum commune, esse alias virtutes quae immediate ordinant hominem circa particularia bona. quae quidem possunt esse vel ad seipsum, vel ad alteram singularem personam. sicut ergo praeter iustitiam legalem oportet esse aliquas virtutes particulares quae ordinant hominem in seipso, puta temperantiam et fortitudinem; ita etiam praeter iustitiam legalem oportet esse particularem quandam iustitiam, quae ordinet hominem circa ea quae sunt ad alteram singularem personam.
ra1 ‘ Ad primum ergo dicendum quod iustitia legalis sufficienter quidem ordinat hominem in his quae sunt ad alterum, quantum ad commune quidem bonum, immediate; quantum autem ad bonum unius singularis personae, mediate. et ideo oportet esse aliquam particularem iustitiam, quae immediate ordinet hominem ad bonum alterius singularis personae.
ra2 ‘ Ad secundum dicendum quod bonum commune civitatis et bonum singulare unius personae non differunt solum secundum multum et paucum, sed secundum formalem differentiam, alia enim est ratio boni communis et boni singularis, sicut et alia est ratio totius et partis. * et ideo philosophus, in i polit., dicit quod ° non bene dicunt qui dicunt civitatem et domum et alia huiusmodi differre solum multitudine et paucitate, et non specie.
ra3 ‘ Ad tertium dicendum quod domestica multitudo, * secundum philosophum, in i polit., ‘ distinguitur secundum tres coniugationes, scilicet uxoris et viri, patris et filii, domini et servi, quarum personarum una est quasi aliquid alterius. et ideo ad huiusmodi personam non est simpliciter iustitia, sed quaedam iustitiae species, scilicet oeconomica, * ut dicitur in v ethic..

009 ST3 qu58 ar8

ag1 ‘ Ad octavum sic proceditur. videtur quod iustitia particularis non habeat materiam specialem. * quia super illud gen. ii, ° fluvius quartus ipse est euphrates, * dicit glossa, ° euphrates frugifer interpretatur. nec dicitur contra quod vadat, quia iustitia ad omnes animae partes pertinet. ‘ hoc autem non esset si haberet materiam specialem, quia quaelibet materia specialis ad aliquam specialem potentiam pertinet. ergo iustitia particularis non habet materiam specialem.
ag2 * Praeterea, augustinus, in libro octogintatrium quaest., dicit quod ° quatuor sunt animae virtutes, quibus in hac vita spiritualiter vivitur, scilicet prudentia, temperantia, fortitudo, iustitia, “ et dicit quod quarta est iustitia, quae per omnes diffunditur. ‘ ergo iustitia particularis, quae est una de quatuor virtutibus cardinalibus, non habet specialem materiam.

ag3 ‘ Praeterea, iustitia dirigit hominem sufficienter in his quae sunt ad alterum. sed per omnia quae sunt huius vitae homo potest ordinari ad alterum. ergo materia iustitiae est generalis, non specialis.
sc ‘ Sed contra est quod * philosophus, in v ethic., “ ponit iustitiam particularem circa ea specialiter quae pertinent ad communicationem vitae.
co ‘ Respondeo dicendum quod omnia quaecumque rectificari possunt per rationem sunt materia virtutis moralis, quae definitur per rationem rectam, * ut patet per philosophum, in ii ethic.. ‘ possunt autem per rationem rectificari et interiores animae passiones, et exteriores actiones, et res exteriores quae in usum hominis veniunt, sed tamen per exteriores actiones et per exteriores res, quibus sibi invicem homines communicare possunt, attenditur ordinatio unius hominis ad alium; secundum autem interiores passiones consideratur rectificatio hominis in seipso. et ideo, cum iustitia ordinetur ad alterum, non est circa totam materiam virtutis moralis, sed solum circa exteriores actiones et res secundum quandam rationem obiecti specialem, prout scilicet secundum eas unus homo alteri coordinatur.
ra1 ‘ Ad primum ergo dicendum quod iustitia pertinet quidem essentialiter ad unam partem animae, in qua est sicut in subiecto, scilicet ad voluntatem, quae quidem movet per suum imperium omnes alias animae partes. et sic iustitia non directe, sed quasi per quandam redundantiam ad omnes animae partes pertinet.
ra2 * Ad secundum dicendum quod, sicut supra dictum est, ‘ virtutes cardinales dupliciter accipiuntur. uno modo, secundum quod sunt speciales virtutes habentes determinatas materias. alio modo, secundum quod significant quosdam generales modos virtutis. * et hoc modo loquitur ibi augustinus. dicit enim quod “ prudentia est cognitio rerum appetendarum et fugiendarum; temperantia est refrenatio cupiditatis ab his quae temporaliter delectant; fortitudo est firmitas animi adversus ea quae temporaliter molesta sunt; iustitia est, quae per ceteras diffunditur, dilectio dei et proximi, ‘ quae scilicet est communis radix totius ordinis ad alterum.
ra3 ‘ Ad tertium dicendum quod passiones interiores, quae sunt pars materiae moralis, secundum se non ordinantur ad alterum, quod pertinet ad specialem rationem iustitiae, sed earum effectus sunt ad alterum ordinabiles, scilicet operationes exteriores. unde non sequitur quod materia iustitiae sit generalis.

009 ST3 qu58 ar9

ag1 ‘ Ad nonum sic proceditur. videtur quod iustitia sit circa passiones. * dicit enim philosophus, in ii ethic., quod ° circa voluptates et tristitias est moralis virtus. ‘ voluptas autem, idest delectatio, et tristitia sunt passiones quaedam; * ut supra habitum est, cum de passionibus ageretur. ‘ ergo iustitia, cum sit virtus moralis, erit circa passiones.
ag2 ‘ Praeterea, per iustitiam rectificantur operationes quae sunt ad alterum. sed operationes huiusmodi rectificari non possunt nisi passiones sint rectificatae, quia ex inordinatione passionum provenit inordinatio in praedictis operationibus; propter concupiscentiam enim venereorum proceditur ad adulterium, et propter superfluum amorem pecuniae proceditur ad furtum. ergo oportet quod iustitia sit circa passiones.
ag3 ‘ Praeterea, sicut iustitia particularis est ad alterum, ita etiam et iustitia legalis. sed iustitia legalis est circa passiones, alioquin non se extenderet ad omnes virtutes, quarum quaedam manifeste sunt circa passiones. ergo iustitia est circa passiones.
sc ‘ Sed contra est quod * philosophus dicit, in v ethic., quod “ est circa operationes.
co ‘ Respondeo dicendum quod huius quaestionis veritas ex duobus apparet. primo quidem, ex ipso subiecto iustitiae, quod est voluntas cuius motus vel actus non sunt passiones, * ut supra habitum est; ‘ sed solum motus appetitus sensitivi passiones dicuntur. et ideo iustitia non est circa passiones, sicut temperantia et fortitudo, quae sunt irascibilis et concupiscibilis, sunt circa passiones. alio modo, ex parte materiae. quia iustitia est circa ea quae sunt ad alterum. non autem per passiones interiores immediate ad alterum ordinamur. et ideo iustitia circa passiones non est.
ra1 ‘ Ad primum ergo dicendum quod non quaelibet virtus moralis est circa voluptates et tristitias sicut circa materiam, nam fortitudo est circa timores et audacias. sed omnis virtus moralis ordinatur ad delectationem et tristitiam sicut ad quosdam fines consequentes, * quia, ut philosophus dicit, in vii ethic., ° delectatio et tristitia est finis principalis, ad quem respicientes unumquodque hoc quidem malum, hoc quidem bonum dicimus. ‘ et hoc modo etiam pertinent ad iustitiam, “ quia non est iustus qui non gaudet iustis operationibus, * ut dicitur in i ethic..
ra2 ‘ Ad secundum dicendum quod operationes exteriores mediae sunt quodammodo inter res exteriores, quae sunt earum materia, et inter passiones interiores, quae sunt earum principia. contingit autem quandoque esse defectum in uno eorum sine hoc quod sit defectus in alio, sicut si aliquis surripiat rem alterius non cupiditate habendi, sed voluntate nocendi; vel e converso si aliquis alterius rem concupiscat, quam tamen surripere non velit. rectificatio ergo operationum secundum quod ad exteriora terminantur, pertinet ad iustitiam, sed rectificatio earum secundum quod a passionibus oriuntur, pertinet ad alias virtutes morales, quae sunt circa passiones. unde surreptionem alienae rei iustitia impedit inquantum est contra aequalitatem in exterioribus constituendam, liberalitas vero inquantum procedit ab immoderata concupiscentia divitiarum. sed quia operationes exteriores non habent speciem ab interioribus passionibus, sed magis a rebus exterioribus, sicut ex obiectis; ideo, per se loquendo, operationes exteriores magis sunt materia iustitiae quam aliarum virtutum moralium.
ra3 ‘ Ad tertium dicendum quod bonum commune est finis singularum personarum in communitate existentium, sicut bonum totius finis est cuiuslibet partium. bonum autem unius personae singularis non est finis alterius. et ideo iustitia legalis, quae ordinatur ad bonum commune, magis se potest extendere ad interiores passiones, quibus homo aliqualiter disponitur in seipso, quam iustitia particularis, quae ordinatur ad bonum alterius singularis personae. quamvis iustitia legalis principalius se extendat ad alias virtutes quantum ad exteriores operationes earum, inquantum scilicet ° praecipit lex fortis opera facere, et quae temperati, et quae mansueti, * ut dicitur in v ethic..

009 ST3 qu58 ar10

ag1 ‘ Ad decimum sic proceditur. videtur quod medium iustitiae non sit medium rei. ratio enim generis salvatur in omnibus speciebus. * sed virtus moralis in ii ethic. definitur esse ° habitus electivus in medietate existens determinata ratione quoad nos. ‘ ergo et in iustitia est medium rationis, et non rei.
ag2 “ Praeterea, in his quae simpliciter sunt bona non est accipere superfluum et diminutum, et per consequens nec medium, sicut patet de virtutibus, * ut dicitur in ii ethic.. “ sed iustitia est circa simpliciter bona, * ut dicitur in v ethic.. ‘ ergo in iustitia non est medium rei.
ag3 ‘ Praeterea, in aliis virtutibus ideo dicitur esse medium rationis et non rei, quia diversimode accipitur per comparationem ad diversas personas, quia “ quod uni est multum, alteri est parum, * ut dicitur in ii ethic.. ‘ sed hoc etiam observatur in iustitia, non enim eadem poena punitur qui percutit principem, et qui percutit privatam personam. ergo etiam iustitia non habet medium rei, sed medium rationis.
sc ‘ Sed contra est quod * philosophus, in v ethic., “ assignat medium iustitiae secundum proportionalitatem arithmeticam, quod est medium rei.
co * Respondeo dicendum quod, sicut supra dictum est, ‘ aliae virtutes morales consistunt principaliter circa passiones, quarum rectificatio non attenditur nisi secundum comparationem ad ipsum hominem cuius sunt passiones, secundum scilicet quod irascitur et concupiscit prout debet secundum diversas circumstantias. et ideo medium talium virtutum non accipitur secundum proportionem unius rei ad alteram, sed solum secundum comparationem ad ipsum virtuosum. et propter hoc in ipsis est medium solum secundum rationem quoad nos. sed materia iustitiae est exterior operatio secundum quod ipsa, vel res cuius est usus, debitam proportionem habet ad aliam personam. et ideo medium iustitiae consistit in quadam proportionis aequalitate rei exterioris ad personam exteriorem. “ aequale autem est realiter medium inter maius et minus, * ut dicitur in x metaphys.. ‘ unde iustitia habet medium rei.
ra1 ‘ Ad primum ergo dicendum quod hoc medium rei est etiam medium rationis. et ideo in iustitia salvatur ratio virtutis moralis.
ra2 ‘ Ad secundum dicendum quod bonum simpliciter dupliciter dicitur. uno modo, quod est omnibus modis bonum, sicut virtutes sunt bonae. et sic in his quae sunt bona simpliciter non est accipere medium et extrema. alio modo dicitur aliquid simpliciter bonum quia est absolute bonum, scilicet secundum suam naturam consideratum, quamvis per abusum possit fieri malum, sicut patet de divitiis et honoribus. et in talibus potest accipi superfluum, diminutum et medium quantum ad homines, qui possunt eis uti vel bene vel male. ei sic circa simpliciter bona dicitur esse iustitia.
ra3 ‘ Ad tertium dicendum quod iniuria illata aliam proportionem habet ad principem, et aliam ad personam privatam. et ideo oportet aliter adaequare utramque iniuriam per vindictam. quod pertinet ad diversitatem rei, et non solum ad diversitatem rationis.

009 ST3 qu58 ar11

ag1 ‘ Ad undecimum sic proceditur. videtur quod actus iustitiae non sit reddere unicuique quod suum est. * augustinus enim, xiv de trin., “ attribuit iustitiae subvenire miseris. ‘ sed in subveniendo miseris non tribuimus eis quae sunt eorum, sed magis quae sunt nostra. ergo iustitiae actus non est tribuere unicuique quod suum est.
ag2 ‘ Praeterea, * tullius, in i de offic., dicit quod “ beneficentia, quam benignitatem vel liberalitatem appellari licet, ad iustitiam pertinet. ‘ sed liberalitatis est de proprio dare alicui, non de eo quod est eius. ergo iustitiae actus non est reddere unicuique quod suum est.
ag3 ‘ Praeterea, ad iustitiam pertinet non solum res dispensare debito modo, sed etiam iniuriosas actiones cohibere, puta homicidia, adulteria et alia huiusmodi. sed reddere quod suum est videtur solum ad dispensationem rerum pertinere. ergo non sufficienter per hoc notificatur actus iustitiae quod dicitur actus eius esse reddere unicuique quod suum est.
sc * Sed contra est quod ambrosius dicit, in i de offic., ° iustitia est quae unicuique quod suum est tribuit, alienum non vindicat, utilitatem propriam negligit ut communem aequitatem custodiat.
co * Respondeo dicendum quod, sicut dictum est, ‘ materia iustitiae est operatio exterior secundum quod ipsa, vel res qua per eam utimur, proportionatur alteri personae, ad quam per iustitiam ordinamur. hoc autem dicitur esse suum uniuscuiusque personae quod ei secundum proportionis aequalitatem debetur. et ideo proprius actus iustitiae nihil est aliud quam reddere unicuique quod suum est.
ra1 ‘ Ad primum ergo dicendum quod iustitiae, cum sit virtus cardinalis, quaedam aliae virtutes secundariae adiunguntur, sicut misericordia, liberalitas et aliae huiusmodi virtutes, * ut infra patebit. ‘ et ideo subvenire miseris, quod pertinet ad misericordiam sive pietatem, et liberaliter benefacere, quod pertinet ad liberalitatem, per quandam reductionem attribuitur iustitiae, sicut principali virtuti.
ra2 ‘ Et per hoc patet responsio ad secundum.
ra3 * Ad tertium dicendum quod, sicut philosophus dicit, in v ethic., “ omne superfluum in his quae ad iustitiam pertinent lucrum, extenso nomine, vocatur, sicut et omne quod minus est vocatur damnum. ‘ et hoc ideo, quia iustitia prius est exercita, et communius exercetur in voluntariis commutationibus rerum, puta emptione et venditione, in quibus proprie haec nomina dicuntur; et exinde derivantur haec nomina ad omnia circa quae potest esse iustitia. et eadem ratio est de hoc quod est reddere unicuique quod suum est.

009 ST3 qu58 ar12

ag1 ‘ Ad duodecimum sic proceditur. videtur quod iustitia non praeemineat inter omnes virtutes morales. ad iustitiam enim pertinet reddere alteri quod suum est. ad liberalitatem autem pertinet de proprio dare, quod virtuosius est. ergo liberalitas est maior virtus quam iustitia.
ag2 ‘ Praeterea, nihil ornatur nisi per aliquid dignius se. “ sed magnanimitas est ornamentum et iustitiae et omnium virtutum, * ut dicitur in iv ethic.. ‘ ergo magnanimitas est nobilior quam iustitia.
ag3 ‘ Praeterea, “ virtus est circa difficile et bonum, * ut dicitur in ii ethic.. “ sed fortitudo est circa magis difficilia quam iustitia, idest circa pericula mortis, * ut dicitur in iii ethic.. ‘ ergo fortitudo est nobilior iustitia.
sc * Sed contra est quod tullius dicit, in i de offic., ° in iustitia virtutis splendor est maximus, ex qua boni viri nominantur.
co ‘ Respondeo dicendum quod si loquamur de iustitia legali, manifestum est quod ipsa est praeclarior inter omnes virtutes morales, inquantum bonum commune praeeminet bono singulari unius personae. * et secundum hoc philosophus, in v ethic., dicit quod ° praeclarissima virtutum videtur esse iustitia, et neque est hesperus neque lucifer ita admirabilis. ‘ sed etiam si loquamur de iustitia particulari, praecellit inter alias virtutes morales, duplici ratione. quarum prima potest sumi ex parte subiecti, quia scilicet est in nobiliori parte animae, idest in appetitu rationali, scilicet voluntate; aliis virtutibus moralibus existentibus in appetitu sensitivo, ad quem pertinent passiones, quae sunt materia aliarum virtutum moralium. secunda ratio sumitur ex parte obiecti. nam aliae virtutes laudantur solum secundum bonum ipsius virtuosi. iustitia autem laudatur secundum quod virtuosus ad alium bene se habet, et sic iustitia quodammodo est bonum alterius, * ut dicitur in v ethic.. et propter hoc philosophus dicit, in i rhet., ° necesse est maximas esse virtutes eas quae sunt aliis honestissimae, siquidem est virtus potentia benefactiva. propter hoc fortes et iustos maxime honorant, quoniam fortitudo est utilis aliis in bello, iustitia autem et in bello et in pace.
ra1 ‘ Ad primum ergo dicendum quod liberalitas, etsi de suo det, tamen hoc facit inquantum in hoc considerat propriae virtutis bonum. iustitia autem dat alteri quod suum est quasi considerans bonum commune. et praeterea iustitia observatur ad omnes, liberalitas autem ad omnes se extendere non potest. et iterum liberalitas, quae de suo dat, supra iustitiam fundatur, per quam conservatur unicuique quod suum est.
ra2 ‘ Ad secundum dicendum quod magnanimitas, inquantum supervenit iustitiae, auget eius bonitatem. quae tamen sine iustitia nec virtutis rationem haberet.
ra3 ‘ Ad tertium dicendum quod fortitudo consistit circa difficiliora, non tamen est circa meliora, cum sit solum in bello utilis, iustitia autem et in pace et in bello, * sicut dictum est.

009 ST3 qu59 ar

pr ‘ Deinde considerandum est de iniustitia. et circa hoc quaeruntur quatuor. primo, utrum iniustitia sit speciale vitium. secundo, utrum iniusta agere sit proprium iniusti. tertio, utrum aliquis possit iniustum pati volens. quarto, utrum iniustitia ex suo genere sit peccatum mortale.

009 ST3 qu59 ar1

ag1 ‘ Ad primum sic proceditur. videtur quod iniustitia non sit vitium speciale. * dicitur enim i ioan. iii, ° omne peccatum est iniquitas. ‘ sed iniquitas videtur idem esse quod iniustitia, quia iustitia est aequalitas quaedam, unde iniustitia idem videtur esse quod inaequalitas, sive iniquitas. ergo iniustitia non est speciale peccatum.
ag2 ‘ Praeterea, nullum speciale peccatum opponitur omnibus virtutibus. sed iniustitia opponitur omnibus virtutibus, nam quantum ad adulterium, opponitur castitati; quantum ad homicidium, opponitur mansuetudini; et sic de aliis. ergo iniustitia non est speciale peccatum.
ag3 ‘ Praeterea, iniustitia iustitiae opponitur, quae in voluntate est. “ sed omne peccatum est in voluntate, * ut augustinus dicit. ‘ ergo iniustitia non est speciale peccatum.
sc ‘ Sed contra, iniustitia iustitiae opponitur. sed iustitia est specialis virtus. ergo iniustitia est speciale vitium.
co ‘ Respondeo dicendum quod iniustitia est duplex. una quidem illegalis, quae opponitur legali iustitiae. et haec quidem secundum essentiam est speciale vitium, inquantum respicit speciale obiectum, scilicet bonum commune, quod contemnit. sed quantum ad intentionem est vitium generale, quia per contemptum boni communis potest homo ad omnia peccata deduci. sicut etiam omnia vitia, inquantum repugnant bono communi, iniustitiae rationem habent, quasi ab iniustitia derivata, * sicut et supra de iustitia dictum est. ‘ alio modo dicitur iniustitia secundum inaequalitatem quandam ad alterum, prout scilicet homo vult habere plus de bonis, puta divitiis et honoribus; et minus de malis, puta laboribus et damnis. et sic iniustitia habet materiam specialem, et est particulare vitium iustitiae particulari oppositum.
ra1 ‘ Ad primum ergo dicendum quod sicut iustitia legalis dicitur per comparationem ad bonum commune humanum, ita iustitia divina dicitur per comparationem ad bonum divinum, cui repugnat omne peccatum. et secundum hoc omne peccatum dicitur iniquitas.
ra2 ‘ Ad secundum dicendum quod iniustitia etiam particularis opponitur indirecte omnibus virtutibus, inquantum scilicet exteriores etiam actus pertinent et ad iustitiam et ad alias virtutes morales, licet diversimode, * sicut supra dictum est.
ra3 ‘ Ad tertium dicendum quod voluntas, sicut et ratio, se extendit ad materiam totam moralem, idest ad passiones et ad operationes exteriores quae sunt ad alterum. sed iustitia perficit voluntatem solum secundum quod se extendit ad operationes quae sunt ad alterum. et similiter iniustitia.

009 ST3 qu59 ar2

ag1 ‘ Ad secundum sic proceditur. videtur quod aliquis dicatur iniustus ex hoc quod facit iniustum. habitus enim specificantur per obiecta, * ut ex supradictis patet. ‘ sed proprium obiectum iustitiae est iustum, et proprium obiectum iniustitiae est iniustum. ergo et iustus dicendus est aliquis ex hoc quod facit iustum, et iniustus ex hoc quod facit iniustum.
ag2 * Praeterea, philosophus dicit, in v ethic., “ falsam esse opinionem quorundam qui aestimant in potestate hominis esse ut statim faciat iniustum, et quod iustus non minus possit facere iniustum quam iniustus. ‘ hoc autem non esset nisi facere iniustum esset proprium iniusti. ergo aliquis iudicandus est iniustus ex hoc quod facit iniustum.
ag3 ‘ Praeterea, eodem modo se habet omnis virtus ad proprium actum, et eadem ratio est de vitiis oppositis. sed quicumque facit aliquid intemperatum dicitur intemperatus. ergo quicumque facit aliquid iniustum dicitur iniustus.
sc * Sed contra est quod philosophus dicit, in v ethic., quod “ aliquis facit iniustum et iniustus non est.
co ‘ Respondeo dicendum quod sicut obiectum iustitiae est aliquid aequale in rebus exterioribus, ita etiam obiectum iniustitiae est aliquid inaequale, prout scilicet alicui attribuitur plus vel minus quam sibi competat. ad hoc autem obiectum comparatur habitus iniustitiae mediante proprio actu, qui vocatur iniustificatio. potest ergo contingere quod qui facit iniustum non est iniustus, dupliciter. uno modo, propter defectum comparationis operationis ad proprium obiectum, quae quidem recipit speciem et nomen a per se obiecto, non autem ab obiecto per accidens. in his autem quae sunt propter finem, per se dicitur aliquid quod est intentum, per accidens autem quod est praeter intentionem. et ideo si aliquis faciat aliquid quod est iniustum non intendens iniustum facere, puta cum hoc facit per ignorantiam, non existimans se iniustum facere; tunc non facit iniustum per se et formaliter loquendo, sed solum per accidens, et quasi materialiter faciens id quod est iniustum. et talis operatio non denominatur iniustificatio. alio modo potest contingere propter defectum comparationis ipsius operationis ad habitum. potest enim iniustificatio procedere quandoque quidem ex aliqua passione, puta irae vel concupiscentiae, quandoque autem ex electione, quando scilicet ipsa iniustificatio per se placet; et tunc proprie procedit ab habitu, quia unicuique habenti aliquem habitum est secundum se acceptum quod convenit illi habitui. facere ergo iniustum ex |25| intentione et electione est proprium iniusti, secundum quod iniustus dicitur qui habet iniustitiae habitum. sed facere iniustum praeter intentionem, vel ex passione, potest aliquis absque habitu iniustitiae.
ra1 ‘ Ad primum ergo dicendum quod obiectum per se et formaliter acceptum specificat habitum, non autem prout accipitur materialiter et per accidens.
ra2 ‘ Ad secundum dicendum quod non est facile cuicumque facere iniustum ex electione, quasi aliquid per se placens et non propter aliud, “ sed hoc proprium est habentis habitum, * ut ibidem philosophus dicit.
ra3 ‘ Ad tertium dicendum quod obiectum temperantiae non est aliquid exterius constitutum, sicut obiectum iustitiae, sed obiectum temperantiae, idest temperatum, accipitur solum in comparatione ad ipsum hominem. et ideo quod est per accidens et praeter intentionem non potest dici temperatum nec materialiter nec formaliter, et similiter neque intemperatum. et quantum ad hoc est dissimile in iustitia et in aliis virtutibus moralibus. sed quantum ad comparationem operationis ad habitum, in omnibus similiter se habet.

009 ST3 qu59 ar3

ag1 ‘ Ad tertium sic proceditur. videtur quod aliquis possit pati iniustum volens. iniustum enim est inaequale, * ut dictum est. ‘ sed aliquis laedendo seipsum recedit ab aequalitate, sicut et laedendo alium. ergo aliquis potest sibi ipsi facere iniustum, sicut et alteri. sed quicumque facit iniustum volens facit. ergo aliquis volens potest pati iniustum, maxime a seipso.
ag2 ‘ Praeterea, nullus secundum legem civilem punitur nisi propter hoc quod facit aliquam iniustitiam. sed illi qui interimunt seipsos puniuntur secundum leges civitatum, in hoc quod privabantur antiquitus honore sepulturae; * ut patet per philosophum, in v ethic.. ‘ ergo aliquis potest sibi ipsi facere iniustum. et ita contingit quod aliquis iniustum patiatur volens.
ag3 ‘ Praeterea, nullus facit iniustum nisi alicui patienti iniustum. sed contingit quod aliquis faciat iniustum alicui hoc volenti, puta si vendat ei rem carius quam valeat. ergo contingit aliquem volentem iniustum pati.
sc ‘ Sed contra est quod iniustum pati oppositum est ei quod est iniustum facere. sed nullus facit iniustum nisi volens. ergo, per oppositum, nullus patitur iniustum nisi nolens.
co ‘ Respondeo dicendum quod actio, de sui ratione, procedit ab agente; passio autem, secundum propriam rationem, est ab alio, “ unde non potest esse idem, secundum idem, agens et patiens, * ut dicitur in iii et viii physic.. ‘ principium autem proprium agendi in hominibus est voluntas. et ideo illud proprie et per se homo facit quod volens facit, et e contrario illud proprie homo patitur quod praeter voluntatem suam patitur; quia inquantum est volens, principium est ex ipso, et ideo, inquantum est huiusmodi, magis est agens quam patiens. dicendum est ergo quod iniustum, per se et formaliter loquendo, nullus potest facere nisi volens, nec pati nisi nolens. per accidens autem et quasi materialiter loquendo, potest aliquis id quod est de se iniustum vel facere nolens, sicut cum quis praeter intentionem operatur; vel pati volens, sicut cum quis plus alteri dat sua voluntate quam debeat.
ra1 ‘ Ad primum ergo dicendum quod cum aliquis sua voluntate dat alicui id quod ei non debet, non facit nec iniustitiam nec inaequalitatem. homo enim per suam voluntatem possidet res, et ita non est praeter proportionem si aliquid ei subtrahatur secundum propriam voluntatem, vel a seipso vel ab alio.
ra2 ‘ Ad secundum dicendum quod aliqua persona singularis dupliciter potest considerari. uno modo, secundum se. et sic, si sibi aliquod nocumentum inferat, potest quidem habere rationem alterius peccati, puta intemperantiae vel imprudentiae, non tamen rationem iniustitiae, quia sicut iustitia semper est ad alterum, ita et iniustitia. alio modo potest considerari aliquis homo inquantum est aliquid civitatis, scilicet pars; vel inquantum est aliquid dei, scilicet creatura et imago. et sic qui occidit seipsum iniuriam quidem facit non sibi, sed civitati et deo. et ideo punitur tam secundum legem divinam quam secundum legem humanam, * sicut et de fornicatore apostolus dicit, ° si quis templum dei violaverit, disperdet ipsum deus.
ra3 ‘ Ad tertium dicendum quod passio est effectus actionis exterioris. in hoc autem quod est facere et pati iniustum, id quod materialiter est attenditur secundum id quod exterius agitur, prout in se consideratur, * ut dictum est, ‘ id autem quod est ibi formale et per se, attenditur secundum voluntatem agentis et patientis, * ut ex dictis patet. ‘ dicendum est ergo quod aliquem facere iniustum, et alium pati iniustum, materialiter loquendo, semper se concomitantur. sed si formaliter loquamur, potest aliquis facere iniustum, intendens iniustum facere, tamen alius non patietur iniustum, quia volens patietur. et e converso potest aliquis pati iniustum, si nolens id quod est iniustum patiatur, et tamen ille qui hoc facit ignorans, non faciet iniustum formaliter, sed materialiter tantum.

009 ST3 qu59 ar4

ag1 ‘ Ad quartum sic proceditur. videtur quod non quicumque facit iniustum peccet mortaliter. peccatum enim veniale mortali opponitur. sed quandoque veniale peccatum est quod aliquis faciat iniustum, * dicit enim philosophus, in v ethic., de iniusta agentibus loquens, ° quaecumque non solum ignorantes, sed et propter ignorantiam peccant, venialia sunt. ‘ ergo non quicumque facit iniustum mortaliter peccat.
ag2 ‘ Praeterea, qui in aliquo parvo iniustitiam facit, parum a medio declinat. sed hoc videtur esse tolerabile, et inter minima malorum computandum, * ut patet per philosophum, in ii ethic.. ‘ non ergo quicumque facit iniustum peccat mortaliter.
ag3 ‘ Praeterea, caritas est mater omnium virtutum, ex cuius contrarietate aliquod peccatum dicitur mortale. sed non omnia peccata opposita aliis virtutibus sunt mortalia. ergo etiam neque facere iniustum semper est peccatum mortale.
sc ‘ Sed contra, quidquid est contra legem dei est peccatum mortale. sed quicumque facit iniustum facit contra praeceptum legis dei, quia vel reducitur ad furtum, vel ad adulterium, vel ad homicidium; vel ad aliquid huiusmodi, * ut ex sequentibus patebit. ‘ ergo quicumque facit iniustum peccat mortaliter.
co ‘ Respondeo dicendum quod, * sicut supra dictum est cum de differentia peccatorum ageretur, ‘ peccatum mortale est quod contrariatur caritati, per quam est animae vita. omne autem nocumentum alteri illatum ex se caritati repugnat, quae movet ad volendum bonum alterius. et ideo, cum iniustitia semper consistat in nocumento alterius, manifestum est quod facere iniustum ex genere suo est peccatum mortale.
ra1 “ Ad primum ergo dicendum quod verbum philosophi intelligitur de ignorantia facti, quam ipse vocat ignorantiam particularium circumstantiarum, quae meretur veniam, non autem de ignorantia iuris, quae non excusat. ‘ qui autem ignorans facit iniustum, non facit iniustum nisi per accidens, * ut supra dictum est.
ra2 ‘ Ad secundum dicendum quod ille qui in parvis facit iniustitiam, deficit a perfecta ratione eius quod est iniustum facere, inquantum potest reputari non esse omnino contra voluntatem eius qui hoc patitur, puta si auferat aliquis alicui unum pomum vel aliquid tale, de quo probabile sit quod ille inde non laedatur, nec ei displiceat.
ra3 ‘ Ad tertium dicendum quod peccata quae sunt contra alias virtutes non semper sunt in nocumentum alterius, sed important inordinationem quandam circa passiones humanas. unde non est similis ratio.

009 ST3 qu60 ar

pr ‘ Deinde considerandum est de iudicio. et circa hoc quaeruntur sex. primo, utrum iudicium sit actus iustitiae. secundo, utrum sit licitum iudicare. tertio, utrum per suspiciones sit iudicandum. quarto, utrum dubia sint in meliorem partem interpretanda. quinto, utrum iudicium semper sit secundum leges scriptas proferendum. sexto, utrum iudicium per usurpationem pervertatur.

009 ST3 qu60 ar1

ag1 ‘ Ad primum sic proceditur. videtur quod iudicium non sit actus iustitiae. * dicit enim philosophus, in i ethic., quod ° unusquisque bene iudicat quae cognoscit, ‘ et sic iudicium ad vim cognoscitivam pertinere videtur. vis autem cognoscitiva per prudentiam perficitur. ergo iudicium magis pertinet ad prudentiam quam ad iustitiam, quae est in voluntate, * ut dictum est.
ag2 * Praeterea, apostolus dicit, i ad cor. ii, ° spiritualis iudicat omnia. ‘ sed homo maxime efficitur spiritualis per virtutem caritatis, quae ° diffunditur in cordibus nostris per spiritum sanctum, qui datus est nobis, * ut dicitur rom. v. ‘ ergo iudicium magis pertinet ad caritatem quam ad iustitiam.
ag3 ‘ Praeterea, ad unamquamque virtutem pertinet rectum iudicium circa propriam materiam, “ quia virtuosus in singulis est regula et mensura, * secundum philosophum, in libro ethic.. ‘ non ergo iudicium magis pertinet ad iustitiam quam ad alias virtutes morales.
ag4 ‘ Praeterea, iudicium videtur ad solos iudices pertinere. actus autem iustitiae invenitur in omnibus iustis. cum igitur non soli iudices sint iusti, videtur quod iudicium non sit actus proprius iustitiae.
sc ‘ Sed contra est quod * in psalm. dicitur, ° quoadusque iustitia convertatur in iudicium.
co ‘ Respondeo dicendum quod iudicium proprie nominat actum iudicis inquantum est iudex. iudex autem dicitur quasi ius dicens. ius autem est obiectum iustitiae, * ut supra habitum est. ‘ et ideo iudicium im-

portat, secundum primam nominis impositionem, definitionem vel determinationem iusti sive iuris. quod autem aliquis bene definiat aliquid in operibus virtuosis proprie procedit ex habitu virtutis, sicut castus recte determinat ea quae pertinent ad castitatem. et ideo iudicium, quod importat rectam determinationem eius quod est iustum, proprie pertinet ad iustitiam. * propter quod philosophus dicit, in v ethic., quod ° homines ad iudicem confugiunt sicut ad quandam iustitiam animatam.

ra1 ' Ad primum ergo dicendum quod nomen iudicii, quod secundum primam impositionem significat rectam determinationem iustorum, ampliatum est ad significandum rectam determinationem in quibuscumque rebus, tam in speculativis quam in practicis. in omnibus tamen ad rectum iudicium duo requiruntur. quorum unum est ipsa virtus proferens iudicium. et sic iudicium est actus rationis, dicere enim vel definire aliquid rationis est. aliud autem est dispositio iudicantis, ex qua habet idoneitatem ad recte iudicandum. et sic in his quae ad iustitiam pertinent iudicium procedit ex iustitia, sicut et in his quae ad fortitudinem pertinent ex fortitudine. sic ergo iudicium est quidam actus iustitiae sicut inclinantis ad recte iudicandum, prudentiae autem sicut iudicium proferentis. unde et synesis, ad prudentiam pertinens, dicitur bene iudicativa, * ut supra habitum est.

ra2 ' Ad secundum dicendum quod homo spiritualis ex habitu caritatis habet inclinationem ad recte iudicandum de omnibus secundum regulas divinas, ex quibus iudicium per donum sapientiae pronuntiat, sicut iustus per virtutem prudentiae pronuntiat iudicium ex regulis iuris.

ra3 ' Ad tertium dicendum quod aliae virtutes ordinant hominem in seipso, sed iustitia ordinat hominem ad alium, * ut ex dictis patet. ' homo autem est dominus eorum quae ad ipsum pertinent, non autem est dominus eorum quae ad alium pertinent. et ideo in his quae sunt secundum alias virtutes non requiritur nisi iudicium virtuosi, extenso tamen nomine iudicii, * ut dictum est. ' sed in his quae pertinent ad iustitiam requiritur ulterius iudicium alicuius superioris, ° qui utrumque valeat arguere, et ponere manum suam in ambobus. ' et propter hoc iudicium specialius pertinet ad iustitiam quam ad aliquam aliam virtutem.

ra4 ' Ad quartum dicendum quod iustitia in principe quidem est sicut virtus architectonica, quasi imperans et praecipiens quod iustum est, in subditis autem est tanquam virtus executiva et ministrans. et ideo iudicium, quod importat definitionem iusti, pertinet ad iustitiam secundum quod est principaliori modo in praesidente.

009 ST3 qu60 ar2

ag1 ' Ad secundum sic proceditur. videtur quod non sit licitum iudicare. non enim infligitur poena nisi pro illicito. sed iudicantibus imminet poena, quam non iudicantes effugiunt, * secundum illud matth. vii, ° nolite iudicare, ut non iudicemini. ' ergo iudicare est illicitum.

ag2 * Praeterea, rom. xiv dicitur, ° tu quis es, qui iudicas alienum servum? suo domino stat aut cadit. ' dominus autem omnium deus est. ergo nulli homini licet iudicare.

ag3 ' Praeterea, nullus homo est sine peccato, * secundum illud i ioan. i, ° si dixerimus quia peccatum non habemus, nosipsos seducimus. ' sed peccanti non licet iudicare, * secundum illud rom. ii, ° inexcusabilis es, o homo omnis qui iudicas, in quo enim alterum iudicas, teipsum condemnas; eadem enim agis quae iudicas. ' ergo nulli est licitum iudicare.

sc * Sed contra est quod dicitur deut. xvi, ° iudices et magistros constitues in omnibus portis tuis, ut iudicent populum iusto iudicio.

co ' Respondeo dicendum quod iudicium intantum est licitum inquantum est iustitiae actus. * sicut autem ex praedictis patet, ' ad hoc quod iudicium sit actus iustitiae tria requiruntur, primo quidem, ut procedat ex inclinatione iustitiae; secundo, quod procedat ex auctoritate praesidentis; tertio, quod proferatur secundum rectam rationem prudentiae. quodcumque autem horum defuerit, est iudicium vitiosum et illicitum. uno quidem modo, quando est contra rectitudinem iustitiae, et sic dicitur iudicium perversum vel iniustum. alio modo, quando homo iudicat in his in quibus non habet auctoritatem, et sic dicitur iudicium usurpatum. tertio modo, quando deest certitudo rationis, puta cum aliquis de his iudicat quae sunt dubia vel occulta per aliquas leves coniecturas, et sic dicitur iudicium suspiciosum vel temerarium.

ra1 " Ad primum ergo dicendum quod dominus ibi prohibet iudicium temerarium, quod est de intentione cordis vel de aliis incertis, * ut augustinus dicit, in libro de serm. dom. in monte. " vel prohibet ibi iudicium de rebus divinis, de quibus, cum sint supra nos, non debemus iudicare, sed simpliciter ea credere, * ut hilarius dicit, super matth.. " vel prohibet iudicium quod non sit ex benevolentia, sed ex animi amaritudine, * ut chrysostomus dicit.

ra2 ' Ad secundum dicendum quod iudex constituitur ut minister dei. * unde dicitur deut. i, ° quod iustum est iudicate; * et postea subdit, ° quia dei est iudicium.

ra3 ' Ad tertium dicendum quod illi qui sunt in gravibus peccatis non debent iudicare eos qui sunt in eisdem peccatis vel minoribus, * ut chrysostomus dicit, super illud matth. vii, ° nolite iudicare. ' et praecipue est hoc intelligendum quando illa peccata sunt publica, quia ex hoc generatur scandalum in cordibus aliorum. si autem non sunt publica, sed occulta, et necessitas iudicandi immineat propter officium, potest cum humilitate et timore vel arguere vel iudicare. * unde augustinus dicit, in libro de serm. dom. in monte, ° si invenerimus nos in eodem vitio esse, congemiscamus, et ad pariter conandum invitemus. ' nec tamen propter hoc homo sic seipsum condemnat ut novum condemnationis meritum sibi acquirat, sed quia, condemnans alium, ostendit se similiter condemnabilem esse, propter idem peccatum vel simile.

009 ST3 qu60 ar3

ag1 ' Ad tertium sic proceditur. videtur quod iudicium ex suspicione procedens non sit illicitum. suspicio enim videtur esse opinio incerta de aliquo malo, * unde et philosophus, in vi ethic., ponit quod " suspicio se habet et ad verum et ad falsum. ' sed de singularibus contingentibus non potest haberi opinio nisi incerta. cum igitur iudicium humanum sit circa humanos actus, qui sunt in singularibus et contingentibus, videtur quod nullum iudicium esset licitum, si ex suspicione iudicare non liceret.

ag2 ' Praeterea, per iudicium illicitum fit aliqua iniuria proximo. sed suspicio mala in sola opinione hominis consistit, et sic non videtur ad iniuriam alterius pertinere. ergo suspicionis iudicium non est illicitum.

ag3 ' Praeterea, si sit illicitum, oportet quod ad iniustitiam reducatur, quia iudicium est actus iustitiae, * ut dictum est. ' sed iniustitia ex suo genere semper est peccatum mortale, * ut supra habitum est. ' ergo suspicionis iudicium semper esset peccatum mortale, si esset illicitum. sed hoc est falsum, quia suspiciones vitare non possumus, * ut dicit glossa augustini super illud i ad cor. iv, ° nolite ante tempus iudicare. ' ergo iudicium suspiciosum non videtur esse illicitum.

sc ' Sed contra est quod * chrysostomus, super illud matth. vii, ° nolite iudicare etc., * dicit, ° dominus hoc mandato non prohibet christianos ex benevolentia alios corripere, sed ne per iactantiam iustitiae suae christiani christianos despiciant, ex solis plerumque suspicionibus odientes ceteros et condemnantes.

co * Respondeo dicendum quod, sicut tullius dicit, " suspicio importat opinionem mali quando ex levibus indiciis procedit. ' et contingit ex tribus. uno quidem modo, ex hoc quod aliquis in seipso malus est, et ex hoc ipso, quasi conscius suae malitiae, faciliter de aliis malum opinatur, * secundum illud eccle. x, ° in via stultus ambulans, cum ipse sit insipiens, omnes stultos aestimat. ' alio modo provenit ex hoc quod aliquis male afficitur ad alterum. cum enim aliquis contemnit vel odit aliquem, aut irascitur vel invidet ei, ex levibus signis opinatur mala de ipso, quia unusquisque faciliter credit quod appetit. tertio modo provenit ex longa experientia, * unde philosophus dicit, in ii rhet., quod ° senes sunt maxime suspiciosi, quia multoties experti sunt aliorum defectus. ' primae autem duae suspicionis causae manifeste pertinent ad perversitatem affectus. tertia vero causa diminuit rationem suspicionis, inquantum experientia ad certitudinem proficit, quae est contra rationem suspicionis. et ideo suspicio vitium quoddam importat, et quanto magis procedit suspicio, tanto magis est vitiosum. est autem triplex gradus suspicionis. primus quidem gradus est |25| ut homo ex levibus indiciis de bonitate alicuius dubitare incipiat. et hoc est veniale et leve peccatum, pertinet enim ° ad tentationem humanam, sine qua vita ista non ducitur, * ut habetur in glossa super illud i ad cor. iv, ° nolite ante tempus iudicare. ' secundus gradus est cum aliquis pro certo malitiam alterius aestimat ex levibus indiciis. et hoc, si sit de aliquo gravi, est peccatum mortale, inquantum non est sine contemptu proximi, * unde glossa ibidem subdit, ° etsi ergo suspiciones vitare non possumus, quia homines sumus, iudicia tamen, idest definitivas firmasque sententias, continere debemus. ' tertius gradus est cum aliquis iudex ex suspicione procedit ad aliquem condemnandum. et hoc directe ad iniustitiam pertinet. unde est peccatum mortale.

ra1 ' Ad primum ergo dicendum quod in humanis actibus invenitur aliqua certitudo, non quidem sicut in demonstrativis, sed secundum quod convenit tali materiae, puta cum aliquid per idoneos testes probatur.

ra2 ' Ad secundum dicendum quod ex hoc ipso quod aliquis malam opinionem habet de alio sine causa sufficienti, indebite contemnit ipsum. et ideo iniuriatur ei.

ra3 ' Ad tertium dicendum quod quia iustitia et iniustitia est circa exteriores operationes, * ut dictum est, ' tunc iudicium suspiciosum directe ad iniustitiam pertinet quando ad actum exteriorem procedit. et tunc est peccatum mortale, * ut dictum est. ' iudicium autem interius pertinet ad iustitiam secundum quod comparatur ad exterius iudicium ut actus interior ad exteriorem, sicut concupiscentia ad fornicationem, et ira ad homicidium.

009 ST3 qu60 ar4

ag1 ' Ad quartum sic proceditur. videtur quod dubia non sint in meliorem partem interpretanda. iudicium enim magis esse debet de eo quod ut in pluribus accidit. sed in pluribus accidit quod aliqui male agant, ° quia stultorum infinitus est numerus, * ut dicitur eccle. i; ° proni enim sunt sensus hominis ad malum ab adolescentia sua, * ut dicitur gen. viii. ' ergo dubia magis debemus interpretari in malum quam in bonum.

ag2 * Praeterea, augustinus dicit quod " ille pie et iuste vivit qui rerum integer est aestimator, in neutram partem declinando. ' sed ille qui interpretatur in melius quod dubium est declinat in alteram partem. ergo hoc non est faciendum.

ag3 ' Praeterea, homo debet diligere proximum sicut seipsum. sed circa seipsum homo debet dubia interpretari in peiorem partem, * secundum illud iob ix, ° verebar omnia opera mea. ' ergo videtur quod ea quae sunt dubia circa proximos sint in peiorem partem interpretanda.

sc ' Sed contra est quod * rom. xiv, super illud, ° qui non manducat manducantem non iudicet, * dicit glossa, ° dubia in meliorem partem sunt interpretanda.

co * Respondeo dicendum quod, sicut dictum est, ' ex hoc ipso quod aliquis habet malam opinionem de alio absque sufficienti causa, iniuriatur ei et contemnit ipsum. nullus autem debet alium contemnere, vel nocumentum quodcumque inferre, absque causa cogente. et ideo ubi non apparent manifesta indicia de malitia alicuius, debemus eum ut bonum habere, in meliorem partem interpretando quod dubium est.

ra1 ' Ad primum ergo dicendum quod potest contingere quod ille qui in meliorem partem interpretatur, frequentius fallitur. sed melius est quod aliquis frequenter fallatur habens bonam opinionem de aliquo malo homine, quam quod rarius fallatur habens malam opinionem de aliquo bono, quia ex hoc fit iniuria alicui, non autem ex primo.

ra2 ' Ad secundum dicendum quod aliud est iudicare de rebus, et aliud de hominibus. in iudicio enim quo de rebus iudicamus non attenditur bonum vel malum ex parte ipsius rei de qua iudicamus, cui nihil nocet qualitercumque iudicemus de ipsa, sed attenditur ibi solum bonum iudicantis si vere iudicet, vel malum si falso; ° quia verum est bonum intellectus, falsum autem est malum ipsius, * ut dicitur in vi ethic.. ' et ideo unusquisque debet niti ad hoc quod de rebus iudicet secundum quod sunt. sed in iudicio quo iudicamus de hominibus praecipue attenditur bonum et malum ex parte eius de quo iudicatur, qui in hoc ipso honorabilis habetur quod bonus iudicatur, et contemptibilis si iudicetur malus. et ideo ad hoc potius tendere debemus in tali iudicio quod hominem iudicemus bonum, nisi manifesta ratio in contrarium appareat. ipsi autem homini iudicanti, falsum iudicium quo bene iudicat de alio non pertinet ad malum intellectus ipsius, sicut nec ad eius perfectionem pertinet secundum se cognoscere veritatem singularium contingentium, sed magis pertinet ad bonum affectum.

ra3 ' Ad tertium dicendum quod interpretari aliquid in deteriorem vel meliorem partem contingit dupliciter. uno modo, per quandam suppositionem. et sic, cum debemus aliquibus malis adhibere remedium, sive nostris sive alienis, expedit ad hoc ut securius remedium apponatur, quod supponatur id quod deterius est, quia remedium quod est efficax contra maius malum, multo magis est efficax contra minus malum. alio modo interpretamur aliquid in bonum vel malum definiendo sive determinando. et sic in rerum iudicio debet aliquis niti ad hoc ut interpretetur unumquodque secundum quod est, in iudicio autem personarum, ut interpretetur in melius, * sicut dictum est.

009 ST3 qu60 ar5

ag1 ' Ad quintum sic proceditur. videtur quod non sit semper secundum leges scriptas iudicandum. semper enim vitandum est iniustum iudicium. sed quandoque leges scriptae iniustitiam continent, * secundum illud isaiae x, ° vae qui condunt leges iniquas, et scribentes iniustitias scripserunt. ' ergo non semper est secundum leges scriptas iudicandum.

ag2 ' Praeterea, iudicium oportet esse de singularibus eventibus. sed nulla lex scripta potest omnes singulares eventus comprehendere, * ut patet per philosophum, in v ethic.. ' ergo videtur quod non semper sit secundum leges scriptas iudicandum.

ag3 ' Praeterea, lex ad hoc scribitur ut sententia legislatoris manifestetur. sed quandoque contingit quod si ipse lator legis praesens esset, aliter iudicaret. ergo non est semper secundum legem scriptam iudicandum.

sc * Sed contra est quod augustinus dicit, in libro de vera relig., ° in istis temporalibus legibus, quanquam de his homines iudicent cum eas instituerint, tamen cum fuerint institutae et firmatae, non licebit iudicibus de ipsis iudicare, sed secundum ipsas.

co * Respondeo dicendum quod, sicut dictum est, ' iu-

dicium nihil est aliud nisi quaedam definitio vel determinatio eius quod iustum est. fit autem aliquid iustum dupliciter, uno modo, ex ipsa natura rei, quod dicitur ius naturale; alio modo, ex quodam condicto inter homines, quod dicitur ius positivum, * ut supra habitum est. ' leges autem scribuntur ad utriusque iuris declarationem, aliter tamen et aliter. nam legis scriptura ius quidem naturale continet, sed non instituit, non enim habet robur ex lege, sed ex natura. ius autem positivum scriptura legis et continet et instituit, dans ei auctoritatis robur. et ideo necesse est quod iudicium fiat secundum legis scripturam, alioquin iudicium deficeret vel a iusto naturali, vel a iusto positivo.
ra1 ' Ad primum ergo dicendum quod lex scripta, sicut non dat robur iuri naturali, ita nec potest eius robur minuere vel auferre, quia nec voluntas hominis potest immutare naturam. et ideo si scriptura legis contineat aliquid contra ius naturale, iniusta est, nec habet vim obligandi, ibi enim ius positivum locum habet ubi quantum ad ius naturale nihil differt utrum sic vel aliter fiat, * sicut supra habitum est. ' et ideo nec tales scripturae leges dicuntur, sed potius legis corruptiones, * ut supra dictum est. ' et ideo secundum eas non est iudicandum.
ra2 ' Ad secundum dicendum quod sicut leges iniquae secundum se contrariantur iuri naturali, vel semper vel ut in pluribus; ita etiam leges quae sunt recte positae in aliquibus casibus deficiunt, in quibus si servarentur, esset contra ius naturale. et ideo in talibus non est secundum litteram legis iudicandum, sed recurrendum ad aequitatem, quam intendit legislator. * unde iurisperitus dicit, ° nulla ratio iuris aut aequitatis benignitas patitur ut quae salubriter pro utilitate hominum introducuntur, ea nos duriore interpretatione contra ipsorum commodum producamus ad severitatem. ' et in talibus etiam legislator aliter iudicaret, et, si considerasset, lege determinasset.
ra3 ' Et per hoc patet responsio ad tertium.

009 ST3 qu60 ar6

ag1 ' Ad sextum sic proceditur. videtur quod iudicium per usurpationem non reddatur perversum. iustitia enim est quaedam rectitudo in agendis. sed nihil deperit veritati a quocumque dicatur, sed a quocumque est accipienda. ergo etiam nihil deperit iustitiae, a quocumque iustum determinetur, quod pertinet ad rationem iudicii.
ag2 ' Praeterea, peccata punire ad iudicium pertinet. sed aliqui laudabiliter leguntur peccata punisse qui tamen auctoritatem non habebant super illos quos puniebant, sicut moyses occidendo aegyptium, * ut habetur exod. ii; ' et phinees, filius eleazari, zambri, filium salomi, * ut legitur num. xxv, ° et reputatum est ei ad iustitiam, * ut dicitur in psalm.. ' ergo usurpatio iudicii non pertinet ad iniustitiam.
ag3 ' Praeterea, potestas spiritualis distinguitur a temporali. sed quandoque praelati habentes spiritualem potestatem intromittunt se de his quae pertinent ad potestatem saecularem. ergo usurpatum iudicium non est illicitum.
ag4 ' Praeterea, sicut ad recte iudicandum requiritur auctoritas, ita etiam et iustitia iudicantis et scientia, * ut ex supradictis patet. ' sed non dicitur iudicium esse iniustum si aliquis iudicet non habens habitum iustitiae, vel non habens scientiam iuris. ergo neque etiam iudicium usurpatum, quod fit per defectum auctoritatis, semper erit iniustum.
sc ' Sed contra est quod * dicitur rom. xiv, ° tu quis es, qui iudicas alienum servum?
co ' Respondeo dicendum quod, cum iudicium sit ferendum secundum leges scriptas, * ut dictum est, ' ille qui iudicium fert legis dictum quodammodo interpretatur, applicando ipsum ad particulare negotium. cum autem eiusdem auctoritatis sit legem interpretari et legem condere, sicut lex condi non potest nisi publica auctoritate, ita nec iudicium ferri potest nisi publica auctoritate, quae quidem se extendit ad eos qui communitati subduntur. et ideo sicut iniustum esset ut aliquis constringeret alium ad legem servandam quae non esset publica auctoritate sancita, ita etiam iniustum est si aliquis aliquem compellat ferre iudicium quod publica auctoritate non fertur.
ra1 ' Ad primum ergo dicendum quod pronuntiatio veritatis non importat compulsionem ad hoc quod suscipiatur, sed liberum est unicuique eam recipere vel non recipere prout vult. sed iudicium importat quandam impulsionem. et ideo iniustum est quod aliquis iudicetur ab eo qui publicam auctoritatem non habet.
ra2 ' Ad secundum dicendum quod moyses videtur aegyptium occidisse quasi ex inspiratione divina auctoritatem adeptus, * ut videtur per hoc quod dicitur act. vii, quod, ° percusso aegyptio, aestimabat moyses intelligere fratres suos quoniam dominus per manum ipsius daret salutem israel. ' vel potest dici quod moyses occidit aegyptium defendendo eum qui iniuriam patiebatur cum moderamine inculpatae tutelae. * unde ambrosius dicit, in libro de offic., quod ° qui non repellit iniuriam a socio cum potest, tam est in vitio quam ille qui facit; " et inducit exemplum moysi. vel * potest dici, sicut dicit augustinus, in quaestionibus exod., quod ° sicut terra, ante utilia semina, herbarum inutilium fertilitate laudatur; sic illud moysi factum vitiosum quidem fuit, sed magnae fertilitatis signum gerebat, ' inquantum scilicet erat signum virtutis eius qua populum liberaturus erat. de phinee autem dicendum est quod ex inspiratione divina, zelo dei commotus, hoc fecit. vel quia, licet nondum esset summus sacerdos, erat tamen filius summi sacerdotis, et ad eum hoc iudicium pertinebat, sicut et ad alios iudices, quibus hoc erat praeceptum.
ra3 ' Ad tertium dicendum quod potestas saecularis subditur spirituali sicut corpus animae. et ideo non est usurpatum iudicium si spiritualis praelatus se intromittat de temporalibus quantum ad ea in quibus subditur ei saecularis potestas, vel quae ei a saeculari potestate relinquuntur.
ra4 ' Ad quartum dicendum quod habitus scientiae et iustitiae sunt perfectiones singularis personae, et ideo per eorum defectum non dicitur usurpatum iudicium, sicut per defectum publicae auctoritatis, ex qua iudicium vim coactivam habet.

009 ST3 qu61 ar

pr ' Deinde considerandum est de partibus iustitiae. et primo, de partibus subiectivis, quae sunt species iustitiae, scilicet distributiva et commutativa; secundo, de partibus quasi integralibus; tertio, de partibus quasi potentialibus, scilicet de virtutibus adiunctis. circa primum occurrit duplex consideratio, prima, de ipsis iustitiae partibus; secunda, de vitiis oppositis. et quia restitutio videtur esse actus commutativae iustitiae, primo considerandum est de distinctione iustitiae commutativae et distributivae, secundo, de restitutione. circa primum quaeruntur quatuor. primo, utrum sint duae species iustitiae, iustitia distributiva et commutativa. secundo, utrum eodem modo in eis medium accipiatur. tertio, utrum sit earum uniformis vel multiplex materia. quarto, utrum secundum aliquam earum specierum iustum sit idem quod contrapassum.

009 ST3 qu61 ar1

ag1 ' Ad primum sic proceditur. videtur quod inconvenienter ponantur duae species iustitiae, iustitia distributiva et commutativa. non enim potest esse iustitiae species quod multitudini nocet, cum iustitia ad bonum commune ordinetur. sed distribuere bona communia in multos nocet bono communi multitudinis, tum quia exhauriuntur opes communes; tum etiam quia mores hominum corrumpuntur; * dicit enim tullius, in libro de offic., ° fit deterior qui accipit, et ad idem semper expectandum paratior. ' ergo distributio non pertinet ad aliquam iustitiae speciem.
ag2 ' Praeterea, iustitiae actus est reddere unicuique quod suum est, * ut supra habitum est. ' sed in distributione non redditur alicui quod suum erat, sed de novo appropriatur sibi id quod erat commune. ergo hoc ad iustitiam non pertinet.
ag3 ' Praeterea, iustitia non solum est in principe, sed etiam in subiectis, * ut supra habitum est. ' sed distribuere semper pertinet ad principem. ergo distributiva non pertinet ad iustitiam.
ag4 ' Praeterea, " distributivum iustum est bonorum communium, * ut dicitur in v ethic. ' sed communia pertinent ad iustitiam legalem. ergo iustitia distributiva non est species iustitiae particularis, sed iustitiae legalis.
ag5 ' Praeterea, unum et multa non diversificant speciem virtutis. sed iustitia commutativa consistit in hoc quod aliquid redditur uni; iustitia vero distributiva in hoc quod aliquid datur multis. ergo non sunt diversae species iustitiae.
sc ' Sed contra est quod * philosophus, in v ethic., ponit duas partes iustitiae, et dicit quod ° una est directiva in distributionibus, alia in commutationibus.
co * Respondeo dicendum quod, sicut dictum est, ' iustitia particularis ordinatur ad aliquam privatam personam, quae comparatur ad communitatem sicut pars ad totum. potest autem ad aliquam partem duplex ordo attendi. unus quidem partis ad partem, cui similis est ordo unius privatae personae ad aliam. et hunc ordinem dirigit commutativa iustitia, quae consistit in his quae mutuo fiunt inter duas personas ad invicem. alius ordo attenditur totius ad partes, et huic ordini assimilatur ordo eius quod est commune ad singulas personas. quem quidem ordinem dirigit iustitia distributiva, quae est distributiva communium secundum proportionalitatem. et ideo duae sunt iustitiae species, scilicet commutativa et distributiva.
ra1 ' Ad primum ergo dicendum quod sicut in largitionibus privatarum personarum commendatur moderatio, effusio vero culpatur; ita etiam in distributione communium bonorum est moderatio servanda, in quo dirigit iustitia distributiva.
ra2 ' Ad secundum dicendum quod sicut pars et totum quodammodo sunt idem, ita id quod est totius quodammodo est partis. et ita cum ex bonis communibus aliquid in singulos distribuitur, quilibet aliquo modo recipit quod suum est.
ra3 ' Ad tertium dicendum quod actus distributionis quae est communium bonorum pertinet solum ad praesidentem communibus bonis, sed tamen iustitia distributiva est et in subditis, quibus distribuitur, inquantum scilicet sunt contenti iusta distributione. quamvis etiam distributio quandoque fiat bonorum communium non quidem civitati, sed uni familiae, quorum distributio fieri potest auctoritate alicuius privatae personae.
ra4 ' Ad quartum dicendum quod motus accipiunt speciem a termino ad quem. et ideo ad iustitiam legalem pertinet ordinare ea quae sunt privatarum personarum in bonum commune, sed ordinare e converso bonum commune ad personas particulares per distributionem est iustitiae particularis.
ra5 ' Ad quintum dicendum quod iustitia distributiva et commutativa non solum distinguuntur secundum unum et multa, sed secundum diversam rationem debiti, alio enim modo debetur alicui id quod est commune, alio modo id quod est proprium.

009 ST3 qu61 ar2

ag1 ' Ad secundum sic proceditur. videtur quod medium eodem modo accipiatur in iustitia distributiva et commutativa. utraque enim sub iustitia particulari continetur, * ut dictum est. ' sed in omnibus temperantiae vel fortitudinis partibus accipitur uno modo medium. ergo etiam eodem modo est accipiendum medium in iustitia distributiva et commutativa.
ag2 ' Praeterea, forma virtutis moralis in medio consistit quod secundum rationem determinatur. cum ergo unius virtutis sit una forma, videtur quod in utraque sit eodem modo medium accipiendum.
ag3 ' Praeterea, in iustitia distributiva accipitur medium attendendo diversam dignitatem personarum. sed dignitas personarum attenditur etiam in commutativa iustitia, sicut in punitionibus, plus enim punitur qui percussit principem quam qui percussit privatam personam. ergo eodem modo accipitur medium in utraque iustitia.
sc * Sed contra est quod philosophus dicit, in v ethic., quod " in iustitia distributiva accipitur medium secundum geometricam proportionalitatem, in commutativa autem secundum arithmeticam.
co * Respondeo dicendum quod, sicut dictum est, ' in distributiva iustitia datur aliquid alicui privatae personae inquantum id quod est totius est debitum parti. quod quidem tanto maius est quanto ipsa pars maiorem principalitatem habet in toto. et ideo in distributiva iustitia tanto plus alicui de bonis communibus datur quanto illa persona maiorem principalitatem habet in communitate. quae quidem principalitas in aristocratica communitate attenditur secundum virtutem, in oligarchica secundum divitias, in democratica secundum libertatem, et in aliis aliter. et ideo in iustitia distributiva non accipitur medium secundum aequalitatem rei ad rem, sed secundum proportionem rerum ad personas, ut scilicet, sicut una persona excedit aliam, ita etiam res quae datur uni personae excedit rem quae datur alii. * et ideo dicit philosophus quod " tale medium est secundum geometricam proportionalitatem, ' in qua attenditur aequale non secundum quantitatem, sed secundum proportionem. sicut si dicamus quod sicut se habent sex ad quatuor, ita se habent tria ad duo, quia utrobique est sesquialtera proportio, in qua maius habet totum minus et mediam partem eius, non autem est aequalitas excessus secundum quantitatem, quia sex |25| excedunt quatuor in duobus, tria vero excedunt duo in uno. sed in commutationibus redditur aliquid alicui singulari personae propter rem eius quae accepta est, ut maxime patet in emptione et venditione, in quibus primo invenitur ratio commutationis. et ideo oportet adaequare rem rei, ut quanto iste plus habet quam suum sit de eo quod est alterius, tantundem restituat ei cuius est. et sic fit aequalitas secundum arithmeticam medietatem, quae attenditur secundum parem quantitatis excessum, sicut quinque est medium inter sex et quatuor, in unitate enim excedit et exceditur. si ergo a principio uterque habebat quinque, et unus eorum accepit unum de eo quod est alterius; unus, scilicet accipiens, habebit sex, et alii relinquentur quatuor. erit ergo iustitia si uterque reducatur ad medium, ut accipiatur unum ab eo qui habet sex, et detur ei qui habet quatuor, sic enim uterque habebit quinque, quod est medium.
ra1 ' Ad primum ergo dicendum quod in aliis virtutibus moralibus accipitur medium secundum rationem, et non secundum rem. sed in iustitia accipitur medium rei, et ideo secundum diversitatem rerum diversimode medium accipitur.
ra2 ' Ad secundum dicendum quod generalis forma iustitiae est aequalitas, in qua convenit iustitia distributiva cum commutativa. in una tamen invenitur aequalitas secundum proportionalitatem geometricam, in alia secundum arithmeticam.
ra3 ' Ad tertium dicendum quod in actionibus et passionibus conditio personae facit ad quantitatem rei, maior enim est iniuria si percutiatur princeps quam si percutiatur privata persona. et ita conditio personae in distributiva iustitia attenditur secundum se, in commutativa autem secundum quod per hoc diversificatur res.

009 ST3 qu61 ar3

ag1 ' Ad tertium sic proceditur. videtur quod materia utriusque iustitiae non sit diversa. diversitas enim materiae facit diversitatem virtutis, ut patet in temperantia et fortitudine. si igitur distributivae iustitiae et commutativae sit diversa materia, videtur quod non contineantur sub una virtute, scilicet sub

iustitia.
ag2 " Praeterea, distributio, quae pertinet ad distributivam iustitiam, ° est pecuniae vel honoris vel aliorum quaecumque dispertiri possunt inter eos qui communitate communicant; * ut dicitur in v ethic.. ' quorum etiam est commutatio inter personas ad invicem, quae pertinet ad commutativam iustitiam. ergo non est diversa materia distributivae et commutativae iustitiae.
ag3 ' Praeterea, si sit alia materia distributivae iustitiae et alia materia commutativae propter hoc quod differunt specie, ubi non erit differentia speciei, non debebit esse materiae diversitas. * sed philosophus ponit " unam speciem commutativae iustitiae, ' quae tamen habet multiplicem materiam. non ergo videtur esse multiplex materia harum specierum.
sc ' In contrarium est quod * dicitur in v ethic., quod " una species iustitiae ° est directiva in distributionibus, alia in commutationibus.
co * Respondeo dicendum quod, sicut supra dictum est, ' iustitia est circa quasdam operationes exteriores, scilicet distributionem et commutationem, quae quidem sunt usus quorundam exteriorum, vel rerum vel personarum vel etiam operum, rerum quidem, sicut cum aliquis vel aufert vel restituit alteri suam rem; personarum autem, sicut cum aliquis in ipsam personam hominis iniuriam facit, puta percutiendo vel conviciando, aut etiam cum reverentiam exhibet; operum autem, sicut cum quis iuste ab alio exigit vel alteri reddit aliquod opus. si igitur accipiamus ut materiam utriusque iustitiae ea quorum operationes sunt usus, eadem est materia distributivae et commutativae iustitiae, nam et res distribui possunt a communi in singulos, et commutari de uno in alium; et etiam est quaedam distributio laboriosorum operum, et recompensatio. si autem accipiamus ut materiam utriusque iustitiae actiones ipsas principales quibus utimur personis, rebus et operibus, sic invenitur utrobique alia materia. nam distributiva iustitia est directiva distributionis, commutativa vero iustitia est directiva commutationum quae attendi possunt inter duas personas. quarum quaedam sunt involuntariae; quaedam vero voluntariae. involuntariae quidem, quando aliquis utitur re alterius vel persona vel opere, eo invito. quod quidem contingit quandoque occulte per fraudem; quandoque etiam manifeste per violentiam. utrumque autem contingit aut in rem |25| aut in personam propriam, aut in personam coniunctam. in rem quidem, si occulte unus rem alterius accipiat, vocatur furtum; si autem manifeste, vocatur rapina. in personam autem propriam, vel quantum ad ipsam consistentiam personae; vel quantum ad dignitatem ipsius. si autem quantum ad consistentiam personae, sic laeditur aliquis occulte per dolosam occisionem seu percussionem, et per veneni exhibitionem; manifeste autem per occisionem manifestam, aut per incarcerationem aut verberationem seu membri mutilationem. quantum autem ad dignitatem personae, laeditur aliquis occulte quidem per falsa testimonia seu detractiones, quibus aliquis aufert famam suam, et per alia huiusmodi; manifeste autem per accusationem in iudicio, seu per convicii illationem. quantum autem ad personam coniunctam, laeditur aliquis in uxore, ut in pluribus occulte, per adulterium; in servo autem, cum aliquis servum seducit, ut a domino discedat; et haec etiam manifeste fieri possunt. et eadem ratio est de aliis personis coniunctis, in quas etiam possunt omnibus modis iniuriae committi sicut et in personam principalem. sed adulterium et servi seductio sunt proprie iniuriae circa has personas, tamen, quia servus est possessio quaedam, hoc refertur ad furtum. voluntariae autem commutationes dicuntur quando aliquis voluntarie transfert rem suam in alterum. et si quidem simpliciter in alterum transferat rem suam absque debito, sicut in donatione, non est actus iustitiae, sed liberalitatis. intantum autem ad |50| iustitiam voluntaria translatio pertinet inquantum est ibi aliquid de ratione debiti. quod quidem contingit tripliciter. uno modo, quando aliquis transfert simpliciter rem suam in alterum pro recompensatione alterius rei, sicut accidit in venditione et emptione. secundo modo, quando aliquis tradit rem suam alteri concedens ei usum rei cum debito recuperandi rem. et si quidem gratis concedit usum rei, vocatur ususfructus in rebus quae aliquid fructificant; vel simpliciter mutuum seu accommodatum in rebus quae non fructificant, sicut sunt denarii, vasa et huiusmodi. si vero nec ipse usus gratis conceditur, vocatur locatio et conductio. tertio modo aliquis tradit rem suam ut recuperandam, non ratione usus, sed vel ratione conservationis, sicut in deposito; vel ratione obligationis, sicut cum quis rem suam pignori obligat, seu cum aliquis pro alio fideiubet. in omnibus autem huiusmodi actionibus, sive voluntariis sive involuntariis, est eadem ratio accipiendi medium secundum aequalitatem recompensationis. et ideo omnes istae actiones ad unam speciem iustitiae pertinent, scilicet ad commutativam.
ra ' Et per hoc patet responsio ad obiecta.

009 ST3 qu61 ar4

ag1 ' Ad quartum sic proceditur. videtur quod iustum sit simpliciter idem quod contrapassum. iudicium enim divinum est simpliciter iustum. sed haec est forma divini iudicii, ut secundum quod aliquis fecit, patiatur, * secundum illud matth. vii, ° in quo iudicio iudicaveritis, iudicabimini, et in qua mensura mensi fueritis, remetietur vobis. ' ergo iustum est simpliciter idem quod contrapassum.
ag2 ' Praeterea, in utraque iustitiae specie datur aliquid alicui secundum quandam aequalitatem, in respectu quidem ad dignitatem personae in iustitia distributiva, quae quidem personae dignitas maxime videtur attendi secundum opera quibus aliquis communitati servivit; in respectu autem ad rem in qua quis damnificatus est, in iustitia commutativa. secundum autem utramque aequalitatem aliquis contrapatitur secundum quod fecit. ergo videtur quod iustum simpliciter sit idem quod contrapassum.
ag3 ' Praeterea, maxime videtur quod non oporteat aliquem contrapati secundum quod fecit, propter differentiam voluntarii et involuntarii, qui enim involuntarie fecit iniuriam, minus punitur. sed voluntarium et involuntarium, quae accipiuntur ex parte nostra, non diversificant medium iustitiae, quod est medium rei et non quoad nos. ergo iustum simpliciter idem esse videtur quod contrapassum.
sc * Sed contra est quod philosophus, in v ethic., probat " non quodlibet iustum esse contrapassum.
co ' Respondeo dicendum quod hoc quod dicitur contrapassum importat aequalem recompensationem passionis ad actionem praecedentem. quod quidem propriissime dicitur in passionibus iniuriosis quibus aliquis personam proximi laedit, puta, si percutit, quod repercutiatur. et hoc quidem iustum determinatur in lege, * exod. xxi, ° reddet animam pro anima, oculum pro oculo, etc.. ' et quia etiam auferre rem alterius est quoddam facere, ideo secundario etiam in his dicitur contrapassum, prout scilicet aliquis qui damnum intulit, in re sua ipse etiam damnificatur. et hoc etiam iustum continetur in lege, * exod. xxii, ° si quis furatus fuerit bovem aut ovem, et occiderit vel vendiderit, quinque boves pro uno bove restituet, et quatuor oves pro una ove. ' tertio vero transfertur nomen contrapassi ad voluntarias commutationes, in quibus utrinque est actio et passio, sed voluntarium diminuit de ratione passionis, * ut dictum est. ' in omnibus autem his debet fieri, secundum rationem iustitiae commutativae, recompensatio secundum aequalitatem, ut scilicet passio recompensata sit aequalis actioni. non autem semper esset aequalis si idem specie aliquis pateretur quod fecit. |25| nam primo quidem, cum quis iniuriose laedat alterius personam maiorem, maior est actio quam passio eiusdem speciei quam ipse pateretur. et ideo ille qui percutit principem non solum repercutitur, sed multo gravius punitur. similiter etiam cum quis aliquem involuntarium in re sua damnificat, maior est actio quam esset passio si sibi sola res illa auferretur, quia ipse qui damnificavit alium, in re sua nihil damnificaretur. et ideo punitur in hoc quod multiplicius restituat, quia etiam non solum damnificavit personam privatam, sed rempublicam, eius tutelae securitatem infringendo. similiter etiam nec in commutationibus voluntariis semper esset aequalis passio si aliquis daret rem suam, accipiens rem alterius, quia forte res alterius est multo maior quam sua. et ideo oportet secundum quandam proportionatam commensurationem adaequare passionem actioni in commutationibus, ad quod inventa sunt numismata. et sic contrapassum est commutativum iustum. in distributiva autem iustitia locum non habet. quia in distributiva iustitia non attenditur aequalitas secundum proportionem rei ad rem, vel passionis ad actionem, unde dicitur contrapassum, sed secundum proportionalitatem rerum ad personas, * ut supra dictum est.
ra1 ' Ad primum ergo dicendum quod illa forma divini iudicii attenditur secundum rationem commutativae iustitiae, prout scilicet recompensat praemia meritis et supplicia peccatis.
ra2 ' Ad secundum dicendum quod si alicui qui communitati servisset retribueretur aliquid pro servitio impenso, non esset hoc distributivae iustitiae, sed commutativae. in distributiva enim iustitia non attenditur aequalitas eius quod quis accipit ad id quod ipse impendit, sed ad id quod alius accipit, secundum modum utriusque personae.
ra3 ' Ad tertium dicendum quod quando actio iniuriosa est voluntaria, excedit iniuria, et sic accipitur ut maior res. unde oportet maiorem poenam ei recompensari non secundum differentiam quoad nos, sed secundum differentiam rei.

009 ST3 qu62 ar

pr ' Deinde considerandum est de restitutione. et circa hoc quaeruntur octo. primo, cuius actus sit. secundo, utrum necesse sit ad salutem omne ablatum restitui. tertio, utrum oporteat multiplicatum illud restituere. quarto, utrum oporteat restitui id quod quis non accepit. quinto, utrum oporteat restitui ei a quo acceptum est. sexto, utrum oporteat restituere eum qui accepit. septimo, utrum aliquem alium. octavo, utrum sit statim restituendum.

009 ST3 qu62 ar1

ag1 ' Ad primum sic proceditur. videtur quod restitutio non sit actus iustitiae commutativae. iustitia enim respicit rationem debiti. sed sicut donatio potest esse eius quod non debetur, ita etiam et restitutio. ergo restitutio non est actus alicuius partis iustitiae.
ag2 ' Praeterea, illud quod iam transiit et non est, restitui non potest. sed iustitia et iniustitia sunt circa quasdam actiones et passiones, quae non manent, sed transeunt. ergo restitutio non videtur esse actus alicuius partis iustitiae.
ag3 ' Praeterea, restitutio est quasi quaedam recompensatio eius quod subtractum est. sed aliquid potest homini subtrahi non solum in commutatione, sed etiam in distributione, puta cum aliquis distribuens minus dat alicui quam debeat habere. ergo restitutio non magis est actus commutativae iustitiae quam distributivae.
sc ' Sed contra, restitutio ablationi opponitur. sed ablatio rei alienae est actus iniustitiae circa commutationes. ergo restitutio eius est actus iustitiae quae est in commutationibus directiva.
co ' Respondeo dicendum quod restituere nihil aliud esse videtur quam iterato aliquem statuere in possessionem vel dominium rei suae. et ita in restitutione attenditur aequalitas iustitiae secundum recompensationem rei ad rem, quae pertinet ad iustitiam commutativam. et ideo restitutio est actus commutativae iustitiae, quando scilicet res unius ab alio habetur, vel per voluntatem eius, sicut in mutuo vel deposito; vel contra voluntatem eius, sicut in rapina vel furto.
ra1 ' Ad primum ergo dicendum quod illud quod alteri non debetur non est, proprie loquendo, eius, etsi aliquando eius fuerit. et ideo magis videtur esse nova donatio quam restitutio cum quis alteri reddit quod ei non debet. habet tamen aliquam similitudinem restitutionis, quia res materialiter est eadem. non tamen est eadem secundum formalem rationem quam respicit iustitia, quod est esse suum alicuius. unde nec proprie restitutio dicitur.
ra2 ' Ad secundum dicendum quod nomen restitutionis, inquantum importat iterationem quandam, supponit rei identitatem. et ideo secundum primam impositionem nominis, restitutio videtur locum habere praecipue in rebus exterioribus, quae manentes eaedem et secundum substantiam et secundum ius dominii, ab uno possunt ad alium devenire. sed sicut ab huiusmodi rebus nomen commutationis translatum est ad actiones vel passiones quae pertinent ad reverentiam vel iniuriam alicuius personae, seu nocumentum vel profectum; ita etiam nomen restitutionis ad haec derivatur quae, licet realiter non maneant, tamen manent in effectu, vel corporali, puta cum ex percussione laeditur corpus; vel qui est in opinione hominum, sicut cum aliquis verbo opprobrioso remanet homo infamatus, vel etiam minoratus in suo honore.
ra3 ' Ad tertium dicendum quod recompensatio quam facit distribuens ei cui dedit minus quam debuit, fit secundum comparationem rei ad rem, ut si quanto minus habuit quam debuit, tanto plus ei detur. et ideo iam pertinet ad iustitiam commutativam.

009 ST3 qu62 ar2

ag1 ' Ad secundum sic proceditur. videtur quod non sit necessarium ad salutem quod fiat restitutio eius quod ablatum est. quod enim est impossibile non est de necessitate salutis. sed aliquando impossibile est restituere id quod est ablatum, puta cum aliquis abstulit alicui membrum vel vitam. ergo non videtur esse de necessitate salutis quod aliquis restituat quod alteri abstulit.
ag2 ' Praeterea, committere aliquod peccatum non est de necessitate salutis, quia sic homo esset perplexus. sed quandoque illud quod aufertur non potest restitui sine peccato, puta cum aliquis alicui famam abstulit verum dicendo. ergo restituere ablatum non est de necessitate salutis.
ag3 ' Praeterea, quod factum est non potest fieri ut factum non fuerit. sed aliquando alicui aufertur honor suae personae ex hoc ipso quod passus est aliquo iniuste eum vituperante. ergo non potest sibi restitui quod ablatum est. et ita non est de necessitate salutis restituere ablatum.
ag4 ' Praeterea, ille qui impedit aliquem ab aliquo bono consequendo videtur ei auferre, quia ° quod modicum deest, quasi nihil deesse videtur, * ut philosophus dicit, in ii physic.. ' sed cum aliquis impedit aliquem ne consequatur praebendam vel aliquid huiusmodi, non videtur quod teneatur ei ad restitutionem praebendae, quia quandoque non posset. non ergo restituere ablatum est de necessitate salutis.
sc * Sed contra est quod augustinus dicit, ° non dimittitur peccatum, nisi restituatur ablatum.
co ' Respondeo dicendum quod restitutio, * sicut dictum est, ' est actus iustitiae commutativae, quae in quadam aequalitate consistit. et ideo restituere importat redditionem illius rei quae iniuste ablata est, sic enim per iteratam eius exhibitionem aequalitas reparatur. si vero iuste ablatum sit, inaequalitas erit ut ei restituatur, quia iustitia in aequalitate consistit. cum igitur servare iustitiam sit de necessitate salutis, consequens est quod restituere id quod iniuste ablatum est alicui, sit de necessitate salutis.
ra1 ' Ad primum ergo dicendum quod in quibus non potest recompensari aequivalens, sufficit quod re-

compensetur quod possibile est, “ sicut patet de honoribus qui sunt ad deum et ad parentes, * ut philosophus dicit, in viii ethic.. ‘ et ideo quando id quod est ablatum non est restituibile per aliquid aequale, debet fieri recompensatio qualis possibilis est. puta, cum aliquis alicui abstulit membrum, debet ei recompensare vel in pecunia vel in aliquo honore, considerata conditione utriusque personae, secundum arbitrium probi viri.
ra2 ‘ Ad secundum dicendum quod aliquis potest alicui famam tripliciter auferre. uno modo, verum dicendo et iuste, puta cum aliquis crimen alicuius prodit ordine debito servato. et tunc non tenetur ad restitutionem famae. alio modo, falsum dicendo et iniuste. et tunc tenetur restituere famam confitendo se falsum dixisse. tertio modo, verum dicendo sed iniuste, puta cum aliquis prodit crimen alterius contra ordinem debitum. et tunc tenetur ad restitutionem famae quantum potest, sine mendacio tamen, utpote quod dicat se male dixisse, vel quod iniuste eum diffamaverit. vel, si non possit famam restituere, debet ei aliter recompensare, * sicut et in aliis dictum est.
ra3 ‘ Ad tertium dicendum quod actio contumeliam inferentis non potest fieri ut non fuerit. potest tamen fieri ut eius effectus, scilicet diminutio dignitatis personae in opinione hominum, reparetur per exhibitionem reverentiae.
ra4 ‘ Ad quartum dicendum quod aliquis potest impedire aliquem ne habeat praebendam, multipliciter. uno modo, iuste, puta si, intendens honorem dei vel utilitatem ecclesiae, procuret quod detur alicui personae digniori. et tunc nullo modo tenetur ad restitutionem vel ad aliquam recompensationem faciendam. alio modo, iniuste, puta si intendat eius nocumentum quem impedit, propter odium vel vindictam aut aliquid huiusmodi. et tunc, si impedit ne praebenda detur digno, consulens quod non detur, antequam sit firmatum quod ei detur; tenetur quidem ad aliquam recompensationem, pensatis conditionibus personarum et negotii, secundum arbitrium sapientis; non tamen tenetur ad aequale, quia ille nondum fuerat adeptus et poterat multipliciter impediri. si vero iam firmatum sit quod alicui detur praebenda, et aliquis propter causam indebitam procuret quod revocetur, idem est ac si iam habitam ei auferret. et ideo tenetur ad restitutionem aequalis, tamen secundum suam facultatem.

009 ST3 qu62 ar3

ag1 ‘ Ad tertium sic proceditur. videtur quod non sufficiat restituere simplum quod iniuste ablatum est. * dicitur enim exod. xxii, ° si quis furatus fuerit bovem aut ovem, et occiderit vel vendiderit, quinque boves pro uno bove restituet, et quatuor oves pro una ove. ‘ sed quilibet tenetur mandatum divinae legis observare. ergo ille qui furatur tenetur restituere quadruplum vel quintuplum.
ag2 ‘ Praeterea, ° ea quae scripta sunt, ad nostram doctrinam scripta sunt, * ut dicitur ad rom. xv. sed luc. xix zachaeus dicit ad dominum, ° si quem defraudavi, reddo quadruplum. ‘ ergo homo debet restituere multiplicatum id quod iniuste accepit.
ag3 ‘ Praeterea, nulli potest iuste auferri id quod dare non debet. sed iudex iuste aufert ab eo qui furatus est plus quam furatus est, pro emenda. ergo homo debet illud solvere. et ita non sufficit reddere simplum.
sc ‘ Sed contra est quia restitutio reducit ad aequalitatem quod inaequaliter ablatum est. sed aliquis reddendo quod accepit simplum, reducit ad aequalitatem. ergo solum tenetur tantum restituere quantum accepit.
co ‘ Respondeo dicendum quod cum aliquis iniuste accipit rem alienam, duo sunt ibi. quorum unum est inaequalitas ex parte rei, quae quandoque est sine iniustitia, ut patet in mutuis. aliud autem est iniustitiae culpa, quae potest esse etiam cum aequalitate rei, puta cum aliquis intendat inferre violentiam sed non praevalet. quantum ergo ad primum adhibetur remedium per restitutionem, inquantum per eam aequalitas reparatur, ad quod sufficit quod restituat tantum quantum habuit de alieno. sed quantum ad culpam adhibetur remedium per poenam, cuius inflictio pertinet ad iudicem. et ideo antequam sit condemnatus per iudicium non tenetur plus restituere quam accepit, sed postquam condemnatus est, tenetur poenam solvere.
ra1 ‘ Et per hoc patet responsio ad primum, quia lex illa determinativa est poenae per iudicem infligendae. et quamvis ad observantiam iudicialis praecepti nullus teneatur post christi adventum, * ut supra habitum est; ‘ potest tamen idem vel simile statui in lege humana, de qua erit eadem ratio.
ra2 ‘ Ad secundum dicendum quod zachaeus id dixit quasi supererogare volens. * unde et praemiserat, ° ecce dimidium bonorum meorum do pauperibus.
ra3 ‘ Ad tertium dicendum quod iudex, condemnando, iuste potest accipere aliquid amplius, loco emendae, quod tamen, antequam condemnaretur, non debebat.

009 ST3 qu62 ar4

ag1 ‘ Ad quartum sic proceditur. videtur quod aliquis debeat restituere quod non abstulit. ille enim qui damnum alicui infert tenetur damnum removere. sed quandoque aliquis damnificat aliquem ultra id quod accepit, puta cum aliquis effodit semina, damnificat eum qui seminavit in tota messe futura; et sic videtur quod teneatur ad eius restitutionem. ergo aliquis tenetur ad restitutionem eius quod non abstulit.
ag2 ‘ Praeterea, ille qui detinet pecuniam creditoris ultra terminum praefixum videtur eum damnificare in toto eo quod lucrari de pecunia posset. quod tamen ipse non aufert. ergo videtur quod aliquis teneatur restituere quod non abstulit.
ag3 ‘ Praeterea, iustitia humana derivatur a iustitia divina. sed deo debet aliquis restituere plus quam ab eo accepit, * secundum illud matth. xxv, ° sciebas quod meto ubi non semino, et congrego ubi non sparsi. ‘ ergo iustum est ut etiam restituat homini aliquid quod non accepit.
sc ‘ Sed contra est quod recompensatio ad iustitiam pertinet inquantum aequalitatem facit. sed si aliquis restitueret quod non accepit, hoc non esset aequale. ergo talis restitutio non est iustum quod fiat.
co ‘ Respondeo dicendum quod quicumque damnificat aliquem videtur ei auferre id in quo ipsum damnificat, damnum enim dicitur ex eo quod aliquis minus habet quam debet habere, * secundum philosophum, in v ethic.. ‘ et ideo homo tenetur ad restitutionem eius in quo aliquem damnificavit. sed aliquis damnificatur dupliciter. uno modo, quia aufertur ei id quod actu habebat. et tale damnum semper est restituendum secundum recompensationem aequalis, puta si aliquis damnificet aliquem diruens domum eius, tenetur ad tantum quantum valet domus. alio modo damnificat aliquis aliquem impediendo ne adipiscatur quod erat in via habendi. et tale damnum non oportet recompensare ex aequo. quia minus est habere aliquid virtute quam habere actu. qui autem est in via adipiscendi aliquid habet illud solum secundum virtutem vel potentiam. et ideo si redderetur ei ut haberet hoc in actu, restitueretur ei quod est ablatum non simplum, sed multiplicatum, quod non est de necessitate restitutionis, * ut dictum est. ‘ tenetur tamen aliquam recompensationem facere, secundum conditionem personarum et negotiorum.
ra1 ‘ Et per hoc patet responsio ad primum et secundum. nam ille qui semen sparsit in agro nondum habet messem in actu, sed solum in virtute; et similiter ille qui habet pecuniam nondum habet lucrum in actu, sed solum virtute; et utrumque potest multipliciter impediri.
ra3 ‘ Ad tertium dicendum quod deus nihil requirit ab homine nisi bonum quod ipse in nobis seminavit. “ et ideo verbum illud vel intelligitur secundum pravam existimationem servi pigri, qui existimavit se ab alio non accepisse. vel intelligitur quantum ad hoc quod deus requirit a nobis fructus donorum, qui sunt et ab eo et a nobis, quamvis ipsa dona a deo sint sine nobis.

009 ST3 qu62 ar5

ag1 ‘ Ad quintum sic proceditur. videtur quod non oporteat restitutionem facere semper ei a quo acceptum est aliquid. nulli enim debemus nocere. sed aliquando esset in nocumentum hominis si redderetur quod ab eo acceptum est; vel etiam in nocumentum aliorum, puta si aliquis redderet gladium depositum furioso. ergo non semper est restituendum ei a quo acceptum est.
ag2 ‘ Praeterea, ille qui illicite aliquid dedit non meretur illud recuperare. sed quandoque aliquis illicite dat quod alius etiam illicite accipit, sicut apparet in dante et recipiente aliquid simoniace. ergo non semper restituendum est ei a quo acceptum est.
ag3 ‘ Praeterea, nullus tenetur ad impossibile. sed quandoque est impossibile restituere ei a quo acceptum est, vel quia est mortuus, vel quia nimis distat, vel quia est ignotus. ergo non semper facienda est restitutio ei a quo acceptum est.
ag4 ‘ Praeterea, magis debet homo recompensare ei a quo maius beneficium accepit. sed ab aliis personis homo plus accepit beneficii quam ab illo qui mutuavit vel deposuit, sicut a parentibus. ergo magis subveniendum est quandoque alicui personae alteri quam restituendum ei a quo est acceptum.
ag5 ‘ Praeterea, vanum est restituere illud quod ad manum restituentis per restitutionem pervenit. sed si praelatus iniuste aliquid ecclesiae subtraxit et ei restituat, ad manus eius deveniet, quia ipse est rerum ecclesiae conservator. ergo non debet restituere ecclesiae a qua abstulit. et sic non semper restituendum est ei a quo est ablatum.
sc * Sed contra est quod dicitur rom. xiii, ° reddite omnibus debita, cui tributum, tributum; cui vectigal, vectigal.
co ‘ Respondeo dicendum quod per restitutionem fit reductio ad aequalitatem commutativae iustitiae, quae consistit in rerum adaequatione, * sicut dictum est. ‘ huiusmodi autem rerum adaequatio fieri non posset nisi ei qui minus habet quam quod suum est, suppleretur quod deest. et ad hanc suppletionem faciendam necesse est ut ei fiat restitutio a quo acceptum est.
ra1 ‘ Ad primum ergo dicendum quod quando res restituenda apparet esse graviter noxia ei cui restitutio facienda est vel alteri, non ei debet tunc restitui, quia restitutio ordinatur ad utilitatem eius cui restituitur; omnia enim quae possidentur sub ratione utilis cadunt. nec tamen debet ille qui detinet rem alienam, sibi appropriare, sed vel reservare ut congruo tempore restituat, vel etiam alibi tradere tutius conservandam.
ra2 ‘ Ad secundum dicendum quod aliquis dupliciter aliquid illicite dat uno modo, quia ipsa datio est illicita et contra legem, sicut patet in eo qui simoniace aliquid dedit. talis meretur amittere quod dedit, unde non debet ei restitutio fieri de his. et quia etiam ille qui accepit contra legem accepit, non debet sibi retinere, sed debet in pios usus convertere. alio modo aliquis illicite dat quia propter rem illicitam dat, licet ipsa datio non sit illicita, sicut cum quis dat meretrici propter fornicationem. unde et mulier potest sibi retinere quod ei datum est, et si superflue aliquid per fraudem vel dolum extorsisset, tenetur eidem restituere.
ra3 ‘ Ad tertium dicendum quod si ille cui debet fieri restitutio sit omnino ignotus, debet homo restituere secundum quod potest, scilicet dando in eleemosynas pro salute ipsius, sive sit mortuus sive sit vivus; praemissa tamen diligenti inquisitione de persona eius cui est restitutio facienda. si vero sit mortuus ille cui est restitutio facienda, debet restitui heredi eius, qui computatur quasi una persona cum ipso. si vero sit multum distans, debet sibi transmitti quod ei debetur, et praecipue si sit res magni valoris, et possit commode transmitti. alioquin debet in aliquo loco tuto deponi ut pro eo conservetur, et domino significari.
ra4 ‘ Ad quartum dicendum quod aliquis de hoc quod est sibi proprium debet magis satisfacere parentibus vel his a quibus accepit maiora beneficia. non autem debet aliquis recompensare benefactori de alieno, quod contingeret si quod debet uni alteri restitueret, nisi forte in casu extremae necessitatis, in quo posset et deberet aliquis etiam auferre aliena ut patri subveniret.
ra5 ‘ Ad quintum dicendum quod praelatus potest rem ecclesiae surripere tripliciter. uno modo, si rem ecclesiae non sibi deputatam, sed alteri, sibi usurparet, puta si episcopus usurparet sibi rem capituli. et tunc planum est quod debet restituere ponendo in manus eorum ad quos de iure pertinet. alio modo, si rem ecclesiae suae custodiae deputatam in alterius dominium transferat, puta consanguinei vel amici. et tunc debet ecclesiae restituere, et sub sua cura habere ut ad successorem perveniat. alio modo potest praelatus surripere rem ecclesiae solo animo, dum scilicet incipit habere animum possidendi eam ut suam, et non nomine ecclesiae. et tunc debet restituere talem animum deponendo.

009 ST3 qu62 ar6

ag1 ‘ Ad sextum sic proceditur. videtur quod non teneatur semper restituere ille qui accepit. per restitutionem enim reparatur aequalitas iustitiae, quae consistit in hoc quod subtrahatur ei qui plus habet et detur ei qui minus habet. sed contingit quandoque quod ille qui rem aliquam subtraxit alicui non habet eam, sed devenit ad manus alterius. ergo non tenetur ille restituere qui accepit, sed alius qui rem habet.
ag2 ‘ Praeterea, nullus tenetur crimen suum detegere. sed aliquando aliquis restitutionem faciendo crimen suum detegit, ut patet in furto. ergo non semper tenetur ille qui abstulit restituere.
ag3 ‘ Praeterea, eiusdem rei non est multoties restitutio facienda. sed quandoque multi simul aliquam rem surripiunt et unus eorum eam integre restituit. ergo non semper ille qui accepit tenetur ad restituendum.
sc ‘ Sed contra, ille qui peccavit tenetur satisfacere. sed restitutio ad satisfactionem pertinet. ergo ille qui abstulit tenetur restituere.
co ‘ Respondeo dicendum quod circa illum qui rem alienam accepit duo sunt consideranda, scilicet ipsa res accepta, et ipsa acceptio. ratione autem rei tenetur eam restituere quandiu eam apud se habet, quia quod habet ultra id quod suum est, debet ei subtrahi et dari ei cui deest, secundum formam commutativae iustitiae. sed ipsa acceptio rei alienae potest tripliciter se habere. quandoque enim est iniuriosa, scilicet contra voluntatem existens eius qui est rei dominus, ut patet in furto et rapina. et tunc tenetur ad restitutionem non solum ratione rei, sed etiam ratione iniuriosae actionis, etiam si res apud ipsum non remaneat. sicut enim qui percutit aliquem tenetur recompensare iniuriam passo, quamvis nihil apud ipsum maneat; ita etiam qui furatur vel rapit tenetur ad recompensationem damni illati, etiam si nihil inde habeat; et ulterius pro iniuria illata debet puniri. alio modo aliquis accipit rem alterius in utilitatem suam absque iniuria, cum voluntate scilicet eius cuius est res, sicut patet in mutuis. et tunc ille qui accepit tenetur ad restitutionem eius quod accepit non solum ratione rei, sed etiam ratione acceptionis, etiam si rem amiserit, tenetur enim recompensare ei qui gratiam fecit, quod non fiet si per hoc damnum incurrat. tertio modo aliquis accipit rem alterius absque iniuria non pro sua utilitate, sicut patet in depositis. et ideo ille qui sic accepit in nullo tenetur ratione acceptionis, quinimmo accipiendo impendit obsequium, tenetur autem ratione rei. |25| et propter hoc,

si ei subtrahatur res absque sua culpa, non tenetur ad restitutionem. secus autem esset si cum magna sua culpa rem depositam amitteret.

ra1 ‘ Ad primum ergo dicendum quod restitutio non ordinatur principaliter ad hoc quod ille qui plus habet quam debet, habere desinat, sed ad hoc quod illi qui minus habet suppleatur. unde in his rebus quae unus potest ab alio accipere sine eius detrimento, non habet locum restitutio, puta cum aliquis accipit lumen a candela alterius. et ideo quamvis ille qui abstulit non habeat id quod accepit, sed in alium sit translatum; quia tamen alter privatur re sua, tenetur ei ad restitutionem et ille qui rem abstulit, ratione iniuriosae actionis; et ille qui rem habet, ratione ipsius rei.

ra2 ‘ Ad secundum dicendum quod homo, etsi non teneatur crimen suum detegere hominibus, tenetur tamen crimen suum detegere deo in confessione. et ita per sacerdotem cui confitetur potest restitutionem facere rei alienae.

ra3 ‘ Ad tertium dicendum quod quia restitutio principaliter ordinatur ad removendum damnum eius a quo est aliquid iniuste ablatum, ideo postquam ei restitutio sufficiens facta est per unum, alii non tenentur ei ulterius restituere, sed magis refusionem facere ei qui restituit, qui tamen potest condonare.

009 ST3 qu62 ar7

ag1 ‘ Ad septimum sic proceditur. videtur quod illi qui non acceperunt non teneantur restituere. restitutio enim quaedam poena est accipientis. sed nullus debet puniri nisi qui peccavit. ergo nullus debet restituere nisi qui accepit.

ag2 ‘ Praeterea, iustitia non obligat aliquem ad hoc quod rem alterius augeat. sed si ad restitutionem teneretur non solum ille qui accepit, sed etiam illi qui qualitercumque cooperantur, augeretur ex hoc res illius cui est aliquid subtractum, tum quia sibi multoties restitutio fieret; tum etiam quia quandoque aliqui operam dant ad hoc quod aliqua res alicui auferatur, quae tamen ei non aufertur. ergo non tenentur alii ad restitutionem.

ag3 ‘ Praeterea, nullus tenetur se periculo exponere ad hoc quod rem alterius salvet. sed aliquando, manifestando latronem vel ei resistendo, aliquis periculo mortis se exponeret. non ergo tenetur aliquis ad restitutionem propter hoc quod non manifestat latronem, vel non ei resistit.

sc * Sed contra est quod dicitur rom. i, ° digni sunt morte non solum qui faciunt, sed etiam qui consentiunt facientibus. ‘ ergo, pari ratione, etiam consentientes debent restituere.

co * Respondeo dicendum quod, sicut dictum est, ‘ ad restitutionem tenetur aliquis non solum ratione rei alienae quam accepit, sed etiam ratione iniuriosae acceptionis. et ideo quicumque est causa iniustae acceptionis tenetur ad restitutionem quod quidem contingit dupliciter, directe scilicet, et indirecte. directe quidem, quando inducit aliquis alium ad accipiendum. et hoc quidem tripliciter. primo quidem, movendo ad ipsam acceptionem, quod quidem fit praecipiendo, consulendo, consentiendo expresse, et laudando aliquem quasi strenuum de hoc quod aliena accipit. alio modo, ex parte ipsius accipientis, quia scilicet eum receptat, vel qualitercumque ei auxilium fert. tertio modo, ex parte rei acceptae, quia scilicet est particeps furti vel rapinae, quasi socius maleficii. indirecte vero, quando aliquis non impedit, cum possit et debeat impedire, vel quia subtrahit praeceptum sive consilium impediens furtum sive rapinam; vel quia subtrahit suum auxilium, quo posset obsistere; vel quia occultat post factum. * quae his versibus comprehenduntur, ° iussio, consilium, consensus, palpo, recursus, participans, mutus, non obstans, non manifestans. ‘ sciendum tamen quod quinque praemissorum semper obligant ad restitutionem. primo, iussio, quia scilicet ille qui iubet est principaliter movens; unde ipse principaliter tenetur ad restituendum. secundo, consensus, in eo scilicet sine quo rapina fieri non potest. tertio, recursus, quando scilicet aliquis est [25] receptator latronum et eis patrocinium praestat. quarto, participatio, quando scilicet aliquis participat in crimine latrocinii et in praeda. quinto, tenetur ille qui non obstat, cum obstare teneatur, sicut principes, qui tenentur custodire iustitiam in terra, si per eorum defectum latrones increscant, ad restitutionem tenentur; quia redditus quos habent sunt quasi stipendia ad hoc instituta ut iustitiam conservent in terra. in aliis autem casibus enumeratis non semper obligatur aliquis ad restituendum. non enim semper consilium vel adulatio, vel aliquid huiusmodi, est efficax causa rapinae. unde tunc solum tenetur consiliator aut palpo, idest adulator, ad restitutionem, quando probabiliter aestimari potest quod ex huiusmodi causis fuerit iniusta acceptio subsecuta.

ra1 ‘ Ad primum ergo dicendum quod non solum peccat ille qui peccatum exequitur, sed etiam qui quocumque modo peccati est causa sive consiliando, sive praecipiendo, sive quovis alio modo.

ra2 ‘ Ad secundum dicendum quod principaliter tenetur restituere ille qui est principalis in facto, principaliter quidem praecipiens, secundario exequens, et consequenter alii per ordinem. uno tamen restituente illi qui passus est damnum, alius eidem restituere non tenetur, sed illi qui sunt principales in facto, et ad quos res pervenit, tenentur aliis restituere qui restituerunt. quando autem aliquis praecipit iniustam acceptionem quae non subsequitur, non est restitutio facienda, cum restitutio principaliter ordinetur ad reintegrandam rem eius qui iniuste est damnificatus.

ra3 ‘ Ad tertium dicendum quod non semper ille qui non manifestat latronem tenetur ad restitutionem, aut qui non obstat, vel qui non reprehendit, sed solum quando incumbit alicui ex officio, sicut principibus terrae. quibus ex hoc non multum imminet periculum, propter hoc enim potestate publica potiuntur, ut sint iustitiae custodes.

009 ST3 qu62 ar8

ag1 ‘ Ad octavum sic proceditur. videtur quod non teneatur aliquis statim restituere, sed potius licite possit restitutionem differre. praecepta enim affirmativa non obligant ad semper. sed necessitas restituendi imminet ex praecepto affirmativo. ergo non obligatur homo ad statim restituendum.

ag2 ‘ Praeterea, nullus tenetur ad impossibile. sed quandoque aliquis non potest statim restituere. ergo nullus tenetur ad statim restituendum.

ag3 ‘ Praeterea, restitutio est quidam actus virtutis, scilicet iustitiae. tempus autem est una de circumstantiis quae requiruntur ad actus virtutum. cum igitur aliae circumstantiae non sint determinatae in actibus virtutum, sed determinabiles secundum rationem prudentiae; videtur quod nec in restitutione sit tempus determinatum, ut scilicet aliquis teneatur ad statim restituendum.

sc ‘ Sed contra est quod eadem ratio esse videtur in omnibus quae sunt restituenda. sed ille qui conducit opera mercenarii non potest differre restitutionem, * ut patet per illud quod habetur levit. xix ° non morabitur opus mercenarii tui apud te usque mane. ‘ ergo neque in aliis restitutionibus faciendis potest fieri dilatio, sed statim restituere oportet.

co ‘ Respondeo dicendum quod sicut accipere rem alienam est peccatum contra iustitiam, ita etiam detinere eam, quia per hoc quod aliquis detinet rem alienam invito domino, impedit eum ab usu rei suae, et sic ei facit iniuriam. manifestum est autem quod nec per modicum tempus licet in peccato morari, sed quilibet tenetur statim peccatum deserere, * secundum illud eccli. xxi, ° quasi a facie colubri fuge peccatum. ‘ et ideo quilibet tenetur statim restituere, vel petere dilationem ab eo qui potest usum rei concedere.

ra1 ‘ Ad primum ergo dicendum quod praeceptum de restitutione facienda, quamvis secundum formam sit affirmativum, implicat tamen in se negativum praeceptum, quo prohibemur rem alterius detinere.

ra2 ‘ Ad secundum dicendum quod quando aliquis non potest statim restituere, ipsa impotentia absolvit eum ab instanti restitutione facienda, sicut etiam totaliter a restitutione absolvitur si omnino sit impotens. debet tamen remissionem vel dilationem petere ab eo cui debet, aut per se aut per alium.

ra3 ‘ Ad tertium dicendum quod cuiuscumque circumstantiae omissio contrariatur virtuti, pro determinata est habenda, et oportet illam circumstantiam observare. et quia per dilationem restitutionis committitur peccatum iniustae detentionis, quod iustitiae opponitur, ideo necesse est tempus esse determinatum, ut statim restitutio fiat.

009 ST3 qu63 ar

pr ‘ Deinde considerandum est de vitiis oppositis praedictis iustitiae partibus. et primo, de acceptione personarum, quae opponitur iustitiae distributivae; secundo, de peccatis quae opponuntur iustitiae commutativae. circa primum quaeruntur quatuor. primo, utrum personarum acceptio sit peccatum. secundo, utrum habeat locum in dispensatione spiritualium. tertio, utrum in exhibitione honorum. quarto, utrum in iudiciis.

009 ST3 qu63 ar1

ag1 ‘ Ad primum sic proceditur. videtur quod personarum acceptio non sit peccatum. in nomine enim personae intelligitur personae dignitas. sed considerare dignitates personarum pertinet ad distributivam iustitiam. ergo personarum acceptio non est peccatum.

ag2 ‘ Praeterea, in rebus humanis personae sunt principaliores quam res, quia res sunt propter personas, et non e converso. sed rerum acceptio non est peccatum. ergo multo minus acceptio personarum.

ag3 ‘ Praeterea, apud deum nulla potest esse iniquitas vel peccatum. sed deus videtur personas accipere, quia interdum duorum hominum unius conditionis unum assumit per gratiam, et alterum relinquit in peccato, * secundum illud matth. xxiv, ° duo erunt in lecto, unus assumetur et alius relinquetur. ‘ ergo acceptio personarum non est peccatum.

sc ‘ Sed contra, nihil prohibetur in lege divina nisi peccatum. sed personarum acceptio prohibetur * deut. i, ubi dicitur, ° non accipietis cuiusquam personam. ‘ ergo personarum acceptio est peccatum.

co ‘ Respondeo dicendum quod personarum acceptio opponitur distributivae iustitiae. consistit enim aequalitas distributivae iustitiae in hoc quod diversis personis diversa tribuuntur secundum proportionem ad dignitates personarum. si ergo aliquis consideret illam proprietatem personae propter quam id quod ei confertur est ei debitum, non erit acceptio personae, sed causae, * unde glossa, super illud ad ephes. vi, ° non est personarum acceptio apud deum, * dicit quod “ iudex iustus causas discernit, non personas. ‘ puta si aliquis promoveat aliquem ad magisterium propter sufficientiam scientiae, hic attenditur causa debita, non persona, si autem aliquis consideret in eo cui aliquid confert, non id propter quod id quod ei datur esset ei proportionatum vel debitum, sed solum hoc quod est iste homo, puta petrus vel martinus, est hic acceptio personae, quia non attribuitur ei aliquid propter aliquam causam quae faciat eum dignum, sed simpliciter attribuitur personae. ad personam autem refertur quaecumque conditio non faciens ad causam propter quam sit dignus hoc dono, puta si aliquis promoveat aliquem ad praelationem vel magisterium quia est dives, vel quia est consanguineus suus, est acceptio personae. contingit tamen aliquam conditionem personae facere eam dignam respectu [25] unius rei, et non respectu alterius, sicut consanguinitas facit aliquem dignum ad hoc quod instituatur heres patrimonii, non autem ad hoc quod conferatur ei praelatio ecclesiastica. et ideo eadem conditio personae in uno negotio considerata facit acceptionem personae, in alio autem non facit. sic ergo patet quod personarum acceptio opponitur iustitiae distributivae in hoc quod praeter proportionem agitur. nihil autem opponitur virtuti nisi peccatum. unde consequens est quod personarum acceptio sit peccatum.

ra1 ‘ Ad primum ergo dicendum quod in distributiva iustitia considerantur conditiones personarum quae faciunt ad causam dignitatis vel debiti. sed in acceptione personarum considerantur conditiones quae non faciunt ad causam, * ut dictum est.

ra2 ‘ Ad secundum dicendum quod personae proportionantur et dignae redduntur aliquibus quae eis distribuuntur, propter aliquas res quae pertinent ad conditionem personae, et ideo huiusmodi conditiones sunt attendendae tanquam propriae causae. cum autem considerantur ipsae personae, attenditur non causa ut causa. et ideo patet quod, quamvis personae sint digniores simpliciter, non tamen sunt digniores quoad hoc.

ra3 ‘ Ad tertium dicendum quod duplex est datio. una quidem pertinens ad iustitiam, qua scilicet aliquis dat alicui quod ei debetur. et circa tales dationes attenditur personarum acceptio. alia est datio ad liberalitatem pertinens, qua scilicet gratis datur alicui quod ei non debetur. et talis est collatio munerum gratiae, per quae peccatores assumuntur a deo. et in hac donatione non habet locum personarum acceptio, quia quilibet potest absque iniustitia de suo dare quantum vult et cui vult, * secundum illud matth. xx, ° an non licet mihi quod volo facere? tolle quod tuum est, et vade.

009 ST3 qu63 ar2

ag1 ‘ Ad secundum sic proceditur. videtur quod in dispensatione spiritualium locum non habeat personarum acceptio. conferre enim dignitatem ecclesiasticam seu beneficium alicui propter consanguinitatem videtur ad acceptionem personarum pertinere, quia consanguinitas non est causa faciens hominem dignum ecclesiastico beneficio. sed hoc non videtur esse peccatum, cum hoc ex consuetudine praelati ecclesiae faciant. ergo peccatum personarum acceptionis non videtur locum habere in dispensatione spiritualium.

ag2 ‘ Praeterea, praeferre divitem pauperi videtur ad acceptionem personarum pertinere, * ut patet iac. ii. ‘ sed facilius dispensatur cum divitibus et potentibus quod contrahant matrimonium in gradu prohibito, quam cum aliis. ergo peccatum personarum acceptionis non videtur locum habere circa dispensationem spiritualium.

ag3 * Praeterea, secundum iura ‘ sufficit eligere bonum, non autem requiritur quod aliquis eligat meliorem. sed eligere minus bonum ad aliquid altius videtur ad acceptionem personarum pertinere. ergo personarum acceptio non est peccatum in spiritualibus.

ag4 * Praeterea, secundum statuta ecclesiae ‘ eligendus est aliquis de gremio ecclesiae. sed hoc videtur ad acceptionem personarum pertinere, quia quandoque sufficientiores alibi invenirentur. ergo personarum acceptio non est peccatum in spiritualibus.

sc * Sed contra est quod dicitur iac. ii, ° nolite in personarum acceptione habere fidem domini nostri iesu christi. * ubi dicit glossa augustini, ° quis ferat si quis divitem eligat ad sedem honoris ecclesiae, contempto paupere instructiore et sanctiore?

co * Respondeo dicendum quod, sicut dictum est, ‘ acceptio personarum est peccatum inquantum contrariatur iustitiae. quanto autem in maioribus aliquis iustitiam transgreditur, tanto gravius peccat. unde cum spiritualia sint temporalibus potiora, gravius peccatum est personas accipere in dispensatione spiritualium quam in dispensatione temporalium. et quia personarum acceptio est cum aliquid personae attribuitur praeter proportionem dignitatis ipsius, considerare oportet quod dignitas alicuius personae potest attendi dupliciter. uno modo, simpliciter et secundum se, et sic maioris dignitatis est ille qui magis abundat in spiritualibus gratiae donis. alio modo, per comparationem ad bonum commune, contingit enim quandoque quod ille qui est minus sanctus et minus sciens, potest maius conferre ad bonum commune, propter potentiam vel industriam saecularem, vel propter aliquid huiusmodi. et quia dispensationes spiritualium principalius ordinantur ad utilitatem communem, * secundum illud i ad cor. xii, ° unicuique datur manifestatio spiritus ad utilitatem; ‘ ideo quandoque absque acceptione personarum in dispensatione spiritualium illi qui sunt simpliciter minus boni, melioribus praeferuntur, sicut etiam et deus gratias gratis datas quandoque concedit minus bonis.

ra1 ‘ Ad primum ergo dicendum quod circa consanguineos praelati distinguendum est. quia quandoque sunt minus digni et simpliciter, et per respectum ad bonum commune. et sic si dignioribus praeferantur, est peccatum personarum acceptionis in dispensatione spiritualium, quorum praelatus ecclesiasticus non est dominus, ut possit ea dare pro libito, sed dispensator, * secundum illud i ad cor. iv, ° sic nos existimet homo ut ministros christi, et dispensatores mysteriorum dei. ‘ quandoque vero consanguinei praelati ecclesiastici sunt aeque digni ut alii. et sic licite potest, absque personarum acceptione, consanguineos suos praeferre, quia saltem in hoc praeeminent, quod de ipsis magis confidere potest ut unanimiter secum negotia ecclesiae tractent. esset tamen hoc propter scandalum dimittendum, si ex hoc aliqui exemplum sumerent, etiam praeter dignitatem, bona ecclesiae consanguineis dandi.

ra2 ‘ Ad secundum dicendum quod dispensatio matrimonii contrahendi principaliter fieri consuevit propter foedus pacis firmandum, quod quidem magis est necessarium communi utilitati circa personas excellentes. ideo cum eis facilius dispensatur absque peccato acceptionis personarum.

ra3 ‘ Ad tertium dicendum quod quantum ad hoc quod electio impugnari non possit in foro iudiciali, sufficit eligere bonum, nec oportet eligere meliorem, quia sic omnis electio posset habere calumniam. sed quantum ad conscientiam eligentis, necesse est eligere meliorem vel simpliciter, vel in comparatione ad bonum commune. quia si potest haberi aliquis magis idoneus erga aliquam dignitatem et alius praeferatur, oportet quod hoc sit propter aliquam causam. quae quidem si pertineat ad negotium, quantum ad hoc erit ille qui eligitur magis idoneus. si vero non pertineat ad negotium id quod consideratur ut causa, erit manifeste acceptio personae.

ra4 ‘ Ad quartum dicendum quod ille qui de gremio ecclesiae assumitur, ut in pluribus consuevit esse utilior quantum ad bonum commune, quia magis diligit ecclesiam in qua est nutritus. * et propter hoc etiam mandatur deut. xvii, ° non poteris alterius gentis facere regem, qui non sit frater tuus.

009 ST3 qu63 ar3

ag1 ‘ Ad tertium sic proceditur. videtur quod in exhibitione honoris et reverentiae non habeat locum peccatum acceptionis personarum. honor enim nihil aliud esse videtur quam reverentia quaedam alicui exhibita in testimonium virtutis, * ut patet per philosophum, in i ethic.. ‘ sed praelati et principes sunt honorandi, etiam si sint mali; sicut etiam et parentes, * de quibus mandatur exod. xx, honora patrem tuum et matrem tuam; ‘ et etiam domini sunt a servis honorandi, etiam si sint mali, * secundum illud i ad tim. vi, ° quicumque sunt sub iugo servi, dominos suos honore dignos arbitrentur. ‘ ergo videtur quod acceptio personae non sit peccatum in exhibitione honoris.

ag2 * Praeterea, levit. xix praecipitur, ° coram cano capite consurge, et honora personam senis. ‘ sed hoc videtur ad acceptionem personarum pertinere, quia quandoque senes non sunt virtuosi, * secundum illud dan. xiii, ° egressa est iniquitas a senioribus populi. ‘ ergo acceptio personarum non est peccatum in exhibitione honoris.

ag3 * Praeterea, super illud iac. ii, ° nolite in personarum acceptione habere etc., * dicit glossa augustini, ° si hoc quod iacobus dicit, si introierit in conventum vestrum vir habens anulum aureum etc., intelligatur de quotidianis consessibus quis hic non peccat, si tamen peccat? ‘ sed haec est acceptio personarum, divites propter divitias honorare, * dicit enim gregorius, in quadam homilia, ° superbia nostra retunditur, quia in hominibus non naturam, qua ad imaginem dei facti sunt, sed divitias honoramus; ‘ et sic, cum divitiae non sint debita causa honoris, pertinebit hoc ad personarum acceptionem. ergo personarum acceptio non est peccatum circa exhibitionem honoris.

sc * Sed contra est quod dicitur in glossa iac. ii, ° quicumque divitem propter divitias honorat, peccat. ‘ et pari ratione, si aliquis honoretur propter alias causas quae non faciunt dignum honore, quod pertinet ad acceptionem personarum. ergo acceptio personarum in exhibitione honoris est peccatum.

co ‘ Respondeo dicendum quod honor est quoddam testimonium de virtute eius qui honoratur, et ideo sola virtus est debita causa honoris. sciendum tamen quod aliquis potest honorari non solum propter virtutem propriam, sed etiam propter virtutem alterius. sicut principes et praelati honorantur etiam si sint mali, inquantum gerunt personam dei et communitatis cui praeficiuntur, * secundum illud prov. xxvi, ° sicut qui immittit lapides in acervum mercurii, ita qui tribuit insipienti honorem. ‘ quia gentiles rationem attribuebant mercurio, acervus mercurii dicitur cumulus ratiocinii, in quo mercator quandoque mittit unum lapillum loco centum marcarum, ita etiam honoratur insipiens, quia ponitur loco dei et loco totius communitatis. et eadem ratione parentes et domini sunt honorandi, propter participationem divinae dignitatis, qui est omnium pater et dominus. senes autem sunt honorandi propter signum virtutis, quod est senectus, licet hoc signum quandoque deficiat. * unde, ut dicitur sap. iv, ° senectus vere honoranda est non diuturna neque annorum numero computata, cani autem sunt sensus hominis, et aetas senectutis vita est immaculata. ‘ divites autem honorandi sunt propter hoc quod maiorem locum in communitatibus obtinent. si autem solum intuitu divitiarum |25| honorentur, erit peccatum acceptionis personarum.

ra ‘ Et per hoc patet responsio ad obiecta.

009 ST3 qu63 ar4

ag1 ‘ Ad quartum sic proceditur. videtur quod in iudiciis locum non habeat peccatum acceptionis personarum. acceptio enim personarum opponitur distributivae iustitiae, * ut dictum est. ‘ sed iudicia maxime videntur ad iustitiam commutativam pertinere. ergo personarum acceptio non habet locum in iudiciis.

ag2 ‘ Praeterea, poenae secundum aliquod iudicium infliguntur. sed in poenis accipiuntur personae absque peccato, quia gravius puniuntur qui inferunt iniuriam in personas principum quam qui in personas aliorum. ergo personarum acceptio non habet locum in iudiciis.

ag3 * Praeterea, eccli. iv dicitur, ° in iudicando esto pupillis misericors. ‘ sed hoc videtur accipere personam pauperis. ergo acceptio personae in iudiciis non est peccatum.

sc * Sed contra est quod dicitur prov. xviii, ° accipere personam in iudicio non est bonum.

co * Respondeo dicendum quod, sicut supra dictum est, ‘ iudicium est actus iustitiae, prout iudex ad aequalitatem iustitiae reducit ea quae inaequalitatem oppositam facere possunt. personarum autem acceptio inaequalitatem quandam habet, inquantum attribuitur alicui personae praeter proportionem suam, in qua consistit aequalitas iustitiae. et ideo manifestum est quod per personarum acceptionem iudicium corrumpitur.

ra1 ‘ Ad primum ergo dicendum quod iudicium dupliciter potest considerari. uno modo, quantum ad ipsam rem iudicatam. et sic iudicium se habet communiter ad commutativam et ad distributivam iustitiam, potest enim iudicio definiri qualiter aliquid commune sit distribuendum in multos, et qualiter unus alteri restituat quod ab eo accepit. alio modo potest considerari quantum ad ipsam formam iudicii, prout scilicet iudex, etiam in ipsa commutativa iustitia, ab uno accipit et alteri dat. et hoc pertinet ad distributivam iustitiam. et secundum hoc in quolibet iudicio locum habere potest personarum acceptio.

ra2 ‘ Ad secundum dicendum quod cum punitur gravius aliquis propter iniuriam in maiorem personam commissam, non est personarum acceptio, quia ipsa diversitas personae facit, quantum ad hoc, diversitatem rei, * ut supra dictum est.

ra3 ‘ Ad tertium dicendum quod homo in iudicio debet pauperi subvenire quantum fieri potest, tamen sine laesione iustitiae. * alioquin habet locum illud quod dicitur exod. xxiii, ° pauperis quoque non misereberis in iudicio.

009 ST3 qu64 ar

pr ‘ Deinde considerandum est de vitiis oppositis commutativae iustitiae. et primo considerandum est de peccatis quae committuntur circa involuntarias commutationes; secundo, de peccatis quae committuntur circa commutationes voluntarias. committuntur autem peccata circa involuntarias commutationes per hoc quod aliquod nocumentum proximo infertur contra eius voluntatem, quod quidem potest fieri dupliciter, scilicet facto, et verbo. facto quidem, cum proximus laeditur vel in persona propria; vel in persona coniuncta; vel in propriis rebus. de his ergo per ordinem considerandum est. et primo, de homicidio, per quod maxime nocetur proximo. et circa hoc quaeruntur octo. primo, utrum occidere animalia bruta, vel etiam plantas, sit peccatum. secundo, utrum occidere peccatorem sit licitum. tertio, utrum hoc liceat privatae personae, vel solum publicae. quarto, utrum hoc liceat clerico. quinto, utrum liceat alicui occidere seipsum. sexto, utrum liceat occidere hominem iustum. septimo, utrum liceat alicui occidere hominem seipsum defendendo. octavo, utrum homicidium casuale sit peccatum mortale.

009 ST3 qu64 ar1

ag1 ‘ Ad primum sic proceditur. videtur quod occidere quaecumque viventia sit illicitum. * dicit enim apostolus, ad rom. xiii, ° qui ordinationi dei resistit, ipse sibi damnationem acquirit. ‘ sed per ordinationem divinae providentiae omnia viventia conservantur, * secundum illud psalm., ° qui producit in montibus faenum, et dat iumentis escam ipsorum. ‘ ergo mortificare quaecumque viventia videtur esse illicitum.

ag2 ‘ Praeterea, homicidium est peccatum ex eo quod homo privatur vita. sed vita communis est omnibus animalibus et plantis. ergo eadem ratione videtur esse peccatum occidere bruta animalia et plantas.

ag3 ‘ Praeterea, in lege divina non determinatur specialis poena nisi peccato. sed occidenti ovem vel bovem alterius statuitur poena determinata in lege divina, * ut patet exod. xxii. ‘ ergo occisio brutorum animalium est peccatum.

sc * Sed contra est quod augustinus dicit, in i de civ. dei, ° cum audimus, non occides, non accipimus hoc dictum esse de fructetis, quia nullus eis est sensus, nec de irrationalibus animalibus, quia nulla nobis ratione sociantur. restat ergo ut de homine intelligamus quod dictum est, non occides.

co ‘ Respondeo dicendum quod nullus peccat ex hoc quod utitur re aliqua ad hoc ad quod est. in rerum autem ordine imperfectiora sunt propter perfectiora, sicut etiam in generationis via natura ab imperfectis ad perfecta procedit. et inde est quod sicut in generatione hominis prius est vivum, deinde animal, ultimo autem homo; ita etiam ea quae tantum vivunt, ut plantae, sunt communiter propter omnia animalia, et animalia sunt propter hominem. et ideo si homo utatur plantis ad utilitatem animalium, et animalibus ad utilitatem hominum, non est illicitum, * ut etiam per philosophum patet, in i polit.. ‘ inter alios autem usus maxime necessarius esse videtur ut animalia plantis utantur in cibum, et homines animalibus, quod sine mortificatione eorum fieri non potest. et ideo licitum est et plantas mortificare in usum animalium, et animalia in usum hominum, ex ipsa ordinatione divina, * dicitur enim gen. i, ° ecce, dedi vobis omnem herbam et universa ligna, ut sint vobis in escam et cunctis animantibus. * et gen. ix dicitur, ° omne quod movetur et vivit, erit vobis in cibum.

ra1 ‘ Ad primum ergo dicendum quod ex ordinatione divina conservatur vita animalium et plantarum non propter seipsam, sed propter hominem. * unde ut augustinus dicit, in i de civ. dei, ° iustissima ordinatione creatoris et vita et mors eorum nostris usibus subditur.

ra2 ‘ Ad secundum dicendum quod animalia bruta et plantae non habent vitam rationalem, per quam a seipsis agantur, sed semper aguntur quasi ab alio, naturali quodam impulsu. et hoc est signum quod sunt naturaliter serva, et aliorum usibus accommodata.

ra3 ‘ Ad tertium dicendum quod ille qui occidit bovem alterius peccat quidem, non quia occidit bovem, sed quia damnificat hominem in re sua. unde non continetur sub peccato homicidii, sed sub peccato furti vel rapinae.

009 ST3 qu64 ar2

ag1 ‘ Ad secundum sic proceditur. videtur quod non sit licitum occidere homines peccatores. dominus enim, * matth. xiii, ‘ in parabola, prohibuit extirpare zizania, qui sunt filii nequam, * ut ibidem dicitur. ‘ sed omne quod est prohibitum a deo est peccatum. ergo occidere peccatorem est peccatum.

ag2 ‘ Praeterea, iustitia humana conformatur iustitiae divinae. sed secundum divinam iustitiam peccatores ad poenitentiam reservantur, * secundum illud ezech. xviii, ° nolo mortem peccatoris, sed ut convertatur et vivat. ‘ ergo videtur esse omnino iniustum quod peccatores occidantur.

ag3 ‘ Praeterea, illud quod est secundum se malum nullo bono fine fieri licet, * ut patet per augustinum, in libro contra mendacium, et per philosophum, in ii ethic.. ‘ sed occidere hominem secundum se est malum, quia ad omnes homines debemus caritatem habere; “ amicos autem volumus vivere et esse, * ut dicitur in ix ethic.. ‘ ergo nullo modo licet hominem peccatorem interficere.

sc ‘ Sed contra est quod * dicitur exod. xxii, ° maleficos non patieris vivere; * et in psalm., ° in matutino interficiebam omnes peccatores terrae.

co * Respondeo dicendum quod, sicut dictum est, ‘ licitum est occidere animalia bruta inquantum ordinantur naturaliter ad hominum usum, sicut imperfectum ordinatur ad perfectum. omnis autem pars ordinatur ad totum ut imperfectum ad perfectum. et ideo omnis pars naturaliter est propter totum. et propter hoc videmus quod si saluti totius corporis humani expediat praecisio alicuius membri, puta cum est putridum et corruptivum aliorum, laudabiliter et salubriter abscinditur. quaelibet autem persona singularis comparatur ad totam communitatem sicut pars ad totum. et ideo si aliquis homo sit periculosus communitati et corruptivus ipsius propter aliquod peccatum, laudabiliter et salubriter occiditur, ut bonum commune conservetur, “ modicum enim fermentum totam massam corrumpit, * ut dicitur i ad cor. v.

ra1 ‘ Ad primum ergo dicendum quod dominus abstinendum mandavit ab eradicatione zizaniorum ut tritico parceretur, idest bonis. quod quidem fit quando

non possunt occidi mali quin simul occidantur et boni, vel quia latent inter bonos; vel quia habent multos sequaces, ita quod sine bonorum periculo interfici non possunt; * ut augustinus dicit, contra parmen.. ‘ unde dominus docet magis esse sinendum malos vivere, et ultionem reservandum usque ad extremum iudicium, quam quod boni simul occidantur. quando vero ex occisione malorum non imminet periculum bonis, sed magis tutela et salus, tunc licite possunt mali occidi.
ra2 ‘ Ad secundum dicendum quod deus, secundum ordinem suae sapientiae, quandoque statim peccatores occidit, ad liberationem bonorum; quandoque autem eis poenitendi tempus concedit; secundum quod ipse novit suis electis expedire. et hoc etiam humana iustitia imitatur pro posse, illos enim qui sunt perniciosi in alios, occidit; eos vero qui peccant aliis graviter non nocentes, ad poenitentiam reservat.
ra3 ‘ Ad tertium dicendum quod homo peccando ab ordine rationis recedit, et ideo decidit a dignitate humana, prout scilicet homo est naturaliter liber et propter seipsum existens, et incidit quodammodo in servitutem bestiarum, ut scilicet de ipso ordinetur secundum quod est utile aliis; * secundum illud psalm., ° homo, cum in honore esset, non intellexit, comparatus est iumentis insipientibus, et similis factus est illis; * et prov. xi dicitur, ° qui stultus est serviet sapienti. ‘ et ideo quamvis hominem in sua dignitate manentem occidere sit secundum se malum, tamen hominem peccatorem occidere potest esse bonum, sicut occidere bestiam, peior enim est malus homo bestia, et plus nocet, * ut philosophus dicit, in i polit. et in vii ethic..

009 ST3 qu64 ar3

ag1 ‘ Ad tertium sic proceditur. videtur quod occidere hominem peccatorem liceat privatae personae. in lege enim divina nihil illicitum mandatur. * sed exod. xxxii praecepit moyses, ° occidat unusquisque proximum suum, fratrem et amicum suum, “ pro peccato vituli conflatilis. ‘ ergo etiam privatis personis licet peccatorem occidere.
ag2 ‘ Praeterea, homo propter peccatum bestiis comparatur, * ut dictum est. ‘ sed occidere bestiam sylvestrem, maxime nocentem, cuilibet privatae personae licet. ergo, pari ratione, occidere hominem peccatorem.
ag3 ‘ Praeterea, laudabile est quod homo, etiam si sit privata persona, operetur quod est utile bono communi. sed occisio maleficorum est utilis bono communi, * ut dictum est. ‘ ergo laudabile est si etiam privatae personae malefactores occidant.
sc * Sed contra est quod augustinus dicit, in i de civ. dei, ° qui sine aliqua publica administratione maleficum interfecerit, velut homicida iudicabitur, et tanto amplius quanto sibi potestatem a deo non concessam usurpare non timuit.
co * Respondeo dicendum quod, sicut dictum est, ‘ occidere malefactorem licitum est inquantum ordinatur ad salutem totius communitatis. et ideo ad illum solum pertinet cui committitur cura communitatis conservandae, sicut ad medicum pertinet praecidere membrum putridum quando ei commissa fuerit cura salutis totius corporis. cura autem communis boni commissa est principibus habentibus publicam auctoritatem. et ideo eis solum licet malefactores occidere, non autem privatis personis.
ra1 ‘ Ad primum ergo dicendum quod ille aliquid facit cuius auctoritate fit, * ut patet per dionysium, xiii cap. cael. hier.. et ideo, ut augustinus dicit, in i de civ. dei, ° non ipse occidit qui ministerium debet iubenti sicut adminiculum gladius utenti. ‘ unde illi qui occiderunt proximos et amicos ex mandato domini, non hoc fecisse ipsi videntur, sed potius ille cuius auctoritate fecerunt, sicut et miles interficit hostem auctoritate principis, et minister latronem auctoritate iudicis.
ra2 ‘ Ad secundum dicendum quod bestia naturaliter est distincta ab homine. unde super hoc non requiritur aliquod iudicium an sit occidenda, si sit sylvestris. si vero sit domestica, requiretur iudicium non propter ipsam, sed propter damnum domini. sed homo peccator non est naturaliter distinctus ab hominibus iustis. et ideo indiget publico iudicio, ut discernatur an sit occidendus propter communem salutem.
ra3 ‘ Ad tertium dicendum quod facere aliquid ad utilitatem communem quod nulli nocet, hoc est licitum cuilibet privatae personae. sed si sit cum nocumento alterius, hoc non debet fieri nisi secundum iudicium eius ad quem pertinet existimare quid sit subtrahendum partibus pro salute totius.

009 ST3 qu64 ar4

ag1 ‘ Ad quartum sic proceditur. videtur quod occidere malefactores liceat clericis. clerici enim praecipue debent implere quod * apostolus dicit, i ad cor. iv, ° imitatores mei estote, sicut et ego christi, ‘ per quod nobis indicitur ut deum et sanctos eius imitemur. sed ipse deus, quem colimus, occidit malefactores, secundum * illud psalm., ° qui percussit aegyptum cum primogenitis eorum. ‘ moyses etiam a levitis fecit interfici viginti tria millia hominum propter adorationem vituli, * ut habetur exod. xxxii. ‘ et phinees, sacerdos, interfecit israelitem coeuntem cum madianitide, * ut habetur num. xxv. ‘ samuel etiam interfecit agag, regem amalec; et elias sacerdotes baal; et mathathias eum qui ad sacrificandum accesserat; et in novo testamento, petrus ananiam et saphiram. ergo videtur quod etiam clericis liceat occidere malefactores.
ag2 ‘ Praeterea, potestas spiritualis est maior quam temporalis, et deo coniunctior. sed potestas temporalis licite malefactores occidit tanquam dei minister, * ut dicitur rom. xiii. ‘ ergo multo magis clerici, qui sunt dei ministri spiritualem potestatem habentes, licite possunt malefactores occidere.
ag3 ‘ Praeterea, quicumque licite suscipit aliquod officium, licite potest ea exercere quae ad officium illud pertinent. sed officium principis terrae est malefactores occidere, * ut dictum est. ‘ ergo clerici qui sunt terrarum principes, licite possunt occidere malefactores.
sc * Sed contra est quod dicitur i ad tim. iii, ° oportet episcopum sine crimine esse, non vinolentum, non percussorem.
co ‘ Respondeo dicendum quod non licet clericis occidere, duplici ratione. primo quidem, quia sunt electi ad altaris ministerium, in quo repraesentatur passio christi occisi, ° qui cum percuteretur, non repercutiebat, * ut dicitur i pet. ii. ‘ et ideo non competit ut clerici sint percussores aut occisores, debent enim ministri suum dominum imitari, * secundum illud eccli. x, ° secundum iudicem populi, sic et ministri eius. ‘ alia ratio est quia clericis committitur ministerium novae legis, in qua non determinatur poena occisionis vel mutilationis corporalis. “ et ideo, ut sint idonei ministri novi testamenti, debent a talibus abstinere.
ra1 ‘ Ad primum ergo dicendum quod deus universaliter in omnibus operatur quae recta sunt, in unoquoque tamen secundum eius congruentiam. et ideo unusquisque debet deum imitari in hoc quod sibi specialiter congruit. unde licet deus corporaliter etiam malefactores occidat, non tamen oportet quod omnes in hoc eum imitentur. petrus autem non propria auctoritate vel manu ananiam et saphiram interfecit, sed magis divinam sententiam de eorum morte promulgavit. sacerdotes autem vel levitae veteris testamenti erant ministri veteris legis, secundum quam poenae corporales infligebantur, et ideo etiam eis occidere propria manu congruebat.
ra2 ‘ Ad secundum dicendum quod ministerium clericorum est in melioribus ordinatum quam sint corporales occisiones, scilicet in his quae pertinent ad salutem spiritualem. et ideo non congruit eis quod minoribus se ingerant.
ra3 ‘ Ad tertium dicendum quod praelati ecclesiarum accipiunt officia principum terrae non ut ipsi iudicium sanguinis exerceant per seipsos, sed quod eorum auctoritate per alios exerceatur.

009 ST3 qu64 ar5

ag1 ‘ Ad quintum sic proceditur. videtur quod alicui liceat seipsum occidere. homicidium enim est peccatum inquantum iustitiae contrariatur. sed nullus potest sibi ipsi iniustitiam facere, * ut probatur in v ethic.. ‘ ergo nullus peccat occidendo seipsum.
ag2 ‘ Praeterea, occidere malefactores licet habenti publicam potestatem. sed quandoque ille qui habet publicam potestatem est malefactor. ergo licet ei occidere seipsum.
ag3 ‘ Praeterea, licitum est quod aliquis spontanee minus periculum subeat ut maius periculum vitet, sicut licitum est quod aliquis etiam sibi ipsi amputet membrum putridum ut totum corpus salvetur. sed quandoque aliquis per occisionem sui ipsius vitat maius malum, vel miseram vitam vel turpitudinem alicuius peccati. ergo licet alicui occidere seipsum.
ag4 ‘ Praeterea, samson seipsum interfecit, * ut habetur iudic. xvi, ‘ qui tamen connumeratur inter sanctos, * ut patet heb. xi. ‘ ergo licitum est alicui occidere seipsum.
ag5 * Praeterea, ii machab. xiv dicitur quod “ razias quidam seipsum interfecit, eligens nobiliter mori potius quam ° subditus fieri peccatoribus et contra natales suos iniuriis agi. ‘ sed nihil quod nobiliter fit et fortiter, est illicitum. ergo occidere seipsum non est illicitum.
sc * Sed contra est quod augustinus dicit, in i de civ. dei, ° restat ut de homine intelligamus quod dictum est, non occides. nec alterum ergo, nec te. neque enim aliud quam hominem occidit qui seipsum occidit.
co ‘ Respondeo dicendum quod seipsum occidere est omnino illicitum triplici ratione. primo quidem, quia naturaliter quaelibet res seipsam amat, et ad hoc pertinet quod quaelibet res naturaliter conservat se in esse et corrumpentibus resistit quantum potest. et ideo quod aliquis seipsum occidat est contra inclinationem naturalem, et contra caritatem, qua quilibet debet seipsum diligere. et ideo occisio sui ipsius semper est peccatum mortale, utpote contra naturalem legem et contra caritatem existens. secundo, quia quaelibet pars id quod est, est totius. quilibet autem homo est pars communitatis, et ita id quod est, est communitatis. unde in hoc quod seipsum interficit, iniuriam communitati facit, * ut patet per philosophum, in v ethic.. ‘ tertio, quia vita est quoddam donum divinitus homini attributum, et eius potestati subiectum “ qui occidit et vivere facit. ‘ et ideo qui seipsum vita privat in deum peccat, sicut qui alienum servum interficit peccat in dominum cuius est servus; et sicut peccat ille qui usurpat sibi iudicium de re sibi non commissa. ad solum enim deum pertinet iudicium mortis et vitae, * secundum illud deut. xxxii, ° ego occidam, et vivere faciam.
ra1 ‘ Ad primum ergo dicendum quod homicidium est peccatum non solum quia contrariatur iustitiae, sed etiam quia contrariatur caritati quam habere debet aliquis ad seipsum. et ex hac parte occisio sui ipsius est peccatum per comparationem ad seipsum. per comparationem autem ad communitatem et ad deum, habet rationem peccati etiam per oppositionem ad iustitiam.
ra2 ‘ Ad secundum dicendum quod ille qui habet publicam potestatem potest licite malefactorem occidere per hoc quod potest de ipso iudicare. nullus autem est iudex sui ipsius. unde non licet habenti publicam potestatem seipsum occidere propter quodcumque peccatum. licet tamen ei se committere iudicio aliorum.
ra3 ‘ Ad tertium dicendum quod homo constituitur dominus sui ipsius per liberum arbitrium. et ideo licite potest homo de seipso disponere quantum ad ea quae pertinent ad hanc vitam, quae hominis libero arbitrio regitur. sed transitus de hac vita ad aliam feliciorem non subiacet libero arbitrio hominis, sed potestati divinae. et ideo non licet homini seipsum interficere ut ad feliciorem transeat vitam. similiter etiam nec ut miserias quaslibet praesentis vitae evadat. quia ultimum malorum huius vitae et maxime terribile est mors, * ut patet per philosophum, in iii ethic.. ‘ et ita inferre sibi mortem ad alias huius vitae miserias evadendas est maius malum assumere ad minoris mali vitationem. similiter etiam non licet seipsum occidere propter aliquod peccatum commissum. tum quia in hoc sibi maxime nocet quod sibi adimit necessarium poenitentiae tempus. tum etiam quia malefactorem occidere non licet nisi per iudicium publicae potestatis. similiter etiam non licet mulieri seipsam occidere ne ab alio corrumpatur. quia non debet in se committere crimen maximum, quod est sui ipsius occisio, ut vitet minus crimen alienum (non enim est crimen mulieris per violentiam violatae, si consensus non adsit, quia “ non inquinatur corpus nisi de consensu mentis, |25| * ut lucia dixit). ‘ constat autem minus esse peccatum fornicationem vel adulterium quam homicidium, et praecipue sui ipsius, quod est gravissimum, quia sibi ipsi nocet, cui maximam dilectionem debet. est etiam periculosissimum, quia non restat tempus ut per poenitentiam expietur. similiter etiam nulli licet seipsum occidere ob timorem ne consentiat in peccatum. quia ° non sunt facienda mala ut veniant bona, ‘ vel ut vitentur mala, praesertim minora et minus certa. incertum enim est an aliquis in futurum consentiat in peccatum, potens est enim deus hominem, quacumque tentatione superveniente, liberare a peccato.
ra4 * Ad quartum dicendum quod, sicut augustinus dicit, in i de civ. dei, ° nec samson aliter excusatur quod seipsum cum hostibus ruina domus oppressit, nisi quia latenter spiritus hoc iusserat, qui per illum miracula faciebat. * et eandem rationem assignat “ de quibusdam sanctis feminis quae tempore persecutionis seipsas occiderunt, quarum memoria in ecclesia celebratur.
ra5 ‘ Ad quintum dicendum quod ad fortitudinem pertinet quod aliquis ab alio mortem pati non refugiat propter bonum virtutis, et ut vitet peccatum. sed quod aliquis sibi ipsi inferat mortem ut vitet mala poenalia, habet quidem quandam speciem fortitudinis, propter quod quidam seipsos interfecerunt aestimantes se fortiter agere, de quorum numero razias fuit, non tamen est vera fortitudo, sed magis quaedam mollities animi non valentis mala poenalia sustinere, * ut patet per philosophum, in iii ethic., et per augustinum, in i de civ. dei.

009 ST3 qu64 ar6

ag1 ‘ Ad sextum sic proceditur. videtur quod liceat in aliquo casu interficere innocentem. divinus enim timor non manifestatur per peccatum, quin magis ° timor domini expellit peccatum, * ut dicitur eccli. i. ‘ sed abraham commendatus est quod timuerit dominum, quia voluit interficere filium innocentem. ergo potest aliquis innocentem interficere sine peccato.
ag2 ‘ Praeterea, in genere peccatorum quae contra proximum committuntur, tanto videtur aliquid esse maius peccatum quanto maius nocumentum infertur ei in quem peccatur. sed occisio plus nocet peccatori quam innocenti, qui de miseria huius vitae ad caelestem gloriam transit per mortem. cum ergo liceat in aliquo casu peccatorem occidere, multo magis licet occidere innocentem vel iustum.
ag3 ‘ Praeterea, illud quod fit secundum ordinem iustitiae non est peccatum. sed quandoque cogitur aliquis secundum ordinem iustitiae occidere innocentem, puta cum iudex, qui debet secundum allegata iudicare, condemnat ad mortem eum quem scit innocentem, per falsos testes convictum; et similiter minister qui iniuste condemnatum occidit obediens iudici. ergo absque peccato potest aliquis occidere innocentem.
sc * Sed contra est quod dicitur exod. xxiii, ° innocentem et iustum non occides.

co ‘ Respondeo dicendum quod aliquis homo dupliciter considerari potest, uno modo, secundum se; alio modo, per comparationem ad aliud. secundum se quidem considerando hominem, nullum occidere licet, quia in quolibet, etiam peccatore, debemus amare naturam, quam deus fecit, quae per occisionem corrumpitur. * sed sicut supra dictum est, ‘ occisio peccatoris fit licita per comparationem ad bonum commune, quod per peccatum corrumpitur. vita autem iustorum est conservativa et promotiva boni communis, quia ipsi sunt principalior pars multitudinis. et ideo nullo modo licet occidere innocentem.

ra1 ‘ Ad primum ergo dicendum quod deus habet dominium mortis et vitae, eius enim ordinatione moriuntur et peccatores et iusti. et ideo ille qui mandato dei occidit innocentem, talis non peccat, sicut nec deus, cuius est executor, et ostenditur deum timere, eius mandatis obediens.

ra2 ‘ Ad secundum dicendum quod in pensanda gravitate peccati magis est considerandum illud quod est per se quam illud quod est per accidens. unde ille qui occidit iustum gravius peccat quam ille qui occidit peccatorem. primo quidem, quia nocet ei quem plus debet diligere, et ita magis contra caritatem agit. secundo, quia iniuriam infert ei qui est minus dignus, et ita magis contra iustitiam agit. tertio, quia privat communitatem maiori bono. quarto, quia magis deum contemnit, * secundum illud luc. x, ° qui vos spernit, me spernit. ‘ quod autem iustus occisus ad gloriam perducatur a deo, per accidens se habet ad occisionem.

ra3 ‘ Ad tertium dicendum quod iudex, si scit aliquem esse innocentem qui falsis testibus convincitur, debet diligentius examinare testes, ut inveniat occasionem liberandi innoxium, sicut daniel fecit. si autem hoc non potest, debet eum ad superiorem remittere iudicandum. si autem nec hoc potest, non peccat secundum allegata sententiam ferens, quia non ipse occidit innocentem, sed illi qui eum asserunt nocentem. minister autem iudicis condemnantis innocentem, si sententia intolerabilem errorem contineat, non debet obedire, alias excusarentur carnifices qui martyres occiderunt. si vero non contineat manifestam iniustitiam, non peccat praeceptum exequendo, quia ipse non habet discutere superioris sententiam; nec ipse occidit innocentem, sed iudex, cui ministerium adhibet.

009 ST3 qu64 ar7

ag1 ‘ Ad septimum sic proceditur. videtur quod nulli liceat occidere aliquem se defendendo. * dicit enim augustinus, ad publicolam, ° de occidendis hominibus ne ab eis quisquam occidatur, non mihi placet consilium, nisi forte sit miles, aut publica functione teneatur, ut non pro se hoc faciat sed pro aliis, accepta legitima potestate, si eius congruat personae. ‘ sed ille qui se defendendo occidit aliquem, ad hoc eum occidit ne ipse ab eo occidatur. ergo hoc videtur esse illicitum.

ag2 * Praeterea, in i de lib. arb. dicitur, ° quomodo apud divinam providentiam a peccato liberi sunt qui pro his rebus quas contemni oportet, humana caede polluti sunt? “ eas autem res dicit esse contemnendas quas homines inviti amittere possunt, * ut ex praemissis patet. ‘ horum autem est vita corporalis. ergo pro conservanda vita corporali nulli licitum est hominem occidere.

ag3 * Praeterea, nicolaus papa dicit, et habetur in decretis, dist. l, ° de clericis pro quibus consuluisti, scilicet qui se defendendo paganum occiderunt, si postea per poenitentiam possent ad pristinum statum redire aut ad altiorem ascendere, scito nos nullam occasionem dare, nec ullam tribuere licentiam eis quemlibet hominem quolibet modo occidendi. ‘ sed ad praecepta moralia servanda tenentur communiter clerici et laici. ergo etiam laicis non est licitum occidere aliquem se defendendo.

ag4 ‘ Praeterea, homicidium est gravius peccatum quam simplex fornicatio vel adulterium. sed nulli licet committere simplicem fornicationem vel adulterium, vel quodcumque aliud peccatum mortale, pro conservatione propriae vitae, quia vita spiritualis praeferenda est corporali. ergo nulli licet, defendendo seipsum, alium occidere ut propriam vitam conservet.

ag5 ‘ Praeterea, si arbor est mala, et fructus, * ut dicitur matth. vii. ‘ sed ipsa defensio sui videtur esse illicita, * secundum illud rom. xii, ° non vos defendentes, carissimi. ‘ ergo et occisio hominis exinde procedens est illicita.

sc * Sed contra est quod exod. xxii dicitur, ° si effringens fur domum sive suffodiens fuerit inventus, et, accepto vulnere, mortuus fuerit, percussor non erit reus sanguinis. ‘ sed multo magis licitum est defendere propriam vitam quam propriam domum. ergo etiam si aliquis occidat aliquem pro defensione vitae suae, non erit reus homicidii.

co ‘ Respondeo dicendum quod nihil prohibet unius actus esse duos effectus, quorum alter solum sit in intentione, alius vero sit praeter intentionem. morales autem actus recipiunt speciem secundum id quod intenditur, non autem ab eo quod est praeter intentionem, cum sit per accidens, * ut ex supradictis patet. ‘ ex actu igitur alicuius seipsum defendentis duplex effectus sequi potest, unus quidem conservatio propriae vitae; alius autem occisio invadentis. actus igitur huiusmodi ex hoc quod intenditur conservatio propriae vitae, non habet rationem illiciti, cum hoc sit cuilibet naturale quod se conservet in esse quantum potest. potest tamen aliquis actus ex bona intentione proveniens illicitus reddi si non sit proportionatus fini. et ideo si aliquis ad defendendum propriam vitam utatur maiori violentia quam oporteat, erit illicitum. si vero moderate violentiam repellat, erit licita defensio, * nam secundum iura, ° vim vi repellere licet cum moderamine inculpatae tutelae. ‘ nec est necessarium ad salutem ut homo actum moderatae tutelae praetermittat ad evitandum occisionem alterius, quia plus tenetur homo vitae suae providere quam vitae alienae. sed quia occidere hominem non licet nisi publica auctoritate propter bonum commune, * ut ex supradictis patet; ‘ illicitum est quod homo intendat |25| occidere hominem ut seipsum defendat, nisi ei qui habet publicam auctoritatem, qui, intendens hominem occidere ad sui defensionem, refert hoc ad publicum bonum, ut patet in milite pugnante contra hostes, et in ministro iudicis pugnante contra latrones. quamvis et isti etiam peccent si privata libidine moveantur.

ra1 “ Ad primum ergo dicendum quod auctoritas augustini intelligenda est in eo casu quo quis intendit occidere hominem ut seipsum a morte liberet.

ra2 ‘ In quo etiam casu intelligitur auctoritas inducta ex libro de libero arbitrio. * unde signanter dicitur, ° pro his rebus, in quo designatur intentio. ‘ et per hoc patet responsio ad secundum.

ra3 ‘ Ad tertium dicendum quod irregularitas consequitur actum homicidii etiam si sit absque peccato, ut patet in iudice qui iuste aliquem condemnat ad mortem. et propter hoc clericus, etiam si se defendendo interficiat aliquem, irregularis est, quamvis non intendat occidere, sed seipsum defendere.

ra4 ‘ Ad quartum dicendum quod actus fornicationis vel adulterii non ordinatur ad conservationem propriae vitae ex necessitate, sicut actus ex quo quandoque sequitur homicidium.

ra5 ‘ Ad quintum dicendum quod ibi prohibetur defensio quae est cum livore vindictae. * unde glossa dicit, ° non vos defendentes, idest, non sitis referientes adversarios.

009 ST3 qu64 ar8

ag1 ‘ Ad octavum sic proceditur. videtur quod aliquis casualiter occidens hominem incurrat homicidii reatum. * legitur enim gen. iv ‘ quod lamech, credens interficere bestiam, interfecit hominem, et reputatum est ei ad homicidium. ergo reatum homicidii incurrit qui casualiter hominem occidit.

ag2 * Praeterea, exod. xxi dicitur quod ° si quis percusserit mulierem praegnantem et aborsum fecerit, si mors eius fuerit subsecuta, reddet animam pro anima. ‘ sed hoc potest fieri absque intentione occisionis. ergo homicidium casuale habet homicidii reatum.

ag3 * Praeterea, in decretis, dist. l, “ inducuntur plures canones in quibus casualia homicidia puniuntur. ‘ sed poena non debetur nisi culpae. ergo ille qui casualiter occidit hominem, incurrit homicidii culpam.

sc * Sed contra est quod augustinus dicit, ad publicolam, ° absit ut ea quae propter bonum ac licitum facimus, si quid per haec, praeter nostram voluntatem, cuiquam mali acciderit, nobis imputetur. ‘ sed contingit quandoque ut propter bonum aliquid facientibus homicidium consequatur casualiter. ergo non imputatur facienti ad culpam.

co * Respondeo dicendum quod, secundum philosophum, in ii physic., “ casus est causa agens praeter intentionem. ‘ et ideo ea quae casualia sunt, simpliciter loquendo, non sunt intenta neque voluntaria. “ et quia omne peccatum est voluntarium, * secundum augustinum, ‘ consequens est quod casualia, inquantum huiusmodi, non sunt peccata. contingit tamen id quod non est actu et per se volitum vel intentum, esse per accidens volitum et intentum, secundum quod causa per accidens dicitur removens prohibens. unde ille qui non removet ea ex quibus sequitur homicidium, si debeat removere, erit quodammodo homicidium voluntarium. hoc autem contingit dupliciter, uno modo, quando dans operam rebus illicitis, quas vitare debebat, homicidium incurrit; alio modo, quando non adhibet debitam sollicitudinem. * et ideo secundum iura, ‘ si aliquis det operam rei licitae, debitam diligentiam adhibens, et ex hoc homicidium sequatur, non incurrit homicidii reatum, si vero det operam rei illicitae, vel etiam det operam rei licitae non adhibens diligentiam debitam, non evadit homicidii reatum si ex eius opere mors hominis consequatur.

ra1 ‘ Ad primum ergo dicendum quod lamech non adhibuit sufficientem diligentiam ad homicidium vitandum, et ideo reatum homicidii non evasit.

ra2 ‘ Ad secundum dicendum quod ille qui percutit mulierem praegnantem dat operam rei illicitae. et ideo si sequatur mors vel mulieris vel puerperii animati, non effugiet homicidii crimen, praecipue cum ex tali percussione in promptu sit quod mors sequatur.

ra3 ‘ Ad tertium dicendum quod secundum canones imponitur poena his qui casualiter occidunt dantes operam rei illicitae, vel non adhibentes diligentiam debitam.

009 ST3 qu65 ar

pr ‘ Deinde considerandum est de peccatis aliarum iniuriarum quae in personam committuntur. et circa hoc quaeruntur quatuor. primo, de mutilatione membrorum. secundo, de verberatione. tertio, de incarceratione. quarto, utrum peccatum huiusmodi iniuriarum aggravetur ex hoc quod committitur in personam coniunctam aliis.

009 ST3 qu65 ar1

ag1 ‘ Ad primum sic proceditur. videtur quod mutilare aliquem membro in nullo casu possit esse licitum. * damascenus enim dicit, in ii libro, “ quod peccatum committitur per hoc quod receditur ° ab eo quod est secundum naturam in id quod est contra naturam. ‘ sed secundum naturam a deo institutam est quod corpus hominis sit integrum membris; contra naturam autem est quod sit membro diminutum. ergo mutilare aliquem membro semper videtur esse peccatum.

ag2 “ Praeterea, sicut se habet tota anima ad totum corpus, ita se habent partes animae ad partes corporis, * ut dicitur in ii de anima. ‘ sed non licet aliquem privare anima occidendo ipsum, nisi publica potestate. ergo etiam non licet aliquem mutilare membro, nisi forte secundum publicam potestatem.

ag3 ‘ Praeterea, salus animae praeferenda est saluti corporali. sed non licet aliquem mutilare se membro propter salutem animae, * puniuntur enim secundum statuta nicaeni concilii “ qui se castraverunt propter castitatem servandam. ‘ ergo propter nullam aliam causam licet aliquem membro mutilare.

sc * Sed contra est quod dicitur exod. xxi, ° oculum pro oculo, dentem pro dente, manum pro manu, pedem pro pede.

co ‘ Respondeo dicendum quod cum membrum aliquod sit pars totius humani corporis, est propter totum, sicut imperfectum propter perfectum. unde disponendum est de membro humani corporis secundum quod expedit toti. membrum autem humani corporis per se quidem utile est ad bonum totius corporis, per accidens tamen potest contingere quod sit nocivum, puta cum membrum putridum est totius corporis corruptivum. si ergo membrum sanum fuerit et in sua naturali dispositione consistens, non potest praecidi absque totius hominis detrimento. sed quia ipse totus homo ordinatur ut ad finem ad totam communitatem cuius est pars, * ut supra dictum est; ‘ potest contingere quod abscisio membri, etsi vergat in detrimentum totius corporis, ordinatur tamen ad bonum communitatis, inquantum alicui infertur in poenam ad cohibitionem peccatorum. et ideo sicut per publicam potestatem aliquis licite privatur totaliter vita propter aliquas maiores culpas, ita etiam privatur membro propter aliquas culpas minores. hoc autem non est licitum alicui privatae personae, etiam volente illo cuius est membrum, quia per hoc fit iniuria communitati, cuius est ipse homo et omnes partes eius. si vero membrum propter putredinem sit totius corporis corruptivum, tunc licitum est, de voluntate eius cuius est membrum, putridum membrum praescindere propter salutem totius corporis, quia unicuique commissa est cura propriae salutis. et eadem ratio est |25| si fiat voluntate eius ad quem pertinet curare de salute eius qui habet membrum corruptum. aliter autem aliquem membro mutilare est omnino illicitum.

ra1 ‘ Ad primum ergo dicendum quod nihil prohibet id quod est contra particularem naturam esse secundum naturam universalem, sicut mors et corruptio in rebus naturalibus est contra particularem naturam eius quod corrumpitur, cum tamen sit secundum naturam universalem. et similiter mutilare aliquem membro, etsi sit contra naturam particularem corporis eius qui mutilatur, est tamen secundum naturalem rationem in comparatione ad bonum commune.

ra2 ‘ Ad secundum dicendum quod totius hominis vita non ordinatur ad aliquid proprium ipsius hominis, sed ad ipsam potius omnia quae sunt hominis ordinantur. et ideo privare aliquem vita in nullo casu pertinet ad aliquem nisi ad publicam potestatem, cui committitur procuratio boni communis. sed praecisio membri potest ordinari ad propriam salutem unius hominis. et ideo in aliquo casu potest ad ipsum pertinere.

ra3 ‘ Ad tertium dicendum quod membrum non est praecidendum propter corporalem salutem totius nisi quando aliter toti subveniri non potest. saluti autem spirituali semper potest aliter subveniri quam per membri praecisionem, quia peccatum subiacet voluntati. et ideo in nullo casu licet membrum praecidere propter quodcumque peccatum vitandum. * unde chrysostomus, exponens illud matth. xix, ° sunt eunuchi qui seipsos castraverunt propter regnum caelorum. dicit, non membrorum abscisionem, sed malarum cogitationum interemptionem. maledictioni enim est obnoxius qui membrum abscidit, etenim quae homicidarum sunt talis praesumit. * et postea subdit, ° neque concupiscentia mansuetior ita fit, sed molestior. aliunde enim habet fontes sperma quod in nobis est, et praecipue a proposito incontinenti et mente negligente, nec ita abscisio membri comprimit tentationes, ut cogitationis frenum.

009 ST3 qu65 ar2

ag1 ' Ad secundum sic proceditur. videtur quod non liceat patribus verberare filios, aut dominis servos. * dicit enim apostolus, ad ephes. vi, ° vos, patres, nolite ad iracundiam provocare filios vestros. * et infra subdit, ° et vos, domini, eadem facite servis, remittentes minas. ' sed propter verbera aliqui ad iracundiam provocantur. sunt etiam minis graviora. ergo neque patres filios, neque domini servos debent verberare.

ag2 * Praeterea, philosophus dicit, in x ethic., quod ° sermo paternus habet solum monitionem, non autem coactionem. ' sed quaedam coactio est per verbera. ergo parentibus non licet filios verberare.

ag3 ' Praeterea, unicuique licet alteri disciplinam impendere, hoc enim pertinet ad eleemosynas spirituales, * ut supra dictum est. ' si ergo parentibus licet propter disciplinam filios verberare, pari ratione cuilibet licebit quemlibet verberare. quod patet esse falsum. ergo et primum.

sc * Sed contra est quod dicitur prov. xiii, ° qui parcit virgae, odit filium suum; * et infra xxiii, ° noli subtrahere a puero disciplinam. si enim percusseris eum virga, non morietur, tu virga percuties eum, et animam eius de inferno liberabis. * et eccli. xxxiii dicitur, ° servo malevolo tortura et compedes.

co ' Respondeo dicendum quod per verberationem nocumentum quoddam infertur corpori eius qui verberatur, aliter tamen quam in mutilatione, nam mutilatio tollit corporis integritatem, verberatio vero tantummodo afficit sensum dolore. unde multo minus nocumentum est quam membri mutilatio. nocumentum autem inferre alicui non licet nisi per modum poenae propter iustitiam. nullus autem iuste punit aliquem nisi sit eius ditioni subiectus. et ideo verberare aliquem non licet nisi habenti potestatem aliquam super illum qui verberatur. et quia filius subditur potestati patris, et servus potestati domini, licite potest verberare pater filium et dominus servum, causa correctionis et disciplinae.

ra1 ' Ad primum ergo dicendum quod, cum ira sit appetitus vindictae, praecipue concitatur ira cum aliquis se reputat laesum iniuste, * ut patet per philosophum, in ii rhet.. ' et ideo per hoc quod patribus interdicitur ne filios ad iracundiam provocent, non prohibetur quin filios verberent causa disciplinae, sed quod non immoderate eos affligant verberibus. quod vero inducitur dominis quod remittant minas, potest dupliciter intelligi. uno modo, ut remisse minis utantur, quod pertinet ad moderationem disciplinae. alio modo, ut aliquis non semper impleat quod comminatus est, quod pertinet ad hoc quod iudicium quo quis comminatus est poenam, quandoque per remissionis misericordiam temperetur.

ra2 ' Ad secundum dicendum quod maior potestas maiorem debet habere coactionem. sicut autem civitas est perfecta communitas, ita princeps civitatis habet perfectam potestatem coercendi, et ideo potest infligere poenas irreparabiles, scilicet occisionis vel mutilationis. pater autem et dominus, qui praesunt familiae domesticae, quae est imperfecta communitas, habent imperfectam potestatem coercendi secundum leviores poenas, quae non inferunt irreparabile nocumentum. et huiusmodi est verberatio.

ra3 ' Ad tertium dicendum quod exhibere disciplinam volenti cuilibet licet. sed disciplinam nolenti adhibere est solum eius cui alterius cura committitur. et ad hoc pertinet aliquem verberibus castigare.

009 ST3 qu65 ar3

ag1 ' Ad tertium sic proceditur. videtur quod non liceat aliquem hominem incarcerare. actus enim est malus ex genere qui cadit supra indebitam materiam, * ut supra dictum est. ' sed homo, habens naturalem arbitrii libertatem, est indebita materia incarcerationis, quae libertati repugnat. ergo illicitum est aliquem incarcerare.

ag2 ' Praeterea, humana iustitia regulari debet ex divina. * sed sicut dicitur eccli. xv, ° deus reliquit hominem in manu consilii sui. ' ergo videtur quod non est aliquis coercendus vinculis vel carcere.

ag3 ' Praeterea, nullus est cohibendus nisi ab opere malo, a quo quilibet licite potest alium impedire. si ergo incarcerare aliquem esset licitum ad hoc quod cohiberetur a malo, cuilibet esset licitum aliquem incarcerare. quod patet esse falsum. ergo et primum.

sc * Sed contra est quod levit. xxiv ' legitur quendam missum fuisse in carcerem propter peccatum blasphemiae.

co ' Respondeo dicendum quod in bonis corporis tria per ordinem considerantur. primo quidem, integritas corporalis substantiae, cui detrimentum affertur per occisionem vel mutilationem. secundo, delectatio vel quies sensus, cui opponitur verberatio, vel quidlibet sensum dolore afficiens. tertio, motus et usus membrorum, qui impeditur per ligationem vel incarcerationem, seu quamcumque detentionem. et ideo incarcerare aliquem, vel qualitercumque detinere, est illicitum nisi fiat secundum ordinem iustitiae, aut in poenam aut ad cautelam alicuius mali vitandi.

ra1 ' Ad primum ergo dicendum quod homo qui abutitur potestate sibi data, meretur eam amittere. et ideo homo qui peccando abusus est libero usu suorum membrorum, conveniens est incarcerationis materia.

ra2 ' Ad secundum dicendum quod deus quandoque, secundum ordinem suae sapientiae, peccatores cohibet ne possint peccata implere, * secundum illud iob v, ° qui dissipat cogitationes malignorum, ne possint implere manus eorum quod coeperant. ' quandoque vero eos permittit quod volunt agere. et similiter secundum humanam iustitiam non pro qualibet culpa homines incarcerantur, sed pro aliquibus.

ra3 ' Ad tertium dicendum quod detinere hominem ad horam ab aliquo opere illicito statim perpetrando, cuilibet licet, sicut cum aliquis detinet aliquem ne se praecipitet, vel ne alium feriat. sed simpliciter aliquem includere vel ligare ad eum solum pertinet qui habet disponere universaliter de actibus et vita alterius, quia per hoc impeditur non solum a malis, sed etiam a bonis agendis.

009 ST3 qu65 ar4

ag1 ' Ad quartum sic proceditur. videtur quod peccatum non aggravetur ex hoc quod praedictae iniuriae inferuntur in personas aliis coniunctas. huiusmodi enim iniuriae habent rationem peccati prout nocumentum alicui infertur contra eius voluntatem. sed magis est contra hominis voluntatem malum quod in personam propriam infertur quam quod infertur in personam coniunctam. ergo iniuria illata in personam coniunctam est minor.

ag2 ' Praeterea, in sacra scriptura praecipue reprehenduntur qui pupillis et viduis iniurias inferunt, * unde dicitur eccli. xxxv, ° non despiciet preces pupilli, nec viduam, si effundat loquelam gemitus. ' sed vidua et pupillus non sunt personae aliis coniunctae. ergo ex hoc quod infertur iniuria personis coniunctis non aggravatur peccatum.

ag3 ' Praeterea, persona coniuncta habet propriam voluntatem, sicut et principalis persona. potest ergo aliquid ei esse voluntarium quod est contra voluntatem principalis personae, ut patet in adulterio, quod placet uxori et displicet viro. sed huiusmodi iniuriae habent rationem peccati prout consistunt in involuntaria commutatione. ergo huiusmodi iniuriae minus habent de ratione peccati.

sc ' Sed contra est quod * deut. xxviii, ad quandam exaggerationem dicitur, ° filii tui et filiae tuae tradentur alteri populo videntibus oculis tuis.

co ' Respondeo dicendum quod quanto aliqua iniuria in plures redundat, ceteris paribus, tanto gravius est peccatum. et inde est quod gravius est peccatum si aliquis percutiat principem quam personam privatam, quia redundat in iniuriam totius multitudinis, * ut supra dictum est. ' cum autem infertur iniuria in aliquam personam coniunctam alteri qualitercumque, iniuria illa pertinet ad duas personas. et ideo, ceteris paribus, ex hoc ipso aggravatur peccatum. potest tamen contingere quod secundum aliquas circumstantias sit gravius peccatum quod fit contra personam nulli coniunctam, vel propter dignitatem personae, vel propter magnitudinem nocumenti.

ra1 ' Ad primum ergo dicendum quod iniuria illata in personam coniunctam minus est nociva personae cui coniungitur quam si in ipsam immediate inferretur, et ex hac parte est minus peccatum. sed hoc totum quod pertinet ad iniuriam personae cui coniungitur, superadditur peccato quod quis incurrit ex eo quod aliam personam secundum se laedit.

ra2 ' Ad secundum dicendum quod iniuriae illatae in viduas et pupillos magis exaggerantur, tum quia magis opponuntur misericordiae. tum quia idem nocumentum huiusmodi personis inflictum est eis gravius, quia non habent relevantem.

ra3 ' Ad tertium dicendum quod per hoc quod uxor voluntarie consentit in adulterium, minoratur quidem peccatum et iniuria ex parte ipsius mulieris, gravius enim esset si adulter violenter eam opprimeret. non tamen per hoc tollitur iniuria ex parte viri, quia ° uxor non habet potestatem sui corporis, sed vir, * ut dicitur i ad cor. vii. ' et eadem ratio est de similibus. de adulterio tamen, quod non solum iustitiae, sed etiam castitati opponitur, * erit locus infra agendi in tractatu de temperantia.

009 ST3 qu66 ar

pr ' Deinde considerandum est de peccatis iustitiae oppositis per quae infertur nocumentum proximo in rebus, scilicet de furto et rapina. et circa hoc quaeruntur novem. primo, utrum naturalis sit homini possessio exteriorum rerum. secundo, utrum licitum sit quod aliquis rem aliquam possideat quasi propriam. tertio, utrum furtum sit occulta acceptio rei alienae. quarto, utrum rapina sit peccatum specie differens a furto. quinto, utrum omne furtum sit peccatum. sexto, utrum furtum sit peccatum mortale. septimo, utrum liceat furari in necessitate. octavo, utrum omnis rapina sit peccatum mortale. nono, utrum rapina sit gravius peccatum quam furtum.

009 ST3 qu66 ar1

ag1 ' Ad primum sic proceditur. videtur quod non sit naturalis homini possessio exteriorum rerum. nullus enim debet sibi attribuere quod dei est. sed dominium omnium creaturarum est proprie dei, * secundum illud psalm., ° domini est terra etc.. ' ergo non est naturalis homini rerum possessio.

ag2 * Praeterea, basilius, exponens verbum divitis dicentis, luc. xii, ° congregabo omnia quae nata sunt mihi et bona mea, * dicit, ° dic mihi, quae tua? unde ea sumens in vitam tulisti? ' sed illa quae homo possidet naturaliter, potest aliquis convenienter dicere esse sua. ergo homo non possidet naturaliter exteriora bona.

ag3 * Praeterea, sicut ambrosius dicit, in libro de trin., " dominus nomen est potestatis. ' sed homo non habet potestatem super res exteriores, nihil enim potest circa earum naturam immutare. ergo possessio exteriorum rerum non est homini naturalis.

sc * Sed contra est quod dicitur in psalm., " omnia subiecisti sub pedibus eius, scilicet hominis.

co ' Respondeo dicendum quod res exterior potest dupliciter considerari. uno modo, quantum ad eius naturam, quae non subiacet humanae potestati, sed solum divinae, cui omnia ad nutum obediunt. alio modo, quantum ad usum ipsius rei. et sic habet homo naturale dominium exteriorum rerum, quia per rationem et voluntatem potest uti rebus exterioribus ad suam utilitatem, quasi propter se factis; semper enim imperfectiora sunt propter perfectiora, * ut supra habitum est. * et ex hac ratione philosophus probat, in i polit., quod " possessio rerum exteriorum est homini naturalis. ' hoc autem naturale dominium super ceteras creaturas, quod competit homini secundum rationem, in qua imago dei consistit, manifestatur in ipsa hominis creatione, * gen. i, ubi dicitur, ° faciamus hominem ad similitudinem et imaginem nostram, et praesit piscibus maris, etc..

ra1 ' Ad primum ergo dicendum quod deus habet principale dominium omnium rerum. et ipse secundum suam providentiam ordinavit res quasdam ad corporalem hominis sustentationem. et propter hoc homo habet naturale rerum dominium quantum ad potestatem utendi ipsis.

ra2 ' Ad secundum dicendum quod dives ille reprehenditur ex hoc quod putabat exteriora bona esse principaliter sua, quasi non accepisset ea ab alio, scilicet a deo.

ra3 ' Ad tertium dicendum quod ratio illa procedit de dominio exteriorum rerum quantum ad naturas ipsarum, quod quidem dominium soli deo convenit, * ut dictum est.

009 ST3 qu66 ar2

ag1 ' Ad secundum sic proceditur. videtur quod non liceat alicui rem aliquam quasi propriam possidere. omne enim quod est contra ius naturale est illicitum. sed secundum ius naturale omnia sunt communia, cui quidem communitati contrariatur possessionum proprietas. ergo illicitum est cuilibet homini appropriare sibi aliquam rem exteriorem.

ag2 * Praeterea, basilius dicit, exponens praedictum verbum divitis, ° sicut qui, praeveniens ad spectacula, prohiberet advenientes, sibi appropriando quod ad communem usum ordinatur; similes sunt divites qui communia, quae praeoccupaverunt, aestimant sua esse. ' sed illicitum esset praecludere viam aliis ad potiendum communibus bonis. ergo illicitum est appropriare sibi aliquam rem communem.

ag3 ' Praeterea, * ambrosius dicit, et habetur in decretis, dist. xlvii, can. " sicut hi, proprium nemo dicat quod est commune. appellat autem communes res exteriores, sicut patet ex his quae praemittit. ' ergo videtur illicitum esse quod aliquis appropriet sibi aliquam rem exteriorem.

sc * Sed contra est quod augustinus dicit, in libro de haeres., ° apostolici dicuntur qui se hoc nomine arrogantissime vocaverunt, eo quod in suam communionem non acciperent utentes coniugibus, et res proprias possidentes, quales habet catholica ecclesia et monachos et clericos plurimos. ' sed ideo isti haeretici sunt quoniam, se ab ecclesia separantes, nullam spem putant eos habere qui utuntur his rebus, quibus ipsi carent. est ergo erroneum dicere quod non liceat homini propria possidere.

co ' Respondeo dicendum quod circa rem exteriorem duo competunt homini. quorum unum est potestas procurandi et dispensandi. et quantum ad hoc licitum est quod homo propria possideat. et est etiam necessarium ad humanam vitam, propter tria. primo quidem, quia magis sollicitus est unusquisque ad procurandum aliquid quod sibi soli competit quam aliquid quod est commune omnium vel multorum, quia unusquisque, laborem fugiens, relinquit alteri id quod pertinet ad commune; sicut accidit in multitudine ministrorum. alio modo, quia ordinatius res humanae tractantur si singulis immineat propria cura alicuius rei procurandae, esset autem confusio si quilibet indistincte quaelibet procuraret. tertio, quia per hoc magis pacificus status hominum conservatur, dum unusquisque re sua contentus est. unde videmus quod inter eos qui communiter et ex indiviso aliquid possident, frequentius iurgia oriuntur. aliud vero quod competit homini circa res exteriores est usus ipsarum. et quantum ad hoc non debet homo habere res exteriores ut proprias, sed ut communes, ut scilicet de facili aliquis ea communicet in necessitates aliorum. * unde apostolus dicit, i ad tim. ult., ° divitibus huius saeculi praecipe facile tribuere, communicare.

ra1 ' Ad primum ergo dicendum quod communitas

rerum attribuitur iuri naturali, non quia ius naturale dictet omnia esse possidenda communiter et nihil esse quasi proprium possidendum, sed quia secundum ius naturale non est distinctio possessionum, sed magis secundum humanum condictum, quod pertinet ad ius positivum, * ut supra dictum est. ' unde proprietas possessionum non est contra ius naturale; sed iuri naturali superadditur per adinventionem rationis humanae.
ra2 ' Ad secundum dicendum quod ille qui, praeveniens ad spectacula, praepararet aliis viam, non illicite ageret, sed ex hoc illicite agit quod alios prohibet. et similiter dives non illicite agit si, praeoccupans possessionem rei quae a principio erat communis, aliis communicat, peccat autem si alios ab usu illius rei indiscrete prohibeat. * unde basilius ibidem dicit, ° cur tu abundas, ille vero mendicat, nisi ut tu bonae dispensationis merita consequaris, ille vero patientiae praemiis coronetur?
ra3 * Ad tertium dicendum quod cum dicit ambrosius, ° nemo proprium dicat quod est commune, * loquitur de proprietate quantum ad usum. unde subdit, ° plus quam sufficeret sumptui, violenter obtentum est.

009 ST3 qu66 ar3

ag1 ' Ad tertium sic proceditur. videtur quod non sit de ratione furti occulte accipere rem alienam. illud enim quod diminuit peccatum non videtur ad rationem peccati pertinere. sed in occulto peccare pertinet ad diminutionem peccati, sicut * e contrario ad exaggerandum peccatum quorundam dicitur isaiae iii, ° peccatum suum quasi sodoma praedicaverunt, nec absconderunt. ' ergo non est de ratione furti occulta acceptio rei alienae.
ag2 * Praeterea, ambrosius dicit, et habetur in decretis, dist. xlvii, ° neque minus est criminis habenti tollere quam, cum possis et abundas, indigentibus denegare. ' ergo sicut furtum consistit in acceptione rei alienae, ita et in detentione ipsius.
ag3 ' Praeterea, homo potest furtim ab alio accipere etiam quod suum est puta rem quam apud alium deposuit, vel quae est ab eo iniuste ablata. non est ergo de ratione furti quod sit occulta acceptio rei alienae.
sc * Sed contra est quod isidorus dicit, in libro etymol., ° fur a furvo dictus est, idest a fusco, nam noctis utitur tempore.
co ' Respondeo dicendum quod ad rationem furti tria concurrunt. quorum primum convenit sibi secundum quod contrariatur iustitiae, quae unicuique tribuit quod suum est. et ex hoc competit ei quod usurpat alienum. secundum vero pertinet ad rationem furti prout distinguitur a peccatis quae sunt contra personam, sicut ab homicidio et adulterio. et secundum hoc competit furto quod sit circa rem possessam. si quis enim accipiat id quod est alterius non quasi possessio, sed quasi pars, sicut si amputet membrum; vel sicut persona coniuncta, ut si auferat filiam vel uxorem, non habet proprie rationem furti. tertia differentia est quae complet furti rationem, ut scilicet occulte usurpetur alienum. et secundum hoc propria ratio furti est ut sit occulta acceptio rei alienae.
ra1 ' Ad primum ergo dicendum quod occultatio quandoque quidem est causa peccati, puta cum quis utitur occultatione ad peccandum, sicut accidit in fraude et dolo. et hoc modo non diminuit, sed constituit speciem peccati. et ita est in furto. alio modo occultatio est simplex circumstantia peccati. et sic diminuit peccatum, tum quia est signum verecundiae; tum quia tollit scandalum.
ra2 ' Ad secundum dicendum quod detinere id quod alteri debetur eandem rationem nocumenti habet cum acceptione. et ideo sub iniusta acceptione intelligitur etiam iniusta detentio.
ra3 ' Ad tertium dicendum quod nihil prohibet id quod est simpliciter unius, secundum quid esse alterius. sicut res deposita est simpliciter quidem deponentis, sed est eius apud quem deponitur quantum ad custodiam. et id quod est per rapinam ablatum est rapientis, non simpliciter, sed quantum ad detentionem.

009 ST3 qu66 ar4

ag1 ' Ad quartum sic proceditur. videtur quod furtum et rapina non sint peccata differentia specie. furtum enim et rapina differunt secundum occultum et manifestum, furtum enim importat occultam acceptionem, rapina vero violentam et manifestam. sed in aliis generibus peccatorum occultum et manifestum non diversificant speciem. ergo furtum et rapina non sunt peccata specie diversa.
ag2 ' Praeterea, moralia recipiunt speciem a fine, * ut supra dictum est. ' sed furtum et rapina ordinantur ad eundem finem, scilicet ad habendum aliena. ergo non differunt specie.
ag3 ' Praeterea, sicut rapitur aliquid ad possidendum, ita rapitur mulier ad delectandum, * unde et isidorus dicit, in libro etymol., quod ° raptor dicitur corruptor, et rapta corrupta. ' sed raptus dicitur sive mulier auferatur publice, sive occulte. ergo et res possessa rapi dicitur sive occulte, sive publice rapiatur. ergo non differunt furtum et rapina.
sc * Sed contra est quod philosophus, in v ethic., distinguit " furtum a rapina, ponens furtum occultum, rapinam vero violentam.
co ' Respondeo dicendum quod furtum et rapina sunt vitia iustitiae opposita, inquantum aliquis alter facit iniustum. nullus autem patitur iniustum volens, * ut probatur in v ethic.. ' et ideo furtum et rapina ex hoc habent rationem peccati quod acceptio est involuntaria ex parte eius cui aliquid subtrahitur. involuntarium autem dupliciter dicitur, scilicet per ignorantiam, et violentiam, * ut habetur in iii ethic.. ' et ideo aliam rationem peccati habet rapina, et aliam furtum. et propter hoc differunt specie.
ra1 ' Ad primum ergo dicendum quod in aliis generibus peccatorum non attenditur ratio peccati ex aliquo involuntario, sicut attenditur in peccatis oppositis iustitiae. et ideo ubi occurrit diversa ratio involuntarii, est diversa species peccati.
ra2 ' Ad secundum dicendum quod finis remotus est idem rapinae et furti, sed hoc non sufficit ad identitatem speciei, quia est diversitas in finibus proximis. raptor enim vult per propriam potestatem obtinere, fur vero per astutiam.
ra3 ' Ad tertium dicendum quod raptus mulieris non potest esse occultus ex parte mulieris quae rapitur. et ideo etiam si sit occultus ex parte aliorum, quibus rapitur, adhuc remanet ratio rapinae ex parte mulieris, cui violentia infertur.

009 ST3 qu66 ar5

ag1 ' Ad quintum sic proceditur. videtur quod furtum non semper sit peccatum. nullum enim peccatum cadit sub praecepto divino, * dicitur enim eccli. xv, ° nemini mandavit impie agere. ' sed deus invenitur praecepisse furtum, * dicitur enim exod. xii, ° fecerunt filii israel sicut praeceperat dominus moysi, et expoliaverunt aegyptios. ' ergo furtum non semper est peccatum.
ag2 ' Praeterea, ille qui invenit rem non suam, si eam accipiat, videtur furtum committere, quia accipit rem alienam. sed hoc videtur esse licitum secundum naturalem aequitatem; * ut iuristae dicunt. ' ergo videtur quod furtum non semper sit peccatum.
ag3 ' Praeterea, ille qui accipit rem suam non videtur peccare, cum non agat contra iustitiam, cuius aequalitatem non tollit. sed furtum committitur etiam si aliquis rem suam occulte accipiat ab altero detentam vel custoditam. ergo videtur quod furtum non semper sit peccatum.
sc * Sed contra est quod dicitur exod. xx, ° non furtum facies.
co ' Respondeo dicendum quod si quis consideret furti rationem, duas rationes peccati in eo inveniet. primo quidem, propter contrarietatem ad iustitiam, quae reddit unicuique quod suum est. et sic furtum iustitiae opponitur, inquantum furtum est acceptio rei alienae. secundo, ratione doli seu fraudis, quam fur committit occulte et quasi ex insidiis rem alienam usurpando. unde manifestum est quod omne furtum est peccatum.
ra1 ' Ad primum ergo dicendum quod accipere rem alienam vel occulte vel manifeste auctoritate iudicis hoc decernentis, non est furtum, quia iam fit sibi debitum per hoc quod sententialiter sibi est adiudicatum. unde multo minus furtum fuit quod filii israel tulerunt spolia aegyptiorum de praecepto domini hoc decernentis pro afflictionibus quibus aegyptii eos sine causa afflixerant. * et ideo signanter dicitur sap. x, ° iusti tulerunt spolia impiorum.
ra2 ' Ad secundum dicendum quod circa res inventas est distinguendum. quaedam enim sunt quae nunquam fuerunt in bonis alicuius, sicut lapilli et gemmae quae inveniuntur in littore maris, et talia occupanti conceduntur. et eadem ratio est de thesauris antiquo tempore sub terra occultatis, quorum non est aliquis possessor, nisi quod secundum leges civiles tenetur inventor medietatem dare domino agri, si in alieno agro invenerit; propter quod * in parabola evangelii dicitur, matth. xiii, de inventore thesauri absconditi in agro, quod " emit agrum, ' quasi ut haberet ius possidendi totum thesaurum. quaedam vero res inventae fuerunt de propinquo in alicuius bonis. et tunc, si quis eas accipiat non animo retinendi, sed animo restituendi domino, qui eas pro derelictis non habet, non committit furtum. et similiter si pro derelictis habeantur, et hoc credat inventor, licet sibi retineat, non committit furtum. alias autem committitur peccatum furti. * unde augustinus dicit, in quadam homilia, et habetur xiv, qu. v, ° si quid invenisti et non reddidisti, rapuisti.
ra3 ' Ad tertium dicendum quod ille qui furtim accipit rem suam apud alium depositam, gravat depositarium, quia tenetur ad restituendum, vel ad ostendendum se esse innoxium. unde manifestum est quod peccat, et tenetur ad relevandum gravamen depositarii. qui vero furtim accipit rem suam apud alium iniuste detentam, peccat quidem, non quia gravet eum qui detinet, et ideo non tenetur ad restituendum aliquid vel ad recompensandum, sed peccat contra communem iustitiam, dum ipse sibi usurpat suae rei iudicium, iuris ordine praetermisso. et ideo tenetur deo satisfacere, et dare operam ut scandalum proximorum, si inde exortum fuerit, sedetur.

009 ST3 qu66 ar6

ag1 ' Ad sextum sic proceditur. videtur quod furtum non sit peccatum mortale. * dicitur enim prov. vi, ° non grandis est culpae cum quis furatus fuerit. ' sed omne peccatum mortale est grandis culpae. ergo furtum non est peccatum mortale.
ag2 ' Praeterea, peccato mortali mortis poena debetur. sed pro furto non infligitur in lege poena mortis, sed solum poena damni, * secundum illud exod. xxii, ° si quis furatus fuerit bovem aut ovem, quinque boves pro uno bove restituet, et quatuor oves pro una ove. ' ergo furtum non est peccatum mortale.
ag3 ' Praeterea, furtum potest committi in parvis rebus, sicut et in magnis. sed inconveniens videtur quod pro furto alicuius parvae rei, puta unius acus vel unius pennae, aliquis puniatur morte aeterna. ergo furtum non est peccatum mortale.
sc ' Sed contra est quod nullus damnatur secundum divinum iudicium nisi pro peccato mortali. condemnatur autem aliquis pro furto, * secundum illud zach. v, ° haec est maledictio quae egreditur super faciem omnis terrae, quia omnis fur sicut ibi scriptum est condemnatur. ' ergo furtum est peccatum mortale.
co * Respondeo dicendum quod, sicut supra habitum est, ' peccatum mortale est quod contrariatur caritati, secundum quam est spiritualis animae vita. caritas autem consistit quidem principaliter in dilectione dei, secundario vero in dilectione proximi, ad quam pertinet ut proximo bonum velimus et operemur. per furtum autem homo infert nocumentum proximo in suis rebus, et si passim homines sibi invicem furarentur, periret humana societas. unde furtum, tanquam contrarium caritati, est peccatum mortale.
ra1 ' Ad primum ergo dicendum quod furtum dicitur non esse grandis culpae duplici ratione. primo quidem, propter necessitatem inducentem ad furandum, quae diminuit vel totaliter tollit culpam, * ut infra patebit. * unde subdit, ° furatur enim ut esurientem impleat animam. ' alio modo dicitur furtum non esse grandis culpae per comparationem ad reatum adulterii, quod punitur morte. unde subditur de fure quod ° deprehensus reddet septuplum, qui autem adulter est, perdet animam suam.
ra2 ' Ad secundum dicendum quod poenae praesentis vitae magis sunt medicinales quam retributivae, retributio enim reservatur divino iudicio, quod est secundum veritatem in peccantes. et ideo secundum iudicium praesentis vitae non pro quolibet peccato mortali infligitur poena mortis, sed solum pro illis quae inferunt irreparabile nocumentum, vel etiam pro illis quae habent aliquam horribilem deformitatem. et ideo pro furto, quod reparabile damnum infert, non infligitur secundum praesens iudicium poena mortis, nisi furtum aggravetur per aliquam gravem circumstantiam, sicut patet de sacrilegio, quod est furtum rei sacrae, et de peculatu, quod est furtum rei communis, * ut patet per augustinum, super ioan.; ' et de plagio, quod est furtum hominis, pro quo quis morte punitur, * ut patet exod. xxi.
ra3 ' Ad tertium dicendum quod illud quod modicum est ratio apprehendit quasi nihil. et ideo in his quae minima sunt homo non reputat sibi nocumentum inferri, et ille qui accipit potest praesumere hoc non esse contra voluntatem eius cuius est res. et pro tanto si quis furtive huiusmodi res minimas accipiat, potest excusari a peccato mortali. si tamen habeat animum furandi et inferendi nocumentum proximo, etiam in talibus minimis potest esse peccatum mortale, sicut et in solo cogitatu per consensum.

009 ST3 qu66 ar7

ag1 ' Ad septimum sic proceditur. videtur quod non liceat alicui furari propter necessitatem. non enim imponitur poenitentia nisi peccanti. * sed extra, de furtis, dicitur, ° si quis per necessitatem famis aut nuditatis furatus fuerit cibaria, vestem vel pecus, poeniteat hebdomadas tres. ' ergo non licet furari propter necessitatem.
ag2 * Praeterea, philosophus dicit, in ii ethic., quod ° quaedam confestim nominata convoluta sunt cum malitia, " inter quae ponit furtum. ' sed illud quod est secundum se malum non potest propter aliquem bonum finem bonum fieri. ergo non potest aliquis licite furari ut necessitati suae subveniat.
ag3 ' Praeterea, homo debet diligere proximum sicut seipsum. sed " non licet furari ad hoc quod aliquis per eleemosynam proximo subveniat; * ut augustinus dicit, in libro contra mendacium. ' ergo etiam non licet furari ad subveniendum propriae necessitati.
sc ' Sed contra est quod in necessitate sunt omnia communia. et ita non videtur esse peccatum si aliquis rem alterius accipiat, propter necessitatem sibi factam communem.
co ' Respondeo dicendum quod ea quae sunt iuris humani non possunt derogare iuri naturali vel iuri divino. secundum autem naturalem ordinem ex divina providentia institutum, res inferiores sunt ordinatae ad hoc quod ex his subveniatur hominum necessitati. et ideo per rerum divisionem et appropriationem, de iure humano procedentem, non impeditur quin hominis necessitati sit subveniendum ex huiusmodi rebus. et ideo res quas aliqui superabundanter habent, ex naturali iure debentur pauperum sustentationi. * unde ambrosius dicit, et habetur in decretis, dist. xlvii, ° esurientium panis est quem tu detines;

nudorum indumentum est quod tu recludis; miserorum redemptio et absolutio est pecunia quam tu in terram defodis. ‘sed quia multi sunt necessitatem patientes, et non potest ex eadem re omnibus subveniri, committitur arbitrio uniuscuiusque dispensatio propriarum rerum, ut ex eis subveniat necessitatem patientibus. si tamen adeo sit urgens et evidens necessitas ut manifestum sit instanti necessitati de rebus occurrentibus esse subveniendum, puta cum imminet personae periculum et aliter subveniri non potest; tunc licite potest aliquis ex rebus alienis suae necessitati subvenire, sive manifeste sive occulte sublatis. nec hoc proprie habet rationem furti vel rapinae.
ra1 ‘ Ad primum ergo dicendum quod “ decretalis illa loquitur in casu in quo non est urgens necessitas.
ra2 ‘ Ad secundum dicendum quod uti re aliena occulte accepta in casu necessitatis extremae non habet rationem furti, proprie loquendo. quia per talem necessitatem efficitur suum illud quod quis accipit ad sustentandam propriam vitam.
ra3 ‘ Ad tertium dicendum quod in casu similis necessitatis etiam potest aliquis occulte rem alienam accipere ut subveniat proximo sic indigenti.

009 ST3 qu66 ar8

ag1 ‘ Ad octavum sic proceditur. videtur quod rapina possit fieri sine peccato. praeda enim per violentiam accipitur; quod videtur ad rationem rapinae pertinere, * secundum praedicta. ‘ sed praedam accipere ab hostibus licitum est, * dicit enim ambrosius, in libro de patriarchis, ° cum praeda fuerit in potestate victoris, decet militarem disciplinam ut regi serventur omnia, “ scilicet ad distribuendum. ‘ ergo rapina in aliquo casu est licita.
ag2 ‘ Praeterea, licitum est auferre ab aliquo id quod non est eius. sed res quas infideles habent non sunt eorum, * dicit enim augustinus, in epistola ad vinc. donatist., ° res falso appellatis vestras, quas nec iuste possidetis, et secundum leges terrenorum regum amittere iussi estis. ‘ ergo videtur quod ab infidelibus aliquis licite rapere posset.
ag3 ‘ Praeterea, terrarum principes multa a suis subditis violenter extorquent; quod videtur ad rationem rapinae pertinere. grave autem videtur dicere quod in hoc peccent, quia sic fere omnes principes damnarentur. ergo rapina in aliquo casu est licita.
sc ‘ Sed contra est quod de quolibet licite accepto potest fieri deo sacrificium vel oblatio. non autem potest fieri de rapina, * secundum illud isaiae lxi, ° ego dominus diligens iudicium, et odio habens rapinam in holocaustum. ‘ ergo per rapinam aliquid accipere non est licitum.
co ‘ Respondeo dicendum quod rapina quandam violentiam et coactionem importat per quam, contra iustitiam, alicui aufertur quod suum est. in societate autem hominum nullus habet coactionem nisi per publicam potestatem. et ideo quicumque per violentiam aliquid alteri aufert, si sit privata persona non utens publica potestate, illicite agit et rapinam committit, sicut patet in latronibus. principibus vero publica potestas committitur ad hoc quod sint iustitiae custodes. et ideo non licet eis violentia et coactione uti nisi secundum iustitiae tenorem, et hoc vel contra hostes pugnando, vel contra cives malefactores puniendo. et quod per talem violentiam aufertur non habet rationem rapinae, cum non sit contra iustitiam. si vero contra iustitiam aliqui per publicam potestatem violenter abstulerint res aliorum, illicite agunt et rapinam committunt, et ad restitutionem tenentur.
ra1 ‘ Ad primum ergo dicendum quod circa praedam distinguendum est. quia si illi qui depraedantur hostes habeant bellum iustum, ea quae per violentiam in bello acquirunt eorum efficiuntur. et hoc non habet rationem rapinae, unde nec ad restitutionem tenentur. quamvis possint in acceptione praedae iustum bellum habentes peccare per cupiditatem ex prava intentione, si scilicet non propter iustitiam, sed propter praedam principaliter pugnent, * dicit enim augustinus, in libro de verb. dom., quod ° propter praedam militare peccatum est. ‘ si vero illi qui praedam accipiunt habeant bellum iniustum, rapinam committunt, et ad restitutionem tenentur.
ra2 ‘ Ad secundum dicendum quod intantum aliqui infideles iniuste res suas possident, “ inquantum eas secundum leges terrenorum principum amittere iussi sunt. ‘ et ideo ab eis possunt per violentiam subtrahi, non privata auctoritate, sed publica.
ra3 ‘ Ad tertium dicendum quod si principes a subditis exigant quod eis secundum iustitiam debetur propter bonum commune conservandum, etiam si violentia adhibeatur, non est rapina. si vero aliquid principes indebite extorqueant per violentiam, rapina est, sicut et latrocinium. * unde dicit augustinus, in iv de civ. dei, ° remota iustitia, quid sunt regna nisi magna latrocinia? quia et latrocinia quid sunt nisi parva regna? * et ezech. xxii dicitur, ° principes eius in medio eius quasi lupi rapientes praedam. ‘ unde et ad restitutionem tenentur, sicut et latrones. et tanto gravius peccant quam latrones, quanto periculosius et communius contra publicam iustitiam agunt, cuius custodes sunt positi.

009 ST3 qu66 ar9

ag1 ‘ Ad nonum sic proceditur. videtur quod furtum sit gravius peccatum quam rapina. furtum enim, super acceptionem rei alienae, habet adiunctam fraudem et dolum, quod non est in rapina. sed fraus et dolus de se habent rationem peccati, * ut supra habitum est. ‘ ergo furtum videtur esse gravius peccatum quam rapina.
ag2 “ Praeterea, verecundia est timor de turpi actu, * ut dicitur in iv ethic.. ‘ sed magis verecundantur homines de furto quam de rapina. ergo furtum est turpius quam rapina.
ag3 ‘ Praeterea, quanto aliquod peccatum pluribus nocet, tanto gravius esse videtur. sed per furtum potest nocumentum inferri et magnis et parvis, per rapinam autem solum impotentibus, quibus potest violentia inferri. ergo gravius videtur esse peccatum furti quam rapinae.
sc ‘ Sed contra est quod secundum leges gravius punitur rapina quam furtum.
co ‘ Respondeo dicendum quod rapina et furtum habent rationem peccati, * sicut supra dictum est, ‘ propter involuntarium quod est ex parte eius cui aliquid aufertur; ita tamen quod in furto est involuntarium per ignorantiam, in rapina autem involuntarium per violentiam. magis est autem aliquid involuntarium per violentiam quam per ignorantiam, quia violentia directius opponitur voluntati quam ignorantia. et ideo rapina est gravius peccatum quam furtum. est et alia ratio. quia per rapinam non solum infertur alicui damnum in rebus, sed etiam vergit in quandam personae ignominiam sive iniuriam. et hoc praeponderat fraudi vel dolo, quae pertinent ad furtum.
ra1 ‘ Unde patet responsio ad primum.
ra2 ‘ Ad secundum dicendum quod homines sensibilibus inhaerentes magis gloriantur de virtute exteriori, quae manifestatur in rapina, quam de virtute interiori, quae tollitur per peccatum. et ideo minus verecundantur de rapina quam de furto.
ra3 ‘ Ad tertium dicendum quod licet pluribus possit noceri per furtum quam per rapinam, tamen graviora nocumenta possunt inferri per rapinam quam per furtum. unde ex hoc etiam rapina est detestabilior.

009 ST3 qu67 ar

pr ‘ Deinde considerandum est de vitiis oppositis commutativae iustitiae quae consistunt in verbis in quibus laeditur proximus. et primo, de his quae pertinent ad iudicium; secundo, de nocumentis verborum quae fiunt extra iudicium. circa primum quinque consideranda occurrunt, primo quidem, de iniustitia iudicis in iudicando; secundo, de iniustitia accusatoris in accusando; tertio, de iniustitia ex parte rei in sua defensione; quarto, de iniustitia testis in testificando; quinto, de iniustitia advocati in patrocinando. circa primum quaeruntur quatuor. primo, utrum aliquis possit iuste iudicare eum qui non est sibi subditus. secundo, utrum liceat iudicium ferre contra veritatem quam novit, propter ea quae sibi proponuntur. tertio, utrum iudex possit aliquem iuste condemnare non accusatum. quarto, utrum licite possit poenam relaxare.

009 ST3 qu67 ar1

ag1 ‘ Ad primum sic proceditur. videtur quod aliquis possit iuste iudicare eum qui non est sibi subditus. * dicitur enim dan. xiii ‘ quod daniel seniores de falso testimonio convictos suo iudicio condemnavit. sed illi seniores non erant subditi danieli, quinimmo ipsi erant iudices populi. ergo aliquis potest licite iudicare sibi non subditum.
ag2 ‘ Praeterea, christus non erat alicuius hominis subditus, quinimmo “ ipse erat rex regum et dominus dominantium. ‘ sed ipse exhibuit se iudicio hominis. ergo videtur quod aliquis licite possit iudicare aliquem qui non est subditus eius.
ag3 * Praeterea, secundum iura ‘ quilibet sortitur forum secundum rationem delicti. sed quandoque ille qui delinquit non est subditus eius ad quem pertinet forum illius loci, puta cum est alterius dioecesis, vel cum est exemptus. ergo videtur quod aliquis possit iudicare eum qui non est sibi subditus.
sc * Sed contra est quod gregorius dicit, super illud deut. xxiii, ° si intraveris segetem etc.. falcem iudicii mittere non potest in eam rem quae alteri videtur esse commissa.
co ‘ Respondeo dicendum quod sententia iudicis est quasi quaedam particularis lex in aliquo particulari facto. et ideo sicut lex generalis debet habere vim coactivam, * ut patet per philosophum, in x ethic.; ‘ ita etiam et sententia iudicis debet habere vim coactivam, per quam constringatur utraque pars ad servandam sententiam iudicis, alioquin iudicium non esset efficax. potestatem autem coactivam non habet licite in rebus humanis nisi ille qui fungitur publica potestate. et qui ea funguntur superiores reputantur respectu eorum in quos, sicut in subditos, potestatem accipiunt, sive habeant ordinarie, sive per commissionem. et ideo manifestum est quod nullus potest iudicare aliquem nisi sit aliquo modo subditus eius, vel per commissionem vel per potestatem ordinariam.
ra1 ‘ Ad primum ergo dicendum quod daniel accepit potestatem ad iudicandum illos seniores quasi commissam ex instinctu divino. * quod significatur per hoc quod ibi dicitur, quod ° suscitavit dominus spiritum pueri iunioris.
ra2 ‘ Ad secundum dicendum quod in rebus humanis aliqui propria sponte possunt se subiicere aliorum iudicio, quamvis non sint eis superiores, sicut patet in his qui compromittunt in aliquos arbitros. et inde est quod necesse est arbitrium poena vallari, quia arbitri, qui non sunt superiores, non habent de se plenam potestatem coercendi. sic igitur et christus propria sponte humano iudicio se subdidit, sicut etiam et leo papa iudicio imperatoris se subdidit.
ra3 ‘ Ad tertium dicendum quod episcopus in cuius dioecesi aliquis delinquit, efficitur superior eius ratione delicti, etiam si sit exemptus, nisi forte delinquat in re aliqua exempta, puta in administratione bonorum alicuius monasterii exempti. sed si aliquis exemptus committat furtum vel homicidium vel aliquid huiusmodi, potest per ordinarium iuste condemnari.

009 ST3 qu67 ar2

ag1 ‘ Ad secundum sic proceditur. videtur quod iudici non liceat iudicare contra veritatem quam novit, propter ea quae in contrarium proponuntur. * dicitur enim deut. xvii, ° venies ad sacerdotes leviticі generis, et ad iudicem qui fuerit in illo tempore, quaeresque ab eis, qui indicabunt tibi iudicii veritatem. ‘ sed quandoque aliqua proponuntur contra veritatem, sicut cum aliquid per falsos testes probatur. ergo non licet iudici iudicare secundum ea quae proponuntur et probantur, contra veritatem quam ipse novit.
ag2 ‘ Praeterea, homo in iudicando debet divino iudicio conformari, quia dei iudicium est, * ut dicitur deut. i. ‘ sed iudicium dei est secundum veritatem, * ut dicitur rom. ii, et isaiae xi praedicitur de christo, ° non secundum visionem oculorum iudicabit, neque secundum auditum aurium arguet, sed iudicabit in iustitia pauperes, et arguet in aequitate pro mansuetis terrae. ‘ ergo iudex non debet, secundum ea quae coram ipso probantur, sententiam ferre contra ea quae ipse novit.
ag3 ‘ Praeterea, idcirco in iudicio probationes requiruntur ut fides fiat iudici de rei veritate, unde in his quae sunt notoria non requiritur iudicialis ordo, * secundum illud i ad tim. v, ° quorundam hominum peccata manifesta sunt, praecedentia ad iudicium. ‘ si ergo iudex per se cognoscat veritatem, non debet attendere ad ea quae probantur, sed sententiam ferre secundum veritatem quam novit.
ag4 ‘ Praeterea, nomen conscientiae importat applicationem scientiae ad aliquid agibile, * ut in primo habitum est. ‘ sed facere contra conscientiam est peccatum. ergo iudex peccat si sententiam ferat, secundum allegata, contra conscientiam veritatis quam habet.
sc * Sed contra est quod augustinus dicit, super psalt., ° bonus iudex nihil ex arbitrio suo facit, sed secundum leges et iura pronuntiat. ‘ sed hoc est iudicare secundum ea quae in iudicio proponuntur et probantur. ergo iudex debet secundum huiusmodi iudicare, et non secundum proprium arbitrium.
co * Respondeo dicendum quod, sicut dictum est, ‘ iudicare pertinet ad iudicem secundum quod fungitur publica potestate. et ideo informari debet in iudicando non secundum id quod ipse novit tanquam privata persona, sed secundum id quod sibi innotescit tanquam personae publicae. hoc autem innotescit sibi et in communi, et in particulari. in communi quidem, per leges publicas vel divinas vel humanas, contra quas nullas probationes admittere debet. in particulari autem negotio aliquo, per instrumenta et testes et alia huiusmodi legitima documenta, quae debet sequi in iudicando magis quam id quod ipse novit tanquam privata persona. ex quo tamen ad hoc adiuvari potest ut districtius discutiat probationes inductas, ut possit earum defectum investigare. quod si eas non possit de iure repellere, debet, * sicut dictum est, ‘ eas in iudicando sequi.
ra1 ‘ Ad primum ergo dicendum quod ideo praemittitur in verbis illis de quaestione iudicibus facienda, ut intelligatur quod iudices debent veritatem iudicare secundum ea quae fuerunt sibi proposita.
ra2 ‘ Ad secundum dicendum quod deo competit iudicare secundum propriam potestatem. et ideo in iudicando informatur secundum veritatem quam ipse cognoscit, non secundum hoc quod ab aliis accipit. et eadem ratio est de christo, qui est verus deus et homo. alii autem iudices non iudicant secundum propriam potestatem. et ideo non est similis ratio.
ra3 * Ad tertium dicendum quod apostolus loquitur ‘ in casu quando aliquid non solum est manifestum iudici, sed sibi et aliis, ita quod reus nullo modo crimen infitiari potest, sed statim ex ipsa evidentia facti convincitur. si autem sit manifestum iudici et non aliis, vel aliis et non iudici, tunc est necessaria iudicii discussio.
ra4 ‘ Ad quartum dicendum quod homo in his quae ad propriam personam pertinent, debet informare conscientiam suam ex propria scientia. sed in his quae pertinent ad publicam potestatem, debet informare conscientiam suam secundum ea quae in publico iudicio sciri possunt, etc..

009 ST3 qu67 ar3

ag1 ‘ Ad tertium sic proceditur. videtur quod iudex

possit aliquem iudicare etiam si non sit alius accusator. humana enim iustitia derivatur a iustitia divina. sed deus peccatores iudicat etiam si nullus sit accusator. ergo videtur quod homo possit in iudicio alium condemnare etiam si non adsit accusator.
ag2 ' Praeterea, accusator requiritur in iudicio ad hoc quod deferat crimen ad iudicem. sed quandoque potest crimen ad iudicem devenire alio modo quam per accusationem, sicut per denuntiationem vel per infamiam, vel etiam si ipse iudex videat. ergo iudex potest aliquem condemnare absque accusatore.
ag3 ' Praeterea, facta sanctorum in scripturis narrantur quasi quaedam exemplaria humanae vitae. sed daniel simul fuit accusator et iudex contra iniquos senes, * ut patet dan. xiii. ' ergo non est contra iustitiam si aliquis aliquem damnet tanquam iudex, et ipsemet sit accusator.
sc * Sed contra est quod, i ad cor. v, ambrosius, " exponens sententiam apostoli de fornicatore, dicit quod ° iudicis non est sine accusatore damnare, quia dominus iudam, cum fuisset fur, quia non est accusatus, minime abiecit.
co ' Respondeo dicendum quod iudex est interpres iustitiae, * unde sicut philosophus dicit, in v ethic., ° ad iudicem confugiunt sicut ad quandam iustitiam animatam. ' iustitia autem, * sicut supra habitum est, ' non est ad seipsum, sed ad alterum. et ideo oportet quod iudex inter aliquos duos diiudicet, quod quidem fit cum unus est actor et alius est reus. et ideo in criminibus non potest aliquem iudicio condemnare iudex nisi habeat accusatorem, * secundum illud act. xxv, ° non est consuetudo romanis damnare aliquem hominem prius quam is qui accusatur praesentes habeat accusatores, locumque defendendi accipiat ad abluenda crimina quae ei obiiciebantur.
ra1 ' Ad primum ergo dicendum quod deus in suo iudicio utitur conscientia peccantis quasi accusatore, * secundum illud rom. ii, ° inter se invicem cogitationum accusantium, aut etiam defendentium. ' vel etiam evidentia facti quantum ad ipsum, * secundum illud gen. iv ° vox sanguinis fratris tui abel clamat ad me de terra.
ra2 ' Ad secundum dicendum quod publica infamia habet locum accusatoris. * unde super illud gen. iv, ° vox sanguinis fratris tui etc., * dicit glossa, ° evidentia patrati sceleris accusatore non eget. ' in denuntiatione vero, * sicut supra dictum est, ' non intenditur punitio peccantis, sed emendatio, et ideo nihil agitur contra eum cuius peccatum denuntiatur, sed pro eo. et ideo non est ibi necessarius accusator. poena autem infertur propter rebellionem ad ecclesiam, quae, quia est manifesta, tenet locum accusatoris. ex eo autem quod ipse iudex videt, non potest procedere ad sententiam ferendam, nisi secundum ordinem publici iudicii.
ra3 ' Ad tertium dicendum quod deus in suo iudicio procedit ex propria notitia veritatis, non autem homo, * ut supra dictum est. ' et ideo homo non potest esse simul accusator, iudex et testis, sicut deus. daniel autem accusator fuit simul et iudex quasi divini iudicii executor, cuius instinctu movebatur, * ut dictum est.

009 ST3 qu67 ar4

ag1 ' Ad quartum sic proceditur. videtur quod iudex licite possit poenam relaxare. * dicitur enim iac. ii, ° iudicium sine misericordia ei qui non facit misericordiam. ' sed nullus punitur propter hoc quod non facit illud quod licite facere non potest. ergo quilibet iudex potest licite misericordiam facere, relaxando poenam.
ag2 ' Praeterea, iudicium humanum debet imitari iudicium divinum. sed deus poenitentibus relaxat poenam, quia non vult mortem peccatoris, * ut dicitur ezech. xviii. ' ergo etiam homo iudex potest poenitenti licite laxare poenam.
ag3 ' Praeterea, unicuique licet facere quod alicui prodest et nulli nocet. sed absolvere reum a poena prodest ei et nulli nocet. ergo iudex licite potest reum a poena absolvere.
sc ' Sed contra est quod * dicitur deut. xiii de eo qui persuadet servire diis alienis, ° non parcat ei oculus tuus ut miserearis et occultes eum, sed statim interficies eum. * et de homicida dicitur deut. xix, ° morietur, nec misereberis eius.
co * Respondeo dicendum quod, sicut ex dictis patet, ' duo sunt, quantum ad propositum pertinet, circa iudicem consideranda, quorum unum est quod ipse habet iudicare inter accusatorem et reum; aliud autem est quod ipse non fert iudicii sententiam quasi ex propria, sed quasi ex publica potestate. duplici ergo ratione impeditur iudex ne reum a poena absolvere possit. primo quidem, ex parte accusatoris, ad cuius ius quandoque pertinet ut reus puniatur, puta propter aliquam iniuriam in ipsum commissam, cuius relaxatio non est in arbitrio alicuius iudicis, quia quilibet iudex tenetur ius suum reddere unicuique. alio modo impeditur ex parte reipublicae, cuius potestate fungitur, ad cuius bonum pertinet quod malefactores puniantur. sed tamen quantum ad hoc differt inter inferiores iudices et supremum iudicem, scilicet principem, cui est plenarie potestas publica commissa. iudex enim inferior non habet potestatem absolvendi reum a poena, contra leges a superiore sibi impositas. unde * super illud ioan. xix, ° non haberes adversum me potestatem ullam, * dicit augustinus, ° talem deus dederat pilato potestatem ut esset sub caesaris potestate, ne ei omnino liberum esset accusatum absolvere. ' sed princeps, qui habet plenariam potestatem in republica, si ille qui passus est iniuriam velit eam remittere, poterit reum licite |25| absolvere, si hoc publicae utilitati viderit non esse nocivum.
ra1 ' Ad primum ergo dicendum quod misericordia iudicis habet locum in his quae arbitrio iudicis relinquuntur, in quibus ° boni viri est ut sit diminutivus poenarum, * sicut philosophus dicit, in v ethic.. ' in his autem quae sunt determinata secundum legem divinam vel humanam, non est suum misericordiam facere.
ra2 ' Ad secundum dicendum quod deus habet supremam potestatem iudicandi, et ad ipsum pertinet quidquid contra aliquem peccatur. et ideo liberum est ei poenam remittere, praecipue cum peccato ex hoc poena maxime debeatur quod est contra ipsum. non tamen remittit poenam nisi secundum quod decet suam bonitatem, quae est omnium legum radix.
ra3 ' Ad tertium dicendum quod iudex, si inordinate poenam remitteret, nocumentum inferret et communitati, cui expedit ut maleficia puniantur, ad hoc quod peccata vitentur, * unde deut. xiii, post poenam seductoris, subditur, ° ut omnis israel, audiens, timeat, et nequaquam ultra faciat quispiam huius rei simile. ' nocet etiam personae cui est illata iniuria, quae recompensationem accipit per quandam restitutionem honoris in poena iniuriantis.

009 ST3 qu68 ar

pr ' Deinde considerandum est de his quae pertinent ad iniustam accusationem. et circa hoc quaeruntur quatuor. primo, utrum homo accusare teneatur. secundo, utrum accusatio sit facienda in scriptis. tertio, quomodo accusatio sit vitiosa. quarto, qualiter male accusantes sint puniendi.

009 ST3 qu68 ar1

ag1 ' Ad primum sic proceditur. videtur quod homo non teneatur accusare. nullus enim excusatur ab impletione divini praecepti propter peccatum, quia iam ex suo peccato commodum reportaret. sed aliqui propter peccatum redduntur inhabiles ad accusandum, sicut excommunicati, infames, et illi qui sunt de maioribus criminibus accusati prius quam innoxii demonstrentur. ergo homo non tenetur ex praecepto divino ad accusandum.
ag2 ' Praeterea, omne debitum ex caritate dependet, quae est finis praecepti, * unde dicitur rom. xiii, ° nemini quidquam debeatis, nisi ut invicem diligatis. ' sed illud quod est caritatis homo debet omnibus, maioribus et minoribus, subditis et praelatis. cum igitur subditi non debeant praelatos accusare, nec minores suos maiores, * ut per plura capitula probatur ii, qu. vii; ' videtur quod nullus ex debito teneatur accusare.
ag3 ' Praeterea, nullus tenetur contra fidelitatem agere quam debet amico, quia non debet alteri facere quod sibi non vult fieri. sed accusare aliquem quandoque est contra fidelitatem quam quis debet amico, * dicitur enim prov. xi, ° qui ambulat fraudulenter revelat arcana, qui autem fidelis est celat amici commissum. ' ergo homo non tenetur ad accusandum.
sc * Sed contra est quod dicitur levit. v, ° si peccaverit anima, et audierit vocem iurantis, testisque fuerit quod aut ipse vidit aut conscius est, nisi indicaverit, portabit iniquitatem suam.
co * Respondeo dicendum quod, sicut supra dictum est, ' haec est differentia inter denuntiationem et accusationem, quod in denuntiatione attenditur emendatio fratris, in accusatione autem attenditur punitio criminis. poenae autem praesentis vitae non per se expetuntur, quia non est hic ultimum retributionis tempus, sed inquantum sunt medicinales, conferentes vel ad emendationem personae peccantis, vel ad bonum reipublicae, cuius quies procuratur per punitionem peccantium. quorum primum intenditur in denuntiatione, * ut dictum est, ' secundum autem proprie pertinet ad accusationem. et ideo si crimen fuerit tale quod vergat in detrimentum reipublicae, tenetur homo ad accusationem, dummodo sufficienter possit probare, quod pertinet ad officium accusatoris, puta cum peccatum alicuius vergit in multitudinis corruptelam corporalem seu spiritualem. si autem non fuerit tale peccatum quod in multitudinem redundet, vel etiam si sufficientem probationem adhibere non possit, non tenetur ad intentandum accusationem, quia ad hoc nullus tenetur quod non potest debito modo perficere.
ra1 ' Ad primum ergo dicendum quod nihil prohibet per peccatum reddi aliquem impotentem ad ea quae homines facere tenentur, sicut ad merendum vitam aeternam, et ad assumendum ecclesiastica sacramenta. nec tamen ex hoc homo reportat commodum, quinimmo deficere ab his quae tenetur facere est gravissima poena, quia virtuosi actus sunt quaedam hominis perfectiones.
ra2 " Ad secundum dicendum quod subditi praelatos suos accusare prohibentur ° qui non affectione caritatis, sed sua pravitate vitam eorum diffamare et reprehendere quaerunt; ' vel etiam si subditi accusare volentes, fuerint criminosi; * ut habetur ii, qu. vii. ' alioquin, si fuerint alias idonei ad accusandum, licet subditis ex caritate suos praelatos accusare.
ra3 ' Ad tertium dicendum quod revelare secreta in malum personae, est contra fidelitatem, non autem si revelentur propter bonum commune, quod semper praeferendum est bono privato. et ideo contra bonum commune nullum secretum licet recipere. nec tamen est omnino secretum quod per sufficientes testes potest probari.

009 ST3 qu68 ar2

ag1 ' Ad secundum sic proceditur. videtur quod non sit necessarium accusationem in scriptis fieri. scriptura enim adinventa est ad subveniendum humanae memoriae circa praeterita. sed accusatio in praesenti agitur. ergo accusatio scriptura non indiget.
ag2 * Praeterea, ii, qu. viii, dicitur, ° nullus absens accusare potest, nec ab aliquo accusari. ' sed scriptura ad hoc videtur esse utilis ut absentibus aliquid significetur, * ut patet per augustinum, x de trin.. ' ergo in accusatione non est necessaria scriptura, praesertim * cum canon dicat quod " per scripta nullius accusatio suscipiatur.
ag3 ' Praeterea, sicut crimen alicuius manifestatur per accusationem, ita per denuntiationem. sed in denuntiatione non est scriptura necessaria. ergo videtur quod neque etiam in accusatione.
sc * Sed contra est quod dicitur ii, qu. viii, ° accusatorum personae sine scripto nunquam recipiantur.
co * Respondeo dicendum quod, sicut supra dictum est, ' quando in criminibus per modum accusationis agitur, accusator constituitur pars, ita quod iudex inter accusatorem et eum qui accusatur medius constituitur ad examen iustitiae, in quo oportet, quantum possibile est, secundum certitudinem procedere. quia vero ea quae verbotenus dicuntur facile labuntur a memoria, non posset iudici esse certum quid et qualiter dictum sit, cum debet proferre sententiam, nisi esset in scriptis redactum. et ideo rationabiliter institutum est ut accusatio, sicut et alia quae in iudicio aguntur, redigantur in scriptis.
ra1 ' Ad primum ergo dicendum quod difficile est singula verba, propter eorum multitudinem et varietatem, retinere, cuius signum est quod multi, eadem verba audientes, si interrogentur, non referent ea similiter etiam post modicum tempus. et tamen modica verborum differentia sensum variat. et ideo, etiam si post modicum tempus debeat iudicis sententia promulgari, expedit tamen ad certitudinem iudicii ut accusatio redigatur in scriptis.
ra2 ' Ad secundum dicendum quod scriptura non solum necessaria est propter absentiam personae quae significat vel cui est aliquid significandum, sed etiam propter dilationem temporis, * ut dictum est. * et ideo cum dicit canon, " per scripta nullius accusatio suscipiatur, intelligendum est ab absente, qui per epistolam accusationem mittat. ' non tamen excluditur quin, si praesens fuerit, necessaria sit scriptura.
ra3 ' Ad tertium dicendum quod denuntiator non obligat se ad probandum, unde nec punitur si probare nequiverit. et propter hoc in denuntiatione non est necessaria scriptura, sed sufficit si aliquis verbo denuntiet ecclesiae, quae ex officio suo procedet ad fratris emendationem.

009 ST3 qu68 ar3

ag1 ' Ad tertium sic proceditur. videtur quod accusatio non reddatur iniusta per calumniam, praevaricationem et tergiversationem. quia * sicut dicitur ii, qu. iii, " calumniari est falsa crimina intendere. ' sed quandoque aliquis alteri falsum crimen obiicit ex ignorantia facti, quae excusat. ergo videtur quod non semper reddatur iniusta accusatio si sit calumniosa.
ag2 ' Praeterea, * ibidem dicitur quod " praevaricari est vera crimina abscondere. ' sed hoc non videtur esse illicitum, quia homo non tenetur ad omnia crimina detegenda, * ut supra dictum est. ' ergo videtur quod accusatio non reddatur iniusta ex praevaricatione.
ag3 * Praeterea, sicut ibidem dicitur, ° tergiversari est in universo ab accusatione desistere. ' sed hoc absque iniustitia fieri potest, * dicitur enim ibidem, ° si quem poenituerit criminaliter accusationem et inscriptionem fecisse de eo quod probare non potuerit, si ei cum accusato innocente convenerit, invicem se absolvant. ' ergo accusatio non redditur iniusta per tergiversationem.
sc * Sed contra est quod ibidem dicitur, ° accusatorum temeritas tribus modis detegitur, aut enim calumniantur, aut praevaricantur, aut tergiversantur.
co * Respondeo dicendum quod, sicut dictum est, ' accusatio ordinatur ad bonum commune, quod intenditur per cognitionem criminis. nullus autem debet alicui nocere iniuste ut bonum commune promoveat. et ideo in accusatione duplici ratione contingit esse peccatum. uno modo, ex eo quod iniuste agit contra eum qui accusatur, falsa crimina ei imponendo, quod est calumniari. alio modo, ex parte reipublicae, cuius bonum principaliter intenditur in accusatione, dum aliquis impedit malitiose punitionem peccati. quod iterum dupliciter contingit. uno modo, fraudem in accusatione adhibendo. et hoc pertinet ad praevaricationem, ° nam praevaricator est quasi varicator, qui adversam partem adiuvat, prodita causa sua. ' alio modo, totaliter ab accusatione desisten-

do. quod est tergiversari, in hoc enim quod desistit ab hoc quod coeperat, quasi tergum vertere videtur.
ra1 ‘ Ad primum ergo dicendum quod homo non debet ad accusationem procedere nisi de re sibi omnino certa, in quo ignorantia facti locum non habeat. nec tamen qui falsum crimen alicui imponit calumniatur, sed solum qui ex malitia in falsam accusationem prorumpit. contingit enim quandoque ex animi levitate ad accusationem procedere, quia scilicet aliquis nimis faciliter credit quod audivit, et hoc temeritatis est. aliquando autem ex iusto errore movetur aliquis ad accusandum. quae omnia secundum prudentiam iudicis debent discerni, ut non prorumpat eum calumniatum fuisse qui vel ex levitate animi vel ex iusto errore in falsam accusationem prorupit.
ra2 ‘ Ad secundum dicendum quod non quicumque abscondit vera crimina praevaricatur, sed solum si fraudulenter abscondit ea de quibus accusationem proponit, colludens cum reo, proprias probationes dissimulando, et falsas excusationes admittendo.
ra3 ‘ Ad tertium dicendum quod tergiversari est ab accusatione desistere omnino animum accusandi deponendo, non qualitercumque, sed inordinate. contingit autem aliquem ab accusatione desistere ordinate absque vitio, dupliciter. uno modo, si in ipso accusationis processu cognoverit falsum esse id de quo accusabat, et si pari consensu se absolvunt accusator et reus. alio modo, si princeps, ad quem pertinet cura boni communis, quod per accusationem intenditur, accusationem aboleverit.

009 ST3 qu68 ar4

ag1 ‘ Ad quartum sic proceditur. videtur quod accusator qui in probatione defecerit non teneatur ad poenam talionis. contingit enim quandoque aliquem ex iusto errore ad accusationem procedere, in quo casu iudex accusatorem absolvit, * ut dicitur ii, qu. iii. ‘ non ergo accusator qui in probatione defecerit tenetur ad poenam talionis.
ag2 ‘ Praeterea, si poena talionis ei qui iniuste accusat sit iniungenda, hoc erit propter iniuriam in aliquem commissam. sed non propter iniuriam commissam in personam accusati, quia sic princeps non posset hanc poenam remittere. nec etiam propter iniuriam illatam in rempublicam, quia sic accusatus non posset eum absolvere. ergo poena talionis non debetur ei qui in accusatione defecerit.
ag3 ‘ Praeterea, eidem peccato non debetur duplex poena, * secundum illud nahum i, ° non iudicabit deus bis in idipsum. ‘ sed ille qui in probatione deficit incurrit poenam infamiae, quam etiam papa non videtur posse remittere, * secundum illud gelasii papae, ° quanquam animas per poenitentiam salvare possimus, infamiam tamen abolere non possumus. ‘ non ergo tenetur ad poenam talionis.
sc * Sed contra est quod hadrianus papa dicit, qui ° non probaverit quod obiecit, poenam quam intulerit ipse patiatur.
co * Respondeo dicendum quod, sicut supra dictum est, ‘ accusator in causa accusationis constituitur pars intendens ad poenam accusati. ad iudicem autem pertinet ut inter eos iustitiae aequalitatem constituat. iustitiae autem aequalitas hoc requirit, ut nocumentum quod quis alteri intentat, ipse patiatur, * secundum illud exod. xxi, ° oculum pro oculo, dentem pro dente. ‘ et ideo iustum est ut ille qui per accusationem aliquem in periculum gravis poenae inducit, ipse etiam similem poenam patiatur.
ra1 * Ad primum ergo dicendum quod, sicut philosophus dicit, in v ethic., “ in iustitia non semper competit contrapassum simpliciter, quia ‘ multum differt an aliquis voluntarie an involuntarie alium laedat. voluntarium autem meretur poenam, sed involuntario debetur venia. et ideo quando iudex cognoverit aliquem de falso accusasse non voluntate nocendi, sed involuntarie propter ignorantiam ex iusto errore, non imponit poenam talionis.
ra2 ‘ Ad secundum dicendum quod ille qui male accusat peccat et contra personam accusati, et contra rempublicam. unde propter utrumque punitur. * et hoc est quod dicitur deut. xix, ° cumque, diligentissime perscrutantes, invenerint falsum testem dixisse contra fratrem suum mendacium, reddent ei sicut fratri suo facere cogitavit, ‘ quod pertinet ad iniuriam personae, * et postea, quantum ad iniuriam reipublicae, subditur, ° et auferes malum de medio tui, ut audientes ceteri timorem habeant, et nequaquam talia audeant facere. ‘ specialiter tamen personae accusati facit iniuriam si de falso accuset, et ideo accusatus, si innocens fuerit, potest ei iniuriam suam remittere; maxime si non calumniose accusaverit, sed ex animi levitate. si vero ab accusatione innocentis desistat propter aliquam collusionem cum adversario, facit iniuriam reipublicae, et hoc non potest ei remitti ab eo qui accusatur, sed potest ei remitti per principem, qui curam reipublicae gerit.
ra3 ‘ Ad tertium dicendum quod poenam talionis meretur accusator in recompensationem nocumenti quod proximo inferre intentat, sed poena infamiae ei debetur propter malitiam ex qua calumniose alium accusat. et quandoque quidem princeps remittit poenam, et non abolet infamiam, quandoque autem etiam infamiam abolet. unde et papa potest huiusmodi infamiam abolere, * et quod dicit papa gelasius, ° infamiam abolere non possumus, ‘ intelligendum est vel de infamia facti, vel quia eam abolere aliquando non expedit. vel etiam loquitur de infamia irrogata per iudicem civilem, * sicut dicit gratianus.

009 ST3 qu69 ar

pr ‘ Deinde considerandum est de peccatis quae sunt contra iustitiam ex parte rei. et circa hoc quaeruntur quatuor. primo, utrum peccet aliquis mortaliter veritatem negando per quam condemnaretur. secundo, utrum liceat alicui se calumniose defendere. tertio, utrum liceat alicui iudicium subterfugere appellando. quarto, utrum liceat alicui condemnato per violentiam se defendere, si adsit facultas.

009 ST3 qu69 ar1

ag1 ‘ Ad primum sic proceditur. videtur quod absque peccato mortali possit accusatus veritatem negare per quam condemnaretur. * dicit enim chrysostomus, ° non tibi dico ut te prodas in publicum, neque apud alium accuses. ‘ sed si veritatem confiteretur in iudicio accusatus, seipsum proderet et accusaret. non ergo tenetur veritatem dicere. et ita non peccat mortaliter si in iudicio mentiatur.
ag2 ‘ Praeterea, sicut mendacium officiosum est quando aliquis mentitur ut alium a morte liberet, ita mendacium officiosum esse videtur quando aliquis mentitur ut se liberet a morte, quia plus sibi tenetur quam alteri. mendacium autem officiosum non ponitur esse peccatum mortale, sed veniale. ergo si accusatus veritatem in iudicio neget ut se a morte liberet, non peccat mortaliter.
ag3 ‘ Praeterea, omne peccatum mortale est contra caritatem, * ut supra dictum est. ‘ sed quod accusatus mentiatur excusando se a peccato sibi imposito, non contrariatur caritati, neque quantum ad dilectionem dei neque quantum ad dilectionem proximi. ergo huiusmodi mendacium non est peccatum mortale.
sc ‘ Sed contra, omne quod est contrarium divinae gloriae est peccatum mortale, quia ex praecepto tenemur omnia in gloriam dei facere, ° ut patet i ad cor. x. ‘ sed quod reus id quod contra se est confiteatur, pertinet ad gloriam dei, * ut patet per id quod iosue dixit ad achar, ° fili mi, da gloriam domino deo israel, et confitere atque indica mihi quid feceris, ne abscondas, * ut habetur iosue vii. ‘ ergo mentiri ad excusandum peccatum est peccatum mortale.
co ‘ Respondeo dicendum quod quicumque facit contra debitum iustitiae, mortaliter peccat, * sicut supra dictum est. ‘ pertinet autem ad debitum iustitiae quod aliquis obediat suo superiori in his ad quae ius praelationis se extendit. iudex autem, * ut supra dictum est, ‘ superior est respectu eius qui iudicatur. et ideo ex debito tenetur accusatus iudici veritatem exponere quam ab eo secundum formam iuris exigit. et ideo si confiteri noluerit veritatem quam dicere tenetur, vel si eam mendaciter negaverit, mortaliter peccat. si vero iudex hoc exquirat quod non potest secundum ordinem iuris, non tenetur ei accusatus respondere, sed potest vel per appellationem vel aliter licite subterfugere, mendacium tamen dicere non licet.
ra1 ‘ Ad primum ergo dicendum quod quando aliquis secundum ordinem iuris a iudice interrogatur, non ipse se prodit, sed ab alio proditur, dum ei necessitas respondendi imponitur per eum cui obedire tenetur.
ra2 ‘ Ad secundum dicendum quod mentiri ad liberandum aliquem a morte cum iniuria alterius, non est mendacium simpliciter officiosum, sed habet aliquid de pernicioso admixtum. cum autem aliquis mentitur in iudicio ad excusationem sui, iniuriam facit ei cui obedire tenetur, dum sibi denegat quod ei debet, scilicet confessionem veritatis.
ra3 ‘ Ad tertium dicendum quod ille qui mentitur in iudicio se excusando, facit et contra dilectionem dei, cuius est iudicium; et contra dilectionem proximi, tum ex parte iudicis, cui debitum negat; tum ex parte accusatoris, qui punitur si in probatione deficiat. * unde et in psalm. dicitur, ° ne declines cor meum in verba malitiae, ad excusandas excusationes in peccatis, * ubi dicit glossa, ° haec est consuetudo impudentium, ut deprehensi per aliqua falsa se excusent. * et gregorius, xxii moral., exponens illud iob xxxi, “ si abscondi quasi homo peccatum meum, dicit, ° usitatum humani generis vitium est et latendo peccatum committere, et commissum negando abscondere, et convictum defendendo multiplicare.

009 ST3 qu69 ar2

ag1 ‘ Ad secundum sic proceditur. videtur quod accusato liceat calumniose se defendere. * quia secundum iura civilia, ‘ in causa sanguinis licitum est cuilibet adversarium corrumpere. sed hoc maxime est calumniose se defendere. ergo non peccat accusatus in causa sanguinis si calumniose se defendat.
ag2 “ Praeterea, accusator cum accusato colludens poenam recipit legibus constitutam, * ut habetur, ii, qu. iii, ‘ non autem imponitur poena accusato propter hoc quod cum accusatore colludit. ergo videtur quod liceat accusato calumniose se defendere.
ag3 * Praeterea, prov. xiv dicitur, ° sapiens timet et declinat a malo, stultus transilit et confidit. ‘ sed illud quod fit per sapientiam non est peccatum. ergo si aliquis qualitercumque se liberet a malo, non peccat.
sc ‘ Sed contra est quod etiam in causa criminali iuramentum de calumnia est praestandum, * ut habetur extra, de iuramento calum., inhaerentes. ‘ quod non esset si calumniose defendere se liceret. ergo non est licitum accusato calumniose se defendere.
co ‘ Respondeo dicendum quod aliud est veritatem tacere, aliud est falsitatem proponere. quorum primum in aliquo casu licet. non enim aliquis tenetur omnem veritatem confiteri, sed illam solum quam ab eo potest et debet requirere iudex secundum ordinem iuris, puta cum praecessit infamia super aliquo crimine, vel aliqua expressa indicia apparuerunt, vel etiam cum praecessit probatio semiplena. falsitatem tamen proponere in nullo casu licet alicui. ad id autem quod licitum est potest aliquis procedere vel per vias licitas et fini intento accommodas, quod pertinet ad prudentiam, vel per aliquas vias illicitas et proposito fini incongruas, quod pertinet ad astutiam, quae exercetur per fraudem et dolum, * ut ex supradictis patet. ‘ quorum primum est laudabile; secundum vero vitiosum. sic igitur reo qui accusatur licet se defendere veritatem occultando quam confiteri non tenetur, per aliquos convenientes modos, puta quod non respondeat ad quae respondere non tenetur. hoc autem non est calumniose se defendere, sed magis prudenter evadere. non autem licet ei vel falsitatem dicere, vel veritatem tacere quam confiteri tenetur; neque etiam aliquam fraudem vel dolum adhibere, quia fraus et dolus vim mendacii habent. et hoc est calumniose se defendere.
ra1 ‘ Ad primum ergo dicendum quod multa secundum leges humanas impunita relinquuntur quae secundum divinum iudicium sunt peccata, sicut patet in simplici fornicatione, quia lex humana non exigit ab homine omnimodam virtutem, quae paucorum est, et non potest inveniri in tanta multitudine populi quantam lex humana sustinere habet necesse. quod autem aliquis non velit aliquod peccatum committere ut mortem corporalem evadat, cuius periculum in causa sanguinis imminet reo, est perfectae virtutis, quia ° omnium temporalium maxime terribile est mors, * ut dicitur in iii ethic.. ‘ et ideo si reus in causa sanguinis corrumpat adversarium suum, peccat quidem inducendo eum ad illicitum, non autem huic peccato lex civilis adhibet poenam. et pro tanto licitum esse dicitur.
ra2 ‘ Ad secundum dicendum quod accusator, si colludat cum reo qui noxius, est, poenam incurrit, ex quo patet quod peccat. unde, cum inducere aliquem ad peccandum sit peccatum, vel qualitercumque peccati participem esse, * cum apostolus dicat dignos morte eos qui peccantibus consentiunt, ‘ manifestum est quod etiam reus peccat cum adversario colludendo. non tamen secundum leges humanas imponitur sibi poena, * propter rationem iam dictam.
ra3 ‘ Ad tertium dicendum quod sapiens non abscondit se calumniose, sed prudenter.

009 ST3 qu69 ar3

ag1 ‘ Ad tertium sic proceditur. videtur quod reo non liceat iudicium declinare per appellationem. * dicit enim apostolus, rom. xiii, ° omnis anima potestatibus sublimioribus subdita sit. ‘ sed reus appellando recusat subiici potestati superiori, scilicet iudici. ergo peccat.
ag2 ‘ Praeterea, maius est vinculum ordinariae potestatis quam propriae electionis. * sed sicut legitur ii, qu. vi, ° a iudicibus quos communis consensus elegerit non liceat provocari. ‘ ergo multo minus licet appellare a iudicibus ordinariis.
ag3 ‘ Praeterea, illud quod semel est licitum, semper est licitum. sed non est licitum appellare post decimum diem, neque tertio super eodem. ergo videtur quod appellatio non sit secundum se licita.
sc ‘ Sed contra est quod paulus caesarem appellavit, * ut habetur act. xxv.
co ‘ Respondeo dicendum quod duplici de causa contingit aliquem appellare. uno quidem modo, confidentia iustae causae, quia videlicet iniuste a iudice gravatur. et sic licitum est appellare, hoc enim est prudenter evadere. * unde ii, qu. vi, dicitur, ° omnis oppressus libere sacerdotum si voluerit appellet iudicium, et a nullo prohibeatur. ‘ alio modo aliquis appellat causa afferendae morae, ne contra eum iusta sententia proferatur. et hoc est calumniose se defendere, quod est illicitum, * sicut dictum est, ‘ facit enim iniuriam et iudici, cuius officium impedit, et adversario suo, cuius iustitiam, quantum potest, perturbat. * et ideo sicut dicitur ii, qu. vi, ° omni modo puniendus est cuius iniusta appellatio pronuntiatur.
ra1 ‘ Ad primum ergo dicendum quod potestati inferiori intantum aliquis subiici debet inquantum ordinem superioris servat, a quo si exorbitaverit, ei subiici non oportet, “ puta si aliud iusserit proconsul, et aliud imperator, * ut patet per glossam rom. xiii. ‘ cum autem iudex iniuste aliquem gravat, quantum ad hoc relinquit ordinem superioris potestatis, secundum quam necessitas sibi iuste iudicandi imponitur. et ideo licitum est ei qui contra iustitiam gravatur, ad directionem superioris potestatis recurrere appellando, vel ante sententiam vel post. et quia non praesumitur esse rectitudo ubi vera fides non est, ideo non licet catholico ad infidelem iudicem appellare, * secundum illud ii, qu. vi, ° catholicus qui causam suam, sive iustam sive iniustam, ad iudicium alterius

fidei iudicis provocaverit, excommunicetur. * nam et apostolus arguit ‘ eos qui iudicio contendebant apud infideles.

ra2 ‘ Ad secundum dicendum quod ex proprio defectu vel negligentia procedit quod aliquis sua sponte se alterius iudicio subiiciat de cuius iustitia non confidit. levis etiam animi esse videtur ut quis non permaneat in eo quod semel approbavit. et ideo rationabiliter denegatur subsidium appellationis a iudicibus arbitrariis, qui non habent potestatem nisi ex consensu litigantium. sed potestas iudicis ordinarii non dependet ex consensu illius qui eius iudicio subditur, sed ex auctoritate regis et principis, qui eum instituit. et ideo contra eius iniustum gravamen lex tribuit appellationis subsidium, ita quod, etiam si sit simul ordinarius et arbitrarius iudex, potest ab eo appellari; quia videtur ordinaria potestas occasio fuisse quod arbiter eligeretur; nec debet ad defectum imputari eius qui consensit sicut in arbitrum in eum quem princeps iudicem ordinarium dedit.

ra3 ‘ Ad tertium dicendum quod aequitas iuris ita subvenit uni parti quod altera non gravetur. et ideo tempus decem dierum concessit ad appellandum, quod sufficiens aestimavit ad deliberandum an expediat appellare. si vero non esset determinatum tempus in quo appellare liceret, semper certitudo iudicii remaneret in suspenso, et ita pars altera damnaretur. ideo autem non est concessum ut tertio aliquis appellet super eodem, quia non est probabile toties iudices a recto iudicio declinare.

009 ST3 qu69 ar4

ag1 ‘ Ad quartum sic proceditur. videtur quod liceat condemnato ad mortem se defendere, si possit. illud enim ad quod natura inclinat semper est licitum, quasi de iure naturali existens. sed naturae inclinatio est ad resistendum corrumpentibus, non solum in hominibus et animalibus, sed etiam in insensibilibus rebus. ergo licet reo condemnato resistere, si potest, ne tradatur in mortem.

ag2 ‘ Praeterea, sicut aliquis sententiam mortis contra se latam subterfugit resistendo, ita etiam fugiendo. sed licitum esse videtur quod aliquis se a morte per fugam liberet, * secundum illud eccli. ix, ° longe esto ab homine potestatem habente occidendi et non vivificandi. ‘ergo etiam licitum est resistere.

ag3 * Praeterea, prov. xxiv dicitur, ° erue eos qui ducuntur ad mortem, et eos qui trahuntur ad interitum liberare ne cesses. ‘ sed plus tenetur aliquis sibi quam alteri. ergo licitum est quod aliquis condemnatus seipsum defendat ne in mortem tradatur.

sc * Sed contra est quod dicit apostolus, rom. xiii, ° qui potestati resistit, dei ordinationi resistit, et ipse sibi damnationem acquirit. ‘ sed condemnatus se defendendo potestati resistit quantum ad hoc in quo est divinitus instituta “ ad vindictam malefactorum, laudem vero bonorum. ‘ ergo peccat se defendendo.

co ‘ Respondeo dicendum quod aliquis damnatur ad mortem dupliciter. uno modo, iuste. et sic non licet condemnato se defendere, licitum enim est iudici eum resistentem impugnare; unde relinquitur quod ex parte eius sit bellum iniustum. unde indubitanter peccat. alio modo condemnatur aliquis iniuste. et tale iudicium simile est violentiae latronum, * secundum illud ezech. xxii, ° principes eius in medio eius quasi lupi rapientes praedam ad effundendum sanguinem. ‘ et ideo sicut licet resistere latronibus, ita licet resistere in tali casu malis principibus, nisi forte propter scandalum vitandum, cum ex hoc aliqua gravis turbatio timeretur.

ra1 ‘ Ad primum ergo dicendum quod ideo homini data est ratio, ut ea ad quae natura inclinat non passim, sed secundum rationis ordinem exequatur. et ideo non quaelibet defensio sui est licita, sed quae fit cum debito moderamine.

ra2 ‘ Ad secundum dicendum quod nullus ita condemnatur quod ipse sibi inferat mortem, sed quod ipse mortem patiatur. et ideo non tenetur facere id unde mors sequatur, quod est manere in loco unde ducatur ad mortem. tenetur tamen non resistere agenti, quin patiatur quod iustum est eum pati. sicut etiam si aliquis sit condemnatus ut fame moriatur, non peccat si cibum sibi occulte ministratum sumat, quia non sumere esset seipsum occidere.

ra3 “ Ad tertium dicendum quod per illud dictum sapientis ‘ non inducitur aliquis ad liberandum alium a morte contra ordinem iustitiae. unde nec seipsum contra iustitiam resistendo aliquis debet liberare a morte.

009 ST3 qu70 ar

pr ‘ Deinde considerandum est de iniustitia pertinente ad personam testis. et circa hoc quaeruntur quatuor. primo, utrum homo teneatur ad testimonium ferendum. secundo, utrum duorum vel trium testimonium sufficiat. tertio, utrum alicuius testimonium repellatur absque eius culpa. quarto, utrum perhibere falsum testimonium sit peccatum mortale.

009 ST3 qu70 ar1

ag1 ‘ Ad primum sic proceditur. videtur quod homo non teneatur ad testimonium ferendum. * dicit enim augustinus, in quaest. gen., quod “ abraham dicens de uxore sua, soror mea est, veritatem celari voluit, non mendacium dici. ‘ sed veritatem celando aliquis a testificando abstinet. ergo non tenetur aliquis ad testificandum.

ag2 ‘ Praeterea, nullus tenetur fraudulenter agere. * sed prov. xi dicitur, ° qui ambulat fraudulenter revelat arcana, qui autem fidelis est celat amici commissum. ‘ ergo non tenetur homo semper ad testificandum, praesertim super his quae sunt sibi in secreto ab amico commissa.

ag3 ‘ Praeterea, ad ea quae sunt de necessitate salutis maxime tenentur clerici et sacerdotes. sed clericis et sacerdotibus prohibetur ferre testimonium in causa sanguinis. ergo testificari non est de necessitate salutis.

sc * Sed contra est quod augustinus dicit, ° qui veritatem occultat, et qui prodit mendacium, uterque reus est, ille quia prodesse non vult, iste quia nocere desiderat.

co ‘ Respondeo dicendum quod in testimonio ferendo distinguendum est. quia aliquando requiritur testimonium alicuius, aliquando non requiritur. si requiritur testimonium alicuius subditi auctoritate superioris cui in his quae ad iustitiam pertinent obedire tenetur, non est dubium quin teneatur testimonium ferre in his in quibus secundum ordinem iuris testimonium ab eo exigitur, puta in manifestis, et in his de quibus infamia praecessit. si autem exigatur ab eo testimonium in aliis, puta in occultis et de quibus infamia non praecessit, non tenetur ad testificandum. si vero requiratur eius testimonium non auctoritate superioris cui obedire tenetur, tunc distinguendum est. quia si testimonium requiratur ad liberandum hominem vel ab iniusta morte seu poena quacumque, vel a falsa infamia, vel etiam ab iniquo damno, tunc tenetur homo ad testificandum. et si eius testimonium non requiratur, tenetur facere quod in se est ut veritatem denuntiet alicui qui ad hoc possit prodesse. * dicitur enim in psalm., ° eripite pauperem, et egenum de manu peccatoris liberate; * et prov. xxiv, ° erue eos qui ducuntur ad mortem. * et rom. i dicitur, ° digni sunt morte non solum qui faciunt, sed etiam qui consentiunt facientibus, |25| * ubi dicit glossa, ° consentire est tacere, cum possis redarguere. ‘super his vero quae pertinent ad condemnationem alicuius, non tenetur aliquis ferre testimonium nisi cum a superiori compellitur secundum ordinem iuris. quia si circa hoc veritas occultetur, nulli ex hoc speciale damnum nascitur. vel, si immineat periculum accusatori, non est curandum, quia ipse se in hoc periculum sponte ingessit. alia autem ratio est de reo, cui periculum imminet eo nolente.

ra1 * Ad primum ergo dicendum quod augustinus loquitur de ‘ occultatione veritatis in casu illo quando aliquis non compellitur superioris auctoritate veritatem propalare; et quando occultatio veritatis nulli specialiter est damnosa.

ra2 ‘ Ad secundum dicendum quod de illis quae homini sunt commissa in secreto per confessionem, nullo modo debet testimonium ferre, quia huiusmodi non scit ut homo, sed tanquam dei minister, et maius est vinculum sacramenti quolibet hominis praecepto. circa ea vero quae aliter homini sub secreto committuntur, distinguendum est. quandoque enim sunt talia quae, statim cum ad notitiam hominis venerint, homo ea manifestare tenetur, puta si pertineret ad corruptionem multitudinis spiritualem vel corporalem, vel in grave damnum alicuius personae, vel si quid aliud est huiusmodi, quod quis propalare tenetur vel testificando vel denuntiando. et contra hoc debitum obligari non potest per secreti commissum, quia in hoc frangeret fidem quam alteri debet. quandoque vero sunt talia quae quis prodere non tenetur. unde potest obligari ex hoc quod sibi sub secreto committuntur. et tunc nullo modo tenetur ea prodere, etiam ex praecepto superioris, quia servare fidem est de iure naturali; nihil autem potest praecipi homini contra id quod est de iure naturali.

ra3 ‘ Ad tertium dicendum quod operari vel cooperari ad occisionem hominis non competit ministris altaris, * ut supra dictum est. ‘ et ideo secundum iuris ordinem compelli non possunt ad ferendum testimonium in causa sanguinis.

009 ST3 qu70 ar2

ag1 ‘ Ad secundum sic proceditur. videtur quod non sufficiat duorum vel trium testimonium. iudicium enim certitudinem requirit. sed non habetur certitudo veritatis per dictum duorum testium, * legitur enim iii reg. xxi quod ‘ naboth ad dictum duorum testium falso condemnatus est. ergo duorum vel trium testimonium non sufficit.

ag2 ‘Praeterea, testimonium, ad hoc quod sit credibile, debet esse concors. sed plerumque duorum vel trium testimonium in aliquo discordat. ergo non est efficax ad veritatem in iudicio probandam.

ag3 * Praeterea, ii, qu. iv, dicitur, ° praesul non damnetur nisi in septuaginta duobus testibus. presbyter autem cardinalis nisi quadraginta quatuor testibus non deponatur. diaconus cardinalis urbis romae nisi in viginti octo testibus non condemnabitur. subdiaconus, acolythus, exorcista, lector, ostiarius, nisi in septem testibus non condemnabitur. ‘ sed magis est periculosum peccatum eius qui in maiori dignitate constitutus est, et ita minus est tolerandum. ergo nec in aliorum condemnatione sufficit duorum vel trium testimonium.

sc * Sed contra est quod dicitur deut. xvii, ° in ore duorum vel trium testium peribit qui interficietur; * et infra, xix, ° in ore duorum vel trium testium stabit omne verbum.

co * Respondeo dicendum quod, secundum philosophum, in i ethic., ° certitudo non est similiter quaerenda in omni materia. ‘ in actibus enim humanis, super quibus constituuntur iudicia et exiguntur testimonia, non potest haberi certitudo demonstrativa, eo quod sunt circa contingentia et variabilia. et ideo sufficit probabilis certitudo, quae ut in pluribus veritatem attingat, etsi in paucioribus a veritate deficiat. est autem probabile quod magis veritatem contineat dictum multorum quam dictum unius. et ideo, cum reus sit unus qui negat, sed multi testes asserunt idem cum actore, rationabiliter institutum est, iure divino et humano, quod dicto testium stetur. omnis autem multitudo in tribus comprehenditur, scilicet principio, medio et fine, * unde secundum philosophum, in i de coelo, “ omne et totum in tribus ponimus. ‘ ternarius quidem constituitur asserentium, cum duo testes conveniunt cum actore. et ideo requiritur binarius testium, vel, ad maiorem certitudinem, ut sit ternarius, qui est multitudo perfecta, in ipsis testibus. * unde et eccle. iv dicitur, ° funiculus triplex difficile rumpitur. * augustinus autem, super illud ioan. viii, ° duorum hominum |25| testimonium verum est, * dicit quod ° in hoc est trinitas secundum mysterium commendata, ‘ in qua est perpetua firmitas veritatis.

ra1 ‘ Ad primum ergo dicendum quod, quantacumque multitudo testium determinaretur, posset quandoque testimonium esse iniquum, cum * scriptum sit exod. xxiii, ° ne sequaris turbam ad faciendum malum. ‘ nec tamen, quia non potest in talibus infallibilis certitudo haberi, debet negligi certitudo quae probabiliter haberi potest per duos vel tres testes, * ut dictum est.

ra2 ‘ Ad secundum dicendum quod discordia testium in aliquibus principalibus circumstantiis, quae variant substantiam facti, puta in tempore vel loco vel in personis de quibus principaliter agitur, aufert efficaciam testimonii, quia si discordant in talibus, videntur singulares esse in suis testimoniis, et de diversis factis loqui; puta si unus dicat hoc factum esse tali tempore vel loco, alius alio tempore vel loco, non videntur de eodem facto loqui. non tamen praeiudicatur testimonio si unus dicat se non recordari, et alius asserat determinatum tempus vel locum. et si in talibus omnino discordaverint testes actoris et rei, si sint aequales numero et pares dignitate, statur pro reo, quia facilior debet esse iudex ad absolvendum quam ad condemnandum; nisi forte in causis favorabilibus, sicut est causa libertatis et huiusmodi. si vero testes eiusdem partis dissenserint, debet iudex ex motu sui animi percipere cui parti sit standum, vel ex numero testium, vel ex dignitate eorum, vel ex favorabilitate causae, vel ex conditione negotii et dictorum. multo autem magis testimonium unius repellitur si sibi ipsi dissideat interrogatus de visu et scientia. non autem si dissideat interrogatus de opinione et fama, quia potest secundum diversa visa et audita diversimode motus esse ad respondendum. si vero sit discordia testimonii in aliquibus circumstantiis |25| non pertinentibus ad substantiam facti, puta si tempus fuerit nubilosum vel serenum, vel si domus fuerit picta aut non, aut aliquid huiusmodi, talis discordia non praeiudicat testimonio, quia homines non consueverunt circa talia multum sollicitari, unde de facile a memoria elabuntur. quinimmo aliqua discordia in talibus facit testimonium credibilius, * ut chrysostomus dicit, super matth., ‘ quia si in omnibus concordarent, etiam in minimis, viderentur ex condicto eundem sermonem proferre. quod tamen prudentiae iudicis relinquitur discernendum.

ra3 ‘ Ad tertium dicendum quod illud locum habet specialiter in episcopis, presbyteris, diaconibus et clericis ecclesiae romanae, propter eius dignitatem. et hoc triplici ratione. primo quidem, quia in ea tales institui debent quorum sanctitati plus credatur quam multis testibus. secundo, quia homines qui habent de aliis iudicare, saepe, propter iustitiam, multos adversarios habent. unde non est passim credendum testibus contra eos, nisi magna multitudo conveniat. tertio, quia ex condemnatione alicuius eorum derogaretur in opinione hominum dignitati illius ecclesiae et auctoritati. quod est periculosius quam in ea tolerare aliquem peccatorem. nisi valde publicum et manifestum, de quo grave scandalum oriretur.

009 ST3 qu70 ar3

ag1 ‘ Ad tertium sic proceditur. videtur quod alicuius testimonium non sit repellendum nisi propter culpam. quibusdam enim in poenam infligitur quod ad testimonium non admittantur, sicut patet in his qui infamia notantur. sed poena non est inferenda nisi pro culpa. ergo videtur quod nullius testimonium debeat repelli nisi propter culpam.

ag2 ‘ Praeterea, ° de quolibet praesumendum est bonum, nisi appareat contrarium. ‘ sed ad bonitatem hominis pertinet quod verum testimonium dicat. cum ergo non possit constare de contrario nisi propter aliquam culpam, videtur quod nullius testimonium debeat repelli nisi propter culpam.

ag3 ‘ Praeterea, ad ea quae sunt de necessitate salutis nullus redditur non idoneus nisi propter peccatum. sed testificari veritatem est de necessitate salutis, * ut supra dictum est. ‘ ergo nullus debet excludi a testificando nisi propter culpam.
sc * Sed contra est quod gregorius dicit, et habetur ii, qu. i, ° quia a servis suis accusatus est episcopus, sciendum est quod minime audiri debuerunt.
co ‘ Respondeo dicendum quod testimonium, * sicut dictum est, ‘ non habet infallibilem certitudinem, sed probabilem. et ideo quidquid est quod probabilitatem afferat in contrarium, reddit testimonium inefficax. redditur autem probabile quod aliquis in veritate testificanda non sit firmus, quandoque quidem propter culpam, sicut infideles, infames, item illi qui publico crimine rei sunt, qui nec accusare possunt, quandoque autem absque culpa. et hoc vel ex defectu rationis, sicut patet in pueris, amentibus et mulieribus; vel ex affectu, sicut patet de inimicis et de personis coniunctis et domesticis; vel etiam ex exteriori conditione, sicut sunt pauperes, servi et illi quibus imperari potest, de quibus probabile est quod facile possint induci ad testimonium ferendum contra veritatem. et sic patet quod testimonium alicuius repellitur et propter culpam, et absque culpa.
ra1 ‘ Ad primum ergo dicendum quod repellere aliquem a testimonio magis pertinet ad cautelam falsi testimonii vitandi quam ad poenam. unde ratio non sequitur.
ra2 ‘ Ad secundum dicendum quod de quolibet praesumendum est bonum nisi appareat contrarium, dummodo non vergat in periculum alterius. quia tunc est adhibenda cautela, ut non de facili unicuique credatur, * secundum illud i ioan. iv, ° nolite credere omni spiritui.
ra3 ‘ Ad tertium dicendum quod testificari est de necessitate salutis, supposita testis idoneitate et ordine iuris. unde nihil prohibet aliquos excusari a testimonio ferendo, si non reputentur idonei secundum iura.

009 ST3 qu70 ar4

ag1 ‘ Ad quartum sic proceditur. videtur quod falsum testimonium non semper sit peccatum mortale. contingit enim aliquem falsum testimonium ferre ex ignorantia facti. sed talis ignorantia excusat a peccato mortali. ergo testimonium falsum non semper est peccatum mortale.
ag2 ‘ Praeterea, mendacium quod alicui prodest et nulli nocet, est officiosum, quod non est peccatum mortale. sed quandoque in falso testimonio est tale mendacium, puta cum aliquis falsum testimonium perhibet ut aliquem a morte liberet, vel ab iniusta sententia quae intentatur per alios falsos testes vel per iudicis perversitatem. ergo tale falsum testimonium non est peccatum mortale.
ag3 ‘ Praeterea, iuramentum a teste requiritur ut timeat peccare mortaliter deierando. hoc autem non esset necessarium si ipsum falsum testimonium esset peccatum mortale. ergo falsum testimonium non semper est peccatum mortale.
sc ‘ Sed contra est quod * dicitur prov. xix, ° falsus testis non erit impunitus.
co ‘ Respondeo dicendum quod falsum testimonium habet triplicem deformitatem. uno modo, ex periurio, quia testes non admittuntur nisi iurati. et ex hoc semper est peccatum mortale. alio modo, ex violatione iustitiae. et hoc modo est peccatum mortale in suo genere, sicut et quaelibet iniustitia. et ideo in praecepto decalogi sub hac forma interdicitur falsum testimonium, * cum dicitur exod. xx, ° non loquaris contra proximum tuum falsum testimonium, ‘ non enim contra aliquem facit qui eum ab iniuria facienda impedit, sed solum qui ei suam iustitiam tollit. tertio modo, ex ipsa falsitate, secundum quod omne mendacium est peccatum. et ex hoc non habet falsum testimonium quod semper sit peccatum mortale.
ra1 ‘ Ad primum ergo dicendum quod in testimonio ferendo non debet homo pro certo asserere, quasi sciens, id de quo certus non est, sed dubium debet sub dubio proferre, et id de quo certus est pro certo asserere. sed quia contingit ex labilitate humanae memoriae quod reputat se homo quandoque certum esse de eo quod falsum est, si aliquis, cum debita sollicitudine recogitans, existimet se certum esse de eo quod falsum est, non peccat mortaliter hoc asserens, quia non dicit falsum testimonium per se et ex intentione, sed per accidens, contra id quod intendit.
ra2 ‘ Ad secundum dicendum quod iniustum iudicium iudicium non est. et ideo ex vi iudicii falsum testimonium in iniusto iudicio prolatum ad iniustitiam impediendam, non habet rationem peccati mortalis, sed solum ex iuramento violato.
ra3 ‘ Ad tertium dicendum quod homines maxime abhorrent peccata quae sunt contra deum, quasi gravissima, inter quae est periurium. non autem ita abhorrent peccata quae sunt contra proximum. et ideo ad maiorem certitudinem testimonii, requiritur testis iuramentum.

009 ST3 qu71 ar

pr ‘ Deinde considerandum est de iniustitia quae fit in iudicio ex parte advocatorum. et circa hoc quaeruntur quatuor. primo, utrum advocatus teneatur praestare patrocinium causae pauperum. secundo, utrum aliquis debeat arceri ab officio advocati. tertio, utrum advocatus peccet iniustam causam defendendo. quarto, utrum peccet pecuniam accipiendo pro suo patrocinio.

009 ST3 qu71 ar1

ag1 ‘ Ad primum sic proceditur. videtur quod advocatus teneatur patrocinium praestare causae pauperum. * dicitur enim exod. xxiii, ° si videris asinum odientis te iacere sub onere, non pertransibis, sed sublevabis cum eo. ‘ sed non minus periculum imminet pauperi si eius causa contra iustitiam opprimatur, quam si eius asinus iaceat sub onere. ergo advocatus tenetur praestare patrocinium causae pauperum.
ag2 * Praeterea, gregorius dicit, in quadam homilia, ° habens intellectum curet omnino ne taceat; habens rerum affluentiam a misericordia non torpescat; habens artem qua regitur, usum illius cum proximo partiatur; habens loquendi locum apud divitem, pro pauperibus intercedat, talenti enim nomine cuilibet reputabitur quod vel minimum accepit. ‘ sed talentum commissum non abscondere, sed fideliter dispensare quilibet tenetur, quod patet ex poena servi abscondentis talentum, * matth. xxv. ‘ ergo advocatus tenetur pro pauperibus loqui.
ag3 ‘ Praeterea, praeceptum de misericordiae operibus adimplendis, cum sit affirmativum, obligat pro loco et tempore, quod est maxime in necessitate. sed tempus necessitatis videtur esse quando alicuius pauperis causa opprimitur. ergo in tali casu videtur quod advocatus teneatur pauperibus patrocinium praestare.
sc ‘ Sed contra, non minor necessitas est indigentis cibo quam indigentis advocato. sed ille qui habet potestatem cibandi non semper tenetur pauperem cibare. ergo nec advocatus semper tenetur causae pauperum patrocinium praestare.
co ‘ Respondeo dicendum quod cum praestare patrocinium causae pauperum ad opus misericordiae pertineat, * idem est hic dicendum quod et supra de aliis misericordiae operibus dictum est. ‘ nullus enim sufficit omnibus indigentibus misericordiae opus impendere. * et ideo sicut augustinus dicit, in i de doct. christ., ° cum omnibus prodesse non possis, his potissime consulendum est qui pro locorum et temporum vel quarumlibet rerum opportunitatibus, constrictius tibi, quasi quadam sorte, iunguntur. “ dicit, pro locorum opportunitatibus, ‘ quia non tenetur homo per mundum quaerere indigentes quibus subveniat, sed sufficit si eis qui sibi occurrunt misericordiae opus impendat. * unde dicitur exod. xxiii, ° si occurreris bovi inimici tui aut asino erranti, reduc ad eum. “ addit autem, et temporum, ‘ quia non tenetur homo futurae necessitati alterius providere, sed sufficit si praesenti necessitati succurrat. * unde dicitur i ioan. iii, ° qui viderit fratrem suum necessitatem patientem, et clauserit viscera sua ab eo, etc.. “ subdit autem, vel quarumlibet rerum, |25| ‘ quia homo sibi coniunctis quacumque necessitudine maxime debet curam impendere; * secundum illud i ad tim. v, ° si quis suorum, et maxime domesticorum curam non habet, fidem negavit. ‘ quibus tamen concurrentibus, considerandum restat utrum aliquis tantam necessitatem patiatur quod non in promptu appareat quomodo ei possit aliter subveniri. et in tali casu tenetur ei opus misericordiae impendere. si autem in promptu appareat quomodo ei aliter subveniri possit, vel per seipsum vel per aliam personam magis coniunctam aut maiorem facultatem habentem, non tenetur ex necessitate indigenti subvenire, ita quod non faciendo peccet, quamvis, si subvenerit absque tali necessitate, laudabiliter faciat. unde advocatus non tenetur semper causae pauperum patrocinium praestare, sed solum concurrentibus conditionibus praedictis. alioquin oporteret eum omnia alia negotia praetermittere, et solis causis pauperum iuvandis intendere. et idem dicendum est de medico, quantum ad curationem pauperum.
ra1 ‘ Ad primum ergo dicendum quod quando asinus iacet sub onere, non potest ei aliter subveniri in casu isto nisi per advenientes subveniatur, et ideo tenentur iuvare. non autem tenerentur si posset aliunde remedium afferri.
ra2 ‘ Ad secundum dicendum quod homo talentum sibi creditum tenetur utiliter dispensare, servata opportunitate locorum et temporum et aliarum rerum. * ut dictum est.
ra3 ‘ Ad tertium dicendum quod non quaelibet necessitas causat debitum subveniendi, * sed solum illa quae est dicta.

009 ST3 qu71 ar2

ag1 ‘ Ad secundum sic proceditur. videtur quod inconvenienter aliqui secundum iura arceantur ab officio advocandi. ab operibus enim misericordiae nullus debet arceri. sed patrocinium praestare in causis ad opera misericordiae pertinet, * ut dictum est. ‘ ergo nullus debet ab hoc officio arceri.
ag2 ‘ Praeterea, contrariarum causarum non videtur esse idem effectus. sed esse deditum rebus divinis, et esse deditum peccatis, est contrarium. inconvenienter igitur excluduntur ab officio advocati quidam propter religionem, ut monachi et clerici; quidam autem propter culpam, ut infames et haeretici.
ag3 ‘ Praeterea, homo debet diligere proximum sicut seipsum. sed ad effectum dilectionis pertinet quod aliquis advocatus causae alicuius patrocinetur. inconvenienter ergo aliqui quibus conceditur pro seipsis auctoritas advocationis, prohibentur patrocinari causis aliorum.
sc ‘ Sed contra est quod * iii, qu. vii, ‘ multae personae arcentur ab officio postulandi.
co ‘ Respondeo dicendum quod aliquis impeditur ab aliquo actu duplici ratione, uno modo, propter impotentiam; alio modo, propter indecentiam. sed impotentia simpliciter excludit aliquem ab actu, indecentia autem non excludit omnino, quia necessitas indecentiam tollere potest. sic igitur ab officio advocatorum prohibentur quidam propter impotentiam, eo quod deficiunt sensu, vel interiori, sicut furiosi et impuberes; vel exteriori, sicut surdi et muti. est enim necessaria advocato et interior peritia, qua possit convenienter iustitiam assumptae causae ostendere, et iterum loquela cum auditu, ut possit et pronuntiare et audire quod ei dicitur. unde qui in his defectum patiuntur omnino prohibentur ne sint advocati, nec pro se nec pro aliis. decentia autem huius officii exercendi tollitur dupliciter. uno modo, ex hoc quod aliquis est rebus maioribus obligatus. unde monachos et presbyteros non decet in quacumque causa advocatos esse, neque clericos in iudicio saeculari, quia huiusmodi personae sunt rebus divinis adstrictae. alio modo, propter personae defectum, vel corporalem, ut patet de caecis, qui convenienter iudici adstare non possent; vel spiritualem, non enim decet ut alterius iustitiae patronus existat qui in seipso iustitiam contempsit. et ideo infames, infideles et damnati de gravibus criminibus non decenter sunt advocati. tamen huiusmodi indecentiae necessitas praefertur. et propter hoc huiusmodi personae possunt pro seipsis, vel pro personis sibi |25| coniunctis, uti officio advocati. unde et clerici pro ecclesiis suis possunt esse advocati, et monachi pro causa monasterii sui, si abbas praeceperit.
ra1 ‘ Ad primum ergo dicendum quod ab operibus misericordiae interdum aliqui propter impotentiam, interdum etiam propter indecentiam impediuntur. non enim omnia opera misericordiae omnes decent, sicut stultos non decet consilium dare, neque ignorantes docere.
ra2 ‘ Ad secundum dicendum quod sicut virtus corrumpitur per superabundantiam et defectum, ita aliquis fit indecens et per maius et per minus. et propter hoc quidam arcentur a patrocinio praestando in causis quia sunt maiores tali officio, sicut religiosi et clerici, quidam vero quia sunt minores quam ut eis hoc officium competat, sicut infames et infideles.
ra3 ‘ Ad tertium dicendum quod non ita imminet homini necessitas patrocinari causis aliorum sicut propriis, quia alii possunt sibi aliter subvenire. unde non est similis ratio.

009 ST3 qu71 ar3

ag1 ‘ Ad tertium sic proceditur. videtur quod advocatus non peccet si iniustam causam defendat. sicut enim ostenditur peritia medici si infirmitatem desperatam sanet, ita etiam ostenditur peritia advocati si etiam iniustam causam defendere possit. sed medicus laudatur si infirmitatem desperatam sanet. ergo etiam advocatus non peccat, sed magis laudandus est, si iniustam causam defendat.
ag2 ‘ Praeterea, a quolibet peccato licet desistere. sed advocatus punitur si causam suam prodiderit, * ut habetur ii, qu. iii. ‘ ergo advocatus non peccat iniustam causam defendendo, si eam defendendam susceperit.
ag3 ‘ Praeterea, maius videtur esse peccatum si iniustitia utatur ad iustam causam defendendam, puta producendo falsos testes vel allegando falsas leges, quam iniustam causam defendendo, quia hoc est peccatum in forma, illud in materia. sed videtur advocato licere talibus astutiis uti, sicut militi licet ex insidiis pugnare. ergo videtur quod advocatus non peccat si iniustam causam defendat.
sc * Sed contra est quod dicitur ii paralip. xix, ° impio praebes auxilium, et idcirco iram domini merebaris. ‘ sed advocatus defendens causam iniustam impio praebet auxilium. ergo, peccando, iram domini meretur.
co ‘ Respondeo dicendum quod illicitum est alicui cooperari ad malum faciendum sive consulendo, sive adiuvando, sive qualitercumque consentiendo, quia consilians et coadiuvans quodammodo est faciens; * et apostolus dicit, ad rom. i, quod ° digni sunt morte non solum qui faciunt peccatum, sed etiam qui consentiunt facientibus. * unde et supra dictum est quod ‘ omnes tales ad restitutionem tenentur. manifestum est autem quod advocatus et auxilium et consilium praestat ei cuius causae patrocinatur. unde si scienter iniustam causam defendit, absque dubio graviter peccat; et ad restitutionem tenetur eius damni quod contra iustitiam per eius auxilium altera pars incurrit. si autem ignoranter iniustam causam defendit, putans esse iustam, excusatur, secundum modum quo ignorantia excusare potest.
ra1 ‘ Ad primum ergo dicendum quod medicus accipiens in cura infirmitatem desperatam nulli facit iniuriam. advocatus autem suscipiens causam iniu-

stam iniuste laedit eum contra quem patrocinium praestat. et ideo non est similis ratio. quamvis enim laudabilis videatur quantum ad peritiam artis, tamen peccat quantum ad iniustitiam voluntatis, qua abutitur arte ad malum.

ra2 ‘ Ad secundum dicendum quod advocatus, si in principio credidit causam iustam esse et postea in processu appareat eam esse iniustam, non debet eam prodere, ut scilicet aliam partem iuvet, vel secreta suae causae alteri parti revelet. potest tamen et debet causam deserere; vel eum cuius causam agit ad cedendum inducere, sive ad componendum, sine adversarii damno.

ra3 * Ad tertium dicendum quod, sicut supra dictum est, ‘ militi vel duci exercitus licet in bello iusto ex insidiis agere ea quae facere debet prudenter occultando, non autem falsitatem fraudulenter faciendo, “ quia etiam hosti fidem servare oportet, * sicut tullius dicit, in iii de offic.. ‘ unde et advocato defendenti causam iustam licet prudenter occultare ea quibus impediri posset processus eius, non autem licet ei aliqua falsitate uti.

009 ST3 qu71 ar4

ag1 ‘ Ad quartum sic proceditur. videtur quod advocato non liceat pro suo patrocinio pecuniam accipere. opera enim misericordiae non sunt intuitu humanae remunerationis facienda, * secundum illud luc. xiv, ° cum facis prandium aut cenam, noli vocare amicos tuos neque vicinos divites, ne forte et ipsi te reinvitent, et fiat tibi retributio. ‘ sed praestare patrocinium causae alicuius pertinet ad opera misericordiae, * ut dictum est. ‘ ergo non licet advocato accipere retributionem pecuniae pro patrocinio praestito.

ag2 ‘ Praeterea, spirituale non est pro temporali commutandum. sed patrocinium praestitum videtur esse quiddam spirituale, cum sit usus scientiae iuris. ergo non licet advocato pro patrocinio praestito pecuniam accipere.

ag3 ‘ Praeterea, sicut ad iudicium concurrit persona advocati, ita etiam persona iudicis et persona testis. * sed secundum augustinum, ad macedonium, ° non debet iudex vendere iustum iudicium, nec testis verum testimonium. ‘ ergo nec advocatus poterit vendere iustum patrocinium.

sc * Sed contra est quod augustinus dicit ibidem, quod ° advocatus licite vendit iustum patrocinium, et iurisperitus verum consilium.

co ‘ Respondeo dicendum quod ea quae quis non tenetur alteri exhibere, iuste potest pro eorum exhibitione recompensationem accipere. manifestum est autem quod advocatus non semper tenetur patrocinium praestare aut consilium dare causis aliorum. et ideo si vendat suum patrocinium sive consilium, non agit contra iustitiam. et eadem ratio est de medico opem ferente ad sanandum, et de omnibus aliis huiusmodi personis, dum tamen moderate accipiant, considerata conditione personarum et negotiorum et laboris, et consuetudine patriae. si autem per improbitatem aliquid immoderate extorqueat, peccat contra iustitiam. * unde augustinus dicit, ad macedonium, quod ° ab his extorta per immoderatam improbitatem repeti solent, data per tolerabilem consuetudinem non solent.

ra1 ‘ Ad primum ergo dicendum quod non semper quae homo potest misericorditer facere, tenetur facere gratis, alioquin nulli liceret aliquam rem vendere, quia quamlibet rem potest homo misericorditer impendere. sed quando eam misericorditer impendit, non humanam, sed divinam remunerationem quaerere debet. et similiter advocatus, quando causae pauperum misericorditer patrocinatur, non debet intendere remunerationem humanam, sed divinam, non tamen semper tenetur gratis patrocinium impendere.

ra2 ‘ Ad secundum dicendum quod etsi scientia iuris sit quiddam spirituale, tamen usus eius fit opere corporali. et ideo pro eius recompensatione licet pecuniam accipere, alioquin nulli artifici liceret de arte sua lucrari.

ra3 ‘ Ad tertium dicendum quod iudex et testis communes sunt utrique parti, quia iudex tenetur iustam sententiam dare, et testis tenetur verum testimonium dicere; iustitia autem et veritas non declinant in unam partem magis quam in aliam. et ideo iudicibus de publico sunt stipendia laboris statuta; et testes accipiunt, non quasi pretium testimonii, sed quasi stipendium laboris, expensas vel ab utraque parte, vel ab ea a qua inducuntur, quia nemo militat stipendiis suis unquam, * ut dicitur i ad cor. ix. ‘ sed advocatus alteram partem tantum defendit. et ideo licite potest pretium accipere a parte quam adiuvat.

009 ST3 qu72 ar

pr ‘ Deinde considerandum est de iniuriis verborum quae inferuntur extra iudicium. et primo, de contumelia; secundo, de detractione; tertio, de susurratione; quarto, de derisione; quinto, de maledictione. circa primum quaeruntur quatuor. primo, quid sit contumelia. secundo, utrum omnis contumelia sit peccatum mortale. tertio, utrum oporteat contumeliosos reprimere. quarto, de origine contumeliae.

009 ST3 qu72 ar1

ag1 ‘ Ad primum sic proceditur. videtur quod contumelia non consistat in verbis. contumelia enim importat quoddam nocumentum proximo illatum, cum pertineat ad iniustitiam. sed verba nullum nocumentum videntur inferre proximo, nec in rebus nec in persona. ergo contumelia non consistit in verbis.

ag2 ‘ Praeterea, contumelia videtur ad quandam dehonorationem pertinere. sed magis aliquis potest inhonorari seu vituperari factis quam verbis. ergo videtur quod contumelia non consistit in verbis, sed magis in factis.

ag3 ‘ Praeterea, dehonoratio quae fit in verbis dicitur convicium vel improperium. sed contumelia videtur differre a convicio et improperio. ergo contumelia non consistit in verbis.

sc ‘ Sed contra, nihil auditu percipitur nisi verbum. sed contumelia auditu percipitur, * secundum illud ierem. xx, ° audivi contumelias in circuitu. ‘ ergo contumelia est in verbis.

co ‘ Respondeo dicendum quod contumelia importat dehonorationem alicuius. quod quidem contingit dupliciter. cum enim honor aliquam excellentiam consequatur, uno modo aliquis alium dehonorat cum privat eum excellentia propter quam habebat honorem. quod quidem fit per peccata factorum, * de quibus supra dictum est. ‘ alio modo, cum aliquis id quod est contra honorem alicuius deducit in notitiam eius et aliorum. et hoc proprie pertinet ad contumeliam. quod quidem fit per aliqua signa. * sed sicut augustinus dicit, in ii de doct. christ., ° omnia signa, verbis comparata, paucissima sunt, verba enim inter homines obtinuerunt principatum significandi quaecumque animo concipiuntur. ‘ et ideo contumelia, proprie loquendo, in verbis consistit. * unde isidorus dicit, in libro etymol., quod contumeliosus dicitur aliquis ° quia velox est et tumet verbis iniuriae. ‘ quia tamen etiam per facta aliqua significatur aliquid, quae in hoc quod significant habent vim verborum significantium; inde est quod contumelia, extenso nomine, etiam in factis dicitur. * unde rom. i, super illud, ° contumeliosos, superbos, * dicit glossa quod [25] ° contumeliosi sunt qui dictis vel factis contumelias et turpia inferunt.

ra1 ‘ Ad primum ergo dicendum quod verba secundum suam essentiam, idest inquantum sunt quidam soni audibiles, nullum nocumentum alteri inferunt, nisi forte gravando auditum, puta cum aliquis nimis alte loquitur. inquantum vero sunt signa repraesentantia aliquid in notitiam aliorum, sic possunt multa damna inferre. inter quae unum est quod homo damnificatur quantum ad detrimentum honoris sui vel reverentiae sibi ab aliis exhibendae. et ideo maior est contumelia si aliquis alicui defectum suum dicat coram multis. et tamen si sibi soli dicat, potest esse contumelia, inquantum ipse qui loquitur contra audientis reverentiam agit.

ra2 ‘ Ad secundum dicendum quod intantum aliquis aliquem factis dehonorat inquantum illa facta vel faciunt vel significant illud quod est contra honorem alicuius. quorum primum non pertinet ad contumeliam, sed ad alias iniustitiae species, * de quibus supra dictum est. ‘ secundum vero pertinet ad contumeliam inquantum facta habent vim verborum in significando.

ra3 ‘ Ad tertium dicendum quod convicium et improperium consistunt in verbis, sicut et contumelia, quia per omnia haec repraesentatur aliquis defectus alicuius in detrimentum honoris ipsius. huiusmodi autem defectus est triplex. scilicet defectus culpae, qui repraesentatur per verba contumeliosa. et defectus generaliter culpae et poenae, qui repraesentatur per convitium, quia vitium consuevit dici non solum animae, sed etiam corporis. unde si quis alicui iniuriose dicat eum esse caecum, convicium quidem dicit, sed non contumeliam, si quis autem dicat alteri quod sit fur, non solum convicium, sed etiam contumeliam infert. quandoque vero repraesentat aliquis alicui defectum minorationis sive indigentiae, qui etiam derogat honori consequenti quamcumque excellentiam. et hoc fit per verbum improperii, quod proprie est quando aliquis iniuriose alteri ad memoriam reducit auxilium quod contulit ei necessitatem patienti. * unde dicitur eccli. xx, ° exigua dabit, et multa improperabit. ‘ quandoque tamen unum istorum pro alio ponitur.

009 ST3 qu72 ar2

ag1 ‘ Ad secundum sic proceditur. videtur quod contumelia, vel convicium, non sit peccatum mortale. nullum enim peccatum mortale est actus alicuius virtutis. sed conviciari est actus alicuius virtutis, scilicet eutrapeliae, ad quam pertinet bene conviciari, * secundum philosophum, in iv ethic.. ‘ ergo convicium, sive contumelia, non est peccatum mortale.

ag2 ‘ Praeterea, peccatum mortale non invenitur in viris perfectis. qui tamen aliquando convicia vel contumelias dicunt, * sicut patet de apostolo, qui, ad gal. iii, dixit, ° o insensati galatae. * et dominus dicit, luc. ult., ° o stulti, et tardi corde ad credendum. ‘ ergo convicium, sive contumelia, non est peccatum mortale.

ag3 ‘ Praeterea, quamvis id quod est peccatum veniale ex genere possit fieri mortale, non tamen peccatum quod ex genere est mortale potest esse veniale, * ut supra habitum est. ‘ si ergo dicere convicium vel contumeliam esset peccatum mortale ex genere suo, sequeretur quod semper esset peccatum mortale. quod videtur esse falsum, ut patet in eo qui leviter et ex subreptione, vel ex levi ira dicit aliquod verbum contumeliosum. non ergo contumelia vel convicium ex genere suo est peccatum mortale.

sc ‘ Sed contra, nihil meretur poenam aeternam inferni nisi peccatum mortale. sed convicium vel contumelia meretur poenam inferni, * secundum illud matth. v, ° qui dixerit fratri suo, fatue, reus erit gehennae ignis. ‘ ergo convicium vel contumelia est peccatum mortale.

co * Respondeo dicendum quod, sicut supra dictum est, ‘ verba inquantum sunt soni quidam, non sunt in nocumentum aliorum, sed inquantum significant aliquid. quae quidem significatio ex interiori affectu procedit. et ideo in peccatis verborum maxime considerandum videtur ex quo affectu aliquis verba proferat. cum igitur convicium, seu contumelia, de sui ratione importet quandam dehonorationem, si intentio proferentis ad hoc feratur ut aliquis per verba quae profert honorem alterius auferat, hoc proprie et per se est dicere convicium vel contumeliam. et hoc est peccatum mortale, non minus quam furtum vel rapina, non enim homo minus amat suum honorem quam rem possessam. si vero aliquis verbum convicii vel contumeliae alteri dixerit, non tamen animo dehonorandi, sed forte propter correctionem vel propter aliquid huiusmodi, non dicit convicium vel contumeliam formaliter et per se, sed per accidens et materialiter, inquantum scilicet dicit id quod potest esse convicium, vel contumelia. unde hoc potest esse quandoque peccatum veniale; quandoque autem absque omni peccato. in quo tamen necessaria est discretio, ut moderate homo talibus verbis utatur. quia posset esse ita grave convicium quod, per incautelam prolatum, auferret honorem eius contra quem proferretur. et tunc posset homo peccare mortaliter etiam si non intenderet dehonorationem alterius. sicut etiam si aliquis, [25] incaute alium ex ludo percutiens, graviter laedat, culpa non caret.

ra1 ‘ Ad primum ergo dicendum quod ad eutrapelum pertinet dicere aliquod leve convicium, non ad dehonorationem vel ad contristationem eius in quem dicitur, sed magis causa delectationis et ioci. et hoc potest esse sine peccato, si debitae circumstantiae observantur. si vero aliquis non reformidet contristare eum in quem profertur huiusmodi iocosum convicium, dummodo aliis risum excitet, hoc est vitiosum, * ut ibidem dicitur.

ra2 ‘ Ad secundum dicendum quod sicut licitum est aliquem verberare vel in rebus damnificare causa disciplinae, ita etiam et causa disciplinae potest aliquis alteri, quem debet corrigere, verbum aliquod conviciosum dicere. et hoc modo dominus discipulos vocavit stultos, et apostolus galatas insensatos. * tamen, sicut dicit augustinus, in libro de serm. dom. in monte, ° raro, et ex magna necessitate obiurgationes sunt adhibendae, in quibus non nobis, sed ut domino serviatur, instemus.

ra3 ‘ Ad tertium dicendum quod, cum peccatum convicii vel contumeliae ex animo dicentis dependeat, potest contingere quod sit peccatum veniale, si sit leve convicium, non multum hominem dehonestans, et proferatur ex aliqua animi levitate, vel ex levi ira, absque firmo proposito aliquem dehonestandi, puta cum aliquis intendit aliquem per huiusmodi verbum leviter contristare

009 ST3 qu72 ar3

ag1 ‘ Ad tertium sic proceditur. videtur quod aliquis non debeat contumelias sibi illatas sustinere. qui enim sustinet contumeliam sibi illatam, audaciam nutrit conviciantis. sed hoc non est faciendum. ergo homo non debet sustinere contumeliam sibi illatam, sed magis convicianti respondere.

ag2 ‘ Praeterea, homo debet plus se diligere quam alium. sed aliquis non debet sustinere quod alteri convicium inferatur, unde * dicitur prov. xxvi, ° qui imponit stulto silentium, iras mitigat. ‘ ergo etiam aliquis non debet sustinere contumelias illatas sibi.

ag3 ‘ Praeterea, non licet alicui vindicare seipsum, * secundum illud, ° mihi vindictam, et ego retribuam. ‘ sed aliquis non resistendo contumeliae se vindicat, * secundum illud chrysostomi, ° si vindicare vis, sile, et funestam ei dedisti plagam. ‘ ergo aliquis non debet, silendo, sustinere verba contumeliosa, sed magis respondere.

sc * Sed contra est quod dicitur in psalm., ° qui inquirebant mala mihi, locuti sunt vanitates; * et postea subdit, ° ego autem tanquam surdus non audiebam, et sicut mutus non aperiens os suum.

co ‘ Respondeo dicendum quod sicut patientia necessaria est in his quae contra nos fiunt, ita etiam in his quae contra nos dicuntur. praecepta autem patientiae in his quae contra nos fiunt, sunt in praeparatione animae habenda, * sicut augustinus, in libro de serm. dom. in monte, exponit illud praeceptum domini, ° si quis percusserit te in una maxilla, praebe ei et aliam, ‘ ut scilicet homo sit paratus hoc facere, si opus fuerit; non tamen hoc semper tenetur facere actu, quia nec ipse dominus hoc fecit, “ sed, cum suscepisset alapam, dixit, quid me caedis? * ut habetur ioan. xviii. ‘ et ideo etiam circa verba contumeliosa quae contra nos dicuntur, est idem intelligendum. tenemur enim habere animum paratum ad contumelias tolerandas si expediens fuerit. quandoque tamen oportet ut contumeliam illatam repellamus, maxime propter duo. primo quidem, propter bonum eius qui contumeliam infert, ut videlicet eius audacia reprimatur, et de cetero talia non attentet; * secundum illud prov. xxvi, ° responde stulto iuxta stultitiam suam, ne sibi sapiens videatur. ‘ alio modo, propter bonum multorum, quorum profectus impeditur per contumelias nobis illatas. * unde gregorius dicit, super ezech., homil. ix, ° hi quorum vita in exemplo imitationis est posita, debent, |25| si possunt, detrahentium sibi verba compescere, ne eorum praedicationem non audiant qui audire poterant, et in pravis moribus remanentes, bene vivere contemnant.

ra1 ‘ Ad primum ergo dicendum quod audaciam conviciantis contumeliosi debet aliquis moderate reprimere, scilicet propter officium caritatis, non propter cupiditatem privati honoris. * unde dicitur prov. xxvi, ° ne respondeas stulto iuxta stultitiam suam, ne ei similis efficiaris.

ra2 ‘ Ad secundum dicendum quod in hoc quod aliquis alienas contumelias reprimit, non ita timetur cupiditas privati honoris sicut cum aliquis repellit contumelias proprias, magis autem videtur hoc provenire ex caritatis affectu.

ra3 ‘ Ad tertium dicendum quod si aliquis hoc animo taceret ut tacendo contumeliantem ad iracundiam provocaret, pertineret hoc ad vindictam. sed si aliquis taceat volens dare locum irae, hoc est laudabile. * unde dicitur eccli. viii, ° non litiges cum homine linguato, et non struas in ignem illius ligna.

009 ST3 qu72 ar4

ag1 ‘ Ad quartum sic proceditur. videtur quod contumelia non oriatur ex ira. * quia dicitur prov. xi, ° ubi superbia, ibi contumelia. ‘ sed ira est vitium distinctum a superbia. ergo contumelia non oritur ex ira.

ag2 * Praeterea, prov. xx dicitur, ° omnes stulti miscentur contumeliis. ‘ sed stultitia est vitium oppositum sapientiae, * ut supra habitum est, ‘ ira autem opponitur mansuetudini. ergo contumelia non oritur ex ira.

ag3 ‘ Praeterea, nullum peccatum diminuitur ex sua causa. sed peccatum contumeliae diminuitur si ex ira proferatur, gravius enim peccat qui ex odio contumeliam infert quam qui ex ira. ergo contumelia non oritur ex ira.

sc ‘ Sed contra est quod * gregorius dicit, xxxi moral., quod “ ex ira oriuntur contumeliae.

co ‘ Respondeo dicendum quod, cum unum peccatum possit ex diversis oriri, ex illo tamen dicitur principalius habere originem ex quo frequentius procedere consuevit, propter propinquitatem ad finem ipsius. contumelia autem magnam habet propinquitatem ad finem irae, qui est vindicta, nulla enim vindicta est irato magis in promptu quam inferre contumeliam alteri. et ideo contumelia maxime oritur ex ira.

ra1 ‘ Ad primum ergo dicendum quod contumelia non ordinatur ad finem superbiae, qui est celsitudo, et ideo non directe contumelia oritur ex superbia. disponit tamen superbia ad contumeliam, inquantum illi qui se superiores aestimant, facilius alios contemnunt et iniurias eis irrogant. facilius etiam irascuntur, utpote reputantes indignum quidquid contra eorum voluntatem agitur.

ra2 ‘ Ad secundum dicendum quod, * secundum philosophum, in vii ethic., “ ira non perfecte audit rationem, ‘ et sic iratus patitur rationis defectum, in quo convenit cum stultitia. et propter hoc ex stultitia oritur contumelia, secundum affinitatem quam habet cum ira.

ra3 * Ad tertium dicendum quod, secundum philosophum, in ii rhet., ° iratus intendit manifestam offensam, quod non curat odiens. ‘ et ideo contumelia, quae importat manifestam iniuriam, magis pertinet ad iram quam ad odium.

009 ST3 qu73 ar

pr ‘ Deinde considerandum est de detractione. et circa hoc quaeruntur quatuor. primo, quid sit detractio. secundo, utrum sit peccatum mortale. tertio, de comparatione eius ad alia peccata. quarto, utrum peccet aliquis audiendo detractionem.

009 ST3 qu73 ar1

ag1 ‘ Ad primum sic proceditur. videtur quod “ detractio non sit denigratio alienae famae per occulta verba, * ut a quibusdam definitur. ‘ occultum enim et manifestum sunt circumstantiae non constituentes speciem peccati, accidit enim peccato quod a multis sciatur vel a paucis. sed illud quod non constituit speciem peccati non pertinet ad rationem ipsius, nec debet poni in eius definitione. ergo ad rationem detractionis non pertinet quod fiat per occulta verba.

ag2 ‘ Praeterea, ad rationem famae pertinet publica notitia. si igitur per detractionem denigretur fama alicuius, non poterit hoc fieri per verba occulta, sed per verba in manifesto dicta.

ag3 ‘ Praeterea, ille detrahit qui aliquid subtrahit vel diminuit de eo quod est. sed quandoque denigratur fama alicuius etiam si nihil subtrahatur de veritate, puta cum aliquis vera crimina alicuius pandit. ergo non omnis denigratio famae est detractio.

sc * Sed contra est quod dicitur eccle. x, ° si mordeat serpens in silentio, nihil eo minus habet qui occulte detrahit. ‘ ergo occulte mordere famam alicuius est detrahere.

co ‘ Respondeo dicendum quod sicut facto aliquis alteri nocet dupliciter, manifeste quidem sicut in rapina vel quacumque violentia illata, occulte autem sicut in furto et dolosa percussione; ita etiam verbo aliquis dupliciter aliquem laedit, uno modo, in manifesto, et hoc fit per contumeliam, * ut supra dictum est; ‘ alio modo, occulte, et hoc fit per detractionem. ex hoc autem quod aliquis manifeste verba contra alium profert, videtur eum parvipendere, unde ex hoc ipso exhonoratur, et ideo contumelia detrimentum affert honori eius in quem profertur. sed qui verba contra aliquem profert in occulto, videtur eum vereri magis quam parvipendere, unde non directe infert detrimentum honori, sed famae; inquantum, huiusmodi verba occulte proferens, quantum in ipso est, eos qui audiunt facit malam opinionem habere de eo contra quem loquitur. hoc enim intendere videtur, et ad hoc conatur detrahens, ut eius verbis credatur. unde patet quod detractio differt a contumelia dupliciter. uno modo, quantum ad modum proponendi verba, quia scilicet contumeliosus manifeste contra aliquem loquitur, detractor autem occulte. alio modo, quantum ad finem intentum, sive quantum ad nocumentum illatum, quia scilicet contumeliosus derogat honori, detractor famae.

ra1 ‘ Ad primum ergo dicendum quod in involuntariis commutationibus, ad quas reducuntur omnia nocumenta proximo illata verbo vel facto, diversificat rationem peccati occultum et manifestum, quia alia est ratio involuntarii per violentiam, et per ignorantiam, * ut supra dictum est.

ra2 ‘ Ad secundum dicendum quod verba detractionis dicuntur occulta non simpliciter, sed per comparationem ad eum de quo dicuntur, quia eo absente et ignorante, dicuntur. sed contumeliosus in faciem contra hominem loquitur. unde si aliquis de alio male loquatur coram multis, eo absente, detractio est, si autem eo solo praesente, contumelia est. quamvis etiam si uni soli aliquis de absente malum dicat, corrumpit famam eius, non in toto, sed in parte.

ra3 ‘ Ad tertium dicendum quod aliquis dicitur detrahere non quia diminuat de veritate, sed quia diminuit famam eius. quod quidem quandoque fit directe, quandoque indirecte. directe quidem, quadrupliciter, uno modo, quando falsum imponit alteri; secundo, quando peccatum adauget suis verbis; tertio, quando occultum revelat; quarto, quando id quod est bonum dicit mala intentione factum. indirecte autem, vel negando bonum alterius; vel malitiose reticendo.

009 ST3 qu73 ar2

ag1 ‘ Ad secundum sic proceditur. videtur quod detractio non sit peccatum mortale. nullus enim actus virtutis est peccatum mortale. sed revelare peccatum occultum, quod, * sicut dictum est, ‘ ad detractionem pertinet, est actus virtutis, vel caritatis, dum aliquis fratris peccatum denuntiat eius emendationem intendens; vel etiam est actus iustitiae, dum aliquis fratrem accusat. ergo detractio non est peccatum mortale.

ag2 * Praeterea, super illud prov. xxiv, ° cum detractoribus non commiscearis, * dicit glossa, ° hoc specialiter vitio periclitatur totum genus humanum. ‘ sed nullum peccatum mortale in toto humano genere invenitur, quia multi abstinent a peccato mortali, peccata autem venialia sunt quae in omnibus inveniuntur. ergo detractio est peccatum veniale.

ag3 * Praeterea, augustinus, in homilia de igne purg., “ inter peccata minuta ponit, quando cum omni facilitate vel temeritate maledicimus, quod pertinet ad detractionem. ‘ ergo detractio est peccatum veniale.

sc * Sed contra est quod rom. i dicitur, ° detractores, deo odibiles, * quod ideo additur, ut dicit glossa, ° ne leve putetur propter hoc quod consistit in verbis.

co * Respondeo dicendum quod, sicut supra dictum est, ‘ peccata verborum maxime sunt ex intentione dicentis diiudicanda. detractio autem, secundum suam rationem, ordinatur ad denigrandam famam alicuius. unde ille, per se loquendo, detrahit qui ad hoc de aliquo obloquitur, eo absente, ut eius famam denigret. auferre autem alicui famam valde grave est quia inter res temporales videtur fama esse pretiosior, per cuius defectum homo impeditur a multis bene agendis. * propter quod dicitur eccli. xli, ° curam habe de bono nomine, hoc enim magis permanebit tibi quam mille thesauri magni et pretiosi. ‘ et ideo detractio, per se loquendo, est peccatum mortale. contingit tamen quandoque quod aliquis dicit aliqua verba per quae diminuitur fama alicuius, non hoc intendens, sed aliquid aliud hoc autem non est detrahere per se et formaliter loquendo, sed solum materialiter et quasi per accidens. et si quidem verba per quae fama alterius diminuitur proferat aliquis propter aliquod bonum vel necessarium, debitis circumstantiis observatis, non est peccatum, nec potest dici detractio. si autem proferat ex animi levitate, vel propter aliquid non necessarium, non est peccatum mortale, nisi forte verbum quod dicitur sit adeo grave quod notabiliter famam alicuius laedat, et praecipue in his quae pertinent ad honestatem vitae; quia hoc ex ipso genere verborum habet |25| rationem peccati mortalis. et tenetur aliquis ad restitutionem famae, sicut ad restitutionem cuiuslibet rei subtractae, * eo modo quo supra dictum est, cum de restitutione ageretur.

ra1 ‘ Ad primum ergo dicendum quod revelare peccatum occultum alicuius propter eius emendationem denuntiando, vel propter bonum publicae iustitiae accusando, non est detrahere, * ut dictum est.

ra2 “ Ad secundum dicendum quod glossa illa non dicit quod detractio in toto genere humano inveniatur, sed addit, paene. ‘ tum quia stultorum infinitus est numerus, et pauci sunt qui ambulant per viam salutis. tum etiam quia pauci vel nulli sunt qui non aliquando ex animi levitate aliquid dicunt unde in aliquo, vel leviter, alterius fama minoratur, quia, * ut dicitur iac. iii, ° si quis in verbo non offendit, hic perfectus est vir.

ra3 * Ad tertium dicendum quod augustinus loquitur in casu illo quo ‘ aliquis dicit aliquod leve malum de alio non ex intentione nocendi, sed ex animi levitate vel ex lapsu linguae.

009 ST3 qu73 ar3

ag1 ‘ Ad tertium sic proceditur. videtur quod detractio sit gravius omnibus peccatis quae in proximum committuntur. * quia super illud psalm., ° pro eo ut me diligerent, detrahebant mihi, * dicit glossa, ° plus nocent in membris detrahentes christo, quia animas crediturorum interficiunt, quam qui eius carnem, mox resurrecturam, peremerunt. ‘ ex quo videtur quod detractio sit gravius peccatum quam homicidium, quanto gravius est occidere animam quam occidere corpus. sed homicidium est gravius inter cetera peccata quae in proximum committuntur. ergo detractio est simpliciter inter omnia gravior.

ag2 ‘ Praeterea, detractio videtur esse gravius peccatum quam contumelia quia contumeliam potest homo repellere, non autem detractionem latentem. sed contumelia videtur esse maius peccatum quam adulterium, per hoc quod adulterium unit duos in unam carnem, contumelia autem unitos in multa dividit. ergo detractio est maius peccatum quam adulterium, quod tamen, inter alia peccata quae sunt in proximum, magnam gravitatem habet.

ag3 ‘ Praeterea, contumelia oritur ex ira, detractio autem ex invidia, * ut patet per gregorium, xxxi moral.. ‘ sed invidia est maius peccatum quam ira. ergo et detractio est maius peccatum quam contumelia. et sic idem quod prius.

ag4 ‘ Praeterea, tanto aliquod peccatum est gravius quanto graviorem defectum inducit. sed detractio inducit gravissimum defectum, scilicet excaecationem mentis, * dicit enim gregorius, ° quid aliud detrahentes faciunt nisi quod in pulverem sufflant et in oculos suos terram excitant, ut unde plus detractionis perflant, inde minus veritatis videant? ‘ ergo detractio est gravissimum peccatum inter ea quae committuntur in proximum.

sc ‘ Sed contra, gravius est peccare facto quam verbo. sed detractio est peccatum verbi, adulterium autem et homicidium et furtum sunt peccata in factis. ergo detractio non est gravius ceteris peccatis quae sunt in proximum.

co ‘ Respondeo dicendum quod peccata quae committuntur in proximum sunt pensanda per se quidem secundum nocumenta quae proximo inferuntur, quia ex hoc habent rationem culpae. tanto autem est maius nocumentum quanto maius bonum demitur. cum autem sit triplex bonum hominis, scilicet bonum animae et bonum corporis et bonum exteriorum rerum, bonum animae, quod est maximum, non potest alicui ab alio tolli nisi occasionaliter, puta per malam persuasionem, quae necessitatem non infert, sed alia duo bona, scilicet corporis et exteriorum rerum, possunt ab alio violenter auferri. sed quia bonum corporis praeeminet bono exteriorum rerum, graviora sunt peccata quibus infertur nocumentum corpori quam ea quibus infertur nocumentum exterioribus rebus. unde inter cetera peccata quae sunt in proximum, homicidium gravius est, per quod tollitur vita proximi iam actu existens, consequenter autem adulterium, quod est contra debitum ordinem generationis humanae, per quam est introitus ad vitam. consequenter autem sunt exteriora bona. inter quae, fama praeeminet divitiis, eo quod propinquior est spiritualibus bonis, * unde dicitur prov. xxii, ° melius est nomen bonum quam divitiae multae. ‘ et ideo detractio, secundum suum genus, est maius peccatum quam furtum, minus tamen quam homicidium vel adulterium. potest tamen esse alius ordo propter circumstantias aggravantes vel |25| diminuentes. per accidens autem gravitas peccati attenditur ex parte peccantis, qui gravius peccat si ex deliberatione peccet quam si peccet ex infirmitate vel incautela. et secundum hoc peccata locutionis habent aliquam levitatem, inquantum de facili ex lapsu linguae proveniunt, absque magna praemeditatione.

ra1 ‘ Ad primum ergo dicendum quod illi qui detrahunt christo impedientes fidem membrorum ipsius, derogant divinitati eius, cui fides innititur. unde non est simplex detractio, sed blasphemia.

ra2 ‘ Ad secundum dicendum quod gravius peccatum est contumelia quam detractio, inquantum habet maiorem contemptum proximi, sicut et rapina est gravius peccatum quam furtum, * ut supra dictum est. ‘ contumelia tamen non est gravius peccatum quam adulterium, non enim gravitas adulterii pensatur ex coniunctione corporum, sed ex deordinatione generationis humanae. contumeliosus autem non sufficienter causat inimicitiam in alio, sed occasionaliter tantum dividit unitos, inquantum scilicet per hoc quod mala alterius promit, alios, quantum in se est, ab eius amicitia separat, licet ad hoc per eius verba non cogantur. sic etiam et detractor occasionaliter est homicida, inquantum scilicet per sua verba dat alteri occasionem ut proximum odiat vel contemnat. * propter quod in epistola clementis dicitur “ detractores esse homicidas, scilicet occasionaliter, ° quia qui odit fratrem suum, homicida est, * ut dicitur i ioan. iii.

ra3 ‘ Ad tertium dicendum quod “ quia ira quaerit in manifesto vindictam inferre, * ut philosophus dicit, in ii rhet., ‘ ideo detractio, quae est in occulto, non est filia irae, sicut contumelia; sed magis invidiae, quae nititur qualitercumque minuere gloriam proximi. nec tamen sequitur propter hoc quod detractio sit gravior quam contumelia, quia ex minori vitio potest oriri maius peccatum, sicut ex ira nascitur homicidium et blasphemia. origo enim peccatorum attenditur secundum inclinationem ad finem, quod est ex parte conversionis, gravitas autem peccati magis attenditur ex parte aversionis.

ra4 ‘ Ad quartum dicendum quod quia homo laetatur in sententia oris sui, * ut dicitur prov. xv, ‘ inde est quod ille qui detrahit incipit magis amare et credere quod dicit; et per consequens proximum magis odire; et sic magis recedere a cognitione veritatis. iste tamen effectus potest sequi etiam ex aliis peccatis quae pertinent ad odium proximi.

009 ST3 qu73 ar4

ag1 ‘ Ad quartum sic proceditur. videtur quod audiens qui tolerat detrahentem non graviter peccet. non enim aliquis magis tenetur alteri quam sibi ipsi. sed laudabile est si patienter homo suos detractores toleret, * dicit enim gregorius, super ezech. homil. ix, ° linguas detrahentium, sicut nostro studio non debemus excitare, ne ipsi pereant; ita per suam malitiam excitatas debemus aequanimiter tolerare, ut nobis meritum crescat. ‘ ergo non peccat aliquis si detractionibus aliorum non resistat.

ag2 * Praeterea, eccli. iv dicitur, ° non contradicas verbo veritatis ullo modo. ‘ sed quandoque aliquis detrahit verba veritatis dicendo, * ut supra dictum est. ‘ ergo videtur quod non semper teneatur homo detractionibus resistere.

ag3 ‘ Praeterea, nullus debet impedire id quod est in utilitatem aliorum. sed detractio frequenter est in utilitatem eorum contra quos detrahitur, * dicit enim pius papa, ° nonnunquam detractio adversus bonos excitatur, ut quos vel domestica adulatio vel aliorum favor in altum extulerat, detractio humiliet. ‘ ergo aliquis non debet detractiones impedire.

sc * Sed contra est quod hieronymus dicit, ° cave ne linguam aut aures habeas prurientes, aut aliis detrahas, aut alios audias detrahentes.

co * Respondeo dicendum quod, secundum apostolum, ad rom. i, ° digni sunt morte non solum qui peccata faciunt, sed etiam qui facientibus peccata consentiunt. ‘ quod quidem contingit dupliciter. uno modo, directe, quando scilicet quis inducit alium ad peccatum, vel ei placet peccatum. alio modo, indirecte, quando scilicet non resistit, cum resistere possit, et hoc contingit quandoque non quia peccatum placeat, sed propter aliquem humanum timorem. dicendum est ergo quod si aliquis detractiones audiat absque resistentia, videtur detractori consentire, unde fit particeps peccati eius. et si quidem inducat eum ad detrahendum, vel saltem placeat ei detractio, propter odium eius cui detrahitur, non minus peccat quam detrahens, et quandoque magis. * unde bernardus dicit, ° detrahere, aut detrahentem audire, quid horum damnabilius sit, non facile dixerim. ‘ si vero non placeat ei peccatum, sed ex timore vel negligentia vel etiam verecundia quadam omittat repellere detrahentem, peccat quidem, sed multo minus quam detrahens, et plerumque venialiter. quandoque etiam hoc potest esse peccatum mortale, vel propter hoc quod alicui ex officio incumbit detrahentem corrigere; vel propter aliquod periculum consequens; vel propter radicem, qua timor humanus quandoque potest esse peccatum mortale, |25| * ut supra habitum est.

ra1 ‘ Ad primum ergo dicendum quod detractiones suas nullus audit, quia scilicet mala quae dicuntur de aliquo eo audiente, non sunt detractiones, proprie loquendo, sed contumeliae, * ut dictum est. ‘ possunt tamen ad notitiam alicuius detractiones contra ipsum factae aliorum relationibus pervenire. et tunc sui arbitrii est detrimentum suae famae pati, nisi hoc vergat in periculum aliorum, * ut supra dictum est. ‘ et ideo in hoc potest commendari eius patientia quod patienter proprias detractiones sustinet. non autem est sui arbitrii quod patiatur detrimentum famae alterius. et ideo in culpam ei vertitur si non resistit, cum possit resistere, eadem ratione “ qua tenetur aliquis sublevare asinum alterius iacentem sub onere, * ut praecipitur deut. xxii.

ra2 ‘ Ad secundum dicendum quod non semper debet aliquis resistere detractori arguendo eum de falsitate, maxime si quis sciat verum esse quod dicitur. sed debet eum verbis redarguere de hoc quod peccat fratri detrahendo, vel saltem ostendere quod ei detractio displiceat per tristitiam faciei; * quia, ut dicitur prov. xxv, ° ventus aquilo dissipat pluvias, et facies tristis linguam detrahentem.

ra3 ‘ Ad tertium dicendum quod utilitas quae ex detractione provenit non est ex intentione detrahentis, sed ex dei ordinatione, qui ex quolibet malo elicit bonum. et ideo nihilo minus est detractoribus resistendum, sicut et raptoribus vel oppressoribus aliorum, quamvis ex hoc oppressis vel spoliatis per patientiam meritum crescat.

009 ST3 qu74 ar

pr ‘ Deinde considerandum est de susurratione. et circa hoc quaeruntur duo. primo, utrum susurratio sit peccatum distinctum a detractione. secundo, quod horum sit gravius.

009 ST3 qu74 ar1

ag1 ‘ Ad primum sic proceditur. videtur quod susurratio non sit peccatum distinctum a detractione. * dicit enim isidorus, in libro etymol., ° susurro de sono locutionis appellatur, quia non in facie alicuius, sed in aure loquitur, detrahendo. ‘ sed loqui de altero detrahendo ad detractionem pertinet. ergo susurratio non est peccatum distinctum a detractione.

ag2 * Praeterea, levit. xix dicitur, ° non eris criminator nec susurro in populis. ‘ sed criminator idem videtur esse quod detractor. ergo etiam susurratio a detractione non differt.

ag3 * Praeterea, eccli. xxviii dicitur, ° susurro et bilinguis maledictus erit. ‘ sed bilinguis videtur idem esse quod detractor, quia detractorum est duplici lingua loqui, aliter scilicet in absentia et aliter in praesentia. ergo susurro est idem quod detractor.

sc ‘ Sed contra est quod, rom. i, super illud, ° susurrones, detractores, * dicit glossa, ° susurrones, inter amicos discordiam seminantes; detractores, qui aliorum bona negant vel minuunt.

co ‘ Respondeo dicendum quod susurratio et detractio in materia conveniunt, et etiam in forma, sive in modo loquendi, quia uterque malum occulte de proximo dicit. propter quam similitudinem interdum unum pro alio ponitur, * unde eccli. v, super illud, ° non appelleris susurro, * dicit glossa, “ idest detractor. ‘ differunt autem in fine. quia detractor intendit denigrare famam proximi, unde illa mala de proximo praecipue profert ex quibus proximus infamari possit, vel saltem diminui eius fama. susurro autem intendit amicitiam separare, * ut patet per glossam inductam, et per id quod dicitur prov. xxvi, ° susurrone subtracto, iurgia conquiescunt. ‘ et ideo susurro talia mala profert de proximo quae possunt contra ipsum commovere animum audientis, * secundum illud eccli. xxviii, ° vir peccator conturbabit amicos, et in medio pacem habentium immittit inimicitiam.

ra1 ‘ Ad primum ergo dicendum quod susurro, inquantum dicit malum de alio, dicitur detrahere. in hoc tamen differt a detractore, quia non intendit simpliciter malum dicere; sed quidquid sit illud quod possit animum unius turbare contra alium, etiam si sit simpliciter bonum, et tamen apparens malum, inquantum displicet ei cui dicitur.

ra2 ‘ Ad secundum dicendum quod criminator differt et a susurrone et a detractore. quia criminator est qui publice aliis crimina imponit, vel accusando vel conviciando, quod non pertinet ad detractorem et susurronem.

ra3 ‘ Ad tertium dicendum quod bilinguis proprie dicitur susurro. cum enim amicitia sit inter duos, nititur susurro ex utraque parte amicitiam rumpere, et ideo duabus linguis utitur ad duos, uni dicens malum de alio. * propter quod dicitur eccli. xxviii, ° susurro et bilinguis maledictus, * et subditur, ° multos enim turbant pacem habentes.

009 ST3 qu74 ar2

ag1 ‘ Ad secundum sic proceditur. videtur quod detractio sit gravius peccatum quam susurratio. peccata enim oris consistunt in hoc quod aliquis mala dicit. sed detractor dicit de proximo ea quae sunt mala simpliciter, quia ex talibus oritur infamia vel diminuitur fama, susurro autem non curat dicere nisi mala apparentia, quae scilicet displiceant audienti. ergo gravius peccatum est detractio quam susurratio.

ag2 ‘ Praeterea, quicumque aufert alicui famam, aufert ei non solum unum amicum, sed multos, quia unusquisque refugit amicitiam infamium personarum; * unde contra quendam dicitur, ii paralip. xix, ° his qui oderunt dominum amicitia iungeris. ‘ susurratio autem aufert unum solum amicum. gravius ergo peccatum est detractio quam susurratio.

ag3 * Praeterea, iac. iv dicitur, ° qui detrahit fratri suo, detrahit legi; ‘ et per consequens deo, qui est legislator, et sic peccatum detractionis videtur esse peccatum in deum, quod est gravissimum, * ut supra habitum est. ‘ peccatum autem susurrationis est in proximum. ergo peccatum detractionis est gravius quam peccatum susurrationis.

sc * Sed contra est quod dicitur eccli. v, ° denotatio pessima super bilinguem, susurratori autem odium et inimicitia et contumelia.

co * Respondeo dicendum quod, sicut supra dictum est, ‘ peccatum in proximum tanto est gravius quanto per ipsum maius nocumentum proximo infertur, nocumentum autem tanto maius est quanto maius est bonum quod tollitur. inter cetera vero exteriora bona praeeminet amicus, quia sine amicis nullus vivere posset, * ut patet per philosophum, in viii ethic.. unde dicitur eccli. vi, ° amico fideli nulla est comparatio, ‘ quia et optima fama, quae per detractionem tollitur, ad hoc maxime necessaria est ut homo idoneus ad amicitiam habeatur. et ideo susurratio est maius peccatum quam detractio, et etiam quam contumelia, “ quia amicus est melior quam honor, et amari quam honorari, * ut in viii ethic. philosophus dicit.

ra1 ‘ Ad primum ergo dicendum quod species et gravitas peccati magis attenditur ex fine quam ex materiali obiecto. et ideo ratione finis susurratio est gravior, quamvis detractor quandoque peiora dicat.

ra2 ‘ Ad secundum dicendum quod fama est dispositio ad amicitiam, et infamia ad inimicitiam. dispositio autem deficit ab eo ad quod disponit. et ideo ille qui operatur ad aliquid quod est dispositio ad inimicitiam, minus peccat quam ille qui directe operatur ad inimicitiam inducendam.

ra3 ‘ Ad tertium dicendum quod ille qui detrahit fratri intantum videtur detrahere legi inquantum contemnit praeceptum de dilectione proximi. contra quod directius agit qui amicitiam disrumpere nititur. unde hoc peccatum maxime contra deum est, quia deus dilectio est, * ut dicitur i ioan. iv. et propter hoc dicitur prov. vi, ° sex sunt quae odit dominus, et septimum detestatur anima eius, * et hoc septimum ponit ° eum qui seminat inter fratres discordiam.

009 ST3 qu75 ar

pr ‘ Deinde considerandum est de derisione. et circa hoc quaeruntur duo primo, utrum derisio sit peccatum speciale distinctum ab aliis peccatis quibus per verba nocumentum proximo infertur. secundo, utrum derisio sit peccatum mortale.

009 ST3 qu75 ar1

ag1 ‘ Ad primum sic proceditur. videtur quod derisio non sit speciale peccatum ab aliis praemissis distinctum. subsannatio enim videtur idem esse quod derisio. sed subsannatio ad contumeliam videtur pertinere. ergo derisio non videtur distingui a contumelia.

ag2 ‘ Praeterea, nullus irridetur nisi de aliquo turpi, ex quo homo erubescit. huiusmodi autem sunt peccata, quae si manifeste de aliquo dicuntur, pertinent ad contumeliam; si autem occulte, pertinent ad detractionem sive susurrationem. ergo derisio non est vitium a praemissis distinctum.

ag3 ‘ Praeterea, huiusmodi peccata distinguuntur secundum nocumenta quae proximo inferuntur. sed per derisionem non infertur aliud nocumentum proximo quam in honore vel fama vel detrimento amicitiae. ergo derisio non est peccatum distinctum a praemissis.

sc ‘ Sed contra est quod irrisio fit ludo, unde et illusio nominatur. nullum autem praemissorum ludo agitur, sed serio. ergo derisio ab omnibus praedictis differt.

co * Respondeo dicendum quod, sicut supra dictum est, ‘ peccata verborum praecipue pensanda sunt secundum intentionem proferentis. et ideo secundum diversa quae quis intendit contra alium loquens, huiusmodi peccata distinguuntur. sicut autem aliquis conviciando intendit conviciati honorem deprimere, et detrahendo diminuere famam, et susurrando tollere amicitiam; ita etiam irridendo aliquis intendit quod ille qui irridetur erubescat. et quia hic finis est distinctus ab aliis, ideo etiam peccatum derisionis distinguitur a praemissis peccatis.

ra1 ‘ Ad primum ergo dicendum quod subsannatio et irrisio conveniunt in fine, sed differunt in modo, quia irrisio fit ore, idest verbo et cachinnis; subsannatio autem naso rugato, * ut dicit glossa super illud psalm., ° qui habitat in caelis irridebit eos. ‘ talis tamen differentia non diversificat speciem. utrumque tamen differt a contumelia, sicut erubescentia a dehonoratione, “ est enim erubescentia timor dehonorationis, * sicut damascenus dicit.

ra2 ‘ Ad secundum dicendum quod de opere virtuoso aliquis apud alios et reverentiam meretur et famam; apud seipsum bonae conscientiae gloriam, * secundum illud ii ad cor. i, ° gloria nostra haec est, testimonium conscientiae nostrae. ‘ unde e contrario de actu turpi, idest vitioso, apud alios quidem tollitur hominis honor et fama, et ad hoc contumeliosus et detractor turpia de alio dicunt. apud seipsum autem per turpia quae dicuntur aliquis perdit conscientiae gloriam per quandam confusionem et erubescentiam, et ad hoc turpia dicit derisor. et sic patet quod derisor communicat cum praedictis vitiis in materia, differt autem in fine.

ra3 ‘ Ad tertium dicendum quod securitas conscientiae et quies illius magnum bonum est, * secundum illud prov. xv, ° secura mens quasi iuge convivium. ‘ et ideo qui conscientiam alicuius inquietat confundendo ipsum, aliquod speciale nocumentum ei infert. unde derisio est peccatum speciale.

009 ST3 qu75 ar2

ag1 ‘ Ad secundum sic proceditur. videtur quod derisio non possit esse peccatum mortale. omne enim peccatum mortale contrariatur caritati. sed derisio non videtur contrariari caritati, agitur enim ludo quandoque inter amicos; unde et delusio nominatur. ergo derisio non potest esse peccatum mortale.

ag2 ‘ Praeterea, derisio illa videtur esse maxima quae fit in iniuriam dei. sed non omnis derisio quae vergit in iniuriam dei est peccatum mortale. alioquin quicumque recidivat in aliquod peccatum veniale de quo poenituit, peccaret mortaliter, * dicit enim isidorus quod ° irrisor est, et non poenitens, qui adhuc agit quod poenitet. ‘ similiter etiam sequeretur quod omnis simulatio esset peccatum mortale, * quia sicut gregorius dicit, in moral., “ per struthionem significatur simulator, qui deridet equum, idest hominem iustum, et ascensorem, idest deum. ‘ ergo derisio non est peccatum mortale.

ag3 ‘ Praeterea, contumelia et detractio videntur esse graviora peccata quam derisio, quia maius est facere aliquid serio quam ioco. sed non omnis detractio vel contumelia est peccatum mortale. ergo multo minus derisio.

sc * Sed contra est quod dicitur prov. iii, ° ipse deridet illusores. ‘ sed deridere dei est aeternaliter punire pro peccato mortali, * ut patet per id quod dicitur in psalm., ° qui habitat in caelis irridebit eos. ‘ ergo derisio est peccatum mortale.

co ‘ Respondeo dicendum quod irrisio non fit nisi de aliquo malo vel defectu. malum autem si sit magnum, non pro ludo accipitur, sed seriose. unde si in lusum vel risum vertatur (ex quo irrisionis vel illusionis nomen sumitur), hoc est quia accipitur ut parvum. potest autem aliquod malum accipi ut parvum, dupliciter, uno modo, secundum se; alio modo, ratione personae. cum autem aliquis alterius personae malum vel defectum in ludum vel risum ponit quia secundum se parvum malum est, est veniale et leve peccatum secundum suum genus. cum autem accipitur quasi parvum ratione personae, sicut defectus puerorum et stultorum parum ponderare solemus, sic aliquem illudere vel irridere est eum omnino parvipendere, et eum tam vilem aestimare ut de eius malo non sit curandum, sed sit quasi pro ludo habendum. et sic derisio est peccatum mortale. et gravius quam contumelia, quae similiter est in manifesto, quia contumeliosus videtur accipere malum alterius seriose, illusor autem in ludum; et ita videtur esse maior contemptus et dehonoratio. et secundum hoc, illusio est grave peccatum, et tanto gravius quanto maior reverentia debetur personae quae illuditur. unde gravissimum est irridere deum et ea quae dei sunt, * secundum illud isaiae xxxvii, ° cui exprobrasti? et quem blasphemasti? et super quem exaltasti vocem tuam? |25| * et postea subditur, ° ad sanctum israel. ‘ deinde secundum locum tenet irrisio parentum. * unde dicitur prov. xxx, ° oculum qui subsannat patrem et despicit partum matris suae, effodiant eum corvi de torrentibus, et comedant eum filii aquilae. ‘ deinde iustorum derisio gravis est, quia honor est virtutis praemium. * et contra hoc dicitur iob xii, ° deridetur iusti simplicitas. ‘ quae quidem derisio valde nociva est, quia per hoc homines a bene agendo impediuntur; * secundum illud gregorii, ° qui in aliorum actibus exoriri bona conspiciunt, mox ea manu pestiferae exprobrationis evellunt.

ra1 ‘ Ad primum ergo dicendum quod ludus non importat aliquid contrarium caritati respectu eius cum quo luditur, potest tamen importare aliquid contrarium caritati respectu eius de quo luditur, propter contemptum, * ut dictum est.

ra2 ‘ Ad secundum dicendum quod ille qui recidivat in peccatum de quo poenituit, et ille qui simulat, non expresse deum irridet, sed quasi interpretative, inquantum scilicet ad modum deridentis se habet. nec tamen venialiter peccando aliquis simpliciter recidivat vel simulat, sed dispositive et imperfecte.

ra3 ‘ Ad tertium dicendum quod derisio, secundum suam rationem, levius aliquid est quam detractio vel contumelia, quia non importat contemptum, sed ludum. quandoque tamen habet maiorem contemptum quam etiam contumelia, * ut supra dictum est. ‘ et tunc est grave peccatum.

009 ST3 qu76 ar

pr ‘ Deinde considerandum est de maledictione. et circa hoc quaeruntur quatuor. primo, utrum licite possit aliquis maledicere homini. secundo, utrum licite possit aliquis maledicere irrationali creaturae. tertio, utrum maledictio sit peccatum mortale. quarto, de comparatione eius ad alia peccata.

009 ST3 qu76 ar1

ag1 ‘ Ad primum sic proceditur. videtur quod non liceat maledicere aliquem. non est enim licitum praeterire mandatum apostoli, in quo christus loquebatur, * ut dicitur ii ad cor. xiii. sed ipse praecipit, rom. xii, ° benedicite, et nolite maledicere. ‘ ergo non licet aliquem maledicere.

ag2 ‘ Praeterea, omnes tenentur deum benedicere, * secundum illud dan. iii, “ benedicite, filii hominum, domino. ‘ sed non potest ex ore eodem procedere benedictio dei et maledictio hominis, * ut probatur iac. iii. ‘ ergo nulli licet aliquem maledicere.

ag3 ‘ Praeterea, ille qui aliquem maledicit, videtur optare eius malum culpae vel poenae, quia maledictio videtur esse imprecatio quaedam. sed non licet desiderare malum alterius, quinimmo orare oportet pro omnibus ut liberentur a malo. ergo nulli licet maledicere.

ag4 ‘ Praeterea, diabolus per obstinationem maxime subiectus est malitiae. sed non licet alicui maledicere diabolum, sicut nec seipsum, * dicitur enim eccli. xxi, ° cum maledicit impius diabolum, maledicit ipse animam suam. ‘ ergo multo minus licet maledicere hominem.

ag5 * Praeterea, num. xxiii, super illud, ° quomodo maledicam cui non maledixit dominus? * dicit glossa, ° non potest esse iusta maledicendi causa ubi peccantis ignoratur affectus. ‘ sed homo non potest scire affectum alterius hominis, nec etiam utrum sit maledictus a deo. ergo nulli licet aliquem hominem maledicere.

sc * Sed contra est quod deut. xxvii dicitur, ° maledictus qui non permanet in sermonibus legis huius. ‘ elisaeus etiam pueris sibi illudentibus maledixit, * ut habetur iv reg. ii.

co ‘ Respondeo dicendum quod maledicere idem est quod malum dicere. dicere autem tripliciter se habet ad id quod dicitur. uno modo, per modum enuntiationis, sicut aliquis exprimitur modo indicativo. et sic maledicere nihil est aliud quam malum alterius referre, quod pertinet ad detractionem. unde quandoque maledici detractores dicuntur. alio modo dicere se habet ad id quod dicitur per modum causae. et hoc quidem primo et principaliter competit deo, qui omnia suo verbo fecit, * secundum illud psalm., ° dixit, et facta sunt. ‘ consequenter autem competit hominibus, qui verbo suo alios movent per imperium ad aliquid faciendum. et ad hoc instituta sunt verba imperativi modi. tertio modo ipsum dicere se habet ad id quod dicitur quasi expressio quaedam affectus desiderantis id quod verbo exprimitur. et ad hoc instituta sunt verba optativi modi. praetermisso igitur primo modo maledictionis, qui est per simplicem enuntiationem mali, considerandum est de aliis duobus. ubi scire oportet quod facere aliquid et velle illud se consequuntur in bonitate et malitia, * ut ex supradictis patet. ‘ unde in istis duobus modis, quibus malum dicitur per modum imperantis vel per modum optantis, eadem ratione est aliquid licitum et illicitum. si enim aliquis imperet vel optet malum alterius inquantum est malum, quasi ipsum malum intendens, |25| sic maledicere utroque modo erit illicitum. et hoc est maledicere per se loquendo. si autem aliquis imperet vel optet malum alterius sub ratione boni, sic est licitum. nec erit maledictio per se loquendo, sed per accidens, quia principalis intentio dicentis non fertur ad malum, sed ad bonum. contingit autem malum aliquod dici imperando vel optando sub ratione duplicis boni. quandoque quidem sub ratione iusti. et sic iudex licite maledicit illum cui praecipit iustam poenam inferri. et sic etiam ecclesia maledicit anathematizando. sic etiam prophetae quandoque imprecantur mala peccatoribus, quasi conformantes voluntatem suam divinae iustitiae (licet huiusmodi imprecationes possint etiam per modum praenuntiationis intelligi). quandoque vero dicitur aliquod malum sub ratione utilis, puta cum aliquis optat aliquem peccatorem pati aliquam aegritudinem, aut aliquod impedimentum, vel ut ipse melior efficiatur, vel ut saltem ab aliorum nocumento cesset.

ra1 * Ad primum ergo dicendum quod apostolus “ prohibet maledicere per se loquendo, cum intentione mali.

ra2 ‘ Et similiter dicendum ad secundum.

ra3 ‘ Ad tertium dicendum quod optare alicui malum sub ratione boni non contrariatur affectui quo quis simpliciter alicui optat bonum, sed magis habet conformitatem ad ipsum.

ra4 ‘ Ad quartum dicendum quod in diabolo est considerare naturam, et culpam. natura quidem eius bona est, et a deo, nec eam maledicere licet. culpa autem eius est maledicenda, * secundum illud iob iii, ° maledicant ei qui maledicunt diei. ‘ cum autem peccator maledicit diabolum propter culpam, seipsum simili ratione iudicat maledictione dignum. et secundum hoc dicitur maledicere animam suam.

ra5 ‘ Ad quintum dicendum quod affectus peccantis, etsi in se non videatur, potest tamen percipi ex aliquo manifesto peccato, pro quo poena est infligenda. similiter etiam, quamvis sciri non possit quem deus maledicit secundum finalem reprobationem, potest tamen sciri quis sit maledictus a deo secundum reatum praesentis culpae.

009 ST3 qu76 ar2

ag1 ‘ Ad secundum sic proceditur. videtur quod non liceat creaturam irrationalem maledicere. maledictio enim praecipue videtur esse licita inquantum respicit poenam. sed creatura irrationalis non est susceptiva nec culpae nec poenae. ergo eam maledicere non licet.

ag2 ‘ Praeterea, in creatura irrationali nihil invenitur nisi natura, quam deus fecit. hanc autem maledicere non licet, etiam in diabolo, * ut dictum est. ‘ ergo creaturam irrationalem nullo modo licet maledicere.

ag3 ‘ Praeterea, creatura irrationalis aut est permanens, sicut corpora; aut est transiens, sicut tempora. * sed sicut gregorius dicit, in iv moral., ° otiosum est maledicere non existenti; vitiosum vero si existeret. ‘ ergo nullo modo licet maledicere creaturae irrationali.

sc ‘ Sed contra est quod dominus maledixit ficulneae, * ut habetur matth. xxi; ‘ et iob maledixit diei suo, * ut habetur iob iii.

co ‘ Respondeo dicendum quod benedictio vel maledictio ad illam rem proprie pertinet cui potest aliquid bene vel male contingere, scilicet rationali creaturae. creaturis autem irrationalibus bonum vel malum dicitur contingere in ordine ad creaturam rationalem, propter quam sunt. ordinantur autem ad eam multipliciter. uno quidem modo, per modum subventionis, inquantum scilicet ex creaturis irrationalibus subvenitur humanae necessitati. * et hoc modo dominus homini dixit, gen. iii, “ maledicta terra in opere tuo, ‘ ut scilicet per eius sterilitatem homo puniretur. * et ita etiam intelligitur quod habetur deut. xxviii, ° benedicta horrea tua, * et infra, ° maledictum horreum tuum. ‘ sic etiam david maledixit montes gelboe, * secundum gregorii expositionem. ‘ alio modo creatura irrationalis ordinatur ad rationalem per modum significationis. et sic dominus maledixit ficulneam, in significationem iudaeae. tertio modo ordinatur creatura irrationalis ad rationalem per modum continentis, scilicet temporis vel loci. et sic maledixit iob diei nativitatis suae, |25| propter culpam originalem, quam nascendo contraxit, et propter sequentes poenalitates. et propter hoc etiam potest intelligi david maledixisse montibus gelboe, * ut legitur ii reg. i, ‘ scilicet propter caedem populi quae in eis contigerat. maledicere autem rebus irrationalibus inquantum sunt creaturae dei, est peccatum blasphemiae. maledicere autem eis secundum se consideratis, est otiosum et vanum, et per consequens illicitum.

ra ‘ Et per hoc patet responsio ad obiecta.

009 ST3 qu76 ar3

ag1 ‘ Ad tertium sic proceditur. videtur quod maledicere non sit peccatum mortale. * augustinus enim, in homilia de igne purgatorio, “ numerat maledictionem inter levia peccata. ‘ haec autem sunt venialia. ergo maledictio non est peccatum mortale, sed veniale.

ag2 ‘ Praeterea, ea quae ex levi motu mentis procedunt non videntur esse peccata mortalia. sed interdum maledictio ex levi motu procedit. ergo maledictio non est peccatum mortale.

ag3 ‘ Praeterea, gravius est male facere quam maledicere. sed male facere non semper est peccatum mortale. ergo multo minus maledicere.

sc ‘ Sed contra, nihil excludit a regno dei nisi peccatum mortale. sed maledictio excludit a regno dei, * secundum illud i ad cor. vi, ° neque maledici neque rapaces regnum dei possidebunt. ‘ ergo maledictio est peccatum mortale.

co ‘ Respondeo dicendum quod maledictio de qua nunc loquimur, est per quam pronuntiatur malum contra aliquem vel imperando vel optando. velle autem, vel imperio movere ad malum alterius, secundum se repugnat caritati, qua diligimus proximum volentes bonum ipsius. et ita secundum suum genus est peccatum mortale. et tanto gravius quanto personam cui maledicimus magis amare et revereri tenemur, * unde dicitur levit. xx, ° qui maledixerit patri suo et matri, morte moriatur. ‘ contingit tamen verbum maledictionis prolatum esse peccatum veniale, vel propter parvitatem mali quod quis alteri, maledicendo, imprecatur, vel etiam propter affectum eius qui profert maledictionis verba, dum ex levi motu, vel ex ludo, aut ex subreptione aliqua talia verba profert; quia peccata verborum maxime ex affectu pensantur, * ut supra dictum est.

ra ‘ Et per hoc patet responsio ad obiecta.

009 ST3 qu76 ar4

ag1 ‘ Ad quartum sic proceditur. videtur quod maledictio sit gravius peccatum quam detractio. maledictio enim videtur esse blasphemia quaedam, * ut patet per id quod dicitur in canonica iudae, quod ° cum michael archangelus, cum diabolo disputans, altercaretur de moysi corpore, non est ausus iudicium inferre blasphemiae; ‘ et accipitur ibi blasphemia pro maledictione, * secundum glossam. ‘ blasphemia autem est gravius peccatum quam detractio. ergo maledictio est gravior detractione.

ag2 ‘ Praeterea, homicidium est detractione gravius, * ut supra dictum est. ‘ sed maledictio est par peccato homicidii, * dicit enim chrysostomus, super matth., ° cum dixeris, maledic ei, et domum everte, et omnia perire fac, nihil ab homicida differs. ‘ ergo maledictio est gravior quam detractio.

ag3 ‘ Praeterea, causa praeeminet signo. sed ille qui maledicit causat malum suo imperio, ille autem qui detrahit solum significat malum iam existens. gravius ergo peccat maledicus quam detractor.

sc ‘ Sed contra est quod detractio non potest bene fieri. maledictio autem fit bene et male, * ut ex dictis patet. ‘ ergo gravior est detractio quam maledictio.

co * Respondeo dicendum quod, sicut in primo habitum est, ‘ duplex est malum, scilicet culpae, et poenae. malum autem culpae peius est, * ut ibidem ostensum est. ' unde dicere malum culpae peius est quam dicere malum poenae, dummodo sit idem modus dicendi. ad contumeliosum igitur, susurronem et detractorem, et etiam derisorem, pertinet dicere malum culpae, sed ad maledicentem, prout nunc loquimur, pertinet dicere malum poenae, non autem malum culpae nisi forte sub ratione poenae. non tamen est idem modus dicendi. nam ad praedicta quatuor vitia pertinet dicere malum culpae solum enuntiando, per maledictionem vero dicitur malum poenae vel causando per modum imperii, vel optando. ipsa autem enuntiatio culpae peccatum est inquantum aliquod nocumentum ex hoc proximo infertur. gravius autem est nocumentum inferre quam nocumentum desiderare, ceteris paribus. unde detractio, secundum communem rationem, gravius peccatum est quam maledictio simplex desiderium exprimens. maledictio vero quae fit per modum imperii, cum habeat rationem causae, potest esse detractione gravior, si maius nocumentum inferat quam sit denigratio famae; vel levior, si minus. et haec quidem accipienda sunt secundum ea quae per se pertinent ad rationem horum vitiorum. possunt autem et alia per accidens considerari quae praedicta vitia vel augent vel minuunt.

ra1 ' Ad primum ergo dicendum quod maledictio creaturae inquantum creatura est, redundat in deum, et sic per accidens habet rationem blasphemiae, non autem si maledicatur creatura propter culpam. et eadem ratio est de detractione.

ra2 * Ad secundum dicendum quod, sicut dictum est, ' maledictio uno modo includit desiderium mali. unde si ille qui maledicit velit malum occisionis alterius, desiderio non differt ab homicida. differt tamen inquantum actus exterior aliquid adiicit voluntati.

ra3 ' Ad tertium dicendum quod ratio illa procedit de maledictione secundum quod importat imperium.

009 ST3 qu77 ar

pr ' Deinde considerandum est de peccatis quae sunt circa voluntarias commutationes. et primo, de fraudulentia quae committitur in emptionibus et venditionibus; secundo, de usura, quae fit in mutuis. circa alias enim commutationes voluntarias non invenitur aliqua species peccati quae distinguatur a rapina vel furto. circa primum quaeruntur quatuor. primo, de iniusta venditione ex parte pretii, scilicet, utrum liceat aliquid vendere plus quam valeat. secundo, de iniusta venditione ex parte rei venditae. tertio, utrum teneatur venditor dicere vitium rei venditae. quarto, utrum licitum sit aliquid, negotiando, plus vendere quam emptum sit.

009 ST3 qu77 ar1

ag1 ' Ad primum sic proceditur. videtur quod aliquis licite possit vendere rem plus quam valeat. iustum enim in commutationibus humanae vitae secundum leges civiles determinatur. sed secundum eas licitum est emptori et venditori ut se invicem decipiant, quod quidem fit inquantum venditor plus vendit rem quam valeat, emptor autem minus quam valeat. ergo licitum est quod aliquis vendat rem plus quam valeat.

ag2 ' Praeterea, illud quod est omnibus commune videtur esse naturale et non esse peccatum. * sed sicut augustinus refert, xiii de trin., " dictum cuiusdam mimi fuit ab omnibus acceptatum, ° vili vultis emere, et care vendere. * cui etiam consonat quod dicitur prov. xx, ° malum est, malum est, dicit omnis emptor, et cum recesserit, gloriatur. ' ergo licitum est aliquid carius vendere et vilius emere quam valeat.

ag3 ' Praeterea, non videtur esse illicitum si ex conventione agatur id quod fieri debet ex debito honestatis. sed * secundum philosophum, in viii ethic., " in amicitia utilis recompensatio fieri debet secundum utilitatem quam consecutus est ille qui beneficium suscepit, ' quae quidem quandoque excedit valorem rei datae; sicut contingit cum aliquis multum re aliqua indiget, vel ad periculum evitandum vel ad aliquod commodum consequendum. ergo licet in contractu emptionis et venditionis aliquid dare pro maiori pretio quam valeat.

sc * Sed contra est quod dicitur matth. vii, ° omnia quaecumque vultis ut faciant vobis homines, et vos facite illis. ' sed nullus vult sibi rem vendi carius quam valeat. ergo nullus debet alteri vendere rem carius quam valeat.

co ' Respondeo dicendum quod fraudem adhibere ad hoc quod aliquid plus iusto pretio vendatur, omnino peccatum est, inquantum aliquis decipit proximum in damnum ipsius. * unde et tullius dicit, in libro de offic., ° tollendum est ex rebus contrahendis omne mendacium, non licitatorem venditor, non qui contra se licitetur emptor apponet. ' si autem fraus deficit, tunc de emptione et venditione dupliciter loqui possumus. uno modo, secundum se. et secundum hoc emptio et venditio videtur esse introducta pro communi utilitate utriusque, dum scilicet unus indiget re alterius et e converso, * sicut patet per philosophum, in i polit.. ' quod autem pro communi utilitate est inductum, non debet esse magis in gravamen unius quam alterius. et ideo debet secundum aequalitatem rei inter eos contractus institui. quantitas autem rerum quae in usum hominis veniunt mensuratur secundum pretium datum, ad quod est inventum numisma, * ut dicitur in v ethic.. ' et ideo si vel pretium excedat quantitatem valoris rei, vel e converso res excedat pretium, tolletur iustitiae aequalitas. et ideo carius vendere aut vilius emere rem quam valeat est secundum se iniustum et illicitum. alio modo possumus loqui de emptione et venditione secundum quod per accidens cedit in utilitatem unius et detrimentum alterius, |25| puta cum aliquis multum indiget habere rem aliquam, et alius laeditur si ea careat. et in tali casu iustum pretium erit ut non solum respiciatur ad rem quae venditur, sed ad damnum quod venditor ex venditione incurrit. et sic licite poterit aliquid vendi plus quam valeat secundum se, quamvis non vendatur plus quam valeat habenti. si vero aliquis multum iuvetur ex re alterius quam accepit, ille vero qui vendidit non damnificatur carendo re illa, non debet eam supervendere. quia utilitas quae alteri accrescit non est ex vendente, sed ex conditione ementis, nullus autem debet vendere alteri quod non est suum, licet possit ei vendere damnum quod patitur. ille tamen qui ex re alterius accepta multum iuvatur, potest propria sponte aliquid vendenti supererogare, quod pertinet ad eius honestatem.

ra1 * Ad primum ergo dicendum quod, sicut supra dictum est, ' lex humana populo datur, in quo sunt multi a virtute deficientes, non autem datur solis virtuosis. et ideo lex humana non potuit prohibere quidquid est contra virtutem, sed ei sufficit ut prohibeat ea quae destruunt hominum convictum; alia vero habeat quasi licita, non quia ea approbet, sed quia ea non punit. sic igitur habet quasi licitum, poenam non inducens, si absque fraude venditor rem suam supervendat aut emptor vilius emat, nisi sit nimius excessus, quia tunc etiam lex humana cogit ad restituendum, puta si aliquis sit deceptus ultra dimidiam iusti pretii quantitatem. sed lex divina nihil impunitum relinquit quod sit virtuti contrarium. unde secundum divinam legem illicitum reputatur si in emptione et venditione non sit aequalitas iustitiae observata. et tenetur ille qui plus habet recompensare ei qui damnificatus est, si sit notabile damnum. quod ideo dico quia iustum pretium rerum quandoque non est punctaliter determinatum, sed magis in quadam aestimatione consistit, ita quod modica additio vel minutio non videtur tollere aequalitatem iustitiae.

ra2 * Ad secundum dicendum quod, sicut augustinus ibidem dicit, ° mimus ille vel seipsum intuendo, vel alios experiendo vili velle emere et care vendere, omnibus id credidit esse commune. sed quoniam revera vitium est, potest quisque adipisci huiusmodi iustitiam qua huic resistat et vincat. " et ponit exemplum de quodam qui modicum pretium de quodam libro propter ignorantiam postulanti iustum pretium dedit. unde ' patet quod illud commune desiderium non est naturae, sed vitii. et ideo commune est multis, qui per latam viam vitiorum incedunt.

ra3 ' Ad tertium dicendum quod in iustitia commutativa consideratur principaliter aequalitas rei. sed in amicitia utilis consideratur aequalitas utilitatis, et ideo recompensatio fieri debet secundum utilitatem perceptam. in emptione vero, secundum aequalitatem rei.

009 ST3 qu77 ar2

ag1 ' Ad secundum sic proceditur. videtur quod venditio non reddatur iniusta et illicita propter defectum rei venditae. minus enim cetera sunt pensanda in re quam rei species substantialis. sed propter defectum speciei substantialis non videtur reddi venditio rei illicita, puta si aliquis vendat argentum vel aurum alchimicum pro vero, quod est utile ad omnes humanos usus ad quos necessarium est argentum et aurum, puta ad vasa et ad alia huiusmodi. ergo multo minus erit illicita venditio si sit defectus in aliis.

ag2 ' Praeterea, defectus ex parte rei qui est secundum quantitatem maxime videtur iustitiae contrariari, quae in aequalitate consistit. quantitas autem per mensuram cognoscitur. mensurae autem rerum quae in usum hominum veniunt non sunt determinatae, sed alicubi maiores, alicubi minores, * ut patet per philosophum, in v ethic.. ' ergo non potest evitari defectus ex parte rei venditae. et ita videtur quod ex hoc venditio non reddatur illicita.

ag3 ' Praeterea, ad defectum rei pertinet si ei conveniens qualitas deest. sed ad qualitatem rei cognoscendam requiritur magna scientia, quae plerisque venditoribus deest. ergo non redditur venditio illicita propter rei defectum.

sc * Sed contra est quod ambrosius dicit, in libro de offic., ° regula iustitiae manifesta est quod a vero non declinare virum deceat bonum, nec damno iniusto afficere quemquam, nec aliquid dolo annectere rei suae.

co ' Respondeo dicendum quod circa rem quae venditur triplex defectus considerari potest. unus quidem secundum speciem rei. et hunc quidem defectum si venditor cognoscat in re quam vendit, fraudem committit in venditione, unde venditio illicita redditur. * et hoc est quod dicitur contra quosdam isaiae i, ° argentum tuum versum est in scoriam; vinum tuum mixtum est aqua, ' quod enim permixtum est patitur defectum quantum ad speciem. alius autem defectus est secundum quantitatem, quae per mensuram cognoscitur. et ideo si quis scienter utatur deficienti mensura in vendendo, fraudem committit, et est illicita venditio. * unde dicitur deut. xxv, ° non habebis in sacculo diversa pondera, maius et minus, nec erit in domo tua modius maior et minor; * et postea subditur, ° abominatur enim dominus eum qui facit haec, et adversatur omnem iniustitiam. ' tertius defectus est ex parte qualitatis, puta si aliquod animal infirmum vendat quasi sanum. quod si quis scienter fecerit, fraudem committit in venditione, unde est illicita venditio. et in omnibus talibus non solum aliquis peccat iniustam venditionem faciendo, sed etiam ad restitutionem tenetur. si vero eo ignorante aliquis praedictorum defectuum in re vendita fuerit, venditor quidem non peccat, quia facit iniustum materialiter, non tamen eius operatio est iniusta, |25| * ut ex supradictis patet, ' tenetur tamen, cum ad eius notitiam pervenerit, damnum recompensare emptori. et quod dictum est de venditore, etiam intelligendum est ex parte emptoris. contingit enim quandoque venditorem credere suam rem esse minus pretiosam quantum ad speciem, sicut si aliquis vendat aurum loco aurichalci, emptor, si id cognoscat, iniuste emit, et ad restitutionem tenetur. et eadem ratio est de defectu qualitatis et quantitatis.

ra1 ' Ad primum ergo dicendum quod aurum et argentum non solum cara sunt propter utilitatem vasorum quae ex eis fabricantur, aut aliorum huiusmodi, sed etiam propter dignitatem et puritatem substantiae ipsorum. et ideo si aurum vel argentum ab alchimicis factum veram speciem non habeat auri et argenti, est fraudulenta et iniusta venditio. praesertim cum sint aliquae utilitates auri et argenti veri, secundum naturalem operationem ipsorum, quae non conveniunt auro per alchimiam sophisticato, sicut quod habet proprietatem laetificandi, et contra quasdam infirmitates medicinaliter iuvat. frequentius etiam potest poni in operatione, et diutius in sua puritate permanet aurum verum quam aurum sophisticatum. si autem per alchimiam fieret aurum verum, non esset illicitum ipsum pro vero vendere, quia nihil prohibet artem uti aliquibus naturalibus causis ad producendum naturales et veros effectus; * sicut augustinus dicit, in iii de trin., de his quae arte daemonum fiunt.

ra2 ' Ad secundum dicendum quod mensuras rerum venalium necesse est in diversis locis esse diversas, propter diversitatem copiae et inopiae rerum, quia ubi res magis abundant, consueverunt esse maiores mensurae. in unoquoque tamen loco ad rectores civitatis pertinet determinare quae sunt iustae mensurae rerum venalium, pensatis conditionibus locorum et rerum. et ideo has mensuras publica auctoritate vel consuetudine institutas praeterire non licet.

ra3 * Ad tertium dicendum quod, sicut augustinus dicit, in xi de civ. dei, " pretium rerum venalium non consideratur secundum gradum naturae, cum quandoque pluris vendatur unus equus quam unus servus, sed consideratur secundum quod res in usum hominis veniunt. ' et ideo non oportet quod venditor vel emptor cognoscat occultas rei venditae qualitates, sed illas solum per quas redditur humanis usibus apta, puta quod equus sit fortis et bene currat, et similiter in ceteris. has autem qualitates de facili venditor et emptor cognoscere possunt.

009 ST3 qu77 ar3

ag1 ' Ad tertium sic proceditur. videtur quod venditor non teneatur dicere vitium rei venditae. cum enim venditor emptorem ad emendum non cogat, videtur eius iudicio rem quam vendit supponere. sed ad eundem pertinet iudicium et cognitio rei. non ergo videtur imputandum venditori si emptor in suo iudicio decipitur, praecipitanter emendo, absque diligenti inquisitione de conditionibus rei.

ag2 ' Praeterea, stultum videtur quod aliquis id faciat unde eius operatio impediatur. sed si aliquis vitia rei vendendae indicet, impedit suam venditionem, * ut enim tullius, in libro de offic., inducit quendam dicentem, ° quid tam absurdum quam si, domini iussu, ita praeco praediceret, domum pestilentem vendo? ' ergo venditor non tenetur dicere vitia rei venditae.

ag3 ' Praeterea, magis necessarium est homini ut cognoscat viam virtutis quam ut cognoscat vitia rerum quae venduntur. sed homo non tenetur cuilibet consilium dare et veritatem dicere de his quae pertinent ad virtutem, quamvis nulli debeat dicere falsitatem. ergo multo minus tenetur venditor vitia rei venditae dicere, quasi consilium dando emptori.

ag4 ' Praeterea, si aliquis teneatur dicere defectum rei venditae, hoc non est nisi ut minuatur de pretio. sed quandoque diminueretur de pretio etiam sine vitio rei venditae, propter aliquid aliud, puta si venditor deferens triticum ad locum ubi est carestia frumenti, sciat multos posse venire qui deferant; quod si sciretur ab ementibus, minus pretium darent. huiusmodi autem non oportet dicere venditorem, ut videtur. ergo, pari ratione, nec vitia rei venditae.

sc * Sed contra est quod ambrosius dicit, in iii de offic., ° in contractibus vitia eorum quae veneunt prodi iubentur, ac nisi intimaverit venditor, quamvis in ius emptoris transierint, doli actione vacuantur.

co ' Respondeo dicendum quod dare alicui occasionem periculi vel damni semper est illicitum, quamvis non sit necessarium quod homo alteri semper det auxilium vel consilium pertinens ad eius qualemcumque promotionem, sed hoc solum est necessarium in aliquo casu determinato, puta cum alius eius curae subdatur, vel cum non potest ei per alium subveniri. venditor autem, qui rem vendendam proponit, ex hoc ipso dat emptori damni vel periculi occasionem quod rem vitiosam ei offert, si ex eius vitio damnum vel periculum incurrere possit, damnum quidem, si propter huiusmodi vitium res quae vendenda proponitur minoris sit pretii, ipse vero propter huiusmodi vitium nihil de pretio subtrahat; periculum autem, puta si propter huiusmodi vitium usus rei reddatur impeditus vel noxius, puta si aliquis alicui vendat equum claudicantem pro veloci, vel ruinosam domum pro firma, vel cibum corruptum sive venenosum pro bono. unde si huiusmodi vitia sint occulta et ipse non detegat, erit illicita et dolosa venditio, et tenetur venditor ad damni recompensationem. si vero vitium sit manifestum, puta cum equus est monoculus; vel cum usus rei, etsi non competat venditori, potest tamen esse conveniens aliis; et si ipse propter huiusmodi vitium subtrahat quantum oportet de pretio, non tenetur ad manifestandum vitium rei. quia forte propter huiusmodi vitium emptor vellet plus subtrahi de pretio quam esset subtrahendum. unde potest licite venditor indemnitati suae consulere, vitium rei reticendo.

ra1 ‘ Ad primum ergo dicendum quod iudicium non potest fieri nisi de re manifesta, “ unusquisque enim iudicat quae cognoscit, * ut dicitur in i ethic.. ‘ unde si vitia rei quae vendenda proponitur sint occulta, nisi per venditorem manifestentur, non sufficienter committitur emptori iudicium. secus autem esset si essent vitia manifesta.

ra2 ‘ Ad secundum dicendum quod non oportet quod aliquis per praeconem vitium rei vendendae praenuntiet, quia si praediceret vitium, exterrerentur emptores ab emendo, dum ignorarent alias conditiones rei, secundum quas est bona et utilis. sed singulariter est dicendum vitium ei qui ad emendum accedit, qui potest simul omnes conditiones ad invicem comparare, bonas et malas, nihil enim prohibet rem in aliquo vitiosam, in multis aliis utilem esse.

ra3 ‘ Ad tertium dicendum quod quamvis homo non teneatur simpliciter omni homini dicere veritatem de his quae pertinent ad virtutes, teneretur tamen in casu illo de his dicere veritatem quando ex eius facto alteri periculum immineret in detrimentum virtutis nisi diceret veritatem. et sic est in proposito.

ra4 ‘ Ad quartum dicendum quod vitium rei facit rem in praesenti esse minoris valoris quam videatur, sed in casu praemisso, in futurum res expectatur esse minoris valoris per superventum negotiatorum, qui ab ementibus ignoratur. unde venditor qui vendit rem secundum pretium quod invenit, non videtur contra iustitiam facere si quod futurum est non exponat. si tamen exponeret, vel de pretio subtraheret, abundantioris esset virtutis, quamvis ad hoc non videatur teneri ex iustitiae debito.

009 ST3 qu77 ar4

ag1 ‘ Ad quartum sic proceditur. videtur quod non liceat, negotiando, aliquid carius vendere quam emere. * dicit enim chrysostomus, super matth. xxi, ° quicumque rem comparat ut, integram et immutatam vendendo, lucretur, ille est mercator qui de templo dei eiicitur. * et idem dicit cassiodorus, super illud psalm., ° quoniam non cognovi litteraturam, * vel negotiationem secundum aliam litteram, ° quid, inquit, est aliud negotiatio nisi vilius comparare et carius velle distrahere? * et subdit, ° negotiatores tales dominus eiecit de templo. ‘ sed nullus eiicitur de templo nisi propter aliquod peccatum. ergo talis negotiatio est peccatum.

ag2 ‘ Praeterea, contra iustitiam est quod aliquis rem carius vendat quam valeat, vel vilius emat, * ut ex dictis apparet. ‘ sed ille qui, negotiando, rem carius vendit quam emerit, necesse est quod vel vilius emerit quam valeat, vel carius vendat. ergo hoc sine peccato fieri non potest.

ag3 * Praeterea, hieronymus dicit, ° negotiatorem clericum, ex inope divitem, ex ignobili gloriosum, quasi quandam pestem fuge. ‘ non autem negotiatio clericis interdicenda esse videtur nisi propter peccatum. ergo negotiando aliquid vilius emere et carius vendere est peccatum.

sc * Sed contra est quod augustinus dicit, super illud psalm., ° quoniam non cognovi litteraturam, negotiator avidus acquirendi pro damno blasphemat, pro pretiis rerum mentitur et peierat. sed haec vitia hominis sunt, non artis, quae sine his vitiis agi potest. ‘ ergo negotiari secundum se non est illicitum.

co ‘ Respondeo dicendum quod ad negotiatores pertinet commutationibus rerum insistere. * ut autem philosophus dicit, in i polit., “ duplex est rerum commutatio. ‘ una quidem quasi naturalis et necessaria, per quam scilicet fit commutatio rei ad rem, vel rerum et denariorum, propter necessitatem vitae. et talis commutatio non proprie pertinet ad negotiatores, sed magis ad oeconomicos vel politicos, qui habent providere vel domui vel civitati de rebus necessariis ad vitam. alia vero commutationis species est vel denariorum ad denarios, vel quarumcumque rerum ad denarios, non propter res necessarias vitae, sed propter lucrum quaerendum. et haec quidem negotiatio proprie videtur ad negotiatores pertinere. * secundum philosophum autem, ‘ prima commutatio laudabilis est, quia “ deservit naturali necessitati. ‘ secunda autem iuste vituperatur, quia, quantum est de se, deservit cupiditati lucri, quae terminum nescit sed in infinitum tendit. et ideo negotiatio, secundum se considerata, quandam turpitudinem habet, inquantum non importat de sui ratione finem honestum vel necessarium. lucrum tamen, quod est negotiationis finis, etsi in sui ratione non importet aliquid honestum vel necessarium, nihil tamen importat in sui ratione vitiosum vel virtuti contrarium. unde nihil prohibet lucrum ordinari ad aliquem finem necessarium, |25| vel etiam honestum. et sic negotiatio licita reddetur. sicut cum aliquis lucrum moderatum, quod negotiando quaerit, ordinat ad domus suae sustentationem, vel etiam ad subveniendum indigentibus, vel etiam cum aliquis negotiationi intendit propter publicam utilitatem, ne scilicet res necessariae ad vitam patriae desint, et lucrum expetit non quasi finem, sed quasi stipendium laboris.

ra1 “ Ad primum ergo dicendum quod verbum chrysostomi est intelligendum de negotiatione ‘ secundum quod ultimum finem in lucro constituit, quod praecipue videtur quando aliquis rem non immutatam carius vendit. si enim rem immutatam carius vendat, videtur praemium sui laboris accipere. quamvis et ipsum lucrum possit licite intendi, non sicut ultimus finis, sed propter alium finem necessarium vel honestum, * ut dictum est.

ra2 ‘ Ad secundum dicendum quod non quicumque carius vendit aliquid quam emerit, negotiatur, sed solum qui ad hoc emit ut carius vendat. si autem emit rem non ut vendat, sed ut teneat, et postmodum propter aliquam causam eam vendere velit, non est negotiatio, quamvis carius vendat. potest enim hoc licite facere, vel quia in aliquo rem melioravit; vel quia pretium rei est mutatum, secundum diversitatem loci vel temporis; vel propter periculum cui se exponit transferendo rem de loco ad locum, vel eam ferri faciendo. et secundum hoc, nec emptio nec venditio est iniusta.

ra3 ‘ Ad tertium dicendum quod clerici non solum debent abstinere ab his quae sunt secundum se mala, sed etiam ab his quae habent speciem mali. quod quidem in negotiatione contingit, tum propter hoc quod est ordinata ad lucrum terrenum, cuius clerici debent esse contemptores; tum etiam propter frequentia negotiatorum vitia, quia ° difficiliter exuitur negotiator a peccatis labiorum, * ut dicitur eccli. xxvi. ‘ est et alia causa, quia negotiatio nimis implicat animum saecularibus curis, et per consequens a spiritualibus retrahit, * unde apostolus dicit, ii ad tim. ii, ° nemo militans deo implicat se negotiis saecularibus. ‘ licet tamen clericis uti prima commutationis specie, quae ordinatur ad necessitatem vitae, emendo vel vendendo.

009 ST3 qu78 ar

pr ‘ Deinde considerandum est de peccato usurae, quod committitur in mutuis. et circa hoc quaeruntur quatuor. primo, utrum sit peccatum accipere pecuniam in pretium pro pecunia mutuata, quod est accipere usuram. secundo, utrum liceat pro eodem quamcumque utilitatem accipere quasi in recompensationem mutui. tertio, utrum aliquis restituere teneatur id quod de pecunia usuraria iusto lucro lucratus est. quarto, utrum liceat accipere mutuo pecuniam sub usura.

009 ST3 qu78 ar1

ag1 ‘ Ad primum sic proceditur. videtur quod accipere usuram pro pecunia mutuata non sit peccatum. nullus enim peccat ex hoc quod sequitur exemplum christi. * sed dominus de seipso dicit, luc. xix, “ ego veniens cum usuris exegissem illam, scilicet pecuniam mutuatam. ‘ ergo non est peccatum accipere usuram pro mutuo pecuniae.

ag2 * Praeterea, sicut dicitur in psalm., ° lex domini immaculata, “ quia scilicet peccatum prohibet. ‘ sed in lege divina conceditur aliqua usura, * secundum illud deut. xxiii, ° non faenerabis fratri tuo ad usuram pecuniam, nec fruges nec quamlibet aliam rem, sed alieno. ‘ et, quod plus est, etiam in praemium repromittitur pro lege servata, * secundum illud deut. xxviii, ° faenerabis gentibus multis; et ipse a nullo faenus accipies. ‘ ergo accipere usuram non est peccatum.

ag3 ‘ Praeterea, in rebus humanis determinatur iustitia per leges civiles. sed secundum eas conceditur usuras accipere. ergo videtur non esse illicitum.

ag4 ‘ Praeterea, praetermittere consilia non obligat ad peccatum. * sed luc. vi inter alia consilia ponitur, ° date mutuum, nihil inde sperantes. ‘ ergo accipere usuram non est peccatum.

ag5 ‘ Praeterea, pretium accipere quo eo quod quis facere non tenetur, non videtur esse secundum se peccatum. sed non in quolibet casu tenetur pecuniam habens eam proximo mutuare. ergo licet ei aliquando pro mutuo accipere pretium.

ag6 ‘ Praeterea, argentum monetatum, et in vasa formatum, non differt specie. sed licet accipere pretium pro vasis argenteis accommodatis. ergo etiam licet accipere pretium pro mutuo argenti monetati. usura ergo non est secundum se peccatum.

ag7 ‘ Praeterea, quilibet potest licite accipere rem quam ei dominus rei voluntarie tradit. sed ille qui accipit mutuum voluntarie tradit usuram. ergo ille qui mutuat licite potest accipere.

sc * Sed contra est quod dicitur exod. xxii, ° si pecuniam mutuam dederis populo meo pauperi qui habitat tecum, non urgebis eum quasi exactor, nec usuris opprimes.

co ‘ Respondeo dicendum quod accipere usuram pro pecunia mutuata est secundum se iniustum, quia venditur id quod non est, per quod manifeste inaequalitas constituitur, quae iustitiae contrariatur. ad cuius evidentiam, sciendum est quod quaedam res sunt quarum usus est ipsarum rerum consumptio, sicut vinum consumimus eo utendo ad potum, et triticum consumimus eo utendo ad cibum. unde in talibus non debet seorsum computari usus rei a re ipsa, sed cuicumque conceditur usus, ex hoc ipso conceditur res. et propter hoc in talibus per mutuum transfertur dominium. si quis ergo seorsum vellet vendere vinum et seorsum vellet vendere usum vini, venderet eandem rem bis, vel venderet id quod non est. unde manifeste per iniustitiam peccaret. et simili ratione, iniustitiam committit qui mutuat vinum aut triticum petens sibi duas recompensationes, unam quidem restitutionem aequalis rei, aliam vero pretium usus, quod usura dicitur. quaedam vero sunt quorum usus non est ipsa rei consumptio, sicut usus domus est inhabitatio, non autem dissipatio. et ideo in talibus seorsum potest utrumque concedi, puta cum aliquis tradit alteri dominium domus, reservato sibi usu ad aliquod tempus; vel e converso cum quis concedit alicui usum domus, reservato sibi eius dominio. et propter hoc licite potest homo accipere pretium pro usu domus, et praeter hoc petere domum commodatam, sicut patet in conductione et locatione domus. “ pecunia autem, |25| * secundum philosophum, in v ethic. et in i polit., “ principaliter est inventa ad commutationes faciendas, ‘ et ita proprius et principalis pecuniae usus est ipsius consumptio sive distractio, secundum quod in commutationes expenditur. et propter hoc secundum se est illicitum pro usu pecuniae mutuatae accipere pretium, quod dicitur usura. et sicut alia iniuste acquisita tenetur homo restituere, ita pecuniam quam per usuram accepit.

ra1 ‘ Ad primum ergo dicendum quod usura ibi metaphorice accipitur pro superexcrescentia bonorum spiritualium, quam exigit deus volens ut in bonis acceptis ab eo semper proficiamus. quod est ad utilitatem nostram, non eius.

ra2 “ Ad secundum dicendum quod iudaeis prohibitum fuit accipere usuram a fratribus suis, scilicet iudaeis, ‘ per quod datur intelligi quod accipere usuram a quocumque homine est simpliciter malum; debemus enim omnem hominem habere “ quasi proximum et fratrem, ‘ praecipue in statu evangelii, ad quod omnes vocantur. unde * in psalm. absolute dicitur, ° qui pecuniam suam non dedit ad usuram; * et ezech. xviii, ° qui usuram non acceperit. ‘ quod autem ab extraneis usuram acciperent, non fuit eis concessum quasi licitum, sed permissum ad maius malum vitandum, ne scilicet a iudaeis, deum colentibus, usuras acciperent, propter avaritiam, cui dediti erant, * ut habetur isaiae lvi. “ quod autem in praemium promittitur, faenerabis gentibus multis etc., faenus ibi large accipitur pro mutuo, * sicut et eccli. xxix dicitur, “ multi non causa nequitiae non faenerati sunt, idest non mutuaverunt. ‘ promittitur ergo in praemium iudaeis abundantia divitiarum, ex qua contingit quod aliis mutuare possint.

ra3 ‘ Ad tertium dicendum quod leges humanae dimittunt aliqua peccata impunita propter conditiones hominum imperfectorum, in quibus multae utilitates impedirentur si omnia peccata districte prohiberentur poenis adhibitis. et ideo usuras lex humana concessit, non quasi existimans eas esse secundum iustitiam, sed ne impedirentur utilitates multorum. * unde in ipso iure civili dicitur quod ° res quae usu consumuntur neque ratione naturali neque civili recipiunt usumfructum, et quod senatus non fecit earum rerum usumfructum, nec enim poterat; sed quasi usumfructum constituit, “ concedens scilicet usuras. * et philosophus, naturali ratione ductus, dicit, in i polit., quod ° usuraria acquisitio pecuniarum est maxime praeter naturam.

ra4 ‘ Ad quartum dicendum quod dare mutuum non semper tenetur homo, et ideo quantum ad hoc ponitur inter consilia. sed quod homo lucrum de mutuo non quaerat, hoc cadit sub ratione praecepti. potest tamen dici consilium per comparationem ad dicta pharisaeorum, qui putabant usuram aliquam esse licitam, sicut et dilectio inimicorum est consilium. “ vel loquitur ibi non de spe usurarii lucri, sed de spe quae ponitur in homine. ‘ non enim debemus mutuum dare, vel quodcumque bonum facere, propter spem hominis, sed propter spem dei.

ra5 ‘ Ad quintum dicendum quod ille qui mutuare non tenetur recompensationem potest accipere eius quod fecit, sed non amplius debet exigere. recompensatur autem sibi secundum aequalitatem iustitiae si tantum ei reddatur quantum mutuavit. unde si amplius exigat pro usufructu rei quae alium usum non habet nisi consumptionem substantiae, exigit pre-

tium eius quod non est. et ita est iniusta exactio.
ra6 ‘ Ad sextum dicendum quod usus principalis vasorum argenteorum non est ipsa eorum consumptio, et ideo usus eorum potest vendi licite, servato dominio rei. usus autem principalis pecuniae argenteae est distractio pecuniae in commutationes. unde non licet eius usum vendere cum hoc quod aliquis velit eius restitutionem quod mutuo dedit. sciendum tamen quod secundarius usus argenteorum vasorum posset esse commutatio. et talem usum eorum vendere non liceret. et similiter potest esse aliquis alius secundarius usus pecuniae argenteae, ut puta si quis concederet pecuniam signatam ad ostentationem, vel ad ponendum loco pignoris. et talem usum pecuniae licite homo vendere potest.
ra7 ‘ Ad septimum dicendum quod ille qui dat usuram non simpliciter voluntarie dat, sed cum quadam necessitate, inquantum indiget pecuniam accipere mutuo, quam ille qui habet non vult sine usura mutuare.

009 ST3 qu78 ar2

ag1 ‘ Ad secundum sic proceditur. videtur quod aliquis possit pro pecunia mutuata aliquam aliam commoditatem expetere. unusquisque enim licite potest suae indemnitati consulere. sed quandoque damnum aliquis patitur ex hoc quod pecuniam mutuat. ergo licitum est ei, supra pecuniam mutuatam, aliquid aliud pro damno expetere, vel etiam exigere.
ag2 “ Praeterea, unusquisque tenetur ex quodam debito honestatis aliquid recompensare ei qui sibi gratiam fecit, * ut dicitur in v ethic.. ‘ sed ille qui alicui in necessitate constituto pecuniam mutuat, gratiam facit, unde et gratiarum actio ei debetur. ergo ille qui recipit tenetur naturali debito aliquid recompensare. sed non videtur esse illicitum obligare se ad aliquid ad quod quis ex naturali iure tenetur. ergo non videtur esse illicitum si aliquis, pecuniam alteri mutuans, in obligationem deducat aliquam recompensationem.
ag3 “ Praeterea, sicut est quoddam munus a manu, ita est munus a lingua, et ab obsequio, * ut dicit glossa isaiae xxxiii, ° beatus qui excutit manus suas ab omni munere. ‘ sed licet accipere servitium, vel etiam laudem, ab eo cui quis pecuniam mutuavit. ergo, pari ratione, licet quodcumque aliud munus accipere.
ag4 ‘ Praeterea, eadem videtur esse comparatio dati ad datum et mutuati ad mutuatum. sed licet pecuniam accipere pro alia pecunia data. ergo licet accipere recompensationem alterius mutui pro pecunia mutuata.
ag5 ‘ Praeterea, magis a se pecuniam alienat qui, eam mutuando, dominium transfert, quam qui eam mercatori vel artifici committit. sed licet lucrum accipere de pecunia commissa mercatori vel artifici. ergo licet etiam lucrum accipere de pecunia mutuata.
ag6 ‘ Praeterea, pro pecunia mutuata potest homo pignus accipere, cuius usus posset aliquo pretio vendi, sicut cum impignoratur ager vel domus quae inhabitatur. ergo licet aliquod lucrum habere de pecunia mutuata.
ag7 ‘ Praeterea, contingit quandoque quod aliquis carius vendit res suas ratione mutui; aut vilius emit quod est alterius; vel etiam pro dilatione pretium auget, vel pro acceleratione diminuit, in quibus omnibus videtur aliqua recompensatio fieri quasi pro mutuo pecuniae. hoc autem non manifeste apparet illicitum. ergo videtur licitum esse aliquod commodum de pecunia mutuata expectare, vel etiam exigere.
sc * Sed contra est quod ezech. xviii dicitur, inter alia quae ad virum iustum requiruntur, ° usuram et superabundantiam non acceperit.
co * Respondeo dicendum quod, secundum philosophum, in iv ethic., “ omne illud pro pecunia habetur cuius pretium potest pecunia mensurari. ‘ et ideo sicut si aliquis pro pecunia mutuata, vel quacumque alia re quae ex ipso usu consumitur, pecuniam accipit ex pacto tacito vel expresso, peccat contra iustitiam, * ut dictum est; ‘ ita etiam quicumque ex pacto tacito vel expresso quodcumque aliud acceperit cuius pretium pecunia mensurari potest, simile peccatum incurrit. si vero accipiat aliquid huiusmodi non quasi exigens, nec quasi ex aliqua obligatione tacita vel expressa, sed sicut gratuitum donum, non peccat, quia etiam antequam pecuniam mutuasset, licite poterat aliquod donum gratis accipere, nec peioris conditionis efficitur per hoc quod mutuavit. recompensationem vero eorum quae pecunia non mensurantur licet pro mutuo exigere, puta benevolentiam et amorem eius qui mutuavit, vel aliquid huiusmodi.
ra1 ‘ Ad primum ergo dicendum quod ille qui mutuum dat potest absque peccato in pactum deducere cum eo qui mutuum accipit recompensationem damni per quod subtrahitur sibi aliquid quod debet habere, hoc enim non est vendere usum pecuniae, sed damnum vitare. et potest esse quod accipiens mutuum maius damnum evitet quam dans incurret, unde accipiens mutuum cum sua utilitate damnum alterius recompensat. recompensationem vero damni quod consideratur in hoc quod de pecunia non lucratur, non potest in pactum deducere, quia non debet vendere id quod nondum habet et potest impediri multipliciter ab habendo.
ra2 ‘ Ad secundum dicendum quod recompensatio alicuius beneficii dupliciter fieri potest. uno quidem modo, ex debito iustitiae, ad quod aliquis ex certo pacto obligari potest. et hoc debitum attenditur secundum quantitatem beneficii quod quis accepit. et ideo ille qui accipit mutuum pecuniae, vel cuiuscumque similis rei cuius usus est eius consumptio, non tenetur ad plus recompensandum quam mutuo acceperit. unde contra iustitiam est si ad plus reddendum obligetur. alio modo tenetur aliquis ad recompensandum beneficium ex debito amicitiae, in quo magis consideratur affectus ex quo aliquis beneficium contulit quam etiam quantitas eius quod fecit. et tali debito non competit civilis obligatio, per quam inducitur quaedam necessitas, ut non spontanea recompensatio fiat.
ra3 ‘ Ad tertium dicendum quod si aliquis ex pecunia mutuata expectet vel exigat, quasi per obligationem pacti taciti vel expressi, recompensationem muneris ab obsequio vel lingua, perinde est ac si expectaret vel exigeret munus a manu, quia utrumque pecunia aestimari potest, ut patet in his qui locant operas suas, quas manu vel lingua exercent. si vero munus ab obsequio vel lingua non quasi ex obligatione rei exhibeat, sed ex benevolentia, quae sub aestimatione pecuniae non cadit, licet hoc accipere et exigere et expectare.
ra4 ‘ Ad quartum dicendum quod pecunia non potest vendi pro pecunia ampliori quam sit quantitas pecuniae mutuatae, quae restituenda est, nec ibi aliquid est exigendum aut expectandum nisi benevolentiae affectus, qui sub aestimatione pecuniae non cadit, ex quo potest procedere spontanea mutuatio. repugnat autem ei obligatio ad mutuum in posterum faciendum, quia etiam talis obligatio pecunia aestimari posset. et ideo licet simul mutuanti unum aliquid aliud mutuare, non autem licet eum obligare ad mutuum in posterum faciendum.
ra5 ‘ Ad quintum dicendum quod ille qui mutuat pecuniam transfert dominium pecuniae in eum cui mutuat. unde ille cui pecunia mutuatur sub suo periculo tenet eam, et tenetur integre restituere. unde non debet amplius exigere ille qui mutuavit. sed ille qui committit pecuniam suam vel mercatori vel artifici per modum societatis cuiusdam, non transfert dominium pecuniae suae in illum, sed remanet eius, ita quod cum periculo ipsius mercator de ea negotiatur vel artifex operatur. et ideo licite potest partem lucri inde provenientis expetere, tanquam de re sua.
ra6 ‘ Ad sextum dicendum quod si quis pro pecunia sibi mutuata obliget rem aliquam cuius usus pretio aestimari potest, debet usum illius rei ille qui mutuavit computare in restitutionem eius quod mutuavit. alioquin, si usum illius rei quasi gratis sibi superaddi velit, idem est ac si pecuniam acciperet pro mutuo, quod est usurarium, nisi forte esset talis res cuius usus sine pretio soleat concedi inter amicos, sicut patet de libro accommodato.
ra7 ‘ Ad septimum dicendum quod si aliquis carius velit vendere res suas quam sit iustum pretium, ut de pecunia solvenda emptorem expectet, usura manifeste committitur, quia huiusmodi expectatio pretii solvendi habet rationem mutui; unde quidquid ultra iustum pretium pro huiusmodi expectatione exigitur, est quasi pretium mutui, quod pertinet ad rationem usurae. similiter etiam si quis emptor velit rem emere vilius quam sit iustum pretium, eo quod pecuniam ante solvit quam possit ei tradi, est peccatum usurae, quia etiam ista anticipatio solutionis pecuniae habet mutui rationem, cuius quoddam pretium est quod diminuitur de iusto pretio rei emptae. si vero aliquis de iusto pretio velit diminuere ut pecuniam prius habeat, non peccat peccato usurae.

009 ST3 qu78 ar3

ag1 ‘ Ad tertium sic proceditur. videtur quod quidquid aliquis de pecunia usuraria lucratus fuerit, reddere teneatur. * dicit enim apostolus, ad rom. xi, ° si radix sancta, et rami. ‘ ergo, eadem ratione, si radix infecta, et rami. sed radix fuit usuraria. ergo et quidquid ex ea acquisitum est, est usurarium. ergo tenetur ad restitutionem illius.
ag2 * Praeterea, sicut dicitur extra, de usuris, in illa decretali, ° cum tu sicut asseris, possessiones quae de usuris sunt comparatae debent vendi, et ipsarum pretia his a quibus sunt extorta restitui. ‘ ergo, eadem ratione, quidquid aliud ex pecunia usuraria acquiritur debet restitui.
ag3 ‘ Praeterea, illud quod aliquis emit de pecunia usuraria debetur sibi ratione pecuniae quam dedit. non ergo habet maius ius in re quam acquisivit quam in pecunia quam dedit. sed pecuniam usurariam tenebatur restituere. ergo et illud quod ex ea acquirit tenetur restituere.
sc ‘ Sed contra, quilibet potest licite tenere id quod legitime acquisivit. sed id quod acquiritur per pecuniam usurariam interdum legitime acquiritur. ergo licite potest retineri.
co * Respondeo dicendum quod, sicut supra dictum est, ‘ res quaedam sunt quarum usus est ipsarum rerum consumptio, quae non habent usumfructum, * secundum iura. ‘ et ideo si talia fuerint per usuram extorta, puta denarii, triticum, vinum aut aliquid huiusmodi, non tenetur homo ad restituendum nisi id quod accepit, quia id quod de tali re est acquisitum non est fructus huius rei, sed humanae industriae. nisi forte per detentionem talis rei alter sit damnificatus, amittendo aliquid de bonis suis, tunc enim tenetur ad recompensationem nocumenti. quaedam vero res sunt quarum usus non est earum consumptio, et talia habent usumfructum, sicut domus et ager et alia huiusmodi. et ideo si quis domum alterius vel agrum per usuram extorsisset, non solum teneretur restituere domum vel agrum, sed etiam fructus inde perceptos, quia sunt fructus rerum quarum alius est dominus, et ideo ei debentur.
ra1 ‘ Ad primum ergo dicendum quod radix non solum habet rationem materiae, sicut pecunia usuraria, sed habet etiam aliqualiter rationem causae activae, inquantum administrat nutrimentum. et ideo non est simile.
ra2 ‘ Ad secundum dicendum quod possessiones quae de usuris sunt comparatae non sunt eorum quorum fuerunt usurae, sed illorum qui eas emerunt. sunt tamen obligatae illis a quibus fuerunt usurae acceptae, sicut et alia bona usurarii. et ideo non praecipitur quod assignentur illae possessiones his a quibus fuerunt acceptae usurae, quia forte plus valent quam usurae quas dederunt, sed praecipitur quod vendantur possessiones et earum pretia restituantur, scilicet secundum quantitatem usurae acceptae.
ra3 ‘ Ad tertium dicendum quod illud quod acquiritur de pecunia usuraria debetur quidem acquirenti propter pecuniam usurariam datam sicut propter causam instrumentalem, sed propter suam industriam sicut propter causam principalem. et ideo plus iuris habet in re acquisita de pecunia usuraria quam in ipsa pecunia usuraria.

009 ST3 qu78 ar4

ag1 ‘ Ad quartum sic proceditur. videtur quod non liceat pecuniam accipere mutuo sub usura. * dicit enim apostolus, rom. i, quod ° digni sunt morte non solum qui faciunt peccata, sed etiam qui consentiunt facientibus. ‘ sed ille qui accipit pecuniam mutuo sub usuris consentit usurario in suo peccato, et praebet ei occasionem peccandi. ergo etiam ipse peccat.
ag2 ‘ Praeterea, pro nullo commodo temporali debet aliquis alteri quamcumque occasionem praebere peccandi, hoc enim pertinet ad rationem scandali activi, quod semper est peccatum, * ut supra dictum est. ‘ sed ille qui petit mutuum ab usurario expresse dat ei occasionem peccandi. ergo pro nullo commodo temporali excusatur.
ag3 ‘ Praeterea, non minor videtur esse necessitas quandoque deponendi pecuniam suam apud usurarium quam mutuum accipiendi ab ipso. sed deponere pecuniam apud usurarium videtur esse omnino illicitum, sicut illicitum esset deponere gladium apud furiosum, vel virginem committere luxurioso, seu cibum guloso. ergo neque licitum est accipere mutuum ab usurario.
sc “ Sed contra, ille qui iniuriam patitur non peccat, * secundum philosophum, in v ethic., “ unde iustitia non est media inter duo vitia, * ut ibidem dicitur. ‘ sed usurarius peccat inquantum facit iniustitiam accipienti mutuum sub usuris. ergo ille qui accipit mutuum sub usuris non peccat.
co ‘ Respondeo dicendum quod inducere hominem ad peccandum nullo modo licet, uti tamen peccato alterius ad bonum licitum est, quia et deus utitur omnibus peccatis ad aliquod bonum, ex quolibet enim malo elicit aliquod bonum, * ut dicitur in enchiridio. et ideo augustinus publicolae quaerenti “ utrum liceret uti iuramento eius qui per falsos deos iurat, in quo manifeste peccat eis reverentiam divinam adhibens, respondit quod ° qui utitur fide illius qui per falsos deos iurat, non ad malum sed ad bonum, non peccato illius se sociat, quo per daemonia iuravit, sed pacto bono eius, quo fidem servavit. ‘ si tamen induceret eum ad iurandum per falsos deos, peccaret. ita etiam in proposito dicendum est quod nullo modo licet inducere aliquem ad mutuandum sub usuris, licet tamen ab eo qui hoc paratus est facere et usuras exercet, mutuum accipere sub usuris, propter aliquod bonum, quod est subventio suae necessitatis vel alterius. sicut etiam licet ei qui incidit in latrones manifestare bona quae habet, quae latrones diripiendo peccant, ad hoc quod non occidatur, exemplo decem virorum qui dixerunt ad ismahel, ° noli occidere nos, quia habemus thesaurum in agro, * ut dicitur ierem. xli.
ra1 ‘ Ad primum ergo dicendum quod ille qui accipit pecuniam mutuo sub usuris non consentit in peccatum usurarii, sed utitur eo. nec placet ei usurarum acceptio, sed mutuatio, quae est bona.
ra2 ‘ Ad secundum dicendum quod ille qui accipit pecuniam mutuo sub usuris non dat usurario occasionem usuras accipiendi, sed mutuandi, ipse autem usurarius sumit occasionem peccandi ex malitia cordis sui. unde scandalum passivum est ex parte sua, non autem activum ex parte petentis mutuum. nec tamen propter huiusmodi scandalum passivum debet alius a mutuo petendo desistere, si indigeat, quia huiusmodi passivum scandalum non provenit ex infirmitate vel ignorantia, sed ex malitia.
ra3 ‘ Ad tertium dicendum quod si quis committeret pecuniam suam usurario non habenti alias unde usuras exerceret; vel hac intentione committeret ut inde copiosius per usuram lucraretur; daret materiam peccanti. unde et ipse esset particeps culpae. si au-

tem aliquis usurario alias habenti unde usuras exerceat, pecuniam suam committat ut tutius servetur, non peccat, sed utitur homine peccatore ad bonum.

009 ST3 qu79 ar

pr ‘ Deinde considerandum est de partibus quasi integralibus iustitiae quae sunt facere bonum et declinare a malo, et de vitiis oppositis. circa quod quaeruntur quatuor. primo, utrum duo praedicta sint partes iustitiae. secundo, utrum transgressio sit speciale peccatum. tertio, utrum omissio sit speciale peccatum. quarto, de comparatione omissionis ad transgressionem.

009 ST3 qu79 ar1

ag1 ‘ Ad primum sic proceditur. videtur quod declinare a malo et facere bonum non sint partes iustitiae. ad quamlibet enim virtutem pertinet facere bonum opus et vitare malum. sed partes non excedunt totum. ergo declinare a malo et facere bonum non debent poni partes iustitiae, quae est quaedam virtus specialis.
ag2 * Praeterea, super illud psalm., ° diverte a malo et fac bonum, * dicit glossa, “ illud vitat culpam, scilicet divertere a malo; hoc meretur vitam et palmam, scilicet facere bonum. ‘ sed quaelibet pars virtutis meretur vitam et palmam. ergo declinare a malo non est pars iustitiae.
ag3 ‘ Praeterea, quaecumque ita se habent quod unum includitur in alio, non distinguuntur ab invicem sicut partes alicuius totius. sed declinare a malo includitur in hoc quod est facere bonum, nullus enim simul facit malum et bonum. ergo declinare a malo et facere bonum non sunt partes iustitiae.
sc ‘ Sed contra est quod * augustinus, in libro de corrept. et grat., ponit “ ad iustitiam legis pertinere declinare a malo et facere bonum.
co ‘ Respondeo dicendum quod si loquamur de bono et malo in communi, facere bonum et vitare malum pertinet ad omnem virtutem. et secundum hoc non possunt poni partes iustitiae, nisi forte iustitia accipiatur prout est omnis virtus. quamvis etiam iustitia hoc modo accepta respiciat quandam rationem boni specialem, prout scilicet est debitum in ordine ad legem divinam vel humanam. sed iustitia secundum quod est specialis virtus, respicit bonum sub ratione debiti ad proximum. et secundum hoc ad iustitiam specialem pertinet facere bonum sub ratione debiti in comparatione ad proximum, et vitare malum oppositum, scilicet quod est nocivum proximo. ad iustitiam vero generalem pertinet facere bonum debitum in ordine ad communitatem vel ad deum, et vitare malum oppositum. dicuntur autem haec duo partes iustitiae generalis vel specialis quasi integrales, quia utrumque eorum requiritur ad perfectum actum iustitiae. ad iustitiam enim pertinet aequalitatem constituere in his quae sunt ad alterum, * ut ex supradictis patet. ‘ eiusdem autem est aliquid constituere, et constitutum conservare. constituit autem aliquis aequalitatem iustitiae faciendo bonum, idest reddendo alteri quod ei debetur. conservat autem aequalitatem iustitiae iam constitutae declinando a malo, idest nullum nocumentum proximo inferendo.
ra1 ‘ Ad primum ergo dicendum quod bonum et malum hic accipiuntur sub quadam speciali ratione, per quam appropriantur iustitiae. ideo autem haec duo ponuntur partes iustitiae secundum aliquam propriam rationem boni et mali, non autem alterius alicuius virtutis moralis, quia aliae virtutes morales consistunt circa passiones, in quibus bonum facere est venire ad medium, quod est declinare ab extremis quasi a malis, et sic in idem redit quantum ad alias virtutes, facere bonum et declinare a malo. sed iustitia consistit circa operationes et res exteriores, in quibus aliud est facere aequalitatem, et aliud est factam non corrumpere.
ra2 ‘ Ad secundum dicendum quod declinare a malo, secundum quod ponitur pars iustitiae, non importat negationem puram, quod est non facere malum, hoc enim non meretur palmam, sed solum vitat poenam. importat autem motum voluntatis repudiantis malum, ut ipsum nomen declinationis ostendit. et hoc est meritorium, praecipue quando aliquis impugnatur ut malum faciat, et resistit.
ra3 ‘ Ad tertium dicendum quod facere bonum est actus completivus iustitiae, et quasi pars principalis eius. declinare autem a malo est actus imperfectior, et secundaria pars eius. et ideo est quasi pars materialis, sine qua non potest esse pars formalis completiva.

009 ST3 qu79 ar2

ag1 ‘ Ad secundum sic proceditur. videtur quod transgressio non sit speciale peccatum. nulla enim species ponitur in definitione generis. sed transgressio ponitur in communi definitione peccati, * dicit enim ambrosius quod “ peccatum est transgressio legis divinae ‘ ergo transgressio non est species peccati.
ag2 ‘ Praeterea, nulla species excedit suum genus. sed transgressio excedit peccatum, ° quia peccatum est dictum vel factum vel concupitum contra legem dei, * ut patet per augustinum, xxii contra faust.; ‘ transgressio est etiam contra naturam vel consuetudinem. ergo transgressio non est species peccati.
ag3 ‘ Praeterea, nulla species continet sub se omnes partes in quas dividitur genus. sed peccatum transgressionis se extendit ad omnia vitia capitalia, et etiam ad peccata cordis, oris et operis. ergo transgressio non est speciale peccatum.
sc ‘ Sed contra est quod opponitur speciali virtuti, scilicet iustitiae.
co ‘ Respondeo dicendum quod nomen transgressionis a corporalibus motibus ad morales actus derivatum est. dicitur autem aliquis secundum corporalem motum transgredi ex eo quod graditur trans terminum sibi praefixum. terminus autem praefigitur homini, ut ultra non transeat, in moralibus per praeceptum negativum. et ideo transgressio proprie dicitur ex eo quod aliquis agit aliquid contra praeceptum negativum. quod quidem materialiter potest esse commune omnibus speciebus peccatorum, quia per quamlibet speciem peccati mortalis homo transgreditur aliquod praeceptum divinum. sed si accipiatur formaliter, scilicet secundum hanc specialem rationem quod est facere contra praeceptum negativum, sic est speciale peccatum dupliciter. uno quidem modo, secundum quod opponitur ad genera peccatorum opposita aliis virtutibus, sicut enim ad propriam rationem iustitiae legalis pertinet attendere debitum praecepti, ita ad propriam rationem transgressionis pertinet attendere contemptum praecepti. alio modo, secundum quod distinguitur ab omissione, quae contrariatur praecepto affirmativo.
ra1 ‘ Ad primum ergo dicendum quod sicut iustitia legalis est omnis virtus subiecto et quasi materialiter, ita etiam iniustitia legalis est materialiter omne peccatum. “ et hoc modo peccatum definivit ambrosius, secundum scilicet rationem iniustitiae legalis.
ra2 ‘ Ad secundum dicendum quod inclinatio naturae pertinet ad praecepta legis naturalis. consuetudo etiam honesta habet vim praecepti, quia * ut augustinus dicit, in epistola de ieiunio sabbati ° mos populi dei pro lege habendus est. ‘ et ideo tam peccatum quam transgressio potest esse contra consuetudinem honestam et contra inclinationem naturalem.
ra3 ‘ Ad tertium dicendum quod omnes enumeratae species peccatorum possunt habere transgressionem non secundum proprias rationes, sed secundum quandam specialem rationem, * ut dictum est. ‘ peccatum tamen omissionis omnino a transgressione distinguitur.

009 ST3 qu79 ar3

ag1 ‘ Ad tertium sic proceditur. videtur quod omissio non sit speciale peccatum. omne enim peccatum aut est originale aut actuale. sed omissio non est originale peccatum, quia non contrahitur per originem. nec est actuale, quia potest esse absque omni actu, * ut supra habitum est, cum de peccatis in communi ageretur. ‘ ergo omissio non est speciale peccatum.
ag2 ‘ Praeterea, omne peccatum est voluntarium. sed omissio quandoque non est voluntaria, sed necessaria, puta cum mulier corrupta est quae virginitatem vovit; vel cum aliquis amittit rem quam restituere tenetur; vel cum sacerdos tenetur celebrare et habet aliquod impedimentum. ergo omissio non semper est peccatum.
ag3 ‘ Praeterea, cuilibet speciali peccato est determinare aliquod tempus quando incipit esse. sed hoc non est determinare in omissione, quia quandocumque non facit similiter se habet, nec tamen semper peccat. ergo omissio non est speciale peccatum.
ag4 ‘ Praeterea, omne peccatum speciale speciali virtuti opponitur. sed non est dare aliquam specialem virtutem cui omissio opponitur. tum quia bonum cuiuslibet virtutis omitti potest. tum quia iustitia, cui specialius videtur opponi, semper requirit aliquem actum, etiam in declinatione a malo, * ut dictum est, ‘ omissio autem potest esse absque omni actu. ergo omissio non est speciale peccatum.
sc * Sed contra est quod dicitur iac. iv, ° scienti bonum et non facienti, peccatum est illi.
co ‘ Respondeo dicendum quod omissio importat praetermissionem boni, non autem cuiuscumque, sed boni debiti. bonum autem sub ratione debiti pertinet proprie ad iustitiam, ad legalem quidem, si debitum accipiatur in ordine ad legem divinam vel humanam; ad specialem autem iustitiam, secundum quod debitum consideratur in ordine ad proximum. unde eo modo quo iustitia est specialis virtus, * ut supra habitum est, ‘ et omissio est speciale peccatum distinctum a peccatis quae opponuntur aliis virtutibus. eo vero modo quo facere bonum, cui opponitur omissio, est quaedam specialis pars iustitiae distincta a declinatione mali, cui opponitur transgressio, etiam omissio a transgressione distinguitur.
ra1 ‘ Ad primum ergo dicendum quod omissio non est peccatum originale, sed actuale, non quia habeat aliquem actum sibi essentialem; sed secundum quod negatio actus reducitur ad genus actus. et secundum hoc non agere accipitur ut agere quoddam, * sicut supra dictum est.
ra2 ‘ Ad secundum dicendum quod omissio, * sicut dictum est, ‘ non est nisi boni debiti, ad quod aliquis tenetur. nullus autem tenetur ad impossibile. unde nullus, si non facit id quod facere non potest, peccat per omissionem. mulier ergo corrupta quae virginitatem vovit, non omittit virginitatem non habendo, sed non poenitendo de peccato praeterito, vel non faciendo quod potest ad votum adimplendum per continentiae observantiam. sacerdos etiam non tenetur dicere missam nisi supposita debita opportunitate, quae si desit, non omittit. et similiter aliquis tenetur ad restitutionem, supposita facultate, quam si non habet nec habere potest, non omittit, dummodo faciat quod potest. et idem dicendum est in aliis.
ra3 ‘ Ad tertium dicendum quod sicut peccatum transgressionis opponitur praeceptis negativis, quae pertinent ad declinandum a malo, ita peccatum omissionis opponitur praeceptis affirmativis, quae pertinent ad faciendum bonum. praecepta autem affirmativa non obligant ad semper, sed ad tempus determinatum. et pro illo tempore peccatum omissionis incipit esse. potest tamen contingere quod aliquis tunc sit impotens ad faciendum quod debet. quod quidem si sit praeter eius culpam, non omittit, * ut dictum est. ‘ si vero sit propter eius culpam praecedentem, puta cum aliquis de sero se inebriavit et non potest surgere ad matutinas ut debet, * dicunt quidam quod “ tunc incoepit peccatum omissionis quando aliquis applicat se ad actum illicitum et incompossibilem cum illo actu ad quem tenetur. ‘ sed hoc non videtur verum. quia, dato quod excitaretur per violentiam et iret ad matutinas, non omitteret. unde patet quod praecedens inebriatio non fuit omissio, sed omissionis causa. unde dicendum est quod omissio incipit ei imputari ad culpam quando fuit tempus operandi, tamen propter causam praecedentem, ex qua omissio sequens redditur voluntaria.
ra4 ‘ Ad quartum dicendum quod omissio directe opponitur iustitiae, * ut dictum est, ‘ non enim est omissio boni alicuius virtutis nisi sub ratione debiti, quod pertinet ad iustitiam. plus autem requiritur ad actum virtutis meritorium quam ad demeritum culpae, quia ° bonum est ex integra causa, malum autem ex singularibus defectibus. ‘ et ideo ad iustitiae meritum requiritur actus, non autem ad omissionem.

009 ST3 qu79 ar4

ag1 ‘ Ad quartum sic proceditur. videtur quod peccatum omissionis sit gravius quam peccatum transgressionis. delictum enim videtur idem esse quod derelictum, et sic per consequens videtur idem esse omissioni. sed delictum est gravius quam peccatum transgressionis, quia maiori expiatione indigebat, * ut patet levit. v. ‘ ergo peccatum omissionis est gravius quam peccatum transgressionis.
ag2 ‘ Praeterea, maiori bono maius malum opponitur, * ut patet per philosophum, in viii ethic.. ‘ sed facere bonum, cui opponitur omissio, est nobilior pars iustitiae quam declinare a malo, cui opponitur transgressio, * ut ex supradictis patet. ‘ ergo omissio est gravius peccatum quam transgressio.
ag3 ‘ Praeterea, peccatum commissionis potest esse et veniale et mortale. sed peccatum omissionis videtur esse semper mortale, quia opponitur praecepto affirmativo. ergo omissio videtur esse gravius peccatum quam sit transgressio.
ag4 ‘ Praeterea, maior poena est poena damni, scilicet carentia visionis divinae, quae debetur peccato omissionis, quam poena sensus, quae debetur peccato transgressionis, * ut patet per chrysostomum super matth.. ‘ sed poena proportionatur culpae. ergo gravius est peccatum omissionis quam transgressionis.
sc ‘ Sed contra est quod facilius est abstinere a malo faciendo quam implere bonum. ergo gravius peccat qui non abstinet a malo faciendo, quod est transgredi, quam qui non implet bonum, quod est omittere.
co ‘ Respondeo dicendum quod peccatum intantum est grave inquantum a virtute distat. “ contrarietas autem est maxima distantia, * ut dicitur in x metaphys. ‘ unde contrarium magis distat a suo contrario quam simplex eius negatio, sicut nigrum plus distat ab albo quam simpliciter non album; omne enim nigrum est non album, sed non convertitur. manifestum est autem quod transgressio contrariatur actui virtutis, omissio autem importat negationem ipsius, puta peccatum omissionis est si quis parentibus debitam reverentiam non exhibeat, peccatum autem transgressionis si contumeliam vel quamcumque iniuriam eis inferat. unde manifestum est quod, simpliciter et absolute loquendo, transgressio est gravius peccatum quam omissio, licet aliqua omissio possit esse gravior aliqua transgressione.
ra1 ‘ Ad primum ergo dicendum quod delictum communiter sumptum significat quamcumque omissionem. quandoque tamen stricte accipitur pro eo quod omittitur aliquid de his quae pertinent ad deum, vel quando scienter et quasi cum quodam contemptu derelinquit homo id quod facere debet. et sic habet quandam gravitatem, ratione cuius maiori expiatione indiget.
ra2 ‘ Ad secundum dicendum quod ei quod est facere bonum opponitur et non facere bonum, quod est omittere, et facere malum, quod est transgredi, sed primum contradictorie, secundum contrarie, quod importat maiorem distantiam. et ideo transgressio est gravius peccatum.
ra3 ‘ Ad tertium dicendum quod sicut omissio opponitur praeceptis affirmativis, ita transgressio opponitur praeceptis negativis. et ideo utrumque, si proprie accipiatur, importat rationem peccati mortalis. potest autem large dici transgressio vel omissio ex eo quod aliquid sit praeter praecepta affirmativa vel negativa, disponens ad oppositum ipsorum. et sic u-

trumque, large accipiendo, potest esse peccatum veniale.
ra4 ‘ Ad quartum dicendum quod peccato transgressionis respondet et poena damni, propter aversionem a deo; et poena sensus, propter inordinatam conversionem ad bonum commutabile. similiter etiam omissioni non solum debetur poena damni, sed etiam poena sensus, * secundum illud matth. vii, ° omnis arbor quae non facit fructum bonum, excidetur et in ignem mittetur. ‘ et hoc propter radicem ex qua procedit, licet non habeat ex necessitate actualem conversionem ad aliquod bonum commutabile.

009 ST3 qu80 ar

pr ‘ Deinde considerandum est de partibus potentialibus iustitiae, idest de virtutibus ei annexis. et circa hoc duo sunt consideranda primo quidem, quae virtutes iustitiae annectantur; secundo, considerandum est de singulis virtutibus iustitiae annexis.
ag1 ‘ Ad primum sic proceditur. videtur quod inconvenienter assignentur virtutes iustitiae annexae. * tullius enim enumerat sex, scilicet ° religionem, pietatem, gratiam, vindicationem, observantiam, veritatem. ‘ vindicatio autem videtur species esse commutativae iustitiae, secundum quam illatis iniuriis vindicta rependitur, * ut ex supradictis patet. ‘ non ergo debet poni inter virtutes iustitiae annexas.
ag2 * Praeterea, macrobius, super somnium scipionis, ponit septem, scilicet ° innocentiam, amicitiam, concordiam, pietatem, religionem, affectum, humanitatem; * quarum plures a tullio praetermittuntur. ‘ ergo videtur insufficienter enumeratas esse virtutes iustitiae adiunctas.
ag3 * Praeterea, a quibusdam aliis “ ponuntur quinque partes iustitiae, scilicet obedientia respectu superioris, disciplina respectu inferioris, aequitas respectu aequalium, fides et veritas respectu omnium; * de quibus a tullio non ponitur nisi veritas. ‘ ergo videtur insufficienter numerasse virtutes iustitiae annexas.
ag4 ‘ Praeterea, * andronicus peripateticus ponit novem partes iustitiae annexas, ° scilicet liberalitatem, benignitatem, vindicativam, eugnomosynam, eusebiam, eucharistiam, sanctitatem, bonam commutationem, legispositivam; * ex quibus etiam tullius manifeste non ponit nisi vindicativam. ‘ ergo videtur insufficienter enumerasse.
ag5 ‘ Praeterea, aristoteles, in v ethic., ponit “ epieikeiam iustitiae adiunctam, ‘ de qua in nulla praemissarum assignationum videtur mentio esse facta. ergo insufficienter sunt enumeratae virtutes iustitiae annexae.
co ‘ Respondeo dicendum quod in virtutibus quae adiunguntur alicui principali virtuti duo sunt consideranda, primo quidem, quod virtutes illae in aliquo cum principali virtute conveniant; secundo, quod in aliquo deficiant a perfecta ratione ipsius. quia vero iustitia ad alterum est, * ut ex supradictis patet, ‘ omnes virtutes quae ad alterum sunt possunt ratione convenientiae iustitiae annecti. ratio vero iustitiae consistit in hoc quod alteri reddatur quod ei debetur secundum aequalitatem, * ut ex supradictis patet. ‘ dupliciter igitur aliqua virtus ad alterum existens a ratione iustitiae deficit, uno quidem modo, inquantum deficit a ratione aequalis; alio modo, inquantum deficit a ratione debiti. sunt enim quaedam virtutes quae debitum quidem alteri reddunt, sed non possunt reddere aequale. et primo quidem, quidquid ab homine deo redditur, debitum est, non tamen potest esse aequale, ut scilicet tantum ei homo reddat quantum debet; * secundum illud psalm., ° quid retribuam domino pro omnibus quae retribuit mihi? ‘ et secundum hoc adiungitur iustitiae religio, quae, * ut tullius dicit, ° superioris cuiusdam naturae, quam divinam vocant, curam caeremoniamque vel cultum affert. |25| ‘ secundo, parentibus non potest secundum aequalitatem recompensari quod eis debetur, * ut patet per philosophum, in viii ethic.. ‘ et sic adiungitur iustitiae pietas, per quam, * ut tullius dicit, ° sanguine iunctis patriaeque benevolis officium et diligens tribuitur cultus. ‘ tertio, non potest secundum aequale praemium recompensari ab homine virtuti, * ut patet per philosophum, in iv ethic.. ‘ et sic adiungitur iustitiae observantia, per quam, * ut tullius dicit, ° homines aliqua dignitate antecedentes quodam cultu et honore dignantur. ‘ a ratione vero debiti iustitiae defectus potest attendi secundum quod est duplex debitum, scilicet morale et legale, * unde et philosophus, in viii ethic., secundum hoc duplex iustum assignat. ‘ debitum quidem legale est ad quod reddendum aliquis lege adstringitur, et tale debitum proprie attendit iustitia quae est principalis virtus. debitum autem morale est quod aliquis debet ex honestate virtutis. et quia debitum necessitatem importat, ideo tale debitum habet duplicem gradum. quoddam enim est sic |50| necessarium ut sine eo honestas morum conservari non possit, et hoc habet plus de ratione debiti. et potest hoc debitum attendi ex parte ipsius debentis. et sic ad hoc debitum pertinet quod homo talem se exhibeat alteri in verbis et factis qualis est. et ita adiungitur iustitiae veritas, per quam, * ut tullius dicit, ° immutata ea quae sunt aut fuerunt aut futura sunt, dicuntur. ‘ potest etiam attendi ex parte eius cui debetur, prout scilicet aliquis recompensat alicui secundum ea quae fecit. quandoque quidem in bonis. et sic adiungitur iustitiae gratia, in qua, * ut tullius dicit, ° amicitiarum et officiorum alterius memoria, remunerandi voluntas continetur alterius. ‘ quandoque vero in malis. et sic adiungitur iustitiae vindicatio, per quam, * ut tullius dicit, ° vis aut iniuria, et omnino quidquid obscurum est, defendendo aut ulciscendo propulsatur. ‘ aliud vero debitum est necessarium sicut conferens ad maiorem honestatem, sine quo tamen honestas conservari potest. quod quidem debitum attendit liberalitas, affabilitas sive amicitia, et alia huiusmodi. * quae tullius praetermittit |75| in praedicta enumeratione, ‘ quia parum habent de ratione debiti.
ra1 ‘ Ad primum ergo dicendum quod vindicta quae fit auctoritate publicae potestatis secundum sententiam iudicis, pertinet ad iustitiam commutativam. sed vindicta quam quis facit proprio motu, non tamen contra legem, vel quam quis a iudice requirit, pertinet ad virtutem iustitiae adiunctam.
ra2 “ Ad secundum dicendum quod macrobius videtur attendisse ad duas partes integrales iustitiae, scilicet declinare a malo, ad quod pertinet innocentia; et facere bonum, ad quod pertinent sex alia. ‘ quorum duo videntur pertinere ad aequales, scilicet amicitia in exteriori convictu, et concordia interius. duo vero pertinent ad superiores, pietas ad parentes, et religio ad deum. duo vero ad inferiores, scilicet affectus, inquantum placent bona eorum; et humanitas, per quam subvenitur eorum defectibus. * dicit enim isidorus, in libro etymol., quod ° humanus dicitur aliquis quia habeat circa hominem amorem et miserationis affectum, unde humanitas dicta est qua nos invicem tuemur. ‘ et secundum hoc amicitia sumitur prout ordinat exteriorem convictum, * sicut de ea philosophus tractat in iv ethic.. ‘ potest etiam amicitia sumi secundum quod proprie respicit affectum, * prout determinatur a philosopho in viii et in ix ethic.. ‘ et sic ad amicitiam pertinent tria, “ scilicet benevolentia, quae hic dicitur affectus; et concordia; et beneficentia, quae hic vocatur humanitas. * haec autem tullius praetermisit, |25| ‘ quia parum habent de ratione debiti, * ut dictum est.
ra3 “ Ad tertium dicendum quod obedientia includitur in observantia, quam tullius ponit, nam praecellentibus personis debetur et reverentia honoris et obedientia. fides autem, per quam fiunt dicta, includitur in veritate, quantum ad observantiam promissorum. ‘ veritas autem in plus se habet, * ut infra patebit. ‘ disciplina autem non debetur ex debito necessitatis, quia inferiori non est aliquis obligatus, inquantum est inferior (potest tamen aliquis superiori obligari ut inferioribus provideat, * secundum illud matth. xxiv, ° fidelis servus et prudens, quem constituit dominus super familiam suam). * et ideo a tullio praetermittitur. ‘ potest autem contineri sub humanitate, * quam macrobius ponit. “ aequitas vero sub epieikeia, vel amicitia.
ra4 ‘ Ad quartum dicendum quod in illa enumeratione ponuntur quaedam pertinentia ad veram iustitiam. ad particularem quidem, bona commutatio, * de qua dicit quod est ° habitus in commutationibus aequalitatem custodiens. ‘ ad legalem autem iustitiam, quantum ad ea quae communiter sunt observanda, ponitur legispositiva, quae, * ut ipse dicit, est ° scientia commutationum politicarum ad communitatem relatarum. ‘ quantum vero ad ea quae quandoque particulariter agenda occurrunt praeter communes leges, ponitur eugnomosyna, quasi bona gnome, quae est in talibus directiva, * ut supra habitum est in tractatu de prudentia. * et ideo dicit de ea quod “ est voluntaria iustificatio, ‘ quia scilicet ex proprio arbitrio id quod iustum est homo secundum eam servat, non secundum legem scriptam. attribuuntur autem haec duo prudentiae secundum directionem, iustitiae vero secundum executionem. “ eusebia vero dicitur quasi bonus cultus. ‘ unde est idem quod religio. ideo * de ea dicit quod “ est scientia dei famulatus |25| * (et loquitur secundum modum quo socrates dicebat omnes virtutes esse scientias). ‘ et ad idem reducitur sanctitas, * ut post dicetur. ‘ eucharistia autem est idem quod bona gratia, * quam tullius ponit, “ sicut et vindicativam. ‘ benignitas autem videtur esse idem cum affectu, * quem ponit macrobius. unde et isidorus dicit, in libro etymol., quod ° benignus est vir sponte ad benefaciendum paratus, et dulcis ad eloquium. * et ipse andronicus dicit quod ° benignitas est habitus voluntarie benefactivus. “ liberalitas autem videtur ad humanitatem pertinere.
ra5 ‘ Ad quintum dicendum quod “ epieikeia non adiungitur iustitiae particulari, sed legali. et videtur esse idem cum ea quae dicta est eugnomosyna.

009 ST3 qu81 ar

pr ‘ Deinde considerandum est de singulis praedictarum virtutum, quantum ad praesentem intentionem pertinet. et primo considerandum est de religione; secundo, de pietate; tertio, de observantia; quarto, de gratia; quinto, de vindicta; sexto, de veritate; septimo, de amicitia; octavo, de liberalitate; nono, de epieikeia. de aliis autem hic enumeratis supra dictum est, partim in tractatu de caritate, scilicet de concordia et aliis huiusmodi; partim in hoc tractatu de iustitia, sicut de bona commutatione et innocentia; de legispositiva autem in tractatu de prudentia. circa religionem vero tria consideranda occurrunt, primo quidem, de ipsa religione secundum se; secundo, de actibus eius; tertio, de vitiis oppositis. circa primum quaeruntur octo. primo, utrum religio consistat tantum in ordine ad deum. secundo, utrum religio sit virtus. tertio, utrum religio sit una virtus. quarto, utrum religio sit specialis virtus. quinto, utrum religio sit virtus theologica. sexto, utrum religio sit praeferenda aliis virtutibus moralibus. septimo, utrum religio habeat exteriores actus. octavo, utrum religio sit eadem sanctitati.

009 ST3 qu81 ar1

ag1 ‘ Ad primum sic proceditur. videtur quod religio non ordinet hominem solum ad deum. * dicitur enim iac. i, ° religio munda et immaculata apud deum et patrem haec est, visitare pupillos et viduas in tribulatione eorum, et immaculatum se custodire ab hoc saeculo. “ sed visitare pupillos et viduas dicitur secundum ordinem ad proximum, quod autem dicit immaculatum se custodire ab hoc saeculo, pertinet ad ordinem quo ordinatur homo in seipso. ‘ ergo religio non solum dicitur in ordine ad deum.
ag2 * Praeterea, augustinus dicit, in x de civ. dei, ° quia latina loquendi consuetudine, non imperitorum, verum etiam doctissimorum, cognationibus humanis atque affinitatibus et quibuscumque necessitudinibus dicitur exhibenda religio; non eo vocabulo vitatur ambiguum cum de cultu deitatis vertitur quaestio, ut fidenter dicere valeamus religionem non esse nisi cultum dei. ‘ ergo religio dicitur non solum in ordine ad deum, sed etiam in ordine ad propinquos.
ag3 ‘ Praeterea, ad religionem videtur latria pertinere. “ latria autem interpretatur servitus, * ut augustinus dicit, in x de civ. dei. ‘ servire autem debemus non solum deo, sed etiam proximis, * secundum illud gal. v, ° per caritatem spiritus servite invicem. ‘ ergo religio importat etiam ordinem ad proximum.
ag4 ‘ Praeterea, ad religionem pertinet cultus. sed homo dicitur non solum colere deum, sed etiam proximum, * secundum illud catonis, ° cole parentes. ‘ ergo etiam religio nos ordinat ad proximum, et non solum ad deum.
ag5 ‘ Praeterea, omnes in statu salutis existentes deo sunt subiecti. non autem dicuntur religiosi omnes qui sunt in statu salutis, sed solum illi qui quibusdam votis et observantiis et ad obediendum aliquibus hominibus se adstringunt. ergo religio non videtur importare ordinem subiectionis hominis ad deum.
sc ‘ Sed contra est quod * tullius dicit, ii rhet., quod ° religio est quae superioris naturae, quam divinam vocant, curam caeremoniamque affert.
co * Respondeo dicendum quod, sicut isidorus dicit, in libro etymol., ° religiosus, ut ait cicero, a religione appellatus, qui retractat et tanquam relegit ea quae ad cultum divinum pertinent. ‘ et sic religio videtur dicta a relegendo ea quae sunt divini cultus, quia huiusmodi sunt frequenter in corde revolvenda, * secundum illud prov. iii, ° in omnibus viis tuis cogita illum. ‘ quamvis etiam possit intelligi religio ex hoc dicta quod ° deum reeligere debemus, quem amiseramus negligentes, * sicut augustinus dicit, x de civ. dei. ‘ vel potest intelligi religio a religando dicta, * unde augustinus dicit, in libro de vera relig., ° religet nos religio uni omnipotenti deo. ‘ sive autem religio dicatur a frequenti lectione, sive ex iterata electione eius quod negligenter amissum est, sive a religatione, religio proprie importat ordinem ad deum. ipse enim est cui principaliter alligari debemus, tanquam indeficienti principio; ad quem etiam nostra electio assidue dirigi debet, sicut in ultimum finem; quem etiam negligenter peccando amittimus, et credendo et fidem protestando recuperare debemus.
ra1 ‘ Ad primum ergo dicendum quod religio habet duplices actus. quosdam quidem proprios et immediatos, quos elicit, per quos homo ordinatur ad solum deum, sicut sacrificare, adorare et alia huiusmodi. alios autem actus habet quos producit mediantibus virtutibus quibus imperat, ordinans eos in divinam reverentiam, quia scilicet virtus ad quam pertinet finis, imperat virtutibus ad quas pertinent ea quae sunt ad finem. “ et secundum hoc actus religionis per modum imperii ponitur esse visitare pupillos et viduas in tribulatione eorum, quod est actus elicitus a misericordia, immaculatum autem custodire se ab hoc saeculo imperative quidem est religionis, elicitive autem temperantiae vel alicuius huiusmodi virtutis.
ra2 ‘ Ad secundum dicendum quod religio refertur ad ea quae exhibentur cognationibus humanis, extenso nomine religionis, non autem secundum quod religio proprie dicitur. * unde augustinus, parum ante verba inducta, praemittit, ° religio distinctius non quemlibet, sed dei cultum significare videtur.
ra3 ‘ Ad tertium dicendum quod cum servus dicatur ad dominum, necesse est quod ubi est propria et specialis ratio dominii, ibi sit specialis et propria ratio servitutis. manifestum est autem quod dominium convenit deo secundum propriam et singularem quandam rationem, quia scilicet ipse omnia fecit, et quia summum in omnibus rebus obtinet principatum. et ideo specialis ratio servitutis ei debetur. et talis servitus nomine latriae designatur apud graecos. et ideo ad religionem proprie pertinet.
ra4 ‘ Ad quartum dicendum quod colere dicimus ho-

mines quos honorificatione, vel recordatione, vel praesentia frequentamus. et etiam aliqua quae nobis subiecta sunt coli a nobis dicuntur, sicut agricolae dicuntur ex eo quod colunt agros, et incolae dicuntur ex eo quod colunt loca quae inhabitant. quia tamen specialis honor debetur deo, tanquam primo omnium principio, etiam specialis ratio cultus ei debetur, “ quae graeco nomine vocatur eusebia vel theosebia, * ut patet per augustinum, x de civ. dei.

ra5 ‘ Ad quintum dicendum quod quamvis religiosi dici possint communiter omnes qui deum colunt, specialiter tamen religiosi dicuntur qui totam vitam suam divino cultui dedicant, a mundanis negotiis se abstrahentes. sicut etiam contemplativi dicuntur non qui contemplantur, sed qui contemplationi totam vitam suam deputant. huiusmodi autem non se subiiciunt homini propter hominem sed propter deum, * secundum illud apostoli, gal. iv, ° sicut angelum dei excepistis me, sicut christum iesum.

009 ST3 qu81 ar2

ag1 ‘ Ad secundum sic proceditur. videtur quod religio non sit virtus. ad religionem enim pertinere videtur deo reverentiam exhibere. sed revereri est actus timoris, qui est donum, * ut ex supradictis patet. ‘ ergo religio non est virtus, sed donum.

ag2 ‘ Praeterea, omnis virtus in libera voluntate consistit, unde dicitur habitus electivus, vel voluntarius. sed * sicut dictum est, ‘ ad religionem pertinet latria, quae servitutem quandam importat. ergo religio non est virtus.

ag3 * Praeterea, sicut dicitur in ii ethic., “ aptitudo virtutum inest nobis a natura, ‘ unde ea quae pertinent ad virtutes sunt de dictamine rationis naturalis. “ sed ad religionem pertinet caeremoniam divinae naturae afferre. ‘ caeremonialia autem, * ut supra dictum est, ‘ non sunt de dictamine rationis naturalis. ergo religio non est virtus.

sc ‘ Sed contra est quia connumeratur aliis virtutibus, * ut ex praemissis patet.

co * Respondeo dicendum quod, sicut supra dictum est, ° virtus est quae bonum facit habentem et opus eius bonum reddit. ‘ et ideo necesse est dicere omnem actum bonum ad virtutem pertinere. manifestum est autem quod reddere debitum alicui habet rationem boni, quia per hoc quod aliquis alteri debitum reddit, etiam constituitur in proportione convenienti respectu ipsius, quasi convenienter ordinatus ad ipsum; ordo autem ad rationem boni pertinet, sicut et modus et species, * ut per augustinum patet, in libro de natura boni. ‘ cum igitur ad religionem pertineat reddere honorem debitum alicui, scilicet deo, manifestum est quod religio virtus est.

ra1 ‘ Ad primum ergo dicendum quod revereri deum est actus doni timoris. ad religionem autem pertinet facere aliqua propter divinam reverentiam. unde non sequitur quod religio sit idem quod donum timoris, sed quod ordinetur ad ipsum sicut ad aliquid principalius. sunt enim dona principaliora virtutibus moralibus, * ut supra habitum est.

ra2 ‘ Ad secundum dicendum quod etiam servus potest voluntarie domino suo exhibere quod debet, “ et sic facit de necessitate virtutem, ‘ debitum voluntarie reddens. et similiter etiam exhibere deo debitam servitutem potest esse actus virtutis, secundum quod homo voluntarie hoc facit.

ra3 ‘ Ad tertium dicendum quod de dictamine rationis naturalis est quod homo aliqua faciat ad reverentiam divinam, sed quod haec determinate faciat vel illa, istud non est de dictamine rationis naturalis, sed de institutione iuris divini vel humani.

009 ST3 qu81 ar3

ag1 ‘ Ad tertium sic proceditur. videtur quod religio non sit una virtus. per religionem enim ordinamur ad deum, * ut dictum est. ‘ in deo autem est accipere tres personas, et iterum multa attributa, quae saltem ratione differunt. diversa autem ratio obiecti sufficit ad diversificandum virtutes, * ut ex supradictis patet. ‘ ergo religio non est una virtus.

ag2 ‘ Praeterea, unius virtutis unus videtur esse actus, habitus enim distinguuntur secundum actus. religionis autem multi sunt actus, sicut colere et servire, vovere, orare, sacrificare, et multa huiusmodi. ergo religio non est una virtus.

ag3 ‘ Praeterea, adoratio ad religionem pertinet. sed adoratio alia ratione adhibetur imaginibus, et alia ipsi deo. cum ergo diversa ratio distinguat virtutes, videtur quod religio non sit una virtus.

sc * Sed contra est quod dicitur ephes. iv, ° unus deus, una fides. ‘ sed vera religio protestatur fidem unius dei. ergo religio est una virtus.

co * Respondeo dicendum quod, sicut supra habitum est, ‘ habitus distinguuntur secundum diversam rationem obiecti. ad religionem autem pertinet exhibere reverentiam uni deo secundum unam rationem, inquantum scilicet est primum principium creationis et gubernationis rerum, * unde ipse dicit, malach. i, ° si ego pater, ubi honor meus? ‘ patris enim est et producere et gubernare. et ideo manifestum est quod religio est una virtus.

ra1 ‘ Ad primum ergo dicendum quod tres personae divinae sunt unum principium creationis et gubernationis rerum, et ideo eis una religione servitur. diversae autem rationes attributorum concurrunt ad rationem primi principii, quia deus producit omnia et gubernat sapientia, voluntate et potentia bonitatis suae. et ideo religio est una virtus.

ra2 ‘ Ad secundum dicendum quod eodem actu homo servit deo et colit ipsum, nam cultus respicit dei excellentiam, cui reverentia debetur; servitus autem respicit subiectionem hominis, qui ex sua conditione obligatur ad exhibendum reverentiam deo. et ad haec duo pertinent omnes actus qui religioni attribuuntur, quia per omnes homo protestatur divinam excellentiam et subiectionem sui ad deum, vel exhibendo aliquid ei, vel iterum assumendo aliquid divinum.

ra3 ‘ Ad tertium dicendum quod imaginibus non exhibetur religionis cultus secundum quod in seipsis considerantur, quasi res quaedam, sed secundum quod sunt imagines ducentes in deum incarnatum. motus autem qui est in imaginem prout est imago, non sistit in ipsa, sed tendit in id cuius est imago. et ideo ex hoc quod imaginibus christi exhibetur religionis cultus, non diversificatur ratio latriae, nec virtus religionis.

009 ST3 qu81 ar4

ag1 ‘ Ad quartum sic proceditur. videtur quod religio non sit specialis virtus ab aliis distincta. * dicit enim augustinus, x de civ. dei, ° verum sacrificium est omne opus quod geritur ut sancta societate deo inhaereamur. ‘ sed sacrificium pertinet ad religionem. ergo omne opus virtutis ad religionem pertinet. et sic non est specialis virtus.

ag2 * Praeterea, apostolus dicit, i ad cor. x, ° omnia in gloriam dei facite. ‘ sed ad religionem pertinet aliqua facere ad dei reverentiam, * ut supra dictum est. ‘ ergo religio non est specialis virtus.

ag3 ‘ Praeterea, caritas qua diligitur deus non est virtus distincta a caritate qua diligitur proximus. * sed sicut dicitur in viii ethic., ° honorari propinquum est ei quod est amari. ‘ ergo religio, qua honoratur deus, non est virtus specialiter distincta ab observantia vel dulia vel pietate, quibus honoratur proximus. ergo non est virtus specialis.

sc ‘ Sed contra est quod ponitur pars iustitiae ab aliis eius partibus distincta.

co ‘ Respondeo dicendum quod cum virtus ordinetur ad bonum, ubi est specialis ratio boni, ibi oportet esse specialem virtutem. bonum autem ad quod ordinatur religio est exhibere deo debitum honorem. honor autem debetur alicui ratione excellentiae. deo autem competit singularis excellentia, inquantum omnia in infinitum transcendit secundum omnimodum excessum. unde ei debetur specialis honor, sicut in rebus humanis videmus quod diversis excellentiis personarum diversus honor debetur, alius quidem patri, alius regi, et sic de aliis. unde manifestum est quod religio est specialis virtus.

ra1 ‘ Ad primum ergo dicendum quod omne opus virtutis dicitur esse sacrificium inquantum ordinatur ad dei reverentiam. unde ex hoc non habetur quod religio sit generalis virtus, sed quod imperet omnibus aliis virtutibus, * sicut supra dictum est.

ra2 ‘ Ad secundum dicendum quod omnia, secundum quod in gloriam dei fiunt, pertinent ad religionem non quasi ad elicientem, sed quasi ad imperantem. illa autem pertinent ad religionem elicientem quae secundum rationem suae speciei pertinent ad reverentiam dei.

ra3 ‘ Ad tertium dicendum quod obiectum amoris est bonum, obiectum autem honoris vel reverentiae est aliquid excellens. bonitas autem dei communicatur creaturae, non autem excellentia bonitatis eius. et ideo caritas qua diligitur deus non est virtus distincta a caritate qua diligitur proximus, religio autem, qua honoratur deus, distinguitur a virtutibus quibus honoratur proximus.

009 ST3 qu81 ar5

ag1 ‘ Ad quintum sic proceditur. videtur quod religio sit virtus theologica. * dicit enim augustinus, in enchirid., quod ° deus colitur fide, spe et caritate, “ quae sunt virtutes theologicae. ‘ sed cultum deo afferre pertinet ad religionem. ergo religio est virtus theologica.

ag2 ‘ Praeterea, virtus theologica dicitur quae habet deum pro obiecto. religio autem habet deum pro obiecto, quia ad solum deum ordinat, * ut dictum est. ‘ ergo religio est virtus theologica.

ag3 ‘ Praeterea, omnis virtus vel est theologica, vel intellectualis, vel moralis, * ut ex supradictis patet. ‘ manifestum est autem quod religio non est virtus intellectualis, quia eius perfectio non attenditur secundum considerationem veri. similiter etiam non est virtus moralis, cuius proprium est tenere medium inter superfluum et diminutum, non enim aliquis potest superflue deum colere, * secundum illud eccli. xliii, ° benedicentes dominum, exaltate illum quantum potestis, maior enim est omni laude. ‘ ergo relinquitur quod sit virtus theologica.

sc ‘ Sed contra est quod ponitur pars iustitiae, quae est virtus moralis.

co * Respondeo dicendum quod, sicut dictum est, ‘ religio est quae deo debitum cultum affert. duo igitur in religione considerantur. unum quidem quod religio deo affert, cultus scilicet, et hoc se habet per modum materiae et obiecti ad religionem. aliud autem est id cui affertur, scilicet deus. cui cultus exhibetur non quasi actus quibus deus colitur ipsum deum attingunt, sicut cum credimus deo, credendo deum attingimus * (propter quod supra dictum est quod ‘ deus est fidei obiectum non solum inquantum credimus deum, sed inquantum credimus deo), affertur autem deo debitus cultus inquantum actus quidam, quibus deus colitur, in dei reverentiam fiunt, puta sacrificiorum oblationes et alia huiusmodi. unde manifestum est quod deus non comparatur ad virtutem religionis sicut materia vel obiectum, sed sicut finis. et ideo religio non est virtus theologica, cuius obiectum est ultimus finis, sed est virtus moralis, cuius est esse circa ea quae sunt ad finem.

ra1 ‘ Ad primum ergo dicendum quod semper potentia vel virtus quae operatur circa finem, per imperium movet potentiam vel virtutem operantem ea quae ordinantur in finem illum. virtutes autem theologicae, scilicet fides, spes et caritas, habent actum circa deum sicut circa proprium obiectum. et ideo suo imperio causant actum religionis, quae operatur quaedam in ordine ad deum. * et ideo augustinus dicit quod ° deus colitur fide, spe et caritate.

ra2 ‘ Ad secundum dicendum quod religio ordinat hominem in deum non sicut in obiectum, sed sicut in finem.

ra3 ‘ Ad tertium dicendum quod religio non est virtus theologica neque intellectualis, sed moralis, cum sit pars iustitiae. et medium in ipsa accipitur non quidem inter passiones, sed secundum quandam aequalitatem inter operationes quae sunt ad deum. dico autem aequalitatem non absolute, quia deo non potest tantum exhiberi quantum ei debetur, sed secundum considerationem humanae facultatis et divinae acceptationis. superfluum autem in his quae ad divinum cultum pertinent esse potest, non secundum circumstantiam quanti, sed secundum alias circumstantias, puta quia cultus divinus exhibetur cui non debet exhiberi, vel quando non debet, vel secundum alias circumstantias prout non debet.

009 ST3 qu81 ar6

ag1 ‘ Ad sextum sic proceditur. videtur quod religio non sit praeferenda aliis virtutibus moralibus. “ perfectio enim virtutis moralis consistit in hoc quod attingit medium, * ut patet in ii ethic.. ‘ sed religio deficit in attingendo medium iustitiae, quia non reddit deo omnino aequale. ergo religio non est potior aliis virtutibus moralibus.

ag2 ‘ Praeterea, in his quae hominibus exhibentur, tanto videtur aliquid esse laudabilius quanto magis indigenti exhibetur, * unde dicitur isaiae lviii, ° frange esurienti panem tuum. ‘ sed deus non indiget aliquo quod ei a nobis exhibeatur, * secundum illud psalm., ° dixi, deus meus es tu, quoniam bonorum meorum non eges. ‘ ergo religio videtur minus laudabilis aliis virtutibus, per quas hominibus subvenitur.

ag3 ‘ Praeterea, quanto aliquid fit ex maiori necessitate, tanto minus est laudabile, * secundum illud i ad cor. ix, ° si evangelizavero, non est mihi gloria, necessitas mihi incumbit. ‘ ubi autem est maius debitum, ibi est maior necessitas. cum igitur deo maxime sit debitum quod ei ab homine exhibetur, videtur quod religio sit minus laudabilis inter virtutes humanas.

sc * Sed contra est quod exod. xx ‘ ponuntur primo praecepta ad religionem pertinentia, tanquam praecipua. ordo autem praeceptorum proportionatur ordini virtutum, quia praecepta legis dantur de actibus virtutum. ergo religio est praecipua inter virtutes morales.

co ‘ Respondeo dicendum quod ea quae sunt ad finem sortiuntur bonitatem ex ordine in finem, et ideo quanto sunt fini propinquiora, tanto sunt meliora. virtutes autem morales, * ut supra habitum est, ‘ sunt circa ea quae ordinantur in deum sicut in finem. religio autem magis de propinquo accedit ad deum quam aliae virtutes morales, inquantum operatur ea quae directe et immediate ordinantur in honorem divinum. et ideo religio praeeminet inter alias virtutes morales.

ra1 ‘ Ad primum ergo dicendum quod laus virtutis in voluntate consistit, non autem in potestate. et ideo deficere ab aequalitate, quae est medium iustitiae, propter defectum potestatis, non diminuit laudem virtutis, si non fuerit defectus ex parte voluntatis.

ra2 ‘ Ad secundum dicendum quod in his quae exhibentur alteri propter eorum utilitatem, est exhibitio laudabilior quae fit magis indigenti, quia est utilior. deo autem non exhibetur aliquid propter eius utilitatem, sed propter eius gloriam, nostram autem utilitatem.

ra3 ‘ Ad tertium dicendum quod ubi est necessitas, tollitur gloria supererogationis, non autem excluditur meritum virtutis, si adsit voluntas. et propter hoc ratio non sequitur.

009 ST3 qu81 ar7

ag1 ‘ Ad septimum sic proceditur. videtur quod latria non habeat aliquem exteriorem actum. * dicitur enim ioan. iv, ° deus spiritus est, et eos qui adorant eum, in spiritu et veritate adorare oportet. ‘ sed exteriores actus non pertinent ad spiritum, sed magis ad corpus. ergo religio, ad quam pertinet adoratio, non habet exteriores actus, sed interiores.

ag2 ‘ Praeterea, religionis finis est deo reverentiam et honorem exhibere. sed videtur ad irreverentiam alicuius excellentis pertinere si ea sibi exhibeantur quae proprie ad inferiores pertinent. cum igitur ea quae exhibet homo corporalibus actibus proprie videantur ad indigentias hominum ordinari, vel ad reverentiam inferiorum creaturarum; non videtur quod congrue possunt assumi in divinam reverentiam.
ag3 * Praeterea, augustinus, in vi de civ. dei, commendat senecam de hoc “ quod vituperat quosdam qui idolis ea exhibebant quae solent hominibus exhiberi, quia scilicet immortalibus non conveniunt ea quae sunt mortalium. ‘ sed haec multo minus conveniunt deo vero, qui est excelsus super omnes deos. ergo videtur reprehensibile esse quod aliquis corporalibus actibus deum colat. non ergo habet religio corporales actus.
sc * Sed contra est quod in psalm. dicitur, ° cor meum et caro mea exultaverunt in deum vivum. ‘ sed sicut interiores actus pertinent ad cor, ita exteriores actus pertinent ad membra carnis. ergo videtur quod deus sit colendus non solum interioribus actibus, sed etiam exterioribus.
co ‘ Respondeo dicendum quod deo reverentiam et honorem exhibemus non propter ipsum, qui in seipso est gloria plenus, cui nihil a creatura adiici potest, sed propter nos, quia videlicet per hoc quod deum reveremur et honoramus, mens nostra ei subiicitur, et in hoc eius perfectio consistit; quaelibet enim res perficitur per hoc quod subditur suo superiori, sicut corpus per hoc quod vivificatur ab anima, et aer per hoc quod illuminatur a sole. mens autem humana indiget ad hoc quod coniungatur deo, sensibilium manuductione, “ quia invisibilia per ea quae facta sunt, intellecta, conspiciuntur, * ut apostolus dicit, ad rom.. ‘ et ideo in divino cultu necesse est aliquibus corporalibus uti, ut eis, quasi signis quibusdam, mens hominis excitetur ad spirituales actus, quibus deo coniungitur. et ideo religio habet quidem interiores actus quasi principales et per se ad religionem pertinentes, exteriores vero actus quasi secundarios, et ad interiores actus ordinatos.
ra1 ‘ Ad primum ergo dicendum quod dominus loquitur quantum ad id quod est principale et per se intentum in cultu divino.
ra2 ‘ Ad secundum dicendum quod huiusmodi exteriora non exhibentur deo quasi his indigeat, * secundum illud psalm., ° numquid manducabo carnes taurorum, aut sanguinem hircorum potabo? ‘ sed exhibentur deo tanquam signa quaedam interiorum et spiritualium operum, quae per se deus acceptat. * unde augustinus dicit, in x de civ. dei, ° sacrificium visibile invisibilis sacrificii sacramentum, idest sacrum signum, est.
ra3 ‘ Ad tertium dicendum quod idololatrae deridentur ex hoc quod ea quae ad homines pertinent idolis exhibebant non tanquam signa excitantia eos ad aliqua spiritualia, sed tanquam per se eis accepta. et praecipue quia erant vana et turpia.

009 ST3 qu81 ar8

ag1 ‘ Ad octavum sic proceditur. videtur quod religio non sit idem sanctitati. religio enim est quaedam specialis virtus, * ut habitum est. ‘ sanctitas autem dicitur esse generalis virtus, est enim ° faciens fideles et servantes ea quae ad deum sunt iusta, * ut andronicus dicit. ‘ ergo sanctitas non est idem religioni.
ag2 ‘ Praeterea, sanctitas munditiam importare videtur, * dicit enim dionysius, xii cap. de div. nom., quod ° sanctitas est ab omni immunditia libera et perfecta et omnino immaculata munditia. ‘ munditia autem maxime videtur pertinere ad temperantiam, quae turpitudines corporales excludit. cum igitur religio ad iustitiam pertineat, videtur quod sanctitas non sit idem religioni.
ag3 ‘ Praeterea, ea quae dividuntur ex opposito non sunt idem. sed in quadam enumeratione partium iustitiae sanctitas condividitur religioni, * ut supra habitum est. ‘ ergo sanctitas non est idem quod religio.
sc ‘ Sed contra est quod * dicitur luc. i, ° serviamus illi in sanctitate et iustitia. ‘ sed servire deo pertinet ad religionem, * ut supra habitum est. ‘ ergo religio est idem sanctitati.
co ‘ Respondeo dicendum quod nomen sanctitatis duo videtur importare. uno quidem modo, munditiam, et huic significationi competit nomen graecum, dicitur enim agios quasi sine terra. alio modo importat firmitatem, unde apud antiquos sancta dicebantur quae legibus erant munita ut violari non deberent; unde et dicitur esse aliquid sancitum quia est lege firmatum. potest etiam secundum latinos hoc nomen sanctus ad munditiam pertinere, ut intelligatur sanctus quasi sanguine tinctus, ° eo quod antiquitus illi qui purificari volebant sanguine hostiae tingebantur, * ut isidorus dicit, in libro etymol.. ‘ et utraque significatio competit, ut sanctitas attribuatur his quae divino cultui applicantur, ita quod non solum homines, sed etiam templum et vasa et alia huiusmodi sanctificari dicantur ex hoc quod cultui divino applicantur. munditia enim necessaria est ad hoc quod mens deo applicetur. quia mens humana inquinatur ex hoc quod inferioribus rebus immergitur, sicut quaelibet res ex immixtione peioris sordescit, ut argentum ex immixtione plumbi. oportet autem quod mens ab inferioribus rebus abstrahatur, ad hoc quod supremae rei possit coniungi. et ideo mens sine munditia deo applicari non potest. * unde ad heb. ult. dicitur, ° pacem sequimini cum omnibus, et sanctimoniam, sine qua nemo videbit deum. |25| ‘ firmitas etiam exigitur ad hoc quod mens deo applicetur. applicatur enim ei sicut ultimo fini et primo principio, huiusmodi autem oportet maxime immobilia esse. * unde dicebat apostolus, rom. viii, ° certus sum quod neque mors neque vita separabit me a caritate dei. ‘ sic igitur sanctitas dicitur per quam mens hominis seipsam et suos actus applicat deo. unde non differt a religione secundum essentiam, sed solum ratione. nam religio dicitur secundum quod exhibet deo debitum famulatum in his quae pertinent specialiter ad cultum divinum, sicut in sacrificiis, oblationibus et aliis huiusmodi, sanctitas autem dicitur secundum quod homo non solum haec, sed aliarum virtutum opera refert in deum, vel secundum quod homo se disponit per bona opera ad cultum divinum.
ra1 ‘ Ad primum ergo dicendum quod sanctitas est quaedam specialis virtus secundum essentiam, et secundum hoc est quodammodo eadem religioni. habet autem quandam generalitatem, secundum quod omnes virtutum actus per imperium ordinat in bonum divinum, sicut et iustitia legalis dicitur generalis virtus, inquantum ordinat omnium virtutum actus in bonum commune.
ra2 ‘ Ad secundum dicendum quod temperantia munditiam quidem operatur, non tamen ita quod habeat rationem sanctitatis nisi referatur in deum. * unde de ipsa virginitate dicit augustinus, in libro de virginitate, quod ° non quia virginitas est, sed quia deo dicata est, honoratur.
ra3 ‘ Ad tertium dicendum quod sanctitas distincta est a religione propter differentiam praedictam, non quia differat re, sed ratione tantum, * ut dictum est.

009 ST3 qu82 ar

pr ‘ Deinde considerandum est de actibus religionis. et primo, de actibus interioribus, qui, secundum praedicta, sunt principaliores; secundo, de actibus exterioribus, qui sunt secundarii. interiores autem actus religionis videntur esse devotio et oratio. primo ergo de devotione agendum est; secundo, de oratione. circa primum quaeruntur quatuor. primo, utrum devotio sit specialis actus. secundo, utrum sit actus religionis. tertio, de causa devotionis. quarto, de eius effectu.

009 ST3 qu82 ar1

ag1 ‘ Ad primum sic proceditur. videtur quod devotio non sit specialis actus. illud enim quod pertinet ad modum aliorum actuum non videtur esse specialis actus. sed devotio videtur pertinere ad modum aliorum actuum, * dicitur enim ii paral. xxix, ° obtulit universa multitudo hostias et laudes et holocausta mente devota. ‘ ergo devotio non est specialis actus.
ag2 ‘ Praeterea, nullus specialis actus invenitur in diversis generibus actuum. sed devotio invenitur in diversis generibus actuum, scilicet in actibus corporalibus et etiam in spiritualibus, dicitur enim aliquis et devote meditari et devote genu flectere. ergo devotio non est specialis actus.
ag3 ‘ Praeterea, omnis actus specialis aut est appetitivae aut cognoscitivae virtutis. sed devotio neutri earum appropriatur, ut patet discurrenti per singulas species actuum utriusque partis, * quae supra enumeratae sunt. ‘ ergo devotio non est specialis actus.
sc ‘ Sed contra est quod actibus meremur, * ut supra habitum est. ‘ sed devotio habet specialem rationem merendi. ergo devotio est specialis actus.
co ‘ Respondeo dicendum quod devotio dicitur a devovendo, unde devoti dicuntur qui seipsos quodammodo deo devovent, ut ei se totaliter subdant. propter quod et olim apud gentiles devoti dicebantur qui seipsos idolis devovebant in mortem pro sui salute exercitus, * sicut de duobus deciis titus livius narrat. ‘ unde devotio nihil aliud esse videtur quam voluntas quaedam prompte tradendi se ad ea quae pertinent ad dei famulatum. * unde exod. xxxv dicitur quod ° multitudo filiorum israel obtulit mente promptissima atque devota primitias domino. ‘ manifestum est autem quod voluntas prompte faciendi quod ad dei servitium pertinet est quidam specialis actus. unde devotio est specialis actus voluntatis.
ra1 ‘ Ad primum ergo dicendum quod movens imponit modum motui mobilis. voluntas autem movet alias vires animae ad suos actus, et voluntas secundum quod est finis, movet seipsam ad ea quae sunt ad finem, * ut supra habitum est. ‘ et ideo, cum devotio sit actus voluntatis hominis offerentis seipsum deo ad ei serviendum, qui est ultimus finis, consequens est quod devotio imponat modum humanis actibus, sive sint ipsius voluntatis circa ea quae sunt ad finem, sive etiam sint aliarum potentiarum quae a voluntate moventur.
ra2 ‘ Ad secundum dicendum quod devotio invenitur in diversis generibus actuum non sicut species illorum generum, sed sicut motio moventis invenitur virtute in motibus mobilium.
ra3 ‘ Ad tertium dicendum quod devotio est actus appetitivae partis animae, et est quidam motus voluntatis, * ut dictum est.

009 ST3 qu82 ar2

ag1 ‘ Ad secundum sic proceditur. videtur quod devotio non sit actus religionis. devotio enim, * ut dictum est, ‘ ad hoc pertinet quod aliquis deo se tradat. sed hoc maxime fit per caritatem, quia, * ut dionysius dicit, iv cap. de div. nom., ° divinus amor extasim facit, non sinens amantes sui ipsorum esse, sed eorum quae amant. ‘ ergo devotio magis est actus caritatis quam religionis.
ag2 ‘ Praeterea, caritas praecedit religionem. devotio autem videtur praecedere caritatem, quia caritas * in scripturis ‘ significatur per ignem, devotio vero per pinguedinem, quae est ignis materia. ergo devotio non est actus religionis.
ag3 ‘ Praeterea, per religionem homo ordinatur solum ad deum, * ut dictum est. ‘ sed devotio etiam habetur ad homines, dicuntur enim aliqui esse devoti aliquibus sanctis viris; et etiam subditi dicuntur esse devoti dominis suis, * sicut leo papa dicit quod “ iudaei, quasi devoti romanis legibus, dixerunt, non habemus regem nisi caesarem. ‘ ergo devotio non est actus religionis.
sc ‘ Sed contra est quod devotio dicitur a devovendo, * ut dictum est. ‘ sed votum est actus religionis. ergo et devotio.
co ‘ Respondeo dicendum quod ad eandem virtutem pertinet velle facere aliquid, et promptam voluntatem habere ad illud faciendum, quia utriusque actus est idem obiectum. * propter quod philosophus dicit, in v ethic., ° iustitia est qua volunt homines et operantur iusta. ‘ manifestum est autem quod operari ea quae pertinent ad divinum cultum seu famulatum pertinet proprie ad religionem, * ut ex praedictis patet. ‘ unde etiam ad eam pertinet habere promptam voluntatem ad huiusmodi exequenda, quod est esse devotum. et sic patet quod devotio est actus religionis.
ra1 ‘ Ad primum ergo dicendum quod ad caritatem pertinet immediate quod homo tradat seipsum deo adhaerendo ei per quandam spiritus unionem. sed quod homo tradat seipsum deo ad aliqua opera divini cultus, hoc immediate pertinet ad religionem, mediate autem ad caritatem, quae est religionis principium.
ra2 ‘ Ad secundum dicendum quod pinguedo corporalis et generatur per calorem naturalem digerentem; et ipsum naturalem calorem conservat quasi eius nutrimentum. et similiter caritas et devotionem causat, inquantum ex amore aliquis redditur promptus ad serviendum amico; et etiam per devotionem caritas nutritur, sicut et quaelibet amicitia conservatur et augetur per amicabilium operum exercitium et meditationem.
ra3 ‘ Ad tertium dicendum quod devotio quae habetur ad sanctos dei, mortuos vel vivos, non terminatur ad ipsos, sed transit in deum, inquantum scilicet in ministris dei deum veneramur. devotio autem quam subditi dicuntur habere ad dominos temporales alterius est rationis, sicut et temporalibus dominis famulari differt a famulatu divino.

009 ST3 qu82 ar3

ag1 ‘ Ad tertium sic proceditur. videtur quod contemplatio, seu meditatio, non sit devotionis causa. nulla enim causa impedit suum effectum. sed subtiles meditationes intelligibilium multoties devotionem impediunt. ergo contemplatio, seu meditatio, non est devotionis causa.
ag2 ‘ Praeterea, si contemplatio esset propria et per se devotionis causa, oporteret quod ea quae sunt altioris contemplationis magis devotionem excitarent. huius autem contrarium apparet, frequenter enim maior devotio excitatur ex consideratione passionis christi, et aliis mysteriis humanitatis ipsius, quam ex consideratione divinae magnitudinis. ergo contemplatio non est propria devotionis causa.
ag3 ‘ Praeterea, si contemplatio esset propria causa devotionis, oporteret quod illi qui sunt magis apti ad contemplationem essent etiam magis apti ad devotionem. huius autem contrarium videmus, quia devotio frequenter magis invenitur in quibusdam simplicibus viris et in femineo sexu, in quibus invenitur contemplationis defectus. ergo contemplatio non est propria causa devotionis.
sc ‘ Sed contra est quod * in psalm. dicitur, ° in meditatione mea exardescet ignis. ‘ sed ignis spiritualis causat devotionem. ergo meditatio est devotionis causa.
co ‘ Respondeo dicendum quod causa devotionis extrinseca et principalis deus est; * de quo dicit ambrosius, super luc., quod ° deus quos dignatur vocat, et quem vult religiosum facit, et si voluisset, samaritanos ex indevotis devotos fecisset. ‘ causa autem intrinseca ex parte nostra, oportet quod sit meditatio seu contemplatio. * dictum est enim quod ‘ devotio est quidam voluntatis actus ad hoc quod homo prompte se tradat ad divinum obsequium. omnis autem actus voluntatis ex aliqua consideratione procedit, eo quod bonum intellectum est obiectum voluntatis, * unde et augustinus dicit, in libro de trin., quod “ voluntas oritur ex intelligentia. ‘ et ideo necesse est quod meditatio sit devotionis causa, inquantum scilicet per meditationem homo concipit quod se tradat divino obsequio ad quod quidem inducit duplex consideratio. una quidem quae est ex parte divinae boni-

tatis et beneficiorum ipsius, * secundum illud psalm., ° mihi adhaerere deo bonum est, ponere in domino deo spem meam. ' et haec consideratio excitat dilectionem, quae est proxima devotionis causa. alia vero est ex parte hominis considerantis suos defectus, ex quibus indiget ut deo innitatur, |25| * secundum illud psalm., ° levavi oculos meos in montes, unde veniet auxilium mihi. auxilium meum a domino, qui fecit caelum et terram. ' et haec consideratio excludit praesumptionem, per quam aliquis impeditur ne deo se subiiciat, dum suae virtuti innititur.
ra1 ' Ad primum ergo dicendum quod consideratio eorum quae nata sunt dilectionem dei excitare, devotionem causant. consideratio vero quorumcumque ad hoc non pertinentium, sed ab his mentem distrahentium, impedit devotionem.
ra2 ' Ad secundum dicendum quod ea quae sunt divinitatis sunt secundum se maxime excitantia dilectionem, et per consequens devotionem, quia deus est super omnia diligendus. sed ex debilitate mentis humanae est quod sicut indiget manuduci ad cognitionem divinorum, ita ad dilectionem, per aliqua sensibilia nobis nota. inter quae praecipuum est humanitas christi, * secundum quod in praefatione dicitur, ° ut dum visibiliter deum cognoscimus, per hunc in invisibilium amorem rapiamur. ' et ideo ea quae pertinent ad christi humanitatem, per modum cuiusdam manuductionis, maxime devotionem excitant, cum tamen devotio principaliter circa ea quae sunt divinitatis consistat.
ra3 ' Ad tertium dicendum quod scientia, et quidquid aliud ad magnitudinem pertinet, occasio est quod homo confidat de seipso, et ideo non totaliter se deo tradat. et inde est quod huiusmodi quandoque occasionaliter devotionem impediunt, et in simplicibus et mulieribus devotio abundat, elationem comprimendo. si tamen scientiam, et quamcumque aliam perfectionem, homo perfecte deo subdat, ex hoc ipso devotio augetur.

009 ST3 qu82 ar4

ag1 ' Ad quartum sic proceditur. videtur quod laetitia non sit devotionis effectus. quia, * ut dictum est, ' passio christi praecipue ad devotionem excitat. sed ex eius consideratione consequitur in anima quaedam afflictio, * secundum illud thren. iii, ° recordare paupertatis meae, absinthii et fellis, ' quod pertinet ad passionem; * et subditur, ° memoria memor ero, et tabescet in me anima mea. ' ergo delectatio, sive gaudium, non est devotionis effectus.
ag2 ' Praeterea, devotio praecipue consistit in interiori sacrificio spiritus. * sed in psalm. dicitur, ° sacrificium deo spiritus contribulatus. ' ergo afflictio magis est devotionis effectus quam iucunditas sive gaudium.
ag3 * Praeterea, gregorius nyssenus dicit, in libro de homine, quod ° sicut risus procedit ex gaudio, ita lacrimae et gemitus sunt signa tristitiae. ' sed ex devotione contingit quod aliqui prorumpant in lacrimas. ergo laetitia, vel gaudium, non est devotionis effectus.
sc * Sed contra est quod in collecta dicitur, ° quos ieiunia votiva castigant, ipsa quoque devotio sancta laetificet.
co ' Respondeo dicendum quod devotio per se quidem et principaliter spiritualem laetitiam mentis causat, ex consequenti autem et per accidens causat tristitiam. * dictum est enim quod ' devotio ex duplici consideratione procedit. principaliter quidem ex consideratione divinae bonitatis, quia ista consideratio pertinet quasi ad terminum motus voluntatis tradentis se deo. et ex ista consideratione per se quidem sequitur delectatio, * secundum illud psalm., ° memor fui dei, et delectatus sum, ' sed per accidens haec consideratio tristitiam quandam causat in his qui nondum plene deo fruuntur, * secundum illud psalm., ° sitivit anima mea ad deum vivum, * et postea sequitur, ° fuerunt mihi lacrimae meae etc.. ' secundario vero causatur devotio, * ut dictum est, ' ex consideratione propriorum defectuum, nam haec consideratio pertinet ad terminum a quo homo per motum voluntatis devotae recedit, ut scilicet non in se existat, sed deo se subdat. haec autem consideratio e converso se habet ad primam. nam per se quidem nata est |25| tristitiam causare, recogitando proprios defectus, per accidens autem laetitiam, scilicet propter spem divinae subventionis. et sic patet quod ad devotionem primo et per se consequitur delectatio, secundario autem et per accidens " tristitia quae est secundum deum.
ra1 ' Ad primum ergo dicendum quod in consideratione passionis christi est aliquid quod contristet, scilicet defectus humanus, propter quem tollendum christum pati oportuit, et est aliquid quod laetificet, scilicet dei erga nos benignitas, quae nobis de tali liberatione providit.
ra2 ' Ad secundum dicendum quod spiritus qui ex una parte contribulatur propter praesentis vitae defectus, ex alia parte condelectatur ex consideratione divinae bonitatis et ex spe divini auxilii.
ra3 ' Ad tertium dicendum quod lacrimae prorumpunt non solum ex tristitia, sed etiam ex quadam affectus teneritudine, praecipue cum consideratur aliquid delectabile cum permixtione alicuius tristabilis; sicut solent homines lacrimari ex pietatis affectu cum recuperant filios vel caros amicos quos aestimaverant se perdidisse. et per hunc modum lacrimae ex devotione procedunt.

009 ST3 qu83 ar

pr ' Deinde considerandum est de oratione. et circa hoc quaeruntur decem et septem. primo, utrum oratio sit actus appetitivae virtutis vel cognitivae. secundo, utrum conveniens sit orare. tertio, utrum oratio sit actus religionis. quarto, utrum solus deus sit orandus. quinto, utrum in oratione sit aliquid determinate petendum. sexto, utrum orando debeamus temporalia petere. septimo, utrum pro aliis orare debeamus. octavo, utrum debeamus orare pro inimicis. nono, de septem petitionibus orationis dominicae. decimo, utrum orare sit proprium rationalis creaturae. undecimo, utrum sancti in patria orent pro nobis. duodecimo, utrum, oratio debeat esse vocalis. tertiodecimo, utrum attentio requiratur ad orationem. quartodecimo, utrum oratio debeat esse diuturna. quintodecimo, utrum oratio sit efficax ad impetrandum quod petitur. sextodecimo, utrum sit meritoria. septimodecimo, de speciebus orationis.

009 ST3 qu83 ar1

ag1 ' Ad primum sic proceditur. videtur quod oratio sit actus appetitivae virtutis. orationis enim est exaudiri. sed desiderium est quod exauditur a deo, * secundum illud psalm., ° desiderium pauperum exaudivit dominus. ' ergo oratio est desiderium. sed desiderium est actus appetitivae virtutis. ergo et oratio.
ag2 * Praeterea, dionysius dicit, in iii cap. de div. nom., ° ante omnia ab oratione incipere est utile, sicut deo nosipsos tradentes et unientes. ' sed unio ad deum per amorem fit, qui pertinet ad vim appetitivam. ergo oratio ad vim appetitivam pertinet.
ag3 * Praeterea, philosophus, in iii de anima, ponit " duas operationes intellectivae partis, quarum prima est indivisibilium intelligentia, per quam scilicet apprehendimus de unoquoque quid est; secunda vero est compositio et divisio, per quam scilicet apprehenditur aliquid esse vel non esse. ' quibus tertia additur ratiocinari, procedendo scilicet de notis ad ignota. sed oratio ad nullam istarum operationum reducitur. ergo non est actus intellectivae virtutis, sed appetitivae.
sc ' Sed contra est quod * isidorus dicit, in libro etymol., quod " orare idem est quod dicere. ' sed dictio pertinet ad intellectum. ergo oratio non est actus appetitivae virtutis, sed intellectivae.
co ' Respondeo dicendum quod, * secundum cassiodorum, " oratio dicitur quasi oris ratio. ' ratio autem speculativa et practica in hoc differunt quod ratio speculativa est apprehensiva solum rerum; ratio vero practica est non solum apprehensiva, sed etiam causativa. est autem aliquid alterius causa dupliciter. uno quidem modo, perfecte, necessitatem inducendo, et hoc contingit quando effectus totaliter subditur potestati causae. alio vero modo, imperfecte, solum disponendo, quando scilicet effectus non subditur totaliter potestati causae. sic igitur et ratio dupliciter est causa aliquorum. uno quidem modo, sicut necessitatem imponens, et hoc modo ad rationem pertinet imperare non solum inferioribus potentiis et membris corporis, sed etiam hominibus subiectis, quod quidem fit imperando. alio modo, sicut inducens et quodammodo disponens, et hoc modo ratio petit aliquid fieri ab his qui ei non subiiciuntur, sive sint aequales sive sint superiores. utrumque autem horum, scilicet imperare et petere sive deprecari, ordinationem quandam important, prout scilicet homo disponit aliquid per aliud esse faciendum. unde pertinent ad rationem, cuius est ordinare, propter quod * philosophus dicit, in i ethic., quod " ad optima deprecatur ratio. ' sic autem nunc loquimur de oratione, |25| prout significat quandam deprecationem vel petitionem, * secundum quod augustinus dicit, in libro de verb. dom., quod " oratio petitio quaedam est; * et damascenus dicit, in iii libro, quod " oratio est petitio decentium a deo. ' sic ergo patet quod oratio de qua nunc loquimur, est rationis actus.
ra1 " Ad primum ergo dicendum quod desiderium pauperum dicitur dominus exaudire, vel quia desiderium est causa petendi, cum petitio sit quodammodo desiderii interpres. vel hoc dicitur ad ostendendum exauditionis velocitatem, quia scilicet dum adhuc aliquid in desiderio pauperum est, deus exaudit, antequam orationem proponant; * secundum illud isaiae lxv, ° eritque, antequam clament, ego exaudiam.
ra2 * Ad secundum dicendum quod, sicut supra dictum est, ' voluntas movet rationem ad suum finem. unde nihil prohibet, movente voluntate, actum rationis tendere in finem caritatis, qui est deo uniri. tendit autem oratio in deum quasi a voluntate caritatis mota, dupliciter. uno quidem modo, ex parte eius quod petitur, quia hoc praecipue est in oratione petendum, ut deo uniamur; * secundum illud psalm., ° unam petii a domino, hanc requiram, ut inhabitem in domo domini omnibus diebus vitae meae. ' alio modo, ex parte ipsius petentis, quem oportet accedere ad eum a quo petit, vel loco, sicut ad hominem, vel mente, sicut ad deum. * unde dicit ibidem quod ° quando orationibus invocamus deum, revelata mente adsumus ipsi. * et secundum hoc etiam damascenus dicit quod ° oratio est ascensus intellectus in deum.
ra3 ' Ad tertium dicendum quod illi tres actus pertinent ad rationem speculativam. sed ulterius ad rationem practicam pertinet causare aliquid per modum imperii vel per modum petitionis, * ut dictum est.

009 ST3 qu83 ar2

ag1 ' Ad secundum sic proceditur. videtur quod non sit conveniens orare. oratio enim videtur esse necessaria ad hoc quod intimemus ei a quo petimus id quo indigemus. * sed, sicut dicitur matth. vi, ° scit pater vester quia his indigetis. ' ergo non est conveniens deum orare.
ag2 ' Praeterea, per orationem flectitur animus eius qui oratur ut faciat quod ab eo petitur. sed animus dei est immutabilis et inflexibilis, * secundum illud i reg. xv, ° porro triumphator in israel non parcet, nec poenitudine flectetur. ' ergo non est conveniens quod deum oremus.
ag3 ' Praeterea, liberalius est dare aliquid non petenti quam dare petenti, quia, * sicut seneca dicit, ° nulla res carius emitur quam quae precibus empta est. ' sed deus est liberalissimus. ergo non videtur esse conveniens quod deum oremus.
sc * Sed contra est quod dicitur luc. xviii, ° oportet orare, et non deficere.
co ' Respondeo dicendum quod * triplex fuit circa orationem antiquorum error. quidam enim posuerunt quod " res humanae non reguntur divina providentia. ex quo sequitur quod vanum sit orare, et omnino deum colere. * et de his dicitur malach. iii, ° dixistis, vanus est qui servit deo. * secunda fuit opinio ponentium " omnia, etiam in rebus humanis, ex necessitate contingere, sive ex immutabilitate divinae providentiae, sive ex necessitate stellarum, sive ex connexione causarum. et secundum hos etiam excluditur orationis utilitas. * tertia fuit opinio ponentium quidem " res humanas divina providentia regi, et quod res humanae non proveniunt ex necessitate, sed dicebant similiter dispositionem divinae providentiae variabilem esse, et quod orationibus et aliis quae ad divinum cultum pertinent dispositio divinae providentiae immutatur. * haec autem omnia in primo libro improbata sunt. ' et ideo oportet sic inducere orationis utilitatem ut neque rebus humanis, divinae providentiae subiectis, necessitatem imponamus; neque etiam divinam dispositionem mutabilem |25| aestimemus. ad huius ergo evidentiam, considerandum est quod ex divina providentia non solum disponitur qui effectus fiant, sed etiam ex quibus causis et quo ordine proveniant. inter alias autem causas sunt etiam quorundam causae actus humani. unde oportet homines agere aliqua, non ut per suos actus divinam dispositionem immutent, sed ut per actus suos impleant quosdam effectus secundum ordinem a deo dispositum. et idem etiam est in naturalibus causis. et simile est etiam de oratione. non enim propter hoc oramus ut divinam dispositionem immutemus, sed ut id impetremus quod deus disposuit per orationes sanctorum esse implendum; ° ut scilicet homines postulando mereantur accipere quod eis omnipotens deus ante saecula disposuit donare, * ut gregorius dicit, in libro dialogorum.
ra1 ' Ad primum ergo dicendum quod non est necessarium nos deo preces porrigere ut ei nostras indigentias vel desideria manifestemus, sed ut nosipsi consideremus in his ad divinum auxilium esse recurrendum.
ra2 * Ad secundum dicendum quod, sicut dictum est, ' oratio nostra non ordinatur ad immutationem divinae dispositionis, sed ut obtineatur nostris precibus quod deus disposuit.
ra3 ' Ad tertium dicendum quod deus multa nobis praestat ex sua liberalitate etiam non petita. sed quod aliqua vult praestare nobis petentibus, hoc est propter nostram utilitatem, ut scilicet fiduciam quandam accipiamus recurrendi ad deum, et ut recognoscamus eum esse bonorum nostrorum auctorem. * unde chrysostomus dicit, ° considera quanta est tibi concessa felicitas, quanta gloria attributa, orationibus fabulari cum deo, cum christo miscere colloquia, optare quod velis, quod desideras postulare.

009 ST3 qu83 ar3

ag1 ' Ad tertium sic proceditur. videtur quod oratio non sit actus religionis. religio enim, cum sit pars iustitiae, est in voluntate sicut in subiecto. sed oratio pertinet ad partem intellectivam, * ut ex supradictis patet. ' ergo oratio non videtur esse actus religionis, sed doni intellectus, per quod mens ascendit in deum.
ag2 ' Praeterea, actus latriae cadit sub necessitate praecepti. sed oratio non videtur cadere sub necessitate praecepti, sed ex mera voluntate procedere, cum nihil aliud sit quam volitorum petitio. ergo oratio non videtur esse religionis actus.
ag3 ' Praeterea, ad religionem pertinere videtur ut quis ° divinae naturae cultum caeremoniamque afferat. ' sed oratio non videtur aliquid deo afferre, sed magis aliquid obtinendum ab eo petere. ergo oratio non est religionis actus.
sc * Sed contra est quod dicitur in psalm., ° dirigatur oratio mea sicut incensum in conspectu tuo, * ubi dicit glossa quod ° in huius figuram, in veteri lege in-

censum dicebatur offerri in odorem suavem domino. ' sed hoc pertinet ad religionem. ergo oratio est religionis actus.
co * Respondeo dicendum quod, sicut supra dictum est, ' ad religionem proprie pertinet reverentiam et honorem deo exhibere. et ideo omnia illa per quae deo reverentia exhibetur pertinent ad religionem. per orationem autem homo deo reverentiam exhibet, inquantum scilicet se ei subiicit, et profitetur orando se eo indigere sicut auctore suorum bonorum. unde manifestum est quod oratio est proprie religionis actus.
ra1 ' Ad primum ergo dicendum quod voluntas movet alias potentias animae in suum finem, * sicut supra dictum est. ' et ideo religio, quae est in voluntate, ordinat actus aliarum potentiarum ad dei reverentiam. inter alias autem potentias animae, intellectus altior est et voluntati propinquior. et ideo post devotionem, quae pertinet ad ipsam voluntatem, oratio, quae pertinet ad partem intellectivam, est praecipua inter actus religionis, per quam religio intellectum hominis movet in deum.
ra2 ' Ad secundum dicendum quod non solum petere quae desideramus, sed etiam recte aliquid desiderare sub praecepto cadit. sed desiderare quidem cadit sub praecepto caritatis, petere autem sub praecepto religionis. * quod quidem praeceptum ponitur matth. vii, ubi dicitur, ° petite, et accipietis.
ra3 ' Ad tertium dicendum quod orando tradit homo mentem suam deo, quam ei per reverentiam subiicit et quodammodo praesentat, * ut patet ex auctoritate dionysii prius inducta. ' et ideo sicut mens humana praeeminet exterioribus vel corporalibus membris, vel exterioribus rebus quae ad dei servitium applicantur, ita etiam oratio praeeminet aliis actibus religionis.

009 ST3 qu83 ar4

ag1 ' Ad quartum sic proceditur. videtur quod solus deus debeat orari. oratio enim est actus religionis, * ut dictum est. ' sed solus deus est religione colendus. ergo solus deus est orandus.
ag2 ' Praeterea, frustra porrigitur oratio ad eum qui orationem non cognoscit. sed solius dei est orationem cognoscere. tum quia plerumque oratio magis agitur interiori actu, quem solus deus cognoscit, quam voce, * secundum illud quod apostolus dicit, i ad cor. xiv, " orabo spiritu, orabo et mente. tum etiam quia, * ut augustinus dicit, in libro de cura pro mortuis agenda, ° nesciunt mortui, etiam sancti, quid agant vivi, etiam eorum filii. ' ergo oratio non est nisi deo porrigenda.
ag3 ' Praeterea, si aliquibus sanctis orationem porrigimus, hoc non est nisi inquantum sunt deo coniuncti. sed quidam in hoc mundo viventes, vel etiam in purgatorio existentes, sunt multum deo coniuncti per gratiam. ad eos autem non porrigitur oratio. ergo nec ad sanctos qui sunt in paradiso debemus orationem porrigere.
sc * Sed contra est quod dicitur iob v, ° voca, si est qui tibi respondeat, et ad aliquem sanctorum convertere.
co ' Respondeo dicendum quod oratio porrigitur alicui dupliciter, uno modo, quasi per ipsum implenda; alio modo, sicut per ipsum impetranda. primo quidem modo soli deo orationem porrigimus, quia omnes orationes nostrae ordinari debent ad gratiam et gloriam consequendam, quae solus deus dat, * secundum illud psalm., ° gratiam et gloriam dabit dominus. ' sed secundo modo orationem porrigimus sanctis angelis et hominibus, non ut per eos deus nostras petitiones cognoscat, sed ut eorum precibus et meritis orationes nostrae sortiantur effectum. * et ideo dicitur apoc. viii quod ° ascendit fumus aromatum, idest orationes sanctorum, de manu angeli coram domino. * et hoc etiam patet ex ipso modo quo ecclesia utitur in orando. " nam a sancta trinitate petimus ut nostri misereatur, ab aliis autem sanctis quibuscumque petimus ut orent pro nobis.
ra1 ' Ad primum ergo dicendum quod illi soli impendimus orando religionis cultum a quo quaerimus obtinere quod oramus, quia in hoc protestamur eum bonorum nostrorum auctorem, non autem eis quos requirimus quasi interpellatores nostros apud deum.
ra2 ' Ad secundum dicendum quod mortui ea quae in hoc mundo aguntur, considerata eorum naturali conditione, non cognoscunt, et praecipue interiores motus cordis. " sed beatis, * ut gregorius dicit, in xii moral., " in verbo manifestatur illud quod decet eos cognoscere de eis quae circa nos aguntur, etiam quantum ad interiores motus cordis. ' maxime autem eorum excellentiam decet ut cognoscant petitiones ad eos factas vel voce vel corde. et ideo petitiones quas ad eos dirigimus, deo manifestante, cognoscunt.
ra3 ' Ad tertium dicendum quod illi qui sunt in hoc mundo aut in purgatorio, nondum fruuntur visione verbi, ut possint cognoscere ea quae nos cogitamus vel dicimus. et ideo eorum suffragia non imploramus orando, sed a vivis petimus colloquendo.

009 ST3 qu83 ar5

ag1 ' Ad quintum sic proceditur. videtur quod in oratione nihil determinate a deo petere debeamus. quia, * ut damascenus dicit, ° oratio est petitio decentium a deo. ' unde inefficax est oratio per quam petitur id quod non expedit, * secundum illud iac. iv, ° petitis et non accipitis, eo quod male petatis. * sed sicut dicitur rom. viii. ° nam quid oremus sicut oportet, nescimus. ' ergo non debemus aliquid orando determinate petere.
ag2 ' Praeterea, quicumque aliquid determinate ab alio petit, nititur voluntatem ipsius inclinare ad faciendum id quod ipse vult. " non autem ad hoc tendere debemus ut deus velit quod nos volumus, sed magis ut nos velimus quod deus vult, * ut dicit glossa, super illud psalm., ° exultate, iusti, in domino. ' ergo non debemus aliquid determinatum a deo petere.
ag3 ' Praeterea, mala a deo petenda non sunt, ad bona autem deus ipse nos invitat. frustra autem ab aliquo petitur ad quod accipiendum invitatur. ergo non est determinate aliquid a deo in oratione petendum.
sc ' Sed contra est quod dominus, * matth. vi et luc. xi, ' docuit discipulos determinate petere ea quae continentur in petitionibus orationis dominicae.
co * Respondeo dicendum quod, sicut maximus valerius refert, ° socrates nihil ultra petendum a diis immortalibus arbitrabatur quam ut bona tribuerent, quia hi demum scirent quid unicuique esset utile; nos autem plerumque id votis expetere quod non impetrasse melius foret. ' quae quidem sententia aliqualiter vera est, quantum ad illa quae possunt malum eventum habere, quibus etiam homo potest male et bene uti, sicut divitiae, quae, * ut ibidem dicitur, ° multis exitio fuere; honores, qui complures pessumdederunt; regna, quorum exitus saepe miserabiles cernuntur; splendida coniugia, quae nonnunquam funditus domos evertunt. ' sunt tamen quaedam bona quibus homo male uti non potest, quae scilicet malum eventum habere non possunt. haec autem sunt quibus beatificamur et quibus beatitudinem meremur. quae quidem sancti orando absolute petunt, * secundum illud, ° ostende faciem tuam, et salvi erimus; * et iterum, ° deduc me in semitam mandatorum tuorum.
ra1 ' Ad primum ergo dicendum quod licet homo ex se scire non possit quid orare debeat, " spiritus tamen, * ut ibidem dicitur, " in hoc adiuvat infirmitatem nostram quod, ' inspirando nobis sancta desideria, recte postulare nos facit. * unde dominus dicit, ioan. iv, quod ° veros adoratores adorare oportet in spiritu et veritate.
ra2 ' Ad secundum dicendum quod cum orando petimus aliqua quae pertinent ad nostram salutem, conformamus voluntatem nostram voluntati dei, * de quo dicitur, i ad tim. ii, quod ° vult omnes homines salvos fieri.
ra3 ' Ad tertium dicendum quod sic ad bona deus nos invitat quod ad ea non passibus corporis, sed piis desideriis et devotis orationibus accedamus.

009 ST3 qu83 ar6

ag1 ' Ad sextum sic proceditur. videtur quod homo non debeat temporalia petere a deo orando. quae enim orando petimus, quaerimus. sed temporalia non debemus quaerere, * dicitur enim matth. vi, " primum quaerite regnum dei et iustitiam eius, et haec omnia adiicientur vobis, scilicet temporalia; ' quae non quaerenda dicit, sed adiicienda quaesitis. ergo temporalia non sunt in oratione a deo petenda.
ag2 ' Praeterea, nullus petit nisi ea de quibus est sollicitus. sed de temporalibus sollicitudinem habere non debemus, * secundum quod dicitur matth. vi, ° nolite solliciti esse animae vestrae, quid manducetis. ' ergo temporalia petere orando non debemus.
ag3 ' Praeterea, per orationem nostram mens debet elevari in deum. sed petendo temporalia descendit ad ea quae infra se sunt, * contra id quod apostolus dicebat, ii ad cor. iv, ° non contemplantibus nobis quae videntur, sed quae non videntur, quae enim videntur, temporalia sunt; quae autem non videntur, aeterna. ' ergo non debet homo temporalia in oratione a deo petere.
ag4 ' Praeterea, homo non debet petere a deo nisi bona et utilia. sed quandoque temporalia habita sunt nociva, non solum spiritualiter, sed etiam temporaliter. ergo non sunt a deo in oratione petenda.
sc ' Sed contra est quod * dicitur prov. xxx, ° tribue tantum victui meo necessaria.
co ' Respondeo dicendum quod, * sicut augustinus dicit, ad probam, de orando deum, ° hoc licet orare quod licet desiderare. ' temporalia autem licet desiderare, non quidem principaliter, ut in eis finem constituamus; sed sicut quaedam adminicula quibus adiuvamur ad tendendum in beatitudinem, inquantum scilicet per ea vita corporalis sustentatur, et inquantum nobis organice deserviunt ad actus virtutum, * ut etiam philosophus dicit, in i ethic.. ' et ideo pro temporalibus licet orare. * et hoc est quod augustinus dicit, ad probam, ° sufficientiam vitae non indecenter vult quisquis eam vult et non amplius. quae quidem non appetitur propter seipsam, sed propter salutem corporis et congruentem habitum personae hominis, ut non sit inconveniens eis cum quibus vivendum est. ista ergo, cum habentur, ut teneantur; cum non habentur, ut habeantur, orandum est.
ra1 ' Ad primum ergo dicendum quod temporalia non sunt quaerenda principaliter, sed secundario. * unde augustinus dicit, in libro de serm. dom. in monte, " cum dixit, illud primo quaerendum est, scilicet regnum dei, significavit quia hoc, scilicet temporale bonum, ° posterius quaerendum est, non tempore, sed dignitate, illud tanquam bonum nostrum, hoc tanquam necessarium nostrum.
ra2 ' Ad secundum dicendum quod non quaelibet sollicitudo rerum temporalium est prohibita, sed superflua et inordinata, * ut supra habitum est.
ra3 ' Ad tertium dicendum quod quando mens nostra intendit temporalibus rebus ut in eis quiescat, remanet in eis depressa. sed quando intendit eis in ordine ad beatitudinem consequendam, non ab eis deprimitur, sed magis ea elevat sursum.
ra4 ' Ad quartum dicendum quod ex quo non petimus temporalia tanquam principaliter quaesita, sed in ordine ad aliud, eo tenore a deo petimus ipsa ut nobis concedantur secundum quod expediunt ad salutem.

009 ST3 qu83 ar7

ag1 ' Ad septimum sic proceditur. videtur quod non debeamus pro aliis orare. in orando enim sequi debemus formam quam dominus tradidit. sed in oratione dominica petitiones pro nobis facimus, non pro aliis, dicentes, " panem nostrum quotidianum da nobis hodie, et cetera huiusmodi. ' ergo non debemus pro aliis orare.
ag2 ' Praeterea, ad hoc oratio fit quod exaudiatur. sed una de conditionibus quae requiruntur ad hoc quod oratio sit audibilis, est ut aliquis oret pro seipso, * unde super illud ioan. xvi, ° si quid petieritis patrem in nomine meo, dabit vobis, * augustinus dicit, ° exaudiuntur omnes pro seipsis, non autem pro omnibus. unde non utcumque dictum est, dabit, sed, dabit vobis. ' ergo videtur quod non debeamus pro aliis orare, sed solum pro nobis.
ag3 ' Praeterea, pro aliis, si sunt mali, prohibemur orare, * secundum illud ierem. vii, ° tu ergo noli orare pro populo hoc, et non obsistas mihi, quia non exaudiam te. ' pro bonis autem non oportet orare, quia ipsi pro seipsis orantes exaudiuntur. ergo videtur quod non debeamus pro aliis orare.
sc ' Sed contra est quod * dicitur iac. v, ° orate pro invicem, ut salvemini.
co * Respondeo dicendum quod, sicut dictum est, ' illud debemus orando petere quod debemus desiderare. desiderare autem debemus bona non solum nobis, sed etiam aliis, hoc enim pertinet ad rationem dilectionis, quam proximis debemus impendere, * ut ex supradictis patet. ' et ideo caritas hoc requirit, ut pro aliis oremus. * unde chrysostomus dicit, super matth., ° pro se orare necessitas cogit, pro altero autem, caritas fraternitatis hortatur. dulcior autem ante deum est oratio, non quam necessitas transmittit, sed quam caritas fraternitatis commendat.
ra1 ' Ad primum ergo dicendum quod, * sicut cyprianus dicit, in libro de orat. dominica, ° ideo non dicimus, pater meus, sed noster; nec, da mihi, sed, da nobis, quia unitatis magister noluit privatim precem fieri, ut scilicet quis pro se tantum precetur. unum enim orare pro omnibus voluit, quo modo in uno omnes ipse portavit.
ra2 ' Ad secundum dicendum quod pro se orare ponitur conditio orationis, non quidem necessaria ad effectum merendi, sed sicut necessaria ad indeficientiam impetrandi. contingit enim quandoque quod oratio pro alio facta non impetrat, etiam si fiat pie et perseveranter et de pertinentibus ad salutem, propter impedimentum quod est ex parte eius pro quo oratur, * secundum illud ierem. xv, ° si steterit moyses et samuel coram me, non est anima mea ad populum istum. ' nihilominus tamen oratio meritoria erit oranti, qui ex caritate orat, * secundum illud psalm., ° oratio mea in sinu meo convertetur, * glossa, idest, ° etsi non eis profuit, ego tamen non sum frustratus mea mercede.
ra3 ' Ad tertium dicendum quod etiam pro peccatoribus orandum est, ut convertantur, et pro iustis, ut perseverent et proficiant. orantes tamen non pro omnibus peccatoribus exaudiuntur, sed pro quibusdam, exaudiuntur enim pro praedestinatis, non autem pro praescitis ad mortem. sicut etiam correctio qua fratres corrigimus, effectum habet in praedestinatis, non in reprobatis, * secundum illud eccle. vii, ° nemo potest corrigere quem deus despexerit. * et ideo dicitur i ioan. v, ° qui scit fratrem suum peccare peccato non ad mortem, petat, et dabitur ei vita peccanti peccatum non ad mortem. ' sed sicut nulli, quandiu hic vivit, subtrahendum est correctionis beneficium, " quia non possumus distinguere praedestinatos a reprobatis, * ut augustinus dicit, in libro de corr. et gratia; ' ita etiam nulli est denegandum orationis suffragium. pro iustis etiam est orandum, triplici ratione. primo quidem, quia multorum preces facilius exaudiuntur. * unde rom. xv, super illud, ° adiuvetis me in orationibus vestris, * dicit glossa, ° bene rogat apostolus |25| minores pro se orare. multi enim minimi, dum congregantur unanimes, fiunt magni, et multorum preces impossibile est quod non impetrent, " illud scilicet quod est impetrabile. ' secundo, ut ex multis gratia agatur deo de beneficiis quae confert iustis, quae etiam in utilitatem multorum vergunt, * ut patet per apostolum, ii ad cor. i. ' tertio, ut maiores non superbiant, dum considerant se minorum suffragiis indigere.

009 ST3 qu83 ar8

ag1 ' Ad octavum sic proceditur. videtur quod non debeamus pro inimicis orare. quia, * ut dicitur rom. xv, ° quaecumque scripta sunt, ad nostram doctrinam scripta sunt. ' sed in sacra scriptura inducuntur multae imprecationes contra inimicos, * dicitur enim in psalm., ° erubescant et conturbentur omnes inimici mei, erubescant et conturbentur valde velociter. ' ergo et nos debemus orare contra inimicos, magis quam pro eis.
ag2 ' Praeterea, vindicari de inimicis in malum inimicorum cedit. sed sancti vindictam de inimicis petunt, * secundum illud apoc. vi, ° usquequo non vindicas sanguinem nostrum de his qui habitant in terra? ' unde et de vindicta impiorum laetantur, * secundum illud psalm., ° laetabitur iustus cum viderit vindictam. ' ergo non est orandum pro inimicis, sed magis contra eos.
ag3 ' Praeterea, operatio hominis et eius oratio non debent esse contraria. sed homines quandoque licite impugnant inimicos, alioquin omnia bella essent illicita, * quod est contra supradicta. ' ergo non debemus orare pro inimicis.
sc * Sed contra est quod dicitur matth. v, ° orate pro persequentibus et calumniantibus vos.
co ' Respondeo dicendum quod orare pro alio caritatis est, * sicut dictum est. ' unde eodem modo quo tenemur diligere inimicos, tenemur pro inimicis orare. qualiter autem teneamur inimicos diligere * supra habitum est, in tractatu de caritate, ' ut scilicet in eis diligamus naturam, non culpam; et quod diligere inimicos in generali est in praecepto, in speciali autem non est in praecepto nisi secundum praeparationem animi, ut scilicet homo esset paratus etiam specialiter inimicum diligere et eum iuvare in necessitatis articulo, vel si veniam peteret; sed in speciali absolute inimicos diligere et eos iuvare perfectionis est. et similiter necessitatis est ut in communibus nostris orationibus quas pro aliis facimus, inimicos non excludamus. quod autem pro eis specialiter oremus, perfectionis est, non necessitatis, nisi in aliquo casu speciali.
ra1 ' Ad primum ergo dicendum quod imprecationes quae in sacra scriptura ponuntur quadrupliciter possunt intelligi. uno modo, secundum quod ° prophetae solent figura imprecantis futura praedicere, * ut augustinus dicit, in libro de serm. dom. in monte. ' secundo, prout quaedam temporalia mala peccatoribus quandoque a deo ad correctionem immittuntur. tertio, quia intelliguntur petere non contra ipsos homines, sed contra regnum peccati, ut scilicet correctione hominum peccatum destruatur. quarto, conformando voluntatem suam divinae iustitiae circa damnationem perseverantium in peccato.
ra2 ' Ad secundum dicendum quod, * sicut in eodem libro augustinus dicit, ° vindicta martyrum est ut evertatur regnum peccati, quo regnante tanta perpessi sunt. * vel, sicut dicitur in libro de quaest. vet. et novi test., ° postulant se vindicari non voce, sed ratione, sicut sanguis abel clamavit de terra. ' laetantur autem de vindicta non propter eam, sed propter divinam iustitiam.
ra3 ' Ad tertium dicendum quod licitum est impugnare inimicos ut compescantur a peccatis, quod cedit in bonum eorum et aliorum. et sic etiam licet orando petere aliqua temporalia mala inimicorum ut corrigantur. et sic oratio et operatio non erunt contraria.

009 ST3 qu83 ar9

ag1 ' Ad nonum sic proceditur. videtur quod inconvenienter septem petitiones orationis dominicae assignentur. vanum enim est petere illud quod semper est. sed nomen dei semper est sanctum, * secundum illud luc. i, ° sanctum nomen eius. ' regnum etiam eius est sempiternum, * secundum illud psalmo, ° regnum tuum, domine, regnum omnium saeculorum. ' voluntas etiam dei semper impletur, * secundum illud isaiae xlvi, * omnis voluntas mea fiet. " vanum ergo est petere quod nomen dei sanctificetur, quod regnum eius adveniat, et quod eius voluntas fiat.
ag2 ' Praeterea, prius est recedere a malo quam consequi bonum. inconvenienter igitur videntur praeordinari petitiones quae pertinent ad consequendum bonum, petitionibus quae pertinent ad amotionem mali.
ag3 ' Praeterea, ad hoc aliquid petitur ut donetur. sed praecipuum donum dei est spiritus sanctus, et ea quae nobis per ipsum dantur. ergo videntur inconvenienter proponi petitiones, cum non respondeant donis spiritus sancti.
ag4 ' Praeterea, secundum lucam in oratione dominica ponuntur solum quinque petitiones, * ut patet luc. xi. ' superfluum igitur fuit quod * secundum matthaeum ' septem petitiones ponuntur.
ag5 ' Praeterea, in vanum videtur captare benevolentiam eius qui benevolentia sua nos praevenit. sed deus nos sua benevolentia praevenit, quia ipse prior dilexit nos, * ut dicitur i ioan. iv. ' superflue ergo praemittitur petitionibus, ° pater noster, qui es in caelis, ' quod videtur ad benevolentiam captandam pertinere.
sc ' Sed in contrarium sufficit auctoritas christi orationem instituentis.
co ' Respondeo dicendum quod oratio dominica perfectissima est, * quia, sicut augustinus dicit, ad probam, ° si recte et congruenter oramus, nihil aliud dicere possumus quam quod in ista oratione dominica positum est. ' quia enim oratio est quodammodo desiderii nostri interpres apud deum, illa solum recte orando petimus quae recte desiderare valemus. in oratione autem dominica non solum petuntur omnia quae recte desiderare possumus, sed etiam eo ordine quo desideranda sunt, ut sic haec oratio non solum instruat postulare, sed etiam sit informativa totius nostri affectus. manifestum est autem quod primo cadit in desiderio finis; deinde ea quae sunt ad finem. finis autem noster deus est. in quem noster affectus tendit dupliciter, uno quidem modo, prout volumus gloriam dei; alio modo, secundum quod volumus frui gloria eius. quorum primum pertinet ad dilectionem qua deum in seipso diligimus, secundum vero pertinet ad dilectionem qua diligimus nos in deo. et ideo " prima petitio ponitur, sanctificetur nomen tuum, ' per quam petimus gloriam dei. " secunda vero ponitur, adveniat regnum tuum, ' per quam petimus ad gloriam regni eius pervenire. ad finem autem praedictum ordinat nos aliquid dupliciter, uno modo, per se; alio modo, per accidens. per se quidem, bonum quod est utile in finem. est |25| autem aliquid utile in finem beatitudinis dupliciter. uno modo, directe et principaliter, secundum meritum quo beatitudinem meremur deo obediendo. et quantum ad hoc ponitur, ° fiat voluntas tua, sicut in caelo, et in terra. ' alio modo, instrumentaliter, et quasi coadiuvans nos ad merendum. et ad hoc pertinet quod dicitur, ° panem nostrum quotidianum da nobis hodie, ' sive hoc intelligatur de pane sacramentali, cuius quotidianus usus proficit homini, in quo etiam intelliguntur omnia alia sacramenta; sive etiam intelligatur de pane corporali, " ut per panem intelligatur omnis sufficientia victus, * sicut dicit augustinus, ad probam; ' quia et eucharistia est praecipuum sacramentum, et panis est praecipuus cibus, * unde et in evangelio matthaei scriptum est, ' supersubstantialem, idest praecipuum, * ut hieronymus exponit. ' per accidens autem ordinamur in beatitudinem per remotionem prohibentis. tria autem sunt quae nos a beatitudine prohibent. primo quidem, peccatum, quod directe excludit a regno, * secundum illud i ad cor. vi, ° neque fornicarii, neque idolis servientes, etc., regnum dei possidebunt. |50| ' et ad hoc pertinet quod dicitur, " dimitte nobis debita nostra. ' secundo, tentatio, quae nos impedit ab observantia divinae voluntatis. et ad hoc pertinet quod dicitur, " et ne nos inducas in tentationem, ' per quod non petimus ut non tentemur, sed ut a tentatione non vincamur, quod est in tentationem induci. tertio, poenalitas praesens, quae impedit sufficientiam vitae. et quantum ad hoc dicitur, " libera nos a malo.
ra1 ' Ad primum ergo dicendum quod, * sicut augustinus dicit, in libro de serm. dom. in monte, ' cum dicimus, " sanctificetur nomen tuum, ° non hoc petitur quasi non sit sanctum dei nomen, sed ut sanctum ab hominibus habeatur; ' quod pertinet ad dei gloriam in hominibus propagandam. quod autem dicitur, " adveniat regnum tuum, ° non ita dictum est quasi deus nunc non regnet, * sed, sicut augustinus dicit, ad probam, ° desiderium nostrum ad illud regnum excitamus, ut nobis veniat, atque in eo regnemus. ' quod autem dicitur, " fiat voluntas tua, ° recte intelligitur, obediatur praeceptis tuis. sicut in caelo et in terra, idest, sicut ab angelis, ita ab hominibus. ' unde hae tres petitiones perfecte complebuntur in vita futura, aliae vero quatuor pertinent ad necessitatem vitae praesentis, * sicut augustinus dicit, in enchiridio.
ra2 ' Ad secundum dicendum quod, cum oratio sit interpres desiderii, ordo petitionum non respondet ordini executionis, sed ordini desiderii sive intentionis, in quo prius est finis quam ea quae sunt ad finem, et consecutio boni quam remotio mali.
ra3 ' Ad tertium dicendum quod * augustinus, in libro de serm. dom. in monte, " adaptat septem petitiones donis et beatitudinibus, dicens, ° si timor dei est quo beati sunt pauperes spiritu, petamus ut sanctificetur in hominibus nomen dei timore casto. si pietas est qua beati sunt mites, petamus ut veniat regnum eius, ut mitescamus, nec ei resistamus. si scientia est qua beati sunt qui lugent, oremus ut fiat voluntas eius, quia sic non lugebimus. si fortitudo est qua beati sunt qui esuriunt, oremus ut panis noster quotidianus detur nobis. si consilium est quo beati sunt misericordes, debita dimittamus, ut nobis nostra dimittantur. si intellectus est quo beati sunt mundo corde, oremus ne habeamus duplex cor, temporalia sectando, de quibus tentationes fiunt in nobis. si sapientia est qua beati sunt pacifici quoniam filii dei vocabuntur, oremus ut liberemur a malo, ipsa enim liberatio liberos nos faciet filios dei.
ra4 * Ad quartum dicendum quod, sicut augustinus dicit, in enchirid., ° lucas in oratione dominica petitiones non septem, sed quinque complexus est. ostendens enim tertiam petitionem duarum praemissarum esse quodammodo repetitionem, praetermittendo eam facit intelligi, ' quia scilicet ad hoc praecipue voluntas dei tendit ut eius sanctitatem cognoscamus, et cum ipso regnemus. ° quod etiam matthaeus in ultimo posuit, libera nos a malo, lucas non posuit, ut sciat unusquisque in eo se liberari a malo quod non infertur in tentationem.
ra5 ' Ad quintum dicendum quod oratio non porrigitur deo ut ipsum flectamus, sed ut in nobis ipsis fiduciam excitemus postulandi. quae quidem praecipue excitatur in nobis considerando eius caritatem ad nos, qua bonum nostrum vult, et ideo dicimus, " pater noster; et eius excellentiam, qua potest, et ideo dicimus, qui es in caelis.

009 ST3 qu83 ar10

ag1 ' Ad decimum sic proceditur. videtur quod orare non sit proprium rationalis creaturae. eiusdem enim videtur esse petere et accipere. sed accipere convenit etiam personis increatis, scilicet filio et spiritui sancto. ergo etiam eis convenit orare, * nam et filius dicit, ioan. xiv, ° ego rogabo patrem; * et de spiritu sancto dicit apostolus, ° spiritus postulat pro nobis.
ag2 ' Praeterea, angeli sunt supra rationales creaturas, cum sint intellectuales substantiae. sed ad angelos pertinet orare, * unde in psalm. dicitur, ° adorate eum, omnes angeli eius. ' ergo orare non est proprium rationalis creaturae.
ag3 ' Praeterea, eiusdem est orare cuius est invocare deum, quod praecipue fit orando. sed brutis animalibus convenit invocare deum * secundum illud psalm., ° qui dat iumentis escam ipsorum, et pullis corvorum invocantibus eum. ' ergo orare non est proprium rationalis creaturae.
sc ' Sed contra, oratio est actus rationis, * ut supra habitum est. ' sed rationalis creatura a ratione dicitur. ergo orare est proprium rationalis creaturae.
co * Respondeo dicendum quod, sicut ex supradictis patet, ' oratio est actus rationis per quem aliquis superiorem deprecatur, sicut imperium est actus rationis quo inferior ad aliquid ordinatur. illi ergo proprie competit orare cui convenit rationem habere, et superiorem quem deprecari possit. divinis autem personis nihil est superius, bruta autem animalia non habent rationem. unde neque divinis personis neque brutis animalibus convenit orare, sed proprium est rationalis creaturae.
ra1 ' Ad primum ergo dicendum quod divinis personis convenit accipere per naturam, orare autem est accipientis per gratiam. dicitur autem filius rogare, vel orare, secundum naturam assumptam, scilicet humanam, non secundum divinam. spiritus autem sanctus dicitur postulare, quia postulantes nos facit.
ra2 ' Ad secundum dicendum quod ratio et intellectus in nobis non sunt diversae potentiae, * ut in primo habitum est, ' differunt autem secundum perfectum et imperfectum. et ideo quandoque intellectuales creaturae, quae sunt angeli, distinguuntur a rationalibus, quandoque autem sub rationalibus comprehenduntur. " et hoc modo dicitur oratio esse proprium rationalis creaturae.
ra3 " Ad tertium dicendum quod pulli corvorum dicuntur deum invocare, propter naturale desiderium quo omnia suo modo desiderant consequi bonitatem divinam. sic etiam bruta animalia dicuntur deo obedire, propter naturalem instinctum quo a deo moventur.

009 ST3 qu83 ar11

ag1 ' Ad undecimum sic proceditur. videtur quod sancti qui sunt in patria non orent pro nobis. actus enim alicuius magis est meritorius sibi quam aliis. sed sancti qui sunt in patria non merentur sibi, nec pro se orant, quia iam sunt in termino constituti. ergo etiam neque pro nobis orant.
ag2 ' Praeterea, sancti perfecte suam voluntatem deo conformant, ut non velint nisi quod deus vult. sed illud quod deus vult semper impletur. ergo frustra sancti pro nobis orarent.
ag3 ' Praeterea, sicut sancti qui sunt in patria sunt superiores nobis, ita et illi qui sunt in purgatorio, quia iam peccare non possunt. sed illi qui sunt in purgatorio non orant pro nobis, sed magis nos pro eis. ergo nec sancti qui sunt in patria pro nobis orant.
ag4 ' Praeterea, si sancti qui sunt in patria pro nobis orarent, superiorum sanctorum esset efficacior oratio. non ergo deberet implorari suffragium orationum sanctorum inferiorum, sed solum superiorum.
ag5 ' Praeterea, anima petri non est petrus. si ergo animae sanctorum pro nobis orarent quandiu sunt a corpore separatae, non deberemus interpellare sanctum petrum ad orandum pro nobis, sed animam eius. cuius contrarium ecclesia facit. non ergo sancti, ad minus ante resurrectionem, pro nobis orant.
sc * Sed contra est quod dicitur ii mach. ult., ° hic est qui multum orat pro populo et universa sancta civitate, ieremias, propheta dei.
co ' Respondeo dicendum quod, * sicut hieronymus dicit, ° vigilantii error fuit quod, dum vivimus, mutuo pro nobis orare possumus; postquam autem mortui fuerimus, nullius sit pro alio exaudienda oratio, praesertim cum martyres, ultionem sui sanguinis obsecrantes, impetrare nequiverint. ' sed hoc est omnino falsum. quia cum oratio pro aliis facta ex caritate proveniat, * ut dictum est, ' quanto sancti qui sunt in patria sunt perfectioris caritatis, tanto magis orant pro viatoribus, qui orationibus iuvari possunt, et quanto sunt deo coniunctiores, tanto eorum orationes sunt magis efficaces. habet enim hoc divinus ordo, ut ex superiorum excellentia in inferiora refundatur, sicut ex claritate solis in aerem. * unde et de christo dicitur, heb. vii, ° accedens per semetipsum ad deum ad interpellandum pro nobis. * et propter hoc

hieronymus, contra vigilantium, dicit, ° si apostoli et martyres adhuc in corpore constituti possunt orare pro ceteris, quando pro se adhuc debent esse solliciti; quanto magis post coronas, victorias et triumphos.
ra1 ‘ Ad primum ergo dicendum quod sancti qui sunt in patria, cum sint beati, nihil deest nisi gloria corporis, pro qua orant. orant autem pro nobis, quibus deest beatitudinis ultima perfectio. et eorum orationes habent efficaciam impetrandi ex praecedentibus eorum meritis, et ex divina acceptatione.
ra2 ‘ Ad secundum dicendum quod sancti impetrant illud quod deus vult fieri per orationes eorum. et hoc petunt quod aestimant eorum orationibus implendum secundum dei voluntatem.
ra3 ‘ Ad tertium dicendum quod illi qui sunt in purgatorio, etsi sint superiores nobis propter impeccabilitatem, sunt tamen inferiores quantum ad poenas quas patiuntur. et secundum hoc non sunt in statu orandi, sed magis ut oretur pro eis.
ra4 ‘ Ad quartum dicendum quod deus vult inferiora per omnia superiora iuvari. et ideo oportet non solum superiores, sed etiam inferiores sanctos implorare. alioquin esset solius dei misericordia imploranda. contingit tamen quandoque quod imploratio inferioris sancti efficacior est, vel quia devotius imploratur; vel quia deus vult eorum sanctitatem declarare.
ra5 ‘ Ad quintum dicendum quod quia sancti viventes meruerunt ut pro nobis orarent, ideo eos invocamus nominibus quibus hic vocabantur, quibus etiam nobis magis innotescunt. et iterum propter fidem resurrectionis insinuandam, * sicut legitur exod. iii, ° ego sum deus abraham, etc..

009 ST3 qu83 ar12

ag1 ‘ Ad duodecimum sic proceditur. videtur quod oratio non debeat esse vocalis. oratio enim, * sicut ex dictis patet, ‘ principaliter deo porrigitur. deus autem locutionem cordis cognoscit. frustra igitur vocalis oratio adhibetur.
ag2 ‘ Praeterea, per orationem mens hominis debet in deum ascendere, * ut dictum est. ‘ sed voces retrahunt homines ab ascensu contemplationis in deum, sicut et alia sensibilia. ergo in oratione non est vocibus utendum.
ag3 ‘ Praeterea, oratio debet offerri deo in occulto, * secundum illud matth. vi, ° tu autem cum oraveris, intra in cubiculum, et clauso ostio, ora patrem tuum in abscondito. ‘ sed per vocem oratio publicatur. ergo non debet oratio esse vocalis.
sc * Sed contra est quod dicitur in psalm., ° voce mea ad dominum clamavi, voce mea ad dominum deprecatus sum.
co ‘ Respondeo dicendum quod duplex est oratio, communis, et singularis. communis quidem oratio est quae per ministros ecclesiae in persona totius fidelis populi deo offertur. et ideo oportet quod talis oratio innotescat toti populo, pro quo profertur. quod non posset fieri nisi esset vocalis. et ideo rationabiliter institutum est ut ministri ecclesiae huiusmodi orationes etiam alta voce pronuntient, ut ad notitiam omnium possit pervenire. oratio vero singularis est quae offertur a singulari persona cuiuscumque sive pro se sive pro aliis orantis. et de huiusmodi orationis necessitate non est quod sit vocalis. adiungitur tamen vox tali orationi triplici ratione. primo quidem, ad excitandum interiorem devotionem, qua mens orantis elevetur in deum. quia per exteriora signa, sive vocum sive etiam aliquorum factorum, movetur mens hominis et secundum apprehensionem, et per consequens secundum affectionem. * unde augustinus dicit, ad probam, quod ° verbis et aliis signis ad augendum sanctum desiderium nosipsos acrius excitamus. ‘ et ideo in singulari oratione tantum est vocibus et huiusmodi signis utendum quantum proficit ad excitandum interius mentem. si vero mens per hoc distrahatur, vel qualitercumque impediatur, est a talibus cessandum. quod praecipue contingit in illis quorum mens sine huiusmodi signis est sufficienter ad devotionem parata. * unde psalmista dicebat, |25| ° tibi dixit cor meum, exquisivit te facies mea; * et de anna legitur, i reg. i, quod ‘ loquebatur in corde suo. secundo, adiungitur vocalis oratio quasi ad redditionem debiti, ut scilicet homo deo serviat secundum totum illud quod ex deo habet, idest non solum mente, sed etiam corpore. quod praecipue competit orationi secundum quod est satisfactoria. * unde dicitur osee ult., ° omnem aufer iniquitatem, et accipe bonum, et reddemus vitulos labiorum nostrorum. ‘ tertio, adiungitur vocalis oratio ex quadam redundantia ab anima in corpus ex vehementi affectione, * secundum illud psalm., ° laetatum est cor meum, et exultavit lingua mea.
ra1 ‘ Ad primum ergo dicendum quod vocalis oratio non profertur ad hoc quod aliquid ignotum deo manifestetur, sed ad hoc quod mens orantis vel aliorum excitetur in deum.
ra2 ‘ Ad secundum dicendum quod verba ad aliud pertinentia distrahunt mentem, et impediunt devotionem orantis. sed verba significantia aliquid ad devotionem pertinens excitant mentes, praecipue minus devotas.
ra3 * Ad tertium dicendum quod, sicut chrysostomus dicit, super matth., ° eo proposito dominus vetat in conventu orare ut a conventu videatur. unde orans nihil novum facere debet quod aspiciant homines, vel clamando vel pectus percutiendo vel manus expandendo. * nec tamen, ut augustinus dicit, in libro de serm. dom. in monte, ° videri ab hominibus nefas est, sed ideo haec agere ut ab hominibus videaris.

009 ST3 qu83 ar13

ag1 ‘ Ad tertiumdecimum sic proceditur. videtur quod de necessitate orationis sit quod sit attenta. * dicitur enim ioan. iv, ° spiritus est deus, et eos qui adorant eum, in spiritu et veritate adorare oportet. ‘ sed oratio non est in spiritu si non sit attenta. ergo de necessitate orationis est quod sit attenta.
ag2 ‘ Praeterea, oratio est ascensus intellectus in deum. sed quando oratio non est attenta, intellectus non ascendit in deum. ergo de necessitate orationis est quod sit attenta.
ag3 ‘ Praeterea, de necessitate orationis est quod careat omni peccato. sed non est absque peccato quod aliquis orando evagationem mentis patiatur, videtur eum deridere deum, sicut et si alicui homini loqueretur et non attenderet ad ea quae ipse proferret. * unde basilius dicit, ° est divinum auxilium implorandum non remisse, nec mente huc illuc evagante, eo quod talis non solum non impetrabit quod petit, sed et magis deum irritabit. ‘ ergo de necessitate orationis esse videtur quod sit attenta.
sc ‘ Sed contra est quod etiam sancti viri quandoque orantes evagationem mentis patiuntur, * secundum illud psalm., ° cor meum dereliquit me.
co ‘ Respondeo dicendum quod quaestio haec praecipue locum habet in oratione vocali. circa quam sciendum est quod necessarium dicitur aliquid dupliciter. uno modo, per quod melius pervenitur ad finem. et sic attentio absolute orationi necessaria est. alio modo dicitur aliquid necessarium sine quo res non potest consequi suum effectum. est autem triplex effectus orationis. primus quidem communis omnibus actibus caritate informatis, quod est mereri. et ad hunc effectum non ex necessitate requiritur quod attentio adsit orationi per totum, sed vis primae intentionis qua aliquis ad orandum accedit, reddit totam orationem meritoriam, sicut in aliis meritoriis actibus accidit. secundus autem effectus orationis est ei proprius, quod est impetrare. et ad hunc etiam effectum sufficit prima intentio, quam deus principaliter attendit. si autem prima intentio desit, oratio nec meritoria est nec impetrativa, ° illam enim orationem deus non audit cui ille qui orat non intendit, * ut gregorius dicit. ‘ tertius autem effectus orationis est quem praesentialiter efficit, scilicet quaedam spiritualis refectio mentis. et ad hoc de necessitate requiritur in oratione attentio. * unde dicitur i cor. xiv, ° si orem lingua, mens mea sine fructu est. ‘ sciendum tamen quod est triplex attentio quae orationi vocali |25| potest adhiberi. una quidem qua attenditur ad verba, ne quis in eis erret. secunda qua attenditur ad sensum verborum. tertia qua attenditur ad finem orationis, scilicet ad deum et ad rem pro qua oratur, quae quidem est maxime necessaria. et hanc etiam possunt habere idiotae. et quandoque intantum abundat haec intentio, qua mens fertur in deum, ut etiam omnium aliorum mens obliviscatur, * sicut dicit hugo de sancto victore.
ra1 ‘ Ad primum ergo dicendum quod in spiritu et veritate orat qui ex instinctu spiritus ad orandum accedit, etiam si ex aliqua infirmitate mens postmodum evagetur.
ra2 ‘ Ad secundum dicendum quod mens humana, propter infirmitatem naturae, diu in alto stare non potest, pondere enim infirmitatis humanae deprimitur anima ad inferiora. et ideo contingit quod quando mens orantis ascendit in deum per contemplationem, subito evagetur ex quadam infirmitate.
ra3 ‘ Ad tertium dicendum quod si quis ex proposito in oratione mente evagetur, hoc peccatum est, et impedit orationis fructum. * et contra hoc augustinus dicit, in regula, ° psalmis et hymnis cum oratis deum, hoc versetur in corde quod profertur in ore. ‘ evagatio vero mentis quae fit praeter propositum, orationis fructum non tollit. * unde basilius dicit, ° si vero, debilitatus a peccato, fixe nequis orare, quantumcumque potes teipsum cohibeas, et deus ignoscit, eo quod non ex negligentia, sed ex fragilitate non potes, ut oportet, assistere coram eo.

009 ST3 qu83 ar14

ag1 ‘ Ad quartumdecimum sic proceditur. videtur quod oratio non debeat esse diuturna. * dicitur enim matth. vi, ° orantes nolite multum loqui. ‘ sed oportet multum loqui diu orantem, praesertim si oratio sit vocalis. ergo non debet esse oratio diuturna.
ag2 ‘ Praeterea, oratio est explicativa desiderii. sed desiderium tanto est sanctius quanto magis ad unum restringitur, * secundum illud psalm., ° unam petii a domino, hanc requiram. ‘ ergo et oratio tanto est deo acceptior quanto est brevior.
ag3 ‘ Praeterea, illicitum videtur esse quod homo transgreditur terminos a deo praefixos, praecipue in his quae pertinent ad cultum divinum, * secundum illud exod. xix, ° contestare populum, ne forte velit transcendere propositos terminos ad videndum dominum, et pereat ex eis plurima multitudo. ‘ sed a deo praefixus est nobis terminus orandi per institutionem orationis dominicae, * ut patet matth. vi. ‘ ergo non licet ultra orationem protendere.
sc ‘ Sed contra, videtur quod continue sit orandum. quia * dominus dicit, luc. xviii, ° oportet semper orare, et non deficere. * et i ad thess. v, ° sine intermissione orate.
co ‘ Respondeo dicendum quod de oratione dupliciter loqui possumus, uno modo, secundum seipsam; alio modo, secundum causam suam. causa autem orationis est desiderium caritatis, ex quo procedere debet oratio. quod quidem in nobis debet esse continuum vel actu vel virtute, manet enim virtus huius desiderii in omnibus quae ex caritate facimus; omnia autem debemus in gloriam dei facere, * ut dicitur i ad cor. x. ‘ et secundum hoc oratio debet esse continua. * unde augustinus dicit, ad probam, ° in ipsa fide, spe et caritate continuato desiderio semper oramus. ‘ sed ipsa oratio secundum se considerata non potest esse assidua, quia oportet aliis operibus occupari. * sed, sicut augustinus ibidem dicit, ° ideo per certa intervalla horarum et temporum etiam verbis rogamus deum, ut illis rerum signis nosipsos admoneamus; quantumque in hoc desiderio profecerimus, nobis ipsis innotescamus; et ad hoc agendum nosipsos acrius excitemus. ‘ uniuscuiusque autem rei quantitas debet esse proportionata fini, sicut quantitas potionis sanitati. unde et conveniens est ut oratio tantum duret quantum est utile ad excitandum interioris desiderii fervorem. cum vero hanc mensuram excedit, ita quod sine taedio durare non possit, non est ulterius oratio protendenda. * unde augustinus dicit, ad probam, |25| ° dicuntur fratres in aegypto crebras quidem habere orationes, sed eas tamen brevissimas, et raptim quodammodo iaculatas, ne illa vigilanter erecta, quae oranti plurimum necessaria est, per productiores moras evanescat atque hebetetur intentio. ac per hoc etiam ipsi satis ostendunt hanc intentionem, sicut non esse obtundendam si perdurare non potest, ita, si perduraverit, non cito esse rumpendam. ‘ et sicut hoc est attendendum in oratione singulari per comparationem ad intentionem orantis, ita etiam in oratione communi per comparationem ad populi devotionem.
ra1 * Ad primum ergo dicendum quod, sicut augustinus dicit, ad probam, ° non est hoc orare in multiloquio, si diutius oretur. aliud est sermo multus; aliud diuturnus affectus. nam et de ipso domino scriptum est quod pernoctaverit in orando, et quod prolixius oraverit, ut nobis praeberet exemplum. * et postea subdit, ° absit ab oratione multa locutio, sed non desit multa precatio, si fervens perseverat intentio. nam multum loqui est in orando rem necessariam superfluis agere verbis. plerumque autem hoc negotium plus gemitibus quam sermonibus agitur.
ra2 ‘ Ad secundum dicendum quod prolixitas orationis non consistit in hoc quod multa petantur, sed in hoc quod affectus continuetur ad unum desiderandum.
ra3 ‘ Ad tertium dicendum quod dominus non instituit hanc orationem ut his solis verbis uti debeamus in orando, sed quia ad haec sola impetranda debet tendere nostrae orationis intentio, qualitercumque ea proferamus vel cogitemus.
ra4 ‘ Ad quartum dicendum quod aliquis continue orat, vel propter continuitatem desiderii, * ut dictum est. ‘ vel quia non intermittit quin temporibus statutis oret. vel propter effectum, sive in ipso orante, qui etiam post orationem remanet magis devotus; sive etiam in alio, puta cum aliquis suis beneficiis provocat alium ut pro se oret, etiam quando ipse ab orando quiescit.

009 ST3 qu83 ar15

ag1 ‘ Ad quintumdecimum sic proceditur. videtur quod oratio non sit meritoria. omne enim meritum procedit a gratia. sed oratio praecedit gratiam, quia etiam ipsa gratia per orationem impetratur, * secundum illud luc. xi, ° pater vester de caelo dabit spiritum bonum petentibus se. ‘ ergo oratio non est actus meritorius.
ag2 ‘ Praeterea, si oratio aliquid meretur, maxime videtur mereri illud quod orando petitur. sed hoc non semper meretur, quia multoties etiam sanctorum orationes non exaudiuntur; sicut paulus non est exauditus petens removeri a se stimulum carnis. ergo oratio non est actus meritorius.
ag3 ‘ Praeterea, oratio praecipue fidei innititur, * secundum illud iac. i, ° postulet autem in fide, nihil haesitans. ‘ fides autem non sufficit ad merendum, ut patet in his qui habent fidem informem. ergo oratio non est actus meritorius.
sc * Sed contra est quod super illud psalm., ° oratio mea in sinu meo convertetur, * dicit glossa, ° etsi eis non profuit, ego tamen non sum frustratus mea mercede. ‘ merces autem non debetur nisi merito. ergo oratio habet rationem meriti.
co * Respondeo dicendum quod, sicut dictum est, ‘ oratio, praeter effectum spiritualis consolationis quam praesentialiter affert, duplicem habet virtutem respectu futuri effectus, scilicet virtutem merendi, et virtutem impetrandi. oratio autem, sicut et quilibet alius actus virtutis, habet efficaciam merendi inquantum procedit ex radice caritatis, cuius proprium obiectum est bonum aeternum, cuius fruitionem meremur. procedit tamen oratio a caritate me-

diante religione, cuius est actus oratio * ut dictum est; ‘ concomitantibus etiam quibusdam aliis virtutibus quae ad bonitatem orationis requiruntur, scilicet humilitate et fide. ad religionem enim pertinet ipsam orationem deo offerre. ad caritatem vero pertinet desiderium rei cuius complementum oratio petit. fides autem est necessaria ex parte dei, quem oramus, ut scilicet credamus ab eo nos posse obtinere quod petimus. humilitas autem est necessaria ex parte ipsius petentis, qui suam indigentiam recognoscit. est etiam et devotio necessaria, sed haec ad religionem pertinet, cuius est primus actus, necessarius ad omnes consequentes, * ut supra dictum est. ‘ efficaciam autem impetrandi habet ex gratia dei, quem oramus, qui etiam nos ad orandum inducit. * unde augustinus dicit, in libro de verb. dom., ° non nos hortaretur ut peteremus, nisi dare vellet. |25| * et chrysostomus dicit, ° nunquam oranti beneficia denegat qui ut orantes non deficiant sua pietate instigat.

ra1 ‘ Ad primum ergo dicendum quod oratio quae est sine gratia gratum faciente meritoria non est, sicut nec aliquis alius actus virtuosus. et tamen etiam oratio quae impetrat gratiam gratum facientem procedit ex aliqua gratia, quasi ex gratuito dono, quia ipsum orare est quoddam donum dei, * ut augustinus dicit, in libro de perseverantia.

ra2 ‘ Ad secundum dicendum quod ad aliud principaliter respicit meritum orationis quandoque quam ad id quod petitur, meritum enim praecipue ordinatur ad beatitudinem; sed petitio orationis directe se extendit quandoque ad aliqua alia, * ut ex dictis patet. ‘ si ergo illud aliud quod petit aliquis pro seipso, non sit ei ad beatitudinem utile, non meretur illud, sed quandoque hoc petendo et desiderando meritum amittit, puta si petat a deo complementum alicuius peccati, quod est non pie orare. quandoque vero non est necessarium ad salutem, nec manifeste saluti contrarium. et tunc, licet orans possit orando mereri vitam aeternam, non tamen meretur illud obtinere quod petit. * unde augustinus dicit, in libro sententiarum prosperi, ° fideliter supplicans deo pro necessitatibus huius vitae, et misericorditer auditur, et misericorditer non auditur. quid enim infirmo sit utile magis novit medicus quam aegrotus. ‘ et propter hoc etiam paulus non est exauditus petens amoveri stimulum carnis, quia non expediebat. si vero id quod petitur sit utile ad beatitudinem hominis, quasi pertinens ad eius salutem, meretur illud non solum orando, sed etiam alia bona opera faciendo. et ideo indubitanter accipit quod petit, sed quando debet accipere, ° quaedam enim non negantur, sed ut congruo dentur tempore, differuntur, |25| * ut augustinus dicit, super ioan.. ‘ quod tamen potest impediri, si in petendo non perseveret. * et propter hoc dicit basilius, ° ideo quandoque petis et non accipis, quia perperam postulasti, vel infideliter vel leviter, vel non conferentia tibi, vel destitisti. ‘ quia vero homo non potest alii mereri vitam aeternam ex condigno, * ut supra dictum est; ‘ ideo per consequens nec ea quae ad vitam aeternam pertinent potest aliquando aliquis ex condigno alteri mereri. et propter hoc non semper ille auditur qui pro alio orat, * ut supra habitum est. ‘ et ideo ponuntur quatuor conditiones, quibus concurrentibus, semper aliquis impetrat quod petit, ut scilicet pro se petat, necessaria ad salutem, pie et perseveranter.

ra3 ‘ Ad tertium dicendum quod oratio innititur principaliter fidei non quantum ad efficaciam merendi, quia sic innititur principaliter caritati, sed quantum ad efficaciam impetrandi. quia per fidem habet homo notitiam omnipotentiae divinae et misericordiae, ex quibus oratio impetrat quod petit.

009 ST3 qu83 ar16

ag1 ‘ Ad sextumdecimum sic proceditur. videtur quod peccatores orando non impetrent aliquid a deo. * dicitur enim ioan. ix, ° scimus quia peccatores deus non audit. * quod consonat ei quod dicitur prov. xxviii, ° qui declinat aures suas ne audiat legem, oratio eius erit execrabilis, ‘ oratio autem execrabilis non impetrat aliquid a deo. ergo peccatores non impetrant aliquid a deo.

ag2 ‘ Praeterea, iusti impetrant a deo illud quod merentur, * ut supra habitum est. ‘ sed peccatores nihil possunt mereri, quia gratia carent, et etiam caritate, quae est virtus pietatis, * ut dicit glossa, ii ad tim. iii, super illud, ° habentes quidem speciem pietatis, virtutem autem eius abnegantes; ‘ et ita non pie orant, quod requiritur ad hoc quod oratio impetret, * ut supra dictum est. ‘ ergo peccatores nihil impetrant orando.

ag3 * Praeterea, chrysostomus dicit, super matth., ° pater non libenter exaudit orationem quam filius non dictavit. * sed in oratione quam christus dictavit dicitur, ° dimitte nobis debita nostra, sicut et nos dimittimus debitoribus nostris, ‘ quod peccatores non faciunt. ergo vel mentiuntur hoc dicentes, et sic non sunt exauditione digni, vel, si non dicant, non exaudiuntur, quia formam orandi a christo institutam non servant.

sc * Sed contra est quod augustinus dicit, super ioan., ° si peccatores non exaudiret deus, frustra publicanus dixisset, domine, propitius esto mihi peccatori. * et chrysostomus dicit, super matth., ° omnis qui petit accipit, idest, sive iustus sit sive peccator.

co ‘ Respondeo dicendum quod in peccatore duo sunt consideranda, scilicet natura, quam diligit deus; et culpa, quam odit. si ergo peccator orando aliquid petit inquantum peccator, idest secundum desiderium peccati, hoc a deo non auditur ex misericordia, sed quandoque auditur ad vindictam, dum deus permittit peccatorem adhuc amplius ruere in peccata, “ deus enim quaedam negat propitius quae concedit iratus, * ut augustinus dicit. ‘ orationem vero peccatoris ex bono naturae desiderio procedentem deus audit, non quasi ex iustitia, quia peccator hoc non meretur, sed ex pura misericordia, observatis tamen quatuor praemissis conditionibus, ut scilicet pro se petat, necessaria ad salutem, pie et perseveranter.

ra1 * Ad primum ergo dicendum quod, sicut augustinus dicit, super ioan., “ illud verbum est caeci adhuc inuncti, idest nondum perfecte illuminati. ‘ et ideo non est ratum. quamvis possit verificari si intelligatur de peccatore inquantum est peccator. per quem etiam modum oratio eius dicitur execrabilis.

ra2 ‘ Ad secundum dicendum quod peccator non potest pie orare quasi eius oratio ex habitu virtutis informetur. potest tamen eius oratio esse pia quantum ad hoc quod petit aliquid ad pietatem pertinens, sicut ille qui non habet habitum iustitiae, potest aliquid iustum velle, * ut ex supradictis patet. ‘ et quamvis eius oratio non sit meritoria, potest tamen esse impetrativa, quia meritum innititur iustitiae, sed impetratio gratiae.

ra3 * Ad tertium dicendum quod, sicut dictum est, ‘ oratio dominica profertur ex persona communi totius ecclesiae. et ideo si aliquis nolens dimittere debita proximo dicat orationem dominicam, non mentitur, quamvis hoc quod dicit non sit verum quantum ad suam personam, est enim verum quantum ad personam ecclesiae. extra quam est merito, et ideo fructu orationis caret. quandoque tamen aliqui peccatores parati sunt debitoribus suis remittere. et ideo ipsi orantes exaudiuntur, * secundum illud eccli. xxviii, ° relinque proximo tuo nocenti te, et tunc deprecanti tibi peccata solventur.

009 ST3 qu83 ar17

ag1 ‘ Ad septimumdecimum sic proceditur. “ videtur quod inconvenienter dicantur esse orationis partes obsecrationes, orationes, postulationes, gratiarum actiones. ‘ obsecratio enim videtur esse quaedam adiuratio. * sed, sicut origenes dicit, super matth., ° non oportet ut vir qui vult secundum evangelium vivere, adiuret alium, si enim iurare non licet, nec adiurare. ‘ ergo inconvenienter ponitur obsecratio orationis pars.

ag2 ‘ Praeterea, oratio, * secundum damascenum, ‘ est petitio decentium a deo. inconvenienter ergo orationes contra postulationes dividuntur.

ag3 ‘ Praeterea, gratiarum actiones pertinent ad praeterita, alia vero ad futura. sed praeterita sunt priora futuris. inconvenienter ergo gratiarum actiones post alia ponuntur.

sc * In contrarium est auctoritas apostoli, i ad tim. ii.

co ‘ Respondeo dicendum quod ad orationem tria requiruntur. quorum primum est ut orans accedat ad deum, quem orat. “ quod significatur nomine orationis, quia oratio est ascensus intellectus in deum. ‘ secundo, requiritur petitio, quae significatur nomine postulationis, sive petitio proponatur determinate, * quod quidem nominant quidam proprie postulationem; ‘ sive indeterminate, ut cum quis petit iuvari a deo, “ quod nominant supplicationem; ‘ sive solum factum narretur, * secundum illud ioan. xi, ° ecce, quem amas infirmatur, “ quod vocant insinuationem. ‘ tertio, requiritur ratio impetrandi quod petitur. et hoc vel ex parte dei, vel ex parte petentis. ratio quidem impetrandi ex parte dei est eius sanctitas, propter quam petimus exaudiri, * secundum illud dan. ix, ° propter temetipsum inclina, deus meus, aurem tuam. “ et ad hoc pertinet obsecratio, quae est per sacra contestatio, * sicut cum dicimus, per nativitatem tuam, libera nos, domine. “ ratio vero impetrandi ex parte petentis est gratiarum actio, quia de acceptis beneficiis gratias agentes, meremur accipere potiora, * ut in collecta dicitur. et ideo dicit glossa, i ad tim. ii, quod ° in missa obsecrationes sunt quae praecedunt consecrationem, |25| ‘ in quibus quaedam sacra commemorantur; “ orationes sunt in ipsa consecratione, in qua mens maxime debet elevari in deum; postulationes autem ° sunt in sequentibus petitionibus; gratiarum actiones in fine. * in pluribus etiam ecclesiae collectis haec quatuor possunt attendi. sicut in collecta trinitatis, quod dicitur, “ omnipotens, sempiterne deus, pertinet ad orationis ascensum in deum; quod dicitur, qui dedisti famulis tuis etc., pertinet ad gratiarum actionem; quod dicitur, praesta, quaesumus etc., pertinet ad postulationem; quod in fine ponitur, per dominum nostrum etc., pertinet ad obsecrationem. * in collationibus autem patrum dicitur quod ° obsecratio est imploratio pro peccatis; oratio, cum aliquid deo vovemus; postulatio, cum pro aliis petimus. ‘ sed primum melius est.

ra1 ‘ Ad primum ergo dicendum quod obsecratio non est adiuratio ad compellendum, quae prohibetur, sed ad misericordiam implorandum.

ra2 ‘ Ad secundum dicendum quod oratio communiter sumpta includit omnia quae hic dicuntur. sed secundum quod contra alia dividitur, importat proprie ascensum in deum.

ra3 ‘ Ad tertium dicendum quod in diversis praeterita praecedunt futura, sed aliquid unum et idem prius est futurum quam sit praeteritum. et ideo gratiarum actio de aliis beneficiis praecedit postulationem aliorum beneficiorum, sed idem beneficium prius postulatur, et ultimo, cum acceptum fuerit, de eo gratiae aguntur. postulationem autem praecedit oratio, per quam acceditur ad eum a quo petimus. orationem autem praecedit obsecratio, quia ex consideratione divinae bonitatis ad eum audemus accedere.

009 ST3 qu84 ar

pr ‘ Deinde considerandum est de exterioribus actibus latriae. et primo, de adoratione, per quam aliquis suum corpus ad deum venerandum exhibet; secundo, de illis actibus quibus aliquid de rebus exterioribus deo offertur; tertio, de actibus quibus ea quae dei sunt assumuntur. circa primum quaeruntur tria. primo, utrum adoratio sit actus latriae. secundo, utrum adoratio importet actum interiorem, vel exteriorem. tertio, utrum adoratio requirat determinationem loci.

009 ST3 qu84 ar1

ag1 ‘ Ad primum sic proceditur. videtur quod adoratio non sit actus latriae sive religionis. cultus enim religionis soli deo debetur. sed adoratio non debetur soli deo, * legitur enim gen. xviii quod abraham adoravit angelos; et iii reg. i dicitur quod “ nathan propheta, ingressus ad regem david, adoravit eum pronus in terram. ‘ ergo adoratio non est actus religionis.

ag2 ‘ Praeterea, religionis cultus debetur deo prout in ipso beatificamur, * ut patet per augustinum, in x de civ. dei. ‘ sed adoratio debetur ei ratione maiestatis, * quia super illud psalm., ° adorate dominum in atrio sancto eius, * dicit glossa, ° de his atriis venitur in atrium ubi maiestas adoratur. ‘ ergo adoratio non est actus latriae.

ag3 ‘ Praeterea, unius religionis cultus tribus personis debetur. non autem una adoratione adoramus tres personas, sed ad invocationem trium personarum singulariter genu flectimus. ergo adoratio non est actus latriae.

sc * Sed contra est quod matth. iv inducitur, ° dominum deum tuum adorabis, et illi soli servies.

co ‘ Respondeo dicendum quod adoratio ordinatur in reverentiam eius qui adoratur. * manifestum est autem ex dictis quod ‘ religionis proprium est reverentiam deo exhibere. unde adoratio qua deus adoratur est religionis actus.

ra1 ‘ Ad primum ergo dicendum quod deo debetur reverentia propter eius excellentiam, quae aliquibus creaturis communicatur non secundum aequalitatem, sed secundum quandam participationem. et ideo alia veneratione veneramur deum, quod pertinet ad latriam, et alia veneratione quasdam excellentes creaturas, quod pertinet ad duliam, * de qua post dicetur. ‘ et quia ea quae exterius aguntur signa sunt interioris reverentiae, quaedam exteriora ad reverentiam pertinentia exhibentur excellentibus creaturis, inter quae maximum est adoratio, sed aliquid est quod soli deo exhibetur, scilicet sacrificium. * unde augustinus dicit, in x de civ. dei, ° multa de cultu divino usurpata sunt quae honoribus deferrentur humanis, sive humilitate nimia sive adulatione pestifera, ita tamen ut quibus ea deferrentur, homines haberentur, qui dicuntur colendi et venerandi; si autem multum eis additur, et adorandi. quis vero sacrificandum censuit nisi ei quem deum aut scivit, aut putavit, aut finxit? ‘ secundum reverentiam igitur quae creaturae excellenti debetur, nathan adoravit david. secundum autem reverentiam quae deo debetur, mardochaeus noluit adorare aman, ° timens ne honorem dei transferret ad hominem, * ut dicitur esther xiii. |25| ‘ et similiter secundum reverentiam debitam creaturae excellenti, abraham adoravit angelos; et etiam iosue, * ut legitur iosue v. ‘ quamvis possit intelligi quod adoraverint adoratione latriae deum, qui in persona angeli apparebat et loquebatur. secundum autem reverentiam quae debetur deo, prohibitus est ioannes angelum adorare, * apoc. ult.. ‘ tum ad ostendendum dignitatem hominis, quam adeptus est per christum, ut angelis aequetur, * unde ibi subditur, conservus tuus sum et fratrum tuorum. tum etiam ad excludendum idololatriae occasionem, unde subditur, deum adora.

ra2 ‘ Ad secundum dicendum quod sub maiestate divina intelligitur omnis dei excellentia, ad quam pertinet quod in ipso, sicut in summo bono, beatificamur.

ra3 ‘ Ad tertium dicendum quod quia una est excellentia trium personarum, unus honor et reverentia eis debetur, et per consequens una adoratio. in cuius figuram, cum legatur de abraham, * gen. xviii, ‘ quod tres viri ei apparuerunt, adorans unum alloquitur. “ dicens, domine, si inveni gratiam etc.. ‘ trina autem genuflexio signum est ternarii personarum, non autem diversitatis adorationum.

009 ST3 qu84 ar2

ag1 ‘ Ad secundum sic proceditur. videtur quod adoratio non importet actum corporalem. * dicitur enim ioan. iv, ° veri adoratores adorabunt patrem in spiritu et veritate. ‘ sed id quod fit in spiritu non pertinet ad corporalem actum. ergo adoratio non importat corporalem actum.

ag2 ‘ Praeterea, nomen adorationis ab oratione sumitur. sed oratio principaliter consistit in interiori actu, * secundum illud i ad cor. xiv, ° orabo spiritu, orabo et mente. ‘ ergo adoratio maxime importat spiritualem actum.

ag3 ‘ Praeterea, corporales actus ad sensibilem cognitionem pertinent. deum autem non attingimus sensu corporis, sed mentis. ergo adoratio non importat corporalem actum.

sc * Sed contra est quod super illud exod. xx, non adorabis ea, neque coles, dicit glossa, nec affectu colas, nec specie adores.

co * Respondeo dicendum quod, sicut damascenus dicit, in iv libro, ° quia ex duplici natura compositi sumus, intellectuali scilicet et sensibili, duplicem adorationem deo offerimus, ‘ scilicet spiritualem, quae consistit in interiori mentis devotione; et corporalem, quae consistit in exteriori corporis humiliatione. et quia in omnibus actibus latriae id quod est exterius refertur ad id quod est interius sicut ad principalius, ideo ipsa exterior adoratio fit propter interiorem, ut videlicet per signa humilitatis quae corporaliter exhibemus, excitetur noster affectus ad subiiciendum se deo; quia connaturale est nobis ut per sensibilia ad intelligibilia procedamus.

ra1 ‘ Ad primum ergo dicendum quod etiam adoratio corporalis in spiritu fit, inquantum ex spirituali devotione procedit, et ad eam ordinatur.

ra2 ‘ Ad secundum dicendum quod sicut oratio primordialiter quidem est in mente, secundario autem verbis exprimitur, * ut supra dictum est; ‘ ita etiam adoratio principaliter quidem in interiori dei reverentia consistit, secundario autem in quibusdam corporalibus humilitatis signis, sicut genu flectimus nostram infirmitatem significantes in comparatione ad deum; prosternimus autem nos quasi profitentes nos nihil esse ex nobis.

ra3 ‘ Ad tertium dicendum quod etsi per sensum deum attingere non possumus, per sensibilia tamen signa mens nostra provocatur ut tendat in deum.

009 ST3 qu84 ar3

ag1 ‘ Ad tertium sic proceditur. videtur quod adoratio non requirat determinatum locum. * dicitur enim ioan. iv, ° venit hora quando neque in monte hoc, neque in ierosolymis adorabitis patrem. ‘ eadem autem ratio videtur esse et de aliis locis. ergo determinatus locus non requiritur ad adorandum.

ag2 ‘ Praeterea, adoratio exterior ordinatur ad interiorem. sed interior adoratio fit ad deum ut ubique existentem. ergo exterior adoratio non requirit determinatum locum.

ag3 ‘ Praeterea, idem deus est qui in novo et veteri testamento adoratur. sed in veteri testamento fiebat adoratio ad occidentem, nam ostium tabernaculi respiciebat ad orientem, * ut habetur exod. xxvi. ‘ ergo, eadem ratione, etiam nunc debemus adorare ad occidentem, si aliquis locus determinatus requiritur ad adorandum.

sc * Sed contra est quod dicitur isaiae lvi, et inducitur ioan. ii, ° domus mea domus orationis vocabitur.

co * Respondeo dicendum quod, sicut dictum est, ‘ in adoratione principalior est interior devotio mentis, secundarium autem est quod pertinet exterius ad corporalia signa. mens autem interius apprehendit deum quasi non comprehensum aliquo loco, sed corporalia signa necesse est quod in determinato loco et situ sint. et ideo determinatio loci non requiritur ad adorationem principaliter, quasi sit de necessitate ipsius, sed secundum quandam decentiam, sicut et alia corporalia signa.

ra1 ‘ Ad primum ergo dicendum quod dominus per illa verba praenuntiat cessationem adorationis tam secundum ritum iudaeorum adorantium in ierusalem, quam etiam secundum ritum samaritanorum adorantium in monte garizim. uterque enim ritus cessavit veniente spirituali evangelii veritate, secundum quam in omni loco deo sacrificatur, * ut dicitur malach. i.

ra2 ‘ Ad secundum dicendum quod determinatus locus eligitur ad adorandum, non propter deum, qui adoratur, quasi loco concludatur, sed propter ipsos adorantes. et hoc triplici ratione. primo quidem, propter loci consecrationem, ex qua spiritualem devotionem concipiunt orantes, ut magis exaudiantur, sicut patet ex adoratione salomonis, * iii reg. viii. ‘ secundo, propter sacra mysteria et alia sanctitatis signa quae ibi continentur. tertio, propter concursum multorum adorantium, ex quo fit oratio magis exaudibilis, * secundum illud matth. xviii, ° ubi sunt duo vel tres congregati in nomine meo, ibi sum ego in medio eorum.

ra3 ‘ Ad tertium dicendum quod secundum quandam decentiam adoramus versus orientem. primo quidem, propter divinae maiestatis indicium quod nobis manifestatur in motu caeli, qui est ab oriente secundo, propter paradisum in oriente constitutum, * ut legitur gen. ii, secundum litteram septuaginta, ‘ quasi quaeramus ad paradisum redire. tertio, propter christum, qui est lux mundi et oriens nominatur, * zach. vi; ‘ et qui ascendit “ super caelum caeli ad orientem; et ab oriente etiam expectatur ‘ venturus, * secundum illud matth. xxiv, ° sicut fulgur exit ab oriente et paret usque ad occidentem, ita erit adventus filii hominis.

009 ST3 qu85 ar

pr ‘ Deinde considerandum est de actibus quibus aliquae res exteriores deo offeruntur. circa quos occurrit duplex consideratio, primo quidem, de his quae deo a fidelibus dantur; secundo, de votis, quibus ei aliqua promittuntur. circa primum, considerandum est de sacrificiis, oblationibus, primitiis et decimis. circa sacrificia quaeruntur quatuor. primo, utrum offerre deo sacrificium sit de lege naturae. secundo, utrum soli deo sit sacrificium offerendum. tertio, utrum offerre sacrificium sit specialis actus virtutis. quarto, utrum omnes teneantur ad sacrificium offerendum.

009 ST3 qu85 ar1

ag1 ‘ Ad primum sic proceditur. videtur quod offerre sacrificium deo non sit de lege naturae. ea enim quae sunt iuris naturalis communia sunt apud omnes. non autem hoc contingit circa sacrificia, nam quidam leguntur obtulisse in sacrificium panem et vinum, sicut de melchisedech dicitur, * gen. xiv; ‘ et quidam haec, quidam illa animalia. ergo oblatio sacrificiorum non est de iure naturali.

ag2 ‘ Praeterea, ea quae sunt iuris naturalis omnes iusti servaverunt. sed non legitur de isaac quod sacrificium obtulerit, neque etiam de adam, * de quo tamen dicitur, sap. x, quod ‘ sapientia eduxit eum a delicto suo. ergo oblatio sacrificii non est de iure naturali.

ag3 * Praeterea, augustinus dicit, x de civ. dei, quod ‘ sacrificia in quadam significantia offeruntur. voces autem, quae sunt praecipua inter signa, * sicut idem dicit, in libro de doct. christ., ‘ non significant naturaliter, sed ad placitum, * secundum philosophum. ‘ ergo sacrificia non sunt de lege naturali.

sc ‘ Sed contra est quod in qualibet aetate, et apud quaslibet hominum nationes, semper fuit aliqua sacrificiorum oblatio. quod autem est apud omnes, videtur naturale esse. ergo et oblatio sacrificii est de iure naturali.

co ‘ Respondeo dicendum quod naturalis ratio dictat homini quod alicui superiori subdatur, propter defectus quos in seipso sentit, in quibus ab aliquo superiori eget adiuvari et dirigi. et quidquid illud sit, hoc est quod apud omnes dicitur deus. sicut autem in rebus naturalibus naturaliter inferiora superioribus subduntur, ita etiam naturalis ratio dictat homini secundum naturalem inclinationem ut ei quod est supra hominem subiectionem et honorem exhibeat secundum suum modum. est autem modus conveniens homini ut sensibilibus signis utatur ad aliqua exprimenda, quia ex sensibilibus cognitionem accipit. et ideo ex naturali ratione procedit quod homo quibusdam sensibilibus rebus utatur offerens eas deo, in signum debitae subiectionis et honoris, secundum similitudinem eorum qui dominis suis aliqua offerunt in recognitionem dominii. hoc autem pertinet ad rationem sacrificii. et ideo oblatio sacrificii pertinet ad ius naturale.

ra1 * Ad primum ergo dicendum quod, sicut supra dictum est, ‘ aliqua in communi sunt de iure naturali quorum determinationes sunt de iure positivo, sicut quod malefactores puniantur habet lex naturalis, sed quod tali poena vel tali puniantur est ex institutione divina vel humana. similiter etiam oblatio sacrificii in communi est de lege naturae, et ideo in hoc omnes conveniunt. sed determinatio sacrificiorum est ex institutione humana vel divina, et ideo in hoc differunt.

ra2 ‘ Ad secundum dicendum quod adam et isaac, sicut et alii iusti, deo sacrificium obtulerunt secundum sui temporis congruentiam, * ut patet per gregorium, qui dicit quod apud antiquos per “ sacrificiorum oblationes remittebatur pueris originale peccatum. ‘ non tamen de omnibus iustorum sacrificiis fit mentio in scriptura, sed solum de illis circa quae aliquid speciale accidit. potest tamen esse ratio quare adam non legitur sacrificium obtulisse, ne, quia in ipso notatur origo peccati, simul etiam in eo sanctificationis origo significaretur. isaac vero significavit christum inquantum ipse oblatus est in sacrificium. unde non oportebat ut significaret quasi sacrificium offerens.

ra3 ‘ Ad tertium dicendum quod significare conceptus suos est homini naturale, sed determinatio signorum est secundum humanum placitum.

009 ST3 qu85 ar2

ag1 ‘ Ad secundum sic proceditur. videtur quod non soli summo deo sit sacrificium offerendum. cum enim sacrificium deo offerri debeat, videtur quod omnibus illis sit sacrificium offerendum qui divinitatis consortes fiunt. sed etiam sancti homines efficiuntur divinae naturae consortes, * ut dicitur ii petri i, unde et de eis in psalm. dicitur, ego dixi, dii estis. angeli etiam filii dei nominantur, ut patet iob i. ‘ ergo omnibus his debet sacrificium offerri.

ag2 ‘ Praeterea, quanto aliquis maior est, tanto ei maior honor debet exhiberi. sed angeli et sancti sunt multo maiores quibuscumque terrenis principibus, quibus tamen eorum subditi multo maiorem honorem impendunt, se coram eis prosternentes et munera offerentes, quam sit oblatio alicuius animalis vel rei alterius in sacrificium. ergo multo magis angelis et sanctis potest sacrificium offerri.

ag3 ‘ Praeterea, templa et altaria instituuntur ad sacrificia offerenda. sed templa et altaria instituuntur angelis et sanctis. ergo etiam sacrificia possunt eis offerri.

sc * Sed contra est quod dicitur exod. xxii, ° qui immolat diis, occidetur, praeter domino soli.

co * Respondeo dicendum quod, sicut dictum est, ‘ oblatio sacrificii fit ad aliquid significandum. significat autem sacrificium quod offertur exterius, interius spirituale sacrificium, quo anima seipsam offert deo, * secundum illud psalm., sacrificium deo spiritus contribulatus, quia, * sicut supra dictum est, ‘ exteriores actus religionis ad interiores ordinantur. anima autem se offert deo in sacrificium sicut principio suae creationis et sicut fini suae beatificationis. secundum autem veram fidem solus deus est creator animarum nostrarum, * ut in primo habitum est. ‘ in solo etiam eo animae nostrae beatitudo consistit, ut * supra dictum est. ‘ et ideo sicut soli deo summo debemus sacrificium spirituale offerre, ita etiam soli ei debemus offerre exteriora sacrificia, sicut etiam, ° orantes atque laudantes, ad eum dirigimus significantes voces cui res ipsas in corde quas significamus, offerimus, * ut augustinus dicit, x de civ. dei. ‘ hoc etiam videmus in omni republica observari, quod summum rectorem aliquo signo singulari honorant, quod cuicumque alteri |25| deferretur, esset crimen laesae maiestatis. et ideo in lege divina statuitur poena mortis his qui divinum honorem aliis exhibent.

ra1 ‘ Ad primum ergo dicendum quod nomen divinitatis communicatur aliquibus non per aequalitatem, sed per participationem. et ideo nec aequalis honor eis debetur.

ra2 ‘ Ad secundum dicendum quod in oblatione sacrificii non pensatur pretium occisi pecoris, sed significatio, qua hoc fit in honorem summi rectoris totius universi. * unde, sicut augustinus dicit, x de civ. dei, ° daemones non cadaverinis nidoribus, sed divinis honoribus gaudent.

ra3 * Ad tertium dicendum quod, sicut augustinus dicit, viii de civ. dei, ° non constituimus martyribus templa, sacerdotia quoniam non ipsi, sed deus eorum nobis est deus. unde sacerdos non dicit, offero tibi sacrificium, petre, vel paule. sed deo de illorum victoriis gratias agimus, et nos ad imitationem eorum adhortamur.

009 ST3 qu85 ar3

ag1 ‘ Ad tertium sic proceditur. videtur quod oblatio sacrificii non sit specialis actus virtutis. * dicit enim augustinus, x de civ. dei, ° verum sacrificium est omne opus quod agitur ut sancta societate inhaereamus deo. ‘ sed omne opus bonum non est specialis actus alicuius determinatae virtutis. ergo oblatio sacrificii non est specialis actus determinatae virtutis.

ag2 ‘ Praeterea, maceratio corporis quae fit per ieiunium, pertinet ad abstinentiam; quae autem fit per continentiam, pertinet ad castitatem; quae autem est in martyrio, pertinet ad fortitudinem. quae omnia videntur comprehendi sub sacrificii oblatione, secundum * illud rom. xii, exhibeatis corpora vestra hostiam viventem. dicit etiam apostolus, ad heb. ult., beneficentiae et communionis ° nolite oblivisci, talibus enim hostiis promeretur deus, ‘ beneficentia autem et communio pertinent ad caritatem, misericordiam et liberalitatem. ergo sacrificii oblatio non est specialis actus determinatae virtutis.

ag3 ‘ Praeterea, sacrificium videtur quod deo exhibetur. sed multa sunt quae deo exhibentur, sicut devotio, oratio, decimae, primitiae, oblationes et holocausta. ergo sacrificium non videtur esse aliquis specialis actus determinatae virtutis.

sc ‘ Sed contra est quod in lege specialia praecepta de sacrificiis dantur, * ut patet in principio levitici.

co * Respondeo dicendum quod, sicut supra habitum est, ‘ quando actus unius virtutis ordinatur ad finem alterius virtutis, participat quodammodo speciem eius, sicut cum quis furatur ut fornicetur, ipsum furtum accipit quodammodo fornicationis deformitatem, ita quod si etiam alias non esset peccatum, ex hoc iam peccatum esset quod ad fornicationem ordinatur. sic igitur sacrificium est quidam specialis actus laudem habens ex hoc quod in divinam reverentiam fit. propter quod ad determinatam virtutem pertinet, scilicet ad religionem. contingit autem etiam ea quae secundum alias virtutes fiunt, in divinam reverentiam ordinari, puta cum aliquis eleemosynam facit de rebus propriis propter deum, vel cum aliquis proprium corpus alicui afflictioni subiicit propter divinam reverentiam. et secundum hoc etiam actus aliarum virtutum sacrificia dici possunt. sunt tamen quidam actus qui non habent ex alio laudem nisi quia fiunt propter reverentiam divinam. et isti actus proprie sacrificia dicuntur, et pertinent ad virtutem religionis.

ra1 ‘ Ad primum ergo dicendum quod hoc ipsum quod deo quadam spirituali societate volumus inhaerere, ad divinam reverentiam pertinet. et ideo cuiuscumque virtutis actus rationem sacrificii accipit ex hoc quod agitur ut sancta societate deo inhaereamus.

ra2 ‛ Ad secundum dicendum quod triplex est hominis bonum. primum quidem est bonum animae, quod deo offertur interiori quodam sacrificio per devotionem et orationem et alios huiusmodi interiores actus. et hoc est principale sacrificium. secundum est bonum corporis, quod deo quodammodo offertur per martyrium, et abstinentiam seu continentiam. tertium est bonum exteriorum rerum, de quo sacrificium offertur deo, directe quidem, quando immediate res nostras deo offerimus; mediate autem, quando eas communicamus proximis propter deum.

ra3 ‛ Ad tertium dicendum quod sacrificia proprie dicuntur quando circa res deo oblatas aliquid fit, sicut quod animalia occidebantur, quod panis frangitur et comeditur et benedicitur. et hoc ipsum nomen sonat, nam sacrificium dicitur ex hoc quod homo facit aliquid sacrum. oblatio autem directe dicitur cum deo aliquid offertur, etiam si nihil circa ipsum fiat, sicut dicuntur offerri denarii vel panes in altari, circa quos nihil fit. unde omne sacrificium est oblatio, sed non convertitur. primitiae autem oblationes sunt, quia deo offerebantur, * ut legitur deut. xxvi, ‛ non autem sunt sacrificia, quia nihil sacrum circa eas fiebat. decimae autem, proprie loquendo, non sunt neque sacrificia neque oblationes, quia non immediate deo, sed ministris divini cultus exhibentur.

009 ST3 qu85 ar4

ag1 ‛ Ad quartum sic proceditur. videtur quod non omnes teneantur ad sacrificia offerenda. * dicit enim apostolus, rom. iii, ° quaecumque lex loquitur, his qui sunt in lege loquitur. ‛ sed lex de sacrificiis non fuit omnibus data, sed soli populo hebraeorum. ergo non omnes ad sacrificia tenebantur.

ag2 ‛ Praeterea, sacrificia deo offeruntur ad aliquid significandum. sed non est omnium huiusmodi significationes intelligere. ergo non omnes tenentur ad sacrificia offerenda.

ag3 ‛ Praeterea, ex hoc sacerdotes dicuntur quod deo sacrificium offerunt. sed non omnes sunt sacerdotes. ergo non omnes tenentur ad sacrificia offerenda.

sc ‛ Sed contra est quod sacrificium offerre est de lege naturae, * ut supra habitum est. ‛ ad ea autem quae sunt legis naturae omnes tenentur. ergo omnes tenentur ad sacrificium deo offerendum.

co ‛ Respondeo dicendum quod duplex est sacrificium, * sicut dictum est. ‛ quorum primum et principale est sacrificium interius, ad quod omnes tenentur, omnes enim tenentur deo devotam mentem offerre. aliud autem est sacrificium exterius. quod in duo dividitur. nam quoddam est quod ex hoc solum laudem habet quod deo aliquid exterius offertur in protestationem divinae subiectionis. et ad hoc aliter tenentur illi qui sunt sub lege nova vel veteri, aliter illi qui non sunt sub lege. nam illi qui sunt sub lege, tenentur ad determinata sacrificia offerenda secundum legis praecepta. illi vero qui non erant sub lege, tenebantur ad aliqua exterius facienda in honorem divinum, secundum condecentiam ad eos inter quos habitabant, non autem determinate ad haec vel ad illa. aliud vero est exterius sacrificium quando actus exteriores aliarum virtutum in divinam reverentiam assumuntur. quorum quidam cadunt sub praecepto, ad quos omnes tenentur, quidam vero sunt supererogationis, ad quos non omnes tenentur.

ra1 ‛ Ad primum ergo dicendum quod ad illa determinata sacrificia quae in lege erant praecepta, non omnes tenebantur, tenebantur tamen ad aliqua sacrificia interiora vel exteriora, * ut dictum est.

ra2 ‛ Ad secundum dicendum quod quamvis non omnes sciant explicite virtutem sacrificiorum, sciunt tamen implicite, sicut et habent fidem implicitam, * ut supra habitum est.

ra3 ‛ Ad tertium dicendum quod sacerdotes offerunt sacrificia quae sunt specialiter ordinata ad cultum divinum, non solum pro se, sed etiam pro aliis. quaedam vero sunt alia sacrificia quae quilibet potest pro se deo offerre, * ut ex supradictis patet.

009 ST3 qu86 ar

pr ‛ Deinde considerandum est de oblationibus et primitiis. et circa hoc quaeruntur quatuor. primo, utrum aliquae oblationes sint de necessitate praecepti. secundo, quibus oblationes debeantur. tertio, de quibus rebus fieri debeant. quarto, specialiter de oblationibus primitiarum, utrum ad eas homines ex necessitate teneantur.

009 ST3 qu86 ar1

ag1 ‛ Ad primum sic proceditur. videtur quod homines non teneantur ad oblationes ex necessitate praecepti. non enim homines tempore evangelii tenentur ad observanda caeremonialia praecepta veteris legis, * ut supra habitum est. ‛ sed oblationes offerre ponitur inter caeremonialia praecepta veteris legis, * dicitur enim exod. xxiii, ° tribus vicibus per singulos annos mihi festa celebrabitis, * et postea subditur, ° non apparebis in conspectu meo vacuus. ‛ ergo ad oblationes non tenentur nunc homines ex necessitate praecepti.

ag2 ‛ Praeterea, oblationes, antequam fiant, in voluntate hominis consistunt, * ut videtur per hoc quod dominus dicit, matth. v, ° si offers munus tuum ad altare, ‛ quasi hoc arbitrio offerentium relinquatur. postquam autem oblationes sunt factae, non restat locus iterato eas offerendi. ergo nullo modo aliquis ex necessitate praecepti ad oblationes tenetur.

ag3 ‛ Praeterea, quicumque aliquid tenetur reddere ecclesiae, si non reddat, potest ad id compelli per subtractionem ecclesiasticorum sacramentorum. sed illicitum videtur his qui offerre noluerint ecclesiastica sacramenta denegare, * secundum illud decretum sextae synodi quod habetur i, qu. i, ° nullus qui sacram communionem dispensat, a percipiente gratiam aliquid exigat, si vero exegerit, deponatur. ‛ ergo non tenentur homines ex necessitate ad oblationes.

sc * Sed contra est quod gregorius dicit, ° omnis christianus procuret ad missarum solemnia aliquid deo offerre.

co * Respondeo dicendum quod, sicut dictum est, ‛ nomen oblationis commune est ad omnes res quae in cultum dei exhibentur. ita quod si aliquid exhibeatur in cultum divinum quasi in aliquod sacrum quod inde fieri debeat consumendum, et oblatio est et sacrificium, * unde dicitur exod. xxix, ° offeres totum arietem in incensum super altare, oblatio est domino, odor suavissimus victimae dei; * et levit. ii dicitur, ° anima cum obtulerit oblationem sacrificii domino, simila erit eius oblatio. ‛ si vero sic exhibeatur ut integrum maneat, divino cultui deputandum vel in usus ministrorum expendendum, erit oblatio et non sacrificium. huiusmodi ergo oblationes de sui ratione habent quod voluntarie offerantur, * secundum illud exod. xxv, ° ab homine qui offert ultroneus, accipietis eas. ‛ potest tamen contingere quod aliquis ad oblationes teneatur quadruplici ratione. primo quidem, ex praecedenti conventione, sicut cum alicui conceditur aliquis fundus ecclesiae, ut certis temporibus certas oblationes faciat. quod tamen habet rationem census. secundo, propter praecedentem deputationem sive promissionem, sicut cum aliquis offert donationem inter vivos vel cum relinquit in testamento ecclesiae aliquam rem, mobilem |25| vel immobilem, in posterum solvendam. tertio modo, propter ecclesiae necessitatem, puta si ministri ecclesiae non haberent unde sustentarentur. quarto modo, propter consuetudinem, tenentur enim fideles in aliquibus solemnitatibus ad aliquas oblationes consuetas. tamen in his duobus ultimis casibus remanet oblatio quodammodo voluntaria, scilicet quantum ad quantitatem vel speciem rei oblatae.

ra1 ‛ Ad primum ergo dicendum quod in nova lege homines non tenentur ad oblationem causa solemnitatum legalium, * ut in exodo dicitur, ‛ sed ex quibusdam aliis causis, * ut dictum est.

ra2 ‛ Ad secundum dicendum quod ad oblationes faciendas tenentur aliqui et antequam fiant, sicut in primo et tertio et quarto modo, et etiam postquam eas fecerint per deputationem sive promissionem; tenentur enim realiter exhibere quod est ecclesiae per modum deputationis oblatum.

ra3 ‛ Ad tertium dicendum quod illi qui debitas oblationes non reddunt possunt puniri per subtractionem sacramentorum, non per ipsum sacerdotem cui sunt oblationes faciendae, ne videatur pro sacramentorum exhibitione aliquid exigere, sed per superiorem aliquem.

009 ST3 qu86 ar2

ag1 ‛ Ad secundum sic proceditur. videtur quod oblationes non solum sacerdotibus debeantur. inter oblationes enim praecipue videmus esse quae hostiarum sacrificiis deputantur. sed ea quae pauperibus dantur in scripturis hostiae dicuntur, * secundum illud heb. ult., ° beneficentiae et communionis nolite oblivisci, talibus enim hostiis promeretur deus. ‛ ergo multo magis oblationes pauperibus debentur.

ag2 ‛ Praeterea, in multis parochiis monachi de oblationibus partem habent. “ alia autem est causa clericorum, alia monachorum, * ut hieronymus dicit. ‛ ergo non solum sacerdotibus oblationes debentur.

ag3 ‛ Praeterea, laici de voluntate ecclesiae emunt oblationes, ut panes et huiusmodi. sed non nisi ut haec in suos usus convertant. ergo oblationes possunt etiam ad laicos pertinere.

sc * Sed contra est quod dicit canon damasi papae, et habetur x, qu. i, ° oblationes quae intra sanctam ecclesiam offeruntur, tantummodo sacerdotibus, qui quotidie domino servire videntur, licet comedere et bibere. quia in veteri testamento prohibuit dominus panes sanctos comedere filiis israel, nisi tantummodo aaron et filiis eius.

co ‛ Respondeo dicendum quod sacerdos quodammodo constituitur sequester et medius inter populum et deum, * sicut de moyse legitur deut. v. ‛ et ideo ad eum pertinet divina dogmata et sacramenta exhibere populo, et iterum ea quae sunt populi, puta preces et sacrificia et oblationes, per eum domino debent exhiberi; * secundum illud apostoli, ad heb. v, ° omnis pontifex ex hominibus assumptus pro hominibus constituitur in his quae sunt ad deum, ut offerat dona et sacrificia pro peccatis. ‛ et ideo oblationes quae a populo deo exhibentur ad sacerdotes pertinent, non solum ut eas in suos usus convertant, verum etiam ut fideliter eas dispensent, partim quidem expendendo eas in his quae pertinent ad cultum divinum; partim vero in his quae pertinent ad proprium victum, quia qui altari deserviunt cum altari participantur, * ut dicitur i ad cor. ix; ‛ partim etiam in usus pauperum, qui sunt, quantum fieri potest, de rebus ecclesiae sustentandi; quia et dominus in usum pauperum loculos habebat, * ut hieronymus dicit, super matth..

ra1 ‛ Ad primum ergo dicendum quod ea quae pauperibus dantur, sicut non proprie sunt sacrificia, dicuntur tamen sacrificia inquantum eis dantur propter deum, ita etiam secundum eandem rationem oblationes dici possunt, tamen non proprie, quia non immediate deo offeruntur. oblationes vero proprie dictae in usum pauperum cedunt non per dispensationem offerentium, sed per dispensationem sacerdotum.

ra2 ‛ Ad secundum dicendum quod monachi sive alii religiosi possunt oblationes recipere tripliciter. uno modo, sicut pauperes, per dispensationem sacerdotis vel ordinationem ecclesiae. alio modo, si sint ministri altaris. et tunc possunt accipere oblationes sponte oblatas. tertio, si parochiae sint eorum. et tunc ex debito possunt accipere, tanquam ecclesiae rectores.

ra3 ‛ Ad tertium dicendum quod oblationes, postquam fuerint consecratae, non possunt cedere in usum laicorum, sicut vasa et vestimenta sacra. * et hoc modo intelligitur dictum damasi papae. ‛ illa vero quae non sunt consecrata, possunt in usum laicorum cedere ex dispensatione sacerdotum, sive per modum donationis sive per modum venditionis.

009 ST3 qu86 ar3

ag1 ‛ Ad tertium sic proceditur. videtur quod non possit homo oblationes facere de omnibus rebus licite possessis. * quia secundum iura humana, ° turpiter facit meretrix in hoc quod est meretrix, non tamen turpiter accipit, “ et ita licite possidet. sed non licet de eo facere oblationem, * secundum illud deut. xxiii, ° non offeres mercedem prostibuli in domo domini dei tui. ‛ ergo non licet facere oblationem de omnibus licite possessis.

ag2 ‛ Praeterea, * ibidem prohibetur quod “ pretium canis non offeratur in domo dei. ‛ sed manifestum est quod pretium canis iuste venditi iuste possidetur. ergo non licet de omnibus iuste possessis oblationem facere.

ag3 * Praeterea, malach. i dicitur, ° si offeratur claudum et languidum, nonne malum est? “ sed claudum et languidum est animal iuste possessum. ergo ‛ videtur quod non de omni iuste possesso possit oblatio fieri.

sc * Sed contra est quod dicitur prov. iii, ° honora dominum de tua substantia. ‛ ad substantiam autem hominis pertinet quidquid iuste possidet. ergo de omnibus iuste possessis potest oblatio fieri.

co ‛ Respondeo dicendum quod, * sicut augustinus dicit, in libro de verb. dom., ° si depraedareris aliquem invalidum et de spoliis eius dares alicui iudici si pro te iudicaret, tanta vis est iustitiae ut et tibi displiceret. non est talis deus tuus qualis non debes esse nec tu. * et ideo dicitur eccli. xxxiv, ° immolantis ex iniquo oblatio est maculata. ‛ unde patet quod de iniuste acquisitis et possessis non potest oblatio fieri. in veteri autem lege, in qua figurae serviebatur, quaedam propter significationem reputabantur immunda, quae offerre non licebat. sed in nova lege omnis creatura dei reputatur munda, * ut dicitur ad tit. i. ‛ et ideo, quantum est de se, de quolibet licite possesso potest oblatio fieri. per accidens tamen contingit quod de aliquo licite possesso oblatio fieri non potest, puta si vergat in detrimentum alterius, ut si filius aliquis offerat deo id unde debet patrem nutrire, quod dominus improbat * matth. xv; ‛ vel propter scandalum, vel propter contemptum, vel aliquid aliud huiusmodi.

ra1 ‛ Ad primum ergo dicendum quod in veteri lege prohibebatur oblatio de mercede prostibuli propter immunditiam. in nova autem lege propter scandalum, ne videatur ecclesia favere peccato, si de lucro peccati oblationem recipiat.

ra2 ‛ Ad secundum dicendum quod canis secundum legem reputabatur animal immundum. alia tamen animalia immunda redimebantur, et eorum pretium poterat offerri, * secundum illud levit. ult., ° si immundum animal est, redimet qui obtulerit. ‛ sed canis nec offerebatur nec redimebatur, tum quia idololatrae canibus utebantur in sacrificiis idolorum; tum etiam quia significant rapacitatem, de qua non potest fieri oblatio. sed haec prohibitio cessat in nova lege.

ra3 ‛ Ad tertium dicendum quod oblatio animalis caeci vel claudi reddebatur illicita tripliciter. uno modo, ratione eius ad quod offerebatur. * unde dicitur malach. i, ° si offeratis caecum ad immolandum, nonne malum est? ‛ sacrificia autem oportebat esse immaculata. secundo, ex contemptu. * unde ibidem subditur, ° vos polluistis nomen meum in eo quod dicitis, mensa domini contaminata est, et quod superponitur contemptibile est. ‛ tertio modo, ex voto praecedenti, ex quo obligatur homo ut integrum reddat quod voverat. * unde ibidem subditur, ° maledictus dolosus qui habet in grege suo masculum, et votum faciens immolat debile domino. ‛ et eaedem causae manent in lege nova. quibus tamen cessantibus, non est illicitum.

009 ST3 qu86 ar4

ag1 ' Ad quartum sic proceditur. videtur quod ad primitias solvendas homines non teneantur. * quia exod. xiii, data lege primogenitorum, subditur, ° erit quasi signum in manu tua, ' et ita videtur esse praeceptum caeremoniale. sed praecepta caeremonialia non sunt servanda in lege nova. ergo neque primitiae sunt solvendae.
ag2 ' Praeterea, primitiae offerebantur domino pro speciali beneficio illi populo exhibito, * unde dicitur deut. xxvi, ° tolles de cunctis frugibus tuis primitias, accedesque ad sacerdotem qui fuerit in diebus illis, et dices ad eum, profiteor hodie coram domino deo tuo quod ingressus sum terram pro qua iuravit patribus nostris ut daret eam nobis. ' ergo aliae nationes non tenentur ad primitias solvendas.
ag3 ' Praeterea, illud ad quod aliquis tenetur debet esse determinatum. sed non invenitur nec in nova lege nec in veteri determinata quantitas primitiarum. ergo ad eas solvendas non tenentur homines ex necessitate.
sc * Sed contra est quod dicitur xvi, qu. vii, ° oportet decimas et primitias, quas iure sacerdotum esse sancimus, ab omni populo accipere.
co ' Respondeo dicendum quod primitiae ad quoddam genus oblationum pertinent, quia deo exhibentur cum quadam professione, * ut habetur deut. xxvi. unde et ibidem subditur, " suscipiens sacerdos cartallum, scilicet primitiarum, de manu eius qui defert primitias, et ponet ante altare domini dei tui; * et postea mandatur ei quod dicat, idcirco ° nunc offero primitias frugum terrae, quas dominus dedit mihi. ' offerebantur autem primitiae ex speciali causa, scilicet in recognitionem divini beneficii, quasi aliquis profiteatur se a deo fructus terrae percipere, et ideo se teneri ad aliquid de huiusmodi deo exhibendum, * secundum illud i paral. ult., ° quae de manu tua accepimus, dedimus tibi. ' et quia deo debemus exhibere id quod praecipuum est, ideo primitias, quasi praecipuum aliquid de fructibus terrae, praeceptum fuit deo offerre. et quia sacerdos constituitur populo in his quae sunt ad deum, ideo primitiae a populo oblatae in usum sacerdotum cedebant, * unde dicitur num. xviii, ° locutus est dominus ad aaron, ecce, dedi tibi custodiam primitiarum mearum. ' pertinet autem ad ius naturale ut homo ex rebus sibi datis a deo aliquid exhibeat ad eius honorem. sed quod talibus personis |25| exhibeatur, aut de primis fructibus, aut in tali quantitate, hoc quidem fuit in veteri lege iure divino determinatum, in nova autem lege definitur per determinationem ecclesiae, ex qua homines obligantur ut primitias solvant secundum consuetudinem patriae et indigentiam ministrorum ecclesiae.
ra1 ' Ad primum ergo dicendum quod caeremonialia proprie erant in signum futuri, et ideo ad praesentiam veritatis significatae cessaverunt. oblatio autem primitiarum fuit in signum praeteriti beneficii, ex quo etiam debitum recognitionis causatur secundum dictamen rationis naturalis. et ideo in generali huiusmodi obligatio manet.
ra2 ' Ad secundum dicendum quod primitiae offerebantur in veteri lege non solum propter beneficium terrae promissionis datae a deo, sed etiam propter beneficium fructuum terrae a deo datorum. * unde dicitur deut. xxvi, ° offero primitias frugum terrae, quas dominus deus dedit mihi. ' et haec secunda causa apud omnes est communis. potest etiam dici quod sicut speciali quodam beneficio terram promissionis contulit deus, ita generali beneficio toti humano generi contulit terrae dominium, * secundum illud psalm., ° terram dedit filiis hominum.
ra3 * Ad tertium dicendum quod, sicut hieronymus dicit, ° ex maiorum traditione introductum est quod qui plurimum, quadragesimam partem dabant sacerdotibus loco primitiarum; qui minimum, sexagesimam. ' unde videtur quod inter hos terminos sint primitiae offerendae, secundum consuetudinem patriae. rationabiliter tamen primitiarum quantitas non fuit determinata in lege, * quia, sicut dictum est, ' primitiae dantur per modum oblationis, de cuius ratione est quod sint voluntariae.

009 ST3 qu87 ar

pr ' Deinde considerandum est de decimis. et circa hoc quaeruntur quatuor. primo, utrum homines teneantur ad solvendas decimas ex necessitate praecepti. secundo, de quibus rebus sint decimae dandae. tertio, quibus debeant dari. quarto, quibus competat eas dare.

009 ST3 qu87 ar1

ag1 ' Ad primum sic proceditur. videtur quod homines non teneantur dare decimas ex necessitate praecepti. praeceptum enim de solutione decimarum in lege veteri datur, * ut patet levit. xxvii, ° omnes decimae terrae, sive de frugibus sive de pomis arborum, domini sunt; * et infra, ° omnium decimarum ovis et bovis et caprae, quae sub pastoris virga transeunt, quidquid decimum venerit, sanctificabitur domino. ' non autem potest computari hoc inter praecepta moralia, quia ratio naturalis non magis dictat quod decima pars debeat magis dari quam nona vel undecima. ergo vel est praeceptum iudiciale, vel caeremoniale. * sed sicut supra habitum est, ' tempore gratiae non obligantur homines neque ad praecepta caeremonialia neque ad iudicialia veteris legis. ergo homines nunc non obligantur ad solutionem decimarum.
ag2 ' Praeterea, illa sola homines observare tenentur tempore gratiae quae a christo per apostolos sunt mandata, * secundum illud matth. ult., ° docentes eos servare omnia quaecumque mandavi vobis; * et paulus dicit, act. xx, ° non enim subterfugi quominus annuntiarem vobis omne consilium dei. ' sed neque in doctrina christi neque in doctrina apostolorum aliquid continetur de solutione decimarum, nam quod dominus de decimis dicit, * matth. xxiii, ' haec oportuit facere, ad tempus praeteritum legalis observantiae referendum videtur; * ut dicit hilarius, super matth., ° decimatio illa olerum, quae in praefigurationem futurorum erat utilis, non debebat omitti. ' ergo homines tempore gratiae non tenentur ad decimarum solutionem.
ag3 ' Praeterea, homines tempore gratiae non magis tenentur ad observantiam legalium quam ante legem. sed ante legem non dabantur decimae ex praecepto, sed solum ex voto, * legitur enim gen. xxviii quod iacob ° vovit votum dicens, si fuerit deus mecum et custodierit me in via qua ambulo, etc., cunctorum quae dederis mihi decimas offeram tibi. ' ergo etiam neque tempore gratiae tenentur homines ad decimarum solutionem.
ag4 ' Praeterea, in veteri lege tenebantur homines ad triplices decimas solvendas. quarum quasdam solvebant levitis, * dicitur enim num. xviii, ° levitae decimarum oblatione contenti erunt, quas in usus eorum et necessaria separavi. ' erant quoque et aliae decimae, * de quibus legitur deut. xiv, ° decimam partem separabis de cunctis fructibus tuis qui nascuntur in terra per annos singulos, et comedes in conspectu domini dei tui in loco quem elegerit deus. ' erant quoque et aliae decimae, * de quibus ibidem subditur, ° anno tertio separabis aliam decimam ex omnibus quae nascuntur tibi eo tempore, et repones intra ianuas tuas, venietque levites, qui aliam non habet partem neque possessionem tecum, et peregrinus ac pupillus et vidua qui intra portas tuas sunt, et comedent et saturabuntur. ' sed ad secundas et tertias decimas homines non tenentur tempore gratiae. ergo neque ad primas.
ag5 ' Praeterea, quod sine determinatione temporis debetur, nisi statim solvatur, obligat ad peccatum. si ergo homines tempore gratiae obligarentur ex necessitate praecepti ad decimas solvendas, in terris in quibus decimae non solvuntur omnes essent in peccato mortali, et per consequens etiam ministri ecclesiae dissimulando, quod videtur inconveniens. non ergo homines tempore gratiae ex necessitate tenentur ad solutionem decimarum.
sc * Sed contra est quod augustinus dicit, et habetur xvi, qu. i, ° decimae ex debito requiruntur, et qui eas dare noluerint, res alienas invadunt.
co ' Respondeo dicendum quod decimae in veteri lege dabantur ad sustentationem ministrorum dei, * unde dicitur malach. iii, ° inferte omnem decimationem in horreum meum, ut sit cibus in domo mea. ' unde praeceptum de solutione decimarum partim quidem erat morale, inditum naturali rationi, partim autem erat iudiciale, ex divina institutione robur habens. quod enim eis qui divino cultui ministrabant ad salutem populi totius, populus necessaria victus ministraret, ratio naturalis dictat, sicut et his qui communi utilitati invigilant, scilicet principibus et militibus et aliis huiusmodi, stipendia victus debentur a populo. * unde et apostolus hoc probat, i ad cor. ix, " per humanas consuetudines, dicens, ° quis militat suis stipendiis unquam? quis plantat vineam et de fructibus eius non edit? ' sed determinatio certae partis exhibendae ministris divini cultus non est de iure naturali, sed est introducta institutione divina secundum conditionem illius populi cui lex dabatur; qui cum in duodecim tribus esset divisus, duodecima tribus, scilicet levitica, quae tota erat divinis ministeriis mancipata, possessiones non habebat, unde convenienter institutum est ut reliquae undecim tribus decimam partem suorum proventuum levitis darent, ut honorabilius viverent, |25| et quia etiam aliqui per negligentiam erant transgressores futuri unde quantum ad determinationem decimae partis, erat iudiciale, sicut et alia multa specialiter in illo populo instituta erant ad aequalitatem inter homines ad invicem conservandam secundum populi illius conditionem, quae iudicialia praecepta dicuntur; licet ex consequenti aliquid significarent in futurum, sicut et omnia eorum facta, * secundum illud i ad cor. x, ' omnia in figuram contingebant illis; in quo conveniebant cum caeremonialibus praeceptis, quae principaliter instituta erant ad significandum aliquid futurum. unde et praeceptum de decimis persolvendis hic significat aliquid in futurum, qui enim decimam dat, quae est perfectionis signum (eo quod denarius est quodammodo numerus perfectus, quasi primus limes numerorum, ultra quem numerum non procedunt, sed reiterantur ab uno), novem sibi partibus reservatis, protestatur quasi in quodam signo ad se pertinere imperfectionem, perfectionem vero, quae erat futura per christum, esse expectandam a deo. nec tamen propter hoc est caeremoniale praeceptum, sed iudiciale, * ut dictum est. ' est autem haec differentia inter caeremonialia et iudicialia legis praecepta, * ut supra diximus, ' quod caeremonialia illicitum est observare |50| tempore legis novae, iudicialia vero, etsi non obligent tempore gratiae, tamen possunt observari absque peccato, et ad eorum observantiam aliqui obligantur si statuatur auctoritate eorum quorum est condere legem. * sicut praeceptum iudiciale veteris legis est quod ° qui furatus fuerit ovem, reddat quatuor oves, * ut legitur exod. xxii, ' quod, si ab aliquo rege statuatur, tenentur eius subditi observare. ita etiam determinatio decimae partis solvendae est auctoritate ecclesiae tempore novae legis instituta secundum quandam humanitatem, ut scilicet non minus populus novae legis ministris novi testamenti exhiberet quam populus veteris legis ministris veteris testamenti exhibebat; cum tamen populus novae legis ad maiora obligetur, * secundum illud matth. v, ° nisi abundaverit iustitia vestra plus quam scribarum et pharisaeorum, non intrabitis in regnum caelorum; ' et cum ministri novi testamenti sint maioris dignitatis quam ministri veteris testamenti, * ut probat apostolus, ii ad cor. iii. ' sic ergo patet quod ad solutionem decimarum homines tenentur, partim quidem ex iure naturali, partim etiam ex institutione ecclesiae, quae tamen, pensatis opportunitatibus temporum et personarum, posset aliam partem determinare solvendam.
ra1 ' Et per hoc patet responsio ad primum.
ra2 ' Ad secundum dicendum quod praeceptum de solutione decimarum, quantum ad id quod erat morale, datum est in evangelio a domino * ubi dicit, matth. x, ' dignus est operarius mercede sua; et etiam ab apostolo, * ut patet i ad cor. ix. ' sed determinatio certae partis est reservata ordinationi ecclesiae.
ra3 ' Ad tertium dicendum quod ante tempus veteris legis non erant determinati ministri divini cultus, sed dicitur quod primogeniti erant sacerdotes, qui duplicem portionem accipiebant. et ideo etiam non erat determinata aliqua pars exhibenda ministris divini cultus, sed ubi aliquis occurrebat, unusquisque dabat ei propria sponte quod sibi videbatur. sicut abraham quodam prophetico instinctu dedit decimas melchisedech, sacerdoti dei summi, * ut dicitur gen. xiv. ' et similiter etiam iacob decimas vovit se daturum, quamvis non videatur decimas vovisse quasi aliquibus ministris exhibendas, sed in divinum cultum, puta ad sacrificiorum consummationem; * unde signanter dicit, decimas offeram tibi.
ra4 ' Ad quartum dicendum quod secundae decimae, quae reservabantur ad sacrificia offerenda, locum in nova lege non habent, cessantibus legalibus victimis. tertiae vero decimae, quas cum pauperibus comedere debebant, in nova lege augentur, per hoc quod dominus non solum decimam partem, sed omnia superflua pauperibus iubet exhiberi, * secundum illud luc. xi, ° quod superest, date eleemosynam. ' ipsae etiam decimae quae ministris ecclesiae dantur, per eos debent in usus pauperum dispensari.
ra5 ' Ad quintum dicendum quod ministri ecclesiae maiorem curam debent habere spiritualium bonorum in populo promovendorum quam temporalium colligendorum. et ideo apostolus noluit uti potestate sibi a domino tradita, ut scilicet acciperet stipendia victus ab his quibus evangelium praedicabat, ne daretur aliquod impedimentum evangelio christi. nec tamen peccabant illi qui ei non subveniebant, alioquin apostolus eos corrigere non omisisset. et similiter laudabiliter ministri ecclesiae decimas ecclesiae non requirunt, ubi sine scandalo requiri non possent, propter dissuetudinem vel propter aliquam aliam causam. nec tamen sunt in statu damnationis qui non solvunt, in locis illis in quibus ecclesia non petit, nisi forte propter obstinationem animi, habentes voluntatem non solvendi etiam si ab eis peterentur.

009 ST3 qu87 ar2

ag1 ' Ad secundum sic proceditur. videtur quod non de omnibus teneantur homines decimas dare. solutio enim decimarum videtur esse ex veteri lege introducta. sed in veteri lege nullum praeceptum datur de personalibus decimis, quae scilicet solvuntur de his quae aliquis acquirit ex proprio actu, puta de mercationibus vel de militia. ergo de talibus decimas solvere nullus tenetur.
ag2 ' Praeterea, de male acquisitis non debet fieri oblatio, * ut supra dictum est. ' sed oblationes, quae immediate deo exhibentur, videntur magis pertinere ad divinum cultum quam decimae, quae exhibentur ministris. ergo etiam nec decimae de male acquisitis sunt solvendae.
ag3 * Praeterea, levit. ult. non mandatur solvi decima nisi ° de frugibus et pomis arborum, et animalibus quae transeunt sub virga pastoris. ' sed praeter haec sunt quaedam alia minuta quae homini proveniunt, sicut herbae quae nascuntur in horto, et alia huiusmodi. ergo nec de illis homo decimas dare tenetur.
ag4 ' Praeterea, homo non potest solvere nisi id quod est in eius potestate. sed non omnia quae proveniunt homini de fructibus agrorum aut animalium remanent in eius potestate, quia quaedam aliquando subtrahuntur per furtum vel rapinam; quaedam vero quandoque in alium transferuntur per venditionem;

quaedam etiam aliis debentur, sicut principibus debentur tributa et operariis debentur mercedes. ergo de his non tenetur aliquis decimas dare.
sc * Sed contra est quod dicitur gen. xxviii, ‘ cunctorum quae dederis mihi decimas offeram tibi. sed omnia quae homo habet sunt ei data divinitus. ergo de omnibus debet decimas dare.
co ‘ Respondeo dicendum quod de unaquaque re praecipue est iudicandum secundum eius radicem. radix autem solutionis decimarum est debitum quo seminantibus spiritualia debentur carnalia, * secundum illud apostoli, i ad cor. ix, ° si nos vobis spiritualia seminavimus, magnum est si carnalia vestra metamus? ‘ super hoc enim debitum fundavit ecclesia determinationem solutionis decimarum. omnia autem quaecumque homo possidet sub carnalibus continentur. et ideo de omnibus possessis decimae sunt solvendae.
ra1 ‘ Ad primum ergo dicendum quod specialis ratio fuit quare in veteri lege non fuit datum praeceptum de personalibus decimis, secundum conditionem populi illius, quia omnes aliae tribus certas possessiones habebant, de quibus poterant sufficienter providere levitis, qui carebant possessionibus; non autem interdicebatur eis quin de aliis operibus honestis lucrarentur, sicut et alii iudaei. sed populus novae legis est ubique per mundum diffusus, quorum plurimi possessiones non habent, sed de aliquibus negotiis vivunt, qui nihil conferrent ad subsidium ministrorum dei, si de eorum negotiis decimas non solverent. ministris etiam novae legis arctius interdicitur ne se ingerant negotiis lucrativis, * secundum illud ii ad tim. ii, ° nemo militans deo implicat se saecularibus negotiis. ‘ et ideo in nova lege tenentur homines ad decimas personales, secundum consuetudinem patriae et indigentiam ministrorum. * unde augustinus dicit, et habetur xvi qu. i, cap. decimae, ° de militia, de negotio et de artificio redde decimas.
ra2 ‘ Ad secundum dicendum quod aliqua male acquiruntur dupliciter. uno modo, quia ipsa acquisitio est iniusta, puta quae acquiruntur per rapinam aut usuram, quae homo tenetur restituere, non autem de eis decimas dare. tamen si ager aliquis sit emptus de usura, de fructu eius tenetur usurarius decimas dare, quia fructus illi non sunt ex usura, sed ex dei munere. quaedam vero dicuntur male acquisita quia acquiruntur ex turpi causa, sicut de meretricio, de histrionatu, et aliis huiusmodi, quae non tenentur restituere. unde de talibus tenentur decimas dare secundum modum aliarum personalium decimarum. tamen ecclesia non debet eas recipere quandiu sunt in peccato, ne videatur eorum peccatis communicare, sed postquam poenituerint, possunt ab eis de his recipi decimae.
ra3 ‘ Ad tertium dicendum quod ea quae ordinantur in finem sunt iudicanda secundum quod competunt fini. decimarum autem solutio est debita non propter se, sed propter ministros, quorum honestati non convenit ut etiam minima exacta diligentia requirant, hoc enim in vitium computatur, * ut patet per philosophum, in iv ethic.. ‘ et ideo lex vetus non determinavit ut de huiusmodi minutis rebus decimae dentur, sed relinquit hoc arbitrio dare volentium, quia minima quasi nihil computantur. unde pharisaei, quasi perfectam legis iustitiam sibi adscribentes, etiam de his minutis decimas solvebant. nec de hoc reprehenduntur a domino, sed solum de hoc quod maiora, idest spiritualia praecepta, contemnebant. magis autem de hoc eos secundum se commendabiles esse ostendit, * dicens, haec oportuit facere, scilicet tempore legis, ut chrysostomus exponit. ‘ quod etiam videtur magis in quandam decentiam sonare quam in obligationem. unde et nunc de huiusmodi minutis non tenentur homines decimas dare, nisi forte propter consuetudinem patriae.
ra4 ‘ Ad quartum dicendum quod de his quae furto vel rapina tolluntur ille a quo auferuntur decimas solvere non tenetur antequam recuperet, nisi forte propter culpam vel negligentiam suam damnum incurrerit; quia ex hoc ecclesia non debet damnificari. si vero vendat triticum non decimatum, potest ecclesia decimas exigere et ab emptore, quia habet rem ecclesiae debitam; et a venditore, qui, quantum est de se, fraudavit ecclesiam. uno tamen solvente, alius non tenetur. debentur autem decimae de fructibus terrae inquantum proveniunt ex divino munere. et ideo decimae non cadunt sub tributo, nec etiam sunt obnoxiae mercedi operariorum. et ideo non debent prius deduci tributa et pretium operariorum quam solvantur decimae, sed ante omnia debent decimae solvi ex integris fructibus.

009 ST3 qu87 ar3

ag1 ‘ Ad tertium sic proceditur. videtur quod decimae non sint clericis dandae. levitis enim in veteri testamento decimae dabantur quia non habebant aliquam partem in possessionibus populi, * ut habetur num. xviii. ‘ sed clerici in novo testamento habent possessiones, et patrimoniales interdum, et ecclesiasticas. recipiunt insuper primitias, et oblationes pro vivis et mortuis. superfluum igitur est quod eis decimae dentur.
ag2 ‘ Praeterea, contingit quandoque quod aliquis habet domicilium in una parochia, et colit agros in alia; vel aliquis pastor ducit gregem per unam partem anni in terminis unius parochiae, et alia parte anni in terminis alterius; vel habet ovile in una parochia, et pascit oves in alia, in quibus et similibus casibus non videtur posse distingui quibus clericis sint decimae solvendae. ergo non videtur quod aliquibus clericis determinate sint solvendae decimae.
ag3 ‘ Praeterea, generalis consuetudo habet in quibusdam terris quod milites decimas ab ecclesia in feudum tenent. religiosi etiam quidam decimas accipiunt. non ergo videtur quod solum clericis curam animarum habentibus decimae debentur.
sc * Sed contra est quod dicitur num. xviii, ° filiis levi dedi omnes decimas israel in possessionem, pro ministerio quo serviunt mihi in tabernaculo. ‘ sed filiis levi succedunt clerici in novo testamento. ergo solis clericis decimae debentur.
co ‘ Respondeo dicendum quod circa decimas duo sunt consideranda, scilicet ipsum ius accipiendi decimas; et ipsae res quae nomine decimae dantur. ius autem accipiendi decimas spirituale est, consequitur enim illud debitum quo ministris altaris debentur sumptus de ministerio, et quo seminantibus spiritualia debentur temporalia; quod ad solos clericos pertinet habentes curam animarum. et ideo eis solum competit hoc ius habere. res autem quae nomine decimarum dantur, corporales sunt. unde possunt in usum quorumlibet cedere. et sic possunt etiam ad laicos pervenire.
ra1 ‘ Ad primum ergo dicendum quod in veteri lege, * sicut dictum est, ‘ speciales quaedam decimae deputabantur subventioni pauperum. sed in nova lege decimae clericis dantur non solum propter sui sustentationem, sed etiam ut ex eis subveniant pauperibus. et ideo non superfluunt, sed ad hoc necessariae sunt et possessiones ecclesiasticae et oblationes et primitiae, simul cum decimis.
ra2 ‘ Ad secundum dicendum quod decimae personales debentur ecclesiae in cuius parochia homo habitat. decimae vero praediales rationabiliter magis videntur pertinere ad ecclesiam in cuius terminis praedia sita sunt. * tamen iura determinant quod ‘ in hoc servetur consuetudo diu obtenta. pastor autem qui diversis temporibus in duabus parochiis gregem pascit, debet proportionaliter utrique ecclesiae decimas solvere. et quia ex pascuis fructus gregis proveniunt, magis debetur decima gregis ecclesiae in cuius territorio grex pascitur, quam illi in cuius territorio ovile locatur.
ra3 ‘ Ad tertium dicendum quod sicut res nomine decimae acceptas potest ecclesia alicui laico tradere, ita etiam potest ei concedere ut dandas decimas ipsi accipiant, iure accipiendi ministris ecclesiae reservato, sive pro necessitate ecclesiae, sicut quibusdam militibus decimae dicuntur in feudum per ecclesiam concessae; sive etiam ad subventionem pauperum, sicut quibusdam religiosis laicis vel non habentibus curam animarum aliquae decimae sunt concessae per modum eleemosynae. quibusdam tamen religiosis competit accipere decimas ex eo quod habent curam animarum.

009 ST3 qu87 ar4

ag1 ‘ Ad quartum sic proceditur. videtur quod etiam clerici teneantur decimas dare. * quia de iure communi ‘ ecclesia parochialis debet recipere decimas praediorum quae in territorio eius sunt. contingit autem quandoque quod clerici habent in territorio alicuius parochialis ecclesiae aliqua praedia propria. vel etiam aliqua alia ecclesia habet ibi possessiones ecclesiasticas. ergo videtur quod clerici teneantur dare praediales decimas.
ag2 ‘ Praeterea, aliqui religiosi sunt clerici. qui tamen tenentur dare decimas ecclesiis ratione praediorum quae etiam manibus propriis excolunt. ergo videtur quod clerici non sint immunes a solutione decimarum.
ag3 * Praeterea, sicut num. xviii praecipitur quod ‘ levitae a populo decimas accipiant, ita etiam praecipitur quod ipsi dent decimas summo sacerdoti. ergo, qua ratione laici debent dare decimas clericis, eadem ratione clerici debent dare decimas summo pontifici.
ag4 ‘ Praeterea, sicut decimae debent cedere in sustentationem clericorum, ita etiam debent cedere in subventionem pauperum. si ergo clerici excusantur a solutione decimarum, pari ratione excusantur et pauperes. hoc autem est falsum. ergo et primum.
sc * Sed contra est quod dicit decretalis paschalis papae, ° novum genus exactionis est ut clerici a clericis decimas exigant.
co ‘ Respondeo dicendum quod idem non potest esse causa dandi et recipiendi, sicut nec causa agendi et patiendi, contingit autem ex diversis causis, et respectu diversorum, eundem esse dantem et recipientem, sicut agentem et patientem. clericis autem inquantum sunt ministri altaris spiritualia populo seminantes, decimae a fidelibus debentur. unde tales clerici, inquantum clerici sunt, idest inquantum possessiones habent ecclesiasticas, decimas solvere non tenentur. ex alia vero causa, scilicet propter hoc quod possident proprio iure, vel ex successione parentum, vel ex emptione, vel quocumque huiusmodi modo, sunt ad decimas solvendas obligati.
ra1 ‘ Unde patet responsio ad primum. quia clerici de propriis praediis tenentur solvere decimas parochiali ecclesiae sicut et alii, etiam si ipsi sint eiusdem ecclesiae clerici, quia aliud est habere aliquid ut proprium, aliud ut commune. praedia vero ecclesiae non sunt ad decimas solvendas obligata, etiam si sint infra terminos alterius parochiae.
ra2 ‘ Ad secundum dicendum quod religiosi qui sunt clerici, si habeant curam animarum spiritualia populo dispensantes, non tenentur decimas dare, sed possunt eas recipere. de aliis vero religiosis, etiam si sint clerici, qui non dispensant populo spiritualia, est alia ratio. ipsi enim tenentur de iure communi decimas dare, habent tamen aliquam immunitatem secundum diversas concessiones eis a sede apostolica factas.
ra3 ‘ Ad tertium dicendum quod in veteri lege primitiae debebantur sacerdotibus, decimae autem levitis, et quia sub sacerdotibus levitae erant, dominus mandavit ut ipsi, loco primitiarum, solverent summo sacerdoti decimam decimae. unde nunc, eadem ratione, tenentur clerici summo pontifici decimam dare, si exigeret. naturalis enim ratio dictat ut illi qui habet curam de communi multitudinis statu, provideatur unde possit exequi ea quae pertinent ad communem salutem.
ra4 ‘ Ad quartum dicendum quod decimae debent cedere in subventionem pauperum per dispensationem clericorum. et ideo pauperes non habent causam accipiendi decimas, sed tenentur eas dare.

009 ST3 qu88 ar

pr ‘ Deinde considerandum est de voto, per quod aliquid deo promittitur. et circa hoc quaeruntur duodecim. primo, quid sit votum. secundo, quid cadat sub voto. tertio, de obligatione voti. quarto, de utilitate vovendi. quinto, cuius virtutis sit actus. sexto, utrum magis meritorium sit facere aliquid ex voto quam sine voto. septimo, de solemnitate voti. octavo, utrum possint vovere qui sunt potestati alterius subiecti. nono, utrum pueri possint voto obligari ad religionis ingressum. decimo, utrum votum sit dispensabile vel commutabile. undecimo, utrum in solemni voto contineri possit dispensari. duodecimo, utrum requiratur in dispensatione voti superioris auctoritas.

009 ST3 qu88 ar1

ag1 ‘ Ad primum sic proceditur. videtur quod votum consistat in solo proposito voluntatis. * quia secundum quosdam, ° votum est conceptio boni propositi, animi deliberatione firmata, qua quis ad aliquid faciendum vel non faciendum se deo obligat. ‘ sed conceptio boni propositi, cum omnibus quae adduntur, potest in solo motu voluntatis consistere. ergo votum in solo proposito voluntatis consistit.
ag2 ‘ Praeterea, ipsum nomen voti videtur a voluntate assumptum, dicitur enim aliquis proprio voto facere quae voluntarie facit. sed propositum est actus voluntatis, promissio autem rationis. ergo votum in solo actu voluntatis consistit.
ag3 * Praeterea, dominus dicit, luc. ix, ° nemo mittens manum ad aratrum et aspiciens retro aptus est regno dei. ‘ sed aliquis ex hoc ipso quod habet propositum bene faciendi mittit manum ad aratrum. ergo, si aspiciat retro, desistens a bono proposito, non est aptus regno dei. ex solo igitur bono proposito aliquis obligatur apud deum, etiam nulla promissione facta. et ita videtur quod in solo proposito voluntatis votum consistat.
sc * Sed contra est quod dicitur eccle. v, ° si quid vovisti deo, ne moreris reddere, displicet enim ei infidelis et stulta promissio. ‘ ergo vovere est promittere, et votum est promissio.
co ‘ Respondeo dicendum quod votum quandam obligationem importat ad aliquid faciendum vel dimittendum. obligat autem homo se homini ad aliquid per modum promissionis, quae est rationis actus, ad quam pertinet ordinare, sicut enim homo imperando vel deprecando ordinat quodammodo quid sibi ab aliis fiat, ita promittendo ordinat quid ipse pro alio facere debeat. sed promissio quae ab homine fit homini, non potest fieri nisi per verba vel quaecumque exteriora signa. deo autem potest fieri promissio per solam interiorem cogitationem, quia * ut dicitur i reg. xvi, ° homines vident ea quae parent, sed deus intuetur cor. ‘ exprimuntur tamen quandoque verba exteriora vel ad sui ipsius excitationem, * sicut circa orationem dictum est, ‘ vel ad alios contestandum, ut non solum desistat a fractione voti propter timorem dei, sed etiam propter reverentiam hominum. promissio autem procedit ex proposito faciendi. propositum autem aliquam deliberationem praeexigit, cum sit actus voluntatis deliberatae. sic igitur ad votum tria ex necessitate requiruntur, primo quidem, deliberatio; secundo, propositum voluntatis; tertio, promissio, in qua perficitur ratio voti. superadduntur vero quandoque et alia duo, ad quandam voti confirmationem, scilicet pronuntiatio oris, |25| * secundum illud psalm., ° reddam tibi vota mea, quae distinxerunt labia mea; ‘ et iterum testimonium aliorum. * unde magister dicit, xxxviii dist. iv lib. sent., quod “ votum est testificatio quaedam promissionis spontaneae, quae deo et de his quae sunt dei fieri debet, quamvis testificatio ‘ possit ad interiorem testificationem proprie referri.
ra1 ‘ Ad primum ergo dicendum quod conceptio boni propositi non firmatur ex animi deliberatione nisi

promissione deliberationem consequente.
ra2 ‘ Ad secundum dicendum quod voluntas movet rationem ad promittendum aliquid circa ea quae eius voluntati subduntur. et pro tanto votum a voluntate accepit nomen quasi a primo movente.
ra3 ‘ Ad tertium dicendum quod ille qui mittit manum ad aratrum iam facit aliquid. sed ille qui solum proponit nondum aliquid facit. sed quando promittit, iam incipit se exhibere ad faciendum, licet nondum impleat quod promittit, sicut ille qui ponit manum ad aratrum nondum arat, iam tamen apponit manum ad arandum.

009 ST3 qu88 ar2

ag1 ‘ Ad secundum sic proceditur. videtur quod votum non semper debeat fieri de meliori bono. dicitur enim melius bonum quod ad supererogationem pertinet. sed votum non solum fit de his quae sunt supererogationis, sed etiam de his quae pertinent ad salutem. nam et ° in baptismo vovent homines abrenuntiare diabolo et pompis eius, et fidem servare, * ut dicit glossa, super illud psalm., ° vovete et reddite domino deo vestro. “ iacob etiam vovit quod esset ei dominus in deum, * ut habetur gen. xxviii, ‘ hoc autem est maxime de necessitate salutis. ergo votum non solum fit de meliori bono.
ag2 ‘ Praeterea, iephte in catalogo sanctorum ponitur, * ut patet heb. xi. ‘ sed ipse filiam innocentem occidit propter votum, * ut habetur iudic. xi. ‘ cum igitur occisio innocentis non sit melius bonum, sed sit secundum se illicitum, videtur quod votum fieri possit non solum de meliori bono, sed etiam de illicitis.
ag3 ‘ Praeterea, ea quae redundant in detrimentum personae, vel quae ad nihil sunt utilia, non habent rationem melioris boni. sed quandoque fiunt aliqua vota de immoderatis vigiliis et ieiuniis, quae vergunt in periculum personae. quandoque etiam fiunt aliqua vota de aliquibus indifferentibus et ad nihil valentibus. ergo non semper votum est melioris boni.
sc * Sed contra est quod dicitur deut. xxiii, ° si nolueris polliceri, absque peccato eris.
co * Respondeo dicendum quod, sicut dictum est, ‘ votum est promissio deo facta. promissio autem est alicuius quod quis pro aliquo voluntarie facit. non enim esset promissio, sed comminatio, si quis diceret se contra aliquem facturum. similiter vana esset promissio si aliquis alicui promitteret id quod ei non esset acceptum. et ideo, cum omne peccatum sit contra deum; nec aliquod opus sit deo acceptum nisi sit virtuosum, consequens est quod de nullo illicito, nec de aliquo indifferenti debeat fieri votum, sed solum de aliquo actu virtutis. sed quia votum promissionem voluntariam importat, necessitas autem voluntatem excludit, id quod est absolute necessarium esse vel non esse nullo modo cadit sub voto, stultum enim esset si quis voveret se esse moriturum, vel se non esse volaturum. illud vero quod non habet absolutam necessitatem, sed necessitatem finis, puta quia sine eo non potest esse salus, cadit quidem sub voto inquantum voluntarie fit, non autem inquantum est necessitatis. illud autem quod neque cadit sub necessitate absoluta neque sub necessitate finis, omnino est voluntarium. et ideo hoc propriissime cadit sub voto. hoc autem dicitur esse maius bonum in comparatione ad bonum quod communiter est de necessitate salutis. et ideo, proprie loquendo, votum dicitur esse de bono meliori.
ra1 ‘ Ad primum ergo dicendum quod hoc modo sub voto baptizatorum cadit abrenuntiare pompis diaboli et fidem christi servare, quia voluntarie fit, licet sit de necessitate salutis. et similiter potest dici de voto iacob. quamvis etiam possit intelligi quod iacob vovit se habere dominum in deum per specialem cultum, ad quem non tenebatur, sicut per decimarum oblationem, * et alia huiusmodi quae ibi subduntur.
ra2 ‘ Ad secundum dicendum quod quaedam sunt quae in omnem eventum sunt bona, sicut opera virtutis et alia quae absolute possunt cadere sub voto. quaedam vero in omnem eventum sunt mala, sicut ea quae secundum se sunt peccata. et haec nullo modo possunt sub voto cadere. quaedam vero sunt quidem in se considerata bona, et secundum hoc possunt cadere sub voto, possunt tamen habere malum eventum, in quo non sunt observanda. et sic accidit in voto iephte, * qui ut dicitur iudic. xi, ° votum vovit domino, dicens, si tradideris filios ammon in manus meas, quicumque primus egressus fuerit de foribus domus meae mihique occurrerit revertenti in pace, eum offeram holocaustum domino. ‘ hoc enim poterat malum eventum habere, si occurreret ei aliquod animal non immolativum, sicut asinus vel homo, quod et accidit. * unde, ut hieronymus dicit, “ in vovendo fuit stultus, quia discretionem non adhibuit, et in reddendo impius. praemittitur * tamen ibidem quod ‘ factus est super eum spiritus domini, quia fides et devotio ipsius, ex qua motus est ad vovendum, fuit a spiritu sancto. propter quod ponitur in catalogo sanctorum, et propter victoriam quam obtinuit; et quia probabile est eum poenituisse de facto iniquo, |25| quod tamen aliquod bonum figurabat.
ra3 ‘ Ad tertium dicendum quod maceratio proprii corporis, puta per vigilias et ieiunia, non est deo accepta nisi inquantum est opus virtutis, quod quidem est inquantum cum debita discretione fit, ut scilicet concupiscentia refrenetur et natura non nimis gravetur. et sub tali tenore possunt huiusmodi sub voto cadere. * propter quod et apostolus, rom. xii, postquam dixerat, ° exhibeatis corpora vestra hostiam viventem, sanctam, deo placentem, * addidit, ° rationabile obsequium vestrum. ‘ sed quia in his quae ad seipsum pertinent de facili fallitur homo in iudicando, talia vota congruentius secundum arbitrium superioris sunt vel servanda vel praetermittenda. ita tamen quod si ex observatione talis voti magnum et manifestum gravamen sentiret, et non esset facultas ad superiorem recurrendi, non debet homo tale votum servare. vota vero quae sunt de rebus vanis et inutilibus sunt magis deridenda quam servanda.

009 ST3 qu88 ar3

ag1 ‘ Ad tertium sic proceditur. videtur quod non omne votum obliget ad sui observationem. homo enim magis indiget his quae per alium hominem fiunt quam deus, qui “ bonorum nostrorum non eget. ‘ sed promissio simplex homini facta non obligat ad servandum, secundum institutionem legis humanae, quod videtur esse institutum propter mutabilitatem humanae voluntatis. ergo multo minus simplex promissio deo facta, quae dicitur votum, obligat ad observandum.
ag2 ‘ Praeterea, nullus obligatur ad impossibile. sed quandoque illud quod quis vovit fit ei impossibile, vel quia dependet ex alieno arbitrio, sicut cum quis vovet aliquod monasterium intrare cuius monachi eum nolunt recipere; vel propter emergentem defectum, sicut mulier quae vovit virginitatem servare et postea corrumpitur, vel vir qui vovet pecuniam dare et postea amittit pecuniam. ergo non semper votum est obligatorium.
ag3 ‘ Praeterea, illud ad cuius solutionem est aliquis obligatus, statim solvere tenetur. sed aliquis non statim solvere tenetur illud quod vovit, praecipue cum sub conditione futura vovet. ergo votum non semper est obligatorium.
sc * Sed contra est quod dicitur eccle. v, ° quodcumque voveris, redde. multoque melius est non vovere quam post votum promissa non reddere.
co ‘ Respondeo dicendum quod ad fidelitatem hominis pertinet ut solvat id quod promisit, * unde secundum augustinum, ‘ fides dicitur ex hoc quod fiunt dicta. maxime autem debet homo deo fidelitatem, tum ratione dominii; tum etiam ratione beneficii suscepti. et ideo maxime obligatur homo ad hoc quod impleat vota deo facta, hoc enim pertinet ad fidelitatem quam homo debet deo, fractio autem voti est quaedam infidelitatis species. * unde salomon rationem assignat “ quare sint vota reddenda. ‘ quia displicet deo infidelis promissio.
ra1 ‘ Ad primum ergo dicendum quod secundum honestatem ex qualibet promissione homo homini obligatur, et haec est obligatio iuris naturalis. sed ad hoc quod aliquis obligetur ex aliqua promissione obligatione civili, quaedam alia requiruntur. deus autem etsi bonis nostris non egeat, ei tamen maxime obligamur. et ita votum ei factum est maxime obligatorium.
ra2 ‘ Ad secundum dicendum quod si illud quod quis vovit ex quacumque causa impossibile reddatur, debet homo facere quod in se est, ut saltem habeat promptam voluntatem faciendi quod potest. unde ille qui vovit monasterium aliquod intrare debet dare operam quam potest ut ibi recipiatur. et si quidem intentio sua fuit se obligare ad religionis ingressum principaliter, et ex consequenti elegit hanc religionem vel hunc locum quasi sibi magis congruentem, tenetur, si non potest ibi recipi, aliam religionem intrare. si autem principaliter intendit se obligare ad hanc religionem vel ad hunc locum, propter specialem complacentiam huius religionis vel loci, non tenetur aliam religionem intrare si illi eum recipere nolunt. si vero incidit in impossibilitatem implendi votum ex propria culpa, tenetur insuper de propria culpa praeterita poenitentiam agere. sicut mulier quae vovit virginitatem, si postea corrumpatur, non solum debet servare quod potest, scilicet perpetuam continentiam, sed etiam de eo quod admisit peccando poenitere.
ra3 ‘ Ad tertium dicendum quod obligatio voti ex propria voluntate et intentione causatur, * unde dicitur deut. xxiii, quod ° semel egressum est de labiis tuis, observabis, et facies sicut promisisti domino deo tuo, et propria voluntate et ore tuo locutus es. ‘ et ideo si in intentione et voluntate voventis est obligare se ad statim solvendum, tenetur statim solvere. si autem ad certum tempus, vel sub certa conditione, non tenetur statim solvere. sed nec debet tardare ultra quam intendit se obligare, * dicitur enim ibidem, ° cum votum voveris domino deo tuo, non tardabis reddere, quia requiret illud dominus deus tuus; et si moratus fueris, reputabitur tibi in peccatum.

009 ST3 qu88 ar4

ag1 ‘ Ad quartum sic proceditur. videtur quod non expediat aliquid vovere. non enim alicui expedit ut privet se bono quod ei deus donavit. sed libertas est unum de maximis bonis quae homini deus dedit, qua videtur privari per necessitatem quam votum imponit. ergo non videtur expediens homini quod aliquid voveat.
ag2 ‘ Praeterea, nullus debet se periculis iniicere. sed quicumque vovet se periculo iniicit, quia quod ante votum sine periculo poterat praeteriri, si non servetur post votum, periculosum est. * unde augustinus dicit, in epistola ad armentarium et paulinam, ° quia iam vovisti, iam te obstrinxisti, aliud tibi facere non licet. non talis eris si non feceris quod vovisti, qualis mansisses si nihil tale vovisses. minor enim tunc esses, non peior. modo autem, tanto, quod absit, miserior si fidem deo fregeris, quanto beatior si persolveris. ‘ ergo non expedit aliquid vovere.
ag3 * Praeterea, apostolus dicit, i ad cor. iv, ° imitatores mei estote, sicut et ego christi. ‘ sed non legitur neque christum aliquid vovisse, nec apostolos. ergo videtur quod non expediat aliquid vovere.
sc * Sed contra est quod dicitur in psalm., ° vovete et reddite domino deo vestro.
co * Respondeo dicendum quod, sicut dictum est, ‘ votum est promissio deo facta. alia autem ratione promittitur aliquid homini, et alia ratione deo. homini quidem promittimus aliquid propter eius utilitatem, cui utile est et quod ei aliquid exhibeamus, et quod eum de futura exhibitione prius certificemus. sed promissionem deo facimus non propter eius utilitatem, sed propter nostram. * unde augustinus dicit, in praedicta epistola, ° benignus exactor est, non egenus, et qui non crescat ex redditis, sed in se crescere faciat redditores. ‘ et sicut id quod damus deo non est ei utile, sed nobis, quia quod ei redditur reddenti additur, * ut augustinus ibidem dicit; ‘ ita etiam promissio qua deo aliquid vovemus, non cedit in eius utilitatem, qui a nobis certificari non indiget; sed ad utilitatem nostram, inquantum vovendo voluntatem nostram immobiliter firmamus ad id quod expedit facere. et ideo expediens est vovere.
ra1 ‘ Ad primum ergo dicendum quod sicut non posse peccare non diminuit libertatem, ita etiam necessitas firmatae voluntatis in bonum non diminuit libertatem, ut patet in deo et in beatis. et talis est necessitas voti, similitudinem quandam habens cum confirmatione beatorum. * unde augustinus in eadem epistola dicit quod ° felix necessitas est quae in meliora compellit.
ra2 ‘ Ad secundum dicendum quod quando periculum nascitur ex ipso facto, tunc illud factum non est expediens, puta quod aliquis per pontem ruinosum transeat fluvium. sed si periculum immineat ex hoc quod homo deficit ab illo facto, non desinit propter hoc esse expediens sicut expediens est ascendere equum, quamvis periculum immineat cadenti de equo. alioquin oporteret ab omnibus bonis cessare quae per accidens ex aliquo eventu possunt esse periculosa. * unde dicitur eccle. xi, ° qui observat ventum non seminat, et qui considerat nubes nunquam metet. ‘ periculum autem voventi non imminet ex ipso voto, sed ex culpa hominis, qui voluntatem mutat transgrediens votum. * unde augustinus dicit in eadem epistola, ° non te vovisse poeniteat. immo gaude iam tibi sic non licere quod cum tuo detrimento licuisset.
ra3 ‘ Ad tertium dicendum quod christo secundum se non competebat vovere. tum quia deus erat. tum etiam quia, inquantum homo, habebat firmatam voluntatem in bono, quasi comprehensor existens. quamvis per quandam similitudinem ex persona eius * dicatur in psalm., secundum glossam, ° vota mea reddam in conspectu timentium eum, ‘ loquitur autem pro corpore suo, quod est ecclesia. apostoli autem intelliguntur vovisse pertinentia ad perfectionis statum quando christum, relictis omnibus, sunt secuti.

009 ST3 qu88 ar5

ag1 ‘ Ad quintum sic proceditur. videtur quod votum non sit actus latriae sive religionis. omne enim opus virtutis cadit sub voto. sed ad eandem virtutem pertinere videtur promittere aliquid et facere illud. ergo votum pertinet ad quamlibet virtutem, et non specialiter ad religionem.
ag2 * Praeterea, secundum tullium, “ ad religionem pertinet cultum et caeremoniam deo offerre. ‘ sed ille qui vovet nondum aliquid deo offert, sed solum promittit. ergo votum non est actus religionis.
ag3 ‘ Praeterea, cultus religionis non debet exhiberi nisi deo. sed votum non solum fit deo, sed etiam sanctis et praelatis, quibus religiosi profitentes obedientiam vovent. ergo votum non est religionis actus.
sc * Sed contra est quod dicitur isaiae xix, ° colent eum in hostiis et muneribus, et vota vovebunt domino et solvent. ‘ sed colere deum est proprie religionis sive latriae. ergo votum est actus latriae sive religionis.
co * Respondeo dicendum quod, sicut supra dictum est, ‘ omne opus virtutis ad religionem seu latriam pertinet per modum imperii, secundum quod ad divinam reverentiam ordinatur, quod est proprius finis latriae. ordinare autem alios actus in * manifestum est autem ex praedictis quod ‘ votum est quaedam imperatas. et ideo ipsa ordinatio actuum cuiuscumque virtutis in servitium dei est proprius actus latriae. * manifestum est autem ex praedictis quod ‘ votum est quaedam promissio deo facta, et quod promissio nihil est aliud quam ordinatio quaedam eius quod promittitur in eum cui promittitur. unde votum est ordinatio quaedam eorum quae quis vovet

in divinum cultum seu obsequium. et sic patet quod vovere proprie est actus latriae seu religionis.
ra1 ‘ Ad primum ergo dicendum quod illud quod cadit sub voto quandoque quidem est actus alterius virtutis, sicut ieiunare, continentiam servare; quandoque vero est actus religionis, sicut sacrificium offerre vel orare. utrorumque tamen promissio deo facta ad religionem pertinet, ratione iam dicta. unde patet quod votorum quoddam pertinet ad religionem ratione solius promissionis deo factae, quae est essentia voti, quandoque etiam ratione rei promissae, quae est voti materia.
ra2 ‘ Ad secundum dicendum quod ille qui promittit, inquantum se obligat ad dandum, iam quodammodo dat, sicut dicitur fieri aliquid cum fit causa eius, quia effectus virtute continetur in causa. et inde est quod non solum danti, sed etiam promittenti gratiae aguntur.
ra3 ‘ Ad tertium dicendum quod votum soli deo fit, sed promissio potest etiam fieri homini, et ipsa promissio boni quae fit homini potest cadere sub voto, inquantum est quoddam opus virtuosum. et per hunc modum intelligendum est votum quo quis vovet aliquid sanctis vel praelatis, ut ipsa promissio facta sanctis vel praelatis cadat sub voto materialiter, inquantum scilicet homo vovet deo se impleturum quod sanctis vel praelatis promittit.

009 ST3 qu88 ar6

ag1 ‘ Ad sextum sic proceditur. videtur quod magis sit laudabile et meritorium facere aliquid sine voto quam cum voto. * dicit enim prosper, in ii de vita contempl., sic ° abstinere vel ieiunare debemus ut non nos necessitati ieiunandi subdamus, ne iam non devoti, sed inviti rem voluntariam faciamus. ‘ sed ille qui vovet ieiunium subdit se necessitati ieiunandi. ergo melius esset si ieiunaret sine voto.
ag2 * Praeterea, apostolus dicit, ii cor. ix, ° unusquisque prout destinavit in corde suo, non ex tristitia aut ex necessitate, hilarem enim datorem diligit deus. ‘ sed quidam ea quae vovent ex tristitia faciunt, et hoc videtur procedere ex necessitate quam votum imponit, quia necessitas contristans est, * ut dicitur v metaphys.. ‘ ergo melius est aliquid facere sine voto quam cum voto.
ag3 ‘ Praeterea, votum necessarium est ad hoc quod firmetur voluntas hominis ad rem quam vovet, * ut supra habitum est. ‘ sed non magis potest firmari voluntas ad aliquid faciendum quam cum actu facit illud. ergo non melius est facere aliquid cum voto quam sine voto.
sc * Sed contra est quod super illud psalm., vovete et reddite, dicit glossa, vovere voluntati consulitur. ‘ sed consilium non est nisi de meliori bono. ergo melius est facere aliquod melius opus ex voto quam sine voto, quia qui facit sine voto, implet tantum unum consilium, scilicet de faciendo; qui autem facit cum voto, implet duo consilia, scilicet et vovendo et faciendo.
co ‘ Respondeo dicendum quod triplici ratione facere idem opus cum voto est melius et magis meritorium quam facere sine voto. primo quidem, quia vovere, * sicut dictum est, ‘ est actus latriae, quae est praecipua inter virtutes morales. nobilioris autem virtutis est opus melius et magis meritorium. unde actus inferioris virtutis est melior et magis meritorius ex hoc quod imperatur a superiori virtute, cuius actus fit per imperium, sicut actus fidei vel spei melior est si imperetur a caritate. et ideo actus aliarum virtutum moralium, puta ieiunare, quod est actus abstinentiae, et continere, quod est actus castitatis, sunt meliora et magis meritoria si fiant ex voto, quia sic iam pertinent ad divinum cultum, quasi quaedam dei sacrificia. * unde augustinus dicit, in libro de virginitate, quod ° neque ipsa virginitas quia virginitas est, sed quia deo dicata est, honoratur; quam fovet et servat continentia pietatis. ‘ secundo, quia ille qui vovet aliquid et facit, plus se deo subiicit quam ille qui solum facit. subiicit enim se deo non solum quantum ad actum sed etiam quantum ad potestatem, quia de cetero, non potest aliud facere, sicut plus daret homini qui daret ei arborem cum fructibus quam qui daret ei fructus tantum, * ut dicit anselmus, in libro de similitud.. et ‘ inde est quod etiam promittentibus gratiae aguntur, |25| * ut dictum est. ‘ tertio, quia per votum immobiliter voluntas firmatur in bonum. facere autem aliquid ex voluntate firmata in bonum pertinet ad perfectionem virtutis, * ut patet per philosophum, in ii ethic., ‘ sicut etiam peccare mente obstinata aggravat peccatum, et dicitur peccatum in spiritum sanctum, * ut supra dictum est.
ra1 * Ad primum ergo dicendum quod auctoritas illa est intelligenda ‘ de necessitate coactionis, quae involuntarium causat et devotionem excludit. * unde signanter dicit, ° ne iam non devoti, sed inviti rem voluntariam faciamus. ‘ necessitas autem voti est per immutabilitatem voluntatis, unde et voluntatem confirmat et devotionem auget. et ideo ratio non sequitur.
ra2 ‘ Ad secundum dicendum quod necessitas coactionis, inquantum est contraria voluntati, tristitiam causat, * secundum philosophum. ‘ necessitas autem voti in his qui sunt bene dispositi, inquantum voluntatem confirmat, non causat tristitiam, sed gaudium. * unde augustinus dicit, in epistola ad armentarium et paulinam, ° non te vovisse poeniteat, immo gaude iam tibi sic non licere quod cum tuo detrimento licuisset. ‘ si tamen ipsum opus, secundum se consideratum, triste et involuntarium redderetur post votum, dum tamen remaneat voluntas votum implendi, adhuc est magis meritorium quam si fieret sine voto, quia impletio voti est actus religionis, quae est potior virtus quam abstinentia, cuius actus est ieiunare.
ra3 ‘ Ad tertium dicendum quod ille qui facit aliquid sine voto habet immobilem voluntatem respectu illius operis singularis quod facit, et tunc quando facit, non autem manet voluntas eius omnino firmata in futurum, sicut voventis, qui suam voluntatem obligavit ad aliquid faciendum et antequam faceret illud singulare opus, et fortasse ad pluries faciendum.

009 ST3 qu88 ar7

ag1 ‘ Ad septimum sic proceditur. videtur quod votum non solemnizetur per susceptionem sacri ordinis, et per professionem ad certam regulam. votum enim, * ut dictum est, ‘ promissio deo facta est. ea vero quae exterius aguntur ad solemnitatem pertinentia non videntur ordinari ad deum, sed ad homines. ergo per accidens se habent ad votum. non ergo solemnitas talis est propria conditio voti.
ag2 ‘ Praeterea, illud quod pertinet ad conditionem alicuius rei, videtur posse competere omnibus illis in quibus res illa invenitur. sed multa possunt sub voto cadere quae non pertinent neque ad sacrum ordinem, neque pertinent ad aliquam certam regulam, sicut cum quis vovet peregrinationem, aut aliquid huiusmodi. ergo solemnitas quae fit in susceptione sacri ordinis vel in promissione certae regulae, non pertinet ad conditionem voti.
ag3 ‘ Praeterea, votum solemne idem videtur esse quod votum publicum. sed multa alia vota possunt fieri in publico quam votum quod emittitur in susceptione sacri ordinis vel professione certae regulae, et huiusmodi etiam vota possunt fieri in occulto. ergo non solum huiusmodi vota sunt solemnia.
sc ‘ Sed contra est quod solum huiusmodi vota impediunt matrimonium contrahendum et dirimunt iam contractum; quod est effectus voti solemnis, * ut infra dicetur in tertia huius operis parte.
co ‘ Respondeo dicendum quod unicuique rei solemnitas adhibetur secundum illius rei conditionem, sicut alia est solemnitas novae militiae, scilicet in quodam apparatu equorum et armorum et concursu militum; et alia solemnitas nuptiarum, quae consistit in apparatu sponsi et sponsae et conventu propinquorum. votum autem est promissio deo facta. unde solemnitas voti attenditur secundum aliquid spirituale, quod ad deum pertineat, idest secundum aliquam spiritualem benedictionem vel consecrationem, quae ex institutione apostolorum adhibetur in professione certae regulae, secundo gradu post sacri ordinis susceptionem, * ut dionysius dicit, vi cap. eccles. hier.. ‘ et huius ratio est quia solemnitates non consueverunt adhiberi nisi quando aliquis totaliter mancipatur alicui rei, non enim solemnitas nuptialis adhibetur nisi in celebratione matrimonii, quando uterque coniugum sui corporis potestatem alteri tradit. et similiter voti solemnitas adhibetur quando aliquis per susceptionem sacri ordinis divino ministerio applicatur; et in professione certae regulae, quando per abrenuntiationem saeculi et propriae voluntatis aliquis statum perfectionis assumit.
ra1 ‘ Ad primum ergo dicendum quod huiusmodi solemnitas pertinet non solum ad homines, sed ad deum, inquantum habet aliquam spiritualem consecrationem seu benedictionem, cuius deus est auctor, etsi homo sit minister, * secundum illud num. vi, ° invocabunt nomen meum super filios israel, et ego benedicam eis. ‘ et ideo votum solemne habet fortiorem obligationem apud deum quam votum simplex; et gravius peccat qui illud transgreditur. * quod autem dicitur quod ‘ votum simplex non minus obligat apud deum quam solemne, intelligendum est quantum ad hoc quod utriusque transgressor peccat mortaliter.
ra2 ‘ Ad secundum dicendum quod particularibus actibus non consuevit solemnitas adhiberi, sed assumptioni novi status, * ut dictum est. ‘ et ideo cum quis vovet aliqua particularia opera, sicut aliquam peregrinationem vel aliquod speciale ieiunium, tali voto non congruit solemnitas, sed solum voto quo aliquis totaliter se subiicit divino ministerio seu famulatui; in quo tamen voto, quasi universali, multa particularia opera comprehenduntur.
ra3 ‘ Ad tertium dicendum quod vota ex hoc quod fiunt in publico possunt habere quandam solemnitatem humanam, non autem solemnitatem spiritualem et divinam, sicut habent vota praemissa, etiam si coram paucis fiant. unde aliud est votum esse publicum, et aliud esse solemne.

009 ST3 qu88 ar8

ag1 ‘ Ad octavum sic proceditur. videtur quod illi qui sunt alterius potestati subiecti non impediantur a vovendo. minus enim vinculum superatur a maiori. sed obligatio qua quis subiicitur homini est minus vinculum quam votum, per quod aliquis obligatur deo. ergo illi qui sunt alienae potestati subiecti non impediuntur a vovendo.
ag2 ‘ Praeterea, filii sunt in potestate patris. sed filii possunt profiteri in aliqua religione etiam sine voluntate parentum. ergo non impeditur aliquis a vovendo per hoc quod est subiectus potestati alterius.
ag3 ‘ Praeterea, maius est facere quam promittere. sed religiosi qui sunt sub potestate praelatorum possunt aliqua facere sine licentia suorum praelatorum, puta dicere aliquos psalmos, vel facere aliquas abstinentias. ergo videtur quod multo magis possunt huiusmodi vovendo deo promittere.
ag4 ‘ Praeterea, quicumque facit quod de iure facere non potest, peccat. sed subditi non peccant vovendo, quia hoc nunquam invenitur prohibitum. ergo videtur quod de iure possunt vovere.
sc * Sed contra est quod num. xxx mandatur quod, ° si mulier in domo patris sui, et adhuc in puellari aetate, aliquid voverit, ‘ non tenetur rea voti nisi pater eius consenserit. * et idem dicit ‘ de muliere habente virum. ergo, pari ratione, nec aliae personae alterius potestati subiectae possunt se voto obligare.
co * Respondeo dicendum quod, sicut supra dictum est, ‘ votum est promissio quaedam deo facta. nullus autem potest per promissionem se firmiter obligare ad id quod est in potestate alterius, sed solum ad id quod est omnino in sua potestate. quicumque autem est subiectus alicui, quantum ad id in quo est subiectus, non est suae potestatis facere quod vult, sed dependet ex voluntate alterius. et ideo non potest se per votum firmiter obligare, in his in quibus alteri subiicitur, sine consensu sui superioris.
ra1 ‘ Ad primum ergo dicendum quod sub promissione deo facta non cadit nisi quod est virtuosum, * ut supra dictum est. ‘ est autem contra virtutem ut id quod est alterius homo offerat deo, * ut supra dictum est. ‘ et ideo non potest omnino salvari ratio voti, cum quis in potestate constitutus vovet id quod est in potestate alterius, nisi sub conditione si ille ad cuius potestatem pertinet non contradicat.
ra2 ‘ Ad secundum dicendum quod ex quo homo venit ad annos pubertatis, si sit liberae conditionis, est suae potestatis quantum ad ea quae pertinent ad suam personam, puta quod obliget se religioni per votum, vel quod matrimonium contrahat. non autem est suae potestatis quantum ad dispensationem domesticam. unde circa hoc non potest aliquid vovere quod sit ratum, sine consensu patris. servus autem, quia est in potestate domini etiam quantum ad personales operationes, non potest se voto obligare ad religionem, per quam ab obsequio domini sui abstraheretur.
ra3 ‘ Ad tertium dicendum quod religiosus subditus est praelato quantum ad suas operationes secundum professionem regulae. et ideo etiam si aliquis ad horam aliquid facere possit quando ad alia non occupatur a praelato, quia tamen nullum tempus est exceptum in quo praelatus non possit eum circa aliquid occupare, nullum votum religiosi est firmum nisi sit de consensu praelati. sicut nec votum puellae existentis in domo, nisi sit de consensu patris, nec uxoris, nisi de consensu viri.
ra4 ‘ Ad quartum dicendum quod licet votum eorum qui sunt alterius potestati subiecti non sit firmum sine consensu eorum quibus subiiciuntur, non tamen peccant vovendo, quia in eorum voto intelligitur debita conditio, scilicet si suis superioribus placuerit, vel non renitantur.

009 ST3 qu88 ar9

ag1 ‘ Ad nonum sic proceditur. videtur quod pueri non possint voto se obligare ad religionis ingressum. cum enim ad votum requiratur animi deliberatio, non competit vovere nisi illis qui habent usum rationis. sed hoc deficit in pueris, sicut et in amentibus vel furiosis. sicut ergo amentes et furiosi non possunt se ad aliquid voto adstringere, ita etiam nec pueri, ut videtur, possunt se voto obligare religioni.
ag2 ‘ Praeterea, illud quod rite potest ab aliquo fieri, non potest ab alio irritari. sed votum religionis a puero vel puella factum ante annos pubertatis potest a parentibus revocari, vel a tutore, * ut habetur xx, qu. ii, cap. puella. ‘ ergo videtur quod puer vel puella, ante quatuordecim annos, non possit rite vovere.
ag3 ‘ Praeterea, religionem intrantibus annus probationis conceditur, * secundum regulam beati benedicti et secundum statutum innocentii iv, ‘ ad hoc quod probatio obligationem voti praecedat. ergo illicitum videtur esse quod pueri voto obligentur ad religionem ante probationis annum.
sc ‘ Sed contra, illud quod non est rite factum non est validum, etiam si a nullo revocetur. sed votum puellae, etiam ante annos pubertatis emissum, validum est si infra annum a parentibus non revocetur, * ut habetur xx, qu. ii, cap. puella. ‘ ergo licite et rite possunt pueri voto obligari ad religionem, etiam ante annos pubertatis.
co * Respondeo dicendum quod, sicut ex praedictis patet, ‘ duplex est votum, scilicet simplex, et solemne. et quia solemnitas voti in quadam spirituali benedictione et consecratione consistit, * ut dictum est, ‘ quae fit per ministerium ecclesiae; ideo solemnizatio voti sub dispensatione ecclesiae cadit. votum autem simplex efficaciam habet ex deliberatione animi, qua quis se obligare intendit. quod autem talis obligatio robur non habeat, dupliciter potest contingere. uno quidem modo, propter defectum rationis,

sicut patet in furiosis et amentibus, qui se voto non possunt obligare ad aliquid, dum sunt in furia vel amentia. alio modo, quia ille qui vovet est alterius potestati subiectus, * ut supra dictum est. ' et ista duo concurrunt in pueris ante annos pubertatis, quia et patiuntur rationis defectum, ut in pluribus; et sunt naturaliter sub cura parentum, vel tutorum, qui sunt eis loco parentum. et ideo eorum vota ex duplici causa robur non habent. contingit tamen, propter naturae dispositionem, quae legibus humanis non subditur, in aliquibus, licet paucis, accelerari * rationis usum, qui ob hoc dicuntur doli capaces. ' nec tamen propter hoc in aliquo eximuntur a cura parentum, quae subiacet legi humanae respicienti ad id quod frequentius accidit. est ergo dicendum quod si puer vel puella, ante pubertatis |25| annos, nondum habeat usum rationis, nullo modo potest se ad aliquid voto obligare. si vero ante annos pubertatis attigerit usum rationis, potest quidem, quantum in ipso est, se obligare, sed votum eius potest irritari per parentes, quorum curae remanet adhuc subiectus. quantumcumque tamen sit doli capax, ante annos pubertatis non potest obligari voto solemni religionis, propter ecclesiae statutum, quod respicit id quod in pluribus accidit. post annos autem pubertatis, possunt iam se voto religionis obligare, vel simplici vel solemni, absque voluntate parentum.

ra1 ' Ad primum ergo dicendum quod ratio illa procedit de pueris qui nondum attigerunt usum rationis, quorum vota sunt invalida, * ut dictum est.

ra2 ' Ad secundum dicendum quod vota eorum qui sunt in potestate aliorum habent conditionem implicitam, scilicet si non revocentur a superiori, ex qua licita redduntur, et valida si conditio extat, * ut dictum est.

ra3 ' Ad tertium dicendum quod ratio illa procedit de voto solemni quod fit per professionem.

009 ST3 qu88 ar10

ag1 ' Ad decimum sic proceditur. videtur quod in voto dispensari non possit. minus enim est commutari votum quam in eo dispensari. sed votum non potest commutari, * dicitur enim levit. xxvii, ° animal quod immolari potest domino, si quis voverit, sanctum erit, et mutari non poterit, nec melius malo nec peius bono. ' ergo multo minus potest dispensari in voto.

ag2 ' Praeterea, in his quae sunt de lege naturae et in praeceptis divinis non potest per hominem dispensari, et praecipue in praeceptis primae tabulae, quae ordinantur directe ad dilectionem dei, quae est ultimus praeceptorum finis. sed implere votum est de lege naturae; et est etiam praeceptum legis divinae, * ut ex supra dictis patet; ' et pertinet ad praecepta primae tabulae, cum sit actus latriae. ergo in voto dispensari non potest.

ag3 ' Praeterea, obligatio voti fundatur super fidelitatem quam homo debet deo, * ut dictum est. ' sed in hac nullus potest dispensare. ergo nec in voto.

sc ' Sed contra, maioris firmitatis esse videtur quod procedit ex communi voluntate quam quod procedit ex singulari voluntate alicuius personae. sed in lege, quae habet robur ex communi voluntate, potest per hominem dispensari. ergo videtur quod etiam in voto per hominem dispensari possit.

co ' Respondeo dicendum quod dispensatio voti intelligenda est ad modum dispensationis quae fit in observantia alicuius legis. quia, * ut supra dictum est, ' lex ponitur respiciendo ad id quod est ut in pluribus bonum, sed quia contingit huiusmodi in aliquo casu non esse bonum, oportuit per aliquem determinari in illo particulari casu legem non esse servandam. et hoc proprie est dispensare in lege, nam dispensatio videtur importare commensuratam quandam distributionem vel applicationem communis alicuius ad ea quae sub ipso continentur, per quem modum dicitur aliquis dispensare cibum familiae. similiter autem ille qui vovet quodammodo sibi statuit legem, obligans se ad aliquid quod est secundum se et in pluribus bonum. potest tamen contingere quod in aliquo casu sit vel simpliciter malum, vel inutile, vel maioris boni impeditivum, quod est contra rationem eius quod cadit sub voto, * ut ex praedictis patet. ' et ideo necesse est quod determinetur in tali casu votum non esse servandum. et si quidem absolute determinetur aliquod votum non esse servandum, dicitur esse dispensatio voti. si autem pro hoc quod servandum erat aliquid aliud imponatur, dicitur commutatio voti. unde minus est votum commutare quam in voto dispensare. utrumque tamen in potestate ecclesiae consistit.

ra1 ' Ad primum ergo dicendum quod animal quod immolari poterat, ex hoc ipso quod vovebatur, sanctum reputabatur, quasi divino cultui mancipatum, et haec erat ratio quare non poterat commutari; sicut nec modo posset aliquis rem quam vovit, iam consecratam, puta calicem vel domum, commutare in melius vel in peius. animal autem quod non poterat sanctificari quia non erat immolatitium, redimi poterat et debebat, * sicut ibidem lex dicit. ' et ita etiam nunc commutari possunt vota si consecratio non interveniat.

ra2 ' Ad secundum dicendum quod sicut ex iure naturali et praecepto divino tenetur homo implere votum, ita etiam tenetur ex eisdem obedire superiorum legi vel mandato. et tamen cum dispensatur in aliqua lege humana, non fit ut legi humanae non obediatur, quod est contra legem naturae et mandatum divinum, sed fit ut hoc quod erat lex, non sit lex in hoc casu. ita etiam auctoritate superioris dispensantis fit ut hoc quod continebatur sub voto, non contineatur, inquantum determinatur in hoc casu hoc non esse congruam materiam voti. et ideo cum praelatus ecclesiae dispensat in voto, non dispensat in praecepto iuris naturalis vel divini, sed determinat id quod cadebat sub obligatione deliberationis humanae, quae non potuit omnia circumspicere.

ra3 ' Ad tertium dicendum quod ad fidelitatem deo debitam non pertinet quod homo faciat id quod ad vovendum est malum, vel inutile, vel maioris boni impeditivum, ad quod tendit voti dispensatio. et ideo dispensatio voti non est contra fidelitatem deo debitam.

009 ST3 qu88 ar11

ag1 ' Ad undecimum sic proceditur. videtur quod in voto solemni continentiae possit fieri dispensatio. una enim ratio dispensandi in voto est si sit impeditivum melioris boni, * sicut dictum est. ' sed votum continentiae, etiam si sit solemne, potest esse impeditivum melioris boni, nam bonum commune est divinius quam bonum unius; potest autem per continentiam alicuius impediri bonum totius multitudinis, puta si quando per contractum matrimonii aliquarum personarum quae continentiam voverunt, posset pax patriae procurari. ergo videtur quod in solemni voto continentiae possit dispensari.

ag2 ' Praeterea, latria est nobilior virtus quam castitas. sed si quis voveat aliquem actum latriae, puta offerre deo sacrificium, potest in illo voto dispensari. ergo multo magis potest dispensari in voto continentiae, quod est de actu castitatis.

ag3 ' Praeterea, sicut votum abstinentiae observatum potest vergere in periculum personae, ita etiam observatio voti continentiae. sed in voto abstinentiae, si vergat in corporale periculum voventis, potest fieri dispensatio. ergo etiam, pari ratione, in voto continentiae potest dispensari.

ag4 ' Praeterea, sicut sub professione religionis, ex qua votum solemnizatur, continetur votum continentiae, ita etiam et votum paupertatis et obedientiae. sed in voto paupertatis et obedientiae potest dispensari, sicut patet in illis qui post professionem ad episcopatum assumuntur. ergo videtur quod in solemni voto continentiae possit dispensari.

sc1 * Sed contra est quod dicitur eccli. xxvi, ° omnis ponderatio non est digna animae continentis.

sc2 * Praeterea, extra, de statu monach., in fine illius decretalis, cum ad monasterium, dicitur, abdicatio proprietatis, ° sicut etiam custodia castitatis, adeo est annexa regulae monachali ut contra eam nec summus pontifex possit indulgere.

co ' Respondeo dicendum quod in solemni voto continentiae tria possunt considerari, primo quidem, materia voti, scilicet ipsa continentia; secundo, perpetuitas voti, cum scilicet aliquis voto se adstringit ad perpetuam observantiam continentiae; tertio, ipsa solemnitas voti. * dicunt ergo quidam quod " votum solemne est indispensabile ratione ipsius continentiae, quae non recipit condignam recompensationem, * ut patet ex auctoritate inducta. cuius rationem quidam assignant " quia per continentiam homo triumphat de domestico inimico, vel quia per continentiam homo perfecte conformatur christo, secundum puritatem animae et corporis. ' sed hoc non videtur efficaciter dici. quia bona animae, utpote contemplatio et oratio, sunt multo meliora bonis corporis, et magis nos deo conformant, et tamen potest dispensari in voto orationis vel contemplationis. unde non videtur esse ratio quare non possit dispensari in voto continentiae, si respiciatur absolute ad ipsam continentiae dignitatem. * praesertim cum apostolus, i ad cor. vii, " ad continentiam inducat propter contemplationem, dicens quod mulier innupta cogitat quae dei sunt, finis autem potior est his quae sunt ad finem. * et ideo alii " rationem huius assignant ex |25| perpetuitate et universalitate huius voti. dicunt enim quod votum continentiae non potest praetermitti nisi per id quod est omnino contrarium, quod nunquam licet in aliquo voto. ' sed hoc est manifeste falsum. quia sicut uti carnali copula est continentiae contrarium, ita comedere carnes vel bibere vinum est contrarium abstinentiae a talibus, et tamen in huiusmodi votis potest dispensari. * et ideo aliis videtur quod " in voto solemni continentiae possit dispensari propter aliquam communem utilitatem seu necessitatem, * ut patet in exemplo praemisso de pacificatione terrarum ex aliquo matrimonio contrahendo. * sed quia decretalis inducta expresse dicit quod " nec summus pontifex potest contra custodiam castitatis monacho licentiam dare, * ideo aliter videtur dicendum, quod, sicut supra dictum est, * et habetur levit. ult., ' illud quod semel sanctificatum est domino, non potest in alios usus commutari. non autem potest facere aliquis ecclesiae praelatus ut id quod est sanctificatum sanctificationem amittat, etiam in rebus inanimatis, puta quod calix consecratus desinat esse consecratus, si maneat integer. unde multo minus hoc potest facere aliquis praelatus, ut homo deo consecratus, quandiu vivit, consecratus esse desistat. |50| solemnitas autem voti consistit in quadam consecratione seu benedictione voventis, * ut dictum est. ' et ideo non potest fieri per aliquem praelatum ecclesiae quod ille qui votum solemne emisit desistat ab eo ad quod est consecratus, puta quod ille qui est sacerdos non sit sacerdos, licet possit praelatus ob aliquam causam executionem ordinis inhibere. et simili ratione, papa non potest facere quod ille qui est professus religionem non sit religiosus, * licet quidam iuristae ignoranter contrarium dicant. ' est ergo considerandum utrum continentia sit essentialiter annexa ei ad quod votum solemnizatur, quia si non est ei essentialiter annexa, potest manere solemnitas consecrationis sine debito continentiae; quod non potest contingere si sit essentialiter annexum ei ad quod votum solemnizatur. non est autem essentialiter annexum debitum continentiae ordini sacro sed ex statuto ecclesiae. unde videtur quod per ecclesiam possit dispensari in voto continentiae solemnizato per susceptionem sacri ordinis. est autem debitum continentiae essentiale statui religionis, per quem homo abrenuntiat saeculo, totaliter dei servitio mancipatus; quod non potest simul stare cum matrimonio, in quo incumbit necessitas procurandae uxoris et prolis et familiae, et rerum quae ad hoc requiruntur. unde * apostolus dicit, i ad cor. vii, quod ° qui est cum uxore sollicitus est quae sunt mundi, quomodo placeat uxori, et divisus est. |75| ' unde nomen monachi ab unitate sumitur, per oppositum ad divisionem praedictam. et ideo in voto solemnizato per professionem religionis non potest per ecclesiam dispensari, * et rationem assignat decretalis, quia ' castitas est annexa regulae monachali.

ra1 ' Ad primum ergo dicendum quod periculis rerum humanarum est obviandum per res humanas, non autem per hoc quod res divinae convertantur in usum humanum. professi autem religionem mortui sunt mundo et vivunt deo. unde non sunt revocandi ad vitam humanam occasione cuiuscumque eventus.

ra2 ' Ad secundum dicendum quod in voto temporalis continentiae dispensari potest, sicut et in voto temporalis orationis vel temporalis abstinentiae. sed quod in voto continentiae per professionem solemnizato non possit dispensari, hoc non est inquantum est actus castitatis, sed inquantum incipit ad latriam pertinere per professionem religionis.

ra3 ' Ad tertium dicendum quod cibus directe ordinatur ad conservationem personae, et ideo abstinentia cibi directe potest vergere in periculum personae. unde ex hac ratione recipit votum abstinentiae dispensationem. sed coitus non ordinatur directe ad conservationem personae, sed ad conservationem speciei. unde nec directe abstinentia coitus per continentiam vergit in periculum personae. sed si per accidens ex ea aliquod periculum personale accidat, potest aliter subveniri, scilicet per abstinentiam, vel alia corporalia remedia.

ra4 ' Ad quartum dicendum quod religiosus qui fit episcopus, sicut non absolvitur a voto continentiae, ita nec a voto paupertatis, quia nihil debet habere tanquam proprium, sed sicut dispensator communium bonorum ecclesiae. similiter etiam non absolvitur a voto obedientiae, sed per accidens obedire non tenetur, si superiorem non habeat, sicut et abbas monasterii, qui tamen non est a voto obedientiae absolutus.

ra5 * Auctoritas vero ecclesiastici quae in contrarium obiicitur, " intelligenda est quantum ad hoc quod nec fecunditas carnis, nec aliquod corporale bonum est comparandum continentiae, quae inter bona animae computatur, * ut augustinus dicit, in libro de sancta virginitate. unde signanter dicitur, ' animae continentis, non, carnis continentis.

009 ST3 qu88 ar12

ag1 ' Ad duodecimum sic proceditur. videtur quod ad commutationem vel dispensationem voti non requiratur praelati auctoritas. aliquis enim potest intrare religionem absque auctoritate alicuius superioris praelati. sed per introitum religionis absolvitur homo a votis in saeculo factis, etiam a voto terrae sanctae. ergo voti commutatio vel dispensatio potest esse absque auctoritate superioris praelati.

ag2 ' Praeterea, dispensatio voti in hoc consistere videtur quod determinatur in quo casu votum non sit observandum. sed si praelatus male determinet, non videtur esse vovens absolutus a voto, quia nullus praelatus potest dispensare contra praeceptum divinum de implendo voto, * ut dictum est. ' similiter etiam si aliquis propria auctoritate recte determinet in quo casu votum non sit implendum, non videtur voto teneri, quia votum non obligat in casu in quo habet peiorem eventum, * ut dictum est. ' ergo dispensatio voti non requirit auctoritatem alicuius praelati.

ag3 ' Praeterea, si dispensare in voto pertinet ad potestatem praelatorum, pari ratione pertineret ad omnes. sed non pertinet ad omnes dispensare in quolibet voto. ergo non pertinet ad potestatem praelatorum dispensatio voti.

sc ' Sed contra, sicut lex obligat ad aliquid faciendum, ita et votum. sed ad dispensandum in praecepto legis requiritur superioris auctoritas, * ut supra dictum est. ' ergo, pari ratione, etiam in dispensatione voti.

co * Respondeo dicendum quod, sicut supra dictum est, ‘ votum est promissio deo facta de aliquo quod sit deo acceptum. quid sit autem in aliqua promissione acceptum ei cui promittitur, ex eius pendet arbitrio. praelatus autem in ecclesia gerit vicem dei. et ideo in commutatione vel dispensatione votorum requiritur praelati auctoritas, quae in persona dei determinat quid sit deo acceptum, * secundum illud ii ad cor. ii, ° nam et ego propter vos donavi in persona christi. * et signanter dicit, ‘ propter vos, quia omnis dispensatio petita a praelato debet fieri ad honorem christi, in cuius persona dispensat; vel ad utilitatem ecclesiae, quae est eius corpus.

ra1 ‘ Ad primum ergo dicendum quod omnia alia vota sunt quorundam particularium operum, sed per religionem homo totam vitam suam dei obsequio deputat. particulare autem in universali includitur. et ideo * decretalis dicit quod ° reus fracti voti non habetur qui temporale obsequium in perpetuam religionis observantiam commutat. ‘ nec tamen in religionem ingrediens tenetur implere vota vel ieiuniorum vel orationum vel aliorum huiusmodi, quae existens in saeculo fecit, quia religionem ingrediens moritur priori vitae; et etiam singulares observantiae religioni non competunt; et religionis onus satis hominem onerat, ut alia superaddere non oporteat.

ra2 * Ad secundum dicendum quod quidam dixerunt quod “ praelati possunt in votis pro libito dispensare, quia in quolibet voto includitur conditionaliter voluntas praelati superioris, * sicut supra dictum est quod “ in votis subditorum, puta servi vel filii, intelligitur conditio, si placuerit patri vel domino, vel, si non renitantur. et sic subditus absque omni remorsu conscientiae posset votum praetermittere, quandocumque sibi a praelato diceretur. ‘ sed praedicta positio falso innititur. quia cum potestas praelati spiritualis, qui non est dominus sed dispensator, sit ° in aedificationem data, et non in destructionem, * ut patet ii ad cor. x; ‘ sicut praelatus non potest imperare ea quae secundum se deo displicent, scilicet peccata, ita non potest prohibere ea quae secundum se deo placent, scilicet virtutis opera. et ideo absolute potest homo ea vovere. ad praelatum tamen pertinet diiudicare quid sit magis virtuosum et deo magis acceptum. et ideo in manifestis dispensatio praelati non excusaret a culpa, puta si praelatus dispensaret cum aliquo super voto de ingressu religionis, nulla apparenti causa obstante. si autem esset causa apparens, per quam saltem in dubium verteretur, posset stare iudicio praelati dispensantis vel commutantis. non tamen iudicio proprio, quia ipse non gerit vicem dei, nisi forte in casu in quo id quod vovit esset manifeste |25| illicitum, et non posset opportune ad superiorem recurrere.

ra3 ‘ Ad tertium dicendum quod quia summus pontifex gerit plenarie vicem christi in tota ecclesia, ipse habet plenitudinem potestatis dispensandi in omnibus dispensabilibus votis. aliis autem inferioribus praelatis committitur dispensatio in votis quae communiter fiunt et indigent frequenti dispensatione, ut habeant de facili homines ad quem recurrant, sicut sunt vota peregrinationum et ieiuniorum et aliorum huiusmodi. vota vero maiora, puta continentiae et peregrinationis terrae sanctae, reservantur summo pontifici.

009 ST3 qu89 ar

pr ‘ Deinde considerandum est de actibus exterioribus latriae quibus aliquid divinum ab hominibus assumitur, quod est vel sacramentum aliquod, vel ipsum nomen divinum. * sed de sacramenti assumptione locus erit tractandi in tertia huius operis parte. ‘ de assumptione autem nominis divini nunc agendum est. assumitur autem divinum nomen ab homine tripliciter, uno modo, per modum iuramenti, ad propria verba confirmanda; alio modo, per modum adiurationis, ad alios inducendum; tertio modo, per modum invocationis, ad orandum vel laudandum. primo ergo de iuramento agendum est. circa quod quaeruntur decem. primo, quid sit iuramentum. secundo, utrum sit licitum. tertio, qui sint comites iuramenti. quarto, cuius virtutis sit actus. quinto, utrum sit appetendum et frequentandum, tanquam utile et bonum. sexto, utrum liceat iurare per creaturam. septimo, utrum iuramentum sit obligatorium. octavo, quae sit maior obligatio, utrum iuramenti vel voti. nono, utrum in iuramento possit dispensari. decimo, quibus et quando liceat iurare.

009 ST3 qu89 ar1

ag1 ‘ Ad primum sic proceditur. videtur quod iurare non sit testem deum invocare. quicumque enim inducit auctoritatem sacrae scripturae inducit deum in testimonium, cuius verba proponuntur in sacra scriptura. si ergo iurare est testem deum invocare, quicumque inducit auctoritatem sacrae scripturae iuraret. hoc autem est falsum. ergo et primum.

ag2 ‘ Praeterea, ex hoc quod aliquis inducit aliquem in testem, nihil ei reddit. sed ille qui per deum iurat aliquid deo reddit, * dicitur enim matth. v, ° reddes domino iuramenta tua; * et augustinus dicit quod “ iurare est ius veritatis deo reddere. ‘ ergo iurare non est deum testem invocare.

ag3 ‘ Praeterea, aliud est officium iudicis, et aliud testis, * ut ex supradictis patet. ‘ sed quandoque iurando implorat homo divinum iudicium, * secundum illud psalm., ° si reddidi retribuentibus mihi mala, decidam merito ab inimicis meis inanis. ‘ ergo iurare non est testem deum invocare.

sc ‘ Sed contra est quod * augustinus dicit, in quodam sermone de periurio, ° quid est, per deum, nisi, testis est deus?

co * Respondeo dicendum quod, sicut apostolus dicit, ad heb. vi, ‘ iuramentum ad confirmationem ordinatur. confirmatio autem in scibilibus per rationem fit, quae procedit ex aliquibus naturaliter notis, quae sunt infallibiliter vera. sed particularia facta contingentia hominum non possunt per rationem necessariam confirmari. et ideo ea quae de his dicuntur solent confirmari per testes. sed humanum testimonium non est sufficiens ad huiusmodi confirmandum, propter duo. primo quidem, propter defectum veritatis humanae, quia plurimi in mendacium labuntur, * secundum illud psalm., ° os eorum locutum est mendacium. ‘ secundo, propter defectum cognitionis, quia homines non possunt cognoscere neque futura, neque cordium occulta, vel etiam absentia; de quibus tamen homines loquuntur, et expedit rebus humanis ut certitudo aliqua de his habeatur. et ideo necessarium fuit recurrere ad divinum testimonium, quia deus neque mentiri potest, neque eum aliquid latet. assumere autem deum in testem dicitur iurare, quia quasi pro iure introductum est ut quod sub invocatione divini testimonii dicitur pro vero habeatur. divinum autem testimonium quandoque inducitur ad asserendum praesentia vel praeterita, et hoc dicitur iuramentum assertorium. quandoque autem inducitur divinum testimonium ad confirmandum aliquid futurum, et hoc dicitur iuramentum promissorium. ad ea vero quae sunt necessaria et per rationem investiganda non inducitur |25| iuramentum, derisibile enim videretur si quis in disputatione alicuius scientiae vellet propositum per iuramentum probare.

ra1 ‘ Ad primum ergo dicendum quod aliud est testimonio dei uti iam dato, quod fit cum aliquis auctoritatem sacrae scripturae inducit, et aliud est testimonium dei implorare ut exhibendum, quod fit in iuramento.

ra2 ‘ Ad secundum dicendum quod dicitur aliquis reddere iuramenta deo ex hoc quod implet illud quod iurat. vel quia in hoc ipso quod invocat deum testem, recognoscit eum habere omnium cognitionem et infallibilem veritatem.

ra3 ‘ Ad tertium dicendum quod alicuius testimonium invocatur ad hoc quod testis invocatus veritatem manifestet circa ea quae dicuntur. deus autem manifestat an verum sit quod dicitur, dupliciter. uno modo, simpliciter revelando veritatem, vel per internam inspirationem; vel etiam per facti denudationem, dum scilicet producit in publicum ea quae erant occulta. alio modo, per poenam mentientis, et tunc simul est iudex et testis, dum puniendo mendacem manifestat mendacium. et ideo duplex est modus iurandi. unus quidem per simplicem dei contestationem, sicut cum aliquis dicit, est mihi deus testis; vel, coram deo loquor; vel, per deum, quod idem est, * ut dicit augustinus. ‘ alius modus iurandi est per execrationem, dum scilicet aliquis se, vel aliquid ad se pertinens, ad poenam obligat nisi sit verum quod dicitur.

009 ST3 qu89 ar2

ag1 ‘ Ad secundum sic proceditur. videtur quod non sit licitum iurare. nihil enim quod prohibetur in lege divina est licitum. sed iuramentum prohibetur * matth. v, ° ego dico vobis, non iurare omnino, * et iac. v dicitur, ° ante omnia, fratres mei, nolite iurare. ‘ ergo iuramentum est illicitum.

ag2 ‘ Praeterea, id quod est a malo videtur esse illicitum, quia, * ut dicitur matth. vii, non potest arbor mala fructus bonos facere. ‘ sed iuramentum est a malo, * dicitur enim matth. v, ° sit autem sermo vester, est, est; non, non. quod autem his abundantius est a malo est. ‘ ergo iuramentum videtur esse illicitum.

ag3 ‘ Praeterea, exquirere signum divinae providentiae est tentare deum, quod est omnino illicitum, * secundum illud deut. vi, ° non tentabis dominum deum tuum. ‘ sed ille qui iurat videtur exquirere signum divinae providentiae, dum petit divinum testimonium, quod est per aliquem evidentem effectum. ergo videtur quod iuramentum sit omnino illicitum.

sc * Sed contra est quod dicitur deut. vi, ° dominum deum tuum timebis, et per nomen eius iurabis.

co ‘ Respondeo dicendum quod nihil prohibet aliquid esse secundum se bonum quod tamen cedit in malum eius qui non utitur eo convenienter, sicut sumere eucharistiam est bonum, et tamen qui indigne sumit sibi iudicium manducat et bibit, * ut dicitur i ad cor. xi. ‘ sic ergo in proposito dicendum est quod iuramentum secundum se est licitum et honestum. quod patet ex origine et ex fine. ex origine quidem, quia iuramentum est introductum ex fide qua homines credunt deum habere infallibilem veritatem et universalem omnium cognitionem et provisionem. ex fine autem, quia iuramentum inducitur ad iustificandum homines, et ad finiendum controversias, * ut dicitur ad heb. vi. ‘ sed iuramentum cedit in malum alicui ex eo quod male utitur eo, idest sine necessitate et cautela debita. videtur enim parvam reverentiam habere ad deum qui eum ex levi causa testem inducit, quod non praesumeret etiam de aliquo viro honesto. imminet etiam periculum periurii, quia de facili homo in verbo delinquit, * secundum illud iac. iii, ° si quis in verbo non offendit, hic perfectus est vir. * unde et eccli. xxiii dicitur, ° iurationi non assuescat os tuum, multi enim casus in illa.

ra1 * Ad primum ergo dicendum quod hieronymus, super matth., dicit, ° considera quod salvator non per deum iurare prohibuerit, sed per caelum et terram. hanc enim per elementa iurandi pessimam consuetudinem habere iudaei noscuntur. ‘ se ista responsio non sufficit, * quia iacobus addit, ° neque per aliud quodcumque iuramentum. ‘ et ideo dicendum est quod, * sicut augustinus dicit, in libro de mendacio, quod ° apostolus, in epistolis suis iurans, ostendit quomodo accipiendum esset quod dictum est, dico vobis non iurare omnino, ne scilicet iurando ad facilitatem iurandi veniatur, ex facilitate iurandi ad consuetudinem, a consuetudine in periurium decidatur. et ideo non invenitur iurasse nisi scribens, ubi consideratio cautior non habet linguam praecipitem.

ra2 ‘ Ad secundum dicendum quod, * sicut augustinus dicit, in libro de serm. dom. in monte, ° si iurare cogeris, scias de necessitate venire infirmitatis eorum quibus aliquid suades, quae utique infirmitas malum est. itaque non dixit, quod amplius est malum est; tu enim non malum facis qui bene uteris iuratione, ut alteri persuadeas quod utiliter persuades, sed, a malo est illius cuius infirmitate iurare cogeris.

ra3 ‘ Ad tertium dicendum quod ille qui iurat non tentat deum, quia non implorat divinum auxilium absque utilitate et necessitate; et praeterea non exponit se alicui periculo si deus testimonium adhibere noluerit in praesenti. adhibebit autem pro certo testimonium in futuro, quando ° illuminabit abscondita tenebrarum et manifestabit consilia cordium, * ut dicitur i ad cor. iv. ‘ et illud testimonium nulli iuranti deficiet, vel pro eo vel contra eum.

009 ST3 qu89 ar3

ag1 ‘ Ad tertium sic proceditur. videtur quod inconvenienter ponantur tres comites iuramenti iustitia, iudicium et veritas. ea enim quorum unum includitur in altero non sunt connumeranda tanquam diversa. sed horum trium unum includitur in altero, quia veritas pars iustitiae est, * secundum tullium; ‘ iudicium autem est actus iustitiae, * ut supra habitum est. ‘ ergo inconvenienter numerantur tres comites iuramenti.

ag2 ‘ Praeterea, multa alia requiruntur ad iuramentum, scilicet devotio, et fides, per quam credamus deum omnia scire et mentiri non posse. ergo videtur quod insufficienter enumerentur tres comites iuramenti.

ag3 ‘ Praeterea, haec tria in quolibet opere humano inquirenda sunt, nihil enim debet fieri contra iustitiam aut veritatem, aut sine iudicio, * secundum illud i ad tim. v, ° nihil facias sine praeiudicio, ‘ idest sine praecedenti iudicio. ergo haec tria non magis debent associari iuramento quam aliis humanis actibus.

sc * Sed contra est quod dicitur ierem. iv, ° iurabis, vivit dominus, in veritate, in iudicio et in iustitia, * quod exponens hieronymus dicit, ° animadvertendum est quod iusiurandum hos habet comites, scilicet veritatem, iudicium et iustitiam.

co * Respondeo dicendum quod, sicut supra dictum est, ‘ iuramentum non est bonum nisi ei qui bene utitur iuramento. ad bonum autem usum iuramenti duo requiruntur. primo quidem, quod aliquis non leviter, sed ex necessaria causa et discrete iuret. et quantum ad hoc, requiritur iudicium, scilicet discretionis ex parte iurantis. secundo, quantum ad id quod per iuramentum confirmatur, ut scilicet neque sit falsum, neque sit aliquid illicitum. et quantum ad hoc, requiritur veritas, per quam aliquis iuramento confirmat quod verum est; et iustitia, per quam confirmat quod licitum est. iudicio autem caret iuramentum incautum; veritate autem iuramentum mendax; iustitia autem iuramentum iniquum sive illicitum.

ra1 ‘ Ad primum ergo dicendum quod iudicium non sumitur hic pro executione iustitiae, sed pro iudicio discretionis, * ut dictum est. ‘ neque etiam veritas hic accipitur secundum quod est pars iustitiae, sed secundum quod est quaedam conditio locutionis.

ra2 ‘ Ad secundum dicendum quod et devotio et fides, et omnia huiusmodi quae exiguntur ad debitum modum iurandi, intelliguntur in iudicio. alia enim duo pertinent ad rem de qua iuratur, * ut dictum est. ‘ quamvis posset dici quod iustitia pertinet ad causam pro qua iuratur.

ra3 ‘ Ad tertium dicendum quod in iuramento est magnum periculum, tum propter dei magnitudinem, cuius testimonium invocatur; tum etiam propter labilitatem linguae humanae, cuius verba iuramento confirmantur. et ideo huiusmodi magis requiruntur ad iuramentum quam ad alios humanos actus.

009 ST3 qu89 ar4

ag1 ‘ Ad quartum sic proceditur. videtur quod iuramentum non sit actus religionis sive latriae. actus enim latriae sunt circa aliqua sacra et divina. sed iura-

menta adhibentur circa controversias humanas, * ut apostolus dicit, ad heb. vi. ' ergo iurare non est actus religionis seu latriae.
ag2 ' Praeterea, ad religionem pertinet cultum deo offerre, * ut tullius dicit. ' sed ille qui iurat nihil deo offert, sed deum inducit in testem. ergo iurare non est actus religionis.
ag3 ' Praeterea, finis religionis seu latriae est reverentiam deo exhibere. hoc autem non est finis iuramenti, sed potius aliquod verbum confirmare. ergo iurare non est actus religionis.
sc * Sed contra est quod dicitur deut. vi, ° dominum deum tuum timebis, et ipsi soli servies, ac per nomen illius iurabis. ' loquitur autem ibi de servitute latriae. ergo iurare est actus latriae.
co * Respondeo dicendum quod, sicut ex dictis patet, ' ille qui iurat invocat divinum testimonium ad confirmandum ea quae dicit. nihil autem confirmatur nisi per aliquid quod certius est et potius. et ideo in hoc ipso quod homo per deum iurat, profitetur deum potiorem, utpote cuius veritas est indefectibilis et cognitio universalis, et sic aliquo modo deo reverentiam exhibet. unde * et apostolus dicit, ad heb. vi, quod ° homines per maiores se iurant. * et hieronymus dicit, super matth., quod ° qui iurat, aut veneratur aut diligit eum per quem iurat. * philosophus etiam dicit, in i metaphys., quod " iuramentum est honorabilissimum. ' exhibere autem reverentiam deo pertinet ad religionem sive latriam. unde manifestum est quod iuramentum est actus religionis sive latriae.
ra1 ' Ad primum ergo dicendum quod in iuramento duo considerantur, scilicet testimonium quod inducitur, et hoc est divinum; et id super quo inducitur testimonium, vel quod facit necessitatem testimonium inducendi, et hoc est humanum. pertinet ergo iuramentum ad religionem ratione primi, non autem ratione secundi.
ra2 ' Ad secundum dicendum quod in hoc ipso quod aliquis assumit deum in testem per modum iuramenti, profitetur eum maiorem, quod pertinet ad dei reverentiam. et sic aliquid offert deo, scilicet reverentiam et honorem.
ra3 ' Ad tertium dicendum quod omnia quae facimus debemus in dei reverentiam facere. et ideo nihil prohibet si in hoc ipso quod intendimus hominem certificare, deo reverentiam exhibeamus. sic enim debemus aliquid in dei reverentiam facere ut ex hoc utilitas proximis proveniat, quia etiam deus operatur ad suam gloriam et nostram utilitatem.

009 ST3 qu89 ar5

ag1 ' Ad quintum sic proceditur. videtur quod iuramentum sit appetendum et frequentandum, tanquam utile et bonum. sicut enim votum est actus latriae, ita et iuramentum. sed facere aliquid ex voto est laudabilius et magis meritorium quia votum est actus latriae, * ut supra dictum est. ' ergo, pari ratione, facere vel dicere aliquid cum iuramento est laudabilius. et sic iuramentum est appetendum tanquam per se bonum.
ag2 * Praeterea, hieronymus dicit, super matth., quod ° qui iurat, veneratur aut diligit eum per quem iurat. ' sed venerari aut diligere deum est appetendum tanquam per se bonum. ergo et iuramentum.
ag3 ' Praeterea, iuramentum ordinatur ad confirmationem seu certificationem. sed quod homo suum dictum confirmet, bonum est. ergo iuramentum est appetendum tanquam bonum.
sc * Sed contra est quod dicitur eccli. xxiii, ° vir multum iurans replebitur iniquitate. * et augustinus dicit, in libro de mendacio, quod " praeceptum domini de prohibitione iuramenti ° ad hoc positum est ut, quantum in te est, non affectes, non, quasi pro bono, cum aliqua delectatione appetas iusiurandum.
co ' Respondeo dicendum quod id quod non quaeritur nisi ad subveniendum alicui defectui, non numeratur inter ea quae sunt per se appetenda, sed inter ea quae sunt necessaria, sicut patet de medicina, quae quaeritur ad subveniendum infirmitati. iuramentum autem quaeritur ad subveniendum alicui defectui, quo scilicet unus homo alteri discredit. et ideo iuramentum est habendum non inter ea quae sunt per se appetenda, sed inter ea quae sunt huic vitae necessaria, quibus indebite utitur quicumque eis utitur ultra terminos necessitatis. * unde augustinus dicit, in libro de serm. dom. in monte, ° qui intelligit non in bonis, idest per se appetendis, sed in necessariis iurationem habendam, refrenat se quantum potest, ut non ea utatur nisi necessitas cogat.
ra1 ' Ad primum ergo dicendum quod alia ratio est de voto, et de iuramento. nam per votum aliquid in dei reverentiam ordinamus, unde ex hoc ipso fit religionis actus. sed in iuramento e converso reverentia divini nominis assumitur ad promissi confirmationem. et ideo illud quod iuramento confirmatur non propter hoc fit religionis actus, quia secundum finem morales actus species sortiuntur.
ra2 ' Ad secundum dicendum quod ille qui iurat utitur quidem veneratione aut dilectione eius per quem iurat, non autem ordinat iuramentum ad venerandum aut diligendum eum per quem iurat, sed ad aliquid aliud quod est necessarium praesenti vitae.
ra3 ' Ad tertium dicendum quod sicut medicina est utilis ad sanandum, et tamen quanto est virtuosior, tanto maius nocumentum inducit si non debite sumatur; ita etiam iuramentum utile quidem est ad confirmationem, tamen quanto est magis venerandum, tanto est magis periculosum nisi debite inducatur. * quia, ut dicitur eccli. xxiii, " si frustraverit, idest deceperit fratrem, delictum illius supra ipsum erit; et si dissimulaverit, quasi per simulationem iurando falsum, delinquit dupliciter (quia scilicet simulata aequitas est duplex iniquitas); et si in vanum iuraverit, idest sine debita causa et necessitate, non iustificabitur.

009 ST3 qu89 ar6

ag1 ' Ad sextum sic proceditur. videtur quod non liceat per creaturas iurare. * dicitur enim matth. v, ° ego dico vobis, non iurare omnino, neque per caelum, neque per terram, neque per ierosolymam, neque per caput tuum, * quod exponens hieronymus dicit, ° considera quod hic salvator non per deum iurare prohibuerit, sed per caelum et terram, etc..
ag2 ' Praeterea, poena non debetur nisi culpae. sed iuranti per creaturas adhibetur poena, * dicitur enim xxii, qu. i, ° clericum per creaturam iurantem acerrime obiurgandum, si perstiterit in vitio, excommunicandum placuit. ' ergo illicitum est per creaturas iurare.
ag3 ' Praeterea, iuramentum est actus latriae, * sicut dictum est. ' sed cultus latriae non debetur alicui creaturae, * ut patet rom. i. ' ergo non licet iurare per aliquam creaturam.
sc ' Sed contra est quod ioseph iuravit per salutem pharaonis, * ut legitur gen. xlii. ' ex consuetudine etiam iuratur per evangelium, et per reliquias, et per sanctos.
co * Respondeo dicendum quod, sicut supra dictum est, ' duplex est iuramentum. unum quidem quod fit per simplicem contestationem, inquantum scilicet dei testimonium invocatur. et hoc iuramentum innititur divinae veritati, sicut et fides. fides autem est per se quidem et principaliter de deo, qui est ipsa veritas; secundario autem de creaturis, in quibus veritas dei relucet, * ut supra habitum est. ' et similiter iuramentum principaliter refertur ad ipsum deum, cuius testimonium invocatur, secundario autem assumuntur ad iuramentum aliquae creaturae non secundum se, sed inquantum in eis divina veritas manifestatur; sicut iuramus per evangelium, idest per deum, cuius veritas in evangelio manifestatur; et per sanctos, qui hanc veritatem crediderunt et observaverunt. alius autem modus iurandi est per execrationem. et in hoc iuramento inducitur creatura aliqua ut in qua divinum iudicium exerceatur. et sic solet homo iurare per caput suum, vel per filium suum, aut per aliquam aliam rem quam diligit. * sicut et apostolus iuravit, ii ad cor. i, dicens, ° ego testem deum invoco in animam meam. ' quod autem ioseph per salutem pharaonis iuravit, utroque modo potest intelligi, vel per modum execrationis, quasi salutem pharaonis obligaverit deo; vel per modum contestationis, |25| quasi contestando veritatem divinae iustitiae, ad cuius executionem principes terrae constituuntur.
ra1 ' Ad primum ergo dicendum quod dominus prohibuit iurare per creaturas ita quod eis adhibeatur reverentia divina. * unde hieronymus ibidem subdit quod " iudaei, per angelos, et cetera huiusmodi, iurantes, creaturas venerabantur dei honore. * et eadem ratione punitur secundum canones clericus " per creaturam iurans, quod ad blasphemiam infidelitatis pertinet. * unde in sequenti capitulo dicitur, ° si quis per capillum dei vel caput iuraverit, vel alio modo blasphemia contra deum usus fuerit, si in ecclesiastico ordine est, deponatur.
ra2 ' Et per hoc patet responsio ad secundum.
ra3 ' Ad tertium dicendum quod cultus latriae adhibetur ei cuius testimonium iurando invocatur. et ideo praecipitur * exod. xxiii, ' per nomen externorum deorum non iurabitis. non autem exhibetur cultus latriae creaturis quae in iuramento assumuntur secundum modos praedictos.

009 ST3 qu89 ar7

ag1 ' Ad septimum sic proceditur. videtur quod iuramentum non habeat vim obligandi. inducitur enim iuramentum ad confirmandum veritatem eius quod dicitur. sed quando aliquis dicit aliquid de futuro, verum dicit etiam si non eveniat quod dicit, sicut paulus, quamvis non iverit corinthum, sicut dixerat, non tamen est mentitus, * ut patet ii cor. i. ' ergo videtur quod iuramentum non sit obligatorium.
ag2 ' Praeterea, virtus non est virtuti contraria, * ut dicitur in praedicamentis. ' sed iuramentum est actus virtutis, * ut dictum est. ' quandoque autem esset contra virtutem, aut in aliquod eius impedimentum, si quis servaret id quod iuravit, sicut cum aliquis iurat se facere aliquod peccatum, vel cum iurat desistere ab aliquo opere virtutis. ergo iuramentum non semper est obligatorium.
ag3 ' Praeterea, quandoque aliquis invitus compellitur ad hoc quod sub iuramento aliquid promittat. sed ° tales a iuramenti nexibus sunt per romanos pontifices absoluti, * ut habetur extra, de iureiurando, cap. verum in ea quaestione etc.. ' ergo iuramentum non semper est obligatorium.
ag4 ' Praeterea, nullus potest obligari ad duo opposita. sed quandoque oppositum est quod intendit iurans, et quod intendit ille cui iuramentum praestatur. ergo iuramentum non potest semper esse obligatorium.
sc * Sed contra est quod dicitur matth. v, ° reddes domino iuramenta tua.
co ' Respondeo dicendum quod obligatio refertur ad aliquid quod est faciendum vel dimittendum. unde non videtur respicere iuramentum assertorium, quod est de praesenti vel de praeterito; neque etiam iuramentum de his quae sunt per alias causas fienda, sicut si quis iuramento assereret quod cras pluvia esset futura; sed solum in his quae sunt fienda per illum qui iurat. sicut autem iuramentum assertorium, quod est de praeterito vel de praesenti, debet habere veritatem, ita etiam et iuramentum de his quae sunt fienda a nobis in futurum. et ideo utrumque iuramentum habet quandam obligationem, diversimode tamen. quia in iuramento quod est de praeterito vel praesenti, obligatio est non respectu rei quae iam fuit vel est, sed respectu ipsius actus iurandi, ut scilicet iuret id quod iam verum est vel fuit. sed in iuramento quod praestatur de his quae sunt fienda a nobis, obligatio cadit e converso super rem quam aliquis iuramento firmavit. tenetur enim aliquis ut faciat verum esse id quod iuravit, alioquin deest veritas iuramento. si autem est talis res quae in eius potestate non fuit, deest iuramento discretionis iudicium, nisi forte quod erat ei possibile quando iuravit, ei reddatur impossibile per aliquem eventum; puta cum aliquis iuravit se pecuniam soluturum, quae ei postmodum vi vel furto subtrahitur. tunc enim videtur excusatus esse a faciendo quod iuravit, licet teneatur facere quod in se est, * sicut etiam supra circa obligationem voti diximus. |25| ' si vero sit quidem possibile fieri, sed fieri non debeat, vel quia est per se malum, vel quia est boni impeditivum, tunc iuramento deest iustitia. et ideo iuramentum non est servandum in eo casu quo est peccatum vel boni impeditivum, secundum enim utrumque horum vergit in deteriorem exitum. sic ergo dicendum est quod quicumque iurat aliquid se facturum, obligatur ad id faciendum, ad hoc quod veritas impleatur, si tamen alii duo comites adsint, scilicet iudicium et iustitia.
ra1 ' Ad primum ergo dicendum quod aliud est de simplici verbo, aliud de iuramento, in quo divinum testimonium imploratur. sufficit enim ad veritatem verbi quod aliquis dicat id quod proponit se facturum, quia hoc iam verum est in sua causa, scilicet in proposito facientis. sed iuramentum adhiberi non debet nisi in re de qua aliquis firmiter certus est. et ideo si iuramentum adhibeatur, propter reverentiam divini testimonii quod invocatur, obligatur homo ut faciat esse verum id quod iuravit, secundum suam possibilitatem, nisi in deteriorem exitum vergat, * ut dictum est.
ra2 ' Ad secundum dicendum quod iuramentum potest vergere in deteriorem exitum dupliciter. uno modo, quia ab ipso principio habet peiorem exitum. vel quia est secundum se malum, sicut cum aliquis iurat se adulterium patraturum. sive quia est maioris boni impeditivum, puta cum aliquis iurat se non intraturum religionem, vel quod non fiet clericus, aut quod non accipiet praelationem in casu in quo expedit eum accipere, vel si quid aliud est huiusmodi. huiusmodi enim iuramentum a principio est illicitum, differenter tamen. quia si quis iuret se facturum aliquod peccatum, et peccat iurando, et peccat iuramentum servando si quis autem iurat se non facturum aliquod melius bonum, quod tamen facere non tenetur, peccat quidem iurando, inquantum ponit obicem spiritui sancto, qui est boni propositi inspirator, non tamen peccat iuramentum servando, sed multo melius facit si non servet. alio modo vergit in deteriorem exitum propter aliquid quod de novo emerserat, quod fuit impraemeditatum, sicut patet in iuramento herodis, qui iuravit puellae saltanti se daturum quod petisset. hoc enim iuramentum poterat esse a principio licitum, intellecta debita conditione, scilicet si peteret quod dare deceret, sed impletio iuramenti fuit illicita. * unde ambrosius dicit, in i de officiis, ° est contra officium nonnunquam promissum solvere sacramentum, sicut herodes, qui necem ioannis praestavit |25| ne promissum negaret.
ra3 ' Ad tertium dicendum quod in iuramento quod quis coactus facit, duplex est obligatio. una quidem qua obligatur homini cui aliquid promittit. et talis obligatio tollitur per coactionem, quia ille qui vim intulit hoc meretur, ut ei promissum non servetur. alia autem est obligatio qua quis deo obligatur ut impleat quod per nomen eius promisit. et talis obligatio non tollitur in foro conscientiae, quia magis debet damnum temporale sustinere quam iuramentum violare. potest tamen repetere in iudicio quod solvit, vel praelato denuntiare, non obstante si contrarium iuravit, quia tale iuramentum vergeret in deteriorem exitum, esset enim contra iustitiam publicam. romani autem pontifices ab huiusmodi iuramentis homines absolverunt non quasi decernentes huiusmodi iuramenta non esse obligatoria, sed quasi huiusmodi obligationes ex iusta causa relaxantes.
ra4 ' Ad quartum dicendum quod quando non est eadem iurantis intentio et eius cui iurat, si hoc provenit ex dolo iurantis, debet iuramentum servari secun-

dum sanum intellectum eius cui iuramentum praestatur. * unde isidorus dicit, ° quacumque arte verborum quis iuret, deus tamen, qui conscientiae testis est, ita hoc accipit sicut ille cui iuratur intelligit. ‘ et quod hoc intelligatur de doloso iuramento, * patet per id quod subditur, dupliciter reus fit ° qui et nomen dei in vanum assumit, et proximum dolo capit. ‘ si autem iurans dolum non adhibeat, obligatur secundum intentionem iurantis. * unde gregorius dicit, xxvi moral., ° humanae aures talia verba nostra iudicant qualia foris sonant, divina vero iudicia talia foris audiunt qualia ex intimis proferuntur.

009 ST3 qu89 ar8

ag1 ‘ Ad octavum sic proceditur. videtur quod maior sit obligatio iuramenti quam voti. votum enim est simplex promissio. sed iuramentum supra promissionem adhibet divinum testimonium. ergo maior est obligatio iuramenti quam voti.
ag2 ‘ Praeterea, debilius solet per fortius confirmari. sed votum interdum confirmatur iuramento. ergo iuramentum est fortius quam votum.
ag3 ‘ Praeterea, obligatio voti causatur ex animi deliberatione, * ut supra dictum est. ‘ obligatio autem iuramenti causatur ex divina veritate, cuius testimonium invocatur. cum ergo veritas dei excedat deliberationem humanam, videtur quod obligatio iuramenti sit fortior quam obligatio voti.
sc ‘ Sed contra, per votum obligatur aliquis deo, per iuramentum obligatur interdum homini. magis autem obligatur homo deo quam homini. ergo maior est obligatio voti quam iuramenti.
co ‘ Respondeo dicendum quod utraque obligatio, scilicet voti et iuramenti, causatur ex aliquo divino, aliter tamen et aliter. nam obligatio voti causatur ex fidelitate quam deo debemus, ut scilicet ei promissum solvamus. obligatio autem iuramenti causatur ex reverentia quam debemus ei, ex qua tenemur quod verificemus id quod per nomen eius promittimus. omnis autem infidelitas irreverentiam continet, sed non convertitur, videtur enim infidelitas subiecti ad dominum esse maxima irreverentia. et ideo votum ex ratione sua magis est obligatorium quam iuramentum.
ra1 ‘ Ad primum ergo dicendum quod votum est promissio non quaecumque, sed deo facta, cui infidelem esse gravissimum est.
ra2 ‘ Ad secundum dicendum quod iuramentum non adhibetur voto quasi aliquid firmius, sed ut per duas res immobiles maior firmitas adhibeatur.
ra3 ‘ Ad tertium dicendum quod deliberatio animi dat firmitatem voto quantum ex parte voventis est. habet tamen maiorem firmitatis causam ex parte dei, cui votum offertur.

009 ST3 qu89 ar9

ag1 ‘ Ad nonum sic proceditur. videtur quod nullus possit dispensare in iuramento. sicut enim veritas requiritur ad iuramentum assertorium, quod est de praeterito vel praesenti, ita ad iuramentum promissorium, quod est de futuro. sed nullus potest cum aliquo dispensare quod de praeteritis vel praesentibus iuret contra veritatem. ergo etiam nullus potest dispensare quod non faciat aliquis esse verum id quod cum iuramento in futurum promisit.
ag2 ‘ Praeterea, iuramentum promissorium inducitur ad utilitatem eius cui fit promissio. sed ille, ut videtur, non potest relaxare, quia est contra divinam reverentiam. ergo multo minus per aliquem potest super hoc dispensari.
ag3 ‘ Praeterea, in voto quilibet episcopus potest dispensare, exceptis quibusdam votis quae soli papae reservantur, * ut supra habitum est. ‘ ergo, pari ratione, in iuramento, si esset dispensabile, quilibet episcopus posset dispensare. * quod tamen videtur esse contra iura. ‘ non ergo videtur quod in iuramento possit dispensari.
sc ‘ Sed contra est quod votum est maioris obligationis quam iuramentum, * ut supra dictum est. ‘ sed in voto potest dispensari. ergo in iuramento.
co * Respondeo dicendum quod, sicut supra dictum est, ‘ necessitas dispensationis tam in lege quam in voto est propter hoc quod id quod in se, vel universaliter consideratum, est utile et honestum, secundum aliquem particularem eventum potest esse inhonestum et nocivum, quod non potest cadere nec sub lege nec sub voto. quod autem aliquid sit inhonestum vel noxium, repugnat his quae debent attendi in iuramento, nam si sit inhonestum, repugnat iustitiae; si sit noxium, repugnat iudicio. et ideo, pari ratione, etiam in iuramento dispensari potest.
ra1 ‘ Ad primum ergo dicendum quod dispensatio quae fit in iuramento non se extendit ad hoc quod aliquid contra iuramentum fiat, hoc enim est impossibile, cum observatio iuramenti cadat sub praecepto divino, quod est indispensabile. sed ad hoc se extendit dispensatio iuramenti ut id quod sub iuramento cadebat, sub iuramento non cadat, quasi non existens debita materia iuramenti, * sicut et de voto supra diximus. ‘ materia autem iuramenti assertorii, quod est de praeterito vel praesenti, in quandam necessitatem iam transiit, et immutabilis facta est, et ideo dispensatio non referretur ad materiam, sed referretur ad ipsum actum iuramenti; unde talis dispensatio directe esset contra praeceptum divinum. sed materia iuramenti promissorii est aliquid futurum, quod variari potest, ita scilicet quod in aliquo eventu potest esse illicitum vel nocivum, et per consequens non esse debita materia iuramenti. et ideo dispensari potest in iuramento promissorio, quia talis dispensatio respicit materiam iuramenti, et non contrariatur praecepto divino de iuramenti observatione.
ra2 ‘ Ad secundum dicendum quod homo potest alteri promittere aliquid sub iuramento dupliciter. uno modo, quasi pertinens ad utilitatem ipsius, puta si sub iuramento promittat se serviturum ei, vel pecuniam daturum. et a tali promissione potest absolvere ille cui promissio facta est, intelligitur enim iam ei solvisse promissum quando facit de eo secundum eius voluntatem. alio modo promittit aliquis alteri quod pertinet ad honorem dei vel utilitatem aliorum, puta si aliquis iuramento promittat alicui se intraturum religionem, vel aliquod opus pietatis facturum. et tunc ille cui promittitur non potest absolvere promittentem, quia promissio non est facta ei principaliter, sed deo, nisi forte sit interposita conditio, scilicet, si illi videbitur cui promittit, vel aliquid aliud tale.
ra3 ‘ Ad tertium dicendum quod quandoque illud quod cadit sub iuramento promissorio est manifeste repugnans iustitiae, vel quia est peccatum, sicut cum aliquis iurat se facturum homicidium; vel quia est maioris boni impeditivum, sicut cum aliquis iurat se non intraturum religionem. et tale iuramentum dispensatione non indiget, sed in primo casu tenetur aliquis tale iuramentum non servare; in secundo autem casu licitum est et servare et non servare, * ut supra dictum est. ‘ quandoque vero aliquid sub iuramento promittitur de quo dubium est utrum sit licitum vel illicitum, proficuum vel nocivum, aut simpliciter aut in aliquo casu. et in hoc potest quilibet episcopus dispensare quandoque vero sub iuramento promittitur aliquid quod est manifeste licitum et utile. et in tali iuramento non videtur habere locum dispensatio, sed commutatio, si aliquid melius faciendum occurrat ad communem utilitatem, quod maxime videtur pertinere ad potestatem papae, qui habet curam universalis ecclesiae; vel etiam absoluta relaxatio, quod etiam ad papam pertinet, in omnibus generaliter quae ad dispensationem rerum ecclesiasticarum pertinent, super quas habet plenitudinem potestatis; sicut et ad unumquemque pertinet irritare iuramentum quod a sibi subditis factum est circa ea quae eius potestati subduntur; sicut pater potest irritare iuramentum |25| puellae et vir uxoris, * ut dicitur num. xxx, * sicut et supra de voto dictum est.

009 ST3 qu89 ar10

ag1 ‘ Ad decimum sic proceditur. videtur quod iuramentum non impediatur per aliquam conditionem personae vel temporis. iuramentum enim ad confirmationem inducitur, * ut patet per apostolum, ad heb. vi. ‘ sed cuilibet convenit confirmare dictum suum, et quolibet tempore. ergo videtur quod iuramentum non impediatur propter aliquam conditionem personae vel temporis.
ag2 ‘ Praeterea, maius est iurare per deum quam per evangelia, * unde chrysostomus dicit, ° si aliqua causa fuerit, modicum videtur facere qui iurat per deum, qui autem iurat per evangelium, maius aliquid fecisse videtur. quibus dicendum est, stulti, scripturae propter deum factae sunt, non deus propter scripturas. ‘ sed cuiuslibet conditionis personae, et quolibet tempore, in communi locutione consueverunt iurare per deum.‘ ergo multo magis licitum est eis iurare per evangelia.
ag3 ‘ Praeterea, idem non causatur ex contrariis causis, quia contrariae causae sunt contrariorum. sed aliqui excluduntur a iuramento propter defectum personae, sicut pueri ante quatuordecim annos, et etiam illi qui semel fuerunt periuri. non ergo videtur quod aliqui prohibeantur iurare vel propter dignitatem, sicut clerici; aut etiam propter temporis solemnitatem.
ag4 ‘ Praeterea, nullus homo vivens in hoc mundo est tantae dignitatis sicut angeli, * dicitur enim matth. xi quod ° qui minor est in regno caelorum maior est illo, “ scilicet ioanne baptista adhuc in mundo vivente. sed angelo convenit iurare, * dicitur enim apoc. x quod ° angelus iuravit per viventem in saecula saeculorum. ‘ ergo nullus homo propter dignitatem debet excusari a iuramento.
sc * Sed contra est quod habetur ii, qu. v, ° presbyter, vice iuramenti, per sanctam consecrationem interrogetur. * et xxii, qu. v, dicitur, ° nullus ex ecclesiastico ordine cuiquam laico quidquam super sancta evangelia iurare praesumat.
co ‘ Respondeo dicendum quod in iuramento duo sunt consideranda. unum quidem ex parte dei, cuius testimonium inducitur. et quantum ad hoc, debetur iuramento maxima reverentia. et propter hoc a iuramento excluduntur et pueri ante annos pubertatis, qui non coguntur ad iurandum, quia nondum habent perfectum usum rationis, quo possint cum reverentia debita iuramentum praestare, et iterum periuri, qui ad iuramentum non admittuntur, quia ex retroactis praesumitur quod debitam reverentiam iuramento non exhibebunt. et propter hoc etiam, ut iuramento debita reverentia exhibeatur, * dicitur xxii, qu. v, ° honestum est ut qui in sanctis audet iurare, hoc ieiunus faciat, cum omni honestate et timore dei. ‘ aliud autem est considerandum ex parte hominis, cuius dictum iuramento confirmatur. non enim indiget dictum hominis confirmatione nisi quia de eo dubitatur. hoc autem derogat dignitati personae, ut dubitetur de veritate eorum quae dicit. et ideo personis magnae dignitatis non convenit iurare. * propter quod dicitur ii, qu. v, cap. si quis presbyter, quod ° sacerdotes ex levi causa iurare non debent. ‘ tamen pro aliqua necessitate, vel magna utilitate, licitum est eis iurare, et praecipue pro spiritualibus negotiis. pro quibus etiam iuramenta competit praestare in solemnibus diebus, quibus est spiritualibus rebus vacandum, non autem tunc sunt iuramenta |25| praestanda pro rebus temporalibus, nisi forte ex magna necessitate.
ra1 ‘ Ad primum ergo dicendum quod quidam sunt qui dictum suum confirmare non possunt propter eorum defectum, et quidam sunt quorum dictum adeo debet esse certum quod confirmatione non egeat.
ra2 ‘ Ad secundum dicendum quod iuramentum, secundum se consideratum, tanto sanctius est et magis obligat quanto maius est id per quod iuratur, * ut augustinus dicit, ad publicolam. ‘ et secundum hoc, maius est iurare per deum quam per evangelia. sed potest esse e converso propter modum iurandi, utpote si iuramentum quod fit per evangelia, fiat cum quadam deliberatione et solemnitate; iuramentum autem quod fit per deum, fiat leviter et absque deliberatione.
ra3 ‘ Ad tertium dicendum quod nihil prohibet aliquid tolli ex contrariis causis per modum superabundantiae et defectus. et hoc modo aliqui impediuntur a iuramento quia sunt maioris auctoritatis quam quod eos iurare deceat, aliqui vero quia sunt minoris auctoritatis quam quod eorum iuramento stetur.
ra4 ‘ Ad quartum dicendum quod iuramentum angeli inducitur non propter defectum ipsius, quasi non sit eius simplici dicto credendum, sed ad ostendendum id quod dicitur ex infallibili dei dispositione procedere. sicut etiam et deus aliquando in scripturis iurans inducitur, ad ostendendum immobilitatem eius quod dicitur, * sicut apostolus dicit, ad heb. vi.

009 ST3 qu90 ar

pr ‘ Deinde considerandum est de assumptione divini nominis per modum adiurationis. et circa hoc quaeruntur tria. primo, utrum liceat adiurare homines. secundo, utrum liceat adiurare daemones. tertio, utrum liceat adiurare irrationales creaturas.

009 ST3 qu90 ar1

ag1 ‘ Ad primum sic proceditur. videtur quod non liceat hominem adiurare. * dicit enim origenes, super matth., ° aestimo quoniam non oportet ut vir qui vult secundum evangelium vivere, adiuret alterum. si enim iurare non licet, quantum ad evangelicum christi mandatum, notum est quia nec adiurare alterum licet. propterea manifestum est quoniam princeps sacerdotum iesum illicite adiuravit per deum vivum.
ag2 ‘ Praeterea, quicumque adiurat aliquem, quodammodo ipsum compellit. sed non licet alium invitum cogere. ergo videtur quod nec liceat aliquem adiurare.
ag3 ‘ Praeterea, adiurare est aliquem ad iurandum inducere. sed inducere aliquem ad iurandum est superiorum, qui inferioribus iuramenta imponunt. ergo inferiores superiores suos non possunt adiurare.
sc ‘ Sed contra est quod etiam deum obsecramus per aliqua sacra eum obtestantes. apostolus etiam fideles obsecrat per misericordia dei, * ut patet rom. xii, ‘ quod videtur ad quandam adiurationem pertinere. ergo licitum est alios adiurare.
co ‘ Respondeo dicendum quod ille qui iurat iuramento promissorio, per reverentiam divini nominis, quod ad confirmationem suae promissionis inducit, seipsum obligat ad faciendum quod promittit, quod est seipsum immobiliter ordinare ad aliquid agendum. sicut autem homo seipsum ordinare potest ad aliquid agendum, ita etiam et alios, superiores quidem deprecando, inferiores autem imperando, * ut ex supradictis patet. ‘ cum igitur utraque ordinatio per aliquod divinum confirmatur, est adiuratio. in hoc tamen differt, quod homo est suorum actuum dominus, non autem est dominus eorum quae sunt ab alio agenda. et ideo sibi ipsi potest necessitatem imponere per divini nominis invocationem, non autem hanc necessitatem potest aliis imponere, nisi subditis, quos potest ex debito praestiti iuramenti compellere. si igitur aliquis per invocationem divini nominis, vel cuiuscumque rei sacrae, alicui non sibi subdito adiurando necessitatem agendi aliquid imponere intendat, sicut imponit sibi ipsi iurando, talis adiuratio illicita est, quia usurpat potestatem in alium quam non habet. tamen propter aliquam necessitatem superiores suos inferiores tali genere adiurationis constringere possunt. si vero intendat solummodo per reverentiam divini nominis, vel alicuius rei sacrae, aliquid ab alio obtinere absque necessitatis impositione, talis adiuratio |25| licita est respectu quorumlibet.
ra1 * Ad primum ergo dicendum quod origenes loquitur ‘ de adiuratione qua aliquis alicui necessita-

tem imponere intendit, sicut imponit sibi ipsi iurando, sic enim princeps sacerdotum praesumpsit dominum iesum christum adiurare.
ra2 ' Ad secundum dicendum quod illa ratio procedit de adiuratione quae necessitatem imponit.
ra3 ' Ad tertium dicendum quod adiurare non est aliquem ad iurandum inducere, sed per quandam similitudinem iuramenti a se inducti, alium ad aliquid agendum provocare. aliter tamen adiuratione utimur ad hominem, et aliter ad deum. nam adiurando hominis voluntatem per reverentiam rei sacrae immutare intendimus, quod quidem non intendimus circa deum, cuius voluntas est immutabilis; sed quod a deo per aeternam eius voluntatem aliquid obtineamus, non est ex meritis nostris, sed ex eius bonitate.

009 ST3 qu90 ar2

ag1 ' Ad secundum sic proceditur. videtur quod non liceat daemones adiurare. * dicit enim origenes, super matth., ° non est secundum potestatem datam a salvatore adiurare daemonia, iudaicum enim est hoc. ' non autem debemus iudaeorum ritus imitari, sed potius uti potestate a christo data. ergo non est licitum daemones adiurare.
ag2 ' Praeterea, multi nigromanticis incantationibus daemones per aliquid divinum invocant, quod est adiurare. si igitur licitum est daemones adiurare, licitum est nigromanticis incantationibus uti. quod patet esse falsum. ergo et primum.
ag3 ' Praeterea, quicumque adiurat aliquem, ex hoc ipso aliquam societatem cum ipso facit. sed non licet cum daemonibus societatem facere, * secundum illud i cor. x, ° nolo vos socios fieri daemoniorum. ' ergo non licet daemones adiurare.
sc * Sed contra est quod dicitur marc. ult., ° in nomine meo daemonia eiicient. ' sed inducere alium ad aliquid agendum propter nomen divinum, hoc est adiurare. ergo licitum est daemones adiurare.
co * Respondeo dicendum quod, sicut dictum est, ' duplex est adiurandi modus, unus quidem per modum deprecationis vel inductionis ob reverentiam alicuius sacri; alius autem per modum compulsionis. primo autem modo non licet daemones adiurare, quia ille modus adiurandi videtur ad quandam benevolentiam vel amicitiam pertinere, qua non licet ad daemones uti. secundo autem adiurationis modo, qui est per compulsionem, licet nobis ad aliquid uti, et ad aliquid non licet. daemones enim in cursu huius vitae nobis adversarii constituuntur, non autem eorum actus nostrae dispositioni subduntur, sed dispositioni divinae et sanctorum angelorum; * quia, ut augustinus dicit, in iii de trin., ° spiritus desertor regitur per spiritum iustum. ' possumus ergo daemones, adiurando, per virtutem divini nominis tanquam inimicos repellere, ne nobis noceant vel spiritualiter vel corporaliter, secundum potestatem datam a christo, * secundum illud luc. x, ° ecce, dedi vobis potestatem calcandi supra serpentes et scorpiones, et supra omnem virtutem inimici, et nihil vobis nocebit. ' non tamen licitum est eos adiurare ad aliquid ab eis addiscendum, vel etiam ad aliquid per eos obtinendum, quia hoc pertineret ad aliquam societatem cum ipsis habendam, nisi forte ex speciali instinctu vel revelatione divina, aliqui |25| sancti ad aliquos effectus daemonum operatione utantur; sicut legitur de beato iacobo quod per daemones fecit hermogenem ad se adduci.
ra1 * Ad primum ergo dicendum quod origenes loquitur ' de adiuratione quae non fit protestative per modum compulsionis, sed magis per modum cuiusdam benevolae deprecationis.
ra2 ' Ad secundum dicendum quod nigromantici utuntur adiurationibus et invocationibus daemonum ad aliquid ab eis adipiscendum vel addiscendum, et hoc est illicitum, * ut dictum est. * unde chrysostomus dicit, marc. i, exponens illud verbum domini, quod spiritui immundo dixit, ° obmutesce, et exi de homine, salutiferum hic nobis dogma datur, ne credamus daemonibus, quantumcumque denuntient veritatem.
ra3 ' Ad tertium dicendum quod ratio illa procedit de adiuratione qua imploratur auxilium daemonum ad aliquid agendum vel cognoscendum, hoc enim videtur ad quandam societatem pertinere. sed quod aliquis adiurando daemones repellat, hoc est ab eorum societate recedere.

009 ST3 qu90 ar3

ag1 ' Ad tertium sic proceditur. videtur quod non liceat adiurare irrationalem creaturam. adiuratio enim fit per locutionem. sed frustra sermo dirigitur ad eum qui non intelligit, qualis est irrationalis creatura. ergo vanum est et illicitum irrationalem creaturam adiurare.
ag2 ' Praeterea, ad eum videtur competere adiuratio ad quem pertinet iuratio. sed iuratio non pertinet ad creaturam irrationalem. ergo videtur quod ad eam non liceat adiuratione uti.
ag3 ' Praeterea, duplex est adiurationis modus, * ut ex supradictis patet. ' unus quidem per modum deprecationis, quo non possumus uti ad irrationalem creaturam, quae non est domina sui actus. alia autem est adiuratio per modum compulsionis, qua etiam, ut videtur, ad eam uti non possumus; quia non est nostrum creaturis irrationalibus imperare, sed solum * illius de quo dicitur, matth. viii, quia venti et mare obediunt ei. ' ergo nullo modo, ut videtur, licet uti adiuratione ad irrationales creaturas.
sc * Sed contra est quod simon et iudas leguntur " adiurasse dracones, et eis praecepisse ut in desertum locum discederent.
co ' Respondeo dicendum quod creaturae irrationales ab alio aguntur ad proprias operationes. eadem autem actio est eius quod agitur et movetur, et eius quod agit et movet, sicut motus sagittae est etiam quaedam operatio sagittantis. et ideo operatio irrationalis creaturae non solum ipsi attribuitur, sed principaliter deo, cuius dispositione omnia moventur. pertinet etiam ad diabolum, qui, permissione divina, utitur aliquibus irrationalibus creaturis ad nocendum hominibus. sic ergo adiuratio qua quis utitur ad irrationalem creaturam, potest intelligi dupliciter. uno modo, ut adiuratio referatur ad ipsam creaturam irrationalem secundum se. et sic vanum esset irrationalem creaturam adiurare. alio modo, ut referatur ad eum a quo irrationalis creatura agitur et movetur. et sic dupliciter adiuratur irrationalis creatura. uno quidem modo, per modum deprecationis ad deum directae, quod pertinet ad eos qui divina invocatione miracula faciunt. alio modo, per modum compulsionis, quae refertur ad diabolum, qui in nocumentum nostrum utitur irrationabilibus creaturis, et talis est modus adiurandi in ecclesiae exorcismis, per quos daemonum potestas excluditur ab irrationalibus creaturis. adiurare autem daemones ab eis auxilium implorando, non licet.
ra ' Et per hoc patet responsio ad obiecta.

009 ST3 qu91 ar

pr ' Deinde considerandum est de assumptione divini nominis ad invocandum per orationem vel laudem. et de oratione quidem iam dictum est. unde nunc de laude restat dicendum. circa quam quaeruntur duo. primo, utrum deus sit ore laudandus. secundo, utrum in laudibus dei sint cantus adhibendi.

009 ST3 qu91 ar1

ag1 ' Ad primum sic proceditur. videtur quod deus non sit ore laudandus. * dicit enim philosophus, in i ethic., ° optimorum non est laus, sed maius aliquid et melius. ' sed deus est super omnia optima. ergo deo non debetur laus, sed aliquid maius laude. * unde et eccli. xliii dicitur quod deus maior est omni laude.
ag2 ' Praeterea, laus dei ad cultum ipsius pertinet, est enim religionis actus. sed deus mente colitur magis quam ore, * unde dominus, matth. xv, contra quosdam inducit illud isaiae, ° populus hic labiis me honorat, cor autem eorum longe est a me. ' ergo laus dei magis consistit in corde quam in ore.
ag3 ' Praeterea, homines ad hoc ore laudantur ut ad meliora provocentur. sicut enim mali ex suis laudibus superbiunt, ita boni ex suis laudibus ad meliora provocantur, * unde dicitur prov. xxvii, ° quomodo probatur in conflatorio argentum, sic probatur homo ore laudantium. ' sed deus per verba hominum non provocatur ad meliora, tum quia immutabilis est; tum quia summe bonus est, et non habet quo crescat. ergo deus non est laudandus ore.
sc * Sed contra est quod dicitur in psalm., ° labiis exultationis laudabit os meum.
co ' Respondeo dicendum quod verbis alia ratione utimur ad deum, et alia ratione ad hominem. ad hominem enim utimur verbis ut conceptum nostri cordis, quem non potest cognoscere, verbis nostris ei exprimamus. et ideo laude oris ad hominem utimur ut vel ei vel aliis innotescat quod bonam opinionem de laudato habemus, ut per hoc et ipsum qui laudatur ad meliora provocemus; et alios, apud quos laudatur, in bonam opinionem et reverentiam et imitationem ipsius inducamus. sed ad deum verbis utimur non quidem ut ei, qui est inspector cordium, nostros conceptus manifestemus, sed ut nos ipsos et alios audientes ad eius reverentiam inducamus. et ideo necessaria est laus oris, non quidem propter deum, sed propter ipsum laudantem, cuius affectus excitatur in deum ex laude ipsius, * secundum illud psalm., ° sacrificium laudis honorificabit me, et illic iter quo ostendam illi salutare dei. ' et inquantum homo per divinam laudem affectu ascendit in deum, intantum per hoc retrahitur ab his quae sunt contra deum, * secundum illud isaiae xlviii, ° laude mea infrenabo te, ne intereas. ' proficit etiam laus oris ad hoc quod aliorum affectus provocetur in deum. * unde dicitur in psalm., ° semper laus eius in ore meo, |25| * et postea subditur, ° audiant mansueti, et laetentur. magnificate dominum mecum.
ra1 ' Ad primum ergo dicendum quod de deo dupliciter possumus loqui. uno modo, quantum ad eius essentiam. et sic, cum sit incomprehensibilis et ineffabilis, maior est omni laude. debetur autem ei secundum hanc comparationem reverentia et latriae honor. * unde in psalterio hieronymi dicitur, " tibi silet laus, deus, quantum ad primum; et, tibi reddetur votum, quantum ad secundum. ' alio modo, secundum effectus ipsius, qui in nostram utilitatem ordinantur. et secundum hoc debetur deo laus. * unde dicitur isaiae lxiii, ° miserationum domini recordabor, laudem domini super omnibus quae reddidit nobis dominus. * et dionysius dicit, i cap. de div. nom., " omnem sanctum theologorum hymnum, idest divinam laudem, invenies ad bonos thearchiae, idest divinitatis, ° processus manifestative et laudative dei nominationes dividentem.
ra2 ' Ad secundum dicendum quod laus oris inutilis est laudanti si sit sine laude cordis, quod loquitur deo laudem dum magnalia eius operum recogitat cum affectu. valet tamen exterior laus oris ad excitandum interiorem affectum laudantis, et ad provocandum alios ad dei laudem, * sicut dictum est.
ra3 ' Ad tertium dicendum quod deum non laudamus propter utilitatem suam, sed propter utilitatem nostram, * ut dictum est.

009 ST3 qu91 ar2

ag1 ' Ad secundum sic proceditur. videtur quod cantus non sint assumendi ad laudem divinam. * dicit enim apostolus, ad coloss. iii, ° docentes et commonentes vosmetipsos in psalmis et hymnis et canticis spiritualibus. ' sed nihil assumere debemus in divinum cultum praeter ea quae nobis auctoritate scripturae traduntur. ergo videtur quod non debemus uti in divinis laudibus canticis corporalibus, sed solum spiritualibus.
ag2 * Praeterea, hieronymus, super illud ad ephes. v, ° cantantes et psallentes in cordibus vestris domino, * dicit, ° audiant haec adolescentuli quibus in ecclesia est psallendi officium, deo non voce, sed corde cantandum, nec in tragoediarum modum guttur et fauces medicamine liniendae sunt, ut in ecclesia theatrales moduli audiantur et cantica. ' non ergo in laudes dei sunt cantus assumendi.
ag3 ' Praeterea, laudare deum convenit parvis et magnis, * secundum illud apoc. xix, ° laudem dicite deo nostro, omnes servi eius et qui timetis illum, pusilli et magni. ' sed maiores qui sunt in ecclesia non decet cantare, * dicit enim gregorius, et habetur in decretis, dist. xcii, cap. ° in sancta romana ecclesia, praesenti decreto constituo ut in sede hac sacri altaris ministri cantare non debeant. ' ergo cantus non conveniunt divinis laudibus.
ag4 ' Praeterea, in veteri lege laudabatur deus in musicis instrumentis et humanis cantibus, * secundum illud psalm., ° confitemini domino in cithara; in psalterio decem chordarum psallite illi; cantate ei canticum novum. ' sed instrumenta musica, sicut citharas et psalteria, non assumit ecclesia in divinas laudes, ne videatur iudaizare. ergo, pari ratione, nec cantus in divinas laudes sunt assumendi.
ag5 ' Praeterea, principalior est laus mentis quam laus oris. sed laus mentis impeditur per cantus, tum quia cantantium intentio abstrahitur a consideratione eorum quae cantant, dum circa cantum student; tum etiam quia ea quae cantantur minus ab aliis intelligi possunt quam si sine cantu proferrentur. ergo cantus non sunt divinis laudibus adhibendi.
sc ' Sed contra est quod beatus ambrosius in ecclesia mediolanensi cantus instituit, * ut augustinus refert, in ix confess..
co * Respondeo dicendum quod, sicut dictum est, ' laus vocalis ad hoc necessaria est ut affectus hominis provocetur in deum. et ideo quaecumque ad hoc utilia esse possunt, in divinas laudes congruenter assumuntur. manifestum est autem quod secundum diversas melodias sonorum animi hominum diversimode disponuntur, * ut patet per philosophum, in viii polit., et per boetium, in prologo musicae. ' et ideo salubriter fuit institutum ut in divinas laudes cantus assumerentur, ut animi infirmorum magis provocarentur ad devotionem. * unde augustinus dicit, in x confess., ° adducor cantandi consuetudinem approbare in ecclesia, ut per oblectamenta aurium infirmorum animus in affectum pietatis assurgat. * et de seipso dicit, in ix confess., ° flevi in hymnis et canticis tuis, suave sonantis ecclesiae tuae vocibus commotus acriter.
ra1 ' Ad primum ergo dicendum quod cantica spiritualia possunt dici non solum ea quae interius canuntur in spiritu, sed etiam ea quae exterius ore cantantur, inquantum per huiusmodi cantica spiritualis devotio provocatur.
ra2 * Ad secundum dicendum quod hieronymus " non vituperat simpliciter cantum, sed reprehendit eos qui in ecclesia cantant more theatrico, non propter devotionem excitandam, sed propter ostentationem vel delectationem provocandam. * unde augustinus dicit, in x confess., ° cum mihi accidit ut me amplius cantus quam res quae canitur moveat, poenaliter me peccare confiteor, et tunc mallem non audire cantantem.
ra3 ' Ad tertium dicendum quod nobilior modus est provocandi homines ad devotionem per doctrinam et praedicationem quam per cantum. et ideo diaconi et praelati, quibus competit per praedicationem et doctrinam animos hominum provocare in deum, non debent cantibus insistere, ne per hoc a maioribus retrahantur. * unde ibidem gregorius dicit, ° consuetudo est valde reprehensibilis ut in diaconatus ordine constituti modulationi vocis inserviant, quos ad praedicationis officium et eleemosynarum studium vacare congruebat.
ra4 * Ad quartum dicendum quod, sicut philosophus dicit, in viii polit., ° neque fistulas ad disciplinam est adducendum, neque aliquod aliud artificiale organum, puta citharam et si quid tale alterum est, sed

quaecumque faciunt auditores bonos. ' huiusmodi enim musica instrumenta magis animum movent ad delectationem quam per ea formetur interius bona dispositio. in veteri autem testamento usus erat talium instrumentorum, tum quia populus erat magis durus et carnalis, unde erat per huiusmodi instrumenta provocandus, sicut et per promissiones terrenas. tum etiam quia huiusmodi instrumenta corporalia aliquid figurabant.
ra5 ' Ad quintum dicendum quod per cantum quo quis studiose ad delectandum utitur, abstrahitur animus a consideratione eorum quae cantantur. sed si aliquis cantet propter devotionem, attentius considerat quae dicuntur, tum quia diutius moratur super eodem; * tum quia, ut augustinus dicit, in x confess., ° omnes affectus spiritus nostri pro sua diversitate habent proprios modos in voce atque cantu, quorum occulta familiaritate excitantur. ' et eadem est ratio de audientibus, in quibus, etsi aliquando non intelligant quae cantantur, intelligunt tamen propter quid cantantur, scilicet ad laudem dei; et hoc sufficit ad devotionem excitandam.

009 ST3 qu92 ar

pr ' Deinde considerandum est de vitiis religioni oppositis. et primo, de illis quae cum religione conveniunt in hoc quod exhibent cultum divinum; secundo, de vitiis manifestam contrarietatem ad religionem habentibus, per contemptum eorum quae ad cultum divinum pertinent. primum autem horum pertinet ad superstitionem; secundum ad irreligiositatem. unde primo considerandum est de ipsa superstitione, et de partibus eius; deinde de irreligiositate et partibus eius. circa primum quaeruntur duo. primo, utrum superstitio sit vitium religioni contrarium. secundo, utrum habeat plures partes seu species.

009 ST3 qu92 ar1

ag1 ' Ad primum sic proceditur. videtur quod superstitio non sit vitium religioni contrarium. unum enim contrariorum non ponitur in definitione alterius. sed religio ponitur in definitione superstitionis, dicitur enim superstitio esse religio supra modum servata, * ut patet in glossa ad coloss. ii, super illud, ° quae sunt rationem habentia sapientiae in superstitione. ' ergo superstitio non est vitium religioni oppositum.
ag2 * Praeterea, isidorus dicit, in libro etymol., ° superstitiosos ait cicero appellatos qui totos dies precabantur et immolabant ut sui sibi liberi superstites fierent. ' sed hoc etiam fieri potest secundum verae religionis cultum. ergo superstitio non est vitium religioni oppositum.
ag3 ' Praeterea, superstitio quendam excessum importare videtur. sed religio non potest habere excessum, quia * sicut supra dictum est, ' secundum eam non contingit aequale deo reddere eius quod debemus. ergo superstitio non est vitium religioni oppositum.
sc * Sed contra est quod augustinus dicit, in libro de decem chordis, ° tangis primam chordam, qua colitur unus deus, et cecidit bestia superstitionis. ' sed cultus unius dei pertinet ad religionem. ergo superstitio religioni opponitur.
co * Respondeo dicendum quod, sicut supra dictum est, ' religio est virtus moralis. omnis autem virtus moralis in medio consistit, * ut supra habitum est. ' et ideo duplex vitium virtuti morali opponitur, unum quidem secundum excessum; aliud autem secundum defectum. contingit autem excedere medium virtutis non solum secundum circumstantiam quae dicitur quantum, sed etiam secundum alias circumstantias. unde in aliquibus virtutibus, sicut in magnanimitate et magnificentia, vitium excedit virtutis medium non quia ad maius aliquid tendat quam virtus, sed forte ad minus, transcendit tamen virtutis medium, inquantum facit aliquid cui non debet, vel quando non debet, et similiter secundum alia huiusmodi; * ut patet per philosophum, in iv ethic.. ' sic igitur superstitio est vitium religioni oppositum secundum excessum, non quia plus exhibeat in cultum divinum quam vera religio, sed quia exhibet cultum divinum vel cui non debet, vel eo modo quo non debet.
ra1 ' Ad primum ergo dicendum quod sicut bonum metaphorice dicitur in malis, prout dicimus bonum latronem, ita etiam nomina virtutum quandoque transumptive accipiuntur in malis, sicut prudentia quandoque ponitur pro astutia, * secundum illud luc. xvi, ° filii huius saeculi prudentiores filiis lucis sunt. ' et per hunc modum superstitio dicitur esse religio.
ra2 ' Ad secundum dicendum quod aliud est etymologia nominis, et aliud est significatio nominis. etymologia attenditur secundum id a quo imponitur nomen ad significandum, nominis vero significatio attenditur secundum id ad quod significandum nomen imponitur. quae quandoque diversa sunt, nomen enim lapidis imponitur a laesione pedis, non tamen hoc significat; alioquin ferrum, cum pedem laedat, lapis esset. similiter etiam nomen superstitionis non oportet quod significet illud a quo nomen est impositum.
ra3 ' Ad tertium dicendum quod religio non potest habere excessum secundum quantitatem absolutam. potest tamen habere excessum secundum quantitatem proportionis, prout scilicet in cultu divino fit aliquid quod fieri non debet.

009 ST3 qu92 ar2

ag1 ' Ad secundum sic proceditur. videtur quod non sint diversae superstitionis species. * quia secundum philosophum, in i topic., ° si unum oppositorum dicitur multipliciter, et reliquum. ' sed religio, cui superstitio opponitur, non habet diversas species, sed omnes eius actus ad unam speciem referuntur. ergo nec superstitio habet diversas species.
ag2 ' Praeterea, opposita sunt circa idem. sed religio, cui opponitur superstitio, est circa ea quibus ordinamur in deum, * ut supra habitum est. ' non ergo species superstitionis, quae opponitur religioni, potest attendi secundum aliquas divinationes humanorum eventuum, vel secundum aliquas observationes humanorum actuum.
ag3 * Praeterea, coloss. ii, super illud, ° quae sunt rationem habentia sapientiae in superstitione, * dicit glossa, " idest, in simulata religione. ' ergo etiam simulatio debet poni species superstitionis.
sc * Sed contra est quod augustinus, in ii de doct. christ., " diversas species superstitionis assignat.
co * Respondeo dicendum quod, sicut supra dictum est, ' vitium religionis consistit in hoc quod transcenditur virtutis medium secundum aliquas circumstantias. * ut autem supra dictum est, ' non quaelibet circumstantiarum corruptarum diversitas variat peccati speciem, sed solum quando referuntur ad diversa obiecta vel diversos fines, secundum hoc enim morales actus speciem sortiuntur, * ut supra habitum est. ' diversificatur ergo superstitionis species, primo quidem, ex parte obiecti. potest enim divinus cultus exhiberi vel cui exhibendus est, scilicet deo vero, modo tamen indebito, et haec est prima superstitionis species. vel ei cui non debet exhiberi, scilicet cuicumque creaturae. et hoc est aliud superstitionis genus, quod in multas species dividitur, secundum diversos fines divini cultus ordinatur enim, primo, divinus cultus ad reverentiam deo exhibendam. et secundum hoc, prima species huius generis est idololatria, quae divinam reverentiam indebite exhibet creaturae. secundo, ordinatur ad hoc quod homo instruatur a deo, quem colit. et ad hoc pertinet superstitio divinativa, quae daemones consulit per aliqua pacta cum eis inita, tacita vel expressa. tertio, ordinatur divinus cultus ad quandam directionem humanorum actuum secundum instituta dei, qui colitur. et ad hoc pertinet superstitio quarundam observationum. |25| * et haec tria tangit augustinus, in ii de doct. christ., dicens ° superstitiosum esse quidquid institutum ab hominibus est ad facienda et colenda idola pertinens, ' et hoc pertinet ad primum. * et postea subdit, ° vel ad consultationes et pacta quaedam significationum cum daemonibus placita atque foederata, ' quod pertinet ad secundum. * et post pauca subdit, " ad hoc genus pertinent omnes ligaturae, etc., ' quod pertinet ad tertium.
ra1 ' Ad primum ergo dicendum quod, * sicut dionysius dicit, iv cap. de div. nom., ° bonum contingit ex una et integra causa, malum autem ex singularibus defectibus. ' et ideo uni virtuti plura vitia opponuntur, * ut supra habitum est. * verbum autem philosophi " veritatem habet in oppositis in quibus est eadem ratio multiplicationis.
ra2 ' Ad secundum dicendum quod divinationes et observationes aliquae pertinent ad superstitionem inquantum dependent ex aliquibus operationibus daemonum. et sic pertinent ad quaedam pacta cum ipsis inita.
ra3 * Ad tertium dicendum quod simulata religio ibi dicitur ° quando traditioni humanae nomen religionis applicatur, * prout in glossa sequitur. ' unde ista simulata religio nihil est aliud quam cultus deo vero exhibitus modo indebito, sicut si aliquis tempore gratiae vellet colere deum secundum veteris legis ritum. et de hoc ad litteram loquitur glossa.

009 ST3 qu93 ar

pr ' Deinde considerandum est de speciebus superstitionis. et primo, de superstitione indebiti cultus veri dei; secundo, de superstitione idololatriae; tertio, de superstitione divinationum; quarto, de superstitione observationum. circa primum quaeruntur duo. primo, utrum in cultu dei veri possit esse aliquid perniciosum. secundo, utrum possit ibi esse aliquid superfluum.

009 ST3 qu93 ar1

ag1 ' Ad primum sic proceditur. videtur quod in cultu veri dei non possit esse aliquid perniciosum. * dicitur enim ioel ii, ° omnis quicumque invocaverit nomen domini, salvus erit. ' sed quicumque colit deum quocumque modo, invocat nomen eius. ergo omnis cultus dei confert salutem. nullus ergo est perniciosus.
ag2 ' Praeterea, idem deus est qui colitur a iustis quacumque mundi aetate. sed ante legem datam, iusti, absque peccato mortali, colebant deum qualitercumque eis placebat, unde et iacob proprio voto se obligavit ad specialem cultum, * ut habetur gen. xxviii. ' ergo etiam modo nullus dei cultus est perniciosus.
ag3 ' Praeterea, nihil perniciosum in ecclesia sustinetur. sustinet autem ecclesia diversos ritus colendi deum, * unde gregorius scribit augustino episcopo anglorum, proponenti quod sunt diversae ecclesiarum consuetudines " in missarum celebratione, mihi, inquit, placet ut, sive in romanis ° sive in galliarum sive in qualibet ecclesia aliquid invenisti quod plus omnipotenti deo possit placere, sollicite eligas. ' ergo nullus modus colendi deum est perniciosus.
sc * Sed contra est quod augustinus dicit, in epistola ad hieron., et habetur in glossa, galat. ii, quod ' legalia observata post veritatem evangelii divulgatam, sunt mortifera. et tamen legalia ad cultum dei pertinent. ergo in cultu dei potest esse aliquid mortiferum.
co ' Respondeo dicendum quod, * sicut augustinus dicit, in libro contra mendacium, ' mendacium maxime perniciosum est quod fit in his quae ad christianam religionem pertinent. est autem mendacium cum aliquis exterius significat contrarium veritati. sicut autem significatur aliquid verbo, ita etiam significatur aliquid facto, et in tali significatione facti consistit exterior religionis cultus, * ut ex supradictis patet. ' et ideo si per cultum exteriorem aliquid falsum significetur, erit cultus perniciosus. hoc autem contingit dupliciter. uno quidem modo, ex parte rei significatae, a qua discordat significatio cultus. et hoc modo, tempore novae legis, peractis iam christi mysteriis, perniciosum est uti caeremoniis veteris legis, quibus christi mysteria significabantur futura, sicut etiam perniciosum esset si quis verbo confiteretur christum esse passurum. alio modo potest contingere falsitas in exteriori cultu ex parte colentis, et hoc praecipue in cultu communi, qui per ministros exhibetur in persona totius ecclesiae. sicut enim falsarius esset qui aliqua proponeret ex parte alicuius quae non essent ei commissa, ita vitium falsitatis incurrit qui ex parte ecclesiae cultum exhibet deo contra modum divina auctoritate ab ecclesia constitutum et in ecclesia consuetum. * unde ambrosius dicit, |25| ° indignus est qui aliter celebrat mysterium quam christus tradidit. * et propter hoc etiam glossa dicit, coloss. ii, quod ° superstitio est quando traditioni humanae nomen religionis applicatur.
ra1 ' Ad primum ergo dicendum quod, cum deus sit veritas, illi invocant deum qui in spiritu et veritate eum colunt, * ut dicitur ioan. iv. ' et ideo cultus continens falsitatem non pertinet proprie ad dei invocationem quae salvat.
ra2 ' Ad secundum dicendum quod ante tempus legis, iusti per interiorem instinctum instruebantur de modo colendi deum, quos alii sequebantur. postmodum vero exterioribus praeceptis circa hoc homines sunt instructi, quae praeterire pestiferum est.
ra3 ' Ad tertium dicendum quod diversae consuetudines ecclesiae in cultu divino in nullo veritati repugnant. et ideo sunt servandae; et eas praeterire illicitum est.

009 ST3 qu93 ar2

ag1 ' Ad secundum sic proceditur. videtur quod in cultu dei non possit esse aliquid superfluum. * dicitur enim eccli. xliii, ° glorificantes deum quantumcumque potueritis, supervalebit adhuc. ' sed cultus divinus ordinatur ad deum glorificandum. ergo nihil superfluum in eo esse potest.
ag2 ' Praeterea, exterior cultus est professio quaedam cultus interioris quo deus colitur fide, spe et caritate; * ut augustinus dicit, in enchirid.. ' sed in fide, spe et caritate non potest esse aliquid superfluum. ergo etiam neque in divino cultu.
ag3 ' Praeterea, ad divinum cultum pertinet ut ea deo exhibeamus quae a deo accepimus. sed omnia bona nostra a deo accepimus. ergo si totum quidquid possumus facimus ad dei reverentiam, nihil erit superfluum in divino cultu.
sc * Sed contra est quod augustinus dicit, in ii de doct. christ., quod ° bonus verusque christianus etiam in litteris sacris superstitiosa figmenta repudiat. ' sed per sacras litteras deus colendus ostenditur. ergo etiam in cultu divino potest esse superstitio ex aliqua superfluitate.
co ' Respondeo dicendum quod aliquid dicitur superfluum dupliciter. uno modo, secundum quantitatem absolutam. et secundum hoc non potest esse superfluum in divino cultu, quia nihil potest homo facere quod non sit minus eo quod deo debet. alio modo potest esse aliquid superfluum secundum quantitatem proportionis, quia scilicet non est fini proportionatum. finis autem divini cultus est ut homo deo det gloriam, et ei se subiiciat mente et corpore. et ideo quidquid homo faciat quod pertinet ad dei gloriam, et ad hoc quod mens hominis deo subiiciatur, et etiam corpus per moderatam refrenationem concupiscentiarum, secundum dei et ecclesiae ordinationem, et consuetudinem eorum quibus homo convivit, non est superfluum in divino cultu. si autem aliquid sit quod quantum est de se non pertinet ad dei gloriam, neque ad hoc quod mens hominis feratur in deum, aut quod carnis concupiscentiae moderate refrenantur; aut etiam si sit praeter dei et ecclesiae institutionem, vel contra consuetudinem communem (quae * secundum augustinum, ' pro lege habenda est). totum hoc reputandum est superfluum et superstitiosum, quia, in exterioribus solum consistens, ad

interiorem dei cultum non pertinet. * unde augustinus, in libro de vera relig., inducit quod dicitur luc. xvii, |25| ° regnum dei intra vos est, ' contra superstitiosos, qui scilicet exterioribus principalem curam impendunt.

ra1 ' Ad primum ergo dicendum quod in ipsa dei glorificatione implicatur quod id quod fit pertineat ad dei gloriam. per quod excluditur superstitionis superfluitas.

ra2 ' Ad secundum dicendum quod per fidem, spem et caritatem anima subiicitur deo. unde in eis non potest esse aliquid superfluum. aliud autem est de exterioribus actibus, qui quandoque ad haec non pertinent.

ra3 ' Ad tertium dicendum quod ratio illa procedit de superfluo quantum ad quantitatem absolutam.

009 ST3 qu94 ar

pr ' Deinde considerandum est de idololatria. et circa hoc quaeruntur quatuor. primo, utrum idololatria sit species superstitionis. secundo, utrum sit peccatum. tertio, utrum sit gravissimum peccatorum. quarto, de causa huius peccati. utrum autem cum idololatris sit communicandum, dictum est supra, cum de infidelitate ageretur.

009 ST3 qu94 ar1

ag1 ' Ad primum sic proceditur. videtur quod idololatria non recte ponatur species superstitionis. sicut enim haeretici sunt infideles, ita et idololatrae. sed haeresis est species infidelitatis, * ut supra habitum est. ' ergo et idololatria, non autem superstitionis.

ag2 ' Praeterea, latria pertinet ad virtutem religionis, cui opponitur superstitio. sed idololatria videtur univoce dici latria cum ea quae ad veram religionem pertinet, sicut enim appetitus falsae beatitudinis univoce dicitur cum appetitu verae beatitudinis, ita cultus falsorum deorum, qui dicitur idololatria, univoce videtur dici cum cultu veri dei, qui est latria verae religionis. ergo idololatria non est species superstitionis.

ag3 ' Praeterea, id quod nihil est non potest esse alicuius generis species. sed idololatria nihil esse videtur. * dicit enim apostolus, i ad cor. viii, scimus quia nihil est idolum in mundo, et infra, x, quid ergo? dico ° quod idolis immolatum sit aliquid? aut quod idolum sit aliquid? " quasi dicat, non. ' immolare autem idolis proprie ad idololatriam pertinet. ergo idololatria, quasi nihil existens, non potest esse superstitionis species.

ag4 ' Praeterea, ad superstitionem pertinet exhibere cultum divinum cui non debetur. sed cultus divinus, sicut non debetur idolis, ita nec aliis creaturis, * unde rom. i quidam vituperantur de hoc quod ° coluerunt et servierunt potius creaturis quam creatori. ' ergo inconvenienter huiusmodi superstitionis species idololatria nominatur, sed deberet potius nominari latria creaturae.

sc * Sed contra est quod act. xvii dicitur quod ° paulus cum athenis expectaret, incitabatur spiritus eius in ipso, videns idololatriae deditam civitatem, * et postea dixit, " viri athenienses, per omnia quasi superstitiosos vos iudico. ' ergo idololatria ad superstitionem pertinet.

co * Respondeo dicendum quod, sicut supra dictum est, ' ad superstitionem pertinet excedere debitum modum divini cultus. quod quidem praecipue fit quando divinus cultus exhibetur cui non debet exhiberi. debet autem exhiberi soli summo deo increato, * ut supra habitum est, cum de religione ageretur. ' et ideo, cuicumque creaturae divinus cultus exhibeatur, superstitiosum est. huiusmodi autem cultus divinus, sicut creaturis sensibilibus exhibebatur per aliqua sensibilia signa, puta sacrificia, ludos et alia huiusmodi; ita etiam exhibebatur creaturae repraesentatae per aliquam sensibilem formam seu figuram, quae idolum dicitur. diversimode tamen cultus divinus idolis exhibebatur. quidam enim per quandam nefariam artem imagines quasdam construebant quae virtute daemonum aliquos certos effectus habebant, unde putabant in ipsis imaginibus esse aliquid divinitatis; et quod per consequens divinus cultus eis deberetur. * et haec fuit opinio hermetis trimegisti; ut augustinus dicit, in viii de civ. dei. ' alii vero non exhibebant cultum divinitatis ipsis imaginibus, sed creaturis quarum erant imagines. et utrumque horum * tangit apostolus, ad rom. i. nam quantum ad primum, dicit, ° mutaverunt gloriam incorruptibilis dei in similitudinem imaginis corruptibilis hominis, et volucrum et quadrupedum et serpentum. * quantum autem ad secundum, subdit, |25| ° coluerunt et servierunt potius creaturae quam creatori. * horum tamen fuit triplex opinio. quidam enim aestimabant " quosdam homines deos fuisse, quos per eorum imagines colebant, sicut iovem, mercurium, et alios huiusmodi. * quidam vero aestimabant " totum mundum esse unum deum, non propter corporalem substantiam, sed propter animam, quam deum esse credebant, dicentes deum nihil aliud esse quam animam motu et ratione mundum gubernantem; sicut et homo dicitur sapiens propter animam, non propter corpus. unde putabant toti mundo, et omnibus partibus eius, esse cultum divinitatis exhibendum, caelo, aeri, aquae, et omnibus huiusmodi. et ad haec referebant nomina et imagines suorum deorum, * sicut varro dicebat, et narrat augustinus, vii de civ. dei. alii vero, scilicet platonici, posuerunt " unum esse summum deum, causam omnium; post quem ponebant esse substantias quasdam spirituales a summo deo creatas, quas deos nominabant, participatione scilicet divinitatis, nos autem eos angelos dicimus; post quos ponebant animas caelestium corporum; et sub his daemones, quos dicebant esse aerea quaedam animalia; et sub his ponebant animas hominum, quas per virtutis meritum ad deorum vel daemonum societatem assumi credebant. et omnibus his cultum divinitatis exhibebant, * ut augustinus narrat, in xviii de civ. dei. " has autem duas ultimas opiniones dicebant pertinere ad |50| physicam theologiam, quam philosophi considerabant in mundo, et docebant in scholis. aliam vero, de cultu hominum, dicebant pertinere ad theologiam fabularem, quae secundum figmenta poetarum repraesentabatur in theatris. aliam vero opinionem, de imaginibus, dicebant pertinere ad civilem theologiam, quae per pontifices celebrabatur in templis. ' omnia autem haec ad superstitionem idololatriae pertinebant. * unde augustinus dicit, in ii de doct. christ., ° superstitiosum est quidquid institutum ab hominibus est ad facienda et colenda idola pertinens, vel ad colendam sicut deum creaturam partemve ullam creaturae.

ra1 ' Ad primum ergo dicendum quod sicut religio non est fides, sed fidei protestatio per aliqua exteriora signa, ita superstitio est quaedam infidelitatis protestatio per exteriorem cultum. quam quidem protestationem nomen idololatriae significat, non autem nomen haeresis, sed solum falsam opinionem. et ideo haeresis est species infidelitatis, sed idololatria est species superstitionis.

ra2 ' Ad secundum dicendum quod nomen latriae dupliciter accipi potest. uno modo potest significare humanum actum ad cultum dei pertinentem. et secundum hoc, non variatur significatio huius nominis latria, cuicumque exhibeatur, quia illud cui exhibetur non cadet, secundum hoc, in eius definitione. et secundum hoc latria univoce dicetur secundum quod pertinet ad veram religionem, et secundum quod pertinet ad idololatriam, sicut solutio tributi univoce dicitur sive exhibeatur vero regi, sive falso. alio modo accipitur latria prout est idem religioni. et sic, cum sit virtus, de ratione eius est quod cultus divinus exhibeatur ei cui debet exhiberi. et secundum hoc latria aequivoce dicetur de latria verae religionis, et de idololatria, sicut prudentia aequivoce dicitur de prudentia quae est virtus, et de prudentia quae est carnis.

ra3 * Ad tertium dicendum quod apostolus intelligit ' nihil esse in mundo quia imagines illae quae idola dicebantur, non erant animatae aut aliquam virtutem divinitatis habentes, * sicut hermes ponebat, ' quasi esset aliquid compositum ex spiritu et corpore. et similiter intelligendum est quod idolis immolatum non est aliquid, quia per huiusmodi immolationem carnes immolatitiae neque aliquam sanctificationem consequebantur, ut gentiles putabant; neque aliquam immunditiam, ut putabant iudaei.

ra4 ' Ad quartum dicendum quod ex communi consuetudine qua creaturas quascumque colebant gentiles sub quibusdam imaginibus, impositum est hoc nomen idololatria ad significandum quemcumque cultum creaturae, et etiam si sine imaginibus fieret.

009 ST3 qu94 ar2

ag1 ' Ad secundum sic proceditur. videtur quod idololatria non sit peccatum. nihil enim est peccatum quod vera fides in cultum dei assumit. sed vera fides imagines quasdam assumit ad divinum cultum, nam et in tabernaculo erant imagines cherubin, * ut legitur exod. xxv; ' et in ecclesia quaedam imagines ponuntur quas fideles adorant. ergo idololatria, secundum quam idola adorantur, non est peccatum.

ag2 ' Praeterea, cuilibet superiori est reverentia exhibenda. sed angeli et animae sanctorum sunt nobis superiores. ergo, si eis exhibeatur reverentia per aliquem cultum vel sacrificiorum vel aliquorum huiusmodi, non erit peccatum.

ag3 ' Praeterea, summus deus interiori cultu mentis est colendus, * secundum illud ioan. iv, " deum oportet adorare in spiritu et veritate. * et augustinus dicit, in enchirid., quod " deus colitur fide, spe et caritate. ' potest autem contingere quod aliquis exterius idola colat, interius tamen a vera fide non discedat. ergo videtur quod sine praeiudicio divini cultus possit aliquis exterius idola colere.

sc * Sed contra est quod exod. xx dicitur, ' non adorabis ea, scilicet exterius, neque coles, scilicet interius, * ut glossa exponit ' et loquitur de sculptilibus et imaginibus. ergo peccatum est idolis exteriorem vel interiorem cultum exhibere.

co ' Respondeo dicendum quod circa hoc aliqui dupliciter erraverunt. * quidam enim putaverunt quod " offerre sacrificium et alia ad latriam pertinentia non solum summo deo, sed etiam aliis supra dictis, est debitum et per se bonum, eo quod superiori cuilibet naturae divinam reverentiam exhibendam putant, quasi deo propinquiori. ' sed hoc irrationabiliter dicitur. nam etsi omnes superiores revereri debeamus, non tamen eadem reverentia omnibus debetur, sed aliquid speciale debetur summo deo, qui singulari ratione omnes excellit, et hic est latriae cultus. * nec potest dici, sicut quidam putaverunt, ° haec visibilia sacrificia diis aliis congruere, illi vero summo deo, tanquam meliori, meliora, scilicet purae mentis officia, * quia, ut augustinus dicit, in x de civ. dei, ° exteriora sacrificia ita sunt signa interiorum sicut verba sonantia signa sunt rerum. quocirca, sicut orantes atque laudantes ad eum dirigimus significantes voces cui res ipsas in corde quas significamus offerimus, ita, sacrificantes, non alteri visibile sacrificium offerendum esse noverimus quam ei cuius in cordibus nostris invisibile sacrificium nos ipsi esse debemus. * alii vero aestimaverunt " latriae cultum exteriorem non esse |25| idolis exhibendum tanquam per se bonum aut opportunum, sed tanquam vulgari consuetudini consonum, * ut augustinus, in vi de civ. dei, introducit senecam dicentem, ° sic, inquit, adorabimus ut meminerimus huiusmodi cultum magis ad morem quam ad rem pertinere. * et in libro de vera relig. augustinus dicit ° non esse religionem a philosophis quaerendam, qui eadem sacra recipiebant cum populis, et de suorum deorum natura ac summo bono diversas contrariasque sententias in scholis personabant. * et hunc etiam errorem secuti sunt quidam haeretici asserentes " non esse perniciosum si quis, persecutionis tempore deprehensus, exterius idola colat, dum tamen fidem servat in mente. ' sed hoc apparet manifeste falsum. nam cum exterior cultus sit signum interioris cultus, sicut est perniciosum mendacium si quis verbis asserat contrarium eius quod per veram fidem tenet in corde, ita etiam est perniciosa falsitas si quis exteriorem cultum exhibeat alicui contra id quod sentit in mente. * unde augustinus dicit contra senecam, in vi de civ. dei, " quod eo damnabilius colebat idola, quo illa quae mendaciter ° agebat sic ageret ut cum populo veraciter agere existimaretur.

ra1 ' Ad primum ergo dicendum quod neque in veteris legis tabernaculo seu templo, neque etiam nunc in ecclesia imagines instituuntur ut eis cultus latriae exhibeatur, sed ad quandam significationem, ut per huiusmodi imagines mentibus hominum imprimatur et confirmetur fides de excellentia angelorum et sanctorum. secus autem est de imagine christi, cui, ratione deitatis, latria debetur, * ut dicetur in tertio.

ra2 ' Ad secundum et tertium patet responsio per ea quae dicta sunt.

009 ST3 qu94 ar3

ag1 ' Ad tertium sic proceditur. videtur quod idololatria non sit gravissimum peccatorum. pessimum enim optimo opponitur, * ut dicitur in viii ethic.. ' sed cultus interior, qui consistit in fide, spe et caritate, est melior quam cultus exterior. ergo infidelitas, desperatio et odium dei, quae opponuntur cultui interiori, sunt graviora peccata quam idololatria, quae opponitur cultui exteriori.

ag2 ' Praeterea, tanto aliquod peccatum est gravius quanto magis est contra deum. sed directius videtur aliquis contra deum agere blasphemando, vel fidem impugnando, quam cultum dei alii exhibendo, quod pertinet ad idololatriam. ergo blasphemia vel impugnatio fidei est gravius peccatum quam idololatria.

ag3 ' Praeterea, minora mala maioribus malis puniri videntur. sed peccatum idololatriae punitum est peccato contra naturam, * ut dicitur rom. i. ' ergo peccatum contra naturam est gravius peccato idololatriae.

ag4 * Praeterea, augustinus dicit, xx contra faust., ° neque vos, scilicet manichaeos, paganos dicimus, aut schisma paganorum, sed habere cum eis quandam similitudinem, eo quod multos colatis deos. verum vos esse eis longe deteriores, quod illi ea colunt quae sunt, sed pro diis colenda non sunt; vos autem ea colitis quae omnino non sunt. ' ergo vitium haereticae pravitatis est gravius quam idololatria.

ag5 * Praeterea, super illud gal. iv, ° quomodo convertimini iterum ad infirma et egena elementa? * dicit glossa hieronymi, ° legis observantia, cui dediti tunc erant, erat peccatum paene par servituti idolorum, cui ante conversionem vacaverant. ' non ergo peccatum idololatriae est gravissimum.

sc * Sed contra est quod levit. xv, super illud quod dicitur de immunditia mulieris patientis fluxum sanguinis, dicit glossa, ° omne peccatum est immunditia animae, sed idololatria maxime.

co ' Respondeo dicendum quod gravitas alicuius peccati potest attendi dupliciter. uno modo, ex parte ipsius peccati. et sic peccatum idololatriae est gravissimum. sicut enim in terrena republica gravissimum esse videtur quod aliquis honorem regium alteri impendat quam vero regi, quia quantum in se est, totum reipublicae perturbat ordinem; ita in peccatis quae contra deum committuntur, quae tamen sunt maxima, gravissimum esse videtur quod aliquis honorem divinum creaturae impendat, quia quantum est in se, facit alium deum in mundo, minuens principatum divinum. alio modo potest attendi gravitas peccati ex parte peccantis, sicut dicitur esse gravius peccatum eius qui peccat scienter quam eius qui peccat ignoranter. et secundum hoc nihil prohibet gravius peccare haereticos, qui scienter corrumpunt fidem quam acceperunt, quam idololatras ignoranter peccantes. et similiter etiam aliqua alia peccata possunt esse maiora propter maiorem contemptum peccantis.

ra1 ' Ad primum ergo dicendum quod idololatria

praesupponit interiorem infidelitatem, et adiicit exterius indebitum cultum. si vero sit exterior tantum idololatria absque interiori infidelitate, additur culpa falsitatis, * ut prius dictum est.
ra2 ' Ad secundum dicendum quod idololatria includit magnam blasphemiam, inquantum deo subtrahitur dominii singularitas. et fidem opere impugnat idololatria.
ra3 ' Ad tertium dicendum quod quia de ratione poenae est quod sit contra voluntatem, peccatum per quod aliud punitur oportet esse magis manifestum, ut ex hoc homo sibi ipsi et aliis detestabilis reddatur, non autem oportet quod sit gravius. et secundum hoc, peccatum contra naturam minus est quam peccatum idololatriae, sed quia est manifestius, ponitur quasi conveniens poena peccati idololatriae, ut scilicet, sicut homo per idololatriam pervertit ordinem divini honoris, ita per peccatum contra naturam propriae naturae confusibilem perversitatem patiatur.
ra4 ' Ad quartum dicendum quod haeresis manichaeorum, etiam quantum ad genus peccati, gravior est quam peccatum aliorum idololatrarum, quia magis derogant divino honori, ponentes duos deos contrarios, et multa vana fabulosa de deo fingentes. secus autem est de aliis haereticis, qui unum deum confitentur et eum solum colunt.
ra5 ' Ad quintum dicendum quod observatio legis tempore gratiae non est omnino aequalis idololatriae secundum genus peccati, sed paene aequalis, quia utrumque est species pestiferae superstitionis.

009 ST3 qu94 ar4

ag1 ' Ad quartum sic proceditur. videtur quod causa idololatriae non fuerit ex parte hominis. in homine enim nihil est nisi vel natura, vel virtus, vel culpa. sed causa idololatriae non potuit esse ex parte naturae hominis, quin potius naturalis ratio hominis dictat quod sit unus deus, et quod non sit mortuis cultus divinus exhibendus, neque rebus inanimatis. similiter etiam nec idololatria habet causam in homine ex parte virtutis, quia ° non potest arbor bona fructus malos facere, * ut dicitur matth. vii. ' neque etiam ex parte culpae, * quia, ut dicitur sap. xiv, ° infandorum idolorum cultura omnis mali causa est, et initium et finis. ' ergo idololatria non habet causam ex parte hominis.
ag2 ' Praeterea, ea quae ex parte hominis causantur, omni tempore in hominibus inveniuntur. non autem semper fuit idololatria, sed in secunda aetate legitur esse adinventa, vel a nemrod, qui, * ut dicitur, ' cogebat homines ignem adorare; vel a nino, qui imaginem patris sui beli adorari fecit. * apud graecos autem, ut isidorus refert, ° prometheus primus simulacra hominum de luto finxit. iudaei vero dicunt quod ismael primus simulacra de luto fecit. ' cessavit etiam in sexta aetate idololatria ex magna parte. ergo idololatria non habuit causam ex parte hominis.
ag3 * Praeterea, augustinus dicit, xxi de civ. dei, " neque potuit primum, nisi illis, scilicet daemonibus, ° docentibus, disci quid quisque illorum appetat, quid exhorreat, quo invitetur nomine, quo cogatur, unde magicae artes, earumque artifices extiterunt. ' eadem autem ratio videtur esse de idololatria. ergo idololatriae causa non est ex parte hominum.
sc * Sed contra est quod dicitur sap. xiv, ° supervacuitas hominum haec, " scilicet idola, ° adinvenit in orbe terrarum.
co ' Respondeo dicendum quod idololatriae est duplex causa. una quidem dispositiva. et haec fuit ex parte hominum. et hoc tripliciter. primo quidem, ex inordinatione affectus, prout scilicet homines aliquem hominem vel nimis amantes vel nimis venerantes, honorem divinum ei impenderunt. * et haec causa assignatur sap. xiv, ° acerbo luctu dolens pater cito sibi rapti filii fecit imaginem; et illum qui tunc, quasi homo, mortuus fuerat, tanquam deum colere coepit. * et ibidem etiam subditur quod ° homines, aut affectui aut regibus deservientes, incommunicabile nomen, " scilicet divinitatis, lignis et lapidibus imposuerunt. ' secundo, propter hoc quod homo naturaliter de repraesentatione delectatur, * ut philosophus dicit, in poetria sua. ' et ideo homines rudes a principio videntes per diligentiam artificum imagines hominum expressive factas, divinitatis cultum eis impenderunt. * unde dicitur sap. xiii, ° si quis artifex faber de silva lignum rectum secuerit; et per scientiam suae artis figuret illud et assimilet imagini hominis, de substantia sua, et filiis et nuptiis, votum faciens, inquirit. ' tertio, propter ignorantiam veri dei, cuius excellentiam |25| homines non considerantes, quibusdam creaturis, propter pulchritudinem seu virtutem, divinitatis cultum exhibuerunt. * unde dicitur sap. xiii, ° neque, operibus attendentes, agnoverunt quis esset artifex. sed aut ignem, aut spiritum, aut citatum aerem, aut gyrum stellarum, aut nimiam aquam, aut solem, aut lunam, rectores orbis terrarum, deos putaverunt. ' alia autem causa idololatriae fuit consummativa, ex parte daemonum, qui se colendos hominibus errantibus exhibuerunt in idolis, dando responsa et aliqua quae videbantur hominibus mirabilia faciendo. * unde et in psalm. dicitur, ° omnes dii gentium daemonia.
ra1 ' Ad primum ergo dicendum quod causa dispositiva idololatriae fuit, ex parte hominis, naturae defectus vel per ignorantiam intellectus vel per deordinationem affectus, * ut dictum est. ' et hoc etiam ad culpam pertinet. dicitur autem idololatria esse causa, initium et finis omnis peccati, quia non est aliquod genus peccati quod interdum idololatria non producat, vel expresse inducendo, per modum causae; vel occasionem praebendo, per modum initii; vel per modum finis, inquantum peccata aliqua assumebantur in cultum idolorum, sicut occisiones hominum et mutilationes membrorum, et alia huiusmodi. et tamen aliqua peccata possunt idololatriam praecedere, quae ad ipsam hominem disponunt.
ra2 ' Ad secundum dicendum quod in prima aetate non fuit idololatria propter recentem memoriam creationis mundi, ex qua adhuc vigebat cognitio unius dei in mente hominum. in sexta autem aetate idololatria est exclusa per doctrinam et virtutem christi, qui de diabolo triumphavit.
ra3 ' Ad tertium dicendum quod ratio illa procedit de causa consummativa idololatriae.

009 ST3 qu95 ar

pr ' Deinde considerandum est de superstitione divinativa. et circa hoc quaeruntur octo. primo, utrum divinatio sit peccatum. secundo, utrum sit species superstitionis. tertio, de speciebus divinationis. quarto, de divinatione quae fit per daemones. quinto, de divinatione quae fit per astra. sexto, de divinatione quae fit per somnia. septimo, de divinatione quae fit per auguria et alias huiusmodi observationes. octavo, de divinatione quae fit per sortes.

009 ST3 qu95 ar1

ag1 ' Ad primum sic proceditur. videtur quod divinatio non sit peccatum. divinatio enim ab aliquo divino nominatur. sed ea quae sunt divina magis ad sanctitatem pertinent quam ad peccatum. ergo videtur quod divinatio non est peccatum.
ag2 * Praeterea, augustinus dicit, in libro de lib. arbit., ° quis audeat dicere disciplinam esse malum? * et iterum, ° nullo modo dixerim aliquam intelligentiam malam esse posse. ' sed aliquae artes sunt divinativae, * ut patet per philosophum, in libro de memoria. ' videtur etiam ipsa divinatio ad aliquam intelligentiam veritatis pertinere. ergo videtur quod divinatio non sit peccatum.
ag3 ' Praeterea, naturalis inclinatio non est ad aliquod malum, quia natura non inclinat nisi ad simile sibi. sed ex naturali inclinatione homines sollicitantur praenoscere futuros eventus, quod pertinet ad divinationem. ergo divinatio non est peccatum.
sc * Sed contra est quod dicitur deut. xviii, ° non sit qui pythones consulat, neque divinos. * et in decretis, xxvi, qu. v, dicitur, ° qui divinationes expetunt, sub regulis quinquennii iaceant, secundum gradus poenitentiae definitos.
co ' Respondeo dicendum quod in nomine divinationis intelligitur quaedam praenuntiatio futurorum. futura autem dupliciter praenosci possunt, uno quidem modo, in suis causis; alio modo, in seipsis. causae autem futurorum tripliciter se habent. quaedam enim producunt ex necessitate et semper suos effectus. et huiusmodi effectus futuri per certitudinem praenosci possunt et praenuntiari ex consideratione suarum causarum, sicut astrologi praenuntiant eclipses futuras. quaedam vero causae producunt suos effectus non ex necessitate et semper, sed ut in pluribus, raro tamen deficiunt. et per huiusmodi causas possunt praenosci futuri effectus, non quidem per certitudinem, sed per quandam coniecturam, sicut astrologi per considerationem stellarum quaedam praenoscere et praenuntiare possunt de pluviis et siccitatibus, et medici de sanitate vel morte. quaedam vero causae sunt quae, si secundum se considerentur, se habent ad utrumlibet, quod praecipue videtur de potentiis rationalibus, quae se habent ad opposita, * secundum philosophum. ' et tales effectus, vel etiam si qui effectus ut in paucioribus casu accidunt ex naturalibus causis, per considerationem causarum praenosci non possunt, quia eorum causae non habent inclinationem determinatam ad huiusmodi effectus. et ideo effectus huiusmodi praenosci non possunt nisi in seipsis considerentur. homines autem in seipsis huiusmodi effectus considerare possunt |25| solum dum sunt praesentes, sicut cum homo videt socratem currere vel ambulare. sed considerare huiusmodi in seipsis antequam fiant, est dei proprium, qui solus in sua aeternitate videt ea quae futura sunt quasi praesentia, * ut in primo habitum est, * unde dicitur isaiae xli, ° annuntiate quae futura sunt in futurum, et sciemus quoniam dii estis vos. ' si quis ergo huiusmodi futura praenoscere aut praenuntiare quocumque modo praesumpserit, nisi deo revelante, manifeste usurpat sibi quod dei est. et ex hoc aliqui divini dicuntur, * unde dicit isidorus, in libro etymol., ° divini dicti quasi deo pleni, divinitate enim se plenos simulant, et astutia quadam fraudulentiae hominibus futura coniectant. ' divinatio ergo non dicitur si quis praenuntiet ea quae ex necessario eveniunt vel ut in pluribus, quae humana ratione praenosci possunt. neque etiam si quis futura alia contingentia, deo revelante, cognoscat, tunc enim non ipse divinat, idest, quod divinum est facit, sed magis quod divinum est suscipit. tunc autem solum dicitur divinare quando sibi indebito modo usurpat praenuntiationem futurorum eventuum. hoc autem constat esse peccatum. unde divinatio semper est peccatum. * et propter hoc hieronymus dicit, super michaeam, quod ° divinatio semper in malam partem accipitur.
ra1 ' Ad primum ergo dicendum quod divinatio non dicitur ab ordinata participatione alicuius divini, sed ab indebita usurpatione, * ut dictum est.
ra2 ' Ad secundum dicendum quod artes quaedam sunt ad praecognoscendum futuros eventus qui ex necessitate vel frequenter proveniunt, quod ad divinationem non pertinet. sed ad alios futuros eventus cognoscendos non sunt aliquae verae artes seu disciplinae, sed fallaces et vanae, ex deceptione daemonum introductae; * ut dicit augustinus, in xxi de civ. dei.
ra3 ' Ad tertium dicendum quod homo habet naturalem inclinationem ad cognoscendum futura secundum modum humanum, non autem secundum indebitum divinationis modum.

009 ST3 qu95 ar2

ag1 ' Ad secundum sic proceditur. videtur quod divinatio non sit species superstitionis. idem enim non potest esse species diversorum generum. sed divinatio videtur esse species curiositatis; * ut augustinus dicit, in libro de vera relig.. ' ergo videtur quod non sit species superstitionis.
ag2 ' Praeterea, sicut religio est cultus debitus, ita superstitio est cultus indebitus. sed divinatio non videtur ad aliquem cultum indebitum pertinere. ergo divinatio non pertinet ad superstitionem.
ag3 ' Praeterea, superstitio religioni opponitur. sed in vera religione non invenitur aliquid divinationi per contrarium respondens. ergo divinatio non est species superstitionis.
sc * Sed contra est quod origenes dicit, in periarchon, ° est quaedam operatio daemonum in ministerio praescientiae, quae artibus quibusdam ab his qui se daemonibus mancipaverunt, nunc per sortes, nunc per auguria, nunc ex contemplatione umbrarum comprehendi videtur. haec autem omnia operatione daemonum fieri non dubito. * sed sicut augustinus dicit, in ii de doct. christ., ' quidquid procedit ex societate daemonum et hominum superstitiosum est. ergo divinatio est species superstitionis.
co * Respondeo dicendum quod, sicut supra dictum est, ' superstitio importat indebitum cultum divinitatis. ad cultum autem dei pertinet aliquid dupliciter. uno modo, cum aliquid deo offertur, vel sacrificium, vel oblatio, vel aliquid huiusmodi. alio modo, cum aliquid divinum assumitur, * sicut dictum est supra de iuramento. ' et ideo ad superstitionem pertinet non solum cum sacrificium daemonibus offertur per idololatriam, sed etiam cum aliquis assumit auxilium daemonum ad aliquid faciendum vel cognoscendum. omnis autem divinatio ex operatione daemonum provenit, vel quia expresse daemones invocantur ad futura manifestanda; vel quia daemones se ingerunt vanis inquisitionibus futurorum, ut mentes hominum implicent vanitate; * de qua vanitate in psalm. dicitur, ° non respexit in vanitates et insanias falsas. ' vana autem inquisitio futurorum est quando aliquis futurum praenoscere tentat unde praenosci non potest. unde manifestum est quod divinatio species superstitionis est.
ra1 ' Ad primum ergo dicendum quod divinatio pertinet ad curiositatem quantum ad finem intentum, qui est praecognitio futurorum. sed pertinet ad superstitionem quantum ad modum operationis.
ra2 ' Ad secundum dicendum quod huiusmodi divinatio pertinet ad cultum daemonum, inquantum aliquis utitur quodam pacto tacito vel expresso cum daemonibus.
ra3 ' Ad tertium dicendum quod in nova lege mens hominis arcetur a temporalium sollicitudine, et ideo non est in nova lege aliquid institutum ad praecognitionem eventuum futurorum de temporalibus rebus. in veteri autem lege, quae promittebat terrena, erant consultationes de futuris ad religionem pertinentes, * unde dicitur isaiae viii, ° et cum dixerint ad vos, quaerite a pythonibus et a divinis, qui strident incantationibus suis, * subdit, quasi responsionem, ° numquid non populus a deo suo requiret visionem pro vivis et mortuis? ' fuerunt tamen in novo testamento etiam aliqui prophetiae spiritum habentes, qui multa de futuris eventibus praedixerunt.

009 ST3 qu95 ar3

ag1 ' Ad tertium sic proceditur. videtur quod non sit determinare plures divinationis species. ubi enim est una ratio peccandi, non videntur esse plures peccati species. sed in omni divinatione est una ratio peccandi, quia scilicet utitur aliquis pacto daemonum ad cognoscendum futura. ergo divinationis non sunt diversae species.
ag2 ' Praeterea, actus humanus speciem sortitur ex fine, * ut supra habitum est. ' sed omnis divinatio ordinatur ad unum finem, scilicet ad praenuntiationem futurorum. ergo omnis divinatio est unius speciei.
ag3 ' Praeterea, signa non diversificant speciem peccati, sive enim aliquis detrahat verbis, vel scripto vel nutu, est eadem peccati species. sed divinationes non videntur differre nisi secundum diversa signa ex quibus accipitur praecognitio futurorum. ergo non sunt diversae divinationis species.
sc ' Sed contra est quod * isidorus, in libro etymol., e-

numerat diversas species divinationis.
co * Respondeo dicendum quod, sicut dictum est, ' omnis divinatio utitur ad praecognitionem futuri eventus aliquo daemonum consilio et auxilio. quod quidem vel expresse imploratur, vel praeter petitionem hominis, se occulte daemon ingerit ad praenuntiandum quaedam futura quae hominibus sunt ignota, eis autem cognita * per modos de quibus in primo dictum est. ' daemones autem expresse invocati solent futura praenuntiare multipliciter. quandoque quidem praestigiosis quibusdam apparitionibus se aspectui et auditui hominum ingerentes ad praenuntiandum futura. et haec species vocatur praestigium, ex eo quod oculi hominum praestringuntur. quandoque autem per somnia. et haec vocatur divinatio somniorum. quandoque vero per mortuorum aliquorum apparitionem vel locutionem. et haec species vocatur nigromantia, * quia, ut isidorus dicit, in libro etymol., ° nigrum graece mortuus, mantia divinatio nuncupatur, quia quibusdam praecantationibus, adhibito sanguine, videntur resuscitati mortui divinare et ad interrogata respondere. ' quandoque vero futura praenuntiant per homines vivos, sicut in arreptitiis patet. et haec est divinatio per pythones, * et ut isidorus dicit, ° pythones a python apolline sunt dicti, qui dicebatur esse auctor divinandi. |25| ' quandoque vero futura praenuntiant per aliquas figuras vel signa quae in rebus inanimatis apparent. quae quidem si appareant in aliquo corpore terrestri, puta in ligno vel ferro aut lapide polito, vocatur geomantia; si autem in aqua, hydromantia; si autem in aere, aeromantia; si autem in igne, pyromantia; si autem in visceribus animalium immolatorum in aris daemonum, vocatur aruspicium. divinatio autem quae fit absque expressa daemonum invocatione, in duo genera dividitur. quorum primum est cum ad praenoscendum futura aliquid consideramus in dispositionibus aliquarum rerum. et si quidem aliquis conetur futura praenoscere ex consideratione situs et motus siderum, hoc pertinet ad astrologos; qui et geneatici dicuntur, propter natalium considerationes dierum. si vero per motus vel voces avium, seu quorumcumque animalium; sive per sternutationes hominum, vel membrorum saltus; hoc pertinet generaliter ad augurium, quod dicitur a garritu avium, sicut auspicium ab inspectione avium, quorum primum pertinet ad aures, secundum ad oculos; in avibus enim huiusmodi praecipue considerari solent. si vero huiusmodi consideratio fiat circa verba hominum alia intentione dicta, quae quis retorquet ad futurum quod vult praenoscere, hoc vocatur omen. * et sic ut maximus valerius dicit, ° ominum observatio aliquo contractu religioni innexa est. quoniam non fortuito motu, sed divina providentia constare creditur |50| quae fecit, ut, romanis deliberantibus utrum ad alium locum migrarent, forte eo tempore centurio quidam exclamavit, signifer, statue signum, hic optime manebimus; quam vocem auditam pro omine acceperunt, transeundi consilium omittentes. ' si autem considerentur aliquae dispositiones figurarum in aliquibus corporibus visui occurrentes, erit alia divinationis species. nam ex lineamentis manus consideratis divinatio sumpta chiromantia vocatur, quasi divinatio manus, chiros enim graece dicitur manus. divinatio vero ex quibusdam figuris in spatula alicuius animalis apparentibus, spatulimantia vocatur. ad secundum autem divinationis genus quae est sine expressa daemonum invocatione, pertinet divinatio quae fit ex consideratione eorum quae eveniunt ex quibusdam quae ab hominibus serio fiunt ad aliquid occultum inquirendum, sive per protractionem punctorum (quod pertinet ad artem geomantiae); sive per considerationem figurarum quae proveniunt ex plumbo liquefacto in aquam proiecto; sive ex quibusdam cedulis, scriptis vel non scriptis, in occulto repositis, dum consideratur quis quam accipiat; vel etiam ex festucis inaequalibus propositis, quis maiorem vel minorem accipiat; vel etiam ex taxillorum proiectione, quis plura puncta proiiciat; vel etiam dum consideratur quid aperienti librum occurrat. quae omnia sortium nomen habent. sic igitur patet triplex esse divinationis genus. quorum primum est per manifestam daemonum invocationem, quod pertinet |75| ad nigromanticos. secundum autem est per solam considerationem dispositionis vel motus alterius rei, quod pertinet ad augures. tertium est dum facimus aliquid ut nobis manifestetur aliquid occultum, quod pertinet ad sortes. sub quolibet autem horum multa continentur, * ut patet ex dictis.
ra1 ' Ad primum ergo dicendum quod * in omnibus praedictis ' est eadem ratio generalis peccandi, sed non eadem specialis. multo enim gravius est daemones invocare quam aliqua facere quibus dignum sit ut se daemones ingerant.
ra2 ' Ad secundum dicendum quod cognitio futurorum vel occultorum est ultimus finis, ex quo sumitur generalis ratio divinationis. distinguuntur autem diversae species secundum propria obiecta sive materias, prout scilicet in diversis rebus occultorum cognitio consideratur.
ra3 ' Ad tertium dicendum quod res quas divinantes attendunt considerantur ab eis non sicut signa quibus exprimant quod iam sciunt, sicut accidit in detractione, sed sicut principia cognoscendi. manifestum est autem quod diversitas principiorum diversificat speciem, etiam in scientiis demonstrativis.

009 ST3 qu95 ar4

ag1 ' Ad quartum sic proceditur. videtur quod divinatio quae fit per invocationes daemonum non sit illicita. christus enim nihil illicitum commisit, * secundum illud i pet. ii, qui peccatum non fecit. ' sed dominus a daemone interrogavit, quod tibi nomen est? qui respondit, legio, multi enim sumus, * ut habetur marc. v. ' ergo videtur quod liceat a daemonibus aliquid occultum interrogare.
ag2 ' Praeterea, sanctorum animae non favent illicite interrogantibus. sed sauli interroganti de eventu futuri belli a muliere habente spiritum pythonis, apparuit samuel, et ei futurum eventum praedixit, * ut legitur i reg. xxviii. ' ergo divinatio quae fit per interrogationem a daemonibus non est illicita.
ag3 ' Praeterea, licitum esse videtur veritatem ab aliquo sciente inquirere, quam utile est scire. sed quandoque utile est scire aliqua occulta quae per daemones sciri possunt, sicut apparet in inventione furtorum. ergo divinatio quae fit per invocationem daemonum non est illicita.
sc * Sed contra est quod dicitur deut. xviii, ° non inveniatur in te qui ariolos sciscitetur, neque pythones consulat.
co ' Respondeo dicendum quod omnis divinatio quae fit per invocationes daemonum est illicita, duplici ratione. quarum prima sumitur ex parte principii divinationis, quod scilicet est pactum expresse cum daemone initum per ipsam daemonis invocationem. et hoc est omnino illicitum. * unde contra quosdam dicitur isaiae xxviii, ° dixistis, percussimus foedus cum morte, et cum inferno fecimus pactum. ' et adhuc gravius esset si sacrificium vel reverentia daemoni invocato exhiberetur. secunda ratio sumitur ex parte futuri eventus. daemon enim, qui intendit perditionem hominum, ex huiusmodi suis responsis, etiam si aliquando vera dicat, intendit homines assuefacere ad hoc quod ei credatur, et sic intendit perducere in aliquid quod sit saluti humanae nocivum. * unde athanasius, exponens id quod habetur luc. iv, increpavit illum, dicens, obmutesce, dicit, ° quamvis vera fateretur daemon, compescebat tamen christus eius sermonem, ne simul cum veritate etiam suam iniquitatem promulget. ut nos etiam assuefaciat ne curemus de talibus, etsi vera loqui videantur, nefas enim est ut, cum adsit nobis scriptura divina, a diabolo instruamur.
ra1 * Ad primum ergo dicendum quod, sicut beda dicit, luc. viii, ° non velut inscius dominus inquirit, sed ut, confessa peste quam tolerabat, virtus curantis gratior emicaret. ' aliud autem est quaerere aliquid a daemone sponte occurrente, quod quandoque licet propter utilitatem aliorum, maxime quando virtute divina potest compelli ad vera dicendum, et aliud est daemonem invocare ad cognitionem occultorum acquirendum ab ipso.
ra2 * Ad secundum dicendum quod, sicut augustinus dicit, ad simplicianum, ° non est absurdum credere aliqua dispensatione permissum fuisse ut, non dominante arte magica vel potentia, sed dispensatione occulta, quae pythonissam et saulem latebat, se ostenderet spiritus iusti aspectibus regis, divina eum sententia percussurus. vel, non vere spiritus samuelis a requie sua excitatus est, sed aliquod phantasma et illusio imaginaria, diaboli machinationibus facta, quam scriptura samuelem appellat, sicut solent imagines rerum suarum nominibus appellari.
ra3 ' Ad tertium dicendum quod nulla utilitas temporalis potest comparari detrimento spiritualis salutis, quod imminet ex inquisitione occultorum per daemonum invocationem.

009 ST3 qu95 ar5

ag1 ' Ad quintum sic proceditur. videtur quod divinatio quae fit per astra non sit illicita. licitum enim est ex consideratione causarum praenuntiare effectus, sicut medici ex dispositione aegritudinis praenuntiant mortem. sed corpora caelestia sunt causa eorum quae fiunt in hoc mundo, * ut etiam dionysius dicit, iv cap. de div. nom.. ' ergo divinatio quae fit per astra non est illicita.
ag2 ' Praeterea, scientia humana ex experimentis originem sumit, * ut patet per philosophum, in principio metaphys.. ' sed per multa experimenta aliqui compererunt ex consideratione siderum aliqua futura posse praenosci. ergo non videtur esse illicitum talí divinatione uti.
ag3 ' Praeterea, divinatio dicitur esse illicita inquantum innititur pacto cum daemonibus inito. sed hoc non fit in divinatione quae fit per astra, sed solum consideratur dispositio creaturarum dei. ergo videtur quod huiusmodi divinatio non sit illicita.
sc * Sed contra est quod augustinus dicit, in iv confess., ° illos planetarios quos mathematicos vocant, consulere non desistebam, quod quasi nullum esset eis sacrificium, et nullae preces ad aliquem spiritum ob divinationem dirigerentur. quod tamen christiana et vera pietas expellit et damnat.
co * Respondeo dicendum quod, sicut dictum est, ' divinationi quae ex opinione falsa vel vana procedit, ingerit se operatio daemonis, ut hominum animos implicet vanitati aut falsitati. vana autem aut falsa opinione utitur si quis ex consideratione stellarum futura velit praecognoscere quae per ea praecognosci non possunt. est igitur considerandum quid per caelestium corporum inspectionem de futuris possit praenosci. et de his quidem quae ex necessitate eveniunt, manifestum est quod per considerationem stellarum possunt praenosci, sicut astrologi praenuntiant eclipses futuras. circa praecognitionem vero futurorum eventuum ex consideratione stellarum, diversi diversa dixerunt. * fuerunt enim qui dicerent quod " stellae significant potius quam faciant ea quae ex earum consideratione praenuntiantur. ' sed hoc irrationabiliter dicitur. omne enim corporale signum vel est effectus eius cuius est signum, sicut fumus significat ignem a quo causatur, vel procedit ab eadem causa, et sic, dum significat causam, per consequens significat effectum, sicut iris quandoque significat serenitatem, inquantum causa eius est causa serenitatis. non autem potest dici quod dispositiones caelestium corporum et motus sint effectus futurorum eventuum. nec iterum possunt reduci in aliquam superiorem causam communem quae sit corporalis. possunt autem reduci in unam causam communem |25| quae est providentia divina, sed alia ratione disponuntur a divina providentia motus et situs caelestium corporum, et alia ratione eventus contingentium futurorum; quia illa disponuntur secundum rationem necessitatis, ut semper eodem modo proveniant; haec autem secundum rationem contingentiae, ut variabiliter contingant. unde non potest esse quod ex inspectione siderum accipiatur praecognitio futurorum nisi sicut ex causis praecognoscuntur effectus. duplices autem effectus subtrahuntur causalitati caelestium corporum. primo quidem, omnes effectus per accidens contingentes, sive in rebus humanis sive in rebus naturalibus. * quia, ut probatur in vi metaphys., ' ens per accidens non habet causam, et praecipue naturalem, cuiusmodi est virtus caelestium corporum. quia quod per accidens fit neque est ens proprie neque unum, sicut quod, lapide cadente, fiat terraemotus, vel quod, homine fodiente sepulcrum, inveniatur thesaurus; haec enim, et huiusmodi, non sunt unum, sed simpliciter multa. operatio autem naturae semper terminatur ad aliquid unum, sicut et procedit ab uno principio, quod est forma rei naturalis. secundo autem, subtrahuntur causalitati caelestium corporum actus liberi arbitrii, quod est facultas voluntatis et rationis. intellectus enim, sive ratio, non est corpus nec actus organi corporei; et per consequens nec voluntas, quae est in ratione, * ut patet per philosophum, in iii de anima. |50| ' nullum autem corpus potest imprimere in rem incorpoream. unde impossibile est quod corpora caelestia directe imprimant in intellectum et voluntatem, hoc enim esset ponere intellectum non differre a sensu; * quod aristoteles, in libro de anima, " imponit his qui dicebant quod talis voluntas ° est in hominibus qualem in die inducit pater virorum deorumque, " scilicet sol vel caelum. ' unde corpora caelestia non possunt esse per se causa operum liberi arbitrii. possunt tamen ad hoc dispositive inclinare, inquantum imprimunt in corpus humanum, et per consequens in vires sensitivas, quae sunt actus corporalium organorum, quae inclinant ad humanos actus. quia tamen vires sensitivae obediunt rationi, * ut patet per philosophum, in iii de anima et in i ethic., ' nulla necessitas ex hoc libero arbitrio imponitur, sed contra inclinationem caelestium corporum homo potest per rationem operari. si quis ergo consideratione astrorum utatur ad praecognoscendos futuros casuales vel fortuitos eventus, aut etiam ad cognoscendum per certitudinem futura opera hominum, procedet hoc ex falsa et vana opinione. et sic operatio daemonis se immiscet. unde erit divinatio superstitiosa et illicita. si vero aliquis utatur consideratione astrorum ad praecognoscendum futura quae ex caelestibus causantur corporibus, puta siccitates et pluvias et alia huiusmodi, non erit illicita divinatio nec superstitiosa.
ra1 ' Et secundum hoc patet responsio ad primum.
ra2 ' Ad secundum dicendum quod hoc quod astrologi ex consideratione astrorum frequenter vera praenuntiant, contingit dupliciter. uno quidem modo, quia plures hominum passiones corporales sequuntur, et ideo actus eorum disponuntur, ut in pluribus, secundum inclinationem caelestium corporum, pauci autem sunt, idest soli sapientes, qui ratione huiusmodi inclinationes moderentur. et ideo astrologi in multis vera praenuntiant, et praecipue in communibus eventibus, qui dependent ex multitudine. alio modo, propter daemones se immiscentes. * unde augustinus dicit, in ii super gen. ad litt., ° fatendum est, quando a mathematicis vera dicuntur, instinctu quodam occultissimo dici, quem nescientes humanae mentes patiuntur. quod cum ad decipiendos homines fit, spirituum immundorum et seductorum operatio est, quibus quaedam vera de temporalibus rebus nosse permittitur. * unde concludit, ° quapropter bono christiano sive mathematici, sive quilibet impie divinantium, et maxime dicentes vera, cavendi sunt, ne consortio daemoniorum animam deceptam pacto quodam societatis irretiant.
ra3 ' Et per hoc patet responsio ad tertium.

009 ST3 qu95 ar6

ag1 ' Ad sextum sic proceditur. videtur quod divina-

tio quae fit per somnia non sit illicita. uti enim instructione divina non est illicitum. sed in somniis homines instruuntur a deo, * dicitur enim iob xxxiii, ° per somnium in visione nocturna, quando irruit sopor super homines et dormiunt in lectulo, tunc aperit, " scilicet deus, aures virorum, et erudiens eos instruit disciplina. ' ergo uti divinatione quae est per somnia non est illicitum.
ag2 ' Praeterea, illi qui interpretantur somnia, proprie utuntur divinatione somniorum. sed sancti viri leguntur somnia interpretari, sicut ioseph interpretatur somnia pincernae pharaonis et magistri pistorum, * ut legitur gen. xl, ' et somnium pharaonis, * ut legitur gen. xli; ' et daniel interpretatus est somnium regis babylonis, * ut habetur dan. ii et iv. ' ergo divinatio somniorum non est illicita.
ag3 ' Praeterea, illud quod communiter homines experiuntur, irrationabile est negare. sed omnes experiuntur somnia habere aliquam significationem futurorum. ergo vanum est negare somnia habere vim divinationis. ergo licitum est eis intendere.
sc * Sed contra est quod dicitur deut. xviii, ° non inveniatur in te qui observet somnia.
co * Respondeo dicendum quod, sicut dictum est, ' divinatio quae innititur falsae opinioni est superstitiosa et illicita. ideo considerare oportet quid sit verum circa praecognitionem futurorum de somniis sunt autem somnia futurorum eventuum quandoque quidem causa, puta cum mens alicuius, sollicita ex his quae videt in somniis, inducitur ad aliquid faciendum vel vitandum. quandoque vero somnia sunt signa aliquorum futurorum eventuum, inquantum reducuntur in aliquam causam communem somniis et futuris eventibus. secundum hoc plurimum praecognitiones futurorum ex somniis fiunt. est ergo considerandum quae sit causa somniorum; et an possit esse causa futurorum eventuum; vel ea possit cognoscere. sciendum est ergo quod somniorum causa quandoque quidem est interius, quandoque autem exterius. interior autem somniorum causa est duplex. una quidem animalis, inquantum scilicet ea occurrunt hominis phantasiae in dormiendo circa quae eius cogitatio et affectio fuit immorata in vigilando. et talis causa somniorum non est causa futurorum eventuum. unde huiusmodi somnia per accidens se habent ad futuros eventus, et si quandoque simul concurrant, erit casuale. quandoque vero causa intrinseca somniorum est corporalis. nam ex interiori dispositione corporis formatur aliquis motus in phantasia conveniens tali dispositioni, sicut homini in quo abundant frigidi humores, occurrit in somniis quod sit in aqua vel nive. et propter haec medici |25| dicunt esse intendendum somniis ad cognoscendum interiores dispositiones. causa autem somniorum exterior similiter est duplex, scilicet corporalis, et spiritualis. corporalis quidem, inquantum imaginatio dormientis immutatur vel ab aere continenti vel ex impressione caelestis corporis, ut sic dormienti aliquae phantasiae appareant conformes caelestium dispositioni. spiritualis autem causa est quandoque quidem a deo, qui ministerio angelorum aliqua hominibus revelat in somniis, * secundum illud num. xii, ° si quis fuerit inter vos propheta domini, in visione apparebo ei, vel per somnium loquar ad illum. ' quandoque vero operatione daemonum aliquae phantasiae dormientibus apparent, ex quibus quandoque aliqua futura revelant his qui cum eis habent pacta illicita. sic ergo dicendum quod si quis utatur somniis ad praecognoscenda futura secundum quod somnia procedunt ex revelatione divina; vel ex causa naturali, intrinseca sive extrinseca, quantum se potest virtus talis causae extendere, non erit illicita divinatio. si autem huiusmodi divinatio causetur ex revelatione daemonum cum quibus pacta habentur expressa, quia ad hoc invocantur; vel tacita, quia huiusmodi divinatio extenditur ad quod se non potest extendere, erit divinatio illicita et superstitiosa.
ra ' Et per hoc patet responsio ad obiecta.

009 ST3 qu95 ar7

ag1 ' Ad septimum sic proceditur. videtur quod divinatio quae est per auguria et omina et alias huiusmodi observationes exteriorum rerum, non sit illicita. si enim esset illicita, sancti viri ea non uterentur. sed de ioseph legitur quod auguriis intendebat, * legitur enim gen. xliv quod dispensator ioseph dixit, ° scyphus quem furati estis ipse est in quo bibit dominus meus, et in quo augurari solet; * et ipse postea dixit fratribus suis, ° an ignoratis quod non sit similis mei in augurandi scientia? ' ergo uti tali divinatione non est illicitum.
ag2 ' Praeterea, aves aliqua circa futuros temporum eventus naturaliter cognoscunt, * secundum illud ierem. viii, ° milvus in caelo cognovit tempus suum, turtur et hirundo et ciconia custodierunt tempus adventus sui. ' sed naturalis cognitio est infallibilis, et a deo. ergo uti cognitione avium ad praenoscendum futura, quod est augurari, non videtur esse illicitum.
ag3 ' Praeterea, gedeon in numero sanctorum ponitur, * ut patet heb. xi. ' sed gedeon usus fuit omine ex hoc quod audivit recitationem et interpretationem cuiusdam somnii, * ut legitur iudic. vii. ' et similiter eliezer, servus abrahae, * ut legitur gen. xxiv. ' ergo videtur quod talis divinatio non sit illicita.
sc * Sed contra est quod dicitur deut. xviii, ° non inveniatur in te qui observet auguria.
co ' Respondeo dicendum quod motus vel garritus avium, vel quaecumque dispositiones huiusmodi in rebus consideratae, manifestum est quod non sunt causa futurorum eventuum, unde ex eis futura cognosci non possunt sicut ex causis. relinquitur ergo quod si ex eis aliqua futura cognoscantur, hoc erit inquantum sunt effectus aliquarum causarum quae etiam sunt causantes vel praecognoscentes futuros eventus. causa autem operationum brutorum animalium est instinctus quidam quo moventur in modum naturae, non enim habent dominium sui actus. hic autem instinctus ex duplici causa potest procedere. uno quidem modo, ex causa corporali. cum enim bruta animalia non habeant nisi animam sensitivam, cuius omnes potentiae sunt actus corporalium organorum, subiacet eorum anima dispositioni continentium corporum, et primordialiter caelestium. et ideo nihil prohibet aliquas eorum operationes esse futurorum signa, inquantum conformantur dispositionibus corporum caelestium et aeris continentis, ex qua proveniunt aliqui futuri eventus. in hoc tamen duo considerari oportet. primum quidem, ut huiusmodi operationes non extendantur nisi ad praecognoscenda futura quae causantur per motus caelestium corporum, * ut supra dictum est. ' secundo, ut non extendantur nisi ad ea quae aliqualiter possunt ad huiusmodi animalia pertinere. consequuntur enim per caelestia |25| corpora cognitionem quandam naturalem et instinctum ad ea quae eorum vitae sunt necessaria, sicut sunt immutationes quae fiunt per pluvias et ventos, et alia huiusmodi. alio modo instinctus huiusmodi causantur ex causa spirituali. scilicet vel ex deo, ut patet in columba super christum descendente, et in corvo qui pavit eliam, et in cete qui absorbuit et eiecit ionam. vel etiam ex daemonibus, qui utuntur huiusmodi operationibus brutorum animalium ad implicandas animas vanis opinionibus. et eadem ratio videtur esse de omnibus aliis accipiuntur pro omine, non subduntur dispositioni stellarum. huiusmodi, praeterquam de ominibus. quia verba humana, quae disponuntur tamen secundum divinam providentiam; et quandoque secundum daemonum operationem. sic igitur dicendum quod omnis huiusmodi divinatio, si extendatur ultra id ad quod potest pertingere secundum ordinem naturae vel divinae providentiae, est superstitiosa et illicita.
ra1 ' Ad primum ergo dicendum quod hoc quod ioseph dixit, non esse aliquem sibi similem in scientia augurandi, * secundum augustinum, ' ioco dixit, non serio, referens forte hoc ad id quod vulgus de eo opinabatur. et sic etiam dispensator eius locutus est.
ra2 * Ad secundum dicendum quod illa auctoritas loquitur ' de cognitione avium respectu eorum quae ad eas pertinent. et ad haec praecognoscenda considerare earum voces et motus non est illicitum, puta si quis ex hoc quod cornicula frequenter crocitat, praedicat pluviam cito esse futuram.
ra3 ' Ad tertium dicendum quod gedeon observavit recitationem et expositionem somnii accipiens ea pro omine, quasi ordinata ad sui instructionem a divina providentia. et similiter eliezer attendit verba puellae, oratione praemissa ad deum.

009 ST3 qu95 ar8

ag1 ' Ad octavum sic proceditur. videtur quod divinatio sortium non sit illicita. * quia super illud psalm., ° in manibus tuis sortes meae, * dicit glossa augustini, ° sors non est aliquid mali, sed res, in humana dubitatione, divinam indicans voluntatem.
ag2 ' Praeterea, ea quae a sanctis in scripturis observata leguntur non videntur esse illicita. sed sancti viri, tam in veteri quam in novo testamento, inveniuntur sortibus usi esse. * legitur enim iosue vii, quod ' iosue, ex praecepto domini, iudicio sortium punivit achar, qui de anathemate surripuerat. saul etiam sorte deprehendit filium suum ionatham mel comedisse, * ut habetur i reg. xiv. ' ionas etiam, a facie domini fugiens, sorte deprehensus, est in mare deiectus, * ut legitur ionae i. ' zacharias etiam sorte exiit ut incensum poneret, * ut legitur luc. i. ' matthias etiam est sorte ab apostolis in apostolatum electus, * ut legitur act. i. ' ergo videtur quod divinatio sortium non sit illicita.
ag3 ' Praeterea, pugna pugilum quae monomachia dicitur, idest singularis concertatio, et iudicia ignis et aquae, quae dicuntur vulgaria, videntur ad sortes pertinere, cum per huiusmodi aliqua exquirantur occulta. sed huiusmodi non videntur esse illicita, quia et david legitur cum philisthaeo singulare iniisse certamen, * ut legitur i reg. xvii. ' ergo videtur quod divinatio sortium non sit illicita.
sc * Sed contra est quod in decretis, xxvi, qu. v, dicitur, ° sortes quibus cuncta vos vestris discriminatis provinciis, quas patres damnaverunt, nihil aliud quam divinationes et maleficia decernimus. quamobrem volumus omnino illas damnari, et ultra inter christianos nolumus nominari, et ne exerceantur, anathematis interdicto prohibemus.
co * Respondeo dicendum quod, sicut supra dictum est, ' sortes proprie dicuntur cum aliquid fit ut, eius eventu considerato, aliquid occultum innotescat. et si quidem quaeratur iudicio sortium quid cui sit exhibendum, sive illud sit res possessa, sive sit honor seu dignitas, seu poena, aut actio aliqua, vocatur sors divisoria. si autem inquiratur quid agere oporteat, vocatur sors consultoria. si vero quaeratur quid sit futurum, vocatur sors divinatoria. actus autem hominum, qui requiruntur ad sortes, non subduntur dispositioni stellarum, nec etiam eventus ipsorum. unde si quis ea intentione sortibus utatur quasi huiusmodi actus humani, qui requiruntur ad sortes, secundum dispositionem stellarum sortiantur effectum, vana et falsa est opinio, et per consequens non carens daemonum ingestione. ex quo talis divinatio erit superstitiosa et illicita. hac autem causa remota, necesse est quod sortialium actuum expectetur eventus vel ex fortuna, vel ex aliqua spirituali causa dirigente. et si quidem ex fortuna, quod locum habere potest solum in divisoria sorte, non videtur habere nisi forte vitium vanitatis sicut si aliqui non valentes aliquid concorditer dividere, velint sortibus ad divisionem uti, quasi fortunae exponentes quis quam partem accipiat. si vero ex spirituali causa expectetur sortium iudicium, quandoque quidem expectatur ex daemonibus, * sicut legitur ezech. xxi, quod ° rex babylonis stetit in bivio, in capite duarum viarum, |25| commiscens sagittas, interrogavit idola, exta consuluit. ' et tales sortes sunt illicitae, et secundum canones prohibentur. quandoque vero expectatur a deo, * secundum illud prov. xvi. ° sortes mittuntur in sinum, sed a domino temperantur. ' et talis sors secundum se non est malum, * ut augustinus dicit. ' potest tamen in hoc quadrupliciter peccatum incidere. primo quidem, si absque ulla necessitate ad sortes recurratur, hoc enim videtur ad dei tentationem pertinere. * unde ambrosius dicit, super lucam, ° qui sorte eligitur, humano iudicio non comprehenditur. ' secundo, si quis, etiam in necessitate, absque reverentia sortibus utatur. * unde, super actus apost., dicit beda, ° si qui, necessitate aliqua compulsi, deum putant sortibus, exemplo apostolorum, esse consulendum, videant hoc ipsos apostolos non nisi collecto fratrum coetu, et precibus ad deum fusis, egisse. ' tertio, si divina oracula ad terrena negotia convertantur. * unde augustinus dicit, ad inquisitiones ianuarii, ° his qui de paginis evangelicis sortes legunt, etsi optandum sit ut id potius faciant quam ad daemonia consulenda concurrant, tamen ista mihi displicet consuetudo, ad negotia saecularia et ad vitae huius vanitatem divina oracula velle convertere. ' quarto, si in electionibus ecclesiasticis, quae ex spiritus sancti |50| inspiratione fieri debent, aliqui sortibus utantur. * unde, sicut beda dicit, super actus apost., " matthias, ante pentecosten ordinatus, sorte quaeritur, quia scilicet nondum erat plenitudo spiritus sancti in ecclesia effusa, ° septem autem diaconi postea non sorte, sed electione discipulorum sunt ordinati. ' secus autem est in temporalibus dignitatibus, quae ad terrena disponenda ordinantur; in quarum electione plerumque homines sortibus utuntur, sicut et in temporalium rerum divisione. si vero necessitas immineat, licitum est, cum debita reverentia, sortibus divinum iudicium implorare. * unde augustinus dicit, in epistola ad honoratum, ° si inter dei ministros sit disceptatio qui eorum persecutionis tempore maneant, ne fuga omnium, et qui eorum fugiant, ne morte omnium deseratur ecclesia, si haec disceptatio aliter non potuerit terminari, quantum mihi videtur, qui maneant et qui fugiant sorte legendi sunt. * et in i de doct. christ. dicit, ° si tibi abundaret aliquid, quod oporteret dari ei qui non haberet, nec duobus dari potuisset; si tibi occurrerent duo, quorum neuter alium vel indigentia vel erga te aliqua necessitate superaret; nihil iustius faceres quam ut sorte legeres cui dandum esset quod dari utrique non posset.
ra1 ' Et per hoc patet responsio ad primum et secundum.
ra3 ' Ad tertium dicendum quod iudicium ferri candentis vel aquae ferventis ordinatur quidem ad alicuius peccati occulti inquisitionem per aliquid quod ab homine fit, et in hoc convenit cum sortibus, inquantum tamen expectatur aliquis miraculosus effectus a deo, excedit communem sortium rationem. unde huiusmodi iudicium illicitum redditur, tum quia ordinatur ad iudicandum occulta, quae divino iudicio reservantur; tum etiam quia huiusmodi iudicium non est auctoritate divina sancitum. * unde ii, qu. v, in decreto stephani papae, dicitur, ° ferri candentis vel aquae ferventis examinatione confessionem extorqueri a quolibet, sacri non censent canones, et quod sanctorum patrum documento sancitum non est, superstitiosa adinventione non est praesumendum. spontanea enim confessione vel testium approbatione publicata delicta, habito prae oculis dei timore, concessa sunt nostro regimini iudicare. occulta vero et incognita illi sunt relinquenda qui solus novit corda filiorum hominum. ' et eadem ratio videtur esse de lege duellorum, nisi quod plus accidit ad communem rationem sortium, inquantum non expectatur ibi miraculosus effectus; nisi forte quando pugiles sunt valde impares virtute vel arte.

009 ST3 qu96 ar

pr ' Deinde considerandum est de superstitionibus observantiarum. et circa hoc quaeruntur quatuor. primo, de observantiis ad scientiam acquirendam, quae traduntur in arte notoria. secundo, de observantiis quae ordinantur ad aliqua corpora immutanda. tertio, de observantiis quae ordinantur ad coniecturas sumendas fortuniorum vel infortuniorum. quarto, de suspensionibus sacrorum verborum ad collum.

009 ST3 qu96 ar1

ag1 ‘ Ad primum sic proceditur. videtur quod uti observantiis artis notoriae non sit illicitum. dupliciter enim est aliquid illicitum, uno modo, secundum genus operis, sicut homicidium vel furtum; alio modo, ex eo quod ordinatur ad malum finem, sicut cum quis dat eleemosynam propter inanem gloriam. sed ea quae observantur in arte notoria secundum genus operis non sunt illicita, sunt enim quaedam ieiunia et orationes ad deum. ordinantur etiam ad bonum finem, scilicet ad scientiam acquirendam. ergo uti huiusmodi observationibus non est illicitum.

ag2 * Praeterea, dan. i legitur quod pueris abstinentibus ° dedit deus scientiam et disciplinam in omni libro et sapientia. ‘ sed observantiae artis notoriae sunt secundum aliqua ieiunia et abstinentias quasdam. ergo videtur quod divinitus sortiatur ars illa effectum. non ergo illicitum est ea uti.

ag3 ‘ Praeterea, ideo videtur esse inordinatum a daemonibus inquirere de futuris quia ea non cognoscunt, sed hoc est proprium dei, * ut dictum est. ‘ sed veritates scientiarum daemones sciunt, quia scientiae sunt de his quae sunt ex necessitate et semper, quae subiacent humanae cognitioni, et multo magis daemonum, qui sunt perspicaciores, * ut augustinus dicit. ‘ ergo non videtur esse peccatum uti arte notoria, etiam si per daemones sortiatur effectum.

sc * Sed contra est quod dicitur deut. xviii, ° non inveniatur in te qui quaerat a mortuis veritatem, ‘ quae quidem inquisitio innititur auxilio daemonum. sed per observantias artis notoriae inquiritur cognitio veritatis per quaedam pacta significationum cum daemonibus inita. ergo uti arte notoria non est licitum.

co ‘ Respondeo dicendum quod ars notoria et illicita est, et inefficax. illicita quidem est, quia utitur quibusdam ad scientiam acquirendam quae non habent secundum se virtutem causandi scientiam, sicut inspectione quarundam figurarum, et prolatione quorundam ignotorum verborum, et aliis huiusmodi. et ideo huiusmodi ars non utitur his ut causis, sed ut signis. non autem ut signis divinitus institutis, sicut sunt sacramentalia signa. unde relinquitur quod sint supervacua signa, et per consequens “ pertinentia ad pacta quaedam significationum cum daemonibus placita atque foederata. et ideo ars notoria penitus est repudianda et fugienda christiano, sicut et aliae artes nugatoriae vel noxiae superstitionis, * ut augustinus dicit, in ii de doct. christ.. ‘ est etiam huiusmodi ars inefficax ad scientiam acquirendam. cum enim per huiusmodi artem non intendatur acquisitio scientiae per modum homini connaturalem, scilicet adinveniendo vel addiscendo, consequens est quod iste effectus vel expectetur a deo, vel a daemonibus. certum est autem aliquos a deo sapientiam et scientiam per infusionem habuisse, * sicut de salomone legitur, iii reg. iii, et ii paral. i. dominus etiam discipulis suis dicit, luc. xxi, ° ego dabo vobis os et sapientiam, cui non poterunt resistere et contradicere omnes adversarii vestri. ‘ sed hoc donum non datur quibuscumque, aut cum certa observatione, |25| sed secundum arbitrium spiritus sancti, * secundum illud i ad cor. xii, ° alii quidem datur per spiritum sermo sapientiae, alii sermo scientiae secundum eundem spiritum; * et postea subditur, ° haec omnia operatur unus atque idem spiritus, dividens singulis prout vult. ‘ ad daemones autem non pertinet illuminare intellectum, * ut habitum est in prima huius operis parte. ‘ acquisitio autem scientiae et sapientiae fit per illuminationem intellectus. et ideo nullus umquam per daemones scientiam acquisivit. * unde augustinus dicit, in x de civ. dei, ° porphyrium fateri quod theurgicis teletis, in operationibus daemonum, intellectuali animae nihil purgationis accidit quod eam facit idoneam ad videndum deum suum, et perspicienda ea quae vera sunt, ‘ qualia sunt omnia scientiarum theoremata. possent tamen daemones, verbis hominibus colloquentes, exprimere aliqua scientiarum documenta, sed hoc non quaeritur per artem notoriam.

ra1 ‘ Ad primum ergo dicendum quod acquirere scientiam bonum est, sed acquirere eam modo indebito non est bonum. et hunc finem intendit ars notoria.

ra2 ‘ Ad secundum dicendum quod pueri illi non abstinebant secundum vanam observantiam artis notoriae, sed secundum auctoritatem legis divinae, nolentes inquinari cibis gentilium. et ideo merito obedientiae consecuti sunt a deo scientiam, * secundum illud psalm., ° super senes intellexi, quia mandata tua quaesivi.

ra3 ‘ Ad tertium dicendum quod exquirere cognitionem futurorum a daemonibus non solum est peccatum propter hoc quod ipsi futura non cognoscunt, sed propter societatem cum eis initam, quae etiam in proposito locum habet.

009 ST3 qu96 ar2

ag1 ‘ Ad secundum sic proceditur. videtur quod observationes ordinatae ad corporum immutationem, puta ad sanitatem vel ad aliquid huiusmodi, sint licitae. licitum enim est uti naturalibus virtutibus corporum ad proprios effectus inducendos. res autem naturales habent quasdam virtutes occultas, quarum ratio ab homine assignari non potest, sicut quod adamas trahit ferrum, et * multa alia quae augustinus enumerat, xxi de civ. dei. ‘ ergo videtur quod uti huiusmodi rebus ad corpora immutanda non sit illicitum.

ag2 ‘ Praeterea, sicut corpora naturalia subduntur corporibus caelestibus, ita etiam corpora artificialia. sed corpora naturalia sortiuntur quasdam virtutes occultas, speciem consequentes, ex impressione caelestium corporum. ergo etiam corpora artificialia, puta imagines, sortiuntur aliquam virtutem occultam a corporibus caelestibus ad aliquos effectus causandos. ergo uti eis, et aliis huiusmodi, non est illicitum.

ag3 ‘ Praeterea, daemones etiam multipliciter possunt corpora transmutare, * ut dicit augustinus, iii de trin.. ‘ sed eorum virtus a deo est. ergo licet uti eorum virtute ad aliquas huiusmodi immutationes faciendas.

sc ‘ Sed contra est quod * augustinus dicit, in ii de doct. christ., quod ° ad superstitionem pertinent molimina magicarum artium, et ligaturae, et remedia quae medicorum quoque medicina condemnat, sive in praecantationibus, sive in quibusdam notis, quas characteres vocant, sive in quibuscumque rebus suspendendis atque insignandis.

co ‘ Respondeo dicendum quod in his quae fiunt ad aliquos effectus corporales inducendos, considerandum est utrum naturaliter videantur posse tales effectus causare. sic enim non erit illicitum, licet enim causas naturales adhibere ad proprios effectus. si autem naturaliter non videantur posse tales effectus causare, consequens est quod non adhibeantur ad hos effectus causandos tanquam causae, sed solum quasi signa. et sic pertinent ad pacta significationum cum daemonibus inita. * unde augustinus dicit, xxi de civ. dei, ° illiciuntur daemones per creaturas, quas non ipsi, sed deus condidit, delectabilibus pro sua diversitate diversis, non ut animalia cibis, sed ut spiritus signis, quae cuiusque delectationi congruunt, per varia genera lapidum, herbarum, lignorum, animalium, carminum, rituum.

ra1 ‘ Ad primum ergo dicendum quod si simpliciter adhibeantur res naturales ad aliquos effectus producendos ad quos putantur naturalem habere virtutem, non est superstitiosum neque illicitum. si vero adiungantur vel characteres aliqui, vel aliqua nomina, vel aliae quaecumque variae observationes, quae manifestum est naturaliter efficaciam non habere, erit superstitiosum et illicitum.

ra2 ‘ Ad secundum dicendum quod virtutes naturales corporum naturalium consequuntur eorum formas substantiales, quas sortiuntur ex impressione caelestium corporum, et ideo ex eorundem impressione sortiuntur quasdam virtutes activas. sed corporum artificialium formae procedunt ex conceptione artificis, et cum nihil aliud sint quam compositio, ordo et figura, * ut dicitur in i physic., ‘ non possunt habere naturalem virtutem ad agendum. et inde est quod ex impressione caelestium corporum nullam virtutem sortiuntur inquantum sunt artificialia, sed solum secundum materiam naturalem. * falsum est ergo quod porphyrio videbatur, ut augustinus dicit, x de civ. dei, ° herbis et lapidibus et animantibus, et sonis certis quibusdam ac vocibus, et figurationibus atque figmentis quibusdam etiam observatis in caeli conversione motibus siderum, fabricari in terra ab hominibus potestates idoneas siderum variis effectibus exequendis, ‘ quasi effectus magicarum artium ex virtute caelestium corporum provenirent. * sed sic ut augustinus ibidem subdit, ° totum hoc ad daemones pertinet, ludificatores animarum sibi subditarum. ‘ unde etiam imagines quas astronomicas vocant, ex operatione |25| daemonum habent effectum. cuius signum est quod necesse est eis inscribi quosdam characteres, qui naturaliter ad nihil operantur, non enim est figura actionis naturalis principium. sed in hoc distant astronomicae imagines a nigromanticis, quod in nigromanticis fiunt expressae invocationes et praestigia quaedam, unde pertinent ad expressa pacta cum daemonibus inita, sed in aliis imaginibus sunt quaedam tacita pacta per quaedam figurarum seu characterum signa.

ra3 ‘ Ad tertium dicendum quod ad dominium pertinet divinae maiestatis, cui daemones subsunt, ut eis utatur deus ad quodcumque voluerit. sed homini non est potestas super daemones commissa, ut eis licite uti possit ad quodcumque voluerit, sed est ei contra daemones bellum indictum. unde nullo modo licet homini daemonum auxilio uti per pacta tacita vel expressa.

009 ST3 qu96 ar3

ag1 ‘ Ad tertium sic proceditur. videtur quod observationes quae ordinantur ad praecognoscenda aliqua fortunia vel infortunia, non sunt illicita. inter alia enim infortunia hominum sunt etiam infirmitates. sed infirmitates in hominibus quaedam signa praecedunt, quae etiam a medicis observantur. ergo observare huiusmodi significationes non videtur esse illicitum.

ag2 ‘ Praeterea, irrationabile est negare illud quod quasi communiter omnes experiuntur. sed quasi omnes experiuntur quod aliqua tempora vel loca, vel verba audita, vel occursus hominum seu animalium, aut distorti aut inordinati actus, aliquod praesagium habent boni vel mali futuri. ergo observare ista non videtur esse illicitum.

ag3 ‘ Praeterea, actus hominum et eventus ex divina providentia disponuntur secundum ordinem quendam, ad quem pertinere videtur quod praecedentia sint subsequentium signa. unde ea quae antiquis patribus contigerunt signa sunt eorum quae in nobis complentur, * ut patet per apostolum, i ad cor. x. ‘ observare autem ordinem ex divina providentia procedentem non est illicitum. ergo observare huiusmodi praesagia non videtur esse illicitum.

sc * Sed contra est quod augustinus dicit, in ii de doct. christ., quod ° ad pacta cum daemonibus inita pertinent millia inanium observationum, puta si membrum aliquod salierit; si iunctim ambulantibus amicis lapis aut canis aut puer medius intervenerit; limen calcare cum ante domum suam aliquis transit; redire ad lectum si quis, dum se calceat, sternutaverit; redire domum si procedens offenderit; cum vestis a soricibus roditur, plus timere superstitionem mali futuri quam praesens damnum dolere.

co ‘ Respondeo dicendum quod homines omnes huiusmodi observationes attendunt non ut quasdam causas, sed ut quaedam signa futurorum eventuum bonorum vel malorum. non autem observantur sicut signa a deo tradita, cum non sint introducta ex auctoritate divina, sed magis ex vanitate humana, cooperante daemonum malitia, qui nituntur animos hominum huiusmodi vanitatibus implicare. et ideo manifestum est omnes huiusmodi observantias esse superstitiosas et illicitas. et videntur esse quaedam reliquiae idololatriae, secundum quam observabantur auguria, et quidam dies fausti vel infausti (quod quodammodo pertinet ad divinationem quae fit per astra, secundum quam diversificantur dies), nisi quod huiusmodi observationes sunt sine ratione et arte; unde sunt magis vanae et superstitiosae.

ra1 ‘ Ad primum ergo dicendum quod infirmitatum causae praecedunt in nobis, ex quibus aliqua signa procedunt futurorum morborum, quae licite a medicis observantur. unde et si quis praesagium futurorum eventuum consideret ex sua causa, non erit illicitum, sicut si servus timeat flagella videns domini iram. et simile etiam esse posset si quis timeret nocumentum alicui puero ex oculo fascinante, * de quo dictum est in primo libro. ‘ sic autem non est in huiusmodi observationibus.

ra2 ‘ Ad secundum dicendum quod hoc quod a principio in istis observationibus aliquid veri homines experti sunt, casu accidit. sed postmodum, cum homines incipiunt huiusmodi observantiis suum animum implicare, multa secundum huiusmodi observationes eveniunt per deceptionem daemonum, ° ut his observationibus homines implicati curiosiores fiant, et sese magis inserant multiplicibus laqueis perniciosi erroris, * ut augustinus dicit, ii de doct. christ..

ra3 ‘ Ad tertium dicendum quod in populo iudaeorum, ex quo christus erat nasciturus, non solum dicta, sed etiam facta fuerunt prophetica, * ut augustinus dicit, contra faustum. ‘ et ideo licitum est illa facta assumere ad nostram instructionem, sicut signis divinitus datis. non autem omnia quae aguntur per divinam providentiam sic ordinantur ut sint futurorum signa. unde ratio non sequitur.

009 ST3 qu96 ar4

ag1 ‘ Ad quartum sic proceditur. videtur quod suspendere divina verba ad collum non sit illicitum. non enim divina verba minoris sunt efficaciae cum scribuntur quam cum proferuntur. sed licet aliqua sacra verba dicere ad aliquos effectus, puta ad sanandum infirmos, sicut, pater noster, ave maria, vel qualitercumque nomen domini invocetur, * secundum illud marci ult., ° in nomine meo daemonia eiicient, linguis loquentur novis, serpentes tollent. ‘ ergo videtur quod licitum sit aliqua sacra scripta collo suspendere in remedium infirmitatis vel cuiuscumque nocumenti.

ag2 ‘ Praeterea, verba sacra non minus operantur in corporibus hominum quam in corporibus serpentum et aliorum animalium. sed incantationes quaedam efficaciam habent ad reprimendum serpentes, vel ad sanandum quaedam alia animalia, * unde dicitur in psalm., ° sicut aspidis surdae et obturantis aures suas, quae non exaudiet vocem incantantium, et venefici incantantis sapienter. ‘ ergo licet suspendere sacra verba ad remedium hominum.

ag3 ‘ Praeterea, verbum dei non est minoris sanctitatis quam sanctorum reliquiae, * unde augustinus dicit quod ° non minus est verbum dei quam corpus christi. ‘ sed reliquias sanctorum licet homini collo suspendere, vel qualitercumque portare, ad suam protectionem. ergo, pari ratione, licet homini verbo vel scripto verba sacrae scripturae ad suam tutelam assumere.

sc * Sed contra est quod chrysostomus dicit, super matth., ° quidam aliquam partem evangelii scriptam circa collum portant. sed nonne quotidie evangelium in ecclesia legitur, et auditur ab omnibus? cui ergo in auribus posita evangelia nihil prosunt, quomodo eum possunt circa collum suspensa salvare? deinde, ubi est virtus evangelii? in figuris litterarum, an in intellectu sensuum? si in figuris, bene circa collum suspendis. si in intellectu, ergo melius in corde

posita prosunt quam circa collum suspensa.
co ‘ Respondeo dicendum quod in omnibus incantationibus vel scripturis suspensis duo cavenda videntur. primo quidem, quid sit quod profertur vel scribitur. quia si est aliquid ad invocationes daemonum pertinens, manifeste est superstitiosum et illicitum. similiter etiam videtur esse cavendum, si contineat ignota nomina, ne sub illis aliquid illicitum lateat. * unde chrysostomus dicit, super matth., quod, ° pharisaeorum magnificantium fimbrias suas exemplo, nunc multi aliqua nomina hebraica angelorum confingunt et scribunt et alligant, quae non intelligentibus metuenda videntur. ‘ est etiam cavendum ne aliquid falsitatis contineat. quia sic eius effectus non posset expectari a deo, qui non est testis falsitatis deinde, secundo, cavendum est ne cum verbis sacris contineantur ibi aliqua vana, puta aliqui characteres inscripti, praeter signum crucis. aut si spes habeatur in modo scribendi aut ligandi, aut in quacumque huiusmodi vanitate quae ad divinam reverentiam non pertineat. quia hoc iudicaretur superstitiosum. alias autem est licitum. unde * in decretis dicitur, xxvi, qu. v, cap. non liceat christianis etc., ° nec in collectionibus herbarum quae medicinales sunt aliquas observationes aut incantationes liceat attendere, nisi tantum cum symbolo divino aut oratione dominica, ut tantum creator omnium et deus honoretur.
ra1 ‘ Ad primum ergo dicendum quod etiam proferre divina verba, aut invocare divinum nomen, si respectus habeatur ad solam dei reverentiam, a qua expectatur effectus, licitum erit, si vero habeatur respectus ad aliquid aliud vane observatum, erit illicitum.
ra2 ‘ Ad secundum dicendum quod etiam in incantationibus serpentum vel quorumcumque animalium, si respectus habeatur solum ad verba sacra et ad virtutem divinam, non erit illicitum. sed plerumque tales praecantationes habent illicitas observantias, et per daemones sortiuntur effectum, et praecipue in serpentibus, quia serpens fuit primum daemonis instrumentum ad hominem decipiendum. * unde dicit glossa, ibidem, ° notandum quia non laudatur a scriptura undecumque datur in scriptura similitudo, ut patet de iniquo iudice qui rogantem viduam vix audivit.
ra3 ‘ Ad tertium dicendum quod eadem etiam ratio est de portatione reliquiarum. quia si portentur ex fiducia dei et sanctorum quorum sunt reliquiae, non erit illicitum, si autem circa hoc attenderetur aliquid aliud vanum, puta quod vas esset triangulare, aut aliquid aliud huiusmodi quod non pertineret ad reverentiam dei et sanctorum, esset superstitiosum et illicitum.
ra4 ‘ Ad quartum dicendum quod chrysostomus loquitur quando respectus habetur magis ad figuras scriptas quam ad intellectum verborum.

009 ST3 qu97 ar

pr ‘ Deinde considerandum est de vitiis religioni oppositis per religionis defectum, quae manifestam contrarietatem ad religionem habent, unde sub irreligiositate continentur. huiusmodi autem sunt ea quae pertinent ad contemptum sive irreverentiam dei et rerum sacrarum. primo ergo considerandum est de vitiis quae pertinent directe ad irreverentiam dei; secundo, de his quae pertinent ad irreverentiam rerum sacrarum. circa primum, considerandum occurrit et de tentatione qua deus tentatur; et de periurio, quo nomen dei irreverenter assumitur. circa primum quaeruntur quatuor. primo, in quo consistit dei tentatio. secundo, utrum sit peccatum. tertio, cui virtuti opponatur. quarto, de comparatione eius ad alia peccata.

009 ST3 qu97 ar1

ag1 ‘ Ad primum sic proceditur. videtur quod tentatio dei non consistat in aliquibus factis in quibus solius divinae potestatis expectatur effectus. sicut enim tentatur deus ab homine, ita etiam homo tentatur et a deo, et ab homine, et a daemone. sed non quandocumque homo tentatur, expectatur aliquis effectus potestatis ipsius. ergo neque etiam per hoc deus tentatur quod expectatur solus effectus potestatis ipsius.
ag2 ‘ Praeterea, omnes illi qui per invocationem divini nominis miracula operantur, expectant aliquem effectum solius potestatis divinae. si igitur in factis huiusmodi consisteret divina tentatio quicumque miracula faciunt deum tentarent.
ag3 ‘ Praeterea, ad perfectionem hominis pertinere videtur ut, praetermissis humanis subsidiis, in solo deo spem ponat. * unde ambrosius, super illud luc. ix, nihil tuleritis in via etc., ° qualis debeat esse qui evangelizat regnum dei, praeceptis evangelicis designatur, hoc est, ut subsidii saecularis adminicula non requirat, fideique totus inhaerens putet, quo minus ista requiret, magis posse suppetere. * et beata agatha dixit, ° medicinam carnalem corpori meo nunquam exhibui, sed habeo dominum iesum christum, qui solo sermone restaurat universa. ‘ sed dei tentatio non consistit in eo quod ad perfectionem pertinet. ergo tentatio non consistit in huiusmodi factis in quibus expectatur solum dei auxilium.
sc * Sed contra est quod augustinus dicit, xxii contra faustum, quod ° christus, qui palam docendo et arguendo et tamen inimicorum rabiem valere in se aliquid non sinendo, dei demonstrabat potestatem; idem tamen, fugiendo et latendo, hominis instruebat infirmitatem, ne deum tentare audeat quando habet quod faciat ut quod cavere oportet evadat. ‘ ex quo videtur in hoc tentationem dei consistere, quando praetermittit homo facere quod potest ad pericula evadenda, respiciens solum ad auxilium divinum.
co ‘ Respondeo dicendum quod tentare proprie est experimentum sumere de eo qui tentatur. sumimus autem experimentum de aliquo et verbis et factis. verbis quidem, ut experiamur an sciat quod quaerimus, vel possit aut velit illud implere. factis autem, cum per ea quae facimus exploramus alterius prudentiam, vel voluntatem, vel potestatem. utrumque autem horum contingit dupliciter. uno quidem modo, aperte, sicut cum quis tentatorem se profitetur; sicut samson, * iudic. xiv, ‘ proposuit philisthaeis problema ad eos tentandum. alio vero modo, insidiose et occulte, sicut pharisaei tentaverunt christum, * ut legitur matth. xxii. ‘ rursus, quandoque quidem expresse, puta cum quis dicto vel facto intendit experimentum sumere de aliquo. quandoque vero interpretative, quando scilicet, etsi hoc non intendat ut experimentum sumat, id tamen agit vel dicit quod ad nihil aliud videtur ordinabile nisi ad experimentum sumendum. sic igitur homo deum tentat quandoque verbis, quandoque factis. verbis quidem deo colloquimur orando. unde in sua petitione aliquis expresse deum tentat quando ea intentione aliquid a deo postulat ut exploret dei scientiam, potestatem vel voluntatem. factis autem expresse aliquis deum tentat quando per ea quae |25| facit intendit experimentum sumere divinae potestatis, seu pietatis aut sapientiae. sed quasi interpretative deum tentat qui, etsi non intendat experimentum de deo sumere, aliquid tamen vel petit vel facit ad nihil aliud utile nisi ad probandum dei potestatem vel bonitatem, seu cognitionem. sicut, cum aliquis equum currere facit ut evadat hostes, hoc non est experimentum de equo sumere, sed si equum currere faciat absque aliqua utilitate, hoc nihil aliud esse videtur quam experimentum sumere de equi velocitate, et idem est in omnibus aliis rebus. quando ergo propter aliquam necessitatem seu utilitatem committit se aliquis divino auxilio in suis petitionibus vel factis, hoc non est deum tentare, * dicitur enim ii paralip. xx, ° cum ignoramus quid agere debeamus, hoc solum habemus residui, ut oculos nostros dirigamus ad te. ‘ quando vero hoc agitur absque necessitate et utilitate, hoc est interpretative tentare deum. * unde super illud deut. vi, non tentabis dominum deum tuum, dicit glossa, ° deum tentat qui, habens quid faciat, sine ratione se committit periculo, experiens utrum possit liberari a deo.
ra1 ‘ Ad primum ergo dicendum quod homo etiam quandoque factis tentatur utrum possit vel sciat vel velit huiusmodi factis auxilium vel impedimentum praestare.
ra2 ‘ Ad secundum dicendum quod sancti suis precibus miracula facientes, ex aliqua necessitate vel utilitate moventur ad petendum divinae potestatis effectum.
ra3 ‘ Ad tertium dicendum quod praedicatores regni dei ex magna utilitate et necessitate subsidia temporalia praetermittunt, ut verbo dei expeditius vacent. et ideo si soli deo innitantur, non ex hoc tentant deum. sed si absque utilitate vel necessitate humana subsidia desererent, tentarent deum. * unde et augustinus dicit, xxii contra faustum, quod ° paulus non fugit quasi non credendo in deum, sed ne deum tentaret si fugere noluisset, cum sic fugere potuisset. ‘ beata vero agatha experta erat erga se divinam benevolentiam, ut vel infirmitates non pateretur, pro quibus corporali medicina indigeret, vel statim sentiret divinae sanationis effectum.

009 ST3 qu97 ar2

ag1 ‘ Ad secundum sic proceditur. videtur quod tentare deum non sit peccatum. deus enim non praecipit aliquod peccatum. praecipit autem ut homines eum probent, quod est eum tentare, * dicitur enim malach. iii, ° inferte omnem decimam in horreum meum, ut sit cibus in domo mea, et probate me super hoc, dicit dominus, si non aperuero vobis cataractas caeli. ‘ ergo videtur quod tentare deum non sit peccatum.
ag2 ‘ Praeterea, sicut aliquis tentatur ad hoc quod experientia sumatur de scientia vel potentia eius, ita etiam et de bonitate vel voluntate ipsius. sed licitum est quod aliquis experimentum sumat divinae bonitatis, seu etiam voluntatis, * dicitur enim in psalm., ° gustate, et videte quoniam suavis est dominus; * et rom. xii, ° ut probetis quae sit voluntas dei bona et beneplacens et perfecta. ‘ ergo tentare deum non est peccatum.
ag3 ‘ Praeterea, nullus vituperatur in scriptura ex eo quod a peccato cessat, sed magis si peccatum committat. vituperatur autem achaz “ quia domino dicenti, pete tibi signum a domino deo tuo, respondit, non petam, et non tentabo dominum, dictum est enim ei, numquid parum ° vobis est molestos esse hominibus, quia molesti estis et deo meo? * ut dicitur isaiae vii. de abraham autem legitur gen. xv, quod “ dixit ad dominum, unde scire possum quod possessurus sim eam, scilicet terram repromissam a deo? similiter etiam gedeon signum a domino petiit de victoria repromissa, * ut legitur iudic. vi. ‘ qui tamen ex hoc non reprehenduntur. ergo tentare deum non est peccatum.
sc ‘ Sed contra est quod prohibetur lege dei. * dicitur enim deut. vi, ° non tentabis dominum deum tuum.
co * Respondeo dicendum quod, sicut dictum est, ‘ tentare est experimentum sumere. nullus autem experimentum sumit de eo de quo est certus. et ideo omnis tentatio ex aliqua ignorantia vel dubitatione procedit, vel eius qui tentat, sicut cum quis experimentum de re aliqua sumit ut eius qualitatem cognoscat; sive aliorum, sicut cum quis experimentum de aliquo sumit ut aliis ostendat, per quem modum deus dicitur nos tentare. ignorare autem vel dubitare de his quae pertinent ad dei perfectionem est peccatum. unde manifestum est quod tentare deum ad hoc quod ipse tentans cognoscat dei virtutem, est peccatum. si quis autem ad hoc experimentum sumat eorum quae ad divinam perfectionem pertinent, non ut ipse cognoscat, sed ut aliis demonstret, hoc non est tentare deum, cum subsit iusta necessitas seu pia utilitas, et alia quae ad hoc concurrere debent. sic enim apostoli petiverunt a domino ut in nomine iesu christi fierent signa, * ut dicitur act. iv, ‘ ad hoc scilicet quod virtus christi infidelibus manifestaretur.
ra1 ‘ Ad primum ergo dicendum quod solutio decimarum praecepta erat in lege, * ut supra habitum est. ‘ unde habebat necessitatem ex obligatione praecepti; * et utilitatem quae ibi dicitur, ut sit “ cibus in domo dei. unde solvendo decimas non tentabant deum. * quod autem ibi subditur, et probate me, non est intelligendum “ causaliter, quasi ad hoc solvere deberent decimas ut probarent si deus non aperiret eis cataractas caeli, sed consecutive, quia scilicet, si decimas solverent, experimento probaturi erant beneficia quae eis deus conferret.
ra2 ‘ Ad secundum dicendum quod duplex est cognitio divinae bonitatis vel voluntatis. una quidem speculativa. et quantum ad hanc, non licet dubitare nec probare utrum dei voluntas sit bona, vel utrum deus sit suavis. alia autem est cognitio divinae bonitatis seu voluntatis affectiva seu experimentalis, dum quis experitur in seipso gustum divinae dulcedinis et complacentiam divinae voluntatis, * sicut de hierotheo dicit dionysius, ii cap. de div. nom., “ quod didicit divina ex compassione ad ipsa. ‘ et hoc modo monemur ut probemus dei voluntatem et gustemus eius suavitatem.
ra3 ‘ Ad tertium dicendum quod deus volebat signum dare regi achaz non pro ipso solum, sed pro totius populi instructione. et ideo reprehenditur, quasi impeditor communis salutis, quod signum petere nolebat. nec petendo tentasset deum. tum quia ex mandato dei petiisset. tum quia hoc pertinebat ad utilitatem communem. abraham vero signum petiit ex instinctu divino. et ideo non peccavit. gedeon vero signum ex debilitate fidei petiisse videtur, et ideo a peccato non excusatur, * sicut glossa ibidem dicit. ‘ sicut et zacharias peccavit dicens, * luc. i, ‘ ad angelum, unde hoc sciam? unde et propter incredulitatem punitus fuit. sciendum tamen quod dupliciter aliquis signum petit a deo. uno modo, ad explorandum divinam potestatem, aut veritatem dicti eius. et hoc de se pertinet ad dei tentationem. alio modo, ad hoc quod instruatur quid sit circa aliquod factum placitum deo. et hoc nullo modo pertinet ad dei tentationem.

009 ST3 qu97 ar3

ag1 ‘ Ad tertium sic proceditur. videtur quod tentatio dei non opponatur virtuti religionis. tentatio enim dei habet rationem peccati ex hoc quod homo de deo dubitat, * sicut dictum est ‘ sed dubitare de deo pertinet ad peccatum infidelitatis, quod opponitur fidei. ergo tentatio dei magis opponitur fidei quam religioni.
ag2 * Praeterea, eccli. xviii dicitur, ° ante orationem praepara animam tuam, et noli esse quasi homo qui tentat deum, * ubi dicit interlinearis “ qui, scilicet tentans deum, ° orat quod docuit, sed non facit quod iussit. ‘ sed hoc pertinet ad praesumptionem, quae opponitur spei. ergo videtur quod tentatio dei sit peccatum oppositum spei.
ag3 * Praeterea, super illud psalm., et tentaverunt deum in cordibus suis, dicit glossa quod ° tentare deum est dolose postulare, ut in verbis sit simplicitas, cum sit in corde malitia. ‘ sed dolus opponitur virtuti veritatis. ergo tentatio dei non opponitur religioni, sed veritati.
sc * Sed contra est quod, sicut ex praedicta glossa habetur, ‘ tentare deum est inordinate postulare. sed debito modo postulare est actus religionis, * ut supra habitum est. ‘ ergo tentare deum est peccatum religioni oppositum.
co * Respondeo dicendum quod, sicut ex supra dictis patet, ‘ finis religionis est deo reverentiam exhibere. unde omnia illa quae directe pertinent ad irreverentiam dei, religioni opponuntur. manifestum est autem quod tentare aliquem ad irreverentiam eius pertinet, nullus enim praesumit tentare eum de cuius excellentia certus est. unde manifestum est quod tentare deum est peccatum religioni oppositum.

ra1 * Ad primum ergo dicendum quod, sicut supra dictum est, ‘ ad religionem pertinet protestari fidem per aliqua signa ad divinam reverentiam pertinentia. et ideo ad irreligiositatem pertinet quod ex incertitudine fidei homo aliqua faciat quae ad divinam irreverentiam pertinent, cuiusmodi est tentare deum. et ideo est irreligiositatis species.
ra2 ‘ Ad secundum dicendum quod ille qui ante orationem suam animam non praeparat, dimittendo si quid adversum aliquem habet, vel alias se ad devotionem non disponendo, non facit quod in se est ut exaudiatur a deo. et ideo quasi interpretative tentat deum. et quamvis huiusmodi interpretativa tentatio videatur ex praesumptione seu indiscretione provenire, tamen hoc ipsum ad irreverentiam dei pertinet ut homo praesumptuose et sine debita diligentia se habeat in his quae ad deum pertinent, * dicitur enim i pet. v, ° humiliamini sub potenti manu dei; * et ii ad tim. ii, ° sollicite cura teipsum probabilem exhibere deo. ‘ unde etiam huiusmodi tentatio irreligiositatis species est.
ra3 ‘ Ad tertium dicendum quod in comparatione ad deum, qui novit cordis abscondita, non dicitur aliquis dolose postulare, sed per respectum ad homines. unde dolus per accidens se habet ad tentationem dei. et propter hoc non oportet quod tentatio dei directe opponatur veritati.

009 ST3 qu97 ar4
ag1 ‘ Ad quartum sic proceditur. videtur quod tentatio dei sit gravius peccatum quam superstitio. maior enim poena pro maiori peccato infertur. sed gravius est punitum in iudaeis peccatum tentationis dei quam peccatum idololatriae, quod tamen est praecipuum inter superstitiones, quia pro peccato idololatriae interfecti sunt ex eis tria millia hominum, * ut legitur exodi xxxii; ‘ pro peccato autem tentationis universaliter omnes in deserto perierunt, terram promissionis non intrantes, * secundum illud psalm., ° tentaverunt me patres vestri; * et postea sequitur, ° quibus iuravi in ira mea si introibunt in requiem meam. ‘ ergo tentare deum est gravius peccatum quam superstitio.
ag2 ‘ Praeterea, tanto aliquod peccatum videtur esse gravius quanto magis virtuti opponitur. sed irreligiositas, cuius species est tentatio dei, magis opponitur virtuti religionis quam superstitio, quae habet aliquam similitudinem cum ipsa. ergo tentatio dei est gravius peccatum quam superstitio.
ag3 ‘ Praeterea, maius peccatum esse videtur irreverenter se habere ad parentes quam reverentiam parentibus debitam aliis exhibere. sed deus est honorandus a nobis sicut omnium pater, * sicut dicitur malach. i. ‘ ergo maius peccatum esse videtur tentatio dei, per quam irreverenter nos habemus ad deum, quam idololatria, per quam reverentia deo debita exhibetur creaturae.
sc * Sed contra est quod super illud deut. xvii, cum reperti fuerint apud te etc., dicit glossa, ° lex errorem et idololatriam maxime detestatur, maximum enim scelus est honorem creatoris impendere creaturae.
co ‘ Respondeo dicendum quod in peccatis quae religioni adversantur tanto aliquid gravius est quanto magis divinae reverentiae adversatur. cui quidem minus adversatur quod aliquis de divina excellentia dubitet quam quod contrarium per certitudinem sentiat. sicut enim magis est infidelis qui in errore confirmatus est quam qui de veritate fidei dubitat, ita etiam magis contra dei reverentiam agit qui suo facto protestatur errorem contra divinam excellentiam quam qui protestatur dubitationem. superstitiosus autem protestatur errorem, ut * ex dictis patet. ‘ ille autem qui tentat deum verbis vel factis, protestatur dubitationem de divina excellentia, * ut dictum est. ‘ et ideo gravius est peccatum superstitionis quam peccatum tentationis dei.
ra1 ‘ Ad primum ergo dicendum quod peccatum idololatriae non fuit punitum illa poena quasi sufficienti, sed in posterum pro illo peccato gravior poena reservabatur, * dicitur enim exod. xxxii, ° ego autem in die ultionis visitabo hoc peccatum eorum.
ra2 ‘ Ad secundum dicendum quod superstitio habet similitudinem cum religione quantum ad materialem actum, quem exhibet sicut religio. sed quantum ad finem, plus contrariatur ei quam tentatio dei, quia plus pertinet ad divinam irreverentiam, * ut dictum est.
ra3 ‘ Ad tertium dicendum quod de ratione divinae excellentiae est quod sit singularis et incommunicabilis, et ideo idem est contra divinam reverentiam aliquid agere, et divinam reverentiam alteri communicare. non est autem similis ratio de honore parentum qui potest sine culpa aliis communicari.

009 ST3 qu98 ar
pr ‘ Deinde considerandum est de periurio. et circa hoc quaeruntur quatuor. primo, utrum falsitas requiratur ad periurium. secundo, utrum periurium semper sit peccatum. tertio, utrum semper sit peccatum mortale. quarto, utrum peccet ille qui iniungit iuramentum periuro.

009 ST3 qu98 ar1
ag1 ‘ Ad primum sic proceditur. videtur quod falsitas eius quod iuramento confirmatur non requiratur ad periurium. * ut enim supra dictum est, ‘ sicut veritas debet concomitari iuramentum, ita etiam iudicium et iustitia. sicut ergo incurritur periurium per defectum veritatis, ita etiam per defectum iudicii, puta cum aliquis indiscrete iurat; et per defectum iustitiae, puta cum aliquis iurat aliquid illicitum.
ag2 ‘ Praeterea, illud per quod aliquid confirmatur potius esse videtur eo quod confirmatur per illud, sicut in syllogismo principia sunt potiora conclusione. sed in iuramento confirmatur dictum hominis per assumptionem divini nominis. ergo magis videtur esse periurium si aliquis iuret per falsos deos, quam si veritas desit dicto hominis quod iuramento confirmatur.
ag3 * Praeterea, augustinus dicit, in sermone de verbis apost. iacobi, ° homines falsum iurant vel cum fallunt, vel cum falluntur. “ et ponit tria exempla. quorum primum est, fac illum iurare qui verum putat esse pro quo iurat. secundum est, da alium, scit falsum esse, et iurat. tertium est, fac alium, putat esse falsum, et iurat tanquam sit verum, quod forte verum est, de quo postea subdit quod periurus est. ‘ ergo aliquis veritatem iurans potest esse periurus. non ergo falsitas ad periurium requiritur.
sc ‘ Sed contra est quod periurium definitur esse mendacium iuramento firmatum.
co * Respondeo dicendum quod, sicut supra dictum est, ‘ morales actus ex fine speciem sortiuntur. finis autem iuramenti est confirmatio dicti humani. cui quidem confirmationi falsitas opponitur, per hoc enim confirmatur aliquod dictum, quod ostenditur firmiter esse verum; quod quidem non potest contingere de eo quod est falsum. unde falsitas directe evacuat finem iuramenti. et propter hoc a falsitate praecipue specificatur perversitas iuramenti, quae periurium dicitur. et ideo falsitas est de ratione periurii.
ra1 * Ad primum ergo dicendum quod, sicut hieronymus dicit, ierem. iv, ° quodcumque illorum trium defuerit, periurium est. ‘ non tamen eodem ordine. sed primo quidem et principaliter periurium est quando deest veritas, * ratione iam dicta. ‘ secundario autem, quando deest iustitia, quicumque enim iurat illicitum, ex hoc ipso falsitatem incurrit, quia obligatus est ad hoc quod contrarium faciat. tertio vero, quando deest iudicium, quia cum indiscrete iurat, ex hoc ipso periculo se committit falsitatem incurrendi.
ra2 ‘ Ad secundum dicendum quod principia in syllogismis sunt potiora tanquam habentia rationem activi principii, * ut dicitur in ii physic.. ‘ sed in moralibus actibus principalior est finis quam principium activum. et ideo, licet sit perversum iuramentum quando aliquis verum iurat per falsos deos, tamen ab illa perversitate iuramenti periurium nominatur quae tollit iuramenti finem, falsum iurando.
ra3 ‘ Ad tertium dicendum quod actus morales procedunt a voluntate, cuius obiectum est bonum apprehensum. et ideo si falsum apprehendatur ut verum, erit quidem, relatum ad voluntatem, materialiter falsum, formaliter autem verum. si autem id quod est falsum accipiatur ut falsum, erit falsum et materialiter et formaliter. si autem id quod est verum apprehendatur ut falsum, erit verum materialiter, falsum formaliter. et ideo in quolibet istorum casuum salvatur aliquo modo ratio periurii, propter aliquem falsitatis modum. sed quia in unoquoque potius est id quod est formale quam id quod est materiale, non ita est periurus ille qui falsum iurat quod putat esse verum, sicut ille qui verum iurat quod putat esse falsum. * dicit enim ibi augustinus, ° interest quemadmodum verbum procedat ex animo, quia ream linguam non facit nisi rea mens.

009 ST3 qu98 ar2
ag1 ‘ Ad secundum sic proceditur. videtur quod non omne periurium sit peccatum. quicumque enim non implet quod iuramento firmavit, periurus esse videtur. sed quandoque aliquis iurat se facturum aliquid illicitum, puta adulterium vel homicidium, quod si faciat, peccat. si ergo etiam non faciendo peccaret peccato periurii, sequeretur quod esset perplexus.
ag2 ‘ Praeterea, nullus peccat faciendo quod melius est. sed quandoque aliquis periurando facit quod melius est, sicut cum aliquis iuravit se non intraturum religionem, vel quaecumque opera virtuosa non facturum. ergo non omne periurium est peccatum.
ag3 ‘ Praeterea, ille qui iurat facere alterius voluntatem, nisi eam faciat, videtur incurrere periurium. sed quandoque potest contingere quod non peccat si eius non impleat voluntatem, puta cum praecipit ei aliquid nimis durum et importabile. ergo videtur quod non omne periurium sit peccatum.
ag4 ‘ Praeterea, iuramentum promissorium se extendit ad futura, sicut assertorium ad praeterita et praesentia. sed potest contingere quod tollatur obligatio iuramenti per aliquid quod in futurum emergat, sicut cum aliqua civitas iurat se aliquid servaturam, et postea superveniunt novi cives qui illud non iuraverunt; vel cum aliquis canonicus iurat statuta alicuius ecclesiae se servaturum, et postmodum aliqua fiunt de novo. ergo videtur quod ille qui transgreditur iuramentum non peccet.
sc * Sed contra est quod augustinus dicit, in sermone de verbis apost. iacobi, de periurio loquens, videtis ° quam ista detestanda sit belua, et de rebus humanis exterminanda.
co * Respondeo dicendum quod, sicut supra dictum est, ‘ iurare est deum testem invocare. pertinet autem ad dei irreverentiam quod aliquis eum testem invocet falsitatis, quia per hoc dat intelligere vel quod deus veritatem non cognoscat, vel quod falsitatem testificari velit. et ideo periurium manifeste est peccatum religioni contrarium, cuius est deo reverentiam exhibere.
ra1 ‘ Ad primum ergo dicendum quod ille qui iurat se facturum aliquod illicitum, iurando incurrit periurium propter defectum iustitiae. sed si non impleat quod iuravit, in hoc periurium non incurrit, quia hoc non erat tale quid quod sub iuramento cadere posset.
ra2 ‘ Ad secundum dicendum quod ille qui iurat se non intraturum religionem, vel non daturum eleemosynam, vel aliquid huiusmodi, iurando periurium incurrit propter defectum iudicii. et ideo quando facit id quod melius est, non est periurium, sed periurio contrarium, contrarium enim eius quod facit sub iuramento cadere non poterat.
ra3 ‘ Ad tertium dicendum quod cum aliquis iurat vel promittit se facturum voluntatem alterius, intelligenda est debita conditio, si scilicet id quod ei mandatur sit licitum et honestum, et portabile sive moderatum.
ra4 ‘ Ad quartum dicendum quod quia iuramentum est actio personalis, ille qui de novo fit civis alicuius civitatis, non obligatur quasi iuramento ad servanda illa quae civitas se servaturam iuravit. tenetur tamen ex quadam fidelitate, ex qua obligatur ut sicut fit socius bonorum civitatis, ita etiam fiat particeps onerum. canonicus vero qui iurat se servaturum statuta edita in aliquo collegio, non tenetur ex iuramento ad servandum futura, nisi intenderit se obligare ad omnia statuta praeterita et futura tenetur tamen ea servare ex ipsa vi statutorum, quae habent coactivam virtutem, * ut ex supradictis patet.

009 ST3 qu98 ar3
ag1 ‘ Ad tertium sic proceditur. videtur quod non omne periurium sit peccatum mortale. * dicitur enim extra, de iureiurando, ° in ea quaestione quae ponitur, an a sacramenti vinculo absolvantur qui illud inviti pro vita et rebus servandis fecerunt, nihil aliud arbitramur quam quod antecessores nostri romani pontifices arbitrati fuisse noscuntur, qui tales a iuramenti nexibus absolverunt ceterum ut agatur consultius, et auferatur materia deierandi, non eis ita expresse dicatur ut iuramenta non servent, sed si non ea attenderint, non ob hoc sunt tanquam pro mortali crimine puniendi. ‘ non ergo omne periurium est peccatum mortale.
ag2 * Praeterea, sicut chrysostomus dicit, ° maius est iurare per deum quam per evangelium. ‘ sed non semper mortaliter peccat ille qui per deum iurat aliquod falsum, puta si ex ioco, vel ex lapsu linguae, aliquis tali iuramento in communi sermone utatur. ergo nec etiam si aliquis frangat iuramentum quod solemniter per evangelium iurat, semper erit peccatum mortale.
ag3 ‘ Praeterea, secundum iura propter periurium aliquis incurrit infamiam, * ut habetur vi, qu. i, cap. infames. ‘ non autem videtur quod propter quodlibet periurium aliquis infamiam incurrat, sicut dicitur de assertorio iuramento violato per periurium. ergo videtur quod non omne periurium sit peccatum mortale.
sc ‘ Sed contra, omne peccatum quod contrariatur praecepto divino est peccatum mortale. sed periurium contrariatur praecepto divino, * dicitur enim levit. xix, ° non periurabis in nomine meo. ‘ ergo est peccatum mortale.
co * Respondeo dicendum quod, secundum doctrinam philosophi, ° propter quod unumquodque, illud magis. ‘ videmus autem quod ea quae, si de se sint peccata venialia, vel etiam bona ex genere, si in contemptum dei fiant, sunt peccata mortalia. unde multo magis quidquid est quod de sui ratione pertinet ad contemptum dei, est peccatum mortale. periurium autem de sui ratione importat contemptum dei, ex hoc enim habet rationem culpae, * ut dictum est, ‘ quia ad irreverentiam dei pertinet. unde manifestum est quod periurium ex suo genere est peccatum mortale.
ra1 * Ad primum ergo dicendum quod, sicut supra dictum est, ‘ coactio non aufert iuramento promissorio vim obligandi respectu eius quod licite fieri potest. et ideo si aliquis non impleat quod coactus iuravit, nihilominus periurium incurrit et mortaliter peccat. potest tamen per auctoritatem summi pontificis ab obligatione iuramenti absolvi, praesertim si coactus fuerit tali metu qui cadere posset in constantem virum. quod autem dicitur quod non sunt tales puniendi tanquam pro mortali crimine, non hoc ideo dicitur quia non peccent mortaliter, sed quia poena eis minor infligitur.
ra2 ‘ Ad secundum dicendum quod ille qui iocose periurat, non evitat divinam irreverentiam, sed quantum ad aliquid magis auget. et ideo non excusatur a peccato mortali. ille autem qui ex lapsu linguae falsum iurat, si quidem advertat se iurare et falsum esse quod iurat, non excusatur a peccato mortali, sicut nec a dei contemptu. si autem hoc non advertat,

non videtur habere intentionem iurandi, et ideo a crimine periurii excusatur. est autem gravius peccatum si quis solemniter iuret per evangelium quam si per deum in communi sermone iuret, tum propter scandalum; tum propter maiorem deliberationem. quibus aequaliter hinc inde positis, gravius est si quis per deum iurans periuret quam si periuret iurans per evangelium.
ra3 ' Ad tertium dicendum quod non propter quodlibet peccatum mortale aliquis infamis efficitur ipso iure. unde non sequitur, si ille qui iurat falsum iuramento assertorio non est infamis ipso iure, sed solum per sententiam definitivam latam contra eum in causa accusationis, quod propter hoc non peccet mortaliter. ideo autem magis reputatur infamis ipso iure qui frangit iuramentum promissorium solemniter factum, quia in eius potestate remanet, postquam iuravit, ut det suo iuramento veritatem, quod non contingit in iuramento assertorio.

009 ST3 qu98 ar4

ag1 ' Ad quartum sic proceditur. videtur quod peccet ille qui iniungit iuramentum ei qui periurat. aut enim scit eum verum iurare, aut falsum. si scit eum verum iurare, pro nihilo ei iuramentum iniungit si autem credit eum falsum iurare, quantum est de se, inducit eum ad peccandum. ergo videtur quod nullo modo debeat aliquis alicui iniungere iuramentum.
ag2 ' Praeterea, iuramentum minus est accipere ab aliquo quam iuramentum iniungere alicui. sed recipere iuramentum ab aliquo non videtur esse licitum, et praecipue si periuret, quia in hoc videtur consentire peccato. ergo videtur quod multo minus liceat exigere iuramentum ab eo qui periurat.
ag3 * Praeterea, dicitur levit. v, ° si peccaverit anima, et audierit vocem iurantis falsum, testisque fuerit quod aut ipse vidit aut conscius est, nisi indicaverit, portabit iniquitatem suam, ' ex quo videtur quod aliquis sciens aliquem iurare falsum, teneatur eum accusare. non igitur licet ab eo exigere iuramentum.
sc ' Sed contra, sicut peccat ille qui falsum iurat, ita ille qui per falsos deos iurat. sed licet uti iuramento eius qui per falsos deos iurat, * ut augustinus dicit, ad publicolam. ' ergo licet iuramentum exigere ab eo qui falsum iurat.
co ' Respondeo dicendum quod circa eum qui exigit ab alio iuramentum, distinguendum videtur. aut enim exigit iuramentum pro seipso propria sponte, aut exigit iuramentum pro alio ex necessitate officii sibi commissi. et si quidem aliquis pro seipso exigit iuramentum tanquam persona privata, distinguendum videtur, * ut augustinus dicit, in sermone de periuriis. ° si enim nescit eum iuraturum falsum, et ideo dicit, iura mihi, ut fides ei sit, non est peccatum, tamen est humana tentatio, " quia scilicet procedit ex quadam infirmitate, qua homo dubitat alium esse verum dicturum. * et hoc est illud malum de quo dominus dicit, matth. v, ° quod amplius est, a malo est. si autem scit eum fecisse, " scilicet contrarium eius quod iurat, ° et cogit eum iurare, homicida est. ille enim de suo periurio se interimit, sed iste manum interficientis impressit. ' si autem aliquis exigat iuramentum tanquam persona publica, secundum quod exigit ordo iuris, ad petitionem alterius, non videtur esse in culpa si ipse iuramentum exigat, sive sciat eum falsum iurare sive verum, quia non videtur ille exigere, sed ille ad cuius instantiam exigit.
ra1 ' Ad primum ergo dicendum quod obiectio illa procedit quando pro aliquis exigit iuramentum. et tamen non semper scit eum iurare verum, vel falsum, sed quandoque dubitat de facto, et credit eum verum iuraturum, et tunc ad maiorem certitudinem exigit iuramentum.
ra2 * Ad secundum dicendum quod, sicut augustinus dicit, ad publicolam, ° quamvis dictum sit ne iuremus, nunquam me in scripturis sanctis legisse memini ne ab aliquo iurationem accipiamus. ' unde ille qui iurationem recipit non peccat, nisi forte quando propria sponte ad iurandum cogit eum quem scit falsum iuraturum.
ra3 * Ad tertium dicendum quod, sicut augustinus dicit, ' moyses non expressit in praedicta auctoritate cui sit indicandum periurium alterius. " et ideo intelligitur quod debeat indicari ° talibus qui magis possunt prodesse quam obesse periuro. ' similiter etiam non expressit quo ordine debeat manifestare. et ideo videtur servandus ordo evangelicus, si sit peccatum periurii occultum, et praecipue quando non vergit in detrimentum alterius, quia in tali casu non haberet locum ordo evangelicus, * ut supra dictum est.
ra4 ' Ad quartum dicendum quod licet uti malo propter bonum, sicut et deus utitur, non tamen licet aliquem ad malum inducere. unde licet eius qui paratus est per falsos deos iurare, iuramentum recipere, non tamen licet eum inducere ad hoc quod per falsos deos iuret. alia tamen ratio esse videtur in eo qui per verum deum falsum iurat. quia in tali iuramento deest bonum fidei, qua utitur aliquis in iuramento illius qui verum per falsos deos iurat, * ut augustinus dicit, ad publicolam. ' unde in iuramento eius qui falsum per verum deum iurat, non videtur esse aliquod bonum quo uti liceat.

009 ST3 qu99 ar

pr ' Deinde considerandum est de vitiis ad irreligiositatem pertinentibus quibus rebus sacris irreverentia exhibetur. et primo, de sacrilegio; secundo, de simonia. circa primum quaeruntur quatuor. primo, quid sit sacrilegium. secundo, utrum sit speciale peccatum. tertio, de speciebus sacrilegii. quarto, de poena sacrilegii.

009 ST3 qu99 ar1

ag1 ' Ad primum sic proceditur. videtur quod sacrilegium non sit sacrae rei violatio. * dicitur enim xvii, qu. iv, ° committunt sacrilegium qui de principis iudicio disputant, dubitantes an is dignus sit honore quem princeps elegerit. ' sed hoc ad nullam rem sacram pertinere videtur. ergo sacrilegium non importat sacrae rei violationem.
ag2 * Praeterea, ibidem subditur quod " si quis permiserit iudaeos officia publica exercere, velut in sacrilegum excommunicatio proferatur. ' sed officia publica non videntur ad aliquod sacrum pertinere. ergo videtur quod sacrilegium non importet violationem alicuius sacri.
ag3 ' Praeterea, maior est virtus dei quam virtus hominis. sed res sacrae a deo sanctitatem obtinent. non ergo possunt per hominem violari. et ita sacrilegium non videtur esse sacrae rei violatio.
sc * Sed contra est quod isidorus dicit, in libro etymol., quod ° sacrilegus dicitur ab eo quod sacra legit, idest furatur.
co * Respondeo dicendum quod, sicut ex praedictis patet, ' sacrum dicitur aliquid ex eo quod ad divinum cultum ordinatur. sicut autem ex eo quod aliquid ordinatur in finem bonum, sortitur rationem boni; ita etiam ex hoc quod aliquid deputatur ad cultum dei, efficitur quoddam divinum, et sic ei quaedam reverentia debetur quae refertur in deum. et ideo omne illud quod ad irreverentiam rerum sacrarum pertinet, ad iniuriam dei pertinet, et habet sacrilegii rationem.
ra1 * Ad primum ergo dicendum quod, secundum philosophum, in i ethic., ' bonum commune gentis est quoddam divinum. et ideo antiquitus rectores reipublicae divini vocabantur, quasi divinae providentiae ministri, * secundum illud sap. vi, ° cum essetis ministri regni illius, non recte iudicastis. ' et sic, per quandam nominis extensionem, illud quod pertinet ad reverentiam principis, scilicet disputare de eius iudicio, an oporteat ipsum sequi, secundum quandam similitudinem sacrilegium dicitur.
ra2 ' Ad secundum dicendum quod populus christianus per fidem et sacramenta christi sanctificatus est, * secundum illud i ad cor. vi, ° sed abluti estis, sed sanctificati estis. * et ideo i pet. ii dicitur, ° vos estis genus electum, regale sacerdotium, gens sancta, populus acquisitionis. ' et ita id quod fit in iniuriam populi christiani, scilicet quod infideles ei praeficiantur, pertinet ad irreverentiam sacrae rei. unde rationabiliter sacrilegium dicitur.
ra3 ' Ad tertium dicendum quod violatio hic large dicitur quaecumque irreverentia vel exhonoratio. sicut autem ° honor est in honorante, non autem in eo qui honoratur, * ut dicitur in i ethic.; ' ita etiam irreverentia est in eo qui irreverenter se habet, quamvis etiam nihil noceat ei cui irreverentiam exhibet. quantum ergo est in ipso, rem sacram violat, licet illa non violetur.

009 ST3 qu99 ar2

ag1 ' Ad secundum sic proceditur. videtur quod sacrilegium non sit speciale peccatum. * dicitur enim xvii, qu. iv, ° committunt sacrilegium qui in divinae legis sanctitatem aut nesciendo committunt, aut negligendo violant et offendunt. ' sed hoc fit per omne peccatum, nam ° peccatum est dictum vel factum vel concupitum contra legem dei, * ut augustinus dicit, xxii contra faustum. ' ergo sacrilegium est generale peccatum.
ag2 ' Praeterea, nullum speciale peccatum continetur sub diversis generibus peccatorum. sed sacrilegium sub diversis generibus peccatorum continetur, puta sub homicidio, si quis sacerdotem occidat; sub luxuria, si quis virginem sacratam violet, vel quamcumque mulierem in loco sacro; sub furto, si quis rem sacram furatus fuerit. ergo sacrilegium non est speciale peccatum.
ag3 ' Praeterea, omne speciale peccatum invenitur distinctum ab aliis peccatis, * ut de iniustitia speciali philosophus dicit, in v ethic.. ' sed sacrilegium non videtur inveniri absque aliis peccatis, sed quandoque coniungitur furto, quandoque homicidio, * ut dictum est. ' non ergo est speciale peccatum.
sc ' Sed contra est quod opponitur speciali virtuti, scilicet religioni, ad quam pertinet revereri deum et divina. ergo sacrilegium est speciale peccatum.
co ' Respondeo dicendum quod ubicumque invenitur specialis ratio deformitatis, ibi necesse est quod sit speciale peccatum, quia species cuiuslibet rei praecipue attenditur secundum formalem rationem ipsius, non autem secundum materiam vel subiectum. in sacrilegio autem invenitur specialis ratio deformitatis, quia scilicet violatur res sacra per aliquam irreverentiam. et ideo est speciale peccatum. et opponitur religioni. * sicut enim damascenus dicit, in iv lib., ° purpura, regale indumentum facta, honoratur et glorificatur, et si quis hanc perforaverit, morte damnatur, " quasi contra regem agens. ' ita etiam si quis rem sacram violat, ex hoc ipso contra dei reverentiam agit, et sic per irreligiositatem peccat.
ra1 ' Ad primum ergo dicendum quod illi dicuntur in divinae legis sanctitatem committere qui legem dei impugnant, sicut haeretici et blasphemi. qui ex hoc quod deo non credunt, incurrunt infidelitatis peccatum, ex hoc vero quod divinae legis verba pervertunt, sacrilegium incurrunt.
ra2 ' Ad secundum dicendum quod nihil prohibet unam specialem rationem peccati in pluribus peccatorum generibus inveniri, secundum quod diversa peccata ad finem unius peccati ordinantur, prout etiam in virtutibus apparet quibus imperatur ab una virtute. et hoc modo quocumque genere peccati aliquis faciat contra reverentiam debitam sacris rebus, sacrilegium formaliter committit, licet materialiter sint ibi diversa genera peccatorum.
ra3 ' Ad tertium dicendum quod sacrilegium interdum invenitur separatum ab aliis peccatis, eo quod actus non habet aliam deformitatem nisi quia res sacra violatur, puta si aliquis iudex rapiat aliquem de loco sacro, quem in aliis locis licite capere posset.

009 ST3 qu99 ar3

ag1 ' Ad tertium sic proceditur. videtur quod species sacrilegii non distinguantur secundum res sacras. materialis enim diversitas non diversificat speciem, si sit eadem ratio formalis. sed in violatione quarumcumque rerum sacrarum videtur esse eadem ratio formalis peccati, et quod non sit diversitas nisi materialis. ergo per hoc non diversificantur sacrilegii species.
ag2 ' Praeterea, non videtur esse possibile quod aliqua sint eiusdem speciei, et tamen specie differant. sed homicidium et furtum et illicitus concubitus sunt diversae species peccatorum. ergo non possunt convenire in una specie sacrilegii. et ita videtur quod sacrilegii species distinguantur secundum diversas species aliorum peccatorum, et non secundum diversitatem rerum sacrarum.
ag3 ' Praeterea, inter res sacras connumerantur etiam personae sacrae. si ergo una species sacrilegii esset qua violatur persona sacra, sequeretur quod omne peccatum quod persona sacra committit esset sacrilegium, quia per quodlibet peccatum violatur persona peccantis. non ergo species sacrilegii accipiuntur secundum res sacras.
sc ' Sed contra est quod actus et habitus distinguuntur secundum obiecta. sed res sacra est obiectum sacrilegii. * ut dictum est. ' ergo species sacrilegii distinguuntur secundum differentiam rerum sacrarum.
co * Respondeo dicendum quod, sicut dictum est, ' peccatum sacrilegii in hoc consistit quod aliquis irreverenter se habet ad rem sacram. debetur autem reverentia rei sacrae ratione sanctitatis. et ideo secundum diversam rationem sanctitatis rerum sacrarum quibus irreverentia exhibetur, necesse est quod sacrilegii species distinguantur, et tanto sacrilegium est gravius quanto res sacra in quam peccatur maiorem obtinet sanctitatem. attribuitur autem sanctitas et personis sacris, idest divino cultui dedicatis, et locis sacris, et rebus quibusdam aliis sacris. sanctitas autem loci ordinatur ad sanctitatem hominis, qui in loco sacro cultum exhibet deo, * dicitur enim ii machab. v, ° non propter locum gentem, sed propter gentem dominus locum elegit. ' et ideo gravius peccatum est sacrilegium quo peccatur contra personam sacram quam quo peccatur contra locum sacrum. sunt tamen in utraque sacrilegii specie diversi gradus, secundum differentiam personarum et locorum sacrorum. similiter etiam et tertia species sacrilegii, quae circa alias res sacras committitur, diversos habet gradus, secundum differentiam sacrarum rerum. inter quas summum locum obtinent ipsa sacramenta, quibus homo sanctificatur, quorum praecipuum est eucharistiae sacramentum, quod continet ipsum christum. et ideo sacrilegium quod contra hoc sacramentum committitur gravissimum est inter omnia. post sacramenta autem, secundum locum tenent vasa consecrata ad sacramentorum |25| susceptionem; et ipsae imagines sacrae, et sanctorum reliquiae, in quibus quodammodo ipsae personae sanctorum venerantur vel dehonorantur. deinde ea quae pertinent ad ornatum ecclesiae et ministrorum. deinde ea quae sunt deputata ad sustentationem ministrorum, sive sint mobilia sive immobilia. quicumque autem contra quodcumque praedictorum peccat, crimen sacrilegii incurrit.
ra1 ' Ad primum ergo dicendum quod non est in omnibus praedictis eadem ratio sanctitatis. et ideo differentia sacrarum rerum non solum est differentia materialis, sed formalis.
ra2 ' Ad secundum dicendum quod nihil prohibet aliqua duo secundum aliquid esse unius speciei, et secundum aliud diversarum, sicut socrates et plato conveniunt in specie animalis, differunt autem in specie colorati, si unus sit albus et alius niger. et similiter etiam possibile est aliqua duo peccata differre specie secundum materiales actus, convenire autem in specie secundum unam rationem formalem sacrilegii, puta si quis sanctimonialem violaverit verberando, vel concumbendo.
ra3 ' Ad tertium dicendum quod omne peccatum quod sacra persona committit, materialiter quidem et quasi per accidens est sacrilegium, * unde hierony-

mus dicit quod ° nugae in ore sacerdotis sacrilegium sunt vel blasphemia. ‘ formaliter autem et proprie illud solum peccatum sacrae personae sacrilegium est quod agitur directe contra eius sanctitatem, puta si virgo deo dicata fornicetur; et eadem ratio est in aliis.

009 ST3 qu99 ar4

ag1 ‘ Ad quartum sic proceditur. videtur quod poena sacrilegii non debeat esse pecuniaria. poena enim pecuniaria non solet imponi pro culpa criminali. sed sacrilegium est culpa criminalis, * unde capitali sententia punitur secundum leges civiles. ‘ ergo sacrilegium non debet puniri poena pecuniaria.
ag2 ‘ Praeterea, idem peccatum non debet duplici poena puniri, * secundum illud nahum i, “ non consurget duplex tribulatio. ‘ sed poena sacrilegii est excommunicatio, maior quidem si violentia inferatur in personam sacram, vel si aliquis incendat vel frangat ecclesiam; minor autem in aliis sacrilegiis. ergo non debet sacrilegium puniri poena pecuniaria.
ag3 * Praeterea, apostolus dicit, i ad thess. ii, ° non fuimus aliquando in occasione avaritiae. ‘ sed hoc videtur ad occasionem avaritiae pertinere quod poena pecuniaria exigatur pro violatione rei sacrae. ergo non videtur talis poena esse conveniens sacrilegii.
sc * Sed contra est quod dicitur xvii, qu. iv, ° si quis contumax vel superbus fugitivum servum de atrio ecclesiae per vim abstraxerit, nongentos solidos componat. * et ibidem postea dicitur, ° quisquis inventus fuerit reus sacrilegii, triginta libras argenti examinati purissimi componat.
co ‘ Respondeo dicendum quod in poenis infligendis duo sunt consideranda. primo quidem, aequalitas, ad hoc quod poena sit iusta, ut scilicet in quo quis peccat, per hoc torqueatur, * ut dicitur sap. xi. ‘ et hoc modo conveniens poena sacrilegi, qui sacris iniuriam infert est excommunicatio, per quam a sacris arcetur. secundo autem consideratur utilitas, nam poenae quasi medicinae quaedam infliguntur, ut his territi homines a peccando desistant. sacrilegus autem, qui sacra non reveretur, non sufficienter videtur a peccando arceri per hoc quod ei sacra interdicuntur, de quibus non curat. et ideo secundum leges humanas adhibetur capitis poena; secundum vero ecclesiae sententiam, quae mortem corporalem non infligit, adhibetur pecuniaria poena, ut saltem poenis temporalibus homines a sacrilegiis revocentur.
ra1 ‘ Ad primum ergo dicendum quod ecclesia corporalem mortem non infligit, sed loco eius infligit excommunicationem.
ra2 ‘ Ad secundum dicendum quod necesse est duas poenas adhiberi quando per unam non sufficienter revocatur aliquis a peccando. et ideo oportuit, supra poenam excommunicationis, adhibere aliquam temporalem poenam, ad coercendum homines qui spiritualia contemnunt.
ra3 ‘ Ad tertium dicendum quod si pecunia exigeretur sine rationabili causa, hoc videretur ad occasionem avaritiae pertinere. sed quando exigitur ad hominum correctionem, habet manifestam utilitatem. et ideo non pertinet ad occasionem avaritiae.

009 ST3 qu100 ar

pr ‘ Deinde considerandum est de simonia. et circa hoc quaeruntur sex. primo, quid sit simonia. secundo, utrum liceat pro sacramentis pecuniam accipere. tertio, utrum liceat accipere pecuniam pro spiritualibus actibus. quarto, utrum liceat vendere ea quae sunt spiritualibus annexa. quinto, utrum solum munus a manu faciat simoniacum, an etiam munus a lingua et ab obsequio. sexto, de poena simoniaci.

009 ST3 qu100 ar1

ag1 ‘ Ad primum sic proceditur. videtur quod “ simonia non sit studiosa voluntas emendi et vendendi aliquid spirituale vel spirituali annexum. ‘ simonia enim est haeresis quaedam, * dicitur enim i, qu. i, ° tolerabilior est macedonii, et eorum qui circa ipsum sunt sancti spiritus impugnatorum, impia haeresis quam simoniacorum. illi enim creaturam, et servum dei patris et filii, spiritum sanctum delirando fatentur, isti vero eundem spiritum sanctum efficiunt servum suum. omnis enim dominus quod habet, si vult, vendit, sive servum, sive quid aliud eorum quae possidet. ‘ sed infidelitas non consistit in voluntate, sed magis in intellectu, sicut et fides, * ut ex supra dictis patet. ‘ ergo simonia non debet per voluntatem definiri.
ag2 ‘ Praeterea, studiose peccare est ex malitia peccare, quod est peccare in spiritum sanctum. si ergo simonia est studiosa voluntas peccandi, sequitur quod semper sit peccatum in spiritum sanctum.
ag3 ‘ Praeterea, nihil magis est spirituale quam regnum caelorum. sed licet emere regnum caelorum, * dicit enim gregorius, in quadam homilia, ° regnum caelorum tantum valet quantum habes. ‘ ergo non est simonia velle emere aliquid spirituale.
ag4 ‘ Praeterea, nomen simoniae a simone mago acceptum est, * de quo legitur act. viii, quod “ obtulit apostolis pecuniam ad spiritualem potestatem emendam, ut, scilicet, ° quibuscumque manus imponeret, reciperent spiritum sanctum. ‘ non autem legitur quod aliquid voluit vendere. ergo simonia non est voluntas vendendi aliquid spirituale.
ag5 ‘ Praeterea, multae aliae sunt voluntariae commutationes praeter emptionem et venditionem, sicut permutatio, transactio. ergo videtur quod insufficienter definiatur simonia.
ag6 ‘ Praeterea, omne quod est spirituali annexum est spirituale. superflue igitur additur, vel spirituali annexum.
ag7 ‘ Praeterea, papa, * secundum quosdam, ‘ non potest committere simoniam. potest autem emere vel vendere aliquid spirituale. ergo simonia non est voluntas emendi vel vendendi aliquid spirituale vel spirituali annexum.
sc * Sed contra est quod gregorius dicit, in registro, ° altare et decimas et spiritum sanctum emere vel vendere simoniacam haeresim esse nullus fidelium ignorat.
co * Respondeo dicendum quod, sicut supra dictum est, ‘ actus aliquis est malus ex genere ex eo quod cadit super materiam indebitam. emptionis autem et venditionis est materia indebita res spiritualis, triplici ratione. primo quidem, quia res spiritualis non potest aliquo terreno pretio compensari, * sicut de sapientia dicitur prov. iii, ° pretiosior est cunctis opibus, et omnia quae desiderantur huic non valent comparari. * et ideo petrus, in ipsa sui radice simonis pravitatem condemnans, dixit, ° pecunia tua tecum sit in perditionem, quoniam donum dei existimasti pecunia possidere. ‘ secundo, quia illud potest esse debita venditionis materia cuius venditor est dominus, * ut patet in auctoritate supra inducta. ‘ praelatus autem ecclesiae non est dominus spiritualium rerum, sed dispensator, * secundum illud i ad cor. iv. ° sic nos existimet homo ut ministros christi, et dispensatores ministeriorum dei. ‘ tertio, quia venditio repugnat spiritualium origini, quae ex gratuita dei voluntate proveniunt. * unde et dominus dicit, matth. x, ° gratis accepistis, gratis date. |25| ‘ et ideo aliquis, vendendo vel emendo rem spiritualem, irreverentiam exhibet deo et rebus divinis. propter quod, peccat peccato irreligiositatis.
ra1 ‘ Ad primum ergo dicendum quod sicut religio consistit in quadam fidei protestatione, quam tamen interdum aliquis non habet in corde; ita etiam vitia opposita religioni habent quandam protestationem infidelitatis, licet quandoque non sit infidelitas in mente. secundum hoc ergo, simonia haeresis dicitur secundum exteriorem protestationem, quia in hoc quod aliquis vendit donum spiritus sancti, quodammodo se protestatur esse dominum spiritualis doni; quod est haereticum. sciendum tamen quod simon magus, praeter hoc quod ab apostolis spiritus sancti gratiam pecunia emere voluit, dixit quod mundus non erat a deo creatus, sed a quadam superna virtute, * ut dicit isidorus, in libro etymol.. ‘ et secundum hoc, inter alios haereticos simoniaci computantur, * ut patet in libro augustini de haeresibus.
ra2 * Ad secundum dicendum quod, sicut supra dictum est, ‘ iustitia et omnes partes eius, et per consequens omnia vitia opposita, sunt in voluntate sicut in subiecto. et ideo convenienter simonia per voluntatem definitur. additur autem studiosa, ad designandum electionem, quae principaliter pertinet ad virtutem et vitium. non autem omnis qui peccat electione peccat peccato in spiritum sanctum, sed solum qui peccatum eligit per contemptum eorum quae homines solent retrahere a peccando, * ut supra dictum est.
ra3 ‘ Ad tertium dicendum quod regnum caelorum dicitur emi, dum quis dat quod habet propter deum, large sumpto nomine emptionis, secundum quod accipitur pro merito. quod tamen non pertingit ad perfectam rationem emptionis. “ tum quia non sunt condignae passiones huius temporis, nec aliqua nostra dona vel opera, ad futuram gloriam quae revelabitur in nobis, * ut dicitur rom. viii. ‘ tum quia meritum non consistit principaliter in exteriori dono vel actu vel passione, sed in interiori affectu.
ra4 ‘ Ad quartum dicendum quod simon magus ad hoc emere voluit spiritualem potestatem ut eam postea venderet, * dicitur enim i, qu. iii, quod ° simon magus donum spiritus sancti emere voluit ut ex venditione signorum quae per eum fierent, multiplicatam pecuniam lucraretur. ‘ et sic illi qui spiritualia vendunt, conformantur simoni mago in intentione, in actu vero, illi qui emere volunt. illi autem qui vendunt, in actu imitantur giezi, discipulum elisaei, * de quo legitur iv reg. v, quod accepit pecuniam a leproso mundato. ‘ unde venditores spiritualium possunt dici non solum simoniaci, sed etiam giezitae.
ra5 ‘ Ad quintum dicendum quod nomine emptionis et venditionis intelligitur omnis contractus non gratuitus. unde nec permutatio praebendarum vel ecclesiasticorum beneficiorum fieri potest, auctoritate partium absque periculo simoniae, sicut nec transactio, * ut iura determinant. ‘ potest tamen praelatus, ex officio suo. permutationes huiusmodi facere pro causa utili vel necessaria.
ra6 ‘ Ad sextum dicendum quod sicut anima vivit secundum seipsam, corpus vero vivit ex unione animae; ita etiam quaedam sunt spiritualia secundum seipsa, sicut sacramenta et alia huiusmodi; quaedam autem dicuntur spiritualia ex hoc quod talibus adhaerent. * unde i, qu. iii, dicitur, cap. si quis obiecerit, quod ° spiritualia sine corporalibus rebus non proficiunt, sicut nec anima sine corpore corporaliter vivit.
ra7 ‘ Ad septimum dicendum quod papa potest incurrere vitium simoniae. sicut et quilibet alius homo, peccatum enim tanto in aliqua persona est gravius quanto maiorem obtinet locum. quamvis enim res ecclesiae sint eius ut principalis dispensatoris, non tamen sunt eius ut domini et possessoris. et ideo si reciperet pro aliqua re spirituali pecuniam de redditibus alicuius ecclesiae. non careret vitio simoniae. et similiter etiam posset simoniam committere recipiendo pecuniam ab aliquo laico non de bonis ecclesiae.

009 ST3 qu100 ar2

ag1 ‘ Ad secundum sic proceditur. videtur quod non semper sit illicitum pro sacramentis pecuniam dare. baptismus enim est ianua sacramentorum, * ut in iii parte dicetur. ‘ sed licet, ut videtur, in aliquo casu dare pecuniam pro baptismo, puta quando sacerdos puerum morientem sine pretio baptizare non vellet. ergo non semper est illicitum emere vel vendere sacramenta.
ag2 ‘ Praeterea, maximum sacramentorum est eucharistia, quae in missa consecratur. sed pro missis cantandis aliqui sacerdotes praebendam vel pecuniam accipiunt. ergo licet multo magis alia sacramenta emere vel vendere.
ag3 ‘ Praeterea, sacramentum poenitentiae est sacramentum necessitatis. quod praecipue in absolutione consistit. sed quidam absolventes ab excommunicatione pecuniam exigunt. ergo non semper est illicitum sacramenta emere vel vendere.
ag4 ‘ Praeterea, consuetudo facit ut non sit peccatum illud quod alias peccatum esset, * sicut augustinus dicit quod ° habere plures uxores, quando mos erat, crimen non erat. ‘ sed apud quosdam est consuetudo quod in consecrationibus episcoporum, benedictionibus abbatum, et ordinibus clericorum, pro chrismate vel oleo sancto et aliis huiusmodi aliquid detur. ergo videtur quod hoc non sit illicitum.
ag5 ‘ Praeterea, contingit quandoque quod aliquis malitiose impedit aliquem vel ab episcopatu obtinendo, vel ab aliqua alia dignitate. sed licet unicuique redimere suam vexationem. ergo licitum videtur in tali casu pecuniam dare pro episcopatu, vel aliqua alia ecclesiastica dignitate.
ag6 ‘ Praeterea, matrimonium est quoddam sacramentum. sed quandoque datur pecunia pro matrimonio. ergo licitum est sacramenta pecunia vendere.
sc * Sed contra est quod dicitur i, qu. i, ° qui per pecuniam quemquam consecraverit, alienus sit a sacerdotio.
co ‘ Respondeo dicendum quod sacramenta novae legis sunt maxime spiritualia, inquantum sunt spiritualis gratiae causa, quae pretio aestimari non potest, et eius rationi repugnat quod non gratuito detur. dispensantur autem sacramenta per ecclesiae ministros, quos oportet a populo sustentari, * secundum illud apostoli, i ad cor. ix, ° nescitis quoniam qui in sacrario operantur. quae de sacrario sunt edunt, et qui altari deserviunt, cum altario participantur? ‘ sic igitur dicendum est quod accipere pecuniam pro spirituali sacramentorum gratia est crimen simoniae, quod nulla consuetudine potest excusari, quia consuetudo non praeiudicat iuri naturali vel divino. “ per pecuniam autem intelligitur omne illud cuius pretium potest pecunia aestimari, * ut philosophus dicit, in iv ethic.. ‘ accipere autem aliqua ad sustentationem eorum qui sacramenta ministrant, secundum ordinationem ecclesiae et consuetudines approbatas, non est simonia, neque peccatum, non enim accipitur tanquam pretium mercedis, sed tanquam stipendium necessitatis. * unde super illud i ad tim. v, qui bene praesunt presbyteri etc., dicit glossa augustini, ° accipiant sustentationem necessitatis a populo, mercedem dispensationis a domino.
ra1 ‘ Ad primum ergo dicendum quod in casu necessitatis potest quilibet baptizare. et quia nullo modo est peccandum, pro eodem est habendum si sacerdos absque pretio baptizare non velit, ac si non esset qui baptizaret. unde ille qui gerit curam pueri in tali casu licite posset eum baptizare, vel a quocumque alio facere baptizari. posset tamen licite aquam a sacerdote emere, quae est pure elementum corporale. si autem esset adultus qui baptismum desideraret, et immineret mortis periculum, nec sacerdos eum vellet sine pretio baptizare, deberet, si posset, per alium baptizari. quod si non posset ad alium habere recursum, nullo modo deberet pretium pro baptismo dare, sed potius absque baptismo decedere, suppleret enim ei ex baptismo flaminis quod ex sacramento deest.
ra2 ‘ Ad secundum dicendum quod sacerdos non accipit pecuniam quasi pretium consecrationis eucharistiae aut missae cantandae, hoc enim esset simoniacum, sed quasi stipendium suae sustentationis, * ut dictum est.
ra3 ‘ Ad tertium dicendum quod pecunia non exigitur ab eo qui absolvitur quasi pretium absolutionis, hoc enim esset simoniacum, sed quasi poena culpae praecedentis, pro qua fuit excommunicatus.
ra4 ‘ Ad quartum dicendum quod, * sicut dictum est, ‘ consuetudo non praeiudicat iuri naturali vel divino, quo simonia prohibetur. et ideo si aliqua ex consuetudine exigantur quasi pretium rei spiritualis, cum in-

tentione emendi vel vendendi, est manifeste simonia, et praecipue si ab invito exigantur. si vero accipiantur quasi quaedam stipendia per consuetudinem approbatam, non est simonia, si tamen desit intentio emendi vel vendendi, sed intentio referatur ad solam consuetudinis observantiam; et praecipue quando aliquis voluntarie solvit. in his tamen omnibus sollicite cavendum est quod habet speciem simoniae vel cupiditatis, * secundum illud apostoli, i ad thess. ult., ° ab omni specie mala abstinete vos.

ra5 ‘ Ad quintum dicendum quod antequam alicui acquiratur ius in episcopatu, vel quacumque dignitate seu praebenda, per electionem vel provisionem seu collationem, simoniacum esset adversantium obstacula pecunia redimere, sic enim per pecuniam pararet sibi viam ad rem spiritualem obtinendam. sed postquam iam ius alicui acquisitum est, licet per pecuniam iniusta impedimenta removere.

ra6 * Ad sextum dicendum quod quidam dicunt quod “ pro matrimonio licet pecuniam dare, quia in eo non confertur gratia. ‘ sed hoc non est usquequaque verum, * ut in iii parte huius operis dicetur. ‘ et ideo aliter dicendum est, quod matrimonium non solum est ecclesiae sacramentum, sed etiam naturae officium. et ideo dare pecuniam pro matrimonio inquantum est naturae officium, licitum est, inquantum vero est ecclesiae sacramentum, est illicitum. et ideo * secundum iura ‘ prohibetur ne pro benedictione nuptiarum aliquid exigatur.

009 ST3 qu100 ar3

ag1 ‘ Ad tertium sic proceditur. videtur quod licitum sit dare et accipere pecuniam pro spiritualibus actibus. usus enim prophetiae est spiritualis actus. sed pro usu prophetiae olim aliquid dabatur, * ut patet i reg. ix, et iii reg. xiv. ‘ ergo videtur quod liceat dare et accipere pecuniam pro actu spirituali.

ag2 ‘ Praeterea, oratio, praedicatio, laus divina sunt actus maxime spirituales. sed ad impetrandum orationum suffragia pecunia datur sanctis viris, * secundum illud luc. xvi, ° facite vobis amicos de mammona iniquitatis. ‘ praedicatoribus etiam spiritualia seminantibus temporalia debentur, * secundum apostolum, i ad cor. ix. ‘ celebrantibus etiam divinas laudes in ecclesiastico officio, et processiones facientibus, aliquid datur, et quandoque annui redditus ad hoc assignantur. ergo licitum est pro spiritualibus actibus accipere aliquid.

ag3 ‘ Praeterea, scientia non est minus spiritualis quam potestas. sed pro usu scientiae licet pecuniam accipere, sicut advocato licet vendere iustum patrocinium, et medico consilium sanitatis, et magistro officium doctrinae. ergo, pari ratione, videtur quod liceat praelato accipere aliquid pro usu spiritualis suae potestatis, puta pro correctione, vel dispensatione, vel aliquo huiusmodi.

ag4 ‘ Praeterea, religio est status spiritualis perfectionis. sed in aliquibus monasteriis aliquid ab his qui recipiuntur exigitur. ergo licet pro spiritualibus aliquid exigere.

sc * Sed contra est quod dicitur i, qu. i, ° quidquid invisibilis gratiae consolatione tribuitur, nunquam quaestibus, vel quibuslibet praemiis, venundari penitus debet. ‘ sed omnia huiusmodi spiritualia per invisibilem gratiam tribuuntur. ergo non licet ea quaestibus vel praemiis venundari.

co ‘ Respondeo dicendum quod sicut sacramenta dicuntur spiritualia quia spiritualem conferunt gratiam, ita etiam quaedam alia dicuntur spiritualia quia ex spirituali procedunt gratia et ad eam disponunt. quae tamen per hominum ministerium exhibentur, quos oportet a populo sustentari, cui spiritualia administrant, * secundum illud i ad cor. ix, ° quis militat suis stipendiis unquam? quis pascit gregem, et de lacte gregis non manducat? ‘ et ideo vendere quod spirituale est in huiusmodi actibus, aut emere, simoniacum est, sed accipere aut dare aliquid pro sustentatione ministrantium spiritualia, secundum ordinationem ecclesiae et consuetudinem approbatam, licitum est; ita tamen quod desit intentio emptionis et venditionis; et quod ab invitis non exigatur per subtractionem spiritualium quae sunt exhibenda, haec enim haberent quandam venditionis speciem. gratis tamen spiritualibus prius exhibitis, licite possunt statutae et consuetae oblationes, et quicumque alii proventus, exigi a nolentibus et valentibus solvere, auctoritate superioris interveniente.

ra1 ‘ Ad primum ergo dicendum quod, * sicut hieronymus dicit, super michaeam, ‘ munera quaedam sponte exhibebantur bonis prophetis ad sustentationem ipsorum, non quasi ad emendum prophetiae usum, quem tamen pseudoprophetae retorquebant ad quaestum.

ra2 ‘ Ad secundum dicendum quod illi qui dant eleemosynas pauperibus ut orationum ab ipsis suffragia impetrent, non eo tenore dant quasi intendentes orationes emere, sed per gratuitam beneficentiam pauperum animas provocant ad hoc quod pro eis gratis et ex caritate orent. praedicantibus etiam temporalia debentur ad sustentationem praedicantium, non autem ad emendum praedicationis verbum. * unde super illud i ad tim. v, qui bene praesunt presbyteri etc., dicit glossa, ° necessitatis est accipere unde vivitur, caritatis est praebere, non tamen venale est evangelium, ut pro his praedicetur. si enim sic vendunt, magnam rem vili vendunt pretio. ‘ similiter etiam aliqua temporalia dantur deum laudantibus in celebratione ecclesiastici officii, sive pro vivis sive pro mortuis, non quasi pretium, sed quasi sustentationis stipendium. et eo etiam tenore pro processionibus faciendis in aliquo funere aliquae eleemosynae recipiuntur. si autem huiusmodi pacto interveniente fiant, aut etiam cum intentione emptionis vel venditionis, simoniacum esset. unde illicita esset ordinatio si in aliqua ecclesia statueretur quod non fieret processio in funere alicuius nisi solveret certam pecuniae quantitatem, quia per tale statutum praecluderetur via gratis officium pietatis aliquibus impendendi. magis autem licita esset ordinatio si statueretur quod omnibus certam eleemosynam |25| dantibus talis honor exhiberetur, quia per hoc non praecluderetur via aliis exhibendi. et praeterea prima ordinatio habet speciem exactionis, secunda vero habet speciem gratuitae recompensationis.

ra3 ‘ Ad tertium dicendum quod ille cui committitur spiritualis potestas, ex officio obligatur ad usum potestatis sibi commissae in spiritualium dispensatione, et etiam pro sua sustentatione statuta stipendia habet ex redditibus ecclesiasticis. et ideo si aliquid acciperet pro usu spiritualis potestatis, non intelligeretur locare operas suas, quas ex debito suscepti officii debet impendere, sed intelligeretur vendere ipsum spiritualis gratiae usum. et propter hoc, non licet pro quacumque dispensatione aliquid accipere; neque etiam pro hoc quod suas vices committant; neque etiam pro hoc quod suos subditos corrigant, vel a corrigendo desistant. licet tamen eis accipere procurationes quando subditos visitant, non quasi pretium correctionis, sed quasi debitum stipendium. ille autem qui habet scientiam, non suscipit tamen hoc officium ex quo obligetur aliis usum scientiae impendere. et ideo licite potest pretium suae doctrinae vel consilii accipere, non quasi veritatem aut scientiam vendens sed quasi operas suas locans. si autem ex officio ad hoc teneretur, intelligeretur ipsam veritatem vendere, unde graviter peccaret. sicut patet in illis qui instituuntur in aliquibus ecclesiis ad docendum clericos ecclesiae et alios pauperes, pro quo ab ecclesia beneficium recipiunt, a quibus non licet eis aliquid recipere, nec ad hoc quod doceant, nec ad hoc quod aliqua festa faciant vel praetermittant.

ra4 ‘ Ad quartum dicendum quod pro ingressu monasterii non licet aliquid exigere vel accipere quasi pretium. licet tamen, si monasterium sit tenue, quod non sufficiat ad tot personas nutriendas, gratis quidem ingressum monasterii exhibere, sed accipere aliquid pro victu personae quae in monasterio fuerit recipienda, si ad hoc monasterii non sufficiant opes. similiter etiam licitum est si propter devotionem quam aliquis ad monasterium ostendit largas eleemosynas faciendo, facilius in monasterio recipiatur; sicut etiam licitum est e converso aliquem provocare ad devotionem monasterii per temporalia beneficia, ut ex hoc inclinetur ad monasterii ingressum; licet non sit licitum ex pacto aliquid dare vel recipere pro ingressu monasterii, * ut habetur i, qu. ii, cap. quam pio.

009 ST3 qu100 ar4

ag1 ‘ Ad quartum sic proceditur. videtur quod licitum sit pecuniam accipere pro his quae sunt spiritualibus annexa. omnia enim temporalia videntur esse spiritualibus annexa, quia temporalia sunt propter spiritualia quaerenda. si ergo non licet vendere ea quae sunt spiritualibus annexa, nihil temporale vendere licebit. quod patet esse falsum.

ag2 ‘ Praeterea, nihil videtur magis spiritualibus annexum quam vasa consecrata. sed ea licet vendere pro redemptione captivorum, * ut ambrosius dicit. ‘ ergo licitum est vendere ea quae sunt spiritualibus annexa.

ag3 ‘ Praeterea, spiritualibus annexa videntur ius sepulturae, ius patronatus, et ius primogeniturae secundum antiquos (quia primogeniti, ante legem, sacerdotis officio fungebantur), et etiam ius accipiendi decimas. sed abraham emit ab ephron speluncam duplicem in sepulturam, * ut habetur gen. xxiii. ‘ iacob autem emit ab esau ius primogeniturae, * ut habetur gen. xxv. ‘ ius etiam patronatus cum re vendita transit, in feudum conceditur. decimae etiam concessae sunt quibusdam militibus, et redimi possunt. praelati interdum retinent sibi ad tempus fructus praebendarum quas conferunt, cum tamen praebendae sint spiritualibus annexae. ergo licet emere et vendere ea quae sunt spiritualibus annexa.

sc ‘ Sed contra est quod * dicit paschalis papa, et habetur i, qu. iii, cap. si quis obiecerit, ° quisquis eorum vendidit alterum sine quo nec alterum provenit, neutrum invenditum derelinquit. nullus ergo emat ecclesiam vel praebendam, vel aliquid ecclesiasticum.

co ‘ Respondeo dicendum quod aliquid potest esse spiritualibus annexum dupliciter. uno modo, sicut ex spiritualibus dependens, sicut habere beneficia ecclesiastica dicitur spiritualibus annexum quia non competit nisi habenti officium clericale. unde huiusmodi nullo modo possunt esse sine spiritualibus. et propter hoc, ea nullo modo vendere licet, quia, eis venditis, intelliguntur etiam spiritualia venditioni subiici. quaedam autem sunt annexa spiritualibus inquantum ad spiritualia ordinantur, sicut ius patronatus, quod ordinatur ad praesentandum clericos ad ecclesiastica beneficia; et vasa sacra, quae ordinantur ad sacramentorum usum. unde huiusmodi non praesupponunt spiritualia, sed magis ea ordine temporis praecedunt. et ideo aliquo modo vendi possunt, non autem inquantum sunt spiritualibus annexa.

ra1 ‘ Ad primum ergo dicendum quod omnia temporalia annectuntur spiritualibus sicut fini. et ideo ipsa quidem temporalia vendere licet, sed ordo eorum ad spiritualia sub venditione cadere non debet.

ra2 ‘ Ad secundum dicendum quod etiam vasa sacra sunt spiritualibus annexa sicut fini. et ideo eorum consecratio vendi non potest, tamen, pro necessitate ecclesiae et pauperum, materia eorum vendi potest; dummodo, praemissa oratione, prius confringantur; quia post confractionem non intelliguntur esse vasa sacra, sed purum metallum. unde si ex eadem materia similia vasa iterum reintegrarentur, indigerent iterum consecrari.

ra3 ‘ Ad tertium dicendum quod spelunca duplex quam abraham emit in sepulturam, non habetur quod erat terra consecrata ad sepeliendum. et ideo licebat abrahae terram illam emere ad usum sepulturae, ut ibi institueret sepulcrum, sicut etiam nunc liceret emere aliquem agrum communem ad instituendum ibi coemeterium, vel etiam ecclesiam. quia tamen etiam apud gentiles loca sepulturae deputata religiosa reputabantur, si ephron pro iure sepulturae pretium intendit accipere, peccavit vendens, licet abraham non peccaverit emens, quia non intendebat emere nisi terram communem. licet etiam nunc terram ubi quondam fuit ecclesia, vendere aut emere in casu necessitatis, * sicut et de materia vasorum sacrorum dictum est. ‘ vel excusatur abraham quia in hoc redemit suam vexationem. quamvis enim ephron gratis ei sepulturam offerret, perpendit tamen abraham quod gratis recipere sine eius offensa non posset. ius autem primogeniturae debebatur iacob ex divina electione, * secundum illud malach. i, iacob dilexi, esau odio habui. ‘ et ideo esau peccavit primogenita vendens, iacob autem non peccavit emendo, quia intelligitur suam vexationem redemisse. ius autem patronatus per se vendi non potest, nec in feudum dari, sed transit cum villa quae venditur vel conceditur. ius autem spirituale accipiendi decimas non conceditur laicis, sed tantummodo res temporales quae nomine decimae dantur, * ut supra dictum est. |25| ‘ circa collationem vero beneficiorum, sciendum est quod si episcopus, antequam alicui beneficium offerat, ob aliquam causam ordinaverit aliquid subtrahendum de fructibus beneficii conferendi et in pios usus expendendum, non est illicitum. si vero ab eo cui beneficium offert requirat aliquid sibi exhiberi de fructibus illius beneficii, idem est ac si aliud munus ab eo exigeret, et non caret vitio simoniae.

009 ST3 qu100 ar5

ag1 ‘ Ad quintum sic proceditur. videtur quod liceat spiritualia dare pro munere quod est ab obsequio vel a lingua. * dicit enim gregorius, in registro, ° ecclesiasticis utilitatibus deservientes ecclesiastica dignum est remuneratione gaudere. ‘ sed deservire ecclesiasticis utilitatibus pertinet ad munus ab obsequio. ergo videtur quod licitum sit pro obsequio accepto ecclesiastica beneficia largiri.

ag2 ‘ Praeterea, sicut carnalis videtur esse intentio si quis alicui det beneficium ecclesiasticum pro suscepto servitio, ita etiam si quis det intuitu consanguinitatis. sed hoc non videtur esse simoniacum, quia non est ibi emptio et venditio. ergo nec primum.

ag3 ‘ Praeterea, illud quod solum ad preces alicuius fit, gratis fieri videtur, et ita non videtur habere locum simonia, quae in emptione et venditione consistit. sed munus a lingua intelligitur si quis ad preces alicuius ecclesiasticum beneficium conferat. ergo hoc non est simoniacum.

ag4 ‘ Praeterea, hypocritae spiritualia opera faciunt ut laudem humanam consequantur, quae videtur ad munus linguae pertinere. nec tamen hypocritae dicuntur simoniaci. non ergo per munus a lingua simonia contrahitur.

sc * Sed contra est quod urbanus papa dicit, ° quisquis res ecclesiasticas, non ad quod institutae sunt, sed ad propria lucra, munere linguae vel obsequii vel pecuniae largitur vel adipiscitur, simoniacus est.

co * Respondeo dicendum quod, sicut supra dictum est, ‘ nomine pecuniae intelligitur cuiuscumque pretium pecunia mensurari potest. manifestum est autem quod obsequium hominis ad aliquam utilitatem ordinatur quae potest pretio pecuniae aestimari, unde et pecuniaria mercede ministri conducuntur. et ideo idem est quod aliquis det rem spiritualem pro aliquo obsequio temporali exhibito vel exhibendo, ac si daret pro pecunia, data vel promissa, qua illud obsequium aestimari posset. similiter etiam quod aliquis satisfaciat precibus alicuius ad temporalem gratiam quaerendam, ordinatur ad aliquam utilitatem quae potest pecuniae pretio aestimari. et ideo sicut contrahitur simonia accipiendo pecuniam vel quamlibet rem exteriorem, quod pertinet ad munus a manu, ita etiam contrahitur per munus a lingua, vel ab obsequio.

ra1 ‘ Ad primum ergo dicendum quod si aliquis clericus alicui praelato impendat obsequium honestum et ad spiritualia ordinatum, puta ad ecclesiae utilitatem vel ministrorum eius auxilium, ex ipsa devotione obsequii redditur dignus ecclesiastico beneficio, sicut et propter alia bona opera. unde non intelligitur esse munus ab obsequi. * et in hoc casu loquitur gregorius. ‘ si vero sit inhonestum obsequium, vel ad carnalia ordinatum, puta quia servivit praelato ad utilitatem consanguineorum suorum vel patrimonii sui, vel ad aliquid huiusmodi, esset munus ab obsequio, et simoniacum.

ra2 ‘ Ad secundum dicendum quod si aliquis aliquid spirituale alicui conferat gratis propter consanguinitatem, vel quamcumque carnalem affectionem, est quidem illicita et carnalis collatio, non tamen simoniaca, quia nihil ibi accipitur, unde hoc non pertinet ad contractum emptionis et venditionis, in quo fundatur simonia. si tamen aliquis det beneficium ecclesiasticum alicui hoc pacto, vel intentione, ut exinde suis consanguineis provideat, est manifesta simonia.

ra3 ‘ Ad tertium dicendum quod munus a lingua dicitur vel ipsa laus pertinens ad favorem humanum, qui sub pretio cadit, vel etiam preces ex quibus acquiritur favor humanus, vel contrarium evitatur. et ideo si aliquis principaliter ad hoc intendat, simoniam committit. videtur autem ad hoc principaliter intendere qui preces pro indigno porrectas exaudit. unde ipsum factum est simoniacum. si autem preces pro digno porrigantur, ipsum factum non est simoniacum, quia subest debita causa ex qua illi pro quo preces porriguntur, spirituale aliquid conferatur. potest tamen esse simonia in intentione, si non attendatur ad dignitatem personae, sed ad favorem humanum. si vero aliquis pro se rogat ut obtineat curam animarum, ex ipsa praesumptione redditur indignus, et sic preces sunt pro indigno. licite tamen potest aliquis, si sit indigens, pro se beneficium ecclesiasticum petere sine cura animarum.

ra4 ‘ Ad quartum dicendum quod hypocrita non dat aliquid spirituale propter laudem, sed solum demonstrat, et simulando magis furtive surripit laudem humanam quam emat. unde non videtur pertinere ad vitium simoniae.

009 ST3 qu100 ar6

ag1 ‘ Ad sextum sic proceditur. videtur quod non sit conveniens simoniaci poena ut privetur eo quod per simoniam acquisivit. simonia enim committitur ex eo quod alicuius muneris interventu spiritualia acquiruntur. sed quaedam sunt spiritualia quae semel adepta, non possunt amitti, sicut omnes characteres, qui per aliquam consecrationem imprimuntur. ergo non est conveniens poena ut quis privetur eo quod simoniace acquisivit.

ag2 ‘ Praeterea, contingit quandoque quod ille qui est episcopatum per simoniam adeptus, praecipiat subdito ut ab eo recipiat ordines, et videtur quod debeat ei obedire quandiu ab ecclesia toleratur. sed nullus debet aliquid recipere ab eo qui non habet potestatem conferendi. ergo episcopus non amittit episcopalem potestatem si eam simoniace acquisivit.

ag3 ‘ Praeterea, nullus debet puniri pro eo quod non est factum eo sciente et volente, quia poena debetur peccato, quod est voluntarium, * ut ex supra dictis patet. ‘ contingit autem quandoque quod aliquis simoniace consequitur aliquid spirituale procurantibus aliis, eo nesciente et nolente. ergo non debet puniri per privationem eius quod ei collatum est.

ag4 ‘ Praeterea, nullus debet portare commodum de suo peccato. sed si ille qui consecutus est beneficium ecclesiasticum per simoniam, restitueret quod percepit, quandoque hoc redundaret in utilitatem eorum qui fuerunt simoniae participes, puta quando praelatus et totum collegium in simoniam consensit. ergo non semper est restituendum quod per simoniam acquiritur.

ag5 ‘ Praeterea, quandoque aliquis per simoniam in aliquo monasterio recipitur, et votum solemne ibi facit profitendo. sed nullus debet absolvi ab obligatione voti propter culpam commissam. ergo non debet monachatum amittere quem simoniace acquisivit.

ag6 ‘ Praeterea, exterior poena in hoc mundo non infligitur pro interiori motu cordis, de quo solius dei est iudicare. sed simonia committitur ex sola intentione vel voluntate, unde et per voluntatem definitur, * ut supra dictum est. ‘ ergo non semper debet aliquis privari eo quod simoniace acquisivit.

ag7 ‘ Praeterea, multo maius est promoveri ad maiora quam in susceptis permanere. sed quandoque simoniaci, ex dispensatione, promoventur ad maiora. ergo non semper debent susceptis privari.

sc * Sed contra est quod dicitur i, qu. i, cap. si quis episcopus, ° qui ordinatus est, nihil ex ordinatione vel promotione quae est per negotiationem facta, proficiat, sed sit alienus a dignitate vel sollicitudine quam pecuniis acquisivit.

co ‘ Respondeo dicendum quod nullus potest licite retinere illud quod contra voluntatem domini acquisivit, puta si aliquis dispensator de rebus domini sui daret alicui contra voluntatem et ordinationem domini sui, ille qui acciperet licite retinere non posset. dominus autem, cuius ecclesiarum praelati sunt dispensatores et ministri, ordinavit ut spiritualia gratis darentur, * secundum illud matth. x, gratis accepistis, gratis date. ‘ et ideo qui muneris interventu spiritualia quaecumque assequuntur, ea licite retinere non possunt. insuper autem simoniaci, tam vendentes quam ementes spiritualia, aut etiam mediatores, aliis poenis puniuntur, scilicet infamia et depositione, si sint clerici; et excommunicatione, si sint laici; * ut habetur i, qu. i, cap. si quis episcopus.

ra1 ‘ Ad primum ergo dicendum quod ille qui simoniace accipit sacrum ordinem, recipit quidem characterem ordinis, propter efficaciam sacramenti, non tamen recipit gratiam, neque ordinis executionem, eo quod quasi furtive suscepit characterem, contra principalis domini voluntatem. et ideo est ipso iure suspensus, et quoad se, ut scilicet de executione sui ordinis se non intromittat; et quoad alios, ut scilicet nullus ei communicet in ordinis executione; sive sit peccatum eius publicum, sive occultum. nec potest repetere pecuniam quam turpiter dedit, licet alius iniuste detineat. si vero sit simoniacus quia contulit ordinem simoniace, vel quia dedit vel recepit beneficium simoniace, vel fuit mediator simoniae, si est publicum, est ipso iure suspensus et quoad se et quoad alios; si autem est occultum, est suspensus ipso iure quoad se tantum, non autem quoad alios.

ra2 ‘ Ad secundum dicendum quod nec propter praeceptum eius, nec etiam propter excommunicationem, debet aliquis recipere ordinem ab episcopo quem scit simoniace promotum. et si ordinetur, non recipit ordinis executionem, etiam si ignoret eum esse simoniacum, sed indiget dispensatione. quamvis quidam dicunt quod, si non potest probare eum esse simoniacum, debet obedire recipiendo ordinem, sed non debet exequi sine dispensatione. sed hoc absque ratione dicitur. quia nullus debet obedire alicui ad communicandum sibi in facto illicito. ille autem qui est ipso iure suspensus et quoad se et quoad alios, illicite confert ordinem. unde nullus debet sibi communicare recipiendo ab eo, quacumque ex causa. si autem ei non constat, non debet credere peccatum alterius, et ita cum bona conscientia debet ab eo ordinem recipere. si autem episcopus sit simoniacus aliquo alio modo quam per promotionem suam simoniace factam, potest recipere ab eo ordinem, si sit occultum, quia non est suspensus quoad alios, sed solum quoad seipsum, * ut dictum est.

ra3 ‘ Ad tertium dicendum quod hoc quod aliquis privetur eo quod accepit, non solum est poena peccati, sed etiam quandoque est effectus acquisitionis iniustae, puta cum aliquis emit rem aliquam ab eo qui vendere non potest. et ideo si aliquis scienter et propria sponte simoniace accipiat ordinem vel ecclesiasticum beneficium, non solum privatur eo quod accepit, ut scilicet careat executione ordinis et beneficium resignet cum fructibus inde perceptis; sed etiam ulterius punitur, quia notatur infamia; et tenetur ad restituendos fructus non solum perceptos, sed etiam eos qui percipi potuerunt a possessore diligenti (quod tamen intelligendum est de fructibus qui supersunt deductis expensis factis causa fructuum, exceptis fructibus illis qui alias expensi sunt in utilitatem ecclesiae). si vero, eo nec volente nec sciente, per alios alicuius promotio simoniace procuratur, caret quidem ordinis executione, et tenetur resignare beneficium quod est consecutus, cum fructibus extantibus (non autem tenetur restituere fructus consumptos, quia bona fide possedit), nisi forte inimicus eius fraudulenter pecuniam daret pro alicuius promotione, vel nisi ipse expresse contradixerit. tunc enim non tenetur ad abrenuntiandum, nisi forte postmodum pacto consenserit, solvendo quod fuit promissum.

ra4 ‘ Ad quartum dicendum quod pecunia, vel possessio, vel fructus simoniace accepti, debent restitui ecclesiae in cuius iniuriam data sunt, non obstante quod praelatus, vel aliquis de collegio illius ecclesiae, fuit in culpa, quia eorum peccatum non debet aliis nocere. ita tamen quod, quantum fieri potest, ipsi qui peccaverunt inde commodum non consequantur. si vero praelatus et totum collegium sunt in culpa, debet cum auctoritate superioris vel pauperibus vel alteri ecclesiae erogari.

ra5 ‘ Ad quintum dicendum quod si aliqui sunt in monasterio simoniace recepti, debent abrenuntiare. et si eis scientibus commissa est simonia post concilium generale, sine spe restitutionis de suo monasterio repelluntur, et ad agendam perpetuam poenitentiam sunt in arctiori regula ponendi, vel in aliquo loco eiusdem ordinis, si arctior ordo non inveniretur. si vero hoc fuit ante concilium, debent in aliis locis eiusdem ordinis collocari. et si hoc fieri non potest, dispensative debent in eisdem monasteriis recipi, ne in saeculo evagentur, mutatis tamen prioribus locis et inferioribus assignatis. si vero ipsis ignorantibus, sive ante concilium sive post, sint simoniace recepti, postquam renuntiaverint, possunt de novo recipi, locis mutatis, * ut dictum est.

ra6 ‘ Ad sextum dicendum quod quoad deum sola voluntas facit simoniacum, sed quoad poenam ecclesiasticam exteriorem, non punitur ut simoniacus, ut abrenuntiare teneatur, sed debet de mala intentione poenitere.

ra7 ‘ Ad septimum dicendum quod dispensare cum eo qui est scienter beneficiatus, solus papa potest. in aliis autem casibus potest etiam episcopus dispensare, ita tamen quod prius abrenuntiet quod simoniace acquisivit. et tunc dispensationem consequatur vel parvam, ut habeat laicam communionem; vel magnam, ut, post poenitentiam, in alia ecclesia in suo ordine remaneat; vel maiorem, ut remaneat in eadem, sed in minoribus ordinibus; vel maximam, ut in eadem ecclesia etiam maiores ordines exequatur, non tamen praelationem accipiat.

009 ST3 qu101 ar

pr ‘ Deinde, post religionem, considerandum est de pietate. cuius opposita vitia ex ipsius consideratione innotescunt. circa pietatem ergo quaeruntur quatuor. primo, ad quos pietas se extendat. secundo, quid per pietatem aliquibus exhibeatur. tertio, utrum pietas sit specialis virtus. quarto, utrum religionis obtentu sit pietatis officium praetermittendum.

009 ST3 qu101 ar1

ag1 ‘ Ad primum sic proceditur. videtur quod pietas non se extendat ad determinatas personas aliquorum hominum * dicit enim augustinus, in x de civ. dei, quod ° pietas proprie dei cultus intelligi solet, quam graeci eusebiam vocant. ‘ sed dei cultus non dicitur per comparationem ad homines, sed solum ad deum. ergo pietas non se extendit determinate ad aliquas hominum personas.

ag2 * Praeterea, gregorius dicit, in i moral., ° pietas in die suo convivium exhibet, quia cordis viscera misericordiae operibus replet. ‘ sed opera misericordiae sunt omnibus exhibenda, * ut patet per augustinum, in i de doct. christ.. ‘ ergo pietas non se extendit determinate ad aliquas speciales personas.

ag3 ‘ Praeterea, multae sunt aliae in humanis rebus communicationes praeter consanguinitatem et concivium communicationem, * ut patet per philosophum, in viii ethic.. ‘ et super quamlibet earum aliqua amicitia fundatur, quae videtur esse pietatis virtus, * ut dicit glossa, ii ad tim. iii, super illud. ° habentes quidem speciem pietatis. ‘ ergo non solum ad consanguineos et concives pietas se extendit.

sc * Sed contra est quod tullius dicit, in sua rhetorica, ° pietas est per quam sanguine iunctis, patriaeque benevolis, officium et diligens tribuitur cultus.

co ‘ Respondeo dicendum quod homo efficitur diversimode aliis debitor secundum diversam eorum excellentiam, et diversa beneficia ab eis suscepta. in utroque autem deus summum obtinet locum, qui et excellentissimus est, et est nobis essendi et gubernationis primum principium. secundario vero nostri esse et gubernationis principium sunt parentes et patria, a quibus et in qua et nati et nutriti sumus. et ideo post deum, maxime est homo debitor parentibus et patriae. unde sicut ad religionem pertinet cultum deo exhibere, ita secundo gradu ad pietatem pertinet exhibere cultum parentibus et patriae. in cultu autem parentum includitur cultus omnium consanguineorum, quia etiam consanguinei ex hoc dicuntur quod ex eisdem parentibus processerunt, * ut patet per philosophum, in viii ethic.. ‘ in cultu autem patriae intelligitur cultus concivium, et omnium patriae amicorum. et ideo ad hos principaliter pietas se extendit.

ra1 ‘ Ad primum ergo dicendum quod in maiori includitur minus. et ideo cultus qui deo debetur includit in se, sicut aliquid particulare, cultum qui debetur parentibus. * unde dicitur malach. i, ° si ego pater, ubi honor meus? ‘ et ideo nomen pietatis etiam ad divinum cultum refertur.

ra2 * Ad secundum dicendum quod, sicut augustinus dicit, in x de civ. dei, ° more vulgi nomen pietatis etiam in operibus misericordiae frequentatur. quod ideo arbitror evenisse quia haec fieri praecipue mandat deus, eaque sibi vel pro sacrificiis placere testatur. ex qua consuetudine factum est ut et deus ipse pius dicatur.

ra3 ‘ Ad tertium dicendum quod communicatio consanguineorum et concivium magis referuntur ad principia nostri esse quam aliae communicationes. et ideo ad hoc nomen pietatis magis extenditur.

009 ST3 qu101 ar2

ag1 ‘ Ad secundum sic proceditur. videtur quod pietas non exhibeat parentibus sustentationem. ad pietatem enim videtur pertinere illud praeceptum decalogi, ° honora patrem tuum et matrem tuam. ‘ sed ibi non praecipitur nisi honoris exhibitio. ergo ad pietatem non pertinet sustentationem parentibus exhibere.

ag2 ‘ Praeterea, illis debet homo thesaurizare quos tenetur sustentare. * sed secundum apostolum, ii ad cor. xii, ° filii non debent thesaurizare parentibus. ‘ ergo non tenentur eos per pietatem sustentare.

ag3 ‘ Praeterea, pietas non solum se extendit ad parentes, sed etiam ad alios consanguineos et concives, * ut dictum est. ‘ sed non tenetur aliquis omnes consanguineos et concives sustentare. ergo nec etiam tenetur ad sustentationem parentum.

sc * Sed contra est quod dominus, matth. xv, “ redarguit pharisaeos quod impediebant filios ne parentibus sustentationem exhiberent.

co ‘ Respondeo dicendum quod parentibus aliquid debetur dupliciter, uno modo, per se; alio modo, per accidens. per se quidem debetur eis id quod decet patrem inquantum est pater. qui cum sit superior, quasi principium filii existens, debetur ei a filio reverentia et obsequium. per accidens autem aliquid debe-

tur patri quod decet eum accipere secundum aliquid quod ei accidit, puta, si sit infirmus, quod visitetur, et eius curationi intendatur; et si sit pauper, quod sustentetur; et sic de aliis huiusmodi, quae omnia sub debito obsequio continentur. * et ideo tullius dicit quod “ pietas exhibet et officium et cultum. ut officium referatur ad obsequium, cultus vero ad reverentiam sive honorem; * quia, ut augustinus dicit, in x de civ. dei, ° dicimur colere homines quos honorificatione, vel recordatione, vel praesentia frequentamus.
ra1 ‘ Ad primum ergo dicendum quod in honoratione parentum intelligitur omnis subventio quae debet parentibus exhiberi, * ut dominus interpretatur, matth. xv. ‘ et hoc ideo, quia subventio fit patri ex debito, tanquam maiori.
ra2 ‘ Ad secundum dicendum quod quia pater habet rationem principii, filius autem habet rationem a principio existentis, ideo per se patri convenit ut subveniat filio; et propter hoc, non solum ad horam debet ei subvenire, sed ad totam suam vitam, quod est thesaurizare. sed quod filius aliquid conferat patri, hoc est per accidens, ratione alicuius necessitatis instantis, in qua tenetur ei subvenire, non autem thesaurizare, quasi in longinquum, quia naturaliter non parentes filiorum, sed filii parentum sunt successores.
ra3 “ Ad tertium dicendum quod cultus et officium, * ut tullius dicit, “ debetur omnibus sanguine iunctis et patriae benevolis, ‘ non tamen aequaliter omnibus, sed praecipue parentibus, aliis autem secundum propriam facultatem et decentiam personarum.

009 ST3 qu101 ar3

ag1 ‘ Ad tertium sic proceditur. videtur quod pietas non sit specialis virtus ab aliis distincta. exhibere enim obsequium et cultum aliquibus ex amore procedit. sed hoc pertinet ad pietatem. ergo pietas non est virtus a caritate distincta.
ag2 ‘ Praeterea, cultum deo exhibere est proprium religionis. sed etiam pietas exhibet deo cultum, * ut augustinus dicit, x de civ. dei. ‘ ergo pietas non distinguitur a religione.
ag3 ‘ Praeterea, pietas quae exhibet cultum et officium patriae videtur idem esse cum iustitia legali, quae respicit bonum commune. sed iustitia legalis est virtus generalis, * ut patet per philosophum, in v ethic.. ‘ ergo pietas non est virtus specialis.
sc * Sed contra est quod ponitur a tullio pars iustitiae.
co ‘ Respondeo dicendum quod virtus aliqua est specialis ex hoc quod respicit aliquod obiectum secundum aliquam rationem specialem. cum autem ad rationem iustitiae pertineat quod debitum alii reddat, ubi invenitur specialis ratio debiti alicui personae, ibi est specialis virtus. debetur autem aliquid specialiter alicui quia est connaturale principium producens in esse et gubernans. hoc autem principium respicit pietas, inquantum parentibus et patriae, et his qui ad haec ordinantur, officium et cultum impendit. et ideo pietas est specialis virtus.
ra1 ‘ Ad primum ergo dicendum quod sicut religio est quaedam protestatio fidei, spei et caritatis, quibus homo primordialiter ordinatur in deum; ita etiam pietas est quaedam protestatio caritatis quam quis habet ad parentes et ad patriam.
ra2 ‘ Ad secundum dicendum quod deus longe excellentiori modo est principium essendi et gubernationis quam pater vel patria. et ideo alia virtus est religio, quae cultum deo exhibet, a pietate, quae exhibet cultum parentibus et patriae. sed ea quae sunt creaturarum per quandam superexcellentiam et causalitatem transferuntur in deum, * ut dionysius dicit, in libro de div. nom.. ‘ unde per excellentiam pietas cultus dei nominatur, sicut et deus excellenter dicitur pater noster.
ra3 ‘ Ad tertium dicendum quod pietas se extendit ad patriam secundum quod est nobis quoddam essendi principium, sed iustitia legalis respicit bonum patriae secundum quod est bonum commune. et ideo iustitia legalis magis habet quod sit virtus generalis quam pietas.

009 ST3 qu101 ar4

ag1 ‘ Ad quartum sic proceditur. videtur quod occasione religionis sint praetermittenda pietatis officia in parentes. * dicit enim dominus, luc. xiv, ° si quis venit ad me, et non odit patrem suum et matrem et uxorem, fratres, filios et sorores, adhuc autem et animam suam, non potest meus esse discipulus. * unde et in laudem iacobi et ioannis, matth. iv, dicitur quod, ° relictis retibus et patre, secuti sunt christum. * et in laudem levitarum dicitur, deut. xxxiii, ° qui dixit patri suo et matri suae, nescio vos; et fratribus suis, ignoro illos; et nescierunt filios suos, hi custodierunt eloquium tuum. ‘ sed ignorando parentes et alios consanguineos, vel etiam eos odiendo, necesse est quod praetermittantur pietatis officia. ergo propter religionem officia pietatis sunt praetermittenda.
ag2 * Praeterea, matth. viii et luc. ix dicitur quod “ dominus dicenti sibi, permitte mihi primum ire et sepelire patrem meum, respondit, sine ut mortui sepeliant mortuos suos. tu autem vade et annuntia regnum dei, quod pertinet ad religionem. ‘ sepultura autem patris pertinet ad pietatis officium. ergo pietatis officium est praetermittendum propter religionem.
ag3 ‘ Praeterea, deus per excellentiam dicitur pater noster. sed sicut per pietatis obsequia colimus parentes, ita per religionem colimus deum. ergo praetermittenda sunt pietatis obsequia propter religionis cultum.
ag4 ‘ Praeterea, religiosi tenentur ex voto, quod transgredi non licet, suae religionis observantias implere. secundum quas suis parentibus subvenire impediuntur, tum propter paupertatem, quia proprio carent; tum etiam propter inobedientiam, quia sine licentia suorum praelatorum eis claustrum exire non licet. ergo propter religionem praetermittenda sunt pietatis officia in parentes.
sc ‘ Sed contra est quod dominus, * matth. xv, ‘ redarguit pharisaeos, qui intuitu religionis honorem parentibus debitum subtrahere docebant.
co ‘ Respondeo dicendum quod religio et pietas sunt duae virtutes. nulla autem virtus alii virtuti contrariatur aut repugnat, quia * secundum philosophum, in praedicamentis, ‘ bonum non est bono contrarium. unde non potest esse quod pietas et religio se mutuo impediant, ut propter unam alterius actus excludatur. cuiuslibet enim virtutis actus, * ut ex supra dictis patet, ‘ debitis circumstantiis limitatur, quas si praetereat, iam non erit virtutis actus, sed vitii. unde ad pietatem pertinet officium et cultum parentibus exhibere secundum debitum modum. non est autem debitus modus ut plus homo intendat ad colendum patrem quam ad colendum deum, * sed sicut ambrosius dicit, super luc., ° necessitudini generis divinae religionis pietas antefertur. ‘ si ergo cultus parentum abstrahat nos a cultu dei, iam non esset pietatis parentum insistere cultui contra deum. * unde hieronymus dicit, in epistola ad heliodorum, ° per calcatum perge patrem, per calcatum perge matrem, ad vexillum crucis evola. summum genus pietatis est in hac re fuisse crudelem. ‘ et ideo in tali casu dimittenda sunt officia in parentes propter divinum religionis cultum. si vero exhibendo debita |25| obsequia parentibus non abstrahamur a divino cultu, hoc iam pertinebit ad pietatem. et sic non oportebit propter religionem pietatem deserere.
ra1 * Ad primum ergo dicendum quod gregorius, exponens “ illud verbum domini, dicit quod parentes quos adversarios ° in via dei patimur, odiendo et fugiendo nescire debemus. ‘ si enim parentes nostri nos provocent ad peccandum, et abstrahant nos a cultu divino, debemus quantum ad hoc eos deserere et odire. et hoc modo dicuntur levitae suos consanguineos ignorasse, quia idololatris, secundum mandatum domini, non pepercerunt, * ut habetur exod. xxxii. ‘ iacobus autem et ioannes laudantur ex hoc quod secuti sunt dominum dimisso parente, non quia eorum pater eos provocaret ad malum, sed quia aliter aestimabant ipsum posse vitam transigere, eis sequentibus christum.
ra2 ‘ Ad secundum dicendum quod dominus ideo prohibuit discipulum a sepultura patris, * quia, sicut chrysostomus dicit, ° per hoc eum dominus a multis malis eripuit, puta luctibus et maeroribus, et aliis quae hinc expectantur. post sepulturam enim necesse erat et testamenta scrutari, et haereditatis divisionem, et alia huiusmodi. et praecipue quia alii erant qui complere poterant huius funeris sepulturam. * vel, sicut cyrillus exponit, super lucam, ° discipulus ille non petiit quod patrem iam defunctum sepeliret, sed adhuc viventem in senectute sustentaret usquequo sepeliret. quod dominus non concessit, quia erant alii qui eius curam habere poterant, linea parentelae adstricti.
ra3 ‘ Ad tertium dicendum quod hoc ipsum quod parentibus carnalibus ex pietate exhibemus, in deum referimus, sicut et alia misericordiae opera quae quibuscumque proximis impendimus, deo exhibita videntur * secundum illud matth. xxv, ° quod uni ex minimis meis fecistis, mihi fecistis. ‘ et ideo si carnalibus parentibus nostra obsequia sunt necessaria, ut sine his sustentari non possint; nec nos ad aliquid contra deum inducant, non debemus intuitu religionis eos deserere. si autem sine peccato eorum obsequiis vacare non possumus; vel etiam si absque nostro obsequio possunt sustentari, licitum est eorum obsequia praetermittere ad hoc quod amplius religioni vacemus.
ra4 ‘ Ad quartum dicendum quod aliud est dicendum de eo qui est adhuc in saeculo constitutus, et aliud de eo qui est iam in religione professus. ille enim qui est in saeculo constitutus, si habet parentes qui sine ipso sustentari non possunt, non debet, eis relictis, religionem intrare, quia transgrederetur praeceptum de honoratione parentum. * quamvis dicant quidam quod “ etiam in hoc casu licite posset eos deserere, eorum curam deo committens. ‘ sed si quis recte consideret, hoc esset tentare deum, cum habens ex humano consilio quid ageret, periculo parentes exponeret sub spe divini auxilii. si vero sine eo parentes vitam transigere possent, licitum esset ei, desertis parentibus, religionem intrare. quia filii non tenentur ad sustentationem parentum nisi causa necessitatis, * ut dictum est. ‘ ille vero qui iam est in religione professus, reputatur iam quasi mortuus mundo. unde non debet occasione sustentationis parentum exire claustrum, in quo christo consepelitur, et se iterum saecularibus negotiis implicare. tenetur tamen, salva sui praelati obedientia et suae religionis statu, pium studium adhibere qualiter eius parentibus subveniatur.

009 ST3 qu102 ar

pr ‘ Deinde considerandum est de observantia, et partibus eius. per quae de oppositis vitiis erit manifestum. circa observantiam autem quaeruntur tria. primo, utrum observantia sit specialis virtus ab aliis distincta. secundo, quid observantia exhibeat. tertio, de comparatione eius ad pietatem.

009 ST3 qu102 ar1

ag1 ‘ Ad primum sic proceditur. videtur quod observantia non sit specialis virtus ab aliis distincta. virtutes enim distinguuntur secundum obiecta. sed obiectum observantiae non distinguitur ab obiecto pietatis. * dicit enim tullius, in sua rhetorica, quod ° observantia est per quam homines aliqua dignitate antecedentes quodam cultu et honore dignantur. ‘ sed cultum et honorem etiam pietas exhibet parentibus, qui dignitate antecedunt. ergo observantia non est virtus distincta a pietate.
ag2 ‘ Praeterea, sicut hominibus in dignitate constitutis debetur honor et cultus, ita etiam eis qui excellunt in scientia et virtute. sed non est aliqua specialis virtus per quam honorem et cultum exibeamus hominibus qui scientiae vel virtutis excellentiam habent. ergo etiam observantia, per quam cultum et honorem exhibemus his qui nos in dignitate antecedunt, non est specialis virtus ab aliis distincta.
ag3 ‘ Praeterea, hominibus in dignitate constitutis multa debentur ad quae solvenda lex cogit, * secundum illud rom. xiii, ° reddite omnibus debita, cui tributum, tributum, etc.. ‘ ea vero ad quae per legem compellimur, pertinent ad iustitiam legalem, seu etiam ad iustitiam specialem. ergo observantia non est per se specialis virtus ab aliis distincta.
sc * Sed contra est quod tullius condividit ‘ observantiam aliis iustitiae partibus, quae sunt speciales virtutes.
co * Respondeo dicendum quod, sicut ex dictis patet, ‘ necesse est ut eo modo per quendam ordinatum descensum distinguantur virtutes, sicut et excellentia personarum quibus est aliquid reddendum. sicut autem carnalis pater particulariter participat rationem principii, quae universaliter invenitur in deo; ita etiam persona quae quantum ad aliquid providentiam circa nos gerit, particulariter participat proprietatem patris, quia pater est principium et generationis et educationis et disciplinae, et omnium quae ad perfectionem humanae vitae pertinent. persona autem in dignitate constituta est sicut principium gubernationis respectu aliquarum rerum, sicut princeps civitatis in rebus civilibus, dux autem exercitus in rebus bellicis, magister autem in disciplinis, et simile est in aliis. et inde est quod omnes tales personae patres appellantur, propter similitudinem curae, * sicut iv reg. v, servi naaman dixerunt ad eum, ° pater, etsi rem grandem dixisset tibi propheta, etc.. ‘ et ideo sicut sub religione, per quam cultus tribuitur deo, quodam ordine invenitur pietas, per quam coluntur parentes; ita sub pietate invenitur observantia, per quam cultus et honor exhibetur personis in dignitate constitutis.
ra1 * Ad primum ergo dicendum quod sicut supra dictum est ‘ quod religio per quandam supereminentiam pietas dicitur, et tamen pietas proprie dicta a religione distinguitur; ita etiam pietas per quandam excellentiam potest dici observantia, et tamen observantia proprie dicta a pietate distinguitur.
ra2 ‘ Ad secundum dicendum quod aliquis ex hoc quod est in dignitate constitutus, non solum quandam status excellentiam habet, sed etiam quandam potestatem gubernandi subditos. unde competit sibi ratio principii, prout est aliorum gubernator. ex hoc autem quod aliquis habet perfectionem scientiae vel virtutis, non sortitur rationem principii quantum ad alios, sed solum quandam excellentiam in seipso. et ideo specialiter quaedam virtus determinatur ad exhibendum honorem et cultum his qui sunt in dignitate constituti. verum quia per scientiam et virtutem, et omnia alia huiusmodi, aliquis idoneus redditur ad dignitatis statum, reverentia quae propter quamcumque excellentiam aliquibus exhibetur, ad eandem virtutem pertinet.
ra3 ‘ Ad tertium dicendum quod ad iustitiam specialem proprie sumptam pertinet reddere aequale ei cui aliquid debetur. quod quidem non potest fieri ad virtuosos, et ad eos qui bene statu dignitatis utuntur, sicut nec ad deum, nec ad parentes. et ideo ad quandam virtutem adiunctam hoc pertinet, non autem ad iustitiam specialem, quae est principalis virtus. iustitia vero legalis se extendit ad actus omnium virtutum, * ut supra dictum est.

009 ST3 qu102 ar2

ag1 ‘ Ad secundum sic proceditur. videtur quod ad observantiam non pertinet exhibere cultum et honorem his qui sunt in dignitate constituti. quia * ut augustinus dicit, in x de civ. dei, ‘ colere dicimur illas personas quas in quodam honore habemus, et sic idem videtur esse cultus quod honor. inconvenienter igitur determinatur quod observantia exhibet in di-

gnitate constitutis cultum et honorem.
ag2 ' Praeterea, ad iustitiam pertinet reddere debitum. unde et ad observantiam, quae ponitur iustitiae pars. sed cultum et honorem non debemus omnibus in dignitate constitutis, sed solum his qui super nos praelationem habent. ergo inconvenienter determinatur quod eis observantia exhibet cultum et honorem.
ag3 ' Praeterea, superioribus nostris in dignitate constitutis non solum debemus honorem, sed etiam timorem, et aliquam munerum largitionem, * secundum illud ad rom. xiii, ° reddite omnibus debita, et cui tributum, tributum; cui vectigal, vectigal; cui timorem, timorem; cui honorem, honorem. ' debemus etiam eis reverentiam et subiectionem, * secundum illud heb. xiii, ° obedite praepositis vestris, et subiacete eis. ' non ergo convenienter determinatur quod observantia exhibet cultum et honorem.
sc * Sed contra est quod tullius dicit, quod ° observantia est per quam homines aliqua dignitate antecedentes quodam cultu et honore dignantur.
co ' Respondeo dicendum quod ad eos qui sunt in dignitate constituti pertinet gubernare subditos. gubernare autem est movere aliquos in debitum finem, sicut nauta gubernat navem ducendo eam ad portum. omne autem movens habet excellentiam quandam et virtutem supra id quod movetur. unde oportet quod in eo qui est in dignitate constitutus, primo consideretur excellentia status, cum quadam potestate in subditos; secundo, ipsum gubernationis officium. ratione igitur excellentiae, debetur eis honor, qui est quaedam recognitio excellentiae alicuius. ratione autem officii gubernationis, debetur eis cultus, qui in quodam obsequio consistit dum scilicet aliquis eorum obedit imperio, et vicem beneficiis eorum pro suo modo rependit.
ra1 ' Ad primum ergo dicendum quod in cultu non solum intelligitur honor, sed etiam quaecumque alia pertinent ad decentes actus quibus homo ad alium ordinatur.
ra2 * Ad secundum dicendum quod, sicut supra dictum est, ' duplex est debitum. unum quidem legale, ad quod reddendum homo lege compellitur. et sic debet homo honorem et cultum his qui sunt in dignitate constituti praelationem super ipsum habentes. aliud autem est debitum morale, quod ex quadam honestate debetur. et hoc modo debemus cultum et honorem his qui sunt in dignitate constituti, etiam si non simus eis subiecti.
ra3 ' Ad tertium dicendum quod excellentiae eorum qui sunt in dignitate constituti debetur honor ratione sublimioris gradus; timor autem ratione potestatis quam habent ad coercendum. officio vero gubernationis ipsorum debetur obedientia, per quam subditi moventur ad imperium praesidentium; et tributa, quae sunt quaedam stipendia laboris ipsorum.

009 ST3 qu102 ar3

ag1 ' Ad tertium sic proceditur. videtur quod observantia sit potior virtus quam pietas. princeps enim, cui cultus per observantiam exhibetur, comparatur ad patrem, qui pietate colitur, sicut universalis gubernator ad particularem, nam familia, quam pater gubernat, est pars civitatis, quae gubernatur a principe. sed universalis virtus potior est, et magis ei inferiora subduntur. ergo observantia est potior virtus quam pietas.
ag2 ' Praeterea, illi qui sunt in dignitate constituti curam gerunt boni communis. consanguinei autem pertinent ad bonum privatum, quod est propter bonum commune contemnendum, unde laudabiliter aliqui seipsos pro bono communi periculis mortis exponunt. ergo observantia, per quam exhibetur cultus his qui sunt in dignitate constituti, est potior virtus quam pietas, quae exhibet cultum personis sanguine coniunctis.
ag3 ' Praeterea, honor et reverentia maxime debetur virtuosis, post deum. sed virtuosis exhibetur honor et reverentia per observantiae virtutem, * ut dictum est. ' ergo observantia est praecipua post religionem.
sc ' Sed contra est quod praecepta legis dantur de actibus virtutum. immediate autem post praecepta religionis, quae pertinent ad primam tabulam, subditur praeceptum de honoratione parentum, quod pertinet ad pietatem. ergo pietas immediate sequitur religionem ordine dignitatis.
co ' Respondeo dicendum quod personis in dignitate constitutis potest aliquid exhiberi dupliciter. uno modo, in ordine ad bonum commune, puta cum aliquis ei servit in administratione reipublicae. et hoc iam non pertinet ad observantiam, sed ad pietatem, quae cultum exhibet non solum patri, sed etiam patriae. alio modo exhibetur aliquid personis in dignitate constitutis pertinens specialiter ad personalem eorum utilitatem vel gloriam. et hoc proprie pertinet ad observantiam secundum quod a pietate distinguitur. et ideo comparatio observantiae ad pietatem necesse est quod attendatur secundum diversas habitudines diversarum personarum ad nos, quas respicit utraque virtus. manifestum est autem quod personae parentum, et eorum qui sunt nobis sanguine iuncti, substantialius nobis coniunguntur quam personae quae sunt in dignitate constitutae, magis enim ad substantiam pertinet generatio et educatio, cuius principium est pater, quam exterior gubernatio, cuius principium sunt illi qui in dignitate constituuntur. et secundum hoc, pietas observantiae praeeminet, inquantum cultum reddit personis magis coniunctis, quibus magis obligamur.
ra1 ' Ad primum ergo dicendum quod princeps comparatur ad patrem sicut universalis virtus ad particularem, quantum ad exteriorem gubernationem, non autem quantum ad hoc quod pater est principium generationis. sic enim comparatur ad ipsum virtus divina, quae est omnium productiva in esse.
ra2 ' Ad secundum dicendum quod ex ea parte qua personae in dignitate constitutae ordinantur ad bonum commune, non pertinet earum cultus ad observantiam, sed ad pietatem, * ut dictum est.
ra3 ' Ad tertium dicendum quod exhibitio honoris vel cultus non solum est proportionanda personae cui exhibetur secundum se consideratae, sed etiam secundum quod ad exhibentes comparatur. quamvis ergo virtuosi, secundum se considerati, sint magis digni honore quam personae parentum, tamen filii magis obligantur, propter beneficia suscepta et coniunctionem naturalem, ad exhibendum cultum et honorem parentibus quam extraneis virtuosis.

009 ST3 qu103 ar

pr ' Deinde considerandum est de partibus observantiae. et primo, de dulia, quae exhibet honorem, et cetera ad hoc pertinentia, personis superioribus; secundo, de obedientia, per quam earum obeditur imperio. circa primum quaeruntur quatuor. primo, utrum honor sit aliquid spirituale, vel corporale. secundo, utrum honor debeatur solis superioribus. tertio, utrum dulia, cuius est exhibere honorem et cultum superioribus, sit specialis virtus a latria distincta. quarto, utrum per species distinguatur.

009 ST3 qu103 ar1

ag1 ' Ad primum sic proceditur. videtur quod honor non importet aliquid corporale. honor enim est exhibitio reverentiae in testimonium virtutis, * ut potest accipi a philosopho, in i ethic.. ' sed exhibitio reverentiae est aliquid spirituale, revereri enim est actus timoris, * ut supra habitum est. ' ergo honor est aliquid spirituale.
ag2 * Praeterea, secundum philosophum, in iv ethic., ° honor est praemium virtutis. ' virtutis autem, quae principaliter in spiritualibus consistit, praemium non est aliquid corporale, cum praemium sit potius merito. ergo honor non consistit in corporalibus.
ag3 ' Praeterea, honor a laude distinguitur, et etiam a gloria. sed laus et gloria in exterioribus consistunt. ergo honor consistit in interioribus et spiritualibus.
sc * Sed contra est quod hieronymus, exponens illud i ad tim. v, qui bene praesunt presbyteri duplici honore etc., dicit, honor ° in praesentiarum vel pro eleemosyna, vel pro munere accipitur. ' utrumque autem horum ad corporalia pertinet. ergo honor in corporalibus consistit.
co ' Respondeo dicendum quod honor testificationem quandam importat de excellentia alicuius, unde homines qui volunt honorari, testimonium suae excellentiae quaerunt, * ut per philosophum patet, in i et viii ethic.. ' testimonium autem redditur vel coram deo, vel coram hominibus. coram deo quidem, qui inspector est cordium, testimonium conscientiae sufficit. et ideo honor quoad deum potest consistere in solo interiori motu cordis, dum scilicet aliquis recogitat vel dei excellentiam, vel etiam alterius hominis coram deo. sed quoad homines aliquis non potest testimonium ferre nisi per aliqua signa exteriora, vel verborum, puta cum aliquis ore pronuntiat excellentiam alicuius; vel factis, sicut inclinationibus, obviationibus, et aliis huiusmodi; vel etiam exterioribus rebus, puta in exenniorum vel munerum oblatione, aut imaginum institutione, vel aliis huiusmodi. et secundum hoc, honor in signis exterioribus et corporalibus consistit.
ra1 ' Ad primum ergo dicendum quod reverentia non est idem quod honor, sed ex una parte est principium motivum ad honorandum, inquantum scilicet aliquis ex reverentia quam habet ad aliquem, eum honorat; ex alia vero parte est honoris finis, inquantum scilicet aliquis ad hoc honoratur ut in reverentia habeatur ab aliis.
ra2 * Ad secundum dicendum quod, sicut philosophus ibidem dicit, " honor non est sufficiens virtutis praemium, sed nihil potest esse in humanis rebus et corporalibus maius honore, ' inquantum scilicet ipsae corporales res sunt signa demonstrativa excellentis virtutis. est autem debitum bono et pulchro ut manifestetur, * secundum illud matth. v, ° neque accendunt lucernam et ponunt eam sub modio, sed super candelabrum, ut luceat omnibus qui in domo sunt, ' et pro tanto praemium virtutis dicitur honor.
ra3 ' Ad tertium dicendum quod laus distinguitur ab honore dupliciter. uno modo, quia laus consistit in solis signis verborum, honor autem in quibuscumque exterioribus signis. et secundum hoc, laus in honore includitur. alio modo, quia per exhibitionem honoris testimonium reddimus de excellentia bonitatis alicuius absolute, sed per laudem testificamur de bonitate alicuius in ordine ad finem, sicut laudamus bene operantem propter finem; honor autem est etiam optimorum, quae non ordinantur ad finem, sed iam sunt in fine; * ut patet per philosophum, in i ethic.. ' gloria autem est effectus honoris et laudis. quia ex hoc quod testificamur de bonitate alicuius, clarescit eius bonitas in notitia plurimorum. et hoc importat nomen gloriae, nam gloria dicitur quasi claria. * unde rom. i, dicit quaedam glossa ambrosii quod " gloria est clara cum laude notitia.

009 ST3 qu103 ar2

ag1 ' Ad secundum sic proceditur. videtur quod honor non proprie debeatur superioribus. angelus enim est superior quolibet homine viatore, * secundum illud matth. xi, ° qui minor est in regno caelorum, est maior ioanne baptista. ' sed angelus prohibuit ioannem volentem se honorare, * ut patet apoc. ult.. ' ergo honor non debetur superioribus.
ag2 ' Praeterea, honor debetur alicui in testimonium virtutis, * ut dictum est. ' sed quandoque contingit quod superiores non sunt virtuosi. ergo eis non debetur honor. sicut nec daemonibus, qui tamen superiores sunt nobis ordine naturae.
ag3 * Praeterea, apostolus dicit, rom. xii, honore invicem praevenientes. et i pet. ii, omnes honorate. ' sed hoc non esset servandum si solis superioribus honor deberetur. ergo honor non debetur proprie superioribus.
ag4 * Praeterea, tobiae i dicitur quod ° tobias habebat decem talenta ex his quibus erat honoratus a rege. ' legitur etiam esther vi, quod " assuerus honoravit mardochaeum, et coram eo fecit clamari, ° hoc honore dignus est quem rex honorare voluerit. ' ergo honor exhibetur etiam inferioribus. et ita non videtur quod honor proprie superioribus debeatur.
sc ' Sed contra est quod * philosophus dicit, in i ethic., quod " honor debetur optimis.
co * Respondeo dicendum quod, sicut dictum est, ' honor nihil est aliud quam quaedam protestatio de excellentia bonitatis alicuius. potest autem alicuius excellentia considerari non solum per comparationem ad honorantem, ut scilicet sit excellentior eo qui honoratur, sed etiam secundum se, vel per comparationem ad aliquos alios. et secundum hoc, honor semper debetur alicui propter aliquam excellentiam vel superioritatem. non enim oportet quod ille qui honoratur sit excellentior honorante, sed forte quibusdam aliis; vel etiam ipso honorante quantum ad aliquid, et non simpliciter.
ra1 ' Ad primum ergo dicendum quod angelus prohibuit ioannem non a quacumque honoratione, sed ab honoratione adorationis latriae, quae debetur deo. vel etiam ab honoratione duliae, ut ostenderet ipsius ioannis dignitatem, qua per christum erat angelis adaequatus, secundum spem gloriae filiorum dei. et ideo nolebat ab eo adorari tanquam superior.
ra2 ' Ad secundum dicendum quod si praelati sunt mali, non honorantur propter excellentiam propriae virtutis, sed propter excellentiam dignitatis, secundum quam sunt dei ministri. et in eis etiam honoratur tota communitas, cui praesunt. daemones autem sunt irrevocabiliter mali, et pro inimicis habendi magis quam honorandi.
ra3 ' Ad tertium dicendum quod in quolibet invenitur aliquid ex quo potest aliquis eum superiorem reputare, * secundum illud philipp. ii ° in humilitate superiores invicem arbitrantes. ' et secundum hoc etiam omnes se invicem debent honore praevenire.
ra4 ' Ad quartum dicendum quod privatae personae interdum honorantur a regibus, non quia sint eis superiores secundum ordinem dignitatis, sed propter aliquam excellentiam virtutis ipsarum. et secundum hoc honorati sunt tobias et mardochaeus a regibus.

009 ST3 qu103 ar3

ag1 ' Ad tertium sic proceditur. videtur quod dulia non sit specialis virtus a latria distincta. quia * super illud psalm., domine deus meus, in te speravi, dicit glossa, ° domine omnium per potentiam, cui debetur dulia, deus per creationem, cui debetur latria. ' sed non est distincta virtus quae ordinatur in deum secundum quod est dominus, et secundum quod est deus. ergo dulia non est virtus distincta a latria.
ag2 * Praeterea, secundum philosophum, in viii ethic., ° amari simile est ei quod est honorari. ' sed eadem est virtus caritatis qua amatur deus, et qua amatur proximus. ergo dulia, qua honoratur proximus, non est alia virtus a latria, qua honoratur deus.
ag3 ' Praeterea, idem est motus quo aliquis movetur in imaginem, et in rem cuius est imago. sed per duliam honoratur homo inquantum est ad dei imaginem, * dicitur enim sap. ii, de impiis quod ° non iudicaverunt honorem animarum sanctarum, quoniam deus creavit hominem inexterminabilem, et ad imaginem suae similitudinis fecit illum. ' ergo dulia non est alia virtus a latria, qua honoratur deus.
sc * Sed contra est quod augustinus dicit, x de civ. dei, quod ° alia est servitus quae debetur hominibus, secundum quam praecepit apostolus servos dominis suis subditos esse, quae scilicet graece dulia dicitur, alia vero latria, quae dicitur servitus pertinens ad colendum deum.
co * Respondeo dicendum quod, secundum ea quae supra dicta sunt, ' ubi est alia ratio debiti, ibi necesse est quod sit alia virtus quae debitum reddat. alia autem ratione debetur servitus deo, et homini, sicut alia ratione dominum esse competit deo, et homini.

nam deus plenarium et principale dominium habet respectu totius et cuiuslibet creaturae, quae totaliter eius subiicitur potestati, homo autem participat quandam similitudinem divini dominii, secundum quod habet particularem potestatem super aliquem hominem vel super aliquam creaturam. et ideo dulia, quae debitam servitutem exhibet homini dominanti, alia virtus est a latria, quae exhibet debitam servitutem divino dominio. et est quaedam observantiae species. quia per observantiam honoramus quascumque personas dignitate praecellentes, per duliam autem proprie sumptam servi suos dominos venerantur; dulia enim graece servitus dicitur.

ra1 ' Ad primum ergo dicendum quod sicut religio per excellentiam dicitur pietas, inquantum deus est per excellentiam pater; ita etiam latria per excellentiam dicitur dulia, inquantum deus excellenter est dominus. non autem creatura participat potentiam creandi, ratione cuius deo debetur latria. * et ideo glossa illa distinxit, ' attribuens latriam deo secundum creationem, quae creaturae non communicatur; duliam vero secundum dominium, quod creaturae communicatur.

ra2 ' Ad secundum dicendum quod ratio diligendi proximum deus est, non enim diligimus per caritatem in proximo nisi deum, et ideo eadem caritas est qua diligitur deus, et proximus. sunt tamen aliae amicitiae, differentes a caritate, secundum alias rationes quibus homines amantur. et similiter, cum sit alia ratio serviendi deo et homini, aut honorandi utrumque, non est eadem virtus latria et dulia.

ra3 ' Ad tertium dicendum quod motus qui est in imaginem inquantum est imago, refertur in rem cuius est imago, non tamen omnis motus qui est in imaginem est in eam inquantum est imago. et ideo quandoque est alius specie motus in imaginem, et motus in rem. sic ergo dicendum est quod honor vel subiectio duliae respicit absolute quandam hominis dignitatem. licet enim secundum illam dignitatem sit homo ad imaginem vel similitudinem dei, non tamen semper homo, quando reverentiam alteri exhibet, refert hoc actu in deum. vel dicendum quod motus qui est in imaginem quodammodo est in rem, non tamen motus qui est in rem oportet quod sit in imaginem. et ideo reverentia quae exhibetur alicui inquantum est ad imaginem, redundat quodammodo in deum, alia tamen est reverentia quae ipsi deo exhibetur, quae nullo modo pertinet ad eius imaginem.

009 ST3 qu103 ar4

ag1 ' Ad quartum sic proceditur. videtur quod dulia habeat diversas species. per duliam enim exhibetur honor proximo. diversa autem ratione honorantur diversi proximi, sicut rex, pater et magister, * ut patet per philosophum, in ix ethic.. ' cum ergo diversa ratio obiecti diversificet speciem virtutis, videtur quod dulia dividatur in virtutes specie differentes.

ag2 ' Praeterea, medium differt specie ab extremo, sicut pallidum ab albo et nigro. sed hyperdulia videtur esse medium inter latriam et duliam, exhibetur enim creaturis quae habent specialem affinitatem ad deum, sicut beatae virgini inquantum est mater dei. ergo videtur quod duliae sint species differentes, una quidem dulia simpliciter, alia vero hyperdulia.

ag3 ' Praeterea, sicut in creatura rationali invenitur imago dei, ratione cuius honoratur, ita etiam in creatura irrationali invenitur vestigium dei. sed alia ratio similitudinis importatur in nomine imaginis, et in nomine vestigii. ergo etiam oportet secundum hoc diversas species duliae attendi, praesertim cum quibusdam irrationabilibus creaturis honor exhibeatur, sicut ligno sanctae crucis, et aliis huiusmodi.

sc ' Sed contra est quod dulia contra latriam dividitur. latria autem non dividitur per diversas species. ergo nec dulia.

co ' Respondeo dicendum quod dulia potest accipi dupliciter. uno modo, communiter, secundum quod exhibet reverentiam cuicumque homini, ratione cuiuscumque excellentiae. et sic continet sub se pietatem et observantiam, et quamcumque huiusmodi virtutem quae homini reverentiam exhibet. et secundum hoc habebit partes specie diversas. alio modo potest accipi stricte, prout secundum eam servus reverentiam exhibet domino, nam dulia servitus dicitur, * ut dictum est. ' et secundum hoc non dividitur in diversas species, sed est una specierum observantiae, * quam tullius ponit, ' eo quod alia ratione servus reveretur dominum, miles ducem, discipulus magistrum, et sic de aliis huiusmodi.

ra1 ' Ad primum ergo dicendum quod ratio illa procedit de dulia communiter sumpta.

ra2 ' Ad secundum dicendum quod hyperdulia est potissima species duliae communiter sumptae. maxima enim reverentia debetur homini ex affinitate quam habet ad deum.

ra3 ' Ad tertium dicendum quod creaturae irrationali in se consideratae non debetur ab homine aliqua subiectio vel honor, quin potius omnis talis creatura est naturaliter homini subiecta. quod autem crux christi honoretur, hoc fit eodem honore quo christus honoratur, sicut purpura regis honoratur eodem honore quo rex, * ut damascenus dicit, in iv libro.

009 ST3 qu104 ar

pr ' Deinde considerandum est de obedientia. et circa hoc quaeruntur sex. primo, utrum homo debeat homini obedire. secundo, utrum obedientia sit specialis virtus. tertio, de comparatione eius ad alias virtutes. quarto, utrum deo sit in omnibus obediendum. quinto, utrum subditi suis praelatis teneantur in omnibus obedire. sexto, utrum fideles teneantur saecularibus potestatibus obedire.

009 ST3 qu104 ar1

ag1 ' Ad primum sic proceditur. videtur quod unus homo non teneatur alii obedire. non enim est aliquid faciendum contra institutionem divinam. sed hoc habet divina institutio, ut homo suo consilio regatur, * secundum illud eccli. xv, ° deus ab initio constituit hominem, et reliquit illum in manu consilii sui. ' ergo non tenetur unus homo alteri obedire.

ag2 ' Praeterea, si aliquis alicui teneretur obedire, oporteret quod haberet voluntatem praecipientis tanquam regulam suae actionis. sed sola divina voluntas, quae semper est recta, est regula humanae actionis. ergo non tenetur homo obedire nisi deo.

ag3 ' Praeterea, servitia, quanto sunt magis gratuita, tanto sunt magis accepta. sed illud quod homo ex debito facit non est gratuitum. si ergo homo ex debito teneretur aliis obedire in bonis operibus faciendis, ex hoc ipso redderetur minus acceptabile opus bonum quod ex obedientia fieret. non ergo tenetur homo alteri obedire.

sc * Sed contra est quod praecipitur ad heb. ult., ° obedite praepositis vestris, et subiacete eis.

co ' Respondeo dicendum quod sicut actiones rerum naturalium procedunt ex potentiis naturalibus, ita etiam operationes humanae procedunt ex humana voluntate. oportuit autem in rebus naturalibus ut superiora moverent inferiora ad suas actiones, per excellentiam naturalis virtutis collatae divinitus. unde etiam oportet in rebus humanis quod superiores moveant inferiores per suam voluntatem, ex vi auctoritatis divinitus ordinatae. movere autem per rationem et voluntatem est praecipere. et ideo, sicut ex ipso ordine naturali divinitus instituto inferiora in rebus naturalibus necesse habent subdi motioni superiorum, ita etiam in rebus humanis, ex ordine iuris naturalis et divini, tenentur inferiores suis superioribus obedire.

ra1 ' Ad primum ergo dicendum quod deus reliquit hominem in manu consilii sui, non quia liceat ei facere omne quod velit, sed quia ad id quod faciendum est non cogitur necessitate naturae, sicut creaturae irrationales, sed libera electione ex proprio consilio procedente. et sicut ad alia facienda debet procedere proprio consilio, ita etiam ad hoc quod obediat suis superioribus, * dicit enim gregorius, ult. moral., quod ° dum alienae voci humiliter subdimur, nosmetipsos in corde superamus.

ra2 ' Ad secundum dicendum quod divina voluntas est prima regula, qua regulantur omnes rationales voluntates, cui una magis appropinquat quam alia, secundum ordinem divinitus institutum. et ideo voluntas unius hominis praecipientis potest esse quasi secunda regula voluntatis alterius obedientis.

ra3 ' Ad tertium dicendum quod aliquid potest iudicari gratuitum dupliciter. uno modo, ex parte ipsius operis, quia scilicet ad id homo non obligatur. alio modo, ex parte operantis, quia scilicet libera voluntate hoc facit. opus autem redditur virtuosum et laudabile et meritorium praecipue secundum quod ex voluntate procedit. et ideo, quamvis obedire sit debitum, si prompta voluntate aliquis obediat, non propter hoc minuitur eius meritum, maxime apud deum, qui non solum exteriora opera, verum etiam interiorem voluntatem videt.

009 ST3 qu104 ar2

ag1 ' Ad secundum sic proceditur. videtur quod obedientia non sit specialis virtus. obedientiae enim inobedientia opponitur. sed inobedientia est generale peccatum, * dicit enim ambrosius quod " peccatum est inobedientia legis divinae. ' ergo obedientia non est specialis virtus, sed generalis.

ag2 ' Praeterea, omnis virtus specialis aut est theologica, aut moralis. sed obedientia non est virtus theologica, quia neque continetur sub fide, neque sub spe, neque sub caritate. similiter etiam non est virtus moralis, quia non est in medio superflui et diminuti; quanto enim aliquis est magis obediens, tanto magis laudatur. ergo obedientia non est specialis virtus.

ag3 * Praeterea, gregorius dicit, ult. moral., quod ° obedientia tanto magis est meritoria et laudabilis quanto minus habet de suo. ' sed quaelibet specialis virtus tanto magis laudatur quanto magis habet de suo, eo quod ad virtutem requiritur ut sit volens et eligens, * sicut dicitur in ii ethic.. ' ergo obedientia non est specialis virtus.

ag4 ' Praeterea, virtutes differunt specie secundum obiecta. obiectum autem obedientiae esse videtur superioris praeceptum, quod multipliciter diversificari videtur, secundum diversos superioritatis gradus. ergo obedientia est virtus generalis sub se multas virtutes speciales comprehendens.

sc * Sed contra est quod obedientia a quibusdam ponitur pars iustitiae, * ut supra dictum est.

co ' Respondeo dicendum quod ad omnia opera bona quae specialem laudis rationem habent, specialis virtus determinatur, hoc enim proprie competit virtuti, ut opus bonum reddat. obedire autem superiori debitum est secundum divinum ordinem rebus inditum, * ut ostensum est, ' et per consequens est bonum, cum bonum consistat in modo, specie et ordine, * ut augustinus dicit, in libro de nat. boni. ' habet autem hic actus specialem rationem laudis ex speciali obiecto. cum enim inferiores suis superioribus multa debeant exhibere, inter cetera hoc est unum speciale, quod tenentur eius praeceptis obedire. unde obedientia est specialis virtus, et eius speciale obiectum est praeceptum tacitum vel expressum. voluntas enim superioris, quocumque modo innotescat, est quoddam tacitum praeceptum, et tanto videtur obedientia promptior quanto praeceptum expressum obediendo praevenit, voluntate superioris intellecta.

ra1 ' Ad primum ergo dicendum quod nihil prohibet duas speciales rationes, ad quas duae speciales virtutes respiciunt, in uno et eodem materiali obiecto concurrere, sicut miles, defendendo castrum regis, implet opus fortitudinis non refugiens mortis pericula propter bonum, et opus iustitiae debitum servitium domino suo reddens. sic igitur ratio praecepti, quam attendit obedientia, concurrit cum actibus omnium virtutum, non tamen cum omnibus virtutum actibus, quia non omnes actus virtutum sunt in praecepto, * ut supra habitum est. ' similiter etiam quaedam quandoque sub praecepto cadunt quae ad nullam aliam virtutem pertinent, ut patet in his quae non sunt mala nisi quia prohibita. sic ergo, si obedientia proprie accipiatur, secundum quod respicit per intentionem formalem rationem praecepti, erit specialis virtus et inobedientia speciale peccatum. secundum hoc ad obedientiam requiretur quod impleat aliquis actum iustitiae, vel alterius virtutis, intendens implere praeceptum, et ad inobedientiam requiretur quod actualiter contemnat praeceptum. si vero obedientia large accipiatur pro executione cuiuscumque quod potest cadere sub praecepto, et inobedientia pro omissione eiusdem ex quacumque intentione, sic obedientia erit generalis virtus, et inobedientia generale peccatum.

ra2 ' Ad secundum dicendum quod obedientia non est virtus theologica. non enim per se obiectum eius est deus, sed praeceptum superioris cuiuscumque, vel expressum vel interpretativum, scilicet simplex verbum praelati eius indicans voluntatem, cui obedit promptus obediens, * secundum illud tit. iii, dicto obedire. ' est autem virtus moralis, cum sit pars iustitiae, et est medium inter superfluum et diminutum. attenditur autem eius superfluum non quidem secundum quantum, sed secundum alias circumstantias, inquantum scilicet aliquis obedit vel cui non debet vel in quibus * sicut etiam supra de religione dictum est. ' potest etiam dici quod sicut in iustitia superfluum est in eo qui retinet alienum, diminutum autem in eo cui non redditur quod debetur, * ut philosophus dicit, in v ethic.; ' ita etiam obedientia medium est inter superfluum quod attenditur ex parte eius qui subtrahit superiori obedientiae debitum, quia superabundat in implendo propriam voluntatem, diminutum autem ex parte superioris cui non obeditur. unde secundum hoc, obedientia non erit medium duarum malitiarum, * sicut supra de iustitia dictum est.

ra3 ' Ad tertium dicendum quod obedientia, sicut et quaelibet virtus, debet habere promptam voluntatem in suum proprium obiectum, non autem in id quod repugnans est ei. proprium autem obiectum obedientiae est praeceptum, quod quidem ex alterius voluntate procedit. unde obedientia reddit promptam hominis voluntatem ad implendam voluntatem alterius, scilicet praecipientis. si autem id quod ei praecipitur sit propter se ei volitum, etiam absque ratione praecepti, sicut accidit in prosperis; iam ex propria voluntate tendit in illud, et non videtur illud implere propter praeceptum, sed propter propriam voluntatem. sed quando illud quod praecipitur nullo modo est secundum se volitum, sed est, secundum se consideratum, propriae voluntati repugnans, sicut accidit in asperis; tunc omnino manifestum est quod non impletur nisi propter praeceptum. * et ideo gregorius dicit, in libro moral., quod ° obedientia quae habet aliquid de suo in prosperis, est nulla vel minor, ' quia scilicet voluntas propria non videtur principaliter tendere ad implendum praeceptum, sed ad assequendum proprium volitum, in adversis autem vel difficilibus est maior, quia propria voluntas in nihil aliud tendit quam in praeceptum. sed hoc intelligendum est secundum illud quod exterius apparet. secundum tamen dei iudicium, qui corda rimatur, potest contingere quod etiam in prosperis obedientia, aliquid de suo habens, non |25| propter hoc sit minus laudabilis, si scilicet propria voluntas obedientis non minus devote tendat ad impletionem praecepti.

ra4 ' Ad quartum dicendum quod reverentia directe respicit personam excellentem, et ideo secundum diversam rationem excellentiae, diversas species habet. obedientia vero respicit praeceptum personae excellentis, et ideo est unius rationis. sed quia propter reverentiam personae obedientia debetur eius praecepto, consequens est quod obedientia omnis sit eadem specie, ex diversis tamen specie causis procedens.

009 ST3 qu104 ar3

ag1 ‘ Ad tertium sic proceditur. videtur quod obedientia sit maxima virtutum. * dicitur enim i reg. xv, ° melior est obedientia quam victimae. ‘ sed oblatio victimarum pertinet ad religionem, quae est potissima inter omnes virtutes morales, ut * ex supra dictis patet. ‘ergo obedientia est potissima inter virtutes.

ag2 * Praeterea, gregorius dicit, ult. moral., quod ° obedientia sola virtus est quae virtutes ceteras menti inserit, insertasque custodit. ‘ sed causa est potior effectu. ergo obedientia est potior omnibus virtutibus.

ag3 * Praeterea, gregorius dicit, ult. moral., quod ° nunquam per obedientiam malum fieri, aliquando autem debet per obedientiam bonum quod agitur intermitti. ‘sed non praetermittitur aliquid nisi pro meliori. ergo obedientia, pro qua praetermittuntur bona aliarum virtutum, est virtutibus aliis melior.

sc ‘ Sed contra est quod obedientia habet laudem ex eo quod ex caritate procedit, * dicit enim gregorius, ult. moral., quod ° obedientia non servili metu, sed caritatis affectu servanda est, non timore poenae, sed amore iustitiae. ‘ ergo caritas est potior virtus quam obedientia.

co ‘ Respondeo dicendum quod sicut peccatum consistit in hoc quod homo, contempto deo, commutabilibus bonis inhaeret; ita meritum virtuosi actus consistit e contrario in hoc quod homo, contemptis bonis creatis, deo inhaeret. finis autem potior est his quae sunt ad finem. si ergo bona creata propter hoc contemnantur ut deo inhaereatur, maior est laus virtutis ex hoc quod deo inhaeret quam ex hoc quod bona terrena contemnit. et ideo illae virtutes quibus deo secundum se inhaeretur, scilicet theologicae, sunt potiores virtutibus moralibus, quibus aliquid terrenum contemnitur ut deo inhaereatur. inter virtutes autem morales, tanto aliqua potior est quanto maius aliquid contemnit ut deo inhaereat. sunt autem tria genera bonorum humanorum quae homo potest contemnere propter deum, quorum infimum sunt exteriora bona; medium autem sunt bona corporis; supremum autem sunt bona animae, inter quae quodammodo praecipuum est voluntas, inquantum scilicet per voluntatem homo omnibus aliis bonis utitur. et ideo, per se loquendo, laudabilior est obedientiae virtus, quae propter deum contemnit propriam voluntatem, quam aliae virtutes morales, quae propter deum aliqua alia bona contemnunt. * unde gregorius dicit, in ult. moral., quod ° obedientia victimis iure praeponitur, quia per victimas aliena caro, per obedientiam vero voluntas propria mactatur. ‘ unde etiam quaecumque alia virtutum opera ex hoc meritoria sunt |25| apud deum quod sint ut obediatur voluntati divinae. nam si quis etiam martyrium sustineret, vel omnia sua pauperibus erogaret, nisi haec ordinaret ad impletionem divinae voluntatis, quod recte ad obedientiam pertinet, meritoria esse non possent, sicut nec si fierent sine caritate, quae sine obedientia esse non potest. * dicitur enim i ioan. ii, quod ° qui dicit se nosse deum, et mandata eius non custodit, mendax est, qui autem servat verba eius, vere in hoc caritas dei perfecta est. ‘ et hoc ideo est quia amicitia facit idem velle et nolle.

ra1 ‘ Ad primum ergo dicendum quod obedientia procedit ex reverentia, quae exhibet cultum et honorem superiori. et quantum ad hoc, sub diversis virtutibus continetur, licet secundum se considerata, prout respicit rationem praecepti, sit una specialis virtus. inquantum ergo procedit ex reverentia praelatorum, continetur quodammodo sub observantia. inquantum vero procedit ex reverentia parentum, sub pietate. inquantum vero procedit ex reverentia dei, sub religione, et pertinet ad devotionem, quae est principalis actus religionis. unde secundum hoc, laudabilius est obedire deo quam sacrificium offerre. “ et etiam quia in sacrificio immolatur aliena caro, per obedientiam autem propria voluntas, * ut gregorius dicit. ‘ specialiter tamen in casu in quo loquebatur samuel, melius fuisset sauli obedire deo quam animalia pinguia amalecitarum in sacrificium offerre, contra dei mandatum.

ra2 ‘ Ad secundum dicendum quod ad obedientiam pertinent omnes actus virtutum prout sunt in praecepto. inquantum ergo actus virtutum operantur causaliter vel dispositive ad earum generationem et conservationem, intantum dicitur quod obedientia omnes virtutes menti inserit et custodit. nec tamen sequitur quod obedientia sit simpliciter omnibus virtutibus prior, propter duo. primo quidem, quia licet actus virtutis cadat sub praecepto, tamen potest aliquis implere actum virtutis non attendens ad rationem praecepti. unde si aliqua virtus sit cuius obiectum sit naturaliter prius quam praeceptum, illa virtus dicitur naturaliter prior quam obedientia, ut patet de fide, per quam nobis divinae auctoritatis sublimitas innotescit, ex qua competit ei potestas praecipiendi. secundo, quia infusio gratiae et virtutum potest praecedere, etiam tempore, omnem actum virtuosum. et secundum hoc, neque tempore neque natura est obedientia omnibus aliis virtutibus prior.

ra3 ‘ Ad tertium dicendum quod duplex est bonum. quoddam ad quod faciendum homo ex necessitate tenetur, sicut amare deum, vel aliquid huiusmodi. et tale bonum nullo modo debet propter obedientiam praetermitti. est autem aliud bonum ad quod homo non tenetur ex necessitate. et tale bonum debet homo quandoque propter obedientiam praetermittere, ad quam ex necessitate homo tenetur, quia non debet homo aliquid bonum facere culpam incurrendo. * et tamen, sicut ibidem gregorius dicit, ° qui ab uno quolibet bono subiectos vetat, necesse est ut multa concedat, ne obedientis mens funditus intereat, si a bonis omnibus penitus repulsa ieiunet. ‘ et sic per obedientiam et alia bona potest damnum unius boni recompensari.

009 ST3 qu104 ar4

ag1 ‘ Ad quartum sic proceditur. videtur quod non in omnibus sit deo obediendum. * dicitur enim matth. ix, quod “ dominus duobus caecis curatis praecepit dicens, ° videte ne quis sciat. illi autem, exeuntes, diffamaverunt eum per totam terram illam. ‘ nec tamen ex hoc inculpantur. ergo videtur quod non teneamur in omnibus obedire deo.

ag2 ‘ Praeterea, nullus tenetur aliquid facere contra virtutem. sed inveniuntur quaedam praecepta dei contra virtutem, sicut quod praecepit abrahae quod occideret filium innocentem, * ut habetur gen. xxii, ‘ et iudaeis ut furarentur res aegyptiorum, * ut habetur exod. xi, ‘ quae sunt contra iustitiam; et osee quod acciperet mulierem adulteram, quod est contra castitatem. ergo non in omnibus est obediendum deo.

ag3 ‘ Praeterea, quicumque obedit deo, conformat voluntatem suam voluntati divinae etiam in volito. sed non quantum ad omnia tenemur conformare voluntatem nostram voluntati divinae in volito, * ut supra habitum est. ‘ ergo non in omnibus tenetur homo deo obedire.

sc * Sed contra est quod dicitur exod. xxiv, ° omnia quae locutus est dominus faciemus, et erimus obedientes.

co * Respondeo dicendum quod, sicut supra dictum est, ‘ ille qui obedit movetur per imperium eius cui obedit, sicut res naturales moventur per suos motores. sicut autem deus est primus motor omnium quae naturaliter moventur, ita etiam est primus motor omnium voluntatum, * ut ex supra dictis patet. ‘ et ideo sicut naturali necessitate omnia naturalia subduntur divinae motioni, ita etiam quadam necessitate iustitiae omnes voluntates tenentur obedire divino imperio.

ra1 ‘ Ad primum ergo dicendum quod dominus caecis dixit ut miraculum occultarent, non quasi intendens eos per virtutem divini praecepti obligare, sed, * sicut gregorius dicit, xix moral., ° servis suis se sequentibus exemplum dedit, ut ipsi quidem virtutes suas occultare desiderent; et tamen, ut alii eorum exemplo proficiant, prodantur inviti.

ra2 ‘ Ad secundum dicendum quod “ sicut deus nihil operatur contra naturam, quia haec est natura uniuscuiusque rei quod in ea deus operatur, * ut habetur in glossa rom. xi, ‘ operatur tamen aliquid contra solitum cursum naturae; ita etiam deus nihil potest praecipere contra virtutem, quia in hoc principaliter consistit virtus et rectitudo voluntatis humanae quod dei voluntati conformetur et eius sequatur imperium, quamvis sit contra consuetum virtutis modum. secundum hoc ergo, praeceptum abrahae factum quod filium innocentem occideret, non fuit contra iustitiam, quia deus est auctor mortis et vitae. similiter nec fuit contra iustitiam quod mandavit iudaeis ut res aegyptiorum acciperent, quia eius sunt omnia, et cui voluerit dat illa. similiter etiam non fuit contra castitatem praeceptum ad osee factum ut mulierem adulteram acciperet, quia ipse deus est humanae generationis ordinator, et ille est debitus modus mulieribus utendi quem deus instituit. unde patet quod praedicti nec obediendo deo, nec obedire volendo, peccaverunt.

ra3 ‘ Ad tertium dicendum quod etsi non semper teneatur homo velle quod deus vult, semper tamen tenetur velle quod deus vult eum velle. et hoc homini praecipue innotescit per praeceptum divinum. et ideo tenetur homo in omnibus divinis praeceptis obedire.

009 ST3 qu104 ar5

ag1 ‘ Ad quintum sic proceditur. videtur quod subditi teneantur suis superioribus in omnibus obedire. * dicit enim apostolus, ad coloss. iii, ° filii, obedite parentibus per omnia. * et postea subdit, ° servi, obedite per omnia dominis carnalibus. ‘ergo, eadem ratione, alii subditi debent suis praelatis in omnibus obedire.

ag2 ‘ Praeterea, praelati sunt medii inter deum et subditos, * secundum illud deut. v, ° ego sequester et medius fui inter deum et vos in tempore illo, ut annuntiarem vobis verba eius. ‘ sed ab extremo in extremum non pervenitur nisi per medium. ergo praecepta praelati sunt reputanda tanquam praecepta dei. * unde et apostolus dicit, gal. iv, ° sicut angelum dei accepistis me, sicut christum iesum; * et i ad thess. ii, ° cum accepissetis a nobis verbum auditus dei, accepistis illud non ut verbum hominum, sed, sicut vere est, verbum dei. ‘ ergo sicut deo debet homo in omnibus obedire, ita etiam et praelatis.

ag3 ‘ Praeterea, sicut religiosi profitendo vovent castitatem et paupertatem, ita et obedientiam. sed religiosus tenetur quantum ad omnia servare castitatem et paupertatem. ergo similiter quantum ad omnia tenetur obedire.

sc * Sed contra est quod dicitur act. v, ° obedire oportet deo magis quam hominibus. ‘ sed quandoque praecepta praelatorum sunt contra deum. ergo non in omnibus praelatis est obediendum.

co * Respondeo dicendum quod, sicut dictum est, ‘ obediens movetur ad imperium praecipientis quadam necessitate iustitiae, sicut res naturalis movetur ex virtute sui motoris necessitate naturae. quod autem aliqua res naturalis non moveatur a suo motore, potest contingere dupliciter. uno modo, propter impedimentum quod provenit ex fortiori virtute alterius moventis, sicut lignum non comburitur ab igne si fortior vis aquae impediat. alio modo, ex defectu ordinis mobilis ad motorem, quia etsi subiiciatur eius actioni quantum ad aliquid, non tamen quantum ad omnia, sicut humor quandoque subiicitur actioni caloris quantum ad calefieri, non autem quantum ad exsiccari sive consumi. et similiter ex duobus potest contingere quod subditus suo superiori non teneatur in omnibus obedire. uno modo, propter praeceptum maioris potestatis. * ut enim dicitur rom. xiii, super illud, qui resistunt, ipsi sibi damnationem acquirunt, dicit glossa, ° si quid iusserit curator, numquid tibi faciendum est si contra proconsulem iubeat? rursum, si quid ipse proconsul iubeat, et aliud imperator, numquid dubitatur, illo contempto, illi esse serviendum? ergo, si aliud imperator, aliud deus iubeat, contempto illo, obtemperandum est deo. ‘ alio modo, non tenetur inferior suo superiori obedire, si ei aliquid praecipiat in quo ei non subdatur. * dicit enim seneca, in iii de benefic., |25| ° errat si quis existimat servitutem in totum hominem descendere. pars eius melior excepta est. corpora obnoxia sunt et adscripta dominis, mens quidem est sui iuris. ‘ et ideo in his quae pertinent ad interiorem motum voluntatis, homo non tenetur homini obedire, sed solum deo. tenetur autem homo homini obedire in his quae exterius per corpus sunt agenda. in quibus tamen etiam, secundum ea quae ad naturam corporis pertinent, homo homini obedire non tenetur, sed solum deo, quia omnes homines natura sunt pares, puta in his quae pertinent ad corporis sustentationem et prolis generationem. unde non tenentur nec servi dominis, nec filii parentibus obedire de matrimonio contrahendo vel virginitate servanda, aut aliquo alio huiusmodi. sed in his quae pertinent ad dispositionem actuum et rerum humanarum, tenetur subditus suo superiori obedire secundum rationem superioritatis, sicut miles duci exercitus in his quae pertinent ad bellum; servus domino in his quae pertinent ad servilia opera exequenda; filius patri in his quae pertinent ad disciplinam vitae et curam domesticam; et sic de aliis.

ra1 ‘ Ad primum ergo dicendum quod * hoc quod apostolus dixit, per omnia, intelligendum est quantum ‘ad illa quae pertinent ad ius patriae vel dominativae potestatis.

ra2 ‘ Ad secundum dicendum quod deo subiicitur homo simpliciter quantum ad omnia, et interiora et exteriora, et ideo in omnibus ei obedire tenetur. subditi autem non subiiciuntur suis superioribus quantum ad omnia, sed quantum ad aliqua determinate. et quantum ad illa, medii sunt inter deum et subditos. quantum ad alia vero, immediate subduntur deo, a quo instruuntur per legem naturalem vel scriptam.

ra3 ‘ Ad tertium dicendum quod religiosi obedientiam profitentur quantum ad regularem conversationem, secundum quam suis praelatis subduntur. et ideo quantum ad illa sola obedire tenentur quae possunt ad regularem conversationem pertinere. et haec est obedientia sufficiens ad salutem. si autem etiam in aliis obedire voluerint, hoc pertinebit ad cumulum perfectionis, dum tamen illa non sint contra deum, aut contra professionem regulae; quia talis obedientia esset illicita. sic ergo potest triplex obedientia distingui, una sufficiens ad salutem, quae scilicet obedit in his ad quae obligatur; alia perfecta, quae obedit in omnibus licitis; alia indiscreta, quae etiam in illicitis obedit.

009 ST3 qu104 ar6

ag1 ‘ Ad sextum sic proceditur. videtur quod christiani non teneantur saecularibus potestatibus obedire. * quia super illud matth. xvii, ergo liberi sunt filii, dicit glossa, ° si in quolibet regno filii illius regis qui regno illi praefertur sunt liberi, tunc filii regis cui omnia regna subduntur, in quolibet regno liberi esse debent. ‘ sed christiani per fidem christi facti sunt filii dei, * secundum illud ioan. i, ° dedit eis potestatem filios dei fieri, his qui credunt in nomine eius. ‘ ergo non tenentur potestatibus saecularibus obedire.

ag2 * Praeterea, rom. vii dicitur, ° mortificati estis legi per corpus christi, ‘ et loquitur de lege divina veteris testamenti. sed minor est lex humana, per quam homines potestatibus saecularibus subduntur, quam lex divina veteris testamenti. ergo multo magis homines, per hoc quod sunt facti membra corporis christi, liberantur a lege subiectionis qua saecularibus principibus adstringebantur.

ag3 ‘ Praeterea, latronibus, qui per violentiam opprimunt, homines obedire non tenentur. * sed augustinus dicit, iv de civ. dei, ° remota iustitia, quid sunt regna nisi magna latrocinia? ‘ cum igitur dominia

saecularia principum plerumque cum iniustitia exerceantur, vel ab aliqua iniusta usurpatione principium sumpserint, videtur quod non sit principibus saecularibus obediendum a christianis.
sc * Sed contra est quod dicitur tit. iii, ° admone illos principibus et potestatibus subditos esse; * et i pet. ii, ° subiecti estote omni humanae creaturae propter deum, sive regi, quasi praecellenti; sive ducibus, tanquam ab eo missis.
co ' Respondeo dicendum quod fides christi est iustitiae principium et causa, * secundum illud rom. iii, ° iustitia dei per fidem iesu christi. ' et ideo per fidem christi non tollitur ordo iustitiae, sed magis firmatur. ordo autem iustitiae requirit ut inferiores suis superioribus obediant, aliter enim non posset humanarum rerum status conservari. et ideo per fidem christi non excusantur fideles quin principibus saecularibus obedire teneantur.
ra1 * Ad primum ergo dicendum quod, sicut supra dictum est, ' servitus qua homo homini subiicitur ad corpus pertinet, non ad animam, quae libera manet. nunc autem, in statu huius vitae, per gratiam christi liberamur a defectibus animae, non autem a defectibus corporis, * ut patet per apostolum, rom. vii, qui dicit de seipso quod ° mente servit legi dei, carne autem legi peccati. ' et ideo illi qui fiunt filii dei per gratiam, liberi sunt a spirituali servitute peccati, non autem a servitute corporali, qua temporalibus dominis tenentur adstricti, * ut dicit glossa, super illud i ad tim. vi, ° quicumque sunt sub iugo servi, etc..
ra2 ' Ad secundum dicendum quod lex vetus fuit figura novi testamenti, et ideo debuit cessare, veritate veniente. non autem est simile de lege humana, per quam homo subiicitur homini. et tamen etiam ex lege divina homo tenetur homini obedire.
ra3 ' Ad tertium dicendum quod principibus saecularibus intantum homo obedire tenetur, inquantum ordo iustitiae requirit. et ideo si non habeant iustum principatum sed usurpatum, vel si iniusta praecipiant, non tenentur eis subditi obedire, nisi forte per accidens, propter vitandum scandalum vel periculum.

009 ST3 qu105 ar

pr ' Deinde considerandum est de inobedientia. et circa hoc quaeruntur duo. primo, utrum sit peccatum mortale. secundo, utrum sit gravissimum peccatorum.

009 ST3 qu105 ar1

ag1 ' Ad primum sic proceditur. videtur quod inobedientia non sit peccatum mortale. omne enim peccatum est inobedientia, * ut patet per definitionem ambrosii superius positam. ' si ergo inobedientia esset peccatum mortale, omne peccatum esset mortale.
ag2 * Praeterea, gregorius dicit, xxxi moral., quod ' inobedientia oritur ex inani gloria. sed inanis gloria non est peccatum mortale. ergo nec inobedientia.
ag3 ' Praeterea, tunc dicitur aliquis esse inobediens quando superioris praeceptum non implet. sed superiores multoties praecepta multiplicant, quae vix aut nunquam omnia possunt observari. si ergo inobedientia esset peccatum mortale, sequeretur quod homo non posset vitare mortale peccatum, quod est inconveniens. non ergo inobedientia est peccatum mortale.
sc * Sed contra est quod rom. i, et ii ad tim. iii, " inter alia peccata mortalia computatur, parentibus non obedientes.
co * Respondeo dicendum quod, sicut supra dictum est, ' peccatum mortale est quod contrariatur caritati, per quam est spiritualis vita. caritate autem diligitur deus et proximus. exigit autem caritas dei ut eius mandatis obediatur, * sicut supra dictum est. ' et ideo inobedientem esse divinis praeceptis peccatum mortale est, quasi divinae dilectioni contrarium. in praeceptis autem divinis continetur quod etiam superioribus obediatur. et ideo etiam inobedientia qua quis inobediens est praeceptis superiorum, est peccatum mortale, quasi divinae dilectioni contrarium, * secundum illud rom. xiii, ° qui potestati resistit, dei ordinationi resistit. ' contrariatur insuper dilectioni proximi, inquantum superiori proximo subtrahit obedientiam quam ei debet.
ra1 * Ad primum ergo dicendum quod illa definitio ambrosii ' datur de peccato mortali, quod habet perfectam peccati rationem. peccatum enim veniale non est inobedientia, quia non est contra praeceptum, sed praeter praeceptum. nec etiam omne peccatum mortale est inobedientia, proprie et per se loquendo, sed solum sicut quando aliquis praeceptum contemnit. quia ex fine morales actus speciem habent. cum autem facit aliquid contra praeceptum non propter praecepti contemptum, sed propter aliquid aliud, est inobedientia materialiter tantum, sed pertinet formaliter ad aliam speciem peccati.
ra2 ' Ad secundum dicendum quod inanis gloria appetit manifestationem alicuius excellentiae, et quia videtur ad quandam excellentiam pertinere quod homo praeceptis alterius non subdatur, inde est quod inobedientia ex inani gloria oritur. nihil autem prohibet ex peccato veniali oriri mortale, cum veniale sit dispositio ad mortale.
ra3 ' Ad tertium dicendum quod nullus obligatur ad impossibile. et ideo si tot praecepta aliquis praelatus ingerat quod subditus ea implere non possit, excusatur a peccato. et ideo praelati abstinere debent a multitudine praeceptorum.

009 ST3 qu105 ar2

ag1 ' Ad secundum sic proceditur. videtur quod inobedientia sit gravissimum peccatum. * dicitur enim i reg. xv, ° et quasi scelus idololatriae nolle acquiescere. ' sed idolatria est gravissimum peccatum, * ut supra habitum est. ' ergo inobedientia est gravissimum peccatum.
ag2 ' Praeterea, illud peccatum dicitur esse in spiritum sanctum per quod tolluntur impedimenta peccati, * ut supra dictum est. ' sed per inobedientiam contemnit homo praeceptum, quod maxime retrahit hominem a peccando. ergo inobedientia est peccatum in spiritum sanctum. et ita est gravissimum peccatum.
ag3 * Praeterea, apostolus dicit, rom. v, quod ° per unius inobedientiam peccatores constituti sunt multi. ' sed causa videtur esse potior effectu. ergo inobedientia videtur esse gravius peccatum quam alia quae ex ea causantur.
sc ' Sed contra est quod gravius est contemnere praecipientem quam praeceptum. sed quaedam peccata sunt contra ipsam personam praecipientis, sicut patet de blasphemia et homicidio. ergo inobedientia non est gravissimum peccatum.
co ' Respondeo dicendum quod non omnis inobedientia est aequale peccatum. potest enim una inobedientia esse gravior altera dupliciter. uno modo, ex parte praecipientis. quamvis enim omnem curam homo apponere debeat ad hoc quod cuilibet superiori obediat, tamen magis est debitum quod homo obediat superiori quam inferiori potestati. cuius signum est quod praeceptum inferioris praetermittitur si sit praecepto superioris contrarium unde consequens est quod quanto superior est ille qui praecipit, tanto ei inobedientem esse sit gravius. et sic inobedientem esse deo est gravius quam inobedientem esse homini. secundo, ex parte praeceptorum. non enim praecipiens aequaliter vult impleri omnia quae mandat, magis enim unusquisque vult finem, et id quod est fini propinquius. et ideo tanto est inobedientia gravior, quanto praeceptum quod quis praeterit magis est de intentione illius qui praecipit. et in praeceptis quidem dei, manifestum est quod quanto praeceptum datur de meliori, tanto est eius inobedientia gravior. quia cum voluntas dei per se feratur ad bonum, quanto aliquid est melius, tanto deus vult illud magis impleri. unde qui inobediens est praecepto de dilectione dei, gravius peccat quam qui inobediens est praecepto de dilectione proximi. voluntas autem hominis non semper magis fertur in melius. et ideo, ubi obligamur ex solo hominis praecepto, non est gravius peccatum ex eo quod maius bonum praeteritur, sed ex eo quod praeteritur quod est |25| magis de intentione praecipientis. sic ergo oportet diversos inobedientiae gradus diversis peccatorum gradibus comparare. nam inobedientia qua contemnitur dei praeceptum, ex ipsa ratione inobedientiae gravius est peccatum quam peccatum quo peccatur in hominem, si secerneretur inobedientia dei (et hoc dico, quia qui contra proximum peccat, etiam contra dei praeceptum agit). si tamen in aliquo potiori praeceptum dei contemneret, adhuc gravius peccatum esset. inobedientia autem qua contemnitur praeceptum hominis, levior est peccato quo contemnitur ipse praecipiens, quia ex reverentia praecipientis procedere debet reverentia praecepti. et similiter peccatum quod directe pertinet ad contemptum dei, sicut blasphemia vel aliquid huiusmodi, gravius est, etiam semota per intellectum inobedientia a peccato, quam peccatum in quo contemnitur solum dei praeceptum.
ra1 ' Ad primum ergo dicendum quod illa comparatio samuelis non est aequalitatis, sed similitudinis, quia inobedientia redundat in contemptum dei sicut et idololatria, licet idololatria magis.
ra2 ' Ad secundum dicendum quod non omnis inobedientia est peccatum in spiritum sanctum, sed solum illa cui obstinatio adhibetur. non enim contemptus cuiuscumque quod peccatum impedit, constituit peccatum in spiritum sanctum, alioquin cuiuslibet boni contemptus esset peccatum in spiritum sanctum, quia per quodlibet bonum potest homo a peccato impediri. sed illorum bonorum contemptus facit peccatum in spiritum sanctum quae directe ducunt ad poenitentiam et remissionem peccatorum.
ra3 ' Ad tertium dicendum quod primum peccatum primi parentis, ex quo in omnes peccatum emanavit, non fuit inobedientia, secundum quod est speciale peccatum, sed superbia, ex qua homo ad inobedientiam processit. * unde apostolus in verbis illis videtur accipere ' inobedientiam secundum quod generaliter se habet ad omne peccatum.

009 ST3 qu106 ar

pr ' Deinde considerandum est de gratia sive gratitudine, et ingratitudine. circa gratiam autem quaeruntur sex. primo, utrum gratia sit virtus specialis ab aliis distincta. secundo, quis tenetur ad maiores gratiarum actiones deo, utrum innocens vel poenitens. tertio, utrum semper teneatur homo ad gratias humanis beneficiis reddendas. quarto, utrum retributio gratiarum sit differenda. quinto, utrum sit mensuranda secundum acceptum beneficium, vel secundum dantis affectum. sexto, utrum oporteat aliquid maius rependere.

009 ST3 qu106 ar1

ag1 ' Ad primum sic proceditur. videtur quod gratia non sit virtus specialis ab aliis distincta. maxima enim beneficia a deo et a parentibus accepimus. sed honor quem deo retribuimus, pertinet ad virtutem religionis, honor autem quem retribuimus parentibus, pertinet ad virtutem pietatis. ergo gratia sive gratitudo non est virtus ab aliis distincta.
ag2 ' Praeterea, retributio proportionalis pertinet ad iustitiam commutativam, * ut patet per philosophum, in v ethic.. ' sed gratiae redduntur ut retributio sit, * ut ibidem dicitur. ' ergo redditio gratiarum, quod pertinet ad gratitudinem, est actus iustitiae. non ergo gratitudo est specialis virtus ab aliis distincta.
ag3 ' Praeterea, recompensatio requiritur ad amicitiam conservandam, * ut patet per philosophum, in viii et ix ethic.. ' sed amicitia se habet ad omnes virtutes, propter quas homo amatur. ergo gratia sive gratitudo, ad quam pertinet recompensare beneficia, non est specialis virtus.
sc ' Sed contra est quod * tullius ponit gratiam specialem iustitiae partem.
co * Respondeo dicendum quod, sicut supra dictum est, ' secundum diversas causas ex quibus aliquid debetur, necesse est diversificari debiti reddendi rationem, ita tamen quod semper in maiori illud quod minus est continetur. in deo autem primo et principaliter invenitur causa debiti, eo quod ipse est primum principium omnium bonorum nostrorum. secundario autem, in patre, quod est proximum nostrae generationis et disciplinae principium. tertio autem, in persona quae dignitate praecellit, ex qua communia beneficia procedunt. quarto autem, in aliquo benefactore a quo aliqua particularia et privata beneficia percepimus, pro quibus particulariter ei obligamur. quia ergo non quidquid debemus deo vel patri vel personae dignitate praecellenti, debemus alicui benefactorum a quo aliquod particulare beneficium recepimus; inde est quod post religionem, qua debitum cultum deo impendimus; et pietatem, qua colimus parentes; et observantiam, qua colimus personas dignitate praecellentes; est gratia sive gratitudo, quae benefactoribus gratiam recompensat. et distinguitur a praemissis virtutibus, sicut quaelibet posteriorum distinguitur a priori, quasi ab eo deficiens.
ra1 ' Ad primum ergo dicendum quod sicut religio est quaedam superexcellens pietas, ita est etiam quaedam excellens gratia seu gratitudo. unde et gratiarum actio ad deum supra posita est inter ea quae ad religionem pertinent.
ra2 ' Ad secundum dicendum quod retributio proportionalis pertinet ad iustitiam commutativam quando attenditur secundum debitum legale, puta si pacto firmetur ut tantum pro tanto retribuatur. sed ad virtutem gratiae sive gratitudinis pertinet retributio quae fit ex solo debito honestatis, quam scilicet aliquis sponte facit. unde gratitudo est minus grata si sit coacta, * ut seneca dicit, in libro de beneficiis.
ra3 ' Ad tertium dicendum quod cum vera amicitia supra virtutem fundetur, quidquid est virtuti contrarium in amico est amicitiae impeditivum, et quidquid est virtuosum est amicitiae provocativum. et secundum hoc, per recompensationem beneficiorum amicitia conservatur; quamvis recompensatio beneficiorum specialiter ad virtutem gratitudinis pertineat.

009 ST3 qu106 ar2

ag1 ' Ad secundum sic proceditur. videtur quod magis teneatur ad gratias reddendas deo innocens quam poenitens. quanto enim aliquis maius donum percepit a deo, tanto magis ad gratiarum actiones tenetur. sed maius est donum innocentiae quam iustitiae restitutae. ergo videtur quod magis teneatur ad gratiarum actionem innocens quam poenitens.
ag2 ' Praeterea, sicut benefactori debetur gratiarum actio, ita et dilectio. * sed augustinus dicit, in ii confess., ° quis hominum, suam cogitans infirmitatem, audet viribus suis tribuere castitatem atque innocentiam suam, ut minus amet te, quasi minus fuerit ei necessaria misericordia tua donans peccata conversis ad te? * et postea subdit, ° et ideo tantundem, immo amplius te diligat, quia per quem me videt tantis peccatorum meorum languoribus exui, per eum se videt tantis peccatorum languoribus non implicari. ' ergo etiam magis tenetur ad gratiam reddendam innocens quam poenitens.
ag3 ' Praeterea, quanto gratuitum beneficium est magis continuatum, tanto maior pro eo debetur gratiarum actio. sed in innocente magis continuatur divinae gratiae beneficium quam in poenitente. * dicit enim augustinus, ibidem, ° gratiae tuae deputo, et misericordiae tuae, quod peccata mea tanquam glaciem solvisti. gratiae tuae deputo et quaecumque non feci mala, quid enim non facere potui? et omnia mihi dimissa esse fateor, et quae mea sponte feci mala, et quae te duce non feci. ' ergo magis tenetur ad gratiarum actionem innocens quam poenitens.
sc * Sed contra est quod dicitur luc. vii, ° cui plus di-

mittitur, plus diligit. ‘ ergo, eadem ratione, plus tenetur ad gratiarum actiones.

co ‘ Respondeo dicendum quod actio gratiarum in accipiente respicit gratiam dantis. unde ubi est maior gratia ex parte dantis, ibi requiritur maior gratiarum actio ex parte recipientis. gratia autem est quod gratis datur. unde dupliciter potest esse ex parte dantis maior gratia. uno modo, ex quantitate dati. et hoc modo, innocens tenetur ad maiores gratiarum actiones, quia maius donum ei datur a deo et magis continuatum, ceteris paribus, absolute loquendo. alio modo potest dici maior gratia quia magis datur gratis. et secundum hoc, magis tenetur ad gratiarum actiones poenitens quam innocens, quia magis gratis datur illud quod ei datur a deo; cum enim esset dignus poena, datur ei gratia. et sic, licet illud donum quod datur innocenti sit, absolute consideratum, maius; tamen donum quod datur poenitenti est maius in comparatione ad ipsum, sicut etiam parvum donum pauperi datum ei est maius quam diviti magnum. et quia actus circa singularia sunt, in his quae agenda sunt magis consideratur quod est hic vel nunc tale, quam quod est simpliciter tale, sicut * philosophus dicit, in iii ethic., de voluntario et involuntario.

ra ‘ Et per hoc patet responsio ad obiecta.

009 ST3 qu106 ar3

ag1 ‘ Ad tertium sic proceditur. videtur quod homo non teneatur ad gratiarum actiones omni homini benefacienti. potest enim aliquis sibi ipsi benefacere, sicut et sibi ipsi nocere, * secundum illud eccli. xiv, ° qui sibi nequam est, cui alii bonus erit? ‘ sed homo sibi ipsi non potest gratias agere, quia gratiarum actio videtur transire ab uno in alterum. ergo non omni benefactori debetur gratiarum actio.

ag2 ‘ Praeterea, gratiarum actio est quaedam gratiae recompensatio. sed aliqua beneficia non cum gratia dantur, sed magis cum contumelia, et tarditate vel tristitia. ergo non semper benefactori sunt gratiae reddendae.

ag3 ‘ Praeterea, nulli debetur gratiarum actio ex eo quod suam utilitatem procurat. sed quandoque aliqui aliqua beneficia dant propter suam utilitatem. ergo eis non debetur gratiarum actio.

ag4 ‘ Praeterea, servo non debetur gratiarum actio, quia hoc ipsum quod est, domini est. sed quandoque contingit servum in dominum beneficum esse. ergo non omni benefactori debetur gratiarum actio.

ag5 ‘ Praeterea, nullus tenetur ad id quod facere non potest honeste et utiliter. sed quandoque contingit quod ille qui beneficium tribuit est in statu magnae felicitatis, cui inutiliter aliquid recompensaretur pro suscepto beneficio. quandoque etiam contingit quod benefactor mutatur de virtute in vitium, et sic videtur quod ei honeste recompensari non potest. quandoque etiam ille qui accipit beneficium pauper est, et omnino recompensare non potest. ergo videtur quod non semper teneatur homo ad gratiarum recompensationem.

ag6 ‘ Praeterea, nullus debet pro alio facere quod ei non expedit, sed est ei nocivum. sed quandoque contingit quod recompensatio beneficii est nociva vel inutilis ei cui recompensatur. ergo non semper est beneficium recompensandum per gratiarum actionem.

sc * Sed contra est quod dicitur i ad thess. ult., ° in omnibus gratias agite.

co ‘ Respondeo dicendum quod omnis effectus naturaliter ad suam causam convertitur. * unde dionysius dicit, i cap. de div. nom., “ quod deus omnia in se convertit, tanquam omnium causa, ‘ semper enim oportet quod effectus ordinetur ad finem agentis. manifestum est autem quod benefactor, inquantum huiusmodi, est causa beneficiati. et ideo naturalis ordo requirit ut ille qui suscipit beneficium, per gratiarum recompensationem convertatur ad benefactorem, secundum modum utriusque. * et sicut de patre supra dictum est, ‘ benefactori quidem, inquantum huiusmodi, debetur honor et reverentia, eo quod habet rationem principii, sed per accidens debetur ei subventio vel sustentatio, si indigeat.

ra1 * Ad primum ergo dicendum quod, sicut seneca dicit, in v de benefic., ° sicut non est liberalis qui sibi donat, nec clemens qui sibi ignoscit, nec misericors qui malis suis tangitur, sed qui aliis, ita etiam nemo sibi ipsi beneficium dat, sed naturae suae paret, quae movet ad refutanda nociva et ad appetenda proficua. ‘ unde in his quae sunt ad seipsum non habet locum gratitudo et ingratitudo, non enim potest homo sibi aliquid denegare nisi sibi retinendo. metaphorice tamen illa quae ad alterum proprie dicuntur, accipiuntur in his quae sunt ad seipsum, * sicut de iustitia philosophus dicit, in v ethic., ‘ inquantum scilicet accipiuntur diversae partes hominis sicut diversae personae.

ra2 ‘ Ad secundum dicendum quod boni animi est ut magis attendat ad bonum quam ad malum. et ideo si aliquis beneficium dedit non eo modo quo debuit, non omnino debet recipiens a gratiarum actione cessare. minus tamen quam si modo debito praestitisset, quia etiam beneficium minus est, * quia, ut seneca dicit, in ii de benefic., ° multum celeritas fecit, multum abstulit mora.

ra3 * Ad tertium dicendum quod, sicut seneca dicit, in vi de benefic., ° multum interest utrum aliquis beneficium nobis det sua causa, an sua et nostra. ille qui totus ad se spectat, et nobis prodest quia aliter sibi prodesse non potest, eo mihi loco habendus videtur quo qui pecori suo pabulum prospicit. si me in consortium admisit, si duos cogitavit, ingratus sum et iniustus nisi gaudeo hoc illi profuisse quod proderat mihi. summae malignitatis est non vocare beneficium nisi quod dantem aliquo incommodo afficit.

ra4 * Ad quartum dicendum quod, sicut seneca dicit, in iii de benefic., ° quandiu servus praestat quod a servo exigi solet, ministerium est, ubi plus quam a servo necesse, beneficium est. ubi enim in affectum amici transit, incipit vocari beneficium. ‘ et ideo etiam servis ultra debitum facientibus gratiae sunt habendae.

ra5 ‘ Ad quintum dicendum quod etiam pauper ingratus non est si faciat quod possit, sicut enim beneficium magis in affectu consistit quam in effectu, ita etiam et recompensatio magis in affectu consistit. * unde seneca dicit, in ii de benefic., ° qui grate beneficium accipit, primam eius pensionem solvit. quam grate autem ad nos beneficia pervenerint, indicemus effusis affectibus, quod non ipso tantum audiente, sed ubique testemur. ‘ et ex hoc patet quod quantumcumque in felicitate existenti potest recompensatio beneficii fieri per exhibitionem reverentiae et honoris. * unde philosophus dicit, in viii ethic., quod ° superexcellenti quidem debet fieri honoris retributio, indigenti autem retributio lucri. * et seneca dicit, in vi de benefic., ° multa sunt per quae quidquid debemus reddere et felicibus possumus, fidele consilium, assidua conversatio, sermo communis et sine adulatione iucundus. ‘ et ideo non oportet ut homo optet indigentiam eius seu miseriam qui beneficium dedit, ad hoc quod beneficium recompensetur. * quia, ut seneca dicit, in vi de benefic., ° si hoc ei optares cuius nullum beneficium haberes, inhumanum erat votum. quanto inhumanius ei optas cui beneficium debes. |25| ‘ si autem ille qui beneficium dedit in peius mutatus est, debet tamen sibi fieri recompensatio secundum statum ipsius, ut scilicet ad virtutem reducatur, si sit possibile. si autem sit insanabilis propter malitiam, tunc alter est effectus quam prius erat, et ideo non debetur ei recompensatio beneficii sicut prius. et tamen, quantum fieri potest salva honestate, memoria debet haberi praestiti beneficii. * ut patet per philosophum, in ix ethic..

ra6 * Ad sextum dicendum quod, sicut dictum est, ‘ recompensatio beneficii praecipue pendet ex affectu. et ideo eo modo debet recompensatio fieri quo magis sit utilis, si tamen postea, per eius incuriam, in damnum ipsius vertatur, non imputatur recompensanti. * unde seneca dicit, in vii de benefic., ° reddendum mihi est, non servandum, cum reddidero, ac tuendum.

009 ST3 qu106 ar4

ag1 ‘ Ad quartum sic proceditur. videtur quod homo debeat statim beneficium recompensare. illa enim quae debemus sine certo termino, tenemur restituere ad statim. sed non est aliquis terminus praescriptus recompensationi beneficiorum, quae tamen cadit sub debito, * ut dictum est. ‘ ergo tenetur homo statim beneficium recompensare.

ag2 ‘ Praeterea, quanto aliquod bonum fit ex maiori animi fervore, tanto videtur esse laudabilius. sed ex fervore animi videtur procedere quod homo nullas moras adhibeat in faciendo quod debet. ergo videtur esse laudabilius quod homo statim beneficium reddat.

ag3 * Praeterea, seneca dicit, in ii de benefic., quod ° proprium benefactoris est libenter et cito facere. ‘ sed recompensatio debet beneficium adaequare. ergo debet statim recompensare.

sc * Sed contra est quod seneca dicit, in iv de benefic., ° qui festinat reddere, non animum habet grati hominis, sed debitoris.

co ‘ Respondeo dicendum quod sicut in beneficio dando duo considerantur, scilicet affectus et donum; ita etiam haec duo considerantur in recompensatione beneficii. et quantum quidem ad affectum, statim recompensatio fieri debet. * unde seneca dicit, in ii de benefic., ° vis reddere beneficium? benigne accipe. ‘ quantum autem ad donum, debet expectari tempus quo recompensatio sit benefactori opportuna. si autem, non convenienti tempore, statim velit aliquis munus pro munere reddere, non videtur esse virtuosa recompensatio. * ut enim seneca dicit, iv de benefic., ° qui nimis cito cupit solvere, invitus debet, et qui invitus debet, ingratus est.

ra1 ‘ Ad primum ergo dicendum quod debitum legale est statim solvendum, alioquin non esset conservata iustitiae aequalitas, si unus retineret rem alterius absque eius voluntate. sed debitum morale dependet ex honestate debentis. et ideo debet reddi debito tempore, secundum quod exigit rectitudo virtutis.

ra2 ‘ Ad secundum dicendum quod fervor voluntatis non est virtuosus nisi sit ratione ordinatus. et ideo si aliquis ex fervore animi praeoccupet debitum tempus, non erit laudandum.

ra3 ‘ Ad tertium dicendum quod beneficia etiam sunt opportuno tempore danda. et tunc non est amplius tardandum cum opportunum tempus advenerit. et idem etiam observari oportet in beneficiorum recompensatione.

009 ST3 qu106 ar5

ag1 ‘ Ad quintum sic proceditur. videtur quod beneficiorum recompensatio non sit attendenda secundum affectum beneficiantis, sed secundum effectum. recompensatio enim beneficiis debetur. sed beneficium in effectu consistit, ut ipsum nomen sonat. ergo recompensatio debet attendi secundum effectum.

ag2 ‘ Praeterea, gratia, quae beneficia recompensat, est pars iustitiae. sed iustitia respicit aequalitatem dati et accepti. ergo et in gratiarum recompensatione attendendus est magis effectus quam affectus beneficiantis.

ag3 ‘ Praeterea, nullus potest attendere ad id quod ignorat. sed solus deus recognoscit interiorem affectum. ergo non potest fieri gratiae recompensatio secundum affectum.

sc * Sed contra est quod seneca dicit, in i de beneficiis, ° nonnunquam magis nos obligat qui dedit parva magnifice; qui exiguum tribuit, sed libenter.

co ‘ Respondeo dicendum quod recompensatio beneficii potest ad tres virtutes pertinere, scilicet ad iustitiam, ad gratiam, et ad amicitiam. ad iustitiam quidem pertinet quando recompensatio habet rationem debiti legalis, sicut in mutuo et in aliis huiusmodi. et in tali recompensatio debet attendi secundum quantitatem dati. ad amicitiam autem pertinet recompensatio beneficii, et similiter ad virtutem gratiae, secundum quod habet rationem debiti moralis, aliter tamen et aliter. nam in recompensatione amicitiae oportet respectum haberi ad amicitiae causam. unde in amicitia utilis debet recompensatio fieri secundum utilitatem quam quis est ex beneficio consecutus. in amicitia autem honesti debet in recompensatione haberi respectus ad electionem, sive ad affectum dantis, quia hoc praecipue requiritur ad virtutem, * ut dicitur in viii ethic.. ‘ et similiter, quia gratia respicit beneficium secundum quod est gratis impensum, quod quidem pertinet ad affectum; ideo etiam gratiae recompensatio attendit magis affectum dantis quam effectum.

ra1 ‘ Ad primum ergo dicendum quod omnis actus moralis ex voluntate dependet. unde beneficium, secundum quod est laudabile, prout ei gratiae recompensatio debetur, materialiter quidem consistit in effectu, sed formaliter et principaliter in voluntate. * unde seneca dicit, in i de benefic., ° beneficium non in eo quod fit aut datur consistit, sed in ipso dantis aut facientis animo.

ra2 ‘ Ad secundum dicendum quod gratia est pars iustitiae, non quidem sicut species generis, sed per quandam reductionem ad genus iustitiae, * ut supra dictum est. ‘ unde non oportet quod eadem ratio debiti attendatur in utraque virtute.

ra3 ‘ Ad tertium dicendum quod affectum hominis per se quidem solus deus videt, sed secundum quod per aliqua signa manifestatur, potest etiam ipsum homo cognoscere. et hoc modo affectus beneficiantis cognoscitur ex ipso modo quo beneficium tribuitur, puta quia gaudenter et prompte aliquis beneficium impendit.

009 ST3 qu106 ar6

ag1 ‘ Ad sextum sic proceditur. videtur quod non oporteat aliquem plus exhibere in recompensatione quam susceperit in beneficio. “ quibusdam enim, sicut parentibus, nec etiam aequalis recompensatio fieri potest, * sicut philosophus dicit, in viii ethic.. ‘ sed virtus non conatur ad impossibile. non ergo gratiae recompensatio tendit ad aliquid maius.

ag2 ‘ Praeterea, si aliquis plus recompensat quam in beneficio acceperit, ex hoc ipso quasi aliquid de novo dat. sed ad beneficium de novo datum tenetur homo gratiam recompensare. ergo ille qui primo beneficium dederat tenebitur aliquid maius recompensare, et sic procederet in infinitum. sed virtus non conatur ad infinitum, “ quia infinitum aufert naturam boni, * ut dicitur in ii metaphys.. ‘ ergo gratiae recompensatio non debet excedere acceptum beneficium.

ag3 ‘ Praeterea, iustitia in aequalitate consistit. sed maius est quidam aequalitatis excessus. cum ergo in qualibet virtute excessus sit vitiosus, videtur quod recompensare aliquid maius accepto beneficio sit vitiosum, et iustitiae oppositum.

sc * Sed contra est quod philosophus dicit, in v ethic., ° refamulari oportet ei qui gratiam fecit, et rursum ipsum incipere. ‘ quod quidem fit dum aliquid maius retribuitur ergo recompensatio debet tendere ad hoc quod aliquid maius faciat.

co * Respondeo dicendum quod, sicut dictum est, ‘ recompensatio gratiae respicit beneficium secundum voluntatem beneficiantis. in quo quidem praecipue hoc commendabile videtur quod gratis beneficium contulit ad quod non tenebatur. et ideo qui beneficium accepit ad hoc obligatur, ex debito honestatis, ut similiter gratis aliquid impendat. non autem videtur gratis aliquid impendere nisi excedat quantitatem accepti beneficii, quia quandiu recompensat minus vel aequale, non videtur facere gratis, sed reddere quod accepit. et ideo gratiae recompensatio semper tendit ut, pro suo posse, aliquid maius retribuat.

ra1 * Ad primum ergo dicendum quod, sicut dictum est, ‘ in recompensatione beneficii magis est considerandus affectus benefici quam effectus. si ergo consideremus effectum beneficii quod filius a parentibus accepit, scilicet esse et vivere, nihil aequale filius recompensare potest, * ut philosophus dicit. ' si autem attendamus ad ipsam voluntatem dantis et retribuentis, sic potest filius aliquid maius patri retribuere, * ut seneca dicit, in iii de benefic.. ' si tamen non posset, sufficeret ad gratitudinem recompensandi voluntas.

ra2 ' Ad secundum dicendum quod debitum gratitudinis ex caritate derivatur, quae, quanto plus solvitur, tanto magis debetur, * secundum illud rom. xiii, ° nemini quidquam debeatis, nisi ut invicem diligatis. ' et ideo non est inconveniens si obligatio gratitudinis interminabilis sit.

ra3 ' Ad tertium dicendum quod sicut in iustitia quae est virtus cardinalis, attenditur aequalitas rerum, ita in gratitudine attenditur aequalitas voluntatum, ut scilicet sicut ex promptitudine voluntatis beneficus aliquid exhibuit ad quod non tenebatur, ita etiam ille qui suscepit beneficium aliquid supra debitum recompenset.

009 ST3 qu107 ar

pr ' Deinde considerandum est de ingratitudine. et circa hoc quaeruntur quatuor. primo, utrum ingratitudo semper sit peccatum. secundo, utrum ingratitudo sit peccatum speciale. tertio, utrum omnis ingratitudo sit peccatum mortale. quarto, utrum ingrato sint beneficia subtrahenda.

009 ST3 qu107 ar1

ag1 ' Ad primum sic proceditur. videtur quod ingratitudo non semper sit peccatum. * dicit enim seneca, in iii de benefic., quod ° ingratus est qui non reddit beneficium. ' sed quandoque non posset aliquis recompensare beneficium nisi peccando, puta si aliquis auxiliatus est homini ad peccandum. cum ergo abstinere a peccato non sit peccatum, videtur quod ingratitudo non semper sit peccatum.

ag2 ' Praeterea, omne peccatum est in potestate peccantis, * quia secundum augustinum, ° nullus peccat in eo quod vitare non potest. ' sed quandoque non est in potestate peccantis ingratitudinem vitare, puta cum non habet unde reddat. oblivio etiam non est in potestate nostra, * cum tamen seneca dicat, in iii de benefic., quod ° ingratissimus omnium est qui oblitus est. ' ergo ingratitudo non semper est peccatum.

ag3 ' Praeterea, non videtur peccare qui non vult aliquid debere, * secundum illud apostoli, rom. xiii, ° nemini quidquam debeatis. " sed qui invitus debet ingratus est, * ut seneca dicit, in iv de benefic.. ' ergo non semper ingratitudo est peccatum.

sc * Sed contra est quod ii ad tim. iii, ingratitudo connumeratur aliis peccatis, cum dicitur, ° parentibus non obedientes, ingrati, scelesti.

co * Respondeo dicendum quod, sicut dictum est, debitum gratitudinis est ' quoddam debitum honestatis quam virtus requirit. ex hoc autem aliquid est peccatum quod repugnat virtuti. unde manifestum est quod omnis ingratitudo est peccatum.

ra1 ' Ad primum ergo dicendum quod gratitudo respicit beneficium. ille autem qui alicui auxiliatur ad peccandum non confert beneficium, sed magis nocumentum. et ideo non debetur ei gratiarum actio, nisi forte propter voluntatem, si sit deceptus, dum credidit adiuvare ad bonum, adiuvit ad peccandum. sed tunc non debetur recompensatio talis ut adiuvetur ad peccandum, quia hoc non esset recompensare bonum, sed malum, quod contrariatur gratitudini.

ra2 ' Ad secundum dicendum quod nullus propter impotentiam reddendi ab ingratitudine excusatur, ex quo ad debitum gratitudinis reddendum sufficit sola voluntas, * ut dictum est. ' oblivio autem beneficii ad ingratitudinem pertinet, non quidem illa quae provenit ex naturali defectu, quae non subiacet voluntati; sed illa quae ex negligentia provenit. * ut enim dicit seneca, in iii de benefic., ° apparet illum non saepe de reddendo cogitasse cui obrepsit oblivio.

ra3 ' Ad tertium dicendum quod debitum gratitudinis ex debito amoris derivatur, a quo nullus debet velle absolvi. unde quod aliquis invitus hoc debitum debeat, videtur provenire ex defectu amoris ad eum qui beneficium dedit.

009 ST3 qu107 ar2

ag1 ' Ad secundum sic proceditur. videtur quod ingratitudo non sit speciale peccatum. quicumque enim peccat, contra deum agit, qui est summus benefactor. sed hoc pertinet ad ingratitudinem. ergo ingratitudo non est speciale peccatum.

ag2 ' Praeterea, nullum speciale peccatum sub diversis generibus peccatorum continetur. sed diversis peccatorum generibus potest aliquis esse ingratus, puta si quis benefactori detrahat, si quis furetur, vel aliquid aliud huiusmodi contra eum committat. ergo ingratitudo non est speciale peccatum.

ag3 * Praeterea, seneca dicit, in iii de benefic., ° ingratus est qui dissimulat; ingratus qui non reddit; ingratissimus omnium qui oblitus est. ' sed ista non videntur ad unam peccati speciem pertinere. ergo ingratitudo non est speciale peccatum.

sc ' Sed contra est quod ingratitudo opponitur gratitudini sive gratiae, quae est specialis virtus. ergo est speciale peccatum.

co ' Respondeo dicendum quod omne vitium ex defectu virtutis nominatur quod magis virtuti opponitur, sicut illiberalitas magis opponitur liberalitati quam prodigalitas. potest autem virtuti gratitudinis aliquod vitium opponi per excessum, puta si recompensatio beneficii fiat vel pro quibus non debet, vel citius quam debet, * ut ex dictis patet. ' sed magis opponitur gratitudini vitium quod est per defectum, quia virtus gratitudinis, * ut supra habitum est, ' in aliquid amplius tendit. et ideo proprie ingratitudo nominatur ex gratitudinis defectu. omnis autem defectus seu privatio speciem sortitur secundum habitum oppositum, differunt enim caecitas et surditas secundum differentiam visus et auditus. unde sicut gratitudo vel gratia est una specialis virtus, ita etiam ingratitudo est unum speciale peccatum. habet tamen diversos gradus, secundum ordinem eorum quae ad gratitudinem requiruntur. in qua primum est quod homo beneficium acceptum recognoscat; secundum est quod laudet et gratias agat; tertium est quod retribuat, pro loco et tempore, secundum suam facultatem. sed quia quod est ultimum in generatione est primum in resolutione, ideo primus ingratitudinis gradus est ut homo beneficium non retribuat; secundus est ut dissimulet, quasi |25| non demonstrans se beneficium accepisse; tertium, et gravissimum est quod non recognoscat, sive per oblivionem, sive quocumque alio modo. et quia in affirmatione opposita intelligitur negatio, ideo ad primum ingratitudinis gradum pertinet quod aliquis retribuat mala pro bonis; ad secundum, quod beneficium vituperet; ad tertium, quod beneficium quasi maleficium reputet.

ra1 ' Ad primum ergo dicendum quod in quolibet peccato est materialis ingratitudo ad deum, inquantum scilicet facit homo aliquid quod potest ad ingratitudinem pertinere. formalis autem ingratitudo est quando actualiter beneficium contemnitur. et hoc est speciale peccatum.

ra2 ' Ad secundum dicendum quod nihil prohibet formalem rationem alicuius specialis peccati in pluribus peccatorum generibus materialiter inveniri. et secundum hoc, in multis generibus peccatorum invenitur ingratitudinis ratio.

ra3 ' Ad tertium dicendum quod illa tria non sunt diversae species, sed diversi gradus unius specialis peccati.

009 ST3 qu107 ar3

ag1 ' Ad tertium sic proceditur. videtur quod ingratitudo semper sit peccatum mortale. deo enim maxime debet aliquis esse gratus. sed peccando venialiter homo non est ingratus deo, alioquin omnes essent ingrati. ergo nulla ingratitudo est veniale peccatum.

ag2 ' Praeterea, ex hoc aliquod peccatum est mortale quod contrariatur caritati, * ut supra dictum est. ' sed ingratitudo contrariatur caritati, ex qua procedit debitum gratitudinis, * ut supra dictum est. ' ergo ingratitudo semper est peccatum mortale.

ag3 * Praeterea, seneca dicit, in ii de benefic., ° haec beneficii lex est, alter statim oblivisci debet dati, alter memor esse accepti. ' sed propter hoc, ut videtur, debet oblivisci, ut lateat eum peccatum recipientis, si contingat eum esse ingratum. quod non oporteret si ingratitudo esset leve peccatum. ergo ingratitudo semper est mortale peccatum.

sc ' Sed contra est quod nulli est danda via peccandi mortaliter. * sed sicut seneca dicit, ibidem, interdum ° qui iuvatur fallendus est, ut habeat, nec a quo acceperit sciat, ' quod videtur viam ingratitudinis recipienti praebere. ergo ingratitudo non semper est peccatum mortale.

co * Respondeo dicendum quod, sicut ex dictis patet, ' ingratus dicitur aliquis dupliciter. uno modo, per solam omissionem, puta quia non recognoscit, vel non laudat, vel non retribuit vices pro beneficio accepto. et hoc non semper est peccatum mortale. * quia, ut supra dictum est, ' debitum gratitudinis est ut homo aliquid etiam liberaliter tribuat ad quod non tenetur, et ideo, si illud praetermittit, non peccat mortaliter. est tamen peccatum veniale, quia hoc provenit ex negligentia quadam, aut ex aliqua indispositione hominis ad virtutem. potest tamen contingere quod etiam talis ingratitudo sit mortale peccatum, vel propter interiorem contemptum; vel etiam propter conditionem eius quod subtrahitur, quod ex necessitate debetur benefico, sive simpliciter sive in aliquo necessitatis casu. alio modo dicitur aliquis ingratus, quia non solum praetermittit implere gratitudinis debitum, sed etiam contrarium agit. et hoc etiam, secundum conditionem eius quod agitur, quandoque est peccatum mortale, quandoque veniale. sciendum tamen quod ingratitudo quae provenit ex peccato mortali habet perfectam ingratitudinis rationem, illa vero quae provenit ex peccato veniali, imperfectam.

ra1 ' Ad primum ergo dicendum quod per peccatum veniale non est aliquis ingratus deo secundum perfectam ingratitudinis rationem. habet tamen aliquid ingratitudinis, inquantum peccatum veniale tollit aliquem actum virtutis, per quem homo deo obsequitur.

ra2 ' Ad secundum dicendum quod ingratitudo quae est cum peccato veniali non est contraria caritati, sed est praeter ipsam, quia non tollit habitum caritatis, sed aliquem actum ipsius excludit.

ra3 * Ad tertium dicendum quod idem seneca dicit, in vii de benefic., ° errat si quis aestimat, cum dicimus eum qui beneficium dedit oblivisci oportere, excutere nos illi memoriam rei, praesertim honestissimae. cum ergo dicimus, meminisse non debet, hoc volumus intelligi, praedicare non debet, nec iactare.

ra4 ' Ad quartum dicendum quod ille qui ignorat beneficium non est ingratus si beneficium non recompenset, dummodo sit paratus recompensare si noscet. est autem laudabile quandoque ut ille cui provideturs beneficium ignoret, tum propter inanis gloriae vitationem, sicut beatus nicolaus, aurum furtim in domum proiiciens, vitare voluit humanum favorem; tum etiam quia in hoc ipso amplius beneficium facit quod consulit verecundiae eius qui beneficium accipit.

009 ST3 qu107 ar4

ag1 ' Ad quartum sic proceditur. videtur quod ingratis sint beneficia subtrahenda. * dicitur enim sap. xvi, ° ingratis spes tanquam hibernalis glacies tabescet. ' non autem eius spes tabesceret si non esset ei beneficium subtrahendum. ergo sunt subtrahenda beneficia ingratis.

ag2 ' Praeterea, nullus debet alteri praebere occasionem peccandi. sed ingratus beneficium recipiens sumit ingratitudinis occasionem ergo non est ingrato beneficium dandum.

ag3 ° Praeterea, in quo quis peccat, per hoc et torquetur, * ut dicitur sap. xi. ' sed ille qui ingratus est beneficio accepto, peccat contra beneficium. ergo est beneficio privandus.

sc * Sed contra est quod dicitur luc. vi, quod ° altissimus benignus est super ingratos et malos. " sed eius per imitationem nos filios esse oportet, * ut ibidem dicitur. ' ergo non debemus beneficia ingratis subtrahere.

co ' Respondeo dicendum quod circa ingratum duo consideranda sunt. primo quidem, quid ipse dignus sit pati. et sic certum est quod meretur beneficii subtractionem. alio modo, considerandum est quid oporteat beneficum facere. primo namque, debet non esse facilis ad ingratitudinem iudicandam, quia frequenter aliquis, * ut seneca dicit, ' qui non reddidit, gratus est; quia forte non occurrit ei facultas aut debita opportunitas reddendi. secundo, debet tendere ad hoc quod de ingrato gratum faciat, quod si non potest primo beneficio facere, forte faciet secundo. si vero ex beneficiis multiplicatis ingratitudinem augeat et peior fiat, debet a beneficiorum exhibitione cessare.

ra1 * Ad primum ergo dicendum quod auctoritas illa loquitur ' quantum ad id quod ingratus dignus est pati.

ra2 ' Ad secundum dicendum quod ille qui ingrato beneficium exhibet non dat ei occasionem peccandi, sed magis gratitudinis et amoris. si vero ille qui accipit ingratitudinis exinde occasionem sumat, non est danti imputandum.

ra3 ' Ad tertium dicendum quod ille qui beneficium dat non statim debet se exhibere punitorem ingratitudinis, sed prius pium medicum, ut scilicet iteratis beneficiis ingratitudinem sanet.

009 ST3 qu108 ar

pr ' Deinde considerandum est de vindicatione. et circa hoc quaeruntur quatuor. primo, utrum vindicatio sit licita. secundo, utrum sit specialis virtus. tertio, de modo vindicandi. quarto, in quos sit vindicta exercenda.

009 ST3 qu108 ar1

ag1 ' Ad primum sic proceditur. videtur quod vindicatio non sit licita. quicumque enim usurpat sibi quod dei est, peccat. sed vindicta pertinet ad deum, * dicitur enim deut. xxxii, secundum aliam litteram, ° mihi vindictam, et ego retribuam. ' ergo omnis vindicatio est illicita.

ag2 ' Praeterea, ille de quo vindicta sumitur, non toleratur. sed mali sunt tolerandi, * quia super illud cant. ii, sicut lilium inter spinas, dicit glossa, ° non fuit bonus qui malos tolerare non potuit. ' ergo vindicta non est sumenda de malis.

ag3 ' Praeterea, vindicta per poenas fit, ex quibus causatur timor servilis. sed lex nova non est lex timoris, sed amoris, * ut augustinus dicit, contra adamantum. ' ergo, ad minus in novo testamento, vindicta fieri non debet.

ag4 ' Praeterea, ille dicitur se vindicare qui iniurias suas ulciscitur. sed, ut videtur, non licet etiam iudici in se delinquentes punire, * dicit enim chrysostomus, super matth., ° discamus exemplo christi nostras iniurias magnanimiter sustinere, dei autem iniurias nec usque ad auditum sufferre. ' ergo vindicatio videtur esse illicita.

ag5 ' Praeterea, peccatum multitudinis magis est nocivum quam peccatum unius tantum, * dicitur enim eccli. xxvi, ° a tribus timuit cor meum, zelaturam civitatis, et collectionem populi. ' sed de peccato multitudinis non est vindicta sumenda, * quia super illud matth. xiii, ° sinite utraque crescere, ne forte eradicetis triticum, * dicit glossa quod " multitudo non est excommunicanda, nec princeps. ' ergo nec alia vindicatio est licita.

sc ' Sed contra, nihil est expectandum a deo nisi quod est bonum et licitum. sed vindicta de hostibus est expectanda a deo, * dicitur enim luc. xviii, ° deus non faciet vindictam electorum suorum clamantium ad se “ die ac nocte? quasi diceret, immo faciet. ‘ ergo vindicatio non est per se mala et illicita.

co ‘ Respondeo dicendum quod vindicatio fit per aliquod poenale malum inflictum peccanti. est ergo in vindicatione considerandus vindicantis animus. si enim eius intentio feratur principaliter in malum illius de quo vindictam sumit, et ibi quiescat, est omnino illicitum, quia delectari in malo alterius pertinet ad odium, quod caritati repugnat, qua omnes homines debemus diligere. nec aliquis excusatur si malum intendat illius qui sibi iniuste intulit malum, sicut non excusatur aliquis per hoc quod odit se odientem. non enim debet homo in alium peccare, propter hoc quod ille peccavit prius in ipsum, hoc enim est vinci a malo, * quod apostolus prohibet, rom. xii, dicens, ° noli vinci a malo, sed vince in bono malum. ‘ si vero intentio vindicantis feratur principaliter ad aliquod bonum, ad quod pervenitur per poenam peccantis, puta ad emendationem peccantis, vel saltem ad cohibitionem eius et quietem aliorum, et ad iustitiae conservationem et dei honorem, potest esse vindicatio licita, aliis debitis circumstantiis servatis.

ra1 ‘ Ad primum ergo dicendum quod ille qui secundum gradum sui ordinis vindictam exercet in malos, non usurpat sibi quod dei est, sed utitur potestate sibi divinitus concessa, * dicitur enim rom. xiii, de principe terreno, quod ° dei minister est, vindex in iram ei qui male agit. ‘ si autem praeter ordinem divinae institutionis aliquis vindictam exerceat, usurpat sibi quod dei est, et ideo peccat.

ra2 ‘ Ad secundum dicendum quod mali tolerantur a bonis in hoc quod ab eis proprias iniurias patienter sustinent, secundum quod oportet, non autem tolerant eos ut sustineant iniurias dei et proximorum. * dicit enim chrysostomus, super matth., ° in propriis iniuriis esse quempiam patientem, laudabile est, iniurias autem dei dissimulare nimis est impium.

ra3 ‘ Ad tertium dicendum quod lex evangelii est lex amoris. ideo illis qui ex amore bonum operantur, qui soli proprie ad evangelium pertinent, non est timor incutiendus per poenas, sed solum illis qui ex amore non moventur ad bonum, qui, etsi numero sint de ecclesia, non tamen merito.

ra4 ‘ Ad quartum dicendum quod iniuria quae infertur personae alicui quandoque redundat in deum et in ecclesiam, et tunc debet aliquis propriam iniuriam ulcisci. sicut patet de elia, qui fecit ignem descendere super eos qui venerant ad ipsum capiendum, * ut legitur iv reg. i. ‘ et similiter elisaeus maledixit pueris eum irridentibus, * ut habetur iv reg. ii. ‘ et silvester papa excommunicavit eos qui eum in exilium miserunt, * ut habetur xxiii, qu. iv. ‘ inquantum vero iniuria in aliquem illata ad eius personam pertinet, debet eam tolerare patienter, si expediat. huiusmodi enim praecepta patientiae intelligenda sunt secundum praeparationem animi, * ut augustinus dicit, in libro de serm. dom. in monte.

ra5 ‘ Ad quintum dicendum quod quando tota multitudo peccat, est de ea vindicta sumenda vel quantum ad totam multitudinem, sicut aegyptii submersi sunt in mari rubro persequentes filios israel, * ut habetur exod. xiv, ‘ et sicut sodomitae universaliter perierunt, vel quantum ad magnam multitudinis partem, * sicut patet exod. xxxii, ‘ in poena eorum qui vitulum adoraverunt. quandoque vero, si speretur multorum correctio, debet severitas vindictae exerceri in aliquos paucos principaliores, quibus punitis ceteri terreantur, sicut dominus, * num. xxv, ‘ mandavit suspendi principes populi pro peccato multitudinis. si autem non tota multitudo peccavit, sed pro parte, tunc, si possunt mali secerni a bonis, debet in eos vindicta exerceri, si tamen hoc fieri possit sine scandalo aliorum. alioquin, parcendum est multitudini, et detrahendum severitati. et eadem ratio est de principe, quem sequitur multitudo. tolerandum enim est peccatum eius, si sine scandalo multitudinis puniri non posset, nisi forte esset tale peccatum principis quod magis noceret multitudini, vel spiritualiter vel temporaliter, quam scandalum quod exinde timeretur.

009 ST3 qu108 ar2

ag1 ‘ Ad secundum sic proceditur. videtur quod vindicatio non sit specialis virtus ab aliis distincta. sicut enim remunerantur boni pro his quae bene agunt, ita puniuntur mali pro his quae male agunt. sed remuneratio bonorum non pertinet ad aliquam specialem virtutem, sed est actus commutativae iustitiae. ergo, pari ratione, et vindicatio non debet poni specialis virtus.

ag2 ‘ Praeterea, ad actum illum non debet ordinari specialis virtus ad quem homo sufficienter disponitur per alias virtutes. sed ad vindicandum mala sufficienter disponitur homo per virtutem fortitudinis et per zelum. non ergo vindicatio debet poni specialis virtus.

ag3 ‘ Praeterea, cuilibet speciali virtuti aliquod speciale vitium opponitur. sed vindicationi non videtur opponi aliquod speciale vitium. ergo non est specialis virtus.

sc ‘ Sed contra est quod tullius ponit eam partem iustitiae.

co * Respondeo dicendum quod, sicut philosophus dicit, in ii ethic., ‘ aptitudo ad virtutem inest nobis a natura, licet complementum virtutis sit per assuetudinem vel per aliquam aliam causam. unde patet quod virtutes perficiunt nos ad prosequendum debito modo inclinationes naturales, quae pertinent ad ius naturale. et ideo ad quamlibet inclinationem naturalem determinatam ordinatur aliqua specialis virtus. est autem quaedam specialis inclinatio naturae ad removendum nocumenta, unde et animalibus datur vis irascibilis separatim a vi concupiscibili. repellit autem homo nocumenta per hoc quod se defendit contra iniurias, ne ei inferantur, vel iam illatas iniurias ulciscitur, non intentione nocendi, sed intentione removendi nocumenta. hoc autem pertinet ad vindicationem, * dicit enim tullius, in sua rhetorica, quod ° vindicatio est per quam vis aut iniuria, et omnino quidquid obscurum est, “ idest ignominiosum, ° defendendo aut ulciscendo propulsatur. ‘ unde vindicatio est specialis virtus.

ra1 ‘ Ad primum ergo dicendum quod sicut recompensatio debiti legalis pertinet ad iustitiam commutativam, recompensatio autem debiti moralis quod nascitur ex particulari beneficio exhibito, pertinet ad virtutem gratiae; ita etiam punitio peccatorum, secundum quod pertinet ad publicam iustitiam, est actus commutativae iustitiae; secundum autem quod pertinet ad immunitatem alicuius personae singularis, a qua iniuria propulsatur, pertinet ad virtutem vindicationis.

ra2 ‘ Ad secundum dicendum quod fortitudo disponit ad vindictam removendo prohibens, scilicet timorem periculi imminentis. zelus autem, secundum quod importat fervorem amoris, importat primam radicem vindicationis, prout aliquis vindicat iniurias dei vel proximorum, quas ex caritate reputat quasi suas. cuiuslibet autem virtutis actus ex radice caritatis procedit, * quia, ut gregorius dicit, in quadam homilia, ° nihil habet viriditatis ramus boni operis, si non procedat ex radice caritatis.

ra3 ‘ Ad tertium dicendum quod vindicationi opponuntur duo vitia. unum quidem per excessum, scilicet peccatum crudelitatis vel saevitiae, quae excedit mensuram in puniendo. aliud autem est vitium quod consistit in defectu, sicut cum aliquis est nimis remissus in puniendo, * unde dicitur prov. xiii, ° qui parcit virgae, odit filium suum. ‘ virtus autem vindicationis consistit ut homo secundum omnes circumstantias debitam mensuram in vindicando conservet.

009 ST3 qu108 ar3

ag1 ‘ Ad tertium sic proceditur. videtur quod vindicatio non debeat fieri per poenas apud homines consuetas. occisio enim hominis est quaedam eradicatio eius. sed dominus mandavit, * matth. xiii, ‘ quod zizania, per quae significantur filii nequam, non eradicarentur. ergo peccatores non sunt occidendi.

ag2 ‘ Praeterea, quicumque mortaliter peccant, eadem poena videntur digni. si ergo aliqui mortaliter peccantes morte puniuntur, videtur quod omnes tales deberent morte puniri. quod patet esse falsum.

ag3 ‘ Praeterea, cum aliquis pro peccato punitur manifeste, ex hoc peccatum eius manifestatur. quod videtur esse nocivum multitudini, quae ex exemplo peccati sumit occasionem peccandi. ergo videtur quod non sit poena mortis pro aliquo peccato infligenda.

sc ‘ Sed contra est quod in lege divina his huiusmodi poenae determinantur, * ut ex supra dictis patet.

co ‘ Respondeo dicendum quod vindicatio intantum licita est et virtuosa inquantum tendit ad cohibitionem malorum. cohibentur autem aliqui a peccando, qui affectum virtutis non habent, per hoc quod timent amittere aliqua quae plus amant quam illa quae peccando adipiscuntur, alias timor non compesceret peccatum. et ideo per subtractionem omnium quae homo maxime diligit, est vindicta de peccatis sumenda. haec sunt autem quae homo maxime diligit, vitam, incolumitatem corporis, libertatem sui, et bona exteriora, puta divitias, patriam et gloriam. * et ideo, ut augustinus refert, xxi de civ. dei, “ octo genera poenarum in legibus esse scribit tullius, scilicet mortem, per quam tollitur vita; verbera et talionem (ut scilicet oculum pro oculo perdat), per quae amittit corporis incolumitatem; servitutem et vincula, per quae perdit libertatem; exilium, per quod perdit patriam; damnum, per quod perdit divitias; ignominiam, per quam perdit gloriam.

ra1 ‘ Ad primum ergo dicendum quod dominus prohibet eradicari zizania quando timetur ne simul cum eis eradicetur et triticum. sed quandoque possunt eradicari mali per mortem non solum sine periculo, sed etiam cum magna utilitate bonorum. et ideo in tali casu potest poena mortis peccatoribus infligi.

ra2 ‘ Ad secundum dicendum quod omnes peccantes mortaliter digni sunt morte aeterna quantum ad futuram retributionem, quae est secundum veritatem divini iudicii. sed poenae praesentis vitae sunt magis medicinales. et ideo illis solis peccatis poena mortis infligitur quae in gravem perniciem aliorum cedunt.

ra3 ‘ Ad tertium dicendum quod quando simul cum culpa innotescit et poena, vel mortis vel quaecumque alia quam homo horret, ex hoc ipso voluntas eius a peccando abstrahitur, quia plus terret poena quam alliciat exemplum culpae.

009 ST3 qu108 ar4

ag1 ‘ Ad quartum sic proceditur. videtur quod vindicta sit exercenda in eos qui involuntarie peccaverunt. voluntas enim unius non consequitur voluntatem alterius. sed unus punitur pro alio, * secundum illud exod. xx, ° ego sum deus zelotes, visitans iniquitatem patrum in filios, in tertiam et quartam generationem. ‘ unde et pro peccato cham chanaan, filius eius, maledictus est, * ut habetur gen. ix. ‘ giezi etiam peccante, lepra transmittitur ad posteros, * ut habetur iv reg. v. ‘ sanguis etiam christi reddit poenae obnoxios successores iudaeorum, qui dixerunt, sanguis eius super nos, et super filios nostros. * matth. xxvii, ‘ legitur etiam quod pro peccato achar populus israel traditus est in manus hostium, * ut habetur iosue vii. ‘ et pro peccato filiorum heli idem populus corruit in conspectu philistinorum, * ut habetur i reg. iv. ‘ ergo aliquis involuntarius est puniendus.

ag2 ‘ Praeterea, illud solum est voluntarium quod est in potestate hominis. sed quandoque poena infertur pro eo quod non est in eius potestate, sicut propter vitium leprae aliquis removetur ab administratione ecclesiae; et propter paupertatem aut malitiam civium ecclesia perdit cathedram episcopalem. ergo non solum pro peccato voluntario vindicta infertur.

ag3 ‘ Praeterea, ignorantia causat involuntarium. sed vindicta quandoque exercetur in aliquos ignorantes. parvuli enim sodomitarum, licet haberent ignorantiam invincibilem, cum parentibus perierunt, * ut legitur gen. xix. ‘ similiter etiam parvuli pro peccato dathan et abiron pariter cum eis absorpti sunt, * ut habetur num. xvi. ‘ bruta etiam animalia, quae carent ratione, iussa sunt interfici pro peccato amalecitarum, * ut habetur i reg. xv. ‘ ergo vindicta quandoque exercetur in involuntarios.

ag4 ‘ Praeterea, coactio maxime repugnat voluntario. sed aliquis qui timore coactus aliquod peccatum committit, non propter hoc reatum poenae evadit. ergo vindicta exercetur etiam in involuntarios.

ag5 * Praeterea, ambrosius dicit, super lucam, quod ° navicula in qua erat iudas, turbatur, unde et petrus, qui erat firmus meritis suis, turbatur alienis. ‘ sed petrus non volebat peccatum iudae. ergo quandoque involuntarius punitur.

sc ‘ Sed contra est quod poena debetur peccato. “ sed omne peccatum est voluntarium, * ut dicit augustinus. ‘ ergo in solos voluntarios est exercenda vindicta.

co ‘ Respondeo dicendum quod poena potest dupliciter considerari. uno modo, secundum rationem poenae. et secundum hoc, poena non debetur nisi peccato, quia per poenam reparatur aequalitas iustitiae, inquantum ille qui peccando nimis secutus est suam voluntatem, aliquid contra suam voluntatem patitur. unde cum omne peccatum sit voluntarium, etiam originale, * ut supra habitum est; ‘ consequens est quod nullus punitur hoc modo nisi pro eo quod voluntarie factum est. alio modo potest considerari poena inquantum est medicina, non solum sanativa peccati praeteriti, sed etiam praeservativa a peccato futuro et promotiva in aliquod bonum. et secundum hoc, aliquis interdum punitur sine culpa, non tamen sine causa. sciendum tamen quod nunquam medicina subtrahit maius bonum ut promoveat minus bonum, sicut medicina carnalis nunquam caecat oculum ut sanet calcaneum, quandoque tamen infert nocumentum in minoribus ut melioribus auxilium praestet. et quia bona spiritualia sunt maxima bona, bona autem temporalia sunt minima; ideo quandoque punitur aliquis in temporalibus bonis absque culpa, cuiusmodi sunt plures poenae praesentis vitae divinitus inflictae ad humiliationem vel probationem, non autem punitur aliquis in spiritualibus bonis sine propria culpa, neque in praesenti neque in futuro; quia ibi poenae non sunt medicinae, sed consequuntur spiritualem damnationem.

ra1 ‘ Ad primum ergo dicendum quod unus homo poena spirituali nunquam punitur pro peccato alterius, quia poena spiritualis pertinet ad animam, secundum quam quilibet est liber sui. poena autem temporali quandoque unus punitur pro peccato alterius, triplici ratione. primo quidem, quia unus homo temporaliter est res alterius, et ita in poenam eius etiam ipse punitur, sicut filii sunt secundum corpus quaedam res patris, et servi sunt quaedam res dominorum. alio modo, inquantum peccatum unius derivatur in alterum. vel per imitationem, sicut filii imitantur peccata parentum, et servi peccata dominorum, ut audacius peccent. vel per modum meriti, sicut peccata subditorum merentur peccatorem praelatum, * secundum illud iob xxxiv, ° qui regnare facit hominem hypocritam, propter peccata populi; ‘ unde et pro peccato david populum numerantis, populus israel punitus est, * ut habetur ii reg. ult.. ‘ sive etiam per aliqualem consensum seu dissimulationem, sicut etiam interdum boni simul puniuntur temporaliter cum malis, quia eorum peccata non redarguerunt, * ut augustinus dicit, in i de civ. dei, ‘ tertio, ad commendandum unitatem humanae societatis, ex qua unus debet |25| pro alio sollicitus esse ne peccet, et ad detestationem peccati, dum poena unius redundat in omnes, quasi omnes essent unum corpus, * ut augustinus dicit de peccato achar. quod autem dominus dicit, ° visitans peccata parentum in filios, in ter-

tiam et quartam ' generationem, magis videtur ad misericordiam quam ad severitatem pertinere, dum non statim vindictam adhibet, sed expectat in posterum, ut vel saltem posteri corrigantur; sed, crescente malitia posteriorum, quasi necesse est ultionem inferri.
ra2 * Ad secundum dicendum quod, sicut augustinus dicit, ' iudicium humanum debet imitari divinum iudicium in manifestis dei iudiciis, quibus homines spiritualiter damnat pro proprio peccato. occulta vero dei iudicia, quibus temporaliter aliquos punit absque culpa, non potest humanum iudicium imitari, quia homo non potest comprehendere horum iudiciorum rationes, ut sciat quid expediat unicuique. et ideo nunquam secundum humanum iudicium aliquis debet puniri sine culpa poena flagelli, ut occidatur, vel mutiletur, vel verberetur. poena autem damni punitur aliquis, etiam secundum humanum iudicium, etiam sine culpa, sed non sine causa. et hoc tripliciter. uno modo, ex hoc quod aliquis ineptus redditur, sine sua culpa, ad aliquod bonum habendum vel consequendum, sicut propter vitium leprae aliquis removetur ab administratione ecclesiae, et propter bigamiam vel iudicium sanguinis aliquis impeditur a sacris ordinibus. secundo, quia bonum in quo damnificatur non est proprium bonum, sed commune, sicut quod aliqua ecclesia habeat episcopatum, pertinet ad bonum totius civitatis, non autem ad bonum clericorum tantum. tertio, quia bonum unius dependet ex bono alterius, sicut in crimine laesae maiestatis filius amittit haereditatem pro peccato parentis.
ra3 ' Ad tertium dicendum quod parvuli divino iudicio simul puniuntur temporaliter cum parentibus, tum quia sunt res parentum, et in eis etiam parentes puniuntur. tum etiam quia hoc in eorum bonum cedit, ne, si reservarentur, essent imitatores paternae malitiae, et sic graviores poenas mererentur. in bruta vero animalia, et quascumque alias irrationales creaturas, vindicta exercetur, quia per hoc puniuntur illi quorum sunt. et iterum propter detestationem peccati.
ra4 ' Ad quartum dicendum quod coactio timoris non facit simpliciter involuntarium, sed habet voluntarium mixtum, * ut supra habitum est.
ra5 ' Ad quintum dicendum quod hoc modo pro peccato iudae ceteri apostoli turbabantur, sicut pro peccato unius punitur multitudo, ad unitatem commendandam, * ut dictum est.

009 ST3 qu109 ar

pr ' Deinde considerandum est de veritate, et vitiis oppositis. circa veritatem autem quaeruntur quatuor. primo, utrum veritas sit virtus. secundo, utrum sit virtus specialis. tertio, utrum sit pars iustitiae. quarto, utrum magis declinet ad minus.

009 ST3 qu109 ar1

ag1 ' Ad primum sic proceditur. videtur quod veritas non sit virtus. prima enim virtutum est fides, cuius obiectum est veritas. cum igitur obiectum sit prius habitu et actu, videtur quod veritas non sit virtus, sed aliquid prius virtute.
ag2 * Praeterea, sicut philosophus dicit, in iv ethic., " ad veritatem pertinet quod aliquis confiteatur ° existentia circa seipsum, et neque maiora neque minora. ' sed hoc non semper est laudabile, neque in bonis, * quia dicitur prov. xxvii, ° laudet te alienus, et non os tuum; ' nec etiam in malis, * quia contra quosdam dicitur isaiae iii, ° peccatum suum quasi sodoma praedicaverunt, nec absconderunt. ' ergo veritas non est virtus.
ag3 ' Praeterea, omnis virtus aut est theologica, aut intellectualis, aut moralis. sed veritas non est virtus theologica, quia non habet deum pro obiecto, sed res temporales; * dicit enim tullius quod ° veritas est per quam immutata ea quae sunt aut fuerunt aut futura sunt, dicuntur. ' similiter etiam non est virtus intellectualis, sed finis earum. neque etiam est virtus moralis, quia non consistit in medio inter superfluum et diminutum; quanto enim aliquis plus dicit verum, tanto melius est. ergo veritas non est virtus.
sc * Sed contra est quod philosophus, in ii et iv ethic., ' ponit veritatem inter ceteras virtutes.
co ' Respondeo dicendum quod veritas dupliciter accipi potest. uno modo secundum quod veritate aliquid dicitur verum. et sic veritas non est virtus, sed obiectum vel finis virtutis. sic enim accepta veritas non est habitus, quod est genus virtutis, sed aequalitas quaedam intellectus vel signi ad rem intellectam et significatam, vel etiam rei ad suam regulam, * ut in primo habitum est. ' alio modo potest dici veritas qua aliquis verum dicit, secundum quod per eam aliquis dicitur verax. et talis veritas, sive veracitas, necesse est quod sit virtus, quia hoc ipsum quod est dicere verum est bonus actus; virtus autem est quae bonum facit habentem, et opus eius bonum reddit.
ra1 ' Ad primum ergo dicendum quod ratio illa procedit de veritate primo modo dicta.
ra2 ' Ad secundum dicendum quod confiteri id quod est circa seipsum, inquantum est confessio veri, est bonum ex genere. sed hoc non sufficit ad hoc quod sit actus virtutis, sed ad hoc requiritur quod ulterius debitis circumstantiis vestiatur, quae si non observentur, erit actus vitiosus. et secundum hoc, vitiosum est quod aliquis, sine debita causa, laudet seipsum etiam de vero. vitiosum etiam est quod aliquis peccatum suum publicet, quasi se de hoc laudando, vel qualitercumque inutiliter manifestando.
ra3 ' Ad tertium dicendum quod ille qui dicit verum profert aliqua signa conformia rebus, scilicet vel verba, vel aliqua facta exteriora, aut quascumque res exteriores. circa huiusmodi autem res sunt solae virtutes morales, ad quas etiam usus pertinet exteriorum membrorum, secundum quod fit per imperium voluntatis. unde veritas non est virtus theologica neque intellectualis, sed moralis. est autem in medio inter superfluum et diminutum dupliciter, uno quidem modo, ex parte obiecti; alio modo, ex parte actus. ex parte quidem obiecti, quia verum secundum suam rationem importat quandam aequalitatem. aequale autem est medium inter maius et minus. unde ex hoc ipso quod aliquis verum dicit de seipso, medium tenet inter eum qui maiora dicit de seipso, et inter eum qui minora. ex parte autem actus medium tenet, inquantum verum dicit quando oportet, et secundum quod oportet. superfluum autem convenit illi qui importune ea quae sua sunt manifestat, defectus autem competit illi qui occultat, quando manifestare oportet.

009 ST3 qu109 ar2

ag1 ' Ad secundum sic proceditur. videtur quod veritas non sit specialis virtus. verum enim et bonum convertuntur. sed bonitas non est specialis virtus, quinimmo omnis virtus est bonitas, quia bonum facit habentem. ergo veritas non est specialis virtus.
ag2 ' Praeterea, manifestatio eius quod ad ipsum hominem pertinet, est actus veritatis de qua nunc loquimur. sed hoc pertinet ad quamlibet virtutem, quilibet enim virtutis habitus manifestatur per proprium actum. ergo veritas non est specialis virtus.
ag3 ' Praeterea, veritas vitae dicitur qua aliquis recte vivit, * de qua dicitur isaiae xxxviii, ' memento, quaeso, ° quomodo ambulaverim coram te in veritate et in corde perfecto. ' sed qualibet virtute recte vivitur, * ut patet per definitionem virtutis supra positam. ' ergo veritas non est specialis virtus.
ag4 ' Praeterea, veritas videtur idem esse simplicitati, quia utrique opponitur simulatio. sed simplicitas non est specialis virtus, quia facit intentionem rectam, quod requiritur in omni virtute. ergo etiam veritas non est specialis virtus.
sc * Sed contra est quia in ii ethic. connumeratur aliis virtutibus.
co ' Respondeo dicendum quod ad rationem virtutis humanae pertinet quod opus hominis bonum reddat. unde ubi in actu hominis invenitur specialis ratio bonitatis, necesse est quod ad hoc disponatur homo per specialem virtutem. cum autem bonum, * secundum augustinum, in libro de natura boni, ' consistat in ordine, necesse est specialem rationem boni considerari ex determinato ordine. est autem specialis quidam ordo secundum quod exteriora nostra vel verba vel facta debite ordinantur ad aliquid sicut signum ad signatum. et ad hoc perficitur homo per virtutem veritatis. unde manifestum est quod veritas est specialis virtus.
ra1 ' Ad primum ergo dicendum quod verum et bonum subiecto quidem convertuntur, quia omne verum est bonum, et omne bonum est verum. sed secundum rationem, invicem se excedunt, sicut intellectus et voluntas invicem se includunt; nam intellectus intelligit voluntatem, et multa alia, et voluntas appetit ea quae pertinent ad intellectum, et multa alia. unde verum, secundum rationem propriam, qua est perfectio intellectus, est quoddam particulare bonum, inquantum est appetibile quoddam. et similiter bonum, secundum propriam rationem, prout est finis appetitus, est quoddam verum, inquantum est quoddam intelligibile. quia ergo virtus includit rationem bonitatis, potest esse quod veritas sit specialis virtus, sicut verum est speciale bonum. non autem potest esse quod bonitas sit specialis virtus, cum magis secundum rationem sit genus virtutis.
ra2 ' Ad secundum dicendum quod habitus virtutum et vitiorum sortiuntur speciem ex eo quod est per se intentum, non autem ab eo quod est per accidens et praeter intentionem. quod autem aliquis manifestat quod circa ipsum est, pertinet quidem ad virtutem veritatis sicut per se intentum, ad alias autem virtutes potest pertinere ex consequenti, praeter principalem intentionem. fortis enim intendit fortiter agere, quod autem fortiter agendo aliquis manifestet fortitudinem quam habet, hoc consequitur praeter eius principalem intentionem.
ra3 ' Ad tertium dicendum quod veritas vitae est veritas secundum quam aliquid est verum, non veritas secundum quam aliquis dicit verum. dicitur autem vita vera, sicut etiam quaelibet alia res, ex hoc quod attingit suam regulam et mensuram, scilicet divinam legem, per cuius conformitatem rectitudinem habet. et talis veritas, sive rectitudo, communis est ad quamlibet virtutem.
ra4 ' Ad quartum dicendum quod simplicitas dicitur per oppositum duplicitati, qua scilicet aliquis aliud habet in corde, aliud ostendit exterius. et sic simplicitas ad hanc virtutem pertinet. facit autem intentionem rectam, non quidem directe, quia hoc pertinet ad omnem virtutem, sed excludendo duplicitatem, qua homo unum praetendit et aliud intendit.

009 ST3 qu109 ar3

ag1 ' Ad tertium sic proceditur. videtur quod veritas non sit pars iustitiae. iustitiae enim proprium esse videtur quod reddat alteri debitum. sed ex hoc quod aliquis verum dicit, non videtur alteri debitum reddere, sicut fit in omnibus praemissis iustitiae partibus. ergo veritas non est iustitiae pars.
ag2 ' Praeterea, veritas pertinet ad intellectum. iustitia autem est in voluntate, * ut supra habitum est. ' ergo veritas non est pars iustitiae.
ag3 " Praeterea, triplex distinguitur veritas, * secundum hieronymum, " scilicet veritas vitae, et veritas iustitiae, et veritas doctrinae. ' sed nulla istarum est pars iustitiae. nam veritas vitae continet in se omnem virtutem, * ut dictum est. ' veritas autem iustitiae est idem iustitiae, unde non est pars eius. veritas autem doctrinae pertinet magis ad virtutes intellectuales. ergo veritas nullo modo est pars iustitiae.
sc ' Sed contra est quod * tullius ponit veritatem inter partes iustitiae.
co * Respondeo dicendum quod, sicut supra dictum est, ' ex hoc aliqua virtus iustitiae annectitur sicut secundaria principali, quod partim quidem cum iustitia convenit, partim autem deficit ab eius perfecta ratione. virtus autem veritatis convenit quidem cum iustitia in duobus. uno quidem modo, in hoc quod est ad alterum. manifestatio enim, * quam diximus esse actum veritatis, ' est ad alterum, inquantum scilicet ea quae circa ipsum sunt, unus homo alteri manifestat. alio modo, inquantum iustitia aequalitatem quandam in rebus constituit. et hoc etiam facit virtus veritatis, adaequat enim signa rebus existentibus circa ipsum. deficit autem a propria ratione iustitiae quantum ad rationem debiti. non enim haec virtus attendit debitum legale, quod attendit iustitia, sed potius debitum morale, inquantum scilicet ex honestate unus homo alteri debet veritatis manifestationem. unde veritas est pars iustitiae, inquantum annectitur ei sicut virtus secundaria principali.
ra1 ' Ad primum ergo dicendum quod quia homo est animal sociale, naturaliter unus homo debet alteri id sine quo societas humana conservari non posset. non autem possent homines ad invicem convivere nisi sibi invicem crederent, tanquam sibi invicem veritatem manifestantibus. et ideo virtus veritatis aliquo modo attendit rationem debiti.
ra2 ' Ad secundum dicendum quod veritas secundum quod est cognita, pertinet ad intellectum. sed homo per propriam voluntatem, per quam utitur et habitibus et membris, profert exteriora signa ad veritatem manifestandam. et secundum hoc, manifestatio veritatis est actus voluntatis.
ra3 ' Ad tertium dicendum quod veritas de qua nunc loquimur, differt a veritate vitae * ut dictum est. ' veritas autem iustitiae dicitur dupliciter. uno modo, secundum quod ipsa iustitia est rectitudo quaedam regulata secundum regulam divinae legis. et secundum hoc, differt veritas iustitiae a veritate vitae, quia veritas vitae est secundum quam aliquis recte vivit in seipso; veritas autem iustitiae est secundum quam aliquis rectitudinem legis in iudiciis, quae sunt ad alterum, servat. et secundum hoc, veritas iustitiae non pertinet ad veritatem de qua nunc loquimur, sicut nec veritas vitae. alio modo potest intelligi veritas iustitiae secundum quod aliquis ex iustitia veritatem manifestat, puta cum aliquis in iudicio verum confitetur aut verum testimonium dicit. et haec veritas est quidam particularis actus iustitiae. et non pertinet directe ad hanc veritatem de qua nunc loquimur, quia scilicet in hac manifestatione veritatis principaliter homo intendit ius suum alteri reddere. * unde philosophus, in iv ethic., de hac veritate determinans, dicit, ° non de veridico in confessionibus dicimus, neque quaecumque ad iustitiam vel iniustitiam contendunt. ' veritas autem doctrinae consistit in quadam manifestatione verorum de quibus est scientia. unde nec ista veritas directe pertinet ad hanc virtutem, sed solum veritas qua aliquis et vita |25| et sermone talem se demonstrat qualis est, et non alia quam circa ipsum sint, nec maiora nec minora. veruntamen quia vera scibilia, inquantum sunt a nobis cognita, circa nos sunt et ad nos pertinent; secundum hoc veritas doctrinae potest ad hanc virtutem pertinere, et quaecumque alia veritas qua quis manifestat verbo vel facto quod cognoscit.

009 ST3 qu109 ar4

ag1 ' Ad quartum sic proceditur. videtur quod virtus veritatis non declinet in minus. sicut enim aliquis dicendo maius incurrit falsitatem, ita et dicendo minus, non enim magis est falsum quatuor esse quinque quam quatuor esse tria. ° sed omne falsum est secundum se malum et fugiendum, * ut philosophus dicit, in iv ethic.. ' ergo veritatis virtus non plus declinat in minus quam in maius.
ag2 ' Praeterea, quod una virtus magis declinet ad unum extremum quam ad aliud, contingit ex hoc quod virtutis medium est propinquius uni extremo quam alteri, sicut fortitudo est propinquior audaciae quam timiditati. sed veritatis medium non est propinquius uni extremo quam alteri, quia veritas, cum sit aequalitas quaedam, in medio punctali consistit. ergo veritas non magis declinat in minus.
ag3 ' Praeterea, in minus videtur a veritate recedere qui veritatem negat, in maius autem qui veritati ali-

quid superaddit. sed magis repugnat veritati qui veritatem negat quam qui superaddit, quia veritas non compatitur secum negationem veritatis, compatitur autem secum superadditionem. ergo videtur quod veritas magis debeat declinare in maius quam in minus.
sc * Sed contra est quod philosophus dicit, in iv ethic., quod " homo secundum hanc virtutem magis a vero declinat in minus.
co ' Respondeo dicendum quod declinare in minus a veritate contingit dupliciter. uno modo, affirmando, puta cum aliquis non manifestat totum bonum quod in ipso est, puta scientiam vel sanctitatem vel aliquid huiusmodi. quod fit sine praeiudicio veritatis, quia in maiori est etiam minus. et secundum hoc, haec virtus declinat in minus. ° hoc enim, * ut philosophus dicit ibidem, ° videtur esse prudentius, propter onerosas superabundantias esse. ' homines enim qui maiora de seipsis dicunt quam sint, sunt aliis onerosi, quasi excellere alios volentes, homines autem qui minora de seipsis dicunt, gratiosi sunt, quasi aliis condescendentes per quandam moderationem. * unde apostolus dicit, ii ad cor. xii, ° si voluero gloriari, non ero insipiens, veritatem enim dicam. parco autem, ne quis me existimet supra id quod videt in me, aut audit aliquid ex me. ' alio modo potest aliquis declinare in minus negando, scilicet ut neget sibi inesse quod inest. et sic non pertinet ad hanc virtutem declinare in minus, quia per hoc incurret falsum. et tamen hoc ipsum esset minus repugnans virtuti, non quidem secundum propriam rationem veritatis, sed secundum rationem prudentiae, quam oportet salvari in omnibus virtutibus. magis enim repugnat prudentiae, quia periculosius est et onerosius aliis, |25| quod aliquis existimet vel iactet se habere quod non habet, quam quod non existimet, vel dicat se non habere quod habet.
ra ' Et per hoc patet responsio ad obiecta.

009 ST3 qu110 ar

pr ' Deinde considerandum est de vitiis oppositis veritati. et primo, de mendacio; secundo, de simulatione sive hypocrisi; tertio, de iactantia et opposito vitio. circa mendacium quaeruntur quatuor. primo, utrum mendacium semper opponatur veritati, quasi continens falsitatem. secundo, de speciebus mendacii. tertio, utrum mendacium semper sit peccatum. quarto, utrum semper sit peccatum mortale.

009 ST3 qu110 ar1

ag1 ' Ad primum sic proceditur. videtur quod mendacium non semper opponatur veritati. opposita enim non possunt esse simul. sed mendacium simul potest esse cum veritate, qui enim verum loquitur quod falsum esse credit, mentitur, * ut augustinus dicit, in libro contra mendacium. ' ergo mendacium non opponitur veritati.
ag2 ' Praeterea, virtus veritatis non solum consistit in verbis, sed etiam in factis, quia * secundum philosophum, in iv ethic., ' secundum hanc virtutem aliquis verum dicit et in sermone et in vita. sed mendacium consistit solum in verbis, dicitur enim quod mendacium est falsa vocis significatio. ergo videtur quod mendacium non directe opponatur virtuti veritatis.
ag3 * Praeterea, augustinus dicit, in libro contra mendacium, quod ° culpa mentientis est fallendi cupiditas. ' sed hoc non opponitur veritati, sed magis benevolentiae vel iustitiae. ergo mendacium non opponitur veritati.
sc * Sed contra est quod augustinus dicit, in libro contra mendacium, ° nemo dubitet mentiri eum qui falsum enuntiat causa fallendi. quapropter enuntiationem falsi cum voluntate ad fallendum prolatam, manifestum est esse mendacium. ' sed hoc opponitur veritati. ergo mendacium veritati opponitur.
co ' Respondeo dicendum quod actus moralis ex duobus speciem sortitur, scilicet ex obiecto, et ex fine. nam finis est obiectum voluntatis, quae est primum movens in moralibus actibus. potentia autem a voluntate mota habet suum obiectum, quod est proximum obiectum voluntarii actus, et se habet in actu voluntatis ad finem sicut materiale ad formale, * ut ex supra dictis patet. dictum est autem quod ' virtus veritatis, et per consequens opposita vitia, in manifestatione consistit, quae fit per aliqua signa. quae quidem manifestatio, sive enuntiatio, est rationis actus conferentis signum ad signatum, omnis enim repraesentatio consistit in quadam collatione, quae proprie pertinet ad rationem; unde etsi bruta animalia aliquid manifestent, non tamen manifestationem intendunt, sed naturali instinctu aliquid agunt ad quod manifestatio sequitur. inquantum tamen huiusmodi manifestatio sive enuntiatio est actus moralis, oportet quod sit voluntarius et ex intentione voluntatis dependens. obiectum autem proprium manifestationis sive enuntiationis est verum vel falsum. intentio vero voluntatis inordinatae potest ad duo ferri, quorum unum est ut falsum enuntietur; aliud quidem est effectus proprius falsae enuntiationis, ut scilicet aliquis fallatur. si ergo ista tria concurrant, scilicet quod falsum sit id quod enuntiatur, et quod adsit voluntas falsum enuntiandi, et iterum intentio fallendi, tunc est falsitas materialiter, quia falsum |25| dicitur; et formaliter, propter voluntatem falsum dicendi; et effective, propter voluntatem falsitatem imprimendi. sed tamen ratio mendacii sumitur a formali falsitate, ex hoc scilicet quod aliquis habet voluntatem falsum enuntiandi. unde et mendacium nominatur ex eo quod contra mentem dicitur. et ideo si quis falsum enuntiet credens illud verum esse, est quidem falsum materialiter, sed non formaliter, quia falsitas est praeter intentionem dicentis. unde non habet perfectam rationem mendacii, id enim quod praeter intentionem est, per accidens est; unde non potest esse specifica differentia. si vero formaliter aliquis falsum dicat, habens voluntatem falsum dicendi, licet sit verum id quod dicitur, inquantum tamen huiusmodi actus est voluntarius et moralis, habet per se falsitatem, et per accidens veritatem. unde ad speciem mendacii pertingit. quod autem aliquis intendat falsitatem in opinione alterius constituere fallendo ipsum, non pertinet ad speciem mendacii, sed ad quandam perfectionem ipsius, sicut et in rebus naturalibus aliquid speciem sortitur si formam habeat, etiam si desit formae effectus; sicut patet in gravi quod violenter sursum detinetur, ne descendat secundum exigentiam suae formae. sic ergo patet quod mendacium directe et formaliter opponitur virtuti veritatis.
ra1 ' Ad primum ergo dicendum quod unumquodque magis iudicatur secundum id quod est in eo formaliter et per se, quam secundum id quod est in eo materialiter et per accidens. et ideo magis opponitur veritati, inquantum est virtus moralis, quod aliquis dicat verum intendens dicere falsum, quam quod dicat falsum intendens dicere verum.
ra2 ' Ad secundum dicendum quod, * sicut augustinus dicit, in ii de doctr. christ., ' voces praecipuum locum tenent inter alia signa. et ideo cum dicitur quod mendacium est falsa vocis significatio, nomine vocis intelligitur omne signum. unde ille qui aliquod falsum nutibus significare intenderet, non esset a mendacio immunis.
ra3 ' Ad tertium dicendum quod cupiditas fallendi pertinet ad perfectionem mendacii, non autem ad speciem ipsius, sicut nec aliquis effectus pertinet ad speciem suae causae.

009 ST3 qu110 ar2

ag1 ' Ad secundum sic proceditur. videtur quod insufficienter mendacium dividatur per mendacium officiosum, iocosum et perniciosum. divisio enim est danda secundum ea quae per se conveniunt rei, * ut patet per philosophum, in vii metaphys.. ' sed intentio effectus est praeter speciem actus moralis, et per accidens se habet ad illum, ut videtur, unde et infiniti effectus possunt consequi ex uno actu. haec autem divisio datur secundum intentionem effectus, nam mendacium iocosum est quod fit causa ludi; mendacium autem officiosum, quod fit causa utilitatis; mendacium autem perniciosum, quod fit causa nocumenti. ergo inconvenienter hoc modo dividitur mendacium.
ag2 * Praeterea, augustinus, in libro contra mendacium, " dividit mendacium in octo partes. quorum primum est in doctrina religionis; secundum est ut nulli prosit et obsit alicui; tertium est quod prodest uni ita ut alteri obsit; quartum est quod fit sola mentiendi fallendique libidine; quintum est quod fit placendi cupiditate; sextum est quod nulli obest, et prodest alicui ad conservandam pecuniam; septimum est quod nulli obest, et prodest alicui ad vitandum mortem; octavum quod nulli obest, et prodest alicui ad vitandum immunditiam corporalem. ' ergo videtur quod prima divisio mendacii sit insufficiens.
ag3 * Praeterea, philosophus, in iv ethic., " dividit mendacium in iactantiam, quae verum excedit in dicendo, et ironiam, quae deficit a vero in minus. ' quae duo sub nullo praedictorum membrorum continentur. ergo videtur quod praedicta divisio mendacii sit incompetens.
sc * Sed contra est quod super illud psalm., ° perdes omnes qui loquuntur mendacium, * dicit glossa quod ° sunt tria genera mendaciorum. quaedam enim sunt pro salute et commodo alicuius; est etiam aliud genus mendacii, quod fit ioco; tertium vero mendacii genus est quod fit ex malignitate. ' primum autem horum dicitur officiosum; secundum, iocosum; tertium, perniciosum. ergo mendacium in tria praedicta dividitur.
co ' Respondeo dicendum quod mendacium tripliciter dividi potest. uno modo, secundum ipsam mendacii rationem, quae est propria et per se mendacii divisio. et secundum hoc, mendacium in duo dividitur, scilicet in mendacium quod transcendit veritatem in maius, quod pertinet ad iactantiam; et in mendacium quod deficit a veritate in minus, quod pertinet ad ironiam; * ut patet per philosophum, in iv ethic.. ' haec autem divisio ideo per se est ipsius mendacii, quia mendacium, inquantum huiusmodi, opponitur veritati, * ut dictum est, ' veritas autem aequalitas quaedam est, cui per se opponitur maius et minus. alio modo potest dividi mendacium inquantum habet rationem culpae, secundum ea quae aggravant vel diminuunt culpam mendacii ex parte finis intenti. aggravat autem culpam mendacii si aliquis per mendacium intendat alterius nocumentum, quod vocatur mendacium perniciosum. diminuitur autem culpa mendacii si ordinetur ad aliquod bonum, vel delectabile et sic est mendacium iocosum; vel, utile, et sic est mendacium officiosum, sive quo intenditur iuvamentum alterius vel remotio nocumenti. et secundum hoc, dividitur mendacium * in tria praedicta. ' tertio modo dividitur mendacium universalius secundum ordinem ad finem, sive ex hoc addatur vel diminuatur ad culpam |25| mendacii, sive non. et secundum hoc, est divisio octo membrorum * quae dicta est. ' in qua quidem tria prima membra continentur sub mendacio pernicioso. quod quidem fit vel contra deum, et ad hoc pertinet primum mendacium, quod est in doctrina religionis. vel est contra hominem, sive sola intentione nocendi alicui, et sic est secundum mendacium, quod scilicet nulli prodest et obest alicui; sive etiam intendatur in nocumento unius utilitas alterius, et hoc est tertium mendacium, quod uni prodest et alteri obest. inter quae tria primum est gravissimum, quia semper peccata contra deum sunt graviora, * ut supra dictum est. ' secundum autem est gravius tertio, quod diminuitur ex intentione utilitatis alterius. post haec autem tria quae superaddunt ad gravitatem culpae mendacii, ponitur quartum, quod habet propriam quantitatem sine additione vel diminutione. et hoc est mendacium quod fit ex sola mentiendi libidine, quod procedit ex habitu, * unde et philosophus dicit, in iv ethic., quod ° mendax, eo quod talis est secundum habitum, ipso mendacio gaudet. ' quatuor vero subsequentes modi diminuunt de culpa mendacii. nam quintum est mendacium iocosum, quod fit placendi cupiditate. alia vero tria continentur sub mendacio officioso. in quo intenditur quod est alteri utile vel |50| quantum ad res exteriores, et sic est sextum mendacium, quod prodest alicui ad pecuniam conservandam; vel est utile corpori, et hoc est septimum mendacium, quo impeditur mors hominis; vel est utile etiam ad honestatem virtutis, et hoc est octavum mendacium, in quo impeditur illicita pollutio corporalis. patet autem quod quanto bonum intentum est melius, tanto magis minuitur culpa mendacii. et ideo, si quis diligenter consideret, secundum ordinem praedictae enumerationis est ordo gravitatis culpae in istis mendaciis, nam bonum utile praefertur delectabili; et vita corporalis praefertur pecuniae; honestas autem etiam ipsi corporali vitae.
ra ' Et per hoc patet responsio ad obiecta.

009 ST3 qu110 ar3

ag1 ' Ad tertium sic proceditur. videtur quod non omne mendacium sit peccatum. manifestum est enim quod evangelistae scribendo evangelium non peccaverunt. videntur tamen aliquid falsum dixisse, quia verba christi, et etiam aliorum, frequenter aliter unus et aliter retulit alius; unde videtur quod alter eorum dixerit falsum. non ergo omne mendacium est peccatum.
ag2 ' Praeterea, nullus remuneratur a deo pro peccato. sed obstetrices aegypti remuneratae sunt a deo propter mendacium, * dicitur enim exod. i, quod ° aedificavit illis deus domos. ' ergo mendacium non est peccatum.
ag3 ' Praeterea, gesta sanctorum narrantur in sacra scriptura ad informationem vitae humanae. sed de quibusdam sanctissimis viris legitur quod sunt mentiti, * sicut legitur gen. xii et xx ' quod abraham dixit de uxore sua quod soror sua esset. iacob etiam mentitus est dicens se esau, tamen benedictionem adeptus est, * ut habetur gen. xxvii. ' iudith etiam commendatur, quae tamen holoferni mentita est. non ergo omne mendacium est peccatum.
ag4 ' Praeterea, minus malum est eligendum ut vitetur maius malum, sicut medicus praecidit membrum ne corrumpatur totum corpus. sed minus nocumentum est quod aliquis generet falsam opinionem in animo alicuius quam quod aliquis occidat vel occidatur. ergo licite potest homo mentiri ut unum praeservet ab homicidio, et alium praeservet a morte.
ag5 ' Praeterea, mendacium est si quis non impleat quod promisit. sed non omnia promissa sunt implenda, * dicit enim isidorus, " in malis promissis rescinde fidem. ' ergo non omne mendacium est vitandum.
ag6 ' Praeterea, mendacium ob hoc videtur esse peccatum quia per ipsum homo decipit proximum, * unde augustinus dicit, in libro contra mendacium, ° quisquis esse aliquod genus mendacii quod peccatum non sit, putaverit, decipiet seipsum turpiter, cum honestum se deceptorem arbitretur aliorum. ' sed non omne mendacium est deceptionis causa, quia per mendacium iocosum nullus decipitur. non enim ad hoc dicuntur huiusmodi mendacia ut credantur, sed propter delectationem solam, unde et hyperbolicae locutiones quandoque etiam in sacra scriptura inveniuntur. non ergo omne mendacium est peccatum.
sc * Sed contra est quod dicitur eccli. vii, ° noli velle mentiri omne mendacium.
co ' Respondeo dicendum quod illud quod est secundum se malum ex genere, nullo modo potest esse bonum et licitum, quia ad hoc quod aliquid sit bonum, requiritur quod omnia recte concurrant; " bonum enim est ex integra causa, malum autem est ex singularibus defectibus, * ut dionysius dicit, iv cap. de div. nom.. ' mendacium autem est malum ex genere. est enim actus cadens super indebitam materiam, cum enim voces sint signa naturaliter intellectuum, innaturale est et indebitum quod aliquis voce significet id

quod non habet in mente. * unde philosophus dicit, in iv ethic., quod ° mendacium est per se pravum et fugiendum, verum autem et bonum et laudabile. ' unde omne mendacium est peccatum, * sicut etiam augustinus asserit, in libro contra mendacium.
ra1 ' Ad primum ergo dicendum quod nec in evangelio, nec in aliqua scriptura canonica fas est opinari aliquod falsum asseri, nec quod scriptores earum mendacium dixerunt, quia periret fidei certitudo, quae auctoritati sacrae scripturae innititur. in hoc vero quod in evangelio, et in aliis scripturis sacris, verba aliquorum diversimode recitantur, non est mendacium. * unde augustinus dicit, in libro de consensu evangelist., ° nullo modo laborandum esse iudicat qui prudenter intelligit ipsas sententias esse necessarias cognoscendae veritati, quibuslibet verbis fuerint explicatae. et in hoc apparet, * ut ibidem subdit, ° non debere nos arbitrari mentiri quemquam si, pluribus reminiscentibus rem quam audierunt vel viderunt, non eodem modo atque eisdem verbis eadem res fuerit indicata.
ra2 ' Ad secundum dicendum quod obstetrices non sunt remuneratae pro mendacio, sed pro timore dei et benevolentia, ex qua processit mendacium. * unde signanter dicitur exod. i, ° et quia timuerunt obstetrices deum, aedificavit illis domos. ' mendacium vero postea sequens non fuit meritorium.
ra3 * Ad tertium dicendum quod in sacra scriptura, sicut augustinus dicit, ' inducuntur aliquorum gesta quasi exempla perfectae virtutis, de quibus non est aestimandum eos fuisse mentitos. si qua tamen in eorum dictis appareant quae mendacia videantur, intelligendum est ea figuraliter et prophetice dicta esse. * unde augustinus dicit, in libro contra mendacium, ° credendum est illos homines qui prophetici temporibus digni auctoritate fuisse commemorantur, omnia quae scripta sunt de illis prophetice gessisse atque dixisse. ' abraham tamen, * ut augustinus dicit, in quaest. genes.. ' dicens saram esse suam sororem, veritatem voluit celari, non mendacium dici, soror enim dicitur quia filia fratris erat. * unde et ipse abraham dicit, gen. xx, ° vere soror mea est, filia patris mei, et non matris meae filia, ' quia scilicet ex parte patris ei attinebat. iacob vero mystice dixit se esse esau, primogenitum isaac, quia videlicet primogenita illius de iure ei debebantur. usus autem est hoc modo loquendi per spiritum prophetiae, ad designandum mysterium, quia videlicet minor populus, scilicet gentilium, substituendus erat in locum primogeniti, scilicet in locum iudaeorum. quidam vero commendantur in scriptura non propter perfectam virtutem, sed propter quandam virtutis indolem, quia |25| scilicet apparebat in eis aliquis laudabilis affectus, ex quo movebantur ad quaedam indebita facienda. et hoc modo iudith laudatur, non quia mentita est holoferni, sed propter affectum quem habuit ad salutem populi, pro qua periculis se exposuit. quamvis etiam dici possit quod verba eius veritatem habent secundum aliquem mysticum intellectum.
ra4 ' Ad quartum dicendum quod mendacium non solum habet rationem peccati ex damno quod infert proximo, sed ex sua inordinatione, * ut dictum est. ' non licet autem aliqua illicita inordinatione uti ad impediendum nocumenta et defectus aliorum, sicut non licet furari ad hoc quod homo eleemosynam faciat (nisi forte in casu necessitatis, in quo omnia sunt communia). et ideo non est licitum mendacium dicere ad hoc quod aliquis alium a quocumque periculo liberet. licet tamen veritatem occultare prudenter sub aliqua dissimulatione, * ut augustinus dicit, contra mendacium.
ra5 ' Ad quintum dicendum quod ille qui aliquid promittit, si habeat animum faciendi quod promittit, non mentitur, quia non loquitur contra id quod gerit in mente. si vero non faciat quod promisit, tunc videtur infideliter agere per hoc quod animum mutat. potest tamen excusari ex duobus. uno modo, si promisit id quod est manifeste illicitum, quia promittendo peccavit, mutando autem propositum bene facit. alio modo, si sint mutatae conditiones personarum et negotiorum. * ut enim seneca dicit, in libro de benefic., ' ad hoc quod homo teneatur facere quod promisit, requiritur quod omnia immutata permaneant, alioquin nec fuit mendax in promittendo, quia promisit quod habebat in mente, subintellectis debitis conditionibus; nec etiam est infidelis non implendo quod promisit, quia eaedem conditiones non extant. unde et apostolus non est mentitus, qui non ivit corinthum, quo se iturum esse promiserat, * ut dicitur ii cor. i, ' et hoc propter impedimenta quae supervenerant.
ra6 ' Ad sextum dicendum quod operatio aliqua potest considerari dupliciter, uno modo, secundum seipsam; alio modo, ex parte operantis. mendacium igitur iocosum ex ipso genere operis habet rationem fallendi, quamvis ex intentione dicentis non dicatur ad fallendum, nec fallat ex modo dicendi. nec est simile de hyperbolicis aut quibuscumque figurativis locutionibus, quae in sacra scriptura inveniuntur, * quia, sicut augustinus dicit, in libro contra mendacium, ° quidquid figurate fit aut dicitur, non est mendacium. omnis enim enuntiatio ad id quod enuntiat referenda est, omne autem figurate aut factum aut dictum hoc enuntiat quod significat eis quibus intelligendum prolatum est.

009 ST3 qu110 ar4

ag1 ' Ad quartum sic proceditur. videtur quod omne mendacium sit peccatum mortale. * dicitur enim in psalm., ° perdes omnes qui loquuntur mendacium, * et sap. i, ° os quod mentitur occidit animam. ' sed perditio et mors animae non est nisi per peccatum mortale. ergo omne mendacium est peccatum mortale.
ag2 ' Praeterea, omne quod est contra praeceptum decalogi est peccatum mortale. sed mendacium est contra hoc praeceptum decalogi, non falsum testimonium dices. ergo omne mendacium est peccatum mortale
ag3 * Praeterea, augustinus dicit, in i de doct. christ., ° nemo mentiens, in eo quod mentitur, servat fidem, nam hoc utique vult, ut cui mentitur fidem sibi habeat, quam tamen ei mentiendo non servat. omnis autem fidei violator iniquus est. ' nullus autem dicitur fidei violator vel iniquus propter peccatum veniale. ergo nullum mendacium est peccatum veniale.
ag4 ' Praeterea, merces aeterna non perditur nisi pro peccato mortali. sed pro mendacio perditur merces aeterna, commutata in temporale, * dicit enim gregorius quod ° in remuneratione obstetricum cognoscitur quid mendacii culpa mereatur. nam benignitatis earum merces, quae eis potuit in aeterna vita tribui, praemissa culpa mendacii, in terrenam est remunerationem declinata. ' ergo etiam mendacium officiosum, quale fuit obstetricum, quod videtur esse levissimum, est peccatum mortale.
ag5 * Praeterea, augustinus dicit, in libro contra mendacium, quod ° perfectorum praeceptum est omnino non solum non mentiri, sed nec velle mentiri. ' sed facere contra praeceptum est peccatum mortale. ergo omne mendacium perfectorum est peccatum mortale. pari ergo ratione et quorumlibet aliorum, alioquin essent peiores conditionis.
sc * Sed contra est quod augustinus dicit, in v psalm., ° duo sunt genera mendaciorum in quibus non est magna culpa, sed tamen non sunt sine culpa, cum aut iocamur, aut proximo consulendo mentimur. ' sed omne peccatum mortale habet gravem culpam. ergo mendacium iocosum et officiosum non sunt peccata mortalia.
co ' Respondeo dicendum quod peccatum mortale proprie est quod repugnat caritati, per quam anima vivit deo coniuncta, * ut dictum est. ' potest autem mendacium contrariari caritati tripliciter, uno modo, secundum se; alio modo, secundum finem intentum; tertio modo, per accidens. secundum se quidem contrariatur caritati ex ipsa falsa significatione. quae quidem si sit circa res divinas, contrariatur caritati dei, cuius veritatem aliquis tali mendacio occultat vel corrumpit. unde huiusmodi mendacium non solum opponitur virtuti veritatis, sed etiam virtuti fidei et religionis. et ideo hoc mendacium est gravissimum, et mortale. si vero falsa significatio sit circa aliquid cuius cognitio pertineat ad hominis bonum, puta quae pertinent ad perfectionem scientiae et informationem morum, tale mendacium, inquantum infert damnum falsae opinionis proximo, contrariatur caritati quantum ad dilectionem proximi. unde est peccatum mortale. si vero sit falsa opinio ex mendacio generata circa aliquid de quo non referat utrum sic vel aliter cognoscatur, tunc ex tali mendacio non damnificatur proximus, sicut si aliquis fallatur in aliquibus particularibus contingentibus ad se non pertinentibus. unde tale mendacium secundum se non est peccatum mortale. ratione vero finis intenti, aliquod mendacium contrariatur |25| caritati, puta quod dicitur aut in iniuriam dei, quod semper est peccatum mortale, utpote religioni contrarium; aut in nocumentum proximi, quantum ad personam, divitias vel famam. et hoc etiam est peccatum mortale, cum nocere proximo sit peccatum mortale; ex sola autem intentione peccati mortalis, aliquis mortaliter peccat. si vero finis intentus non sit contrarium caritati, nec mendacium secundum hanc rationem erit peccatum mortale, sicut apparet in mendacio iocoso, in quo intenditur aliqua levis delectatio; et in mendacio officioso, in quo intenditur etiam utilitas proximi. per accidens autem potest contrariari caritati ratione scandali, vel cuiuscumque damni consequentis. et sic erit etiam peccatum mortale, dum scilicet aliquis non veretur propter scandalum publice mentiri.
ra1 ' Ad primum ergo dicendum quod auctoritates illae intelliguntur de mendacio pernicioso, * ut glossa exponit, super illud psalm., ° perdes omnes qui loquuntur mendacium.
ra2 ' Ad secundum dicendum quod, cum omnia praecepta decalogi ordinentur ad dilectionem dei et proximi, * sicut supra dictum est, ' intantum mendacium est contra praeceptum decalogi inquantum est contra dilectionem dei et proximi. unde signanter prohibetur contra proximum falsum testimonium.
ra3 ' Ad tertium dicendum quod etiam peccatum veniale largo modo potest dici iniquitas, inquantum est praeter aequitatem iustitiae. * unde dicitur i ioan. iii, " omne peccatum est iniquitas. * et hoc modo loquitur augustinus.
ra4 ' Ad quartum dicendum quod mendacium obstetricum potest dupliciter considerari. uno modo, quantum ad effectum benevolentiae in iudaeos, et quantum ad reverentiam divini timoris, ex quibus commendatur in eis indoles virtutis. et sic debetur eis remuneratio aeterna. * unde hieronymus exponit quod deus " aedificavit illis domos spirituales. ' alio modo potest considerari quantum ad ipsum exteriorem actum mendacii. quo quidem non potuerunt aeternam remunerationem mereri, sed forte aliquam remunerationem temporalem, cuius merito non repugnabat deformitas illius mendacii, sicut repugnabat merito remunerationis aeternae. * et sic intelligenda sunt verba gregorii, ' non quod per illud mendacium mererentur amittere remunerationem aeternam quam iam ex praecedenti affectu meruerant, sicut ratio procedebat.
ra5 ' Ad quintum dicendum quod quidam dicunt quod " perfectis viris omne mendacium est peccatum mortale. ' sed hoc irrationabiliter dicitur. nulla enim circumstantia aggravat in infinitum nisi quae transfert in aliam speciem. circumstantia autem personae non trahit in aliam speciem, nisi forte ratione alicuius annexi, puta si sit contra votum ipsius; quod non potest dici de mendacio officioso vel iocoso. et ideo mendacium officiosum vel iocosum non est peccatum mortale in viris perfectis, nisi forte per accidens, ratione scandali. * et ad hoc potest referri quod augustinus dicit, ° perfectis esse praeceptum non solum non mentiri, sed nec velle mentiri. " quamvis hoc augustinus non assertive, sed sub dubitatione dicat, * praemittit enim, nisi forte ita ut perfectorum etc.. ' nec obstat quod ipsi ponuntur in statu conservandae veritatis qui ad veritatem tenentur ex suo officio in iudicio vel doctrina. contra quae si mentiantur, erit mendacium quod est peccatum mortale. in aliis autem non oportet quod mortaliter peccent mentiendo.

009 ST3 qu111 ar

pr ' Deinde considerandum est de simulatione et hypocrisi. et circa hoc quaeruntur quatuor. primo, utrum omnis simulatio sit peccatum. secundo, utrum hypocrisis sit simulatio. tertio, utrum opponatur veritati. quarto, utrum sit peccatum mortale.

009 ST3 qu111 ar1

ag1 ' Ad primum sic proceditur. videtur quod non omnis simulatio sit peccatum. * dicitur enim luc. ult., quod dominus se finxit longius ire. et ambrosius dicit de abraham, in libro de patriarchis, quod captiose loquebatur cum servulis cum dixit, gen. xxii, ° ego et puer, illuc usque properantes, postquam adoraverimus, revertemur ad vos. ' fingere autem et captiose loqui ad simulationem pertinet. non est autem dicendum quod in christo et in abraham fuerit peccatum. ergo non omnis simulatio est peccatum.
ag2 ' Praeterea, nullum peccatum est utile. * sed sicut hieronymus dicit, ° utilem simulationem, et in tempore assumendam, iehu, regis israel, nos doceat exemplum, qui interfecit sacerdotes baal fingens se * idola colere velle, ut habetur iv reg. x. ° et david immutavit faciem suam coram achis, rege geth, * ut habetur i reg. xxi. ' ergo non omnis simulatio est peccatum.
ag3 ' Praeterea, bonum malo est contrarium. si ergo simulare bonum est malum, simulare malum erit bonum.
ag4 * Praeterea, isaiae iii, contra quosdam dicitur, ° peccatum suum quasi sodoma praedicaverunt, nec absconderunt. ' sed abscondere peccatum ad simulationem pertinet. ergo non uti simulatione interdum est reprehensibile. vitare autem peccatum nunquam est reprehensibile. ergo simulatio non semper est peccatum.
sc ' Sed contra est quod * isaiae xvi, super illud, in tribus annis etc., dicit glossa, ° in comparatione duorum malorum, levius est aperte peccare quam sanctitatem simulare. ' sed aperte peccare semper est peccatum. ergo simulatio semper est peccatum.
co * Respondeo dicendum quod, sicut dictum est, ' ad virtutem veritatis pertinet ut aliquis talem se exhibeat exterius per signa exteriora qualis est. signa autem exteriora non solum sunt verba, sed etiam facta. sicut ergo veritati opponitur quod aliquis per verba exteriora aliud significet quam quod habet apud se, quod ad mendacium pertinet; ita etiam veritati opponitur quod aliquis per aliqua signa factorum vel rerum aliquid de se significet contrarium eius quod in eo est, quod proprie simulatio dicitur. unde simulatio proprie est mendacium quoddam in exteriorum signis factorum consistens. non refert autem utrum aliquis mentiatur verbo, vel quocumque alio facto, * ut supra dictum est. ' unde, cum omne mendacium sit peccatum, * ut supra habitum est, ' consequens est etiam quod omnis simulatio est peccatum.
ra1 ' Ad primum ergo dicendum quod, * sicut augustinus dicit, in libro de quaest. evang., ° non omne quod fingimus mendacium est. sed quando id fingimus quod nihil significat, tunc est mendacium, cum autem fictio nostra refertur ad aliquam significationem, non est mendacium, sed aliqua figura veritatis. * et subiungit exemplum de figurativis locutionibus, in quibus ' fingitur quaedam res non ut asseratur ita esse, sed eam proponimus ut figuram alterius quod asserere volumus. sic igitur dominus se finxit longius ire, quia composuit motum suum quasi volentis longius ire, ad aliquid figurate significandum, scilicet quod ipse ab eorum fide longe erat, * ut grego-

rius dicit; ' vel, * ut augustinus dicit, ' quia, cum longius recessurus esset ascendendo in caelum, per hospitalitatem quodammodo retinebatur in terra. abraham etiam figurate locutus est. * unde ambrosius dicit de abraham quod ° prophetavit quod ignorabat. ipse enim solus disponebat redire, immolato filio, sed dominus per os eius locutus est quod parabat. ' unde patet quod neuter simulavit.

ra2 * Ad secundum dicendum quod hieronymus large utitur nomine ' simulationis pro quacumque fictione. commutatio autem faciei david fuit fictio figuralis, * sicut glossa exponit in titulo illius psalmi, ° benedicam dominum in omni tempore. ' simulationem vero iehu non est necesse excusari a peccato vel mendacio, quia malus fuit, utpote ab idololatria ieroboam non recedens. commendatur tamen et temporaliter remuneratur a deo, non pro simulatione, sed pro zelo quo destruxit cultum baal.

ra3 * Ad tertium dicendum quod quidam dicunt quod " nullus potest se simulare esse malum, quia per opera bona nullus se simulat malum; si autem opera mala faciat, malus est. ' sed haec ratio non cogit. potest enim aliquis se simulare malum per opera quae in se non sunt mala, sed habent quandam speciem mali. et tamen ipsa simulatio est mala, tum ratione mendacii; tum ratione scandali. et quamvis per hoc fiat malus, non tamen fit malus illa malitia quam simulat. et quia ipsa simulatio secundum se mala est, non ratione eius de quo est; sive sit de bono sive de malo, peccatum est.

ra4 ' Ad quartum dicendum quod sicut aliquis verbo mentitur quando significat quod non est, non autem quando tacet quod est, quod aliquando licet; ita etiam simulatio est quando aliquis per exteriora signa factorum vel rerum significat aliquid quod non est, non autem si aliquis praetermittat significare quod est. unde aliquis potest peccatum suum occultare absque simulatione. et secundum hoc intelligendum est * quod hieronymus dicit ibidem, quod ° secundum remedium post naufragium est peccatum abscondere, ' ne scilicet exinde aliis scandalum generetur.

009 ST3 qu111 ar2

ag1 ' Ad secundum sic proceditur. videtur quod hypocrisis non sit idem quod simulatio. simulatio enim consistit in quodam factorum mendacio. sed hypocrisis potest esse etiam si aliquis ostendat exterius quae interius agit, * secundum illud matth. vi, ° cum facis eleemosynam, noli tuba canere ante te, sicut hypocritae faciunt. ' ergo hypocrisis non est idem simulationi.

ag2 * Praeterea, gregorius dicit, xxxi moral., ° sunt nonnulli qui et sanctitatis habitum tenent, et perfectionis meritum exequi non valent. hos nequaquam credendum est in hypocritarum numerum currere, quia aliud est infirmitate, aliud malitia peccare. ' sed illi qui tenent habitum sanctitatis et meritum perfectionis non exequuntur, sunt simulatores, quia exterior habitus sanctitatis opera perfectionis significat. non ergo simulatio est idem quod hypocrisis.

ag3 ' Praeterea, hypocrisis in sola intentione consistit, * dicit enim dominus de hypocritis, matth. xxiii, quod ° omnia opera sua faciunt ut ab hominibus videantur; * et gregorius dicit, xxxi moral., quod ° nunquam quid agant, sed quomodo de actione qualibet hominibus possint placere, considerant. ' sed simulatio non consistit in sola intentione, sed in exteriori operatione, * unde super illud iob xxxvi, simulatores et callidi provocant iram dei, dicit glossa quod ° simulator aliud simulat, aliud agit, castitatem praefert, et lasciviam sequitur; ostentat paupertatem, et marsupium replet. ' ergo hypocrisis non est idem quod simulatio.

sc * Sed contra est quod isidorus dicit, in libro etymol., ° hypocrita graeco sermone in latino simulator interpretatur, qui, dum intus malus sit, bonum se palam ostendit, hypo enim falsum, crisis iudicium interpretatur.

co * Respondeo dicendum quod, sicut isidorus dicit, ibidem, ° nomen hypocritae tractum est a specie eorum qui in spectaculis contecta facie incedunt, distinguentes vultum vario colore ut ad personae quam simulant colorem perveniant, modo in specie viri, modo in specie feminae, ut in ludis populum fallant. * unde augustinus dicit, in libro de serm. dom. in monte, quod ° sicut hypocritae simulatores personarum aliarum, agunt partes illius quod non sunt (non enim qui agit partes agamemnonis, vere ipse est, sed simulat eum); sic in ecclesiis et in omni vita humana quisquis se vult videri quod non est, hypocrita est, simulat enim se iustum, non exhibet. ' sic dicendum est quod hypocrisis simulatio est, non autem omnis simulatio, sed solum illa qua quis simulat personam alterius; sicut cum peccator simulat personam iusti.

ra1 ' Ad primum ergo dicendum quod opus exterius naturaliter significat intentionem. quando ergo aliquis per bona opera quae facit, ex suo genere ad dei servitium pertinentia, non quaerit deo placere, sed hominibus, simulat rectam intentionem, quam non habet. * unde gregorius dicit, xxxi moral., quod ° hypocritae per causas dei intentioni deserviunt saeculi, quia per ipsa quoque quae se agere sancta ostendunt, non conversionem quaerunt hominum, sed auras favorum. ' et ita simulant mendaciter intentionem rectam, quam non habent, quamvis non simulent aliquod rectum opus quod non agant.

ra2 ' Ad secundum dicendum quod habitus sanctitatis, puta religionis vel clericatus, significat statum quo quis obligatur ad opera perfectionis. et ideo cum quis habitum sanctitatis assumit intendens se ad statum perfectionis transferre, si per infirmitatem deficiat, non est simulator vel hypocrita, quia non tenetur manifestare suum peccatum sanctitatis habitum deponendo. si autem ad hoc sanctitatis habitum assumeret ut se iustum ostentaret, esset hypocrita et simulator.

ra3 ' Ad tertium dicendum quod in simulatione, sicut in mendacio, duo sunt, unum quidem sicut signum, et aliud sicut signatum. mala ergo intentio in hypocrisi consideratur sicut signatum, quod non respondet signo. exteriora autem vel verba vel opera, vel quaecumque sensibilia, considerantur in omni simulatione et mendacio sicut signa.

009 ST3 qu111 ar3

ag1 ' Ad tertium sic proceditur. videtur quod hypocrisis non opponatur virtuti veritatis. in simulatione enim sive hypocrisi est signum et signatum. sed quantum ad utrumque, non videtur opponi alicui speciali virtuti, hypocrita enim simulat quamcumque virtutem; et etiam per quaecumque virtutis opera, puta per ieiunium, orationem et eleemosynam, * ut habetur matth. vi. ' ergo hypocrisis non opponitur specialiter virtuti veritatis.

ag2 ' Praeterea, omnis simulatio ex aliquo dolo procedere videtur, unde et simplicitati opponitur. dolus autem opponitur prudentiae, * ut supra habitum est. ' ergo hypocrisis, quae est simulatio, non opponitur veritati, sed magis prudentiae vel simplicitati.

ag3 ' Praeterea, species moralium considerantur ex fine. sed finis hypocrisis est acquisitio lucri vel inanis gloriae, * unde super illud iob xxvii, quae est spes hypocritae, si avare rapiat etc., dicit glossa, ° hypocrita, qui latine dicitur simulator, avarus raptor est, qui dum inique agens desiderat de sanctitate venerari, laudem vitae rapit alienae. ' cum ergo avaritia, vel inanis gloria, non directe opponatur veritati, videtur quod nec simulatio sive hypocrisis.

sc ' Sed contra est quia omnis simulatio est mendacium quoddam, * ut dictum est. ' mendacium autem directe opponitur veritati. ergo et simulatio sive hypocrisis.

co * Respondeo dicendum quod, secundum philosophum, in x metaphys., " contrarietas est oppositio secundum formam, a qua scilicet res speciem habet. ' et ideo dicendum est quod simulatio sive hypocrisis potest opponi alicui virtuti dupliciter, uno modo, directe; et alio modo, indirecte. directa quidem oppositio eius sive contrarietas est attendenda secundum ipsam speciem actus, quae accipitur secundum proprium obiectum. unde cum hypocrisis sit quaedam simulatio qua quis simulat se habere personam quam non habet, * ut dictum est, ' consequens est quod directe opponatur veritati, ° per quam aliquis exhibet se talem vita et sermone qualis est, * ut dicitur in iv ethic.. ' indirecta autem oppositio vel contrarietas hypocrisis potest attendi secundum quodcumque accidens, puta secundum aliquem finem remotum, vel secundum aliquod instrumentum actus, vel quodcumque aliud huiusmodi.

ra1 ' Ad primum ergo dicendum quod hypocrita simulans aliquam virtutem, assumit eam ut finem non quidem secundum existentiam, quasi volens eam habere; sed secundum apparentiam, quasi volens videri eam habere. ex quo non habet quod opponatur illi virtuti, sed quod opponatur veritati, inquantum vult decipere homines circa illam virtutem. opera autem illius virtutis non assumit quasi per se intenta, sed instrumentaliter, quasi signa illius virtutis. unde ex hoc non habet directam oppositionem ad illam virtutem.

ra2 * Ad secundum dicendum quod, sicut supra dictum est, ' prudentiae directe opponitur astutia, ad quam pertinet adinvenire quasdam vias apparentes et non existentes ad propositum consequendum. executio autem astutiae est proprie per dolum in verbis, per fraudem autem in factis. et sicut astutia se habet ad prudentiam, ita dolus et fraus ad simplicitatem. dolus autem vel fraus ordinatur ad decipiendum principaliter, et quandoque secundario ad nocendum. unde ad simplicitatem pertinet directe se praeservare a deceptione. et secundum hoc, * ut supra dictum est, ' virtus simplicitatis est eadem virtuti veritatis, sed differt sola ratione, quia veritas dicitur secundum quod signa concordant signatis; simplicitas autem dicitur secundum quod non tendit in diversa, ut scilicet aliud intendat interius, aliud praetendat exterius.

ra3 ' Ad tertium dicendum quod lucrum vel gloria est finis remotus simulatoris, sicut et mendacis. unde ex hoc fine speciem non sortitur, sed ex fine proximo, qui est ostendere se alium quam sit. unde quandoque contingit quod aliquis fingit de se magna, nullius alterius gratia, sed sola libidine simulandi, * sicut philosophus dicit, in iv ethic., * et sicut etiam supra de mendacio dictum est.

009 ST3 qu111 ar4

ag1 ' Ad quartum sic proceditur. videtur quod hypocrisis semper sit peccatum mortale. * dicit enim hieronymus, isaiae xvi, in glossa, quod ° in comparatione duorum malorum, levius est aperte peccare quam sanctitatem simulare. * et super illud iob i, sicut autem domino placuit etc., dicit glossa ° quod simulata aequitas non est aequitas, sed duplicatum peccatum. * et super illud thren. iv, ° maior effecta est iniquitas populi mei peccato sodomorum, * dicit glossa, ° scelera animae planguntur quae in hypocrisim labitur, cuius maior est iniquitas peccato sodomorum. ' peccata autem sodomorum sunt peccata mortalia. ergo et hypocrisis semper est peccatum mortale.

ag2 * Praeterea, gregorius dicit, xxxi moral., quod " hypocritae ex malitia peccant. ' sed hoc est gravissimum, quod pertinet ad peccatum in spiritum sanctum. ergo hypocrita semper mortaliter peccat.

ag3 ' Praeterea, nullus meretur iram dei et exclusionem a dei visione nisi propter peccatum mortale. sed per hypocrisim aliquis meretur iram dei, * secundum illud iob xxxvi, ° simulatores et callidi provocant iram dei. ' excluditur etiam hypocrita a visione dei, * secundum illud iob xiii, ° non veniet in conspectu eius omnis hypocrita. ' ergo hypocrisis semper est peccatum mortale.

sc1 ' Sed contra est quia hypocrisis est mendacium operis, cum sit simulatio quaedam. non autem omne mendacium oris est peccatum mortale. ergo nec omnis hypocrisis.

sc2 ' Praeterea, intentio hypocritae est ad hoc quod videatur bonus. sed hoc non opponitur caritati. ergo hypocrisis non est secundum se peccatum mortale.

sc3 ' Praeterea, hypocrisis nascitur ex inani gloria, * ut gregorius dicit, xxxi moral.. ' sed inanis gloria non semper est peccatum mortale. ergo neque hypocrisis.

co ' Respondeo dicendum quod in hypocrisi duo sunt, scilicet defectus sanctitatis, et simulatio ipsius. si ergo hypocrita dicatur ille cuius intentio fertur ad utrumque, ut scilicet aliquis non curet sanctitatem habere, sed solum sanctus apparere, sicut consuevit accipi in sacra scriptura, sic manifestum est quod est peccatum mortale. nullus enim privatur totaliter sanctitate nisi per peccatum mortale. si autem dicatur hypocrita ille qui intendit simulare sanctitatem, a qua deficit per peccatum mortale, tunc, quamvis sit in peccato mortali, ex quo privatur sanctitate; non tamen semper ipsa simulatio est ei in peccatum mortale, sed quandoque veniale. quod discernendum est ex fine. qui si repugnat caritati dei vel proximi, erit peccatum mortale, puta cum simulat sanctitatem ut falsam doctrinam disseminet, vel ut adipiscatur ecclesiasticam dignitatem indignus, vel quaecumque alia temporalia bona in quibus finem constituit. si vero finis intentus non repugnet caritati, erit peccatum veniale, puta cum aliquis in ipsa fictione delectatur, * de quo philosophus dicit, in iv ethic., quod ° magis videtur vanus quam malus. ' eadem enim ratio est de mendacio et simulatione. contingit tamen quandoque quod aliquis simulat perfectionem sanctitatis, quae non est de necessitate salutis. et talis simulatio nec semper est peccatum mortale, nec semper est cum peccato mortali.

ra ' Et per hoc patet responsio ad obiecta.

009 ST3 qu112 ar

pr ' Deinde considerandum est de iactantia et ironia, quae sunt partes mendacii, * secundum philosophum, in iv ethic.. ' primo autem circa iactantiam quaeruntur duo. primo, cui virtuti opponatur. secundo, utrum sit peccatum mortale.

009 ST3 qu112 ar1

ag1 ' Ad primum sic proceditur. videtur quod iactantia non opponatur virtuti veritatis. veritati enim opponitur mendacium. sed quandoque potest esse iactantia etiam sine mendacio, sicut cum aliquis excellentiam suam ostentat, * dicitur enim esther i, quod ° assuerus fecit grande convivium, ut ostenderet divitias gloriae suae ac regni sui, ac magnitudinem atque iactantiam potentiae suae. ' ergo iactantia non opponitur virtuti veritatis.

ag2 ' Praeterea, iactantia * ponitur a gregorio, xxiii moral., ' una de quatuor speciebus superbiae, cum scilicet quis iactat se habere quod non habet. * unde dicitur ierem. xlviii, ° audivimus superbiam moab, superbus est valde. sublimitatem eius et arrogantiam et superbiam et altitudinem cordis illius ego scio, ait dominus, iactantiam eius, et quod non sit iuxta eam virtus eius. * et xxxi moral., dicit gregorius quod " iactantia oritur ex inani gloria. ' superbia autem et inanis gloria opponuntur virtuti humilitatis. ergo iactantia non opponitur veritati, sed humilitati.

ag3 ' Praeterea, iactantia ex divitiis causari videtur, * unde dicitur sap. v, ° quid nobis profuit superbia? aut quid divitiarum iactantia contulit nobis? ' sed superfluitas divitiarum videtur pertinere ad peccatum avaritiae, quod opponitur iustitiae vel liberalitati. non ergo iactantia opponitur veritati.

sc ' Sed contra est quod * philosophus, in ii et iv ethic., iactantiam opponit veritati.

co ' Respondeo dicendum quod iactantia proprie importare videtur quod homo verbis se extollat, illa enim quae homo vult longe iactare, in altum elevat. tunc autem proprie aliquis se extollit, quando de se

supra se aliquid dicit. quod quidem contingit dupliciter. quandoque enim aliquis loquitur de se, non quidem supra id quod in se est, sed supra id quod de eo homines opinantur * quod apostolus refugiens dicit, ii ad cor. xii, ° parco, ne quis me existimet supra id quod videt in me, aut audit aliquid ex me. ' alio modo aliquis per verba se extollit loquens de se supra id quod in se est secundum rei veritatem. et quia magis est aliquid iudicandum secundum quod in se est quam secundum quod est in opinione aliorum, inde est quod magis proprie dicitur iactantia quando aliquis effert se supra id quod in ipso est, quam quando effert se supra id quod est in opinione aliorum, quamvis utroque modo iactantia dici possit. et ideo iactantia proprie dicta opponitur veritati per modum excessus.
ra1 ' Ad primum ergo dicendum quod ratio illa procedit de iactantia secundum quod excedit opinionem.
ra2 ' Ad secundum dicendum quod peccatum iactantiae potest considerari dupliciter. uno modo, secundum speciem actus. et sic opponitur veritati, * ut dictum est. ' alio modo, secundum causam suam, ex qua, etsi non semper, tamen frequentius accidit. et sic procedit quidem ex superbia sicut ex causa interius motiva et impellente, ex hoc enim quod aliquis interius per arrogantiam supra seipsum elevatur, sequitur plerumque quod exterius maiora quaedam de se iactet; licet quandoque non ex arrogantia, sed ex quadam vanitate aliquis ad iactantiam procedat, et in hoc delectetur quia talis est secundum habitum. et ideo arrogantia, per quam aliquis supra seipsum extollitur, est superbiae species, non tamen est idem iactantiae, sed, ut frequentius, eius causa, * et propter hoc gregorius iactantiam ponit inter superbiae species. ' tendit autem iactator plerumque ad hoc quod gloriam consequatur per suam iactantiam. et ideo, * secundum gregorium, ' ex inani gloria oritur secundum rationem finis.
ra3 ' Ad tertium dicendum quod opulentia etiam iactantiam causat dupliciter. uno modo, occasionaliter, inquantum de divitiis aliquis superbit. * unde et signanter, prov. viii, ' opes dicuntur superbae. alio modo, per modum finis, * quia, ut dicitur in iv ethic., ' aliqui seipsos iactant non solum propter gloriam, sed etiam propter lucrum, qui de seipsis fingunt ea ex quibus lucrari possint, puta quod sint medici, vel sapientes et divini.

009 ST3 qu112 ar2

ag1 ' Ad secundum sic proceditur. videtur quod iactantia sit peccatum mortale. * dicitur enim prov. xxviii, ° qui se iactat et dilatat, iurgia concitat. ' sed concitare iurgia est peccatum mortale, detestatur enim deus eos qui seminant discordias, * ut habetur prov. vi. ' ergo iactantia est peccatum mortale.
ag2 ' Praeterea, omne quod prohibetur in lege dei est peccatum mortale. * sed super illud eccli. vi, ° non te extollas in cogitatione tua, * dicit glossa, ° iactantiam et superbiam prohibet. ' ergo iactantia est peccatum mortale.
ag3 ' Praeterea, iactantia est mendacium quoddam. non est autem mendacium officiosum vel iocosum. quod patet ex fine mendacii. * quia, ut philosophus dicit, in iv ethic., " iactator fingit de se maiora existentibus, quandoque nullius gratia, quandoque autem gratia gloriae vel honoris, quandoque autem gratia argenti, ' et sic patet quod neque est mendacium iocosum, neque officiosum. unde relinquitur quod semper sit perniciosum. videtur ergo semper esse peccatum mortale.
sc ' Sed contra est quod iactantia oritur ex inani gloria, * secundum gregorium, xxxi moral.. ' sed inanis gloria non semper est peccatum mortale, sed quandoque veniale, quod vitare est valde perfectorum, * dicit enim gregorius quod ° valde perfectorum est sic ostenso opere auctoris gloriam quaerere ut de illata laude privata nesciant exultatione gaudere. ' ergo iactantia non semper est peccatum mortale.
co * Respondeo dicendum quod, sicut supra dictum est, ' peccatum mortale est quod caritati contrariatur. dupliciter ergo iactantia considerari potest. uno modo, secundum se, prout est mendacium quoddam. et sic quandoque est peccatum mortale, quandoque veniale. mortale quidem, quando aliquis iactanter de se profert quod est contra gloriam dei, * sicut ex persona regis tyri dicitur ezech. xxviii, ° elevatum est cor tuum, et dixisti, deus ego sum. ' vel etiam contra caritatem proximi, sicut cum aliquis, iactando seipsum, prorumpit in contumelias aliorum; * sicut habetur luc. xviii de pharisaeo, qui dicebat, ° non sum sicut ceteri hominum, raptores, iniusti, adulteri, velut etiam hic publicanus. ' quandoque vero est peccatum veniale, quando scilicet aliquis de se talia iactat quae neque sunt contra deum, neque contra proximum. alio modo potest considerari secundum suam causam, scilicet superbiam, vel appetitum lucri aut inanis gloriae. et sic, si procedat ex superbia vel inani gloria quae sit peccatum mortale, etiam ipsa iactantia erit peccatum mortale. alioquin erit peccatum veniale. sed quando aliquis prorumpit in iactantiam propter appetitum lucri, hoc videtur iam pertinere ad proximi deceptionem et damnum. et ideo talis iactantia magis est peccatum mortale. * unde et philosophus dicit, in iv ethic., quod [25] ° turpior est qui se iactat causa lucri quam qui se iactat causa gloriae vel honoris. ' non tamen semper est peccatum mortale, quia potest esse tale lucrum ex quo alius non damnificatur.
ra1 ' Ad primum ergo dicendum quod ille qui se iactat ad hoc quod iurgia concitet, peccat mortaliter. sed quandoque contingit quod iactantia est causa iurgiorum non per se, sed per accidens. unde ex hoc iactantia non est peccatum mortale.
ra2 ' Ad secundum dicendum quod glossa illa loquitur de iactantia secundum quod procedit ex superbia prohibita, quae est peccatum mortale.
ra3 ' Ad tertium dicendum quod non semper iactantia importat mendacium perniciosum, sed solum quando est contra caritatem dei aut proximi, aut secundum se aut secundum causam suam. quod autem aliquis se iactet quasi hoc ipso delectatus, est quidam vanum, * ut philosophus dicit. ' unde reducitur ad mendacium iocosum, nisi forte hoc divinae dilectioni praeferret, ut propter hoc dei praecepta contemneret; sic enim esset contra caritatem dei, in quo solo mens nostra debet quiescere sicut in ultimo fine. videtur autem ad mendacium officiosum pertinere cum aliquis ad hoc se iactat ut gloriam vel lucrum acquirat, dummodo hoc sit sine damno aliorum; quia hoc iam pertineret ad mendacium perniciosum.

009 ST3 qu113 ar

pr ' Deinde considerandum est de ironia. circa quam quaeruntur duo. primo, utrum ironia sit peccatum. secundo, de comparatione eius ad iactantiam.

009 ST3 qu113 ar1

ag1 ' Ad primum sic proceditur. videtur quod ironia, per quam aliquis minora de se fingit, non sit peccatum. nullum enim peccatum procedit ex divina confortatione. ex qua procedit quod aliquis de se minora dicat, * secundum illud prov. xxx, ° visio quam locutus est vir cum quo est deus, et qui, deo secum morante confortatus, ait, stultissimus sum virorum. * et amos vii dicitur, ° respondit amos, non sum propheta. ' ergo ironia, per quam aliquis minora de se dicit, non est peccatum.
ag2 ' Praeterea, * gregorius dicit, in epistola ad augustinum anglorum episcopum, ° bonarum mentium est ibi suas culpas agnoscere ubi culpa non est. ' sed omne peccatum repugnat bonitati mentis. ergo ironia non est peccatum.
ag3 ' Praeterea, fugere superbiam non est peccatum. ° sed aliqui minora de seipsis dicunt fugientes tumidum, * ut philosophus dicit, iv ethic.. ' ergo ironia non est peccatum.
sc * Sed contra est quod augustinus dicit, in libro de verbis apost., ° cum humilitatis causa mentiris, si non eras peccator antequam mentireris, mentiendo efficeris.
co ' Respondeo dicendum quod hoc quod aliqui minora de se dicant, potest contingere dupliciter. uno modo, salva veritate, dum scilicet maiora quae sunt in seipsis, reticent; quaedam vero minora detegunt et de se proferunt, quae tamen in se esse recognoscunt. et sic minora de se dicere non pertinet ad ironiam, nec est peccatum secundum genus suum, nisi per alicuius circumstantiae corruptionem. alio modo aliquis dicit minora a veritate declinans, puta cum asserit de se aliquid vile quod in se non recognoscit; aut cum negat de se aliquid magnum quod tamen percipit in seipso esse. et sic pertinet ad ironiam, et est semper peccatum.
ra1 ' Ad primum ergo dicendum quod duplex est sapientia, et duplex stultitia. est enim quaedam sapientia secundum deum, quae humanam vel mundanam stultitiam habet adiunctam, * secundum illud i ad cor. iii, ° si quis inter vos sapiens videtur esse in hoc saeculo, stultus fiat, ut sit sapiens. ' alia vero est sapientia mundana, * quae, ut ibidem subditur. " stultitia est apud deum. ' ille ergo qui a deo confortatur. confitetur se esse stultissimum secundum reputationem humanam, quia scilicet mundana contemnit, quae hominum sapientia quaerit. * unde et ibidem subditur, " et sapientia hominum non est mecum, * et postea subdit, " et novi sanctorum scientiam. ' vel potest dici sapientia hominum esse quae humana ratione acquiritur, sapientia vero sanctorum quae ex divina inspiratione habetur. amos autem negavit se esse prophetam origine, quia scilicet non erat de genere prophetarum. * unde et ibidem subdit, " nec filius prophetae.
ra2 ' Ad secundum dicendum quod ad bonitatem mentis pertinet ut homo ad iustitiae perfectionem tendat. et ideo in culpam reputat non solum si deficiat a communi iustitia, quod vere culpa est, sed etiam si deficiat a iustitiae perfectione, quod quandoque culpa non est. non autem culpam dicit quod pro culpa non recognoscit, quod ad ironiae mendacium pertineret.
ra3 ' Ad tertium dicendum quod homo non debet unum peccatum facere ut aliud vitet. et ideo non debet mentiri qualitercumque ut vitet superbiam. * unde augustinus dicit, super ioan., ° non ita caveatur arrogantia ut veritas relinquatur. * et gregorius dicit quod ° incaute sunt humiles qui se mentiendo illaqueant.

009 ST3 qu113 ar2

ag1 ' Ad secundum sic proceditur. videtur quod ironia non sit minus peccatum quam iactantia. utrumque enim est peccatum inquantum declinat a veritate, quae est aequalitas quaedam. sed ab aequalitate non magis declinat qui excedit quam qui diminuit. ergo ironia non est minus peccatum quam iactantia.
ag2 * Praeterea, secundum philosophum, ' ironia quandoque iactantia est. iactantia autem non est ironia. ergo ironia est gravius peccatum quam iactantia.
ag3 * Praeterea, prov. xxvi dicitur, ° quando submiserit vocem suam, ne credideris ei, quoniam septem nequitiae sunt in corde illius. ' sed submittere vocem pertinet ad ironiam. ergo in ea est multiplex nequitia.
sc * Sed contra est quod philosophus dicit, in iv ethic., quod ° irones et minus dicentes gratiores secundum mores videntur.
co * Respondeo dicendum quod, sicut supra dictum est, ' unum mendacium est gravius altero, quandoque quidem ex materia de qua est, sicut mendacium quod fit in doctrina religionis est gravissimum, quandoque autem ex motivo ad peccandum, sicut mendacium perniciosum est gravius quam officiosum vel iocosum. ironia autem et iactantia circa idem mentiuntur, vel verbis vel quibuscumque exterioribus signis, scilicet circa conditionem personae. unde quantum ad hoc aequalia sunt. sed ut plurimum iactantia ex turpiori motivo procedit, scilicet ex appetitu lucri vel honoris, ironia vero ex hoc quod fugit, licet inordinate, per elationem aliis gravis esse. * et secundum hoc philosophus dicit quod " iactantia est gravius peccatum quam ironia. ' contingit tamen quandoque quod aliquis minora de se fingit ex aliquo alio motivo, puta ad dolose decipiendum. et tunc ironia est gravior.
ra1 ' Ad primum ergo dicendum quod ratio illa procedit de ironia et iactantia secundum quod mendacii gravitas consideratur ex seipso, vel ex materia eius. * sic enim dictum est quod aequalitatem habent.
ra2 ' Ad secundum dicendum quod duplex est excellentia, una quidem in temporalibus rebus; alia vero in spiritualibus. contingit autem quandoque quod aliquis per exteriora signa vel per verba praetendit quidem defectum in exterioribus rebus, puta per aliquam vestem abiectam aut per aliquid huiusmodi, et per hoc ipsum intendit ostentare aliquam excellentiam spiritualem, * sicut dominus de quibusdam dicit, matth. vi, quod ° exterminant facies suas ut appareant hominibus ieiunantes. ' unde isti simul incurrunt vitium ironiae et iactantiae (tamen secundum diversa), et propter hoc gravius peccant. * unde et philosophus dicit, in iv ethic., quod ° et superabundantia et valde defectus iactantium est. ' propter quod et de augustino legitur quod neque vestes nimis pretiosas, neque nimis abiectas habere volebat, quia in utroque homines suam gloriam quaerunt.
ra3 * Ad tertium dicendum quod, sicut dicitur eccli. xix, ° est qui nequiter se humiliat, et interiora eius plena sunt dolo. ' et secundum hoc, salomon loquitur de eo qui ex dolosa humilitate vocem suam submittit.

009 ST3 qu114 ar

pr ' Deinde considerandum est de amicitia quae affabilitas dicitur; et de vitiis oppositis, quae sunt adulatio et litigium. circa amicitiam autem seu affabilitatem quaeruntur duo. primo, utrum sit specialis virtus. secundo, utrum sit pars iustitiae.

009 ST3 qu114 ar1

ag1 ' Ad primum sic proceditur. videtur quod amicitia non sit specialis virtus. * dicit enim philosophus, in viii ethic., quod ° amicitia perfecta est quae est propter virtutem. ' quaelibet autem virtus est amicitiae causa, quia bonum omnibus est amabile, * ut dionysius dicit, iv cap. de div. nom.. ' ergo amicitia non est specialis virtus, sed consequens omnem virtutem.
ag2 * Praeterea, philosophus dicit, in iv ethic., de tali amico, quod ° non in amando vel inimicando recipit singula ut oportet. ' sed quod aliquis signa amicitiae ostendat ad eos quos non amat, videtur pertinere ad simulationem, quae repugnat virtuti. ergo huiusmodi amicitia non est virtus.
ag3 " Praeterea, virtus in medietate constituitur prout sapiens determinabit, * sicut dicitur in ii ethic.. sed eccle. vii dicitur, ° cor sapientum ubi tristitia, et cor stultorum ubi laetitia, ' unde ad virtuosum pertinet maxime a delectatione sibi cavere, * ut dicitur ii ethic.. ° haec autem amicitia per se quidem desiderat condelectare, contristare autem reveretur, * ut philosophus dicit, in iv ethic.. ' ergo huiusmodi amicitia non est virtus.
sc ' Sed contra, praecepta legis dantur de actibus virtutum. * sed eccli. iv dicitur, ° congregationi pauperum affabilem te facito. ' ergo affabilitas, quae hic amicitia dicitur, est quaedam specialis virtus.
co * Respondeo dicendum quod, sicut dictum est, ' cum virtus ordinetur ad bonum, ubi occurrit specialis ratio boni, ibi oportet esse specialem rationem virtutis. bonum autem in ordine consistit, * sicut supra dictum est. ' oportet autem hominem convenienter ad alios homines ordinari in communi conversatione, tam in factis quam in dictis, ut scilicet ad unumquemque se habeat secundum quod decet. et i-

deo oportet esse quandam specialem virtutem quae hanc convenientiam ordinis observet. et haec vocatur amicitia sive affabilitas.
ra1 * Ad primum ergo dicendum quod philosophus in libro ethicorum ‘ de duplici amicitia loquitur. quarum una consistit principaliter in affectu quo unus alium diligit. et haec potest consequi quamcumque virtutem. * quae autem ad hanc amicitiam pertinent, supra de caritate dicta sunt. ‘ aliam vero amicitiam ponit quae consistit in solis exterioribus verbis vel factis. quae quidem non habet perfectam rationem amicitiae, sed quandam eius similitudinem, inquantum scilicet quis decenter se habet ad illos cum quibus conversatur.
ra2 ‘ Ad secundum dicendum quod omnis homo naturaliter omni homini est amicus quodam generali amore, sicut * etiam dicitur eccli. xiii, quod ‘ omne animal diligit simile sibi. et hunc amorem repraesentant signa amicitiae quae quis exterius ostendit in verbis vel factis etiam extraneis et ignotis. unde non est ibi simulatio. non enim ostendit eis signa perfectae amicitiae, quia non eodem modo se habet familiariter ad extraneos sicut ad eos qui sunt sibi speciali amicitia iuncti.
ra3 ‘ Ad tertium dicendum quod cor sapientum dicitur esse ubi tristitia non quidem ut ipse proximo tristitiam inferat, * dicit enim apostolus, ° si propter cibum frater tuus contristatur, iam non secundum caritatem ambulas, ‘ sed ut contristantibus consolationem ferat, * secundum illud eccli. vii, ° non desis plorantibus in consolationem, et cum lugentibus ambula. ‘ cor autem stultorum est ubi laetitia, non quidem ut ipsi alios laetificent, sed ut ipsi aliorum laetitia perfruantur. pertinet ergo ad sapientem ut condelectationem afferat his cum quibus conversatur, non quidem lascivam, quam virtus cavet, sed honestam; * secundum illud psalm., ° ecce quam bonum et quam iucundum habitare fratres in unum. ‘ quandoque tamen, propter aliquod bonum consequens vel propter aliquod malum excludendum, non refugiet virtuosus eos quibus convivit contristare, * ut philosophus dicit, iv ethic.. unde et apostolus dicit, ii ad cor. vii, ° si contristavi vos in epistola, non me poenitet, * et postea, ° gaudeo, non quia |25| contristati estis, sed quia contristati estis ad poenitentiam. ‘ et ideo his qui sunt proni ad peccandum non debemus hilarem vultum ostendere ad eos delectandum, ne videamur eorum peccato consentire et quodammodo peccandi audaciam ministrare. * unde dicitur eccli. vii, ° filiae tibi sunt, serva corpus illarum, et non ostendas hilarem faciem tuam ad illas.

009 ST3 qu114 ar2

ag1 ‘ Ad secundum sic proceditur. videtur quod huiusmodi amicitia non sit pars iustitiae. ad iustitiam enim pertinet reddere debitum alteri. sed hoc non pertinet ad hanc virtutem, sed solum delectabiliter aliis convivere. ergo huiusmodi virtus non est pars iustitiae.
ag2 ‘ Praeterea, * secundum philosophum, in iv ethic., ° huiusmodi virtus consistit circa delectationem vel tristitiam quae est in convictu. ‘ sed moderari maximas delectationes pertinet ad temperantiam, * ut supra habitum est. ‘ ergo haec virtus magis est pars temperantiae quam iustitiae.
ag3 ‘ Praeterea, aequalia inaequalibus exhibere contra iustitiam est, * ut supra habitum est. * sed sicut philosophus dicit, in iv ethic., ° haec virtus similiter ad ignotos et notos, et consuetos et inconsuetos operatur. ‘ ergo haec virtus non est pars iustitiae, sed magis ei contrariatur.
sc * Sed contra est quod macrobius ponit amicitiam partem iustitiae.
co ‘ Respondeo dicendum quod haec virtus est pars iustitiae, inquantum adiungitur ei sicut principali virtuti. convenit enim cum iustitia in hoc quod ad alterum est, sicut et iustitia. deficit autem a ratione iustitiae, quia non habet plenam debiti rationem, prout aliquis alteri obligatur vel debito legali, ad cuius solutionem lex cogit, vel etiam aliquo debito proveniente ex aliquo beneficio suscepto, sed solum attendit quoddam debitum honestatis, quod magis est ex parte ipsius virtuosi quam ex parte alterius, ut scilicet faciat alteri quod decet eum facere.
ra1 * Ad primum ergo dicendum quod, sicut supra dictum est, ‘ quia homo naturaliter est animal sociale, debet ex quadam honestate veritatis manifestationem aliis hominibus, sine qua societas hominum durare non posset. sicut autem non posset vivere homo in societate sine veritate, ita nec sine delectatione, * quia sicut philosophus dicit, in viii ethic., ° nullus potest per diem morari cum tristi, neque cum non delectabili. ‘ et ideo homo tenetur ex quodam debito naturali honestatis ut homo aliis delectabiliter convivat, nisi propter aliquam causam necesse sit aliquando alios utiliter contristare.
ra2 ‘ Ad secundum dicendum quod ad temperantiam pertinet refrenare delectationes sensibiles. sed haec virtus consistit circa delectationes in convictu, quae ex ratione proveniunt, inquantum unus ad alterum decenter se habet. et has delectationes non oportet refrenare tanquam noxias.
ra3 * Ad tertium dicendum quod verbum illud philosophi ‘ non est intelligendum quod aliquis eodem modo debeat colloqui et convivere notis et ignotis, * quia, ut ipse ibidem subdit, ° non similiter convenit consuetos et extraneos curare aut contristare. ‘ sed in hoc attenditur similitudo, quod ad omnes oportet facere quod decet.

009 ST3 qu115 ar

pr ‘ Deinde considerandum est de vitiis oppositis praedictae virtuti. et primo, de adulatione; secundo, de litigio. circa adulationem quaeruntur duo. primo, utrum adulatio sit peccatum. secundo, utrum sit peccatum mortale.

009 ST3 qu115 ar1

ag1 ‘ Ad primum sic proceditur. videtur quod adulatio non sit peccatum. adulatio enim consistit in quodam sermone laudis alteri exhibito intentione placendi. sed laudare aliquem non est malum, * secundum illud prov. ult., ° surrexerunt filii eius et beatissimam praedicaverunt, vir eius, et laudavit eam. ‘ similiter etiam velle placere aliis non est malum, * secundum illud i ad cor. x, ° per omnia omnibus placeo. ‘ ergo adulatio non est peccatum.
ag2 ‘ Praeterea, bono malum est contrarium, et similiter vituperium laudi. sed vituperare malum non est peccatum. ergo neque laudare bonum, quod videtur ad adulationem pertinere. ergo adulatio non est peccatum.
ag3 ‘ Praeterea, adulationi detractio contrariatur. * unde gregorius dicit quod “ remedium contra adulationem est detractio. ° sciendum est, inquit, quod ne immoderatis laudibus elevemur, plerumque nostri rectoris moderamine detractionibus lacerari permittimur, ut quos vox laudantis elevat, lingua detrahentis humiliet. ‘ sed detractio est malum, * ut supra habitum est. ‘ ergo adulatio est bonum.
sc * Sed contra est quod super illud ezech. xiii, ° vae, qui consuunt pulvillos sub omni cubito manus, * dicit glossa, “ idest, suavem adulationem. ‘ ergo adulatio est peccatum.
co * Respondeo dicendum quod, sicut supra dictum est, ‘ amicitia praedicta, vel affabilitas, etsi principaliter delectare intendat eos quibus convivit, tamen, ubi necesse est propter aliquod bonum exequendum vel malum vitandum, non veretur contristare. si ergo aliquis in omnibus velit ad delectationem alteri loqui, excedit modum in delectando, et ideo peccat per excessum. et si quidem hoc faciat sola intentione delectandi, vocatur placidus, * secundum philosophum, ‘ si autem hoc faciat intentione alicuius lucri consequendi, vocatur blanditor sive adulator. communiter tamen nomen adulationis solet attribui omnibus qui supra debitum modum virtutis volunt alios verbis vel factis delectare in communi conversatione.
ra1 ‘ Ad primum ergo dicendum quod laudare aliquem contingit et bene et male, prout scilicet debitae circumstantiae vel servantur vel praetermittuntur. si enim aliquis aliquem velit delectare laudando ut ex hoc eum consoletur ne in tribulationibus deficiat, vel etiam ut in bono proficere studeat, aliis debitis circumstantiis observatis, pertinebit hoc ad praedictam virtutem amicitiae. pertinet autem ad adulationem si aliquis velit aliquem laudare in quibus non est laudandus, quia forte mala sunt, * secundum illud, ° laudatur peccator in desideriis animae suae; ‘ vel quia non sunt certa, * secundum illud eccli. xxvii, ° ante sermonem ne laudes virum, * et iterum eccli. xi, ° non laudes virum in specie sua; ‘ vel etiam si timeri possit ne humana laude ad inanem gloriam provocetur, * unde dicitur eccli. xi, ° ante mortem ne laudes hominem. ‘ similiter etiam velle placere hominibus propter caritatem nutriendam, et ut in eis homo spiritualiter proficere possit, laudabile est. quod autem aliquis velit placere hominibus propter inanem gloriam vel propter lucrum, vel etiam in malis, hoc |25| esset peccatum, * secundum illud psalm., ° deus dissipavit ossa eorum qui hominibus placent. * et apostolus dicit, ad galat. i, ° si adhuc hominibus placerem, christi servus non essem.
ra2 ‘ Ad secundum dicendum quod etiam vituperare malum, si non adhibeantur debitae circumstantiae, est vitiosum. et similiter laudare bonum.
ra3 ‘ Ad tertium dicendum quod nihil prohibet duo vitia esse contraria. et ideo sicut detractio est malum, ita et adulatio. quae ei contrariatur quantum ad ea quae dicuntur, non autem directe quantum ad finem, quia adulator quaerit delectationem eius cui adulatur; detractor autem non quaerit eius contristationem, cum aliquando occulte detrahat, sed magis quaerit eius infamiam.

009 ST3 qu115 ar2

ag1 ‘ Ad secundum sic proceditur. videtur quod adulatio sit peccatum mortale. * quia secundum augustinum, in enchirid., ‘ malum dicitur quia nocet. sed adulatio maxime nocet, * secundum illud psalm., ° quoniam laudatur peccator in desideriis animae suae, et iniquus benedicitur, exacerbavit dominum peccator. * et hieronymus dicit quod “ nihil est quod tam facile corrumpat mentes hominum quam adulatio. * et super illud psalm., ° convertantur statim erubescentes, * dicit glossa, ° plus nocet lingua adulatoris quam gladius persecutoris. ‘ ergo adulatio est gravissimum peccatum.
ag2 ‘ Praeterea, quicumque verbis alii nocet, non minus nocet sibi quam aliis, * unde dicitur in psalm., “ gladius eorum intret in corda ipsorum. ‘ sed ille qui alteri adulatur, inducit eum ad peccandum mortaliter, * unde super illud psalm., oleum peccatoris non impinguet caput meum, dicit glossa, ° falsa laus adulatoris mentes a rigore veritatis emollit ad noxia. ‘ ergo multo magis adulator in se mortaliter peccat.
ag3 * Praeterea, in decretis scribitur, dist. xlvi, ° clericus qui adulationibus et proditionibus vacare deprehenditur, degradetur ab officio. ‘ sed talis poena non infligitur nisi pro peccato mortali. ergo adulatio est peccatum mortale.
sc * Sed contra est quod augustinus, in serm. de purgat., “ inter peccata minuta numerat, si quis cuiquam maiori personae, ° aut ex voluntate aut ex necessitate, adulari voluerit.
co * Respondeo dicendum quod, sicut supra dictum est, ‘ peccatum mortale est quod contrariatur caritati. adulatio autem quandoque quidem caritati contrariatur, quandoque autem non. contrariatur siquidem caritati tripliciter. uno modo, ratione ipsius materiae, puta cum aliquis laudat alicuius peccatum. hoc enim contrariatur dilectioni dei, contra cuius iustitiam homo loquitur, et contra dilectionem proximi, quem in peccato fovet. unde est peccatum mortale, * secundum illud isaiae v, ° vae, qui dicunt malum bonum. ‘ alio modo, ratione intentionis, puta cum aliquis adulatur alicui ad hoc quod fraudulenter ei noceat, vel corporaliter vel spiritualiter. et hoc etiam est peccatum mortale. * et de hoc habetur prov. xxvii, ° meliora sunt vulnera diligentis quam fraudulenta odientis oscula. ‘ tertio modo, per occasionem, sicut cum laus adulatoris fit alteri occasio peccandi, et praeter adulatoris intentionem. et in hoc considerare oportet utrum sit occasio data vel accepta, et qualis ruina subsequatur, * sicut potest patere ex his quae supra de scandalo dicta sunt. ‘ si autem aliquis ex sola aviditate delectandi alios, vel etiam ad evitandum aliquod malum vel consequendum aliquid in necessitate, alicui adulatus fuerit, non est contra caritatem. unde non est peccatum mortale, sed veniale.
ra1 ‘ Ad primum ergo dicendum quod auctoritates illae loquuntur de adulatore qui laudat peccatum alicuius. talis enim adulatio dicitur plus nocere quam gladius persecutoris, quia in potioribus bonis nocet, scilicet in spiritualibus. non enim nocet ita efficaciter, quia gladius persecutoris effective occidit, quasi sufficiens causa mortis; nullus autem potest esse alteri sufficiens causa peccandi, * ut ex supra dictis patet.
ra2 ‘ Ad secundum dicendum quod ratio illa procedit de eo qui adulatur intentione nocendi. ille enim plus nocet sibi quam aliis, quia sibi nocet tanquam sufficiens causa peccandi, aliis autem occasionaliter tantum.
ra3 ‘ Ad tertium dicendum quod auctoritas illa loquitur de eo qui proditorie alteri adulatur ut eum decipiat.

009 ST3 qu116 ar

pr ‘ Deinde considerandum est de litigio. et circa hoc quaeruntur duo. primo, utrum opponatur virtuti amicitiae. secundo, de comparatione eius ad adulationem.

009 ST3 qu116 ar1

ag1 ‘ Ad primum sic proceditur. videtur quod litigium non opponatur virtuti amicitiae vel affabilitatis. litigium enim ad discordiam pertinere videtur, sicut et contentio. sed discordia opponitur caritati, * sicut dictum est. ‘ ergo et litigium.
ag2 * Praeterea, prov. xxvi dicitur, ° homo iracundus incendit litem. ‘ sed iracundia opponitur mansuetudini. ergo et lis, sive litigium.
ag3 * Praeterea, iac. iv dicitur, ° unde bella et lites in vobis? nonne ex concupiscentiis vestris, quae militant in membris vestris? ‘ sed sequi concupiscentias videtur opponi temperantiae. ergo videtur quod litigium non opponatur amicitiae, sed temperantiae.
sc ‘ Sed contra est quod * philosophus, in iv ethic., litigium opponit amicitiae.
co ‘ Respondeo dicendum quod proprie litigium in verbis consistit, cum scilicet unus verbis alterius contradicit. in qua quidem contradictione duo possunt attendi. quandoque enim contingit contradictio propter personam dicentis cui contradicens consentire recusat propter defectum amoris animos unientis. et hoc videtur ad discordiam pertinere, caritati contrariam. quandoque vero contradictio oritur ratione personae quam aliquis contristare non veretur. et sic fit litigium, quod praedictae amicitiae vel affabilitati opponitur, ad quam pertinet delectabiliter aliis convivere. * unde philosophus dicit, in iv ethic., quod ° illi qui ad omnia contrariantur causa eius quod est contristare, neque quodcumque curantes, discoli et litigiosi vocantur.
ra1 ‘ Ad primum ergo dicendum quod contentio magis proprie pertinet ad contradictionem discordiae, litigium autem ad contradictionem quae fit intentione contristandi.
ra2 ‘ Ad secundum dicendum quod directa oppositio vitiorum ad virtutes non attenditur secundum causas, cum contingat unum vitium ex diversis causis oriri, sed attenditur secundum speciem actus. licet au-

tem quandoque litigium ex ira oriatur, potest tamen ex multis aliis causis oriri. unde non oportet quod directe opponatur mansuetudini.
ra3 * Ad tertium dicendum quod iacobus loquitur ibi de concupiscentia ' secundum quod est generale malum, ex quo omnia vitia oriuntur, * prout dicit glossa rom. vii, ° bona est lex, quae, dum concupiscentiam prohibet, omne malum prohibet.

009 ST3 qu116 ar2

ag1 ' Ad secundum sic proceditur. videtur quod litigium sit minus peccatum quam contrarium vitium, scilicet placiditatis vel adulationis. quanto enim aliquod peccatum plus nocet, tanto peius esse videtur. sed adulatio plus nocet quam litigium, * dicitur enim isaiae iii, ° popule meus, qui beatum te dicunt, ipsi te decipiunt, et viam gressuum tuorum dissipant. ' ergo adulatio est gravius peccatum quam litigium.
ag2 ' Praeterea, in adulatione videtur esse quaedam dolositas, quia aliud adulator dicit ore, aliud habet in corde. litigiosus autem caret dolo, quia manifeste contradicit. ille autem qui cum dolo peccat, turpior est, * ut philosophus dicit, in vii ethic.. ' ergo gravius peccatum est adulatio quam litigium.
ag3 ' Praeterea, verecundia est timor de turpi, * ut patet per philosophum, in iv ethic.. ' sed magis verecundatur homo esse adulator quam litigiosus. ergo litigium est minus peccatum quam adulatio.
sc ' Sed contra est quod tanto aliquod peccatum videtur esse gravius quanto spirituali statui magis repugnat. sed litigium magis repugnare videtur spirituali, * dicitur enim i ad tim. iii, quod ° oportet episcopum non litigiosum esse; * et ii ad tim. ii, ° servum domini non oportet litigare. ' ergo litigium videtur esse gravius peccatum.
co ' Respondeo dicendum quod de utroque istorum peccatorum loqui possumus dupliciter. uno modo, considerando speciem utriusque peccati. et secundum hoc, tanto aliquod vitium est gravius quanto magis repugnat oppositae virtuti. virtus autem amicitiae principalius tendit ad delectandum quam ad contristandum. et ideo litigiosus, qui superabundat in contristando, gravius peccat quam placidus vel adulator, qui superabundat in delectando. alio modo possunt considerari secundum aliqua exteriora motiva. et secundum hoc, quandoque adulatio est gravior, puta quando intendit per deceptionem indebite honorem vel lucrum acquirere. quandoque vero litigium est gravius, puta quando homo intendit vel veritatem impugnare, vel dicentem in contemptum adducere.
ra1 ' Ad primum ergo dicendum quod sicut adulator potest nocere occulte decipiendo, ita litigiosus potest interdum nocere manifeste impugnando. gravius autem est, ceteris paribus, manifeste alicui nocere, quasi per violentiam, quam occulte, unde rapina est gravius peccatum quam furtum, * ut supra dictum est.
ra2 ' Ad secundum dicendum quod non semper in actibus humanis illud est gravius quod est turpius. decor enim hominis est ex ratione, et ideo turpiora sunt peccata carnalia, quibus caro dominatur rationi, quamvis peccata spiritualia sint graviora, quia procedunt ex maiori contemptu. et similiter peccata quae fiunt ex dolo sunt turpiora, inquantum videntur ex quadam infirmitate procedere, et ex quadam falsitate rationis, cum tamen peccata manifesta quandoque sint ex maiori contemptu. et ideo adulatio, quasi cum dolo existens videtur esse turpior, sed litigium, quasi ex maiori contemptu procedens, videtur esse gravius.
ra3 ' Ad tertium dicendum quod, * sicut dictum est, ' verecundia respicit turpitudinem peccati. unde non semper magis verecundatur homo de graviori peccato, sed de magis turpi peccato. et inde est quod magis verecundatur homo de adulatione quam de litigio, quamvis litigium sit gravius.

009 ST3 qu117 ar

pr ' Deinde considerandum est de liberalitate, et vitiis oppositis, scilicet avaritia et prodigalitate. circa liberalitatem quaeruntur sex. primo, utrum liberalitas sit virtus. secundo, quae sit materia eius. tertio, de actu ipsius. quarto, utrum magis ad eum pertineat dare quam recipere. quinto, utrum liberalitas sit pars iustitiae. sexto, de comparatione eius ad alias virtutes.

009 ST3 qu117 ar1

ag1 ' Ad primum sic proceditur. videtur quod liberalitas non sit virtus. nulla enim virtus contrariatur inclinationi naturali. inclinatio autem naturalis est ad hoc ut aliquis plus sibi quam aliis provideat. cuius contrarium pertinet ad liberalem, * quia, ut philosophus dicit, in iv ethic., ° liberalis est non respicere ad seipsum, ita quod sibi minora derelinquit. ' ergo liberalitas non est virtus.
ag2 ' Item, per divitias homo suam vitam sustentat, et ad felicitatem divitiae organice deserviunt, * ut dicitur in i ethic.. ' cum igitur omnis virtus ordinetur ad felicitatem, videtur quod liberalis non est virtuosus, * de quo philosophus dicit, in iv ethic., quod ° non est acceptivus pecuniae neque custoditivus, sed emissivus.
ag3 ' Praeterea, virtutes habent connexionem ad invicem. sed liberalitas non videtur connexa aliis virtutibus, multi enim sunt virtuosi qui non possunt esse liberales, quia non habent quod dent; multique liberaliter dant vel expendunt qui tamen alias sunt vitiosi. ergo liberalitas non est virtus.
sc * Sed contra est quod ambrosius dicit, in i de offic., quod ° in evangelio multas disciplinas accipimus iustae liberalitatis. ' sed in evangelio non docentur nisi ea quae ad virtutem pertinent. ergo liberalitas est virtus.
co ' Respondeo dicendum quod, * sicut augustinus dicit, in libro de lib. arbit., ° bene uti his quibus male uti possumus, pertinet ad virtutem. ' possumus autem bene et male uti non solum his quae intra nos sunt, puta potentiis et passionibus animae, sed etiam his quae extra nos sunt, scilicet rebus huius mundi concessis nobis ad sustentationem vitae. et ideo, cum bene uti his rebus pertineat ad liberalitatem, consequens est quod liberalitas virtus sit.
ra1 * Ad primum ergo dicendum quod, sicut ambrosius et basilius dicunt, ' superabundantia divitiarum datur aliquibus a deo ut meritum bonae dispensationis acquirant. pauca autem uni sufficiunt. et ideo liberalis plura laudabiliter in alios expendit quam in seipsum. debet autem homo semper magis sibi providere in spiritualibus bonis, in quibus unusquisque sibi praecipue subvenire potest. et tamen etiam in temporalibus rebus non pertinet ad liberalem ut sic aliis intendat quod omnino se et suos despiciat. * unde ambrosius dicit, in i de offic., ° est illa probanda liberalitas ut proximos seminis tui non despicias, si egere cognoscas.
ra2 ' Ad secundum dicendum quod ad liberalem non pertinet sic divitias emittere ut non sibi remaneat unde sustentetur, et unde virtutis opera exequatur, quibus ad felicitatem pervenitur. * unde philosophus dicit, in iv ethic., quod ° liberalis curat propria, volens per hoc quibusdam sufficere. * et ambrosius dicit, in libro de offic., quod ° dominus non vult simul effundi opes, sed dispensari. nisi forte ut elisaeus boves suos occidit et pavit pauperes ex eo quod habuit, ut nulla cura teneretur domestica, ' quod pertinet ad statum perfectionis spiritualis vitae, * de quo infra dicetur. ' et tamen sciendum quod hoc ipsum quod est sua liberaliter largiri, inquantum est actus virtutis, ad beatitudinem ordinatur.
ra3 * Ad tertium dicendum quod, sicut philosophus dicit, in iv ethic., " illi qui consumunt multa in intemperantias, non sunt liberales, sed prodigi. ' et similiter quicumque effundit quae habet propter quaecumque alia peccata. * unde et ambrosius dicit, in i de offic., ° si adiuves eum qui possessiones aliorum eripere conatur, non probatur largitas. nec illa perfecta est liberalitas, si iactantiae causa, magis quam misericordiae, largiaris. ' et ideo illi qui carent aliis virtutibus, licet in aliqua mala opera multa expendant, non sunt liberales. nihil etiam prohibet aliquos multa in bonos usus expendentes habitum liberalitatis non habere, sicut et aliarum virtutum opera faciunt homines antequam habitum virtutis habeant, licet non eo modo quo virtuosi, * ut supra dictum est. ' similiter etiam nihil prohibet aliquos virtuosos, licet sint pauperes, esse liberales. * unde philosophus dicit, in iv ethic., " secundum substantiam, idest facultatem divitiarum, liberalitas dicitur, ° non enim consistit in multitudine datorum, sed in dantis habitu. * et ambrosius dicit, in i de offic., quod ° effectus divitem collationem aut pauperem facit, et pretium rebus imponit.

009 ST3 qu117 ar2

ag1 ' Ad secundum sic proceditur. videtur quod liberalitas non sit circa pecunias. omnis enim virtus moralis est circa operationes vel passiones. esse autem circa operationes est proprium iustitiae, * ut dicitur in v ethic.. ' ergo, cum liberalitas sit virtus moralis, videtur quod sit circa passiones, et non circa pecunias.
ag2 ' Praeterea, ad liberalem pertinet quarumcumque divitiarum usus. sed divitiae naturales sunt veriores quam divitiae artificiales, quae in pecuniis consistunt, * ut patet per philosophum, in i polit.. ' ergo liberalitas non est principaliter circa pecunias.
ag3 ' Praeterea, diversarum virtutum diversae sunt materiae, quia habitus distinguuntur secundum obiecta. sed res exteriores sunt materiae iustitiae distributivae et commutativae. ergo non sunt materia liberalitatis.
sc * Sed contra est quod philosophus dicit, in iv ethic., quod ° liberalitas videtur esse medietas quaedam circa pecunias.
co * Respondeo dicendum quod, secundum philosophum, in iv ethic., " ad liberalem pertinet emissivum esse. ' unde et alio nomine liberalitas largitas nominatur, quia quod largum est, non est retentivum, sed est emissivum. et ad hoc idem videtur pertinere etiam liberalitatis nomen, cum enim aliquis a se emittit, quodammodo illud a sua custodia et dominio liberat, et animum suum ab eius affectu liberum esse ostendit. ea vero quae emittenda sunt ab uno homine in alium, sunt bona possessa, quae nomine pecuniae significantur. et ideo propria materia liberalitatis est pecunia.
ra1 * Ad primum ergo dicendum quod, sicut dictum est, ' liberalitas non attenditur in quantitate dati, sed in affectu dantis. affectus autem dantis disponitur secundum passiones amoris et concupiscentiae, et per consequens delectationis et tristitiae, ad ea quae dantur. et ideo immediata materia liberalitatis sunt interiores passiones, sed pecunia exterior est obiectum ipsarum passionum.
ra2 ' Ad secundum dicendum quod, * sicut augustinus dicit, in libro de doctrina christ., ° totum quidquid homines in terra habent, et omnia quorum sunt domini, pecunia vocatur, quia antiqui, quae habebant, in pecoribus habebant. * et philosophus dicit, in iv ethic., quod ° pecunias dicimus omnia quorum dignitas numismate mensuratur.
ra3 ' Ad tertium dicendum quod iustitia constituit aequalitatem in istis exterioribus rebus, non autem ad eam proprie pertinet moderari interiores passiones. unde aliter pecunia est materia liberalitatis, et aliter iustitiae.

009 ST3 qu117 ar3

ag1 ' Ad tertium sic proceditur. videtur quod uti pecunia non sit actus liberalitatis. diversarum enim virtutum diversi sunt actus. sed uti pecunia convenit aliis virtutibus, sicut iustitiae et magnificentiae. non ergo est proprius actus liberalitatis.
ag2 ' Praeterea, ad liberalem non solum pertinet dare, sed etiam accipere et custodire. sed acceptio et custodia non videtur ad usum pecuniae pertinere. ergo inconvenienter dicitur proprius liberalitatis actus usus pecuniae.
ag3 ' Praeterea, usus pecuniae non solum consistit in hoc quod pecunia detur, sed in hoc quod expendatur. sed expendere pecuniam refertur ad ipsum expendentem, et sic non videtur esse liberalitatis actus, * dicit enim seneca, in v de benefic., ° non est liberalis aliquis ex hoc quod sibi donat. ' ergo non quilibet usus pecuniae pertinet ad liberalitatem.
sc * Sed contra est quod philosophus dicit, in iv ethic., ° unoquoque optime utitur qui habet circa singula virtutem. divitiis ergo utetur optime qui habet circa pecunias virtutem. ' iste autem est liberalis. ergo bonus usus pecuniarum est actus liberalitatis.
co ' Respondeo dicendum quod species actus sumitur ex obiecto, * ut supra habitum est. ' obiectum autem sive materia liberalitatis est pecunia, et quidquid pecunia mensurari potest, * ut dictum est. ' et quia quaelibet virtus convenienter se habet ad suum obiectum, consequens est ut, cum liberalitas sit virtus, actus eius sit proportionatus pecuniae. pecunia autem cadit sub ratione bonorum utilium, quia omnia exteriora bona ad usum hominis sunt ordinata. et ideo proprius actus liberalitatis est pecunia vel divitiis uti.
ra1 ' Ad primum ergo dicendum quod ad liberalitatem pertinet bene uti divitiis inquantum huiusmodi, eo quod divitiae sunt propria materia liberalitatis. ad iustitiam autem pertinet uti divitiis secundum aliam rationem, scilicet secundum rationem debiti, prout scilicet res exterior debetur alteri. ad magnificentiam etiam pertinet uti divitiis secundum quandam specialem rationem, idest secundum quod assumuntur in alicuius magni operis expletionem. unde et magnificentia quodammodo se habet ex additione ad liberalitatem, * ut infra dicetur.
ra2 ' Ad secundum dicendum quod ad virtuosum pertinet non solum convenienter uti sua materia vel instrumento, sed etiam praeparare opportunitates ad bene utendum, sicut ad fortitudinem militis pertinet non solum exserere gladium in hostes, sed etiam exacuere gladium et in vagina conservare. sic etiam ad liberalitatem pertinet non solum uti pecunia, sed etiam eam praeparare et conservare ad idoneum usum.
ra3 ' Ad tertium dicendum quod, * sicut dictum est, ' propinqua materia liberalitatis sunt interiores passiones secundum quas homo afficitur circa pecuniam. et ideo ad liberalitatem praecipue pertinet ut homo propter inordinatam affectionem ad pecuniam non prohibeatur a quocumque debito usu eius. est autem duplex usus pecuniae, unus ad seipsum, qui videtur ad sumptus vel expensas pertinere; alius autem quo quis utitur ad alios, quod pertinet ad dationes. et ideo ad liberalem pertinet ut neque propter immoderatum amorem pecuniae aliquis impediatur a convenientibus expensis, neque a convenientibus dationibus. unde circa dationes et sumptus liberalitas consistit, * secundum philosophum, in iv ethic.. ' verbum autem senecae intelligendum est de liberalitate secundum quod se habet ad dationes. non enim dicitur aliquis liberalis ex hoc quod sibi aliquid donat.

009 ST3 qu117 ar4

ag1 ' Ad quartum sic proceditur. videtur quod ad liberalem non maxime pertineat dare. liberalitas enim a prudentia dirigitur, sicut et quaelibet alia moralis virtus. sed maxime videtur ad prudentiam pertinere divitias conservare, * unde et philosophus dicit, in iv ethic., quod ° illi qui non acquisierunt pecuniam, sed susceperunt ab aliis acquisitam, liberalius eam expendunt, quia sunt inexperti indigentiae. ' ergo videtur quod dare non maxime pertineat ad liberalitatem.
ag2 ' Praeterea, de hoc quod aliquis maxime intendit, nullus tristatur, neque ab eo cessat. sed liberalis

quandoque tristatur de his quae dedit, neque etiam dat omnibus, * ut dicitur in iv ethic.. ‘ ergo ad liberalem non maxime pertinet dare.

ag3 ‘ Praeterea, ad illud implendum quod quis maxime intendit, homo utitur viis quibus potest. sed liberalis non est petitivus, * ut philosophus dicit, in iv ethic., ‘ cum per hoc posset sibi praeparare facultatem aliis donandi. ergo videtur quod maxime non intendat ad dandum.

ag4 ‘ Praeterea, magis homo obligatur ad hoc quod provideat sibi quam aliis. sed expendendo aliquid providet sibi, dando autem providet aliis. ergo ad liberalem magis pertinet expendere quam dare.

sc * Sed contra est quod philosophus dicit, in iv ethic., quod ° liberalis est superabundare in datione.

co ‘ Respondeo dicendum quod proprium est liberalis uti pecunia. usus autem pecuniae est in emissione ipsius, nam acquisitio pecuniae magis assimilatur generationi quam usui; custodia vero pecuniae, inquantum ordinatur ad facultatem utendi, assimilatur habitui. emissio autem alicuius rei, quanto fit ad aliquid distantius, tanto a maiori virtute procedit, sicut patet in his quae proiiciuntur. et ideo ex maiori virtute procedit quod aliquis emittat pecuniam dando eam aliis, quam expendendo eam circa seipsum. proprium autem est virtutis ut praecipue tendat in id quod perfectius est, “ nam virtus est perfectio quaedam, * ut dicitur in vii physic.. ‘ et ideo liberalis maxime laudatur ex datione.

ra1 ‘ Ad primum ergo dicendum quod ad prudentiam pertinet custodire pecuniam ne subripiatur aut inutiliter expendatur. sed utiliter eam expendere non est minoris prudentiae quam utiliter eam conservare, sed maioris, quia plura sunt attendenda circa usum rei, qui assimilatur motui, quam circa conservationem, quae assimilatur quieti. quod autem illi qui susceperunt pecunias ab aliis acquisitas, liberalius expendunt, quasi existentes inopiae inexperti, si solum propter hanc inexperientiam liberaliter expenderent, non haberent liberalitatis virtutem. sed quandoque huiusmodi inexperientia se habet solum sicut tollens impedimentum liberalitatis, ita quod promptius liberaliter agant. timor enim inopiae, ex eius experientia procedens, impedit quandoque eos qui acquisiverunt pecuniam ne eam consumant liberaliter agendo. et similiter amor quo eam amant tanquam proprium effectum, * ut philosophus dicit, in iv ethic..

ra2 * Ad secundum dicendum quod, sicut dictum est, ‘ ad liberalitatem pertinet convenienter uti pecunia, et per consequens convenienter dare, quod est quidam pecuniae usus. quaelibet autem virtus tristatur de contrario sui actus, et vitat eius impedimenta. ei autem quod est convenienter dare duo opponuntur, scilicet non dare quod convenienter est dandum, et dare aliquid non convenienter. unde de utroque tristatur liberalis, sed de primo magis, quia plus opponitur proprio actui. et ideo etiam non dat omnibus, impediretur enim actus eius si quibuslibet daret; non enim haberet unde aliis daret, quibus dare convenit.

ra3 ‘ Ad tertium dicendum quod dare et accipere se habent sicut agere et pati. non est autem idem principium agendi et patiendi. unde quia liberalitas est principium dationis, non pertinet ad liberalem ut sit promptus ad recipiendum, et multo minus ad petendum. ordinat autem ad dandum aliqua secundum liberalitatis convenientiam, scilicet fructus propriarum possessionum; quos sollicite procurat, ut eis liberaliter utatur.

ra4 ‘ Ad quartum dicendum quod ad expendendum in seipsum natura inclinat. unde hoc quod pecuniam quis perfundat in alios, pertinet proprie ad virtutem.

009 ST3 qu117 ar5

ag1 ‘ Ad quintum sic proceditur. videtur quod liberalitas non sit pars iustitiae. iustitia enim respicit debitum. sed quanto aliquid est magis debitum, tanto minus liberaliter datur. ergo liberalitas non est pars iustitiae, sed ei repugnat.

ag2 ‘ Praeterea, iustitia est circa operationes, * ut supra habitum est. ‘ liberalitas autem praecipue est circa amorem et concupiscentiam pecuniarum, quae sunt passiones. ergo magis videtur liberalitas ad temperantiam pertinere quam ad iustitiam.

ag3 ‘ Praeterea, ad liberalitatem pertinet praecipue convenienter dare, * ut dictum est. ‘ sed convenienter dare pertinet ad beneficentiam et misericordiam, quae pertinent ad caritatem, * ut supra dictum est. ‘ ergo liberalitas magis est pars caritatis quam iustitiae.

sc * Sed contra est quod ambrosius dicit, in i de offic., ° iustitia ad societatem generis humani refertur. societatis enim ratio dividitur in duas partes, iustitiam et beneficentiam, quam eandem liberalitatem aut benignitatem vocant. ‘ ergo liberalitas ad iustitiam pertinet.

co ‘ Respondeo dicendum quod liberalitas non est species iustitiae, quia iustitia exhibet alteri quod est eius, liberalitas autem exhibet id quod est suum. habet tamen quandam convenientiam cum iustitia in duobus. primo quidem, quia principaliter est ad alterum, sicut et iustitia. secundo, quia est circa res exteriores, sicut et iustitia, licet secundum aliam rationem, * ut dictum est. ‘ et ideo liberalitas a quibusdam ponitur pars iustitiae, sicut virtus ei annexa ut principali.

ra1 ‘ Ad primum ergo dicendum quod liberalitas, etsi non attendat debitum legale, quod attendit iustitia, attendit tamen debitum quoddam morale, quod attenditur ex quadam ipsius decentia, non ex hoc quod sit alteri obligatus. unde minimum habet de ratione debiti.

ra2 ‘ Ad secundum dicendum quod temperantia est circa concupiscentias corporalium delectationum. concupiscentia autem pecuniae, et delectatio, non est corporalis, sed magis animalis. unde liberalitas non pertinet proprie ad temperantiam.

ra3 ‘ Ad tertium dicendum quod datio benefici et misericordis procedit ex eo quod homo est aliqualiter affectus circa eum cui dat. et ideo talis datio pertinet ad caritatem sive ad amicitiam. sed datio liberalitatis provenit ex eo quod dans est aliqualiter affectus circa pecuniam, dum eam non concupiscit neque amat. unde etiam non solum amicis, sed etiam ignotis dat, quando oportet. unde non pertinet ad caritatem, sed magis ad iustitiam, quae est circa res exteriores.

009 ST3 qu117 ar6

ag1 ‘ Ad sextum sic proceditur. videtur quod liberalitas sit maxima virtutum. omnis enim virtus hominis est quaedam similitudo divinae bonitatis. sed per liberalitatem homo maxime assimilatur deo, ° qui dat omnibus affluenter et non improperat, * ut dicitur iac.. ‘ ergo liberalitas est maxima virtutum.

ag2 * Praeterea, secundum augustinum, in vi de trin., ° in his quae non mole magna sunt, idem est esse maius quod melius. ‘ sed ratio bonitatis maxime videtur ad liberalitatem pertinere, quia bonum est diffusivum, * ut patet per dionysium, iv cap. de div. nom.. unde et ambrosius dicit, in i de offic., quod ° iustitia censuram tenet, liberalitas bonitatem. ‘ ergo liberalitas est maxima virtutum.

ag3 ‘ Praeterea, homines honorantur et amantur propter virtutem. sed * boetius dicit, in libro de consolat., ° largitas maxime claros facit. * et philosophus dicit, in iv ethic., quod ° inter virtuosos maxime liberales amantur. ‘ ergo liberalitas est maxima virtutum.

sc * Sed contra est quod ambrosius dicit, in i de offic., quod ° iustitia excelsior videtur liberalitate, sed liberalitas gratior. * philosophus etiam dicit, in i rhetoric., quod ° fortes et iusti maxime honorantur, et post eos liberales.

co ‘ Respondeo dicendum quod quaelibet virtus tendit in aliquod bonum. unde quanto aliqua virtus in melius bonum tendit, tanto melior est. liberalitas autem tendit in aliquod bonum dupliciter, uno modo, primo et per se; alio modo, ex consequenti. primo quidem et per se tendit ad ordinandum propriam affectionem circa pecuniarum possessionem et usum. et sic, secundum hoc, praefertur liberalitati et temperantia, quae moderatur concupiscentias et delectationes pertinentes ad proprium corpus; et fortitudo et iustitia, quae ordinantur quodammodo in bonum commune, una tempore pacis, alia tempore belli; et omnibus praeferuntur virtutes quae ordinant in bonum divinum. nam bonum divinum praeeminet cuilibet bono humano; et in bonis humanis bonum publicum praeeminet bono privato; in quibus bonum corporis praeeminet bono exteriorum rerum. alio modo ordinatur liberalitas ad aliquod bonum ex consequenti. et secundum hoc, liberalitas ordinatur in omnia bona praedicta, ex hoc enim quod homo non est amativus pecuniae, sequitur quod de facili utatur ea et ad seipsum, et ad utilitatem aliorum, et ad honorem dei. et secundum hoc, habet quandam excellentiam ex hoc quod utilis est ad multa. quia tamen unumquodque magis iudicatur secundum illud quod primo et per se competit ei quam secundum id quod consequenter se habet, ideo dicendum est liberalitatem non esse maximam virtutem.

ra1 ‘ Ad primum ergo dicendum quod datio divina provenit ex eo quod amat homines quibus dat, non autem ex eo quod afficiatur ad ea quae dat. et ideo magis videtur pertinere ad caritatem, quae est maxima virtutum, quam ad liberalitatem.

ra2 ‘ Ad secundum dicendum quod quaelibet virtus participat rationem boni quantum ad emissionem proprii actus. actus autem quarundam aliarum virtutum meliores sunt pecunia, quam emittit liberalis.

ra3 ‘ Ad tertium dicendum quod liberales maxime amantur, non quidem amicitia honesti, quasi sint meliores; sed amicitia utilis, quia sunt utiliores in exterioribus bonis, quae communiter homines maxime cupiunt. et etiam propter eandem causam clari redduntur.

009 ST3 qu118 ar

pr ‘ Deinde considerandum est de vitiis oppositis liberalitati. et primo, de avaritia; secundo, de prodigalitate. circa primum quaeruntur octo. primo, utrum avaritia sit peccatum. secundo, utrum sit speciale peccatum. tertio, cui virtuti opponatur. quarto, utrum sit peccatum mortale. quinto, utrum sit gravissimum peccatorum. sexto, utrum sit peccatum carnale, vel spirituale. septimo, utrum sit vitium capitale. octavo, de filiabus eius.

009 ST3 qu118 ar1

ag1 ‘ Ad primum sic proceditur. videtur quod avaritia non sit peccatum. dicitur enim avaritia quasi aeris aviditas, quia scilicet in appetitu pecuniae consistit, per quam omnia exteriora bona intelligi possunt. sed appetere exteriora bona non est peccatum. naturaliter enim homo ea appetit, tum quia naturaliter subiecta sunt homini; tum quia per ea vita hominis conservatur, unde et substantia hominis dicuntur. ergo avaritia non est peccatum.

ag2 ‘ Praeterea, omne peccatum aut est in deum, aut in proximum, aut est in seipsum, * sicut supra habitum est. ‘ sed avaritia non est proprie peccatum contra deum, non enim opponitur neque religioni neque virtutibus theologicis, quibus homo ordinatur in deum. neque etiam est peccatum in seipsum, hoc enim proprie pertinet ad gulam et luxuriam, * de qua apostolus dicit, i ad cor. vi, quod ° qui fornicatur in corpus suum peccat. ‘ similiter etiam non videtur peccatum esse in proximum, quia per hoc quod homo retinet sua, nulli facit iniuriam. ergo avaritia non est peccatum.

ag3 ‘ Praeterea, ea quae naturaliter adveniunt non sunt peccata. sed avaritia naturaliter consequitur senectutem et quemlibet defectum, * ut philosophus dicit, in iv ethic.. ‘ ergo avaritia non est peccatum.

sc * Sed contra est quod dicitur heb. ult., ° sint mores sine avaritia, contenti praesentibus.

co ‘ Respondeo dicendum quod in quibuscumque bonum consistit in debita mensura, necesse est quod per excessum vel diminutionem illius mensurae malum proveniat. in omnibus autem quae sunt propter finem, bonum consistit in quadam mensura, nam ea quae sunt ad finem necesse est commensurari fini, sicut medicina sanitati; * ut patet per philosophum, in i polit.. ‘ bona autem exteriora habent rationem utilium ad finem, * sicut dictum est. ‘ unde necesse est quod bonum hominis circa ea consistat in quadam mensura, dum scilicet homo secundum aliquam mensuram quaerit habere exteriores divitias prout sunt necessaria ad vitam eius secundum suam conditionem. et ideo in excessu huius mensurae consistit peccatum, dum scilicet aliquis supra debitum modum vult eas vel acquirere vel retinere. quod pertinet ad rationem avaritiae, quae definitur esse immoderatus amor habendi. unde patet quod avaritia est peccatum.

ra1 ‘ Ad primum ergo dicendum quod appetitus rerum exteriorum est homini naturalis ut eorum quae sunt propter finem et ideo intantum vitio caret inquantum continetur sub regula sumpta ex ratione finis. avaritia autem hanc regulam excedit. et ideo est peccatum.

ra2 ‘ Ad secundum dicendum quod avaritia potest importare immoderantiam circa res exteriores dupliciter. uno modo, immediate, quantum ad acceptionem vel conservationem ipsarum, ut scilicet homo plus debito eas acquirat vel conservet. et secundum hoc, est directe peccatum in proximum, quia in exterioribus divitiis non potest unus homo superabundare nisi alter deficiat, quia bona temporalia non possunt simul possideri a multis. alio modo, potest importare immoderantiam circa interiores affectiones quas quis ad divitias habet, puta quod immoderate aliquis divitias amet aut desideret, aut delectetur in eis. et sic avaritia est peccatum hominis in seipsum, quia per hoc deordinatur eius affectus; licet non deordinetur corpus, sicut per vitia carnalia. ex consequenti autem est peccatum in deum, sicut et omnia peccata mortalia, inquantum homo propter bonum temporale contemnit aeternum.

ra3 ‘ Ad tertium dicendum quod inclinationes naturales sunt regulandae secundum rationem, quae principatum tenet in natura humana. et ideo quamvis senes, propter naturae defectum, avidius exteriorum rerum inquirant subsidia, sicut et omnis indigens quaerit suae indigentiae supplementum; non tamen a peccato excusantur, si debitam rationis mensuram circa divitias excedant.

009 ST3 qu118 ar2

ag1 ‘ Ad secundum sic proceditur. videtur quod avaritia non sit speciale peccatum. * dicit enim augustinus, in iii de lib. arbit., ° avaritia, quae graece philargyria dicitur, non in solo argento vel nummis, sed in omnibus rebus quae immoderate cupiuntur, intelligenda est. ‘ sed in omni peccato est cupiditas immoderata alicuius rei, quia peccatum est, spreto bono incommutabili, bonis commutabilibus inhaerere, * ut supra habitum est. ‘ ergo avaritia est generale peccatum.

ag2 * Praeterea, secundum isidorum, in libro etymol., “ avarus dicitur quasi avidus aeris, idest pecuniae, unde et in graeco avaritia philargyria nominatur, idest amor argenti. ‘ sed sub argento, per quod pecunia significatur, significantur omnia exteriora bona quorum pretium potest numismate mensurari, * ut supra habitum est. ‘ ergo avaritia consistit in appetitu cuiuslibet exterioris rei. ergo videtur esse generale peccatum.

ag3 * Praeterea, super illud rom. vii, ° nam concupiscentiam nesciebam etc., * dicit glossa, ° bona est lex, quae, dum concupiscentiam prohibet, omne malum prohibet. ‘ videtur autem lex specialiter prohibere concupiscentiam avaritiae, * ubi dicitur, exod. xx, ° non concupisces rem proximi tui. ‘ ergo concupi-

scentia avaritiae est omne malum. et ita avaritia est generale peccatum.
sc * Sed contra est quod rom. i, " avaritia connumeratur inter alia specialia peccata, ubi dicitur, ° repletos omni iniquitate, malitia, fornicatione, avaritia, etc..
co ' Respondeo dicendum quod peccata sortiuntur speciem secundum obiecta, * ut supra habitum est. ' obiectum autem peccati est illud bonum in quod tendit inordinatus appetitus. et ideo ubi est specialis ratio boni quod inordinate appetitur, ibi est specialis ratio peccati. alia autem est ratio boni utilis, et boni delectabilis. divitiae autem secundum se habent rationem utilis, ea enim ratione appetuntur, inquantum in usum hominis cedunt. et ideo speciale quoddam peccatum est avaritia, secundum quod est immoderatus amor habendi possessiones, quae nomine pecuniae designantur, ex qua sumitur avaritiae nomen. verum quia verbum habendi secundum primam impositionem ad possessiones pertinere videtur, quarum sumus totaliter domini; ad multa alia derivatur, sicut dicitur homo habere sanitatem, uxorem, vestimentum, et alia huiusmodi, * ut patet in praedicamentis, ' per consequens etiam et nomen avaritiae ampliatum est ad omnem immoderatum appetitum habendi quamcumque rem; * sicut gregorius dicit, in quadam homilia, quod ° avaritia est non solum pecuniae, sed etiam scientiae et altitudinis, cum supra modum sublimitas ambitur. ' et secundum hoc, avaritia non esset peccatum speciale. |25| * et hoc etiam modo loquitur augustinus de avaritia in auctoritate inducta.
ra1 ' Unde patet responsio ad primum.
ra2 ' Ad secundum dicendum quod omnes res exteriores quae veniunt in usum humanae vitae, nomine pecuniae intelliguntur inquantum habent rationem boni utilis. sunt autem quaedam exteriora bona quae potest aliquis pecunia consequi, sicut voluptates et honores et alia huiusmodi, quae habent aliam rationem appetibilitatis. et ideo illorum appetitus non proprie dicitur avaritia, secundum quod est vitium speciale.
ra3 * Ad tertium dicendum quod glossa illa loquitur ' de concupiscentia inordinata cuiuscumque rei. potest enim intelligi quod per prohibitionem concupiscentiae rerum possessarum prohibeatur quarumcumque rerum concupiscentia quae per res possessas acquiri possunt.

009 ST3 qu118 ar3

ag1 ' Ad tertium sic proceditur. videtur quod avaritia non opponatur liberalitati. * quia super illud matth. v, ° beati qui esuriunt et sitiunt iustitiam, * dicit chrysostomus quod " est duplex iustitia, una generalis, et alia specialis, cui opponitur avaritia. * et hoc idem philosophus dicit, in v ethic.. ' ergo avaritia non opponitur liberalitati.
ag2 ' Praeterea, peccatum avaritiae in hoc consistit quod homo transcendit mensuram in rebus possessis. sed huiusmodi mensura statuitur per iustitiam. ergo avaritia directe opponitur iustitiae, et non liberalitati.
ag3 ' Praeterea, liberalitas est virtus media inter duo vitia contraria, * ut patet per philosophum, in ii et iv ethic.. ' sed avaritia non habet peccatum contrarium oppositum, * ut patet per philosophum, in v ethic.. ' ergo avaritia non opponitur liberalitati.
sc * Sed contra est quod, sicut dicitur eccle. v, ° avarus non impletur pecunia, et qui amat divitias fructum non capiet ex eis. ' sed non impleri pecunia, et inordinate eas amare, est contrarium liberalitati, quae in appetitu divitiarum medium tenet. ergo avaritia opponitur liberalitati.
co ' Respondeo dicendum quod avaritia importat immoderantiam quandam circa divitias dupliciter. uno modo, immediate circa ipsam acceptionem et conservationem divitiarum, inquantum scilicet aliquis acquirit pecuniam ultra debitum aliena subripiendo vel retinendo. et sic opponitur iustitiae. * et hoc modo accipitur avaritia ezech. xxii, ubi dicitur, ° principes eius in medio eius quasi lupi rapientes praedam ad effundendum sanguinem, et avare lucra sectanda. ' alio modo, importat immoderantiam circa interiores affectiones divitiarum, puta cum quis nimis amat vel desiderat divitias, aut nimis delectatur in eis, etiam si nolit rapere aliena. et hoc modo avaritia opponitur liberalitati, quae moderatur huiusmodi affectiones, * ut dictum est. * et sic accipitur avaritia ii ad cor. ix, ° praeparent repromissam benedictionem hanc paratam esse sic quasi benedictionem, non quasi avaritiam, * glossa, " ut scilicet doleant pro dato, et parum sit quod dent.
ra1 * Ad primum ergo dicendum quod chrysostomus et philosophus loquuntur ' de avaritia primo modo dicta. " avaritiam autem secundo modo dictam * nominat philosophus " illiberalitatem.
ra2 ' Ad secundum dicendum quod iustitia proprie statuit mensuram in acceptionibus et conservationibus divitiarum secundum rationem debiti legalis, ut scilicet homo nec accipiat nec retineat alienum. sed liberalitas constituit mensuram rationis principaliter quidem in interioribus affectionibus, et per consequens in exteriori acceptione et conservatione pecuniarum et emissione earum secundum quod ex interiori affectione procedunt, non observando rationem debiti legalis, sed debiti moralis, quod attenditur secundum regulam rationis.
ra3 ' Ad tertium dicendum quod avaritia secundum quod opponitur iustitiae, non habet vitium oppositum, quia avaritia consistit in plus habendo quam debeat secundum iustitiam, et huic opponitur minus habere, quod non habet rationem culpae, sed poenae. sed avaritia secundum quod opponitur liberalitati, habet vitium prodigalitatis oppositum.

009 ST3 qu118 ar4

ag1 ' Ad quartum sic proceditur. videtur quod avaritia semper sit peccatum mortale. nullus enim est dignus morte nisi pro peccato mortali. sed propter avaritiam homines digni sunt morte, * cum enim apostolus, ad rom. i, praemisisset, repletos omni iniquitate, fornicatione, avaritia, subdit, " qui talia agunt digni sunt morte. ' ergo avaritia est peccatum mortale.
ag2 ' Praeterea, minimum in avaritia est quod aliquis inordinate retineat sua. sed hoc videtur esse peccatum mortale, * dicit enim basilius, ° est panis famelici quem tu tenes, nudi tunica quam conservas, indigentis argentum quod possides. quocirca tot iniuriaris quot exhibere valeres. ' sed iniuriari alteri est peccatum mortale, quia contrariatur dilectioni proximi. ergo multo magis omnis alia avaritia est peccatum mortale.
ag3 ' Praeterea, nullus excaecatur spirituali caecitate nisi per peccatum mortale, quod animam privat lumine gratiae. sed * secundum chrysostomum, ' tenebra animae est pecuniarum cupido. ergo avaritia, quae est pecuniarum cupido, est peccatum mortale.
sc * Sed contra est quod i ad cor. iii, super illud, si quis aedificaverit super hoc fundamentum etc., dicit glossa quod ° lignum, faenum et stipulam superaedificat ille qui cogitat quae mundi sunt, quomodo placeat mundo, ' quod pertinet ad peccatum avaritiae. ille autem qui aedificat lignum, faenum et stipulam, non peccat mortaliter, sed venialiter, * de eo enim dicitur quod salvus erit sic quasi per ignem. ' ergo avaritia quandoque est peccatum veniale.
co * Respondeo dicendum quod, sicut supra dictum est, ' avaritia dupliciter dicitur. uno modo, secundum quod opponitur iustitiae. et hoc modo ex genere suo est peccatum mortale, sic enim ad avaritiam pertinet quod aliquis iniuste accipiat vel retineat res alienas, quod pertinet ad rapinam vel furtum, quae sunt peccata mortalia, * ut supra habitum est. ' contingit tamen in hoc genere avaritiae aliquid esse peccatum veniale propter imperfectionem actus, * sicut supra dictum est, cum de furto ageretur. ' alio modo potest accipi avaritia secundum quod opponitur liberalitati. et secundum hoc, importat inordinatum amorem divitiarum. si ergo intantum amor divitiarum crescat quod praeferatur caritati, ut scilicet propter amorem divitiarum aliquis non vereatur facere contra amorem dei et proximi, sic avaritia erit peccatum mortale. si autem inordinatio amoris infra hoc sistat, ut scilicet homo, quamvis superflue divitias amet, non tamen praefert earum amorem amori divino, ut scilicet propter divitias non velit aliquid facere contra deum et proximum, sic avaritia est peccatum veniale.
ra1 ' Ad primum ergo dicendum quod avaritia connumeratur peccatis mortalibus secundum illam rationem qua est peccatum mortale.
ra2 * Ad secundum dicendum quod basilius loquitur in illo casu in quo ' aliquis tenetur ex debito legali bona sua pauperibus erogare, vel propter periculum necessitatis, vel etiam propter superfluitatem habitorum.
ra3 ' Ad tertium dicendum quod cupido divitiarum obtenebrat animam proprie quando excludit lumen caritatis, praeferendo amorem divitiarum amori divino.

009 ST3 qu118 ar5

ag1 ' Ad quintum sic proceditur. videtur quod avaritia sit maximum peccatorum. * dicitur enim eccli. x, ° avaro nihil est scelestius; * et postea subditur, ° nihil est iniquius quam amare pecuniam, hic enim et animam suam venalem habet. * et tullius dicit, in i de offic., ° nihil est tam angusti animi, tamque parvi, quam amare pecuniam. ' sed hoc pertinet ad avaritiam. ergo avaritia est gravissimum peccatorum.
ag2 ' Praeterea, tanto aliquod peccatum est gravius quanto magis caritati contrariatur. sed avaritia maxime contrariatur caritati, * dicit enim augustinus, in libro octoginta trium quaest., quod ° venenum caritatis est cupiditas. ' ergo avaritia est maximum peccatorum.
ag3 ' Praeterea, ad gravitatem peccati pertinet quod sit incurabile, unde et peccatum in spiritum sanctum, quod est gravissimum, dicitur esse irremissibile. sed avaritia est peccatum insanabile, * ut dicit philosophus, in iv ethic., quod ° senectus et omnis impotentia illiberales facit. ' ergo avaritia est gravissimum peccatorum.
ag4 * Praeterea, apostolus dicit, ad ephes. v, quod ' avaritia est idolorum servitus. sed idololatria computatur inter gravissima peccata. ergo et avaritia.
sc ' Sed contra est quod adulterium est gravius peccatum quam furtum, * ut habetur prov. vi. ' furtum autem pertinet ad avaritiam. ergo avaritia non est gravissimum peccatorum.
co ' Respondeo dicendum quod omne peccatum, ex hoc ipso quod est malum, consistit in quadam corruptione seu privatione alicuius boni, inquantum autem est voluntarium, consistit in appetitu alicuius boni. dupliciter ergo ordo peccatorum potest attendi. uno modo, ex parte boni quod per peccatum contemnitur vel corrumpitur, quod quanto maius est, tanto peccatum gravius est. et secundum hoc, peccatum quod est contra deum est gravissimum; et sub hoc est peccatum quod est contra personam hominis; sub quo est peccatum quod est contra res exteriores quae sunt ad usum hominis deputatae, quod videtur ad avaritiam pertinere. alio modo potest attendi gradus peccatorum ex parte boni cui inordinate subditur appetitus humanus, quod quanto minus est, tanto peccatum est deformius; turpius enim est subesse inferiori bono quam superiori. bonum autem exteriorum rerum est infimum inter humana bona, est enim minus quam bonum corporis; quod etiam est minus quam bonum animae; quod etiam exceditur a bono divino. et secundum hoc, peccatum avaritiae, quo appetitus humanus subiicitur etiam exterioribus rebus, habet quodammodo deformitatem maiorem. quia tamen corruptio vel privatio boni formaliter se habet in peccato, conversio autem ad bonum commutabile materialiter; magis est iudicanda gravitas peccati ex parte boni quod corrumpitur quam ex parte boni cui subiicitur appetitus. et ideo dicendum est quod avaritia non est simpliciter maximum peccatorum.
ra1 * Ad primum ergo dicendum quod auctoritates illae loquuntur ' de avaritia ex parte boni cui subditur appetitus. * unde et in ecclesiastico pro ratione subditur, quia " avarus animam suam habet venalem, quia videlicet animam suam, idest vitam, exponit periculis pro pecunia, et ideo subdit, quoniam in vita sua proiecit, idest contempsit, intima sua, ut scilicet pecuniam lucraretur. * tullius etiam addit " hoc esse angusti animi, ' ut scilicet velit pecuniae subiici.
ra2 * Ad secundum dicendum quod augustinus ibi accipit cupiditatem ' generaliter cuiuscumque temporalis boni, non secundum quod specialiter pro avaritia accipitur. cupiditas enim cuiuscumque temporalis boni est venenum caritatis, inquantum scilicet homo spernit bonum divinum propter hoc quod inhaeret bono temporali.
ra3 ' Ad tertium dicendum quod aliter est insanabile peccatum in spiritum sanctum, et aliter avaritia. nam peccatum in spiritum sanctum est insanabile ex parte contemptus, puta quia homo contemnit vel misericordiam vel iustitiam divinam, aut aliquid horum per quae hominis peccata sanantur. et ideo talis insanabilitas pertinet ad maiorem gravitatem peccati. avaritia vero habet insanabilitatem ex parte defectus humani, in quem scilicet semper procedit humana natura, quia quo aliquis est magis deficiens, eo magis indiget adminiculo exteriorum rerum, et ideo magis in avaritiam labitur. unde per talem insanabilitatem non ostenditur peccatum esse gravius, sed quodammodo per hoc est periculosius.
ra4 ' Ad quartum dicendum quod avaritia comparatur idololatriae per quandam similitudinem quam habet ad ipsam, quia sicut idololatra subiicit se creaturae exteriori, ita etiam et avarus. non tamen eodem modo, sed idololatra quidem subiicit se creaturae exteriori ut exhibeat ei cultum divinum; avarus autem subiicit se creaturae exteriori immoderate ipsam concupiscendo ad usum, non ad cultum. et ideo non oportet quod avaritia habeat tantam gravitatem quantam habet idololatria.

009 ST3 qu118 ar6

ag1 ' Ad sextum sic proceditur. videtur quod avaritia non sit peccatum spirituale. vitia enim spiritualia videntur esse circa spiritualia bona. sed materia avaritiae sunt bona corporalia, scilicet exteriores divitiae. ergo avaritia non est peccatum spirituale.
ag2 ' Praeterea, peccatum spirituale contra carnale dividitur. sed avaritia videtur esse peccatum carnale, sequitur enim corruptionem carnis; ut patet in senibus, qui propter naturae carnalis defectum in avaritiam incidunt. ergo avaritia non est peccatum spirituale.
ag3 ' Praeterea, peccatum carnale est per quod etiam corpus hominis deordinatur, * secundum illud apostoli, i ad cor. vi, ' qui fornicatur in corpus suum peccat. sed avaritia etiam hominem corporaliter vexat, unde * et chrysostomus, marc. v, ' comparat avarum daemoniaco, qui in corpore vexatur. ergo avaritia non videtur esse peccatum spirituale.
sc ' Sed contra est quod * gregorius, xxxi moral., ' computat avaritiam vitiis spiritualibus.
co ' Respondeo dicendum quod peccata praecipue in affectu consistunt. omnes autem affectiones animae, sive passiones, terminantur ad delectationes et tristitias, * ut patet per philosophum, in ii ethic.. ' delectationum autem quaedam sunt carnales, et quaedam spirituales. carnales quidem delectationes dicuntur quae in sensu carnis complentur, sicut delectationes ciborum et venereorum, delectationes vero spirituales dicuntur quae complentur in sola animae apprehensione. illa ergo peccata dicuntur carnalia quae perficiuntur in carnalibus delectationibus, illa vero dicuntur spiritualia quae perficiuntur in spiritualibus delectationibus, absque carnali delectatio-

ne. et huiusmodi est avaritia, delectatur enim avarus in hoc quod considerat se possessorem divitiarum. et ideo avaritia est peccatum spirituale.
ra1 ' Ad primum ergo dicendum quod avaritia circa corporale obiectum non quaerit delectationem corporalem, sed solum animalem, prout scilicet homo delectatur in hoc quod divitias possideat. et ideo non est peccatum carnale. ratione tamen obiecti, medium est inter peccata pure spiritualia, quae quaerunt delectationem spiritualem circa obiecta spiritualia, sicut superbia est circa excellentiam; et vitia pure carnalia, quae quaerunt delectationem pure corporalem circa obiectum corporale.
ra2 ' Ad secundum dicendum quod motus recipit speciem secundum terminum ad quem, non autem secundum terminum a quo. et ideo vitium dicitur carnale ex hoc quod tendit in delectationem carnalem, non autem ex eo quod procedit ex aliquo defectu carnis.
ra3 * Ad tertium dicendum quod chrysostomus comparat avarum ' daemoniaco, non quia vexetur in carne sicut daemoniacus, sed per oppositum, quia sicut daemoniacus ille * de quo legitur marc. v, ' se denudabat, ita avarus se superfluis divitiis onerat.

009 ST3 qu118 ar7

ag1 ' Ad septimum sic proceditur. videtur quod avaritia non sit vitium capitale. avaritia enim opponitur liberalitati sicut medio, et prodigalitati sicut extremo. sed neque liberalitas est principalis virtus, neque prodigalitas vitium capitale. ergo etiam avaritia non debet poni vitium capitale.
ag2 * Praeterea, sicut supra dictum est, ' illa dicuntur esse vitia capitalia quae habent principales fines, ad quos ordinantur fines aliorum vitiorum. sed hoc non competit avaritiae, quia divitiae non habent rationem finis, sed magis rationem eius quod est ad finem, * ut dicitur in i ethic.. ' ergo avaritia non est vitium capitale.
ag3 * Praeterea, gregorius dicit, in moral., quod ° avaritia quandoque oritur ex elatione, quandoque per timorem. dum enim quidam deficere sibi ad sumptum necessaria aestimant, mentem ad avaritiam relaxant. sunt alii qui, dum potentiores videri appetunt, ad alienarum rerum ambitum succenduntur. ' ergo avaritia magis oritur ab aliis vitiis quam ipsa sit vitium capitale respectu aliorum.
sc ' Sed contra est quod * gregorius, xxxi moral., ' ponit avaritiam inter vitia capitalia.
co * Respondeo dicendum quod, sicut supra dictum est, ' vitium capitale dicitur ex quo alia oriuntur secundum rationem finis; qui cum sit multum appetibilis, propter eius appetitum homo procedit ad multa facienda vel bona vel mala. finis autem maxime appetibilis est beatitudo sive felicitas, quae est ultimus finis humanae vitae, * ut supra habitum est. ' et ideo quanto aliquid magis participat conditiones felicitatis, tanto magis est appetibile. est autem una de conditionibus felicitatis ut sit per se sufficiens, alioquin non quietaret appetitum tanquam ultimus finis. sed per se sufficientiam maxime repromittunt divitiae, * ut boetius dicit, in iii de consol.. cuius ratio est quia, sicut philosophus dicit, in v ethic., ° denario utimur quasi fideiussore ad omnia habenda, * et eccle. x dicitur quod ' pecuniae obediunt omnia. et ideo avaritia, quae consistit in appetitu pecuniae, est vitium capitale.
ra1 ' Ad primum ergo dicendum quod virtus perficitur secundum rationem, vitium autem perficitur secundum inclinationem appetitus sensitivi. non autem ad idem genus principaliter respicit ratio, et appetitus sensitivus. et ideo non oportet quod principale vitium opponatur principali virtuti. unde licet liberalitas non sit principalis virtus, quia non respicit ad principale bonum rationis; avaritia tamen est principale vitium, quia respicit ad pecuniam, quae habet quandam principalitatem inter bona sensibilia, * ratione iam dicta. ' prodigalitas autem non ordinatur ad aliquem finem principaliter appetibilem, sed magis videtur procedere ex defectu rationis. * unde philosophus dicit, in iv ethic., quod " prodigus magis dicitur vanus quam malus.
ra2 ' Ad secundum dicendum quod pecunia ordinatur quidem ad aliud sicut ad finem, inquantum tamen utilis est ad omnia sensibilia conquirenda, continet quodammodo virtute omnia. et ideo habet quandam similitudinem felicitatis, * ut dictum est.
ra3 ' Ad tertium dicendum quod nihil prohibet vitium capitale interdum a quibusdam aliis oriri, * ut dictum est, ' dum tamen ex eo alia vitia soleant plerumque oriri.

009 ST3 qu118 ar8

ag1 ' Ad octavum sic proceditur. videtur quod non sint avaritiae filiae quae dicuntur, ° scilicet proditio, fraus, fallacia, periuria, inquietudo, violentiae, et contra misericordiam obduratio. ' avaritia enim opponitur liberalitati, * ut dictum est. ' proditio autem, fraus et fallacia opponuntur prudentiae; periuria religioni; inquietudo spei vel caritati, quae quiescit in amato; violentiae opponuntur iustitiae; obduratio misericordiae. ergo huiusmodi vitia non pertinent ad avaritiam.
ag2 ' Praeterea, proditio, dolus et fallacia ad idem pertinere videntur, scilicet ad proximi deceptionem. ergo non debent enumerari tanquam diversae filiae avaritiae.
ag3 * Praeterea, isidorus ponit novem filias, quae sunt ° mendacium, fraus, furtum, periurium, et turpis lucri appetitus, falsa testimonia, violentia inhumanitas, rapacitas. ' ergo prima assignatio filiarum fuit insufficiens.
ag4 * Praeterea, philosophus, in iv ethic., ponit multa genera vitiorum pertinentium ad avaritiam, quam illiberalitatem nominat, videlicet ° parcos, tenaces, kimibiles, illiberales operationes operantes, et de meretricio pastos, et usurarios, aleatores, et mortuorum spoliatores, et latrones. ' ergo videtur quod praedicta enumeratio sit insufficiens.
ag5 ' Praeterea, tyranni maxime violentias subditis inferunt. * dicit autem philosophus, ibidem, quod ° tyrannos civitates desolantes et sacra praedantes non dicimus illiberales, " idest avaros. ' ergo violentia non debet poni filia avaritiae.
sc ' Sed contra est quod * gregorius, xxxi moral., assignat " avaritiae filias prius enumeratas.
co ' Respondeo dicendum quod filiae avaritiae dicuntur vitia quae ex ipsa oriuntur, et praecipue secundum appetitum finis. quia vero avaritia est superfluus amor habendi divitias, in duobus excedit. primo enim, superabundat in retinendo. " et ex hac parte oritur ex avaritia obduratio contra misericordiam, ' quia scilicet cor eius misericordia non emollitur, ut de divitiis suis subveniat miseris. secundo, ad avaritiam pertinet superabundare in accipiendo. et secundum hoc, avaritia potest considerari dupliciter. uno modo, secundum quod est in affectu. et sic ex avaritia oritur inquietudo, inquantum ingerit homini sollicitudinem et curas superfluas, avarus enim non impletur pecunia, * ut dicitur eccle. v. ' alio modo, potest considerari in effectu. et sic in acquirendo aliena utitur quandoque quidem vi, quod pertinet ad violentias; quandoque autem dolo. qui quidem si fiat in verbo, erit fallacia, quantum ad simplex verbum; periurium autem si addatur confirmatio iuramenti. si autem dolus committatur in opere, sic, quantum ad res, erit fraus; quantum autem ad personas, proditio, ut patet de iuda, qui ex avaritia prodidit christum.
ra1 ' Ad primum ergo dicendum quod non oportet filias alicuius peccati capitalis ad idem genus vitii pertinere, quia ad finem unius vitii possunt ordinari etiam peccata alterius generis. aliud est enim peccatum habere filias, et peccatum habere species.
ra2 ' Ad secundum dicendum quod illa tria distinguuntur * sicut dictum est.
ra3 " Ad tertium dicendum quod illa novem reducuntur ad praedicta septem. nam mendacium et falsum testimonium continetur sub fallacia, falsum enim testimonium est quaedam specificatio mendacii; sicut et furtum est quaedam specificatio fraudis, unde sub fraude continetur. appetitus autem turpis lucri pertinet ad inquietudinem. rapacitas autem continetur sub violentia, cum sit species eius. inhumanitas autem est idem quod obduratio contra misericordiam.
ra4 * Ad quartum dicendum quod illa quae ponit aristoteles sunt ' illiberalitatis vel avaritiae species magis quam filiae. potest enim aliquis dici illiberalis vel avarus ex eo quod deficit in dando, et si quidem parum det, vocatur parcus; si autem nihil, tenax; si autem cum magna difficultate det, vocatur " kimibilis, quasi kimini venditor, ' quia de parvis magnam vim facit. quandoque autem aliquis dicitur illiberalis vel avarus quia excedit in accipiendo. et hoc dupliciter. uno modo, quia turpiter lucratur, vel vilia et servilia opera exercendo per illiberales operationes; vel quia de aliquibus vitiosis actibus lucratur, sicut de meretricio, vel de aliquo huiusmodi; vel quia lucratur de eo quod gratis oportet concedere, sicut usurarii; vel quia lucratur " parva cum magno labore. ' alio modo, quia iniuste lucratur, vel vivis vim inferendo, sicut latrones; vel mortuos spoliando; vel ab amicis auferendo, sicut aleatores.
ra5 ' Ad quintum dicendum quod sicut liberalitas est circa mediocres pecunias, ita et illiberalitas. unde tyranni, qui magna per violentiam auferunt, non dicuntur illiberales, sed iniusti.

009 ST3 qu119 ar

pr ' Deinde considerandum est de prodigalitate. et circa hoc quaeruntur tria. primo, utrum prodigalitas avaritiae opponatur. secundo, utrum prodigalitas sit peccatum. tertio, utrum sit gravius peccatum quam avaritia.

009 ST3 qu119 ar1

ag1 ' Ad primum sic proceditur. videtur quod prodigalitas non opponatur avaritiae. opposita enim non possunt esse simul in eodem. sed aliqui sunt simul prodigi et illiberales. ergo prodigalitas non opponitur avaritiae.
ag2 ' Praeterea, opposita sunt circa idem. sed avaritia, secundum quod opponitur liberalitati, est circa passiones quasdam quibus homo afficitur ad pecuniam. prodigalitas autem non videtur esse circa aliquas animae passiones, non enim afficitur circa pecunias, nec circa aliquid aliud huiusmodi. non ergo prodigalitas opponitur avaritiae.
ag3 ' Praeterea, peccatum principaliter recipit speciem a fine, * ut supra habitum est. ' sed prodigalitas semper videtur ordinari ad aliquem finem illicitum, propter quem bona sua expendit, et praecipue propter voluptates, * unde et luc. xv dicitur de filio prodigo quod ° dissipavit substantiam suam luxuriose vivendo. ' ergo videtur quod prodigalitas opponatur magis temperantiae et insensibilitati quam avaritiae et liberalitati.
sc * Sed contra est quod philosophus, in ii et iv ethic., ponit " prodigalitatem oppositam liberalitati et illiberalitati, ' quam nunc avaritiam dicimus.
co ' Respondeo dicendum quod in moralibus attenditur oppositio vitiorum ad invicem et ad virtutem secundum superabundantiam et defectum. differunt autem avaritia et prodigalitas secundum superabundantiam et defectum diversimode. nam in affectione divitiarum, avarus superabundat, plus debito eas diligens, prodigus autem deficit, minus debito earum sollicitudinem gerens. circa exteriora vero, ad prodigalitatem pertinet excedere quidem in dando, deficere autem in retinendo et acquirendo, ad avaritiam autem pertinet e contrario deficere quidem in dando, superabundare autem in accipiendo et retinendo. unde patet quod prodigalitas avaritiae opponitur.
ra1 ' Ad primum ergo dicendum quod nihil prohibet eidem inesse opposita secundum diversa, ab illo tamen aliquid magis denominatur quod est principalius. sicut autem in liberalitate, quae medium tenet, praecipua est datio, ad quam acceptio et retentio ordinantur; ita etiam avaritia et prodigalitas praecipue attenduntur secundum dationem. unde ille qui superabundat in dando vocatur prodigus; qui autem deficit in dando vocatur avarus. contingit autem quandoque quod aliquis deficit in dando qui tamen non excedit in accipiendo, * ut philosophus dicit, in iv ethic.. ' similiter etiam contingit quod aliquis excedat in dando, et ex hoc est prodigus; et simul cum hoc, excedat in accipiendo. vel ex quadam necessitate, quia, dum superabundant in dando, deficiunt eis propria bona, unde coguntur indebite acquirere, quod pertinet ad avaritiam. vel etiam propter animi inordinationem, dum enim non dant propter bonum, quasi contempta virtute, non curant undecumque et qualitercumque accipiant. et sic non secundum idem sunt prodigi et avari.
ra2 ' Ad secundum dicendum quod prodigalitas attenditur circa passiones pecuniae non sicut superabundans in eis, sed sicut deficiens.
ra3 ' Ad tertium dicendum quod prodigus non semper abundat in dando propter voluptates, circa quas est intemperantia, sed quandoque quidem ex eo quod taliter est dispositus ut divitias non curet; quandoque autem propter aliquid aliud. ut frequentius tamen ad intemperantias declinant, tum quia, ex quo superflue expendunt in aliis, etiam in rebus voluptuosis expendere non verentur, ad quas magis inclinat concupiscentia carnis; tum etiam, quia non delectantur in bono virtutis, quaerunt sibi delectationes corporales. * et inde est quod philosophus dicit, in iv ethic., quod ° multi prodigorum fiunt intemperati.

009 ST3 qu119 ar2

ag1 ' Ad secundum sic proceditur. videtur quod prodigalitas non sit peccatum. * dicit enim apostolus, i ad tim. ult., ° radix omnium malorum est cupiditas. ' non autem est radix prodigalitatis, quae ei opponitur. ergo prodigalitas non est peccatum.
ag2 * Praeterea, apostolus, i ad tim. ult., dicit, ° divitibus huius saeculi praecipe facile tribuere, communicare. ' sed hoc maxime faciunt prodigi. ergo prodigalitas non est peccatum.
ag3 ' Praeterea, ad prodigalitatem pertinet superabundare in datione et deficere in sollicitudine divitiarum. sed hoc maxime convenit viris perfectis implentibus * quod dominus dicit, matth. vi, ° nolite solliciti esse in crastinum; * et xix, ° vende omnia quae habes, et da pauperibus. ' ergo prodigalitas non est peccatum.
sc ' Sed contra est quod filius prodigus vituperatur de sua prodigalitate, * luc. xv.
co * Respondeo dicendum quod, sicut dictum est, ' prodigalitas opponitur avaritiae secundum oppositionem superabundantiae et defectus. medium autem virtutis per utrumque horum corrumpitur. ex hoc autem est aliquid vitiosum et peccatum quod corrumpit bonum virtutis. unde relinquitur quod prodigalitas sit peccatum.
ra1 * Ad primum ergo dicendum quod illud verbum apostoli quidam " exponunt non de cupiditate actuali, sed de quadam habituali cupiditate, quae est concupiscentia fomitis, ex qua omnia peccata oriuntur. * alii vero dicunt quod " loquitur de cupiditate generali respectu cuiuscumque boni. et sic manifestum est quod etiam prodigalitas ex cupiditate oritur, prodigus enim aliquod bonum temporale cupit consequi inordinate; vel placere aliis, vel saltem satisfacere suae voluntati in dando. * sed si quis recte consideret, apostolus ibi loquitur, ad litteram, " de cupiditate divitiarum, nam supra praemiserat, qui volunt divites fieri, etc.. et sic dicitur esse avaritia radix omnium malorum, ' non quia omnia mala semper ex avaritia oriantur, sed quia nullum malum est quod non interdum ex avaritia oriatur. unde et prodigalitas quandoque ex avaritia nascitur, sicut cum aliquis prodige multa consumit intentione captandi favo-

rem aliquorum, a quibus divitias accipiat.
ra2 * Ad secundum dicendum quod apostolus monet 'divites ut facile tribuant et communicent sua secundum quod oportet. quod non faciunt prodigi, * quia, ut philosophus dicit, in iv ethic., ° dationes eorum non sunt bonae, neque boni gratia, neque secundum quod oportet, sed quandoque dant multa illis quos oporteret pauperes esse, scilicet histrionibus et adulatoribus, bonis autem nihil darent.
ra3 'Ad tertium dicendum quod superexcessus prodigalitatis non attenditur principaliter secundum quantitatem dati, sed magis inquantum excedit id quod fieri oportet. unde quandoque liberalis maiora dat quam prodigus, si necessarium sit. sic ergo dicendum est quod illi qui, intentione sequendi christum, omnia sua dant, et ab animo suo omnem temporalium sollicitudinem removent, non sunt prodigi, sed perfecte liberales.

009 ST3 qu119 ar3

ag1 'Ad tertium sic proceditur. videtur quod prodigalitas sit gravius peccatum quam avaritia. per avaritiam enim aliquis nocet proximo, cui bona sua non communicat. per prodigalitatem autem aliquis sibi ipsi nocet, * dicit enim philosophus, in iv ethic., quod ° corruptio divitiarum, per quas homo vivit, est quaedam ipsius esse perditio. 'gravius autem peccat qui sibi ipsi nocet, * secundum illud eccli. xiv, ° qui sibi nequam est, cui bonus erit? 'ergo prodigalitas erit gravius peccatum quam avaritia.
ag2 ' Praeterea, inordinatio quae provenit cum aliqua conditione laudabili, minus est vitiosa. sed inordinatio avaritiae quandoque est cum aliqua laudabili conditione, ut patet in illis qui nolunt sua expendere nec aliena accipere. prodigalitatis autem inordinatio provenit cum conditione vituperabili, unde et prodigalitatem attribuimus intemperatis hominibus, * ut philosophus dicit, in iv ethic.. ' ergo prodigalitas est gravius vitium quam avaritia.
ag3 ' Praeterea, prudentia est praecipua inter morales virtutes, * ut supra habitum est. ' sed prodigalitas magis opponitur prudentiae quam avaritia, * dicitur enim prov. xxi, ° thesaurus desiderabilis et oleum in tabernaculo iusti, et imprudens homo dissipabit illud; * et philosophus dicit, in iv ethic., quod ° insipientis est superabundanter dare et non accipere. ' ergo prodigalitas est gravius peccatum quam avaritia.
sc * Sed contra est quod philosophus dicit, in iv ethic., quod "prodigus multum videtur melior illiberali.
co ' Respondeo dicendum quod prodigalitas, secundum se considerata, minus peccatum est quam avaritia. et hoc triplici ratione. primo quidem, quia avaritia magis differt a virtute opposita. magis enim ad liberalem pertinet dare, in quo superabundat prodigus, quam accipere vel retinere, in quo superabundat avarus. "secundo, quia prodigus est multis utilis, quibus dat, 'avarus autem nulli, sed nec sibi ipsi, * ut dicitur in iv ethic.. 'tertio, quia prodigalitas est facile sanabilis. et per hoc quod declinat ad aetatem senectutis, quae est contraria prodigalitati. et per hoc quod pervenit ad egestatem de facili, dum multa inutiliter consumit, et sic, pauper factus, non potest in dando superabundare. et etiam quia de facili perducitur ad virtutem, propter similitudinem quam habet ad ipsam. sed avarus non de facili sanatur, * ratione supradicta.
ra1 'Ad primum ergo dicendum quod differentia prodigi et avari non attenditur secundum hoc quod est peccare in seipsum, et in alium. nam prodigus peccat in seipsum, dum bona sua consumit, unde vivere debet, peccat etiam in alterum, consumendo bona ex quibus aliis deberet providere. et praecipue hoc apparet in clericis, qui sunt dispensatores bonorum ecclesiae, quae sunt pauperum, quos defraudant prodige expendendo. similiter etiam avarus peccat in alios, inquantum deficit in dationibus, peccat etiam in seipsum, inquantum deficit in sumptibus; * unde dicitur eccle. vi, ° vir cui deus dedit divitias, nec tribuit ei potestatem ut comedat ex eis. ' sed tamen in hoc superabundat prodigus, quia sic sibi et quibusdam aliis nocet quod tamen aliquibus prodest. avarus autem nec sibi nec aliis prodest, quia non audet uti etiam ad suam utilitatem bonis suis.
ra2 'Ad secundum dicendum quod cum de vitiis communiter loquimur, iudicamus de eis secundum proprias rationes ipsorum, sicut circa prodigalitatem attendimus quod superflue consumit divitias, circa avaritiam vero quod superflue eas retinet. quod autem aliquis propter intemperantiam superflue consumat, hoc iam nominat simul multa peccata, unde et tales prodigi sunt peiores, * ut dicitur iv ethic.. 'quod autem illiberalis sive avarus abstineat ab accipiendis alienis, etsi in se laudabile videatur, tamen ex causa propter quam facit, vituperabile est, dum ideo non vult ab aliis accipere ne cogatur aliis dare.
ra3 'Ad tertium dicendum quod omnia vitia prudentiae opponuntur, sicut et omnes virtutes a prudentia diriguntur. et ideo vitium ex hoc ipso quod opponitur soli prudentiae, levius reputatur.

009 ST3 qu120 ar

pr ' Deinde considerandum est de epieikeia. circa quam quaeruntur duo. primo, utrum epieikeia sit virtus. secundo, utrum sit pars iustitiae.

009 ST3 qu120 ar1

ag1 ' Ad primum sic proceditur. videtur quod epieikeia non sit virtus. nulla enim virtus aufert aliam virtutem. sed epieikeia aufert aliam virtutem, quia et tollit id quod iustum est secundum legem; et opponi videtur severitati. ergo epieikeia non est virtus.
ag2 * Praeterea, augustinus dicit, in libro de vera relig., ° in istis temporalibus legibus, quanquam de his homines iudicent cum eas instituunt, tamen cum fuerint institutae et firmatae, non licebit iudici de ipsis iudicare, sed secundum ipsas. ' sed epieikes videtur iudicare de lege, quando eam aestimat non esse servandam in aliquo casu. ergo epieikeia magis est vitium quam virtus.
ag3 'Praeterea, ad epieikeiam videtur pertinere ut attendat ad intentionem legislatoris, * ut philosophus dicit, in v ethic.. ' sed interpretari intentionem legislatoris ad solum principem pertinet, * unde imperator dicit, in codice, de legibus et constitut. princip., ° inter aequitatem iusque interpositam interpretationem nobis solis et oportet et licet inspicere. 'ergo actus epieikeiae est illicitus. non ergo epieikeia est virtus.
sc * Sed contra est quod philosophus, in v ethic., ponit eam virtutem.
co 'Respondeo dicendum quod, * sicut supra dictum est, cum de legibus ageretur, 'quia humani actus, de quibus leges dantur, in singularibus contingentibus consistunt, quae infinitis modis variari possunt, non fuit possibile aliquam regulam legis institui quae in nullo casu deficeret, sed legislatores attendunt ad id quod in pluribus accidit, secundum hoc legem ferentes; quam tamen in aliquibus casibus servare est contra aequalitatem iustitiae, et contra bonum commune, quod lex intendit. sicut lex instituit quod deposita reddantur, quia hoc ut in pluribus iustum est, contingit tamen aliquando esse nocivum, puta si furiosus deposuit gladium et eum reposcat dum est in furia, vel si aliquis reposcat depositum ad patriae impugnationem. in his ergo et similibus casibus malum esset sequi legem positam, bonum autem est, praetermissis verbis legis, sequi id quod poscit iustitiae ratio et communis utilitas. et ad hoc ordinatur epieikeia, quae apud nos dicitur aequitas. unde patet quod epieikeia est virtus.
ra1 ' Ad primum ergo dicendum quod epieikes non deserit iustum simpliciter, sed iustum quod est lege determinatum. nec etiam opponitur severitati, quae sequitur veritatem legis in quibus oportet, sequi autem verba legis in quibus non oportet, vitiosum est. * unde dicitur in codice, de legibus et constit. princip., ° non dubium est in legem committere eum qui, verba legis amplexus, contra legis nititur voluntatem.
ra2 ' Ad secundum dicendum quod ille de lege iudicat qui dicit eam non esse bene positam. qui vero dicit verba legis non esse in hoc casu servanda, non iudicat de lege, sed de aliquo particulari negotio quod occurrit.
ra3 ' Ad tertium dicendum quod interpretatio locum habet in dubiis, in quibus non licet, absque determinatione principis, a verbis legis recedere. sed in manifestis non est opus interpretatione, sed executione.

009 ST3 qu120 ar2

ag1 'Ad secundum sic proceditur. videtur quod epieikeia non sit pars iustitiae. * ut enim ex praedictis patet, 'duplex est iustitia, una particularis, et alia legalis. sed epieikeia non est pars iustitiae particularis, quia se extendit ad omnes virtutes, sicut et iustitia legalis. similiter etiam non est pars iustitiae legalis, quia operatur praeter id quod lege positum est. ergo videtur quod epieikeia non sit pars iustitiae.
ag2 'Praeterea, virtus principalior non assignatur virtuti minus principali ut pars, cardinalibus enim virtutibus, quasi principalibus, assignantur secundariae virtutes ut partes. sed epieikeia videtur esse principalior virtus quam iustitia, ut ipsum nomen sonat, "dicitur enim ab epi, quod est supra, et dikaion, quod est iustum. 'ergo epieikeia non est pars iustitiae.
ag3 'Praeterea, videtur quod epieikeia sit idem quod modestia. * nam philipp. iv, ubi dicitur, " modestia vestra nota sit omnibus hominibus, in graeco habetur epieikeia. * sed secundum tullium, modestia est pars temperantiae. 'ergo epieikeia non est pars iustitiae.
sc * Sed contra est quod philosophus dicit, in v ethic., quod ° epieikes est quoddam iustum.
co * Respondeo dicendum quod, sicut supra dictum est, ' virtus aliqua habet triplicem partem, scilicet partem subiectivam, integralem et quasi potentialem. pars autem subiectiva est de qua essentialiter praedicatur totum, et est in minus. quod quidem contingit dupliciter, quandoque enim aliquid praedicatur de pluribus secundum unam rationem, sicut animal de equo et bove; quandoque autem praedicatur secundum prius et posterius, sicut ens praedicatur de substantia et accidente. epieikeia ergo est pars iustitiae communiter dictae, tanquam iustitia quaedam existens, * ut philosophus dicit, in v ethic.. ' unde patet quod epieikeia est pars subiectiva iustitiae. et de ea iustitia per prius dicitur quam de legali, nam legalis iustitia dirigitur secundum epieikeiam. unde epieikeia est quasi superior regula humanorum actuum.
ra1 ' Ad primum ergo dicendum quod epieikeia correspondet proprie iustitiae legali, et quodammodo continetur sub ea, et quodammodo excedit eam. si enim iustitia legalis dicatur quae obtemperat legi sive quantum ad verba legis sive quantum ad intentionem legislatoris, quae potior est, sic epieikeia est pars potior legalis iustitiae. si vero iustitia legalis dicatur solum quae obtemperat legi secundum verba legis, sic epieikeia non est pars legalis iustitiae, sed est pars iustitiae communiter dictae, contra iustitiam legalem divisa sicut excedens ipsam.
ra2 * Ad secundum dicendum quod, sicut philosophus dicit, in v ethic., " epieikeia est melior quadam iustitia, scilicet legali quae observat verba legis. 'quia tamen et ipsa est iustitia quaedam, non est melior omni iustitia.
ra3 ' Ad tertium dicendum quod ad epieikeiam pertinet aliquid moderari, scilicet observantiam verborum legis. sed modestia quae ponitur pars temperantiae, moderatur exteriorem hominis vitam, puta in incessu vel habitu, vel aliis huiusmodi. " potest tamen esse quod nomen epieikeiae, * apud graecos, " per quandam similitudinem transfertur ad omnes moderationes.

009 ST3 qu121 ar

pr ' Deinde considerandum est de dono correspondente iustitiae, scilicet de pietate. et circa hoc quaeruntur duo. primo, utrum sit donum spiritus sancti. secundo, quid in beatitudinibus et fructibus ei respondeat.

009 ST3 qu121 ar1

ag1 ' Ad primum sic proceditur. videtur quod pietas non sit donum. dona enim a virtutibus differunt, * ut supra habitum est. ' sed pietas est quaedam virtus, * ut supra habitum est. 'ergo pietas non est donum.
ag2 ' Praeterea, dona sunt excellentiora virtutibus, maxime moralibus, * ut supra habitum est. 'sed inter partes iustitiae religio est potior pietate. si ergo aliqua pars iustitiae debeat poni donum, videtur quod magis religio deberet esse donum quam pietas.
ag3 'Praeterea, dona manent in patria, et actus donorum, * ut supra habitum est. ' sed actus pietatis non potest manere in patria, * dicit enim gregorius, in i moral., quod ° pietas cordis viscera misericordiae operibus replet; 'et sic non erit in patria, ubi nulla erit miseria. ergo pietas non est donum.
sc * Sed contra est quod isaiae xi ponitur inter dona.
co * Respondeo dicendum quod, sicut supra dictum est, 'dona spiritus sancti sunt quaedam habituales animae dispositiones quibus est prompte mobilis a spiritu sancto. inter cetera autem, movet nos spiritus sanctus ad hoc quod affectum quendam filialem habeamus ad deum, * secundum illud rom. viii, ° accepistis spiritum adoptionis filiorum, in quo clamamus, abba, pater. 'et quia ad pietatem proprie pertinet officium et cultum patri exhibere, consequens est quod pietas secundum quam cultum et officium exhibemus deo ut patri per instinctum spiritus sancti sit spiritus sancti donum.
ra1 'Ad primum ergo dicendum quod pietas quae exhibet patri carnali officium et cultum, est virtus, sed pietas quae est donum, hoc exhibet deo ut patri.
ra2 ' Ad secundum dicendum quod exhibere cultum deo ut creatori, quod facit religio, est excellentius quam exhibere cultum patri carnali, quod facit pietas quae est virtus. sed exhibere cultum deo ut patri est adhuc excellentius quam exhibere cultum deo ut creatori et domino. unde religio est potior pietate virtute, sed pietas secundum quod est donum, est potior religione.
ra3 ' Ad tertium dicendum quod sicut per pietatem quae est virtus exhibet homo officium et cultum non solum patri carnali, sed etiam omnibus sanguine iunctis, secundum quod pertinent ad patrem; ita etiam pietas secundum quod est donum, non solum exhibet cultum et officium deo, sed omnibus hominibus inquantum pertinent ad deum. et propter hoc ad ipsam pertinet honorare sanctos, ° non contradicere scripturae, sive intellectae sive non intellectae, * sicut augustinus dicit, in ii de doct. christ.. 'ipsa etiam ex consequenti subvenit in miseria constitutis. et quamvis iste actus non habeat locum in patria, praecipue post diem iudicii, habebit tamen locum praecipuus actus eius, qui est revereri deum affectu filiali, quod praecipue tunc erit, * secundum illud sap. v, ° ecce quomodo computati sunt inter filios dei. ' erit etiam mutua honoratio sanctorum ad invicem. nunc autem, ante diem iudicii, miserentur sancti etiam eorum qui in statu huius miseriae vivunt.

009 ST3 qu121 ar2

ag1 'Ad secundum sic proceditur. videtur quod dono pietatis * non respondeat secunda beatitudo, scilicet, beati mites. 'pietas enim est donum respondens iustitiae. * ad quam magis pertinet quarta beatitudo, scilicet, beati qui esuriunt et sitiunt iustitiam, vel etiam quinta, beati misericordes, * quia, ut dictum est, ' opera misericordiae pertinent ad pietatem. non ergo secunda beatitudo pertinet ad donum pietatis.
ag2 ' Praeterea, donum pietatis dirigitur dono scientiae, * quod adiungitur in connumeratione donorum

isaiae xi. ‘ ad idem autem se extendunt dirigens et exequens. * cum igitur ad scientiam pertineat tertia beatitudo, scilicet, beati qui lugent, ‘ videtur quod non pertineat ad pietatem secunda beatitudo.
ag3 ‘ Praeterea, fructus respondent beatitudinibus et donis, * ut supra habitum est. ‘ sed inter fructus, bonitas et benignitas magis videntur convenire cum pietate quam mansuetudo, quae pertinet ad mititatem. ergo secunda beatitudo non respondet dono pietatis.
sc * Sed contra est quod augustinus dicit, in libro de serm. dom. in monte, ° pietas congruit mitibus.
co ‘ Respondeo dicendum quod in adaptatione beatitudinum ad dona duplex convenientia potest attendi. una quidem secundum rationem ordinis, * quam videtur augustinus fuisse secutus. ‘ unde primam beatitudinem attribuit infimo dono, scilicet timori; secundam autem scilicet, beati mites, attribuit pietati; et sic de aliis. alia convenientia potest attendi secundum propriam rationem doni et beatitudinis. et secundum hoc, oporteret adaptare beatitudines donis secundum obiecta et actus. et ita pietati magis responderet quarta et quinta beatitudo quam secunda. secunda tamen beatitudo habet aliquam convenientiam cum pietate, inquantum scilicet per mansuetudinem tolluntur impedimenta actuum pietatis.
ra1 ‘ Et per hoc patet responsio ad primum.
ra2 ‘ Ad secundum dicendum quod secundum proprietatem beatitudinum et donorum, oportet quod eadem beatitudo respondeat scientiae et pietati. sed secundum rationem ordinis, diversae beatitudines eis adaptantur, observata tamen aliquali convenientia, * ut supra dictum est.
ra3 ‘ Ad tertium dicendum quod bonitas et benignitas in fructibus directe attribui possunt pietati, mansuetudo autem indirecte, inquantum tollit impedimenta actuum pietatis, * ut dictum est.

009 ST3 qu122 ar

pr ‘ Deinde considerandum est de praeceptis iustitiae. et circa hoc quaeruntur sex. primo, utrum praecepta decalogi sint praecepta iustitiae. secundo, de primo praecepto decalogi. tertio, de secundo. quarto, de tertio. quinto, de quarto. sexto, de aliis sex.

009 ST3 qu122 ar1

ag1 ‘ Ad primum sic proceditur. videtur quod praecepta decalogi non sint praecepta iustitiae. “ intentio enim legislatoris est cives facere virtuosos secundum omnem virtutem, * ut dicitur in ii ethic., unde et in v ethic. dicitur quod ° lex praecipit de omnibus actibus virtutum omnium. ‘ sed praecepta decalogi sunt prima principia totius divinae legis. ergo praecepta decalogi non pertinent ad solam iustitiam.
ag2 ‘ Praeterea, ad iustitiam videntur pertinere praecipue praecepta iudicialia, quae contra moralia dividuntur, * ut supra habitum est. ‘ sed praecepta decalogi sunt praecepta moralia, * ut ex supra dictis patet. ‘ ergo praecepta decalogi non sunt praecepta iustitiae.
ag3 ‘ Praeterea, lex praecipue tradit praecepta de actibus iustitiae pertinentibus ad bonum commune, puta de officiis publicis, et aliis huiusmodi. sed de his non fit mentio in praeceptis decalogi. ergo videtur quod praecepta decalogi non pertineant proprie ad iustitiam.
ag4 ‘ Praeterea, praecepta decalogi distinguuntur in duas tabulas secundum dilectionem dei et proximi, quae pertinent ad virtutem caritatis. ergo praecepta decalogi magis pertinent ad caritatem quam ad iustitiam.
sc ‘ Sed contra est quod iustitia sola videtur esse virtus per quam ordinamur ad alterum. sed per omnia praecepta decalogi ordinamur ad alterum, ut patet discurrenti per singula. ergo omnia praecepta decalogi pertinent ad iustitiam.
co ‘ Respondeo dicendum quod praecepta decalogi sunt prima praecepta legis, et quibus statim ratio naturalis assentit sicut manifestissimis. manifestissime autem ratio debiti, quae requiritur ad praeceptum, apparet in iustitia, quae est ad alterum, quia in his quae spectant ad seipsum, videtur primo aspectui quod homo sit sui dominus, et quod liceat ei facere quodlibet; sed in his quae sunt ad alterum, manifeste apparet quod homo est alteri obligatus ad reddendum ei quod debet. et ideo praecepta decalogi oportuit ad iustitiam pertinere. unde tria prima praecepta sunt de actibus religionis, quae est potissima pars iustitiae; quartum autem praeceptum est de actu pietatis, quae est pars iustitiae secunda; alia vero sex dantur de actibus iustitiae communiter dictae, quae inter aequales attenditur.
ra1 ‘ Ad primum ergo dicendum quod lex intendit omnes homines facere virtuosos, sed ordine quodam, ut scilicet prius tradat eis praecepta de his in quibus est manifestior ratio debiti, * ut dictum est.
ra2 ‘ Ad secundum dicendum quod iudicialia praecepta sunt quaedam determinationes moralium praeceptorum prout ordinantur ad proximum, sicut et caeremonialia sunt quaedam determinationes moralium praeceptorum prout ordinantur ad deum. unde neutra praecepta continentur in decalogo. sunt tamen determinationes praeceptorum decalogi. et sic ad iustitiam pertinent.
ra3 ‘ Ad tertium dicendum quod ea quae pertinent ad bonum commune oportet diversimode dispensari secundum hominum diversitatem. et ideo non fuerunt ponenda inter praecepta decalogi, sed inter praecepta iudicialia.
ra4 ‘ Ad quartum dicendum quod praecepta decalogi pertinent ad caritatem sicut ad finem, * secundum illud i ad tim. i, ° finis praecepti caritas est. ‘ sed ad iustitiam pertinent inquantum immediate sunt de actibus iustitiae.

009 ST3 qu122 ar2

ag1 ‘ Ad secundum sic proceditur. videtur quod primum praeceptum decalogi inconvenienter tradatur. magis enim homo est obligatus deo quam patri carnali, * secundum illud heb. xii, ° quanto magis obtemperabimus patri spirituum, et vivemus? ‘ sed praeceptum pietatis, qua honoratur pater, ponitur affirmative, * cum dicitur, honora patrem tuum et matrem tuam. ‘ ergo multo magis primum praeceptum religionis, qua honoratur deus, debuit proponi affirmative, praesertim cum affirmatio sit naturaliter prior negatione.
ag2 ‘ Praeterea, primum praeceptum decalogi ad religionem pertinet, * ut dictum est. ‘ sed religio, cum sit una virtus, habet unum actum. in primo autem praecepto prohibentur tres actus, ° nam primo dicitur, non habebis deos alienos coram me; secundo dicitur, non facies tibi sculptile; tertio, non adorabis ea, neque coles. ‘ ergo inconvenienter traditur primum praeceptum.
ag3 * Praeterea, augustinus dicit, in libro de decem chordis, quod “ per primum praeceptum excluditur vitium superstitionis. ‘ sed multae sunt aliae noxiae superstitiones praeter idololatriam, * ut supra dictum est. ‘ insufficienter ergo prohibetur sola idololatria.
sc * In contrarium est auctoritas scripturae.
co ‘ Respondeo dicendum quod ad legem pertinet facere homines bonos. et ideo oportet praecepta legis ordinari secundum ordinem generationis, qua scilicet homo fit bonus. in ordine autem generationis duo sunt attendenda. quorum primum est quod prima pars primo constituitur, sicut in generatione animalis primo generatur cor, et in domo primo fit fundamentum. in bonitate autem animae prima pars est bonitas voluntatis, ex qua aliquis homo bene utitur qualibet alia bonitate. bonitas autem voluntatis attenditur ad obiectum suum, quod est finis. et ideo in eo qui erat per legem instituendus ad virtutem, primo oportuit quasi iacere quoddam fundamentum religionis, per quam homo debite ordinatur in deum, qui est ultimus finis humanae voluntatis. secundo attendendum est in ordine generationis quod primo contraria et impedimenta tolluntur, sicut agricola primo purgat agrum, et postea proiicit semina, * secundum illud ierem. iv, ° novate vobis novale, et nolite serere super spinas. ‘ et ideo circa religionem primo homo erat instituendus ut impedimenta verae religionis excluderet. praecipuum autem impedimentum religionis est quod homo falso deo inhaereat, * secundum illud matth. vi, ° non potestis servire deo et mammonae. ‘ et ideo in primo praecepto legis excluditur cultus falsorum deorum.
ra1 ‘ Ad primum ergo dicendum quod etiam circa religionem ponitur unum praeceptum affirmativum, * scilicet, memento ut diem sabbati sanctifices. ‘ sed erant praemittenda praecepta negativa, quibus impedimenta religionis tollerentur. quamvis enim affirmatio naturaliter sit prior negatione, tamen in via generationis negatio, qua removentur impedimenta, est prior, * ut dictum est. ‘ et praecipue in rebus divinis in quibus negationes praeferuntur affirmationibus, propter insufficientiam nostram, * ut dionysius dicit, ii cap. cael. hier..
ra2 ‘ Ad secundum dicendum quod cultus alienorum deorum dupliciter apud aliquos observabatur. quidam enim quasdam creaturas pro diis colebant absque institutione imaginum, * unde varro dixit quod “ antiqui romani diu sine simulacris deos coluerunt. et * hic cultus prohibetur primo, cum dicitur, non habebis deos alienos. ‘ apud alios autem erat cultus falsorum deorum sub quibusdam imaginibus. et ideo opportune prohibetur et ipsarum imaginum institutio, * cum dicitur, non facies tibi sculptile; ‘ et imaginum ipsarum cultus, * cum dicitur, non coles ea, etc..
ra3 ‘ Ad tertium dicendum quod omnes aliae superstitiones procedunt ex aliquo pacto cum daemonibus inito tacito vel expresso. et ideo omnes intelliguntur prohiberi * in hoc quod dicitur, non habebis deos alienos.

009 ST3 qu122 ar3

ag1 ‘ Ad tertium sic proceditur. videtur quod secundum praeceptum decalogi non convenienter tradatur. * hoc enim praeceptum, non assumes nomen dei tui in vanum, sic exponitur in glossa exod. xx, ° idest, non existimes creaturam esse filium dei, ‘ per quod prohibetur error contra fidem. * et deut. v exponitur, ° non assumes nomen dei tui in vanum, scilicet, nomen dei ligno et lapidi attribuendo, ‘ per quod prohibetur falsa confessio, quae est actus infidelitatis, sicut et error. infidelitas autem est prior superstitione, sicut et fides religione. ergo hoc praeceptum debuit praemitti primo, in quo prohibetur superstitio.
ag2 ‘ Praeterea, nomen dei ad multa assumitur, sicut ad laudandum, ad miracula faciendum, et universaliter ad omnia quae dicuntur vel fiunt a nobis, * secundum illud coloss. iii, ° omne quodcumque facitis in verbo vel opere, in nomine domini facite. ‘ ergo praeceptum quo prohibetur nomen dei assumi in vanum, videtur universalius esse quam praeceptum quo prohibetur superstitio. et ita debuit ei praemitti.
ag3 * Praeterea, exod. xx exponitur illud praeceptum, ° non assumes nomen dei tui in vanum, iurando scilicet pro nihilo. ‘ unde videtur per hoc prohiberi vana iuratio, quae scilicet est sine iudicio. sed multo gravior est falsa iuratio, quae est sine veritate; et iniusta iuratio, quae est sine iustitia. ergo magis debuerunt illa prohiberi per hoc praeceptum.
ag4 ‘ Praeterea, multo gravius peccatum est blasphemia, vel quidquid fiat verbo vel facto in contumeliam dei, quam periurium. ergo blasphemia et alia huiusmodi magis debuerunt per hoc praeceptum prohiberi.
ag5 ‘ Praeterea, multa sunt dei nomina. ergo * non debuit indeterminate dici, non assumes nomen dei tui in vanum.
sc * Sed in contrarium est scripturae auctoritas.
co ‘ Respondeo dicendum quod oportet prius impedimenta verae religionis excludere in eo qui instituitur ad virtutem, quam eum in vera religione fundare. opponitur autem verae religioni aliquid dupliciter. uno modo, per excessum, quando scilicet id quod est religionis alteri indebite exhibetur, quod pertinet ad superstitionem. alio modo, quasi per defectum reverentiae, cum scilicet deus contemnitur, quod pertinet ad vitium irreligiositatis, * ut supra habitum est. ‘ superstitio autem impedit religionem quantum ad hoc, ne suscipiatur deus ad colendum. ille autem cuius animus implicatus est indebito cultui, non potest simul debitum dei cultum suscipere, * secundum illud isaiae xxviii, ° angustatum est stratum, ut alter decidat, ‘ scilicet deus verus vel falsus a corde hominis, ° et pallium breve utrumque operire non potest. ‘ per irreligiositatem autem impeditur religio quantum ad hoc, ne deus, postquam susceptus est, honoretur. prius autem est deum suscipere ad colendum quam eum susceptum honorare. et ideo praemittitur praeceptum quo prohibetur superstitio secundo praecepto, quo prohibetur periurium, ad irreligiositatem pertinens.
ra1 ‘ Ad primum ergo dicendum quod illae expositiones sunt mysticae. * litteralis autem expositio est quae habetur deut. v, ° non assumes nomen dei tui in vanum, scilicet iurando pro re quae non est.
ra2 ‘ Ad secundum dicendum quod non prohibetur quaelibet assumptio divini nominis per hoc praeceptum, sed proprie illa qua sumitur divinum nomen ad confirmationem humani verbi per modum iuramenti, quia ista assumptio divini nominis est frequentior apud homines. potest tamen ex consequenti intelligi ut per hoc prohibeatur omnis inordinata divini nominis assumptio. et secundum hoc procedunt illae expositiones * de quibus supra dictum est.
ra3 ‘ Ad tertium dicendum quod pro nihilo iurare dicitur ille qui iurat pro eo quod non est, quod pertinet ad falsam iurationem, quae principaliter periurium nominatur, * ut supra dictum est. ‘ quando enim aliquis falsum iurat, tunc iuratio est vana secundum seipsam, quia non habet firmamentum veritatis. quando autem aliquis iurat sine iudicio ex aliqua levitate, si verum iurat, non est ibi vanitas ex parte ipsius iuramenti, sed solum ex parte iurantis.
ra4 ‘ Ad quartum dicendum quod sicut ei qui instruitur in aliqua scientia primo proponuntur quaedam communia documenta, ita etiam lex, quae instituit hominem ad virtutem, in praeceptis decalogi, quae sunt prima, ea proposuit, vel prohibendo vel mandando, quae communius in cursu humanae vitae solent accidere. et ideo inter praecepta decalogi prohibetur periurium, quod frequentius accidit quam blasphemia, in quam homo rarius prolabitur.
ra5 ‘ Ad quintum dicendum quod nominibus dei debetur reverentia ex parte rei significatae, quae est una, non autem ratione vocum significantium, quae sunt multae. * et ideo singulariter dixit, ° non assumes nomen dei tui in vanum, ‘ quia non differt per quodcumque nomen dei periurium committatur.

009 ST3 qu122 ar4

ag1 ‘ Ad quartum sic proceditur. videtur quod inconvenienter tertium praeceptum decalogi tradatur, scilicet de sanctificatione sabbati. hoc enim praeceptum, spiritualiter intellectum, est generale, * dicit enim ambrosius, super illud luc. xiii, ° archisynagogus indignans quia sabbato curasset, lex, inquit, in sabbato non hominem curare, sed servilia opera facere, idest peccatis gravari, prohibet. ‘ secundum autem litteralem sensum, est praeceptum caeremoniale, * dicitur enim exod. xxxi, ° videte ut sabbatum meum custodiatis, quia signum est inter me et vos in generationibus vestris. ‘ praecepta autem decalogi et sunt praecepta spiritualia, et sunt moralia. inconvenienter ergo ponitur inter praecepta decalogi.
ag2 ‘ Praeterea, caeremonialia legis praecepta continent sacra, sacrificia, sacramenta et observantias, * ut supra habitum est. ‘ ad sacra autem pertinebant non solum sacri dies, sed etiam sacra loca et sacra vasa et alia huiusmodi. similiter etiam erant multi sa-

cri dies praeter sabbatum. inconveniens igitur est quod, praetermissis omnibus aliis caeremonialibus, de sola observantia sabbati fit mentio.

ag3 ‘ Praeterea, quicumque transgreditur praeceptum decalogi, peccat. sed in veteri lege aliqui transgredientes observantiam sabbati non peccabant, sicut circumcidentes pueros octava die, et sacerdotes in templo sabbatis operantes. et elias, cum quadraginta diebus pervenisset ad montem dei horeb, consequens est quod in sabbato itineraverit. similiter etiam sacerdotes, dum circumferrent septem diebus arcam domini, * ut legitur iosue vi, ‘ intelliguntur eam die sabbati circumtulisse. * dicitur etiam luc. xiii, ° nonne unusquisque vestrum solvit bovem suum aut asinum et ducit adaquare? ‘ ergo inconvenienter ponitur inter praecepta decalogi.

ag4 ‘ Praeterea, praecepta decalogi sunt etiam in nova lege observanda. sed in nova lege non servatur hoc praeceptum, nec quantum ad diem sabbati, nec quantum ad diem dominicam, in qua et cibi coquuntur, et itinerantur et piscantur homines, et alia multa huiusmodi faciunt. ergo inconvenienter traditur praeceptum de observantia sabbati.

sc * Sed in contrarium est scripturae auctoritas.

co ‘ Respondeo dicendum quod, remotis impedimentis verae religionis per primum et secundum praeceptum decalogi, * ut supra dictum est, ‘ consequens fuit ut tertium praeceptum poneretur, per quod homines in vera religione fundarentur. ad religionem autem pertinet cultum deo exhibere. sicut autem in scriptura divina traduntur nobis sub aliquibus corporalium rerum similitudinibus, ita cultus exterior deo exhibetur per aliquod sensibile signum. et quia ad interiorem cultum, qui consistit in oratione et devotione, magis inducitur homo ex interiori spiritus sancti instinctu, praeceptum legis dandum fuit de exteriori cultu secundum aliquod sensibile signum. et quia praecepta decalogi sunt quasi quaedam prima et communia legis principia, ideo in tertio praecepto decalogi praecipitur exterior dei cultus sub signo communis beneficii quod pertinet ad omnes, scilicet ad repraesentandum opus creationis mundi, a quo requievisse dicitur deus septimo die, in cuius signum, dies septima mandatur sanctificanda, idest deputanda ad vacandum deo. * et ideo exod. xx, “ praemisso praecepto de sanctificatione sabbati, assignatur ratio, quia ° sex diebus fecit deus caelum et terram, et in die septimo requievit.

ra1 ‘ Ad primum ergo dicendum quod praeceptum de sanctificatione sabbati, litteraliter intellectum, est partim morale, partim caeremoniale. morale quidem, quantum ad hoc quod homo deputet aliquod tempus vitae suae ad vacandum divinis. inest enim homini naturalis inclinatio ad hoc quod cuilibet rei necessariae deputetur aliquod tempus, sicut corporali refectioni, somno et aliis huiusmodi. unde etiam spirituali refectioni, qua mens hominis in deo reficitur, secundum dictamen rationis naturalis aliquod tempus deputat homo. et sic habere aliquod tempus deputatum ad vacandum divinis, cadit sub praecepto morali. sed inquantum in hoc praecepto determinatur speciale tempus in signum creationis mundi, sic est praeceptum caeremoniale. similiter etiam caeremoniale est secundum allegoricam significationem, prout fuit figura quietis christi in sepulcro, quae fuit septima die. et similiter secundum moralem significationem, prout significat cessationem ab omni actu peccati et quietem mentis in deo, et secundum hoc quodammodo est praeceptum generale. similiter etiam caeremoniale est secundum significationem anagogicam, prout scilicet praefigurat quietem fruitionis dei quae erit in patria. unde praeceptum de sanctificatione sabbati ponitur inter praecepta decalogi inquantum est praeceptum morale, non inquantum est caeremoniale.

ra2 ‘ Ad secundum dicendum quod aliae caeremoniae legis sunt signa aliquorum particularium effectuum dei. sed observatio sabbati est signum generalis beneficii, scilicet productionis universae creaturae. et ideo convenientius poni debuit inter generalia praecepta decalogi quam aliquod aliud caeremoniale legis.

ra3 ‘ Ad tertium dicendum quod in observantia sabbati duo sunt consideranda. quorum unum est sicut finis, et hoc est ut homo vacet rebus divinis. * quod significatur in hoc quod dicit, memento ut diem sabbati sanctifices, illa enim ‘ sanctificari dicuntur in lege quae divino cultui applicantur. * aliud autem est cessatio operum, quae significatur cum subditur, ° septimo die domini dei tui, non facies omne opus. * sed de quo opere intelligatur, apparet per id quod exponitur levit. xxiii, ° omne opus servile non facietis in eo. ‘ opus autem servile dicitur a servitute. est autem triplex servitus. una quidem qua homo servit peccato, * secundum illud, ° qui facit peccatum, servus est peccati. ‘ et secundum hoc, omne opus peccati dicitur servile. alia vero servitus est qua homo servit homini. est autem homo alterius servus non secundum mentem, sed secundum corpus, * ut supra habitum est. ‘ et ideo opera servilia, secundum hoc, dicuntur opera corporalia in quibus unus homo alteri servit. tertia autem est servitus dei. et secundum hoc, opus servile posset dici opus latriae, quod pertinet ad dei servitium. si autem sic intelligatur opus servile, non prohibetur in die sabbati. quia hoc esset contrarium fini observationis sabbati, homo enim ad hoc |25| ab aliis operibus abstinet in die sabbati, ut vacet operibus ad dei servitutem pertinentibus. * et inde est quod, sicut dicitur ioan. vii, ° circumcisionem accipit homo in sabbato, ut non solvatur lex moysi. * inde etiam est quod, sicut dicitur matth. xii, “ sabbatis sacerdotes in templo sabbatum violant, idest, corporaliter in sabbato operantur, et sine crimine sunt. ‘ et sic etiam sacerdotes in sabbato circumferentes arcam non transgrediebantur praeceptum de observantia sabbati. et similiter etiam nullius spiritualis actus exercitium est contra observantiam sabbati, puta si quis doceat verbo vel scripto, * unde num. xxviii, dicit glossa quod ° fabri et huiusmodi artifices otiantur in die sabbati. lector autem divinae legis vel doctor ab opere suo non desinit, nec tamen contaminatur sabbatum, sicut sacerdotes in templo sabbatum violant, et sine crimine sunt. ‘ sed alia opera servilia, quae dicuntur servilia primo vel secundo modo, contrariantur observantiae sabbati, inquantum impediunt applicationem hominis ad divina. et quia impeditur magis homo a rebus divinis per opus peccati quam per opus licitum, quamvis sit corporale; ideo magis contra hoc praeceptum agit qui peccat in die festo quam qui aliquod corporale opus licitum facit. * unde augustinus dicit, in libro de decem chordis, ° melius faceret iudaeus in agro suo aliquid utile quam in theatro |50| seditiosus existeret. et melius feminae eorum die sabbati lanam facerent quam tota die in neomeniis suis impudice saltarent. ‘ non autem qui peccat venialiter in sabbato contra hoc praeceptum facit, quia peccatum veniale non excludit sanctitatem. opera etiam corporalia ad spiritualem dei cultum non pertinentia intantum servilia dicuntur inquantum proprie pertinent ad servientes, inquantum vero sunt communia et servis et liberis, servilia non dicuntur. quilibet autem, tam servus quam liber, tenetur in necessariis providere non tantum sibi, sed etiam proximo, praecipue quidem in his quae ad salutem corporis pertinent, * secundum illud prov. xxiv, erue eos qui ducuntur ad mortem; ‘ secundario autem etiam in damno rerum vitando, * secundum illud deut. xxii, ° non videbis bovem aut ovem fratris tui errantem et praeteribis, sed reduces fratri tuo. ‘ et ideo opus corporale pertinens ad conservandam salutem proprii corporis non violat sabbatum, non enim est contra observantiam sabbati quod aliquis comedat, et alia huiusmodi faciat quibus salus corporis conservatur. et propter hoc machabaei non polluerunt sabbatum pugnantes ad sui defensionem die sabbati, * ut legitur i machab. ii. ‘ similiter etiam nec elias fugiens a facie iezabel in die sabbati. et propter hoc etiam dominus, * matth. xii, ‘ excusat discipulos suos, qui colligebant spicas in die |75| sabbati propter necessitatem quam patiebantur. similiter etiam opus corporale quod ordinatur ad salutem corporalem alterius, non est contra observantiam sabbati. * unde dominus, ioan. vii, ° mihi indignamini quia totum hominem salvum feci in sabbato? ‘ similiter etiam opus corporale quod ordinatur ad imminens damnum rei exterioris vitandum, non violat sabbatum. * unde dominus dicit, matth. xii, ° quis erit ex vobis homo qui habet unam ovem, et ceciderit sabbato in foveam, nonne tenebit et levabit eam?

ra4 ‘ Ad quartum dicendum quod observatio diei dominicae in nova lege succedit observantiae sabbati non ex vi praecepti legis, sed ex constitutione ecclesiae et consuetudine populi christiani. nec etiam huiusmodi observatio est figuralis, sicut fuit observatio sabbati in veteri lege. et ideo non est ita arcta prohibitio operandi in die dominica sicut in die sabbati, sed quaedam opera conceduntur in die dominica quae in die sabbati prohibebantur, sicut decoctio ciborum et alia huiusmodi. et etiam in quibusdam operibus prohibitis facilius propter necessitatem dispensatur in nova quam in veteri lege, quia figura pertinet ad protestationem veritatis, quam nec in modico praeterire oportet; opera autem secundum se considerata immutari possunt pro loco et tempore.

009 ST3 qu122 ar5

ag1 ‘ Ad quintum sic proceditur. videtur quod inconvenienter tradatur quartum praeceptum, de honoratione parentum. hoc enim praeceptum pertinet ad pietatem. sed sicut pietas est pars iustitiae, ita etiam observantia et gratia, * et alia de quibus dictum est. ‘ ergo videtur quod non debuit dari speciale praeceptum de pietate, cum de aliis non detur.

ag2 ‘ Praeterea, pietas non solum exhibet cultum parentibus, sed etiam patriae et aliis sanguine coniunctis et patriae benevolis, * ut supra dictum est. ‘ inconvenienter ergo in hoc quarto praecepto fit mentio solum de honoratione patris et matris.

ag3 ‘ Praeterea, parentibus non solum debetur honoris reverentia, sed etiam sustentatio. ergo insufficienter sola parentum honoratio praecipitur.

ag4 ‘ Praeterea, contingit quandoque quod aliqui qui honorant parentes cito moriuntur, et e contrario qui parentes non honorant diu vivunt. * inconvenienter ergo additur huic praecepto haec promissio, ° ut sis longaevus super terram.

sc * In contrarium est auctoritas sacrae scripturae.

co ‘ Respondeo dicendum quod praecepta decalogi ordinantur ad dilectionem dei et proximi. inter proximos autem, maxime obligamur parentibus. et ideo immediate post praecepta ordinantia nos in deum, ponitur praeceptum ordinans nos ad parentes, qui sunt particulare principium nostri esse, sicut deus est universale principium. et sic est quaedam affinitas huius praecepti ad praecepta primae tabulae.

ra1 * Ad primum ergo dicendum quod, sicut supra dictum est, ‘ pietas ordinatur ad reddendum debitum parentibus, quod communiter ad omnes pertinet. et ideo inter praecepta decalogi, quae sunt communia, magis debet poni aliquid pertinens ad pietatem quam ad alias partes iustitiae, quae respiciunt aliquod debitum speciale.

ra2 ‘ Ad secundum dicendum quod per prius debetur aliquid parentibus quam patriae et consanguineis, quia per hoc quod sumus a parentibus nati, pertinent ad nos et consanguinei et patria. et ideo, cum praecepta decalogi sint prima praecepta legis, magis per ea ordinatur homo ad parentes quam ad patriam vel ad alios consanguineos. nihilominus tamen in hoc praecepto, quod est de honoratione parentum, intelligitur mandari quidquid pertinet ad reddendum debitum cuicumque personae, sicut secundarium includitur in principali.

ra3 ‘ Ad tertium dicendum quod parentibus inquantum huiusmodi, debetur reverentiae honor. sed sustentatio et alia debentur eis ratione alicuius accidentis, puta inquantum sunt indigentes, vel secundum aliquid huiusmodi, * ut supra dictum est. ‘ et quia quod est per se prius est eo quod est per accidens, ideo inter prima praecepta legis, quae sunt praecepta decalogi, specialiter praecipitur honoratio parentum. in qua tamen, sicut in quodam principali, intelligitur mandari et sustentatio et quidquid aliud debetur parentibus.

ra4 ‘ Ad quartum dicendum quod longaevitas promittitur honorantibus parentes non solum quantum ad futuram vitam, sed etiam quantum ad praesentem, * secundum illud apostoli, i ad tim. iv, ° pietas ad omnia utilis est, promissionem habens vitae quae nunc est et futurae. ‘ et hoc rationabiliter. qui enim gratus est beneficio meretur secundum quandam congruentiam ut sibi beneficium conservetur, propter ingratitudinem autem meretur aliquis beneficium perdere. beneficium autem vitae corporalis, post deum, a parentibus habemus. et ideo ille qui honorat parentes, quasi beneficio gratus, meretur vitae conservationem, qui autem non honorat parentes, tanquam ingratus, meretur vita privari. quia tamen praesentia bona vel mala non cadunt sub merito vel demerito nisi inquantum ordinantur ad futuram remunerationem, * ut dictum est; ‘ ideo quandoque secundum occultam rationem divinorum iudiciorum, quae maxime futuram remunerationem respiciunt, ideo aliqui qui sunt pii in parentes citius vita privantur, alii vero qui sunt impii in parentes diutius vivunt.

009 ST3 qu122 ar6

ag1 ‘ Ad sextum sic proceditur. videtur quod alia sex praecepta decalogi inconvenienter tradantur. non enim sufficit ad salutem quod aliquis proximo suo non noceat, sed requiritur quod ei debitum reddat, * secundum illud rom. xiii, ° reddite omnibus debita. ‘ sed in sex ultimis praeceptis solum prohibetur nocumentum proximo inferendum. ergo inconvenienter praedicta praecepta traduntur.

ag2 ‘ Praeterea, in praedictis praeceptis prohibentur homicidium, adulterium, furtum et falsum testimonium. sed multa alia nocumenta possunt proximo inferri, * ut patet ex his quae supra determinata sunt. ‘ ergo videtur quod inconvenienter sint tradita huiusmodi praecepta.

ag3 ‘ Praeterea, concupiscentia dupliciter accipi potest, uno modo, secundum quod est actus voluntatis, * ut dicitur sap. vi, ° concupiscentia sapientiae perducit ad regnum perpetuum; ‘ alio modo, secundum quod est actus sensualitatis, * sicut dicitur iac. iv, ° unde bella et lites in vobis? nonne ex concupiscentiis quae militant in membris vestris? ‘ sed per praeceptum decalogi non prohibetur concupiscentia sensualitatis, quia secundum hoc, primi motus essent peccata mortalia, utpote contra praeceptum decalogi existentes. similiter etiam non prohibetur concupiscentia voluntatis, quia haec includitur in quolibet peccato. inconvenienter ergo inter praecepta decalogi ponuntur quaedam concupiscentiae prohibitiva.

ag4 ‘ Praeterea, homicidium est gravius peccatum quam adulterium vel furtum. sed non ponitur aliquod praeceptum prohibitivum concupiscentiae homicidii. ergo etiam inconvenienter ponuntur quaedam praecepta prohibitiva concupiscentiae furti et adulterii.

sc * Sed in contrarium est auctoritas scripturae.

co ‘ Respondeo dicendum quod sicut per partes iustitiae debitum redditur aliquibus determinatis personis quibus homo ex aliqua speciali ratione obligatur, ita etiam per iustitiam proprie dictam aliquis debitum reddit communiter omnibus. et ideo post tria praecepta pertinentia ad religionem, qua redditur debitum deo et post quartum praeceptum, quod est pietatis, qua redditur parentibus debitum, in quo includitur omne debitum quod ex aliqua speciali ratione debetur; necesse fuit quod ponerentur consequenter

alia praecepta pertinentia ad iustitiam proprie dictam, quae indifferenter omnibus debitum reddit.
ra1 ‘ Ad primum ergo dicendum quod communiter ad hoc obligatur homo ut nulli inferat nocumentum. et ideo praecepta negativa, quibus prohibentur nocumenta quae possunt proximis inferri, tanquam communia, fuerunt ponenda inter praecepta decalogi. ea vero quae sunt proximis exhibenda, diversimode exhibentur diversis. et ideo non fuerunt inter praecepta decalogi ponenda de his affirmativa praecepta.
ra2 ‘ Ad secundum dicendum quod omnia alia nocumenta quae proximis inferuntur, possunt ad ista reduci quae his praeceptis prohibentur tanquam ad quaedam communiora et principaliora. nam omnia nocumenta quae in personam proximi inferuntur, intelliguntur prohiberi in homicidio, sicut in principaliori. quae vero inferuntur in personam coniunctam, et maxime per modum libidinis, intelliguntur prohiberi simul cum adulterio. quae vero pertinent ad damna in rebus illata, intelliguntur prohiberi simul cum furto. quae autem pertinet ad locutionem, sicut detractiones, blasphemiae, et si qua huiusmodi, intelliguntur prohiberi falso testimonio, quod directius iustitiae contrariatur.
ra3 ‘ Ad tertium dicendum quod per praecepta prohibitiva concupiscentiae non intelligitur prohiberi primus motus concupiscentiae, qui sistit infra limites sensualitatis. sed prohibetur directe consensus voluntatis qui est in opus vel in delectationem.
ra4 ‘ Ad quartum dicendum quod homicidium secundum se non est concupiscibile, sed magis horribile, quia non habet de se rationem alicuius boni. sed adulterium habet aliquam rationem boni, scilicet delectabilis. furtum etiam habet rationem alicuius boni, scilicet utilis. bonum autem de se habet rationem concupiscibilis. et ideo fuit specialibus praeceptis prohibenda concupiscentia furti et adulterii, non autem concupiscentia homicidii.

009 ST3 qu123 ar

pr ‘ Consequenter, post iustitiam, considerandum est de fortitudine. et primo, de ipsa virtute fortitudinis; secundo, de partibus eius; tertio, de dono ei correspondente; quarto, de praeceptis ad ipsam pertinentibus. circa fortitudinem autem consideranda sunt tria, primo quidem, de ipsa fortitudine; secundo, de actu praecipuo eius, scilicet de martyrio; tertio, de vitiis oppositis. circa primum quaeruntur duodecim. primo, utrum fortitudo sit virtus. secundo, utrum sit virtus specialis. tertio, utrum sit circa timores et audacias. quarto, utrum sit solum circa timorem mortis. quinto, utrum sit solum in rebus bellicis. sexto, utrum sustinere sit praecipuus actus eius. septimo, utrum operetur propter proprium bonum. octavo, utrum habeat delectationem in suo actu. nono, utrum fortitudo maxime consistat in repentinis. decimo, utrum utatur ira in sua operatione. undecimo, utrum sit virtus cardinalis. duodecimo, de comparatione eius ad alias virtutes cardinales.

009 ST3 qu123 ar1

ag1 ‘ Ad primum sic proceditur. videtur quod fortitudo non sit virtus. * dicit enim apostolus, ii ad cor. xii, ° virtus in infirmitate perficitur. ‘ sed fortitudo infirmitati opponitur. ergo fortitudo non est virtus.
ag2 ‘ Praeterea, si est virtus, aut est theologica, aut intellectualis, aut moralis. sed fortitudo neque continetur inter virtutes theologicas, neque inter intellectuales, * ut ex supra dictis patet. ‘ neque etiam videtur esse virtus moralis. * quia, ut philosophus dicit, in iii ethic., ‘ videntur aliqui esse fortes propter ignorantiam, aut etiam propter experientiam, sicut milites, quae magis pertinent ad artem quam ad virtutem moralem, quidam etiam dicuntur esse fortes propter aliquas passiones, puta propter timorem comminationum vel dehonorationis, aut etiam propter tristitiam vel iram, seu spem; virtus autem moralis non operatur ex passione, sed ex electione, * ut supra habitum est. ‘ ergo fortitudo non est virtus.
ag3 ‘ Praeterea, virtus humana maxime consistit in anima, est enim bona qualitas mentis, * ut supra iam dictum est. ‘ sed fortitudo videtur consistere in corpore, vel saltem corporis complexionem sequi. ergo videtur quod fortitudo non sit virtus.
sc * Sed contra est quod augustinus, in libro de moribus eccle., “ fortitudinem inter virtutes numerat.
co * Respondeo dicendum quod, secundum philosophum, in ii ethic., ° virtus est quae bonum facit habentem, et opus eius bonum reddit, “ unde virtus hominis, de qua loquimur, est quae bonum facit hominem, et opus eius bonum reddit. bonum autem hominis est secundum rationem esse, * secundum dionysium, iv cap. de div. nom.. ‘ et ideo ad virtutem humanam pertinet ut faciat hominem et opus eius secundum rationem esse. quod quidem tripliciter contingit. uno modo, secundum quod ipsa ratio rectificatur, quod fit per virtutes intellectuales. alio modo, secundum quod ipsa rectitudo rationis in rebus humanis instituitur, quod pertinet ad iustitiam. tertio, secundum quod tolluntur impedimenta huius rectitudinis in rebus humanis ponendae. dupliciter autem impeditur voluntas humana ne rectitudinem rationis sequatur. uno modo, per hoc quod attrahitur ab aliquo delectabili ad aliud quam rectitudo rationis requirat; et hoc impedimentum tollit virtus temperantiae. alio modo, per hoc quod voluntatem repellit ab eo quod est secundum rationem, propter aliquid difficile quod incumbit. et ad hoc impedimentum tollendum requiritur fortitudo mentis, qua scilicet huiusmodi difficultatibus resistat, sicut et homo per fortitudinem corporalem impedimenta corporalia superat et repellit. unde manifestum est quod fortitudo est virtus, inquantum facit hominem secundum rationem esse.
ra1 ‘ Ad primum ergo dicendum quod virtus animae non perficitur in infirmitate animae, sed in infirmitate carnis, * de qua apostolus loquebatur. ‘ hoc autem ad fortitudinem mentis pertinet, quod infirmitatem carnis fortiter ferat, quod pertinet ad virtutem patientiae vel fortitudinis. et quod homo propriam infirmitatem recognoscat, pertinet ad perfectionem quae dicitur humilitas.
ra2 ‘ Ad secundum dicendum quod exteriorem virtutis actum quandoque aliqui efficiunt non habentes virtutem, ex aliqua alia causa quam ex virtute. * et ideo philosophus, in iii ethic., ponit ‘ quinque modos eorum qui similitudinarie dicuntur fortes, quasi exercentes actum fortitudinis praeter virtutem. quod quidem contingit tripliciter. primo quidem, quia feruntur in id quod est difficile ac si non esset difficile. quod in tres modos dividitur. quandoque enim hoc accidit propter ignorantiam, quia scilicet homo non percipit magnitudinem periculi. quandoque autem hoc accidit propter hoc quod homo est bonae spei ad pericula vincenda, puta cum expertus est se saepe pericula evasisse. quandoque autem hoc accidit propter scientiam et artem quandam, sicut contingit in militibus, qui propter peritiam armorum et exercitium non reputant gravia pericula belli, aestimantes se per suam artem posse contra ea defendi; * sicut vegetius dicit, in libro de re militari, ° nemo facere metuit quod se bene didicisse confidit. ‘ alio modo agit aliquis actum fortitudinis sine virtute, propter impulsum passionis, vel tristitiae, quam vult repellere; vel etiam irae. tertio modo, propter electionem, non quidem finis debiti, sed alicuius temporalis commodi acquirendi, puta honoris, voluptatis vel lucri; vel alicuius incommodi vitandi, |25| puta vituperii, afflictionis vel damni.
ra3 ‘ Ad tertium dicendum quod ad similitudinem corporalis fortitudinis dicitur fortitudo animae, quae ponitur virtus, * ut dictum est. ‘ nec tamen est contra rationem virtutis quod ex naturali complexione aliquis habeat naturalem inclinationem ad virtutem, * ut supra dictum est.

009 ST3 qu123 ar2

ag1 ‘ Ad secundum sic proceditur. videtur quod fortitudo non sit specialis virtus. * dicitur enim sap. viii, quod “ sapientia sobrietatem et prudentiam docet, iustitiam et virtutem, et ponitur ibi virtus pro fortitudine. ‘ cum ergo nomen virtutis sit commune omnibus virtutibus, videtur quod fortitudo sit generalis virtus.
ag2 * Praeterea, ambrosius dicit, in i de offic., ° non mediocris animi est fortitudo, quae sola defendit ornamenta virtutum omnium, et iudicia custodit; et quae inexpiabili praelio adversus omnia vitia decertat. invicta ad labores, fortis ad pericula, rigidior adversus voluptates, avaritiam fugat tanquam labem quandam quae virtutem effeminet. * et idem postea subdit de aliis vitiis. ‘ hoc autem non potest convenire alicui speciali virtuti. ergo fortitudo non est specialis virtus.
ag3 ‘ Praeterea, nomen fortitudinis a firmitate sumptum esse videtur. sed firmiter se habere pertinet ad omnem virtutem, * ut dicitur in ii ethic.. ‘ ergo fortitudo est generalis virtus.
sc * Sed contra est quod in xxii moral., gregorius “ connumerat eam aliis virtutibus.
co * Respondeo dicendum quod, sicut supra dictum est, ‘ nomen fortitudinis dupliciter accipi potest. uno modo, secundum quod absolute importat quandam animi firmitatem. et secundum hoc est generalis virtus, vel potius conditio cuiuslibet virtutis, * quia sicut philosophus dicit, in ii ethic., “ ad virtutem requiritur firmiter et immobiliter operari. ‘ alio modo potest accipi fortitudo secundum quod importat firmitatem animi in sustinendis et repellendis his in quibus maxime difficile est firmitatem habere, scilicet in aliquibus periculis gravibus. * unde tullius dicit, in sua rhetorica, quod ° fortitudo est considerata periculorum susceptio et laborum perpessio. ‘ et sic fortitudo ponitur specialis virtus, utpote materiam determinatam habens.
ra1 * Ad primum ergo dicendum quod secundum philosophum, in i de caelo, “ nomen virtutis refertur ad ultimum potentiae. ‘ dicitur autem uno modo potentia naturalis secundum quam aliquis potest resistere corrumpentibus, alio modo secundum quod est principium agendi, * ut patet in v metaphys.. ‘ et ideo, quia haec acceptio est communior, nomen virtutis secundum quod importat ultimum talis potentiae, est commune, nam virtus communiter sumpta nihil est aliud quam habitus quo quis potest bene operari. secundum autem quod importat ultimum potentiae primo modo dictae, qui quidem est modus magis specialis, attribuitur speciali virtuti scilicet fortitudini, ad quam pertinet firmiter stare contra quaecumque impugnantia.
ra2 * Ad secundum dicendum quod ambrosius accipit ‘ fortitudinem large, secundum quod importat animi firmitatem respectu quorumcumque impugnantium. et tamen etiam secundum quod est specialis virtus habens determinatam materiam, coadiuvat ad resistendum impugnationibus omnium vitiorum. qui enim potest firmiter stare in his quae sunt difficillima ad sustinendum, consequens est quod sit idoneus ad resistendum aliis quae sunt minus difficilia.
ra3 ‘ Ad tertium dicendum quod obiectio illa procedit de fortitudine primo modo dicta.

009 ST3 qu123 ar3

ag1 ‘ Ad tertium sic proceditur. videtur quod fortitudo non sit circa timores et audacias. * dicit enim gregorius, vii moral., ° iustorum fortitudo est carnem vincere, propriis voluptatibus contraire, delectationem vitae praesentis extinguere. ‘ ergo fortitudo magis videtur esse circa delectationes quam circa timores et audacias.
ag2 * Praeterea, tullius dicit, in sua rhetorica, quod “ ad fortitudinem pertinet susceptio periculorum et perpessio laborum. ‘ sed hoc non videtur pertinere ad passionem timoris vel audaciae, sed magis ad actiones hominis laboriosas, vel ad exteriores res periculosas. ergo fortitudo non est circa timores et audacias.
ag3 ‘ Praeterea, timori non solum opponitur audacia, sed etiam spes * ut supra habitum est, cum de passionibus ageretur. ‘ ergo fortitudo non magis debet esse circa audaciam quam circa spem.
sc * Sed contra est quod philosophus dicit, in ii et in iii ethic., quod ° fortitudo est circa timorem et audaciam.
co * Respondeo dicendum quod, sicut dictum est, ‘ ad virtutem fortitudinis pertinet removere impedimentum quo retrahitur voluntas a sequela rationis. quod autem aliquis retrahatur ab aliquo difficili, pertinet ad rationem timoris, qui importat recessum quendam a malo difficultatem habente, * ut supra habitum est, cum de passionibus ageretur. ‘ et ideo fortitudo principaliter est circa timores rerum difficilium, quae retrahere possunt voluntatem a sequela rationis. oportet autem huiusmodi rerum difficilium impulsum non solum firmiter tolerare cohibendo timorem, sed etiam moderate aggredi, quando scilicet oportet ea exterminare, ad securitatem in posterum habendam. quod videtur pertinere ad rationem audaciae. et ideo fortitudo est circa timores et audacias, quasi cohibitiva timorum, et moderativa audaciarum.
ra1 * Ad primum ergo dicendum quod gregorius ibi loquitur de “ fortitudine iustorum secundum quod communiter se habet ad omnem virtutem. * unde praemittit ‘ quaedam pertinentia ad temperantiam, * ut dictum est, * et subdit de his quae pertinent proprie ad fortitudinem secundum quod est specialis virtus, dicens, ° huius mundi aspera pro aeternis praemiis amare.
ra2 ‘ Ad secundum dicendum quod res periculosae et actus laboriosi non retrahunt voluntatem a via rationis nisi inquantum timentur. et ideo oportet quod fortitudo sit immediate circa timores et audacias, mediate autem circa pericula et labores, sicut circa obiecta praedictarum passionum.
ra3 ‘ Ad tertium dicendum quod spes opponitur timori ex parte obiecti, quia spes est de bono, timor de malo. audacia autem est circa idem obiectum, et opponitur timori secundum accessum et recessum, * ut supra dictum est. ‘ et quia fortitudo proprie respicit temporalia mala retrahentia a virtute, * ut patet per definitionem tullii; ‘ inde est quod fortitudo proprie est circa timorem et audaciam, non autem circa spem, nisi inquantum connectitur audaciae, * ut supra habitum est.

009 ST3 qu123 ar4

ag1 ‘ Ad quartum sic proceditur. videtur quod fortitudo non solum sit circa pericula mortis. * dicit enim augustinus, in libro de moribus eccle., quod ° fortitudo est amor facile tolerans omnia propter id quod amatur. * et in vi musicae dicit quod ° fortitudo est affectio quae nullas adversitates mortemve formidat. ‘ ergo fortitudo non est solum circa pericula mortis, sed circa omnia alia adversa.
ag2 ‘ Praeterea, oportet omnes passiones animae per aliquam virtutem ad medium reduci. sed non est dare aliquam aliam virtutem reducentem ad medium alios timores. ergo fortitudo non solum est circa timores mortis, sed etiam circa alios timores.
ag3 ‘ Praeterea, nulla virtus est in extremis. sed timor mortis est in extremo, quia est maximus timorum, * ut dicitur in iii ethic.. ‘ ergo virtus fortitudinis non est circa timores mortis.
sc * Sed contra est quod andronicus dicit, quod ° fortitudo est virtus irascibilis non facile obstupescibilis a timoribus qui sunt circa mortem.
co * Respondeo dicendum quod, sicut supra dictum est, ‘ ad virtutem fortitudinis pertinet ut voluntatem hominis tueatur ne retrahatur a bono rationis propter timorem mali corporalis. oportet autem bonum rationis firmiter tenere contra quodcumque malum, quia nullum bonum corporale aequivalet bono rationis. et ideo oportet quod fortitudo animi dicatur quae firmiter retinet voluntatem hominis in bono ra-

tionis contra maxima mala, quia qui stat firmus contra maiora, consequens est quod stet firmus contra minora, sed non convertitur; et hoc etiam ad rationem virtutis pertinet, ut respiciat ultimum. maxime autem terribile inter omnia corporalia mala est mors, quae tollit omnia corporalia bona, * unde augustinus dicit, in libro de moribus eccle., quod ° vinculum corporis, ne concutiatur atque vexetur, laboris et doloris; ne auferatur autem atque perimatur, mortis terrore animam quatit. ' et ideo virtus fortitudinis est circa timores periculorum mortis.
ra1 ' Ad primum ergo dicendum quod fortitudo bene se habet in omnibus adversis tolerandis. non tamen ex toleratione quorumlibet adversorum reputatur homo simpliciter fortis, sed solum ex hoc quod bene tolerat etiam maxima mala. ex aliis autem dicitur aliquis fortis secundum quid.
ra2 ' Ad secundum dicendum quod quia timor ex amore nascitur, quaecumque virtus moderatur amorem aliquorum bonorum, consequens est ut moderetur timorem contrariorum malorum. sicut liberalitas, quae moderatur amorem pecuniarum, per consequens etiam moderatur timorem amissionis earum. et idem apparet in temperantia et in aliis virtutibus. sed amare propriam vitam est naturale. et ideo oportuit esse specialem virtutem quae moderaretur timores mortis.
ra3 ' Ad tertium dicendum quod extremum in virtutibus attenditur secundum excessum rationis rectae. et ideo si aliquis maxima pericula subeat secundum rationem, non est virtuti contrarium.

009 ST3 qu123 ar5

ag1 ' Ad quintum sic proceditur. videtur quod fortitudo non consistat proprie circa pericula mortis quae sunt in bello. martyres enim praecipue de fortitudine commendantur. sed martyres non commendantur de rebus bellicis. ergo fortitudo non proprie consistit circa pericula mortis quae sunt in bellicis.
ag2 * Praeterea, ambrosius dicit, in i de offic., quod ° fortitudo dividitur in res bellicas et domesticas. * tullius etiam dicit, in i de offic., quod ° cum plerique arbitrentur res bellicas maiores esse quam urbanas, minuenda est haec opinio, sed si vere volumus iudicare, multae res extiterunt urbanae maiores clarioresque quam bellicae. ' sed circa maiora maior fortitudo consistit. ergo non proprie consistit fortitudo circa mortem quae est in bello.
ag3 ' Praeterea, bella ordinantur ad pacem temporalem reipublicae conservandam, * dicit enim augustinus, xix de civ. dei, quod ° intentione pacis bella aguntur. ' sed pro pace temporali reipublicae non videtur quod aliquis debeat se periculo mortis exponere, cum talis pax sit multarum lasciviarum occasio. ergo videtur quod virtus fortitudinis non consistat circa mortis bellicae pericula.
sc * Sed contra est quod philosophus dicit, in iii ethic., quod " maxime est fortitudo circa mortem quae est in bello.
co * Respondeo dicendum quod, sicut dictum est, ' fortitudo confirmat animum hominis contra maxima pericula, quae sunt pericula mortis. sed quia fortitudo virtus est, ad cuius rationem pertinet quod semper tendat in bonum, consequens est ut homo pericula mortis non refugiat propter aliquod bonum prosequendum. pericula autem mortis quae est ex aegritudine, vel ex tempestate maris, vel ex incursu latronum, vel si qua alia sunt huiusmodi, non videntur directe alicui imminere ex hoc quod prosequatur aliquod bonum. sed pericula mortis quae est in bellicis directe imminent homini propter aliquod bonum, inquantum scilicet defendit bonum commune per iustum bellum. potest autem aliquod esse iustum bellum dupliciter. uno modo, generale, sicut cum aliqui decertant in acie. alio modo, particulare, puta cum aliquis iudex, vel etiam privata persona, non recedit a iusto iudicio timore gladii imminentis vel cuiuscumque periculi, etiam si sit mortiferum. pertinet ergo ad fortitudinem firmitatem animi praebere contra pericula mortis non solum quae imminent in bello communi, sed etiam quae imminent in particulari impugnatione, quae communi nomine bellum dici potest. et secundum hoc, concedendum est quod fortitudo proprie est circa pericula mortis quae est in bello. sed et circa pericula cuiuscumque alterius mortis fortis bene se habet, praesertim quia et cuiuslibet mortis homo potest periculum subire propter virtutem; puta cum aliquis |25| non refugit amico infirmanti obsequi propter timorem mortiferae infectionis; vel cum non refugit itinerari ad aliquod pium negotium prosequendum propter timorem naufragii vel latronum.
ra1 ' Ad primum ergo dicendum quod martyres sustinent personales impugnationes propter summum bonum, quod est deus. ideo eorum fortitudo praecipue commendatur. nec est extra genus fortitudinis quae est circa bellica. * unde dicuntur ° fortes facti in bello.
ra2 ' Ad secundum dicendum quod res domesticae vel urbanae distinguuntur contra res bellicas, quae scilicet pertinent ad bella communia. in ipsis tamen rebus domesticis vel urbanis possunt imminere pericula mortis ex impugnationibus quibusdam, quae sunt quaedam particularia bella. et ita etiam circa huiusmodi potest esse proprie dicta fortitudo.
ra3 ' Ad tertium dicendum quod pax reipublicae est secundum se bona, nec redditur mala ex hoc quod aliqui male ea utuntur. nam et multi alii sunt qui bene ea utuntur, et multo peiora mala per eam prohibentur, scilicet homicidia, sacrilegia, quam ex ea occasionentur, quae praecipue pertinent ad vitia carnis.

009 ST3 qu123 ar6

ag1 ' Ad sextum sic proceditur. videtur quod sustinere non sit principalis actus fortitudinis. virtus enim est circa difficile et bonum, * ut dicitur in ii ethic.. ' sed difficilius est aggredi quam sustinere. ergo sustinere non est praecipuus fortitudinis actus.
ag2 ' Praeterea, maioris potentiae esse videtur quod aliquid possit in aliud agere quam quod ipsum ab alio non immutetur. sed aggredi est in aliud agere, sustinere autem est immobile perseverare. cum ergo fortitudo perfectionem potentiae nominet, videtur quod magis ad fortitudinem pertineat aggredi quam sustinere.
ag3 ' Praeterea, magis distat ab uno contrariorum aliud contrarium quam simplex eius negatio. sed ille qui sustinet hoc solum habet quod non timet, ille autem qui aggreditur contrarie movetur timenti, quia insequitur. ergo videtur quod, cum fortitudo maxime retrahat animum a timore, quod magis pertineat ad eam aggredi quam sustinere.
sc * Sed contra est quod philosophus dicit, in iii ethic., quod ° in sustinendo tristia maxime aliqui fortes dicuntur.
co * Respondeo dicendum quod, sicut supra dictum est, * et philosophus dicit, in iii ethic., " fortitudo magis est circa timores reprimendos quam circa audacias moderandas. ' difficilius enim est timorem reprimere quam audaciam moderari, eo quod ipsum periculum, quod est obiectum audaciae et timoris, de se confert aliquid ad repressionem audaciae, sed operatur ad augmentum timoris. aggredi autem pertinet ad fortitudinem secundum quod moderatur audaciam, sed sustinere sequitur repressionem timoris. et ideo principalior actus est fortitudinis sustinere, idest immobiliter sistere in periculis, quam aggredi.
ra1 ' Ad primum ergo dicendum quod sustinere est difficilius quam aggredi, triplici ratione. primo quidem, quia sustinere videtur aliquis ab aliquo fortiori invadente, qui autem aggreditur invadit per modum fortioris. difficilius autem est pugnare cum fortiori quam cum debiliori. secundo, quia ille qui sustinet iam sentit pericula imminentia, ille autem qui aggreditur habet ea ut futura. difficilius autem est non moveri a praesentibus quam a futuris. tertio, quia sustinere importat diuturnitatem temporis, sed aggredi potest aliquis ex subito motu. difficilius autem est diu manere immobilem quam subito motu moveri ad aliquid arduum. * unde philosophus dicit, in iii ethic., quod ° quidam sunt praevolantes ante pericula, in ipsis autem discedunt, fortes autem e contrario se habent.
ra2 ' Ad secundum dicendum quod sustinere importat quidem passionem corporis, sed actum animae fortissime inhaerentis bono, ex quo sequitur quod non cedat passioni corporali iam imminenti. virtus autem magis attenditur circa animam quam circa corpus.
ra3 ' Ad tertium dicendum quod ille qui sustinet non timet, praesente iam causa timoris, quam non habet praesentem ille qui aggreditur.

009 ST3 qu123 ar7

ag1 ' Ad septimum sic proceditur. videtur quod fortis non operetur propter bonum proprii habitus. finis enim in rebus agendis, etsi sit prior in intentione, est tamen posterior in executione. sed actus fortitudinis in executione est posterior quam ipse fortitudinis habitus. non ergo potest esse quod fortis agat propter bonum proprii habitus.
ag2 * Praeterea, augustinus dicit, xiii de trin., ° virtutes, quas propter solam beatitudinem amamus, sic persuadere quidam nobis audent, " scilicet dicendo eas propter se appetendas, ° ut ipsam beatitudinem non amemus. quod si faciunt, etiam ipsas utique amare desistemus, quando illam propter quam solam istas amavimus, non amamus. ' sed fortitudo est virtus quaedam. ergo actus fortitudinis non est ad ipsam fortitudinem, sed ad beatitudinem referendus.
ag3 * Praeterea, augustinus dicit, in libro de moribus eccle., quod ° fortitudo est amor omnia propter deum facile perferens. ' deus autem non est ipse habitus fortitudinis, sed aliquid melius, sicut oportet finem esse meliorem his quae sunt ad finem. non ergo fortis agit propter bonum proprii habitus.
sc * Sed contra est quod philosophus dicit, in iii ethic., quod ° forti fortitudo est bonum, talis autem et finis.
co ' Respondeo dicendum quod duplex est finis, scilicet proximus, et ultimus. finis autem proximus uniuscuiusque agentis est ut similitudinem suae formae in alterum inducat, sicut finis ignis calefacientis est ut inducat similitudinem sui caloris in patiente, et finis aedificatoris est ut inducat similitudinem suae artis in materia. quodcumque autem bonum ex hoc sequitur, si sit intentum, potest dici finis remotus agentis. sicut autem in factibilibus materia exterior disponitur per artem, ita etiam in agibilibus per prudentiam disponuntur actus humani. sic ergo dicendum est quod fortis sicut finem proximum intendit ut similitudinem sui habitus exprimat in actu, intendit enim agere secundum convenientiam sui habitus. finis autem remotus est beatitudo, vel deus.
ra1 ' Et per hoc patet responsio ad obiecta. nam prima ratio procedebat ac si ipsa essentia habitus esset finis, non autem similitudo eius in actu, * ut dictum est.
ra2 ' Alia vero duo procedunt de fine ultimo.

009 ST3 qu123 ar8

ag1 ' Ad octavum sic proceditur. videtur quod fortis delectetur in suo actu. delectatio enim est operatio connaturalis habitus non impedita, * ut dicitur in x ethic.. ' sed operatio fortis procedit ex habitu, qui agit in modum naturae. ergo fortis habet delectationem in suo actu.
ag2 * Praeterea, galat. v, super illud, ° fructus autem spiritus caritas, gaudium, pax, * dicit ambrosius quod " opera virtutum dicuntur fructus ° quia mentem hominis sancta et sincera delectatione reficiunt. ' sed fortis agit opera virtutis. ergo habet delectationem in suo actu.
ag3 ' Praeterea, debilius vincitur a fortiori. sed fortis plus amat bonum virtutis quam proprium corpus, quod periculis mortis exponit. ergo delectatio de bono virtutis evacuat dolorem corporalem. et ita delectabiliter omnino operatur.
sc * Sed contra est quod philosophus dicit, in iii ethic., quod " fortis in suo actu nihil delectabile videtur habere.
co * Respondeo dicendum quod sicut supra dictum est, cum de passionibus ageretur, ' duplex est delectatio, una quidem corporalis, quae consequitur tactum corporalem; alia autem animalis, quae consequitur apprehensionem animae. et haec proprie consequitur opera virtutum, quia in eis consideratur bonum rationis. principalis vero actus fortitudinis est sustinere aliqua tristia secundum apprehensionem animae, puta quod homo amittit corporalem vitam (quam virtuosus amat, non solum inquantum est quoddam bonum naturale, sed etiam inquantum est necessaria ad opera virtutum) et quae ad eam pertinent, et iterum sustinere aliqua dolorosa secundum tactum corporis, puta vulnera et flagella. et ideo fortis ex una parte habet unde delectetur, scilicet secundum delectationem animalem, scilicet de ipso actu virtutis et de fine eius, ex alia vero parte habet unde doleat, et animaliter, dum considerat amissionem propriae vitae, et corporaliter. * unde, ut legitur ii machab. vi, eleazarus dixit, ° diros corporis sustineo dolores, secundum animam vero, propter timorem tuum, libenter haec patior. ' sensibilis autem dolor corporis facit non sentiri animalem delectationem virtutis, nisi forte propter superabundantem dei gratiam, quae fortius elevat animam ad divina, in quibus delectatur, quam a corporalibus poenis afficiatur; * sicut beatus tiburtius, cum super carbones incensos nudis plantis |25| incederet, dixit quod " videbatur sibi super roseos flores ambulare. ' facit tamen virtus fortitudinis ut ratio non absorbeatur a corporalibus doloribus. tristitiam autem animalem superat delectatio virtutis, inquantum homo praefert bonum virtutis corporali vitae et quibuscumque ad eam pertinentibus. * et ideo philosophus dicit, in iii ethic., quod " a forti non requiritur ut delectetur, quasi delectationem sentiens, sed sufficit quod non tristetur.
ra1 ' Ad primum ergo dicendum quod vehementia actus vel passionis unius potentiae impedit aliam potentiam in suo actu. et ideo per dolorem sensus impeditur mens fortis ne in propria operatione delectationem sentiat.
ra2 ' Ad secundum dicendum quod opera virtutum sunt delectabilia praecipue propter finem, possunt autem ex sui natura esse tristia. et praecipue hoc contingit in fortitudine. unde * philosophus dicit, in iii ethic., quod ° non in omnibus virtutibus operari delectabiliter existit, praeter inquantum finem attingit.
ra3 ' Ad tertium dicendum quod tristitia animalis vincitur in forti a delectatione virtutis. sed quia dolor corporalis est sensibilior, et apprehensio sensitiva magis est homini in manifesto, inde est quod a magnitudine corporalis doloris quasi evanescit delectatio spiritualis, quae est de fine virtutis.

009 ST3 qu123 ar9

ag1 ' Ad nonum sic proceditur. videtur quod fortitudo non maxime consistat in repentinis. illud enim videtur esse in repentinis quod ex inopinato provenit. * sed tullius dicit, in sua rhetorica, quod ° fortitudo est considerata periculorum susceptio et laborum perpessio. ' ergo fortitudo non consistit maxime in repentinis.
ag2 * Praeterea, ambrosius dicit, in i de offic., ° fortis viri est non dissimulare cum aliquid immineat, sed praetendere, et tanquam de specula quadam mentis obviare cogitatione provida rebus futuris, ne forte dicat postea, ideo ista incidi, quia non arbitrabar posse evenire. ' sed ubi est aliquid repentinum, ibi non potest provideri in futuro. ergo operatio fortitudinis non est circa repentina.
ag3 * Praeterea, philosophus dicit, in iii ethic., quod " fortis est bonae spei. ' sed spes expectat aliquid in

futurum, quod repugnat repentino. ergo operatio fortitudinis non consistit circa repentina.
sc ' Sed contra est quod * philosophus dicit, in iii ethic., quod ° fortitudo maxime est circa quaecumque mortem inferunt, repentina existentia.
co ' Respondeo dicendum quod in operatione fortitudinis duo sunt consideranda. unum quidem, quantum ad electionem ipsius. et sic fortitudo non est circa repentina. eligit enim fortis praemeditari pericula quae possunt imminere, ut eis resistere possit, aut facilius ea ferre, * quia, ut gregorius dicit, in quadam homilia, ° iacula quae praevidentur minus feriunt, et nos mala mundi facilius ferimus, si contra ea clipeo praescientiae praemunimur. ' aliud vero est considerandum in operatione fortitudinis quantum ad manifestationem virtuosi habitus. et sic fortitudo maxime est circa repentina, * quia secundum philosophum, in iii ethic., ' in repentinis periculis maxime manifestatur fortitudinis habitus. habitus enim agit in modum naturae. unde quod aliquis absque praemeditatione faciat ea quae sunt virtutis, cum necessitas imminet propter repentina pericula, hoc maxime manifestat quod sit fortitudo habitualiter in anima confirmata. potest autem aliquis etiam qui habitu fortitudinis caret, ex diuturna praemeditatione animum suum contra pericula praeparare. qua praeparatione etiam fortis utitur, cum tempus adest.
ra ' Et per hoc patet responsio ab obiecta.

009 ST3 qu123 ar10

ag1 ' Ad decimum sic proceditur. videtur quod fortis non utatur ira in suo actu. nullus enim debet assumere quasi instrumentum suae actionis illud quo non potest uti pro suo arbitrio. sed homo non potest uti ira pro suo arbitrio, ut scilicet possit eam assumere cum velit et deponere cum velit, * ut enim philosophus dicit, in libro de memoria, " quando passio corporalis mota est, non statim quiescit ut homo vult. ' ergo fortis non debet assumere iram ad suam operationem.
ag2 ' Praeterea, ille qui per seipsum sufficit ad aliquid agendum, non debet in auxilium sui assumere illud quod est infirmius et imperfectius. sed ratio per seipsam sufficit ad opus fortitudinis exequendum, in quo iracundia deficit. * unde seneca dicit, in libro de ira, ° non ad providendum tantum, sed ad res gerendas satis est per se ipsa ratio. et quid stultius est quam hanc ab iracundia petere praesidium, rem stabilem ab incerta, fidelem ab infida, sanam ab aegra? ' ergo fortitudo non debet iram assumere.
ag3 ' Praeterea, sicut propter iram aliqui vehementius opera fortitudinis exequuntur, ita etiam et propter tristitiam vel concupiscentiam, * unde philosophus dicit, in iii ethic., quod ° ferae propter tristitiam seu dolorem incitantur ad pericula, et adulteri propter concupiscentiam multa audacia operantur. ' sed fortitudo non assumit ad suum actum neque tristitiam neque concupiscentiam. ergo, pari ratione, non debet assumere iram.
sc * Sed contra est quod philosophus dicit, in iii ethic., quod ° furor cooperatur fortibus.
co ' Respondeo dicendum quod de ira et ceteris animae passionibus, * sicut supra dictum est, ' aliter sunt locuti peripatetici, et aliter stoici. * stoici enim " et iram et omnes alias animae passiones ab animo sapientis, sive virtuosi, excludebant. * peripatetici vero, quorum princeps fuit aristoteles, " iram et alias animae passiones attribuebant virtuosis, sed moderatas ratione. ' et forte quantum ad rem non differebant, sed solum quantum ad modum loquendi. " nam peripatetici omnes motus appetitus sensitivi, qualitercumque se habentes, passiones animae nominabant, * ut supra habitum est, " et quia appetitus sensitivus movetur per imperium rationis ad hoc quod cooperetur ad promptius agendum, idcirco ponebant et iram et alias passiones animae assumendas esse a virtuosis, moderatas secundum imperium rationis. stoici vero vocabant passiones animae immoderatos quosdam affectus appetitus sensitivi (unde nominabant eos aegritudines vel morbos), et ideo penitus eos a virtute separabant. ' sic ergo iram moderatam assumit fortis ad suum actum, non autem iram immoderatam.
ra1 ' Ad primum ergo dicendum quod ira moderata secundum rationem subiicitur imperio rationis. unde consequens est ut homo ea utatur pro suo arbitrio, non autem si esset immoderata.
ra2 ' Ad secundum dicendum quod ratio non assumit iram ad sui actum quasi auxilium ab ea accipiens, sed quia utitur appetitu sensitivo ut instrumento, sicut et membris corporis. nec est inconveniens si instrumentum sit imperfectius principali agente, ut martellus fabro. * seneca autem sectator fuit stoicorum, et directe contra aristotelem verba praemissa proponit.
ra3 ' Ad tertium dicendum quod, cum fortitudo, * sicut dictum est, ' habeat duos actus, scilicet sustinere et aggredi, non assumit iram ad actum sustinendi, quia hunc actum sola ratio per se facit, sed ad actum aggrediendi. ad quem magis assumit iram quam alias passiones, quia ad iram pertinet insilire in rem contristantem, et sic directe cooperatur fortitudini in aggrediendo. tristitia autem, secundum propriam rationem, succumbit nocivo, sed per accidens coadiuvat ad aggrediendum; vel inquantum tristitia est causa irae, * ut supra dictum est; ' vel inquantum aliquis periculo se exponit ut tristitiam fugiat. similiter etiam concupiscentia, secundum propriam rationem, tendit in bonum delectabile, cui per se repugnat aggressio periculorum, sed per accidens quandoque coadiuvat ad aggrediendum, inquantum scilicet aliquis potius vult pericula incidere quam delectabili carere. * et ideo philosophus dicit, in iii ethic., quod " inter fortitudines quae sunt ex passione, naturalissima esse videtur quae est per iram, et accipiens electionem et cuius gratia (scilicet debitum finem), fortitudo (scilicet, fuit vera).

009 ST3 qu123 ar11

ag1 ' Ad undecimum sic proceditur. videtur quod fortitudo non sit virtus cardinalis. ira enim, * ut dictum est, ' maximam affinitatem habet ad fortitudinem. sed ira non ponitur passio principalis, nec etiam audacia, quae ad fortitudinem pertinet. ergo nec fortitudo debet poni virtus cardinalis.
ag2 ' Praeterea, virtus ordinatur ad bonum. sed fortitudo non directe ordinatur ad bonum, sed magis ad malum, scilicet ad sustinendum pericula et labores, * ut tullius dicit. ' ergo fortitudo non est virtus cardinalis.
ag3 ' Praeterea, virtus cardinalis est circa ea in quibus praecipue versatur vita humana, sicut ostium in cardine vertitur. sed fortitudo est circa pericula mortis, quae raro occurrunt in vita humana. ergo fortitudo non debet poni virtus cardinalis sive principalis.
sc * Sed contra est quod gregorius, xxii moral., et ambrosius, super luc., et augustinus, in libro de moribus eccle., numerant ' fortitudinem inter quatuor virtutes cardinales seu principales.
co * Respondeo dicendum quod, sicut supra dictum est, ' virtutes cardinales seu principales dicuntur quae praecipue sibi vindicant id quod pertinet communiter ad virtutes. inter alias autem communes virtutis conditiones, una ponitur firmiter operari, * ut patet in ii ethic.. ' laudem autem firmitatis potissime sibi vindicat fortitudo. tanto enim magis laudatur qui firmiter stat, quanto habet gravius impellens ad cadendum vel retrocedendum. impellit autem hominem ad discedendum ab eo quod est secundum rationem et bonum delectans et malum affligens, sed gravius impellit dolor corporis quam voluptas, * dicit enim augustinus, in libro octoginta trium quaest., ° nemo est qui non magis dolorem fugiat quam affectat voluptatem, quandoquidem videmus et immanissimas bestias a maximis voluptatibus exterreri dolorum metu. ' et inter dolores animi et pericula maxime timentur ea quae ducunt ad mortem, contra quae firmiter stat fortis. unde fortitudo est virtus cardinalis.
ra1 ' Ad primum ergo dicendum quod audacia et ira non cooperantur fortitudini ad actum eius qui est sustinere, in quo praecipue commendatur firmitas eius. per hunc enim actum fortis cohibet timorem, qui est passio principalis, * ut supra habitum est.
ra2 ' Ad secundum dicendum quod virtus ordinatur ad bonum rationis, quod conservari oportet contra impulsus malorum. fortitudo autem ordinatur ad mala corporalia sicut ad contraria, quibus resistit, ad bonum autem rationis sicut ad finem, quem intendit conservare.
ra3 ' Ad tertium dicendum quod quamvis pericula mortis raro immineant, tamen occasiones horum periculorum frequenter occurrunt, dum scilicet homini adversarii mortales suscitantur propter iustitiam quam sequitur, et propter alia bona quae facit.

009 ST3 qu123 ar12

ag1 ' Ad duodecimum sic proceditur. videtur quod fortitudo praecellat inter omnes virtutes. * dicit enim ambrosius, in i de offic., ° est fortitudo velut ceteris excelsior.
ag2 ' Praeterea, virtus est circa difficile et bonum. sed fortitudo est circa difficillima. ergo est maxima virtutum.
ag3 ' Praeterea, dignior est persona hominis quam res eius. sed fortitudo est circa personam hominis, quam aliquis periculo mortis exponit propter bonum virtutis, iustitia autem et aliae virtutes morales sunt circa alias res exteriores. ergo fortitudo est praecipua inter virtutes morales.
sc1 * Sed contra est quod tullius dicit, in i de offic., ° in iustitia virtutis splendor est maximus, ex qua viri boni nominantur.
sc2 * Praeterea, philosophus dicit, in i rhet., ° necesse est maximas esse virtutes quae maxime aliis utiles sunt. ' sed liberalitas videtur magis utilis quam fortitudo. ergo est maior virtus.
co * Respondeo dicendum quod, sicut augustinus dicit, in vi de trin., ° in his quae non mole magna sunt, idem est esse maius quod melius. ' unde tanto aliqua virtus maior est quanto melior est. bonum autem rationis est hominis bonum, * secundum dionysium, iv cap. de div. nom.. ' hoc autem bonum essentialiter quidem habet prudentia, quae est perfectio rationis. iustitia autem est huius boni factiva, inquantum scilicet ad ipsam pertinet ordinem rationis ponere in omnibus rebus humanis. aliae autem virtutes sunt conservativae huius boni, inquantum scilicet moderantur passiones, ne abducant hominem a bono rationis. et in ordine harum fortitudo tenet locum praecipuum, quia timor periculorum mortis maxime est efficax ad hoc quod hominem faciat recedere a bono rationis. post quam ordinatur temperantia, quia etiam delectationes tactus maxime inter cetera impediunt bonum rationis. id autem quod essentialiter dicitur, potius est eo quod dicitur effective, et hoc etiam potius est eo quod dicitur conservative, secundum remotionem impedimenti. unde inter virtutes cardinales prudentia est potior; secunda, iustitia; tertia, fortitudo; quarta, temperantia. et post has, ceterae virtutes.
ra1 * Ad primum ergo dicendum quod ambrosius ' fortitudinem aliis virtutibus praefert secundum quandam generalem utilitatem, prout scilicet et in rebus bellicis et in rebus civilibus seu domesticis utilis est. * unde ipse ibidem praemittit, ° nunc de fortitudine tractemus, quae, velut excelsior ceteris, dividitur in res bellicas et domesticas.
ra2 ' Ad secundum dicendum quod ratio virtutis magis consistit in bono quam in difficili. unde magis est mensuranda magnitudo virtutis secundum rationem boni quam secundum rationem difficilis.
ra3 ' Ad tertium dicendum quod homo non exponit personam suam mortis periculis nisi propter iustitiam conservandam. et ideo laus fortitudinis dependet quodammodo ex iustitia. * unde dicit ambrosius, in i de offic., quod ° fortitudo sine iustitia iniquitatis est materia, quo enim validior est, eo promptior ut inferiorem opprimat.
ra4 ' Quartum concedimus.
ra5 ' Ad quintum dicendum quod liberalitas utilis est in quibusdam particularibus beneficiis. sed fortitudo habet utilitatem generalem ad conservandum totum iustitiae ordinem. * et ideo philosophus dicit, in i rhet., quod ° iusti et fortes maxime amantur, quia sunt maxime utiles et in bello et in pace.

009 ST3 qu124 ar

pr ' Deinde considerandum est de martyrio. et circa hoc quaeruntur quinque. primo, utrum martyrium sit actus virtutis. secundo, cuius virtutis sit actus. tertio, de perfectione huius actus. quarto, de poena martyrii. quinto, de causa.

009 ST3 qu124 ar1

ag1 ' Ad primum sic proceditur. videtur quod martyrium non sit actus virtutis. omnis enim actus virtutis est voluntarius. sed martyrium quandoque non est voluntarium, ut patet de innocentibus pro christo occisis, * de quibus dicit hilarius, super matth., quod ° in aeternitatis profectum per martyrii gloriam efferebantur. ' ergo martyrium non est actus virtutis.
ag2 ' Praeterea, nullum illicitum est actus virtutis. sed occidere seipsum est illicitum, * ut supra habitum est. ' per quod tamen martyrium consummatur, * dicit enim augustinus, in i de civ. dei, quod ° quaedam sanctae feminae, tempore persecutionis, ut insectatores suae pudicitiae devitarent, se in fluvium deiecerunt, eoque modo defunctae sunt; earumque martyria in catholica ecclesia veneratione celeberrima frequentantur. ' non ergo martyrium est actus virtutis.
ag3 ' Praeterea, laudabile est quod aliquis sponte se offerat ad exequendum actum virtutis. sed non est laudabile quod aliquis martyrio se ingerat, sed magis videtur esse praesumptuosum et periculosum. non ergo martyrium est actus virtutis.
sc ' Sed contra est quod praemium beatitudinis non debetur nisi actui virtutis. debetur autem martyrio, * secundum illud matth. v, ° beati qui persecutionem patiuntur propter iustitiam, quoniam ipsorum est regnum caelorum. ' ergo martyrium est actus virtutis.
co * Respondeo dicendum quod, sicut dictum est, ' ad virtutem pertinet quod aliquis in bono rationis conservetur. consistit autem bonum rationis in veritate, sicut in proprio obiecto; et in iustitia, sicut in proprio effectu, * sicut ex supra dictis patet. ' pertinet autem ad rationem martyrii ut aliquis firmiter stet in veritate et iustitia contra persequentium impetus. unde manifestum est quod martyrium est actus virtutis.
ra1 * Ad primum ergo dicendum quod quidam dixerunt quod " in innocentibus acceleratus est miraculose usus liberi arbitrii, ita quod etiam voluntarie martyrium passi sunt. ' sed quia hoc per auctoritatem scripturae non comprobatur, ideo melius dicendum est quod martyrii gloriam, quam in aliis propria voluntas meretur, illi parvuli occisi per dei gratiam sunt assecuti. nam effusio sanguinis propter christum vicem gerit baptismi. unde sicut pueris baptizatis per gratiam baptismalem meritum christi operatur ad gloriam obtinendam, ita in occisis propter christum meritum martyrii christi operatur ad palmam martyrii consequendam. * unde augustinus dicit, in quodam sermone de epiphania, quasi eos alloquens, ° ille de vestra corona dubitabit in passione pro christo, qui etiam parvulis baptismum prodesse non aestimat christi. non habebatis aetatem qua in passurum christum crederetis, sed habebatis carnem in qua pro christo passuro passionem sustineretis.
ra2 ' Ad secundum dicendum quod, * sicut augustinus ibidem dicit, esset possibile quod ° aliquibus fide dignis testificationibus divina persuasit auctoritas ecclesiae ut dictarum sanctarum memoriam honoraret.

ra3 ‘ Ad tertium dicendum quod praecepta legis dantur de actibus virtutis. * dictum autem est supra ‘ quaedam praecepta legis divinae tradita esse secundum praeparationem animi, ut scilicet homo sit paratus hoc vel illud faciendi cum fuerit opportunum. ita etiam et aliqua pertinent ad actum virtutis secundum animi praeparationem, ut scilicet, superveniente tali casu, homo secundum rationem agat. et hoc praecipue videtur observandum in martyrio, quod consistit in debita sustinentia passionum iniuste inflictarum, non autem debet homo occasionem dare alteri iniuste agendi, sed si alius iniuste egerit, ipse debet moderate tolerare.

009 ST3 qu124 ar2

ag1 ‘ Ad secundum sic proceditur. videtur quod martyrium non sit actus fortitudinis. dicitur enim martyr in graeco quasi testis. testimonium autem redditur fidei christi, * secundum illud act. i, ° eritis mihi testes in ierusalem, etc.. * et maximus dicit, in quodam sermone, ° mater martyrii fides catholica est, in qua illustres athletae suo sanguine subscripserunt. ‘ ergo martyrium est potius actus fidei quam fortitudinis.
ag2 ‘ Praeterea, actus laudabilis ad illam virtutem praecipue pertinet quae ad ipsum inclinat, et quae ab ipso manifestatur, et sine qua ipse non valet. sed ad martyrium praecipue inclinat caritas, * unde in quodam sermone maximi dicitur, ° caritas christi in martyribus suis vicit. ‘ maxime etiam caritas per actum martyrii manifestatur, * secundum illud ioan. xv, ° maiorem dilectionem nemo habet quam ut animam suam ponat quis pro amicis suis. ‘ sine caritate etiam martyrium nihil valet, * secundum illud i ad cor. xiii, ° si tradidero corpus meum ita ut ardeam, caritatem autem non habuero, nihil mihi prodest. ‘ ergo martyrium magis est actus caritatis quam fortitudinis.
ag3 * Praeterea, augustinus dicit, in quodam sermone de sancto cypriano, ° facile est martyrem celebrando venerari, magnum vero fidem eius et patientiam imitari. ‘ sed in unoquoque actu virtutis praecipue laudabilis redditur virtus cuius est actus. ergo martyrium magis est actus patientiae quam fortitudinis.
sc ‘ Sed contra est quod * cyprianus dicit, in epistola ad martyres et confessores, ° o beati martyres, quibus vos laudibus praedicem? o milites fortissimi, robur corporis vestri quo praeconio vocis explicem? ‘ quilibet autem laudatur de virtute cuius actum exercet. ergo martyrium est actus fortitudinis.
co * Respondeo dicendum quod, sicut ex supra dictis patet, ‘ ad fortitudinem pertinet ut confirmet hominem in bono virtutis contra pericula, et praecipue contra pericula mortis, et maxime eius quae est in bello. manifestum est autem quod in martyrio homo firmiter confirmatur in bono virtutis, dum fidem et iustitiam non deserit propter imminentia pericula mortis, quae etiam in quodam certamine particulari a persecutoribus imminent. * unde cyprianus dicit, in quodam sermone, ° vidit admirans praesentium multitudo caeleste certamen, et in praelio stetisse servos christi voce libera, mente incorrupta, virtute divina. ‘ unde manifestum est quod martyrium est fortitudinis actus. * et propter hoc de martyribus legit ecclesia, ° fortes facti sunt in bello.
ra1 ‘ Ad primum ergo dicendum quod in actu fortitudinis duo sunt consideranda. quorum unum est bonum in quo fortis firmatur, et hoc est fortitudinis finis. aliud est ipsa firmitas, qua quis non cedit contrariis prohibentibus ab illo bono, et in hoc consistit essentia fortitudinis. sicut autem fortitudo civilis firmat animum hominis in iustitia humana, propter cuius conservationem mortis pericula sustinet; ita etiam fortitudo gratuita firmat animum hominis in bono iustitiae dei, quae est per fidem iesu christi, * ut dicitur rom. iii. ‘ et sic martyrium comparatur ad fidem sicut ad finem in quo aliquis firmatur, ad fortitudinem autem sicut ad habitum elicientem.
ra2 ‘ Ad secundum dicendum quod ad actum martyrii inclinat quidem caritas sicut primum et principale motivum, per modum virtutis imperantis, fortitudo autem sicut motivum proprium, per modum virtutis elicientis. et inde etiam est quod martyrium est actus caritatis ut imperantis, fortitudinis autem ut elicientis. et inde est quod utramque virtutem manifestat. quod autem sit meritorium, habet ex caritate, sicut et quilibet virtutis actus. et ideo sine caritate non valet.
ra3 * Ad tertium dicendum quod, sicut dictum est, ‘ principalior actus fortitudinis est sustinere, ad quem pertinet martyrium; non autem ad secundarium actum eius, qui est aggredi. et quia patientia deservit fortitudini ex parte actus principalis qui est sustinere, inde est etiam quod concomitanter in martyribus patientia commendatur.

009 ST3 qu124 ar3

ag1 ‘ Ad tertium sic proceditur. videtur quod martyrium non sit actus maximae perfectionis. illud enim ad perfectionem vitae videtur pertinere quod cadit sub consilio, non sub praecepto, quia scilicet non est de necessitate salutis. sed martyrium videtur esse de necessitate salutis, * dicit enim apostolus, rom. x, ° corde creditur ad iustitiam, ore autem fit confessio ad salutem; * et i ioann. iii dicitur quod ° nos debemus pro fratribus animam ponere. ‘ ergo martyrium non pertinet ad perfectionem.
ag2 ‘ Praeterea, ad maiorem perfectionem pertinere videtur quod aliquis det deo animam, quod fit per obedientiam, quam quod det deo proprium corpus, quod fit per martyrium, * unde gregorius dicit, ult. moral., quod ° obedientia cunctis victimis praefertur. ‘ ergo martyrium non est actus maximae perfectionis.
ag3 ‘ Praeterea, melius esse videtur aliis prodesse quam seipsum in bono conservare, quia ° bonum gentis melius est quam bonum unius hominis, * secundum philosophum, in i ethic.. ‘ sed ille qui martyrium sustinet, sibi soli prodest, ille autem qui docet, proficit multis. ergo actus docendi et gubernandi subditos est perfectior quam actus martyrii.
sc * Sed contra est quod augustinus, in libro de sancta virginit., “ praefert martyrium virginitati, quae ad perfectionem pertinet. ‘ ergo videtur martyrium maxime ad perfectionem pertinere.
co ‘ Respondeo dicendum quod de aliquo actu virtutis dupliciter loqui possumus. uno modo, secundum speciem ipsius actus, prout comparatur ad virtutem proxime elicientem ipsum. et sic non potest esse quod martyrium, quod consistit in debita tolerantia mortis, sit perfectissimus inter virtutis actus. quia tolerare mortem non est laudabile secundum se, sed solum secundum quod ordinatur ad aliquod bonum quod consistit in actu virtutis, puta ad fidem et dilectionem dei. unde ille actus virtutis, cum sit finis, melior est. alio modo potest considerari actus virtutis secundum quod comparatur ad primum motivum, quod est amor caritatis. et ex hac parte praecipue aliquis actus habet quod ad perfectionem vitae pertineat, quia, * ut apostolus dicit, coloss. iii, ° caritas est vinculum perfectionis. ‘ martyrium autem, inter omnes actus virtuosos, maxime demonstrat perfectionem caritatis. quia tanto magis ostenditur aliquis aliquam rem amare, quanto pro ea rem magis amatam contemnit, et rem magis odiosam eligit pati. manifestum est autem quod inter omnia alia bona praesentis vitae, maxime amat homo ipsam vitam, et e contrario maxime odit ipsam mortem, et praecipue cum doloribus corporalium tormentorum, quorum metu etiam bruta animalia a maximis voluptatibus absterrentur, * ut augustinus dicit, in libro octoginta trium quaest.. ‘ et secundum hoc patet quod martyrium inter ceteros actus |25| humanos est perfectior secundum suum genus, quasi maximae caritatis signum, * secundum illud ioan. xv, ° maiorem caritatem nemo habet quam ut animam suam ponat quis pro amicis suis.
ra1 ‘ Ad primum ergo dicendum quod nullus est actus perfectionis sub consilio cadens qui in aliquo eventu non cadat sub praecepto, quasi de necessitate salutis existens, * sicut augustinus dicit, in libro de adulterinis coniugiis, quod “ aliquis incidit in necessitatem continentiae servandae propter absentiam vel infirmitatem uxoris. ‘ et ideo non est contra perfectionem martyrii si in aliquo casu sit de necessitate salutis. est enim aliquis casus in quo martyrium perferre non est de necessitate salutis, puta cum ex zelo fidei et caritate fraterna multoties leguntur sancti martyres sponte se obtulisse martyrio. illa autem praecepta sunt intelligenda secundum praeparationem animi.
ra2 ‘ Ad secundum dicendum quod martyrium complectitur id quod summum in obedientia esse potest, ut scilicet aliquis sit obediens usque ad mortem, * sicut de christo legitur, philipp. ii, quod ° factus est obediens usque ad mortem. ‘ unde patet quod martyrium secundum se est perfectius quam obedientia absolute dicta.
ra3 ‘ Ad tertium dicendum quod ratio illa procedit de martyrio secundum propriam speciem actus, ex qua non habet excellentiam inter omnes actus virtutum, sicut nec fortitudo est excellentior inter omnes virtutes.

009 ST3 qu124 ar4

ag1 ‘ Ad quartum sic proceditur. videtur quod mors non sit de ratione martyrii. * dicit enim hieronymus, in sermone de assumptione, ° recte dixerim quod dei genitrix virgo et martyr fuit, quamvis in pace vitam finierit. * et gregorius dicit, ° quamvis occasio persecutionis desit, habet tamen pax suum martyrium, quia etsi carnis colla ferro non subiicimus, spirituali tamen gladio carnalia desideria in mente trucidamus. ‘ ergo absque passione mortis potest esse martyrium.
ag2 ‘ Praeterea, pro integritate carnis servanda aliquae mulieres leguntur laudabiliter vitam suam contempsisse, et ita videtur quod corporalis integritas castitatis praeferatur vitae corporali. sed quandoque ipsa integritas carnis aufertur, vel auferri intentatur, pro confessione fidei christianae, ut patet de agnete et lucia. ergo videtur quod martyrium magis debeat dici si aliqua mulier pro fide christi integritatem carnis perdat, quam si etiam vitam perderet corporalem. * unde et lucia dixit, ° si me invitam feceris violari, castitas mihi duplicabitur ad coronam.
ag3 ‘ Praeterea, martyrium est fortitudinis actus. ad fortitudinem autem pertinet non solum mortem non formidare, sed nec alias adversitates, * ut augustinus dicit, in vi musicae. ‘ sed multae sunt aliae adversitates praeter mortem, quas aliqui possunt sustinere pro fide christi, sicut carcerem, exilium, rapinam bonorum, * ut patet ad heb. x. ‘ unde et sancti marcelli papae martyrium celebratur, qui tamen fuit in carcere mortuus. ergo non est de necessitate martyrii quod aliquis sustineat poenam mortis.
ag4 ‘ Praeterea, martyrium est actus meritorius, * ut dictum est. ‘ sed actus meritorius non potest esse post mortem. ergo ante mortem. et ita mors non est de ratione martyrii.
sc * Sed contra est quod maximus dicit, in quodam sermone, de martyre, ° quod vincit pro fide moriendo qui vinceretur sine fide vivendo.
co * Respondeo dicendum quod, sicut dictum est, ‘ martyr dicitur quasi testis fidei christianae, per quam nobis visibilia pro invisibilibus contemnenda proponuntur, * ut dicitur heb. xi. ‘ ad martyrium ergo pertinet ut homo testificetur fidem, se opere ostendens omnia praesentia contemnere, ut ad futura et ad invisibilia bona perveniat. quandiu autem homini remanet vita corporalis, nondum opere se ostendit temporalia cuncta despicere, consueverunt enim homines et consanguineos et omnia bona possessa contemnere, et etiam dolores corporis pati, ut vitam conservent. * unde et satan contra iob induxit, ° pellem pro pelle, et cuncta quae habet homo, dabit pro anima sua, “ idest pro vita corporali. ‘ et ideo ad perfectam rationem martyrii requiritur quod aliquis mortem sustineat propter christum.
ra1 ‘ Ad primum ergo dicendum quod illae auctoritates, et si quae similes inveniuntur, loquuntur de martyrio per quandam similitudinem.
ra2 ‘ Ad secundum dicendum quod in muliere quae integritatem carnis perdit, vel ad perdendum eam damnatur, occasione fidei christianae, non est apud homines manifestum utrum hoc mulier patiatur propter amorem fidei christianae, vel magis pro contemptu castitatis. et ideo apud homines non redditur per hoc testimonium sufficiens. unde hoc non proprie habet rationem martyrii. sed apud deum, qui corda scrutatur, potest hoc ad praemium deputari, sicut lucia dixit.
ra3 * Ad tertium dicendum quod, sicut supra dictum est, ‘ fortitudo principaliter consistit circa pericula mortis, circa alia autem consequenter. et ideo nec martyrium proprie dicitur pro sola tolerantia carceris vel exilii vel rapinae divitiarum, nisi forte secundum quod ex his sequitur mors.
ra4 ‘ Ad quartum dicendum quod meritum martyrii non est post mortem, sed in ipsa voluntaria sustinentia mortis, prout scilicet aliquis voluntarie patitur inflictionem mortis. contingit tamen quandoque quod aliquis post mortalia vulnera suscepta pro christo, vel quascumque alias tribulationes continuatas usque ad mortem, quas a persecutoribus patitur pro fide christi, diu aliquis vivat. in quo statu actus martyrii meritorius est, et etiam ipso eodem tempore quo huiusmodi afflictiones patitur.

009 ST3 qu124 ar5

ag1 ‘ Ad quintum sic proceditur. videtur quod sola fides sit causa martyrii. * dicitur enim i pet. iv, “ nemo vestrum patiatur quasi homicida aut fur, aut aliquid huiusmodi, ° si autem ut christianus, non erubescat, glorificet autem deum in isto nomine. ‘ sed ex hoc dicitur aliquis christianus quod tenet fidem christi. ergo sola fides christi dat patientibus martyrii gloriam.
ag2 ‘ Praeterea, martyr dicitur quasi testis. testimonium autem non redditur nisi veritati. non autem aliquis dicitur martyr ex testimonio cuiuslibet veritatis, sed solum ex testimonio veritatis divinae. alioquin, si quis moreretur pro confessione veritatis geometriae, vel alterius scientiae speculativae, esset martyr, quod videtur ridiculum. ergo sola fides est martyrii causa.
ag3 ‘ Praeterea, inter alia virtutum opera illa videntur esse potiora quae ordinantur ad bonum commune, ° quia bonum gentis melius est quam bonum unius hominis, * secundum philosophum, in i ethic.. ‘ si ergo aliquod aliud bonum esset causa martyrii, maxime videretur quod illi martyres essent qui pro defensione reipublicae moriuntur. quod ecclesiae observatio non habet, non enim militum qui in bello iusto moriuntur martyria celebrantur. ergo sola fides videtur esse martyrii causa.
sc * Sed contra est quod dicitur matth. v, ° beati qui persecutionem patiuntur propter iustitiam, “ quod pertinet ad martyrium, * ut glossa ibidem dicit. ‘ ad iustitiam autem pertinet non solum fides, sed etiam aliae virtutes. ergo etiam aliae virtutes possunt esse martyrii causa.
co * Respondeo dicendum quod, sicut dictum est, ‘ martyres dicuntur quasi testes, quia scilicet corporalibus suis passionibus usque ad mortem testimonium perhibent veritati, non cuicumque, sed veritati quae secundum pietatem est, quae per christum nobis innotuit; unde et martyres christi dicuntur, quasi testes ipsius. huiusmodi autem est veritas fidei. et ideo cuiuslibet martyrii causa est fidei veritas. sed ad fidei veritatem non solum pertinet ipsa credulitas cordis, sed etiam exterior protestatio. quae quidem fit non solum per verba quibus aliquis confitetur fidem, sed etiam per facta quibus aliquis fidem se habere ostendit, * secundum illud iac. ii, ° ego ostendam tibi

ex operibus fidem meam. * unde et de quibusdam dicitur tit. i, ° confitentur se nosse deum, factis autem negant. ' et ideo omnium virtutum opera, secundum quod referuntur in deum, sunt quaedam protestationes fidei, per quam nobis innotescit quod deus huiusmodi opera a nobis requirit, et nos pro eis remunerat. et secundum hoc possunt esse martyrii causa. unde et beati ioannis baptistae martyrium in ecclesia celebratur, qui non pro neganda fide, sed pro reprehensione adulterii mortem sustinuit.
ra1 ' Ad primum ergo dicendum quod christianus dicitur qui christi est. dicitur autem aliquis esse christi non solum ex eo quod habet fidem christi, sed etiam ex eo quod spiritu christi ad opera virtuosa procedit, * secundum illud rom. viii, ° si quis spiritum christi non habet, hic non est eius; ' et etiam ex hoc quod, ad imitationem christi, peccatis moritur, * secundum illud galat. v, ° qui christi sunt, carnem suam crucifixerunt, cum vitiis et concupiscentiis. ' et ideo ut christianus patitur non solum qui patitur pro fidei confessione quae fit per verba, sed etiam quicumque patitur pro quocumque bono opere faciendo, vel pro quocumque peccato vitando, propter christum, quia totum hoc pertinet ad fidei protestationem.
ra2 ' Ad secundum dicendum quod veritas aliarum scientiarum non pertinet ad cultum divinitatis. et ideo non dicitur esse secundum pietatem. unde nec eius confessio potest esse directe martyrii causa. sed quia omne mendacium peccatum est, * ut supra habitum est, ' vitatio mendacii, contra quamcumque veritatem sit, inquantum mendacium est peccatum divinae legi contrarium, potest esse martyrii causa.
ra3 ' Ad tertium dicendum quod bonum reipublicae est praecipuum inter bona humana. sed bonum divinum, quod est propria causa martyrii, est potius quam humanum. quia tamen bonum humanum potest effici divinum, ut si referatur in deum; potest esse quodcumque bonum humanum martyrii causa secundum quod in deum refertur.

009 ST3 qu125 ar

pr ' Deinde considerandum est de vitiis oppositis fortitudini. et primo, de timore; secundo, de intimiditate; tertio, de audacia. circa primum quaeruntur quatuor. primo, utrum timor sit peccatum. secundo, utrum opponatur fortitudini. tertio, utrum sit peccatum mortale. quarto, utrum excuset vel diminuat peccatum.

009 ST3 qu125 ar1

ag1 ' Ad primum sic proceditur. videtur quod timor non sit peccatum. timor enim est passio quaedam, * ut supra habitum est. ' sed passionibus nec laudamur nec vituperamur, * ut dicitur in ii ethic.. ' cum igitur omne peccatum sit vituperabile, videtur quod timor non sit peccatum.
ag2 ' Praeterea, nihil quod in lege divina mandatur est peccatum, quia lex domini est immaculata, * ut dicitur in psalmo. ' sed timor mandatur in lege dei, * dicitur enim ad ephes. vi, ° servi, obedite dominis carnalibus, cum timore et tremore. ' timor ergo non est peccatum.
ag3 ' Praeterea, nihil quod naturaliter inest homini est peccatum, quia peccatum est contra naturam, * ut damascenus dicit, ii libro. ' sed timere est homini naturale, * unde philosophus dicit, in iii ethic., quod ° erit aliquis insanus, vel sine sensu doloris, si nihil timeat, neque terraemotum neque inundationes. ' ergo timor non est peccatum.
sc ' Sed contra est quod * dominus dicit, matth. x, ° nolite timere eos qui occidunt corpus. * et ezech. ii dicitur, ° ne timeas eos, neque sermones eorum metuas.
co ' Respondeo dicendum quod aliquid dicitur esse peccatum in actibus humanis propter inordinationem, nam bonum humani actus in ordine quodam existit, * ut ex supra dictis patet. ' est autem hic debitus ordo, ut appetitus regimini rationis subdatur. ratio autem dictat aliqua esse fugienda, et aliqua esse prosequenda; et inter fugienda, quaedam dictat magis esse fugienda quam alia; et similiter inter prosequenda, quaedam dictat esse magis prosequenda quam alia; et quantum est bonum prosequendum, tantum est aliquod oppositum malum fugiendum. inde est quod ratio dictat quaedam bona magis esse prosequenda quam quaedam mala fugienda. quando ergo appetitus fugit ea quae ratio dictat esse sustinenda ne desistat ab aliis quae magis prosequi debet, timor inordinatus est, et habet rationem peccati. quando vero appetitus timendo refugit id quod est secundum rationem fugiendum, tunc appetitus non est inordinatus, nec peccatum.
ra1 ' Ad primum ergo dicendum quod timor communiter dictus secundum suam rationem importat universaliter fugam, unde quantum ad hoc non importat rationem boni vel mali. et similiter est de qualibet alia passione. * et ideo philosophus dicit quod ' passiones non sunt laudabiles neque vituperabiles, quia scilicet non laudantur neque vituperantur qui irascuntur vel timent, sed qui circa hoc aut ordinate aut inordinate se habent.
ra2 * Ad secundum dicendum quod timor ille ad quem inducit apostolus, ' est conveniens rationi, ut scilicet servus timeat ne deficiat ab obsequiis quae domino debet impendere.
ra3 ' Ad tertium dicendum quod mala quibus homo resistere non potest, et ex quorum sustinentia nihil boni provenit homini, ratio dictat esse fugienda. et ideo timor talium non est peccatum.

009 ST3 qu125 ar2

ag1 ' Ad secundum sic proceditur. videtur quod peccatum timoris non opponatur fortitudini. fortitudo enim est circa pericula mortis, * ut supra habitum est. ' sed peccatum timoris non semper pertinet ad pericula mortis. * quia super illud psalmi, beati omnes qui timent dominum, dicit glossa quod ° humanus timor est quo timemus pati pericula carnis, vel perdere mundi bona. * et super illud matth. xxvi, oravit tertio eundem sermonem etc., dicit glossa quod " triplex est malus timor, scilicet timor mortis, timor vilitatis, et timor doloris. ' non ergo peccatum timoris opponitur fortitudini.
ag2 ' Praeterea, praecipuum quod commendatur in fortitudine est quod exponit se periculis mortis. sed quandoque aliquis ex timore servitutis vel ignominiae exponit se morti, * sicut augustinus, in i de civ. dei, narrat de catone, " qui, ut non incurreret caesaris servitutem, morti se tradidit. ' ergo peccatum timoris non opponitur fortitudini, sed magis habet similitudinem cum ipsa.
ag3 ' Praeterea, omnis desperatio ex aliquo timore procedit. sed desperatio non opponitur fortitudini, sed magis spei, * ut supra habitum est. ' ergo neque timoris peccatum opponitur fortitudini.
sc * Sed contra est quod philosophus, in ii et iii ethic., " timiditatem ponit fortitudini oppositam.
co * Respondeo dicendum quod, sicut supra habitum est, ' omnis timor ex amore procedit, nullus enim timet nisi contrarium eius quod amat. amor autem non determinatur ad aliquod genus virtutis vel vitii, sed amor ordinatus includitur in qualibet virtute, quilibet enim virtuosus amat proprium bonum virtutis; amor autem inordinatus includitur in quolibet peccato, ex amore enim inordinato procedit inordinata cupiditas. unde similiter inordinatus timor includitur in quolibet peccato, sicut avarus timet amissionem pecuniae, intemperatus amissionem voluptatis, et sic de aliis. sed timor praecipuus est periculorum mortis, * ut probatur in iii ethic. ' et ideo talis timoris inordinatio opponitur fortitudini, quae est circa pericula mortis. et propter hoc antonomastice dicitur timiditas fortitudini opponi.
ra1 ' Ad primum ergo dicendum quod auctoritates illae loquuntur de timore inordinato communiter sumpto, qui diversis virtutibus opponi potest.
ra2 ' Ad secundum dicendum quod actus humani praecipue diiudicantur ex fine, * ut ex supra dictis patet. ' ad fortem autem pertinet ut se exponat periculis mortis propter bonum, sed ille qui se periculis mortis exponit ut fugiat servitutem vel aliquid laboriosum, a timore vincitur, quod est fortitudini contrarium. * unde philosophus dicit, in iii ethic., quod ° mori fugientem inopiam vel cupidinem vel aliquid triste, non est fortis, sed magis timidi, mollities enim est fugere laboriosa.
ra3 * Ad tertium dicendum quod, sicut supra dictum est, ' sicut spes est principium audaciae, ita timor est principium desperationis. unde sicut ad fortem, qui utitur audacia moderate, praeexigitur spes, ita e converso desperatio ex aliquo timore procedit. non autem oportet quod quaelibet desperatio procedat ex quolibet timore, sed ex eo qui est sui generis. desperatio autem quae opponitur spei, ad aliud genus refertur, scilicet ad res divinas, quam timor qui opponitur fortitudini, qui pertinet ad pericula mortis. unde ratio non sequitur.

009 ST3 qu125 ar3

ag1 ' Ad tertium sic proceditur. videtur quod timor non sit peccatum mortale. timor enim, * ut supra dictum est, ' est in irascibili, quae est pars sensualitatis. sed in sensualitate est tantum peccatum veniale, * ut supra habitum est. ' ergo timor non est peccatum mortale.
ag2 ' Praeterea, omne peccatum mortale totaliter cor avertit a deo. hoc autem non facit timor, * quia super illud iudic. vii, qui formidolosus est etc., dicit glossa quod ° timidus est qui primo aspectu congressum trepidat, non tamen corde terretur, sed reparari et animari potest. ' ergo timor non est peccatum mortale.
ag3 ' Praeterea, peccatum mortale non solum retrahit a perfectione, sed etiam a praecepto. sed timor non retrahit a praecepto, sed solum a perfectione, * quia super illud deut. xx, quis est homo formidolosus et corde pavido, etc., dicit glossa, ° docet non posse quemquam perfectionem contemplationis vel militiae spiritualis accipere qui adhuc nudari terrenis opibus pertimescit. ' ergo timor non est peccatum mortale.
sc ' Sed contra, pro solo peccato mortali debetur poena inferni. quae tamen debetur timidis, * secundum illud apoc. xxi, ° timidis et incredulis et execratis, etc., pars erit in stagno ignis et sulphuris, quod est mors secunda. ' ergo timiditas est peccatum mortale.
co * Respondeo dicendum quod, sicut dictum est, ' timor peccatum est secundum quod est inordinatus, prout scilicet refugit quod non est secundum rationem refugiendum. haec autem inordinatio timoris quandoque quidem consistit in solo appetitu sensitivo, non superveniente consensu rationalis appetitus, et sic non potest esse peccatum mortale, sed solum veniale. quandoque vero huiusmodi inordinatio timoris pertingit usque ad appetitum rationalem, qui dicitur voluntas, quae ex libero arbitrio refugit aliquid non secundum rationem. et talis inordinatio timoris quandoque est peccatum mortale, quandoque veniale. si enim quis propter timorem quo refugit periculum mortis, vel quodcumque aliud temporale malum, sic dispositus est ut faciat aliquid prohibitum, vel praetermittat aliquid quod est praeceptum in lege divina, talis timor est peccatum mortale. alioquin erit peccatum veniale.
ra1 ' Ad primum ergo dicendum quod ratio illa procedit de timore secundum quod sistit infra sensualitatem.
ra2 * Ad secundum dicendum quod etiam glossa illa potest intelligi ' de timore in sensualitate existente. vel potest melius dici quod ille toto corde terretur cuius animum timor vincit irreparabiliter. potest autem contingere quod, etiam si timor sit peccatum mortale, non tamen aliquis ita obstinate terretur quin persuasionibus revocari possit, sicut quandoque aliquis mortaliter peccans concupiscentiae consentiendo, revocatur, ne opere impleat quod proposuit facere.
ra3 * Ad tertium dicendum quod glossa illa loquitur ' de timore revocante hominem a bono quod non est de necessitate praecepti, sed de perfectione consilii. talis autem timor non est peccatum mortale, sed quandoque veniale; quandoque etiam non est peccatum, puta cum aliquis habet rationabilem causam timoris.

009 ST3 qu125 ar4

ag1 ' Ad quartum sic proceditur. videtur quod timor non excuset a peccato. timor enim est peccatum, * ut dictum est. ' sed peccatum non excusat a peccato, sed magis aggravat ipsum. ergo timor non excusat a peccato.
ag2 ' Praeterea, si aliquis timor excusat a peccato, maxime excusaret timor mortis, qui dicitur cadere in constantem virum. sed hic timor non videtur excusare, quia cum mors ex necessitate immineat omnibus, non videtur esse timenda. ergo timor non excusat a peccato.
ag3 ' Praeterea, timor omnis aut est mali temporalis, aut spiritualis. sed timor mali spiritualis non potest excusare peccatum quia non inducit ad peccandum, sed magis retrahit a peccato. timor etiam mali temporalis non excusat a peccato, * quia sicut philosophus dicit, in iii ethic., ° inopiam non oportet timere, neque aegritudinem, neque quaecumque non a propria malitia procedunt. ' ergo videtur quod timor nullo modo excusat a peccato.
sc * Sed contra est quod in decretis, qu. i, dicitur, ° vim passus et invitus ab haereticis ordinatus colorem habet excusationis.
co * Respondeo dicendum quod, sicut supra dictum est, ' timor intantum habet rationem peccati inquantum est contra ordinem rationis. ratio autem iudicat quaedam mala esse magis aliis fugienda. et ideo quicumque, ut fugiat mala quae sunt secundum rationem magis fugienda, non refugit mala quae sunt minus fugienda, non est peccatum. sicut magis est fugienda mors corporalis quam amissio rerum, unde si quis, propter timorem mortis, latronibus aliquid promitteret aut daret, excusaretur a peccato quod incurreret si sine causa legitima, praetermissis bonis, quibus esset magis dandum, peccatoribus largiretur. si autem aliquis per timorem fugiens mala quae secundum rationem sunt minus fugienda, incurrat mala quae secundum rationem sunt magis fugienda, non posset totaliter a peccato excusari, quia timor talis inordinatus esset. sunt autem magis timenda mala animae quam mala corporis; et mala corporis quam mala exteriorum rerum. et ideo si quis incurrat mala animae, idest peccata, fugiens mala corporis, puta flagella vel mortem, aut mala exteriorum rerum, puta damnum pecuniae; aut si sustineat mala corporis ut vitet damnum pecuniae; non excusatur totaliter a peccato. diminuitur tamen aliquid eius peccatum, quia minus voluntarium est quod ex timore agitur; imponitur enim homini quaedam necessitas aliquid faciendi propter imminentem timorem. * unde philosophus huiusmodi quae ex timore fiunt, dicit " esse non |25| simpliciter voluntaria, sed mixta ex voluntario et involuntario.
ra1 ' Ad primum ergo dicendum quod timor non excusat ex ea parte qua est peccatum, sed ex ea parte qua est involuntarium.
ra2 ' Ad secundum dicendum quod, licet mors omnibus immineat ex necessitate, tamen ipsa diminutio temporis vitae est quoddam malum, et per consequens timendum.
ra3 * Ad tertium dicendum quod secundum stoicos, " qui ponebant bona temporalia non esse hominis bona, sequitur ex consequenti quod mala temporalia non sint hominis mala, et per consequens nullo modo timenda. * sed secundum augustinum, in libro de lib. arbit., " huiusmodi temporalia sunt minima bona. * quod etiam peripatetici senserunt. ' et ideo contraria eorum sunt quidem timenda, non tamen multum, ut pro eis recedatur ab eo quod est bonum se-

cundum virtutem.

009 ST3 qu126 ar

pr ' Deinde considerandum est de vitio intimiditatis. et circa hoc quaeruntur duo. primo, utrum intimidum esse sit peccatum. secundo, utrum opponatur fortitudini.

009 ST3 qu126 ar1

ag1 ' Ad primum sic proceditur. videtur quod intimiditas non sit peccatum. quod enim ponitur pro commendatione viri iusti, non est peccatum. * sed in commendationem viri iusti dicitur, prov. xxviii, ° iustus, quasi leo confidens, absque terrore erit. ' ergo esse impavidum non est peccatum.
ag2 " Praeterea, maxime terribilis est mors, * secundum philosophum, in iii ethic.. ' sed nec mortem oportet timere, * secundum illud matth. x, ° nolite timere eos qui occidunt corpus, ' nec etiam aliquid quod ab homine possit inferri, * secundum illud isaiae li, ' quis tu, ut timeas ab homine mortali? ergo impavidum esse non est peccatum.
ag3 ' Praeterea, timor ex amore nascitur, * ut supra dictum est. ' sed nihil mundanum amare pertinet ad perfectionem virtutis, * quia, ut augustinus dicit, in xiv de civ. dei, ° amor dei usque ad contemptum sui, facit cives civitatis caelestis. ' ergo nihil humanum formidare videtur non esse peccatum.
sc * Sed contra est quod de iudice iniquo dicitur, luc. xviii, quod ° nec deum timebat, nec hominem reverebatur.
co ' Respondeo dicendum quod, quia timor ex amore nascitur, idem iudicium videtur esse de amore et de timore. agitur autem nunc de timore quo mala temporalia timentur, qui provenit ex temporalium bonorum amore. inditum autem est unicuique naturaliter ut propriam vitam amet, et ea quae ad ipsam ordinantur, tamen debito modo, ut scilicet amentur huiusmodi non quasi finis constituatur in eis, sed secundum quod eis utendum est propter ultimum finem. unde quod aliquis deficiat a debito modo amoris ipsorum, est contra naturalem inclinationem, et per consequens est peccatum. nunquam tamen a tali amore totaliter aliquis decidit, quia id quod est naturae totaliter perdi non potest. * propter quod apostolus dicit, ad ephes. v, quod ° nemo unquam carnem suam odio habuit. ' unde etiam illi qui seipsos interimunt, ex amore carnis suae hoc faciunt, quam volunt a praesentibus angustiis liberari. unde contingere potest quod aliquis minus quam debeat timeat, mortem et alia temporalia mala, propter hoc quod minus debito amet ea. sed quod nihil horum timeat, non potest ex totali defectu amoris contingere, sed ex eo quod aestimat mala opposita bonis quae amat, sibi supervenire non posse. quod quandoque contingit ex superbia animi de se praesumentis et alios contemnentis, * secundum quod dicitur iob xli, ° factus est ut nullum timeret, omne sublime videt. |25| ' quandoque autem contingit ex defectu rationis, * sicut philosophus dicit, in iii ethic., quod " celtae propter stultitiam nihil timent. ' unde patet quod esse impavidum est vitiosum, sive causetur ex defectu amoris, sive causetur ex elatione animi, sive causetur ex stoliditate; quae tamen excusat a peccato si sit invincibilis.
ra1 ' Ad primum ergo dicendum quod iustus commendatur a timore retrahente eum a bono, non quod sit absque omni timore. * dicitur enim eccli. i, ° qui sine timore est, non poterit iustificari.
ra2 ' Ad secundum dicendum quod mors, vel quidquid aliud ab homine mortali potest inferri, non est ea ratione timendum ut a iustitia recedatur. est tamen timendum inquantum per hoc homo potest impediri ab operibus virtuosis, vel quantum ad se, vel quantum ad profectum quem in aliis facit. * unde dicitur prov. xiv, ° sapiens timet, et declinat a malo.
ra3 ' Ad tertium dicendum quod bona temporalia debent contemni quantum nos impediunt ab amore et timore dei. et secundum hoc etiam non debent timeri, * unde dicitur eccli. xxxiv, ° qui timet deum nihil trepidabit. ' non autem debent contemni bona temporalia inquantum instrumentaliter nos iuvant ad ea quae sunt divini amoris et timoris.

009 ST3 qu126 ar2

ag1 ' Ad secundum sic proceditur. videtur quod esse impavidum non opponatur fortitudini. de habitibus enim iudicamus per actus. sed nullus actus fortitudinis impeditur per hoc quod aliquis est impavidus, remoto enim timore, aliquis et fortiter sustinet et audacter aggreditur. ergo esse impavidum non opponitur fortitudini.
ag2 ' Praeterea, esse impavidum est vitiosum vel propter defectum debiti amoris, vel propter superbiam, vel propter stultitiam. sed defectus debiti amoris opponitur caritati; superbia autem humilitati; stultitia autem prudentiae, sive sapientiae. ergo vitium impaviditatis non opponitur fortitudini.
ag3 ' Praeterea, virtuti opponuntur vitia sicut extrema medio. sed unum medium ex una parte non habet nisi unum extremum. cum ergo fortitudini ex una parte opponatur timor, ex alia vero parte opponatur ei audacia, videtur quod impaviditas ei non opponatur.
sc * Sed contra est quod philosophus, in iii ethic., " ponit impaviditatem fortitudini oppositam.
co * Respondeo dicendum quod, sicut supra dictum est, ' fortitudo est circa timores et audacias. omnis autem virtus moralis ponit modum rationis in materia circa quam est. unde ad fortitudinem pertinet timor moderatus secundum rationem, ut scilicet homo timeat quod oportet, et quando oportet, et similiter de aliis. hic autem modus rationis corrumpi potest, sicut per excessum, ita et per defectum. unde sicut timiditas opponitur fortitudini per excessum timoris, inquantum scilicet homo timet quod non oportet, vel secundum quod non oportet; ita etiam impaviditas opponitur ei per defectum timoris, inquantum scilicet non timet aliquis quod oportet timere.
ra1 ' Ad primum ergo dicendum quod actus fortitudinis est timorem sustinere et aggredi non qualitercumque, sed secundum rationem. quod non facit impavidus.
ra2 ' Ad secundum dicendum quod impaviditas ex sua specie corrumpit medium fortitudinis, et ideo directe fortitudini opponitur. sed secundum suas causas, nihil prohibet quin opponatur aliis virtutibus.
ra3 ' Ad tertium dicendum quod vitium audaciae opponitur fortitudini secundum excessum audaciae, impaviditas autem secundum defectum timoris. fortitudo autem in utraque passione medium ponit. unde non est inconveniens quod secundum diversa habeat diversa extrema.

009 ST3 qu127 ar

pr ' Deinde considerandum est de audacia. et circa hoc quaeruntur duo. primo, utrum audacia sit peccatum. secundo, utrum opponatur fortitudini.

009 ST3 qu127 ar1

ag1 ' Ad primum sic proceditur. videtur quod audacia non sit peccatum. * dicitur enim iob xxxix, de equo, per quem significatur bonus praedicator, secundum gregorium, in moral., quod ° audacter in occursum pergit armatis. ' sed nullum vitium cedit in commendationem alicuius. ergo esse audacem non est peccatum.
ag2 * Praeterea, sicut philosophus dicit, in vi ethic., ° oportet consiliari quidem tarde, operari autem velociter consiliata. ' sed ad hanc velocitatem operandi iuvat audacia. ergo audacia non est peccatum, sed magis aliquid laudabile.
ag3 ' Praeterea, audacia est quaedam passio quae causatur a spe, * ut supra habitum est, cum de passionibus ageretur. ' sed spes non ponitur peccatum, sed magis virtus. ergo nec audacia debet poni peccatum.
sc * Sed contra est quod dicitur eccli. viii, ° cum audace non eas in via, ne forte gravet mala sua in te. ' nullius autem societas est declinanda nisi propter peccatum. ergo audacia est peccatum.
co ' Respondeo dicendum quod audacia, * sicut supra dictum est, ' est passio quaedam. passio autem quandoque quidem est moderata secundum rationem, quandoque autem caret modo rationis, vel per excessum vel per defectum; et secundum hoc est passio vitiosa. sumuntur autem quandoque nomina passionum a superabundanti, sicut ira dicitur non quaecumque, sed superabundans, prout scilicet est vitiosa. et hoc etiam modo audacia, per superabundantiam dicta, ponitur esse peccatum.
ra1 ' Ad primum ergo dicendum quod audacia ibi sumitur secundum quod est moderata ratione. sic enim pertinet ad virtutem fortitudinis.
ra2 ' Ad secundum dicendum quod operatio festina commendabilis est post consilium, quod est actus rationis. sed si quis ante consilium vellet festine agere, non esset hoc laudabile, sed vitiosum, esset enim quaedam praecipitatio actionis, quod est vitium prudentiae oppositum, * ut supra dictum est. ' et ideo audacia, quae operatur ad velocitatem operandi, intantum laudabilis est inquantum a ratione ordinatur.
ra3 ' Ad tertium dicendum quod quaedam vitia innominata sunt, et similiter quaedam virtutes, * ut patet per philosophum, in iv ethic.. ' et ideo oportuit quibusdam passionibus uti nomine virtutum et vitiorum. praecipue autem illis passionibus utimur ad vitia designanda quarum obiectum est malum, sicut patet de odio, timore et ira, et etiam audacia. spes autem et amor habent bonum pro obiecto. et ideo magis eis utimur ad designanda nomina virtutum.

009 ST3 qu127 ar2

ag1 ' Ad secundum sic proceditur. videtur quod audacia non opponatur fortitudini. superfluitas enim audaciae videtur ex animi praesumptione procedere. sed praesumptio pertinet ad superbiam, quae opponitur humilitati. ergo audacia magis opponitur humilitati quam fortitudini.
ag2 ' Praeterea, audacia non videtur esse vituperabilis nisi inquantum ex ea provenit vel nocumentum aliquod ipsi audaci, qui se periculis inordinate ingerit; vel etiam aliis, quos per audaciam aggreditur vel in pericula praecipitat. sed hoc videtur ad iniustitiam pertinere. ergo audacia, secundum quod est peccatum, non opponitur fortitudini, sed iustitiae.
ag3 ' Praeterea, fortitudo est et circa timores et circa audacias, * ut supra habitum est. ' sed quia timiditas opponitur fortitudini secundum excessum timoris, habet aliud vitium oppositum timiditati secundum defectum timoris. si ergo audacia opponatur fortitudini propter excessum audaciae, pari ratione opponetur ei aliquod vitium propter audaciae defectum. sed hoc non invenitur. ergo nec audacia debet poni vitium oppositum fortitudini.
sc * Sed contra est quod philosophus, in ii et iii ethic., " ponit audaciam fortitudini oppositam.
co * Respondeo dicendum quod, sicut supra dictum est, ' ad virtutem moralem pertinet modum rationis observare in materia circa quam est. et ideo omne vitium quod importat immoderantiam circa materiam alicuius virtutis moralis, opponitur illi virtuti morali sicut immoderatum moderato. audacia autem, secundum quod sonat in vitium, importat excessum passionis quae audacia dicitur. unde manifestum est quod opponitur virtuti fortitudinis, quae est circa timores et audacias, * ut supra dictum est.
ra1 ' Ad primum ergo dicendum quod oppositio vitii ad virtutem non attenditur principaliter secundum causam vitii, sed secundum ipsam vitii speciem. et ideo non oportet quod audacia opponatur eidem virtuti cui opponitur praesumptio, quae est causa ipsius.
ra2 ' Ad secundum dicendum quod sicut directa oppositio vitii non attenditur circa eius causam, ita etiam non attenditur secundum eius effectum. nocumentum autem quod provenit ex audacia est effectus ipsius. unde nec etiam secundum hoc attenditur oppositio audaciae.
ra3 ' Ad tertium dicendum quod motus audaciae consistit in invadendo id quod est homini contrarium, ad quod natura inclinat, nisi inquantum talis inclinatio impeditur per timorem patiendi nocumentum ab eo. et ideo vitium quod excedit in audacia non habet contrarium defectum nisi timiditatem tantum. sed audacia non semper concomitatur tantum defectum timiditatis. * quia sicut philosophus dicit, in iii ethic., ° audaces sunt praevolantes et volentes ante pericula, sed in ipsis discedunt, " scilicet prae timore.

009 ST3 qu128 ar

pr ' Deinde considerandum est de partibus fortitudinis. et primo considerandum est quae sint fortitudinis partes; secundo, de singulis partibus est agendum.
ag1 ' Ad primum sic proceditur. videtur quod inconvenienter partes fortitudinis enumerentur. * tullius enim, in sua rhetorica, ponit " fortitudinis quatuor partes, ° scilicet magnificentiam, fiduciam, patientiam et perseverantiam. ' et videtur quod inconvenienter. magnificentia enim videtur ad liberalitatem pertinere, quia utraque est circa pecunias, et necesse est magnificum liberalem esse, * ut philosophus dicit, in iv ethic.. ' sed liberalitas est pars iustitiae, * ut supra habitum est. ' ergo magnificentia non debet poni pars fortitudinis.
ag2 ' Praeterea, fiducia nihil aliud esse videtur quam spes. sed spes non videtur ad fortitudinem pertinere, sed ponitur per se virtus. ergo fiducia non debet poni pars fortitudinis.
ag3 ' Praeterea, fortitudo facit hominem bene se habere circa pericula. sed magnificentia et fiducia non important in sui ratione aliquam habitudinem ad pericula. ergo non ponuntur convenienter partes fortitudinis.
ag4 ' Praeterea, patientia, * secundum tullium, ' importat difficilium perpessionem, * quod etiam ipse attribuit fortitudini. ' ergo patientia est idem fortitudini, et non est pars eius.
ag5 ' Praeterea, illud quod requiritur in qualibet virtute, non debet poni pars alicuius specialis virtutis. sed perseverantia requiritur in qualibet virtute, * dicitur enim matth. xxiv, ° qui perseveraverit usque in finem, hic salvus erit. ' ergo perseverantia non debet poni pars fortitudinis.
ag6 * Praeterea, macrobius ponit " septem partes fortitudinis, scilicet ° magnanimitatem, fiduciam, securitatem, magnificentiam, constantiam, tolerantiam, firmitatem. * andronicus etiam ponit " septem virtutes annexas fortitudini, ° quae sunt eupsychia, lema, magnanimitas, virilitas, perseverantia, magnificentia, andragathia. ' ergo videtur quod * insufficienter tullius partes fortitudinis enumeraverat.
ag7 * Praeterea, aristoteles, in iii ethic., ponit " quinque modos fortitudinis. ' quorum prima est politica, quae fortiter operatur propter timorem exhonorationis vel poenae; secunda militaris, quae fortiter operatur propter artem et experientiam rei bellicae; tertia est fortitudo quae fortiter operatur ex passione, praecipue irae; quarta est fortitudo quae fortiter operatur propter consuetudinem victoriae; quinta autem est quae fortiter operatur propter ignorantiam periculorum. has autem fortitudines nulla praedictarum divisionum continet. ergo praedictae enumerationes partium fortitudinis videntur esse inconvenientes.
co * Respondeo dicendum quod, sicut supra dictum est, ' alicuius virtutis possunt esse triplices partes, scilicet subiectivae, integrales et potentiales. fortitudini autem, secundum quod est specialis virtus, non possunt assignari partes subiectivae, eo quod non dividitur in multas virtutes specie differentes, quia est circa materiam valde specialem. assignantur autem ei partes quasi integrales, et potentiales, integrales quidem secundum ea quae oportet concurrere ad actum

fortitudinis; potentiales autem secundum quod ea quae fortitudo observat circa difficillima, scilicet circa pericula mortis, aliquae aliae virtutes observant circa quasdam alias materias minus difficiles; quae quidem virtutes adiunguntur fortitudini sicut secundariae principali. est autem, * sicut supra dictum est, ‘ duplex fortitudinis actus, scilicet aggredi, et sustinere. ad actum autem aggrediendi duo requiruntur. quorum primum pertinet ad animi praeparationem, ut scilicet aliquis promptum animum habeat ad aggrediendum. et quantum ad hoc ponit tullius fiduciam. * unde dicit quod ° fiducia est per quam magnis et honestis rebus multum ipse animus in se fiduciae cum spe collocavit. ‘ secundum autem pertinet ad operis executionem, ne scilicet aliquis |25| deficiat in executione illorum quae fiducialiter inchoavit. et quantum ad hoc ponit tullius magnificentiam. * unde dicit quod ° magnificentia est rerum magnarum et excelsarum cum animi ampla quadam et splendida propositione cogitatio atque administratio, “ idest executio, ut scilicet amplo proposito administratio non desit. ‘ haec ergo duo, si coarctentur ad propriam materiam fortitudinis, scilicet ad pericula mortis, erunt quasi partes integrales ipsius, sine quibus fortitudo esse non potest. si autem referantur ad aliquas alias materias in quibus est minus difficultatis, erunt virtutes distinctae a fortitudine secundum speciem, tamen adiungentur ei sicut secundarium principali. “ sicut magnificentia * a philosopho, in iv ethic., “ ponitur circa magnos sumptus; magnanimitas autem, quae videtur idem esse fiduciae, circa magnos honores. ‘ ad alium autem actum fortitudinis, qui est sustinere, duo requiruntur. quorum primum est ne difficultate imminentium malorum animus frangatur per tristitiam, et decidat a sua magnitudine. et quantum ad hoc ponit patientiam. * unde dicit quod ° patientia est honestatis aut utilitatis causa rerum arduarum ac difficilium voluntaria ac diuturna perpessio. ‘ aliud autem est ut ex diuturna difficilium passione |50| homo non fatigetur usque ad hoc quod desistat, * secundum illud heb. xii, ° non fatigemini, animis vestris deficientes. “ et quantum ad hoc ponit perseverantiam. * unde dicit quod ° perseverantia est in ratione bene considerata stabilis et perpetua permansio. ‘ haec etiam duo, si coarctentur ad propriam materiam fortitudinis, erunt partes quasi integrales ipsius. si autem ad quascumque materias difficiles referantur, erunt virtutes a fortitudine distinctae, et tamen ei adiungentur sicut secundariae principali.

ra1 ‘ Ad primum ergo dicendum quod magnificentia circa materiam liberalitatis addit quandam magnitudinem, quae pertinet ad rationem ardui, quod est obiectum irascibilis, quam principaliter perficit fortitudo. et ex hac parte pertinet ad fortitudinem.

ra2 ‘ Ad secundum dicendum quod spes qua quis de deo confidit, ponitur virtus theologica, * ut supra habitum est. ‘ sed per fiduciam quae nunc ponitur fortitudinis pars, homo habet spem in seipso, tamen sub deo.

ra3 ‘ Ad tertium dicendum quod quascumque magnas res aggredi videtur esse periculosum, quia in his deficere est valde nocivum. unde etiam si magnificentia et fiducia circa quaecumque alia magna operanda vel aggredienda ponantur, habent quandam affinitatem cum fortitudine, ratione periculi imminentis.

ra4 ‘ Ad quartum dicendum quod patientia non solum perpetitur pericula mortis, circa quae est fortitudo, absque superabundanti tristitia, sed etiam quaecumque alia difficilia seu periculosa. et secundum hoc ponitur virtus adiuncta fortitudini. inquantum autem est circa pericula mortis, est pars integralis ipsius.

ra5 ‘ Ad quintum dicendum quod perseverantia secundum quod dicit continuitatem boni operis usque in finem, circumstantia omnis virtutis esse potest. ponitur autem pars fortitudinis * secundum quod dictum est.

ra6 * Ad sextum dicendum quod macrobius ponit quatuor praedicta a tullio posita, scilicet “ fiduciam, magnificentiam, tolerantiam, quam ponit loco patientiae, et firmitatem, quam ponit loco perseverantiae. superaddit autem tria. quorum duo, scilicet magnanimitas et securitas, a tullio sub fiducia comprehenduntur, sed macrobius magis per specialia distinguit. nam fiducia importat spem hominis ad magna. spes autem cuiuslibet rei praesupponit appetitum in magna protensum per desiderium, quod pertinet ad magnanimitatem; * dictum est enim supra ‘ quod spes praesupponit amorem et desiderium rei speratae. vel melius potest dici quod fiducia pertinet ad spei certitudinem; magnanimitas autem ad magnitudinem rei speratae. spes autem firma esse non potest nisi amoveatur contrarium, quandoque enim aliquis, quantum ex seipso est, speraret aliquid, sed spes tollitur propter impedimentum timoris; timor enim quodammodo spei contrariatur, * ut supra habitum est. * et ideo macrobius “ addit securitatem, quae excludit timorem. tertium autem addit, scilicet constantiam, quae sub magnificentia comprehendi potest, oportet enim in his quae magnifice aliquis facit, constantem animum habere. * et ideo tullius ad magnificentiam pertinere dicit “ non solum administrationem rerum magnarum, |25| sed etiam animi amplam excogitationem ipsarum. ‘ potest etiam constantia ad perseverantiam pertinere, ut perseverans dicatur aliquis ex eo quod non desistit propter diuturnitatem; constans autem ex eo quod non desistit propter quaecumque alia repugnantia. * illa etiam quae andronicus ponit ad eadem pertinere videntur. “ ponit enim perseverantiam et magnificentiam cum tullio et macrobio; magnanimitatem autem cum macrobio. lema autem est idem quod patientia vel tolerantia, dicit enim quod lema est habitus promptus tribuens ad conari qualia oportet, et sustinere quae ratio dicit. eupsychia autem, idest bona animositas, idem videtur esse quod securitas, dicit enim quod est robur animae ad perficiendum opera ipsius. virilitas autem idem esse videtur quod fiducia, dicit enim quod virilitas est habitus per se sufficiens tributus in his quae secundum virtutem. magnificentiae autem addit andragathiam, quasi virilem bonitatem, quae apud nos strenuitas potest dici. ad magnificentiam enim pertinet non solum quod homo consistat in executione magnorum operum, quod pertinet ad constantiam, sed etiam cum quadam virili prudentia et sollicitudine ea exequatur, quod pertinet ad andragathiam sive strenuitatem. unde dicit quod andragathia est viri virtus adinventiva communicabilium operum. * et sic patet quod omnes huiusmodi partes ad quatuor principales reducuntur quas tullius ponit.

ra7 * Ad septimum dicendum quod illa quinque quae ponit aristoteles, ‘ deficiunt a vera ratione virtutis, quia etsi conveniant in actu fortitudinis, differunt tamen in motivo, * ut supra habitum est. ‘ et ideo non ponuntur partes fortitudinis, sed quidam fortitudinis modi.

009 ST3 qu129 ar

pr ‘ Deinde considerandum est de singulis fortitudinis partibus, * ita tamen ut sub quatuor principalibus quas tullius ponit, ‘ alias comprehendamus; nisi quod magnanimitatem, * de qua etiam aristoteles tractat, ‘ loco fiduciae ponemus. primo ergo considerandum erit de magnanimitate; secundo, de magnificentia; tertio, de patientia; quarto, de perseverantia. circa primum, primo considerandum est de magnanimitate; secundo, de vitiis oppositis. circa primum quaeruntur octo. primo, utrum magnanimitas sit circa honores. secundo, utrum magnanimitas sit solum circa magnos honores. tertio, utrum sit virtus. quarto, utrum sit virtus specialis. quinto, utrum sit pars fortitudinis. sexto, quomodo se habeat ad fiduciam. septimo, quomodo se habeat ad securitatem. octavo, quomodo se habeat ad bona fortunae.

009 ST3 qu129 ar1

ag1 ‘ Ad primum sic proceditur. videtur quod magnanimitas non sit circa honores. magnanimitas enim est in irascibili. quod ex ipso nomine patet, nam magnanimitas dicitur quasi magnitudo animi; animus autem pro vi irascibili ponitur, * ut patet in iii de anima, ubi philosophus dicit quod “ in sensitivo appetitu est desiderium et animus, ‘ idest concupiscibilis et irascibilis. sed honor est quoddam bonum concupiscibile, cum sit praemium virtutis. ergo videtur quod magnanimitas non sit circa honores.

ag2 ‘ Praeterea, magnanimitas, cum sit virtus moralis, oportet quod sit circa passiones vel operationes. non est autem circa operationes, quia sic esset pars iustitiae. et sic relinquitur quod sit circa passiones. honor autem non est passio. ergo magnanimitas non est circa honores.

ag3 ‘ Praeterea, magnanimitas videtur pertinere magis ad prosecutionem quam ad fugam, dicitur enim magnanimus quia ad magna tendit. sed virtuosi non laudantur ex hoc quod cupiunt honores, sed magis ex hoc quod eos fugiunt. ergo magnanimitas non est circa honores.

sc * Sed contra est quod philosophus dicit, in iv ethic., quod ° magnanimus est circa honores et inhonorationes.

co ‘ Respondeo dicendum quod magnanimitas ex suo nomine importat quandam extensionem animi ad magna. consideratur autem habitudo virtutis ad duo, uno quidem modo, ad materiam circa quam operatur; alio modo, ad actum proprium, qui consistit in debito usu talis materiae. et quia habitus virtutis principaliter ex actu determinatur, ex hoc principaliter dicitur aliquis magnanimus quod animum habet ad aliquem magnum actum. aliquis autem actus potest dici dupliciter magnus, uno modo, secundum proportionem; alio modo, absolute. magnus quidem potest dici actus secundum proportionem etiam qui consistit in usu alicuius rei parvae vel mediocris, puta si aliquis illa re optime utatur. sed simpliciter et absolute magnus actus est qui consistit in optimo usu rei maximae. res autem quae in usum hominis veniunt sunt res exteriores. inter quae simpliciter maximum est honor, tum quia propinquissimum est virtuti, utpote testificatio quaedam existens de virtute alicuius, * ut supra habitum est; ‘ tum etiam quia deo et optimis exhibetur; tum etiam quia homines propter honorem consequendum et vituperium vitandum omnia alia postponunt. sic autem dicitur aliquis magnanimus ex his quae sunt magna simpliciter et absolute, sicut dicitur aliquis fortis ex his quae sunt simpliciter difficilia. et ideo consequens est quod magnanimitas consistat circa honores.

ra1 ‘ Ad primum ergo dicendum quod bonum vel malum, absolute quidem considerata, pertinent ad concupiscibilem, sed inquantum additur ratio ardui, sic pertinet ad irascibilem. et hoc modo honorem respicit magnanimitas, inquantum scilicet habet rationem magni vel ardui.

ra2 ‘ Ad secundum dicendum quod honor, etsi non sit passio vel operatio, est tamen alicuius passionis obiectum, scilicet spei, quae tendit in bonum arduum. et ideo magnanimitas est quidem immediate circa passionem spei, mediate autem circa honorem, sicut circa obiectum spei, sicut et de fortitudine * supra dictum est quod ‘ est circa pericula mortis inquantum sunt obiectum timoris et audaciae.

ra3 ‘ Ad tertium dicendum quod illi qui contemnunt honores hoc modo quod pro eis adipiscendis nihil inconveniens faciunt, nec eos nimis appretiantur, laudabiles sunt. si quis autem hoc modo contemneret honores quod non curaret facere ea quae sunt digna honore, hoc vituperabile esset. et hoc modo magnanimitas est circa honorem, ut videlicet studeat facere ea quae sunt honore digna, non tamen sic ut pro magno aestimet humanum honorem.

009 ST3 qu129 ar2

ag1 ‘ Ad secundum sic proceditur. videtur quod magnanimitas de sui ratione non habeat quod sit circa magnum honorem. propria enim materia magnanimitatis est honor, * ut dictum est. ‘ sed magnum et parvum accidunt honori. ergo de ratione magnanimitatis non est quod sit circa magnum honorem.

ag2 ‘ Praeterea, sicut magnanimitas est circa honores, ita mansuetudo est circa iras. sed non est de ratione mansuetudinis quod sit circa magnas iras, vel circa parvas. ergo etiam non est de ratione magnanimitatis quod sit circa magnos honores.

ag3 ‘ Praeterea, parvus honor minus distat a magno honore quam exhonoratio. sed magnanimus bene se habet circa exhonorationes. ergo etiam et circa parvos honores. non ergo est solum circa honores magnos.

sc * Sed contra est quod philosophus dicit, in ii ethic., quod ° magnanimitas est circa magnos honores.

co * Respondeo dicendum quod, secundum philosophum, in vii physic., “ virtus est perfectio quaedam. et intelligitur esse perfectio potentiae, ad cuius ultimum pertinet, * ut patet in i de caelo. ‘ perfectio autem potentiae non attenditur in qualicumque operatione, sed in operatione quae habet aliquam magnitudinem aut difficultatem, quaelibet enim potentia, quantumcumque imperfecta, potest in aliquam operationem modicam et debilem. et ideo ad rationem virtutis pertinet ut sit circa difficile et bonum, * ut dicitur in ii ethic.. ‘ difficile autem et magnum, quae ad idem pertinent in actu virtutis potest attendi dupliciter. uno modo, ex parte rationis, inquantum scilicet difficile est medium rationis adinvenire et in aliqua materia statuere. et ista difficultas sola invenitur in actu virtutum intellectualium, et etiam in actu iustitiae. alia autem est difficultas ex parte materiae, quae de se repugnantiam habere potest ad modum rationis qui est circa eam ponendus. et ista difficultas praecipue attenditur in aliis virtutibus moralibus, quae sunt circa passiones, quia passiones pugnant contra rationem, * ut dionysius dicit, iv cap. de div. nom.. ‘ circa quas considerandum est quod quaedam passiones sunt quae |25| habent magnam vim resistendi rationi principaliter ex parte passionis, quaedam vero principaliter ex parte rerum quae sunt obiecta passionum. passiones autem non habent magnam vim repugnandi rationi nisi fuerint vehementes, eo quod appetitus sensitivus, in quo sunt passiones, naturaliter subditur rationi. et ideo virtutes quae sunt circa huiusmodi passiones non ponuntur nisi circa id quod est magnum in ipsis passionibus, sicut fortitudo est circa maximos timores et audacias, temperantia est circa maximarum delectationum concupiscentias, et similiter mansuetudo est circa maximas iras. passiones autem quaedam habent magnam vim repugnandi rationi ex ipsis rebus exterioribus quae sunt passionum obiecta, sicut amor vel cupiditas pecuniae seu honoris. et in istis oportet esse virtutem non solum circa id quod est maximum in eis, sed etiam circa mediocria vel minora, quia res exterius existentes, etiam si sint parvae, sunt multum appetibiles, utpote necessariae ad hominis vitam. et ideo circa appetitum pecuniarum sunt duae virtutes, una quidem circa mediocres et moderatas, scilicet liberalitas; alia autem circa magnas pecunias, scilicet magnificentia. similiter etiam et circa honores sunt duae virtutes. una quidem circa mediocres honores, quae innominata est, nominatur tamen ex suis extremis, “ quae sunt philotimia, idest amor honoris, et aphilotimia, idest sine amore honoris; ‘ laudatur enim quandoque |50| qui amat honorem, quandoque autem qui non curat de honore, prout scilicet utrumque moderate fieri potest. circa magnos autem honores est magnanimitas. et ideo dicendum est quod propria materia magnanimitatis est magnus honor, et ad ea tendit magnanimus quae sunt magno honore digna.

ra1 ‘ Ad primum ergo dicendum quod magnum et parvum per accidens se habent ad honorem secundum se consideratum, sed magnam differentiam fa-

ciunt secundum quod comparantur ad rationem, cuius modum in usu honoris observari oportet, qui multo difficilius observatur in magnis honoribus quam in parvis.
ra2 ' Ad secundum dicendum quod in ira et in aliis materiis non habet difficultatem notabilem nisi illud quod est maximum, circa quod solum oportet esse virtutem. alia autem ratio est de divitiis et honoribus, quae sunt res extra animam existentes.
ra3 ' Ad tertium dicendum quod ille qui bene utitur magnis, multo magis potest bene uti parvis. magnanimitas ergo attendit magnos honores sicut quibus est dignus, vel etiam sicut minores his quibus est dignus, quia scilicet virtus non potest sufficienter honorari ab homine, cui debetur honor a deo. et ideo non extollitur ex magnis honoribus, quia non reputat eos supra se, sed magis eos contemnit. et multo magis moderatos aut parvos. et similiter etiam dehonorationibus non frangitur, sed eas contemnit, utpote quas reputat sibi indigne afferri.

009 ST3 qu129 ar3

ag1 ' Ad tertium sic proceditur. videtur quod magnanimitas non sit virtus. omnis enim virtus moralis in medio consistit. sed magnanimitas non consistit in medio, sed in maximo, quia maximis dignificat seipsum, * ut dicitur in iv ethic.. ' ergo magnanimitas non est virtus.
ag2 ' Praeterea, qui habet unam virtutem, habet omnes, * ut supra habitum est. ' sed aliquis potest habere aliquam virtutem non habens magnanimitatem, * dicit enim philosophus, in iv ethic., quod ° qui est parvis dignus, et his dignificat seipsum, temperatus est, magnanimus autem non. ' ergo magnanimitas non est virtus.
ag3 ' Praeterea, virtus est bona qualitas mentis, * ut supra habitum est. ' sed magnanimitas habet quasdam corporales dispositiones, * dicit enim philosophus, in iv ethic., quod ° motus lentus magnanimi videtur, et vox gravis, et locutio stabilis. ' ergo magnanimitas non est virtus.
ag4 ' Praeterea, nulla virtus opponitur alteri virtuti. sed magnanimitas opponitur humilitati, " nam magnanimus dignum se reputat magnis, et alios contemnit, * ut dicitur in iv ethic.. ' ergo magnanimitas non est virtus.
ag5 ' Praeterea, cuiuslibet virtutis proprietates sunt laudabiles. sed magnanimitas habet quasdam proprietates vituperabiles, " primo quidem, quod non est memor benefactorum; secundo, quod est otiosus et tardus; tertio, quod utitur ironia ad multos; quarto, quod non potest alii convivere; quinto, quod magis possidet infructuosa quam fructuosa. ' ergo magnanimitas non est virtus.
sc * Sed contra est quod in laudem quorundam dicitur, ii machab. xiv, ° nicanor audiens virtutem comitum iudae, et animi magnitudinem quam pro patriae certaminibus habebant, etc.. ' laudabilia autem sunt solum virtutum opera. ergo magnanimitas, ad quam pertinet magnum animum habere, est virtus.
co ' Respondeo dicendum quod ad rationem virtutis humanae pertinet ut in rebus humanis bonum rationis servetur, quod est proprium hominis bonum. inter ceteras autem res humanas exteriores, honores praecipuum locum tenent, * sicut dictum est. ' et inde magnanimitas, quae modum rationis ponit circa magnos honores, est virtus.
ra1 * Ad primum ergo dicendum quod, sicut philosophus dicit, in iv ethic., " magnanimus est quidem magnitudine extremus, inquantum scilicet ad maxima tendit, eo autem quod ut oportet, medius, quia videlicet ad ea quae sunt maxima, secundum rationem tendit; eo enim quod secundum dignitatem seipsum dignificat, ut ibidem dicitur, quia scilicet se non extendit ad maiora quam dignus est.
ra2 ' Ad secundum dicendum quod connexio virtutum non est intelligenda secundum actus, ut scilicet cuilibet competat habere actus omnium virtutum. unde actus magnanimitatis non competit cuilibet virtuoso, sed solum magnis. sed secundum principia virtutum, quae sunt prudentia et gratia, omnes virtutes sunt connexae secundum habitus simul in anima existentes, vel in actu vel in propinqua dispositione. et sic potest aliquis cui non competit actus magnanimitatis, habere magnanimitatis habitum, per quem scilicet disponitur ad talem actum exequendum si sibi secundum statum suum competeret.
ra3 ' Ad tertium dicendum quod corporales motus diversificantur secundum diversas animae apprehensiones et affectiones. et secundum hoc contingit quod ad magnanimitatem consequuntur quaedam determinata accidentia circa motus corporales. velocitas enim motus provenit ex eo quod homo ad multa intendit, quae explere festinat, sed magnanimus intendit solum ad magna, quae pauca sunt, quae etiam indigent magna attentione; et ideo habet motum tardum. similiter etiam acuitas vocis, et velocitas, praecipue competit his qui de quibuslibet contendere volunt, quod non pertinet ad magnanimos, qui non intromittunt se nisi de magnis. et sicut praedictae dispositiones corporalium motuum conveniunt magnanimis secundum modum affectionis eorum, ita etiam in his qui sunt naturaliter dispositi ad magnanimitatem tales conditiones naturaliter inveniuntur.
ra4 ' Ad quartum dicendum quod in homine invenitur aliquid magnum, quod ex dono dei possidet; et aliquis defectus, qui competit ei ex infirmitate naturae. magnanimitas igitur facit quod homo se magnis dignificet secundum considerationem donorum quae possidet ex deo, sicut, si habet magnam virtutem animi, magnanimitas facit quod ad perfecta opera virtutis tendat. et similiter est dicendum de usu cuiuslibet alterius boni, puta scientiae vel exterioris fortunae. humilitas autem facit quod homo seipsum parvipendat secundum considerationem proprii defectus. similiter etiam magnanimitas contemnit alios secundum quod deficiunt a donis dei, non enim tantum alios appretiatur quod pro eis aliquid indecens faciat. sed humilitas alios honorat, et superiores aestimat, inquantum in eis aliquid inspicit de donis dei. * unde in psalmo dicitur de viro iusto, ° ad nihilum deductus est in conspectu eius malignus, " quod pertinet ad contemptum magnanimi; ° timentes autem dominum glorificat, " quod pertinet ad honorationem humilis. ' et sic patet quod magnanimitas et humilitas non sunt contraria, quamvis in contraria tendere videantur, quia procedunt secundum diversas considerationes.
ra5 ' Ad quintum dicendum quod proprietates illae, secundum quod ad magnanimum pertinent, non sunt vituperabiles, sed superexcedenter laudabiles. * quod enim primo dicitur, quod " magnanimus non habet in memoria a quibus beneficia recipit, ' intelligendum est quantum ad hoc quod non est sibi delectabile quod ab aliquibus beneficia recipiat, quin sibi maiora recompenset. quod pertinet ad perfectionem gratitudinis, in cuius actu vult superexcellere, sicut et in actibus aliarum virtutum. * similiter etiam secundo dicitur quod ' est otiosus et tardus, non quia deficiat ab operando ea quae sibi conveniunt, sed quia non ingerit se quibuscumque operibus sibi convenientibus, sed solum magnis, qualia decent eum. * dicitur etiam tertio quod ' utitur ironia, non secundum quod opponitur veritati, ut scilicet dicat de se aliqua vilia quae non sunt vel neget aliqua magna quae sunt, sed quia non totam magnitudinem suam monstrat, maxime quantum ad inferiorum multitudinem; * quia sicut philosophus ibidem dicit, " ad magnanimum pertinet ° magnum esse ad eos qui in dignitate et bonis fortunis sunt, ad medios autem moderatum. |25| * quarto etiam dicitur quod ' ad alios non potest convivere, scilicet familiariter, nisi ad amicos, quia omnino vitat adulationem et simulationem, quae pertinent ad animi parvitatem. convivit tamen omnibus, et magnis et parvis, secundum quod oportet, * ut dictum est. * quinto etiam dicitur quod ' vult habere magis infructuosa, non quaecumque, sed bona, idest honesta. nam in omnibus praeponit honesta utilibus, tanquam maiora, utilia enim quaeruntur ad subveniendum alicui defectui, qui magnanimitati repugnat.

009 ST3 qu129 ar4

ag1 ' Ad quartum sic proceditur. videtur quod magnanimitas non sit specialis virtus. nulla enim specialis virtus operatur in omnibus virtutibus. * sed philosophus dicit, in iv ethic., quod " ad magnanimum pertinet quod est in unaquaque virtute magnum. ' ergo magnanimitas non est specialis virtus.
ag2 ' Praeterea, nulli speciali virtuti attribuuntur actus virtutum diversarum. sed magnanimo attribuuntur diversarum virtutum actus, * dicitur enim in iv ethic., quod " ad magnanimum pertinet non fugere commonentem, quod est actus prudentiae; neque facere iniusta, quod est actus iustitiae; et quod est promptus ad benefaciendum, quod est actus caritatis; et quod ministrat prompte, quod est actus liberalitatis; et quod est veridicus, quod est actus veritatis; et quod non est planctivus, quod est actus patientiae. ' ergo magnanimitas non est virtus specialis.
ag3 ' Praeterea, quaelibet virtus est quidam spiritualis ornatus animae, * secundum illud isaiae lxi, ° induit me dominus vestimentis salutis; * et postea subdit, ° quasi sponsam ornatam monilibus suis. ' sed magnanimitas est ornatus omnium virtutum, * ut dicitur in iv ethic.. ' ergo magnanimitas est generalis virtus.
sc * Sed contra est quod philosophus, in ii ethic., distinguit eam contra alias virtutes.
co * Respondeo dicendum quod, sicut supra dictum est, ' ad specialem virtutem pertinet quod modum rationis in aliqua determinata materia ponat. magnanimitas autem ponit modum rationis circa determinatam materiam, scilicet circa honores, * ut supra dictum est. ' honor autem, secundum se consideratus, est quoddam bonum speciale. et secundum hoc magnanimitas, secundum se considerata, est quaedam specialis virtus. sed quia honor est cuiuslibet virtutis praemium, * ut ex supra dictis patet; ' ideo ex consequenti, ratione suae materiae, respicit omnes virtutes.
ra1 ' Ad primum ergo dicendum quod magnanimitas non est circa honorem quemcumque, sed circa magnum honorem. sicut autem honor debetur virtuti, ita etiam magnus honor debetur magno operi virtutis. et inde est quod magnanimus intendit magna operari in qualibet virtute, inquantum scilicet tendit ad ea quae sunt digna magno honore.
ra2 ' Ad secundum dicendum quod quia magnanimus tendit ad magna, consequens est quod ad illa praecipue tendat quae important aliquam excellentiam, et illa fugiat quae pertinent ad defectum. pertinet autem ad quandam excellentiam quod aliquis bene faciat, et quod sit communicativus, et plurium retributivus. et ideo ad ista promptum se exhibet, inquantum habent rationem cuiusdam excellentiae, non autem secundum eam rationem qua sunt actus aliarum virtutum. ad defectum autem pertinet quod aliquis intantum magnipendat aliqua exteriora bona vel mala quod pro eis a iustitia vel quacumque virtute declinet. similiter etiam ad defectum pertinet omnis occultatio veritatis, quia videtur ex timore procedere. quod etiam aliquis sit planctivus, ad defectum pertinet, quia per hoc videtur animus exterioribus malis succumbere. et ideo haec et similia vitat magnanimus secundum quandam specialem rationem, scilicet tanquam contraria excellentiae vel magnitudini.
ra3 ' Ad tertium dicendum quod quaelibet virtus habet quendam decorem sive ornatum ex sua specie, qui est proprius unicuique virtuti. sed superadditur alius ornatus ex ipsa magnitudine operis virtuosi per magnanimitatem, quae omnes virtutes maiores facit, * ut dicitur in iv ethic..

009 ST3 qu129 ar5

ag1 ' Ad quintum sic proceditur. videtur quod magnanimitas non sit pars fortitudinis. idem enim non est pars sui ipsius. sed magnanimitas videtur idem esse fortitudini. * dicit enim seneca, in libro de quatuor virtut., ° magnanimitas, quae et fortitudo dicitur, si insit animo tuo, cum magna fiducia vives. * et tullius dicit, in i de offic., ° viros fortes magnanimos esse eosdem volumus, veritatis amicos, minimeque fallaces. ' ergo magnanimitas non est pars fortitudinis.
ag2 * Praeterea, philosophus dicit, in iv ethic., quod " magnanimus non est philokindynus, idest amator periculi. ' ad fortem autem pertinet exponere se periculis. ergo magnanimitas non convenit cum fortitudine, ut possit dici pars eius.
ag3 ' Praeterea, magnanimitas respicit magnum in bonis sperandis, fortitudo autem respicit magnum in malis timendis vel audendis. sed bonum est principalius quam malum. ergo magnanimitas est principalior virtus quam fortitudo. non ergo est pars eius.
sc * Sed contra est quod macrobius et andronicus ' ponunt magnanimitatem fortitudinis partem.
co * Respondeo dicendum quod, sicut supra dictum est, ' principalis virtus est ad quam pertinet aliquem generalem modum virtutis constituere in aliqua materia principali. inter alios autem generales modos virtutis unus est firmitas animi, quia firmiter se habere requiritur in omni virtute, * ut dicitur in ii ethic.. ' praecipue tamen hoc laudatur in virtutibus quae in aliquod arduum tendunt, in quibus difficillimum est firmitatem servare. et ideo quanto difficilius est in aliquo arduo firmiter se habere, tanto principalior est virtus quae circa illud firmitatem praestat animo. difficilius autem est firmiter se habere in periculis mortis, in quibus confirmat animum fortitudo, quam in maximis bonis sperandis vel adipiscendis, ad quae confirmat animum magnanimitas, quia sicut homo maxime diligit vitam suam, ita maxime refugit mortis pericula. sic ergo patet quod magnanimitas convenit cum fortitudine inquantum confirmat animum circa aliquid arduum, deficit autem ab ea in hoc quod firmat animum in eo circa quod facilius est firmitatem servare. unde magnanimitas ponitur pars fortitudinis, quia adiungitur ei sicut secundaria principali.
ra1 * Ad primum ergo dicendum quod, sicut philosophus dicit, in v ethic., ° carere malo accipitur in ratione boni. ' unde et non superari ab aliquo gravi malo, puta a periculis mortis, accipitur quodammodo pro eo quod est attingere ad magnum bonum, quorum primum pertinet ad fortitudinem, secundum ad magnanimitatem. et secundum hoc fortitudo et magnanimitas pro eodem accipi possunt. quia tamen alia ratio difficultatis est in utroque praedictorum, ideo, proprie loquendo, * magnanimitas ab aristotele ponitur alia virtus a fortitudine.
ra2 ' Ad secundum dicendum quod amator periculi dicitur qui indifferenter se periculis exponit. quod videtur pertinere ad eum qui indifferenter multa quasi magna existimat, quod est contra rationem magnanimi, nullus enim videtur pro aliquo se periculis exponere nisi illud magnum existimet. sed pro his quae vere sunt magna, magnanimus promptissime periculis se exponit, quia operatur magnum in actu fortitudinis, sicut et in actibus aliarum virtutum. * unde et philosophus ibidem dicit quod " magnanimus non est microkindynus, idest pro parvis periclitans, sed megalokindynus, idest pro magnis periclitans. * et seneca dicit, in libro de quatuor virtut., ° eris magnanimus, si pericula nec appetas ut temerarius, nec formides ut timidus, nam nihil timidum facit animum nisi reprehensibilis vitae conscientia.
ra3 ' Ad tertium dicendum quod malum, inquantum huiusmodi, fugiendum est, quod autem sit contra ipsum persistendum, est per accidens, inquantum scilicet oportet sustinere mala ad conservationem bonorum. sed bonum de se est appetendum, et quod ab eo refugiatur, non est nisi per accidens, inquantum scilicet existimatur excedere facultatem desideran-

tis. semper autem quod est per se potius est quam id quod est per accidens. et ideo magis repugnat firmitati animi arduum in malis quam arduum in bonis. et ideo principalior est virtus fortitudinis quam magnanimitatis, licet enim bonum sit simpliciter principalius quam malum, malum tamen est principalius quantum ad hoc.

009 ST3 qu129 ar6

ag1 ‘ Ad sextum sic proceditur. videtur quod fiducia non pertineat ad magnanimitatem. potest enim aliquis habere fiduciam non solum de seipso, sed etiam de alio, * secundum illud ii ad cor. iii, ° fiduciam autem habemus per iesum christum ad deum, non quod sumus sufficientes cogitare aliquid a nobis, quasi ex nobis. ‘ sed hoc videtur esse contra rationem magnanimitatis. ergo fiducia ad magnanimitatem non pertinet.
ag2 ‘ Praeterea, fiducia videtur timori esse opposita, * secundum illud isaiae xii, ° fiducialiter agam, et non timebo. ‘ sed carere timore magis pertinet ad fortitudinem. ergo et fiducia magis ad fortitudinem pertinet quam ad magnanimitatem.
ag3 ‘ Praeterea, praemium non debetur nisi virtuti. sed fiduciae debetur praemium, * dicitur enim heb. iii, quod ° nos sumus domus christi, si fiduciam et gloriam spei usque in finem firmam retineamus. ‘ ergo fiducia est quaedam virtus distincta a magnanimitate. quod etiam videtur per hoc quod * macrobius eam magnanimitati condividit.
sc * Sed contra est quod tullius, in sua rhetorica, ‘ videtur ponere fiduciam loco magnanimitatis, * ut supra dictum est.
co ‘ Respondeo dicendum quod nomen fiduciae ex fide assumptum esse videtur. ad fidem autem pertinet aliquid et alicui credere. pertinet autem fiducia ad spem, * secundum illud iob xi, ° habebis fiduciam, proposita tibi spe. ‘ et ideo nomen fiduciae hoc principaliter significare videtur, quod aliquis spem concipiat ex hoc quod credit verbis alicuius auxilium promittentis. sed quia fides dicitur etiam opinio vehemens; contingit autem aliquid vehementer opinari non solum ex eo quod est ab alio dictum, sed etiam ex eo quod in alio consideratur, inde est quod fiducia etiam potest dici qua aliquis spem alicuius rei concipit ex aliquo considerato; quandoque quidem in seipso, puta cum aliquis, videns se sanum, confidit se diu victurum; quandoque autem in alio, puta cum aliquis, considerans alium amicum suum esse et potentem, fiduciam habet adiuvari ab eo. * dictum est autem supra quod ‘ magnanimitas proprie est circa spem alicuius ardui. et ideo, quia fiducia importat quoddam robur spei proveniens ex aliqua consideratione quae facit vehementem opinionem de bono assequendo, inde est quod fiducia ad magnanimitatem pertinet.
ra1 * Ad primum ergo dicendum quod, sicut philosophus dicit, in iv ethic., “ ad magnanimum pertinet nullo indigere, quia hoc deficientis est, hoc tamen debet intelligi secundum modum humanum; unde addit, vel vix. ‘ hoc enim est supra hominem, ut omnino nullo indigeat. indiget enim omnis homo, primo quidem, divino auxilio, secundario autem etiam auxilio humano, quia homo est naturaliter animal sociale, eo quod sibi non sufficit ad vitam. inquantum ergo indiget aliis, sic ad magnanimum pertinet ut habeat fiduciam de aliis, quia hoc etiam ad excellentiam hominis pertinet, quod habeat alios in promptu qui eum possint iuvare. inquantum autem ipse aliquid potest, intantum ad magnanimitatem pertinet fiducia quam habet de seipso.
ra2 ‘ Ad secundum dicendum quod, * sicut supra dictum est, cum de passionibus ageretur, ‘ spes quidem directe opponitur desperationi, quae est circa idem obiectum, scilicet circa bonum, sed secundum contrarietatem obiectorum opponitur timori, cuius obiectum est malum. fiducia autem quoddam robur spei importat. et ideo opponitur timori, sicut et spes. sed quia fortitudo proprie firmat hominem contra mala, magnanimitas autem circa prosecutionem bonorum; inde est quod fiducia magis proprie pertinet ad magnanimitatem quam ad fortitudinem. sed quia spes causat audaciam, quae pertinet ad fortitudinem, inde est quod fiducia ad fortitudinem ex consequenti pertinet.
ra3 ‘ Ad tertium dicendum quod fiducia, * sicut dictum est, ‘ importat quendam modum spei, est enim fiducia spes roborata ex aliqua firma opinione. modus autem adhibitus alicui affectioni potest pertinere ad commendationem ipsius actus, ut ex hoc sit meritorius, non tamen ex hoc determinatur ad speciem virtutis, sed ex materia. et ideo fiducia non potest, proprie loquendo, nominare aliquam virtutem, sed potest nominare conditionem virtutis. et propter hoc numeratur inter partes fortitudinis, non quasi virtus adiuncta * (nisi secundum quod accipitur pro magnanimitate a tullio), ‘ sed sicut pars integralis, * ut dictum est.

009 ST3 qu129 ar7

ag1 ‘ Ad septimum sic proceditur. videtur quod securitas ad magnanimitatem non pertineat. securitas enim, * ut supra habitum est, ‘ importat quietem quandam a perturbatione timoris. sed hoc maxime facit fortitudo. ergo securitas videtur idem esse quod fortitudo. sed fortitudo non pertinet ad magnanimitatem, sed potius e converso. ergo neque securitas ad magnanimitatem pertinet.
ag2 * Praeterea, isidorus dicit, in libro etymol., quod ° securus dicitur quasi sine cura. ‘ sed hoc videtur esse contra virtutem, quae curam habet de rebus honestis, * secundum illud apostoli, ii ad tim. ii, ° sollicite cura teipsum probabilem exhibere deo. ‘ ergo securitas non pertinet ad magnanimitatem, quae operatur magnum in omnibus virtutibus.
ag3 ‘ Praeterea, non est idem virtus et virtutis praemium. sed securitas ponitur praemium virtutis, * ut patet iob xi, ° si iniquitatem quae est in manu tua abstuleris, defossus securus dormies. ‘ ergo securitas non pertinet ad magnanimitatem, neque ad aliam virtutem, sicut pars eius.
sc ‘ Sed contra est quod * tullius dicit, in i de offic., quod ° ad magnanimum pertinet neque perturbationi animi, neque homini, neque fortunae succumbere. ‘ sed in hoc consistit hominis securitas. ergo securitas ad magnanimitatem pertinet.
co ‘ Respondeo dicendum quod, * sicut philosophus dicit, in ii suae rhetoricae, ‘ timor facit homines consiliativos, inquantum scilicet curam habent qualiter possint ea evadere quae timent. securitas autem dicitur per remotionem huius curae quam timor ingerit. et ideo securitas importat quandam perfectam quietem animi a timore, sicut fiducia importat quoddam robur spei. sicut autem spes directe pertinet ad magnanimitatem, ita timor directe pertinet ad fortitudinem. et ideo, sicut fiducia immediate pertinet ad magnanimitatem, ita securitas immediate pertinet ad fortitudinem. considerandum tamen est quod, sicut spes est causa audaciae, ita timor est causa desperationis, * ut supra habitum est, cum de passionibus ageretur. ‘ et ideo, sicut fiducia ex consequenti pertinet ad fortitudinem, inquantum utitur audacia; ita et securitas ex consequenti pertinet ad magnanimitatem, inquantum repellit desperationem.
ra1 ‘ Ad primum ergo dicendum quod fortitudo non praecipue laudatur ex hoc quod non timeat, quod pertinet ad securitatem, sed inquantum importat firmitatem quandam in passionibus. unde securitas non est idem quod fortitudo, sed est quaedam conditio eius.
ra2 ‘ Ad secundum dicendum quod non quaelibet securitas est laudabilis, sed quando deponit aliquis curam prout debet, et in quibus timere non oportet. et hoc modo est conditio fortitudinis et magnanimitatis.
ra3 ‘ Ad tertium dicendum quod in virtutibus est quaedam similitudo et participatio futurae beatitudinis, * ut supra habitum est. ‘ et ideo nihil prohibet securitatem quandam esse conditionem alicuius virtutis, quamvis perfecta securitas ad praemium virtutis pertineat.

009 ST3 qu129 ar8

ag1 ‘ Ad octavum sic proceditur. videtur quod bona fortunae non conferant ad magnanimitatem. * quia ut seneca dicit, in libro de ira, “ virtus sibi sufficiens est. ‘ sed magnanimitas facit omnes virtutes magnas, * ut dictum est. ‘ ergo bona fortunae non conferunt ad magnanimitatem.
ag2 ‘ Praeterea, nullus virtuosus contemnit ea quibus iuvatur. sed magnanimus contemnit ea quae pertinent ad exteriorem fortunam, * dicit enim tullius, in i de offic., quod ° magnus animus in externarum rerum despicientia commendatur. ‘ ergo magnanimitas non adiuvatur a bonis fortunae.
ag3 * Praeterea, ibidem tullius subdit quod “ ad magnum animum pertinet ea quae videntur acerba ita ferre ° ut nihil a statu naturae discedat, nihil a dignitate sapientis. * et aristoteles dicit, in iv ethic., quod ° magnanimus in infortuniis non est tristis. ‘ sed acerba et infortunia opponuntur bonis fortunae, quilibet autem tristatur de subtractione eorum quibus iuvatur. ergo exteriora bona fortunae non conferunt ad magnanimitatem.
sc * Sed contra est quod philosophus dicit, in iv ethic., quod ° bonae fortunae videntur conferre ad magnanimitatem.
co * Respondeo dicendum quod, sicut ex supra dictis patet, ‘ magnanimitas ad duo respicit, ad honorem quidem sicut ad materiam; sed ad aliquid magnum operandum sicut ad finem. ad utrumque autem istorum bona fortunae cooperantur. quia enim honor virtuosis non solum a sapientibus, sed etiam a multitudine exhibetur, quae maxima reputat huiusmodi exteriora bona fortunae; fit ex consequenti ut ab eis maior honor exhibeatur his quibus adsunt exteriora bona fortunae. similiter etiam ad actus virtutum organice bona fortunae deserviunt, quia per divitias et potentiam et amicos datur nobis facultas operandi. et ideo manifestum est quod bona fortunae conferunt ad magnanimitatem.
ra1 ‘ Ad primum ergo dicendum quod virtus sibi sufficiens esse dicitur, quia sine his etiam exterioribus bonis esse potest. indiget tamen his exterioribus bonis ad hoc quod expeditius operetur.
ra2 ‘ Ad secundum dicendum quod magnanimus exteriora bona contemnit, inquantum non reputat ea magna bona, pro quibus debeat aliquid indecens facere. non tamen quantum ad hoc contemnit ea, quin reputet ea utilia ad opus virtutis exequendum.
ra3 ‘ Ad tertium dicendum quod quicumque non reputat aliquid magnum, neque multum gaudet si illud obtineat, neque multum tristatur si illud amittat. et ideo, quia magnanimus non aestimat exteriora bona fortunae quasi aliqua magna, inde est quod nec de eis multum extollitur si adsint, neque in eorum amissione multum deiicitur.

009 ST3 qu130 ar

pr ‘ Deinde considerandum est de vitiis oppositis magnanimitati. et primo, de illis quae opponuntur sibi per excessum, quae sunt tria, scilicet praesumptio, ambitio, inanis gloria. secundo, de pusillanimitate, quae opponitur ei per modum defectus. circa primum quaeruntur duo. primo, utrum praesumptio sit peccatum. secundo, utrum opponatur magnanimitati per excessum.

009 ST3 qu130 ar1

ag1 ‘ Ad primum sic proceditur. videtur quod praesumptio non sit peccatum. * dicit enim apostolus, ad philipp. iii, ° quae retro sunt obliviscens, ad anteriora me extendo. ‘ sed hoc videtur ad praesumptionem pertinere quod aliquis tendat in ea quae sunt supra seipsum. ergo praesumptio non est peccatum.
ag2 * Praeterea, philosophus dicit, in x ethic., quod ° oportet non secundum suadentes humana sapere hominem entem, neque mortalia mortalem, sed inquantum contingit immortale facere. * et in i metaphys. dicit quod “ homo debet se trahere ad divina inquantum potest. ‘ sed divina et immortalia maxime videntur esse supra hominem. cum ergo de ratione praesumptionis sit quod aliquis tendat in ea quae sunt supra seipsum, videtur quod praesumptio non sit peccatum sed magis sit aliquid laudabile.
ag3 * Praeterea, apostolus dicit, ii ad cor. iii, ° non sumus sufficientes cogitare aliquid a nobis, quasi ex nobis. ‘ si ergo praesumptio, secundum quam aliquis nititur in ea ad quae non sufficit, sit peccatum, videtur quod homo nec cogitare aliquod bonum licite possit. quod est inconveniens. non ergo praesumptio est peccatum.
sc * Sed contra est quod dicitur eccli. xxxvii, ° o praesumptio nequissima, unde creata es? * ubi respondet glossa, “ de mala scilicet voluntate creaturae. ‘ sed omne quod procedit ex radice malae voluntatis est peccatum. ergo praesumptio est peccatum.
co ‘ Respondeo dicendum quod, cum ea quae sunt secundum naturam sint ordinata ratione divina, quam humana ratio debet imitari, quidquid secundum rationem humanam fit quod est contra ordinem communiter in naturalibus rebus inventum, est vitiosum et peccatum. hoc autem communiter in omnibus rebus naturalibus invenitur, quod quaelibet actio commensuratur virtuti agentis, nec aliquod agens naturale nititur ad agendum id quod excedit suam facultatem. et ideo vitiosum est et peccatum, quasi contra ordinem naturalem existens, quod aliquis assumat ad agendum ea quae praeferuntur suae virtuti. quod pertinet ad rationem praesumptionis, sicut et ipsum nomen manifestat. unde manifestum est quod praesumptio est peccatum.
ra1 ‘ Ad primum ergo dicendum quod nihil prohibet aliquid esse supra potentiam activam alicuius rei naturalis quod non est supra potentiam passivam eiusdem, inest enim aeri potentia passiva per quam potest transmutari in hoc quod habeat actionem et motum ignis, quae excedunt potentiam activam aeris. sic etiam vitiosum esset et praesumptuosum quod aliquis in statu imperfectae virtutis existens attentaret statim assequi ea quae sunt perfectae virtutis, sed si quis ad hoc tendat ut proficiat in virtutem perfectam, hoc non est praesumptuosum nec vitiosum. et hoc modo apostolus in anteriora se extendebat, scilicet per continuum profectum.
ra2 ‘ Ad secundum dicendum quod divina et immortalia secundum ordinem naturae sunt supra hominem, homini tamen inest quaedam naturalis potentia, scilicet intellectus, per quam potest coniungi immortalibus et divinis. * et secundum hoc philosophus dicit quod ‘ oportet hominem se attrahere ad immortalia et divina, ‘ non quidem ut ea operetur quae decet deum facere, sed ut ei uniatur per intellectum et voluntatem.
ra3 * Ad tertium dicendum quod, sicut philosophus dicit, in iii ethic. ° quae per alios possumus, aliqualiter per nos possumus. ‘ et ideo, quia cogitare et facere bonum possumus cum auxilio divino, non totaliter hoc excedit facultatem nostram. et ideo non est praesumptuosum si aliquis ad aliquod opus virtuosum faciendum intendat. esset autem praesumptuosum si ad hoc aliquis tenderet absque fiducia divini auxilii.

009 ST3 qu130 ar2

ag1 ‘ Ad secundum sic proceditur. videtur quod praesumptio non opponatur magnanimitati per excessum. praesumptio enim ponitur species peccati in spiritum sanctum, * ut supra habitum est. ‘ sed peccatum in spiritum sanctum non opponitur magnanimitati, sed magis caritati. ergo etiam neque praesumptio opponitur magnanimitati.
ag2 ‘ Praeterea, ad magnanimitatem pertinet quod aliquis se magnis dignificet. sed aliquis dicitur praesumptuosus etiam si se parvis dignificet, dummodo

hoc excedat propriam facultatem. non ergo directe praesumptio magnanimitati opponitur.
ag3 ' Praeterea, magnanimus exteriora bona reputat quasi parva. * sed secundum philosophum, in iv ethic., " praesumptuosi propter exteriorem fortunam fiunt despectores et iniuriatores aliorum, quasi magnum aliquid aestimantes exteriora bona. ' ergo praesumptio non opponitur magnanimitati per excessum, sed solum per defectum.
sc * Sed contra est quod philosophus, in ii et iv ethic., dicit quod " magnanimo per excessum opponitur chaunus, idest furiosus vel ventosus, quem nos dicimus praesumptuosum.
co * Respondeo dicendum quod, sicut supra dictum est, ' magnanimitas consistit in medio, non quidem secundum quantitatem eius in quod tendit, quia tendit in maximum, sed constituitur in medio secundum proportionem ad propriam facultatem; non enim in maiora tendit quam sibi conveniant. praesumptuosus autem, quantum ad id in quod tendit, non excedit magnanimum, sed multum quandoque ab eo deficit. excedit autem secundum proportionem suae facultatis, quam magnanimus non transcendit. et hoc modo praesumptio opponitur magnanimitati per excessum.
ra1 ' Ad primum ergo dicendum quod non quaelibet praesumptio ponitur peccatum in spiritum sanctum, sed illa qua quis divinam iustitiam contemnit ex inordinata confidentia divinae misericordiae. et talis praesumptio, ratione materiae, inquantum scilicet per eam contemnitur aliquid divinum, opponitur caritati, vel potius dono timoris, cuius est deum revereri. inquantum tamen talis contemptus excedit proportionem propriae facultatis, potest opponi magnanimitati.
ra2 ' Ad secundum dicendum quod sicut magnanimitas, ita et praesumptio in aliquid magnum tendere videtur, non enim multum consuevit dici aliquis praesumptuosus si in aliquo modico vires proprias transcendat. si tamen praesumptuosus talis dicatur, haec praesumptio non opponitur magnanimitati, sed illi virtuti quae est circa mediocres honores, * ut dictum est.
ra3 ' Ad tertium dicendum quod nullus attentat aliquid supra suam facultatem nisi inquantum facultatem suam aestimat maiorem quam sit. circa quod potest esse error dupliciter. uno modo, secundum solam quantitatem, puta cum aliquis aestimat se habere maiorem virtutem vel scientiam, vel aliquid aliud huiusmodi, quam habeat. alio modo, secundum genus rei, puta cum aliquis ex hoc aestimat se magnum et magnis dignum ex quo non est, puta propter divitias vel propter aliqua bona fortunae; * ut enim philosophus dicit, in iv ethic., ° qui sine virtute talia bona habent, neque iuste magnis seipsos dignificant, neque recte magnanimi dicuntur. ' similiter etiam illud ad quod aliquis tendit supra vires suas, quandoque quidem secundum rei veritatem est magnum simpliciter, sicut patet de petro, qui tendebat ad hoc quod pro christo pateretur, quod erat supra virtutem suam. quandoque vero non est aliquid magnum simpliciter, sed solum secundum stultorum opinionem, sicut pretiosis vestibus indui, despicere et iniuriari aliis. quod quidem pertinet ad excessum magnanimitatis non secundum rei veritatem, sed secundum opinionem. * unde seneca dicit, in libro de quatuor virtut., quod ° magnanimitas, si se extra modum suum extollat, faciet virum minacem, inflatum, turbidum, inquietum, et in quascumque excellentias dictorum factorumque, neglecta honestate, festinum. ' et sic patet quod praesumptuosus secundum rei veritatem |25| quandoque deficit a magnanimo, sed secundum apparentiam in excessu se habet.

009 ST3 qu131 ar

pr ' Deinde considerandum est de ambitione. et circa hoc quaeruntur duo primo, utrum ambitio sit peccatum. secundo, utrum opponatur magnanimitati per excessum.

009 ST3 qu131 ar1

ag1 ' Ad primum sic proceditur. videtur quod ambitio non sit peccatum. importat enim ambitio cupiditatem honoris. honor autem de se quoddam bonum est, et maximum inter exteriora bona, unde et illi qui de honore non curant, vituperantur. ergo ambitio non est peccatum, sed magis aliquid laudabile, secundum quod bonum laudabiliter appetitur.
ag2 ' Praeterea, quilibet absque vitio potest appetere id quod sibi debetur pro praemio. sed honor est praemium virtutis, * ut philosophus dicit, in i et viii ethic.. ' ergo ambitio honoris non est peccatum.
ag3 ' Praeterea, illud per quod homo provocatur ad bonum et revocatur a malo, non est peccatum. sed per honorem homines provocantur ad bona facienda et mala vitanda, * sicut philosophus dicit, in iii ethic., quod ° fortissimi videntur esse apud quos timidi sunt inhonorati, fortes autem honorati; * et tullius dicit, in libro de tusculan. quaest., quod " honor alit artes. ' ergo ambitio non est peccatum.
sc * Sed contra est quod dicitur i ad cor. xiii, quod ° caritas non est ambitiosa, non quaerit quae sua sunt. ' nihil aut repugnat caritati nisi peccatum. ergo ambitio est peccatum.
co * Respondeo dicendum quod, sicut supra dictum est, ' honor importat quandam reverentiam alicui exhibitam in testimonium excellentiae eius. circa excellentiam autem hominis duo sunt attendenda. primo quidem, quod id secundum quod homo excellit, non habet homo a seipso, sed est quasi quiddam divinum in eo. et ideo ex hoc non debetur principaliter sibi honor, sed deo. secundo considerandum est quod id in quo homo excellit, datur homini a deo ut ex eo aliis prosit. unde intantum debet homini placere testimonium suae excellentiae quod ab aliis exhibetur, inquantum ex hoc paratur sibi via ad hoc quod aliis prosit. tripliciter ergo appetitum honoris contingit esse inordinatum. uno modo, per hoc quod aliquis appetit testimonium de excellentia quam non habet, quod est appetere honorem supra suam proportionem. alio modo, per hoc quod honorem sibi cupit non referendo in deum. tertio modo, per hoc quod appetitus eius in ipso honore quiescit, non referens honorem ad utilitatem aliorum. ambitio autem importat inordinatum appetitum honoris. unde manifestum est quod ambitio semper est peccatum.
ra1 ' Ad primum ergo dicendum quod appetitus boni debet regulari secundum rationem, cuius regulam si transcendat, erit vitiosus. et hoc modo vitiosum est quod aliquis honorem appetat non secundum ordinem rationis. vituperantur autem qui non curant de honore secundum quod ratio dictat, ut scilicet vitent ea quae sunt contraria honori.
ra2 ' Ad secundum dicendum quod honor non est praemium virtutis quoad ipsum virtuosum, ut scilicet hoc pro praemio expetere debeat, sed pro praemio expetit beatitudinem, quae est finis virtutis. dicitur autem esse praemium virtutis ex parte aliorum, qui non habent aliquid maius quod virtuoso retribuant quam honorem, qui ex hoc ipso magnitudinem habet quod perhibet testimonium virtuti. unde patet quod non est sufficiens praemium, * ut dicitur in iv ethic..
ra3 ' Ad tertium dicendum quod sicut per appetitum honoris, quando debito modo appetitur, aliqui provocantur ad bonum et revocantur a malo; ita etiam, si inordinate appetatur, potest esse homini occasio multa mala faciendi, dum scilicet non curat qualitercumque honorem consequi possit. * unde sallustius dicit, in catilinario, quod ° gloriam, honorem et imperium bonus et ignavus aeque sibi exoptat, " sed ille, scilicet bonus, vera via nititur; huic, scilicet ignavo, ° quia bonae artes desunt, dolis atque fallaciis contendit. ' et tamen illi qui solum propter honorem vel bona faciunt vel mala vitant, non sunt virtuosi, * ut patet per philosophum, in iii ethic., ubi dicit quod " non sunt vere fortes qui propter honorem fortia faciunt.

009 ST3 qu131 ar2

ag1 ' Ad secundum sic proceditur. videtur quod ambitio non opponatur magnanimitati per excessum. uni enim medio non opponitur ex una parte nisi unum extremum. sed magnanimitati per excessum opponitur praesumptio * ut dictum est. ' ergo non opponitur ei ambitio per excessum.
ag2 ' Praeterea, magnanimitas est circa honores. sed ambitio videtur pertinere ad dignitates, * dicitur enim ii machab. iv, quod ° iason ambiebat summum sacerdotium. ' ergo ambitio non opponitur magnanimitati.
ag3 ' Praeterea, ambitio videtur ad exteriorem apparatum pertinere, * dicitur enim act. xxv, quod " agrippa et berenice cum multa ambitione introeirunt praetorium; * et ii paralip. xvi, quod " super corpus asa mortui combusserunt aromata et unguenta ambitione nimia. ' sed magnanimitas non est circa exteriorem apparatum. ergo ambitio non opponitur magnanimitati.
sc * Sed contra est quod tullius dicit, in i de offic., quod ° sicut quisque magnitudine animi excellit, ita maxime vult princeps omnium solus esse. ' sed hoc pertinet ad ambitionem. ergo ambitio pertinet ad excessum magnanimitatis.
co * Respondeo dicendum quod, sicut dictum est, ' ambitio importat inordinatum appetitum honoris. magnanimitas autem est circa honores, et utitur eis secundum quod oportet. unde manifestum est quod ambitio opponitur magnanimitati sicut inordinatum ordinato.
ra1 ' Ad primum ergo dicendum quod magnanimitas ad duo respicit. ad unum quidem sicut ad finem intentum, quod est aliquod magnum opus, quod magnanimus attentat secundum suam facultatem. et quantum ad hoc opponitur magnanimitati per excessum praesumptio, quae attentat aliquod magnum opus supra suam facultatem. ad aliud autem respicit magnanimitas sicut ad materiam qua debite utitur, scilicet ad honorem. et quantum ad hoc opponitur magnanimitati per excessum ambitio. non est autem inconveniens secundum diversa esse plures excessus unius medii.
ra2 ' Ad secundum dicendum quod illis qui sunt in dignitate constituti, propter quandam excellentiam status, debetur honor. et secundum hoc inordinatus appetitus dignitatum pertinet ad ambitionem. si quis enim inordinate appeteret dignitatem non ratione honoris, sed propter debitum dignitatis usum suam facultatem excedentem, non esset ambitiosus, sed magis praesumptuosus.
ra3 ' Ad tertium dicendum quod ipsa solemnitas exterioris cultus ad quendam honorem pertinet, unde et talibus consuevit honor exhiberi. * quod significatur iac. ii, ° si introierit in conventum vestrum vir anulum habens aureum, in veste candida, et dixeritis ei, tu sede hic bene, etc.. ' unde ambitio non est circa exteriorem cultum nisi secundum quod pertinet ad honorem.

009 ST3 qu132 ar

pr ' Deinde considerandum est de inani gloria. et circa hoc quaeruntur quinque. primo, utrum appetitus gloriae sit peccatum. secundo, utrum inanis gloria magnanimitati opponatur. tertio, utrum sit peccatum mortale. quarto, utrum sit vitium capitale. quinto, de filiabus eius.

009 ST3 qu132 ar1

ag1 ' Ad primum sic proceditur. videtur quod appetitus gloriae non sit peccatum. nullus enim peccat in hoc quod deo assimilatur, * quinimmo mandatur, ephes. v, ° estote imitatores dei, sicut filii carissimi. ' sed in hoc quod homo quaerit gloriam, videtur deum imitari, qui ab hominibus gloriam quaerit, * unde dicitur isaiae xliii, ° omnem qui invocat nomen meum, in gloriam meam creavi eum. ' ergo appetitus gloriae non est peccatum.
ag2 ' Praeterea, illud per quod aliquis provocatur ad bonum, non videtur esse peccatum. sed per appetitum gloriae homines provocantur ad bonum, * dicit enim tullius, in libro de tusculan. quaest., quod ° omnes ad studia impelluntur gloria. ' in sacra etiam scriptura promittitur gloria pro bonis operibus, * secundum illud rom. ii, ° his qui sunt secundum patientiam boni operis, gloriam et honorem. ' ergo appetitus gloriae non est peccatum.
ag3 * Praeterea, tullius dicit, in sua rhetorica, quod ° gloria est frequens de aliquo fama cum laude, * et ad idem pertinet quod ambrosius dicit, quod " gloria est clara cum laude notitia. ' sed appetere laudabilem famam non est peccatum, quinimmo videtur esse laudabile, * secundum illud eccli. xli, ° curam habe de bono nomine; * et ad rom. xii, ° providentes bona non solum coram deo, sed etiam coram omnibus hominibus. ' ergo appetitus inanis gloriae non est peccatum.
sc * Sed contra est quod augustinus dicit, v de civ. dei, ° sanius videt qui et amorem laudis vitium esse cognoscit.
co ' Respondeo dicendum quod gloria claritatem quandam significat, " unde glorificari idem est quod clarificari, * ut augustinus dicit, super ioan.. ' claritas autem et decorem quendam habet, et manifestationem. et ideo nomen gloriae proprie importat manifestationem alicuius de hoc quod apud homines decorum videtur, sive illud sit bonum aliquod corporale, sive spirituale. quia vero illud quod simpliciter clarum est, a multis conspici potest et a remotis, ideo proprie per nomen gloriae designatur quod bonum alicuius deveniat in multorum notitiam et approbationem, * secundum quem modum dicitur in tito livio, ° gloriari ad unum non est. ' largius tamen accepto nomine gloriae, non solum consistit in multitudinis cognitione, sed etiam paucorum vel unius, aut sui solius, dum scilicet aliquis proprium bonum considerat ut dignum laude. quod autem aliquis bonum suum cognoscat et approbet, non est peccatum, * dicitur enim i ad cor. ii, ° nos autem non spiritum huius mundi accepimus, sed spiritum qui ex deo est, ut sciamus quae a deo donata sunt nobis. ' similiter etiam non est peccatum quod aliquis velit bona sua ab aliis approbari, |25| * dicitur enim matth. v, ° luceat lux vestra coram hominibus. ' et ideo appetitus gloriae de se non nominat aliquid vitiosum. sed appetitus inanis vel vanae gloriae vitium importat, nam quidlibet vanum appetere vitiosum est, * secundum illud psalmi, ° ut quid diligitis vanitatem, et quaeritis mendacium? ' potest autem gloria dici vana, uno modo, ex parte rei de qua quis gloriam quaerit, puta cum quis quaerit gloriam de eo quod non est, vel de eo quod non est gloria dignum, sicut de aliqua re fragili et caduca. alio modo, ex parte eius a quo quis gloriam quaerit, puta hominis, cuius iudicium non est certum. tertio modo, ex parte ipsius qui gloriam appetit, qui videlicet appetitum gloriae suae non refert in debitum finem, puta ad honorem dei vel proximi salutem.
ra1 ' Ad primum ergo dicendum quod, * sicut dicit augustinus, super illud ioan. xiii, ° vos vocatis me, magister et domine, et bene dicitis, periculosum est sibi placere cui cavendum est superbire. ille autem qui super omnia est, quantumcumque se laudet, non se extollit. nobis namque expedit deum nosse, non illi, nec eum quisque cognoscit, si non se indicet ipse qui novit. ' unde patet quod deus suam gloriam non quaerit propter se, sed propter nos. et similiter etiam homo laudabiliter potest ad aliorum utilitatem gloriam suam appetere, * secundum illud matth. v, ° videant opera vestra bona, et glorificent patrem vestrum qui in caelis est.
ra2 ' Ad secundum dicendum quod gloria quae habetur a deo, non est gloria vana, sed vera. et talis gloria bonis operibus in praemium repromittitur. * de qua dicitur, ii ad cor. x, ° qui gloriatur, in domino glorietur, non enim qui seipsum commendat, ille

probatus est; sed quem deus commendat. ' provocantur etiam aliqui ad virtutum opera ex appetitu gloriae humanae, sicut etiam ex appetitu aliorum terrenorum bonorum, non tamen est vere virtuosus qui propter humanam gloriam opera virtutis operatur, * ut augustinus probat, in v de civ. dei.
ra3 ' Ad tertium dicendum quod ad perfectionem hominis pertinet quod ipse cognoscat, sed quod ipse ab aliis cognoscatur non pertinet ad eius perfectionem, et ideo non est per se appetendum. potest tamen appeti inquantum est utile ad aliquid, vel ad hoc quod deus ab hominibus glorificetur; vel ad hoc quod homines proficiant ex bono quod in alio cognoscunt; vel ex hoc quod ipse homo ex bonis quae in se cognoscit per testimonium laudis alienae studeat in eis perseverare et ad meliora proficere. " et secundum hoc laudabile est quod curam habeat aliquis de bono nomine, et quod provideat bona coram hominibus, ' non tamen quod in hominum laude inaniter delectetur.

009 ST3 qu132 ar2

ag1 ' Ad secundum sic proceditur. videtur quod inanis gloria magnanimitati non opponatur. pertinet enim ad inanem gloriam, * ut dictum est, ' quod aliquis glorietur in his quae non sunt, quod pertinet ad falsitatem; vel in rebus terrenis vel caducis, quod pertinet ad cupiditatem; vel in testimonio hominum, quorum iudicium non est certum, quod pertinet ad imprudentiam. huiusmodi autem vitia non opponuntur magnanimitati. ergo inanis gloria non opponitur magnanimitati.
ag2 ' Praeterea, inanis gloria non opponitur magnanimitati per defectum, sicut pusillanimitas, quae inani gloriae repugnans videtur. similiter etiam nec per excessum, sic enim opponitur magnanimitati praesumptio et ambitio, * ut dictum est, ' a quibus inanis gloria differt. ergo inanis gloria non opponitur magnanimitati.
ag3 * Praeterea, philipp. ii, super illud, nihil per contentionem aut inanem gloriam, dicit glossa, ° erant aliqui inter eos dissentientes, inquieti, inanis gloriae causa contendentes. ' contentio autem non opponitur magnanimitati. ergo neque inanis gloria.
sc * Sed contra est quod tullius dicit, in i de offic., ° cavenda est gloriae cupiditas, eripit enim animi libertatem, pro qua magnanimis viris omnis debet esse contentio. ' ergo opponitur magnanimitati.
co * Respondeo dicendum quod, sicut supra dictum est, ' gloria est quidam effectus honoris et laudis, ex hoc enim quod aliquis laudatur, vel quaecumque reverentia ei exhibetur, redditur clarus in notitia aliorum. et quia magnanimitas est circa honorem, * ut supra dictum est, ' consequens est etiam ut sit circa gloriam, ut scilicet sicut moderate utitur honore, ita moderate utatur gloria. et ideo inordinatus appetitus gloriae directe magnanimitati opponitur.
ra1 ' Ad primum ergo dicendum quod hoc ipsum magnitudini animi repugnat, quod aliquis res modicas tantum appretietur quod de eis glorietur, * unde in iv ethic. dicitur de magnanimo quod ° sibi sit honor parvum. ' similiter etiam et alia quae propter honorem quaeruntur, puta potentatus et divitiae, parva reputantur ab eo. similiter etiam magnitudini animi repugnat quod aliquis de his quae non sunt glorietur. * unde de magnanimo dicitur in iv ethic., quod ° magis curat veritatem quam opinionem. ' similiter etiam et magnitudini animi repugnat quod aliquis glorietur in testimonio laudis humanae, quasi hoc magnum aliquid aestimetur. * unde de magnanimo dicitur in iv ethic., quod ° non est ei cura ut laudetur. ' et sic ea quae aliis virtutibus opponuntur nihil prohibet opponi magnanimitati, secundum quod habent pro magnis quae parva sunt.
ra2 ' Ad secundum dicendum quod inanis gloriae cupidus, secundum rei veritatem, deficit a magnanimo, quia videlicet gloriatur in his quae magnanimus parva aestimat, * ut dictum est. ' sed considerando aestimationem eius, opponitur magnanimo per excessum, quia videlicet gloriam quam appetit, reputat aliquid magnum, et ad eam tendit supra suam dignitatem.
ra3 * Ad tertium dicendum quod, sicut supra dictum est, ' oppositio vitiorum non attenditur secundum effectum. et tamen hoc ipsum magnitudini animi opponitur, quod aliquis contentionem intendat, nullus enim contendit nisi pro re quam aestimat magnam. * unde philosophus dicit, in iv ethic., quod ° magnanimus non est contentiosus, qui nihil aestimat magnum.

009 ST3 qu132 ar3

ag1 ' Ad tertium sic proceditur. videtur quod inanis gloria sit peccatum mortale. nihil enim excludit mercedem aeternam nisi peccatum mortale. sed inanis gloria excludit mercedem aeternam, * dicitur enim matth. vi, ° attendite ne iustitiam vestram faciatis coram hominibus, ut videamini ab eis. ' ergo inanis gloria est peccatum mortale.
ag2 ' Praeterea, quicumque subripit sibi quod est dei proprium, mortaliter peccat. sed per appetitum inanis gloriae aliquis sibi attribuit quod est proprium dei, * dicitur enim isaiae xlii, ° gloriam meam alteri non dabo; * et i ad tim. i, ° soli deo honor et gloria. ' ergo inanis gloria est peccatum mortale.
ag3 ' Praeterea, illud peccatum quod est maxime periculosum et nocivum, videtur esse mortale. sed peccatum inanis gloriae est huiusmodi, * quia super illud i ad thess. ii, deo qui probat corda nostra, dicit glossa augustini, ° quas vires nocendi habeat humanae gloriae amor, non sentit nisi qui ei bellum indixerit, quia etsi cuiquam facile est laudem non cupere dum negatur, difficile tamen est ea non delectari cum offertur. * chrysostomus etiam dicit, matth. vi, quod ° inanis gloria occulte ingreditur, et omnia quae intus sunt insensibiliter aufert. ' ergo inanis gloria est peccatum mortale.
sc * Sed contra est quod chrysostomus dicit, super matth., quod ° cum cetera vitia locum habeant in servis diaboli, inanis gloria locum habet etiam in servis christi. ' in quibus tamen nullum est peccatum mortale. ergo inanis gloria non est peccatum mortale.
co * Respondeo dicendum quod, sicut supra dictum est, ' ex hoc aliquod peccatum est mortale quod caritati contrariatur. peccatum autem inanis gloriae, secundum se consideratum, non videtur contrariari caritati quantum ad dilectionem proximi. quantum autem ad dilectionem dei, potest contrariari caritati dupliciter. uno modo, ratione materiae de qua quis gloriatur. puta cum quis gloriatur de aliquo falso quod contrariatur divinae reverentiae, secundum * illud ezech. xxviii, ° elevatum est cor tuum, et dixisti, deus ego sum; * et i ad cor. iv, ° quid habes quod non accepisti? si autem accepisti, quare gloriaris quasi non acceperis? ' vel etiam cum quis bonum temporale de quo gloriatur, praefert deo, * quod prohibetur ierem. ix, ° non glorietur sapiens in sapientia sua, nec fortis in fortitudine sua, nec dives in divitiis suis, sed in hoc glorietur qui gloriatur, scire et nosse me. ' aut etiam cum quis praefert testimonium hominum testimonio dei, * sicut contra quosdam dicitur ioan. xii, ° qui dilexerunt magis gloriam hominum quam dei. ' alio modo, ex parte ipsius gloriantis, qui intentionem suam refert ad gloriam tanquam ad ultimum finem, ad quem scilicet ordinet etiam virtutis opera, et pro quo consequendo non praetermittat |25| facere etiam ea quae sunt contra deum. et sic est peccatum mortale. * unde augustinus dicit, in v de civ. dei, quod " hoc vitium, scilicet amor humanae laudis, ° tam inimicum est piae fidei, si maior in corde sit cupiditas gloriae quam dei timor vel amor, ut dominus diceret * (ioan. v), ° quomodo potestis credere, gloriam ab invicem expectantes, et gloriam quae a solo deo est non quaerentes? ' si autem amor humanae gloriae, quamvis sit inanis, non tamen repugnet caritati, neque quantum ad id de quo est gloria, neque quantum ad intentionem gloriam quaerentis, non est peccatum mortale, sed veniale.
ra1 ' Ad primum ergo dicendum quod nullus peccando meretur vitam aeternam. unde opus virtuosum amittit vim merendi vitam aeternam si propter inanem gloriam fiat, etiam si illa inanis gloria non sit peccatum mortale. sed quando aliquis simpliciter amittit aeternam mercedem propter inanem gloriam, et non solum quantum ad unum actum, tunc inanis gloria est peccatum mortale.
ra2 ' Ad secundum dicendum quod non omnis qui est inanis gloriae cupidus, appetit sibi illam excellentiam quae competit soli deo. alia enim est gloria quae debetur soli deo, et alia quae debetur homini virtuoso vel diviti.
ra3 ' Ad tertium dicendum quod inanis gloria dicitur esse periculosum peccatum non tam propter gravitatem sui, quam etiam propter hoc quod est dispositio ad gravia peccata, inquantum scilicet per inanem gloriam redditur homo praesumptuosus et nimis de se ipso confidens. et sic etiam paulatim disponit ad hoc quod homo privetur interioribus bonis.

009 ST3 qu132 ar4

ag1 ' Ad quartum sic proceditur. videtur quod inanis gloria non sit vitium capitale. vitium enim quod semper ex altero oritur, non videtur esse capitale. sed inanis gloria semper ex superbia nascitur. ergo inanis gloria non est vitium capitale.
ag2 ' Praeterea, honor videtur esse aliquid principalius quam gloria, quae est eius effectus. sed ambitio, quae est inordinatus appetitus honoris, non est vitium capitale. ergo etiam neque appetitus inanis gloriae.
ag3 ' Praeterea, vitium capitale habet aliquam principalitatem. sed inanis gloria non videtur habere aliquam principalitatem, neque quantum ad rationem peccati, quia non semper est peccatum mortale; neque etiam quantum ad rationem boni appetibilis, quia gloria humana videtur esse quiddam fragile et extra hominem existens. ergo inanis gloria non est vitium capitale.
sc * Sed contra est quod gregorius, xxxi moral., ' numerat inanem gloriam inter septem vitia capitalia.
co ' Respondeo dicendum quod de vitiis capitalibus dupliciter aliqui loquuntur. * quidam enim ponunt " superbiam unum de vitiis capitalibus. et hi non ponunt inanem gloriam inter vitia capitalia. * gregorius autem, in xxxi moral., " superbiam ponit reginam omnium vitiorum, et inanem gloriam, quae immediate ab ipsa oritur, ponit vitium capitale. ' et hoc rationabiliter. superbia enim, * ut infra dicetur, ' importat inordinatum appetitum excellentiae. ex omni autem bono quod quis appetit, quandam perfectionem et excellentiam consequitur. et ideo fines omnium vitiorum ordinantur in finem superbiae. et propter hoc videtur quod habeat quandam generalem causalitatem super alia vitia, et non debeat computari inter specialia vitiorum principia, quae sunt vitia capitalia. inter bona autem per quae excellentiam homo consequitur, praecipue ad hoc operari videtur gloria, inquantum importat manifestationem bonitatis alicuius, nam bonum naturaliter amatur et honoratur ab omnibus. et ideo sicut per gloriam quae est apud deum, consequitur homo excellentiam in rebus divinis; ita etiam per gloriam hominum consequitur homo excellentiam in rebus humanis. et ideo, propter propinquitatem ad excellentiam, quam homines |25| maxime desiderant, consequens est quod sit multum appetibilis, et quod ex eius inordinato appetitu multa vitia oriantur. et ita inanis gloria est vitium capitale.
ra1 ' Ad primum ergo dicendum quod aliquod vitium oriri ex superbia non repugnat ei quod est esse vitium capitale, eo quod, * sicut supra dictum est, ' superbia est regina et mater omnium vitiorum.
ra2 ' Ad secundum dicendum quod laus et honor comparantur ad gloriam, * ut supra dictum est, ' sicut causae ex quibus gloria sequitur. unde gloria comparatur ad ea sicut finis, propter hoc enim aliquis amat honorari et laudari, inquantum per hoc aliquis aestimat se in aliorum notitia fore praeclarum.
ra3 ' Ad tertium dicendum quod inanis gloria habet principalem rationem appetibilis, * ratione iam dicta, ' et hoc sufficit ad rationem vitii capitalis. non autem requiritur quod vitium capitale semper sit peccatum mortale, quia etiam ex veniali peccato potest mortale oriri, inquantum scilicet veniale disponit ad mortale.

009 ST3 qu132 ar5

ag1 ' Ad quintum sic proceditur. videtur quod inconvenienter dicantur filiae inanis gloriae esse ° inobedientia, iactantia, hypocrisis, contentio, pertinacia, discordia, novitatum praesumptio. " iactantia enim, * secundum gregorium, xxiii moral., " ponitur inter species superbiae. superbia autem non oritur ex inani gloria, sed potius e converso, * ut gregorius dicit, xxxi moral.. ' ergo iactantia non debet poni filia inanis gloriae.
ag2 ' Praeterea, contentiones et discordiae videntur ex ira maxime provenire. sed ira est capitale vitium inani gloriae condivisum. ergo videtur quod non sint filiae inanis gloriae.
ag3 * Praeterea, chrysostomus dicit, super matth., quod ° ubique vana gloria malum est, sed maxime in philanthropia, " idest in misericordia. ' quae tamen non est aliquid novum, sed in consuetudine hominum existit. ergo praesumptio novitatum non debet specialiter poni filia inanis gloriae.
sc * Sed contra est auctoritas gregorii, in xxxi moral., " ubi praedictas filias inani gloriae assignat.
co * Respondeo dicendum quod, sicut supra dictum est, ' illa vitia quae de se nata sunt ordinari ad finem alicuius vitii capitalis, dicuntur filiae eius. finis autem inanis gloriae est manifestatio propriae excellentiae, * ut ex supra dictis patet. ' ad quod potest homo tendere dupliciter. uno modo, directe, sive per verba, et sic est iactantia; sive per facta, et sic, si sint vera, habentia aliquam admirationem, est praesumptio novitatum, quas homines solent magis admirari; si autem per ficta sit, sic est hypocrisis. alio autem modo nititur aliquis manifestare suam excellentiam indirecte, ostendendo se non esse alio minorem. et hoc quadrupliciter. primo quidem, quantum ad intellectum, et sic est pertinacia, per quam homo nimis innititur suae sententiae, nolens credere sententiae meliori. secundo, quantum ad voluntatem, et sic est discordia, dum non vult a propria voluntate discedere ut aliis concordet. tertio, quantum ad locutionem, et sic est contentio, dum aliquis verbis clamose contra alium litigat. quarto, quantum ad factum, et sic est inobedientia, dum scilicet aliquis non vult exequi superioris praeceptum.
ra1 * Ad primum ergo dicendum quod, sicut supra dictum est, ' iactantia ponitur species superbiae quantum ad interiorem causam eius, quae est arrogantia. " ipsa autem iactantia exterior. * ut dicitur in iv ethic., " ordinatur quandoque quidem ad lucrum, ' sed frequentius ad gloriam vel honorem. et sic oritur ex inani gloria.
ra2 ' Ad secundum dicendum quod ira non causat discordiam et contentionem nisi cum adiunctione inanis gloriae, per hoc scilicet quod aliquis sibi gloriosum reputat quod non cedat voluntati vel verbis aliorum.
ra3 ' Ad tertium dicendum quod inanis gloria vituperatur circa eleemosynam propter defectum caritatis, qui videtur esse in eo qui praefert inanem gloriam utilitati proximi, dum hoc propter illud facit. non autem vituperatur aliquis ex hoc quod praesumat eleemosynam facere quasi aliquid novum.

009 ST3 qu133 ar

pr ' Deinde considerandum est de pusillanimitate. et circa hoc quaeruntur duo. primo, utrum pusillanimitas sit peccatum. secundo, cui virtuti opponatur.

009 ST3 qu133 ar1

ag1 ' Ad primum sic proceditur. videtur quod pusillanimitas non sit peccatum. ex omni enim peccato aliquis efficitur malus, sicut ex omni virtute aliquis efficitur bonus. ° sed pusillanimus non est malus, * ut philosophus dicit, in iv ethic.. ' ergo pusillanimitas non est peccatum.

ag2 * Praeterea, philosophus dicit, ibidem, quod ° maxime videtur pusillanimus esse qui magnis bonis dignus existit, et tamen his non dignificat seipsum. ' sed nullus est dignus magnis bonis nisi virtuosus, * quia, ut ibidem philosophus dicit, ° secundum veritatem solus bonus est honorandus. ' ergo pusillanimus est virtuosus. non ergo pusillanimitas est peccatum.

ag3 ' Praeterea, initium omnis peccati est superbia, * ut dicitur eccli. x. ' sed pusillanimitas non procedit ex superbia, quia superbus extollit se supra id quod est; pusillanimus autem subtrahit se ab his quibus est dignus. ergo pusillanimitas non est peccatum.

ag4 * Praeterea, philosophus dicit, in iv ethic., quod " qui dignificat se minoribus quam sit dignus, dicitur pusillanimus. ' sed quandoque sancti viri dignificant seipsos minoribus quam sint digni, sicut patet de moyse et ieremia, qui digni erant officio ad quod assumebantur a deo, quod tamen uterque eorum humiliter recusabat, * ut habetur exod. iii et ierem. i. ' non ergo pusillanimitas est peccatum.

sc ' Sed contra, nihil in moribus hominum est vitandum nisi peccatum. sed pusillanimitas est vitanda, * dicitur enim ad coloss. iii, ° patres, nolite ad indignationem provocare filios vestros, ut non pusillo animo fiant. ' ergo pusillanimitas est peccatum.

co ' Respondeo dicendum quod omne illud quod contrariatur naturali inclinationi est peccatum, quia contrariatur legi naturae. inest autem unicuique rei naturalis inclinatio ad exequendam actionem commensuratam suae potentiae, ut patet in omnibus rebus naturalibus, tam animatis quam inanimatis. sicut autem per praesumptionem aliquis excedit proportionem suae potentiae, dum nititur ad maiora quam possit; ita etiam pusillanimus deficit a proportione suae potentiae, dum recusat in id tendere quod est suae potentiae commensuratum. et ideo, sicut praesumptio est peccatum, ita et pusillanimitas. et inde est quod servus qui acceptam pecuniam domini sui fodit in terram, nec est operatus ex ea, propter quendam pusillanimitatis timorem, punitur a domino, * ut habetur matth. xxv et luc. xix.

ra1 * Ad primum ergo dicendum quod philosophus illos nominat ' malos qui proximis inferunt nocumenta. et secundum hoc, pusillanimus dicitur non esse malus, quia nulli infert nocumentum, nisi per accidens, inquantum scilicet deficit ab operationibus quibus posset alios iuvare. * dicit enim gregorius, in pastorali, quod ° illi qui prodesse utilitati proximorum in praedicatione refugiunt, si districte iudicentur, ex tantis rei sunt ex quantis venientes ad publicum prodesse potuerunt.

ra2 ' Ad secundum dicendum quod nihil prohibet aliquem habentem habitum virtutis peccare, venialiter quidem, etiam ipso habitu remanente; mortaliter autem, cum corruptione ipsius habitus virtutis gratuitae. et ideo potest contingere quod aliquis ex virtute quam habet sit dignus ad aliqua magna facienda, quae sunt digna magno honore; et tamen, per hoc quod ipse non attentat sua virtute uti, peccat, quandoque quidem venialiter, quandoque autem mortaliter. vel potest dici quod pusillanimus est dignus magnis secundum habilitatem ad virtutem quae inest ei, vel ex bona dispositione naturae, vel ex scientia, vel ex exteriori fortuna, quibus dum recusat uti ad virtutem, pusillanimus redditur.

ra3 ' Ad tertium dicendum quod etiam pusillanimitas aliquo modo ex superbia potest oriri, dum scilicet aliquis nimis proprio sensui innititur, quo reputat se insufficientem ad ea respectu quorum sufficientiam habet. * unde dicitur prov. xxvi, ° sapientior sibi piger videtur septem viris loquentibus sententias. ' nihil enim prohibet quod se quantum ad aliqua deiiciat, et quantum ad alia se in sublime extollat. * unde gregorius, in pastorali, de moyse dicit quod ° superbus fortasse esset si ducatum plebis suae sine trepidatione susciperet, et rursum superbus existeret si auctoris imperio obedire recusaret.

ra4 ' Ad quartum dicendum quod moyses et ieremias digni erant officio ad quod divinitus eligebantur, ex divina gratia. sed ipsi considerantes propriae infirmitatis insufficientiam, recusabant, non tamen pertinaciter, ne in superbiam laberentur.

009 ST3 qu133 ar2

ag1 ' Ad secundum sic proceditur. videtur quod pusillanimitas non opponatur magnanimitati. * dicit enim philosophus, in iv ethic., quod ° pusillanimus ignorat seipsum, appeteret enim bona quibus dignus est, si se cognosceret. ' sed ignorantia sui videtur opponi prudentiae. ergo pusillanimitas opponitur prudentiae.

ag2 * Praeterea, matth. xxv, ' servum qui propter pusillanimitatem pecunia uti recusavit, vocat dominus malum et pigrum. * philosophus etiam dicit, in iv ethic., ' quod pusillanimi videntur pigri. sed pigritia opponitur sollicitudini, quae est actus prudentiae, * ut supra habitum est. ' ergo pusillanimitas non opponitur magnanimitati.

ag3 ' Praeterea, pusillanimitas videtur ex inordinato timore procedere, * unde dicitur isaiae xxxv, ° dicite, pusillanimes, confortamini et nolite timere. ' videtur etiam procedere ex inordinata ira, * secundum illud coloss. iii, ° patres, nolite ad indignationem provocare filios vestros, ut non pusillo animo fiant. ' sed inordinatio timoris opponitur fortitudini, inordinatio autem irae mansuetudini. ergo pusillanimitas non opponitur magnanimitati.

ag4 ' Praeterea, vitium quod opponitur alicui virtuti, tanto gravius est quanto magis est virtuti dissimile. sed pusillanimitas magis est dissimilis magnanimitati quam praesumptio. ergo, si pusillanimitas opponeretur magnanimitati, sequeretur quod esset gravius peccatum quam praesumptio. quod est contra id quod * dicitur eccli. xxxvii, ° o praesumptio nequissima, unde creata es? ' non ergo pusillanimitas magnanimitati opponitur.

sc ' Sed contra est quod pusillanimitas et magnanimitas differunt secundum magnitudinem et parvitatem animi, ut ex ipsis nominibus apparet. sed magnum et parvum sunt opposita. ergo pusillanimitas opponitur magnanimitati.

co ' Respondeo dicendum quod pusillanimitas potest tripliciter considerari. uno modo, secundum seipsam. et sic manifestum est quod secundum propriam rationem opponitur magnanimitati, a qua differt secundum differentiam magnitudinis et parvitatis circa idem, nam sicut magnanimus ex animi magnitudine tendit ad magna, ita pusillanimus ex animi parvitate se retrahit a magnis. alio modo potest considerari ex parte suae causae, quae ex parte intellectus, est ignorantia propriae conditionis; ex parte autem appetitus, est timor deficiendi in his quae falso aestimat excedere suam facultatem. tertio modo potest considerari quantum ad effectum, qui est retrahere se a magnis quibus est dignus. * sed sicut supra dictum est, ' oppositio vitii ad virtutem attenditur magis secundum propriam speciem quam secundum causam vel effectum. et ideo pusillanimitas directe magnanimitati opponitur.

ra1 ' Ad primum ergo dicendum quod ratio illa procedit de pusillanimitate ex parte causae quam habet in intellectu. et tamen non proprie potest dici quod opponatur prudentiae etiam secundum causam suam, quia talis ignorantia non procedit ex insipientia, sed magis ex pigritia considerandi suam facultatem, * ut dicitur in iv ethic., ' vel exequendi quod suae subiacet potestati.

ra2 ' Ad secundum dicendum quod ratio illa procedit de pusillanimitate ex parte effectus.

ra3 ' Ad tertium dicendum quod ratio illa procedit ex parte causae. nec tamen timor causans pusillanimitatem semper est timor periculorum mortis. unde etiam ex hac parte non oportet quod opponatur fortitudini. ira autem, secundum rationem proprii motus, quo quis extollitur in vindictam, non causat pusillanimitatem, quae deiicit animum, sed magis tollit eam. inducit autem ad pusillanimitatem ratione causarum irae, quae sunt iniuriae illatae, ex quibus deiicitur animus patientis.

ra4 ' Ad quartum dicendum quod pusillanimitas est gravius peccatum, secundum propriam speciem, quam praesumptio, quia per ipsam recedit homo a bonis, quod est pessimum, * ut dicitur in iv ethic.. ' sed praesumptio dicitur esse nequissima ratione superbiae, ex qua procedit.

009 ST3 qu134 ar

pr ' Deinde considerandum est de magnificentia et vitiis oppositis. circa magnificentiam autem quaeruntur quatuor. primo, utrum magnificentia sit virtus. secundo, utrum sit virtus specialis. tertio, quae sit materia eius. quarto, utrum sit pars fortitudinis.

009 ST3 qu134 ar1

ag1 ' Ad primum sic proceditur. videtur quod magnificentia non sit virtus. qui enim habet unam virtutem, habet omnes, * ut supra habitum est. ' sed aliquis potest habere alias virtutes sine magnificentia, * dicit enim philosophus, in iv ethic., quod ° non omnis liberalis est magnificus. ' ergo magnificentia non est virtus.

ag2 ' Praeterea, virtus moralis consistit in medio, * ut in ii ethic. dicitur. ' sed magnificentia non videtur consistere in medio. superexcellit enim liberalitatem magnitudine. magnum autem opponitur parvo sicut extremum, quorum medium est aequale, * ut dicitur x metaphys.. ' et sic magnificentia non est in medio, sed in extremo. ergo non est virtus.

ag3 ' Praeterea, nulla virtus contrariatur inclinationi naturali, sed magis perficit ipsam, * ut supra habitum est. * sed sicut philosophus dicit, in iv ethic., ° magnificus non est sumptuosus in seipsum, ' quod est contra inclinationem naturalem, per quam aliquis maxime providet sibi. ergo magnificentia non est virtus.

ag4 * Praeterea, secundum philosophum, in vi ethic., " ars est recta ratio factibilium. ' sed magnificentia est circa factibilia, ut ex ipso nomine apparet. ergo magis est ars quam virtus.

sc ' Sed contra, virtus humana est participatio quaedam virtutis divinae. sed magnificentia pertinet ad virtutem divinam, * secundum illud psalmi, ° magnificentia eius et virtus eius in nubibus. ' ergo magnificentia est virtus.

co * Respondeo dicendum quod, sicut dicitur in i de caelo, ° virtus dicitur per comparationem ad ultimum in quod potentia potest, ' non quidem ad ultimum ex parte defectus; sed ex parte excessus, cuius ratio consistit in magnitudine. et ideo operari aliquid magnum, ex quo sumitur nomen magnificentiae, proprie pertinet ad rationem virtutis. unde magnificentia nominat virtutem.

ra1 ' Ad primum ergo dicendum quod non omnis liberalis est magnificus quantum ad actum, quia desunt sibi ea quibus uti necesse est ad actum magnificum. tamen omnis liberalis habet habitum magnificentiae, vel actu vel in propinqua dispositione, * ut supra dictum est, cum de connexione virtutum agetur.

ra2 ' Ad secundum dicendum quod magnificentia consistit quidem in extremo, considerata quantitate eius quod facit. sed tamen in medio consistit, considerata regula rationis, a qua non deficit nec eam excedit, * sicut et de magnanimitate dictum est.

ra3 ' Ad tertium dicendum quod ad magnificentiam pertinet facere aliquid magnum. quod autem pertinet ad personam uniuscuiusque, est aliquid parvum in comparatione ad id quod convenit rebus divinis vel rebus communibus. et ideo magnificus non principaliter intendit sumptus facere in his quae pertinent ad personam propriam, non quia bonum suum non quaerat, sed quia non est magnum. si quid tamen in his quae ad ipsum pertinent magnitudinem habeat, hoc etiam magnifice magnificus prosequitur, " sicut ea quae semel fiunt, ut nuptiae vel aliquid aliud huiusmodi; vel etiam ea quae permanentia sunt, sicut ad magnificum pertinet praeparare convenientem habitationem, * ut dicitur in iv ethic..

ra4 * Ad quartum dicendum quod, sicut philosophus dicit, in vi ethic., " oportet artis esse quandam virtutem, scilicet moralem, per ' quam scilicet appetitus inclinetur ad recte utendum ratione artis. et hoc pertinet ad magnificentiam. unde non est ars, sed virtus.

009 ST3 qu134 ar2

ag1 ' Ad secundum sic proceditur. videtur quod magnificentia non sit specialis virtus. ad magnificentiam enim videtur pertinere facere aliquid magnum. sed facere aliquid magnum potest convenire cuilibet virtuti, si sit magna, sicut qui habet magnam virtutem temperantiae, facit magnum temperantiae opus. ergo magnificentia non est aliqua specialis virtus, sed significat statum perfectum cuiuslibet virtutis.

ag2 ' Praeterea, eiusdem videtur facere aliquid et tendere in illud. sed tendere in aliquid magnum pertinet ad magnanimitatem, * ut supra dictum est. ' ergo et facere aliquid magnum pertinet ad magnanimitatem. non ergo magnificentia est virtus distincta a magnanimitate.

ag3 ' Praeterea, magnificentia videtur ad sanctitatem pertinere, * dicitur enim exod. xv, ° magnificus in sanctitate; * et in psalmo, ° sanctitas et magnificentia in sanctificatione eius. ' sed sanctitas idem est religioni, * ut supra habitum est. ' ergo magnificentia videtur esse idem religioni. non ergo est virtus specialis ab aliis distincta.

sc ' Sed contra est quod * philosophus connumerat eam aliis virtutibus specialibus.

co ' Respondeo dicendum quod ad magnificentiam pertinet facere aliquid magnum, sicut ex ipso nomine apparet. facere autem dupliciter potest accipi, uno modo, proprie; alio modo, communiter. proprie autem facere dicitur operari aliquid in exteriori materia, sicut facere domum vel aliquid aliud huiusmodi. communiter autem dicitur facere pro quacumque actione, sive transeat in exteriorem materiam, sicut urere et secare; sive maneat in ipso agente, sicut intelligere et velle. si igitur magnificentia accipiatur secundum quod importat factionem alicuius magni prout factio proprie dicitur, sic magnificentia est specialis virtus. opus enim factibile producitur ab arte. in cuius quidem usu potest attendi una specialis ratio bonitatis quod ipsum opus factum per artem sit magnum, scilicet in quantitate, pretiositate vel dignitate, quod facit magnificentia. et secundum hoc magnificentia est specialis virtus. si vero nomen magnificentiae accipiatur ab eo quod est facere magnum secundum quod facere communiter sumitur, sic magnificentia non est specialis virtus.

ra1 ' Ad primum ergo dicendum quod ad quamlibet virtutem perfectam pertinet magnum facere in suo genere, secundum quod facere communiter sumitur, non autem secundum quod sumitur proprie, sed hoc est proprium magnificentiae.

ra2 ' Ad secundum dicendum quod ad magnanimitatem pertinet non solum tendere in magnum, sed etiam in omnibus virtutibus magnum operari, vel faciendo vel qualitercumque agendo, * ut dicitur in iv ethic., ' ita tamen quod magnanimitas circa hoc respicit solam rationem magni. aliae autem virtutes, quae, si sint perfectae, magnum operantur, non principaliter dirigunt intentionem suam ad magnum, sed ad id quod est proprium unicuique virtuti, magnitudo autem consequitur ex quantitate virtutis. ad magnificentiam vero pertinet non solum facere ma-

gnum secundum quod facere proprie sumitur, sed etiam ad magnum faciendum tendere animo, * unde tullius dicit, in sua rhetorica, quod ° magnificentia est rerum magnarum et excelsarum, cum animi quadam ampla et splendida propositione, cogitatio atque administratio; " ut cogitatio referatur ad interiorem intentionem, administratio ad exteriorem executionem. ' unde oportet quod sicut magnanimitas intendit aliquod magnum in omni materia, ita magnificentia in aliquo opere factibili.
ra3 ' Ad tertium dicendum quod magnificentia intendit opus magnum facere. opera autem ab hominibus facta ad aliquem finem ordinantur. nullus autem finis humanorum operum est adeo magnus sicut honor dei. et ideo magnificentia praecipue magnum opus facit in ordine ad honorem dei. * unde philosophus dicit, in iv ethic., quod ° honorabiles sumptus sunt maxime qui pertinent ad divina sacrificia, et circa hoc maxime studet magnificus. ' et ideo magnificentia coniungitur sanctitati, quia praecipue eius effectus ad religionem, sive ad sanctitatem, ordinatur.

009 ST3 qu134 ar3

ag1 ' Ad tertium sic proceditur. videtur quod materia magnificentiae non sint sumptus magni. circa eandem enim materiam non sunt duae virtutes. sed circa sumptus est liberalitas, * ut supra habitum est. ' ergo magnificentia non est circa sumptus.
ag2 ' Praeterea, omnis magnificus est liberalis, * ut dicitur in iv ethic.. ' sed liberalitas magis est circa dona quam circa sumptus. ergo etiam magnificentia non praecipue est circa sumptus, sed magis circa dona.
ag3 ' Praeterea, ad magnificentiam pertinet aliquod opus exterius facere. non autem quibuslibet sumptibus fit aliquod exterius opus, etiam si sint sumptus magni, puta cum aliquis multa expendit in exenniis mittendis. ergo sumptus non sunt propria materia magnificentiae.
ag4 ' Praeterea, magnos sumptus non possunt facere nisi divites. sed omnes virtutes possunt habere etiam pauperes, quia virtutes non ex necessitate indigent exteriori fortuna, sed sibi ipsis sufficiunt, * ut seneca dicit, in libro de ira. ' ergo magnificentia non est circa magnos sumptus.
sc * Sed contra est quod philosophus dicit, in iv ethic., quod ° magnificentia non extenditur circa omnes operationes quae sunt in pecuniis, sicut liberalitas, sed circa sumptuosas solum, in quibus excellit liberalitatem magnitudine. ' ergo est solum circa magnos sumptus.
co ' Respondeo dicendum quod ad magnificentiam, * sicut dictum est, ' pertinet intendere ad aliquod magnum opus faciendum. ad hoc autem quod aliquod magnum opus convenienter fiat, requiruntur proportionati sumptus, non enim possunt magna opera fieri nisi cum magnis expensis. unde ad magnificentiam pertinet magnos sumptus facere ad hoc quod opus magnum convenienter fiat, * unde et philosophus dicit, in iv ethic., quod " magnificus ab aequali, idest proportionato, sumptu, ° opus faciet magis magnificum. ' sumptus autem est quaedam pecuniae emissio, a qua potest aliquis prohiberi per superfluum amorem pecuniae. et ideo materia magnificentiae possunt dici et ipsi sumptus, quibus utitur magnificus ad opus magnum faciendum; et ipsa pecunia, qua utitur ad sumptus magnos faciendos; et amor pecuniae, quem moderatur magnificus, ne sumptus magni impediantur.
ra1 * Ad primum ergo dicendum quod, sicut supra dictum est, ' virtutes illae quae sunt circa res exteriores habent aliquam difficultatem ex ipso genere rei circa quam est virtus, et aliam difficultatem ex magnitudine ipsius rei. et ideo oportet circa pecuniam et usum eius esse duas virtutes, scilicet liberalitatem, quae respicit communiter usum pecuniae; et magnificentiam, quae respicit magnum in pecuniae usu.
ra2 ' Ad secundum dicendum quod usus pecuniae aliter pertinet ad liberalem, et aliter ad magnificum. ad liberalem enim pertinet secundum quod procedit ex ordinato affectu circa pecunias. et ideo omnis usus debitus pecuniae, cuius impedimentum tollit moderatio amoris pecuniae, pertinet ad liberalitatem, scilicet et dona et sumptus. sed usus pecuniae pertinet ad magnificum in ordine ad aliquod opus magnum quod faciendum est. et talis usus non potest esse nisi sumptus sive expensa.
ra3 ' Ad tertium dicendum quod magnificus etiam dat dona vel exennia, * ut dicitur in iv ethic., ' non tamen sub ratione doni, sed potius sub ratione sumptus ordinati ad aliquod opus faciendum, puta ad honorandum aliquem, vel ad faciendum aliquid unde proveniat honor toti civitati, " sicut cum facit aliquid ad quod tota civitas studet.
ra4 ' Ad quartum dicendum quod principalis actus virtutis est interior electio, quam virtus potest habere absque exteriori fortuna. et sic etiam pauper potest esse magnificus. sed ad exteriores actus virtutum requiruntur bona fortunae sicut quaedam instrumenta. et secundum hoc, pauper non potest actum magnificentiae exteriorem exercere in his quae sunt magna simpliciter, sed forte in his quae sunt magna per comparationem ad aliquod opus quod, etsi in se sit parvum, tamen potest magnifice fieri secundum proportionem illius generis; nam parvum et magnum dicuntur relative, * ut philosophus dicit, in praedicamentis.

009 ST3 qu134 ar4

ag1 ' Ad quartum sic proceditur. videtur quod magnificentia non sit pars fortitudinis. magnificentia enim convenit in materia cum liberalitate, * ut dictum est. ' sed liberalitas non est pars fortitudinis, sed iustitiae. ergo magnificentia non est pars fortitudinis.
ag2 ' Praeterea, fortitudo est circa timores et audacias. magnificentia autem in nullo videtur respicere timorem, sed solum sumptus, qui sunt operationes quaedam. ergo magnificentia magis videtur pertinere ad iustitiam, quae est circa operationes, quam ad fortitudinem.
ag3 * Praeterea, philosophus dicit, in iv ethic., quod ° magnificus scienti assimilatur. ' sed scientia magis convenit cum prudentia quam cum fortitudine. ergo magnificentia non debet poni pars fortitudinis.
sc * Sed contra est quod tullius et macrobius et andronicus " magnificentiam partem fortitudinis ponunt.
co ' Respondeo dicendum quod magnificentia, secundum quod est specialis virtus, non potest poni pars subiectiva fortitudinis, quia non convenit cum ea in materia, sed ponitur pars eius inquantum adiungitur ei sicut virtus secundaria principali. ad hoc autem quod aliqua virtus adiungatur alicui principali, duo requiruntur, * ut supra dictum est, ' quorum unum est ut secundaria conveniat cum principali; aliud autem est ut in aliquo excedatur ab ea. magnificentia autem convenit cum fortitudine in hoc quod, sicut fortitudo tendit in aliquod arduum et difficile, ita etiam et magnificentia, unde etiam videtur esse in irascibili, sicut et fortitudo. sed magnificentia deficit a fortitudine in hoc quod illud arduum in quod tendit fortitudo, habet difficultatem propter periculum quod imminet personae, arduum autem in quod tendit magnificentia, habet difficultatem propter dispendium rerum; quod est multo minus quam periculum personae. et ideo magnificentia ponitur pars fortitudinis.
ra1 ' Ad primum ergo dicendum quod iustitia respicit operationes secundum se, prout in eis consideratur ratio debiti. sed liberalitas et magnificentia considerant operationes sumptuum secundum quod comparantur ad passiones animae, diversimode tamen. nam liberalitas respicit sumptus per comparationem ad amorem et concupiscentiam pecuniarum, quae sunt passiones concupiscibilis, quibus non impeditur liberalis a dationibus et sumptibus faciendis, unde est in concupiscibili. sed magnificentia respicit sumptus per comparationem ad spem, attingendo ad aliquid arduum, non simpliciter, sicut magnanimitas, sed in determinata materia, scilicet in sumptibus. unde magnificentia videtur esse in irascibili, sicut et magnanimitas.
ra2 ' Ad secundum dicendum quod magnificentia, etsi non conveniat cum fortitudine in materia, convenit tamen cum ea in condicione materiae, inquantum scilicet tendit in aliquid arduum circa sumptus, sicut fortitudo in aliquid arduum circa timores.
ra3 ' Ad tertium dicendum quod magnificentia ordinat usum artis ad aliquid magnum, * ut dictum est. ' ars autem est in ratione. et ideo ad magnificum pertinet bene uti ratione in attendendo proportionem sumptus ad opus quod faciendum est. et hoc praecipue necessarium est propter magnitudinem utriusque, quia nisi diligens consideratio adhiberetur, immineret periculum magni damni.

009 ST3 qu135 ar

pr ' Deinde considerandum est de vitiis oppositis magnificentiae. et circa hoc quaeruntur duo. primo, utrum parvificentia sit vitium. secundo, de vitio ei opposito.

009 ST3 qu135 ar1

ag1 ' Ad primum sic proceditur. videtur quod parvificentia non sit vitium. virtus enim, sicut est moderativa magnorum, ita etiam est moderativa parvorum, unde et liberales et magnifici aliqua parva faciunt. sed magnificentia est virtus. ergo similiter parvificentia magis est virtus quam vitium.
ag2 * Praeterea, philosophus dicit, in iv ethic., quod ° diligentia ratiocinii est parvifica. ' sed diligentia ratiocinii videtur esse laudabilis, ° quia bonum hominis est secundum rationem esse, * ut dionysius dicit, iv cap. de div. nom.. ' ergo parvificentia non est vitium.
ag3 * Praeterea, philosophus dicit, in iv ethic., quod " parvificus consumit pecuniam tristatus. ' sed hoc pertinet ad avaritiam, sive ad illiberalitatem. ergo parvificentia non est vitium ab aliis distinctum.
sc * Sed contra est quod philosophus, in ii et iv ethic., ponit " parvificentiam speciale vitium magnificentiae oppositum.
co * Respondeo dicendum quod, sicut supra dictum est, ' moralia speciem a fine sortiuntur. unde et a fine ut pluries nominantur. ex hoc ergo dicitur aliquis parvificus quod intendit ad aliquid parvum faciendum. * parvum autem et magnum, secundum philosophum, in praedicamentis, relative dicuntur. unde ' cum dicitur quod parvificus intendit aliquid parvum faciendum, facere parvum intelligendum est in comparatione ad genus operis quod facit. in quo quidem parvum et magnum potest attendi dupliciter, uno modo, ex parte operis fiendi; alio modo, ex parte sumptus. magnificus igitur principaliter intendit magnitudinem operis, secundario intendit magnitudinem sumptus, quam non vitat, ut faciat magnum opus, * unde philosophus dicit, in iv ethic., quod ° magnificus ab aequali sumptu opus facit magis magnificum. ' parvificus autem e converso principaliter quidem intendit parvitatem sumptus, * unde philosophus dicit, in iv ethic., quod ° intendit qualiter minimum consumat, ' ex consequenti autem intendit parvitatem operis, quam scilicet non recusat, dummodo parvum sumptum faciat. * unde philosophus dicit, ibidem, quod " parvificus, maxima consumens in parvo, quod scilicet non vult expendere, bonum perdit, scilicet magnifici operis. |25| ' sic ergo patet quod parvificus deficit a proportione quae debet esse secundum rationem inter sumptum et opus. defectus autem ab eo quod est secundum rationem, causat rationem vitii. unde manifestum est quod parvificentia vitium est.
ra1 ' Ad primum ergo dicendum quod virtus moderatur parva secundum regulam rationis, a qua deficit parvificus, * ut dictum est. ' non enim dicitur parvificus qui parva moderatur, sed qui in moderando magna vel parva deficit a regula rationis. et ideo habet vitii rationem.
ra2 ' Ad secundum dicendum quod, * sicut dicit philosophus, in ii rhet., " timor facit consiliativos. ' et ideo parvificus diligenter ratiociniis intendit, quia inordinate timet bonorum suorum consumptionem, etiam in minimis. unde hoc non est laudabile, sed vitiosum et vituperabile, quia non dirigit affectum suum secundum rationem, sed potius rationis usum applicat ad inordinationem sui affectus.
ra3 ' Ad tertium dicendum quod sicut magnificus convenit cum liberali in hoc quod prompte et delectabiliter pecunias emittit, ita etiam parvificus convenit cum illiberali sive avaro in hoc quod cum tristitia et tarditate expensas facit. differt autem in hoc quod illiberalitas attenditur circa communes sumptus, parvificentia autem circa magnos sumptus, quos difficilius est facere. et ideo minus vitium est parvificentia quam illiberalitas. * unde philosophus dicit, in iv ethic., quod " quamvis parvificentia et oppositum vitium sint malitiae, ° non tamen opprobria inferunt, quia neque sunt nociva proximo, neque sunt valde turpes.

009 ST3 qu135 ar2

ag1 ' Ad secundum sic proceditur. videtur quod parvificentiae nullum vitium opponatur. parvo enim opponitur magnum. sed magnificentia non est vitium, sed virtus. ergo parvificentiae non opponitur vitium.
ag2 ' Praeterea, cum parvificentia sit vitium ex defectu, * ut dictum est, ' videtur quod, si aliquod vitium esset parvificentiae oppositum, quod consisteret solum in superabundanti consumptione. ° sed illi qui consumunt multa ubi pauca oporteret consumere, consumunt pauca ubi multa oporteret consumere, * ut dicitur in iv ethic., ' et sic habent aliquid de parvificentia. non ergo est aliquod vitium parvificentiae oppositum.
ag3 ' Praeterea, moralia sortiuntur speciem ex fine, * ut dictum est. ' sed illi qui superflue consumunt, hoc faciunt causa ostentationis divitiarum, * ut dicitur in iv ethic.. ' hoc autem pertinet ad inanem gloriam, quae opponitur magnanimitati, * ut dictum est. ' ergo nullum vitium parvificentiae opponitur.
sc * Sed contra est auctoritas philosophi, qui, in ii et iv ethic., " ponit magnificentiam medium duorum oppositorum vitiorum.
co ' Respondeo dicendum quod parvo opponitur magnum. parvum autem et magnum, * ut dictum est, ' relative dicuntur. sicut autem contingit sumptum esse parvum per comparationem ad opus, ita etiam contingit sumptum esse magnum in comparatione ad opus, ut scilicet excedat proportionem quae esse debet sumptus ad opus secundum regulam rationis. unde manifestum est quod vitio parvificentiae, qua aliquis deficit a proportione debita expensarum ad opus, intendens minus expendere quam dignitas operis requirat, opponitur vitium quo aliquis dictam proportionem excedit, ut scilicet plus expendat quam sit operi proportionatum. " et hoc vitium graece quidem dicitur banausia, a furno dicta, quia videlicet ad modum ignis qui est in furno, omnia consumit, vel dicitur apirocalia, idest sine bono igne, quia ad modum ignis consumit non propter bonum. unde latine hoc vitium nominari potest consumptio.
ra1 ' Ad primum ergo dicendum quod magnificentia dicitur esse eo quod facit magnum opus, non autem ex eo quod in sumptu excedat proportionem operis. hoc enim pertinet ad vitium quod opponitur parvificentiae.
ra2 ' Ad secundum dicendum quod idem vitium contrariatur virtuti quae est in medio, et contrario vitio. sic igitur vitium consumptionis opponitur parvificentiae in eo quod excedit in sumptu operis dignitatem, expendens multa ubi pauca oporteret expendere. opponitur autem magnificentiae ex parte operis magni, quod praecipue intendit magnificus, inquantum scilicet, ubi oportet multa expendere, nihil aut parum expendit.
ra3 ' Ad tertium dicendum quod consumptor ex ipsa

specie actus opponitur parvifico, inquantum transcendit regulam rationis, a qua parvificus deficit. nihil tamen prohibet quin hoc ad finem alterius vitii ordinetur, puta inanis gloria, vel cuiuscumque alterius.

009 ST3 qu136 ar

pr ‘ Deinde considerandum est de patientia. et circa hoc quaeruntur quinque. primo, utrum patientia sit virtus. secundo, utrum sit maxima virtutum. tertio, utrum possit haberi sine gratia. quarto, utrum sit pars fortitudinis. quinto, utrum sit idem cum longanimitate.

009 ST3 qu136 ar1

ag1 ‘ Ad primum sic proceditur. videtur quod patientia non sit virtus. virtutes enim perfectissime sunt in patria, * ut dicit augustinus, xiv de trin.. ‘ sed ibi non est patientia, quia nulla sunt ibi mala toleranda, * secundum illud isaiae xlix et apocalyps. xxi, ° non esurient neque sitient, et non percutiet eos aestus neque sol. ‘ ergo patientia non est virtus.
ag2 ‘ Praeterea, nulla virtus in malis potest inveniri, quia virtus est quae bonum facit habentem. sed patientia quandoque in malis hominibus invenitur, sicut patet in avaris, qui multa mala patienter tolerant ut pecunias congregent, * secundum illud eccle. v ° cunctis diebus vitae suae comedit in tenebris, et in curis multis, et in aerumna atque tristitia. ‘ ergo patientia non est virtus.
ag3 ‘ Praeterea, fructus a virtutibus differunt, * ut supra habitum est. ‘ sed patientia ponitur inter fructus, * ut patet galat. v. ‘ ergo patientia non est virtus.
sc * Sed contra est quod augustinus dicit, in libro de patientia, ° virtus animi quae patientia dicitur, tam magnum dei donum est ut etiam ipsius qui nobis eam largitur patientia praedicetur.
co * Respondeo dicendum quod, sicut dictum est supra, ‘ virtutes morales ordinantur ad bonum inquantum conservant bonum rationis contra impetus passionum. inter alias autem passiones, tristitia efficax est ad impediendum bonum rationis, * secundum illud ii ad cor. vii, ° saeculi tristitia mortem operatur; * et eccli. xxx, ° multos occidit tristitia, et non est utilitas in illa. ‘ unde necesse est habere aliquam virtutem per quam bonum rationis conservetur contra tristitiam, ne scilicet ratio tristitiae succumbat. hoc autem facit patientia. * unde augustinus dicit, in libro de patientia, quod ° patientia hominis est qua mala aequo animo toleramus, “ idest sine perturbatione tristitiae, ° ne animo iniquo bona deseramus per quae ad meliora perveniamus. ‘ unde manifestum est patientiam esse virtutem.
ra1 ‘ Ad primum ergo dicendum quod virtutes morales non remanent secundum eundem actum in patria quem habent in via, scilicet per comparationem ad bona praesentis vitae, quae non remanebunt in patria, sed per comparationem ad finem, qui erit in patria. sicut iustitia non erit in patria circa emptiones et venditiones, et alia quae pertinent ad vitam praesentem, sed in hoc quod est subditum esse deo. similiter actus patientiae in patria non erit in sustinendo aliqua, sed in fruitione bonorum in quae pervenire volebamus patiendo. * unde augustinus dicit, in xiv de civ. dei, quod ° in patria non erit ipsa patientia, quae necessaria non est nisi ubi toleranda sunt mala, sed aeternum erit id quo per patientiam pervenitur.
ra2 ‘ Ad secundum dicendum quod, * sicut augustinus dicit, in libro de patientia, ° patientes proprie dicuntur qui mala malunt non committendo ferre, quam non ferendo committere. in illis autem qui mala sustinent ut mala faciant, nec miranda nec laudanda est patientia, quae nulla est, sed miranda duritia, neganda patientia.
ra3 * Ad tertium dicendum quod, sicut supra dictum est, ‘ fructus in sui ratione importat quandam delectationem. ° sunt autem operationes virtutum delectabiles secundum seipsas, * ut dicitur in i ethic.. ‘ consuetum est autem ut nomine virtutum etiam virtutum actus significentur. et ideo patientia, quantum ad habitum, ponitur virtus quantum autem ad delectationem quam habet in actu, ponitur fructus et praecipue quantum ad hoc quod per patientiam animus praeservatur ne obruatur tristitia.

009 ST3 qu136 ar2

ag1 ‘ Ad secundum sic proceditur. videtur quod patientia sit potissima virtutum. id enim quod est perfectum est potissimum in unoquoque genere. sed patientia habet opus perfectum, * ut dicitur iac. i. ‘ ergo patientia est potissima virtutum.
ag2 ‘ Praeterea, omnes virtutes ad bonum animae ordinantur. sed hoc praecipue videtur pertinere ad patientiam, * dicitur enim luc. xxi, ° in patientia vestra possidebitis animas vestras. ‘ ergo patientia est maxima virtutum.
ag3 ‘ Praeterea, illud quod est conservativum et causa aliorum, videtur potius esse. * sed sicut gregorius dicit, in quadam homilia, ° patientia est radix et custos omnium virtutum. ‘ ergo patientia est maxima virtutum.
sc ‘ Sed contra est quod * non enumeratur inter quatuor virtutes quas gregorius, xxii moral., et augustinus, in libro de moribus eccle., vocat principales.
co ‘ Respondeo dicendum quod virtutes secundum suam rationem ordinantur ad bonum, “ est enim virtus quae bonum facit habentem et opus eius bonum reddit, * ut dicitur in ii ethic.. ‘ unde oportet quod tanto principalior sit virtus et potior, quanto magis et directius ordinat in bonum. directius autem ad bonum ordinant hominem virtutes quae sunt constitutivae boni, quam illae quae sunt impeditivae eorum quae abducunt a bono. et sicut inter illas quae sunt constitutivae boni tanto aliqua potior est quanto in maiori bono statuit hominem, sicut fides, spes et caritas quam prudentia et iustitia; ita etiam inter illas quae sunt impeditivae retrahentium a bono, tanto aliqua est potior quanto id quod ab ea impeditur magis a bono retrahit. plus autem a bono retrahunt pericula mortis, circa quae est fortitudo, vel delectationes tactus, circa quae est temperantia, quam quaevis adversa, circa quae est patientia. et ideo patientia non est potissima virtutum, sed deficit non solum a virtutibus theologicis et prudentia et iustitia, quae directe statuunt hominem in bono; sed etiam a fortitudine et temperantia, quae retrahunt a maioribus impedimentis.
ra1 ‘ Ad primum ergo dicendum quod patientia dicitur habere opus perfectum in adversis tolerandis, ex quibus primo procedit tristitia, quam moderatur patientia; secundo ira, quam moderatur mansuetudo; tertio odium, quod tollit caritas; quarto iniustum nocumentum, quod prohibet iustitia. tollere enim principium uniuscuiusque est perfectius. nec tamen sequitur, si in hoc patientia est perfectior, quod sit perfectior simpliciter.
ra2 ‘ Ad secundum dicendum quod possessio importat quietum dominium. et ideo per patientiam dicitur homo suam animam possidere, inquantum radicitus evellit passiones adversitatum, quibus anima inquietatur.
ra3 ‘ Ad tertium dicendum quod patientia dicitur esse radix et custos omnium virtutum, non quasi directe eas causando et conservando, sed solum removendo prohibens.

009 ST3 qu136 ar3

ag1 ‘ Ad tertium sic proceditur. videtur quod patientia possit haberi sine gratia. illud enim ad quod ratio magis inclinat, magis potest implere rationalis creatura. sed magis est rationabile quod aliquis patiatur mala propter bonum quam propter malum. aliqui autem patiuntur mala propter malum ex propria virtute, sine auxilio gratiae, * dicit enim augustinus, in libro de patientia, quod ° multa in laboribus et doloribus sustinent homines propter ea quae vitiose diligunt. ‘ ergo multo magis homo potest mala sustinere propter bonum, quod est vere patientem esse, praeter auxilium gratiae.
ag2 ‘ Praeterea, aliqui non existentes in statu gratiae magis abhorrent mala vitiorum quam corporalia mala, unde quidam gentilium leguntur multa mala tolerasse ne patriam proderent, aut aliquid aliud inhonestum committerent. sed hoc est vere patientem esse. ergo videtur quod patientia possit haberi absque auxilio gratiae.
ag3 ‘ Praeterea, manifeste apparet quod aliqui propter sanitatem corporis recuperandam gravia quaedam et amara patiuntur. salus autem animae non est minus appetibilis quam sanitas corporis. ergo, pari ratione, pro salute animae potest aliquis multa mala sustinere, quod est vere patientem esse, absque auxilio gratiae.
sc * Sed contra est quod dicitur in psalmo, “ ab ipso, scilicet deo, patientia mea.
co ‘ Respondeo dicendum quod, * sicut augustinus dicit, in libro de patientia, ° vis desideriorum facit tolerantiam laborum et dolorum, et nemo nisi pro eo quod delectat, sponte suscipit ferre quod cruciat. ‘ et huius ratio est quia tristitiam et dolorem secundum se abhorret animus, unde nunquam eligeret eam pati propter se, sed solum propter finem. ergo oportet quod illud bonum propter quod aliquis vult pati mala, sit magis volitum et amatum quam illud bonum cuius privatio ingerit dolorem quem patienter toleramus. quod autem aliquis praeferat bonum gratiae omnibus naturalibus bonis ex quorum amissione potest dolor causari, pertinet ad caritatem, quae diligit deum super omnia. unde manifestum est quod patientia, secundum quod est virtus, a caritate causatur, * secundum illud i ad cor. xiii, ° caritas patiens est. ‘ manifestum est autem quod caritas non potest haberi nisi per gratiam, * secundum illud rom. v, ° caritas dei diffusa est in cordibus nostris per spiritum sanctum, qui datus est nobis. ‘ unde patet quod patientia non potest haberi sine auxilio gratiae.
ra1 ‘ Ad primum ergo dicendum quod in natura humana, si esset integra, praevaleret inclinatio rationis, sed in natura corrupta praevalet inclinatio concupiscentiae, quae in homine dominatur. et ideo pronior est homo ad sustinendum mala in quibus concupiscentia delectatur praesentialiter, quam tolerare mala propter bona futura quae secundum rationem appetuntur, quod tamen pertinet ad veram patientiam.
ra2 ‘ Ad secundum dicendum quod bonum politicae virtutis est commensuratum naturae humanae. et ideo absque auxilio gratiae gratum facientis potest voluntas humana in illud tendere, licet non absque auxilio dei. sed bonum gratiae est supernaturale. unde in illud non potest tendere homo per virtutem suae naturae. et ideo non est similis ratio.
ra3 ‘ Ad tertium dicendum quod tolerantia etiam malorum quae quis sustinet propter corporis sanitatem, procedit ex amore quo homo naturaliter diligit suam carnem. et ideo non est similis ratio de patientia, quae procedit ex amore supernaturali.

009 ST3 qu136 ar4

ag1 ‘ Ad quartum sic proceditur. videtur quod patientia non sit pars fortitudinis. idem enim non est pars sui ipsius. sed patientia videtur idem esse fortitudini, * quia sicut supra dictum est, ‘ proprius actus fortitudinis est sustinere; et hoc etiam pertinet ad patientiam, * dicitur enim in libro sententiarum prosperi quod “ patientia consistit in alienis malis tolerandis. ‘ ergo patientia non est pars fortitudinis.
ag2 ‘ Praeterea, fortitudo est circa timores et audacias, * ut supra habitum est, ‘ et ita est in irascibili. sed patientia videtur esse circa tristitias, et ita videtur esse in concupiscibili. ergo patientia non est pars fortitudinis, sed magis temperantiae.
ag3 ‘ Praeterea, totum non potest esse sine parte. si ergo patientia sit pars fortitudinis, fortitudo nunquam posset esse sine patientia, cum tamen fortis quandoque non toleret patienter mala, sed etiam aggrediatur eum qui mala facit. ergo patientia non est pars fortitudinis.
sc ‘ Sed contra est quod * tullius, in sua rhetorica, ponit eam fortitudinis partem.
co ‘ Respondeo dicendum quod patientia est pars fortitudinis quasi potentialis, quia adiungitur fortitudini sicut virtus secundaria principali. ad patientiam enim pertinet aliena mala aequanimiter perpeti, * ut gregorius dicit, in quadam homilia. ‘ in malis autem quae ab aliis inferuntur, praecipua sunt, et difficillima ad sustinendum, illa quae pertinent ad pericula mortis, circa quae est fortitudo. unde patet quod in ista materia principalitatem tenet fortitudo, quasi vindicans sibi id quod principalius est in hac materia. et ideo patientia adiungitur ei sicut secundaria virtus principali.
ra1 ‘ Ad primum ergo dicendum quod ad fortitudinem pertinet non qualiacumque sustinere, sed illud quod est summe difficile in sustinendo, scilicet sustinere pericula mortis. ad patientiam autem pertinere potest sustinentia quorumcumque malorum.
ra2 ‘ Ad secundum dicendum quod actus fortitudinis non solum consistit in hoc quod aliquis in bono persistat contra timores futurorum periculorum, sed etiam ut non deficiat propter praesentium tristitiam sive dolorem, et ex hac parte habet affinitatem cum fortitudine patientia. et tamen fortitudo est principaliter circa timores, ad quorum rationem pertinet fugere, quod vitat fortitudo. patientia vero principalius est circa tristitias, nam patiens aliquis dicitur non ex hoc quod non fugit, sed ex hoc quod laudabiliter se habet in patiendo quae praesentialiter nocent, ut scilicet non inordinate ex eis tristetur. et ideo fortitudo proprie est in irascibili, patientia autem in concupiscibili. nec hoc impedit quin patientia sit pars fortitudinis, quia adiunctio virtutis ad virtutem non attenditur secundum subiectum, sed secundum materiam vel formam. nec tamen patientia ponitur pars temperantiae, quamvis utraque sit in concupiscibili. quia temperantia est solum circa tristitias quae opponuntur delectationibus tactus, puta quae sunt ex abstinentia ciborum vel venereorum, sed patientia praecipue est circa tristitias quae ab aliis inferuntur. et iterum ad temperantiam pertinet refrenare huiusmodi tristitias, sicut et delectationes contrarias, ad patientiam autem pertinet ut propter huiusmodi tristitias, quantaecumque sint, homo non recedat a bono virtutis.
ra3 ‘ Ad tertium dicendum quod patientia potest, quantum ad aliquid sui, poni pars integralis fortitudinis, de qua parte obiectio procedit, prout scilicet aliquis patienter sustinet mala quae pertinent ad pericula mortis. nec est contra rationem patientiae quod aliquis, quando opus fuerit, insiliat in eum qui mala facit, * quia, ut chrysostomus dicit, super illud matth., ° vade satanas, in iniuriis propriis patientem esse laudabile est, iniurias autem dei patienter sustinere nimis est impium. * et augustinus dicit, in quadam epistola contra marcellinum, quod “ praecepta patientiae non contrariantur bono reipublicae, pro quo conservando contra inimicos compugnatur. ‘ secundum vero quod patientia se habet circa quaecumque alia mala, adiungitur fortitudini ut virtus secundaria principali.

009 ST3 qu136 ar5

ag1 ‘ Ad quintum sic proceditur. videtur quod patientia sit idem quod longanimitas. * dicit enim augustinus, in libro de patientia, quod “ patientia dei praedicatur non in hoc quod aliquod malum patiatur, sed in hoc quod expectat malos ut convertantur, * unde eccli. v dicitur, ° altissimus patiens redditor est. ‘ ergo videtur quod patientia sit idem quod longanimitas.
ag2 ‘ Praeterea, idem non est oppositum duobus. sed impatientia opponitur longanimitati, per quam aliquis moram expectat, dicitur enim aliquis impatiens morae, sicut et aliorum malorum. ergo videtur quod

patientia sit idem longanimitati.
ag3 ‘ Praeterea, sicut tempus est quaedam circumstantia malorum quae sustinentur, ita etiam locus. sed ex parte loci non sumitur aliqua virtus quae distinguatur a patientia. ergo similiter nec longanimitas, quae sumitur ex parte temporis, inquantum scilicet aliquis diu expectat, distinguitur a patientia.
sc * Sed contra est quod rom. ii, super illud, an divitias bonitatis eius et patientiae et longanimitatis contemnis, dicit glossa, ° videtur longanimitas a patientia differre, quia qui infirmitate magis quam proposito delinquunt, sustentari per longanimitatem dicuntur, qui vero pertinaci mente exultant in delictis suis, ferri patienter dicendi sunt.
co ‘ Respondeo dicendum quod sicut magnanimitas dicitur per quam aliquis habet animum tendendi in magna, ita etiam longanimitas dicitur per quam aliquis habet animum tendendi in aliquid quod in longinquum distat. et ideo sicut magnanimitas magis respicit spem tendentem in bonum, quam audaciam vel timorem sive tristitiam quae respiciunt malum, ita etiam et longanimitas. unde longanimitas maiorem convenientiam videtur habere cum magnanimitate quam cum patientia. potest tamen convenire cum patientia duplici ratione. primo quidem, quia patientia, sicut et fortitudo, sustinet aliqua mala propter aliquod bonum. quod si ex propinquo expectetur, facilius est sustinere, si autem in longinquum differatur, mala autem oporteat in praesenti sustinere, difficilius est. secundo, quia hoc ipsum quod est differri bonum speratum, natum est causare tristitiam, * secundum illud prov. xiii, ° spes quae differtur affligit animam. ‘ unde et in sustinendo huiusmodi afflictionem potest esse patientia, sicut et in sustinendo quascumque alias tristitias. sic igitur secundum quod sub ratione mali contristantis potest comprehendi et dilatio boni sperati, quae pertinet ad longanimitatem; et labor quem homo sustinet in continuata executione boni operis, quod pertinet ad constantiam; tam longanimitas quam etiam constantia sub patientia comprehenduntur. * unde et tullius, definiens patientiam, dicit quod |25| ° patientia est, honestatis ac utilitatis causa, voluntaria ac diuturna perpessio rerum arduarum ac difficilium. “ quod dicit arduarum, pertinet ad constantiam in bono; quod dicit difficilium, pertinet ad gravitatem mali, quam proprie respicit patientia; quod vero addit ac diuturna, pertinet ad longanimitatem secundum quod convenit cum patientia.
ra1 ‘ Et per hoc patet responsio ad primum et secundum.
ra3 ‘ Ad tertium dicendum quod illud quod est longinquum loco, quamvis sit remotum a nobis, tamen non est similiter remotum a natura rerum sicut illud quod est longinquum tempore. et ideo non est similis ratio. et praeterea quod est longinquum loco non affert difficultatem nisi ratione temporis, quia quod est longinquum loco a nobis tardius tempore ad nos potest pervenire.
ra4 ‘ Quartum concedimus. tamen consideranda est ratio illius differentiae * quam glossa assignat. ‘ quia in his qui ex infirmitate peccant hoc solum videtur importabile, quod diu perseverant in malo, et ideo dicitur quod ex longanimitate supportantur. sed hoc ipsum quod aliquis ex superbia peccat, importabile videtur, et ideo per patientiam dicuntur sustineri illi qui ex superbia peccant.

009 ST3 qu137 ar

pr ‘ Deinde considerandum est de perseverantia, et de vitiis oppositis. circa perseverantiam autem quaeruntur quatuor. primo, utrum perseverantia sit virtus. secundo, utrum sit pars fortitudinis. tertio, quomodo se habet ad constantiam. quarto, utrum indigeat auxilio gratiae.

009 ST3 qu137 ar1

ag1 ‘ Ad primum sic proceditur. videtur quod perseverantia non sit virtus. * quia, ut philosophus dicit, in vii ethic., ° continentia est potior quam perseverantia. “ sed continentia non est virtus, * ut dicitur in iv ethic.. ‘ ergo perseverantia non est virtus.
ag2 ° Praeterea, virtus est qua recte vivitur, * secundum augustinum, in libro de lib. arbit.. sed sicut ipse dicit in libro de perseverantia, ° nullus potest dici perseverantiam habere quandiu vivit, nisi perseveret usque ad mortem. ‘ ergo perseverantia non est virtus.
ag3 “ Praeterea, immobiliter persistere in opere virtutis requiritur ad omnem virtutem, * ut patet in ii ethic.. ‘ sed hoc pertinet ad rationem perseverantiae, * dicit enim tullius, in sua rhetorica, quod ° perseverantia est in ratione bene considerata stabilis et perpetua permansio. ‘ ergo perseverantia non est specialis virtus, sed conditio omnis virtutis.
sc ‘ Sed contra est quod * andronicus dicit, quod ° perseverantia est habitus eorum quibus immanendum est et non immanendum, et neutrorum. ‘ sed habitus ordinans nos ad bene faciendum aliquid vel omittendum est virtus. ergo perseverantia est virtus.
co * Respondeo dicendum quod, secundum philosophum, in ii ethic., ° virtus est circa difficile et bonum. ‘ et ideo ubi occurrit specialis ratio difficultatis vel boni, ibi est specialis virtus. opus autem virtutis potest habere bonitatem et difficultatem ex duobus. uno quidem modo, ex specie ipsa actus, quae accipitur secundum rationem proprii obiecti. alio modo, ex ipsa diuturnitate temporis, nam hoc ipsum quod est diu insistere alicui difficili, specialem difficultatem habet. et ideo diu persistere in aliquo bono usque ad consummationem pertinet ad specialem virtutem. sicut ergo temperantia et fortitudo sunt speciales virtutes eo quod altera earum moderatur delectationes tactus, quod de se difficultatem habet, altera autem moderatur timores et audacias circa pericula mortis, quod etiam secundum se difficile est; ita etiam perseverantia est quaedam specialis virtus ad quam pertinet in his vel in aliis virtuosis operibus diuturnitatem sustinere prout necesse est.
ra1 * Ad primum ergo dicendum quod philosophus accipit ibi ‘ perseverantiam secundum quod aliquis perseverat in his in quibus difficillimum est diu sustinere. non est autem difficile sustinere bona, sed mala. mala autem quae sunt pericula mortis, ut plurimum non diu sustinentur, quia ut frequentius cito transeunt. unde respectu illorum non est praecipua laus perseverantiae. inter alia autem mala, praecipua sunt illa quae opponuntur delectationibus tactus, quia huiusmodi mala attenduntur circa necessaria vitae, puta circa defectum ciborum et aliorum huiusmodi, quae quandoque imminent diu sustinenda. non est autem difficile hoc diu sustinere illi qui circa hoc non multum tristatur, nec in oppositis bonis multum delectatur, sicut patet in temperato, in quo huiusmodi passiones non sunt vehementes. sed maxime hoc difficile est in eo qui circa hoc vehementer afficitur, utpote non habens perfectam virtutem modificantem has passiones. et ideo, si accipiatur hoc modo perseverantia, non est virtus perfecta, sed est quoddam imperfectum in genere virtutis. si autem accipiamus perseverantiam secundum quod aliquis in quocumque bono difficili diu persistit, hoc potest convenire etiam habenti perfectam virtutem. cui etiam si persistere sit minus difficile, persistit tamen in bono magis perfecto. unde talis perseverantia potest esse virtus, quia perfectio virtutis magis attenditur secundum rationem boni quam secundum rationem difficilis.
ra2 ‘ Ad secundum dicendum quod eodem nomine quandoque nominatur et virtus, et actus virtutis, * sicut augustinus dicit, super ioan., ° fides est credere quod non vides. ‘ potest tamen contingere quod aliquis habet habitum virtutis qui tamen non exercet actum, sicut aliquis pauper habet habitum magnificentiae, cum tamen actum non exerceat. quandoque vero aliquis habens habitum incipit quidem exercere actum, sed non perficit, puta si aedificator incipiat aedificare et non compleat domum. sic ergo dicendum est quod nomen perseverantiae quandoque sumitur pro habitu quo quis eligit perseverare, quandoque autem pro actu quo quis perseverat. et quandoque quidem habens habitum perseverantiae eligit quidem perseverare, et incipit exequi aliquandiu persistendo; non tamen complet actum, quia non persistit usque in finem. est autem duplex finis, unus quidem qui est finis operis; alius autem qui est finis humanae vitae. per se autem ad perseverantiam pertinet ut aliquis perseveret usque ad terminum virtuosi operis, sicut quod miles perseveret usque ad finem certaminis, et magnificus usque ad consummationem operis. sunt autem quaedam virtutes quarum actus per totam vitam debet durare, sicut fidei, spei et caritatis, quia respiciunt ultimum finem totius vitae humanae. et ideo respectu harum virtutum, quae sunt principales, non consummatur actus perseverantiae usque ad finem vitae. |25| * et secundum hoc, augustinus accipit ‘ perseverantiam pro actu perseverantiae consummato.
ra3 ‘ Ad tertium dicendum quod virtuti potest aliquid convenire dupliciter. uno modo, ex propria intentione finis. et sic diu persistere usque ad finem in bono pertinet ad specialem virtutem quae dicitur perseverantia, quae hoc intendit sicut specialem finem. alio modo, ex comparatione habitus ad subiectum. et sic immobiliter persistere consequitur quamlibet virtutem, inquantum est qualitas difficile mobilis.

009 ST3 qu137 ar2

ag1 ‘ Ad secundum sic proceditur. videtur quod perseverantia non sit pars fortitudinis. * quia, ut philosophus dicit, in vii ethic., “ perseverantia est circa tristitias tactus. ‘ sed huiusmodi pertinent ad temperantiam. ergo perseverantia magis est pars temperantiae quam fortitudinis.
ag2 ‘ Praeterea, omnis pars virtutis moralis est circa aliquas passiones, quas virtus moralis moderatur. sed perseverantia non importat moderantiam passionum, quia quanto vehementiores fuerint passiones, tanto aliquis secundum rationem perseverans laudabilior videtur. ergo videtur quod perseverantia non sit pars alicuius virtutis moralis, sed magis prudentiae, quae perficit rationem.
ag3 * Praeterea, augustinus dicit, in libro de perseverantia, quod ° perseverantiam nullus potest amittere. ‘ alias autem virtutes potest homo amittere. ergo perseverantia est potior omnibus aliis virtutibus. sed virtus principalis est potior quam pars eius. ergo perseverantia non est pars alicuius virtutis, sed magis ipsa est virtus principalis.
sc ‘ Sed contra est quod * tullius ponit perseverantiam partem fortitudinis.
co * Respondeo dicendum quod, sicut supra dictum est, ‘ virtus principalis est cui principaliter adscribitur aliquid quod pertinet ad laudem virtutis, inquantum scilicet exercet illud circa propriam materiam in qua difficillimum est optimum est illud observare. * et secundum hoc dictum est quod ‘ fortitudo est principalis virtus, quia firmitatem servat in his in quibus difficillimum est firmiter persistere, scilicet in periculis mortis. et ideo necesse est quod fortitudini adiungatur sicut secundaria virtus principali, omnis virtus cuius laus consistit in sustinendo firmiter aliquod difficile. sustinere autem difficultatem quae provenit ex diuturnitate boni operis, dat laudem perseverantiae, nec hoc est ita difficile sicut sustinere pericula mortis. et ideo perseverantia adiungitur fortitudini sicut virtus secundaria principali.
ra1 ‘ Ad primum ergo dicendum quod annexio secundariae virtutis ad principalem non solum attenditur secundum materiam, sed magis secundum modum, quia forma in unoquoque potior est quam materia. unde licet perseverantia magis videatur convenire in materia cum temperantia quam cum fortitudine, tamen in modo magis convenit cum fortitudine, inquantum firmitatem servat contra difficultatem diuturnitatis.
ra2 ‘ Ad secundum dicendum quod illa perseverantia * de qua philosophus loquitur, ‘ non moderatur aliquas passiones, sed consistit solum in quadam firmitate rationis et voluntatis. sed perseverantia secundum quod ponitur virtus, moderatur aliquas passiones, scilicet timorem fatigationis aut defectus propter diuturnitatem. unde haec virtus est in irascibili, sicut et fortitudo.
ra3 * Ad tertium dicendum quod augustinus ibi loquitur ‘ de perseverantia non secundum quod nominat habitum virtutis, sed secundum quod nominat actum virtutis continuatum usque in finem, * secundum illud matth. xxiv ° qui perseveraverit usque in finem, hic salvus erit. ‘ et ideo contra rationem perseverantiae sic acceptae esset quod amitteretur, quia iam non duraret usque in finem.

009 ST3 qu137 ar3

ag1 ‘ Ad tertium sic proceditur. videtur quod constantia non pertineat ad perseverantiam. constantia enim pertinet ad patientiam, * ut supra dictum est. ‘ sed patientia differt a perseverantia. ergo constantia non pertinet ad perseverantiam.
ag2 ‘ Praeterea, virtus est circa difficile et bonum. sed in parvis operibus constantem esse non videtur esse difficile, sed solum in operibus magnis, quae pertinent ad magnificentiam. ergo constantia magis pertinet ad magnificentiam quam ad perseverantiam.
ag3 ‘ Praeterea, si ad perseverantiam pertineret constantia, in nullo videretur a perseverantia differre, quia utrumque immobilitatem quandam importat. differunt autem, * nam macrobius condividit ‘ constantiam firmitati, per quam intelligitur perseverantia, * ut supra dictum est. ‘ ergo constantia non pertinet ad perseverantiam.
sc ‘ Sed contra est quod aliquis dicitur esse constans ex eo quod in aliquo stat. “ sed immanere aliquibus pertinet ad perseverantiam, * ut patet ex definitione quam andronicus ponit. ‘ ergo constantia pertinet ad perseverantiam.
co ‘ Respondeo dicendum quod perseverantia et constantia conveniunt quidem in fine, quia ad utramque pertinet firmiter persistere in aliquo bono, differunt autem secundum ea quae difficultatem afferunt ad persistendum in bono. nam virtus perseverantiae proprie facit firmiter persistere hominem in bono contra difficultatem quae provenit ex ipsa diuturnitate actus, constantia autem facit firmiter persistere in bono contra difficultatem quae provenit ex quibuscumque aliis exterioribus impedimentis. et ideo principalior pars fortitudinis est perseverantia quam constantia, quia difficultas quae est ex diuturnitate actus, est essentialior actui virtutis quam illa quae est ex exterioribus impedimentis.
ra1 ‘ Ad primum ergo dicendum quod exteriora impedimenta persistendi in bono praecipue sunt illa quae tristitiam inferunt. circa tristitiam autem est patientia, * ut dictum est. ‘ et ideo constantia secundum finem convenit cum perseverantia, secundum autem ea quae difficultatem inferunt, convenit cum patientia. finis autem potior est. et ideo constantia magis pertinet ad perseverantiam quam ad patientiam.
ra2 ‘ Ad secundum dicendum quod in magnis operibus persistere difficilius est, sed in parvis vel mediocribus diu persistere habet difficultatem, etsi non ex magnitudine actus, quam respicit magnificentia, saltem ex ipsa diuturnitate, quam respicit perseverantia. et ideo constantia potest ad utrumque pertinere.
ra3 ‘ Ad tertium dicendum quod constantia pertinet quidem ad perseverantiam, inquantum convenit cum ea, non tamen est idem ei inquantum differt ab ea * ut dictum est.

009 ST3 qu137 ar4

ag1 ‘ Ad quartum sic proceditur. videtur quod perseverantia non indigeat auxilio gratiae. perseverantia enim est quaedam virtus, * ut dictum est. ‘ sed virtus,

* ut tullius dicit, in sua rhetorica, ‘ agit in modum naturae. ergo sola inclinatio virtutis sufficit ad perseverandum. non ergo ad hoc requiritur aliud auxilium gratiae.
ag2 ‘ Praeterea, donum gratiae christi est maius quam nocumentum quod adam intulit, * ut patet rom. v. “ sed ante peccatum homo sic conditus fuit ut posset perseverare per id quod acceperat, * sicut augustinus dicit, in libro de corrept. et gratia. ‘ ergo multo magis homo per gratiam christi reparatus, potest perseverare absque auxilio novae gratiae.
ag3 ‘ Praeterea, opera peccati quandoque sunt difficiliora quam opera virtutis, * unde ex persona impiorum dicitur sap. v, “ ambulavimus vias difficiles. ‘ sed aliqui perseverant in operibus peccati absque alterius auxilio. ergo etiam in operibus virtutum potest homo perseverare absque auxilio gratiae.
sc * Sed contra est quod augustinus dicit, in libro de perseverantia, ° asserimus donum dei esse perseverantiam, qua usque in finem perseveratur in christo.
co * Respondeo dicendum quod, sicut ex dictis patet, ‘ perseverantia dupliciter dicitur. uno modo, pro ipso habitu perseverantiae, secundum quod est virtus. et hoc modo indiget dono habitualis gratiae, sicut et ceterae virtutes infusae. alio modo potest accipi pro actu perseverantiae durante usque ad mortem. et secundum hoc indiget non solum gratia habituali, sed etiam gratuito dei auxilio conservantis hominem in bono usque ad finem vitae, * sicut supra dictum est, cum de gratia ageretur. ‘ quia cum liberum arbitrium de se sit vertibile, et hoc ei non tollatur per habitualem gratiam praesentis vitae; non subest potestati liberi arbitrii, etiam per gratiam reparati, ut se immobiliter in bono statuat, licet sit in potestate eius quod hoc eligat, plerumque enim cadit in potestate nostra electio, non autem executio.
ra1 ‘ Ad primum ergo dicendum quod virtus perseverantiae, quantum est de se, inclinat ad perseverandum. quia tamen habitus est quo quis utitur cum voluerit, non est necessarium quod habens habitum virtutis immobiliter utatur eo usque ad mortem.
ra2 ‘ Ad secundum dicendum quod, * sicut augustinus dicit, in libro de corrept. et gratia, ° primo homini datum est, non ut perseveraret, sed ut perseverare posset, per liberum arbitrium, ‘ quia nulla corruptio tunc erat in natura humana quae perseverandi difficultatem praeberet. ° sed nunc praedestinatis per gratiam christi non solum datur ut perseverare possint, sed ut perseverent. unde primus homo, nullo terrente, contra dei terrentis imperium libero usus arbitrio, non stetit in tanta felicitate, cum tanta non peccandi facilitate. isti autem, saeviente mundo ne starent, steterunt in fide.
ra3 ‘ Ad tertium dicendum quod homo per se potest cadere in peccatum, sed non potest per se resurgere a peccato sine auxilio gratiae. et ideo ex hoc ipso quod homo cadit in peccatum, inquantum est de se, facit se in peccato perseverantem, nisi gratia dei liberetur. non autem ex hoc quod facit bonum facit se perseverantem in bono, quia de se potens est peccare. et ideo ad hoc indiget auxilio gratiae.

009 ST3 qu138 ar

pr ‘ Deinde considerandum est de vitiis oppositis perseverantiae. et circa hoc quaeruntur duo. primo, de mollitie. secundo, de pertinacia.

009 ST3 qu138 ar1

ag1 ‘ Ad primum sic proceditur. videtur quod mollities non opponatur perseverantiae. * quia super illud i ad cor. vi, ° neque adulteri neque molles neque masculorum concubitores, * glossa exponit “ molles, idest pathici, hoc est muliebria patientes. ‘ sed hoc opponitur castitati. ergo mollities non est vitium oppositum perseverantiae.
ag2 * Praeterea, philosophus dicit, in vii ethic., quod ° delicia mollities quaedam est. ‘ sed esse deliciosum videtur pertinere ad intemperantiam. ergo mollities non opponitur perseverantiae, sed magis temperantiae.
ag3 * Praeterea, philosophus, ibidem, dicit quod lusivus est mollis. ‘ sed esse immoderate lusivum opponitur eutrapeliae, quae est virtus circa delectationes ludorum, * ut dicitur in iv ethic.. ‘ ergo mollities non opponitur perseverantiae.
sc * Sed contra est quod philosophus dicit, in vii ethic., quod ° molli opponitur perseverativus.
co * Respondeo dicendum quod, sicut supra dictum est, ‘ laus perseverantiae in hoc consistit quod aliquis non recedit a bono propter diuturnam tolerantiam difficilium et laboriosorum. cui directe opponi videtur quod aliquis de facili recedat a bono propter aliqua difficilia, quae sustinere non potest. et hoc pertinet ad rationem mollitiei, nam molle dicitur quod facile cedit tangenti. non autem iudicatur aliquid molle ex hoc quod cedit fortiter impellenti, nam et parietes cedunt machinae percutienti. et ideo non reputatur aliquis mollis si cedat aliquibus valde graviter impellentibus, * unde philosophus dicit, in vii ethic., quod ° si quis a fortibus et superexcellentibus delectationibus vincitur vel tristitiis, non est admirabile, sed condonabile, si contra tendat. ‘ manifestum est autem quod gravius impellit metus periculorum quam cupiditas delectationum, * unde tullius dicit, in i de offic., ° non est consentaneum qui metu non frangatur, eum frangi cupiditate; nec qui invictum se a labore praestiterit, vinci a voluptate. ‘ ipsa etiam voluptas fortius movet attrahendo quam tristitia de carentia voluptatis retrahendo, quia carentia voluptatis est purus defectus. * et ideo secundum philosophum, |25| ‘ proprie mollis dicitur qui recedit a bono propter tristitias causatas ex defectu delectationum, quasi cedens debili moventi.
ra1 ‘ Ad primum ergo dicendum quod praedicta mollities causatur dupliciter. uno modo, ex consuetudine, cum enim aliquis consuetus est voluptatibus frui, difficilius potest earum absentiam sustinere. alio modo, ex naturali dispositione, quia videlicet habent animum minus constantem, propter fragilitatem complexionis. et hoc modo comparantur feminae ad masculos, * ut philosophus dicit, in vii ethic.. ‘ et ideo illi qui muliebria patiuntur molles dicuntur, quasi muliebres effecti.
ra2 ‘ Ad secundum dicendum quod voluptati corporali opponitur labor, et ideo res laboriosae tantum impediunt voluptates. deliciosi autem dicuntur qui non possunt sustinere aliquos labores, nec aliquid quod voluptatem diminuat, * unde dicitur deut. xxviii, ° tenera mulier et delicata, quae super terram ingredi non valebat, nec pedis vestigium figere, propter mollitiem. ‘ et ideo delicia quaedam mollities est. sed mollities proprie respicit defectum delectationum, deliciae autem causam impeditivam delectationis, puta laborem vel aliquid huiusmodi.
ra3 ‘ Ad tertium dicendum quod in ludo duo est considerare. uno quidem modo, delectationem, et sic inordinate lusivus opponitur eutrapeliae. alio modo in ludo consideratur quaedam remissio sive quies, quae opponitur labori. et ideo sicut non posse sustinere laboriosa pertinet ad mollitiem, ita etiam nimis appetere remissionem ludi, vel quamcumque aliam quietem.

009 ST3 qu138 ar2

ag1 ‘ Ad secundum sic proceditur. videtur quod pertinacia non opponatur perseverantiae. * dicit enim gregorius, xxxi moral., quod “ pertinacia oritur ex inani gloria. ‘ sed inanis gloria non opponitur perseverantiae, sed magis magnanimitati, * ut supra dictum est. ‘ ergo pertinacia non opponitur perseverantiae.
ag2 ‘ Praeterea, si opponitur perseverantiae, aut opponitur ei per excessum, aut per defectum. sed non opponitur ei per excessum, quia etiam pertinax cedit alicui delectationi et tristitiae; * quia, ut dicit philosophus, in vii ethic., ° gaudent vincentes, et tristantur si sententiae eorum infirmae appareant. ‘ si autem per defectum, erit idem quod mollities, quod patet esse falsum. nullo ergo modo pertinacia opponitur perseverantiae.
ag3 ‘ Praeterea, sicut perseverans persistit in bono contra tristitias, ita continens et temperatus contra delectationes, et fortis contra timores, et mansuetus contra iras. sed pertinax dicitur aliquis ex eo quod nimis in aliquo persistit. ergo pertinacia non magis opponitur perseverantiae quam aliis virtutibus.
sc * Sed contra est quod tullius dicit, in sua rhetorica, quod ‘ ita se habet pertinacia ad perseverantiam sicut superstitio ad religionem. sed superstitio opponitur religioni, * ut supra dictum est. ‘ ergo et pertinacia perseverantiae.
co * Respondeo dicendum quod, sicut isidorus dicit, in libro etymol., “ pertinax dicitur aliquis qui est impudenter tenens, quasi omnia tenax. et hic idem dicitur pervicax, eo quod ° in proposito suo ad victoriam perseverat, antiqui enim dicebant viciam quam nos victoriam. * et hos philosophus vocat, in vii ethic., “ ischyrognomones, idest fortis sententiae, vel idiognomones, idest propriae sententiae, ‘ quia scilicet perseverant in propria sententia plus quam oportet; mollis autem minus quam oportet; perseverans autem secundum quod oportet. unde patet quod perseverantia laudatur sicut in medio existens; pertinax autem vituperatur sicut secundum excessum medii mollis autem secundum defectum.
ra1 ‘ Ad primum ergo dicendum quod ideo aliquis nimis persistit in propria sententia, quia per hoc vult suam excellentiam manifestare. et ideo oritur ex inani gloria sicut ex causa. * dictum est autem supra quod ‘ oppositio vitiorum ad virtutes non attenditur secundum causam, sed secundum propriam speciem.
ra2 ‘ Ad secundum dicendum quod pertinax excedit quidem in hoc quod inordinate persistit in aliquo contra multas difficultates, habet tamen aliquam delectationem in fine, sicut et fortis et etiam perseverans. quia tamen illa delectatio est vitiosa, ex hoc quod nimis eam appetit et contrariam tristitiam fugit, assimilatur incontinenti vel molli.
ra3 ‘ Ad tertium dicendum quod aliae virtutes, etsi persistant contra impetus passionum, non tamen proprie laus earum est ex persistendo, sicut laus perseverantiae. laus vero continentiae magis videtur ex vincendo delectationes. et ideo pertinacia directe opponitur perseverantiae.

009 ST3 qu139 ar

pr ‘ Deinde considerandum est de dono quod respondet fortitudini, quod est fortitudinis donum. et circa hoc quaeruntur duo. primo, utrum fortitudo sit donum. secundo, quid respondeat ei in beatitudinibus et fructibus.

009 ST3 qu139 ar1

ag1 ‘ Ad primum sic proceditur. videtur quod fortitudo non sit donum. virtutes enim a donis differunt. sed fortitudo est virtus. ergo non debet poni donum.
ag2 ‘ Praeterea, actus donorum manent in patria, * ut supra habitum est. ‘ sed actus fortitudinis non manent in patria, * dicit enim gregorius, in i moral., quod ° fortitudo dat fiduciam trepidanti contra adversa; ‘ quae nulla erunt in patria. ergo fortitudo non est donum.
ag3 ‘ Praeterea, * augustinus dicit, in ii de doctr. christ., quod ° fortitudinis est ab omni transeuntium mortifera iucunditate seipsum sequestrare. ‘ sed circa noxias iucunditates seu delectationes magis consistit temperantia quam fortitudo. ergo videtur quod fortitudo non sit donum respondens virtuti fortitudinis.
sc ‘ Sed contra est quod * isaiae xi ‘ fortitudo inter alia dona spiritus sancti computatur.
co ‘ Respondeo dicendum quod fortitudo importat quandam animi firmitatem, * ut supra dictum est, ‘ et haec quidem firmitas animi requiritur et in bonis faciendis et in malis perferendis, et praecipue in arduis bonis vel malis. homo autem secundum proprium et connaturalem sibi modum hanc firmitatem in utroque potest habere, ut non deficiat a bono propter difficultatem vel alicuius ardui operis implendi, vel alicuius gravis mali perferendi, et secundum hoc fortitudo ponitur virtus specialis vel generalis, * ut supra dictum est. ‘ sed ulterius a spiritu sancto movetur animus hominis ad hoc quod perveniat ad finem cuiuslibet operis inchoati, et evadat quaecumque pericula imminentia. quod quidem excedit naturam humanam, quandoque enim non subest potestati hominis ut consequatur finem sui operis, vel evadat mala seu pericula, cum quandoque opprimatur ab eis in mortem. sed hoc operatur spiritus sanctus in homine, dum perducit eum ad vitam aeternam, quae est finis omnium bonorum operum et evasio omnium periculorum. et huius rei infundit quandam fiduciam menti spiritus sanctus, contrarium timorem excludens. et secundum hoc fortitudo donum spiritus sancti ponitur, * dictum est enim supra quod |25| ‘ dona respiciunt motionem animae a spiritu sancto.
ra1 ‘ Ad primum ergo dicendum quod fortitudo quae est virtus perficit animam ad sustinendum quaecumque pericula, sed non sufficit dare fiduciam evadendi quaecumque pericula, sed hoc pertinet ad fortitudinem quae est donum spiritus sancti.
ra2 ‘ Ad secundum dicendum quod dona non habent eosdem actus in patria quos habent in via, sed ibi habent actus circa perfruitionem finis. unde actus fortitudinis ibi est perfrui plena securitate a laboribus et malis.
ra3 ‘ Ad tertium dicendum quod donum fortitudinis respicit virtutem fortitudinis non solum secundum quod consistit in sustinendo pericula, sed etiam secundum quod consistit in quocumque arduo opere faciendo. et ideo donum fortitudinis dirigitur a dono consilii, quod videtur praecipue esse de melioribus bonis.

009 ST3 qu139 ar2

ag1 * Ad secundum sic proceditur. videtur quod quarta beatitudo, scilicet ° beati qui esuriunt et sitiunt iustitiam, ‘ non respondeat dono fortitudinis. donum enim fortitudinis non respondet virtuti iustitiae, sed potius donum pietatis. sed esurire, et sitire iustitiam pertinet ad actum iustitiae. ergo ista beatitudo magis pertinet ad donum pietatis quam ad donum fortitudinis.
ag2 ‘ Praeterea, esuries et sitis iustitiae importat desiderium boni. sed hoc proprie pertinet ad caritatem, cui non respondet donum fortitudinis, sed magis donum sapientiae, * ut supra habitum est. ‘ ergo ista beatitudo non respondet dono fortitudinis, sed dono sapientiae.
ag3 ‘ Praeterea, fructus consequuntur ad beatitudines, quia de ratione beatitudinis est delectatio, * ut dicitur in i ethic.. ‘ sed in fructibus non videtur aliquid poni quod pertineat ad fortitudinem. ergo neque aliqua beatitudo ei respondet.
sc ‘ Sed contra est quod * augustinus dicit, in libro de serm. dom. in monte, ° fortitudo congruit esurientibus, laborant enim, desiderantes gaudium de veris bonis, amorem a terrenis avertere cupientes.
co * Respondeo dicendum quod, sicut supra dictum est, * augustinus attribuit beatitudines donis secundum ordinem “ enumerationis, considerata tamen aliqua convenientia. et ideo quartam beatitudinem, scilicet de esurie et siti iustitiae, attribuit quarto dono, scilicet dono fortitudinis. ‘ est tamen ibi aliqua convenientia. * quia sicut dictum est, ‘ fortitudo in arduis consistit. est autem valde arduum quod aliquis non solum opera virtuosa faciat, quae communiter dicuntur opera iustitiae; sed quod faciat ea cum insatiabili quodam desiderio, quod potest significari per famem et sitim iustitiae.
ra1 ‘ Ad primum ergo dicendum quod, * sicut chrysostomus dicit, super matth., ‘ iustitia hic potest accipi non solum particularis, sed etiam universalis; quae se habet ad omnium virtutum opera, * ut dicitur in v

ethic.. ' in quibus arduum intendit fortitudo quae est donum.
ra2 ' Ad secundum dicendum quod caritas est radix omnium donorum et virtutum, * ut supra dictum est. ' et ideo quidquid pertinet ad fortitudinem potest etiam ad caritatem pertinere.
ra3 ' Ad tertium dicendum quod inter fructus ponuntur duo quae sufficienter correspondent dono fortitudinis, scilicet patientia, quae respicit sustinentiam malorum; et longanimitas, quae respicere potest diuturnam expectationem et operationem bonorum.

009 ST3 qu140 ar

pr ' Deinde considerandum est de praeceptis fortitudinis. et primo, de praeceptis ipsius fortitudinis. secundo, de praeceptis partium eius.

009 ST3 qu140 ar1

ag1 ' Ad primum sic proceditur. videtur quod non convenienter in lege divina praecepta fortitudinis tradantur. lex enim nova perfectior est veteri lege. sed in veteri lege ponuntur aliqua praecepta fortitudinis, * ut patet deut. xx. ' ergo et in nova lege aliqua praecepta fortitudinis danda fuerunt.
ag2 ' Praeterea, praecepta affirmativa videntur esse potiora praeceptis negativis, quia affirmativa includunt negativa, sed non e converso. inconvenienter igitur in lege divina ponuntur praecepta fortitudinis solum negativa, timorem prohibentia.
ag3 ' Praeterea, fortitudo est una de virtutibus principalibus, * ut supra habitum est. ' sed praecepta ordinantur ad virtutes sicut ad fines, unde debent eis proportionari. ergo et praecepta fortitudinis debuerunt poni inter praecepta decalogi, quae sunt principalia legis praecepta.
sc * Sed contrarium apparet ex traditione sacrae scripturae.
co ' Respondeo dicendum quod praecepta legis ordinantur ad intentionem legislatoris. unde secundum diversos fines quos intendit legislator, oportet diversimode praecepta legis institui. unde et in rebus humanis alia sunt praecepta democratica, alia regia, alia tyrannica. finis autem legis divinae est ut homo inhaereat deo. et ideo praecepta legis divinae, tam de fortitudine quam de aliis virtutibus, dantur secundum quod convenit ordinationi mentis in deum. * et propter hoc deut. xx dicitur, ° non formidetis eos, quia dominus deus vester in medio vestri est, et pro vobis contra adversarios dimicabit. ' leges autem humanae ordinantur ad aliqua mundana bona. secundum quorum conditionem praecepta fortitudinis in humanis legibus inveniuntur.
ra1 ' Ad primum ergo dicendum quod vetus testamentum habebat temporalia promissa, novum autem spiritualia et aeterna, * ut augustinus dicit, contra faust.. ' et ideo necessarium fuit ut in veteri lege populus instrueretur qualiter pugnare deberet etiam corporaliter, pro terrena possessione acquirenda. in novo autem instruendi fuerunt homines qualiter, spiritualiter certando, ad possessionem vitae aeternae pervenirent, * secundum illud matth. xi, ° regnum caelorum vim patitur, et violenti diripiunt illud. * unde et petrus praecipit, i pet. ult., ° adversarius vester diabolus tanquam leo rugiens circuit, quaerens quem devoret, cui resistite fortes in fide; * et iac. iv, ° resistite diabolo, et fugiet a vobis. ' quia tamen homines ad spiritualia bona tendentes ab eis retrahi possent per corporalia pericula, fuerunt etiam in lege divina danda fortitudinis praecepta ad sustinenda fortiter temporalia mala, * secundum illud matth. x, ° nolite timere eos qui occidunt corpus.
ra2 ' Ad secundum dicendum quod lex suis praeceptis habet communem instructionem. ea vero quae sunt agenda in periculis non possunt ad aliquid commune reduci, sicut ea quae sunt vitanda. et ideo praecepta fortitudinis magis dantur negative quam affirmative.
ra3 * Ad tertium dicendum quod, sicut dictum est, ' praecepta decalogi ponuntur in lege sicut prima principia, quae statim debent esse omnibus nota. et ideo praecepta decalogi debuerunt esse principaliter de actibus iustitiae, in quibus manifeste invenitur ratio debiti, non autem de actibus fortitudinis, quia non ita manifeste videtur esse debitum quod aliquis mortis pericula non reformidet.

009 ST3 qu140 ar2

ag1 ' Ad secundum sic proceditur. videtur quod inconvenienter tradantur praecepta in lege divina de partibus fortitudinis. sicut enim patientia et perseverantia sunt partes fortitudinis, ita etiam magnificentia et magnanimitas sive fiducia, * ut ex supra dictis patet. ' sed de patientia inveniuntur aliqua praecepta tradita in lege divina, similiter autem et de perseverantia. ergo, pari ratione, de magnificentia et magnanimitate aliqua praecepta tradi debuerunt.
ag2 ' Praeterea, patientia est virtus maxime necessaria, cum sit custos aliarum virtutum, * ut gregorius dicit. ' sed de aliis virtutibus dantur praecepta absolute. non ergo de patientia fuerunt danda praecepta " quae intelligantur solum secundum praeparationem animi, * ut augustinus dicit, in libro serm. dom. in monte.
ag3 ' Praeterea, patientia et perseverantia sunt partes fortitudinis, * ut dictum est. ' sed de fortitudine non dantur praecepta affirmativa, sed solum negativa, * ut supra habitum est. ' ergo etiam neque de patientia et perseverantia fuerunt danda praecepta affirmativa, sed solum negativa.
sc * Sed contrarium habetur ex traditione sacrae scripturae.
co ' Respondeo dicendum quod lex divina perfecte informat hominem de his quae sunt necessaria ad recte vivendum. indiget autem homo ad recte vivendum non solum virtutibus principalibus, sed etiam virtutibus secundariis et adiunctis. et ideo in lege divina, sicut dantur convenientia praecepta de actibus virtutum principalium, ita etiam dantur convenientia praecepta de actibus secundariarum virtutum et adiunctarum.
ra1 ' Ad primum ergo dicendum quod magnificentia et magnanimitas non pertinent ad genus fortitudinis nisi secundum quandam magnitudinis excellentiam quam circa propriam materiam considerant. ea autem quae pertinent ad excellentiam magis cadunt sub consiliis perfectionis quam sub praeceptis necessitatis. et ideo de magnificentia et magnanimitate non fuerunt danda praecepta, sed magis consilia. afflictiones autem et labores praesentis vitae pertinent ad patientiam et perseverantiam non ratione alicuius magnitudinis in eis consideratae, sed ratione ipsius generis. et ideo de patientia et perseverantia fuerunt danda praecepta.
ra2 * Ad secundum dicendum quod, sicut supra dictum est, ' praecepta affirmativa, etsi semper obligent, non tamen obligant ad semper, sed pro loco et tempore. et ideo sicut praecepta affirmativa quae de patientia dantur, sunt accipienda secundum praeparationem animi, ut scilicet homo sit paratus ea adimplere cum opus fuerit, ita etiam et praecepta patientiae.
ra3 ' Ad tertium dicendum quod fortitudo, secundum quod distinguitur a patientia et perseverantia, est circa maxima pericula, in quibus cautius est agendum, nec oportet aliquid determinari in particulari quid sit faciendum. sed patientia et perseverantia sunt circa minores afflictiones et labores. et ideo magis sine periculo potest in eis determinari quid sit agendum, maxime in universali.

009 ST3 qu141 ar

pr ' Consequenter considerandum est de temperantia. et primo quidem, de ipsa temperantia; secundo, de partibus eius; tertio, de praeceptis ipsius. circa temperantiam autem, primo considerare oportet de ipsa temperantia; secundo, de vitiis oppositis. circa primum quaeruntur octo. primo, utrum temperantia sit virtus. secundo, utrum sit virtus specialis. tertio, utrum sit solum circa concupiscentias et delectationes. quarto, utrum sit solum circa delectationes tactus. quinto, utrum sit circa delectationes gustus inquantum est gustus, vel solum inquantum est tactus quidam. sexto, quae sit regula temperantiae. septimo, utrum sit virtus cardinalis seu principalis. octavo, utrum sit potissima virtutum.

009 ST3 qu141 ar1

ag1 ' Ad primum sic proceditur. videtur quod temperantia non sit virtus. nulla enim virtus repugnat inclinationi naturae, eo quod ° in nobis est naturalis aptitudo ad virtutem, * ut dicitur in ii ethic.. ' sed temperantia retrahit a delectationibus, ad quas natura inclinat, * ut dicitur in ii ethic.. ' ergo temperantia non est virtus.
ag2 ' Praeterea, virtutes sunt connexae ad invicem, * ut supra habitum est. ' sed aliqui habent temperantiam qui non habent alias virtutes, multi enim inveniuntur temperati qui tamen sunt avari vel timidi. ergo temperantia non est virtus.
ag3 ' Praeterea, cuilibet virtuti respondet aliquod donum, * ut ex supra dictis patet. ' sed temperantiae non videtur aliquod donum respondere, * quia iam in superioribus ' dona omnia sunt aliis virtutibus attributa. ergo temperantia non est virtus.
sc * Sed contra est quod augustinus dicit, in vi musicae, ° ea est virtus quae temperantia nominatur.
co * Respondeo dicendum quod, sicut supra dictum est, ' de ratione virtutis est ut inclinet hominem ad bonum. " bonum autem hominis est secundum rationem esse, * ut dionysius dicit, iv cap. de div. nom.. ' et ideo virtus humana est quae inclinat ad id quod est secundum rationem. manifeste autem ad hoc inclinat temperantia, nam in ipso eius nomine importatur quaedam moderatio seu temperies, quam ratio facit. et ideo temperantia est virtus.
ra1 ' Ad primum ergo dicendum quod natura inclinat in id quod est conveniens unicuique. unde homo naturaliter appetit delectationem sibi convenientem. quia vero homo, inquantum huiusmodi, est rationalis, consequens est quod delectationes sunt homini convenientes quae sunt secundum rationem. et ab his non retrahit temperantia, sed potius ab his quae sunt contra rationem. unde patet quod temperantia non contrariatur inclinationi naturae humanae, sed convenit cum ea. contrariatur tamen inclinationi naturae bestialis non subiectae rationi.
ra2 ' Ad secundum dicendum quod temperantia, secundum quod perfecte habet rationem virtutis, non est sine prudentia, qua carent quicumque vitiosi. et ideo illi qui carent aliis virtutibus, oppositis vitiis subditi, non habent temperantiam quae est virtus, sed operantur actus temperantiae ex quadam naturali dispositione, prout virtutes quaedam imperfectae sunt hominibus naturales, * ut supra dictum est; ' vel per consuetudinem acquisita, quae sine prudentia non habet perfectionem rationis, * ut supra dictum est.
ra3 ' Ad tertium dicendum quod temperantiae etiam respondet aliquod donum, scilicet timoris, quo aliquis refrenatur a delectationibus carnis, * secundum illud psalmi, ° confige timore tuo carnes meas. ' donum autem timoris principaliter quidem respicit deum, cuius offensam vitat, et secundum hoc correspondet virtuti spei, * ut supra dictum est. ' secundario autem potest respicere quaecumque aliquis refugit ad vitandam dei offensam. maxime autem homo indiget timore divino ad fugiendum ea quae maxime alliciunt, circa quae est temperantia. et ideo temperantiae etiam respondet donum timoris.

009 ST3 qu141 ar2

ag1 ' Ad secundum sic proceditur. videtur quod temperantia non sit specialis virtus. dicit enim * augustinus, in libro de moribus eccle., quod " ad temperantiam pertinet deo sese integrum incorruptumque servare. sed ' hoc convenit omni virtuti. ergo temperantia est virtus generalis.
ag2 * Praeterea, ambrosius dicit, in i de offic., quod ° in temperantia maxime tranquillitas animi spectatur et quaeritur. ' sed hoc pertinet ad omnem virtutem. ergo temperantia est generalis virtus.
ag3 * Praeterea, tullius dicit, in i de offic., quod ° decorum ab honesto nequit separari, et quod iusta omnia decora sunt. ' sed decorum proprie consideratur in temperantia, * ut ibidem dicitur. ' ergo temperantia non est specialis virtus.
sc ' Sed contra est quod * philosophus, in ii et iii ethic., ponit eam specialem virtutem.
co ' Respondeo dicendum quod, secundum consuetudinem humanae locutionis, aliqua nomina communia restringuntur ad ea quae sunt praecipua inter illa quae sub tali communitate continentur, sicut nomen urbis accipitur antonomastice pro roma. sic igitur nomen temperantiae dupliciter accipi potest. uno modo, secundum communitatem suae significationis. et sic temperantia non est virtus specialis, sed generalis, quia nomen temperantiae significat quandam temperiem, idest moderationem, quam ratio ponit in humanis operationibus et passionibus; quod est commune in omni virtute morali. differt tamen ratione temperantia a fortitudine etiam secundum quod utraque sumitur ut virtus communis. nam temperantia retrahit ab his quae contra rationem appetitum alliciunt, fortitudo autem impellit ad ea sustinenda vel aggredienda propter quae homo refugit bonum rationis. si vero consideretur antonomastice temperantia, secundum quod refrenat appetitum ab his quae maxime alliciunt hominem, sic est specialis virtus, utpote habens specialem materiam, sicut et fortitudo.
ra1 ' Ad primum ergo dicendum quod appetitus hominis maxime corrumpitur per ea quibus allicitur homo ad recedendum a regula rationis et legis divinae. et ideo, sicut ipsum temperantiae nomen dupliciter potest sumi, uno modo communiter, alio modo excellenter; ita et integritas, * quam temperantiae augustinus attribuit.
ra2 ' Ad secundum dicendum quod ea circa quae est temperantia maxime possunt animum inquietare, propter hoc quod sunt homini essentialia, * ut infra dicetur. ' et ideo tranquillitas animi per quandam excellentiam attribuitur temperantiae, quamvis communiter conveniat omnibus virtutibus.
ra3 ' Ad tertium dicendum quod quamvis pulchritudo conveniat cuilibet virtuti, excellenter tamen attribuitur temperantiae, duplici ratione. primo quidem, secundum communem rationem temperantiae, ad quam pertinet quaedam moderata et conveniens proportio, in qua consistit ratio pulchritudinis, * ut patet per dionysium, iv cap. de div. nom.. ' alio modo, quia ea a quibus refrenat temperantia sunt infima in homine, convenientia sibi secundum naturam bestialem, * ut infra dicetur, ' et ideo ex eis maxime natus est homo deturpari. et per consequens pulchritudo maxime attribuitur temperantiae, quae praecipue turpitudinem hominis tollit. et ex eadem etiam ratione honestum maxime attribuitur temperantiae. * dicit enim isidorus, in libro etymol., ° honestus dicitur quod nihil habeat turpitudinis, nam honestas dicitur quasi honoris status, ' qui maxime consideratur in temperantia, quae repellit vitia maxime opprobriosa, * ut infra dicetur.

009 ST3 qu141 ar3

ag1 ' Ad tertium sic proceditur. videtur quod temperantia non sit solum circa concupiscentias et delectationes. * dicit enim tullius, in sua rhetorica, quod ° temperantia est rationis in libidinem atque in alios non rectos impetus animi firma et moderata dominatio. ' sed impetus animi dicuntur omnes animae passiones. ergo videtur quod temperantia non sit solum circa concupiscentias et delectationes.
ag2 ' Praeterea, virtus est circa difficile et bonum. sed difficilius videtur esse temperare timorem, maxime circa pericula mortis, quam moderari concupiscentias et delectationes, quae propter dolores et per-

icula mortis contemnuntur, * ut augustinus dicit, in libro octogintatrium quaest.. ' ergo videtur quod virtus temperantiae non sit praecipue circa concupiscentias et delectationes.

ag3 " Praeterea, ad temperantiam pertinet moderationis gratia, * ut ambrosius dicit, in i de offic.. et tullius dicit, in i de offic., quod ° ad temperantiam pertinet omnis sedatio perturbationum animi, et rerum modus. ' oportet autem modum ponere non solum in concupiscentiis et delectationibus, sed etiam in exterioribus actibus et quibuslibet exterioribus. ergo temperantia non est solum circa concupiscentias et delectationes.

sc * Sed contra est quod isidorus dicit, in libro etymol., quod " temperantia est qua libido concupiscentiaque refrenatur.

co * Respondeo dicendum quod, sicut supra dictum est, ' ad virtutem moralem pertinet conservatio boni rationis contra passiones rationi repugnantes. motus autem passionum animae est duplex, * ut supra dictum est, cum de passionibus ageretur. ' unus quidem secundum quod appetitus sensitivus prosequitur sensibilia et corporalia bona; alius autem secundum quod refugit sensibilia et corporalia mala. primus autem motus appetitus sensitivi praecipue repugnat rationi per immoderantiam. nam bona sensibilia et corporalia, secundum suam speciem considerata, non repugnant rationi, sed magis serviunt ei, sicut instrumenta quibus ratio utitur ad consecutionem proprii finis. repugnant autem ei praecipue secundum quod appetitus sensitivus in ea tendit non secundum modum rationis. et ideo ad virtutem moralem proprie pertinet moderari huiusmodi passiones quae important prosecutionem boni. motus autem appetitus sensitivi refugientis mala sensibilia, praecipue contrariatur rationi non quidem secundum suam immoderantiam, sed maxime secundum suum effectum, prout scilicet aliquis, refugiendo mala sensibilia et corporalia, quae interdum concomitantur bonum rationis, per consequens discedit ab ipso bono rationis. et ideo ad virtutem moralem pertinet in huiusmodi firmitatem praestare in bono rationis. sicut ergo virtus fortitudinis, de cuius ratione est firmitatem |25| praestare, praecipue consistit circa passionem pertinentem ad fugam corporalium malorum, scilicet circa timorem; ex consequenti autem circa audaciam, quae aggreditur terribilia sub spe alicuius boni, ita etiam temperantia, quae importat moderationem quandam, praecipue consistit circa passiones tendentes in bona sensibilia, scilicet circa concupiscentiam et delectationem; consequenter autem circa tristitias quae contingunt ex absentia talium delectationum. nam sicut audacia praesupponit terribilia, ita etiam tristitia talis provenit ex absentia praedictarum delectationum.

ra1 ' Ad primum ergo dicendum quod, * sicut supra dictum est, cum de passionibus ageretur, ' passiones quae pertinent ad fugam mali praesupponunt passiones quae pertinent ad prosecutionem boni, et passiones irascibilis praesupponunt passiones concupiscibilis. et sic, dum temperantia directe modificat passiones concupiscibilis tendentes in bonum, per quandam consequentiam modificat omnes alias passiones, inquantum ad moderantiam priorum sequitur moderantia posteriorum. qui enim non immoderate concupiscit, consequens est ut moderate speret, et moderate de absentia concupiscibilium tristetur.

ra2 ' Ad secundum dicendum quod concupiscentia importat impetum quendam appetitus in delectabile, qui indiget refrenatione, quod pertinet ad temperantiam. sed timor importat retractionem quandam animi ab aliquibus malis, contra quod indiget homo animi firmitate, quam praestat fortitudo. et ideo temperantia proprie est circa concupiscentias, fortitudo circa timores.

ra3 ' Ad tertium dicendum quod exteriores actus procedunt ab interioribus animae passionibus. et ideo moderatio eorum dependet a moderatione interiorum passionum.

009 ST3 qu141 ar4

ag1 ' Ad quartum sic proceditur. videtur quod temperantia non solum sit circa concupiscentias et delectationes tactus. * dicit enim augustinus, in libro de moribus eccle., quod ° munus temperantiae est in coercendis sedandisque cupiditatibus, quibus inhiamus in ea quae nos avertunt a legibus dei et a fructu bonitatis eius. * et post pauca subdit quod ° officium temperantiae est contemnere omnes corporeas illecebras, laudemque popularem. ' sed non solum cupiditates delectationum tactus avertunt nos a legibus dei, sed etiam concupiscentiae delectationum aliorum sensuum, quae etiam pertinent ad illecebras corporales, et similiter cupiditates divitiarum, vel etiam mundanae gloriae, * unde dicitur, i ad tim. ult., quod ° radix omnium malorum est cupiditas. ' ergo temperantia non est solum circa concupiscentias delectationum tactus.

ag2 * Praeterea, philosophus dicit, in iv ethic., quod ° ille qui est parvis dignus et his dignificat seipsum, est temperatus, non autem magnanimus. ' sed honores parvi vel magni, de quibus ibi loquitur, non sunt delectabiles secundum tactum, sed secundum apprehensionem animalem. ergo temperantia non est solum circa concupiscentias delectationum tactus.

ag3 ' Praeterea, ea quae sunt unius generis, videntur eadem ratione pertinere ad materiam alicuius virtutis. sed omnes delectationes sensuum videntur esse unius generis. ergo pari ratione pertinent ad materiam temperantiae.

ag4 ' Praeterea, delectationes spirituales sunt maiores quam corporales, * ut supra habitum est, cum de passionibus ageretur. ' sed quandoque propter concupiscentias delectationum spiritualium aliqui discedunt a legibus dei et a statu virtutis, sicut propter curiositatem scientiae. unde et primo homini diabolus scientiam promisit, * gen. iii, dicens, ° eritis sicut dii, scientes bonum et malum. ' ergo non solum est temperantia circa delectationes tactus.

ag5 ' Praeterea, si delectationes tactus essent propria materia temperantiae, oporteret quod circa omnes delectationes tactus temperantia esset. non autem est circa omnes, puta circa eas quae sunt in ludis. ergo delectationes tactus non sunt propria materia temperantiae.

sc ' Sed contra est quod * philosophus dicit, in iii ethic., quod " temperantia proprie est circa concupiscentias et delectationes tactus.

co * Respondeo dicendum quod, sicut dictum est, ' ita est temperantia circa concupiscentias et delectationes sicut fortitudo circa timores et audacias. fortitudo autem est circa timores et audacias respectu maximorum malorum, quibus ipsa natura extinguitur, quae sunt pericula mortis. unde similiter temperantia oportet quod sit circa concupiscentias maximarum delectationum. et quia delectatio consequitur operationem connaturalem, tanto aliquae delectationes sunt vehementiores quanto consequuntur operationes magis naturales. maxime autem naturales animalibus sunt operationes quibus conservatur natura individui per cibum et potum, et natura speciei per coniunctionem maris et feminae. et ideo circa delectationes ciborum et potuum, et circa delectationes venereorum, est proprie temperantia. huiusmodi autem delectationes consequuntur sensum tactus. unde relinquitur quod temperantia sit circa delectationes tactus.

ra1 * Ad primum ergo dicendum quod augustinus ibi videtur accipere ' temperantiam non secundum quod est specialis virtus habens determinatam materiam, sed secundum quod ad eam pertinet moderatio rationis in quacumque materia, quod pertinet ad generalem conditionem virtutis. quamvis etiam dici possit quod ille qui potest refrenare maximas delectationes, multo etiam magis potest refrenare minores delectationes. et ideo ad temperantiam principaliter quidem et proprie pertinet moderari concupiscentias delectationum tactus, secundario autem, alias concupiscentias.

ra2 * Ad secundum dicendum quod philosophus ibi refert nomen ' temperantiae ad moderationem exteriorum rerum, dum scilicet aliquis tendit in aliqua sibi commensurata, non autem prout refertur ad moderationem affectionum animae, quae pertinet ad virtutem temperantiae.

ra3 ' Ad tertium dicendum quod delectationes aliorum sensuum aliter se habent in hominibus, et aliter in aliis animalibus. in aliis enim animalibus ex aliis sensibus non causantur delectationes nisi in ordine ad sensibilia tactus, sicut leo delectatur videns cervum vel audiens vocem eius, propter cibum. homo autem delectatur secundum alios sensus non solum propter hoc, sed etiam propter convenientiam sensibilium. et sic circa delectationes aliorum sensuum, inquantum referuntur ad delectationes tactus, est temperantia, non principaliter, sed ex consequenti. inquantum autem sensibilia aliorum sensuum sunt delectabilia propter sui convenientiam, sicut cum delectatur homo in sono bene harmonizato, ista delectatio non pertinet ad conservationem naturae. unde non habent huiusmodi passiones illam principalitatem ut circa eas antonomastice temperantia dicatur.

ra4 ' Ad quartum dicendum quod delectationes spirituales, etsi secundum suam naturam sint maiores delectationibus corporalibus, tamen non ita percipiuntur sensu. et per consequens non ita vehementer afficiunt appetitum sensitivum, contra cuius impetum bonum rationis conservatur per moralem virtutem. vel dicendum quod delectationes spirituales, per se loquendo, sunt secundum rationem. unde non sunt refrenandae, nisi per accidens, inquantum scilicet una delectatio spiritualis retrahit ab alia potiori et magis debita.

ra5 ' Ad quintum dicendum quod non omnes delectationes tactus pertinent ad naturae conservationem. et ideo non oportet quod circa omnes delectationes tactus sit temperantia.

009 ST3 qu141 ar5

ag1 ' Ad quintum sic proceditur. videtur quod circa proprias delectationes gustus sit temperantia. delectationes enim gustus sunt in cibis et potibus, qui sunt magis necessarii ad vitam hominis quam delectationes venereorum, quae pertinent ad tactum. * sed secundum praedicta, ' temperantia est circa delectationes eorum quae sunt necessaria ad vitam hominis. ergo temperantia est magis circa proprias delectationes gustus quam circa proprias delectationes tactus.

ag2 ' Praeterea, temperantia est circa passiones magis quam circa res ipsas. * sed sicut dicitur in ii de anima, " tactus videtur esse sensus alimenti, quantum ad ipsam substantiam alimenti, sapor autem, qui est proprie obiectum gustus, est sicut delectamentum alimentorum. ' ergo temperantia magis est circa gustum quam circa tactum.

ag3 * Praeterea, sicut dicitur in vii ethic., ° circa eadem sunt temperantia et intemperantia, continentia et incontinentia, perseverantia et mollities, ' ad quam pertinent deliciae. sed ad delicias videtur pertinere delectatio quae est in saporibus, qui pertinent ad gustum. ergo temperantia est circa delectationes proprias gustus.

sc * Sed contra est quod philosophus dicit quod " temperantia et intemperantia videntur gustu parum vel nihil uti.

co * Respondeo dicendum quod, sicut dictum est, ' temperantia consistit circa praecipuas delectationes, quae maxime pertinent ad conservationem humanae vitae, vel in specie vel in individuo. in quibus aliquid consideratur principaliter, aliquid autem secundario. principaliter quidem ipse usus rei necessariae, puta vel feminae, quae est necessaria ad conservationem speciei; vel cibi vel potus, quae sunt necessaria ad conservationem individui. et ipse usus horum necessariorum habet quandam essentialem delectationem adiunctam. secundario autem consideratur circa utrumque usum aliquid quod facit ad hoc quod usus sit magis delectabilis, sicut pulchritudo et ornatus feminae, et sapor delectabilis in cibo, et etiam odor. et ideo principaliter temperantia est circa delectationem tactus, quae per se consequitur ipsum usum rerum necessariarum, quarum omnis usus est in tangendo. circa delectationes autem vel gustus vel olfactus vel visus, est temperantia et intemperantia secundario, inquantum sensibilia horum sensuum conferunt ad delectabilem usum rerum necessariarum, qui pertinet ad tactum. quia tamen gustus propinquior est tactui quam alii sensus, ideo temperantia magis est circa gustum quam circa alios sensus.

ra1 ' Ad primum ergo dicendum quod etiam ipse usus ciborum, et delectatio essentialiter ipsum consequens, ad tactum pertinet, * unde philosophus dicit, in ii de anima, quod ° tactus est sensus alimenti, nutrimur enim calido et frigido, humido et sicco. ' sed ad gustum pertinet discretio saporum, qui conferunt ad delectationem alimenti, inquantum sunt signa convenientis nutrimenti.

ra2 ' Ad secundum dicendum quod delectatio saporis est quasi superveniens, sed delectatio tactus per se consequitur usum cibi et potus.

ra3 ' Ad tertium dicendum quod deliciae principaliter quidem consistunt in ipsa substantia alimenti, sed secundario in exquisito sapore et praeparatione ciborum.

009 ST3 qu141 ar6

ag1 ' Ad sextum sic proceditur. videtur quod regula temperantiae non sit sumenda secundum necessitatem praesentis vitae. superius enim non regulatur ab inferiori. sed temperantia, cum sit virtus animae, est superior quam necessitas corporalis. ergo regula temperantiae non debet sumi secundum necessitatem corporalem.

ag2 ' Praeterea, quicumque excedit regulam, peccat. si ergo necessitas corporalis esset regula temperantiae, quicumque aliqua delectatione uteretur supra necessitatem naturae, quae valde modicis contenta est, peccaret contra temperantiam. quod videtur esse inconveniens.

ag3 ' Praeterea, nullus attingens regulam peccat. si ergo necessitas corporalis esset regula temperantiae, quicumque uteretur aliqua delectatione propter necessitatem corporalem, puta propter sanitatem, esset immunis a peccato. hoc autem videtur esse falsum. ergo necessitas corporalis non est regula temperantiae.

sc * Sed contra est quod augustinus dicit, in libro de moribus eccle., ° habet vir temperans in rebus huius vitae regulam utroque testamento firmatam, ut eorum nihil diligat, nihil per se appetendum putet; sed ad vitae huius atque officiorum necessitatem quantum sat est usurpet, utentis modestia, non amantis affectu.

co * Respondeo dicendum quod, sicut ex praedictis patet, ' bonum virtutis moralis praecipue consistit in ordine rationis, " nam bonum hominis est secundum rationem esse, * ut dionysius dicit, iv cap. de div. nom.. ' praecipuus autem ordo rationis consistit ex hoc quod aliqua in finem ordinat, et in hoc ordine maxime consistit bonum rationis nam bonum habet rationem finis, et ipse finis est regula eorum quae sunt ad finem. omnia autem delectabilia quae in usum hominis veniunt, ordinantur ad aliquam vitae huius necessitatem sicut ad finem. et ideo temperantia accipit necessitatem huius vitae sicut regulam delectabilium quibus utitur, ut scilicet tantum eis utatur quantum necessitas huius vitae requirit.

ra1 * Ad primum ergo dicendum quod, sicut dictum est, ' necessitas huius vitae habet rationem regulae inquantum est finis. considerandum est autem quod quandoque aliud est finis operantis, et aliud finis operis, sicut patet quod aedificationis finis est domus, sed aedificatoris finis quandoque est lucrum. sic igitur temperantiae ipsius finis et regula est beatitudo, sed eius rei qua utitur, finis et regula est necessitas

humanae vitae, infra quam est id quod in usum vitae venit.
ra2 ‘ Ad secundum dicendum quod necessitas humanae vitae potest attendi dupliciter, uno modo, secundum quod dicitur necessarium id sine quo res nullo modo potest esse, sicut cibus est necessarius animali; alio modo, secundum quod necessarium dicitur id sine quo res non potest convenienter esse. temperantia autem non solum attendit primam necessitatem, sed etiam secundam, * unde philosophus dicit, in iii ethic., quod ° temperatus appetit delectabilia propter sanitatem, vel propter bonam habitudinem. ‘ alia vero quae ad hoc non sunt necessaria, possunt dupliciter se habere. quaedam enim sunt impedimenta sanitatis vel bonae habitudinis. et his nullo modo temperatus utitur, hoc enim esset peccatum contra temperantiam. quaedam vero sunt quae non sunt his impedimenta. et his moderate utitur, pro loco et tempore et congruentia eorum quibus convivit. * et ideo ibidem philosophus dicit quod et “ temperatus appetit alia delectabilia, quae scilicet non sunt necessaria ad sanitatem vel ad bonam habitudinem, non impedimenta his existentia.
ra3 * Ad tertium dicendum quod, sicut dictum est, ‘ temperantia respicit necessitatem quantum ad convenientiam vitae. quae quidem attenditur non solum secundum convenientiam corporis, sed etiam secundum convenientiam exteriorum rerum, puta divitiarum et officiorum; et multo magis secundum convenientiam honestatis. * et ideo philosophus ibidem subdit quod “ in delectabilibus quibus temperatus utitur, non solum considerat ut non sint impeditiva sanitatis et bonae habitudinis corporalis, sed etiam ut non sint praeter bonum, idest contra honestatem; et quod non sint supra substantiam, idest supra facultatem divitiarum. * et augustinus dicit, in libro de moribus eccle., quod “ temperatus respicit non solum necessitatem huius vitae, sed etiam officiorum.

009 ST3 qu141 ar7

ag1 ‘ Ad septimum sic proceditur. videtur quod temperantia non sit virtus cardinalis. bonum enim virtutis moralis a ratione dependet. sed temperantia est circa ea quae magis distant a ratione, scilicet circa delectationes quae sunt nobis et brutis communes, * ut dicitur in iii ethic.. ‘ ergo temperantia non videtur esse principalis virtus.
ag2 ‘ Praeterea, quanto aliquid est magis impetuosum, tanto difficilius videtur esse ad refrenandum. sed ira, quam refrenat mansuetudo, videtur esse impetuosior quam concupiscentia, quam refrenat temperantia, * dicitur enim prov. xxvii, ° ira non habet misericordiam, nec erumpens furor, et impetum concitati spiritus ferre quis poterit? ‘ ergo mansuetudo est principalior virtus quam temperantia.
ag3 ‘ Praeterea, spes est principalior motus animae quam desiderium seu concupiscentia, * ut supra habitum est. ‘ sed humilitas refrenat praesumptionem immoderatae spei. ergo humilitas videtur esse principalior virtus quam temperantia, quae refrenat concupiscentiam.
sc * Sed contra est quod gregorius, in ii moral., ‘ ponit temperantiam inter virtutes principales.
co * Respondeo dicendum quod, sicut supra dictum est, ‘ virtus principalis seu cardinalis dicitur quae principalius laudatur ex aliquo eorum quae communiter requiruntur ad rationem virtutis. moderatio autem, quae in omni virtute requiritur, praecipue laudabilis est in delectationibus tactus, circa quae est temperantia, tum quia tales delectationes sunt magis nobis naturales, et ideo difficilius est ab eis abstinere et concupiscentias earum refrenare; tum etiam quia earum obiecta magis sunt necessaria praesenti vitae, * ut ex dictis patet. ‘ et ideo temperantia ponitur virtus principalis seu cardinalis.
ra1 ‘ Ad primum ergo dicendum quod tanto maior ostenditur agentis virtus, quanto in ea quae sunt magis distantia potest suam operationem extendere. et ideo ex hoc ipso ostenditur maior virtus rationis quod potest etiam concupiscentias et delectationes maxime distantes moderari. unde hoc pertinet ad principalitatem temperantiae.
ra2 ‘ Ad secundum dicendum quod impetus irae causatur ex quodam accidente, puta ex aliqua laesione contristante, et ideo cito transit, quamvis magnum impetum habeat. sed impetus concupiscentiae delectabilium tactus procedit ex causa naturali, unde est diuturnior et communior. et ideo ad principaliorem virtutem pertinet ipsum refrenare.
ra3 ‘ Ad tertium dicendum quod ea quorum est spes, sunt altiora his quorum est concupiscentia, et propter hoc spes ponitur passio principalis in irascibili. sed ea quorum est concupiscentia et delectatio tactus, vehementius movent appetitum, quia sunt magis naturalia. et ideo temperantia, quae in his modum statuit, est virtus principalis.

009 ST3 qu141 ar8

ag1 ‘ Ad octavum sic proceditur. videtur quod temperantia sit maxima virtutum. * dicit enim ambrosius, in i de offic., quod ° in temperantia maxime honesti cura, decoris consideratio spectatur et quaeritur. ‘ sed virtus laudabilis est inquantum est honesta et decora. ergo temperantia est maxima virtutum.
ag2 ‘ Praeterea, maioris virtutis est operari id quod est difficilius. sed difficilius est refrenare concupiscentias et delectationes tactus quam rectificare actiones exteriores, quorum primum pertinet ad temperantiam, secundum ad iustitiam. ergo temperantia est maior virtus quam iustitia.
ag3 ‘ Praeterea, quanto aliquid est communius, tanto magis necessarium videtur esse et melius. sed fortitudo est circa pericula mortis, quae rarius occurrunt quam delectabilia tactus, quae quotidie occurrunt, et sic usus temperantiae est communior quam fortitudinis. ergo temperantia est nobilior virtus quam fortitudo.
sc * Sed contra est quod philosophus dicit, in i rhet., quod ° maximae virtutes sunt quae aliis maxime sunt utiles, et propter hoc, fortes et iustos maxime honoramus.
co * Respondeo dicendum quod, sicut philosophus dicit, in i ethic., ° bonum multitudinis divinius est quam bonum unius. ‘ et ideo quanto aliqua virtus magis pertinet ad bonum multitudinis tanto melior est. iustitia autem et fortitudo magis pertinent ad bonum multitudinis quam temperantia, quia iustitia consistit in communicationibus, quae sunt ad alterum; fortitudo autem in periculis bellorum, quae sustinentur pro salute communi; temperantia autem moderatur solum concupiscentias et delectationes eorum quae pertinent ad ipsum hominem. unde manifestum est quod iustitia et fortitudo sunt excellentiores virtutes quam temperantia, quibus prudentia et virtutes theologicae sunt potiores.
ra1 ‘ Ad primum ergo dicendum quod honestas et decor maxime attribuuntur temperantiae, non propter principalitatem proprii boni, sed propter turpitudinem contrarii mali, a quo retrahit, inquantum scilicet moderatur delectationes quae sunt nobis et brutis communes.
ra2 ‘ Ad secundum dicendum quod, cum virtus sit circa difficile et bonum, dignitas virtutis magis attenditur circa rationem boni, in quo excedit iustitia, quam secundum rationem difficilis, in quo excedit temperantia.
ra3 ‘ Ad tertium dicendum quod illa communitas qua aliquid pertinet ad multitudinem hominum, magis facit ad excellentiam bonitatis quam illa quae consideratur secundum quod aliquid frequenter occurrit, in quarum prima excedit fortitudo, in secunda temperantia. unde simpliciter fortitudo est potior, licet quoad aliquid possit dici temperantia potior non solum fortitudine, sed etiam iustitia.

009 ST3 qu142 ar

pr ‘ Deinde considerandum est de vitiis oppositis temperantiae. et circa hoc quaeruntur quatuor. primo, utrum insensibilitas sit peccatum. secundo, utrum intemperantia sit vitium puerile. tertio, de comparatione intemperantiae ad timiditatem. quarto, utrum vitium intemperantiae sit maxime opprobriosum.

009 ST3 qu142 ar1

ag1 ‘ Ad primum sic proceditur. videtur quod insensibilitas non sit vitium. dicuntur enim insensibiles qui deficiunt circa delectationes tactus. sed in his penitus deficere videtur esse laudabile et virtuosum, * dicitur enim dan. x, ° in diebus illis ego, daniel, lugebam trium hebdomadarum tempus, panem desiderabilem non comedi, et caro et vinum non introierunt in os meum, sed neque unguento unctus sum. ‘ ergo insensibilitas non est peccatum.
ag2 “ Praeterea, bonum hominis est secundum rationem esse, * secundum dionysium, iv cap. de div. nom.. ‘ sed abstinere ab omnibus delectabilibus tactus maxime promovet hominem in bono rationis, * dicitur enim dan. i, quod “ pueris qui utebantur leguminibus ° dedit deus scientiam et disciplinam in omni libro et sapientia. ‘ ergo insensibilitas, quae universaliter repellit huiusmodi delectationes, non est vitiosa.
ag3 ‘ Praeterea, illud per quod maxime receditur a peccato, non videtur esse vitiosum. sed hoc est potissimum remedium abstinendi a peccato, quod aliquis fugiat delectationes, quod pertinet ad insensibilitatem, * dicit enim philosophus, in ii ethic., quod ° abiicientes delectationem minus peccabimus. ‘ ergo insensibilitas non est aliquid vitiosum.
sc ‘ Sed contra, nihil opponitur virtuti nisi vitium. sed insensibilitas virtuti temperantiae opponitur, * ut patet per philosophum, in ii et iii ethic.. ‘ ergo insensibilitas est vitium.
co ‘ Respondeo dicendum quod omne illud quod contrariatur ordini naturali, est vitiosum. natura autem delectationem apposuit operationibus necessariis ad vitam hominis. et ideo naturalis ordo requirit ut homo intantum huiusmodi delectationibus utatur, quantum necessarium est saluti humanae, vel quantum ad conservationem individui vel quantum ad conservationem speciei. si quis ergo intantum delectationem refugeret quod praetermitteret ea quae sunt necessaria ad conservationem naturae peccaret, quasi ordini naturali repugnans. et hoc pertinet ad vitium insensibilitatis. sciendum tamen quod ab huiusmodi delectationibus consequentibus huiusmodi operationes, quandoque laudabile, vel etiam necessarium est abstinere, propter aliquem finem. sicut propter sanitatem corporalem, aliqui abstinent a quibusdam delectationibus, cibis et potibus et venereis. et etiam propter alicuius officii executionem, sicut athletas et milites necesse est a multis delectationibus abstinere, ut officium proprium exequantur. et similiter poenitentes, ad recuperandam animae sanitatem, abstinentia delectabilium quasi quadam diaeta utuntur. et homines volentes contemplationi et rebus divinis vacare, oportet quod se magis a carnalibus abstrahant. nec aliquid praedictorum ad insensibilitatis vitium pertinet, quia sunt secundum rationem rectam.
ra1 ‘ Ad primum ergo dicendum quod daniel illa abstinentia a delectabilibus utebatur, non quasi propter se abhorrens delectationes, ut secundum se malas, sed propter aliquem finem laudabilem, ut scilicet idoneum se ad altitudinem contemplationis redderet, abstinendo scilicet a corporalibus delectationibus. * unde et statim ibi subditur de revelatione facta.
ra2 ‘ Ad secundum dicendum quod, quia ratione homo uti non potest sine sensitivis potentiis, quae indigent organo corporali, * ut in primo habitum est; ‘ necesse est quod homo sustentet corpus, ad hoc quod ratione utatur. sustentatio autem corporis fit per operationes delectabiles. unde non potest esse bonum rationis in homine si abstineat ab omnibus delectabilibus. secundum tamen quod homo in exequendo actum rationis plus vel minus indiget corporali virtute, secundum hoc plus vel minus necesse habet delectabilibus corporalibus uti. et ideo homines qui hoc officium assumpserunt ut contemplationi vacent, et bonum spirituale quasi quadam spirituali propagatione in alios transmittant, a multis delectabilibus laudabiliter abstinent, a quibus illi quibus ex officio competit operibus corporalibus et generationi carnali vacare, laudabiliter non abstinerent.
ra3 ‘ Ad tertium dicendum quod delectatio fugienda est ad vitandum peccatum, non totaliter, sed ut non ultra quaeratur quam necessitas requirat.

009 ST3 qu142 ar2

ag1 ‘ Ad secundum sic proceditur. videtur quod intemperantia non sit puerile peccatum. * quia super illud matth. xviii, ° nisi conversi fueritis sicut parvuli etc., * dicit hieronymus quod ° parvulus non perseverat in iracundia, laesus non meminit, videns pulchram mulierem non delectatur, ‘ quod contrariatur intemperantiae. ergo intemperantia non est puerile peccatum.
ag2 ‘ Praeterea, pueri non habent nisi concupiscentias naturales. sed circa naturales concupiscentias parum aliqui peccant per intemperantiam, * ut philosophus dicit, in iii ethic.. ‘ ergo intemperantia non est peccatum puerile.
ag3 ‘ Praeterea, pueri sunt nutriendi et fovendi. sed concupiscentia et delectatio, circa quae est intemperantia, est semper diminuenda et extirpanda, * secundum illud coloss. iii, ° mortificate membra vestra super terram, quae sunt concupiscentia, ‘ etc.. ergo intemperantia non est puerile peccatum.
sc * Sed contra est quod philosophus dicit, in iii ethic., quod ° nomen intemperantiae ferimus ad puerilia peccata.
co ‘ Respondeo dicendum quod aliquid dicitur esse puerile dupliciter. uno modo, quia convenit pueris. * et sic non intendit philosophus dicere quod peccatum intemperantiae sit puerile. ‘ alio modo, secundum quandam similitudinem. et hoc modo peccata intemperantiae puerilia dicuntur. peccatum enim intemperantiae est peccatum superfluae concupiscentiae, quae assimilatur puero quantum ad tria primo quidem, quantum ad id quod uterque appetit. sicut enim puer, ita et concupiscentia appetit aliquid turpe. cuius ratio est quia pulchrum in rebus humanis attenditur prout aliquid est ordinatum secundum rationem, * unde tullius dicit, in i de offic., quod ° pulchrum est quod consentaneum est hominis excellentiae in eo in quo natura eius a reliquis animantibus differt. ‘ puer autem non attendit ad ordinem rationis. et similiter concupiscentia non audit rationem, * ut dicitur in vii ethic.. ‘ secundo conveniunt quantum ad eventum. puer enim, si suae voluntati dimittatur, crescit in propria voluntate, * unde dicitur eccli. xxx, ° equus indomitus evadit durus, et filius remissus evadet praeceps. ‘ ita etiam et concupiscentia, si ei satisfiat, maius robur accipit, * unde augustinus dicit, in viii confess., ° dum servitur libidini, facta est consuetudo, et dum consuetudini non resistitur, facta est necessitas. |25| ‘ tertio, quantum ad remedium quod utrique praebetur. puer enim emendatur per hoc quod coercetur, * unde dicitur prov. xxiii, ° noli subtrahere a puero disciplinam, tu virga percuties eum, et animam eius de inferno liberabis. ‘ et similiter, dum concupiscentiae resistitur, reducitur ad debitum honestatis modum. * et hoc est quod augustinus dicit, in vi musicae, quod, ° mente in spiritualia suspensa atque ibi fixa et manente, consuetudinis, “ scilicet carnalis concupiscentiae. ° impetus frangitur, et paulatim repressus extinguitur. maior enim erat cum sequeremur, non omnino nullus, sed certe minor, cum refrenamus. * et ideo philosophus dicit, in iii ethic., quod ° quemadmodum puerum oportet secundum praeceptum paedagogi vivere, sic et concupiscibile consonare rationi.
ra1 ‘ Ad primum ergo dicendum quod ratio illa procedit secundum illum modum quo puerile dicitur id

quod in pueris invenitur. sic autem non dicitur peccatum intemperantiae puerile, sed secundum similitudinem, * ut dictum est.
ra2 ' Ad secundum dicendum quod concupiscentia aliqua potest dici naturalis dupliciter. uno modo, secundum suum genus. et sic temperantia et intemperantia sunt circa concupiscentias naturales, sunt enim circa concupiscentias ciborum et venereorum, quae ordinantur ad conservationem naturae. alio modo potest dici concupiscentia naturalis quantum ad speciem eius quod natura ad sui conservationem requirit. et sic non multum contingit peccare circa naturales concupiscentias. natura enim non requirit nisi id per quod subvenitur necessitati naturae, in cuius desiderio non contingit esse peccatum, nisi solum secundum quantitatis excessum; et secundum hoc solum peccatur circa naturalem concupiscentiam, * ut philosophus dicit, in iii ethic.. ' alia vero, circa quae plurimum peccatur, sunt quaedam concupiscentiae incitamenta, quae hominum curiositas adinvenit, sicut cibi curiose praeparati, et mulieres ornatae. et quamvis ista non multum requirant pueri, nihilominus tamen intemperantia dicitur puerile peccatum * ratione iam dicta.
ra3 ' Ad tertium dicendum quod id quod ad naturam pertinet in pueris est augmentandum et fovendum. quod autem pertinet ad defectum rationis in eis non est fovendum, sed emendandum, * ut dictum est.

009 ST3 qu142 ar3

ag1 ' Ad tertium sic proceditur. videtur quod timiditas sit maius vitium quam intemperantia. ex hoc enim aliquod vitium vituperatur quod opponitur bono virtutis. sed timiditas opponitur fortitudini, quae est nobilior virtus quam temperantia, cui opponitur intemperantia, * ut ex supra dictis patet. ' ergo timiditas est maius vitium quam intemperantia.
ag2 ' Praeterea, quanto aliquis deficit in eo quod difficilius vincitur, tanto minus vituperatur, * unde philosophus dicit, in vii ethic., quod ° si quis a fortibus et superexcellentibus delectationibus vincitur vel tristitiis, non est admirabile, sed condonabile. ' sed difficilius videtur vincere delectationes quam alias passiones, * unde in ii ethic. dicitur quod ° difficilius est contra voluptatem pugnare quam contra iram, ' quae videtur esse fortior quam timor. ergo intemperantia, quae vincitur a delectatione, minus peccatum est quam timiditas, quae vincitur a timore.
ag3 ' Praeterea, de ratione peccati est quod sit voluntarium. sed timiditas est magis voluntaria quam intemperantia, nullus enim concupiscit intemperatus esse; aliqui autem concupiscunt fugere mortis pericula, quod pertinet ad timiditatem. ergo timiditas est gravius peccatum quam intemperantia.
sc * Sed contra est quod philosophus dicit, in iii ethic., quod ° intemperantia assimilatur magis voluntario quam timiditas. ' ergo plus habet de ratione peccati.
co ' Respondeo dicendum quod unum vitium potest alteri comparari dupliciter, uno modo, ex parte materiae vel obiecti; alio modo, ex parte ipsius hominis peccantis. et utroque modo intemperantia est gravius vitium quam timiditas. primo namque ex parte materiae. nam timiditas refugit pericula mortis, ad quae vitanda inducit maxima necessitas conservandae vitae. intemperantia autem est circa delectationes, quarum appetitus non est adeo necessarius ad vitae conservationem, quia, * ut dictum est, ' intemperantia magis est circa quasdam appositas delectationes seu concupiscentias quam circa concupiscentias seu delectationes naturales. quanto autem illud quod commovet ad peccandum videtur esse magis necessarium, tanto peccatum levius est. et ideo intemperantia est gravius vitium quam timiditas ex parte obiecti sive materiae moventis. similiter etiam et ex parte ipsius hominis peccantis. et hoc triplici ratione. primo quidem, quia quanto ille qui peccat magis est compos suae mentis, tanto gravius peccat, unde alienatis non imputantur peccata. timores autem et tristitiae graves, et maxime in periculis mortis, stupefaciunt mentem hominis. quod non facit delectatio, quae movet ad intemperantiam. secundo, quia quanto aliquod peccatum est magis voluntarium, tanto est gravius. intemperantia autem habet plus de voluntario quam timiditas. et hoc duplici ratione. uno modo, quia ea quae per timorem fiunt principium habent ab exteriori impellente, unde non sunt simpliciter voluntaria, sed mixta, * ut dicitur in iii ethic.. ' ea autem quae per delectationem fiunt sunt simpliciter voluntaria. alio modo, quia ea quae sunt intemperati sunt magis voluntaria in particulari, minus autem voluntaria in universali, nullus enim vellet intemperatus esse; allicitur tamen homo a singularibus delectabilibus, quae intemperatum faciunt hominem. propter quod, ad vitandum intemperantiam maximum remedium est ut non immoretur homo circa singularium considerationem. sed in his quae pertinent ad timiditatem est e converso. nam singula quae imminent sunt minus voluntaria, ut abiicere clipeum et alia huiusmodi, sed ipsum commune est magis voluntarium, puta fugiendo salvari. hoc autem est simpliciter magis voluntarium quod est magis voluntarium in singularibus, in quibus est actus. et ideo intemperantia, cum sit simpliciter magis voluntarium quam timiditas, est maius vitium. tertio, quia contra intemperantiam potest magis de facili remedium adhiberi quam contra timiditatem, eo quod delectationes ciborum et venereorum, circa quas est intemperantia, per totam vitam occurrunt, et sine periculo potest homo circa ea exercitari ad hoc quod sit temperatus; sed pericula mortis et rarius occurrunt, et periculosius in his homo exercitatur ad timiditatem fugiendam. et ideo intemperantia est simpliciter maius peccatum quam timiditas.
ra1 ' Ad primum ergo dicendum quod excellentia fortitudinis supra temperantiam potest considerari dupliciter. uno modo, ex parte finis, quod pertinet ad rationem boni, quia scilicet fortitudo magis ordinatur ad bonum commune quam temperantia. ex hac etiam parte timiditas habet quandam excellentiam supra intemperantiam, inquantum scilicet per timiditatem aliqui desistunt a defensione boni communis. alio modo, ex parte difficultatis, inquantum scilicet difficilius est subire pericula mortis quam abstinere a quibusdam delectabilibus. et quantum ad hoc, non oportet quod timiditas praecellat intemperantiam. sicut enim maioris virtutis est non vinci a fortiori, ita etiam e contrario minoris vitii est a fortiori vinci, et maioris vitii a debiliori superari.
ra2 ' Ad secundum dicendum quod amor conservationis vitae, propter quam vitantur pericula mortis, est multo magis connaturalis quam quaecumque delectationes ciborum vel venereorum, quae ad conservationem vitae ordinantur. et ideo difficilius est vincere timorem periculorum mortis quam concupiscentiam delectationum, quae est in cibis et venereis. cui tamen difficilius est resistere quam irae, tristitiae et timori quorundam aliorum malorum.
ra3 ' Ad tertium dicendum quod in timiditate consideratur magis voluntarium in universali, minus tamen in particulari. et ideo in ea est magis voluntarium secundum quid, sed non simpliciter.

009 ST3 qu142 ar4

ag1 ' Ad quartum sic proceditur. videtur quod peccatum intemperantiae non sit maxime exprobrabile. sicut enim honor debetur virtuti, ita exprobratio debetur peccato. sed quaedam peccata sunt graviora quam intemperantia, sicut homicidium, blasphemia et alia huiusmodi. ergo peccatum intemperantiae non est maxime exprobrabile.
ag2 ' Praeterea, peccata quae sunt magis communia videntur esse minus exprobrabilia, eo quod de his homines minus verecundantur. sed peccata intemperantiae sunt maxime communia, quia sunt circa ea quae communiter in usum humanae vitae veniunt, in quibus etiam plurimi peccant. ergo peccata intemperantiae non videntur esse maxime exprobrabilia.
ag3 * Praeterea, philosophus dicit, in vii ethic., quod ° temperantia et intemperantia sunt circa concupiscentias et delectationes humanas. ' sunt autem quaedam concupiscentiae et delectationes turpiores concupiscentiis et delectationibus humanis, quae dicuntur bestiales et aegritudinales, * ut in eodem libro philosophus dicit. ' ergo intemperantia non est maxime exprobrabilis.
sc * Sed contra est quod philosophus dicit, in iii ethic., quod " intemperantia inter alia vitia videtur iuste exprobrabilis esse.
co ' Respondeo dicendum quod exprobratio opponi videtur honori et gloriae. honor autem excellentiae debetur, * ut supra habitum est, ' gloria autem claritatem importat. est igitur intemperantia maxime exprobrabilis, propter duo. primo quidem, quia maxime repugnat excellentiae hominis, est enim circa delectationes communes nobis et brutis, * ut supra habitum est. * unde et in psalmo dicitur, ° homo, cum in honore esset, non intellexit, comparatus est iumentis insipientibus, et similis factus est illis. ' secundo, quia maxime repugnat eius claritati vel pulchritudini, inquantum scilicet in delectationibus circa quas est intemperantia, minus apparet de lumine rationis, ex qua est tota claritas et pulchritudo virtutis. unde et huiusmodi delectationes dicuntur maxime serviles.
ra1 * Ad primum ergo dicendum quod, sicut gregorius dicit, ' vitia carnalia, quae sub intemperantia continentur, etsi sint minoris culpae, sunt tamen maioris infamiae. nam magnitudo culpae respicit deordinationem a fine, infamia autem respicit turpitudinem, quae maxime consideratur secundum indecentiam peccantis.
ra2 ' Ad secundum dicendum quod consuetudo peccandi diminuit turpitudinem et infamiam peccati secundum opinionem hominum, non autem secundum naturam ipsorum vitiorum.
ra3 ' Ad tertium dicendum quod cum dicitur intemperantia maxime esse exprobrabilis, est intelligendum inter vitia humana, quae scilicet attenduntur secundum passiones humanae naturae aliqualiter conformes. sed illa vitia quae excedunt modum humanae naturae, sunt magis exprobrabilia. et tamen illa etiam videntur reduci ad genus intemperantiae secundum quendam excessum, sicut si aliquis delectaretur in comestione carnium humanarum, aut in coitu bestiarum aut masculorum.

009 ST3 qu143 ar

pr ' Deinde considerandum est de partibus temperantiae. et primo, de ipsis partibus in generali; secundo, de singulis earum in speciali.
ag1 ' Ad primum sic proceditur. * videtur quod tullius, in sua rhetorica, " inconvenienter assignet partes temperantiae, quas dicit esse continentiam, clementiam, modestiam. ' continentia enim contra virtutem dividitur, * in vii ethic.. ' sed temperantia continetur sub virtute. ergo continentia non est pars temperantiae.
ag2 ' Praeterea, clementia videtur esse mitigativa odii vel irae. temperantia autem non est circa huiusmodi, sed circa delectationes tactus, * ut dictum est. ' ergo clementia non est pars temperantiae.
ag3 ' Praeterea, modestia consistit in exterioribus actibus, * unde et apostolus dicit, philipp. iv, ° modestia vestra nota sit omnibus hominibus. ' sed actus exteriores sunt materia iustitiae, * ut supra habitum est. ' ergo modestia magis est pars iustitiae quam temperantiae.
ag4 * Praeterea, macrobius, super somnium scipionis, " ponit multo plures temperantiae partes, dicit enim quod temperantiam sequitur modestia, verecundia, abstinentia, castitas, honestas, moderatio, parcitas, sobrietas, pudicitia. * andronicus etiam dicit quod " familiares temperantiae sunt austeritas, continentia, humilitas, simplicitas, ornatus, bona ordinatio, per se sufficientia. * videtur igitur insufficienter tullius enumerasse temperantiae partes.
co * Respondeo dicendum quod, sicut supra dictum est, ' alicuius virtutis cardinalis triplices partes esse possunt, scilicet integrales, subiectivae et potentiales. et dicuntur partes integrales alicuius virtutis conditiones quas necesse est concurrere ad virtutem. et secundum hoc, sunt duae partes integrales temperantiae, scilicet verecundia, per quam aliquis refugit turpitudinem temperantiae contrariam; et honestas, per quam scilicet aliquis amat pulchritudinem temperantiae. nam * sicut ex dictis patet, ' praecipue temperantia inter virtutes vindicat sibi quendam decorem, et vitia intemperantiae maxime turpitudinem habent. partes autem subiectivae alicuius virtutis dicuntur species eius. oportet autem diversificare species virtutum secundum diversitatem materiae vel obiecti. est autem temperantia circa delectationes tactus, quae dividuntur in duo genera. nam quaedam ordinantur ad nutrimentum. et in his, quantum ad cibum, est abstinentia; quantum autem ad potum, proprie sobrietas. quaedam vero ordinantur ad vim generativam. et in his, quantum ad delectationem principalem ipsius coitus, est castitas; quantum autem ad delectationes circumstantes, puta quae sunt in osculis, tactibus et amplexibus, attenditur pudicitia. partes autem potentiales alicuius virtutis principalis dicuntur virtutes secundariae, quae modum quem principalis virtus observat circa aliquam principalem materiam, eundem observant in quibusdam aliis materiis, in quibus non est ita difficile. pertinet autem ad temperantiam moderari delectationes tactus, quas difficillimum est moderari. unde quaecumque virtus moderationem quandam operatur in aliqua materia et refrenationem appetitus in aliquid tendentis, poni potest pars temperantiae sicut virtus ei adiuncta. quod quidem contingit tripliciter, uno modo, in interioribus motibus animi; alio modo, in exterioribus motibus et actibus corporis; tertio modo, in exterioribus rebus. praeter motum autem concupiscentiae, quem moderatur et refrenat temperantia, tres motus inveniuntur in anima tendentes in aliquid. primus quidem est motus voluntatis commotae ex impetu passionis, et hunc motum refrenat continentia, ex qua fit ut, licet homo immoderatas concupiscentias patiatur, voluntas tamen non vincitur. alius autem motus interior in aliquid tendens est motus spei, et audaciae, quae ipsam consequitur, et hunc motum moderatur sive refrenat humilitas. tertius autem motus est irae tendentis in vindictam, quem refrenat mansuetudo sive clementia. circa motus autem et actus corporales moderationem et refrenationem facit modestia. * quam andronicus in tria dividit. ' ad quorum primum pertinet discernere quid sit faciendum et quid dimittendum, et quid quo ordine sit agendum, et in hoc firmum persistere, et quantum ad hoc ponit bonam ordinationem. aliud autem est quod homo in eo quod agit decentiam observet, et quantum ad hoc ponit ornatum. tertium autem est in colloquiis amicorum, vel quibuscumque aliis, et quantum ad hoc ponitur austeritas. circa exteriora vero duplex moderatio est adhibenda. primo quidem, ut superflua non requirantur, * et quantum ad hoc ponitur a macrobio parcitas, et ab andronico per se sufficientia. secundo ' vero, ut homo non nimis exquisita requirat, * et quantum ad hoc ponit macrobius moderationem, andronicus vero simplicitatem.
ra1 ' Ad primum ergo dicendum quod continentia differt quidem a virtute sicut imperfectum a perfecto, * ut infra dicetur, ' et hoc modo condividitur virtuti. convenit tamen cum temperantia et in materia, quia est circa delectationes tactus; et in modo, quia in quadam refrenatione consistit. et ideo convenienter ponitur pars temperantiae.
ra2 ' Ad secundum dicendum quod clementia, sive mansuetudo, non ponitur pars temperantiae propter convenientiam materiae, sed quia convenit cum ea in modo refrenandi et moderandi, * ut dictum est.
ra3 ' Ad tertium dicendum quod circa actus exterio-

res iustitia attendit id quod est debitum alteri. hoc autem modestia non attendit, sed solum moderationem quandam. et ideo non ponitur pars iustitiae, sed temperantiae.
ra4 * Ad quartum dicendum quod tullius ‘sub modestia comprehendit omnia illa quae pertinent ad moderationem corporalium motuum et exteriorum rerum; et etiam moderationem spei, * quam diximus ad humilitatem pertinere.

009 ST3 qu144 ar

pr ‘ Deinde considerandum est de partibus temperantiae in speciali. et primo, de partibus quasi integralibus, quae sunt verecundia et honestas. circa verecundiam autem quaeruntur quatuor. primo, utrum verecundia sit virtus. secundo, de quibus sit verecundia. tertio, a quibus homo verecundetur. quarto, quorum sit verecundari.

009 ST3 qu144 ar1

ag1 ‘ Ad primum sic proceditur. videtur quod verecundia sit virtus. ° esse enim in medio secundum determinationem rationis est proprium virtutis, * ut patet ex definitione virtutis quae ponitur in ii ethic.. ‘sed verecundia consistit in tali medio, * ut patet per philosophum, in ii ethic.. ‘ ergo verecundia est virtus.
ag2 ‘ Praeterea, omne laudabile vel est virtus, vel ad virtutem pertinet. sed verecundia est quiddam laudabile. non est autem pars alicuius virtutis. non enim est pars prudentiae, quia non est in ratione, sed in appetitu. neque etiam est pars iustitiae, quia verecundia passionem quandam importat, iustitia autem non est circa passiones. similiter etiam non est pars fortitudinis, quia ad fortitudinem pertinet persistere et aggredi, ad verecundiam autem refugere aliquid. neque etiam est pars temperantiae, quia temperantia est circa concupiscentias, verecundia autem est timor quidam, ut * patet per philosophum, in iv ethic., et per damascenum, in ii libro. ‘ ergo relinquitur quod verecundia sit virtus.
ag3 ‘ Praeterea, honestum cum virtute convertitur, * ut patet per tullium, in i de offic.. ‘sed verecundia est quaedam pars honestatis, * dicit enim ambrosius, in i de offic., quod ° verecundia socia ac familiaris est mentis placiditati, proterviam fugitans, ab omni luxu aliena, sobrietatem diligit, et honestatem fovet, et decorem requirit. ‘ergo verecundia est virtus.
ag4 ‘ Praeterea, omne vitium opponitur alicui virtuti. sed quaedam vitia opponuntur verecundiae, scilicet inverecundia et inordinatus stupor. ergo verecundia est virtus.
ag5 ° Praeterea, ex actibus similes habitus generantur, * ut dicitur in ii ethic.. ‘sed verecundia importat actum laudabilem. ergo ex multis talibus actibus causatur habitus. sed habitus laudabilium operum est virtus, * ut patet per philosophum, in i ethic.. ‘ ergo verecundia est virtus.
sc * Sed contra est quod philosophus, in ii et iv ethic., “dicit verecundiam non esse virtutem.
co ‘ Respondeo dicendum quod virtus dupliciter accipitur, proprie scilicet, et communiter. proprie quidem virtus perfectio quaedam est, * ut dicitur in vii physic.. ‘et ideo omne illud quod repugnat perfectioni, etiam si sit bonum, deficit a ratione virtutis. verecundia autem repugnat perfectioni. est enim timor alicuius turpis, quod scilicet est exprobrabile, * unde damascenus dicit quod ‘ verecundia est timor de turpi actu. sicut autem spes est de bono possibili et arduo, ita etiam timor est de malo possibili et arduo, * ut supra habitum est, cum de passionibus ageretur. ‘ ille autem qui est perfectus secundum habitum virtutis, non apprehendit aliquod exprobrabile et turpe ad faciendum ut possibile et arduum, idest difficile ad vitandum, neque etiam actu facit aliquid turpe, unde opprobrium timeat. unde verecundia, proprie loquendo, non est virtus, deficit enim a perfectione virtutis. communiter autem virtus dicitur omne quod est bonum et laudabile in humanis actibus vel passionibus. et secundum hoc, verecundia quandoque dicitur virtus, cum sit quaedam laudabilis passio.
ra1 ‘ Ad primum ergo dicendum quod esse in medio non sufficit ad rationem virtutis, quamvis sit una particula posita in virtutis definitione, sed requiritur ulterius quod sit habitus electivus, idest ex electione operans. verecundia autem non nominat habitum, sed passionem. neque motus eius est ex electione, sed ex impetu quodam passionis. unde deficit a ratione virtutis.
ra2 * Ad secundum dicendum quod, sicut dictum est, ‘ verecundia est timor turpitudinis et exprobrationis. * dictum est autem supra quod ‘ vitium intemperantiae est turpissimum et maxime exprobrabile. et ideo verecundia principalius pertinet ad temperantiam quam ad aliquam aliam virtutem, ratione motivi, quod est turpe, non autem secundum speciem passionis, quae est timor. secundum tamen quod vitia aliis virtutibus opposita sunt turpia et exprobrabilia, potest etiam verecundia ad alias virtutes pertinere.
ra3 ‘ Ad tertium dicendum quod verecundia fovet honestatem removendo ea quae sunt honestati contraria, non ita quod pertingat ad perfectam rationem honestatis.
ra4 ‘ Ad quartum dicendum quod quilibet defectus causat vitium, non autem quodlibet bonum sufficit ad rationem virtutis. et ideo non oportet quod omne illud cui directe opponitur vitium, sit virtus. quamvis omne vitium opponatur alicui virtuti secundum suam originem. et sic inverecundia, inquantum provenit ex nimio amore turpitudinum, opponitur temperantiae.
ra5 ‘ Ad quintum dicendum quod ex multoties verecundari causatur habitus virtutis acquisitae per quam aliquis turpia vitet, de quibus est verecundia, non autem ut aliquis ulterius verecundetur. sed ex illo habitu virtutis acquisitae sic se habet aliquis quod magis verecundaretur si materia verecundiae adesset.

009 ST3 qu144 ar2

ag1 ‘ Ad secundum sic proceditur. videtur quod verecundia non sit de turpi actu. * dicit enim philosophus, in iv ethic., quod “ verecundia est timor ingloriationis. ‘ sed quandoque illi qui nihil turpe operantur, ingloriationem sustinent, * secundum illud psalmi, ° propter te sustinui opprobrium, operuit confusio faciem meam. ‘ ergo verecundia non est proprie de turpi actu.
ag2 ‘ Praeterea, illa solum videntur esse turpia quae habent rationem peccati. sed de quibusdam homo verecundatur quae non sunt peccata, puta si aliquis exerceat servilia opera. ergo videtur quod verecundia non sit proprie de turpi actu.
ag3 ‘ Praeterea, operationes virtutum non sunt turpes, sed pulcherrimae, * ut dicitur in i ethic.. ‘ sed quandoque aliqui verecundantur aliqua opera virtutis facere, * ut dicitur luc. ix, ° qui erubuerit me et meos sermones, hunc filius hominis erubescet, ‘ etc.. ergo verecundia non est de turpi actu.
ag4 ‘ Praeterea, si verecundia proprie esset de turpi actu, oporteret quod de magis turpibus homo magis verecundaretur. sed quandoque homo plus verecundatur de his quae sunt minus peccata, cum tamen de gravissimis quibusdam peccatis glorientur, * secundum illud psalmi, ° quid gloriaris in malitia? ‘ ergo verecundia non proprie est de turpi actu.
sc ‘ Sed contra est quod * damascenus dicit, in ii libro, et gregorius nyssenus, quod ° verecundia est timor in turpi actu, vel in turpi perpetrato.
co ‘ Respondeo dicendum quod, * sicut supra dictum est, cum de passione timoris ageretur, ‘ timor proprie est de malo arduo, quod scilicet difficile vitatur. est autem duplex turpitudo. una quidem vitiosa, quae scilicet consistit in deformitate actus voluntarii. et haec, proprie loquendo, non habet rationem mali ardui, quod enim in sola voluntate consistit, non videtur esse arduum et elevatum supra hominis potestatem, et propter hoc non apprehenditur sub ratione terribilis. * et propter hoc philosophus dicit, in ii rhet., quod ‘ horum malorum non est timor. alia autem est turpitudo quasi poenalis, quae quidem consistit in vituperatione alicuius, sicut quaedam claritas gloriae consistit in honoratione alicuius. et quia huiusmodi vituperium habet rationem mali ardui, sicut honor habet rationem boni ardui; verecundia, quae est timor turpitudinis, primo et principaliter respicit vituperium seu opprobrium. et quia vituperium proprie debetur vitio, sicut honor virtuti, ideo etiam ex consequenti verecundia respicit turpitudinem vitiosam. unde, * sicut philosophus dicit, in ii rhet., ‘ minus homo verecundatur de defectibus qui non ex eius culpa proveniunt. respicit autem |25| verecundia culpam dupliciter. uno modo, ut aliquis desinat vitiosa agere, propter timorem vituperii. alio modo, ut homo in turpibus quae agit vitet publicos conspectus, propter timorem vituperii. quorum primum, * secundum gregorium nyssenum, ‘ pertinet ad erubescentiam, secundum ad verecundiam, * unde ipse dicit quod ° qui verecundatur, occultat se in his quae agit, qui vero erubescit, timet incidere in ingloriationem.
ra1 ‘ Ad primum ergo dicendum quod verecundia proprie respicit ingloriationem secundum quod debetur culpae, quae est defectus voluntarius. * unde philosophus dicit, in ii rhet., quod ° omnia illa homo magis verecundatur quorum ipse est causa. ‘ opprobria autem quae inferuntur alicui propter virtutem, virtuosus quidem contemnit, quia indigne sibi irrogantur, * sicut de magnanimis philosophus dicit, in iv ethic.; et de apostolis dicitur act. v, quod ° ibant apostoli gaudentes a conspectu concilii, quoniam digni habiti sunt pro nomine iesu contumeliam pati. ‘ ex imperfectione autem virtutis contingit quod aliquis verecundetur de opprobriis quae sibi inferuntur propter virtutem, quia quanto aliquis est magis virtuosus, tanto magis contemnit exteriora bona vel mala. * unde dicitur isaiae li, ° noli timere opprobrium hominum.
ra2 ‘ Ad secundum dicendum quod sicut honor, * ut supra habitum est, ‘ quamvis non debeatur vere nisi soli virtuti, respicit tamen quandam excellentiam; ita etiam vituperium, quamvis debeatur proprie soli culpae, respicit tamen, ad minus secundum opinionem hominum, quemcumque defectum. et ideo de paupertate et ignobilitate et servitute, et aliis huiusmodi, aliquis verecundatur.
ra3 ‘ Ad tertium dicendum quod de operibus virtuosis in se consideratis non est verecundia. contingit tamen per accidens quod aliquis de eis verecundetur, vel inquantum habentur ut vitiosa secundum hominum opinionem; vel inquantum homo refugit in operibus virtutis notam de praesumptione, aut etiam de simulatione.
ra4 ‘ Ad quartum dicendum quod quandoque contingit aliqua graviora peccata minus esse verecundabilia, vel quia habent minus de ratione turpitudinis, sicut peccata spiritualia quam carnalia, vel quia in quodam excessu temporalis boni se habent, sicut magis verecundatur homo de timiditate quam de audacia, et de furto quam de rapina, propter quandam speciem potestatis. et simile est in aliis.

009 ST3 qu144 ar3

ag1 ‘ Ad tertium sic proceditur. videtur quod homo non magis verecundetur a personis coniunctis. * dicitur enim in ii rhet. quod ° homines magis erubescunt ab illis a quibus volunt in admiratione haberi. ‘ sed hoc maxime appetit homo a melioribus, qui quandoque non sunt magis coniuncti. ergo homo non magis erubescit de magis coniunctis.
ag2 ‘ Praeterea, illi videntur esse magis coniuncti qui sunt similium operum. sed homo non erubescit de suo peccato ab his quos scit simili peccato subiacere, * quia sicut dicitur in ii rhet., ° quae quis ipse facit, haec proximis non vetat. ‘ ergo homo non magis verecundatur a maxime coniunctis.
ag3 * Praeterea, philosophus dicit, in ii rhet., quod ° homo magis verecundatur ab his qui propalant multis quod sciunt, sicut sunt irrisores et fabularum fictores. ‘sed illi qui sunt magis coniuncti non solent vitia propalare. ergo ab eis non maxime est verecundandum.
ag4 * Praeterea, philosophus, ibidem, dicit quod ° homines maxime verecundantur ab eis inter quos in nullo defecerunt; et ab eis a quibus primo aliquid postulant; et quorum nunc primo volunt esse amici. ‘ huiusmodi autem sunt minus coniuncti. ergo non magis verecundatur homo de magis coniunctis.
sc * Sed contra est quod dicitur in ii rhet., quod ° eos qui semper aderunt, homines magis erubescunt.
co ‘ Respondeo dicendum quod, cum vituperium opponatur honori, sicut honor importat testimonium quoddam de excellentia alicuius, et praecipue quae est secundum virtutem; ita etiam opprobrium, cuius timor est verecundia, importat testimonium de defectu alicuius, et praecipue secundum aliquam culpam. et ideo quanto testimonium alicuius reputatur maioris ponderis, tanto ab eo aliquis magis verecundatur. potest autem testimonium aliquod maioris ponderis reputari vel propter eius certitudinem veritatis vel propter effectum. certitudo autem veritatis adest testimonio alicuius propter duo. uno quidem modo, propter rectitudinem iudicii, sicut patet de sapientibus et virtuosis, a quibus homo et magis desiderat honorari, et magis verecundatur. unde a pueris et bestiis nullus verecundatur, propter defectum recti iudicii qui est in eis. alio modo, propter cognitionem eorum de quibus est testimonium. quia unusquisque bene iudicat quae cognoscit. et sic magis verecundamur a personis coniunctis, quae magis facta nostra considerant. a peregrinis autem et omnino ignotis, ad quos facta nostra non perveniunt, nullo modo verecundamur. ex effectu autem est aliquod testimonium magni ponderis propter iuvamentum vel nocumentum ab eo proveniens. et ideo magis desiderant homines honorari ab his qui possunt eos iuvare, et magis verecundantur ab eis qui possunt nocere. et inde est etiam quod, quantum ad aliquid, magis verecundamur a personis coniunctis, cum quibus semper sumus conversaturi, quasi ex hoc nobis perpetuum |25| proveniat detrimentum. quod autem provenit a peregrinis et transeuntibus, quasi cito pertransit.
ra1 ‘ Ad primum ergo dicendum quod similis ratio est propter quam verecundamur de melioribus, et de magis coniunctis. quia sicut meliorum testimonium reputatur magis efficax propter universalem cognitionem quam habent de rebus, et immutabilem sententiam a veritate; ita etiam familiarium personarum testimonium videtur magis efficax propter hoc quia magis cognoscunt particularia quae circa nos sunt.
ra2 ‘ Ad secundum dicendum quod testimonium eorum qui sunt nobis coniuncti in similitudine peccati, non reformidamus, quia non aestimamus quod defectum nostrum apprehendant ut aliquid turpe.
ra3 ‘ Ad tertium dicendum quod a propalantibus verecundamur propter nocumentum inde proveniens, quod est diffamatio apud multos.
ra4 ‘ Ad quartum dicendum quod etiam ab illis inter quos nihil mali fecimus, magis verecundamur, propter nocumentum sequens, quia scilicet per hoc amittimus bonam opinionem quam de nobis habebant. et etiam quia contraria, iuxta se posita, maiora videntur, unde cum aliquis subito de aliquo quem bonum aestimavit, aliquid turpe percipit, apprehendit hoc ut turpius. ab illis autem a quibus aliquid de novo postulamus, vel quorum nunc primo volumus esse amici, magis verecundamur, propter nocumentum inde proveniens, quod est impedimentum implendae petitionis et amicitiae consummandae.

009 ST3 qu144 ar4

ag1 ‘ Ad quartum sic proceditur. videtur quod etiam

in virtuosis hominibus possit esse verecundia. contrariorum enim contrarii sunt effectus. sed illi qui sunt superabundantis malitiae non verecundantur, * secundum illud ierem. iii, ° species meretricis facta est tibi, nescisti erubescere. ' ergo illi qui sunt virtuosi magis verecundantur.
ag2 * Praeterea, philosophus dicit, in ii rhet., quod ° homines non solum erubescunt vitia, sed etiam signa vitiorum. ' quae quidem contingit etiam esse in virtuosis. ergo in virtuosis potest esse verecundia.
ag3 ' Praeterea, verecundia est timor ingloriationis. sed contingit aliquos virtuosos ingloriosos esse, puta si falso infamantur, vel etiam indigne opprobria patiantur. ergo verecundia potest esse in homine virtuoso.
ag4 ' Praeterea, verecundia est pars temperantiae, * ut dictum est. ' pars autem non separatur a toto. cum igitur temperantia sit in homine virtuoso, videtur quod etiam verecundia.
sc * Sed contra est quod philosophus dicit, in iv ethic., quod ° verecundia non est hominis studiosi.
co * Respondeo dicendum quod, sicut dictum est, ' verecundia est timor alicuius turpitudinis. quod autem aliquod malum non timeatur, potest duplici ratione contingere. uno modo, quia non aestimatur ut malum; alio modo, quia non aestimatur ut possibile, vel ut difficile vitari. et secundum hoc, verecundia in aliquo deficit dupliciter. uno modo, quia ea quae sunt erubescibilia, non apprehenduntur ut turpia. et hoc modo carent verecundia homines in peccatis profundati, quibus sua peccata non displicent, sed magis de eis gloriantur. alio modo, quia non apprehendunt turpitudinem ut possibilem sibi, vel quasi non facile vitabilem. et hoc modo senes et virtuosi verecundia carent. sunt tamen sic dispositi ut, si in eis esset aliquid turpe, de hoc verecundarentur, * unde philosophus dicit, in iv ethic., quod ° verecundia est ex suppositione studiosi.
ra1 ' Ad primum ergo dicendum quod defectus verecundiae contingit in pessimis et optimis viris ex diversis causis, * ut dictum est. ' invenitur autem in his qui mediocriter se habent, secundum quod est in eis aliquid de amore boni, et tamen non totaliter sunt immunes a malo.
ra2 ' Ad secundum dicendum quod ad virtuosum pertinet non solum vitare vitia, sed etiam ea quae habent speciem vitiorum, * secundum illud i ad thess. v, ° ab omni specie mala abstinete vos. * et philosophus dicit, in iv ethic., quod " vitanda sunt virtuoso tam ea quae sunt mala secundum veritatem, quam ea quae sunt mala secundum opinionem.
ra3 ' Ad tertium dicendum quod infamationes et opprobria virtuosus, * ut dictum est, ' contemnit, quasi ea quibus ipse non est dignus. et ideo de his nemo multum verecundatur. est tamen aliquis motus verecundiae praeveniens rationem, sicut et ceterarum passionum.
ra4 ' Ad quartum dicendum quod verecundia non est pars temperantiae quasi intrans essentiam eius, sed quasi dispositive se habens ad ipsam. * unde ambrosius dicit, in i de offic., quod ° verecundia iacit prima temperantiae fundamenta, ' inquantum scilicet incutit horrorem turpitudinis.

009 ST3 qu145 ar

pr ' Deinde considerandum est de honestate. et circa hoc quaeruntur quatuor. primo, quomodo honestum se habeat ad virtutem. secundo, quomodo se habeat ad decorem. tertio, quomodo se habeat ad utile et delectabile. quarto, utrum honestas sit pars temperantiae.

009 ST3 qu145 ar1

ag1 ' Ad primum sic proceditur. videtur quod honestum non sit idem virtuti. * dicit enim tullius, in sua rhetorica " honestum esse quod propter se petitur. ' virtus autem non petitur propter seipsam, sed propter felicitatem, * dicit enim philosophus, in i ethic., quod " felicitas est praemium virtutis et finis. ' ergo honestum non est idem virtuti.
ag2 * Praeterea, secundum isidorum, " honestas dicitur quasi honoris status. ' sed multis aliis debetur honor quam virtuti, nam virtuti proprie debetur laus, * ut dicitur in i ethic.. ' ergo honestas non est idem virtuti.
ag3 ° Praeterea, principale virtutis consistit in interiori electione, * ut philosophus dicit, in viii ethic.. ' honestas autem magis videtur ad exteriorem conversationem pertinere, * secundum illud i ad cor. xiv, ° omnia honeste et secundum ordinem fiant in vobis. ' ergo honestas non est idem virtuti.
ag4 ' Praeterea, honestas videtur consistere in exterioribus divitiis, * secundum illud eccli. xi, ° bona et mala, vita et mors, utraque a deo sunt. ' sed in exterioribus divitiis non consistit virtus. ergo honestas non est idem virtuti.
sc * Sed contra est quod tullius, in i de offic. et in ii rhet., " dividit honestum in quatuor virtutes principales, ' in quas etiam dividitur virtus. ergo honestum est idem virtuti.
co ' Respondeo dicendum quod, * sicut isidorus dicit, " honestas dicitur quasi honoris status. ' unde ex hoc videtur aliquid dici honestum, quod est honore dignum. honor autem, * ut supra dictum est, ' excellentiae debetur. excellentia autem hominis maxime consideratur secundum virtutem, quia est dispositio perfecti ad optimum, * ut dicitur in vii physic.. ' et ideo honestum, proprie loquendo, in idem refertur cum virtute.
ra1 * Ad primum ergo dicendum quod, sicut philosophus dicit, in i ethic., ' eorum quae propter se appetuntur, quaedam appetuntur solum propter se, et nunquam propter aliud, sicut felicitas, quae est ultimus finis. quaedam vero appetuntur et propter se, inquantum habent in seipsis aliquam rationem bonitatis, etiam si nihil aliud boni per ea nobis accideret, et tamen sunt appetibilia propter aliud, inquantum scilicet perducunt nos in aliquod bonum perfectius. et hoc modo virtutes sunt propter se appetendae. * unde tullius dicit, in ii rhet., quod ° quiddam est quod sua vi nos allicit, et sua dignitate trahit, " ut virtus, veritas, scientia. ' et hoc sufficit ad rationem honesti.
ra2 ' Ad secundum dicendum quod eorum quae honorantur praeter virtutem, aliquid est virtute excellentius, scilicet deus et beatitudo. et huiusmodi non sunt ita nobis per experientiam nota sicut virtutes, secundum quas quotidie operamur. et ideo virtus magis sibi vindicat nomen honesti. alia vero, quae sunt infra virtutem, honorantur inquantum coadiuvant ad operationem virtutis, sicut nobilitas, potentia et divitiae. * ut enim philosophus dicit, in iv ethic., huiusmodi ° honorantur a quibusdam, sed secundum veritatem, solus bonus est honorandus. ' bonus autem est aliquis secundum virtutem. et ideo virtuti quidem debetur laus, secundum quod est appetibilis propter aliud, honor autem, prout est appetibilis propter seipsam. et secundum hoc habet rationem honesti.
ra3 * Ad tertium dicendum quod, sicut dictum est, ' honestum importat debitum honoris. honor autem est contestatio quaedam de excellentia alicuius, * ut supra dictum est. ' testimonium autem non profertur nisi de rebus notis. interior autem electio non innotescit homini nisi per exteriores actus. et ideo exterior conversatio habet rationem honesti secundum quod est demonstrativa interioris rectitudinis. et propter hoc, radicaliter honestas consistit in interiori electione, significative autem in exteriori conversatione.
ra4 ' Ad quartum dicendum quod quia secundum vulgarem opinionem excellentia divitiarum facit hominem dignum honore, inde est quod quandoque nomen honestatis ad exteriorem prosperitatem transfertur.

009 ST3 qu145 ar2

ag1 ' Ad secundum sic proceditur. videtur quod honestum non sit idem quod decorum. ratio enim honesti sumitur ex appetitu, nam honestum est quod per se appetitur. sed decorum magis respicit aspectum, cui placet. ergo decorum non est idem quod honestum.
ag2 ' Praeterea, decor quandam claritatem requirit, quae pertinet ad rationem gloriae. honestum autem respicit honorem. cum igitur honor et gloria differant, * ut supra dictum est, ' videtur quod etiam honestum differat a decoro.
ag3 ' Praeterea, honestum est idem virtuti, * ut supra dictum est. ' sed aliquis decor contrariatur virtuti, * unde dicitur ezech. xvi, ° habens fiduciam in pulchritudine tua, fornicata es in nomine tuo. ' ergo honestum non est idem decoro.
sc * Sed contra est quod apostolus dicit, i ad cor. xii, ° quae inhonesta sunt nostra, abundantiorem honestatem habent, honesta autem nostra nullius egent. " vocat autem ibi inhonesta, membra turpia; honesta autem, membra pulchra. ' ergo honestum et decorum idem esse videntur.
co ' Respondeo dicendum quod, * sicut accipi potest ex verbis dionysii, iv cap. de div. nom., ' ad rationem pulchri, sive decori, concurrit et claritas et debita proportio, * dicit enim quod ° deus dicitur pulcher sicut universorum consonantiae et claritatis causa. ' unde pulchritudo corporis in hoc consistit quod homo habeat membra corporis bene proportionata, cum quadam debiti coloris claritate. et similiter pulchritudo spiritualis in hoc consistit quod conversatio hominis, sive actio eius, sit bene proportionata secundum spiritualem rationis claritatem. hoc autem pertinet ad rationem honesti, quod diximus idem esse virtuti, quae secundum rationem moderatur omnes res humanas. et ideo honestum est idem spirituali decori. * unde augustinus dicit, in libro octogintatrium quaest., ° honestatem voco intelligibilem pulchritudinem, quam spiritualem nos proprie dicimus. * et postea subdit quod ° sunt multa pulchra visibilia, quae minus proprie honesta appellantur.
ra1 ' Ad primum ergo dicendum quod obiectum movens appetitum est bonum apprehensum. quod autem in ipsa apprehensione apparet decorum, accipitur ut conveniens et bonum, * et ideo dicit dionysius, iv cap. de div. nom., quod ° omnibus est pulchrum et bonum amabile. ' unde et ipsum honestum, secundum quod habet spiritualem decorem, appetibile redditur. * unde et tullius dicit, in i de offic., ° formam ipsam, et tanquam faciem honesti vides, quae si oculis cerneretur, mirabiles amores, ut ait plato, excitaret sapientiae.
ra2 * Ad secundum dicendum quod, sicut supra dictum est, ' gloria est effectus honoris, ex hoc enim quod aliquis honoratur vel laudatur, redditur clarus in oculis aliorum. et ideo, sicut idem est honorificum et gloriosum, ita etiam idem est honestum et decorum.
ra3 ' Ad tertium dicendum quod obiectio illa procedit de pulchritudine corporali. quamvis possit dici quod etiam propter pulchritudinem spiritualem aliquis spiritualiter fornicatur, inquantum de ipsa honestate superbit, * secundum illud ezech. xxviii, ° elevatum est cor tuum in decore tuo, perdidisti sapientiam tuam in decore tuo.

009 ST3 qu145 ar3

ag1 ' Ad tertium sic proceditur. videtur quod honestum non differat ab utili et delectabili. dicitur enim honestum quod propter se appetitur. sed delectatio propter se appetitur, ° ridiculum enim videtur quaerere propter quid aliquis velit delectari, * ut philosophus dicit, in x ethic.. ' ergo honestum non differt a delectabili.
ag2 ' Praeterea, divitiae sub bono utili continentur, * dicit enim tullius, in ii rhet., ° est aliquid non propter suam vim et naturam, sed propter fructum et utilitatem petendum, quod pecunia est. ' sed divitiae habent rationem honestatis, * dicitur enim eccli. xi, " paupertas et honestas (idest divitiae) a deo sunt; * et xiii, " pondus super se tollit qui honestiori (idest ditiori) se communicat. ' ergo honestum non differt ab utili.
ag3 * Praeterea, tullius probat, in libro de offic., quod " nihil potest esse utile quod non sit honestum. * et hoc idem habetur per ambrosium, in libro de offic.. ' ergo utile non differt ab honesto.
sc ' Sed contra est quod * augustinus dicit, in libro octogintatrium quaest., ° honestum dicitur quod propter seipsum petendum est, utile autem quod ad aliquid aliud referendum est.
co ' Respondeo dicendum quod honestum concurrit in idem subiectum cum utili et delectabili, a quibus tamen differt ratione. dicitur enim aliquid honestum, * sicut dictum est, ' inquantum habet quendam decorem ex ordinatione rationis. hoc autem quod est secundum rationem ordinatum, est naturaliter conveniens homini. unumquodque autem naturaliter delectatur in suo convenienti. et ideo honestum est naturaliter homini delectabile, * sicut de operatione virtutis philosophus probat, in i ethic.. ' non tamen omne delectabile est honestum, quia potest etiam aliquid esse conveniens secundum sensum, non secundum rationem; sed hoc delectabile est praeter hominis rationem, quae perficit naturam ipsius. ipsa etiam virtus, quae secundum se honesta est, refertur ad aliud sicut ad finem, scilicet ad felicitatem. et secundum hoc, idem subiecto est et honestum et utile et delectabile, sed ratione differunt. nam honestum dicitur secundum quod aliquid habet quandam excellentiam dignam honore propter spiritualem pulchritudinem; delectabile autem, inquantum quietat appetitum; utile autem, inquantum refertur ad aliud. in pluribus tamen est delectabile quam utile et honestum, quia omne utile et honestum est aliqualiter delectabile, sed non convertitur, * ut dicitur in ii ethic..
ra1 ' Ad primum ergo dicendum quod honestum dicitur quod propter se appetitur appetitu rationali, qui tendit in id quod est conveniens rationi. delectabile autem propter se appetitur appetitu sensitivo.
ra2 ' Ad secundum dicendum quod divitiae vocantur nomine honestatis secundum opinionem multorum, qui divitias honorant, vel inquantum ordinantur organice ad actus virtutum, * ut dictum est.
ra3 * Ad tertium dicendum quod intentio tullii et ambrosii dicere est " quod nihil potest esse simpliciter et vere utile quod repugnat honestati, quia oportet quod repugnet ultimo fini hominis, quod est bonum secundum rationem, quamvis forte possit esse utile secundum quid, respectu alicuius finis particularis. non autem intendunt dicere quod omne utile, in se consideratum, pertingat ad rationem honesti.

009 ST3 qu145 ar4

ag1 ' Ad quartum sic proceditur. videtur quod honestas non debeat poni pars temperantiae. non enim est possibile quod idem, respectu eiusdem, sit pars et totum. sed temperantia est pars honesti, * ut tullius dicit, in ii rhet.. ' ergo honestas non est pars temperantiae.
ag2 * Praeterea, iii esdrae dicitur quod ° vinum praecordia facit honesta. ' sed usus vini, praecipue superfluus, de quo ibi loqui videtur, magis pertinet ad intemperantiam quam ad temperantiam. ergo honestas non est pars temperantiae.
ag3 ' Praeterea, honestum dicitur quod est honore dignum. sed iusti et fortes maxime honorantur, * ut dicit philosophus, in i rhet.. ' ergo honestas non pertinet ad temperantiam, sed magis ad iustitiam vel fortitudinem. * unde et eleazarus dixit, ut dicitur ii machab. vi, ° fortiter pro gravissimis ac sanctissimis legibus honesta morte perfungor.
sc * Sed contra est quod macrobius honestatem ponit partem temperantiae. ambrosius etiam, in i de offic., ' temperantiae specialiter honestatem attribuit.
co * Respondeo dicendum quod, sicut supra dictum est, ' honestas est quaedam spiritualis pulchritudo. pulchro autem opponitur turpe. opposita autem maxime se invicem manifestant. et ideo ad temperantiam specialiter honestas pertinere videtur, quae id

quod est homini turpissimum et indecentissimum repellit, scilicet brutales voluptates. unde et in ipso nomine temperantiae maxime intelligitur bonum rationis, cuius est moderari et temperare concupiscentias pravas. sic igitur honestas, prout speciali quadam ratione temperantiae attribuitur, ponitur pars eius non quidem subiectiva, vel sicut virtus adiuncta, sed pars integralis ipsius, sicut quaedam eius conditio.

ra1 ‘ Ad primum ergo dicendum quod temperantia ponitur pars subiectiva honesti prout sumitur in sua communitate. sic autem non ponitur temperantiae pars.

ra2 ‘ Ad secundum dicendum quod vinum in ebriis facit “ praecordia honesta secundum eorum reputationem, ‘ quia videtur eis quod sint magni et honorandi.

ra3 ‘ Ad tertium dicendum quod iustitiae et fortitudini debetur maior honor quam temperantiae propter maioris boni excellentiam. sed temperantiae debetur maior honor propter cohibitionem vitiorum magis exprobrabilium, * ut ex dictis patet. ‘ et sic honestas magis attribuitur temperantiae, * secundum regulam apostoli, i ad cor. xii, quod ° inhonesta nostra maiorem habent honestatem, ‘ scilicet removentem quod inhonestum est.

009 ST3 qu146 ar

pr ‘ Deinde considerandum est de partibus subiectivis temperantiae. et primo, de his quae sunt circa delectationes ciborum; secundo, de his quae sunt circa delectationes venereorum. circa primum, considerandum est de abstinentia, quae est circa cibos et potus; et de sobrietate, quae est specialiter circa potum. circa abstinentiam autem consideranda sunt tria. primo, de ipsa abstinentia; secundo, de actu eius, qui est ieiunium; tertio, de vitio opposito, quod est gula. circa abstinentiam autem quaeruntur duo. primo, utrum abstinentia sit virtus. secundo, utrum sit virtus specialis.

009 ST3 qu146 ar1

ag1 ‘ Ad primum sic proceditur. videtur quod abstinentia non sit virtus. * dicit enim apostolus, i ad cor. iv, ° non est regnum dei in sermone, sed in virtute. ‘ in abstinentia autem non consistit regnum dei, * dicit enim apostolus, rom. xiv, ° non est regnum dei esca et potus; * ubi dicit glossa ° nec in abstinendo nec in manducando esse iustitiam. ‘ ergo abstinentia non est virtus.

ag2 ‘ Praeterea, * augustinus dicit, in x confess., ° ad deum loquens, hoc me docuisti, ut quemadmodum medicamenta, sic alimenta sumpturus accedam. ‘ sed medicamenta moderari non pertinet ad virtutem, sed ad artem medicinae. ergo, pari ratione, moderari alimenta, quod pertinet ad abstinentiam, non est actus virtutis, sed artis.

ag3 ‘ Praeterea, omnis virtus in medio consistit, * ut habetur in ii ethic.. ‘ abstinentia autem non videtur in medio consistere, sed in defectu, cum ex subtractione nominetur. ergo abstinentia non est virtus.

ag4 ‘ Praeterea, nulla virtus excludit aliam. sed abstinentia excludit patientiam, * dicit enim gregorius, in pastorali, quod ° mentes abstinentium plerumque impatientia excutit a sinu tranquillitatis. * ibidem etiam dicit quod ° cogitationes abstinentium nonnunquam superbiae culpa transfigit, ‘ et ita excludit humilitatem. ergo abstinentia non est virtus.

sc * Sed contra est quod dicitur ii pet. i, ° ministrate in fide vestra virtutem, in virtute autem scientiam, in scientia autem abstinentiam, ‘ ubi abstinentia aliis virtutibus connumeratur. ergo abstinentia est virtus.

co ‘ Respondeo dicendum quod abstinentia ex suo nomine importat subtractionem ciborum. dupliciter ergo nomen abstinentiae accipi potest. uno modo, secundum quod absolute ciborum subtractionem designat. et hoc modo abstinentia non designat neque virtutem neque actum virtutis, sed quiddam indifferens. alio modo potest accipi secundum quod est ratione regulata. et tunc significat vel habitum virtutis, vel actum. * et hoc significatur in praemissa auctoritate petri, “ ubi dicitur in scientia abstinentiam ministrandam, ut scilicet homo a cibis abstineat prout oportet, ° pro congruentia hominum cum quibus vivit et personae suae, et pro valetudinis suae necessitate.

ra1 ‘ Ad primum ergo dicendum quod et usus ciborum et eorum abstinentia secundum se considerata, non pertinent ad regnum dei, * dicit enim apostolus, i ad cor. viii, ° esca nos non commendat deo. neque enim, si non manducaverimus, deficiemus, neque, si manducabimus, abundabimus, “ scilicet spiritualiter. ‘ utrumque autem eorum secundum quod fit rationabiliter ex fide et dilectione dei, pertinet ad regnum dei.

ra2 ‘ Ad secundum dicendum quod moderatio ciborum secundum quantitatem et qualitatem pertinet ad artem medicinae in comparatione ad valetudinem corporis, sed secundum interiores affectiones, in comparatione ad bonum rationis, pertinet ad abstinentiam. * unde augustinus dicit, in libro de quaest. evang., “ non interest omnino, scilicet ad virtutem, ° quid alimentorum vel quantum quis accipiat, dummodo id faciat pro congruentia hominum cum quibus vivit et personae suae, et pro valetudinis suae necessitate, sed quanta facilitate et serenitate animi his valeat, cum oportet vel necesse est, carere.

ra3 ‘ Ad tertium dicendum quod ad temperantiam pertinet refrenare delectationes quae nimis animum ad se alliciunt, sicut ad fortitudinem pertinet firmare animum contra timores a bono rationis repellentes. et ideo sicut laus fortitudinis consistit in quodam excessu, et ex hoc denominantur omnes partes fortitudinis; ita etiam laus temperantiae consistit in quodam defectu, et ex hoc ipsa et omnes partes eius denominantur. unde et abstinentia, quia pars est temperantiae, denominatur a defectu. et tamen consistit in medio, inquantum est secundum rationem rectam.

ra4 ‘ Ad quartum dicendum quod illa vitia proveniunt ex abstinentia prout non est secundum rationem rectam. ratio enim recta facit abstinere sicut oportet, scilicet cum hilaritate mentis; et propter quod oportet, scilicet propter gloriam dei, non propter gloriam suam.

009 ST3 qu146 ar2

ag1 ‘ Ad secundum sic proceditur. videtur quod abstinentia non sit specialis virtus. omnis enim virtus secundum seipsam est laudabilis. sed abstinentia non est secundum se laudabilis, * dicit enim gregorius, in pastorali, quod ° virtus abstinentiae non nisi ex aliis virtutibus commendatur. ‘ ergo abstinentia non est specialis virtus.

ag2 * Praeterea, augustinus dicit, de fide ad petrum, quod “ abstinentia sanctorum est a cibo et potu, non quia aliqua creatura dei sit mala, sed pro sola corporis castigatione. ‘ hoc autem pertinet ad castitatem, ut ex ipso nomine apparet. ergo abstinentia non est virtus specialis a castitate distincta.

ag3 ‘ Praeterea, sicut homo debet esse contentus moderato cibo, ita et moderata veste, * secundum illud i ad tim. ult., ° habentes alimenta et quibus tegamur, his contenti simus. ‘ in moderatione autem vestium non est aliqua specialis virtus. ergo neque abstinentia, quae est moderativa alimentorum.

sc ‘ Sed contra est quod * macrobius ponit abstinentiam specialem partem temperantiae.

co * Respondeo dicendum quod, sicut supra dictum est, ‘ virtus moralis conservat bonum rationis contra impetus passionum, et ideo ubi invenitur specialis ratio qua passio abstrahat a bono rationis, ibi necesse est esse specialem virtutem. delectationes autem ciborum natae sunt abstrahere hominem a bono rationis, tum propter earum magnitudinem; tum etiam propter necessitatem ciborum, quibus homo indiget ad vitae conservationem, quam maxime homo desiderat. et ideo abstinentia est specialis virtus.

ra1 ‘ Ad primum ergo dicendum quod virtutes oportet esse connexas, * ut supra dictum est. ‘ et ideo una virtus adiuvatur et commendatur ex alia, sicut iustitia a fortitudine. et per hunc etiam modum virtus abstinentiae commendatur ex aliis virtutibus.

ra2 ‘ Ad secundum dicendum quod per abstinentiam corpus castigatur non solum contra illecebram luxuriae, sed etiam contra illecebras gulae, quia dum homo abstinet, magis redditur fortis ad impugnationes gulae vincendas, quae tanto fortiores sunt quanto homo eis magis cedit. et tamen non prohibetur abstinentiam esse specialem virtutem per hoc quod ad castitatem valet, quia una virtus ad aliam iuvat.

ra3 ‘ Ad tertium dicendum quod usus vestimentorum est introductus ab arte, usus autem ciborum a natura. et ideo magis debet esse virtus specialis circa moderationem ciborum quam circa moderationem vestimentorum.

009 ST3 qu147 ar

pr ‘ Deinde considerandum est de ieiunio. et circa hoc quaeruntur octo. primo, utrum ieiunium sit actus virtutis. secundo, cuius virtutis sit actus. tertio, utrum cadat sub praecepto. quarto, utrum aliqui excusentur ab observatione huius praecepti. quinto, de tempore ieiunii. sexto, utrum semel comedere requiratur ad ieiunium. septimo, de hora comestionis ieiunantium. octavo, de cibis a quibus debent abstinere.

009 ST3 qu147 ar1

ag1 ‘ Ad primum sic proceditur. videtur quod ieiunium non sit actus virtutis. omnis enim virtutis actus est deo acceptus. sed ieiunium non semper est deo acceptum, * secundum illud isaiae lviii, ° quare ieiunavimus, et non aspexisti? ‘ ergo ieiunium non est actus virtutis.

ag2 ‘ Praeterea, nullus actus virtutis recedit a medio virtutis. sed ieiunium recedit a medio virtutis, quod quidem in virtute abstinentiae accipitur secundum hoc, ut subveniatur necessitati naturae, cui per ieiunium aliquid subtrahitur; alioquin non ieiunantes non haberent virtutem abstinentiae. ergo ieiunium non est actus virtutis.

ag3 ‘ Praeterea, illud quod communiter omnibus convenit, et bonis et malis, non est actus virtutis. sed ieiunium est huiusmodi, quilibet enim, antequam comedat, ieiunus est. ergo ieiunium non est actus virtutis.

sc ‘ Sed contra est quod connumeratur aliis virtutum actibus, * ii ad cor. vi, ubi apostolus dicit, ° in ieiuniis, in scientia, in castitate, etc..

co ‘ Respondeo dicendum quod ex hoc aliquis actus est virtuosus, quod per rationem ordinatur ad aliquod bonum honestum. hoc autem convenit ieiunio. assumitur enim ieiunium principaliter ad tria. primo quidem, ad concupiscentias carnis comprimendas. * unde apostolus dicit, in auctoritate inducta, “ in ieiuniis, in castitate, ‘ quia per ieiunia castitas conservatur. * ut enim hieronymus dicit, ° sine cerere et baccho friget venus, ‘ idest, per abstinentiam cibi et potus tepescit luxuria. ‘ secundo, assumitur ad hoc quod mens liberius elevetur ad sublimia contemplanda. * unde dicitur dan. x, quod ‘ post ieiunium trium hebdomadarum, revelationem accepit a deo. tertio, ad satisfaciendum pro peccatis. * unde dicitur ioel ii, ° convertimini ad me in toto corde vestro, in ieiunio et fletu et planctu. * et hoc est quod augustinus dicit, in quodam sermone de orat. et ieiun., ° ieiunium purgat mentem, sublevat sensum, carnem spiritui subiicit, cor facit contritum et humiliatum, concupiscentiae nebulas dispergit, libidinum ardores extinguit,
[25] castitatis vero lumen accendit. ‘ unde patet quod ieiunium est actus virtutis.

ra1 ‘ Ad primum ergo dicendum quod contingit quod aliquis actus qui ex genere suo est virtuosus, ex aliquibus circumstantiis adiunctis redditur vitiosus. * unde ibidem dicitur, ° ecce in diebus ieiunii vestri invenitur voluntas vestra; * et paulo post subditur, ° ad lites et contentiones ieiunatis, et percutitis pugno impie. * quod exponens gregorius, in pastorali, dicit, ° voluntas ad laetitiam pertinet, pugnus ad iram. incassum ergo per abstinentiam corpus atteritur, si inordinatis motibus dimissa mens vitiis dissipatur. * et augustinus, in praedicto sermone, dicit quod ° ieiunium verbositatem non amat, divitias superfluitatem iudicat, superbiam spernit, humilitatem commendat, praestat homini seipsum intelligere, quod est infirmum et fragile.

ra2 ‘ Ad secundum dicendum quod medium virtutis non accipitur secundum quantitatem, sed secundum rationem rectam, * ut dicitur in ii ethic.. ‘ ratio autem iudicat quod propter aliquam specialem causam aliquis homo minus sumat de cibo quam sibi competeret secundum statum communem, sicut propter infirmitatem vitandam, aut aliqua opera corporalia expeditius agenda. et multo magis ratio recta hoc ordinat ad spiritualia mala vitanda et bona prosequenda. non tamen ratio recta tantum de cibo subtrahit ut natura conservari non possit, * quia, ut hieronymus dicit, ° non differt utrum magno vel parvo tempore te interimas; et quod de rapina holocaustum offert qui vel ciborum nimia egestate, vel manducandi vel somni penuria, immoderate corpus affligit. ‘ similiter etiam ratio recta non tantum de cibo subtrahit ut homo reddatur impotens ad debita opera peragenda, * unde dicit hieronymus quod ° rationalis homo dignitatem amittit qui ieiunium caritati, vel vigilias sensus integritati praefert.

ra3 ‘ Ad tertium dicendum quod ieiunium naturae, quo quis dicitur ieiunus antequam comedat, consistit in pura negatione. unde non potest poni actus virtutis, sed solum illud ieiunium quo quis, ex rationabili proposito, a cibis aliqualiter abstinet. unde primum dicitur ieiunium ieiuni, secundum vero ieiunium ieiunantis, quasi ex proposito aliquid agentis.

009 ST3 qu147 ar2

ag1 ‘ Ad secundum sic proceditur. videtur quod ieiunium non sit actus abstinentiae. * quia super illud matth. xvii, ° hoc genus daemoniorum etc., * dicit hieronymus, ° ieiunium est non solum ab escis, sed a cunctis illecebris abstinere. ‘ sed hoc pertinet ad omnem virtutem. ergo ieiunium non est actus specialiter abstinentiae.

ag2 * Praeterea, gregorius dicit, in homilia quadragesimae, quod “ ieiunium quadragesimale est decima totius anni. ‘ sed dare decimas est actus religionis, * ut supra habitum est. ‘ ergo ieiunium est actus religionis, et non abstinentiae.

ag3 ‘ Praeterea, abstinentia est pars temperantiae, * ut dictum est. ‘ temperantia autem contra fortitudinem dividitur, ad quam pertinet molestias sustinere, quod maxime videtur esse in ieiunio. ergo ieiunium non est actus abstinentiae.

sc * Sed contra est quod isidorus dicit quod ° ieiunium est parsimonia victus, abstinentiaque ciborum.

co ‘ Respondeo dicendum quod eadem est materia habitus et actus. unde omnis actus virtuosus qui est circa aliquam materiam, ad illam virtutem pertinet quae medium in illa materia constituit. ieiunium autem attenditur in cibis, in quibus medium adinvenit abstinentia. unde manifestum est quod ieiunium est abstinentiae actus.

ra1 ‘ Ad primum ergo dicendum quod ieiunium proprie dictum consistit in abstinendo a cibis. sed metaphorice dictum consistit in abstinendo a quibuslibet nocivis, quae maxime sunt peccata. vel potest dici quod etiam ieiunium proprie dictum est abstinentia ab omnibus illecebris, quia per quaelibet vitia adiuncta desinit esse actus virtuosus, * ut dictum est.

ra2 ‘ Ad secundum dicendum quod nihil prohibet actum unius virtutis pertinere ad aliam virtutem, secundum quod ad eius finem ordinatur, * ut ex supra dictis patet. ‘ et secundum hoc, nihil prohibet ieiunium pertinere ad religionem vel ad castitatem, vel ad quamcumque aliam virtutem.

ra3 ‘ Ad tertium dicendum quod ad fortitudinem, secundum quod est specialis virtus, non pertinet perferre quascumque molestias, sed solum illas quae sunt circa pericula mortis. sufferre autem molestias quae sunt ex defectu delectabilium tactus, pertinet ad temperantiam et ad partes eius. et tales sunt molestiae ieiunii.

009 ST3 qu147 ar3

ag1 ' Ad tertium sic proceditur. videtur quod ieiunium non sit in praecepto. praecepta enim non dantur de operibus supererogationum, quae cadunt sub consilio. sed ieiunium est opus supererogationis, alioquin, ubique et semper aequaliter esse observandum. ergo ieiunium non cadit sub praecepto.
ag2 ' Praeterea, quicumque transgreditur praeceptum peccat mortaliter. si ergo ieiunium esset in praecepto, omnes non ieiunantes mortaliter peccarent. per quod videretur magnus laqueus hominibus esse iniectus.
ag3 * Praeterea, augustinus dicit, in libro de vera relig., quod ° ab ipsa dei sapientia, homine assumpto, a quo in libertatem vocati sumus, pauca sacramenta saluberrima constituta sunt, quae societatem christiani populi, hoc est sub uno deo liberae multitudinis, continerent. ' sed non minus videtur libertas populi christiani impediri per multitudinem observantiarum quam per multitudinem sacramentorum, * dicit enim augustinus, in libro ad inquisitiones ianuarii, quod ° quidam ipsam religionem nostram, quam manifestissimis et paucissimis celebrationum sacramentis dei misericordia voluit esse liberam, servilibus premunt oneribus. ' ergo videtur quod non debuit per ecclesiam ieiunium sub praecepto institui.
sc ' Sed contra est quod * hieronymus, ad lucinum, dicit, de ieiuniis loquens, ° unaquaeque provincia abundet in suo sensu, et praecepta maiorum leges apostolicas arbitretur. ' ergo ieiunium est in praecepto.
co ' Respondeo dicendum quod sicut ad saeculares principes pertinet praecepta legalia, iuris naturalis determinativa, tradere de his quae pertinent ad utilitatem communem in temporalibus rebus; ita etiam ad praelatos ecclesiasticos pertinet ea statutis praecipere quae ad utilitatem communem fidelium pertinent in spiritualibus bonis. * dictum est autem quod ' ieiunium utile est et ad deletionem et cohibitionem culpae, et ad elevationem mentis in spiritualia. unusquisque autem ex naturali ratione tenetur tantum ieiuniis uti quantum sibi necessarium est ad praedicta. et ideo ieiunium in communi cadit sub praecepto legis naturae. sed determinatio temporis et modi ieiunandi secundum convenientiam et utilitatem populi christiani, cadit sub praecepto iuris positivi quod est a praelatis ecclesiae institutum. et hoc est ieiunium ecclesiae, aliud, naturae.
ra1 ' Ad primum ergo dicendum quod ieiunium, secundum se consideratum, non nominat aliquid eligibile, sed quiddam poenale. redditur autem eligibile secundum quod est utile ad finem aliquem. et ideo, absolute consideratum, non est de necessitate praecepti, sed est de necessitate praecepti unicuique tali remedio indigenti. et quia multitudo hominum ut plurimum indiget tali remedio, tum quia in multis omnes offendimus, * ut dicitur iac. iii; ' tum etiam quia caro concupiscit adversus spiritum, * ut dicitur galat. v, ' conveniens fuit ut ecclesia aliqua ieiunia statueret communiter ab omnibus observanda, non quasi praecepto subiiciens id quod simpliciter ad supererogationem pertinet, sed quasi in speciali determinans id quod est necessarium in communi.
ra2 ' Ad secundum dicendum quod praecepta quae per modum communis statuti proponuntur, non eodem modo obligant omnes, sed secundum quod requiritur ad finem quem legislator intendit. cuius auctoritatem si aliquis transgrediendo statutum contemnat; vel hoc modo transgrediatur quod impediatur finis quem intendit, peccat mortaliter talis transgressor. si autem ex aliqua rationabili causa quis statutum non servet, praecipue in casu in quo etiam, si legislator adesset, non decerneret esse servandum, talis transgressio non constituit peccatum mortale. et inde est quod non omnes qui omnino non servant ieiunia ecclesiae, mortaliter peccant.
ra3 * Ad tertium dicendum quod augustinus ibi loquitur de his ° quae neque sanctarum scripturarum auctoritatibus continentur, nec in conciliis episcoporum statuta inveniuntur, nec consuetudine universalis ecclesiae roborata sunt. ' ieiunia vero quae sunt in praecepto, sunt in conciliis episcoporum statuta, et consuetudine universalis ecclesiae roborata. nec sunt contra libertatem populi fidelis, sed magis sunt utilia ad impediendum servitutem peccati, quae repugnat libertati spirituali; * de qua dicitur, galat. v, ° vos autem, fratres, in libertatem vocati estis, tantum, ne libertatem detis in occasionem carnis.

009 ST3 qu147 ar4

ag1 ' Ad quartum sic proceditur. videtur quod omnes ad ieiunia ecclesiae teneantur. praecepta enim ecclesiae obligant sicut dei praecepta, * secundum illud lucae x, ° qui vos audit, me audit. ' sed ad praecepta dei servanda omnes tenentur. ergo similiter omnes tenentur ad servanda ieiunia quae sunt ab ecclesia instituta.
ag2 ' Praeterea, maxime videntur excusari pueri a ieiunio, propter aetatem. sed pueri non excusantur, * dicitur enim ioel ii, ° sanctificate ieiunium. * et postea sequitur, ° congregate parvulos et sugentes ubera, ' ergo multo magis omnes alii ad ieiunia teneantur.
ag3 ' Praeterea, spiritualia sunt temporalibus praeferenda, et necessaria non necessariis. sed opera corporalia ordinantur ad lucrum temporale, peregrinatio etiam, etsi ad spiritualia ordinetur, non est necessitatis. cum ergo ieiunium ordinetur ad spiritualem utilitatem, et necessitatem habeat ex statuto ecclesiae, videtur quod non sint ieiunia ecclesiae praetermittenda propter peregrinationem vel corporalia opera.
ag4 ' Praeterea, magis est aliquid faciendum ex propria voluntate quam ex necessitate, * ut patet per apostolum, ii ad cor. ix. ' sed pauperes solent ex necessitate ieiunare, propter defectum alimentorum. ergo multo magis debent ex propria voluntate ieiunare.
sc ' Sed contra, videtur quod nullus iustus teneatur ieiunare. praecepta enim ecclesiae non obligant contra doctrinam christi. * sed dominus dixit, lucae v, quod ° non possunt filii sponsi ieiunare quandiu cum ipsis est sponsus. ' est autem cum omnibus iustis, spiritualiter eos inhabitans, * unde dominus dicit, matth. ult., ° ecce, ego vobiscum sum usque ad consummationem saeculi. ' ergo iusti ex statuto ecclesiae non obligantur ad ieiunandum.
co * Respondeo dicendum quod, sicut supra dictum est, ' statuta communia proponuntur secundum quod multitudini conveniunt. et ideo legislator in eis statuendis attendit id quod communiter et in pluribus accidit. si quid autem ex speciali causa in aliquo inveniatur quod observantiae statuti repugnet, non intendit talem legislator, ad statuti observantiam obligare. in quo tamen est distinctio adhibenda. nam si causa sit evidens, per seipsum licite potest homo statuti observantiam praeterire, praesertim consuetudine interveniente; vel si non posset de facili recursus ad superiorem haberi. si vero causa sit dubia, debet aliquis ad superiorem recurrere qui habet potestatem in talibus dispensandi. et hoc est observandum in ieiuniis ab ecclesia institutis, ad quae omnes communiter obligantur, nisi in eis fuerit aliquod speciale impedimentum.
ra1 ' Ad primum ergo dicendum quod praecepta dei sunt praecepta iuris naturalis, quae secundum se sunt de necessitate salutis. sed statuta ecclesiae sunt de his quae non per se sunt de necessitate salutis, sed solum ex institutione ecclesiae. et ideo possunt esse aliqua impedimenta propter quae aliqui ad observanda ieiunia huiusmodi non tenentur.
ra2 ' Ad secundum dicendum quod in pueris est maxime evidens causa non ieiunandi, tum propter debilitatem naturae, ex qua provenit quod indigent frequenti cibo, et non multo simul assumpto; tum etiam quia indigent multo nutrimento propter necessitatem augmenti, quod fit de residuo alimenti. et ideo quandiu sunt in statu augmenti, quod est ut in pluribus usque ad finem tertii septennii, non tenentur ad ecclesiastica ieiunia observanda. conveniens tamen est ut etiam in hoc tempore se ad ieiunandum exerceant, plus vel minus, secundum modum suae aetatis. quandoque tamen, magna tribulatione imminente, in signum poenitentiae arctioris, etiam pueris ieiunia indicuntur, * sicut etiam de iumentis legitur ionae iii, ° homines et iumenta non gustent quidquam, nec aquam bibant.
ra3 ' Ad tertium dicendum quod circa peregrinos et operarios distinguendum videtur. quia si peregrinatio et operis labor commode differri possit aut diminui, absque detrimento corporalis salutis et exterioris status, qui requiritur ad conservationem corporalis vel spiritualis vitae, non sunt propter hoc ecclesiae ieiunia praetermittenda. si autem immineat necessitas statim peregrinandi et magnas diaetas faciendi; vel etiam multum laborandi, vel propter conservationem vitae corporalis, vel propter aliquid necessarium ad vitam spiritualem; et simul cum hoc non possunt ecclesiae ieiunia observari, non obligatur homo ad ieiunandum; quia non videtur fuisse intentio ecclesiae statuentis ieiunia, ut per hoc impediret alias pias et magis necessarias causas. videtur tamen in talibus recurrendum esse ad superioris dispensationem, nisi forte ubi ita est consuetum; quia ex hoc ipso quod praelati dissimulant, videntur annuere.
ra4 ' Ad quartum dicendum quod pauperes qui possunt sufficienter habere quod eis sufficiat ad unam comestionem, non excusantur propter paupertatem a ieiuniis ecclesiae. a quibus tamen excusari videntur illi qui frustatim eleemosynas mendicant, qui non possunt simul habere quod eis ad victum sufficiat.
ra5 ' Ad quintum dicendum quod illud verbum domini tripliciter potest exponi. * uno modo, secundum chrysostomum, qui dicit quod " discipuli, qui filii sponsi dicuntur, adhuc imbecillius dispositi erant, unde vestimento veteri comparantur, et ideo, in praesentia corporali christi, erant magis fovendi in quadam dulcedine quam in austeritate ieiunii exercendi. ' et secundum hoc, magis convenit ut cum imperfectis et novitiis in ieiuniis dispensetur quam cum antiquioribus et perfectis, * ut patet in glossa, super illud psalmi, ° sicut ablactatus super matre sua. * alio modo potest dici, secundum hieronymum, quod " dominus ibi loquitur de ieiunio veterum observantiarum. ' unde per hoc significat dominus quod apostoli non erant in veteribus observantiis detinendi, quos oportebat gratiae novitate perfundi. * tertio modo, secundum augustinum, qui distinguit duplex ieiunium. " quorum unum pertinet ad humilitatem tribulationis. et hoc non competit viris perfectis, qui dicuntur filii sponsi, unde ubi lucas dicit, non possunt filii sponsi ieiunare, matthaeus dicit, non possunt filii sponsi lugere. aliud autem est quod pertinet ad gaudium mentis in spiritualia suspensae. et tale ieiunium convenit perfectis.

009 ST3 qu147 ar5

ag1 ' Ad quintum sic proceditur. videtur quod non determinentur convenienter tempora ieiunii ecclesiastici. christus enim * legitur, matth. iv, statim post baptismum ieiunium inchoasse. ' sed nos christum imitari debemus, * secundum illud i ad cor. iv, ° imitatores mei estote, sicut et ego christi. ' ergo et nos debemus ieiunium peragere statim post epiphaniam, in qua baptismus christi celebratur.
ag2 ' Praeterea, caeremonialia veteris legis non licet in nova lege observare. sed ieiunia in quibusdam determinatis mensibus pertinent ad solemnitates veteris legis, * dicitur enim zach. viii, ° ieiunium quarti, et ieiunium quinti, et ieiunium septimi, et ieiunium decimi erit domui iudae in gaudium et laetitiam, et in solemnitates praeclaras. ' ergo ieiunia specialium mensium, quae dicuntur quatuor temporum, inconvenienter in ecclesia observantur.
ag3 * Praeterea, secundum augustinum, in libro de consensu evang., " sicut est ieiunium afflictionis, ita est ieiunium exultationis. ' sed maxime exultatio spiritualis fidelibus imminet ex christi resurrectione. ergo in tempore quinquagesimae, in quo ecclesia solemnizat propter dominicam resurrectionem, in diebus dominicalibus, in quibus memoria resurrectionis agitur, debent aliqua ieiunia indici.
sc ' Sed contra est communis ecclesiae consuetudo.
co * Respondeo dicendum quod, sicut supra dictum est, ' ieiunium ad duo ordinatur, scilicet ad deletionem culpae, et ad elevationem mentis in superna. et ideo illis temporibus specialiter fuerunt ieiunia indicenda in quibus oportebat homines a peccato purgari, et mentem fidelium elevari in deum per devotionem. quod quidem praecipue imminet ante paschalem solemnitatem. in qua et culpae per baptismum relaxantur, qui solemniter in vigilia paschae celebratur, quando recolitur dominica sepultura, " quia per baptismum consepelimur christo in mortem, * ut dicitur rom. vi. ' in festo etiam paschae maxime oportet mentem hominis per devotionem elevari ad aeternitatis gloriam, quam christus resurgendo inchoavit. et ideo immediate ante solemnitatem paschalem ecclesia statuit esse ieiunandum, et eadem ratione, in vigiliis praecipuarum festivitatum, in quibus praeparari nos oportet ad festa futura devote celebranda. similiter etiam consuetudo ecclesiastica habet ut in singulis quartis anni sacri ordines conferantur (in cuius signum, dominus quatuor millia hominum de septem panibus satiavit, per quos significatur annus novi testamenti, * ut hieronymus dicit ibidem), ' ad quorum susceptionem oportet per ieiunium praeparari et eos |25| qui ordinant, et illos qui ordinandi sunt, et etiam totum populum, pro cuius utilitate ordinantur. * unde et legitur, lucae vi, quod ' dominus, ante discipulorum electionem, exivit in montem orare, * quod exponens ambrosius, dicit, ° quid te facere convenit cum vis aliquod officium pietatis adoriri quando christus, missurus apostolos, prius oravit? ' ratio autem numeri, quantum ad quadragesimale ieiunium, est triplex, * secundum gregorium. prima quidem, ° quia virtus decalogi per libros quatuor sancti evangelii impletur, denarius autem quater ductus in quadragenarium surgit. vel quia in hoc mortali corpore ex quatuor elementis subsistimus, per cuius voluntatem praeceptis dominicis contraimus, quae per decalogum sunt accepta. unde dignum est ut eandem carnem quaterdecies affligamus. vel quia ita offerre contendimus deo decimas dierum. dum enim per trecentos et sexaginta dies annus ducitur, nos autem per triginta sex dies affligimur, ' qui sunt ieiunabiles in sex septimanis quadragesimae, ° quasi anni nostri decimas deo damus. * secundum autem augustinum, additur quarta ratio. " nam creator est trinitas, pater et filius et spiritus sanctus. creaturae vero invisibili debetur ternarius numerus, diligere enim iubemur deum ex toto corde, ex tota anima, ex tota mente. creaturae vero visibili debetur quaternarius, propter calidum et |50| frigidum, humidum et siccum. sic ergo per denarium significantur omnes res, qui si ducatur per quaternarium, qui competit corpori, per quod administratio geritur, quadragesimum numerum conficit. ' singula vero ieiunia quatuor temporum tribus diebus continentur, propter numerum mensium qui competit cuilibet tempori. vel propter numerum sacrorum ordinum, qui in his temporibus conferuntur.
ra1 ' Ad primum ergo dicendum quod christus baptismo non indiguit propter seipsum, sed ut nobis baptismum commendaret. et ideo sibi non competebat ut ante baptismum suum ieiunaret, sed post baptismum, ut nos invitaret ad ieiunandum ante nostrum baptismum.
ra2 ' Ad secundum dicendum quod ecclesia non servat ieiunia quatuor temporum nec omnino eisdem temporibus quibus iudaei, nec etiam propter causas

easdem. illi enim ieiunabant in iulio, qui est quartus mensis ab aprili, quem primum habent, quia tunc moyses, descendens de monte sina, tabulas legis confregit; * et iuxta ieremiam, ‘ muri primum rupti sunt civitatis. in quinto autem mense, qui apud nos vocatur augustus, cum propter exploratores seditio esset orta in populo, iussi sunt in montem non ascendere, et in hoc mense a nabuchodonosor, et post a tito, templum hierosolymis est incensum. in septimo vero, qui appellatur october, godolias occisus est, et reliquiae populi dissipatae. in decimo vero mense, qui apud nos ianuarius dicitur, populus cum ezechiele in captivitate positus, audivit templum esse subversum.

ra3 ‘ Ad tertium dicendum quod ieiunium exultationis ex instinctu spiritus sancti procedit, qui est spiritus libertatis. et ideo hoc ieiunium sub praecepto cadere non debet. ieiunia ergo quae praecepto ecclesiae instituuntur, sunt magis ieiunia afflictionis, quae non conveniunt in diebus laetitiae. propter quod, non est ieiunium ab ecclesia institutum in toto paschali tempore, nec etiam in diebus dominicis. in quibus si quis ieiunaret, contra consuetudinem populi christiani, quae, * ut augustinus dicit, ‘ est pro lege habenda; vel etiam ex aliquo errore, sicut manichaei ieiunant quasi necessarium tale ieiunium arbitrantes, non essent a peccato immunes, quamvis ipsum ieiunium secundum se consideratum omni tempore sit laudabile, * secundum quod hieronymus dicit, ad lucinum, ° utinam omni tempore ieiunare possimus.

009 ST3 qu147 ar6

ag1 ‘ Ad sextum sic proceditur. videtur quod non requiratur ad ieiunium quod homo semel tantum comedat. ieiunium enim, * ut dictum est, ‘ est actus virtutis abstinentiae, quae quidem non minus observat debitam quantitatem cibi quam comestionis numerum. non autem taxatur ieiunantibus quantitas cibi. ergo nec numerus comestionis taxari debet.

ag2 ‘ Praeterea, sicut homo nutritur cibo, ita et potu. unde et potus ieiunium solvit, propter quod, post potum non possumus eucharistiam accipere. sed non est prohibitum quin pluries bibamus, diversis horis diei. ergo etiam non debet esse prohibitum ieiunantibus quin pluries comedant.

ag3 ‘ Praeterea, electuaria quidam cibi sunt. quae tamen a multis in diebus ieiunii post comestionem sumuntur. ergo unitas comestionis non est de ratione ieiunii.

sc ‘ Sed in contrarium est communis consuetudo populi christiani.

co ‘ Respondeo dicendum quod ieiunium ab ecclesia instituitur ad concupiscentiam refrenandam, ita tamen quod natura salvetur. ad hoc autem sufficere videtur unica comestio, per quam homo potest et naturae satisfacere, et tamen concupiscentiae aliquid detrahit, diminuendo comestionum vices. et ideo ecclesiae moderatione statutum est ut semel in die a ieiunantibus comedatur.

ra1 ‘ Ad primum ergo dicendum quod quantitas cibi non potuit eadem omnibus taxari, propter diversas corporum complexiones, ex quibus contingit quod unus maiori, alter minori indiget cibo. sed ut plurimum omnes possunt naturae satisfacere per unicam comestionem.

ra2 ‘ Ad secundum dicendum quod duplex est ieiunium. unum quidem naturae quod requiritur ad eucharistiae sumptionem. et hoc solvitur per quemlibet potum, etiam aquae, post quem non licet eucharistiam sumere. est autem aliud ieiunium ecclesiae, quod dicitur ieiunium ieiunantis. et istud non solvitur nisi per ea quae ecclesia interdicere intendit instituendo ieiunium. non autem intendit ecclesia interdicere abstinentiam potus, qui magis sumitur ad alterationem corporis et digestionem ciborum assumptorum quam ad nutritionem, licet aliquo modo nutriat. et ideo licet pluries ieiunantibus bibere. si autem quis immoderate potu utatur, potest peccare et meritum ieiunii perdere, sicut etiam si immoderate cibum in una comestione assumat.

ra3 ‘ Ad tertium dicendum quod electuaria, etsi aliquo modo nutriant, non tamen principaliter assumuntur ad nutrimentum, sed ad digestionem ciborum. unde non solvunt ieiunium, sicut nec aliarum medicinarum assumptio, nisi forte aliquis in fraudem electuaria in magna quantitate assumat per modum cibi.

009 ST3 qu147 ar7

ag1 ‘ Ad septimum sic proceditur. videtur quod hora nona non convenienter taxetur ad comedendum, his qui ieiunant. status enim novi testamenti est perfectior quam status veteris testamenti. sed in veteri testamento ieiunabant usque ad vesperam, * dicitur enim levit. xxiii, ° sabbatum est, affligetis animas vestras; * et postea sequitur, ° a vespere usque ad vesperam celebrabitis sabbata vestra. ‘ ergo multo magis in novo testamento ieiunium debet indici usque ad vesperam.

ag2 ‘ Praeterea, ieiunium ab ecclesia institutum omnibus imponitur. sed non omnes possunt determinate cognoscere horam nonam. ergo videtur quod taxatio horae nonae non debeat cadere sub statuto ieiunii.

ag3 ‘ Praeterea, ieiunium est actus virtutis abstinentiae, * ut supra dictum est. ‘ sed virtus moralis non eodem modo accipit medium quoad omnes, quia quod est multum uni, est parum alteri, * ut dicitur in ii ethic.. ‘ ergo non debet ieiunantibus taxari hora nona.

sc * Sed contra est quod concilium cabillonense dicit, ° in quadragesima nullatenus credendi sunt ieiunare qui ante manducaverint quam vespertinum celebretur officium, “ quod quadragesimali tempore post nonam dicitur. ‘ ergo usque ad nonam est ieiunandum.

co * Respondeo dicendum quod, sicut dictum est, ‘ ieiunium ordinatur ad deletionem et cohibitionem culpae. unde oportet quod aliquid addat supra communem consuetudinem, ita tamen quod per hoc non multum natura gravetur. est autem debita et communis consuetudo comedendi hominibus circa horam sextam, tum quia iam videtur esse completa digestio, nocturno tempore naturali calore interius revocato propter frigus noctis circumstans, et diffusio humoris per membra, cooperante ad hoc calore diei usque ad summum solis ascensum; tum etiam quia tunc praecipue natura corporis humani indiget iuvari contra exteriorem aeris calorem, ne humores interius adurantur. et ideo, ut ieiunans aliquam afflictionem sentiat pro culpae satisfactione, conveniens hora comedendi taxatur ieiunantibus circa nonam. convenit etiam ista hora mysterio passionis christi, quae completa fuit hora nona, quando, inclinato capite, tradidit spiritum. ieiunantes enim, dum suam carnem affligunt, passioni christi conformantur, * secundum illud galat. v, ° qui christi sunt, carnem suam crucifixerunt, cum vitiis et concupiscentiis.

ra1 ‘ Ad primum ergo dicendum quod status veteris testamenti comparatur nocti, status vero novi testamenti diei, * secundum illud rom. xiii, ° nox praecessit, dies autem appropinquavit. ‘ et ideo in veteri testamento ieiunabant usque ad noctem, non autem in novo testamento.

ra2 ‘ Ad secundum dicendum quod ad ieiunium requiritur hora determinata non secundum subtilem examinationem, sed secundum grossam aestimationem, sufficit enim quod sit circa horam nonam. et hoc de facili quilibet cognoscere potest.

ra3 ‘ Ad tertium dicendum quod modicum augmentum, vel etiam modicus defectus, non multum potest nocere. non est autem magnum temporis spatium quod est ab hora sexta, in qua communiter homines comedere consueverunt, usque ad horam nonam, quae ieiunantibus determinatur. et ideo talis taxatio temporis non multum potest alicui nocere, cuiuscumque conditionis existat. vel, si forte propter infirmitatem vel aetatem aut aliquid huiusmodi, hoc eis in magnum gravamen cederet, esset cum eis in ieiunio dispensandum, vel ut aliquantulum praevenirent horam.

009 ST3 qu147 ar8

ag1 ‘ Ad octavum sic proceditur. videtur quod inconvenienter ieiunantibus indicatur abstinentia a carnibus et ovis et lacticiniis. * dictum est enim supra quod ‘ ieiunium est institutum ad concupiscentias carnis refrenandas. sed magis concupiscentiam provocat potus vini quam esus carnium, * secundum illud prov. xx, ° luxuriosa res est vinum; * et ephes. v, ° nolite inebriari vino, in quo est luxuria. ‘ cum ergo non interdicatur ieiunantibus potus vini, videtur quod non debeat interdici esus carnium.

ag2 ‘ Praeterea, aliqui pisces ita delectabiliter comeduntur sicut quaedam animalium carnes. sed concupiscentia est appetitus delectabilis, * ut supra habitum est. ‘ ergo in ieiunio, quod est institutum ad concupiscentiam refrenandam, sicut non interdicitur usus piscium, ita non debet interdici usus carnium.

ag3 ‘ Praeterea, in quibusdam ieiuniorum diebus aliqui ovis et caseo utuntur. ergo, pari ratione, in ieiunio quadragesimali talibus homo uti potest.

sc ‘ Sed contra est communis fidelium consuetudo.

co * Respondeo dicendum quod, sicut supra dictum est, ‘ ieiunium ab ecclesia est institutum ad reprimendas concupiscentias carnis. quae quidem sunt delectabilium secundum tactum, quae consistunt in cibis et venereis. et ideo illos cibos ecclesia ieiunantibus interdixit qui et in comedendo maxime habent delectationem, et iterum maxime hominem ad venerea provocant. huiusmodi autem sunt carnes animalium in terra quiescentium et respirantium, et quae ex eis procedunt, sicut lacticinia ex gressibilibus, et ova ex avibus. quia enim huiusmodi magis conformantur humano corpori, plus delectant et magis conferunt ad humani corporis nutrimentum, et sic ex eorum comestione plus superfluit ut vertatur in materiam seminis, cuius multiplicatio est maximum incitamentum luxuriae. et ideo ab his cibis praecipue ieiunantibus ecclesia statuit esse abstinendum.

ra1 ‘ Ad primum ergo dicendum quod ad actum generationis tria concurrunt, scilicet calor, spiritus et humor. ad calorem quidem maxime cooperatur vinum, et alia calefacientia corpus; ad spiritus autem videntur cooperari inflativa; sed ad humorem maxime cooperatur usus carnium, ex quibus multum de alimento generatur. alteratio autem caloris et multiplicatio spirituum cito transit, sed substantia humoris diu manet. et ideo magis interdicitur ieiunantibus usus carnium quam vini, vel leguminum, quae sunt inflativa.

ra2 ‘ Ad secundum dicendum quod ecclesia, ieiunium instituens, interdit ad id quod communius accidit. esus autem carnium est magis delectabilis communiter quam esus piscium, quamvis in quibusdam aliter se habeat. et ideo ecclesia magis ieiunantibus prohibuit esum carnium quam esum piscium.

ra3 ‘ Ad tertium dicendum quod ova et lacticinia ieiunantibus interdicuntur inquantum sunt animalibus exorta carnes habentibus. unde principalius interdicuntur quam ova vel lacticinia. similiter etiam inter alia ieiunia, solemnius est quadragesimale ieiunium, tum quia observatur ad imitationem christi; tum etiam quia per ipsum disponimur ad redemptionis nostrae mysteria devote celebranda. et ideo in quolibet ieiunio interdicitur esus carnium, in ieiunio autem quadragesimali interdicuntur universaliter etiam ova et lacticinia. circa quorum abstinentiam in aliis ieiuniis diversae consuetudines existunt apud diversos, quas quisque observare debet, secundum morem eorum inter quos conversatur. * unde hieronymus dicit, de ieiuniis loquens, ° unaquaeque provincia abundet in suo sensu, et praecepta maiorum leges apostolicas arbitretur.

009 ST3 qu148 ar

pr ‘ Deinde considerandum est de gula. et circa hoc quaeruntur sex. primo, utrum gula sit peccatum. secundo, utrum sit peccatum mortale. tertio, utrum sit maximum peccatorum. quarto, de speciebus eius. quinto, utrum sit vitium capitale. sexto, de filiabus eius.

009 ST3 qu148 ar1

ag1 ‘ Ad primum sic proceditur. videtur quod gula non sit peccatum. * dicit enim dominus, matth. xv, ° quod intrat in os, non coinquinat hominem. ‘ sed gula est circa cibos, qui intrant in hominem. cum ergo omne peccatum coinquinet hominem, videtur quod gula non sit peccatum.

ag2 ‘ Praeterea, nullus peccat in eo quod vitare non potest. sed gula consistit in immoderantia cibi, quam non potest homo vitare, * dicit enim gregorius, xxx moral., ° cuia per esum voluptas necessitati miscetur, quid necessitas petat, et quid voluptas suppetat, ignoratur; * et augustinus dicit, x confess., ° quis est, domine, qui aliquantulum extra metas necessitatis cibum non sumit? ‘ ergo gula non est peccatum.

ag3 ‘ Praeterea, in quolibet genere peccati primus motus est peccatum. sed primus motus sumendi cibum non est peccatum, alioquin fames et sitis essent peccata. ergo gula non est peccatum.

sc * Sed contra est quod gregorius dicit, xxx moral., quod ° ad conflictum spiritualis agonis non assurgitur, si non prius intra nosmetipsos hostis positus, gulae videlicet appetitus, edomatur. ‘ sed interior hostis hominis est peccatum. ergo gula est peccatum.

co ‘ Respondeo dicendum quod gula non nominat quemlibet appetitum edendi et bibendi, sed inordinatum. dicitur autem appetitus inordinatus ex eo quod recedit ab ordine rationis, in quo bonum virtutis moralis consistit. ex hoc autem dicitur aliquid esse peccatum quod virtuti contrariatur. unde manifestum est quod gula est peccatum.

ra1 ‘ Ad primum ergo dicendum quod id quod intrat in hominem per modum cibi, secundum suam substantiam et naturam, non coinquinat hominem spiritualiter, * sed iudaei, contra quos dominus loquitur, et manichaei “ opinabantur quod aliqui cibi immundos facerent, non propter figuram, sed secundum propriam naturam. ‘ inordinata tamen ciborum concupiscentia hominem spiritualiter coinquinat.

ra2 * Ad secundum dicendum quod, sicut dictum est, ‘ vitium gulae non consistit in substantia cibi, sed in concupiscentia non regulata ratione. et ideo si aliquis excedat in quantitate cibi non propter cibi concupiscentiam, sed aestimans id sibi necessarium esse, non pertinet hoc ad gulam, sed ad aliquam imperitiam. sed hoc solum pertinet ad gulam, quod aliquis, propter concupiscentiam cibi delectabilis, scienter excedat mensuram in edendo.

ra3 ‘ Ad tertium dicendum quod duplex est appetitus. unus quidem naturalis, qui pertinet ad vires animae vegetabilis, in quibus non potest esse virtus et vitium, eo quod non possunt subiici rationi. unde et vis appetitiva dividitur contra retentivam, digestivam, expulsivam. et ad talem appetitum pertinet esuries et sitis. est autem et alius appetitus sensitivus, in cuius concupiscentia vitium gulae consistit. unde primus motus gulae importat inordinationem in appetitu sensitivo, quae non est sine peccato.

009 ST3 qu148 ar2

ag1 ‘ Ad secundum sic proceditur. videtur quod gula non sit peccatum mortale. omne enim peccatum mortale contrariatur alicui praecepto decalogi. quod de gula non videtur. ergo gula non est peccatum mortale.

ag2 ‘ Praeterea, omne peccatum mortale contrariatur caritati, * ut ex supra dictis patet. ‘ sed gula non opponitur caritati, neque quantum ad dilectionem dei, neque quantum ad dilectionem proximi. ergo gula nunquam est peccatum mortale.

ag3 * Praeterea, augustinus dicit, in sermone de pur-

gatorio, ° quoties aliquis in cibo aut potu plus accipit quam necesse est, ad minuta peccata noverit pertinere. ' sed hoc pertinet ad gulam. ergo gula computatur inter minuta, idest inter venialia peccata.
sc * Sed contra est quod gregorius dicit, in xxx moral., ° dominante gulae vitio, omne quod homines fortiter egerunt, perdunt, et dum venter non restringitur, simul cunctae virtutes obruuntur. ' sed virtus non tollitur nisi per peccatum mortale. ergo gula est peccatum mortale.
co * Respondeo dicendum quod, sicut dictum est, ' vitium gulae proprie consistit in concupiscentia inordinata. ordo autem rationis concupiscentiam ordinantis dupliciter tolli potest. uno modo, quantum ad ea quae sunt ad finem, prout scilicet non sunt ita commensurata ut sint proportionata fini. alio modo, quantum ad ipsum finem, prout scilicet concupiscentia hominem avertit a fine debito. si ergo inordinatio concupiscentiae accipiatur in gula secundum aversionem a fine ultimo, sic gula erit peccatum mortale. quod quidem contingit quando delectationi gulae inhaeret homo tanquam fini propter quem deum contemnit, paratus scilicet contra praecepta dei agere ut delectationes huiusmodi assequatur. si vero in vitio gulae intelligatur inordinatio concupiscentiae tantum secundum ea quae sunt ad finem, utpote quia nimis concupiscit delectationes ciborum, non tamen ita quod propter hoc aliquid faceret contra legem dei, est peccatum veniale.
ra1 ' Ad primum ergo dicendum quod vitium gulae habet quod sit peccatum mortale inquantum avertit a fine ultimo. et secundum hoc, per quandam reductionem, opponitur praecepto de sanctificatione sabbati, in quo praecipitur quies in fine ultimo. non enim omnia peccata mortalia directe contrariantur praeceptis decalogi, sed solum illa quae iniustitiam continent, quia praecepta decalogi specialiter pertinent ad iustitiam et partes eius, * ut supra habitum est.
ra2 ' Ad secundum dicendum quod, inquantum avertit a fine ultimo, contrariatur gula dilectioni dei, qui est super omnia sicut finis ultimus diligendus. et secundum hoc solum gula est peccatum mortale.
ra3 * Ad tertium dicendum quod illud verbum augustini intelligitur de ' gula prout importat inordinationem concupiscentiae solum circa ea quae sunt ad finem.
ra4 ' Ad quartum dicendum quod gula dicitur virtutes auferre non tam propter se, quam etiam propter vitia quae ex ea oriuntur. * dicit enim gregorius, in pastorali, ° dum venter ingluvie tenditur, virtutes animae per luxuriam destruuntur.

009 ST3 qu148 ar3

ag1 ' Ad tertium sic proceditur. videtur quod gula sit maximum peccatorum. magnitudo enim peccati ex magnitudine poenae consideratur. sed peccatum gulae est gravissime punitum, * dicit enim chrysostomus, ° adam incontinentia ventris expulit a paradiso; diluvium quod fuit tempore noe, ipsa fecit; * secundum illud ezech. xvi, ° haec fuit iniquitas sodomae, sororis tuae, saturitas panis, ' etc.. ergo peccatum gulae est maximum.
ag2 ' Praeterea, causa in quolibet genere est potior. sed gula videtur esse causa aliorum peccatorum, * quia super illud psalmi, ° qui percussit aegyptum cum primogenitis eorum, * dicit glossa, ° luxuria, concupiscentia, superbia sunt ea quae venter generat. ' ergo gula est gravissimum peccatorum.
ag3 ' Praeterea, post deum, homo debet seipsum maxime diligere, * ut supra habitum est. ' sed per vitium gulae homo infert sibi ipsi nocumentum, * dicitur enim eccli. xxxvii, ° propter crapulam multi obierunt. ' ergo gula est maximum peccatorum, ad minus praeter peccata quae sunt contra deum.
sc ' Sed contra est quod vitia carnalia, inter quae computatur gula, * secundum gregorium, ' sunt minoris culpae.
co ' Respondeo dicendum quod gravitas alicuius peccati potest considerari tripliciter. primo quidem, et principaliter, secundum materiam in qua peccatur. et secundum hoc, peccata quae sunt circa res divinas sunt maxima. unde secundum hoc, vitium gulae non erit maximum, est enim circa ea quae ad sustentationem corporis spectant. secundo autem, ex parte peccantis. et secundum hoc, peccatum gulae magis alleviatur quam aggravatur. tum propter necessitatem sumptionis ciborum. tum etiam propter difficultatem discernendi et moderandi id quod in talibus convenit. tertio vero modo, ex parte effectus consequentis. et secundum hoc, vitium gulae habet quandam magnitudinem, inquantum ex ea occasionantur diversa peccata.
ra1 ' Ad primum ergo dicendum quod illae poenae magis referuntur ad vitia quae sunt consecuta ex gula, vel ad gulae radicem, quam ad ipsam gulam. nam primus homo expulsus est de paradiso propter superbiam, ex qua processit ad actum gulae. diluvium autem et poena sodomorum sunt inducta propter peccata luxuriae praecedentia, ex gula occasionata.
ra2 ' Ad secundum dicendum quod ratio illa procedit ex parte peccatorum quae ex gula oriuntur. non autem oportet quod causa sit potior, nisi in causis per se. gula autem non est causa illorum vitiorum per se, sed quasi per accidens et per occasionem.
ra3 ' Ad tertium dicendum quod gulosus non intendit suo corpori nocumentum inferre, sed in cibo delectari, si autem nocumentum corporis sequatur, hoc est per accidens. unde hoc non directe pertinet ad gravitatem gulae. cuius tamen culpa aggravatur si quis corporale detrimentum incurrat propter immoderatam cibi sumptionem.

009 ST3 qu148 ar4

ag1 * Ad quartum sic proceditur. videtur quod inconvenienter species gulae distinguantur a gregorio, qui, xxx moral., dicit. ° quinque modis nos gulae vitium tentat, aliquando namque indigentiae tempora praevenit; aliquando lautiores cibos quaerit; aliquando quae sumenda sunt praeparari accuratius appetit; aliquando in ipsa quantitate sumendi mensuram refectionis excedit; aliquando ipso aestu immensi desiderii aliquis peccat. * et continentur in hoc versu, ° praepropere, laute, nimis, ardenter, studiose. ' praedicta enim diversificantur secundum diversas circumstantias. sed circumstantiae, cum sint accidentia actuum, non diversificant speciem. ergo secundum praedicta non diversificantur species gulae.
ag2 ' Praeterea, sicut tempus est quaedam circumstantia, ita et locus. si ergo secundum tempus una species gulae accipitur, videtur quod, pari ratione, secundum locum et alias circumstantias.
ag3 ' Praeterea, sicut temperantia observat debitas circumstantias, ita etiam et aliae virtutes morales. sed in vitiis quae opponuntur aliis virtutibus moralibus non distinguuntur species secundum diversas circumstantias. ergo nec in gula.
sc * Sed contra est verbum gregorii inductum.
co * Respondeo dicendum quod, sicut dictum est, ' gula importat inordinatam concupiscentiam edendi. in esu autem duo considerantur, scilicet ipse cibus qui comeditur, et eius comestio. potest ergo inordinatio concupiscentiae attendi dupliciter. uno quidem modo, quantum ad ipsum cibum qui sumitur. et sic, quantum ad substantiam vel speciem cibi, quaerit aliquis cibos lautos, idest pretiosos; quantum ad qualitatem, quaerit cibos nimis accurate praeparatos, quod est studiose; quantum autem ad quantitatem, excedit in nimis edendo. alio vero modo attenditur inordinatio concupiscentiae quantum ad ipsam sumptionem cibi, vel quia praevenit tempus debitum comedendi, quod est praepropere; vel quia non servat modum debitum in edendo, quod est ardenter. * isidorus vero comprehendit primum et secundum sub uno, dicens quod " gulosus excedit in cibo secundum quid, quantum, quomodo et quando.
ra1 ' Ad primum ergo dicendum quod corruptio diversarum circumstantiarum facit diversas species gulae propter diversa motiva, ex quibus moralium species diversificantur. in eo enim qui quaerit lautos cibos, excitatur concupiscentia ex ipsa specie cibi in eo vero qui praeoccupat tempus, deordinatur concupiscentia propter impatientiam morae; et idem patet in aliis.
ra2 ' Ad secundum dicendum quod in loco et in aliis circumstantiis non invenitur aliud differens motivum pertinens ad usum cibi, quod faciat aliam speciem gulae.
ra3 ' Ad tertium dicendum quod in quibuscumque aliis vitiis diversae circumstantiae habent diversa motiva, oportet accipi diversas species vitiorum secundum diversas circumstantias. sed hoc non contingit in omnibus, * ut dictum est.

009 ST3 qu148 ar5

ag1 ' Ad quintum sic proceditur. videtur quod gula non sit vitium capitale. vitia enim capitalia dicuntur ex quibus alia oriuntur secundum rationem causae finalis. sed cibus, circa quem est gula, non habet rationem finis, non enim propter se quaeritur, sed propter corporis nutritionem. ergo gula non est vitium capitale.
ag2 ' Praeterea, vitium capitale aliquam principalitatem habere videtur in ratione peccati. sed hoc non competit gulae, quae videtur esse secundum suum genus minimum peccatorum, utpote plus appropinquans ad id quod est secundum naturam. ergo gula non videtur esse vitium capitale.
ag3 ' Praeterea, peccatum contingit ex hoc quod aliquis recedit a bono honesto propter aliquid utile praesenti vitae, vel delectabile sensui. sed circa bona quae habent rationem utilis, ponitur unum tantum vitium capitale, scilicet avaritia. ergo et circa delectationes videtur esse ponendum unum tantum vitium capitale. ponitur autem luxuria, quae est maius vitium quam gula, et circa maiores delectationes. ergo gula non est vitium capitale.
sc ' Sed contra est quod * gregorius, xxxi moral., computat gulam inter vitia capitalia.
co * Respondeo dicendum quod, sicut supra dictum est, ' vitium capitale dicitur ex quo alia vitia oriuntur secundum rationem causae finalis, inquantum scilicet habet finem multum appetibilem, unde ex eius appetitu homines provocantur multipliciter ad peccandum. ex hoc autem aliquis finis redditur multum appetibilis quod habet aliquam de conditionibus felicitatis, quae est naturaliter appetibilis. pertinet autem ad rationem felicitatis delectatio, * ut patet in i et x ethic.. ' et ideo vitium gulae, quod est circa delectationes tactus, quae sunt praecipuae inter alias, convenienter ponitur inter vitia capitalia.
ra1 ' Ad primum ergo dicendum quod ipse cibus ordinatur quidem ad aliquid sicut ad finem, sed quia ille finis, scilicet conservatio vitae, est maxime appetibilis, quae sine cibo conservari non potest, inde etiam est quod ipse cibus est maxime appetibilis; et ad hoc fere totus labor humanae vitae ordinatur, * secundum illud eccle. vi, ° omnis labor hominis in ore eius. ' et tamen gula magis videtur esse circa delectationes cibi quam circa cibos. * propter quod, ut augustinus dicit, in libro de vera relig., ° quibus vilis est corporis salus, malunt vesci, " in quo scilicet est delectatio, ° quam saturari, cum omnis finis illius voluptatis sit non sitire atque esurire.
ra2 ' Ad secundum dicendum quod finis in peccato accipitur ex parte conversionis, sed gravitas peccati accipitur ex parte aversionis. et ideo non oportet vitium capitale, quod habet finem maxime appetibilem, habere magnam gravitatem.
ra3 ' Ad tertium dicendum quod delectabile est appetibile secundum se. et ideo secundum eius diversitatem ponuntur duo vitia capitalia, scilicet gula et luxuria. utile autem non habet ex se rationem appetibilis, sed secundum quod ad aliud ordinatur. et ideo in omnibus utilibus videtur esse una ratio appetibilitatis. et propter hoc circa huiusmodi non ponitur nisi unum vitium capitale.

009 ST3 qu148 ar6

ag1 " Ad sextum sic proceditur. videtur quod inconvenienter assignentur gulae quinque filiae, scilicet ° inepta laetitia, scurrilitas, immunditia, multiloquium, hebetudo mentis circa intelligentiam. ' inepta enim laetitia consequitur omne peccatum, * secundum illud prov. ii, " qui laetantur cum male fecerint, et exultant in rebus pessimis. ' similiter etiam hebetudo mentis invenitur in omni peccato, * secundum illud prov. xiv, " errant qui operantur malum. ' ergo inconvenienter ponuntur filiae gulae.
ag2 ' Praeterea, immunditia, quae maxime consequitur gulam, videtur ad vomitum pertinere, * secundum illud isaiae xxviii, ° omnes mensae repletae sunt vomitu sordium. ' sed hoc non videtur esse peccatum, sed poena, vel etiam aliquid utile sub consilio cadens, * secundum illud eccli. xxxi, ° si coactus fueris in edendo multum, surge e medio et vome, et refrigerabit te. ' ergo non debet poni inter filias gulae.
ag3 * Praeterea, isidorus ponit scurrilitatem filiam luxuriae. ' non ergo debet poni inter filias gulae.
sc ' Sed contra est quod * gregorius, xxxi moral., has filias gulae assignat.
co * Respondeo dicendum quod, sicut dictum est, ' gula proprie consistit circa immoderatam delectationem quae est in cibis et potibus. et ideo illa vitia inter filias gulae computantur quae ex immoderata delectatione cibi et potus consequuntur. quae quidem possunt accipi vel ex parte animae, vel ex parte corporis. ex parte autem animae, quadrupliciter. primo quidem, quantum ad rationem, cuius acies hebetatur ex immoderantia cibi et potus. et quantum ad hoc, ponitur filia gulae hebetudo sensus circa intelligentiam, propter fumositates ciborum perturbantes caput. sicut et e contrario abstinentia confert ad sapientiae perceptionem, * secundum illud eccle. ii, ° cogitavi in corde meo abstrahere a vino carnem meam, ut animum meum transferrem ad sapientiam. ' secundo, quantum ad appetitum, qui multipliciter deordinatur per immoderantiam cibi et potus, quasi sopito gubernaculo rationis. et quantum ad hoc, ponitur inepta laetitia, quia omnes aliae inordinatae passiones ad laetitiam et tristitiam ordinantur, * ut dicitur in ii ethic.. et hoc est quod dicitur iii esdrae iii, ° quod vinum omnem mentem convertit in securitatem et iucunditatem. ' tertio, quantum ad inordinatum verbum. et sic ponitur multiloquium, * quia, ut gregorius dicit, in pastorali, ° nisi gulae deditos immoderata loquacitas raperet, dives ille qui epulatus quotidie splendide dicitur, |25| in lingua gravius non arderet. ' quarto, quantum ad inordinatum actum. et sic ponitur scurrilitas, idest iocularitas quaedam proveniens ex defectu rationis, quae, sicut non potest cohibere verba, ita non potest cohibere exteriores gestus. * unde ephes. v, super illud, aut stultiloquium aut scurrilitas, dicit glossa, ° quae a stultis curialitas dicitur, idest iocularitas, quae risum movere solet. ' quamvis possit utrumque horum referri ad verba. in quibus contingit peccare vel ratione superfluitatis, quod pertinet ad multiloquium, vel ratione inhonestatis, quod pertinet ad scurrilitatem. ex parte autem corporis, ponitur immunditia. quae potest attendi sive secundum inordinatam emissionem quarumcumque superfluitatum, vel specialiter quantum ad emissionem seminis. * unde super illud ephes. v, fornicatio autem et omnis immunditia etc., dicit glossa, ° idest incontinentia pertinens ad libidinem quocumque modo.
ra1 ' Ad primum ergo dicendum quod laetitia quae est de actu peccati vel fine, consequitur omne peccatum, maxime quod procedit ex habitu. sed laetitia vaga incomposita, quae hic dicitur inepta, praecipue oritur ex immoderata sumptione cibi vel potus. similiter etiam dicendum quod hebetudo sensus quantum ad eligibilia communiter invenitur in omni pec-

cato. sed hebetudo sensus circa speculabilia maxime procedit ex gula, * ratione iam dicta.
ra2 ' Ad secundum dicendum quod, licet utilis sit vomitus post superfluam comestionem, tamen vitiosum est quod aliquis huic necessitati se subdat per immoderantiam cibi vel potus. potest tamen absque culpa vomitus procurari ex consilio medicinae in remedium alicuius languoris.
ra3 ' Ad tertium dicendum quod scurrilitas procedit quidem ex actu gulae, non autem ex actu luxuriae, sed ex eius voluntate. et ideo ad utrumque vitium potest pertinere.

009 ST3 qu149 ar

pr ' Deinde considerandum est de sobrietate, et vitio opposito, scilicet ebrietate. et circa sobrietatem quaeruntur quatuor. primo, quae sit materia sobrietatis. secundo, utrum sit specialis virtus. tertio, utrum usus vini sit licitus. quarto, quibus praecipue competat sobrietas.

009 ST3 qu149 ar1

ag1 ' Ad primum sic proceditur. videtur quod materia propria sobrietatis non sit potus. * dicitur enim rom. xii. ° non plus sapere quam oportet sapere, sed sapere ad sobrietatem. ' ergo sobrietas est etiam circa sapientiam, et non solum circa potum.
ag2 * Praeterea, sap. viii dicitur de dei sapientia quod ° sobrietatem et prudentiam docet, iustitiam et virtutem, ' ubi sobrietatem ponit pro temperantia. sed temperantia non solum est circa potus, sed etiam circa cibos et venerea. ergo sobrietas non solum est circa potus.
ag3 ' Praeterea, nomen sobrietatis a mensura sumptum esse videtur. sed in omnibus quae ad nos pertinent debemus mensuram servare, * unde dicitur tit. ii, ° sobrie et iuste et pie vivamus, * ubi dicit glossa, ° sobrie, in nobis, * et i ad tim. ii dicitur, ° mulieres in habitu ornato, cum verecundia et sobrietate ornantes se, ' et sic videtur sobrietas esse non solum in interioribus, sed etiam in his quae pertinent ad exteriorem habitum. non ergo propria materia sobrietatis est potus.
sc * Sed contra est quod dicitur eccli. xxxi, ° aequa vita hominis vinum in sobrietate potatum.
co ' Respondeo dicendum quod virtutes quae ab aliqua generali conditione virtutis nominantur, illam materiam specialiter sibi vindicant in qua difficillimum et optimum est conditionem huiusmodi observare, sicut fortitudo pericula mortis, et temperantia delectationes tactus. nomen autem sobrietatis sumitur a mensura, dicitur enim aliquis sobrius quasi briam, idest mensuram, servans. et ideo illam materiam specialiter sibi sobrietas adscribit in qua maxime laudabile est mensuram servare. huiusmodi autem est potus inebriare valens, quia eius usus mensuratus multum confert, et modicus excessus multum laedit, quia impedit usum rationis, magis etiam quam excessus cibi. unde * dicitur eccli. xxxi, ° sanitas est animae et corporis sobrius potus. vinum multum potatum irritationem et iram et ruinas multas facit. ' et ideo specialiter sobrietas attenditur circa potum, non quemcumque, sed eum qui sua fumositate natus est caput conturbare, sicut vinum et omne quod inebriare potest. communiter autem sumendo nomen sobrietatis, potest in quacumque materia dici, * sicut et supra dictum est de fortitudine et temperantia.
ra1 ' Ad primum ergo dicendum quod, sicut vinum materiale corporaliter inebriat, ita etiam metaphorice consideratio sapientiae dicitur potus inebrians, propter hoc quod sua delectatione animum allicit, * secundum illud psalmi, ° calix meus inebrians quam praeclarus est, ' et ideo circa contemplationem sapientiae per similitudinem quandam sobrietas dicitur.
ra2 ' Ad secundum dicendum quod omnia quae ad temperantiam proprie pertinent, necessaria sunt praesenti vitae, et eorum excessus nocet. et ideo in omnibus necessarium est adhibere mensuram, quod pertinet ad officium sobrietatis. propter quod nomine sobrietatis temperantia significatur. sed modicus excessus in potu plus nocet quam in aliis. et ideo sobrietas specialiter est circa potum.
ra3 ' Ad tertium dicendum quod, quamvis mensura in omnibus requiratur, non tamen sobrietas proprie in omnibus dicitur, sed in quibus mensura est maxime necessaria.

009 ST3 qu149 ar2

ag1 ' Ad secundum sic proceditur. videtur quod sobrietas non sit per se quaedam specialis virtus. abstinentia enim attenditur et circa cibos et potus. sed circa cibos specialiter non est aliqua specialis virtus. ergo nec sobrietas, quae est circa potus, est specialis virtus.
ag2 ' Praeterea, abstinentia et gula sunt circa delectationes tactus inquantum est sensus alimenti. sed cibus et potus simul cedunt in alimentum, simul enim indiget animal nutriri humido et sicco. ergo sobrietas, quae est circa potum, non est specialis virtus.
ag3 ' Praeterea, sicut in his quae ad nutritionem pertinent distinguitur potus a cibo, ita etiam distinguuntur diversa genera ciborum et diversa genera potuum. si ergo sobrietas esset per se quaedam specialis virtus, videtur quod circa quamlibet differentiam potus vel cibi sit quaedam specialis virtus, quod est inconveniens. non ergo videtur quod sobrietas sit specialis virtus.
sc ' Sed contra est quod * macrobius ponit sobrietatem specialem partem temperantiae.
co * Respondeo dicendum quod, sicut supra dictum est, ' ad virtutem moralem pertinet conservare bonum rationis contra ea quibus potest impediri, et ideo, ubi invenitur speciale impedimentum rationis, ibi necesse est esse specialem virtutem ad illud removendum. potus autem inebrians habet specialem rationem impediendi rationis usum, inquantum scilicet perturbat cerebrum sua fumositate. et ideo, ad removendum hoc impedimentum rationis, requiritur specialis virtus, quae est sobrietas.
ra1 ' Ad primum ergo dicendum quod cibus et potus communiter impedire possunt bonum rationis absorbendo eam per immoderantiam delectationis. et quantum ad hoc, communiter circa cibum et potum est abstinentia. sed potus inebriare valens impedit speciali ratione, * ut dictum est. ' et ideo requirit specialem virtutem.
ra2 ' Ad secundum dicendum quod virtus abstinentiae non est circa cibos et potus inquantum sunt nutritiva, sed inquantum impediunt rationem. et ideo non oportet quod specialitas virtutis attendatur secundum rationem nutritionis.
ra3 ' Ad tertium dicendum quod in omnibus potibus inebriare valentibus est una et eadem ratio impediendi usum rationis. et sic illa potuum diversitas per accidens se habet ad virtutem. et propter hoc, secundum huiusmodi diversitatem virtutes non diversificantur. et eadem ratio est de diversitate ciborum.

009 ST3 qu149 ar3

ag1 ' Ad tertium sic proceditur. videtur quod usus vini totaliter sit illicitus. sine sapientia enim non potest aliquis esse in statu salutis, * dicitur enim sap. vii, ° neminem diligit deus nisi qui cum sapientia inhabitat; * et infra, ix, ° per sapientiam sanati sunt quicumque placuerunt tibi a principio. ' sed usus vini impedit sapientiam, * dicitur enim eccle. ii, ° cogitavi abstrahere a vino carnem meam, ut transferrem animam meam ad sapientiam. ' ergo potus vini est universaliter illicitus.
ag2 * Praeterea, apostolus dicit, rom. xiv, ° bonum est non manducare carnem et non bibere vinum, neque in quo frater tuus offenditur aut scandalizatur aut infirmatur. ' sed cessare a bono virtutis est vitiosum, et similiter fratribus scandalum ponere. ergo uti vino est illicitum.
ag3 * Praeterea, hieronymus dicit quod ° vinum cum carnibus post diluvium est dedicatum, christus autem venit in fine saeculorum, et extremitatem retraxit ad principium. ' ergo, tempore christianae legis, videtur esse illicitum vino uti.
sc * Sed contra est quod apostolus dicit, i ad tim. v, ° noli adhuc aquam bibere, sed modico vino utere, propter stomachum tuum et frequentes infirmitates. * et eccli. xxxi dicitur, ° exultatio animae et cordis vinum moderate potatum.
co ' Respondeo dicendum quod nullus cibus vel potus, secundum se consideratus, est illicitus, * secundum sententiam domini dicentis, matth. xv, ° nihil quod intrat in os, coinquinat hominem. ' et ideo bibere vinum, secundum se loquendo, non est illicitum. potest tamen illicitum reddi per accidens. quandoque quidem ex conditione bibentis, qui a vino de facili laeditur, vel qui ex speciali voto obligatur ad vinum non bibendum. quandoque autem ex modo bibendi, quia scilicet mensuram in bibendo excedit. quandoque autem ex parte aliorum, qui ex hoc scandalizarentur.
ra1 ' Ad primum ergo dicendum quod sapientia potest haberi dupliciter. uno modo, secundum modum communem, prout sufficit ad salutem. et sic non requiritur ad sapientiam habendam quod aliquis a vino omnino abstineat, sed quod abstineat ab immoderato usu vini. alio modo, secundum quendam perfectionis gradum. et sic requiritur in aliquibus, ad perfecte sapientiam percipiendam, quod omnino a vino abstineant, secundum conditiones quarundam personarum et locorum.
ra2 * Ad secundum dicendum quod apostolus non simpliciter dicit ' bonum esse abstinere a vino, sed in casu in quo ex hoc aliqui scandalizantur.
ra3 ' Ad tertium dicendum quod christus retrahit nos a quibusdam sicut omnino illicitis, a quibusdam vero sicut ab impedimentis perfectionis. et hoc modo retrahit aliquos a vino studio perfectionis, sicut et a divitiis et aliis huiusmodi.

009 ST3 qu149 ar4

ag1 ' Ad quartum sic proceditur. videtur quod sobrietas magis requiratur in maioribus personis. senectus enim excellentiam quandam homini praestat, unde et senibus reverentia et honor debetur, * secundum illud levit. xix, ° coram cano capite consurge, et honora personam senis. ' sed apostolus specialiter senes dicit esse ad sobrietatem exhortandos, * secundum illud tit. ii, ° senes, ut sobrii sint. ' ergo sobrietas maxime requiritur in excellentioribus personis.
ag2 ' Praeterea, episcopus in ecclesia excellentissimum gradum habet. cui per apostolum indicitur sobrietas, * secundum illud i ad tim. iii, ° oportet episcopum irreprehensibilem esse, unius uxoris virum, sobrium, prudentem, etc.. ' ergo sobrietas maxime requiritur in personis excellentibus.
ag3 ' Praeterea, sobrietas importat abstinentiam a vino. sed vinum interdicitur regibus, qui tenent summum locum in rebus humanis, conceditur autem his qui sunt in statu deiectionis, * secundum illud prov. xxxi, ° noli regibus dare vinum; * et postea subdit, ° date siceram moerentibus, et vinum his qui amaro animo sunt. ' ergo sobrietas magis requiritur in excellentioribus personis.
sc ' Sed contra est quod * apostolus, i ad tim. iii, dicit, ° mulieres similiter pudicas, sobrias, etc.. * et tit. ii dicitur, ° iuvenes similiter hortare ut sobrii sint.
co ' Respondeo dicendum quod virtus habet habitudinem ad duo, uno quidem modo, ad contraria vitia quae excludit, et concupiscentias quas refrenat; alio modo, ad finem in quem perducit. sic igitur aliqua virtus magis requiritur in aliquibus duplici ratione. uno modo, quia in eis est maior pronitas ad concupiscentias quas oportet per virtutem refrenari, et ad vitia quae per virtutem tolluntur. et secundum hoc, sobrietas maxime requiritur in iuvenibus et mulieribus, quia in iuvenibus viget concupiscentia delectabilis, propter fervorem aetatis; in mulieribus autem non est sufficiens robur mentis ad hoc quod concupiscentiis resistant * unde, secundum maximum valerium, " mulieres apud romanos antiquitus non bibebant vinum. ' alio vero modo sobrietas magis requiritur in aliquibus utpote magis necessaria ad propriam operationem ipsorum. vinum autem immoderate sumptum praecipue impedit usum rationis. et ideo senibus, in quibus ratio debet vigere ad aliorum eruditionem; et episcopis, seu quibuslibet ecclesiae ministris, qui mente devota debent spiritualibus officiis insistere; et regibus, qui per sapientiam debent populum subditum gubernare, specialiter sobrietas indicitur.
ra ' Et per hoc patet responsio ad obiecta.

009 ST3 qu150 ar

pr ' Deinde considerandum est de ebrietate. et circa hoc quaeruntur quatuor. primo, utrum ebrietas sit peccatum. secundo, utrum sit peccatum mortale. tertio, utrum sit gravissimum peccatorum. quarto, utrum excuset a peccato.

009 ST3 qu150 ar1

ag1 ' Ad primum sic proceditur. videtur quod ebrietas non sit peccatum. omne enim peccatum habet aliud peccatum sibi oppositum, sicut timiditati audacia, et pusillanimitati praesumptio opponitur. sed ebrietati nullum peccatum opponitur. ergo ebrietas non est peccatum.
ag2 ' Praeterea, omne peccatum est voluntarium. sed nullus vult esse ebrius, quia nullus vult privari usu rationis. ergo ebrietas non est peccatum.
ag3 ' Praeterea, quicumque est alteri causa peccandi, peccat. si ergo ebrietas esset peccatum, sequeretur quod illi qui alios invitant ad potum quo inebriantur, peccarent. quod videtur esse valde durum.
ag4 ' Praeterea, omnibus peccatis correctio debetur. sed ebriis non adhibetur correctio, * dicit enim gregorius quod ° cum venia suo ingenio sunt relinquendi, ne deteriores fiant si a tali consuetudine evellantur. ' ergo ebrietas non est peccatum.
sc * Sed contra est quod apostolus dicit, rom. xiii, ° non in comessationibus et ebrietatibus.
co ' Respondeo dicendum quod ebrietas dupliciter accipi potest. uno modo, prout significat ipsum defectum hominis qui accidit ex multo vino potato, ex quo fit ut non sit compos rationis. et secundum hoc, ebrietas non nominat culpam, sed defectum poenalem consequentem ex culpa. alio modo ebrietas potest nominare actum quo quis in hunc defectum incidit. qui potest causare ebrietatem dupliciter. uno modo, ex nimia vini fortitudine, praeter opinionem bibentis. et sic etiam ebrietas potest accidere sine peccato, praecipue si non ex negligentia hominis contingat, et sic creditur noe inebriatus fuisse, * ut legitur gen. ix. ' alio modo, ex inordinata concupiscentia et usu vini. et sic ebrietas ponitur esse peccatum. et continetur sub gula sicut species sub genere, dividitur enim gula in comessationem et ebrietatem, * quae prohibet apostolus in auctoritate inducta.
ra1 ' Ad primum ergo dicendum quod, * sicut philosophus dicit, in ii ethic., ' insensibilitas, quae opponitur temperantiae, non multum contingit. et ideo tam ipsa quam omnes eius species, quae opponuntur diversis speciebus intemperantiae, nomine carent. unde et vitium quod opponitur ebrietati innominatum est. et tamen si quis scienter in tantum a vino abstineret ut naturam multum gravaret, a culpa immunis non esset.
ra2 ' Ad secundum dicendum quod obiectio illa procedit de defectu consequente, qui est involuntarius. sed immoderatus usus vini est voluntarius, in quo consistit ratio peccati.
ra3 ' Ad tertium dicendum quod, sicut ille qui inebriatur excusatur a peccato si ignorat fortitudinem vini, ita etiam ille qui invitat aliquem ad bibendum excusatur a peccato si ignoret talem esse conditionem bibentis ut ex hoc potu inebrietur. sed si ignorantia desit, neuter a peccato excusatur.

ra4 ' Ad quartum dicendum quod aliquando correctio peccatoris est intermittenda, ne fiat inde deterior, * ut supra dictum est. * unde augustinus dicit, in epistola ad aurelium episcopum, de comessationibus et ebrietatibus loquens, ° non aspere, quantum aestimo, non dure, non imperiose ista tolluntur, sed magis docendo quam iubendo, magis monendo quam minando. sic enim agendum est cum multitudine peccantium, severitas autem exercenda est in peccato paucorum.

009 ST3 qu150 ar2

ag1 ' Ad secundum sic proceditur. videtur quod ebrietas non sit peccatum mortale. * augustinus enim, in sermone de purgatorio, ' dicit ebrietatem esse peccatum mortale, si sit assidua. sed assiduitas importat circumstantiam quae non trahit in aliam speciem peccati, et sic non potest in infinitum aggravare, ut de veniali faciat mortale, * sicut ex supra dictis patet. ' ergo, si alias ebrietas non est peccatum mortale, nec hoc etiam modo erit peccatum mortale.
ag2 * Praeterea, augustinus, in eodem sermone, dicit, ° quoties aliquis in cibo aut potu plus accipit quam necesse est, ad minuta peccata noverit pertinere. ' peccata autem minuta dicuntur venialia. ergo ebrietas, quae causatur ex immoderato potu, est peccatum veniale.
ag3 ' Praeterea, nullum peccatum mortale est faciendum propter medicinam. sed aliqui superflue bibunt secundum consilium medicinae, ut postea per vomitum purgentur; et ex hoc superfluo potu sequitur ebrietas. ergo ebrietas non est peccatum mortale.
sc * Sed contra est quod in canonibus apostolorum legitur, ° episcopus aut presbyter aut diaconus aleae aut ebrietati deserviens, aut desinat aut deponatur. subdiaconus autem aut lector aut cantor similia faciens, aut desinat aut communione privetur. similiter et laicus. ' sed tales poenae non infliguntur nisi pro peccato mortali. ergo ebrietas est peccatum mortale.
co ' Respondeo dicendum quod culpa ebrietatis, * sicut dictum est, ' consistit in immoderato usu et concupiscentia vini. hoc autem contingit esse tripliciter. uno modo, sic quod nesciat potum esse immoderatum et inebriare potentem. et sic ebrietas potest accipi sine peccato, * ut dictum est. ' alio modo, sic quod aliquis percipiat potum esse immoderatum, non tamen aestimet potum esse inebriare potentem. et sic ebrietas potest esse cum peccato veniali. tertio modo, potest contingere quod aliquis bene advertat potum esse immoderatum et inebriantem, et tamen magis vult ebrietatem incurrere quam a potu abstinere. et talis proprie dicitur ebrius, quia moralia recipiunt speciem non ab his quae per accidens eveniunt praeter intentionem, sed ab eo quod est per se intentum. et sic ebrietas est peccatum mortale. quia secundum hoc, homo volens et sciens privat se usu rationis, quo secundum virtutem operatur et peccata declinat, et sic peccat mortaliter, periculo peccandi se committens. * dicit enim ambrosius, in libro de patriarchis, ° vitandam dicimus ebrietatem, per quam crimina cavere non possumus, nam quae sobrii cavemus, per ebrietatem ignorantes committimus. ' unde ebrietas, per se loquendo, est peccatum mortale.
ra1 ' Ad primum ergo dicendum quod assiduitas facit ebrietatem esse peccatum mortale, non propter solam iterationem actus, sed quia non potest esse quod homo assidue inebrietur quin sciens et volens ebrietatem incurrat, dum multoties experitur fortitudinem vini, et suam habilitatem ad ebrietatem.
ra2 ' Ad secundum dicendum quod plus sumere in cibo vel potu quam necesse sit, pertinet ad vitium gulae, quae non semper est peccatum mortale. sed plus sumere in potu scienter usque ad ebrietatem, hoc est peccatum mortale. * unde augustinus dicit, in x confess., ° ebrietas longe est a me, misereberis ne appinquet mihi, crapula autem nonnumquam subrepsit servo tuo.
ra3 * Ad tertium dicendum quod, sicut dictum est, ' cibus et potus est moderandus secundum quod competit corporis valetudini. et ideo sicut quandoque contingit ut cibus vel potus qui est moderatus sano, sit superfluus infirmo; ita etiam potest e converso contingere ut ille qui est superfluus sano, sit moderatus infirmo. et hoc modo, cum aliquis multum comedit vel bibit secundum consilium medicinae ad vomitum provocandum, non est reputandus superfluus cibus vel potus. nec tamen requiritur ad vomitum provocandum quod sit potus inebrians, quia etiam potus aquae tepidae vomitum causat. et ideo propter hanc causam non excusaretur aliquis ab ebrietate.

009 ST3 qu150 ar3

ag1 ' Ad tertium sic proceditur. videtur quod ebrietas sit gravissimum peccatorum. * dicit enim chrysostomus quod ° nihil ita est daemoni amicum sicut ebrietas et lascivia, quae est mater omnium vitiorum. * et in decretis dicitur, dist. xxxv, ° ante omnia clericis vitetur ebrietas, quae omnium vitiorum radix et nutrix est.
ag2 ' Praeterea, ex hoc dicitur aliquid esse peccatum quod bonum rationis excludit. sed hoc maxime facit ebrietas. ergo ebrietas est maximum peccatorum.
ag3 ' Praeterea, magnitudo culpae ex magnitudine poenae ostenditur. sed ebrietas videtur esse maxime punita, * dicit enim ambrosius quod ° non esset in homine servitus, si non fuisset ebrietas. ' ergo ebrietas est maximum peccatorum.
sc * Sed contra est quod, secundum gregorium, ' vitia spiritualia sunt maiora quam carnalia. sed ebrietas continetur inter vitia carnalia ergo non est maximum peccatorum.
co ' Respondeo dicendum quod ex hoc dicitur aliquid esse malum, quod privat bonum. unde quanto maius est bonum quod privatur per malum, tanto malum gravius est. manifestum est autem quod bonum divinum est maius quam bonum humanum. et ideo peccata quae sunt directe contra deum, sunt graviora peccato ebrietatis, quod directe opponitur bono rationis humanae.
ra1 ' Ad primum ergo dicendum quod ad peccata intemperantiae maxime homo habet pronitatem, propter hoc quod huiusmodi concupiscentiae et delectationes sunt nobis connaturales. et secundum hoc, dicuntur huiusmodi peccata esse maxime amica diabolo, non quia sint aliis graviora, sed quia sunt apud homines frequentiora.
ra2 ' Ad secundum dicendum quod bonum rationis impeditur dupliciter, uno modo, per id quod est contrarium rationi; alio modo, per id quod aufert usum rationis. plus autem habet de ratione mali id quod contrariatur rationi, quam quod ad horam usum rationis aufert usus enim rationis potest esse et bonus et malus, qui tollitur per ebrietatem; sed bona virtutum, quae tolluntur per ea quae contrariantur rationi, sunt semper bona.
ra3 ' Ad tertium dicendum quod servitus est consecuta ex ebrietate occasionaliter, inquantum cham maledictionem servitutis in sua posteritate accepit propter hoc quod irrisit patrem inebriatum. non autem servitus fuit directe poena ebrietatis.

009 ST3 qu150 ar4

ag1 ' Ad quartum sic proceditur. videtur quod ebrietas non excuset a peccato. * dicit enim philosophus, in iii ethic., quod ° ebrius meretur duplices maledictiones. ' ergo ebrietas magis aggravat peccatum quam excuset.
ag2 ' Praeterea, peccatum non excusatur per peccatum, sed magis augetur. ebrietas autem est peccatum. ergo non excusat a peccato.
ag3 * Praeterea, philosophus dicit, in vii ethic., quod " sicut ratio hominis ligatur per ebrietatem, ita etiam ligatur per concupiscentiam. ' sed concupiscentia non excusat a peccato. ergo etiam neque ebrietas.
sc ' Sed contra est quod lot excusatur ab incestu propter ebrietatem, * ut dicit augustinus, contra faustum.
co ' Respondeo dicendum quod in ebrietate duo attenduntur, * sicut dictum est, ' scilicet defectus consequens, et actus praecedens. ex parte autem defectus consequentis, in quo ligatur usus rationis, ebrietas habet excusare peccatum, inquantum causat involuntarium per ignorantiam. sed ex parte actus praecedentis, videtur esse distinguendum. quia si ex actu illo praecedente subsecuta est ebrietas sine peccato, tunc peccatum sequens totaliter excusatur a culpa, sicut forte accidit de lot. si autem actus praecedens fuit culpabilis, sic non totaliter aliquis excusatur a peccato sequenti, quod scilicet redditur voluntarium ex voluntate praecedentis actus, inquantum scilicet aliquis, dans operam rei illicitae, incidit in sequens peccatum. diminuitur tamen peccatum sequens, sicut et diminuitur ratio voluntarii. * unde augustinus dicit, contra faustum, quod ° lot culpandus est non quantum ille incestus, sed quantum ebrietas meruit.
ra1 * Ad primum ergo dicendum quod philosophus non dicit quod " mereatur graviorem maledictionem ebrius, sed quod mereatur duplices maledictiones, propter duplex peccatum. vel potest dici quod loquitur * secundum legem cuiusdam pittaci, qui, ut dicitur in ii polit., " statuit quod ebrii, si percuterent, plus punirentur quam sobrii, quia pluries iniuriantur. in quo, ut ibidem aristoteles dicit, videtur magis respexisse ad utilitatem, ut scilicet cohiberentur iniuriae, quam ad veniam quam oportet habere de ebriis, propter hoc quod non sunt sui compotes.
ra2 ' Ad secundum dicendum quod ebrietas habet excusare peccatum non ex ea parte qua est peccatum, sed ex parte defectus consequentis, * ut dictum est.
ra3 ' Ad tertium dicendum quod concupiscentia non totaliter ligat rationem, sicut ebrietas, nisi forte sit tanta quod faciat hominem insanire. et tamen passio concupiscentiae diminuit peccatum, quia levius est ex infirmitate quam ex malitia peccare.

009 ST3 qu151 ar

pr ' Deinde considerandum est de castitate. et primo, de ipsa virtute castitatis; secundo, de virginitate, quae est pars castitatis; tertio, de luxuria, quae est vitium oppositum. circa primum quaeruntur quatuor. primo, utrum castitas sit virtus. secundo, utrum sit virtus generalis. tertio, utrum sit virtus distincta ab abstinentia. quarto, quomodo se habeat ad pudicitiam.

009 ST3 qu151 ar1

ag1 ' Ad primum sic proceditur. videtur quod castitas non sit virtus. loquimur enim nunc de virtute animae. sed castitas videtur ad corpus pertinere, dicitur enim aliquis castus ex eo quod aliqualiter se habet ad usum quarundam corporis partium. ergo castitas non est virtus.
ag2 ' Praeterea, virtus est habitus voluntarius, * ut dicitur in ii ethic.. ' sed castitas non videtur esse aliquid voluntarium, cum per violentiam auferri videatur mulieribus violenter oppressis. ergo videtur quod castitas non sit virtus.
ag3 ' Praeterea, nulla virtus est in infidelibus. sed aliqui infideles sunt casti. non ergo castitas est virtus.
ag4 ' Praeterea, fructus a virtutibus distinguuntur. sed castitas ponitur inter fructus, * ut patet galat. v. ' ergo castitas non est virtus.
sc * Sed contra est quod augustinus dicit, in libro de decem chordis, ° cum debeas in virtute praecedere uxorem, quoniam castitas est virtus, tu sub uno impetu libidinis cadis, et vis uxorem tuam esse victricem.
co ' Respondeo dicendum quod nomen castitatis sumitur ex hoc quod per rationem concupiscentia castigatur, quae ad modum pueri est refrenanda, * ut patet per philosophum, in iii ethic.. ' in hoc autem ratio virtutis humanae consistit quod sit aliquid secundum rationem modificatum, * ut ex supra dictis patet. ' unde manifestum est castitatem esse virtutem.
ra1 ' Ad primum ergo dicendum quod castitas consistit quidem sicut in subiecto, in anima, sed materiam habet in corpore. pertinet enim ad castitatem ut secundum iudicium rationis et electionem voluntatis, aliquis moderate utatur corporalibus membris.
ra2 ' Ad secundum dicendum quod, * sicut augustinus dicit, in i de civ. dei, ° proposito animi permanente, per quod etiam corpus sanctificari meruit, nec ipsi corpori aufert sanctitatem violentia libidinis alienae, quam servat perseverantia continentiae suae. * et ibidem dicit quod est ° virtus animi, quae comitem habet fortitudinem, qua potius quaelibet mala tolerare quam malo consentire decernit.
ra3 ' Ad tertium dicendum quod, * sicut augustinus dicit, in iv contra iulian., ° absit ut sit in aliquo vera virtus, nisi fuerit iustus. absit autem ut sit iustus vere, nisi vivat ex fide. " et ideo concludit quod in infidelibus neque est vera castitas, neque aliqua alia virtus, quia scilicet non referuntur ad debitum finem. et sicut ibidem subdit, non officiis, idest actibus, sed finibus a vitiis discernuntur virtutes.
ra4 ' Ad quartum dicendum quod castitas, inquantum est quidem secundum rationem operans, habet rationem virtutis, inquantum autem habet delectationem in suo actu, connumeratur inter fructus.

009 ST3 qu151 ar2

ag1 ' Ad secundum sic proceditur. videtur quod castitas sit virtus generalis. * dicit enim augustinus, in libro de mendacio, quod ° castitas animi est ordinatus animi motus, non subdens maiora minoribus. ' sed hoc pertinet ad quamlibet virtutem. ergo castitas est generalis virtus.
ag2 ' Praeterea, nomen castitatis a castigatione sumitur. sed quilibet motus appetitivae partis debet castigari a ratione. cum ergo per quamlibet virtutem moralem refrenetur aliquis appetitivus motus, videtur quod quaelibet virtus moralis sit castitas.
ag3 ' Praeterea, castitati fornicatio opponitur. sed fornicatio videtur pertinere ad omne genus peccati, * dicitur enim in psalmo, perdes omnes qui fornicantur abs te. ' ergo castitas est virtus generalis.
sc * Sed contra est quod macrobius ponit eam partem temperantiae.
co ' Respondeo dicendum quod nomen castitatis dupliciter accipitur. uno modo, proprie. et sic est quaedam specialis virtus, habens specialem materiam, scilicet concupiscentias delectabilium quae sunt in venereis. alio modo nomen castitatis accipitur metaphorice. sicut enim in corporis commixtione consistit delectatio venereorum, circa quam proprie est castitas et oppositum vitium, scilicet luxuria; ita etiam in quadam spirituali coniunctione mentis ad res aliquas consistit quaedam delectatio, circa quam est quaedam spiritualis castitas metaphorice dicta, vel etiam spiritualis fornicatio, similiter metaphorice dicta. si enim mens hominis delectetur in spirituali coniunctione ad id cui debet coniungi, scilicet ad deum; et abstinet se ne delectabiliter aliis coniungatur, contra debitum divini ordinis, dicetur castitas spiritualis, * secundum illud ii ad cor. xi, ° despondi vos uni viro, virginem castam exhibere christo. ' si autem delectabiliter, contra debitum divini ordinis, coniungatur mens quibuscumque aliis rebus, dicetur fornicatio spiritualis, * secundum illud ierem. iii, ° tu autem fornicata es cum amatoribus multis. ' et hoc modo accipiendo castitatem, castitas est generalis virtus, quia per quamlibet virtutem retrahitur mens humana ne rebus |25| illicitis delectabiliter coniungatur. principaliter tamen ratio huius castitatis consistit in caritate et in aliis virtutibus theologicis, quibus mens hominis coniungitur deo.
ra1 ' Ad primum ergo dicendum quod ratio illa procedit de castitate metaphorice dicta.
ra2 * Ad secundum dicendum quod, sicut supra dictum est, ' concupiscentia delectabilis maxime assimilatur puero, eo quod appetitus delectabilis est nobis connaturalis, et praecipue delectabilium secundum tactum, quae ordinantur ad conservationem naturae; et inde est quod, si nutriatur horum delectabilium concupiscentia per hoc quod ei consentiatur, maxime augebitur, sicut puer qui suae voluntati re-

linquitur. et sic concupiscentia horum delectabilium maxime indiget castigari. et ideo circa huiusmodi concupiscentias antonomastice dicitur castitas, sicut et fortitudo est circa ea in quibus maxime indigemus animi firmitate.
ra3 ' Ad tertium dicendum quod obiectio illa procedit de fornicatione spirituali metaphorice dicta, quae opponitur spirituali castitati, * ut dictum est.

009 ST3 qu151 ar3

ag1 ' Ad tertium sic proceditur. videtur quod castitas non sit virtus distincta ab abstinentia. quia circa materiam unius generis sufficit una virtus. sed unius generis esse videntur quae pertinent ad unum sensum. cum igitur delectatio ciborum, circa quam est abstinentia, et delectatio venereorum, circa quam est castitas, pertineant ad tactum, videtur quod castitas non sit alia virtus ab abstinentia.
ag2 * Praeterea, philosophus, in iii ethic., ' omnia vitia intemperantiae assimilat puerilibus peccatis, quae castigatione indigent. sed castitas nominatur a castigatione vitiorum oppositorum. ergo, cum per abstinentiam cohibeantur quaedam vitia intemperantiae, videtur quod abstinentia sit castitas.
ag3 ' Praeterea, delectationes aliorum sensuum pertinent ad temperantiam inquantum ordinantur ad delectationes tactus, circa quas est temperantia. sed delectationes ciborum, circa quas est abstinentia, ordinantur ad delectationes venereorum, circa quas est castitas, * unde hieronymus dicit, ° venter et genitalia sibimetipsis vicina sunt, ut ex vicinitate membrorum confederatio intelligatur vitiorum. ' ergo abstinentia et castitas non sunt virtutes ab invicem distinctae.
sc * Sed contra est quod apostolus, ii ad cor. vi, connumerat ' castitatem ieiuniis, quae ad abstinentiam pertinent.
co * Respondeo dicendum quod, sicut dictum est, ' temperantia proprie est circa concupiscentias delectationum tactus. et ideo oportet ut ubi sunt diversae rationes delectationis, ibi sint diversae virtutes sub temperantia comprehensae. delectationes autem proportionantur operationibus, quarum sunt perfectiones, * ut dicitur x ethic.. ' manifestum est autem quod alterius generis sunt operationes pertinentes ad usum ciborum, quibus natura individui conservatur; et operationes pertinentes ad usum venereorum, quibus conservatur natura speciei. et ideo castitas, quae est circa delectationes venereorum, est virtus distincta ab abstinentia, quae est circa delectationes ciborum.
ra1 ' Ad primum ergo dicendum quod temperantia non consistit principaliter circa delectationes tactus quantum ad iudicium sensus de tangibilibus, quod est eiusdem rationis in omnibus, sed quantum ad ipsum usum tangibilium, * ut dicitur in iii ethic.. ' est autem alia ratio utendi cibis et potibus, et venereis. et ideo oportet esse diversas virtutes, licet sint unius sensus.
ra2 ' Ad secundum dicendum quod delectationes venereae sunt vehementiores et magis opprimentes rationem quam delectationes ciborum. et propter hoc magis indigent castigatione et refrenatione, quia si eis consentiatur, magis ex hoc increscit vis concupiscentiae, et deiicitur virtus mentis. * unde dicit augustinus, in i soliloq., ° nihil esse sentio quod magis ex arce deiiciat animum virilem quam blandimenta feminae, corporumque ille contactus sine quo uxor haberi non potest.
ra3 ' Ad tertium dicendum quod delectationes aliorum sensuum non pertinent ad naturam hominis conservandam, nisi prout ordinantur ad delectabilia tactus. et ideo circa huiusmodi delectationes non est aliqua alia virtus sub temperantia comprehensa. sed delectationes ciborum, quamvis aliqualiter ordinentur ad delectationes venereorum, tamen etiam per se ordinantur ad vitam hominis conservandam. et ideo etiam per se habent specialem virtutem, quamvis illa virtus, quae abstinentia dicitur, ordinet actum suum ad finem castitatis.

009 ST3 qu151 ar4

ag1 ' Ad quartum sic proceditur. videtur quod pudicitia non pertineat specialiter ad castitatem. * dicit enim augustinus, in i de civ. dei, quod ° pudicitia est quaedam virtus animae. ' non ergo est aliquid ad castitatem pertinens, sed est per seipsam virtus a castitate distincta.
ag2 ' Praeterea, pudicitia a pudore dicitur, qui videtur idem esse verecundiae. sed verecundia, * secundum damascenum, ' est de turpi actu, quod convenit omni actui vitioso. ergo pudicitia non magis pertinet ad castitatem quam ad alias virtutes.
ag3 * Praeterea, philosophus dicit, in iii ethic., quod ' omnis intemperantia generaliter est maxime exprobrabilis. sed ad pudicitiam pertinere videtur fugere ea quae exprobrabilia sunt. ergo pudicitia pertinet ad omnes partes temperantiae, non autem specialiter ad castitatem.
sc * Sed contra est quod augustinus dicit, in libro de perseverantia, ° praedicanda est pudicitia, ut ab eo qui habet aures audiendi, nihil genitalibus membris illicitum perpetretur. ' sed usus genitalium membrorum proprie pertinet ad castitatem. ergo pudicitia proprie ad castitatem pertinet.
co * Respondeo dicendum quod, sicut dictum est, ' nomen pudicitiae a pudore sumitur, in quo verecundia significatur. et ideo oportet quod pudicitia proprie sit circa illa de quibus homines magis verecundantur. maxime autem verecundantur homines de actibus venereis, * ut augustinus dicit, in xiv de civ. dei, ' in tantum quod etiam concubitus coniugalis, qui honestate nuptiarum decoratur, verecundia non careat. et hoc ideo quia motus genitalium membrorum non subditur imperio rationis, sicut motus aliorum exteriorum membrorum. verecundatur autem homo non solum de illa mixtione venerea, sed etiam de quibuscumque signis eius, * ut philosophus dicit, in ii rhet.. ' et ideo pudicitia attenditur proprie circa venerea, et praecipue circa signa venereorum, sicut sunt aspectus impudici, oscula et tactus. et quia haec magis solent deprehendi, ideo pudicitia magis respicit huiusmodi exteriora signa, castitas autem magis ipsam veneream commixtionem. et ideo pudicitia ad castitatem ordinatur, non quasi virtus ab ipsa distincta, sed sicut exprimens castitatis circumstantiam quandam. interdum tamen unum pro alio ponitur.
ra1 ' Ad primum ergo dicendum quod * augustinus ibi accipit pudicitiam pro castitate.
ra2 ' Ad secundum dicendum quod, quamvis omnia vitia habeant turpitudinem quandam, specialiter tamen vitia intemperantiae, * ut ex supra dictis patet.
ra3 ' Ad tertium dicendum quod inter vitia intemperantiae praecipue sunt exprobrabilia peccata venerea. tum propter inobedientiam genitalium membrorum. tum propter hoc quod ratio ab huiusmodi maxime absorbetur.

009 ST3 qu152 ar

pr ' Deinde considerandum est de virginitate. et circa hoc quaeruntur quinque. primo, in quo consistit virginitas. secundo, utrum sit licita. tertio, utrum sit virtus. quarto, de excellentia eius respectu matrimonii. quinto, de excellentia eius respectu aliarum virtutum.

009 ST3 qu152 ar1

ag1 ' Ad primum sic proceditur. videtur quod virginitas non consistat in integritate carnis. * dicit enim augustinus, in libro de nupt. et concup., quod ° virginitas est in carne corruptibili incorruptionis perpetua meditatio. ' sed meditatio non pertinet ad carnem. ergo virginitas non consistit in carne.
ag2 ' Praeterea, virginitas pudicitiam quandam importat. sed * augustinus dicit, in i de civ. dei, quod " pudicitia consistit in anima. ' ergo virginitas non consistit in carnis incorruptione.
ag3 ' Praeterea, carnis integritas videtur consistere in signaculo virginalis pudoris. sed quandoque absque virginitatis praeiudicio frangitur illud signaculum. * dicit enim augustinus, in i de civ. dei, quod ° membra illa possunt diversis casibus vulnerata vim perpeti; et medici aliquando, saluti opitulantes, haec ibi faciunt quae horret aspectus; obstetrix etiam virginis cuiusdam integritatem manu velut explorans, dum inspicit, perdidit. * et subdit, ° non opinor quemquam tam stulte sapere ut huic periisse aliquid existimet etiam de ipsius corporis sanctitate, quamvis membri illius integritate iam perdita. ' ergo virginitas non consistit in carnis incorruptione.
ag4 ' Praeterea, corruptio carnis maxime in seminis resolutione consistit, quae potest fieri sine concubitu, vel in dormiendo vel in vigilando. sed sine concubitu non videtur perdi virginitas, * dicit enim augustinus, in libro de virginit., quod ° virginalis integritas, et per piam continentiam ab omni concubitu immunitas, angelica portio est. ' ergo virginitas non consistit in carnis incorruptione.
sc * Sed contra est quod augustinus, in eodem libro, dicit quod ° virginitas est continentia qua integritas carnis ipsi creatori animae et carnis vovetur, consecratur, servatur.
co ' Respondeo dicendum quod nomen virginitatis a virore sumptum videtur. et sicut illud dicitur virens in suo virore persistere quod non est ex superabundantia caloris adustionem expertum, ita etiam virginitas hoc importat, quod persona cui inest immunis sit a concupiscentiae adustione, quae esse videtur in consummatione maximae delectationis corporalis, qualis est venereorum delectatio. * unde ambrosius dicit, in libro de virginitate, quod ° castitas virginalis est expers contagionis integritas. ' in delectatione autem venereorum tria est considerare. unum quidem quod est ex parte corporis, scilicet violatio signaculi virginalis. aliud autem est in quo coniungitur id quod est animae cum eo quod est corporis, scilicet ipsa resolutio seminis delectationem sensibilem causans. tertium autem est solum ex parte animae, scilicet propositum perveniendi ad talem delectationem. in quibus tribus, id quod primo positum est, per accidens se habet ad moralem actum, qui non consideratur per se nisi secundum ea quae sunt animae. secundum vero materialiter se habet ad actum moralem, nam sensibiles passiones sunt materia moralium actuum. tertium vero se habet formaliter et completive, quia ratio moralium in eo quod est rationis completur. quia igitur virginitas dicitur per remotionem praedictae corruptionis, consequens est quod integritas membri corporalis per accidens se habeat ad virginitatem. ipsa autem immunitas a delectatione |25| quae consistit in seminis resolutione, se habet materialiter. ipsum autem propositum perpetuo abstinendi a tali delectatione se habet formaliter et completive in virginitate.
ra1 * Ad primum ergo dicendum quod illa definitio augustini " tangit quidem in recto id quod est formale in virginitate, nam per meditationem intelligitur propositum rationis. quod autem additur, perpetua, non sic intelligitur quod oporteat virginem semper actu talem meditationem habere, sed quia hoc debet in proposito gerere, ut perpetuo in hoc perseveret. id vero quod est materiale, tangitur in obliquo, cum dicitur, incorruptionis in carne corruptibili. quod additur ad ostendendam virginitatis difficultatem, nam si caro corrumpi non posset, non esset difficile perpetuam incorruptionis meditationem habere.
ra2 ' Ad secundum dicendum quod pudicitia est quidem essentialiter in anima, materialiter autem in carne, et similiter virginitas. * unde augustinus dicit, in libro de virginit., quod " licet virginitas in carne servetur, ac per hoc corporalis sit, ° tamen spiritualis est quam vovet et servat continentia pietatis.
ra3 * Ad tertium dicendum quod, sicut dictum est, ' integritas corporalis membri per accidens se habet ad virginitatem, inquantum scilicet per hoc quod ex proposito voluntatis abstinet quis a delectatione venerea, remanet integritas in membro corporeo. unde si contingat quod per alium modum aliquo casu membri integritas corrumpatur, non magis praeiudicat virginitati quam si corrumpatur manus aut pes.
ra4 ' Ad quartum dicendum quod delectatio quae est ex seminis resolutione dupliciter potest contingere. uno modo, ut procedat ex mentis proposito. et sic tollit virginitatem, sive fiat per concubitum sive absque concubitu. * facit autem mentionem augustinus de concubitu, ' quia huiusmodi resolutio communiter et naturaliter ex concubitu causatur. alio modo potest provenire praeter propositum mentis, vel in dormiendo; vel per violentiam illatam, cui mens non consentit, quamvis caro delectationem experiatur; vel etiam ex infirmitate naturae, ut patet in his qui fluxum seminis patiuntur. et sic non perditur virginitas, quia talis pollutio non accidit per impudicitiam, quam virginitas excludit.

009 ST3 qu152 ar2

ag1 ' Ad secundum sic proceditur. videtur quod virginitas sit illicita. omne enim quod contrariatur praecepto legis naturae est illicitum sed sicut praeceptum legis naturae ad conservationem individui * est quod tangitur gen. ii, ° de omni ligno quod est in paradiso, comede; ' ita etiam praeceptum legis naturae est ad conservationem speciei, * quod ponitur gen. i, ° crescite et multiplicamini, et replete terram. ' ergo, sicut peccaret qui abstineret ab omni cibo, utpote faciens contra bonum individui; ita etiam peccat qui omnino abstinet ab actu generationis, utpote faciens contra bonum speciei.
ag2 ' Praeterea, omne id quod recedit a medio virtutis videtur esse vitiosum. sed virginitas recedit a medio virtutis ab omnibus delectationibus venereis abstinens, * dicit enim philosophus, in ii ethic., quod ° qui omni voluptate potitur, neque ab una recedit, intemperatus est; qui autem omnes fugit, agrestis est et insensibilis. ' ergo virginitas est aliquid vitiosum.
ag3 ' Praeterea, poena non debetur nisi vitio. sed apud antiquos puniebantur secundum leges illi qui semper caelibem vitam ducebant, * ut maximus valerius dicit. unde et plato, secundum augustinum, in libro de vera relig., " sacrificasse dicitur ° ut perpetua eius continentia tanquam peccatum aboleretur. ' ergo virginitas est peccatum.
sc ' Sed contra, nullum peccatum recte cadit sub consilio. sed virginitas recte cadit sub consilio, * dicitur enim i ad cor. vii, ° de virginibus autem praeceptum domini non habeo, consilium autem do. ' ergo virginitas non est aliquid illicitum.
co ' Respondeo dicendum quod in humanis actibus illud est vitiosum quod est praeter rationem rectam. habet autem hoc ratio recta, ut his quae sunt ad finem utatur aliquis secundum eam mensuram qua congruit fini. est autem triplex hominis bonum, * ut dicitur in i ethic., ' unum quidem quod consistit in exterioribus rebus, puta divitiis; aliud autem quod consistit in bonis corporis; tertium autem quod consistit in bonis animae, inter quae et bona contemplativae vitae sunt potiora bonis vitae activae, * ut philosophus probat, in x ethic., et dominus dicit, lucae x, ° maria optimam partem elegit. ' quorum bonorum exteriora quidem ordinantur ad ea quae sunt corporis; ea vero quae sunt corporis, ad ea quae sunt animae; et ulterius ea quae sunt vitae activae, ad ea quae sunt vitae contemplativae. pertinet igitur ad rectitudinem rationis ut aliquis utatur exterioribus bonis secundum eam mensuram qua competit corpori, et similiter de aliis. unde si quis abstineat ab aliquibus possidendis, quae alias esset bonum possidere, ut consulat saluti corporali, vel etiam contemplationi veritatis, non esset hoc vitiosum, sed secundum rationem rectam. et similiter si quis abstineat a delectationibus corporalibus ut liberius vacet contemplationi veritatis, pertinet hoc ad rectitudinem rationis. ad hoc autem pia virginitas ab omni delectatione |25| venerea abstinet, ut liberius divinae con-

templationi vacet, * dicit enim apostolus, i ad cor. vii, ° mulier innupta et virgo cogitat quae domini sunt, ut sit sancta et corpore et spiritu, quae autem nupta est, cogitat quae sunt mundi, quomodo placeat viro. ' unde relinquitur quod virginitas non est aliquid vitiosum, sed potius laudabile.
ra1 ' Ad primum ergo dicendum quod praeceptum habet rationem debiti, * ut supra dictum est. ' dupliciter autem est aliquid debitum. uno modo ut impleatur ab uno, et hoc debitum sine peccato praeteriri non potest. aliud autem est debitum implendum a multitudine. et ad tale debitum implendum non tenetur quilibet de multitudine, multa enim sunt multitudini necessaria ad quae implenda unus non sufficit, sed implentur a multitudine dum unus hoc, alius illud facit. praeceptum igitur legis naturae homini datum de comestione, necesse est quod ab unoquoque impleatur, aliter enim individuum conservari non posset. sed praeceptum datum de generatione respicit totam multitudinem hominum, cui necessarium est non solum quod multiplicetur corporaliter, sed etiam quod spiritualiter proficiat. et ideo sufficienter providetur humanae multitudini si quidam carnali generationi operam dent, quidam vero, ab hac abstinentes, contemplationi divinorum vacent, ad totius humani generis pulchritudinem et salutem. sicut etiam in exercitu quidam castra custodiunt, quidam signa deferunt, quidam gladiis decertant, quae tamen omnia debita sunt multitudini, sed per unum impleri non possunt.
ra2 ' Ad secundum dicendum quod ille qui abstinet ab omnibus delectationibus praeter rationem rectam, quasi delectationes secundum se abhorrens, est insensibilis, sicut agricola. virgo autem non abstinet ab omni delectatione, sed solum a delectatione venerea, et ab hac abstinet secundum rationem rectam, * ut dictum est. ' medium autem virtutis non secundum quantitatem, sed secundum rationem rectam determinatur, ut * dicitur in ii ethic.. unde de magnanimo dicitur, in iv ethic., quod ° est magnitudine extremus, eo autem quod ut oportet, medius.
ra3 ' Ad tertium dicendum quod leges feruntur secundum ea quae ut in pluribus accidunt. hoc autem rarum erat apud antiquos, ut aliquis amore veritatis contemplandae ab omni delectatione venerea abstineret, quod solus plato legitur fecisse. unde non sacrificavit quasi hoc peccatum reputaret, sed perversae opinioni civium cedens, * ut ibidem augustinus dicit.

009 ST3 qu152 ar3

ag1 ' Ad tertium sic proceditur. videtur quod virginitas non sit virtus. nulla enim virtus inest nobis a natura, * ut philosophus dicit, in ii ethic.. ' sed virginitas inest a natura, quilibet enim mox natus virgo est. ergo virginitas non est virtus.
ag2 ' Praeterea, quicumque habet unam virtutem, habet omnes, * ut supra habitum est. ' sed aliqui habent alias virtutes qui non habent virginitatem, alioquin, cum sine virtute nullus ad regnum caelorum perveniat, nullus sine virginitate ad ipsum posset pervenire; quod esset matrimonium damnare. ergo virginitas non est virtus.
ag3 ' Praeterea, omnis virtus restituitur per poenitentiam. sed virginitas non reparatur per poenitentiam, * unde hieronymus dicit, ° cum cetera deus possit, non potest virginem post ruinam reparare. ' ergo videtur quod virginitas non sit virtus.
ag4 ' Praeterea, nulla virtus perditur sine peccato. sed virginitas perditur sine peccato, scilicet per matrimonium. ergo virginitas non est virtus.
ag5 ' Praeterea, virginitas condividitur viduitati et pudicitiae coniugali. sed neutrum illorum ponitur virtus. ergo virginitas non est virtus.
sc * Sed contra est quod ambrosius dicit, in libro de virginit., ° invitat virginitatis amor ut aliquid de virginitate dicamus, ne veluti transitu quodam perstricta videatur quae principalis est virtus.
co * Respondeo dicendum quod, sicut supra dictum est, ' in virginitate est sicut formale et completivum propositum perpetuo abstinendi a delectatione venerea, quod quidem propositum laudabile redditur ex fine, inquantum scilicet hoc fit ad vacandum rebus divinis. materiale autem in virginitate est integritas carnis absque omni experimento venereae delectationis. manifestum est autem quod ubi est specialis materia habens specialem excellentiam, ibi invenitur specialis ratio virtutis, sicut patet in magnificentia, quae est circa magnos sumptus, et ex hoc est specialis virtus a liberalitate distincta, quae communiter se habet circa omnem pecuniarum usum. hoc autem quod est conservare se immunem ab experimento venereae voluptatis, habet quandam excellentiam laudis supra hoc quod est conservare se immunem ab inordinatione venereae voluptatis. et ideo virginitas est quaedam specialis virtus, habens se ad castitatem sicut magnificentia ad liberalitatem.
ra1 ' Ad primum ergo dicendum quod homines ex sua nativitate habent id quod est materiale in virginitate, scilicet integritatem carnis immunem ab experimento venereorum. non tamen habent id quod est formale in virginitate, ut scilicet habeant propositum servandi huiusmodi integritatem propter deum. et ex hoc habet rationem virtutis. * unde augustinus dicit, in libro de virginit., ° nec nos in virginibus praedicamus quod virgines sunt, sed quod deo dicatae pia continentia virgines.
ra2 ' Ad secundum dicendum quod connexio virtutum accipitur secundum id quod est formale in virtutibus, idest secundum caritatem vel secundum prudentiam, * ut supra habitum est, ' non autem secundum id quod est materiale in virtutibus. nihil enim prohibet alicui virtuoso suppetere materiam unius virtutis, non autem materiam alterius, sicut pauper habet materiam temperantiae, non autem materiam magnificentiae. et hoc modo alicui habenti alias virtutes deest materia virginitatis, idest praedicta integritas carnis. tamen potest id quod est formale in virginitate habere, ut scilicet in praeparatione mentis praedictae integritatis conservandae propositum, si hoc sibi competeret. sicut pauper potest in praeparatione animi habere propositum magnificos sumptus faciendi, si sibi competeret, et similiter ille qui est in prosperitate habet in praeparatione animi propositum adversa aequanimiter tolerandi. et sine hac praeparatione animi non potest esse aliquis virtuosus.
ra3 ' Ad tertium dicendum quod virtus per poenitentiam reparari potest quantum ad id quod est formale in virtute, non autem quantum ad id quod est materiale in ipsa. non enim si quis magnificus consumpsit suas divitias, per poenitentiam peccati restituuntur ei divitiae. et similiter ille qui peccando virginitatem amisit, per poenitentiam non recuperat virginitatis materiam, sed recuperat virginitatis propositum. circa materiam autem virginitatis est aliquid quod miraculose reparari poterit divinitus, scilicet integritas membri, quam diximus accidentaliter se ad virginitatem habere. aliud autem est quod nec miraculo reparari potest, ut scilicet qui expertus est voluptatem veneream, fiat non expertus, non enim deus potest facere ut ea quae facta sunt non sint facta, * ut in primo habitum est.
ra4 ' Ad quartum dicendum quod virginitas, secundum quod est virtus, importat propositum voto firmatum integritatis perpetuo servandae * dicit enim augustinus, in libro de virginit., quod " per virginitatem integritas carnis ° ipsi creatori animae et carnis vovetur, consecratur, servatur. ' unde virginitas, secundum quod est virtus, nunquam amittitur nisi per peccatum.
ra5 ' Ad quintum dicendum quod castitas coniugalis ex hoc solo laudem habet quod abstinet ab illicitis voluptatibus, unde non habet aliquam excellentiam supra communem castitatem. viduitas autem addit quidem aliquid supra communem castitatem, non tamen pervenit ad id quod est perfectum in materia ista, scilicet ad omnimodam immunitatem venereae voluptatis, sed sola virginitas. et ideo sola virginitas ponitur virtus specialis, sicut supra castitatem sicut magnificentia supra liberalitatem.

009 ST3 qu152 ar4

ag1 ' Ad quartum sic proceditur. videtur quod virginitas non sit excellentior matrimonio. * dicit enim augustinus, in libro de bono coniugali, ° non impar meritum continentiae est in ioanne, qui nullas expertus est nuptias, et in abraham, qui filios generavit. ' sed maioris virtutis maius est meritum. ergo virginitas non est potior virtus quam castitas coniugalis.
ag2 ' Praeterea, ex virtute dependet laus virtuosi. si ergo virginitas praeferretur continentiae coniugali, videtur esse consequens quod quaelibet virgo esset laudabilior qualibet coniugata. hoc autem est falsum. ergo virginitas non praefertur coniugio.
ag3 ' Praeterea, bonum commune potius est bono privato, * ut patet per philosophum, in i ethic.. ' sed coniugium ordinatur ad bonum commune, * dicit enim augustinus, in libro de bono coniugali, ° quod est cibus ad salutem hominis, hoc est concubitus ad salutem humani generis. ' virginitas autem ordinatur ad bonum speciale, ut scilicet vitent tribulationem carnis, quam sustinent coniugati, * sicut patet per apostolum, i ad cor. vii. ' ergo virginitas non est potior continentia coniugali.
sc * Sed contra est quod dicit augustinus, in libro de virginit., ° certa ratione, et sanctarum scripturarum auctoritate, nec peccatum esse nuptias invenimus, nec eas bono vel virginalis continentiae, vel etiam vidualis, aequamus.
co ' Respondeo dicendum quod, * sicut patet in libro hieronymi contra iovin., hic error fuit ioviniani, " qui posuit virginitatem non esse matrimonio praeferendam. ' qui quidem error praecipue destruitur et exemplo christi, qui et matrem virginem elegit, et ipse virginitatem servavit; et ex doctrina apostoli, qui, * i ad cor. vii, ' virginitatem consuluit tanquam melius bonum; et etiam ratione. tum quia bonum divinum est potius bono humano. tum quia bonum animae praefertur bono corporis. tum etiam quia bonum contemplativae vitae praefertur bono activae. virginitas autem ordinatur ad bonum animae secundum vitam contemplativam, quod est cogitare ea quae sunt dei. coniugium autem ordinatur ad bonum corporis, quod est corporalis multiplicatio generis humani, et pertinet ad vitam activam, quia vir et mulier in matrimonio viventes necesse habent cogitare quae sunt mundi, * ut patet per apostolum, i ad cor. vii. ' unde indubitanter virginitas praeferenda est continentiae coniugali.
ra1 ' Ad primum ergo dicendum quod meritum non solum pensatur ex genere actus, sed magis ex animo operantis. habuit autem abraham animum sic dispositum ut paratus esset virginitatem servare si esset tempus congruum. ex quo meritum continentiae coniugalis in ipso aequatur merito continentiae virginalis in ioanne respectu praemii substantialis, non autem respectu praemii accidentalis. * unde augustinus dicit, in libro de bono coniugali, quod ° ioannis caelibatus et abrahae connubium pro temporum distributione christo militaverunt, sed continentiam ioannes etiam in opere, abraham vero in solo habitu habebat.
ra2 ' Ad secundum dicendum quod, licet virginitas sit melior quam continentia coniugalis, potest tamen coniugatus esse melior quam virgo, duplici ratione. primo quidem, ex parte ipsius castitatis, si scilicet ille qui est coniugatus, habeat animum magis paratum ad virginitatem servandam, si oporteret, quam ille qui est virgo actu. unde * augustinus instruit virginem, in libro de bono coniugali, ut dicat, ° ego non sum melior quam abraham, sed melior est castitas caelibum quam castitas nuptiarum. * et rationem postea subdit, dicens, ° quod enim ego nunc ago, melius illi egissent, si tunc agendum esset, quod autem illi egerunt, sic ego non agerem, etiam si nunc agendum esset. ' secundo, quia forte ille qui non est virgo, habet aliquam excellentiorem virtutem. * unde augustinus dicit, in libro de virginit., ° unde scit virgo, quamvis sollicita quae sunt domini, ne forte, propter aliquam sibi incognitam infirmitatem, non sit matura martyrio, illa vero mulier cui se praeferre gestiebat, iam possit bibere calicem dominicae passionis?
ra3 ' Ad tertium dicendum quod bonum commune potius est bono privato si sit eiusdem generis, sed potest esse quod bonum privatum sit melius secundum suum genus. et hoc modo virginitas deo dicata praefertur fecunditati carnali. * unde augustinus dicit, in libro de virginit., quod ° fecunditas carnis, etiam illarum quae in hoc tempore nihil aliud in coniugio quam prolem requirunt quam mancipent christo, pro amissa virginitate compensari non posse credenda est.

009 ST3 qu152 ar5

ag1 ' Ad quintum sic proceditur. videtur quod virginitas sit maxima virtutum. * dicit enim cyprianus, in libro de virginit., ° nunc nobis ad virgines sermo est. quarum quo sublimior gloria est, maior et cura. flos est ille ecclesiastici germinis, decus atque ornamentum gratiae spiritualis, illustrior portio gregis christi.
ag2 ' Praeterea, maius praemium debetur maiori virtuti. sed virginitati debetur maximum praemium, scilicet fructus centesimus, * ut patet matth. xiii, in glossa. ' ergo virginitas est maxima virtutum.
ag3 ' Praeterea, tanto aliqua virtus est maior, quanto per eam magis aliquis christo conformatur. sed maxime aliquis conformatur christo per virginitatem, * dicitur enim apoc. xiv de virginibus, quod sequuntur agnum quocumque ierit, et quod ° cantant canticum novum, quod nemo alius poterat dicere. ' ergo virginitas est maxima virtutum.
sc * Sed contra est quod augustinus dicit, in libro de virginit., ° nemo, quantum puto, ausus fuit virginitatem praeferre monasterio. * et in eodem libro dicit, ° praeclarissimum testimonium perhibet ecclesiastica auctoritas, in qua fidelibus notum est quo loco martyres, et quo defunctae sanctimoniales ad altaris sacramenta recitentur. ' per quod datur intelligi quod martyrium virginitati praefertur, et similiter monasterii status.
co ' Respondeo dicendum quod aliquid potest dici excellentissimum dupliciter. uno modo, in aliquo genere. et sic virginitas est excellentissima, scilicet in genere castitatis, transcendit enim et castitatem vidualem et coniugalem. et quia castitati antonomastice attribuitur decor, ideo virginitati per consequens attribuitur excellentissima pulchritudo. * unde et ambrosius dicit, in libro de virginit., ° pulchritudinem quis potest maiorem aestimare decore virginis, quae amatur a rege, probatur a iudice, dedicatur domino, consecratur deo? ' alio modo potest dici aliquid excellentissimum simpliciter. et sic virginitas non est excellentissima virtutum. semper enim finis excellit id quod est ad finem, et quanto aliquid efficacius ordinatur ad finem, tanto melius est. finis autem ex quo virginitas laudabilis redditur, est vacare rebus divinis, * ut dictum est. ' unde ipsae virtutes theologicae, et etiam virtus religionis, quarum actus est ipsa occupatio circa res divinas, praeferuntur virginitati. similiter etiam vehementius operantur ad hoc quod inhaereant deo martyres, qui ad hoc postponunt propriam vitam; et viventes in monasteriis, qui ad hoc postponunt propriam voluntatem et omnia quae possunt habere; quam virgines, quae ad hoc postponunt venereas voluptates. et ideo virginitas non simpliciter est maxima virtutum.
ra1 " Ad primum ergo dicendum quod virgines sunt illustrior portio gregis christi, et est earum sublimior gloria, per comparationem ad viduas et coniugatas.
ra2 ' Ad secundum dicendum quod centesimus fructus attribuitur virginitati, * secundum hieronymum, ' propter excellentiam quam habet ad viduitatem, cui attribuitur sexagesimus, et ad matrimonium, cui

attribuitur tricesimus. * sed sicut augustinus dicit, in libro de quaest. evang., ° centesimus fructus est martyrum, sexagesimus virginum, et tricesimus coniugatorum. ‘ unde ex hoc non sequitur quod virginitas sit simpliciter maxima omnium virtutum, sed solum aliis gradibus castitatis.
ra3 “ Ad tertium dicendum quod virgines sequuntur agnum quocumque ierit ‘ quia imitantur christum non solum in integritate mentis, sed etiam in integritate carnis, * ut augustinus dicit, in libro de virginit.. ‘ et ideo in pluribus sequuntur agnum. non tamen oportet quod magis de propinquo, quia aliae virtutes faciunt propinquius inhaerere deo per imitationem mentis. canticum autem novum quod solae virgines cantant, est gaudium quod habent de integritate carnis servata.

009 ST3 qu153 ar

pr ‘ Deinde considerandum est de vitio luxuriae, quod opponitur castitati. et primo, de ipsa in generali; secundo, de speciebus eius. circa primum quaeruntur quinque. primo, quid sit materia luxuriae. secundo, utrum omnis concubitus sit illicitus. tertio, utrum luxuria sit peccatum mortale. quarto, utrum luxuria sit vitium capitale. quinto, de filiabus eius.

009 ST3 qu153 ar1

ag1 ‘ Ad primum sic proceditur. videtur quod materia luxuriae non sit solum concupiscentiae et delectationes venereae. * dicit enim augustinus, in libro confess., quod ° luxuria ad satietatem atque abundantiam se cupit vocari. ‘ sed satietas pertinet ad cibos et potus, abundantia autem ad divitias. ergo luxuria non est proprie circa concupiscentias et voluptates venereas.
ag2 * Praeterea, prov. xx dicitur, ° luxuriosa res est vinum. ‘ sed vinum pertinet ad delectationem cibi et potus. ergo circa has maxime videtur esse luxuria.
ag3 ‘ Praeterea, luxuria esse dicitur libidinosae voluptatis appetitus. sed libidinosa voluptas non solum est in venereis, sed etiam in multis aliis. ergo luxuria non solum est circa concupiscentias et voluptates venereas.
sc ‘ Sed contra est quod * dicitur in libro de vera relig., dicitur luxuriosis, ° qui seminat in carne, de carne metet corruptionem. ‘ sed seminatio carnis fit per voluptates venereas. ergo ad has pertinet luxuria.
co * Respondeo dicendum quod, sicut isidorus dicit, in libro etymol., “ luxuriosus aliquis dicitur quasi solutus in voluptates. ‘ maxime autem voluptates venereae animum hominis solvunt. et ideo circa voluptates venereas maxime luxuria consideratur.
ra1 ‘ Ad primum ergo dicendum quod, sicut temperantia principaliter quidem et proprie est circa delectationes tactus, dicitur autem ex consequenti et per similitudinem quandam in quibusdam aliis materiis; ita etiam luxuria principaliter quidem est in voluptatibus venereis, quae maxime et praecipue animum hominis resolvunt; secundario aut dicitur in quibuscumque aliis ad excessum pertinentibus. unde * galat. v, dicit glossa quod ° luxuria est quaelibet superfluitas.
ra2 ‘ Ad secundum dicendum quod vinum dicitur esse res luxuriosa, vel secundum hunc modum quo in qualibet materia abundantia ad luxuriam refertur. vel inquantum superfluus usus vini incentivum voluptati venereae praebet.
ra3 ‘ Ad tertium dicendum quod libidinosa voluptas etsi in aliis materiis dicatur, tamen specialiter hoc nomen sibi vindicant venereae delectationes, in quibus etiam specialiter libido dicitur, * ut augustinus dicit, xiv de civ. dei.

009 ST3 qu153 ar2

ag1 ‘ Ad secundum sic proceditur. videtur quod nullus actus venereus possit esse sine peccato. nihil enim videtur impedire virtutem nisi peccatum. sed omnis actus venereus maxime impedit virtutem, * dicit enim augustinus, in i soliloq., ° nihil esse sentio quod magis ex arce deiiciat animum virilem quam blandimenta feminae, corporumque ille contactus. ‘ ergo nullus actus venereus videtur esse sine peccato.
ag2 ‘ Praeterea, ubicumque invenitur aliquid superfluum per quod a bono rationis receditur, hoc est vitiosum, “ quia virtus corrumpitur per superfluum et diminutum, * ut dicitur in ii ethic.. ‘ sed in quolibet actu venereo est superfluitas delectationis, quae in tantum absorbet rationem “ quod impossibile est aliquid intelligere in ipsa, * ut philosophus dicit, in vii ethic., et sicut hieronymus dicit, ‘ in illo actu spiritus prophetiae non tangebat corda prophetarum. ergo nullus actus venereus potest esse sine peccato.
ag3 ‘ Praeterea, causa potior est quam effectus. sed peccatum originale in parvulis trahitur a concupiscentia, sine qua actus venereus esse non potest, * ut patet per augustinum, in libro de nuptiis et concup.. ‘ ergo nullus actus venereus potest esse sine peccato.
sc * Sed contra est quod augustinus dicit, in libro de bono coniug., ° satis responsum est haereticis, si tamen capiunt, non esse peccatum quod neque contra naturam committitur, neque contra morem, neque contra praeceptum. ‘ et loquitur de actu venereo quo antiqui patres pluribus coniugibus utebantur. ergo non omnis actus venereus est peccatum.
co ‘ Respondeo dicendum quod peccatum in humanis actibus est quod est contra ordinem rationis. habet autem hoc rationis ordo, ut quaelibet convenienter ordinet in suum finem. et ideo non est peccatum si per rationem homo utatur rebus aliquibus ad finem ad quem sunt, modo et ordine convenienti, dummodo ille finis sit aliquod vere bonum. sicut autem est vere bonum quod conservetur corporalis natura unius individui, ita etiam est quoddam bonum excellens quod conservetur natura speciei humanae. sicut autem ad conservationem vitae unius hominis ordinatur usus ciborum, ita etiam ad conservationem totius humani generis usus venereorum, * unde augustinus dicit, in libro de bono coniug., quod est ° cibus ad salutem hominis, “ hoc est concubitus ad salutem generis. ‘ et ideo, sicut usus ciborum potest esse absque peccato, si fiat debito modo et ordine, secundum quod competit saluti corporis; ita etiam et usus venereorum potest esse absque omni peccato, si fiat debito modo et ordine, secundum quod est conveniens ad finem generationis humanae.
ra1 ‘ Ad primum ergo dicendum quod aliquid potest impedire virtutem dupliciter. uno modo, quantum ad communem statum virtutis, et sic non impeditur virtus nisi per peccatum. alio modo, quantum ad perfectum virtutis statum, et sic potest impediri virtus per aliquid quod non est peccatum, sed est minus bonum. et hoc modo usus feminae deiicit animum, non a virtute, sed ab arce, idest perfectione virtutis. * unde augustinus dicit, in libro de bono coniug., ° sicut bonum erat quod martha faciebat occupata circa ministerium sanctorum, sed melius quod maria audiens verbum dei; ita etiam bonum susannae in castitate coniugali laudamus, sed bonum viduae annae, et magis mariae virginis, anteponimus.
ra2 * Ad secundum dicendum quod, sicut supra dictum est, ‘ medium virtutis non attenditur secundum quantitatem, sed secundum quod convenit rationi rectae. et ideo abundantia delectationis quae est in actu venereo secundum rationem ordinato, non contrariatur medio virtutis. et praeterea ad virtutem non pertinet quantum sensus exterior delectetur, quod consequitur corporis dispositionem, sed quantum appetitus interior ad huiusmodi delectationes afficiatur. nec hoc etiam quod ratio non potest liberum actum rationis ad spiritualia consideranda simul cum illa delectatione habere, ostendit quod actus ille sit contrarius virtuti. non enim est contrarium virtuti si rationis actus aliquando intermittatur aliquo quod secundum rationem fit, alioquin, quod aliquis se somno tradit, esset contra virtutem. hoc tamen quod concupiscentia et delectatio venereorum non subiacet imperio et moderationi rationis, provenit ex poena primi peccati, inquantum scilicet ratio rebellis deo meruit habere suam carnem rebellem, * ut patet per augustinum, xiii de civ. dei.
ra3 * Ad tertium dicendum quod, sicut augustinus ibidem dicit, quod ° ex concupiscentia carnis, quae regeneratis non imputatur in peccatum, tanquam ex filia peccati, proles nascitur originali obligata peccato. ‘ unde non sequitur quod actus ille sit peccatum, sed quod in illo actu sit aliquid poenale a peccato primo derivatum.

009 ST3 qu153 ar3

ag1 ‘ Ad tertium sic proceditur. videtur quod luxuria quae est circa actus venereos, non possit esse aliquod peccatum. per actum enim venereum semen emittitur, quod est superfluum alimenti, * ut patet per philosophum, in libro de generat. animal.. ‘ sed in emissione aliarum superfluitatum non attenditur aliquod peccatum. ergo neque circa actus venereos potest esse aliquod peccatum.
ag2 ‘ Praeterea, quilibet potest licite uti ut libet, eo quod suum est. sed in actu venereo homo non utitur nisi eo quod suum est, nisi forte in adulterio vel raptu. ergo in usu venereo non potest esse peccatum. et ita luxuria non erit peccatum.
ag3 ‘ Praeterea, omne peccatum habet vitium oppositum. sed luxuriae nullum vitium videtur esse oppositum. ergo luxuria non est peccatum.
sc1 ‘ Sed contra est quod causa est potior effectu. sed vinum prohibetur propter luxuriam, * secundum illud apostoli, ephes. v, ° nolite inebriari vino, in quo est luxuria. ‘ ergo luxuria est prohibita.
sc2 * Praeterea, galat. v, enumeratur inter opera carnis.
co ‘ Respondeo dicendum quod quanto aliquid est magis necessarium, tanto magis oportet ut circa illud rationis ordo servetur. unde per consequens magis est vitiosum si ordo rationis praetermittatur. usus autem venereorum, * sicut dictum est, ‘ est valde necessarius ad bonum commune, quod est conservatio humani generis. et ideo circa hoc maxime attendi debet rationis ordo. et per consequens, si quid circa hoc fiat praeter id quod ordo rationis habet, vitiosum erit. hoc autem pertinet ad rationem luxuriae, ut ordinem et modum rationis excedat circa venerea. et ideo absque dubio luxuria est peccatum.
ra1 * Ad primum ergo dicendum quod, sicut philosophus, in eodem libro, “ dicit, semen est superfluum quo indigetur, dicitur enim superfluum ex eo quod residuum est operationis virtutis nutritivae, ‘ tamen indigetur eo ad opus virtutis generativae. sed aliae superfluitates humani corporis sunt quibus non indigetur. et ideo non refert qualitercumque emittantur, salva decentia convictus humani. sed non est simile in seminis emissione quae taliter debet fieri ut conveniat fini ad quem eo indigetur.
ra2 * Ad secundum dicendum quod, sicut apostolus dicit, i ad cor. vi, contra luxuriam loquens, ° empti estis pretio magno. glorificate ergo et portate deum in corpore vestro. ‘ ex eo ergo quod aliquis inordinate suo corpore utitur per luxuriam, iniuriam facit domino, qui est principalis dominus corporis nostri. * unde et augustinus dicit, in libro de decem chordis, ° dominus, qui gubernat servos suos ad utilitatem illorum, non suam, hoc praecepit, ne per illicitas voluptates corruat templum eius, quod esse coepisti.
ra3 ‘ Ad tertium dicendum quod oppositum luxuriae non contingit in multis, eo quod homines magis sint proni ad delectationes. et tamen oppositum vitium continetur sub insensibilitate. et accidit hoc vitium in eo qui in tantum detestatur mulierum usum quod etiam uxori debitum non reddit.

009 ST3 qu153 ar4

ag1 ‘ Ad quartum sic proceditur. videtur quod luxuria non sit vitium capitale. luxuria enim videtur idem esse immunditiae, * ut patet per glossam, ephes. v. ‘ sed immunditia est filia gulae, * ut patet per gregorium, xxxi moral.. ‘ ergo luxuria non est vitium capitale.
ag2 * Praeterea, isidorus dicit, in libro de summo bono, quod ° sicut per superbiam mentis itur in prostitutionem libidinis, ita per humilitatem mentis salva fit castitas carnis. ‘ sed contra rationem capitalis vitii esse videtur quod ex alio vitio oriatur. ergo luxuria non est vitium capitale.
ag3 ‘ Praeterea, luxuria causatur ex desperatione, * secundum illud ephes. iv, ° qui, desperantes, seipsos tradiderunt impudicitiae. ‘ sed desperatio non est vitium capitale, quinimmo ponitur filia acediae, * ut supra habitum est. ergo multo minus luxuria est vitium capitale.
sc ‘ Sed contra est quod * gregorius, xxxi moral., ponit luxuriam inter vitia capitalia.
co * Respondeo dicendum quod, sicut ex dictis patet, ‘ vitium capitale est quod habet finem multum appetibilem, ita quod ex eius appetitu homo procedit ad multa peccata perpetranda, quae omnia ex illo vitio tanquam ex principali oriri dicuntur. finis autem luxuriae est delectatio venereorum, quae est maxima. unde huiusmodi delectatio est maxime appetibilis secundum appetitum sensitivum, tum propter vehementiam delectationis; tum etiam propter connaturalitatem huius concupiscentiae. unde manifestum est quod luxuria est vitium capitale.
ra1 ‘ Ad primum ergo dicendum quod immunditia, secundum quosdam, quae ponitur filia gulae, est quaedam immunditia corporalis, * ut supra dictum est. ‘ et sic obiectio non est ad propositum. si vero accipiatur pro immunditia luxuriae, sic dicendum quod ex gula causatur materialiter, inquantum scilicet gula ministrat materiam corporalem luxuriae, non autem secundum rationem causae finalis, secundum quam potissime attenditur origo aliorum vitiorum ex vitiis capitalibus.
ra2 ‘ Ad secundum dicendum quod, * sicut supra dictum est, cum de inani gloria ageretur, ‘ superbia ponitur communis mater omnium peccatorum, et ideo etiam vitia capitalia ex superbia oriuntur.
ra3 ‘ Ad tertium dicendum quod a delectationibus luxuriae praecipue aliqui abstinent propter spem futurae gloriae, quam desperatio subtrahit. et ideo causat luxuriam sicut removens prohibens, non sicut per se causa, quod videtur requiri ad vitia capitalia.

009 ST3 qu153 ar5

ag1 ‘ Ad quintum sic proceditur. videtur quod inconvenienter dicantur esse filiae luxuriae ° caecitas mentis, inconsideratio, inconstantia, praecipitatio, amor sui, odium dei, affectus praesentis saeculi, horror vel desperatio futuri. ‘ quia caecitas mentis et inconsideratio et praecipitatio pertinent ad imprudentiam, quae invenitur in omni peccato, sicut et prudentia in omni virtute. ergo non debent poni speciales filiae luxuriae.
ag2 ‘ Praeterea, constantia ponitur pars fortitudinis, * ut supra habitum est. ‘ sed luxuria non opponitur fortitudini, sed temperantiae. ergo inconstantia non est filia luxuriae.
ag3 ‘ Praeterea, amor sui usque ad contemptum dei est principium omnis peccati, * ut patet per augustinum, xiv de civ. dei. ‘ non ergo debet poni filia luxuriae.
ag4 * Praeterea, isidorus ponit quatuor, scilicet ° turpiloquia, scurrilia, ludicra, stultiloquia. ‘ ergo praedicta enumeratio videtur esse superflua.
sc * Sed contra est auctoritas gregorii, xxxi moral..
co ‘ Respondeo dicendum quod quando inferiores potentiae vehementer afficiuntur ad sua obiecta, consequens est quod superiores vires impediantur et deordinentur in suis actibus. per vitium autem luxuriae maxime appetitus inferior, scilicet concupiscibilis, vehementer intendit suo obiecto, scilicet delectabili, propter vehementiam delectationis. et ideo consequens est quod per luxuriam maxime superiores vires deordinentur, scilicet ratio et voluntas. sunt autem rationis quatuor actus in agendis. primo qui-

dem, simplex intelligentia, quae apprehendit aliquem finem ut bonum. et hic actus impeditur per luxuriam, * secundum illud dan. xiii, ° species decepit te, et concupiscentia subvertit cor tuum. ' et quantum ad hoc, ponitur caecitas mentis. secundus actus est consilium de his quae sunt agenda propter finem. et hoc etiam impeditur per concupiscentiam luxuriae, * unde terentius dicit, in eunucho, loquens de amore libidinoso, ° quae res in se neque consilium neque modum habet ullum, eam consilio regere non potes. ' et quantum ad hoc, ponitur praecipitatio, quae importat subtractionem consilii, * ut supra habitum est. ' tertius autem actus est iudicium de agendis. et hoc etiam impeditur per luxuriam, * dicitur enim dan. xiii, de senibus luxuriosis, |25| ° averterunt sensum suum, ut non recordarentur iudiciorum iustorum. ' et quantum ad hoc, ponitur inconsideratio. quartus autem actus est praeceptum rationis de agendo. quod etiam impeditur per luxuriam, inquantum scilicet homo impeditur ex impetu concupiscentiae ne exequatur id quod decrevit esse faciendum. * unde terentius dicit, in eunucho, " de quodam qui dicebat se recessurum ab amica, ° haec verba una falsa lacrimula restringet. ' ex parte autem voluntatis, consequitur duplex actus inordinatus. quorum unus est appetitus finis. et quantum ad hoc, ponitur amor sui, quantum scilicet ad delectationem quam inordinate appetit, et per oppositum ponitur odium dei, inquantum scilicet prohibet delectationem concupitam. alius autem est appetitus eorum quae sunt ad finem. et quantum ad hoc, ponitur affectus praesentis saeculi, in quo scilicet aliquis vult frui voluptate, et per oppositum ponitur desperatio futuri saeculi, quia dum nimis detinetur carnalibus delectationibus, non curat pervenire ad spirituales, sed fastidit eas.

ra1 * Ad primum ergo dicendum quod, sicut philosophus dicit, in vi ethic. ' intemperantia maxime corrumpit prudentiam. et ideo vitia opposita prudentiae maxime oriuntur ex luxuria, quae est praecipua intemperantiae species.

ra2 ' Ad secundum dicendum quod constantia in arduis et terribilibus ponitur pars fortitudinis. sed constantiam habere in abstinendo a delectationibus pertinet ad continentiam, quae ponitur pars temperantiae, * ut supra dictum est. ' et ideo inconstantia quae ei opponitur, ponitur filia luxuriae. et tamen etiam prima inconstantia ex luxuria causatur, inquantum emollit cor hominis et effeminatum reddit, * secundum illud osee iv, ° fornicatio, et vinum et ebrietas, aufert cor. * et vegetius dicit, in libro de re militari, quod ° minus mortem metuit qui minus deliciarum novit in vita. ' nec oportet, * sicut saepe dictum est, ' quod filiae vitii capitalis cum eo in materia conveniant.

ra3 ' Ad tertium dicendum quod amor sui quantum ad quaecumque bona quae sibi aliquis appetit, est commune principium peccatorum. sed quantum ad hoc specialiter quod aliquis appetit sibi delectabilia carnis, ponitur amor sui filia luxuriae.

ra4 * Ad quartum dicendum quod illa quae isidorus ponit, sunt quidam ' inordinati actus exteriores, et praecipue ad locutionem pertinentes. in qua est aliquid inordinatum quadrupliciter. uno modo, propter materiam. et sic ponuntur turpiloquia. quia enim ex abundantia cordis os loquitur, * ut dicitur matth. xii, ' luxuriosi, quorum cor est turpibus concupiscentiis plenum, de facili ad turpia verba prorumpunt. secundo, ex parte causae. quia enim luxuria inconsiderationem et praecipitationem causat, consequens est quod faciat prorumpere in verba leviter et inconsiderate dicta, quae dicuntur scurrilia. tertio, quantum ad finem. quia enim luxuriosus delectationem quaerit, etiam verba sua ad delectationem ordinat, et sic prorumpit in verba ludicra. quarto, quantum ad sententiam verborum, quam pervertit luxuria, propter caecitatem mentis quam causat. et sic prorumpit in stultiloquia, utpote cum suis verbis praefert delectationes quas appetit, quibuscumque aliis rebus.

009 ST3 qu154 ar

pr ' Deinde considerandum est de luxuriae partibus. et circa hoc quaeruntur duodecim. primo, de divisione partium luxuriae. secundo, utrum fornicatio simplex sit peccatum mortale. tertio, utrum sit maximum peccatorum. quarto, utrum in tactibus et osculis et aliis huiusmodi illecebris consistat peccatum mortale. quinto, utrum nocturna pollutio sit peccatum. sexto, de stupro. septimo, de raptu. octavo, de adulterio. nono, de incestu. decimo, de sacrilegio. undecimo, de peccato contra naturam. duodecimo, de ordine gravitatis in praedictis speciebus.

009 ST3 qu154 ar1

ag1 ' Ad primum sic proceditur. videtur quod inconvenienter assignentur sex species luxuriae, scilicet, ° fornicatio simplex, adulterium, incestus, stuprum, raptus et vitium contra naturam. ' diversitas enim materiae non diversificat speciem. sed praedicta divisio sumitur secundum materiae diversitatem, prout scilicet aliquis commiscetur coniugatae, vel virgini, vel alterius conditionis mulieri. ergo videtur quod per hoc species luxuriae non diversificentur.

ag2 ' Praeterea, species vitii unius non videntur diversificari per ea quae pertinent ad aliud vitium. sed adulterium non differt a simplici fornicatione nisi in hoc quod aliquis accedit ad eam quae est alterius, et sic iniustitiam committit. ergo videtur quod adulterium non debet poni species luxuriae.

ag3 ' Praeterea, sicut contingit quod aliquis commiscetur mulieri quae est alteri viro per matrimonium obligata, ita etiam contingit quod aliquis commiscetur mulieri quae est obligata deo per votum. sicut ergo adulterium ponitur species luxuriae, ita et sacrilegium species luxuriae poni debet.

ag4 ' Praeterea, ille qui est matrimonio iunctus non solum peccat si ad aliam mulierem accedat, sed etiam si sua coniuge inordinate utatur. sed hoc peccatum sub luxuria continetur. ergo deberet inter species luxuriae computari.

ag5 * Praeterea, apostolus, ii ad cor. xii, dicit, ° ne iterum, cum venero, humiliet me deus apud vos, et lugeam multos ex his qui ante peccaverunt, et non egerunt poenitentiam super immunditia et fornicatione et impudicitia quam gesserunt. ' ergo videtur quod etiam immunditia et impudicitia debeant poni species luxuriae, sicut et fornicatio.

ag6 ' Praeterea, divisum non condividitur dividentibus. sed luxuria condividitur praedictis, * dicitur enim galat. v, ° manifesta sunt opera carnis, quae sunt fornicatio, immunditia, impudicitia, luxuria. ' ergo videtur quod inconvenienter fornicatio ponatur species luxuriae.

sc ' Sed contra est quod * praedicta divisio ponitur in decretis, xxxvi caus., qu. i.

co * Respondeo dicendum quod, sicut dictum est, ' peccatum luxuriae consistit in hoc quod aliquis non secundum rectam rationem delectatione venerea utitur. quod quidem contingit dupliciter, uno modo, secundum materiam in qua huiusmodi delectationem quaerit; alio modo, secundum quod, materia debita existente, non observantur aliae debitae conditiones. et quia circumstantia, inquantum huiusmodi, non dat speciem actui morali, sed eius species sumitur ab obiecto, quod est materia actus; ideo oportuit species luxuriae assignari ex parte materiae vel obiecti. quae quidem potest non convenire rationi rectae dupliciter. uno modo, quia habet repugnantiam ad finem venerei actus. et sic, inquantum impeditur generatio prolis, est vitium contra naturam, quod est in omni actu venereo ex quo generatio sequi non potest. inquantum autem impeditur debita educatio et promotio prolis natae, est fornicatio simplex, quae est soluti cum soluta. alio modo materia in qua exercetur actus venereus, potest esse non conveniens rationi rectae per comparationem ad alios homines. et hoc dupliciter. primo quidem, ex parte ipsius feminae cui aliquis commiscetur, quia ei debitus honor non servatur. et sic est incestus, qui consistit in abusu mulierum consanguinitate vel affinitate iunctarum. secundo, ex parte eius in cuius potestate est femina. quia si est in potestate viri, est adulterium, si autem est in potestate patris, est stuprum, si non inferatur violentia; |25| raptus autem, si inferatur. diversificantur autem istae species magis ex parte feminae quam viri. quia in actu venereo femina se habet sicut patiens et per modum materiae, vir autem per modum agentis. * dictum est autem quod ' praedictae species secundum differentiam materiae assignantur.

ra1 ' Ad primum ergo dicendum quod praedicta diversitas materiae habet annexam diversitatem formalem obiecti, quae accipitur secundum diversos modos repugnantiae ad rationem rectam, * ut dictum est.

ra2 ' Ad secundum dicendum quod nihil prohibet in eodem actu diversorum vitiorum deformitates concurrere, * ut supra dictum est. ' et hoc modo adulterium continetur sub luxuria et sub iniustitia. nec deformitas iniustitiae omnino per accidens se habet ad luxuriam. ostenditur enim luxuria gravior quae in tantum concupiscentiam sequitur quod etiam in iniustitiam ducat.

ra3 ' Ad tertium dicendum quod mulier vovens continentiam quoddam spirituale matrimonium facit cum deo. et ideo sacrilegium quod committitur in violatione talis mulieris, est quoddam adulterium spirituale. et similiter alii modi sacrilegii reducuntur ad alias species luxuriae.

ra4 ' Ad quartum dicendum quod peccatum coniugati cum sua uxore non est secundum indebitam materiam, sed secundum alias circumstantias quae non constituunt speciem moralis actus, * ut dictum est.

ra5 * Ad quintum dicendum quod, sicut dicit glossa ibidem, " immunditia ponitur pro luxuria contra naturam. impudicitia autem est quae fit cum liberis a viro, ' unde videtur ad stuprum pertinere. vel potest dici quod impudicitia pertinet ad quosdam actus circumstantes actum venereum, sicut sunt oscula, tactus et alia huiusmodi.

ra6 * Ad sextum dicendum quod luxuria sumitur ibidem pro quacumque superfluitate, ut glossa ibidem dicit.

009 ST3 qu154 ar2

ag1 ' Ad secundum sic proceditur. videtur quod fornicatio simplex non sit peccatum mortale. ea enim quae simul connumerantur, videntur esse unius rationis. sed fornicatio connumeratur quibusdam quae non sunt peccata mortalia, * dicitur enim act. xv, ° abstineatis vos ab immolatis simulacrorum, et sanguine et suffocato, et fornicatione; ' illorum autem usus non est peccatum mortale, * secundum illud i ad tim. iv, ° nihil reiiciendum quod cum gratiarum actione percipitur. ' ergo fornicatio non est peccatum mortale.

ag2 ' Praeterea, nullum peccatum mortale cadit sub praecepto divino. * sed osee i praecipitur a domino, ° vade, sume tibi uxorem fornicationum, et fac filios fornicationum. ' ergo fornicatio non est peccatum mortale.

ag3 ' Praeterea, nullum peccatum mortale in scriptura sacra absque reprehensione commemoratur. sed fornicatio simplex commemoratur in scriptura in antiquis patribus sine reprehensione, * sicut legitur gen. xvi de abraham quod accessit ad agar, ancillam suam; et infra, xxx, legitur de iacob quod accessit ad ancillas uxorum suarum balam et zelpham; et infra, xxxviii, legitur quod iudas accessit ad thamar, quam aestimavit meretricem. ' ergo fornicatio simplex non est peccatum mortale.

ag4 ' Praeterea, omne peccatum mortale contrariatur caritati. sed fornicatio simplex non contrariatur caritati, neque quantum ad dilectionem dei, quia non est directe peccatum contra deum; nec etiam quantum ad dilectionem proximi, quia per hoc homo nulli homini facit iniuriam. ergo fornicatio simplex non est peccatum mortale.

ag5 ' Praeterea, omne peccatum mortale ducit in perditionem aeternam. hoc autem non facit fornicatio simplex, * quia super illud i ad tim. iv, ° pietas ad omnia utilis est, * dicit glossa ambrosii, ° omnis summa disciplinae christianae in misericordia et pietate est. quam aliquis sequens, si lubricum carnis patitur, sine dubio vapulabit, sed non peribit. ' ergo fornicatio simplex non est peccatum mortale.

ag6 ' Praeterea, * sicut augustinus dicit, in libro de bon. coniug., ° quod est cibus ad salutem corporis, hoc est concubitus ad salutem generis. ' sed non omnis inordinatus usus ciborum est peccatum mortale. ergo nec omnis inordinatus concubitus. quod maxime videtur de fornicatione simplici, quae minima est inter species enumeratas.

sc1 * Sed contra est quod dicitur tobiae iv, ° attende tibi ab omni fornicatione, et praeter uxorem tuam, non patiaris crimen scire. ' crimen autem importat peccatum mortale. ergo fornicatio, et omnis concubitus qui est praeter uxorem, est peccatum mortale.

sc2 ' Praeterea, nihil excludit a regno dei nisi peccatum mortale. fornicatio autem excludit, * ut patet per apostolum, galat. v, ubi, praemissa fornicatione, et quibusdam aliis vitiis, subdit, ° qui talia agunt, regnum dei non possidebunt. ' ergo fornicatio simplex est peccatum mortale.

sc3 * Praeterea, in decretis dicitur, xxii caus., qu. i, ° nosse debent talem de periurio poenitentiam imponi debere qualem de adulterio et fornicatione, et de homicidio sponte commisso, et de ceteris criminalibus vitiis. ' ergo fornicatio simplex est peccatum criminale, sive mortale.

co ' Respondeo dicendum quod absque omni dubio tenendum est quod fornicatio simplex sit peccatum mortale, non obstante * quod deut. xxiii, super illud, non erit meretrix etc., dicit glossa, ° ad eas prohibet accedere quarum est venalis turpitudo. " non enim debet dici venialis, sed venalis, quod est proprium meretricum. ' ad huius autem evidentiam, considerandum est quod peccatum mortale est omne peccatum quod committitur directe contra vitam hominis. fornicatio autem simplex importat inordinationem quae vergit in nocumentum vitae eius qui est ex tali concubitu nasciturus. videmus enim in omnibus animalibus in quibus ad educationem prolis requiritur cura maris et feminae, quod in eis non est vagus concubitus, sed maris ad certam feminam, unam vel plures, sicut patet in omnibus avibus. secus autem est in animalibus in quibus sola femina sufficit ad educationem fetus in quibus est vagus concubitus, ut patet in canibus et aliis huiusmodi animalibus. manifestum est autem quod ad educationem hominis non solum requiritur cura matris, a qua nutritur, sed multo magis cura patris, a quo est instruendus et defendendus, et in bonis tam interioribus quam exterioribus promovendus. et ideo contra naturam hominis est quod utatur vago concubitu, sed oportet quod sit maris ad determinatam feminam, cum qua permaneat, non per modicum tempus, sed diu, vel etiam per totam vitam. et inde est quod naturaliter est maribus in specie humana sollicitudo |25| de certitudine prolis, quia eis imminet educatio prolis. haec autem certitudo tolleretur si esset vagus concubitus. haec autem determinatio certae feminae matrimonium vocatur. et ideo dicitur esse de iure naturali. sed quia concubitus ordinatur ad bonum commune totius humani generis; bona autem communia cadunt sub determinatione legis, * ut supra habitum est, ' consequens est quod ista coniunctio maris ad feminam, quae matrimonium dicitur, lege aliqua determinetur. * qualiter autem sit apud nos determinatum, in tertia parte huius operis agetur, cum de matrimonii sacramento tractabitur. ' unde, cum fornicatio sit concubitus vagus, utpote praeter matrimonium existens, est contra bonum prolis educandae. et ideo est peccatum mortale. nec obstat si aliquis fornicando aliquam cognoscens, sufficienter provideat proli

de educatione. quia id quod cadit sub legis determinatione, iudicatur secundum id quod communiter accidit, et non secundum id quod in aliquo casu potest accidere.
ra1 ˙ Ad primum ergo dicendum quod fornicatio illis connumeratur, non quia habeat eandem rationem culpae cum aliis, sed quantum ad hoc, quod ex his quae ibi ponuntur similiter poterat dissidium generari inter iudaeos et gentiles, et eorum unanimis consensus impediri. quia apud gentiles fornicatio simplex non reputabatur illicita, propter corruptionem naturalis rationis, iudaei autem, ex lege divina instructi, eam illicitam reputabant. alia vero quae ibi ponuntur, iudaei abominabantur propter consuetudinem legalis conversationis. unde apostoli ea gentilibus interdixerunt, non quasi secundum se illicita, sed quasi iudaeis abominabilia, * ut etiam supra dictum est.
ra2 ˙ Ad secundum dicendum quod fornicatio dicitur esse peccatum, inquantum est contra rationem rectam. ratio autem hominis recta est secundum quod regulatur voluntate divina, quae est prima et summa regula. et ideo quod homo facit ex voluntate dei, eius praecepto obediens, non est contra rationem rectam, quamvis videatur esse contra communem ordinem rationis, sicut etiam non est contra naturam quod miraculose fit virtute divina, quamvis sit contra communem cursum naturae. et ideo, sicut abraham non peccavit filium innocentem volendo occidere, propter hoc quod obedivit deo, quamvis hoc, secundum se consideratum, sit communiter contra rectitudinem rationis humanae; ita etiam osee non peccavit fornicando ex praecepto divino. nec talis concubitus proprie fornicatio debet dici, quamvis fornicatio nominetur referendo ad cursum communem. * unde augustinus dicit, iii confess., ° cum deus aliquid contra morem aut pactum quorumlibet iubet, etsi nunquam ibi factum est, faciendum est. * et postea subdit, ° sicut enim in potestatibus societatis humanae maior potestas minori ad obediendum praeponitur, ita deus omnibus.
ra3 ˙ Ad tertium dicendum quod abraham et iacob ad ancillas accesserunt non quasi fornicario concubitu, * ut infra patebit, cum de matrimonio agetur. ˙ iudam autem non est necessarium a peccato excusare, qui etiam auctor fuit venditionis ioseph.
ra4 ˙ Ad quartum dicendum quod fornicatio simplex contrariatur dilectioni proximi quantum ad hoc, quod repugnat bono prolis nasciturae, * ut ostensum est, ˙ dum scilicet dat operam generationi non secundum quod convenit proli nasciturae.
ra5 ˙ Ad quintum dicendum quod per opera pietatis ille qui lubricum carnis patitur liberatur a perditione aeterna, inquantum per huiusmodi opera disponitur ad hoc quod gratiam consequatur per quam poeniteat, et inquantum per huiusmodi opera satisfacit de lubrico carnis commisso. non autem ita quod, si in lubrico carnis perseveret impoenitens usque ad mortem, per pietatis opera liberetur.
ra6 ˙ Ad sextum dicendum quod ex uno concubitu potest unus homo generari. et ideo inordinatio concubitus, quae impedit bonum prolis nasciturae, ex ipso genere actus est peccatum mortale, et non solum ex inordinatione concupiscentiae. ex una autem comestione non impeditur bonum totius vitae unius hominis, et ideo actus gulae ex suo genere non est peccatum mortale. esset tamen si quis scienter cibum comederet qui totam conditionem vitae eius immutaret, sicut patet de adam. nec tamen fornicatio est minimum peccatorum quae sub luxuria continentur. minus enim est concubitus cum uxore qui fit ex libidine.

009 ST3 qu154 ar3

ag1 ˙ Ad tertium sic proceditur. videtur quod fornicatio sit gravissimum peccatum. tanto enim videtur peccatum gravius, quanto ex maiori libidine procedit. sed maxima libido est in fornicatione * dicitur enim in glossa, i ad cor. vi, quod " ardor libidinis in luxuria est maximus. ˙ ergo videtur quod fornicatio sit gravissimum peccatum.
ag2 ˙ Praeterea, tanto aliquis gravius peccat, quanto in rem sibi magis coniunctam delinquit, sicut gravius peccat qui percutit patrem quam qui percutit extraneum. * sed sicut dicitur i cor. vi, ° qui fornicatur, in corpus suum peccat, ˙ quod est homini coniunctissimum. ergo videtur quod fornicatio sit gravissimum peccatum.
ag3 ˙ Praeterea, quanto aliquod bonum est maius, tanto peccatum quod contra illud committitur videtur esse gravius. sed peccatum fornicationis videtur esse contra bonum totius humani generis, * ut ex praedictis patet. ˙ est etiam contra christum, * secundum illud i ad cor. vi, ° tollens membra christi, faciam membra meretricis? ˙ ergo fornicatio est gravissimum peccatum.
sc * Sed contra est quod gregorius dicit quod " peccata carnalia sunt minoris culpae quam peccata spiritualia.
co ˙ Respondeo dicendum quod gravitas peccati alicuius attendi potest dupliciter, uno modo, secundum se; alio modo, secundum accidens. secundum se quidem attenditur gravitas peccati ex ratione suae speciei, quae consideratur secundum bonum cui peccatum opponitur. fornicatio autem est contra bonum hominis nascituri. et ideo est gravius peccatum secundum speciem suam peccatis quae sunt contra bona exteriora, sicut est furtum et alia huiusmodi, minus autem peccatis quae sunt directe contra deum, et peccato quod est contra vitam hominis iam nati, sicut est homicidium.
ra1 ˙ Ad primum ergo dicendum quod libido quae aggravat peccatum est quae consistit in inclinatione voluntatis. libido autem quae est in appetitu sensitivo diminuit peccatum, quia quanto aliquis ex maiori passione impulsus peccat, tanto levius est peccatum. et hoc modo in fornicatione libido est maxima. * et inde est quod augustinus dicit, in libro de agone christiano, ° quod inter omnia christianorum certamina, duriora sunt praelia castitatis, ubi est quotidiana pugna, sed rara victoria. * et isidorus dicit, in libro de summo bono, quod ° magis per carnis luxuriam humanum genus subditur diabolo " quam per aliquod aliud, ˙ quia scilicet difficilius est vincere vehementiam huius passionis.
ra2 ˙ Ad secundum dicendum quod ille qui fornicatur dicitur peccare in corpus suum, non solum quia fornicationis delectatio consummatur in carne, quod etiam in gula accidit, sed etiam quia contra bonum proprii corporis agit qui fornicatur, inquantum scilicet indebite illud resolvit et inquinat, et alteri commiscet. nec tamen propter hoc sequitur quod fornicatio sit peccatum gravissimum, quia ratio in homine praevalet corpori; unde, si sit peccatum magis repugnans rationi, gravius erit.
ra3 ˙ Ad tertium dicendum quod peccatum fornicationis est contra bonum speciei humanae inquantum impedit generationem singularem unius hominis nascituri. magis autem pertingit ad rationem speciei qui actu iam participat speciem quam qui est potentia homo. et secundum hoc etiam homicidium est gravius quam fornicatio et omnes luxuriae species, tanquam magis bono speciei humanae repugnans. bonum etiam divinum est maius bono speciei humanae. et ideo etiam peccata quae sunt contra deum, sunt maiora. nec fornicatio est directe peccatum in deum, quasi fornicator dei offensam intendat, sed ex consequenti, sicut et omnia peccata mortalia. sicut enim membra corporis nostri sunt membra christi, ita etiam et spiritus noster est unum cum christo, * secundum illud i ad cor. vi, ° qui adhaeret deo, unus spiritus est. ˙ unde etiam peccata spiritualia sunt magis contra christum quam fornicatio.

009 ST3 qu154 ar4

ag1 ˙ Ad quartum sic proceditur. videtur quod in tactibus et osculis non consistat peccatum mortale. * apostolus enim, ad ephes. v, dicit, ° fornicatio autem et omnis immunditia, aut avaritia, ne nominetur in vobis, sicut decet sanctos. * subdit autem, aut turpitudo, glossa, ° ut in osculis et amplexibus; aut stultiloquium, ut blanda verba; aut scurrilitas, quae a stultis curialitas dicitur, idest iocularitas. * postea autem subdit, ° hoc enim scitote, intelligentes, quod omnis fornicator aut immundus aut avarus, quod est idolorum servitus, non habet haereditatem in regno christi et dei, ˙ ubi non replicat de turpitudine, sicut nec de stultiloquio aut scurrilitate. ergo ista non sunt peccata mortalia.
ag2 ˙ Praeterea, fornicatio dicitur esse peccatum mortale ex hoc quod per eam impeditur bonum prolis generandae et educandae. sed ad hoc nihil operantur oscula et tactus, sive amplexus. ergo in his non contingit esse peccatum mortale.
ag3 ˙ Praeterea, illa quae sunt secundum se peccata mortalia, nunquam possunt bene fieri. sed oscula et tactus et huiusmodi possunt quandoque fieri absque peccato. ergo non sunt secundum se peccata mortalia.
sc1 ˙ Sed contra, minus est aspectus libidinosus quam tactus, amplexus vel osculum. sed aspectus libidinosus est peccatum mortale, * secundum illud matth. v, ° qui viderit mulierem ad concupiscendum eam, iam moechatus est eam in corde suo. ˙ ergo multo magis osculum libidinosum, et alia huiusmodi, sunt peccata mortalia.
sc2 * Praeterea, cyprianus, ad pomponium de virginitate, dicit, ° certe ipse concubitus, ipse amplexus, ipsa confabulatio et osculatio, et coniacentium duorum turpis et foeda dormitio, quantum dedecoris et criminis confitentur. ˙ ergo per praedicta homo fit reus criminis, idest peccati mortalis.
co ˙ Respondeo dicendum quod aliquid dicitur esse peccatum mortale dupliciter. uno modo, secundum speciem suam. et hoc modo osculum, amplexus vel tactus, secundum suam rationem non nominant peccatum mortale. possunt enim haec absque libidine fieri, vel propter consuetudinem patriae, vel propter aliquam necessitatem aut rationabilem causam. alio modo dicitur aliquid esse peccatum mortale ex sua causa, sicut ille qui dat eleemosynam ut aliquem inducat ad haeresim, mortaliter peccat propter intentionem corruptam. * dictum est autem supra quod ˙ consensus in delectationem peccati mortalis est peccatum mortale, et non solum consensus in actum. et ideo, cum fornicatio sit peccatum mortale, et multo magis aliae luxuriae species, consequens est quod consensus in delectationem talis peccati sit peccatum mortale, et non solum consensus in actum. et ideo, cum oscula et amplexus et huiusmodi propter delectationem huiusmodi fiant, consequens est quod sint peccata mortalia. et sic solum dicuntur libidinosa. unde huiusmodi, secundum quod libidinosa sunt, sunt peccata mortalia.
ra1 * Ad primum ergo dicendum quod apostolus ideo non resumit ˙ illa tria, quia non habent rationem peccati nisi secundum quod ordinantur ad praecedentia.
ra2 ˙ Ad secundum dicendum quod oscula et tactus, quamvis secundum se non impediant bonum prolis humanae, procedunt tamen ex libidine, quae est radix huius impedimenti. et ex hoc habent rationem peccati mortalis.
ra3 ˙ Ad tertium dicendum quod ratio illa concludit quod huiusmodi non sunt peccata secundum suam speciem.

009 ST3 qu154 ar5

ag1 ˙ Ad quintum sic proceditur. videtur quod nocturna pollutio sit peccatum. meritum enim et demeritum habent fieri circa idem. sed dormiens potest mereri, sicut patet de salomone, qui dormiens a domino donum sapientiae impetravit, * ut dicitur iii reg. iii, et ii paralip. i. ˙ ergo in dormiendo potest aliquis demereri. et ita videtur quod nocturna pollutio sit peccatum.
ag2 ˙ Praeterea, quicumque habet usum rationis, potest peccare. sed in dormiendo aliquis habet usum rationis, quia frequenter aliquis in somnis ratiocinatur, et praeeligit unum alteri, consentiens vel dissentiens. ergo in dormiendo potest aliquis peccare. et ita propter somnum nocturna pollutio non impeditur quin sit peccatum, cum ex genere actus sit peccatum.
ag3 ˙ Praeterea, frustra increpatur et instruitur qui non potest vel agere secundum rationem vel contra rationem. sed homo in somnis instruitur a deo et increpatur, * secundum illud iob xxxiii, ° per somnium, in visione nocturna, quando sopor solet occupare homines, tunc aperit aures virorum, et erudiens eos instruit disciplina. ˙ ergo in somnis potest aliquis agere secundum rationem vel contra rationem, quod est bene agere vel peccare. et sic videtur quod pollutio nocturna sit peccatum.
sc * Sed contra est quod augustinus dicit, xii super gen. ad litt., ° ipsa phantasia quae fit in cogitatione sermocinantis, cum expressa fuerit in visione somniantis, ut inter illam et veram coniunctionem corporum non discernatur, continue movetur caro et sequitur quod eum motum sequi solet, cum hoc tam sine peccato fiat, quam sine peccato a vigilantibus dicitur quod, ut diceretur, sine dubio cogitatum est.
co ˙ Respondeo dicendum quod nocturna pollutio dupliciter potest considerari. uno modo, secundum se. et hoc modo non habet rationem peccati. omne enim peccatum dependet ex iudicio rationis, quia etiam primus motus sensualitatis non habet quod sit peccatum nisi inquantum iudicio rationis reprimi potest. et ideo, sublato iudicio rationis, tollitur ratio peccati. in dormiendo autem ratio non habet liberum iudicium, nullus enim est dormiens qui non intendat aliquibus similitudinibus phantasmatum velut rebus ipsis, * ut patet ex his quae in primo dicta sunt. ˙ et ideo id quod agit homo dormiens, qui non habet liberum iudicium rationis, non imputatur ei ad culpam, sicut nec illud quod agit furiosus aut amens. alio modo potest considerari nocturna pollutio per comparationem ad suam causam. quae potest esse triplex. una quidem corporalis. cum enim humor seminalis superabundat in corpore; vel cum facta est humoris resolutio, vel per nimiam calefactionem corporis, vel per quamcumque aliam commotionem; somniat dormiens ea quae pertinent ad expulsionem huiusmodi humoris abundantis vel resoluti, sicut etiam accidit quando natura gravatur ex aliqua alia superfluitate; ita quod quandoque formantur in imaginatione phantasmata pertinentia ad emissionem talium superfluitatum. si igitur superabundantia talis humoris sit ex causa culpabili, puta cum est ex superfluitate cibi vel potus; |25| tunc nocturna pollutio habet rationem culpae ex sua causa. si autem superabundantia vel resolutio talis humoris non sit ex aliqua causa culpabili, tunc nocturna pollutio non est culpabilis, nec in se nec in causa sua. alia vero causa nocturnae pollutionis potest esse animalis interior, puta cum ex cogitatione praecedenti contingit aliquem dormientem pollui. cogitatio autem quae in vigilia praecessit, quandoque est pure speculativa, puta cum aliquis causa disputationis cogitat de peccatis carnalibus, quandoque autem est cum aliqua affectione vel concupiscentiae vel horroris. contingit autem magis pollutio nocturna ex cogitatione carnalium vitiorum quae fuit cum concupiscentia talium delectationum, quia ex hoc remanet quoddam vestigium et inclinatio in anima, ita quod dormiens facilius inducitur in sua imaginatione ad assentiendum actibus ex quibus sequitur pollutio. * secundum hoc philosophus dicit, in i ethic., ˙ quod inquantum paulatim pertranseunt quidam motus a vigilantibus ad dormientes, meliora fiunt phantasmata studiosorum quam quorumlibet, * et augustinus dicit, xii super gen. ad litt., quod ° propter bonam animae affectionem, quaedam eius merita etiam in somnis clarent. ˙ et sic patet quod nocturna pollutio habet rationem culpae ex parte suae causae. quando-

que tamen contingit quod ex praecedenti cogitatione carnalium actuum etiam speculativa, |50| vel si sit cum horrore, sequitur in somnis pollutio. et tunc non habet rationem culpae, nec in se nec in sua causa. tertia vero causa est spiritualis extrinseca, puta cum ex operatione daemonis commoventur phantasmata dormientis in ordine ad talem effectum. et hoc quidem quandoque est cum peccato praecedenti, scilicet negligentia praeparandi se contra daemonis illusiones, * unde et in sero cantatur, ° hostemque nostrum comprime, ne polluantur corpora. ‘ quandoque vero est absque omni culpa hominis, ex sola nequitia daemonis, * sicut in collationibus patrum legitur de quodam quod ‘ semper in diebus festis pollutionem nocturnam patiebatur, hoc diabolo procurante, ut impediretur a sacra communione. sic igitur patet quod nocturna pollutio nunquam est peccatum, quandoque tamen est sequela peccati praecedentis.

ra1 ‘ Ad primum ergo dicendum quod salomon non meruit in dormiendo sapientiam a deo, sed fuit signum praecedentis desiderii, propter quod dicitur talis petitio deo placuisse, * ut augustinus dicit, xii super gen. ad litt..

ra2 ‘ Ad secundum dicendum quod, secundum quod vires sensitivae interiores magis vel minus opprimuntur a somno, propter vaporis turbulentiam vel puritatem, secundum hoc usus rationis magis vel minus impeditur in dormiendo. semper tamen quantum ad aliquid impeditur, ut non possit omnino liberum iudicium habere, * ut in prima parte dictum est. ‘ et ideo non imputatur ei ad culpam quod tunc agit.

ra3 ‘ Ad tertium dicendum quod apprehensio rationis non ita impeditur in somno sicut eius iudicium, quod perficitur per conversionem ad sensibilia, quae sunt prima principia cognitionis humanae. et ideo nihil prohibet hominem secundum rationem apprehendere aliquid de novo in dormiendo, vel ex ipsis reliquiis praecedentium cogitationum et phantasmatibus oblatis, vel etiam ex revelatione divina, aut immissione angeli boni vel mali.

009 ST3 qu154 ar6

ag1 ‘ Ad sextum sic proceditur. videtur quod stuprum non debeat poni una species luxuriae. stuprum enim importat illicitam virginum deflorationem; * ut habetur in decretis, xxxvi caus., qu. i. ‘ sed hoc potest esse soluti cum soluta, quod pertinet ad fornicationem. ergo stuprum non debet poni species luxuriae a fornicatione distincta.

ag2 * Praeterea, ambrosius dicit, in libro de patriarchis, ° nemo sibi blandiatur de legibus hominum, omne stuprum adulterium est. ‘ sed specierum ex opposito divisarum una non continetur sub alia. cum ergo adulterium ponatur species luxuriae, videtur quod stuprum species luxuriae poni non debet.

ag3 ‘ Praeterea, inferre alicui iniuriam videtur magis ad iniustitiam quam ad luxuriam pertinere. sed ille qui stuprum committit, iniuriam facit alteri, scilicet patri puellae quam corrumpit, qui potest ad animum suam iniuriam revocare, et agere actione iniuriarum contra stupratorem. ergo stuprum non debet poni species luxuriae.

sc ‘ Sed contra est quod stuprum proprie consistit in actu venereo quo virgo defloratur. cum igitur luxuria proprie sit circa venerea, videtur quod stuprum sit species luxuriae.

co ‘ Respondeo dicendum quod ubi circa materiam alicuius vitii occurrit aliqua specialis deformitas, ibi debet poni determinata species illius vitii. luxuria autem est peccatum circa venerea existens, * ut supra dictum est. ‘ in virgine autem sub custodia patris existente quaedam deformitas specialis occurrit si corrumpatur. tum ex parte puellae, quae, ex hoc quod violatur, nulla pactione coniugali praecedente, impeditur a legitimo matrimonio consequendo et ponitur in via meretricandi, a quo retrahebatur ne signaculum virginitatis amitteret. tum etiam ex parte patris, qui de eius custodia sollicitudinem gerit, * secundum illud eccli. xlii. ° super filiam luxuriosam confirma custodiam, nequando faciat te in opprobrium venire inimicis. ‘ et ideo manifestum est quod stuprum, quod importat illicitam virginum deflorationem sub cura parentum existentium, est determinate luxuriae species.

ra1 ‘ Ad primum ergo dicendum quod, quamvis virgo sit soluta a vinculo matrimoniali, non tamen est soluta a patria potestate. habet etiam speciale impedimentum fornicarii concubitus virginitatis signum, quod non debet nisi per matrimonium auferri. unde stuprum non est fornicatio simplex, sed concubitus qui fit cum meretricibus, idest mulieribus iam corruptis, * ut patet per glossam, ii ad cor. xii, super illud, ° qui non egerunt poenitentiam super immunditia et fornicatione etc..

ra2 * Ad secundum dicendum quod ambrosius ibi aliter accipit stuprum, ‘ prout scilicet communiter sumitur pro omni peccato luxuriae. unde stuprum ibi nominat concubitum viri coniugati cum quacumque alia muliere praeter uxorem. * quod patet ex hoc quod subdit, ° nec viro licet quod mulieri non licet. * et hoc modo etiam accipitur num. v, ubi dicitur, ° si latet adulterium, et testibus argui non potest, quia non est inventa in stupro, etc..

ra3 ‘ Ad tertium dicendum quod nihil prohibet unum peccatum ex adiunctione alterius deformius fieri. fit autem deformius peccatum luxuriae ex peccato iniustitiae, quia videtur concupiscentia esse inordinatior quae a delectabili non abstinet ut iniuriam vitet. habet autem duplicem iniuriam annexam. unam quidem ex parte virginis, quam etsi non vi corrumpat, tamen eam seducit; et sic tenetur ei satisfacere. * unde dicitur exod. xxii, ° si seduxerit quis virginem nondum desponsatam, dormieritque cum ea, dotabit eam, et habebit uxorem. si autem pater virginis dare noluerit, reddet pecuniam iuxta modum dotis quam virgines accipere consueverunt. ‘ aliam vero iniuriam facit patri puellae. unde et ei secundum legem tenetur ad poenam. * dicitur enim deut. xxii, ° si invenerit vir puellam virginem, quae non habet sponsum, et apprehendens concubuerit cum illa, et res ad iudicium venerit, dabit qui dormivit cum ea patri puellae quinquaginta siclos argenti, et habebit eam uxorem, et quia humiliavit illam, non poterit dimittere eam cunctis diebus vitae suae. ‘ et hoc ideo, ne videatur ludibrium fecisse, * ut augustinus dicit.

009 ST3 qu154 ar7

ag1 ‘ Ad septimum sic proceditur. videtur quod raptus non sit species luxuriae distincta a stupro. * dicit enim isidorus, in libro etymol., quod ° stuprum, idest raptus, proprie est illicitus coitus, a corrumpendo dictus, unde et qui raptu potitur, stupro fruitur. ‘ ergo videtur quod raptus non debeat poni species luxuriae distincta a stupro.

ag2 ‘ Praeterea, raptus videtur quandam violentiam importare, * dicitur enim in decretis, xxxvi caus., qu. i, quod ° raptus committitur cum puella violenter a domo patris abducitur, ut, corrupta, in uxorem habeatur. ‘ sed hoc quod violentia alicui inferatur, per accidens se habet ad luxuriam, quae per se respicit delectationem concubitus. ergo videtur quod raptus non debeat poni determinata species luxuriae.

ag3 ‘ Praeterea, peccatum luxuriae per matrimonium cohibetur, * dicitur enim i ad cor. vii, ° propter fornicationem, unusquisque suam habeat. ‘ sed raptus impedit matrimonium sequens, * dicitur enim in concilio meldensi, ° placuit ut hi qui rapiunt feminas, vel furantur vel seducunt, eas nullatenus habeant uxores, quamvis eas postmodum nuptialiter cum consensu parentum suorum susceperint. ‘ ergo raptus non est determinata species luxuriae a stupro distincta.

ag4 ‘ Praeterea, aliquis potest cognoscere suam sponsam absque peccato luxuriae. sed raptus potest committi si aliquis violenter sponsam suam auferat de domo parentum et eam carnaliter cognoscat. ergo raptus non debet poni determinata species luxuriae.

sc ‘ Sed contra est quod raptus est illicitus coitus, * ut isidorus dicit. ‘ sed hoc pertinet ad peccatum luxuriae. ergo raptus est species luxuriae.

co ‘ Respondeo dicendum quod raptus, prout nunc de eo loquimur, est species luxuriae. et quandoque quidem in idem concurrit cum stupro; quandoque autem invenitur raptus sine stupro; quandoque vero stuprum sine raptu. concurrunt quidem in idem, quando aliquis violentiam infert ad virginem illicite deflorandam. quae quidem violentia quandoque infertur tam ipsi virgini quam patri, quandoque autem infertur patri, sed non virgini, puta cum ipsa consentit ut per violentiam de domo patris abstrahatur. differt etiam violentia raptus alio modo, quia quandoque puella violenter abducitur a domo parentum et violenter corrumpitur; quandoque autem, etsi violenter abducatur, non tamen violenter corrumpitur, sed de voluntate virginis, sive corrumpatur fornicario concubitu, sive matrimoniali. qualitercumque enim violentia adsit, salvatur ratio raptus. invenitur autem raptus sine stupro, puta si aliquis rapiat viduam vel puellam corruptam. * unde symmachus papa dicit, ° raptores viduarum vel virginum, ob immanitatem facinoris tanti, detestamur. ‘ stuprum vero sine raptu invenitur, quando aliquis absque violentiae illatione virginem illicite deflorat.

ra1 ‘ Ad primum ergo dicendum quod, quia raptus plerumque cum stupro in idem concurrit, ideo quandoque unum pro alio ponitur.

ra2 ‘ Ad secundum dicendum quod illatio violentiae videtur procedere ex magnitudine concupiscentiae, ex qua aliquis non refugit periculo se iniicere violentiae inferendae.

ra3 ‘ Ad tertium dicendum quod aliter est dicendum in raptu puellarum quae sunt aliis desponsatae, et aliter de raptu illarum quae non sunt aliis desponsatae. illae enim quae sunt aliis desponsatae restituendae sunt sponsis, qui in eis ex ipsa desponsatione ius habent. illae autem quae non sunt aliis desponsatae, restituendae sunt primo patriae potestati, et tunc, de voluntate parentum, licite possunt eas in uxores accipere. si tamen aliter fiat, illicite matrimonium contrahitur, tenetur enim quicumque rem rapit ad eius restitutionem. nec tamen raptus dirimit matrimonium iam contractum, etsi impediat contrahendum. * quod autem dicitur in praedicto concilio, dictum est in detestationem illius criminis, et est abrogatum. unde hieronymus contrarium dicit. ° tria, inquit, legitima coniugia in scripturis leguntur. primum est, virgo casta in virginitate viro data legitime. secundum est, virgo in civitate deprehensa a viro et illi per vim copulata, si voluerit pater eius, dotabit eam iste vir quantum iudicaverit pater, et dabit pretium pudicitiae eius. tertium autem est, quando aufertur ei et alteri traditur de voluntate patris. ‘ vel potest intelligi de illis quae sunt aliis desponsatae, et maxime per verba de praesenti.

ra4 ‘ Ad quartum dicendum quod sponsus ex ipsa desponsatione habet aliquod ius in sua sponsa. et ideo, quamvis peccet violentiam inferendo, excusatur tamen a crimine raptus. * unde gelasius papa dicit, ° lex illa praeteritorum principum ibi raptum dixit esse commissum, ubi puella de cuius nuptiis nihil actum fuerat, videbatur abducta.

009 ST3 qu154 ar8

ag1 ‘ Ad octavum sic proceditur. videtur quod adulterium non sit determinata species luxuriae ab aliis distincta. dicitur enim adulterium ex eo quod aliquis ad alteram accedit praeter suam, * sicut dicit quaedam glossa super exodum. ‘ sed alia mulier praeter suam potest esse diversarum conditionum, scilicet vel virgo in potestate patris existens, vel meretrix, vel cuiuscumque alterius conditionis. ergo videtur quod adulterium non sit species luxuriae ab aliis distincta.

ag2 * Praeterea, hieronymus dicit quod ° nihil interest ex qua causa quis insaniat. unde sixtus pythagoricus, adulter, inquit, est amator ardentior in suam uxorem. ‘ et pari ratione, in quamlibet aliam mulierem. sed in omni luxuria est amor ardentior debito. ergo adulterium invenitur in omni luxuria. non ergo debet poni luxuriae species.

ag3 ‘ Praeterea, ubi est eadem ratio deformitatis, ibi non videtur esse alia species peccati. sed in stupro et adulterio videtur esse eadem ratio deformitatis, quia utrobique violatur mulier alienae potestati subiecta. ergo adulterium non est determinata species luxuriae ab aliis distincta.

sc * Sed contra est quod leo papa dicit quod ° adulterium committitur cum, propriae libidinis instinctu vel alienae consensu, cum altero vel altera contra pactum coniugale concumbitur. ‘ sed hoc importat specialem deformitatem luxuriae. ergo adulterium est determinata species luxuriae.

co ‘ Respondeo dicendum quod adulterium, sicut ipsum nomen sonat, est accessus ad alienum torum. in quo quidem dupliciter contra castitatem et humanae generationis bonum aliquis delinquit, primo quidem, inquantum accedit ad mulierem non sibi matrimonio copulatam, quod requiritur ad bonum prolis propriae educandae; alio modo, quia accedit ad mulierem alteri per matrimonium copulatam, et sic impedit bonum prolis alienae. eadem ratio est de muliere coniugata quae per adulterium corrumpitur. * unde dicitur eccli. xxiii, ° omnis mulier relinquens virum suum, peccabit, primo enim, in lege altissimi incredibilis fuit, * in qua scilicet praecipitur, non moechaberis; ° et secundo, virum suum derelinquit, ‘ in quo facit contra certitudinem prolis eius; tertio, ° in adulterio fornicata est, et ex alio viro filios statuit sibi, ‘ quod est contra bonum propriae prolis. sed primum est commune in omnibus peccatis mortalibus, alia vero duo specialiter pertinent ad deformitatem adulterii. unde manifestum est quod adulterium est determinata species luxuriae, utpote specialem deformitatem habens circa actus venereos.

ra1 ‘ Ad primum ergo dicendum quod ille qui habet uxorem, si ad aliam accedit, peccatum eius potest denominari vel ex parte sua, et sic semper est adulterium, quia contra fidem matrimonii agit, vel ex parte mulieris ad quam accedit. et sic quandoque est adulterium, puta cum coniugatus accedit ad uxorem alterius, quandoque autem habet rationem stupri, vel alicuius alterius, secundum diversas conditiones mulierum ad quas accedit. * dictum est autem supra quod ‘ species luxuriae accipiuntur secundum diversas mulierum conditiones.

ra2 ‘ Ad secundum dicendum quod matrimonium specialiter est ordinatum ad bonum humanae prolis, * sicut dictum est. ‘ adulterium autem specialiter matrimonio contrariatur, inquantum violat matrimonii fidem, quam quis coniugi debet. et quia ille qui est ardentior amator uxoris, facit contra bonum matrimonii, inhoneste eo utens, licet fidem non violet; ideo aliqualiter potest adulter nominari; et magis quam ille qui est ardentior amator alterius mulieris.

ra3 ‘ Ad tertium dicendum quod uxor est in potestate viri sicut ei matrimonio copulata, puella autem est sub potestate patris sicut per eum matrimonio copulanda. et ideo alio modo contra bonum matrimonii est peccatum adulterii, et alio modo peccatum stupri. et propter hoc ponuntur diversae luxuriae species. * de aliis autem ad adulterium pertinentibus dicetur in tertia parte, cum de matrimonio tractabitur.

009 ST3 qu154 ar9

ag1 ‘ Ad nonum sic proceditur. videtur quod incestus non sit species determinata luxuriae. incestus enim dicitur per privationem castitatis. sed castitati universaliter opponitur luxuria. ergo videtur quod incestus non sit species luxuriae, sed sit universaliter ipsa luxuria.

ag2 * Praeterea, in decretis dicitur, xxxvi, qu. i, quod ° incestus est consanguinearum vel affinium abusus. ‘ sed affinitas differt a consanguinitate. ergo incestus non est una species luxuriae, sed plures.

ag3 ‘ Praeterea, illud quod de se non importat aliquam deformitatem, non constituit aliquam determi-

natam speciem vitii. sed accedere ad consanguineas vel affines non est secundum se deforme, alias, nullo tempore licuisset. ergo incestus non est determinata species luxuriae.
sc ' Sed contra est quod species luxuriae distinguuntur secundum conditiones mulierum quibus aliqui abutuntur. sed incestu importatur specialis conditio mulierum, quia est abusus consanguinearum vel affinium, * ut dictum est. ' ergo incestus est determinata species luxuriae.
co * Respondeo dicendum quod, sicut dictum est, ' ibi necesse est inveniri determinatam speciem luxuriae, ubi invenitur aliquid repugnans debito usui venereorum. in usu autem consanguinearum vel affinium invenitur aliquid incongruum commixtioni venereae, triplici ratione. primo quidem, quia naturaliter homo debet quandam honorificentiam parentibus, et per consequens aliis consanguineis, qui ex eisdem parentibus de propinquo originem trahunt, " in tantum quod apud antiquos, * ut maximus valerius refert, " non erat fas filium simul cum patre balneari, ne scilicet se invicem nudos conspicerent. * manifestum est autem secundum praedicta quod ' in actibus venereis maxime consistit quaedam turpitudo honorificentiae contraria, unde de his homines verecundantur. et ideo incongruum est quod commixtio venerea fiat talium personarum ad invicem. * et haec causa videtur exprimi levit. xviii, ubi dicitur, ° mater tua est, non revelabis turpitudinem eius. * et idem postea dicit in aliis. ' secunda ratio est quia personas sanguine coniunctas necesse est ad invicem simul conversari. unde si homines non arcerentur a commixtione venerea, nimia opportunitas daretur hominibus venereae commixtionis, et sic animi hominum nimis emollescerent |25| per luxuriam. et ideo in veteri lege illae personae specialiter videntur esse prohibitae quas necesse est simul commorari. tertia ratio est quia per hoc impediretur multiplicatio amicorum, dum enim homo uxorem extraneam accipit, iunguntur sibi quadam speciali amicitia omnes consanguinei uxoris, ac si essent consanguinei sui. * unde augustinus dicit, xv de civ. dei, ° habita est ratio rectissima caritatis ut homines, quibus esset utilis atque honesta concordia, diversarum vicissitudinum vinculis necterentur, nec unus in uno multas haberet, sed singulae spargerentur in singulos. * addit autem aristoteles quartam rationem, in ii politic., ' quia cum naturaliter homo consanguineam diligat, si adderetur amor qui est ex commixtione venerea, fieret nimius ardor amoris, et maximum libidinis incentivum; quod castitati repugnat. unde manifestum est quod incestus est determinata luxuriae species.
ra1 ' Ad primum ergo dicendum quod abusus coniunctarum personarum maxime induceret corruptelam castitatis, tum propter opportunitatem; tum etiam propter nimium ardorem amoris, * ut dictum est. ' et ideo antonomastice abusus talium personarum vocatur incestus.
ra2 ' Ad secundum dicendum quod persona affinis coniungitur alicui propter personam consanguinitate coniunctam. et ideo, quia unum est propter alterum, eiusdem rationis inconvenientiam facit consanguinitas et affinitas.
ra3 ' Ad tertium dicendum quod in commixtione personarum coniunctarum aliquid est quod est secundum se indecens et repugnans naturali rationi, sicut quod commixtio fiat inter parentes et filios, quorum est per se et immediata cognatio, nam filii naturaliter honorem debent parentibus. * unde philosophus dicit, in ix de animal., quod " quidam equus, quia deceptus fuit ut matri commisceretur, seipsum praecipitavit, quasi prae horrore, eo quod etiam animalibus aliquibus inest naturalis reverentia ad parentes. ' aliae vero personae quae non coniunguntur secundum seipsas, sed per ordinem ad parentes, non habent ita ex seipsis indecentiam sed variatur circa hoc decentia vel indecentia secundum consuetudinem et legem humanam vel divinam. * quia, ut dictum est, ' usus venereorum, quia ordinatur ad bonum commune, subiacet legi. * et ideo, sicut augustinus dicit, xv de civ. dei, ° commixtio sororum et fratrum, quanto fuit antiquior, compellente necessitate, tanto postea facta est damnabilior, religione prohibente.

009 ST3 qu154 ar10

ag1 ' Ad decimum sic proceditur. videtur quod sacrilegium non possit esse species luxuriae. eadem enim species non invenitur sub diversis generibus non subalternatim positis. sed sacrilegium est species irreligiositatis, * ut supra habitum est. ' ergo sacrilegium non potest poni species luxuriae.
ag2 * Praeterea, in decretis, xxxvi caus., qu. i, ' sacrilegium non ponitur inter alia quae ponuntur species luxuriae. ergo videtur quod non sit luxuriae species.
ag3 ' Praeterea, sicut per luxuriam contingit aliquid fieri contra aliquam rem sacram, ita etiam per alia vitiorum genera. sed sacrilegium non ponitur species gulae, aut alterius alicuius huiusmodi vitii. ergo etiam non debet poni species luxuriae.
sc * Sed contra est quod augustinus dicit, xv de civ. dei, quod ° sicut iniquum est aviditate possidendi transgredi limitem agrorum, ita etiam iniquum est libidine concumbendi subvertere limitem morum. ' sed transgredi limitem agrorum in rebus sacris est peccatum sacrilegii. ergo, pari ratione, subvertere limitem morum libidine concumbendi in rebus sacris, facit sacrilegii vitium. sed libido concumbendi pertinet ad luxuriam. ergo sacrilegium est luxuriae species.
co * Respondeo dicendum quod, sicut supra dictum est, ' actus unius virtutis vel vitii ordinatus ad finem alterius, assumit speciem illius, sicut furtum quod propter adulterium committitur, transit in speciem adulterii. manifestum est autem quod observatio castitatis secundum quod ordinatur ad cultum dei, sit actus religionis, ut patet in illis qui vovent et servant virginitatem, * ut patet per augustinum, in libro de virginitate. ' unde manifestum est quod etiam luxuria, secundum quod violat aliquid ad divinum cultum pertinens, pertinet ad speciem sacrilegii. et secundum hoc, sacrilegium potest poni species luxuriae.
ra1 ' Ad primum ergo dicendum quod luxuria secundum quod ordinatur ad finem alterius vitii, efficitur illius vitii species. et sic aliqua luxuriae species potest etiam esse species irreligiositatis, sicut cuiusdam superioris generis.
ra2 ' Ad secundum dicendum quod ibi enumerantur illa quae sunt species luxuriae secundum seipsa, sacrilegium autem est species luxuriae secundum quod ordinatur ad finem alterius vitii. et potest concurrere cum diversis speciebus luxuriae. si enim aliquis abutatur persona coniuncta sibi secundum spiritualem cognationem, committit sacrilegium ad modum incestus. si autem abutatur virgine deo sacrata, inquantum est sponsa christi, est sacrilegium per modum adulterii; inquantum vero est sub spiritualis patris cura constituta, erit quoddam spirituale stuprum; et si violentia inferatur, erit spiritualis raptus, qui etiam secundum leges civiles gravius punitur quam alius raptus. * unde iustinianus imperator dicit, ° si quis, non dicam rapere, sed attentare tantummodo, matrimonii iungendi causa, sacratissimas virgines ausus fuerit, capitali poena feriatur.
ra3 ' Ad tertium dicendum quod sacrilegium committitur in re sacrata. res autem sacrata est vel persona sacrata quae concupiscitur ad concubitum, et sic pertinet ad luxuriam. vel quae concupiscitur ad possidendum, et sic pertinet ad iniustitiam. potest etiam ad iram pertinere sacrilegium, puta si aliquis ex ira iniuriam inferat personae sacrae. vel, si gulose cibum sacrum assumat, sacrilegium committit. specialius tamen sacrilegium attribuitur luxuriae, quae opponitur castitati, ad cuius observantiam aliquae personae specialiter consecrantur.

009 ST3 qu154 ar11

ag1 ' Ad undecimum sic proceditur. videtur quod vitium contra naturam non sit species luxuriae. quia in praedicta enumeratione specierum luxuriae nulla fit mentio de vitio contra naturam. ergo non est species luxuriae.
ag2 ' Praeterea, luxuria opponitur virtuti, et ita sub malitia continetur. sed vitium contra naturam non continetur sub malitia, sed sub bestialitate, * ut patet per philosophum, in vii ethic.. ' ergo vitium contra naturam non est species luxuriae.
ag3 ' Praeterea, luxuria consistit circa actus ad generationem humanam ordinatos, * ut ex supra dictis patet. ' sed vitium contra naturam consistit circa actus ex quibus non potest generatio sequi. ergo vitium contra naturam non est species luxuriae.
sc * Sed contra est quod, ii ad cor. xii, connumeratur aliis luxuriae speciebus, ubi dicitur, ° non egerunt poenitentiam super immunditia et fornicatione et impudicitia, * ubi dicit glossa, ° immunditia, idest, luxuria contra naturam.
co * Respondeo dicendum quod, sicut supra dictum est, ' ibi est determinata luxuriae species ubi specialis ratio deformitatis occurrit quae facit indecentem actum venereum. quod quidem potest esse dupliciter. uno quidem modo, quia repugnat rationi rectae, quod est commune in omni vitio luxuriae. alio modo, quia etiam, super hoc, repugnat ipsi ordini naturali venerei actus qui convenit humanae speciei, quod dicitur vitium contra naturam. quod quidem potest pluribus modis contingere. uno quidem modo, si absque omni concubitu, causa delectationis venereae, pollutio procuretur, quod pertinet ad peccatum immunditiae, quam quidam mollitiem vocant. alio modo, si fiat per concubitum ad rem non eiusdem speciei, quod vocatur bestialitas. tertio modo, si fiat per concubitum ad non debitum sexum, puta masculi ad masculum vel feminae ad feminam, * ut apostolus dicit, ad rom. i, quod ' dicitur sodomiticum vitium. quarto, si non servetur naturalis modus concumbendi, aut quantum ad instrumentum non debitum; aut quantum ad alios monstruosos et bestiales concumbendi modos.
ra1 ' Ad primum ergo dicendum quod ibi enumerantur species luxuriae quae non repugnant humanae naturae. et ideo praetermittitur vitium contra naturam.
ra2 ' Ad secundum dicendum quod bestialitas differt a malitia, quae humanae virtuti opponitur, per quendam excessum circa eandem materiam. et ideo ad idem genus reduci potest.
ra3 ' Ad tertium dicendum quod luxuriosus non intendit generationem humanam, sed delectationem veneream, quam potest aliquis experiri sine actibus ex quibus sequitur humana generatio. et hoc est quod quaeritur in vitio contra naturam.

009 ST3 qu154 ar12

ag1 ' Ad duodecimum sic proceditur. videtur quod vitium contra naturam non sit maximum peccatum inter species luxuriae tanto enim aliquod peccatum est gravius, quanto magis contrariatur caritati. sed magis videntur contrariari caritati proximi adulterium et stuprum et raptus, quae vergunt in iniuriam proximi, quam peccata contra naturam, per quae nullus alteri iniuriatur. ergo peccatum contra naturam non est maximum inter species luxuriae.
ag2 ' Praeterea, illa peccata videntur esse gravissima quae contra deum committuntur. sed sacrilegium directe committitur contra deum, quia vergit in iniuriam divini cultus. ergo sacrilegium est gravius peccatum quam vitium contra naturam.
ag3 ' Praeterea, tanto aliquod peccatum videtur esse gravius, quanto exercetur in personam quam magis diligere debemus. sed secundum ordinem caritatis magis debemus diligere personas nobis coniunctas, quae polluuntur per incestum, quam personas extraneas, quae interdum polluuntur per vitium contra naturam. ergo incestus est gravius peccatum quam vitium contra naturam.
ag4 ' Praeterea, si vitium contra naturam est gravissimum, videtur quod tanto est gravius quanto est magis contra naturam sed maxime videtur esse contra naturam peccatum immunditiae seu mollitiei, quia hoc maxime videtur esse secundum naturam, ut alterum sit agens et alterum patiens. ergo, secundum hoc, immunditia esset gravissimum inter vitia contra naturam. hoc autem est falsum. non ergo vitia contra naturam sunt gravissima inter peccata luxuriae.
sc ' Sed contra est quod * augustinus dicit, in libro de adulterin. coniugiis, quod " omnium horum, peccatorum scilicet quae ad luxuriam pertinent, pessimum est quod contra naturam fit.
co ' Respondeo dicendum quod in quolibet genere pessima est principii corruptio, ex quo alia dependent. principia autem rationis sunt ea quae sunt secundum naturam. nam ratio, praesuppositis his quae sunt a natura determinata, disponit alia secundum quod convenit. et hoc apparet tam in speculativis quam in operativis. et ideo, sicut in speculativis error circa ea quorum cognitio est homini naturaliter indita, est gravissimus et turpissimus; ita in agendis agere contra ea quae sunt secundum naturam determinata, est gravissimum et turpissimum. quia ergo in vitiis quae sunt contra naturam transgreditur homo id quod est secundum naturam determinatum circa usum venereum, inde est quod in tali materia hoc peccatum est gravissimum. post quod est incestus, qui, * sicut dictum est, ' est contra naturalem reverentiam quam personis coniunctis debemus. per alias autem luxuriae species praeteritur solum id quod est secundum rationem rectam determinatum, ex praesuppositione tamen naturalium principiorum. magis autem repugnat rationi quod aliquis venereis utatur non solum contra id quod convenit proli generandae, sed etiam cum iniuria alterius. et ideo fornicatio simplex, quae committitur sine iniuria alterius personae, est minima inter species luxuriae. maior autem iniuria est si quis abutatur muliere alterius potestati subiecta ad usum generationis, quam ad solam custodiam. et ideo adulterium est gravius quam stuprum. et utrumque aggravatur per violentiam. |25| propter quod, raptus virginis est gravius quam stuprum, et raptus uxoris quam adulterium. et haec etiam omnia aggravantur secundum rationem sacrilegii, * ut supra dictum est.
ra1 ' Ad primum ergo dicendum quod, sicut ordo rationis rectae est ab homine, ita ordo naturae est ab ipso deo. et ideo in peccatis contra naturam, in quibus ipse ordo naturae violatur, fit iniuria ipsi deo, ordinatori naturae. * unde augustinus dicit, iii confess., ° flagitia quae sunt contra naturam, ubique ac semper detestanda atque punienda sunt, qualia sodomitarum fuerunt. quae si omnes gentes facerent, eodem criminis reatu divina lege tenerentur, quae non sic fecit homines ut se illo uterentur modo. violatur quippe ipsa societas quae cum deo nobis esse debet, cum eadem natura cuius ille auctor est, libidinis perversitate polluitur.
ra2 ' Ad secundum dicendum quod etiam vitia contra naturam sunt contra deum, * ut dictum est. ' et tanto sunt graviora quam sacrilegii corruptela, quanto ordo naturae humanae inditus est prior et stabilior quam quilibet alius ordo superadditus.
ra3 ' Ad tertium dicendum quod unicuique individuo magis est coniuncta natura speciei quam quodcumque aliud individuum. et ideo peccata quae fiunt contra naturam speciei, sunt graviora.
ra4 ' Ad quartum dicendum quod gravitas in peccato magis attenditur ex abusu alicuius rei quam ex omissione debiti usus. et ideo inter vitia contra naturam infimum locum tenet peccatum immunditiae, quod consistit in sola omissione concubitus ad alterum. gravissimum autem est peccatum bestialitatis, ubi non servatur debita species. * unde super illud gen. xxxvii, accusavit fratres suos crimine pessimo, dicit glossa, quod cum pecoribus miscebantur. ' post hoc

autem est vitium sodomiticum, ubi non servatur debitus sexus. post hoc autem est peccatum ex eo quod non servatur debitus modus concumbendi. magis autem si non sit debitum vas, quam si sit inordinatio secundum aliqua alia pertinentia ad modum concubitus.

009 ST3 qu155 ar

pr ˙ Deinde considerandum est de partibus potentialibus temperantiae. et primo, de continentia; secundo, de clementia; tertio, de modestia. circa primum, considerandum est de continentia, et de incontinentia. circa continentiam quaeruntur quatuor. primo, utrum continentia sit virtus. secundo, quae sit materia eius. tertio, quid sit eius subiectum. quarto, de comparatione eius ad temperantiam.

009 ST3 qu155 ar1

ag1 ˙ Ad primum sic proceditur. videtur quod continentia non sit virtus. species enim non condividitur generi. sed continentia condividitur virtuti, * ut patet per philosophum, in vii ethic.. ˙ ergo continentia non est virtus.
ag2 ˙ Praeterea, nullus utendo virtute peccat, * quia secundum augustinum, in libro de lib. arbit., ° virtus est qua nemo male utitur. ˙ sed aliquis continendo potest peccare, puta si desideret aliquod bonum facere et ab eo se contineat. ergo continentia non est virtus.
ag3 ˙ Praeterea, nulla virtus retrahit hominem a licitis, sed solum ab illicitis. sed continentia retrahit hominem a licitis, * dicit enim glossa galat. v, " quod per continentiam aliquis se etiam a licitis abstinet. ˙ ergo continentia non est virtus.
sc ˙ Sed contra, omnis habitus laudabilis videtur esse virtus. sed continentia est huiusmodi, * dicit enim andronicus " quod continentia est habitus invictus a delectatione. ˙ ergo continentia est virtus.
co ˙ Respondeo dicendum quod nomen continentiae dupliciter sumitur a diversis. * quidam enim " continentiam nominant per quam aliquis ab omni delectatione venerea abstinet, * unde et apostolus, galat. v, continentiam castitati coniungit. ˙ et sic continentia perfecta principalis quidem est virginitas, secundaria vero viduitas. unde secundum hoc, eadem ratio est de continentia quae de virginitate, * quam supra diximus virtutem. * alii vero dicunt " continentiam esse per quam aliquis resistit concupiscentiis pravis, quae in eo vehementes existunt. * et hoc modo accipit philosophus continentiam, vii ethic.. et hoc etiam modo accipitur continentia in collationibus patrum. ˙ hoc autem modo continentia habet aliquid de ratione virtutis, inquantum scilicet ratio firmata est contra passiones, ne ab eis deducatur, non tamen attingit ad perfectam rationem virtutis moralis, secundum quam etiam appetitus sensitivus subditur rationi sic ut in eo non insurgant vehementes passiones rationi contrariae. * et ideo philosophus dicit, in iv ethic., quod " continentia non est virtus, sed quaedam mixta, inquantum scilicet |25| aliquid habet de virtute et in aliquo deficit a virtute. ˙ largius tamen accipiendo nomen virtutis pro quolibet principio laudabilium operum, possumus dicere continentiam esse virtutem.
ra1 * Ad primum ergo dicendum quod philosophus ˙ condividit continentiam virtuti quantum ad hoc in quo deficit a virtute.
ra2 ˙ Ad secundum dicendum quod homo proprie est id quod est secundum rationem. et ideo ex hoc dicitur aliquis in seipso se tenere, quod tenet se in eo quod convenit rationi. quod autem pertinet ad perversitatem rationis, non est conveniens rationi. unde ille solus continens vere dicitur qui tenet se in eo quod est secundum rationem rectam, non autem in eo quod est secundum rationem perversam. rationi autem rectae opponuntur concupiscentiae pravae, sicut et rationi perversae opponuntur concupiscentiae bonae. et ideo proprie et vere continens est qui persistit in ratione recta abstinens a concupiscentiis pravis, non autem qui persistit in ratione perversa abstinens a concupiscentiis bonis, sed hic magis potest dici obstinatus in malo.
ra3 * Ad tertium dicendum quod glossa ibi loquitur ˙ de continentia secundum primum modum, secundum quem continentia nominat quandam virtutem perfectam, quae non solum abstinet ab illicitis bonis, sed etiam a quibusdam licitis minus bonis, ut totaliter intendatur perfectioribus bonis.

009 ST3 qu155 ar2

ag1 ˙ Ad secundum sic proceditur. videtur quod materia continentiae non sint concupiscentiae delectationum tactus. * dicit enim ambrosius, in i de offic., quod ° generale decorum ita est ac si aequabilem formam atque universitatem honestatis habeat in omni actu suo continentem. ˙ sed non omnis actus humanus pertinet ad delectationes tactus. ergo continentia non est solum circa concupiscentias delectationum tactus.
ag2 ˙ Praeterea, nomen continentiae ex hoc sumitur quod aliquis tenet se in bono rationis rectae, * sicut dictum est. ˙ sed quaedam aliae passiones vehementius abducunt hominem a ratione recta quam concupiscentiae delectabilium tactus, sicut timor periculorum mortis, qui stupefacit hominem; et ira, quae est insaniae similis, * ut seneca dicit. ˙ ergo continentia non dicitur proprie circa concupiscentias delectationum tactus.
ag3 * Praeterea, tullius dicit, in ii rhet., quod ° continentia est per quam cupiditas consilii gubernatione regitur. ˙ cupiditas autem magis consuevit dici divitiarum quam delectabilium tactus, * secundum illud i ad tim. ult., ° radix omnium malorum cupiditas. ˙ ergo continentia non est proprie circa concupiscentias delectationum tactus.
ag4 ˙ Praeterea, delectationes tactus non solum sunt in rebus venereis, sed etiam in esu. sed continentia solum circa usum venereorum consuevit dici. ergo non est propria materia eius concupiscentia delectationum tactus.
ag5 ˙ Praeterea, inter delectationes tactus quaedam sunt, non humanae, sed bestiales, tam in cibis, utpote si quis delectaretur in esu carnium humanarum; quam etiam in venereis, puta in abusu bestiarum vel puerorum. sed circa huiusmodi non est continentia, * ut dicitur in vii ethic.. ˙ non ergo propria materia continentiae sunt concupiscentiae delectationum tactus.
sc * Sed contra est quod philosophus dicit, in vii ethic., quod ° continentia et incontinentia sunt circa eadem circa quae temperantia et intemperantia. ˙ sed temperantia et intemperantia sunt circa concupiscentias delectationum tactus, * ut supra habitum est. ˙ ergo etiam continentia et incontinentia sunt circa eandem materiam.
co ˙ Respondeo dicendum quod nomen continentiae refrenationem quandam importat, inquantum scilicet tenet se aliquis ne passiones sequatur. et ideo proprie continentia dicitur circa illas passiones quae impellunt ad aliquid prosequendum, in quibus laudabile est ut ratio retrahat hominem a prosequendo, non autem proprie est circa illas passiones quae important retractionem quandam, sicut timor et alia huiusmodi; in his enim laudabile est firmitatem servare in prosequendo quod ratio dictat * ut supra dictum est. ˙ est autem considerandum quod naturales inclinationes principia sunt omnium supervenientium, * ut supra dictum est. ˙ et ideo passiones tanto vehementius impellunt ad aliquid prosequendum, quanto magis sequuntur inclinationem naturae. quae praecipue inclinat ad ea quae sunt sibi necessaria, vel ad conservationem individui, sicut sunt cibi; vel ad conservationem speciei, sicut sunt actus venerei. quorum delectationes ad tactum pertinent. et ideo continentia et incontinentia proprie dicuntur circa concupiscentias delectationum tactus.
ra1 ˙ Ad primum ergo dicendum quod, sicut nomen temperantiae potest communiter accipi in quacumque materia, proprie tamen dicitur in illa materia in qua est optimum hominem refrenari; ita etiam continentia proprie dicitur in materia in qua est optimum et difficillimum continere, scilicet in concupiscentiis delectationum tactus. communiter autem et secundum quid potest dici in quacumque alia materia. * et hoc modo utitur ambrosius nomine continentiae.
ra2 ˙ Ad secundum dicendum quod circa timorem non proprie laudatur continentia, sed magis firmitas animi, quam fortitudo importat. ira autem impetum quidem facit ad aliquid prosequendum, iste tamen impetus magis sequitur apprehensionem animalem, prout scilicet aliquis apprehendit se esse ab alio laesum, quam inclinationem naturalem. et ideo dicitur quidem aliquis secundum quid continens irae, non tamen simpliciter.
ra3 ˙ Ad tertium dicendum quod huiusmodi exteriora bona, sicut honores, divitiae et huiusmodi, * ut philosophus dicit, in vii ethic., ° videntur quidem secundum se esse eligibilia, non autem quasi necessaria " ad conservationem naturae. et ideo circa ea ° non dicimus simpliciter aliquos continentes vel incontinentes, " sed secundum quid, apponendo quod sint ° continentes vel incontinentes vel lucri, vel honoris, " vel alicuius huiusmodi. * et ideo vel tullius " communiter usus est nomine continentiae, prout comprehendit sub se etiam continentiam secundum quid, vel accipit cupiditatem stricte pro concupiscentia delectabilium tactus.
ra4 ˙ Ad quartum dicendum quod delectationes venereorum sunt vehementiores quam delectationes ciborum. et ideo circa venerea magis consuevimus continentiam et incontinentiam dicere quam circa cibos, licet, * secundum philosophum, ˙ circa utrumque possit dici.
ra5 ˙ Ad quintum dicendum quod continentia est bonum rationis humanae, et ideo attenditur circa passiones quae possunt esse homini connaturales. * unde philosophus dicit, in vii ethic., quod ° si aliquis tenens puerum concupiscat eum vel comedere, vel ad venereorum inconvenientem delectationem, sive sequatur concupiscentiam sive non, non dicetur simpliciter continens, sed secundum quid.

009 ST3 qu155 ar3

ag1 ˙ Ad tertium sic proceditur. videtur quod subiectum continentiae sit vis concupiscibilis. subiectum enim alicuius virtutis oportet esse proportionatum materiae. sed materia continentiae, * sicut dictum est, ˙ sunt concupiscentiae delectabilium tactus, quae pertinent ad vim concupiscibilem. ergo continentia est in vi concupiscibili.
ag2 ˙ Praeterea, opposita sunt circa idem. sed incontinentia est in concupiscibili, cuius passiones superant rationem, * dicit enim andronicus quod ° incontinentia est malitia concupiscibilis, secundum quam eligit pravas delectationes, prohibente rationali. ˙ ergo et continentia, pari ratione, est in concupiscibili.
ag3 ˙ Praeterea, subiectum virtutis humanae vel est ratio, vel vis appetitiva, quae dividitur in voluntatem, concupiscibilem et irascibilem. sed continentia non est in ratione, quia sic esset virtus intellectualis. neque etiam est in voluntate, quia continentia est circa passiones, quae non sunt in voluntate. nec etiam est in irascibili, quia non est proprie circa passiones irascibilis, * ut dictum est. ˙ ergo relinquitur quod sit in concupiscibili.
sc ˙ Sed contra, omnis virtus in aliqua potentia existens aufert malum actum illius potentiae. sed continentia non aufert malum actum concupiscibilis, habet enim continens concupiscentias pravas, * ut philosophus dicit, in vii ethic.. ˙ ergo continentia non est in concupiscibili.
co ˙ Respondeo dicendum quod omnis virtus in aliquo subiecto existens facit illud differre a dispositione quam habet dum subiicitur opposito vitio. concupiscibilis autem eodem modo se habet in eo qui est continens, et in eo qui est incontinens, quia in utroque prorumpit ad concupiscentias pravas vehementes. unde manifestum est quod continentia non est in concupiscibili sicut in subiecto. similiter etiam ratio eodem modo se habet in utroque, quia tam continens quam incontinens habet rationem rectam; et uterque, extra passionem existens, gerit in proposito concupiscentias illicitas non sequi. prima autem differentia eorum invenitur in electione, quia continens, quamvis patiatur vehementes concupiscentias, tamen eligit non sequi eas, propter rationem; incontinens autem eligit sequi eas, non obstante contradictione rationis. et ideo oportet quod continentia sit, sicut in subiecto, in illa vi animae cuius actus est electio. et haec est voluntas, * ut supra habitum est.
ra1 ˙ Ad primum ergo dicendum quod continentia habet materiam concupiscentias delectationum tactus, non sicut quas moderetur, quod pertinet ad temperantiam, quae est in concupiscibili, sed est circa eas quasi eis resistens. unde oportet quod sit in alia vi, quia resistentia est alterius ad alterum.
ra2 ˙ Ad secundum dicendum quod voluntas media est inter rationem et concupiscibilem, et potest ab utroque moveri. in eo autem qui est continens, movetur a ratione, in eo autem qui est incontinens, movetur a concupiscibili. et ideo continentia potest attribui rationi sicut primo moventi, et incontinentia concupiscibili, quamvis utrumque immediate pertineat ad voluntatem sicut ad proprium subiectum.
ra3 ˙ Ad tertium dicendum quod, licet passiones non sint in voluntate sicut in subiecto, est tamen in potestate voluntatis eis resistere et hoc modo voluntas continentis resistit concupiscentiis.

009 ST3 qu155 ar4

ag1 ˙ Ad quartum sic proceditur. videtur quod continentia sit melior quam temperantia. * dicitur enim eccli. xxvi, ° omnis autem ponderatio non est digna continentis animae. ˙ ergo nulla virtus potest continentiae adaequari.
ag2 ˙ Praeterea, quanto aliqua virtus meretur maius praemium, tanto potior est. sed continentia videtur mereri maius praemium, * dicitur enim ii ad tim. ii, ° non coronabitur nisi qui legitime certaverit; ˙ magis autem certat continens, qui patitur vehementes concupiscentias pravas, quam temperatus, qui non habet eas vehementes. ergo continentia est potior virtus quam temperantia.
ag3 ˙ Praeterea, voluntas est dignior potentia quam vis concupiscibilis. sed continentia est in voluntate, temperantia autem in vi concupiscibili, * ut ex dictis patet. ˙ ergo continentia est potior virtus quam temperantia.
sc * Sed contra est quod tullius et andronicus ponunt " continentiam adiunctam temperantiae sicut principali virtuti.
co * Respondeo dicendum quod, sicut supra dictum est, ˙ nomen continentiae dupliciter accipitur. uno modo, secundum quod importat cessationem ab omnibus delectationibus venereis. et sic sumendo nomen continentiae, continentia est potior temperantia simpliciter dicta, * ut patet ex his quae supra dicta sunt de praeeminentia virginitatis ad castitatem simpliciter dictam. ˙ alio modo potest accipi nomen continentiae secundum quod importat resistentiam rationis ad concupiscentias pravas quae sunt in homine vehementes. et secundum hoc, temperantia est multo potior quam continentia. quia bonum virtutis laudabile est ex eo quod est secundum rationem. plus autem viget bonum rationis in eo qui est temperatus, in quo etiam ipse appetitus sensitivus est subiectus rationi et quasi a ratione edomitus, quam in eo qui est continens, in quo appetitus sensitivus vehementer resistit rationi per concupiscentias pravas. unde continentia comparatur ad temperantiam sicut imperfectum ad perfectum.
ra1 ˙ Ad primum ergo dicendum quod auctoritas illa potest dupliciter intelligi. uno modo, secundum quod accipitur continentia prout abstinet ab omnibus venereis. * et hoc modo dicitur quod " omnis

ponderatio non est digna animae continentis, in genere castitatis, ' quia nec etiam fecunditas carnis, quae quaeritur in matrimonio, adaequatur continentiae virginali vel viduali, * ut supra dictum est. ' alio modo potest intelligi secundum quod nomen continentiae accipitur communiter pro omni abstinentia a rebus illicitis. * et sic dicitur quod " omnis ponderatio non est digna animae continentis, ' quia non respicit aestimationem auri vel argenti, quae commutantur ad pondus.
ra2 ' Ad secundum dicendum quod magnitudo concupiscentiae, seu debilitas eius, ex duplici causa procedere potest. quandoque enim procedit ex causa corporali. quidam enim ex naturali complexione sunt magis proni ad concupiscendum quam alii. et iterum quidam habent opportunitates delectationum, concupiscentiam inflammantes, magis paratas quam alii. et talis debilitas concupiscentiae diminuit meritum, magnitudo vero auget. quandoque vero debilitas vel magnitudo concupiscentiae provenit ex causa spirituali laudabili, puta ex vehementia caritatis vel fortitudine rationis, sicut est in homine temperato. et hoc modo debilitas concupiscentiae auget meritum, ratione suae causae, magnitudo vero minuit.
ra3 ' Ad tertium dicendum quod voluntas propinquior est rationi quam vis concupiscibilis. unde bonum rationis, ex quo virtus laudatur, maius esse ostenditur ex hoc quod pertingit non solum usque ad voluntatem, sed etiam usque ad vim concupiscibilem, quod accidit in eo qui est temperatus, quam si pertingat solum ad voluntatem, ut accidit in eo qui est continens.

009 ST3 qu156 ar

pr ' Deinde considerandum est de incontinentia. et circa hoc quaeruntur quatuor. primo, utrum incontinentia pertineat ad animam, vel ad corpus. secundo, utrum incontinentia sit peccatum. tertio, de comparatione incontinentiae ad intemperantiam. quarto, quis sit turpior, utrum incontinens irae, vel incontinens concupiscentiae.

009 ST3 qu156 ar1

ag1 ' Ad primum sic proceditur. videtur quod incontinentia non pertineat ad animam, sed ad corpus. diversitas enim sexuum non est ex parte animae, sed ex parte corporis. sed diversitas sexuum facit diversitatem circa incontinentiam, * dicit enim philosophus, in vii ethic., quod " mulieres non dicuntur neque continentes neque incontinentes. ' ergo continentia non pertinet ad animam, sed ad corpus.
ag2 ' Praeterea, illud quod pertinet ad animam, non sequitur corporis complexiones. sed incontinentia sequitur corporis complexionem, * dicit enim philosophus, in vii ethic., quod ° maxime acuti, " idest cholerici, ° et melancholici secundum irrefrenatam concupiscentiam sunt incontinentes. ' ergo incontinentia pertinet ad corpus.
ag3 ' Praeterea, victoria magis pertinet ad eum qui vincit quam ad eum qui vincitur. sed ex hoc dicitur aliquis esse incontinens quod caro concupiscens adversus spiritum superat ipsum. ergo incontinentia magis pertinet ad carnem quam ad animam.
sc ' Sed contra est quod homo differt a bestiis principaliter secundum animam. differt autem secundum rationem continentiae et incontinentiae, bestias autem dicimus neque continentes neque incontinentes, * ut patet per philosophum, in vii ethic.. ' ergo incontinentia maxime est ex parte animae.
co ' Respondeo dicendum quod unumquodque attribuitur magis ei quod est causa per se quam ei quod solam occasionem praestat. id autem quod est ex parte corporis, solum occasionem incontinentiae praestat. ex dispositione enim corporis potest contingere quod insurgant passiones vehementes in appetitu sensitivo, qui est virtus corporei organi, sed huiusmodi passiones, quantumcumque vehementes, non sunt sufficiens causa incontinentiae sed occasio sola; eo quod, durante usu rationis, semper homo potest passionibus resistere. si vero passiones adeo increscant quod totaliter auferant usum rationis, sicut accidit in his qui propter vehementiam passionum amentiam incurrunt, non remanebit ratio continentiae neque incontinentiae, quia non salvatur in eis iudicium rationis, quod continens servat et incontinens deserit. et sic relinquitur quod per se causa incontinentiae sit ex parte animae, quae ratione passioni non resistit. quod quidem fit duobus modis, * ut philosophus dicit, in vii ethic.. ' uno modo, quando anima passionibus cedit antequam ratio consilietur, quae quidem vocatur " irrefrenata incontinentia, vel praevolatio. ' alio modo, quando non permanet homo in his quae consiliata sunt, eo quod debiliter est firmatus in eo quod ratio iudicavit, unde et haec incontinentia vocatur debilitas. et sic patet quod incontinentia |25| principaliter ad animam pertinet.
ra1 ' Ad primum ergo dicendum quod anima humana est corporis forma, et habet quasdam vires corporeis organis utentes, quarum operationes aliquid conferunt etiam ad illa opera animae quae sunt sine corporeis instrumentis, idest ad actum intellectus et voluntatis, inquantum scilicet intellectus a sensu accipit, et voluntas impellitur a passione appetitus sensitivi. et secundum hoc, quia femina secundum corpus habet quandam debilem complexionem, fit ut in pluribus quod etiam debiliter inhaereat quibuscumque inhaeret, etsi raro in aliquibus aliter accidat, * secundum illud proverb. ult., ° mulierem fortem quis inveniet? ' et quia id quod est parvum vel debile reputatur quasi nullum, * inde est quod philosophus loquitur de mulieribus " quasi non habentibus iudicium rationis firmum, ' quamvis in aliquibus mulieribus contrarium accidat. * et propter hoc dicit quod " mulieres non dicimus continentes, quia non ducunt, quasi habentes solidam rationem, sed ducuntur, quasi de facili sequentes passiones.
ra2 ' Ad secundum dicendum quod ex impetu passionis contingit quod aliquis statim passionem sequatur, ante consilium rationis. impetus autem passionis provenire potest vel ex velocitate, sicut in cholericis; vel ex vehementia, sicut in melancholicis, qui propter terrestrem complexionem vehementissime inflammantur. sicut et e contrario contingit quod aliquis non persistat in eo quod consiliatum est, ex eo quod debiliter inhaeret, propter mollitiem complexionis, * ut de mulieribus dictum est. quod ' etiam videtur in phlegmaticis contingere, propter eandem causam sicut etiam in mulieribus. haec autem accidunt inquantum ex complexione corporis datur aliqua incontinentiae occasio, non autem causa sufficiens, * ut dictum est.
ra3 ' Ad tertium dicendum quod concupiscentia carnis in eo qui est incontinens, superat spiritum non ex necessitate, sed per quandam negligentiam spiritus non resistentis fortiter.

009 ST3 qu156 ar2

ag1 ' Ad secundum sic proceditur. videtur quod incontinentia non sit peccatum. * quia, ut augustinus dicit, in libro de lib. arbit., ° nullus peccat in eo quod vitare non potest. ' sed incontinentiam nullus potest ex seipso vitare, * secundum illud sap. viii, ° scio quod non possum esse continens nisi deus det. ' ergo incontinentia non est peccatum.
ag2 ' Praeterea, omne peccatum in ratione videtur consistere. sed in eo qui est incontinens, vincitur iudicium rationis. ergo incontinentia non est peccatum.
ag3 ' Praeterea, nullus peccat ex eo quod vehementer deum amat. sed ex vehementia divini amoris aliquis fit incontinens, * dicit enim dionysius, iv cap. de div. nom., quod ° paulus per incontinentiam divini amoris dixit, vivo ego, iam non ego. ' ergo incontinentia non est peccatum.
sc * Sed contra est quod connumeratur aliis peccatis, ii ad tim. iii, ubi dicitur, criminatores, incontinentes, immites, etc.. ' ergo incontinentia est peccatum.
co ' Respondeo dicendum quod incontinentia potest attendi circa aliquid tripliciter. uno modo, proprie et simpliciter. et sic incontinentia attenditur circa concupiscentias delectationum tactus, sicut et intemperantia, * ut supra dictum est de continentia. ' et hoc modo incontinentia est peccatum, duplici ratione, uno modo, ex eo quod incontinens recedit ab eo quod est secundum rationem; alio modo, ex eo quod se immergit quibusdam turpibus delectationibus. * et ideo philosophus dicit, in vii ethic., quod " incontinentia vituperatur non solum sicut peccatum, quod scilicet est per recessum a ratione, sed sicut malitia quaedam, inquantum scilicet pravas concupiscentias sequitur. ' alio modo incontinentia dicitur circa aliquid, proprie quidem, inquantum homo recedit ab eo quod est secundum rationem, sed non simpliciter, puta cum aliquis non servat modum rationis in concupiscentia honoris, divitiarum et aliorum huiusmodi, quae secundum se videntur esse bona; circa quae non est incontinentia simpliciter, sed secundum quid, * sicut supra de continentia dictum est. ' et sic incontinentia est peccatum, non ex eo quod aliquis ingerat se pravis concupiscentiis, sed ex eo quod non servat modum debitum rationis, etiam in |25| concupiscentia rerum per se appetendarum. tertio modo incontinentia dicitur esse circa aliquid non proprie, sed secundum similitudinem, puta circa concupiscentias eorum quibus non potest aliquis male uti, puta circa concupiscentias virtutum. circa quas potest dici aliquis esse incontinens per similitudinem, quia sicut ille qui est incontinens totaliter ducitur per concupiscentiam malam, ita aliquis totaliter ducitur per concupiscentiam bonam, quae est secundum rationem. et talis incontinentia non est peccatum, sed pertinet ad perfectionem virtutis.
ra1 ' Ad primum ergo dicendum quod homo potest vitare peccatum et facere bonum, non tamen sine divino auxilio, * secundum illud ioan. xv, ° sine me nihil potestis facere. ' unde per hoc quod homo indiget divino auxilio ad hoc quod sit continens, non excluditur quin incontinentia sit peccatum, * quia, ut dicitur in iii ethic., ° quae per amicos possumus, aliqualiter per nos possumus.
ra2 ' Ad secundum dicendum quod in eo qui est incontinens vincitur iudicium rationis, non quidem ex necessitate, quod auferret rationem peccati, sed ex negligentia quadam hominis non firmiter intendentis ad resistendum passioni per iudicium rationis quod habet.
ra3 ' Ad tertium dicendum quod ratio illa procedit de incontinentia per similitudinem dicta, et non proprie.

009 ST3 qu156 ar3

ag1 ' Ad tertium sic proceditur. videtur quod incontinens plus peccet quam intemperatus. tanto enim aliquis videtur gravius peccare, quanto magis contra conscientiam agit, * secundum illud luc. xii, ° servus sciens voluntatem domini sui et faciens digna plagis, vapulabit multis. ' sed incontinens magis videtur agere contra conscientiam quam intemperatus, quia, * ut dicitur in vii ethic., ' incontinens, sciens quoniam prava sunt quae concupiscit, nihilominus agit, propter passionem; intemperatus autem iudicat ea quae concupiscit esse bona. ergo incontinens gravius peccat quam intemperatus.
ag2 ' Praeterea, quanto aliquod peccatum gravius est, tanto videtur esse minus sanabile, unde et peccata in spiritum sanctum, quae sunt gravissima, dicuntur esse irremissibilia. sed peccatum incontinentiae videtur esse insanabilius quam peccatum intemperantiae. sanatur enim peccatum alicuius per admonitionem et correctionem, quae nihil videtur conferre incontinenti, qui scit se male agere, et nihilominus male agit, intemperato autem videtur quod bene agat, et sic aliquid ei conferre posset admonitio. ergo videtur quod incontinens gravius peccet quam intemperatus.
ag3 ' Praeterea, quanto aliquis ex maiori libidine peccat, tanto gravius peccat. sed incontinens peccat ex maiori libidine quam intemperatus, quia incontinens habet vehementes concupiscentias, quas non semper habet intemperatus. ergo incontinens magis peccat quam intemperatus.
sc ' Sed contra est quod impoenitentia aggravat omne peccatum, * unde augustinus, in libro de verb. dom., dicit quod " impoenitentia est peccatum in spiritum sanctum. * sed sicut philosophus dicit, in vii ethic., ° intemperatus non est poenitivus, immanet enim electioni, incontinens autem omnis est poenitivus. ' ergo intemperatus gravius peccat quam incontinens.
co " Respondeo dicendum quod peccatum, * secundum augustinum, " praecipue in voluntate consistit, ' voluntas enim est qua peccatur et recte vivitur. et ideo ubi est maior inclinatio voluntatis ad peccandum, ibi est gravius peccatum. in eo autem qui est intemperatus, voluntas inclinatur ad peccandum ex propria electione, quae procedit ex habitu per consuetudinem acquisito. in eo autem qui est incontinens, voluntas inclinatur ad peccandum ex aliqua passione. et quia passio cito transit, habitus autem est qualitas difficile mobilis, inde est quod incontinens statim poenitet, transeunte passione, quod non accidit de intemperato, quinimmo gaudet se peccasse, eo quod operatio peccati est sibi facta connaturalis secundum habitum. * unde de his dicitur proverb. ii, quod ° laetantur cum male fecerint, et exultant in rebus pessimis. " unde patet quod intemperatus est multo peior quam incontinens, * ut etiam philosophus dicit, in vii ethic..
ra1 ' Ad primum ergo dicendum quod ignorantia intellectus quandoque quidem praecedit inclinationem appetitus, et causat eam. et sic, quanto est maior ignorantia, tanto magis peccatum diminuit, vel totaliter excusat, inquantum causat involuntarium. alio modo e converso ignorantia rationis sequitur inclinationem appetitus. et talis ignorantia quanto est maior, tanto peccatum est gravius, quia ostenditur inclinatio appetitus esse maior. ignorantia autem tam incontinentis quam intemperati provenit ex eo quod appetitus est in aliquid inclinatus, sive per passionem, sicut in incontinente; sive per habitum, sicut in intemperato. maior autem ignorantia causatur ex hoc in intemperato quam in incontinente. et uno quidem modo, quantum ad durationem. quia in incontinente durat illa ignorantia solum passione durante, sicut accessio febris tertianae durat, durante commotione humoris. ignorantia autem intemperati durat assidue, propter permanentiam habitus, " unde assimilatur phthisicae, vel cuicumque morbo continuo, * ut philosophus dicit, in vii ethic.. ' alio autem modo est maior ignorantia intemperati, quantum ad id quod ignoratur. nam ignorantia incontinentis attenditur quantum ad aliquod particulare eligibile, prout scilicet aestimat hoc nunc esse eligendum, sed intemperatus habet |25| ignorantiam circa ipsum finem, inquantum scilicet iudicat hoc esse bonum, ut irrefrenate concupiscentias sequatur. * unde philosophus, in vii ethic., dicit quod " incontinens est melior intemperato, quia salvatur in eo optimum principium, scilicet recta existimatio de fine.
ra2 ' Ad secundum dicendum quod ad sanationem incontinentis non sufficit sola cognitio, sed requiritur interius auxilium gratiae concupiscentiam mitigantis, et adhibetur etiam exterius remedium admonitionis et correctionis, ex quibus aliquis incipit concupiscentiis resistere. ex quo concupiscentia debilitatur, * ut supra dictum est. ' et iisdem etiam modis potest sanari intemperatus, sed difficilior est eius sanatio, propter duo. quorum primum est ex parte rationis, quae corrupta est circa aestimationem ultimi finis, quod se habet sicut principium in demonstrativis, difficilius autem reducitur ad veritatem ille qui errat circa principium, et similiter in operativis ille qui errat circa finem. aliud autem est ex parte inclinationis appetitus, quae in intemperato est ex habitu, qui difficile tollitur, inclinatio autem incontinentis est

ex passione, quae facilius reprimi potest.
ra3 ' Ad tertium dicendum quod libido voluntatis, quae auget peccatum, maior est in intemperato quam in incontinente, * ut ex dictis patet. ' sed libido concupiscentiae appetitus sensitivi quandoque maior est in incontinente, quia incontinens non peccat nisi a gravi concupiscentia; sed intemperatus etiam ex levi concupiscentia peccat, et quandoque eam praevenit. * et ideo philosophus dicit, in vii ethic., quod " magis intemperatum vituperamus, quia non concupiscens, vel quiete, idest remisse concupiscens, persequitur delectationes. quid enim faceret si adesset concupiscentia iuvenilis?

009 ST3 qu156 ar4

ag1 ' Ad quartum sic proceditur. videtur quod incontinens irae sit peior quam incontinens concupiscentiae. quanto enim difficilius est resistere passioni, tanto incontinentia videtur esse levior, * unde philosophus dicit, in vii ethic., ° non enim, si quis a fortibus et superexcellentibus delectationibus vincitur vel tristitiis, est admirabile, sed condonabile. sed, sicut heraclitus dixit, difficilius est pugnare contra concupiscentiam quam contra iram. ' ergo levior est incontinentia concupiscentiae quam incontinentia irae.
ag2 ' Praeterea, si passio per suam vehementiam totaliter auferat iudicium rationis, omnino excusatur aliquis a peccato, sicut patet in eo qui incidit ex passione in furiam. sed plus remanet de iudicio rationis in eo qui est incontinens irae, quam in eo qui est incontinens concupiscentiae, ° iratus enim aliqualiter audit rationem, non autem concupiscens, * ut patet per philosophum, in vii ethic.. ' ergo incontinens irae est peior quam incontinens concupiscentiae.
ag3 ' Praeterea, tanto aliquod peccatum videtur esse gravius, quanto est periculosius. sed incontinentia irae videtur esse periculosior, quia perducit hominem ad maius peccatum, scilicet ad homicidium, quod est gravius peccatum quam adulterium, ad quod perducit incontinentia concupiscentiae. ergo incontinentia irae est gravior quam incontinentia concupiscentiae.
sc * Sed contra est quod philosophus dicit, in vii ethic., quod ° minus turpis est incontinentia irae quam incontinentia concupiscentiae.
co ' Respondeo dicendum quod peccatum incontinentiae potest dupliciter considerari. uno modo, ex parte passionis ex qua ratio superatur. et sic incontinentia concupiscentiae est turpior quam incontinentia irae, quia motus concupiscentiae habet maiorem inordinationem quam motus irae. * et hoc propter quatuor, quae philosophus tangit in vii ethic.. ' primo quidem, quia motus irae participat aliqualiter ratione, inquantum scilicet iratus tendit ad vindicandum iniuriam sibi factam, quod aliqualiter ratio dictat, sed non perfecte, quia non intendit debitum modum vindictae. sed motus concupiscentiae totaliter est secundum sensum, et nullo modo secundum rationem. secundo, quia motus irae magis consequitur corporis complexionem, propter velocitatem motus cholerae, quae intendit ad iram. unde magis est in promptu quod ille qui est secundum complexionem corporis dispositus ad irascendum, irascatur, quam quod ille qui est dispositus ad concupiscendum, concupiscat. unde etiam frequentius ex iracundis nascuntur iracundi quam ex concupiscentibus concupiscentes. quod autem provenit ex naturali corporis dispositione, reputatur magis venia dignum. tertio, quia ira quaerit manifeste operari. sed concupiscentia quaerit latebras, et dolose subintrat. quarto, quia concupiscens delectabiliter operatur, sed iratus quasi quadam tristitia praecedente coactus. alio modo potest considerari peccatum incontinentiae quantum ad malum in quod quis incidit |25| a ratione discedens. et sic incontinentia irae est, ut plurimum, gravior, quia ducit in ea quae pertinent ad proximi nocumentum.
ra1 ' Ad primum ergo dicendum quod difficilius est assidue pugnare contra delectationem quam contra iram, quia concupiscentia est magis continua, sed ad horam difficilius est resistere irae, propter eius impetum.
ra2 ' Ad secundum dicendum quod concupiscentia dicitur esse sine ratione, non quia totaliter auferat iudicium rationis, sed quia in nullo procedit secundum iudicium rationis. et ex hoc est turpior.
ra3 ' Ad tertium dicendum quod ratio illa procedit ex parte eorum in quae incontinens deducitur.

009 ST3 qu157 ar

pr ' Deinde considerandum est de clementia et mansuetudine, et vitiis oppositis. circa ipsas autem virtutes quaeruntur quatuor. primo, utrum clementia et mansuetudo sint idem. secundo, utrum utraque earum sit virtus. tertio, utrum utraque earum sit pars temperantiae. quarto, de comparatione earum ad alias virtutes.

009 ST3 qu157 ar1

ag1 ' Ad primum sic proceditur. videtur quod clementia et mansuetudo sint penitus idem. mansuetudo enim est moderativa irarum, * ut philosophus dicit, in iv ethic.. ' ira autem est appetitus vindictae. ° cum ergo clementia sit lenitas superioris adversus inferiorem in constituendis poenis, * ut seneca dicit, in ii de clementia; ' per poenas autem fit vindicta, videtur quod clementia et mansuetudo sint idem.
ag2 * Praeterea, tullius dicit, in ii rhet., quod ° clementia est virtus per quam animus concitatus in odium alicuius, benignitate retinetur, ' et sic videtur quod clementia sit moderativa odii. sed odium, * ut augustinus dicit, ' causatur ab ira, circa quam est mansuetudo. ergo videtur quod mansuetudo et clementia sint idem.
ag3 ' Praeterea, idem vitium non contrariatur diversis virtutibus. sed idem vitium opponitur mansuetudini et clementiae, scilicet crudelitas. ergo videtur quod mansuetudo et clementia sint penitus idem.
sc * Sed contra est quod secundum praedictam definitionem senecae, " clementia est lenitas superioris adversus inferiorem. ' mansuetudo autem non solum est superioris ad inferiorem, sed cuiuslibet ad quemlibet. ergo mansuetudo et clementia non sunt penitus idem.
co * Respondeo dicendum quod, sicut dicitur in ii ethic., " virtus moralis consistit circa passiones et actiones. ' passiones autem interiores sunt actionum exteriorum principia, aut etiam impedimenta. et ideo virtutes quae moderantur passiones quodammodo concurrunt in eundem effectum cum virtutibus quae moderantur actiones, licet specie differant. sicut ad iustitiam proprie pertinet cohibere hominem a furto, ad quod aliquis inclinatur per inordinatum amorem vel concupiscentiam pecuniae, quae moderantur per liberalitatem, et ideo liberalitas concurrit cum iustitia in hoc effectu qui est abstinere a furto. et hoc etiam considerandum est in proposito. nam ex passione irae provocatur aliquis ad hoc quod graviorem inferat poenam. ad clementiam autem pertinet directe quod sit diminutiva poenarum, quod quidem impediri posset per excessum irae. et ideo mansuetudo, inquantum refrenat impetum irae, concurrit in eundem effectum cum clementia. differunt tamen ab invicem, inquantum clementia est moderativa exterioris punitionis, mansuetudo autem proprie diminuit passionem irae.
ra1 ' Ad primum ergo dicendum quod mansuetudo proprie respicit ipsum vindictae appetitum. sed clementia respicit ipsas poenas quae exterius adhibentur ad vindictam.
ra2 ' Ad secundum dicendum quod affectus hominis inclinatur ad minorationem eorum quae homini per se non placent. ex hoc autem quod aliquis amat aliquem, contingit quod non placet ei per se poena eius, sed solum in ordine ad aliud, puta ad iustitiam, vel ad correctionem eius qui punitur. et ideo ex amore provenit quod aliquis sit promptus ad diminuendum poenas, quod pertinet ad clementiam, et ex odio impeditur talis diminutio. * et propter hoc tullius dicit quod " animus concitatus in odium, scilicet ad gravius puniendum, per clementiam retinetur, ne scilicet acriorem poenam inferat, ' non quod clementia sit directe odii moderativa, sed poenae.
ra3 ' Ad tertium dicendum quod mansuetudini, quae est directe circa iras proprie opponitur vitium iracundiae, quod importat excessum irae. sed crudelitas importat excessum in puniendo. * unde dicit seneca, in ii de clem., quod ° crudeles vocantur qui puniendi causam habent, modum non habent. ' qui autem in poenis hominum propter se delectantur, etiam sine causa, possunt dici saevi vel feri, quasi affectum humanum non habentes, ex quo naturaliter homo diligit hominem.

009 ST3 qu157 ar2

ag1 ' Ad secundum sic proceditur. videtur quod neque clementia neque mansuetudo sit virtus. nulla enim virtus alteri virtuti opponitur. sed utraque videtur opponi severitati, quae est quaedam virtus. ergo neque clementia neque mansuetudo est virtus.
ag2 ' Praeterea, virtus corrumpitur per superfluum et diminutum. sed tam clementia quam mansuetudo in diminutione quadam consistunt, nam clementia est diminutiva poenarum, mansuetudo autem est diminutiva irae. ergo neque clementia neque mansuetudo est virtus.
ag3 ' Praeterea, mansuetudo, sive mititas, ponitur, * matth. v, ' inter beatitudines; et inter fructus, * galat. v. ' sed virtutes differunt et a beatitudinibus et a fructibus. ergo non continetur sub virtute.
sc * Sed contra est quod seneca dicit, in ii de clem., ° clementiam et mansuetudinem omnes boni viri praestabunt. ' sed virtus est proprie quae pertinet ad bonos viros, nam ° virtus est quae bonum facit habentem, et opus eius bonum reddit, * ut dicitur in ii ethic.. ' ergo clementia et mansuetudo sunt virtutes.
co ' Respondeo dicendum quod ratio virtutis moralis consistit in hoc quod appetitus rationi subdatur, * ut patet per philosophum, in i ethic.. ' hoc autem servatur tam in clementia quam in mansuetudine, nam clementia in diminuendo poenas aspicit ad rationem, * ut seneca dicit, in ii de clem.; ' similiter etiam mansuetudo secundum rationem rectam moderatur iras, * ut dicitur in iv ethic.. ' unde manifestum est quod tam clementia quam mansuetudo est virtus.
ra1 ' Ad primum ergo dicendum quod mansuetudo non directe opponitur severitati, nam mansuetudo est circa iras, severitas autem attenditur circa exteriorem inflictionem poenarum. unde secundum hoc, videretur magis opponi clementiae, quae etiam circa exteriorem punitionem consideratur, * ut dictum est. ' non tamen opponitur, eo quod utrumque est secundum rationem rectam. nam severitas inflexibilis est circa inflictionem poenarum quando hoc recta ratio requirit, clementia autem diminutiva est poenarum etiam secundum rationem rectam, quando scilicet oportet, et in quibus oportet. et ideo non sunt opposita, quia non sunt circa idem.
ra2 * Ad secundum dicendum quod, secundum philosophum, in iv ethic., ° habitus qui medium tenet in ira, est innominatus; et ideo virtus nominatur a diminutione irae, quae significatur nomine mansuetudinis, ' eo quod virtus propinquior est diminutioni quam superabundantiae, propter hoc quod naturalius est homini appetere vindictam iniuriarum illatarum quam ab hoc deficere; quia ° vix alicui nimis parvae videntur iniuriae sibi illatae, * ut dicit sallustius. ' clementia autem est diminutiva poenarum, non quidem in respectu ad id quod est secundum rationem rectam, sed in respectu ad id quod est secundum legem communem, quam respicit iustitia legalis, sed propter aliqua particularia considerata, clementia diminuit poenas, quasi decernens hominem non esse magis puniendum. * unde dicit seneca, in ii de clem., ° clementia hoc primum praestat, ut quos dimittit, nihil aliud illos pati debuisse pronuntiat, venia vero debitae poenae remissio est. ' ex quo patet quod clementia comparatur ad severitatem sicut epieikeia ad iustitiam legalem, cuius pars est severitas quantum ad inflictionem poenarum secundum legem. differt tamen clementia ab epieikeia, * ut infra dicetur.
ra3 ' Ad tertium dicendum quod beatitudines sunt actus virtutum, fructus autem sunt delectationes de actibus virtutum. et ideo nihil prohibet mansuetudinem poni et virtutem et beatitudinem et fructum.

009 ST3 qu157 ar3

ag1 ' Ad tertium sic proceditur. videtur quod praedictae virtutes non sint partes temperantiae. clementia enim est diminutiva poenarum, * ut dictum est. * hoc autem philosophus, in v ethic., attribuit epieikeiae, quae pertinet ' ad iustitiam, * ut supra habitum est. ' ergo videtur quod clementia non sit pars temperantiae.
ag2 ' Praeterea, temperantia est circa concupiscentias. mansuetudo autem et clementia non respiciunt concupiscentias, sed magis iram et vindictam. non ergo debent poni partes temperantiae.
ag3 * Praeterea, seneca dicit, in ii de clem., ° cui voluptati saevitia est, possumus insaniam vocare. ' hoc autem opponitur clementiae et mansuetudini. cum ergo insania opponatur prudentiae, videtur quod clementia et mansuetudo sint partes prudentiae, magis quam temperantiae.
sc * Sed contra est quod seneca dicit, in ii de clem., quod ° clementia est temperantia animi in potestate ulciscendi. * tullius etiam ponit clementiam partem temperantiae.
co ' Respondeo dicendum quod partes assignantur virtutibus principalibus secundum quod imitantur ipsas in aliquibus materiis secundariis, quantum ad modum ex quo principaliter dependet laus virtutis, unde et nomen accipit, sicut modus et nomen iustitiae in quadam aequalitate consistit; fortitudinis autem in quadam firmitate; temperantiae autem in quadam refrenatione, inquantum scilicet refrenat concupiscentias vehementissimas delectationum tactus. clementia autem et mansuetudo similiter in quadam refrenatione consistit, quia scilicet clementia est diminutiva poenarum, mansuetudo vero est mitigativa irae, * ut ex dictis patet. ' et ideo tam clementia quam mansuetudo adiunguntur temperantiae sicut virtuti principali. et secundum hoc ponuntur partes ipsius.
ra1 ' Ad primum ergo dicendum quod in diminutione poenarum duo sunt consideranda. quorum unum est quod diminutio poenarum fiat secundum intentionem legislatoris, licet non secundum verba legis. et secundum hoc, pertinet ad epieikeiam. aliud autem est quaedam moderatio affectus, ut homo non utatur sua potestate in inflictione poenarum. et hoc proprie pertinet ad clementiam, * propter quod seneca dicit " quod est temperantia animi in potestate ulciscendi. ' et haec quidem moderatio animi provenit ex quadam dulcedine affectus, qua quis abhorret omne illud quod potest alium tristare. * et ideo dicit seneca quod ° clementia est quaedam lenitas animi. ' nam e contrario austeritas animi videtur esse in eo qui non veretur alios contristare.
ra2 ' Ad secundum dicendum quod adiunctio virtutum secundariarum ad principales magis attenditur secundum modum virtutis, qui est quasi quaedam forma eius, quam secundum materiam. mansuetudo autem et clementia conveniunt cum temperantia in modo, * ut dictum est, ' licet non conveniant in materia.
ra3 ' Ad tertium dicendum quod insania dicitur per corruptionem sanitatis. sicut autem sanitas corporalis corrumpitur per hoc quod corpus recedit a debita complexione humanae speciei, ita etiam insania secundum animam accipitur per hoc quod anima humana recedit a debita dispositione humanae speciei. quod quidem contingit et secundum rationem, puta cum aliquis usum rationis amittit, et quantum ad

vim appetitivam, puta cum aliquis amittit affectum humanum, " secundum quem homo naturaliter est omni homini amicus, * ut dicitur in viii ethic.. ' insania autem quae excludit usum rationis, opponitur prudentiae. sed quod aliquis delectetur in poenis hominum, dicitur esse insania, quia per hoc videtur homo privatus affectu humano, quem sequitur clementia.

009 ST3 qu157 ar4

ag1 ' Ad quartum sic proceditur. videtur quod clementia et mansuetudo sint potissimae virtutes. laus enim virtutis praecipue consistit ex hoc quod ordinat hominem ad beatitudinem, quae in dei cognitione consistit. sed mansuetudo maxime ordinat hominem ad dei cognitionem, * dicitur enim iac. i, ° in mansuetudine suscipite insitum verbum; * et eccli. v, ° esto mansuetus ad audiendum verbum dei; * et dionysius dicit, in epistola ad demophil., ° moysen propter multam mansuetudinem dei apparitione dignum habitum. ' ergo mansuetudo est potissima virtutum.
ag2 ' Praeterea, tanto virtus aliqua potior esse videtur, quanto magis acceptatur a deo et ab hominibus. sed mansuetudo maxime videtur acceptari a deo, * dicitur enim eccli. i, quod ° beneplacitum est deo fides et mansuetudo. * unde et specialiter ad suae mansuetudinis imitationem christus nos invitat, dicens, ° discite a me, quia mitis sum et humilis corde, * et hilarius dicit quod ° per mansuetudinem mentis nostrae habitat christus in nobis. ' est etiam hominibus acceptissima, * unde dicitur eccli. iii, ° fili, in mansuetudine perfice opera tua, et super hominum gloria diligeris. * propter quod et proverb. xx dicitur quod ° clementia thronus regius roboratur. ' ergo mansuetudo et clementia sunt potissimae virtutes.
ag3 * Praeterea, augustinus dicit, in libro de serm. domini in monte, quod ° mites sunt qui cedunt improbitatibus, et non resistunt in malo, sed vincunt in bono malum. ' hoc autem videtur pertinere ad misericordiam vel pietatem, quae videtur esse potissima virtutum, * quia super illud i ad tim. iv, pietas ad omnia utilis est, dicit glossa ambrosii quod ° omnis summa religionis christianae in pietate consistit. ' ergo mansuetudo et clementia sunt maximae virtutes.
sc ' Sed contra est, quia non ponuntur virtutes principales, sed adiunguntur alteri virtuti quasi principaliori.
co ' Respondeo dicendum quod nihil prohibet aliquas virtutes non esse potissimas simpliciter nec quoad omnia, sed secundum quid et in aliquo genere. non est autem possibile quod clementia et mansuetudo sint potissimae virtutes simpliciter. quia laus earum attenditur in hoc quod retrahunt a malo, inquantum scilicet diminuunt iram vel poenam. perfectius autem est consequi bonum quam carere malo. et ideo virtutes quae simpliciter ordinant in bonum, sicut fides, spes, caritas, et etiam prudentia et iustitia, sunt simpliciter maiores virtutes quam clementia et mansuetudo. sed secundum quid, nihil prohibet mansuetudinem et clementiam habere quandam excellentiam inter virtutes quae resistunt affectionibus pravis. nam ira, quam mitigat mansuetudo, propter suum impetum maxime impedit animum hominis ne libere iudicet veritatem. et propter hoc, mansuetudo maxime facit hominem esse compotem sui, * unde dicitur eccli. x, ° fili, in mansuetudine serva animam tuam. ' quamvis concupiscentiae delectationum tactus sint turpiores, et magis continue infestent, propter quod temperantia magis ponitur virtus principalis, * ut ex dictis patet. ' clementia vero, in hoc quod diminuit poenas, maxime videtur accedere ad caritatem, quae est potissima virtutum, per quam bona operamur |25| ad proximos et eorum mala impedimus.
ra1 ' Ad primum ergo dicendum quod mansuetudo praeparat hominem ad dei cognitionem removendo impedimentum. et hoc dupliciter. primo quidem faciendo hominem compotem sui per diminutionem irae, * ut dictum est. ' alio modo, quia ad mansuetudinem pertinet quod homo non contradicat verbis veritatis, quod plerumque aliqui faciunt ex commotione irae. * et ideo augustinus dicit, in ii de doct. christ., quod ° mitescere est non contradicere divinae scripturae, sive intellectae, si aliqua vitia nostra percutit; sive non intellectae, quasi nos melius et verius sapere et praecipere possemus.
ra2 ' Ad secundum dicendum quod mansuetudo et clementia reddunt hominem deo et hominibus acceptum, secundum quod concurrunt in eundem effectum cum caritate, quae est maxima virtutum, scilicet in subtrahendo mala proximorum.
ra3 ' Ad tertium dicendum quod misericordia et pietas conveniunt quidem cum mansuetudine et clementia, inquantum concurrunt in eundem effectum, qui est prohibere mala proximorum. differunt tamen quantum ad motivum. nam pietas removet mala proximorum ex reverentia quam habet ad aliquem superiorem, puta deum vel parentem. misericordia vero removet mala proximorum ex hoc quod in eis aliquis contristatur inquantum aestimat eas ad se pertinere, * ut supra dictum est, ' quod provenit ex amicitia, quae facit amicos de eisdem gaudere et tristari. mansuetudo vero hoc facit inquantum removet iram incitantem ad vindictam. clementia vero hoc facit ex animi lenitate, inquantum iudicat esse aequum ut aliquis non amplius puniatur.

009 ST3 qu158 ar

pr ' Deinde considerandum est de vitiis oppositis. et primo, de iracundia, quae opponitur mansuetudini; secundo, de crudelitate, quae opponitur clementiae. circa iracundiam quaeruntur octo. primo, utrum irasci possit aliquando esse licitum. secundo, utrum ira sit peccatum. tertio, utrum sit peccatum mortale. quarto, utrum sit gravissimum peccatorum. quinto, de speciebus irae. sexto, utrum ira sit vitium capitale. septimo, quae sint filiae eius. octavo, utrum habeat vitium oppositum.

009 ST3 qu158 ar1

ag1 ' Ad primum sic proceditur. videtur quod irasci non possit esse licitum. * hieronymus enim, exponens illud matth. v, ° qui irascitur fratri suo etc., * dicit, ° in quibusdam codicibus additur, sine causa, ceterum in veris definita sententia est, et ira penitus tollitur. ' ergo irasci nullo modo est licitum.
ag2 * Praeterea, secundum dionysium, iv cap. de div. nom., ° malum animae est sine ratione esse. ' sed ira semper est sine ratione. * dicit enim philosophus, in vii ethic., quod ° ira non perfecte audit rationem. * et gregorius dicit, v moral., quod ° cum tranquillitatem mentis ira diverberat, dilaniatam quodammodo scissamque perturbat. * et cassianus dicit, in libro de institutis coenobiorum, ° qualibet ex causa iracundiae motus effervens, excaecat oculum cordis. ' ergo irasci semper est malum.
ag3 " Praeterea, ira est appetitus vindictae, * ut dicit glossa super levit. xix, ° non oderis fratrem tuum in corde tuo. ' sed appetere ultionem non videtur esse licitum, sed hoc deo est reservandum, * secundum illud deut. xxxii, ° mea est ultio. ' ergo videtur quod irasci semper sit malum.
ag4 ' Praeterea, omne illud quod abducit nos a divina similitudine, est malum. sed irasci semper abducit nos a divina similitudine, quia deus cum tranquillitate iudicat, * ut habetur sap. xii. ' ergo irasci semper est malum.
sc * Sed contra est quod chrysostomus dicit, super matth., ° qui sine causa irascitur, reus erit, qui vero cum causa, non erit reus. nam si ira non fuerit, nec doctrina proficit, nec iudicia stant, nec crimina compescuntur. ' ergo irasci non semper est malum.
co ' Respondeo dicendum quod ira, proprie loquendo, est passio quaedam appetitus sensitivi, a qua vis irascibilis denominatur, * ut supra habitum est, cum de passionibus ageretur. ' est autem hoc considerandum circa passiones animae, quod dupliciter in eis potest malum inveniri. uno modo, ex ipsa specie passionis. quae quidem consideratur secundum obiectum passionis. sicut invidia secundum suam speciem importat quoddam malum, est enim tristitia de bono aliorum, quod secundum se rationi repugnat. " et ideo invidia, mox nominata, sonat aliquid mali, * ut philosophus dicit, in ii ethic.. ' hoc autem non convenit irae, quae est appetitus vindictae, potest enim vindicta et bene et male appeti. alio modo invenitur malum in aliqua passione secundum quantitatem ipsius, idest secundum superabundantiam vel defectum ipsius. et sic potest malum in ira inveniri, quando scilicet aliquis irascitur plus vel minus, praeter rationem rectam. si autem aliquis irascatur secundum rationem rectam, tunc irasci est laudabile.
ra1 * Ad primum ergo dicendum quod stoici " iram et omnes alias passiones nominabant affectus quosdam praeter ordinem rationis existentes, et secundum hoc, ponebant iram et omnes alias passiones esse malas, * ut supra dictum est, cum de passionibus ageretur. * et secundum hoc accipit iram hieronymus, loquitur enim de ira " qua quis irascitur contra proximum quasi malum eius intendens. * sed secundum peripateticos, quorum sententiam magis approbat augustinus, in ix de civ. dei, " ira et aliae passiones animae dicuntur motus appetitus sensitivi, sive sint moderatae secundum rationem sive non. ' et secundum hoc, ira non semper est mala.
ra2 ' Ad secundum dicendum quod ira dupliciter se potest habere ad rationem. uno quidem modo, antecedenter. et sic trahit rationem a sua rectitudine, unde habet rationem mali. alio modo, consequenter prout scilicet appetitus sensitivus movetur contra vitia secundum ordinem rationis. et haec ira est bona, quae dicitur ira per zelum. * unde gregorius dicit, in v moral., ° curandum summopere est ne ira, quae ut instrumentum virtutis assumitur, menti dominetur, ne quasi domina praeeat, sed velut ancilla ad obsequium parata, a rationis tergo nunquam recedat. ' haec autem ira, etsi in ipsa executione actus iudicium rationis aliqualiter impediat, non tamen rectitudinem rationis tollit. * unde gregorius, ibidem, dicit quod ° ira per zelum turbat rationis oculum, sed ira per vitium excaecat. ' non autem est contra rationem virtutis ut intermittatur deliberatio rationis in executione eius quod est a ratione deliberatum. quia etiam ars impediretur in suo actu si, dum debet agere, deliberaret de agendis.
ra3 ' Ad tertium dicendum quod appetere vindictam propter malum eius qui puniendus est, illicitum est. sed appetere vindictam propter vitiorum correctionem et bonum iustitiae conservandum, laudabile est. et in hoc potest tendere appetitus sensitivus inquantum movetur a ratione. et dum vindicta secundum ordinem iudicii fit, a deo fit, cuius minister est potestas puniens, * ut dicitur rom. xiii.
ra4 ' Ad quartum dicendum quod deo assimilari possumus et debemus in appetitu boni, sed in modo appetendi ei omnino assimilari non possumus; quia in deo non est appetitus sensitivus, sicut in nobis, cuius motus debet rationi deservire. * unde gregorius dicit, in v moral., quod ° tunc robustius ratio contra vitia erigitur, cum ira subdita rationi famulatur.

009 ST3 qu158 ar2

ag1 ' Ad secundum sic proceditur. videtur quod ira non sit peccatum. peccando enim demeremur. ° sed passionibus non demeremur, sicut neque vituperamur, * ut dicitur in ii ethic.. ' ergo nulla passio est peccatum. ira autem est passio, * ut supra habitum est, cum de passionibus ageretur. ' ergo ira non est peccatum.
ag2 ' Praeterea, in omni peccato est conversio ad aliquod commutabile bonum. sed per iram non convertitur aliquis ad aliquod bonum commutabile, sed in malum alicuius. ergo ira non est peccatum.
ag3 ° Praeterea, nullus peccat in eo quod vitare non potest, * ut augustinus dicit. ' sed iram homo vitare non potest, * quia super illud psalmi, ° irascimini et nolite peccare, * dicit glossa quod " motus irae non est in potestate nostra. * philosophus etiam dicit, in vii ethic., quod " iratus cum tristitia operatur, ' tristitia autem est contraria voluntati. ergo ira non est peccatum.
ag4 " Praeterea, peccatum est contra naturam, * ut damascenus dicit, in ii libro. ' sed irasci non est contra naturam hominis, cum sit actus naturalis potentiae quae est irascibilis. * unde et hieronymus dicit, in quadam epistola, quod " irasci est hominis. ' ergo ira non est peccatum.
sc * Sed contra est quod apostolus dicit, ad ephes. iv, ° omnis indignatio et ira tollatur a vobis.
co ' Respondeo dicendum quod ira, * sicut dictum est, ' proprie nominat quandam passionem. passio autem appetitus sensitivi intantum est bona inquantum ratione regulatur, si autem ordinem rationis excludat, est mala. ordo autem rationis in ira potest attendi quantum ad duo. primo quidem, quantum ad appetibile in quod tendit, quod est vindicta. unde si aliquis appetat quod secundum ordinem rationis fiat vindicta, est laudabilis irae appetitus, et vocatur ira per zelum. si autem aliquis appetat quod fiat vindicta qualitercumque contra ordinem rationis; puta si appetat puniri eum qui non meruit, vel ultra quam meruit, vel etiam non secundum legitimum ordinem, vel non propter debitum finem, qui est conservatio iustitiae et correctio culpae, erit appetitus irae vitiosus. et nominatur ira per vitium. alio modo attenditur ordo rationis circa iram quantum ad modum irascendi, ut scilicet motus irae non immoderate fervescat, nec interius nec exterius. quod quidem si praetermittatur, non erit ira absque peccato, etiam si aliquis appetat iustam vindictam.
ra1 ' Ad primum ergo dicendum quod, quia passio potest esse regulata ratione vel non regulata, ideo secundum passionem absolute consideratam non importatur ratio meriti vel demeriti, seu laudis vel vituperii. secundum tamen quod est regulata ratione, potest habere rationem meritorii et laudabilis, et e contrario, secundum quod non est regulata ratione, potest habere rationem demeriti et vituperabilis. * unde et philosophus ibidem dicit quod ° laudatur vel vituperatur qui aliqualiter irascitur.
ra2 ' Ad secundum dicendum quod iratus non appetit malum alterius propter se, sed propter vindictam, in quam convertitur appetitus eius sicut in quoddam commutabile bonum.
ra3 ' Ad tertium dicendum quod homo est dominus suorum actuum per arbitrium rationis. et ideo motus qui praeveniunt iudicium rationis, non sunt in potestate hominis in generali, ut scilicet nullus eorum insurgat, quamvis ratio possit quemlibet singulariter impedire ne insurgat. et secundum hoc dicitur quod motus irae non est in potestate hominis, ita scilicet quod nullus insurgat. quia tamen aliqualiter est in hominis potestate, non totaliter perdit rationem peccati, si sit inordinatus. * quod autem philosophus dicit, iratum cum tristitia operari, non est ' sic intelligendum quasi tristetur de eo quod irascitur, sed quia tristatur de iniuria quam aestimat sibi illatam, et ex hac tristitia movetur ad appetendum vindictam.
ra4 ' Ad quartum dicendum quod irascibilis in homine naturaliter subiicitur rationi. et ideo actus eius intantum est homini naturalis inquantum est secundum rationem, inquantum vero est praeter ordinem rationis, est contra hominis naturam.

009 ST3 qu158 ar3

ag1 ' Ad tertium sic proceditur. videtur quod omnis ira sit peccatum mortale. * dicitur enim iob v, ° virum stultum interficit iracundia, ' et loquitur de interfectione spirituali, a qua peccatum mortale denominatur. ergo ira est peccatum mortale.
ag2 ' Praeterea, nihil meretur damnationem aeternam nisi peccatum mortale. sed ira meretur damnationem aeternam, * dicit enim dominus, matth. v, ° omnis qui irascitur fratri suo, reus erit iudicio; * ubi dicit glossa quod ° per illa tria, " quae ibi tan-

guntur, scilicet, ° iudicium, concilium et gehennam, diversae mansiones in aeterna damnatione, pro modo peccati, singulariter exprimuntur. ' ergo ira est peccatum mortale.
ag3 ' Praeterea, quidquid contrariatur caritati est peccatum mortale. sed ira de se contrariatur caritati, * ut patet per hieronymum, super illud matth. v, ° qui irascitur fratri suo etc., " ubi dicit quod hoc est contra proximi dilectionem. ' ergo ira est peccatum mortale.
sc ' Sed contra est quod * super illud psalmi, ° irascimini et nolite peccare, * dicit glossa, ° venialis est ira quae non perducitur ad effectum.
co ' Respondeo dicendum quod motus irae potest esse inordinatus et peccatum dupliciter, * sicut dictum est. ' uno modo, ex parte appetibilis, utpote cum aliquis appetit iniustam vindictam. et sic ex genere suo ira est peccatum mortale, quia contrariatur caritati et iustitiae. potest tamen contingere quod talis appetitus sit peccatum veniale propter imperfectionem actus. quae quidem imperfectio attenditur vel ex parte appetentis, puta cum motus irae praevenit iudicium rationis, vel etiam ex parte appetibilis, puta cum aliquis appetit in aliquo modico se vindicare, quod quasi nihil est reputandum, ita quod etiam si actu inferatur, non esset peccatum mortale; puta si aliquis parum trahat aliquem puerum per capillos, vel aliquid huiusmodi. alio modo potest esse motus irae inordinatus quantum ad modum irascendi, utpote si nimis ardenter irascatur interius, vel si nimis exterius manifestet signa irae. et sic ira secundum se non habet ex suo genere rationem peccati mortalis. potest tamen contingere quod sit peccatum mortale, puta si ex vehementia irae aliquis excidat a dilectione dei et proximi.
ra1 * Ad primum ergo dicendum quod ex illa auctoritate ' non habetur quod omnis ira sit peccatum mortale, sed quod stulti per iracundiam spiritualiter occiduntur, inquantum scilicet, non refrenando per rationem motum irae, dilabuntur in aliqua peccata mortalia, puta in blasphemiam dei vel in iniuriam proximi.
ra2 ' Ad secundum dicendum quod dominus verbum illud dixit de ira, quasi " superaddens ad illud verbum legis, qui occiderit, reus erit iudicio. unde loquitur ibi dominus de motu irae quo quis appetit proximi occisionem, aut quamcumque gravem laesionem, ' cui appetitui si consensus rationis superveniat, absque dubio erit peccatum mortale.
ra3 ' Ad tertium dicendum quod in illo casu in quo ira contrariatur caritati, est peccatum mortale, sed hoc non semper accidit, * ut ex dictis patet.

009 ST3 qu158 ar4

ag1 ' Ad quartum sic proceditur. videtur quod ira sit gravissimum peccatum. * dicit enim chrysostomus quod ° nihil est turpius visu furentis, et nihil deformius severo visu, et multo magis, anima. ' ergo ira est gravissimum peccatum.
ag2 ' Praeterea, quanto aliquod peccatum est magis nocivum, tanto videtur esse peius, * quia sicut augustinus dicit, in enchirid., ° malum dicitur aliquid quod nocet. ' ira autem maxime nocet, quia aufert homini rationem, per quam est dominus sui ipsius; * dicit enim chrysostomus quod ° irae et insaniae nihil est medium, sed ira temporaneus est quidam daemon, magis autem et daemonium habente difficilius. ' ergo ira est gravissimum peccatum.
ag3 ' Praeterea, interiores motus diiudicantur secundum exteriores effectus. sed effectus irae est homicidium, quod est gravissimum peccatum. ergo ira est gravissimum peccatum.
sc ' Sed contra est quod ira comparatur ad odium sicut festuca ad trabem, * dicit enim augustinus, in regula, ° ne ira crescat in odium, et trabem faciat de festuca. ' non ergo ira est gravissimum peccatum.
co * Respondeo dicendum quod, sicut dictum est, ' inordinatio irae secundum duo attenditur, scilicet secundum indebitum appetibile, et secundum indebitum modum irascendi. quantum igitur ad appetibile quod iratus appetit, videtur esse ira minimum peccatorum. appetit enim ira malum poenae alicuius sub ratione boni quod est vindicta. et ideo ex parte mali quod appetit, convenit peccatum irae cum illis peccatis quae appetunt malum proximi, puta cum invidia et odio. sed odium appetit absolute malum alicuius, inquantum huiusmodi; invidus autem appetit malum alterius propter appetitum propriae gloriae; sed iratus appetit malum alterius sub ratione iustae vindictae. ex quo patet quod odium est gravius quam invidia, et invidia quam ira, quia peius est appetere malum sub ratione mali quam sub ratione boni; et peius est appetere malum sub ratione boni exterioris, quod est honor vel gloria, quam sub ratione rectitudinis iustitiae. sed ex parte boni sub cuius ratione appetit iratus malum, convenit ira cum peccato concupiscentiae, quod tendit in aliquod bonum. et quantum ad hoc etiam, absolute loquendo, peccatum irae videtur esse minus quam concupiscentiae, quanto melius est bonum iustitiae, quod appetit iratus, quam bonum delectabile vel utile, quod appetit concupiscens. * unde philosophus dicit, in vii ethic., quod ° incontinens concupiscentiae est turpior quam incontinens irae. ' sed quantum ad inordinationem quae est secundum modum irascendi, |25| ira habet quandam excellentiam, propter vehementiam et velocitatem sui motus, * secundum illud proverb. xxvii, ° ira non habet misericordiam, nec erumpens furor, et impetum concitati spiritus ferre quis poterit? * unde gregorius dicit, in v moral., ° irae suae stimulis accensum cor palpitat, corpus tremit, lingua se praepedit, facies ignescit, exasperantur oculi, et nequaquam recognoscuntur noti, ore quidem clamorem format, sed sensus quid loquitur, ignorat.
ra1 * Ad primum ergo dicendum quod chrysostomus loquitur ' de turpitudine quantum ad gestus exteriores, qui proveniunt ex impetu irae.
ra2 ' Ad secundum dicendum quod ratio illa procedit secundum inordinatum motum irae, qui provenit ex eius impetu, * ut dictum est.
ra3 ' Ad tertium dicendum quod homicidium non minus provenit ex odio vel invidia quam ex ira. ira tamen levior est, inquantum attendit rationem iustitiae, * ut dictum est.

009 ST3 qu158 ar5

ag1 ' Ad quintum sic proceditur. videtur quod inconvenienter determinentur species iracundiae * a philosopho, in iv ethic., ubi dicit quod " iracundorum quidam sunt acuti, quidam amari, quidam difficiles sive graves. quia secundum ipsum, amari dicuntur quorum ira difficile solvitur et multo tempore manet. ' sed hoc videtur pertinere ad circumstantiam temporis. ergo videtur quod etiam secundum alias circumstantias possunt accipi aliae species irae.
ag2 * Praeterea, difficiles, sive graves, dicit esse ° quorum ira non commutatur sine cruciatu vel punitione. ' sed hoc etiam pertinet ad insolubilitatem irae. ergo videtur quod idem sint difficiles et amari.
ag3 * Praeterea, dominus, matth. v, ponit tres gradus irae, cum dicit, ° qui irascitur fratri suo; et, qui dixerit fratri suo, raca; et, qui dixerit fratri suo, fatue ' qui quidem gradus ad praedictas species non referuntur. ergo videtur quod praedicta divisio irae non sit conveniens.
sc * Sed contra est quod gregorius nyssenus dicit quod " tres sunt irascibilitatis species, scilicet ira quae vocatur fellea; et mania, quae dicitur insania; et furor. quae tria videntur esse eadem tribus praemissis, nam iram felleam dicit esse quae principium et motum habet, quod philosophus attribuit acutis; maniam vero dicit esse iram quae permanet et in vetustatem devenit, quod philosophus attribuit amaris; furorem autem dicit esse iram quae observat tempus in supplicium, * quod philosophus attribuit difficilibus. et eandem etiam divisionem ponit damascenus, in ii libro. ergo praedicta philosophi distinctio est conveniens.
co ' Respondeo dicendum quod praedicta distinctio potest referri vel ad passionem irae, vel etiam ad ipsum peccatum irae. quomodo autem referatur ad passionem irae, * supra habitum est, cum de passione irae ageretur. * et sic praecipue videtur poni a gregorio nysseno et damasceno. ' nunc autem oportet accipere distinctionem harum specierum secundum quod pertinent ad peccatum irae, * prout ponitur a philosopho. ' potest enim inordinatio irae ex duobus attendi. primo quidem, ex ipsa irae origine. et hoc pertinet ad acutos, qui nimis cito irascuntur, et ex qualibet levi causa. alio modo, ex ipsa irae duratione, eo scilicet quod ira nimis perseverat. quod quidem potest esse dupliciter. uno modo, quia causa irae, scilicet iniuria illata, nimis manet in memoria hominis, unde ex hoc homo diutinam tristitiam concipit; et ideo sunt sibi ipsis graves et amari. alio modo contingit ex parte ipsius vindictae, quam aliquis obstinato appetitu quaerit et hoc pertinet ad difficiles sive graves, qui non dimittunt iram quousque puniant.
ra1 ' Ad primum ergo dicendum quod in speciebus praedictis non principaliter consideratur tempus, sed facilitas hominis ad iram, vel firmitas in ira.
ra2 ' Ad secundum dicendum quod utrique, scilicet amari et difficiles, habent iram diuturnam, sed propter aliam causam. nam amari habent iram permanentem propter permanentiam tristitiae, quam interius tenent clausam, et quia non prorumpunt ad exteriora iracundiae signa, non possunt persuaderi ab aliis; nec ex seipsis recedunt ab ira, nisi prout diuturnitate temporis tristitia aboletur, et sic deficit ira. sed in difficilibus est ira diuturna propter vehemens desiderium vindictae. et ideo tempore non digeritur, sed per solam punitionem quiescit.
ra3 ' Ad tertium dicendum quod gradus irae quos dominus ponit, non pertinent ad diversas irae species, sed accipiuntur secundum processum humani actus. in quibus primo aliquid in corde concipitur. * et quantum ad hoc dicit, ° qui irascitur fratri suo. ' secundum autem est cum per aliqua signa exteriora manifestatur exterius, etiam antequam prorumpat in effectum. * et quantum ad hoc dicit, ° qui dixerit fratri suo, raca, ' quod est interiectio irascentis. tertius gradus est quando peccatum interius conceptum ad effectum perducitur. est autem effectus irae nocumentum alterius sub ratione vindictae. minimum autem nocumentorum est quod fit solo verbo. * et ideo quantum ad hoc dicit, ° qui dixerit fratri suo, fatue. ' et sic patet quod secundum addit supra primum, et tertium supra utrumque. unde si primum est peccatum mortale, in casu in quo dominus loquitur, * sicut dictum est, ' multo magis alia. et ideo singulis eorum ponuntur correspondentia aliqua pertinentia ad condemnationem. sed in primo ponitur iudicium, quod minus est, |25| * quia, ut augustinus dicit, " in iudicio adhuc defensionis locus datur. ' in secundo vero ponit concilium, in quo iudices inter se conferunt quo supplicio damnari oporteat. in tertio ponit gehennam ignis, quae est certa damnatio.

009 ST3 qu158 ar6

ag1 ' Ad sextum sic proceditur. videtur quod ira non debeat poni inter vitia capitalia. ira enim ex tristitia nascitur. sed tristitia est vitium capitale, quod dicitur acedia. ergo ira non debet poni vitium capitale.
ag2 ' Praeterea, odium est gravius peccatum quam ira. ergo magis debet poni vitium capitale quam ira.
ag3 * Praeterea, super illud proverb. xxix, vir iracundus provocat rixas, dicit glossa, ° ianua est omnium vitiorum iracundia, qua clausa, virtutibus intrinsecus dabitur quies; aperta, ad omne facinus armabitur animus. ' nullum autem vitium capitale est principium omnium peccatorum, sed quorundam determinate. ergo ira non debet poni inter vitia capitalia.
sc ' Sed contra est quod * gregorius, xxxi moral., ponit iram inter vitia capitalia.
co * Respondeo dicendum quod, sicut ex praemissis patet, ' vitium capitale dicitur ex quo multa vitia oriuntur. habet autem hoc ira, quod ex ea multa vitia oriri possint, duplici ratione. primo, ex parte sui obiecti, quod multum habet de ratione appetibilitatis, inquantum scilicet vindicta appetitur sub ratione iusti et honesti, quod sua dignitate allicit, * ut supra habitum est. ' alio modo, ex suo impetu, quo mentem praecipitat ad inordinata quaecumque agenda. unde manifestum est quod ira est vitium capitale.
ra1 ' Ad primum ergo dicendum quod illa tristitia ex qua oritur ira, ut plurimum, non est acediae vitium, sed passio tristitiae, quae consequitur ex iniuria illata.
ra2 * Ad secundum dicendum quod, sicut ex supra dictis patet, ' ad rationem vitii capitalis pertinet quod habeat finem multum appetibilem, ut sic propter appetitum eius multa peccata committantur. ira autem, quae appetit malum sub ratione boni, habet finem magis appetibilem quam odium, quod appetit malum sub ratione mali. et ideo magis est vitium capitale ira quam odium.
ra3 ' Ad tertium dicendum quod ira dicitur esse ianua vitiorum per accidens, scilicet removendo prohibens, idest impediendo iudicium rationis, per quod homo retrahitur a malis. directe autem et per se est causa aliquorum specialium peccatorum, quae dicuntur filiae eius.

009 ST3 qu158 ar7

ag1 ' Ad septimum sic proceditur. videtur quod inconvenienter assignentur sex filiae irae, quae sunt ° rixa, tumor mentis, contumelia, clamor, indignatio, blasphemia. * blasphemia enim ponitur ab isidoro filia superbiae. ' non ergo debet poni filia irae.
ag2 ' Praeterea, odium nascitur ex ira, * ut augustinus dicit, in regula. ' ergo deberet numerari inter filias irae.
ag3 ' Praeterea, tumor mentis videtur idem esse quod superbia. superbia autem non est filia alicuius vitii, sed mater omnium vitiorum, * ut gregorius dicit, xxxi moral.. ' ergo tumor mentis non debet numerari inter filias irae.
sc ' Sed contra est quod * gregorius, xxxi moral., assignat has filias irae.
co ' Respondeo dicendum quod ira potest tripliciter considerari. uno modo, secundum quod est in corde. et sic ex ira nascuntur duo vitia. unum quidem ex parte eius contra quem homo irascitur, quem reputat indignum ut sibi tale quid fecerit. et sic ponitur indignatio. aliud autem vitium est ex parte sui ipsius, inquantum scilicet excogitat diversas vias vindictae, et talibus cogitationibus animum suum replet, * secundum illud iob xv, ° nunquid sapiens implebit ardore stomachum suum. ' et sic ponitur tumor mentis. alio modo consideratur ira secundum quod est in ore. et sic ex ira duplex inordinatio procedit. una quidem secundum hoc quod homo in modo loquendi iram suam demonstrat, * sicut dictum est de eo qui dicit fratri suo, raca. ' et sic ponitur clamor, per quem intelligitur inordinata et confusa locutio. alia autem est inordinatio secundum quod aliquis prorumpit in verba iniuriosa. quae quidem si sint contra deum, erit blasphemia; si autem contra proximum, contumelia. tertio modo consideratur ira secundum quod procedit usque ad factum. et sic ex ira oriuntur rixae, per quas intelliguntur omnia nocumenta quae facto proximis inferuntur ex ira.
ra1 ' Ad primum ergo dicendum quod blasphemia in quam aliquis prorumpit deliberata mente, procedit ex superbia hominis contra deum se erigentis, * quia, ut dicitur eccli. x, ° initium superbiae hominis apostatare a deo; " idest, recedere a veneratione eius est prima superbiae pars, ' et ex hoc oritur blasphemia. sed blasphemia in quam aliquis prorumpit ex commotione animi, procedit ex ira.
ra2 ' Ad secundum dicendum quod odium, etsi aliquando nascatur ex ira, tamen habet aliquam priorem causam ex qua directius oritur, scilicet tristitiam, sicut e contrario amor nascitur ex delectatio-

ne. ex tristitia autem illata quandoque in iram, quandoque in odium aliquis movetur. unde convenientius fuit quod odium poneretur oriri ex acedia quam ex ira.
ra3 ‘ Ad tertium dicendum quod tumor mentis non accipitur hic pro superbia, sed pro quodam conatu sive audacia hominis intentantis vindictam. audacia autem est vitium fortitudini oppositum.

009 ST3 qu158 ar8

ag1 ‘ Ad octavum sic proceditur. videtur quod non sit aliquod vitium oppositum iracundiae, proveniens ex defectu irae. nihil enim est vitiosum per quod homo deo similatur. sed per hoc quod homo omnino est sine ira, similatur deo, qui cum tranquillitate iudicat. ergo non videtur quod sit vitiosum omnino ira carere.
ag2 ‘ Praeterea, defectus eius quod ad nihil est utile, non est vitiosus. sed motus irae ad nihil est utilis, * ut probat seneca in libro quem fecit de ira. ‘ ergo videtur quod defectus irae non sit vitiosus.
ag3 ‘ Praeterea, malum hominis, * secundum dionysium, ‘ est praeter rationem esse. sed, subtracto omni motu irae, adhuc remanet integrum iudicium rationis. ergo nullus defectus irae vitium causat.
sc * Sed contra est quod chrysostomus dicit, super matth., ° qui cum causa non irascitur, peccat. patientia enim irrationabilis vitia seminat, negligentiam nutrit, et non solum malos, sed etiam bonos invitat ad malum.
co ‘ Respondeo dicendum quod ira dupliciter potest intelligi. uno modo, simplex motus voluntatis quo aliquis non ex passione, sed ex iudicio rationis poenam infligit. et sic defectus irae absque dubio est peccatum. * et hoc modo ira accipitur in verbis chrysostomi, qui dicit ibidem, ° iracundia quae cum causa est, non est iracundia, sed iudicium. iracundia enim proprie intelligitur commotio passionis, qui autem cum causa irascitur, ira illius non est ex passione. ideo iudicare dicitur, non irasci. ‘ alio modo accipitur ira pro motu appetitus sensitivi, qui est cum passione et transmutatione corporali. et hic quidem motus ex necessitate consequitur in homine ad simplicem motum voluntatis, quia naturaliter appetitus inferior sequitur motum appetitus superioris, nisi aliquid repugnet. et ideo non potest totaliter deficere motus irae in appetitu sensitivo, nisi per subtractionem vel debilitatem voluntarii motus. et ideo ex consequenti etiam defectus passionis irae vitiosus est, sicut et defectus voluntarii motus ad puniendum secundum iudicium rationis.
ra1 ‘ Ad primum ergo dicendum quod ille qui totaliter non irascitur cum debet irasci, imitatur quidem deum quantum ad carentiam passionis, non autem quantum ad hoc quod deus ex iudicio punit.
ra2 ‘ Ad secundum dicendum quod passio irae utilis est, sicut et omnes alii motus appetitus sensitivi, ad hoc quod homo promptius exequatur id quod ratio dictat. alioquin, frustra esset in homine appetitus sensitivus, cum tamen natura nihil faciat frustra.
ra3 ‘ Ad tertium dicendum quod in eo qui ordinate agit, iudicium rationis non solum est causa simplicis motus voluntatis, sed etiam passionis appetitus sensitivi, * ut dictum est, ‘ et ideo, sicut remotio effectus est signum remotionis causae, ita etiam remotio irae est signum remotionis iudicii rationis.

009 ST3 qu159 ar

pr ‘ Deinde considerandum est de crudelitate. et circa hoc quaeruntur duo. primo, utrum crudelitas opponatur clementiae. secundo, de comparatione eius ad saevitiam vel feritatem.

009 ST3 qu159 ar1

ag1 ‘ Ad primum sic proceditur. videtur quod crudelitas non opponatur clementiae. * dicit enim seneca, in ii de clement., quod ° illi vocantur crudeles qui excedunt modum in puniendo, ‘ quod contrariatur iustitiae. clementia autem non ponitur pars iustitiae, sed temperantiae. ergo crudelitas non videtur opponi clementiae.
ag2 * Praeterea, ierem. vi dicitur, ° crudelis est, et non miserebitur, ‘ et sic videtur quod crudelitas opponatur misericordiae. sed misericordia non est idem clementiae, * ut supra dictum est. ‘ ergo crudelitas non opponitur clementiae.
ag3 ‘ Praeterea, clementia consideratur circa inflictionem poenarum, * ut dictum est. ‘ sed crudelitas consideratur etiam in subtractione beneficiorum, * secundum illud proverb. xi, ° qui crudelis est, propinquos abiicit. ‘ ergo crudelitas non opponitur clementiae.
sc * Sed contra est quod dicit seneca, in ii de clement., quod ° opponitur clementiae crudelitas, quae nihil aliud est quam atrocitas animi in exigendis poenis.
co ‘ Respondeo dicendum quod nomen crudelitatis a cruditate sumptum esse videtur. sicut autem ea quae sunt decocta et digesta, solent habere suavem et dulcem saporem; ita illa quae sunt cruda, habent horribilem et asperum saporem. * dictum est autem supra quod ‘ clementia importat quandam animi lenitatem sive dulcedinem, per quam aliquis est diminutivus poenarum. unde directe crudelitas clementiae opponitur.
ra1 ‘ Ad primum ergo dicendum quod, sicut diminutio poenarum quae est secundum rationem, pertinet ad epieikeiam, sed ipsa dulcedo affectus ex qua homo ad hoc inclinatur, pertinet ad clementiam; ita etiam superexcessus poenarum, quantum ad id quod exterius agitur, pertinet ad iniustitiam; sed quantum ad austeritatem animi per quam aliquis fit promptus ad poenas augendas, pertinet ad crudelitatem.
ra2 ‘ Ad secundum dicendum quod misericordia et clementia conveniunt in hoc quod utraque refugit et abhorret miseriam alienam, aliter tamen et aliter. nam ad misericordiam pertinet miseriae subvenire per beneficii collationem, ad clementiam autem pertinet miseriam diminuere per subtractionem poenarum. et quia crudelitas superabundantiam in exigendis poenis importat, directius opponitur clementiae quam misericordiae. tamen, propter similitudinem harum virtutum, accipitur quandoque crudelitas pro immisericordia.
ra3 ‘ Ad tertium dicendum quod crudelitas ibi accipitur pro immisericordia, ad quam pertinet beneficia non largiri. quamvis etiam dici possit quod ipsa beneficii subtractio quaedam poena est.

009 ST3 qu159 ar2

ag1 ‘ Ad secundum sic proceditur. videtur quod crudelitas a saevitia sive feritate non differat. uni enim virtuti, ex una parte, unum vitium videtur esse oppositum. sed clementiae per superabundantiam opponitur et crudelitas et saevitia. ergo videtur quod saevitia et crudelitas sint idem.
ag2 * Praeterea, isidorus dicit, in libro etymol., quod ° severus dicitur quasi saevus et verus, quia sine pietate tenet iustitiam, ‘ et sic saevitia videtur excludere remissionem poenarum in iudiciis, quod pertinet ad pietatem. * hoc autem dictum est ad crudelitatem pertinere. ‘ ergo crudelitas est idem quod saevitia.
ag3 ‘ Praeterea, sicut virtuti opponitur aliquod vitium in excessu, ita etiam et in defectu, quod quidem contrariatur et virtuti, quae est in medio, et vitio quod est in excessu. sed idem vitium ad defectum pertinens opponitur et crudelitati et saevitiae, videlicet remissio vel dissolutio, * dicit enim gregorius, xx moral., ° sit amor, sed non emolliens, sit rigor, sed non exasperans. sit zelus, sed non immoderate saeviens, sit pietas, sed non plus quam expediat parcens. ‘ ergo saevitia est idem crudelitati.
sc * Sed contra est quod seneca dicit, in ii de clement., quod ° ille qui non laesus, nec peccatori irascitur, non dicitur crudelis, sed ferus sive saevus.
co ‘ Respondeo dicendum quod nomen saevitiae et feritatis a similitudine ferarum accipitur, quae etiam saevae dicuntur. huiusmodi enim animalia nocent hominibus ut ex eorum corporibus pascantur, non ex aliqua iustitiae causa, cuius consideratio pertinet ad solam rationem. et ideo, proprie loquendo, feritas vel saevitia dicitur secundum quam aliquis in poenis inferendis non considerat aliquam culpam eius qui punitur, sed solum hoc quod delectatur in hominum cruciatu. et sic patet quod continetur sub bestialitate, nam talis delectatio non est humana, sed bestialis, proveniens vel ex mala consuetudine vel ex corruptione naturae, sicut et aliae huiusmodi bestiales affectiones. sed crudelitas attendit culpam in eo qui punitur, sed excedit modum in puniendo. et ideo crudelitas differt a saevitia sive feritate sicut malitia humana a bestialitate, * ut dicitur in vii ethic..
ra1 ‘ Ad primum ergo dicendum quod clementia est virtus humana, unde directe sibi opponitur crudelitas, quae est malitia humana. sed saevitia vel feritas continetur sub bestialitate. unde non directe opponitur clementiae, sed superexcellentiori virtuti, * quam philosophus vocat heroicam vel divinam, ‘ quae secundum nos videtur pertinere ad dona spiritus sancti. unde potest dici quod saevitia directe opponitur dono pietatis.
ra2 ‘ Ad secundum dicendum quod severus non dicitur simpliciter saevus, quia hoc sonat in vitium, sed dicitur saevus circa veritatem, propter aliquam similitudinem saevitiae, quae non est diminutiva poenarum.
ra3 ‘ Ad tertium dicendum quod remissio in puniendo non est vitium nisi inquantum praetermittitur ordo iustitiae, quo aliquis debet puniri propter culpam, quam excedit crudelitas. saevitia autem penitus hunc ordinem non attendit. unde remissio punitionis directe opponitur crudelitati, non autem saevitiae.

009 ST3 qu160 ar

pr ‘ Deinde considerandum est de modestia. et primo, de ipsa in communi; secundo, de singulis quae sub ea continentur. circa primum quaeruntur duo. primo, utrum modestia sit pars temperantiae. secundo, quae sit materia modestiae.

009 ST3 qu160 ar1

ag1 ‘ Ad primum sic proceditur. videtur quod modestia non sit pars temperantiae. modestia enim a modo dicitur. sed in omnibus virtutibus requiritur modus, nam virtus ordinatur ad bonum; “ bonum autem, * ut augustinus dicit, in libro de natura boni, “ consistit in modo, specie et ordine. ‘ ergo modestia est generalis virtus. non ergo debet poni pars temperantiae.
ag2 ‘ Praeterea, laus temperantiae praecipue videtur consistere ex quadam moderatione. ab hac autem sumitur nomen modestiae. ergo modestia est idem quod temperantia, et non pars eius.
ag3 ‘ Praeterea, modestia videtur consistere circa proximorum correctionem, * secundum illud ii ad tim. ii, ° servum dei non oportet litigare, sed mansuetum esse ad omnes, cum modestia corripientem eos qui resistunt veritati. ‘ sed correctio delinquentium est actus iustitiae vel caritatis, * ut supra habitum est. ‘ ergo videtur quod modestia magis sit pars iustitiae quam temperantiae.
sc ‘ Sed contra est quod * tullius ponit modestiam partem temperantiae.
co * Respondeo dicendum quod, sicut supra dictum est, ‘ temperantia moderationem adhibet circa ea in quibus difficillimum est moderari, scilicet circa concupiscentias delectationum tactus. ubicumque autem est aliqua virtus specialiter circa aliquod maximum, oportet esse aliam virtutem circa ea quae mediocriter se habent, eo quod oportet quantum ad omnia vitam hominis secundum virtutes regulatam esse, * sicut supra dictum est quod ‘ magnificentia est circa magnos sumptus pecuniarum, praeter quam est necessaria liberalitas, quae fit circa mediocres sumptus. unde necessarium est quod sit quaedam virtus moderativa in aliis mediocribus, in quibus non est ita difficile moderari. et haec virtus vocatur modestia, et adiungitur temperantiae sicut principali.
ra1 ‘ Ad primum ergo dicendum quod nomen commune quandoque appropriatur his quae sunt infima, sicut nomen commune angelorum appropriatur infimo ordini angelorum. ita etiam et modus, qui communiter observatur in qualibet virtute, appropriatur specialiter virtuti quae in minimis modum ponit.
ra2 ‘ Ad secundum dicendum quod aliqua temperatione indigent propter suam vehementiam, sicut vinum forte temperatur, sed moderatio requiritur in omnibus. et ideo temperantia magis se habet ad passiones vehementes, modestia vero ad mediocres.
ra3 ‘ Ad tertium dicendum quod modestia ibi accipitur a modo communiter sumpto, prout requiritur in omnibus virtutibus.

009 ST3 qu160 ar2

ag1 ‘ Ad secundum sic proceditur. videtur quod modestia sit solum circa exteriores actiones. interiores enim motus passionum aliis noti esse non possunt. * sed apostolus, philipp. iv, mandat ut “ modestia nostra nota sit omnibus hominibus. ‘ ergo modestia est solum circa exteriores actiones.
ag2 ‘ Praeterea, virtutes quae sunt circa passiones, distinguuntur a virtute iustitiae, quae est circa operationes. sed modestia videtur esse una virtus. si ergo est circa operationes exteriores, non erit circa aliquas interiores passiones.
ag3 ‘ Praeterea, nulla virtus una et eadem est circa ea quae pertinent ad appetitum, quod est proprium virtutum moralium; et circa ea quae pertinent ad cognitionem, quae est proprie virtutum intellectualium; neque etiam circa ea quae pertinent ad irascibilem, et concupiscibilem. si ergo modestia est una virtus, non potest esse circa omnia praedicta.
sc ‘ Sed contra, in omnibus praedictis oportet observari modum, a quo modestia dicitur. ergo circa omnia praedicta est modestia.
co * Respondeo dicendum quod, sicut dictum est, ‘ modestia differt a temperantia in hoc quod temperantia est moderativa eorum quae difficillimum est refrenare, modestia autem est moderativa eorum quae in hoc mediocriter se habent. * diversimode autem aliqui de modestia videntur esse locuti. ubicumque enim consideraverunt aliquam specialem rationem boni vel difficultatis in moderando, illud subtraxerunt modestiae, relinquentes modestiam circa minora. ‘ manifestum est autem omnibus quod refrenatio delectationum tactus specialem quandam difficultatem habet. * unde omnes temperantiam a modestia distinxerunt. sed praeter hoc, tullius consideravit “ quoddam speciale bonum esse in moderatione poenarum. et ideo etiam clementiam subtraxit modestiae, ponens modestiam circa omnia quae relinquuntur moderanda. ‘ quae quidem videntur esse quatuor. quorum unum est motus animi ad aliquam excellentiam, quem moderatur humilitas. secundum autem est desiderium eorum quae pertinent ad cognitionem, et in hoc moderatur studiositas, quae opponitur curiositati. tertium autem, quod pertinet ad corporales motus et actiones, ut scilicet decenter et honeste fiant, tam in his quae serio, quam in his quae ludo aguntur. quartum autem est quod pertinet ad exteriorem |25| apparatum, puta in vestibus et aliis huiusmodi. * sed circa quaedam eorum alii posuerunt “ quasdam speciales virtutes * sicut andronicus “ mansuetudinem, simplicitatem et humilitatem, et alia huiusmodi, * de quibus supra dictum est. * aristoteles etiam circa delectationes ludorum posuit eutrapeliam. ‘ quae omnia continentur sub modestia, * secundum quod a tullio accipitur. ‘ et hoc modo modestia se habet non solum circa exteriores actiones, sed etiam circa interiores.
ra1 * Ad primum ergo dicendum quod apostolus loquitur ‘ de modestia prout est circa exteriora. et tamen etiam interiorum moderatio manifestari potest per quaedam exteriora signa.
ra2 ‘ Ad secundum dicendum quod sub modestia con-

tinentur diversae virtutes, * quae a diversis assignantur. ‘ unde nihil prohibet modestiam esse circa ea quae requirunt diversas virtutes. et tamen non est tanta diversitas inter partes modestiae ad invicem, quanta est iustitiae, quae est circa operationes, ad temperantiam, quae est circa passiones, quia in actionibus et passionibus in quibus non est aliqua excellens difficultas ex parte materiae, sed solum ex parte moderationis, non attenditur virtus nisi una, scilicet secundum rationem moderationis.
ra3 ‘ Et per hoc etiam patet responsio ad tertium.

009 ST3 qu161 ar

pr ‘ Deinde considerandum est de speciebus modestiae. et primo, de humilitate, et superbia, quae ei opponitur; secundo, de studiositate, et curiositate sibi opposita; tertio, de modestia secundum quod est in verbis vel factis; quarto, de modestia secundum quod est circa exteriorem cultum. circa humilitatem quaeruntur sex. primo, utrum humilitas sit virtus. secundo, utrum consistat in appetitu, vel in iudicio rationis. tertio, utrum aliquis per humilitatem se debeat omnibus subiicere. quarto, utrum sit pars modestiae vel temperantiae. quinto, de comparatione eius ad alias virtutes. sexto, de gradibus humilitatis.

009 ST3 qu161 ar1

ag1 ‘ Ad primum sic proceditur. videtur quod humilitas non sit virtus. virtus enim importat rationem boni. sed humilitas videtur importare rationem mali poenalis, * secundum illud psalmi. ° humiliaverunt in compedibus pedes eius. ‘ ergo humilitas non est virtus.
ag2 ‘ Praeterea, virtus et vitium opponuntur. sed humilitas quandoque sonat in vitium, * dicitur enim eccli. xix, est qui nequiter se humiliat. ‘ ergo humilitas non est virtus.
ag3 ‘ Praeterea, nulla virtus opponitur alii virtuti. sed humilitas videtur opponi virtuti magnanimitatis, quae tendit in magna, humilitas autem ipsa refugit. ergo videtur quod humilitas non sit virtus.
ag4 ‘ Praeterea, * virtus est dispositio perfecti, ut dicitur in vii physic.. ‘ sed humilitas videtur esse imperfectorum, unde et deo non convenit humiliari, qui nulli subiici potest. ergo videtur quod humilitas non sit virtus.
ag5 ° Praeterea, omnis virtus moralis est circa actiones vel passiones, * ut dicitur in ii ethic.. ‘ sed humilitas non connumeratur * a philosopho ‘ inter virtutes quae sunt circa passiones, nec etiam continetur sub iustitia, quae est circa actiones. ergo videtur quod non sit virtus.
sc * Sed contra est quod origenes dicit, exponens illud luc. i, ° respexit humilitatem ancillae suae, proprie in scripturis una de virtutibus humilitas praedicatur, ait quippe salvator, discite a me, quia mitis sum et humilis corde.
co ‘ Respondeo dicendum quod, * sicut supra dictum est, cum de passionibus ageretur, ‘ bonum arduum habet aliquid unde attrahit appetitum, scilicet ipsam rationem boni, et habet aliquid retrahens, scilicet ipsam difficultatem adipiscendi, secundum quorum primum insurgit motus spei, et secundum aliud motus desperationis. * dictum est autem supra quod ‘ circa motus appetitivos qui se habent per modum impulsionis, oportet esse virtutem moralem moderantem et refrenantem, circa illos autem qui se habent per modum retractionis, oportet esse virtutem moralem firmantem et impellentem. et ideo circa appetitum boni ardui necessaria est duplex virtus. una quidem quae temperet et refrenet animum, ne immoderate tendat in excelsa, et hoc pertinet ad virtutem humilitatis. alia vero quae firmat animum contra desperationem, et impellit ipsum ad prosecutionem magnorum secundum rationem rectam, et haec est magnanimitas. et sic patet quod humilitas est quaedam virtus.
ra1 ‘ Ad primum ergo dicendum quod, * sicut isidorus dicit, in libro etymol., “ humilis dicitur quasi humi acclinis, idest, imis inhaerens. ‘ quod quidem contingit dupliciter. uno modo, ex principio extrinseco, puta cum aliquis ab alio deiicitur. et sic humilitas est poena. alio modo, a principio intrinseco. et hoc potest fieri quandoque quidem bene, puta cum aliquis, considerans suum defectum, tenet se in infimis secundum suum modum; * sicut abraham dixit ad dominum, gen. xviii, ° loquar ad dominum meum, cum sim pulvis et cinis. ‘ et hoc modo humilitas ponitur virtus. quandoque autem potest fieri male, puta cum homo, “ honorem suum non intelligens, comparat se iumentis insipientibus, et fit similis illis.
ra2 * Ad secundum dicendum quod, sicut dictum est, ‘ humilitas, secundum quod est virtus, in sui ratione importat quandam laudabilem deiectionem ad ima. hoc autem quandoque fit solum secundum signa exteriora, secundum fictionem. unde haec est falsa humilitas, * de qua augustinus dicit, in quadam epistola, quod ‘ est magna superbia, quia scilicet videtur tendere ad excellentiam gloriae. quandoque autem fit secundum interiorem motum animae. et secundum hoc humilitas proprie ponitur virtus, quia virtus non consistit in exterioribus, sed principaliter in interiori electione mentis, * ut patet per philosophum, in libro ethicorum.
ra3 ‘ Ad tertium dicendum quod humilitas reprimit appetitum, ne tendat in magna praeter rationem rectam. magnanimitas autem animum ad magna impellit secundum rationem rectam. unde patet quod magnanimitas non opponitur humilitati, sed conveniunt in hoc quod utraque est secundum rationem rectam.
ra4 ‘ Ad quartum dicendum quod perfectum dicitur aliquid dupliciter. uno modo, simpliciter, in quo scilicet nullus defectus invenitur, nec secundum suam naturam, nec per respectum ad aliquid aliud. et sic solus deus est perfectus, cui secundum naturam divinam non competit humilitas, sed solum secundum naturam assumptam. alio modo potest dici aliquid perfectum secundum quid, puta secundum suam naturam, vel secundum statum aut tempus. et hoc modo homo virtuosus est perfectus. cuius tamen perfectio in comparatione ad deum deficiens invenitur, * secundum illud isaiae xl, ° omnes gentes, quasi non sint, sic sunt coram eo. ‘ et sic cuilibet homini potest convenire humilitas.
ra5 * Ad quintum dicendum quod philosophus intendebat agere ‘ de virtutibus secundum quod ordinantur ad vitam civilem, in qua subiectio unius hominis ad alterum secundum legis ordinem determinatur, et ideo continetur sub iustitia legali. humilitas autem, secundum quod est specialis virtus, praecipue respicit subiectionem hominis ad deum, propter quem etiam aliis humiliando se subiicit.

009 ST3 qu161 ar2

ag1 ‘ Ad secundum sic proceditur. videtur quod humilitas non consistat circa appetitum, sed magis circa iudicium rationis. humilitas enim superbiae opponitur. sed superbia maxime consistit in his quae pertinent ad cognitionem. * dicit enim gregorius, xxxiv moral., quod ° superbia, cum exterius usque ad corpus extenditur, prius per oculos indicatur; * unde etiam in psalmo dicitur, ° domine, non est exaltatum cor meum, neque elati sunt oculi mei, ‘ oculi autem maxime deserviunt cognitioni. ergo videtur quod humilitas maxime sit circa cognitionem, quam de se aliquis aestimat parvam.
ag2 * Praeterea, augustinus dicit, in libro de virginit., quod ° humilitas pene tota disciplina christiana est. ‘ nihil ergo quod in disciplina christiana continetur, repugnat humilitati. sed in disciplina christiana admonemur ad appetendum meliora, * secundum illud i ad cor. xii, ° aemulamini charismata meliora. ‘ ergo ad humilitatem non pertinet reprimere appetitum arduorum, sed magis aestimationem.
ag3 ‘ Praeterea, ad eandem virtutem pertinet refrenare superfluum motum, et firmare animum contra superfluam retractionem, sicut eadem fortitudo est quae refrenat audaciam, et quae firmat animum contra timorem. sed magnanimitas firmat animum contra difficultates quae accidunt in prosecutione magnorum. si ergo humilitas refrenaret appetitum magnorum, sequeretur quod humilitas non esset virtus distincta a magnanimitate. quod patet esse falsum. non ergo humilitas consistit circa appetitum magnorum, sed magis circa aestimationem.
ag4 * Praeterea, andronicus ponit humilitatem circa exteriorem cultum, dicit enim quod ° humilitas est habitus non superabundans sumptibus et praeparationibus. ‘ ergo non est circa motum appetitus.
sc * Sed contra est quod augustinus dicit, in libro de poenit., quod ° humilis est qui eligit abiici in domo domini, magis quam habitare in tabernaculis peccatorum. ‘ sed electio pertinet ad appetitum. ergo humilitas consistit circa appetitum, magis quam circa aestimationem.
co * Respondeo dicendum quod, sicut dictum est, ‘ ad humilitatem proprie pertinet ut aliquis reprimat seipsum, ne feratur in ea quae sunt supra se. ad hoc autem necessarium est ut aliquis cognoscat id in quo deficit a proportione eius quod suam virtutem excedit. et ideo cognitio proprii defectus pertinet ad humilitatem sicut regula quaedam directiva appetitus. sed in ipso appetitu consistit humilitas essentialiter. et ideo dicendum est quod humilitas proprie est moderativa motus appetitus.
ra1 ‘ Ad primum ergo dicendum quod extollentia oculorum est quoddam signum superbiae, inquantum excludit reverentiam et timorem. consueverunt enim timentes et verecundati maxime oculos deprimere, quasi non audentes se aliis comparare. non autem ex hoc sequitur quod humilitas essentialiter circa cognitionem consistat.
ra2 ‘ Ad secundum dicendum quod tendere in aliqua maiora ex propriarum virium confidentia, humilitati contrariatur. sed quod aliquis ex confidentia divini auxilii in maiora tendat, hoc non est contra humilitatem, praesertim cum ex hoc aliquis magis apud deum exaltetur quod ei se magis per humilitatem subiicit. * unde augustinus dicit, in libro de poenit., ° aliud est levare se ad deum, aliud est levare se contra deum. qui ante illum se proiicit, ab illo erigitur, qui adversus illum se erigit, ab illo proiicitur.
ra3 ‘ Ad tertium dicendum quod in fortitudine invenitur eadem ratio refrenandi audaciam et firmandi animum contra timorem, utriusque enim ratio est ex hoc quod homo debet bonum rationis periculis mortis praestare. sed in refrenando praesumptionem spei, quod pertinet ad humilitatem, et in firmando animum contra desperationem, quod pertinet ad magnanimitatem, est alia et alia ratio. nam ratio firmandi animum contra desperationem est adeptio proprii boni, ne scilicet, desperando, homo se indignum reddat bono quod sibi competebat. sed in reprimendo praesumptionem spei, ratio praecipua sumitur ex reverentia divina, ex qua contingit ut homo non plus sibi attribuat quam sibi competat secundum gradum quem est a deo sortitus. unde humilitas praecipue videtur importare subiectionem hominis ad deum. * et propter hoc augustinus, in libro de serm. dom. in monte, “ humilitatem, quam intelligit per paupertatem spiritus, attribuit dono timoris, quo homo deum reveretur. ‘ et inde est quod fortitudo aliter se habet ad audaciam quam humilitas ad spem. nam fortitudo plus utitur audacia quam eam reprimat, unde superabundantia est ei similior quam defectus. humilitas autem plus reprimit spem vel fiduciam de seipso quam ea utatur, unde magis opponitur sibi superabundantia quam defectus.
ra4 ‘ Ad quartum dicendum quod superabundantia in exterioribus sumptibus et praeparationibus solet ad quandam iactantiam fieri, quae per humilitatem reprimitur. et quantum ad hoc, secundario consistit in exterioribus, prout sunt signa interioris appetitivi motus.

009 ST3 qu161 ar3

ag1 ‘ Ad tertium sic proceditur. videtur quod homo non debeat se omnibus per humilitatem subiicere. * quia, sicut dictum est, ‘ humilitas praecipue consistit in subiectione hominis ad deum. sed id quod debetur deo, non est homini exhibendum, ut patet in omnibus actibus latriae. ergo homo per humilitatem non debet se homini subiicere.
ag2 * Praeterea, augustinus dicit, in libro de nat. et gratia, ° humilitas collocanda est in parte veritatis, non in parte falsitatis. ‘ sed aliqui sunt in supremo statu, qui si se inferioribus subiicerent, absque falsitate hoc fieri non posset. ergo homo non debet se omnibus per humilitatem subiicere.
ag3 ‘ Praeterea, nullus debet facere id quod vergat in detrimentum salutis alterius. sed si aliquis per humilitatem se alteri subiiciat, quandoque hoc verget in detrimentum illius cui se subiicit, qui ex hoc superbiret vel contemneret, * unde augustinus dicit, in regula, ° ne, dum nimium servatur humilitas, regendi frangatur auctoritas. ‘ ergo homo non debet se per humilitatem omnibus subiicere.
sc * Sed contra est quod dicitur philipp. ii, ° in humilitate superiores sibi invicem arbitrantes.
co ‘ Respondeo dicendum quod in homine duo possunt considerari, scilicet id quod est dei, et id quod est hominis. hominis autem est quidquid pertinet ad defectum, sed dei est quidquid pertinet ad salutem et perfectionem, * secundum illud osee xiii, ° perditio tua, israel, ex me tantum auxilium tuum. ‘ humilitas autem, * sicut dictum est, ‘ proprie respicit reverentiam qua homo deo subiicitur. et ideo quilibet homo, secundum id quod suum est, debet se cuilibet proximo subiicere quantum ad id quod est dei in ipso. non autem hoc requirit humilitas, ut aliquis id quod est dei in seipso, subiiciat ei quod apparet esse dei in altero. nam illi qui dona dei participant, cognoscunt se ea habere, * secundum illud i ad cor. ii, ° ut sciamus quae a deo donata sunt nobis. ‘ et ideo absque praeiudicio humilitatis possunt dona quae ipsi acceperunt, praeferre donis dei quae aliis apparent collata, * sicut apostolus, ad ephes. iii, dicit, ° aliis generationibus non est agnitum filiis hominum, sicut nunc revelatum est sanctis apostolis eius. ‘ similiter etiam non hoc requirit humilitas, ut aliquis id quod est suum in seipso, subiiciat ei quod est hominis in proximo. |25| alioquin, oporteret ut quilibet reputaret se magis peccatorem quolibet alio, cum * tamen apostolus absque praeiudicio humilitatis dicat, galat. ii, ° nos natura iudaei, et non ex gentibus peccatores. ‘ potest tamen aliquis reputare aliquid boni esse in proximo quod ipse non habet, vel aliquid mali in se esse quod in alio non est, ex quo potest ei se subiicere per humilitatem.
ra1 ‘ Ad primum ergo dicendum quod non solum debemus deum revereri in seipso, sed etiam id quod est eius debemus revereri in quolibet, non tamen eodem modo reverentiae quo reveremur deum. et ideo per humilitatem debemus nos subiicere omnibus proximis propter deum, * secundum illud i pet. ii, ° subiecti estote omni humanae creaturae propter deum, ‘ latriam tamen soli deo debemus exhibere.
ra2 ‘ Ad secundum dicendum quod, si nos praeferamus id quod est dei in proximo, ei quod est proprium in nobis, non possumus incurrere falsitatem. * unde super illud philipp. ii, ° superiores invicem arbitrantes, * dicit glossa, ° non hoc ita debemus aestimare ut nos aestimare fingamus, sed vere aestimemus posse aliquid esse occultum in alio quo nobis superior sit, etiam si bonum nostrum, quo illo videmur superiores esse, non sit occultum.
ra3 ‘ Ad tertium dicendum quod humilitas, sicut et ceterae virtutes, praecipue interius in anima consistit. et ideo potest homo secundum interiorem actum animae alteri se subiicere, sine hoc quod occasionem habeat alicuius quod pertineat ad detrimentum suae salutis. * et hoc est quod augustinus dicit, in regula, ° timore coram deo praelatus substratus sit pedibus vestris. ‘ sed in exterioribus humilitatis ac-

tibus, sicut et in actibus ceterarum virtutum, est debita moderatio adhibenda, ne possint vergere in detrimentum alterius. si autem aliquis quod debet faciat, et alii ex hoc occasionem sumant peccati, non imputatur humiliter agenti, quia ille non scandalizat, quamvis alter scandalizetur.

009 ST3 qu161 ar4

ag1 ' Ad quartum sic proceditur. videtur quod humilitas non sit pars modestiae vel temperantiae. humilitas enim praecipue respicit reverentiam qua quis subiicitur deo, * ut dictum est. ' sed ad virtutem theologicam pertinet quod habeat deum pro obiecto. ergo humilitas magis debet poni virtus theologica quam pars temperantiae seu modestiae.
ag2 ' Praeterea, temperantia est in concupiscibili. humilitas autem videtur esse in irascibili, sicut et superbia, quae ei opponitur, cuius obiectum est arduum. ergo videtur quod humilitas non sit pars temperantiae vel modestiae.
ag3 ' Praeterea, humilitas et magnanimitas circa eadem sunt, * ut ex supra dictis patet. ' sed magnanimitas non ponitur pars temperantiae, sed magis fortitudinis, * ut supra habitum est. ' ergo videtur quod humilitas non sit pars temperantiae vel modestiae.
sc * Sed contra est quod origenes dicit, super lucam, ° si vis nomen huius audire virtutis, quomodo etiam a philosophis appelletur, ausculta eandem esse humilitatem quam respicit deus, quae ab illis metriotes dicitur, ' idest mensuratio sive moderatio. quae manifeste pertinet ad modestiam et temperantiam. ergo humilitas est pars modestiae et temperantiae.
co * Respondeo dicendum quod, sicut supra dictum est, ' in assignando partes virtutibus praecipue attenditur similitudo quantum ad modum virtutis. modus autem temperantiae, ex quo maxime laudem habet, est refrenatio vel repressio impetus alicuius passionis. et ideo omnes virtutes refrenantes sive reprimentes impetus aliquarum affectionum, vel actiones moderantes, ponuntur partes temperantiae. sicut autem mansuetudo reprimit motum irae, ita etiam humilitas reprimit motum spei, qui est motus spiritus in magna tendentis. et ideo, sicut mansuetudo ponitur pars temperantiae, ita etiam humilitas. * unde et philosophus, in iv ethic., " eum qui tendit in parva secundum suum modum, dicit non esse magnanimum, sed temperatum, quem nos humilem dicere possumus. ' et inter alias partes temperantiae, * ratione superius dicta. ' continetur sub modestia, * prout tullius de ea loquitur, ' inquantum scilicet humilitas nihil est aliud quam quaedam moderatio spiritus. * unde et i pet. iii dicitur, ° in incorruptibilitate quieti ac modesti spiritus.
ra1 ' Ad primum ergo dicendum quod virtutes theologicae, quae sunt circa ultimum finem, qui est primum principium in appetibilibus, sunt causae omnium aliarum virtutum. unde ex hoc quod humilitas causatur ex reverentia divina, non excluditur quin humilitas sit pars modestiae vel temperantiae.
ra2 ' Ad secundum dicendum quod partes principalibus virtutibus assignantur, non secundum convenientiam in subiecto vel in materia, sed secundum convenientiam in modo formali, * ut dictum est. ' et ideo, licet humilitas sit in irascibili sicut in subiecto, ponitur tamen pars modestiae et temperantiae propter modum.
ra3 ' Ad tertium dicendum quod, licet magnanimitas et humilitas in materia conveniant, differunt tamen in modo, ratione cuius magnanimitas ponitur pars fortitudinis, humilitas autem pars temperantiae.

009 ST3 qu161 ar5

ag1 ' Ad quintum sic proceditur. videtur quod humilitas sit potissima virtutum. * dicit enim chrysostomus, exponens illud quod dicitur luc. xviii de pharisaeo et publicano, quod, ° si mixta delictis humilitas tam facile currit ut iustitiam superbiae coniunctam transeat, si iustitiae coniunxeris eam, quo non ibit? assistet ipsi tribunali divino in medio angelorum. ' et sic patet quod humilitas praefertur iustitiae. sed iustitia vel est praeclarissima virtutum, vel includit in se omnes virtutes, * ut patet per philosophum, in v ethic.. ' ergo humilitas est maxima virtutum.
ag2 * Praeterea, augustinus dicit, in libro de verb. dom., ° cogitas magnam fabricam construere celsitudinis? de fundamento prius cogita humilitatis. ' ex quo videtur quod humilitas sit fundamentum omnium virtutum. ergo videtur esse potior aliis.
ag3 ' Praeterea, maiori virtuti maius debetur praemium. sed humilitati debetur maximum praemium, quia qui se humiliat, exaltabitur, * ut dicitur luc. xiv. ' ergo humilitas est maxima virtutum.
ag4 * Praeterea, sicut augustinus dicit, in libro de vera relig., ° tota vita christi in terris, per hominem quem suscipere dignatus est, disciplina morum fuit. ' praecipue humilitatem suam imitandam proposuit. * dicens, matth. xi, ° discite a me, quia mitis sum et humilis corde. * et gregorius dicit, in pastoral., quod ° argumentum redemptionis nostrae inventa est humilitas dei. ' ergo humilitas videtur esse maxima virtutum.
sc ' Sed contra est quod caritas praefertur omnibus virtutibus, * secundum illud coloss. iii, ° super omnia, caritatem habete. ' non ergo humilitas est maxima virtutum.
co ' Respondeo dicendum quod bonum humanae virtutis in ordine rationis consistit. qui quidem principaliter attenditur respectu finis. unde virtutes theologicae, quae habent ultimum finem pro obiecto, sunt potissimae. secundario autem attenditur prout secundum rationem finis ordinantur ea quae sunt ad finem. et haec quidem ordinatio essentialiter consistit in ipsa ratione ordinante, participative autem in appetitu per rationem ordinato. quam quidem ordinationem universaliter facit iustitia, praesertim legalis. ordinationi autem facit hominem bene subiectum humilitas in universali quantum ad omnia, quaelibet autem alia virtus quantum ad aliquam materiam specialem. et ideo post virtutes theologicas; et virtutes intellectuales, quae respiciunt ipsam rationem; et post iustitiam, praesertim legalem; potior ceteris est humilitas.
ra1 ' Ad primum ergo dicendum quod humilitas iustitiae non praefertur, sed iustitiae cui superbia coniungitur, quae iam desinit esse virtus. sicut e contrario peccatum per humilitatem remittitur, * nam et de publicano dicitur, luc. xviii, quod " merito humilitatis descendit iustificatus in domum suam. * unde et chrysostomus dicit, ° geminas bigas mihi accommodes, alteram quidem iustitiae et superbiae; alteram vero peccati et humilitatis. et videbis peccatum praevertens iustitiam, non propriis, sed humilitatis coniugae viribus, aliud vero par videbis devictum, non fragilitate iustitiae, sed mole et tumore superbiae.
ra2 ' Ad secundum dicendum quod, sicut ordinata virtutum congregatio per quandam similitudinem aedificio comparatur, ita etiam illud quod est primum in acquisitione virtutum, fundamento comparatur, quod primum in aedificio iacitur. virtutes autem verae infunduntur a deo. unde primum in acquisitione virtutum potest accipi dupliciter. uno modo, per modum removentis prohibens. et sic humilitas primum locum tenet, inquantum scilicet expellit superbiam, cui deus resistit, et praebet hominem subditum et semper patulum ad suscipiendum influxum divinae gratiae, inquantum evacuat inflationem superbiae; * ut dicitur iac. iv, quod ° deus superbis resistit, humilibus autem dat gratiam. ' et secundum hoc, humilitas dicitur spiritualis aedificii fundamentum. alio modo est aliquid primum in virtutibus directe, per quod scilicet iam ad deum acceditur. primus autem accessus ad deum est per fidem, * secundum illud heb. xi, ° accedentem ad deum oportet credere. ' et secundum hoc, fides ponitur fundamentum, nobiliori modo quam humilitas.
ra3 ' Ad tertium dicendum quod contemnenti terrena promittuntur caelestia, sicut contemnentibus divitias terrenas promittuntur caelestes thesauri, * secundum illud matth. vi, ° nolite thesaurizare vobis thesauros in terra, sed thesaurizate vobis thesauros in coelo; ' et similiter contemnentibus mundi gaudia promittuntur consolationes caelestes, * secundum illud matth. v, ° beati qui lugent, quoniam ipsi consolabuntur. ' et eodem modo humilitati promittitur spiritualis exaltatio, non quia ipsa sola eam mereatur, sed quia eius est proprium contemnere sublimitatem terrenam. * unde augustinus dicit, in libro de poenitentia, ° ne putes eum qui se humiliat, semper iacere, cum dictum sit, exaltabitur. et ne opineris eius exaltationem in oculis hominum per sublimitates fieri corporales.
ra4 ' Ad quartum dicendum quod ideo christus praecipue humilitatem nobis commendavit, quia per hoc maxime removetur impedimentum humanae salutis, quae consistit in hoc quod homo ad caelestia et spiritualia tendat, a quibus homo impeditur dum in terrenis magnificari studet. et ideo dominus, ut impedimentum salutis auferret, exteriorem celsitudinem contemnendam monstravit per humilitatis exempla. et sic humilitas est quasi quaedam dispositio ad liberum accessum hominis in spiritualia et divina bona. sicut ergo perfectio est potior dispositione, ita etiam caritas et aliae virtutes quibus homo directe movetur in deum, sunt potiores humilitate.

009 ST3 qu161 ar6

ag1 ' Ad sextum sic proceditur. videtur quod inconvenienter distinguantur duodecim gradus humilitatis qui * in regula beati benedicti ponuntur, " quorum primus est, corde et corpore semper humilitatem ostendere, defixis in terram aspectibus; secundus, ut pauca verba, et rationabilia loquatur aliquis, non clamosa voce; tertius, ut non sit facilis aut promptus in risum; quartus, taciturnitas usque ad interrogationem; quintus, tenere quod habet communis monasterii regula; sextus, credere et pronuntiare se omnibus viliorem; septimus, ad omnia indignum et inutilem se confiteri et credere; octavus, confessio peccatorum; nonus, pro obedientia in duris et asperis patientiam amplecti; decimus, ut cum obedientia se subdat maiori; undecimus, ut voluntatem propriam non delectetur implere; duodecimus, ut deum timeat, et memor sit omnium quae praecepit. ' enumerantur enim hic quaedam quae ad alias virtutes pertinent, sicut obedientia et patientia. enumerantur etiam aliqua quae ad falsam opinionem pertinere videntur, quae nulli virtuti potest competere, " scilicet quod aliquis pronuntiet se omnibus viliorem, quod ad omnia indignum et inutilem se confiteatur et credat. ' ergo inconvenienter ista ponuntur inter gradus humilitatis.
ag2 ' Praeterea, humilitas ab interioribus ad exteriora procedit, sicut et ceterae virtutes. inconvenienter igitur praemittuntur in praemissis gradibus illa quae pertinent ad exteriores actus, his quae pertinent ad interiores.
ag3 * Praeterea, anselmus, in libro de similitudinibus, " ponit septem humilitatis gradus, quorum primus est, contemptibilem se esse cognoscere; secundus, de hoc dolere; tertius, hoc confiteri; quartus, hoc persuadere, ut scilicet velit hoc credi; quintus, ut patienter sustineat hoc dici; sextus, ut patiatur contemptibiliter se tractari; septimus, ut hoc amet. ' ergo videntur praemissi gradus esse superflui.
ag4 * Praeterea, matth. iii dicit glossa, ° perfecta humilitas tres habet gradus. primus est subdere se maiori, et non praeferre se aequali, qui est sufficiens. secundus est subdere se aequali, nec praeferre se minori, et hic dicitur abundans. tertius gradus est subesse minori, in quo est omnis iustitia. ' ergo praemissi gradus videntur esse superflui.
ag5 * Praeterea, augustinus dicit, in libro de virginit., ° mensura humilitatis cuique ex mensura ipsius magnitudinis data est, cui est periculosa superbia, quae amplius amplioribus insidiatur. ' sed mensura magnitudinis humanae non potest sub certo numero graduum determinari. ergo videtur quod non possint determinati gradus humilitatis assignari.
co * Respondeo dicendum quod, sicut ex supra dictis patet, ' humilitas essentialiter in appetitu consistit, secundum quod aliquis refrenat impetum animi sui, ne inordinate tendat in magna, sed regulam habet in cognitione, ut scilicet aliquis non se existimet esse supra id quod est. et utriusque principium et radix est reverentia quam quis habet ad deum. ex interiori autem dispositione humilitatis procedunt quaedam exteriora signa in verbis et factis et gestibus, quibus id quod interius latet manifestatur, sicut et in ceteris virtutibus accidit, nam ° ex visu cognoscitur vir, et ab occursu faciei sensatus, * ut dicitur eccli. xix. ' et ideo in praedictis gradibus humilitatis ponitur aliquid quod pertinet ad humilitatis radicem, scilicet duodecimus gradus, qui est, ° ut homo deum timeat, et memor sit omnium quae praecepit. ' ponitur etiam aliquid pertinens ad appetitum, ne scilicet in propriam excellentiam inordinate tendat. quod quidem fit tripliciter. uno modo, ut non sequatur homo propriam voluntatem, quod pertinet ad undecimum gradum. alio modo, ut regulet eam secundum superioris arbitrium, quod pertinet ad gradum decimum. tertio modo, ut ab hoc non desistat propter dura et aspera quae occurrunt, et hoc pertinet ad nonum. ponuntur etiam quaedam pertinentia ad existimationem hominis recognoscentis suum defectum. et hoc tripliciter. uno quidem modo, per hoc quod |25| proprios defectus recognoscat et confiteatur, quod pertinet ad octavum gradum. secundo, ut ex consideratione sui defectus aliquis insufficientem se existimet ad maiora, quod pertinet ad septimum. tertio, ut quantum ad hoc sibi alios praeferat, quod pertinet ad sextum. ponuntur etiam quaedam quae pertinent ad exteriora signa. quorum unum est in factis, ut scilicet homo non recedat in suis operibus a via communi, quod pertinet ad quintum. alia duo sunt in verbis, ut scilicet homo non praeripiat tempus loquendi, quod pertinet ad quartum; nec excedat modum in loquendo, quod pertinet ad secundum. alia vero consistunt in exterioribus gestibus, puta in reprimendo extollentiam oculorum, quod pertinet ad primum; et in cohibendo exterius risum et alia ineptae laetitiae signa, quod pertinet ad tertium.
ra1 ' Ad primum ergo dicendum quod aliquis absque falsitate potest se credere et pronuntiare omnibus viliorem, secundum defectus occultos quos in se recognoscit, et dona dei quae in aliis latent. * unde augustinus dicit, in libro de virginit., ° existimate aliquos in occulto superiores, quibus estis in manifesto meliores. ' similiter etiam absque falsitate potest aliquis confiteri et credere ad omnia se inutilem et indignum, secundum proprias vires, ut sufficientiam suam totam in deum referat, * secundum illud ii ad cor. iii, ° non quod sufficientes simus cogitare aliquid a nobis, quasi ex nobis, sed sufficientia nostra ex deo est. ' non est autem inconveniens quod ea quae ad alias virtutes pertinent, humilitati adscribantur. quia sicut unum vitium oritur ex alio, ita naturali ordine actus unius virtutis procedit ex actu alterius.
ra2 ' Ad secundum dicendum quod homo ad humilitatem pervenit per duo. primo quidem et principaliter, per gratiae donum. et quantum ad hoc, interiora praecedunt exteriora. aliud autem est humanum studium, per quod homo prius exteriora cohibet, et postmodum pertingit ad extirpandum interiorem radicem. et secundum hunc ordinem assignantur hic humilitatis gradus.
ra3 * Ad tertium dicendum quod omnes gradus quos anselmus ponit, ' reducuntur ad opinionem et manifestationem et voluntatem propriae abiectionis. nam primus gradus pertinet ad cognitionem proprii defectus. sed quia vituperabile esset si quis proprium defectum amaret, hoc per secundum gradum excluditur. sed ad manifestationem sui defectus pertinent tertius et quartus gradus, ut scilicet aliquis non solum simpliciter suum defectum enuntiet, sed etiam persuadeat. alii autem tres gradus pertinent

ad appetitum. qui excellentiam exteriorem non quaerit, sed exteriorem abiectionem vel aequanimiter patitur, sive in verbis sive in factis, * quia, sicut gregorius dicit, in registro, ° non grande est his nos esse humiles a quibus honoramur, quia et hoc saeculares quilibet faciunt, sed illis maxime humiles esse debemus a quibus aliqua patimur. ˙ et hoc pertinet ad quintum et sextum gradum. vel etiam desideranter exteriorem abiectionem amplectitur, quod pertinet ad septimum gradum. et sic omnes isti gradus continentur sub sexto et septimo superius enumeratis.
ra4 ˙ Ad quartum dicendum quod illi gradus accipiuntur non ex parte ipsius rei, idest secundum naturam humilitatis, sed per comparationem ad gradus hominum, qui sunt vel maiores vel minores vel aequales.
ra5 ˙ Ad quintum dicendum quod etiam illa ratio procedit ex gradibus humilitatis non secundum ipsam naturam rei, secundum quam assignantur praemissi gradus, sed secundum diversas hominum conditiones.

009 ST3 qu162 ar

pr ˙ Deinde considerandum est de superbia. et primo, de superbia in communi; secundo, de peccato primi hominis, quod ponitur esse superbia. circa primum quaeruntur octo. primo, utrum superbia sit peccatum. secundo, utrum sit vitium speciale. tertio, in quo sit sicut in subiecto. quarto, de speciebus eius. quinto, utrum sit peccatum mortale. sexto, utrum sit gravissimum omnium peccatorum. septimo, de ordine eius ad alia peccata. octavo, utrum debeat poni vitium capitale.

009 ST3 qu162 ar1

ag1 ˙ Ad primum sic proceditur. videtur quod superbia non sit peccatum. nullum enim peccatum est repromissum a deo, promittit enim deus quod ipse facturus est; non est autem auctor peccati. sed superbia connumeratur inter repromissiones divinas, * dicitur enim isaiae lx, ° ponam te in superbiam saeculorum, gaudium in generatione et generationem. ˙ ergo superbia non est peccatum.
ag2 ˙ Praeterea, appetere divinam similitudinem non est peccatum, hoc enim naturaliter appetit quaelibet creatura, et in hoc optimum eius consistit. et praecipue hoc convenit rationali creaturae, quae facta est ad imaginem et similitudinem dei. * sed sicut dicitur in libro sententiarum prosperi, " superbia est amor propriae excellentiae, per quam homo deo similatur, qui est excellentissimus, * unde dicit augustinus, in ii confess., ° superbia celsitudinem imitatur, cum tu sis unus super omnia deus excelsus. ˙ ergo superbia non est peccatum.
ag3 ˙ Praeterea, peccatum non solum contrariatur virtuti, sed etiam opposito vitio, * ut patet per philosophum, in ii ethic.. ˙ sed nullum vitium invenitur oppositum esse superbiae. ergo superbia non est peccatum.
sc * Sed contra est quod dicitur tobiae iv, ° superbiam nunquam in tuo sensu aut in tuo verbo dominari permittas.
co ˙ Respondeo dicendum quod superbia nominatur ex hoc quod aliquis per voluntatem tendit supra id quod est, * unde dicit isidorus, in libro etymol., ° superbus dictus est quia super vult videri quam est, qui enim vult supergredi quod est, superbus est. ˙ habet autem hoc ratio recta, ut voluntas uniuscuiusque feratur in id quod est proportionatum sibi. et ideo manifestum est quod superbia importat aliquid quod adversatur rationi rectae. hoc autem facit rationem peccati, quia * secundum dionysium, iv cap. de div. nom., ˙ malum animae est praeter rationem esse. unde manifestum est quod superbia est peccatum.
ra1 ˙ Ad primum ergo dicendum quod superbia dupliciter accipi potest. uno modo, ex eo quod supergreditur regulam rationis. et sic dicimus eam esse peccatum. alio modo potest superbia nominari simpliciter a superexcessu. et secundum hoc, omne superexcedens potest nominari superbia. et ita repromittitur a deo superbia, quasi quidam superexcessus bonorum. * unde et glossa hieronymi dicit, ibidem, quod " est superbia bona, et mala. ˙ quamvis etiam dici possit quod superbia ibi accipitur materialiter pro abundantia rerum de quibus possunt homines superbire.
ra2 ˙ Ad secundum dicendum quod eorum quae naturaliter homo appetit, ratio est ordinatrix, et ita, si aliquis a regula rationis recedit, vel in plus vel in minus, erit talis appetitus vitiosus; sicut patet de appetitu cibi, qui naturaliter desideratur. superbia autem appetit excellentiam in excessu ad rationem rectam, * unde augustinus dicit, in xiv de civ. dei, quod " superbia est perversae celsitudinis appetitus. * et inde est etiam quod, sicut augustinus dicit, xix de civ. dei, ° superbia perverse imitatur deum. odit namque cum sociis aequalitatem sub illo, sed imponere vult sociis dominationem suam pro illo.
ra3 ˙ Ad tertium dicendum quod superbia directe opponitur virtuti humilitatis, quae quodammodo circa eadem magnanimitati existit, * ut supra dictum est. ˙ unde et vitium quod opponitur superbiae in defectum vergens, propinquum est vitio pusillanimitatis, quae opponitur magnanimitati secundum defectum. nam sicut ad magnanimitatem pertinet impellere animum ad magna, contra desperationem; ita ad humilitatem pertinet retrahere animum ab inordinato appetitu magnorum, contra praesumptionem. pusillanimitas autem, si importet defectum a prosecutione magnorum, proprie opponitur magnanimitati per modum defectus; si autem importet applicationem animi ad aliqua viliora quam hominem deceant, opponetur humilitati secundum defectum, utrumque enim ex animi parvitate procedit. sicut et e contrario superbia potest secundum superexcessum et magnanimitati et humilitati opponi, secundum rationes diversas, humilitati quidem, secundum quod subiectionem aspernatur; magnanimitati autem, secundum quod inordinate ad magna se extendit. sed quia superbia superioritatem quandam importat, directius opponitur humilitati, sicut et pusillanimitas, quae importat parvitatem animi in magna tendentis, directius opponitur magnanimitati.

009 ST3 qu162 ar2

ag1 ˙ Ad secundum sic proceditur. videtur quod superbia non sit speciale peccatum. * dicit enim augustinus, in libro de nat. et gratia, quod ° sine superbiae appellatione, nullum peccatum invenies. * et prosper dicit, in libro de vita contemplat., ° nullum peccatum absque superbia potest, vel potuit esse, aut poterit. ˙ ergo superbia est generale peccatum.
ag2 * Praeterea, iob xxxiii, ut avertat hominem ab iniquitate, dicit glossa quod ° contra conditorem superbire est eius praecepta peccando transcendere. * sed secundum ambrosium, ° omne peccatum est transgressio legis divinae et caelestium inobedientia mandatorum. ˙ ergo omne peccatum est superbia.
ag3 ˙ Praeterea, omne peccatum speciale alicui speciali virtuti opponitur. sed superbia opponitur omnibus virtutibus, * dicit enim gregorius, xxxiv moral., ° superbia nequaquam est unius virtutis extinctione contenta, per cuncta animae membra se erigit, et quasi generalis ac pestifer morbus, corpus omne corrumpit. * et isidorus dicit, in libro etymol., quod " est ruina omnium virtutum ˙ ergo superbia non est speciale peccatum.
ag4 ˙ Praeterea, omne peccatum speciale habet specialem materiam. sed superbia habet generalem materiam, * dicit enim gregorius, xxxiv moral., quod ° alter intumescit auro, alter eloquio, alter infimis et terrenis rebus, alter summis caelestibusque virtutibus. ˙ ergo superbia non est speciale peccatum, sed generale.
sc * Sed contra est quod augustinus dicit, in libro de nat. et gratia, ° quaerat, et inveniet, secundum legem dei, superbiam esse peccatum multum discretum ab aliis vitiis. ˙ genus autem non distinguitur a suis speciebus. ergo superbia non est generale peccatum, sed speciale.
co ˙ Respondeo dicendum quod peccatum superbiae dupliciter potest considerari. uno modo, secundum propriam speciem, quam habet ex ratione proprii obiecti. et hoc modo superbia est speciale peccatum, quia habet speciale obiectum, est enim inordinatus appetitus propriae excellentiae, * ut dictum est. ˙ alio modo potest considerari secundum redundantiam quandam in alia peccata. et secundum hoc, habet quandam generalitatem, inquantum scilicet ex superbia oriri possunt omnia peccata, duplici ratione. uno modo, per se, inquantum scilicet alia peccata ordinantur ad finem superbiae, qui est propria excellentia, ad quam potest ordinari omne id quod quis inordinate appetit. alio modo, indirecte et quasi per accidens, scilicet removendo prohibens, inquantum scilicet per superbiam homo contemnit divinam legem, per quam prohibetur a peccando; * secundum illud ierem. ii, ° confregisti iugum, rupisti vincula, dixisti, non serviam. ˙ sciendum tamen quod ad hanc generalitatem superbiae pertinet quod omnia vitia ex superbia interdum oriri possunt, non autem ad eam pertinet quod omnia vitia semper ex superbia oriantur. quamvis enim omnia praecepta legis possit aliquis transgredi qualicumque peccato ex contemptu, qui pertinet ad superbiam; non tamen semper ex contemptu aliquis praecepta divina |25| transgreditur, sed quandoque ex ignorantia, quandoque ex infirmitate. et inde est quod, * sicut augustinus dicit, in libro de nat. et gratia, ° multa perperam fiunt, quae non fiunt superbe.
ra1 ˙ Ad primum ergo dicendum quod * augustinus illa verba inducit, in libro de nat. et gratia, " non ex persona sua, sed ex persona alterius, contra quem disputat. unde et postmodum improbat ea, ostendens quod non semper ex superbia peccatur. * potest tamen dici quod ˙ auctoritates illae intelliguntur quantum ad exteriorem effectum superbiae, qui est transgredi praecepta, quod invenitur in quolibet peccato, non autem quantum ad interiorem actum superbiae, qui est contemptus praecepti. non enim semper peccatum fit ex contemptu, sed quandoque ex ignorantia, quandoque ex infirmitate, * ut dictum est.
ra2 ˙ Ad secundum dicendum quod quandoque aliquis committit aliquod peccatum secundum effectum, sed non secundum affectum, sicut ille qui ignoranter occidit patrem, committit parricidium secundum effectum, sed non secundum affectum, quia hoc non intendebat. et secundum hoc, transgredi praeceptum dei dicitur esse contra deum superbire, secundum effectum quidem semper, non autem semper secundum affectum.
ra3 ˙ Ad tertium dicendum quod peccatum aliquod potest corrumpere virtutem dupliciter. uno modo, per directam contrarietatem ad virtutem. et hoc modo superbia non corrumpit quamlibet virtutem, sed solam humilitatem, sicut et quodlibet aliud speciale peccatum corrumpit specialem virtutem sibi oppositam, contrarium agendo. alio modo peccatum aliquod corrumpit virtutem abutendo ipsa virtute. et sic superbia corrumpit quamlibet virtutem, inquantum scilicet ex ipsis virtutibus sumit occasionem superbiendi, sicut et quibuslibet aliis rebus ad excellentiam pertinentibus. unde non sequitur quod sit generale peccatum.
ra4 ˙ Ad quartum dicendum quod superbia attendit specialem rationem obiecti, quae tamen inveniri potest in diversis materiis. est enim inordinatus amor propriae excellentiae, excellentia autem potest in diversis rebus inveniri.

009 ST3 qu162 ar3

ag1 ˙ Ad tertium sic proceditur. videtur quod superbia non sit in irascibili sicut in subiecto. * dicit enim gregorius, xxiii moral., ° obstaculum veritatis tumor mentis est, quia, dum inflat, obnubilat. ˙ sed cognitio veritatis non pertinet ad irascibilem, sed ad vim rationalem. ergo superbia non est in irascibili.
ag2 * Praeterea, gregorius dicit, xxiv moral., quod ° superbi non eorum vitam considerant quibus se humiliando postponant, sed quibus superbiendo se praeferant, ˙ et sic videtur superbia ex indebita consideratione procedere. sed consideratio non pertinet ad irascibilem, sed potius ad rationalem. ergo superbia non est in irascibili, sed potius in rationali.
ag3 ˙ Praeterea, superbia non solum quaerit excellentiam in rebus sensibilibus, sed etiam in rebus spiritualibus et intelligibilibus ipsa etiam principaliter consistit in contemptu dei, * secundum illud eccli. x, ° initium superbiae hominis est apostatare a deo. ˙ sed irascibilis, cum sit pars appetitus sensitivi, non potest se extendere in deum et in intelligibilia. ergo superbia non potest esse in irascibili.
ag4 ˙ Praeterea, ut dicitur in libro sententiarum prosperi, ° superbia est amor propriae excellentiae. ˙ sed amor non est in irascibili, sed in concupiscibili. ergo superbia non est in irascibili.
sc * Sed contra est quod gregorius, in ii moral., " ponit contra superbiam donum timoris. ˙ timor autem pertinet ad irascibilem. ergo superbia est in irascibili.
co ˙ Respondeo dicendum quod subiectum cuiuslibet virtutis vel vitii oportet inquirere ex proprio obiecto, non enim potest esse aliud obiectum habitus vel actus nisi quod est obiectum potentiae quae utrique subiicitur. proprium autem obiectum superbiae est arduum, est enim appetitus propriae excellentiae, * ut dictum est. ˙ unde oportet quod superbia aliquo modo ad vim irascibilem pertineat. sed irascibilis dupliciter accipi potest. uno modo, proprie. et sic est pars appetitus sensitivi, sicut et ira proprie sumpta est quaedam passio sensitivi appetitus. alio modo, potest accipi irascibilis largius, ut scilicet pertineat etiam ad appetitum intellectivum, cui etiam quandoque attribuitur ira, prout scilicet attribuimus iram deo et angelis, non quidem secundum passionem, sed secundum iudicium iustitiae iudicantis. et tamen irascibilis sic communiter dicta non est potentia distincta a concupiscibili, * ut patet ex his quae in primo dicta sunt. ˙ si ergo arduum quod est obiectum superbiae, esset solum aliquid sensibile, in quod posset tendere appetitus sensitivus, oporteret quod superbia esset in irascibili quae est pars appetitus sensitivi. sed quia arduum quod respicit superbia, communiter invenitur et in sensibilibus et in spiritualibus rebus necesse est dicere quod subiectum superbiae sit irascibilis non solum proprie sumpta, prout est pars appetitus sensitivi, sed |25| etiam communius accepta, prout invenitur in appetitu intellectivo. unde et in daemonibus superbia ponitur.
ra1 ˙ Ad primum ergo dicendum quod cognitio veritatis est duplex. una pure speculativa. et hanc superbia indirecte impedit, subtrahendo causam. superbus enim neque deo suum intellectum subiicit, ut ab eo veritatis cognitionem percipiat, * secundum illud matth. xi, " abscondisti haec a sapientibus et prudentibus, idest a superbis, qui sibi sapientes et prudentes videntur, et revelasti ea parvulis, idest humilibus. ˙ neque etiam ab hominibus addiscere dignantur, * cum tamen dicatur, eccli. vi, ° si inclinaveris aurem tuam. * scilicet humiliter audiendo, excipies doctrinam. ˙ alia autem est cognitio veritatis affectiva. et talem cognitionem veritatis directe impedit superbia. quia superbi, dum delectantur in propria excellentia, excellentiam veritatis fastidiunt, * ut gregorius dicit, xxiii moral., quod ° superbi et secreta quaedam intelligendo percipiunt, et eorum dulcedinem experiri non possunt, et si noverint quomodo sunt, ignorant quomodo sapiunt. * unde et proverb. xi dicitur, ° ubi humilitas, ibi sapientia.
ra2 * Ad secundum dicendum quod, sicut supra dictum est, ˙ humilitas attendit ad regulam rationis rectae, secundum quam aliquis veram existimationem de se habet. hanc autem regulam rectae rationis non attendit superbia, sed de se maiora existimat quam sint. quod contingit ex inordinato appetitu propriae excellentiae, quia quod quis vehementer desiderat, facile credit. et ex hoc etiam eius appetitus in altiora

fertur quam sibi conveniant. et ideo quaecumque ad hoc conferant quod aliquis existimet se supra id quod est, inducunt hominem ad superbiam. quorum unum est quod aliquis consideret defectus aliorum, * sicut e contrario gregorius, ibidem, dicit quod ° sancti viri virtutum consideratione vicissim sibi alios praeferunt. ' ex hoc ergo non habetur quod superbia sit in rationali, sed quod aliqua causa eius in ratione existat.

ra3 ' Ad tertium dicendum quod superbia non est solum in irascibili secundum quod est pars appetitus sensitivi, sed prout communius irascibilis accipitur, * ut dictum est.

ra4 * Ad quartum dicendum quod, sicut augustinus dicit, xiv de civ. dei, ' amor praecedit omnes alias animi affectiones, et est causa earum. et ideo potest poni pro qualibet aliarum affectionum. et secundum hoc, superbia dicitur esse amor propriae excellentiae, inquantum ex amore causatur inordinata praesumptio alios superandi, quod proprie pertinet ad superbiam.

009 ST3 qu162 ar4

ag1 ' Ad quartum sic proceditur. videtur quod inconvenienter assignentur quatuor superbiae species * quas gregorius assignat, xxiii moral., dicens, ° quatuor quippe sunt species quibus omnis tumor arrogantium demonstratur, cum bonum aut a semetipsis habere se aestimant; aut, si sibi datum desuper credunt, pro suis hoc accepisse meritis putant; aut cum iactant se habere quod non habent; aut, despectis ceteris, singulariter videri appetunt habere quod habent. ' superbia enim est vitium distinctum ab infidelitate, sicut etiam humilitas est virtus distincta a fide. sed quod aliquis existimet bonum se non habere a deo, vel quod bonum gratiae habeat ex meritis propriis, ad infidelitatem pertinet. ergo non debent poni species superbiae.

ag2 ' Praeterea, idem non debet poni species diversorum generum. sed iactantia ponitur species mendacii, * ut supra habitum est. ' non ergo debet poni species superbiae.

ag3 ' Praeterea, quaedam alia videntur ad superbiam pertinere quae hic non connumerantur. * dicit enim hieronymus quod ° nihil est tam superbum quam ingratum videri. * et augustinus dicit, xiv de civ. dei, quod " excusare se de peccato commisso ad superbiam pertinet. ' praesumptio etiam, qua quis tendit ad assequendum aliquid quod supra se est, maxime ad superbiam pertinere videtur. non ergo sufficienter praedicta divisio comprehendit superbiae species.

ag4 ' Praeterea, inveniuntur aliae divisiones superbiae. * dividit enim anselmus exaltationem superbiae, dicens quod " quaedam est in voluntate, quaedam in sermone, quaedam in operatione. * bernardus etiam ponit duodecim gradus superbiae, qui sunt, ° curiositas, mentis levitas, inepta laetitia, iactantia, singularitas, arrogantia, praesumptio, defensio peccatorum, simulata confessio, rebellio, libertas, peccandi consuetudo. * quae non videntur comprehendi sub speciebus a gregorio assignatis. ' ergo videtur quod inconvenienter assignentur.

sc * In contrarium sufficiat auctoritas gregorii.

co * Respondeo dicendum quod, sicut dictum est, ' superbia importat immoderatum excellentiae appetitum, qui scilicet non est secundum rationem rectam. est autem considerandum quod quaelibet excellentia consequitur aliquod bonum habitum. quod quidem potest considerari tripliciter. uno modo, secundum se. manifestum est enim quod quanto maius est bonum quod quis habet, tanto per hoc maiorem excellentiam consequitur. et ideo cum aliquis attribuit sibi maius bonum quam habeat, consequens est quod eius appetitus tendit in excellentiam propriam ultra modum sibi convenientem. et sic est tertia superbiae species, " cum scilicet aliquis iactat se habere quod non habet. ' alio modo, ex parte causae, prout excellentius est quod aliquod bonum insit alicui a seipso, quam quod insit ei ab alio. et ideo cum aliquis aestimat bonum quod habet ab alio, ac si haberet a seipso, fertur per consequens appetitus eius in propriam excellentiam supra suum modum. est autem dupliciter aliquis causa sui boni, uno modo, efficienter; alio modo, meritorie. et secundum hoc sumuntur duae primae superbiae species, " scilicet, cum quis a semetipso habere aestimat quod a deo habet; vel, cum propriis meritis sibi datum desuper credit. ' tertio modo, ex parte modi habendi, prout excellentior aliquis redditur ex hoc quod aliquod bonum excellentius ceteris possidet. unde et ex hoc etiam fertur inordinate appetitus in propriam excellentiam. et secundum hoc sumitur quarta species superbiae, |25| " quae est cum aliquis, despectis ceteris, singulariter vult videri.

ra1 ' Ad primum ergo dicendum quod vera existimatio potest corrumpi dupliciter. uno modo, in universali. et sic, in his quae ad finem pertinent, corrumpitur vera existimatio per infidelitatem. alio modo, in aliquo particulari eligibili. et hoc non facit infidelitatem. sicut ille qui fornicatur, aestimat pro tempore illo bonum esse sibi fornicari, nec tamen est infidelis, sicut esset si in universali diceret fornicationem esse bonam. et ita etiam est in proposito. nam dicere in universali aliquod bonum esse quod non est a deo, vel gratiam hominibus pro meritis dari, pertinet ad infidelitatem. sed quod aliquis, ex inordinato appetitu propriae excellentiae, ita de bonis suis glorietur ac si ea a se haberet vel ex meritis propriis, pertinet ad superbiam, et non ad infidelitatem, proprie loquendo.

ra2 ' Ad secundum dicendum quod iactantia ponitur species mendacii quantum ad exteriorem actum, quo quis falso sibi attribuit quod non habet. sed quantum ad interiorem cordis arrogantiam, * ponitur a gregorio ' species superbiae.

ra3 ' Ad tertium dicendum quod ingratus est qui sibi attribuit quod ab alio habet. unde duae primae superbiae species ad ingratitudinem pertinent. quod autem aliquis se excuset de peccato quod habet, pertinet ad tertiam speciem, quia per hoc aliquis sibi attribuit bonum innocentiae, quod non habet. quod autem aliquis praesumptuose tendit in id quod supra ipsum est, praecipue videtur ad quartam speciem pertinere, secundum quam aliquis vult aliis praeferri.

ra4 * Ad quartum dicendum quod illa tria quae ponit anselmus, ' accipiuntur secundum progressum peccati cuiuslibet, quod primo, corde concipitur; secundo, ore profertur; tertio, opere perficitur. * illa autem duodecim quae ponit bernardus, ' sumuntur per oppositum ad duodecim gradus humilitatis, * de quibus supra habitum est. " nam primus gradus humilitatis est, corde et corpore semper humilitatem ostendere, defixis in terram aspectibus. cui opponitur curiositas, per quam aliquis curiose ubique et inordinate circumspicit. secundus gradus humilitatis est, ut pauca verba et rationabilia loquatur aliquis, non clamosa voce. contra quem opponitur levitas mentis, per quam scilicet homo superbe se habet in verbo. tertius gradus humilitatis est, ut non sit facilis aut promptus in risu. cui opponitur inepta laetitia. quartus gradus humilitatis est taciturnitas usque ad interrogationem. cui opponitur iactantia. quintus gradus humilitatis est, tenere quod communis regula monasterii habet. cui opponitur singularitas, per quam scilicet aliquis sanctior vult apparere. sextus gradus humilitatis est, credere et pronuntiare se omnibus viliorem. cui opponitur arrogantia, per quam scilicet homo se aliis praefert. septimus gradus humilitatis est, ad omnia inutilem et indignum se confiteri et credere. cui opponitur praesumptio, per quam scilicet aliquis reputat se sufficientem ad maiora. octavus gradus humilitatis |25| est confessio peccatorum. cui opponitur defensio peccatorum. nonus gradus est, in duris et asperis patientiam amplecti. cui opponitur simulata confessio, per quam scilicet aliquis non vult subire poenam pro peccatis, quae simulate confitetur. decimus gradus humilitatis est obedientia. cui opponitur rebellio. undecimus autem gradus est, ut homo non delectetur facere propriam voluntatem. cui opponitur libertas, per quam scilicet homo delectatur libere facere quod vult. ultimus autem gradus humilitatis est timor dei. cui opponitur peccandi consuetudo, quae implicat dei contemptum. ' in his autem duodecim gradibus tanguntur non solum superbiae species, sed etiam quaedam antecedentia et consequentia, * sicut etiam supra de humilitate dictum est.

009 ST3 qu162 ar5

ag1 ' Ad quintum sic proceditur. videtur quod superbia non sit peccatum mortale. * quia super illud psalmi, ° domine deus meus si feci istud, * dicit glossa, " scilicet universale peccatum, quod est superbia. ' si igitur superbia esset peccatum mortale, omne peccatum esset mortale.

ag2 ' Praeterea, omne peccatum contrariatur caritati. sed peccatum superbiae non videtur contrariari caritati, neque quantum ad dilectionem dei, neque quantum ad dilectionem proximi, quia excellentia quam quis inordinate per superbiam appetit, non semper contrariatur honori dei aut utilitati proximi. ergo superbia non est peccatum mortale.

ag3 ' Praeterea, omne peccatum mortale contrariatur virtuti. sed superbia non contrariatur virtuti, sed potius ex ea oritur, * quia, ut gregorius dicit, xxxiv moral., ° aliquando homo ex summis caelestibusque virtutibus intumescit. ' ergo superbia non est peccatum mortale.

sc * Sed contra est quod gregorius, in eodem libro, dicit quod ° evidentissimum reproborum signum superbia est, at contra, humilitas electorum. ' sed homines non fiunt reprobi pro peccatis venialibus. ergo superbia non est peccatum veniale, sed mortale.

co ' Respondeo dicendum quod superbia humilitati opponitur. humilitas autem proprie respicit subiectionem hominis ad deum, * ut supra dictum est. ' unde e contrario superbia proprie respicit defectum huius subiectionis, secundum scilicet quod aliquis se extollit supra id quod est sibi praefixum secundum divinam regulam vel mensuram; * contra id quod apostolus dicit, ° nos autem non in immensum gloriamur, sed secundum mensuram qua mensus est nobis deus. * et ideo dicitur eccli. x, quod ° initium superbiae hominis est apostatare a deo, " scilicet, in hoc radix superbiae consideratur, quod homo aliqualiter non subditur deo et regulae ipsius. ' manifestum est autem quod hoc ipsum quod est non subiici deo, habet rationem peccati mortalis, hoc enim est averti a deo. unde consequens est quod superbia, secundum suum genus, sit peccatum mortale. sicut tamen in aliis quae ex suo genere sunt peccata mortalia, puta in fornicatione et adulterio, sunt aliqui motus qui sunt peccata venialia propter eorum imperfectionem, quia scilicet praeveniunt rationis iudicium et sunt praeter eius consensum; ita etiam et circa superbiam accidit quod aliqui motus superbiae sunt peccata venialia, dum eis ratio non consentit.

ra1 * Ad primum ergo dicendum quod, sicut supra dictum est, ' superbia non est universale peccatum secundum suam essentiam, sed per quandam redundantiam, inquantum scilicet ex superbia omnia peccata oriri possunt. unde non sequitur quod omnia peccata sint mortalia, sed solum quando oriuntur ex superbia completa, quam diximus esse peccatum mortale.

ra2 ' Ad secundum dicendum quod superbia semper quidem contrariatur dilectioni divinae, inquantum scilicet superbus non se subiicit divinae regulae prout debet. et quandoque etiam contrariatur dilectioni proximi, inquantum scilicet aliquis inordinate se praefert proximo, aut ab eius subiectione se subtrahit. in quo etiam derogatur divinae regulae, ex qua sunt hominum ordines instituti, prout scilicet unus eorum sub alio esse debet.

ra3 ' Ad tertium dicendum quod superbia non oritur ex virtutibus sicut ex causa per se, sed sicut ex causa per accidens, inquantum scilicet aliquis ex virtutibus occasiones superbiae sumit. " nihil autem prohibet quin unum contrariorum sit alterius causa per accidens, * ut dicitur in viii physic.. ' unde etiam et de ipsa humilitate aliqui superbiunt.

009 ST3 qu162 ar6

ag1 ' Ad sextum sic proceditur. videtur quod superbia non sit gravissimum peccatorum. quanto enim aliquod peccatum difficilius cavetur, tanto videtur esse levius. sed superbia difficillime cavetur, * quia sicut augustinus dicit, in regula, ° cetera peccata in malis operibus exercentur, ut fiant, superbia vero bonis operibus insidiatur, ut pereant. ' ergo superbia non est gravissimum peccatum.

ag2 ° Praeterea, maius malum maiori bono opponitur, * ut philosophus dicit, in viii ethic.. ' sed humilitas, cui opponitur superbia, non est maxima virtutum, * ut supra hab tum est. ' ergo et vitia quae opponuntur maioribus virtutibus, puta infidelitas, desperatio, odium dei, homicidium, et alia huiusmodi, sunt graviora peccata quam superbia.

ag3 ' Praeterea, maius malum non punitur per minus malum. sed superbia interdum punitur per alia peccata, * ut patet rom. i, ubi dicitur quod " philosophi propter elationem cordis ° traditi sunt in reprobum sensum, ut faciant quae non conveniunt. ' ergo superbia non est gravissimum peccatorum.

sc ' Sed contra est quod * super illud psalmi, ° superbi inique agebant usquequaque, * dicit glossa, ° maximum peccatum in homine est superbia.

co ' Respondeo dicendum quod in peccato duo attenduntur, scilicet conversio ad commutabile bonum, quae materialiter se habet in peccato; et aversio a bono incommutabili, quae est formalis et completiva peccati. ex parte autem conversionis, non habet superbia quod sit maximum peccatorum, quia celsitudo, quam superbus inordinate appetit, secundum suam rationem non habet maximam repugnantiam ad bonum virtutis. sed ex parte aversionis, superbia habet maximam gravitatem, quia in aliis peccatis homo a deo avertitur vel propter ignorantiam, vel propter infirmitatem, sive propter desiderium cuiuscumque alterius boni; sed superbia habet aversionem a deo ex hoc ipso quod non vult deo et eius regulae subiici. * unde boetius dicit quod, ° cum omnia vitia fugiant a deo, sola superbia se deo opponit. * propter quod etiam specialiter dicitur iac. iv, quod ° deus superbis resistit. ' et ideo averti a deo et eius praeceptis, quod est quasi consequens in aliis peccatis, per se ad superbiam pertinet, cuius actus est dei contemptus. et quia id quod est per se, semper est potius eo quod est per aliud, consequens est quod superbia sit gravissimum peccatorum secundum suum genus, quia excedit in aversione, quae formaliter complet peccatum.

ra1 ' Ad primum ergo dicendum quod aliquod peccatum difficile cavetur dupliciter. uno modo, propter vehementiam impugnationis, sicut ira vehementer impugnat propter suum impetum. " et adhuc difficilius est resistere concupiscentiae, propter eius connaturalitatem, * ut dicitur in ii ethic.. ' et talis difficultas vitandi peccatum gravitatem peccati diminuit, quia quanto aliquis minoris tentationis impetu cadit, tanto gravius peccat, * ut augustinus dicit. ' alio modo difficile est vitare aliquod peccatum propter eius latentiam. et hoc modo superbiam difficile est vitare, quia etiam ex ipsis bonis occasionem sumit, * ut dictum est. * et ideo signanter augustinus dicit quod bonis operibus insidiatur et in psalmo dicitur, ° in via hac qua ambulabam, absconderunt superbi laqueum mihi. ' et ideo motus superbiae occulte subrepens non habet maximam gravitatem, antequam per iudicium rationis deprehendatur. sed postquam deprehensus fuerit per rationem, tunc facile evitatur. tum ex consideratione propriae infirmitatis, * secundum illud eccli. x, " quid superbit terra et cinis? tum etiam ex consideratione magnitudinis divinae, |25| * secundum illud iob xv, " quid tumet contra deum spiritus tuus? ' tum etiam ex imperfectione bonorum de quibus homo superbit, * secundum illud isaiae xl, ° omnis caro faenum, et omnis gloria eius quasi flos agri; * et infra, lxiv, ° quasi pannus menstruatae universae iustitiae nostrae.

ra2 ' Ad secundum dicendum quod oppositio vitii ad virtutem attenditur secundum obiectum, quod consideratur ex parte conversionis. et secundum hoc superbia non habet quod sit maximum peccatorum, sicut nec humilitas quod sit maxima virtutum. sed ex parte aversionis est maximum, utpote aliis peccatis magnitudinem praestans. nam per hoc ipsum infidelitatis peccatum gravius redditur, si ex superbiae contemptu procedat, quam si ex ignorantia vel infirmitate proveniat. et idem dicendum est de desperatione et aliis huiusmodi.

ra3 ' Ad tertium dicendum quod, sicut in syllogismis ducentibus ad impossibile quandoque aliquis convincitur per hoc quod ducitur ad inconveniens magis manifestum; ita etiam, ad convincendum superbiam hominum, deus aliquos punit permittens eos ruere in peccata carnalia, quae, etsi sint minora, tamen manifestiorem turpitudinem continent. unde * isidorus dicit, in libro de summo bono, ° omni vitio deteriorem esse superbiam, seu propter quod a summis personis et primis assumitur; seu quod de opere iustitiae et virtutis exoritur, minusque culpa eius sentitur. luxuria vero carnis ideo notabilis omnibus est, quoniam statim per se turpis est. et tamen, dispensante deo, superbia minor est, sed qui detinetur superbia et non sentit, labitur in carnis luxuriam, ut per hanc humiliatus, a confusione exurgat. ' ex quo etiam patet gravitas peccati superbiae. sicut enim medicus sapiens in remedium maioris morbi patitur infirmum in leviorem morbum incidere, ita etiam peccatum superbiae gravius esse ostenditur ex hoc ipso quod pro eius remedio deus permittit ruere hominem in alia peccata.

009 ST3 qu162 ar7

ag1 ' Ad septimum sic proceditur. videtur quod superbia non sit primum omnium peccatorum. primum enim salvatur in omnibus consequentibus. sed non omnia peccata sunt cum superbia, nec oriuntur ex superbia, * dicit enim augustinus, in libro de nat. et gratia, quod ° multa perperam fiunt quae non fiunt superbe. ' ergo superbia non est primum omnium peccatorum.

ag2 * Praeterea, eccli. x dicitur quod ° initium superbiae est apostatare a deo. ' ergo apostasia a deo est prius quam superbia.

ag3 ' Praeterea, ordo peccatorum esse videtur secundum ordinem virtutum. sed humilitas non est prima virtutum, sed magis fides. ergo superbia non est primum peccatorum.

ag4 * Praeterea, ii ad tim. iii, dicitur, ° mali homines et seductores proficiunt in peius, ' et ita videtur quod principium malitiae hominis non sit a maximo peccatorum. sed superbia est maximum peccatorum, * ut dictum est. ' non est igitur primum peccatum.

ag5 ' Praeterea, id quod est secundum apparentiam et fictionem, est posterius eo quod est secundum veritatem. * sed philosophus dicit, in iii ethic., quod ° superbus est fictor fortitudinis et audaciae. ' ergo vitium audaciae est prius vitio superbiae.

sc * Sed contra est quod dicitur eccli. x, ° initium omnis peccati superbia.

co ' Respondeo dicendum quod illud quod est per se, est primum in quolibet genere. * dictum est autem supra quod ' aversio a deo, quae formaliter complet rationem peccati, pertinet ad superbiam per se, ad alia autem peccata ex consequenti. et inde est quod superbia habet rationem primi; et est etiam principium omnium peccatorum, * ut supra dictum est, cum de causis peccati ageretur, ' ex parte aversionis, quae est principalior in peccato.

ra1 ' Ad primum ergo dicendum quod superbia dicitur esse omnis peccati initium, non quia quodlibet peccatum singulariter ex superbia oriatur, sed quia quodlibet genus peccati natum est ex superbia oriri.

ra2 ' Ad secundum dicendum quod apostatare a deo dicitur esse superbiae humanae initium, non quasi aliquod aliud peccatum a superbia existens, sed quia est prima superbiae pars. * dictum est enim quod ' superbia principaliter respicit subiectionem divinam, quam contemnit, ex consequenti autem contemnit subiici creaturae propter deum.

ra3 ' Ad tertium dicendum quod non oportet esse eundem ordinem virtutum et vitiorum. nam vitium est corruptivum virtutis. id autem quod est primum in generatione, est postremum in corruptione. et ideo, sicut fides est prima virtutum, ita infidelitas est ultimum peccatorum, ad quam homo quandoque per alia peccata perducitur. * super illud psalmi, ° exinanite, exinanite usque ad fundamentum in ea, * dicit glossa quod ° coacervatione vitiorum subrepit diffidentia. * et apostolus dicit, i ad tim. i, quod ° quidam, repellentes conscientiam bonam, circa fidem naufragaverunt.

ra4 ' Ad quartum dicendum quod superbia dicitur esse gravissimum peccatum ex eo quod per se competit peccato, ex quo attenditur gravitas in peccato. et ideo superbia causat gravitatem aliorum peccatorum. contingit ergo ante superbiam esse aliqua peccata leviora, quae scilicet ex ignorantia vel infirmitate committuntur. sed inter gravia peccata primum est superbia, sicut causa per quam alia peccata aggravantur. et quia id quod est primum in causando, est etiam ultimum in recedendo; * ideo super illud psalmi, ° emundabor a delicto maximo, * dicit glossa, ° hoc est, a delicto superbiae, quod est ultimum redeuntibus ad deum, et primum recedentibus.

ra5 * Ad quintum dicendum quod philosophus ponit ' superbiam circa fictionem fortitudinis, non quia solum in hoc consistat, sed quia per hoc homo maxime reputat se posse excellentiam apud homines consequi, si audax vel fortis videatur.

009 ST3 qu162 ar8

ag1 ' Ad octavum sic proceditur. videtur quod superbia debeat poni vitium capitale. * isidorus enim, et etiam cassianus, enumerant " superbiam inter vitia capitalia.

ag2 ' Praeterea, superbia videtur esse idem inani gloriae, quia utraque excellentiam quaerit. sed inanis gloria ponitur vitium capitale. ergo etiam superbia debet poni vitium capitale.

ag3 * Praeterea, augustinus dicit, in libro de virginit., quod ° superbia invidiam parit, nec unquam est sine tali comite. ' sed invidia ponitur vitium capitale, * ut supra habitum est. ' ergo multo magis superbia.

sc * Sed contra est quod gregorius, xxxi moral., non enumerat " superbiam inter vitia capitalia.

co * Respondeo dicendum quod, sicut ex supra dictis patet, ' superbia dupliciter considerari potest, uno modo, secundum se, prout scilicet est quoddam speciale peccatum; alio modo, secundum quod habet quandam universalem influentiam in omnia peccata. vitia autem capitalia ponuntur esse quaedam specialia peccata, ex quibus multa genera peccatorum oriuntur. * et ideo quidam, considerantes superbiam " secundum quod est quoddam speciale peccatum, connumeraverunt eam aliis vitiis capitalibus. * gregorius vero, " considerans universalem eius influentiam quam habet in omnia vitia, * ut dictum est, " non connumeravit eam aliis capitalibus vitiis, sed posuit eam reginam omnium vitiorum et matrem. * unde gregorius dicit, in xxxi moral., ° ipsa vitiorum regina superbia, cum devictum plene cor ceperit, mox illud septem principalibus vitiis, quasi quibusdam suis ducibus, devastandum tradit, ex quibus vitiorum multitudines oriuntur.

ra1 ' Et per hoc patet responsio ad primum.

ra2 ' Ad secundum dicendum quod superbia non est idem inani gloriae, sed causa eius. nam superbia inordinate excellentiam appetit, sed inanis gloria appetit excellentiae manifestationem.

ra3 ' Ad tertium dicendum quod ex hoc quod invidia, quae est vitium capitale, oritur ex superbia, non sequitur quod superbia sit vitium capitale, sed quod sit aliquid principalius capitalibus vitiis.

009 ST3 qu163 ar

pr ' Deinde considerandum est de peccato primi hominis, quod fuit per superbiam. et primo, de peccato eius; secundo, de poena peccati; tertio, de tentatione qua inductus est ad peccandum. circa primum quaeruntur quatuor. primo, utrum primum peccatum hominis fuerit superbia. secundo, quid primus homo peccando appetierit. tertio, utrum eius peccatum fuerit gravius omnibus aliis peccatis. quarto, quis plus peccaverit, utrum vir vel mulier.

009 ST3 qu163 ar1

ag1 ' Ad primum sic proceditur. videtur quod superbia non fuerit primi hominis peccatum. * dicit enim apostolus, rom. v, quod ° per inobedientiam unius hominis peccatores constituti sunt multi. ' sed primi hominis peccatum est ex quo omnes peccatores constituti sunt originali peccato. ergo inobedientia fuit primi hominis peccatum, et non superbia.

ag2 * Praeterea, ambrosius dicit, super luc., quod " eo ordine diabolus christum tentavit quo primum hominem deiecit. ' sed christus primo tentatus est de gula, * ut patet matth. iv, cum ei dictum est, ° si filius dei es, dic ut lapides isti panes fiant. ' ergo primum peccatum primi hominis non fuit superbia, sed gula.

ag3 ' Praeterea, homo diabolo suggerente peccavit. sed diabolus tentans hominem scientiam repromisit, * ut patet gen. iii. ' ergo prima inordinatio hominis fuit per appetitum scientiae, quod pertinet ad curiositatem. ergo curiositas fuit peccatum primum, et non superbia.

ag4 * Praeterea, super illud i ad tim. ii, ° mulier seducta in praevaricatione fuit, * dicit glossa, ° hanc seductionem proprie appellavit apostolus, per quam id quod suadebatur, cum falsum esset, verum putatum est, scilicet quod deus lignum illud ideo tangere prohibuerit, quod sciebat eos, si tetigissent, velut deos futuros; tanquam eis divinitatem invideret qui eos homines fecerat. ' sed hoc credere pertinet ad infidelitatem. ergo primum peccatum hominis fuit infidelitas, et non superbia.

sc * Sed contra est quod dicitur eccli. x, ° initium omnis peccati superbia. ' sed peccatum primi hominis est initium omnis peccati, * secundum illud rom. v, ° per unum hominem peccatum in hunc mundum intravit. ' ergo primum peccatum hominis fuit superbia.

co ' Respondeo dicendum quod ad unum peccatum multi motus concurrere possunt, inter quos ille habet rationem primi peccati in quo primo inordinatio invenitur. manifestum est autem quod primo invenitur inordinatio in motu interiori animae quam in actu exteriori corporis, * quia, ut augustinus dicit, in i de civ. dei, ° non amittitur corporis sanctitas manente animae sanctitate. ' inter motus autem interiores, prius movetur appetitus in finem quam in id quod quaeritur propter finem. et ideo ibi fuit primum peccatum hominis ubi potuit esse primus appetitus inordinati finis. sic autem homo erat in statu innocentiae institutus ut nulla esset rebellio carnis ad spiritum. unde non potuit esse prima inordinatio appetitus humani ex hoc quod appetierit aliquod sensibile bonum, in quod carnis concupiscentia tendit praeter ordinem rationis. relinquitur igitur quod prima inordinatio appetitus humani fuit ex hoc quod aliquod bonum spirituale inordinate appetiit. non autem inordinate appetivisset, appetendo illud secundum suam mensuram ex divina regula praestitutam. unde relinquitur quod primum peccatum eius fuit in hoc quod appetiit quoddam spirituale bonum supra suam mensuram. quod pertinet ad superbiam. unde manifestum est quod primum peccatum hominis fuit superbia.

ra1 ' Ad primum ergo dicendum quod hoc quod homo divino praecepto non obediret, non fuit propter se ab eo volitum, quia hoc non posset contingere nisi praesupposita inordinatione voluntatis. relinquitur ergo quod voluerit propter aliquid aliud. primum autem quod inordinate voluit fuit propria excellentia. et ideo inobedientia in eo causata fuit ex superbia. * et hoc est quod augustinus dicit, ad orosium, quod ° homo elatus superbia, suasioni serpentis obediens, praecepta dei contempsit.

ra2 ' Ad secundum dicendum quod in peccato primorum parentum etiam gula locum habuit, * dicitur enim gen. iii, ° vidit mulier quod lignum esset bonum ad vescendum, et pulchrum oculis, aspectuque delectabile, et tulit de fructu eius, et comedit. ' non tamen ipsa bonitas et pulchritudo cibi fuit primum motivum ad peccandum, sed potius suasio serpentis, qui dixit, ° aperientur oculi vestri, et eritis sicut dii; ' quod appetendo, superbiam mulier incurrit. et ideo peccatum gulae derivatum est ex peccato superbiae.

ra3 ' Ad tertium dicendum quod appetitus scientiae causatus fuit in primis parentibus ex inordinato appetitu excellentiae. " unde et in verbis serpentis praemittitur, eritis sicut dii; et postea subditur, scientes bonum et malum.

ra4 ' Ad quartum dicendum quod, * sicut augustinus dicit, xi super gen. ad litt., ° verbis serpentis mulier non crederet a bona atque utili re divinitus se fuisse prohibitos, nisi iam inesset menti amor ille propriae potestatis, et quaedam de se superba praesumptio. ' quod non est sic intelligendum quasi superbia praecesserit suasionem serpentis, sed quia statim post suasionem serpentis, invasit mentem eius elatio, ex qua consecutum est ut crederet verum esse quod daemon dicebat.

009 ST3 qu163 ar2

ag1 ' Ad secundum sic proceditur. videtur quod superbia primi hominis non fuerit in hoc quod appetierit divinam similitudinem. nullus enim peccat appetendo id quod sibi competit secundum suam naturam. sed similitudo dei competit homini secundum suam naturam, * dicitur enim gen. i, ° faciamus hominem ad imaginem et similitudinem nostram. ' ergo non peccavit divinam similitudinem appetendo.

ag2 ' Praeterea, in hoc videtur primus homo divinam similitudinem appetiisse, ut scientia boni et mali potiretur, hoc enim ei a serpente suggerebatur, ° eritis sicut dii, scientes bonum et malum. ' sed appetitus scientiae est homini naturalis, * secundum illud philosophi, in principio metaphys., ° omnes homines natura scire desiderant. ' ergo non peccavit appetendo divinam similitudinem.

ag3 ' Praeterea, nullus sapiens eligit id quod est impossibile. primus autem homo sapientia praeditus erat, * secundum illud eccli. xvii, ° disciplina intellectus replevit illos. ' cum ergo omne peccatum consistat in appetitu deliberato, qui est electio, videtur quod primus homo non peccaverit appetendo aliquid impossibile. sed impossibile est esse hominem similem deo, * secundum illud exodi xv, ° quis similis tui in fortibus, domine? ' ergo primus homo non peccavit appetendo divinam similitudinem.

sc * Sed contra est quod super illud psalmi, ° quae non rapui, tunc exsolvebam, * dicit augustinus, ° adam et eva rapere voluerunt divinitatem, et perdiderunt felicitatem.

co ' Respondeo dicendum quod duplex est similitudo. una omnimodae aequiparantiae. et hanc similitudinem ad deum primi parentes non appetierunt, quia talis similitudo ad deum non cadit in apprehensione, praecipue sapientis. alia autem est similitudo imitationis, qualis possibilis est creaturae ad deum, inquantum videlicet participat aliquid de similitudine ipsius secundum suum modum. * unde dionysius dicit, in ix cap. de div. nom., ° eadem similia sunt deo, et dissimilia, hoc quidem secundum contingentem imitationem; hoc autem secundum quod causata minus habent a causa. ' quodlibet autem bonum in creatura existens est quaedam participata similitudo primi boni. et ideo ex hoc ipso quod homo appetiit aliquod spirituale bonum supra suam mensuram, * ut dictum est, ‘ consequens est quod appetierit divinam similitudinem inordinate. considerandum tamen est quod appetitus proprie est rei non habitae. bonum autem spirituale secundum quod creatura rationalis participat divinam similitudinem, potest secundum tria attendi. primo quidem, secundum ipsum esse naturae. et talis similitudo ab ipso creationis principio fuit impressa et homini, * de quo dicitur, gen. i, quod ° fecit deus hominem ad imaginem et similitudinem suam; |25| ‘ et angelo, * de quo dicitur, ezech. xxviii, ° tu signaculum similitudinis. ‘ secundo vero, quantum ad cognitionem. et hanc etiam similitudinem in sui creatione angelus accepit, * unde in praemissis verbis, cum dictum esset, “ tu signaculum similitudinis, statim subditur, plenus sapientia. ‘ sed primus homo in sua creatione istam similitudinem nondum actu adeptus erat, sed solum in potentia. tertio, quantum ad potestatem operandi. et hanc similitudinem nondum erant in actu assecuti neque angelus neque homo in ipso creationis principio, quia utrique restabat aliquid agendum quo ad beatitudinem perveniret. et ideo cum uterque, scilicet diabolus et primus homo, inordinate divinam similitudinem appetierint, neuter eorum peccavit appetendo similitudinem naturae. sed primus homo peccavit principaliter appetendo similitudinem dei quantum ad scientiam boni et mali, sicut serpens ei suggessit, ut scilicet per virtutem propriae naturae determinaret sibi quid esset bonum et quid malum ad agendum; vel etiam ut per seipsum praecognosceret quid sibi boni vel mali esset futurum. et secundario peccavit appetendo similitudinem dei quantum ad propriam potestatem operandi, ut scilicet virtute propriae naturae operaretur ad beatitudinem consequendam. * unde augustinus dicit, xi super gen. ad litt., quod ° menti mulieris inhaesit amor propriae potestatis. |50| ‘ sed diabolus peccavit appetendo similitudinem dei quantum ad potestatem, * unde augustinus dicit, in libro de vera relig., quod ° magis voluit sua potentia frui quam dei. ‘ veruntamen quantum ad aliquid uterque deo aequiparari appetiit, inquantum scilicet uterque sibi inniti voluit, contempto divinae regulae ordine.

ra1 ‘ Ad primum ergo dicendum quod ratio illa procedit de similitudine naturae, ex cuius appetitu homo non peccavit, * ut dictum est.

ra2 ‘ Ad secundum dicendum quod appetere similitudinem dei absolute quantum ad scientiam, non est peccatum. sed appetere huiusmodi similitudinem inordinate, idest supra suam mensuram, peccatum est. * unde super illud psalmi, ° deus quis similis erit tibi, * dicit augustinus, ° qui per se vult esse deus, perverse vult esse similis deo, ut diabolus, qui noluit sub eo esse; et homo, qui ut servus noluit tenere praecepta.

ra3 ‘ Ad tertium dicendum quod ratio illa procedit de similitudine aequiparantiae.

009 ST3 qu163 ar3

ag1 ‘ Ad tertium sic proceditur. videtur quod peccatum primorum parentum fuerit ceteris gravius. * dicit enim augustinus, xiv de civ. dei, ° magna fuit in peccando iniquitas, ubi tanta fuit in non peccando facilitas. ‘ sed primi parentes maximam habuerunt facilitatem ad non peccandum, quia nihil habebant intrinsecus quod eos ad peccandum impelleret. ergo peccatum primorum parentum fuit ceteris gravius.

ag2 ‘ Praeterea, poena proportionatur culpae. sed peccatum primorum parentum gravissime est punitum, quia ex ipso mors introivit in hunc mundum, * ut apostolus dicit, rom. v. ‘ ergo peccatum illud fuit gravius aliis peccatis.

ag3 “ Praeterea, primum in quolibet genere videtur esse maximum, * ut dicitur in ii metaphys.. ‘ sed peccatum primorum parentum fuit primum inter alia peccata hominum. ergo fuit maximum.

sc * Sed contra est quod origenes dicit, ° non arbitror quod aliquis ex his qui in summo perfectoque constiterunt gradu, ad subitum evacuetur ac decidat, sed paulatim et per partes defluere eum necesse est. ‘ sed primi parentes in summo perfectoque gradu consistebant. non ergo eorum primum peccatum fuit maximum omnium peccatorum.

co ‘ Respondeo dicendum quod duplex gravitas in peccato attendi potest. una quidem, ex ipsa specie peccati, sicut dicimus adulterium esse gravius peccatum simplici fornicatione. alia autem est gravitas peccati quae attenditur secundum aliquam circumstantiam loci, vel personae, aut temporis. prima autem gravitas essentialior est peccato, et principalior. unde secundum eam magis peccatum dicitur grave quam secundum aliam. dicendum est igitur quod peccatum primi hominis non fuit gravius omnibus aliis peccatis humanis secundum speciem peccati. etsi enim superbia secundum suum genus habeat quandam excellentiam inter alia peccata, maior tamen est superbia qua quis deum negat vel blasphemat, quam superbia qua quis inordinate divinam similitudinem appetit, qualis fuit superbia primorum parentum, * ut dictum est. ‘ sed secundum conditionem personarum peccantium, peccatum illud habuit maximam gravitatem, propter perfectionem status ipsorum. et ideo dicendum est quod illud peccatum fuit quidem secundum quid gravissimum, sed non simpliciter.

ra1 ‘ Ad primum ergo dicendum quod ratio illa procedit de gravitate peccati ex circumstantia peccantis.

ra2 ‘ Ad secundum dicendum quod magnitudo poenae quae consecuta est ad illud primum peccatum, non correspondet ei secundum quantitatem propriae speciei, sed inquantum fuit primum, quia ex hoc interrupta est innocentia primi status, qua subtracta, deordinata est tota natura humana.

ra3 ‘ Ad tertium dicendum quod in his quae sunt per se ordinata, oportet id quod est primum esse maximum. talis autem ordo non attenditur in peccatis, sed unum per accidens sequitur post aliud. unde non sequitur quod primum peccatum sit maximum.

009 ST3 qu163 ar4

ag1 ‘ Ad quartum sic proceditur. videtur quod peccatum adae fuit gravius quam peccatum evae. * dicitur enim i ad tim. ii, quod ° adam non est seductus, mulier autem seducta in praevaricatione fuit, ‘ et sic videtur quod peccatum mulieris fuerit ex ignorantia, peccatum autem viri ex certa scientia. sed huiusmodi peccatum est gravius, * secundum illud luc. xii, ° ille servus qui cognovit voluntatem domini sui et non fecit secundum voluntatem eius, vapulabit multis, qui autem non cognovit et fecit digna plagis, vapulabit paucis. ‘ ergo adam gravius peccavit quam eva.

ag2 * Praeterea, augustinus dicit, in libro de decem chordis, ° si caput est vir, melius debet vivere, et praecedere in omnibus bonis factis uxorem suam, ut illa imitetur virum. ‘ sed ille qui melius debet facere, si peccet, gravius peccat. ergo adam gravius peccavit quam eva.

ag3 ‘ Praeterea, peccatum in spiritum sanctum videtur esse gravissimum. sed adam videtur in spiritum sanctum peccasse, quia peccavit cogitans de divina misericordia, quod pertinet ad peccatum praesumptionis. ergo videtur quod adam gravius peccavit quam eva.

sc ‘ Sed contra est quod poena respondet culpae. sed mulier gravius est punita quam vir, * ut patet gen. iii. ‘ ergo gravius peccavit quam vir.

co * Respondeo dicendum quod, sicut dictum est, ‘ gravitas peccati principalius attenditur secundum peccati speciem quam secundum personae circumstantiam. dicendum est ergo quod, si consideremus conditionem personae utriusque, scilicet mulieris et viri, peccatum viri est gravius, quia erat perfectior muliere. sed quantum ad ipsum genus peccati, utriusque peccatum aequale dicitur, quia utriusque peccatum fuit superbia. unde * augustinus dicit, xi super gen. ad litt., quod “ mulier excusavit peccatum suum ° in impari sexu, sed pari fastu. ‘ sed quantum ad speciem superbiae, gravius peccavit mulier, triplici ratione. primo quidem, quia maior elatio fuit mulieris quam viri. mulier enim credidit verum esse quod serpens suasit, scilicet quod deus prohibuit ligni esum ne ad eius similitudinem pervenirent, et ita, dum per esum ligni vetiti dei similitudinem consequi voluit, superbia eius ad hoc se erexit quod contra dei voluntatem aliquid voluit obtinere. sed vir non credidit hoc esse verum. unde non voluit consequi divinam similitudinem contra dei voluntatem, sed in hoc superbivit, quod voluit eam consequi per seipsum. secundo, quia mulier non solum ipsa peccavit, sed etiam viro peccatum suggessit. unde peccavit et in deum et in proximum. tertio, in hoc quod peccatum viri |25| diminutum est ex hoc quod in peccatum consensit ° amicabili quadam benevolentia, qua plerumque fit ut offendatur deus ne homo ex amico fiat inimicus, quod eum facere non debuisse divinae sententiae exitus indicavit, * ut augustinus dicit, xi sup. gen. ad litteram. ‘ et sic patet quod peccatum mulieris fuit gravius quam peccatum viri.

ra1 ‘ Ad primum ergo dicendum quod illa seductio mulieris ex praecedenti elevatione subsecuta est. et ideo talis ignorantia non excusat, sed aggravat peccatum, inquantum scilicet ignorando in maiorem elationem erecta est.

ra2 ‘ Ad secundum dicendum quod ratio illa procedit ex circumstantia conditionis personae, ex qua peccatum viri fuit gravius secundum quid.

ra3 ‘ Ad tertium dicendum quod vir non cogitavit de divina misericordia usque ad contemptum divinae iustitiae, quod facit peccatum in spiritum sanctum, * sed quia, ut augustinus dicit, xi super gen. ad litt., ° inexpertus divinae severitatis, credidit illud peccatum esse veniale, “ id est de facili remissibile.

009 ST3 qu164 ar

pr ‘ Deinde considerandum est de poena primi peccati. et circa hoc quaeruntur duo. primo, de morte, quae est poena communis. secundo, de aliis particularibus poenis quae in genesi assignantur.

009 ST3 qu164 ar1

ag1 ‘ Ad primum sic proceditur. videtur quod mors non sit poena peccati primorum parentum. illud enim quod est homini naturale, non potest dici poena peccati, quia peccatum non perficit naturam, sed vitiat. mors autem est homini naturalis, quod patet ex hoc quod corpus eius ex contrariis componitur; et ex hoc etiam quod mortale ponitur in definitione hominis. ergo mors non est poena peccati primorum parentum.

ag2 ‘ Praeterea, mors et alii corporales defectus similiter inveniuntur in homine sicut et in aliis animalibus, * secundum illud eccle. iii, ° unus interitus est hominis et iumentorum, et aequa utriusque conditio. ‘ sed in animalibus brutis mors non est poena peccati. ergo etiam neque in hominibus.

ag3 ‘ Praeterea, peccatum primorum parentum fuit specialium personarum. sed mors consequitur totam humanam naturam. ergo non videtur esse poena peccati primorum parentum.

ag4 ‘ Praeterea, omnes aequaliter derivantur a primis parentibus. si igitur mors esset poena peccati primorum parentum, sequeretur quod omnes homines aequaliter mortem paterentur. quod patet esse falsum, quia quidam citius aliis, et gravius moriuntur. ergo mors non est poena primi peccati.

ag5 ‘ Praeterea, malum poenae est a deo, * ut supra habitum est. ‘ sed mors non videtur esse a deo, * dicitur enim sap. i, quod ° deus mortem non fecit. ‘ ergo mors non est poena primi peccati.

ag6 ‘ Praeterea, poenae non videntur esse meritoriae, nam meritum continetur sub bono, poena autem sub malo. sed mors quandoque est meritoria, sicut patet de morte martyrum. ergo videtur quod mors non sit poena.

ag7 ‘ Praeterea, poena videtur esse afflictiva. sed mors non potest esse afflictiva, ut videtur, quia quando mors est, homo non sentit; quando autem non est, sentiri non potest. ergo mors non est poena peccati.

ag8 ‘ Praeterea, si mors esset poena peccati, statim fuisset ad peccatum consecuta. sed hoc non est verum, nam primi parentes post peccatum diu vixerunt, * ut patet gen. iv. ‘ ergo mors non videtur esse poena peccati.

sc * Sed contra est quod apostolus dicit, rom. v, ° per unum hominem peccatum in hunc mundum intravit, et per peccatum mors.

co ‘ Respondeo dicendum quod, si aliquis propter culpam suam privetur aliquo beneficio sibi dato, carentia illius beneficii est poena culpae illius. * sicut autem in primo dictum est, ‘ homini in prima sui institutione hoc beneficium fuit collatum divinitus, ut quandiu mens eius esset deo subiecta, inferiores vires animae subiicerentur rationali menti, et corpus animae subiiceretur. sed quia mens hominis per peccatum a divina subiectione recessit, consecutum est ut nec inferiores vires totaliter rationi subiicerentur, unde tanta est rebellio carnalis appetitus ad rationem; nec etiam corpus totaliter subiiceretur animae, unde consequitur mors, et alii corporales defectus. vita enim et incolumitas corporis consistit in hoc quod subiiciatur animae, sicut perfectibile suae perfectioni, unde, per oppositum, mors et aegritudo, et quilibet corporalis defectus, pertinet ad defectum subiectionis corporis ad animam. unde patet quod, sicut rebellio carnalis appetitus ad spiritum est poena peccati primorum parentum, ita etiam et mors et omnes corporales defectus.

ra1 ‘ Ad primum ergo dicendum quod naturale dicitur quod ex principiis naturae causatur. naturae autem per se principia sunt forma et materia. forma autem hominis est anima rationalis, quae de se est immortalis. et ideo mors non est naturalis homini ex parte suae formae. materia autem hominis est corpus tale quod est ex contrariis compositum, ad quod sequitur ex necessitate corruptibilitas. et quantum ad hoc, mors est homini naturalis. haec tamen conditio in materia humani corporis est consequens ex necessitate materiae, quia oportebat corpus humanum esse organum tactus, et per consequens medium inter tangibilia; et hoc non poterat esse nisi esset ex contrariis compositum, * ut patet per philosophum, in ii de anima. ‘ non autem est conditio secundum quam materia adaptetur formae, quia, si esset possibile, cum forma sit incorruptibilis, potius oporteret materiam incorruptibilem esse. sicut quod serra sit ferrea, competit formae et actioni ipsius, ut per duritiem sit apta ad secandum, sed quod sit potens rubiginem contrahere, consequitur ex necessitate talis materiae, et non secundum electionem agentis; nam si artifex posset, faceret ex ferro serram quae rubiginem non posset contrahere. deus autem, qui est conditor hominis, omnipotens est. unde ademit suo beneficio ab homine primitus instituto necessitatem moriendi ex tali materia consequentem. quod tamen beneficium subtractum est per |25| peccatum primorum parentum. et sic mors et est naturalis, propter conditionem materiae, et est poenalis, propter amissionem divini beneficii praeservantis a morte.

ra2 ‘ Ad secundum dicendum quod similitudo illa hominis ad alia animalia attenditur quantum ad conditionem materiae, idest quantum ad corpus ex contrariis compositum. non autem quantum ad formam. nam anima hominis est immortalis, brutorum vero animalium animae sunt mortales.

ra3 ‘ Ad tertium dicendum quod primi parentes fuerunt instituti a deo non solum sicut quaedam personae singulares, sed sicut quaedam principia totius humanae naturae ab eis in posteros derivandae simul cum beneficio divino praeservante a morte. et ideo per eorum peccatum tota humana natura in posteris tali beneficio destituta, mortem incurrit.

ra4 ‘ Ad quartum dicendum quod aliquis defectus ex peccato consequitur dupliciter. uno modo, per modum poenae taxatae a iudice. et talis defectus aequalis debet esse in his ad quos aequaliter pertinet peccatum. alius autem defectus est qui ex huiusmodi poena per accidens consequitur, sicut quod aliquis pro sua culpa excaecatus, cadat in via. et talis defectus culpae non proportionatur, nec ab homine iudice pensatur, qui non potest fortuitos eventus praecognoscere. sic igitur poena taxata pro primo peccato, proportionaliter ei respondens, fuit subtractio divini beneficii quo rectitudo et integritas humanae naturae conservabatur. defectus autem consequentes subtractionem huius beneficii, sunt mors et aliae poenalitates praesentis vitae. et ideo non oportet huiusmodi poenas aequales esse in his ad quos aequaliter pertinet primum peccatum. verum quia deus praescius est omnium futurorum eventuum, ex dispensatione divinae providentiae huiusmodi poenalitates diversimode in diversis inveniuntur, non quidem propter aliqua merita praecedentia hanc vitam, * ut origenes posuit (hoc enim est contra id quod dicitur rom. ix, ° cum nondum aliquid boni aut mali egissent; * est etiam contra hoc quod in primo ostensum est, ‘ quod anima non est creata ante corpus); sed vel in poenam paternorum peccatorum, inquantum filius est |25| quaedam res patris, unde frequenter parentes puniuntur in prole; vel etiam propter remedium salutis eius qui huiusmodi poenalitatibus subditur, ut scilicet per hoc a peccatis arceatur, vel etiam de virtutibus non superbiat, et per patientiam coronetur.

ra5 ‘ Ad quintum dicendum quod mors dupliciter potest considerari. uno modo, secundum quod est quoddam malum humanae naturae. et sic non est ex deo, sed est defectus quidam incidens ex culpa humana. alio modo potest considerari secundum quod habet quandam rationem boni, prout scilicet est quaedam iusta poena. et sic est a deo. * unde augustinus dicit, in libro retractat., quod “ deus non est auctor mortis, nisi inquantum est poena.

ra6 * Ad sextum dicendum quod, sicut augustinus dicit, xiii de civ. dei, ° quemadmodum iniusti male utuntur non tantum malis, verum etiam bonis; ita iusti bene utuntur non tantum bonis, sed etiam malis. hinc fit ut et mali male lege utantur, quamvis sit lex bonum, et boni bene moriantur, quamvis sit mors malum. ‘ inquantum igitur sancti bene morte utuntur, fit eis mors meritoria.

ra7 ‘ Ad septimum dicendum quod mors dupliciter accipi potest. uno modo, pro ipsa privatione vitae. et sic mors sentiri non potest, cum sit privatio sensus et vitae. et sic non est poena sensus, sed poena damni. alio modo, secundum quod nominat ipsam corruptionem quae terminatur ad privationem praedictam. de corruptione autem, sicut et de generatione, dupliciter loqui possumus. uno modo, secundum quod est terminus alterationis. et sic in ipso instanti in quo primo privatur vita, dicitur inesse mors. et secundum hoc etiam, mors non est poena sensus. alio modo corruptio potest accipi cum alteratione praecedente, prout dicitur aliquis mori dum movetur in mortem; sicut dicitur aliquid generari dum movetur in generatum esse. et sic mors potest esse afflictiva.

ra8 ‘ Ad octavum dicendum quod, * sicut augustinus dicit, super gen. ad litt., ° quamvis annos multos primi parentes postea vixerint, illo tamen die mori coeperunt quo mortis legem, qua in senium veterascerent, acceperunt.

009 ST3 qu164 ar2

ag1 ‘ Ad secundum sic proceditur. videtur quod inconvenienter particulares poenae primorum parentum determinentur in scriptura. non enim debet assignari ut poena peccati id quod etiam sine peccato esset. sed dolor in pariendo esset, ut videtur, etiam sine peccato, hoc enim requirit dispositio feminei sexus, ut proles nasci non possit sine dolore parientis. similiter etiam subiectio mulieris ad virum consequitur perfectionem virilis sexus et imperfectionem muliebris. germinatio etiam spinarum et tribulorum ad naturam terrae pertinet, quae fuisset etiam sine peccato. non ergo huiusmodi sunt convenientes poenae primi peccati.

ag2 ‘ Praeterea, illud quod pertinet ad dignitatem alicuius, non videtur ad poenam eius pertinere. sed multiplicatio conceptus pertinet ad dignitatem mulieris. ergo non debet poni quasi mulieris poena.

ag3 ‘ Praeterea, poena peccati primorum parentum ad omnes derivatur, * sicut de morte dictum est. ‘ sed non omnium mulierum multiplicantur conceptus, nec omnes viri in sudore vultus sui pane vescuntur. non ergo ista sunt convenientes poenae primi peccati.

ag4 ‘ Praeterea, locus paradisi propter hominem factus erat. sed nihil debet esse frustra in rerum ordine. ergo videtur quod non fuerit conveniens hominis poena quod a paradiso excluderetur.

ag5 ‘ Praeterea, locus ille paradisi terrestris de se dicitur esse inaccessibilis. frustra ergo apposita sunt alia impedimenta, ne homo illuc reverteretur, scilicet “ cherubin et gladius flammeus atque versatilis.

ag6 ‘ Praeterea, homo post peccatum statim necessitati mortis fuit addictus, et ita beneficio ligni vitae non poterat ad immortalitatem reparari. frustra ergo ei esus ligni vitae interdicitur. * cum dicitur gen. iii, ° videte, ne forte sumat de ligno vitae, et vivat in aeternum.

ag7 ‘ Praeterea, insultare misero videtur misericordiae et clementiae repugnare, quae maxime in scriptura deo attribuitur, * secundum illud psalmi, ° miserationes eius super omnia opera eius. ‘ ergo inconvenienter ponitur dominum insultasse primis parentibus per peccatum iam in miseriam deductis, * ubi dicitur, ° ecce, adam quasi unus ex nobis factus est, sciens bonum et malum.

ag8 ° Praeterea, vestitus ad necessitatem hominis pertinet, sicut ‘ et cibus, * secundum illud i ad tim. ult., ° habentes alimenta et quibus tegamur, his contenti sumus. ‘ ergo, sicut cibus primis parentibus fuit attributus ante peccatum, ita etiam et vestitus attribui debuit. inconvenienter ergo post peccatum dicitur eis deus tunicas pelliceas fecisse.

ag9 ‘ Praeterea, poena quae peccato alicui adhibetur, debet plus habere in malo quam emolumentum quod quis ex peccato consequitur, alioquin, per poenam non deterreretur aliquis a peccato. sed primi parentes ex peccato consecuti sunt quod eorum oculi aperirentur, * ut dicitur gen. iii. ‘ hoc autem praeponderat in bono omnibus malis poenalibus quae ponuntur ex peccato consecuta. inconvenienter igitur describuntur poenae peccatum primorum parentum consequentes.

sc ‘ In contrarium est quod huiusmodi poenae sunt divinitus taxatae, qui omnia facit in numero, pondere et mensura, * ut dicitur sap. xi.

co * Respondeo dicendum quod, sicut dictum est, ‘ primi parentes propter suum peccatum privati sunt beneficio divino quo humanae naturae integritas in eis conservabatur, per cuius subtractionem humana natura in defectus poenales incidit. et ideo dupliciter puniti fuerunt. primo quidem, quantum ad hoc quod subtractum fuit eis id quod integritatis statui competebat, scilicet locus terrestris paradisi, * quod significatur gen. iii, cum dicitur, ° et emisit eum deus de paradiso voluptatis. ‘ et quia ad illum statum primae innocentiae per seipsum redire non poterat, convenienter apposita sunt impedimenta ne rediret ad ea quae primo statui competebant, “ scilicet a cibo, ne sumeret de ligno vitae; et a loco, ° collocavit deus ante paradisum cherubin et flammeum gladium. ‘ secundo autem puniti fuerunt quantum ad hoc quod attributa sunt eis ea quae naturae conveniunt tali beneficio destitutae. et hoc quidem et quantum ad corpus, et quantum ad animam. quantum quidem ad corpus, ad quod pertinet differentia sexus, alia poena attributa est mulieri, alia viro. mulieri quidem attributa est poena secundum duo propter quae viro coniungitur, quae sunt generatio prolis, et communicatio operum pertinentium ad domesticam conversationem. quantum autem ad generationem prolis, punita fuit dupliciter. primo quidem, quantum ad taedia quae sustinet portando prolem conceptam, et hoc significatur |25| * cum dicitur, ° multiplicabo aerumnas tuas et conceptus tuos. ‘ et quantum ad dolorem quem patitur in pariendo, * et quantum ad hoc dicitur, ° in dolore paries. ‘ quantum vero ad domesticam conversationem, punitur secundum hoc quod subiicitur dominationi viri, * per hoc quod dicitur, ° sub viri potestate eris. ‘ sicut autem ad mulierem pertinet ut subdatur viro in his quae ad domesticam conversationem pertinent, ita ad virum pertinet quod necessaria vitae procuret. et circa hoc punitur tripliciter. primo quidem, per terrae sterilitatem, * cum dicitur, maledicta terra in opere tuo. ‘ secundo, per laboris anxietatem, sine qua fructus terrae non percipit, * unde dicitur, ° in labore comedes de ea cunctis diebus vitae tuae. ‘ tertio, quantum ad impedimenta quae proveniunt terram colentibus, * unde dicitur, ° spinas et tribulos germinabit tibi. ‘ similiter etiam ex parte animae triplex eorum poena describitur. primo quidem, quantum ad confusionem quam passi sunt de rebellione carnis ad spiritum, * unde dicitur, ° aperti sunt oculi amborum, et cognoverunt se esse nudos. ‘ secundo, quantum ad increpationem propriae culpae, * per hoc quod dicitur, ° ecce, adam factus est quasi unus ex nobis. ‘ tertio, quantum ad commemorationem futurae mortis, |50| * secundum quod ei dictum est, ° pulvis es, et in pulverem reverteris. ‘ ad quod etiam pertinet quod deus fecit eis tunicas pelliceas, in signum mortalitatis eorum.

ra1 ‘ Ad primum ergo dicendum quod in statu innocentiae fuisset partus absque dolore. * dicit enim augustinus, xiv de civ. dei, ° sic ad pariendum non doloris gemitus, sed maturitatis impulsus feminea viscera relaxaret, sicut ad concipiendum non libidinis appetitus, sed voluntarius usus naturam utramque coniungeret. ‘ subiectio autem mulieris ad virum intelligenda est in poenam mulieris esse inducta, non quantum ad regimen, quia etiam ante peccatum vir caput mulieris fuisset et eius gubernator existeret, sed prout mulier, contra propriam voluntatem, necesse habet viri voluntati parere. spinas autem et tribulos terra germinasset, si homo non peccasset, in cibum animalium, non autem in hominis poenam, quia scilicet per eorum exortum nullus labor aut punctio homini operanti in terra accideret, * ut augustinus dicit, super gen. ad litt.. quamvis alcuinus dicat quod “ ante peccatum terra omnino spinas et tribulos non germinasset. ‘ sed primum melius est.

ra2 ‘ Ad secundum dicendum quod multitudo conceptuum inducitur in poenam mulieris, non propter ipsam procreationem prolis, quae etiam ante peccatum fuisset, sed propter multitudinem afflictionum, quae mulier patitur ex hoc quod portat fetum conceptum. * unde signanter coniungitur, ° multiplicabo aerumnas tuas et conceptus tuos.

ra3 ‘ Ad tertium dicendum quod illae poenae aliqualiter ad omnes pertinent. quaecumque enim mulier concipit, necesse est quod aerumnas patiatur et cum dolore pariat, praeter beatam virginem, quae sine corruptione concepit et sine dolore peperit, quia eius conceptio non fuit secundum legem naturae a primis parentibus derivata. si autem aliqua non concipit neque parit, patitur sterilitatis defectum, qui praeponderat poenis praedictis. similiter etiam oportet ut quicumque terram operatur, in sudore vultus comedat panem. et qui ipsi per se agriculturam non exercent, in aliis laboribus occupantur, homo enim nascitur ad laborem, * ut dicitur iob v, ‘ et sic panem ab aliis in sudore vultus elaboratum manducant.

ra4 ‘ Ad quartum dicendum quod locus ille paradisi terrestris, quamvis non serviat homini ad usum, servit tamen ei ad documentum, dum cognoscit propter peccatum se tali loco fuisse privatum; et dum per ea quae corporaliter in illo paradiso sunt, instruuntur de his quae pertinent ad paradisum caelestem, quo aditus homini praeparatur per christum.

ra5 ‘ Ad quintum dicendum quod, salvis spiritualis sensus mysteriis, locus ille praecipue videtur esse inaccessibilis propter vehementiam aestus in locis intermediis ex propinquitate solis. et hoc significatur per flammeum gladium, qui versatilis dicitur, propter proprietatem motus circularis huiusmodi aestum causantis. et quia motus corporalis creaturae disponitur ministerio angelorum, * ut patet per augustinum, iii de trin.; ‘ convenienter etiam simul cum gladio versatili cherubin adiungitur, ad custodiendam viam ligni vitae. * unde augustinus dicit, xi super gen. ad litt., ° hoc per caelestes potestates etiam in paradiso visibili factum esse credendum est, ut per angelicum ministerium esset illic quaedam ignea custodia.

ra6 ‘ Ad sextum dicendum quod homo, si post peccatum de ligno vitae comedisset, non propter hoc immortalitatem recuperasset, sed beneficio illius cibi potuisset vitam magis prolongare. “ unde quod dicitur, et vivat in aeternum, sumitur ibi aeternum pro diuturno. ‘ hoc autem non expediebat homini, ut in miseria huius vitae diutius permaneret.

ra7 ‘ Ad septimum dicendum quod, * sicut augustinus dicit, xi super gen. ad litt., ° verba dei non tam sunt primis parentibus insultantis, quam ceteros, ne ita superbiant, deterrentis, propter quos ista conscripta sunt, quia scilicet non solum adam non fuit factus qualis fieri voluit, sed nec illud quod factus fuerat, conservavit.

ra8 ‘ Ad octavum dicendum quod vestitus necessarius est homini secundum statum praesentis miseriae, propter duo, primo quidem, propter defectum ab exterioribus nocumentis, puta intemperie caloris et frigoris; secundo, ad tegumentum ignominiae, ne turpitudo membrorum appareat in quibus praecipue manifestatur rebellio carnis ad spiritum. haec autem duo in primo statu non erant. quia in statu illo corpus hominis non poterat per aliquid extrinsecum laedi, * ut in primo dictum est. ‘ nec etiam erat in statu illo aliqua turpitudo in corpore hominis quae confusionem induceret, * unde dicitur genesi, ° erat autem uterque nudus, “ adam scilicet et uxor eius, et non erubescebant. ‘ alia autem ratio est de cibo, qui est necessarius ad fomentum caloris naturalis et ad corporis augmentum.

ra9 ‘ Ad nonum dicendum quod, * sicut augustinus dicit, xi super gen. ad litt., “ non est credendum quod primi parentes essent producti clausis oculis, praecipue cum de muliere dicatur quod ° vidit lignum, quod esset pulchrum et bonum ad vescendum. aperti ergo sunt oculi amborum ad aliquid intuendum et cogitandum quod antea nunquam adverterant, ‘ scilicet ad invicem concupiscendum, quod ante non fuerat.

009 ST3 qu165 ar

pr ‘ Deinde considerandum est de tentatione primorum parentum. circa quam quaeruntur duo. primo, utrum fuerit conveniens quod homo a diabolo tentaretur. secundo, de modo et ordine illius tentationis.

009 ST3 qu165 ar1

ag1 ‘ Ad primum sic proceditur. videtur quod non fuerit conveniens ut homo a diabolo tentaretur. eadem enim poena finalis debetur peccato angeli et peccato hominis, * secundum illud matth. xxv, ° ite, maledicti, in ignem aeternum, qui paratus est diabolo et angelis eius. ‘ sed primum peccatum angeli non fuit ex aliqua tentatione exteriori. ergo nec primum peccatum hominis debuit esse ex aliqua tentatione exteriori.

ag2 ‘ Praeterea, deus, praescius futurorum, sciebat quod homo per tentationem daemonis in peccatum deiiceretur, et sic bene sciebat quod non expediebat ei quod tentaretur. ergo videtur quod non fuerit conveniens quod permitteret eum tentari.

ag3 ‘ Praeterea, quod aliquis impugnatorem habeat,

ad poenam pertinere videtur, sicut et e contrario ad praemium pertinere videtur quod impugnatio subtrahatur. * secundum illud prov. xvi, ° cum placuerint domino viae hominis, inimicos quoque eius convertet ad pacem. ' sed poena non debet praecedere culpam. ergo inconveniens fuit quod homo ante peccatum tentaretur.
sc * Sed contra est quod dicitur eccli. xxxiv, ° qui non est tentatus, qualia scit?
co ' Respondeo dicendum quod divina sapientia disponit omnia suaviter, * ut dicitur sap. viii, ' inquantum scilicet sua providentia singulis attribuit quae eis competunt secundum suam naturam; quia, * ut dionysius dicit, iv cap. de div. nom., ° providentiae non est naturam corrumpere, sed salvare. ' hoc autem pertinet ad conditionem humanae naturae, ut ab aliis creaturis iuvari vel impediri possit. unde conveniens fuit ut deus hominem in statu innocentiae et tentari permitteret per malos angelos, et iuvari eum faceret per bonos. ex speciali autem beneficio gratiae hoc erat ei collatum, ut nulla creatura exterior ei posset nocere contra propriam voluntatem, per quam etiam tentationi daemonis resistere poterat.
ra1 ' Ad primum ergo dicendum quod supra naturam humanam est aliqua natura in qua potest malum culpae inveniri, non autem supra naturam angelicam. tentare autem inducendo ad malum, non est nisi iam depravati per culpam. et ideo conveniens fuit ut homo per angelum malum tentaretur ad peccandum, sicut etiam, secundum naturae ordinem, per angelum bonum promovetur ad perfectionem. angelus autem a suo superiori, scilicet a deo, in bono perfici potuit, non autem ad peccandum induci, * quia, sicut dicitur iac. i, ° deus intentator malorum est.
ra2 ' Ad secundum dicendum quod, sicut deus sciebat quod homo per tentationem in peccatum esset deiiciendus, ita etiam sciebat quod per liberum arbitrium resistere poterat tentatori. hoc autem requirebat conditio naturae ipsius, ut propriae voluntati relinqueretur, * secundum illud eccli. xv, ° deus reliquit hominem in manu consilii sui. * unde augustinus dicit, xi super gen. ad litt., ° non mihi videtur magnae laudis futurum fuisse hominem, si propterea posset bene vivere quia nemo male vivere suaderet, cum et in natura posse, et in potestate haberet velle non consentire suadenti.
ra3 ' Ad tertium dicendum quod impugnatio cui cum difficultate resistitur, poenalis est. sed homo in statu innocentiae poterat absque omni difficultate tentationi resistere. et ideo impugnatio tentatoris poenalis ei non fuit.

009 ST3 qu165 ar2

ag1 ' Ad secundum sic proceditur. videtur quod non fuerit conveniens modus et ordo primae tentationis. sicut enim ordine naturae angelus erat superior homine, ita et vir erat perfectior muliere. sed peccatum pervenit ab angelo ad hominem. ergo, pari ratione, debuit pervenire a viro in mulierem, ut scilicet mulier per virum tentaretur, et non e converso.
ag2 ' Praeterea, tentatio primorum parentum fuit per suggestionem. potest autem diabolus suggerere homini etiam absque aliqua exteriori sensibili creatura. cum ergo primi parentes essent spirituali mente praediti, minus sensibilibus quam intelligibilibus inhaerentes, convenientius fuisset quod solum spirituali tentatione homo tentaretur quam exteriori.
ag3 ' Praeterea, non potest convenienter aliquis malum suggerere nisi per aliquid quod appareat bonum. sed multa alia animalia habent maiorem apparentiam boni quam serpens. non ergo convenienter tentatus fuit homo a diabolo per serpentem.
ag4 ' Praeterea, serpens est animal irrationale. sed animali irrationali non competit sapientia nec locutio, nec poena. * ergo inconvenienter inducitur " serpens esse callidior cunctis animalibus, vel, prudentissimus omnium bestiarum, * secundum aliam translationem. ' inconvenienter etiam inducitur fuisse mulieri locutus, et a deo punitus.
sc ' Sed contra est quod id quod est primum in aliquo genere, debet esse proportionatum his quae in eodem genere consequuntur. sed in quolibet peccato invenitur ordo primae tentationis, inquantum videlicet praecedit in sensualitate, quae per serpentem significatur, peccati concupiscentia; in ratione inferiori, quae significatur per mulierem, delectatio; in ratione superiori, quae significatur per virum, consensus peccati; * ut augustinus dicit, xii de trin.. ' ergo congruus fuit ordo primae tentationis.
co ' Respondeo dicendum quod homo compositus est ex duplici natura, intellectiva scilicet et sensitiva. et ideo diabolus in tentatione hominis usus est incitamento ad peccandum dupliciter. uno quidem modo, ex parte intellectus, inquantum promisit divinitatis similitudinem per scientiae adeptionem, quam homo naturaliter desiderat. alio modo, ex parte sensus. et sic usus est his sensibilibus rebus quae maximam habent affinitatem ad hominem, partim quidem in eadem specie, tentans virum per mulierem; partim vero in eodem genere, tentans mulierem per serpentem; partim vero ex genere propinquo, proponens pomum ligni vetiti ad edendum.
ra1 ' Ad primum ergo dicendum quod in actu tentationis diabolus erat sicut principale agens, sed mulier assumebatur quasi instrumentum tentationis ad deiiciendum virum. tum quia mulier erat infirmior viro, unde magis seduci poterat. tum etiam, propter coniunctionem eius ad virum, maxime per eam diabolus poterat virum seducere. non autem est eadem ratio principalis agentis et instrumenti. nam principale agens oportet esse potius, quod non requiritur in agente instrumentali.
ra2 ' Ad secundum dicendum quod suggestio qua spiritualiter diabolus aliquid homini suggerit, ostendit diabolus plus habere potestatis in homine quam suggestio exterior, quia per suggestionem interiorem immutatur a diabolo saltem hominis phantasia, sed per suggestionem exteriorem immutatur sola exterior creatura. diabolus autem minimum potestatis habebat in homine ante peccatum et ideo non potuit eum interiori suggestione, sed solum exteriori tentare.
ra3 ' Ad tertium dicendum quod, * sicut augustinus dicit, xi super gen. ad litt., ° non debemus opinari quod serpentem sibi, per quem tentaret, diabolus eligeret. sed, cum esset in illo decipiendi cupiditas, non nisi per illud animal potuit per quod posse permissus est.
ra4 ' Ad quartum dicendum quod, * sicut augustinus dicit, xi super gen. ad litt., ° serpens dictus est astutus, vel callidus, sive prudens, propter astutiam diaboli, quae in illo agebat dolum, sicut dicitur prudens vel astuta lingua quam prudens vel astutus movet ad aliquid prudenter vel astute suadendum. neque etiam serpens verborum sonos intelligebat qui ex illo fiebant ad mulierem, neque enim conversa credenda est anima eius in naturam rationalem. quandoquidem nec ipsi homines, quorum rationalis natura est, cum daemon in eis loquitur, sciunt quid loquantur. sic ergo locutus est serpens homini sicut asina in qua sedebat balaam, locuta est homini, nisi quod illud fuit opus diabolicum, hoc angelicum. unde serpens non est interrogatus cur hoc fecerit, quia non in sua natura ipse id fecerat, sed diabolus in illo, qui iam ex peccato suo igni destinatus fuerat sempiterno. quod autem serpenti dicitur, ad eum qui per serpentem operatus est, refertur. * et sicut augustinus dicit, in libro super gen. contra manichaeos, ° nunc quidem eius poena, idest diaboli, dicitur qua nobis cavendus est, non ea quae ultimo iudicio reservatur. * per hoc enim quod ei dicitur, ° maledictus es inter omnia animantia et bestias terrae, pecora illi praeponuntur, non in potestate; sed in conservatione naturae suae, quia pecora non amiserunt beatitudinem aliquam caelestem, quam nunquam habuerunt, sed in sua natura | 25 | quam acceperunt, peragunt vitam. * dicitur etiam ei, pectore et ventre repes, secundum aliam litteram. ubi ° nomine pectoris significatur superbia, quia ibi dominatur impetus animae, nomine autem ventris significatur carnale desiderium, quia haec pars mollior sentitur in corpore. his autem rebus serpit ad eos quos vult decipere. * quod autem dicitur, ° terram comedes cunctis diebus vitae tuae, duobus modis intelligi potest. vel, ad te pertinebunt quos terrena cupiditate deceperis, idest peccatores, qui terrae nomine significantur. vel tertium genus tentationis his verbis figuratur, quod est curiositas, terram enim qui manducat, profunda et tenebrosa penetrat. * per hoc autem quod inimicitiae ponuntur inter ipsum et mulierem, ° ostenditur non posse nos a diabolo tentari nisi per illam animalem partem quae quasi mulieris imaginem in homine ostendit. semen autem diaboli est perversa suggestio, semen mulieris, fructus boni operis, quod perversae suggestioni resistit. et ideo observat serpens plantam mulieris, ut, si quando in illicita illabitur, delectatio illam capiat, et illa observat caput eius, ut eum in ipso initio malae suasionis excludat.

009 ST3 qu166 ar

pr ' Deinde considerandum est de studiositate, et curiositate sibi opposita. circa studiositatem autem quaeruntur duo. primo, quae sit materia studiositatis. secundo, utrum sit pars temperantiae.

009 ST3 qu166 ar1

ag1 ' Ad primum sic proceditur. videtur quod materia studiositatis non sit proprie cognitio. studiosus enim dicitur aliquis ex eo quod adhibet studium aliquibus rebus. sed in qualibet materia debet homo studium adhibere, ad hoc quod recte faciat quod est faciendum. ergo videtur quod non sit specialis materia studiositatis cognitio.
ag2 ' Praeterea, studiositas curiositati opponitur. sed curiositas, quae a cura dicitur, potest esse etiam circa ornatum vestium, et circa alia huiusmodi quae pertinent ad corpus, * unde apostolus dicit, rom. xiii, ° carnis curam ne feceritis in desideriis. ' ergo studiositas non est solum circa cognitionem.
ag3 * Praeterea, ierem. vi dicitur, ° a minori usque ad maiorem, omnes avaritiae student. ' sed avaritia non est proprie circa cognitionem, sed magis circa possessionem divitiarum, * ut supra habitum est. ' ergo studiositas, quae a studio dicitur, non est proprie circa cognitionem.
sc * Sed contra est quod dicitur prov. xxvii, ° stude sapientiae, fili mi, et laetifica cor meum, ut possis respondere sermonem. ' sed eadem studiositas est quae laudatur ut virtus, et ad quam lex invitat. ergo studiositas proprie est circa cognitionem.
co ' Respondeo dicendum quod studium praecipue importat vehementem applicationem mentis ad aliquid. mens autem non applicatur ad aliquid nisi cognoscendo illud. unde per prius mens applicatur ad cognitionem, secundario autem applicatur ad ea in quibus homo per cognitionem dirigitur. et ideo studium per prius respicit cognitionem, et per posterius quaecumque alia ad quae operanda directione cognitionis indigemus. virtutes autem proprie sibi attribuunt illam materiam circa quam primo et principaliter sunt, sicut fortitudo pericula mortis, et temperantia delectationem tactus. et ideo studiositas proprie dicitur circa cognitionem.
ra1 ' Ad primum ergo dicendum quod circa alias materias non potest aliquid recte fieri, nisi secundum quod est praeordinatum per rationem cognoscentem. et ideo per prius studiositas cognitionem respicit, cuicumque materiae studium adhibeatur.
ra2 ' Ad secundum dicendum quod ex affectu hominis trahitur mens eius ad intendendum his ad quae afficitur, * secundum illud matth. vi, ° ubi est thesaurus tuus, ibi est et cor tuum. ' et quia ad ea quibus caro fovetur, maxime homo afficitur, consequens est quod cogitatio hominis versetur praecipue circa ea quibus caro fovetur, ut scilicet homo inquirat qualiter homo optime possit carni suae subvenire. et secundum hoc, curiositas ponitur circa ea quae ad carnem pertinent, ratione eorum quae ad cognitionem pertinent.
ra3 ' Ad tertium dicendum quod avaritia inhiat ad lucra conquirenda, ad quod maxime necessaria est quaedam peritia terrenarum rerum. et secundum hoc, studium attribuitur his quae ad avaritiam spectant.

009 ST3 qu166 ar2

ag1 ' Ad secundum sic proceditur. videtur quod studiositas non sit temperantiae pars. studiosus enim dicitur aliquis secundum studiositatem. sed universaliter omnis virtuosus vocatur studiosus, * ut patet per philosophum, qui frequenter sic utitur nomine studiosi. ' ergo studiositas est generalis virtus, et non est pars temperantiae.
ag2 ' Praeterea, studiositas, * sicut dictum est, ' ad cognitionem pertinet. sed cognitio non pertinet ad virtutes morales, quae sunt in appetitiva animae parte, sed magis ad intellectuales, quae sunt in parte cognoscitiva, unde et sollicitudo est actus prudentiae, * ut supra habitum est. ' ergo studiositas non est pars temperantiae.
ag3 ' Praeterea, virtus quae ponitur pars alicuius principalis virtutis, assimilatur ei quantum ad modum. sed studiositas non assimilatur temperantiae quantum ad modum. quia temperantiae nomen sumitur ex quadam refrenatione, unde magis opponitur vitio quod est in excessu. nomen autem studiositatis sumitur e contrario ex applicatione animae ad aliquid, unde magis videtur opponi vitio quod est in defectu, scilicet negligentiae studendi, quam vitio quod est in excessu, scilicet curiositati. * unde, propter horum similitudinem, dicit isidorus, in libro etymol., " quod studiosus dicitur quasi studiis curiosus. ' ergo studiositas non est pars temperantiae.
sc * Sed contra est quod augustinus dicit, in libro de moribus eccle., ° curiosi esse prohibemur, quod magnae temperantiae munus est. ' sed curiositas prohibetur per studiositatem moderatam. ergo studiositas est pars temperantiae.
co * Respondeo dicendum quod, sicut supra dictum est, ' ad temperantiam pertinet moderari motum appetitus, ne superflue tendat in id quod naturaliter concupiscitur. sicut autem naturaliter homo concupiscit delectationes ciborum et venereorum secundum naturam corporalem, ita secundum animam naturaliter desiderat cognoscere aliquid, * unde et philosophus dicit, in i metaphys., quod ° omnes homines naturaliter scire desiderant. ' moderatio autem huius appetitus pertinet ad virtutem studiositatis. unde consequens est quod studiositas sit pars potentialis temperantiae, sicut virtus secundaria ei adiuncta ut principali virtuti. et comprehenditur sub modestia, * ratione superius dicta.
ra1 ' Ad primum ergo dicendum quod prudentia est completiva omnium virtutum moralium, * ut dicitur in vi ethic., ' inquantum igitur cognitio prudentiae ad omnes virtutes pertinet, intantum nomen studiositatis, quae proprie circa cognitionem est, ad omnes virtutes derivatur.
ra2 ' Ad secundum dicendum quod actus cognoscitivae virtutis imperatur a vi appetitiva, quae est motiva omnium virium, * ut supra habitum est. ' et ideo circa cognitionem duplex bonum potest attendi. unum quidem, quantum ad ipsum actum cognitionis. et tale bonum pertinet ad virtutes intellectuales, ut scilicet homo circa singula aestimet verum. aliud autem est bonum quod pertinet ad actum appetitivae virtutis, ut scilicet homo habeat appetitum rectum applicandi vim cognoscitivam sic vel aliter, ad hoc vel ad illud. et hoc pertinet ad virtutem studiositatis. unde computatur inter virtutes morales.
ra3 * Ad tertium dicendum quod, sicut philosophus dicit, in ii ethic., ' ad hoc quod homo fiat virtuosus, oportet quod servet se ab his ad quae maxime inclinat natura. et inde est quod, quia natura praecipue inclinat ad timendum mortis pericula et ad sectandum delectabilia carnis, quod laus virtutis fortitudi-

nis praecipue consistit in quadam firmitate persistendi contra huiusmodi pericula, et laus virtutis temperantiae in quadam refrenatione a delectabilibus carnis. sed quantum ad cognitionem, est in homine contraria inclinatio. quia ex parte animae, inclinatur homo ad hoc quod cognitionem rerum desideret, et sic oportet ut homo laudabiliter huiusmodi appetitum refrenet, ne immoderate rerum cognitioni intendat. ex parte vero naturae corporalis, homo inclinatur ad hoc ut laborem inquirendi scientiam vitet. quantum igitur ad primum, studiositas in refrenatione consistit, et secundum hoc ponitur pars temperantiae. sed quantum ad secundum laus huius virtutis consistit in quadam vehementia intentionis ad scientiam rerum percipiendam, et ex hoc nominatur. primum autem est essentialius huic virtuti quam secundum. nam appetitus cognoscendi per se respicit cognitionem, ad quam ordinatur studiositas. sed labor addiscendi est impedimentum quoddam cognitionis, unde respicitur ab hac virtute per accidens, quasi removendo prohibens.

009 ST3 qu167 ar

pr ' Deinde considerandum est de curiositate. et circa hoc quaeruntur duo. primo, utrum vitium curiositatis possit esse in cognitione intellectiva. secundo, utrum sit in cognitione sensitiva.

009 ST3 qu167 ar1

ag1 ' Ad primum sic proceditur. videtur quod circa cognitionem intellectivam non possit esse curiositas. quia * secundum philosophum, in ii ethic., ' in his quae secundum se sunt bona vel mala, non possunt accipi medium et extrema. sed cognitio intellectiva secundum se est bona, in hoc enim perfectio hominis videtur consistere, ut intellectus eius de potentia reducatur in actum, quod fit per cognitionem veritatis. * dionysius etiam dicit, iv cap. de div. nom., quod ° bonum animae humanae est secundum rationem esse, ' cuius perfectio in cognitione veritatis consistit. ergo circa cognitionem intellectivam non potest esse vitium curiositatis.

ag2 ' Praeterea, illud per quod homo similatur deo, et quod a deo consequitur, non potest esse malum. sed quaecumque abundantia cognitionis a deo est, * secundum illud eccli. i, ° omnis sapientia a domino deo est. * et sap. vii dicitur, ° ipse dedit mihi horum quae sunt scientiam veram, ut sciam dispositionem orbis terrarum et virtutes elementorum, ' etc.. per hoc etiam homo deo assimilatur, quod veritatem cognoscit, quia omnia nuda et aperta sunt oculis eius, * ut habetur ad heb. iv. unde et i reg. ii dicitur quod ° deus scientiarum dominus est, ' ergo, quantumcumque abundet cognitio veritatis, non est mala, sed bona. appetitus autem boni non est vitiosus. ergo circa intellectivam cognitionem veritatis non potest esse vitium curiositatis.

ag3 ' Praeterea, si circa aliquam intellectivam cognitionem posset esse curiositatis vitium, praecipue esset circa philosophicas scientias. sed eis intendere non videtur esse vitiosum, * dicit enim hieronymus, super danielem, ° qui de mensa et vino regis noluerunt comedere ne polluantur, si sapientiam atque doctrinam babyloniorum scirent esse peccatum, numquam acquiescerent discere quod non licebat. * et augustinus dicit, in ii de doctr. christ., quod, ° si qua vera philosophi dixerunt, ab eis sunt, tanquam ab iniustis possessoribus, in usum nostrum vindicanda. ' non ergo circa cognitionem intellectivam potest esse curiositas vitiosa.

sc * Sed contra est quod hieronymus dicit, ° nonne vobis videtur in vanitate sensus et obscuritate mentis ingredi qui diebus ac noctibus in dialectica arte torquetur, qui physicus perscrutator oculos trans caelum levat? ' sed vanitas sensus et obscuritas mentis est vitiosa. ergo circa intellectivas scientias potest esse curiositas vitiosa.

co * Respondeo dicendum quod, sicut dictum est, ' studiositas non est directe circa ipsam cognitionem, sed circa appetitum et studium cognitionis acquirendae. aliter autem est iudicandum de ipsa cognitione veritatis, et aliter de appetitu et studio veritatis cognoscendae. ipsa enim veritatis cognitio, per se loquendo, bona est. potest autem per accidens esse mala, ratione scilicet alicuius consequentis, vel inquantum scilicet aliquis de cognitione veritatis superbit, * secundum illud i ad cor. viii, scientia inflat; ' vel inquantum homo utitur cognitione veritatis ad peccandum. sed ipse appetitus vel studium cognoscendae veritatis potest habere rectitudinem vel perversitatem. uno quidem modo, prout aliquis tendit suo studio in cognitionem veritatis prout per accidens coniungitur ei malum, sicut illi qui student ad scientiam veritatis ut exinde superbiant. * unde augustinus dicit, in libro de moribus eccle., ° sunt qui, desertis virtutibus, et nescientes quid sit deus et quanta sit maiestas semper eodem modo manentis naturae, magnum aliquid se agere putant si universam istam corporis molem quam mundum nuncupamus, curiosissime intentissimeque perquirant. unde etiam tanta superbia gignitur ut in ipso caelo, de quo saepe disputant, sibimet habitare videantur. ' similiter etiam illi qui student addiscere aliquid ad peccandum, vitiosum studium habent, * secundum illud ierem. ix, ° docuerunt linguam suam loqui mendacium, ut inique agerent, laboraverunt. ' alio autem modo potest esse vitium ex ipsa inordinatione appetitus et studii addiscendi veritatem. et hoc quadrupliciter. uno modo, inquantum per studium minus utile retrahuntur a studio quod eis ex necessitate incumbit. * unde hieronymus dicit, ° sacerdotes, dimissis evangeliis et prophetiis, videmus comoedias legere, et amatoria bucolicorum versuum verba cantare. ' alio modo, inquantum studet aliquis addiscere ab eo a quo non licet, sicut patet de his qui aliqua futura a daemonibus perquirunt, quae est superstitiosa curiositas. * de quo augustinus dicit, in libro de vera relig., ° nescio an philosophi impedirentur a fide vitio curiositatis in percunctandis daemonibus. ' tertio, quando homo appetit cognoscere veritatem circa creaturas non referendo ad debitum finem, scilicet ad cognitionem dei. * unde augustinus dicit, in libro de vera relig., quod ° in consideratione creaturarum non est vana et peritura curiositas exercenda, sed gradus ad immortalia et semper manentia faciendus. ' quarto modo, inquantum aliquis studet ad cognoscendam veritatem supra proprii ingenii facultatem, quia per hoc homines de facili in errores labuntur. * unde dicitur eccli. iii, ° altiora te ne quaesieris, et fortiora ne scrutatus fueris, et in pluribus operibus eius ne fueris curiosus; * et postea sequitur, ° multos enim supplantavit suspicio eorum, et in vanitate detinuit sensus eorum.

ra1 ' Ad primum ergo dicendum quod bonum hominis consistit in cognitione veri, non tamen summum hominis bonum consistit in cognitione cuiuslibet veri, sed in perfecta cognitione summae veritatis, * ut patet per philosophum, in x ethic.. ' et ideo potest esse vitium in cognitione aliquorum verorum, secundum quod talis appetitus non debito modo ordinatur ad cognitionem summae veritatis, in qua consistit summa felicitas.

ra2 ' Ad secundum dicendum quod ratio illa ostendit quod cognitio veritatis secundum se sit bona, non tamen per hoc excluditur quin possit aliquis cognitione veritatis abuti ad malum, vel etiam inordinate cognitionem veritatis appetere; quia etiam oportet appetitum boni debito modo regulatum esse.

ra3 ' Ad tertium dicendum quod studium philosophiae secundum se est licitum et laudabile, propter veritatem quam philosophi perceperunt, deo illis revelante, * ut dicitur rom. i. ' sed quia quidam philosophi abutuntur ad fidei impugnationem, * ideo apostolus dicit, ad coloss. ii, ° videte ne quis vos decipiat per philosophiam et inanem scientiam, secundum traditionem hominum, et non secundum christum. * et dionysius dicit, in epistola ad polycarpum, de quibusdam philosophis, quod ° divinis non sancte contra divina utuntur, per sapientiam dei tentantes expellere divinam venerationem.

009 ST3 qu167 ar2

ag1 ' Ad secundum sic proceditur. videtur quod vitium curiositatis non sit circa sensitivam cognitionem. sicut enim aliqua cognoscuntur per sensum visus, ita etiam aliqua cognoscuntur per sensum tactus et gustus. sed circa tangibilia et gustabilia non ponitur vitium curiositatis, sed magis vitium luxuriae aut gulae. ergo videtur quod nec circa ea quae cognoscuntur per visum, sit vitium curiositatis.

ag2 ' Praeterea, curiositas esse videtur in inspectione ludorum, * unde augustinus dicit, in vi confess., quod, ° quodam pugnae casu, cum clamor ingens totius populi vehementer alypium pulsasset, curiositate victus, aperuit oculos. ' sed inspectio ludorum non videtur esse vitiosa, quia huiusmodi inspectio delectabilis redditur propter repraesentationem, in qua homo naturaliter delectatur, * ut philosophus dicit, in sua poetria. ' non ergo circa sensibilium cognitionem est vitium curiositatis.

ag3 ' Praeterea, ad curiositatem pertinere videtur actus proximorum perquirere, * ut dicit beda. ' sed perquirere facta aliorum non videtur esse vitiosum, quia * sicut dicitur eccli. xvii, ° unicuique mandavit deus de proximo suo. ' ergo vitium curiositatis non est in huiusmodi particularibus sensibilibus cognoscendis.

sc * Sed contra est quod augustinus dicit, in libro de vera relig., quod ° concupiscentia oculorum reddit homines curiosos. * ut autem dicit beda, " concupiscentia oculorum est non solum in discendis magicis artibus, sed etiam in contemplandis spectaculis, et in dignoscendis et carpendis vitiis proximorum, quae sunt quaedam particularia sensibilia. cum ergo concupiscentia oculorum sit quoddam vitium, sicut etiam superbia vitae et concupiscentia carnis, contra quae dividitur, * i ioan. ii; ' videtur quod vitium curiositatis sit circa sensibilium cognitionem.

co ' Respondeo dicendum quod cognitio sensitiva ordinatur ad duo. uno enim modo, tam in hominibus quam in aliis animalibus, ordinatur ad corporis sustentationem, quia per huiusmodi cognitionem homines et alia animalia vitant nociva, et conquirunt ea quae sunt necessaria ad corporis sustentationem. alio modo, specialiter in homine ordinatur ad cognitionem intellectivam, vel speculativam vel practicam. apponere ergo studium circa sensibilia cognoscenda, dupliciter potest esse vitiosum. uno modo, inquantum cognitio sensitiva non ordinatur in aliquid utile, sed potius avertit hominem ab aliqua utili consideratione. * unde augustinus dicit, in x confess., ° canem currentem post leporem iam non specto cum in circo fit. at vero in agro, si casu transeam, avertit me fortassis ab aliqua magna cogitatione, atque ad se convertit illa venatio, et nisi iam mihi demonstrata infirmitate mea, cito admoneas, vanus hebesco. ' alio modo, inquantum cognitio sensitiva ordinatur ad aliquod noxium, sicut inspectio mulieris ordinatur ad concupiscendum; et diligens inquisitio eorum quae ab aliis fiunt, ordinatur ad detrahendum. si quis autem cognitioni sensibilium intendit ordinate, propter necessitatem sustentandae naturae, vel propter studium intelligendae veritatis, est virtuosa studiositas circa sensibilem cognitionem.

ra1 ' Ad primum ergo dicendum quod luxuria et gula sunt circa delectationes quae sunt in usu rerum tangibilium. sed circa delectationem cognitionis omnium sensuum est curiositas. ° et vocatur concupiscentia oculorum, quia oculi sunt ad cognoscendum in sensibus principales, unde omnia sensibilia videri dicuntur, * ut augustinus dicit, in x confess.. et sicut augustinus ibidem subdit, ° ex hoc evidentius discernitur quid voluptatis, quid curiositatis agatur per sensus, quod voluptas pulchra, suavia, canora, sapida, lenia sectatur; curiositas autem etiam his contraria, tentandi causa, non ad subeundam molestiam, sed experiendi noscendique libidinem.

ra2 ' Ad secundum dicendum quod inspectio spectaculorum vitiosa redditur inquantum per hoc homo fit pronus ad vitia vel lasciviae vel crudelitatis, per ea quae ibi repraesentantur. * unde chrysostomus dicit quod ° adulteros et inverecundos constituunt tales inspectiones.

ra3 ' Ad tertium dicendum quod prospicere facta aliorum bono animo, vel ad utilitatem propriam, ut scilicet homo ex bonis operibus proximi provocetur ad melius, vel etiam ad utilitatem illius, ut scilicet corrigatur si quid ab eo agitur vitiose, secundum regulam caritatis et debitum officii, est laudabile, * secundum illud heb. x, ° considerate vos invicem in provocationem caritatis et bonorum operum. ' sed quod aliquis intendit ad consideranda vitia proximorum ad despiciendum vel detrahendum, vel saltem inutiliter inquietandum, est vitiosum. * unde dicitur prov. xxiv, ° ne insidieris et quaeras iniquitatem in domo iusti, neque vastes requiem eius.

009 ST3 qu168 ar

pr ' Deinde considerandum est de modestia secundum quod consistit in exterioribus motibus corporis. et circa hoc quaeruntur quatuor. primo, utrum in exterioribus motibus corporis qui serio aguntur, possit esse virtus et vitium. secundo, utrum possit esse aliqua virtus circa actiones ludi. tertio, de peccato quod fit ex excessu ludi. quarto, de peccato ex defectu ludi.

009 ST3 qu168 ar1

ag1 ' Ad primum sic proceditur. videtur quod in exterioribus motibus corporis non sit aliqua virtus. omnis enim virtus pertinet ad spiritualem animae decorem, * secundum illud psalmi, ° omnis gloria eius filiae regis ab intus, * glossa, " idest, in conscientia. ' sed motus corporales non sunt ab intus, sed exterius. ergo circa huiusmodi motus non potest esse virtus.

ag2 ° Praeterea, virtutes non sunt nobis a natura, * ut patet per philosophum, in ii ethic.. ' sed motus corporales exteriores sunt hominibus a natura, secundum quam quidam sunt velocis motus et quidam tardi motus, et idem est de aliis differentiis exteriorum motuum. ergo circa tales motus non attenditur aliqua virtus.

ag3 ' Praeterea, omnis virtus moralis est circa actiones quae sunt ad alterum, sicut iustitia, vel circa passiones, sicut temperantia et fortitudo. sed exteriores motus corporales non sunt ad alterum usum, neque etiam sunt passiones. ergo circa eos non est aliqua virtus.

ag4 ' Praeterea, in omni opere virtutis est studium adhibendum, * ut supra dictum est. ' sed adhibere studium in dispositione exteriorum motuum est vituperabile, * dicit enim ambrosius, in i de offic., ° est gressus probabilis in quo sit species auctoritatis, gravitatisque pondus, tranquillitatis vestigium, ita tamen si studium desit atque affectatio, sed motus sit purus ac simplex. ' ergo videtur quod circa compositionem exteriorum motuum non consistat virtus.

sc ' Sed contra est quod decor honestatis pertinet ad virtutem. sed compositio exteriorum motuum pertinet ad decorem honestatis, * dicit enim ambrosius, in i de offic., ° sicut molliculum et infractum aut vocis sonum aut gestum corporis non probo, ita neque agrestem aut rusticum. naturam imitemur, effigies eius formula disciplinae, forma honestatis est. ' ergo circa compositionem exteriorum motuum est virtus.

co ' Respondeo dicendum quod virtus moralis consistit in hoc quod ea quae sunt hominis per rationem ordinantur. manifestum est autem quod exteriores motus hominis sunt per rationem ordinabiles, quia ad imperium rationis exteriora membra moventur. unde manifestum est quod circa horum motuum ordinationem virtus moralis consistit ordinatio autem horum motuum attenditur quantum ad duo, uno quidem modo, secundum convenientiam personae; alio modo, secundum convenientiam ad exteriores personas, negotia seu loca. * unde dicit ambrosius, in i de offic., ° hoc est pulchritudinem vivendi tenere, convenientia cuique sexui et personae reddere, * et hoc pertinet ad primum. quantum autem ad secundum, subditur, ° hic ordo gestorum optimus, hic ornatus ad omnem actionem accommodus. * et ideo circa huiusmodi exteriores motus ponit andronicus duo. " scilicet ornatum, qui respicit convenientiam personae, unde dicit quod est scientia circa decens in motu et habitudine. et bonam ordinationem, quae respicit convenientiam ad diversa negotia et ea quae circumstant, unde dicit quod est experientia separationis, idest distinctionis, actionum.

ra1 ' Ad primum ergo dicendum quod motus exteriores sunt quaedam signa interioris dispositionis, * secundum illud eccli. xix, ° amictus corporis, et risus dentium, et ingressus hominis, enuntiant de illo. * et ambrosius dicit, in i de offic., quod ° habitus mentis in corporis statu cernitur, et quod vox quaedam animi est corporis motus.

ra2 ' Ad secundum dicendum quod, quamvis ex naturali dispositione habeat homo aptitudinem ad hanc vel illam dispositionem exteriorum motuum, tamen quod deest naturae, potest suppleri ex industria rationis. * unde ambrosius dicit, in i de offic., ° motum natura informat, si quid sane in natura vitii est, industria emendet.

ra3 * Ad tertium dicendum quod, sicut dictum est, ' exteriores motus sunt quaedam signa interioris dispositionis, quae praecipue attenditur secundum animae passiones. et ideo moderatio exteriorum motuum requirit moderationem interiorum passionum. * unde ambrosius dicit, in i de offic., " quod hinc, scilicet ex motibus exterioribus, ° homo cordis nostri absconditus aut levior aut iactanctior aut turbidior, aut gravior et constantior et purior et maturior aestimatur. ' per motus etiam exteriores alii homines de nobis iudicium capiunt, * secundum illud eccli. xix, ° ex visu cognoscitur vir, et ab occursu faciei cognoscitur sensatus. ' et ideo moderatio exteriorum motuum quodammodo ad alios ordinatur, * secundum illud quod augustinus dicit, in regula, ° in omnibus motibus vestris nihil fiat quod cuiusquam offendat aspectum, sed quod vestram deceat sanctitatem. ' et ideo moderatio exteriorum motuum potest reduci ad duas virtutes * quas philosophus tangit in iv ethic.. ' inquantum enim per exteriores motus ordinamur ad alios, pertinet exteriorum motuum moderatio ad amicitiam vel affabilitatem, quae attenditur |25| circa delectationes et tristitias quae sunt in verbis et factis in ordine ad alios quibus homo convivit. inquantum vero exteriores motus sunt signa interioris dispositionis, pertinet eorum moderatio ad virtutem veritatis, secundum quam aliquis talem se exhibet in verbis et factis qualis est interius.

ra4 ' Ad quartum dicendum quod in compositione exteriorum motuum studium vituperatur per quod aliquis fictione quadam in exterioribus motibus utitur, ita quod interiori dispositioni non conveniant. debet tamen tale studium adhiberi ut, si quid in eis inordinatum est, corrigatur. * unde ambrosius dicit, in i de offic., ° ars desit, non desit correctio.

009 ST3 qu168 ar2

ag1 ' Ad secundum sic proceditur. videtur quod in ludis non possit esse aliqua virtus. * dicit enim ambrosius, in i de offic., ° dominus ait, vae, vobis qui ridetis, quia flebitis. non solum ergo profusos, sed etiam omnes iocos declinandos arbitror. ' sed illud quod potest virtuose fieri, non est totaliter declinandum. non ergo circa ludos potest esse virtus.

ag2 ' Praeterea, virtus est quam deus in nobis sine nobis operatur, * ut supra habitum est. * sed chrysostomus dicit, ° non dat deus ludere, sed diabolus. audi quid ludentes passi sunt, sedit populus manducare et bibere, et surrexerunt ludere. ' ergo circa ludos non potest esse virtus.

ag3 * Praeterea, philosophus dicit, in x ethic., quod ° operationes ludi non ordinantur in aliquid aliud. ' sed ad virtutem requiritur ut propter aliquid eligens operetur, * sicut patet per philosophum, in ii ethic.. ' ergo circa ludos non potest esse aliqua virtus.

sc * Sed contra est quod augustinus dicit, in ii musicae, ° volo tandem tibi parcas, nam sapientem decet interdum remittere aciem rebus agendis intentam. ' sed ista remissio animi a rebus agendis fit per ludicra verba et facta. ergo his uti interdum ad sapientem et virtuosum pertinet. * philosophus etiam ponit virtutem ' eutrapeliae circa ludos, quam nos possumus dicere iucunditatem.

co ' Respondeo dicendum quod, sicut homo indiget corporali quiete ad corporis refocillationem, quod non potest continue laborare, propter hoc quod habet finitam virtutem, quae determinatis laboribus proportionatur; ita etiam est ex parte animae, cuius etiam est virtus finita ad determinatas operationes proportionata, et ideo, quando ultra modum suum in aliquas operationes se extendit, laborat, et ex hoc fatigatur, praesertim quia in operationibus animae simul etiam laborat corpus, inquantum scilicet anima, etiam intellectiva, utitur viribus per organa corporea operantibus. sunt autem bona sensibilia connaturalia homini. et ideo, quando anima supra sensibilia elevatur operibus rationis intenta, nascitur exinde quaedam fatigatio animalis, sive homo intendat operibus rationis practicae, sive speculativae. magis tamen si operibus contemplationis intendat, quia per hoc magis a sensibilibus elevatur, quamvis forte in aliquibus operibus exterioribus rationis practicae maior labor corporis consistat. in utrisque tamen tanto aliquis magis animaliter fatigatur, quanto vehementius operibus rationis intendat. sicut autem fatigatio corporalis solvitur per corporis quietem, ita etiam oportet quod fatigatio animalis solvatur per animae quietem. quies autem animae est delectatio, * ut supra habitum est, cum de passionibus ageretur. ' et ideo oportet remedium contra fatigationem animalem adhibere per aliquam delectationem, |25| intermissa intentione ad insistendum studio rationis. * sicut in collationibus patrum legitur quod " beatus evangelista ioannes, cum quidam scandalizarentur quod eum cum suis discipulis ludentem invenerunt, dicitur mandasse uni eorum, qui arcum gerebat, ut sagittam traheret. quod cum pluries fecisset, quaesivit utrum hoc continue facere posset. qui respondit quod, si hoc continue faceret, arcus frangeretur. unde beatus ioannes subintulit quod similiter animus hominis frangeretur, si nunquam a sua intentione relaxaretur. ' huiusmodi autem dicta vel facta, in quibus non quaeritur nisi delectatio animalis, vocantur ludicra vel iocosa. et ideo necesse est talibus interdum uti, quasi ad quandam animae quietem. * et hoc est quod philosophus dicit, in iv ethic., quod ° in huius vitae conversatione quaedam requies cum ludo habetur, ' et ideo oportet interdum aliquibus talibus uti. circa quae tamen tria videntur praecipue esse cavenda. quorum primum et principale est quod praedicta delectatio non quaeratur in aliquibus operationibus vel verbis turpibus vel nocivis. * unde tullius dicit, in i de offic., quod ° unum genus iocandi est illiberale, petulans, flagitiosum, obscenum. ' aliud autem attendendum est, ne totaliter gravitas animae resolvatur. * unde ambrosius dicit, in i de offic., ° caveamus ne, dum relaxare animum volumus, solvamus omnem harmoniam, |50| quasi concentum quendam bonorum operum. * et tullius dicit, in i de offic., quod ° sicut pueris non omnem ludendi licentiam damus, sed eam quae ab honestatis actionibus non sit aliena; sic in ipso ioco aliquod probi ingenii lumen eluceat. ' tertio autem est attendendum, sicut et in omnibus aliis humanis actibus, ut congruat personae et tempori et loco, et secundum alias circumstantias debite ordinetur, ut scilicet sit et tempore et homine dignus, * ut tullius dicit, ibidem. ' huiusmodi autem secundum regulam rationis ordinantur. habitus autem secundum rationem operans est virtus moralis. et ideo circa ludos potest esse aliqua virtus, * quam philosophus eutrapeliam nominat. et dicitur aliquis ' eutrapelus a bona versione, quia scilicet bene convertit aliqua dicta vel facta in solatium. et inquantum per hanc virtutem homo refrenatur ab immoderantia ludorum, sub modestia continetur.

ra1 * Ad primum ergo dicendum quod, sicut dictum est, ' iocosa debent congruere negotiis et personis. unde et * tullius dicit, in i rhet., quod " quando auditores sunt defatigati, ° non est inutile ab aliqua re nova aut ridicula oratorem incipere, si tamen rei dignitas non adimit iocandi facultatem. ' doctrina autem sacra maximis rebus intendit, * secundum illud prov. viii, ° audite, quoniam de rebus magnis locutura sum. * unde ambrosius " non excludit universaliter iocum a conversatione humana, sed a doctrina sacra. unde praemittit, ° licet interdum honesta ioca ac suavia sint, tamen ab ecclesiastica abhorrent regula, quoniam quae in scripturis sanctis non reperimus, ea quem ad modum usurpare possumus?

ra2 * Ad secundum dicendum quod verbum illud chrysostomi est ' intelligendum de illis qui inordinate ludis utuntur, et praecipue eorum qui finem in delectatione ludi constituunt, * sicut de quibusdam dicitur sap. xv, ° aestimaverunt esse ludum vitam nostram. * contra quod dicit tullius, in i de offic., ° non ita generati a natura sumus ut ad ludum et iocum facti esse videamur, sed ad severitatem potius, et ad quaedam studia graviora atque maiora.

ra3 ' Ad tertium dicendum quod ipsae operationes ludi, secundum suam speciem, non ordinantur ad aliquem finem. sed delectatio quae in talibus actibus habetur, ordinatur ad quandam animae recreationem et quietem. et secundum hoc, si moderate fiat, licet uti ludo. * unde tullius dicit, in i de offic., ° ludo et ioco uti quidem licet, sed, sicut somno et quietibus ceteris, tunc cum gravibus seriisque rebus satisfecerimus.

009 ST3 qu168 ar3

ag1 ' Ad tertium sic proceditur. videtur quod in superfluitate ludi non possit esse peccatum. illud enim quod excusat a peccato, non videtur esse peccatum. sed ludus quandoque excusat a peccato, multa enim, si serio fierent, gravia peccata essent, quae quidem, ioco facta, vel nulla vel levia sunt. ergo videtur quod in superabundantia ludi non sit peccatum.

ag2 ' Praeterea, omnia alia vitia reducuntur ad septem vitia capitalia, * ut gregorius dicit, xxxi moral.. ' sed superabundantia in lucis non videtur reduci ad aliquod capitalium vitiorum. ergo videtur quod non sit peccatum.

ag3 ' Praeterea, maxime histriones in ludo videntur superabundare, qui totam vitam suam ordinant ad ludendum. si ergo superabundantia ludi esset peccatum, tunc omnes histriones essent in statu peccati. peccarent etiam omnes qui eorum ministerio uterentur, vel qui eis aliqua largirentur, tanquam peccati fautores. quod videtur esse falsum. * legitur enim in vitis patrum, quod beato paphnutio revelatum est " quod quidam ioculator futurus erat sibi consors in vita futura.

sc * Sed contra est quod, super illud prov. xiv, ° risus dolori miscebitur et extrema gaudii luctus occupat, * dicit glossa, " luctus perpetuus. ' sed in superfluitate ludi est inordinatus risus et inordinatum gaudium. ergo est ibi peccatum mortale, cui soli debetur luctus perpetuus.

co ' Respondeo dicendum quod in omni eo quod est dirigibile secundum rationem, superfluum dicitur quod regulam rationis excedit, diminutum autem dicitur aliquid secundum quod deficit a regula rationis. dictum est autem quod ludicra sive iocosa verba vel facta sunt dirigibilia secundum rationem. et ideo superfluum in ludo accipitur quod excedit regulam rationis. quod quidem potest esse dupliciter. uno modo, ex ipsa specie actionum quae assumuntur in ludum, " quod quidem iocandi genus * secundum tullium " dicitur esse illiberale, petulans, flagitiosum, obscenum, ' quando scilicet utitur aliquis, causa ludi, turpibus verbis vel factis, vel etiam his quae vergunt in proximi nocumentum, quae de se sunt peccata mortalia. et sic, patet quod excessus in ludo est peccatum mortale. alio autem modo potest esse excessus in ludo secundum defectum debitarum circumstantiarum, puta cum aliqui utuntur ludo vel temporibus vel locis indebitis, aut etiam praeter convenientiam negotii seu personae. et hoc quidem quandoque potest esse peccatum mortale, propter vehementiam affectus ad ludum, cuius delectationem praeponit aliquis dilectioni dei, ita quod contra praeceptum dei vel ecclesiae talibus ludis uti non refugiat. quandoque autem est peccatum veniale, puta cum aliquis non tantum afficitur ad ludum quod propter hoc vellet aliquid contra deum committere.

ra1 ' Ad primum ergo dicendum quod aliqua sunt peccata propter solam intentionem, quia scilicet in iniuriam alicuius fiunt, quam quidem intentionem excludit ludus, cuius intentio ad delectationem fertur, non ad iniuriam alicuius. et in talibus ludus excusat a peccato, vel peccatum diminuit. quaedam vero sunt quae secundum suam speciem sunt peccata, sicut homicidium, fornicatio et similia. et talia non excusantur per ludum, quinimmo ex his ludus redditur flagitiosus et obscenus.

ra2 ' Ad secundum dicendum quod superfluitas in ludo pertinet ad ineptam laetitiam, * quam gregorius dicit " esse filiam gulae. * unde exod. xxxii dicitur, ° sedit populus manducare et bibere, et surrexerunt ludere.

ra3 * Ad tertium dicendum quod, sicut dictum est, ' ludus est necessarius ad conversationem humanae vitae. ad omnia autem quae sunt utilia conversationi humanae, deputari possunt aliqua officia licita. et ideo etiam officium histrionum, quod ordinatur ad solatium hominibus exhibendum, non est secundum se illicitum, nec sunt in statu peccati, dummodo moderate ludo utantur, idest, non utendo aliquibus illicitis verbis vel factis ad ludum, et non adhibendo ludum negotiis et temporibus indebitis. et quamvis in rebus humanis non utantur alio officio per comparationem ad alios homines, tamen per comparationem ad seipsos et ad deum, alias habent seriosas et virtuosas operationes, puta dum orant, et suas passiones et operationes componunt, et quandoque etiam pauperibus eleemosynas largiuntur. unde illi qui moderate eis subveniunt, non peccant, sed iusta faciunt, mercedem ministerii eorum eis attribuendo. si qui autem superflue sua in tales consumunt, vel etiam sustentant illos histriones qui illicitis ludis utuntur, peccant, quasi eos in peccato foventes. * unde augustinus dicit, super ioan., quod ° donare res suas histrionibus vitium est immane. ' nisi forte aliquis histrio esset in extrema necessitate, in qua esset ei subveniendum. * dicit enim ambrosius, in libro de offic., ° pasce fame morientem. quisquis enim pascendo hominem |25| servare poteris, si non paveris, occidisti.

009 ST3 qu168 ar4

ag1 ' Ad quartum sic proceditur. videtur quod in defectu ludi non consistat aliquod peccatum. nullum enim peccatum indicitur poenitenti. * sed augustinus dicit, de poenitente loquens, ° cohibeat se a ludis, a spectaculis saeculi, qui perfectam vult consequi remissionis gratiam. ' ergo in defectu ludi non est aliquod peccatum.

ag2 ' Praeterea, nullum peccatum ponitur in commendatione sanctorum. sed in commendatione quorundam ponitur quod a ludo abstinuerunt, * dicitur enim ierem. xv, non sedi in concilio ludentium; et tobiae iii dicitur, " nunquam cum ludentibus miscui me, neque cum his qui in levitate ambulant, participem me praebui. ' ergo in defectu ludi non potest esse peccatum.

ag3 * Praeterea, andronicus ponit " austeritatem, quam inter virtutes numerat, esse ° habitum secundum quem aliqui neque afferunt aliis delectationes collocutionum, neque ab aliis recipiunt. ' sed hoc per-

tinet ad defectum ludi. ergo defectus ludi magis pertinet ad virtutem quam ad vitium.
sc * Sed contra est quod philosophus, in ii et iv ethic., “ ponit defectum in ludo esse vitiosum.
co ‘ Respondeo dicendum quod omne quod est contra rationem in rebus humanis, vitiosum est. est autem contra rationem ut aliquis se aliis onerosum exhibeat, puta dum nihil delectabile exhibet, et etiam delectationes aliorum impedit. * unde seneca dicit, ° sic te geras sapienter ut nullus te habeat tanquam asperum, nec contemnat quasi vilem. “ illi autem qui in ludo deficiunt, neque ipsi dicunt aliquod ridiculum; et dicentibus molesti sunt, quia scilicet moderatos aliorum ludos non recipiunt. et ideo tales vitiosi sunt, et dicuntur duri et agrestes, * ut philosophus dicit, in iv ethic.. ‘ sed quia ludus est utilis propter delectationem et quietem; delectatio autem et quies non propter se quaeruntur in humana vita, sed propter operationem, * ut dicitur in x ethic., ‘ defectus ludi minus est vitiosus quam ludi superexcessus. * unde philosophus dicit, in ix ethic., quod ° pauci amici propter delectationem sunt habendi, ‘ quia parum de delectatione sufficit ad vitam, quasi pro condimento; sicut parum de sale sufficit in cibo.
ra1 ‘ Ad primum ergo dicendum quod, quia poenitentibus luctus indicitur pro peccatis, ideo interdicitur eis ludus. nec hoc pertinet ad vitium defectus, quia hoc ipsum est secundum rationem quod in eis ludus diminuatur.
ra2 * Ad secundum dicendum quod ieremias ibi loquitur ‘ secundum congruentiam temporis cuius status magis luctum requirebat. * unde subdit, ° solus sedebam, quoniam amaritudine replevisti me. * quod autem dicitur tobiae iii, ‘ pertinet ad ludum superfluum. * quod patet ex eo quod sequitur, ° neque cum his qui in levitate ambulant participem me praebui.
ra3 ‘ Ad tertium dicendum quod austeritas, secundum quod est virtus, non excludit omnes delectationes, sed superfluas et inordinatas. “ unde videtur pertinere ad affabilitatem, * quam philosophus “ amicitiam nominat, vel ad eutrapeliam, sive iucunditatem. et tamen nominat et definit eam sic secundum convenientiam ad temperantiam, cuius est delectationes reprimere.

009 ST3 qu169 ar

pr ‘ Deinde considerandum est de modestia secundum quod consistit in exteriori apparatu. et circa hoc quaeruntur duo. primo, utrum circa exteriorem apparatum possit esse virtus et vitium. secundo, utrum mulieres mortaliter peccent in superfluo ornatu.

009 ST3 qu169 ar1

ag1 ‘ Ad primum sic proceditur. videtur quod circa exteriorem ornatum non possit esse virtus et vitium. exterior enim ornatus non est in nobis a natura, unde et secundum diversitatem temporum et locorum variantur. * unde augustinus dicit, in iii de doct. christ., quod ° talares et manicatas tunicas habere apud veteres romanos flagitium erat, nunc autem honesto loco natis non eas habere flagitium est. * sed sicut philosophus dicit, in ii ethic., ° naturalis inest nobis aptitudo ad virtutes. ‘ ergo circa huiusmodi non est virtus et vitium.
ag2 ‘ Praeterea, si circa exteriorem cultum esset virtus et vitium, oporteret quod superfluitas in talibus esset vitiosa, et etiam defectus vitiosus. sed superfluitas in cultu exteriori non videtur esse vitiosa, quia etiam sacerdotes et ministri altaris in sacro ministerio pretiosissimis vestibus utuntur. similiter etiam defectus in talibus non videtur esse vitiosus, * quia in laudem quorundam dicitur, heb. xi, ° circuierunt in melotis et in pellibus caprinis. ‘ non ergo videtur quod in talibus possit esse virtus et vitium.
ag3 ‘ Praeterea, omnis virtus aut est theologica, aut moralis, aut intellectualis. sed circa huiusmodi non consistit virtus intellectualis, quae perficit in aliqua cognitione veritatis. similiter etiam nec est ibi virtus theologica, quae habet deum pro obiecto. nec etiam est ibi aliqua virtutum moralium quas * philosophus tangit. ‘ ergo videtur quod circa huiusmodi cultum non possit esse virtus et vitium.
sc ‘ Sed contra, honestas ad virtutem pertinet. sed in exteriori cultu consideratur quaedam honestas, * dicit enim ambrosius, in i de offic., ° decor corporis non sit affectatus, sed naturalis; simplex, neglectus magis quam expeditus; non pretiosis et albentibus adiutus vestimentis, sed communibus, ut honestati vel necessitati nihil desit, nihil accedat nitori. ‘ ergo in exteriori cultu potest esse virtus et vitium.
co ‘ Respondeo dicendum quod in ipsis rebus exterioribus quibus homo utitur, non est aliquod vitium, sed ex parte hominis qui immoderate utitur eis. quae quidem immoderantia potest esse dupliciter. uno quidem modo, per comparationem ad consuetudinem hominum cum quibus aliquis vivit. * unde dicit augustinus, in iii confess., ° quae contra mores hominum sunt flagitia, pro morum diversitate vitanda sunt, ut pactum inter se civitatis et gentis consuetudine vel lege firmatum, nulla civis aut peregrini libidine violetur. turpis enim est omnis pars universo suo non congruens. ‘ alio modo potest esse immoderatio in usu talium rerum ex inordinato affectu utentis, ex quo quandoque contingit quod homo nimis libidinose talibus utatur, sive secundum consuetudinem eorum cum quibus vivit, sive etiam praeter eorum consuetudinem. * unde augustinus dicit, in iii de doct. christ., ° in usu rerum abesse oportet libidinem, quae non solum ipsa eorum inter quos vivit consuetudine nequiter abutitur; sed etiam saepe fines eius egressa, foeditatem suam, quae inter claustra morum solemnium latitabat, flagitiosissima eruptione manifestat. ‘ contingit autem ista inordinatio affectus tripliciter, quantum ad superabundantiam. uno modo, per hoc quod aliquis ex superfluo cultu vestium hominum gloriam quaerit, prout scilicet vestes et alia huiusmodi pertinent ad quendam ornatum. |25| * unde gregorius dicit, in quadam homilia, ° sunt nonnulli qui cultum subtilium pretiosarumque vestium non putant esse peccatum. quod videlicet si culpa non esset nequaquam sermo dei tam vigilanter exprimeret quod dives qui torquebatur apud inferos, bysso et purpura indutus fuisset. nemo quippe vestimenta pretiosa, “ scilicet excedentia proprium statum, nisi ad inanem gloriam quaerit. ‘ alio modo, secundum quod homo per superfluum cultum vestium quaerit delicias, secundum quod vestis ordinatur ad corporis fomentum. tertio modo, secundum quod nimiam sollicitudinem apponit ad exteriorem vestium cultum, etiam si non sit aliqua inordinatio ex parte finis. * et secundum hoc, andronicus ponit “ tres virtutes circa exteriorem cultum. scilicet, humilitatem, quae excludit intentionem gloriae. unde dicit quod humilitas est habitus non superabundans in sumptibus et praeparationibus. et per se sufficientiam, quae excludit intentionem deliciarum. unde dicit quod per se sufficientia est habitus contentus quibus oportet, et determinativa eorum quae ad vivere convenit * (secundum illud apostoli, i ad tim. ult., ° habentes alimenta et quibus tegamur, his contenti simus). “ et simplicitatem, quae excludit superfluam sollicitudinem talium. unde dicit quod simplicitas est habitus contentus his quae contingunt. |50| ‘ ex parte autem defectus similiter potest esse duplex inordinatio secundum affectum. uno quidem modo, ex negligentia hominis qui non adhibet studium vel laborem ad hoc quod exteriori cultu utatur secundum quod oportet. * unde philosophus dicit, in vii ethic., quod “ ad mollitiem pertinet quod aliquis ° trahat vestimentum per terram, ut non laboret elevando ipsum. ‘ alio modo, ex eo quod ipsum defectum exterioris cultus ad gloriam ordinant. * unde dicit augustinus, in libro de serm. dom. in monte, ° non in solo rerum corporearum nitore atque pompa, sed etiam in ipsis sordibus et luctuosis esse posse iactantiam, et eo periculosiorem quo sub nomine servitutis dei decipit. * et philosophus dicit, in iv ethic., quod ° superabundantia et inordinatus defectus ad iactantiam pertinet.
ra1 ‘ Ad primum ergo dicendum quod, quamvis ipse cultus exterior non sit a natura, tamen ad naturalem rationem pertinet ut exteriorem cultum moderetur. et secundum hoc, innati sumus hanc virtutem suscipere, quae exteriorem cultum moderatur.
ra2 ‘ Ad secundum dicendum quod illi qui in dignitatibus constituuntur, vel etiam ministri altaris, pretiosioribus vestibus quam ceteri induuntur, non propter sui gloriam, sed ad significandam excellentiam sui ministerii vel cultus divini. et ideo in eis non est vitiosum. * unde augustinus dicit, in iii de doct. christ., ° quisquis sic utitur exterioribus rebus ut metas consuetudinis bonorum inter quos versatur excedat, aut aliquid significat, aut flagitiosus est, “ dum scilicet propter delicias vel ostentationem talibus utitur. ‘ similiter etiam ex parte defectus contingit esse peccatum, non tamen semper qui vilioribus quam ceteri vestibus utitur, peccat. si enim hoc faciat propter iactantiam vel superbiam, ut se ceteris praeferat, vitium superstitionis est. si autem hoc faciat propter macerationem carnis vel humiliationem spiritus, ad virtutem temperantiae pertinet. * unde augustinus dicit, in iii de doct. christ., ° quisquis restrictius rebus utitur quam se habeant mores eorum cum quibus vivit, aut temperans aut superstitiosus est. ‘ praecipue autem competit vilibus vestimentis uti his qui alios verbo et exemplo ad poenitentiam hortantur, sicut fuerunt prophetae, de quibus * apostolus ibi loquitur. unde quaedam glossa dicit, matth. iii, ° qui poenitentiam praedicat, habitum poenitentiae praetendit.
ra3 ‘ Ad tertium dicendum quod huiusmodi exterior cultus indicium quoddam est conditionis humanae. et ideo excessus et defectus et medium in talibus possunt reduci ad virtutem veritatis, quam * philosophus “ ponit circa facta et dicta quibus aliquid de statu hominis significatur.

009 ST3 qu169 ar2

ag1 ‘ Ad secundum sic proceditur. videtur quod ornatus mulierum non sit sine peccato mortali. omne enim quod est contra praeceptum divinae legis, est peccatum mortale. sed ornatus mulierum est contra praeceptum divinae legis, * dicitur enim i pet. iii, ° quarum, scilicet mulierum sit non extrinsecus capillatura, aut circumdatio auri, aut indumenti vestimentorum cultus. * ubi dicit glossa cypriani, ° serico et purpura indutae christum sincere induere non possunt, auro et margaritis adornatae et monilibus, ornamenta mentis et corporis perdiderunt. ‘ sed hoc non fit nisi per peccatum mortale. ergo ornatus mulierum non potest esse sine peccato mortali.
ag2 * Praeterea, cyprianus dicit, in libro de habitu virgin., ° non virgines tantum aut viduas, sed et nuptas puto et omnes omnino feminas admonendas, quod opus dei et facturam eius et plasma adulterare nullo modo debeant, adhibito flavo colore vel nigro pulvere vel rubore, aut quolibet lineamenta nativa corrumpente medicamine. * et postea subdit, ° manus deo inferunt, quando illud quod ille formavit, reformare contendunt. impugnatio ista est divini operis, praevaricatio est veritatis. deum videre non poteris, quando oculi tibi non sunt quos deus fecit, sed quos diabolus infecit, de inimico tuo compta, cum illo pariter arsura. ‘ sed hoc non debetur nisi peccato mortali. ergo ornatus mulieris non est sine peccato mortali.
ag3 ‘ Praeterea, sicut non congruit mulieri quod veste virili utatur, ita etiam ei non competit quod inordinato ornatu utatur. sed primum est peccatum, * dicitur enim deut. xxii, ° non induatur mulier veste virili, nec vir veste muliebri. ‘ ergo videtur quod etiam superfluus ornatus mulierum sit peccatum mortale.
sc ‘ Sed contra est quia secundum hoc videretur quod artifices huiusmodi ornamenta praeparantes mortaliter peccarent.
co ‘ Respondeo dicendum quod circa ornatum mulierum sunt eadem attendenda quae * supra communiter dicta sunt ‘ circa exteriorem cultum, et insuper quiddam aliud speciale, quod scilicet muliebris cultus viros ad lasciviam provocat, * secundum illud prov. vii, ° ecce, mulier occurrit illi ornatu meretricio praeparata ad decipiendas animas. ‘ potest tamen mulier licite operam dare ad hoc quod viro suo placeat, ne per eius contemptum in adulterium labatur. * unde dicitur i ad cor. vii, quod ° mulier quae nupta est cogitat quae sunt mundi, quomodo placeat viro. ‘ et ideo si mulier coniugata ad hoc se ornet ut viro suo placeat, potest hoc facere absque peccato. illae autem mulieres quae viros non habent, nec volunt habere, et sunt in statu non habendi, non possunt absque peccato appetere placere virorum aspectibus ad concupiscendum, quia hoc est dare eis incentivum peccandi. et si quidem hac intentione se ornent ut alios provocent, ad concupiscentiam, mortaliter peccant. si autem ex quadam levitate, vel etiam ex vanitate propter quandam iactantiam, non semper est peccatum mortale, sed quandoque veniale. et eadem ratio, quantum ad hoc, est de viris. |25| * unde augustinus dicit, in epistola ad possidium, ° nolo ut de ornamentis auri vel vestis praeproperam habeas in prohibendo sententiam, nisi in eos qui neque coniugati sunt, neque coniugari cupientes, cogitare debent quomodo placeant deo. illi autem cogitant quae sunt mundi, quomodo placeant vel viri uxoribus, vel mulieres maritis, nisi quod capillos nudare feminas, quas etiam caput velare apostolus iubet, nec maritatas decet. ‘ in quo tamen possent aliquae a peccato excusari, quando hoc non fieret ex aliqua vanitate, sed propter contrariam consuetudinem, quamvis talis consuetudo non sit laudabilis.
ra1 * Ad primum ergo dicendum quod, sicut glossa ibidem dicit, ° mulieres eorum qui in tribulatione erant, contemnebant viros, et ut aliis placerent, se pulchre ornabant, quod fieri apostolus prohibet. * in quo etiam casu loquitur cyprianus, ‘ non autem prohibet mulieribus coniugatis ornari ut placeant viris, ne detur eis occasio peccandi cum aliis. * unde i ad tim. dicit apostolus, ° mulieres in habitu ornato, cum verecundia et sobrietate ornantes se, non in tortis crinibus, aut auro aut margaritis aut veste pretiosa, ‘ per quod datur intelligi quod sobrius et moderatus ornatus non prohibetur mulieribus, sed superfluus et inverecundus et impudicus.
ra2 * Ad secundum dicendum quod mulierum fucatio, de qua cyprianus loquitur, ‘ est quaedam species fictionis, quae non potest esse sine peccato. * unde augustinus dicit, in epistola ad possidium, ° fucari figmentis, quo rubicundior vel candidior appareat, adulterina fallacia est, qua non dubito etiam ipsos maritos se nolle decipi, quibus solis permittendae sunt feminae ornari, secundum veniam, non secundum imperium. ‘ non tamen semper talis fucatio est cum peccato mortali, sed solum quando fit propter lasciviam, vel in dei contemptum, * in quibus casibus loquitur cyprianus. ‘ sciendum tamen quod aliud est fingere pulchritudinem non habitam, et aliud est occultare turpitudinem ex aliqua causa provenientem, puta aegritudine vel aliquo huiusmodi. hoc enim est licitum, * quia secundum apostolum, i ad cor., ° quae putamus ignobiliora esse membra corporis, his honorem abundantiorem circumdamus.
ra3 * Ad tertium dicendum quod, sicut dictum est, ‘ cultus exterior debet competere conditioni personae secundum communem consuetudinem. et ideo de se vitiosum est quod mulier utatur veste virili aut e converso, et praecipue quia hoc potest esse causa lasciviae. et specialiter prohibetur in lege, quia gentiles tali mutatione habitus utebantur ad idololatriae superstitionem. potest tamen quandoque hoc fieri sine peccato propter aliquam necessitatem, vel causa occultandi ab hostibus, vel propter defectum alterius vestimenti, vel propter aliquid aliud huiusmodi.
ra4 ‘ Ad quartum dicendum quod, si qua ars est ad fa-

ciendum aliqua opera quibus homines uti non possunt absque peccato, per consequens artifices talia faciendo peccarent, utpote praebentes directe aliis occasionem peccandi, puta si quis fabricaret idola, vel aliqua ad cultum idololatriae pertinentia. si qua vero ars sit cuius operibus homines possunt bene et male uti, sicut gladii, sagittae et alia huiusmodi, usus talium artium non est peccatum, et eae solae artes sunt dicendae. * unde chrysostomus dicit, super matth., ° eas solas oportet artes vocare quae necessariorum, et eorum quae continent vitam nostram, sunt tributivae et constructivae. ' si tamen operibus alicuius artis ut pluries aliqui male uterentur, quamvis de se non sint illicitae, sunt tamen per officium principis a civitate extirpandae, * secundum documenta platonis. ' quia ergo mulieres licite se possunt ornare, vel ut conservent decentiam sui status, vel etiam aliquid superaddere ut placeant viris; consequens est quod artifices talium ornamentorum non peccant in usu talis artis, nisi forte inveniendo aliqua superflua et curiosa. * unde chrysostomus dicit, super matth., quod ° etiam ab arte calceorum et textorum multa abscidere oportet. etenim ad luxuriam deduxerunt necessitatem eius corrumpentes, artem male arti commiscentes.

009 ST3 qu170 ar

pr ' Deinde considerandum est de praeceptis temperantiae. et primo, de praeceptis ipsius temperantiae. secundo, de praeceptis partium eius.

009 ST3 qu170 ar1

ag1 ' Ad primum sic proceditur. videtur quod praecepta temperantiae inconvenienter in lege divina tradantur. fortitudo enim est potior virtus quam temperantia, * ut supra dictum est. ' sed nullum praeceptum fortitudinis ponitur inter praecepta decalogi, quae sunt potiora legis praecepta. ergo inconvenienter inter praecepta decalogi ponitur prohibitio adulterii, quod contrariatur temperantiae, * ut ex supra dictis patet.
ag2 ' Praeterea, temperantia non solum est circa venerea, sed etiam circa delectationem ciborum et potuum. sed inter praecepta decalogi non prohibetur aliquod vitium pertinens ad delectationem ciborum et potuum, neque etiam pertinens ad aliquam aliam speciem luxuriae. ergo neque etiam debet poni aliquod praeceptum prohibens adulterium, quod pertinet ad delectationem venereorum.
ag3 ' Praeterea, principalius est in intentione legislatoris inducere ad virtutes quam vitia prohibere, ad hoc enim vitia prohibentur, ut virtutum impedimenta tollantur. sed praecepta decalogi sunt principalia in lege divina. ergo inter praecepta decalogi magis debuit poni praeceptum aliquod affirmativum directe inducens ad virtutem temperantiae, quam praeceptum negativum prohibens adulterium, quod ei directe opponitur.
sc * In contrarium est auctoritas scripturae.
co * Respondeo dicendum quod, sicut apostolus dicit, i ad tim. i, ' finis praecepti caritas est, ad quam duobus praeceptis inducimur pertinentibus ad dilectionem dei et proximi. et ideo illa praecepta in decalogo ponuntur quae directius ordinantur ad dilectionem dei et proximi. inter vitia autem temperantiae opposita, maxime dilectioni proximi videtur opponi adulterium, per quod aliquis usurpat sibi rem alienam, abutendo scilicet uxore proximi. et ideo inter praecepta decalogi praecipue prohibetur adulterium, non solum secundum quod opere exercetur, sed etiam secundum quod corde concupiscitur.
ra1 ' Ad primum ergo dicendum quod inter species vitiorum quae opponuntur fortitudini, nulla est quae ita directe contrarietur dilectioni proximi sicut adulterium, quod est species luxuriae, quae temperantiae contrariatur. et tamen vitium audaciae, quod opponitur fortitudini, quandoque solet esse causa homicidii, quod inter praecepta decalogi prohibetur, * dicitur enim eccli. viii, ° cum audace non eas in via, ne forte gravet mala sua in te.
ra2 ' Ad secundum dicendum quod gula directe non opponitur dilectioni proximi, sicut adulterium, neque etiam aliqua alia species luxuriae. non enim tanta fit iniuria patri per stuprum virginis, quae non est eius connubio deputata, quanta fit iniuria viro per adulterium, cuius corporis potestatem ipse habet, non uxor.
ra3 ' Ad tertium dicendum quod praecepta decalogi, * ut supra dictum est, ' sunt quaedam universalia divinae legis principia, unde oportet ea esse communia. non potuerunt autem aliqua praecepta communia affirmativa de temperantia dari, quia usus eius variatur secundum diversa tempora, * sicut augustinus dicit, in libro de bono coniug., ' et secundum diversas hominum leges et consuetudines.

009 ST3 qu170 ar2

ag1 ' Ad secundum sic proceditur. videtur quod inconvenienter tradantur in divina lege praecepta de virtutibus annexis temperantiae. praecepta enim decalogi, * ut dictum est, ' sunt quaedam universalia principia totius legis divinae. sed superbia est initium omnis peccati, * ut dicitur eccli. x. ' ergo inter praecepta decalogi debuit aliquod poni prohibitivum superbiae.
ag2 ' Praeterea, illa praecepta maxime debent in decalogo poni per quae homines maxime inclinantur ad legis impletionem, quia ista videntur esse principalia. sed per humilitatem, per quam homo deo subiicitur, maxime videtur homo disponi ad observantiam divinae legis, unde obedientia inter gradus humilitatis computatur, * ut supra habitum est. ' et idem etiam videtur esse dicendum de mansuetudine, per quam fit ut homo divinae scripturae non contradicat, * ut augustinus dicit, in ii de doct. christ.. ' ergo videtur quod de humilitate et mansuetudine aliqua praecepta in decalogo poni debuerunt.
ag3 * Praeterea, dictum est quod ' adulterium in decalogo prohibetur quia contrariatur dilectioni proximi. sed etiam inordinatio exteriorum motuum, quae contrariatur modestiae, dilectioni proximi opponitur, * unde augustinus dicit, in regula, ° in omnibus motibus vestris nihil fiat quod cuiusquam offendat aspectum. ' ergo videtur quod etiam huiusmodi inordinatio debuit prohiberi per aliquod praeceptum decalogi.
sc * In contrarium sufficit auctoritas scripturae.
co ' Respondeo dicendum quod virtutes temperantiae annexae dupliciter considerari possunt, uno modo, secundum se; alio modo, secundum suos effectus. secundum se quidem, non habent directam habitudinem ad dilectionem dei vel proximi, sed magis respiciunt quandam moderationem eorum quae ad ipsum hominem pertinent. quantum autem ad effectus suos, possunt respicere dilectionem dei vel proximi. et secundum hoc, aliqua praecepta in decalogo ponuntur pertinentia ad prohibendum effectus vitiorum oppositorum temperantiae partibus, sicut ex ira, quae opponitur mansuetudini, procedit interdum aliquis ad homicidium, quod in decalogo prohibetur, vel ad subtrahendum debitum honorem parentibus. quod etiam potest ex superbia provenire, ex qua etiam multi transgrediuntur praecepta primae tabulae.
ra1 ' Ad primum ergo dicendum quod superbia est initium peccati, sed latens in corde, cuius etiam inordinatio non perpenditur communiter ab omnibus. unde eius prohibitio non debuit poni inter praecepta decalogi, quae sunt sicut prima principia per se nota.
ra2 ' Ad secundum dicendum quod praecepta quae inducunt ad observantiam legis, praesupponunt iam legem. unde non possunt esse prima legis praecepta, ut in decalogo ponantur.
ra3 ' Ad tertium dicendum quod inordinatio exteriorum motuum non pertinet ad offensam proximi secundum ipsam speciem actus, sicut homicidium, adulterium et furtum, quae in decalogo prohibentur, sed solum secundum quod sunt signa interioris inordinationis, * ut supra dictum est.

009 ST3 qu171 ar

pr ' Postquam dictum est de singulis virtutibus et vitiis quae pertinent ad omnium hominum conditiones et status, nunc considerandum est de his quae specialiter ad aliquos homines pertinent. invenitur autem differentia inter homines, secundum ea quae ad habitus et actus animae rationalis pertinent, tripliciter. uno quidem modo, secundum diversas gratias gratis datas, * quia, ut dicitur i ad cor. xii, ° divisiones gratiarum sunt, et alii datur per spiritum sermo sapientiae, alii sermo scientiae, etc.. ' alia vero differentia est secundum diversas vitas, activam scilicet et contemplativam, quae accipitur secundum diversa operationum studia. * unde et ibidem dicitur quod " divisiones operationum sunt. ' aliud enim est studium operationis in martha, quae ° sollicita erat et laborabat circa frequens ministerium, ' quod pertinet ad vitam activam, aliud autem in maria, ° quae, sedens secus pedes domini, audiebat verbum illius, ' quod pertinet ad contemplativam, * ut habetur luc. x. ' tertio modo, secundum diversitatem officiorum et statuum, * prout dicitur ephes. iv, ° et ipse dedit quosdam quidem apostolos, quosdam autem prophetas, alios vero evangelistas, alios autem pastores et doctores. |25| ' quod pertinet ad diversa ministeria, * de quibus dicitur, i ad cor. xii, divisiones ministrationum sunt. ' est autem attendendum circa gratias gratis datas, de quibus occurrit consideratio prima, quod quaedam eorum pertinent ad cognitionem; quaedam vero ad locutionem; quaedam vero ad operationem. omnia vero quae ad cognitionem pertinent, sub prophetia comprehendi possunt. nam prophetica revelatio se extendit non solum ad futuros hominum eventus, sed etiam ad res divinas, et quantum ad ea quae proponuntur omnibus credenda, quae pertinent ad fidem, et quantum ad altiora mysteria, quae sunt perfectorum, quae pertinent ad sapientiam; est etiam prophetica revelatio de his quae pertinent ad spirituales substantias, a quibus vel ad bonum vel ad malum inducimur, quod pertinet ad discretionem spirituum; extendit etiam se ad directionem humanorum actuum, quod pertinet ad scientiam; * ut infra patebit. ' et ideo primo occurrit considerandum de prophetia; et de raptu, qui est quidam prophetiae gradus. de prophetia autem quadruplex consideratio occurrit, quarum prima est de essentia eius; secunda, de causa ipsius; tertia, de modo propheticae cognitionis; quarta, de divisione prophetiae. circa primum quaeruntur sex. primo, utrum prophetia pertineat ad cognitionem. secundo, utrum sit habitus. tertio, utrum sit solum futurorum contingentium. quarto, utrum propheta cognoscat omnia |50| prophetabilia. quinto, utrum propheta discernat ea quae divinitus percipit, ab his quae proprio spiritu videt. sexto, utrum prophetiae possit subesse falsum.

009 ST3 qu171 ar1

ag1 ' Ad primum sic proceditur. videtur quod prophetia non pertineat ad cognitionem. * dicitur enim eccli. xlviii, quod ° corpus elisei mortuum prophetavit, * et infra, xlix, dicitur de ioseph quod ° ossa ipsius visitata, sunt, et post mortem prophetavit. ' sed in corpore vel ossibus post mortem non remanet aliqua cognitio. ergo prophetia non pertinet ad cognitionem.
ag2 * Praeterea, i ad cor. xiv dicitur, ° qui prophetat, hominibus loquitur ad aedificationem. ' sed locutio est effectus cognitionis, non autem est ipsa cognitio. ergo videtur quod prophetia non pertinet ad cognitionem.
ag3 ' Praeterea, omnis cognoscitiva perfectio excludit stultitiam et insaniam. sed haec simul possunt esse cum prophetia, * dicitur enim osee ix, ° scitote, israel, stultum prophetam, insanum. ' ergo prophetia non est cognoscitiva perfectio.
ag4 ' Praeterea, sicut revelatio pertinet ad intellectum, ita inspiratio videtur pertinere ad affectum, eo quod importat motionem quandam. sed prophetia dicitur esse inspiratio vel revelatio, * secundum cassiodorum. ' ergo videtur quod prophetia non magis pertineat ad intellectum quam ad affectum.
sc * Sed contra est quod dicitur i reg. ix, ° qui enim propheta dicitur hodie, vocabatur olim videns. ' sed visio pertinet ad cognitionem. ergo prophetia ad cognitionem pertinet.
co ' Respondeo dicendum quod prophetia primo et principaliter consistit in cognitione, quia videlicet cognoscunt quaedam quae sunt procul remota ab hominum cognitione. unde possunt dici prophetae a phanos, quod est apparitio, quia scilicet eis aliqua quae sunt procul, apparent. * et propter hoc, ut isidorus dicit, in libro etymol., ° in veteri testamento appellabantur videntes, quia videbant ea quae ceteri non videbant, et prospiciebant quae in mysterio abscondita erant. * unde et gentilitas eos appellabat vates, a vi mentis. sed quia ut dicitur i ad cor. xii, unicuique datur manifestatio spiritus ad utilitatem; et infra, xiv, dicitur, ° ad aedificationem ecclesiae quaerite ut abundetis, ' inde est quod prophetia secundario consistit in locutione, prout prophetae ea quae divinitus edocti cognoscunt ad aedificationem aliorum annuntiant, * secundum illud isaiae xxi, ° quae audivi a domino exercituum, deo israel, annuntiavi vobis. * et secundum hoc ut isidorus dicit, in libro etymol., " possunt dici prophetae quasi praefatores, eo quod porro fantur, idest a remotis fantur, et de futuris vera praedicunt. ' ea autem quae supra humanam cognitionem divinitus revelantur, non possunt confirmari ratione humana, quam excedunt, sed operatione virtutis divinae, |25| * secundum illud marci ult., ° praedicaverunt ubique, domino cooperante et sermonem confirmante sequentibus signis. ' unde tertio ad prophetiam pertinet operatio miraculorum, quasi confirmatio quaedam propheticae annuntiationis. * unde dicitur deut. ult., ° non surrexit propheta ultra in israel sicut moyses, quem nosset dominus facie ad faciem, in omnibus signis atque portentis.
ra1 * Ad primum ergo dicendum quod auctoritates illae loquuntur de ' prophetia quantum ad hoc tertium, quod assumitur ut prophetiae argumentum.
ra2 * Ad secundum dicendum quod apostolus ibi loquitur ' quantum ad propheticam enuntiationem.
ra3 ' Ad tertium dicendum quod illi qui dicuntur prophetae insani et stulti, non sunt veri prophetae, sed falsi, * de quibus dicitur ierem. xxiii, ° nolite audire verba prophetarum qui prophetant vobis et decipiunt vos, visionem cordis sui loquuntur, non de ore domini; * et ezech. xiii, ° haec dicit dominus, vae prophetis insipientibus, qui sequuntur spiritum suum, et nihil vident.
ra4 ' Ad quartum dicendum quod in prophetia requiritur quod intentio mentis elevetur ad percipienda divina, * unde dicitur ezech. ii, ° fili hominis, sta super pedes tuos, et loquar tecum. ' haec autem elevatio intentionis fit spiritu sancto movente, * unde ibi subditur, ° et ingressus est in me spiritus, et statuit me super pedes meos. ' postquam autem intentio mentis elevata est ad superna, percipit divina, * unde subditur, ° et audivi loquentem ad me. ' sic igitur ad prophetiam requiritur inspiratio quantum ad mentis elevationem, * secundum illud iob xxxii, ° inspiratio omnipotentis dat intelligentiam, ' revelatio autem, quantum ad ipsam perceptionem divinorum, in quo perficitur prophetia; per ipsam removetur obscuritatis et ignorantiae velamen, * secundum illud iob xii, qui revelat profunda de tenebris.

009 ST3 qu171 ar2

ag1 ' Ad secundum sic proceditur. videtur quod prophetia sit habitus. * quia ut dicitur in ii ethic., ° tria sunt in anima, potentia, passio et habitus. ' sed prophetia non est potentia, quia sic inesset omnibus hominibus, quibus potentiae animae sunt communes. similiter etiam non est passio, quia passiones perti-

nent ad vim appetitivam, * ut supra habitum est; ‘ prophetia autem pertinet principaliter ad cognitionem, * ut dictum est. ‘ ergo prophetia est habitus.
ag2 ‘ Praeterea, omnis perfectio animae quae non semper est in actu, est habitus. sed prophetia est quaedam animae perfectio, non autem semper est in actu, alioquin non diceretur dormiens propheta. ergo videtur quod prophetia sit habitus.
ag3 ‘ Praeterea, prophetia computatur inter gratias gratis datas. sed gratia est habituale quiddam in anima, * ut supra habitum est. ‘ ergo prophetia est habitus.
sc “ Sed contra, habitus est quo quis agit cum voluerit, * ut dicit commentator, in iii de anima. ‘ sed aliquis non potest uti prophetia cum voluerit, * sicut patet iv reg. iii, de eliseo, ° quem cum iosaphat de futuris requireret, et prophetiae spiritus ei deesset, psaltem fecit applicari, ut prophetiae ad hunc spiritus per laudem psalmodiae descenderet, atque eius animum de venturis repleret, * ut gregorius dicit, super ezech.. ‘ ergo prophetia non est habitus.
co * Respondeo dicendum quod, sicut apostolus dicit, ad ephes. v, ° omne quod manifestatur, lumen est, ‘ quia videlicet, sicut manifestatio corporalis visionis fit per lumen corporale, ita etiam manifestatio visionis intellectualis fit per lumen intellectuale. oportet ergo ut manifestatio proportionetur lumini per quod fit, sicut effectus proportionatur suae causae. cum ergo prophetia pertineat ad cognitionem quae supra naturalem rationem existit, * ut dictum est; ‘ consequens est quod ad prophetiam requiratur quoddam lumen intelligibile excedens lumen naturalis rationis, * unde dicitur mich. vii, ° cum sedero in tenebris, dominus lux mea est. ‘ lumen autem dupliciter alicui inesse potest, uno modo, per modum formae permanentis, sicut lumen corporale est in sole et in igne; alio modo, per modum cuiusdam passionis sive impressionis transeuntis, sicut lumen est in aere. lumen autem propheticum non inest intellectui prophetae per modum formae permanentis, alias oporteret quod semper prophetae adesset facultas prophetandi, quod patet esse falsum, * dicit enim gregorius, super ezech., ° aliquando prophetiae spiritus deest prophetis, nec semper eorum mentibus praesto est, quatenus, cum hunc non habent, se hunc |25| agnoscant ex dono habere cum habent. * unde eliseus dixit de muliere sunamite, iv reg., ° anima eius in amaritudine est, et dominus celavit a me et non indicavit mihi. ‘ et huius ratio est quia lumen intellectuale in aliquo existens per modum formae permanentis et perfectae, perficit intellectum principaliter ad cognoscendum principium eorum quae per illud lumen manifestantur, sicut per lumen intellectus agentis praecipue intellectus cognoscit prima principia omnium eorum quae naturaliter cognoscuntur. principium autem eorum quae ad supernaturalem cognitionem pertinent, quae per prophetiam manifestantur, est ipse deus, qui per essentiam a prophetis non videtur. videtur autem a beatis in patria, in quibus huiusmodi lumen inest per modum cuiusdam formae permanentis et perfectae, * secundum illud psalmi, ° in lumine tuo videbimus lumen. ‘ relinquitur ergo quod lumen propheticum insit animae prophetae per modum cuiusdam passionis vel impressionis transeuntis. * et hoc significatur exod. xxxiii, ° cumque transibit gloria mea, ponam te in foramine petrae, etc.. * et iii reg. xix, dicitur ad eliam, ° egredere, et sta in monte coram domino, et ecce, dominus transit, etc.. ‘ et inde est quod, sicut aer semper indiget nova illuminatione, ita etiam mens prophetae semper indiget nova revelatione, sicut discipulus qui nondum est adeptus principia |50| artis, indiget ut de singulis instruatur. * unde et isaiae l dicitur, ° mane erigit mihi aurem, et audiam quasi magistrum. ‘ et hoc etiam ipse modus loquendi prophetiam designat, secundum quod dicitur quod locutus est dominus ad talem vel talem prophetam, aut quod factum est verbum domini, sive manus domini super eum. habitus autem est forma permanens. unde manifestum est quod prophetia, proprie loquendo, non est habitus.
ra1 * Ad primum ergo dicendum quod illa divisio philosophi ‘ non comprehendit absolute omnia quae sunt in anima, sed ea quae possunt esse principia moralium actuum, qui quandoque fiunt ex passione, quandoque autem ex habitu, quandoque autem ex potentia nuda, ut patet in his qui ex iudicio rationis aliquid operantur antequam habeant habitum. potest tamen prophetia ad passionem reduci, si tamen nomen passionis pro qualibet receptione accipiatur; * prout philosophus dicit, in iii de anima, quod ° intelligere pati quoddam est. ‘ sicut enim in cognitione naturali intellectus possibilis patitur ex lumine intellectus agentis, ita etiam in cognitione prophetica intellectus humanus patitur ex illustratione divini luminis.
ra2 ‘ Ad secundum dicendum quod, sicut in rebus corporalibus, abeunte passione, remanet quaedam habilitas ad hoc quod iterum patiatur, sicut lignum semel inflammatum facilius iterum inflammatur; ita etiam in intellectu prophetae, cessante actuali illustratione, remanet quaedam habilitas ad hoc quod facilius iterato illustretur. sicut etiam mens semel ad devotionem excitata, facilius postmodum ad devotionem pristinam revocatur, * propter quod augustinus, in libro de orando deum, dicit “ esse necessarias crebras orationes, ne concepta devotio totaliter exstinguatur. ‘ potest tamen dici quod aliquis dicitur propheta etiam cessante actuali prophetica illustratione, ex deputatione divina, * secundum illud ierem. i, ° et prophetam in gentibus dedi te.
ra3 ‘ Ad tertium dicendum quod omne donum gratiae hominem elevat ad aliquid quod est supra naturam humanam. quod quidem potest esse dupliciter. uno modo, quantum ad substantiam actus, sicut miracula facere, et cognoscere incerta et occulta divinae sapientiae. et ad hos actus non datur homini donum gratiae habituale. alio modo est aliquid supra naturam humanam quantum ad modum actus, non autem quantum ad substantiam ipsius, sicut diligere deum, et cognoscere eum in speculo creaturarum. et ad hoc datur donum gratiae habituale.

009 ST3 qu171 ar3

ag1 ‘ Ad tertium sic proceditur. videtur quod prophetia sit solum futurorum contingentium. * dicit enim cassiodorus quod ° prophetia est inspiratio vel revelatio divina rerum eventus immobili veritate denuntians. ‘ sed eventus pertinet ad contingentia futura. ergo de solis contingentibus futuris fit revelatio prophetica.
ag2 ‘ Praeterea, gratia prophetiae dividitur contra sapientiam et fidem quae sunt de divinis; et discretionem spirituum, quae est de spiritibus creatis; et scientiam, quae est de rebus humanis; * ut patet i ad cor. xii. ‘ habitus autem et actus distinguuntur secundum obiecta, * ut patet per ea quae supra dicta sunt. ‘ ergo videtur quod de nullo pertinente ad aliquod horum sit prophetia. relinquitur ergo quod sit solum de futuris contingentibus.
ag3 ‘ Praeterea, diversitas obiecti causat diversitatem speciei, * ut ex supra dictis patet. ‘ si ergo prophetia quaedam sit de futuris contingentibus, quaedam autem de quibusdam aliis rebus, videtur sequi quod non sit eadem species prophetiae.
sc * Sed contra est quod gregorius dicit, super ezech., quod “ prophetia quaedam est de futuro, * sicut id quod dicitur isaiae vii, ° ecce, virgo concipiet et pariet filium; “ quaedam de praeterito, * sicut id quod dicitur gen. i, ° in principio creavit deus caelum et terram; “ quaedam de praesenti, * sicut id quod dicitur i ad cor. xiv, ° si omnes prophetent, intret autem quis infidelis, occulta cordis eius manifesta fiunt. ‘ non ergo est prophetia solum de contingentibus futuris.
co ‘ Respondeo dicendum quod manifestatio quae fit per aliquod lumen, ad omnia illa se extendere potest quae illi lumini subiiciuntur, sicut visio corporalis se extendit ad omnes colores, et cognitio naturalis animae se extendit ad omnia illa quae subduntur lumini intellectus agentis. cognitio autem prophetica est per lumen divinum, quo possunt omnia cognosci, tam divina quam humana, tam spiritualia quam corporalia. et ideo revelatio prophetica ad omnia huiusmodi se extendit. sicut de his quae pertinent ad dei excellentiam et angelorum, spirituum ministerio revelatio prophetica facta est, * ut isaiae vi, ubi dicitur, ° vidi dominum sedentem super solium excelsum et elevatum. ‘ eius etiam prophetia continet ea quae pertinent ad corpora naturalia, * secundum illud isaiae xl, quis mensus est pugillo aquas, etc.? ‘ continet etiam ea quae ad mores hominum pertinent, * secundum illud isaiae lviii, frange esurienti panem tuum, etc.. ‘ continet etiam ea quae pertinent ad futuros eventus, * secundum illud isaiae xlvii, ° veniet tibi subito haec duo in die una, sterilitas et viduitas. ‘ considerandum tamen quod, quia prophetia est de his quae procul a nostra cognitione sunt, tanto aliqua magis proprie ad prophetiam pertinent, quanto longius a cognitione humana existunt. horum autem est triplex gradus. quorum unus est eorum |25| quae sunt procul a cognitione huius hominis, sive secundum sensum sive secundum intellectum, non autem a cognitione omnium hominum. sicut sensu cognoscit aliquis homo quae sunt sibi praesentia secundum locum, quae tamen alius humano sensu, utpote sibi absentia, non cognoscit, et sic eliseus prophetice cognovit quae giezi, discipulus eius, in absentia fecerat, * ut habetur iv reg. v. ‘ et similiter cogitationes cordis unius alteri prophetice manifestantur, * ut dicitur i ad cor. xiv. ‘ et per hunc modum etiam ea quae unus scit demonstrative, alii possunt prophetice revelari. secundus autem gradus est eorum quae excedunt universaliter cognitionem omnium hominum, non quia secundum se non sint cognoscibilia, sed propter defectum cognitionis humanae, sicut mysterium trinitatis. quod revelatum est per seraphim dicentia, sanctus, sanctus, sanctus, etc., * ut habetur isaiae vi. ‘ ultimus autem gradus est eorum quae sunt procul ab omnium hominum cognitione quia in seipsis non sunt cognoscibilia, ut contingentia futura, quorum veritas non est determinata. et quia quod est universaliter et secundum se, potius est eo quod est particulariter et per aliud; ideo ad prophetiam propriissime pertinet revelatio eventuum futurorum, unde et nomen prophetiae sumi videtur. * unde gregorius dicit, super ezech., quod, |50| ° cum ideo prophetia dicta sit quod futura praedicat, quando de praeterito vel praesenti loquitur, rationem sui nominis amittit.
ra1 ‘ Ad primum ergo dicendum quod prophetia ibi definitur secundum id quod proprie significatur nomine prophetiae. et per hunc etiam modum prophetia dividitur contra alias gratias gratis datas.
ra2 ‘ Unde patet responsio ad secundum. quamvis possit dici quod omnia quae sub prophetia cadunt, conveniunt in hac ratione quod non sunt ab homine cognoscibilia nisi per revelationem divinam. ea vero quae pertinent ad sapientiam et scientiam et interpretationem sermonum, possunt naturali ratione ab homine cognosci, sed altiori modo manifestantur per illustrationem divini luminis. fides autem etsi sit de invisibilibus homini, tamen ad ipsam non pertinet eorum cognitio quae creduntur, sed quod homo per certitudinem assentiat his quae sunt ab aliis cognita.
ra3 ‘ Ad tertium dicendum quod formale in cognitione prophetica est lumen divinum, a cuius unitate prophetia habet unitatem speciei, licet sint diversa quae per lumen divinum prophetice manifestantur.

009 ST3 qu171 ar4

ag1 ‘ Ad quartum sic proceditur. videtur quod propheta per divinam inspirationem cognoscat omnia quae possunt prophetice cognosci. * dicitur enim amos iii, ° non faciet dominus deus verbum, nisi revelaverit secretum suum ad servos suos prophetas. ‘ sed omnia quae prophetice revelantur, sunt verba divinitus facta. nihil ergo eorum est quod non reveletur prophetae.
ag2 ‘ Praeterea, dei perfecta sunt opera, * ut dicitur deut. xxxii. ‘ sed prophetia est divina revelatio, * ut dictum est. ‘ ergo est perfecta. quod non esset nisi omnia prophetabilia prophetae revelarentur, “ quia perfectum est cui nihil deest, * ut dicitur in iii physic.. ‘ ergo prophetae omnia prophetabilia revelantur.
ag3 ‘ Praeterea, lumen divinum, quod causat prophetiam, est potentius quam lumen naturalis rationis, ex quo causatur humana scientia. sed homo qui habet aliquam scientiam, cognoscit omnia quae ad illam scientiam pertinent, sicut grammaticus cognoscit omnia grammaticalia. ergo videtur quod propheta cognoscat omnia prophetabilia.
sc * Sed contra est quod gregorius dicit, super ezech., quod ° aliquando spiritus prophetiae ex praesenti tangit animum prophetantis, et ex futuro nequaquam tangit, aliquando autem ex praesenti non tangit, et ex futuro tangit. ‘ non ergo propheta cognoscit omnia prophetabilia.
co ‘ Respondeo dicendum quod diversa non est necesse esse simul nisi propter aliquid unum in quo connectuntur et a quo dependent, * sicut supra habitum est quod virtutes omnes necesse est esse ‘ simul propter prudentiam vel caritatem. omnia autem quae per aliquod principium cognoscuntur, connectuntur in illo principio et ab eo dependent. et ideo qui cognoscit perfecte principium secundum totam eius virtutem, simul cognoscit omnia quae per illud principium cognoscuntur. ignorato autem communi principio vel communiter apprehenso, nulla necessitas est simul omnia cognoscendi, sed unumquodque eorum per se oportet manifestari, et per consequens aliqua eorum possunt cognosci, et alia non cognosci. principium autem eorum quae divino lumine prophetice manifestantur, est ipsa veritas prima, quam prophetae in seipsa non vident. et ideo non oportet quod omnia prophetabilia cognoscant, sed quilibet eorum cognoscit ex eis aliqua, secundum specialem revelationem huius vel illius rei.
ra1 ‘ Ad primum ergo dicendum quod dominus omnia quae sunt necessaria ad instructionem fidelis populi, revelat prophetis, non tamen omnia omnibus, sed quaedam uni, quaedam alii.
ra2 ‘ Ad secundum dicendum quod prophetia est sicut quiddam imperfectum in genere divinae revelationis, * unde dicitur i ad cor. xiii, quod “ prophetiae evacuabuntur, et quod ex parte prophetamus, idest imperfecte. ‘ perfectio autem divinae revelationis erit in patria, * unde subditur, ° cum venerit quod perfectum est, evacuabitur quod ex parte est. ‘ unde non oportet quod propheticae revelationi nihil desit, sed quod nihil desit eorum ad quae prophetia ordinatur.
ra3 ‘ Ad tertium dicendum quod ille qui habet aliquam scientiam, cognoscit principia illius scientiae, ex quibus omnia quae sunt illius scientiae dependent. et ideo qui perfecte habet habitum alicuius scientiae, scit omnia quae ad illam scientiam pertinent. sed per prophetiam non cognoscitur in seipso principium propheticalium cognitionum quod est deus. unde non est similis ratio.

009 ST3 qu171 ar5

ag1 ‘ Ad quintum sic proceditur. videtur quod propheta discernat semper quid dicat per spiritum proprium, et quid per spiritum prophetiae. * dicit enim augustinus, in vi confess., quod “ mater sua ° dicebat discernere se, nescio quo sapore, quem verbis explicare non poterat, quid interesset inter deum revelantem et inter animam suam somniantem. ‘ sed prophetia est revelatio divina, * ut dictum est. ‘ ergo propheta semper discernit id quod dicit per spiritum prophetiae, ab eo quod loquitur spiritu proprio.
ag2 ° Praeterea, deus non praecipit aliquid impossibile, * sicut hieronymus dicit. praecipitur autem pro-

phetis, ierem. xxiii, ° propheta qui habet somnium, narret somnium, et qui habet sermonem meum, loquatur sermonem meum vere. ' ergo propheta potest discernere quid habeat per spiritum prophetiae, ab eo quod aliter videt.

ag3 ' Praeterea, maior est certitudo quae est per divinum lumen quam quae est per lumen rationis naturalis. sed per lumen rationis naturalis ille qui habet scientiam, pro certo scit se habere. ergo ille qui habet prophetiam per lumen divinum, multo magis certus est se habere.

sc * Sed contra est quod gregorius dicit, super ezech., ° sciendum est quod aliquando prophetae sancti, dum consuluntur, ex magno usu prophetandi quaedam ex suo spiritu proferunt, et se haec ex prophetiae spiritu dicere suspicantur.

co ' Respondeo dicendum quod mens prophetae dupliciter a deo instruitur, " uno modo, per expressam revelationem; alio modo, ° per quendam instinctum, quem interdum etiam nescientes humanae mentes patiuntur, * ut augustinus dicit, ii super gen. ad litt.. ' de his ergo quae expresse per spiritum prophetiae propheta cognoscit, maximam certitudinem habet, et pro certo habet quod haec sibi sunt divinitus revelata. * unde dicitur ierem. xxvi, ° in veritate misit me dominus ad vos, ut loquerer in aures vestras omnia verba haec. ' alioquin, si de hoc ipse certitudinem non haberet, fides, quae dictis prophetarum innititur, certa non esset. et signum propheticae certitudinis accipere possumus ex hoc quod abraham, admonitus in prophetica visione, se praeparavit ad filium unigenitum immolandum, quod nullatenus fecisset nisi de divina revelatione fuisset certissimus. sed ad ea quae cognoscit per instinctum, aliquando sic se habet ut non plene discernere possit utrum hoc cogitaverit aliquo divino instinctu, vel per spiritum proprium. non autem omnia quae cognoscimus divino instinctu, sub certitudine prophetica nobis manifestantur, talis enim instinctus est quiddam imperfectum in genere prophetiae. * et hoc modo intelligendum est verbum gregorii. " ne tamen ex hoc error possit accidere ° per spiritum sanctum citius correcti, ab eo quae vera sunt audiunt, et semetipsos, quia falsa dixerint, reprehendunt, * ut ibidem gregorius subdit.

ra ' Primae autem rationes procedunt quantum ad ea quae prophetico spiritu revelantur. unde patet responsio ad omnia obiecta.

009 ST3 qu171 ar6

ag1 ' Ad sextum sic proceditur. videtur quod ea quae prophetice cognoscuntur vel annuntiantur, possint esse falsa. prophetia enim est de futuris contingentibus, * ut dictum est, ' sed futura contingentia possunt non evenire, alioquin ex necessitate contingerent. ergo prophetiae potest subesse falsum.

ag2 * Praeterea, isaias prophetice praenuntiavit ezechiae dicens, ° dispone domui tuae, quia morieris tu, et non vives, ' et tamen additi sunt vitae eius postea quindecim anni, * ut habetur iv reg. xx, et isaiae xxxviii. similiter etiam ierem. xviii, dominus dicit, ° repente loquar adversum gentem et adversum regnum, ut eradicem et destruam et disperdam illud. si poenitentiam egerit gens illa a malo suo quod locutus sum adversus eam, agam et ego poenitentiam super malo quod cogitavi ut facerem ei. ' et hoc apparet per exemplum ninivitarum, * secundum illud ionae iii, ° misertus est dominus super malitiam quam dixit ut faceret eis, et non fecit. ' ergo prophetiae potest subesse falsum.

ag3 ' Praeterea, omnis conditionalis cuius antecedens est necessarium absolute, consequens est necessarium absolute, quia ita se habet consequens in conditionali ad antecedens, sicut conclusio ad praemissas in syllogismo; ex necessariis autem nunquam contingit syllogizare nisi necessarium, * ut probatur in i posteriorum. ' sed si prophetiae non potest subesse falsum, oportet hanc conditionalem esse veram, si aliquid est prophetatum, erit. huius autem conditionalis antecedens est necessarium absolute, cum sit de praeterito. ergo et consequens erit necessarium absolute. quod est inconveniens, quia sic prophetia non esset contingentium. falsum est ergo quod prophetiae non possit subesse falsum.

sc * Sed contra est quod cassiodorus dicit, quod ° prophetia est inspiratio vel revelatio divina, rerum eventus immobili veritate denuntians. ' non autem esset immobilis veritas prophetiae si posset ei falsum subesse. ergo non potest ei subesse falsum.

co * Respondeo dicendum quod, sicut ex dictis patet, ' prophetia est quaedam cognitio intellectui prophetae impressa ex revelatione divina per modum cuiusdam doctrinae. veritas autem eadem est cognitionis in discipulo et in docente, quia cognitio addiscentis est similitudo cognitionis docentis; sicut et in rebus naturalibus forma generati est similitudo quaedam formae generantis. * et per hunc etiam modum hieronymus dicit quod " prophetia est quoddam signum divinae praescientiae. ' oportet igitur eandem esse veritatem propheticae cognitionis et enuntiationis quae est cognitionis divinae, cui impossibile est subesse falsum, * ut in primo habitum est. ' unde prophetiae non potest subesse falsum.

ra1 * Ad primum ergo dicendum quod, sicut in primo dictum est, ' certitudo divinae praescientiae non excludit contingentiam singularium futurorum, quia fertur in ea secundum quod sunt praesentia et iam determinata ad unum. et ideo etiam prophetia, quae est divinae praescientiae similitudo impressa vel signum, sua immobili veritate futurorum contingentiam non excludit.

ra2 ' Ad secundum dicendum quod divina praescientia respicit futura secundum duo, scilicet secundum quod sunt in seipsis, inquantum scilicet ipsa praesentialiter intuetur; et secundum quod sunt in suis causis, inquantum scilicet videt ordinem causarum ad effectus. et quamvis contingentia futura, prout sunt in seipsis, sint determinata ad unum; tamen prout sunt in suis causis, non sunt determinata, quin possint aliter evenire. et quamvis ista duplex cognitio semper in intellectu divino coniungatur, non tamen semper coniungitur in revelatione prophetica, quia impressio agentis non semper adaequat eius virtutem. unde quandoque revelatio prophetica est impressa quaedam similitudo divinae praescientiae prout inspicit ipsa futura contingentia in seipsis. et talia sic eveniunt sicut prophetantur, * sicut illud isaiae vii, ° ecce, virgo concipiet. ' quandoque vero prophetica revelatio est impressa similitudo divinae praescientiae prout cognoscit ordinem causarum ad effectus. et tunc quandoque aliter evenit quam prophetetur. nec tamen prophetiae subest falsum, nam sensus prophetiae est quod inferiorum causarum dispositio, sive naturalium sive humanorum actuum, hoc habet ut talis effectus eveniat. * et secundum hoc intelligitur verbum isaiae dicentis, ° morieris, et non vives, " idest, dispositio corporis tui ad mortem ordinatur; * et quod dicitur ionae iii, ° adhuc quadraginta dies, et ninive subvertetur, " idest, hoc merita eius exigunt, ut subvertatur. ' dicitur autem deus poenitere metaphorice, inquantum ad modum poenitentis se habet, prout scilicet mutat sententiam, etsi non mutet consilium.

ra3 ' Ad tertium dicendum quod, quia eadem est veritas prophetiae et divinae praescientiae, * ut dictum est, ' hoc modo ista conditionalis est vera, si aliquid est prophetatum, erit, sicut ista, si aliquid est praescitum, erit. in utraque enim antecedens est impossibile non esse. unde et consequens est necessarium, non secundum quod est futurum respectu nostri, sed ut consideratur in suo praesenti, prout subiicitur praescientiae divinae, * ut in primo dictum est.

009 ST3 qu172 ar

pr ' Deinde considerandum est de causa prophetiae. et circa hoc quaeruntur sex. primo, utrum prophetia sit naturalis. secundo, utrum sit a deo mediantibus angelis. tertio, utrum ad prophetiam requiratur dispositio naturalis. quarto, utrum requiratur bonitas morum. quinto, utrum sit aliqua prophetia a daemonibus. sexto, utrum prophetae daemonum aliquando dicant verum.

009 ST3 qu172 ar1

ag1 ' Ad primum sic proceditur. videtur quod prophetia possit esse naturalis. * dicit enim gregorius in iv dialog., quod ° ipsa aliquando animarum vis sua subtilitate aliquid praevidet. * et augustinus dicit, in xii super gen. ad litt., quod " animae humanae, secundum quod a sensibus corporis abstrahitur competit futura praevidere. ' hoc autem pertinet ad prophetiam. ergo anima naturaliter potest assequi prophetiam.

ag2 ' Praeterea, cognitio animae humanae magis viget in vigilando quam in dormiendo. sed in dormiendo quidam naturaliter praevident quaedam futura, * ut patet per philosophum, in libro de somno et vigil.. ' ergo multo magis potest homo naturaliter futura praecognoscere.

ag3 ' Praeterea, homo secundum suam naturam est perfectior animalibus brutis. sed quaedam animalia bruta habent praecognitionem futurorum ad se pertinentium, sicut formicae praecognoscunt pluvias futuras, quod patet ex hoc quod ante pluviam incipiunt grana in foramen reponere; et similiter etiam pisces praecognoscunt tempestates futuras, ut perpenditur ex eorum motu, dum loca tempestuosa declinant. ergo multo magis homines naturaliter praecognoscere possunt futura ad se pertinentia, de quibus est prophetia. est ergo prophetia a natura.

ag4 * Praeterea, prov. xxix dicitur, ° cum prophetia defecerit, dissipabitur populus, ' et sic patet quod prophetia necessaria est ad hominum conservationem. sed natura non deficit in necessariis. ergo videtur quod prophetia sit a natura.

sc * Sed contra est quod dicitur ii pet. i, ° non enim voluntate humana allata est aliquando prophetia, sed spiritu sancto inspirante, locuti sunt sancti dei homines. ' ergo prophetia non est a natura, sed ex dono spiritus sancti.

co * Respondeo dicendum quod, sicut supra dictum est, ' prophetica praecognitio potest esse de futuris dupliciter, uno modo, secundum quod sunt in seipsis; alio modo, secundum quod sunt in suis causis. praecognoscere autem futura secundum quod sunt in seipsis, est proprium divini intellectus, cuius aeternitati sunt omnia praesentia, * ut in primo dictum est. ' et ideo talis praecognitio futurorum non potest esse a natura, sed solum ex revelatione divina. futura vero in suis causis possunt praecognosci naturali cognitione etiam ab homine, sicut medicus praecognoscit sanitatem vel mortem futuram in aliquibus causis, quarum ordinem ad tales effectus experimento praecognoverunt. et talis praecognitio futurorum potest intelligi esse in homine a natura dupliciter. uno modo, sic quod statim anima, ex eo quod in seipsa habet, possit futura praecognoscere. et sic * sicut augustinus dicit, xii super gen. ad litt., ° quidam voluerunt animam humanam habere quandam vim divinationis in seipsa. * et hoc videtur esse secundum opinionem platonis, qui posuit quod " animae habent omnium rerum cognitionem per participationem idearum, sed ista cognitio obnubilatur in eis per coniunctionem corporis, in quibusdam tamen plus, in quibusdam vero minus, secundum corporis puritatem diversam. et secundum hoc, posset dici quod homines habentes animas non multum obtenebratas ex corporum unione, possunt talia futura praecognoscere secundum propriam scientiam. * contra hoc autem obiicit augustinus, " cur non semper potest, scilicet vim divinationis habere anima, cum semper velit? ' sed quia verius esse videtur quod anima ex sensibilibus cognitionem acquirat, * secundum sententiam aristotelis, * ut in primo dictum est; ' ideo melius est dicendum alio modo, quod praecognitionem talium futurorum homines non habent sed, acquirere possunt per viam experimentalem; in qua iuvantur per naturalem dispositionem secundum quam in homine invenitur perfectio virtutis imaginativae et claritas intelligentiae. et tamen haec praecognitio futurorum differt a prima, quae habetur ex revelatione divina, dupliciter. primo quidem, quia prima potest esse quorumcumque eventuum, et infallibiliter. haec autem praecognitio quae naturaliter haberi potest, est circa quosdam effectus ad quos se potest extendere experientia humana. secundo, quia prima prophetia est secundum immobilem veritatem, non autem secunda, sed potest ei subesse falsum. prima autem praecognitio proprie pertinet ad prophetiam, non secunda, quia, * sicut supra dictum est, ' prophetica cognitio est eorum quae excedunt universaliter humanam cognitionem. et ideo dicendum est quod prophetia simpliciter dicta non potest esse a natura, sed solum ex revelatione divina.

ra1 ' Ad primum ergo dicendum quod anima, quando abstrahitur a corporalibus, aptior redditur ad percipiendum influxum spiritualium substantiarum, et etiam ad percipiendum subtiles motus qui ex impressionibus causarum naturalium in imaginatione humana relinquuntur, a quibus percipiendis anima impeditur cum fuerit circa sensibilia occupata. * et ideo gregorius dicit quod " anima quando appropinquat ad mortem, praecognoscit quaedam futura subtilitate suae naturae, prout scilicet percipit etiam modicas impressiones. ' aut etiam cognoscit futura revelatione angelica. non autem propria virtute. * quia, ut augustinus dicit, xii super gen. ad litt., " si hoc esset, tunc haberet quandocumque vellet, in sua potestate futura praecognoscere, * quod patet esse falsum.

ra2 ' Ad secundum dicendum quod praecognitio futurorum quae fit in somnis, est aut ex revelatione substantiarum spiritualium, aut ex causa corporali, * ut dictum est cum de divinationibus ageretur. ' utrumque autem melius potest fieri in dormientibus quam in vigilantibus, quia anima vigilantis est occupata circa exteriora sensibilia, unde minus potest percipere subtiles impressiones vel spiritualium substantiarum vel etiam causarum naturalium. quantum tamen ad perfectionem iudicii, plus viget ratio in vigilando quam in dormiendo.

ra3 ' Ad tertium dicendum quod bruta etiam animalia non habent praecognitionem futurorum effectuum nisi secundum quod ex suis causis praecognoscuntur, ex quibus eorum phantasiae moventur. et magis quam hominum, quia phantasiae hominum, maxime in vigilando, disponuntur magis secundum rationem quam secundum impressionem naturalium causarum. ratio autem facit in homine multo abundantius id quod in brutis facit impressio causarum naturalium. et adhuc magis adiuvat hominem divina gratia prophetas inspirans.

ra4 ' Ad quartum dicendum quod lumen propheticum se extendit etiam ad directiones humanorum actuum. et secundum hoc, prophetia necessaria est ad populi gubernationem. et praecipue in ordine ad cultum divinum, ad quem natura non sufficit, sed requiritur gratia.

009 ST3 qu172 ar2

ag1 ' Ad secundum sic proceditur. videtur quod prophetica revelatio non fiat per angelos. * dicitur enim sap. vii, quod ° sapientia dei in animas sanctas se transfert, et amicos dei et prophetas constituit. ' sed amicos dei constituit immediate. ergo etiam prophetas facit immediate, non mediantibus angelis.

ag2 ' Praeterea, prophetia ponitur inter gratias gratis datas. sed gratiae gratis datae sunt a spiritu sancto, * secundum illud, ° divisiones gratiarum sunt, idem autem spiritus. ' non ergo prophetica revelatio fit angelo mediante.

ag3 * Praeterea cassiodorus dicit quod " prophetia est divina revelatio. ' si autem fieret per angelos, diceretur angelica revelatio. non ergo prophetia fit per angelos.

sc * Sed contra est quod dionysius dicit, iv cap. cael. hier., ° divinas visiones gloriosi patres nostri adepti sunt per medias caelestes virtutes. “ loquitur autem ibi de visionibus propheticis. ‘ ergo revelatio prophetica fit angelis mediantibus.
co ‘ Respondeo dicendum quod, * sicut apostolus dicit, rom. xiii, quae a deo sunt, ordinata sunt. habet autem hoc divinitatis ordo, sicut dionysius dicit, ‘ ut infima per media disponat. angeli autem medii sunt inter deum et homines, utpote plus participantes de perfectione divinae bonitatis quam homines. et ideo illuminationes et revelationes divinae a deo ad homines per angelos deferuntur. prophetica autem cognitio fit secundum illuminationem et revelationem divinam. unde manifestum est quod fiat per angelos.
ra1 ‘ Ad primum ergo dicendum quod caritas, secundum quam fit homo amicus dei, est perfectio voluntatis, in quam solus deus imprimere potest. sed prophetia est perfectio intellectus, in quem etiam angelus potest imprimere, * ut in primo dictum est. ‘ et ideo non est similis ratio de utroque.
ra2 ‘ Ad secundum dicendum quod gratiae gratis datae attribuuntur spiritui sancto sicut primo principio, qui tamen operatur huiusmodi gratias in hominibus mediante ministerio angelorum.
ra3 ‘ Ad tertium dicendum quod operatio instrumenti attribuitur principali agenti, in cuius virtute instrumentum agit. et quia minister est sicut instrumentum, idcirco prophetica revelatio, quae fit ministerio angelorum, dicitur esse divina.

009 ST3 qu172 ar3

ag1 ‘ Ad tertium sic proceditur. videtur quod ad prophetiam requiratur dispositio naturalis. prophetia enim recipitur in propheta secundum dispositionem recipientis. * quia super illud amos i, dominus de sion rugiet, dicit glossa hieronymi, ° naturale est ut omnes qui volunt rem rei comparare, ex eis rebus sumant comparationes quas sunt experti et in quibus sunt nutriti, verbi gratia, nautae suos inimicos ventis, damnum naufragio comparant. sic et amos, qui fuit pastor pecorum timorem dei rugitui leonis assimilat. ‘ sed quod recipitur in aliquo secundum modum recipientis, requirit naturalem dispositionem. ergo prophetia requirit naturalem dispositionem.
ag2 ‘ Praeterea, speculatio prophetiae est altior quam scientiae acquisitae. sed indispositio naturalis impedit speculationem scientiae acquisitae, multi enim, ex indispositione naturali pertingere non possunt ad scientiarum speculamina capienda. multo ergo magis requiritur ad contemplationem prophetiCam.
ag3 ‘ Praeterea, indispositio naturalis magis impedit aliquem quam impedimentum accidentale. sed per aliquid accidentale superveniens impeditur speculatio prophetiae, * dicit enim hieronymus, super matth., quod ° tempore illo quo coniugales actus geruntur, praesentia spiritus sancti non dabitur, etiam si propheta esse videatur qui officio generationis obsequitur. ‘ ergo multo magis indispositio naturalis impedit prophetiam. et sic videtur quod bona dispositio naturalis ad prophetiam requiratur.
sc * Sed contra est quod gregorius dicit, in homilia pentecostes, ° implet “ scilicet spiritus sanctus, ° citharaedum puerum, et psalmistam facit, pastorem armentorum sycomoros vellicantem, et prophetam facit. ‘ non ergo requiritur aliqua praecedens dispositio ad prophetiam, sed dependet ex sola voluntate spiritus sancti, * de quo dicitur, i ad cor. xii, ° haec omnia operatur unus atque idem spiritus, dividens singulis prout vult.
co * Respondeo dicendum quod, sicut dictum est, ‘ prophetia vere et simpliciter dicta est ex inspiratione divina, quae autem est ex causa naturali, non dicitur prophetia nisi secundum quid. est autem considerandum quod, sicut deus, quia est causa universalis in agendo, non praeexigit materiam, nec aliquam materiae dispositionem, in corporalibus effectibus, sed simul potest et materiam et dispositionem et formam inducere; ita etiam in effectibus spiritualibus non praeexigit aliquam dispositionem, sed potest simul cum effectu spirituali inducere dispositionem convenientem, qualis requireretur secundum ordinem naturae. et ulterius posset etiam simul per creationem producere ipsum subiectum, ut scilicet animam in ipsa sui creatione disponeret ad prophetiam, et daret ei gratiam prophetalem.
ra1 ‘ Ad primum ergo dicendum quod indifferens est ad prophetiam quibuscumque similitudinibus res prophetica exprimatur. et ideo hoc ex operatione divina non immutatur circa prophetam. removetur autem divina virtute; si quid prophetiae repugnat.
ra2 ‘ Ad secundum dicendum quod speculatio scientiae fit ex causa naturali. natura autem non potest operari nisi dispositione praecedente in materia. quod non est dicendum de deo, qui est prophetiae causa.
ra3 ‘ Ad tertium dicendum quod aliqua naturalis indispositio, si non removeretur, impedire posset prophetalem revelationem, puta si aliquis esset totaliter sensu naturali destitutus. sicut etiam impeditur aliquis ab actu prophetandi per aliquam vehementem passionem vel irae vel concupiscentiae, qualis est in coitu vel per quamcumque aliam passionem. sed talem indispositionem naturalem removet virtus divina, quae est prophetiae causa.

009 ST3 qu172 ar4

ag1 ‘ Ad quartum sic proceditur. videtur quod bonitas morum requiratur ad prophetiam. * dicitur enim sap. vii, quod ° sapientia dei per nationes in animas sanctas se transfert, et amicos dei et prophetas constituit. ‘ sed sanctitas non potest esse sine bonitate morum et sine gratia gratum faciente. ergo prophetia non potest esse sine bonitate morum et gratia gratum faciente.
ag2 ‘ Praeterea, secreta non revelantur nisi amicis, * secundum illud ioan. xv, ° vos autem dixi amicos, quia omnia quaecumque audivi a patre meo, nota feci vobis. * sed prophetis deus sua secreta revelat ut dicitur amos iii. ‘ ergo videtur quod prophetae sint dei amici. quod non potest esse sine caritate. ergo videtur quod prophetia non possit esse sine caritate, quae non est sine gratia gratum faciente.
ag3 * Praeterea, matth. vii dicitur, ° attendite a falsis prophetis, qui veniunt ad vos in vestimentis ovium, intrinsecus autem sunt lupi rapaces. ‘ sed quicumque sunt sine gratia interius, videntur esse lupi rapaces. ergo omnes sunt falsi prophetae. nullus est ergo verus propheta nisi bonus per gratiam.
ag4 * Praeterea, philosophus dicit, in libro de somn. et vigil., quod ° si divinatio somniorum est a deo, inconveniens est eam immittere quibuslibet, et non optimis viris. ‘ sed constat donum prophetiae esse a deo. ergo donum prophetiae non datur nisi optimis viris.
sc * Sed contra est quod matth. vii, his qui dixerant ° domine nonne in nomine suo prophetavimus? “ respondetur, nunquam novi vos. * novit autem dominus eos qui sunt eius, ut dicitur ii ad tim. ii. ‘ ergo prophetia potest esse in his qui non sunt dei per gratiam.
co ‘ Respondeo dicendum quod bonitas morum potest attendi secundum duo, uno quidem modo, secundum interiorem eius radicem, quae est gratia gratum faciens; alio autem modo, quantum ad interiores animae passiones et exteriores actiones. gratia autem gratum faciens ad hoc principaliter datur ut anima hominis deo per caritatem coniungatur, * unde augustinus dicit, in xv de trin., ° nisi impertiatur cuique spiritus sanctus, ut eum dei et proximi faciat amatorem, ille a sinistra non transfertur ad dexteram. ‘ unde quidquid potest esse sine caritate, potest esse sine gratia gratum faciente et per consequens sine bonitate morum. prophetia autem potest esse sine caritate. quod apparet ex duobus. primo quidem, ex actu utriusque, nam prophetia pertinet ad intellectum cuius actus praecedit actum voluntatis, quam perficit caritas. * unde apostolus, i ad cor. xiii, “ prophetiam connumerat aliis ad intellectum pertinentibus quae possunt sine caritate haberi. ‘ secundo, ex fine utriusque, datur enim prophetia ad utilitatem ecclesiae, sicut et aliae gratiae gratis datae * secundum illud apostoli, i ad cor. xii, ° unicuique datur manifestatio spiritus ad utilitatem; ‘ non autem ordinatur directe ad hoc quod affectus ipsius prophetae coniungatur deo, ad quod ordinatur caritas. et ideo [25] prophetia potest esse sine bonitate morum, quantum ad primam radicem huius bonitatis. si vero consideremus bonitatem morum secundum passiones animae et actiones exteriores, secundum hoc impeditur aliquis a prophetia per morum malitiam. nam ad prophetiam requiritur maxima mentis elevatio ad spiritualium contemplationem, quae quidem impeditur per vehementiam passionum, et per inordinatam occupationem rerum exteriorum. unde et de filiis prophetarum legitur * iv reg. iv, ‘ quod simul habitabant cum eliseo, quasi solitariam vitam ducentes, ne mundanis occupationibus impedirentur a dono prophetiae.
ra1 ‘ Ad primum ergo dicendum quod donum prophetiae aliquando datur homini et propter utilitatem aliorum, et propter propriae mentis illustrationem. et hi sunt in quorum animas sapientia divina per gratiam gratum facientem se transferens, amicos dei et prophetas eos constituit. quidam vero consequuntur donum prophetiae solum ad utilitatem aliorum. qui sunt quasi instrumenta divinae operationis. * unde hieronymus dicit, super matth., ° prophetare, vel virtutes facere et daemonia eiicere, interdum non est eius meriti qui operatur, sed vel invocatio nominis christi hoc agit; vel ob condemnationem eorum qui invocant, vel utilitatem eorum qui vident et audiunt, conceditur.
ra2 * Ad secundum dicendum quod gregorius, exponens illud, dicit ° dum audita superna caelestia amamus, amata iam novimus, quia amor ipse notitia est. omnia ergo eis nota fecerat, quia, a terrenis desideriis immutati, amoris summi facibus ardebant. ‘ et hoc modo non revelantur semper secreta divina prophetis.
ra3 ‘ Ad tertium dicendum quod non omnes mali sunt lupi rapaces, sed solum illi qui intendunt aliis nocere, * dicit enim chrysostomus, super matth., quod ° catholici doctores, etsi fuerint peccatores, servi quidem carnis dicuntur, non tamen lupi rapaces, quia non habent propositum perdere christianos. ‘ et quia prophetia ordinatur ad utilitatem aliorum, manifestum est tales esse falsos prophetas, quia ad hoc non mittuntur a deo.
ra4 ‘ Ad quartum dicendum quod dona divina non semper dantur optimis simpliciter, sed quandoque illis qui sunt optimi quantum ad talis doni perceptionem. et sic deus donum prophetiae illis dat quibus optimum iudicat dare.

009 ST3 qu172 ar5

ag1 ‘ Ad quintum sic proceditur. videtur quod nulla prophetia sit a daemonibus. “ prophetia enim est divina revelatio, * ut cassiodorus dicit. ‘ sed illud quod fit a daemone, non est divinum. ergo nulla prophetia potest esse a daemone.
ag2 ‘ Praeterea, ad propheticam cognitionem requiritur aliqua illuminatio, * ut supra dictum est. ‘ sed daemones non illuminant intellectum humanum, * ut supra dictum est in primo. ‘ ergo nulla prophetia potest esse a daemonibus.
ag3 ‘ Praeterea, non est efficax signum quod etiam ad contraria se habet. sed prophetia est signum confirmationis fidei, * unde super illud rom. xii, sive prophetiam secundum rationem fidei, dicit glossa, ° nota quod in numeratione gratiarum a prophetia incipit, quae est prima probatio quod fides nostra sit rationabilis, quia credentes, accepto spiritu, prophetabant. ‘ non ergo prophetia a daemonibus dari potest.
sc * Sed contra est quod dicitur iii reg. xviii, ° congrega ad me universum israel in monte carmeli, et prophetas baal trecentos quinquaginta, prophetasque lucorum quadringentos, qui comedunt de mensa iezabel. ‘ sed tales erant daemonum cultores. ergo videtur quod etiam a daemonibus sit aliqua prophetia.
co * Respondeo dicendum quod, sicut supra dictum est, ‘ prophetia importat cognitionem quandam procul existentem a cognitione humana. manifestum est autem quod intellectus superioris ordinis aliqua cognoscere potest quae sunt remota a cognitione intellectus inferioris. supra intellectum autem humanum est non solum intellectus divinus, sed etiam intellectus angelorum bonorum et malorum, secundum naturae ordinem. et ideo quaedam cognoscunt daemones, etiam sua naturali cognitione, quae sunt remota ab hominum cognitione, quae possunt hominibus revelare. simpliciter autem et maxime remota sunt quae solus deus cognoscit. et ideo prophetia proprie et simpliciter dicta fit solum per revelationem divinam. sed et ipsa revelatio facta per daemones, potest secundum quid dici prophetia. unde illi quibus aliquid per daemones revelatur, non dicuntur in scripturis prophetae simpliciter, sed cum aliqua additione, puta, prophetae falsi, vel, prophetae idolorum. * unde augustinus, xii super gen. ad litt., ° cum malus spiritus arripit hominem in haec, “ scilicet visa ° aut daemoniacos facit, aut arreptitios, aut falsos prophetas.
ra1 ‘ Ad primum ergo dicendum quod * cassiodorus “ ibi definit prophetiam proprie et simpliciter dictam.
ra2 ‘ Ad secundum dicendum quod daemones ea quae sciunt hominibus manifestant, non quidem per illuminationem intellectus, sed per aliquam imaginariam visionem, aut etiam sensibiliter colloquendo. et in hoc deficit haec prophetia a vera.
ra3 ‘ Ad tertium dicendum quod aliquibus signis, etiam exterioribus, discerni potest prophetia daemonum a prophetia divina. * unde dicit chrysostomus, super matth., quod ° quidam prophetant in spiritu diaboli, quales sunt divinatores, sed sic discernuntur, quoniam diabolus interdum falsa dicit, spiritus sanctus nunquam. * unde dicitur deut. xviii, ° si tacita cogitatione responderis, quomodo possum intelligere verbum quod non est locutus dominus? hoc habebis signum, quod in nomine domini propheta ille praedixerit, et non evenerit, hoc dominus non est locutus.

009 ST3 qu172 ar6

ag1 ‘ Ad sextum sic proceditur. videtur quod prophetae daemonum nunquam vera praedicant. * dicit enim ambrosius quod ° omne verum, a quocumque dicatur, a spiritu sancto est. ‘ sed prophetae daemonum non loquuntur a spiritu sancto, quia non est conventio christi ad belial, * ut dicitur ii ad cor. vi. ‘ ergo videtur quod tales nunquam vera praenuntiant.
ag2 ‘ Praeterea, sicut veri prophetae inspirantur a spiritu veritatis, ita prophetae daemonum inspirantur a spiritu mendacii, * secundum illud iii reg. ult., ° egrediar, et ero spiritus mendax in ore omnium prophetarum eius. ‘ sed prophetae inspirati a spiritu sancto nunquam loquuntur falsum, * ut supra habitum est. ‘ ergo prophetae daemonum nunquam loquuntur verum.
ag3 * Praeterea, ioan. viii dicitur de diabolo quod, ° cum loquitur mendacium, ex propriis loquitur, quia diabolus est mendax, et pater eius, “ idest mendacii. ‘ sed inspirando prophetas suos diabolus non loquitur nisi ex propriis, non enim instituitur minister dei ad veritatem enuntiandam, quia non est conventio lucis ad tenebras, * ut dicitur ii ad cor. vi. ‘ ergo prophetae daemonum nunquam vera praedicunt.
sc * Sed contra est quod, num. xxii, dicit quaedam glossa quod ° balaam divinus erat, daemonum scilicet ministerio, et arte magica, nonnunquam futura praenoscebat. ‘ sed ipse multa praenuntiavit vera,

* sicut est id quod habetur num. xxiv, ° orietur stella ex iacob, et consurget virga de israel. ‘ ergo etiam prophetae daemonum praenuntiant vera.
co ‘ Respondeo dicendum quod sicut se habet bonum in rebus, ita verum in cognitione. impossibile est autem inveniri aliquid in rebus quod totaliter bono privetur. unde etiam impossibile est esse aliquam cognitionem quae totaliter sit falsa, absque admixtione alicuius veritatis. * unde et beda dicit quod ° nulla falsa est doctrina quae non aliquando aliqua vera falsis intermisceat. ‘ unde et ipsa doctrina daemonum, qua suos prophetas instruunt, aliqua vera continet, per quae receptibilis redditur. sic enim intellectus ad falsum deducitur per apparentiam veritatis, sicut voluntas ad malum per apparentiam bonitatis. * unde et chrysostomus dicit, super matth., ° concessum est diabolo interdum vera dicere, ut mendacium suum rara veritate commendet.
ra1 ‘ Ad primum ergo dicendum quod prophetae daemonum non semper loquuntur ex daemonum revelatione, sed interdum ex inspiratione divina, sicut manifeste legitur de balaam, cui dicitur dominus esse locutus, * num. xxii, ‘ licet esset propheta daemonum. quia deus utitur etiam malis ad utilitatem bonorum. unde et per prophetas daemonum aliqua vera praenuntiat, tum ut credibilior fiat veritas, quae etiam ex adversariis testimonium habet; tum etiam quia, dum homines talibus credunt, per eorum dicta magis ad veritatem inducuntur. unde etiam sibyllae multa vera praedixerunt de christo. sed et quando prophetae daemonum a daemonibus instruuntur, aliqua vera praedicunt, quandoque quidem virtute propriae naturae, cuius auctor est spiritus sanctus; quandoque etiam revelatione bonorum spirituum, * ut patet per augustinum, xii super gen. ad litt.. ‘ et sic etiam illud verum quod daemones enuntiant, a spiritu sancto est.
ra2 ‘ Ad secundum dicendum quod verus propheta semper inspiratur a spiritu veritatis, in quo nihil est falsitatis, et ideo nunquam dicit falsum. propheta autem falsitatis non semper instruitur a spiritu falsitatis, sed quandoque etiam inspiratur a spiritu veritatis. ipse etiam spiritus falsitatis quandoque enuntiat vera, quandoque falsa, * ut dictum est.
ra3 ‘ Ad tertium dicendum quod propria daemonum esse dicuntur illa quae habent a seipsis, scilicet mendacia et peccata. quae autem pertinent ad propriam naturam, non habent a seipsis, sed a deo. per virtutem autem propriae naturae quandoque vera praenuntiant, * ut dictum est. ‘ utitur etiam eis deus ad veritatis manifestationem per ipsos fiendam, dum divina mysteria eis per angelos revelantur, * ut dictum est.

009 ST3 qu173 ar

pr ‘ Deinde considerandum est de modo cognitionis propheticae. et circa hoc quaeruntur quatuor. primo, utrum prophetae videant ipsam dei essentiam. secundo, utrum revelatio prophetica fiat per influentiam aliquarum specierum, vel per solam influentiam luminis. tertio, utrum prophetica revelatio semper sit cum alienatione a sensibus. quarto, utrum prophetia semper sit cum cognitione eorum quae prophetantur.

009 ST3 qu173 ar1

ag1 ‘ Ad primum sic proceditur. videtur quod prophetae ipsam dei essentiam videant. * quia super illud isaiae xxxviii, dispone domui tuae etc., dicit glossa, ° prophetae in ipso libro praescientiae dei, in quo omnia scripta sunt, legere possunt. ‘ sed praescientia dei est ipsa eius essentia. ergo prophetae vident ipsam dei essentiam.
ag2 * Praeterea, augustinus dicit, in ix de trin., quod ° in illa aeterna veritate, ex qua temporalia facta sunt omnia, formam secundum quam sumus, et secundum quam operamur, visu mentis aspicimus. ‘ sed prophetae altissimam inter omnes homines habent divinorum cognitionem. ergo ipsi maxime divinam essentiam vident.
ag3 ‘ Praeterea, futura contingentia praecognoscuntur a prophetis secundum immobilem veritatem. sic autem non sunt nisi in ipso deo. ergo prophetae ipsum deum vident.
sc ‘ Sed contra est quod visio divinae essentiae non evacuatur in patria. prophetia autem evacuatur, * ut habetur i ad cor. xiii. ‘ ergo prophetia non fit per visionem divinae essentiae.
co ‘ Respondeo dicendum quod prophetia importat cognitionem divinam ut procul existentem, unde et de prophetis dicitur, * heb. xi, ‘ quod erant a longe aspicientes. illi autem qui sunt in patria, in statu beatitudinis existentes, non vident ut a remotis, sed quasi ex propinquo, * secundum illud psalmi, ° habitabunt recti cum vultu tuo. ‘ unde manifestum est quod cognitio prophetica alia est a cognitione perfecta, quae erit in patria. unde et distinguitur ab ea sicut imperfectum a perfecto, et ea adveniente evacuatur, * ut patet per apostolum, i ad cor. xiii. fuerunt autem quidam qui, “ cognitionem propheticam a cognitione beatorum distinguere volentes, dixerunt quod prophetae viderunt ipsam divinam essentiam, quam vocant speculum aeternitatis, non tamen secundum quod est obiectum beatorum, sed secundum quod sunt in ea rationes futurorum eventuum. ‘ quod quidem est omnino impossibile. deus enim est obiectum beatitudinis secundum ipsam sui essentiam, * secundum id quod augustinus dicit, in v confess., “ beatus est qui te scit, etiam si illa, idest creaturas, nesciat. ‘ non est autem possibile quod aliquis videat rationes creaturarum |25| in ipsa divina essentia, ita quod eam non videat. tum quia ipsa divina essentia est ratio omnium quae fiunt, ratio autem idealis non addit super divinam essentiam nisi respectum ad creaturam. tum etiam quia prius est cognoscere aliquid in se, quod est cognoscere deum ut est obiectum beatitudinis, quam cognoscere illud per comparationem ad alterum, quod est cognoscere deum secundum rationes rerum in ipso existentes. et ideo non potest esse quod prophetae videant deum secundum rationes creaturarum, et non prout est obiectum beatitudinis. et ideo dicendum est quod visio prophetica non est visio ipsius divinae essentiae, nec in ipsa divina essentia vident ea quae vident, sed in quibusdam similitudinibus, secundum illustrationem divini luminis. * unde dionysius dicit, iv cap. cael. hier., de visionibus propheticis loquens, quod ° sapiens theologus visionem illam dicit esse divinam quae fit per similitudinem rerum forma corporali carentium, ex reductione videntium in divina. ‘ et huiusmodi similitudines divino lumine illustratae magis habent rationem speculi quam dei essentia. nam in speculo resultant species ab aliis rebus, quod non potest dici de deo. sed huiusmodi illustratio mentis prophetice potest dici speculum, inquantum resultat ibi similitudo veritatis divinae praescientiae et propter hoc dicitur speculum aeternitatis, quasi repraesentans dei praescientiam, qui in sua aeternitate omnia praesentialiter videt, |50| * ut dictum est.
ra1 ‘ Ad primum ergo dicendum quod prophetae dicuntur inspicere in libro praescientiae dei, inquantum ex ipsa dei praescientia resultat veritas in mentem prophetae.
ra2 ‘ Ad secundum dicendum quod in prima veritate dicitur homo videre propriam formam, qua existit, inquantum primae veritatis similitudo refulget in mente humana, ex quo anima habet quod seipsam cognoscat.
ra3 ‘ Ad tertium dicendum quod ex hoc ipso quod in deo futura contingentia sunt secundum immobilem veritatem, potest imprimere menti prophetae similem cognitionem, absque eo quod prophetae deum per essentiam videant.

009 ST3 qu173 ar2

ag1 ‘ Ad secundum sic proceditur. videtur quod in prophetica revelatione non imprimantur divinitus menti prophetae novae rerum species, sed solum novum lumen. * quia sicut dicit glossa hieronymi, amos i, ‘ prophetae utuntur similitudinibus rerum in quibus conversati sunt. sed si visio prophetica fieret per aliquas species de novo impressas, nihil operaretur ibi praecedens conversatio. ergo non imprimuntur aliquae species de novo in animam prophetae, sed solum propheticum lumen.
ag2 * Praeterea, sicut augustinus dicit, xii super gen. ad litt., visio imaginaria non facit prophetam, sed solum visio intellectualis, unde etiam dan. x dicitur quod intelligentia opus est in visione. ‘ sed visio intellectualis, * sicut in eodem libro dicitur, ‘ non fit per aliquas similitudines, sed per ipsam rerum veritatem. ergo videtur quod prophetica revelatio non fiat per impressionem aliquarum specierum.
ag3 ‘ Praeterea, per donum prophetiae spiritus sanctus exhibet homini id quod est supra facultatem naturae. sed formare quascumque rerum species potest homo ex facultate naturali. ergo videtur quod in prophetica revelatione non infundantur aliquae species rerum, sed solum intelligibile lumen.
sc * Sed contra est quod dicitur osee xii, ° ego visiones multiplicavi eis, et in manibus prophetarum assimilatus sum. ‘ sed multiplicatio visionum non fit secundum lumen intelligibile, quod est commune in omni prophetica visione, sed solum secundum diversitatem specierum, secundum quas etiam est assimilatio. ergo videtur quod in prophetica revelatione imprimuntur novae species rerum, et non solum intelligibile lumen.
co ‘ Respondeo dicendum quod, * sicut augustinus dicit, xii super gen. ad litt., ° cognitio prophetica maxime ad mentem pertinet. ‘ circa cognitionem autem humanae mentis duo oportet considerare, scilicet acceptionem, sive repraesentationem rerum; et iudicium de rebus praesentatis. repraesentantur autem menti humanae res aliquae secundum aliquas species, et secundum naturae ordinem, primo oportet quod species praesententur sensui; secundo, imaginationi; tertio, intellectui possibili, qui immutatur a speciebus phantasmatum secundum illustrationem intellectus agentis. in imaginatione autem non solum sunt formae rerum sensibilium secundum quod accipiuntur a sensu, sed transmutatur diversimode, vel propter aliquam transmutationem corporalem, sicut accidit in dormientibus et furiosis; vel etiam secundum imperium rationis disponuntur phantasmata in ordine ad id quod est intelligendum. sicut enim ex diversa ordinatione earundem litterarum accipiuntur diversi intellectus, ita etiam secundum diversam dispositionem phantasmatum resultant in intellectu diversae species intelligibiles. iudicium autem humanae mentis fit secundum vim intellectualis luminis. per donum autem prophetiae confertur aliquid humanae menti supra id quod pertinet ad naturalem facultatem, quantum ad utrumque, scilicet et quantum ad iudicium, per influxum intellectualis luminis; et quantum ad acceptionem seu repraesentationem rerum, quae fit per aliquas |25| species. et quantum ad hoc secundum, potest assimilari doctrina humana revelationi propheticae, non autem quantum ad primum, homo enim suo discipulo repraesentat aliquas res per signa locutionum, non autem potest interius illuminare, sicut facit deus. horum autem duorum primum principalius est in prophetia, quia iudicium est completivum cognitionis. et ideo, si cui fiat divinitus repraesentatio aliquarum rerum per similitudines imaginarias, ut pharaoni et nabuchodonosor; aut etiam per similitudines corporales, sicut baltassar, non est talis censendus propheta, nisi illuminetur eius mens ad iudicandum; sed talis apparitio est quiddam imperfectum in genere prophetiae, * unde a quibusdam vocatur ‘ casus prophetiae, sicut et divinatio somniorum. erit autem propheta si solummodo intellectus eius illuminetur ad diiudicandum etiam ea quae ab aliis imaginarie visa sunt, ut patet de ioseph, qui exposuit somnium pharaonis. * sed sicut augustinus dicit, xii super gen. ad litt., ° maxime propheta est qui utroque praecellit, ut videat in spiritu corporalium rerum significativas similitudines; et eas vivacitate mentis intelligat. ‘ repraesentantur autem divinitus menti prophetae quandoque quidem mediante sensu exterius, quaedam formae sensibiles, sicut daniel vidit scripturam parietis, * ut legitur dan. v. ‘ quandoque autem |50| per formas imaginarias, sive omnino divinitus impressas, non per sensum acceptas, puta si alicui caeco nato imprimerentur in imaginatione colorum similitudines; vel etiam divinitus ordinatas ex his quae a sensibus sunt acceptae, sicut ieremias vidit ollam succensam a facie aquilonis, * ut habetur ierem. i. ‘ sive etiam imprimendo species intelligibiles ipsi menti, sicut patet de his qui accipiunt scientiam vel sapientiam infusam, sicut salomon et apostoli. lumen autem intelligibile quandoque quidem imprimitur menti humanae divinitus ad diiudicandum ea quae ab aliis visa sunt, sicut dictum est de ioseph; et sicut patet de apostolis, quibus dominus aperuit sensum ut intelligerent scripturas, * ut dicitur luc. xxiv; ‘ et ad hoc pertinet interpretatio sermonum. sive etiam ad diiudicandum secundum divinam veritatem ea quae cursu naturali homo apprehendit. sive etiam ad diiudicandum veraciter et efficaciter ea quae agenda sunt, * secundum illud isaiae lxiii, spiritus domini ductor eius fuit. ‘ sic igitur patet quod prophetica revelatio quandoque quidem fit per solam luminis influentiam, quandoque autem per species de novo impressas, vel aliter ordinatas.
ra1 * Ad primum ergo dicendum quod, sicut dictum est, ‘ quando in prophetica revelatione divinitus ordinantur species imaginariae praeacceptae a sensu secundum congruentiam ad veritatem revelandam, tunc conversatio praecedens aliquid operatur ad ipsas similitudines, non autem quando totaliter ab extrinseco imprimuntur.
ra2 ‘ Ad secundum dicendum quod visio intellectualis non fit secundum aliquas similitudines corporales et individuales, fit tamen secundum aliquam similitudinem intelligibilem, * unde augustinus dicit, ix de trin., quod ° habet animus nonnullam speciei notae similitudinem. ‘ quae quidem similitudo intelligibilis in revelatione prophetica aliquando immediate a deo imprimitur, aliquando autem ex formis imaginatis resultat secundum adiutorium prophetici luminis; quia ex eisdem formis imaginatis subtilior conspicitur veritas secundum illustrationem altioris luminis.
ra3 ‘ Ad tertium dicendum quod quascumque formas imaginatas naturali virtute homo potest formare, absolute huiusmodi formas considerando, non tamen ut sint ordinatae ad repraesentandas intelligibiles veritates quae hominis intellectum excedunt, sed ad hoc necessarium est auxilium supernaturalis luminis.

009 ST3 qu173 ar3

ag1 ‘ Ad tertium sic proceditur. videtur quod visio prophetica semper fiat cum abstractione a sensibus. * dicitur enim num. xii, ° si quis fuerit inter vos propheta domini, in visione apparebo ei, vel per somnium loquar ad illum. * sed sicut glossa dicit, in principio psalterii, ° visio quae est per somnia et visiones, est per ea quae videntur dici vel fieri. ‘ cum autem aliqua videntur dici vel fieri quae non dicuntur vel fiunt, est alienatio a sensibus. ergo prophetia semper fit cum alienatione a sensibus.
ag2 ‘ Praeterea, quando una virtus multum intenditur in sua operatione, alia potentia abstrahitur a suo actu, sicut illi qui vehementer intendunt ad aliquid audiendum, non percipiunt visu ea quae coram ipsis fiunt. sed in visione prophetica maxime intellectus elevatur et intenditur in suo actu. ergo videtur quod semper fiat cum abstractione a sensibus.
ag3 ‘ Praeterea, impossibile est idem simul ad oppositas partes converti. sed in visione prophetica mens convertitur ad accipiendum a superiori. ergo non potest simul converti ad sensibilia. necessarium ergo videtur quod revelatio prophetica semper fit cum ab-

stractione a sensibus.
sc * Sed contra est quod dicitur i ad cor. xiv, ° spiritus prophetarum prophetis subiecti sunt. ‘ sed hoc esse non posset, si propheta non esset sui compos, a sensibus alienatus existens. ergo videtur quod prophetica visio non fiat cum alienatione a sensibus.
co * Respondeo dicendum quod, sicut dictum est, ‘ prophetica revelatio fit secundum quatuor, scilicet secundum influxum intelligibilis luminis, secundum immissionem intelligibilium specierum, secundum impressionem vel ordinationem imaginabilium formarum, et secundum expressionem formarum sensibilium. manifestum est autem quod non fit abstractio a sensibus quando aliquid repraesentatur menti prophetae per species sensibiles, sive ad hoc specialiter formatas divinitus, sicut rubus ostensus moysi, et scriptura ostensa danieli; sive etiam per alias causas productas, ita tamen quod secundum divinam providentiam ad aliquid prophetice significandum ordinetur, sicut per arcam noe significabatur ecclesia. similiter etiam non est necesse ut fiat alienatio ab exterioribus sensibus per hoc quod mens prophetae illustratur intelligibili lumine, aut formatur intelligibilibus speciebus, quia in nobis perfectum iudicium intellectus habetur per conversionem ad sensibilia, quae sunt prima nostrae cognitionis principia, * ut in primo habitum est. ‘ sed quando fit revelatio prophetica secundum formas imaginarias, necesse est fieri abstractionem a sensibus, ut talis apparitio phantasmatum non referatur ad ea quae exterius sentiuntur. sed abstractio a sensibus quandoque fit perfecte, ut scilicet nihil homo sensibus percipiat. quandoque autem imperfecte, ut scilicet aliquid percipiat sensibus, non tamen |25| plene discernat ea quae exterius percipit ab his quae imaginabiliter videt, * unde augustinus dicit, xii super gen. ad litt., ° sic videntur quae in spiritu fiunt imagines corporum, quemadmodum corpora per corpus, ita ut simul cernatur et homo aliquis praesens, et absens alius spiritu, tanquam oculis. ‘ talis tamen alienatio a sensibus non fit in prophetis cum aliqua inordinatione naturae, sicut in arreptitiis vel furiosis, sed per aliquam causam ordinatam, vel naturalem, sicut per somnum; vel animalem, sicut per vehementiam contemplationis, sicut de petro legitur, * act. x, “ quod, cum oraret in caenaculo, factus est in excessu mentis; ‘ vel virtute divina rapiente, * secundum illud ezech. i, ° facta est super eum manus domini.
ra1 * Ad primum ergo dicendum quod auctoritas illa loquitur ‘ de prophetis quibus imprimebantur vel ordinabantur imaginariae formae, vel in dormiendo, quod significatur per somnium; vel in vigilando, quod significatur per visionem.
ra2 ‘ Ad secundum dicendum quod quando mens intenditur in suo actu circa absentia, quae sunt a sensibus remota, tunc propter vehementiam intentionis sequitur alienatio a sensibus. sed quando mens intenditur in suo actu circa dispositionem vel iudicium sensibilium, non oportet quod a sensibus abstrahatur.
ra3 ‘ Ad tertium dicendum quod motus mentis prophetice non est secundum virtutem propriam, sed secundum virtutem superioris influxus. et ideo, quando ex superiori influxu mens prophetae inclinatur ad iudicandum vel disponendum aliquid circa sensibilia, non fit alienatio a sensibus, sed solum quando elevatur mens ad contemplandum aliqua sublimiora.
ra4 ‘ Ad quartum dicendum quod spiritus prophetarum dicuntur esse subiecti prophetis, quantum ad propheticam enuntiationem, * de qua ibi apostolus loquitur; ‘ quia scilicet ex proprio sensu loquuntur ea quae viderunt, non mente perturbata, sicut arreptitii, * ut dixerunt priscilla, et montanus. ‘ sed in ipsa prophetica revelatione potius ipsi subiiciuntur spiritui prophetiae, idest dono prophetico.

009 ST3 qu173 ar4

ag1 ‘ Ad quartum sic proceditur. videtur quod prophetae semper cognoscant ea quae prophetant. quia, * ut augustinus dicit, xii super gen. ad litt., ° quibus signa per aliquas rerum corporalium similitudines demonstrabantur in spiritu, nisi accessisset mentis officium ut etiam intelligerentur, nondum erat prophetia. ‘ sed ea quae intelliguntur, non possunt esse incognita. ergo propheta non ignorat ea quae prophetat.
ag2 ‘ Praeterea, lumen prophetiae est excellentius quam lumen rationis naturalis. sed quicumque lumine naturali habet scientiam, non ignorat ea quae scit. ergo quicumque lumine prophetico aliqua enuntiat, non potest ea ignorare.
ag3 ‘ Praeterea, prophetia ordinatur ad hominum illuminationem, * unde dicitur ii pet. i, ° habetis propheticum sermonem, cui bene facitis attendentes quasi lucernae lucenti in caliginoso loco. ‘ sed nihil potest alios illuminare nisi in se sit illuminatum. ergo videtur quod propheta prius illuminatur ad cognoscendum ea quae aliis enuntiat.
sc * Sed contra est quod dicitur ioan. xi, ° hoc autem a semetipso caiphas non dixit, sed, cum esset pontifex anni illius, prophetavit quia iesus moriturus erat pro gente, etc.. ‘ sed hoc caiphas non cognovit. ergo non omnis qui prophetat cognoscit ea quae prophetat.
co ‘ Respondeo dicendum quod in revelatione prophetica movetur mens prophetae a spiritu sancto sicut instrumentum deficiens respectu principalis agentis. movetur autem mens prophetae non solum ad aliquid apprehendendum, sed etiam ad aliquid loquendum vel ad aliquid faciendum, et quandoque quidem ad omnia tria simul, quandoque autem ad duo horum, quandoque vero ad unum tantum. et quodlibet horum contingit esse cum aliquo cognitionis defectu. nam cum mens prophetae movetur ad aliquid aestimandum vel apprehendendum, quandoque quidem inducitur ad hoc quod solum apprehendat rem illam, quandoque autem ulterius ad hoc quod cognoscat haec sibi esse divinitus revelata. similiter etiam quandoque movetur mens prophetae ad aliquid loquendum, ita quod intelligat id quod per haec verba spiritus sanctus intendit, * sicut david, qui dicebat, ii reg. xxiii, ° spiritus domini locutus est per me, ‘ quandoque autem ille cuius mens movetur ad aliqua verba depromenda, non intelligit quid spiritus sanctus per haec verba intendat, sicut patet de caipha, * ioan. xi. ‘ similiter etiam cum spiritus sanctus movet mentem alicuius ad aliquid faciendum quandoque quidem intelligit quid hoc significet, sicut patet de ieremia, qui abscondit lumbare in euphraten, * ut habetur ierem. xiii, |25| ‘ quandoque vero non intelligunt, sicut milites dividentes vestimenta christi non intelligebant quid significaret. cum ergo aliquis cognoscit se moveri a spiritu sancto ad aliquid aestimandum, vel significandum verbo vel facto, hoc proprie ad prophetiam pertinet. cum autem movetur, sed non cognoscit, non est perfecta prophetia, sed quidam instinctus propheticus. sciendum tamen quod, quia mens prophetae est instrumentum deficiens, * sicut dictum est ‘ et veri prophetae non omnia cognoscunt quae in eorum visis aut verbis aut etiam factis spiritus sanctus intendit.
ra ‘ Et per hoc patet responsio ad obiecta. nam primae rationes loquuntur de veris prophetis, quorum mens divinitus illustratur perfecte.

009 ST3 qu174 ar

pr ‘ Deinde considerandum est de divisione prophetiae. et circa hoc quaeruntur sex. primo, de divisione prophetiae in suas species. secundo, utrum sit altior prophetia quae est sine imaginaria visione. tertio, de diversitate graduum prophetiae. quarto, utrum moyses fuit eximius prophetarum. quinto, utrum aliquis comprehensor possit esse propheta. sexto, utrum prophetia creverit per temporis processum.

009 ST3 qu174 ar1

ag1 ‘ Ad primum sic proceditur. videtur quod inconvenienter dividatur prophetia * in glossa super matth. i, ecce virgo in utero habebit, ubi dicitur quod ° prophetia alia est ex praedestinatione dei, quam necesse est omnibus modis evenire, ut sine nostro impleatur arbitrio, ut haec de qua hic agitur; alia est ex praescientia dei, cui nostrum admiscetur arbitrium; alia est quae comminatio dicitur quae fit ob signum divinae animadversionis. ‘ illud enim quod consequitur omnem prophetiam, non debet poni ut membrum dividens prophetiam. sed omnis prophetia est secundum praescientiam divinam, quia prophetae legunt in libro praescientiae, * ut dicit glossa, isaiae xxxviii. ‘ ergo videtur quod non debeat poni una species prophetiae quae est secundum praescientiam.
ag2 ‘ Praeterea, sicuti aliquid prophetatur secundum comminationem, ita etiam secundum promissionem, et utraque variatur. * dicitur enim ierem. xviii, ° repente loquar adversum gentem et adversum regnum, ut eradicem et destruam et disperdam illud, si poenitentiam egerit gens illa a malo suo, agam et ego poenitentiam, ‘ et hoc pertinet ad prophetiam comminationis. * et postea subdit de prophetia promissionis, ° subito loquar de gente et de regno, ut aedificem et plantem illud, si fecerit malum in oculis meis, poenitentiam agam super bono quod locutus sum ut facerem ei. ‘ ergo, sicut ponitur prophetia comminationis, ita debet poni prophetia promissionis.
ag3 * Praeterea, isidorus dicit, in libro etymol., ° prophetiae genera sunt septem. primum genus, extasis, quod est mentis excessus, sicut vidit petrus vas submissum de caelo cum variis animalibus. secundum genus, visio, sicut apud isaiam dicentem, vidi dominum sedentem, etc.. tertium genus est somnium, sicut iacob scalam dormiens vidit. quartum genus est per nubem, sicut ad moysen loquitur deus. quintum genus, vox de caelo, sicut ad abraham sonuit dicens, ne mittas manum in puerum. sextum genus, accepta parabola, sicut apud balaam. septimum genus, repletio spiritus sancti, sicut pene apud omnes prophetas. * ponit etiam tria genera visionum, ° unum, secundum oculos corporis; alterum, secundum spiritum imaginarium; tertium, per intuitum mentis. ‘ sed haec non exprimuntur in prius dicta divisione. ergo est insufficiens.
sc * Sed contra est auctoritas hieronymi, cuius dicitur esse glossa.
co ‘ Respondeo dicendum quod species habituum et actuum in moralibus distinguuntur secundum obiecta. obiectum autem prophetiae est id quod est in cognitione divina supra humanam facultatem existens. et ideo secundum horum differentiam distinguitur prophetia in diversas species, secundum prius dictam divisionem. * dictum est autem supra quod ‘ futurum est in divina cognitione dupliciter. uno modo, prout est in sua causa. et sic accipitur prophetia comminationis, quae non semper impletur, sed per eam praenuntiatur ordo causae ad effectus, qui quandoque, aliis supervenientibus, impeditur. alio modo, praecognoscit deus aliqua in seipsis. vel ut fienda ab ipso. et horum est prophetia praedestinationis, * quia, secundum damascenum, ° deus praedestinat ea quae non sunt in nobis. ‘ vel ut fienda per liberum arbitrium hominis. et sic est prophetia praescientiae. quae potest esse bonorum et malorum, quod non contingit de prophetia praedestinationis, quae est bonorum tantum. et quia praedestinatio sub praescientia comprehenditur, * ideo in glossa, in principio psalterii, ponitur ‘ tantum duplex prophetiae species, scilicet secundum praescientiam, et secundum comminationem.
ra1 ‘ Ad primum ergo dicendum quod praescientia proprie dicitur praecognitio futurorum eventuum prout in seipsis sunt, et secundum hoc ponitur species prophetiae. prout autem dicitur respectu futurorum eventuum sive secundum quod in seipsis sunt sive secundum quod sunt in causis suis, communiter se habet ad omnem speciem prophetiae.
ra2 ‘ Ad secundum dicendum quod prophetia promissionis comprehenditur sub prophetia comminationis, quia eadem ratio est veritatis in utraque. denominatur tamen magis a comminatione, quia deus pronior est ad relaxandum poenam quam ad subtrahendum promissa beneficia.
ra3 * Ad tertium dicendum quod isidorus distinguit ‘ prophetiam secundum modum prophetandi. qui quidem potest distingui vel secundum potentias cognoscitivas in homine, quae sunt sensus, imaginatio et intellectus. et sic sumitur triplex visio, * quam ponit tam ipse quam augustinus, xii super gen. ad litt., ‘ vel potest sumi secundum differentiam prophetici influxus. “ qui quidem, quantum ad illustrationem intellectus, significatur per repletionem spiritus sancti, quam septimo loco ponit. quantum vero ad impressionem formarum imaginabilium, ponit tria, scilicet somnium, quod ponit tertio loco; et visionem, quae fit in vigilando respectu quorumcumque communium, quam ponit in secundo loco; et extasim, quae fit per elevationem mentis in aliqua altiora, quam ponit primo loco. quantum vero ad sensibilia signa, ponit tria. quia sensibile signum aut est aliqua res corporea exterius apparens visui, sicut nubes, quam ponit quarto loco. aut est vox exterius formata ad auditum hominis delata, quam ponit quinto loco. aut est vox per hominem formata cum similitudine alicuius rei, quod pertinet ad parabolam, quam ponit sexto loco.

009 ST3 qu174 ar2

ag1 ‘ Ad secundum sic proceditur. videtur quod excellentior sit prophetia quae habet visionem intellectualem et imaginariam, quam ea quae habet visionem intellectualem tantum. * dicit enim augustinus, xii super gen. ad litt., et habetur in glossa, i ad cor. xiv, super illud, ° spiritus autem loquitur mysteria, minus est propheta qui rerum significatarum solo spiritu videt imagines; et magis est propheta qui solo earum intellectu est praeditus; sed maxime propheta est qui in utroque praecellit. ‘ hoc autem pertinet ad prophetam qui simul habet intellectualem et imaginariam visionem. ergo huiusmodi prophetia est altior.
ag2 ‘ Praeterea, quanto virtus alicuius rei est maior, tanto ad magis distantia se extendit. sed lumen propheticum principaliter ad mentem pertinet, * ut ex dictis patet. ‘ ergo perfectior videtur esse prophetia quae derivatur usque ad imaginationem, quam illa quae existit in solo intellectu.
ag3 * Praeterea, hieronymus, in prologo libri regum, “ distinguit prophetas contra hagiographos. omnes autem illi quos prophetas nominat, puta isaias, ieremias et alii huiusmodi, simul cum intellectuali visione imaginariam habuerunt, non autem illi qui dicuntur hagiographi, sicut ex inspiratione spiritus sancti scribentes, sicut iob, david, salomon et huiusmodi. ‘ ergo videtur quod magis proprie dicuntur prophetae illi qui habent simul visionem imaginariam cum intellectuali, quam illi qui habent intellectualem tantum.
ag4 * Praeterea, dionysius dicit, i cap. cael. hier., quod ° impossibile est nobis superlucere divinum radium, nisi varietate sacrorum velaminum circumvelatum. ‘ sed prophetica revelatio fit per immissionem divini radii. ergo videtur quod non possit esse absque phantasmatum velaminibus.
sc * Sed contra est quod glossa dicit, in principio psalterii, quod ° ille modus prophetiae ceteris est dignior, quando scilicet ex sola spiritus sancti inspiratione, remoto omni exteriori adminiculo facti vel dicti vel visionis vel somnii, prophetatur.
co ‘ Respondeo dicendum quod dignitas eorum quae sunt ad finem, praecipue consideratur ex fine. finis autem prophetiae est manifestatio alicuius veritatis supra hominem existentis. unde quanto huiusmodi manifestatio est potior, tanto prophetia est dignior. manifestum est autem quod manifestatio veritatis divinae quae fit secundum nudam contemplationem

ipsius veritatis, potior est quam illa quae fit sub similitudine corporalium rerum, magis enim appropinquat ad visionem patriae, secundum quam in essentia dei veritas conspicitur. et inde est quod prophetia per quam aliqua supernaturalis veritas conspicitur nude secundum intellectualem veritatem, est dignior quam illa in qua veritas supernaturalis manifestatur per similitudinem corporalium rerum secundum imaginariam visionem. et ex hoc etiam ostenditur mens prophetae sublimior, sicut in doctrina humana auditor ostenditur esse melioris intellectus qui veritatem intelligibilem a magistro nude prolatam capere potest, quam ille qui indiget sensibilibus exemplis ad hoc manuduci. * unde in commendationem prophetiae david dicitur, ii reg. xxiii, mihi locutus est fortis israel; et postea subdit, ° sicut lux aurorae, oriente sole, mane absque nubibus rutilat.

ra1 ‘ Ad primum ergo dicendum quod quando aliqua supernaturalis veritas revelanda est per similitudines corporales, tunc magis est propheta qui utrumque habet, scilicet lumen intellectuale et imaginariam visionem, quam ille qui habet alterum tantum, quia perfectior est prophetia. et quantum ad hoc * loquitur augustinus. ‘ sed illa prophetia in qua revelatur nude intelligibilis veritas, est omnibus potior.

ra2 ‘ Ad secundum dicendum quod aliud est iudicium de his quae propter se quaeruntur, et de his quae quaeruntur propter aliud. in his enim quae propter se quaeruntur, quanto virtus agentis ad plura et remotiora se extendit, tanto potior est, sicut medicus reputatur melior qui potest plures, et magis a sanitate distantes sanare. in his autem quae non quaeruntur nisi propter aliud, quanto agens potest ex paucioribus et propinquioribus ad suum intentum pervenire, tanto videtur esse maioris virtutis, sicut magis laudatur medicus qui per pauciora et leviora potest sanare infirmum. visio autem imaginaria in cognitione prophetica non requiritur propter se, sed propter manifestationem intelligibilis veritatis. et ideo tanto potior est prophetia, quanto minus ea indiget.

ra3 ‘ Ad tertium dicendum quod nihil prohibet aliquid esse simpliciter melius, quod tamen minus proprie recipit alicuius praedicationem, sicut cognitio patriae est nobilior quam cognitio viae, quae tamen magis proprie dicitur fides, eo quod nomen fidei importat imperfectionem cognitionis. similiter autem prophetia importat quandam obscuritatem et remotionem ab intelligibili veritate. et ideo magis proprie dicuntur prophetae qui vident per imaginariam visionem, quamvis illa prophetia sit nobilior quae est per intellectualem visionem, dum tamen sit eadem veritas utrobique revelata. si vero lumen intellectuale alicui divinitus infundatur non ad cognoscendum aliqua supernaturalia, sed ad iudicandum secundum certitudinem veritatis divinae ea quae humana ratione cognosci possunt; sic talis prophetia intellectualis est infra illam quae est cum imaginaria visione ducente in supernaturalem veritatem; cuiusmodi prophetiam habuerunt omnes illi qui numerantur in ordine prophetarum. qui etiam ex hoc specialiter dicuntur prophetae, quia prophetico officio fungebantur, unde et ex persona domini loquebantur, dicentes ad populum, haec dicit dominus; quod non faciebant illi qui hagiographa conscripserunt, quorum plures loquebantur frequentius de his quae humana ratione cognosci possunt, non quasi ex persona dei, sed ex persona propria, cum adiutorio tamen divini luminis.

ra4 ‘ Ad quartum dicendum quod illustratio divini radii in vita praesenti non fit sine velaminibus phantasmatum qualiumcumque, quia connaturale est homini, secundum statum praesentis vitae, ut non intelligat sine phantasmate. quandoque tamen sufficiunt phantasmata quae communi modo a sensibus abstrahuntur, nec exigitur aliqua visio imaginaria divinitus procurata. et sic dicitur revelatio prophetica fieri sine imaginaria visione.

009 ST3 qu174 ar3

ag1 ‘ Ad tertium sic proceditur. videtur quod gradus prophetiae non possint distingui secundum visionem imaginariam. gradus enim alicuius rei non attenditur secundum id quod est propter aliud, sed secundum id quod est propter se. in prophetia autem propter quaeritur visio intellectualis, propter aliud autem visio imaginaria, * ut supra dictum est. ‘ ergo videtur quod gradus prophetiae non distinguantur secundum imaginariam visionem, sed solum secundum intellectualem.

ag2 ‘ Praeterea, unius prophetae videtur esse unus gradus prophetiae. sed uni prophetae fit revelatio secundum diversas imaginarias visiones. ergo diversitas imaginariae visionis non diversificat gradus prophetiae.

ag3 * Praeterea, secundum glossam, in principio psalterii, ‥ prophetia consistit in dictis et factis, somnio et visione. ‘ non ergo debet prophetiae gradus magis distingui secundum imaginariam visionem, ad quam pertinet visio et somnium, quam secundum dicta et facta.

sc ‘ Sed contra est quod medium diversificat gradus cognitionis, sicut scientia propter quid est altior, eo quod est per nobilius medium, quam scientia quia, vel etiam quam opinio. sed visio imaginaria in cognitione prophetica est sicut quoddam medium. ergo gradus prophetiae distingui debent secundum imaginariam visionem.

co * Respondeo dicendum quod, sicut dictum est, ‘ prophetia in qua per lumen intelligibile revelatur aliqua supernaturalis veritas per imaginariam visionem, medium gradum tenet inter illam prophetiam in qua revelatur supernaturalis veritas absque imaginaria visione, et illam in qua per lumen intelligibile absque imaginaria visione dirigitur homo ad ea cognoscenda vel agenda quae pertinent ad humanam conversationem. magis autem est proprium prophetiae cognitio quam operatio. et ideo infimus gradus prophetiae est cum aliquis ex interiori instinctu movetur ad aliqua exterius facienda, * sicut de samsone dicitur, iudic. xv, quod ° irruit spiritus domini in eum, et sicut solent ad ardorem ignis ligna consumi, ita et vincula quibus ligatus erat, dissipata sunt et soluta. ‘ secundus autem gradus prophetiae est cum aliquis ex interiori lumine illustratur ad cognoscendum aliqua quae tamen non excedunt limites naturalis cognitionis, * sicut dicitur de salomone, iii reg. iv, quod ° locutus est parabolas, et disputavit super lignis, a cedro quae est in libano usque ad hyssopum quae egreditur de pariete, et disseruit de iumentis et volucribus et reptilibus et piscibus. ‘ et hoc totum fuit ex divina inspiratione, * nam praemittitur, ° dedit deus sapientiam salomoni, et prudentiam multam nimis. ‘ hi tamen duo gradus sunt infra prophetiam proprie dictam, quia |25| non attingunt ad supernaturalem veritatem. illa autem prophetia in qua manifestatur supernaturalis veritas per imaginariam visionem, diversificatur primo, secundum differentiam somnii, quod fit in dormiendo; et visionis, quae fit in vigilando. quae pertinet ad altiorem gradum prophetiae, quia maior vis prophetici luminis esse videtur quae animam occupatam circa sensibilia in vigilando abstrahit ad supernaturalia, quam illa quae animam hominis abstractam a sensibilibus invenit in dormiendo. secundo autem diversificantur gradus prophetiae quantum ad expressionem signorum imaginabilium quibus veritas intelligibilis exprimitur. et quia signa maxime expressa intelligibilis veritatis sunt verba ideo altior gradus prophetiae videtur quando propheta audit verba exprimentia intelligibilem veritatem, sive in vigilando sive in dormiendo, quam quando videt aliquas res significativas veritatis, sicut septem spicae plenae significant septem annos ubertatis. in quibus etiam signis tanto videtur prophetia esse altior, quanto signa sunt magis expressa, sicut quod ieremias vidit incendium civitatis sub similitudine ollae succensae, * sicut dicitur ierem. i. ‘ tertio autem ostenditur esse altior gradus prophetiae quando propheta non solum videt signa verborum vel factorum, sed etiam videt, in vigilando vel in dormiendo, aliquem sibi colloquentem aut aliquid demonstrantem, quia per hoc ostenditur quod mens prophetae magis appropinquat ad causam revelantem. quarto autem potest attendi altitudo gradus |50| prophetalis ex conditione eius qui videtur. nam altior gradus prophetiae est si ille qui loquitur vel demonstrat, videatur, in vigilando vel dormiendo, in specie angeli, quam si videatur in specie hominis. et adhuc altior si videatur, in dormiendo vel vigilando, in specie dei, * secundum illud isaiae vi, vidi dominum sedentem. ‘ super omnes autem hos gradus est tertium genus prophetiae, in quo intelligibilis veritas et supernaturalis absque imaginaria visione ostenditur. quae tamen excedit rationem prophetiae proprie dictae, * ut dictum est. ‘ et ideo consequens est quod gradus prophetiae proprie dictae distinguantur secundum imaginariam visionem.

ra1 ‘ Ad primum ergo dicendum quod discretio luminis intelligibilis non potest a nobis cognosci nisi secundum quod iudicatur per aliqua signa imaginaria vel sensibilia. et ideo ex diversitate imaginatorum perpenditur diversitas intellectualis luminis.

ra2 * Ad secundum dicendum quod, sicut supra dictum est, ‘ prophetia non est per modum habitus immanentis, sed magis per modum passionis transeuntis. unde non est inconveniens quod uni et eidem prophetae fiat revelatio prophetica diversis vicibus secundum diversos gradus.

ra3 ‘ Ad tertium dicendum quod dicta et facta de quibus ibi fit mentio, non pertinent ad revelationem prophetiae, sed ad denuntiationem, quae fit secundum dispositionem eorum quibus denuntiatur id quod prophetae revelatum est; et hoc fit quandoque per dicta, quandoque per facta. denuntiatio autem et operatio miraculorum consequenter se habent ad prophetiam, * ut supra dictum est.

009 ST3 qu174 ar4

ag1 ‘ Ad quartum sic proceditur. videtur quod moyses non fuerit excellentior omnibus prophetis. * dicit enim glossa, in principio psalterii, quod ° david dicitur propheta per excellentiam. ‘ non ergo moyses fuit excellentissimus omnium.

ag2 ‘ Praeterea, maiora miracula facta sunt per iosue, qui fecit stare solem et lunam, * ut habetur iosue x, ‘ et per isaiam, qui fecit retrocedere solem, * ut habetur isaiae xxxviii, ‘ quam per moysen, qui divisit mare rubrum. similiter etiam per eliam, * de quo dicitur, eccli. xlviii, ° quis poterit tibi similiter gloriari, qui sustulisti mortuum ab inferis? ‘ non ergo moyses fuit excellentissimus prophetarum.

ag3 * Praeterea, matth. xi dicitur quod ° inter natos mulierum non surrexit maior ioanne baptista. ‘ non ergo moyses fuit excellentior omnibus prophetis.

sc * Sed contra est quod dicitur deut. ult., ° non surrexit propheta ultra in israel sicut moyses.

co ‘ Respondeo dicendum quod, licet quantum ad aliquid aliquis alius prophetarum fuerit maior moyse, simpliciter tamen moyses fuit omnibus maior. in prophetia enim, sicut ex praedictis patet, consideratur et cognitio, tam secundum visionem intellectualem quam secundum visionem imaginariam; et denuntiatio; et confirmatio per miracula. moyses ergo fuit aliis excellentior, primo quidem, quantum ad visionem intellectualem, eo quod vidit ipsam dei essentiam, sicut paulus in raptu; * sicut augustinus dicit, xii super gen. ad lit.. unde dicitur, num. xii, quod ‘ palam, non per aenigmata deum videt. secundo, quantum ad imaginariam visionem, quam quasi ad nutum habebat, non solum audiens verba, sed etiam videns loquentem, etiam in specie dei, non solum in dormiendo, sed etiam in vigilando. * unde dicitur exod. xxxiii, quod ° loquebatur ei dominus facie ad faciem, sicut homo solet loqui cum amico suo. ‘ tertio, quantum ad denuntiationem, quia loquebatur toti populo fidelium ex persona dei quasi de novo legem proponens; alii vero prophetae loquebantur ad populum in persona dei quasi inducentes ad observantiam legis moysi, * secundum illud malach. iv, ° mementote legis moysi, servi mei. ‘ quarto, quantum ad operationem miraculorum, quae fecit toti uni populo infidelium. |25| * unde dicitur deut. ult., ° non surrexit ultra propheta in israel sicut moyses, quem nosset dominus facie ad faciem, in omnibus signis atque portentis quae per eum misit ut faceret in terra aegypti, pharaoni et omnibus servis eius, universaeque terrae illius.

ra1 ‘ Ad primum ergo dicendum quod prophetia david ex propinquo attingit visionem moysi quantum ad visionem intellectualem, quia uterque accepit revelationem intelligibilis et supernaturalis veritatis absque imaginaria visione. visio tamen moysi fuit excellentior quantum ad cognitionem divinitatis, sed david plenius cognovit et expressit mysteria incarnationis christi.

ra2 ‘ Ad secundum dicendum quod illa signa illorum prophetarum fuerunt maiora secundum substantiam facti, sed tamen miracula moysi fuerunt maiora secundum modum faciendi, quia sunt facta toti populo.

ra3 ‘ Ad tertium dicendum quod ioannes pertinet ad novum testamentum, cuius ministri praeferuntur etiam ipsi moysi, quasi magis revelate speculantes, * ut habetur ii ad cor. iii.

009 ST3 qu174 ar5

ag1 ‘ Ad quintum sic proceditur. videtur quod etiam aliquis gradus prophetiae est in beatis. moyses enim, * ut dictum est, ‘ vidit divinam essentiam. qui tamen propheta dicitur. ergo, pari ratione, beati possunt dici prophetae.

ag2 ‘ Praeterea, prophetia est divina revelatio. sed divinae revelationes fiunt etiam angelis beatis. ergo etiam angeli beati possunt dici prophetae.

ag3 ‘ Praeterea, christus ab instanti conceptionis fuit comprehensor. * et tamen ipse prophetam se nominat, matth. xiii, ubi dicit, ° non est propheta sine honore nisi in patria sua. ‘ ergo etiam comprehensores et beati possunt dici prophetae.

ag4 * Praeterea, de samuele dicitur, eccli. xlvi, ° exaltavit vocem eius de terra in prophetia, delere impietatem gentis. ‘ ergo, eadem ratione, alii sancti post mortem possunt dici prophetae.

sc * Sed contra est quod ii pet. i, ‥ sermo propheticus comparatur lucernae lucenti in caliginoso loco. ‘ sed in beatis nulla est caligo. ergo non possunt dici prophetae.

co ‘ Respondeo dicendum quod prophetia importat visionem quandam alicuius supernaturalis veritatis ut procul existentis. quod quidem contingit esse dupliciter. uno modo, ex parte ipsius cognitionis, quia videlicet veritas supernaturalis non cognoscitur in seipsa, sed in aliquibus suis effectibus. et adhuc erit magis procul si hoc fit per figuras corporalium rerum, quam per intelligibiles effectus. et talis maxime est visio prophetica quae fit per similitudines corporalium rerum. alio modo visio est procul ex parte ipsius videntis, qui scilicet non est totaliter in ultimam perfectionem adductus, * secundum illud ii ad cor. v, ° quandiu in corpore sumus, peregrinamur a domino. ‘ neutro autem modo beati sunt procul. unde non possunt dici prophetae.

ra1 ‘ Ad primum ergo dicendum quod visio illa moysi fuit raptim, per modum passionis, non autem permanens, per modum beatitudinis. unde adhuc videns erat procul propter hoc, non totaliter talis visio amittit rationem prophetiae.

ra2 ‘ Ad secundum dicendum quod angelis fit revelatio divina non sicut procul existentibus, sed sicut iam totaliter dec coniunctis. unde talis revelatio non habet rationem prophetiae.

ra3 ‘ Ad tertium dicendum quod christus simul erat comprehensor et viator. inquantum ergo erat comprehensor, non competit sibi ratio prophetiae, sed solum inquantum erat viator.

ra4 ‘ Ad quartum dicendum quod etiam samuel nondum pervenerat ad statum beatitudinis. unde et, si voluntate dei ipsa anima samuelis sauli eventum belli praenuntiavit, deo sibi hoc revelante, pertinet ad rationem prophetiae. non est autem eadem ratio de sanctis qui sunt modo in patria. nec obstat quod arte daemonum hoc dicitur factum. quia etsi daemones animam alicuius sancti evocare non possunt, neque cogere ad aliquid agendum; potest tamen hoc fieri divina virtute ut, dum daemon consulitur, ipse deus per suum nuntium veritatem enuntiat, sicut per eliam veritatem respondit nuntiis regis qui mittebantur ad consulendum deum accaron, * ut habetur iv reg. i. ‘quamvis etiam dici possit quod non fuerit anima samuelis, sed daemon ex persona eius loquens, quem sapiens samuelem nominat, et eius praenuntiationem prophetiam, secundum opinionem saulis et adstantium, qui ita opinabantur.

009 ST3 qu174 ar6

ag1 ‘ Ad sextum sic proceditur. videtur quod gradus prophetiae varientur secundum temporis processum. prophetia enim ordinatur ad cognitionem divinorum, * ut ex dictis patet. * sed sicut gregorius dicit, ° per successiones temporum crevit divinae cognitionis augmentum. ‘ergo et gradus prophetiae secundum processum temporum debent distingui.
ag2 ‘ Praeterea, revelatio prophetica fit per modum divinae allocutionis ad hominem, a prophetis autem ea quae sunt eis revelata denuntiantur et verbo et scripto. * dicitur autem i reg. iii, quod “ ante samuelem, sermo domini erat pretiosus, idest rarus, qui tamen postea ad multos factus est. ‘ similiter etiam non inveniuntur libri prophetarum esse conscripti ante tempus isaiae, cui dictum est, ° sume tibi librum grandem, et scribe in eo stylo hominis, * ut patet isaiae viii, ‘ post quod tempus plures prophetae suas prophetias conscripserunt. ergo videtur quod secundum processum temporum profecerit prophetiae gradus.
ag3 * Praeterea, dominus dicit, matth. xi, ° lex et prophetae usque ad ioannem prophetaverunt. ‘ postmodum autem fuit donum prophetiae in discipulis christi multo excellentius quam fuerit in antiquis prophetis, * secundum illud ephes. iii, ° aliis generationibus non est agnitum filiis hominum, “ scilicet mysterium christi, ° sicut nunc revelatum est sanctis apostolis eius et prophetis in spiritu. ‘ergo videtur quod secundum processum temporis creverit prophetiae gradus.
sc ‘ Sed contra est quia moyses fuit excellentissimus prophetarum, * ut dictum est, ‘ qui tamen alios prophetas praecessit. ergo gradus prophetiae non profecit secundum temporis processum.
co * Respondeo dicendum quod, sicut dictum est, ‘ prophetia ordinatur ad cognitionem divinae veritatis, per cuius contemplationem non solum in fide instruimur, sed etiam in nostris operibus gubernamur, * secundum illud psalmi, ° emitte lucem tuam et veritatem tuam, ipsa me deduxerunt. ‘ fides autem nostra in duobus principaliter consistit, primo quidem in vera dei cognitione, * secundum illud heb. xi, ° accedentem ad deum oportet credere quia est; ‘ secundo, in mysterio incarnationis christi, * secundum illud ioan. xiv, creditis in deum, et in me credite. ‘ si ergo de prophetia loquamur inquantum ordinatur ad fidem deitatis, sic quidem crevit secundum tres temporum distinctiones, scilicet ante legem, sub lege, et sub gratia. nam ante legem, abraham et alii patres prophetice sunt instructi de his quae pertinent ad fidem deitatis. unde et prophetae nominantur, * secundum illud psalmi, in prophetis meis nolite malignari, “ quod specialiter dicitur propter abraham et isaac. ‘ sub lege autem, facta est revelatio prophetica de his quae pertinent ad fidem deitatis excellentius quam ante, quia iam oportebat circa hoc instrui non solum speciales personas aut quasdam familias, sed totum populum. * unde dominus dicit moysi, exod. vi, |25| ° ego dominus, qui apparui abraham, isaac et iacob in deo omnipotente, et nomen meum adonai non indicavi eis, ‘ quia scilicet praecedentes patres fuerunt instructi in communi de omnipotentia unius dei, sed moyses postea plenius fuit instructus de simplicitate divinae essentiae, * cum dictum est ei, exod. iii, ego sum qui sum; ‘ quod quidem nomen significatur a iudaeis per hoc nomen adonai, propter venerationem illius ineffabilis nominis. postmodum vero, tempore gratiae, ab ipso filio dei revelatum est mysterium trinitatis, * secundum illud matth. ult., ° euntes, docete omnes gentes, baptizantes eos in nomine patris et filii et spiritus sancti. ‘ in singulis tamen statibus prima revelatio excellentior fuit. prima autem revelatio ante legem facta est abrahae, cuius tempore coeperunt homines a fide unius dei deviare, ad idololatriam declinando, ante autem non erat necessaria talis revelatio, omnibus in cultu unius dei persistentibus. isaac vero facta est inferior revelatio, quasi fundata super revelatione facta abrahae, * unde dictum est ei, gen. xxvi, ° ego sum deus patris tui abraham. * et similiter ad iacob dictum, gen. xxviii, ° ego sum deus abraham, patris tui, et deus isaac. |50| ‘ similiter etiam in statu legis, prima revelatio facta moysi fuit excellentior, supra quam fundatur omnis alia prophetarum revelatio. ita etiam in tempore gratiae, super revelatione facta apostolis de fide unitatis et trinitatis fundatur tota fides ecclesiae, * secundum illud matth. xvi, “ super hanc petram, scilicet confessionis tuae, aedificabo ecclesiam meam. ‘ quantum vero ad fidem incarnationis christi, manifestum est quod quanto fuerunt christo propinquiores, sive ante sive post, ut plurimum, plenius de hoc instructi fuerunt. post tamen plenius quam ante, * ut apostolus dicit, ad ephes. iii. ‘ quantum vero ad directionem humanorum actuum, prophetica revelatio diversificata est, non secundum temporis processum, sed secundum conditionem negotiorum, * quia, ut dicitur prov. xxix, “ cum defecerit prophetia, dissipabitur populus. ‘ et ideo quolibet tempore instructi sunt homines divinitus de agendis, secundum quod erat expediens ad salutem electorum.
ra1 * Ad primum ergo dicendum quod dictum gregorii est ‘ intelligendum de tempore ante christi incarnationem, quantum ad cognitionem huius mysterii.
ra2 ‘ Ad secundum dicendum quod * sicut augustinus dicit, xviii de civ. dei, ° quemadmodum regni assyriorum primo tempore extitit abraham, cui promissiones apertissimae fierent; ita in occidentalis babylonis, “ idest romanae urbis, ° exordio qua imperante fuerat christus venturus, in quo implerentur illa promissa, oracula prophetarum, non solum loquentium verum etiam scribentium, in tantae rei futurae testimonium, solverentur, “ scilicet promissiones abrahae factae. ° cum enim prophetae nunquam fere defuissent populo israel ex quo ibi reges esse coeperunt, in usum tantummodo eorum fuere, non gentium. quando autem scriptura manifestius prophetica condebatur, quae gentibus quandoque prodesset, tunc condebatur haec civitas, scilicet romana, quae gentibus imperaret. ‘ ideo autem maxime tempore regum oportuit prophetas in illo populo abundare, quia tunc populus non opprimebatur ab alienigenis, sed proprium regem habebat, et ideo oportebat per prophetas eum instrui de agendis, quasi libertatem habentem.
ra3 ‘ Ad tertium dicendum quod prophetae praenuntiantes christi adventum non potuerunt durare nisi usque ad ioannem, qui praesentialiter christum digito demonstravit. * et tamen, ut hieronymus ibidem dicit, ° non hoc dicitur ut post ioannem excludat prophetas, legimus enim in actibus apostolorum et agabum prophetasse, et quatuor virgines filias philippi. ‘ ioannes etiam librum propheticum conscripsit de fine ecclesiae. et singulis temporibus non defuerunt aliqui prophetiae spiritum habentes, non quidem ad novam doctrinam fidei depromendam, sed ad humanorum actuum directionem, * sicut augustinus refert, v de civ. dei, quod theodosius augustus ° ad ioannem in aegypti eremo constitutum, quem prophetandi spiritu praeditum fama crebrescente didicerat, misit, et ab eo nuntium victoriae certissimum accepit.

009 ST3 qu175 ar

pr ‘ Deinde considerandum est de raptu. et circa hoc quaeruntur sex. primo, utrum anima hominis rapiatur ad divina. secundo, utrum raptus pertineat ad vim cognoscitivam vel appetitivam. tertio, utrum paulus in raptu viderit dei essentiam. quarto, utrum fuerit alienatus a sensibus. quinto, utrum totaliter fuerit anima a corpore separata in statu illo. sexto, quid circa hoc scivit, et quid ignoravit.

009 ST3 qu175 ar1

ag1 ‘ Ad primum sic proceditur. videtur quod anima hominis non rapiatur ad divina. * definitur enim a quibusdam raptus, ° ab eo quod est secundum naturam, in id quod est supra naturam, vi superioris naturae elevatio. ‘ est autem secundum naturam hominis ut ad divina elevetur, * dicit enim augustinus, in i confess., ° fecisti nos, domine, ad te, et inquietum est cor nostrum donec requiescat in te. ‘ non ergo hominis anima rapitur ad divina.
ag2 * Praeterea, dionysius dicit, viii cap. de div. nom., quod ° iustitia dei in hoc attenditur, quod omnibus rebus distribuit secundum suum modum et dignitatem. ‘ sed quod aliquis elevetur supra id quod est secundum naturam, non pertinet ad modum hominis vel dignitatem. ergo videtur quod non rapiatur mens hominis a deo in divina.
ag3 ‘ Praeterea, raptus quandam violentiam importat. “ sed deus non regit nos per violentiam et coactionem, * ut damascenus dicit. ‘ non ergo mens hominis rapitur ad divina.
sc * Sed contra est quod, ii ad cor. xii, dicit apostolus, ° scio hominem in christo raptum usque ad tertium caelum, * ubi dicit glossa, raptum, idest, contra naturam elevatum.
co ‘ Respondeo dicendum quod raptus violentiam quandam importat, * ut dictum est. “ violentum autem dicitur, ° cuius principium est extra, nil conferente eo qui vim patitur, * ut dicitur in iii ethic.. ‘ confert autem unumquodque ad id in quod tendit secundum propriam inclinationem, vel voluntariam vel naturalem. et ideo oportet quod ille qui rapitur ab aliquo exteriori, rapiatur in aliquid quod est diversum ab eo in quod eius inclinatio tendit. quae quidem diversitas potest attendi dupliciter. uno quidem modo, quantum ad finem inclinationis, puta si lapis, qui naturaliter inclinatur ad hoc quod feratur deorsum, proiiciatur sursum. alio modo, quantum ad modum tendendi, puta si lapis velocius proiiciatur deorsum quam sit motus eius naturalis. sic igitur et anima hominis dicitur rapi in id quod est praeter naturam, uno modo, quantum ad terminum raptus, puta quando rapitur ad poenas, * secundum illud psalmi, ne quando rapiat, et non sit qui eripiat. ‘ alio modo, quantum ad modum homini connaturalem, qui est ut per sensibilia intelligat veritatem. et ideo, quando abstrahitur a sensibilium apprehensione, dicitur rapi, etiam si elevetur ad ea ad quae naturaliter ordinatur, dum tamen hoc non fiat ex propria intentione; sicut accidit in somno, qui est secundum naturam, unde non potest proprie raptus dici. huiusmodi autem abstractio, |25| ad quaecumque fiat, potest ex triplici causa contingere. uno modo, ex causa corporali, sicut patet in his qui propter aliquam infirmitatem alienationem patiuntur. secundo modo, ex virtute daemonum, sicut patet in arreptitiis. tertio, ex virtute divina. et sic loquimur nunc de raptu, prout scilicet aliquis spiritu divino elevatur ad aliqua supernaturalia, cum abstractione a sensibus, * secundum illud ezech. viii, ° spiritus elevavit me inter terram et caelum, et adduxit me in ierusalem, in visionibus dei. ‘ sciendum tamen quod rapi quandoque dicitur aliquis non solum propter alienationem a sensibus, sed etiam propter alienationem ab his quibus intendebat, sicut cum aliquis patitur evagationem mentis praeter propositum. sed hoc non ita proprie dicitur.
ra1 ‘ Ad primum ergo dicendum quod naturale est homini ut in divina tendat per sensibilium apprehensionem, * secundum illud rom. i, ° invisibilia dei per ea quae facta sunt conspiciuntur. ‘ sed iste modus quod aliquis elevetur ad divina cum abstractione a sensibus, non est homini naturalis.
ra2 ‘ Ad secundum dicendum quod ad modum et dignitatem hominis pertinet quod ad divina elevetur, ex hoc ipso quod homo factus est ad imaginem dei. et quia bonum divinum in infinitum excedit humanam facultatem, indiget homo ut supernaturaliter ad illud bonum capessendum adiuvetur, quod fit per quodcumque beneficium gratiae. unde quod sic elevetur mens a deo per raptum, non est contra naturam, sed supra facultatem naturae.
ra3 * Ad tertium dicendum quod verbum damasceni est intelligendum ‘ quantum ad ea quae sunt per hominem facienda. quantum vero ad ea quae excedunt liberi arbitrii facultatem, necesse est quod homo quadam fortiori operatione elevetur. quae quidem quantum ad aliquid potest dici coactio, si scilicet attendatur modus operationis, non autem si attendatur terminus operationis, in quem natura hominis et eius intentio ordinatur.

009 ST3 qu175 ar2

ag1 ‘ Ad secundum sic proceditur. videtur quod raptus magis pertineat ad vim appetitivam quam ad cognoscitivam. * dicit enim dionysius, iv cap. de div. nom., ° est autem extasim faciens divinus amor. ‘ sed amor pertinet ad vim appetitivam. ergo et extasis sive raptus.
ag2 * Praeterea, gregorius dicit, in ii dialog., quod ° ille qui porcos pavit, vagatione mentis et immunditiae sub semetipso cecidit, petrus vero, quem angelus solvit eiusque mentem in extasi rapuit, extra se quidem, sed supra semetipsum fuit. ‘ sed ille filius prodigus per affectum in inferiora dilapsus est. ergo etiam et illi qui rapiuntur in superiora, per affectum hoc patiuntur.
ag3 * Praeterea, super illud psalmi, in te, domine, speravi, non confundar in aeternum, dicit glossa, in expositione tituli, ° extasis graece, latine dicitur excessus mentis, qui fit duobus modis, vel pavore terrenorum, vel mente rapta ad superna et inferiorum oblita. ‘ sed pavor terrenorum ad affectum pertinet. ergo etiam raptus mentis ad superna, qui ex opposito ponitur, pertinet ad affectum.
sc * Sed contra est quod super illud psalmi, ego dixi in excessu meo, omnis homo mendax, dicit glossa, ° dicitur hic extasis, cum mens non pavore alienatur, sed aliqua inspiratione revelationis sursum assumitur. ‘ sed revelatio pertinet ad vim intellectivam. ergo extasis sive raptus.
co ‘ Respondeo dicendum quod de raptu dupliciter loqui possumus. uno modo, quantum ad id in quod aliquis rapitur. et sic, proprie loquendo, raptus non potest pertinere ad vim appetitivam, sed solum ad cognoscitivam. * dictum est enim quod ‘ raptus est praeter propriam inclinationem eius quod rapitur. ipse autem motus appetitivae virtutis est quaedam inclinatio in bonum appetibile. unde, proprie loquendo, ex hoc quod homo appetit aliquid, non rapitur, sed per se movetur. alio modo potest considerari raptus quantum ad suam causam. et sic potest habere causam ex parte appetitivae virtutis. ex hoc enim ipso quod appetitus ad aliquid vehementer afficitur, potest contingere quod ex violentia affectus homo ab omnibus aliis alienetur. habet etiam effectum in appetitiva virtute, cum scilicet aliquis delectatur in his ad quae rapitur. unde et apostolus dixit se raptum, non solum ad tertium caelum, quod pertinet ad contemplationem intellectus, sed etiam in paradisum, quod pertinet ad affectum.
ra1 ‘ Ad primum ergo dicendum quod raptus addit aliquid supra extasim. nam extasis importat simpliciter excessum a seipso, secundum quem scilicet ali-

quis extra suam ordinationem ponitur, sed raptus supra hoc addit violentiam quandam. potest igitur extasis ad vim appetitivam pertinere, puta cum alicuius appetitus tendit in ea quae extra ipsum sunt. * et secundum hoc dionysius dicit quod divinus amor facit extasim, “ inquantum scilicet facit appetitum hominis tendere in res amatas. * unde postea subdit quod ° etiam ipse deus, qui est omnium causa, per abundantiam amativae bonitatis extra seipsum fit per providentiam ad omnia existentia. ‘ quamvis etiam si expresse hoc diceretur de raptu, non designaretur nisi quod amor esset causa raptus.

ra2 ‘ Ad secundum dicendum quod in homine est duplex appetitus, scilicet intellectivus, qui dicitur voluntas, et sensitivus, qui dicitur sensualitas. est autem proprium homini ut appetitus inferior subdatur appetitui superiori, et superior moveat inferiorem. dupliciter ergo homo secundum appetitum potest fieri extra seipsum. uno modo, quando appetitus intellectivus totaliter in divina tendit, praetermissis his in quae inclinat appetitus sensitivus. * et sic dicit dionysius, iv cap. de div. nom., quod ° paulus ex virtute divini amoris extasim faciente, dixit, vivo ego, iam non ego, vivit vero in me christus. ‘ alio modo, quando, praetermisso appetitu superiori, homo totaliter fertur in ea quae pertinent ad appetitum inferiorem. et sic “ ille qui porcos pavit, sub semetipso cecidit, ‘ et iste excessus vel extasis plus appropinquat ad rationem raptus quam primus, quia scilicet appetitus superior est magis homini proprius; unde, quando homo ex violentia appetitus inferioris abstrahitur a motu appetitus superioris, magis abstrahitur ab eo quod est sibi proprium. quia tamen non est ibi violentia, quia voluntas potest resistere passioni, deficit a vera ratione raptus, nisi forte tam vehemens sit passio quod usum rationis totaliter tollat, sicut contingit in his qui propter vehementiam irae vel amoris insaniunt. considerandum tamen quod uterque excessus secundum |25| appetitum existens, potest causare excessum cognoscitivae virtutis vel quia mens ad quaedam intelligibilia rapiatur alienata a sensibus; vel quia rapiatur ad aliquam imaginariam visionem seu phantasticam apparitionem.

ra3 ‘ Ad tertium dicendum quod, sicut amor est motus appetitus respectu boni, ita timor motus appetitus respectu mali. unde eadem ratione ex utroque potest causari excessus mentis, praesertim cum timor ex amore causetur, * sicut augustinus dicit, xiv de civ. dei.

009 ST3 qu175 ar3

ag1 ‘ Ad tertium sic proceditur. videtur quod paulus in raptu non viderit dei essentiam. sicut enim * de paulo legitur quod est raptus usque ad tertium caelum, ita et de petro legitur, act. x, quod cecidit super eum mentis excessus. ‘ sed petrus in suo excessu non vidit dei essentiam, sed quandam imaginariam visionem. ergo videtur quod nec paulus dei essentiam viderit.

ag2 ‘ Praeterea, visio dei facit hominem beatum. sed paulus in illo raptu non fuit beatus, alioquin nunquam ad vitae huius miseriam rediisset, sed corpus eius fuisset per redundantiam ab anima glorificatum, sicut erit in sanctis post resurrectionem; quod patet esse falsum. ergo paulus in raptu non vidit dei essentiam.

ag3 ‘ Praeterea, fides et spes esse non possunt simul cum visione divinae essentiae, * ut habetur i ad cor. xiii. ‘ sed paulus in statu illo habuit fidem et spem. ergo non vidit dei essentiam.

ag4 * Praeterea, sicut augustinus dicit, xii super gen. ad litt., ‘ secundum visionem imaginariam quaedam similitudines corporum videntur. sed paulus videtur in raptu quasdam similitudines vidisse, puta tertii caeli et paradisi, * ut habetur ii ad cor. xii. ‘ ergo videtur esse raptus ad imaginariam visionem, magis quam ad visionem divinae essentiae.

sc ‘ Sed contra est quod * augustinus determinat, in libro de videndo deum ad paulinam, quod ° ipsa dei substantia a quibusdam videri potuit in hac vita positis, sicut a moyse, et paulo, qui raptus audivit ineffabilia verba, quae non licet homini loqui.

co * Respondeo dicendum quod quidam dixerunt paulum in raptu “ non vidisse ipsam dei essentiam, sed quandam refulgentiam claritatis ipsius. * sed contrarium manifeste augustinus determinat, non solum in libro de videndo deum, sed etiam xii super gen. ad litt., et habetur in glossa, ii ad cor. xii. et hoc etiam ipsa verba apostoli designant. dicit enim ° se audisse ineffabilia verba, quae non licet homini loqui. ‘ huiusmodi autem videntur ea quae pertinent ad visionem beatorum, quae excedit statum viae, * secundum illud isaiae lxiv, ° oculus non vidit, deus, absque te, quae praeparasti diligentibus te. ‘ et ideo convenientius dicitur quod deum per essentiam vidit.

ra1 ‘ Ad primum ergo dicendum quod mens humana divinitus rapitur ad contemplandam veritatem divinam, tripliciter. uno modo, ut contempletur eam per similitudines quasdam imaginarias. et talis fuit excessus mentis qui cecidit supra petrum. alio modo, ut contempletur veritatem divinam per intelligibiles effectus, * sicut fuit excessus david dicentis, ° ego dixi in excessu meo, omnis homo mendax. ‘ tertio, ut contempletur eam in sua essentia. et talis fuit raptus pauli, et etiam moysi. et satis congruenter, nam sicut moyses fuit primus doctor iudaeorum, ita paulus fuit primus doctor gentium.

ra2 ‘ Ad secundum dicendum quod divina essentia videri ab intellectu creato non potest nisi per lumen gloriae, * de quo dicitur in psalmo, in lumine tuo videbimus lumen. ‘ quod tamen dupliciter participari potest. uno modo, per modum formae immanentis, et sic beatos facit sanctos in patria. alio modo, per modum cuiusdam passionis transeuntis, * sicut dictum est de lumine prophetiae. ‘ et hoc modo lumen illud fuit in paulo, quando raptus fuit. et ideo ex tali visione non fuit simpliciter beatus, ut fieret redundantia ad corpus, sed solum secundum quid. et ideo talis raptus aliquo modo ad prophetiam pertinet.

ra3 ‘ Ad tertium dicendum quod quia paulus in raptu non fuit beatus habitualiter, sed solum habuit actum beatorum; consequens est ut simul tunc in eo non fuerit actus fidei. fuit tamen in eo simul fidei habitus.

ra4 ‘ Ad quartum dicendum quod nomine tertii caeli potest uno modo intelligi aliquid corporeum. et sic tertium caelum est caelum empyreum, quod dicitur tertium respectu caeli aerei et caeli siderei; vel potius respectu caeli siderei et respectu caeli aquei sive crystallini. et dicitur raptus ad tertium caelum, non quia raptus sit ad videndum similitudinem alicuius rei corporeae, sed propter hoc quod locus ille est contemplationis beatorum. * unde glossa dicit, ii ad cor. xii, quod ° tertium est spirituale caelum, ubi angeli et sanctae animae fruuntur dei contemplatione. ad quod cum dicit se raptum, significat quod deus ostendit ei vitam in qua videndus est in aeternum. ‘ alio modo per tertium caelum potest intelligi aliqua visio supermundana. quae potest dici tertium caelum triplici ratione. uno modo, secundum ordinem potentiarum cognoscitivarum, ut primum caelum dicatur visio supermundana corporalis, quae fit per sensum, sicut visa est manus scribentis in pariete, * dan. v; ‘ secundum autem caelum sit visio imaginaria, puta quam vidit isaias, et ioannes in apocalypsi; tertium vero caelum dicatur visio intellectualis, * ut augustinus exponit, xii super gen. ad litt.. ‘ secundo modo potest dici tertium caelum secundum ordinem cognoscibilium, |25| ° ut primum caelum dicatur cognitio caelestium corporum; secundum cognitio caelestium spirituum; tertium, cognitio ipsius dei. ‘ tertio potest dici tertium caelum contemplatio dei secundum gradus cognitionis qua deus videtur, quorum primus pertinet ad angelos infimae hierarchiae, secundus ad angelos mediae, tertius ad angelos supremae, * ut dicit glossa, ii ad cor. xii. ‘ et quia visio dei non potest esse sine delectatione, propterea non solum se dicit raptum ad tertium caelum, ratione contemplationis, sed etiam in paradisum, ratione delectationis consequentis.

009 ST3 qu175 ar4

ag1 ‘ Ad quartum sic proceditur. videtur quod paulus in raptu non fuerit alienatus a sensibus. * dicit enim augustinus, xii super gen. ad litt., ° cur non credamus quod tanto apostolo, doctori gentium, rapto usque ad ipsam excellentissimam visionem, voluerit deus demonstrare vitam in qua, post hanc vitam, vivendum est in aeternum? ‘ sed in illa vita futura sancti, post resurrectionem, videbunt dei essentiam absque hoc quod fiat abstractio a sensibus corporis. ergo nec in paulo fuit huiusmodi abstractio facta.

ag2 ‘ Praeterea, christus vere viator fuit, et continue visione divinae essentiae fruebatur, nec tamen fiebat abstractio a sensibus. ergo nec fuit necessarium quod in paulo fieret abstractio a sensibus, ad hoc quod dei essentiam videret.

ag3 ‘ Praeterea, paulus, postquam deum per essentiam viderat, memor fuit illorum quae in illa visione conspexerat, * unde dicebat, ii ad cor. xii, ° audivit arcana verba, quae non licet homini loqui. ‘ sed memoria ad partem sensitivam pertinet, * ut patet per philosophum, in libro de mem. et remin.. ‘ ergo videtur quod et paulus, videndo dei essentiam, non fuit alienatus a sensibus.

sc ‘ Sed contra est quod * augustinus dicit, xii super gen. ad litt., ° nisi ab hac vita quisque quodammodo moriatur, sive omnino exiens de corpore, sive aversus et alienatus a corporeis sensibus, in illam non subvehitur visionem.

co ‘ Respondeo dicendum quod divina essentia non potest ab homine videri per aliam vim cognoscitivam quam per intellectum. intellectus autem humanus non convertitur ad sensibilia nisi mediantibus phantasmatibus, per quae species intelligibiles a sensibilibus accipit, et in quibus considerans de sensibilibus iudicat et ea disponit. et ideo in omni operatione qua intellectus noster abstrahitur a phantasmatibus, necesse est quod abstrahatur a sensibus. intellectus autem hominis, in statu viae, necesse est quod a phantasmatibus abstrahatur, si videat dei essentiam. non enim per aliquod phantasma potest dei essentia videri; quinimmo nec per aliquam speciem intelligibilem creatam, quia essentia dei in infinitum excedit non solum omnia corpora, quorum sunt phantasmata, sed etiam omnem intelligibilem creaturam. oportet autem, cum intellectus hominis elevatur ad altissimam dei essentiae visionem, ut tota mentis intentio illuc advocetur, ita scilicet quod nihil intelligat aliud ex phantasmatibus, sed totaliter feratur in deum. unde impossibile est quod homo in statu viae videat deum per essentiam sine abstractione a sensibus.

ra1 * Ad primum ergo dicendum quod, sicut dictum est, ‘ post resurrectionem in beatis dei essentiam videntibus fiet redundantia ab intellectu ad inferiores vires, et usque ad corpus. unde, secundum ipsam regulam divinae visionis, anima intendet et phantasmatibus et sensibilibus. talis autem redundantia non fit in his qui rapiuntur, * sicut dictum est. ‘ et ideo non est similis ratio.

ra2 ‘ Ad secundum dicendum quod intellectus animae christi erat glorificatus per habituale lumen gloriae, quo divinam essentiam videbat multo amplius quam aliquis angelus vel homo. erat autem viator propter corporis passibilitatem, “ secundum quam paulo minus ab angelis minorabatur, * ut dicitur ad heb. ii, ‘ dispensative, et non propter aliquem defectum ex parte intellectus. unde non est similis ratio de eo et de aliis viatoribus.

ra3 ‘ Ad tertium dicendum quod paulus, postquam cessavit videre deum per essentiam, memor fuit illorum quae in illa visione cognoverat, per aliquas species intelligibiles habitualiter ex hoc in eius intellectu relictas, sicut etiam, abeunte sensibili, remanent aliquae impressiones in anima, quas postea convertens ad phantasmata, memorabatur. unde nec totam illam cognitionem aut cogitare poterat, aut verbis exprimere.

009 ST3 qu175 ar5

ag1 ‘ Ad quintum sic proceditur. videtur quod anima pauli in statu illo fuerit totaliter a corpore separata. * dicit enim apostolus, ii ad cor. v, ° quandiu sumus in corpore, peregrinamur a domino, per fidem enim ambulamus, et non per speciem. ‘ sed paulus in statu illo non peregrinabatur a domino, quia videbat deum per speciem, * ut dictum est. ‘ ergo non erat in corpore.

ag2 ‘ Praeterea, potentia animae non potest elevari supra eius essentiam, in qua radicatur. sed intellectus, qui est potentia animae, in raptu fuit a corporalibus abstractus per elevationem ad divinam contemplationem. ergo multo magis essentia animae fuit separata a corpore.

ag3 ‘ Praeterea, vires animae vegetabilis sunt magis materiales quam vires animae sensitivae. sed oportebat intellectum abstrahi a viribus animae sensitivae, * ut dictum est, ‘ ad hoc quod rapiatur ad videndum divinam essentiam. ergo multo magis oportebat quod abstraheretur a viribus animae vegetabilis. quarum operatione cessante, iam nullo modo anima remanet corpori coniuncta. ergo videtur quod oportuit in raptu pauli animam totaliter a corpore esse separatam.

sc ‘ Sed contra est quod * augustinus dicit, in epistola ad paulinam de videndo deum, ° non est incredibile, sic quibusdam sanctis nondum ita defunctis ut sepelienda eorum cadavera remanerent, istam excellentiam revelationis fuisse concessam, “ ut scilicet viderent deum per essentiam. ‘ non igitur fuit necessarium ut in raptu pauli anima eius totaliter separaretur a corpore.

co * Respondeo dicendum quod, sicut supra dictum est, ‘ in raptu de quo nunc loquimur, virtute divina elevatur homo ° ab eo quod est secundum naturam in id quod est supra naturam. ‘ et ideo duo considerare oportet, primo quidem, quid sit homini secundum naturam; secundo, quid divina virtute sit in homine fiendum supra naturam. ex hoc autem quod anima corpori unitur tanquam naturalis forma ipsius, convenit animae naturalis habitudo ad hoc quod per conversionem ad phantasmata intelligat. quod ab ea non aufertur divina virtute in raptu, quia non mutatur status eius, * ut dictum est. ‘ manente autem hoc statu, aufertur ab anima actualis conversio ad phantasmata et sensibilia, ne impediatur eius elevatio in id quod excedit omnia phantasmata, * ut dictum est. ‘ et ideo in raptu non fuit necessarium quod anima sic separaretur a corpore ut ei non uniretur quasi forma, fuit autem necessarium intellectum eius abstrahi a phantasmatibus et sensibilium perceptione.

ra1 ‘ Ad primum ergo dicendum quod paulus in raptu illo peregrinabatur a domino quantum ad statum, quia adhuc erat in statu viatoris, non autem quoad actum, quo videbat deum per speciem, * ut ex supra dictis patet.

ra2 ‘ Ad secundum dicendum quod potentia animae virtute naturali non elevatur supra modum convenientem essentiae eius. virtute tamen divina potest in aliquid altius elevari, sicut corpus per violentiam fortioris virtutis elevatur supra locum convenientem sibi secundum speciem suae naturae.

ra3 ‘ Ad tertium dicendum quod vires animae vegetabilis non operantur ex intentione animae, sicut vires sensitivae, sed per modum naturae. et ideo non requiritur ad raptum abstractio ab eis, sicut a potentiis sensitivis, per quarum operationes minueretur intentio animae circa intellectivam cognitionem.

009 ST3 qu175 ar6

ag1 ‘ Ad sextum sic proceditur. videtur quod paulus non ignoraverit an eius anima fuerit a corpore separata. * dicit enim ipse, ii ad cor. xii, ° scio hominem in christo raptum usque ad tertium caelum. ‘ sed ho-

mo nominat compositum ex anima et corpore, raptus etiam differt a morte. videtur ergo quod ipse sciverit animam non fuisse per mortem a corpore separatam, * praesertim quia hoc communiter a doctoribus ponitur.
ag2 * Praeterea, ex eisdem apostoli verbis patet quod ‘ ipse scivit quo raptus fuerit, quia in tertium caelum. sed ex hoc sequitur quod scivit utrum fuerit in corpore vel non. quia si scivit tertium caelum esse aliquid corporeum, consequens est quod sciverit animam suam non esse a corpore separatam, quia visio rei corporeae non potest fieri nisi per corpus. ergo videtur quod non ignoraverit an anima fuerit a corpore separata.
ag3 * Praeterea, sicut augustinus dicit, xii super gen. ad litt., ‘ ipse in raptu vidit illa visione deum qua vident sancti in patria. sed sancti, ex hoc ipso quod vident deum, sciunt an animae eorum sint a corporibus separatae. ergo et paulus hoc scivit.
sc * Sed contra est quod dicitur ii ad cor. xii, ° sive in corpore sive extra corpus, nescio, deus scit.
co * Respondeo dicendum quod huius quaestionis veritatem accipere oportet ex ipsis apostoli verbis, quibus dicit se aliquid scire, ‘‘ scilicet se raptum esse usque ad tertium caelum; et aliquid nescire, scilicet utrum in corpore aut extra corpus. quod quidem potest dupliciter intelligi. uno modo, ut hoc quod dicitur, sive in corpore sive extra corpus, ‘ non referatur ad ipsum esse hominis rapti, quasi ignoraverit an anima eius esset in corpore vel non, sed ad modum raptus, ut scilicet ignoraverit an corpus eius fuerit simul raptum cum anima in tertium caelum, vel non, sed solum anima, * sicut ezech. viii dicitur quod ° adductus est in visionibus dei in ierusalem. * et hunc intellectum fuisse cuiusdam iudaei, exprimit hieronymus, in prologo super danielem, ubi dicit, ° denique et apostolum nostrum, ‘‘ scilicet dicebat iudaeus, ° non fuisse ausum affirmare se in corpore raptum, sed dixisse, sive in corpore sive extra corpus, nescio. * sed hunc sensum improbat augustinus, xii super gen. ad litt., ‘ per hoc quod apostolus dicit se scivisse se esse raptum usque in tertium caelum. sciebat ergo verum esse tertium caelum illud in quod raptus fuit, et non similitudinem imaginariam tertii caeli. alioquin, si tertium caelum nominavit phantasma tertii caeli, pari ratione dicere potuit se in corpore raptum, nominans corpus proprii corporis phantasma, quale apparet in somniis. si autem sciebat esse vere tertium caelum, sciebat ergo utrum esset aliquid spirituale et incorporeum, et sic non poterat corpus eius illuc rapi, aut esset aliquid corporeum, et sic anima non posset illuc sine corpore rapi, nisi separaretur a corpore. et ideo oportet secundum alium sensum intelligere, ut scilicet apostolus sciverit quod fuit raptus secundum animam et non secundum corpus; nesciverit tamen qualiter se haberet anima ad corpus, utrum scilicet fuerit sine corpore vel non. sed circa hoc diversimode aliqui loquuntur. * quidam enim dicunt quod ‘‘ apostolus scivit quod anima sua erat corpori unita ut forma, sed nescivit utrum esset passus, alienationem a sensibus; vel etiam utrum esset facta abstractio ab operibus animae vegetabilis. ‘ sed quod fuerit facta abstractio a sensibus, hoc non potuit ignorare, ex quo scivit se raptum. quod autem fuerit facta abstractio ab operibus animae vegetabilis, non erat tantum aliquid ut de hoc oporteret tam sollicitam fieri mentionem. unde relinquitur quod nescivit apostolus utrum anima eius fuerit coniuncta corpori ut forma, vel a corpore separata per mortem. * quidam autem, hoc concedentes, dicunt quod ‘‘ apostolus tunc non perpendit quando rapiebatur, quia tota eius intentio conversa erat in deum, sed postmodum percepit, considerans ea quae viderat. * sed hoc etiam contrariatur verbis apostoli, qui distinguit in verbis suis praeteritum a futuro. ‘‘ dicit enim in praesenti se scire quod fuit raptus ante annos quatuordecim, et se in praesenti nescire utrum in corpore fuerit vel extra corpus. ‘ et ideo dicendum est quod et prius et postea nescivit utrum eius anima fuerit a corpore separata. * unde augustinus dicit, xii super gen. ad litt., post longam inquisitionem concludens, ° restat ergo fortasse ut hoc ipsum eum ignorasse intelligamus, utrum, quando in tertium caelum raptus est, in corpore fuerit anima, quomodo est anima in corpore cum corpus vivere dicitur, sive vigilantis sive dormientis sive in extasi a sensibus corporis alienati; an omnino de corpore exierit, ut mortuum corpus iaceret.
ra1 ‘ Ad primum ergo dicendum quod per synecdochen quandoque pars hominis homo nominatur, et praecipue anima, quae est pars hominis eminentior. quamvis etiam possit intelligi eum quem raptum dicit, non tunc fuisse hominem quando raptus fuit, ‘‘ sed post annos quatuordecim, unde dicit scio hominem; non dicit, scio raptum hominem. ‘ nihil etiam prohiberet mortem divinitus procuratam raptum dici. * et sicut augustinus dicit, xii super gen. ad litt., ° dubitante inde apostolo, quis nostrum inde certus esse potuit? * unde qui super hoc loquuntur, magis coniecturaliter quam per certitudinem loquuntur.
ra2 ‘ Ad secundum dicendum quod apostolus scivit vel illud caelum esse quid incorporeum, vel aliquid incorporeum a se visum in illo caelo tamen hoc poterat fieri per intellectum eius, etiam si anima eius non esset a corpore separata.
ra3 ‘ Ad tertium dicendum quod visio pauli in raptu quantum ad aliquid fuit similis visioni beatorum, scilicet quantum ad id quod videbatur, et quantum ad aliquid dissimilis, scilicet quantum ad modum videndi, quia non ita perfecte vidit sicut sancti qui sunt in patria. * unde augustinus dicit, xii super gen. ad litt., ° apostolo arrepto a carnis sensibus in tertium caelum, hoc defuit ad plenam perfectamque cognitionem rerum quae angelis inest, quod sive in corpore sive extra corpus esset, nesciebat. hoc itaque non deerit cum, receptis corporibus in resurrectione mortuorum, cum corruptibile hoc induerit incorruptionem.

009 ST3 qu176 ar

pr ‘ Deinde considerandum est de gratiis gratis datis quae pertinent ad locutionem. et primo, de gratia linguarum; secundo, de gratia sermonis sapientiae seu scientiae. circa primum quaeruntur duo. primo, utrum per gratiam linguarum homo adipisceretur scientiam omnium linguarum. secundo, de comparatione huius doni ad gratiam prophetiae.

009 ST3 qu176 ar1

ag1 ‘ Ad primum sic proceditur. videtur quod illi qui consequebantur donum linguarum, non loquebantur omnibus linguis. illud enim quod divina virtute aliquibus conceditur, optimum est in suo genere, sicut dominus aquam convertit in vinum bonum, * sicut dicitur ioan. ii. ‘ sed illi qui habuerunt donum linguarum, melius loquebantur in propria lingua, * dicit enim glossa, ad heb. i, ° non esse mirandum quod epistola ad hebraeos maiore relucet facundia quam aliae, cum naturale sit unicuique plus in sua quam in aliena lingua valere. ceteras enim epistolas apostolus peregrino, idest graeco sermone composuit, hanc autem scripsit hebraica lingua. ‘ non ergo per gratiam gratis datam apostoli acceperunt scientiam omnium linguarum.
ag2 ‘ Praeterea, natura non facit per multa quod potest fieri per unum, et multo minus deus, qui ordinatius quam natura operatur. sed poterat deus facere quod, unam linguam loquentes, eius discipuli ab omnibus intelligerentur, * unde super illud act. ii, audiebat unusquisque linguam suam illos loquentes, dicit glossa, ° quia linguis omnibus loquebantur, vel sua, idest hebraica lingua loquentes, ab omnibus intelligebantur, ac si propriis singulorum loquerentur. ‘ ergo videtur quod non habuerunt scientiam loquendi omnibus linguis.
ag3 ‘ Praeterea, omnes gratiae derivantur a christo in corpus eius, quod est ecclesia, * secundum illud ioan. i, ° de plenitudine eius omnes accepimus. ‘ sed christus non legitur fuisse locutus nisi una lingua. nec etiam nunc fideles singuli nisi una lingua loquuntur. ergo videtur quod discipuli christi non acceperunt ad hoc gratiam, ut omnibus linguis loquerentur.
sc * Sed contra est quod dicitur act. ii, quod ° repleti sunt omnes spiritu sancto, et coeperunt loqui variis linguis, prout spiritus sanctus dabat eloqui illis, * ubi dicit glossa gregorii quod ° spiritus sanctus super discipulos in igneis linguis apparuit, et eis omnium linguarum scientiam dedit.
co ‘ Respondeo dicendum quod primi discipuli christi ad hoc fuerunt ab ipso electi ut, per universum orbem discurrentes, fidem eius ubique praedicarent, * secundum illud matth. ult., ° euntes, docete omnes gentes. ‘ non autem erat conveniens ut qui mittebantur ad alios instruendos, indigerent ab aliis instrui qualiter aliis loquerentur, vel qualiter quae alii loquebantur intelligerent. praesertim quia isti qui mittebantur erant unius gentis, scilicet iudaeae, * secundum illud isaiae xxvii, ° qui egredientur impetu a iacob, implebunt faciem orbis semine. ‘ illi etiam qui mittebantur pauperes et impotentes erant, nec de facili a principio reperissent qui eorum verba aliis fideliter interpretarentur, vel verba aliorum eis exponerent, maxime quia ad infideles mittebantur. et ideo necessarium fuit ut super hoc eis divinitus provideretur per donum linguarum, ut sicut, gentibus ad idololatriam declinantibus, introducta est diversitas linguarum * sicut dicitur gen. xi; ‘ ita etiam, quando erant gentes ad cultum unius dei revocandae, contra huiusmodi diversitatem remedium adhiberetur per donum linguarum.
ra1 * Ad primum ergo dicendum quod, sicut dicitur i ad cor. xii, ° manifestatio spiritus datur ad utilitatem. ‘ et ideo sufficienter et paulus et alii apostoli fuerunt instructi divinitus in linguis omnium gentium, quantum requirebatur ad fidei doctrinam. sed quantum ad quaedam quae superadduntur humana arte ad ornatum et elegantiam locutionis, apostolus instructus erat in propria lingua, non autem in aliena. sicut etiam et in sapientia et scientia fuerunt sufficienter instructi quantum requirebat doctrina fidei, non autem quantum ad omnia quae per scientiam acquisitam cognoscuntur, puta de conclusionibus arithmeticae vel geometriae.
ra2 ‘ Ad secundum dicendum quod, quamvis utrumque fieri potuisset, scilicet quod per unam linguam loquentes ab omnibus intelligerentur, aut quod omnibus loquerentur; tamen convenientius fuit quod ipsi omnibus linguis loquerentur, quia hoc pertinebat ad perfectionem scientiae ipsorum, per quam non solum loqui, sed intelligere poterant quae ab aliis dicebantur. si autem omnes unam eorum linguam intellexissent, hoc vel fuisset per scientiam illorum qui eos loquentes intelligerent, vel fuisset quasi quaedam illusio, dum aliorum verba aliter ad aliorum aures perferrentur quam ipsi ea proferrent. * et ideo glossa dicit, act. ii, quod ° maiori miraculo factum est quod ipsi omnium linguarum generibus loquerentur. * et paulus dicit, i ad cor. xiv, ° gratias deo, quod omnium vestrum lingua loquor.
ra3 ‘ Ad tertium dicendum quod christus in propria persona uni soli genti praedicaturus erat, scilicet iudaeis. et ideo, quamvis ipse absque dubio perfectissime haberet scientiam omnium linguarum, non tamen oportuit quod omnibus linguis loqueretur. * ideo autem, ut augustinus dicit, super ioan., ° cum et modo spiritus sanctus accipiatur, nemo loquitur linguis omnium gentium, quia iam ipsa ecclesia linguis omnium gentium loquitur, in qua qui non est, non accipit spiritum sanctum.

009 ST3 qu176 ar2

ag1 ‘ Ad secundum sic proceditur. videtur quod donum linguarum sit excellentius quam gratia prophetiae. ° quae enim sunt melioribus propria, videntur esse meliora, * secundum philosophum, in iii topic.. ‘ sed donum linguarum est proprium novi testamenti, * unde cantatur in sequentia pentecostes, ° ipse hodie apostolos christi donans munere insolito et cunctis inaudito saeculis. ‘ prophetia autem magis competit veteri testamento, * secundum illud heb. i, ° multifariam multisque modis olim deus loquens patribus in prophetis. ‘ ergo videtur quod donum linguarum sit excellentius quam donum prophetiae.
ag2 ‘ Praeterea, illud per quod ordinamur ad deum, videtur excellentius esse eo per quod ordinamur ad homines. sed per donum linguarum homo ordinatur ad deum, per prophetiam autem ad homines, * dicitur enim i ad cor. xiv, ° qui loquitur lingua, non hominibus loquitur, sed deo, qui autem prophetat, hominibus loquitur ad aedificationem. ‘ ergo videtur quod donum linguarum sit excellentius quam donum prophetiae.
ag3 ‘ Praeterea, donum linguarum habitualiter permanet in habente ipsum, et habet homo in potestate uti eo cum voluerit, * unde dicitur i ad cor. xiv, ° gratias ago deo meo quod omnium vestrum lingua loquor. ‘ non autem sic est de dono prophetiae, * ut supra dictum est. ‘ ergo donum linguarum videtur esse excellentius quam donum prophetiae.
ag4 ‘ Praeterea, interpretatio sermonum videtur contineri sub prophetia, quia scripturae eodem spiritu exponuntur quo sunt editae. sed interpretatio sermonum, * i ad cor. xii, ‘ ponitur post genera linguarum. ergo videtur quod donum linguarum sit excellentius quam donum prophetiae, maxime quantum ad aliquam eius partem.
sc * Sed contra est quod apostolus dicit, i ad cor. xiv, ° maior est qui prophetat quam qui loquitur linguis.
co ‘ Respondeo dicendum quod donum prophetiae excedit donum linguarum tripliciter. primo quidem, quia donum linguarum refertur ad diversas voces proferendas, quae sunt signa alicuius intelligibilis veritatis, cuius etiam signa sunt quaedam ipsa phantasmata quae secundum imaginariam visionem apparent; * unde et augustinus, xii super gen. ad litt., ‘‘ comparat donum linguarum visioni imaginariae. * dictum est autem supra quod ‘ donum prophetiae consistit in ipsa illuminatione mentis ad cognoscendum intelligibilem veritatem. unde sicut prophetica illuminatio excellentior est quam imaginaria visio, * ut supra habitum est; ‘ ita etiam excellentior est prophetia quam donum linguarum secundum se consideratum. secundo, quia donum prophetiae pertinet ad rerum notitiam, quae est nobilior quam notitia vocum, ad quam pertinet donum linguarum. tertio, quia donum prophetiae est utilius. * et hoc quidem probat apostolus, i ad cor. xiv, ‘ tripliciter. primo quidem, quia prophetia est utilior ad aedificationem ecclesiae, ad quam qui loquitur linguis nihil prodest, nisi expositio subsequatur. secundo, quantum ad ipsum loquentem, qui si acciperet ut loqueretur diversis linguis sine hoc quod intelligeret (quod pertinet ad propheticum donum), mens eius non aedificaretur. tertio, quantum ad infideles, propter quos praecipue videtur esse datum donum linguarum, qui quidem forte eos qui loquerentur linguis reputarent insanos; sicut et iudaei reputaverunt ebrios apostolos linguis loquentes, * ut dicitur act. ii. ‘ per prophetias autem infidelis convinceretur, manifestatis absconditis cordis eius.
ra1 * Ad primum ergo dicendum quod, sicut supra dictum est, ‘ ad excellentiam prophetiae pertinet quod aliquis non solum illuminetur intelligibili lumine, sed etiam percipiat imaginariam visionem. ita etiam ad perfectionem operationis spiritus sancti pertinet quod non solum impleat mentem lumine prophetico et phantasiam imaginaria visione, sicut erat in veteri testamento, sed etiam exterius linguam erudiat ad varia signa locutionum proferenda. quod totum fit in novo testamento, * secundum illud i ad cor. xiv, ° unusquisque vestrum psalmum habet, doctrinam habet, linguam habet, ‘‘ apocalypsim, idest propheticam revelationem, ° habet.
ra2 ‘ Ad secundum dicendum quod per donum prophetiae homo ordinatur ad deum secundum men-

tem, quod est nobilius quam ordinari ad eum secundum linguam. dicitur autem quod ille qui loquitur lingua non loquitur hominibus, idest, ad intellectum hominum vel utilitatem eorum, sed ad intellectum solius dei et ad laudem eius. sed per prophetiam ordinatur aliquis et ad deum et ad proximum. unde est perfectius donum.
ra3 ‘ Ad tertium dicendum quod revelatio prophetica se extendit ad omnia supernaturalia cognoscenda. unde ex eius perfectione contingit quod in statu imperfectionis huius vitae non potest haberi perfecte per modum habitus, sed imperfecte per modum passionis cuiusdam. sed donum linguarum se extendit ad cognitionem quandam particularem, scilicet vocum humanarum. et ideo non repugnat imperfectioni huius vitae quod perfecte et habitualiter habeatur.
ra4 ‘ Ad quartum dicendum quod interpretatio sermonum potest reduci ad donum prophetiae, inquantum scilicet mens illuminatur ad intelligendum et exponendum quaecumque sunt in sermonibus obscura, sive propter difficultatem rerum significatarum, sive etiam propter ipsas voces ignotas quae proferuntur, sive etiam propter similitudines rerum adhibitas; * secundum illud dan. v, ° audivi de te quod possis obscura interpretari et ligata dissolvere. ‘ unde interpretatio sermonum est potior quam donum linguarum, * ut patet per id quod apostolus dicit, i ad cor. xiv, ° maior est qui prophetat quam qui loquitur linguis, nisi forte interpretetur. ‘ postponitur autem interpretatio sermonum dono linguarum, quia etiam ad interpretandum diversa linguarum genera interpretatio sermonum se extendit.

009 ST3 qu177 ar

pr ‘ Deinde considerandum est de gratia gratis data quae consistit in sermone, * de qua dicitur i ad cor. xii, ° alii datur per spiritum sermo sapientiae, alii sermo scientiae. ‘ et circa hoc quaeruntur duo. primo, utrum in sermone consistat aliqua gratia gratis data. secundo, quibus haec gratia competit.

009 ST3 qu177 ar1

ag1 ‘ Ad primum sic proceditur. videtur quod in sermone non consistat aliqua gratia gratis data. gratia enim datur ad id quod excedit facultatem naturae. sed ex naturali ratione adinventa est ars rhetorica, per quam aliquis potest “ sic dicere ut doceat, ut delectet, ut flectat, * sicut augustinus dicit, in iv de doct. christ.. ‘ hoc autem pertinet ad gratiam sermonis. ergo videtur quod gratia sermonis non sit gratia gratis data.
ag2 ‘ Praeterea, omnis gratia ad regnum dei pertinet. * sed apostolus dicit, i ad cor. iv, ° non in sermone est regnum dei, sed in virtute. ‘ ergo in sermone non consistit aliqua gratia gratis data.
ag3 ‘ Praeterea, nulla gratia datur ex meritis, quia si ex operibus, iam non est gratia, * ut dicitur rom. xi. ‘ sed sermo datur alicui ex meritis, * dicit enim gregorius, exponens illud psalmi, ° ne auferas de ore meo verbum veritatis, quod verbum veritatis omnipotens deus facientibus tribuit, et non facientibus tollit. ‘ ergo videtur quod donum sermonis non sit gratia gratis data.
ag4 ‘ Praeterea, sicut necesse est quod homo per sermonem pronuntiet ea quae pertinent ad donum sapientiae vel scientiae, ita etiam ea quae pertinent ad virtutem fidei. ergo, si ponitur sermo sapientiae et sermo scientiae gratia gratis data, pari ratione deberet poni sermo fidei inter gratias gratis datas.
sc * Sed in contrarium est quod dicitur eccli. vi, “ lingua eucharis, idest gratiosa, in bono homine abundabit. ‘ sed bonitas hominis est ex gratia. ergo etiam et gratiositas sermonis.
co ‘ Respondeo dicendum quod gratiae gratis datae dantur ad utilitatem aliorum, * ut supra dictum est. ‘ cognitio autem quam aliquis a deo accipit, in utilitatem alterius converti non posset nisi mediante locutione. et quia spiritus sanctus non deficit in aliquo quod pertineat ad ecclesiae utilitatem, etiam providet membris ecclesiae in locutione, non solum ut aliquis sic loquatur ut a diversis possit intelligi, quod pertinet ad donum linguarum; sed etiam quod efficaciter loquatur, quod pertinet ad gratiam sermonis. et hoc tripliciter. primo quidem, ad instruendum intellectum, quod fit dum aliquis sic loquitur quod doceat. secundo, ad movendum affectum, ut scilicet libenter audiat verbum dei, quod fit dum aliquis sic loquitur quod auditores delectet. quod non debet aliquis quaerere propter favorem suum, sed ut homines alliciantur ad audiendum verbum dei. tertio, ad hoc quod aliquis amet ea quae verbis significantur, et velit ea implere, quod fit dum aliquis sic loquitur quod auditorem flectat. ad quod quidem efficiendum spiritus sanctus utitur lingua hominis quasi quodam instrumento, ipse autem est qui perficit operationem interius. * unde gregorius dicit, in homilia pentecostes, ° nisi corda auditorum spiritus sanctus repleat, ad aures corporis vox docentium incassum sonat.
ra1 ‘ Ad primum ergo dicendum quod, sicut miraculose deus quandoque operatur quodam excellentiori modo etiam ea quae natura potest operari, ita etiam spiritus sanctus excellentius operatur per gratiam sermonis id quod potest ars operari inferiori modo.
ra2 * Ad secundum dicendum quod apostolus ibi loquitur “ de sermone qui innititur humanae eloquentiae, absque virtute spiritus sancti. * unde praemisit, ° cognoscam, non sermonem eorum qui inflati sunt, sed virtutem. * et de seipso praemiserat supra, ii, ° sermo meus et praedicatio mea non fuit in persuasibilibus humanae sapientiae verbis, sed in ostensione spiritus et virtutis.
ra3 * Ad tertium dicendum quod, sicut dictum est, ‘ gratia sermonis datur alicui ad utilitatem aliorum. unde quandoque subtrahitur propter auditoris culpam, quandoque autem propter culpam ipsius loquentis. bona autem opera utriusque non merentur directe hanc gratiam, sed solum impediunt huius gratiae impedimenta. nam etiam gratia gratum faciens subtrahitur propter culpam, non tamen eam meretur aliquis per bona opera, per quae tamen tollitur gratiae impedimentum.
ra4 * Ad quartum dicendum quod, sicut dictum est, ‘ gratia sermonis ordinatur ad utilitatem aliorum. quod autem aliquis fidem suam aliis communicet, fit per sermonem scientiae seu sapientiae, * unde augustinus dicit, xiv de trin., quod ° scire quemadmodum fides et piis opituletur et contra impios defendatur, videtur apostolus scientiam appellare. ‘ et ideo non oportuit quod poneret sermonem fidei, sed sufficit ponere sermonem scientiae et sapientiae.

009 ST3 qu177 ar2

ag1 ‘ Ad secundum sic proceditur. videtur quod gratia sermonis sapientiae et scientiae pertineat etiam ad mulieres. ad huiusmodi enim gratiam pertinet doctrina, * sicut dictum est. ‘ sed docere competit mulieri, * dicitur enim prov. iv, ° unigenitus fui coram matre mea, et docebat me. ‘ ergo haec gratia competit mulieribus.
ag2 ‘ Praeterea, maior est gratia prophetiae quam gratia sermonis, sicut maior est contemplatio veritatis quam eius enuntiatio. sed prophetia conceditur mulieribus, * sicut legitur iudic. iv de debbora; et iv reg. xxii, de holda, prophetissa, uxore sellum; et act. xxi, de quatuor filiabus philippi. apostolus etiam dicit, i ad cor. xi, ° omnis mulier orans aut prophetans, etc.. ‘ ergo videtur quod multo magis gratia sermonis competit mulieri.
ag3 * Praeterea, i petri iv dicitur, ° unusquisque, sicut accepit gratiam, in alterutrum illam administrantes. ‘ sed quaedam mulieres accipiunt gratiam sapientiae et scientiae, quam non possunt aliis administrare nisi per gratiam sermonis. ergo gratia sermonis competit mulieribus.
sc ‘ Sed contra est quod * apostolus dicit, i ad cor. xiv, ° mulieres in ecclesiis taceant; * et i ad tim. ii, ° docere mulieri non permitto. ‘ hoc autem praecipue pertinet ad gratiam sermonis. ergo gratia sermonis non competit mulieribus.
co ‘ Respondeo dicendum quod sermone potest aliquis uti dupliciter. uno modo, private ad unum vel paucos, familiariter colloquendo. et quantum ad hoc, gratia sermonis potest competere mulieribus. alio modo, publice alloquendo totam ecclesiam. et hoc mulieri non conceditur. primo quidem, et principaliter, propter conditionem feminei sexus, qui debet esse subditus viro, * ut patet gen. iii. ‘ docere autem et persuadere publice in ecclesia non pertinet ad subditos, sed ad praelatos. magis tamen viri subditi ex commissione possunt exequi, quia non habent huiusmodi subiectionem ex naturali sexu, sicut mulieres, sed ex aliquo accidentaliter supervenienti. secundo, ne animi hominum alliciantur ad libidinem. * dicitur enim eccli. ix, ° colloquium illius quasi ignis exardescit. ‘ tertio, quia, ut communiter, mulieres non sunt in sapientia perfectae, ut eis possit convenienter publica doctrina committi.
ra1 * Ad primum ergo dicendum quod illa auctoritas loquitur ‘ de doctrina privata, qua mater filium erudit.
ra2 ‘ Ad secundum dicendum quod gratia prophetiae attenditur secundum mentem illuminatam a deo, ex qua parte non est in hominibus sexuum differentia, * secundum illud coloss. iii, ° induentes novum hominem, qui renovatur secundum imaginem eius qui creavit eum, ibi non est masculus et femina. ‘ sed gratia sermonis pertinet ad instructionem hominum, inter quos differentia sexuum invenitur. unde non est similis ratio de utroque.
ra3 ‘ Ad tertium dicendum quod gratiam divinitus acceptam diversimode aliqui administrant, secundum diversitatem conditionis ipsorum. unde mulieres, si gratiam sapientiae aut scientiae habeant, possunt eam administrare secundum privatam doctrinam, non autem secundum publicam.

009 ST3 qu178 ar

pr ‘ Deinde considerandum est de gratia miraculorum. et circa hoc quaeruntur duo. primo, utrum sit aliqua gratia gratis data faciendi miracula. secundo, quibus conveniat.

009 ST3 qu178 ar1

ag1 ‘ Ad primum sic proceditur. videtur quod nulla gratia gratis data ordinetur ad miracula facienda. omnis enim gratia ponit aliquid in eo cui datur. sed operatio miraculorum non ponit aliquid in anima hominis cui datur, quia etiam ad tactum corporis mortui miracula fiunt; * sicut legitur iv reg. xiii, quod ° quidam proiecerunt cadaver in sepulcro elisei, quod cum tetigisset ossa elisei, revixit homo et stetit super pedes suos. ‘ ergo operatio miraculorum non pertinet ad gratiam gratis datam.
ag2 ‘ Praeterea, gratiae gratis datae sunt a spiritu sancto, * secundum illud i ad cor. xii, ° divisiones gratiarum sunt, idem autem spiritus. ‘ sed operatio miraculorum fit etiam a spiritu immundo, * secundum illud matth. xxiv, ° surgent pseudochristi et pseudoprophetae, et dabunt signa et prodigia magna. ‘ ergo videtur quod operatio miraculorum non pertineat ad gratiam gratis datam.
ag3 ‘ Praeterea, miracula distinguuntur per signa et prodigia sive portenta, et per virtutes. inconveniente ergo ponitur operatio virtutum potius gratia gratis data quam operatio prodigiorum sive signorum.
ag4 ‘ Praeterea, miraculosa reparatio sanitatis per divinam virtutem fit. ergo non debet distingui gratia sanitatum ab operatione virtutum.
ag5 ‘ Praeterea, operatio miraculorum consequitur fidem, vel facientis, * secundum illud i ad cor. xiii, ° si habuero omnem fidem, ita ut montes transferam; ‘ sive etiam aliorum, propter quos miracula fiunt, * unde dicitur matth. xiii, ° et non fecit ibi virtutes multas, propter incredulitatem illorum. ‘ si ergo fides ponitur gratia gratis data, superfluum est praeter hoc ponere aliam gratiam gratis datam operationem signorum.
sc ‘ Sed contra est quod * apostolus, i ad cor. xii, inter alias gratias gratis datas, dicit, ° alii datur gratia sanitatum, alii operatio virtutum.
co * Respondeo dicendum quod, sicut supra dictum est, ‘ spiritus sanctus sufficienter providet ecclesiae in his quae sunt utilia ad salutem, ad quod ordinantur gratiae gratis datae. sicut autem oportet quod notitia quam quis divinitus accipit, in notitiam aliorum deducatur per donum linguarum et per gratiam sermonis; ita necesse est quod sermo prolatus confirmetur, ad hoc quod credibilis fiat. hoc autem fit per operationem miraculorum, * secundum illud marci ult., ° et sermonem confirmante sequentibus signis. ‘ et hoc rationabiliter. naturale enim est homini ut veritatem intelligibilem per sensibiles effectus deprehendat. unde sicut ductu naturalis rationis homo pervenire potest in aliquam dei notitiam per effectus naturales, ita per aliquos supernaturales effectus, qui miracula dicuntur, in aliquam supernaturalem cognitionem credendorum homo adducitur. et ideo operatio miraculorum pertinet ad gratiam gratis datam.
ra1 ‘ Ad primum ergo dicendum quod, sicut prophetia se extendit ad omnia quae supernaturaliter cognosci possunt, ita operatio virtutum se extendit ad omnia quae supernaturaliter fieri possunt. quorum quidem causa est divina omnipotentia, quae nulli creaturae communicari potest. et ideo impossibile est quod principium operandi miracula sit aliqua qualitas habitualiter manens in anima. sed tamen hoc potest contingere, quod sicut mens prophetae movetur ex inspiratione divina ad aliquid supernaturaliter cognoscendum, ita etiam mens miracula facientis moveatur ad faciendum aliquid ad quod sequitur effectus miraculi, quod deus sua virtute facit. quod quandoque quidem fit praecedente oratione, sicut cum petrus tabitham mortuam suscitavit, * ut habetur act. ix, ‘ quandoque etiam non praecedente manifesta oratione, sed deo ad nutum hominis operante, sicut petrus ananiam et saphiram mentientes morti increpando tradidit, * ut dicitur act. v. unde gregorius dicit, in ii dialog., quod ° sancti aliquando ex potestate, aliquando exhibent miracula ex postulatione. ‘ utrobique tamen modo deus principaliter operatur, qui utitur instrumentaliter vel interiori motu hominis, vel eius locutione, vel etiam aliquo exteriori, actu, seu etiam aliquo contactu corporali corporis, etiam mortui. |25| * unde iosue x, cum iosue dixisset, quasi ex potestate, sol, contra gabaon non movearis, subditur postea, ° non fuit antea et post tam longa dies, obediente deo voci hominis.
ra2 ‘ Ad secundum dicendum quod ibi loquitur dominus de miraculis quae fienda sunt tempore antichristi, * de quibus apostolus dicit, ii ad thessal. ii, quod ° adventus antichristi erit secundum operationem satanae, in omni virtute et signis et prodigiis mendacibus. * et sicut augustinus dicit, xx de civ. dei, ° ambigi solet utrum propterea dicta sint signa et prodigia mendacii quoniam mortales sensus per phantasmata decepturus est, ut quod non facit, facere videatur, an quia illa, etiam si erunt vera prodigia, ad mendacium pertrahent ‘ vera autem dicuntur, quia ipsae res verae erunt, sicut magi pharaonis fecerunt veras ranas et veros serpentes. non autem habebunt veram rationem miraculi, quia fient virtute naturalium causarum, * sicut in prima parte dictum est. ‘ sed operatio miraculorum quae attribuitur gratiae gratis datae, fit virtute divina, ad hominum utilitatem.
ra3 ‘ Ad tertium dicendum quod in miraculis duo possunt attendi. unum quidem est id quod fit, quod quidem est aliquid excedens facultatem naturae. et secundum hoc, miracula dicuntur virtutes. aliud est id propter quod miracula fiunt, scilicet ad manifestandum aliquid supernaturale. et secundum hoc, communiter dicuntur signa, propter excellentiam autem, dicuntur portenta vel prodigia, quasi procul aliquid ostendentia.

ra4 ‘ Ad quartum dicendum quod gratia sanitatum commemoratur seorsum, quia per eam confertur homini aliquod beneficium, scilicet corporalis sanitatis, praeter beneficium commune quod exhibetur in omnibus miraculis, ut scilicet homines adducantur in dei notitiam.
ra5 ‘ Ad quintum dicendum quod operatio miraculorum attribuitur fidei propter duo. primo quidem, quia ordinatur ad fidei confirmationem. secundo, quia procedit ex dei omnipotentia, cui fides innititur. et tamen, sicut praeter gratiam fidei necessaria est gratia sermonis ad fidei instructionem, ita etiam necessaria est operatio miraculorum ad fidei confirmationem.

009 ST3 qu178 ar2

ag1 ‘ Ad secundum sic proceditur. videtur quod mali non possint facere miracula. miracula enim perpetrantur per orationem, * sicut dictum est. ‘ sed oratio peccatoris non est exaudibilis, * secundum illud ioan. ix, scimus quia peccatores deus non audit. et prov. xxviii dicitur, ° qui declinat aurem suam ne audiat legem, oratio sua erit execrabilis. ‘ ergo videtur quod mali miracula facere non possint.
ag2 ‘ Praeterea, miracula attribuuntur fidei, * secundum illud matth. xvii, ° si habueritis fidem sicut granum sinapis, dicetis monti huic, transi hinc, et transibit. ‘ fides autem sine operibus mortua est, * ut dicitur iac. ii, ‘ et sic non videtur quod habeat propriam operationem. ergo videtur quod mali, qui non sunt bonorum operum, miracula facere non possunt.
ag3 ‘ Praeterea, miracula sunt quaedam divina testimonia, * secundum illud heb. ii, ° contestante deo signis et portentis et variis virtutibus. ‘ unde et in ecclesia aliqui canonizantur per testimonia miraculorum. sed deus non potest esse testis falsitatis. ergo videtur quod mali homines non possint miracula facere.
ag4 ‘ Praeterea, boni sunt deo coniunctiores quam mali. sed non omnes boni faciunt miracula. ergo multo minus mali faciunt.
sc * Sed contra est quod apostolus dicit, i ad cor. xiii, ° si habuero omnem fidem, ita ut montes transferam, caritatem autem non habuero, nihil sum. ‘ sed quicumque non habet caritatem, est malus, quia ° hoc solum donum spiritus sancti est quod dividit inter filios regni et filios perditionis, * ut augustinus dicit, xv de trin.. ‘ ergo videtur quod etiam mali possunt miracula facere.
co ‘ Respondeo dicendum quod miraculorum aliqua quidem non sunt vera, sed phantastica facta, quibus scilicet ludificatur homo, ut videatur ei aliquid quod non est. quaedam vero sunt vera facta, sed non vere habent rationem miraculi, quae fiunt virtute aliquarum naturalium causarum. et haec duo possunt fieri per daemones, * ut supra dictum est. ‘ sed vera miracula non possunt fieri nisi virtute divina, operatur enim ea deus ad hominum utilitatem. et hoc dupliciter, uno quidem modo, ad veritatis praedicatae confirmationem; alio modo, ad demonstrationem sanctitatis alicuius quem deus vult hominibus proponere in exemplum virtutis. primo autem modo, miracula possunt fieri per quemcumque qui veram fidem praedicat et nomen christi invocat, quod etiam interdum per malos fit. et secundum hunc modum, etiam mali possunt miracula facere. * unde super illud matth. vii, nonne in nomine tuo prophetavimus etc. dicit hieronymus, ° prophetare, vel virtutes facere et daemonia eiicere, interdum non est eius meriti qui operatur, sed invocatio nominis christi hoc agit, ut homines deum honorent, ad cuius invocationem fiunt tanta miracula. ‘ secundo autem modo, non fiunt miracula nisi a sanctis, ad quorum sanctitatem demonstrandam miracula fiunt vel in vita eorum vel etiam post mortem, sive per eos sive per alios. |25| * legitur enim act. xix, quod ° deus faciebat virtutes per manus pauli, et etiam desuper languidos deferebantur a corpore eius sudaria, et recedebant ab eis languores. ‘ et sic etiam nihil prohibet per aliquem peccatorem miracula fieri ad invocationem alicuius sancti. quae tamen miracula non dicitur ille facere, sed ille ad cuius sanctitatem demonstrandam haec fierent.
ra1 ‘ Ad primum ergo dicendum quod, * sicut supra dictum est, cum de oratione ageretur, ‘ oratio in impetrando non innititur merito, sed divinae misericordiae, quae etiam ad malos se extendit. et ideo etiam quandoque peccatorum oratio a deo exauditur. * unde augustinus dicit, super ioan., quod ° illud verbum caecus locutus est quasi adhuc inunctus, “ idest nondum perfecte illuminatus, nam peccatores exaudit deus. quod autem dicitur quod oratio non audientis legem est execrabilis, ‘ intelligendum est quantum est ex merito peccatoris. sed interdum impetrat ex misericordia dei, vel propter salutem eius qui orat, sicut auditus est publicanus, * ut dicitur luc. xviii; ‘ vel etiam propter salutem aliorum et gloriam dei.
ra2 ‘ Ad secundum dicendum quod fides sine operibus dicitur esse mortua quantum ad ipsum credentem, qui per eam non vivit vita gratiae. nihil autem prohibet quod res viva operetur per instrumentum mortuum, sicut homo operatur per baculum. et hoc modo deus operatur per fidem hominis peccatoris instrumentaliter.
ra3 ‘ Ad tertium dicendum quod miracula semper sunt vera testimonia eius ad quod inducuntur. unde a malis qui falsam doctrinam enuntiant, nunquam fiunt vera miracula ad confirmationem suae doctrinae, quamvis quandoque fieri possint ad commendationem nominis christi, quod invocant, et virtute sacramentorum quae exhibent. ab his autem qui veram doctrinam enuntiant, fiunt quandoque vera miracula ad confirmationem doctrinae, non autem ad testificationem sanctitatis. * unde augustinus dicit, in libro octoginta trium quaest., ° aliter magi faciunt miracula, aliter boni christiani, aliter mali, magi per privatos contractus cum daemonibus, boni christiani per publicam iustitiam, mali christiani per signa publicae iustitiae.
ra4 * Ad quartum dicendum quod, sicut augustinus ibidem dicit, ° ideo non omnibus sanctis ista attribuuntur, ne perniciosissimo errore decipiantur infirmi, aestimantes in talibus factis esse maiora dona quam in operibus iustitiae, quibus vita aeterna comparatur.

009 ST3 qu179 ar

pr ‘ Consequenter considerandum est de vita activa et contemplativa. ubi quadruplex consideratio occurrit, quarum prima est de divisione vitae per activam et contemplativam; secunda, de vita contemplativa; tertia, de vita activa; quarta, de comparatione vitae activae ad contemplativam. circa primum quaeruntur duo. primo, utrum vita convenienter dividatur per activam et contemplativam. secundo, utrum divisio sit sufficiens.

009 ST3 qu179 ar1

ag1 ‘ Ad primum sic proceditur. videtur quod vita non convenienter dividatur per activam et contemplativam. anima enim est principium vitae per suam essentiam, * dicit enim philosophus, in ii de anima, quod “ vivere viventibus est esse. ‘ actionis autem et contemplationis principium est anima per suas potentias. ergo videtur quod vita non convenienter dividatur per activam et contemplativam.
ag2 ‘ Praeterea, inconvenienter dividitur prius per differentias posterioris. activum autem et contemplativum, sive speculativum et practicum, sunt differentiae intellectus, * ut patet in iii de anima. ‘ vivere autem est prius quam intelligere, nam vivere inest viventibus primo secundum animam vegetabilem, * ut patet per philosophum, in ii de anima. ‘ ergo inconvenienter dividitur vita per activam et contemplativam.
ag3 ‘ Praeterea, nomen vitae importat motum, * ut patet per dionysium, vi cap. de div. nom.. sed ‘ contemplatio consistit magis in quiete, * secundum illud sap. viii, ° intrans in domum meam, conquiescam cum illa. ‘ ergo videtur quod vita non convenienter dividatur per activam et contemplativam.
sc * Sed contra est quod gregorius, super ezech., dicit, ° duae sunt vitae in quibus nos omnipotens deus per sacrum eloquium erudit, activa videlicet et contemplativa.
co ‘ Respondeo dicendum quod illa proprie dicuntur viventia quae ex seipsis moventur seu operantur. illud autem maxime convenit alicui secundum seipsum, quod est proprium ei, et ad quod maxime inclinatur. et ideo unumquodque vivens ostenditur vivere ex operatione sibi maxime propria, ad quam maxime inclinatur, sicut plantarum vita dicitur in hoc consistere quod nutriuntur et generant; animalium vero in hoc quod sentiunt et moventur; hominum vero in hoc quod intelligunt et secundum rationem agunt. unde etiam et in hominibus vita uniuscuiusque hominis videtur esse id in quo maxime delectatur, et cui maxime intendit, et in hoc praecipue vult quilibet convivere amico, * ut dicitur in ix ethic.. ‘ quia ergo quidam homines praecipue intendunt contemplationi veritatis, quidam principaliter intendunt exterioribus actionibus, inde est quod vita hominis convenienter dividitur per activam et contemplativam.
ra1 ‘ Ad primum ergo dicendum quod propria forma uniuscuiusque faciens ipsum esse in actu, est principium propriae operationis ipsius. et ideo vivere dicitur esse viventium ex eo quod viventia per hoc quod habent esse per suam formam, tali modo operantur.
ra2 ‘ Ad secundum dicendum quod vita universaliter sumpta non dividitur per activam et contemplativam, sed vita hominis, qui speciem sortitur ex hoc quod habet intellectum. et ideo eadem est divisio intellectus et vitae humanae.
ra3 ‘ Ad tertium dicendum quod contemplatio habet quidem quietem ab exterioribus motibus, nihilominus tamen ipsum contemplari est quidam motus intellectus, prout quaelibet operatio dicitur motus; * secundum quod philosophus dicit, in iii de anima, quod “ sentire et intelligere sunt motus quidam, prout motus dicitur actus perfecti. * et hoc modo dionysius, iv cap. de div. nom., ponit “ tres motus animae contemplantis, scilicet rectum, circularem et obliquum.

009 ST3 qu179 ar2

ag1 ‘ Ad secundum sic proceditur. videtur quod vita non sufficienter dividatur per activam et contemplativam. * philosophus enim, in i ethic. dicit quod “ tres sunt vitae maxime excellentes, scilicet voluptuosa, civilis, quae videtur esse eadem activae, et contemplativa. ‘ insufficienter ergo dividitur vita per activam et contemplativam.
ag2 * Praeterea, augustinus, xix de civ. dei, ponit “ tria vitae genera, scilicet otiosum, quod pertinet ad contemplationem; actuosum, quod pertinet ad vitam activam; et addit tertium ex utroque compositum. ‘ ergo videtur quod insufficienter dividatur vita per activam et contemplativam.
ag3 ‘ Praeterea, vita hominis diversificatur secundum quod homines diversis actionibus student. sed plura quam duo sunt humanarum actionum studia. ergo videtur quod vita debeat in plura membra dividi quam in activum et contemplativum.
sc ‘ Sed contra est quod istae duae vitae significantur per duas uxores iacob, activa quidem per liam, contemplativa vero per rachelem; et per duas mulieres quae dominum hospitio receperunt, contemplativa quidem per mariam, activa vero per martham; * ut gregorius dicit, in vi moral.. ‘ non autem esset haec congrua significatio si essent plures quam duae vitae. ergo sufficienter dividitur vita per activam et contemplativam.
co * Respondeo dicendum quod, sicut dictum est, ‘ divisio ista datur de vita humana, quae quidem attenditur secundum intellectum. intellectus autem dividitur per activum et contemplativum, quia finis intellectivae cognitionis vel est ipsa cognitio veritatis, quod pertinet ad intellectum contemplativum; vel est aliqua exterior actio, quod pertinet ad intellectum practicum sive activum. et ideo vita etiam sufficienter dividitur per activam et contemplativam.
ra1 ‘ Ad primum ergo dicendum quod vita voluptuosa ponit finem in delectatione corporali, quae communis est nobis et brutis. * unde, sicut philosophus ibidem dicit, “ est vita bestialis. ‘ propter quod, non comprehenditur sub praesenti divisione, prout vita humana dividitur in activam et contemplativam.
ra2 ‘ Ad secundum dicendum quod media conficiuntur ex extremis, et ideo virtute continentur in eis, sicut tepidum in calido et frigido, et pallidum in albo et nigro. et similiter sub activo et contemplativo comprehenditur id quod est ex utroque compositum. et tamen, sicut in quolibet mixto praedominatur aliquod simplicium, ita etiam in medio genere vitae superabundat quandoque quidem contemplativum, quandoque vero activum.
ra3 ‘ Ad tertium dicendum quod omnia studia humanarum actionum, si ordinentur ad necessitatem praesentis vitae secundum rationem rectam, pertinent ad vitam activam, quae per ordinatas actiones consulit necessitati vitae praesentis. si autem deserviant concupiscentiae cuicumque, pertinent ad vitam voluptuosam, quae non continetur sub vita activa. humana vero studia quae ordinantur ad considerationem veritatis, pertinent ad vitam contemplativam.

009 ST3 qu180 ar

pr ‘ Deinde considerandum est de vita contemplativa. et circa hoc quaeruntur octo. primo, utrum vita contemplativa pertineat tantum ad intellectum, an consistat etiam in affectu. secundo, utrum ad vitam contemplativam pertineant virtutes morales. tertio, utrum vita contemplativa consistat solum in uno actu, aut in pluribus. quarto, utrum ad vitam contemplativam pertineat consideratio cuiuscumque veritatis. quinto, utrum vita contemplativa hominis in hoc statu possit elevari usque ad dei visionem. sexto, de motibus contemplationis * quos dionysius assignat, quarto capitulo de divinis nominibus. ‘ septimo, de delectatione contemplationis. octavo, de duratione contemplationis.

009 ST3 qu180 ar1

ag1 ‘ Ad primum sic proceditur. videtur quod vita contemplativa nihil habeat in affectu, sed totum in intellectu. * dicit enim philosophus, in ii metaphys., quod ° finis contemplationis est veritas. ‘ veritas autem pertinet ad intellectum totaliter. ergo videtur quod vita contemplativa totaliter in intellectu consistat.
ag2 * Praeterea, gregorius dicit, in vi moral., quod ° rachel, quae interpretatur visum principium, vitam contemplativam significat. ‘ sed visio principii pertinet proprie ad intellectum. ergo vita contemplativa proprie ad intellectum pertinet.
ag3 * Praeterea, gregorius dicit, super ezech., quod “ ad vitam contemplativam pertinet ab exteriori actione quiescere. ‘ sed vis affectiva sive appetitiva inclinat ad exteriores actiones. ergo videtur quod vita contemplativa non pertineat aliquo modo ad vim appetitivam.
sc * Sed contra est quod gregorius ibidem dicit, quod ° contemplativa vita est caritatem dei et proximi tota mente retinere, et soli desiderio conditoris inhaerere. ‘ sed desiderium et amor ad vim affectivam sive appetitivam pertinet, * ut supra habitum est. ‘ ergo etiam vita contemplativa habet aliquid in vi affectiva sive appetitiva.
co * Respondeo dicendum quod, sicut dictum est, ‘ vita contemplativa illorum esse dicitur qui principaliter intendunt ad contemplationem veritatis. intentio autem est actus voluntatis, * ut supra habitum est, ‘ quia intentio est de fine, qui est voluntatis obiectum. et ideo vita contemplativa, quantum ad ipsam essentiam actionis, pertinet ad intellectum, quantum autem ad id quod movet ad exercendum talem operationem, pertinet ad voluntatem, quae movet om-

nes alias potentias, et etiam intellectum, ad suum actum, *ut supra dictum est. ‘movet autem vis appetitiva ad aliquid inspiciendum, vel sensibiliter vel intelligibiliter, quandoque quidem propter amorem rei visae, quia, * ut dicitur matth. vi, ubi est thesaurus tuus, ibi est et cor tuum, ‘quandoque autem propter amorem ipsius cognitionis quam quis ex inspectione consequitur. *et propter hoc gregorius constituit ‘vitam contemplativam in caritate dei, inquantum scilicet aliquis ex dilectione dei inardescit ad eius pulchritudinem conspiciendam. et quia unusquisque delectatur cum adeptus fuerit id quod amat, ideo vita contemplativa terminatur ad delectationem, quae est in affectu, |25| ex qua etiam amor intenditur.

ra1 ‘ Ad primum ergo dicendum quod ex hoc ipso quod veritas est finis contemplationis, habet rationem boni appetibilis et amabilis et delectantis. et secundum hoc pertinet ad vim appetitivam.

ra2 ‘ Ad secundum dicendum quod ad ipsam visionem primi principii, scilicet dei, incitat amor ipsius. unde * gregorius dicit, super ezech., quod ° vita contemplativa, calcatis curis omnibus, ad videndam faciem sui creatoris inardescit.

ra3 ‘ Ad tertium dicendum quod vis appetitiva movet non solum membra corporalia ad exteriores actiones exercendas, sed etiam intellectum ad exercendum operationem contemplationis, *ut dictum est.

009 ST3 qu180 ar2

ag1 ‘ Ad secundum sic proceditur. videtur quod virtutes morales pertineant ad vitam contemplativam. * dicit enim gregorius, super ezech., quod ° contemplativa vita est caritatem quidem dei et proximi tota mente retinere. ‘sed omnes virtutes morales, de quarum actibus dantur praecepta legis, reducuntur ad dilectionem dei et proximi, quia plenitudo legis est dilectio, *ut dicitur rom. xiii. ‘ergo videtur quod virtutes morales pertineant ad vitam contemplativam.

ag2 ‘ Praeterea, contemplativa vita praecipue ordinatur ad dei contemplationem, * dicit enim gregorius, super ezech., ° quod, calcatis curis omnibus, ad videndum faciem sui creatoris inardescit. ‘sed ad hoc nullus potest pervenire nisi per munditiam, quam causat virtus moralis, *dicitur enim matth. v, ° beati mundo corde, quoniam ipsi deum videbunt; et *heb. xii, ° pacem sequimini cum omnibus, et sanctimoniam, sine qua nemo videbit deum. ‘ergo videtur quod virtutes morales pertineant ad vitam contemplativam.

ag3 * Praeterea, gregorius dicit, super ezech., quod ° contemplativa vita speciosa est in animo ‘ unde significatur per rachelem, * de qua dicitur, gen. xxix, “ quod erat pulchra facie. ‘sed pulchritudo animi attenditur secundum virtutes morales, et praecipue secundum temperantiam, * ut ambrosius dicit, in i de offic.. ‘ ergo videtur quod virtutes morales pertineant ad vitam contemplativam.

sc ‘ Sed contra est quod virtutes morales ordinantur ad exteriores actiones. *sed gregorius dicit, in vi moral., quod “ ad contemplativam vitam pertinet ab exteriori actione quiescere. ‘ergo virtutes morales non pertinent ad vitam contemplativam.

co ‘ Respondeo dicendum quod ad vitam contemplativam potest aliquid pertinere dupliciter, uno modo, essentialiter; alio modo, dispositive. essentialiter quidem virtutes morales non pertinent ad vitam contemplativam. quia finis contemplativae vitae est consideratio veritatis. ad virtutes autem morales scire quidem, quod pertinet ad considerationem veritatis, parvam potestatem habet, * ut philosophus dicit, in ii ethic.. unde et ipse, in x ethic., ‘virtutes morales dicit pertinere ad felicitatem activam, non autem ad contemplativam. dispositive autem virtutes morales pertinent ad vitam contemplativam. impeditur enim actus contemplationis, in quo essentialiter consistit vita contemplativa, et per vehementiam passionum, per quam abstrahitur intentio animae ab intelligibilibus ad sensibilia; et per tumultus exteriores. virtutes autem morales impediunt vehementiam passionum, et sedant exteriorum occupationum tumultus. et ideo virtutes morales dispositive ad vitam contemplativam pertinent.

ra1 * Ad primum ergo dicendum quod, sicut dictum est, ‘ vita contemplativa habet motivum ex parte affectus, et secundum hoc dilectio dei et proximi requiritur ad vitam contemplativam. causae autem moventes non intrant essentiam rei, sed disponunt et perficiunt rem. unde non sequitur quod virtutes morales essentialiter pertineant ad vitam contemplativam.

ra2 ‘ Ad secundum dicendum quod sanctimonia, idest munditia, causatur ex virtutibus quae sunt circa passiones impedientes puritatem rationis. pax autem causatur ex iustitia, quae est circa operationes, * secundum illud isaiae xxxii, opus iustitiae pax, ‘ inquantum scilicet ille qui ab iniuriis aliorum abstinet, subtrahit litigiorum et tumultuum occasiones. et sic virtutes morales disponunt ad vitam contemplativam, inquantum causant pacem et munditiam.

ra3 ‘ Ad tertium dicendum quod pulchritudo, * sicut supra dictum est, ‘consistit in quadam claritate et debita proportione. utrumque autem horum radicaliter in ratione invenitur, ad quam pertinet et lumen manifestans, et proportionem debitam in aliis ordinare. et ideo in vita contemplativa, quae consistit in actu rationis, per se et essentialiter invenitur pulchritudo. * unde sap. viii de contemplatione sapientiae dicitur, ° amator factus sum formae illius. ‘ in virtutibus autem moralibus invenitur pulchritudo participative, inquantum scilicet participant ordinem rationis, et praecipue in temperantia, quae reprimit concupiscentias maxime lumen rationis obscurantes. et inde est quod virtus castitatis maxime reddit hominem aptum ad contemplationem, inquantum delectationes venereae maxime deprimunt mentem ad sensibilia, *ut augustinus dicit, in libro soliloquiorum.

009 ST3 qu180 ar3

ag1 ‘ Ad tertium sic proceditur. videtur quod ad vitam contemplativam pertineant diversi actus. * richardus enim de sancto victore distinguit ° inter contemplationem, meditationem et cogitationem. ‘ sed omnia ista videntur ad vitam contemplativam pertinere. ergo videtur quod vitae contemplativae sint diversi actus.

ag2 * Praeterea, apostolus, ii ad cor. iii, dicit, ° nos autem, revelata facie gloriam domini speculantes, transformamur in eandem claritatem. ‘sed hoc pertinet ad vitam contemplativam. ergo, praeter tria praedicta, etiam speculatio ad vitam contemplativam pertinet.

ag3 * Praeterea, bernardus dicit, in libro de consid., quod ° prima et maxima contemplatio est admiratio maiestatis. ‘ sed admiratio, * secundum damascenum, ‘ponitur species timoris. ergo videtur quod plures actus ad vitam contemplativam requirantur.

ag4 ‘ Praeterea, ad vitam contemplativam pertinere dicuntur oratio, lectio et meditatio. pertinet etiam ad vitam contemplativam auditus, nam de maria, per quam vita contemplativa significatur, * dicitur, luc. x, quod ° sedens secus pedes domini, audiebat verba illius. ‘ ergo videtur quod plures actus ad vitam contemplativam requirantur.

sc ‘ Sed contra est quod vita hic dicitur operatio cui homo principaliter intendit. si igitur sunt plures operationes vitae contemplativae, non erit una vita contemplativa, sed plures.

co ‘ Respondeo dicendum quod de vita contemplativa nunc loquimur secundum quod ad hominem pertinet. haec est autem differentia inter hominem et angelum, * ut patet per dionysium, vii cap. de div. nom., quod ‘ angelus simplici apprehensione veritatem intuetur, homo autem quodam processu ex multis pertingit ad intuitum simplicis veritatis. sic igitur vita contemplativa unum quidem actum habet in quo finaliter perficitur, scilicet contemplationem veritatis, a quo habet unitatem, habet autem multos actus quibus pervenit ad hunc actum finalem. quorum quidam pertinent ad acceptionem principiorum, ex quibus procedit ad contemplationem veritatis; alii autem pertinent ad deductionem principiorum in veritatem cuius cognitio inquiritur; ultimus autem completivus actus est ipsa contemplatio veritatis.

ra1 ‘ Ad primum ergo dicendum quod cogitatio, * secundum richardum de sancto victore, ‘ pertinere videtur ad multorum inspectionem, ex quibus aliquis colligere intendit unam simplicem veritatem. unde sub cogitatione comprehendi possunt et perceptiones sensuum, ad cognoscendum aliquos effectus; et imaginationes; et discursus rationis circa diversa signa, vel quaecumque perducentia in cognitionem veritatis intentae. * quamvis secundum augustinum, xiv de trin., “ cogitatio dici possit omnis actualis operatio intellectus. ‘ meditatio vero pertinere videtur ad processum rationis ex principiis aliquibus pertingentis ad veritatis alicuius contemplationem. et ad idem pertinet consideratio, * secundum bernardum. quamvis secundum philosophum, in ii de anima, “ omnis operatio intellectus consideratio dicatur. sed ‘ contemplatio pertinet ad ipsum simplicem intuitum veritatis. * unde idem richardus dicit quod ° contemplatio est perspicax et liber animi contuitus in res perspiciendas; meditatio autem est intuitus animi in veritatis inquisitione occupatus; cogitatio autem est animi respectus ad evagationem pronus.

ra2 * Ad secundum dicendum quod, sicut dicit glossa augustini ibidem, ° speculantes dicit a speculo, non a specula. ‘videre autem aliquid per speculum est videre causam per effectum, in quo eius similitudo relucet. unde speculatio ad meditationem reduci videtur.

ra3 ‘ Ad tertium dicendum quod admiratio est species timoris consequens apprehensionem alicuius rei excedentis nostram facultatem. unde admiratio est actus consequens contemplationem sublimis veritatis. * dictum est enim quod ‘ contemplatio in affectu terminatur.

ra4 ‘ Ad quartum dicendum quod homo ad cognitionem veritatis pertingit dupliciter. uno modo, per ea quae ab alio accipit. et sic quidem, quantum ad ea quae homo a deo accipit, necessaria est oratio, * secundum illud sap. vii, ° invocavi, et venit in me spiritus sapientiae. ‘ quantum vero ad ea quae accipit ab homine, necessarius est auditus, secundum quod accipit ex voce loquentis; et lectio, secundum quod accipit ex eo quod per scripturam est traditum. alio modo, necessarium est quod adhibeat proprium studium. et sic requiritur meditatio.

009 ST3 qu180 ar4

ag1 ‘ Ad quartum sic proceditur. videtur quod vita contemplativa non solum consistat in contemplatione dei, sed etiam in consideratione cuiuscumque veritatis. * dicitur enim in psalmo, ° mirabilia opera tua, et anima mea cognoscet nimis. ‘sed cognitio divinorum operum fit per aliquam veritatis contemplationem. ergo videtur quod ad vitam contemplativam pertineat non solum divinam veritatem, sed etiam quamlibet aliam contemplari.

ag2 * Praeterea, bernardus, in libro de consid., dicit quod ° prima contemplatio est admiratio maiestatis; secunda est iudiciorum dei; tertia est beneficiorum ipsius; quarta est promissorum. ‘ sed inter haec quatuor solum primum pertinet ad divinam veritatem, alia vero tria pertinent ad effectus ipsius. ergo vita contemplativa non solum consistit in consideratione divinae veritatis, sed etiam in consideratione veritatis circa divinos effectus.

ag3 * Praeterea richardus de sancto victore distinguit “ sex species contemplationum, quarum prima est secundum solam imaginationem, dum attendimus res corporales; secunda autem est in imaginatione secundum rationem, prout scilicet sensibilium ordinem et dispositionem consideramus; tertia est in ratione secundum imaginationem, quando scilicet per inspectionem rerum visibilium ad invisibilia sublevamur; quarta autem est in ratione secundum rationem, quando scilicet animus intendit invisibilibus, quae imaginatio non novit; quinta autem est supra rationem, quando ex divina revelatione cognoscimus quae humana ratione comprehendi non possunt; sexta autem est supra rationem et praeter rationem, quando scilicet ex divina illuminatione cognoscimus ea quae humanae rationi repugnare videntur, sicut ea quae dicuntur de mysterio trinitatis. ‘ sed solum ultimum videtur ad divinam veritatem pertinere. ergo contemplatio non solum respicit divinam veritatem, sed etiam eam quae in creaturis consideratur.

ag4 ‘ Praeterea, in vita contemplativa quaeritur contemplatio veritatis inquantum est perfectio hominis. sed quaelibet veritas est perfectio humani intellectus. ergo in qualibet contemplatione veritatis consistit vita contemplativa.

sc * Sed contra est quod gregorius dicit, in vi moral., quod ° in contemplatione principium, quod deus est, quaeritur.

co * Respondeo dicendum quod, sicut iam dictum est, ‘ ad vitam contemplativam pertinet aliquid principaliter; alio modo, secundario vel dispositive. principaliter quidem ad vitam contemplativam pertinet contemplatio divinae veritatis, quia huiusmodi contemplatio est finis totius humanae vitae. * unde augustinus dicit, in i de trin., quod ° contemplatio dei promittitur nobis actionum omnium finis, atque aeterna perfectio gaudiorum. ‘ quae quidem in futura vita erit perfecta, quando videbimus eum “ facie ad faciem, ‘ unde et perfecte beatos faciet. nunc autem contemplatio divinae veritatis competit nobis imperfecte, videlicet “ per speculum et in aenigmate, ‘ unde per eam fit nobis quaedam inchoatio beatitudinis, quae hic incipit ut in futuro terminetur. * unde et philosophus, in x ethic., ‘ in contemplatione optimi intelligibilis ponit ultimam felicitatem hominis. sed quia per divinos effectus in dei contemplationem manuducimur, |25| * secundum illud rom. i, ° invisibilia dei per ea quae facta sunt, intellecta, conspiciuntur, ‘ inde est quod etiam contemplatio divinorum effectuum secundario ad vitam contemplativam pertinet, prout scilicet ex hoc manuducitur homo in dei cognitionem. * unde augustinus dicit, in libro de vera relig., quod ° in creaturarum consideratione non vana et peritura curiositas est exercenda, sed gradus ad immortalia et semper manentia faciendus. * sic igitur ex praemissis patet quod ‘ ordine quodam quatuor ad vitam contemplativam pertinent, primo quidem, virtutes morales; secundo autem, alii actus praeter contemplationem; tertio vero, contemplatio divinorum effectuum; quarto vero completivum est ipsa contemplatio divinae veritatis.

ra1 ‘ Ad primum ergo dicendum quod david cognitionem operum dei quaerebat ut ex hoc manuduceretur in deum. * unde alibi dicit, ° meditabor in omnibus operibus tuis, et in factis manuum tuarum meditabor, expandi manus meas ad te.

ra2 ‘ Ad secundum dicendum quod ex consideratione divinorum iudiciorum manuducitur homo in contemplationem divinae iustitiae, ex consideratione autem divinorum beneficiorum et promissorum, manuducitur homo in cognitionem divinae misericordiae seu bonitatis, quasi per effectus exhibitos vel exhibendos.

ra3 ‘ Ad tertium dicendum quod per illa sex designantur gradus quibus per creaturas in dei contemplationem ascenditur. nam in primo gradu ponitur perceptio ipsorum sensibilium; in secundo vero gradu ponitur progressus a sensibilibus ad intelligibilia; in tertio vero gradu ponitur diiudicatio sensibilium secundum intelligibilia; in quarto vero gradu ponitur absoluta consideratio intelligibilium in quae per sensibilia pervenitur; in quinto vero gradu ponitur contemplatio intelligibilium quae per sensibilia inveniri non possunt, sed per rationem capi possunt; in sexto gradu ponitur consideratio intelligibilium quae ratio

nec invenire nec capere potest, quae scilicet pertinent ad sublimem contemplationem divinae veritatis, in qua finaliter contemplatio perficitur.
ra4 ' Ad quartum dicendum quod ultima perfectio humani intellectus est veritas divina, aliae autem veritates perficiunt intellectum in ordine ad veritatem divinam.

009 ST3 qu180 ar5

ag1 ' Ad quintum sic proceditur. videtur quod vita contemplativa, secundum statum huius vitae, possit pertingere ad visionem divinae essentiae. * quia, ut habetur gen. xxxii, iacob dixit, ° vidi deum facie ad faciem, et salva facta est anima mea. ' sed visio faciei est visio divinae essentiae. ergo videtur quod aliquis per contemplationem in praesenti vita possit se extendere ad videndum deum per essentiam.
ag2 * Praeterea, gregorius dicit, in vi moral., quod ° viri contemplativi ad semetipsos introrsus redeunt, in eo quod spiritualia rimantur, et nequaquam secum rerum corporalium umbras trahunt, vel fortasse tractas manu discretionis abigunt, sed incircumscriptum lumen videre cupientes, cunctas circumscriptionis suae imagines deprimunt, et in eo quod super se contingere appetunt, vincunt quod sunt. ' sed homo non impeditur a visione divinae essentiae, quae est lumen incircumscriptum, nisi per hoc quod necesse habet intendere corporalibus phantasmatibus. ergo videtur quod contemplatio praesentis vitae potest se extendere ad videndum incircumscriptum lumen per essentiam.
ag3 * Praeterea, gregorius, in ii dialog., dicit, ° animae videnti creatorem angusta est omnis creatura. vir ergo dei, " scilicet beatus benedictus, ° qui in turri globum igneum, angelos quoque ad caelos redeuntes videbat, haec procul dubio cernere non nisi in dei lumine poterat. ' sed beatus benedictus adhuc praesenti vita vivebat. ergo contemplatio praesentis vitae potest se extendere ad videndam dei essentiam.
sc * Sed contra est quod gregorius dicit, super ezech., ° quandiu in hac mortali carne vivitur, nullus ita in contemplationis virtute proficit ut in ipso incircumscripti luminis radio mentis oculos infigat.
co ' Respondeo dicendum quod, * sicut augustinus dicit, xii super gen. ad litt., ° nemo videns deum vivit ista vita qua mortaliter vivitur in istis sensibus corporis, sed nisi ab hac vita quisque quodammodo moriatur, sive omnino exiens de corpore sive alienatus a carnalibus sensibus, in illam non subvehitur visionem. * quae supra diligentius pertractata sunt, ubi dictum est de raptu; et in primo, ubi actum est de dei visione. ' sic igitur dicendum est quod in hac vita potest esse aliquis dupliciter. uno modo, secundum actum, inquantum scilicet actualiter utitur sensibus corporis. et sic nullo modo contemplatio praesentis vitae potest pertingere ad videndum dei essentiam. alio modo potest esse aliquis in hac vita potentialiter, et non secundum actum, inquantum scilicet anima eius est corpori mortali coniuncta ut forma, ita tamen quod non utatur corporis sensibus, aut etiam imaginatione, sicut accidit in raptu. et sic potest contemplatio huius vitae pertingere ad visionem divinae essentiae. unde supremus gradus contemplationis praesentis vitae est qualem habuit paulus in raptu, secundum quem fuit medio modo se habens inter statum praesentis vitae et futurae.
ra1 ' Ad primum ergo dicendum quod, * sicut dionysius, in epistola ad caium monachum, dicit, ° si aliquis videns deum intellexit quod vidit, non ipsum vidit, sed aliquid eorum quae sunt eius. * et gregorius dicit, super ezech., quod ° nequaquam omnipotens deus iam in sua claritate conspicitur, sed quiddam sub illa speculatur anima, unde recta proficiat, et post ad visionis eius gloriam pertingat. * per hoc ergo quod iacob dixit, vidi deum facie ad faciem, ' non est intelligendum quod dei essentiam viderit, sed quod formam, scilicet imaginariam, vidit in qua deus locutus est ei. vel, ° quia per faciem quemlibet agnoscimus, cognitionem dei * faciem eius vocavit, sicut glossa gregorii ibidem dicit.
ra2 ' Ad secundum dicendum quod contemplatio humana, secundum statum praesentis vitae, non potest esse absque phantasmatibus, quia connaturale est homini ut species intelligibiles in phantasmatibus videat, * sicut philosophus dicit, in iii de anima. ' sed tamen intellectualis cognitio non sistit in ipsis phantasmatibus, sed in eis contemplatur puritatem intelligibilis veritatis. et hoc non solum in cognitione naturali, sed etiam in eis quae per revelationem cognoscimus, * dicit enim dionysius, i cap. cael. hier., quod ° angelorum hierarchias manifestat nobis divina claritas in quibusdam symbolis figuratis; " ex cuius virtute restituimur in simplum radium, ' idest in simplicem cognitionem intelligibilis veritatis. * et sic intelligendum est quod gregorius dicit, quod " contemplantes corporalium rerum umbras non secum trahunt, ' quia videlicet in eis non sistit eorum contemplatio, sed potius in consideratione intelligibilis veritatis.
ra3 * Ad tertium dicendum quod ex verbis illis gregorii ' non datur intelligi quod beatus benedictus deum in illa visione per essentiam viderit, sed vult ostendere quod, ° quia videnti creatorem angusta est omnis creatura, ' consequens est quod per illustrationem divini luminis de facili possint quaecumque videri. * unde subdit, ° quamlibet enim parum de luce creatoris aspexerit, breve ei fit omne quod creatum est.

009 ST3 qu180 ar6

ag1 ' Ad sextum sic proceditur. videtur quod inconvenienter operatio contemplationis distinguatur per tres motus, circularem rectum et obliquum, * iv cap. de div. nom.. ' contemplatio enim ad quietem pertinet, * secundum illud sap. viii, ° intrans in domum meam, conquiescam cum illa. ' sed motus quieti opponitur. non ergo operationes contemplativae vitae per motus designari debent.
ag2 ' Praeterea, actio contemplativae vitae ad intellectum pertinet, secundum quem homo cum angelis convenit. * sed in angelis aliter assignat dionysius hos motus quam in anima. " dicit enim motum circularem angeli esse secundum illuminationes pulchri et boni. motum autem circularem animae secundum plura determinat. quorum primum est introitus animae ab exterioribus ad seipsam; secundum est quaedam convolutio virtutum ipsius, per quam anima liberatur ab errore et ab exteriori occupatione; tertium autem est unio ad ea quae supra se sunt. similiter etiam differenter describit motum rectum utriusque. nam rectum motum angeli dicit esse secundum quod procedit ad subiectorum providentiam. motum autem rectum animae ponit in duobus, primo quidem, in hoc quod progreditur ad ea quae sunt circa ipsam; secundo autem, in hoc quod ab exterioribus ad simplices contemplationes elevatur. sed et motum obliquum diversimode in utrisque determinat. nam obliquum motum in angelis assignat ex hoc quod, providendo minus habentibus, manent in identitate circa deum. obliquum autem motum animae assignat ex eo quod anima illuminatur divinis cognitionibus rationabiliter et diffuse. ' non ergo videntur convenienter assignari operationes contemplationis per modos praedictos.
ag3 * Praeterea, richardus de sancto victore, in libro de contempl., " ponit multas alias differentias motuum, ad similitudinem volatilium caeli. ° quarum quaedam nunc ad altiora se attollunt, nunc autem in inferiora demerguntur, et hoc saepius repetere videntur; aliae vero dextrorsum vel sinistrorsum divertunt multoties; quaedam vero moventur in anteriora vel posteriora frequenter; aliae vero quasi in gyrum vertuntur, secundum latiores vel contractiores circuitus; quaedam vero quasi immobiliter suspensae in uno loco manent. ' ergo videtur quod non sint solum tres motus contemplationis.
sc * In contrarium est auctoritas dionysii.
co * Respondeo dicendum quod, sicut supra dictum est, ' operatio intellectus, in qua contemplatio essentialiter consistit, motus dicitur secundum quod motus est actus perfecti, * ut philosophus dicit, in iii de anima. ' quia enim per sensibilia in cognitionem intelligibilium devenimus, operationes autem sensibiles sine motu non fiunt, inde est quod etiam operationes intelligibiles quasi motus quidam describuntur, et secundum similitudinem diversorum motuum earum differentia assignatur. in motibus autem corporalibus perfectiores et primi sunt locales, * ut probatur in viii physic.. ' et ideo sub eorum similitudine potissime operationes intelligibiles describuntur. quorum quidem sunt tres differentiae, nam quidam est circularis, secundum quem aliquid movetur uniformiter circa idem centrum; alius autem est rectus, secundum quem aliquid procedit ab uno in aliud, tertius autem est obliquus, quasi compositus ex utroque. et ideo in operationibus intelligibilibus id quod simpliciter habet uniformitatem, attribuitur motui circulari; operatio autem intelligibilis secundum quam proceditur de uno in aliud, attribuitur motui recto; operatio autem intelligibilis habens aliquid uniformitatis simul cum processu ad diversa, attribuitur motui obliquo.
ra1 ' Ad primum ergo dicendum quod motus corporales exteriores opponuntur quieti contemplationis, quae intelligitur esse ab exterioribus occupationibus. sed motus intelligibilium operationum ad ipsam quietem contemplationis pertinent.
ra2 ' Ad secundum dicendum quod homo convenit in intellectu cum angelis in genere, sed vis intellectiva est multo altior in angelo quam in homine. et ideo alio modo oportet hos motus in animabus et in angelis assignare, secundum quod diversimode se habent ad uniformitatem. intellectus enim angeli habet cognitionem uniformem secundum duo, primo quidem, quia non acquirit intelligibilem veritatem ex varietate rerum compositarum; secundo, quia non intelligit veritatem intelligibilem discursive, sed simplici intuitu. intellectus vero animae a sensibilibus recipit intelligibilem veritatem; et cum quodam discursu rationis eam intelligit. * et ideo dionysius " motum circularem in angelis assignat inquantum uniformiter et indesinenter, absque principio et fine, intuentur deum, sicut motus circularis, carens principio et fine, uniformiter est circa idem centrum. in anima vero, antequam ad istam uniformitatem perveniatur, exigitur quod duplex eius difformitas amoveatur. primo quidem, illa quae est ex diversitate exteriorum rerum, prout scilicet relinquit exteriora. et hoc est quod primo ponit in motu circulari animae introitum ipsius ab exterioribus ad seipsam. secundo autem oportet quod removeatur secunda difformitas, quae est per discursum rationis. et hoc idem contingit secundum quod omnes operationes animae reducuntur ad simplicem contemplationem |25| intelligibilis veritatis. et hoc est quod secundo dicit, quod necessaria est uniformis convolutio intellectualium virtutum ipsius, ut scilicet, cessante discursu, figatur eius intuitus in contemplatione unius simplicis veritatis. et in hac operatione animae non est error, sicut patet quod circa intellectum primorum principiorum non erratur, quae simplici intuitu cognoscimus. et tunc, istis duobus praemissis, tertio ponitur uniformitas conformis angelis, secundum quod, praetermissis omnibus in sola dei contemplatione persistit. et hoc est quod dicit, deinde, sicut uniformis facta, unite, idest conformiter, unitis virtutibus, ad pulchrum et bonum manuducitur. motus autem rectus in angelis accipi non potest secundum hoc quod in considerando procedat ab uno in aliud, sed solum secundum ordinem suae providentiae, secundum scilicet quod angelus superior inferiores illuminat per medios. et hoc est quod dicit, quod in directum moventur angeli quando procedunt ad subiectorum providentiam, recta omnia transeuntes, idest, secundum ea quae secundum rectum ordinem disponuntur. sed rectum motum ponit in anima secundum hoc quod ab exterioribus sensibilibus procedit ad intelligibilium cognitionem. obliquum autem motum ponit in angelo, compositum ex recto et circulari, inquantum secundum contemplationem dei inferioribus provident. in anima autem ponit motum obliquum, similiter ex recto et circulari compositum, prout illuminationibus divinis ratiocinando utitur.
ra3 " Ad tertium dicendum quod illae diversitates motuum quae accipiuntur secundum differentiam eius quod est sursum et deorsum, dextrorsum et sinistrorsum, ante et retro, et secundum diversos circuitus, omnes continentur sub motu recto vel obliquo. nam per omnes designatur discursus rationis. qui quidem si sit a genere ad speciem, vel a toto ad partem, erit, ut ipse exponit, secundum sursum et deorsum. si vero sit ab uno oppositorum in aliud, erit secundum dextrorsum et sinistrorsum. si vero sit a causis in effectus, erit ante et retro. si vero sit secundum accidentia quae circumstant rem, propinqua vel remota, erit circuitus. discursus autem rationis, quando est a sensibilibus ad intelligibilia secundum ordinem naturalis rationis, pertinet ad motum rectum; quando autem est secundum illuminationes divinas, pertinet ad motum obliquum; * ut ex dictis patet. " sola autem immobilitas quam ponit, pertinet ad motum circularem. * unde patet quod dionysius multo sufficientius et subtilius " motus contemplationis describit.

009 ST3 qu180 ar7

ag1 ' Ad septimum sic proceditur. videtur quod contemplatio delectationem non habeat. delectatio enim ad vim appetitivam pertinet. sed contemplatio principaliter consistit in intellectu. ergo videtur quod delectatio non pertineat ad contemplationem.
ag2 ' Praeterea, omnis contentio et omne certamen impedit delectationem. sed in contemplatione est contentio et certamen, * dicit enim gregorius, super ezech., quod ° anima, cum contemplari deum nititur, velut in quodam certamine posita, modo quasi exsuperat, quia intelligendo et sentiendo, de incircumscripto lumine aliquid degustat, modo succumbit, quia degustando iterum deficit. ' ergo vita contemplativa non habet delectationem.
ag3 ' Praeterea, delectatio sequitur operationem perfectam, * ut dicitur in x ethic.. ' sed contemplatio viae est imperfecta, * secundum illud i ad cor. xiii, ° videmus nunc per speculum in aenigmate. ' ergo videtur quod vita contemplativa delectationem non habeat.
ag4 ' Praeterea, laesio corporalis delectationem impedit. sed contemplatio inducit laesionem corporalem, * unde gen. xxxii dicitur quod iacob, postquam dixerat, ° vidi dominum facie ad faciem, claudicabat pede, eo quod tetigerit nervum femoris eius et obstupuerit. ' ergo videtur quod in vita contemplativa non sit delectatio.
sc ' Sed contra est quod * de contemplatione sapientiae dicitur, sap. viii, ° non habet amaritudinem conversatio illius, nec taedium convictus eius, sed laetitiam et gaudium. * et gregorius dicit, super ezech., quod ° contemplativa vita amabilis valde dulcedo est.
co ' Respondeo dicendum quod aliqua contemplatio potest esse delectabilis dupliciter. uno modo, ratione ipsius operationis, quia unicuique delectabilis est operatio sibi conveniens secundum propriam naturam vel habitum. contemplatio autem veritatis competit homini secundum suam naturam, prout est animal rationale. ex quo contingit quod omnes homines ex natura scire desiderant, et per consequens in cognitione veritatis delectantur. et adhuc magis fit hoc delectabile habenti habitum sapientiae et scientiae, ex quo accidit quod sine difficultate aliquis contemplatur. alio modo contemplatio redditur delectabilis ex parte obiecti, inquantum scilicet aliquis rem amatam contemplatur, sicut etiam accidit in visione corporali quod delectabilis redditur non solum ex eo quod ipsum videre est delectabile, sed ex eo etiam quod videt quis personam amatam. quia ergo vita

contemplativa praecipue consistit in contemplatione dei, ad quam movet caritas, * ut dictum est; ' inde est quod in vita contemplativa non solum est delectatio ratione ipsius contemplationis, sed ratione ipsius divini amoris. et quantum ad utrumque eius delectatio omnem delectationem humanam excedit. nam et delectatio spiritualis potior est quam carnalis, * ut supra habitum est, cum de passionibus ageretur, ' et ipse amor quo ex caritate deus diligitur, omnem amorem excedit. |25| * unde et in psalmo dicitur, ° gustate, et videte quoniam suavis est dominus.

ra1 ' Ad primum ergo dicendum quod vita contemplativa, licet essentialiter consistat in intellectu, principium tamen habet in affectu, inquantum videlicet aliquis ex caritate ad dei contemplationem incitatur. et quia finis respondet principio inde est quod etiam terminus et finis contemplativae vitae habetur in affectu, dum scilicet aliquis in visione rei amatae delectatur, et ipsa delectatio rei visae amplius excitat amorem. * unde gregorius dicit, super ezech., quod ° cum quis ipsum quem amat viderit, in amorem ipsius amplius ignescit. ' et haec est ultima perfectio contemplativae vitae, ut scilicet non solum divina veritas videatur, sed etiam ut ametur.

ra2 ' Ad secundum dicendum quod contentio vel certamen quod provenit ex contrarietate exterioris rei, impedit illius rei delectationem, non enim aliquis delectatur in re contra quam pugnat. sed in re pro qua quis pugnat, cum eam homo adeptus fuerit, ceteris paribus, magis in ea delectatur, * sicut augustinus dicit, in viii confess., quod ° quanto fuit maius periculum in praelio, tanto maius est gaudium in triumpho. ' non est autem in contemplatione contentio et certamen ex contrarietate veritatis quam contemplamur, sed ex defectu nostri intellectus, et ex corruptibili corpore, quod nos ad inferiora retrahit, * secundum illud sap. ix, ° corpus, quod corrumpitur, aggravat animam, et deprimit terrena inhabitatio sensum multa cogitantem. ' et inde est quod quando homo pertingit ad contemplationem veritatis, ardentius eam amat, sed magis odit proprium defectum a gravitate corruptibilis corporis, * ut dicat cum apostolo, ° infelix ego homo. quis me liberabit de corpore mortis huius? * unde et gregorius dicit, super ezech., ° cum deus iam per desiderium et intellectum cognoscitur, omnem voluptatem carnis arefacit.

ra3 ' Ad tertium dicendum quod contemplatio dei in hac vita imperfecta est respectu contemplationis patriae, et similiter delectatio contemplationis viae est imperfecta respectu delectationis contemplationis patriae, * de qua dicitur in psalmo, de torrente voluptatis tuae potabis eos. ' sed contemplatio divinorum quae habetur in via, etsi sit imperfecta, est tamen delectabilior omni alia contemplatione quantumcumque perfecta, propter excellentiam rei contemplatae. * unde philosophus dicit, in i de partibus animal., ° accidit circa illas honorabiles existentes et divinas substantias minores nobis existere theorias. sed etsi secundum modicum attingamus eas, tamen, propter honorabilitatem cognoscendi, delectabilius aliquid habent quam quae apud nos omnia. * et hoc est etiam quod gregorius dicit, super ezech., ° contemplativa vita amabilis valde dulcedo est, quae super semetipsam animam rapit, caelestia aperit, spiritualia mentis oculis patefacit.

ra4 ' Ad quartum dicendum quod iacob post contemplationem uno pede claudicabat, quia ° necesse est ut, debilitato amore saeculi, convalescat aliquis ad amorem dei, * ut gregorius dicit, super ezech., ° et ideo, post agnitionem suavitatis dei, unus in nobis sanus pes remanet, atque alius claudicat. omnis enim qui uno pede claudicat, solum illi pedi innititur quem sanum habet.

009 ST3 qu180 ar8

ag1 ' Ad octavum sic proceditur. videtur quod vita contemplativa non sit diuturna. vita enim contemplativa essentialiter consistit in his quae ad intellectum pertinent. sed omnes intellectivae perfectiones huius vitae evacuantur, * secundum illud i ad cor. xiii, ° sive prophetiae evacuabuntur, sive linguae cessabunt, sive scientia destruetur. ' ergo vita contemplativa evacuatur.

ag2 ' Praeterea, dulcedinem contemplationis aliquis homo raptim et pertranseunter degustat. * unde augustinus dicit, in x confess., ° intromittis me in affectum multum inusitatum introrsus ad nescio quam dulcedinem, sed redeo in haec aerumnosis ponderibus. * gregorius etiam dicit, in v moral., exponens illud iob iv, ° cum spiritus me praesente transiret, in suavitate, inquit, contemplationis intimae non diu mens figitur, quia ad semetipsam, ipsa immensitate luminis reverberata, revocatur. ' ergo vita contemplativa non est diuturna.

ag3 ' Praeterea, illud quod non est homini connaturale, non potest esse diuturnum. " vita autem contemplativa ° est melior quam secundum hominem, * ut philosophus dicit, in x ethic.. ' ergo videtur quod vita contemplativa non sit diuturna.

sc * Sed contra est quod dominus dicit, luc. x, ° maria optimam partem elegit, quae non auferetur ab ea. * quia, ut gregorius dicit, super ezech., ° contemplativa hic incipitur, ut in caelesti patria perficiatur.

co ' Respondeo dicendum quod aliquid potest dici diuturnum dupliciter. uno modo, secundum suam naturam; alio modo, quoad nos. secundum se quidem manifestum est quod vita contemplativa diuturna est, dupliciter. uno modo, eo quod versatur circa incorruptibilia et immobilia. alio modo, quia non habet contrarietatem, ° delectationi enim quae est in considerando, nihil est contrarium, * ut dicitur in i topic.. ' sed quoad nos etiam vita contemplativa diuturna est. tum quia competit nobis secundum actionem incorruptibilis partis animae, scilicet secundum intellectum, unde potest post hanc vitam durare. alio modo, quia in operibus contemplativae corporaliter non laboramus, unde magis in huiusmodi operibus continue persistere possumus, * sicut philosophus dicit, in x ethic..

ra1 ' Ad primum ergo dicendum quod modus contemplandi non est idem hic et in patria; sed vita contemplativa dicitur manere ratione caritatis, in qua habet et principium et finem. * et hoc est quod gregorius dicit, super ezech., ° contemplativa hic incipit, ut in caelesti patria perficiatur, quia amoris ignis, qui hic ardere inchoat, cum ipsum quem amat viderit, in amore ipsius amplius ignescit.

ra2 ' Ad secundum dicendum quod nulla actio potest diu durare in sui summo. summum autem contemplationis est ut attingat ad uniformitatem divinae contemplationis, * ut dicit dionysius, * sicut supra positum est. ' unde etsi quantum ad hoc contemplatio diu durare non possit, tamen quantum ad alios contemplationis actus potest diu durare.

ra3 * Ad tertium dicendum quod philosophus dicit " vitam contemplativam esse supra hominem, quia competit nobis secundum hoc quod aliquid divinum est in nobis, ' scilicet intellectus. qui est incorruptibilis et impassibilis secundum se, et ideo actio eius potest esse diuturnior.

009 ST3 qu181 ar

pr ' Deinde considerandum est de vita activa. et circa hoc quaeruntur quatuor. primo, utrum omnia opera virtutum moralium pertineant ad vitam activam. secundo, utrum prudentia pertineat ad vitam activam. tertio, utrum doctrina pertineat ad vitam activam. quarto, de diuturnitate vitae activae.

009 ST3 qu181 ar1

ag1 ' Ad primum sic proceditur. videtur quod non omnes actus virtutum moralium pertineant ad vitam activam. vita enim activa videtur consistere solum in his quae sunt ad alterum, * dicit enim gregorius, super ezech., quod " activa vita est panem esurienti tribuere, et in fine, multis enumeratis quae ad alterum pertinent, subdit, et quae singulis quibusque expediunt dispensare. ' sed non per omnes actus virtutum moralium ordinamur ad alios, sed solum secundum iustitiam et partes eius, * ut ex supra dictis patet. ' non ergo actus omnium virtutum moralium pertinent ad vitam activam.

ag2 * Praeterea, gregorius dicit, super ezech., quod " per liam, quae fuit lippa sed fecunda, significatur vita activa, quae, ° dum occupatur in opere, minus videt; sed dum modo per verbum, modo per exemplum ad imitationem suam proximos accendit, multos in bono opere filios generat. ' hoc autem magis videtur pertinere ad caritatem, per quam diligimus proximum, quam ad virtutes morales. ergo videtur quod actus virtutum moralium non pertineant ad vitam activam.

ag3 ' Praeterea, * sicut supra dictum est, ' virtutes morales disponunt ad vitam contemplativam. sed dispositio et perfectio pertinent ad idem. ergo videtur quod virtutes morales non pertineant ad vitam activam.

sc * Sed contra est quod isidorus dicit, in libro de summo bono, ° in activa vita prius per exercitium boni operis cuncta exhaurienda sunt vitia, ut in contemplativa iam pura mentis acie ad contemplandum deum quisque pertranseat. ' sed cuncta vitia non exhauriuntur nisi per actus virtutum moralium. ergo actus virtutum moralium ad vitam activam pertinent.

co * Respondeo dicendum quod, sicut supra dictum est, ' vita activa et contemplativa distinguuntur secundum diversa studia hominum intendentium ad diversos fines, quorum unum est consideratio veritatis, quae est finis vitae contemplativae, aliud autem est exterior operatio, ad quam ordinatur vita activa. manifestum est autem quod in virtutibus moralibus non principaliter quaeritur contemplatio veritatis, sed ordinantur ad operandum, * unde philosophus dicit, in ii ethic., quod ° ad virtutem scire quidem parum aut nihil potest. ' unde manifestum est quod virtutes morales pertinent essentialiter ad vitam activam. * unde et philosophus, in x ethic., ' virtutes morales ordinat ad felicitatem activam.

ra1 ' Ad primum ergo dicendum quod inter virtutes morales praecipua est iustitia, qua aliquis ad alterum ordinatur, * ut philosophus probat, in v ethic.. ' unde vita activa describitur per ea quae ad alterum ordinantur, non quia in his solum, sed quia in his principalius consistit.

ra2 ' Ad secundum dicendum quod per actus omnium virtutum moralium potest aliquis proximos suo exemplo dirigere ad bonum, quod * gregorius ibidem attribuit vitae activae.

ra3 ' Ad tertium dicendum quod, sicut virtus quae ordinatur in finem alterius virtutis, transit quodammodo in speciem eius; ita etiam quando aliquis utitur his quae sunt vitae activae solum prout disponunt ad contemplationem, comprehenduntur sub vita contemplativa. in his autem qui operibus virtutum moralium intendunt tanquam secundum se bonis, non autem tanquam disponentibus ad vitam contemplativam, virtutes morales pertinent ad vitam activam. quamvis etiam dici possit quod vita activa dispositio sit ad contemplativam.

009 ST3 qu181 ar2

ag1 ' Ad secundum sic proceditur. videtur quod prudentia non pertineat ad vitam activam. sicut enim vita contemplativa pertinet ad vim cognitivam, ita activa ad vim appetitivam. prudentia autem non pertinet ad vim appetitivam, sed magis ad cognitivam. ergo prudentia non pertinet ad vitam activam.

ag2 * Praeterea, gregorius dicit, super ezech., quod ° activa vita, dum occupatur in opere, minus videt, ' unde significatur per liam, quae lippos oculos habebat. prudentia autem requirit claros oculos, ut recte iudicet homo de agendis. ergo videtur quod prudentia non pertineat ad vitam activam.

ag3 ' Praeterea, prudentia media est inter virtutes morales et intellectuales. sed sicut virtutes morales pertinent ad vitam activam, * ut dictum est, ' ita intellectuales ad contemplativam. ergo videtur quod prudentia pertineat neque ad vitam activam neque ad contemplativam, sed ad medium vivendi genus quod * augustinus ponit, xix de civ. dei.

sc ' Sed contra est quod * philosophus, in x ethic., " prudentiam pertinere dicit ad felicitatem activam, ad quam pertinent virtutes morales.

co * Respondeo dicendum quod, sicut supra dictum est, ' id quod ordinatur ad aliud sicut ad finem, praecipue in moralibus, trahitur in speciem eius ad quod ordinatur, sicut ° ille qui moechatur ut furetur, magis dicitur fur quam moechus, * secundum philosophum, in v ethic.. ' manifestum est autem quod cognitio prudentiae ordinatur ad operationes virtutum moralium sicut ad finem, est enim recta ratio agibilium, * ut dicitur in vi ethic.. ' unde et fines virtutum moralium sunt principia prudentiae, * sicut in eodem libro philosophus dicit. * sicut ergo dictum est quod ' virtutes morales in eo qui ordinat eas ad quietem contemplationis, pertinent ad vitam contemplativam; ita cognitio prudentiae, quae de se ordinatur ad operationes virtutum moralium, directe pertinet ad vitam activam. si tamen prudentia proprie sumatur, secundum quod de ea * philosophus loquitur. ' si autem sumatur communius, prout scilicet comprehendit qualemcumque humanam cognitionem, sic prudentia quantum ad aliquam sui partem pertineret ad vitam contemplativam, * secundum quod tullius dicit, in i de offic., quod ° qui acutissime et celerrime potest et videre verum et explicare |25| rationem, is prudentissimus et sapientissimus rite haberi solet.

ra1 ' Ad primum ergo dicendum quod operationes morales specificantur ex fine, * ut supra habitum est. ' et ideo ad vitam contemplativam illa cognitio pertinet quae finem habet in ipsa cognitione veritatis, cognitio autem prudentiae, quae magis habet finem in actu appetitivae virtutis, pertinet ad vitam activam.

ra2 ' Ad secundum dicendum quod occupatio exterior facit hominem minus videre in rebus intelligibilibus, quae sunt separatae a sensibilibus, in quibus operationes activae vitae consistunt. sed tamen occupatio exterior activae vitae facit hominem magis clare videre in iudicio agibilium, quod pertinet ad prudentiam. tum propter experientiam. tum propter mentis attentionem, quia, " ubi intenderis, ibi ingenium valet, ut sallustius dicit.

ra3 ' Ad tertium dicendum quod prudentia dicitur esse media inter virtutes intellectuales et morales quantum ad hoc, quod in subiecto convenit cum virtutibus intellectualibus, in materia autem totaliter convenit cum moralibus. illud autem tertium genus vivendi medium est inter activam vitam et contemplativam quantum ad ea circa quae occupatur, quia quandoque occupatur in contemplatione veritatis, quandoque autem occupatur circa exteriora.

009 ST3 qu181 ar3

ag1 ' Ad tertium sic proceditur. videtur quod docere non sit actus vitae activae, sed contemplativae. * dicit enim gregorius, super ezech., quod ° viri perfecti bona caelestia quae contemplari potuerunt, fratribus denuntiant, eorumque animos in amorem intimae claritatis accendunt. ' sed hoc pertinet ad doctrinam. ergo docere est actus vitae contemplativae.

ag2 ' Praeterea, ad idem genus vitae videtur reduci actus et habitus. sed docere est actus sapientiae, * dicit enim philosophus, in principio metaphys., quod ° signum scientis est posse docere. ' cum ergo sapientia vel scientia pertineat ad vitam contemplativam, videtur quod etiam doctrina ad vitam contemplativam pertineat.

ag3 ' Praeterea, sicut contemplatio est actus vitae contemplativae, ita et oratio. sed oratio qua quis orat pro alio, nihilominus pertinet ad vitam contemplativam. ergo quod aliquis veritatem meditatam in alterius notitiam per doctrinam deducat, videtur ad vitam contemplativam pertinere.

sc * Sed contra est quod gregorius dicit, super ezech., ° activa vita est panem esurienti tribuere, verbo sapientiae nescientem docere.

co ‘ Respondeo dicendum quod actus doctrinae habet duplex obiectum. fit enim doctrina per locutionem; locutio autem est signum audibile interioris conceptus. est igitur unum obiectum doctrinae id quod est materia sive obiectum interioris conceptionis. et quantum ad hoc obiectum, quandoque doctrina pertinet ad vitam activam, quandoque ad contemplativam. ad activam quidem, quando homo interius concipit aliquam veritatem ut per eam in exteriori actione dirigatur; ad contemplativam autem, quando homo interius concipit aliquam veritatem intelligibilem in cuius consideratione et amore delectatur. * unde augustinus dicit, in libro de verbis dom., “ eligant sibi partem meliorem, scilicet vitae contemplativae; vacent verbo, inhient doctrinae dulcedini, occupentur circa scientiam salutarem, ubi manifeste dicit doctrinam ad vitam contemplativam pertinere. ‘ aliud vero obiectum doctrinae est ex parte sermonis audibilis. et sic obiectum doctrinae est ipse audiens. et quantum ad hoc obiectum, omnis doctrina pertinet ad vitam activam, ad quam pertinent exteriores actiones.

ra1 * Ad primum ergo dicendum quod auctoritas illa expresse loquitur ‘ de doctrina quantum ad materiam, prout versatur circa considerationem et amorem veritatis.

ra2 ‘ Ad secundum dicendum quod habitus et actus communicant in obiecto. et ideo manifeste illa ratio procedit ex parte materiae interioris conceptus. in tantum enim ad sapientem vel scientem pertinet posse docere, in quantum potest interiorem conceptum verbis exprimere, ad hoc quod possit alium adducere ad intellectum veritatis.

ra3 ‘ Ad tertium dicendum quod ille qui orat pro alio, nihil agit erga illum pro quo orat, sed solum erga deum, qui est intelligibilis veritas. sed ille qui alium docet, aliquid circa eum agit exteriori actione. unde non est similis ratio de utroque.

009 ST3 qu181 ar4

ag1 ‘ Ad quartum sic proceditur. videtur quod vita activa maneat post hanc vitam. ad vitam enim activam pertinent actus virtutum moralium, * ut dictum est. ‘ sed virtutes morales permanent post hanc vitam, * ut augustinus dicit, xiv de trin.. ‘ ergo vita activa permanet post hanc vitam.

ag2 ‘ Praeterea, docere alios pertinet ad vitam activam, * ut dictum est. ‘ sed in futura vita, in qua similes erimus angelis, poterit esse doctrina, sicut et in angelis esse videtur, quorum unus alium illuminat, purgat et perficit, quod refertur ad scientiae assumptionem, * ut patet per dionysium, vii cap. cael. hier.. ‘ ergo videtur quod vita activa remanet post hanc vitam.

ag3 ‘ Praeterea, illud quod de se est durabilius, magis videtur posse post hanc vitam remanere. sed vita activa videtur esse de se durabilior, * dicit enim gregorius, super ezech., quod ° in vita activa fixi permanere possumus, in contemplativa autem intenta mente manere nullo modo valemus. ‘ ergo multo magis vita activa potest manere post hanc vitam quam contemplativa.

sc * Sed contra est quod gregorius dicit, super ezech., ° cum praesenti saeculo vita aufertur activa, contemplativa autem hic incipitur ut in caelesti patria perficiatur.

co * Respondeo dicendum quod, sicut dictum est, ‘ activa vita habet finem in exterioribus actibus, qui si referuntur ad quietem contemplationis, iam pertinent ad vitam contemplativam. in futura autem vita beatorum cessabit occupatio exteriorum actuum, et si qui actus exteriores sint, referentur ad finem contemplationis. * ut enim augustinus dicit, in fine de civ. dei, ° ibi vacabimus et videbimus; videbimus et amabimus; amabimus et laudabimus. * et in eodem libro praemittit quod ° deus ibi sine fine videbitur, sine fastidio amabitur, sine fatigatione laudabitur. hoc munus, hic affectus, hic actus erit omnibus.

ra1 * Ad primum ergo dicendum quod, sicut supra dictum est, ‘ virtutes morales manebunt non secundum actus quos habent circa ea quae sunt ad finem, sed secundum actus quos habent circa finem. huiusmodi autem actus sunt secundum quod constituunt quietem contemplationis. quam * augustinus in praemissis verbis significat ‘ per vacationem, quae est intelligenda non solum ab exterioribus tumultibus, sed etiam ab interiori perturbatione passionum.

ra2 ‘ Ad secundum dicendum quod vita contemplativa, * sicut supra dictum est, ‘ praecipue consistit in contemplatione dei. et quantum ad hoc, unus angelus alium non docet, * quia, ut dicitur matth. xviii “ de angelis pusillorum, qui sunt inferioris ordinis, quod semper vident faciem patris. ‘ et sic etiam in futura vita nullus hominum alium docebit de deo, “ sed omnes videbimus eum sicuti est, * ut habetur i ioan. iii. et hoc est quod dicitur ierem. xxxi, ° non docebit ultra vir proximum suum, dicens, cognosce dominum. omnes enim cognoscent me, a minimo eorum usque ad maximum. ‘ sed de his quae pertinent ad dispensationem ministeriorum dei, unus angelus docet alium, purgando, illuminando et perficiendo. et secundum hoc, aliquid habent de vita activa quandiu mundus durat, ex hoc quod administrationi inferioris creaturae intendunt. quod significatur per hoc quod iacob vidit angelos in scala ascendentes, quod pertinet ad contemplationem, et descendentes, quod pertinet ad actionem. * sed sicut dicit gregorius, ii moral., ° non sic a divina visione foris exeunt ut internae contemplationis gaudiis priventur. ‘ et ideo in eis non distinguitur vita activa a contemplativa, |25| sicut in nobis, qui per opera activa impedimur a contemplatione. non autem promittitur nobis similitudo angelorum quantum ad administrationem inferioris creaturae, quae nobis non competit secundum ordinem naturae nostrae, sicut competit angelis, sed secundum visionem dei.

ra3 ‘ Ad tertium dicendum quod durabilitas vitae activae in statu praesenti excedens durabilitatem vitae contemplativae, non provenit ex proprietate utriusque vitae secundum se consideratae, sed ex defectu nostro, qui ex corporis gravitate retrahimur ab altitudine contemplationis. * unde ibidem subdit gregorius quod ° ipsa sua infirmitate ab immensitate tantae celsitudinis repulsus animus in semetipso relabitur.

009 ST3 qu182 ar

pr ‘ Deinde considerandum est de comparatione vitae activae ad contemplativam. et circa hoc quaeruntur quatuor. primo, quae sit potior sive dignior. secundo, quae sit maioris meriti. tertio, utrum vita contemplativa impediatur per activam. quarto, de ordine utriusque.

009 ST3 qu182 ar1

ag1 ‘ Ad primum sic proceditur. videtur quod vita activa sit potior quam contemplativa. ° quod enim est meliorum, videtur esse melius, * ut philosophus dicit, in iii topic.. ‘ sed vita activa pertinet ad maiores, scilicet ad praelatos, qui sunt in honore et potestate constituti, * unde augustinus dicit, xix de civ. dei, quod ° in actione non amandus est honor in hac vita, sive potentia. ‘ ergo videtur quod vita activa sit potior quam contemplativa.

ag2 ‘ Praeterea, in omnibus habitibus et actibus praecipere pertinet ad potiorem, sicut militaris, tanquam potior, praecipit frenorum factrici. sed ad vitam activam pertinet disponere et praecipere de contemplativa, * ut patet per id quod dicitur moysi, exod. xix, ° descende, et contestare populum, ne forte velit transcendere propositos terminos ad videndum deum. ‘ ergo vita activa est potior quam contemplativa.

ag3 ‘ Praeterea, nullus debet abstrahi a maiori ut applicetur minoribus, * apostolus enim dicit, i ad cor. xii, ° aemulamini charismata meliora. ‘ sed aliqui abstrahuntur a statu vitae contemplativae et occupantur circa vitam activam, ut patet de illis qui transferuntur ad statum praelationis. ergo videtur quod vita activa sit potior quam contemplativa.

sc * Sed contra est quod dominus dicit, luc. x, ° maria optimam partem elegit, quae non auferetur ab ea. ‘ per mariam autem significatur vita contemplativa. ergo contemplativa vita potior est quam activa.

co ‘ Respondeo dicendum quod nihil prohibet aliquid secundum se esse excellentius quod tamen secundum aliquid ab alio superatur. dicendum est ergo quod vita contemplativa simpliciter melior est quam activa. * quod philosophus, in x ethic., probat octo rationibus. ‘ quarum prima est, quia vita contemplativa convenit homini secundum illud quod est optimum in ipso, scilicet secundum intellectum, et respectu propriorum obiectorum, scilicet intelligibilium, vita autem activa occupatur circa exteriora. unde rachel, per quam significatur vita contemplativa, interpretatur visum principium, vita autem activa significatur per liam, quae erat lippis oculis, * ut gregorius dicit, vi moral.. ‘ secundo, quia vita contemplativa potest esse magis continua, licet non quantum ad summum contemplationis gradum, * sicut supra dictum est. ‘ unde et maria, per quam significatur vita contemplativa, describitur secus pedes domini assidue sedens. tertio, quia maior est delectatio vitae contemplativae quam activae. * unde augustinus dicit, in libro de verbis dom., quod |25| ° martha turbabatur, maria epulabatur. ‘ quarto, quia in vita contemplativa est homo magis sibi sufficiens, quia paucioribus ad eam indiget. * unde dicitur luc. x, ° martha, martha, sollicita es et turbaris erga plurima. ‘ quinto, quia vita contemplativa magis propter se diligitur, vita autem activa ad aliud ordinatur. * unde in psalmo dicitur, ° unam petii a domino, hanc requiram, ut inhabitem in domo domini omnibus diebus vitae meae, ut videam voluntatem domini. ‘ sexto, quia vita contemplativa consistit in quadam vacatione et quiete, * secundum illud psalmi, ° vacate, et videte quoniam ego sum deus. ‘ septimo, quia vita contemplativa est secundum divina, vita autem activa secundum humana. * unde augustinus dicit, in libro de verbis dom., ° in principio erat verbum, ecce quod maria audiebat. verbum caro factum est, ecce cui martha ministrabat. ‘ octavo, quia vita contemplativa est secundum id quod est magis proprium homini, idest secundum intellectum, in operationibus autem vitae activae communicant etiam inferiores vires, quae sunt nobis et brutis communes. * unde in psalmo, postquam dictum est, ° homines et iumenta salvabis, domine, |50| * subditur id quod est hominibus speciale, ° in lumine tuo videbimus lumen. * nonam rationem addit dominus, luc. x, ‘ cum dicit, ° optimam partem elegit maria, quae non auferetur ab ea. * quod exponens augustinus, in libro de verbis dom., dicit, ° non tu malam, sed illa meliorem. audi unde meliorem, quia non auferetur ab ea. a te aufertur aliquando onus necessitatis, aeterna est dulcedo veritatis. ‘ secundum quid tamen, et in casu, magis est eligenda vita activa, propter necessitatem praesentis vitae. * sicut etiam philosophus dicit, in iii topic., quod ° philosophari est melius quam ditari, sed ditari melius est necessitatem patienti.

ra1 ‘ Ad primum ergo dicendum quod ad praelatos non solum pertinet vita activa, sed etiam debent esse excellentes in vita contemplativa. * unde gregorius dicit, in pastorali, ° sit rector actione praecipuus, prae cunctis in contemplatione suspensus.

ra2 ‘ Ad secundum dicendum quod vita contemplativa in quadam animi libertate consistit. * dicit enim gregorius, super ezech., quod ° vita contemplativa ad quandam mentis libertatem transit, temporalia non cogitans, sed aeterna. * et boetius dicit, in v de consolat., ° humanas animas liberiores esse necesse est cum se in mentis divinae speculatione conservant, minus vero, cum dilabuntur ad corpora. ‘ unde patet quod vita activa non directe praecipit vitae contemplativae, sed, disponendo ad vitam contemplativam, praecipit quaedam opera vitae activae; in quo magis servit contemplativae vitae quam dominetur. * et hoc est quod gregorius dicit, super ezech., quod ° activa vita servitus, contemplativa autem libertas vocatur.

ra3 ‘ Ad tertium dicendum quod ad opera vitae activae interdum aliquis a contemplatione avocatur propter aliquam necessitatem praesentis vitae, non tamen hoc modo quod cogatur aliquis totaliter contemplationem deserere. * unde augustinus dicit, xix de civ. dei, ° otium sanctum quaerit caritas veritatis, negotium iustum, scilicet vitae activae, suscipit necessitas caritatis. quam sarcinam si nullus imponit, percipiendae atque intuendae vacandum est veritati. si autem imponitur, suscipienda est, propter caritatis necessitatem. sed nec sic omnino veritatis delectatio deserenda est, ne subtrahatur illa suavitas, et opprimat ista necessitas. ‘ et sic patet quod, cum aliquis a contemplativa vita ad activam vocatur, non hoc fit per modum subtractionis, sed per modum additionis.

009 ST3 qu182 ar2

ag1 ‘ Ad secundum sic proceditur. videtur quod vita activa sit maioris meriti quam contemplativa. meritum enim dicitur respectu mercedis. merces autem debetur labori, * secundum illud i ad cor. iii, ° unusquisque propriam mercedem accipiet secundum suum laborem. ‘ sed vitae activae attribuitur labor, contemplativae vero quies, * dicit enim gregorius, super ezech., ° omnis qui ad deum convertitur, prius necesse est ut desudet in labore, idest liam accipiat, ut post ad videndum principium in rachel amplexibus requiescat. ‘ ergo vita activa est maioris meriti quam contemplativa.

ag2 ‘ Praeterea, vita contemplativa est quaedam inchoatio futurae felicitatis. * unde super illud ioan. ult., sic eum volo manere donec veniam, dicit augustinus, ° hoc apertius dici potest, perfecta me sequatur actio, informata meae passionis exemplo, inchoata vero contemplatio maneat donec venio, perficienda cum venero. * et gregorius dicit, super ezech., quod ° contemplativa vita hic incipitur, ut in caelesti patria perficiatur. ‘ sed in illa futura vita non erit status merendi, sed recipiendi pro meritis. ergo vita contemplativa minus videtur habere de ratione meriti quam vita activa, sed plus habet de ratione praemii.

ag3 * Praeterea, gregorius dicit, super ezech., quod ° nullum sacrificium est deo magis acceptum quam zelus animarum. ‘ sed per zelum animarum aliquis se convertit ad studia activae vitae. ergo videtur quod vita contemplativa non sit maioris meriti quam activa.

sc * Sed contra est quod gregorius dicit, in vi moral., ° magna sunt activae vitae merita, sed contemplativae potiora.

co ‘ Respondeo dicendum quod radix merendi est caritas, * sicut supra habitum est. ‘ cum autem caritas consistat in dilectione dei et proximi, * sicut supra habitum est, ‘ diligere deum secundum se est magis meritorium quam diligere proximum, * ut ex supra dictis patet. ‘ et ideo illud quod directius pertinet ad dilectionem dei, magis est meritorium ex suo genere quam id quod directe pertinet ad dilectionem proximi propter deum. vita autem contemplativa directe et immediate pertinet ad dilectionem dei, * dicit enim augustinus, xix de civ. dei, quod “ otium sanctum, scilicet contemplativae vitae, quaerit caritas veritatis, scilicet divinae; cui potissime vita contemplativa insistit, * sicut dictum est. ‘ vita autem activa ordinatur directius ad dilectionem proximi, quia satagit circa frequens ministerium, * ut dicitur luc. x. ‘ et ideo ex suo genere contemplativa vita est maioris meriti quam activa. * et hoc est quod gregorius dicit, in iii homil. ezech., |25| ° contemplativa est maior merito quam activa, quia haec in usu praesentis operis laborat, " in quo scilicet necesse est proximis subvenire: ° illa vero sapore intimo venturam iam requiem degustat, " scilicet in contemplatione dei. ' potest tamen contingere quod aliquis in operibus vitae activae plus meretur quam alius in operibus vitae contemplativae, puta si propter abundantiam divini amoris, ut eius voluntas impleatur propter ipsius gloriam, interdum sustinet a dulcedine divinae contemplationis ad tempus separari. * sicut apostolus dicebat, rom. ix, ° optabam ego ipse anathema esse a christo pro fratribus meis, * quod exponens chrysostomus, in libro de compunct., dicit, ° ita totam mentem eius demerserat amor christi, ut etiam hoc quod ei prae ceteris omnibus amabilius erat, esse cum christo, rursus idipsum, quia ita placeret christo, contemneret.

ra1 ' Ad primum ergo dicendum quod labor exterior operatur ad augmentum praemii accidentalis, sed augmentum meriti respectu praemii essentialis consistit principaliter in caritate. cuius quoddam signum est labor exterior toleratus propter christum, sed multo expressius eius signum est quod aliquis, praetermissis omnibus quae ad hanc vitam pertinent, soli divinae contemplationi vacare delectetur.

ra2 ' Ad secundum dicendum quod in statu felicitatis futurae homo pervenit ad perfectum, et ideo non relinquitur locus proficiendi per meritum. si tamen relinqueretur, esset efficacius meritum, propter caritatem maiorem. sed contemplatio praesentis vitae cum quadam imperfectione est, et adhuc habet quo proficiat. et ideo non tollit rationem merendi, sed augmentum meriti facit, propter maius exercitium caritatis divinae.

ra3 ' Ad tertium dicendum quod sacrificium spiritualiter deo offertur cum aliquid ei exhibetur. inter omnia autem bona hominis deus maxime acceptat bonum humanae animae, ut hoc sibi in sacrificium offeratur. offerre autem debet aliquis deo, primo quidem, animam suam, * secundum illud eccli. xxx, miserere animae tuae placens deo, ' secundo autem, animas aliorum, * secundum illud apoc. ult., qui audit, dicat, veni. ' quanto autem homo animam suam vel alterius propinquius deo coniungit, tanto sacrificium est deo magis acceptum. unde magis acceptum est deo quod aliquis animam suam et aliorum applicet contemplationi, quam actioni. * per hoc ergo quod dicitur quod " nullum sacrificium est deo magis acceptum quam zelus animarum, ' non praefertur meritum vitae activae merito vitae contemplativae, sed ostenditur magis esse meritorium si quis offerat deo animam suam et aliorum, quam quaecumque alia exteriora dona.

009 ST3 qu182 ar3

ag1 ' Ad tertium sic proceditur. videtur quod vita contemplativa impediatur per activam. ad vitam enim contemplativam necessaria est quaedam vacatio mentis, * secundum illud psalmi, vacate, et videte quoniam ego sum deus. sed vita activa habet inquietudinem, secundum illud luc. x, ° martha, martha, sollicita es et turbaris erga plurima. ' ergo vita activa contemplativam impedit.

ag2 ' Praeterea, ad vitam contemplativam requiritur claritas visionis. sed vita activa impedit visionis claritatem, * dicit enim gregorius, super ezech., quod ° lippa est et fecunda, quia, dum occupatur in opere, minus videt. ' ergo vita activa impedit contemplativam.

ag3 ' Praeterea, unum contrariorum impeditur per aliud. sed vita activa et contemplativa videntur contrarietatem habere ad invicem, quia vita activa occupatur circa plurima, vita autem contemplativa insistit ad contemplandum unum, unde et ex opposito dividuntur. ergo videtur quod vita contemplativa impediatur per activam.

sc * Sed contra est quod gregorius dicit, in vi moral., ° qui contemplationis arcem tenere desiderant, prius se in campo per exercitium operis probent.

co ' Respondeo dicendum quod vita activa potest considerari quantum ad duo. uno modo, quantum ad ipsum studium et exercitium exteriorum actionum. et sic manifestum est quod vita activa impedit contemplativam, inquantum impossibile est quod aliquis simul occupetur circa exteriores actiones, et divinae contemplationi vacet. alio modo potest considerari vita activa quantum ad hoc quod interiores animae passiones componit et ordinat. et quantum ad hoc, vita activa adiuvat ad contemplationem, quae impeditur per inordinationem interiorum passionum. * unde gregorius dicit, in vi moral., ° cum contemplationis arcem aliqui tenere desiderant, prius se in campo per exercitium operis probent, ut sollicite sciant si nulla iam mala proximis irrogant, si irrogata a proximis aequanimiter portant, si obiectis bonis temporalibus nequaquam mens laetitia solvitur, si subtractis non nimio maerore sauciantur. ac deinde perpendant si, cum ad semetipsos introrsus redeunt, in eo quod spiritualia rimantur, nequaquam secum rerum corporalium umbras trahunt, vel fortasse tractas manu discretionis abigunt. ' ex hoc ergo exercitium vitae activae confert ad contemplativam, quod quietat interiores passiones, ex quibus phantasmata proveniunt, per quae contemplatio impeditur.

ra ' Et per hoc patet responsio ad obiecta. nam rationes illae procedunt quantum ad ipsam occupationem exteriorum actuum, non autem quantum ad effectum, qui est moderatio passionum.

009 ST3 qu182 ar4

ag1 ' Ad quartum sic proceditur. videtur quod vita activa non sit prior quam contemplativa. vita enim contemplativa directe pertinet ad dilectionem dei, vita autem activa ad dilectionem proximi. sed dilectio dei praecedit dilectionem proximi, inquantum proximus propter deum diligitur. ergo videtur quod etiam vita contemplativa sit prior quam activa.

ag2 * Praeterea, gregorius dicit, super ezech., ° sciendum est quod, sicut bonus ordo vivendi est ut ab activa in contemplativam tendatur, ita plerumque utiliter a contemplativa animus ad activam reflectitur. ' non ergo simpliciter vita activa est prior quam contemplativa.

ag3 ' Praeterea, ea quae diversis competunt, non videntur ex necessitate ordinem habere. sed vita activa et contemplativa diversis competunt, * dicit enim gregorius, in vi moral., ° saepe qui contemplari deum quieti poterant, occupationibus pressi ceciderunt, et saepe qui occupati bene humanis usibus viverent, gladio suae quietis extincti sunt. ' non ergo vita activa prior est quam contemplativa.

sc * Sed contra est quod gregorius dicit, in iii homil. ezech., ° activa vita prior est tempore quam contemplativa, quia ex bono opere tenditur ad contemplationem.

co ' Respondeo dicendum quod aliquid dicitur esse prius dupliciter. uno modo, secundum suam naturam. et hoc modo vita contemplativa est prior quam activa, inquantum prioribus et melioribus insistit. unde et activam vitam movet et dirigit, ratio enim superior, quae contemplationi deputatur, comparatur ad inferiorem, quae deputatur actioni, sicut vir ad mulierem, quae est per virum regenda, * ut augustinus dicit, xii de trin.. ' alio modo est aliquid prius quoad nos, quod scilicet est prius in via generationis. et hoc modo vita activa est prior quam contemplativa, quia disponit ad contemplativam, * ut ex supra dictis patet. ' dispositio enim in via generationis praecedit formam, quae simpliciter et secundum naturam est prior.

ra1 ' Ad primum ergo dicendum quod vita contemplativa non ordinatur ad qualemcumque dei dilectionem, sed ad perfectam. sed vita activa necessaria est ad dilectionem proximi qualemcumque. * unde gregorius dicit, in iii homil. ezech., ° sine contemplativa vita intrare possunt ad caelestem patriam qui bona quae possunt, operari non negligunt, sine activa autem intrare non possunt, si negligunt bona operari quae possunt. ' ex quo etiam patet quod vita activa praecedit contemplativam, sicut id quod est commune omnium, praecedit in via generationis id quod est proprium perfectorum.

ra2 ' Ad secundum dicendum quod a vita activa procediur ad vitam contemplativam secundum ordinem generationis, a vita autem contemplativa reditur ad vitam activam per viam directionis, ut scilicet vita activa per contemplationem dirigatur. sicut etiam per operationes acquiritur habitus, et per habitum acquisitum perfectius aliquis operatur, * ut dicitur in ii ethic..

ra3 ' Ad tertium dicendum quod illi qui sunt proni ad passiones propter eorum impetum ad agendum, sunt simpliciter magis apti ad vitam activam propter spiritus inquietudinem. * unde dicit gregorius, in vi moral., quod ° nonnulli ita inquieti sunt ut, si vacationem laboris habuerint, gravius laborent, quia tanto deteriores cordis tumultus tolerant, quanto eis licentius ad cogitationes vacat. ' quidam vero habent naturaliter animi puritatem et quietem, per quam ad contemplationem sunt apti, qui si totaliter actionibus deputentur, detrimentum sustinebunt. * unde gregorius dicit, in vi moral., quod ° quorundam hominum ita otiosae mentes sunt ut, si eos labor occupationis excipiat, in ipsa operationis inchoatione succumbant. * sed, sicut ipse postea subdit, ° saepe et pigras mentes amor ad opus excitat; et inquietas in contemplatione timor refrenat. ' unde et illi qui sunt magis apti ad activam vitam, possunt per exercitium activae ad contemplativam praeparari, et illi nihilominus qui sunt magis ad contemplativam apti, possunt exercitia vitae activae subire, ut per hoc ad contemplationem paratiores reddantur.

009 ST3 qu183 ar

pr ' Consequenter considerandum est de diversitate statuum et officiorum humanorum. et primo considerandum est de officiis et statibus hominum in generali; secundo, specialiter de statu perfectorum. circa primum quaeruntur quatuor. primo, quid faciat in hominibus statum. secundo, utrum in hominibus debeant esse diversi status, sive diversa officia. tertio, de differentia officiorum. quarto, de differentia statuum.

009 ST3 qu183 ar1

ag1 ' Ad primum sic proceditur. videtur quod status in sui ratione non importet conditionem libertatis vel servitutis. status enim a stando dicitur. sed stare dicitur aliquis ratione rectitudinis, * unde dicitur ezech. ii, fili hominis, sta super pedes tuos; et gregorius dicit, in vii moral., ab ° omni statu rectitudinis dispereunt qui per noxia verba dilabuntur ' sed rectitudinem spiritualem acquirit homo per hoc quod subiicit suam voluntatem deo, * unde super illud psalmi, rectos decet collaudatio, dicit glossa, ° recti sunt qui dirigunt cor suum secundum voluntatem dei. ' ergo videtur quod sola obedientia divinorum mandatorum sufficiat ad rationem status.

ag2 ' Praeterea, nomen status immobilitatem importare videtur, * secundum illud i ad cor. xv, stabiles estote et immobiles. unde gregorius dicit, super ezech., ° lapis quadrus est, et quasi ex omni latere statum habet, qui casum in aliqua permutatione non habet. ' sed virtus est quae facit immobiliter operari, * ut dicitur in ii ethic . ' ergo videtur quod ex omni operatione virtuosa aliquis statum nanciscatur.

ag3 ' Praeterea, nomen status videtur ad quandam altitudinem pertinere, nam ex hoc aliquis stat quod in altum erigitur. sed per diversa officia aliquis fit altior altero. similiter etiam per gradus vel ordines diversos diversimode homines in quadam altitudine constituuntur. ergo sola diversitas graduum vel ordinum vel officiorum sufficit ad diversificandum statum.

sc * Sed contra est quod in decretis, caus. ii, qu. vi, dicitur, ° si quando in causa capitali vel causa status interpellatum fuerit non per exploratores, sed per seipsos est agendum, ' ubi causa status appellatur pertinens ad libertatem vel ad servitutem. ergo videtur quod non variet statum hominis nisi id quod pertinet ad libertatem vel servitutem.

co ' Respondeo dicendum quod status, proprie loquendo, significat quandam positionis differentiam secundum quam aliquis disponitur secundum modum suae naturae, cum quadam immobilitate. est enim naturale homini ut caput eius in superiora tendat, et pedes in terra firmentur, et cetera membra media convenienti ordine disponantur. quod quidem non accidit si homo iaceat vel sedeat vel accumbat, sed solum quando erectus stat. nec rursus stare dicitur si moveatur, sed quando quiescit. et inde est quod etiam in ipsis humanis actionibus dicitur negotium aliquem statum habere secundum ordinem propriae dispositionis, cum quadam immobilitate seu quiete. unde et circa homines, ea quae de facili circa eos variantur et extrinseca sunt, non constituunt statum, puta quod aliquis sit dives vel pauper, in dignitate constitutus vel plebeius, vel si quid aliud est huiusmodi, unde * et in iure civili dicitur quod " ei qui a senatu amovetur, magis dignitas quam status aufertur. ' sed solum illud videtur ad statum hominis pertinere quod respicit obligationem personae hominis, prout scilicet aliquis est sui iuris vel alieni, et hoc non ex aliqua causa levi vel de facili mutabili, sed ex aliquo permanente. et hoc est quod pertinet ad rationem libertatis vel servitutis. unde status pertinet proprie ad libertatem vel servitutem, sive in spiritualibus sive in civilibus.

ra1 ' Ad primum ergo dicendum quod rectitudo, inquantum huiusmodi, non pertinet ad rationem status, sed solum inquantum est connaturalis homini, simul addita quadam quiete. unde in aliis animalibus non requiritur rectitudo ad hoc quod stare dicantur. nec etiam homines stare dicuntur, quantumcumque sint recti, nisi quiescant.

ra2 ' Ad secundum dicendum quod immobilitas non sufficit ad rationem status. nam etiam sedens et iacens quiescunt, qui tamen non dicuntur stare.

ra3 ' Ad tertium dicendum quod officium dicitur per comparationem ad actum; gradus autem dicitur secundum ordinem superioritatis et inferioritatis; sed ad statum requiritur immobilitas in eo quod pertinet ad conditionem personae.

009 ST3 qu183 ar2

ag1 ' Ad secundum sic proceditur. videtur quod in ecclesia non debeat esse diversitas officiorum vel statuum. diversitas enim unitati repugnat. sed fideles christi ad unitatem vocantur, * secundum illud ioan. xvii, ° ut sint unum in nobis, sicut et nos unum sumus. ' ergo in ecclesia non debet esse diversitas officiorum vel statuum.

ag2 ' Praeterea, natura non facit per multa quod potest per unum facere. sed operatio gratiae est multo ordinatior quam operatio naturae. ergo convenientius esset quod ea quae pertinent ad actus gratiae, per eosdem homines administrarentur, ita ut non esset in ecclesia diversitas officiorum et statuum.

ag3 ' Praeterea, bonum ecclesiae maxime videtur in pace consistere, * secundum illud psalmi, qui posuit fines tuos pacem. et ii ad cor. ult. dicitur, ° pacem habete, et deus pacis erit vobiscum. ' sed diversitas est impeditiva pacis, quam similitudo causare videtur, * secundum illud eccli. xiii, ° omne animal diligit simile sibi. * et philosophus dicit, in vii polit., quod " modica differentia facit in civitate dissidium. ' ergo videtur quod non oporteat in ecclesia esse diversitatem statuum et officiorum.

sc * Sed contra est quod in psalmo in laudem ecclesiae dicitur quod est circumamicta varietate, ubi dicit glossa quod ° doctrina apostolorum, et confessione martyrum, et puritate virginum et lamento poenitentium, ornatur regina, " idest ecclesia.

co ' Respondeo dicendum quod diversitas statuum et

officiorum in ecclesia ad tria pertinet. primo quidem, ad perfectionem ipsius ecclesiae. sicut enim in rerum naturalium ordine perfectio, quae in deo simpliciter et uniformiter invenitur, in universitate creaturarum inveniri non potuit nisi difformiter et multipliciter ita etiam plenitudo gratiae, quae in christo sicut in capite adunatur, ad membra eius diversimode redundat, ad hoc quod corpus ecclesiae sit perfectum. * et hoc est quod apostolus dicit, ad ephes. iv, ° ipse dedit quosdam quidem apostolos, quosdam autem prophetas, alios vero evangelistas, alios autem pastores et doctores, ad consummationem sanctorum. ‘ secundo autem pertinet ad necessitatem actionum quae sunt in ecclesia necessariae. oportet autem ad diversas actiones diversos homines deputari, ad hoc quod expeditius et sine confusione omnia peragantur. * et hoc est quod apostolus dicit, rom. xii, ° sicut in uno corpore multa membra habemus, omnia autem membra non eundem actum habent, ita multi unum corpus sumus in christo. ‘ tertio hoc pertinet ad dignitatem et pulchritudinem ecclesiae, quae in quodam ordine consistit. * unde dicitur iii reg. x, quod ° videns regina saba omnem sapientiam salomonis, et habitacula servorum et ordines ministrantium, non habebat ultra spiritum. |25| * unde et apostolus dicit, ii ad tim. ii, quod ° in magna domo non solum sunt vasa aurea et argentea, sed et lignea et fictilia.

ra1 ‘ Ad primum ergo dicendum quod diversitas statuum et officiorum non impedit ecclesiae unitatem, quae perficitur per unitatem fidei et caritatis et mutuae subministrationis, * secundum illud apostoli, ad ephes. iv, “ ex quo totum corpus est compactum, scilicet per fidem, et connexum, scilicet per caritatem, per omnem iuncturam subministrationis, dum scilicet unus alii servit.

ra2 ‘ Ad secundum dicendum quod sicut natura non facit per multa quod potest facere per unum, ita etiam non coarctat in unum id ad quod multa requiruntur, * secundum illud apostoli, i ad cor. xii, ° si totum corpus oculus, ubi auditus? ‘ unde et in ecclesia, quae est corpus christi, oportuit membra diversificari secundum diversa officia, status et gradus.

ra3 ‘ Ad tertium dicendum quod sicut in corpore naturali membra diversa continentur in unitate per virtutem spiritus vivificantis quo abscedente membra corporis separantur; ita etiam in corpore ecclesiae conservatur pax diversorum membrorum virtute spiritus sancti, qui corpus ecclesiae vivificat, * ut habetur ioan. vi. unde apostolus dicit, ephes. iv, ° solliciti servare unitatem spiritus in vinculo pacis. ‘ discedit autem aliquis ab hac unitate spiritus dum quaerit quae sibi sunt propria, sicut etiam in terrena civitate pax tollitur ex hoc quod cives singuli quae sua sunt quaerunt. alioquin, per officiorum et statuum distinctionem tam mentis quam in civitate terrena magis pax conservatur, inquantum per haec plures sunt qui communicant actibus publicis. * unde et apostolus dicit, i ad cor. xii, quod ° deus sic temperavit ut non sit schisma in corpore, sed pro invicem sollicita sint membra.

009 ST3 qu183 ar3

ag1 ‘ Ad tertium sic proceditur. videtur quod officia non distinguantur per actus. sunt enim infinitae diversitates humanorum actuum, tam in spiritualibus quam in temporalibus. sed infinitorum non potest esse certa distinctio. ergo per diversitates actuum non potest esse humanorum officiorum certa distinctio.

ag2 ‘ Praeterea, vita activa et contemplativa secundum actus distinguuntur, * ut dictum est. ‘ sed alia videtur esse distinctio officiorum a distinctione vitarum. non ergo officia distinguuntur per actus.

ag3 ‘ Praeterea, ordines etiam ecclesiastici et status et gradus per actus distingui videntur. si ergo officia distinguantur per actus, videtur sequi quod eadem sit distinctio officiorum, graduum et statuum. hoc autem est falsum, quia diversimode in suas partes dividuntur. non ergo videtur quod officia distinguantur per actus.

sc * Sed contra est quod isidorus dicit, in libro etymol., quod ° officium ab efficiendo est dictum, quasi efficium, propter decorem sermonis una mutata littera. ‘ sed efficere pertinet ad actionem. ergo officia per actus distinguuntur.

co * Respondeo dicendum quod, sicut dictum est, ‘ diversitas in membris ecclesiae ad tria ordinatur, scilicet ad perfectionem, actionem et decorem. et secundum haec tria triplex distinctio diversitatis fidelium accipi potest. una quidem per respectum ad perfectionem. et secundum hoc accipitur differentia statuum, prout quidam sunt aliis perfectiores. alia vero distinctio accipitur per respectum ad actionem. et haec est distinctio officiorum, dicuntur enim in diversis officiis esse qui sunt ad diversas actiones deputati. alia autem, per respectum ad ordinem pulchritudinis ecclesiasticae. et secundum hoc accipitur differentia graduum, prout scilicet, etiam in eodem statu vel officio, unus est alio superior. * unde et in psalmo dicitur, secundum aliam litteram, ° deus in gradibus eius cognoscetur.

ra1 ‘ Ad primum ergo dicendum quod materialis diversitas humanorum actuum est infinita. et secundum hanc non distinguuntur officia, sed secundum formalem diversitatem, quae accipitur secundum diversas species actuum; secundum quam actus hominis non sunt infiniti.

ra2 ‘ Ad secundum dicendum quod vita dicitur absolute. et ideo diversitas vitarum accipitur secundum diversos actus qui conveniunt homini secundum seipsum. sed efficientia, a qua sumitur nomen officii, * ut dictum est, ‘ importat actionem tendentem in aliud, * ut dicitur in ix metaphys.. ‘ et ideo officia distinguuntur proprie secundum actus qui referuntur ad alios, sicut dicitur doctor habere officium, vel iudex, et sic de aliis. * et ideo isidorus dicit quod “ officium est ut quisque illa agat quae nulli officiant, id est noceant, sed prosint omnibus.

ra3 ‘ Ad tertium dicendum quod diversitas statuum, officiorum et graduum secundum diversa sumitur, * ut dictum est. ‘ contingit tamen quod ista tria in eodem concurrant, puta, cum aliquis deputatur ad aliquem actum altiorem, simul ex hoc habet et officium et gradum; et ulterius quandoque perfectionis statum, propter actus sublimitatem sicut patet de episcopo. ordines autem ecclesiastici specialiter distinguuntur secundum officia divina, * dicit enim isidorus, in libro etymol., ° officiorum plurima genera sunt, sed praecipuum illud est quod in sacris divinisque rebus habetur.

009 ST3 qu183 ar4

ag1 ‘ Ad quartum sic proceditur. videtur quod differentia statuum non attendatur secundum incipientes, proficientes et perfectos. diversorum enim diversae sunt species et differentiae. sed secundum hanc differentiam inchoationis, profectus et perfectionis, dividuntur gradus caritatis, * ut supra habitum est, cum de caritate ageretur. ‘ ergo videtur quod secundum hoc non sit accipienda differentia statuum.

ag2 ‘ Praeterea, status, * sicut dictum est, ‘ respicit conditionem servitutis vel libertatis. ad quam non videtur pertinere praedicta differentia incipientium, proficientium et perfectorum. ergo inconvenienter status per ista dividitur.

ag3 ‘ Praeterea, incipientes, proficientes et perfecti distingui videntur secundum magis et minus, quod videtur magis pertinere ad rationem gradus. sed alia est divisio graduum et statuum, * ut supra dictum est. ‘ non ergo convenienter dividitur status secundum incipientes, proficientes et perfectos.

sc * Sed contra est quod gregorius dicit, in moral., ° tres sunt modi conversorum, inchoatio, medietas atque perfectio. * et super ezech. dicit quod ° alia sunt virtutis exordia, aliud profectus, aliud perfectio.

co * Respondeo dicendum quod, sicut supra dictum est, ‘ status libertatem respicit vel servitutem. invenitur autem in rebus spiritualibus duplex servitus et duplex libertas. una quidem est servitus peccati, altera vero est servitus iustitiae; similiter etiam est duplex libertas, una quidem a peccato, alia vero a iustitia; * ut patet per apostolum, qui dicit, rom. vi, ° cum servi essetis peccati, liberi fuistis iustitiae, nunc autem, liberati a peccato, servi estis facti deo. ‘ est autem servitus peccati vel iustitiae, cum aliquis vel ex habitu peccati ad malum inclinatur, vel ex habitu iustitiae ad bonum. similiter etiam libertas a peccato est cum aliquis ab inclinatione peccati non superatur, libertas autem a iustitia est cum aliquis propter amorem iustitiae non retardatur a malo. veruntamen, quia homo secundum naturalem rationem ad iustitiam inclinatur, peccatum autem est contra naturalem rationem, consequens est quod libertas a peccato sit vera libertas, quae coniungitur servituti iustitiae, quia per utrumque tendit homo in id quod est conveniens sibi. et similiter vera servitus est servitus peccati, cui coniungitur libertas a iustitia, quia scilicet per hoc homo impeditur ab eo quod est proprium sibi. hoc autem quod homo efficiatur servus iustitiae vel peccati, contingit per humanum studium, * sicut apostolus ibidem dicit, |25| ° cui exhibetis vos servos ad obediendum, servi eius estis cui obedistis, sive peccati, ad mortem; sive obeditionis, ad iustitiam. ‘ in omni autem humano studio est accipere principium, medium et terminum. et ideo consequens est quod status spiritualis servitutis et libertatis secundum tria distinguatur, scilicet secundum principium, ad quod pertinet status incipientium; et medium, ad quod pertinet status proficientium; et terminum, ad quem pertinet status perfectorum.

ra1 ‘ Ad primum ergo dicendum quod “ libertas a peccato fit per caritatem, quae diffunditur in cordibus nostris per spiritum sanctum, * ut dicitur rom. v, et inde est quod dicitur ii ad cor. iii, ° ubi spiritus domini, ibi libertas. ‘ et ideo eadem est divisio caritatis, et statuum pertinentium ad spiritualem libertatem.

ra2 ‘ Ad secundum dicendum quod incipientes, proficientes et perfecti, secundum quod per hoc status diversi distinguuntur, dicuntur homines non secundum quodcumque studium, sed secundum studium eorum quae pertinent ad spiritualem libertatem vel servitutem, * ut dictum est.

ra3 * Ad tertium dicendum quod, sicut prius dictum est, ‘ nihil prohibet in idem concurrere gradum et statum. nam et in rebus mundanis illi qui sunt liberi non solum sunt alterius status quam servi, sed etiam sunt altioris gradus.

009 ST3 qu184 ar

pr ‘ Deinde considerandum est de his quae pertinent ad statum perfectionis, ad quem alii status ordinantur. nam consideratio officiorum, quantum quidem ad alios actus, pertinet ad legispositores; quantum autem ad sacra ministeria, pertinet ad considerationem ordinum, de quibus in tertia parte agetur. circa statum autem perfectorum triplex consideratio occurrit, primo quidem, de statu perfectionis in communi; secundo, de his quae pertinent ad perfectionem episcoporum; tertio, de his quae pertinent ad perfectionem religiosorum. circa primum quaeruntur octo. primo, utrum perfectio attendatur secundum caritatem. secundo, utrum aliquis possit esse perfectus in hac vita. tertio, utrum perfectio huius vitae consistat principaliter in consiliis, vel in praeceptis. quarto, utrum quicumque est perfectus, sit in statu perfectionis. quinto, utrum praelati et religiosi specialiter sint in statu perfectionis. sexto, utrum omnes praelati sint in statu perfectionis. septimo, quis status sit perfectior, utrum religiosorum vel episcoporum. octavo, de comparatione religiosorum ad plebanos et archidiaconos.

009 ST3 qu184 ar1

ag1 ‘ Ad primum sic proceditur. videtur quod perfectio christianae vitae non attendatur specialiter secundum caritatem. * dicit enim apostolus, i ad cor. xiv, ° malitia autem parvuli estote, sensibus autem perfecti. ‘ sed caritas non pertinet ad sensum, sed magis ad affectum. ergo videtur quod perfectio christianae vitae non consistat principaliter in caritate.

ag2 * Praeterea, ad ephes. ult. dicitur, ° accipite armaturam dei, ut possitis resistere in die malo, et in omnibus perfecti stare. * de armatura autem dei subiungit dicens, ° state succincti lumbos vestros in veritate, et induite loricam iustitiae, in omnibus sumentes scutum fidei. ‘ ergo perfectio christianae vitae non solum attenditur secundum caritatem, sed etiam secundum alias virtutes.

ag3 ‘ Praeterea, virtutes specificantur per actus, sicut et alii habitus. * sed iac. i dicitur quod patientia opus perfectum habet. ‘ ergo videtur quod status perfectionis attendatur magis secundum patientiam.

sc * Sed contra est quod dicitur ad coloss. iii, ° super omnia, caritatem habete, quae est vinculum perfectionis, “ quia scilicet omnes alias virtutes quodammodo ligat in unitatem perfectam.

co ‘ Respondeo dicendum quod unumquodque dicitur esse perfectum inquantum attingit proprium finem, qui est ultima rei perfectio. caritas autem est quae unit nos deo, qui est ultimus finis humanae mentis, ° quia qui manet in caritate, in deo manet, et deus in eo, * ut dicitur i ioan. iv. ‘ et ideo secundum caritatem specialiter attenditur perfectio vitae christianae.

ra1 ‘ Ad primum ergo dicendum quod perfectio humanorum sensuum praecipue in hoc videtur consistere ut in unitatem veritatis conveniant, * secundum illud i ad cor. i, ° sitis perfecti in eodem sensu et in eadem scientia. ‘ hoc autem fit per caritatem, quae consensum in hominibus operatur. et ideo etiam perfectio sensuum radicaliter in perfectione caritatis radicatur.

ra2 ‘ Ad secundum dicendum quod dupliciter potest dici aliquis perfectus. uno modo, simpliciter, quae quidem perfectio attenditur secundum id quod pertinet ad ipsam rei naturam; puta si dicatur animal perfectum quando nihil ei deficit ex dispositione membrorum, et aliis huiusmodi quae requiruntur ad vitam animalis. alio modo dicitur aliquid perfectum secundum quid, quae quidem perfectio attenditur secundum aliquid exterius adiacens, puta in albedine vel nigredine, vel aliquo huiusmodi. vita autem christiana specialiter in caritate consistit, per quam anima deo coniungitur, * unde dicitur i ioan. iii, qui non diligit, manet in morte. ‘ et ideo secundum caritatem simpliciter attenditur perfectio christianae vitae, sed secundum alias virtutes secundum quid. et quia id quod est simpliciter est principium et maximum respectu aliorum, inde est quod perfectio caritatis est principium respectu perfectionis quae attenditur secundum alias virtutes.

ra3 ‘ Ad tertium dicendum quod patientia dicitur habere opus perfectum in ordine ad caritatem, inquantum scilicet ex abundantia caritatis provenit quod aliquis patienter toleret adversa, * secundum illud rom. viii, ° quis nos separabit a caritate dei? tribulatio? an angustia? etc..

009 ST3 qu184 ar2

ag1 ‘ Ad secundum sic proceditur. videtur quod nullus in hac vita possit esse perfectus. * dicit enim apostolus, i ad cor. xiii, ° cum venerit quod perfectum est, evacuabitur quod ex parte est. ‘ sed in hac vita non evacuatur quod ex parte est, manet enim in hac vita fides et spes, quae sunt ex parte. ergo nullus in hac vita est perfectus.

ag2 ° Praeterea, perfectum est cui nihil deest, * ut dicitur in iii physic.. ‘ sed nullus est in hac vita cui non desit aliquid, * dicitur enim iac. iii, in multis offendimus omnes; et in psalmo dicitur, imperfectum meum viderunt oculi tui. ‘ ergo nullus est in hac vita perfectus.

ag3 ‘ Praeterea, perfectio vitae christianae, * sicut dictum est, ‘ attenditur secundum caritatem, quae

sub se comprehendit dilectionem dei et proximi. sed quantum ad dilectionem dei, non potest aliquis perfectam caritatem in hac vita habere, * quia, ut gregorius dicit, super ezech., ° amoris ignis, qui hic ardere inchoat, cum ipsum quem amat viderit, in amorem ipsius amplius ignescit. ' neque etiam quantum ad dilectionem proximi, quia non possumus in hac vita omnes proximos actualiter diligere, etsi habitualiter eos diligamus; dilectio autem habitualis imperfecta est. ergo videtur quod nullus in hac vita possit esse perfectus.
sc ' Sed contra est quia lex divina non inducit ad impossibile. inducit autem ad perfectionem * secundum illud matth. v, ° estote perfecti, sicut et pater vester caelestis perfectus est. ' ergo videtur quod aliquis in hac vita possit esse perfectus.
co * Respondeo dicendum quod, sicut dictum est, ' perfectio christianae vitae in caritate consistit. importat autem perfectio quandam universalitatem, quia, * ut dicitur in iii physic., ' perfectum est cui nihil deest, potest ergo triplex perfectio considerari. una quidem absoluta, quae attenditur non solum secundum totalitatem ex parte diligentis, sed etiam ex parte diligibilis, prout scilicet deus tantum diligitur quantum diligibilis est. et talis perfectio non est possibilis alicui creaturae, sed competit soli deo, in quo bonum integraliter et essentialiter invenitur. alia autem est perfectio quae attenditur secundum totalitatem absolutam ex parte diligentis, prout scilicet affectus secundum totum suum posse semper actualiter tendit in deum. et talis perfectio non est possibilis in via, sed erit in patria. tertia autem perfectio est, quae neque attenditur secundum totalitatem ex parte diligibilis, neque secundum totalitatem ex parte diligentis quantum ad hoc quod semper actu feratur in deum, sed quantum ad hoc quod excludantur ea quae repugnant motui dilectionis in deum; * sicut augustinus dicit, in libro octogintatrium quaest., quod ° venenum caritatis est cupiditas, perfectio nulla cupiditas. ' et talis perfectio potest in hac vita haberi. et hoc dupliciter. uno modo, inquantum ab affectu hominis excluditur omne illud quod caritati contrariatur, sicut est peccatum mortale. et sine |25| tali perfectione caritas esse non potest. unde est de necessitate salutis. alio modo, inquantum ab affectu hominis excluditur non solum illud quod est caritati contrarium, sed etiam omne illud quod impedit ne affectus mentis totaliter dirigatur ad deum. sine qua perfectione caritas esse potest, puta in incipientibus et proficientibus.
ra1 * Ad primum ergo dicendum quod apostolus ibi loquitur ' de perfectione patriae, quae non est in via possibilis.
ra2 ' Ad secundum dicendum quod illi qui sunt in hac vita perfecti, in multis dicuntur offendere secundum peccata venialia, quae consequuntur ex infirmitate praesentis vitae. et quantum ad hoc etiam habent aliquid imperfectum, per comparationem ad perfectionem patriae.
ra3 ' Ad tertium dicendum quod sicut modus praesentis vitae non patitur ut homo semper actu feratur in deum, ita etiam non patitur quod actu feratur in omnes proximos singillatim, sed sufficit quod feratur communiter in omnes in universali, et in singulos habitualiter et secundum animi praeparationem. potest autem etiam circa dilectionem proximi duplex perfectio attendi sicut et circa dilectionem dei. una quidem, sine qua caritas esse non potest, ut scilicet homo nihil habeat in affectu quod sit contrarium dilectioni proximi. alia autem, sine qua caritas inveniri potest, quae quidem attenditur tripliciter. primo quidem, secundum extensionem dilectionis, ut scilicet aliquis non solum diligat amicos et notos, sed etiam extraneos, et ulterius inimicos. hoc enim, * ut augustinus dicit, in enchirid., est perfectorum filiorum dei. ' secundo, secundum intensionem, quae ostenditur ex his quae homo propter proximum contemnit; ut scilicet homo non solum contemnat exteriora bona propter proximum, sed etiam afflictiones corporales, et ulterius mortem, * secundum illud ioan. xv, ° maiorem dilectionem nemo habet quam ut animam suam ponat quis pro amicis suis. ' tertio, quantum ad effectum dilectionis, ut scilicet homo proximis impendat non solum temporalia beneficia, sed etiam spiritualia, et ulterius seipsum, |25| * secundum illud apostoli, ii ad cor. xii, ° ego autem libentissime impendam, et superimpendar ipse pro animabus vestris.

009 ST3 qu184 ar3

ag1 ' Ad tertium sic proceditur. videtur quod perfectio viae non consistit in praeceptis, sed in consiliis. * dicit enim dominus, matth. xix, ° si vis perfectus esse, vade et vende omnia quae habes et da pauperibus, et veni, sequere me. ' sed istud est consilium. ergo perfectio attenditur secundum consilia, et non secundum praecepta.
ag2 ' Praeterea, ad observantiam praeceptorum omnes tenentur, cum sint de necessitate salutis. si ergo perfectio christianae vitae consistat in praeceptis, sequitur quod perfectio sit de necessitate salutis, et quod omnes ad eam teneantur. quod patet esse falsum.
ag3 ' Praeterea, perfectio christianae vitae attenditur secundum caritatem, * ut dictum est. ' sed perfectio caritatis non videtur consistere in observantia praeceptorum, quia perfectionem caritatis praecedit et augmentum et inchoatio ipsius, * ut patet per augustinum, super canonicam ioan.; ' non autem potest caritas inchoari ante observationem praeceptorum, quia, * ut dicitur ioan. xiv, si quis diligit me, sermonem meum servabit. ' ergo perfectio vitae non attenditur secundum praecepta, sed secundum consilia.
sc * Sed contra est quod dicitur deut. vi, ° diliges dominum deum tuum ex toto corde tuo. * et levit. xix dicitur, diliges proximum tuum sicut teipsum. haec autem sunt duo praecepta de quibus dominus dicit, matth. xxii ° in his duobus praeceptis pendet lex et prophetae. ' perfectio autem caritatis, secundum quam dicitur vita christiana esse perfecta, attenditur secundum hoc quod deum ex toto corde diligamus et proximum sicut nos ipsos. ergo videtur quod perfectio consistat in observantia praeceptorum.
co ' Respondeo dicendum quod perfectio dicitur in aliquo consistere dupliciter, uno modo, per se et essentialiter; alio modo, secundario et accidentaliter. per se quidem et essentialiter consistit perfectio christianae vitae in caritate, principaliter quidem secundum dilectionem dei, secundario autem secundum dilectionem proximi, de quibus dantur praecepta principalia divinae legis, * ut dictum est. ' non autem dilectio dei et proximi cadit sub praecepto secundum aliquam mensuram, ita quod id quod est plus sub consilio remaneat, ut patet ex ipsa forma praecepti, quae perfectionem demonstrat, * ut cum dicitur, ° diliges dominum deum tuum ex toto corde tuo, totum enim et perfectum idem sunt, * secundum philosophum, in iii physic.; et cum dicitur, ° diliges proximum tuum sicut teipsum, ' unusquisque enim seipsum maxime diligit. et hoc ideo est quia finis praecepti caritas est, * ut apostolus dicit, i ad tim. i, ' in fine autem non adhibetur aliqua mensura, sed solum in his quae sunt ad finem, * ut philosophus dicit, in i polit.; ' sicut medicus non adhibet mensuram quantum sanet, sed quanta medicina vel diaeta |25| utatur ad sanandum. et sic patet quod perfectio essentialiter consistit in praeceptis. * unde augustinus dicit, in libro de perfectione iustitiae, ° cur ergo non praeciperetur homini ista perfectio, quamvis eam in hac vita nemo habeat? ' secundario autem et instrumentaliter perfectio consistit in consiliis. quae omnia, sicut et praecepta, ordinantur ad caritatem, sed aliter et aliter. nam praecepta alia ordinantur ad removendum ea quae sunt caritati contraria, cum quibus scilicet caritas esse non potest, consilia autem ordinantur ad removendum impedimenta actus caritatis, quae tamen caritati non contrariantur, sicut est matrimonium, occupatio negotiorum saecularium, et alia huiusmodi. * unde augustinus dicit, in enchirid., ° quaecumque mandat deus, ex quibus unum est, non moechaberis; et quaecumque non iubentur, sed speciali consilio monentur, ex quibus unum est, bonum est homini mulierem non tangere, tunc recte fiunt cum referuntur ad diligendum deum et proximum propter deum, et in hoc saeculo et in futuro. * et inde est quod in collationibus patrum dicit abbas moyses, ° ieiunia, vigiliae, meditatio scripturarum, nuditas ac privatio omnium facultatum, non perfectio, sed perfectionis instrumenta sunt quia non in ipsis consistit disciplinae illius finis, sed per illa pervenitur ad finem. * et supra praemisit quod |50| ° ad perfectionem caritatis istis gradibus conscendere nitimur.
ra1 ' Ad primum ergo dicendum quod in illis verbis domini aliquid ponitur quasi via ad perfectionem, * hoc scilicet quod dicitur, ° vade et vende omnia quae habes et da pauperibus, ' aliud autem subditur in quo perfectio consistit, * scilicet quod dicit, et sequere me. unde hieronymus dicit, super matth., quod quia ° non sufficit tantum relinquere, petrus iungit quod perfectum est, " idest, secuti sumus te. * ambrosius autem, super illud luc. v, sequere me, dicit, ° sequi iubet non corporis gressu, sed mentis affectu, " quod fit per caritatem. ' et ideo ex ipso modo loquendi apparet quod consilia sunt quaedam instrumenta perveniendi ad perfectionem, * dum dicitur, si vis perfectus esse, vade et vende etc., " quasi dicat, hoc faciendo ad hunc finem pervenies.
ra2 ' Ad secundum dicendum quod, * sicut augustinus dicit, in libro de perfect. iustit., " perfectio caritatis homini in hac vita praecipitur, quia ° recte non curritur si quo currendum est nesciatur. quomodo autem scietur, si nullis praeceptis ostenderetur? ' cum autem id quod cadit sub praecepto diversimode possit impleri, non efficitur transgressor praecepti aliquis ex hoc quod non optimo modo implet, sed sufficit quod quocumque modo impleat illud. perfectio autem divinae dilectionis universaliter quidem cadit sub praecepto, ita quod etiam perfectio patriae non excluditur ab illo praecepto, * ut augustinus dicit, sed ' transgressionem praecepti evadit qui quocumque modo perfectionem divinae dilectionis attingit. est aut infimus divinae dilectionis gradus ut nihil supra eum, aut contra eum, aut aequaliter ei diligatur, a quo gradu perfectionis qui deficit, nullo modo implet praeceptum. est autem aliquis gradus perfectae dilectionis qui non potest impleri in via, * ut dictum est, ' a quo qui deficit, manifestum est quod non est transgressor praecepti. et similiter non est transgressor praecepti qui non attingit ad medios perfectionis gradus, dummodo attingat ad infimum.
ra3 ' Ad tertium dicendum quod, sicut homo habet quandam perfectionem suae naturae statim cum nascitur, quae pertinet ad rationem speciei, est autem alia perfectio ad quam per augmentum adducitur, ita etiam est quaedam perfectio caritatis pertinens ad ipsam speciem caritatis, ut scilicet deus super omnia diligatur et nihil contra eum ametur; est autem alia perfectio caritatis, etiam in hac vita, ad quam aliquis per aliquod spirituale augmentum pervenit, ut puta cum homo etiam a rebus licitis abstinet, ut liberius divinis obsequiis vacet.

009 ST3 qu184 ar4

ag1 ' Ad quartum sic proceditur. videtur quod quicumque est perfectus, sit in statu perfectionis. sicut enim per augmentum corporale pervenitur ad perfectionem corporalem, ita per augmentum spirituale pervenitur ad perfectionem spiritualem, * ut dictum est. ' sed post augmentum corporale aliquis dicitur esse in statu perfectae aetatis. ergo etiam videtur quod post augmentum spirituale, cum quis iam adeptus est perfectionem, sit in statu perfectionis.
ag2 ' Praeterea, eadem ratione qua aliquid movetur de contrario in contrarium, movetur etiam aliquid de minori ad maius * ut dicitur in v physic.. ' sed quando aliquis transmutatur de peccato ad gratiam, dicitur mutare statum, prout distinguitur status culpae et status gratiae. ergo videtur quod, pari ratione, cum aliquis proficit de minori gratia ad maiorem quousque perveniat ad perfectum, quod adipiscatur perfectionis statum.
ag3 ' Praeterea, statum adipiscitur aliquis ex hoc quod a servitute liberatur. sed per caritatem aliquis liberatur a servitute peccati, quia universa delicta operit caritas, * ut dicitur prov. x. ' sed perfectus dicitur aliquis secundum caritatem, * ut dictum est. ' ergo videtur quod quicumque habeat perfectionem, ex hoc ipso habeat perfectionis statum.
sc ' Sed contra est quod aliqui sunt in statu perfectionis qui omnino caritate et gratia carent, sicut mali episcopi aut mali religiosi. ergo videtur quod e contrario aliqui habent perfectionem vitae qui tamen non habent perfectionis statum.
co * Respondeo dicendum quod, sicut supra dictum est, ' status proprie pertinet ad conditionem libertatis vel servitutis. spiritualis autem libertas aut servitus potest in homine attendi dupliciter, uno modo, secundum id quod interius agitur; alio modo, secundum id quod agitur exterius. * et quia, ut dicitur i reg. xvi, ° homines vident ea quae parent, sed deus intuetur cor, ' inde est quod secundum interiorem hominis dispositionem accipitur conditio spiritualis status in homine per comparationem ad iudicium divinum, secundum autem ea quae exterius aguntur, accipitur spiritualis status in homine per comparationem ad ecclesiam. et sic nunc de statibus loquimur, prout scilicet ex diversitate statuum quaedam ecclesiae pulchritudo consurgit. est autem considerandum quod, quantum ad homines, ad hoc quod aliquis adipiscatur statum libertatis vel servitutis, requiritur, primo quidem, aliqua obligatio vel absolutio. non enim ex hoc quod aliquis servit alicui, efficitur servus, quia etiam liberi serviunt * secundum illud galat. v, per caritatem spiritus servite invicem. ' neque etiam ex hoc quod aliquis desinit servire, efficitur liber, sicut patet de servis fugitivis. sed ille proprie est servus qui obligatur ad serviendum, et ille est liber qui a servitute absolvitur. secundo requiritur quod obligatio praedicta cum aliqua solemnitate fiat, sicut et ceteris quae inter homines obtinent perpetuam firmitatem, quaedam solemnitas adhibetur. sic igitur |25| et in statu perfectionis proprie dicitur esse aliquis, non ex hoc quod habet actum dilectionis perfectae, sed ex hoc quod obligat se perpetuo, cum aliqua solemnitate, ad ea quae sunt perfectionis. contingit etiam quod aliqui se obligant qui non servant, et aliqui implent ad quod non se obligaverunt, * ut patet matth. xxi de duobus filiis, quorum unus patri dicenti, " operare in vinea, respondit nolo, postea abiit; alter autem respondens ait, eo, et non ivit. ' et ideo nihil prohibet aliquos esse perfectos qui non sunt in statu perfectionis, et aliquos esse in statu perfectionis qui non sunt perfecti.
ra1 ' Ad primum ergo dicendum quod per augmentum corporale aliquis proficit in his quae pertinent ad naturam, et ideo adipiscitur naturae statum, praesertim quia quod est secundum naturam, quodammodo immutabile est, inquantum natura determinatur ad unum. et similiter per augmentum spirituale interius aliquis acipiscitur perfectionis statum quantum ad divinum iudicium. sed quantum ad distinctiones ecclesiasticorum statuum, non adipiscitur aliquis statum perfectionis nisi per augmentum in his quae exterius aguntur.
ra2 ' Ad secundum dicendum quod illa etiam ratio procedit quantum ad interiorem statum. et tamen, cum aliquis transit de peccato ad gratiam, transit de servitute ad libertatem, quod non contingit per simplicem profectum gratiae, nisi cum aliquis se obligat ad ea quae sunt gratiae.
ra3 ' Ad tertium dicendum quod illa etiam ratio procedit quantum ad interiorem statum. et tamen, licet caritas variet conditionem spiritualis servitutis et libertatis, hoc tamen non facit caritatis augmentum.

009 ST3 qu184 ar5

ag1 ‘ Ad quintum sic proceditur. videtur quod praelati et religiosi non sint in statu perfectionis. status enim perfectionis distinguitur contra statum incipientium et proficientium. sed non sunt aliqua genera hominum deputata specialiter statui proficientium vel incipientium. ergo videtur quod nec etiam debeant esse aliqua genera hominum deputata statui perfectionis.
ag2 ‘ Praeterea, status exterior debet interiori statui respondere, alioquin incurritur mendacium, quod ° non solum est in falsis verbis, sed etiam in simulatis operibus, * ut ambrosius dicit, in quodam sermone. ‘ sed multi sunt praelati vel religiosi qui non habent interiorem perfectionem caritatis. si ergo omnes religiosi et praelati sunt in statu perfectionis, sequeretur quod quicumque eorum non sunt perfecti, sint in peccato mortali, tanquam simulatores et mendaces.
ag3 ‘ Praeterea, perfectio secundum caritatem attenditur, * ut supra habitum est. ‘ sed perfectissima caritas videtur esse in martyribus, * secundum illud ioan. xv, ° maiorem dilectionem nemo habet quam ut animam suam ponat quis pro amicis suis. * et super illud heb. xii, nondum enim usque ad sanguinem etc., dicit glossa, ° perfectior in hac vita dilectio nulla est ea ad quam sancti martyres pervenerunt, qui contra peccatum usque ad sanguinem certaverunt. ‘ ergo videtur quod magis debeat attribui perfectionis status martyribus quam religiosis et episcopis.
sc * Sed contra est quod dionysius, in v cap. eccles. hier., “ attribuit perfectionem episcopis tanquam perfectoribus. * et in vi cap. eiusdem libri, “ attribuit perfectionem religiosis, quos vocat monachos vel therapeutas, idest, deo famulantes, tanquam perfectis.
co * Respondeo dicendum quod, sicut dictum est, ‘ ad statum perfectionis requiritur obligatio perpetua ad ea quae sunt perfectionis, cum aliqua solemnitate. utrumque autem horum competit et religiosis et episcopis. religiosi enim voto se adstringunt ad hoc quod a rebus saecularibus abstineant quibus licite uti poterant, ad hoc quod liberius deo vacent, in quo consistit perfectio praesentis vitae. * unde dionysius dicit, vi cap. eccles. hier., de religiosis loquens, ° alii quidem therapeutas, “ idest famulos, ° ex dei puro servitio et famulatu, alii vero monachos ipsos nominant, ex indivisibili et singulari vita uniente ipsos, in divisibilium sanctis convolutionibus, “ idest contemplationibus, ° ad deiformem unitatem et amabilem deo perfectionem. ‘ horum etiam obligatio fit cum quadam solemnitate professionis et benedictionis. * unde et ibidem subdit dionysius, ° propter quod, perfectam ipsis donans gratiam, sancta legislatio quadam ipsos dignata est sanctificativa invocatione. ‘ similiter etiam et episcopi obligant se ad ea quae sunt perfectionis, pastorale assumentes officium, ad quod pertinet ut ° animam suam ponat pastor pro ovibus suis, * sicut dicitur ioan. x. unde apostolus dicit, i ad tim. ult., |25| ° confessus es bonam confessionem coram multis testibus, “ idest in tua ordinatione, * ut glossa ibidem dicit. ‘ adhibetur etiam quaedam solemnitas consecrationis simul cum professione praedicta, * secundum illud ii ad tim. i, ° resuscites gratiam dei quae est in te per impositionem manuum mearum, * quod glossa exponit de gratia episcopali. et dionysius dicit, v cap. eccles. hier., quod ° summus sacerdos, “ idest episcopus, ° in sua ordinatione habet eloquiorum super caput sanctissimam superpositionem, ut significetur quod ipse est participativus integre totius hierarchiae virtutis, et quod ipse non solum sit illuminativus omnium quae pertinent ad sanctas locutiones et actiones, sed quod etiam haec aliis tradat.
ra1 ‘ Ad primum ergo dicendum quod inchoatio et augmentum non quaeritur propter se, sed propter perfectionem. et ideo ad solum perfectionis statum aliqui homines cum quadam obligatione et solemnitate assumuntur.
ra2 ‘ Ad secundum dicendum quod homines statum perfectionis assumunt, non quasi profitentes se esse perfectos, sed quasi profitentes se ad perfectionem tendere. * unde et apostolus dicit, ad philipp. iii, ° non quod iam comprehenderim, aut perfectus sim, sequor autem, si quo modo comprehendam. * et postea subdit, ° quicumque ergo perfecti sumus, hoc sentiamus. ‘ unde non committit aliquis mendacium vel simulationem ex hoc quod non est perfectus qui statum perfectionis assumit, sed ex eo quod ab intentione perfectionis animum revocat.
ra3 ‘ Ad tertium dicendum quod martyrium in actu perfectissimo caritatis consistit. actus autem perfectionis non sufficit ad statum faciendum, * ut dictum est.

009 ST3 qu184 ar6

ag1 ‘ Ad sextum sic proceditur. videtur quod omnes praelati ecclesiastici sint in statu perfectionis. * dicit enim hieronymus, super epist. ad tit., olim idem presbyter qui et episcopus, et postea subdit, ° sicut ergo presbyteri sciunt se ecclesiae consuetudine ei qui sibi praepositus fuerit, esse subiectos; ita episcopi noverint se magis consuetudine quam dispensationis dominicae veritate presbyteris esse maiores, et in communi debere ecclesiam regere. ‘ sed episcopi sunt in statu perfectionis. ergo et presbyteri habentes curam animarum.
ag2 ‘ Praeterea, sicut episcopi suscipiunt curam animarum cum consecratione, ita etiam et presbyteri curati, et etiam archidiaconi, * de quibus, super illud act. vi, considerate, fratres, viros boni testimonii septem etc., dicit glossa, ° hic decernebant apostoli per ecclesiam constitui septem diacones, qui essent sublimioris gradus, et quasi columnae proximi circa aram. ‘ ergo videtur quod ipsi etiam sint in statu perfectionis.
ag3 ‘ Praeterea, sicut episcopi obligantur ad hoc quod animam suam ponant pro ovibus suis, ita et presbyteri curati et archidiaconi. sed hoc pertinet ad perfectionem caritatis, * ut dictum est. ‘ ergo videtur quod etiam presbyteri curati et archidiaconi sint in statu perfectionis.
sc * Sed contra est quod dicit dionysius, v cap. eccles. hier., ° pontificum quidem ordo consummativus est et perfectivus; sacerdotum autem illuminativus et lucidativus; ministrantium vero purgativus et discretivus. ‘ ex quo patet quod perfectio solis episcopis attribuitur.
co ‘ Respondeo dicendum quod in presbyteris et diaconibus habentibus curam animarum, duo possunt considerari, scilicet ordo, et cura. ordo autem ipse ordinatur ad quendam actum in divinis officiis; * unde supra dictum est quod ‘ distinctio ordinum sub distinctione officiorum continetur. unde per hoc quod aliqui accipiunt sacrum ordinem, accipiunt potestatem quosdam sacros actus perficiendi, non autem obligantur ex hoc ipso ad ea quae sunt perfectionis, nisi quatenus, apud occidentalem ecclesiam, in susceptione sacri ordinis emittitur continentiae votum, quod est unum eorum quae ad perfectionem pertinent, * ut infra dicetur. ‘ unde patet quod ex hoc quod aliquis accipit sacrum ordinem, non ponitur simpliciter in statu perfectionis, quamvis interior perfectio ad hoc requiratur quod aliquis digne huiusmodi actus exerceat. similiter etiam nec ex parte curae quam suscipiunt, ponuntur in statu perfectionis. non enim obligantur ex hoc ipso vinculo perpetui voti ad hoc quod curam animarum retineant, sed possunt eam deserere, vel transeundo ad religionem, etiam absque licentia episcopi, * ut habetur in decretis, xix caus. qu. ii; ‘ et etiam, cum licentia episcopi, potest aliquis archidiaconatum vel |25| parochiam dimittere et simplicem praebendam accipere sine cura. quod nullo modo liceret si esset in statu perfectionis, ° nemo enim mittens manum ad aratrum et aspiciens retro, aptus est regno dei, * ut dicitur luc. ix. ‘ episcopi autem, quia sunt in statu perfectionis, non nisi auctoritate summi pontificis, ad quem etiam pertinet in votis perpetuis dispensare, possunt episcopalem curam deserere, et ex certis causis, * ut infra dicetur. ‘ unde manifestum est quod non omnes praelati sunt in statu perfectionis, sed soli episcopi.
ra1 ‘ Ad primum ergo dicendum quod de presbytero et episcopo dupliciter loqui possumus. uno modo, quantum ad nomen. et sic olim non distinguebantur episcopi et presbyteri. nam episcopi dicuntur ex eo quod superintendunt, * sicut augustinus dicit, xix de civ. dei, “ presbyteri autem in graeco dicuntur quasi seniores. * unde et apostolus communiter utitur nomine presbyterorum quantum ad utrosque, cum dicit, i ad tim. v, ° qui bene praesunt presbyteri, duplici honore digni habeantur. ‘ et similiter etiam nomine episcoporum, * unde dicit, act. xx, presbyteris ecclesiae ephesinae loquens, ° attendite vobis et universo gregi, in quo vos spiritus sanctus posuit episcopos regere ecclesiam dei. ‘ sed secundum rem, semper inter eos fuit distinctio, etiam tempore apostolorum, * ut patet per dionysium, v cap. eccles. hier.. et luc. x, super illud, post haec autem designavit dominus etc., dicit glossa, ° sicut in apostolis forma est episcoporum, sic in septuagintaduobus discipulis forma est presbyterorum secundi ordinis. ‘ postmodum tamen, ad schisma vitandum, necessarium fuit ut etiam nomina distinguerentur, ut scilicet maiores dicerentur episcopi. minores autem dicuntur presbyteri. “ dicere autem presbyteros non differre ab episcopis, inter dogmata haeretica numerat |25| * augustinus, in libro de haeres., ubi dicit quod aeriani dicebant ° presbyterum ab episcopo nulla differentia debere discerni.
ra2 ‘ Ad secundum dicendum quod episcopi principaliter habent curam omnium suae dioecesis, presbyteri autem curati et archidiaconi habent aliquas subministrationes sub episcopis. * unde super illud i ad cor. xii, alii opitulationes, alii gubernationes, dicit glossa, ° opitulationes, idest, eos qui maioribus ferunt opem, ut titus apostolo, vel archidiaconi episcopis. gubernationes, scilicet minorum personarum praelationes, ut presbyteri sunt, qui plebi documento sunt. * et dionysius dicit, v cap. eccles. hier., quod ° sicut universam hierarchiam videmus in iesu terminatam, ita unamquamque in proprio divino hierarcha, “ idest episcopo. * et xvi, qu. i, dicitur, ° omnibus presbyteris et diaconibus attendendum est ut nihil absque proprii episcopi licentia agant. ‘ ex quo patet quod ita se habent ad episcopum sicut ballivi vel praepositi ad regem. et propter hoc, sicut in mundanis potestatibus solus rex solemnem benedictionem accipit, alii vero per simplicem commissionem instituuntur; ita etiam in ecclesia cura episcopalis cum solemnitate consecrationis committitur, cura autem archidiaconatus vel plebanatus cum simplici iniunctione. consecrantur tamen in susceptione ordinis, etiam antequam curam habeant.
ra3 ‘ Ad tertium dicendum quod sicut plebani et archidiaconi non habent principaliter curam, sed administrationem quandam secundum quod eis ab episcopo committitur; ita etiam ad eos non pertinet principaliter pastorale officium, nec obligatio ponendi animam pro ovibus, sed inquantum participant de cura. unde magis habent quoddam officium ad perfectionem pertinens, quam obtineant perfectionis statum.

009 ST3 qu184 ar7

ag1 ‘ Ad septimum sic proceditur. videtur quod status religiosorum sit perfectior quam status praelatorum. * dominus enim dicit, matth. xix, si vis ° perfectus esse, vade et vende omnia quae habes et da pauperibus, ‘ quod faciunt religiosi. non autem ad hoc tenentur episcopi, * dicitur enim xii, qu. i, ° episcopi de rebus propriis vel acquisitis, vel quidquid de proprio habent, heredibus suis derelinquant. ‘ ergo religiosi sunt in perfectiori statu quam episcopi.
ag2 ‘ Praeterea, perfectio principalius consistit in dilectione dei quam in dilectione proximi. sed status religiosorum directe ordinatur ad dilectionem dei, “ unde et ex dei servitio et famulatu nominantur, * ut dionysius dicit, vi cap. eccles. hier.. ‘ status autem episcoporum videtur ordinari ad dilectionem proximi, cuius curae superintendunt, unde et nominantur, * ut patet per augustinum, xix de civ. dei. ‘ ergo videtur quod status religiosorum sit perfectior quam status episcoporum.
ag3 ‘ Praeterea, status religiosorum ordinatur ad vitam contemplativam, quae potior est quam vita activa, ad quam ordinatur status episcoporum. * dicit enim gregorius, in pastoral., quod ° per activam vitam prodesse proximis cupiens isaias officium praedicationis appetiit, per contemplationem vero ieremias, amori conditoris sedulo inhaerere desiderans, ne mitti ad praedicandum debeat, contradicit. ‘ ergo videtur quod status religiosorum sit perfectior quam status episcoporum.
sc ‘ Sed contra, nulli licet a maiori statu ad minorem transire, hoc enim esset retro aspicere. sed potest aliquis a statu religionis transire ad statum episcopalem, * dicitur enim xviii, qu. i, quod ° sacra ordinatio de monacho episcopum facit. ‘ ergo status episcoporum est perfectior quam religiosorum.
co ‘ Respondeo dicendum quod, * sicut augustinus dicit, xii super gen. ad litt., ° semper agens praestantius est patiente. ‘ in genere autem perfectionis, episcopi, * secundum dionysium, ‘ se habent ut perfectores, religiosi autem ut perfecti, quorum unum pertinet ad actionem, alterum autem ad passionem. unde manifestum est quod status perfectionis potius est in episcopis quam in religiosis.
ra1 ‘ Ad primum ergo dicendum quod abrenuntiatio propriarum facultatum dupliciter considerari potest. uno modo, secundum quod est in actu. et sic in ea non consistit essentialiter perfectio, sed est quoddam perfectionis instrumentum, * sicut supra dictum est. ‘ et ideo nihil prohibet statum perfectionis esse sine abrenuntiatione propriorum. sic etiam dicendum est de aliis exterioribus observantiis. alio modo potest considerari secundum praeparationem animi, ut scilicet homo sit paratus, si opus fuerit, omnia dimittere vel distribuere. et hoc pertinet directe ad perfectionem. * unde augustinus dicit, in libro de quaest. evang., ° ostendit dominus filios sapientiae intelligere non in abstinendo nec in manducando esse iustitiam, sed in aequanimitate tolerandi inopiam. * unde et apostolus dicit, scio abundare et penuriam pati. ‘ ad hoc autem maxime tenentur episcopi, quod omnia sua pro honore dei et salute sui gregis contemnant, cum opus fuerit, vel pauperibus sui gregis largiendo, vel rapinam bonorum suorum cum gaudio sustinendo.
ra2 ‘ Ad secundum dicendum quod hoc ipsum quod episcopi intendunt his quae pertinent ad proximorum dilectionem, provenit ex abundantia dilectionis divinae. unde dominus primo a petro quaesivit an eum diligeret, et postea ei gregis curam commisit. * et gregorius dicit, in pastoral., ° si dilectionis est testimonium cura pastoris, quisquis, virtutibus pollens, gregem dei renuit pascere, pastorem summum convincitur non amare. ‘ hoc autem est maioris dilectionis signum, ut homo propter amicum etiam alii serviat, quam etiam si soli amico velit servire.
ra3 * Ad tertium dicendum quod, sicut gregorius dicit, in pastoral., sit ° praesul actione praecipuus, prae cunctis contemplatione suspensus, ‘ quia ad ipsos pertinet non solum propter seipsos, sed etiam propter instructionem aliorum contemplari. * unde gregorius dicit, super ezech., quod ° de perfectis viris post contemplationem suam redeuntibus dicitur, memoriam suavitatis tuae eructabunt.

009 ST3 qu184 ar8

ag1 ‘ Ad octavum sic proceditur. videtur quod etiam presbyteri curati et archidiaconi sint maioris perfectionis quam religiosi. * dicit enim chrysostomus, in suo dialogo, ° si talem mihi aliquem adducas monachum qualis, ut secundum exaggerationem dicam, elias fuit, non tamen illi comparandus est qui, traditus populis et multorum peccata ferre compulsus, im-

mobilis perseverat et fortis. * et parum post dicit, ° si quis mihi proponeret optionem ubi mallem placere, in officio sacerdotali an in solitudine monachorum, sine comparatione eligerem illud quod prius dixi. * et in eodem libro dicit, ° si quis bene administrato sacerdotio illius propositi, scilicet monachalis, sudores conferat, tantum eos distare reperiet quantum inter privatum distat et regem. ' ergo videtur quod sacerdotes habentes curam animarum sint perfectiores religiosis.
ag2 * Praeterea, augustinus dicit, in epistola ad valerium, ° cogitet religiosa prudentia tua nihil esse in hac vita, maxime hoc tempore, difficilius, laboriosius, periculosius episcopi aut presbyteri aut diaconi officio, sed apud deum nihil beatius, si eo modo militetur quo noster imperator iubet. ' non ergo religiosi sunt perfectiores presbyteris aut diaconibus.
ag3 * Praeterea, augustinus dicit, ad aurelium, ° nimis dolendum est, si ad tam ruinosam superbiam monachos subrigimus, et tam gravi contumelia clericos dignos putamus, " ut scilicet dicatur quod malus monachus bonus clericus est, ° cum aliquando bonus etiam monachus vix bonum clericum faciat. * et paulo ante praemittit, " non esse viam dandam servis dei, idest monachis, ut se facilius putent eligi ad aliquid melius, scilicet clericatum, si facti fuerint deteriores, scilicet abiecto monachatu. ' ergo videtur quod illi qui sunt in statu clericali, sint perfectiores religiosis.
ag4 ' Praeterea, non licet de statu maiori ad minorem transire. sed de statu monastico transire licet ad officium presbyteri curam habentis, * ut patet xvi, qu. i, ex decreto gelasii papae, qui dicit, ° si quis monachus fuerit qui, venerabilis vitae merito, sacerdotio dignus praevideatur; et abbas sub cuius imperio regi christo militat, illum fieri presbyterum petierit, ab episcopo debet eligi, et in loco quo iudicaverit ordinari. * et hieronymus dicit, ad rusticum monachum, ° sic vive in monasterio ut clericus esse merearis. ' ergo presbyteri curati et archidiaconi sunt perfectiores religiosis.
ag5 ' Praeterea, episcopi sunt in statu perfectiori quam religiosi, * ut ex supra dictis patet. ' sed presbyteri curati et archidiaconi, ex eo quod habent curam animarum, similiores sunt episcopis quam religiosi. ergo sunt maioris perfectionis.
ag6 ° Praeterea, virtus consistit circa difficile et bonum, * ut dicitur in ii ethic.. ' sed difficilius est quod aliquis bene vivat in officio presbyteri curati vel archidiaconi quam in statu religionis. ergo presbyteri curati vel archidiaconi sunt perfectioris virtutis quam religiosi.
sc * Sed contra est quod dicitur xix, qu. ii, cap. duae, ° si quis in ecclesia sua sub episcopo populum retinet et saeculariter vivit, si, afflatus spiritu sancto, in aliquo monasterio vel regulari canonica salvari se voluerit, quia lege privata ducitur, nulla ratio exigit ut publica constringatur. ' sed non ducitur aliquis a lege spiritus sancti, * quae ibi dicitur lex privata, ' nisi in aliquid perfectius. ergo videtur quod religiosi sint perfectiores quam archidiaconi vel presbyteri curati.
co ' Respondeo dicendum quod comparatio supereminentiae non habet locum inter aliquos ex ea parte in qua conveniunt, sed ex ea parte in qua differunt. in presbyteris autem curatis et archidiaconis tria est considerare, scilicet statum, ordinem et officium. ad statum pertinet quod saeculares sunt; ad ordinem, quod sunt sacerdotes vel diaconi; ad officium, quod curam animarum habent sibi commissam. si igitur ex alia parte ponamus statu religiosum, ordine diaconum vel sacerdotem, officio curam animarum habentem, sicut plerique monachi et canonici regulares habent, in primo quidem excellit, in aliis autem par erit. si autem differat secundus a primo statu et officio, conveniat autem ordine, sicut sunt religiosi sacerdotes et diaconi curam animarum non habentes, manifestum est quod secundus primo erit statu quidem excellentior officio autem minor, ordine vero aequalis. est ergo considerandum quae praeeminentia potior sit, utrum status, vel officii. circa quod duo attendenda videntur, scilicet bonitas et difficultas. si ergo fiat comparatio secundum bonitatem, sic praefertur status religionis officio presbyteri curati vel archidiaconi, quia religiosus totam vitam suam obligat ad perfectionis studium; presbyter autem curatus vel archidiaconus non obligat totam vitam suam ad curam animarum, sicut episcopus; nec etiam ei competit principalem curam subditorum habere, sicut episcopis; sed quaedam particularia circa curam animarum eorum officio committuntur, |25| * ut ex dictis patet. ' et ideo comparatio status religionis ad eorum officium est sicut universalis ad particulare, et sicut holocausti ad sacrificium, quod est minus holocausto, * ut patet per gregorium, super ezech.. unde et xix, qu. i, dicitur, ° clericis qui monachorum propositum appetunt, quia meliorem vitam sequi cupiunt, liberos eis ab episcopo in monasteriis oportet largiri ingressus. ' sed haec comparatio intelligenda est secundum genus operis. nam secundum caritatem operantis, contingit quandoque quod opus ex genere suo minus existens, magis est meritorium, si ex maiori caritate fiat. si vero attendatur difficultas bene conversandi in religione, et in officio habentis curam animarum, sic difficilius est bene conversari cum cura animarum, propter exteriora pericula, quamvis conversatio religionis sit difficilior quantum ad ipsum genus operis, propter arctitudinem observantiae regularis. si vero religiosus etiam ordine careat, sicut patet de conversis religionum, sic manifestum est excellere praeeminentiam ordinis quantum ad dignitatem, quia per sacrum ordinem aliquis deputatur ad dignissima ministeria, quibus ipsi christo servitur in sacramento altaris, ad quod requiritur maior sanctitas interior quam requirat etiam religionis status; * quia, sicut dionysius dicit, vi cap. eccles. hier., ° monasticus ordo debet sequi sacerdotales ordines, et ad eorum imitationem in divina ascendere. |50| ' unde gravius peccat, ceteris paribus, clericus in sacris ordinibus constitutus, si aliquid contrarium sanctitati agat, quam aliquis religiosus qui non habet ordinem sacrum, quamvis laicus religiosus teneatur ad observantias regulares, ad quas illi qui sunt in sacris ordinibus non tenentur.
ra1 * Ad primum ergo dicendum quod ad illas auctoritates chrysostomi " breviter responderi posset quod non loquitur de sacerdote curato minoris ordinis, sed de episcopo, qui dicitur summus sacerdos. et hoc convenit intentioni illius libri, in quo consolatur se et basilium de hoc quod erant in episcopos electi. sed hoc praetermisso, dicendum est quod loquitur quantum ad difficultatem. * praemittit enim, ° cum fuerit gubernator in mediis fluctibus et de tempestate navem liberare potuerit, tunc merito testimonium perfecti gubernatoris ab omnibus promeretur. " et post concludit quod supra positum est de monacho, qui non est comparandus illi qui, traditus populis, immobilis perseverat, et subdit causam, quia sicut in tranquillitate, ita in tempestate gubernavit seipsum. ' ex quo nihil aliud ostendi potest nisi quod periculosior est status habentis curam animarum quam monachi, in maiori autem periculo innocentem se servare est maioris virtutis indicium. sed hoc etiam ad magnitudinem virtutis pertinet, quod aliquis vitet pericula religionem intrando. " unde non dicit quod mallet esse in officio sacerdotali quam in solitudine monachorum, sed quod mallet placere in hoc quam in illo, quia hoc est maioris virtutis argumentum.
ra2 * Ad secundum dicendum quod " etiam illa auctoritas augustini manifeste loquitur quantum ad difficultatem, quae ostendit magnitudinem virtutis in his qui bene conversantur, * sicut dictum est.
ra3 * Ad tertium dicendum quod augustinus ibi comparat ' monachos clericis quantum ad distantiam ordinis, non quantum ad distantiam religionis et saecularis vitae.
ra4 ' Ad quartum dicendum quod illi qui a statu religionis assumuntur ad curam animarum, cum prius essent in sacris ordinibus constituti assequuntur aliquid quod prius non habebant, scilicet officium curae, non autem deponunt quod prius habebant, scilicet religionis statum; * dicitur enim in decretis, xvi causa, qu. i, ° de monachis qui, diu morantes in monasteriis, si postea ad clericatus ordines pervenerint, statuimus non debere eos a priori proposito discedere. ' sed presbyteri curati vel archidiaconi, quando religionem ingrediuntur, curam deponunt ut adipiscantur perfectionem status. unde ex hoc ipso excellentia ex parte religionis ostenditur. in hoc autem quod religiosi laici assumuntur ad clericatum et sacros ordines, manifeste promoventur ad melius, * sicut supra dictum est. ' et hoc ostenditur ex ipso modo loquendi, * cum hieronymus dicit, ° sic in monasterio vive ut clericus esse merearis.
ra5 ' Ad quintum dicendum quod presbyteri curati et archidiaconi sunt similiores episcopis quam religiosi quantum ad aliquid, scilicet quantum ad curam animarum, quam secundario habent. sed quantum ad perpetuam obligationem, quae requiritur ad statum perfectionis, similiores sunt episcopo religiosi, * ut ex supra dictis patet.
ra6 ' Ad sextum dicendum quod difficultas quae est ex arduitate operis, addit ad perfectionem virtutis. difficultas autem quae provenit ex exterioribus impedimentis, quandoque quidem diminuit perfectionem virtutis, puta cum aliquis non tantum virtutem amat ut impedimenta virtutis declinare velit, * secundum illud apostoli, i ad cor. ix, ° omnis qui in agone contendit, ab omnibus se abstinet. ' quandoque vero est signum perfectionis virtutis, puta cum alicui ex inopinato vel ex necessaria causa impedimenta virtutis occurrunt, propter quae tamen a virtute non declinat. in statu autem religionis est maior difficultas ex arduitate operum, sed in his qui in saeculo vivunt qualitercumque, est maior difficultas ex impedimentis virtutis, quae religiosi provide vitaverunt.

009 ST3 qu185 ar

pr ' Deinde considerandum est de his quae pertinent ad statum episcoporum. et circa hoc quaeruntur octo. primo, utrum liceat episcopatum appetere. secundo, utrum liceat episcopatum finaliter recusare. tertio, utrum oporteat ad episcopatum eligere meliorem. quarto, utrum episcopus possit ad religionem transire. quinto, utrum liceat ei corporaliter suos subditos deserere. sexto, utrum possit habere proprium. septimo, utrum peccet mortaliter bona ecclesiastica pauperibus non erogando. octavo, utrum religiosi qui ad episcopatum assumuntur, teneantur ad observantias regulares.

009 ST3 qu185 ar1

ag1 ' Ad primum sic proceditur. videtur quod liceat episcopatum appetere * dicit enim apostolus, i ad tim. iii, ° qui episcopatum desiderat, bonum opus desiderat. ' sed licitum et laudabile est bonum opus desiderare. ergo etiam laudabile est desiderare episcopatum.
ag2 ' Praeterea, status episcoporum est perfectior quam status religiosorum, * ut supra habitum est. ' sed laudabile est quod aliquis desideret ad statum religionis transire. ergo etiam laudabile est quod aliquis appetat ad episcopatum promoveri.
ag3 * Praeterea, prov. xi dicitur, ° qui abscondit frumenta, maledicetur in populis, benedictio autem super caput vendentium. ' sed ille qui est idoneus et vita et scientia ad episcopatum, videtur frumenta spiritualia abscondere si se ab episcopatu subtrahat, per hoc autem quod episcopatum accipit, ponitur in statu frumenta spiritualia dispensandi. ergo videtur quod laudabile sit episcopatum appetere, et vituperabile ipsum refugere.
ag4 ' Praeterea, facta sanctorum quae in scriptura narrantur, proponuntur nobis in exemplum, * secundum illud rom. xv, ° quaecumque scripta sunt, ad nostram doctrinam scripta sunt. * sed legitur isaiae vi, quod ' isaias se obtulit ad officium praedicationis, quae praecipue competit episcopis. ergo videtur quod appetere episcopatum sit laudabile.
sc * Sed contra est quod augustinus dicit, xix de civ. dei, ° locus superior, sine quo populus regi non potest, etsi administretur ut decet, tamen indecenter appetitur.
co ' Respondeo dicendum quod in episcopatu tria possunt considerari. quorum unum est principale et finale, scilicet episcopalis operatio, per quam utilitati proximorum intendit, * secundum illud ioan. ult., pasce oves meas. ' aliud autem est altitudo gradus, quia episcopus super alios constituitur, * secundum illud matth. xxiv, ° fidelis servus et prudens, quem constituit dominus super familiam suam. ' tertium autem est quod consequenter se habet ad ista, scilicet reverentia et honor, et sufficientia temporalium, * secundum illud i ad tim. v, ° qui bene praesunt presbyteri, duplici honore digni habeantur. ' appetere igitur episcopatum ratione huiusmodi circumstantium bonorum, manifestum est quod est illicitum, et pertinet ad cupiditatem vel ambitionem. * unde contra pharisaeos dominus dicit, matth. xxiii, ° amant primos accubitus in cenis et primas cathedras in synagogis, salutationes in foro, et vocari ab hominibus, rabbi. ' quantum autem ad secundum, scilicet ad celsitudinem gradus, appetere episcopatum est praesumptuosum. * unde dominus, matth. xx, arguit discipulos primatum quaerentes, dicens, ° scitis quia principes gentium dominantur eorum, * ubi chrysostomus dicit quod per hoc |25| ° ostendit quod gentile est primatus cupere; et sic gentium comparatione eorum animam aestuantem convertit. ' sed appetere proximis prodesse est secundum se laudabile et virtuosum. verum quia, prout est episcopalis actus, habet annexam gradus celsitudinem, praesumptuosum videtur quod aliquis praeesse appetat ad hoc quod subditis prosit, nisi manifesta necessitate imminente, * sicut gregorius dicit, in pastoral., quod ° tunc laudabile erat episcopatum quaerere, quando per hunc quemque dubium non erat ad supplicia graviora pervenire, ' unde non de facili inveniebatur qui hoc onus assumeret; praesertim cum aliquis caritatis zelo divinitus ad hoc incitatur, * sicut gregorius dicit, in pastoral., quod ° isaias, prodesse proximis cupiens, laudabiliter officium praedicationis appetiit. ' potest tamen absque praesumptione quilibet appetere talia opera facere, si eum contingeret in tali officio esse; vel etiam se esse dignum ad talia opera exequenda, ita quod opus bonum cadat sub desiderio, non autem primatus dignitatis. * unde chrysostomus dicit, super matth., ° opus quidem desiderare bonum, bonum est, primatum autem honoris concupiscere vanitas est. primatus enim fugientem se desiderat, desiderantem se horret.
ra1 * Ad primum ergo dicendum quod, sicut gregorius dicit, in pastoral., ° illo tempore hoc dixit apostolus quo ille qui plebibus praeerat, primus ad martyrii tormenta ducebatur, ' et sic nihil aliud erat quod in episcopatu appeti posset nisi bonum opus. * unde augustinus dicit, xix de civ. dei, quod apostolus dicens, ° qui episcopatum desiderat, bonum opus desiderat, exponere voluit quid sit episcopatus, quia nomen operis est, non honoris. scopos quidem intentio est. ergo episcopein, si velimus latine superintendere possumus dicere, ut intelligat non se esse episcopum qui praeesse dilexerit, non prodesse. in actione enim, ut parum ante praemittit, non amandus est honor in hac vita sive potentia, quoniam omnia vana sunt sub sole, sed opus ipsum quod per eundem honorem vel potentiam fit. * et tamen, ut gregorius dicit, in pastoral., ° laudans desiderium, " scilicet boni operis, ° in pavorem vertit protinus quod laudavit, cum subiungit, oportet autem episcopum irreprehensibilem esse, quasi dicat, laudo quod quaeritis, sed discite quid quaeratis.
ra2 ' Ad secundum dicendum quod non est eadem ratio de statu religionis et de statu episcopali, propter duo. primo quidem, quia ad statum episcopalem praeexigitur vitae perfectio, ut patet per hoc quod

dominus a petro exquisivit si plus eum ceteris diligeret, antequam ei committeret pastorale officium. sed ad statum religionis non praeexigitur perfectio, sed est via in perfectionem * unde et dominus, matth. xix, non dixit, si es perfectus, " vade et vende omnia quae habes, sed, si vis esse perfectus. ' et huius differentiae ratio est quia, * secundum dionysium, ' perfectio pertinet active ad episcopum, sicut ad perfectorem, ad monachum autem passive, sicut ad perfectum. requiritur autem quod sit perfectus aliquis ad hoc quod possit alios ad perfectionem adducere, quod non praeexigitur ab eo qui debet ad perfectionem adduci. est autem praesumptuosum quod aliquis perfectum se reputet, non autem quod aliquis ad perfectionem tendat. secundo, quia ille qui statum religionis assumit, se aliis subiicit ad spiritualia capienda, et hoc cuilibet licet. * unde augustinus dicit, xix de civ. dei, ° a studio cognoscendae veritatis nemo prohibetur, quod ad laudabile pertinet otium. ' sed ille qui transit ad statum episcopalem, sublimatur ad hoc quod aliis provideat. et hanc sublimationem nullus debet sibi |25| assumere, * secundum illud heb. v, ° nemo assumit sibi honorem, sed qui vocatur a deo. * et chrysostomus dicit, super matth., ° primatum ecclesiae concupiscere neque iustum est neque utile. quis enim sapiens vult ultro se subiicere servituti et periculo tali ut det rationem pro omni ecclesia, nisi forte qui non timet dei iudicium, abutens primatu ecclesiastico saeculariter, ut scilicet convertat ipsum in saecularem?

ra3 ' Ad tertium dicendum quod dispensatio spiritualium frumentorum non est facienda secundum arbitrium cuiuslibet, sed principaliter quidem secundum arbitrium et dispositionem dei; secundario autem secundum arbitrium superiorum praelatorum, * ex quorum persona dicitur, i ad cor. iv, ° sic nos existimet homo ut ministros christi, et dispensatores mysteriorum dei. ' et ideo non intelligitur ille abscondere frumenta spiritualia cui non competit ex officio, nec ei a superiori iniungitur, si ab aliorum correctione aut gubernatione desistat, sed solum tunc intelligitur abscondere, si dispensationem negligat cum ei ex officio incumbat, vel si officium, cum ei iniungitur, pertinaciter recipere renuat. * unde augustinus dicit, xix de civ. dei, ° otium sanctum quaerit caritas veritatis, negotium iustum suscipit necessitas caritatis. quam sarcinam si nullus imponit, percipiendae atque intuendae vacandum est veritati. si autem imponitur, suscipienda est, propter caritatis necessitatem.

ra4 * Ad quartum dicendum quod, sicut gregorius dicit, in pastoral., ° isaias, qui mitti voluit, ante se per altaris calculum purgatum vidit, ne non purgatus adire quisque sacra ministeria audeat. quia ergo valde difficile est purgatum se quemlibet posse cognoscere, praedicationis officium tutius declinatur.

009 ST3 qu185 ar2

ag1 ' Ad secundum sic proceditur. videtur quod liceat episcopatum iniunctum omnino recusare. * ut enim gregorius dicit, in pastoral., ° per activam vitam prodesse proximis cupiens isaias, officium praedicationis appetit, per contemplationem vero ieremias amori conditoris sedulo inhaerere desiderans, ne mitti ad praedicandum debeat, contradicit. ' nullus autem peccat si meliora nolit deserere ut minus bonis inhaereat. cum ergo amor dei praeemineat dilectioni proximi, et vita contemplativa praeferatur vitae activae, * ut ex supra dictis patet, ' videtur quod non peccat ille qui omnino episcopatum recusat.

ag2 * Praeterea, sicut gregorius dicit, ° valde difficile est ut aliquis se purgatum possit cognoscere, nec debet aliquis non purgatus sacra ministeria adire. ' si ergo aliquis se non sentiat esse purgatum, quantumcumque sibi episcopale iniungatur officium, non debet illud suscipere.

ag3 * Praeterea, de beato marco hieronymus dicit, in prologo super marcum, quod ° amputasse sibi post fidem pollicem dicitur, ut sacerdotio reprobus haberetur. ' et similiter aliqui votum emittunt ut nunquam episcopatum accipiant. sed eiusdem rationis est ponere impedimentum ad aliquid, et omnino recusare illud. ergo videtur quod absque peccato possit aliquis omnino episcopatum recusare.

sc * Sed contra est quod dicit augustinus, ad eudoxium, ° si qua opera vestra mater ecclesia desideraverit, nec elatione avida suscipiatis, nec blandiente desidia respuatis. * postea subdit, ° neque otium vestrum necessitatibus ecclesiae praeponatis, cui parturienti si nulli boni ministrare vellent, quomodo nasceremini non inveniretis.

co ' Respondeo dicendum quod in assumptione episcopatus duo sunt consideranda, primo quidem, quid deceat hominem appetere secundum propriam voluntatem; secundo, quid hominem deceat facere ad voluntatem alterius. quantum igitur ad propriam voluntatem, convenit homini principaliter insistere propriae saluti, sed quod aliorum saluti intendat, hoc convenit homini ex dispositione alterius potestatem habentis, * sicut ex supra dictis patet. ' unde sicut ad inordinationem voluntatis pertinet quod aliquis proprio motu feratur in hoc quod aliorum gubernationi praeficiatur; ita etiam ad inordinationem voluntatis pertinet quod aliquis omnino, contra superioris iniunctionem, praedictum gubernationis officium finaliter recuset, propter duo. primo quidem, quia hoc repugnat caritati proximorum, quorum utilitati se aliquis debet exponere pro loco et tempore. * unde augustinus dicit, xix de civ. dei, quod ° negotium iustum suscipit necessitas caritatis. ' secundo, quia hoc repugnat humilitati, per quam aliquis superiorum mandatis se subiicit. * unde gregorius dicit, in pastoral., quod ° tunc ante dei oculos vera est humilitas, cum ad respuendum hoc quod utiliter subire praecipitur, pertinax non est.

ra1 ' Ad primum ergo dicendum quod quamvis, simpliciter et absolute loquendo, vita contemplativa potior sit quam activa, et amor dei quam dilectio proximi; tamen ex alia parte bonum multitudinis praeferendum est bono unius. * unde augustinus dicit, in verbis praemissis, ° neque otium vestrum necessitatibus ecclesiae praeponatis. ' praesertim quia et hoc ipsum ad dilectionem dei pertinet quod aliquis ovibus christi curam pastoralem impendat. * unde super illud ioan. ult., pasce oves meas, dicit augustinus, ° sit amoris officium pascere dominicum gregem, sicut fuit timoris indicium negare pastorem. ' similiter etiam praelati non sic transferuntur ad vitam activam ut contemplativam deserant. * unde augustinus dicit, xix de civ. dei, quod, ° si imponatur sarcina pastoralis officii, nec sic deserenda est delectatio veritatis, " quae scilicet in contemplatione habetur.

ra2 ' Ad secundum dicendum quod nullus tenetur obedire praelato ad aliquod illicitum, * sicut patet ex his quae supra dicta sunt de obedientia. ' potest ergo contingere quod ille cui iniungitur praelationis officium, in se aliquid sentiat per quod non liceat ei praelationem accipere. hoc autem impedimentum quandoque quidem removeri potest per ipsummet cui pastoralis cura iniungitur, puta si habeat peccandi propositum, quod potest deserere. et propter hoc non excusatur quin finaliter teneatur obedire praelato iniungenti. quandoque vero impedimentum ex quo fit ei illicitum pastorale officium, non potest ipse removere, sed praelatus qui iniungit, puta si sit irregularis vel excommunicatus. et tunc debet defectum suum praelato iniungenti ostendere, qui si impedimentum removere voluerit, tenetur humiliter obedire. * unde exodi iv, cum moyses dixisset, ° obsecro, domine, non sum eloquens ab heri et nudius tertius, * dominus respondit ad eum, ° ego ero in ore tuo, doceboque te quid loquaris. ' quandoque vero non potest removeri impedimentum nec per iniungentem nec per eum cui iniungitur, sicut si archiepiscopus non possit super irregularitate dispensare. unde subditus non tenetur ei obedire ad suscipiendum episcopatum, vel etiam sacros ordines, si sit irregularis.

ra3 ' Ad tertium dicendum quod accipere episcopatum non est de se necessarium ad salutem, sed fit necessarium ex superioris praecepto. his autem quae sic sunt necessaria ad salutem, potest aliquis impedimentum licite apponere antequam fiat praeceptum, alioquin, non liceret alicui transire ad secundas nuptias, ne per hoc impediretur a susceptione episcopatus vel sacri ordinis. non autem hoc liceret in his quae per se sunt de necessitate salutis. unde beatus marcus non contra praeceptum egit sibi digitum amputando, quamvis credibile sit ex instinctu spiritus sancti hoc fecisse, sine quo non licet alicui sibi manus iniicere. qui autem votum emittit de non suscipiendo episcopatum, si per hoc intendat se obligare ad hoc quod nec per obedientiam superioris praelati accipiat, illicite vovet. si autem intendit ad hoc se obligare ut, quantum est de se, episcopatum non quaerat; nec suscipiat, nisi necessitate imminente, licitum est votum, quia vovet se facturum id quod hominem facere decet.

009 ST3 qu185 ar3

ag1 ' Ad tertium sic proceditur. videtur quod oporteat eum qui ad episcopatum assumitur, esse ceteris meliorem. dominus enim petrum, cui commissurus erat pastorale officium, examinavit si se diligeret plus ceteris. sed ex hoc aliquis melior est quod deum plus diligit. ergo videtur quod ad episcopatum non sit assumendus nisi ille qui est ceteris melior.

ag2 * Praeterea, symmachus papa dicit, ° vilissimus computandus est, nisi scientia et sanctitate praecellat, qui est dignitate praestantior. ' sed ille qui praecellit scientia et sanctitate, est melior. ergo non debet aliquis ad episcopatum assumi nisi sit ceteris melior.

ag3 ' Praeterea, in quolibet genere minora per maiora reguntur, sicut corporalia reguntur per spiritualia, et inferiora corpora per superiora, * ut augustinus dicit, in iii de trin.. ' sed episcopus assumitur ad regimen aliorum. ergo debet esse ceteris melior.

sc * Sed contra est quod decretalis dicit quod " sufficit eligere bonum, nec oportet eligere meliorem.

co ' Respondeo dicendum quod circa assumptionem alicuius ad episcopatum, aliquid est considerandum ex parte eius qui assumitur, et aliquid ex parte eius qui assumit. ex parte enim eius qui assumit, vel eligendo vel providendo, requiritur quod fideliter divina ministeria dispenset. quae quidem dispensari debent ad utilitatem ecclesiae, * secundum illud i ad cor. xiv, ° ad aedificationem ecclesiae quaerite ut abundetis, ' non autem ministeria divina hominibus committuntur propter eorum remunerationem, quam expectare debent in futuro. et ideo ille qui debet aliquem eligere in episcopum, vel de eo providere, non tenetur assumere meliorem simpliciter, quod est secundum caritatem, sed meliorem quoad regimen ecclesiae, qui scilicet possit ecclesiam et instruere et defendere et pacifice gubernare. * unde contra quosdam hieronymus dicit quod ° quidam non quaerunt eos in ecclesia columnas erigere quos plus cognoscant ecclesiae prodesse, sed quos vel ipsi amant, vel quorum sunt obsequiis deliniti, vel pro quibus maiorum quispiam rogaverit, et, ut deteriora taceam, qui ut clerici fierent muneribus impetrarunt. ' hoc autem pertinet ad acceptionem personarum, quae in talibus est grave peccatum. * unde super illud iac. ii, ° fratres mei, nolite in personarum acceptione |25| * etc., dicit glossa augustini, ° si hanc distantiam sedendi et standi ad honores ecclesiasticos referamus, non est putandum leve esse peccatum in personarum acceptione habere fidem domini gloriae. quis enim ferat eligi divitem ad sedem honoris ecclesiae, contempto paupere instructiore et sanctiore? ' ex parte autem eius qui assumitur, non requiritur quod reputet se aliis meliorem, hoc enim esset superbum et praesumptuosum, sed sufficit quod nihil in se inveniat per quod illicitum ei reddatur assumere praelationis officium. unde licet petrus interrogatus esset an dominum plus ceteris diligeret, in sua responsione non se praetulit ceteris, sed respondit simpliciter quod christum amaret.

ra1 ' Ad primum ergo dicendum quod dominus in petro sciebat ex suo munere esse idoneitatem etiam quantum ad alia, ecclesiam gubernandi. et ideo eum de ampliori dilectione examinavit ad ostendendum quod, ubi alias invenitur homo idoneus ad ecclesiae regimen, praecipue attendi debet in ipso eminentia divinae dilectionis.

ra2 * Ad secundum dicendum quod auctoritas illa est intelligenda ' quantum ad studium illius qui in dignitate est constitutus, debet enim ad hoc intendere ut talem se exhibeat ut ceteros et scientia et sanctitate praecellat. * unde gregorius dicit, in pastoral., ° tantum debet actionem populi actio transcendere praesulis, quantum distare solet a grege vita pastoris. ' non autem sibi imputandum est si ante praelationem excellentior non fuit, ut ex hoc debeat vilissimus reputari.

ra3 * Ad tertium dicendum quod, sicut dicitur i ad cor. xii, ° divisiones gratiarum et ministrationum et operationum sunt. ' unde nihil prohibet aliquem esse magis idoneum ad officium regiminis qui tamen non excellit in gratia sanctitatis. secus autem est in regimine ordinis naturalis, in quo id quod est superius naturae ordine, ex hoc ipso habet maiorem idoneitatem ad hoc quod inferiora disponat.

009 ST3 qu185 ar4

ag1 ' Ad quartum sic proceditur. videtur quod episcopus non possit licite curam episcopalem deserere, ut ad religionem se transferat. nulli enim de statu perfectiori licet ad minus perfectum statum transire, hoc enim est respicere retro, quod est damnabile, * secundum domini sententiam dicentis, luc. ix, ° nemo mittens manum ad aratrum et aspiciens retro, aptus est regno dei. ' sed status episcopalis est perfectior quam status religionis, * ut supra habitum est. ' ergo, sicut non licet de statu religionis redire ad saeculum, ita non licet de statu episcopali ad religionem transire.

ag2 ' Praeterea, ordo gratiae est decentior quam ordo naturae. sed secundum naturam, non movetur idem ad contraria, puta, si lapis naturaliter deorsum movetur, non potest naturaliter a deorsum redire in sursum. sed secundum ordinem gratiae, licet transire de statu religionis ad statum episcopalem. ergo non licet e converso de statu episcopali redire ad statum religionis.

ag3 ' Praeterea, nihil in operibus gratiae debet esse otiosum. sed ille qui est semel in episcopum consecratus, perpetuo retinet spiritualem potestatem conferendi ordines, et alia huiusmodi faciendi quae ad episcopale officium pertinent, quae quidem potestas otiosa remanere videtur in eo qui curam episcopalem dimittit. ergo videtur quod episcopus non possit curam episcopalem dimittere et ad religionem transire.

sc ' Sed contra, nullus cogitur ad id quod est secundum se illicitum. sed illi qui petunt cessionem a cura episcopali, ad cedendum compelluntur, * ut patet extra, de renunt., cap. quidam. ' ergo videtur quod deserere curam episcopalem non sit illicitum.

co ' Respondeo dicendum quod perfectio episcopalis status in hoc consistit quod aliquis ex divina dilectione se obligat ad hoc quod saluti proximorum insistat. et ideo tandiu obligatur ad hoc quod curam pastoralem retineat, quandiu potest subditis sibi commissis proficere ad salutem. quam quidem negligere non debet, neque propter divinae contemplationis quietem, cum apostolus propter necessitatem subditorum etiam a contemplatione futurae vitae se differri patienter toleraret; * secundum illud philipp. i, ° ecce, quid eligam ignoro. coarctor enim e duobus, desiderium habens dissolvi et esse cum christo, multo magis melius est; permanere autem in carne est necessarium propter vos. et hoc confidens, scio quia manebo. ' neque etiam propter quaecumque adversa vitanda vel lucra conquirenda, quia, * sicut dicitur ioan. x, ° bonus pastor animam suam ponit pro ovibus suis. ' contingit tamen quandoque quod episcopus impeditur procurare subditorum salutem, multipliciter. quandoque quidem propter proprium defectum, vel conscientiae, sicut si sit homicida vel simoniacus; vel etiam corporis, puta si sit senex vel infirmus; vel etiam scientiae quae sufficiat ad curam regiminis; vel etiam irregularitatis, puta si sit bigamus. quandoque autem propter defectum subditorum, in quibus non potest proficere. |25| * unde gregorius dicit, in ii dialog., ° ibi aequanimiter portandi sunt mali, ubi inveniuntur aliqui qui adiuventur boni. ubi autem omnimodo fructus de bonis deest, fit aliquando de malis labor supervacuus. unde saepe agitur in animo perfectorum quod, cum laborem suum sine fructu esse considerant, in loco alio ad laborem cum fructu migrant. ' quandoque autem contingit ex parte aliorum, puta cum de praelatione alicuius grave scandalum suscitatur. * nam, ut apostolus dicit, i ad cor. viii, ° si esca scandalizat fratrem meum, non manducabo carnes in aeternum. ' dum tamen scandalum non oriatur ex malitia aliquorum volentium fidem aut iustitiam ecclesiae conculcare. propter huiusmodi enim scandalum non est cura pastoralis dimittenda, * secundum illud matth. xv, " sinite illos, scilicet qui scandalizabantur de veritate doctrinae christi, caeci sunt duces caecorum. ' oportet tamen quod, sicut curam regiminis assumit aliquis per providentiam superioris praelati, ita etiam per eius auctoritatem, ex causis praedictis, deserat susceptam. * unde extra, de renunt., dicit innocentius iii, ° si pennas habeas quibus satagas in solitudinem avolare, ita tamen adstrictae sunt nexibus praeceptorum ut liberum non habeas, absque nostra permissione, volatum. ' soli enim papae licet dispensare in voto perpetuo, quo quis se |50| ad curam subditorum adstrinxit episcopatum suscipiens.

ra1 ' Ad primum ergo dicendum quod perfectio religiosorum et episcoporum secundum diversa attenditur. nam ad perfectionem religionis pertinet studium quod quis adhibet ad propriam salutem. ad perfectionem autem episcopalis status pertinet adhibere studium ad proximorum salutem. et ideo, quandiu potest esse aliquis utilis proximorum saluti, retrocederet si ad statum religionis vellet transire, ut solum suae saluti insisteret, qui se obligavit ad hoc quod non solum suam salutem, sed etiam aliorum procuraret. * unde innocentius iii dicit, in decretali praedicta, quod ° facilius indulgetur ut monachus ad praesulatum ascendat, quam praesul ad monachatum descendat, sed si salutem aliorum procurare non possit, conveniens est ut suae saluti intendat.

ra2 ' Ad secundum dicendum quod propter nullum impedimentum debet homo praetermittere studium suae salutis, quod pertinet ad religionis statum. potest autem esse aliquod impedimentum procurandae salutis alienae. et ideo monachus potest ad statum episcopatus assumi, in quo etiam suae salutis curam agere potest. potest etiam episcopus, si impedimentum alienae salutis procurandae interveniat, ad religionem transire. et impedimento cessante, potest iterato ad episcopatum assumi, puta per correctionem subditorum, vel per sedationem scandali, vel per curationem infirmitatis, aut depulsa ignorantia per instructionem sufficientem. vel etiam, si simoniace sit promotus eo ignorante, si se ad regularem vitam, episcopatu dimisso, transtulerit, poterit iterato ad alium episcopatum promoveri. si vero aliquis propter culpam sit ab episcopatu depositus, et in monasterium detrusus ad poenitentiam peragendam, non potest iterato ad episcopatum revocari. * unde dicitur vii, qu. i, ° praecipit sancta synodus ut quicumque de pontificali dignitate ad monachorum vitam et poenitentiae descenderit locum, nequaquam ad pontificatum resurgat.

ra3 ' Ad tertium dicendum quod etiam in rebus naturalibus, propter impedimentum superveniens potentia remanet absque actu, sicut propter infirmitatem oculi cessat actus visionis. et ita etiam non est inconveniens si, propter exterius impedimentum superveniens, potestas episcopalis remaneat absque actu.

009 ST3 qu185 ar5

ag1 ' Ad quintum sic proceditur. videtur quod non liceat episcopo, propter aliquam persecutionem, corporaliter deserere gregem sibi commissum. * dicit enim dominus, ioan. x, quod ° ille est mercenarius, et non vere pastor, qui videt lupum venientem, et dimittit oves et fugit. * dicit autem gregorius, in homilia, quod ° lupus super oves venit, cum quilibet iniustus et raptor fideles quosque atque humiles opprimit. ' si ergo propter persecutionem alicuius tyranni, episcopus gregem sibi commissum corporaliter deserat, videtur quod sit mercenarius, et non pastor.

ag2 * Praeterea, prov. vi dicitur, ° fili, si sponderis pro amico tuo, defixisti apud extraneum manum tuam, * et postea subdit, ° discurre, festina, suscita amicum tuum. * quod exponens gregorius, in pastoral., dicit, ° spondere pro amico est animam alienam in periculo suae conversationis accipere. quisquis autem ad vivendum aliis in exemplum praeponitur, non solum ut ipse vigilet, sed etiam ut amicum suscitet, admonetur. ' sed hoc non potest facere si corporaliter deserat gregem. ergo videtur quod episcopus non debeat, causa persecutionis, corporaliter suum gregem deserere.

ag3 ' Praeterea, ad perfectionem episcopalis status pertinet quod proximis curam impendat. sed non licet ei qui est statum perfectionis professus, ut omnino deserat ea quae sunt perfectionis. ergo videtur quod non licet episcopo se corporaliter subtrahere ab executione sui officii, nisi forte ut operibus perfectionis in monasterio vacet.

sc * Sed contra est quod dominus apostolis, quorum successores sunt episcopi, mandavit, matth. x, ° si vos persecuti fuerint in una civitate, fugite in aliam.

co ' Respondeo dicendum quod in qualibet obligatione praecipue attendi debet obligationis finis. obligant autem se episcopi ad exequendum pastorale officium propter subditorum salutem. et ideo, ubi subditorum salus exigit personae pastoris praesentiam, non debet pastor personaliter suum gregem deserere, neque propter aliquod commodum temporale, neque etiam propter aliquod personale periculum imminens, " cum bonus pastor animam suam ponere teneatur pro ovibus suis. ' si vero subditorum saluti possit sufficienter in absentia pastoris per alium provideri, tunc licet pastori, vel propter aliquod ecclesiae commodum, vel propter personae periculum, corporaliter gregem deserere. * unde augustinus dicit, in epistola ad honoratum, ° fugiant de civitate in civitatem servi christi, quando eorum quisque specialiter a persecutoribus quaeritur, ut ab aliis, qui non ita quaeruntur, non deseratur ecclesia. cum autem omnium est commune periculum, hi qui aliis indigent, non deserantur ab his quibus indigent. si enim perniciosum est nautam in tranquillitate navem deserere, quanto magis in fluctibus, * ut dicit nicolaus papa, et habetur vii, qu. i.

ra1 ' Ad primum ergo dicendum quod ille tanquam mercenarius fugit qui commodum temporale, vel etiam salutem corporalem, spirituali saluti proximorum praeponit. * unde gregorius dicit, in homilia, ° stare in periculo ovium non potest qui in eo quod ovibus praeest, non oves diligit, sed lucrum terrenum quaerit, et ideo opponere se contra periculum trepidat, ne hoc quod diligit amittat. ' ille autem qui ad evitandum periculum recedit absque detrimento gregis, non tanquam mercenarius fugit.

ra2 ' Ad secundum dicendum quod ille qui spondet pro aliquo, si per se implere non possit, sufficit ut per alium impleat. unde praelatus, si habet impedimentum propter quod non possit personaliter curae subditorum intendere, suae sponsioni satisfacit si per alium provideat.

ra3 ' Ad tertium dicendum quod ille qui ad episcopatum assumitur, assumit statum perfectionis secundum aliquod perfectionis genus, a quo si impediatur, ad aliud genus perfectionis non tenetur, ut scilicet necesse sit eum ad statum religionis transire. imminet tamen sibi necessitas ut animum retineat intendendi proximorum saluti si opportunitas adsit et necessitas requirat.

009 ST3 qu185 ar6

ag1 ' Ad sextum sic proceditur. videtur quod episcopo non liceat aliquid proprium possidere. * dominus enim dicit, matth. xix, ° si vis perfectus esse, vade et vende omnia quae habes et da pauperibus, et veni, sequere me, ' ex quo videtur quod voluntaria paupertas ad perfectionem requiratur. sed episcopi assumuntur ad statum perfectionis. ergo videtur quod non liceat eis proprium possidere.

ag2 ' Praeterea, episcopi in ecclesia tenent locum apostolorum, * ut dicit glossa, luc. x. ' sed apostolis dominus praecepit ut nihil proprium possiderent, * secundum illud matth. x, ° nolite possidere aurum neque argentum, neque pecuniam in zonis vestris. * unde et petrus, pro se et pro aliis apostolis, dicit, ° ecce, nos reliquimus omnia et secuti sumus te, * matth. xix. ' ergo videtur quod episcopi teneantur ad huius mandati observantiam, ut nihil proprium possideant.

ag3 * Praeterea, hieronymus dicit, ad nepotianum, ° cleros graece, latine sors appellatur. propterea clerici dicuntur, quia de sorte domini sunt, vel quia ipse dominus sors, idest pars, clericorum est. qui autem dominum possidet, nihil extra deum habere potest. si autem aurum, si argentum, si possessiones, si variam supellectilem habet, cum istis partibus non dignatur dominus fieri pars eius. ' ergo videtur quod non solum episcopi, sed etiam clerici debeant proprio carere.

sc * Sed contra est quod dicitur xii, qu. i, ° episcopus de rebus propriis vel acquisitis, vel quidquid de proprio habet, heredibus suis derelinquat.

co ' Respondeo dicendum quod ad ea quae sunt supererogationis nullus tenetur, nisi se specialiter ad illud voto adstringat. * unde augustinus dicit, in epistola ad paulinam et armentarium, ° quia iam vovisti, iam te obstrinxisti, aliud tibi facere non licet. priusquam esses voti reus, liberum fuit quod esses inferior. ' manifestum est autem quod vivere absque proprio supererogationis est, non enim cadit sub praecepto, sed sub consilio. unde cum, * matth. xix, dixisset dominus adolescenti, ° si vis ad vitam ingredi, serva mandata, * postea superaddendo subdidit, ° si vis perfectus esse, vade et vende omnia quae habes et da pauperibus. ' non autem episcopi in sua ordinatione ad hoc se obligant ut absque proprio vivant, nec etiam vivere absque proprio ex necessitate requiritur ad pastorale officium, ad quod se obligant. et ideo non tenentur episcopi ad hoc quod sine proprio vivant.

ra1 * Ad primum ergo dicendum quod, sicut supra habitum est, ' perfectio christianae vitae non consistit essentialiter in voluntaria paupertate, sed voluntaria paupertas instrumentaliter operatur ad perfectionem vitae. unde non oportet quod ubi est maior paupertas, ibi sit maior perfectio. quinimmo potest esse summa perfectio cum magna opulentia, * nam abraham, cui dictum est, gen. xvii, ambula coram me et esto perfectus, legitur dives fuisse.

ra2 ' Ad secundum dicendum quod verba illa domini tripliciter possunt intelligi. uno modo, mystice, ut non possideamus aurum neque argentum, idest, ut praedicatores non innitantur principaliter sapientiae et eloquentiae temporali; * ut hieronymus exponit. alio modo, sicut augustinus exponit, in libro de consensu evangelist., ' ut intelligatur hoc dominum non praecipiendo, sed magis permittendo dixisse. permisit enim eis ut absque auro et argento et aliis sumptibus ad praedicandum irent, accepturi sumptus vitae ab his quibus praedicabant. * unde subdit, dignus est enim operarius cibo suo. ' ita tamen quod, si aliquis propriis sumptibus uteretur in praedicatione evangelii, ad supererogationem pertineret, * sicut paulus de seipso dicit, i ad cor. ix. tertio modo, secundum quod chrysostomus exponit, ' ut intelligatur illa dominum discipulis praecepisse quantum ad illam missionem qua mittebantur ad praedicandum iudaeis, ut per hoc exercerentur ad confidendum de virtute ipsius, qui eis absque sumptibus provideret. ex quo tamen non obligabantur ipsi, vel successores eorum, ut absque propriis sumptibus evangelium praedicarent. * nam et de paulo legitur, ii ad cor. xi, quod ' ab aliis ecclesiis stipendium |25| accipiebat ad praedicandum corinthiis, et sic patet quod aliquid possidebat ab aliis sibi missum. stultum autem videtur dicere quod tot sancti pontifices, sicut athanasius, ambrosius, augustinus, illa praecepta transgressi fuissent, si ad ea observanda se crederent obligari.

ra3 ' Ad tertium dicendum quod omnis pars est minor toto. ille ergo cum deo alias partes habet, cuius studium diminuitur circa ea quae sunt dei, dum intendit his quae sunt mundi. sic autem non debent nec episcopi nec clerici proprium possidere, ut, dum curant propria, defectum faciant in his quae pertinent ad cultum divinum.

009 ST3 qu185 ar7

ag1 ' Ad septimum sic proceditur. videtur quod episcopi mortaliter peccent si bona ecclesiastica quae procurant, pauperibus non largiantur. * dicit enim ambrosius, exponens illud luc. xii, ° hominis cuiusdam divitis uberes fructus ager attulit, nemo proprium dicat quod est commune, plus quam sufficiat sumptui, violenter obtentum est. * et postea subdit, ° neque minus est criminis habenti tollere quam, cum possis et abundas, denegare indigentibus. ' sed violenter tollere alienum est peccatum mortale. ergo episcopi mortaliter peccant si ea quae eis supersunt, pauperibus non largiantur.

ag2 * Praeterea, isaiae iii, super illud, rapina pauperum in domo vestra, dicit glossa hieronymi quod " bona ecclesiastica sunt pauperum. ' sed quicumque id quod est alterius sibi reservat aut aliis dat, peccat mortaliter et tenetur ad restitutionem. ergo, si episcopi bona ecclesiastica quae eis superfluunt, sibi retineant vel consanguineis vel amicis largiantur, videtur quod teneantur ad restitutionem.

ag3 ' Praeterea, multo magis aliquis potest de rebus ecclesiae ea quae sunt sibi necessaria accipere, quam superflua congregare. * sed hieronymus dicit, in epistola ad damasum papam, ° clericos illos convenit ecclesiae stipendiis sustentari quibus parentum et propinquorum nulli suffragantur, qui autem bonis parentum et opibus sustentari possunt, si quod pauperum est accipiunt, sacrilegium incurrunt. * unde et apostolus dicit, i ad tim. v, ° si quis fidelis habet viduas, subministret illis, et non gravetur ecclesia, ut his quae vere viduae sunt sufficiat. ' ergo multo magis episcopi mortaliter peccant si ea quae eis superfluunt de bonis ecclesiasticis, pauperibus non largiantur.

sc ' Sed contra est quod plures episcopi ea quae supersunt non largiuntur pauperibus, sed expendere videntur laudabiliter ad reditus ecclesiae ampliandos.

co ' Respondeo dicendum quod aliter est dicendum de propriis bonis, quae episcopi possidere possunt, et de bonis ecclesiasticis. nam propriorum bonorum verum dominium habent. unde ex ipsa rerum conditione non obligantur ut eas aliis conferant, sed possunt vel sibi retinere, vel aliis pro libitu elargiri. possunt tamen in earum dispensatione peccare, vel propter inordinationem affectus, per quam contingit quod vel sibi plura conferant quam oporteat; vel etiam aliis non subveniant secundum quod requirit debitum caritatis. non tamen tenetur ad restitutionem, quia huiusmodi res sunt eius dominio deputatae. sed ecclesiasticorum bonorum sunt dispensatores vel procuratores, * dicit enim augustinus, ad bonifacium, ° si privatum possidemus quod nobis sufficiat, non illa nostra sunt, sed illorum quorum procurationem gerimus, non proprietatem nobis usurpatione damnabili vindicemus. ‘ ad dispensatorem autem requiritur bona fides, * secundum illud i ad cor. iv, ° hic iam quaeritur inter dispensatores ut fidelis quis inveniatur. ‘ sunt autem bona ecclesiastica non solum in usus pauperum, sed etiam ad cultum divinum et necessitates ministrorum expendenda. * unde dicitur xii, qu. ii, ° de reditibus ecclesiae vel oblatione fidelium, sola episcopo ex his una portio emittatur; duae ecclesiasticis fabricis et erogationi pauperum profuturae a presbytero, sub periculo |25| sui ordinis, ministrentur; ultima clericis, pro singulorum meritis, dividatur. ‘ si ergo distincta sint bona quae debent in usum episcopi cedere, ab his quae sunt pauperibus et ministris et cultui ecclesiae eroganda; et aliquid sibi retinuerit episcopus de his quae sunt pauperibus eroganda, vel in usum ministrorum aut in cultum divinum expendenda, non est dubium quod contra fidem dispensationis agit, et mortaliter peccat, et ad restitutionem tenetur. de his autem quae sunt specialiter suo usui deputata, videtur esse eadem ratio quae est de propriis bonis, ut scilicet propter immoderatum affectum et usum peccet quidem, si immoderata sibi retineat, et aliis non subveniat sicut requirit debitum caritatis. si vero non sint praedicta bona distincta, eorum distributio fidei eius committitur. et si quidem in modico deficiat vel superabundet, potest hoc fieri absque bonae fidei detrimento, quia non potest homo in talibus punctaliter accipere illud quod fieri oportet. si vero sit multus excessus, non potest latere, unde videtur bonae fidei repugnare. et ideo non est absque peccato mortali, * dicitur enim matth. xxiv, quod, “ si dixerit malus servus in corde suo, moram facit dominus meus venire, quod pertinet ad divini iudicii contemptum; et coeperit percutere conservos suos, quod pertinet ad superbiam; manducet autem et bibat cum ebriosis, quod pertinet ad luxuriam, veniet dominus servi illius in die qua non sperat, et dividet eum, scilicet a societate bonorum, |50| et partem eius ponet cum hypocritis, scilicet in inferno.

ra1 * Ad primum ergo dicendum quod verbum illud ambrosii ‘ non solum est referendum ad dispensationem ecclesiasticarum rerum, sed quorumcumque bonorum ex quibus tenetur aliquis, debito caritatis, providere necessitatem patientibus. non tamen potest determinari quando sit ista necessitas quae ad peccatum mortale obliget, sicut nec cetera particularia quae in humanis actibus considerantur. horum enim determinatio relinquitur humanae prudentiae.

ra2 ‘ Ad secundum dicendum quod bona ecclesiarum non sunt solum expendenda in usus pauperum, sed etiam in alios usus, * ut dictum est. ‘ et ideo si de eo quod usui episcopi vel alicuius clerici est deputatum, velit aliquis sibi subtrahere et consanguineis vel aliis dare, non peccat, dummodo id faciat moderate, idest, ut non indigeant, non autem ut ditiores inde fiant. * unde ambrosius dicit, in libro de offic., ° est approbanda liberalitas, ut proximos seminis tui ne despicias, si egere cognoscas, non tamen ut illi ditiores fieri velint ex eo quod tu potes conferre inopibus.

ra3 ‘ Ad tertium dicendum quod non omnia bona ecclesiarum sunt pauperibus largienda, nisi forte in articulo necessitatis, in quo etiam, pro redemptione captivorum et aliis necessitatibus pauperum, vasa cultui divino dicata distrahuntur, * ut ambrosius dicit. ‘ et in tali necessitate peccaret clericus si vellet de rebus ecclesiae vivere, dummodo haberet patrimonialia bona, de quibus vivere possit.

ra4 ‘ Ad quartum dicendum quod bona ecclesiarum usibus pauperum deservire debent. et ideo si quis, necessitate non imminente providendi pauperibus, de his quae superfluunt ex proventibus ecclesiae possessiones emat, vel in thesauro reponat in futurum utilitati ecclesiae et necessitatibus pauperum, laudabiliter facit. si vero necessitas immineat pauperibus erogandi, superflua cura est et inordinata ut aliquis in futurum conservet, quod dominus prohibet, * matth. vi, dicens, nolite solliciti esse in crastinum.

009 ST3 qu185 ar8

ag1 ‘ Ad octavum sic proceditur. videtur quod religiosi qui promoventur in episcopos, non teneantur ad observantias regulares. * dicitur enim xviii, qu. i, quod ° monachum canonica electio a iugo regulae monasticae professionis absolvit, et sacra ordinatio de monacho episcopum facit. ‘ sed observantiae regulares pertinent ad iugum regulae. ergo religiosi qui in episcopum assumuntur, non tenentur ad observantias regulares.

ag2 ‘ Praeterea, ille qui ab inferiori ad superiorem gradum ascendit, non videtur teneri ad ea quae sunt inferioris gradus, * sicut supra dictum est quod ‘ religiosus non tenetur ad observanda vota quae in saeculo fecit. sed religiosus qui assumitur ad episcopatum, ascendit ad aliquid maius, * ut supra habitum est. ‘ ergo videtur quod non obligetur episcopus ad ea quae tenebatur observare in statu religionis.

ag3 ‘ Praeterea, maxime religiosi obligari videntur ad obedientiam, et ad hoc quod sine proprio vivant. sed religiosi qui assumuntur ad episcopatum, non tenentur obedire praelatis suarum religionum, quia sunt eis superiores. nec etiam videntur teneri ad paupertatem, * quia, sicut in decreto supra inducto dicitur, ° quem sacra ordinatio de monacho episcopum facit, velut legitimus heres, paternam sibi hereditatem iure vindicandi potestatem habeat. ‘ interdum etiam conceditur eis testamenta conficere. ergo multo minus tenentur ad alias observantias regulares.

sc * Sed contra est quod dicitur in decretis, xvi, qu. i, ° de monachis qui diu morantes in monasteriis, si postea ad clericatus ordines pervenerint, statuimus non debere eos a priori proposito discedere.

co * Respondeo dicendum quod, sicut supra dictum est, ‘ status religionis ad perfectionem pertinet quasi quaedam via in perfectionem tendendi, status autem episcopalis ad perfectionem pertinet tanquam quoddam perfectionis magisterium. unde status religionis comparatur ad statum episcopalem sicut disciplina ad magisterium, et dispositio ad perfectionem. dispositio autem non tollitur, perfectione adveniente, nisi forte quantum ad id in quo perfectioni repugnat; quantum autem ad id quod perfectioni congruit, magis confirmatur. sicut discipulo, cum ad magisterium pervenerit, non congruit quod sit auditor, congruit tamen sibi quod legat et meditetur, etiam magis quam ante. sic igitur dicendum est quod, si qua sunt in regularibus observantiis quae non impediant pontificale officium, sed magis valeant ad perfectionis custodiam, sicut est continentia, paupertas et alia huiusmodi, ad haec remanet religiosus, etiam factus episcopus, obligatus; et per consequens, ad portandum habitum suae religionis, qui est huius obligationis signum. si qua vero sunt in observantiis regularibus quae officio pontificali repugnent, sicut est solitudo, silentium, et aliquae abstinentiae vel vigiliae graves, ex quibus impotens corpore redderetur ad exequendum pontificale officium, ad huiusmodi observanda non tenetur. in aliis tamen potest dispensatione uti, secundum quod requirit necessitas personae vel officii, vel conditio hominum cum quibus vivit, per modum quo etiam praelati religionum |25| in talibus secum dispensant.

ra1 ‘ Ad primum ergo dicendum quod ille qui fit de monacho episcopus, absolvitur a iugo monasticae professionis, non quantum ad omnia, sed quantum ad illa quae officio pontificali repugnant, * ut dictum est.

ra2 ‘ Ad secundum dicendum quod vota saecularis vitae se habent ad vota religionis sicut particulare ad universale, * ut supra habitum est. ‘ sed vota religionis se habent ad pontificalem dignitatem sicut dispositio ad perfectionem. particulare autem superfluit, habito universali, sed dispositio adhuc necessaria est, perfectione obtenta.

ra3 ‘ Ad tertium dicendum quod hoc est per accidens quod episcopi religiosi obedire praelatis suarum religionum non tenentur, quia sibi subditi esse desierunt, sicut et ipsi praelati religionum. manet tamen adhuc obligatio voti virtualiter, ita scilicet quod, si eis legitime aliquis praeficeretur, obedire tenerentur, inquantum tenentur obedire statutis regulae per modum praedictum, et suis superioribus, si quos habent. proprium autem nullo modo habere possunt. non enim hereditatem paternam vindicant quasi propriam, sed quasi ecclesiae debitam. * unde ibidem subditur quod, ° postquam episcopus ordinatur, ad altare ad quod sanctificatur, quod acquirere potuit restituat. ‘ testamentum autem nullo modo facere potest, quia sola dispensatio ei committitur rerum ecclesiasticarum, quae morte finitur, ex qua incipit testamentum valere, * ut apostolus dicit, ad heb. ix. ‘ si tamen ex concessione papae testamentum faciat, non intelligitur ex proprio facere testamentum, sed apostolica auctoritate intelligitur esse ampliata potestas suae dispensationis, ut eius dispensatio possit valere post mortem.

009 ST3 qu186 ar

pr ‘ Deinde considerandum est de his quae pertinent ad statum religionis. circa quod occurrit quadruplex consideratio, quarum prima est de his in quibus principaliter consistit religionis status; secunda, de his quae religiosis licite convenire possunt; tertia, de distinctione religionum; quarta, de religionis ingressu. circa primum quaeruntur decem. primo, utrum religiosorum status sit perfectus. secundo, utrum religiosi teneantur ad omnia consilia. tertio, utrum voluntaria paupertas requiratur ad religionem. quarto, utrum requiratur continentia. quinto, utrum requiratur obedientia. sexto, utrum requiratur quod haec cadant sub voto. septimo, de sufficientia horum votorum. octavo, de comparatione eorum ad invicem. nono, utrum religiosus semper mortaliter peccet quando transgreditur statutum suae regulae. decimo, utrum, ceteris paribus, in eodem genere peccati plus peccet religiosus quam saecularis.

009 ST3 qu186 ar1

ag1 ‘ Ad primum sic proceditur. videtur quod religio non importet statum perfectionis. illud enim quod est de necessitate salutis, non videtur ad statum perfectionis pertinere. sed religio est de necessitate salutis, “ quia per eam uni vero deo religamur, * sicut augustinus dicit in libro de vera relig.; “ vel religio dicitur ex eo quod deum reeligimus, quem amiseramus negligentes, * ut augustinus dicit in x de civ. dei. ‘ ergo videtur quod religio non nominet perfectionis statum.

ag2 ‘ Praeterea, religio, * secundum tullium, ‘ est quae ° naturae divinae cultum et caeremoniam affert. ‘ sed afferre deo cultum et caeremoniam magis videtur pertinere ad ministeria sacrorum ordinum quam ad diversitatem statuum, * ut ex supra dictis patet. ‘ ergo videtur quod religio non nominet perfectionis statum.

ag3 ‘ Praeterea, status perfectionis distinguitur contra statum incipientium et proficientium. sed etiam in religione sunt aliqui incipientes et aliqui proficientes. ergo religio non nominat perfectionis statum.

ag4 ‘ Praeterea, religio videtur esse poenitentiae locus, * dicitur enim in decretis, vii, qu. i, ° praecipit sancta synodus ut quicumque de pontificali dignitate ad monachorum vitam et poenitentiae descenderit locum, nunquam ad pontificatum resurgat. ‘ sed locus poenitentiae opponitur statui perfectionis, * unde dionysius, vi cap. eccles. hier., ponit “ poenitentes in infimo loco, scilicet inter purgandos. ‘ ergo videtur quod religio non sit status perfectionis.

sc ‘ Sed contra est quod * in collationibus patrum, dicit abbas moyses, de religiosis loquens, ° ieiuniorum inediam, vigilias, labores, corporis nuditatem, lectionem, ceterasque virtutes debere nos suscipere noverimus, ut ad perfectionem caritatis istis gradibus possimus conscendere. ‘ sed ea quae ad humanos actus pertinent, ab intentione finis speciem et nomen recipiunt. ergo religiosi pertinent ad statum perfectionis. * dionysius etiam, vi cap. eccles. hier., dicit ° eos qui nominantur dei famuli, ex dei puro servitio et famulatu uniri ad amabilem perfectionem.

co * Respondeo dicendum quod, sicut ex supra dictis patet, ‘ id quod communiter multis convenit, antonomastice attribuitur ei cui per excellentiam convenit, sicut nomen fortitudinis vindicat sibi illa virtus quae circa difficillima firmitatem animi servat, et temperantiae nomen vindicat sibi illa virtus quae temperat maximas delectationes. religio autem, * ut supra habitum est, ‘ est quaedam virtus per quam aliquis ad dei servitium et cultum aliquid exhibet. et ideo antonomastice religiosi dicuntur illi qui se totaliter mancipant divino servitio, quasi holocaustum deo offerentes. * unde gregorius dicit, super ezech., ° sunt quidam qui nihil sibimetipsis reservant, sed sensum, linguam, vitam atque substantiam quam perceperunt, omnipotenti deo immolant. ‘ in hoc autem perfectio hominis consistit quod totaliter deo inhaereat, * sicut ex supra dictis patet. ‘ et secundum hoc, religio perfectionis statum nominat.

ra1 ‘ Ad primum ergo dicendum quod exhibere aliqua ad cultum dei est de necessitate salutis, sed quod aliquis totaliter se et sua divino cultui deputet, ad perfectionem pertinet.

ra2 ‘ Ad secundum dicendum quod, * sicut supra dictum est, cum de virtute religionis ageretur, ‘ ad religionem pertinent non solum oblationes sacrificiorum, et alia huiusmodi quae sunt religioni propria, sed etiam actus omnium virtutum, secundum quod referuntur ad dei servitium et honorem, efficiuntur actus religionis. et secundum hoc, si aliquis totam vitam suam divino servitio deputet, tota vita sua ad religionem pertinebit. et secundum hoc, ex vita religiosa quam ducunt, religiosi dicuntur qui sunt in statu perfectionis.

ra3 * Ad tertium dicendum quod, sicut dictum est, ‘ religio nominat statum perfectionis ex intentione finis. unde non oportet quod quicumque est in religione, iam sit perfectus, sed quod ad perfectionem tendat. * unde super illud matth. xix, si vis perfectus esse etc., dicit origenes quod ° ille qui mutavit pro divitiis paupertatem ut fiat perfectus, non in ipso tempore quo tradiderit bona sua pauperibus, fiet omnino perfectus, sed ex illa die incipiet speculatio dei adducere eum ad omnes virtutes. ‘ et hoc modo in religione non omnes sunt perfecti, sed quidam incipientes, quidam proficientes.

ra4 ‘ Ad quartum dicendum quod religionis status principaliter est institutus ad perfectionem adipiscendam per quaedam exercitia quibus tolluntur impedimenta perfectae caritatis. sublatis autem impedimentis perfectae caritatis, multo magis exciduntur occasiones peccati, per quod totaliter tollitur caritas. unde, cum ad poenitentem pertineat causas peccatorum excidere, ex consequenti status religionis est convenientissimus poenitentiae locus. * unde in decretis, xxxiii, qu. ii, cap. admonere, ‘ consulitur cuidam qui uxorem occiderat, ut potius monasterium ingrediatur, quod dicit esse melius et levius, quam poenitentiam publicam agat remanendo in saeculo.

009 ST3 qu186 ar2

ag1 ‘ Ad secundum sic proceditur. videtur quod quilibet religiosus teneatur ad omnia consilia. quicumque enim profitetur statum aliquem, tenetur ad ea quae illi statui conveniunt. sed quilibet religiosus profitetur statum perfectionis. ergo quilibet religiosus tenetur ad omnia consilia, quae ad perfectionis statum pertinent.

ag2 * Praeterea, gregorius dicit, super ezech., quod ° ille qui praesens saeculum deserit et agit bona quae valet, quasi iam aegypto derelicto, sacrificium praebet in eremo. ‘ sed deserere saeculum specialiter pertinet ad religiosos. ergo etiam eorum est agere omnia bona quae valent. et ita videtur quod quilibet eorum teneatur ad omnia consilia implenda.

ag3 ‘ Praeterea, si non requiritur ad statum perfectionis quod aliquis omnia consilia impleat, sufficiens esse videtur si quaedam consilia impleat. sed hoc falsum est, quia multi in saeculari vita existentes aliqua consilia implent, ut patet de his qui continentiam servant. ergo videtur quod quilibet religiosus, qui est in statu perfectionis, teneatur ad omnia quae sunt perfectionis. huiusmodi autem sunt omnia consilia.
sc ‘ Sed contra, ad ea quae sunt supererogationis non tenetur aliquis nisi ex propria obligatione. sed quilibet religiosus obligat se ad aliqua determinata, quidam ad haec, quidam ad illa. non ergo omnes tenentur ad omnia.
co ‘ Respondeo dicendum quod ad perfectionem aliquid pertinet tripliciter. uno modo, essentialiter. et sic, * sicut supra dictum est, ‘ ad perfectionem pertinet perfecta observantia praeceptorum caritatis. alio modo ad perfectionem pertinet aliquid consequenter sicut illa quae consequuntur ex perfectione caritatis, puta quod aliquis maledicenti benedicat et alia huiusmodi impleat, quae, etsi secundum praeparationem animi sint in praecepto, ut scilicet impleantur quando necessitas requirit, tamen ex superabundantia caritatis procedit quod etiam extra necessitatem quandoque talia impleantur. tertio modo pertinet aliquid ad perfectionem instrumentaliter et dispositive, sicut paupertas, continentia, abstinentia et alia huiusmodi. * dictum est autem quod ‘ ipsa perfectio caritatis est finis status religionis, status autem religionis est quaedam disciplina vel exercitium ad perfectionem perveniendi. ad quam quidem aliqui pervenire nituntur exercitiis diversis, sicut etiam medicus ad sanandum uti potest diversis medicamentis. manifestum est autem quod illi qui operatur ad finem, non ex necessitate convenit quod iam assecutus sit finem, sed requiritur quod per aliquam viam tendat in finem. et ideo ille qui statum religionis assumit, non tenetur habere perfectam caritatem, sed tenetur ad hoc tendere et operam dare ut habeat caritatem |25| perfectam. et eadem ratione, non tenetur ad hoc quod illa impleat quae perfectionem caritatis consequuntur, tenetur autem ut ad ea implenda intendat. contra quod facit contemnens. unde non peccat si ea praetermittat, sed si ea contemnat. similiter etiam non tenetur ad omnia exercitia quibus ad perfectionem pervenitur, sed ad illa determinate quae sunt ei taxata secundum regulam quam professus est.
ra1 ‘ Ad primum ergo dicendum quod ille qui transit ad religionem, non profitetur se esse perfectum, sed profitetur se adhibere studium ad perfectionem consequendam, sicut etiam ille qui intrat scholas, non profitetur se scientem, sed profitetur se studentem ad scientiam acquirendam. * unde sicut augustinus dicit, viii de civ. dei, “ pythagoras noluit profiteri se sapientem, sed sapientiae amatorem. ‘ et ideo religiosus non est transgressor professionis si non sit perfectus, sed solum si contemnat ad perfectionem tendere.
ra2 ‘ Ad secundum dicendum quod, sicut diligere deum ex toto corde tenentur omnes, est tamen aliqua perfectionis totalitas quae sine peccato praetermitti non potest, aliqua autem quae sine peccato praetermittitur, dum tamen desit contemptus, * ut supra dictum est, ‘ ita etiam omnes, tam religiosi quam saeculares, tenentur aliqualiter facere quidquid boni possunt, * omnibus enim communiter dicitur, eccle. ix, ° quidquid potest manus tua, instanter operare; ‘ est tamen aliquis modus hoc praeceptum implendi quo peccatum vitatur, si scilicet homo faciat quod potest secundum quod requirit conditio sui status; dummodo contemptus non adsit agendi meliora, per quem animus obfirmatur contra spiritualem profectum.
ra3 ‘ Ad tertium dicendum quod quaedam consilia sunt quae si praetermitterentur, tota vita hominis implicaretur negotiis saecularibus, puta si aliquis haberet proprium, vel matrimonio uteretur, aut aliquid huiusmodi faceret quod pertinet ad essentialia religionis vota. et ideo ad omnia talia consilia observanda religiosi tenentur. sunt autem quaedam consilia de quibusdam particularibus melioribus actibus, quae praetermitti possunt absque hoc quod vita hominis saecularibus actibus implicetur. unde non oportet quod ad omnia talia religiosi teneantur.

009 ST3 qu186 ar3

ag1 ‘ Ad tertium sic proceditur. videtur quod paupertas non requiratur ad perfectionem religionis. non enim videtur ad statum perfectionis pertinere illud quod illicite fit. sed quod homo omnia sua relinquat, videtur esse illicitum, * apostolus enim, ii ad cor. viii, dat formam fidelibus eleemosynas faciendi, dicens, ° si voluntas prompta est, secundum id quod habet, accepta est, idest, ut necessaria retineatis; * et postea subdit, ° non ut aliis sit remissio, vobis autem tribulatio, * glossa, idest, paupertas. et super illud i ad tim. vi, habentes alimenta et quibus tegamur, dicit glossa, ° etsi nihil intulerimus vel ablaturi simus, non tamen omnino abiicienda sunt haec temporalia. ‘ ergo videtur quod voluntaria paupertas non requiratur ad perfectionem religionis.
ag2 ‘ Praeterea, quicumque se exponit periculo, peccat. sed ille qui, omnibus suis relictis, voluntariam paupertatem sectatur, exponit se periculo, et spirituali, * secundum illud prov. xxx, ° ne forte, egestate compulsus, furer et periurem nomen dei mei, * et eccli. xxvii, propter inopiam multi perierunt; et etiam corporali, dicitur enim eccle. vii, ° sicut protegit sapientia, sic protegit et pecunia. * et philosophus dicit, in iv ethic., quod ° videtur quaedam perditio ipsius hominis esse corruptio divitiarum, quia per has homo vivit. ‘ ergo videtur quod voluntaria paupertas non requiratur ad perfectionem religiosae vitae.
ag3 * Praeterea, virtus in medio consistit, ut dicitur in ii ethic.. ‘ sed ille qui omnia dimittit per voluntariam paupertatem, non videtur in medio consistere, sed magis in extremo. ergo non agit virtuose. et ita hoc non pertinet ad vitae perfectionem.
ag4 ‘ Praeterea, ultima perfectio hominis in beatitudine consistit. sed divitiae conferunt ad beatitudinem, * dicitur enim eccli. xxxi, ° beatus est dives qui inventus est sine macula. * et philosophus dicit, in i ethic., quod “ divitiae organice deserviunt ad felicitatem. ‘ ergo voluntaria paupertas non requiritur ad perfectionem religionis.
ag5 ‘ Praeterea, status episcoporum est perfectior quam status religionis. sed episcopi possunt proprium habere, * ut supra habitum est. ‘ ergo et religiosi.
ag6 ‘ Praeterea, dare eleemosynam est opus maxime deo acceptum, * et, sicut chrysostomus dicit, ° medicamentum quod maxime in poenitentia operatur. ‘ sed paupertas excludit eleemosynarum largitionem. ergo videtur quod paupertas ad perfectionem religionis non pertineat.
sc * Sed contra est quod gregorius dicit, viii moral., ° sunt nonnulli iustorum qui, ad comprehendendum culmen perfectionis accincti, dum altiora interius appetunt, exterius cuncta derelinquunt. ‘ sed accingi ad comprehendendum culmen perfectionis proprie pertinet ad religiosos, * ut dictum est. ‘ ergo eis competit ut per voluntariam paupertatem cuncta exterius derelinquant.
co * Respondeo dicendum quod, sicut supra dictum est, ‘ status religionis est quoddam exercitium et disciplina per quam pervenitur ad perfectionem caritatis. ad quod quidem necessarium est quod aliquis affectum suum totaliter abstrahat a rebus mundanis, * dicit enim augustinus, in x confess., ad deum loquens, ° minus te amat qui tecum aliquid amat quod non propter te amat. * unde et in libro octogintatrium quaest., dicit augustinus quod ° nutrimentum caritatis est imminutio cupiditatis, perfectio, nulla cupiditas. ‘ ex hoc autem quod aliquis res mundanas possidet, allicitur animus eius ad earum amorem. * unde augustinus dicit, in epistola ad paulinum et therasiam, quod ° terrena diliguntur arctius adepta quam concupita. nam unde iuvenis ille tristis discessit, nisi quia magnas habebat divitias? aliud est enim nolle incorporare quae desunt, aliud iam incorporata divellere, illa enim velut extranea repudiantur; ista velut membra praeciduntur. * et chrysostomus dicit, super matth., quod ° appositio divitiarum maiorem accendit flammam, et vehementior fit cupido. ‘ et inde est quod ad perfectionem caritatis acquirendam, primum fundamentum est voluntaria paupertas, ut aliquis absque proprio vivat, |25| * dicente domino, matth. xix, ° si vis perfectus esse, vade et vende omnia quae habes et da pauperibus, et veni, sequere me.
ra1 * Ad primum ergo dicendum quod, sicut glossa ibidem subdit, ° non ideo dixit apostolus (scilicet, ut vobis non sit tribulatio, idest paupertas), quin melius esset, sed infirmis timet, quos sic dare monet ut egestatem non patiantur. * unde similiter etiam ex glossa alia ‘ non est intelligendum quod non liceat omnia temporalia abiicere, sed quod hoc non ex necessitate requiritur. * unde et ambrosius dicit, in i de offic., ° dominus non vult, “ scilicet ex necessitate praecepti, ° simul effundi opes, sed dispensari, nisi forte ut eliseus boves suos occidit et pavit pauperes ex eo quod habuit, ut nulla cura teneretur domestica.
ra2 ‘ Ad secundum dicendum quod ille qui omnia sua dimittit propter christum, non exponit se periculo, neque spirituali neque corporali. spirituale enim periculum ex paupertate provenit quando non est voluntaria, quia ex affectu aggregandi pecunias, quem patiuntur illi qui involuntarie sunt pauperes, incidit homo in multa peccata; * secundum illud i ad tim. ult., ° qui volunt divites fieri, incidunt in tentationem et in laqueum diaboli. ‘ iste autem affectus deponitur ab his qui voluntariam paupertatem sequuntur, magis autem dominatur in his qui divitias possident, * ut ex dictis patet. ‘ corporale etiam periculum non imminet illis qui, intentione sequendi christum, omnia sua relinquunt, divinae providentiae se committentes. * unde augustinus dicit, in libro de serm. dom. in monte, ° quaerentibus regnum dei et iustitiam eius non debet subesse sollicitudo ne necessaria desint.
ra3 ‘ Ad tertium dicendum quod medium virtutis, * secundum philosophum, in ii ethic., ‘ accipitur secundum rationem rectam, non secundum quantitatem rei. et ideo quidquid potest fieri secundum rationem rectam, non est vitiosum ex magnitudine quantitatis, sed magis virtuosum. esset autem praeter rationem rectam si quis omnia sua consumeret in intemperantiam, vel absque utilitate. est autem secundum rationem rectam quod aliquis divitias abiiciat ut contemplationi sapientiae vacet, quod etiam philosophi quidam fecisse leguntur. * dicit enim hieronymus, in epistola ad paulinum, ° crates ille thebanus, homo quondam ditissimus, cum ad philosophandum athenas pergeret, magnum auri pondus abiecit, nec putavit se posse simul divitias et virtutes possidere. ‘ unde multo magis secundum rationem rectam est ut homo omnia sua relinquat ad hoc quod christum perfecte sequatur. * unde hieronymus dicit, in epistola ad rusticum monachum, ° nudum christum nudus sequere.
ra4 ‘ Ad quartum dicendum quod duplex est beatitudo sive felicitas, una quidem perfecta, quam expectamus in futura vita; alia autem imperfecta, secundum quam aliqui dicuntur in hac vita beati. praesentis autem vitae felicitas est duplex, una quidem secundum vitam activam, alia vero secundum vitam contemplativam, * ut patet per philosophum, in x ethic.. ‘ ad felicitatem igitur vitae activae, quae consistit in exterioribus operationibus, divitiae instrumentaliter coadiuvant, quia, * ut philosophus dicit, in i ethic. ° multa operamur per amicos, per divitias et per civilem potentiam, sicut per quaedam organa. ‘ ad felicitatem autem contemplativae vitae non multum operantur, sed magis impediunt, inquantum sua sollicitudine impediunt animi quietem, quae maxime necessaria est contemplanti. * et hoc est quod philosophus dicit, in x ethic., quod ° ad actiones multis opus est, speculanti vero nullo talium, “ scilicet exteriorum bonorum, ° ad operationem necessitas, sed impedimenta sunt ad speculationem. ‘ ad futuram vero beatitudinem ordinatur aliquis per caritatem. et quia voluntaria paupertas est efficax exercitium perveniendi ad perfectam caritatem, ideo multum valet ad caelestem |25| beatitudinem consequendam, * unde et dominus, matth. xix, dicit, ° vade et vende omnia quae habes et da pauperibus, et habebis thesaurum in caelo. ‘ divitiae autem habitae per se quidem natae sunt perfectionem caritatis impedire, principaliter alliciendo animum et distrahendo * unde dicitur, matth. xiii, quod sollicitudo saeculi et fallacia divitiarum suffocat verbum dei; quia, ut gregorius dicit, ° dum bonum desiderium ad cor intrare non sinunt, quasi aditum flatus vitalis necant. ‘ et ideo difficile est caritatem inter divitias conservare. * unde dominus dicit, matth. xix, quod ° dives difficile intrabit in regnum caelorum. ‘ quod quidem intelligendum est de eo qui actu habet divitias, nam de eo qui affectum in divitiis ponit, dicit hoc esse impossibile, * secundum expositionem chrysostomi, cum subdit, ° facilius est camelum per foramen acus transire quam divitem intrare in regnum caelorum. ‘ et ideo non simpliciter dives dicitur esse beatus, sed, ° qui inventus est sine macula et post aurum non abiit. ‘ et hoc, quia rem difficilem fecit, * unde subditur, ° quis est hic. et laudabimus eum? fecit enim mirabilia in vita sua, ‘ ut scilicet, inter divitias positus, divitias non amaret.
ra5 ‘ Ad quintum dicendum quod status episcopalis non ordinatur ad perfectionem adipiscendam, sed potius ut ex perfectione quam quis habet, alios gubernet, non solum ministrando spiritualia, sed etiam temporalia. quod pertinet ad vitam activam, in qua multa operanda occurrunt instrumentaliter per divitias, * ut dictum est. ‘ et ideo ab episcopis, qui profitentur gubernationem gregis christi, non exigitur quod proprio careant, sicut exigitur a religiosis, qui profitentur disciplinam perfectionis acquirendae.
ra6 ‘ Ad sextum dicendum quod abrenuntiatio propriarum divitiarum comparatur ad eleemosynarum largitionem sicut universale ad particulare, et holocaustum ad sacrificium. * unde gregorius dicit, super ezech., quod ° illi qui ex possessis rebus subsidia egentibus ministrant, in bonis quae faciunt sacrificium offerunt, quia aliquid deo immolant, et aliquid sibi reservant, qui vero nihil sibi reservant, offerunt holocaustum, quod est maius sacrificio. * unde etiam hieronymus, contra vigilant., dicit, ° quod autem asserit eos melius facere qui utantur rebus suis et paulatim fructus possessionum pauperibus dividant, non a me eis sed a deo respondetur, si vis perfectus esse, etc.. * et postea subdit, ° iste quem tu laudas, secundus et tertius gradus est, quem et nos recipimus, dummodo sciamus prima secundis et tertiis praeferenda. * et ideo, ad excludendum errorem vigilantii, dicitur in libro de ecclesiasticis dogmatibus, ° bonum est facultates cum dispensatione pauperibus erogare, melius est, pro intentione sequendi dominum, insimul donare, et, absolutum sollicitudine, egere cum christo.

009 ST3 qu186 ar4

ag1 ‘ Ad quartum sic proceditur. videtur quod perpetua continentia non requiratur ad perfectionem religionis. omnis enim christianae vitae perfectio ab apostolis christi coepit. sed apostoli continentiam non videntur servasse, ut patet de petro, qui socrum legitur habuisse, * matth. viii. ‘ ergo videtur quod ad perfectionem religionis non requiratur perpetua continentia.
ag2 ‘ Praeterea, primum perfectionis exemplar nobis in abraham ostenditur, * cui dominus dixit, gen. xvii, ° ambula coram me, et esto perfectus. ‘ sed exemplatum non oportet quod excedat exemplar. ergo

non requiritur ad perfectionem religionis perpetua continentia.
ag3 ' Praeterea, illud quod requiritur ad perfectionem religionis, in omni religione invenitur. sunt autem aliqui religiosi qui uxoribus utuntur. non ergo religionis perfectio exigit perpetuam continentiam.
sc * Sed contra est quod apostolus dicit, ii ad cor. vii, ° mundemus nos ab omni inquinamento carnis et spiritus, perficientes sanctificationem nostram in timore dei. ' sed munditia carnis et spiritus conservatur per continentiam, * dicitur enim i ad cor. vii, ° mulier innupta et virgo cogitat quae domini sunt, ut sit sancta corpore et spiritu. ' ergo perfectio religionis requirit continentiam.
co ' Respondeo dicendum quod ad statum religionis requiritur subtractio eorum per quae homo impeditur ne totaliter feratur ad dei servitium. usus autem carnalis copulae retrahit animum ne totaliter feratur in dei servitium, dupliciter. uno modo, propter vehementiam delectationis, ex cuius frequenti experientia augetur concupiscentia, * ut etiam philosophus dicit, in iii ethic.. ' et inde est quod usus venereorum retrahit animam ab illa perfecta intentione tendendi in deum. * et hoc est quod augustinus dicit, in i soliloq., ° nihil esse sentio quod magis ex arce deiiciat animum virilem quam blandimenta feminae, corporumque ille contactus sine quo uxor haberi non potest. ' alio modo, propter sollicitudinem quam ingerit homini de gubernatione uxoris et filiorum, et rerum temporalium quae ad eorum sustentationem sufficiant. * unde apostolus dicit quod ° qui sine uxore est, sollicitus est quae sunt domini, quomodo placeat deo, qui autem cum uxore est, sollicitus est quae sunt mundi, quomodo placeat uxori. ' et ideo continentia perpetua requiritur ad perfectionem religionis, sicut et voluntaria paupertas. * unde sicut damnatus est vigilantius, qui adaequavit divitias paupertati; ita damnatus est |25| iovinianus, qui adaequavit matrimonium virginitati.
ra1 ' Ad primum ergo dicendum quod perfectio non solum paupertatis, sed etiam continentiae, introducta est per christum, * qui dicit, matth. xix, ° sunt eunuchi qui castraverunt seipsos propter regnum caelorum, * et postea subdit, qui potest capere, capiat. ' et ne alicui spes perveniendi ad perfectionem tolleretur, assumpsit ad perfectionis statum etiam illos quos invenit matrimonio iunctos. non autem poterat absque iniuria fieri quod viri uxores desererent, sicut absque iniuria fiebat quod homines divitias relinquerent. et ideo petrum, quem invenit matrimonio iunctum, non separavit ab uxore. ioannem tamen nubere volentem a nuptiis revocavit.
ra2 ' Ad secundum dicendum quod, * sicut augustinus dicit, in libro de bono coniug., ° melior est castitas caelibum quam castitas nuptiarum, quarum abraham unam habebat in usu, ambas in habitu. caste quippe coniugaliter vixit, esse autem castus sine coniugio potuit, sed tunc non oportuit. ' nec tamen quia antiqui patres perfectionem animi simul cum divitiis et matrimonio habuerunt, quod ad magnitudinem virtutis pertinebat, propter hoc infirmiores quique debent praesumere se tantae virtutis esse ut cum divitiis et matrimonio possint ad perfectionem pervenire, sicut nec aliquis praesumit hostes inermis invadere quia samson cum mandibula asini multos hostium peremit. nam illi patres, si tempus fuisset continentiae et paupertatis servandae, studiosius hoc implessent.
ra3 ' Ad tertium dicendum quod illi modi vivendi secundum quos homines matrimonio utuntur, non sunt simpliciter et absolute loquendo religiones, sed secundum quid, inquantum scilicet in aliquo participant quaedam quae ad statum religionis pertinent.

009 ST3 qu186 ar5

ag1 ' Ad quintum sic proceditur. videtur quod obedientia non pertineat ad perfectionem religionis. illa enim videntur ad perfectionem religionis pertinere quae sunt supererogationis, ad quae non omnes tenentur. sed ad obediendum praelatis suis omnes tenentur, * secundum illud apostoli, hebr. ult., ° obedite praepositis vestris, et subiacete eis. ' ergo videtur quod obedientia non pertineat ad perfectionem religionis.
ag2 ' Praeterea, obedientia proprie pertinere videtur ad eos qui debent regi sensu alieno, quod est indiscretorum. * sed apostolus dicit, ad heb. v, quod ° perfectorum est solidus cibus, qui pro consuetudine exercitatos habent sensus ad discretionem boni et mali. ' ergo videtur quod obedientia non pertineat ad statum perfectorum.
ag3 ' Praeterea, si obedientia requireretur ad perfectionem religionis, oporteret quod omnibus religiosis conveniret. non autem omnibus convenit, sunt enim quidam religiosi solitariam vitam agentes, qui non habent superiores, quibus obediant. praelati etiam religionum ad obedientiam non videntur teneri. ergo obedientia non videtur pertinere ad perfectionem religionis.
ag4 ' Praeterea, si votum obedientiae ad religionem requireretur, consequens esset quod religiosi tenerentur praelatis suis in omnibus obedire, sicut et per votum continentiae tenentur ab omnibus venereis abstinere. sed non tenentur obedire in omnibus, * ut supra habitum est, cum de virtute obedientiae agetur. ' ergo votum obedientiae non requiritur ad religionem.
ag5 ' Praeterea, illa servitia sunt deo maxime accepta quae liberaliter et non ex necessitate fiunt, * secundum illud ii ad cor. ix, ° non ex tristitia aut ex necessitate. ' sed illa quae ex obedientia fiunt, fiunt ex necessitate praecepti. ergo laudabilius fiunt bona opera quae quis propria sponte facit. votum ergo obedientiae non competit religioni, per quam homines quaerunt ad meliora promoveri.
sc ' Sed contra, perfectio religionis maxime consistit in imitatione christi, * secundum illud matth. xix, ° si vis perfectus esse, vade et vende omnia quae habes et da pauperibus, et veni, sequere me. ' sed in christo maxime commendatur obedientia, * secundum illud philip. ii, factus est obediens usque ad mortem. ' ergo videtur quod obedientia pertineat ad perfectionem religionis.
co * Respondeo dicendum quod, sicut supra dictum est, ' status religionis est quaedam disciplina vel exercitium tendendi in perfectionem. quicumque autem instruuntur vel exercitantur ut perveniant ad aliquem finem, oportet quod directionem alicuius sequantur, secundum cuius arbitrium instruantur vel exercitentur, quasi discipuli sub magistro. et ideo oportet quod religiosi, in his quae pertinent ad religiosam vitam, alicuius instructioni et imperio subdantur. * unde et vii, qu. i, dicitur, ° monachorum vita subiectionis habet verbum et discipulatus. ' imperio autem et instructioni alterius subiicitur homo per obedientiam. et ideo obedientia requiritur ad religionis perfectionem.
ra1 ' Ad primum ergo dicendum quod obedire praelatis in his quae pertinent ad necessitatem virtutis, non est supererogationis, sed omnibus commune, sed obedire in his quae pertinent ad exercitium perfectionis, pertinet proprie ad religiosos. et comparatur ista obedientia ad aliam sicut universale ad particulare. illi enim qui in saeculo vivunt, aliquid sibi retinent et aliquid deo largiuntur, et secundum hoc obedientiae praelatorum subduntur. illi vero qui vivunt in religione, totaliter se et sua tribuunt deo, * ut ex supra dictis patet. ' unde obedientia eorum est universalis.
ra2 * Ad secundum dicendum quod, sicut philosophus dicit, in ii ethic., ' homines exercitantes se in operibus perveniunt ad aliquos habitus, quos cum acquisierint, eosdem actus maxime possunt operari. sic igitur obediendo illi qui non sunt perfectionem adepti, ad perfectionem perveniunt. illi autem qui iam sunt perfectionem adepti, maxime prompti sunt ad obediendum, non quasi indigentes dirigi ad perfectionem acquirendam; sed quasi per hoc se conservantes in eo quod ad perfectionem pertinet.
ra3 ' Ad tertium dicendum quod subiectio religiosorum principaliter attenditur ad episcopos, qui comparantur ad eos sicut perfectores ad perfectos, * ut patet per dionysium, vi cap. eccles. hier., ubi etiam dicit quod ° monachorum ordo pontificum consummativis virtutibus mancipatur, et divinis eorum illuminationibus edocetur. ' unde ab episcoporum obedientia nec eremitae, nec etiam praelati religionum excusantur. et si a dioecesanis episcopis totaliter vel in parte sunt exempti, obligantur tamen ad obediendum summo pontifici, non solum in his quae sunt communia aliis, sed etiam in his quae specialiter pertinent ad disciplinam religionis.
ra4 ' Ad quartum dicendum quod votum obedientiae ad religionem pertinens se extendit ad dispositionem totius humanae vitae. et secundum hoc, votum obedientiae habet quandam universalitatem, licet non se extendat ad omnes particulares actus; quorum quidam ad religionem non pertinent, quia non sunt de rebus pertinentibus ad dilectionem dei et proximi, sicut confricatio barbae vel levatio festucae de terra et similia, quae non cadunt sub voto vel sub obedientia; quidam vero etiam contrariantur religioni. nec est simile de voto continentiae, per quam excluduntur actus omnino perfectioni religionis contrarii.
ra5 ' Ad quintum dicendum quod necessitas coactionis facit involuntarium, et ideo excludit rationem laudis et meriti. sed necessitas consequens obedientiam non est necessitas coactionis, sed liberae voluntatis, inquantum homo vult obedire, licet forte non vellet illud quod mandatur, secundum se consideratum, implere. et ideo, quia necessitati aliqua faciendi quae secundum se non placent, per votum obedientiae homo se subiicit propter deum; ex hoc ipso ea quae facit sunt deo magis accepta, etiam si sint minora, quia nihil maius homo potest deo dare quam quod propriam voluntatem propter ipsum alterius voluntati subiiciat. * unde in collationibus patrum dicitur ° deterrimum genus monachorum esse sarabaitas, qui, suas necessitates curantes, absoluti a seniorum iugo, habent libertatem agendi quod libitum fuerit, et tamen magis quam hi qui in coenobiis degunt, in operibus diebus ac noctibus consumuntur.

009 ST3 qu186 ar6

ag1 ' Ad sextum sic proceditur. videtur quod non requiratur ad perfectionem religionis quod praedicta tria, scilicet paupertas, continentia et obedientia, cadant sub voto. disciplina enim perfectionis assumendae ex traditione domini est accepta. * sed dominus, dans formam perfectionis, matth. xix, dixit, ° si vis perfectus esse, vade et vende omnia quae habes et da pauperibus, ' nulla mentione facta de voto. ergo videtur quod votum non requiratur ad disciplinam religionis.
ag2 ' Praeterea, votum consistit in quadam promissione deo facta, * unde eccle. v, cum dixisset sapiens, ° si quid vovisti deo, ne moreris reddere, * statim subdit, ° displicet enim ei infidelis et stulta promissio. ' sed ubi est exhibitio rei, non requiritur promissio. ergo sufficit ad perfectionem religionis quod aliquis servet paupertatem, continentiam et obedientiam, absque voto.
ag3 * Praeterea, augustinus dicit, ad pollentium, de adulterin. coniug., ° ea sunt in nostris officiis gratiora quae, cum liceret nobis etiam non impendere, tamen causa dilectionis impendimus. ' sed ea quae fiunt sine voto, licet non impendere, quod non licet de his quae fiunt cum voto. ergo videtur gratius esse deo si quis paupertatem, continentiam et obedientiam absque voto servaret. non ergo votum requiritur ad perfectionem religionis.
sc ' Sed contra est quod in veteri lege nazaraei cum voto * sanctificabantur, secundum illud num. vi, ° vir sive mulier cum fecerit votum ut sanctificetur, et se voluerit domino consecrare, etc.. ' per eos autem significantur illi qui ad perfectionis summam pertingunt, * ut dicit glossa gregorii ibidem. ' ergo votum requiritur ad statum perfectionis.
co ' Respondeo dicendum quod ad religiosos pertinet quod sint in statu perfectionis, * sicut ex supra dictis patet. ' ad statum autem perfectionis requiritur obligatio ad ea quae sunt perfectionis. quae quidem deo fit per votum. * manifestum est autem ex praemissis quod ' ad perfectionem christianae vitae pertinet paupertas, continentia et obedientia. et ideo religionis status requirit ut ad haec tria aliquis voto obligetur. * unde gregorius dicit, super ezech., ° cum quis omne quod habet, omne quod vivit, omne quod sapit, omnipotenti deo voverit, holocaustum est, * quod quidem pertinere postea dicit ad eos ° qui praesens saeculum deserunt.
ra1 ' Ad primum ergo dicendum quod ad perfectionem vitae dominus pertinere dixit quod aliquis eum sequatur, non qualitercumque, sed ut ulterius retro non abiret, * unde ipse dicit, luc. ix, ° nemo mittens manum ad aratrum et respiciens retro, aptus est regno dei. ' et quamvis quidam de discipulis eius retrorsum abierint, * tamen petrus, loco aliorum, domino interroganti, ° nunquid et vos vultis abire? respondit, domine, ad quem ibimus? * unde et augustinus dicit, in libro de consensu evangelist., quod, ° sicut matthaeus et marcus narrant, petrus et andreas, non subductis ad terram navibus, tanquam causa redeundi, secuti sunt eum, sed tanquam iubentem ut sequerentur. ' haec autem immobilitas sequelae christi firmatur per votum. et ideo votum requiritur ad perfectionem religionis.
ra2 ' Ad secundum dicendum quod perfectio religionis requirit, * sicut gregorius dicit, ' ut aliquis omne quod vivit deo exhibeat. sed homo non potest totam vitam suam actu deo exhibere, quia non est tota simul, sed successive agitur. unde non aliter homo potest totam vitam deo exhibere nisi per voti obligationem.
ra3 ' Ad tertium dicendum quod inter alia quae licet nobis non impendere, est etiam propria libertas, quam homo ceteris rebus cariorem habet. unde cum aliquis propria sponte voto sibi adimit libertatem abstinendi ab his quae ad dei servitium pertinent, hoc fit deo acceptissimum. * unde augustinus dicit, in epistola ad armentarium et paulinam, ° non te vovisse poeniteat, immo gaude iam tibi non licere quod cum tuo detrimento licuisset. felix necessitas quae in meliora compellit.

009 ST3 qu186 ar7

ag1 ' Ad septimum sic proceditur. videtur quod inconvenienter dicatur in his tribus votis consistere religionis perfectionem. perfectio enim vitae magis consistit in interioribus quam in exterioribus actibus, * secundum illud rom. xiv, ° non est regnum dei esca et potus, sed iustitia et pax et gaudium in spiritu sancto. ' sed per votum religionis aliquis obligatur ad ea quae sunt perfectionis. ergo magis deberent ad religionem pertinere vota interiorum actuum, puta contemplationis, dilectionis dei et proximi, et aliorum huiusmodi, quam votum paupertatis, continentiae et obedientiae, quae pertinent ad exteriores actus.
ag2 ' Praeterea, praedicta tria cadunt sub voto religionis inquantum pertinent ad quoddam exercitium tendendi in perfectionem. sed multa alia sunt in quibus religiosi exercitantur, sicut abstinentia, vigiliae et alia huiusmodi. ergo videtur quod inconvenienter ista tria vota dicantur essentialiter ad statum perfectionis pertinere.
ag3 ' Praeterea, per votum obedientiae aliquis obligatur ad omnia implenda, secundum praeceptum superioris, quae ad exercitium perfectionis pertinent. ergo sufficit votum obedientiae, absque aliis duobus votis.
ag4 ' Praeterea, ad exteriora bona pertinent non solum divitiae, sed etiam honores. si ergo per votum paupertatis religiosi terrenas divitias abdicant, debet

esse etiam aliud votum per quod honores mundanos contemnant.
sc * Sed contra est quod dicitur extra, de statu monachorum, quod ° custodia castitatis et abdicatio proprietatis sunt annexa regulae monachali.
co ' Respondeo dicendum quod religionis status potest considerari tripliciter, uno modo, secundum quod est quoddam exercitium tendendi in perfectionem caritatis; alio modo, secundum quod quietat humanum animum ab exterioribus sollicitudinibus, * secundum illud i ad cor. vii, volo vos sine sollicitudine esse; ' tertio modo, secundum quod est quoddam holocaustum, per quod aliquis totaliter se et sua offert deo. et secundum hoc, ex his tribus votis integratur religionis status. primo enim, quantum ad exercitium perfectionis, requiritur quod aliquis a se removeat illa per quae posset impediri ne totaliter eius affectus tendat in deum, in quo consistit perfectio caritatis. huiusmodi autem sunt tria. primo quidem, cupiditas exteriorum bonorum. quae tollitur per votum paupertatis. secundum autem est concupiscentia sensibilium delectationum, inter quas praecellunt delectationes venereae. quae excluduntur per votum continentiae. tertium autem est inordinatio voluntatis humanae. quae excluditur per votum obedientiae. similiter autem sollicitudinis saecularis inquietudo praecipue ingeritur homini circa tria. primo quidem, circa dispensationem exteriorum rerum. et haec sollicitudo per votum paupertatis homini aufertur. secundo, circa gubernationem uxoris et filiorum. quae amputatur per votum continentiae. tertio, circa dispositionem propriorum actuum. quae amputatur per votum obedientiae, quo aliquis se alterius dispositioni committit. " similiter etiam holocaustum est cum aliquis totum quod habet, |25| offert deo, * ut gregorius dicit, super ezech.. ' habet autem homo triplex bonum, * secundum philosophum, in i ethic.. ' primo quidem, exteriorum rerum. quas quidem totaliter aliquis deo offert per votum voluntariae paupertatis. secundo autem, bonum proprii corporis. quod aliquis praecipue offert deo per votum continentiae, quo abrenuntiat maximis delectationibus corporis. tertium autem bonum est animae. quod aliquis totaliter deo offert per obedientiam, qua aliquis offert deo propriam voluntatem, per quam homo utitur omnibus potentiis et habitibus animae. et ideo convenienter ex tribus votis status religionis integratur.
ra1 * Ad primum ergo dicendum quod, sicut supra dictum est, ' status religionis ordinatur sicut ad finem ad perfectionem caritatis, ad quam pertinent omnes interiores actus virtutum, quarum mater est caritas, * secundum illud i ad cor. xiii, caritas patiens est, benigna est, ' etc.. et ideo interiores actus virtutum, puta humilitatis, patientiae et huiusmodi, non cadunt sub voto religionis, quod ordinatur ad ipsos sicut ad finem.
ra2 ' Ad secundum dicendum quod omnes aliae religionum observantiae ordinantur ad praedicta tria principalia vota. nam si qua sunt instituta in religionibus ad procurandum victum, puta labor, mendicitas vel alia huiusmodi, referuntur ad paupertatem, ad cuius conservationem religiosi per hos modos victum suum procurant. alia vero, quibus corpus maceratur, sicut vigiliae, ieiunia et si qua sunt huiusmodi, directe ordinantur ad votum continentiae observandum. si qua vero sunt in religionibus instituta pertinentia ad humanos actus, quibus aliquis ordinatur ad religionis finem, scilicet ad dilectionem dei et proximi, puta lectio, oratio, visitatio infirmorum, vel si quid aliud est huiusmodi, comprehenduntur sub voto obedientiae, quod pertinet ad voluntatem, quae secundum dispositionem alterius suos actus ordinat in finem. determinatio autem habitus pertinet ad omnia tria vota, tanquam signum obligationis. unde habitus regularis simul datur, vel benedicitur, cum professione.
ra3 ' Ad tertium dicendum quod per obedientiam aliquis offert deo suam voluntatem, cui etsi subiiciantur omnia humana, quaedam tamen sunt quae specialiter sibi tantum subduntur, scilicet actiones humanae, nam passiones pertinent etiam ad appetitum sensitivum. et ideo ad cohibendum passiones carnalium delectationum et exteriorum appetibilium impedientes perfectionem vitae, necessarium fuit votum continentiae et paupertatis, sed ad disponendum actiones proprias secundum quod requirit perfectionis status, requiritur votum obedientiae.
ra4 * Ad quartum dicendum quod, sicut philosophus dicit, in iv ethic., ' honor proprie et secundum veritatem non debetur nisi virtuti, sed quia exteriora bona instrumentaliter deserviunt ad quosdam actus virtutum, ex consequenti etiam eorum excellentiae honor aliquis exhibetur; et praecipue a vulgo, quod solam excellentiam exteriorem recognoscit. honorem igitur qui a deo et sanctis viris hominibus exhibetur propter virtutem, * prout dicitur in psalmo, ° mihi autem nimis honorati sunt amici tui, deus, ' non competit religiosis abrenuntiare, qui ad perfectionem virtutis tendunt. honori autem qui exhibetur exteriori excellentiae, abrenuntiant ex hoc ipso quod saecularem vitam derelinquunt. unde ad hoc non requiritur speciale votum.

009 ST3 qu186 ar8

ag1 ' Ad octavum sic proceditur. videtur quod votum obedientiae non sit potissimum inter tria vota religionis. perfectio enim religiosae vitae a christo sumpsit exordium. sed christus specialiter dedit consilium de paupertate, non autem invenitur dedisse consilium de obedientia. ergo votum paupertatis est potius quam votum obedientiae.
ag2 * Praeterea, eccli. xxvi dicitur quod ° omnis ponderatio non est digna animae continentis. ' sed votum dignioris rei est eminentius. ergo votum continentiae est eminentius quam votum obedientiae.
ag3 ' Praeterea, quanto aliquod votum est potius, tanto videtur esse magis indispensabile. " sed vota paupertatis et continentiae ° sunt adeo annexa regulae monachali ut contra ea nec summus pontifex possit licentiam indulgere, * sicut dicit quaedam decretalis, de statu monachorum, " qui tamen potest indulgere ut religiosus non obediat suo praelato. ' ergo videtur quod votum obedientiae sit minus voto paupertatis et continentiae.
sc * Sed contra est quod gregorius dicit, xxxv moral., ° obedientia victimis iure praeponitur, quia per victimas aliena caro, per obedientiam vero voluntas propria mactatur. ' sed vota religionis sunt quaedam holocausta, * sicut supra dictum est. ' ergo votum obedientiae est praecipuum inter omnia religionis vota.
co ' Respondeo dicendum quod votum obedientiae est praecipuum inter tria vota religionis. et hoc, triplici ratione. primo quidem, quia per votum obedientiae aliquid maius homo offert deo, scilicet ipsam voluntatem, quae est potior quam corpus proprium, quod offert homo deo per continentiam; et quam res exteriores, quas offert homo deo per votum paupertatis. unde illud quod fit ex obedientia, est magis deo acceptum quam id quod fit per propriam voluntatem, * secundum quod hieronymus dicit, ad rusticum monachum, ° ad illud tendit oratio, ut doceam te non tuo arbitrio dimittendum; * et post pauca, ° non facias quod vis, comedas quod iuberis, habeas quantum acceperis, vestiaris quod datur. ' unde et ieiunium non redditur deo acceptum cum propria voluntate, * secundum illud isaiae lviii, ° ecce, in diebus ieiunii vestri invenitur voluntas vestra. ' secundo, quia votum obedientiae continet sub se alia vota, sed non convertitur. nam religiosus etsi teneatur ex voto continentiam servare et paupertatem, tamen haec etiam sub obedientia cadunt, ad quam pertinent multa alia praeter continentiam et paupertatem. tertio, quia votum obedientiae proprie se extendit ad actus propinquos fini religionis. quanto autem aliquid propinquius est fini, tanto melius est. et inde etiam est quod votum obedientiae est religioni essentialius. si enim aliquis, absque voto |25| obedientiae, voluntariam paupertatem et continentiam etiam voto servet, non propter hoc pertinet ad statum religionis, qui praefertur etiam ipsi virginitati ex voto observatae; * dicit enim augustinus, in libro de virginitat., ° nemo, quantum puto, ausus fuerit virginitatem praeferre monasterio.
ra1 ' Ad primum ergo dicendum quod consilium obedientiae includitur in ipsa christi sequela, qui enim obedit, sequitur alterius voluntatem. et ideo magis pertinet ad perfectionem quam votum paupertatis, * quia, ut hieronymus dicit, super matth., " id quod perfectionis est addidit petrus, cum dixit, et secuti sumus te.
ra2 * Ad secundum dicendum quod ex verbo illo ' non habetur quod continentia praeferatur omnibus aliis actibus virtuosis, sed coniugali castitati; vel etiam exterioribus divitiis auri et argenti, quae pondere mensurantur. vel per continentiam intelligitur universaliter abstinentia ab omni malo, * ut supra habitum est.
ra3 ' Ad tertium dicendum quod papa in voto obedientiae non potest sic cum religioso dispensare ut nulli praelato teneatur obedire in his quae ad perfectionem vitae pertinent, non enim potest eum a sua obedientia eximere. potest tamen eum eximere ab inferioris praelati subiectione. quod non est in voto obedientiae dispensare.

009 ST3 qu186 ar9

ag1 ' Ad nonum sic proceditur. videtur quod religiosus semper peccet mortaliter transgrediendo ea quae sunt in regula. facere enim contra votum est peccatum damnabile, * ut patet per id quod apostolus dicit, i ad tim. v, quod ° viduae quae volunt nubere. damnationem habent, quia primam fidem irritam fecerunt. ' sed religiosi voto professionis ad regulam adstringuntur. ergo peccant mortaliter transgrediendo ea quae in regula continentur.
ag2 ' Praeterea, regula imponitur religioso sicut lex quaedam. sed ille qui transgreditur praeceptum legis, peccat mortaliter. ergo videtur quod monachus transgrediens ea quae sunt in regula, peccet mortaliter.
ag3 ' Praeterea, contemptus inducit peccatum mortale. sed quicumque frequenter aliquid iterat quod non debet facere, videtur ex contemptu peccare. ergo videtur quod, si religiosus frequenter transgrediatur id quod est in regula, peccet mortaliter.
sc ' Sed contra est quod status religionis est securior quam status saecularis vitae, * unde gregorius, in principio moral., comparat " vitam saecularem mari fluctuanti, vitam autem religionis portui tranquillo. ' sed si quaelibet transgressio eorum quae in regula continentur, religiosum obligaret ad peccatum mortale, status religionis esset periculosissimus, propter multitudinem observantiarum. non ergo quaelibet transgressio eorum quae in regula continentur, est peccatum mortale.
co ' Respondeo dicendum quod in regula continetur aliquid dupliciter, * sicut ex dictis patet. ' uno modo, sicut finis regulae, puta ea quae pertinent ad actus virtutum. et horum transgressio, quantum ad ea quae cadunt communiter sub praecepto, obligat ad mortale. quantum vero ad ea quae excedunt communiter necessitatem praecepti, non obligat ad mortale, nisi propter contemptum, quia, * sicut supra dictum est, ' religiosus non tenetur esse perfectus. sed ad perfectionem tendere, cui contrariatur perfectionis contemptus. alio modo continetur aliquid in regula pertinens ad exterius exercitium, sicut sunt omnes exteriores observantiae. inter quas sunt quaedam ad quas obligatur religiosus ex voto professionis. votum autem professionis respicit principaliter tria praedicta, scilicet paupertatem, continentiam et obedientiam, alia vero omnia ad haec ordinantur. et ideo transgressio horum trium obligat ad mortale. aliorum autem transgressio non obligat ad mortale, nisi vel propter contemptum regulae, quia hoc directe contrariaretur professioni, per quam aliquis vovit regularem vitam, vel propter praeceptum, sive oretenus a praelato factum sive in regula expressum, quia hoc esset facere contra obedientiae votum.
ra1 ' Ad primum ergo dicendum quod ille qui profitetur regulam, non vovet servare omnia quae sunt in regula, sed vovet regularem vitam quae essentialiter consistit in tribus praedictis. unde et in quibusdam religionibus cautius aliqui profitentur, non quidem regulam, sed, vivere secundum regulam, idest, tendere ad hoc quod aliquis mores suos informet secundum regulam sicut secundum quoddam exemplar. et hoc tollitur per contemptum. in quibusdam autem religionibus, adhuc cautius profitentur obedientiam secundum regulam, ita quod professioni non contrariatur nisi id quod est contra praeceptum regulae. transgressio vero vel omissio aliorum obligat solum ad peccatum veniale. quia, * sicut dictum est, ' huiusmodi sunt dispositiones ad principalia vota, peccatum autem veniale est dispositio ad mortale, * ut supra dictum est, ' inquantum impedit ea quibus aliquis disponitur ad observanda principalia praecepta legis christi, quae sunt praecepta caritatis. in aliqua tamen religione, scilicet ordinis fratrum praedicatorum, transgressio talis vel omissio ex suo genere non obligat ad culpam neque mortalem neque venialem, sed solum ad poenam taxatam sustinendam, quia per hunc modum ad talia observanda obligantur. qui tamen possent venialiter vel mortaliter peccare ex negligentia vel libidine, seu contemptu.
ra2 ' Ad secundum dicendum quod non omnia quae continentur in lege traduntur per modum praecepti, sed quaedam proponuntur per modum ordinationis cuiusdam, vel statuti obligantis ad certam poenam, sicut in lege civili non facit semper dignum poena mortis corporalis transgressio legalis statuti. ita nec in lege ecclesiae omnes ordinationes vel statuta obligant ad mortale. et similiter nec omnia statuta regulae.
ra3 ' Ad tertium dicendum quod tunc committit aliquis vel transgreditur ex contemptu, quando voluntas eius renuit subiici ordinationi legis vel regulae, et ex hoc procedit ad faciendum contra legem vel regulam. quando autem e converso, propter aliquam particularem causam, puta concupiscentiam vel iram, inducitur ad aliquid faciendum contra statuta legis vel regulae, non peccat ex contemptu, sed ex aliqua alia causa, etiam si frequenter ex eadem causa, vel alia simili, peccatum iteret. * sicut etiam augustinus dicit, in libro de natura et grat., quod ' non omnia peccata committuntur ex contemptu superbiae. frequentia tamen peccati dispositive inducit ad contemptum, * secundum illud prov. xviii, ° impius, cum in profundum venerit, contemnit.

009 ST3 qu186 ar10

ag1 ' Ad decimum sic proceditur. videtur quod religiosus eodem genere peccati non gravius peccet quam saecularis. * dicitur enim ii paralip. xxx, ° dominus bonus propitiabitur cunctis qui in toto corde requirunt dominum deum patrum suorum, et non imputabitur eis quod minus sanctificati sunt. ' sed magis videntur religiosi ex toto corde dominum deum patrum suorum sequi quam saeculares, qui ex parte se et sua deo dant et ex parte sibi reservant, * ut gregorius dicit, super ezech.. ' ergo videtur quod minus imputetur eis si in aliquo a sanctificatione deficiant.
ag2 ' Praeterea, ex hoc quod aliquis bona opera facit, minus contra peccata eius deus irascitur, * dicitur enim ii paralip. xix, ° impio praebes auxilium, et his qui oderunt dominum amicitia iungeris, et idcirco iram quidem domini merebaris, sed bona opera inventa sunt in te. ' religiosi autem plura bona opera faciunt quam saeculares. ergo, si aliqua peccata faciunt, minus contra eos deus irascitur.
ag3 ' Praeterea, praesens vita sine peccato non transigitur, * secundum illud iac. iii, in multis offendimus omnes. ' si ergo peccata religiosorum essent graviora

peccatis saecularium, sequeretur quod religiosi essent peioris conditionis quam saeculares. et sic non esset sanum consilium ad religionem transire.
sc ‘ Sed contra est quod de maiori malo magis esset dolendum. sed de peccatis eorum qui sunt in statu sanctitatis et perfectionis, maxime videtur esse dolendum, * dicitur enim ierem. xxiii, contritum est cor meum in medio mei; et postea subdit. ° propheta namque et sacerdos polluti sunt, et in domo mea vidi malum eorum. ‘ ergo religiosi, et alii qui sunt in statu perfectionis, ceteris paribus, gravius peccant.
co ‘ Respondeo dicendum quod peccatum quod a religiosis committitur, potest esse gravius peccato saecularium eiusdem speciei, tripliciter. uno modo, si sit contra votum religionis, puta si religiosus fornicetur vel furetur, quia fornicando facit contra votum continentiae, et furando facit contra votum paupertatis, et non solum contra praeceptum divinae legis. secundo, si ex contemptu peccet, quia ex hoc videtur esse magis ingratus divinis beneficiis, quibus est sublimatus ad statum perfectionis. * sicut apostolus dicit, heb. x, quod ‘ fidelis graviora meretur supplicia, ex hoc quod, peccando, filium dei conculcat per contemptum. * unde et dominus conqueritur, ierem. xi, ° quid est quod dilectus meus in domo mea facit scelera multa? ‘ tertio modo, peccatum religiosi potest esse maius propter scandalum, quia ad vitam eius plures respiciunt. * unde dicitur ierem. xxiii, ° in prophetis ierusalem vidi similitudinem adulterii et iter mendacii, et confortaverunt manus pessimorum, ut non converteretur unusquisque a malitia sua. ‘ si vero religiosus non ex contemptu, sed ex infirmitate |25| vel ignorantia, aliquod peccatum quod non est contra votum suae professionis, committit absque scandalo, puta in occulto, levius peccat eodem genere peccati quam saecularis. quia peccatum eius, si sit leve, quasi absorbetur ex multis bonis operibus quae facit. et si sit mortale, facilius ab eo resurgit. primo quidem, propter intentionem quam habet erectam ad deum, quae, etsi ad horam intercipiatur, de facili ad pristina reparatur. * unde super illud psalmi, cum ceciderit non collidetur, dicit origenes, ° iniustus si peccaverit, non poenitet, et peccatum suum emendare nescit. iustus autem scit emendare, scit corrigere, sicut ille qui dixerat, nescio hominem, paulo post, cum respectus fuisset a domino, flere coepit amarissime; et ille qui de tecto mulierem viderat et concupierat eam, dicere novit, peccavi et malum coram te feci. ‘ iuvatur etiam sociis ad resurgendum, * secundum illud eccle. iv, ° si unus ceciderit, ab altero fulcietur. vae soli, quia, si ceciderit, non habet sublevantem.
ra1 * Ad primum ergo dicendum quod auctoritas illa loquitur de his quae ‘ per infirmitatem vel ignorantiam committuntur, non autem de his quae committuntur per contemptum.
ra2 ‘ Ad secundum dicendum quod iosaphat etiam, cui verba illa dicuntur, non ex malitia, sed ex quadam infirmitate humanae affectionis peccavit.
ra3 ‘ Ad tertium dicendum quod iusti non de facili peccant ex contemptu sed quandoque labuntur in aliquod peccatum ex ignorantia vel infirmitate, a quo de facili relevantur. si autem ad hoc perveniant quod ex contemptu peccent, efficiuntur pessimi et maxime incorrigibiles, * secundum illud ierem. ii, ° confregisti iugum, diripuisti vincula, dixisti, non serviam. in omni colle sublimi, et sub omni ligno frondoso, tu prosternebaris meretrix. * unde augustinus dicit, in epistola ad plebem hipponens., ° ex quo deo servire coepi, quomodo difficile sum expertus meliores quam qui in monasteriis profecerunt, ita non sum expertus peiores quam qui in monasteriis ciderunt.

009 ST3 qu187 ar

pr ‘ Deinde considerandum est de his quae competunt religiosis. et circa hoc quaeruntur sex. primo, utrum liceat eis docere, praedicare, et alia huiusmodi facere. secundo, utrum liceat eis de negotiis saecularibus se intromittere. tertio, utrum teneantur manibus operari. quarto, utrum liceat eis de eleemosynis vivere. quinto, utrum liceat eis mendicare. sexto, utrum liceat eis vestimenta ceteris viliora deferre.

009 ST3 qu187 ar1

ag1 ‘ Ad primum sic proceditur. videtur quod religiosis non liceat docere, praedicare, et alia huiusmodi facere. * dicitur enim vii, qu. i, in quodam statuto constantinopolitanae synodi, ° monachorum vita subiectionis habet verbum et discipulatus, non docendi, vel praesidendi, vel pascendi alios. * hieronymus etiam dicit, ad riparium et desiderium, ° monachus non doctoris, sed plangentis habet officium. * leo etiam papa dicit, ut habetur xvi, qu. i, ° praeter domini sacerdotes, nullus audeat praedicare, sive monachus sive laicus ille sit qui cuiuslibet scientiae nomine gloriatur. ‘ sed non licet transgredi proprium officium et statutum ecclesiae. ergo videtur quod religiosis non liceat docere, praedicare, et alia huiusmodi facere.
ag2 * Praeterea, in statuto nicaenae synodi, quod ponitur xvi, qu. i, sic dicitur, ° firmiter et indissolubiliter omnibus praecipimus, ut aliquis monachus poenitentiam nemini tribuat, nisi invicem sibi, ut iustum est. mortuum non sepeliat, nisi monachum secum in monasterio commorantem, vel si fortuito quemcumque advenientium fratrum ibi mori contigerit. ‘ sed sicut ista pertinent ad officium clericorum, ita etiam praedicare et docere. “ ergo, cum alia sit causa monachi, et alia clerici, * sicut hieronymus dicit, ad heliodorum; ‘ videtur quod non liceat religiosis praedicare et docere, et alia huiusmodi facere.
ag3 * Praeterea, gregorius dicit, in regist., ° nemo potest ecclesiasticis obsequiis deservire, et in monastica regula ordinate persistere, * et habetur xvi, qu. i. ‘ sed monachi tenentur in monastica regula ordinate persistere. ergo videtur quod non possint ecclesiasticis obsequiis deservire. docere autem et praedicare pertinent ad ecclesiastica obsequia. ergo videtur quod non liceat eis praedicare aut docere, aut aliquid huiusmodi facere.
sc ‘ Sed contra est quod * gregorius dicit, et habetur causa et quaestione eadem, ° ex auctoritate huius decreti, quod apostolico moderamine et pietatis officio a nobis est constitutum, sacerdotibus monachis, apostolorum figuram tenentibus, liceat praedicare, baptizare, communionem dare, pro peccatoribus orare, poenitentiam imponere, atque peccata solvere.
co ‘ Respondeo dicendum quod aliquid dicitur non licere alicui dupliciter. uno modo, quia habet in se quod contrariatur ei quod dicitur non licere, sicut nulli homini licet peccare, quia habet in se quilibet homo rationem et obligationem ad legem dei, quibus contrariatur peccatum. et hoc modo dicitur alicui non licere praedicare vel docere, vel aliquid huiusmodi facere, quia habet in se aliquid quod his repugnat, vel ratione praecepti, sicut his qui sunt irregulares, ex statuto ecclesiae, non licet ascendere ad sacros ordines; vel propter peccatum, * secundum illud psalmi, ° peccatori autem dixit deus, quare tu enarras iustitias meas? ‘ hoc autem modo, non est illicitum religiosis praedicare, docere, et alia huiusmodi facere. tum quia ex voto vel praecepto regulae non obligantur ad hoc quod ab his abstineant. tum etiam quia non redduntur ad haec minus idonei ex aliquo peccato commisso, sed magis idonei, ex exercitio sanctitatis quod assumpserunt. stultum autem est dicere ut per hoc quod aliquis in sanctitate promovetur, efficiatur minus idoneus ad spiritualia officia exercenda. * et ideo stulta est quorundam opinio dicentium quod “ ipse status religionis impedimentum affert talia exequendi. * quorum errorem bonifacius papa * rationibus supra dictis * excludit, dicens, ut habetur xvi, qu. i, |25| ° sunt nonnulli, nullo dogmate fulti, audacissimo quidem zelo magis amaritudinis quam dilectionis inflammati, asserentes monachos, quia mundo mortui sunt et deo vivunt, sacerdotalis officii potentia indignos. sed omnino labuntur. “ quod ostendit, primo quidem, quia non contrariatur regulae, * subdit enim, ° neque enim beatus benedictus, monachorum praeceptor almificus, huiuscemodi rei aliquo modo fuit interdictor. “ et similiter nec in aliis regulis hoc prohibetur. secundo improbat praedictum errorem ex idoneitate monachorum, * cum in fine capituli subdit, ° quanto quisque est excellentior, tanto et in illis, “ scilicet spiritualibus operibus, ° potentior. ‘ alio modo dicitur aliquid non licere alicui, non propter contrarium quod habeat, sed propter hoc quod ei deficit unde illud possit, sicut diacono non licet missam celebrare, quia non habet ordinem sacerdotalem; et presbytero non licet sententiam ferre, quia non habet episcopalem auctoritatem. in quibus tamen est distinguendum. quia ea quae sunt ordinis, committi non possunt nisi ei qui ordinem habet, sicut diacono non potest committi quod celebret missam, nisi fiat sacerdos. ea vero quae sunt iurisdictionis, committi possunt eis qui non habent ordinariam iurisdictionem, sicut prolatio sententiae committitur ab episcopo simplici sacerdoti. et hoc modo dicitur non licere |50| monachis et aliis religiosis praedicare, docere, et alia huiusmodi facere, quia status religionis non dat eis potestatem haec faciendi. possunt tamen ista facere si ordinem accipiant vel ordinariam iurisdictionem, aut etiam si eis committantur ea quae sunt iurisdictionis.
ra1 ‘ Ad primum ergo dicendum quod ex verbis illis habetur quod monachi, ex hoc quod sunt monachi, non nanciscuntur potestatem talia faciendi, non autem quod ex hoc quod sunt monachi, habeant aliquid contrarium executioni talium actuum.
ra2 ‘ Ad secundum dicendum quod * illud etiam statutum nicaeni concilii ‘ praecipit ut monachi non usurpent sibi, ex hoc quod sunt monachi, potestatem huiusmodi actus exercendi. non autem prohibet quin ista possint eis committi.
ra3 ‘ Ad tertium dicendum quod ista duo se non compatiuntur, quod aliquis ordinariam curam ecclesiasticorum officiorum habeat, et monasticam regulam in monasterio servet. per hoc tamen non excluditur quin monachi et alii religiosi possint interdum circa ecclesiastica officia occupari ex commissione praelatorum qui ordinariam curam habent, et praecipue illi quorum religiones ad hoc sunt specialiter institutae, * ut infra dicetur.

009 ST3 qu187 ar2

ag1 ‘ Ad secundum sic proceditur. videtur quod religiosis non liceat saecularia negotia tractare. * dicitur enim in praedicto decreto bonifacii papae quod ° beatus benedictus eos saecularium negotiorum edixit expertes fore. quod quidem apostolicis documentis, et omnium sanctorum patrum institutis, non solum monachis, sed etiam canonicis omnibus imperatur, * secundum illud ii ad tim. ii, ° nemo militans deo implicat se saecularibus negotiis. ‘ sed omnibus religiosis imminet quod militent deo. ergo non licet eis saecularia negotia exercere.
ag2 * Praeterea, i ad thessal. iv, dicit apostolus, ° operam detis ut quieti sitis, et ut negotium vestrum agatis, * glossa, ° dimissis alienis, quod vobis utile est in emendationem vitae. ‘ sed religiosi specialiter assumunt studium emendationis vitae. ergo non debent saecularia negotia exercere.
ag3 * Praeterea, super illud matth. i, ° ecce qui mollibus vestiuntur in domibus regum sunt, * dicit hieronymus, ° ex hoc ostendit rigidam vitam et austeram praedicationem vitare debere aulas regum, et mollium hominum palatia declinare. ‘ sed necessitas saecularium negotiorum ingerit hominem ad frequentandum regum palatia. ergo non licet religiosis aliqua negotia saecularia pertractare.
sc * Sed contra est quod apostolus dicit, rom. ult., ° commendo vobis phoeben, sororem nostram, * et postea subdit, ° et assistatis ei in quocumque negotio vestri indiguerit.
co * Respondeo dicendum quod, sicut supra dictum est, ‘ status religionis est ordinatus ad perfectionem caritatis consequendam. ad quam quidem principaliter pertinet dei dilectio, secundario autem dilectio proximi. et ideo religiosi praecipue et propter se debent intendere ad hoc quod deo vacent. si autem necessitas proximis immineat, eorum negotia ex caritate agere debent, * secundum illud galat. vi, ° alter alterius onera portate, et sic adimplebitis legem christi, ‘ quia et in hoc ipso quod proximis serviunt propter deum, dilectioni divinae obsequuntur. * unde dicitur iac. i, ° religio munda et immaculata apud deum et patrem haec est, visitare pupillos et viduas in tribulatione eorum, * glossa, idest, ° succurrere eis qui carent praesidio in tempore necessitatis. ‘ est ergo dicendum quod causa cupiditatis saecularia negotia gerere nec monachis nec clericis licet. causa vero caritatis se negotiis saecularibus, cum debita moderatione, ingerere possunt, secundum superioris licentiam, et ministrando et dirigendo. * unde dicitur in decretis, dist. lxxxviii, ° decrevit sancta synodus nullum deinceps clericum aut possessiones conducere, aut negotiis saecularibus se permiscere, nisi propter curam pupillorum aut orphanorum aut viduarum, |25| aut si forte episcopus civitatis ecclesiasticarum rerum sollicitudinem eum habere praecipiat. ‘ eadem autem ratio est de religiosis et clericis, quia utrisque similiter negotia saecularia interdicuntur, * ut dictum est.
ra1 ‘ Ad primum ergo dicendum quod monachis interdicuntur tractare saecularia negotia propter cupiditatem, non autem propter caritatem.
ra2 ‘ Ad secundum dicendum quod non est curiositas, sed caritas, si propter necessitatem aliquis se negotiis immisceat.
ra3 ‘ Ad tertium dicendum quod frequentare palatia regum propter delicias vel gloriam vel cupiditatem, non competit religiosis, sed ea adire propter pias causas competit eis. * unde dicitur iv reg. iv, quod “ eliseus dixit ad mulierem, ° nunquid habes negotium, et vis ut loquar regi vel principi militiae? ‘ similiter etiam convenit religiosis adire regum palatia ad eos arguendos et dirigendos, sicut ioannes baptista arguebat herodem, * ut dicitur matth. xiv.

009 ST3 qu187 ar3

ag1 ‘ Ad tertium sic proceditur. videtur quod religiosi manibus operari teneantur. non enim excusantur religiosi ab observantia praeceptorum. sed operari manibus est in praecepto, * secundum illud i ad thess. iv, ° operemini manibus vestris, sicut praecepimus vobis. * unde et augustinus, in libro de operibus monach., dicit, ° ceterum quis ferat homines contumaces, * idest religiosos non operantes, de quibus ibi loquitur, ° saluberrimis apostoli monitis resistentes, non sicut infirmiores tolerari, sed sicut sanctiores praedicari? ‘ ergo videtur quod religiosi teneantur manibus operari.
ag2 * Praeterea, ii ad thess. iii, super illud, si quis non vult operari, nec manducet, dicit glossa, ° dicunt quidam de operibus spiritualibus hoc apostolum praecepisse non de opere corporali, in quo agricolae vel opifices laborant; * et infra, ° sed superfluo conantur et sibi et ceteris caliginem adducere, ut quod utiliter caritas monet, non solum facere nolint, sed nec etiam intelligere; * et infra, ° vult servos dei corporaliter operari unde vivant. ‘ sed praecipue religiosi servi dei nominantur, utpote se totaliter divino servitio mancipantes, * sicut patet per dionysium, vi cap. eccles. hier.. ‘ ergo videtur quod teneantur manibus operari.
ag3 * Praeterea, augustinus dicit, in libro de operibus monach., ° quid agant qui operari corporaliter nolunt, scire desidero. orationibus, inquiunt, et psalmis, et lectionibus et verbo dei. ‘ sed quod per ista non excusentur, ostendit per singula. * nam primo, de oratione dicit, ° citius exauditur una obedientis oratio quam decem millia contemptoris, “ illos contemptores intelligens et indignos exaudiri, qui mani-

bus non operantur. * secundo, de divinis laudibus subdit, ° cantica vero divina cantare etiam manibus operantes facile possunt. * tertio, subiungit de lectione, ° qui autem se dicunt vacare lectioni, nonne illic inveniunt quod praecipit apostolus? quae est ergo ista perversitas, lectioni nolle obtemperare, dum vult ei vacare? * quarto, subiungit de praedicatione, ° si autem alicui sermo erogandus est, et ita occupat ut manibus operari non vacet, nunquid hoc omnes in monasterio possunt? quando ergo non omnes possunt, cur sub hoc obtentu omnes vacare volunt? quanquam, si omnes possent, vicissitudine facere deberent, non solum ut ceteri necessariis operibus occuparentur, sed etiam quia sufficit ut multis audientibus unus loquatur. ‘ ergo videtur quod religiosi non debent cessare ab opere manuali |25| propter huiusmodi opera spiritualia quibus vacant.

ag4 * Praeterea, luc. xii, super illud, vendite quae possidetis etc., dicit glossa, ° non tantum cibos vestros communicate pauperibus, sed etiam vendite possessiones vestras, ut, omnibus vestris semel pro domino spretis, postea labore manuum operemini unde vivatis vel eleemosynam faciatis. ‘ sed ad religiosos pertinet proprie omnia sua relinquere. ergo videtur quod etiam eorum sit de labore manuum suarum vivere et eleemosynas facere.

ag5 ‘ Praeterea, religiosi praecipue videntur teneri apostolorum vitam imitari, quia statum perfectionis profitentur. sed apostoli manibus propriis laborabant, * secundum illud i ad cor. iv, laboramus operantes manibus nostris. ‘ ergo videtur quod religiosi teneantur manibus operari.

sc ‘ Sed contra, ad praecepta observanda quae communiter omnibus proponuntur, eodem modo tenentur religiosi et saeculares. sed praeceptum de opere manuali communiter omnibus proponitur, * ut patet ii ad thess. iii, ° subtrahatis vos ab omni fratre ambulante inordinate, “ etc. (fratrem autem nominat quemlibet christianum, sicut et * i ad cor. vii, si quis frater habet uxorem infidelem, etc.); et ibidem dicitur, si quis non vult operari, nec manducet. ‘ non ergo religiosi magis tenentur manibus operari quam saeculares.

co ‘ Respondeo dicendum quod labor manualis ad quatuor ordinatur. primo quidem, et principaliter, ad victum quaerendum. * unde primo homini dictum est, ° in sudore vultus tui vesceris pane tuo. * et in psalmo, labores manuum tuarum quia manducabis, etc.. ‘ secundo, ordinatur ad tollendum otium, ex quo multa mala oriuntur. * unde dicitur eccli. xxxiii, ° mittes servum in operationem, ne vacet, multam enim malitiam docuit otiositas. ‘ tertio, ordinatur ad concupiscentiae refrenationem, inquantum per hoc maceratur corpus. * unde ii ad cor. vi, dicitur, ° in laboribus, in ieiuniis, in vigiliis, in castitate. ‘ quarto autem, ordinatur ad eleemosynas faciendas. * unde dicitur, ad ephes. iv, ° qui furabatur, iam non furetur, magis autem laboret, operando manibus suis quod bonum est, ut habeat unde tribuat necessitatem patienti. ‘ secundum ergo quod labor manualis ordinatur ad victum quaerendum, cadit sub necessitate praecepti prout est necessarium ad talem finem, quod enim ordinatur ad finem, a fine necessitatem habet; ut scilicet in tantum sit necessarium in quantum sine eo finis esse non potest. et ideo qui non habet aliunde unde possit vivere, tenetur manibus operari, cuiuscumque sit conditionis. |25| * et hoc significant verba apostoli dicentis, ° qui non vult operari, nec manducet, “ quasi diceret, ea necessitate tenetur aliquis ad manibus operandum, qua tenetur ad manducandum. ‘ unde si quis absque manducatione posset vitam transigere, non teneretur manibus operari. et eadem ratio est de illis qui habent alias unde licite vivere possint. non enim intelligitur aliquis posse facere quod non licite facere potest. unde et apostolus non invenitur opus manuum praecepisse nisi ad excludendum peccatum eorum qui illicite victum acquirebant. nam primo quidem praecepit apostolus opus manuale ad evitandum furtum, * ut patet ad ephes. iv, ° qui furabatur, iam non furetur, magis autem laboret operando manibus suis. ‘ secundo, ad vitandum cupiditatem alienarum rerum, * unde dicit, i ad thess. iv, ° operemini manibus vestris, sicut praecepimus vobis, ut honeste ambuletis ad illos qui foris sunt. ‘ tertio, ad evitandum turpia negotia, ex quibus aliqui victum acquirunt, * unde ii ad thess. iii, dicit, ° cum essemus apud vos, hoc denuntiabamus vobis, quoniam si quis non vult operari, non manducet. audivimus enim quosdam inter vos ambulare inquiete, nihil operantes, sed curiose agentes, * glossa, qui foeda cura necessaria sibi provident. |50| ° his autem qui huiusmodi sunt, denuntiamus et obsecramus ut cum silentio operantes panem suum manducent. * unde hieronymus dicit, super epist. ad galat., quod “ apostolus hoc dixit non tam officio docentis quam vitio gentis. ‘ sciendum tamen quod sub opere manuali intelliguntur omnia humana officia ex quibus homines licite victum lucrantur, sive manibus, sive pedibus, sive lingua fiant, vigiles enim et cursores, et alia huiusmodi de suo labore viventes, intelliguntur de operibus manuum vivere. quia enim manus est organum organorum, per opus manuum omnis operatio intelligitur de qua aliquis potest licite victum lucrari. secundum autem quod opus manuale ordinatur ad otium tollendum, vel ad corporis macerationem, non cadit sub necessitate praecepti secundum se consideratum, quia multis aliis modis potest vel caro macerari, vel etiam otium tolli, quam per opus manuale. maceratur enim caro per ieiunia et vigilias. et otium tollitur per meditationes sanctarum scripturarum et laudes divinas, * unde super illud psalmi, defecerunt oculi mei in eloquium tuum, dicit glossa, ° non est otiosus qui verbo dei tantum studet, nec pluris est qui extra operatur quam qui studium cognoscendae veritatis exercet. ‘ et ideo propter has causas religiosi non tenentur ad opera manualia, sicut nec saeculares, nisi forte ad haec per statuta sui ordinis obligentur; * sicut hieronymus dicit, in epistola ad rusticum monachum, |75| ° aegyptiorum monasteria hunc tenent morem, ut nullum absque opere aut labore suscipiant, non tam propter victus necessitatem quam propter animae salutem, ne vagentur perniciosis cogitationibus. ‘ inquantum vero opus manuale ordinatur ad eleemosynas faciendas, non cadit sub necessitate praecepti, nisi forte in aliquo casu in quo ex necessitate aliquis eleemosynas facere teneretur, et non posset alias habere unde pauperibus subveniret. in quo casu obligarentur similiter religiosi et saeculares ad opera manualia exequenda.

ra1 ‘ Ad primum ergo dicendum quod illud praeceptum quod ab apostolo proponitur, est de iure naturali. * unde super illud ii ad thess. iii ° ut subtrahatis vos ab omni fratre inordinate ambulante, * dicit glossa, ° aliter quam ordo naturae exigit, “ loquitur autem ibi de his qui ab opere manuali cessabant. ‘ unde et natura manus homini dedit loco armorum et tegumentorum, quae aliis animalibus tribuit, ut scilicet per manus haec et omnia necessaria conquirant. ex quo patet quod communiter ad hoc praeceptum tenentur et religiosi et saeculares, sicut ad omnia alia legis naturalis praecepta. non tamen peccant quicumque manibus non operantur. quia ad illa praecepta legis naturae quae pertinent ad bonum multorum, non tenentur singuli, sed sufficit quod unus vacet huic officio, alius alii, puta quod quidam sint opifices, quidam agricolae, quidam iudices, quidam doctores, et sic de aliis; * secundum illud apostoli, i ad cor. xii. ° si totum corpus oculus, ubi auditus? et si totum auditus, ubi odoratus?

ra2 ‘ Ad secundum dicendum quod * glossa illa sumitur ab augustino, in libro de operibus monach., in quo loquitur contra monachos quosdam qui dicebant “ non esse licitum servis dei manibus operari, * propter hoc quod dominus dicit, matth. vi, ° nolite solliciti esse animae vestrae, quid manducetis. ‘ nec tamen per haec verba inducitur necessitas religiosis manibus operandi, si habent aliunde unde vivere possint. * quod patet per hoc quod subdit, ° vult servos dei corporaliter operari unde vivant. ‘ hoc autem non magis pertinet ad religiosos quam ad saeculares. quod patet ex duobus. primo quidem, * ex ipso modo loquendi quo apostolus utitur, dicens, ° subtrahatis vos ab omni fratre ambulante inordinate. ‘ fratres enim omnes christianos vocat, nondum enim erant tunc temporis religiones institutae. secundo, quia religiosi non tenentur ad alia quam saeculares nisi propter regulae professionem. et ideo, si in statutis regulae non contineatur aliquid de opere manuali, non tenentur aliter ad operandum manibus religiosi quam saeculares.

ra3 ‘ Ad tertium dicendum quod illis operibus spiritualibus * quae ibi tangit augustinus, ‘ potest aliquis vocare dupliciter, uno modo, quasi deserviens utilitati communi; alio modo, quasi insistens utilitati privatae. illi ergo qui praedictis spiritualibus operibus publice vacant, excusantur per huiusmodi opera spiritualia ab opere manuali, duplici ratione. primo quidem, quia oportet eos totaliter esse occupatos circa huiusmodi opera. secundo, quia huiusmodi opera exercentibus debetur subministratio victus ab his quorum utilitati deserviunt. illi vero qui praedictis operibus non quasi publicis, sed quasi privatis vacant, nec oportet quod per huiusmodi opera a manualibus operibus abstrahantur, nec etiam fit eis debitum ut de stipendiis fidelium vivant. * et de talibus loquitur augustinus. quod enim dicit, ° cantica divina decantare manibus operantes possunt, “ exemplo opificum, qui fabulis linguas dant cum tamen manus ab opere non recedant, ‘ manifestum est quod non potest intelligi de his qui horas canonicas in ecclesia decantant; sed intelligitur de his qui psalmos vel hymnos dicunt quasi privatas orationes. * similiter quod dicit de lectione et oratione, referendum est ‘ ad orationes et lectiones privatas, quas etiam laici interdum faciunt, non autem ad illos qui publicas orationes in ecclesia |25| faciunt, vel etiam publicas lectiones in scholis legunt. * unde non dicit, qui dicunt se vacare doctrinae vel instructioni, sed, qui dicunt se vacare lectioni. ‘ similiter autem de praedicatione loquitur, non quae fit publice ad populum, sed quae specialiter fit ad unum vel paucos per modum privatae admonitionis. * unde signanter dicit, si alicui sermo erogandus est, nam, sicut glossa dicit, i ad cor. ii, ° sermo est qui privatim fit, praedicatio quae fit in communi.

ra4 ‘ Ad quartum dicendum quod illi qui omnia propter deum spernunt, tenentur manibus operari quando non habent alias unde vivant, vel unde eleemosynas faciant in casu in quo facere eleemosynam cadit sub praecepto, non autem aliter, * ut dictum est. * et secundum hoc loquitur glossa inducta.

ra5 ‘ Ad quintum dicendum quod hoc quod apostoli manibus laboraverunt, quandoque quidem fuit necessitatis, quandoque vero supererogationis. necessitatis quidem, quando ab aliis victum invenire non poterant, * unde super illud i ad cor. iv, ° laboramus operantes manibus nostris, dicit glossa, “ quia nemo dat nobis. ‘ supererogationis autem, * ut patet per id quod habetur i ad cor. ix, ubi dicit apostolus quod ° non usus est potestate quam habebat vivendi de evangelio. ‘ hac autem supererogatione utebatur apostolus tribus de causis. primo quidem, ut occasionem praedicandi auferret pseudoapostolis, qui propter sola temporalia praedicabant. * unde dicit, ii ad cor. xi, ° quod autem facio, et faciam, ut amputem eorum occasionem, etc.. ‘ secundo, ad evitandum gravamen eorum quibus praedicabat. * unde dicit, ii ad cor. xii, ° quid minus habuistis prae ceteris ecclesiis, nisi quod ego ipse non gravavi vos? ‘ tertio, ad dandum exemplum operandi otiosis. * unde ii ad thess. iii, dicit, ° nocte et die operantes, ut formam daremus vobis ad imitandum nos. ‘ quod tamen apostolus non faciebat in locis in quibus habebat facultatem quotidie praedicandi, sicut athenis, * ut augustinus dicit, in libro de operibus monachorum. |25| ‘ non autem propter hoc religiosi tenentur apostolum in hoc imitari, cum non teneantur ad omnes supererogationes. unde nec alii apostoli manibus operabantur.

009 ST3 qu187 ar4

ag1 ‘ Ad quartum sic proceditur. videtur quod religiosis non liceat de eleemosynis vivere. * apostolus enim, i ad tim. v, “ praecipit ut viduae quae possunt aliunde sustentari, non vivant de eleemosynis ecclesiae, ut ecclesia sufficiat illis quae vere viduae sunt. * et hieronymus dicit, ad damasum papam, quod ° qui bonis parentum et opibus sustentari possunt, si quod pauperum est accipiunt, sacrilegium profecto committunt, et per abusionem talium iudicium sibi manducant et bibunt. ‘ sed religiosi possunt de labore manuum sustentari, si sint validi. ergo videtur quod peccent eleemosynas pauperum comedendo.

ag2 ‘ Praeterea, vivere de sumptibus fidelium est merces deputata praedicantibus evangelium pro suo labore vel opere, * secundum illud matth. x, dignus est operarius cibo suo. ‘ sed praedicare evangelium non pertinet ad religiosos, sed maxime ad praelatos, qui sunt pastores et doctores. ergo religiosi non possunt licite vivere de eleemosynis fidelium.

ag3 ‘ Praeterea, religiosi sunt in statu perfectionis. sed perfectius est dare eleemosynas quam accipere, * dicitur enim act. xx, beatius est magis dare quam accipere. ‘ ergo non debent de eleemosynis vivere, sed magis ex operibus manuum suarum eleemosynas dare.

ag4 ‘ Praeterea, ad religiosos pertinet impedimenta virtutis et occasiones peccati vitare. sed acceptio eleemosynarum praebet occasionem peccati, et impedit virtutis actum. * unde super illud ii ad thess. ult., ut nosmetipsos formam daremus vobis etc., dicit glossa, ° qui frequenter ad alienam mensam comedit otio deditus, aduletur necesse est pascenti se. * dicitur etiam exod. xxiii, ° ne accipias munera, quae excaecant prudentes et mutant verba iustorum. * et prov. xxii dicitur, qui accipit mutuum, servus est faenerantis, quod est religioni contrarium, unde super illud ii ad thess. iii, ut nosmetipsos formam daremus etc., dicit glossa, ° religio nostra ad libertatem homines advocat. ‘ ergo videtur quod religiosi non debeant de eleemosynis vivere.

ag5 ‘ Praeterea, religiosi praecipue tenentur imitari apostolorum perfectionem, * unde apostolus dicit, ad philipp. iii, ° quicumque perfecti sumus, hoc sentiamus. ‘ sed apostolus nolebat vivere de sumptibus fidelium, ut occasionem auferret pseudoapostolis, * sicut ipse dicit, ii ad cor. xi, ‘ et ne scandalum poneretur infirmis, * ut patet i ad cor. ix. ‘ ergo videtur quod propter easdem causas religiosi debeant abstinere ne de eleemosynis vivant. * unde et augustinus dicit, in libro de operibus monach., ° amputetis occasionem turpium nundinarum, quibus existimatio vestra laeditur et infirmis offendiculum ponitur, et ostendite hominibus non vos in otio facilem victum, sed per angustam et arctam viam regnum dei quaerere.

sc * Sed contra est quod, sicut gregorius dicit, in libro dialog., ‘ beatus benedictus tribus annis, in specu permanens, de his quae a romano monacho ministrabantur, refectus est, postquam domum parentesque reliquerat. et tamen, validus corpore existens, non legitur de labore manuum victum quaesivisse. ergo religiosi licite possunt de eleemosynis vivere.

co ‘ Respondeo dicendum quod unicuique licet vivere de eo quod suum est vel sibi debitum. fit autem aliquid alicuius ex liberalitate donantis. et ideo religiosi et clerici quorum monasteriis vel ecclesiis, ex munificentia principum vel quorumcumque fidelium sunt facultates collatae ex quibus sustententur, possunt de eis vivere licite, absque hoc quod manibus laborent. et tamen certum est eos de eleemosynis vivere. unde et similiter, si aliqua mobilia religiosis a fidelibus conferantur, possunt de eis licite vivere, stultum est enim dicere quod aliquis in eleemosynam possit accipere magnas possessiones, non autem panem vel parvam pecuniam. sed quia huiusmodi beneficia religiosis videntur esse collata ad hoc quod liberius religiosis actibus insistere possint, quorum cupiunt se fore participes qui temporalia subministrant, redderetur eis usus praedictorum donorum illicitus si ab actibus religiosis desisterent, quia sic, quantum est de se, defraudarent intentionem eorum qui talia beneficia contulerunt. debitum autem est aliquid alicui dupliciter. uno modo, propter necessitatem, quae facit omnia communia, * ut ambrosius dicit. ' et ideo, si religiosi necessitatem patiantur, licite possunt de eleemosynis vivere. quae quidem necessitas potest esse, primo quidem, propter corporis infirmitatem, ex qua contingit quod non possint sibi labore manuum victum quaerere. secundo, si illud quod ex opere manuali |25| conquirunt, eis ad victum non sufficiat. * unde augustinus dicit, in libro de operibus monach., quod ° bona opera fidelium subsidio supplendorum necessariorum deesse non debent illis servis dei qui manibus operantur, ut horae quibus ad expediendum animum ita vacatur ut illa corporalia opera geri non possint, non opprimant egestate. ' tertio, propter pristinam conversationem eorum qui non consueverunt manibus laborare. * unde augustinus dicit, in libro de operibus monach., quod ° si habebant aliquid in saeculo quo facile sine opificio sustentarent istam vitam, quod, conversi ad deum, indigentibus dispertiti sunt; et credenda est eorum infirmitas, et ferenda. solent enim tales, languidius educati, laborem operum corporalium sustinere non posse. ' alio modo efficitur aliquid alicui debitum ex eo quod ipse exhibet, sive sit aliquid temporale sive spirituale, * secundum illud i ad cor. ix, ° si nos vobis spiritualia seminavimus, non magnum est si carnalia vestra metamus. ' et secundum hoc, quadrupliciter possunt religiosi de eleemosynis vivere quasi sibi debitis. primo, si praedicent auctoritate praelatorum. secundo, si sint ministri altaris. * quia, ut dicitur i ad cor. ix, ° qui altari deserviunt, cum altari participantur, ita et dominus ordinavit his qui evangelium denuntiant, de evangelio vivere. |50| * et augustinus dicit, in libro de operibus monach., ° si evangelistae sunt, fateor, habent " (potestatem vivendi de sumptibus fidelium), ° si ministri altaris, dispensatores sacramentorum, bene sibi istam non arrogant, sed plane vindicant potestatem. ' et hoc ideo, quia sacramentum altaris, ubicumque agatur, commune est toti populo fidelium. tertio, si insistant studio sacrae scripturae ad communem utilitatem totius ecclesiae. * unde hieronymus dicit, contra vigilantium, ° haec in iudaea usque hodie perseverat consuetudo, non solum apud nos sed etiam apud hebraeos, ut qui in lege domini meditantur die ac nocte, et patrem non habent in terra nisi solum deum, totius orbis foveantur ministeriis. ' quarto, si bona temporalia quae habebant monasterio largiuntur, possunt de eleemosynis monasterio factis vivere. * unde augustinus dicit, in libro de operibus monach., quod ° his qui, relicta vel distributa sive ampla sive qualicumque opulentia, inter pauperes christi pia et salubri humilitate numerari volunt, vicem sustentandae vitae eorum res ipsa communis et fraterna caritas debet. qui laudabiliter agunt si manibus operentur. quod si nolint, quis audeat eos cogere? nec est attendendum, * ut ibidem subditur, ° in quibus monasteriis vel in quo loco indigentibus fratribus quisquis hoc quod habebat |75| impenderit, omnium enim christianorum una respublica est. ' si vero aliqui sint religiosi qui absque necessitate et utilitate quam afferant, velint otiosi de eleemosynis quae dantur pauperibus vivere, hoc est eis illicitum. * unde augustinus dicit, in libro de operibus monach., ° plerumque ad professionem servitutis dei ex conditione servili aliqui veniunt, et ex vita rusticana, et ex opificum exercitatione et plebeio labore, de quibus non apparet utrum ex proposito servitutis dei venerint, an, vitam inopem et laboriosam fugientes, vacui pasci atque vestiri velint, et insuper honorari a quibus contemni conterique consueverunt. tales ergo se, quominus operentur, de infirmitate corporis excusare non possunt, praeteritae quippe vitae consuetudine convincuntur. * et postea subdit, ° si nolunt operari, nec manducent. neque propterea ad pietatem divites humiliantur, ut pauperes ad superbiam extollantur, nullo enim modo decet ut in ea vita ubi senatores fiunt laboriosi, fiant opifices otiosi; et quo veniunt, relictis deliciis suis, qui fuerunt praediorum domini, ibi sint rustici delicati.

ra1 * Ad primum ergo dicendum quod auctoritates illae sunt ' intelligendae tempore necessitatis, quando scilicet non posset aliter pauperibus subveniri. tunc enim tenerentur non solum ab eleemosynis accipiendis desistere, sed etiam sua, si qua haberent, largiri ad pauperum sustentationem.

ra2 ' Ad secundum dicendum quod praelatis competit praedicatio ex officio, religiosis autem potest competere ex commissione. et ita, cum laborent in agro dominico, possunt exinde vivere, * secundum illud ii ad tim. ii, ° laborantem agricolam oportet primum de fructibus percipere; * ubi dicit glossa, scilicet praedicatorem, ° qui in agro ecclesiae ligone verbi dei excolit corda auditorum. ' possunt etiam de eleemosynis vivere qui praedicatoribus ministrant. * unde super illud rom. xv, ° si spiritualium eorum participes facti sunt gentiles, * debent et in carnalibus ministrare eis, dicit glossa, ° scilicet iudaeis, qui miserunt praedicatores ab hierosolymis. ' et tamen sunt etiam aliae causae ex quibus alicui debetur ut de sumptibus fidelium vivat, * ut dictum est.

ra3 ' Ad tertium dicendum quod, ceteris paribus, dare est perfectius quam accipere. et tamen dare vel relinquere omnia sua pro christo, et modica accipere ad sustentationem vitae, melius est quam dare particulariter aliqua pauperibus, * ut ex supra dictis patet.

ra4 ' Ad quartum dicendum quod accipere munera ad divitias augmentandas, vel accipere victum ab alio sibi non debitum absque utilitate et necessitate, praestat occasionem peccati. quod non habet locum in religiosis, * ut ex supra dictis patet.

ra5 ' Ad quintum dicendum quod, quando apparet manifesta necessitas et utilitas propter quam aliqui religiosi de eleemosynis vivunt absque opere manuali, non scandalizantur ex hoc infirmi, sed malitiosi, more pharisaeorum, * quorum scandalum contemnendum dominus docet, matth. xv. ' sed si non esset evidens necessitas et utilitas, posset exinde generari scandalum infirmis, quod esset vitandum. idem tamen scandalum imminere potest de his qui facultatibus communibus otiosi utuntur.

009 ST3 qu187 ar5

ag1 ' Ad quintum sic proceditur. videtur quod religiosis non liceat mendicare. * dicit enim augustinus, in libro de operibus monach., ° tam multos hypocritas sub habitu monachorum usquequaque dispersit callidissimus hostis, circueuntes provincias, * et postea subdit, ° omnes petunt, omnes exigunt aut sumptus lucrosae egestatis, aut simulatae pretium sanctitatis. ' ergo videtur quod vita religiosorum mendicantium sit reprobanda.

ag2 * Praeterea, i ad thess. iv dicitur, ° operemini manibus vestris, sicut praecepimus vobis, ut honeste ambuletis ad eos qui foris sunt, et nullius aliquid desideretis, * ubi glossa dicit, ° ideo opus est agendum, et non otiandum, quia honestum est, et quasi lux, ad infideles, et non desiderabitis rem alterius, nedum rogetis vel tollatis aliquid. * et ii ad thess. iii, super illud, si quis non vult operari etc., dicit, ° vult servos dei corporaliter operari unde vivant, ut non compellantur egestate necessaria petere. ' sed hoc est mendicare. ergo videtur quod illicitum sit, praetermisso opere manuali, mendicare.

ag3 ' Praeterea, illud quod est in lege prohibitum et iustitiae contrarium, non competit religiosis. sed mendicare est prohibitum in lege divina, * dicitur enim deut. xv, ° omnino indigens et mendicus non erit inter vos; * et in psalmo, ° non vidi iustum derelictum, nec semen eius quaerens panem. ' sed secundum iura civilia punitur validus mendicans, * ut habetur codice, de validis mendicantibus. ' ergo non competit religiosis mendicare.

ag4 ' Praeterea, verecundia est de turpi, * ut damascenus dicit. sed ambrosius dicit, in libro de offic., quod ° verecundia petendi ingenuos prodit natales. ' ergo mendicare est turpe. non ergo religiosis competit.

ag5 ' Praeterea, maxime de eleemosynis vivere competit praedicantibus evangelium, secundum domini statutum, * ut supra dictum est. ' eis tamen non competit mendicare, * quia super illud ii ad tim. ii, laborantem agricolam etc., dicit glossa, ° vult apostolus quod evangelista intelligat quod necessaria sumere ab eis in quibus laborat, non est mendicitas, sed potestas. ' ergo videtur quod religiosis non competat mendicare.

sc ' Sed contra est quod religiosis competit vivere ad imitationem christi. sed christus mendicavit, * secundum illud psalmi, ego autem mendicus sum et pauper; ubi dicit glossa, ° hoc dicit christus de se ex forma servi; * et infra, ° mendicus est qui ab alio petit, et pauper est qui sibi non sufficit. * et in alio psalmo, ego egenus et pauper sum, ubi dicit glossa, ° ego sum egenus, idest petens; et pauper, idest insufficiens mihi, quia mundanas copias non habeo. * et hieronymus dicit, in quadam epistola, " cave ne, domino tuo mendicante, scilicet christo, alienas divitias congeras. ' ergo conveniens est religiosis mendicare.

co ' Respondeo dicendum quod circa mendicitatem duo possunt considerari. unum quidem ex parte actus ipsius mendicationis, quae habet quandam abiectionem sibi coniunctam, illi enim videntur abiectissimi inter homines esse qui non solum sunt pauperes, sed in tantum sunt egentes quod necesse habent ab aliis victum acquirere. et secundum hoc, causa humilitatis aliqui laudabiliter mendicant, sicut et alia assumunt quae ad abiectionem quandam pertinent, quasi efficacissimam medicinam contra superbiam, quam vel in seipsis, vel etiam in aliis per exemplum exstinguere volunt. sicut enim infirmitas quae est ex superexcessu caloris, efficacissime sanatur per ea quae in frigiditate excedunt; ita etiam pronitas ad superbiam efficacissime curatur per ea quae multum abiecta videntur. et * ideo dicitur in decretis, de poenit., dist. ii, cap. ° si quis semel, exercitia humilitatis sunt, si quis se vilioribus officiis subdat, et ministeriis indignioribus tradat, ita namque arrogantiae et humanae gloriae vitium curari poterit. * unde hieronymus, in epistola ad oceanum, " commendat fabiolam de hoc quod optabat ut, ° suis divitiis pariter effusis pro christo, stipes acciperet. ' quod etiam beatus alexius perfecit, qui, omnibus suis propter christum dimissis, gaudebat se etiam a servis suis eleemosynas accepisse. et de beato arsenio legitur, |25| * in vitis patrum, ' quod gratias egit de hoc quod, necessitate cogente, oportuit eum eleemosynam petere. unde et in poenitentiam pro gravibus culpis iniungitur aliquibus ut peregrinentur mendicantes. sed quia humilitas, sicut et ceterae virtutes, absque discretione esse non debet, ita oportet discrete mendicitatem ad humiliationem assumere, ut ex hoc homo notam cupiditatis non incurrat, vel cuiuscumque alterius indecentis. alio modo potest considerari mendicitas ex parte eius quod quis mendicando acquirit. et sic ad mendicandum potest homo ex duobus induci. uno modo, ex cupiditate habendi divitias vel victum otiosum. et talis mendicitas est illicita. alio modo, ex necessitate vel utilitate. ex necessitate quidem, sicut cum aliquis non potest aliunde habere unde vivat, nisi mendicet. ex utilitate autem, sicut cum aliquis intendit ad aliquid utile perficiendum quod sine eleemosynis fidelium facere non potest, sicut petuntur eleemosynae pro constructione pontis vel ecclesiae, vel quibuscumque aliis operibus quae vergunt in utilitatem communem; sicut scholares, ut possint vacare studio sapientiae. et hoc modo mendicitas est licita, sicut saecularibus, ita et religiosis.

ra1 * Ad primum ergo dicendum quod augustinus ibi loquitur ' expresse de his qui ex cupiditate mendicant.

ra2 * Ad secundum dicendum quod prima glossa loquitur ' de petitione quae fit ex cupiditate, * ut patet ex verbis apostoli. secunda autem glossa loquitur ' de illis qui absque omni utilitate quam faciant, necessaria petunt ut otiosi vivant. non autem otiose vivit qui qualitercumque utiliter vivit.

ra3 ' Ad tertium dicendum quod ex illo praecepto legis divinae non prohibetur alicui mendicare, sed prohibetur divitibus ne tam tenaces sint ut propter hoc aliqui egestate mendicare cogantur. lex autem civilis imponit poenam validis mendicantibus qui non propter utilitatem vel necessitatem mendicant.

ra4 ' Ad quartum dicendum quod duplex est turpitudo, una inhonestatis; alia exterioris defectus, sicut turpe est homini esse infirmum vel pauperem. et talem turpitudinem habet mendicitas. unde non pertinet ad culpam, sed ad humilitatem pertinere potest, * ut dictum est.

ra5 ' Ad quintum dicendum quod praedicantibus ex debito debetur victus ab his quibus praedicant. si tamen non quasi sibi debitum, sed quasi gratis dandum mendicando petere velint, ad maiorem utilitatem pertinet.

009 ST3 qu187 ar6

ag1 ' Ad sextum sic proceditur. videtur quod non liceat religiosis vilioribus vestibus uti quam ceteris. * quia secundum apostolum, i ad thess. ult., ' ab omni specie mala abstinere debemus. sed vilitas vestium habet speciem mali. * dicit enim dominus, matth. vii, ° attendite a falsis prophetis, qui veniunt ad vos in vestimentis ovium. * et super illud apoc. vi, ecce equus pallidus etc., dicit glossa, ° videns diabolus nec per apertas tribulationes nec per apertas haereses se posse proficere, praemittit falsos fratres, qui sub habitu religionis obtinent naturam nigri et rufi equi, pervertendo fidem. ' ergo videtur quod religiosi non debeant vilibus vestibus uti.

ag2 * Praeterea, hieronymus dicit, ad nepotianum, ° vestes pullas, " idest nigras, ° aeque vita ut candidas. ornatus et sordes pari modo fugiendi sunt, quia alterum delicias, alterum gloriam redolet. ' ergo videtur quod, cum inanis gloria sit gravius peccatum quam deliciarum usus, quod religiosi, qui debent ad perfectiora tendere, magis debent vitare vestes viles quam pretiosas.

ag3 ' Praeterea, religiosi maxime intendere debent operibus poenitentiae. sed in operibus poenitentiae non est utendum exterioribus signis tristitiae, sed magis signis laetitiae, * dicit enim dominus, matth. vi, ° cum ieiunatis, nolite fieri, sicut hypocritae, tristes; * et postea subdit, ° tu autem cum ieiunas, unge caput tuum et faciem tuam lava. * quod exponens augustinus, in libro de serm. dom. in monte, dicit, ° in hoc capitulo maxime animadvertendum est non in solo rerum corporearum nitore atque pompa, sed etiam in ipsis sordibus luctuosis esse posse iactantiam, et eo periculosiorem, quo sub nomine servitutis dei decipit. ' ergo videtur quod religiosi non debeant vilioribus vestibus indui.

sc * Sed contra est quod, heb. xi, apostolus dicit, circuierunt in melotis, in pellibus caprinis, glossa, ut elias et alii. et in decretis, xxi, qu. iv, dicitur, ° si inventi fuerint deridentes eos qui vilibus et religiosis vestibus amicti sunt, corrigantur. priscis enim temporibus omnis sacratus vir cum mediocri ac vili veste conversabatur.

co ' Respondeo dicendum quod, * sicut augustinus dicit, in iii de doct. christ., " in omnibus exterioribus rebus non usus rerum, sed libido utentis in culpa est ' ad quam discernendam, attendendum est quod habitus vilis vel incultus dupliciter potest considerari. uno modo, prout est signum quoddam dispositionis vel status humani, * quia, ut dicitur eccli. xix, ' amictus hominis annuntiat de eo, et secundum hoc, vilitas habitus est quandoque signum tristitiae. unde et homines in tristitia existentes solent vilioribus vestibus uti, sicut e contrario in tempore solemnitatis et gaudii utuntur cultioribus vestimentis. unde et poenitentes vilibus vestibus induuntur, * ut patet ionae iii, ' de rege, qui indutus est sacco; * et iii reg. xxi, ' de achab, qui operuit cilicio carnem suam. quandoque vero est signum contemptus divitiarum et mundani fastus * unde hieronymus dicit, ad rusticum monachum, ° sordes vestium candidae mentis indicia sunt, vilis tunica contemptum saeculi probat. ita dumtaxat ne animus tumeat, ne habitus sermoque dissentiant. |25| ' et secundum utrumque horum, competit religiosis vilitas vestium, quia religio est status poenitentiae et contemptus mundanae gloriae. sed quod aliquis velit hoc aliis significare, contingit propter tria. uno modo, ad sui humiliationem, sicut enim ex splendore vestium animus hominis elevatur, ita ex humilitate vestium humiliatur. " unde de achab, qui carnem suam cilicio induit, dixit dominus ad eliam, nonne vidisti achab humiliatum coram me, * ut habetur iii reg. xxi. ' alio modo, propter exemplum aliorum. * unde super illud matth. iii, habebat vestimentum de pilis camelorum etc., dicit glossa, ° qui poenitentiam praedicat, habitum poenitentiae praetendit. ' tertio modo, propter inanem gloriam, * sicut augustinus dicit quod ° in ipsis sordibus luctuosis potest esse iactantia. ' duobus ergo primis modis, laudabile est abiectis vestibus uti, tertio vero modo, est vitiosum. alio autem modo potest considerari habitus vilis et incultus secundum quod procedit ex avaritia vel ex negligentia. et sic etiam ad vitium pertinet.

ra1 ' Ad primum ergo dicendum quod vilitas vestium de se non habet speciem mali, immo potius speciem boni, scilicet contemptus mundanae gloriae. et inde est quod mali sub vilitate vestium suam malitiam occultant. * unde augustinus dicit, in libro de serm. dom. in monte, quod ° non ideo debent oves odisse vestimentum suum, quod plerumque illo se occultant lupi.

ra2 * Ad secundum dicendum quod hieronymus ibi loquitur ' de vestibus vilibus quae deferuntur propter humanam gloriam.

ra3 ' Ad tertium dicendum quod, secundum doctrinam domini, in operibus sanctitatis nihil homines facere debent propter apparentiam. quod praecipue contingit quando aliquis aliquid novum facit. * unde chrysostomus dicit, super matth., ° orans nihil novum faciat quod aspiciant homines, vel clamando, vel pectus percutiendo, vel manus expandendo, ' quia scilicet ex ipsa novitate homines reddunt intentos ad considerandum. nec tamen omnis novitas intentos faciens homines ad considerandum, reprehensibilis est. potest enim et bene et male fieri. * unde augustinus dicit, in libro de serm. dom. in monte, quod ° qui in professione christianitatis inusitato squalore ac sordibus intentos in se oculos hominum facit, cum id voluntate faciat, non necessitate patiatur, ceteris eius operibus potest cognosci utrum hoc contemptu superflui cultus, an ambitione aliqua faciat. ' maxime autem videntur hoc non ex ambitione facere religiosi, qui habitum vilem deferunt quasi signum suae professionis, qua contemptum mundi profitentur.

009 ST3 qu188 ar

pr ' Deinde considerandum est de differentia religionum. et circa hoc quaeruntur octo. primo, utrum sint diversae religiones, vel una tantum. secundo, utrum aliqua religio institui possit ad opera vitae activae. tertio, utrum aliqua religio institui possit ad bella gerenda. quarto, utrum possit institui aliqua religio ad praedicandum, et huiusmodi opera exercenda. quinto, utrum possit aliqua religio institui ad studium scientiae. sexto, utrum religio quae ordinatur ad vitam contemplativam, sit potior ea quae ordinatur ad vitam activam. septimo, utrum habere aliquid in communi diminuat de perfectione religionis. octavo, utrum religio solitariorum sit praeferenda religioni in societate viventium.

009 ST3 qu188 ar1

ag1 ' Ad primum sic proceditur. videtur quod non sit nisi una tantum religio. in eo enim quod totaliter et perfecte habetur, diversitas esse non potest, propter quod, non potest esse nisi unum primum summum bonum, * ut in primo habitum est. * sed sicut gregorius dicit, super ezech., ° cum quis omne quod habet, omne quod vivit, omne quod sapit, omnipotenti deo voverit, holocaustum est, " sine quo religio esse non dicitur. ' ergo videtur quod non sint multae religiones, sed una tantum.

ag2 ' Praeterea, ea quae in essentialibus conveniunt, non diversificantur nisi per accidens. sed sine tribus votis essentialibus religioni non est aliqua religio, * ut supra habitum est. ' ergo videtur quod religiones specie non diversificentur, sed solum per accidens.

ag3 ' Praeterea, status perfectionis competit et religiosis et episcopis, * ut supra habitum est. ' sed episcopatus non diversificatur specie, sed est ubique unus, * unde hieronymus dicit, ad evandrum episcopum, ° ubicumque fuerit episcopus, sive romae sive eugubio sive constantinopoli sive rhegio, eiusdem meriti est, eiusdem et sacerdotii. ' ergo, pari ratione, una sola est religio.

ag4 ' Praeterea, ab ecclesia tollendum est omne id quod confusionem inducere potest. sed ex diversitate religionum videtur quaedam confusio posse induci in populo christiano, * ut decretalis quaedam dicit, quae habetur de statu monachorum et canonicorum regularium. ' ergo videtur quod non debeant esse diversae religiones.

sc * Sed contra est quod in psalmo describitur ad ornatum reginae " pertinere quod sit circumamicta varietate.

co * Respondeo dicendum quod, sicut ex supra dictis patet, ' status religionis est quoddam exercitium quo aliquis exercetur ad perfectionem caritatis. sunt autem diversa caritatis opera quibus homo vacare potest, sunt etiam diversi modi exercitiorum. et ideo religiones distingui possunt dupliciter. uno modo, secundum diversitatem eorum ad quae ordinantur, sicut si una religio ordinetur ad peregrinos hospitio suscipiendos, et alia ad visitandos vel redimendos captivos. alio modo, potest esse diversitas religionum secundum diversitatem exercitiorum, puta quod in una religione castigatur corpus per abstinentias ciborum, in alia per exercitium operum manualium, vel per nuditatem, vel per aliquid aliud huiusmodi. sed quia finis est potissimum in unoquoque, maior est religionum diversitas quae attenditur secundum diversos fines ad quos religiones ordinantur, quam quae attenditur secundum diversa exercitia.

ra1 ' Ad primum ergo dicendum quod hoc est commune in omni religione, quod aliquis totaliter se debet praebere ad serviendum deo. unde ex hac parte non est diversitas inter religiones, ut scilicet in una religione aliquis retineat aliquid sui, et in alia aliud. est autem diversitas secundum diversa in quibus homo potest deo servire, et secundum quod ad hoc se potest homo diversimode disponere.

ra2 ' Ad secundum dicendum quod tria essentialia vota religionis pertinent ad exercitium religionis sicut quaedam principalia ad quae omnia alia reducuntur, * ut supra dictum est. ' ad observandum autem unumquodque eorum diversimode aliquis se disponere potest, puta ad votum continentiae servandum se disponit aliquis per loci solitudinem, per abstinentiam, per mutuam societatem, et per multa alia huiusmodi. et secundum hoc patet quod communitas essentialium votorum compatitur diversitatem religionis, tum propter diversas dispositiones; tum etiam propter diversos fines, * ut ex supra dictis patet.

ra3 ' Ad tertium dicendum quod in his quae ad perfectionem pertinent, episcopus se habet per modum agentis, religiosi autem per modum patientis, * ut supra dictum est. ' agens autem, etiam in naturalibus, quanto est superius, tanto est magis unum, ea vero quae patiuntur, sunt diversa. unde rationabiliter est unus episcopalis status, religiones vero diversae.

ra4 ' Ad quartum dicendum quod confusio opponitur distinctioni et ordini. sic ergo ex multitudine religionum induceretur confusio, si ad idem et eodem modo diversae religiones essent, absque utilitate et necessitate. unde, ut hoc non fiat, salubriter institutum est ne nova religio, nisi auctoritate summi pontificis, instituatur.

009 ST3 qu188 ar2

ag1 ' Ad secundum sic proceditur. videtur quod nulla religio institui debeat ad opera activae vitae. omnis enim religio pertinet ad perfectionis statum, * ut ex supra dictis patet. ' sed perfectio religiosi status consistit in contemplatione divinorum, * dicit enim dionysius, vi cap. eccles. hier., quod ° nominantur ex dei puro servitio et famulatu, et indivisibili et singulari vita uniente eos indivisibilium sanctis convolutionibus, " idest contemplationibus, ° ad deiformem unitatem et amabilem deo perfectionem. ' ergo videtur quod nulla religio institui possit ad opera activae vitae.

ag2 ° Praeterea, idem iudicium videtur esse de monachis et de canonicis regularibus, * ut habetur extra, de postulando, ex parte, et de statu monach., quod dei timorem, dicitur quod ° a sanctorum monachorum consortio non putantur seiuncti. ' et eadem ratio videtur esse de omnibus aliis religiosis. sed monachorum religio est instituta ad vitam contemplativam, * unde hieronymus dicit, ad paulinum, ° si cupis esse quod diceris, monachus, idest solus, quid facis in urbibus? * et idem habetur extra, de renunt., nisi cum pridem; et de regularibus, licet quibusdam. ' ergo videtur quod omnis religio ordinetur ad vitam contemplativam, et nulla ad activam.

ag3 ' Praeterea, vita activa ad praesens saeculum pertinet. sed omnes religiosi saeculum deserere dicuntur, * unde gregorius dicit, super ezech., ° qui praesens saeculum deserit et agit bona quae valet, quasi iam aegypto derelicto, sacrificium praebet in eremo. ' ergo videtur quod nulla religio possit ordinari ad vitam activam.

sc * Sed contra est quod dicitur iac. i, ° religio munda et immaculata apud deum et patrem haec est, visitare pupillos et viduas in tribulatione eorum. ' sed hoc pertinet ad vitam activam. ergo convenienter religio potest ordinari ad vitam activam.

co * Respondeo dicendum quod, sicut supra dictum est, ' religionis status ordinatur ad perfectionem caritatis, quae se extendit ad dilectionem dei et proximi. ad dilectionem autem dei directe pertinet vita contemplativa, quae soli deo vacare desiderat, ad dilectionem autem proximi pertinet vita activa, quae deservit necessitatibus proximorum. et sicut ex caritate diligitur proximus propter deum, ita etiam obsequium delatum in proximos redundat in deum, * secundum illud matth. xxv, ° quod uni ex minimis meis fecistis, mihi fecistis. ' unde et huiusmodi obsequia proximis facta, inquantum ad deum referuntur, dicuntur esse sacrificia quaedam, * secundum illud heb. ult., ° beneficentiae et communionis nolite oblivisci, talibus enim hostiis promeretur deus. ' et quia ad religionem proprie pertinet sacrificium deo offerre, * ut supra habitum est, ' consequens est quod convenienter religiones quaedam ad opera vitae activae ordinantur. * unde et in collationibus patrum, abbas nesteros, distinguens diversa religionum studia, dicit, ° quidam summam intentionis suae |25| erga eremi secreta et cordis constituunt puritatem; quidam erga institutionem fratrum et coenobiorum curam; quosdam xenodochii, idest hospitalitatis, delectat obsequium.

ra1 ' Ad primum ergo dicendum quod dei servitium et famulatus salvatur etiam in operibus vitae activae, quibus aliquis servit proximo propter deum, * sicut dictum est. ' in quibus etiam salvatur singularitas vitae, non quantum ad hoc quod homo cum hominibus non conversetur; sed quantum ad hoc quod homo singulariter his intendat quae ad divinum obsequium spectant. et dum religiosi operibus vitae activae insistunt intuitu dei, consequens est quod in eis actio ex contemplatione divinorum derivetur. unde non privantur omnino fructu contemplativae vitae.

ra2 ' Ad secundum dicendum quod eadem est ratio de monachis et omnibus aliis religiosis quantum ad ea quae sunt communia omni religioni, puta quod totaliter se dedicent divinis obsequiis, et quod essentialia religionis vota observent, et quod a saecularibus negotiis se abstineant. sed non oportet similitudinem esse quantum ad alia quae sunt propria monasticae professioni, quae specialiter ad vitam contemplativam ordinantur. * unde in praeinducta decretali de postulando " non dicitur simpliciter quod sit idem iudicium de canonicis regularibus quod de monachis, sed, quantum ad supradicta, scilicet quod in forensibus causis officio advocationis non utantur. * et in decretali inducta de statu monachorum, " postquam praemiserat quod non putantur a consortio monachorum seiuncti canonici regulares, subditur, regulae tamen inserviunt laxiori. ' ex quo patet quod non ad omnia tenentur ad quae monachi.

ra3 ' Ad tertium dicendum quod dupliciter aliquis potest esse in saeculo, uno modo, per praesentiam corporalem; alio modo, per mentis affectum. * unde et discipulis suis dominus dicit, " ego elegi vos de mundo, de quibus tamen ad patrem loquitur dicens, hi in mundo sunt, et ego ad te venio. ' quamvis igitur religiosi qui circa opera activae vitae occupantur, sint in saeculo secundum praesentiam corporalem, non tamen sunt in saeculo quantum ad mentis affectum, quia in exterioribus occupantur non quasi quaerentes aliquid in mundo, sed solum propter divinum obsequium; " utuntur enim hoc mundo tanquam non utentes, * ut dicitur i ad cor. vii. unde et iac. i, postquam dictum est quod " religio munda et immaculata est visitare pupillos et viduas, subditur, et immaculatum se custodire ab hoc saeculo, ut scilicet affectu in rebus saeculi non detineatur.

009 ST3 qu188 ar3

ag1 ' Ad tertium sic proceditur. videtur quod nulla religio ordinari possit ad militandum. omnis enim religio pertinet ad statum perfectionis. * sed ad perfectionem vitae christianae pertinet quod dominus dicit, matth. v, ° ego dico vobis, non resistere malo, sed si quis percusserit te in unam maxillam, praebe ei et alteram, ' quod repugnat officio militari. ergo nulla religio potest institui ad militandum.

ag2 ' Praeterea, gravior est compugnatio corporalium praeliorum quam concertationes verborum quae in advocationibus fiunt. sed religiosis interdicitur officio advocationis uti, * ut patet in decretali de postulando supra inducta. ' ergo videtur quod multo minus aliqua religio possit institui ad militandum.

ag3 ' Praeterea, status religionis est status poenitentiae, * ut supra dictum est. ' sed poenitentibus, secundum iura, interdicitur militia, * dicitur enim in decretis, de poenit., dist. v, ° contrarium omnino est ecclesiasticis regulis, post poenitentiae actionem, redire ad militiam saecularem. ' ergo nulla religio congrue institui potest ad militandum.

ag4 ' Praeterea, nulla religio institui potest ad aliquid iniustum. * sed sicut isidorus dicit, in libro etymol., ° iustum bellum est quod ex edicto imperiali geritur. ' cum igitur religiosi sint quaedam privatae personae, videtur quod non liceat eis bellum gerere. et ita ad hoc non potest institui aliqua religio.

sc * Sed contra est quod augustinus dicit, ad bonifacium, ° noli existimare neminem deo placere posse qui armis bellicis ministrat. in his erat sanctus david, cui dominus magnum testimonium perhibuit. ' sed ad hoc sunt institutae religiones ut homines deo placeant. ergo nihil prohibet aliquam religionem institui ad militandum.

co * Respondeo dicendum quod, sicut dictum est, ' religio institui potest non solum ad opera contemplativae vitae, sed etiam ad opera vitae activae, inquantum pertinent ad subventionem proximorum et obsequium dei, non autem inquantum pertinent ad aliquid mundanum tenendum. potest autem officium militare ordinari ad subventionem proximorum, non solum quantum ad privatas personas, sed etiam quantum ad totius reipublicae defensionem, * unde de iuda machabaeo dicitur, i machab. iii, quod ° praeliabatur praelium israel cum laetitia, et dilatavit gloriam populo suo. ' ordinari etiam potest ad conservationem divini cultus, * unde ibidem subditur iudam dixisse, ° nos pugnabimus pro animabus nostris et legibus nostris; * et infra, xiii, dicit simon, ° vos scitis quanta ego et fratres mei et domus patris mei fecimus pro legibus et pro sanctis praelia. ' unde convenienter institui potest aliqua religio ad militandum, non quidem propter aliquid mundanum, sed propter defensionem divini cultus et publicae salutis; vel etiam pauperum et oppressorum, * secundum illud psalmi, ° eripite pauperem, et egenum de manu peccatoris liberate.

ra1 ' Ad primum ergo dicendum quod aliquis potest non resistere malo dupliciter. uno modo, condonando propriam iniuriam. et sic potest ad perfectionem pertinere, quando ita fieri expedit ad salutem aliorum. alio modo, tolerando patienter iniurias aliorum. et hoc ad imperfectionem pertinet, vel etiam ad vitium, si aliquis potest convenienter iniurianti resistere. * unde ambrosius dicit, in libro de offic., ° fortitudo quae bello tuetur a barbaris patriam, vel domi defendit infirmos, vel a latronibus socios, plena iustitia est. * sicut etiam ibidem dicit dominus, ° quae tua sunt, ne repetas, ' et tamen, si aliquis non repeteret ea quae sunt aliorum, si ad eum pertineat, peccaret. homo enim laudabiliter donat sua, non autem aliena. et multo minus ea quae sunt dei, non sunt negligenda, * quia, ut chrysostomus dicit, super matth., ° iniurias dei dissimulare nimis est impium.

ra2 ' Ad secundum dicendum quod exercere advocationis officium propter aliquid mundanum, repugnat omni religioni, non autem si hoc aliquis exerceat, secundum dispositionem sui praelati, pro monasterio suo, ut in eadem decretali subditur. neque etiam pro defensione pauperum aut viduarum, * unde in decretis, dist. lxxxviii, dicitur, ° decrevit sancta synodus nullum deinceps clericum aut possessiones conducere, aut negotiis saecularibus se permiscere, nisi propter curam pupillorum, etc.. ' et similiter militare propter aliquid mundanum est omni religioni contrarium, non autem militare propter obsequium dei.

ra3 ' Ad tertium dicendum quod militia saecularis interdicitur poenitentibus, sed militia quae est propter dei obsequium, imponitur alicui in poenitentiam; sicut patet de his quibus iniungitur ut militent in subsidium terrae sanctae.

ra4 ' Ad quartum dicendum quod religio non sic instituitur ad militandum quod religiosis propria auctoritate liceat bella gerere, sed solum auctoritate principum vel ecclesiae.

009 ST3 qu188 ar4

ag1 ' Ad quartum sic proceditur. videtur quod nulla religio possit institui ad praedicandum vel confessiones audiendum. * dicitur enim vii, qu. i, ° monachorum vita subiectionis habet verbum et discipulatus, non docendi vel praesidendi vel pascendi alios, ' et eadem ratio esse videtur de aliis religiosis. sed praedicare et confessiones audire est pascere vel docere alios. non ergo ad hoc aliqua religio potest institui.

ag2 ' Praeterea, illud ad quod religio instituitur, videtur esse maxime proprium religioni, * ut supra dictum est. ' sed praedicti actus non sunt proprii religiosorum, sed potius praelatorum. non ergo ad huiusmodi actus potest aliqua religio institui.

ag3 ' Praeterea, inconveniens videtur quod auctoritas praedicandi et confessiones audiendi infinitis hominibus committatur. sed non est certus numerus eorum qui in religione aliqua recipiuntur. ergo inconveniens est quod aliqua religio instituatur ad actus praedictos.

ag4 ' Praeterea, praedicatoribus debetur victus a fidelibus christi, * ut patet i ad cor. ix. ' si ergo committitur praedicationis officium alicui religioni ad hoc institutae, sequetur quod fideles christi teneantur ad exhibendum sumptus infinitis personis, quod cedit in magnum eorum gravamen. non ergo debet aliqua religio institui ad huiusmodi actus exercendos.

ag5 ' Praeterea, institutio ecclesiae debet sequi institutionem christi. sed christus primo misit ad praedicandum duodecim apostolos, * ut habetur luc. ix; ' et postea misit septuagintaduos discipulos, * ut habetur luc. x; et sicut glossa ibidem dicit, ° apostolorum formam tenent episcopi, septuagintaduorum discipulorum minores presbyteri, ' scilicet curati. ergo, praeter episcopos et presbyteros parochiales, non debet aliqua religio institui ad praedicandum vel ad confessiones audiendum.

sc * Sed contra est quod in collationibus patrum, abbas nesteros, de diversitate religionum loquens, dicit, ° quidam eligentes aegrotantium curam, alii intercessionem quae pro miseris atque oppressis impenditur exequentes, aut doctrinae instantes, aut eleemosynas pauperibus largientes, inter magnos ac summos viros, pro affectu suo ac pietate, viguerunt. ' ergo, sicut ad aegrotantium curam aliqua religio potest institui, ita etiam ad docendum populum per praedicationem et alia huiusmodi opera.

co * Respondeo dicendum quod, sicut dictum est, ' convenienter religio institui potest ad opera vitae activae, secundum quod ordinantur ad utilitatem proximorum, et ad obsequium dei, et conservationem divini cultus. magis autem procuratur utilitas proximorum per ea quae pertinent ad spiritualem animae salutem, quam per ea quae pertinent ad subveniendum corporali necessitati, quanto spiritualia corporalibus sunt potiora, unde supra dictum est quod eleemosynae spirituales sunt corporalibus potiores. hoc etiam magis pertinet ad obsequium dei, ° cui nullum sacrificium est magis acceptum quam zelus animarum, * ut gregorius dicit, super ezech.. ' maius etiam est spiritualibus armis contra errores haereticorum et tentationes daemonum fideles defendere, quam corporalibus armis populum fidelem tueri. et ideo convenientissimum est ad praedicandum, et ad alia quae pertinent ad salutem animarum, aliquam religionem institui.

ra1 ' Ad primum ergo dicendum quod ille qui operatur ex virtute alterius, agit per modum instrumenti. " minister autem est sicut instrumentum animatum, * ut philosophus dicit, in i polit.. ' unde quod aliquis auctoritate praelatorum praedicet, vel alia huiusmodi faciat, non supergreditur discipulatus vel subiectionis gradum, qui competit religiosis.

ra2 ' Ad secundum dicendum quod, sicut religiones aliquae instituuntur ad militandum, non quidem ut militent auctoritate propria, sed auctoritate principum vel ecclesiae, quibus ex officio competit, * sicut dictum est; ' ita etiam religiones instituuntur ad praedicandum et confessiones audiendum, non quidem propria auctoritate, sed auctoritate praelatorum superiorum et inferiorum, ad quos ex officio pertinet. et ita subvenire praelatis in tali ministerio est huiusmodi religionis proprium.

ra3 ' Ad tertium dicendum quod a praelatis non conceditur talibus religiosis ut quilibet indifferenter possit praedicare vel confessiones audire, sed secundum moderationem eorum qui huiusmodi religionibus praeficiuntur; vel secundum taxationem ipsorum praelatorum.

ra4 ' Ad quartum dicendum quod plebs fidelis non tenetur ex debito iuris ad sumptus ministrandos nisi ordinariis praelatis, qui propter hoc decimas et oblationes fidelium recipiunt et alios ecclesiasticos reditus. sed si aliqui gratis in huiusmodi actibus velint fidelibus ministrare, non potestative ab eis sumptus exigentes, non propter hoc gravantur fideles, quia et ipsi possunt liberaliter recompensare temporalem subventionem, ad quam, etsi non teneantur ex debito iuris, tenentur tamen ex debito caritatis; non autem ita quod eis sit tribulatio, aliis autem remissio, * ut dicitur ii ad cor. viii. ' si tamen non invenirentur qui gratis se huiusmodi obsequiis manciparent, tenerentur ordinarii praelati, si ipsi non sufficerent alios ad hoc idoneos quaerere, quibus sumptus ipsi ministrarent.

ra5 ' Ad quintum dicendum quod formam septuagintaduorum discipulorum non solum tenent presbyteri curati, sed quicumque alii minoris ordinis episcopis in eorum officio subserviant. non enim legitur quod septuagintaduobus discipulis dominus aliquas determinatas parochias assignaret, sed quod ° mittebat eos ante faciem suam in omnem civitatem et locum quo erat ipse venturus. ' opportunum autem fuit ut, praeter ordinarios praelatos, alii assumerentur ad huiusmodi officia, propter multitudinem fidelis populi, et difficultatem inveniendi sufficientes personas distribuendas singulis plebibus. sicut etiam et religiones ad militandum necesse fuit institui, propter defectum saecularium principum ad resistendum infidelibus in aliquibus terris.

009 ST3 qu188 ar5

ag1 ' Ad quintum sic proceditur. videtur quod non sit instituenda aliqua religio ad studendum. * dicitur enim in psalmo, ° quoniam non cognovi litteraturam, introibo in potentias domini, * glossa, " idest, in virtutem christianam. ' sed perfectio christianae virtutis maxime videtur ad religiosos pertinere. ergo eorum non est studio litterarum insistere.

ag2 ' Praeterea, illud quod est dissensionis principium, religiosis non competit, qui in unitatem pacis congregantur. sed studium dissensionem inducit, unde et in philosophis subsecuta est diversitas sectarum. * unde et hieronymus, super epist. ad tit., dicit, ° antequam, diaboli instinctu, studia in religione fierent, et diceretur in populis, ego sum pauli, ego apollo, ego cephae, etc.. ' ergo videtur quod nulla religio debeat institui ad studendum.

ag3 ' Praeterea, professio christianae religionis differre debet a professione gentilium. sed apud gentiles aliqui philosophiam profitebantur. et nunc etiam aliqui saeculares dicuntur aliquarum scientiarum professores. non ergo religiosis competit studium litterarum.

sc * Sed contra est quod hieronymus, in epistola ad paulinum, " invitat eum ad discendum in statu monastico, dicens, ° discamus in terris quorum scientia nobis perseverat in caelis. * et infra, quidquid quaesieris, tecum scire conabor.

co * Respondeo dicendum quod, sicut dictum est, ' religio potest ordinari ad vitam activam, et ad vitam contemplativam. inter opera autem vitae activae, principaliora sunt illa quae ordinantur directe ad salutem animarum, sicut praedicare et alia huiusmodi. competit ergo studium litterarum religioni tripliciter. primo quidem, quantum ad id quod est proprium contemplativae vitae. ad quam studium litterarum dupliciter adiuvat. uno modo, directe coadiuvando ad contemplandum, illuminando scilicet intellectum. vita enim contemplativa de qua nunc loquimur, principaliter ordinatur ad considerationem divinorum, * ut supra habitum est, ' in qua dirigitur homo ad considerandum divina. * unde in laudem viri iusti dicitur in psalmo, quod in lege domini meditabitur die ac nocte. et eccli. xxxix dicitur, ° sapientiam antiquorum exquiret sapiens, et in prophetis vacabit. ' alio modo, studium litterarum iuvat contemplativam vitam indirecte removendo contemplationis pericula, scilicet errores, qui in contemplatione divinorum frequenter accidunt his qui scripturas ignorant, * sicut in collationibus patrum legitur quod " abbas serapion, propter simplicitatem, incidit in errorem anthropomorphitarum, idest eorum qui deum habere |25| humanam formam arbitrantur. * unde dicit gregorius, in vi moral., quod ° nonnulli, dum plus exquirunt contemplando quam capiunt, usque ad perversa dogmata erumpunt, et dum veritatis esse discipuli humiliter negligunt, magistri errorum fiunt. * et propter hoc dicitur eccle. ii, ° cogitavi in corde meo abstrahere a vino carnem meam, ut animum meum transferrem ad sapientiam, devitaremque stultitiam. ' secundo, necessarium est studium litterarum religioni institutae ad praedicandum et ad alia huiusmodi exercendum. unde * apostolus dicit, tit. i, " de episcopo, ad cuius officium huiusmodi actus pertinent, ° amplectentem eum qui secundum doctrinam est fidelem sermonem, ut potens sit exhortari in doctrina sana, et eos qui contradicunt arguere. ' nec obstat quod apostoli absque studio litterarum ad praedicandum sunt missi, * quia, ut hieronymus dicit, in epistola ad paulinum, ° quidquid aliis exercitatio et quotidiana in lege meditatio tribuere solet, illis spiritus sanctus suggerebat. ' tertio, studium litterarum religioni congruit quantum ad id quod est omni religioni commune. valet enim ad vitandum carnis lasciviam. * unde hieronymus dicit, ad rusticum monachum, |50| ° ama scripturarum studia, et carnis vitia non amabis. ' avertit enim animum a cogitatione lasciviae, et carnem macerat, propter studii laborem, * secundum illud eccli. xxxi, vigilia honestatis tabefaciet carnes. ' valet etiam ad auferendum cupiditatem divitiarum. * unde sap. vii dicitur, ° divitias nihil esse dixi in comparatione illius. * et i machab. xii dicitur, ° nos autem nullo horum indiguimus, " scilicet exteriorum subsidiorum, ° habentes solatio sanctos libros qui in manibus nostris sunt. ' valet etiam ad obedientiae documentum. * unde augustinus dicit, in libro de operibus monach., ° quae est ista perversitas, lectioni nolle obtemperare, dum vult ei vacare? ' et ideo manifestum est quod congrue potest institui religio ad studium litterarum.

ra1 * Ad primum ergo dicendum quod glossa ibi exponit de littera veteris legis, de qua apostolus dicit, ii ad cor. iii, " littera occidit. unde non cognoscere litteraturam est non approbare litteralem circumcisionem et ceteras carnales observantias.

ra2 ' Ad secundum dicendum quod studium ad scientiam ordinatur, quae sine caritate inflat, et per consequens dissensiones facit, * secundum illud prov. xiii, inter superbos semper sunt iurgia; ' sed cum caritate aedificat, et concordiam parit. * unde i ad cor. i, apostolus, cum dixisset, ° divites facti estis in omni verbo et in omni scientia, * postmodum subdit, ° idipsum dicatis omnes, et non sint in vobis schismata. * hieronymus tamen non loquitur ibi de studiis litterarum, ' sed de studiis dissensionum, quae per haereticos et schismaticos intraverunt in religione christiana.

ra3 ' Ad tertium dicendum quod philosophi profitebantur studia litterarum quantum ad saeculares doctrinas. sed religiosis competit principaliter intendere studio litterarum pertinentium ad doctrinam quae secundum pietatem est, * ut dicitur tit. i. ' aliis autem doctrinis intendere non pertinet ad religiosos, quorum tota vita divinis obsequiis mancipatur, nisi inquantum ordinantur ad sacram doctrinam. * unde augustinus dicit, in fine musicae, ° nos, dum negligendos esse non aestimamus quos haeretici rationum et scientiae fallaci pollicitatione decipiunt, tardius incedimus consideratione ipsarum viarum. quod tamen facere non auderemus, nisi multos pios ecclesiae filios, eadem refellendorum haereticorum necessitate, fecisse videremus.

009 ST3 qu188 ar6

ag1 ' Ad sextum sic proceditur. videtur quod religio quae vacat vitae contemplativae, non sit potior ea quae vacat operationibus vitae activae. * dicitur enim extra, de regularibus et transeunt. ad relig., cap. licet, ° sicut maius bonum minori bono praeponitur, ita communis utilitas speciali utilitati praefertur, et in hoc casu recte praeponitur doctrina silentio, sollicitudo contemplationi, et labor quieti. ' sed religio est melior quae ad maius bonum ordinatur. ergo videtur quod religiones quae ordinantur ad vitam activam, sint potiores illis quae ordinantur ad vitam contemplativam.

ag2 ‘ Praeterea, omnis religio ordinatur ad perfectionem caritatis, * ut supra habitum est. * sed super illud heb. xii, nondum usque ad sanguinem restitistis, dicit glossa, ° perfectior in hac vita dilectio nulla est ea ad quam sancti martyres pervenerunt, qui contra peccatum usque ad sanguinem certaverunt. ‘ certare autem usque ad sanguinem competit religionibus quae ad militiam ordinantur, quae tamen pertinent ad vitam activam. ergo videtur quod huiusmodi religiones sint potissimae.

ag3 ‘ Praeterea, tanto videtur esse aliqua religio perfectior, quanto est arctior. sed nihil prohibet aliquas religiones ad vitam activam ordinatas esse arctioris observantiae quam illae quae ordinantur ad vitam contemplativam. ergo sunt potiores.

sc * Sed contra est quod dominus, luc. x, dicit ‘ optimam partem esse mariae, per quam vita contemplativa significatur.

co * Respondeo dicendum quod, sicut supra dictum est, ‘ differentia unius religionis ad aliam principaliter quidem attenditur ex parte finis, secundario autem ex parte exercitii. et quia non potest aliquid dici altero potius nisi secundum id in quo ab eo differt, ideo excellentia unius religionis super aliam principaliter quidem attenditur secundum religionis finem, secundario autem secundum exercitium. diversimode tamen secundum utrumque comparatio attenditur, nam comparatio quae est secundum finem est absoluta, eo quod finis propter se quaeritur; comparatio autem quae est secundum exercitium, est respectiva, quia exercitium non quaeritur propter se, sed propter finem. et ideo illa religio alteri praefertur quae ordinatur ad finem absolute potiorem, vel quia est maius bonum; vel quia ad plura bona ordinatur. si vero sit finis idem, secundario attenditur praeeminentia religionis, non secundum quantitatem exercitii, sed secundum proportionem eius ad finem intentum. * unde et in collationibus patrum introducitur sententia beati antonii, “ qui praetulit discretionem, per quam aliquis omnia moderatur, et ieiuniis et vigiliis et omnibus huiusmodi observantiis. ‘ sic ergo dicendum est quod opus vitae activae est duplex. unum quidem quod ex plenitudine contemplationis derivatur, sicut doctrina et praedicatio. |25| * unde et gregorius dicit, in v homil. super ezech., quod ° de perfectis viris post contemplationem suam redeuntibus dicitur, memoriam suavitatis tuae eructabunt. ‘ et hoc praefertur simplici contemplationi. sicut enim maius est illuminare quam lucere solum, ita maius est contemplata aliis tradere quam solum contemplari. aliud autem est opus activae vitae quod totaliter consistit in occupatione exteriori, sicut eleemosynas dare, hospites recipere, et alia huiusmodi. quae sunt minora operibus contemplationis, nisi forte in casu necessitatis, * ut ex supra dictis patet. ‘ sic ergo summum gradum in religionibus tenent quae ordinantur ad docendum et praedicandum. quae et propinquissimae sunt perfectioni episcoporum, “ sicut et in aliis rebus ° fines primorum coniunguntur principiis secundorum, * ut dionysius dicit, vii cap. de div. nom.. ‘ secundum autem gradum tenent illae quae ordinantur ad contemplationem. tertius est earum quae occupantur circa exteriores actiones. in singulis autem horum graduum potest attendi praeeminentia secundum quod una religio ordinatur ad altiorem actum in eodem genere, sicut inter opera activae, potius est redimere captivos quam recipere hospites; et in operibus contemplativae, potior est oratio quam lectio. potest etiam attendi praeeminentia, si una earum ad plura horum ordinetur quam alia, vel si convenientiora statuta habeat |50| ad finem propositum consequendum.

ra1 * Ad primum ergo dicendum quod decretalis illa loquitur ‘ de vita activa prout ordinatur ad salutem animarum.

ra2 ‘ Ad secundum dicendum quod religiones quae instituuntur propter militiam, directius ordinantur ad hoc quod effundant sanguinem hostium, quam ad hoc quod eorum sanguis fundatur, quod proprie martyribus competit. nihil tamen prohibet huiusmodi religiosos in aliquo casu meritum martyrii consequi, et in hoc praeferri aliis religiosis, sicut et opera activa interdum in aliquo casu praeferuntur contemplationi.

ra3 ‘ Ad tertium dicendum quod arctitudo observantiarum non est id quod praecipue in religione commendatur, * ut beatus antonius dicit. et isaiae lviii dicitur, ° nunquid hoc est ieiunium quod elegi, per diem affligere animam suam? ‘ assumitur tamen in religione ut necessaria ad carnis macerationem, quae, si sine discretione fit, periculum deficiendi habet annexum, * sicut beatus antonius dicit. ‘ et ideo non est potior religio ex hoc quod habet arctiores observantias, sed ex hoc quod ex maiori discretione sunt eius observantiae ordinatae ad finem religionis. sicut ad continentiam efficacius ordinatur maceratio carnis per abstinentiam cibi et potus, quae pertinent ad famem et sitim, quam per subtractionem vestium, quae pertinent ad frigus et nuditatem; et quam per corporalem laborem.

009 ST3 qu188 ar7

ag1 ‘ Ad septimum sic proceditur. videtur quod habere aliquid in communi diminuat perfectionem religionis. * dicit enim dominus, matth. xix, ° si vis perfectus esse, vade et vende omnia quae habes et da pauperibus, ‘ ex quo patet quod carere mundanis divitiis pertineat ad perfectionem vitae christianae. sed illi qui habent aliquid in communi, non carent mundanis divitiis. ergo videtur quod non attingant omnino ad perfectionem christianae vitae.

ag2 ‘ Praeterea, ad perfectionem consiliorum pertinet ut homo mundana sollicitudine careat, unde * et apostolus, i ad cor. vii, dans consilium de virginitate, dicit, ° volo vos sine sollicitudine esse. ‘ sed ad sollicitudinem praesentis vitae pertinet quod aliqui reservent sibi aliquid in futurum, quam quidem sollicitudinem dominus discipulis prohibet, * matth. vi, dicens, nolite solliciti esse in crastinum. ‘ ergo videtur quod habere aliquid in communi diminuat perfectionem christianae vitae.

ag3 ‘ Praeterea, divitiae communes quodammodo pertinent ad singulos qui sunt in communitate, * unde hieronymus, ad heliodorum episcopum, dicit de quibusdam, ° sunt ditiores monachi quam fuerant saeculares; possident opes sub christo paupere, quas sub locuplete diabolo non habuerant; suspirat eos ecclesia divites, quos tenuit mundus ante mendicos. ‘ sed quod aliquis habeat divitias proprias derogat perfectioni religionis. ergo etiam perfectioni religionis derogat quod aliquid in communi habeatur.

ag4 * Praeterea, gregorius narrat, in iii dialog., “ de quodam sanctissimo viro isaac, quod, ° cum ei discipuli humiliter innuerent ut pro usu monasterii possessiones quae offerebantur acciperet, ille, sollicitus suae paupertatis custos, fortem sententiam tenebat, dicens, monachus qui in terra possessiones quaerit, monachus non est. ‘ quod intelligitur de communibus possessionibus, quae pro communi usu monasterii ei offerebantur. ergo videtur quod habere aliquid in communi tollat perfectionem religionis.

ag5 ‘ Praeterea, dominus, perfectionem religionis discipulis tradens, * matth. x, dicit ° nolite possidere aurum neque argentum, neque pecuniam in zonis vestris, non peram in via, * per quod, ut hieronymus dicit, ° arguit philosophos qui vulgo appellantur bactroperitae, quod, contemptores saeculi et omnia pro nihilo ducentes, cellarium secum vehant. ‘ ergo videtur quod reservare aliquid, sive in proprio sive in communi, diminuat perfectionem religionis.

sc ‘ Sed contra est quod * prosper dicit, in libro de vita contempl., et habetur xii, qu. i, ° satis ostenditur et propria debere propter perfectionem contemni, et sine impedimento perfectionis, ecclesiae posse facultates, quae sunt profecto communia, possidere.

co * Respondeo dicendum quod, sicut supra dictum est, ‘ perfectio non consistit essentialiter in paupertate, sed in christi sequela, * secundum illud hieronymi super matth., ° quia non sufficit omnia relinquere, addidit petrus quod perfectum est, “ idest, secuti sumus te, ‘ paupertas autem est sicut instrumentum vel exercitium perveniendi ad perfectionem. * unde in collationibus patrum, abbas moyses dicit, ° ieiunia, vigiliae, meditatio scripturarum, nuditas, ac privatio omnium facultatum, non perfectio, sed perfectionis instrumenta sunt ‘ est autem privatio omnium facultatum, sive paupertas, perfectionis instrumentum, inquantum per remotionem divitiarum tolluntur quaedam caritatis impedimenta. quae sunt praecipue tria. quorum primum est sollicitudo, quam secum divitiae afferunt. * unde dominus dicit, matth. xiii, ° qui autem est seminatus in spinis, hic est qui verbum audit, et sollicitudo saeculi istius et fallacia divitiarum suffocat verbum ‘ secundum autem est divitiarum amor, qui ex divitiis possessis augetur. * unde hieronymus dicit, super matth., quod ° quia divitiae habitae difficile contemnuntur, non dixit dominus, matth. xix, impossibile est divitem intrare in regnum caelorum, sed, difficile. |25| ‘ tertium autem est inanis gloria vel elatio, quae ex divitiis nascitur, * secundum illud psalmi, ° qui confidunt in virtute sua, et in multitudine divitiarum suarum gloriantur. ‘ horum ergo trium primum a divitiis separari non potest totaliter, sive sint magnae sive parvae, necesse est enim hominem aliqualiter sollicitari de acquirendis vel conservandis exterioribus rebus. sed si res exteriores non quaerantur vel habeantur nisi in modica quantitate, quantum sufficiunt ad simplicem victum, talis sollicitudo non multum impedit hominem. unde nec perfectioni repugnat christianae vitae. non enim omnis sollicitudo a domino interdicitur, sed superflua et nociva, * unde super illud matth. vi, ° nolite solliciti esse animae vestrae, quid manducetis, * etc., dicit augustinus, in libro de serm. dom. in monte, ° non hoc dicit, ut ista non procurent quantum necessitatis est, sed ut non ista intueantur, et propter ista faciant quidquid in evangelii praedicatione facere iubentur. ‘ sed abundans divitiarum possessio abundantiorem sollicitudinem ingerit, per quam animus hominis multum distrahitur et impeditur, ne totaliter feratur in dei obsequium. alia vero duo, scilicet amor divitiarum et elatio seu gloriatio de divitiis, non consequuntur nisi abundantes divitias. differt tamen circa hoc utrum divitiae, abundantes vel moderatae, in proprio vel in communi habeantur. nam |50| sollicitudo quae circa proprias divitias adhibetur, pertinet ad amorem privatum, quo quis se temporaliter amat, sed sollicitudo quae adhibetur circa res communes, pertinet ad amorem caritatis, quae non quaerit quae sua sunt, sed communibus intendit. et quia religio ad perfectionem caritatis ordinatur, quam perficit amor dei usque ad contemptum sui; habere aliquid proprium repugnat perfectioni religionis. sed sollicitudo quae adhibetur circa bona communia, pertinere potest ad caritatem, licet etiam per hoc impediri possit aliquis altior caritatis actus, puta contemplationis divinae aut instructionis proximorum. ex quo patet quod habere superabundantes divitias in communi, sive in rebus mobilibus sive immobilibus, est impedimentum perfectionis, licet non totaliter excludat eam. habere autem de rebus exterioribus in communi, sive mobilibus sive immobilibus, quantum sufficit ad simplicem victum, perfectionem religionis non impedit, si consideretur paupertas in comparatione ad communem finem religionum, qui est vacare divinis obsequiis. si autem consideretur per comparationem ad speciales fines religionum, sic, praesupposito tali fine, paupertas maior vel minor est religioni accommoda, et tanto erit unaquaeque religio secundum paupertatem perfectior, quanto habet paupertatem magis proportionatam suo fini. manifestum est enim quod ad exteriora et corporalia opera vitae activae indiget homo copia exteriorum rerum, ad contemplationem autem pauca requiruntur. * unde philosophus dicit, in x ethic., quod |75| ° ad actiones multis opus est, et quanto utique maiores sunt et meliores, pluribus, speculanti autem nullo talium ad operationem necessitas “ sed solis necessariis indiget; alia vero impedimenta sunt ad speculationem. ‘ sic igitur patet quod religio quae ordinatur ad actiones corporales activae vitae, puta ad militandum vel ad hospitalitatem sectandam, imperfecta esset si communibus careret divitiis. religiones autem quae ad contemplativam vitam ordinantur, tanto perfectiores sunt, quanto eorum paupertas minorem eis sollicitudinem temporalium ingerit. tanto autem sollicitudo temporalium rerum magis impedit religionem, quanto sollicitudo spiritualium maior ad religionem requiritur. manifestum est autem quod maiorem sollicitudinem spiritualium requirit religio quae est instituta ad contemplandum et contemplata aliis tradendum per doctrinam et praedicationem, quam illa quae est instituta ad contemplandum tantum. unde talem religionem decet paupertas talis quae minimam sollicitudinem ingerat. manifestum est autem quod minimam sollicitudinem ingerit conservare res usui hominum necessarias, tempore congruo procuratas. et ideo tribus gradibus religionum supra positis triplex gradus paupertatis competit. nam illis religionibus quae ordinantur ad corporales actiones activae vitae, competit habere abundantiam divitiarum communium. illis autem religionibus quae sunt ordinatae ad contemplandum, magis competit habere |100| possessiones moderatas, nisi simul oporteat tales religiosos, per se vel per alios, hospitalitatem tenere et pauperibus subvenire. illis autem quae ordinantur ad contemplata aliis tradendum, competit vitam habere maxime ab exterioribus sollicitudinibus expeditam. quod quidem fit dum modica quae sunt necessaria vitae, congruo tempore procurata, conservantur. et hoc dominus, paupertatis institutor, docuit suo exemplo, habebat enim loculos, iudae commissos, in quibus recondebantur ei oblata, * ut habetur ioan. xii. nec obstat quod hieronymus dicit, super matth., ° si quis obiicere voluerit, quomodo iudas in loculis pecuniam portabat? respondebimus, quia rem pauperum in usus suos convertere nefas putavit, ‘ scilicet solvendo tributum, quia inter illos pauperes praecipui erant eius discipuli, in quorum necessitates pecunia loculorum christi expendebatur. * dicitur enim ioan. iv, quod ° discipuli abierant in civitatem ut cibos emerent, * et ioan. xiii dicitur quod ° discipuli putabant, quia loculos habebat iudas, quod dixisset ei iesus, eme quae opus sunt nobis ad diem festum; aut ut egenis aliquid daret. ‘ ex quo patet quod conservare pecuniam, aut quascumque alias res communes, ad sustentationem religiosorum congregationis eiusdem, vel quorumcumque aliorum pauperum, est conforme perfectioni, quam |125| christus docuit suo exemplo. sed et discipuli, post resurrectionem, a quibus omnis religio sumpsit originem, pretia praediorum conservabant, et distribuebant unicuique prout cuique opus erat.

ra1 * Ad primum ergo dicendum quod, sicut dictum est, ‘ ex illo verbo domini non intelligitur quod ipsa paupertas sit perfectio, sed perfectionis instrumentum, et, * sicut ostensum est, ‘ minimum inter tria principalia instrumenta perfectionis; nam votum continentiae praeeminet voto paupertatis, et votum obedientiae praefertur utrique. quia vero instrumentum non propter se quaeritur, sed propter finem, non tanto aliquid fit melius quanto maius est instrumentum, sed quanto magis est fini proportionatum, sicut medicus non tanto magis sanat quanto maiorem dat medicinam, sed quanto medicina est magis proportionata morbo. sic igitur non oportet quod religio tanto sit perfectior quanto maiorem habet paupertatem, sed quanto eius paupertas est magis proportionata communi fini et speciali. et si daretur quod excessus paupertatis faceret religionem perfectiorem secundum hoc quod est pauperior, non ta-

men faceret eam perfectiorem simpliciter posset enim esse quod alia religio excederet in his quae pertinent ad continentiam et obedientiam, et sic esset simpliciter perfectior, quia quod in melioribus excedit, est simpliciter melius.
ra2 * Ad secundum dicendum quod per hoc quod dominus dicit, " nolite solliciti esse in crastinum, ' non intelligitur quod nihil reservetur in futurum. * hoc enim periculosum esse beatus antonius, in collationibus patrum, ostendit, dicens quod ° privationem omnium facultatum ita sectantes ut ex ipsis nec unius quidem diei victum sibimet, unumve denarium superesse paterentur, " et alia huiusmodi facientes, ° ita vidimus repente deceptos ut arreptum opus non potuerint congruo exitu terminare. * et ut augustinus dicit, in libro de operibus monach., " si hoc verbum domini, nolite solliciti esse in crastinum, ita intelligatur ut nihil in crastinum reponatur, ° non poterunt ista servare qui se per multos dies a conspectu hominum separatos includunt, viventes in magna intentione orationum. * et postea subdit, ° an forte, quo sunt sanctiores, eo sunt volucribus dissimiliores? * et postea subdit, ° si enim urgeantur ex evangelio ut nihil reponant in crastinum, respondent, cur ergo ipse dominus loculos habuit, ubi pecuniam collectam reponeret? cur tanto ante, fame imminente, frumenta sanctis patribus missa sunt? cur apostoli indigentiae sanctorum |25| necessaria procurarunt? " quod ergo dicitur, nolite solliciti esse in crastinum, * secundum hieronymum, sic exponitur, ° sufficit nobis praesentis temporis cogitatio, futura, quae incerta sunt, deo relinquamus. * secundum chrysostomum, sic, ° sufficit labor quem pateris propter necessaria, noli de superfluis laborare. * secundum augustinum, sic, ° cum aliquid boni operamur, non temporalia, quae significantur per crastinum, sed aeterna cogitemus.
ra3 * Ad tertium dicendum quod verbum hieronymi ' habet locum ubi sunt superabundantes divitiae quae habentur quasi propriae, vel per quarum abusum etiam singuli de communitate superbiunt et lasciviunt. non autem habet locum in divitiis moderatis communiter conservatis ad solam sustentationem vitae, qua singuli indigent, eadem enim est ratio quod singuli utantur his quae pertinent ad necessaria vitae, et quod communiter conserventur.
ra4 ' Ad quartum dicendum quod isaac possessiones renuebat recipere, quia timebat ne per hoc ad superfluas divitias veniretur, per quarum abusum impediretur religionis perfectio. * unde gregorius ibidem subdit, ° sic metuebat paupertatem suae securitatis perdere, sicut avari divites solent perituras divitias custodire. ' non autem legitur quod renuerit recipere aliqua necessaria ad vitae sustentationem communiter conservanda.
ra5 * Ad quintum dicendum quod philosophus, in i polit., dicit " panem et vinum et alia huiusmodi esse divitias naturales, pecunias vero divitias artificiales. et inde est quod quidam philosophi nolebant uti pecunia, sed aliis rebus, quasi secundum naturam viventes. * et ideo hieronymus, ibidem, per sententiam domini, " qui similiter utrumque interdicit, ostendit quod in idem redit habere pecuniam, et alias res necessarias vitae. ' et tamen, licet dominus huiusmodi non portari in via ab his qui ad praedicandum mittebantur, ordinaverit, non tamen ea in communi conservari prohibuit. * qualiter tamen illa verba domini sint intelligenda, supra ostensum est.

009 ST3 qu188 ar8

ag1 ' Ad octavum sic proceditur. videtur quod perfectior sit religio in societate viventium quam agentium solitariam vitam. * dicitur enim eccle. iv, ° melius est duos esse quam unum, habent enim emolumentum societatis suae. ' ergo videtur perfectior esse religio in societate viventium.
ag2 * Praeterea, matth. xviii dicitur, ° ubi fuerint duo vel tres congregati in nomine meo, ibi sum ego in medio eorum. ' sed nihil potest esse melius quam christi societas. ergo videtur quod vivere in congregatione sit melius quam ducere solitariam vitam.
ag3 ' Praeterea, inter alia religionis vota, votum obedientiae excellentius est, et humilitas est maxime deo accepta. sed obedientia et humilitas magis observatur in communi conversatione quam in solitudine. * dicit enim hieronymus, in epistola ad rusticum monachum, ° in solitudine cito subrepit superbia, dormit quando voluerit, facit quod voluerit. * e contrario autem ipse docet eum qui in societate vivit, dicens, ° non facias quod vis, comedas quod iuberis, habeas quantum acceperis, subiiciaris cui non vis, servias fratribus, praepositum monasterii timeas ut deum, diligas ut parentem. ' ergo videtur quod religio viventium in societate sit perfectior ea quae solitariam vitam agit.
ag4 * Praeterea, dominus dicit, luc. xi, ° nemo accendit lucernam et in abscondito ponit, neque sub modio. ' sed illi qui solitariam vitam agunt, videntur esse in abscondito positi, nihil utilitatis hominibus afferentes. ergo videtur quod eorum religio non sit perfectior.
ag5 ' Praeterea, id quod est contra naturam hominis, non videtur ad perfectionem virtutis pertinere. sed homo naturaliter est animal sociale, * ut philosophus dicit, in i polit.. ' ergo videtur quod agere solitariam vitam non sit perfectius quam agere vitam socialem.
sc * Sed contra est quod augustinus, in libro de operibus monach., " illos sanctiores esse dicit qui, ° a conspectu hominum separati, nulli ad se praebent accessum, viventes in magna intentione orationum.
co ' Respondeo dicendum quod solitudo, sicut et paupertas, non est ipsa essentia perfectionis, sed perfectionis instrumentum, unde * in collationibus patrum, dicit abbas moyses quod " pro puritate cordis, solitudo sectanda est, sicut et ieiunia et alia huiusmodi. ' manifestum est autem quod solitudo non est instrumentum congruum actioni, sed contemplationi, * secundum illud osee ii, ° ducam eam in solitudinem, et loquar ad cor eius. ' unde non congruit religionibus quae sunt ordinatae ad opera vitae activae, sive corporalia sive spiritualia, nisi forte ad tempus, exemplo christi qui, * ut dicitur luc. vi, ° exiit in montem orare et erat pernoctans in oratione dei. ' competit autem religionibus quae sunt ad contemplationem ordinatae. considerandum tamen est quod id quod est solitarium, debet esse sibi per se sufficiens. hoc autem est cui nihil deest, quod pertinet ad rationem perfecti. et ideo solitudo competit contemplanti qui iam ad perfectum pervenit. quod quidem contingit dupliciter. uno modo, ex solo divino munere, sicut patet de ioanne baptista, ° qui fuit repletus spiritu sancto adhuc ex utero matris suae; " unde et cum adhuc puer esset, erat in desertis, * ut dicitur luc. i. |25| ' alio modo, per exercitium virtuosi actus, * secundum illud heb. v, ° perfectorum est solidus cibus, eorum qui pro consuetudine exercitatos habent sensus ad discretionem boni et mali. ' ad exercitium autem huiusmodi iuvatur homo ex aliorum societate, dupliciter. uno modo, quantum ad intellectum, ut instruatur in his quae sunt contemplanda, unde * hieronymus dicit, ad rusticum monachum, ° mihi placet ut habeas sacrum contubernium, nec ipse te doceas. ' secundo, quantum ad affectum, ut scilicet noxiae affectiones hominis reprimantur exemplo et correctione aliorum, * quia ut dicit gregorius, xxx moral., super illud, cui dedi in solitudine domum, ° quid prodest solitudo corporis, si solitudo defuerit cordis? ' et ideo vita socialis necessaria est ad exercitium perfectionis, solitudo autem competit iam perfectis. * unde hieronymus dicit, ad rusticum monachum, ° solitariam vitam comprehendimus minime, quam semper laudabimus, sed de ludo monasteriorum huiusmodi volumus egredi milites quos rudimenta non terreant, qui specimen conversationis suae multo tempore dederint. ' sicut igitur id quod iam perfectum est, praeeminet ei quod ad perfectionem exercetur; ita vita solitariorum, si debite assumatur, praeeminet vitae sociali. si autem absque praecedenti exercitio talis vita assumatur, est periculosissima, nisi per divinam |50| gratiam suppleatur quod in aliis per exercitium acquiritur, sicut patet de beatis antonio et benedicto.
ra1 ' Ad primum ergo dicendum quod salomon ostendit melius esse quod sint duo simul quam unus, propter auxilium quod unus habet ab alio, vel ad sublevandum vel ad fovendum vel ad spiritualiter calefaciendum. quo quidem auxilio iam non indigent qui sunt perfectionem assecuti.
ra2 * Ad secundum dicendum quod, sicut dicitur i ioan. iv, ° qui manet in caritate, in deo manet, et deus in eo. ' sicut ergo christus est in medio eorum qui sibi invicem per dilectionem proximi sociantur, ita habitat in corde eius qui divinae contemplationi insistit per dilectionem dei.
ra3 ' Ad tertium dicendum quod actu obedire est necessarium his qui indigent exerceri secundum directionem aliorum ad perfectionem capiendam. sed illi qui iam perfecti sunt, spiritu dei sufficienter aguntur, ut non indigeant actu aliis obedire. habent tamen obedientiam in praeparatione animi.
ra4 ' Ad quartum dicendum quod, * sicut augustinus dicit, in xix de civ. dei, ° a studio cognoscendae veritatis nemo prohibetur, quod ad laudabile pertinet otium. " quod autem aliquis super candelabrum ponatur, non pertinet ad ipsum, sed ad eius superiores. quae sarcina si non imponatur, * ut augustinus ibidem subdit, " contemplandae veritati vacandum est, ad quam plurimum valet solitudo. ' et tamen illi qui solitariam vitam agunt, multum utiles sunt generi humano. unde * augustinus dicit, in libro de moribus ecclesiae, de his loquens, ° pane solo, qui eis per certa intervalla temporum affertur, et aqua contenti, desertissimas terras incolunt, perfruentes colloquio dei, cui puris mentibus inhaeserunt. videntur autem nonnullis res humanas plus quam oporteret deseruisse, non intelligentibus quantum nobis eorum animus in orationibus prosit, et vita ad exemplum, quorum corpora videre non sinimur.
ra5 ' Ad quintum dicendum quod homo potest solitarius vivere dupliciter. uno modo, quasi societatem humanam non ferens propter animi saevitiam, et hoc est bestiale. alio modo, per hoc quod totaliter divinis rebus inhaeret, et hoc est supra hominem. * et ideo philosophus dicit, in i polit., quod " ille qui aliis non communicat, est bestia aut deus, idest divinus vir.

009 ST3 qu189 ar

pr ' Deinde considerandum est de ingressu religionis. et circa hoc quaeruntur decem. primo, utrum illi qui non sunt exercitati in observantia praeceptorum, debeant religionem ingredi. secundo, utrum liceat aliquos voto obligare ad religionis ingressum. tertio, utrum illi qui voto obligantur ad religionis ingressum, teneantur votum implere. quarto, utrum illi qui vovent religionem intrare, teneantur ibi perpetuo remanere. quinto, utrum pueri sint recipiendi in religione. sexto, utrum propter parentum obsequium aliqui debeant retrahi a religionis ingressu. septimo, utrum presbyteri curati vel archidiaconi possint ad religionem transire octavo, utrum de una religione possit aliquis transire ad aliam. nono, utrum aliquis debeat alios inducere ad religionis ingressum. decimo, utrum requiratur magna deliberatio cum consanguineis et amicis ad religionis ingressum.

009 ST3 qu189 ar1

ag1 ' Ad primum sic proceditur. videtur quod non debeant religionem ingredi nisi qui sunt in praeceptis exercitati. dominus enim consilium perfectionis dedit adolescenti qui dixerat se praecepta a iuventute servasse. sed a christo sumpsit initium omnis religio. ergo videtur quod non sunt ad religionem admittendi nisi qui sunt in praeceptis exercitati.
ag2 * Praeterea, gregorius dicit, super ezech., ° nemo repente fit summus, sed in bona conversatione a minimis quis inchoat, ut ad magna perveniat. ' sed magna sunt consilia, quae pertinent ad perfectionem vitae, minora autem sunt praecepta, quae pertinent ad communem iustitiam. ergo videtur quod non debent aliqui, ad observantiam consiliorum, religionem intrare, nisi prius fuerint in praeceptis exercitati.
ag3 ' Praeterea, sicut sacri ordines habent quandam excellentiam in ecclesia, ita et status religionis. * sed sicut gregorius scribit siagrio episcopo, et habetur in decretis, dist. xlviii, ° ordinate ad ordines accedendum est, nam casum appetit qui ad summi loci fastigia, postpositis gradibus, per abrupta quaerit ascensum. scimus enim quod aedificati parietes non prius tignorum pondus accipiunt, nisi a novitatis suae humore siccentur, ne, si ante pondera quam solidentur accipiant, cunctam simul fabricam deponant. ' ergo videtur quod non debent aliqui ad religionem transire nisi in praeceptis exercitati.
ag4 * Praeterea, super illud psalmi, sicut ablactatus super matre sua, dicit glossa, ° in utero matris ecclesiae primo concipimur, dum fidei rudimentis instruimur; deinde in lucem edimur, dum per baptismum regeneramur; deinde quasi manibus ecclesiae portamur et lacte nutrimur, cum post baptismum bonis operibus informamur et lacte spiritualis doctrinae nutrimur, proficiendo donec, iam grandiusculi, a lacte matris accedamus ad mensam patris; idest, a simplici doctrina, ubi praedicatur verbum caro factum, accedamus ad verbum patris in principio apud deum. * et postea subdit quod ° nuper baptizati in sabbato sancto, quasi manibus ecclesiae gestantur et lacte nutriuntur usque ad pentecosten, quo tempore nulla difficilia indicuntur, non ieiunatur, non media nocte surgitur, postea, spiritu paraclito confirmati, quasi ablactati, incipiunt ieiunare et alia difficilia servare. multi vero hunc ordinem pervertunt, ut haeretici et schismatici, se ante tempus a lacte separantes, unde exstinguuntur. ' sed hunc ordinem pervertere videntur illi qui religionem intrant, vel alios ad intrandum inducunt, antequam sint in faciliori observantia praeceptorum exercitati. ergo videtur quod sint haeretici vel schismatici.
ag5 ' Praeterea, a prioribus ad posteriora est transeundum. sed praecepta sunt priora consiliis, quia sunt communiora, utpote a quibus non convertitur consequentia essendi, quicumque enim servat consilia, servat praecepta, sed non convertitur. congruus autem ordo est ut a prioribus ad posteriora transeatur. ergo non debet aliquis transire ad observantiam consiliorum in religione, nisi prius sit exercitatus in praeceptis.
sc ' Sed contra est quod dominus matthaeum publicanum, qui in observantia praeceptorum exercitatus non erat, advocavit ad consiliorum observantiam, * dicitur enim luc. v, quod, " relictis omnibus, secutus est eum. ' ergo non est necessarium quod ante aliquis exerceatur in observantia praeceptorum quam transeat ad perfectionem consiliorum.
co * Respondeo dicendum quod, sicut ex supra dictis patet, ' status religionis est quoddam spirituale exercitium ad consequendum perfectionem caritatis, quod quidem fit inquantum per religionis observantias auferuntur impedimenta perfectae caritatis. haec autem sunt quae implicant affectum hominis ad terrena. per hoc autem quod affectus hominis implicatur ad terrena, non solum impeditur perfectio caritatis, sed interdum etiam ipsa caritas perditur, dum per inordinatam conversionem ad bona temporalia homo avertitur ab incommutabili bono mortaliter peccando. unde patet quod religionis observantiae, sicut tollunt impedimenta perfectae caritatis, ita etiam tollunt occasiones peccandi, sicut patet quod per ieiunium et vigilias et obedientiam et alia huiusmodi, retrahitur homo a peccatis gulae et luxuriae, et a quibuscumque aliis peccatis. et ideo ingredi religionem non solum expedit his qui sunt exercitati in praeceptis, ut ad maiorem perfectionem perveniant, sed etiam his qui non sunt exercitati, ut facilius peccata vitent et perfectionem assequantur.

ra1 * Ad primum ergo dicendum quod hieronymus dicit, super matth., ° mentitus est adolescens dicens, haec omnia servavi a iuventute mea. si enim quod positum est in mandatis, diliges proximum tuum sicut teipsum, opere complesset, quomodo postea, audiens, vade et vende omnia quae habes et da pauperibus, tristis recessit? ‘ sed intelligendum est eum mentitum esse quantum ad perfectam observantiam huius praecepti. * unde origenes, super matth., dicit quod ° scriptum est in evangelio secundum hebraeos, quod cum dominus dixisset ei, vade et vende omnia quae habes, coepit dives scalpere caput suum. et dixit ad eum dominus, quomodo dicis, feci legem et prophetas? est in lege, diliges proximum tuum sicut teipsum, et ecce, multi fratres tui, filii abrahae, amicti sunt stercore, morientes prae fame; et domus tua plena est multis bonis, et non egreditur aliquid omnino ex ea ad eos. itaque dominus, redarguens eum, dicit, si vis perfectus esse, etc.. impossibile est enim implere mandatum quod dicit, diliges proximum tuum sicut teipsum, et esse divitem, et maxime, tantas possessiones habere. ‘ quod est intelligendum de perfecta impletione huius praecepti. imperfecte autem et communi modo verum est eum observasse praecepta. perfectio enim principaliter in observantia praeceptorum caritatis consistit, |25| * ut supra habitum est. ‘ ut ergo dominus ostenderet perfectionem consiliorum utilem esse et innocentibus et peccatoribus, non solum vocavit adolescentem innocentem, sed etiam matthaeum peccatorem. et tamen matthaeus secutus est vocantem, non autem adolescens, quia facilius convertuntur ad religionem peccatores quam illi qui de sua innocentia praesumunt, * quibus dicit dominus, matth. xxi, ° publicani et meretrices praecedunt vos in regnum dei.

ra2 ‘ Ad secundum dicendum quod summum et infimum tripliciter accipi potest. uno modo, in eodem statu et in eodem homine. et sic manifestum est quod nemo repente fit summus, quia unusquisque recte vivens toto tempore vitae suae proficit, ut ad summum perveniat. alio modo, per comparationem ad diversos status. et sic non oportet ut quicumque vult ad superiorem statum pervenire, a minori incipiat, sicut non oportet ut qui vult esse clericus, prius in laicali vita exerceatur. tertio modo, quantum ad diversas personas. et sic manifestum est quod unus statim incipit, non solum ab altiori statu, sed etiam ab altiori gradu sanctitatis quam sit summum ad quod alius pervenit per totam vitam suam. * unde gregorius dicit, in ii dialog., ° omnes cognoscant, benedictus puer conversationis gratiam a quanta perfectione coepisset.

ra3 * Ad tertium dicendum quod, sicut supra dictum est, ‘ sacri ordines praeexigunt sanctitatem, sed status religionis est exercitium quoddam ad sanctitatem assequendam. unde pondus ordinum imponendum est parietibus iam per sanctitatem desiccatis, sed pondus religionis desiccat parietes, idest homines, ab humore vitiorum.

ra4 * Ad quartum dicendum quod, sicut manifeste ex verbis illius glossae apparet, principaliter loquitur “ de ordine doctrinae, prout transeundum est a facilioribus ad difficiliora. unde quod dicit haereticos et schismaticos hunc ordinem pervertere, manifestum est ex sequentibus ad ordinem doctrinae pertinere. sequitur enim, hic vero se servasse, scilicet praedictum ordinem, ° dicit, constringens se maledicto, sic, quasi, non modo in aliis fui humilis, sed etiam in scientia. quia humiliter sentiebam, prius nutritus lacte, quod est verbum caro factum, ut sic crescerem ad panem angelorum, idest ad verbum quod est in principio apud deum. ‘ exemplum autem quod in medio interponitur, quod noviter baptizatis non indicitur ieiunium usque ad pentecosten, ostendit quod non sunt ex necessitate ad difficilia cogendi antequam per spiritum sanctum interius ad hoc instigentur ut difficilia propria voluntate assumant. unde et post pentecosten, post receptionem spiritus sancti, ieiunium celebrat ecclesia. spiritus autem sanctus, * sicut ambrosius dicit, super luc., ° non arcetur aetatibus, non finitur morte, non excluditur alvo. * et gregorius dicit, in homilia pentecostes, ° implet citharaedum puerum, et psalmistam facit, implet puerum abstinentem, et iudicem senum facit. |25| * et postea subdit, ° nulla ad discendum mora agitur, omne quod voluerit, mox ut tetigerit mentem, docet. * et sicut dicitur eccle. viii, ° non est in hominis ditione prohibere spiritum. * et apostolus, i ad thess. v, monet, spiritum nolite extinguere. et act. vii, contra quosdam dicitur, ° vos semper spiritui sancto restitistis.

ra5 ‘ Ad quintum dicendum quod praeceptorum quaedam sunt principalia, quae sunt fines et praeceptorum et consiliorum, scilicet praecepta caritatis. ad quae consilia ordinantur, non ita quod sine consiliis servari non possint, sed ut per consilia perfectius observentur. alia vero sunt praecepta secundaria, quae ordinantur ad praecepta caritatis ut sine quibus caritatis praecepta observari non possunt omnino. sic igitur perfecta observantia praeceptorum caritatis praecedit intentione consilia, sed interdum tempore sequitur. hic est enim ordo finis respectu eorum quae sunt ad finem. observantia vero praeceptorum caritatis secundum communem modum, et similiter alia praecepta, comparantur ad consilia sicut commune ad proprium, quia observantia praeceptorum potest esse sine consiliis, sed non convertitur. sic ergo observantia praeceptorum communiter sumpta, praecedit naturae ordine consilia, non tamen oportet quod tempore, quia non est aliquid prius in genere quam sit in aliqua specierum. observantia vero praeceptorum sine consiliis ordinatur ad observantiam praeceptorum cum consiliis sicut species imperfecta ad perfectam, sicut animal irrationale ad rationale. perfectum autem est naturaliter prius imperfecto, “ natura enim, * ut boetius dicit, “ a perfectis sumit initium. ‘ nec tamen oportet quod prius observentur praecepta sine consiliis |25| et postea cum consiliis, sicut non oportet quod aliquis prius sit asinus quam sit homo, vel quod prius sit coniugatus quam sit virgo. et similiter non oportet quod aliquis prius servet praecepta in saeculo quam transeat ad religionem, praesertim quia conversatio saecularis non disponit ad perfectionem religionis, sed magis impedit.

009 ST3 qu189 ar2

ag1 ‘ Ad secundum sic proceditur. videtur quod non debeant aliqui voto obligari ad religionis ingressum. per professionem enim aliquis voto religioni adstringitur. sed ante professionem conceditur annus probationis, * secundum regulam beati benedicti, et secundum statutum innocentii iv, qui etiam prohibuit, “ ante annum probationis completum, eos per professionem religioni adstringi. ‘ ergo videtur quod multo minus adhuc in saeculo existentes debeant voto ad religionem obligari.

ag2 * Praeterea, gregorius dicit, in registro, et habetur in decretis, dist. xlv, quod ° iudaei, non vi, sed libera voluntate ut convertantur suadendi sunt. ‘ sed implere id quod vovetur, necessitatis est. ergo non sunt aliqui obligandi ad religionis ingressum.

ag3 ‘ Praeterea, nullus debet alteri praebere occasionem ruinae, * unde exod. xxi dicitur, ° si quis aperuerit cisternam, cecideritque bos vel asinus in eam, dominus cisternae reddet pretium iumentorum. ‘ sed ex hoc quod aliqui obligantur ad religionem per votum, frequenter aliqui ruunt in desperationem et in diversa peccata. ergo videtur quod non sint aliqui ad religionis ingressum voto obligandi.

sc * Sed contra est quod in psalmo dicitur, vovete, et reddite domino deo vestro, ubi dicit glossa quod ° quaedam sunt vota propria singulorum, ut castitas, virginitas et huiusmodi, ad haec ergo vovenda nos invitat. ‘ sed scriptura sacra non invitat nisi ad id quod est melius. ergo melius est quod aliquis voto se obliget ad religionis ingressum.

co ‘ Respondeo dicendum quod, * sicut supra dictum est, cum de voto ageretur, ‘ unum et idem opus ex voto factum est laudabilius quam si sine voto fiat. tum quia vovere est actus religionis, quae habet quandam excellentiam inter virtutes. tum quia per votum firmatur voluntas hominis ad bonum faciendum, et sicut peccatum est gravius ex hoc quod procedit ex voluntate obstinata in malum, ita bonum opus est laudabilius ex hoc quod procedit ex voluntate confirmata in bonum per votum. et ideo obligari voto ad religionis ingressum est secundum se laudabile.

ra1 ‘ Ad primum ergo dicendum quod duplex est religionis votum. unum solemne, quod hominem facit monachum vel alterius religionis fratrem, quod vocatur professio. et tale votum debet praecedere annus probationis, ut probat obiectio. aliud autem est votum simplex, ex quo aliquis non fit monachus vel religiosus, sed solum obligatus ad religionis ingressum. et ante tale votum non oportet praecedere probationis annum.

ra2 * Ad secundum dicendum quod auctoritas illa gregorii intelligitur ‘ de violentia absoluta. necessitas autem quae ex obligatione voti requiritur, non est necessitas absoluta, sed necessitas ex fine, quia scilicet, post votum, non potest aliquis finem salutis consequi nisi impleat votum. talis autem necessitas non est vitanda, quinimmo, ut * augustinus dicit, ad armentarium et paulinam, ° felix est necessitas quae ad meliora transmittit.

ra3 ‘ Ad tertium dicendum quod vovere religionis ingressum est quaedam confirmatio voluntatis ad meliora. et ideo, quantum est de se, non dat homini occasionem ruinae, sed magis subtrahit. sed si aliquis voti transgressor gravius ruat, hoc non derogat bonitati voti, sicut nec derogat bonitati baptismi quod aliqui post baptismum gravius peccant.

009 ST3 qu189 ar3

ag1 ‘ Ad tertium sic proceditur. videtur quod ille qui obligatus est voto ad religionis ingressum, non teneatur intrare. * dicitur enim in decretis, xvii, qu. ii, ° consaldus presbyter, quondam infirmitatis passione pressus, monachum se fieri promisit, non tamen monasterio aut abbati se tradidit, nec promissionem scripsit, sed beneficium ecclesiae in manu advocati refutavit, ac postquam convaluit, monachum se negavit fieri. * et postea subdit, ° iudicamus ut praefatus presbyter beneficium et altaria recipiat et quiete retineat. ‘ hoc autem non esset, si teneretur religionem intrare. ergo videtur quod non teneatur aliquis implere votum quo se ad religionis ingressum obligavit.

ag2 ‘ Praeterea, nullus tenetur facere id quod non est in sua potestate. sed quod aliquis religionem ingrediatur, non est in potestate ipsius, sed requiritur ad hoc assensus eorum ad quos debet transire. ergo videtur quod non teneatur aliquis implere votum quo se ad religionis ingressum obligavit.

ag3 ‘ Praeterea, per votum minus utile non potest derogari voto magis utili. sed per impletionem voti religionis impediri posset impletio voti crucis in subsidium terrae sanctae, quod videtur esse utilius, quia per hoc votum consequitur homo remissionem peccatorum. ergo videtur quod votum quo quis se obligavit ad religionis ingressum, non sit ex necessitate implendum.

sc * Sed contra est quod dicitur eccle. v, ° si quid vovisti deo, ne moreris reddere, displicet enim deo infidelis et stulta promissio. * et super illud psalmi, vovete et reddite domino deo vestro, dicit glossa, ° vovere voluntati consulitur, sed post voti promissionem, redditio necessario exigitur.

co ‘ Respondeo dicendum quod, * sicut supra dictum est, cum de voto ageretur, ‘ votum est promissio deo facta de his quae ad deum pertinent. * ut autem gregorius dicit, in epistola ad bonifacium, ° si inter homines solent bonae fidei contractus nulla ratione dissolvi, quanto magis ista pollicitatio quam cum deo pepigit, solvi sine vindicta non poterit. ‘ et ideo ad implendum id quod homo vovit, ex necessitate tenetur, dummodo sit aliquid quod ad deum pertineat. manifestum est autem quod ingressus religionis maxime ad deum pertinet, quia per hoc homo totaliter se mancipat divinis obsequiis, * ut ex supra dictis patet. ‘ unde relinquitur quod ille qui se obligat ad religionis ingressum, teneatur religionem ingredi, secundum quod se voto obligare intendit, ita scilicet quod, si intendit se absolute obligare, tenetur quam citius poterit ingredi, legitimo impedimento cessante; si autem ad certum tempus, vel sub certa conditione, tenetur religionem ingredi tempore adveniente, vel conditione existente.

ra1 ‘ Ad primum ergo dicendum quod ille presbyter non fecerat votum solemne, sed simplex. unde non erat monachus effectus, ut cogi deberet de iure in monasterio remanere et ecclesiam dimittere. tamen in foro conscientiae esset sibi consulendum quod, omnibus dimissis, religionem intraret. * unde extra, de voto et voti redempt., cap. per tuas, “ consulitur episcopo gratianopolitano, qui post votum religionis episcopatum assumpserat, voto non impleto, ut, ° si suam sanare desideraret conscientiam, regimen ecclesiae resignaret, et redderet altissimo vota sua.

ra2 ‘ Ad secundum dicendum quod, * sicut supra dictum est, cum de voto ageretur, ‘ ille qui se voto obligavit ad certae religionis ingressum, tenetur facere quantum in se est ut in illa religione recipiatur. et si quidem intendit se simpliciter ad religionem obligare, si non recipitur in una religione, tenetur ire ad aliam. si vero intendit se obligare specialiter ad unam solum, non tenetur nisi secundum modum suae obligationis.

ra3 ‘ Ad tertium dicendum quod votum religionis, cum sit perpetuum, est maius quam votum peregrinationis terrae sanctae, quod est temporale. et sicut * alexander iii dicit, et habetur extra, de voto et voti redempt., ° reus fracti voti aliquatenus non habetur qui temporale obsequium in perpetuam noscitur religionis observantiam commutare. ‘ rationabiliter autem dici potest quod etiam per ingressum religionis aliquis consequatur remissionem omnium peccatorum. si enim aliquibus eleemosynis factis homo potest statim satisfacere de peccatis suis, * secundum illud dan. iv, peccata tua eleemosynis redime; ‘ multo magis in satisfactionem pro omnibus peccatis sufficit quod aliquis se totaliter divinis obsequiis mancipet per religionis ingressum, quae excedit omne genus satisfactionis, etiam publicae poenitentiae, * ut habetur in decretis, xxxiii caus., qu. ii, cap. admonere; ‘ sicut etiam holocaustum excedit sacrificium, * ut gregorius dicit, super ezech.. unde in vitis patrum legitur quod “ eandem gratiam consequuntur religionem ingredientes quam consequuntur baptizati. ‘ si tamen non absolverentur per hoc ab omni reatu poenae, nihilominus ingressus religionis utilior est quam peregrinatio terrae sanctae quantum ad promotionem in bonum, quae praeponderat absolutioni a poena.

009 ST3 qu189 ar4

ag1 ‘ Ad quartum sic proceditur. videtur quod ille qui vovet religionem ingredi, teneatur perpetuo in religione permanere. melius est enim religionem non ingredi quam post ingressum exire, * secundum illud ii pet. ii, ° melius erat illis veritatem non cognoscere quam post agnitam retroire. * et luc. ix dicitur, ° nemo mittens manum ad aratrum et aspiciens retro, aptus est regno dei. ‘ sed ille qui voto se obligavit ad religionis ingressum, tenetur ingredi, * ut dictum est. ‘ ergo etiam tenetur perpetuo remanere.

ag2 ‘ Praeterea, quilibet debet vitare id ex quo scandalum sequitur et aliis datur malum exemplum. sed ex hoc quod aliquis, post religionis ingressum, egreditur et ad saeculum redit, malum exemplum et scandalum aliis generatur, qui retrahuntur ab ingressu et provocantur ad exitum. ergo videtur quod ille qui ingreditur religionem ut votum impleat quod prius fecit, teneatur ibi perpetuo remanere.

ag3 ' Praeterea, votum religionis reputatur votum perpetuum, et ideo temporalibus votis praefertur, * ut dictum est. ' hoc autem non esset, si aliquis, voto religionis emisso, ingrederetur cum proposito exeundi. videtur ergo quod ille qui vovet religionis ingressum, teneatur in religione etiam perpetuo remanere.
sc ' Sed contra est, quia votum professionis, propter hoc quod obligat hominem ad hoc quod perpetuo in religione remaneat, praeexigit annum probationis, qui non praeexigitur ad votum simplex quo aliquis se obligat ad religionis ingressum. ergo videtur quod ille qui vovet religionem intrare, propter hoc non teneatur ibi perpetuo remanere.
co ' Respondeo dicendum quod obligatio voti ex voluntate procedit, nam vovere voluntatis est, * ut augustinus dicit. ' in tantum ergo fertur obligatio voti in quantum se extendit voluntas et intentio voventis. si igitur vovens intendit se obligare non solum ad ingressum religionis, sed ad perpetuo remanendum, tenetur perpetuo remanere. si autem intendit se obligare ad ingressum religionis causa experiendi, cum libertate remanendi vel non remanendi, manifestum est quod remanere non tenetur. si vero in vovendo simpliciter de ingressu religionis cogitavit, absque hoc quod cogitaret de libertate exitus vel de perpetuitate remanendi, videtur obligari ad ingressum secundum formam iuris communis, quae est ut ingredientibus detur probationis annus. unde non tenetur perpetuo in religione remanere.
ra1 ' Ad primum ergo dicendum quod melius est intrare religionem animo probandi, quam penitus non intrare, quia per hoc disponitur ad perpetuo remanendum. nec tamen intelligitur aliquis retro ire vel aspicere, nisi quando praetermittit id ad quod se obligavit. alioquin quicumque per aliquod tempus facit aliquod bonum opus, si non semper id faciat, esset ineptus regno dei, quod patet esse falsum.
ra2 ' Ad secundum dicendum quod ille qui religionem ingreditur, si exeat, praesertim ex aliqua rationabili causa, non generat scandalum nec dat malum exemplum. et si alius scandalizatur, erit scandalum passivum ex parte eius, non autem scandalum activum ex parte exeuntis, quia fecit quod licitum erat ei facere, et quod expediebat propter rationabilem causam, puta infirmitatem aut debilitatem aut aliquid huiusmodi.
ra3 ' Ad tertium dicendum quod ille qui intrat ut statim exeat, non videtur satisfacere voto suo, quia ipse in vovendo hoc non intendit. et ideo tenetur mutare propositum, ut saltem velit experiri an ei expediat in religione remanere. non autem tenetur ad perpetuo remanendum.

009 ST3 qu189 ar5

ag1 ' Ad quintum sic proceditur. videtur quod pueri non sint recipiendi in religione. * quia extra, de regularibus et transeunt. ad relig., dicitur, ° nullus tondeatur, nisi legitima aetate et spontanea voluntate. ' sed pueri non videntur habere legitimam aetatem nec spontaneam voluntatem, quia non habent perfecte usum rationis. ergo videtur quod non sint in religione recipiendi.
ag2 ' Praeterea, status religionis videtur esse status poenitentiae, unde et religio dicitur a religando vel reeligendo, * ut augustinus dicit, x de civ. dei. ' sed pueris non convenit poenitentia. ergo videtur quod non debeant religionem intrare.
ag3 ' Praeterea, sicut aliquis obligatur iuramento, ita et voto. sed pueri, ante annos quatuordecim, non debent obligari iuramento, * ut habetur in decretis, xxii caus., qu. v, cap. pueri, et cap. honestum. ' ergo videtur quod nec etiam sint voto obligandi.
ag4 ' Praeterea, illicitum videtur esse obligare aliquem tali obligatione quae posset iuste irritari. sed si aliqui impuberes obligant se religioni, possunt retrahi a parentibus vel tutoribus, * dicitur enim in decretis, xx caus., qu. ii, quod ° puella si ante duodecim aetatis annos sponte sua sacrum velamen assumpserit, possunt statim parentes eius vel tutores id factum irritum facere, si voluerint. ' illicitum est ergo pueros, praesertim ante pubertatis annos, ad religionem recipere vel obligare.
sc * Sed contra est quod dominus, matth xix, dicit, ° sinite parvulos, et nolite eos prohibere venire ad me. * quod exponens origenes, super matth., dicit quod ° discipuli iesu, priusquam discant rationem iustitiae, reprehendunt eos qui pueros et infantes offerunt christo, dominus autem exhortatur discipulos suos condescendere utilitatibus puerorum. hoc ergo attendere debemus, ne, aestimatione sapientiae excellentioris, contemnamus, quasi magni, pusillos ecclesiae, prohibentes pueros venire ad iesum.
co * Respondeo dicendum quod, sicut supra dictum est, ' duplex est religionis votum. unum simplex, quod consistit in sola promissione deo facta, quae ex interiori mentis deliberatione procedit. et hoc votum habet efficaciam ex iure divino. quae tamen dupliciter tolli potest. uno modo, per defectum deliberationis, ut patet in furiosis, quorum vota non sunt obligatoria, * ut habetur extra, de regularibus et transeunt. ad relig., cap. sicut tenor. ' et eadem est ratio de pueris qui nondum habent debitum usum rationis, per quem sunt doli capaces, quem quidem pueri habent, ut frequentius, circa quartumdecimum annum, puellae vero circa duodecimum, qui dicuntur anni pubertatis. in quibusdam tamen anticipatur, et in quibusdam tardatur, secundum diversam dispositionem naturae. alio modo impeditur efficacia simplicis voti, si aliquis deo voveat quod non est propriae potestatis, puta si servus, etiam usum rationis habens, voveat se religionem intrare, aut etiam ordinetur, ignorante domino; potest enim hoc dominus revocare, * ut habetur in decretis, dist. liv, cap. si servus. ' et quia puer vel puella, infra pubertatis annos, naturaliter sunt in potestate patris quantum ad dispositionem suae vitae, poterit pater votum eorum revocare vel acceptare, si sibi placuerit, * ut expresse dicitur de muliere, num. xxx. |25| ' sic igitur si puer, ante annos pubertatis, simplex votum emittat, antequam habeat plenum usum rationis, non obligatur ex voto. si autem habeat usum rationis ante annos pubertatis, obligatur quidem quantum in se est, ex suo voto, tamen potest obligatio removeri per auctoritatem patris, in cuius potestate adhuc existit; quia ordinatio legis, qua unus homo subditur alteri, respicit id quod in pluribus accidit. si vero annos pubertatis excedat, non potest revocari auctoritate parentum; si tamen nondum haberet plenum usum rationis, non obligaretur quoad deum. aliud autem est votum solemne, quod facit monachum vel religiosum. quod quidem subditur ordinationi ecclesiae, propter solemnitatem quam habet annexam. et quia ecclesia respicit id quod in pluribus est, professio ante tempus pubertatis facta, quantumcumque aliquis habeat usum rationis plenum, ut sit doli capax, non habet suum effectum, ut faciat profitentem esse iam religiosum. et tamen, licet ante annos pubertatis profiteri non possint, possunt tamen, cum voluntate parentum, in religione recipi ut nutriantur ibidem, sicut de ioanne baptista * legitur, luc. i, quod ° puer crescebat, et confortabatur spiritu, et erat in desertis. * unde, sicut gregorius dicit, in ii dialog., ° beato benedicto romani nobiles suos filios omnipotenti deo nutriendos dare coeperunt. * quod est valde expediens, secundum illud thren. iii, ° bonum est viro cum portaverit iugum ab adolescentia sua. |50| ' unde ex communi consuetudine pueri applicantur illis officiis vel artibus in quibus sunt vitam acturi.
ra1 ' Ad primum ergo dicendum quod legitima aetas ad hoc quod aliquis tondeatur cum voto solemni religionis, est tempus pubertatis, in quo homo potest uti spontanea voluntate. sed ante annos pubertatis potest esse legitima aetas ad hoc quod aliquis tondeatur in religione nutriendus.
ra2 ' Ad secundum dicendum quod religionis status principaliter ordinatur ad perfectionem consequendam, * ut supra habitum est. ' et secundum hoc, convenit pueris, qui de facili imbuuntur. ex consequenti autem dicitur esse status poenitentiae, inquantum per observantiam religionis peccatorum occasiones tolluntur, * ut supra dictum est.
ra3 ' Ad tertium dicendum quod pueri, sicut non coguntur ad iurandum, * ut canon dicit, ' ita non coguntur ad vovendum. si tamen voto vel iuramento se adstrinxerint ad aliquid faciendum, obligantur quoad deum, si habeant usum rationis, licet non obligentur quoad ecclesiam ante quatuordecim annos.
ra4 * Ad quartum dicendum quod num. xxx ' non reprehenditur mulier in puellari aetate constituta, si voveat absque consensu parentum, potest tamen revocari a parentibus. ex quo patet quod non peccat vovendo, sed intelligitur se voto obligare quantum in se est, absque praeiudicio auctoritatis paternae.

009 ST3 qu189 ar6

ag1 ' Ad sextum sic proceditur. videtur quod propter obsequium parentum debeant aliqui retrahi ab ingressu religionis. non enim licet praetermittere id quod est necessitatis, ut fiat id quod est liberum voluntati. sed obsequi parentibus cadit sub necessitate praecepti quod datur de honoratione parentum, * exod. xx, unde et apostolus dicit, i ad tim. v, ° si qua vidua filios aut nepotes habet, discat primum domum suam regere, et mutuam vicem reddere parentibus. ' ingredi autem religionem est liberum voluntati. ergo videtur quod non debeat aliquis praetermittere parentum obsequium propter religionis ingressum.
ag2 ' Praeterea, maior videtur esse subiectio filii ad parentes quam servi ad dominum, quia filiatio est naturalis; servitus autem ex maledictione peccati, * ut patet gen. ix. ' sed servus non potest praetermittere obsequium domini sui ut religionem ingrediatur aut sacrum ordinem assumat, * sicut habetur in decretis, dist. liv, si servus. ' ergo multo minus filius potest obsequium patris praetermittere ut ingrediatur religionem.
ag3 ' Praeterea, maiori debito obligatur aliquis parentibus quam his quibus debet pecuniam. sed illi qui debent pecuniam aliquibus, non possunt religionem ingredi, * dicit enim gregorius, in regist., et habetur in decretis, dist. liii, quod ° si hi qui sunt rationibus publicis obligati, quandoque monasterium petunt, nullo modo suscipiendi sunt, nisi prius a negotiis publicis fuerint absoluti. ' ergo videtur quod multo minus filii possunt religionem ingredi, praetermisso paterno obsequio.
sc * Sed contra est quod matth. iv dicitur quod iacobus et ioannes, ° relictis retibus et patre, secuti sunt dominum. ex quo, * ut hilarius dicit, ° docemur, christum secuturi, et saecularis vitae sollicitudine et paternae domus consuetudine non teneri.
co ' Respondeo dicendum quod, * sicut supra dictum est, cum de pietate ageretur, ' parentes habent rationem principii, inquantum huiusmodi, et ideo per se eis convenit ut filiorum curam habeant. et propter hoc, non liceret alicui filios habenti religionem ingredi, omnino praetermissa cura filiorum idest, non proviso qualiter educari possint, * dicitur enim i ad tim. v, quod ° si quis suorum curam non habet, fidem negavit, et est infideli deterior. ' per accidens tamen parentibus convenit ut a filiis adiuventur, inquantum scilicet sunt in necessitate aliqua constituti. et ideo dicendum est quod, parentibus in necessitate existentibus ita quod eis commode aliter quam per obsequium filiorum subveniri non possit, non licet filiis, praetermisso parentum obsequio, religionem intrare. si vero non sint in tali necessitate ut filiorum obsequio multum indigeant, possunt, praetermisso parentum obsequio, filii religionem intrare, etiam contra praeceptum parentum, quia post annos pubertatis, quilibet ingenuus libertatem habet quantum ad ea quae pertinent ad dispositionem sui status, praesertim in his quae sunt divini obsequii; ° et magis est obtemperandum patri spirituum, ut vivamus, quam parentibus carnis, |25| * ut apostolus, heb. xii, dicit. unde dominus, ut legitur matth. viii et luc. ix, reprehendit " discipulum qui nolebat eum statim sequi intuitu paternae sepulturae, erant enim alii per quos illud opus impleri poterat, * ut chrysostomus dicit.
ra1 ' Ad primum ergo dicendum quod praeceptum de honoratione parentum non solum se extendit ad corporalia obsequia, sed etiam ad spiritualia, et ad reverentiam exhibendam. et ideo etiam illi qui sunt in religione implere possunt praeceptum de honoratione parentum, pro eis orando, et eis reverentiam et auxilium impendendo, secundum quod religiosos decet. quia etiam illi qui in saeculo vivunt, diversimode parentes honorant, secundum eorum conditionem.
ra2 ' Ad secundum dicendum quod, quia servitus est in poenam peccati inducta, ideo per servitutem aliquid adimitur homini quod alias ei competeret, ne scilicet libere de sua persona possit disponere, servus enim id quod est, domini est. sed filius non patitur detrimentum ex hoc quod subiectus est patri, quin possit de sua persona libere disponere transferendo se ad obsequium dei, quod maxime pertinet ad hominis bonum.
ra3 ' Ad tertium dicendum quod ille qui est obligatus ad aliquid certum, non potest illud licite praetermittere, facultate exstante. et ideo si aliquis sit obligatus ut alicui rationem ponat, vel ut certum debitum reddat, non potest hoc licite praetermittere ut religionem ingrediatur. si tamen debeat aliquam pecuniam et non habeat unde reddat, tenetur facere quod potest, ut scilicet cedat bonis suis creditori. propter pecuniam autem persona liberi hominis, secundum iura civilia, non obligatur, sed solum res, quia persona liberi hominis superat omnem aestimationem pecuniae. unde potest licite, exhibitis rebus suis, religionem intrare, nec tenetur in saeculo remanere ut procuret unde debitum reddat. filius autem non tenetur ad aliquod speciale debitum patri, nisi forte in casu necessitatis, * ut dictum est.

009 ST3 qu189 ar7

ag1 ' Ad septimum sic proceditur. videtur quod presbyteri curati non possunt licite religionem ingredi. * dicit enim gregorius, in pastoral., quod " ille qui curam animarum suscipit, ° terribiliter admonetur cum dicitur, fili mi, si spoponderis pro amico tuo, defixisti apud extraneum manum tuam. * et subdit, ° spondere namque pro amico est animam alienam in periculo suae conversationis accipere. ' sed ille qui obligatur homini pro aliquo debito, non potest intrare religionem nisi solvat id quod debet, si possit. cum ergo sacerdos possit curam animarum agere, ad quam se obligavit in periculo animae suae, videtur quod non liceat ei, praetermissa cura animarum, religionem intrare.
ag2 ' Praeterea, quod uni licet, pari ratione omnibus similibus licet. sed si omnes presbyteri habentes curam animarum religionem intrarent, remanerent plebes absque cura pastorum, quod esset inconveniens. ergo videtur quod presbyteri curati non possint licite religionem intrare.
ag3 ' Praeterea, inter actus ad quos religiones ordinantur, praecipui sunt illi quibus aliquis contemplata aliis tradit. huiusmodi autem actus competunt presbyteris curatis et archidiaconis, quibus ex officio competit praedicare et confessiones audire. ergo videtur quod non liceat presbytero curato vel archidiacono transire ad religionem.
sc ' Sed contra est quod * in decretis, xix caus., qu. ii, cap. duae sunt leges, dicitur, ° si quis clericorum in ecclesia sua sub episcopo populum retinet et saeculariter vivit, si, afflatus spiritu sancto, in aliquo monasterio vel regulari canonica salvari se voluerit, etiam episcopo suo contradicente, eat liber, nostra auctoritate.
co * Respondeo dicendum quod, sicut supra dictum est, ' obligatio voti perpetui praefertur omni alii obligationi. obligari autem voto perpetuo et solemni ad vacandum divinis obsequiis, competit proprie episco-

pis et religiosis. presbyteri autem curati et archidiaconi non obligantur voto perpetuo et solemni ad curam animarum retinendam, sicut ad hoc obligantur episcopi. “ unde episcopi ° praesulatum non possunt deserere quacumque occasione, absque auctoritate romani pontificis, * ut habetur extra, de regularibus et transeuntib. ad relig., cap. licet, ‘ archidiaconi autem et presbyteri curati possunt libere abrenuntiare episcopo curam eis commissam, absque speciali licentia papae, qui solus potest in votis perpetuis dispensare. unde manifestum est quod archidiaconis et presbyteris curatis licet ad religionem transire.

ra1 ‘ Ad primum ergo dicendum quod presbyteri curati et archidiaconi obligaverunt se ad curam agendam subditorum quandiu retinent archidiaconatum vel parochiam. non autem obligaverunt se ad hoc quod perpetuo archidiaconatum vel parochiam teneant.

ra2 ‘ Ad secundum dicendum quod, * sicut hieronymus dicit, contra vigilantium, ° quamvis a te linguae vipereae morsus saevissimos patiantur, scilicet religiosi, quibus argumentaris, et dicis, si omnes se clauserint et fuerint in solitudine, quis celebrabit ecclesias? quis saeculares homines lucrifaciet? quis peccantes ad virtutes poterit exhortari? hoc enim modo, si omnes tecum fatui sint, sapiens esse quis poterit? et virginitas non erit approbanda, si enim virgines omnes fuerint et nuptiae non erunt, interibit genus humanum. rara est virtus, nec a pluribus appetitur. ‘ patet ergo quod hic timor stultus est, puta, sicut si aliquis timeret haurire aquam, ne flumen deficeret.

009 ST3 qu189 ar8

ag1 ‘ Ad octavum sic proceditur. videtur quod non liceat de una religione transire ad aliam, etiam arctiorem. * dicit enim apostolus, heb. x, neque deserentes collectionem nostram, sicut est consuetudinis quibusdam, glossa, ° qui scilicet vel timore persecutionis cedunt, vel propria praesumptione a peccatoribus vel imperfectis, ut iusti videantur, recedunt. ‘ sed hoc videntur facere qui de una religione transeunt ad aliam perfectiorem. ergo videtur hoc esse illicitum.

ag2 ‘ Praeterea, professio monachorum est arctior quam professio regularium canonicorum, * ut habetur extra, de statu monach. et canonic. regul. cap. quod dei timorem. ‘ sed non licet alicui transire de statu canonicorum regularium ad statum monachorum, * dicitur enim in decretis, xix caus., qu. iii, ° mandamus, et universaliter interdicimus, ne quis canonicus regulariter professus, nisi, quod absit, publice lapsus fuerit, monachus efficiatur. ‘ ergo videtur quod non liceat alicui transire de una religione ad aliam maiorem.

ag3 ‘ Praeterea, tandiu aliquis obligatur ad implendum quod vovit, quandiu potest licite illud implere, sicut, si aliquis vovit continentiam servare, etiam post contractum matrimonium per verba de praesenti, ante carnalem copulam, tenetur implere votum, quia hoc potest facere religionem intrando. si ergo aliquis licite potest de una religione transire ad aliam, tenebitur hoc facere, si ante hoc voverit existens in saeculo. quod videtur esse inconveniens, quia ex hoc plerumque scandalum generari posset. ergo non potest aliquis religiosus de una religione transire ad aliam arctiorem.

sc * Sed contra est quod dicitur in decretis, xx caus., qu. iv, ° virgines sacrae si, pro lucro animae suae, propter districtiorem vitam, ad aliud monasterium pergere disposuerunt, ibique commanere decreverunt, synodus concedit. ‘ et eadem ratio videtur esse de quibuscumque religiosis. ergo potest aliquis licite transire de una religione ad aliam.

co ‘ Respondeo dicendum quod transire de religione ad religionem, nisi propter magnam utilitatem vel necessitatem, non est laudabile. tum quia ex hoc plerumque scandalizantur illi qui relinquuntur. tum etiam quia facilius proficit aliquis in religione quam consuevit, quam in illa quam non consuevit, ceteris paribus. * unde in collationibus patrum abbas nesteros dicit, ° unicuique utile est ut secundum propositum quod elegit, summo studio ac diligentia ad operis arrepti perfectionem pervenire festinet, et nequaquam a sua, quam semel elegit, professione discedat. * et postea, rationem assignans, subdit, ° impossibile namque est unum eumdemque hominem simul universis fulciri virtutibus. quas si quis voluerit pariter attentare, in id incidere eum necesse est ut, dum omnem sequitur, nullam integre consequatur. ‘ diversae enim religiones praeeminent secundum diversa virtutum opera. potest tamen aliquis laudabiliter de una religione transire ad aliam, triplici ex causa. primo quidem, zelo perfectioris religionis. quae quidem excellentia, * ut supra dictum est, ‘ non attenditur secundum solam arctitudinem, sed principaliter secundum id ad quod religio ordinatur; secundario vero secundum discretionem observantiarum debito |25| fini proportionatarum. secundo, propter declinationem religionis debita perfectione. puta, si in aliqua religione altiori incipiant religiosi remissius vivere, laudabiliter transit aliquis ad religionem etiam minorem, si melius observetur, * sicut in collationibus patrum dicit abbas ioannes de seipso quod “ a vita solitaria, in qua professus fuerat, transiit ad minorem, scilicet eorum qui vivunt in societate, propter hoc quod vita eremitica coeperat declinare et laxius observari. ‘ tertio, propter infirmitatem vel debilitatem, ex qua interdum provenit quod non potest aliquis arctioris religionis statuta servare, posset autem observare statuta religionis laxioris. sed in his tribus casibus est differentia. nam in primo casu, debet quidem, propter humilitatem, licentiam petere, quae tamen ei negari non potest, dummodo constet illam religionem esse altiorem; ° si vero de hoc probabiliter dubitetur, est in hoc superioris iudicium requirendum; * ut habetur extra, de regular. et transeunt. ad relig., cap. licet. ‘ similiter requiritur superioris iudicium in secundo casu. in tertio vero casu est etiam dispensatio necessaria.

ra1 ‘ Ad primum ergo dicendum quod illi qui ad altiorem religionem transeunt, non faciunt hoc praesumptuose, ut iusti videantur, sed devote, ut iustiores fiant.

ra2 ‘ Ad secundum dicendum quod utraque religio, scilicet monachorum et canonicorum regularium, ordinatur ad opera vitae contemplativae. inter quae praecipua sunt ea quae aguntur in divinis mysteriis, ad quae ordinatur directe ordo canonicorum regularium, quibus per se competit ut sint clerici religiosi. sed ad religionem monachorum non per se competit quod sint clerici, * ut habetur in decretis, xvi, qu. i. ‘ et ideo, quamvis ordo monachorum sit arctioris observantiae, si monachi essent laici, liceret transire ab ordine monachorum ad ordinem canonicorum regularium, * secundum illud hieronymi, ad rusticum monachum, “ sic vive in monasterio ut clericus esse merearis, non autem e converso, * ut habetur in decretis, xix caus., qu. iii, in decreto inducto. ‘ sed si monachi sint clerici sacris mysteriis obsequentes, habent id quod est canonicorum regularium cum maiori arctitudine. et ideo transire licitum erit de ordine canonicorum regularium ad ordinem monachorum, petita tamen superioris licentia, * ut dicitur xix, qu. iii, cap. statuimus.

ra3 ‘ Ad tertium dicendum quod votum solemne quo quis obligatur minori religioni, est fortius quam votum simplex quo quis adstringitur maiori religioni, post votum enim simplex, si contraheret aliquis matrimonium, non dirimeretur, sicut post votum solemne. et ideo ille qui iam professus est in minori religione, non tenetur implere votum simplex quod emisit de intrando maiorem religionem.

009 ST3 qu189 ar9

ag1 ‘ Ad nonum sic proceditur. videtur quod nullus debeat alios inducere ad religionem intrandum. * mandat enim beatus benedictus, in regula sua, quod ° venientibus ad religionem non sit facilis praebendus ingressus, sed probandum est an spiritus a deo sint. * et hoc etiam docet cassianus, in iv lib. de institutis coenob.. ‘ multo ergo minus licet aliquem ad religionem inducere.

ag2 * Praeterea, matth. xxiii, dominus dicit, ° vae vobis. qui circuitis mare et aridam ut faciatis unum proselytum, et, cum factus fuerit, facitis eum filium gehennae duplo quam vos. ‘ sed hoc videntur facere qui homines ad religionem inducunt. ergo videtur hoc esse vituperabile.

ag3 ‘ Praeterea, nullus debet inducere aliquem ad id quod pertinet ad eius detrimentum. sed ille qui inducit aliquem ad religionem, quandoque ex hoc incurrit detrimentum, quia quandoque sunt obligati ad maiorem religionem. ergo videtur quod non sit laudabile inducere aliquos ad religionem.

sc * Sed contra est quod dicitur exod. xxvi, cortina cortinam trahat. ‘ debet ergo unus homo alium trahere ad dei obsequium.

co ‘ Respondeo dicendum quod inducentes alios ad religionem non solum non peccant, sed magnum praemium merentur, * dicitur enim iac. ult., ° qui converti fecerit peccatorem ab errore viae suae, liberat animam eius a morte, et operit multitudinem peccatorum; * et dan. xii dicitur, ° qui ad iustitiam erudiunt plurimos, quasi stellae in perpetuas aeternitates. ‘ posset tamen contingere circa huiusmodi inductionem triplex inordinatio. primo quidem, si violenter aliquis alium ad religionem cogeret, * quod prohibetur, in decretis, xx, qu. iii. ‘ secundo, si aliquis simoniace alium ad religionem trahat, muneribus datis, * ut prohibetur in decretis, qu. ii, cap. quam pio. ‘ nec tamen ad hoc pertinet si aliquis alicui pauperi necessaria ministret in saeculo, nutriens eum ad religionem, vel si, sine pacto, aliqua munuscula tribuat ad familiaritatem captandam. tertio, si mendaciis eum alliciat. imminet enim sic inducto periculum ne, cum se deceptum invenerit, retrocedat; et sic fiant novissima hominis illius peiora prioribus, * ut dicitur matth. xii.

ra1 ‘ Ad primum ergo dicendum quod illis qui ad religionem inducuntur, nihilominus reservatur probationis tempus, in quo difficultates religionis experiuntur. et sic non facilis aditus eis datur ad religionis ingressum.

ra2 * Ad secundum dicendum quod, secundum hilarium, verbum illud domini ‘ praenuntiativum fuit perversi studii iudaeorum quo, post christi praedicationem, gentiles vel etiam christianos ad iudaicum ritum trahendo, faciunt dupliciter gehennae filios, quia scilicet et peccata pristina quae commiserunt, eis in iudaismo non dimittuntur et nihilominus incurrunt iudaicae perfidiae reatum. et secundum hoc, non facit ad propositum. * secundum hieronymum autem, “ hoc refertur ad iudaeos etiam pro statu illo in quo legalia observari licebat, quantum ad hoc quod ille qui ab eis ad iudaismum convertebatur, ° dum esset gentilis, simpliciter errabat; videns autem magistrorum vitia, revertitur ad vomitum suum, et, gentilis factus, quasi praevaricator, maiori poena fit dignus. ‘ ex quo patet quod trahere alios ad cultum dei, vel ad religionem, non vituperatur, sed hoc solum quod aliquis ei quem convertit det malum exemplum, unde peior efficiatur.

ra3 ‘ Ad tertium dicendum quod in maiori includitur minus. et ideo ille qui est obligatus voto vel iuramento ad ingressum minoris religionis, potest licite induci ad hoc quod ad maiorem religionem transeat, nisi sit aliquid speciale quod impediat, puta infirmitas, vel spes maioris profectus in minori religione. ille vero qui est obligatus voto vel iuramento ad ingressum maioris religionis, non potest licite induci ad minorem religionem, nisi ex aliqua speciali causa evidenti, et hoc cum dispensatione superioris.

009 ST3 qu189 ar10

ag1 ‘ Ad decimum sic proceditur. videtur quod non sit laudabile quod aliquis religionem ingrediatur absque multorum consilio, et diuturna deliberatione praecedente. * dicitur enim i ioan. iv, ° nolite credere omni spiritui, sed probate spiritus, si ex deo sunt. ‘ sed quandoque propositum religionis intrandae non est ex deo, cum frequenter per exitum religionis dissolvatur; * dicitur autem act. v, ° si est ex deo consilium hoc aut opus, non poteritis dissolvere illud. ‘ ergo videtur quod, magna examinatione praecedente, debeant aliqui religionem intrare.

ag2 * Praeterea, prov. xxv dicitur, causam tuam tracta cum amico tuo. ‘ sed maxime videtur hominis esse causa quae pertinet ad mutationem status. ergo videtur quod non debeat aliquis religionem intrare, nisi prius cum amicis suis tractet.

ag3 * Praeterea, dominus, luc. xiv, inducit similitudinem “ de homine qui vult turrim aedificare, quod prius sedens computat sumptus qui sunt ei necessarii, si habeat ad perficiendum, ne insultetur ei, quia hic homo incoepit aedificare, et non potuit consummare. sumptus autem ad turrim aedificandam, ut * augustinus dicit, in epistola ad laetum, ° nihil est aliud quam ut renuntiet unusquisque omnibus quae sunt eius. ‘ contingit autem quandoque quod hoc multi non possunt, et similiter alias religionis observantias portare, * in cuius figura, i reg. xvii dicitur quod ° david non poterat incedere cum armis saulis, quia non habebat usum. ‘ ergo videtur quod non debeat aliquis religionem intrare, nisi diuturna deliberatione praemissa, et multorum consilio habito.

sc * Sed contra est quod dicitur matth. iv, quod “ ad vocationem domini, petrus et andreas, continuo, relictis retibus, secuti sunt eum. * ubi chrysostomus dicit, super matth., ° talem obedientiam christus quaerit a nobis ut neque instanti tempore remoremur.

co ‘ Respondeo dicendum quod diuturna deliberatio et multorum consilia requiruntur in magnis et dubiis, * ut philosophus dicit, in iii ethic., ‘ in his autem quae sunt certa et determinata, non requiritur consilium. circa ingressum autem religionis tria possunt considerari. primo quidem, ipse religionis ingressus secundum se. et sic certum est quod ingressus religionis est melius bonum, et qui de hoc dubitat, quantum est in se, derogat christo, qui hoc consilium dedit. * unde augustinus dicit, in libro de verb. dom., “ vocat te oriens, idest christus, et tu attendis occidentem, idest ad hominem mortalem et errare potentem. ‘ alio modo potest considerari religionis ingressus per comparationem ad vires eius qui est religionem ingressurus. et sic etiam non est locus dubitationis de ingressu religionis, quia illi qui religionem ingrediuntur, non confidunt sua virtute se posse subsistere, sed auxilio virtutis divinae; * secundum illud isaiae xl, ° qui sperant in domino, mutabunt fortitudinem, assument pennas sicut aquilae, current et non laborabunt, ambulabunt et non deficient. ‘ si tamen sit aliquod speciale impedimentum, puta infirmitas corporalis vel onera debitorum, vel aliqua huiusmodi, in his requiritur deliberatio, et consilium cum his |25| de quibus speratur quod prosint et non impediant. unde * dicitur eccli. xxxvii, ° cum viro irreligioso tracta de sanctitate, et cum iniusto de iustitia, * quasi dicat, non, unde sequitur, ° non attendas his in omni consilio, sed cum viro sancto assiduus esto. ‘ in quibus tamen non est diuturna deliberatio habenda. * unde hieronymus dicit, in epistola ad paulinum, ° festina, quaeso, te, et haerenti in salo naviculae funem magis praecide quam solve. ‘ tertio autem potest considerari modus religionem intrandi, et quam religionem aliquis ingredi debeat. et de talibus potest etiam haberi consilium cum his qui non impediant.

ra1 ‘ Ad primum ergo dicendum quod, * cum dicitur, probate spiritus si ex deo sunt, ‘ locum habet in his quae dubia sunt utrum spiritus dei sit. sicut dubium potest esse his qui iam sunt in religione, utrum ille qui religioni se offert, spiritu dei ducatur, an simulate accedat, et ideo debent accedentem probare, utrum divino spiritu moveatur. sed illi qui ad religionem accedit, non potest esse dubium an propositum de ingressu religionis in corde eius exortum sit a spiritu dei, cuius est “ ducere hominem in terram rectam. ‘ nec propter hoc ostenditur non esse ex deo, quod aliqui retrocedunt. non enim omne quod est a deo, est incorruptibile, alioquin, “ creaturae corruptibiles non essent ex deo, * ut manichaei dicunt; ‘ neque etiam aliqui qui habent a deo gratiam, possent illam amittere, quod etiam est haereticum. sed consilium dei est indissolubile, quo etiam corruptibilia et mutabilia facit, * secundum illud isaiae xlvi, ° consilium meum stabit, et omnis voluntas mea fiet. ‘ et ideo propositum de ingressu religionis non indiget probatione utrum sit a deo, quia “ certa discussione non egent, * ut dicit glossa, super illud i ad thess. ult., omnia probate.

ra2 ‘ Ad secundum dicendum quod, sicut caro concupiscit adversus spiritum, * ut dicitur galat. v; ‘ ita etiam frequenter amici carnales adversantur profectui spirituali, * secundum illud mich. vii, ° inimici hominis domestici eius. * unde cyrillus, exponens illud luc. ix, permitte me renuntiare his qui domi sunt, dicit, ° quaerere renuntiare his qui domi sunt, ostendit quod utcumque divisus sit, nam communicare proximis, et consulere nolentes aequa sapere, indicat adhuc utcumque languentem et recedentem. propter quod, audit a domino, nemo, cum posuerit manum ad aratrum et aspexerit retro, habilis est ad regnum dei. aspicit enim retro qui dilationem quaerit occasione redeundi domum et cum propinquis conferendi.

ra3 ‘ Ad tertium dicendum quod per aedificationem turris significatur perfectio christianae vitae. abrenuntiatio autem propriorum est sumptus ad aedificandam turrim. nullus autem dubitat vel deliberat an velit habere sumptus, vel an possit turrim aedificare si sumptus habeat, sed hoc sub deliberatione ponitur, an aliquis sumptus habeat. similiter sub deliberatione cadere non oportet utrum aliquis debeat abrenuntiare omnibus quae possidet, vel si, hoc faciendo, ad perfectionem pervenire possit. sed hoc cadit sub deliberatione, utrum hoc quod facit, sit abrenuntiare omnibus quae possidet, quia nisi abrenuntiaverit, quod est sumptus habere, non potest, * ut ibidem subditur, ‘ christi esse discipulus, quod est turrim aedificare. timor autem eorum qui trepidant an per religionis ingressum possint ad perfectionem pervenire, est irrationabilis; et multorum exemplo convincitur. * unde augustinus dicit, viii confess., ° aperiebatur ab ea parte qua intenderam faciem, et quo transire trepidabam, casta dignitas continentiae, honeste blandiens ut venirem neque dubitarem, et extendens ad me suscipiendum et amplectendum pias manus plenas gregibus bonorum exemplorum. ibi tot pueri et puellae; ibi iuventus multa et omnis aetas, |25| et graves viduae et virgines anus. irridebat me irrisione exhortatoria, quasi diceret, tu non poteris quod isti et istae? an isti et istae in semetipsis possunt, et non in domino deo suo? quid in te stas, et non stas? proiice te in eum. noli metuere, non se subtrahet, ut cadas. proiice te securus, et excipiet te et sanabit te. ‘ exemplum autem illud quod inducitur de david, non facit ad propositum. quia arma saulis, * sicut glossa dicit, ‘ sunt legis sacramenta, tanquam onerantia, religio autem est suave iugum christi, quia, * ut gregorius dicit, in iv moral., ° quid grave mentis nostrae cervicibus imponit qui vitare omne desiderium quod perturbat praecipit, qui declinari laboriosa mundi huius itinera monet? ‘ quod quidem suave iugum super se tollentibus refectionem divinae fruitionis repromittit, et sempiternam requiem animarum. ad quam nos perducat ipse qui promisit, iesus christus, dominus noster, qui est super omnia deus benedictus in saecula. amen.

SUMMA THEOLOGIAE - TERTIA PARS

---

010 ST4 qu ar

pr ‘ Quia salvator noster dominus iesus christus, teste angelo, ° populum suum salvum faciens a peccatis eorum, ‘ viam veritatis nobis in seipso demonstravit, per quam ad beatitudinem immortalis vitae resurgendo pervenire possimus, necesse est ut, ad consummationem totius theologici negotii, post considerationem ultimi finis humanae vitae et virtutum ac vitiorum, de ipso omnium salvatore ac beneficiis eius humano generi praestitis nostra consideratio subsequatur. circa quam, primo considerandum occurrit de ipso salvatore; secundo, de sacramentis eius, quibus salutem consequimur; tertio, de fine immortalis vitae, ad quem per ipsum resurgendo pervenimus. circa primum duplex consideratio occurrit, prima est de ipso incarnationis mysterio, secundum quod deus pro nostra salute factus est homo; secunda de his quae per ipsum salvatorem nostrum, idest deum incarnatum, sunt acta et passa.

010 ST4 qu1 ar

pr ‘ Circa primum tria consideranda occurrunt, primo quidem, de convenientia incarnationis ipsius; secundo, de modo unionis verbi incarnati; tertio, de his quae consequuntur ad hanc unionem. circa primum quaeruntur sex. primo, utrum conveniens fuerit deum incarnari. secundo, utrum fuerit necessarium ad reparationem humani generis. tertio, utrum, si non fuisset peccatum, deus incarnatus fuisset. quarto, utrum principalius sit incarnatus ad tollendum originale peccatum quam actuale. quinto, utrum conveniens fuerit deum incarnari a principio mundi. sexto, utrum eius incarnatio differri debuerit usque in finem mundi.

010 ST4 qu1 ar1

ag1 ‘ Ad primum sic proceditur. videtur quod non fuerit conveniens deum incarnari. cum enim deus ab aeterno sit ipsa essentia bonitatis, sic optimum est ipsum esse sicut ab aeterno fuit. sed deus ab aeterno fuit absque omni carne. ergo convenientissimum est ipsum non esse carni unitum. non ergo fuit conveniens deum incarnari.

ag2 ‘ Praeterea, quae sunt in infinitum distantia, inconvenienter iunguntur, sicut inconveniens esset iunctura si quis pingeret imaginem in qua ° humano capiti cervix iungeretur equina. ‘ sed deus et caro in infinitum distant, cum deus sit simplicissimus caro autem composita, et praecipue humana. ergo inconveniens fuit quod deus carni uniretur humanae.

ag3 ‘ Praeterea, sic distat corpus a summo spiritu sicut malitia a summa bonitate. sed omnino esset inconveniens quod deus, qui est summa bonitas, malitiam assumeret. ergo non est conveniens quod summus spiritus increatus corpus assumeret.

ag4 ‘ Praeterea, inconveniens est ut qui excedit magna, contineatur in minimo; et cui imminet cura magnorum, ad parva se transferat. sed deum, qui totius mundi curam gerit, tota universitas capere non sufficit. ergo videtur inconveniens quod ° intra corpusculum vagientis infantiae lateat cui parum putatur universitas; et tandiu a sedibus suis absit ille regnator, atque ad unum corpusculum totius mundi cura transferatur; * ut volusianus scribit ad augustinum.

sc ‘ Sed contra, illud videtur esse convenientissimum ut per visibilia monstrentur invisibilia dei, ad hoc enim totus mundus est factus, * ut patet per illud apostoli, rom. i, ° invisibilia dei per ea quae facta sunt, intellecta, conspiciuntur. * sed sicut damascenus dicit, in principio iii libri, ° per incarnationis mysterium monstratur simul bonitas et sapientia et iustitia et potentia dei “ vel virtus, ° bonitas quidem, quoniam non despexit proprii plasmatis infirmitatem; iustitia vero, quoniam non alium facit vincere tyrannum, neque vi eripit ex morte hominem; sapientia vero, quoniam invenit difficillimi decentissimam solutionem; potentia vero, “ sive virtus, ° infinita, quia nihil est maius quam deum fieri hominem. ‘ ergo conveniens fuit deum incarnari.

co ‘ Respondeo dicendum quod unicuique rei conveniens est illud quod competit sibi secundum rationem propriae naturae, sicut homini conveniens est ratiocinari quia hoc convenit sibi inquantum est rationalis secundum suam naturam. ipsa autem natura dei est bonitas, * ut patet per dionysium, i cap. de div. nom.. ‘ unde quidquid pertinet ad rationem boni, conveniens est deo. pertinet autem ad rationem boni ut se aliis communicet, * ut patet per dionysium, iv cap. de div. nom.. ‘ unde ad rationem summi boni pertinet quod summo modo se creaturae communicet. quod quidem maxime fit per hoc quod ° naturam creatam sic sibi coniungit ut una persona fiat ex tribus, verbo, anima et carne, * sicut dicit augustinus, xiii de trin.. ‘ unde manifestum est quod conveniens fuit deum incarnari.

ra1 ‘ Ad primum ergo dicendum quod incarnationis mysterium non est impletum per hoc quod deus sit aliquo modo a suo statu immutatus in quo ab aeterno non fuit, sed per hoc quod novo modo creaturae se univit, vel potius eam sibi. est autem conveniens ut creatura, quae secundum rationem sui mutabilis est, non semper eodem modo se habeat. et ideo, sicut creatura, cum prius non esset, in esse producta est, convenienter, cum prius non esset unita deo, postmodum fuit ei unita.

ra2 ‘ Ad secundum dicendum quod uniri deo in unitate personae non fuit conveniens carni humanae secundum conditionem suae naturae, quia hoc erat supra dignitatem ipsius. conveniens tamen fuit deo, secundum infinitam excellentiam bonitatis eius, ut sibi eam uniret pro salute humana.

ra3 ‘ Ad tertium dicendum quod quaelibet alia conditio secundum quam quaecumque creatura differt a creatore, a dei sapientia est instituta, et ad dei bonitatem ordinata, deus enim propter suam bonitatem, cum sit increatus, immobilis, incorporeus, produxit creaturas mobiles et corporeas; et similiter malum poenae a dei iustitia est introductum propter gloriam dei. malum vero culpae committitur per recessum ab arte divinae sapientiae et ab ordine divinae bonitatis. et ideo conveniens esse potuit assumere naturam creatam, mutabilem, corpoream et poenalitati subiectam, non autem fuit conveniens ei assumere malum culpae.

ra4 ‘ Ad quartum dicendum quod, * sicut augustinus respondet, in epistola ad volusianum, ° non habet hoc christiana doctrina, quod ita sit deus infusus carni humanae ut curam gubernandae universitatis vel deseruerit vel amiserit, vel ad illud corpusculum quasi contractam transtulerit, hominum est iste sensus nihil nisi corpus valentium cogitare. deus autem non mole, sed virtute magnus est, unde magnitudo virtutis eius nullas in angusto sentit angustias. non est ergo incredibile, ut verbum hominis transiens simul auditur a multis et a singulis totum, quod verbum dei permanens simul ubique sit totum. ‘ unde nullum inconveniens sequitur, deo incarnato.

010 ST4 qu1 ar2

ag1 ‘ Ad secundum sic proceditur. videtur quod non fuerit necessarium ad reparationem humani generis verbum dei incarnari. verbo enim dei, cum sit deus perfectus, * ut in primo habitum est, ‘ nihil virtutis per carnem assumptam accrevit. si ergo verbum dei incarnatum naturam reparavit, etiam absque carnis assumptione eam potuit reparare.

ag2 ‘ Praeterea, ad reparationem humanae naturae, quae per peccatum collapsa erat, nihil aliud requiri videbatur quam quod homo satisfaceret pro peccato. non enim deus ab homine requirere plus debet quam possit, et, cum pronior sit ad miserendum quam ad puniendum, sicut homini imputat actum peccati, ita etiam videtur quod ei imputet ad deletionem peccati actum contrarium. non ergo fuit necessarium ad reparationem humanae naturae verbum dei incarnari.

ag3 ‘ Praeterea, ad salutem hominis praecipue pertinet ut deum revereatur, * unde dicitur malach. i, ° si ego dominus, ubi timor meus? si pater, ubi honor meus? ‘ sed ex hoc ipso homines deum magis reverentur quod eum considerant super omnia elevatum, et ab hominum sensibus remotum, * unde in psalmo dicitur, ° excelsus super omnes gentes dominus, et super caelos gloria eius; * et postea subditur, ° quis sicut dominus deus noster? ‘ quod ad reverentiam pertinet. ergo videtur non convenire humanae saluti quod deus nobis similis fieret per carnis assumptionem.

sc ‘ Sed contra, illud per quod humanum genus liberatur a perditione, est necessarium ad humanam salutem. sed mysterium divinae incarnationis est huiusmodi, * secundum illud ioan. iii, ° sic deus dilexit mundum ut filium suum unigenitum daret, ut omnis qui credit in ipsum non pereat, sed habeat vitam aeternam. ‘ ergo necesse fuit ad humanam salutem deum incarnari.

co ‘ Respondeo dicendum quod ad finem aliquem dicitur aliquid esse necessarium dupliciter, uno modo, sine quo aliquid esse non potest, sicut cibus est necessarius ad conservationem humanae vitae; alio modo, per quod melius et convenientius pervenitur ad finem, sicut equus necessarius est ad iter. primo modo deum incarnari non fuit necessarium ad reparationem humanae naturae, deus enim per suam omnipotentem virtutem poterat humanam naturam multis aliis modis reparare. secundo autem modo necessarium fuit deum incarnari ad humanae naturae reparationem. * unde dicit augustinus, xiii de trin., ° ostendamus non alium modum possibilem deo defuisse, cuius potestati omnia aequaliter subiacent, sed sanandae miseriae nostrae convenientiorem alium modum non fuisse. ‘ et hoc quidem considerari potest quantum ad promotionem hominis in bono. primo quidem, quantum ad fidem, quae magis certificatur ex hoc quod ipsi deo loquenti credit. * unde augustinus dicit, xi de civ. dei, ° ut homo fidentius ambularet ad veritatem, ipsa veritas, dei filius, homine assumpto, constituit atque fundavit fidem. ‘ secundo, quantum ad spem, quae per hoc maxime erigitur. * unde augustinus dicit, xiii de trin., |25| ° nihil tam necessarium fuit ad erigendam spem nostram quam ut demonstraretur nobis quantum diligeret nos deus. quid vero huius rei isto indicio manifestius, quam ut dei filius naturae nostrae dignatus est inire consortium? ‘ tertio, quantum ad caritatem, quae maxime per hoc excitatur. * unde augustinus dicit, in libro de catechizandis rudibus, ° quae maior causa est adventus domini, nisi ut ostenderet deus dilectionem suam in nobis? * et postea subdit, ° si amare pigebat, saltem reamare non pigeat. ‘ quarto, quantum ad rectam operationem, in qua nobis exemplum se praebuit. * unde augustinus dicit, in quodam sermone de nativitate domini, ° homo sequendus non erat, qui videri poterat, deus sequendus erat, qui videri non poterat. ut ergo exhiberetur homini et qui ab homine videretur, et quem homo sequeretur, deus factus est homo. ‘ quinto, quantum ad plenam participationem divinitatis, quae vere est hominis beatitudo, et finis humanae vitae. et hoc collatum est nobis per christi humanitatem, * dicit enim augustinus, in quodam sermone de nativ. domini, ° factus est deus homo, ut homo fieret deus. ‘ similiter etiam hoc utile fuit ad remotionem mali. primo enim per hoc homo instruitur ne sibi diabolum praeferat, |50| et eum veneretur, qui est auctor peccati. * unde dicit augustinus, xiii de trin., ° quando sic deo coniungi potuit humana natura ut fieret una persona, superbi illi maligni spiritus non ideo se audeant homini praeponere quia non habent carnem. ‘ secundo, quia per hoc instruimur quanta sit dignitas humanae naturae, ne eam inquinemus peccando. * unde dicit augustinus, in libro de vera religione, ° demonstravit nobis deus quam excelsum locum inter creaturas habeat humana natura, in hoc quod hominibus in vero homine apparuit. * et leo papa dicit, in sermone de nativitate, ° agnosce, o christiane, dignitatem tuam, et divinae consors factus naturae, noli in veterem vilitatem degeneri conversatione redire. ‘ tertio quia, ad praesumptionem hominis tollendam, ° gratia dei, nullis meritis praecedentibus, in homine christo nobis commendatur, * ut dicitur xiii de trinitate. ‘ quarto, quia ° superbia hominis, quae maximum impedimentum est ne inhaereatur deo per tantam dei humilitatem redargui potest atque sanari, * ut augustinus dicit ibidem. ‘ quinto, ad liberandum hominem a servitute. * quod quidem, ut augustinus dicit, xiii de trin., ° fieri debuit sic ut diabolus iustitia hominis |75| iesu christi superaretur, ‘ quod factum est christo satisfaciente pro nobis. homo autem purus satisfacere non poterat pro toto humano genere; deus autem satisfacere non debebat; unde oportebat deum et hominem esse iesum christum. * unde et leo papa dicit, in sermone de nativ., ° suscipitur a virtute infirmitas, a maiestate humilitas, ut, quod nostris remediis congruebat, unus atque idem dei et hominum mediator et mori ex uno, et resurgere posset ex altero. nisi enim esset verus deus, non afferret remedium, nisi esset homo verus, non praeberet exemplum. ‘ sunt autem et aliae plurimae utilitates quae consecutae sunt, supra comprehensionem sensus humani.

ra1 ‘ Ad primum ergo dicendum quod ratio illa procedit secundum primum modum necessarii, sine quo ad finem perveniri non potest.

ra2 ‘ Ad secundum dicendum quod aliqua satisfactio potest dici sufficiens dupliciter. uno modo, perfecte, quia est condigna per quandam adaequationem ad recompensationem commissae culpae. et sic hominis puri satisfactio sufficiens esse non potuit, quia tota natura humana erat per peccatum corrupta; nec bonum alicuius personae, vel etiam plurium, poterat per aequiparantiam totius naturae detrimentum recompensare. tum etiam quia peccatum contra deum commissum quandam infinitatem habet ex infinitate divinae maiestatis, tanto enim offensa est gravior, quanto maior est ille in quem delinquitur. unde oportuit, ad condignam satisfactionem, ut actio satisfacientis haberet efficaciam infinitam, ut puta dei et hominis existens. alio modo potest dici satisfactio sufficiens imperfecte, scilicet secundum acceptationem eius qui est ea contentus, quamvis non sit condigna. et hoc modo satisfactio puri hominis est sufficiens. et quia omne imperfectum praesupponit aliquid perfectum, a quo sustentetur, inde est quod omnis puri hominis satisfactio efficaciam habet a satisfactione christi.

ra3 ‘ Ad tertium dicendum quod deus, assumendo carnem, suam maiestatem non minuit, et per consequens non minuitur ratio reverentiae ad ipsum. quae augetur per augmentum cognitionis ipsius. ex hoc autem quod nobis appropinquare voluit per carnis assumptionem, magis nos ad se cognoscendum attraxit.

010 ST4 qu1 ar3

ag1 ‘ Ad tertium sic proceditur. videtur quod, si homo non peccasset, nihilominus deus incarnatus fuisset. manente enim causa, manet effectus. * sed sicut augustinus dicit, xiii de trin., ° alia multa sunt cogitanda in christi incarnatione “ praeter absolutionem a peccato, * de quibus dictum est. ‘ ergo, etiam si homo non peccasset, deus incarnatus fuisset.

ag2 ‘ Praeterea, ad omnipotentiam divinae virtutis pertinet ut opera sua perficiat, et se manifestet per aliquem infinitum effectum. sed nulla pura creatura potest dici infinitus effectus, cum sit finita per suam essentiam. in solo autem opere incarnationis videtur praecipue manifestari infinitus effectus divinae potentiae, per hoc quod in infinitum distantia coniunguntur, inquantum factum est quod homo esset deus. in quo etiam opere maxime videtur perfici universum, per hoc quod ultima creatura, scilicet homo, primo principio coniungitur, scilicet deo. ergo, etiam si homo non peccasset, deus incarnatus fuisset.

ag3 ‘ Praeterea, humana natura per peccatum non est facta capacior gratiae. sed post peccatum capax est gratiae unionis, quae est maxima gratia. ergo, si homo non peccasset, humana natura huius gratiae capax fuisset. nec deus subtraxisset naturae humanae bonum cuius capax erat. ergo, si homo non peccasset, deus incarnatus fuisset.

ag4 ‘ Praeterea, praedestinatio dei est aeterna. * sed dicitur, rom. i, de christo, quod ° praedestinatus est filius dei in virtute. ‘ ergo etiam ante peccatum necessarium erat filium dei incarnari, ad hoc quod dei praedestinatio impleretur.

ag5 ‘ Praeterea, incarnationis mysterium est primo homini revelatum, * ut patet per hoc quod dixit, ° hoc nunc os ex ossibus meis, * etc., quod apostolus dicit esse ° magnum sacramentum in christo et ecclesia, * ut patet ephes. v. ‘ sed homo non potuit esse praescius sui casus, eadem ratione qua nec angelus, * ut augustinus probat, super gen. ad litt.. ‘ ergo, etiam si homo non peccasset, deus incarnatus fuisset.

sc * Sed contra est quod augustinus dicit, in libro de verbis dom., exponens illud quod habetur luc. xix, ° venit filius hominis quaerere et salvum facere quod perierat, si homo non peccasset, filius hominis non venisset. * et i ad tim. i, super illud verbum, ° christus venit in hunc mundum ut peccatores salvos faceret, * dicit glossa, ° nulla causa veniendi fuit christo domino, nisi peccatores salvos facere. tolle morbos, tolle vulnera, et nulla medicinae est causa.

co * Respondeo dicendum quod aliqui circa hoc diversimode opinantur. quidam enim dicunt quod, “ etiam si homo non peccasset, dei filius fuisset incarnatus. * alii vero contrarium asserunt. ‘ quorum assertioni magis assentiendum videtur. ea enim quae ex sola dei voluntate proveniunt, supra omne debitum creaturae, nobis innotescere non possunt nisi quatenus in sacra scriptura traduntur, per quam divina voluntas innotescit. unde, cum in sacra scriptura ubique incarnationis ratio ex peccato primi hominis assignetur, convenientius dicitur incarnationis opus ordinatum esse a deo in remedium peccati, ita quod, peccato non existente, incarnatio non fuisset. quamvis potentia dei ad hoc non limitetur, potuisset enim, etiam peccato non existente, deus incarnari.

ra1 ‘ Ad primum ergo dicendum quod omnes aliae causae quae sunt assignatae, pertinent ad remedium peccati. si enim homo non peccasset, perfusus fuisset lumine divinae sapientiae, et iustitiae rectitudine perfectus a deo, ad omnia necessaria cognoscenda. sed quia homo, deserto deo, ad corporalia collapsus erat, conveniens fuit ut deus, carne assumpta, etiam per corporalia ei salutis remedium exhiberet. * unde dicit augustinus, super illud ioan. i cap., ° verbum caro factum est, caro te obcaecaverat, caro te sanat, quoniam sic venit christus ut de carne vitia carnis exstingueret.

ra2 ‘ Ad secundum dicendum quod in ipso modo productionis rerum ex nihilo divina virtus infinita ostenditur. ad perfectionem etiam universi sufficit quod naturali modo creatura ordinetur sic in deum sicut in finem. hoc autem excedit limites perfectionis naturae, ut creatura uniatur deo in persona.

ra3 ‘ Ad tertium dicendum quod duplex capacitas attendi potest in humana natura. una quidem secundum ordinem potentiae naturalis. quae a deo semper impletur, qui dat unicuique rei secundum suam capacitatem naturalem. alia vero secundum ordinem divinae potentiae, cui omnis creatura obedit ad nutum. et ad hoc pertinet ista capacitas. non autem deus omnem talem capacitatem naturae replet, alioquin, deus non posset facere in creatura nisi quod facit; quod falsum est, * ut in primo habitum est. ‘ nihil autem prohibet ad aliquid maius humanam naturam productam esse post peccatum, deus enim permittit mala fieri ut inde aliquid melius eliciat. * unde dicitur rom. v, ° ubi abundavit iniquitas, superabundavit et gratia. * unde et in benedictione cerei paschalis dicitur, ° o felix culpa, quae talem ac tantum meruit habere redemptorem.

ra4 ‘ Ad quartum dicendum quod praedestinatio praesupponit praescientiam futurorum. et ideo, sicut deus praedestinat salutem alicuius hominis per orationem aliorum implendam, ita etiam praedestinavit opus incarnationis in remedium humani peccati.

ra5 ‘ Ad quintum dicendum quod nihil prohibet alicui revelari effectus cui non revelatur causa. potuit ergo primo homini revelari incarnationis mysterium sine hoc quod esset praescius sui casus, non enim quicumque cognoscit effectum, cognoscit et causam.

010 ST4 qu1 ar4

ag1 ‘ Ad quartum sic proceditur. videtur quod deus principalius incarnatus fuerit in remedium actualium peccatorum quam in remedium originalis peccati. quanto enim peccatum est gravius, tanto magis humanae saluti adversatur, propter quam deus est incarnatus. sed peccatum actuale est gravius quam originale peccatum, “ minima enim poena debetur originali peccato, * ut augustinus dicit, contra iulianum. ‘ ergo principalius incarnatio christi ordinatur ad deletionem actualium peccatorum.

ag2 ‘ Praeterea, peccato originali non debetur poena sensus, sed solum poena damni, * ut in secundo habitum est. ‘ sed christus venit pro satisfactione peccatorum poenam sensus pati in cruce, non autem poenam damni, quia nullum defectum habuit divinae visionis aut fruitionis. ergo principalius venit ad deletionem peccati actualis quam originalis.

ag3 * Praeterea, sicut chrysostomus dicit, in ii de compunctione cordis, ° hic est affectus servi fidelis, ut beneficia domini sui quae communiter omnibus data sunt, quasi sibi soli praestita reputet, * quasi enim de se solo loquens paulus ita scribit, ad galat. ii, ° dilexit me, et tradidit semetipsum pro me. ‘ sed propria peccata nostra sunt actualia, “ originale enim est commune peccatum. ‘ ergo hunc affectum debemus habere, ut aestimemus eum principaliter propter actualia peccata venisse.

sc * Sed contra est quod ioan. i dicitur, ° ecce agnus dei, ecce qui tollit peccata mundi.

co ‘ Respondeo dicendum quod certum est christum venisse in hunc mundum non solum ad delendum illud peccatum quod traductum est originaliter in posteros, sed etiam ad deletionem omnium peccatorum quae postmodum superaddita sunt, non quod omnia deleantur (quod est propter defectum hominum, qui christo non inhaerent, * secundum illud ioan. iii, ° venit lux in mundum, et dilexerunt homines magis tenebras quam lucem), ‘ sed quia ipse exhibuit quod sufficiens fuit ad omnem deletionem. * unde dicitur rom. v, ° non sicut delictum, sic et donum, nam iudicium ex uno in condemnationem, gratia autem ex multis delictis in iustificationem. ‘ tanto autem principalius ad alicuius peccati deletionem christus venit, quanto illud peccatum maius est. dicitur autem maius aliquid dupliciter. uno modo, intensive, sicut est maior albedo quae est intensior. et per hunc modum maius est peccatum actuale quam originale, quia plus habet de ratione voluntarii, * ut in secundo dictum est. ‘ alio modo dicitur aliquid maius extensive, sicut dicitur maior albedo quae est in maiori superficie. et hoc modo peccatum originale, per quod totum genus humanum inficitur, est maius quolibet peccato actuali, quod est proprium singularis personae. et quantum ad hoc, christus |25| principalius venit ad tollendum originale peccatum, “ inquantum ° bonum gentis divinius est quam bonum unius, * ut dicitur in i ethic..

ra1 ‘ Ad primum ergo dicendum quod ratio illa procedit de intensiva magnitudine peccati.

ra2 ‘ Ad secundum dicendum quod peccato originali in futura retributione non debetur poena sensus, poenalitates tamen quas sensibiliter in hac vita patimur, sicut famem, sitim, mortem et alia huiusmodi, ex peccato originali procedunt. et ideo christus, ut plene pro peccato originali satisfaceret, voluit sensibilem dolorem pati, ut mortem et alia huiusmodi in seipso consummaret

ra3 ‘ Ad tertium dicendum quod, * sicut chrysostomus ibidem inducit, verba illa dicebat apostolus, ° non quasi diminuere volens amplissima et per orbem terrarum diffusa christi munera, sed ut pro omnibus se solum indicaret obnoxium. quid enim interest si et aliis praestitit, cum quae tibi sunt praestita ita integra sunt et ita perfecta quasi nulli alii ex his aliquid fuerit praestitum? ‘ ex hoc ergo quod aliquis debet sibi reputare beneficia christi praestita esse, non debet existimare quod non sint praestita aliis. et ideo non excluditur quin principalius venerit abolere peccatum totius naturae quam peccatum unius personae. sed illud peccatum commune ita perfecte curatum est in unoquoque ac si in eo solo esset curatum. et praeterea, propter unionem caritatis, totum quod omnibus est impensum, unusquisque debet sibi adscribere.

010 ST4 qu1 ar5

ag1 ‘ Ad quintum sic proceditur. videtur quod conveniens fuisset deum incarnari a principio humani generis. incarnationis enim opus ex immensitate divinae caritatis processit, * secundum illud ephes. ii, ° deus, qui dives est in misericordia, propter nimiam caritatem suam qua dilexit nos, cum essemus mortui peccatis, convivificavit nos in christo. ‘ sed caritas non tardat subvenire amico necessitatem patienti, * secundum illud prov. iii, ° ne dicas amico tuo, vade et revertere, cras dabo tibi; cum statim possis dare. ‘ ergo deus incarnationis opus differre non debuit, sed statim a principio per suam incarnationem humano generi subvenire.

ag2 * Praeterea, i tim. i dicitur, ° christus venit in hunc mundum peccatores salvos facere. ‘ sed plures salvati fuissent si a principio humani generis deus incarnatus fuisset, plurimi enim, ignorantes deum, in suo peccato perierunt in diversis saeculis. ergo convenientius fuisset quod a principio humani generis deus incarnatus fuisset.

ag3 ‘ Praeterea, opus gratiae non est minus ordinatum quam opus naturae. sed ° natura initium sumit a perfectis, * ut dicit boetius, in libro de consolatione. ‘ ergo opus gratiae debuit a principio esse perfectum. sed in opere incarnationis consideratur perfectio gratiae, * secundum illud, ° verbum caro factum est, * et postea subditur, ° plenum gratiae et veritatis. ‘ ergo christus a principio humani generis debuit incarnari.

sc * Sed contra est quod dicitur galat. iv, ° at ubi venit plenitudo temporis, misit deus filium suum, factum ex muliere, * ubi dicit glossa quod ° plenitudo temporis est quod praefinitum fuit a deo patre quando mitteret filium suum. ‘ sed deus sua sapientia omnia definivit. ergo convenientissimo tempore deus est incarnatus. et sic non fuit conveniens quod a principio humani generis deus incarnaretur.

co ‘ Respondeo dicendum quod, cum opus incarnationis principaliter ordinetur ad reparationem naturae humanae per peccati abolitionem manifestum est quod non fuit conveniens a principio humani generis, ante peccatum, deum incarnatum fuisse, non enim datur medicina nisi iam infirmis. * unde ipse dominus dicit, matth. ix, ° non est opus valentibus medicus, sed male habentibus, non enim veni vocare iustos, sed peccatores. ‘ sed non etiam statim post peccatum conveniens fuit deum incarnari. primo quidem, propter conditionem humani peccati, quod ex superbia provenerat, unde eo modo erat homo liberandus ut, humiliatus, recognosceret se liberatore indigere. * unde super illud galat. iii, ° ordinata per angelos in manu mediatoris, * dicit glossa, ° magno consilio factum est ut, post hominis casum, non illico dei filius mitteretur. reliquit enim deus prius hominem in libertate arbitrii, in lege naturali, ut sic vires naturae suae cognosceret. ubi cum deficeret, legem accepit. qua data, invaluit morbus, non legis, sed naturae vitio, ut ita, cognita sua infirmitate, clamaret ad medicum, et gratiae quaereret auxilium. ‘ secundo, propter ordinem promotionis in bonum, secundum quem ab imperfecto ad perfectum proceditur. * unde apostolus dicit, i ad cor. xv, |25| ° non prius quod spirituale est, sed quod animale, deinde quod spirituale. primus homo de terra, terrenus, secundus homo de caelo, caelestis. ‘ tertio, propter dignitatem ipsius verbi incarnati. * quia super illud galat. iv, ° ubi venit plenitudo temporis, * dicit glossa, ° quanto maior iudex veniebat, tanto praeconum series longior praecedere debebat. ‘ quarto, ne fervor fidei temporis prolixitate tepesceret. quia circa finem mundi ° refrigescet caritas multorum, * et luc. xviii dicitur, ° cum filius hominis veniet, putasne inveniet fidem super terram?

ra1 ‘ Ad primum ergo dicendum quod caritas non differt amico subvenire, salva tamen negotiorum opportunitate et personarum conditione. si enim medicus statim a principio aegritudinis medicinam daret infirmo, minus proficeret, vel magis laederet quam iuvaret. et ideo etiam dominus non statim incarnationis remedium humano generi exhibuit, ne illud contemneret ex superbia, si prius suam infirmitatem non cognosceret.

ra2 * Ad secundum dicendum quod augustinus ad hoc respondet, in libro de sex quaestionibus paganorum, dicens, qu. ii, quod ° tunc voluit christus hominibus apparere, et apud eos praedicari suam doctrinam, quando et ubi sciebat esse qui in eum fuerant credituri. his enim temporibus, et his in locis, tales homines in eius praedicatione futuros esse sciebat quales, non quidem omnes, sed tamen multi in eius corporali praesentia fuerunt, qui nec in eum, suscitatis mortuis, credere voluerunt. * sed hanc responsionem reprobans idem augustinus dicit, in libro de perseverantia, ° nunquid possumus dicere tyrios aut sidonios, talibus apud se virtutibus factis, credere noluisse, aut credituros non fuisse si fierent, cum ipse dominus eis attestetur quod acturi essent magnae humilitatis poenitentiam, si in eis facta essent divinarum illa signa virtutum? * proinde, ut ipse solvens subdit, ° sicut apostolus ait, non est volentis neque currentis, sed miserentis dei, qui his quos praevidit, si apud eos facta essent, suis miraculis credituros, quibus voluit subvenit, aliis autem non subvenit, de quibus in sua praedestinatione, occulte quidem sed iuste, aliud iudicavit. ita misericordiam eius in his qui liberantur, et veritatem in his qui puniuntur sine dubitatione credamus.

ra3 ‘ Ad tertium dicendum quod perfectum est prius imperfecto, in diversis quidem, tempore et natura, oportet enim quod perfectum sit quod alia ad perfectionem adducit, sed in uno et eodem imperfectum est prius tempore, etsi sit posterius natura. sic ergo imperfectionem naturae humanae duratione praecedit aeterna dei perfectio, sed sequitur ipsam consummata perfectio in unione ad deum.

010 ST4 qu1 ar6

ag1 ‘ Ad sextum sic proceditur. videtur quod incarnationis opus differri debuerit usque in finem mundi. * dicitur enim in psalmo, ° senectus mea in misericordia uberi, “ idest, in novissimo, * ut glossa dicit. ‘ sed tempus incarnationis est maxime tempus misericordiae, * secundum illud psalmi, ° quoniam venit tempus miserendi eius. ‘ ergo incarnatio debuit differri usque in finem mundi.

ag2 * Praeterea, sicut dictum est, ‘ perfectum, in eodem, tempore est posterius imperfecto. ergo id quod est maxime perfectum, debet esse ultimo in tempore. sed summa perfectio humanae naturae est in unione ad verbum, quia ° in christo complacuit omnem plenitudinem divinitatis inhabitare, * ut apostolus dicit, coloss. i. ‘ ergo incarnatio debuit differri usque in finem mundi.

ag3 ‘ Praeterea, non est conveniens fieri per duo quod per unum fieri potest. sed unus christi adventus sufficere poterat ad salutem humanae naturae, qui erit in fine mundi. ergo non oportuit quod antea veniret per incarnationem. et ita incarnatio differri debuit usque in finem mundi.

sc * Sed contra est quod dicitur habacuc iii, ° in medio annorum notum facies. ‘ non ergo debuit incarnationis mysterium, per quod mundo innotuit, usque in finem mundi differri.

co ‘ Respondeo dicendum quod, sicut non fuit conveniens deum incarnari a principio mundi, ita non fuit conveniens quod incarnatio differretur usque in finem mundi. quod quidem apparet, primo, ex unione divinae et humanae naturae. * sicut enim dictum est, ‘ perfectum uno modo tempore praecedit imperfectum, in eo enim quod de imperfecto fit perfectum, imperfectum tempore praecedit perfectum; in eo vero quod est perfectionis causa efficiens, perfectum tempore praecedit imperfectum. in opere autem incarnationis utrumque concurrit. quia natura humana in ipsa incarnatione est perducta ad summam perfectionem, et ideo non decuit quod a principio humani generis incarnatio facta fuisset. sed ipsum verbum incarnatum est perfectionis humanae causa efficiens, * secundum illud ioan. i, ° de plenitudine eius omnes accepimus, ‘ et ideo non debuit incarnationis opus usque in finem mundi differri. sed perfectio gloriae, ad quam perducenda est ultimo natura humana per verbum incarnatum, erit in fine mundi. secundo, ex effectu humanae salutis. * ut enim dicitur in libro de quaest. nov. et vet. test., ° in potestate dantis est quando vel quantum velit misereri. venit ergo quando et subveniri debere scivit, et gratum futurum beneficium. cum enim languore quodam humani generis obsolescere |25| coepisset cognitio dei inter homines et mores immutarentur, eligere dignatus est abraham, in quo forma esset renovatae notitiae dei et morum. et cum adhuc reverentia segnior esset, postea per moysen legem litteris dedit. et quia eam gentes spreverunt non se subiicientes ei, neque hi qui acceperunt servaverunt, motus misericordia dominus misit filium suum, qui, datis omnibus remissione peccatorum, deo patri illos iustificatos offerret. ‘ si autem hoc remedium differretur usque in finem mundi, totaliter dei notitia et reverentia et morum honestas abolita fuisset in terris. tertio apparet quod hoc non fuisset conveniens ad manifestationem divinae virtutis, quae pluribus modis homines salvavit, non solum per fidem futuri, sed etiam per fidem praesentis et praeteriti.

ra1 ‘ Ad primum ergo dicendum quod * glossa illa exponit de misericordia perducente ad gloriam. ‘ si tamen referatur ad misericordiam exhibitam humano generi per incarnationem christi, sciendum est quod, * sicut augustinus dicit, in libro retractationum, “ tempus incarnationis potest comparari iuventuti humani generis, ° propter vigorem fervoremque fidei, quae per dilectionem operatur, “ senectuti autem, quae est sexta aetas, ° propter numerum temporum, quia christus venit in sexta aetate. et quamvis in corpore non possit esse simul iuventus et senectus, potest tamen simul esse in anima, illa propter alacritatem, ista propter gravitatem. * et ideo in libro octogintatrium quaest., alicubi dixit augustinus quod ° non oportuit divinitus venire magistrum, cuius imitatione humanum genus in mores optimos formaretur, nisi tempore iuventutis * alibi autem dixit “ christum in sexta aetate humani generis, tanquam in senectute, venisse.

ra2 ‘ Ad secundum dicendum quod opus incarnationis non solum est considerandum ut terminus motus de imperfecto ad perfectum, sed ut principium perfectionis in humana natura, * ut dictum est.

ra3 * Ad tertium dicendum quod, sicut chrysostomus dicit, super illud ioan., ° non misit deus filium suum in mundum ut iudicet mundum, duo sunt christi adventus, primus quidem, ut remittat peccata; secundus, ut iudicet. si enim hoc non fecisset, universi simul perditi essent, omnes enim peccaverunt, et egent gloria dei. ‘ unde patet quod non debuit adventum misericordiae differre usque in finem mundi.

010 ST4 qu2 ar

pr ‘ Deinde considerandum est de modo unionis verbi incarnati. et primo quantum ad ipsam unionem; secundo, quantum ad personam assumentem; tertio, quantum ad naturam assumptam. circa primum quaeruntur duodecim. primo, utrum unio verbi incarnati sit facta in natura. secundo, utrum sit facta in persona. tertio, utrum sit facta in supposito vel hypostasi. quarto, utrum persona vel hypostasis christi post incarnationem sit composita. quinto, utrum sit facta aliqua unio animae et corporis in christo. sexto, utrum natura humana fuerit unita verbo accidentaliter. septimo, utrum ipsa unio sit aliquid creatum. octavo, utrum sit idem quod assumptio. nono, utrum sit maxima unionum. decimo, utrum unio duarum naturarum in christo fuerit facta per gratiam. undecimo, utrum eam aliqua merita praecesserint. duodecimo, utrum aliqua gratia fuerit homini christo naturalis.

010 ST4 qu2 ar1

ag1 ‘ Ad primum sic proceditur. videtur quod unio verbi incarnati sit facta in una natura. * dicit enim cyrillus, et inducitur in gestis concilii chalcedonensis, ° non oportet intelligere duas naturas, sed unam naturam dei verbi incarnatam. ‘ quod quidem non fieret nisi unio esset in natura. ergo unio verbi incarnati facta est in natura.

ag2 * Praeterea, athanasius dicit, “ sicut anima rationalis et caro conveniunt in constitutione humanae naturae, sic deus et homo conveniunt in constitutione alicuius unius naturae. ‘ ergo facta est unio in natura.

ag3 ‘ Praeterea, duarum naturarum una non denominatur ex altera nisi aliquo modo in invicem transmutentur. sed divina natura et humana in christo ab invicem denominantur, * dicit enim cyrillus “ divinam naturam esse incarnatam; * et gregorius nazianzenus dicit “ naturam humanam esse deificatam; * ut patet per damascenum. ‘ ergo ex duabus naturis videtur esse facta una natura.

sc * Sed contra est quod dicitur in determinatione concilii chalcedonensis, ° confitemur in novissimis diebus filium dei unigenitum inconfuse, immutabiliter, indivise, inseparabiliter agnoscendum, nusquam sublata differentia naturarum propter unionem. ‘ ergo unio non est facta in natura.

co ‘ Respondeo dicendum quod ad huius quaestionis evidentiam, oportet considerare quid sit natura. sciendum est igitur quod “ nomen naturae a nascendo est dictum vel sumptum. unde primo est impositum hoc nomen ad significandum generationem viventium, quae nativitas vel pullulatio dicitur, ut dicatur natura quasi nascitura. deinde translatum est nomen naturae ad significandum principium huius generationis. et quia principium generationis in rebus viventibus est intrinsecum, ulterius derivatum est nomen naturae ad significandum quodlibet principium intrinsecum motus, * secundum quod philosophus dicit, in ii physic., quod ° natura est principium motus in eo in quo est per se et non secundum accidens. ‘ hoc autem principium vel forma est, vel materia. unde quandoque natura dicitur forma, quandoque vero materia. et quia finis generationis naturalis est, in eo quod generatur, ° essentia speciei, quam significat definitio, ‘ inde est quod huiusmodi essentia speciei vocatur etiam natura. * et hoc modo boetius naturam definit, in libro de duabus naturis, dicens, ° natura est unamquamque rem informans specifica differentia, “ quae scilicet complet definitionem speciei. ‘ sic ergo nunc loquimur de natura, secundum quod natura significat essentiam, vel quod quid est, sive quidditatem speciei. hoc autem |25| modo accipiendo naturam, impossibile est unionem verbi incarnati esse factam in natura. tripliciter enim aliquid unum ex duobus vel pluribus constituitur. uno modo, ex duobus perfectis integris remanentibus. quod quidem fieri non potest nisi in his quorum forma est compositio, vel ordo, vel figura, sicut ex multis lapidibus absque aliquo ordine adunatis per solam compositionem fit acervus; ex lapidibus autem et lignis secundum aliquem ordinem dispositis, et etiam ad aliquam figuram redactis, fit domus. “ et secundum hoc, posuerunt aliqui unionem esse per modum confusionis, quae scilicet est sine ordine; vel commensurationis, quae est cum ordine. ‘ sed hoc non potest esse. primo quidem, quia compositio, ordo vel figura non est forma substantialis, sed accidentalis. et sic sequeretur quod unio incarnationis non esset per se, sed per accidens, * quod infra improbabitur. ‘ secundo, quia ex huiusmodi non fit unum simpliciter, sed secundum quid, remanent enim plura actu. tertio, quia forma talium non est natura, sed magis ars, sicut forma domus. et sic non constitueretur una natura in christo, ut ipsi volunt. alio modo fit aliquid ex perfectis, sed transmutatis, sicut ex elementis fit mixtum. * et sic aliqui dixerunt “ unionem incarnationis esse factam per modum complexionis. ‘ sed hoc non potest esse. primo quidem, quia natura divina est |50| omnino immutabilis, * ut in prima parte dictum est. ‘ unde nec ipsa potest converti in aliud, cum sit incorruptibilis, nec aliud in ipsam, cum ipsa sit ingenerabilis. secundo, quia id quod est commixtum, nulli miscibilium est idem specie, differt enim caro a quolibet elementorum specie. et sic christus nec esset eiusdem naturae cum patre, nec cum matre. tertio, quia ex his quae plurimum distant non potest fieri commixtio, solvitur enim species unius eorum, puta si quis guttam aquae amphorae vini apponat. et secundum hoc, cum natura divina in infinitum excedat humanam, non potest esse mixtio, sed remanebit sola natura divina. tertio modo fit aliquid ex aliquibus non permutatis, sed imperfectis, sicut ex anima et corpore fit homo; et similiter ex diversis membris. sed hoc dici non potest de incarnationis mysterio. primo quidem, quia utraque natura est secundum suam rationem perfecta, divina scilicet et humana. secundo, quia divina et humana natura non possunt constituere aliquid per modum partium quantitativarum, sicut membra constituunt corpus, quia natura divina est incorporea. neque per modum formae et materiae, quia divina natura non potest esse forma alicuius, praesertim corporei. sequeretur etiam quod species resultans esset communicabilis pluribus, et ita essent plures christi. tertio, quia christus neque esset humanae naturae, neque divinae, “ differentia enim addita variat speciem, sicut unitas in numeris, |75| * sicut dicitur in viii metaphys..

ra1 * Ad primum ergo dicendum quod illa auctoritas cyrilli exponitur in quinta synodo sic, ° si quis, unam naturam dei verbi incarnatam dicens, non sic accipit sicut patres docuerunt, quia ex divina natura et humana unione secundum subsistentiam facta, sed ex talibus vocibus naturam unam sive substantiam divinitatis et carnis christi introducere conatur, talis anathema sit. ‘ non ergo sensus est quod in incarnatione ex duabus naturis sit una natura constituta, sed quia una natura dei verbi carnem univit in persona.

ra2 ‘ Ad secundum dicendum quod ex anima et corpore constituitur in unoquoque nostrum duplex unitas, naturae, et personae. naturae quidem, secundum quod “ anima unitur corpori, formaliter perficiens ipsum, ut ex duabus fiat una natura, sicut ex actu et potentia, vel materia et forma. et ‘ quantum ad hoc non attenditur similitudo, quia natura divina non potest esse corporis forma, * ut in primo probatum est. “ unitas vero personae constituitur ex eis inquantum est unus aliquis subsistens in carne et anima. et quantum ad hoc attenditur similitudo, unus enim christus subsistit in divina natura et humana.

ra3 * Ad tertium dicendum quod, sicut damascenus dicit, “ natura divina dicitur incarnata, quia est unita carni personaliter non quod sit in naturam carnis conversa. similiter etiam caro dicitur deificata, ut ipse dicit, non per conversionem, sed per unionem ad verbum, salvis suis proprietatibus, ut intelligatur caro deificata quia facta est dei verbi caro, non quia facta sit deus.

010 ST4 qu2 ar2

ag1 ‘ Ad secundum sic proceditur. videtur quod unio verbi incarnati non sit facta in persona. persona enim dei non est aliud a natura ipsius, * ut habitum est in primo. ‘ si ergo unio non est in natura, sequitur quod non sit facta in persona.
ag2 ‘ Praeterea, natura humana non est minoris dignitatis in christo quam in nobis. personalitas autem ad dignitatem pertinet, * ut in primo habitum est. ‘ cum ergo natura humana in nobis propriam personalitatem habeat, multo magis habuit propriam personalitatem in christo.
ag3 * Praeterea, sicut boetius dicit, in libro de duabus naturis, ° persona est rationalis naturae individua substantia. ‘ sed verbum dei assumpsit naturam humanam individuam, ° natura enim universalis non sistit secundum se, sed in nuda contemplatione consideratur, * ut damascenus dicit. ‘ ergo humana natura habet suam personalitatem. non ergo videtur quod sit facta unio in persona.
sc * Sed contra est quod in chalcedonensi synodo legitur, ° non in duas personas partitum aut divisum, sed unum et eundem filium unigenitum dominum nostrum iesum christum confitemur. ‘ ergo facta est unio verbi in persona.
co ‘ Respondeo dicendum quod persona aliud significat quam natura. natura enim significat ° essentiam speciei, quam significat definitio. ‘ et si quidem his quae ad rationem speciei pertinent nihil aliud adiunctum inveniri posset, nulla necessitas esset distinguendi naturam a supposito naturae, quod est individuum subsistens in natura illa, quia unumquodque individuum subsistens in natura aliqua esset omnino idem cum sua natura. contingit autem in quibusdam rebus subsistentibus inveniri aliquid quod non pertinet ad rationem speciei, scilicet accidentia et principia individuantia, sicut maxime apparet in his quae sunt ex materia et forma composita. et ideo in talibus etiam secundum rem differt natura et suppositum, non quasi omnino aliqua separata, sed quia in supposito includitur ipsa natura speciei, et superadduntur quaedam alia quae sunt praeter rationem speciei. unde suppositum significatur ut totum, habens naturam sicut partem formalem et perfectivam sui. et propter hoc in compositis ex materia et forma natura non praedicatur de supposito, non enim dicimus quod hic homo sit sua humanitas. si qua vero res est in qua omnino nihil est aliud praeter rationem speciei vel naturae suae, sicut est in deo, ibi non est aliud secundum rem suppositum et natura, sed solum secundum rationem intelligendi, quia natura dicitur secundum quod est essentia quaedam; eadem vero dicitur suppositum secundum quod est subsistens. et quod est dictum de supposito, intelligendum est de persona in creatura rationali vel intellectuali, quia nihil aliud est persona quam ° rationalis naturae individua substantia, * secundum boetium. ‘ omne igitur quod inest alicui personae, sive pertineat ad naturam eius sive non, unitur ei in persona. si ergo humana natura verbo dei non unitur in persona, nullo modo ei unitur. et sic totaliter tollitur incarnationis fides, quod est subruere totam fidem christianam. quia igitur verbum habet naturam humanam sibi unitam, non autem ad suam naturam divinam pertinentem consequens est quod unio sit facta in persona verbi, non autem in natura.
ra1 ‘ Ad primum ergo dicendum quod, licet in deo non sit aliud secundum rem natura et persona, differt tamen secundum modum significandi, * sicut dictum est, ‘ quia persona significat per modum subsistentis. et quia natura humana sic unitur verbo ut verbum in ea subsistat, non autem ut aliquid addatur ei ad rationem suae naturae, vel ut eius natura in aliquid transmutetur, ideo unio facta est in persona, non in natura.
ra2 ‘ Ad secundum dicendum quod personalitas necessario intantum pertinet ad dignitatem alicuius rei et perfectionem, inquantum ad dignitatem et perfectionem eius pertinet quod per se existat, quod in nomine personae intelligitur. dignius autem est alicui quod existat in aliquo se digniori, quam quod existat per se. et ideo ex hoc ipso humana natura dignior est in christo quam in nobis, quia in nobis, quasi per se existens, propriam personalitatem habet in christo autem existit in persona verbi. sicut etiam esse completivum speciei pertinet ad dignitatem formae, tamen sensitivum nobilius est in homine, propter coniunctionem ad nobiliorem formam completivam, quam sit in bruto animali, in quo est forma completiva.
ra3 ‘ Ad tertium dicendum quod ° dei verbum non assumpsit naturam humanam in universali, sed in atomo, “ idest in individuo, * sicut damascenus dicit, ‘ alioquin oporteret quod cuilibet homini conveniret esse dei verbum, sicut convenit christo. sciendum est tamen quod non quodlibet individuum in genere substantiae, etiam in rationali natura, habet rationem personae, sed solum illud quod per se existit, non autem illud quod existit in alio perfectiori. unde manus socratis, quamvis sit quoddam individuum, non est tamen persona, quia non per se existit, sed in quodam perfectiori, scilicet in suo toto. et hoc etiam potest significari in hoc quod persona dicitur substantia individua, non enim manus est substantia completa, sed pars substantiae. licet igitur humana natura sit individuum quoddam in genere substantiae, quia tamen non per se separatim existit, sed in quodam perfectiori, scilicet in persona dei verbi, consequens est quod non habeat personalitatem propriam. et ideo facta est unio in persona.

010 ST4 qu2 ar3

ag1 ‘ Ad tertium sic proceditur. videtur quod unio verbi incarnati non sit facta in supposito, sive in hypostasi. * dicit enim augustinus, in enchirid., ° divina substantia et humana utrumque est unus dei filius, sed aliud propter verbum, et aliud propter hominem. * leo papa etiam dicit, in epistola ad flavianum, ° unum horum coruscat miraculis, et aliud succumbit iniuriis. ‘ sed omne quod est aliud et aliud, differt supposito. ergo unio verbi incarnati non est facta in supposito.
ag2 “ Praeterea, hypostasis nihil est aliud quam substantia particularis, * ut boetius dicit, in libro de duabus naturis. ‘ manifestum est autem quod in christo est quaedam alia substantia particularis praeter hypostasim verbi, scilicet corpus et anima et compositum ex eis. ergo in christo est alia hypostasis praeter hypostasim verbi dei.
ag3 ‘ Praeterea, hypostasis verbi non continetur in aliquo genere, neque sub specie, * ut patet ex his quae in prima parte dicta sunt. ‘ sed christus, secundum quod est factus homo, continetur sub specie humana, * dicit enim dionysius, i cap. de div. nom., ° intra nostram factus est naturam qui omnem ordinem secundum omnem naturam supersubstantialiter excedit. ‘ non autem continetur sub specie humana nisi sit hypostasis quaedam humanae speciei. ergo in christo est alia hypostasis praeter hypostasim verbi dei. et sic idem quod prius.
sc * Sed contra est quod damascenus dicit, in iii libro, ° in domino nostro iesu christo duas naturas cognoscimus, unam autem hypostasim.
co * Respondeo dicendum quod quidam, ignorantes habitudinem hypostasis ad personam, “ licet concederent in christo unam solam personam, posuerunt tamen aliam hypostasim dei et aliam hominis, ac si unio sit facta in persona, non in hypostasi. ‘ quod quidem apparet erroneum tripliciter. primo, ex hoc quod persona supra hypostasim non addit nisi determinatam naturam, scilicet rationalem; * secundum quod boetius dicit, in libro de duabus naturis, quod ° persona est rationalis naturae individua substantia. ‘ et ideo idem est attribuere propriam hypostasim humanae naturae in christo, et propriam personam. * quod intelligentes sancti patres, utrumque in concilio quinto, apud constantinopolim celebrato, damnaverunt, dicentes, ° si quis introducere conetur in mysterio christi duas subsistentias seu duas personas, talis anathema sit, nec enim adiectionem personae vel subsistentiae suscepit sancta trinitas, incarnato uno de sancta trinitate, deo verbo. “ subsistentia autem idem est quod res subsistens, quod est proprium hypostasis, * ut patet per boetium, in libro de duabus naturis. ‘ secundo quia, si detur quod persona aliquid addat supra hypostasim in quo possit fieri unio, hoc nihil est aliud quam proprietas ad dignitatem pertinens, * secundum quod a quibusdam dicitur quod persona est ° hypostasis proprietate distincta ad dignitatem pertinente. ‘ si ergo facta sit unio in persona et non in hypostasi, consequens erit quod non sit facta unio nisi secundum dignitatem quandam. * et hoc est, approbante synodo ephesina, damnatum a cyrillo sub his verbis, ° si quis in uno christo dividit subsistentias post adunationem, sola copulans eas coniunctione quae secundum dignitatem vel auctoritatem est vel secundum potentiam, et non magis concursu secundum adunationem naturalem, anathema sit. ‘ tertio, quia tantum hypostasis est cui attribuuntur operationes et proprietates naturae, et ea etiam quae ad naturae rationem pertinent in concreto, dicimus enim quod hic homo ratiocinatur, et est risibilis, et est animal rationale. et hac ratione hic homo dicitur esse suppositum, quia scilicet supponitur his quae ad hominem pertinent, eorum praedicationem recipiens. si ergo sit alia hypostasis in christo praeter hypostasim verbi, sequetur quod de aliquo alio quam de verbo verificentur ea quae sunt hominis, puta esse natum de virgine, passum, crucifixum et sepultum. et hoc etiam damnatum est, * approbante concilio ephesino, sub his verbis, ° si quis personis duabus vel subsistentiis eas quae sunt in evangelicis et apostolicis scripturis impartitur voces, aut de christo a sanctis dictas, aut ab ipso de se; et quasdam quidem velut homini praeter illud ex deo verbum specialiter intellecto applicat, quasdam vero, velut deo decibiles, soli ex deo patre verbo, anathema sit. ‘ sic igitur patet esse haeresim ab olim damnatam dicere quod in christo sunt duae hypostases vel duo supposita, sive quod unio non sit facta in hypostasi vel supposito. * unde in eadem synodo legitur, ° si quis non confitetur carni secundum subsistentiam unitum ex deo patre verbum, unumque esse christum cum sua carne, eundem scilicet deum et hominem, anathema sit.
ra1 ‘ Ad primum ergo dicendum quod, sicut accidentalis differentia facit alterum, ita differentia essentialis facit aliud. manifestum est autem quod alteritas, quae provenit ex differentia accidentali, potest ad eandem hypostasim vel suppositum in rebus creatis pertinere, eo quod idem numero potest diversis accidentibus subesse, non autem contingit in rebus creatis quod idem numero subsistere possit diversis essentiis vel naturis. unde sicut quod dicitur alterum et alterum in creaturis, non significat diversitatem suppositi, sed solum diversitatem formarum accidentalium; ita quod christus dicitur aliud et aliud, non importat diversitatem suppositi sive hypostasis, sed diversitatem naturarum. * unde gregorius nazianzenus dicit, in epistola ad chelidonium, ° aliud et aliud sunt ea ex quibus salvator est, non alius autem et alius. dico vero aliud et aliud e contrario quam in trinitate habet. ibi enim alius et alius dicimus, ut non subsistentias confundamus, non aliud autem et aliud.
ra2 ‘ Ad secundum dicendum quod hypostasis significat substantiam particularem non quocumque modo, sed prout est in suo complemento. secundum vero quod venit in unionem alicuius magis completi, non dicitur hypostasis, sicut manus aut pes. et similiter humana natura in christo, quamvis sit substantia particularis, quia tamen venit in unionem cuiusdam completi, scilicet totius christi prout est deus et homo, non potest dici hypostasis vel suppositum, sed illud completum ad quod concurrit, dicitur esse hypostasis vel suppositum.
ra3 ‘ Ad tertium dicendum quod etiam in rebus creatis res aliqua singularis non ponitur in genere vel specie ratione eius quod pertinet ad eius individuationem, sed ratione naturae, quae secundum formam determinatur, cum individuatio magis sit secundum materiam in rebus compositis. sic igitur dicendum est quod christus est in specie humana ratione naturae assumptae, non ratione ipsius hypostasis.

010 ST4 qu2 ar4

ag1 ‘ Ad quartum sic proceditur. videtur quod persona christi non sit composita. persona enim christi non est aliud quam persona vel hypostasis verbi, * ut ex dictis patet. ‘ sed in verbo non est aliud persona et natura, * ut patet ex his quae dicta sunt in prima parte. ‘ cum ergo natura verbi sit simplex, * ut in primo ostensum est, ‘ impossibile est quod persona christi sit composita.
ag2 ‘ Praeterea, omnis compositio videtur esse ex partibus. sed divina natura non potest habere rationem partis, quia omnis pars habet rationem imperfecti. ergo impossibile est quod persona christi sit composita ex duabus naturis.
ag3 ‘ Praeterea, quod componitur ex aliquibus, videtur esse homogeneum eis, sicut ex corporibus non componitur nisi corpus. si igitur ex duabus naturis aliquid sit in christo compositum, consequens erit quod illud non erit persona, sed natura. et sic in christo erit facta unio in natura. * quod est contra praedicta.
sc * Sed contra est quod damascenus dicit, iii libro, ° in domino iesu christo duas naturas cognoscimus, unam autem hypostasim, ex utrisque compositam.
co ‘ Respondeo dicendum quod persona sive hypostasis christi dupliciter considerari potest. uno modo, secundum id quod est in se. et sic est omnino simplex, sicut et natura verbi. alio modo, secundum rationem personae vel hypostasis, ad quam pertinet subsistere in aliqua natura. et secundum hoc, persona christi subsistit in duabus naturis. unde, licet sit ibi unum subsistens, est tamen ibi alia et alia ratio subsistendi. et sic dicitur persona composita, inquantum unum duobus subsistit.
ra1 ‘ Et per hoc patet responsio ad primum.
ra2 ‘ Ad secundum dicendum quod illa compositio personae ex naturis non dicitur esse ratione partium, sed potius ratione numeri, sicut omne illud in quo duo conveniunt, potest dici ex eis compositum.
ra3 ‘ Ad tertium dicendum quod non in omni compositione hoc verificatur quod illud quod componitur sit homogeneum componentibus, sed solum in partibus continui; nam continuum non componitur nisi ex continuis. animal vero componitur ex anima et corpore, quorum neutrum est animal.

010 ST4 qu2 ar5

ag1 ‘ Ad quintum sic proceditur. videtur quod in christo non fuerit unio animae et corporis. ex unione enim animae et corporis in nobis causatur persona vel hypostasis hominis. si ergo anima et corpus fuerunt in christo unita, sequitur quod fuerit ex unione eorum aliqua hypostasis constituta. non autem hypostasis verbi dei, quae est aeterna. ergo in christo erit aliqua persona vel hypostasis praeter hypostasim verbi. * quod est contra praedicta.
ag2 ‘ Praeterea, ex unione animae et corporis constituitur natura humanae speciei. * damascenus autem dicit, in iii libro, quod ° in domino nostro iesu christo non est communem speciem accipere. ‘ ergo in eo non est facta compositio animae et corporis.
ag3 ‘ Praeterea, anima non coniungitur corpori nisi ut vivificet ipsum. sed corpus christi poterat vivificari ab ipso verbo dei, quod est fons et principium vitae. ergo in christo non fuit unio animae et corporis.
sc ‘ Sed contra est quod corpus non dicitur animatum nisi ex unione animae. sed corpus christi dicitur

animatum, * secundum illud quod ecclesia cantat, ° animatum corpus assumens, de virgine nasci dignatus est. ‘ergo in christo fuit unio animae et corporis.

co ‘ Respondeo dicendum quod christus dicitur homo univoce cum hominibus aliis, utpote eiusdem speciei existens, * secundum illud apostoli, philipp. ii, ° in similitudinem hominum factus. ‘ pertinet autem ad rationem speciei humanae quod anima corpori uniatur, non enim forma constituit speciem nisi per hoc quod sit actus materiae; et hoc est ad quod generatio terminatur, per quam natura speciem intendit. unde necesse est dicere quod in christo fuerit anima unita corpori, et contrarium est haereticum, utpote derogans veritati humanitatis christi.

ra1 * Ad primum ergo dicendum quod ex hac ratione moti fuerunt illi “ qui negaverunt unionem animae et corporis in christo, ne per hoc scilicet cogerentur personam novam aut hypostasim in christo inducere; quia videbant quod in puris hominibus ex unione animae ad corpus constituitur persona. ‘ sed hoc ideo in puris hominibus accidit quia anima et corpus sic in eis coniunguntur ut per se existant. sed in christo uniuntur ad invicem ut adiuncta alteri principaliori quod subsistit in natura ex eis composita. et propter hoc ex unione animae et corporis in christo non constituitur nova hypostasis seu persona, sed advenit ipsum coniunctum personae seu hypostasi praeexistenti. nec propter hoc sequitur quod sit minoris efficaciae unio animae et corporis in christo quam in nobis. quia ipsa coniunctio ad nobilius non adimit virtutem aut dignitatem, sed auget, sicut anima sensitiva in animalibus constituit speciem, quia consideratur ut ultima forma; non autem in hominibus, quamvis in eis sit nobilior et virtuosior; et hoc per adiunctionem ulterioris et nobilioris perfectionis animae rationalis, * ut etiam supra dictum est.

ra2 * Ad secundum dicendum quod verbum damasceni potest intelligi dupliciter. ‘ uno modo, ut referatur ad humanam naturam. quae quidem non habet rationem communis speciei secundum quod est in uno solo individuo, sed secundum quod est abstracta ab omni individuo, prout in nuda contemplatione consideratur; vel secundum quod est in omnibus individuis. filius autem dei non assumpsit humanam naturam prout est in sola consideratione intellectus, quia sic non assumpsisset ipsam rem humanae naturae. nisi forte diceretur quod humana natura esset quaedam idea separata, * sicut platonici posuerunt hominem sine materia. ‘ sed tunc filius dei non assumpsisset carnem, * contra id quod dicitur luc. ult., ° spiritus carnem et ossa non habet, sicut me videtis habere. ‘ similiter etiam non potest dici quod filius dei assumpsit humanam naturam prout est in omnibus individuis eiusdem speciei, quia sic omnes homines assumpsisset. relinquitur ergo, * ut damascenus postea dicit in eodem libro, quod “ assumpserit naturam humanam in atomo, idest in individuo, ° non quidem in alio individuo, quod sit suppositum vel hypostasis illius naturae, quam in persona filii dei. * alio modo potest intelligi dictum damasceni “ ut non referatur ad |25| naturam humanam, quasi ex unione animae et corporis non resultet una communis natura, quae est humana, sed est referendum ad unionem duarum naturarum, divinae scilicet et humanae, ex quibus non componitur aliquid tertium, quod sit quaedam natura communis; quia sic illud esset natum praedicari de pluribus. * et hoc ibi intendit. unde subdit, ° neque enim generatus est, neque unquam generabitur alius christus, ex deitate et humanitate, in deitate et humanitate, deus perfectus, idem et homo perfectus.

ra3 ‘ Ad tertium dicendum quod duplex est principium vitae corporalis. unum quidem effectivum. et hoc modo verbum dei est principium omnis vitae. alio modo est aliquid principium vitae formaliter. cum enim ° vivere viventibus sit esse, * ut dicit philosophus, in ii de anima; ‘ sicut unumquodque formaliter est per suam formam, ita corpus vivit per animam. et hoc modo non potuit corpus vivere per verbum, quod non potest esse corporis forma.

010 ST4 qu2 ar6

ag1 ‘ Ad sextum sic proceditur. videtur quod humana natura fuerit unita verbo dei accidentaliter. * dicit enim apostolus, philipp. ii, de filio dei, quod ° habitu inventus est ut homo. ‘ sed habitus accidentaliter advenit ei cuius est, sive accipiatur habitus prout est unum de decem generibus; sive prout est species qualitatis. ergo humana natura accidentaliter unita est filio dei.

ag2 ‘ Praeterea, omne quod advenit alicui post esse completum, advenit ei accidentaliter, hoc enim dicimus accidens quod potest alicui et adesse et abesse praeter subiecti corruptionem. sed natura humana advenit ex tempore filio dei habenti esse perfectum ab aeterno. ergo advenit ei accidentaliter.

ag3 ‘ Praeterea, quidquid non pertinet ad naturam seu essentiam alicuius rei, est accidens eius, quia omne quod est vel est substantia, vel est accidens. sed humana natura non pertinet ad essentiam vel naturam filii dei divinam, quia non est facta unio in natura, * ut supra dictum est. ‘ ergo oportet quod natura humana accidentaliter filio dei advenerit.

ag4 ‘ Praeterea, instrumentum accidentaliter advenit. sed natura humana in christo fuit divinitatis instrumentum, * dicit enim damascenus, in iii libro, quod ° caro christi instrumentum divinitatis existit. ‘ ergo videtur quod humana natura fuerit filio dei unita accidentaliter.

sc ‘ Sed contra est quod illud quod accidentaliter praedicatur, non praedicat aliquid, sed quantum vel quale vel aliquo modo se habens si igitur humana natura accidentaliter adveniret, cum dicitur christus esse homo, non praedicaretur aliquid, sed quale aut quantum aut aliquo modo se habens. * quod est contra decretalem alexandri papae dicentis, ° cum christus sit perfectus deus et perfectus homo, qua temeritate audent quidam dicere quod christus, secundum quod est homo, non est aliquid?

co * Respondeo dicendum quod, ad huius quaestionis evidentiam, sciendum est quod circa mysterium unionis duarum naturarum in christo, duplex haeresis insurrexit. una quidem confundentium naturas, sicut eutychetis et dioscori, qui posuerunt quod “ ex duabus naturis est constituta una natura; ita quod confitentur christum esse ex duabus naturis, quasi ante unionem distinctis; non autem in duabus naturis, quasi post unionem naturarum distinctione cessante. * alia vero fuit haeresis nestorii et theodori mopsuesteni separantium personas. posuerunt enim “ aliam esse personam filii dei, et filii hominis. quas dicebant sibi invicem esse unitas, primo quidem, secundum inhabitationem, inquantum scilicet verbum dei habitavit in illo homine sicut in templo. secundo, secundum unitatem affectus, inquantum scilicet voluntas illius hominis est semper conformis voluntati dei. tertio modo, secundum operationem, prout scilicet dicebant hominem illum esse dei verbi instrumentum. quarto, secundum dignitatem honoris, prout omnis honor qui exhibetur filio dei, exhibetur filio hominis, propter coniunctionem ad filium dei. quinto, secundum aequivocationem, idest secundum communicationem nominum, prout scilicet dicimus illum hominem esse deum et filium dei. ‘ manifestum est autem omnes istos modos accidentalem unionem importare. * quidam autem posteriores magistri, putantes se has haereses declinare, in eas per ignorantiam inciderunt. |25| quidam enim eorum concesserunt “ unam christi personam, sed posuerunt duas hypostases, sive duo supposita; dicentes hominem quendam, compositum ex anima et corpore, a principio suae conceptionis esse assumptum a dei verbo. * et haec est prima opinio quam magister ponit in sexta distinctione tertii libri sententiarum. alii vero, volentes servare unitatem personae, posuerunt “ christi animam non esse corpori unitam, sed haec duo, separata ab invicem, esse unita verbo accidentaliter, ut sic non cresceret numerus personarum. * et haec est tertia opinio quam magister ibidem ponit. utraque autem harum opinionum incidit in haeresim nestorii. ‘ prima quidem, quia idem est ponere duas hypostases vel duo supposita in christo, quod ponere duas personas, * ut supra dictum est. * et si fiat vis in nomine personae, considerandum est quod etiam nestorius utebatur “ unitate personae, propter unitatem dignitatis et honoris. * unde et quinta synodus definit anathema eum qui dicit ° unam personam secundum dignitatem, honorem et adorationem, sicut theodorus et nestorius insanientes conscripserunt. * alia vero opinio incidit in errorem nestorii quantum ad hoc, “ quod posuit unionem accidentalem. non enim differt dicere quod verbum dei unitum est homini christo secundum |50| inhabitationem sicut in templo suo, * sicut dicebat nestorius; et dicere quod “ unitum fuit verbum homini secundum induitionem sicut vestimento, * sicut dicit tertia opinio. quae etiam dicit peius aliquid quam nestorius, quod “ anima et corpus non sunt unita. ‘ fides autem catholica, medium tenens inter praedictas positiones, neque dicit esse unionem factam dei et hominis secundum essentiam vel naturam; neque etiam secundum accidens; sed medio modo, secundum subsistentiam seu hypostasim. * unde in quinta synodo legitur, ° cum multis modis unitas intelligatur, qui iniquitatem apollinarii et eutychetis sequuntur, interemptionem eorum quae convenerunt colentes, “ (idest, interimentes utramque naturam), ° unionem secundum confusionem dicunt; theodori autem et nestorii sequaces, divisione gaudentes, affectualem unitatem introducunt, sancta vero dei ecclesia, utriusque perfidiae impietatem reiiciens unionem dei verbi ad carnem secundum compositionem confitetur, quod est secundum subsistentiam. ‘ sic igitur patet quod secunda trium opinionum * quas magister ponit, |75| “ quae asserit unam hypostasim dei et hominis, ‘ non est dicenda opinio, sed sententia catholicae fidei. * similiter etiam prima opinio, quae ponit “ duas hypostases; * et tertia, quae ponit “ unionem accidentalem; non sunt dicendae opiniones, sed haereses * in conciliis ab ecclesia damnatae.

ra1 * Ad primum ergo dicendum quod, sicut damascenus dicit, in iii libro, ° non necesse autem omnifariam et indefective assimilari exempla, quod enim in omnibus simile, idem utique erit, et non exemplum. et maxime in divinis, impossibile enim simile exemplum invenire et in theologia, “ idest in deitate personarum, et in dispensatione, idest in mysterio incarnationis. humana igitur natura in christo assimilatur habitui, idest vestimento, ‘ non quidem quantum ad accidentalem unionem, sed quantum ad hoc, quod verbum videtur per humanam naturam, sicut homo per vestimentum. et etiam quantum ad hoc, quod vestimentum mutatur, quia scilicet formatur secundum figuram eius qui induit ipsum, qui a sua forma non mutatur propter vestimentum, et similiter humana natura assumpta a verbo dei est meliorata, ipsum autem verbum dei non est mutatum; * ut exponit augustinus, in libro octogintatrium quaestionum.

ra2 ‘ Ad secundum dicendum quod illud quod advenit post esse completum, accidentaliter advenit, nisi trahatur in communionem illius esse completi. sicut in resurrectione corpus adveniet animae praeexistenti, non tamen accidentaliter, quia ad idem esse assumetur, ut scilicet corpus habeat esse vitale per animam. non est autem sic de albedine, quia aliud est esse albi, et aliud esse hominis cui advenit albedo. verbum autem dei ab aeterno esse completum habuit secundum hypostasim sive personam, ex tempore autem advenit ei natura humana, non quasi assumpta ad unum esse prout est naturae, sicut corpus assumitur ad esse animae; sed ad unum esse prout est hypostasis vel personae. et ideo humana natura non unitur accidentaliter filio dei.

ra3 ‘ Ad tertium dicendum quod accidens dividitur contra substantiam. “ substantia autem, * ut patet v metaphys., “ dupliciter dicitur, uno modo, essentia sive natura; alio modo, pro supposito sive hypostasi. ‘ unde sufficit ad hoc quod non sit unio accidentalis, quod sit facta unio secundum hypostasim, licet non sit facta unio secundum naturam.

ra4 ‘ Ad quartum dicendum quod non omne quod assumitur ut instrumentum, pertinet ad hypostasim assumentis, sicut patet de securi et gladio nihil tamen prohibet illud quod assumitur ad unitatem hypostasis, se habere ut instrumentum, sicut corpus hominis vel membra eius. * nestorius igitur posuit quod “ natura humana est assumpta a verbo solum per modum instrumenti, non autem ad unitatem hypostasis. et ideo non concedebat quod homo ille vere esset filius dei, sed instrumentum eius. * unde cyrillus dicit, in epistola ad monachos aegypti, ° hunc emanuelem, idest christum, non tanquam instrumenti officio sumptum dicit scriptura, sed tanquam deum vere humanatum, “ idest hominem factum. * damascenus autem posuit “ naturam humanam in christo esse sicut instrumentum ad unitatem hypostasis pertinens.

010 ST4 qu2 ar7

ag1 ‘ Ad septimum sic proceditur. videtur quod unio divinae et humanae naturae non sit aliquid creatum. nihil enim in deo creatum potest esse, quia quidquid est in deo, deus est. sed unio est in deo, quia ipse deus est humanae naturae unitus. ergo videtur quod unio non sit aliquid creatum.

ag2 “ Praeterea, finis est potissimum in unoquoque. ‘ sed finis unionis est divina hypostasis sive persona, ad quam terminata est unio. ergo videtur quod huiusmodi unio maxime debeat iudicari secundum conditionem divinae hypostasis. quae non est aliquid creatum. ergo nec ipsa unio est aliquid creatum.

ag3 ° Praeterea, propter quod unumquodque, et illud magis. ‘ sed homo dicitur esse creator propter unionem. ergo multo magis ipsa unio non est aliquid creatum, sed creator.

sc ‘ Sed contra est, quod incipit esse ex tempore, est creatum. sed unio illa non fuit ab aeterno, sed incoepit esse ex tempore. ergo unio est aliquid creatum.

co ‘ Respondeo dicendum quod unio de qua loquimur est relatio quaedam quae consideratur inter divinam naturam et humanam, secundum quod conveniunt in una persona filii dei. * sicut autem in prima parte dictum est, ‘ omnis relatio quae consideratur inter deum et creaturam, realiter quidem est in creatura, per cuius mutationem talis relatio innascitur, non autem est realiter in deo, sed secundum rationem tantum, quia non nascitur secundum mutationem dei. sic igitur dicendum est quod haec unio de qua loquimur, non est in deo realiter, sed secundum rationem tantum in humana autem natura, quae creatura quaedam est, est realiter. et ideo oportet dicere quod sit quoddam creatum.

ra1 ‘ Ad primum ergo dicendum quod haec unio non est in deo realiter sed solum secundum rationem tantum, dicitur enim deus unitus creaturae ex hoc quod creatura unita est ei, absque dei mutatione.

ra2 ‘ Ad secundum dicendum quod ratio relationis, sicut et motus dependet ex fine vel termino, sed esse eius dependet ex subiecto. et quia unio talis non habet esse reale nisi in natura creata, * ut dictum est, ‘ consequens est quod habeat esse creatum.

ra3 ‘ Ad tertium dicendum quod homo dicitur et est deus propter unionem inquantum terminatur ad hypostasim divinam. non tamen sequitur quod ipsa unio sit creator vel deus, quia quod aliquid dicatur creatum, hoc magis respicit esse ipsius quam relationem.

010 ST4 qu2 ar8

ag1 ‘ Ad octavum sic proceditur. videtur quod idem sit unio quod assumptio. relationes enim, sicut et motus, specificantur secundum terminum. sed idem est terminus assumptionis et unionis, scilicet divina hypostasis. ergo videtur quod non differant unio et assumptio.

ag2 ' Praeterea, in mysterio incarnationis idem videtur esse uniens et assumens, unitum et assumptum. sed unio et assumptio videntur sequi actionem et passionem unientis et uniti, vel assumentis et assumpti. ergo videtur idem esse unio quod assumptio.
ag3 * Praeterea, damascenus dicit, in iii libro, ° aliud est unio, aliud incarnatio. nam unio solam demonstrat copulationem, ad quid autem facta est, non adhuc. incarnatio autem et humanatio determinant ad quem sit facta copulatio. ' sed similiter assumptio non determinat ad quem facta sit copulatio. ergo videtur idem esse unio et assumptio.
sc ' Sed contra est quod divina natura dicitur unita, non autem assumpta.
co * Respondeo dicendum quod, sicut dictum est, ' unio importat relationem divinae naturae et humanae secundum quod conveniunt in una persona. omnis autem relatio quae incipit esse ex tempore, ex aliqua mutatione causatur. mutatio autem consistit in actione et passione. sic igitur dicendum est quod prima et principalis differentia inter unionem et assumptionem est quod unio importat ipsam relationem, assumptio autem actionem secundum quam dicitur aliquis assumens, vel passionem secundum quam dicitur aliquid assumptum. ex hac autem differentia accipitur secundo alia differentia. nam assumptio dicitur sicut in fieri, unio autem sicut in facto esse. et ideo uniens dicitur esse unitum, assumens autem non dicitur esse assumptum. natura enim humana significatur ut in termino assumptionis ad hypostasim divinam per hoc quod dicitur homo, unde vere dicimus quod filius dei, qui est uniens sibi humanam naturam, est homo. sed humana natura in se considerata, idest in abstracto, significatur ut assumpta, non autem dicimus quod filius dei sit humana natura. ex eodem etiam sequitur tertia differentia, quod relatio, praecipue aequiparantiae, non magis se habet ad unum extremum quam ad aliud; actio autem et passio diversimode se habent ad agens et patiens, et ad diversos terminos. et ideo assumptio determinat terminum et a quo et ad quem, dicitur enim assumptio quasi ab alio ad se sumptio, unio autem nihil horum determinat. unde indifferenter dicitur quod |25| humana natura est unita divinae, et e converso. non autem dicitur divina natura assumpta ab humana, sed e converso, quia humana natura adiuncta est ad personalitatem divinam, ut scilicet persona divina in humana natura subsistat.
ra1 ' Ad primum ergo dicendum quod unio et assumptio non eodem modo se habent ad terminum, sed diversimode, * sicut dictum est.
ra2 ' Ad secundum dicendum quod uniens et assumens non omnino sunt idem. nam omnis persona assumens est uniens, non autem e converso. nam persona patris univit naturam humanam filio, non autem sibi et ideo dicitur uniens, non assumens. et similiter non est idem unitum et assumptum. nam divina natura dicitur unita, non assumpta.
ra3 " Ad tertium dicendum quod assumptio determinat cui facta est copulatio ex parte assumentis, inquantum assumptio dicitur quasi ad se sumptio. sed incarnatio et humanatio ex parte assumpti, quod est caro, vel natura humana. ' et ideo assumptio differt ratione et ab unione, et ab incarnatione seu humanatione.

010 ST4 qu2 ar9

ag1 ' Ad nonum sic proceditur. videtur quod unio duarum naturarum non sit maxima unionum. unitum enim deficit in ratione unitatis ab eo quod est unum, eo quod unitum dicitur per participationem, unum autem per essentiam. sed in rebus creatis aliquid dicitur esse simpliciter unum, sicut praecipue patet de ipsa unitate quae est principium numeri. ergo huiusmodi unio de qua loquimur, non importat maximam unitatem.
ag2 ' Praeterea, quanto ea quae uniuntur magis distant, tanto minor est unio. sed ea quae secundum hanc unionem uniuntur, maxime distant, scilicet natura divina et humana, distant enim in infinitum. ergo huiusmodi est minima unio.
ag3 ' Praeterea, per unionem aliquid fit unum. sed ex unione animae et corporis in nobis fit aliquid unum in persona et natura, ex unione autem divinae et humanae naturae fit aliquid unum solum in persona. ergo maior est unio animae ad corpus quam divinae naturae ad humanam. et sic unio de qua loquimur, non importat maximam unitatem.
sc * Sed contra est quod augustinus dicit, in i de trin., quod ° homo potius est in filio quam filius in patre. ' filius autem est in patre per unitatem essentiae, homo autem est in filio per unionem incarnationis. ergo maior est unio incarnationis quam unitas divinae essentiae. quae tamen est maxima unitatum. et sic, per consequens, unio incarnationis importat maximam unitatem.
co ' Respondeo dicendum quod unio importat coniunctionem aliquorum in aliquo uno. potest ergo unio incarnationis dupliciter accipi, uno modo, ex parte eorum quae coniunguntur; et alio modo, ex parte eius in quo coniunguntur. et ex hac parte huiusmodi unio habet praeeminentiam inter alias uniones, nam unitas personae divinae, in qua uniuntur duae naturae, est maxima. non autem habet praeeminentiam ex parte eorum quae coniunguntur.
ra1 ' Ad primum ergo dicendum quod unitas personae divinae est maior quam unitas numeralis, quae scilicet est principium numeri. nam unitas divinae personae est unitas per se subsistens, non recepta in aliquo per participationem, est etiam in se completa, habens in se quidquid pertinet ad rationem unitatis. et ideo non competit sibi ratio partis, sicut unitati numerali, quae est pars numeri, et quae participatur in rebus numeratis. et ideo quantum ad hoc unio incarnationis praeeminet unitati numerali, ratione scilicet unitatis personae. non autem ratione naturae humanae, quae non est ipsa unitas personae divinae, sed est ei unita.
ra2 ' Ad secundum dicendum quod ratio illa procedit ex parte coniunctorum, non autem ex parte personae in qua est facta unio.
ra3 ' Ad tertium dicendum quod unitas divinae personae est maior unitas quam unitas et personae et naturae in nobis. et ideo unio incarnationis est maior quam unio animae et corporis in nobis.
ra4 ' Quia vero id quod in contrarium obiicitur falsum supponit, scilicet quod maior sit unio incarnationis quam unitas personarum divinarum in essentia, * dicendum est ad auctoritatem augustini quod " humana natura non est magis in filio dei quam filius dei in patre sed multo minus, sed ipse homo, quantum ad aliquid, est magis in filio quam filius in patre; inquantum scilicet idem supponitur in hoc quod dico homo, prout sumitur pro christo, et in hoc quod dico, filius dei; non autem idem est suppositum patris et filii.

010 ST4 qu2 ar10

ag1 ' Ad decimum sic proceditur. videtur quod unio incarnationis non sit per gratiam. gratia enim est accidens quoddam, * ut in secunda parte habitum est. ' sed unio humanae naturae ad divinam non est facta per accidens, * ut supra ostensum est. ' ergo videtur quod unio incarnationis non sit facta per gratiam.
ag2 ' Praeterea, gratiae subiectum est anima. * sed sicut dicitur coloss. ii, ° in christo habitavit plenitudo divinitatis corporaliter. ' ergo videtur quod illa unio non sit facta per gratiam.
ag3 ' Praeterea, quilibet sanctus deo unitur per gratiam. si igitur unio incarnationis fuit per gratiam, videtur quod non aliter dicatur christus esse deus quam alii sancti homines.
sc * Sed contra est quod augustinus dicit, in libro de praedest. sanctorum, ° ea gratia fit ab initio fidei suae homo quicumque christianus, qua gratia homo ille ab initio suo factus est christus. ' sed homo ille factus est christus per unionem ad divinam naturam. ergo unio illa fuit per gratiam.
co ' Respondeo dicendum quod, * sicut in secunda parte dictum est, ' gratia dupliciter dicitur, uno modo, ipsa voluntas dei gratis aliquid dantis; alio modo, ipsum gratuitum donum dei. indiget autem humana natura gratuita dei voluntate ad hoc quod elevetur in deum, cum hoc sit supra facultatem naturae suae. elevatur autem humana natura in deum dupliciter. uno modo, per operationem, qua scilicet sancti cognoscunt et amant deum. alio modo, per esse personale, qui quidem modus est singularis christo, in quo humana natura assumpta est ad hoc quod sit personae filii dei. manifestum est autem quod ad perfectionem operationis requiritur quod potentia sit perfecta per habitum, sed quod natura habeat esse in supposito suo, non fit mediante aliquo habitu. sic igitur dicendum est quod, si gratia accipiatur ipsa dei voluntas gratis aliquid faciens, vel gratum seu acceptum aliquem habens, unio incarnationis facta est per gratiam, sicut et unio sanctorum ad deum per cognitionem et amorem. si vero gratia dicatur ipsum gratuitum dei donum, sic ipsum quod est humanam naturam esse unitam personae divinae, potest dici quaedam gratia, inquantum nullis praecedentibus meritis hoc est factum, non autem ita quod sit aliqua gratia habitualis qua mediante talis unio fiat.
ra1 ' Ad primum ergo dicendum quod gratia quae est accidens, est quaedam similitudo divinitatis participata in homine. per incarnationem autem humana natura non dicitur participasse similitudinem aliquam divinae naturae, sed dicitur esse coniuncta ipsi naturae divinae in persona filii. maius autem est ipsa res quam similitudo eius participata.
ra2 ' Ad secundum dicendum quod gratia habitualis est solum in anima, sed gratia, idest gratuitum dei donum quod est uniri divinae personae, pertinet ad totam naturam humanam, quae componitur ex anima et corpore. " et per hunc modum dicitur plenitudo divinitatis in christo corporaliter habitasse, quia est unita divina natura non solum animae, sed etiam corpori. quamvis etiam possit dici quod dicitur habitasse in christo corporaliter, idest non umbraliter, ' sicut habitavit in sacramentis veteris legis, de quibus * ibidem subditur quod sunt ° umbra futurorum, corpus autem est christus, ' prout scilicet corpus contra umbram dividitur. * dicunt etiam quidam quod " divinitas dicitur in christo habitasse corporaliter, scilicet tribus modis, sicut corpus habet tres dimensiones, ' uno modo, per essentiam, praesentiam et potentiam, sicut in ceteris creaturis; alio modo, per gratiam gratum facientem, sicut in sanctis tertio modo, per unionem personalem, quod est proprium sibi.
ra3 ' Unde patet responsio ad tertium, quia scilicet unio incarnationis non est facta solum per gratiam habitualem, sicut alii sancti uniuntur deo; sed secundum subsistentiam, sive personam.

010 ST4 qu2 ar11

ag1 ' Ad undecimum sic proceditur. videtur quod unio incarnationis fuerit aliqua merita subsecuta. * quia super illud psalmi, ° fiat misericordia tua, domine, super nos, quemadmodum speravimus in te, * dicit glossa, ° hic insinuatur desiderium prophetae de incarnatione, et meritum impletionis. ' ergo incarnatio cadit sub merito.
ag2 ' Praeterea, quicumque meretur aliquid, meretur illud sine quo illud haberi non potest. sed antiqui patres merebantur vitam aeternam, ad quam pervenire non poterant nisi per incarnationem, * dicit enim gregorius, in libro moral., ° hi qui ante christi adventum in hunc mundum venerunt, quantamlibet iustitiae virtutem haberent, ex corporibus educti in sinum caelestis patriae statim recipi nullo modo poterant, quia nondum ille venerat qui iustorum animas in perpetua sede collocaret. ' ergo videtur quod meruerint incarnationem.
ag3 * Praeterea, de beata virgine cantatur quod ° dominum omnium meruit portare, ' quod quidem factum est per incarnationem. ergo incarnatio cadit sub merito.
sc * Sed contra est quod augustinus dicit, in libro de praedest. sanctorum, ° quisquis in capite nostro praecedentia merita singularis illius generationis invenerit, ipse in nobis, membris eius, praecedentia merita multiplicatae regenerationis inquirat. ' sed nulla merita praecesserunt regenerationem nostram * secundum illud tit. iii, ° non ex operibus iustitiae quae fecimus nos, sed secundum suam misericordiam salvos nos fecit per lavacrum regenerationis. ' ergo nec illam christi generationem aliqua merita praecesserunt.
co ' Respondeo dicendum quod, quantum ad ipsum christum, * manifestum est ex praemissis quod ' nulla eius merita potuerunt praecedere unionem. non enim ponimus quod ' ante fuerit purus homo, et postea per meritum bonae vitae obtinuerit esse filius dei, * sicut posuit photinus, ' sed ponimus quod a principio suae conceptionis ille homo vere fuerit filius dei, utpote non habens aliam hypostasim quam filium dei, * secundum illud luc. i, ° quod ex te nascetur sanctum, vocabitur filius dei. ' et ideo omnis operatio illius hominis subsecuta est unionem. unde nulla eius operatio potuit esse meritum unionis. sed neque etiam opera cuiuscumque alterius hominis potuerunt esse meritoria huius unionis ex condigno. primo quidem, quia opera meritoria hominis proprie ordinantur ad beatitudinem, " quae est virtutis praemium, ' et consistit in plena dei fruitione. unio autem incarnationis, cum sit in esse personali, transcendit unionem mentis beatae ad deum, quae est per actum fruentis. et ita non potest cadere sub merito. secundo, quia gratia non potest cadere sub merito, quia est merendi principium. unde |25| multo minus incarnatio cadit sub merito, quae est principium gratiae, * secundum illud ioan. i, ° gratia et veritas per iesum christum facta est. ' tertio, quia incarnatio christi est reformativa totius humanae naturae. et ideo non cadit sub merito alicuius hominis singularis, quia bonum alicuius puri hominis non potest esse causa boni totius naturae. ex congruo tamen meruerunt sancti patres incarnationem, desiderando et petendo. congruum enim erat ut deus exaudiret eos qui ei obediebant.
ra1 ' Et per hoc patet responsio ad primum.
ra2 ' Ad secundum dicendum hoc esse falsum, quod sub merito cadat omne illud sine quo praemium esse non potest. quaedam enim sunt quae non solum requiruntur ad praemium, sed etiam praeexiguntur ad meritum, sicut divina bonitas et eius gratia, et ipsa hominis natura. et similiter incarnationis mysterium est principium merendi, quia ° de plenitudine christi omnes accepimus, * ut dicitur ioan. i.
ra3 " Ad tertium dicendum quod beata virgo dicitur meruisse portare dominum iesum christum, non quia meruit deum incarnari, sed quia meruit, ex gratia sibi data, illum puritatis et sanctitatis gradum ut congrue posset esse mater dei.

010 ST4 qu2 ar12

ag1 ' Ad duodecimum sic proceditur. videtur quod gratia unionis non fuerit christo homini naturalis. unio enim incarnationis non est facta in natura, sed in persona, * ut supra dictum est. ' sed unumquodque denominatur a termino. ergo gratia illa magis debet dici personalis quam naturalis.
ag2 ' Praeterea, gratia dividitur contra naturam, sicut gratuita, quae sunt a deo, distinguuntur contra naturalia, quae sunt a principio intrinseco. sed eorum quae ex opposito dividuntur, unum non denominatur ab alio. ergo gratia christi non est ei naturalis.
ag3 ' Praeterea, naturale dicitur quod est secundum naturam. sed gratia unionis non est naturalis christo secundum naturam divinam, quia sic conveniret etiam aliis personis. neque etiam naturalis est ei secundum naturam humanam, quia sic conveniret omnibus hominibus qui sunt eiusdem naturae cum ipso. ergo videtur quod nullo modo gratia unionis sit chri-

sto naturalis.
sc * Sed contra est quod augustinus dicit, in enchirid., ° in naturae humanae susceptione fit quodammodo ipsa gratia illi homini naturalis, qua nullum possit admittere peccatum.
co * Respondeo dicendum quod, secundum philosophum, in v metaphys., ' natura uno modo dicitur ipsa nativitas, alio modo essentia rei. unde naturale potest aliquid dici dupliciter. uno modo, quod est tantum ex principiis essentialibus rei, sicut igni naturale est sursum ferri. alio modo dicitur esse homini naturale quod ab ipsa nativitate habet, * secundum illud ephes. ii, ° eramus natura filii irae; * et sap. xii, ° nequam est natio eorum, et naturalis malitia ipsorum. ' gratia igitur christi, sive unionis sive habitualis, non potest dici naturalis quasi causata ex principiis naturae humanae in ipso, quamvis possit dici naturalis quasi proveniens in naturam humanam christi causante divina natura ipsius. dicitur autem naturalis utraque gratia in christo inquantum eam a nativitate habuit, quia ab initio conceptionis fuit natura humana divinae personae unita, et anima eius fuit munere gratiae repleta.
ra1 ' Ad primum ergo dicendum quod, licet unio non sit facta in natura, est tamen causata ex virtute divinae naturae, quae est vere natura christi. et etiam convenit christo a principio nativitatis.
ra2 ' Ad secundum dicendum quod non secundum idem dicitur gratia, et naturalis. sed gratia quidem dicitur inquantum non est ex merito, naturalis autem dicitur inquantum est ex virtute divinae naturae in humanitate christi ab eius nativitate.
ra3 ' Ad tertium dicendum quod gratia unionis non est naturalis christo secundum humanam naturam, quasi ex principiis humanae naturae causata. et ideo non oportet quod conveniat omnibus hominibus. est tamen naturalis ei secundum humanam naturam, propter proprietatem nativitatis ipsius, prout sic conceptus est ex spiritu sancto ut esset idem naturalis filius dei et hominis. secundum vero divinam naturam est ei naturalis, inquantum divina natura est principium activum huius gratiae. et hoc convenit toti trinitati, scilicet huius gratiae esse activum principium.

010 ST4 qu3 ar

pr ' Deinde considerandum est de unione ex parte personae assumentis. et circa hoc quaeruntur octo. primo, utrum assumere conveniat personae divinae. secundo, utrum conveniat naturae divinae. tertio, utrum natura possit assumere, abstracta personalitate. quarto, utrum una persona possit assumere sine alia. quinto, utrum quaelibet persona possit assumere. sexto, utrum plures personae possint assumere unam naturam numero. septimo, utrum una persona possit assumere duas naturas numero. octavo, utrum magis fuerit conveniens de persona filii quod assumpsit humanam naturam, quam de alia persona divina.

010 ST4 qu3 ar1

ag1 ' Ad primum sic proceditur. videtur quod personae divinae non conveniat assumere naturam creatam. persona enim divina significat aliquid maxime perfectum. perfectum autem est cui non potest fieri additio. cum igitur assumere sit quasi ad se sumere, ita quod assumptum addatur assumenti, videtur quod personae divinae non conveniat assumere naturam creatam.
ag2 ' Praeterea, illud ad quod aliquid assumitur, communicatur quodammodo ei quod in ipsum assumitur, sicut dignitas communicatur ei qui in dignitatem assumitur. sed de ratione personae est quod sit incommunicabilis, * ut in prima parte dictum est. ' ergo personae divinae non convenit assumere, quod est ad se sumere.
ag3 ' Praeterea, persona constituitur per naturam. sed inconveniens est quod constitutum assumat constituens, quia effectus non agit in suam causam. ergo personae non convenit assumere naturam.
sc * Sed contra est quod augustinus dicit, in libro de fide ad petrum, ° formam, idest naturam servi in suam accepit deus ille, " scilicet unigenitus, ° personam. ' sed deus unigenitus est persona. ergo personae competit accipere naturam, quod est assumere.
co ' Respondeo dicendum quod in verbo assumptionis duo importantur, videlicet principium actus, et terminus, dicitur enim assumere quasi ad se aliquid sumere. huius autem assumptionis persona est et principium et terminus. principium quidem, quia personae proprie competit agere, huiusmodi autem sumptio carnis per actionem divinam facta est. similiter etiam persona est huius sumptionis terminus, quia, * sicut supra dictum est, ' unio facta est in persona, non in natura. et sic patet quod propriissime competit personae assumere naturam.
ra1 ' Ad primum ergo dicendum quod, cum persona divina sit infinita, non potest ei fieri additio. * unde cyrillus dicit, in epistola synodali ephesini concilii, ° non secundum coappositionem coniunctionis intelligimus modum. ' sicut etiam in unione hominis ad deum quae est per gratiam adoptionis, non additur aliquid deo, sed id quod divinum est apponitur homini. unde non deus, sed homo perficitur.
ra2 ' Ad secundum dicendum quod persona dicitur incommunicabilis inquantum non potest de pluribus suppositis praedicari. nihil tamen prohibet plura de persona praedicari. unde non est contra rationem personae sic communicari ut subsistat in pluribus naturis. quia etiam in personam creatam possunt plures naturae concurrere accidentaliter, sicut in persona unius hominis invenitur quantitas et qualitas. hoc autem est proprium divinae personae, propter eius infinitatem, ut fiat in ea concursus naturarum, non quidem accidentaliter, sed secundum subsistentiam.
ra3 * Ad tertium dicendum quod, sicut supra dictum est, ' natura humana non constituit personam divinam simpliciter, sed constituit eam secundum quod denominatur a tali natura. non enim ex natura humana habet filius dei quod sit simpliciter, cum fuerit ab aeterno, sed solum quod sit homo. sed secundum naturam divinam constituitur persona divina simpliciter. unde persona divina non dicitur assumere divinam naturam, sed humanam.

010 ST4 qu3 ar2

ag1 ' Ad secundum sic proceditur. videtur quod naturae divinae non conveniat assumere. quia, * sicut dictum est ' assumere dicitur quasi ad se sumere. sed natura divina non sumpsit ad se humanam naturam, quia non est facta unio in natura, sed in persona, * sicut supra dictum est. ' ergo naturae divinae non competit assumere naturam humanam.
ag2 ' Praeterea, natura divina communis est tribus personis. si igitur naturae convenit assumere, sequitur quod conveniat tribus personis et ita pater assumpsit humanam naturam, sicut et filius. quod est erroneum.
ag3 ' Praeterea, assumere est agere. agere autem convenit personae, non naturae, quae magis significatur ut principium quo agens agit. ergo assumere non convenit naturae.
sc * Sed contra est quod augustinus dicit, in libro de fide ad petrum, ° illa natura quae semper genita manet ex patre, " idest, quae est per generationem aeternam accepta a patre, ° naturam nostram sine peccato suscepit.
co * Respondeo dicendum quod, sicut dictum est, ' in verbo assumptionis duo significantur, scilicet principium actionis, et terminus eius. esse autem assumptionis principium convenit naturae divinae secundum seipsam, quia eius virtute assumptio facta est. sed esse terminum assumptionis non convenit naturae divinae secundum seipsam, sed ratione personae in qua consideratur. et ideo primo quidem et propriissime persona dicitur assumere, secundario autem potest dici quod etiam natura assumit naturam ad sui personam. et secundum etiam hunc modum dicitur natura incarnata, non quasi sit in carnem conversa; sed quia naturam carnis assumpsit. * unde dicit damascenus, ° dicimus naturam dei incarnatam esse, secundum beatos athanasium et cyrillum.
ra1 ' Ad primum ergo dicendum quod ly se est reciprocum, et refert idem suppositum. natura autem divina non differt supposito a persona verbi. et ideo, inquantum natura divina sumit naturam humanam ad personam verbi, dicitur eam ad se sumere. sed quamvis pater assumat naturam humanam ad personam verbi, non tamen propter hoc sumit eam ad se, quia non est idem suppositum patris et verbi. et ideo non potest dici proprie quod pater assumat naturam humanam.
ra2 ' Ad secundum dicendum quod id quod convenit divinae naturae secundum se, convenit tribus personis, sicut bonitas, sapientia et huiusmodi. sed assumere convenit ei ratione personae verbi, * sicut dictum est. ' et ideo soli illi personae convenit.
ra3 ' Ad tertium dicendum quod, sicut in deo idem est quod est et quo est, ita etiam in eo idem est quod agit et quo agit, quia unumquodque agit inquantum est ens. unde natura divina et est id quo deus agit, et est ipse deus agens.

010 ST4 qu3 ar3

ag1 ' Ad tertium sic proceditur. videtur quod, abstracta personalitate per intellectum, natura non possit assumere. * dictum est enim ' quod naturae convenit assumere ratione personae. sed quod convenit alicui ratione alicuius, remoto eo, non potest ei convenire, sicut corpus, quod est visibile ratione coloris, sine colore videri non potest. ergo, abstracta personalitate per intellectum, natura assumere non potest.
ag2 ' Praeterea, assumptio importat terminum unionis, * ut dictum est. ' sed unio non potest fieri in natura, sed solum in persona. ergo, abstracta personalitate, natura divina non potest assumere.
ag3 * Praeterea, in prima parte dictum est quod ' in divinis, abstracta personalitate, nihil manet. sed assumens est aliquid. ergo, abstracta personalitate, non potest divina natura assumere.
sc ' Sed contra est quod in divinis personalitas dicitur proprietas personalis, quae est triplex, scilicet paternitas, processio et filiatio, * ut in prima parte dictum est. ' sed, remotis his per intellectum, adhuc remanet dei omnipotentia, per quam est facta incarnatio, * sicut angelus dixit, luc. i, ° non erit impossibile apud deum omne verbum. ' ergo videtur quod, etiam remota personalitate, natura divina possit assumere.
co ' Respondeo dicendum quod intellectus dupliciter se habet ad divina uno modo, ut cognoscat deum sicuti est. et sic impossibile est quod circumscribatur per intellectum aliquid a deo quod aliud remaneat, quia totum quod est in deo est unum, salva distinctione personarum; quarum tamen una tollitur, sublata alia, quia distinguuntur solum relationibus, quas oportet esse simul. alio modo se habet intellectus ad divina, non quidem quasi cognoscens deum ut est, sed per modum suum, scilicet multipliciter et divisim id quod in deo est unum. et per hunc modum potest intellectus noster intelligere bonitatem et sapientiam divinam, et alia huiusmodi, quae dicuntur essentialia attributa, non intellecta paternitate vel filiatione, quae dicuntur personalitates. et secundum hoc, abstracta personalitate per intellectum, possumus adhuc intelligere naturam assumentem.
ra1 ' Ad primum ergo dicendum quod, quia in divinis idem est quo est et quod est, quidquid eorum quae attribuuntur deo in abstracto secundum se consideretur, aliis circumscriptis, erit aliquid subsistens, et per consequens persona, cum sit in natura intellectuali. sicut igitur nunc, positis proprietatibus personalibus in deo, dicimus tres personas, ita, exclusis per intellectum proprietatibus personalibus, remanebit in consideratione nostra natura divina ut subsistens, et ut persona. et per hunc modum potest intelligi quod assumat naturam humanam ratione suae subsistentiae vel personalitatis.
ra2 ' Ad secundum dicendum quod, etiam circumscriptis per intellectum personalitatibus trium personarum, remanebit in intellectu una personalitas dei, * ut iudaei intelligunt, ' ad quam poterit terminari assumptio, sicut nunc dicimus eam terminari ad personam verbi.
ra3 ' Ad tertium dicendum quod, abstracta personalitate per intellectum, dicitur nihil remanere per modum resolutionis, quasi aliud sit quod subiicitur relationi, et aliud ipsa relatio, quia quidquid consideratur in deo, consideratur ut suppositum subsistens. potest tamen aliquid eorum quae dicuntur de deo intelligi sine alio, non per modum resolutionis, * sed per modum iam dictum.

010 ST4 qu3 ar4

ag1 ' Ad quartum sic proceditur. videtur quod una persona non possit assumere naturam creatam, alia non assumente. " indivisa enim sunt opera trinitatis, * ut dicit augustinus, in enchirid., ' sicut enim trium personarum est una essentia, ita una operatio. sed assumere est operatio quaedam. ergo non potest convenire uni personae divinae quin conveniat alii.
ag2 ' Praeterea, sicut dicimus personam filii incarnatam, ita et naturam, ° tota enim divina natura in una suarum hypostasum incarnata est, * ut dicit damascenus, in iii libro. ' sed natura communis est tribus personis. ergo et assumptio.
ag3 ' Praeterea, sicut humana natura in christo assumpta est a deo, ita etiam et homines per gratiam assumuntur ab ipso, * secundum illud rom. xiv, ° deus illum assumpsit. ' sed haec assumptio communiter pertinet ad omnes personas. ergo et prima.
sc * Sed contra est quod dionysius, ii cap. de div. nom., " incarnationis mysterium dicit pertinere ad discretam theologiam, ' secundum quam scilicet aliquid distinctum dicitur de divinis personis.
co * Respondeo dicendum quod, sicut dictum est, ' assumptio duo importat, scilicet actum assumentis, et terminum assumptionis. actus autem assumentis procedit ex divina virtute, quae communis est tribus personis, sed terminus assumptionis est persona, sicut dictum est. et ideo id quod est actionis in assumptione, commune est tribus personis, sed id quod pertinet ad rationem termini, convenit ita uni personae quod non alii. tres enim personae fecerunt ut humana natura uniretur uni personae filii.
ra1 ' Ad primum ergo dicendum quod ratio illa procedit ex parte operationis. et sequeretur conclusio si solam illam operationem importaret absque termino, qui est persona.
ra2 ' Ad secundum dicendum quod natura dicitur incarnata, sicut et assumens, ratione personae ad quam terminata est unio, * sicut dictum est, ' non autem prout est communis tribus personis. dicitur autem " tota natura divina incarnata, ' non quia sit incarnata in omnibus personis, sed quia nihil deest de perfectione divinae naturae personae incarnatae.
ra3 ' Ad tertium dicendum quod assumptio quae fit per gratiam adoptionis, terminatur ad quandam participationem divinae naturae secundum assimilationem ad bonitatem illius, * secundum illud ii pet. i, ° ut divinae consortes naturae, ' etc.. et ideo huiusmodi assumptio communis est tribus personis et ex parte principii et ex parte termini. sed assumptio quae est per gratiam unionis, est communis ex parte principii, non autem ex parte termini, * ut dictum est.

010 ST4 qu3 ar5

ag1 ' Ad quintum sic proceditur. videtur quod nulla alia persona divina potuit humanam naturam assumere, praeter personam filii. per huiusmodi enim assumptionem factum est quod deus sit filius hominis. sed inconveniens esset quod esse filium conveniret patri vel spiritui sancto, hoc enim vergeret in confusionem divinarum personarum. ergo pater et spiritus sanctus carnem assumere non possent.
ag2 ' Praeterea, per incarnationem divinam homines

sunt assecuti adoptionem filiorum, * secundum illud rom. viii, ° non accepistis spiritum servitutis iterum in timore, sed spiritum adoptionis filiorum. ‘ sed filiatio adoptiva est participata similitudo filiationis naturalis, quae non convenit nec patri nec spiritui sancto, * unde dicitur rom. viii, ° quos praescivit et praedestinavit conformes fieri imaginis filii sui. ‘ ergo videtur quod nulla alia persona potuit incarnari praeter personam filii.

ag3 ‘ Praeterea, filius dicitur missus, et genitus nativitate temporali, secundum quod incarnatus est. sed patri non convenit mitti, qui est innascibilis, * ut in prima parte habitum est. ‘ ergo saltem persona patris non potuit incarnari.

sc ‘ Sed contra, quidquid potest filius, potest pater, alioquin, non esset eadem potentia trium. sed filius potuit incarnari. ergo similiter pater et spiritus sanctus.

co * Respondeo dicendum quod, sicut dictum est, ‘ assumptio duo importat, scilicet ipsum actum assumentis, et terminum assumptionis. principium autem actus est virtus divina, terminus autem est persona. virtus autem divina communiter et indifferenter se habet ad omnes personas. eadem etiam est communis ratio personalitatis in tribus personis, licet proprietates personales sint differentes. quandocumque autem virtus aliqua indifferenter se habet ad plura, potest ad quodlibet eorum suam actionem terminare, sicut patet in potentiis rationalibus, quae se habent ad opposita, quorum utrumque agere possunt. sic ergo divina virtus potuit naturam humanam unire vel personae patris vel spiritus sancti, sicut univit eam personae filii. et ideo dicendum est quod pater vel spiritus sanctus potuit carnem assumere, sicut et filius.

ra1 ‘ Ad primum ergo dicendum quod filiatio temporalis, qua christus dicitur filius hominis, non constituit personam ipsius, sicut filiatio aeterna, sed est quiddam consequens nativitatem temporalem. unde, si per hunc modum nomen filiationis ad patrem vel spiritum sanctum transferretur, nulla sequeretur confusio divinarum personarum.

ra2 ‘ Ad secundum dicendum quod filiatio adoptiva est quaedam participata similitudo filiationis naturalis; sed fit in nobis appropriate a patre, qui est principium naturalis filiationis; et per donum spiritus sancti, qui est amor patris et filii; * secundum illud galat. iv, ° misit deus spiritum filii sui in corda nostra, clamantem, abba, pater. ‘ et ideo sicut, filio incarnato, adoptivam filiationem accipimus ad similitudinem naturalis filiationis eius; ita, patre incarnato, adoptivam filiationem reciperemus ab eo tanquam a principio naturalis filiationis; et a spiritu sancto, tanquam a nexu communi patris et filii.

ra3 ‘ Ad tertium dicendum quod patri convenit esse innascibilem secundum nativitatem aeternam, quod non excluderet nativitas temporalis. mitti autem dicitur filius secundum incarnationem, eo quod est ab illo, sine quo incarnatio non sufficeret ad rationem missionis.

010 ST4 qu3 ar6

ag1 ‘ Ad sextum sic proceditur. videtur quod duae personae divinae non possunt assumere unam et eandem numero naturam. hoc enim supposito aut essent unus homo, vel plures. sed non plures, sicut enim una natura divina in pluribus personis non patitur esse plures deos, ita una humana natura in pluribus personis non patitur esse plures homines. similiter etiam non possent esse unus homo, quia unus homo est iste homo, qui demonstrat unam personam; et sic tolleretur distinctio trium personarum divinarum, quod est inconveniens. non ergo duae aut tres personae possunt accipere unam naturam humanam.

ag2 ‘ Praeterea, assumptio terminatur ad unitatem personae, * ut dictum est. ‘ sed non est una persona patris et filii et spiritus sancti. ergo non possunt tres personae assumere unam naturam humanam.

ag3 * Praeterea, damascenus dicit, in iii libro, et augustinus, in i de trin., quod “ ex incarnatione filii dei consequitur quod quidquid dicitur de filio dei, dicitur de filio hominis, et e converso. ‘ si ergo tres personae assumerent unam naturam humanam, sequitur quod quidquid dicitur de qualibet trium personarum, diceretur de illo homine, et e converso ea quae dicerentur de illo homine, possent dici de qualibet trium personarum. sic ergo id quod est proprium patris, scilicet generare filium ab aeterno, diceretur de illo homine, et per consequens diceretur de filio dei, quod est inconveniens. non ergo est possibile quod tres personae divinae assumant unam naturam humanam.

sc ‘ Sed contra, persona incarnata subsistit in duabus naturis, divina scilicet et humana. sed tres personae possunt subsistere in una natura divina. ergo etiam possunt subsistere in una natura humana, ita scilicet quod sit una natura humana a tribus personis assumpta.

co * Respondeo dicendum quod, sicut supra dictum est, ‘ ex unione animae et corporis in christo non fit neque nova persona neque hypostasis, sed fit una natura assumpta in personam vel hypostasim divinam. quod quidem non fit per potentiam naturae humanae, sed per potentiam personae divinae. est autem talis divinarum personarum conditio quod una earum non excludit aliam a communione eiusdem naturae, sed solum a communione eiusdem personae. “ quia igitur in mysterio incarnationis ° tota ratio facti est potentia facientis, * ut augustinus dicit, in epistola ad volusianum; ‘ magis est circa hoc iudicandum secundum conditionem personae assumentis quam secundum conditionem naturae humanae assumptae. sic igitur non est impossibile divinis personis ut duae vel tres assumant unam naturam humanam. esset tamen impossibile ut assumerent unam hypostasim vel unam personam humanam, * sicut anselmus dicit, in libro de conceptu virginali, quod ° plures personae non possunt assumere unum eundemque hominem.

ra1 ‘ Ad primum ergo dicendum quod, hac positione facta, quod scilicet tres personae assumerent unam humanam naturam, verum esset dicere quod tres personae essent unus homo, propter unam humanam naturam, sicut nunc verum est dicere quod sunt unus deus, propter unam divinam naturam. nec ly unus importat unitatem personae, sed unitatem in natura humana. non enim posset argui ex hoc quod tres personae sunt unus homo, quod essent unus simpliciter, nihil enim prohibet dicere quod homines qui sunt plures simpliciter, sint unus quantum ad aliquid, puta unus populus; * sicut augustinus dicit, vi de trin., ° diversum est natura spiritus hominis et spiritus dei, sed inhaerendo fit unus spiritus, * secundum illud i cor. vi, ° qui adhaeret deo, unus spiritus est.

ra2 ‘ Ad secundum dicendum quod, illa positione facta, humana natura esset assumpta in unitate non unius personae, sed in unitate singularum personarum, ita scilicet quod, sicut divina natura habet naturalem unitatem cum singulis personis, ita natura humana haberet unitatem cum singulis per assumptionem.

ra3 ‘ Ad tertium dicendum quod circa mysterium incarnationis fuit communicatio proprietatum pertinentium ad naturam, quia quaecumque conveniunt naturae, possunt praedicari de persona subsistente in natura illa, cuiuscumque naturae nomine significetur. praedicta ergo positione facta, de persona patris poterunt praedicari et ea quae sunt humanae naturae, et ea quae sunt divinae, et similiter de persona filii et spiritus sancti. non autem illud quod conveniret personae patris ratione propriae personae, posset attribui personae filii aut spiritus sancti, propter distinctionem personarum, quae remaneret. posset ergo dici quod, sicut pater est ingenitus, ita homo esset ingenitus, secundum quod ly homo supponeret pro persona patris. si quis autem ulterius procederet, homo est ingenitus, filius est homo, ergo filius est ingenitus, esset fallacia figurae dictionis vel accidentis. sicut et nunc dicimus deum esse ingenitum, quia pater est ingenitus, nec tamen possumus concludere quod filius sit ingenitus, quamvis sit deus.

010 ST4 qu3 ar7

ag1 ‘ Ad septimum sic proceditur. videtur quod una persona divina non possit assumere duas naturas humanas. natura enim assumpta in mysterio incarnationis non habet aliud suppositum praeter suppositum personae divinae, * ut ex supra dictis patet. ‘ si ergo ponatur esse una persona divina assumens duas humanas naturas, esset unum suppositum duarum naturarum eiusdem speciei. quod videtur implicare contradictionem, non enim natura unius speciei multiplicatur nisi secundum distinctionem suppositorum.

ag2 ‘ Praeterea, hac suppositione facta, non posset dici quod persona divina incarnata esset unus homo, quia non haberet unam naturam humanam. similiter etiam non posset dici quod essent plures homines, quia plures homines sunt supposito distincti, et ibi esset unum tantum suppositum. ergo praedicta positio esset omnino impossibilis.

ag3 ‘ Praeterea, in incarnationis mysterio tota divina natura est unita toti naturae assumptae, idest cuilibet parti eius, “ est enim christus ° perfectus deus et perfectus homo, totus deus et totus homo, * ut damascenus dicit, in iii libro. ‘ sed duae humanae naturae non possent totaliter sibi invicem uniri, quia oporteret quod anima unius esset unita corpori alterius, et quod etiam duo corpora essent simul, quod etiam confusionem induceret naturarum. non ergo est possibile quod persona divina duas humanas naturas assumeret.

sc ‘ Sed contra est quod quidquid potest pater, potest filius. sed pater post incarnationem filii, potest assumere naturam humanam aliam numero ab ea quam filius assumpsit, in nullo enim per incarnationem filii est diminuta potentia patris vel filii. ergo videtur quod filius, post incarnationem, possit aliam humanam naturam assumere, praeter eam quam assumpsit.

co ‘ Respondeo dicendum quod id quod potest in unum et non in amplius, habet potentiam limitatam ad unum. potentia autem divinae personae est infinita, nec potest limitari ad aliquid creatum. unde non est dicendum quod persona divina ita assumpserit unam naturam humanam quod non potuerit assumere aliam. videretur enim ex hoc sequi quod personalitas divinae naturae esset ita comprehensa per unam humanam naturam quod ad eius personalitatem alia assumi non possit. quod est impossibile, non enim increatum a creato comprehendi potest. patet ergo quod, sive consideremus personam divinam secundum virtutem, quae est principium unionis; sive secundum suam personalitatem, quae est terminus unionis, oportet dicere quod persona divina, praeter naturam humanam quam assumpsit possit aliam numero naturam humanam assumere.

ra1 ‘ Ad primum ergo dicendum quod natura creata perficitur in sua ratione per formam, quae multiplicatur secundum divisionem materiae. et ideo, si compositio formae et materiae constituat novum suppositum, consequens est quod natura multiplicetur secundum multiplicationem suppositorum. sed in mysterio incarnationis unio formae et materiae, idest animae et corporis, non constituit novum suppositum, * ut supra dictum est. ‘ et ideo posset esse multitudo secundum numerum ex parte naturae, propter divisionem materiae, absque distinctione suppositorum.

ra2 ‘ Ad secundum dicendum quod posset videri quod, praedicta positione facta, consequeretur quod essent duo homines, propter duas naturas, absque hoc quod essent ibi duo supposita, sicut e converso tres personae dicerentur unus homo, propter unam naturam humanam assumptam, * ut supra dictum est. ‘ sed hoc non videtur esse verum. quia nominibus est utendum secundum quod sunt ad significandum imposita. quod quidem est ex consideratione eorum quae apud nos sunt. et ideo oportet, circa modum significandi et consignificandi, considerare ea quae apud nos sunt. in quibus nunquam nomen ab aliqua forma impositum pluraliter dicitur nisi propter pluralitatem suppositorum, homo enim qui est duobus vestimentis indutus, non dicitur duo vestiti, sed unus vestitus duobus vestimentis; et qui habet duas qualitates, dicitur singulariter aliqualis secundum duas qualitates. natura autem assumpta quantum ad aliquid se habet per modum indumenti, licet non sit similitudo quantum ad omnia, * ut supra dictum est. ‘ et ideo, si persona divina assumeret duas naturas humanas, propter unitatem suppositi diceretur unus homo habens duas naturas humanas. contingit autem quod plures homines dicuntur unus populus, propter hoc quod conveniunt in aliquo uno, non autem propter unitatem suppositi. et |25| similiter, si duae personae divinae assumerent unam numero humanam naturam, dicerentur unus homo, * ut supra dictum est, ‘ non propter unitatem suppositi, sed inquantum conveniunt in aliquo uno.

ra3 ‘ Ad tertium dicendum quod divina et humana natura non eodem ordine se habent ad unam divinam personam, sed per prius comparatur ad ipsam divina natura, utpote quae est unum cum ea ab aeterno; sed natura humana comparatur ad personam divinam per posterius, utpote assumpta ex tempore a divina persona, non quidem ad hoc quod natura sit ipsa persona, sed quod persona in natura subsistat filius enim dei est sua deitas, sed non est sua humanitas. et ideo ad hoc quod natura humana assumatur a divina persona, relinquitur quod divina natura unione personali uniatur toti naturae assumptae, idest secundum omnes partes eius. sed duarum naturarum assumptarum esset uniformis habitudo ad personam divinam, nec una assumeret aliam. unde non oporteret quod una earum totaliter alteri uniretur, idest, omnes partes unius omnibus partibus alterius.

010 ST4 qu3 ar8

ag1 ‘ Ad octavum sic proceditur. videtur quod non fuerit magis conveniens filium dei incarnari quam patrem vel spiritum sanctum. per mysterium enim incarnationis homines ad veram dei cognitionem sunt perducti, * secundum illud ioan. xviii, ° in hoc natus sum, et ad hoc veni in mundum, ut testimonium perhiberem veritati. ‘ sed ex hoc quod persona filii dei est incarnata, multi impediti fuerunt a vera dei cognitione, ea quae dicuntur de filio secundum humanam naturam referentes ad ipsam filii personam, * sicut arius, qui posuit “ inaequalitatem personarum * propter hoc quod dicitur ioan. xiv, ° pater maior me est, ‘ qui quidem error non provenisset si persona patris incarnata fuisset; nullus enim existimasset patrem filio minorem. magis ergo videtur conveniens fuisse quod persona patris incarnaretur quam persona filii.

ag2 ‘ Praeterea, incarnationis effectus videtur esse recreatio quaedam humanae naturae, * secundum illud galat. ult., ° in christo iesu neque circumcisio aliquid valet neque praeputium, sed nova creatura. ‘ sed potentia creandi appropriatur patri. ergo magis decuisset patrem incarnari quam filium.

ag3 ‘ Praeterea, incarnatio ordinatur ad remissionem peccatorum, * secundum illud matth. i, ° vocabis nomen eius iesum, ipse enim salvum faciet populum suum a peccatis eorum. ‘ remissio autem peccatorum attribuitur spiritui sancto, * secundum illud ioan. xx, ° accipite spiritum sanctum, quorum remiseritis peccata, remittentur eis. ‘ ergo magis congruebat personam spiritus sancti incarnari quam personam filii.

sc * Sed contra est quod damascenus dicit, in iii libro, ° in mysterio incarnationis manifestata est sapientia et virtus dei, sapientia quidem, quia invenit difficillimi solutionem pretii valde decentissimam; virtus autem, quia victum fecit rursus victorem. ‘ sed virtus et sapientia appropriantur filio, * secundum illud i cor. i, ° christum dei virtutem et dei sapientiam. ‘ ergo conveniens fuit personam filii incarnari.

co ‘ Respondeo dicendum quod convenientissimum fuit personam filii incarnari. primo quidem, ex parte unionis. convenienter enim ea quae sunt similia, uniuntur. ipsius autem personae filii, qui est verbum dei, attenditur, uno quidem modo, communis convenientia ad totam creaturam. quia verbum artificis, idest conceptus eius, est similitudo exemplaris eorum quae ab artifice fiunt. unde verbum dei, quod est aeternus conceptus eius, est similitudo exemplaris totius creaturae. et ideo, sicut per participationem huius similitudinis creaturae sunt in propriis speciebus institutae, sed mobiliter; ita per unionem verbi ad creaturam non participativam sed personalem, conveniens fuit reparari creaturam in ordine ad aeternam et immobilem perfectionem. nam et artifex per formam artis conceptam qua artificiatum condidit, ipsum, si collapsum fuerit, restaurat. alio modo, habet convenientiam specialiter cum humana natura, ex eo quod verbum est conceptus aeternae sapientiae a qua omnis sapientia hominum derivatur. et ideo homo per hoc in sapientia proficit, quae est propria eius perfectio prout est rationalis, quod participat verbum dei, sicut discipulus instruitur per hoc quod recipit verbum magistri. * unde et eccli. i dicitur, ° fons sapientiae verbum dei in excelsis. ‘ et ideo, ad consummatam hominis perfectionem, conveniens fuit ut ipsum verbum dei humanae naturae personaliter uniretur. secundo potest accipi ratio huius congruentiae ex fine unionis, qui est |25| impletio praedestinationis, eorum scilicet qui praeordinati sunt ad hereditatem caelestem, quae non debetur nisi filiis, * secundum illud rom. viii, ° filii et heredes. ‘ et ideo congruum fuit ut per eum qui est filius naturalis, homines participarent similitudinem huius filiationis secundum adoptionem, * sicut apostolus ibidem dicit, ° quos praescivit et praedestinavit conformes fieri imagini filii eius. ‘ tertio potest accipi ratio huius congruentiae ex peccato primi parentis, cui per incarnationem remedium adhibetur. peccavit enim primus homo appetendo scientiam, ut patet ex verbis serpentis promittentis homini scientiam boni et mali. unde conveniens fuit ut per verbum verae sapientiae homo reduceretur in deum, qui per inordinatum appetitum scientiae recesserat a deo.

ra1 ‘ Ad primum ergo dicendum quod nihil est quo humana malitia non posset abuti, quando etiam ipsa dei bonitate abutitur, * secundum illud rom. ii, ° an divitias bonitatis eius contemnis? ‘ unde et, si persona patris fuisset incarnata, potuisset ex hoc homo alicuius erroris occasionem assumere, quasi filius sufficere non potuisset ad humanam naturam reparandam.

ra2 ‘ Ad secundum dicendum quod prima rerum creatio facta est a potentia dei patris per verbum. unde et recreatio per verbum fieri debuit a potentia dei patris, ut recreatio creationi responderet, * secundum illud ii cor. v, ° deus erat in christo mundum reconcilians sibi.

ra3 ‘ Ad tertium dicendum quod spiritus sancti proprium est quod sit donum patris et filii. remissio autem peccatorum fit per spiritum sanctum tanquam per donum dei. et ideo convenientius fuit ad iustificationem hominum quod incarnaretur filius, cuius spiritus sanctus est donum.

010 ST4 qu4 ar

pr ‘ Deinde considerandum est de unione ex parte assumpti. circa quod primo considerandum occurrit de his quae sunt a verbo dei assumpta; secundo, de coassumptis, quae sunt perfectiones et defectus. assumpsit autem filius dei humanam naturam, et partes eius. unde circa primum triplex consideratio occurrit, prima est, quantum ad ipsam naturam humanam; secunda est, quantum ad partes ipsius; tertia, quantum ad ordinem assumptionis. circa primum quaeruntur sex. primo, utrum humana natura fuerit magis assumptibilis a filio dei quam aliqua alia natura. secundo, utrum assumpserit personam. tertio, utrum assumpserit hominem. quarto, utrum fuisset conveniens quod assumpsisset humanam naturam a singularibus separatam. quinto, utrum fuerit conveniens quod assumpsisset humanam naturam in omnibus singularibus. sexto, utrum fuerit conveniens quod assumeret humanam naturam in aliquo homine ex stirpe adae progenito.

010 ST4 qu4 ar1

ag1 ‘ Ad primum sic proceditur. videtur quod humana natura non fuerit magis assumptibilis a filio dei quam quaelibet alia natura. * dicit enim augustinus, in epistola ad volusianum, ° in rebus mirabiliter factis tota ratio facti est potentia facientis. ‘ sed potentia dei facientis incarnationem, quae est opus maxime mirabile, non limitatur ad unam naturam, cum potentia dei sit infinita. ergo natura humana non est magis assumptibilis a deo quam aliqua alia creatura.

ag2 ‘ Praeterea, similitudo est ratio faciens ad congruitatem incarnationis divinae personae, * ut supra dictum est. ‘ sed sicut in natura rationali invenitur similitudo imaginis, ita in natura irrationali invenitur similitudo vestigii. ergo creatura irrationalis assumptibilis fuit, sicut humana natura.

ag3 “ Praeterea, in natura angelica invenitur expressior dei similitudo quam in natura humana, * sicut gregorius dicit, in homilia de centum ovibus, introducens illud ezech. xxviii, ° tu signaculum similitudinis. ‘ invenitur etiam in angelo peccatum, sicut in homine, * secundum illud iob iv, ° in angelis suis reperit pravitatem. ‘ ergo natura angelica fuit ita assumptibilis sicut natura hominis.

ag4 ‘ Praeterea, cum deo competat summa perfectio, tanto magis est deo aliquid simile, quanto est magis perfectum. sed totum universum est magis perfectum quam partes eius, inter quas est humana natura. ergo totum universum est magis assumptibile quam humana natura.

sc * Sed contra est quod dicitur prov. viii, ex ore sapientiae genitae, ° deliciae meae esse cum filiis hominum. ‘ et ita videtur esse quaedam congruentia unionis filii dei ad humanam naturam.

co ‘ Respondeo dicendum quod aliquid assumptibile dicitur quasi aptum assumi a divina persona. quae quidem aptitudo non potest intelligi secundum potentiam passivam naturalem, quae non se extendit ad id quod transcendit ordinem naturalem, quem transcendit unio personalis creaturae ad deum. unde relinquitur quod assumptibile aliquid dicatur secundum congruentiam ad unionem praedictam. quae quidem congruentia attenditur secundum duo in humana natura, scilicet secundum eius dignitatem; et necessitatem. secundum dignitatem quidem, quia humana natura, inquantum est rationalis et intellectualis, nata est contingere aliqualiter ipsum verbum per suam operationem, cognoscendo scilicet et amando ipsum. secundum necessitatem autem, quia indigebat reparatione, cum subiaceret originali peccato. haec autem duo soli humanae naturae conveniunt, nam creaturae irrationali deest congruitas dignitatis; naturae autem angelicae deest congruitas praedictae necessitatis. unde relinquitur quod sola natura humana sit assumptibilis.

ra1 ‘ Ad primum ergo dicendum quod creaturae denominantur aliquales ex eo quod competit eis secundum proprias causas, non autem ex eo quod convenit eis secundum primas causas et universales, sicut dicimus aliquem morbum esse incurabilem, non quia non potest curari a deo, sed quia per propria principia subiecti curari non potest. sic ergo dicitur aliqua creatura non esse assumptibilis, non ad subtrahendum aliquid divinae potentiae, sed ad ostendendum conditionem creaturae quae ad hoc aptitudinem non habet.

ra2 ‘ Ad secundum dicendum quod similitudo imaginis attenditur in natura humana secundum quod est capax dei, scilicet ipsum attingendo propria operatione cognitionis et amoris. similitudo autem vestigii attenditur solum secundum repraesentationem aliquam ex impressione divina in creatura existentem, non autem ex eo quod creatura irrationalis, in qua est sola talis similitudo possit ad deum attingere per solam suam operationem. quod autem deficit a minori, non habet congruitatem ad id quod est maius, sicut corpus quod non est aptum perfici anima sensitiva, multo minus est aptum perfici anima intellectiva. multo autem est maior et perfectior unio ad deum secundum esse personale quam quae est secundum operationem. et ideo creatura irrationalis, quae deficit ab unione ad deum per operationem, non habet congruitatem ut uniatur ei secundum esse personale.

ra3 * Ad tertium dicendum quod quidam dicunt “ angelum non esse assumptibilem, quia a principio suae creationis est in sua personalitate perfectus, cum non subiaceat generationi et corruptioni. unde non potuisset in unitatem divinae personae assumi nisi eius personalitas destrueretur, quod neque convenit incorruptibilitati naturae eius; neque bonitati assumentis, ad quam non pertinet quod aliquid perfectionis in creatura assumpta corrumpat. ‘ sed hoc non videtur totaliter excludere congruitatem assumptionis angelicae naturae. potest enim deus producendo novam angelicam naturam, copulare eam sibi in unitate personae, et sic nihil praeexistens ibi corrumperetur. sed, * sicut dictum est, ‘ deest congruitas ex parte necessitatis, quia, etsi natura angelica in aliquibus peccato subiaceat, est tamen eius peccatum irremediabile * ut in prima parte habitum est.

ra4 ‘ Ad quartum dicendum quod perfectio universi non est perfectio unius personae vel suppositi, sed eius quod est unum sub positione vel ordine. cuius plurimae partes non sunt assumptibiles, * ut dictum est. ‘ unde relinquitur quod solum natura humana sit assumptibilis.

010 ST4 qu4 ar2

ag1 ‘ Ad secundum sic proceditur. videtur quod filius dei assumpserit personam. * dicit enim damascenus, in iii libro, quod ° filius dei assumpsit humanam naturam in atomo, “ idest, in individuo. ‘ sed individuum rationalis naturae est persona, * ut patet per boetium, in libro de duabus naturis. ‘ ergo filius dei personam assumpsit.

ag2 * Praeterea, damascenus dicit quod ° filius dei assumpsit ea quae in natura nostra plantavit. ‘ plantavit autem ibi personalitatem. ergo filius dei assumpsit personam.

ag3 ‘ Praeterea, nihil consumitur nisi quod est. * sed innocentius iii dicit, in quadam decretali, quod ° persona dei consumpsit personam hominis. ‘ ergo videtur quod persona hominis fuit prius assumpta.

sc * Sed contra est quod augustinus dicit, in libro de fide ad petrum, quod ° deus naturam hominis assumpsit, non personam.

co ‘ Respondeo dicendum quod aliquid dicitur assumi ex eo quod ad aliquid sumitur. unde illud quod assumitur oportet praeintelligi assumptioni, sicut id quod movetur localiter praeintelligitur ipsi motui. persona autem non praeintelligitur in humana natura assumptioni, sed magis se habet ut terminus assumptionis, * ut supra dictum est. ‘ si enim praeintelligeretur, vel oporteret quod corrumperetur, et sic frustra esset assumpta. vel quod remaneret post unionem, et sic essent duae personae, una assumens et alia assumpta; quod est erroneum, * ut supra ostensum est. ‘ unde relinquitur quod nullo modo filius dei assumpsit humanam personam.

ra1 “ Ad primum ergo dicendum quod naturam humanam assumpsit filius dei in atomo, idest, in individuo ° quod non est aliud a supposito increato quod est persona filii dei. ‘ unde non sequitur quod persona sit assumpta.

ra2 ‘ Ad secundum dicendum quod naturae assumptae non deest propria personalitas propter defectum alicuius quod ad perfectionem humanae naturae pertineat, sed propter additionem alicuius quod est supra humanam naturam, quod est unio ad divinam personam.

ra3 “ Ad tertium dicendum quod consumptio ibi non importat destructionem alicuius quod prius fuerat, sed impeditionem eius quod aliter esse posset. si enim humana natura non esset assumpta a divina persona, natura humana propriam personalitatem haberet. et pro tanto dicitur persona consumpsisse personam, licet improprie, quia persona divina sua unione impedivit ne humana natura propriam personalitatem haberet.

010 ST4 qu4 ar3

ag1 ‘ Ad tertium sic proceditur. videtur quod persona divina assumpserit hominem. * dicitur enim in psalmo, ° beatus quem elegisti et assumpsisti, * quod glossa exponit de christo. et augustinus dicit, in libro de agone christiano, ° filius dei hominem assumpsit, et in illo humana perpessus est.

ag2 ‘ Praeterea, hoc nomen homo significat naturam humanam. sed filius dei assumpsit humanam naturam. ergo assumpsit hominem.

ag3 ‘ Praeterea, filius dei est homo. sed non est homo quem non assumpsit quia sic esset pari ratione petrus, vel quilibet alius homo. ergo est homo quem assumpsit.

sc * Sed contra est auctoritas felicis papae et martyris, quae introducitur in ephesina synodo, ° credimus in dominum nostrum iesum christum, de virgine maria natum quia ipse est dei sempiternus filius et verbum, et non homo a deo assumptus, ut alter sit praeter illum. neque enim hominem assumpsit dei filius ut alter sit praeter ipsum.

co ‘ Respondeo dicendum quod, * sicut supra dictum est, ‘ id quod assumitur non est terminus assumptionis, sed assumptioni praeintelligitur. * dictum est autem quod ‘ individuum in quo assumitur natura humana, non est aliud quam divina persona, quae est terminus assumptionis. hoc autem nomen homo significat humanam naturam prout est nata in supposito esse, * quia, ut dicit damascenus, “ sicut hoc nomen deus significat eum qui habet divinam naturam, ita hoc nomen homo significat eum qui habet humanam naturam. ‘ et ideo non est proprie dictum quod filius dei assumpsit hominem, supponendo, sicut rei veritas se habet, quod in christo sit unum suppositum et una hypostasis. * sed secundum illos qui ponunt in “ christo duas hypostases vel duo supposita, convenienter et proprie dici posset quod filius dei hominem assumpsisset. * unde et prima opinio quae ponitur sexta distinctione tertii libri sententiarum concedit “ hominem esse assumptum. ‘ sed illa opinio erronea est, * ut supra ostensum est.

ra1 ‘ Ad primum ergo dicendum quod huiusmodi locutiones non sunt extendendae, tanquam propriae, sed pie sunt exponendae, ubicumque a sacris doctoribus ponuntur; “ ut dicamus hominem assumptum, quia eius natura est assumpta; et quia assumptio terminata est ad hoc quod filius dei sit homo.

ra2 ‘ Ad secundum dicendum quod hoc nomen homo significat naturam humanam in concreto, prout scilicet est in aliquo supposito. et ideo, sicut non possumus dicere quod suppositum sit assumptum, ita non possumus dicere quod homo sit assumptus.

ra3 ‘ Ad tertium dicendum quod filius dei non est homo quem assumpsit; sed cuius naturam assumpsit.

010 ST4 qu4 ar4

ag1 ‘ Ad quartum sic proceditur. videtur quod filius dei debuit assumere naturam humanam abstractam ab omnibus individuis. assumptio enim naturae humanae facta est ad communem omnium hominum salutem, unde * dicitur i tim. iv, de christo, quod ° est salvator omnium hominum, maxime fidelium. ‘ sed natura prout est in individuis, recedit a sua com-

munitate. ergo filius dei debuit humanam naturam assumere prout est ab omnibus individuis abstracta.
ag2 ‘ Praeterea, in omnibus quod nobilissimum est deo est attribuendum. sed in unoquoque genere id quod est per se potissimum est. ergo filius dei debuit assumere per se hominem. “ quod quidem, * secundum platonicos, “ est humana natura ab individuis separata. ‘ hanc ergo debuit filius dei assumere.
ag3 ‘ Praeterea, natura humana non est assumpta a filio dei prout significatur in concreto per hoc nomen homo, * ut dictum est. ‘ sic autem significatur prout est in singularibus, * ut ex dictis patet. ‘ ergo filius dei assumpsit humanam naturam prout est ab individuis separata.
sc * Sed contra est quod dicit damascenus, in iii libro, ° dei verbum incarnatum neque eam quae nuda contemplatione consideratur naturam assumpsit. non enim incarnatio hoc, sed deceptio, et fictio incarnationis. ‘ sed natura humana prout est a singularibus separata vel abstracta, ° in nuda contemplatione cogitatur, quia secundum seipsam non subsistit, * ut idem damascenus dicit. ‘ ergo filius dei non assumpsit humanam naturam secundum quod est a singularibus separata.
co ‘ Respondeo dicendum quod natura hominis, vel cuiuscumque alterius rei sensibilis, praeter esse quod in singularibus habet, dupliciter potest intelligi, uno modo, “ quasi per seipsam esse habeat praeter materiam, * sicut platonici posuerunt; ‘ alio modo, sicut in intellectu existens, vel humano vel divino. per se quidem subsistere non potest, * ut philosophus probat, in vii metaphys., ‘ quia ad naturam speciei rerum sensibilium pertinet materia sensibilis, quae ponitur in eius definitione; sicut carnes et ossa in definitione hominis. unde non potest esse quod natura humana sit praeter materiam sensibilem. si tamen esset hoc modo subsistens natura humana, non fuisset conveniens ut a verbo dei assumeretur. primo quidem, quia assumptio ista terminatur ad personam. hoc autem est contra rationem formae communis, ut sic in persona individuetur. secundo, quia naturae communi non possunt attribui nisi operationes communes et universales, secundum quas homo nec meretur nec demeretur, cum tamen illa assumptio ad hoc facta sit ut filius dei in natura assumpta nobis mereretur. tertio quia natura sic existens non est sensibilis, sed intelligibilis. filius autem dei assumpsit humanam naturam ut hominibus in ea visibilis appareret, * secundum illud baruch iii, ° post haec in terris visus est, et cum hominibus conversatus est. |25| ‘ similiter etiam non potuit assumi natura humana a filio dei secundum quod est in intellectu divino. quia sic nihil aliud esset quam natura divina, et per hunc modum, ab aeterno esset in filio dei humana natura. similiter non convenit dicere quod filius dei assumpserit humanam naturam prout est in intellectu humano. quia hoc nihil aliud esset quam si intelligeretur assumere naturam humanam. et sic, si non assumeret eam in rerum natura, esset intellectus falsus. “ nec aliud esset quam fictio quaedam incarnationis, * ut damascenus dicit.
ra1 ‘ Ad primum ergo dicendum quod filius dei incarnatus est communis omnium salvator, non communitate generis vel speciei, quae attribuitur naturae ab individuis separatae, sed communitate causae, prout filius dei incarnatus est universalis causa salutis humanae.
ra2 “ Ad secundum dicendum quod per se homo non invenitur in rerum natura ita quod sit praeter singularia, * sicut platonici posuerunt. quamvis quidam dicant quod “ plato non intellexit hominem separatum esse nisi in intellectu divino. et sic non oportuit quod assumeretur a verbo, cum ab aeterno sibi affuerit.
ra3 ‘ Ad tertium dicendum quod natura humana, quamvis non sit assumpta in concreto ut suppositum praeintelligatur assumptioni, sic tamen assumpta est in individuo, quia assumpta est ut sit in individuo.

010 ST4 qu4 ar5

ag1 ‘ Ad quintum sic proceditur. videtur quod filius dei humanam naturam assumere debuit in omnibus individuis. id enim quod primo et per se assumptum est, est natura humana. sed quod convenit per se alicui naturae, convenit omnibus in eadem natura existentibus. ergo conveniens fuit ut natura humana assumeretur a dei verbo in omnibus suppositis.
ag2 ‘ Praeterea, incarnatio divina processit ex divina caritate, * ideo dicitur ioan. iii, ° sic deus dilexit mundum ut filium suum unigenitum daret. ‘ sed caritas facit ut aliquis se communicet amicis quantum possibile est. possibile autem fuit filio dei ut plures naturas hominum assumeret, * ut supra dictum est, ‘ et, eadem ratione, omnes. ergo conveniens fuit ut filius dei assumeret naturam in omnibus suis suppositis.
ag3 ‘ Praeterea, sapiens operator perficit opus suum breviori via qua potest. sed brevior via fuisset si omnes homines assumpti fuissent ad naturalem filiationem, quam quod “ per unum filium naturalem multi in adoptionem filiorum adducantur, * ut dicitur galat. iv. ‘ ergo natura humana debuit a filio dei assumi in omnibus suppositis.
sc * Sed contra est quod damascenus dicit, in iii libro, quod ° filius dei non assumpsit humanam naturam quae in specie consideratur, neque enim omnes hypostases eius assumpsit.
co ‘ Respondeo dicendum quod non fuit conveniens quod humana natura in omnibus suis suppositis a verbo assumeretur. primo quidem, quia tolleretur multitudo suppositorum humanae naturae, quae est ei connaturalis. cum enim in natura assumpta non sit considerare aliud suppositum praeter personam assumentem, * ut supra dictum est; ‘ si non esset natura humana nisi assumpta, sequeretur quod non esset nisi unum suppositum humanae naturae, quod est persona assumens. secundo, quia hoc derogaret dignitati filii dei incarnati, prout est ° primogenitus in multis fratribus “ secundum humanam naturam, sicut est ° primogenitus omnis creaturae “ secundum divinam. ‘ essent enim tunc omnes homines aequalis dignitatis. tertio, quia conveniens fuit quod, sicut unum suppositum divinum est incarnatum, ita unam solam naturam humanam assumeret, ut ex utraque parte unitas inveniatur.
ra1 ‘ Ad primum ergo dicendum quod assumi convenit secundum se humanae naturae, quia scilicet non convenit ei ratione personae, sicut naturae divinae convenit assumere ratione personae. non autem quia convenit ei secundum se sicut pertinens ad principia essentialia eius, vel sicut naturalis eius proprietas, per quem modum conveniret omnibus eius suppositis.
ra2 ‘ Ad secundum dicendum quod dilectio dei ad homines manifestatur non solum in ipsa assumptione humanae naturae, sed praecipue per ea quae passus est in natura humana pro aliis hominibus, * secundum illud rom. v, ° commendat autem deus suam caritatem in nobis, quia, cum inimici essemus, christus pro nobis mortuus est. ‘ quod locum non haberet si in omnibus hominibus naturam humanam assumpsisset.
ra3 ‘ Ad tertium dicendum quod ad brevitatem viae quam sapiens operator observat, pertinet quod non faciat per multa quod sufficienter potest fieri per unum. et ideo convenientissimum fuit quod per unum hominem alii omnes salvarentur.

010 ST4 qu4 ar6

ag1 ‘ Ad sextum sic proceditur. videtur quod non fuerit conveniens ut filius dei humanam naturam assumeret ex stirpe adae. * dicit enim apostolus, ad heb. vii, ° decebat ut esset nobis pontifex segregatus a peccatoribus. ‘ sed magis esset a peccatoribus segregatus si non assumpsisset humanam naturam ex stirpe adae peccatoris. ergo videtur quod non debuit de stirpe adae naturam humanam assumere.
ag2 ‘ Praeterea, in quolibet genere nobilius est principium eo quod est ex principio. si igitur assumere voluit humanam naturam, magis debuit eam assumere in ipso adam.
ag3 “ Praeterea, gentiles fuerunt magis peccatores quam iudaei, * ut dicit glossa, galat. ii, super illud, ° nos natura iudaei, non ex gentibus peccatores. ‘ si ergo ex peccatoribus naturam humanam assumere voluit, debuit eam magis assumere ex gentilibus quam ex stirpe abrahae, qui fuit iustus.
sc * Sed contra est quod luc. iii ‘ generatio domini reducitur usque ad adam.
co * Respondeo dicendum quod, sicut augustinus dicit, in xiii de trin., ° poterat deus hominem aliunde suscipere, non de genere illius adae qui suo peccato obligavit genus humanum. sed melius iudicavit et de ipso quod victum fuerat genere assumere hominem deus, per quem generis humani vinceret inimicum. ‘ et hoc propter tria. primo quidem, quia hoc videtur ad iustitiam pertinere, ut ille satisfaciat qui peccavit. et ideo de natura per ipsum corrupta debuit assumi id per quod satisfactio erat implenda pro tota natura. secundo, hoc etiam pertinet ad maiorem hominis dignitatem, dum ex illo genere victor diaboli nascitur quod per diabolum fuerat victum. tertio, quia per hoc etiam dei potentia magis ostenditur, dum de natura corrupta et infirma assumpsit id quod in tantam virtutem et dignitatem est promotum.
ra1 ‘ Ad primum ergo dicendum quod christus debuit esse a peccatoribus segregatus quantum ad culpam, quam venerat destruere, non quantum ad naturam, quam venerat salvare; secundum quam ° debuit per omnia fratribus assimilari, * ut idem apostolus dicit, heb. ii. ‘ et in hoc etiam mirabilior est eius innocentia, quod de massa peccato subiecta natura assumpta tantam habuit puritatem.
ra2 ‘ Ad secundum dicendum quod, * sicut dictum est, ‘ oportuit eum qui peccata venerat tollere, esse a peccatoribus segregatum quantum ad culpam, cui adam subiacuit, et quem christus a suo delicto eduxit, * ut dicitur sap. x. ‘ oportebat autem eum qui mundare omnes venerat, non esse mundandum, sicut et in quolibet genere motus primum movens est immobile secundum illum motum, sicut primum alterans est inalterabile. et ideo non fuit conveniens ut assumeret humanam naturam in ipso adam.
ra3 ‘ Ad tertium dicendum quod, quia christus debebat esse maxime a peccatoribus segregatus quantum ad culpam, quasi summam innocentiae obtinens, conveniens fuit ut a primo peccatore usque ad christum perveniretur mediantibus quibusdam iustis, in quibus perfulgerent quaedam insignia futurae sanctitatis. propter hoc etiam in populo ex quo christus erat nasciturus instituit deus quaedam sanctitatis signa, quae incoeperunt in abraham, qui primus promissionem accepit de christo, et circumcisionem in signum foederis consummandi, * ut dicitur gen. xvii.

010 ST4 qu5 ar

pr ‘ Deinde considerandum est de assumptione partium humanae naturae. et circa hoc quaeruntur quatuor. primo, utrum filius dei debuerit assumere verum corpus. secundo, utrum assumere debuerit corpus terrenum, scilicet carnem et sanguinem. tertio, utrum assumpserit animam. quarto, utrum assumere debuerit intellectum.

010 ST4 qu5 ar1

ag1 ‘ Ad primum sic proceditur. videtur quod filius dei non assumpserit verum corpus. * dicitur enim philipp. ii quod ° in similitudinem hominum factus est. ‘ sed quod est secundum veritatem, non dicitur esse secundum similitudinem. ergo filius dei non assumpsit verum corpus.
ag2 ‘ Praeterea, assumptio corporis in nullo derogavit dignitati divinitatis, * dicit enim leo papa, in sermone de nativitate, quod ° nec inferiorem naturam consumpsit glorificatio, nec superiorem minuit assumptio. ‘ sed hoc ad dignitatem dei pertinet quod sit omnino a corpore separatus. ergo videtur quod per assumptionem non fuerit deus corpori unitus.
ag3 ‘ Praeterea, signa debent respondere signatis. sed apparitiones veteris testamenti, quae fuerunt signa et figurae apparitionis christi, non fuerunt secundum corporis veritatem, sed secundum imaginariam visionem, * sicut patet isaiae vi, ° vidi dominum sedentem, ‘ etc.. ergo videtur quod etiam apparitio filii dei in mundum non fuerit secundum corporis veritatem, sed solum secundum imaginationem.
sc * Sed contra est quod augustinus dicit, in libro octogintatrium quaest., ° si phantasma fuit corpus christi, fefellit christus. et si fefellit, veritas non est. est autem veritas christus. ergo non phantasma fuit corpus eius. ‘ et sic patet quod verum corpus assumpsit.
co * Respondeo dicendum quod, sicut dicitur in libro de ecclesiasticis dogmatibus, ° natus est dei filius non putative, quasi imaginatum corpus habens, sed corpus verum. ‘ et huius ratio triplex potest assignari. quarum prima est ex ratione humanae naturae, ad quam pertinet verum corpus habere. supposito igitur * ex praemissis ‘ quod conveniens fuit filium dei assumere humanam naturam, consequens est quod verum corpus assumpserit. secunda ratio sumi potest ex his quae in mysterio incarnationis sunt acta. si enim non fuit verum corpus eius sed phantasticum, ergo nec veram mortem sustinuit; nec aliquid eorum quae de eo evangelistae narrant, secundum veritatem gessit, sed solum secundum apparentiam quandam. et sic etiam sequitur quod non fuit vera salus hominis subsecuta, oportet enim effectum causae proportionari. tertia ratio potest sumi ex ipsa dignitate personae assumentis, quae cum sit veritas, non decuit ut in opere eius aliqua fictio esset. unde et dominus hunc errorem per seipsum excludere dignatus est, * luc. ult., cum discipuli, ° conturbati et conterriti, putabant se spiritum videre, “ et non verum corpus, et ideo se eis palpandum praebuit, dicens, ° palpate et videte, quia spiritus carnem et ossa non habet, |25| sicut me videtis habere.
ra1 “ Ad primum ergo dicendum quod similitudo illa exprimit veritatem humanae naturae in christo, per modum quo omnes qui vere in humana natura existunt, similes specie esse dicuntur. non autem intelligitur similitudo phantastica. * ad cuius evidentiam, apostolus subiungit quod ° factus est obediens usque ad mortem, mortem autem crucis, ‘ quod fieri non potuisset si fuisset sola similitudo phantastica.
ra2 ‘ Ad secundum dicendum quod per hoc quod filius dei verum corpus assumpsit, in nullo est eius dignitas diminuta. * unde augustinus dicit, in libro de fide ad petrum, ° exinanivit seipsum, formam servi accipiens, ut fieret servus, sed formae dei plenitudinem non amisit. ‘ non enim filius dei sic assumpsit verum corpus ut forma corporis fieret, quod repugnat divinae simplicitati et puritati, hoc enim esset assumere corpus in unitate naturae, quod est impossibile, ut * ex supra dictis patet. ‘ sed, salva distinctione naturae, assumpsit in unitate personae.
ra3 ‘ Ad tertium dicendum quod figura respondere debet quantum ad similitudinem, non quantum ad rei veritatem, ° si enim per omnia esset similitudo, iam non esset signum, sed ipsa res, * ut damascenus dicit, in iii libro. ‘ conveniens igitur fuit ut apparitiones veteris testamenti essent secundum apparentiam tantum, quasi figurae, apparitio autem filii dei in mundo esset secundum corporis veritatem, quasi res figurata sive signata per illas figuras. * unde apostolus, coloss. ii, ° quae sunt umbra futurorum, corpus autem christi.

010 ST4 qu5 ar2

ag1 ‘ Ad secundum sic proceditur. videtur quod christus non habuerit corpus carnale, sive terrestre, sed caeleste. * dicit enim apostolus, i cor. xv, ° primus homo de terra, terrenus, secundus homo de caelo, caelestis. “ sed primus homo, scilicet adam, fuit de terra quantum ad corpus, * ut patet gen. ii. “ ergo etiam secundus homo, scilicet christus, fuit de caelo quantum ad corpus.

ag2 * Praeterea, i cor. xv dicitur, ° caro et sanguis regnum dei non possidebunt. ‘ sed regnum dei principaliter est in christo. ergo in ipso non est caro et sanguis, sed magis corpus caeleste.
ag3 ‘ Praeterea, omne quod est optimum est deo attribuendum. sed inter omnia corpora corpus nobilissimum est caeleste. ergo tale corpus debuit christus assumere.
sc * Sed contra est quod dominus dicit luc. ult., ° spiritus carnem et ossa non habet, sicut me videtis habere. ‘ caro autem et ossa non sunt ex materia caelestis corporis, sed ex inferioribus elementis. ergo corpus christi non fuit corpus caeleste, sed carneum et terrenum.
co ‘ Respondeo dicendum quod eisdem rationibus apparet quare corpus christi non debuit esse caeleste, * quibus ostensum est quod ‘ non debuit esse phantasticum. primo enim, sicut non salvaretur veritas humanae naturae in christo si corpus eius esset phantasticum, * ut posuit manichaeus; ‘ ita etiam non salvaretur si poneretur caeleste, * sicut posuit valentinus. “ cum enim forma hominis sit quaedam res naturalis, requirit determinatam materiam, scilicet carnes et ossa, quae in hominis definitione poni oportet, * ut patet per philosophum, in vii metaphys.. ‘ secundo, quia hoc etiam derogaret veritati eorum quae christus in corpore gessit. “ cum enim corpus caeleste sit impassibile et incorruptibile, * ut probatur in i de caelo, ‘ si filius dei corpus caeleste assumpsisset, non vere esuriisset nec sitiisset, nec etiam passionem et mortem sustinuisset. tertio, etiam hoc derogat veritati divinae. cum enim filius dei se ostenderet hominibus quasi corpus carneum et terrenum habens, fuisset falsa |25| demonstratio si corpus caeleste habuisset. * et ideo in libro de ecclesiasticis dogmatibus dicitur, ° natus est filius dei carnem ex virginis corpore trahens, et non de caelo secum afferens.
ra1 ‘ Ad primum ergo dicendum quod christus dicitur dupliciter de caelo descendisse. uno modo, ratione divinae naturae, non ita quod divina natura esse in caelo defecerit; sed quia in infimis novo modo esse coepit, scilicet secundum naturam assumptam; * secundum illud ioan. iii, ° nemo ascendit in caelum nisi qui descendit de caelo, filius hominis, qui est in caelo. ‘ alio modo, ratione corporis, non quia ipsum corpus christi secundum suam substantiam de caelo descenderit; sed quia virtute caelesti, idest spiritus sancti, est eius corpus formatum. * unde augustinus dicit, ad orosium, exponens auctoritatem inductam, ° caelestem dico christum, quia non ex humano conceptus est semine. * et hoc etiam modo hilarius exponit, in libro de trinitate.
ra2 ‘ Ad secundum dicendum quod “ caro et sanguis non accipiuntur ibi pro substantia carnis et sanguinis, sed pro corruptione carnis et sanguinis. ‘ quae quidem in christo non fuit quantum ad culpam. fuit tamen ad tempus quantum ad poenam, ut opus nostrae redemptionis expleret.
ra3 ‘ Ad tertium dicendum quod hoc ipsum ad maximam dei gloriam pertinet quod corpus infirmum et terrenum ad tantam sublimitatem provehit. * unde in synodo ephesina legitur verbum sancti theophili dicentis, ° qualiter artificum optimi non pretiosis tantum materiebus artem ostendentes in admiratione sunt, sed, vilissimum lutum et terram dissolutam plerumque assumentes, suae disciplinae demonstrantes virtutem, multo magis laudantur; ita omnium optimus artifex, dei verbum, non aliquam pretiosam materiam corporis caelestis apprehendens ad nos venit, sed in luto magnitudinem suae artis ostendit

010 ST4 qu5 ar3

ag1 ‘ Ad tertium sic proceditur. videtur quod filius dei animam non assumpserit. * ioannes enim, incarnationis mysterium tradens, dixit, ° verbum caro factum est, ‘ nulla facta de anima mentione. non autem dicitur caro factum eo quod sit in carnem conversum, sed quia carnem assumpsit. non ergo videtur assumpsisse animam.
ag2 ‘ Praeterea, anima necessaria est corpori ad hoc quod per eam vivificetur. sed ad hoc non fuit necessaria corpori christi, ut videtur, quia ipsum dei verbum est, * de quo in psalmo, ° domine, apud te est fons vitae. ‘ superfluum igitur fuisset animam adesse, verbo praesente. “ deus autem et natura nihil frustra faciunt, * ut etiam philosophus dicit, in i de caelo. ‘ ergo videtur quod filius dei animam non assumpsit.
ag3 ‘ Praeterea, ex unione animae ad corpus constituitur natura communis, quae est species humana. ° in domino autem iesu christo non est communem speciem accipere, * ut damascenus dicit, in iii libro. ‘ non igitur assumpsit animam.
sc * Sed contra est quod augustinus dicit, in libro de agone christiano ° non eos audiamus qui solum corpus humanum dicunt esse susceptum a verbo dei; et sic audiunt quod dictum est, verbum caro factum est, ut negent illum hominem vel animam, vel aliquid hominis habuisse nisi carnem solam.
co * Respondeo dicendum quod, sicut augustinus dicit, in libro de haeresibus, opinio primo fuit arii, et postea apollinaris, “ quod filius dei solam carnem assumpserit, absque anima, ponentes quod verbum fuerit carni loco animae. ex quo sequebatur quod in christo non fuerunt duae naturae, sed una tantum, ex anima enim et carne una natura humana constituitur. ‘ sed haec positio stare non potest, propter tria. primo quidem, quia repugnat auctoritati scripturae, in qua dominus de sua anima facit mentionem, * matth. xxvi, ° tristis est anima mea usque ad mortem; * et ioan. x, ° potestatem habeo ponendi animam meam. * sed ad hoc respondebat apollinaris quod “ in his verbis anima metaphorice sumitur, per quem modum in veteri testamento dei anima commemoratur, * isaiae i, ° calendas vestras et solemnitates odivit anima mea. * sed, sicut dicit augustinus, in libro octogintatrium quaest., “ evangelistae in evangelica narratione narrant quod miratus est iesus, et iratus, et contristatus, et quod esuriit. quae quidem ita demonstrant eum veram animam habuisse, sicut ex hoc quod comedit et dormivit et fatigatus est, demonstratur habuisse verum corpus |25| humanum. alioquin, si et haec ad metaphoram referantur, cum similia legantur in veteri testamento de deo, peribit fides evangelicae narrationis. aliud est enim quod prophetice nuntiatur in figuris, aliud quod secundum rerum proprietatem ab evangelistis historice scribitur. ‘ secundo, derogat praedictus error utilitati incarnationis, quae est liberatio hominis. * ut enim argumentatur augustinus, in libro contra felicianum, ° si, accepta carne, filius dei animam omisit, aut, innoxiam sciens, medicinae indigentem non credidit; aut, a se alienam putans, redemptionis beneficio non donavit; aut, ex toto insanabilem iudicans, curare nequivit; aut ut vilem, et quae nullis usibus apta videretur, abiecit. horum duo blasphemiam important in deum. quomodo enim dicetur omnipotens, si curare non potuit desperatam? aut quomodo omnium deus, si non ipse fecit animam nostram? duobus vero aliis, in uno animae causa nescitur, in altero meritum non tenetur. aut intelligere causam putandus est animae qui eam, ad accipiendum legem habitu insitae rationis instructam, a peccato voluntariae transgressionis nititur separare? aut quomodo eius generositatem novit qui ignobilitatis vitio dicit despectam? si originem attendas, pretiosior est animae substantia, si transgressionis culpam, propter intelligentiam peior est causa. ego autem christum et perfectam sapientiam scio, et piissimam esse non dubito, quorum primo, meliorem et prudentiae capacem non despexit; secundo, eam quae magis fuerat vulnerata, suscepit. |50| ‘ tertio vero, haec positio est contra ipsam incarnationis veritatem. “ caro enim et ceterae partes hominis per animam speciem sortiuntur. unde, recedente anima, non est os aut caro nisi aequivoce, * ut patet per philosophum, ii de anima et vii metaphys..
ra1 ‘ Ad primum ergo dicendum quod “ cum dicitur, verbum caro factum est, caro ponitur pro toto homine, ac si diceret, verbum homo factum est, * sicut isaiae xl dicitur, ° videbit omnis caro salutare dei nostri. “ ideo autem totus homo per carnem significatur, quia, * ut dicitur in auctoritate inducta, quia ‘ per carnem filius dei visibilis apparuit, * unde subditur ° et vidimus gloriam eius. * vel ideo quia, ut augustinus dicit, in libro octogintatrium quaest. ° in tota illa unitate susceptionis principale verbum est, extrema autem atque ultima caro. volens itaque evangelista commendare pro nobis dilectionem humilitatis dei, verbum et carnem nominavit, omittens animam, quae est verbo inferior, carne praestantior. ‘ rationabile etiam fuit ut nominaret carnem, quae, propter hoc quod magis distat a verbo, minus assumptibilis videbatur.
ra2 ‘ Ad secundum dicendum quod “ verbum est fons vitae sicut prima causa vitae effectiva. ‘ sed anima est principium vitae corpori tanquam forma ipsius. forma autem est effectus agentis. unde ex praesentia verbi magis concludi posset quod corpus esset animatum, sicut ex praesentia ignis concludi potest quod corpus cui ignis adhaeret, sit calidum.
ra3 ‘ Ad tertium dicendum quod non est inconveniens, immo necessarium dicere quod in christo fuit natura quae constituitur per animam corpori advenientem. * damascenus autem negat “ in domino iesu christo esse communem speciem quasi aliquid tertium resultans ex unione divinitatis et humanitatis.

010 ST4 qu5 ar4

ag1 ‘ Ad quartum sic proceditur. videtur quod filius dei non assumpsit mentem humanam, sive intellectum. ubi enim est praesentia rei, non requiritur eius imago. “ sed homo secundum mentem est ad imaginem dei, * ut dicit augustinus, in libro de trinit.. ‘ cum ergo in christo fuerit praesentia ipsius divini verbi, non oportuit ibi esse mentem humanam.
ag2 ‘ Praeterea, maior lux offuscat minorem. sed verbum dei, quod est ° lux illuminans omnem hominem venientem in hunc mundum, * ut dicitur ioan. i, ‘ comparatur ad mentem sicut lux maior ad minorem, quia et ipsa mens quaedam lux est, quasi lucerna illuminata a prima luce, * proverb. x, ° lucerna domini spiraculum hominis. ‘ ergo in christo, qui est verbum dei, non fuit necessarium esse mentem humanam.
ag3 ‘ Praeterea, assumptio humanae naturae a dei verbo dicitur eius incarnatio. sed intellectus, sive mens humana, neque est caro neque est actus carnis, “ quia nullius corporis actus est, * ut probatur in iii de anima. ‘ ergo videtur quod filius dei humanam mentem non assumpserit.
sc * Sed contra est quod augustinus dicit, in libro de fide ad petrum, ° firmissime tene, et nullatenus dubites, christum, filium dei, habentem nostri generis carnem et animam rationalem. qui de carne sua dicit, palpate et videte, quia spiritus carnem et ossa non habet, sicut me videtis habere, * luc. ult.. ° animam quoque se ostendit habere, dicens, ego pono animam meam, et iterum sumo eam, * ioan. x. ° intellectum quoque se ostendit habere, dicens, discite a me, quia mitis sum et humilis corde, * matth. xi. ° et de ipso per prophetam dominus dicit, ecce intelliget puer meus, * isaiae lii.
co ‘ Respondeo dicendum quod, * sicut augustinus dicit, in libro de haeresibus, ° apollinaristae de anima christi a catholica ecclesia dissenserunt, dicentes, sicut ariani, christum carnem solam sine anima suscepisse. in qua quaestione testimoniis evangelicis victi, mentem defuisse animae christi dixerunt, sed pro hac ipsum verbum in ea fuisse. * sed haec positio eisdem rationibus convincitur sicut et praedicta. primo enim, hoc adversatur narrationi evangelicae, “ quae commemorat eum fuisse miratum, * ut patet matth. viii. ‘ admiratio autem absque ratione esse non potest, “ quia importat collationem effectus ad causam; dum scilicet aliquis videt effectum cuius causam ignorat, et quaerit, * ut dicitur in principio metaphys.. ‘ secundo, repugnat utilitati incarnationis, quae est iustificatio hominis a peccato. anima enim humana non est capax peccati, nec gratiae iustificantis, nisi per mentem. unde praecipue oportuit mentem humanam assumi. * unde damascenus dicit, in iii libro, quod ° dei verbum assumpsit corpus et animam intellectualem et rationalem, * et postea subdit, ° totus toti unitus est, ut toti mihi salutem gratificet |25| “ idest, gratis faciat, ° quod enim inassumptibile est, incurabile est. ‘ tertio, hoc repugnat veritati incarnationis. cum enim corpus proportionetur animae sicut materia propriae formae, non est vera caro humana quae non est perfecta anima humana, scilicet rationali et ideo, si christus animam sine mente habuisset, non habuisset veram carnem humanam, sed carnem bestialem, quia per solam mentem anima nostra differt ab anima bestiali. * unde dicit augustinus, in libro octogintatrium quaest., “ quod secundum hunc errorem sequeretur quod filius dei beluam quandam cum figura humani corporis suscepisset. ‘ quod iterum repugnat veritati divinae, quae nullam patitur fictionis falsitatem.
ra1 ‘ Ad primum ergo dicendum quod, ubi est ipsa res per sui praesentiam non requiritur eius imago ad hoc quod suppleat locum rei, sicut, ubi erat imperator, milites non venerabantur eius imaginem. sed tamen requiritur cum praesentia rei imago ipsius ut perficiatur ex ipsa rei praesentia, sicut imago in cera perficitur per impressionem sigilli, et imago hominis resultat in speculo per eius praesentiam. unde, ad perficiendam humanam mentem, necessarium fuit quod eam sibi verbum dei univit.
ra2 ‘ Ad secundum dicendum quod lux maior evacuat lucem minorem alterius corporis illuminantis, non tamen evacuat, sed perficit lucem corporis illuminati. ad praesentiam enim solis stellarum lux obscuratur, sed aeris lumen perficitur. intellectus autem seu mens hominis est quasi lux illuminata a luce divini verbi. et ideo per lucem divini verbi non evacuatur mens hominis, sed magis perficitur.
ra3 ‘ Ad tertium dicendum quod, licet “ potentia intellectiva non sit alicuius corporis actus, ‘ ipsa tamen essentia animae humanae, quae est forma corporis, requiritur quod sit nobilior, ad hoc quod habeat potentiam intelligendi. et ideo necesse est ut corpus melius dispositum ei respondeat.

010 ST4 qu6 ar

pr ‘ Deinde considerandum est de ordine assumptionis praedictae. et circa hoc quaeruntur sex. primo, utrum filius dei assumpserit carnem mediante anima. secundo, utrum assumpserit animam mediante spiritu, sive mente. tertio, utrum anima christi fuerit prius assumpta a verbo quam caro. quarto, utrum caro fuerit prius a verbo assumpta quam animae unita. quinto, utrum tota humana natura sit assumpta mediantibus partibus. sexto, utrum sit assumpta mediante gratia.

010 ST4 qu6 ar1

ag1 ‘ Ad primum sic proceditur. videtur quod filius dei non assumpserit carnem mediante anima. perfectior enim est modus quo filius dei unitur humanae naturae et partibus eius, quam quo est in omnibus creaturis. sed in creaturis est immediate per essentiam, praesentiam et potentiam. ergo multo magis filius dei unitur carni, et non mediante anima.
ag2 ‘ Praeterea, anima et caro unita sunt dei verbo in unitate hypostasis seu personae. sed corpus immediate pertinet ad personam sive hypostasim hominis, sicut et anima. quinimmo magis videtur se de propinquo habere ad hypostasim hominis corpus, quod est materia quam anima, quae est forma, quia principium individuationis, quae importatur in nomine hypostasis, videtur esse materia. ergo filius dei non assumpsit carnem mediante anima.
ag3 ‘ Praeterea, remoto medio, separantur ea quae per medium coniunguntur, sicut, remota superficie,

cessaret color a corpore, qui inest corpori per superficiem. sed, separata per mortem anima, adhuc remanet unio verbi ad carnem, * quod infra patebit. ‘ ergo verbum non coniungitur carni mediante anima.
sc * Sed contra est quod augustinus dicit, in epistola ad volusianum, ° ipsa magnitudo divinae virtutis animam sibi rationalem, et per eandem corpus humanum, totumque omnino hominem, in melius mutandum, coaptavit.
co ‘ Respondeo dicendum quod medium dicitur respectu principii et finis. unde, sicut principium et finis important ordinem, ita et medium. est autem duplex ordo, unus quidem temporis; alius autem naturae. secundum autem ordinem temporis, non dicitur in mysterio incarnationis aliquid medium, quia totam naturam humanam simul sibi dei verbum univit, * ut infra patebit. ‘ ordo autem naturae inter aliqua potest attendi dupliciter, uno modo, secundum dignitatis gradum, sicut dicimus angelos esse medios inter homines et deum; alio modo, secundum rationem causalitatis, sicut dicimus mediam causam existere inter primam causam et ultimum effectum. et hic secundus ordo aliquo modo consequitur primum, * sicut enim dicit dionysius, xiii cap. cael. hier., “ deus per substantias magis propinquas agit in ea quae sunt magis remota. ‘ si ergo attendamus gradum dignitatis, anima media invenitur inter deum et carnem. et secundum hoc, potest dici quod filius dei univit sibi carnem mediante anima. sed secundum ordinem causalitatis, ipsa anima est aliqualiter causa carnis uniendae filio dei. non enim esset assumptibilis nisi per ordinem quem habet ad animam rationalem, secundum quam habet quod sit caro humana, * dictum est enim supra |25| ‘ quod natura humana prae ceteris est assumptibilis.
ra1 ‘ Ad primum ergo dicendum quod duplex ordo considerari potest inter creaturam et deum. unus quidem, secundum quod creaturae causantur a deo et dependent ab ipso sicut a principio sui esse. et sic, propter infinitatem suae virtutis, deus immediate attingit quamlibet rem, causando et conservando. et ad hoc pertinet quod deus immediate est in omnibus per essentiam, potentiam et praesentiam. alius autem ordo est secundum quod res reducuntur in deum sicut in finem. et quantum ad hoc, invenitur medium inter creaturam et deum, quia “ inferiores creaturae reducuntur in deum per superiores, * ut dicit dionysius, in libro caelest. hier.. ‘ et ad hunc ordinem pertinet assumptio humanae naturae a verbo dei quod est terminus assumptionis. et ideo per animam unitur carni.
ra2 ‘ Ad secundum dicendum quod, si hypostasis verbi dei constitueretur simpliciter per naturam humanam, sequeretur quod corpus esset ei vicinius, cum sit materia, quae est individuationis principium, sicut et anima, quae est forma specifica, propinquius se habet ad naturam humanam. sed quia hypostasis est prior et altior quam humana natura, tanto id quod est in humana natura propinquius se habet, quanto est altius. et ideo propinquior est verbo dei anima quam corpus.
ra3 ‘ Ad tertium dicendum quod nihil prohibet aliquid esse causam alicuius quantum ad aptitudinem et congruitatem, quo tamen remoto, id non tollitur, quia, etsi fieri alicuius dependeat ex aliquo, postquam tamen est in facto esse, ab eo non dependet. sicut, si inter aliquos amicitia causaretur aliquo mediante, eo recedente adhuc amicitia remanet, et si aliqua in matrimonium ducitur propter pulchritudinem, quae facit congruitatem in muliere ad copulam coniugalem, tamen, cessante pulchritudine, adhuc durat copula coniugalis. et similiter, separata anima, remanet unio verbi ad carnem.

010 ST4 qu6 ar2

ag1 ‘ Ad secundum sic proceditur. videtur quod filius dei non assumpsit animam mediante spiritu. idem enim non cadit medium inter ipsum et aliquid aliud. sed spiritus, sive mens, non est aliud in essentia ab ipsa anima, * ut in prima parte dictum est. ‘ ergo filius dei non assumpsit animam mediante spiritu, sive mente.
ag2 ‘ Praeterea, id quo mediante facta est assumptio, videtur magis assumptibile. sed spiritus, sive mens, non est magis assumptibilis quam anima, quod patet ex hoc quod spiritus angelici non sunt assumptibiles, * ut supra dictum est. ‘ ergo videtur quod filius dei non assumpserit animam mediante spiritu.
ag3 ‘ Praeterea, posterius assumitur a primo mediante priori. sed anima nominat ipsam essentiam, quae est prior naturaliter quam ipsa potentia eius quae est mens. ergo videtur quod filius dei non assumpserit animam mediante spiritu vel mente.
sc * Sed contra est quod augustinus dicit, in libro de agone christiano, ° invisibilis et incommutabilis veritas per spiritum animam, et per animam corpus accepit.
co * Respondeo dicendum quod, sicut dictum est, ‘ filius dei dicitur assumpsisse carnem anima mediante, tum propter ordinem dignitatis, tum etiam propter congruitatem assumptionis. utrumque autem horum invenitur si comparemus intellectum, qui spiritus dicitur, ad ceteras animae partes. non enim anima est assumptibilis secundum congruitatem nisi per hoc quod est capax dei, ad imaginem eius existens, quod est secundum mentem, quae spiritus dicitur, * secundum illud ephes. iv, ° renovamini spiritu mentis vestrae. ‘ similiter etiam intellectus, inter ceteras partes animae, est superior et dignior et deo similior. * et ideo, ut damascenus dicit, in iii libro, ° unitum est carni per medium intellectum verbum dei, intellectus enim est quod est animae purissimum; sed et deus est intellectus.
ra1 ‘ Ad primum ergo dicendum quod, si intellectus non sit aliud ab anima secundum essentiam, distinguitur tamen ab aliis partibus animae secundum rationem potentiae. et secundum hoc competit sibi ratio medii.
ra2 ‘ Ad secundum dicendum quod spiritui angelico non deest congruitas ad assumptionem propter defectum dignitatis, sed propter irreparabilitatem casus. quod non potest dici de spiritu humano, * ut patet ex his quae in prima parte dicta sunt.
ra3 ‘ Ad tertium dicendum quod anima inter quam et dei verbum ponitur medium intellectus, non accipitur pro essentia animae, quae est omnibus potentiis communis, sed pro potentiis inferioribus, quae sunt omni animae communes.

010 ST4 qu6 ar3

ag1 ‘ Ad tertium sic proceditur. videtur quod anima christi fuerit prius assumpta a verbo quam caro. filius enim dei assumpsit carnem mediante anima, * ut dictum est. ‘ sed prius pervenitur ad medium quam ad extremum. ergo filius dei prius assumpsit animam quam corpus.
ag2 ‘ Praeterea, anima christi est dignior angelis, * secundum illud psalmi, ° adorate eum, omnes angeli eius. ‘ sed angeli creati sunt a principio, * ut in primo habitum est. ‘ ergo et anima christi. quae non fuit ante creata quam assumpta, * dicit enim damascenus, in iii libro, quod ° nunquam neque anima neque corpus christi propriam habuerunt hypostasim praeter verbi hypostasim. ‘ ergo videtur quod anima fuerit ante assumpta quam caro, quae est concepta in utero virginali.
ag3 * Praeterea, ioan. i dicitur, “ vidimus eum plenum gratiae et veritatis, et postea sequitur, de plenitudine eius omnes accepimus, idest, omnes fideles quocumque tempore, * ut chrysostomus exponit. ‘ hoc autem non esset nisi christus habuisset plenitudinem gratiae et veritatis ante omnes sanctos qui fuerunt ab origine mundi, quia causa non est posterior causato. cum ergo plenitudo gratiae et veritatis fuerit in anima christi ex unione ad verbum, * secundum illud quod ibidem dicitur, ° vidimus gloriam eius quasi unigeniti a patre, plenum gratiae et veritatis; ‘ consequens videtur quod a principio mundi anima christi fuisset a verbo dei assumpta.
sc * Sed contra est quod damascenus dicit, in iv libro, ° non, ut quidam mentiuntur, ante eam quae est ex virgine incarnationem, intellectus est unitus deo verbo, et ex tunc vocatus est christus.
co * Respondeo dicendum quod origenes posuit “ omnes animas a principio fuisse creatas, inter quas etiam posuit animam christi creatam. ‘ sed hoc quidem est inconveniens, scilicet, si ponatur quod fuerit tunc creata sed non statim verbo unita, quia sequeretur quod anima illa habuisset aliquando propriam subsistentiam sine verbo. et sic, cum fuisset a verbo assumpta, vel non esset facta unio secundum substinentiam; vel corrupta fuisset subsistentia animae praeexistens. similiter etiam est inconveniens si ponatur quod anima illa fuerit a principio verbo unita, et postmodum in utero virginis incarnata. quia sic eius anima non videretur eiusdem esse naturae cum nostris, quae simul creantur dum corporibus infunduntur. * unde leo papa dicit, in epistola ad iulianum, quod ° non alterius naturae erat caro quam nostra, nec alio illi quam ceteris hominibus est anima inspirata principio.
ra1 ‘ Ad primum ergo dicendum quod, * sicut supra dictum est, ‘ anima christi dicitur esse medium in unione carnis ad verbum secundum ordinem naturae. non autem oportet ex hoc quod fuerit medium ex ordine temporis.
ra2 * Ad secundum dicendum quod, sicut leo papa in eadem epistola, dicit, “ anima christi excellit non diversitate generis, sed sublimitate virtutis. est enim eiusdem generis cum nostris animabus, sed excellit etiam angelos secundum plenitudinem gratiae et veritatis. ‘ modus autem incarnationis respondet animae secundum proprietatem sui generis, ex quo habet, cum sit corporis forma, ut creetur simul dum corpori infunditur et unitur. quod non competit angelis, quia sunt substantiae omnino a corporibus absolutae.
ra3 “ Ad tertium dicendum quod de plenitudine christi omnes homines accipiunt secundum fidem quam habent in ipsum, * dicitur enim rom. iii, quod ° iustitia dei est per fidem iesu christi in omnes et super omnes qui credunt in ipsum. ‘ sicut autem nos in ipsum credimus ut incarnatum, ita antiqui crediderunt in ipsum ut nasciturum, ° habentes enim eundem spiritum credimus, * ut dicitur ii cor. iv. ‘ habet autem fides quae est in christum virtutem iustificandi ex proposito gratiae dei, * secundum illud rom. iv, ° ei qui non operatur, credenti autem in eum qui iustificat impium, fides reputatur ad iustitiam secundum propositum gratiae dei. ‘ unde, quia hoc propositum est aeternum, nihil prohibet per fidem iesu christi aliquos iustificari “ antequam eius anima esset plena gratia et veritate.

010 ST4 qu6 ar4

ag1 ‘ Ad quartum sic proceditur. videtur quod caro christi fuit primo a verbo assumpta quam animae unita. * dicit enim augustinus, in libro de fide ad petrum, ° firmissime tene, et nullatenus dubites, non carnem christi sine divinitate conceptam in utero virginis antequam susciperetur a verbo. ‘ sed caro christi videtur prius fuisse concepta quam animae rationali unita, quia materialis dispositio prius est in via generationis quam forma completiva. ergo prius fuit caro christi assumpta quam animae unita.
ag2 ‘ Praeterea, sicut anima est pars naturae humanae, ita et corpus. “ sed anima humana non habuit aliud principium sui esse in christo quam in aliis hominibus, * ut patet ex auctoritate leonis papae supra inducta. ‘ ergo videtur quod nec corpus christi aliter habuit principium essendi quam in nobis. sed in nobis ante concipitur caro quam adveniat anima rationalis. ergo etiam ita fuit in christo. et sic caro prius fuit a verbo assumpta quam animae unita.
ag3 * Praeterea, sicut dicitur in libro de causis, ° causa prima plus influit in causatum, et prius unitur ei quam causa secunda. ‘ sed anima christi comparatur ad verbum sicut causa secunda ad primam. prius ergo verbum est unitum carni quam anima.
sc * Sed contra est quod damascenus dicit, in iii libro, ° simul dei verbi caro, simul caro animata, rationalis et intellectualis. ‘ non ergo unio verbi ad carnem praecessit unionem ad animam.
co ‘ Respondeo dicendum quod caro humana est assumptibilis a verbo secundum ordinem quem habet ad animam rationalem sicut ad propriam formam. hunc autem ordinem non habet antequam anima rationalis ei adveniat. quia simul dum aliqua materia fit propria alicuius formae, recipit illam formam; unde in eodem instanti terminatur alteratio in quo introducitur forma substantialis. et inde est quod caro non debuit ante assumi quam esset caro humana, quod factum est anima rationali adveniente. sicut igitur anima non est prius assumpta quam caro, quia contra naturam animae est ut prius sit quam corpori uniatur; ita caro non debuit prius assumi quam anima, quia non prius est caro humana quam habeat animam rationalem.
ra1 ‘ Ad primum ergo dicendum quod caro humana sortitur esse per animam. et ideo ante adventum animae non est caro humana, sed potest esse dispositio ad carnem humanam. in conceptione tamen christi spiritus sanctus, qui est agens infinitae virtutis, simul et materiam disposuit et ad perfectum perduxit.
ra2 ‘ Ad secundum dicendum quod forma actu dat speciem, materia autem, quantum est de se, est in potentia ad speciem. et ideo contra rationem formae esset quod praeexisteret naturae speciei, quae perficitur per unionem eius ad materiam, non autem est contra naturam materiae quod praeexistat naturae speciei. et ideo dissimilitudo quae est inter originem nostram et originem christi secundum hoc quod caro nostra prius concipitur quam animetur, non autem caro christi, est secundum id quod praecedit naturae complementum, sicut et quod nos concipimur ex semine viri, non autem christus. sed differentia quae esset quantum ad originem animae, redundaret in diversitatem naturae.
ra3 ‘ Ad tertium dicendum quod verbum dei per prius intelligitur unitum carni quam anima per modum communem quo est in ceteris creaturis per essentiam, potentiam et praesentiam, prius tamen dico, non tempore, sed natura. prius enim intelligitur caro ut quoddam ens, quod habet a verbo, quam ut animata, quod habet ab anima. sed unione personali prius secundum intellectum oportet quod caro uniatur animae quam verbo, quia ex unione ad animam habet quod sit unibilis verbo in persona; praesertim quia persona non invenitur nisi in rationali natura.

010 ST4 qu6 ar5

ag1 ‘ Ad quintum sic proceditur. videtur quod filius dei assumpserit totam naturam humanam mediantibus partibus. * dicit enim augustinus, in libro de agone christiano, quod ° invisibilis et incommutabilis veritas per spiritum animam, per animam corpus, et sic totum hominem assumpsit. ‘ sed spiritus, anima et corpus sunt partes totius hominis. ergo totum hominem assumpsit mediantibus partibus.
ag2 ‘ Praeterea, ideo dei filius carnem assumpsit mediante anima, quia anima est deo similior quam corpus. sed partes humanae naturae, cum sint simpliciores, videntur esse similiores ei, qui est simplicissimus, quam totum. ergo assumpsit totum mediantibus partibus.
ag3 ‘ Praeterea, totum resultat ex unione partium. sed unio intelligitur ut terminus assumptionis, partes autem praeintelliguntur assumptioni. ergo assumpsit totum per partes.
sc * Sed contra est quod damascenus dicit, in iii libro, ° in domino iesu christo non partes partium intuemur, sed quae proxime componuntur, idest deitatem et humanitatem. ‘ humanitas autem est quoddam totum, quod componitur ex anima et corpore si-

cut ex partibus. ergo filius dei assumpsit partes mediante toto.
co ‘ Respondeo dicendum quod, cum dicitur aliquid medium in assumptione incarnationis, non designatur ordo temporis, quia simul facta est assumptio totius et omnium partium. * ostensum est enim quod ‘simul anima et corpus sunt ad invicem unita ad constituendam naturam humanam in verbo. designatur autem ibi ordo naturae. unde per id quod est prius natura, assumitur id quod est posterius. est autem aliquid prius in natura dupliciter, uno modo ex parte agentis, alio modo ex parte materiae; hae enim duae causae praeexistunt rei. ex parte quidem agentis, est simpliciter primum id quod primo cadit in eius intentione, sed secundum quid est primum illud a quo incipit eius operatio, et hoc ideo, quia intentio est prior operatione. ex parte vero materiae, est prius illud quod prius existit in transmutatione materiae. in incarnatione autem oportet maxime attendere ordinem qui est ex parte agentis, quia, * ut augustinus dicit, in epistola ad volusianum, ° in talibus rebus tota ratio facti est potentia facientis. ‘ manifestum est autem quod secundum intentionem facientis prius est completum quam incompletum, et per consequens, totum quam partes. et ideo dicendum est quod verbum dei assumpsit partes humanae naturae mediante toto. sicut enim corpus assumpsit propter ordinem quem habet ad animam rationalem, ita assumpsit corpus et animam propter ordinem quem habent ad humanam naturam.
ra1 ‘ Ad primum ergo dicendum quod * ex verbis illis nihil datur intelligi nisi quod “ verbum, assumendo partes humanae naturae, assumpsit totam humanam naturam. ‘ et sic assumptio partium prior est in via operationis intellectu, non tempore. assumptio autem naturae est prior in via intentionis, quod est esse prius simpliciter, * ut dictum est.
ra2 ‘ Ad secundum dicendum quod deus ita est simplex quod etiam est perfectissimus. et ideo totum est magis simile deo quam partes, inquantum est perfectius.
ra3 ‘ Ad tertium dicendum quod unio personalis est ad quam terminatur assumptio, non autem unio naturae, quae resultat ex coniunctione partium.

010 ST4 qu6 ar6

ag1 ‘ Ad sextum sic proceditur. videtur quod filius dei assumpserit humanam naturam mediante gratia. per gratiam enim unimur deo. sed humana natura in christo maxime fuit unita. ergo illa unio facta fuit per gratiam.
ag2 “ Praeterea, sicut corpus vivit per animam, quae est eius perfectio, ita anima per gratiam. ‘ sed humana natura redditur congrua ad assumptionem per animam, * ut dictum est. ‘ ergo et anima redditur congrua ad assumptionem per gratiam. ergo filius dei assumpsit animam mediante gratia.
ag3 * Praeterea, augustinus, xv de trin., dicit quod “ verbum incarnatum est sicut verbum nostrum in voce. ‘ sed verbum nostrum unitur voci mediante spiritu. ergo verbum dei unitur carni mediante spiritu sancto, et ita mediante gratia, quae spiritui sancto attribuitur, * secundum illud i ad cor. xii, ° divisiones gratiarum sunt, idem autem spiritus.
sc ‘ Sed contra est quod gratia est quoddam accidens animae, * ut in secunda parte habitum est. ‘ unio autem verbi ad humanam naturam est facta secundum subsistentiam, et non secundum accidens * ut ex supra dictis patet. ‘ ergo natura humana non est assumpta mediante gratia.
co ‘ Respondeo dicendum quod in christo ponitur gratia unionis, et gratia habitualis. gratia ergo non potest intelligi ut medium in assumptione humanae naturae, sive loquamur de gratia unionis, sive de gratia habituali. gratia enim unionis est ipsum esse personale quod gratis divinitus datur humanae naturae in persona verbi, quod quidem est terminus assumptionis. gratia autem habitualis pertinens ad specialem sanctitatem illius hominis, est effectus quidam consequens unionem, * secundum illud ioan. i, ° vidimus gloriam eius quasi unigeniti a patre, plenum gratiae et veritatis; * per quod datur intelligi quod “ hoc ipso quod ille homo est unigenitus a patre, quod habet per unionem, habet plenitudinem gratiae et veritatis. ‘ si vero intelligatur gratia ipsa voluntas dei aliquid gratis faciens vel donans, sic unio facta est per gratiam, non sicut per medium, sed sicut per causam efficientem.
ra1 ‘ Ad primum ergo dicendum quod unio nostra ad deum est per operationem, inquantum scilicet eum cognoscimus et amamus. et ideo talis unio est per gratiam habitualem, inquantum operatio perfecta procedit ab habitu. sed unio naturae humanae ad verbum dei est secundum esse personale, quod non dependet ab aliquo habitu, sed immediate ab ipsa natura.
ra2 ‘ Ad secundum dicendum quod anima est perfectio substantialis corporis, gratia vero est perfectio animae accidentalis. et ideo gratia non potest ordinare animam ad unionem personalem, quae non est accidentalis, sicut anima corpus.
ra3 ‘ Ad tertium dicendum quod verbum nostrum unitur voci mediante spiritu, non quidem sicut medio formali, sed sicut per medium movens, nam ex verbo concepto interius procedit spiritus, ex quo formatur vox. et similiter ex verbo aeterno procedit spiritus sanctus, qui formavit corpus christi * ut infra patebit. ‘ non autem ex hoc sequitur quod gratia spiritus sancti sit formale medium in unione praedicta.

010 ST4 qu7 ar

pr ‘ Deinde considerandum est de coassumptis a filio dei in humana natura. et primo, de his quae pertinent ad perfectionem; secundo, de his quae pertinent ad defectum. circa primum consideranda sunt tria, primo, de gratia christi; secundo, de scientia eius; tertio, de potentia ipsius. de gratia autem christi considerandum est dupliciter, primo quidem, de gratia eius secundum quod est singularis homo; secundo, de gratia eius secundum quod est caput ecclesiae. nam de gratia unionis iam dictum est. circa primum quaeruntur tredecim. primo, utrum in anima christi sit aliqua gratia habitualis. secundo, utrum in christo fuerint virtutes. tertio, utrum in eo fuerit fides. quarto, utrum fuerit in eo spes. quinto, utrum in christo fuerint dona. sexto, utrum in christo fuerit timoris donum. septimo, utrum in christo fuerint gratiae gratis datae. octavo, utrum in christo fuerit prophetia. nono, utrum in eo fuerit plenitudo gratiae. decimo, utrum talis plenitudo sit propria christi. undecimo, utrum christi gratia sit infinita. duodecimo, utrum potuerit augeri. tertiodecimo, qualiter haec gratia se habeat ad unionem.

010 ST4 qu7 ar1

ag1 ‘ Ad primum sic proceditur. videtur quod in anima assumpta a verbo non fuerit gratia habitualis. gratia enim est quaedam participatio divinitatis in creatura rationali, * secundum illud ii pet. i, ° per quem magna et pretiosa nobis promissa donavit, ut divinae simus consortes naturae. ‘ christus autem deus est non participative, sed secundum veritatem. ergo in eo non fuit gratia habitualis.
ag2 ‘ Praeterea, gratia ad hoc est necessaria homini ut per eam bene operetur, * secundum illud i cor. xv, ° abundantius omnibus laboravi, non autem ego, sed gratia dei mecum; ‘ et etiam ad hoc quod homo consequatur vitam aeternam, * secundum illud rom. vi, ° gratia dei vita aeterna. ‘ sed christo, ex hoc solo quod erat naturalis filius dei, debebatur hereditas vitae aeterna. ex hoc etiam quod erat verbum, “ per quod facta sunt omnia, ‘ aderat ei facultas omnia bona operandi. non igitur secundum humanam naturam indigebat alia gratia nisi unione ad verbum.
ag3 ‘ Praeterea, illud quod operatur per modum instrumenti, non indiget habitu ad proprias operationes, sed habitus fundatur in principali agente. “ humana autem natura in christo fuit sicut instrumentum deitatis, * ut dicit damascenus, in iii libro. ‘ ergo in christo non debuit esse aliqua gratia habitualis.
sc * Sed contra est quod dicitur isaiae xi, ° requiescet super eum spiritus domini, ‘ qui quidem esse in homine dicitur per gratiam habitualem, * ut in prima parte dictum est. ‘ ergo in christo fuit gratia habitualis.
co ‘ Respondeo dicendum quod necesse est ponere in christo gratiam habitualem, propter tria. primo quidem, propter unionem animae illius ad verbum dei. quanto enim aliquod receptivum propinquius est causae influenti, tanto magis participat de influentia ipsius. influxus autem gratiae est a deo, * secundum illud psalmi, ° gratiam et gloriam dabit dominus. ‘ et ideo maxime fuit conveniens ut anima illa reciperet influxum divinae gratiae. secundo, propter nobilitatem illius animae, cuius operationes oportebat propinquissime attingere ad deum per cognitionem et amorem. ad quod necesse est elevari humanam naturam per gratiam. tertio, propter habitudinem ipsius christi ad genus humanum. “ christus enim, inquantum homo, est mediator dei et hominum, * ut dicitur i tim. ii. et ideo ‘ oportebat quod haberet gratiam etiam in alios redundantem, * secundum illud ioan. i, ° de plenitudine eius omnes accepimus, gratiam pro gratia.
ra1 ‘ Ad primum ergo dicendum quod christus est verus deus secundum personam et naturam divinam. sed quia cum unitate personae remanet distinctio naturarum, * ut ex supra dictis patet, ‘ anima christi non est per suam essentiam divina. unde oportet quod fiat divina per participationem, quae est secundum gratiam.
ra2 ‘ Ad secundum dicendum quod christo, secundum quod est naturalis filius dei, debetur hereditas aeterna, quae est ipsa beatitudo increata, per increatum actum cognitionis et amoris dei, eundem scilicet quo pater cognoscit et amat seipsum. cuius actus anima capax non erat, propter differentiam naturae. unde oportebat quod attingeret ad deum per actum fruitionis creatum. qui quidem esse non potest nisi per gratiam. similiter etiam, inquantum est verbum dei, habuit facultatem omnia bene operandi operatione divina. sed quia, praeter operationem divinam, oportet ponere operationem humanam, * ut infra patebit; ‘ oportuit in eo esse habitualem gratiam, per quam huiusmodi operatio in eo esset perfecta.
ra3 ‘ Ad tertium dicendum quod “ humanitas christi est instrumentum divinitatis, non quidem sicut instrumentum inanimatum, quod nullo modo agit sed solum agitur, sed tanquam instrumentum animatum anima rationali, quod ita agit quod etiam agitur. ‘ et ideo, ad convenientiam actionis, oportuit eum habere gratiam habitualem.

010 ST4 qu7 ar2

ag1 ‘ Ad secundum sic proceditur. videtur quod in christo non fuerint virtutes. christus enim habuit abundantiam gratiae. sed gratia sufficit ad omnia recte agendum, * secundum illud ii cor. xii, ° sufficit tibi gratia mea. ‘ ergo in christo non fuerunt virtutes.
ag2 * Praeterea, secundum philosophum, vii ethic., “ virtus dividitur contra quendam heroicum sive divinum habitum, qui attribuitur hominibus divinis. ‘ hoc autem maxime convenit christo. ergo christus non habuit virtutes, sed aliquid altius virtute.
ag3 * Praeterea, sicut in secunda parte dictum est, ‘ virtutes omnes simul habentur. sed christo non fuit conveniens habere simul omnes virtutes, sicut patet de liberalitate et magnificentia, quae habent actum suum circa divitias, quas christus contempsit, * secundum illud matth. viii, ° filius hominis non habet ubi caput suum reclinet. ‘ temperantia etiam et continentia sunt circa concupiscentias pravas, quae in christo non fuerunt. ergo christus non habuit virtutes.
sc * Sed contra est quod super illud psalmi, ° sed in lege domini voluntas eius, * dicit glossa, ° hic ostenditur christus plenus omni bono. “ sed bona qualitas mentis est virtus. ‘ ergo christus fuit plenus omni virtute.
co * Respondeo dicendum quod, sicut in secunda parte habitum est, ‘ sicut gratia respicit essentiam animae, ita virtus respicit eius potentiam. unde oportet quod, sicut potentiae animae derivantur ab eius essentia, ita virtutes sunt quaedam derivationes gratiae. quanto autem aliquod principium est perfectius, tanto magis imprimit suos effectus. unde, cum gratia christi fuerit perfectissima, consequens est quod ex ipsa processerint virtutes ad perficiendum singulas potentias animae, quantum ad omnes animae actus. et ita christus habuit omnes virtutes.
ra1 ‘ Ad primum ergo dicendum quod gratia sufficit homini quantum ad omnia quibus ordinatur ad beatitudinem. horum tamen quaedam perficit gratia immediate per seipsam, sicut gratum facere deo, et alia huiusmodi, quaedam autem mediantibus virtutibus, quae ex gratia procedunt.
ra2 “ Ad secundum dicendum quod habitus ille heroicus vel divinus non differt a virtute communiter dicta nisi secundum perfectiorem modum, inquantum scilicet aliquis est dispositus ad bonum quodam altiori modo quam communiter omnibus competat. ‘ unde per hoc non ostenditur quod christus non habuit virtutes, sed quod habuit eas perfectissime, ultra communem modum. * sicut etiam plotinus posuit “ quendam sublimem modum virtutum, quas esse dixit purgati animi.
ra3 ‘ Ad tertium dicendum quod liberalitas et magnificentia commendantur circa divitias inquantum aliquis non tantum appretiatur divitias quod velit eas retinere praetermittendo id quod fieri oportet. ille autem minime divitias appretiatur qui penitus eas contemnit et abiicit propter perfectionis amorem. et ideo in hoc ipso quod christus omnes divitias contempsit, ostendit in se summum gradum liberalitatis et magnificentiae. licet etiam liberalitatis actum exercuerit, secundum quod sibi conveniens erat faciendo pauperibus erogari quae sibi dabantur, * unde, cum dominus dixit iudae, ioan. xiii, ° quod facis, fac citius, “ discipuli intellexerunt dominum mandasse quod egenis aliquid daret. ‘ concupiscentias autem pravas christus omnino non habuit, * sicut infra patebit. ‘ propter hoc tamen non excluditur quin habuerit temperantiam, quae tanto perfectior est in homine quanto magis pravis concupiscentiis caret. * unde, secundum philosophum, in vii ethic., “ temperatus in hoc differt a continente, quod temperatus non habet pravas concupiscentias, quas continens patitur. * unde, sic accipiendo continentiam sicut philosophus accipit, ‘ ex hoc ipso quod christus habuit omnem virtutem, non habuit |25| continentiam, quae non est virtus, sed aliquid minus virtute.

010 ST4 qu7 ar3

ag1 ‘ Ad tertium sic proceditur. videtur quod in christo fuerit fides. fides enim est nobilior virtus quam virtutes morales, puta temperantia et liberalitas. huiusmodi autem virtutes fuerunt in christo, * ut dictum est. ‘ multum ergo magis fuit in eo fides.
ag2 ‘ Praeterea, christus non docuit virtutes quas ipse non habuit, * secundum illud act. i, ° coepit iesus facere et docere. * sed de christo dicitur, heb. xii, quod est ° auctor et consummator fidei. ‘ ergo in eo maxime fuit fides.
ag3 ‘ Praeterea, quidquid est imperfectionis excluditur a beatis. sed in beatis est fides, * nam super illud rom. i, ° iustitia dei revelatur in eo ex fide in fidem, * dicit glossa, ° de fide verborum et spei in fidem rerum et speciei. ‘ ergo videtur quod etiam in christo fuerit fides, cum nihil imperfectionis importet.
sc * Sed contra est quod dicitur heb. xi, quod ° fides est argumentum non apparentium. ‘ sed christo nihil fuit non apparens, * secundum illud quod dixit ei petrus, ioan. ult., ° tu omnia nosti. ‘ ergo in christo non fuit fides.
co * Respondeo dicendum quod, sicut in secunda parte dictum est, ‘ obiectum fidei est res divina non

visa. habitus autem virtutis, sicut et quilibet alius, recipit speciem ab obiecto. et ideo, excluso quod res divina non sit visa, excluditur ratio fidei. christus autem in primo instanti suae conceptionis plene vidit deum per essentiam, * ut infra patebit. ' unde fides in eo esse non potuit.

ra1 ' Ad primum ergo dicendum quod fides est nobilior virtutibus moralibus, quia est circa nobiliorem materiam, sed tamen importat quendam defectum in comparatione ad illam materiam, qui defectus in christo non fuit. et ideo non potuit in eo esse fides, licet fuerint in eo virtutes morales, quae in sui ratione huiusmodi defectum non important per comparationem ad suas materias.

ra2 ' Ad secundum dicendum quod meritum fidei consistit in hoc quod homo, ex obedientia dei, assentit istis quae non videt, * secundum illud rom. i, ° ad obediendum fidei in omnibus gentibus pro nomine eius. ' obedientiam autem ad deum plenissime habuit christus, * secundum illud philipp. ii, ° factus est obediens usque ad mortem. ' et sic nihil ad meritum pertinens docuit quod ipse excellentius non impleret.

ra3 * Ad tertium dicendum quod, sicut glossa ibidem dicit, ° fides proprie est qua creduntur quae non videntur. ' sed fides quae est rerum visarum, improprie dicitur, et secundum quandam similitudinem, quantum ad certitudinem aut firmitatem adhaesionis.

010 ST4 qu7 ar4

ag1 ' Ad quartum sic proceditur. videtur quod in christo fuerit spes. * dicitur enim in psalmo ex persona christi, secundum glossam, ° in te, domine, speravi. ' sed virtus spei est qua homo sperat in deum. ergo virtus spei fuit in christo.

ag2 ' Praeterea, spes est expectatio futurae beatitudinis, * ut in secunda parte habitum est. ' sed christus aliquid expectabat ad beatitudinem pertinens, videlicet gloriam corporis. ergo videtur quod in eo fuit spes.

ag3 ' Praeterea, unusquisque potest sperare id quod ad eius perfectionem pertinet, si sit futurum. sed aliquid erat futurum quod ad perfectionem christi pertinet, * secundum illud ephes. iv, ° ad consummationem sanctorum, in opus ministerii, in aedificationem corporis christi. ' ergo videtur quod christo competebat habere spem.

sc * Sed contra est quod dicitur rom. viii, ° quod videt quis, quid sperat? ' et sic patet quod, sicut fides est de non visis, ita et spes. sed fides non fuit in christo, * sicut dictum est. ' ergo nec spes.

co ' Respondeo dicendum quod, sicut de ratione fidei est quod aliquis assentiat his quae non videt, ita de ratione spei est quod aliquis expectet id quod nondum habet. et sicut fides, inquantum est virtus theologica, non est de quocumque non viso, sed solum de deo, ita etiam spes, inquantum est virtus theologica, habet pro obiecto ipsam dei fruitionem, quam principaliter homo expectat per spei virtutem. sed ex consequenti ille qui habet virtutem spei, potest etiam in aliis divinum auxilium expectare, sicut et ille qui habet virtutem fidei, non solum credit deo de rebus divinis, sed de quibuscumque aliis sibi divinitus revelatis. christus autem a principio suae conceptionis plene habuit fruitionem divinam, * ut infra dicetur. ' et ideo virtutem spei non habuit. habuit tamen spem respectu aliquorum quae nondum erat adeptus, licet non habuit fidem respectu quorumcumque. quia, licet plene cognosceret omnia, per quod totaliter fides excludebatur ab eo, non tamen adhuc plene habebat omnia quae ad eius perfectionem pertinebant, puta immortalitatem et gloriam corporis, quam poterat sperare.

ra1 ' Ad primum ergo dicendum quod " hoc non dicitur de christo secundum spem quae est virtus theologica, sed eo quod quaedam alia speravit nondum habita, * sicut dictum est.

ra2 ' Ad secundum dicendum quod gloria corporis non pertinet ad beatitudinem sicut in quo principaliter beatitudo consistat, sed per quandam redundantiam a gloria animae, * ut in secunda parte dictum est. ' unde spes, secundum quod est virtus theologica, non respicit beatitudinem corporis, sed beatitudinem animae, quae in divina fruitione consistit.

ra3 ' Ad tertium dicendum quod " aedificatio ecclesiae per conversionem fidelium non pertinet ad perfectionem christi qua in se perfectus est, sed secundum quod alios ad participationem suae perfectionis inducit. ' et quia spes dicitur proprie respectu alicuius quod expectatur ab ipso sperante habendum, non proprie potest dici quod virtus spei christo conveniat ratione inducta.

010 ST4 qu7 ar5

ag1 ' Ad quintum sic proceditur. videtur quod in christo non fuerint dona. sicut enim communiter dicitur, dona dantur in adiutorium virtutum. sed id quod est in se perfectum, non indiget exteriori auxilio. cum igitur in christo fuerint virtutes perfectae, videtur quod in eo non fuerunt dona.

ag2 ' Praeterea, non videtur esse eiusdem dare dona et recipere, quia dare est habentis, accipere autem non habentis. sed christo convenit dare dona, * secundum illud psalmi, ° dedit dona hominibus. ' ergo christo non convenit accipere dona spiritus sancti.

ag3 ' Praeterea, quatuor dona videntur pertinere ad contemplationem viae scilicet sapientia, scientia, intellectus et consilium, quod pertinet ad prudentiam, * unde et philosophus, in vi ethic., " numerat ista inter virtutes intellectuales. ' sed christus habuit contemplationem patriae. ergo non habuit huiusmodi dona.

sc * Sed contra est quod dicitur isaiae iv, ° apprehendent septem mulieres virum unum, * glossa, ° idest, septem dona spiritus sancti christum.

co * Respondeo dicendum quod, sicut in secunda parte dictum est, ' dona proprie sunt quaedam perfectiones potentiarum animae secundum quod sunt natae moveri a spiritu sancto. manifestum est autem quod anima christi perfectissime a spiritu sancto movebatur * secundum illud luc. iv, ° iesus, plenus spiritu sancto, regressus est a iordane, et agebatur a spiritu in desertum. ' unde manifestum est quod in christo fuerunt excellentissime dona.

ra1 ' Ad primum ergo dicendum quod illud quod est perfectum secundum ordinem suae naturae, indiget adiuvari ab eo quod est altioris naturae, sicut homo, quantumcumque perfectus, indiget adiuvari a deo. et hoc modo virtutes indigent adiuvari per dona, quae perficiunt potentias animae secundum quod sunt motae a spiritu sancto.

ra2 ' Ad secundum dicendum quod christus non secundum idem est recipiens et dans dona spiritus sancti, sed dat secundum quod deus, et accipit secundum quod homo. * unde gregorius dicit, in ii moral., quod ° spiritus sanctus humanitatem christi nunquam deseruit, ex cuius divinitate procedit.

ra3 ' Ad tertium dicendum quod in christo non solum fuit cognitio patriae, sed etiam cognitio viae, * ut infra dicetur. ' et tamen etiam in patria sunt per aliquem modum dona spiritus sancti, * ut in secunda parte habitum est.

010 ST4 qu7 ar6

ag1 ' Ad sextum sic proceditur. videtur quod in christo non fuit donum timoris. spes enim potior videtur quam timor, nam spei obiectum est bonum, timoris vero malum, * ut in secunda parte habitum est. ' sed in christo non fuit virtus spei, * ut supra habitum est. ' ergo etiam non fuit in eo donum timoris.

ag2 " Praeterea, dono timoris timet aliquis vel separationem a deo, quod pertinet ad timorem castum; vel puniri ab ipso, quod pertinet ad timorem servilem; * ut augustinus dicit, super canonicam ioan.. ' sed christus non timuit separari a deo per peccatum, neque puniri ab eo propter culpam suam, quia impossibile erat eum peccare, * ut infra dicetur; ' timor autem non est de impossibili. ergo in christo non fuit donum timoris.

ag3 * Praeterea, i ioan. iv dicitur, ° perfecta caritas foras mittit timorem. ' sed in christo fuit perfectissima caritas, * secundum illud ephes. iii, ° supereminentem scientiae caritatem christi. ' ergo in christo non fuit donum timoris.

sc * Sed contra est quod dicitur isaiae xi, ° replebit eum spiritus timoris domini.

co * Respondeo dicendum quod, sicut in secunda parte dictum est, ' timor respicit duo obiecta, quorum unum est malum terribile; aliud est ille cuius potestate malum potest inferri, sicut aliquis timet regem inquantum habet potestatem occidendi. non autem timeretur ille qui habet potestatem, nisi haberet quandam eminentiam potestatis, cui de facili resisti non possit, ea enim quae in promptu habemus repellere, non timemus. et sic patet quod aliquis non timetur nisi propter suam eminentiam. sic igitur dicendum est quod in christo fuit timor dei, non quidem secundum quod respicit malum separationis a deo per culpam; nec secundum quod respicit malum punitionis pro culpa; sed secundum quod respicit ipsam divinam eminentiam, prout scilicet anima christi quodam affectu reverentiae movebatur in deum, a spiritu sancto acta. * unde heb. v dicitur quod in omnibus ° exauditus est pro sua reverentia. ' hunc enim affectum reverentiae ad deum christus, secundum quod homo, prae ceteris habuit pleniorem. * et ideo ei attribuit scriptura " plenitudinem timoris domini.

ra1 ' Ad primum ergo dicendum quod habitus virtutum et donorum proprie et per se respiciunt bonum, malum autem ex consequenti, " pertinet enim ad rationem virtutis ut opus bonum reddat, * ut dicitur in ii ethic.. ' et ideo de ratione doni timoris non est illud malum quod respicit timor, sed eminentia illius boni, scilicet divini, cuius potestate aliquod malum infligi potest. spes autem, secundum quod est virtus, respicit non solum actorem boni, sed etiam ipsum bonum inquantum est non habitum. et ideo christo, quia iam habebat perfectum beatitudinis bonum, non attribuitur virtus spei, sed donum timoris.

ra2 ' Ad secundum dicendum quod ratio illa procedit de timore secundum quod respicit obiectum quod est malum.

ra3 " Ad tertium dicendum quod perfecta caritas foras mittit timorem servilem, qui respicit principaliter poenam. ' sic autem timor non fuit in christo.

010 ST4 qu7 ar7

ag1 ' Ad septimum sic proceditur. videtur quod in christo non fuerint gratiae gratis datae. ei enim qui habet aliquid secundum plenitudinem, non competit illud habere secundum participationem. sed christus habuit gratiam secundum plenitudinem, * secundum illud ioan. i, ° plenum gratiae et veritatis. ' gratiae autem gratis datae videntur esse quaedam participationes divisim et particulariter diversis attributae, * secundum illud i cor. xii, ° divisiones gratiarum sunt. ' ergo videtur quod in christo non fuerint gratiae gratis datae.

ag2 ' Praeterea, quod debetur alicui, non videtur esse gratis ei datum. sed debitum erat homini christo quod sermone sapientiae et scientiae abundaret, et potens esset in virtutibus faciendis, et alia huiusmodi quae pertinent ad gratias gratis datas, " cum ipse sit dei virtus et dei sapientia, * ut dicitur i cor. i. ' ergo christo non fuit conveniens habere gratias gratis datas.

ag3 ' Praeterea, gratiae gratis datae ordinantur ad utilitatem fidelium, * secundum illud i cor. xii, ° unicuique datur manifestatio spiritus ad utilitatem. ' non autem videtur ad utilitatem pertinere habitus, aut quaecumque dispositio, si homo non utatur, * secundum illud eccli. xx, ° sapientia abscondita, et thesaurus invisus, quae utilitas in utrisque? ' christus autem non legitur usus fuisse omnibus gratiis gratis datis, praesertim quantum ad genera linguarum. non ergo in christo fuerunt omnes gratiae gratis datae.

sc * Sed contra est quod augustinus dicit, in epistola ad dardanum, " quod sicut in capite sunt omnes sensus, ita in christo fuerunt omnes gratiae.

co * Respondeo dicendum quod, sicut in secunda parte habitum est, ' gratiae gratis datae ordinantur ad fidei et spiritualis doctrinae manifestationem. oportet autem eum qui docet, habere ea per quae sua doctrina manifestetur, aliter sua doctrina esset inutilis. spiritualis autem doctrinae et fidei primus et principalis doctor est christus, * secundum illud heb. ii, ° cum initium accepisset enuntiari a domino, per eos qui audierunt in nos confirmata est, contestante deo signis et prodigiis, ' etc.. unde manifestum est quod in christo fuerunt excellentissime omnes gratiae gratis datae, sicut in primo et principali doctore fidei.

ra1 ' Ad primum ergo dicendum quod, sicut gratia gratum faciens ordinatur ad actus meritorios tam interiores quam exteriores, ita gratia gratis data ordinatur ad quosdam actus exteriores fidei manifestativos, sicut est operatio miraculorum, et alia huiusmodi. in utraque autem gratia christus plenitudinem habuit, inquantum enim divinitati unita erat eius anima, plenam efficaciam habebat ad omnes praedictos actus perficiendos. sed alii sancti, qui moventur a deo sicut instrumenta non unita, sed separata particulariter efficaciam recipiunt ad hos vel illos actus perficiendos. et ideo in aliis sanctis huiusmodi gratiae dividuntur, non autem in christo.

ra2 " Ad secundum dicendum quod christus dicitur dei virtus et dei sapientia, inquantum est aeternus dei filius. ' sic autem non competit sibi habere gratiam, sed potius esse gratiae largitorem. competit autem sibi gratiam habere secundum humanam naturam.

ra3 " Ad tertium dicendum quod donum linguarum datum est apostolis quia mittebantur ad docendas omnes gentes. ' christus autem in una sola iudaeorum gente voluit personaliter praedicare, * secundum quod ipse dicit, matth. xv, ° non sum missus nisi ad oves quae perierunt domus israel; * et apostolus dicit, rom. xv, ° dico iesum christum ministrum fuisse circumcisionis. ' et ideo non oportuit quod loqueretur pluribus linguis. nec tamen defuit ei omnium linguarum notitia, cum etiam occulta cordium non essent ei abscondita, * ut infra dicetur, " quorum voces quaecumque sunt signa. ' nec tamen inutiliter hanc notitiam habuit, sicut non inutiliter habet habitum qui eo non utitur quando non est opportunum.

010 ST4 qu7 ar8

ag1 ' Ad octavum sic proceditur. videtur quod in christo non fuerit prophetia. prophetia enim importat quandam obscuram et imperfectam notitiam, * secundum illud num. xii, ° si quis fuerit inter vos propheta domini, per somnium aut in visione loquar ad eum. ' sed christus habuit plenam et perfectam notitiam, multo magis quam moyses, * de quo ibi subditur quod ° palam, et non per aenigmata deum vidit. ' non ergo debet in christo poni prophetia.

ag2 ' Praeterea, sicut fides est eorum quae non videntur, et spes eorum quae non habentur, ita prophetia est eorum quae non sunt praesentia, sed distant, nam propheta dicitur quasi procul fans. sed in christo non ponitur fides neque spes, * ut supra dictum est. ' ergo etiam prophetia non debet poni in christo.

ag3 ' Praeterea, propheta est inferioris ordinis quam angelus, * unde et de moyse, qui fuit supremus prophetarum, * ut dictum est in secunda parte, * act. vii dicitur quod ° locutus est cum angelo in solitudine. " sed christus non est minoratus ab angelis secundum notitiam animae, sed solum secundum corporis passionem, * ut dicitur heb. ii. ' ergo videtur quod christus non fuit propheta.

sc * Sed contra est quod de eo dicitur, deut. xviii, ° prophetam suscitabit vobis deus de fratribus vestris. * et ipse de se dicit, matth. xiii et ioan. iv, ° non

est propheta sine honore nisi in patria sua.
co “ Respondeo dicendum quod propheta dicitur quasi procul fans, vel procul videns, inquantum scilicet cognoscit et loquitur ea quae sunt procul ab hominum sensibus; * sicut etiam augustinus dicit, xvi contra faustum. ‘ est autem considerandum quod non potest dici aliquis propheta ex hoc quod cognoscit et annuntiat ea quae sunt aliis procul, cum quibus ipse non est. et hoc manifestum est secundum locum et secundum tempus. si enim aliquis in gallia existens cognosceret et annuntiaret aliis in gallia existentibus ea quae tunc in syria agerentur, propheticum esset, * sicut elisaeus ad giezi dixit iv reg. v, “ quomodo vir descenderat de curru et occurrerat ei. ‘ si vero aliquis in syria existens ea quae sunt ibi annuntiaret non esset hoc propheticum. et idem apparet secundum tempus. propheticum enim fuit quod isaias praenuntiavit quod “ cyrus, persarum rex, templum dei esset reaedificaturus, * ut patet isaiae xliv, ‘ non autem fuit propheticum quod esdras hoc scripsit, cuius tempore factum est. si igitur deus aut angeli, vel etiam beati, cognoscunt et annuntiant ea quae sunt procul a nostra notitia, non pertinet ad prophetiam, quia in nullo nostrum statum attingunt. christus autem ante passionem nostrum statum attingebat, inquantum non solum erat comprehensor, sed etiam viator. et ideo propheticum erat quod ea quae erant procul ab |25| aliorum viatorum notitia, et cognoscebat et annuntiabat. et hac ratione dicitur in eo fuisse prophetia.
ra1 “ Ad primum ergo dicendum quod per illa verba non ostenditur esse de ratione prophetiae aenigmatica cognitio, quae scilicet est per somnium et in visione, sed ostenditur comparatio aliorum prophetarum, qui per somnium et in visione perceperunt divina, ad moysen, qui palam et non per aenigmata deum vidit; ‘ qui tamen propheta est dictus, * secundum illud deut. ult., ° non surrexit ultra propheta in israel sicut moyses. ‘ potest tamen dici quod, etsi christus habuit plenam et apertam notitiam quantum ad partem intellectivam, habuit tamen in parte imaginativa quasdam similitudines, in quibus etiam poterat speculari divina, inquantum non solum erat comprehensor, sed etiam viator.
ra2 ‘ Ad secundum dicendum quod fides est eorum quae non videntur ab ipso credente. similiter spes est eorum quae non habentur ab ipso sperante. sed prophetia est eorum quae sunt procul a communi hominum sensu, cum quibus propheta conversatur et communicat in statu viae. et ideo fides et spes repugnant perfectioni beatitudinis christi, non autem prophetia.
ra3 ‘ Ad tertium dicendum quod angelus, cum sit comprehensor, est supra prophetam qui est purus viator, non autem supra christum, qui simul fuit viator et comprehensor.

010 ST4 qu7 ar9

ag1 ‘ Ad nonum sic proceditur. videtur quod non fuerit in christo gratiae plenitudo. a gratia enim derivantur virtutes, * ut in secunda parte dictum est. ‘ sed in christo non fuerunt omnes virtutes, non enim fuit in eo fides neque spes, * ut ostensum est. ‘ ergo in christo non fuit gratiae plenitudo.
ag2 * Praeterea, sicut patet ex his quae in secunda parte dicta sunt, ‘ gratia dividitur in operantem et cooperantem. operans autem gratia dicitur per quam iustificatur impius. quod quidem non habuit locum in christo, qui nunquam subiacuit alicui peccato. ergo in christo non fuit plenitudo gratiae.
ag3 * Praeterea, iac. i dicitur, ° omne datum optimum, et omne donum perfectum, de sursum est, descendens a patre luminum. ‘ sed quod descendit, habetur particulariter, et non plene. ergo nulla creatura, nec etiam anima christi, potest habere plenitudinem donorum gratiae.
sc * Sed contra est quod dicitur ioan. i, ° vidimus eum plenum gratiae et veritatis.
co ‘ Respondeo dicendum quod plene dicitur haberi quod totaliter et perfecte habetur. totalitas autem et perfectio potest attendi dupliciter. uno modo, quantum ad quantitatem eius intensivam, puta si dicam aliquem plene habere albedinem, si habeat eam quantumcumque nata est haberi. alio modo, secundum virtutem, puta si aliquis dicatur plene habere vitam, quia habet eam secundum omnes effectus vel opera vitae. et sic plene habet vitam homo, non autem brutum animal, vel planta. utroque autem modo christus habuit gratiae plenitudinem. primo quidem, quia habuit eam in summo, secundum perfectissimum modum qui potest haberi. et hoc quidem apparet primo, ex propinquitate animae christi ad causam gratiae. * dictum est enim quod, ‘ quanto aliquod receptivum propinquius est causae influenti, abundantius recipit. et ideo anima christi, quae propinquius coniungitur deo inter omnes creaturas rationales, recipit maximam influentiam gratiae eius. secundo, ex comparatione eius ad effectum. sic enim recipiebat anima christi gratiam ut ex ea quodammodo transfunderetur in alios. et ideo oportuit quod haberet maximam gratiam, sicut ignis, qui est causa caloris in omnibus calidis, est maxime calidus. similiter etiam quantum ad virtutem gratiae, plene habuit gratiam, quia habuit eam ad omnes operationes vel effectus gratiae. et hoc ideo, quia conferebatur ei gratia tanquam cuidam universali |25| principio in genere habentium gratias. virtus autem primi principii alicuius generis universaliter se extendit ad omnes effectus illius generis, “ sicut sol, qui est universalis causa generationis, * ut dicit dionysius, iv cap. de div. nom., “ eius virtus se extendit ad omnia quae sub generatione cadunt. ‘ et sic secunda plenitudo gratiae attenditur in christo, inquantum se extendit eius gratia ad omnes gratiae effectus, qui sunt virtutes et dona et alia huiusmodi.
ra1 ‘ Ad primum ergo dicendum quod fides et spes nominant effectus gratiae cum quodam defectu qui est ex parte recipientis gratiam, inquantum scilicet fides est de non visis, et spes de non habitis. unde non oportet quod in christo, qui est auctor gratiae, fuerint defectus quos important fides et spes. sed quidquid est perfectionis in fide et spe, est in christo multo perfectius. sicut in igne non sunt omnes modi caloris defectivi ex defectu subiecti, sed quidquid pertinet ad perfectionem caloris.
ra2 ‘ Ad secundum dicendum quod ad gratiam operantem per se pertinet facere iustum, sed quod iustum faciat ex impio, hoc accidit ei ex parte subiecti, in quo peccatum invenitur. anima christi igitur iustificata est per gratiam operantem, inquantum per eam facta est iusta et sancta a principio suae conceptionis, non quod ante fuerit peccatrix, aut etiam non iusta.

010 ST4 qu7 ar10

ag1 ‘ Ad decimum sic proceditur. videtur quod plenitudo gratiae non sit propria christi. quod enim est proprium alicui, sibi soli convenit. sed esse plenum gratia quibusdam aliis attribuitur, * dicitur enim, luc. i, beatae virgini, ° ave, gratia plena, dominus tecum; * dicitur etiam, act. vi, ° stephanus autem plenus gratia et fortitudine. ‘ ergo plenitudo gratiae non est propria christi.
ag2 ‘ Praeterea, id quod potest communicari aliis per christum, non videtur proprium christo. sed plenitudo gratiae potest communicari per christum aliis, * dicit enim apostolus, ephes. iii, ° ut impleamini in omnem plenitudinem dei. ‘ ergo plenitudo gratiae non est propria christo.
ag3 ‘ Praeterea, status viae videtur proportionari statui patriae. sed in statu patriae erit quaedam plenitudo, quia ° in illa caelesti patria, ubi est plenitudo omnis boni, licet quaedam data sint excellenter, nihil tamen possidetur singulariter * ut patet per gregorium, in homilia de centum ovibus. ‘ ergo in statu viae gratiae plenitudo habetur a singulis hominibus. et ita plenitudo gratiae non est propria christo.
sc “ Sed contra est quod plenitudo gratiae attribuitur christo inquantum est unigenitus a patre, * secundum illud ioan. i, ° vidimus eum, quasi unigenitum a patre, plenum gratiae et veritatis. ‘ sed esse unigenitum a patre est proprium christo. ergo et sibi proprium est esse plenum gratiae et veritatis.
co ‘ Respondeo dicendum quod plenitudo gratiae potest attendi dupliciter, uno modo, ex parte ipsius gratiae; alio modo, ex parte habentis gratiam. ex parte quidem ipsius gratiae, dicitur esse plenitudo ex eo quod aliquis pertingit ad summum gratiae et quantum ad essentiam et quantum ad virtutem, quia scilicet habet gratiam et in maxima excellentia qua potest haberi, et in maxima extensione ad omnes gratiae effectus. et talis gratiae plenitudo est propria christo. ex parte vero subiecti, dicitur gratiae plenitudo quando aliquis habet plene gratiam secundum suam conditionem, sive secundum intensionem, prout in eo est intensa gratia usque ad terminum praefixum ei a deo, * secundum illud ephes. iv, ° unicuique nostrum data est gratia secundum mensuram donationis christi; ‘ sive etiam secundum virtutem, inquantum scilicet habet facultatem gratiae ad omnia quae pertinent ad suum statum sive officium, * sicut apostolus dicebat, ephes. iii, ° mihi autem, omnium sanctorum minimo, data est gratia haec, illuminare homines, ‘ etc.. et talis gratiae plenitudo non est propria christo, sed communicatur aliis per christum.
ra1 ‘ Ad primum ergo dicendum quod “ beata virgo dicitur gratia plena, non ex parte ipsius gratiae, quia non habuit gratiam in summa excellentia qua potest haberi, nec ad omnes effectus gratiae, sed dicitur fuisse plena gratiae per comparationem ad ipsam, quia scilicet habebat gratiam sufficientem ad statum illum ad quem erat electa a deo, ut scilicet esset mater dei. et similiter stephanus dicitur plenus gratia, quia habebat gratiam sufficientem ad hoc quod esset idoneus minister et testis dei, ad quod erat electus. ‘ et eadem ratione dicendum est de aliis. harum tamen plenitudinum una est plenior alia, secundum quod aliquis est divinitus praeordinatus ad altiorem vel inferiorem statum.
ra2 * Ad secundum dicendum quod apostolus ibi loquitur “ de illa plenitudine gratiae quae accipitur ex parte subiecti, in comparatione ad id ad quod homo est divinitus praeordinatus. ‘ quod quidem est vel aliquid commune, ad quod praeordinantur omnes sancti, vel aliquid speciale, quod pertinet ad excellentiam aliquorum. et secundum hoc, quaedam plenitudo gratiae est omnibus sanctis communis, ut scilicet habeant gratiam sufficientem ad merendum vitam aeternam, quae in plena dei fruitione consistit. * et hanc plenitudinem optat apostolus fidelibus quibus scribit.
ra3 ‘ Ad tertium dicendum quod illa dona quae sunt communia in patria, scilicet visio, comprehensio et fruitio, et alia huiusmodi, habent quaedam dona sibi correspondentia in statu viae, quae etiam sunt communia sanctis. sunt tamen quaedam praerogativae sanctorum, in patria et in via, quae non habentur ab omnibus.

010 ST4 qu7 ar11

ag1 ‘ Ad undecimum sic proceditur. videtur quod gratia christi sit infinita. omne enim immensum est infinitum. sed gratia christi est immensa, * dicitur enim ioan. iii, “ non enim ad mensuram dat deus spiritum, scilicet christo. ‘ ergo gratia christi est infinita.
ag2 ‘ Praeterea, effectus infinitus demonstrat virtutem infinitam, quae non potest fundari nisi in essentia infinita. sed effectus gratiae christi est infinitus, extendit enim se ad salutem totius humani generis; ipse enim ° est propitiatio pro peccatis totius mundi, * ut dicitur i ioan. ii. ‘ ergo gratia christi est infinita.
ag3 ‘ Praeterea, omne finitum per additionem potest pervenire ad quantitatem cuiuscumque rei finitae. si ergo gratia christi est finita, posset alterius hominis gratia tantum crescere quod perveniret ad aequalitatem gratiae christi. * contra quod dicitur iob xxviii, ° non adaequabitur ei aurum vel vitrum, * secundum quod gregorius ibi exponit. ‘ ergo gratia christi est infinita.
sc ‘ Sed contra est quod gratia christi est quiddam creatum in anima. * sed omne creatum est finitum, secundum illud sap. xi, ° omnia in numero, pondere et mensura disposuisti. ‘ ergo gratia christi non est infinita.
co ‘ Respondeo dicendum quod, * sicut ex supra dictis patet, ‘ in christo potest duplex gratia considerari. una quidem est gratia unionis quae, * sicut supra dictum est, ‘ est ipsum uniri personaliter filio dei, quod est gratis concessum humanae naturae. et hanc gratiam constat esse infinitam, secundum quod ipsa persona verbi est infinita. alia vero est gratia habitualis. quae quidem potest dupliciter considerari. uno modo, secundum quod est quoddam ens. et sic necesse est quod sit ens finitum. est enim in anima christi sicut in subiecto. anima autem christi est creatura quaedam, habens capacitatem finitam. unde esse gratiae, cum non excedat suum subiectum, non potest esse infinitum. alio modo potest considerari secundum propriam rationem gratiae. et sic gratia ipsa potest dici infinita, eo quod non limitatur, quia scilicet habet quidquid potest pertinere ad rationem gratiae, et non datur ei secundum aliquam certam mensuram id quod ad rationem gratiae pertinet; eo quod, “ secundum propositum gratiae dei, ‘ cuius est gratiam mensurare, gratia confertur animae christi sicut cuidam universali principio gratificationis in humana natura, * secundum illud ephes. i, |25| ° gratificavit nos in dilecto filio suo. ‘ sicut si dicamus lucem solis esse infinitam, non quidem secundum suum esse, sed secundum rationem lucis, quia habet quidquid potest ad rationem lucis pertinere.
ra1 * Ad primum ergo dicendum quod id quod dicitur, “ pater non ad mensuram dat spiritum filio, uno modo exponitur de dono quod deus pater ab aeterno dedit filio, scilicet divinam naturam, quae est donum infinitum. * unde quaedam glossa dicit, ibidem, ° ut tantus sit filius quantus et pater. “ alio modo, potest referri ad donum quod datum est humanae naturae, ut uniatur divinae personae, quod est donum infinitum. * unde glossa dicit ibidem, ° sicut pater plenum et perfectum genuit verbum, sic plenum et perfectum est unitum humanae naturae. “ tertio modo, potest referri ad gratiam habitualem, inquantum gratia christi se extendit ad omnia quae sunt gratiae. * unde augustinus, hoc exponens, dicit, ° mensura quaedam divisio donorum est, alii enim datur per spiritum sermo sapientiae, alii sermo scientiae. sed christus, qui dat, non ad mensuram accepit.
ra2 ‘ Ad secundum dicendum quod gratia christi habet infinitum effectum tum propter infinitatem praedictam gratiae; tum propter unitatem divinae personae, cui anima christi est unita.
ra3 ‘ Ad tertium dicendum quod minus per augmentum potest pervenire ad quantitatem maioris in his quae habent quantitatem unius rationis. sed gratia alterius hominis comparatur ad gratiam christi sicut quaedam virtus particularis ad universalem. unde sicut virtus ignis, quantumcumque crescat, non potest adaequari virtuti solis; ita gratia alterius hominis, quantumcumque crescat, non potest adaequari gratiae christi.

010 ST4 qu7 ar12

ag1 ‘ Ad duodecimum sic proceditur. videtur quod gratia christi potuerit augeri. omni enim finito potest fieri additio. sed gratia christi finita fuit, * ut dictum est. ‘ ergo potuit augeri.
ag2 ‘ Praeterea, augmentum gratiae fit per virtutem divinam, * secundum illud ii cor. ix, ° potens est deus omnem gratiam abundare facere in vobis. ‘ sed virtus divina, cum sit infinita, nullo termino coarctatur. ergo videtur quod gratia christi potuerit esse maior.
ag3 * Praeterea, luc. ii dicitur quod ° puer iesus profi-

ciebat aetate, sapientia et gratia apud deum et homines. ‘ergo gratia christi potuit augeri.
sc * Sed contra est quod dicitur ioan. i, ° vidimus eum, quasi unigenitum a patre, plenum gratiae et veritatis. ‘sed nihil potest esse aut intelligi maius quam quod aliquis sit unigenitus a patre. ergo non potest esse, vel etiam intelligi, maior gratia quam illa qua christus fuit plenus.
co ‘ Respondeo dicendum quod aliquam formam non posse augeri contingit dupliciter, uno modo, ex parte ipsius subiecti; alio modo, ex parte illius formae. ex parte quidem subiecti, quando subiectum attingit ad ultimum in participatione ipsius formae secundum suum modum sicut si dicatur quod aer non potest crescere in caliditate, quando pertingit ad ultimum gradum caloris qui potest salvari in natura aeris; licet possit esse maior calor in rerum natura, qui est calor ignis. ex parte autem formae excluditur possibilitas augmenti quando aliquod subiectum attingit ad ultimam perfectionem qua potest talis forma haberi, sicut si dicamus quod calor ignis non potest augeri, quia non potest esse perfectior gradus caloris quam ille ad quem pertingit ignis. sicut autem aliarum formarum est ex divina sapientia determinata propria mensura, ita et gratiae, * secundum illud sap. xi, ° omnia in numero, pondere et mensura disposuisti. ‘ mensura autem unicuique formae praefigitur per comparationem ad suum finem, sicut non est maior gravitas quam gravitas terrae, quia non potest esse inferior locus loco terrae. finis autem gratiae est unio creaturae rationalis ad deum. non potest autem esse, nec intelligi, maior unio creaturae rationalis ad deum quam quae est in persona. et ideo gratia christi pertingit usque ad summam mensuram gratiae. sic ergo manifestum est quod gratia christi non potuit augeri ex parte ipsius gratiae. sed neque ex |25| parte ipsius subiecti. quia christus, secundum quod homo, a primo instanti suae conceptionis fuit verus et plenus comprehensor. unde in eo non potuit esse gratiae augmentum, sicut nec in aliis beatis, quorum gratia augeri non potest, eo quod sunt in termino. hominum vero qui sunt pure viatores, gratia potest augeri et ex parte formae, quia non attingunt summum gratiae gradum, et ex parte subiecti, quia nondum pervenerunt ad terminum.
ra1 ‘ Ad primum ergo dicendum quod, si loquamur de quantitatibus mathematicae, cuilibet finitae quantitati potest fieri additio, quia ex parte quantitatis finitae non est aliquid quod repugnet additioni. si vero loquamur de quantitate naturali, sic potest esse repugnantia ex parte formae, cui debetur determinata quantitas, sicut et alia accidentia determinata. * unde philosophus dicit ii de anima, quod ° omnium natura constantium est terminus et ratio magnitudinis et augmenti. ‘ et inde est quod quantitati totius caeli non potest fieri additio. multo igitur magis in ipsis formis consideratur aliquis terminus, ultra quem non transgrediuntur. et propter hoc, non oportuit quod gratiae christi posset fieri additio, quamvis sit finita secundum sui essentiam.
ra2 ‘ Ad secundum dicendum quod, licet virtus divina posset facere aliquid maius et melius quam sit habitualis gratia christi, non tamen posset facere quod ordinaretur ad aliquid maius quam sit unio personalis ad filium unigenitum a patre, cui unioni sufficienter correspondet talis mensura gratiae secundum definitionem divinae sapientiae.
ra3 “ Ad tertium dicendum quod in sapientia et gratia aliquis potest proficere dupliciter. uno modo, secundum ipsos habitus sapientiae et gratiae augmentatos. et sic christus in eis non proficiebat. alio modo, secundum effectus, inquantum scilicet aliquis sapientiora et virtuosiora opera facit. et sic christus proficiebat sapientia et gratia, sicut et aetate, quia secundum processum aetatis perfectiora opera faciebat, ut se verum hominem demonstraret, et in his quae sunt ad deum et in his quae sunt ad homines.

010 ST4 qu7 ar13

ag1 ‘ Ad decimumtertium sic proceditur. videtur quod gratia habitualis in christo non subsequatur unionem. idem enim non sequitur ad seipsum. sed haec gratia habitualis videtur eadem esse cum gratia unionis, * dicit enim augustinus, in libro de praedest. sanctorum, ° ea gratia fit ab initio fidei suae homo quicumque christianus, qua gratia homo ille ab initio suo factus est christus; “ quorum duorum primum pertinet ad gratiam habitualem, secundum ad gratiam unionis. ‘ergo videtur quod gratia habitualis non subsequatur unionem.
ag2 ‘ Praeterea, dispositio praecedit perfectionem tempore, vel saltem intellectu. sed gratia habitualis videtur esse sicut quaedam dispositio humanae naturae ad unionem personalem. ergo videtur quod gratia habitualis non subsequatur unionem, sed magis praecedat.
ag3 ‘ Praeterea, commune est prius proprio. sed gratia habitualis est communis christo et aliis hominibus, gratia autem unionis est propria christo. ergo prior est, secundum intellectum, gratia habitualis quam ipsa unio. non ergo sequitur eam.
sc * Sed contra est quod dicitur isaiae xlii, ° ecce servus meus, suscipiam eum, * et postea sequitur, ° dedi spiritum meum super eum, “ quod quidem ad donum gratiae habitualis pertinet. ‘ unde relinquitur quod susceptio naturae humanae in unione personae praecedat gratiam habitualem in christo.
co ‘ Respondeo dicendum quod unio humanae naturae ad divinam personam, * quam supra diximus esse ipsam gratiam unionis, ‘ praecedit gratiam habitualem in christo, non ordine temporis, sed naturae et intellectus. et hoc triplici ratione. primo quidem, secundum ordinem principiorum utriusque. principium enim unionis est persona filii assumens humanam naturam, “ quae secundum hoc dicitur missa esse in mundum quod humanam naturam assumpsit. ‘ principium autem gratiae habitualis, quae cum caritate datur, est spiritus sanctus, qui “ secundum hoc dicitur mitti quod per caritatem mentem inhabitat. ‘ missio autem filii, secundum ordinem naturae, prior est missione spiritus sancti, sicut ordine naturae spiritus sanctus procedit a filio et a patre dilectio. unde et unio personalis, secundum quam intelligitur missio filii, est prior, ordine naturae, gratia habituali, secundum quam intelligitur missio spiritus sancti. secundo, accipitur ratio huius ordinis ex habitudine gratiae ad suam causam. gratia enim causatur in homine ex praesentia divinitatis, sicut lumen in aere ex praesentia solis, * unde dicitur ezech. xliii, ° gloria dei israel ingrediebatur per viam orientalem, et terra splendebat a maiestate eius. ‘ praesentia autem dei in christo intelligitur secundum unionem humanae naturae ad divinam personam. unde gratia habitualis |25| christi intelligitur ut consequens hanc unionem, sicut splendor solem. tertia ratio huius ordinis assumi potest ex fine gratiae. ordinatur enim ad bene agendum. “ actiones autem sunt suppositorum et individuorum. ‘ unde actio, et per consequens gratia ad ipsam ordinans, praesupponit hypostasim operantem. hypostasis autem non praesupponitur in humana natura ante unionem, * ut ex supra dictis patet. ‘ et ideo gratia unionis, secundum intellectum, praecedit gratiam habitualem.
ra1 * Ad primum ergo dicendum quod augustinus ibi gratiam nominat “ gratuitam dei voluntatem gratis beneficia largientem. et propter hoc eadem gratia dicit hominem quemcumque fieri christianum qua gratia factus est christus homo, quia utrumque gratuita dei voluntate, absque meritis, factum est.
ra2 ‘ Ad secundum dicendum quod, sicut dispositio in via generationis praecedit perfectionem ad quam disposuit in his quae successive perficiuntur, ita naturaliter perfectionem sequitur quam aliquis iam consecutus est, sicut calor, qui fuit dispositio ad formam ignis, est effectus profluens a forma ignis iam praeexistentis. humana autem natura in christo unita est personae verbi a principio absque successione. unde gratia habitualis non intelligitur ut praecedens unionem, sed ut consequens eam, sicut quaedam proprietas naturalis. * unde et augustinus dicit, in enchirid., quod ° gratia est quodammodo christo homini naturalis.
ra3 ‘ Ad tertium dicendum quod commune est prius proprio si utrumque sit unius generis, sed in his quae sunt diversorum generum, nihil prohibet proprium prius esse communi. gratia autem unionis non est in genere gratiae habitualis, sed est super omne genus, sicut et ipsa divina persona. unde hoc proprium nihil prohibet esse prius communi, quia non se habet per additionem ad commune, sed potius est principium et origo eius quod commune est.

010 ST4 qu8 ar

pr ‘ Deinde considerandum est de gratia christi secundum quod est caput ecclesiae. et circa hoc quaeruntur octo. primo, utrum christus sit caput ecclesiae. secundo, utrum sit caput hominum quantum ad corpus, vel solum quantum ad animas. tertio, utrum sit caput omnium hominum. quarto, utrum sit caput angelorum. quinto, utrum gratia secundum quam est caput ecclesiae, sit eadem cum habituali eius secundum quod est quidam homo singularis. sexto, utrum esse caput ecclesiae sit proprium christo. septimo, utrum diabolus sit caput omnium malorum. octavo, utrum antichristus etiam possit dici caput omnium malorum.

010 ST4 qu8 ar1

ag1 ‘ Ad primum sic proceditur. videtur quod christo, secundum quod est homo, non competat esse caput ecclesiae. caput enim influit sensum et motum in membra. sensus autem et motus spiritualis, qui est per gratiam, non influitur nobis a christo homine, * quia, sicut dicit augustinus, in xv de trin., “ nec etiam christus, secundum quod est homo, dat spiritum sanctum, sed solum inquantum est deus. ‘ ergo ei, secundum quod est homo, non competit esse caput ecclesiae.
ag2 ‘ Praeterea, capitis non videtur esse aliud caput. “ sed christi, secundum quod est homo, caput est deus, * secundum illud i cor. xi, ° caput christi deus. ‘ ergo ipse christus non est caput.
ag3 ‘ Praeterea, caput in homine est quoddam particulare membrum influentiam recipiens a corde. sed christus est universale principium totius ecclesiae. ergo non est ecclesiae caput.
sc * Sed contra est quod dicitur ephes. i, ° ipsum dedit caput super omnem ecclesiam.
co “ Respondeo dicendum quod, sicut tota ecclesia dicitur unum corpus mysticum per similitudinem ad naturale corpus hominis, quod secundum diversa membra habet diversos actus, * ut apostolus docet, rom. xii et i cor. xii; ‘ ita christus dicitur caput ecclesiae secundum similitudinem humani capitis. in quo tria possumus considerare, scilicet ordinem, perfectionem et virtutem. ordinem, quia caput est prima pars hominis, incipiendo a superiori. et inde est quod omne principium consuevit vocari caput, * secundum illud ierem. iii, ° ad omne caput viae posuisti lupanar tibi. ‘ perfectionem autem, quia in capite vigent omnes sensus et interiores et exteriores, cum in ceteris membris sit solus tactus. * et inde est quod dicitur isaiae ix, ° senex et honorabilis ipse est caput. ‘ virtutem vero, quia virtus et motus ceterorum membrorum, et gubernatio eorum in suis actibus, est a capite, propter vim sensitivam et motivam ibi dominantem. unde et rector dicitur caput populi, * secundum illud i reg. xv, ° cum esses parvulus in oculis tuis, caput in tribubus israel factus es. ‘ haec autem tria competunt christo spiritualiter. primo enim, |25| secundum propinquitatem ad deum gratia eius altior et prior est, etsi non tempore, quia omnes alii acceperunt gratiam per respectum ad gratiam ipsius, * secundum illud rom. viii, ° quos praescivit, hos et praedestinavit conformes fieri imaginis filii sui, ut sit ipse primogenitus in multis fratribus. ‘ secundo vero, perfectionem habet quantum ad plenitudinem omnium gratiarum, * secundum illud ioan. i, ° vidimus eum plenum gratiae et veritatis, * ut supra ostensum est. ‘ tertio, virtutem habuit influendi gratiam in omnia membra ecclesiae, * secundum illud ioan. i, ° de plenitudine eius omnes accepimus. ‘ et sic patet quod convenienter dicitur christus caput ecclesiae.
ra1 ‘ Ad primum ergo dicendum quod dare gratiam aut spiritum sanctum convenit christo secundum quod deus, auctoritative, sed instrumentaliter ei convenit secundum quod est homo, “ inquantum scilicet eius humanitas fuit ° instrumentum divinitatis eius. ‘ et ita actiones ipsius ex virtute divinitatis fuerunt nobis salutiferae, utpote gratiam in nobis causantes, et per meritum et per efficientiam quandam. * augustinus autem “ negat christum, secundum quod est homo, dare spiritum sanctum per auctoritatem. ‘ instrumentaliter autem, sive ministerialiter, etiam alii sancti dicuntur dare spiritum sanctum, * secundum illud galat. iii, ° qui tribuit vobis spiritum sanctum, etc..
ra2 ‘ Ad secundum dicendum quod in metaphoricis locutionibus non oportet attendi similitudinem quantum ad omnia, sic enim non esset similitudo, sed rei veritas. capitis igitur naturalis non est caput aliud, quia corpus humanum non est pars alterius corporis. sed corpus similitudinarie dictum, idest aliqua multitudo ordinata est pars alterius multitudinis, sicut multitudo domestica est pars multitudinis civilis. et ideo paterfamilias, qui est caput multitudinis domesticae, habet super se caput rectorem civitatis. “ et per hunc modum nihil prohibet caput christi esse deum, cum tamen ipse sit caput ecclesiae.
ra3 ‘ Ad tertium dicendum quod caput habet manifestam eminentiam respectu exteriorum membrorum, sed cor habet quandam influentiam occultam. et ideo cordi comparatur spiritus sanctus, qui invisibiliter ecclesiam vivificat et unit, capiti comparatur christus, secundum visibilem naturam, qua homo hominibus praefertur

010 ST4 qu8 ar2

ag1 ‘ Ad secundum sic proceditur. videtur quod christus non sit caput hominum quantum ad corpora. christus enim dicitur caput ecclesiae inquantum influit spiritualem sensum et motum gratiae in ecclesiam. sed huius spiritualis sensus et motus capax non est corpus. ergo non est caput hominum secundum corpora.
ag2 ‘ Praeterea, secundum corpora communicamus cum brutis. si ergo christus esset caput hominum quantum ad corpora, sequeretur quod etiam esset caput brutorum animalium. quod est inconveniens.
ag3 “ Praeterea, christus corpus suum ab aliis hominibus traxit, * ut patet matth. i et luc. iii. ‘ sed caput est primum inter cetera membra, * ut dictum est. ‘ ergo christus non est caput ecclesiae quantum ad corpora.
sc * Sed contra est quod dicitur philipp. iii, ° reformabit corpus humilitatis nostrae, configuratum corpori claritatis suae.
co ‘ Respondeo dicendum quod corpus humanum habet naturalem ordinem ad animam rationalem, quae est propria forma eius et motor. et inquantum quidem est forma eius, recipit ab anima vitam et ceteras proprietates convenientes humano corpori secundum suam speciem. inquantum vero anima est motor corporis, corpus instrumentaliter servit animae. sic ergo dicendum quod habet vim influendi christi humanitas inquantum est coniuncta dei verbo, cui corpus unitur per animam, * ut supra dictum est. ‘ unde tota christi humanitas, secundum scilicet animam et corpus, influit in homines et quantum ad animam et quantum ad corpus, sed principaliter quantum ad animam; secundario quantum ad corpus. “ uno modo, inquantum membra corporis exhibentur arma iustitiae in anima existenti per christum, * ut apostolus dicit, rom. vi. “ alio modo, inquantum vita gloriae ab anima derivatur ad corpus, * secundum illud

rom. viii, ° qui suscitavit iesum a mortuis, vivificabit et mortalia corpora vestra, propter inhabitantem spiritum eius in vobis.

ra1 ' Ad primum ergo dicendum quod sensus spiritualis gratiae non pervenit quidem ad corpus primo et principaliter, sed secundario et instrumentaliter, * ut dictum est.

ra2 ' Ad secundum dicendum quod corpus animalis bruti nullam habitudinem habet ad animam rationalem, sicut habet corpus humanum. et ideo non est simile.

ra3 ' Ad tertium dicendum quod, licet christus traxerit materiam corporis ab aliis hominibus, " vitam tamen immortalem corporis omnes homines trahunt ab ipso, * secundum illud i cor. xv, ° sicut in adam omnes moriuntur, ita in christo omnes vivificabuntur.

010 ST4 qu8 ar3

ag1 ' Ad tertium sic proceditur. videtur quod christus non sit caput omnium hominum. caput enim non habet relationem nisi ad membra sui corporis. infideles autem nullo modo sunt membra ecclesiae, ° quae est corpus christi, * ut dicitur ephes. i. ' ergo christus non est caput omnium hominum.

ag2 * Praeterea, apostolus dicit, ephes. v, quod ° christus tradidit semetipsum pro ecclesia, ut ipse sibi exhiberet ecclesiam gloriosam, non habentem maculam aut rugam aut aliquid huiusmodi. ' sed multi sunt, etiam fideles, in quibus invenitur macula aut ruga peccati. ergo nec erit omnium fidelium christus caput.

ag3 " Praeterea, sacramenta veteris legis comparantur ad christum sicut umbra ad corpus, * ut dicitur coloss. ii. " sed patres veteris testamenti sacramentis illis suo tempore serviebant, * secundum illud heb. viii, ° exemplari et umbrae deserviunt caelestium. ' non ergo pertinebant ad corpus christi. et ita christus non est caput omnium hominum.

sc * Sed contra est quod dicitur i tim. iv, ° salvator omnium est, et maxime fidelium. * et i ioan. ii, ° ipse est propitiatio pro peccatis nostris, non autem pro nostris tantum, sed etiam pro totius mundi. " salvare autem homines, aut propitiatorem esse pro peccatis eorum, competit christo secundum quod est caput. ' ergo christus est caput omnium hominum.

co ' Respondeo dicendum quod haec est differentia inter corpus hominis naturale et corpus ecclesiae mysticum, quod membra corporis naturalis sunt omnia simul, membra autem corporis mystici non sunt omnia simul, neque quantum ad esse naturae, quia corpus ecclesiae constituitur ex hominibus qui fuerunt a principio mundi usque ad finem ipsius; neque etiam quantum ad esse gratiae, quia eorum etiam qui sunt in uno tempore, quidam gratia carent postmodum habituri, aliis eam iam habentibus. sic igitur membra corporis mystici non solum accipiuntur secundum quod sunt in actu, sed etiam secundum quod sunt in potentia. quaedam tamen sunt in potentia quae nunquam reducuntur ad actum, quaedam vero quae quandoque reducuntur ad actum, secundum hunc triplicem gradum, quorum unus est per fidem, secundus per caritatem viae, tertius per fruitionem patriae. sic ergo dicendum est quod, accipiendo generaliter secundum totum tempus mundi, christus est caput omnium hominum, sed secundum diversos gradus. primo enim et principaliter est caput eorum qui actu uniuntur sibi per gloriam. secundo, eorum qui actu uniuntur sibi per caritatem. tertio, eorum qui actu uniuntur sibi per fidem. quarto vero, eorum qui sibi uniuntur solum potentia nondum ad actum reducta, quae tamen est ad actum reducenda, secundum divinam praedestinationem. quinto vero, eorum qui in potentia sibi sunt uniti quae nunquam reducetur ad actum, sicut homines in hoc mundo viventes qui non sunt praedestinati. qui tamen, ex hoc |25| mundo recedentes, totaliter desinunt esse membra christi, quia iam nec sunt in potentia ut christo uniantur.

ra1 ' Ad primum ergo dicendum quod illi qui sunt infideles, etsi actu non sint de ecclesia, sunt tamen in potentia. quae quidem potentia in duobus fundatur, primo quidem et principaliter, in virtute christi, quae sufficiens est ad salutem totius humani generis; secundario, in arbitrii libertate.

ra2 " Ad secundum dicendum quod esse ecclesiam gloriosam, non habentem maculam neque rugam, est ultimus finis, ad quem perducimur per passionem christi. unde hoc erit in statu patriae, non autem in statu viae, in quo, ° si dixerimus quia peccatum non habemus, nosmetipsos seducimus, * ut dicitur i ioan. i. ' sunt tamen quaedam, scilicet mortalia, quibus carent illi qui sunt membra christi per actualem unionem caritatis. qui vero his peccatis subduntur, non sunt membra christi actualiter, sed potentialiter, nisi forte imperfecte, per fidem informem, quae unit christo secundum quid et non simpliciter ut scilicet per christum homo assequatur vitam gratiae; ° fides enim sine operibus mortua est, * ut dicitur iac. ii. ' percipiunt tamen tales a christo quendam actum vitae, qui est credere, sicut si membrum mortificatum moveatur aliqualiter ab homine.

ra3 ' Ad tertium dicendum quod sancti patres non insistebant sacramentis legalibus tanquam quibusdam rebus, sed sicut imaginibus et umbris futurorum. idem autem est motus in imaginem, inquantum est imago, et in rem, * ut patet per philosophum, in libro de memoria et reminiscentia. ' et ideo antiqui patres, servando legalia sacramenta, ferebantur in christum per fidem et dilectionem eandem qua et nos in ipsum ferimur. et ita patres antiqui pertinebant ad idem corpus ecclesiae ad quod nos pertinemus.

010 ST4 qu8 ar4

ag1 ' Ad quartum sic proceditur. videtur quod christus, secundum quod homo, non sit caput angelorum. caput enim et membra sunt unius naturae. " sed christus, secundum quod homo, non est conformis in natura cum angelis, sed solum cum hominibus, * quia, ut dicitur heb. ii, ° nusquam angelos apprehendit, sed semen abrahae apprehendit. ' ergo christus, secundum quod homo, non est caput angelorum.

ag2 ' Praeterea, illorum christus est caput qui pertinent ad ecclesiam, ° quae est corpus eius, * ut dicitur ephes. i. ' sed angeli non pertinent ad ecclesiam, nam ecclesia est congregatio fidelium; fides autem non est in angelis; " non enim ambulant per fidem, sed per speciem, alioquin peregrinarentur a domino, * secundum quod apostolus argumentatur, ii cor. v. ' ergo christus, secundum quod homo, non est caput angelorum.

ag3 * Praeterea, augustinus dicit, super ioan., quod " sicut verbum quod erat a principio apud patrem, vivificat animas, ita verbum caro factum vivificat corpora, quibus angeli carent. ' sed verbum caro factum est christus secundum quod homo. ergo christus, secundum quod homo, non influit vitam angelis. et ita, secundum quod homo, non est caput angelorum.

sc * Sed contra est quod apostolus dicit, coloss. ii, ° qui est caput omnis principatus et potestatis. ' et eadem ratio est de angelis aliorum ordinum. ergo christus est caput angelorum.

co * Respondeo dicendum quod, sicut dictum est, ' ubi est unum corpus, necesse est ponere unum caput. unum autem corpus similitudinarie dicitur una multitudo ordinata in unum secundum distinctos actus sive officia. manifestum est autem quod ad unum finem, qui est gloria divinae fruitionis, ordinantur et homines et angeli. unde corpus ecclesiae mysticum non solum consistit ex hominibus, sed etiam ex angelis. totius autem huius multitudinis christus est caput, quia propinquius se habet ad deum, et perfectius participat dona ipsius, non solum quam homines, sed etiam quam angeli; et de eius influentia non solum homines recipiunt, sed etiam angeli. * dicitur enim ephes. i, quod " constituit eum, scilicet christum deus pater, ° ad dexteram suam in caelestibus, supra omnem principatum et potestatem et virtutem et dominationem, et omne nomen quod nominatur non solum in hoc saeculo, sed etiam in futuro, et omnia subiecit sub pedibus eius. ' et ideo christus non solum est caput hominum, sed etiam angelorum. * unde matth. iv legitur quod ° accesserunt angeli et ministrabant ei.

ra1 ' Ad primum ergo dicendum quod influentia christi super omnes homines principaliter quidem est quantum ad animas, secundum quas homines conveniunt cum angelis in natura generis, licet non in natura speciei. et huius conformitatis ratione christus potest dici caput angelorum, licet deficiat conformitas quantum ad corpora.

ra2 ' Ad secundum dicendum quod ecclesia secundum statum viae est congregatio fidelium, sed secundum statum patriae est congregatio comprehendentium. christus autem non solum fuit viator, sed etiam comprehensor. et ideo non solum fidelium, sed etiam comprehendentium est caput, utpote plenissime habens gratiam et gloriam.

ra3 * Ad tertium dicendum quod augustinus ibi loquitur " secundum quandam assimilationem causae ad effectum, prout scilicet res corporalis agit in corpora, et res spiritualis in res spirituales. ' tamen humanitas christi, ex virtute spiritualis naturae, scilicet divinae, potest aliquid causare non solum in spiritibus hominum, sed etiam in spiritibus angelorum, propter maximam coniunctionem eius ad deum, scilicet secundum unionem personalem.

010 ST4 qu8 ar5

ag1 ' Ad quintum sic proceditur. videtur quod non sit eadem gratia qua christus est caput ecclesiae, cum gratia singulari illius hominis. * dicit enim apostolus, rom. v, ° si unius delicto multi mortui sunt, multo magis gratia dei et donum in gratia unius hominis iesu christi in plures abundavit. ' sed aliud est peccatum actuale ipsius adae, et aliud peccatum originale, quod traduxit in posteros. ergo alia est gratia personalis, quae est propria ipsius christi, et alia est gratia eius inquantum est caput ecclesiae, quae ab ipso ad alios derivatur.

ag2 ' Praeterea, habitus distinguuntur secundum actus. sed ad alium actum ordinatur in christo gratia eius personalis, scilicet ad sanctificationem illius animae, et ad alium actum ordinatur gratia capitis, scilicet ad sanctificandum alios. ergo alia est gratia personalis ipsius christi, et alia est gratia eius inquantum est caput ecclesiae.

ag3 * Praeterea, sicut supra dictum est, ' in christo distinguitur triplex gratia, scilicet gratia unionis, gratia capitis, et gratia singularis illius hominis. sed gratia singularis christi est alia a gratia unionis. ergo est etiam alia a gratia capitis.

sc * Sed contra est quod dicitur ioan. i, ° de plenitudine eius omnes accepimus. ' secundum hoc autem est caput nostrum, quod ab eo accipimus. ergo secundum hoc quod habet plenitudinem gratiae, est caput nostrum. plenitudinem autem gratiae habuit secundum quod perfecte fuit in illo gratia personalis, * ut supra dictum est. ' ergo secundum gratiam personalem est caput nostrum. et ita non est alia gratia capitis, et alia gratia personalis.

co " Respondeo dicendum quod unumquodque agit inquantum est ens actu. ' oportet autem quod sit idem actu quo aliquid est actu, et quo agit, et sic idem est calor quo ignis est calidus, et quo calefacit. non tamen omnis actus quo aliquid est actu, sufficit ad hoc quod sit principium agendi in alia, cum enim ° agens sit praestantius patiente, * ut augustinus dicit, xii super gen. ad litt., et philosophus, in iii de anima, " oportet quod agens in alia habeat actum secundum eminentiam quandam. * dictum est autem supra quod ' in anima christi recepta est gratia secundum maximam eminentiam. et ideo ex eminentia gratiae quam accepit, competit sibi quod gratia illa ad alios derivetur. quod pertinet ad rationem capitis. et ideo eadem est secundum essentiam gratia personalis qua anima christi est iustificata, et gratia eius secundum quam est caput ecclesiae iustificans alios, differt tamen secundum rationem.

ra1 ' Ad primum ergo dicendum quod peccatum originale in adam, quod est peccatum naturae, derivatum est a peccato actuali ipsius, quod est peccatum personale, quia in eo persona corrupit naturam; qua corruptione mediante, peccatum primi hominis derivatur ad posteros, secundum quod natura corrupta corrumpit personam. sed gratia non derivatur a christo in nos mediante natura humana, sed per solam personalem actionem ipsius christi. unde non oportet in christo distinguere duplicem gratiam, quarum una respondeat naturae, alia personae, sicut in adam distinguitur peccatum naturae et personae.

ra2 ' Ad secundum dicendum quod diversi actus quorum unus est ratio et causa alterius, non diversificant habitum. actus autem personalis gratiae, qui est sanctum facere formaliter habentem, est ratio iustificationis aliorum, quae pertinet ad gratiam capitis. et inde est quod per huiusmodi differentiam non diversificatur essentia habitus.

ra3 ' Ad tertium dicendum quod gratia personalis et gratia capitis ordinantur ad aliquem actum, gratia autem unionis non ordinatur ad actum, sed ad esse personale. et ideo gratia personalis et gratia capitis conveniunt in essentia habitus, non autem gratia unionis. quamvis gratia personalis possit quodammodo dici gratia unionis, prout facit congruitatem quandam ad unionem. et secundum hoc, una per essentiam est gratia unionis et gratia capitis et gratia singularis personae, sed differens sola ratione.

010 ST4 qu8 ar6

ag1 ' Ad sextum sic proceditur. videtur quod esse caput ecclesiae non sit proprium christo. * dicitur enim i reg. xv, ° cum esses parvulus in oculis tuis, caput in tribubus israel factus es. ' sed una est ecclesia in novo et in veteri testamento. ergo videtur quod, eadem ratione, alius homo praeter christum potest esse caput ecclesiae.

ag2 ' Praeterea, ex hoc christus dicitur caput ecclesiae quod gratiam influit ecclesiae membris. sed etiam ad alios pertinet gratiam aliis praebere, * secundum illud ephes. iv, ° omnis sermo malus ab ore vestro non procedat, sed si quis bonus est ad aedificationem fidei, ut det gratiam audientibus. ' ergo videtur quod etiam alii quam christo competat esse caput ecclesiae.

ag3 ' Praeterea, christus, ex eo quod praeest ecclesiae, non solum dicitur caput, sed etiam pastor et fundamentum ecclesiae. sed non soli sibi christus retinuit nomen pastoris, * secundum illud i pet. v, ° cum apparuerit princeps pastorum, percipietis immarcescibilem gloriae coronam. ' nec etiam nomen fundamenti, * secundum illud apoc. xxi, ° murus civitatis habens fundamenta duodecim. ' ergo videtur quod nec etiam nomen capitis sibi soli retinuerit.

sc * Sed contra est quod dicitur coloss. ii, ° caput ecclesiae est ex quo corpus, per nexus et coniunctiones subministratum et constructum, crescit in augmentum dei. ' sed hoc soli christo convenit. ergo solus christus est caput ecclesiae.

co ' Respondeo dicendum quod caput in alia membra influit dupliciter. uno modo, quodam intrinseco influxu, prout virtus motiva et sensitiva a capite derivatur ad cetera membra. alio modo, secundum exteriorem quandam gubernationem, prout scilicet secundum visum et alios sensus, qui in capite radicantur, dirigitur homo in exterioribus actibus. interior autem effluxus gratiae non est ab aliquo nisi a solo christo, cuius humanitas, ex hoc quod est divinitati adiuncta, habet virtutem iustificandi. sed influxus in membra ecclesiae quantum ad exteriorem gubernationem, potest aliis convenire. et secundum hoc, " aliqui alii possunt dici capita ecclesiae, * secundum illud amos vi, ° optimates capita populorum. ' differenter tamen a christo. primo quidem, quantum ad hoc, quod christus est caput omnium eorum qui ad ecclesiam pertinent secundum omnem locum et tempus et statum, alii autem homines dicuntur capita secundum quaedam specialia loca, sicut episcopi suarum ecclesiarum; vel etiam secundum determinatum tempus, sicut papa est caput totius ecclesiae, scilicet tempore sui pontificatus; et secundum determinatum statum, prout scilicet sunt in statu viatoris. alio modo, secundum quod christus est caput ecclesiae propria virtute et auctoritate, alii vero dicuntur capita inquantum vicem gerunt christi; * secundum illud ii cor. ii, |25| ° nam et ego, quod donavi, si quid donavi, propter vos, in persona christi; * et ii cor. v, ° pro christo legatione fungimur, tanquam deo exhortante per nos.

ra1 “ Ad primum ergo dicendum quod verbum illud intelligitur secundum quod ratio capitis consideratur ex exteriori gubernatione, prout rex dicitur caput regni sui.

ra2 ‘ Ad secundum dicendum quod homo non dat gratiam interius influendo sed exterius persuadendo ad ea quae sunt gratiae.

ra3 * Ad tertium dicendum quod, sicut dicit augustinus, super ioan., ° si praepositi ecclesiae pastores sunt, quomodo unus pastor est, nisi quia sunt illi omnes unius membra pastoris? “ et similiter alii possunt dici fundamenta et capita, inquantum sunt unius capitis et fundamenti membra. * et tamen, sicut augustinus ibidem dicit, ° quod pastor est, dedit membris suis, ostium vero se nemo nostrum dicit; hoc sibi ipse proprium tenuit. ‘ et hoc ideo quia in ostio importatur principalis auctoritas, inquantum ostium est per quod omnes ingrediuntur in domum, et ipse solus christus est ° per quem accessum habemus in gratiam istam in qua stamus. ‘ per alia vero nomina praedicta potest importari auctoritas non solum principalis, sed etiam secundaria.

010 ST4 qu8 ar7

ag1 ‘ Ad septimum sic proceditur. videtur quod diabolus non sit caput malorum. “ ad rationem enim capitis pertinet quod influat sensum et motum in membra, * ut dicit quaedam glossa, ad ephes. i, super illud, ° ipsum dedit caput, ‘ etc.. sed diabolus non habet virtutem influendi malitiam peccati, quod ex voluntate peccantis procedit. ergo diabolus non potest dici caput malorum.

ag2 ‘ Praeterea, per quodlibet peccatum fit homo malus. sed non omnia peccata sunt a diabolo. quod quidem manifestum est de peccatis daemonum, qui non ex persuasione alterius peccaverunt. similiter etiam nec omne peccatum hominis ex diabolo procedit, * dicitur enim in libro de ecclesiasticis dogmatibus, ° non omnes cogitationes nostrae malae semper diaboli instinctu excitantur, sed aliquoties ex motu arbitrii nostri emergunt. ‘ ergo diabolus non est caput omnium malorum.

ag3 ‘ Praeterea, unum caput uni corpori praeficitur. sed tota multitudo malorum non videtur habere aliquid in quo uniantur, quia ° malum malo contingit esse contrarium; “ contingit enim ex diversis defectibus, * ut dionysius dicit, iv cap. de div. nom.. ‘ ergo diabolus non potest dici caput omnium malorum.

sc * Sed contra est quod, super illud iob xviii, ° memoria illius pereat de terra, * dicit glossa, ° de unoquoque iniquo dicitur ut ad caput, idest diabolum, revertatur.

co * Respondeo dicendum quod, sicut supra dictum est, ‘ caput non solum interius influit membris, sed etiam exterius gubernat, eorum actus dirigendo ad aliquem finem. sic igitur potest dici aliquis caput alicuius multitudinis vel secundum utrumque, scilicet secundum interiorem influxum et exteriorem gubernationem, et sic est christus caput ecclesiae, * ut dictum est. ‘ vel secundum solam exteriorem gubernationem, et sic quilibet princeps vel praelatus est caput multitudinis sibi subiectae. et per hunc modum dicitur diabolus caput omnium malorum, * nam, ut dicitur iob xli, ° ipse est rex super omnes filios superbiae. ‘ pertinet autem ad gubernatorem ut eos quos gubernat ad suum finem perducat. finis autem diaboli est aversio rationalis creaturae a deo, unde a principio hominem ab obedientia divini praecepti removere tentavit. ipsa autem aversio a deo habet rationem finis inquantum appetitur sub specie libertatis, * secundum illud ierem. ii, ° a saeculo confregisti iugum, rupisti vincula, dixisti, non serviam. ‘ inquantum igitur ad hunc finem aliqui adducuntur peccando, sub diaboli regimine et gubernatione cadunt. et ex hoc dicitur eorum caput.

ra1 ‘ Ad primum ergo dicendum quod, licet diabolus non influat interius rationali menti, tamen suggerendo inducit ad malum.

ra2 ‘ Ad secundum dicendum quod gubernator non semper suggerit singulis ut eius voluntati obediant, sed proponit omnibus signum suae voluntatis, ad cuius sequelam aliqui excitantur induci, alii sponte propria, sicut patet in duce exercitus, cuius vexillum sequuntur milites etiam nullo persuadente. sic igitur primum peccatum diaboli, ° qui ab initio peccat, * ut dicitur i ioan. iii, ‘ propositum est omnibus ad sequendum, quod quidam imitantur per suggestionem ipsius, quidam propria sponte absque ulla suggestione. et secundum hoc, omnium malorum caput est diabolus, inquantum illum imitantur, * secundum illud sap. ii, ° invidia diaboli mors introivit in orbem terrarum, imitantur autem illum qui sunt ex parte illius.

ra3 ‘ Ad tertium dicendum quod omnia peccata conveniunt in aversione a deo, licet ad invicem differant secundum conversionem ad diversa commutabilia bona.

010 ST4 qu8 ar8

ag1 ‘ Ad octavum sic proceditur. videtur quod antichristus non sit caput malorum. unius enim corporis non sunt diversa capita. sed diabolus est caput multitudinis malorum. non ergo antichristus est eorum caput.

ag2 ‘ Praeterea, antichristus est membrum diaboli. sed caput distinguitur a membris. ergo antichristus non est caput malorum.

ag3 ‘ Praeterea, caput habet influentiam in membra. sed antichristus nullam habet influentiam in malos homines qui eum praecesserunt. ergo antichristus non est caput malorum.

sc * Sed contra est quod iob xxi, super illud, ° interrogate quemlibet de viatoribus, * dicit glossa, ° dum de omnium malorum corpore loqueretur, subito ad omnium iniquorum caput, antichristum, verba convertit.

co * Respondeo dicendum quod, sicut supra dictum est, ‘ in capite naturali tria inveniuntur, scilicet ordo, perfectio et virtus influendi. quantum ergo ad ordinem temporis, non dicitur esse antichristus caput malorum, quasi eius peccatum praecesserit, sicut praecessit peccatum diaboli. similiter etiam non dicitur esse malorum caput propter virtutem influendi. si enim aliquos sui temporis ad malum sit conversurus, exterius inducendo; non tamen illi qui ante eum fuerunt, ab ipso sunt in malitiam inducti, nec eius malitiam sunt imitati. unde secundum hoc non posset dici caput omnium malorum, sed aliquorum. relinquitur igitur quod dicatur caput omnium malorum propter malitiae perfectionem. unde * super illud ii thess. ii, ° ostendens se tanquam sit deus, * dicit glossa, ° sicut in christo omnis plenitudo divinitatis inhabitavit, ita in antichristo plenitudo omnis malitiae, ‘ non quidem ita quod humanitas eius sit assumpta a diabolo in unitate personae, sicut humanitas christi a filio dei; sed quia diabolus malitiam suam eminentius ei influit suggerendo quam omnibus aliis. et secundum hoc, omnes alii mali qui praecesserunt sunt quasi quaedam figura antichristi, * secundum illud ii thess. ii, ° mysterium iam operatur iniquitatis.

ra1 ‘ Ad primum ergo dicendum quod diabolus et antichristus non sunt duo capita, sed unum, quia “ antichristus dicitur esse caput inquantum plenissime invenitur in eo impressa malitia diaboli. * unde super illud ii thess. ii, ° ostendens se tanquam sit deus, * dicit glossa, ° in ipso erit caput omnium malorum, scilicet diabolus, qui est rex super omnes filios superbiae. ‘ non autem dicitur in eo esse per unionem personalem; nec per intrinsecam habitationem, quia ° sola trinitas menti illabitur, * ut dicitur in libro de ecclesiasticis dogmatibus, ‘ sed per malitiae effectum.

ra2 ‘ Ad secundum dicendum quod, sicut caput christi est deus, et tamen ipse est caput ecclesiae, * ut supra dictum est; ‘ ita antichristus est membrum diaboli, et tamen ipse est caput malorum.

ra3 ‘ Ad tertium dicendum quod antichristus non dicitur caput omnium malorum propter similitudinem influentiae, sed propter similitudinem perfectionis. in eo enim diabolus quasi malitiam suam ducet ad caput, per modum quo dicitur aliquis ad caput propositum suum ducere, cum illud perfecerit.

010 ST4 qu9 ar

pr ‘ Deinde considerandum est de scientia christi. circa quam duo consideranda sunt, primo, quam scientiam christus habuerit; secundo, de unaquaque scientiarum ipsius. circa primum quaeruntur quatuor. primo, utrum christus habuerit aliquam scientiam praeter divinam. secundo, utrum habuerit scientiam quam habent beati vel comprehensores. tertio, utrum habuerit scientiam inditam vel infusam. quarto, utrum habuerit aliquam scientiam acquisitam.

010 ST4 qu9 ar1

ag1 ‘ Ad primum sic proceditur. videtur quod in christo non fuerit aliqua scientia praeter divinam. ad hoc enim necessaria est scientia ut per eam aliqua cognoscantur. sed christus per scientiam divinam cognoscebat omnia. superfluum igitur fuisset quod in eo esset quaedam alia scientia.

ag2 ‘ Praeterea, lux minor per maiorem offuscatur. sed omnis scientia creata comparatur ad scientiam dei increatam sicut lux minor ad maiorem. ergo in christo non refulsit alia scientia quam divina.

ag3 ‘ Praeterea, unio humanae naturae ad divinam facta est in persona, * ut ex supra dictis patet. ‘ ponitur autem in christo, * secundum quosdam, ‘ quaedam scientia unionis, per quam scilicet christus ea quae ad mysterium incarnationis pertinent plenius scivit quam aliquis alius. cum ergo unio personalis contineat duas naturas, videtur quod in christo non sint duae scientiae, sed una tantum scientia pertinens ad utramque naturam.

sc * Sed contra est quod ambrosius dicit, in libro de incarnatione, ° deus in carne perfectionem humanae naturae assumpsit, suscepit sensum hominis, sed non sensum carnis inflatum. ‘ sed ad sensum hominis pertinet scientia creata. ergo in eo fuit alia scientia praeter divinam.

co * Respondeo dicendum quod, sicut ex supra dictis patet, ‘ filius dei humanam naturam integram assumpsit, idest, non corpus solum, sed etiam animam; non solum sensitivam, sed etiam rationalem. et ideo oportuit quod haberet scientiam creatam, propter tria. primo quidem, propter animae perfectionem. anima enim, secundum se considerata, est in potentia ad intelligibilia cognoscenda, est enim ° sicut tabula in qua nihil est scriptum; ‘ et tamen possibile est in ea scribi, propter intellectum possibilem, ° in quo est omnia fieri, * ut dicitur in iii de anima. ‘ quod autem est in potentia, est imperfectum nisi reducatur ad actum. non autem fuit conveniens ut filius dei humanam naturam imperfectam assumeret, sed perfectam, utpote qua mediante, totum humanum genus erat ad perfectum reducendum. et ideo oportuit quod anima christi esset perfecta per aliquam scientiam, quae esset proprie perfectio eius. et ideo oportuit in christo esse aliquam scientiam praeter scientiam divinam. alioquin anima christi esset imperfectior omnibus animabus aliorum hominum. secundo quia, “ cum quaelibet res sit propter suam operationem, |25| * ut dicitur in ii de caelo et mundo, ‘ frustra haberet christus animam intellectualem, si non intelligeret secundum illam. quod pertinet ad scientiam creatam. tertio, quia aliqua scientia creata pertinet ad animae humanae naturam, scilicet illa per quam naturaliter cognoscimus prima principia, scientiam enim hic large accipimus pro qualibet cognitione intellectus humani. nihil autem naturalium christo defuit, quia totam humanam naturam suscepit, * ut supra dictum est. * et ideo in sexta synodo damnata est positio negantium “ in christo duas esse scientias, vel duas sapientias.

ra1 ‘ Ad primum ergo dicendum quod christus cognovit omnia per scientiam divinam operatione increata, quae est ipsa dei essentia, “ dei enim intelligere est sua substantia, * ut probatur in xii metaphys.. ‘ unde hic actus non potuit esse animae humanae christi, cum sit alterius naturae. si igitur non fuisset in anima christi alia scientia praeter divinam, nihil cognovisset. et ita frustra fuisset assumpta, cum ° res sit propter suam operationem.

ra2 ‘ Ad secundum dicendum quod, si duo lumina accipiantur eiusdem ordinis, minus offuscatur per maius, sicut lumen solis offuscat lumen candelae, quorum utrumque accipitur in ordine illuminantis. sed si accipiatur maius in ordine illuminantis et minus in ordine illuminati, minus lumen non offuscatur per maius, sed magis augetur, sicut lumen aeris per lumen solis. et hoc modo lumen scientiae non offuscatur, sed clarescit in anima christi per lumen scientiae divinae, quae est ° lux vera illuminans omnem hominem venientem in hunc mundum, * ut dicitur ioan. i.

ra3 ‘ Ad tertium dicendum quod, ex parte unitorum, ponitur scientia in christo et quantum ad naturam divinam et quantum ad humanam, ita quod per unionem, secundum quam est eadem hypostasis dei et hominis, id quod est dei attribuitur homini, et id quod est hominis attribuitur deo, * ut supra dictum est. ‘ sed ex parte ipsius unionis non potest poni in christo aliqua scientia. nam unio illa est ad esse personale, scientia autem non convenit personae nisi ratione alicuius naturae.

010 ST4 qu9 ar2

ag1 ‘ Ad secundum sic proceditur. videtur quod in christo non fuerit scientia beatorum vel comprehensorum. scientia enim beatorum est per participationem divini luminis, * secundum illud psalmi, ° in lumine tuo videbimus lumen. ‘ sed christus non habuit lumen divinum tanquam participatum, sed ipsam divinitatem in se habuit substantialiter manentem, * secundum illud coloss. ii, ° in ipso habitat omnis plenitudo divinitatis corporaliter. ‘ ergo in ipso non fuit scientia beatorum.

ag2 ‘ Praeterea, scientia beatorum eos beatos facit, * secundum illud ioan. xvii, ° haec est vita aeterna, ut cognoscant te, verum deum, et quem misisti, iesum christum. ‘ sed homo ille fuit beatus ex hoc ipso quod fuit deo unitus in persona, * secundum illud psalmi, ° beatus quem elegisti et assumpsisti. ‘ non ergo oportet ponere in ipso scientiam beatorum.

ag3 ‘ Praeterea, duplex scientia homini competit, una secundum suam naturam; alia supra suam naturam. scientia autem beatorum, quae in divina visione consistit, non est secundum naturam hominis, sed supra eius naturam. in christo autem fuit alia supernaturalis scientia multo fortior et altior, scilicet scientia divina. non igitur oportuit in christo esse scientiam beatorum.

sc ‘ Sed contra, scientia beatorum in dei visione vel cognitione consistit. sed ipse plene cognovit deum, etiam secundum quod homo, * secundum illud ioan. viii, ° scio eum, et sermonem eius servo. ‘ ergo in christo fuit scientia beatorum.

co ‘ Respondeo dicendum quod illud quod est in potentia, reducitur in actum per id quod est actu, oportet enim esse calidum id per quod alia calefiunt. homo autem est in potentia ad scientiam beatorum, quae in visione dei consistit, et ad eam ordinatur sicut ad finem, est enim creatura rationalis capax illius beatae cognitionis, inquantum est ad imaginem dei. ad hunc autem finem beatitudinis homines reducuntur per christi humanitatem, * secundum illud heb. ii, ° decebat eum propter quem omnia et per quem omnia, qui multos filios in gloriam adduxerat, auctorem salutis eorum per passionem consummari. ‘ et ideo oportuit quod cognitio ipsa in dei visione consistens excellentissime christo homini conveniret, quia semper causam oportet esse potiorem causato.

ra1 ‘ Ad primum ergo dicendum quod divinitas unita est humanitati christi secundum personam, et non secundum naturam vel essentiam, sed cum unitate personae remanet distinctio naturarum. et ideo anima christi, quae est pars humanae naturae, per aliquod lumen participatum a natura divina perfecta est ad scientiam beatam, qua deus per essentiam videtur.

ra2 ‘ Ad secundum dicendum quod ex ipsa unione homo ille est beatus beatitudine increata, sicut ex unione est deus. sed praeter beatitudinem increatam, oportuit in natura humana christi esse quandam beatitudinem creatam, per quam anima eius in ultimo fine humanae naturae constitueretur.

ra3 ‘ Ad tertium dicendum quod visio seu scientia beata est quodammodo supra naturam animae rationalis, inquantum scilicet propria virtute ad eam pervenire non potest. alio vero modo est secundum naturam ipsius, inquantum scilicet per naturam suam est capax eius, prout scilicet ad imaginem dei facta est, * ut supra dictum est. ‘ sed scientia increata est omnibus modis supra naturam animae humanae.

010 ST4 qu9 ar3

ag1 ‘ Ad tertium sic proceditur. videtur quod in christo non sit alia scientia indita, praeter scientiam beatam. omnis enim alia scientia creata comparatur ad scientiam beatam sicut imperfectum ad perfectum. sed, praesente perfecta cognitione, excluditur cognitio imperfecta, “ sicut manifesta visio faciei excludit aenigmaticam visionem fidei * ut patet i cor. xiii. ‘ cum igitur in christo fuerit scientia beata, * ut dictum est, ‘ videtur quod non potuerit in eo alia esse scientia indita.

ag2 ‘ Praeterea, imperfectior modus cognitionis disponit ad perfectiorem sicut opinio, quae est per syllogismum dialecticum, disponit ad scientiam, quae est per syllogismum demonstrativum. habita autem perfectione, non est ulterius necessaria dispositio, sicut, habito termino, non est necessarius motus. cum igitur cognitio quaecumque alia creata comparetur ad cognitionem beatam sicut imperfectum ad perfectum, et sicut dispositio ad terminum, videtur quod, cum christus habuerit cognitionem beatam, quod non fuerit ei necessarium habere aliam cognitionem.

ag3 ‘ Praeterea, sicut materia corporalis est in potentia ad formam sensibilem, ita intellectus possibilis est in potentia ad formam intelligibilem. sed materia corporalis non potest simul recipere duas formas sensibiles, unam perfectiorem et aliam minus perfectam. ergo nec anima potest simul recipere duplicem scientiam, unam perfectiorem et aliam minus perfectam. et sic idem quod prius.

sc * Sed contra est quod dicitur coloss. ii, quod ° in christo sunt omnes thesauri sapientiae et scientiae absconditi.

co ‘ Respondeo dicendum quod, * sicut dictum est, ‘ decebat quod natura humana assumpta a verbo dei, imperfecta non esset. omne autem quod est in potentia, est imperfectum nisi reducatur ad actum. intellectus autem possibilis humanus est in potentia ad omnia intelligibilia. reducitur autem ad actum per species intelligibiles, quae sunt formae quaedam completivae ipsius, * ut patet ex his quae dicuntur in iii de anima. ‘ et ideo oportet in christo scientiam ponere inditam, inquantum per verbum dei animae christi, sibi personaliter unitae, impressae sunt species intelligibiles ad omnia ad quae est intellectus possibilis in potentia, “ sicut etiam per verbum dei impressae sunt species intelligibiles menti angelicae in principio creationis rerum, * ut patet per augustinum, super gen. ad litt.. “ et ideo, sicut in angelis, * secundum eundem augustinum, “ ponitur duplex cognitio, una scilicet matutina, per quam cognoscunt res in verbo, et alia vespertina, per quam cognoscunt res in propria natura per species sibi inditas; ‘ ita, praeter scientiam divinam increatam, est in christo, secundum eius animam, scientia beata, qua cognoscit verbum et res in verbo; |25| et scientia indita sive infusa, per quam cognoscit res in propria natura per species intelligibiles humanae menti proportionatas.

ra1 ‘ Ad primum ergo dicendum quod visio imperfecta fidei in sui ratione includit oppositum manifestae visionis, eo quod de ratione fidei est ut sit de non visis, * ut in secunda parte habitum est. ‘ sed cognitio quae est per species inditas, non includit aliquid oppositum cognitionis beatae. et ideo non est eadem ratio utrobique.

ra2 ‘ Ad secundum dicendum quod dispositio se habet ad perfectionem dupliciter, uno modo, sicut via ducens in perfectionem; alio modo, sicut effectus a perfectione procedens. per calorem enim disponitur materia ad suscipiendum formam ignis, qua tamen adveniente, calor non cessat, sed remanet quasi quidam effectus talis formae. et similiter opinio, ex syllogismo dialectico causata, est via ad scientiam, quae per demonstrationem acquiritur, qua tamen acquisita, potest remanere cognitio quae est per syllogismum dialecticum, quasi consequens scientiam demonstrativam quae est per causam; quia ille qui cognoscit causam, ex hoc etiam magis potest cognoscere signa probabilia, ex quibus procedit dialecticus syllogismus. et similiter in christo simul cum scientia beatitudinis manet scientia indita, non quasi via ad beatitudinem, sed quasi per beatitudinem confirmata.

ra3 ‘ Ad tertium dicendum quod cognitio beata non fit per speciem quae sit similitudo divinae essentiae, vel eorum quae in divina essentia cognoscuntur, * ut patet ex his quae in prima parte dicta sunt, ‘ sed talis cognitio est ipsius divinae essentiae immediate, per hoc quod ipsa essentia divina unitur menti beatae sicut intelligibile intelligenti. quae quidem essentia divina est forma excedens proportionem cuiuslibet creaturae. unde nihil prohibet quin, cum hac forma superexcedente, simul insint rationali menti species intelligibiles proportionatae suae naturae.

010 ST4 qu9 ar4

ag1 ‘ Ad quartum sic proceditur. videtur quod in christo non fuerit aliqua scientia experimentalis acquisita. quidquid enim christo conveniens fuit, excellentissime habuit. sed christus non habuit excellentissime scientiam acquisitam, non enim institit studio litterarum, quo perfectissime scientia acquiritur; * dicitur enim ioan. vii, ° mirabantur iudaei, dicentes, quomodo hic litteras scit, cum non didicerit? ‘ ergo videtur quod in christo non fuerit aliqua scientia acquisita.

ag2 ‘ Praeterea, ei quod est plenum, non potest aliquid superaddi. sed potentia animae christi fuit impleta per species intelligibiles divinitus inditas, * ut dictum est. ‘ non ergo potuerunt supervenire eius animae aliquae species acquisitae.

ag3 ‘ Praeterea, in eo qui iam habitum scientiae habet, per ea quae a sensu accipit, non acquiritur novus habitus, quia sic duae formae eiusdem speciei simul essent in eodem, sed habitus qui prius inerat, confirmatur et augetur. cum ergo christus habuerit habitum scientiae inditae, non videtur quod per ea quae sensu percepit, aliquam aliam scientiam acquisierit.

sc * Sed contra est quod heb. v dicitur, ° cum esset filius dei, didicit ex his quae passus est, obedientiam, * glossa, ° idest, expertus est. ‘ fuit ergo in christo aliqua experimentalis scientia, quae est scientia acquisita.

co * Respondeo dicendum quod, sicut ex supra dictis patet, “ nihil eorum quae deus in nostra natura plantavit, defuit humanae naturae assumptae a verbo dei. manifestum est autem quod in humana natura deus plantavit ‘ non solum intellectum possibilem, sed etiam intellectum agentem. unde necesse est dicere quod in anima christi non solum intellectus possibilis, sed etiam intellectus agens fuerit. si autem in aliis ° deus et natura nihil frustra fecerunt, * ut philosophus dicit, in i de caelo et mundo, ‘ multo minus in anima christi aliquid fuit frustra. frustra autem est quod non habet propriam operationem, cum ° omnis res sit propter suam operationem, * ut dicitur in ii de caelo et mundo. ‘ propria autem operatio intellectus agentis est facere species intelligibiles actu, abstrahendo eas a phantasmatibus, * unde dicitur in iii de anima “ quod intellectus agens est quo est omnia facere. ‘ sic igitur necesse est dicere quod in christo fuerunt aliquae species intelligibiles per actionem intellectus agentis in intellectu possibili eius receptae. quod est esse in ipso scientiam acquisitam, * quam quidam experimentalem nominant. ‘ et ideo, |25| * quamvis aliter alibi scripserim, ‘ dicendum est in christo scientiam acquisitam fuisse. quae proprie est scientia secundum modum humanum, non solum ex parte recipientis subiecti, sed etiam ex parte causae agentis, nam talis scientia ponitur in christo secundum lumen intellectus agentis, quod est humanae naturae connaturale. scientia autem infusa attribuitur animae humanae secundum lumen desuper infusum, qui modus cognoscendi est proportionatus naturae angelicae. scientia vero beata, per quam ipsa dei essentia videtur, est propria et connaturalis soli deo, * ut in prima parte dictum est.

ra1 ‘ Ad primum ergo dicendum quod, cum duplex sit modus acquirendi scientiam, scilicet inveniendo et addiscendo, modus qui est per inventionem est praecipuus, modus autem qui est per disciplinam est secundarius. * unde dicitur in i ethic., ° ille quidem est optimus qui omnia per seipsum intelligit, bonus autem et ille qui bene dicenti obediet. ‘ et ideo christo magis competebat habere scientiam acquisitam per inventionem quam per disciplinam, praesertim cum ipse daretur a deo omnibus in doctorem, * secundum illud ioel ii, ° laetamini in domino deo vestro, quia dedit vobis doctorem iustitiae.

ra2 ‘ Ad secundum dicendum quod humana mens duplicem habet respectum. unum quidem ad superiora. et secundum hunc respectum, anima christi fuit plena per scientiam inditam. alius autem respectus eius est ad inferiora, idest ad phantasmata, quae sunt nata movere mentem humanam per virtutem intellectus agentis. oportuit autem quod etiam secundum hunc respectum anima christi scientia impleretur, non quin prima plenitudo menti humanae sufficeret secundum seipsam; sed oportebat eam perfici etiam secundum comparationem ad phantasmata.

ra3 ‘ Ad tertium dicendum quod alia ratio est de habitu acquisito, et de habitu infuso. nam habitus scientiae acquiritur per comparationem humanae mentis ad phantasmata, unde secundum eandem rationem non potest alius habitus iterato acquiri. sed habitus scientiae infusae est alterius rationis, utpote a superiori descendens in animam, non secundum proportionem phantasmatum. et ideo non est eadem ratio de utroque habitu.

010 ST4 qu10 ar

pr ‘ Deinde considerandum est de qualibet praedictarum scientiarum. sed quia de scientia divina dictum est in prima parte, restat nunc videre de aliis, primo, de scientia beata; secundo, de scientia indita; tertio, de scientia acquisita. sed quia de scientia beata, quae in dei visione consistit, plura dicta sunt in prima parte, ideo hic sola illa videntur dicenda quae pertinent ad animam christi. circa hoc quaeruntur quatuor. primo, utrum anima christi comprehenderit verbum, sive divinam essentiam. secundo, utrum cognoverit omnia in verbo. tertio, utrum anima christi in verbo cognoverit infinita. quarto, utrum videat verbum, vel divinam essentiam, clarius qualibet alia creatura.

010 ST4 qu10 ar1

ag1 ‘ Ad primum sic proceditur. videtur quod anima christi comprehenderit et comprehendat verbum, sive divinam essentiam. * dicit enim isidorus quod ° trinitas sibi soli nota est, et homini assumpto. ‘ igitur homo assumptus communicat cum sancta trinitate in illa notitia sui quae est sanctae trinitatis propria. huiusmodi autem est notitia comprehensionis. ergo anima christi comprehendit divinam essentiam.

ag2 ‘ Praeterea, magis est uniri deo secundum esse personale quam secundum visionem. sed, * sicut damascenus dicit, in iii libro, ° tota divinitas, in una personarum, est unita humanae naturae in christo. ‘ multo igitur magis tota natura divina videtur ab anima christi. et ita videtur quod anima christi comprehendat divinam essentiam.

ag3 ° Praeterea, illud quod convenit filio dei per naturam, convenit filio hominis per gratiam, * ut augustinus dicit, in libro de trinitate. ‘ sed comprehendere divinam essentiam competit filio dei per naturam. ergo filio hominis competit per gratiam. et ita videtur quod anima christi per gratiam verbum comprehendat.

sc * Sed contra est quod augustinus dicit, in libro octogintatrium quaest., ° quod se comprehendit, finitum est sibi. ‘ sed essentia divina non est finita in comparatione ad animam christi, cum in infinitum eam excedat. ergo anima christi non comprehendit verbum.

co * Respondeo dicendum quod, sicut ex supra dictis patet, sic ‘ facta est unio naturarum in persona christi quod tamen proprietas utriusque naturae inconfusa permansit, ita scilicet quod ° increatum mansit increatum, et creatum mansit infra limites creaturae, * sicut damascenus dicit, in iii libro. ‘ est autem impossibile quod aliqua creatura comprehendat divinam essentiam, * sicut in prima parte dictum est, ‘ eo quod infinitum non comprehenditur a finito. et ideo dicendum quod anima christi nullo modo comprehendit divinam essentiam.

ra1 ‘ Ad primum ergo dicendum quod homo assumptus connumeratur divinae trinitati in sui cognitione, non ratione comprehensionis, sed ratione cuiusdam excellentissimae cognitionis prae ceteris creaturis.

ra2 ‘ Ad secundum dicendum quod nec etiam in unione quae est secundum esse personale, natura humana comprehendit verbum dei, sive naturam divinam, quae quamvis tota unita fuerit humanae naturae in una persona filii, non tamen fuit tota virtus divinitatis ab humana natura quasi circumscripta. * unde augustinus dicit, in epistola ad volusianum, ° scire te volo non hoc christianam habere doctrinam, quod ita deus infusus sit carni ut curam gubernandae universitatis vel deseruerit vel amiserit, vel ad illud corpusculum quasi contractam collectamque transtulerit. ‘ et similiter anima christi totam essentiam dei videt, non tamen eam comprehendit, quia non totaliter eam videt, idest, non ita perfecte sicut visibilis est, * ut in prima parte expositum est.

ra3 * Ad tertium dicendum quod verbum illud augustini est intelligendum ‘ de gratia unionis, secundum quam omnia quae dicuntur de filio dei secundum naturam divinam, dicuntur de filio hominis, propter identitatem suppositi. et secundum hoc, vere potest dici quod filius hominis est comprehensor divinae essentiae, non quidem secundum animam, sed secundum divinam naturam. per quem etiam modum potest dici quod filius hominis est creator.

010 ST4 qu10 ar2

ag1 ‘ Ad secundum sic proceditur. videtur quod anima christi in verbo non cognoscat omnia. * dicitur enim marci xiii, ° de die autem illa nemo scit, neque angeli in caelo neque filius, nisi pater. ‘ non igitur omnia scit in verbo.

ag2 ‘ Praeterea, quanto aliquis perfectius cognoscit aliquod principium, tanto plura in illo principio cognoscit. sed deus perfectius videt essentiam suam quam anima christi. ergo plura cognoscit in verbo quam anima christi. non ergo anima christi in verbo cognoscit omnia.

ag3 ‘ Praeterea, quantitas scientiae attenditur secundum quantitatem scibilium. si ergo anima christi sciret in verbo omnia quae scit verbum, sequeretur quod scientia animae christi aequaretur scientiae divinae, creatum videlicet increato. quod est impossibile.

sc * Sed contra est quod, super illud apoc. v, ° dignus est agnus qui occisus est accipere divinitatem et scientiam, * glossa dicit, “ idest, omnium cognitionem.

co ‘ Respondeo dicendum quod, cum quaeritur an christus cognoscat omnia in verbo, dicendum est quod ly omnia potest dupliciter accipi. uno modo, proprie, ut distribuat pro omnibus quae quocumque modo sunt vel erunt vel fuerunt, vel facta vel dicta vel cogitata a quocumque, secundum quodcumque tempus. et sic dicendum est quod anima christi in verbo cognoscit omnia. unusquisque enim intellectus creatus in verbo cognoscit, non quidem omnia simpliciter, sed tanto plura quanto perfectius videt verbum, nulli tamen intellectui beato deest quin cognoscat in verbo omnia quae ad ipsum spectant. ad christum autem, et ad eius dignitatem, spectant quodammodo omnia, “ inquantum ei subiecta sunt omnia. ipse est etiam ° omnium iudex constitutus a deo, quia filius hominis est, * ut dicitur ioan. v. ‘ et ideo anima christi in verbo cognoscit omnia existentia secundum quodcumque tempus, et etiam hominum cogitatus, quorum est iudex, * ita quod de eo dicitur, ioan. ii, ° ipse enim sciebat quid esset in homine; “ quod potest intelligi non solum quantum ad scientiam divinam, sed etiam quantum ad scientiam animae eius quam habet in verbo. ‘ alio modo ly omnia potest accipi magis large, ut extendatur non solum ad omnia quae sunt actu secundum quodcumque tempus, sed etiam ad omnia quaecumque sunt in potentia nunquam reducta ad |25| actum. horum autem quaedam sunt solum in potentia divina. et huiusmodi non omnia cognoscit in verbo anima christi. hoc enim esset comprehendere omnia quae deus potest facere, quod esset comprehendere divinam virtutem, et per consequens divinam essentiam; virtus enim quaelibet cognoscitur per cognitionem eorum in quae potest. quaedam vero sunt non solum in potentia divina, sed etiam in potentia creaturae. et huiusmodi omnia cognoscit anima christi in verbo. comprehendit enim in verbo omnis creaturae essentiam, et per consequens potentiam et virtutem, et omnia quae sunt in potentia creaturae.

ra1 ‘ Ad primum ergo dicendum quod * illud verbum intellexerunt arius et eunomius, “ non quantum ad scientiam animae, quam in christo non ponebant, * ut supra dictum est, “ sed quantum ad divinam cognitionem filii, quem ponebant esse minorem patre quantum ad scientiam. sed istud stare non potest. quia per verbum dei facta sunt omnia, * ut dicitur ioan. i, ‘ et, inter alia, facta sunt etiam per ipsum omnia tempora. nihil autem per ipsum factum est quod ab eo ignoretur. “ dicitur ergo nescire diem et horam iudicii, quia non facit scire, ‘ interrogatus enim ab apostolis super hoc, * act. i, ‘ hoc eis noluit revelare. * sicut e contrario legitur gen. xxii, ° nunc cognovi quod timeas deum, “ idest, nunc cognoscere feci. dicitur autem pater scire, eo quod huiusmodi cognitionem tradidit filio. * unde in hoc ipso quod dicitur, ° nisi pater, “ datur intelligi quod filius cognoscat, non solum quantum ad divinam naturam, |25| sed etiam quantum ad humanam. * quia, ut chrysostomus argumentatur, ° si christo homini datum est ut sciat qualiter oporteat iudicare, quod est maius; multo magis datum est ei scire quod est minus, scilicet tempus iudicii. * origenes tamen hoc exponit “ de christo secundum corpus eius, quod est ecclesia, quae hoc ipsum tempus ignorat. * quidam autem dicunt “ hoc esse intelligendum de filio dei adoptivo, non de naturali.

ra2 ‘ Ad secundum dicendum quod deus perfectius cognoscit suam essentiam quam anima christi, quia eam comprehendit. et ideo cognoscit omnia non solum quae sunt in actu secundum quodcumque tempus, quae dicitur cognoscere scientia visionis; sed etiam omnia quaecumque ipse potest facere, quae dicitur cognoscere per simplicem intelligentiam, * ut in primo habitum est. ‘ scit ergo anima christi omnia quae deus in seipso cognoscit per scientiam visionis, non tamen omnia quae deus in seipso cognoscit per scientiam simplicis intelligentiae. et ita plura scit deus in seipso quam anima christi.

ra3 ‘ Ad tertium dicendum quod quantitas scientiae non solum attenditur secundum numerum scibilium, sed etiam secundum claritatem cognitionis. quamvis igitur scientia animae christi quam habet in verbo, parificetur scientiae visionis quam deus habet in seipso quantum ad numerum scibilium; scientia tamen dei excedit in infinitum, quantum ad claritatem cognitionis, scientiam animae christi. quia lumen increatum divini intellectus in infinitum excedit lumen creatum quodcumque receptum in anima christi, non solum quantum ad modum cognoscendi, sed etiam quantum ad numerum scibilium, * ut dictum est.

010 ST4 qu10 ar3

ag1 ‘ Ad tertium sic proceditur. videtur quod anima christi non possit cognoscere infinita in verbo. quod enim infinitum cognoscatur, repugnat definitioni infiniti, * prout dicitur in iii physic. quod ° infinitum est cuius quantitatem accipientibus semper est aliquid extra accipere. ‘ impossibile autem est definitionem a definito separari, quia hoc esset contradictoria esse simul. ergo impossibile est quod anima christi sciat infinita.

ag2 ‘ Praeterea, infinitorum scientia est infinita. sed scientia animae christi non potest esse infinita, est enim capacitas eius finita, cum sit creatura. non ergo anima christi potest cognoscere infinita.

ag3 ‘ Praeterea, infinito non potest esse aliquid maius. sed plura continentur in scientia divina, absolute loquendo, quam in scientia animae christi, * ut dictum est. ‘ ergo anima christi non cognoscit infinita.

sc ‘ Sed contra, anima christi cognoscit totam suam potentiam, et omnia in quae potest. potest autem in emundationem infinitorum peccatorum, * secundum illud i ioan. ii, ° ipse est propitiatio pro peccatis nostris, non autem pro nostris tantum, sed etiam totius mundi. ‘ ergo anima christi cognoscit infinita.

co “ Respondeo dicendum quod scientia non est nisi entis, eo quod ens et verum convertuntur. ‘ dupliciter autem dicitur aliquid ens, uno modo, simpliciter, quod scilicet est ens actu; alio modo, secundum quid, quod scilicet est ens in potentia. et quia, * ut dicitur in ix metaphys., “ unumquodque cognoscitur secundum quod est actu, non autem secundum quod est in potentia, ‘ scientia primo et principaliter respicit ens actu. secundario autem respicit ens in potentia, quod quidem non secundum seipsum cognoscibile est, sed secundum quod cognoscitur illud in cuius potentia existit. quantum igitur ad primum modum scientiae, anima christi non scit infinita. quia non sunt infinita in actu, etiam si accipiantur omnia quaecumque sunt in actu secundum quodcumque tempus, eo quod status generationis et corruptionis non durat in infinitum; unde est certus numerus non solum eorum quae sunt absque generatione et corruptione, sed etiam generabilium et corruptibilium. quantum vero ad alium modum sciendi, anima christi in verbo scit infinita. scit enim, * ut dictum est, ‘ omnia quae sunt in potentia creaturae. unde, cum in potentia creaturae sint infinita, per hunc modum scit infinita, quasi quadam scientia simplicis intelligentiae, non autem scientia visionis.

ra1 ‘ Ad primum ergo dicendum quod infinitum, * sicut in prima parte dictum est, ‘ dupliciter dicitur. uno modo, secundum rationem formae. et sic dicitur infinitum negative, scilicet id quod est forma vel actus non limitatus per materiam vel subiectum in quo recipiatur. et huiusmodi infinitum, quantum est de se, est maxime cognoscibile, propter perfectionem actus, licet non sit comprehensibile a potentia finita creaturae, sic enim dicitur deus infinitus. et tale infinitum anima christi cognoscit, licet non comprehendat. alio modo dicitur infinitum secundum potentiam materiae. quod quidem dicitur privative, ex hoc scilicet quod non habet formam quam natum est habere. et per hunc modum dicitur infinitum in quantitate. tale autem infinitum ex sui ratione est ignotum, quia “ scilicet est quasi materia cum privatione formae, * ut dicitur in iii physic.; ‘ omnis autem cognitio est per formam vel actum. sic igitur, si huiusmodi infinitum cognosci debeat secundum modum ipsius cogniti, impossibile est quod cognoscatur, “ est enim modus ipsius ut accipiatur pars eius post partem, * ut dicitur in iii physic.. “ et hoc modo verum est quod eius quantitatem accipientibus, scilicet parte accepta post partem, semper est aliquid extra accipere. ‘ sed sicut materialia possunt accipi ab intellectu immaterialiter, |25| et multa unite, ita infinita possunt accipi ab intellectu non per modum infiniti, sed quasi finite, ut sic ea quae sunt in seipsis infinita, sint intellectui cognoscentis finita. et hoc modo anima christi scit infinita, inquantum scilicet scit ea, non discurrendo per singula, sed in aliquo uno; puta in aliqua creatura in cuius potentia praeexistunt infinita; et principaliter in ipso verbo.

ra2 ‘ Ad secundum dicendum quod nihil prohibet aliquid esse infinitum uno modo quod est alio modo finitum, sicut si imaginemur in quantitatibus superficiem quae sit secundum longitudinem infinita secundum latitudinem autem finita. sic igitur, si essent infiniti homines numero, haberent quidem infinita esse secundum aliquid, scilicet secundum multitudinem, secundum tamen rationem essentiae non haberent infinitatem, eo quod omnis essentia esset limitata sub ratione unius speciei. sed illud quod est simpliciter infinitum secundum essentiae rationem, est deus, * ut in prima parte dictum est, “ proprium autem obiectum intellectus est quod quid est, * ut dicitur in iii de anima, ‘ ad quod pertinet ratio speciei. sic igitur anima christi, propter hoc quod habet capacitatem finitam, id quod est simpliciter infinitum secundum essentiam, scilicet deum, attingit quidem, sed non comprehendit, * ut dictum est. ‘ id autem infinitum quod in creaturis est in potentia, potest comprehendi ab anima christi, quia comparatur ad ipsam secundum essentiae rationem, ex qua parte infinitatem non habet. nam etiam intellectus noster intelligit universale, puta naturam generis vel speciei, quod quodammodo habet infinitatem, inquantum potest de infinitis praedicari.

ra3 ‘ Ad tertium dicendum quod id quod est infinitum omnibus modis, non potest esse nisi unum, * unde et philosophus dicit, in i de caelo et mundo, quod “ quia corpus est ad omnem partem dimensionatum, impossibile est plura esse corpora infinita. ‘ si tamen aliquid esset infinitum uno modo tantum, nihil prohiberet esse plura talia infinita, sicut si intelligeremus plures lineas infinitas secundum longitudinem protractas in aliqua superficie finita secundum latitudinem. “ quia igitur infinitum non est substantia quaedam, sed accidit rebus quae dicuntur infinitae, * ut dicitur in iii physic.; ‘ sicut infinitum multiplicatur secundum diversa subiecta, ita necesse est quod proprietas infiniti multiplicetur, ita quod conveniat unicuique eorum secundum illud subiectum. est autem quaedam proprietas infiniti quod infinito non sit aliquid maius. sic igitur, si accipiamus unam lineam infinitam, in illa non est aliquid maius infinito. et similiter, si accipiamus quamcumque aliarum linearum infinitarum, manifestum est quod uniuscuiusque earum partes sunt infinitae. oportet igitur quod omnibus illis infinitis non sit aliquid maius in illa linea, tamen in alia linea et in tertia erunt plures partes, etiam infinitae, praeter istas. et hoc etiam videmus in numeris accidere, nam species numerorum parium sunt infinitae, et similiter species |25| numerorum imparium; et tamen numeri et pares et impares sunt plures quam pares. sic igitur dicendum quod infinito simpliciter quoad omnia, nihil est maius, infinito autem secundum aliquid determinatum, non est aliquid maius in illo ordine, potest tamen accipi aliquid maius extra illum ordinem. per hunc igitur modum infinita sunt in potentia creaturae, et tamen plura sunt in potentia dei quam in potentia creaturae. et similiter anima christi scit infinita scientia simplicis intelligentiae, plura tamen scit deus secundum hunc intelligentiae modum.

010 ST4 qu10 ar4

ag1 ‘ Ad quartum sic proceditur. videtur quod anima christi non perfectius videat verbum quam quaelibet alia creatura. perfectio enim cognitionis est secundum medium cognoscendi, sicut perfectior est cognitio quae habetur per medium syllogismi demonstrativi, quam quae habetur per medium syllogismi dialectici. sed omnes beati vident verbum immediate per ipsam divinam essentiam, * ut in prima parte dictum est. ‘ ergo anima christi non perfectius videt verbum quam quaelibet alia creatura.

ag2 ‘ Praeterea, perfectio visionis non excedit potentiam visivam. sed “ potentia rationalis animae, qualis est anima christi, est infra potentiam intellectivam angeli, * ut patet per dionysium, iv cap. cael. hier.. ‘ ergo anima christi non perfectius videt verbum quam angeli.

ag3 ‘ Praeterea, deus in infinitum perfectius videt verbum suum quam anima. sunt ergo infiniti gradus medii inter modum quo deus videt verbum suum, et inter modum quo anima christi videt ipsum. ergo non est asserendum quod anima christi perfectius videat verbum, vel essentiam divinam, quam quaelibet alia creatura.

sc * Sed contra est quod apostolus dicit, ephes. i, quod ° deus constituit christum in caelestibus super omnem principatum et potestatem et virtutem et dominationem, et omne nomen quod nominatur, non solum in hoc saeculo, sed etiam in futuro. ‘ sed in caelesti gloria tanto aliquis est superior quanto perfectius cognoscit deum. ergo anima christi perfectius videt deum quam quaevis alia creatura.

co ‘ Respondeo dicendum quod divinae essentiae visio convenit omnibus beatis secundum participationem luminis derivati ad eos a fonte verbi dei, * secundum illud eccli. i, ° fons sapientiae verbum dei in excelsis. ‘ huic autem verbo dei propinquius coniungitur anima christi, quae est unita verbo in persona, quam quaevis alia creatura. et ideo plenius recipit influentiam luminis in quo deus videtur ab ipso verbo, quam quaecumque alia creatura. et ideo prae ceteris creaturis perfectius videt ipsam primam veritatem, quae est dei essentia. * et ideo dicitur ioan. i, ° vidimus gloriam eius, quasi unigeniti a patre, plenum “ non solum gratiae, sed etiam veritatis.

ra1 ‘ Ad primum ergo dicendum quod perfectio cognitionis, quantum est ex parte cogniti, attenditur secundum medium, sed quantum est ex parte cognoscentis, attenditur secundum potentiam vel habitum. et inde est quod etiam inter homines per unum medium unus perfectius cognoscit aliquam conclusionem quam alius. et per hunc modum anima chri-

sti, quae abundantiori impletur lumine perfectius cognoscit divinam essentiam quam alii beati, licet omnes dei essentiam videant per seipsam.
ra2 ' Ad secundum dicendum quod visio divinae essentiae excedit naturalem potentiam cuiuslibet creaturae, * ut in prima parte dictum est. ' et ideo gradus in ipso attenduntur magis secundum ordinem gratiae, in quo christus est excellentissimus, quam secundum ordinem naturae, secundum quem natura angelica praefertur humanae.
ra3 ' Ad tertium dicendum quod, * sicut supra dictum est de gratia quod ' non potest esse maior gratia quam gratia christi per respectum ad unionem verbi, idem etiam dicendum est de perfectione divinae visionis, licet, absolute considerando, possit aliquis gradus esse sublimior secundum infinitatem divinae potentiae.

010 ST4 qu11 ar

pr ' Deinde considerandum est de scientia indita vel infusa animae christi. et circa hoc quaeruntur sex. primo, utrum per hanc scientiam christus sciat omnia. secundo, utrum hac scientia uti potuerit non convertendo se ad phantasmata. tertio, utrum haec scientia fuerit collativa. quarto, de comparatione huius scientiae ad scientiam angelicam. quinto, utrum fuerit scientia habitualis. sexto, utrum fuerit distincta per diversos habitus.

010 ST4 qu11 ar1

ag1 ' Ad primum sic proceditur. videtur quod secundum hanc scientiam christus non cognoverit omnia. haec enim scientia indita est christo ad perfectionem potentiae intellectus eius. sed intellectus possibilis animae humanae non videtur esse in potentia ad omnia simpliciter, sed ad illa sola in quae potest reduci in actum per intellectum agentem, qui est proprium activum ipsius, quae quidem sunt cognoscibilia secundum rationem naturalem. ergo secundum hanc scientiam non cognovit ea quae naturalem rationem excedunt.
ag2 " Praeterea, phantasmata se habent ad intellectum humanum sicut colores ad visum, * ut dicitur in iii de anima. ' sed non pertinet ad perfectionem virtutis visivae cognoscere ea quae sunt omnino absque colore. ergo neque ad perfectionem intellectus humani pertinet cognoscere ea quorum non possunt esse phantasmata, sicut sunt substantiae separatae. sic igitur, cum huiusmodi scientia fuerit in christo ad perfectionem animae intellectivae ipsius, videtur quod per huiusmodi scientiam non cognoverit substantias separatas.
ag3 ' Praeterea, ad perfectionem intellectus non pertinet cognoscere singularia. videtur igitur quod per huiusmodi scientiam anima christi non cognoverit singularia.
sc * Sed contra est quod dicitur isaiae xi, quod ° replebit eum spiritus sapientiae et intellectus, scientiae et consilii, ' sub quibus comprehenduntur omnia cognoscibilia. nam ad sapientiam pertinet cognitio divinorum omnium; ad intellectum autem pertinet cognitio omnium immaterialium; ad scientiam autem pertinet cognitio omnium conclusionum; ad consilium autem cognitio omnium agibilium. ergo videtur quod christus, secundum scientiam sibi inditam per spiritum sanctum, habuerit omnium cognitionem.
co ' Respondeo dicendum quod, * sicut prius dictum est, ' conveniens fuit ut anima christi per omnia esset perfecta, per hoc quod omnis eius potentialitas sit reducta ad actum. est autem considerandum quod in anima humana, sicut in qualibet creatura, consideratur duplex potentia passiva, una quidem per comparationem ad agens naturale; alia vero per comparationem ad agens primum, qui potest quamlibet creaturam reducere in actum aliquem altiorem, in quem non reducitur per agens naturale; * et haec consuevit vocari " potentia obedientiae in creatura. ' utraque autem potentia animae christi fuit reducta in actum secundum hanc scientiam divinitus inditam. et ideo secundum eam anima christi primo quidem cognovit quaecumque ab homine cognosci possunt per virtutem luminis intellectus agentis, sicut sunt quaecumque pertinent ad scientias humanas. secundo vero per hanc scientiam cognovit christus omnia illa quae per revelationem divinam hominibus innotescunt, sive pertineant ad donum sapientiae, sive ad donum prophetiae, sive ad quodcumque donum spiritus sancti. omnia enim ista abundantius et plenius ceteris cognovit anima christi. ipsam tamen dei essentiam per hanc scientiam non cognovit, sed solum per primam, |25| * de qua supra dictum est.
ra1 ' Ad primum ergo dicendum quod illa ratio procedit de actione naturali animae intellectivae, quae scilicet est per comparationem ad agens naturale, quod est intellectus agens.
ra2 ' Ad secundum dicendum quod anima humana in statu huius vitae, quando quodammodo est ad corpus obligata, ut sine phantasmate intelligere non possit, non potest intelligere substantias separatas. sed post statum huius vitae, anima separata poterit aliqualiter substantias separatas per seipsam cognoscere, * ut in prima parte dictum est. ' et hoc praecipue manifestum est circa animas beatorum. christus autem, ante passionem, non solum fuit viator, sed etiam comprehensor. unde anima eius poterat cognoscere substantias separatas, per modum quo cognoscit anima separata.
ra3 ' Ad tertium dicendum quod cognitio singularium non pertinet ad perfectionem animae intellectivae secundum cognitionem speculativam, pertinet tamen ad perfectionem eius secundum cognitionem practicam, " quae non perficitur absque cognitione singularium, in quibus est operatio, * ut dicitur in vi ethic.. " unde ad prudentiam requiritur memoria praeteritorum, cognitio praesentium, et providentia futurorum, * ut tullius dicit, in sua rhetorica. ' quia igitur christus habuit plenitudinem prudentiae, secundum donum consilii, consequens est quod cognovit omnia singularia praeterita, praesentia et futura.

010 ST4 qu11 ar2

ag1 ' Ad secundum sic proceditur. videtur quod anima christi non potuerit intelligere secundum hanc scientiam nisi convertendo se ad phantasmata. " phantasmata enim comparantur ad animam intellectivam sicut colores ad visum, * ut dicitur in iii de anima. ' sed potentia visiva christi non potuit exire in actum nisi convertendo se ad colores. ergo etiam neque anima eius intellectiva potuit aliquid intelligere nisi convertendo se ad phantasmata.
ag2 ' Praeterea, anima christi est eiusdem naturae cum animabus nostris, alioquin ipse non esset eiusdem speciei nobiscum; contra * id quod apostolus dicit, philipp. ii, quod est ° in similitudinem hominum factus. ' sed anima nostra non potest intelligere nisi convertendo se ad phantasmata. ergo nec etiam anima christi.
ag3 ' Praeterea, sensus dati sunt homini ut deserviant intellectui. si igitur anima christi intelligere potuit absque conversione ad phantasmata, quae per sensus accipiuntur, sequeretur quod sensus frustra fuissent in anima christi, quod est inconveniens. videtur igitur quod anima christi non potuerit intelligere nisi convertendo se ad phantasmata.
sc ' Sed contra est quod anima christi cognovit quaedam quae per phantasmata cognosci non possunt, scilicet substantias separatas. potuit igitur intelligere non convertendo se ad phantasmata.
co ' Respondeo dicendum quod christus in statu ante passionem fuit simul viator et comprehensor, * ut infra magis patebit. ' et praecipue quidem conditiones viatoris habuit ex parte corporis, inquantum fuit passibile, conditiones vero comprehensoris maxime habuit ex parte animae intellectivae. est autem haec conditio animae comprehensoris, ut nullo modo subdatur suo corpori aut ab eo dependeat, sed totaliter ei dominetur. unde et post resurrectionem ex anima gloria redundabit in corpus. ex hoc autem anima hominis viatoris indiget ad phantasmata converti, quod est corpori obligata, et quodammodo ei subiecta et ab eo dependens. et ideo animae beatae, et ante resurrectionem et post, intelligere possunt absque conversione ad phantasmata. et hoc quidem oportet dicere de anima christi, quae plene habuit facultatem comprehensoris.
ra1 " Ad primum ergo dicendum quod similitudo illa * quam philosophus ponit, " non attenditur quantum ad omnia. ' manifestum est enim quod finis potentiae visivae est cognoscere colores, finis autem potentiae intellectivae non est cognoscere phantasmata, sed cognoscere species intelligibiles, quas apprehendit a phantasmatibus et in phantasmatibus, secundum statum praesentis vitae. est igitur similitudo quantum ad hoc ad quod aspicit utraque potentia, non autem quantum ad hoc in quod utriusque potentiae conditio terminatur. nihil autem prohibet, secundum diversos status, ex diversis rem aliquam ad suum finem tendere, finis autem proprius alicuius rei semper est unus. et ideo, licet visus nihil cognoscat absque colore, intellectus tamen, secundum aliquem statum, potest cognoscere absque phantasmate, sed non absque specie intelligibili.
ra2 ' Ad secundum dicendum quod, licet anima christi fuerit eiusdem naturae cum animabus nostris, habuit tamen aliquem statum quem animae nostrae non habent nunc in re, sed solum in spe, scilicet statum comprehensionis.
ra3 ' Ad tertium dicendum quod, licet anima christi potuerit intelligere non convertendo se ad phantasmata, poterat tamen intelligere se ad phantasmata convertendo. et ideo sensus non fuerunt frustra in ipso, praesertim cum sensus non dentur homini solum ad scientiam intellectivam, sed etiam ad necessitatem vitae animalis.

010 ST4 qu11 ar3

ag1 ' Ad tertium sic proceditur. videtur quod anima christi non habuit hanc scientiam per modum collationis. * dicit enim damascenus, in iii libro, ° in christo non dicimus consilium neque electionem. ' non autem removentur haec a christo nisi inquantum important collationem et discursum. ergo videtur quod in christo non fuerit scientia collativa vel discursiva.
ag2 ' Praeterea, homo indiget collatione et discursu rationis ad inquirenda ea quae ignorat. sed anima christi cognovit omnia, * ut supra dictum est. ' non igitur fuit in eo scientia discursiva vel collativa.
ag3 ' Praeterea, scientia animae christi se habuit per modum comprehensorum, qui angelis conformantur, * ut dicitur matth. xxii. " sed in angelis non est scientia discursiva seu collativa, * ut patet per dionysium, vii cap. de div. nom.. ' non ergo in anima christi fuit scientia discursiva seu collativa.
sc ' Sed contra, christus habuit animam rationalem, * ut supra habitum est. ' propria autem operatio animae rationalis est conferre et discurrere ab uno in aliud. ergo in christo fuit scientia discursiva vel collativa.
co ' Respondeo dicendum quod aliqua scientia potest esse discursiva vel collativa dupliciter. uno modo, quantum ad scientiae acquisitionem, sicut accidit in nobis, qui procedimus ad cognoscendum unum per aliud, sicut effectus per causas, et e converso. et hoc modo scientia animae christi non fuit discursiva vel collativa, quia haec scientia de qua nunc loquimur, fuit sibi divinitus indita, non per investigationem rationis acquisita. alio modo potest dici scientia discursiva vel collativa quantum ad usum, sicut scientes interdum ex causis concludunt effectus, non ut de novo addiscant, sed volentes uti scientia quam iam habent. et hoc modo scientia animae christi poterat esse collativa et discursiva, poterat enim ex uno aliud concludere, sicut sibi placebat. * sicut, matth. xvii, cum dominus quaesivisset a petro ° a quibus reges terrae tributum acciperent, a filiis suis an ab alienis, " petro respondente quod ab alienis, conclusit, ergo liberi sunt filii.
ra1 ' Ad primum ergo dicendum quod a christo excluditur consilium quod est cum dubitatione, et per consequens electio, quae in sui ratione tale consilium includit. non autem a christo excluditur usus consiliandi.
ra2 ' Ad secundum dicendum quod ratio illa procedit de discursu et collatione prout ordinatur ad scientiam acquirendam.
ra3 ' Ad tertium dicendum quod beati conformantur angelis quantum ad dona gratiarum, manet tamen differentia quae est secundum naturam. et ideo uti collatione et discursu est connaturale animabus beatorum, non autem angelis.

010 ST4 qu11 ar4

ag1 ' Ad quartum sic proceditur. videtur quod in christo huiusmodi scientia fuerit minor quam in angelis. perfectio enim proportionatur perfectibili. sed anima humana, secundum ordinem naturae, est infra naturam angelicam. cum igitur scientia de qua nunc loquimur, sit indita animae christi ad perfectionem ipsius, videtur quod huiusmodi scientia fuerit infra scientiam qua perficitur natura angelica.
ag2 ' Praeterea, scientia animae christi fuit aliquo modo collativa et discursiva, quod non potest dici de scientia angelorum. ergo scientia animae christi fuit inferior scientia angelorum.
ag3 ' Praeterea, quanto aliqua scientia est magis immaterialis, tanto est potior. sed scientia angelorum est immaterialior quam scientia animae christi, quia anima christi est actus corporis et habet conversionem ad phantasmata, quod de angelis dici non potest. ergo scientia angelorum est potior quam scientia animae christi.
sc * Sed contra est quod apostolus dicit, heb. ii, ° eum qui modico quam angeli minoratus est, videmus iesum, propter passionem mortis, gloria et honore coronatum. ' ex quo apparet quod propter solam passionem mortis dicatur christus ab angelis minoratus. non ergo propter scientiam.
co ' Respondeo dicendum quod scientia indita animae christi potest considerari dupliciter, uno modo, secundum id quod habuit a causa influente; alio modo, secundum id quod habuit ex subiecto recipiente. quantum igitur ad primum, scientia indita animae christi fuit excellentior quam scientia angelorum, et quantum ad multitudinem cognitorum, et quantum ad scientiae certitudinem, quia lumen spirituale quod est inditum animae christi, est multo excellentius quam lumen quod pertinet ad naturam angelicam. quantum autem ad secundum, scientia indita animae christi est infra scientiam angelicam, scilicet quantum ad modum cognoscendi qui est naturalis animae humanae, qui scilicet est per conversionem ad phantasmata et per collationem et discursum.
ra ' Et per hoc patet responsio ad obiecta.

010 ST4 qu11 ar5

ag1 ' Ad quintum sic proceditur. videtur quod in christo non fuerit habitualis scientia. * dictum est enim quod ' animam christi decuit maxima perfectio. sed maior est perfectio scientiae existentis in actu quam praeexistentis in habitu. ergo conveniens fuisse videtur quod omnia sciret in actu. ergo non habuit habitualem scientiam.
ag2 ' Praeterea, cum habitus ordinetur ad actum, frustra videtur esse habitualis scientia quae nunquam in actum reducitur. cum autem christus scivisset omnia, * sicut iam dictum est, ' non potuisset omnia illa actu considerare unum post aliud cognoscendo, quia infinita non est enumerando pertransire. frustra ergo fuisset in eo scientia habitualis, quod est inconveniens. habuit igitur actualem scientiam omnium quae scivit, et non habitualem.
ag3 ' Praeterea, scientia habitualis est quaedam perfectio scientis. perfectio autem est nobilior perfectibili. si igitur in anima christi fuit aliquis habitus scientiae creatus, sequeretur quod aliquid creatum

esset nobilius anima christi. non igitur in anima christi fuit scientia habitualis.
sc · Sed contra, scientia christi de qua nunc loquimur, univoca fuit scientiae nostrae, sicut et anima eius fuit unius speciei cum anima nostra. sed scientia nostra est in genere habitus. ergo et scientia christi fuit habitualis.
co · Respondeo dicendum quod, * sicut supra dictum est, · modus huius scientiae inditae animae christi fuit conveniens ipsi subiecto recipienti, “ nam receptum est in recipiente per modum recipientis. · est autem hic modus connaturalis animae humanae, ut quandoque sit intellectus actu, quandoque in potentia. medium autem inter puram potentiam et actum completum est habitus. eiusdem autem generis est medium et extrema. et sic patet quod modus connaturalis animae humanae est ut recipiat scientiam per modum habitus. et ideo dicendum est quod scientia indita animae christi fuit habitualis, poterat enim ea uti quando volebat.
ra1 · Ad primum ergo dicendum quod in anima christi fuit duplex cognitio, et utraque suo modo perfectissima. una quidem excedens modum naturae humanae, qua scilicet vidit dei essentiam et alia in ipsa. et haec fuit perfectissima simpliciter. et talis cognitio non fuit habitualis, sed actualis respectu omnium quae hoc modo cognovit. alia autem cognitio fuit in christo secundum modum proportionatum humanae naturae, prout scilicet cognovit res per species sibi divinitus inditas, de qua cognitione nunc loquimur. et haec cognitio non fuit simpliciter perfectissima, sed perfectissima in genere humanae cognitionis. unde non oportuit quod semper esset in actu.
ra2 · Ad secundum dicendum quod habitus reducitur in actum ad imperium voluntatis, “ nam habitus est ° quo quis agit cum voluerit. · voluntas autem se habet ad infinita indeterminate. et tamen hoc non est frustra. licet non in omnia actualiter tendat, dummodo tendat actualiter in id quod convenit loco et tempori. et ideo etiam habitus non est frustra, licet non omnia reducantur in actum quae habitui subiacent, dummodo reducatur in actum id quod congruit ad debitum finem voluntatis secundum exigentiam negotiorum et temporis.
ra3 · Ad tertium dicendum quod bonum et ens dupliciter dicitur. uno modo, simpliciter. et sic bonum et ens dicitur substantia, quae in suo esse et in sua bonitate subsistit. alio modo dicitur ens et bonum secundum quid. et hoc modo dicitur ens accidens, non quia ipsum habeat esse et bonitatem, sed quia eo subiectum est ens et bonum. sic igitur scientia habitualis non est simpliciter melior aut dignior quam anima christi, sed secundum quid, nam tota bonitas habitualis scientiae cedit in bonitatem subiecti.

010 ST4 qu11 ar6

ag1 · Ad sextum sic proceditur. videtur quod in anima christi non fuerit nisi unus habitus scientiae. quanto enim scientia est perfectior, tanto est magis unita, unde et angeli superiores per formas magis universales cognoscunt, * ut in prima parte dictum est. · sed scientia christi fuit perfectissima. ergo fuit maxime una. non ergo fuit distincta per plures habitus.
ag2 · Praeterea, fides nostra derivatur a scientia christi, * unde dicitur heb. xii, ° aspicientes in auctorem fidei et consummatorem, iesum. · sed unus est habitus fidei de omnibus credibilibus, * ut in secunda parte dictum est. · ergo multo magis in christo non fuit nisi unus habitus scientiae.
ag3 · Praeterea, scientiae distinguuntur secundum diversas rationes scibilium. sed anima christi omnia scivit secundum unam rationem, scilicet secundum lumen divinitus infusum. ergo in christo fuit tantum unus habitus scientiae.
sc * Sed contra est quod zach. iii dicitur quod “ super lapidem unum, idest christum, sunt septem oculi. per oculum autem scientia intelligitur. · ergo videtur quod in christo fuerunt plures habitus scientiae.
co * Respondeo dicendum quod, sicut dictum est, · scientia indita animae christi habuit modum connaturalem animae humanae. est autem connaturale animae humanae ut recipiat species in minori universalitate quam angeli, ita scilicet quod diversas naturas specificas per diversas intelligibiles species cognoscat. ex hoc autem contingit quod in nobis sunt diversi habitus scientiarum, quia sunt diversa scibilium genera, inquantum scilicet ea quae reducuntur in unum genus, eodem habitu scientiae cognoscuntur; * sicut dicitur in i poster. quod ° una scientia est quae est unius generis subiecti. · et ideo scientia indita animae christi fuit distincta secundum diversos habitus.
ra1 · Ad primum ergo dicendum quod, * sicut supra dictum est, · scientia animae christi est perfectissima, et excedens scientiam angelorum, quantum ad id quod consideratur in ea ex parte dei influentis, est tamen infra scientiam angelicam quantum ad modum recipientis. et ad huiusmodi modum pertinet quod scientia illa per multos habitus distinguatur, quasi per species magis particulares existens.
ra2 · Ad secundum dicendum quod fides nostra innititur primae veritati. “ et ideo christus est auctor fidei nostrae secundum divinam scientiam, quae est simpliciter una.
ra3 · Ad tertium dicendum quod lumen divinitus infusum est ratio intelligendi communis ea quae divinitus revelantur, sicut et lumen intellectus eorum quae naturaliter cognoscuntur. et ideo oportuit in anima christi species singularum rerum ponere ad cognoscendum cognitione propria unumquodque. et secundum hoc, oportuit esse diversos habitus scientiae in anima christi, * ut dictum est.

010 ST4 qu12 ar

pr · Deinde considerandum est de scientia animae christi acquisita vel experimentali. et circa hoc quaeruntur quatuor. primo, utrum secundum hanc scientiam christus cognoverit omnia. secundo, utrum in hac scientia profecerit. tertio, utrum aliquid ab homine didicerit. quarto, utrum acceperit aliquid ab angelis.

010 ST4 qu12 ar1

ag1 · Ad primum sic proceditur. videtur quod secundum hanc scientiam christus non omnia cognovit. huiusmodi enim scientia per experientiam acquiritur. sed christus non omnia expertus est. non igitur omnia secundum hanc scientiam scivit.
ag2 · Praeterea, scientiam acquirit homo per sensum. sed non omnia sensibilia sensibus corporalibus christi fuerunt subiecta. non igitur secundum hanc scientiam omnia cognovit.
ag3 · Praeterea, quantitas scientiae attenditur secundum scibilia. si igitur secundum hanc scientiam christus omnia scivisset, esset in eo scientia acquisita aequalis scientiae infusae et scientiae beatae, quod est inconveniens. non ergo secundum hanc scientiam christus omnia scivit.
sc · Sed contra est quod nihil imperfectum fuit in christo quantum ad animam. fuisset autem imperfecta haec eius scientia, si secundum eam non scivisset omnia, “ quia imperfectum est cui potest fieri additio. · ergo secundum hanc scientiam christus omnia scivit.
co · Respondeo dicendum quod scientia acquisita ponitur in anima christi, * ut supra dictum est, · propter convenientiam intellectus agentis, ne eius actio sit otiosa, qua facit intelligibilia actu, sicut etiam scientia indita vel infusa ponitur in anima christi ad perfectionem intellectus possibilis. “ sicut autem intellectus possibilis est quo est omnia fieri, ita intellectus agens est quo est omnia facere, * ut dicitur in iii de anima. · et ideo, sicut per scientiam inditam scivit anima christi omnia illa ad quae intellectus possibilis est quocumque modo in potentia, ita per scientiam acquisitam scivit omnia illa quae possunt sciri per actionem intellectus agentis.
ra1 · Ad primum ergo dicendum quod scientia rerum acquiri potest non solum per experientiam ipsarum, sed etiam per experientiam quarundam aliarum rerum, cum ex virtute luminis intellectus agentis possit homo procedere ad intelligendum effectus per causas, et causas per effectus, et similia per similia, et contraria per contraria. sic igitur, licet christus non fuerit omnia expertus, ex his tamen quae expertus est, in omnium devenit notitiam.
ra2 · Ad secundum dicendum quod, licet corporalibus sensibus christi non fuerint subiecta omnia sensibilia, fuerunt tamen sensibus eius subiecta aliqua sensibilia ex quibus, propter excellentissimam vim rationis eius, potuit in aliorum notitiam devenire per modum praedictum. sicut, videndo corpora caelestia, potuit comprehendere eorum virtutes, et effectus quos habent in istis inferioribus, qui eius sensibus non subiacebant. et, eadem ratione, ex quibuscumque aliis in aliorum notitiam devenire potuit.
ra3 · Ad tertium dicendum quod secundum istam scientiam anima christi non simpliciter cognovit omnia, sed illa omnia quae per lumen intellectus agentis hominis sunt cognoscibilia. unde per hanc scientiam non cognovit essentias substantiarum separatarum; nec etiam singularia praeterita vel futura. quae tamen cognovit per scientiam inditam, * ut supra dictum est.

010 ST4 qu12 ar2

ag1 · Ad secundum sic proceditur. videtur quod secundum hanc scientiam christus non profecerit. sicut enim secundum scientiam beatitudinis vel secundum scientiam infusam christus cognovit omnia, ita secundum hanc scientiam acquisitam, * ut ex dictis patet. · sed secundum illas scientias non profecit. ergo nec secundum istam.
ag2 · Praeterea, proficere est imperfecti, quia “ perfectum additionem non recipit. · sed in christo non est ponere scientiam imperfectam. ergo secundum hanc scientiam christus non profecit.
ag3 * Praeterea, damascenus dicit, ° qui proficere dicunt christum sapientia et gratia ut additamentum suscipientem, non venerantur unionem. · non venerari autem unionem est impium. ergo impium est dicere quod scientia eius additamentum acceperit.
sc * Sed contra est quod habetur luc. ii, quod ° iesus proficiebat sapientia et aetate et gratia, apud deum et homines. * et ambrosius dicit quod ° proficiebat secundum sapientiam humanam. · humana autem sapientia est quae humano modo acquiritur, scilicet per lumen intellectus agentis. ergo christus secundum hanc scientiam profecit.
co · Respondeo dicendum quod duplex est profectus scientiae. unus quidem secundum essentiam, prout scilicet ipse habitus scientiae augetur. alius autem secundum effectum, puta si aliquis, secundum eundem et aequalem scientiae habitum, primo minora aliis demonstret, et postea maiora et subtiliora. hoc autem secundo modo, manifestum est quod christus in scientia et gratia profecit, sicut et in aetate. quia scilicet, secundum augmentum aetatis, opera maiora faciebat, quae maiorem sapientiam et gratiam demonstrabant. sed quantum ad ipsum habitum scientiae, manifestum est quod habitus scientiae infusae in eo non est augmentatus, cum a principio plenarie sibi fuerit omnis scientia infusa. et multo minus scientia beata in eo augeri potuit. * de scientia autem divina quod non possit augeri, supra in prima parte dictum est. “ si igitur, praeter habitum scientiae infusum, non sit in anima christi habitus aliquis scientiae acquisitae, * ut quibusdam videtur, et mihi aliquando visum est, · nulla scientia in christo augmentata fuit secundum suam essentiam, sed solum per experientiam, idest per conversionem specierum intelligibilium inditarum ad phantasmata. * et secundum hoc, dicunt quod “ scientia |25| christi profecit secundum experientiam, convertendo scilicet species intelligibiles inditas ad ea quae de novo per sensum accepit. · sed quia inconveniens videtur quod aliqua naturalis actio intelligibilis christo deesset, cum extrahere species intelligibiles a phantasmatibus sit quaedam naturalis actio hominis secundum intellectum agentem, conveniens videtur hanc etiam actionem in christo ponere. et ex hoc sequitur quod in anima christi aliquis habitus scientiae fuit qui per huiusmodi abstractionem specierum potuerit augmentari, ex hoc scilicet quod intellectus agens, post primas species intelligibiles abstractas a phantasmatibus, poterat etiam alias abstrahere.
ra1 · Ad primum ergo dicendum quod tam scientia infusa animae christi, quam scientia beata, fuit effectus agentis infinitae virtutis, qui potest simul totum operari, et ita in neutra scientia christus profecit, sed a principio habuit eam perfectam. sed scientia acquisita est tantum ab intellectu agente, qui non simul totum operatur, sed successive. et ideo secundum hanc scientiam christus non a principio scivit omnia, sed paulatim et post aliquod tempus, scilicet in perfecta aetate. quod patet ex hoc quod “ evangelista simul dicit eum profecisse scientia et aetate.
ra2 · Ad secundum dicendum quod haec etiam scientia in christo fuit semper perfecta secundum tempus, licet non fuerit perfecta simpliciter et secundum naturam. et ideo potuit habere augmentum.
ra3 * Ad tertium dicendum quod verbum damasceni intelligitur quantum ad illos qui dicunt simpliciter “ factam fuisse additionem scientiae christi, scilicet secundum quamcumque eius scientiam; et praecipue secundum infusam. quae causatur in anima christi ex unione ad verbum. non autem intelligitur de augmento scientiae quae ex naturali agente causatur.

010 ST4 qu12 ar3

ag1 · Ad tertium sic proceditur. videtur quod christus aliquid ab hominibus didicerit. * dicitur enim luc. ii quod ° invenerunt eum in templo in medio doctorum, interrogantem illos et respondentem. · interrogare vero et respondere est addiscentis. ergo christus ab hominibus aliquid didicit.
ag2 · Praeterea, acquirere scientiam ab homine docente videtur esse nobilius quam acquirere a sensibus, quia in anima hominis docentis sunt species intelligibiles in actu, in rebus autem sensibilibus sunt species intelligibiles solum in potentia. sed christus accipiebat scientiam experimentalem ex rebus sensibilibus, * ut dictum est. · ergo multo magis poterat accipere scientiam addiscendo ab hominibus.
ag3 · Praeterea, christus secundum scientiam experimentalem a principio non omnia scivit, sed in ea profecit, * ut dictum est. · sed quilibet audiens sermonem significativum alicuius, potest addiscere quod nescit. ergo christus potuit ab hominibus aliqua addiscere quae secundum hanc scientiam nesciebat.
sc * Sed contra est quod dicitur isaiae lv, ° ecce, testem populis dedi eum, ducem ac praeceptorem gentibus. · praeceptoris autem non est doceri, sed docere. ergo christus non accepit aliquam scientiam per doctrinam alicuius hominis.
co · Respondeo dicendum quod in quolibet genere id quod est primum movens non movetur secundum illam speciem motus, sicut primum alterans non alteratur. christus autem constitutus est caput ecclesiae, quinimmo omnium hominum, * ut supra dictum est, · ut non solum omnes homines per ipsum gratiam acciperent, sed etiam ut omnes ab eo doctrinam veritatis reciperent. * unde ipse dicit, ioan. xviii, ° in hoc natus sum, et ad hoc veni in mundum, ut testimonium perhibeam veritati. · et ideo non fuit conveniens eius dignitati ut a quocumque hominum doceretur.
ra1 * Ad primum ergo dicendum quod, sicut origenes dicit, super luc., ° dominus interrogabat, non ut aliquid disceret, sed ut interrogatus erudiret. ex uno quippe doctrinae fonte manat et interrogare et respondere sapienter. * unde et ibidem in evangelio sequitur quod ° stupebant omnes qui eum audiebant super prudentia et responsis eius.

ra2 ‘ Ad secundum dicendum quod ille qui addiscit ab homine non accipit inmediate scientiam a speciebus intelligibilibus quae sunt in mente ipsius, sed mediantibus sensibilibus vocibus, tanquam signis intellectualium conceptionum. sicut autem voces ab homine formatae sunt signa intellectualis scientiae ipsius, ita creaturae a deo conditae sunt signa sapientiae eius, * unde eccli. i dicitur quod ° deus effudit sapientiam suam super omnia opera sua. ‘ sicut igitur dignius est doceri a deo quam ab homine, ita dignius est accipere scientiam per sensibiles creaturas quam per hominis doctrinam.
ra3 ‘ Ad tertium dicendum quod iesus proficiebat in scientia experimentali sicut etiam in aetate, * ut dictum est. ‘ sicut autem aetas opportuna requiritur ad hoc quod homo accipiat scientiam per inventionem, ita etiam ad hoc quod accipiat scientiam per disciplinam. dominus autem nihil fecit quod non congrueret eius aetati. et ideo audiendis doctrinae sermonibus non accommodavit auditum nisi illo tempore quo poterat etiam per viam experientiae talem scientiae gradum attigisse. unde * gregorius dicit, super ezech., ° duodecimo anno aetatis suae dignatus est homines interrogare in terra, quia, iuxta rationis usum, doctrinae sermo non suppetit nisi in aetate perfecta.

010 ST4 qu 12 ar 4

ag1 ‘ Ad quartum sic proceditur. videtur quod christus ab angelis scientiam acceperit. * dicitur enim luc. xxii quod ° apparuit christo angelus de caelo confortans eum. ‘ sed confortatio fit per verba exhortatoria docentis, * secundum illud iob iv, ° ecce, docuisti plurimos, et manus lassas roborasti, vacillantes confirmaverunt sermones tui. ‘ ergo christus ab angelis doctus est.
ag2 * Praeterea, dionysius dicit, iv cap. cael. hier., ° video enim quod et ipse iesus, supercaelestium substantiarum supersubstantialis substantia, ad nostram intransmutabiliter veniens, obedienter subiicitur patris et dei per angelos formationibus. ‘ videtur igitur quod ipse christus ordinationi legis divinae subiici voluerit, per quam homines, mediantibus angelis, erudiuntur.
ag3 ‘ Praeterea, sicut corpus humanum naturali ordine subiicitur corporibus caelestibus, ita etiam humana mens angelicis mentibus. sed corpus christi subiectum fuit impressionibus caelestium corporum, passus est enim calorem in aestate et frigus in hieme, sicut et alias humanas passiones. ergo et eius mens humana subiacebat illuminationibus supercaelestium spirituum.
sc * Sed contra est quod dionysius dicit, vii cap. cael. hier., quod ° supremi angeli ad ipsum iesum quaestionem faciunt, et ipsius divinae operationis pro nobis scientiam discunt, et eas ipse iesus sine medio docet. ‘ non est autem eiusdem docere et doceri. ergo christus non accepit scientiam ab angelis.
co ‘ Respondeo dicendum quod anima humana, sicut media inter substantias spirituales et res corporales existit, ita duobus modis nata est perfici. uno quidem modo, per scientiam acceptam ex rebus sensibilibus; alio modo, per scientiam inditam sive impressam ex illuminatione spiritualium substantiarum. utroque autem modo anima christi fuit perfecta, ex sensibilibus quidem, secundum scientiam experimentalem, ad quam quidem non requiritur lumen angelicum, sed sufficit lumen intellectus agentis; ex impressione vero superiori, secundum scientiam infusam, quam est immediate adeptus a deo. sicut enim supra communem modum creaturae anima illa unita est verbo in unitate personae, ita, supra communem modum hominum, immediate ab ipso dei verbo repleta est scientia et gratia, non autem mediantibus angelis, “ qui etiam ex influentia verbi rerum scientiam in sui principio acceperunt, * sicut in ii libro super gen. ad litt. augustinus dicit.
ra1 ‘ Ad primum ergo dicendum quod illa confortatio angeli non fuit per modum instructionis, sed ad demonstrandum proprietatem humanae naturae. * unde beda dicit, super luc., ° in documento utriusque naturae, et angeli ei ministrasse, et eum confortasse dicuntur. creator enim suae creaturae non eguit praesidio, sed, homo factus, sicut propter nos tristis est, ita propter nos confortatur; “ ut scilicet in nobis fides incarnationis ipsius confirmetur.
ra2 * Ad secundum dicendum quod dionysius dicit “ christum angelicis formationibus fuisse subiectum, non ratione sui ipsius, sed ratione eorum quae circa eius incarnationem agebantur, et circa ministrationem in infantili aetate constituti. * unde ibidem subdit quod ° per medios angelos nuntiatur ioseph a patre dispensata iesu ad aegyptum recessio, et rursum ad iudaeam de aegypto traductio.
ra3 ‘ Ad tertium dicendum quod filius dei assumpsit corpus passibile, * ut infra dicetur, ‘ sed animam perfectam scientia et gratia. et ideo corpus eius fuit convenienter subiectum impressioni caelestium corporum, anima vero eius non fuit subiecta impressioni caelestium spirituum.

010 ST4 qu 13 ar

pr ‘ Deinde considerandum est de potentia animae christi. et circa hoc quaeruntur quatuor. primo, utrum habuerit omnipotentiam simpliciter secundo, utrum habuerit omnipotentiam respectu corporalium creaturarum. tertio, utrum habuerit omnipotentiam respectu proprii corporis. quarto, utrum habuerit omnipotentiam respectu executionis propriae voluntatis.

010 ST4 qu 13 ar 1

ag1 ‘ Ad primum sic proceditur. videtur quod anima christi habuit omnipotentiam. * dicit enim ambrosius, super luc., ° potentiam quam dei filius naturaliter habet, homo erat ex tempore accepturus. ‘ sed hoc praecipue videtur esse secundum animam, quae est potior pars hominis. cum ergo filius dei ab aeterno omnipotentiam habuerit, videtur quod anima christi ex tempore omnipotentiam acceperit.
ag2 ‘ Praeterea, sicut potentia dei est infinita, sic et eius scientia. sed anima christi habet omnium scientiam eorum quae scit deus quodammodo, * ut supra dictum est. ‘ ergo etiam habet omnem potentiam. et ita est omnipotens.
ag3 ‘ Praeterea, anima christi habet omnem scientiam. sed scientiarum quaedam est practica, quaedam speculativa. ergo habet eorum quae scit scientiam practicam, ut scilicet sciat facere ea quae scit. et sic videtur quod omnia facere possit.
sc ‘ Sed contra est, quod proprium est dei, non potest alicui creaturae convenire. sed proprium est dei esse omnipotentem, * secundum illud exodi xv, ° iste deus meus, et glorificabo eum; * et postea subditur, ° omnipotens nomen eius. ‘ ergo anima christi, cum sit creatura, non habet omnipotentiam.
co ‘ Respondeo dicendum quod, * sicut supra dictum est, ‘ in mysterio incarnationis ita facta est unio in persona quod tamen remansit distinctio naturarum, utraque scilicet natura retinente id quod sibi est proprium. potentia autem activa cuiuslibet rei sequitur formam ipsius, quae est principium agendi. forma autem vel est ipsa natura rei, sicut in simplicibus, vel est constituens ipsam rei naturam, sicut in his quae sunt composita ex materia et forma. unde manifestum est quod potentia activa cuiuslibet rei consequitur naturam ipsius. et per hunc modum omnipotentia consequenter se habet ad divinam naturam. “ quia enim natura divina est ipsum esse dei incircumscriptum, * ut patet per dionysium, v cap. de div. nom., ‘ inde est quod habet potentiam activam respectu omnium quae possunt habere rationem entis, quod est habere omnipotentiam, sicut et quaelibet alia res habet potentiam activam respectu eorum ad quae se extendit perfectio suae naturae, sicut calidum ad calefaciendum. cum igitur anima christi sit pars humanae naturae, impossibile est quod habeat omnipotentiam.
ra1 “ Ad primum ergo dicendum quod homo accepit ex tempore omnipotentiam quam filius dei habuit ab aeterno, per ipsam unionem personae, ‘ ex qua factum est ut, sicut homo dicitur deus, ita dicatur omnipotens, non quasi sit alia omnipotentia hominis quam filii dei sicut nec alia deitas; sed eo quod est una persona dei et hominis.
ra2 ‘ Ad secundum dicendum quod alia ratio est de scientia, et de potentia activa, * sicut quidam dicunt. ‘ nam potentia activa consequitur ipsam naturam rei, eo quod actio consideratur ut egrediens ab agente. scientia autem non semper habetur per ipsam essentiam scientis, sed potest haberi per assimilationem scientis ad res scitas secundum similitudines susceptas. sed haec ratio non videtur sufficere. quia sicut aliquis potest cognoscere per similitudinem susceptam ab alio, ita etiam potest agere per formam ab alio susceptam, sicut aqua vel ferrum calefacit per calorem susceptum ab igne. non igitur per hoc prohibetur quin, sicut anima christi per similitudines omnium rerum sibi a deo inditas potest omnia cognoscere, ita per easdem similitudines possit ea facere. est ergo ulterius considerandum quod id quod a superiori natura in inferiori recipitur, habetur per inferiorem modum, non enim calor in eadem perfectione et virtute recipitur ab aqua qua est in igne. quia igitur anima christi inferioris naturae est quam divina natura, similitudines rerum non recipiuntur in ipsa anima christi secundum eandem perfectionem et virtutem secundum quam sunt in natura divina. et inde est quod scientia animae christi est inferior scientia divina, quantum ad modum cognoscendi, quia deus perfectius cognoscit quam anima christi; et etiam quantum ad numerum scitorum, quia anima christi non cognoscit omnes res quas |25| deus potest facere, quae tamen deus cognoscit scientia simplicis intelligentiae; licet cognoscat omnia praesentia, praeterita et futura, quae deus cognoscit scientia visionis. et similiter similitudines rerum animae christi inditae non adaequant virtutem divinam in agendo, ut scilicet possint omnia agere quae deus potest; vel etiam eo modo agere sicut deus agit, qui agit per virtutem infinitam, cuius creatura non est capax. nulla autem res est ad cuius cognitionem aliqualiter habendam requiratur virtus infinita, licet aliquis modus cognoscendi sit virtutis infinitae, quaedam tamen sunt quae non possunt fieri nisi a virtute infinita sicut creatio et alia huiusmodi, * ut patet ex his quae in prima parte dicta sunt. ‘ et ideo anima christi, cum sit creatura et virtutis finitae, potest quidem omnia cognoscere, sed non per omnem modum, non autem potest omnia facere, quod pertinet ad rationem omnipotentiae et inter cetera, manifestum est quod non potest creare seipsam.
ra3 ‘ Ad tertium dicendum quod anima christi habuit et scientiam practicam et speculativam, non tamen oportet quod omnium illorum habeat scientiam practicam quorum habuit scientiam speculativam. ad scientiam enim speculativam habendam sufficit sola conformitas vel assimilatio scientis ad rem scitam, ad scientiam autem practicam requiritur quod formae rerum quae sunt in intellectu sint factivae. plus autem est habere formam et imprimere formam habitam in alterum, quam solum habere formam, sicut plus est lucere et illuminare quam solum lucere. et inde est quod anima christi habet quidem speculativam scientiam creandi, scit enim qualiter deus creat, sed non habet huius modi scientiam practicam, quia non habet scientiam creationis factivam.

010 ST4 qu 13 ar 2

ag1 ‘ Ad secundum sic proceditur. videtur quod anima christi habeat omnipotentiam respectu immutationis creaturarum. * dicit enim ipse matth. ult., ° data est mihi omnis potestas in caelo et in terra. ‘ sed nomine caeli et terrae intelligitur omnis creatura, * ut patet cum dicitur, gen. i, ° in principio creavit deus caelum et terram. ‘ ergo videtur quod anima christi habeat omnipotentiam respectu immutationis creaturarum.
ag2 ‘ Praeterea, anima christi est perfectior qualibet creatura. sed quaelibet creatura potest moveri ab aliqua alia creatura, * dicit enim augustinus, in iii de trin., quod ° sicut corpora grossiora et inferiora per subtiliora et potentiora quodam ordine reguntur, ita omnia corpora per spiritum vitae rationalem; et spiritus vitae rationalis desertor atque peccator per spiritum vitae rationalem, pium et iustum. “ anima autem christi etiam ipsos supremos spiritus movet, illuminando eos, * ut dicit dionysius, vii cap. cael. hier.. ‘ ergo videtur quod anima christi habeat omnipotentiam respectu immutationis creaturarum.
ag3 ‘ Praeterea, anima christi habuit plenissime gratiam miraculorum seu virtutum, sicut et ceteras gratias. sed omnis immutatio creaturae potest ad gratiam miraculorum pertinere, “ cum etiam miraculose caelestia corpora a suo ordine immutata fuerint, * sicut probat dionysius, in epistola ad polycarpum. ‘ ergo anima christi habuit omnipotentiam respectu immutationis creaturarum.
sc ‘ Sed contra est quod eiusdem est transmutare creaturas cuius est conservare eas. sed hoc est solius dei, * secundum illud heb. i, ° portans omnia verbo virtutis suae. ‘ ergo solius dei est habere omnipotentiam respectu immutationis creaturarum. non ergo hoc convenit animae christi.
co ‘ Respondeo dicendum quod hic duplici distinctione est opus. quarum prima est ex parte transmutationis creaturarum, quae triplex est. una quidem est naturalis, quae scilicet fit a proprio agente secundum ordinem naturae. alia vero est miraculosa, quae fit ab agente supernaturali, supra consuetum ordinem et cursum naturae, sicut resuscitatio mortuorum. tertia autem est secundum quod omnis creatura vertibilis est in nihil. secunda autem distinctio est accipienda ex parte animae christi, quae dupliciter considerari potest. uno modo, secundum propriam naturam et virtutem, sive naturalem sive gratuitam. alio modo, prout est instrumentum verbi dei sibi personaliter uniti. si ergo loquamur de anima christi secundum propriam naturam et virtutem, sive naturalem sive gratuitam, potentiam habuit ad illos effectus faciendos qui sunt animae convenientes, puta ad gubernandum corpus, et ad disponendum actus humanos; et etiam ad illuminandum, per gratiae et scientiae plenitudinem, omnes creaturas rationales ab eius perfectione deficientes, per modum quo hoc est conveniens creaturae rationali. si autem loquamur de anima christi secundum quod est instrumentum verbi sibi uniti, sic habuit instrumentalem virtutem ad omnes immutationes miraculosas faciendas ordinabiles ad incarnationis finem, qui est ° instaurare omnia, sive quae in caelis sive quae in terris sunt. ‘ immutationes vero creaturarum secundum quod sunt vertibiles in nihil, correspondent creationi rerum, prout scilicet |25| producuntur ex nihilo. et ideo, sicut solus deus potest creare, ita solus potest creaturas in nihilum redigere, qui etiam solus eas in esse conservat, ne in nihilum decidant. sic ergo dicendum est quod anima christi non habet omnipotentiam respectu immutationis creaturarum.
ra1 * Ad primum ergo dicendum quod, sicut dicit hieronymus, ° illi potestas data est qui paulo ante crucifixus et sepultus in tumulo, qui postea resurrexit, “ idest, christo secundum quod homo. dicitur autem sibi omnis potestas data ratione unionis, per quam factum est ut homo esset omnipotens, * ut supra dictum est. “ et quamvis hoc ante resurrectionem innotuerit angelis, post resurrectionem innotuit omnibus hominibus, * ut remigius dicit. “ tunc autem dicuntur res fieri, quando innotescunt. * et ideo post resurrectionem dominus dicit “ sibi potestatem esse datam in caelo et in terra.
ra2 ‘ Ad secundum dicendum quod, licet omnis creatura sit mutabilis ab alia creatura, praeter supremum angelum, qui tamen potest illuminari ab anima christi; non tamen omnis immutatio quae potest fieri circa creaturam, potest fieri a creatura; sed

quaedam immutationes possunt fieri a solo deo. quaecumque tamen immutationes creaturarum possunt fieri per creaturas, possunt etiam fieri per animam christi secundum quod est instrumentum verbi. non autem secundum propriam naturam et virtutem, quia quaedam huiusmodi immutationum non pertinent ad animam, neque quantum ad ordinem naturae neque quantum ad ordinem gratiae.

ra3 ‘ Ad tertium dicendum quod, * sicut dictum est in secunda parte, ‘ gratia virtutum, seu miraculorum, datur animae alicuius sancti, non ut propria virtute eius, sed ut per virtutem divinam huiusmodi miracula fiant. et haec quidem gratia excellentissime data est animae christi, ut scilicet non solum ipse miracula faceret, sed etiam hanc gratiam in alios transfunderet. * unde dicitur, matth. x, quod, ° convocatis duodecim discipulis, dedit illis potestatem spirituum immundorum, ut eiicerent eos; et curarent omnem languorem et omnem infirmitatem.

010 ST4 qu13 ar3

ag1 ‘ Ad tertium sic proceditur. videtur quod anima christi habuerit omnipotentiam respectu proprii corporis. * dicit enim damascenus, in iii libro, quod ° omnia naturalia fuerunt christo voluntaria, volens enim esurivit, volens sitivit, volens timuit, volens mortuus est. ‘ sed ex hoc deus dicitur omnipotens quia ° omnia quaecumque voluit, fecit. ‘ ergo videtur quod anima christi habuit omnipotentiam respectu naturalium operationum proprii corporis.

ag2 ‘ Praeterea, in christo fuit perfectius humana natura quam in adam, in quo, secundum originalem iustitiam quam habuit in statu innocentiae, corpus habebat omnino subiectum animae, ut nihil in corpore posset accidere contra animae voluntatem. ergo multo magis anima christi habuit omnipotentiam respectu sui corporis.

ag3 ‘ Praeterea, ad imaginationem animae naturaliter corpus immutatur; et tanto magis, quanto anima fuerit fortioris imaginationis; * ut in prima parte habitum est. ‘ sed anima christi habuit virtutem perfectissimam, et quantum ad imaginationem, et quantum ad alias vires. ergo anima christi fuit omnipotens in respectu ad corpus proprium.

sc * Sed contra est quod dicitur heb. ii, quod “ debuit per omnia fratribus assimilari, et praecipue in his quae pertinent ad conditionem humanae naturae. ‘ sed ad conditionem humanae naturae pertinet quod valetudo corporis, et eius nutritio et augmentum, imperio rationis, seu voluntati, non subdantur, quia naturalia soli deo, qui est auctor naturae, subduntur. ergo nec in christo subdebantur. non igitur anima christi fuit omnipotens respectu proprii corporis.

co ‘ Respondeo dicendum quod, * sicut dictum est, ‘ anima christi potest dupliciter considerari. uno modo, secundum propriam virtutem et naturam. et hoc modo, sicut non poterat immutare exteriora corpora a cursu et ordine naturae, ita etiam non poterat immutare proprium corpus a naturali dispositione, quia anima, secundum propriam naturam, habet determinatam proportionem ad suum corpus. alio modo potest considerari anima christi secundum quod est instrumentum unitum verbo dei in persona. et sic subdebatur eius potestati totaliter omnis dispositio proprii corporis. quia tamen virtus actionis non proprie attribuitur instrumento, sed principali agenti, talis omnipotentia attribuitur magis ipsi verbo dei quam animae christi.

ra1 * Ad primum ergo dicendum quod verbum damasceni est intelligendum “ quantum ad voluntatem divinam christi. * quia, sicut ipse in praecedenti capitulo dicit, ° beneplacito divinae voluntatis permittebatur carni pati et operari quae propria.

ra2 ‘ Ad secundum dicendum quod non pertinebat hoc ad originalem iustitiam quam adam habuit in statu innocentiae, quod anima hominis haberet virtutem transmutandi corpus proprium in quamcumque formam, sed quod posset ipsum conservare absque nocumento. et hanc etiam virtutem christus assumere potuisset, si voluisset. sed, cum sint tres status hominum, scilicet innocentiae culpae et gloriae; sicut de statu gloriae assumpsit comprehensionem, et de statu innocentiae immunitatem a peccato, ita et de statu culpae assumpsit necessitatem subiacendi poenalitatibus huius vitae, * ut infra dicetur.

ra3 ‘ Ad tertium dicendum quod imaginationi, si fortis fuerit, naturaliter obedit corpus quantum ad aliqua. puta quantum ad casum de trabe in alto posita; quia “ imaginatio nata est esse principium motus localis, * ut dicitur in iii de anima. ‘ similiter etiam quantum ad alterationem quae est secundum calorem et frigus, et alia consequentia, eo quod ex imaginatione consequenter natae sunt consequi passiones animae, secundum quas movetur cor, et sic per commotionem spirituum totum corpus alteratur. aliae vero dispositiones corporales, quae non habent naturalem ordinem ad imaginationem, non transmutantur ab imaginatione, quantumcumque sit fortis, puta figura manus vel pedis, vel aliquid simile.

010 ST4 qu13 ar4

ag1 ‘ Ad quartum sic proceditur. videtur quod anima christi non habuerit omnipotentiam respectu executionis propriae voluntatis. * dicitur enim marc. vii quod, ° ingressus domum, neminem voluit scire sed non potuit latere. ‘ non ergo potuit exequi in omnibus propositum suae voluntatis.

ag2 ‘ Praeterea, praeceptum est signum voluntatis, * ut in prima parte dictum est. ‘ sed dominus quaedam facienda praecepit quorum contraria acciderunt, * dicitur enim matth. ix quod caecis illuminatis ° comminatus est iesus, dicens, videte ne aliquis sciat, illi autem egressi diffamaverunt illum per totam terram illam. ‘ non ergo in omnibus potuit exequi propositum suae voluntatis.

ag3 ‘ Praeterea, id quod aliquis potest facere, non petit ab alio. sed dominus petivit a patre, orando, illud quod fieri volebat, * dicitur enim luc. vi quod ° exivit in montem orare, et erat pernoctans in oratione dei. ‘ ergo non potuit exequi in omnibus propositum suae voluntatis.

sc ‘ Sed contra est quod * augustinus dicit, in libro de quaest. nov. et vet. test., ° impossibile est ut salvatoris voluntas non impleatur, nec potest velle quod scit fieri non debere.

co ‘ Respondeo dicendum quod anima christi dupliciter aliquid voluit. uno modo, quasi per se implendum. et sic, dicendum est quod quidquid voluit, potuit. non enim conveniret sapientiae eius ut aliquid vellet per se facere quod suae voluntati non subiaceret. alio modo voluit aliquid ut implendum virtute divina, sicut resuscitationem proprii corporis, et alia huiusmodi miraculosa opera. quae quidem non poterat propria virtute, sed secundum quod erat instrumentum divinitatis, * ut dictum est.

ra1 ‘ Ad primum ergo dicendum quod, * sicut augustinus dicit, in libro de quaest. nov. et vet. test., ° quod factum est, hoc voluisse dicendus est christus. advertendum est enim quod illud in finibus gestum est gentilium, quibus adhuc tempus praedicandi non erat. ultro tamen venientes ad fidem non suscipere invidiae erat. a suis ergo noluit praedicari, requiri autem se voluit. et ita factum est. ‘ vel potest dici quod haec voluntas christi non fuit de eo quod per eum fiendum erat, sed de eo quod erat fiendum per alios, quod non subiacebat humanae voluntati ipsius. unde * in epistola agathonis papae, quae est recepta in sexta synodo, legitur, ° ergone ille omnium conditor ac redemptor, in terris latere volens, non potuit, nisi hoc ad humanam eius voluntatem, quam temporaliter dignatus est assumere, redigatur?

ra2 * Ad secundum dicendum quod, sicut dicit gregorius, xix moral., ‘ per hoc quod dominus praecepit taceri virtutes suas, ° servis suis se sequentibus exemplum dedit, ut ipsi quidem virtutes suas occultari desiderent, et tamen, ut alii eorum exemplo proficiant, prodantur inviti. ‘ sic ergo praeceptum illud designabat voluntatem ipsius qua humanam gloriam refugiebat, * secundum illud ioan. viii, ° ego gloriam meam non quaero. ‘ volebat tamen absolute, praesertim secundum divinam voluntatem, ut publicaretur miraculum factum, propter aliorum utilitatem.

ra3 ‘ Ad tertium dicendum quod christus orabat etiam pro his quae virtute divina fienda erant, et pro his etiam quae humana voluntate erat facturus. quia virtus et operatio animae christi dependebat a deo, ° qui operatur in omnibus velle et perficere, * ut dicitur philipp. ii.

010 ST4 qu14 ar

pr ‘ Deinde considerandum est de defectibus quos christus in humana natura assumpsit. et primo, de defectibus corporis; secundo, de defectibus animae. circa primum quaeruntur quatuor. primo, utrum filius dei assumere debuerit in humana natura corporis defectus. secundo, utrum assumpserit necessitatem his defectibus subiacendi. tertio, utrum hos defectus contraxerit. quarto, utrum omnes huiusmodi defectus assumpserit.

010 ST4 qu14 ar1

ag1 ‘ Ad primum sic proceditur. videtur quod filius dei non debuit assumere naturam humanam cum corporis defectibus. sicut enim anima unita est verbo dei personaliter, ita et corpus. sed anima christi habuit omnimodam perfectionem, et quantum ad gratiam et quantum ad scientiam, * ut supra dictum est. ‘ ergo etiam corpus eius debuit esse omnibus modis perfectum, nullum in se habens defectum.

ag2 ‘ Praeterea, anima christi videbat verbum dei ea visione qua beati vident, * ut supra dictum est, ‘ et sic anima christi erat beata. sed ex beatitudine animae glorificatur corpus, * dicit enim augustinus, in epistola ad dioscorum, ° tam potenti natura deus fecit animam ut ex eius plenissima beatitudine redundet etiam in inferiorem naturam, quae est corpus, non beatitudo, quae fruentis et intelligentis est propria, sed plenitudo sanitatis, idest incorruptionis vigor. ‘ corpus igitur christi fuit incorruptibile, et absque omni defectu.

ag3 ‘ Praeterea, poena consequitur culpam. sed in christo non fuit aliqua culpa, * secundum illud i pet. ii, ° qui peccatum non fecit. ‘ ergo nec defectus corporales, qui sunt poenales, in eo esse debuerunt.

ag4 ‘ Praeterea, nullus sapiens assumit id quod impedit illum a proprio fine. sed per huiusmodi defectus corporales multipliciter videtur impediri finis incarnationis. primo quidem, quia propter huiusmodi infirmitates homines ab eius cognitione impediebantur, * secundum illud isaiae liii, ° desideravimus eum; despectum et novissimum virorum, virum dolorum et scientem infirmitatem, et quasi absconditus est vultus eius et despectus; unde nec reputavimus eum. ‘ secundo, quia sanctorum patrum desiderium non videtur impleri, * ex quorum persona dicitur isaiae li, ° consurge, consurge, induere fortitudinem, brachium domini. ‘ tertio, quia congruentius per fortitudinem quam per infirmitatem videbatur potestas diaboli posse superari, et humana infirmitas posse sanari. non ergo videtur conveniens fuisse quod filius dei humanam naturam assumpserit cum corporalibus infirmitatibus sive defectibus.

sc * Sed contra est quod dicitur heb. ii, ° in eo in quo passus est ipse et tentatus, potens est et eis qui tentantur auxiliari. ‘ sed ad hoc venit ut nos adiuvaret, * unde et david dicebat, ° levavi oculos meos in montes, unde veniet auxilium mihi. ‘ ergo conveniens fuit quod filius dei carnem assumpserit humanis infirmitatibus subiacentem, ut in ea posset pati et tentari, et sic auxilium nobis ferre.

co ‘ Respondeo dicendum conveniens fuisse corpus assumptum a filio dei humanis infirmitatibus et defectibus subiacere, et praecipue propter tria. primo quidem, quia ad hoc filius dei, carne assumpta, venit in mundum, ut pro peccato humani generis satisfaceret. unus autem pro peccato alterius satisfacit dum poenam peccato alterius debitam in seipsum suscipit. huiusmodi autem defectus corporales, scilicet mors, fames et sitis, et huiusmodi, sunt poena peccati, quod est in mundum per adam introductum, * secundum illud rom. v, ° per unum hominem peccatum intravit in mundum, et per peccatum mors. ‘ unde conveniens fuit, quantum ad finem incarnationis, quod huiusmodi poenalitates in nostra carne susciperet, vice nostra, * secundum illud isaiae liii, ° vere languores nostros ipse tulit. ‘ secundo, propter fidem incarnationis adstruendam. cum enim natura humana non aliter esset nota hominibus nisi prout huiusmodi corporalibus defectibus subiacet, si sine his defectibus filius dei naturam humanam assumpsisset, “ videretur non fuisse verus homo, nec veram carnem habuisse, sed phantasticam, * ut manichaei dixerunt. et ideo, ut dicitur philipp. ii, ° exinanivit semetipsum, formam servi accipiens, in similitudinem hominum factus et habitu inventus ut homo. ‘ unde et thomas per aspectum vulnerum ad fidem est revocatus, |25| * ut dicitur ioan. xx. ‘ tertio, propter exemplum patientiae, quod nobis exhibet passiones et defectus humanos fortiter tolerando. * unde dicitur heb. xii, ° sustinuit a peccatoribus adversus semetipsum contradictionem, ut non fatigemini, animis vestris deficientes.

ra1 ‘ Ad primum ergo dicendum quod satisfactio pro peccato alterius habet quidem quasi materiam poenas quas aliquis pro peccato alterius sustinet, sed pro principio habet habitum animae ex quo inclinatur ad volendum satisfacere pro alio, et ex quo satisfactio efficaciam habet; non enim esset satisfactio efficax nisi ex caritate procederet, * ut infra dicetur. ‘ et ideo oportuit animam christi perfectam esse quantum ad habitus scientiarum et virtutum, ut haberet facultatem satisfaciendi, et quod corpus eius subiectum esset infirmitatibus, ut ei satisfactionis materia non deesset.

ra2 ‘ Ad secundum dicendum quod, secundum naturalem habitudinem quae est inter animam et corpus, ex gloria animae redundat gloria ad corpus, sed haec naturalis habitudo in christo subiacebat voluntati divinitatis ipsius, ex qua factum est ut beatitudo remaneret in anima et non derivaretur ad corpus, sed caro pateretur quae conveniunt naturae passibili; * secundum illud quod dicit damascenus, quod ° beneplacito divinae voluntatis permittebatur carni pati et operari quae propria.

ra3 ‘ Ad tertium dicendum quod poena semper sequitur culpam, actualem vel originalem, quandoque quidem eius qui punitur; quandoque autem alterius, pro quo ille qui patitur poenas satisfacit. et sic accidit in christo, * secundum illud isaiae liii, ° ipse vulneratus est propter iniquitates nostras; attritus est propter scelera nostra.

ra4 ‘ Ad quartum dicendum quod infirmitas assumpta a christo non impedivit finem incarnationis, sed maxime promovit, * ut dictum est. ‘ et quamvis per huiusmodi infirmitates absconderetur eius divinitas, manifestabatur tamen humanitas, quae est via ad divinitatem perveniendi, * secundum illud rom. v, ° accessum habemus ad deum per iesum christum. ‘ desiderabant autem antiqui patres in christo, non quidem fortitudinem corporalem, sed spiritualem, per quam et diabolum vicit et humanam infirmitatem sanavit.

010 ST4 qu14 ar2

ag1 ‘ Ad secundum sic proceditur. videtur quod christus non ex necessitate his defectibus subiacuerit. * dicitur enim isaiae liii, ° oblatus est quia ipse voluit, “ et loquitur de oblatione ad passionem. ‘ sed voluntas opponitur necessitati. ergo christus non ex necessitate subiacuit corporis defectibus.

ag2 * Praeterea, damascenus dicit, in iii libro, ° nihil coactum in christo consideratur, sed omnia voluntaria. ‘ sed quod est voluntarium, non est necessarium. ergo huiusmodi defectus non fuerunt ex necessitate

in christo.
ag3 ' Praeterea, necessitas infertur ab aliquo potentiori. sed nulla creatura est potentior quam anima christi, ad quam pertinebat proprium corpus conservare. ergo huiusmodi defectus seu infirmitates non fuerunt in christo ex necessitate.
sc * Sed contra est quod apostolus dicit, rom. viii, ° misit deus filium suum in similitudinem carnis peccati. ' sed conditio carnis peccati est quod habeat necessitatem moriendi, et sustinendi alias huiusmodi passiones. ergo talis necessitas sustinendi hos defectus fuit in carne christi.
co ' Respondeo dicendum quod duplex est necessitas. una quidem coactionis, quae fit ab agente extrinseco. et haec quidem necessitas contrariatur et naturae et voluntati, quorum utrumque est principium intrinsecum. alia autem est necessitas naturalis, quae consequitur principia naturalia, puta formam, sicut necessarium est ignem calefacere; vel materiam, sicut necessarium est corpus ex contrariis compositum dissolvi. secundum igitur hanc necessitatem quae consequitur materiam, corpus christi subiectum fuit necessitati mortis, et aliorum huiusmodi defectuum. quia, * sicut dictum est, ° beneplacito divinae voluntatis christi carni permittebatur agere et pati quae propria, ' haec autem necessitas causatur ex principiis humanae carnis, * ut dictum est. ' si autem loquamur de necessitate coactionis secundum quod repugnat naturae corporali, sic iterum corpus christi, secundum conditionem propriae naturae, necessitati subiacuit et clavi perforantis et flagelli percutientis. secundum vero quod necessitas talis repugnat voluntati, manifestum est quod in christo non fuit necessitas horum defectuum, nec per respectum ad voluntatem divinam; nec per respectum ad voluntatem humanam christi absolute, prout sequitur rationem deliberativam; sed solum secundum naturalem motum voluntatis, prout scilicet naturaliter refugit mortem et corporis nocumenta.
ra1 " Ad primum ergo dicendum quod christus dicitur oblatus quia voluit, et voluntate divina, et voluntate humana deliberata, licet mors esset contra naturalem motum voluntatis humanae, * ut dicit damascenus.
ra2 * Ad secundum patet responsio ex dictis.
ra3 ' Ad tertium dicendum quod nihil fuit potentius quam anima christi absolute, nihil tamen prohibet aliquid fuisse potentius quantum ad hunc effectum; sicut clavus ad perforandum. et hoc dico secundum quod anima christi consideratur secundum propriam naturam et virtutem.

010 ST4 qu14 ar3

ag1 ' Ad tertium sic proceditur. videtur quod christus defectus corporales contraxit. illud enim contrahere dicimur quod simul cum natura ex origine trahimus. sed christus simul cum natura humana defectus et infirmitates corporales per suam originem traxit a matre, cuius caro huiusmodi defectibus subiacebat. ergo videtur quod hos defectus contraxit.
ag2 ' Praeterea, illud quod ex principiis naturae causatur, simul cum natura trahitur, et ita contrahitur. sed huiusmodi poenalitates causantur ex principiis naturae humanae. ergo eas christus contraxit.
ag3 " Praeterea, secundum huiusmodi defectus christus aliis hominibus similatur * ut dicitur heb. ii. ' sed alii homines huiusmodi defectus contraxerunt. ergo videtur quod etiam christus huiusmodi defectus contraxit.
sc ' Sed contra est quod huiusmodi defectus contrahuntur ex peccato, * secundum illud rom. v, ° per unum hominem peccatum intravit in hunc mundum, et per peccatum mors. ' sed in christo non habuit locum peccatum. ergo huiusmodi defectus christus non contraxit.
co ' Respondeo dicendum quod in verbo contrahendi intelligitur ordo effectus ad causam, ut scilicet illud dicatur contrahi quod simul cum sua causa ex necessitate trahitur. causa autem mortis et horum defectuum in humana natura est peccatum, quia ° per peccatum mors intravit in mundum, * ut dicitur rom. v. ' et ideo illi proprie dicuntur hos defectus contrahere qui ex debito peccati hos defectus incurrunt. christus autem hos defectus non habuit ex debito peccati, quia, * ut augustinus dicit, exponens illud ioan. iii, ° qui de sursum venit, super omnes est, de sursum venit christus, idest de altitudine humanae naturae, quam habuit ante peccatum primi hominis. ' accepit enim naturam humanam absque peccato in illa puritate in qua erat in statu innocentiae. et simili modo potuisset assumere humanam naturam absque defectibus. sic igitur patet quod christus non contraxit hos defectus, quasi ex debito peccati eos suscipiens, sed ex propria voluntate.
ra1 ' Ad primum ergo dicendum quod caro virginis concepta fuit in originali peccato, et ideo hos defectus contraxit. sed caro christi ex virgine assumpsit naturam absque culpa. et similiter potuisset naturam assumere absque poena, sed voluit suscipere poenam propter opus nostrae redemptionis implendum, * sicut dictum est. ' et ideo habuit huiusmodi defectus, non contrahendo, sed voluntarie assumendo.
ra2 ' Ad secundum dicendum quod causa mortis et aliorum corporalium defectuum in humana natura est duplex. una quidem remota, quae accipitur ex parte principiorum materialium humani corporis, inquantum est ex contrariis compositum. sed haec causa impediebatur per originalem iustitiam. et ideo proxima causa mortis et aliorum defectuum est peccatum, per quod est subtracta originalis iustitia. et propter hoc, quia christus fuit sine peccato, dicitur non contraxisse huiusmodi defectus, sed voluntarie assumpsisse.
ra3 ' Ad tertium dicendum quod christus in huiusmodi defectibus assimilatus est aliis hominibus quantum ad qualitatem defectuum, non autem quantum ad causam. et ideo non contraxit huiusmodi defectus, sicut et alii.

010 ST4 qu14 ar4

ag1 ' Ad quartum sic proceditur. videtur quod christus omnes defectus corporales hominum assumere debuit. * dicit enim damascenus, ° quod est inassumptibile, est incurabile. ' sed christus venerat omnes defectus nostros curare. ergo omnes defectus nostros assumere debuit.
ag2 * Praeterea, dictum est quod ' ad hoc quod christus pro nobis satisfaceret, debuit habere habitus perfectivos in anima et defectus in corpore. sed ipse ex parte animae assumpsit plenitudinem omnis gratiae. ergo ex parte corporis debuit assumere omnes defectus.
ag3 ' Praeterea, inter omnes defectus corporales praecipuum locum tenet mors. sed christus mortem assumpsit. ergo multo magis omnes defectus alios assumere debuit.
sc " Sed contra est quod contraria non possunt simul fieri in eodem. ' sed quaedam infirmitates sunt sibi ipsis contrariae, utpote ex contrariis principiis causatae. ergo non potuit esse quod christus omnes infirmitates humanas assumeret.
co * Respondeo dicendum quod, sicut dictum est, ' christus humanos defectus assumpsit ad satisfaciendum pro peccato humanae naturae, ad quod requirebatur quod perfectionem scientiae et gratiae haberet in anima. illos igitur defectus christus assumere debuit qui consequuntur ex peccato communi totius naturae, nec tamen repugnant perfectioni scientiae et gratiae. sic igitur non fuit conveniens ut omnes defectus seu infirmitates humanas assumeret. sunt enim quidam defectus qui repugnant perfectioni scientiae et gratiae, sicut ignorantia, pronitas ad malum, et difficultas ad bonum. quidam autem defectus sunt qui non consequuntur communiter totam humanam naturam propter peccatum primi parentis, sed causantur in aliquibus hominibus ex quibusdam particularibus causis, sicut lepra et morbus caducus et alia huiusmodi. qui quidem defectus quandoque causantur ex culpa hominis, puta ex inordinatione victus, quandoque autem ex defectu virtutis formativae. quorum neutrum convenit christo, quia caro eius de spiritu sancto concepta est, qui est infinitae sapientiae et virtutis, errare et deficere non valens; et ipse nihil inordinatum in regimine suae vitae exercuit. sunt autem tertii defectus qui in omnibus hominibus communiter inveniuntur ex peccato primi parentis, sicut mors, fames, sitis, et alia huiusmodi. et hos defectus omnes christus suscepit. * quos damascenus vocat |25| " naturales et indetractibiles passiones, naturales quidem, quia consequuntur communiter totam humanam naturam; indetractibiles quidem, quia defectum scientiae et gratiae non important.
ra1 ' Ad primum ergo dicendum quod omnes particulares defectus hominum causantur ex corruptibilitate et passibilitate corporis, superadditis quibusdam particularibus causis. et ideo, dum christus curavit passibilitatem et corruptibilitatem corporis nostri per hoc quod eam assumpsit, ex consequenti omnes alios defectus curavit.
ra2 ' Ad secundum dicendum quod plenitudo omnis gratiae et scientiae animae christi secundum se debebatur, ex hoc ipso quod erat a verbo dei assumpta. et ideo absolute omnem plenitudinem sapientiae et gratiae christus assumpsit. sed defectus nostros dispensative assumpsit, ut pro peccato nostro satisfaceret, non quia ei secundum se competerent. et ideo non oportuit quod omnes assumeret, sed solum illos qui sufficiebant ad satisfaciendum pro peccato totius humanae naturae.
ra3 ' Ad tertium dicendum quod mors in omnes homines devenit ex peccato primi parentis, non autem quidam alii defectus, licet sint morte minores. unde non est similis ratio.

010 ST4 qu15 ar

pr ' Deinde considerandum est de defectibus pertinentibus ad animam. et circa hoc quaeruntur decem. primo, utrum in christo fuerit peccatum. secundo, utrum in eo fuerit fomes peccati. tertio, utrum in eo fuerit ignorantia. quarto, utrum anima eius fuerit passibilis. quinto, utrum in eo fuerit dolor sensibilis. sexto, utrum in eo fuerit tristitia. septimo, utrum in eo fuerit timor. octavo, utrum in eo fuerit admiratio. nono, utrum in eo fuerit ira. decimo, utrum simul fuerit viator et comprehensor.

010 ST4 qu15 ar1

ag1 ' Ad primum sic proceditur. videtur quod in christo fuerit peccatum. * dicitur enim in psalmo, ° deus, deus meus, ut quid dereliquisti? longe a salute mea verba delictorum meorum. ' haec autem verba dicuntur ex persona ipsius christi, ut patet ex hoc quod ipse ea in cruce protulit. ergo videtur quod in christo fuerint delicta.
ag2 * Praeterea, rom. v dicit apostolus quod " in adam omnes peccaverunt, scilicet quia in eo originaliter fuerunt. ' sed etiam christus originaliter fuit in adam. ergo in eo peccavit.
ag3 * Praeterea, apostolus dicit, heb. ii, quod ° in eo in quo christus passus est et tentatus, potens est et his qui tentantur auxiliari. ' sed maxime indigebamus auxilio eius contra peccatum. ergo videtur quod in eo fuerit peccatum.
ag4 * Praeterea, ii cor. v dicitur quod deus ° eum qui non noverat peccatum, scilicet christum, pro nobis fecit peccatum. ' sed illud vere est quod a deo factum est. ergo in christo vere fuit peccatum.
ag5 * Praeterea, sicut augustinus dicit, in libro de agone christiano, ° in homine christo se nobis ad exemplum praebuit filius dei. ' sed homo indiget exemplo non solum ad recte vivendum, sed etiam ad hoc quod poeniteat de peccatis. ergo videtur quod in christo debuit esse peccatum, ut, de peccatis poenitendo, poenitentiae nobis daret exemplum.
sc * Sed contra est quod ipse dicit, ioan. viii, ° quis ex vobis arguet me de peccato?
co * Respondeo dicendum quod, sicut supra dictum est, ' christus suscepit defectus nostros ut pro nobis satisfaceret; et veritatem humanae naturae comprobaret; et ut nobis exemplum virtutis fieret. secundum quae tria manifestum est quod defectum peccati assumere non debuit. primo enim, peccatum nihil operatur ad satisfactionem, quinimmo virtutem satisfactionis impedit; quia, * ut dicitur eccli. xxxiv, ° dona iniquorum non probat altissimus. ' similiter etiam ex peccato non demonstratur veritas humanae naturae, quia peccatum non pertinet ad humanam naturam, cuius deus est causa; " sed magis est contra naturam per seminationem diaboli introductum, * ut damascenus dicit. ' tertio, peccando exempla virtutum praebere non potuit, cum peccatum contrarietur virtuti. et ideo christus nullo modo assumpsit defectum peccati, nec originalis nec actualis, * secundum illud quod dicitur i pet. ii, ° qui peccatum non fecit, nec inventus est dolus in ore eius.
ra1 ' Ad primum ergo dicendum quod, * sicut damascenus dicit, in iii libro, " dicitur aliquid de christo, uno modo, secundum proprietatem naturalem et hypostaticam, sicut dicitur quod factus est homo, et quod pro nobis passus est; alio modo, secundum proprietatem personalem et habitudinalem, prout scilicet aliqua dicuntur de ipso in persona nostra quae sibi secundum se nullo modo conveniunt. * unde et inter septem regulas tichonii, quas ponit augustinus in iii de doct. christ., prima ponitur ° de domino et eius corpore, " cum scilicet christi et ecclesiae una persona aestimatur. ' et secundum hoc, christus ex persona membrorum suorum loquens dicit, " verba delictorum meorum, ' non quod in ipso capite delicta fuerint.
ra2 ' Ad secundum dicendum quod, * sicut augustinus dicit, x super gen. ad litt., " non omni modo christus fuit in adam, et in aliis patribus, quo nos ibi fuimus. nos enim fuimus in adam secundum rationem seminalem, et secundum corpulentam substantiam, * quia scilicet, ut ipse ibidem dicit, ° cum sit in semine et visibilis corpulentia et invisibilis ratio, utrumque cucurrit ex adam. sed christus visibilem carnis substantiam de carne virginis sumpsit, ratio vero conceptionis eius non a semine virili, sed longe aliter, ac desuper venit. " unde non fuit in adam secundum seminalem rationem, sed solum secundum corpulentam substantiam. ' et ideo christus non accepit active ab adam naturam humanam, sed solum materialiter, active vero a spiritu sancto, " sicut et ipse adam materialiter sumpsit corpus ex limo terrae, active autem a deo. ' et propter hoc christus non peccavit in adam, in quo fuit solum secundum materiam.
ra3 ' Ad tertium dicendum quod christus sua tentatione et passione nobis auxilium tulit pro nobis satisfaciendo. sed peccatum non cooperatur ad satisfactionem, sed magis ipsam impedit, * ut dictum est. ' et ideo non oportuit ut peccatum in se haberet, sed quod omnino esset purus a peccato, alioquin, poena quam sustinuit fuisset sibi debita pro peccato proprio.
ra4 " Ad quartum dicendum quod deus fecit christum peccatum, non quidem ut in se peccatum haberet, sed quia fecit eum hostiam pro peccato, * sicut osee iv dicitur, " peccata populi mei comedent, scilicet sacerdotes, qui secundum legem comedebant hostias pro peccato oblatas. * et secundum hunc modum dicitur isaiae liii, quod ° dominus posuit in eo iniquitates omnium nostrum, ' quia scilicet eum tradidit ut esset hostia pro peccatis omnium hominum. " vel, fecit eum peccatum, idest, ° habentem similitudinem carnis peccati, * ut dicitur rom. viii. ' et hoc propter corpus passibile et mortale quod assumpsit.
ra5 ' Ad quintum dicendum quod poenitens laudabile exemplum dare potest, non ex eo quod peccavit, sed in hoc quod voluntarie poenam sustinet pro peccato. unde christus dedit maximum exemplum poenitentibus, dum non pro peccato proprio, sed pro pec-

catis aliorum voluit poenam subire.

010 ST4 qu15 ar2

ag1 ' Ad secundum sic proceditur. videtur quod in christo fuerit fomes peccati. ab eodem enim principio derivatur fomes peccati, et passibilitas corporis sive mortalitas, scilicet ex subtractione originalis iustitiae, per quam simul inferiores vires animae subdebantur rationi, et corpus animae. sed in christo fuit passibilitas corporis et mortalitas. ergo etiam in eo fuit fomes peccati.

ag2 * Praeterea, sicut damascenus dicit, in iii libro, ° beneplacito divinae voluntatis permittebatur caro christi pati et operari quae propria. ' sed proprium est carni ut concupiscat delectabilia sibi. " cum ergo nihil aliud sit fomes quam concupiscentia, * ut dicitur in glossa, rom. vii, ' videtur quod in christo fuerit fomes peccati.

ag3 " Praeterea, ratione fomitis ° caro concupiscit adversus spiritum, * ut dicitur galat. v. ' sed tanto spiritus ostenditur esse fortior et magis dignus corona, quanto magis super hostem, scilicet concupiscentiam carnis, dominatur, * secundum illud ii tim. ii, ° non coronabitur nisi qui legitime certaverit. ' christus autem habuit fortissimum et victoriosissimum spiritum, et maxime dignum corona, * secundum illud apoc. vi, ° data est ei corona, et exivit vincens, ut vinceret. ' videtur ergo quod in christo debuerit esse maxime fomes peccati.

sc * Sed contra est quod dicitur matth. i, ° quod in ea natum est, de spiritu sancto est. ' sed spiritus sanctus excludit peccatum, et inclinationem peccati, quae importatur nomine fomitis. ergo in christo non fuit fomes peccati.

co * Respondeo dicendum quod, sicut supra dictum est, ' christus perfectissime habuit gratiam et omnes virtutes. virtus autem moralis quae est in irrationali parte animae, eam facit rationi esse subiectam, et tanto magis quanto perfectior fuerit virtus, sicut temperantia concupiscibilem, et fortitudo et mansuetudo irascibilem, * ut in secunda parte dictum est. ' ad rationem autem fomitis pertinet inclinatio sensualis appetitus in id quod est contra rationem. sic igitur patet quod, quanto virtus fuerit magis in aliquo perfecta, tanto magis debilitatur in eo vis fomitis. cum igitur in christo fuerit virtus secundum perfectissimum gradum, consequens est quod in eo fomes peccati non fuerit, cum etiam iste defectus non sit ordinabilis ad satisfaciendum, sed potius inclinat ad contrarium satisfactioni.

ra1 ' Ad primum ergo dicendum quod inferiores vires pertinentes ad sensibilem appetitum, naturaliter sunt obedibiles rationi, non autem vires corporales, vel humorum corporalium, vel etiam ipsius animae vegetabilis, * ut patet in i ethic.. ' et ideo perfectio virtutis, quae est secundum rationem rectam, non excludit passibilitatem corporis, excludit autem fomitem peccati, cuius ratio consistit in resistentia sensibilis appetitus ad rationem.

ra2 ' Ad secundum dicendum quod caro naturaliter concupiscit id quod est sibi delectabile, concupiscentia appetitus sensitivi, sed caro hominis, qui est animal rationale, hoc concupiscit secundum modum et ordinem rationis. et hoc modo caro christi, concupiscentia appetitus sensitivi, naturaliter appetebat escam et potum et somnum, et alia huiusmodi quae secundum rationem rectam appetuntur, * ut patet per damascenum, in iii libro. ' ex hoc autem non sequitur quod in christo fuerit fomes peccati, qui importat concupiscentiam delectabilium praeter ordinem rationis.

ra3 ' Ad tertium dicendum quod fortitudo spiritus aliqualis ostenditur ex hoc quod resistit concupiscentiae carnis sibi contrarianti, sed maior fortitudo spiritus ostenditur si per eius virtutem totaliter comprimatur, ne contra spiritum concupiscere possit. et ideo hoc competebat christo, cuius spiritus summum gradum fortitudinis attigerat. et licet non sustinuerit impugnationem interiorem ex parte fomitis, sustinuit tamen exteriorem impugnationem ex parte mundi et diaboli, quos superando victoriae coronam promeruit.

010 ST4 qu15 ar3

ag1 ' Ad tertium sic proceditur. videtur quod in christo fuerit ignorantia. illud enim vere fuit in christo quod sibi competit secundum humanam naturam, licet non competat secundum divinam, sicut passio et mors. sed ignorantia convenit christo secundum humanam naturam, * dicit enim damascenus, in iii libro, quod ° ignorantem et servilem assumpsit naturam. ' ergo ignorantia vere fuit in christo.

ag2 ' Praeterea, aliquis dicitur ignorans per notitiae defectum. sed aliqua notitia defuit christo, * dicit enim apostolus, ii cor. v, ° eum qui non novit peccatum, pro nobis peccatum fecit. ' ergo in christo fuit ignorantia.

ag3 * Praeterea, isaiae viii dicitur, ° antequam sciat puer vocare patrem suum et matrem suam, auferetur fortitudo damasci. ' puer autem ille est christus. ergo in christo fuit aliquarum rerum ignorantia.

sc ' Sed contra, ignorantia per ignorantiam non tollitur. christus autem ad hoc venit ut ignorantias nostras auferret, venit enim ° ut illuminaret his qui in tenebris et in umbra mortis sedent. ' ergo in christo ignorantia non fuit.

co ' Respondeo dicendum quod, sicut in christo fuit plenitudo gratiae et virtutis, ita in ipso fuit plenitudo omnis scientiae, * ut ex praemissis patet. ' sicut autem in christo plenitudo gratiae et virtutis excludit peccati fomitem, ita plenitudo scientiae excludit ignorantiam, quae scientiae opponitur. unde, sicut in christo non fuit fomes peccati, ita non fuit in eo ignorantia.

ra1 ' Ad primum ergo dicendum quod natura a christo assumpta potest dupliciter considerari. uno modo, secundum rationem suae speciei. * et secundum hoc dicit damascenus " eam esse ignorantem et servilem. * unde subdit, ° nam serva est quidem hominis natura eius qui fecit ipsam, dei, et non habet futurorum cognitionem. ' alio modo potest considerari secundum illud quod habet ex unione ad hypostasim divinam, ex qua habet plenitudinem scientiae et gratiae, * secundum illud ioan. i, ° vidimus eum, quasi unigenitum a patre, plenum gratiae et veritatis. ' et hoc modo natura humana in christo ignorantiam non habuit.

ra2 ' Ad secundum dicendum quod christus dicitur non novisse peccatum, quia nescivit per experientiam. scivit autem per simplicem notitiam.

ra3 * Ad tertium dicendum quod propheta ibi loquitur " de humana christi scientia. dicit ergo, antequam sciat puer, scilicet secundum humanitatem, vocare patrem suum, ioseph, qui pater fuit putative, et matrem suam, scilicet mariam, auferetur fortitudo damasci. quod non est sic intelligendum quasi aliquando fuerit homo et hoc nesciverit, sed, antequam sciat, idest, antequam fiat homo scientiam habens humanam, auferetur vel, ad litteram, fortitudo damasci et spolia samariae, per regem assyriorum; vel, spiritualiter, quia, nondum natus, populum suum sola invocatione salvabit, * ut glossa hieronymi exponit. augustinus tamen, in sermone de epiph., dicit hoc esse completum in adoratione magorum. ait enim, ° antequam per humanam carnem humana verba proferret, accepit virtutem damasci, scilicet divitias, in quibus damascus praesumebat in divitiis autem principatus auro defertur. spolia vero samariae iidem ipsi erant. samaria namque pro idololatria ponitur, illic enim populus ad idola colenda conversus est. haec ergo prima spolia puer idololatriae detraxit. " et secundum hoc intelligitur, antequam sciat puer, idest, antequam ostendat se scire.

010 ST4 qu15 ar4

ag1 ' Ad quartum sic proceditur. videtur quod anima christi non fuerit passibilis. nihil enim patitur nisi a fortiori, quia ° agens est praestantius patiente, * ut patet per augustinum, xii super gen. ad litt.; et per philosophum, in iii de anima. ' sed nulla creatura fuit praestantior quam anima christi. ergo anima christi non potuit ab aliqua creatura pati. et ita non fuit passibilis, frustra enim fuisset in eo potentia patiendi, si a nullo pati potuisset.

ag2 * Praeterea, tullius in libro de tusculan. quaest., dicit quod " passiones animae sunt quaedam aegritudines. ' sed in anima christi non fuit aliqua aegritudo, nam aegritudo animae sequitur peccatum, * ut patet per illud psalmi, ° sana animam meam, quia peccavi tibi. ' ergo in christo non fuerunt animae passiones.

ag3 ' Praeterea, passiones animae videntur idem esse cum fomite peccati, * unde apostolus, rom. vii, vocat eas ° passiones peccatorum. ' sed in christo non fuit fomes peccati, * ut supra dictum est. ' ergo videtur quod non fuerint in eo animae passiones. et ita anima christi non fuit passibilis.

sc * Sed contra est quod in psalmo dicitur ex persona christi, ° repleta est malis anima mea, " non quidem peccatis, sed humanis malis, idest doloribus, * ut glossa ibidem exponit. ' sic igitur anima christi fuit passibilis.

co ' Respondeo dicendum quod animam in corpore constitutam contingit pati dupliciter, uno modo passione corporali; alio modo, passione animali. passione quidem corporali patitur per corporis laesionem. cum enim anima sit forma corporis, consequens est quod unum sit esse animae et corporis, et ideo, corpore perturbato per aliquam corpoream passionem, necesse est quod anima per accidens perturbetur, scilicet quantum ad esse quod habet in corpore. quia igitur corpus christi fuit passibile et mortale, * ut supra habitum est, ' necesse fuit ut etiam anima eius hoc modo passibilis esset. passione autem animali pati dicitur anima secundum operationem quae vel est propria animae, vel est principalius animae quam corporis. et quamvis etiam secundum intelligere et sentire dicatur hoc modo anima aliquid pati, tamen, * sicut in secunda parte dictum est, ' propriissime dicuntur passiones animae affectiones appetitus sensitivi, quae in christo fuerunt, sicut et cetera quae ad naturam hominis pertinent. * unde augustinus dicit, xiv de civ. dei, ° ipse dominus, in forma servi agere vitam dignatus, humanitus adhibuit eas, ubi adhibendas esse iudicavit. neque enim in quo verum erat hominis corpus et verus hominis animus, falsus erat humanus affectus. |25| ' sciendum tamen quod huiusmodi passiones aliter fuerunt in christo quam in nobis, quantum ad tria. primo quidem, quantum ad obiectum. quia in nobis plerumque huiusmodi passiones feruntur ad illicita, quod in christo non fuit. secundo, quantum ad principium. quia huiusmodi passiones frequenter in nobis praeveniunt iudicium rationis, sed in christo omnes motus sensitivi appetitus oriebantur secundum dispositionem rationis. * unde augustinus dicit, xiv de civ. dei, quod ° hos motus, certissimae dispensationis gratia, ita cum voluit christus suscepit animo humano, sicut cum voluit factus est homo. ' tertio, quantum ad effectum. quia in nobis quandoque huiusmodi motus non sistunt in appetitu sensitivo, sed trahunt rationem. quod in christo non fuit, quia motus naturaliter humanae carni convenientes sic ex eius dispositione in appetitu sensitivo manebant quod ratio ex his nullo modo impediebatur facere quae conveniebant. * unde hieronymus dicit, super matth., quod ° dominus noster, ut veritatem assumpti probaret hominis, vere quidem contristatus est, sed, ne passio in animo illius dominaretur, per propassionem dicitur quod coepit contristari, " ut passio perfecta intelligatur quando animo, idest rationi, dominatur; propassio autem, quando est inchoata in appetitu sensitivo, sed ulterius non se extendit.

ra1 ' Ad primum ergo dicendum quod anima christi poterat quidem resistere passionibus, ut non ei supervenirent, praesertim virtute divina. sed propria voluntate se passionibus subiiciebat, tam corporalibus quam animalibus.

ra2 * Ad secundum dicendum quod tullius ibi loquitur secundum opinionem stoicorum, qui non vocabant " passiones quoscumque motus appetitus sensitivi, sed solum inordinatos. ' tales autem passiones manifestum est in christo non fuisse.

ra3 ' Ad tertium dicendum quod passiones peccatorum sunt motus appetitus sensitivi in illicita tendentes. quod non fuit in christo, sicut nec fomes peccati.

010 ST4 qu15 ar5

ag1 ' Ad quintum sic proceditur. videtur quod in christo non fuerit verus dolor sensibilis. * dicit enim hilarius, in x de trin. ° cum pro christo mori vita sit, quid ipse in mortis sacramento doluisse aestimandus est, qui pro se morientibus vitam rependit? * et infra dicit, ° unigenitus deus hominem verum, non deficiens a se deo, sumpsit, in quo, quamvis aut ictus incideret, aut vulnus descenderet, aut nodi concurrerent, aut suspensio elevaret, afferrent quidem haec impetum passionis, non tamen dolorem inferrent. ' non igitur in christo fuit verus dolor.

ag2 ' Praeterea, hoc proprium videtur esse carni in peccato conceptae, quod necessitati doloris subiaceat. sed caro christi non est cum peccato concepta, sed ex spiritu sancto in utero virginali. non ergo subiacuit necessitati patiendi dolorem.

ag3 ' Praeterea, delectatio contemplationis divinorum diminuit sensum doloris, unde et martyres in passionibus suis tolerabilius dolorem sustinuerunt ex consideratione divini amoris. sed anima christi summe delectabatur in contemplatione dei, quem per essentiam videbat, * ut supra dictum est. ' non ergo poterat sentire aliquem dolorem.

sc * Sed contra est quod isaiae liii dicitur, ° vere languores nostros ipse tulit, et dolores nostros ipse portavit.

co * Respondeo dicendum quod, sicut patet ex his quae in secunda parte dicta sunt, ' ad veritatem doloris sensibilis requiritur laesio corporis et sensus laesionis. corpus autem christi laedi poterat, quia erat passibile et mortale, * ut supra habitum est. ' nec defuit ei sensus laesionis, cum anima christi perfecte haberet omnes potentias naturales. unde nulli dubium debet esse quin in christo fuerit verus dolor.

ra1 * Ad primum ergo dicendum quod in omnibus illis verbis, et similibus hilarius " a carne christi non veritatem doloris, sed necessitatem excludere intendit. * unde post praemissa verba subdit, ° neque enim, cum sitivit aut esurivit aut flevit, bibisse dominus aut manducasse aut doluisse monstratus est, sed ad demonstrandam corporis veritatem corporis consuetudo suscepta est, ita ut, naturae nostrae consuetudine, consuetudini sit corporis satisfactum. vel, cum potum aut cibum accepit, non se necessitati corporis, sed consuetudini tribuit. " et accepit necessitatem per comparationem ad causam primam horum defectuum, quae est peccatum, * ut supra dictum est, " ut scilicet ea ratione dicatur caro christi non subiacuisse necessitati horum defectuum, quia non fuit in ea peccatum. * unde subdit, ° habuit enim, " scilicet christus, ° corpus, sed originis suae proprium, neque ex vitiis humanae conceptionis existens, sed in formam corporis nostri, virtutis suae potestate, subsistens. ' quantum tamen ad causam propinquam horum defectuum, quae est compositio contrariorum, caro christi subiacuit necessitati |25| horum defectuum, * ut supra habitum est.

ra2 ' Ad secundum dicendum quod caro in peccato concepta subiacet dolori non solum ex necessitate naturalium principiorum, sed etiam ex necessitate reatus peccati. quae quidem necessitas in christo non fuit, sed solum necessitas naturalium principiorum.

ra3 * Ad tertium dicendum quod, sicut supra dictum est, ' virtute divinitatis christi dispensative sic beatitudo in anima continebatur quod non derivabatur ad corpus, ut eius passibilitas et mortalitas tolleretur. et, eadem ratione, delectatio contemplationis sic continebatur in mente quod non derivabatur ad vires sensibiles, ut per hoc dolor sensibilis excluderetur.

010 ST4 qu15 ar6

ag1 ' Ad sextum sic proceditur. videtur quod in christo non fuerit tristitia. * dicitur enim de christo, isaiae xlii, ° non erit tristis neque turbulentus.
ag2 * Praeterea, proverb. xii dicitur, ° non contristabit iustum quidquid ei acciderit. * et huius rationem stoici assignabant, quia " nullus tristatur nisi de amissione bonorum suorum, ' iustus autem non reputat bona sua nisi iustitiam et virtutem, quas non potest amittere. alioquin, subiaceret iustus fortunae, si pro amissione bonorum fortunae tristaretur. sed christus fuit maxime iustus, * secundum illud ierem. xxiii. ° hoc est nomen quod vocabunt eum, dominus iustus noster. ' ergo in eo non fuit tristitia.
ag3 * Praeterea, philosophus dicit, in vii ethic., quod " omnis tristitia est malum et fugiendum. ' sed nullum malum vel fugiendum fuit in christo. ergo in christo non fuit tristitia.
ag4 * Praeterea, sicut augustinus dicit, xiv de civ. dei, ° tristitia est de his quae nobis nolentibus accidunt. ' sed nihil passus est christus contra suam voluntatem, * dicitur enim isaiae liii, ° oblatus est quia ipse voluit. ' ergo in christo non fuit tristitia.
sc * Sed contra est quod dicit dominus, matth. xxvi, ° tristis est anima mea usque ad mortem. * et ambrosius dicit, ii de trin., ° ut homo, tristitiam habuit, suscepit enim tristitiam meam. confidenter tristitiam nomino, qui crucem praedico.
co ' Respondeo dicendum quod, * sicut dictum est, ' delectatio divinae contemplationis ita per dispensationem divinae virtutis retinebatur in mente christi quod non derivabatur ad vires sensitivas, ut per hoc dolor sensibilis excluderetur. sicut autem dolor sensibilis est in appetitu sensitivo, ita et tristitia, sed est differentia secundum motivum, sive obiectum. nam obiectum et motivum doloris est laesio sensu tactus percepta, sicut cum aliquis vulneratur. obiectum autem et motivum tristitiae est nocivum seu malum interius apprehensum, sive per rationem sive per imaginationem, * sicut in secunda parte habitum est, ' sicut cum aliquis tristatur de amissione gratiae vel pecuniae. potuit autem anima christi interius apprehendere aliquid ut nocivum, et quantum ad se, sicut passio et mors eius fuit, et quantum ad alios, sicut peccatum discipulorum, vel etiam iudaeorum occidentium ipsum. et ideo, sicut in christo potuit esse verus dolor, ita in eo potuit esse vera tristitia, alio tamen modo quam in nobis est, * secundum illa tria quae sunt assignata supra, cum communiter de christi passione loqueremur.
ra1 ' Ad primum ergo dicendum quod tristitia removetur a christo secundum passionem perfectam, fuit tamen in eo initiata, secundum propassionem. * unde dicitur matth. xxvi, ° coepit contristari et moestus esse. aliud enim est contristari, aliud incipere contristari, * ut hieronymus ibidem dicit.
ra2 ' Ad secundum dicendum quod, * sicut augustinus dicit, xiv de civ. dei, " pro tribus perturbationibus, scilicet cupiditate, laetitia et timore, stoici tres eupathias, idest bonas passiones, in anima sapientis posuerunt, scilicet ° pro cupiditate voluntatem, pro laetitia gaudium, pro metu cautionem. sed pro tristitia negaverunt aliquid posse esse in animo sapientis, quia tristitia est de malo quod iam accidit: nullum autem malum aestimant posse accidere sapienti. * et hoc ideo est quia non credebant " aliquid esse bonum nisi honestum, quod homines bonos facit; nec aliquid esse malum nisi inhonestum, per quod homines mali fiunt. ' quamvis autem honestum sit principale hominis bonum, et inhonestum principale hominis malum, quia haec pertinent ad ipsam rationem, quae est principalis in homine; sunt tamen quaedam secundaria hominis bona, quae pertinent ad ipsum corpus, vel ad exteriores res corpori deservientes. et secundum hoc, potest in animo sapientis esse tristitia, quantum ad appetitum sensitivum, secundum apprehensionem huiusmodi malorum, non tamen ita quod ista tristitia perturbet rationem. * et secundum hoc etiam intelligitur quod ° non contristabit iustum quidquid ei acciderit, |25| " quia scilicet ex nullo accidente eius ratio perturbatur. ' et secundum hoc tristitia fuit in christo, secundum propassionem, non secundum passionem.
ra3 ' Ad tertium dicendum quod omnis tristitia est malum poenae, non tamen semper est malum culpae, sed solum quando ex inordinato affectu procedit. * unde augustinus dicit, xiv de civ. dei, ° cum rectam rationem sequantur istae affectiones, et quando et ubi oportet adhibentur, quis eas tunc morbidas aut vitiosas passiones audeat dicere?
ra4 ' Ad quartum dicendum quod nihil prohibet aliquid esse contrarium voluntati secundum se quod tamen est volitum ratione finis ad quem ordinatur, sicut medicina amara non est secundum se volita, sed solum secundum quod ordinatur ad sanitatem. et hoc modo mors christi et eius passio fuit, secundum se considerata, involuntaria et tristitiam causans, licet fuerit voluntaria in ordine ad finem, qui est redemptio humani generis.

010 ST4 qu15 ar7

ag1 ' Ad septimum sic proceditur. videtur quod in christo non fuerit timor. * dicitur enim proverb. xxvii, ° iustus, quasi leo confidens, absque terrore erit. ' sed christus fuit maxime iustus. ergo in christo non fuit aliquis timor.
ag2 * Praeterea, hilarius dicit, x de trin., ° interrogo eos qui hoc existimant an ratione subsistat ut mori timuerit qui, omnem ab apostolis mortis timorem expellens, ad gloriam eos sit martyrii exhortatus. ' non ergo in christo rationabile est fuisse timorem.
ag3 ' Praeterea, timor non videtur esse nisi de malo quod non potest homo vitare. sed christus poterat vitare et malum poenae, quod passus est; et malum culpae, quod aliis accidit. ergo in christo non fuit aliquis timor.
sc * Sed contra est quod dicitur marc. xiv, ° coepit iesus taedere et pavere.
co ' Respondeo dicendum quod, sicut tristitia causatur ex apprehensione mali praesentis, ita etiam timor causatur ex apprehensione mali futuri. apprehensio autem mali futuri, si omnimodam certitudinem habeat, non inducit timorem. * unde philosophus dicit, in ii rhet., quod " timor non est nisi ubi est aliqua spes evadendi, nam quando nulla spes est evadendi, apprehenditur malum ut praesens; et sic magis causat tristitiam quam timorem. ' sic igitur timor potest considerari quantum ad duo. uno modo, quantum ad hoc quod appetitus sensitivus naturaliter refugit corporis laesionem, et per tristitiam, si sit praesens; et per timorem, si sit futura. et hoc modo timor fuit in christo, sicut et tristitia. alio modo potest considerari secundum incertitudinem futuri adventus, sicut quando nocte timemus ex aliquo sonitu quasi ignorantes quid hoc sit. " et quantum ad hoc, timor non fuit in christo, * ut damascenus dicit, in iii libro.
ra1 " Ad primum ergo dicendum quod iustus dicitur esse absque terrore, ' secundum quod terror importat perfectam passionem, avertentem hominem a bono quod est rationis. et sic timor non fuit in christo sed solum secundum propassionem. * et ideo dicitur quod ° coepit iesus pavere et taedere, ' quasi secundum propassionem, * ut hieronymus exponit.
ra2 * Ad secundum dicendum quod hilarius eo modo excludit a christo " timorem quo excludit tristitiam, scilicet quoad necessitatem timendi. ' sed tamen, ad comprobandam veritatem humanae naturae, voluntarie timorem assumpsit, sicut et tristitiam.
ra3 ' Ad tertium dicendum quod, licet christus potuerit vitare mala futura secundum virtutem divinitatis, erant tamen inevitabilia, vel non de facili vitabilia, secundum infirmitatem carnis.

010 ST4 qu15 ar8

ag1 ' Ad octavum sic proceditur. videtur quod in christo non fuerit admiratio. * dicit enim philosophus, in i metaphys., quod " admiratio causatur ex hoc quod aliquis videt effectum et ignorat causam, et sic admirari non est nisi ignorantis. ' sed in christo non fuit ignorantia, * ut dictum est. ' ergo in christo non fuit admiratio.
ag2 * Praeterea, damascenus dicit, in ii libro, quod ° admiratio est timor ex magna imaginatione, * et ideo philosophus dicit, in iv ethic., quod ° magnanimus non est admirativus. ' sed christus fuit maxime magnanimus. ergo in christo non fuit admiratio.
ag3 ' Praeterea, nullus admiratur de eo quod ipse facere potest. sed christus facere potuit quidquid magnum erat in rebus. ergo videtur quod de nullo admirabatur.
sc * Sed contra est quod dicitur matth. viii, " audiens iesus, scilicet verba centurionis, miratus est.
co ' Respondeo dicendum quod admiratio proprie est de novo aliquo insolito. in christo autem non poterat esse aliquid novum et insolitum quantum ad scientiam divinam; neque etiam quantum ad scientiam humanam qua cognoscebat res in verbo; vel qua cognoscebat res per species inditas. potuit tamen esse aliquid sibi novum et insolitum secundum scientiam experimentalem, secundum quam sibi poterant quotidie aliqua nova occurrere. et ideo, si loquimur de christo quantum ad scientiam divinam et scientiam beatam, vel etiam infusam, non fuit in christo admiratio. si autem loquamur de eo quantum ad scientiam experimentalem, sic admiratio in eo esse potuit. et assumpsit hunc affectum ad nostram instructionem, ut scilicet doceat esse mirandum quod etiam ipse mirabatur. * unde augustinus dicit, in i super gen. contra manich., ° quod miratur dominus, nobis mirandum esse significat, quibus adhuc opus est sic moveri. omnes ergo tales motus eius non perturbati animi signa sunt, sed docentis magisterium.
ra1 ' Ad primum ergo dicendum quod, licet christus nihil ignoret, poterat tamen de novo aliquid occurrere experimentali eius scientiae, ex quo admiratio causaretur.
ra2 ' Ad secundum dicendum quod christus admirabatur de fide centurionis non ea ratione quod esset magna quantum ad ipsum, sed quia erat magna quantum ad alios.
ra3 ' Ad tertium dicendum quod ipse poterat facere omnia secundum virtutem divinam, secundum quam in eo admiratio non erat, sed solum secundum humanam scientiam experimentalem, * ut dictum est.

010 ST4 qu15 ar9

ag1 ' Ad nonum sic proceditur. videtur quod in christo non fuerit ira. * dicitur enim iac. i, ° ira enim viri iustitiam dei non operatur. ' sed quidquid fuit in christo ad iustitiam dei pertinuit, ipse enim ° factus est nobis iustitia a deo, * ut dicitur i cor. i. ' ergo videtur quod in christo non fuerit ira.
ag2 " Praeterea, ira mansuetudini opponitur, * ut patet in iv ethic.. ' sed christus fuit maxime mansuetus. ergo in christo non fuit ira.
ag3 * Praeterea, gregorius dicit, in v moral., quod ° ira per vitium excaecat oculum mentis; ira vero per zelum ipsum turbat. ' sed in christo mentis oculus non fuit neque excaecatus neque turbatus. ergo in christo non fuit ira per vitium, nec ira per zelum.
sc ' Sed contra est quod * ioan. ii dicitur de eo esse impletum quod in psalmo legitur, ° zelus domus tuae comedit me.
co * Respondeo dicendum quod, sicut in secunda parte dictum est, ' ira est effectus tristitiae. ex tristitia enim alicui illata consequitur in eo, circa sensitivam partem, appetitus repellendi illatam iniuriam vel sibi vel aliis. et sic ira est passio composita ex tristitia et appetitu vindictae. * dictum est autem quod ' in christo tristitia esse potuit. appetitus etiam vindictae quandoque est cum peccato, quando scilicet aliquis vindictam quaerit sibi absque ordine rationis. et sic ira in christo esse non potuit, " hoc enim dicitur ira per vitium. ' quandoque vero talis appetitus est sine peccato, immo est laudabilis, puta cum aliquis appetit vindictam secundum ordinem iustitiae. " et hoc vocatur ira per zelum, * dicit enim augustinus, super ioan., quod ° zelo domus dei comeditur qui omnia perversa quae videt cupit emendare; et, si emendare non possit, tolerat et gemit. ' et talis ira fuit in christo.
ra1 * Ad primum ergo dicendum quod, sicut dicit gregorius, in v moral., " ira dupliciter se habet in homine. quandoque enim praevenit rationem, et trahit eam secum ad operandum. et tunc proprie ira dicitur operari, nam operatio attribuitur principali agenti. * et secundum hoc intelligitur quod ° ira viri iustitiam dei non operatur. ' quandoque vero ira sequitur rationem, et est quasi instrumentum ipsius. et tunc operatio, quae est iustitiae, non attribuitur irae, sed rationi.
ra2 ' Ad secundum dicendum quod ira quae transgreditur ordinem rationis mansuetudini opponitur, non autem ira quae est moderata, ad medium reducta per rationem. nam mansuetudo medium tenet in ira.
ra3 ' Ad tertium dicendum quod in nobis, secundum naturalem ordinem, potentiae animae mutuo se impediunt, ita scilicet quod, cum unius potentiae operatio fuerit intensa, alterius operatio debilitetur. et ex hoc procedit quod motus irae etiam si sit secundum rationem moderatus, utcumque impedit oculum animae contemplantis. sed in christo, per moderationem divinae virtutis, ° unicuique potentiae permittebatur agere quod erat ei proprium, ' ita quod una potentia ex alia non impediebatur. et ideo, sicut delectatio mentis contemplantis non impediebat tristitiam vel dolorem inferioris partis, ita etiam e converso passiones inferioris partis in nullo impediebant actum rationis.

010 ST4 qu15 ar10

ag1 ' Ad decimum sic proceditur. videtur quod christus non fuerit simul viator et comprehensor. viatori enim competit moveri ad finem beatitudinis, comprehensori autem competit in fine quiescere. sed non potest simul eidem convenire quod moveatur ad finem, et quod quiescat in fine. ergo non potuit simul esse quod christus esset viator et comprehensor.
ag2 ' Praeterea, moveri ad beatitudinem, aut eam obtinere, non competit homini secundum corpus, sed secundum animam. * unde augustinus dicit, in epistola ad dioscorum, quod ° ad inferiorem naturam, quae est corpus, redundat ab anima non beatitudo, quae propria est fruentis et intelligentis. ' sed christus, licet haberet corpus passibile, tamen secundum mentem plene deo fruebatur. non ergo christus fuit viator, sed purus comprehensor.
ag3 ' Praeterea, sancti, quorum animae sunt in caelo et corpora in sepulcris, fruuntur quidem beatitudine secundum animam, quamvis eorum corpora morti subiaceant, et tamen non dicuntur viatores, sed solum comprehensores. ergo, pari ratione, licet corpus christi fuerit mortale, quia tamen mens eius deo fruebatur, videtur quod fuerit purus comprehensor, et nullo modo viator.
sc * Sed contra est quod dicitur ierem. xiv, ° quasi colonus futurus es in terra, et quasi viator declinans ad manendum.
co ' Respondeo dicendum quod aliquis dicitur viator ex eo quod tendit in beatitudinem, comprehensor autem dicitur ex hoc quod iam beatitudinem obtinet, * secundum illud i cor. ix, ° sic currite ut comprehendatis; * et philipp. iii, ° sequor autem, si quo modo comprehendam. ' hominis autem beatitudo perfecta consistit in anima et corpore, * ut in secunda parte habitum est, ' in anima quidem, quantum ad id quod

est ei proprium, secundum quod mens videt et fruitur deo; in corpore vero, secundum quod corpus ° resurget spirituale, et in virtute et in gloria et in incorruptione, * ut dicitur i cor. xv. ‘ christus autem, ante passionem, secundum mentem plene videbat deum, et sic habebat beatitudinem quantum ad id quod est proprium animae. sed quantum ad alia deerat ei beatitudo, quia et anima eius erat passibilis, et corpus passibile et mortale, * ut ex supra dictis patet. ‘ et ideo simul erat comprehensor, inquantum habebat beatitudinem animae propriam, et simul viator, inquantum tendebat in beatitudinem secundum id quod ei de beatitudine deerat.
ra1 ‘ Ad primum ergo dicendum quod impossibile est moveri ad finem et quiescere in fine secundum idem. sed secundum diversa nihil prohibet hoc, sicut aliquis homo simul est sciens quantum ad ea quae iam novit, et addiscens quantum ad ea quae nondum novit.
ra2 ‘ Ad secundum dicendum quod beatitudo principaliter et proprie consistit in anima secundum mentem, secundario tamen, et quasi instrumentaliter, requiruntur ad beatitudinem corporis bona; * sicut philosophus dicit, in i ethic., “ quod exteriora bona organice deserviunt beatitudini.
ra3 ‘ Ad tertium dicendum quod non est eadem ratio de animabus sanctorum defunctorum et de christo, propter duo. primo quidem, quia animae sanctorum non sunt passibiles, sicut fuit anima christi. secundo, quia corpora non agunt aliquid per quod in beatitudinem tendant, sicut christus, secundum corporis passiones, in beatitudinem tendebat quantum ad gloriam corporis.

010 ST4 qu16 ar

pr ‘ Deinde considerandum est de his quae consequuntur unionem. et primo, quantum ad ea quae conveniunt christo secundum se; secundo, de his quae conveniunt christo per comparationem ad deum patrem; tertio, de his quae conveniunt christo quantum ad nos. circa primum duplex consideratio occurrit, primo quidem, de his quae conveniunt christo secundum esse et fieri; secundo, de his quae conveniunt christo secundum rationem unitatis. circa primum quaeruntur duodecim. primo, utrum haec sit vera, deus est homo. secundo, utrum haec sit vera, homo est deus. tertio, utrum christus possit dici homo dominicus. quarto, utrum ea quae conveniunt filio hominis, possint praedicari de filio dei, et e converso. quinto, utrum ea quae conveniunt filio hominis, possint praedicari de divina natura; et de humana ea quae conveniunt filio dei. sexto, utrum haec sit vera, filius dei factus est homo. septimo, utrum haec sit vera, homo factus est deus. octavo, utrum haec sit vera, christus est creatura. nono, utrum haec sit vera, iste homo, demonstrato christo, incoepit esse, vel, fuerit semper. decimo, utrum haec sit vera, christus, secundum quod homo, est creatura. undecimo, utrum haec sit vera, christus, secundum quod homo, est deus. duodecimo, utrum haec sit vera, christus, secundum quod homo, est hypostasis vel persona.

010 ST4 qu16 ar1

ag1 ‘ Ad primum sic proceditur. videtur quod haec sit falsa, deus est homo. omnis enim propositio affirmativa in materia aliqua remota est falsa. sed haec propositio, deus est homo, est in materia remota, quia formae significatae per subiectum et praedicatum sunt maxime distantes. cum ergo praedicta propositio sit affirmativa, videtur quod sit falsa.
ag2 ‘ Praeterea, magis conveniunt tres personae ad invicem quam humana natura et divina. sed in mysterio trinitatis una persona non praedicatur de alia, non enim dicimus quod pater est filius, vel e converso. ergo videtur quod nec humana natura possit praedicari de deo, ut dicatur quod deus est homo.
ag3 * Praeterea, athanasius dicit quod, ° sicut anima et caro unus est homo, ita deus et homo unus est christus. ‘ sed haec est falsa, anima est corpus. ergo et haec est falsa, deus est homo.
ag4 * Praeterea, sicut in prima parte habitum est, ‘ quod praedicatur de deo non relative sed absolute, convenit toti trinitati et singulis personis. sed hoc nomen homo non est relativum, sed absolutum. si ergo vere praedicatur de deo, sequitur quod tota trinitas et quaelibet persona sit homo. quod patet esse falsum.
sc * Sed contra est quod dicitur philipp. ii, ° qui, cum in forma dei esset, exinanivit semetipsum, formam servi accipiens, in similitudinem hominum factus et habitu inventus ut homo. ‘ et sic ille qui est in forma dei, est homo. sed ille qui est in forma dei, est deus. ergo deus est homo.
co ‘ Respondeo dicendum quod ista propositio, deus est homo, ab omnibus christianis conceditur, non tamen ab omnibus secundum eandem rationem. quidam enim hanc propositionem concedunt non secundum propriam acceptionem horum terminorum. * nam manichaei verbum dei dicunt “ esse hominem, non quidem verum, sed similitudinarium, inquantum dicunt filium dei corpus phantasticum assumpsisse, ut sic dicatur deus esse homo sicut cuprum figuratum dicitur homo, quia habet similitudinem hominis. * similiter etiam illi qui posuerunt quod “ in christo anima et corpus non fuerunt unita, * non posuerunt quod “ deus sit verus homo, sed quod dicatur homo figurative, ratione partium. * sed utraque harum opinionum supra improbata est. * alii vero e converso ponunt “ veritatem ex parte hominis, sed negant veritatem ex parte dei. dicunt enim christum, qui est deus homo, esse deum, non naturaliter, sed participative, scilicet per gratiam, sicut et omnes sancti viri dicuntur dii, excellentius tamen christus prae aliis, propter gratiam abundantiorem. et secundum hoc, cum dicitur, deus est homo, ly deus non supponit verum et naturalem deum. * et haec est haeresis photini, quae supra improbata est. alii vero concedunt “ hanc propositionem cum veritate utriusque termini, ponentes christum et verum deum esse et verum hominem, sed tamen veritatem praedicationis non salvant. dicunt enim quod homo praedicatur de deo per quandam coniunctionem, vel dignitatis, vel auctoritatis, vel etiam affectionis aut inhabitationis. * et sic posuit nestorius “ deum esse hominem, ut per hoc nihil aliud significetur quam quod deus est homini coniunctus tali coniunctione quod homo inhabitetur a deo, et uniatur ei secundum affectum, et secundum participationem auctoritatis et honoris divini. * et in similem errorem incidunt qui ponunt “ duas hypostases vel duo supposita in christo. ‘ quia non est possibile intelligi quod duorum quae sunt secundum suppositum vel hypostasim distincta, unum proprie praedicetur de alio, sed solum secundum quandam figurativam locutionem, inquantum in aliquo coniunguntur; puta si dicamus petrum esse ioannem, quia habent aliquam coniunctionem ad invicem. * et hae etiam opiniones supra reprobatae sunt. ‘ unde, supponendo, secundum veritatem catholicae fidei, quod vera natura divina unita est cum vera natura humana, non solum in persona, sed etiam in supposito vel hypostasi, dicimus esse veram hanc propositionem et propriam, deus est homo, non solum propter veritatem terminorum, quia scilicet christus est verus deus et verus homo; sed etiam propter veritatem praedicationis. nomen enim significans naturam communem in concreto potest supponere pro quolibet contentorum in natura communi, sicut hoc nomen homo potest supponere pro quolibet homine singulari. et ita hoc nomen deus, ex ipso modo suae significationis, potest supponere pro persona filii dei, * ut in prima parte habitum est. ‘ de quolibet autem supposito alicuius naturae potest vere et proprie praedicari nomen significans illam naturam in concreto, sicut de socrate et platone proprie et vere praedicatur homo. quia ergo persona filii dei, pro qua supponit hoc nomen deus, est suppositum naturae humanae, vere et proprie hoc nomen homo potest praedicari de hoc nomine deus, secundum quod supponit pro persona filii dei.
ra1 ‘ Ad primum ergo dicendum quod, quando formae diversae non possunt convenire in unum suppositum, tunc oportet quod propositio sit in materia remota cuius subiectum significat unam illarum formarum, et praedicatum aliam. sed quando duae formae possunt convenire in unum suppositum, non est materia remota, sed naturalis vel contingens, sicut cum dico, album est musicum. natura autem divina et humana, quamvis sint maxime distantes, tamen conveniunt per incarnationis mysterium in uno supposito, cui neutra illarum inest per accidens, sed secundum se. et ideo haec propositio, deus est homo, non est neque in materia remota neque in materia contingenti, sed in materia naturali. et praedicatur homo de deo, non per accidens, sed per se, sicut de sua hypostasi, non quidem ratione formae significatae per hoc nomen deus; sed ratione suppositi, quod est hypostasis humanae naturae.
ra2 ‘ Ad secundum dicendum quod tres personae divinae conveniunt in natura, distinguuntur tamen in supposito, et ideo non praedicantur de invicem. in mysterio autem incarnationis naturae quidem, quia distinctae sunt, de invicem non praedicantur secundum quod significantur in abstracto, non enim natura divina est humana, sed quia conveniunt in supposito, praedicantur de invicem in concreto.
ra3 ‘ Ad tertium dicendum quod anima et caro significantur ut in abstracto, sicut divinitas et humanitas. in concreto vero dicuntur animatum et carneum, sive corporeum, sicut ex alia parte deus et homo. unde utrobique abstractum non praedicatur de abstracto, sed solum concretum de concreto.
ra4 ‘ Ad quartum dicendum quod hoc nomen homo praedicatur de deo ratione unionis in persona, quae quidem unio relationem importat. et ideo non sequitur regulam eorum nominum quae absolute praedicantur de deo ab aeterno.

010 ST4 qu16 ar2

ag1 ‘ Ad secundum sic proceditur. videtur quod haec sit falsa, homo est deus. deus enim est nomen incommunicabile. * sed sap. xiv “ reprehenduntur idololatrae de hoc quod ° istud nomen deus, quod est incommunicabile, lignis et lapidibus imposuerunt. ‘ ergo pari ratione, videtur esse inconveniens quod hoc nomen deus praedicetur de homine.
ag2 ‘ Praeterea, quidquid praedicatur de praedicato, praedicatur de subiecto. sed haec est vera, deus est pater, vel, deus est trinitas. si ergo haec sit vera, homo est deus; videtur etiam quod haec sit vera, homo est pater, vel, homo est trinitas. quas quidem patet esse falsas. ergo et primam.
ag3 * Praeterea, in psalmo dicitur, ° non erit in te deus recens. ‘ sed homo est quiddam recens, non enim christus semper fuit homo. ergo haec est falsa, homo est deus.
sc * Sed contra est quod dicitur rom. ix, ° ex quibus est christus secundum carnem, qui est super omnia deus benedictus in saecula. ‘ sed christus secundum carnem est homo. ergo haec est vera, homo est deus.
co ‘ Respondeo dicendum quod, supposita veritate utriusque naturae, divinae scilicet et humanae, et unione in persona et hypostasi, haec est vera et propria, homo est deus, sicut et ista, deus est homo. hoc enim nomen homo potest supponere pro qualibet hypostasi humanae naturae, et ita potest supponere pro persona filii, quam dicimus esse hypostasim humanae naturae. manifestum est autem quod de persona filii dei vere et proprie praedicatur hoc nomen deus, * ut in prima parte habitum est. ‘ unde relinquitur quod haec sit vera et propria, homo est deus.
ra1 ‘ Ad primum ergo dicendum quod idololatrae attribuebant nomen deitatis lapidibus et lignis secundum quod in sua natura considerantur, quia putabant in illis aliquid numinis esse. nos autem non attribuimus nomen deitatis homini secundum humanam naturam, sed secundum suppositum aeternum, quod est etiam per unionem suppositum humanae naturae, * ut dictum est.
ra2 ‘ Ad secundum dicendum quod hoc nomen pater praedicatur de hoc nomine deus secundum quod hoc nomen deus supponit pro persona patris. sic autem non praedicatur de persona filii, quia persona filii non est persona patris. et per consequens non oportet quod hoc nomen pater praedicetur de hoc nomine homo, de quo praedicatur hoc nomen deus, inquantum scilicet homo supponit pro persona filii.
ra3 “ Ad tertium dicendum quod, licet humana natura in christo sit quiddam recens, tamen suppositum humanae naturae non est recens, sed aeternum. et quia hoc nomen deus non praedicatur de homine ratione humanae naturae, sed ratione suppositi, non sequitur quod ponamus deum recentem. ‘ sequeretur autem si poneremus quod homo supponit suppositum creatum, * secundum quod oportet dicere eos qui in christo ponunt duo supposita.

010 ST4 qu16 ar3

ag1 ‘ Ad tertium sic proceditur. videtur quod christus possit dici homo dominicus. * dicit enim augustinus, in libro octoginta trium quaest., ° monendum est ut illa bona expectentur quae fuerunt in illo homine dominico. loquitur autem de christo. ‘ ergo videtur quod christus sit homo dominicus.
ag2 ‘ Praeterea, sicut dominium convenit christo ratione divinae naturae, ita etiam humanitas pertinet ad humanam naturam. sed deus dicitur humanatus, * ut patet per damascenum, in iii libro, ubi dicit quod ° humanatio eam quae ad hominem copulationem demonstrat. ergo pari ratione, potest demonstrative dici quod homo ille sit dominicus.
ag3 ‘ Praeterea, sicut dominicus denominative dicitur a domino, ita divinus dicitur denominative a deo. * sed dionysius “ christum nominat divinissimum iesum. ‘ ergo, pari ratione, potest dici quod christus sit homo dominicus.
sc * Sed contra est quod augustinus dicit, in libro retract., ° non video utrum recte dicatur homo dominicus iesus christus, cum sit utique dominus.
co * Respondeo dicendum quod sicut, supra dictum est, ‘ cum dicitur homo christus iesus, designatur suppositum aeternum, quod est persona filii dei, propter hoc quod unum suppositum est utriusque naturae. de persona autem filii dei praedicatur deus et dominus essentialiter. et ideo non debet praedicari denominative; quia hoc derogat veritati unionis. unde, cum dominicus dicatur denominative a domino, non potest vere et proprie dici quod homo ille sit dominicus, sed magis quod sit dominus. si autem “ per hoc quod dicitur homo christus iesus, designaretur suppositum aliquod creatum, * secundum illos qui ponunt “ in christo duo supposita, posset dici homo ille dominicus, inquantum sumitur ad participationem honoris divini; * sicut nestoriani posuerunt. ‘ et hoc etiam modo humana natura non dicitur essentialiter dea, sed deificata, non quidem per conversionem ipsius in divinam naturam, sed per coniunctionem ad divinam naturam in una hypostasi; * ut patet per damascenum, in iii libro.
ra1 * Ad primum ergo dicendum quod augustinus illa verba, et similia, retractat in libro retractationum. unde post praedicta verba libri retractationum subdit, “ hoc ubicumque dixi, scilicet quod christus iesus sit homo dominicus, dixisse me nollem. postea quippe vidi non esse dicendum, ° quamvis nonnulla ratione posset defendi, ‘ quia scilicet posset aliquis dicere quod dicitur homo dominicus ratione humanae naturae, quam significat hoc nomen homo, non autem ratione suppositi.
ra2 ‘ Ad secundum dicendum quod illud unum suppositum quod est divinae et humanae naturae, primo quidem fuit divinae naturae, scilicet ab aeterno, postea autem ex tempore per incarnationem factum est suppositum humanae naturae. et hac ratione dici-

tur humanatum, non quia assumpserit hominem; sed quia assumpsit humanam naturam. non autem sic est e converso quod suppositum humanae naturae assumpserit divinam naturam. unde non potest dici homo deificatus, vel dominicus.
ra3 ' Ad tertium dicendum quod hoc nomen divinum consuevit praedicari etiam de his de quibus praedicatur essentialiter hoc nomen deus, dicimus enim quod divina essentia est deus, ratione identitatis; et quod essentia est dei sive divina, propter diversum modum significandi; et verbum divinum, cum tamen verbum sit deus. et similiter dicimus personam divinam, sicut et personam platonis, propter diversum modum significandi. sed dominicus non dicitur de his de quibus dominus praedicatur, non enim consuevit dici quod aliquis homo qui est dominus, sit dominicus. sed illud quod qualitercumque est domini, dominicum dicitur, sicut dominica voluntas vel dominica manus, vel dominica possessio. et ideo ipse homo christus, qui est dominus, non potest dici dominicus, sed potest caro eius dici dominica caro, et passio eius potest dici dominica passio.

010 ST4 qu16 ar4

ag1 ' Ad quartum sic proceditur. videtur quod ea quae sunt humanae naturae, de deo dici non possint. impossibile est enim opposita de eodem praedicari. sed ea quae sunt humanae naturae, sunt contraria his quae sunt propria dei, deus enim est increatus, immutabilis et aeternus; ad humanam autem naturam pertinet ut sit creata, temporalis et mutabilis. non ergo ea quae sunt naturae humanae, possunt dici de deo.
ag2 ' Praeterea, attribuere deo ea quae ad defectum pertinent, videtur derogare divino honori, et ad blasphemiam pertinere. sed ea quae sunt humanae naturae, defectum quendam continent, sicut mori, pati, et alia huiusmodi. ergo videtur quod nullo modo ea quae sunt humanae naturae, possint dici de deo.
ag3 ' Praeterea, assumi convenit humanae naturae. non autem hoc convenit deo. non ergo ea quae sunt humanae naturae, de deo dici possunt.
sc * Sed contra est quod damascenus dicit, in iii libro, quod "deus suscepit ea quae sunt carnis idiomata, idest proprietates, ° dum deus passibilis nominatur, et deus gloriae crucifixus est.
co ' Respondeo dicendum quod * de hac quaestione diversitas fuit inter nestorianos et catholicos. nestoriani enim " voces quae dicuntur de christo dividere volebant hoc modo, ut ea quae pertinent ad humanam naturam, non dicerentur de deo; nec ea quae pertinent ad divinam naturam, dicerentur de homine. * unde nestorius dixit, ° si quis dei verbo passiones tentat tribuere, anathema sit. " si qua vero nomina sunt quae pertinere possunt ad utramque naturam, de talibus praedicabant ea quae sunt utriusque naturae, sicut hoc nomen christus, vel dominus. unde concedebant christum esse natum de virgine, et fuisse ab aeterno, non tamen concedebant vel deum natum de virgine, vel hominem ab aeterno fuisse. * catholici vero posuerunt " huiusmodi quae dicuntur de christo, sive secundum divinam naturam sive secundum humanam, dici posse tam de deo quam de homine. * unde cyrillus dixit, " si quis duabus personis seu substantiis, idest hypostasibus, ° eas quae in evangelicis et apostolicis sunt conscriptionibus dividit voces, vel ea quae de christo a sanctis dicuntur, vel ab ipso christo de semetipso; et aliquas quidem ex his homini |25| applicandas crediderit, aliquas soli verbo deputaverit, anathema sit. ' et huius ratio est quia, cum sit eadem hypostasis utriusque naturae, eadem hypostasis supponitur nomine utriusque naturae. sive ergo dicatur homo, sive deus, supponitur hypostasis divinae et humanae naturae. et ideo de homine dici possunt ea quae sunt divinae naturae, et de deo possunt dici ea quae sunt humanae naturae. sciendum tamen quod in propositione in qua aliquid de aliquo praedicatur, non solum attenditur quid sit illud de quo praedicatur praedicatum, sed etiam secundum quid de illo praedicetur. quamvis igitur non distinguantur ea quae praedicantur de christo, distinguuntur tamen quantum ad id secundum quod utrumque praedicatur. nam ea quae sunt divinae naturae, praedicantur de christo secundum divinam naturam, ea autem quae sunt humanae naturae, praedicantur de eo secundum humanam naturam. * unde augustinus dicit, in i de trin., ° distinguamus quod in scripturis sonat secundum formam dei et quod secundum formam servi. * et infra, ° quid propter quid, et quid secundum quid dicatur, prudens et diligens et pius lector intelligit.
ra1 ' Ad primum ergo dicendum quod opposita praedicari de eodem secundum idem est impossibile, sed secundum diversa, nihil prohibet. et hoc modo opposita praedicantur de christo, non secundum idem, sed secundum diversas naturas.
ra2 ' Ad secundum dicendum quod, si ea quae ad defectum pertinent deo attribuantur secundum divinam naturam, esset blasphemia, quasi pertinens ad diminutionem honoris ipsius. non autem pertinet ad dei iniuriam si attribuantur ei secundum naturam assumptam. * unde in quodam sermone ephesini concilii dicitur, ° nihil putat deus iniuriam quod est occasio salutis hominibus, nihil enim abiectorum quae elegit propter nos, iniuriam facit illi naturae quae non potest esse subiecta iniuriis, propria vero facit inferiora ut salvet naturam nostram. quando ergo quae abiecta et vilia sunt dei naturam non iniuriantur, sed salutem hominibus operantur, quomodo dicis ea quae causa nostrae salutis sunt, iniuriae occasionem deo fuisse?
ra3 ' Ad tertium dicendum quod assumi convenit humanae naturae non ratione suppositi, sed ratione sui ipsius. et ideo non convenit deo.

010 ST4 qu16 ar5

ag1 ' Ad quintum sic proceditur. videtur quod ea quae sunt humanae naturae, possint dici de natura divina. ea enim quae sunt humanae naturae, praedicantur de filio dei, et de deo. sed deus est sua natura. ergo ea quae sunt naturae humanae, possunt praedicari de divina natura.
ag2 ' Praeterea, caro pertinet ad naturam humanam. sed, * sicut dicit damascenus, in iii libro, ° dicimus naturam verbi incarnatam esse, secundum beatos athanasium et cyrillum. ' ergo videtur quod, pari ratione, ea quae sunt humanae naturae, possint dici de divina natura.
ag3 ' Praeterea, ea quae sunt divinae naturae, conveniunt humanae naturae in christo, sicut cognoscere futura, et habere salutiferam virtutem. ergo videtur quod, pari ratione ea, quae sunt humanae naturae, possint dici de divina natura.
sc * Sed contra est quod damascenus dicit, in iii libro, ° deitatem quidem dicentes, non nominamus de ea quae humanitatis idiomata, " idest proprietates, ° non enim dicimus deitatem passibilem vel creabilem. ' deitas autem est divina natura. ergo ea quae sunt humanae naturae, non possunt dici de divina natura.
co ' Respondeo dicendum quod ea quae sunt proprie unius, non possunt vere de aliquo praedicari nisi de eo quod est idem illi, sicut risibile non convenit nisi ei quod est homo. in mysterio autem incarnationis non est eadem divina natura et humana, sed est eadem hypostasis utriusque naturae. et ideo ea quae sunt unius naturae, non possunt de alia praedicari, secundum quod in abstracto significantur. nomina vero concreta supponunt hypostasim naturae. et ideo indifferenter praedicari possunt ea quae ad utramque naturam pertinent, de nominibus concretis sive, illud nomen de quo dicuntur det intelligere utramque naturam, sicut hoc nomen christus in quo intelligitur " et divinitas ungens et humanitas uncta; ' sive solum divinam naturam, sicut hoc nomen deus, vel filius dei; sive solum naturam humanam, sicut hoc nomen homo, vel iesus. * unde leo papa dicit, in epistola ad palaestinos, ° non interest ex qua christus substantia nominetur, cum inseparabiliter manente unitate personae, idem sit et totus hominis filius propter carnem, et totus dei filius propter unam cum patre divinitatem.
ra1 ' Ad primum ergo dicendum quod in divinis realiter est idem persona cum natura, et ratione huius identitatis, divina natura praedicatur de filio dei. non tamen est idem modus significandi. et ideo quaedam dicuntur de filio dei quae non dicuntur de divina natura, sicut dicimus quod filius dei est genitus, non tamen dicimus quod divina natura sit genita, * ut in prima parte habitum est. ' et similiter in mysterio incarnationis dicimus quod filius dei est passus, non autem dicimus quod natura divina sit passa.
ra2 ' Ad secundum dicendum quod incarnatio magis importat unionem ad carnem quam carnis proprietatem. utraque autem natura est in christo unita alteri in persona, ratione cuius unionis et natura divina dicitur incarnata, et humana natura deificata, * ut supra dictum est.
ra3 ' Ad tertium dicendum quod ea quae sunt divinae naturae, dicuntur de humana natura, non secundum quod essentialiter competunt divinae naturae, sed secundum quod participative derivantur ad humanam naturam. unde ea quae participari non possunt a natura humana, sicut esse increatum aut omnipotentem, nullo modo de humana natura dicuntur. divina autem natura nihil participative recipit ab humana natura. et ideo ea quae sunt humanae naturae, nullo modo possunt dici de divina.

010 ST4 qu16 ar6

ag1 ' Ad sextum sic proceditur. videtur quod haec sit falsa, deus factus est homo. cum enim homo significet substantiam, fieri hominem est fieri simpliciter. sed haec est falsa, deus factus est simpliciter. ergo haec est falsa, deus factus est homo.
ag2 ' Praeterea, fieri hominem est mutari. sed deus non potest esse subiectum mutationis, * secundum illud malach. iii, ° ego dominus, et non mutor. ' ergo videtur quod haec sit falsa, deus factus est homo.
ag3 ' Praeterea, homo, secundum quod de christo dicitur, supponit personam filii dei. sed haec est falsa, deus factus est persona filii dei. ergo haec est falsa, deus factus est homo.
sc * Sed contra est quod dicitur ioan. i, ° verbum caro factum est. * et sicut athanasius dicit, in epistola ad epictetum, ° quod dixit verbum caro factum est, simile est ac si diceretur, homo factus est.
co ' Respondeo dicendum quod unumquodque dicitur esse factum illud quod de novo incipit praedicari de ipso. esse autem hominem vere praedicatur de deo, * sicut dictum est, ' ita tamen quod non convenit deo esse hominem ab aeterno, sed ex tempore per assumptionem humanae naturae. et ideo haec est vera, deus factus est homo. * diversimode tamen intelligitur a diversis, sicut et haec, deus est homo, * ut supra dictum est.
ra1 ' Ad primum ergo dicendum quod fieri hominem est fieri simpliciter in omnibus his in quibus humana natura incipit esse in supposito de novo creato. deus autem dicitur factus homo ex eo quod humana natura incoepit esse in supposito divinae naturae ab aeterno praeexistente. et ideo deum fieri hominem non est deum fieri simpliciter.
ra2 ' Ad secundum dicendum quod, * sicut dictum est, ' fieri importat quod aliquid praedicetur de novo de altero. unde quandocumque aliquid de novo praedicatur de altero cum mutatione eius de quo dicitur, tunc fieri est mutari. et hoc convenit omnibus quae absolute dicuntur, non enim potest albedo aut magnitudo de novo advenire alicui nisi per hoc quod de novo mutatur ad albedinem vel magnitudinem. ea vero quae relative dicuntur, possunt de novo praedicari de aliquo absque eius mutatione, sicut homo de novo fit dexter absque sua mutatione, per motum illius qui fit ei sinister. unde in talibus non oportet omne quod dicitur fieri, esse mutatum, quia hoc potest accidere per mutationem alterius. et per hunc modum deo dicimus, ° domine, refugium factus es nobis. ' esse autem hominem convenit deo ratione unionis, quae est relatio quaedam. et ideo esse hominem praedicatur de novo de deo absque eius mutatione, per mutationem humanae naturae, quae assumitur in divinam personam. et ideo, cum dicitur, deus factus est homo, non intelligitur aliqua mutatio ex parte dei, sed solum ex parte humanae naturae.
ra3 ' Ad tertium dicendum quod homo supponit personam filii dei, non nudam, sed prout subsistit in humana natura. et quamvis haec sit falsa, deus factus est persona filii, est tamen haec vera, deus factus est homo, ex eo quod unitus est humanae naturae.

010 ST4 qu16 ar7

ag1 ' Ad septimum sic proceditur. videtur quod haec sit vera, homo factus est deus. * dicitur enim rom. i, ° quod ante promiserat per prophetas suos in scripturis sanctis de filio suo, qui factus est ei ex semine david secundum carnem. ' sed christus secundum quod homo est ex semine david secundum carnem. ergo homo factus est filius dei.
ag2 * Praeterea, augustinus dicit, in i de trin., ° talis erat illa susceptio quae deum hominem faceret, et hominem deum. ' sed ratione illius susceptionis haec est vera, deus factus est homo. ergo similiter haec est vera, homo factus est deus.
ag3 * Praeterea, gregorius nazianzenus dicit, in epistola ad chelidonium, ° deus quidem humanatus est, homo autem deificatus, vel quomodolibet aliter nominaverit. ' sed deus ea ratione dicitur humanatus, quia est homo factus. ergo homo ea ratione dicitur deificatus, quia est factus deus. et ita haec est vera, homo factus est deus.
ag4 ' Praeterea, cum dicitur, deus factus est homo, subiectum factionis vel unitionis non est deus, sed humana natura, quam significat hoc nomen homo. sed illud videtur esse subiectum factionis cui factio attribuitur. ergo haec magis est vera, homo factus est deus, quam ista, deus factus est homo.
sc * Sed contra est quod damascenus dicit, in iii libro, ° non hominem deificatum dicimus, sed deum humanatum. ' idem autem est fieri deum quod deificari. ergo haec est falsa, homo factus est deus.
co ' Respondeo dicendum quod propositio ista, homo factus est deus, tripliciter potest intelligi. uno modo, ita quod hoc participium factus determinet absolute vel subiectum, vel praedicatum. et in hoc sensu est falsa, quia neque homo ille de quo praedicatur est factus, neque deus est factus, * ut infra dicetur. ' et sub eodem sensu haec est falsa, deus factus est homo. sed sub hoc sensu non quaeritur hic de istis propositionibus. alio modo potest intelligi ut ly factus determinet compositionem, ut sit sensus, homo factus est deus, idest, factum est ut homo sit deus. et sub hoc sensu utraque est vera, et, homo factus est deus, et, deus factus est homo. sed hic non est proprius sensus harum locutionum, nisi forte intelligatur quod ly homo non habeat personalem suppositionem, sed simplicem. licet enim hic homo non sit factus deus, quia hoc suppositum, persona filii dei, ab aeterno fuit deus, tamen homo, communiter loquendo, non semper fuit deus. tertio modo, proprie intelligitur, secundum quod hoc participium factus ponit fieri circa hominem in respectu ad deum sicut ad terminum factionis. et in hoc sensu, supposito quod in christo sit eadem persona et hypostasis et suppositum dei et hominis, * ut supra ostensum est, ' ista propositio falsa est. quia cum dicitur, homo factus est deus, ly homo habet personalem suppositionem, non enim esse deum |25| verificatur de homine ratione humanae naturae, sed ratione sui suppositi. suppositum autem illud humanae naturae de quo verificatur esse deum, est idem quod hypostasis seu persona filii dei, quae semper fuit deus. unde non potest dici quod iste homo incoepit esse deus, vel quod fiat deus, aut quod factus sit deus. " si vero esset alia

persona vel hypostasis dei et hominis, ita quod esse deum praedicaretur de homine, et e converso per quandam coniunctionem suppositorum, vel dignitatis personalis, vel affectionis, vel inhabitationis, * ut nestoriani dixerunt, ‘ tunc pari ratione posset dici quod homo factus est deus, idest coniunctus deo, sicut et quod deus factus est homo, idest coniunctus homini.

ra1 * Ad primum ergo dicendum quod in verbis illis apostoli “ hoc relativum qui, quod refert pro persona filii, non debet intelligi ex parte praedicati, quasi aliquis existens ex semine david secundum carnem sit factus filius dei, in quo sensu obiectio procedebat, sed debet intelligi ex parte subiecti, ut sit sensus quod filius dei factus est ei, (scilicet ad honorem patris, * ut glossa exponit) “ existens ex semine david secundum carnem; ac si diceret, filius dei habens carnem ex semine david ad honorem dei.

ra2 * Ad secundum dicendum quod verbum augustini est intelligendum in illo sensu, secundum quod “ ex illa susceptione incarnationis factum est ut homo esset deus et deus esset homo. ‘ in quo sensu ambae locutiones sunt verae, * ut dictum est.

ra3 ‘ Et similiter dicendum est ad tertium, nam deificari idem est quod fieri deum.

ra4 ‘ Ad quartum dicendum quod terminus in subiecto positus tenetur materialiter, idest pro supposito, positus vero in praedicato, tenetur formaliter, idest pro natura significata. et ideo cum dicitur, homo factus est deus, ipsum fieri non attribuitur humanae naturae, sed supposito humanae naturae, quod est ab aeterno deus, et ideo non convenit ei fieri deum. cum autem dicitur, deus factus est homo, factio intelligitur terminari ad ipsam humanam naturam. et ideo, proprie loquendo, haec est vera, deus factus est homo, sed haec est falsa, homo factus est deus. sicut, si socrates, cum prius fuerit homo, postea factus est albus, demonstrato socrate, haec est vera, hic homo hodie factus est albus; haec tamen est falsa, hoc album hodie factum est homo. si tamen ex parte subiecti poneretur aliquod nomen significans naturam humanam in abstracto, posset hoc modo significari ut subiectum factionis, puta si dicatur quod natura humana facta est filii dei.

010 ST4 qu16 ar8

ag1 ‘ Ad octavum sic proceditur. videtur quod haec sit vera, christus est creatura. * dicit enim leo papa, ° nova et inaudita conventio, deus qui est et erat, fit creatura. ‘ sed illud potest praedicari de christo quod filius dei factus est per incarnationem. ergo haec est vera, christus est creatura.

ag2 ‘ Praeterea, proprietates utriusque naturae possunt praedicari de hypostasi communi utriusque naturae, quocumque nomine significetur, * ut supra dictum est. ‘ sed proprietas humanae naturae est esse creaturam, sicut proprietas divinae naturae est esse creatorem. ergo utrumque potest dici de christo, scilicet quod sit creatura; et quod sit increatus et creator.

ag3 ‘ Praeterea, principalior pars hominis est anima quam corpus. sed christus ratione corporis, quod de virgine traxit, dicitur simpliciter esse natus de virgine. ergo ratione animae, quae creata est a deo, debet simpliciter dici quod christus sit creatura.

sc * Sed contra est quod ambrosius dicit, in libro de trin., ° nunquid dicto factus est christus? nunquid mandato creatus est christus? “ quasi dicat, non. * unde subdit, ° quomodo autem creatura in deo esse potest? etenim deus naturae simplicis est, non coniunctae. ‘ ergo haec non est concedenda, christus est creatura.

co * Respondeo dicendum quod, sicut hieronymus dicit, ° ex verbis inordinate prolatis incurritur haeresis. ‘ unde cum haereticis nec nomina debemus habere communia, ne eorum errori favere videamur. * ariani autem haeretici “ christum dixerunt esse creaturam, et minorem patre, non solum ratione humanae naturae, sed etiam ratione divinae personae. ‘ et ideo non est absolute dicendum quod christus sit creatura, vel minor patre, sed cum determinatione, scilicet, secundum humanam naturam. ea vero de quibus suspicari non potest quod divinae personae conveniant secundum seipsam, possunt simpliciter dici de christo ratione humanae naturae, sicut simpliciter dicimus christum esse passum, mortuum et sepultum. sicut etiam in rebus corporalibus et humanis, ea quae in dubitationem venire possunt an conveniant toti vel parti, si insunt alicui parti, non attribuimus toti simpliciter, idest sine determinatione, non enim dicimus quod aethiops est albus, sed quod est albus secundum dentem. dicimus autem absque determinatione quod est crispus, quia hoc non potest ei convenire nisi secundum capillos.

ra1 ‘ Ad primum ergo dicendum quod aliquando sancti doctores, causa brevitatis determinatione omissa, nomine creaturae utuntur circa christum. est tamen in eorum dictis subintelligenda.

ra2 ‘ Ad secundum dicendum quod omnes proprietates humanae naturae, sicut et divinae, possunt aliqualiter dici de christo. * unde et damascenus dicit, in iii libro, quod ° christus, qui deus et homo dicitur, creabilis est et increabilis, et partibilis et impartibilis. ‘ sed tamen illa quae dubitationem habent circa alterutram naturam, non sunt dicenda absque determinatione. * unde et ipse postea alibi subdit, “ ipsa una hypostasis, scilicet christi, ° et increata est deitate, et creata est humanitate. ‘ sicut et e converso non esset dicendum sine determinatione quod christus est incorporeus, vel impassibilis, * ad evitandum errorem manichaei, qui posuit “ christum verum corpus non habuisse, nec vere passum esse, ‘ sed dicendum est cum determinatione quod christus secundum deitatem est incorporeus et impassibilis.

ra3 ‘ Ad tertium dicendum quod de nativitate ex virgine nulla dubitatio potest esse quod conveniat personae filii dei, sicut potest esse de creatione. et ideo non est similis ratio utrobique.

010 ST4 qu16 ar9

ag1 ‘ Ad nonum sic proceditur. videtur quod ille homo, demonstrato christo, incoeperit esse. * dicit enim augustinus, super ioan., ° priusquam mundus esset, nec nos eramus, nec ipse mediator dei et hominum, homo christus iesus. ‘ sed illud quod non semper fuit, incoepit esse. ergo ille homo, demonstrato christo, incoepit esse.

ag2 ‘ Praeterea, christus incoepit esse homo. sed esse hominem est esse simpliciter. ergo ille homo incoepit esse simpliciter.

ag3 ‘ Praeterea, homo importat suppositum humanae naturae. sed christus non fuit semper suppositum humanae naturae. ergo homo ille incoepit esse.

sc * Sed contra est quod dicitur heb. ult., ° iesus christus heri et hodie, ipse et in saecula.

co ‘ Respondeo dicendum quod non est dicendum quod ille homo, demonstrato christo, incoeperit esse, si nihil addatur. et hoc duplici ratione. primo quidem, quia locutio est simpliciter falsa, secundum sententiam catholicae fidei, qua ponimus in christo unum suppositum et unam hypostasim, sicut et unam personam. secundum hoc enim oportet quod in hoc quod dicitur, ille homo, demonstrato christo, designetur suppositum aeternum, cuius aeternitati repugnat incipere esse. unde haec est falsa, hic homo incoepit esse. nec obstat quod incipere esse convenit humanae naturae, quae significatur per hoc nomen homo, quia terminus in subiecto positus non tenetur formaliter pro natura, sed magis materialiter pro supposito, * ut supra dictum est. ‘ secundo quia, etiam si esset vera, non tamen esset ea utendum absque determinatione, * ad evitandum haeresim arii, “ qui, sicut personae filii dei attribuit quod esset creatura et quod esset minor patre, ita attribuit ei quod esse incoeperat, dicens quod erat quando non erat.

ra1 * Ad primum ergo dicendum quod auctoritas illa est intelligenda cum determinatione, “ ut si dicamus quod homo christus iesus non fuit antequam mundus esset, secundum humanitatem.

ra2 ‘ Ad secundum dicendum quod cum hoc verbo incoepit non sequitur argumentum ab inferiori ad superius, non enim sequitur, hoc incoepit esse album, ergo incoepit esse coloratum. et hoc ideo quia incipere importat nunc esse et non prius, non autem sequitur, hoc non erat prius album, ergo non erat prius coloratum. esse autem simpliciter est superius ad esse hominem. unde non sequitur, christus incoepit esse homo, ergo incoepit esse.

ra3 ‘ Ad tertium dicendum quod hoc nomen homo, secundum quod accipitur pro christo, licet significet humanam naturam, quae incoepit esse, tamen supponit suppositum aeternum, quod esse non incoepit. et ideo, quia, secundum quod ponitur in subiecto, tenetur pro supposito, secundum autem quod ponitur in praedicato, refertur ad naturam, et ideo haec est falsa, homo christus incoepit esse; sed haec est vera, christus incoepit esse homo.

010 ST4 qu16 ar10

ag1 ‘ Ad decimum sic proceditur. videtur quod haec sit falsa, christus, secundum quod homo, est creatura; vel, incoepit esse. nihil enim in christo est creatum nisi humana natura. sed haec est falsa, christus, secundum quod homo, est humana natura. ergo etiam haec est falsa, christus, secundum quod homo, est creatura.

ag2 ‘ Praeterea, praedicatum magis praedicatur de termino in reduplicatione posito quam de ipso subiecto propositionis, sicut, si dicatur, corpus, secundum quod coloratum, est visibile, sequitur quod coloratum sit visibile. sed haec non est absolute, * sicut dictum est, ‘ concedenda, homo christus est creatura. ergo etiam neque haec, christus, secundum quod homo, est creatura.

ag3 ‘ Praeterea, quidquid praedicatur de quocumque homine secundum quod homo, praedicatur de eo per se et simpliciter, “ idem enim est per se, et secundum quod ipsum, * ut dicitur in v metaphys.. ‘ sed haec est falsa, christus est per se et simpliciter creatura. ergo etiam haec est falsa, christus, secundum quod homo, est creatura.

sc ‘ Sed contra, omne quod est, vel est creator vel creatura. sed haec est falsa, christus, secundum quod homo, est creator. ergo haec est vera, christus, secundum quod homo, est creatura.

co ‘ Respondeo dicendum quod, cum dicitur, christus secundum quod homo, hoc nomen homo potest resumi in reduplicatione vel ratione suppositi, vel ratione naturae. si quidem resumatur ratione suppositi, cum suppositum humanae naturae in christo sit aeternum et increatum, haec erit falsa, christus, secundum quod homo, est creatura. si vero resumatur ratione humanae naturae, sic est vera, quia ratione humanae naturae, sive secundum humanam naturam, convenit sibi esse creaturam, * ut supra dictum est. ‘ sciendum tamen quod nomen sic resumptum in reduplicatione magis proprie tenetur pro natura quam pro supposito, resumitur enim in vi praedicati, quod tenetur formaliter; idem enim est dictu, christus secundum quod homo, ac si diceretur, christus secundum quod est homo. et ideo haec est magis concedenda quam neganda, christus, secundum quod homo, est creatura. si tamen adderetur aliquid per quod pertraheretur ad suppositum, esset propositio magis neganda quam concedenda, puta si diceretur, christus, secundum quod hic homo, est creatura.

ra1 ‘ Ad primum ergo dicendum quod, licet christus non sit humana natura, est tamen habens humanam naturam. nomen autem creaturae natum est praedicari non solum de abstractis, sed etiam de concretis, dicimus enim quod humanitas est creatura, et quod homo est creatura.

ra2 ‘ Ad secundum dicendum quod ly homo, secundum quod ponitur in subiecto, magis respicit suppositum, secundum autem quod ponitur in reduplicatione, magis respicit naturam, * ut dictum est. ‘ et quia natura est creata, suppositum vero increatum, ideo, licet non concedatur ista simpliciter, iste homo est creatura, conceditur tamen ista, christus, secundum quod homo, est creatura.

ra3 ‘ Ad tertium dicendum quod cuilibet homini qui est suppositum solius naturae humanae, competit quod non habeat esse nisi secundum naturam humanam. et ideo de quolibet tali supposito sequitur, si secundum quod est homo est creatura, quod sit creatura simpliciter. sed christus non solum est suppositum humanae naturae, sed etiam divinae, secundum quam habet esse increatum. et ideo non sequitur, si secundum quod homo est creatura, quod simpliciter sit creatura.

010 ST4 qu16 ar11

ag1 ‘ Ad undecimum sic proceditur. videtur quod christus, secundum quod homo, sit deus. christus enim est deus per gratiam unionis. sed christus, secundum quod homo, habet gratiam unionis. ergo christus, secundum quod homo, est deus.

ag2 ‘ Praeterea, dimittere peccata est proprium dei, * secundum illud isaiae xliii, ° ego ipse sum qui deleo iniquitates tuas propter me. ‘ sed christus, secundum quod homo, dimittit peccata, * secundum illud matth. ix, ° ut autem sciatis quod filius hominis habet potestatem in terra dimittendi peccata, ‘ etc.. ergo christus, secundum quod homo, est deus.

ag3 ‘ Praeterea, christus non est homo communis, sed est iste homo particularis. sed christus, secundum quod est iste homo, est deus, quia in isto homine designatur suppositum aeternum, quod naturaliter est deus. ergo christus, secundum quod homo, est deus.

sc ‘ Sed contra, illud quod convenit christo secundum quod homo, convenit cuilibet homini. si ergo christus, secundum quod homo, est deus, sequitur quod omnis homo sit deus. quod patet esse falsum.

co ‘ Respondeo dicendum quod iste terminus homo, in reduplicatione positus, potest dupliciter accipi. uno modo, quantum ad naturam. et sic non est verum quod, secundum quod homo, sit deus, quia humana natura est distincta a divina secundum differentiam naturae. alio modo potest accipi ratione suppositi. et sic, cum suppositum naturae humanae in christo sit persona filii dei, cui per se convenit esse deum, verum est quod christus, secundum quod homo, sit deus. quia tamen terminus in reduplicatione positus magis proprie tenetur pro natura quam pro supposito, * ut supra dictum est, ‘ ideo magis est ista neganda, christus, secundum quod homo, est deus, quam sit affirmanda.

ra1 ‘ Ad primum ergo dicendum quod non secundum idem convenit alicui moveri ad aliquid, et esse illud, nam moveri convenit alicui ratione materiae vel subiecti, esse autem in actu ratione formae. et similiter non secundum idem convenit christo ordinari ad hoc quod sit deus per gratiam unionis, et esse deum, sed convenit primum sibi secundum humanam naturam; secundum vero secundum divinam. et ideo haec est vera, christus secundum quod homo, habet gratiam unionis, non tamen ista, christus, secundum quod homo, est deus.

ra2 ‘ Ad secundum dicendum quod ° filius hominis habet in terra potestatem dimittendi peccata, ‘ non virtute humanae naturae, sed divinae, in qua quidem divina natura consistit potestas dimittendi peccata per auctoritatem; in humana autem natura consistit instrumentaliter et per ministerium. * unde chrysostomus, super matth., hoc exponens, dicit, ° signanter dixit, in terra dimittendi peccata, ut ostenderet quod humanae naturae potestatem divinitatis univit indivisibili unione. quia, etsi factus est homo, tamen dei verbum permansit.

ra3 ‘ Ad tertium dicendum quod, cum dicitur iste homo, pronomen demonstrativum trahit hoc nomen homo ad suppositum. et ideo magis est haec vera, christus, secundum quod iste homo, est deus, quam ista, christus, secundum quod homo, est deus.

010 ST4 qu16 ar12

ag1 ' Ad duodecimum sic proceditur. videtur quod christus, secundum quod homo, sit hypostasis vel persona. illud enim quod convenit cuilibet homini, convenit christo secundum quod est homo, est enim aliis hominibus similis, * secundum illud philipp. ii, ° in similitudinem hominum factus. ' sed omnis homo est persona. ergo christus, secundum quod homo, est persona.
ag2 ' Praeterea, christus, secundum quod homo, est substantia rationalis naturae. non autem substantia universalis. ergo substantia individua. " sed nihil aliud est persona quam ° rationalis naturae individua substantia, * ut dicit boetius, in libro de duabus naturis. ' ergo christus, secundum quod homo, est persona.
ag3 ' Praeterea, christus, secundum quod homo, est res humanae naturae, et suppositum et hypostasis eiusdem naturae. sed omnis hypostasis et suppositum et res naturae humanae est persona. ergo christus, secundum quod homo, est persona.
sc ' Sed contra, christus, secundum quod homo, non est persona aeterna. si ergo, secundum quod homo, sit persona, sequetur quod in christo sint personae duae, una temporalis et alia aeterna. quod est erroneum, * ut supra dictum est.
co * Respondeo dicendum quod, sicut supra dictum est, ' iste terminus homo, in reduplicatione positus, potest accipi vel ratione suppositi, vel ratione naturae. cum ergo dicitur, christus, secundum quod homo, est persona, si accipiatur ratione suppositi, manifestum est quod christus, secundum quod homo, est persona, quia suppositum humanae naturae nihil est aliud quam persona filii dei. si autem accipiatur ratione naturae, sic potest intelligi dupliciter. uno modo, quod intelligatur quod naturae humanae competat esse in aliqua persona. et hoc etiam modo verum est, omne enim quod subsistit in humana natura, est persona. alio modo potest intelligi ut naturae humanae in christo propria personalitas debeatur, causata ex principiis humanae naturae. et sic christus, secundum quod homo, non est persona, quia humana natura non est per se seorsum existens a divina natura, quod requirit ratio personae.
ra1 ' Ad primum ergo dicendum quod omni homini convenit esse personam secundum quod omne subsistens in humana natura est persona. sed hoc est proprium homini christo, quod persona subsistens in humana natura eius non sit causata ex principiis humanae naturae, sed sit aeterna. et ideo uno modo est persona secundum quod homo, alio modo non, * ut dictum est.
ra2 " Ad secundum dicendum quod substantia individua quae ponitur in definitione personae, importat substantiam completam per se subsistentem separatim ab aliis. alioquin, manus hominis posset dici persona cum sit substantia quaedam individua. quia tamen est substantia individua sicut in alio existens, non potest dici persona. ' et eadem ratione nec natura humana in christo, quae tamen potest dici individuum vel singulare quoddam.
ra3 ' Ad tertium dicendum quod, sicut persona significat quid completum et per se subsistens in natura rationali, ita hypostasis, suppositum et res naturae in genere substantiae significant quiddam per se subsistens. unde, sicut humana natura non est per se seorsum a persona filii, ita etiam non est per se hypostasis vel suppositum vel res naturae. et ideo in sensu in quo negatur ista, christus, secundum quod homo, est persona, oportet etiam negari omnes alias.

010 ST4 qu17 ar

pr ' Deinde considerandum est de his quae pertinent ad unitatem in christo in communi. nam de his quae pertinent ad unitatem vel pluralitatem in speciali, suis locis determinandum est, sicut supra determinatum est quod in christo non una est tantum scientia; et infra determinabitur quod in christo non una est tantum nativitas. considerandum est ergo primo, de unitate christi quantum ad esse; secundo, quantum ad velle; tertio, quantum ad operari. circa primum quaeruntur duo. primo, utrum christus sit unum vel duo. secundo, utrum in christo sit tantum unum esse.

010 ST4 qu17 ar1

ag1 ' Ad primum sic proceditur. videtur quod christus non sit unum, sed duo. * dicit enim augustinus, in i de trin., ° quia forma dei accepit formam servi, utrumque deus, propter accipientem deum, utrumque homo, propter acceptum hominem. ' sed utrumque dici non potest ubi non sunt duo. ergo christus est duo.
ag2 ' Praeterea, ubicumque est aliud et aliud, ibi sunt duo. sed christus est aliud et aliud, * dicit enim augustinus, in enchirid., ° cum in forma dei esset, formam servi accepit, utrumque unus, sed aliud propter verbum, aliud propter hominem. ' ergo christus est duo.
ag3 ' Praeterea, christus non est tantum homo, quia, si purus homo esset, non esset deus. ergo est aliquid aliud quam homo. et ita in christo est aliud et aliud. ergo christus est duo.
ag4 ' Praeterea, christus est aliquid quod est pater, et est aliquid quod non est pater. ergo christus est aliquid et aliquid. ergo christus est duo.
ag5 ' Praeterea, sicut in mysterio trinitatis sunt tres personae in una natura, ita in mysterio incarnationis sunt duae naturae in una persona. sed propter unitatem naturae, non obstante distinctione personae, pater et filius sunt unum, * secundum illud ioan. x, ° ego et pater unum sumus. ' ergo, non obstante unitate personae, propter dualitatem naturarum christus est duo.
ag6 * Praeterea, philosophus dicit, in iii physic., " quod unum et duo denominative dicuntur. ' sed christus habet dualitatem naturarum. ergo christus est duo.
ag7 " Praeterea, sicut forma accidentalis facit alterum, ita forma substantialis aliud, * ut porphyrius dicit. ' sed in christo sunt duae naturae substantiales, humana scilicet et divina. ergo christus est aliud et aliud. ergo christus est duo.
sc * Sed contra est quod boetius dicit, in libro de duabus naturis, ° omne quod est, inquantum est, unum est. ' sed christum esse confitemur. ergo christus est unum.
co ' Respondeo dicendum quod natura, secundum se considerata, prout in abstracto significatur, non vere potest praedicari de supposito seu persona nisi in deo, in quo non differt quod est et quo est, * ut in prima parte habitum est. ' in christo autem cum sint duae naturae, divina scilicet et humana, altera earum, scilicet divina, potest de eo praedicari et in abstracto et in concreto, dicimus enim quod filius dei, qui supponitur in hoc nomine christus, est divina natura, et est deus. sed humana natura non potest praedicari de christo secundum se in abstracto, sed solum in concreto, prout scilicet significatur in supposito. non enim vere potest dici quod christus sit humana natura, quia natura humana non est nata praedicari de suo supposito, dicitur autem quod christus est homo, sicut et quod christus est deus. deus autem significat habentem deitatem, et homo significat habentem humanitatem. aliter tamen habens humanitatem significatur per hoc nomen homo, et aliter per hoc nomen iesus, vel petrus. nam hoc nomen homo importat habentem humanitatem indistincte, sicut et hoc nomen deus indistincte importat habentem deitatem. hoc tamen nomen petrus, vel iesus, importat distincte habentem humanitatem, scilicet sub determinatis individualibus proprietatibus, sicut et hoc nomen filius dei importat habentem deitatem sub determinata proprietate personali. numerus autem dualitatis in christo ponitur circa ipsas naturas. et ideo, si ambae naturae in |25| abstracto praedicarentur de christo, sequeretur quod christus esset duo. sed quia duae naturae non praedicantur de christo nisi prout significantur in supposito, oportet secundum rationem suppositi praedicari de christo unum vel duo. * quidam autem posuerunt " in christo duo supposita, sed unam personam, quae quidem videtur se habere, * secundum eorum opinionem, " tanquam suppositum completum ultima completione. et ideo, quia ponebant in christo duo supposita, dicebant christum esse duo neutraliter; sed quia ponebant unam personam, dicebant christum esse unum masculine, ' nam neutrum genus designat quiddam informe et imperfectum; genus autem masculinum designat quiddam formatum et perfectum. * nestoriani autem, ponentes in christo duas personas, dicebant " christum non solum esse duo neutraliter, sed etiam duos masculine. ' quia vero nos ponimus in christo unam personam et unum suppositum, * ut ex praedictis patet, ' sequitur quod dicamus quod " non solum christus est unus masculine, sed etiam est unum neutraliter.
ra1 * Ad primum ergo dicendum quod verbum illud augustini " non est sic intelligendum quod ly utrumque teneatur ex parte praedicati, quasi dicat quod christus sit utrumque, sed tenetur ex parte subiecti. et tunc ly utrumque ponitur, non quasi pro duobus suppositis, sed pro duobus nominibus significantibus duas naturas in concreto. possum enim dicere quod utrumque, scilicet deus et homo, est deus, propter accipientem deum, et utrumque scilicet deus et homo, est homo, propter acceptum hominem.
ra2 " Ad secundum dicendum quod, cum dicitur, christus est aliud et aliud locutio est exponenda ut sit sensus, habens aliam et aliam naturam. * et hoc modo exponit augustinus in libro contra felicianum, ubi, cum dixisset, ° in mediatore dei et hominum aliud dei filius, aliud hominis filius * subdit, ° aliud, inquam, pro discretione substantiae, non alius, pro unitate personae. * et gregorius nazianzenus, in epistola ad chelidonium, ° si oportet compendiose dicere, aliud quidem et aliud ea ex quibus salvator est, siquidem non idem est invisibile visibili, et quod absque tempore ei quod sub tempore. non autem alius et alius absit. haec enim ambo unum.
ra3 ' Ad tertium dicendum quod haec est falsa, christus est tantum homo, quia non excludit aliud suppositum, sed aliam naturam, eo quod termini in praedicato positi tenentur formaliter. si vero adderetur aliquid per quod traheretur ad suppositum, esset vera locutio, puta, christus est tantum id quod est homo. non tamen sequeretur quod sit aliquid aliud quam homo, quia ly aliud, cum sit relativum diversitatis substantiae, proprie refertur ad suppositum, sicut et omnia relativa facientia personalem relationem. sequitur autem, ergo habet aliam naturam.
ra4 ' Ad quartum dicendum quod, cum dicitur, christus est aliquid quod est pater, ly aliquid tenetur pro natura divina, quae etiam in abstracto praedicatur de patre et filio. sed cum dicitur, christus est aliquid quod non est pater, ly aliquid tenetur non pro ipsa natura humana secundum quod significatur in abstracto, sed secundum quod significatur in concreto; non quidem secundum suppositum distinctum, sed secundum suppositum indistinctum; prout scilicet substat naturae, non autem proprietatibus individuantibus. et ideo non sequitur quod christus sit aliud et aliud, vel quod sit duo, quia suppositum humanae naturae in christo quod est persona filii dei, non ponit in numerum cum natura divina, quae praedicatur de patre et filio.
ra5 ' Ad quintum dicendum quod in mysterio divinae trinitatis natura divina praedicatur in abstracto de tribus personis, et ideo simpliciter potest dici quod tres personae sint unum. sed in mysterio incarnationis non praedicantur ambae naturae in abstracto de christo, et ideo non potest simpliciter dici quod christus sit duo.
ra6 ' Ad sextum dicendum quod duo dicitur quasi habens dualitatem, non quidem in aliquo alio, sed in ipso de quo duo praedicantur. fit autem praedicatio de supposito, quod importatur per hoc nomen christus. quamvis igitur christus habeat dualitatem naturarum, quia tamen non habet dualitatem suppositorum, non potest dici esse duo.
ra7 ' Ad septimum dicendum quod alterum importat diversitatem accidentis, et ideo diversitas accidentis sufficit ad hoc quod aliquid simpliciter dicatur alterum. sed aliud importat diversitatem substantiae. " substantia autem dicitur non solum natura, sed etiam suppositum, * ut dicitur in v metaphys.. ' et ideo diversitas naturae non sufficit ad hoc quod aliquid simpliciter dicatur aliud, nisi adsit diversitas secundum suppositum. sed diversitas naturae facit aliud secundum quid, scilicet secundum naturam, si non adsit diversitas suppositi.

010 ST4 qu17 ar2

ag1 ' Ad secundum sic proceditur. videtur quod in christo non sit tantum unum esse, sed duo. * dicit enim damascenus, in iii libro, " quod ea quae consequuntur naturam in christo duplicantur. ' sed esse consequitur naturam, esse enim est a forma. ergo in christo sunt duo esse.
ag2 ' Praeterea, esse filii dei est ipsa divina natura, et est aeternum. esse autem hominis christi non est divina natura, sed est esse temporale. ergo in christo non est tantum unum esse.
ag3 ' Praeterea, in trinitate, quamvis sint tres personae, est tamen unum esse, propter unitatem naturae. sed in christo sunt duae naturae, quamvis sit una persona. ergo in christo non est unum esse tantum, sed duo.
ag4 ' Praeterea, in christo anima dat aliquod esse corpori, cum sit forma eius. sed non dat sibi esse divinum, cum sit increatum. ergo in christo est aliud esse praeter esse divinum. et sic in christo non est tantum unum esse.
sc ' Sed contra, unumquodque, secundum quod dicitur ens, dicitur unum, quia unum et ens convertuntur. si ergo in christo duo essent esse, et non tantum unum, christus esset duo, et non unum.
co ' Respondeo dicendum quod, quia in christo sunt duae naturae et una hypostasis, necesse est quod ea quae ad naturam pertinent in christo sint duo, quae autem pertinent ad hypostasim in christo sint unum tantum. esse autem pertinet ad hypostasim et ad naturam, ad hypostasim quidem sicut ad id quod habet esse; ad naturam autem sicut ad id quo aliquid habet esse; natura enim significatur per modum formae, quae dicitur ens ex eo quod ea aliquid est, sicut albedine est aliquid album, et humanitate est aliquis homo. est autem considerandum quod, si aliqua forma vel natura est quae non pertineat ad esse personale hypostasis subsistentis, illud esse non dicitur esse illius personae simpliciter, sed secundum quid, sicut esse album est esse socratis, non inquantum est socrates, sed inquantum est albus. et huiusmodi esse nihil prohibet multiplicari in una hypostasi vel persona, aliud enim est esse quo socrates est albus, et quo socrates est musicus. sed illud esse quod pertinet ad ipsam hypostasim vel personam secundum se impossibile est in una hypostasi vel persona multiplicari, quia impossibile est quod unius rei non sit unum esse. " si igitur humana natura adveniret filio dei, non hypostatice vel personaliter, sed accidentaliter, * sicut quidam posuerunt, ' oporteret ponere in christo duo esse, unum quidem secundum quod est deus; aliud autem secundum quod est homo. sicut in socrate ponitur aliud esse secundum quod est albus, |25| aliud secundum quod est homo, quia esse album non pertinet ad ipsum esse personale socratis. esse autem capitatum, et esse corporeum, et esse animatum, totum pertinet ad unam personam socratis, et ideo ex omnibus his non fit nisi unum esse in socrate. et si contingeret quod, post constitutionem personae socratis, advenirent socrati manus vel pedes vel ocu-

li, sicut accidit in caeco nato, ex his non accresceret socrati aliud esse, sed solum relatio quaedam ad huiusmodi, quia scilicet diceretur esse non solum secundum ea quae prius habebat, sed etiam secundum ea quae postmodum sibi adveniunt. sic igitur, cum humana natura coniungatur filio dei hypostatice vel personaliter, * ut supra dictum est, ' et non accidentaliter, consequens est quod secundum humanam naturam non adveniat sibi novum esse personale, sed solum nova habitudo esse personalis praeexistentis ad naturam humanam, ut scilicet persona illa iam dicatur subsistere, non solum secundum naturam divinam, sed etiam humanam.

ra1 ' Ad primum ergo dicendum quod esse consequitur naturam, non sicut habentem esse, sed sicut qua aliquid est, personam autem, sive hypostasim, consequitur sicut habentem esse. et ideo magis retinet unitatem secundum unitatem hypostasis, quam habeat dualitatem secundum dualitatem naturae.

ra2 ' Ad secundum dicendum quod illud esse aeternum filii dei quod est divina natura, fit esse hominis, inquantum humana natura assumitur a filio dei in unitate personae.

ra3 * Ad tertium dicendum quod, sicut in prima parte dictum est, ' quia persona divina est idem cum natura, in personis divinis non est aliud esse personae praeter esse naturae, et ideo tres personae non habent nisi unum esse. haberent autem triplex esse, si in eis esset aliud esse personae, et aliud esse naturae.

ra4 ' Ad quartum dicendum quod anima in christo dat esse corpori inquantum facit ipsum actu animatum, quod est dare ei complementum naturae et speciei. sed si intelligatur corpus perfectum per animam absque hypostasi habente utrumque, hoc totum compositum ex anima et corpore, prout significatur nomine humanitatis, non significatur ut quod est, sed ut quo aliquid est. et ideo ipsum esse est personae subsistentis, secundum quod habet habitudinem ad talem naturam, cuius habitudinis causa est anima inquantum perficit humanam naturam informando corpus.

010 ST4 qu18 ar

pr ' Deinde considerandum est de unitate quantum ad voluntatem. et circa hoc quaeruntur sex. primo, utrum in christo sit alia voluntas divina, et alia humana. secundo, utrum in humana natura christi sit alia voluntas sensualitatis, et alia rationis. tertio, utrum in christo fuerint ex parte rationis plures voluntates. quarto, utrum in christo fuerit liberum arbitrium. quinto, utrum humana voluntas christi fuerit omnino conformis divinae voluntati in volito. sexto, utrum in christo fuerit aliqua contrarietas voluntatum.

010 ST4 qu18 ar1

ag1 ' Ad primum sic proceditur. videtur quod in christo non sint duae voluntates, una divina et alia humana. voluntas enim est primum movens et imperans in unoquoque volente. sed in christo primum movens et imperans fuit voluntas divina, quia omnia humana in christo movebantur secundum voluntatem divinam. ergo videtur quod in christo non fuerit nisi una voluntas, scilicet divina.

ag2 ' Praeterea, instrumentum non movetur propria voluntate, sed voluntate moventis. sed " natura humana in christo fuit instrumentum divinitatis eius. ' ergo natura humana in christo non movebatur propria voluntate, sed divina.

ag3 ' Praeterea, illud solum multiplicatur in christo quod pertinet ad naturam. voluntas autem non videtur ad naturam pertinere, quia ea quae sunt naturalia, sunt ex necessitate; quod autem est voluntarium, non est necessarium. ergo voluntas est una tantum in christo.

ag4 * Praeterea, damascenus dicit, in iii libro, quod ° aliqualiter velle non est naturae, sed nostrae intelligentiae " scilicet personalis. sed omnis voluntas est aliqualis voluntas, quia ° non est in genere quod non est in aliqua eius specie. ' ergo omnis voluntas ad personam pertinet. sed in christo fuit tantum et est una persona. ergo in christo est tantum una voluntas.

sc * Sed contra est quod dominus dicit, luc. xxii, ° pater, si vis, transfer calicem istum a me. veruntamen non mea voluntas, sed tua fiat. * quod inducens ambrosius, in libro ad gratianum imperatorem, dicit, ° sicut susceperat voluntatem meam, suscepit tristitiam meam. * et, super lucam, dicit, ° voluntatem suam ad hominem retulit, patris, ad divinitatem. voluntas enim hominis est temporalis, voluntas divinitatis aeterna.

co * Respondeo dicendum quod quidam posuerunt " in christo esse unam solam voluntatem, * sed ad hoc ponendum diversimode moti esse videntur. apollinaris enim non posuit " animam intellectualem in christo, sed quod verbum esset loco animae, vel etiam loco intellectus. unde, cum voluntas sit in ratione, * ut philosophus dicit, in iii de anima, " sequebatur quod in christo non esset voluntas humana, et ita in eo non esset nisi una voluntas. * et similiter eutyches, et omnes qui posuerunt " unam naturam compositam in christo, cogebantur ponere unam voluntatem in eo. * nestorius etiam, qui posuit " unionem dei et hominis esse factam solum secundum affectum et voluntatem, posuit unam voluntatem in christo. * postmodum vero macarius antiochenus patriarcha, et cyrus alexandrinus, et sergius constantinopolitanus, et quidam eorum sequaces, posuerunt " in christo unam voluntatem, | 25 | quamvis ponerent duas naturas in christo secundum hypostasim unitas, quia opinabantur quod humana natura in christo nunquam movebatur proprio motu, sed solum secundum quod erat mota a divinitate, * ut patet in epistola synodica agathonis papae. et ideo in sexta synodo, apud constantinopolim celebrata, determinatum est " oportere dici quod in christo sint duae voluntates, * ubi sic legitur, ° iuxta quod olim prophetae de christo, et ipse nos erudivit, et sanctorum patrum nobis tradidit symbolum, duas voluntates naturales in eo, et duas naturales operationes praedicamus. ' et hoc necessarium fuit dici. manifestum est enim quod filius dei assumpsit humanam naturam perfectam, * ut supra ostensum est. ' ad perfectionem autem humanae naturae pertinet voluntas, quae est naturalis eius potentia, sicut et intellectus, * ut patet ex his quae in prima parte dicta sunt. ' unde necesse est dicere quod filius dei humanam voluntatem assumpserit in natura humana. per assumptionem autem humanae naturae nullam diminutionem passus est filius dei in his quae pertinent ad divinam naturam, cui competit voluntatem habere, ut in prima parte habitum est. unde necesse est dicere quod in |50| christo sint duae voluntates, una scilicet divina et alia humana.

ra1 ' Ad primum ergo dicendum quod quidquid fuit in humana natura christi, movebatur nutu divinae voluntatis, non tamen sequitur quod in christo non fuerit motus voluntatis proprius naturae humanae. quia etiam aliorum sanctorum piae voluntates moventur secundum voluntatem dei, ° quae operatur in eis et velle et perficere, * ut dicitur philipp. ii. ' licet enim voluntas non possit interius moveri ab aliqua creatura, interius tamen movetur a deo, * ut in prima parte dictum est. ' et sic etiam christus secundum voluntatem humanam sequebatur voluntatem divinam, * secundum illud psalmi, ° ut facerem voluntatem tuam, deus meus, volui. * unde augustinus dicit, contra maximinum, ° ubi dixit filius patri, non quod ego volo, sed quod tu vis, quid te adiuvat quod tua verba subiungis, et dicis, ostendit vere suam voluntatem subiectam suo genitori, quasi nos negemus hominis voluntatem voluntati dei debere esse subiectam?

ra2 ' Ad secundum dicendum quod proprium est instrumenti quod moveatur a principali agente, diversimode tamen, secundum proprietatem naturae ipsius. nam instrumentum inanimatum, sicut securis aut serra, movetur ab artifice per motum solum corporalem. instrumentum vero animatum anima sensibili movetur per appetitum sensitivum, sicut equus a sessore. instrumentum vero animatum anima rationali movetur per voluntatem eius, sicut per imperium domini movetur servus ad aliquid agendum, " qui quidem servus est sicut instrumentum animatum, * ut philosophus dicit, in i politic.. ' sic ergo natura humana in christo fuit instrumentum divinitatis ut moveretur per propriam voluntatem.

ra3 ' Ad tertium dicendum quod ipsa potentia voluntatis est naturalis, et consequitur naturam ex necessitate. sed motus vel actus potentiae, qui etiam voluntas dicitur, quandoque quidem est naturalis et necessarius, puta respectu felicitatis; quandoque autem ex libero arbitrio rationis proveniens, et non necessarius neque naturalis; * sicut patet ex his quae in secunda parte dicta sunt. ' et tamen etiam ipsa ratio, quae est principium huius motus, est naturalis. et ideo, praeter voluntatem divinam, oportet in christo ponere voluntatem humanam, non solum prout est potentia naturalis, aut prout est motus naturalis, sed etiam prout est motus rationalis.

ra4 " Ad quartum dicendum quod per hoc quod dicitur aliqualiter velle, designatur determinatus modus volendi. determinatus autem modus ponitur circa ipsam rem cuius est modus. unde, cum voluntas pertineat ad naturam, ipsum etiam quod est aliqualiter velle, pertinet ad naturam, non secundum quod est absolute considerata, sed secundum quod est in tali hypostasi. ' unde etiam voluntas humana christi habuit quendam determinatum modum ex eo quod fuit in hypostasi divina, ut scilicet moveretur semper secundum nutum divinae voluntatis.

010 ST4 qu18 ar2

ag1 ' Ad secundum sic proceditur. videtur quod in christo non fuerit aliqua voluntas sensualitatis, praeter rationis voluntatem. * dicit enim philosophus, in iii de anima, quod ° voluntas in ratione est, in sensitivo autem appetitu est irascibilis et concupiscibilis. ' sed sensualitas significat appetitum sensitivum. ergo non fuit in christo voluntas sensualitatis.

ag2 * Praeterea, secundum augustinum, xii de trin., " sensualitas significatur per serpentem. sed nihil serpentinum fuit in christo, habuit enim similitudinem animalis venenosi sine veneno, * ut dicit augustinus, super illud ioan. iii, ° sicut exaltavit moyses serpentem in deserto. ' ergo in christo non fuit voluntas sensualitatis.

ag3 ' Praeterea, voluntas sequitur naturam, * ut dictum est. ' sed in christo non fuit nisi una natura praeter divinam. ergo in christo non fuit nisi una voluntas humana.

sc * Sed contra est quod ambrosius dicit, in ii ad gratianum imperatorem, ° mea est voluntas quam suam dixit, quia, ut homo, suscepit tristitiam meam, ' ex quo datur intelligi quod tristitia pertineat ad humanam voluntatem in christo. sed tristitia pertinet ad sensualitatem, * ut in secunda parte habitum est. ' ergo videtur quod in christo sit voluntas sensualitatis, praeter voluntatem rationis.

co * Respondeo dicendum quod, sicut supra dictum est, ' filius dei humanam naturam assumpsit cum omnibus quae pertinent ad perfectionem ipsius naturae. in humana autem natura includitur etiam natura animalis, sicut in specie includitur genus. unde oportet quod filius dei cum humana natura assumpserit etiam ea quae pertinent ad perfectionem naturae animalis. inter quae est appetitus sensitivus, qui sensualitas dicitur. et ideo oportet dicere quod in christo fuit sensualis appetitus, sive sensualitas. " sciendum est autem quod sensualitas, sive sensualis appetitus, inquantum est natus obedire rationi, dicitur rationale per participationem, * ut patet per philosophum, in i ethic.. ' et quia voluntas est in ratione, * ut dictum est, ' pari ratione potest dici quod sensualitas sit voluntas per participationem.

ra1 * Ad primum ergo dicendum quod ratio illa procedit " de voluntate essentialiter dicta, quae non est nisi in parte intellectiva. sed voluntas participative dicta potest esse in parte sensitiva, inquantum obedit rationi.

ra2 " Ad secundum dicendum quod sensualitas significatur per serpentem, non quantum ad naturam sensualitatis, quam christus assumpsit, sed quantum ad corruptionem fomitis, quae in christo non fuit.

ra3 ' Ad tertium dicendum quod, ° ubi est unum propter alterum, ibi tantum unum esse videtur, ' sicut superficies, quae est visibilis per colorem, est unum visibile cum colore. et similiter, quia sensualitas non dicitur voluntas nisi quia participat voluntatem rationis, sicut est una natura humana in christo, ita etiam ponitur una voluntas humana in christo.

010 ST4 qu18 ar3

ag1 ' Ad tertium sic proceditur. videtur quod in christo fuerunt duae voluntates quantum ad rationem. * dicit enim damascenus, in ii libro, quod " duplex est hominis voluntas, naturalis, quae vocatur thelesis; et rationalis, quae vocatur bulesis. ' sed christus in humana natura habuit quidquid ad perfectionem humanae naturae pertinet. ergo utraque praedictarum voluntatum fuit in christo.

ag2 ' Praeterea, vis appetitiva diversificatur in homine secundum diversitatem virtutis apprehensivae, et ideo, secundum differentiam sensus et intellectus, diversificatur in homine appetitus sensitivus et intellectivus. sed similiter quantum ad apprehensionem hominis ponitur differentia rationis et intellectus, quorum utrumque fuit in christo. ergo fuit in eo duplex voluntas, una intellectualis, et alia rationalis.

ag3 * Praeterea, a quibusdam ponitur " in christo voluntas pietatis. ' quae non potest poni nisi ex parte rationis. ergo in christo ex parte rationis sunt plures voluntates.

sc " Sed contra est quod in quolibet ordine est unum primum movens. ' sed voluntas est primum movens in genere humanorum actuum. ergo in uno homine non est nisi una voluntas proprie dicta, quae est voluntas rationis. christus autem est unus homo. ergo in christo est tantum una voluntas humana.

co ' Respondeo dicendum quod, * sicut dictum est, ' voluntas quandoque accipitur pro potentia, et quandoque pro actu. s ergo voluntas accipiatur pro actu, sic oportet in christo ex parte rationis ponere duas voluntates, idest, duas species actuum voluntatis. voluntas enim, * ut in secunda parte dictum est, ' et est finis, et est eorum quae sunt ad finem, et alio modo fertur in utrumque. nam in finem fertur simpliciter et absolute, sicut in id quod est secundum se bonum, in id autem quod est ad finem, fertur cum quadam comparatione, secundum quod habet bonitatem ex ordine ad aliud. et ideo alterius rationis est actus voluntatis secundum quod fertur in aliquid secundum se volitum, ut sanitas, * quod a damasceno vocatur " thelesis, idest simplex voluntas, * et a magistris vocatur " voluntas ut natura, ' et alterius rationis est actus voluntatis secundum quod fertur in aliquid quod est volitum solum ex ordine ad alterum, sicut est sumptio medicinae, " quem quidem voluntatis actum * damascenus vocat |25| " bulesim, idest consiliativam voluntatem, * a magistris autem vocatur " voluntas ut ratio. ' haec autem diversitas actus non diversificat potentiam, quia uterque actus attenditur ad unam rationem communem obiecti, quod est bonum. et ideo dicendum est quod, si loquamur de potentia voluntatis, in christo est una sola voluntas humana essentialiter et non participative dicta. si vero loquamur de voluntate quae est actus, " sic distinguitur in christo voluntas quae est ut natura, quae dicitur thelesis; et voluntas ut ratio, quae dicitur bulesis.

ra1 ' Ad primum ergo dicendum quod illae voluntates non diversificantur secundum potentiam, sed solum secundum differentiam actus, * ut dictum est.

ra2 ' Ad secundum dicendum quod etiam intellectus et ratio non sunt diversae potentiae, * ut in prima

parte dictum est.
ra3 “ Ad tertium dicendum quod voluntas pietatis non videtur esse aliud quam voluntas quae consideratur ut natura, inquantum scilicet refugit alienum malum absolute consideratum.

010 ST4 qu18 ar4

ag1 ‘ Ad quartum sic proceditur. videtur quod in christo non fuerit liberum arbitrium. * dicit enim damascenus, in iii libro, “ gnomen autem (idest sententiam, vel mentem, vel cogitationem) et proaeresin (idest electionem) ° in domino dicere impossibile est, si proprie loqui volumus. ‘ maxime autem in his quae sunt fidei est proprie loquendum. ergo in christo non fuit electio. et per consequens nec liberum arbitrium, cuius actus est electio.
ag2 * Praeterea, philosophus dicit, in iii ethic., “ quod electio est appetitus praeconsiliati. ‘ sed consilium non videtur fuisse in christo, quia non consiliamur de quibus certi sumus; christus autem certitudinem habuit de omnibus. ergo in christo non fuit electio, et sic, nec liberum arbitrium.
ag3 ‘ Praeterea, liberum arbitrium se habet ad utrumque. sed voluntas christi fuit determinata ad bonum, quia non potuit peccare, * sicut supra dictum est. ‘ ergo in christo non fuit liberum arbitrium.
sc * Sed contra est quod dicitur isaiae vii, ° butyrum et mel comedet, ut sciat reprobare malum et eligere bonum, “ quod est actus liberi arbitrii. ergo in christo fuit liberum arbitrium.
co * Respondeo dicendum quod, sicut supra dictum est, ‘ in christo fuit duplex actus voluntatis, unus quidem quo eius voluntas ferebatur in aliquid sicut secundum se volitum, quod pertinet ad rationem finis; alius autem secundum quem eius voluntas ferebatur in aliquid per ordinem ad aliud, quod pertinet ad rationem eius quod est ad finem. “ differt autem, * ut philosophus dicit, in iii ethic., “ electio a voluntate in hoc, quod voluntas, per se loquendo, est ipsius finis; electio autem eorum quae sunt ad finem. ‘ et sic simplex voluntas est idem quod voluntas ut natura, electio autem est idem quod voluntas ut ratio, et est proprius actus liberi arbitrii, * ut in prima parte dictum est. ‘ et ideo, cum in christo ponatur voluntas ut ratio, necesse est ibi ponere electionem, et per consequens liberum arbitrium, cuius actus est electio, * ut in prima parte habitum est.
ra1 * Ad primum ergo dicendum quod damascenus “ excludit a christo electionem secundum quod intelligit in nomine electionis importari dubitationem. ‘ sed tamen dubitatio non est de necessitate electionis, quia etiam deo competit eligere, * secundum illud ephes. i, ° elegit nos in ipso ante mundi constitutionem; ‘ cum tamen in deo nulla sit dubitatio. accidit autem dubitatio electioni, inquantum est in natura ignorante. et idem dicendum est de aliis de quibus fit mentio in auctoritate praedicta.
ra2 ‘ Ad secundum dicendum quod electio praesupponit consilium, non tamen sequitur ex consilio nisi iam determinato per iudicium; “ illud enim quod iudicamus agendum post inquisitionem consilii, eligimus, * ut dicitur in iii ethic.. ‘ et ideo, si aliquid iudicetur ut agendum absque dubitatione et inquisitione praecedente, hoc sufficit ad electionem. et sic patet quod dubitatio, sive inquisitio, non per se pertinet ad electionem, sed solum secundum quod est in natura ignorante.
ra3 ‘ Ad tertium dicendum quod voluntas christi, licet sit determinata ad bonum, non tamen est determinata ad hoc vel illud bonum. et ideo pertinebat ad christum eligere per liberum arbitrium confirmatum in bono, sicut ad beatos.

010 ST4 qu18 ar5

ag1 ‘ Ad quintum sic proceditur. videtur quod voluntas humana in christo non voluerit aliud quam quod deus vult. * dicitur enim in psalmo, ex persona christi, ° ut facerem voluntatem tuam, deus meus, volui. ‘ sed ille qui vult voluntatem alicuius facere, vult quod ille vult. ergo videtur quod voluntas humana christi nihil aliud voluerit quam voluntas ipsius divina.
ag2 ‘ Praeterea, anima christi habuit perfectissimam caritatem, quae etiam comprehensionem nostrae scientiae excedit, * secundum illud ephes. iii, ° supereminentem scientiae caritatem christi. ‘ sed caritatis est facere quod homo idem velit quod deus, * unde et philosophus, in ix ethic., dicit quod “ unum de amicabilibus est eadem velle et eligere. ‘ ergo voluntas humana in christo nihil aliud voluit quam divina.
ag3 ‘ Praeterea, christus fuit verus comprehensor. sed sancti qui sunt comprehensores in patria, nihil aliud volunt quam quod deus vult. alioquin, non essent beati, quia non haberent quidquid vellent, “ beatus enim est qui habet quidquid vult et nihil mali vult, * ut dicit augustinus, in libro de trin.. ‘ ergo christus nihil aliud voluit secundum voluntatem humanam quam quod voluit voluntas divina.
sc * Sed contra est quod augustinus dicit, contra maximinum, ° in hoc quod christus ait, non quod ego volo, sed quod tu, aliud se ostendit voluisse quam pater. quod nisi humano corde non posset, cum infirmitatem nostram in suum, non divinum, sed humanum transfiguraret affectum.
co * Respondeo dicendum quod sicut dictum est, ‘ in christo secundum humanam naturam ponitur multiplex voluntas, scilicet voluntas sensualitatis, quae participative voluntas dicitur; et voluntas rationalis, sive consideretur per modum naturae, sive per modum rationis. * dictum est autem supra quod, ‘ ex quadam dispensatione, filius dei, ante suam passionem, permittebat carni agere et pati quae sunt ei propria. et similiter permittebat omnibus viribus animae agere quae propria. manifestum est autem quod voluntas sensualitatis refugit naturaliter dolores sensibiles et corporis laesionem. similiter etiam voluntas ut natura repudiat ea quae naturae sunt contraria, et quae sunt secundum se mala, puta mortem et alia huiusmodi. haec tamen quandoque voluntas per modum rationis eligere potest ex ordine ad finem, sicut etiam in aliquo puro homine sensualitas eius, et etiam voluntas absolute considerata, refugit ustionem, quam voluntas secundum rationem elegit propter finem sanitatis. voluntas autem dei erat ut christus dolores et passiones et mortem pateretur, non quod ista essent a deo volita secundum se, sed ex ordine ad finem humanae salutis. unde patet quod christus, secundum voluntatem sensualitatis, et secundum voluntatem rationis quae consideratur per modum naturae, aliud poterat velle quam deus. sed secundum voluntatem quae est per |25| modum rationis, semper idem volebat quod deus. * quod patet ex hoc ipso quod dicit, ° non sicut ego volo, sed sicut tu. ‘ volebat enim, secundum rationis voluntatem, divinam voluntatem impleri, quamvis aliud dicat se velle secundum aliam eius voluntatem.
ra1 ‘ Ad primum ergo dicendum quod christus volebat ut voluntas patris impleretur, non autem secundum voluntatem sensualitatis cuius motus non se extendit usque ad voluntatem dei; neque per voluntatem quae consideratur per modum naturae, quae fertur in aliqua obiecta absolute considerata, et non in ordine ad divinam voluntatem.
ra2 ‘ Ad secundum dicendum quod conformitas voluntatis humanae ad voluntatem divinam attenditur secundum voluntatem rationis, secundum quam etiam voluntates amicorum concordant, inquantum scilicet ratio considerat aliquod volitum in ordine ad voluntatem amici.
ra3 ‘ Ad tertium dicendum quod christus simul fuit comprehensor et viator, inquantum scilicet per mentem fruebatur deo, et habebat carnem passibilem. et ideo ex parte carnis passibilis poterat in eo aliquid accidere quod repugnaret naturali voluntati ipsius, et etiam appetitui sensitivo.

010 ST4 qu18 ar6

ag1 ‘ Ad sextum sic proceditur. videtur quod in christo fuerit contrarietas voluntatum. contrarietas enim voluntatum attenditur secundum contrarietatem obiectorum, “ sicut et contrarietas motuum attenditur secundum contrarietatem terminorum, * ut patet per philosophum, in v physic.. ‘ sed christus secundum diversas voluntates contraria volebat, nam secundum voluntatem divinam volebat mortem, quam refugiebat secundum voluntatem humanam. * unde athanasius dicit, in libro adversus apollinarium, ° quando christus dixit, pater si possibile est, transeat a me calix iste, et tamen non mea, sed tua voluntas fiat, et iterum, spiritus promptus est, caro autem infirma, duas voluntates hic ostendit, humanam, quae propter infirmitatem carnis refugiebat passionem; et divinam eius, promptam ad passionem. ‘ ergo in christo fuit contrarietas voluntatum.
ag2 * Praeterea, galat. v dicitur quod ° caro concupiscit adversus spiritum, et spiritus adversus carnem. ‘ est igitur contrarietas voluntatum quando spiritus concupiscit unum, et caro aliud. sed hoc fuit in christo, nam per voluntatem caritatis, quam spiritus sanctus in eius mente faciebat, volebat passionem, * secundum illud isaiae liii, ° oblatus est quia ipse voluit; ‘ secundum autem carnem, passionem refugiebat. ergo erat in eo contrarietas voluntatum.
ag3 * Praeterea, luc. xxii dicitur quod, ° factus in agonia, prolixius orabat. ‘ sed agonia videtur importare quandam impugnationem animi in contraria tendentis. ergo videtur quod in christo fuerit contrarietas voluntatis.
sc * Sed contra est quod in determinatione sextae synodi dicitur, ° praedicamus duas naturales voluntates, non contrarias, iuxta quod impii asserunt haeretici; sed sequentem humanam eius voluntatem, et non resistentem vel reluctantem, sed potius subiectam divinae eius atque omnipotenti voluntati.
co ‘ Respondeo dicendum quod contrarietas non potest esse nisi oppositio attendatur in eodem et secundum idem. si autem secundum diversa, et in diversis existat diversitas, non sufficit hoc ad rationem contrarietatis, sicut nec ad rationem contradictionis, puta quod homo sit pulcher aut sanus secundum manum, et non secundum pedem. ad hoc igitur quod sit contrarietas voluntatum in aliquo, requiritur, primo quidem, quod secundum idem attendatur diversitas voluntatum. si enim unius voluntas sit de aliquo fiendo secundum quandam rationem universalem, et alterius voluntas sit de eodem non fiendo secundum quandam rationem particularem, non est omnino contrarietas voluntatum. puta, si rex vult suspendi latronem in bonum reipublicae, et aliquis eius consanguineus velit eum non suspendi propter amorem privatum, non erit contrarietas voluntatis, nisi forte se in tantum extendat voluntas boni privati ut bonum publicum velit impedire ut conservetur bonum privatum; tunc enim secundum idem attenderetur repugnantia voluntatum. secundo autem requiritur ad contrarietatem voluntatis, quod sit circa eandem voluntatem. si enim homo vult unum secundum appetitum intellectus, et aliud secundum appetitum sensitivum, non est hic aliqua contrarietas, nisi forte appetitus sensitivus in tantum praevaleat quod vel immutet vel saltem retardet appetitum rationis; sic enim iam ad ipsam voluntatem rationis perveniet aliquid de motu contrario appetitus sensitivi. |25| sic igitur dicendum est quod, licet voluntas naturalis et voluntas sensualitatis in christo aliquid aliud voluerit quam divina voluntas et voluntas rationis ipsius, non tamen fuit ibi aliqua contrarietas voluntatum. primo quidem, quia neque voluntas eius naturalis, neque voluntas sensualitatis, repudiabat illam rationem secundum quam divina voluntas, et voluntas rationis humanae in christo, passionem volebant. volebat enim voluntas absoluta in christo salutem humani generis, sed eius non erat velle hoc in ordine ad aliud. motus autem sensualitatis ad hoc se extendere non valebat. secundo, quia neque voluntas divina, neque voluntas rationis in christo, impediebatur aut retardabatur per voluntatem naturalem, aut per appetitum sensualitatis. similiter autem nec e converso voluntas divina, vel voluntas rationis in christo, refugiebat aut retardabat motum voluntatis naturalis humanae, et motum sensualitatis in christo. placebat enim christo secundum voluntatem divinam, et secundum voluntatem rationis, ut voluntas naturalis in ipso et voluntas sensualitatis secundum ordinem suae naturae moverentur. unde patet quod in christo nulla fuerit repugnantia vel contrarietas voluntatum.
ra1 ‘ Ad primum ergo dicendum quod hoc ipsum quod aliqua voluntas humana in christo aliud volebat quam eius voluntas divina, procedebat ex ipsa voluntate divina, “ cuius beneplacito natura humana propriis motibus movebatur in christo, * ut damascenus dicit.
ra2 ‘ Ad secundum dicendum quod in nobis per concupiscentiam carnis impeditur aut retardatur concupiscentia spiritus, quod in christo non fuit. et ideo in christo non fuit contrarietas carnis ad spiritum, sicut in nobis.
ra3 ‘ Ad tertium dicendum quod agonia non fuit in christo quantum ad partem animae rationalem, secundum quod importat concertationem voluntatum ex diversitate rationum procedentem, puta cum aliquis secundum quod ratio considerat unum, vult hoc, et secundum quod considerat aliud, vult contrarium. hoc enim contingit propter debilitatem rationis, quae non potest diiudicare quid sit simpliciter melius. quod in christo non fuit, quia per suam rationem iudicabat simpliciter esse melius quod per eius passionem impleretur voluntas divina circa salutem generis humani. “ fuit tamen in christo agonia quantum ad partem sensitivam, secundum quod importat timorem infortunii imminentis, * ut dicit damascenus, in iii libro.

010 ST4 qu19 ar

pr ‘ Deinde considerandum est de unitate operationis christi. et circa hoc quaeruntur quatuor. primo, utrum in christo sit una operatio divinitatis et humanitatis, vel plures. secundo, utrum in christo sint plures operationes secundum humanam naturam. tertio, utrum christus secundum humanam operationem aliquid sibi meruerit. quarto, utrum per eam aliquid meruerit nobis.

010 ST4 qu19 ar1

ag1 ‘ Ad primum sic proceditur. videtur quod in christo sit tantum una operatio divinitatis et humanitatis. * dicit enim dionysius, ii cap. de div. nom., ° discreta autem est benignissima circa nos dei operatio per hoc quod, secundum nos, ex nobis, integre vereque humanatum est verbum quod est supra substantiam, et operari et pati quaecumque humanae eius divinaeque operationi congruunt, “ ubi unam operationem nominat humanam et divinam, quae in graeco dicitur theandrica, idest deivirilis. ‘ videtur igitur esse una operatio composita in christo.
ag2 ‘ Praeterea, principalis agentis et instrumenti est una sola operatio. sed humana natura in christo fuit instrumentum divinae, * ut supra dictum est. ‘ ergo eadem operatio est divinae et humanae naturae in christo.
ag3 ‘ Praeterea, cum in christo duae naturae in una hypostasi vel persona sint, necesse est unum et idem esse quod pertinet ad hypostasim vel personam. sed operatio pertinet ad hypostasim vel personam, nihil enim operatur nisi suppositum subsistens; * unde et, secundum philosophum, “ actus sunt singularium. ‘ ergo in christo est una et eadem operatio divinitatis et humanitatis.
ag4 ‘ Praeterea, sicuti esse est hypostasis subsistentis, ita etiam et operari. sed propter unitatem hypostasis est in christo unum esse, * ut supra dictum est. ‘ ergo et propter eandem unitatem est in christo una operatio.
ag5 ‘ Praeterea, ubi est unum operatum, ibi est una operatio. sed idem operatum erat divinitatis et huma-

nitatis, sicut sanatio leprosi, vel suscitatio mortui. ergo videtur quod in christo sit una tantum operatio divinitatis et humanitatis.

sc ‘ Sed contra est quod * ambrosius, in ii libro ad gratianum imperatorem, dicit, ° quem ad modum eadem operatio diversae est potestatis? nunquid sic potest minor quemadmodum maior operari? aut una operatio potest esse ubi diversa est substantia?

co * Respondeo dicendum quod, sicut supra dictum est, * haeretici qui posuerunt “ in christo unam voluntatem, posuerunt etiam in ipso unam operationem. et ut eorum opinio erronea melius intelligatur, considerandum est quod, ubicumque sunt plura agentia ordinata, inferius movetur a superiori, sicut in homine corpus movetur ab anima, et inferiores vires a ratione. sic igitur actiones et motus inferioris principii sunt magis operata quaedam quam operationes, id autem quod pertinet ad supremum principium, est proprie operatio. puta si dicamus in homine quod ambulare, quod est pedum, et palpare, quod est manuum, sunt quaedam hominis operata, quorum unum operatur anima per pedes, aliud per manus, et quia est eadem anima operans per utrumque, ex parte ipsius operantis, quod est primum principium movens, est una et indifferens operatio; ex parte autem ipsorum operatorum differentia invenitur. sicut autem in homine puro corpus movetur ab anima, et appetitus sensitivus a rationali, ita in domino iesu christo humana natura movebatur et regebatur a divina. et ideo dicebant quod eadem est operatio et indifferens ex parte ipsius divinitatis operantis sunt tamen diversa operata, inquantum scilicet divinitas christi aliud agebat per seipsam, sicut quod ° portabat omnia verbo virtutis suae; “ aliud autem per naturam humanam, sicut quod corporaliter ambulabat. * unde in sexta synodo inducuntur verba severi haeretici sic dicentis, ° ea quae agebantur et operabantur ab uno christo, multum differunt. quaedam enim sunt deo decibilia, quaedam humana. veluti, corporaliter vadere super terram profecto humanum est, cruribus vero vexatis, et ambulare super terram penitus non valentibus, sanum gressum donare deo decibile est. sed unum, scilicet incarnatum verbum, hoc et illud operatum est et nequaquam hoc quidem huius, hoc vero huius est naturae. neque, eo quod diversa sunt operamenta, ideo duas operatrices naturas atque formas iuste definiemus. ‘ sed in hoc decipiebantur. quia actio eius quod movetur ab altero, est duplex, una quidem quam habet secundum propriam formam; alia autem quam habet secundum quod movetur ab alio. sicut securis operatio secundum propriam formam est incisio, secundum autem quod movetur ab artifice, operatio eius est facere scamnum. operatio igitur quae est alicuius rei secundum suam formam, est propria eius; nec pertinet ad moventem, nisi secundum quod utitur huiusmodi re ad suam operationem, sicut calefacere est propria operatio ignis; non autem fabri, nisi quatenus utitur igne ad calefaciendum ferrum. sed illa operatio quae est rei solum secundum quod movetur ab alio, non est alia praeter operationem moventis ipsum, sicut facere scamnum non est seorsum operatio securis ab operatione artificis. et ideo, ubicumque movens et motum habent diversas formas seu virtutes operativas, ibi oportet quod sit alia propria operatio moventis, et alia propria operatio moti, licet motum participet operationem moventis, et movens utatur operatione moti, et sic utrumque agit cum communione alterius. sic igitur in christo humana natura habet propriam formam et virtutem per quam operatur et similiter divina. unde et humana natura habet propriam operationem distinctam ab operatione divina, et e converso. et tamen divina natura utitur operatione naturae humanae sicut operatione sui instrumenti, et similiter humana natura participat operationem divinae naturae, sicut instrumentum participat operationem principalis agentis. * et hoc est quod dicit leo papa, in epistola ad flavianum “ agit utraque forma, scilicet tam natura divina quam humana in christo, ° cum alterius communione, quod proprium est, verbo scilicet operante quod verbi est, et carne exequente quod carnis est. ‘ si vero esset una tantum operatio divinitatis et humanitatis in christo, oporteret dicere vel quod humana natura non haberet propriam formam et virtutem (de divina enim hoc dici est impossibile), ex quo sequeretur quod in christo esset tantum divina operatio, vel oporteret dicere quod ex virtute divina et humana esset conflata in christo una virtus. quorum utrumque est impossibile, nam per primum horum ponitur natura humana in christo esse imperfecta; per secundum vero ponitur confusio naturarum. * et ideo rationabiliter in sexta synodo haec opinio est condemnata, in cuius determinatione dicitur, ° duas naturales operationes indivise, inconvertibiliter, inconfuse, inseparabiliter, in eodem domino iesu christo, vero deo nostro, glorificamus, “ hoc est, divinam operationem et humanam.

ra1 ‘ Ad primum ergo dicendum quod * dionysius ponit “ in christo operationem theandricam, idest divinamvirilem, vel divinamhumanam, ‘ non per aliquam confusionem operationum seu virtutum utriusque naturae, sed per hoc quod divina operatio eius utitur humana eius operatione, et humana operatio participat virtutem divinae operationis. * unde, sicut ipse dicit in quadam epistola, ° super hominem operabatur ea quae sunt hominis, quod monstrat virgo supernaturaliter concipiens, et aqua terrenorum pedum sustinens gravitatem. ‘ manifestum est enim quod concipi est humanae naturae, similiter et ambulare, sed utrumque fuit in christo supernaturaliter. et similiter divina operabatur humanitus, sicut cum sanavit leprosum tangendo. unde * in eadem epistola subdit, ° sed, deo homine facto, nova quadam dei et hominis operatione. “ quod autem intelligat duas esse operationes in christo, unam divinae naturae, aliam autem humanae, * patet ex his quae dicit in ii cap. de div. nom., ubi dicit quod “ his, quae pertinent ad humanam eius operationem, ° pater et spiritus sanctus nulla ratione communicant, nisi quis dixerit secundum benignissimam et misericordem voluntatem, “ inquantum scilicet pater et spiritus sanctus ex sua misericordia voluerunt christum agere et pati humana. addit autem, ° et omnem sublimissimam et ineffabilem dei operationem quam operatus est secundum nos factus incommutabilis eo quod deus et dei verbum. ‘ sic igitur patet quod alia est eius operatio humana, in qua pater et spiritus sanctus non communicant nisi secundum acceptationem misericordiae suae, et alia est eius operatio inquantum est dei verbum, in qua communicant pater et spiritus sanctus.

ra2 ‘ Ad secundum dicendum quod instrumentum dicitur aliquid ex eo quod movetur a principali agente, quod tamen, praeter hoc, potest habere propriam operationem secundum suam formam, * ut de igne dictum est. ‘ sic igitur actio instrumenti inquantum est instrumentum, non est alia ab actione principalis agentis, potest tamen habere aliam operationem prout est res quaedam. sic igitur operatio quae est humanae naturae in christo, inquantum est instrumentum divinitatis, non est alia ab operatione divinitatis, non enim est alia salvatio qua salvat humanitas christi, et divinitas eius. habet tamen humana natura in christo, inquantum est natura quaedam, quandam propriam operationem praeter divinam, * ut dictum est.

ra3 ‘ Ad tertium dicendum quod operari est hypostasis subsistentis, sed secundum formam et naturam, a qua operatio speciem recipit. et ideo a diversitate formarum seu naturarum est diversa species operationum, sed ab unitate hypostasis est unitas secundum numerum quantum ad operationem speciei. sicut ignis habet duas operationes specie differentes, scilicet illuminare et calefacere, secundum differentiam lucis et caloris, et tamen est una numero illuminatio ignis semel illuminantis. et similiter in christo oportet quod sint duae operationes specie differentes, secundum eius duas naturas, quaelibet tamen operationum est una numero in christo, semel facta, sicut una ambulatio et una sanatio.

ra4 ‘ Ad quartum dicendum quod esse et operari est personae a natura, aliter tamen et aliter. nam esse pertinet ad ipsam constitutionem personae, et sic quantum ad hoc se habet in ratione termini. et ideo unitas personae requirit unitatem ipsius esse completi et personalis. sed operatio est quidam effectus personae secundum aliquam formam vel naturam. unde pluralitas operationum non praeiudicat unitati personali.

ra5 ‘ Ad quintum dicendum quod aliud est proprium operatum operationis divinae, et operationis humanae in christo, sicut operatum proprium divinae operationis est sanatio leprosi, operatum autem proprium humanae naturae est eius contactus. concurrunt tamen ambae operationes ad unum operatum secundum quod una natura agit cum communione alterius, * ut dictum est.

010 ST4 qu19 ar2

ag1 ‘ Ad secundum sic proceditur. videtur quod in christo sint plures humanae operationes. christus enim, inquantum homo, communicat cum plantis in natura nutritiva, cum animalibus autem in natura sensitiva, cum angelis vero in natura intellectiva, sicut et ceteri homines. sed alia est operatio plantae inquantum est planta, et alia animalis inquantum est animal. ergo christus, inquantum est homo, habet plures operationes.

ag2 ‘ Praeterea, potentiae et habitus distinguuntur secundum actus. sed in anima christi fuerunt diversae potentiae et diversi habitus. ergo diversae operationes.

ag3 ‘ Praeterea, instrumenta debent esse proportionata operationibus. corpus autem humanum habet diversa membra differentia secundum formam. ergo diversis operationibus accommodata. sunt igitur in christo diversae operationes secundum humanam naturam.

sc * Sed contra est quod damascenus dicit, in iii libro, ° operatio sequitur naturam. ‘ sed in christo est tantum una humana natura. ergo in christo fuit tantum una operatio humana.

co ‘ Respondeo dicendum quod, “ quia homo est id quod est secundum rationem, ‘ illa operatio dicitur esse simpliciter humana quae a ratione procedit per voluntatem, quae est rationis appetitus. si qua autem operatio est in homine quae non procedit a ratione et voluntate, non est simpliciter operatio humana, sed convenit homini secundum aliquam partem humanae naturae, quandoque quidem secundum ipsam naturam elementi corporalis, sicut ferri deorsum; quandoque vero secundum virtutem animae vegetabilis, sicut nutriri et augeri; quandoque vero secundum partem sensitivam, sicut videre et audire, imaginari et memorari, concupiscere et irasci. inter quas operationes est differentia. “ nam operationes animae sensitivae sunt aliqualiter obedientes rationi, et ideo sunt aliqualiter rationales et humanae, inquantum scilicet obediunt rationi, * ut patet per philosophum, in i ethic.. ‘ operationes vero quae sequuntur animam vegetabilem, vel etiam naturam elementalis corporis, non subiiciuntur rationi, unde nullo modo sunt rationales, nec humanae simpliciter, sed solum secundum partem humanae naturae. * dictum est autem supra quod ‘ quando agens inferius agit per propriam formam, tunc est alia operatio inferioris agentis et superioris, quando vero agens inferius non agit nisi secundum quod est motum a superiori agente, tunc est eadem operatio superioris agentis et inferioris. sic igitur in quocumque homine puro alia est operatio elementalis et animae vegetabilis ab operatione voluntatis, quae est proprie humana. similiter etiam operatio animae sensitivae quantum ad id quod non movetur a ratione, sed quantum ad id quod movetur a ratione, est eadem operatio partis sensitivae et rationalis. ipsius autem animae rationalis est una operatio, si attendamus ad ipsum principium operationis, quod est ratio vel voluntas, diversificatur autem secundum respectum ad diversa obiecta; * quam quidem diversitatem aliqui appellaverunt “ diversitatem operatorum, magis quam operationum. iudicantes de unitate operationis solum ex parte operativi principii; ‘ sic enim nunc quaeritur de unitate vel pluralitate operationum in christo. sic igitur in quolibet puro homine est tantum una operatio quae proprie humana dicitur, praeter quam tamen sunt in homine puro quaedam aliae operationes, quae non sunt proprie humanae, * sicut dictum est. ‘ sed in homine iesu christo nullus erat motus sensitivae partis qui non esset ordinatus a ratione. ipsae etiam operationes naturales et corporales aliqualiter ad eius voluntatem pertinebant, “ inquantum voluntatis eius erat ° ut caro eius ageret et pateretur quae sunt sibi propria, * ut dictum est supra. ‘ et ideo multo magis est una operatio in christo quam in quocumque alio homine.

ra1 ‘ Ad primum ergo dicendum quod operatio partis sensitivae et nutritivae non est proprie humana, * sicut dictum est. ‘ et tamen in christo huiusmodi operationes fuerunt magis humanae quam in aliis.

ra2 ‘ Ad secundum dicendum quod potentiae et habitus diversificantur per comparationem ad obiecta, et ideo diversitas operationum hoc modo respondet diversis potentiis et habitibus sicut etiam respondet diversis obiectis. talem autem diversitatem operationum non intendimus excludere ab humanitate christi, sicut nec eam quae est secundum aliud tempus, sed solum illam quae est secundum primum principium activum, * ut dictum est.

010 ST4 qu19 ar3

ag1 ‘ Ad tertium sic proceditur. videtur quod actio humana christi non potuit ei esse meritoria. christus enim ante mortem fuit comprehensor, sicut et modo est. sed comprehensoris non est mereri, caritas enim comprehensoris pertinet ad praemium beatitudinis, cum secundum eam attendatur fruitio; unde non videtur esse principium merendi, cum non sit idem meritum et praemium. ergo christus ante passionem non merebatur, sicut nec modo meretur.

ag2 ‘ Praeterea, nullus meretur id quod est sibi debitum. sed ex hoc quod christus est filius dei per naturam, debetur sibi hereditas aeterna, quam alii homines per bona opera merentur. non ergo christus aliquid sibi mereri potuit, qui a principio fuit filius dei.

ag3 ‘ Praeterea, quicumque habet id quod est principale, non proprie meretur id quod ex illo habito sequitur. “ sed christus habuit gloriam animae, ex qua secundum communem ordinem sequitur gloria corporis, * ut augustinus dicit, in epistola ad dioscorum, ‘ in christo tamen dispensative factum est quod gloria animae non derivaretur ad corpus. non ergo christus meruit gloriam corporis.

ag4 ‘ Praeterea, manifestatio excellentiae christi non est bonum ipsius christi, sed eorum qui eum cognoscunt, unde et pro praemio promittitur dilectoribus christi ut eis manifestetur, * secundum illud ioan. xiv, ° si quis diligit me, diligetur a patre meo, et ego diligam eum, et manifestabo ei meipsum. ‘ non ergo christus non meruit manifestationem suae altitudinis.

sc * Sed contra est quod apostolus dicit, philipp. ii, ° factus est obediens usque ad mortem, propter quod et deus exaltavit illum. ‘ meruit ergo obediendo suam exaltationem, et ita aliquid sibi meruit.

co ‘ Respondeo dicendum quod habere aliquod bonum per se est nobilius quam habere illud per aliud, “ semper enim causa quae est per se, potior est ea quae est per aliud, * ut dicitur in viii physic.. ‘ hoc autem dicitur aliquis habere per seipsum, cuius est sibi aliquo modo causa. prima autem causa omnium bonorum nostrorum per auctoritatem est deus, et per hunc modum nulla creatura habet aliquid boni per seipsam, * secundum illud i cor. iv, ° quid habes quod non accepisti? ‘ potest tamen secundario aliquis esse causa sibi alicuius boni habendi, inquantum scilicet in hoc ipso deo cooperatur. et sic ille qui habet aliquid per meritum proprium, habet quodammodo illud per seipsum. unde nobilius habetur id quod habetur per meritum quam id quod habetur sine merito. quia autem omnis perfectio et nobilitas christo est attribuenda, consequens est quod ipse per meritum habuit illud quod alii per meritum habent, nisi sit tale quid cuius carentia magis dignitati christi et perfectioni praeiudicet quam per meritum accrescat. unde nec gratiam, nec scientiam, nec beatitudinem animae, nec divinitatem meruit, quia, cum meritum non sit nisi eius quod nondum habetur, oportet quod christus aliquando istis caruisset; quibus carere magis diminuit dignitatem christi quam augeat meritum. sed gloria corporis, vel |25| si quid aliud huiusmodi est, minus est quam dignitas merendi, quae pertinet ad virtutem caritatis. et ideo dicendum est quod christus gloriam corporis, et ea quae pertinent ad exteriorem eius excellentiam, sicut est ascensio, veneratio, et alia huiusmodi, habuit per meritum. et sic patet quod aliquid sibi mereri potuit.

ra1 ‘ Ad primum ergo dicendum quod fruitio, quae est actus caritatis, pertinet ad gloriam animae, quam christus non meruit. et ideo, si per caritatem aliquid meruit, non sequitur quod idem sit meritum et praemium. nec tamen per caritatem meruit inquantum erat caritas comprehensoris, sed inquantum erat viatoris. nam ipse fuit simul viator et comprehensor, * ut supra habitum est. ‘ et ideo, quia nunc non est viator, non est in statu merendi.

ra2 ‘ Ad secundum dicendum quod christo, secundum quod est deus et dei filius per naturam, debetur gloria divina et dominium omnium sicut primo et supremo domino. nihilominus tamen debetur ei gloria sicut homini beato, quam quantum ad aliquid debuit habere sine merito, et quantum ad aliquid cum merito, * ut ex supra dictis patet.

ra3 ‘ Ad tertium dicendum quod redundantia gloriae ex anima ad corpus est ex divina ordinatione secundum congruentiam humanorum meritorum, ut scilicet, sicut homo meretur per actum animae quem exercet in corpore, ita etiam remuneretur per gloriam animae redundantem ad corpus. et propter hoc non solum gloria animae, sed etiam gloria corporis cadit sub merito, * secundum illud rom. viii, ° vivificabit mortalia corpora nostra, propter inhabitantem spiritum eius in nobis. ‘ et ita potuit cadere sub merito christi.

ra4 ‘ Ad quartum dicendum quod manifestatio excellentiae christi pertinet ad bonum eius secundum esse quod habet in notitia aliorum, quamvis principalius pertineat ad bonum eorum qui eum cognoscunt secundum esse quod habent in seipsis. sed hoc ipsum refertur ad christum, inquantum sunt eius membra.

010 ST4 qu19 ar4

ag1 ‘ Ad quartum sic proceditur. videtur quod christus aliis mereri non potuit. * dicitur enim ezech. xviii, ° anima quae peccaverit ipsa morietur. ‘ ergo, pari ratione, anima quae meretur ipsa remunerabitur. non est ergo possibile quod christus aliis meruerit.

ag2 “ Praeterea, de plenitudine gratiae christi omnes accipiunt, * ut dicitur ioan. i. ‘ sed alii homines, habentes gratiam christi, non possunt aliis mereri, * dicitur enim ezech. xiv quod, ° si fuerint in civitate noe, daniel et iob, filium et filiam non liberabunt, sed ipsi iustitia sua liberabunt animas suas. ‘ ergo nec christus potuit aliquid nobis mereri.

ag3 “ Praeterea, merces quam quis meretur, debetur secundum iustitiam, et non secundum gratiam, * ut patet rom. iv. ‘ si ergo christus meruit salutem nostram, sequitur quod salus nostra non sit ex gratia dei, sed ex iustitia, et quod iniuste agat cum eis quos non salvat, cum meritum christi ad omnes se extendat.

sc * Sed contra est quod dicitur rom. v, ° sicut per unius delictum in omnes homines in condemnationem, sic et per unius iustitiam in omnes homines in iustificationem vitae. ‘ sed demeritum adae derivatur ad condemnationem aliorum. ergo multo magis meritum christi ad alios derivatur.

co * Respondeo dicendum quod, sicut supra dictum est, ‘ in christo non solum fuit gratia sicut in quodam homine singulari, sed sicut in capite totius ecclesiae, cui omnes uniuntur sicut capiti membra, ex quibus constituitur mystice una persona. et exinde est quod meritum christi se extendit ad alios, inquantum sunt membra eius, sicut etiam in uno homine actio capitis aliqualiter pertinet ad omnia membra eius, quia non solum sibi sentit, sed omnibus membris.

ra1 ‘ Ad primum ergo dicendum quod peccatum singularis personae non nocet nisi sibi ipsi. sed peccatum adae, qui constitutus est a deo principium totius naturae, ad alios per carnis propagationem derivatur. et similiter meritum christi, qui est a deo constitutus caput omnium hominum quantum ad gratiam, se extendit ad omnia eius membra.

ra2 “ Ad secundum dicendum quod alii de plenitudine christi accipiunt, non quidem fontem gratiae, sed quandam particularem gratiam. ‘ et ideo non oportet quod alii homines possint aliis mereri, sicut christus.

ra3 ‘ Ad tertium dicendum quod, sicut peccatum adae non derivatur ad alios nisi per carnalem generationem, ita meritum christi non derivatur ad alios nisi per regenerationem spiritualem, quae fit in baptismo, per quam christo incorporamur, * secundum illud galat. iii, ° omnes quotquot in christo baptizati estis, christum induistis. ‘ et hoc ipsum est gratiae, quod homini conceditur regenerari in christo. et sic salus hominis est ex gratia.

010 ST4 qu20 ar

pr ‘ Deinde considerandum est de his quae conveniunt christo per comparationem ad patrem. quorum quaedam dicuntur de ipso secundum habitudinem ipsius ad patrem, puta quod est ei subiectus; quod ipsum oravit; quod ei in sacerdotio ministravit. quaedam vero dicuntur, vel dici possunt, secundum habitudinem patris ad ipsum, puta, si pater eum adoptasset; et quod eum praedestinavit. primo igitur considerandum est de subiectione christi ad patrem; secundo, de eius oratione; tertio, de ipsius sacerdotio; quarto, de adoptione, an ei conveniat; quinto, de eius praedestinatione. circa primum quaeruntur duo. primo, utrum christus sit subiectus patri. secundo, utrum sit subiectus sibi ipsi.

010 ST4 qu20 ar1

ag1 ‘ Ad primum sic proceditur. videtur quod non sit dicendum christum esse subiectum patri. omne enim quod subiicitur deo patri, est creatura, * quia, ut dicitur in libro de ecclesiast. dogmat., ° in trinitate nihil est serviens neque subiectum. ‘ sed non est simpliciter dicendum quod christus sit creatura, * ut supra dictum est. ‘ ergo etiam non est simpliciter dicendum quod christus sit deo patri subiectus.

ag2 ‘ Praeterea, ex hoc dicitur aliquid deo subiectum, quod est eius dominio serviens. sed humanae naturae in christo non potest attribui servitus, * dicit enim damascenus, in iii libro, ° sciendum quod neque servam ipsam, “ humanam scilicet naturam christi, ° dicere possumus. servitutis enim et dominationis nomen non naturae sunt cognitiones, sed eorum quae ad aliquid, quemadmodum paternitatis et filiationis. ‘ ergo christus secundum humanam naturam non est subiectus deo patri.

ag3 * Praeterea, i cor. xv dicitur, ° cum autem subiecta fuerint illi omnia, tunc ipse filius subiectus erit illi qui sibi subiecit omnia. * sed, sicut dicitur heb. ii, ° nunc necdum videmus ei subiecta omnia. ‘ ergo nondum ipse est subiectus patri, qui ei subiecit omnia.

sc * Sed contra est quod dicitur ioan. xiv, ° pater maior me est. * et augustinus dicit, in i de trin., ° non immerito scriptura utrumque dicit, aequalem patri filium; et patrem maiorem filio. illud enim propter formam dei, hoc autem propter formam servi, sine ulla confusione intelligitur. ‘ sed minor est subiectus maiori. ergo christus, secundum formam servi, est patri subiectus.

co ‘ Respondeo dicendum quod cuilibet habenti aliquam naturam conveniunt ea quae sunt propria illius naturae. natura autem humana ex sui conditione habet triplicem subiectionem ad deum. unam quidem secundum gradum bonitatis, “ prout scilicet natura divina est ipsa essentia bonitatis, * ut patet per dionysium, i cap. de div. nom.; ‘ natura autem creata habet quandam participationem divinae bonitatis, quasi radiis illius bonitatis subiecta. secundo, humana natura subiicitur deo quantum ad dei potestatem, prout scilicet humana natura, sicut et quaelibet creatura, subiacet operationi divinae dispositionis. tertio modo, specialiter humana natura deo subiicitur per proprium suum actum, inquantum scilicet propria voluntate obedit mandatis eius. et hanc triplicem subiectionem ad patrem christus de seipso confitetur. primam quidem, * matth. xix, ° quid me interrogas de bono? unus est bonus deus. * ubi hieronymus dicit quod, ° quia eum magistrum vocaverat bonum, et non deum vel dei filium confessus erat, dixit quamvis sanctum hominem in comparatione dei non esse bonum. ‘ per quod dedit intelligere quod ipse, secundum humanam naturam, non pertingebat ad gradum bonitatis divinae. et quia ° in his quae non mole magna sunt, idem est esse maius quod melius, |25| * ut augustinus dicit, in vi de trin.; ‘ ex hac ratione pater dicitur maior christo secundum humanam naturam. secunda autem subiectio christo attribuitur, inquantum omnia quae circa humanitatem christi acta sunt, divina dispositione gesta creduntur. * unde dicit dionysius, iv cap. cael. hier., quod ° christus subiicitur dei patris ordinationibus. ‘ et haec est subiectio servitutis, secundum quod “ omnis creatura deo servit, eius ordinationi subiecta, * secundum illud sap. xvi, ° creatura tibi factori deserviens. * et secundum hoc etiam filius dei, philipp. ii, dicitur ° formam servi accipiens. ‘ tertiam etiam subiectionem attribuit sibi ipsi, * ioan. viii, dicens, ° quae placita sunt ei, facio semper. ‘ et haec est subiectio obedientiae. * unde dicitur philipp. ii quod ° factus est obediens patri usque ad mortem.

ra1 ‘ Ad primum ergo dicendum quod, sicut non est simpliciter intelligendum quod christus sit creatura, sed solum secundum humanam naturam, sive apponatur ei determinatio sive non, * ut supra dictum est; ‘ ita etiam non est simpliciter intelligendum quod christus sit subiectus patri, sed solum secundum humanam naturam, etiam si haec determinatio non apponatur. quam tamen convenientius est apponere, * ad evitandum errorem arii, qui posuit “ filium minorem patre.

ra2 ‘ Ad secundum dicendum quod relatio servitutis et dominii fundatur super actione et passione, inquantum scilicet servi est moveri a domino secundum imperium. agere autem non attribuitur naturae sicut agenti, sed personae, “ actus enim suppositorum sunt et singularium, * secundum philosophum. ‘ attribuitur tamen actio naturae sicut ei secundum quam persona vel hypostasis agit. et ideo, quamvis non proprie dicatur quod natura sit domina vel serva, potest tamen proprie dici quod aliqua hypostasis vel persona sit domina vel serva secundum hanc vel illam naturam. et secundum hoc, nihil prohibet christum dicere patri subiectum, vel servum, secundum humanam naturam.

ra3 * Ad tertium dicendum quod, sicut augustinus dicit, in i de trin., ° tunc christus tradet regnum deo et patri, quando iustos, in quibus nunc regnat per fidem, perducturus est ad speciem, ‘ ut scilicet videant ipsam essentiam communem patri et filio. et tunc totaliter erit patri subiectus non solum in se, sed etiam in membris suis, per plenam participationem divinae bonitatis. tunc etiam omnia erunt plene ei subiecta per finalem impletionem suae voluntatis de eis. licet etiam modo sint omnia ei subiecta quantum ad potestatem, * secundum illud matth. ult., ° data est mihi omnis potestas in caelo et in terra, etc..

010 ST4 qu20 ar2

ag1 ‘ Ad secundum sic proceditur. videtur quod christus non sit sibi ipsi subiectus. * dicit enim cyrillus, in epistola synodica, quam scilicet synodus ephesina recepit, “ neque, inquit, ipse christus sibi servus est neque dominus. ° fatuum enim est, magis autem et impium, ita dicere vel sapere. * et hoc etiam asseruit damascenus, in iii libro, dicens, ° unum enim ens christus non potest servus esse sui ipsius et dominus. ‘ sed intantum dicitur servus patris christus, inquantum est ei subiectus. ergo christus non est subiectus sibi ipsi.

ag2 ‘ Praeterea, servus refertur ad dominum. sed relatio non est alicuius ad seipsum, * unde et hilarius dicit, in libro de trin., quod ° nihil est sibi simile aut aequale. ‘ ergo christus non potest dici servus sui ipsius. et per consequens, nec sibi esse subiectus.

ag3 ° Praeterea, sicut anima rationalis et caro unus est homo, ita deus et homo unus est christus, * ut athanasius dicit. ‘ sed homo non dicitur subiectus sibi ipsi, vel servus sui ipsius, aut maior seipso, propter hoc quod corpus eius subiectum est animae. ergo neque christus dicitur subiectus sibi ipsi propter hoc quod eius humanitas subiecta est divinitati ipsius.

sc1 * Sed contra est quod augustinus dicit, in i de trin., ° veritas ostendit, secundum istum modum, “ quo scilicet pater maior est christo secundum humanam naturam, ° etiam seipso minorem filium.

sc2 * Praeterea, sicut ipse argumentatur ibidem, “ sic accepta est a filio dei forma servi ut non amitteretur forma dei. ‘ sed secundum formam dei quae est communis patri et filio, pater est filio maior secundum humanam naturam. ergo etiam filius maior est seipso secundum humanam naturam.

sc3 ‘ Praeterea, christus, secundum humanam naturam, est servus dei patris * secundum illud ioan. xx, ° ascendo ad patrem meum et patrem vestrum, deum meum et deum vestrum. ‘ sed quicumque est servus patris, est servus filii, alioquin non omnia quae sunt patris essent filii. ergo christus est servus sui ipsius, et sibi subditus.

co * Respondeo dicendum quod, sicut dictum est, ‘ esse dominum et servum attribuitur personae vel hypostasi secundum aliquam naturam. cum ergo christus dicitur esse dominus vel servus sui ipsius, vel quod verbum dei est dominus hominis christi, hoc potest intelligi dupliciter. “ uno modo, ut intelligatur hoc esse dictum ratione alterius hypostasis vel personae, quasi alia sit persona verbi dei dominantis, et alia hominis servientis, * quod pertinet ad haeresim nestorii. unde in condemnatione nestorii dicitur in synodo ephesina, ° si quis dicit deum vel dominum esse christi ex deo patre verbum, et non eundem magis confitetur simul deum et hominem, utpote verbo carne facto, secundum scripturas, anathema sit. * et hoc modo negatur a cyrillo et damasceno. et sub eodem sensu “ negandum est christum esse minorem seipso, vel esse sibi ipsi subiectum. ‘ alio modo potest intelligi secundum diversitatem naturarum in una persona vel hypostasi. et sic dicere possumus, secundum unam earum, in qua cum patre convenit, simul eum cum patre praeesse et dominari, secundum vero alteram naturam, in qua nobiscum convenit, ipsum subesse et servire. |25| * et secundum hunc modum dicit augustinus “ filium esse seipso minorem. ‘ sciendum tamen quod, cum hoc nomen christus sit nomen personae, sicut et hoc nomen filius, illa per se et absolute possunt dici de christo quae conveniunt ei ratione suae personae, quae est aeterna, et maxime huiusmodi relationes, quae magis proprie videntur ad personam vel hypostasim pertinere. sed ea quae conveniunt sibi secundum humanam naturam, sunt ei potius attribuenda cum determinatione.

ut videlicet dicamus christum simpliciter esse maximum, et dominum, et praesidentem, quod autem sit subiectus, vel servus, vel minor, est ei attribuendum cum determinatione, scilicet, secundum humanam naturam.

ra1 * Ad primum ergo dicendum quod cyrillus et damascenus “ negant christum esse dominum sui ipsius, secundum quod per hoc importatur pluralitas suppositorum, quae requiritur ad hoc quod aliquis simpliciter sit dominus alicuius.

ra2 ‘ Ad secundum dicendum quod simpliciter quidem oportet esse alium dominum et alium servum, potest tamen aliqua ratio dominii et servitutis servari prout idem est dominus sui ipsius secundum aliud et aliud.

ra3 ‘ Ad tertium dicendum quod, propter diversas partes hominis, quarum una est superior et alia inferior, * dicit etiam philosophus, in v ethic., quod ° iustitia hominis est ad seipsum, ‘ inquantum irascibilis et concupiscibilis obediunt rationi. secundum etiam hunc modum unus homo potest dici sibi subiectus et serviens, secundum diversas sui partes.

ra4 * Ad alia autem argumenta patet responsio ex dictis. * nam augustinus asserit “ filium seipso minorem, vel sibi subiectum, secundum humanam naturam, non secundum diversitatem suppositorum.

010 ST4 qu21 ar

pr ‘ Deinde considerandum est de oratione christi. et circa hoc quaeruntur quatuor. primo, utrum christo conveniat orare. secundo, utrum conveniat sibi secundum suam sensualitatem. tertio, utrum conveniat sibi orare pro seipso, an tantum pro aliis. quarto, utrum omnis oratio eius sit exaudita.

010 ST4 qu21 ar1

ag1 ‘ Ad primum sic proceditur. videtur quod christo non competat orare. * nam, sicut dicit damascenus, ° oratio est petitio decentium a deo. ‘ sed, cum christus omnia facere posset, non videtur ei convenire quod aliquid ab aliquo peteret. ergo videtur quod christo non conveniat orare.

ag2 ‘ Praeterea, non oportet orando petere illud quod aliquis scit pro certo esse futurum, sicut non oramus quod sol oriatur cras. neque etiam est conveniens quod aliquis orando petat quod scit nullo modo esse futurum. sed christus sciebat circa omnia quid esset futurum. ergo non conveniebat ei aliquid orando petere.

ag3 * Praeterea, damascenus dicit, in iii libro, quod ° oratio est ascensus intellectus in deum. ‘ sed intellectus christi non indigebat ascensione in deum, quia semper intellectus eius erat deo coniunctus, non solum secundum unionem hypostasis, sed etiam secundum fruitionem beatitudinis. ergo christo non conveniebat orare.

sc * Sed contra est quod dicitur luc. vi, ° factum est in illis diebus, exiit in montem orare, et erat pernoctans in oratione dei.

co * Respondeo dicendum quod, sicut dictum est in secunda parte, ‘ oratio est quaedam explicatio propriae voluntatis apud deum, ut eam impleat. si igitur in christo esset una tantum voluntas, scilicet divina, nullo modo sibi competeret orare, quia voluntas divina per seipsam est effectiva eorum quae vult, * secundum illud psalmi, ° omnia quaecumque voluit dominus fecit. ‘ sed quia in christo est alia voluntas divina et alia humana; et voluntas humana non est per seipsam efficax ad implendum ea quae vult, nisi per virtutem divinam, inde est quod christo, secundum quod est homo et humanam voluntatem habens, competit orare.

ra1 ‘ Ad primum ergo dicendum quod christus poterat perficere omnia quae volebat secundum quod deus, non autem secundum quod homo, quia, secundum quod homo, non habuit omnipotentiam, * ut supra habitum est. ‘ nihilominus tamen, idem ipse deus existens et homo, voluit ad patrem orationem porrigere, non quasi ipse esset impotens, sed propter nostram instructionem. primo quidem, ut ostenderet se esse a patre. * unde ipse dicit, ioan. xi, “ propter populum qui circumstat dixi, scilicet verba orationis, ° ut credant quia tu me misisti. * unde hilarius, in x de trin., dicit, ° non prece eguit, nobis oravit, ne filius ignoraretur. ‘ secundo, ut nobis exemplum daret. * unde ambrosius dicit, super luc., ° noli insidiatrices aperire aures, ut putes filium dei quasi infirmum rogare, ut impetret quod implere non possit. potestatis enim auctor, obedientiae magister, ad praecepta virtutis suo nos informat exemplo. * unde et augustinus dicit, super ioan., ° poterat dominus in forma servi, si hoc opus esset, orare silentio. sed ita se patri voluit exhibere precatorem, ut meminisset nostrum se esse doctorem.

ra2 ‘ Ad secundum dicendum quod, inter alia quae christus scivit futura, scivit quaedam esse fienda propter suam orationem. et huiusmodi non inconvenienter a deo petiit.

ra3 ‘ Ad tertium dicendum quod ascensio nihil est aliud quam motus in id quod est sursum. “ motus autem, * ut dicitur in iii de anima, “ dupliciter dicitur. uno modo, proprie, secundum quod importat exitum de potentia in actum, prout est actus imperfecti. ‘ et sic ascendere competit ei quod est potentia sursum et non actu. * et hoc modo, ut damascenus dicit, in iii libro, ° intellectus humanus christi non eget ascensione in deum, cum sit semper deo unitus et secundum esse personale, et secundum beatam contemplationem. “ alio modo dicitur motus actus perfecti, idest existentis in actu, ‘ sicut intelligere et sentire dicuntur quidam motus. et hoc modo intellectus christi semper ascendit in deum, quia semper contemplatur ipsum ut supra se existentem.

010 ST4 qu21 ar2

ag1 ‘ Ad secundum sic proceditur. videtur quod christo conveniat orare secundum suam sensualitatem. * dicitur enim in psalmo, ex persona christi, ° cor meum et caro mea exultaverunt in deum vivum. ‘ sed sensualitas dicitur appetitus carnis. ergo christi sensualitas potuit ascendere in deum vivum exultando, et pari ratione, orando.

ag2 ‘ Praeterea, eius videtur esse orare cuius est desiderare illud quod petitur. sed christus petivit aliquid quod desideravit sensualitas, cum dixit, ° transeat a me calix iste, * ut habetur matth. xxvi. ‘ ergo sensualitas christi oravit.

ag3 ‘ Praeterea, magis est uniri deo in persona quam ascendere in deum per orationem. sed sensualitas fuit assumpta a deo in unitate personae, sicut et quaelibet pars humanae naturae. ergo multo magis potuit ascendere in deum orando.

sc * Sed contra est quod philipp. ii dicitur quod “ filius dei, secundum naturam quam assumpsit, est in similitudinem hominum factus. ‘ sed alii homines non orant secundum sensualitatem. ergo nec christus oravit secundum sensualitatem.

co ‘ Respondeo dicendum quod orare secundum sensualitatem potest dupliciter intelligi. uno modo, sic quod oratio sit actus sensualitatis. et hoc modo christus secundum sensualitatem non oravit. quia eius sensualitas eiusdem naturae et speciei fuit in christo et in nobis. in nobis autem non potest orare, duplici ratione. primo quidem, quia motus sensualitatis non potest sensualia transcendere, et ideo non potest in deum ascendere, quod requiritur ad orationem. secundo, quia oratio importat quandam ordinationem, prout aliquis desiderat aliquid quasi a deo implendum, et hoc est solius rationis. unde oratio est actus rationis, * ut in secunda parte habitum est. ‘ alio modo potest dici aliquis orare secundum sensualitatem, quia scilicet eius ratio orando deo proposuit quod erat in appetitu sensualitatis ipsius. et secundum hoc, christus oravit secundum sensualitatem, inquantum scilicet eius oratio exprimebat sensualitatis affectum, tanquam sensualitatis advocata. et hoc, ut nos de tribus instrueret. primo, ut ostenderet se veram humanam naturam assumpsisse, cum omnibus naturalibus affectibus. secundo, ut ostenderet quod homini licet, secundum naturalem affectum, aliquid velle quod deus non vult. tertio, ut ostendat quod proprium affectum debet homo divinae voluntati subiicere. * unde augustinus dicit, in enchirid., |25| ° sic christus, hominem gerens, ostendit privatam quandam hominis voluntatem, cum dicit, transeat a me calix iste. haec enim erat humana voluntas, proprium aliquid, et tanquam privatum, volens. sed quia rectum vult esse hominem, et ad deum dirigi, subdit, veruntamen non sicut ego volo, sed sicut tu, ac si dicat, vide te in me, quia potes aliquid proprium velle, etsi deus aliud velit.

ra1 “ Ad primum ergo dicendum quod caro exultat in deum vivum, non per actum carnis ascendentem in deum, sed per redundantiam a corde in carnem, inquantum appetitus sensitivus sequitur motum appetitus rationalis.

ra2 ‘ Ad secundum dicendum quod, licet sensualitas hoc voluerit quod ratio petebat, hoc tamen orando petere non erat sensualitatis, sed rationis, * ut dictum est.

ra3 ‘ Ad tertium dicendum quod unio in persona est secundum esse personale, quod pertinet ad quamlibet partem humanae naturae. sed ascensio orationis est per actum qui non convenit nisi rationi, * ut dictum est. ‘ unde non est similis ratio.

010 ST4 qu21 ar3

ag1 ‘ Ad tertium sic proceditur. videtur quod christo non fuerit conveniens pro se orare. * dicit enim hilarius, in x de trin., ° cum sibi non proficeret deprecationis sermo, ad profectum tamen fidei nostrae loquebatur. ‘ sic ergo videtur quod christus non sibi, sed nobis oraverit.

ag2 ‘ Praeterea, nullus orat nisi pro eo quod vult, quia, * sicut dictum est ‘ oratio est quaedam explicatio voluntatis per deum implendae. sed christus volebat pati ea quae patiebatur, * dicit enim augustinus, xxvi contra faustum, ° homo plerumque, etsi nolit, contristatur; etsi nolit, dormit; etsi nolit, esurit aut sitit. ille autem, “ scilicet christus, ° omnia ista habuit quia voluit. ‘ ergo ei non competebat pro seipso orare.

ag3 * Praeterea, cyprianus dicit, in libro de oratione dominica, ° pacis et unitatis magister noluit sigillatim et privatim precem fieri, ut quis, dum precatur, pro se tantum precetur. ‘ sed christus illud implevit quod docuit * secundum illud act. i, ° coepit iesus facere et docere. ‘ ergo christus nunquam pro se solo oravit.

sc * Sed contra est quod ipse dominus orando dicit, ioan. xvii, ° clarifica filium tuum.

co ‘ Respondeo dicendum quod christus pro se oravit dupliciter. uno modo, exprimendo affectum sensualitatis, * ut supra dictum est; “ vel etiam voluntatis simplicis, quae consideratur ut natura; sicut cum oravit a se calicem passionis transferri. ‘ alio modo, exprimendo affectum voluntatis deliberatae, quae consideratur ut ratio, sicut cum petiit gloriam resurrectionis. et hoc rationabiliter. * sicut enim dictum est, ‘ christus ad hoc uti voluit oratione ad patrem, ut nobis daret exemplum orandi; et ut ostenderet patrem suum esse auctorem a quo et aeternaliter processit secundum divinam naturam, et secundum humanam naturam ab eo habet quidquid boni habet. sicut autem in humana natura quaedam bona habebat a patre iam percepta, ita etiam expectabat ab eo quaedam bona nondum habita, sed percipienda. et ideo, sicut pro bonis iam perceptis in humana natura gratias agebat patri, recognoscendo eum auctorem, * ut patet matth. xxvi et ioan. xi, ‘ ita etiam, ut patrem auctorem recognosceret, ab eo orando petebat quae sibi deerant secundum humanam naturam, puta gloriam corporis et alia huiusmodi. et in hoc etiam nobis dedit exemplum ut de perceptis muneribus gratias agamus, et nondum habita orando postulemus.

ra1 * Ad primum ergo dicendum quod hilarius loquitur “ quantum ad orationem vocalem, quae non erat ei necessaria propter ipsum, sed solum propter nos. * unde signanter dicit quod ° sibi non proficiebat deprecationis sermo. si enim desiderium pauperum exaudit dominus, * ut in psalmo dicitur, ‘ multo magis sola voluntas christi habet vim orationis apud patrem. * unde ipse dicebat, ioan. xi, ° ego sciebam quia semper me audis, sed propter populum qui circumstat dixi, ut credant quia tu me misisti.

ra2 ‘ Ad secundum dicendum quod christus volebat quidem pati illa quae patiebatur, pro tempore illo, sed nihilominus volebat ut, post passionem, gloriam corporis consequeretur, quam nondum habebat. quam quidem gloriam expectabat a patre sicut ab auctore. et ideo convenienter ab eo ipsam petebat.

ra3 ‘ Ad tertium dicendum quod ipsa gloria quam christus orando sibi petebat, pertinebat ad salutem aliorum, * secundum illud rom. iv, ° resurrexit propter iustificationem nostram. ‘ et ideo illa etiam oratio quam pro se faciebat, erat quodammodo pro aliis. sicut et quicumque homo aliquod bonum a deo postulat ut utatur illo ad utilitatem aliorum, non sibi soli, sed etiam aliis orat.

010 ST4 qu21 ar4

ag1 ‘ Ad quartum sic proceditur. videtur quod christi oratio non fuerit semper exaudita. petiit enim a se removeri calicem passionis, * ut patet matth. xxvi, ‘ qui tamen ab eo non fuit translatus. ergo videtur quod non omnis eius oratio fuerit exaudita.

ag2 ‘ Praeterea, ipse oravit ut peccatum suis crucifixoribus ignosceretur, * ut patet luc. xxiii. ‘ non tamen omnibus fuit illud peccatum dimissum, nam iudaei fuerunt pro illo peccato puniti. ergo videtur quod non omnis eius oratio fuerit exaudita.

ag3 “ Praeterea, dominus oravit pro his qui erant credituri per verbum apostolorum in ipsum, ut omnes in eo unum essent, et ut pervenirent ad hoc quod essent cum ipso. ‘ sed non omnes ad hoc perveniunt. ergo non omnis eius oratio est exaudita.

ag4 * Praeterea, in psalmo dicitur, in persona christi, ° clamabo per diem, et non exaudies. ‘ non igitur omnis eius oratio est exaudita.

sc * Sed contra est quod apostolus dicit, heb. v, ° cum clamore valido et lacrymis offerens, exauditus est pro sua reverentia.

co * Respondeo dicendum quod, sicut dictum est, ‘ oratio est quodammodo interpretativa voluntatis humanae. tunc ergo alicuius orantis exauditur oratio, quando eius voluntas adimpletur. voluntas autem simpliciter hominis est voluntas rationis, hoc enim absolute volumus quod secundum deliberatam rationem volumus. illud autem quod volumus secundum motum sensualitatis, vel etiam secundum motum voluntatis simplicis, quae consideratur ut natura, non simpliciter volumus, sed secundum quid, scilicet, si aliud non obsistat quod per deliberationem rationis invenitur. unde talis voluntas magis est dicenda velleitas quam absoluta voluntas, quia scilicet homo hoc vellet si aliud non obsisteret. secundum autem voluntatem rationis, christus nihil aliud voluit nisi quod scivit deum velle. et ideo omnis absoluta voluntas christi, etiam humana, fuit impleta, quia fuit deo conformis, et per consequens, omnis eius oratio fuit exaudita. nam et secundum hoc aliorum orationes adimplentur, quod sunt eorum voluntates deo conformes, * secundum illud rom. viii, “ qui autem scrutatur corda, scit, idest, approbat, quid desideret spiritus, idest, quid faciat sanctos desiderare, quoniam secundum deum, idest, secundum conformitatem divinae voluntatis, postulat pro sanctis.

ra1 ‘ Ad primum ergo dicendum quod illa petitio de translatione calicis diversimode a sanctis exponitur. * hilarius enim, super matth., dicit, ° quod autem ut a se transeat rogat, non ut ipse praetereatur orat, sed ut in alterum id quod a se transit excedat. atque ideo pro his orat qui passuri post se erant, ut sit sensus, quomodo a me bibitur calix passionis, ita ab aliis bibatur, sine spei diffidentia, sine sensu doloris,

sine metu mortis. * vel, secundum hieronymum, ° signanter dicit, calix iste, hoc est, populi iudaeorum, qui excusationem ignorantiae habere non potest, si me occiderit, habens legem et prophetas, qui me vaticinantur. * vel, secundum dionysium alexandrinum, ° quod dicit, transfer calicem istum a me, non hoc est, non adveniat mihi, nisi enim advenerit, transferri non poterit. sed, sicut quod praeterit nec intactum est nec permanens, sic salvator leviter invadentem tentationem flagitat pelli. * ambrosius autem et origenes et chrysostomus dicunt quod " petiit quasi homo naturali voluntate mortem recusans. sic igitur, si intelligatur quod petierit per hoc alios martyres suae passionis imitatores fieri, * secundum hilarium; ' vel si petiit quod timor bibendi calicis eum non perturbaret; vel quod mors eum non detineret, omnino impletum est quod |25| petivit. si vero intelligitur petiisse quod non biberet calicem passionis et mortis; vel quod non biberet ipsum a iudaeis, non quidem est factum quod petiit, quia ratio, quae petitionem proposuit, non volebat ut hoc impleretur; sed, ad instructionem nostram, volebat declarare nobis suam voluntatem naturalem, et sensualitatis motum, quam, sicut homo, habebat.
ra2 " Ad secundum dicendum quod dominus non oravit pro omnibus crucifixoribus, neque etiam pro omnibus qui erant crediturі in eum, sed pro his solum qui erant praedestinati ut per ipsum vitam consequerentur aeternam.
ra3 ' Unde patet etiam responsio ad tertium.
ra4 * Ad quartum dicendum quod, cum dicit, ° clamabo et non exaudies, " intelligendum est quantum ad affectum sensualitatis, quae mortem refugiebat. ' exauditur tamen quantum ad affectum rationis, * ut dictum est.

010 ST4 qu22 ar

pr ' Deinde considerandum est de sacerdotio christi. et circa hoc quaeruntur sex. primo, utrum conveniat christo esse sacerdotem. secundo, de hostia huius sacerdotis. tertio, de effectu huius sacerdotii. quarto, utrum effectus sacerdotii eius pertineat ad ipsum, vel solum ad alios. quinto, de aeternitate sacerdotii eius. sexto, utrum debeat dici sacerdos secundum ordinem melchisedech.

010 ST4 qu22 ar1

ag1 ' Ad primum sic proceditur. videtur quod christo non conveniat esse sacerdotem. sacerdos enim est minor angelo, * unde dicitur zach. iii, ° ostendit mihi deus sacerdotem magnum stantem coram angelo domini. ' sed christus est maior angelis, * secundum illud heb. i, ° tanto melior angelis effectus, quanto differentius prae illis nomen hereditavit. ' ergo christo non convenit esse sacerdotem.
ag2 ' Praeterea, ea quae fuerunt in veteri testamento, fuerunt figurae christi, * secundum illud coloss. ii, ° quae sunt umbra futurorum, corpus autem christi. ' sed christus non traxit carnis originem ex sacerdotibus veteris legis, * dicit enim apostolus, heb. vii, ° manifestum est quod ex iuda ortus sit dominus noster, in qua tribu nihil de sacerdotibus moyses locutus est. ' ergo christo non convenit esse sacerdotem.
ag3 ' Praeterea, in veteri lege, quae est figura christi, non est idem legislator et sacerdos, * unde dicit dominus ad moysen, legislatorem, exod. xxviii, ° applica aaron, fratrem tuum, ut sacerdotio fungatur mihi. ' christus autem est lator novae legis, * secundum illud ierem. xxxi, ° dabo leges meas in cordibus eorum. ' ergo christo non convenit esse sacerdotem.
sc * Sed contra est quod dicitur heb. iv, ° habemus pontificem qui penetravit caelum, iesum, filium dei.
co ' Respondeo dicendum quod proprium officium sacerdotis est esse mediatorem inter deum et populum, inquantum scilicet divina populo tradit, " unde sacerdos dicitur quasi sacra dans, * secundum illud malach. ii, ° legem requirent ex ore eius, " scilicet sacerdotis; ' et iterum inquantum preces populi deo offert, et pro eorum peccatis deo aliqualiter satisfacit; * unde apostolus dicit, heb. v, ° omnis pontifex ex hominibus assumptus, pro hominibus constituitur in his quae sunt ad deum, ut offerat dona et sacrificia pro peccatis. ' hoc autem maxime convenit christo. nam per ipsum dona hominibus sunt collata, * secundum illud ii pet. i, ° per quem, scilicet christum, maxima et pretiosa nobis promissa donavit, ut per haec efficiamini divinae consortes naturae. ' ipse etiam humanum genus deo reconciliavit, * secundum illud coloss. i, ° in ipso, scilicet christo, complacuit omnem plenitudinem inhabitare, et per eum reconciliare omnia. ' unde christo maxime convenit esse sacerdotem.
ra1 " Ad primum ergo dicendum quod potestas hierarchica convenit quidem angelis, inquantum et ipsi sunt medii inter deum et hominem, * ut patet per dionysium, in libro cael. hier., ' ita quod ipse sacerdos, inquantum est medius inter deum et populum, angeli nomen habet, * secundum illud malach. ii, ° angelus domini exercituum est. ' christus autem maior angelis fuit, non solum secundum divinitatem, sed etiam secundum humanitatem, inquantum habuit plenitudinem gratiae et gloriae. unde etiam excellentiori modo hierarchicam seu sacerdotalem potestatem prae angelis habuit, ita etiam quod ipsi angeli fuerunt ministri sacerdotii eius, * secundum illud matth. iv, ° accesserunt angeli et ministrabant ei. " secundum tamen passibilitatem, modico ab angelis minoratus est, * ut apostolus dicit, heb. ii. ' et secundum hoc conformis fuit hominibus viatoribus in sacerdotio constitutis.
ra2 * Ad secundum dicendum quod, sicut dicit damascenus, in iii libro, ° quod in omnibus est simile, idem utique erit, et non exemplum. ' quia igitur sacerdotium veteris legis erat figura sacerdotii christi, noluit christus nasci de stirpe figuralium sacerdotum, ut ostenderetur non esse omnino idem sacerdotium, sed differre sicut verum a figurali.
ra3 * Ad tertium dicendum quod, sicut supra dictum est, ' alii homines particulatim habent quasdam gratias, sed christus, tanquam omnium caput, habet perfectionem omnium gratiarum. et ideo, quantum ad alios pertinet, alius est legislator, et alius sacerdos, et alius rex, sed haec omnia concurrunt in christo, tanquam in fonte omnium gratiarum. * unde dicitur isaiae xxxiii, ° dominus iudex noster, dominus legifer noster, dominus rex noster, ipse veniet et salvabit nos.

010 ST4 qu22 ar2

ag1 ' Ad secundum sic proceditur. videtur quod ipse christus non fuit simul sacerdos et hostia. sacerdotis enim est hostiam occidere. sed christus non seipsum occidit. ergo ipse non fuit simul sacerdos et hostia.
ag2 ' Praeterea, sacerdotium christi magis est simile sacerdotio iudaeorum, quod erat a deo institutum, quam sacerdotio gentilium, quo daemones colebantur. in veteri autem lege nunquam homo in sacrificium offerebatur, quod maxime reprehenditur in sacrificiis gentilium, * secundum illud psalmi, ° effuderunt sanguinem innocentem filiorum suorum et filiarum suarum, quas sacrificaverunt sculptilibus chanaan. ' ergo in sacerdotio christi non debuit esse ipse homo christus hostia.
ag3 ' Praeterea, omnis hostia, ex hoc quod deo offertur, deo sanctificatur. sed ipsa christi humanitas a principio fuit sanctificata et deo coniuncta. ergo non convenienter potest dici quod christus, secundum quod homo, fuerit hostia.
sc * Sed contra est quod apostolus dicit, ephes. v, ° christus dilexit nos, et tradidit semetipsum pro nobis oblationem et hostiam deo in odorem suavitatis.
co * Respondeo dicendum quod, sicut dicit augustinus, in x de civ. dei, ° omne sacrificium visibile invisibilis sacrificii est sacramentum, idest sacrum signum. ' est autem invisibile sacrificium quo homo spiritum suum offert deo, * secundum illud psalmi; ° sacrificium deo spiritus contribulatus. ' et ideo omne illud quod deo exhibetur ad hoc quod spiritus hominis feratur in deum, potest dici sacrificium. indiget igitur homo sacrificio propter tria. uno quidem modo, ad remissionem peccati, per quod a deo avertitur. et ideo * dicit apostolus, heb. v, " quod ad sacerdotem pertinet ut offerat dona et sacrificia pro peccatis. ' secundo, ut homo in statu gratiae conservetur, semper deo inhaerens, in quo eius pax et salus consistit. unde et in veteri lege immolabatur hostia pacifica pro offerentium salute, * ut habetur levit. iii. ' tertio, ad hoc quod spiritus hominis perfecte deo uniatur, quod maxime erit in gloria. " unde et in veteri lege offerebatur holocaustum, quasi totum incensum, * ut dicitur levit. i. ' haec autem per humanitatem christi nobis |25| provenerunt. nam primo quidem, nostra peccata deleta sunt, * secundum illud rom. iv, ° traditus est propter delicta nostra. ' secundo, gratiam nos salvantem per ipsum accepimus, * secundum illud heb. v, ° factus est omnibus obtemperantibus sibi causa salutis aeternae. ' tertio, per ipsum perfectionem gloriae adepti sumus, * secundum illud heb. x, ° habemus fiduciam per sanguinem eius in introitum sanctorum, " scilicet in gloriam caelestem. ' et ideo ipse christus, inquantum homo, non solum fuit sacerdos, sed etiam hostia perfecta, simul existens hostia pro peccato, et hostia pacificorum, et holocaustum.
ra1 ' Ad primum ergo dicendum quod christus non se occidit, sed seipsum voluntarie morti exposuit, * secundum illud isaiae liii, ° oblatus est quia ipse voluit. ' et ideo dicitur seipsum obtulisse.
ra2 ' Ad secundum dicendum quod christi hominis occisio potest ad duplicem voluntatem comparari. uno modo, ad voluntatem occidentium. et sic non habuit rationem hostiae, non enim dicuntur occisores christi hostiam deo obtulisse, sed graviter deliquisse. et huius peccati similitudinem gerebant impia gentilium sacrificia, quibus homines idolis immolabant. alio modo potest considerari occisio christi per comparationem ad voluntatem patientis, qui voluntarie se obtulit passioni. et ex hac parte habet rationem hostiae. in quo non convenit cum sacrificiis gentilium.

010 ST4 qu22 ar3

ag1 ' Ad tertium sic proceditur. videtur quod effectus sacerdotii christi non sit expiatio peccatorum. solius enim dei est peccata delere, * secundum illud isaiae xliii, ° ego sum qui deleo iniquitates tuas propter me. ' sed christus non est sacerdos secundum quod deus, sed secundum quod homo. ergo sacerdotium christi non est expiativum peccatorum.
ag2 * Praeterea, apostolus dicit, heb. x, quod ° hostiae veteris testamenti non potuerunt perfectos facere, alioquin cessassent offerri, eo quod nullam haberent conscientiam peccati cultores sufficienter semel mundati; sed in ipsis commemoratio peccatorum per singulos annos fit. ' sed similiter sub sacerdotio christi fit commemoratio peccatorum, * cum dicitur, ° dimitte nobis debita nostra, * matth. vi. ' offertur etiam continue sacrificium in ecclesia, * unde ibidem dicitur, ° panem nostrum quotidianum da nobis hodie. ' ergo per sacerdotium christi non expiantur peccata.
ag3 ' Praeterea, pro peccato in veteri lege maxime immolabatur hircus pro peccato principis, vel capra pro peccato alicuius de populo, vel vitulus pro peccato sacerdotis, * ut patet levit. iv. ' sed christus nulli horum comparatur, sed agno, * secundum illud ierem. xi ° ego quasi agnus mansuetus qui portatur ad victimam. ' ergo videtur quod eius sacerdotium non sit expiativum peccatorum.
sc * Sed contra est quod dicit apostolus, heb. ix, ° sanguis christi, qui per spiritum sanctum seipsum obtulit immaculatum deo, emundabit conscientias nostras ab operibus mortuis, ad serviendum deo viventi. " opera autem mortua dicuntur peccata. ' ergo sacerdotium christi habet virtutem emundandi peccata.
co ' Respondeo dicendum quod ad perfectam peccatorum emundationem duo requiruntur, secundum quod duo sunt in peccato, scilicet macula culpae, et reatus poenae. macula quidem culpae deletur per gratiam, qua cor peccatoris in deum convertitur, reatus autem poenae totaliter tollitur per hoc quod homo deo satisfacit. utrumque autem horum efficit sacerdotium christi. nam virtute ipsius gratia nobis datur, qua corda nostra convertuntur ad deum, * secundum illud rom. iii, ° iustificati gratis per gratiam ipsius, per redemptionem quae est in christo iesu, quem proposuit deus propitiatorem per fidem in sanguine ipsius. ' ipse etiam pro nobis plenarie satisfecit, inquantum ° ipse languores nostros tulit, et dolores nostros ipse portavit. ' unde patet quod christi sacerdotium habet vim plenam expiandi peccata.
ra1 ' Ad primum ergo dicendum quod, licet christus non fuerit sacerdos secundum quod deus, sed secundum quod homo, unus tamen et idem fuit sacerdos et deus. * unde in synodo ephesina legitur, ° si quis pontificem nostrum et apostolum fieri dicit non ipsum ex deo verbum, sed quasi alterum praeter ipsum specialiter hominem ex muliere, anathema sit. ' et ideo, inquantum eius humanitas operabatur in virtute divinitatis, illud sacrificium erat efficacissimum ad delenda peccata. * propter quod augustinus dicit, in iv de trin., ° ut, quoniam quatuor considerantur in omni sacrificio, cui offeratur, a quo offeratur, quid offeratur, pro quibus offeratur; idem ipse unus verusque mediator, per sacrificium pacis reconcilians nos deo, unum cum illo maneret cui offerebat, unum in se faceret pro quibus offerebat, unus ipse esset qui offerebat, et quod offerebat.
ra2 ' Ad secundum dicendum quod peccata non commemorantur in nova lege propter inefficaciam sacerdotii christi, quasi per ipsum non sufficienter expientur peccata, sed commemorantur quantum ad illos scilicet qui vel eius sacrificii nolunt esse participes, sicut sunt infideles, pro quorum peccatis oramus, ut convertantur; vel etiam quantum ad illos qui, post participationem huius sacrificii, ab eo deviant qualitercumque peccando. sacrificium autem quod quotidie in ecclesia offertur, non est aliud a sacrificio quod ipse christus obtulit, sed eius commemoratio. unde * augustinus dicit, in x de civ. dei, ° sacerdos ipse christus offerens, ipse et oblatio, cuius rei sacramentum quotidianum esse voluit ecclesiae sacrificium.
ra3 * Ad tertium dicendum quod, sicut origenes dicit, super ioan., " licet diversa animalia in lege offerrentur, quotidianum tamen sacrificium, quod offerebatur mane et vespere, erat agnus, * ut habetur num. xxviii. " unde significabatur quod oblatio agni, idest christi, esset sacrificium consummativum omnium aliorum. * et ideo ioan. i dicitur, ° ecce agnus dei, ecce qui tollit peccata mundi.

010 ST4 qu22 ar4

ag1 ' Ad quartum sic proceditur. videtur quod effectus sacerdotii christi non solum pertinuerit ad alios, sed etiam ad ipsum. ad officium enim sacerdotis pertinet pro populo orare, * secundum illud ii machab. i, ° orationem faciebant sacerdotes dum consummaretur sacrificium. ' sed christus non solum pro aliis oravit, sed etiam pro seipso, * secundum quod supra dictum est, * et sicut expresse dicitur, heb. v, quod ° in diebus carnis suae preces supplicationesque ad eum qui possit illum salvum facere a morte, cum clamore valido et lacrimis obtulit. ' ergo sacerdotium christi habuit non solum in aliis, sed etiam in seipso effectum.
ag2 ' Praeterea, christus obtulit seipsum sacrificium in sua passione. sed per passionem suam non solum aliis meruit, sed etiam sibi, * ut supra habitum est. ' ergo sacerdotium christi non solum habuit effectum in aliis, sed etiam in seipso.
ag3 ' Praeterea, sacerdotium veteris legis fuit figura sacerdotii christi. sed sacerdos veteris legis non solum pro aliis, sed etiam pro seipso sacrificium offere-

bat. * dicitur enim levit. xvi, quod ° pontifex ingreditur sanctuarium ut roget pro se, et pro domo sua, et pro universo coetu filiorum israel. ‘ ergo etiam sacerdotium christi non solum in aliis, sed in seipso effectum habuit.
sc * Sed contra est quod in ephesina synodo legitur, ° si quis dicit christum pro se obtulisse oblationem, et non magis pro nobis solum (nec enim indiguit sacrificio qui peccatum nescit), anathema sit. ‘ sed in sacrificio offerendo potissime sacerdotis consistit officium. ergo sacerdotium christi non habuit effectum in ipso christo.
co * Respondeo dicendum quod, sicut dictum est, ‘ sacerdos constituitur medius inter deum et populum. ille autem indiget medio ad deum qui per seipsum accedere ad deum non potest, et talis sacerdotio subiicitur, effectum sacerdotii participans. hoc autem christo non competit, * dicit enim apostolus, heb. vii, ° accedens per seipsum ad deum, semper vivens, ad interpellandum pro nobis. ‘ et ideo christo non competit effectum sacerdotii in se suscipere, sed potius ipsum aliis communicare. primum enim agens in quolibet genere ita est influens quod non est recipiens in genere illo, sicut sol illuminat sed non illuminatur, et ignis calefacit sed non calefit. christus autem est fons totius sacerdotii, nam sacerdos legalis erat figura ipsius; sacerdos autem novae legis in persona ipsius operatur, * secundum illud ii cor. ii, ° nam et ego, quod donavi, si quid donavi, propter vos, in persona christi. ‘ et ideo non competit christo effectum sacerdotii suscipere.
ra1 ‘ Ad primum ergo dicendum quod oratio, etsi conveniat sacerdotibus, non tamen est eorum officio propria, cuilibet enim convenit et pro se et pro aliis orare, * secundum illud iac. ult., ° orate pro invicem, ut salvemini. ‘ et sic posset dici quod oratio qua christus pro se oravit, non erat actus sacerdotii eius. * sed haec responsio videtur excludi per hoc quod apostolus, heb. v, cum dixisset, ° tu es sacerdos in aeternum secundum ordinem melchisedech, * subdit, ° qui in diebus carnis suae preces etc., * ut supra, ‘ et ita videtur quod oratio qua christus oravit, ad eius sacerdotium pertineat. et ideo oportet dicere quod alii sacerdotes effectum sacerdotii sui participant, non inquantum sacerdotes, sed inquantum peccatores, * ut infra dicetur. ‘ christus autem, simpliciter loquendo, peccatum non habuit, “ habuit tamen similitudinem peccati in carne, * ut dicitur rom. viii. et ideo non simpliciter dicendum est quod ipse ‘ effectum sacerdotii participaverit, sed secundum quid, scilicet secundum passibilitatem carnis. |25| * unde signanter dicit, ° qui possit illum salvum facere a morte.
ra2 ‘ Ad secundum dicendum quod in oblatione sacrificii cuiuscumque sacerdotis duo possunt considerari, scilicet ipsum sacrificium oblatum, et devotio offerentis. proprius autem effectus sacerdotii est id quod sequitur ex ipso sacrificio. christus autem consecutus est per suam passionem, non quasi ex vi sacrificii, quod offertur per modum satisfactionis, sed ex ipsa devotione qua, secundum caritatem, passionem humiliter sustinuit.
ra3 ‘ Ad tertium dicendum quod figura non potest adaequare veritatem. unde sacerdos figuralis veteris legis non poterat ad hanc perfectionem attingere ut sacrificio satisfactorio non indigeret. sed christus non indiguit. unde non est similis ratio de utroque. * et hoc est quod apostolus dicit, ° lex homines constituit sacerdotes infirmitatem habentes, sermo autem iurisiurandi, qui post legem est, filium in aeternum perfectum.

010 ST4 qu22 ar5

ag1 ‘ Ad quintum sic proceditur. videtur quod sacerdotium christi non permaneat in aeternum. quia, * ut dictum est, ‘ illi soli effectu sacerdotii indigent qui habent infirmitatem peccati quae per sacerdotis sacrificium expiari potest. sed hoc non erit in aeternum. quia in sanctis nulla erit infirmitas, * secundum illud isaiae lx, ° populus tuus omnes iusti, ‘ peccatorum autem infirmitas inexpiabilis erit, quia ° in inferno nulla est redemptio. ‘ ergo sacerdotium christi non est in aeternum.
ag2 ‘ Praeterea, sacerdotium christi maxime manifestatum est in eius passione et morte, quando ° per proprium sanguinem introivit in sancta, * ut dicitur heb. ix. ‘ sed passio et mors christi non erit in aeternum, * ut dicitur rom. vi, ° christus resurgens a mortuis iam non moritur. ‘ ergo sacerdotium christi non est in aeternum.
ag3 ‘ Praeterea, christus est sacerdos non secundum quod deus, sed secundum quod homo. sed christus quandoque non fuit homo scilicet in triduo mortis. ergo sacerdotium christi non est in aeternum.
sc * Sed contra est quod dicitur in psalmo, ° tu es sacerdos in aeternum.
co ‘ Respondeo dicendum quod in officio sacerdotis duo possunt considerari, primo quidem ipsa oblatio sacrificii; secundo, ipsa sacrificii consummatio, quae quidem consistit in hoc quod illi pro quibus sacrificium offertur finem sacrificii consequuntur. finis autem sacrificii quod christus obtulit, non fuerunt bona temporalia, sed aeterna, quae per eius mortem adipiscimur, * unde dicitur, heb. ix, quod ° christus est assistens pontifex futurorum bonorum, ‘ ratione cuius christi sacerdotium dicitur esse aeternum. et haec quidem consummatio sacrificii christi praefigurabatur “ in hoc ipso quod pontifex legalis semel in anno cum sanguine hirci et vituli intrabat in sancta sanctorum, * ut dicitur levit. xvi, ‘ cum tamen hircum et vitulum non immolaret in sancta sanctorum, sed extra. similiter christus in sancta sanctorum idest in ipsum caelum intravit et nobis viam paravit intrandi per virtutem sanguinis sui, quem pro nobis in terra effudit.
ra1 ‘ Ad primum ergo dicendum quod sancti qui erunt in patria, non indigebunt ulterius expiari per sacerdotium christi, sed, expiati iam, indigebunt consummari per ipsum christum, a quo gloria eorum dependet, * ut dicitur, apoc. xxi, quod “ claritas dei illuminat illam, scilicet civitatem sanctorum, et lucerna eius est agnus.
ra2 ‘ Ad secundum dicendum quod, licet passio et mors christi de cetero non sit iteranda, tamen virtus illius hostiae permanet in aeternum, * quia ut dicitur heb. x, ° una oblatione consummavit in aeternum sanctificatos.
ra3 ‘ Per quod etiam patet responsio ad tertium. unitas autem huius oblationis figurabatur in lege per hoc quod semel in anno legalis pontifex cum solemni oblatione sanguinis intrabat in sancta, * ut dicitur levit. xvi. ‘ sed deficiebat figura a veritate in hoc, quod illa hostia non habebat sempiternam virtutem, et ideo annuatim illae hostiae reiterabantur.

010 ST4 qu22 ar6

ag1 ‘ Ad sextum sic proceditur. videtur quod sacerdotium christi non fuerit secundum ordinem melchisedech. christus enim est fons totius sacerdotii tanquam principalis sacerdos. sed illud quod est principale, non sequitur ordinem aliorum, sed alia sequuntur ordinem ipsius. ergo christus non debet dici sacerdos secundum ordinem melchisedech.
ag2 ‘ Praeterea, sacerdotium veteris legis propinquius fuit sacerdotio christi quam sacerdotium quod fuit ante legem. sed sacramenta tanto expressius significabant christum, quanto propinquiora fuerunt christo, * ut patet ex his quae in secunda parte dicta sunt. ‘ ergo sacerdotium christi magis debet denominari secundum sacerdotium legale quam secundum sacerdotium melchisedech, quod fuit ante legem.
ag3 * Praeterea, heb. vii dicitur, ° quod est rex pacis; sine patre sine matre sine genealogia; neque initium dierum neque finem vitae habens, ‘ quae quidem conveniunt soli filio dei. ergo non debet dici christus sacerdos secundum ordinem melchisedech tanquam cuiusdam alterius, sed secundum ordinem sui ipsius.
sc * Sed contra est quod dicitur in psalmo, ° tu es sacerdos in aeternum secundum ordinem melchisedech.
co * Respondeo dicendum quod sicut, supra dictum est, ‘ legale sacerdotium fuit figura sacerdotii christi, non quidem quasi adaequans veritatem, sed multum ab ea deficiens, tum quia sacerdotium legale non mundabat peccata; tum etiam quia non erat aeternum, sicut sacerdotium christi. ipsa autem excellentia sacerdotii christi ad sacerdotium leviticum fuit figurata in sacerdotio melchisedech, “ qui ab abraham decimas sumpsit, in cuius lumbis decimatus est quodammodo ipse sacerdos legalis. ‘ et ideo sacerdotium christi dicitur esse secundum ordinem melchisedech, propter excellentiam veri sacerdotii ad figurale sacerdotium legis.
ra1 ‘ Ad primum ergo dicendum quod christus non dicitur esse secundum ordinem melchisedech quasi principalioris sacerdotis, sed quasi praefigurantis excellentiam sacerdotii christi ad sacerdotium leviticum.
ra2 ‘ Ad secundum dicendum quod in sacerdotio christi duo possunt considerari, scilicet ipsa oblatio christi, et participatio eius. quantum autem ad ipsam oblationem, expressius figurabat sacerdotium christi sacerdotium legale per sanguinis effusionem, quam sacerdotium melchisedech in quo sanguis non effundebatur. sed quantum ad participationem huius sacrificii et eius effectum, in quo praecipue attenditur excellentia sacerdotii christi ad sacerdotium legale, expressius praefigurabatur per sacerdotium melchisedech, qui offerebat panem et vinum, “ significantia, * ut dicit augustinus “ ecclesiasticam unitatem, quam constituit participatio sacrificii christi. ‘ unde etiam in nova lege verum christi sacrificium communicatur fidelibus sub specie panis et vini.
ra3 “ Ad tertium dicendum quod melchisedech dictus est sine patre et sine matre et sine genealogia, et quod non habet initium dierum neque finem non quia ista non habuit, sed quia in scriptura sacra ista de eo non leguntur. * et per hoc ipsum, ut apostolus ibidem dicit, “ assimilatus est filio dei, qui in terris est sine patre, et in caelis sine matre et sine genealogia, * secundum illud isaiae liii, ° generationem eius quis enarrabit? “ et secundum divinitatem neque principium neque finem habet dierum.

010 ST4 qu23 ar

pr ‘ Deinde considerandum est an adoptio christo conveniat. et circa hoc quaeruntur quatuor. primo, utrum deo conveniat filios adoptare. secundo, utrum hoc conveniat soli deo patri. tertio, utrum sit proprium hominum adoptari in filios dei. quarto, utrum christus possit dici filius adoptivus.

010 ST4 qu23 ar1

ag1 ‘ Ad primum sic proceditur. videtur quod deo non conveniat filios adoptare. “ nullus enim adoptat nisi extraneam personam in filium, * secundum quod iuristae dicunt. ‘ sed nulla persona est extranea deo, qui est omnium creator. ergo videtur quod deo non conveniat adoptare.
ag2 ‘ Praeterea, adoptatio videtur esse introducta in defectu filiationis naturalis. sed in deo invenitur naturalis filiatio, * ut in prima parte habitum est. ‘ ergo non convenit deo filios adoptare.
ag3 ‘ Praeterea, ad hoc aliquis adoptatur ut in hereditate adoptantis succedat. sed in hereditate dei non videtur aliquis posse succedere, quia ipse nunquam decedit. ergo deo non competit adoptare.
sc * Sed contra est quod dicitur ephes. i, ° praedestinavit nos in adoptionem filiorum dei. ‘ sed praedestinatio dei non est irrita. ergo deus aliquos sibi adoptat in filios.
co ‘ Respondeo dicendum quod aliquis homo adoptat alium sibi in filium inquantum ex sua bonitate admittit eum ad participationem suae hereditatis. deus autem est infinitae bonitatis, ex qua contingit quod ad participationem bonorum suas creaturas admittit et praecipue rationales creaturas, quae, inquantum sunt ad imaginem dei factae, sunt capaces beatitudinis divinae. quae quidem consistit in fruitione dei, per quam etiam ipse deus beatus est et per seipsum dives, inquantum scilicet seipso fruitur. hoc autem dicitur hereditas alicuius ex quo ipse est dives. et ideo, inquantum deus ex sua bonitate admittit homines ad beatitudinis hereditatem, dicitur eos adoptare. hoc autem plus habet adoptatio divina quam humana, quod deus hominem quem adoptat idoneum facit, per gratiae munus, ad hereditatem caelestem percipiendam, homo autem non facit idoneum eum quem adoptat, sed potius eum iam idoneum eligit adoptando.
ra1 ‘ Ad primum ergo dicendum quod homo, in sua natura consideratus, non est extraneus a deo quantum ad bona naturalia quae recipit, est tamen extraneus quantum ad bona gratiae et gloriae. et secundum hoc adoptatur.
ra2 ‘ Ad secundum dicendum quod hominis est operari ad supplendam suam indigentiam, non autem dei, cui convenit operari ad communicandam suae perfectionis abundantiam. et ideo, sicut per actum creationis communicatur bonitas divina omnibus creaturis secundum quandam similitudinem, ita per actum adoptionis communicatur similitudo naturalis filiationis hominibus, * secundum illud rom. viii, ° quos praescivit conformes fieri imaginis filii sui.
ra3 ‘ Ad tertium dicendum quod bona spiritualia possunt simul a pluribus possideri, non autem bona corporalia. et ideo hereditatem corporalem nullus potest percipere nisi succedens decedenti, hereditatem autem spiritualem simul omnes ex integro percipiunt, sine detrimento patris semper viventis. * quamvis posset dici quod “ deus decedit secundum quod est in nobis per fidem, ut incipiat in nobis esse per speciem, * sicut glossa dicit, rom. viii, super illud, ° si filii, et heredes.

010 ST4 qu23 ar2

ag1 ‘ Ad secundum sic proceditur. videtur quod adoptare non conveniat toti trinitati. adoptatio enim dicitur in divinis ad similitudinem rerum humanarum. sed in rebus humanis soli illi convenit adoptare qui potest filios generare, quod in divinis convenit soli patri. ergo in divinis solus pater potest adoptare.
ag2 ‘ Praeterea, homines per adoptionem efficiuntur fratres christi, * secundum illud rom. viii, ° ut sit ipse primogenitus in multis fratribus. ‘ fratres autem dicuntur qui sunt filii unius patris, * unde et dominus dicit, ioan. xx, ° ascendo ad patrem meum et patrem vestrum. ‘ ergo solus pater christi habet filios adoptivos.
ag3 * Praeterea, galat. iv dicitur, ° misit deus filium suum, ut adoptionem filiorum dei reciperemus. quoniam autem estis filii dei, misit deus spiritum filii sui in corda vestra, clamantem, abba, pater. ‘ ergo eius est adoptare cuius est filium et spiritum sanctum habere. sed hoc est solius personae patris. ergo adoptare convenit soli personae patris.
sc ‘ Sed contra, eius est adoptare nos in filios quem nos patrem possumus nominare, * unde dicitur rom. viii, ° accepistis spiritum adoptionis filiorum, in quo clamamus, abba, pater. ‘ sed cum deo dicimus, pater noster, hoc pertinet ad totam trinitatem, sicut et cetera nomina quae dicuntur de deo relative ad creaturam, * ut in prima parte habitum est. ‘ ergo adoptare convenit toti trinitati.
co ‘ Respondeo dicendum quod haec est differentia inter filium dei adoptivum et filium dei naturalem, quod filius dei naturalis est genitus non factus, filius autem adoptivus est factus, * secundum illud ioan. i, ° dedit eis potestatem filios dei fieri. ‘ dicitur tamen quandoque filius adoptivus esse genitus, propter spiritualem regenerationem, quae est gratuita, non naturalis, * unde dicitur iac. i, ° voluntarie genuit nos verbo veritatis. ‘ quamvis autem generare in divinis sit proprium personae patris, tamen facere quemcumque effectum in creaturis est commune toti trini-

tati, propter unitatem naturae, quia, ubi est una natura, oportet quod ibi sit una virtus et una operatio; *unde dominus dicit, ioan. v, ° quaecumque facit pater, haec et filius similiter facit. ' et ideo homines adoptare in filios dei convenit toti trinitati.
ra1 ' Ad primum ergo dicendum quod omnes personae humanae non sunt unius naturae secundum numerum, ut oporteat unam esse omnium operationem et unum effectum, sicut accidit in divinis. et ideo quantum ad hoc non est possibile attendi similitudinem utrobique.
ra2 ' Ad secundum dicendum quod nos per adoptionem efficimur fratres christi quasi eundem patrem habentes cum ipso, qui tamen alio modo est pater christi, et alio modo est pater noster. unde *signanter dominus, ioan. xx, " seorsum dixit, patrem meum, et seorsum dixit, patrem vestrum. ' est enim pater christi naturaliter generando, quod est proprium sibi, est autem noster voluntarie aliquid faciendo, quod est commune sibi et filio et spiritui sancto. et ideo christus non est filius totius trinitatis, sicut nos.
ra3 * Ad tertium dicendum quod, sicut dictum est, ' filiatio adoptiva est quaedam similitudo filiationis aeternae, sicut omnia quae in tempore facta sunt, similitudines quaedam sunt eorum quae ab aeterno fuerunt. assimilatur autem homo splendori aeterni filii per gratiae claritatem, quae attribuitur spiritui sancto. et ideo adoptatio, licet sit communis toti trinitati, appropriatur tamen patri ut auctori, filio ut exemplari, spiritui sancto ut imprimenti in nobis huius similitudinem exemplaris.

010 ST4 qu23 ar3

ag1 ' Ad tertium sic proceditur. videtur quod adoptari non sit proprium rationalis creaturae. non enim deus pater creaturae rationalis dicitur nisi per adoptionem. dicitur autem pater creaturae etiam irrationalis, *secundum illud iob xxxviii, ° quis est pluviae pater? aut quis genuit stillas roris? ' ergo adoptari non est proprium rationalis naturae.
ag2 ' Praeterea, per adoptionem dicuntur aliqui filii dei. sed esse filios dei in scriptura proprie videtur attribui angelis, *secundum illud iob i, ° quadam autem die, cum assisterent filii dei coram domino. ' ergo non est proprium rationalis creaturae adoptari.
ag3 ' Praeterea, quod est proprium alicui naturae, convenit omnibus habentibus naturam illam, sicut risibile convenit omnibus hominibus. sed adoptari non convenit omni rationali naturae. ergo adoptari non est proprium rationalis naturae.
sc " Sed contra est quod filii adoptati sunt heredes dei, *ut patet rom. viii. ' sed talis hereditas convenit soli creaturae rationali. ergo proprium rationalis creaturae est adoptari.
co *Respondeo dicendum quod, sicut dictum est, ' filiatio adoptionis est quaedam similitudo filiationis naturalis. filius autem dei naturaliter procedit a patre ut verbum intellectuale, unum cum ipso patre existens. huic ergo verbo tripliciter potest aliquid assimilari. uno quidem modo, secundum rationem formae, non autem secundum intellectualitatem ipsius, sicut forma domus exterius constitutae assimilatur verbo mentali artificis secundum speciem formae, non autem secundum intelligibilitatem, quia forma domus in materia non est intelligibilis, sicut erat in mente artificis. et hoc modo verbo aeterno assimilatur quaelibet creatura, cum sit facta per verbum. secundo assimilatur creatura verbo, non solum quantum ad rationem formae, sed etiam quantum ad intellectualitatem ipsius, sicut scientia quae fit in mente discipuli, assimilatur verbo quod est in mente magistri. et hoc modo creatura rationalis, etiam secundum suam naturam, assimilatur verbo dei. tertio modo, assimilatur creatura verbo aeterno secundum unitatem quam habet ad patrem, quod quidem fit per gratiam et caritatem, * unde dominus orat, ioan. xvii, ° sint unum in nobis, sicut et nos unum sumus. ' et talis assimilatio perficit rationem adoptionis, quia sic assimilatis debetur hereditas aeterna. unde manifestum est quod adoptari convenit soli creaturae rationali, non tamen omni, sed |25| soli habenti caritatem. quae ° est diffusa in cordibus nostris per spiritum sanctum, * ut dicitur rom. v et ideo, rom. viii, " spiritus sanctus dicitur spiritus adoptionis filiorum.
ra1 ' Ad primum ergo dicendum quod deus dicitur pater creaturae irrationalis, non proprie per adoptionem, sed per creationem, secundum primam participationem similitudinis.
ra2 ' Ad secundum dicendum quod angeli dicuntur filii dei filiatione adoptionis, non quia ipsis primo conveniat, sed quia ipsi primo adoptionem filiorum receperunt.
ra3 ' Ad tertium dicendum quod adoptio non est proprium consequens naturam, sed consequens gratiam, cuius natura rationalis est capax. et ideo non oportet quod omni rationali creaturae conveniat, sed quod omnis rationalis creatura sit capax adoptionis.

010 ST4 qu23 ar4

ag1 ' Ad quartum sic proceditur. videtur quod christus, secundum quod homo sit filius dei adoptivus. *dicit enim hilarius, de christo loquens, ° potestatis dignitas non amittitur dum carnis humanitas adoptatur. ' ergo christus, secundum quod homo, est filius adoptivus.
ag2 * Praeterea, augustinus dicit, in libro de praedest. sanct., quod ° eadem gratia ille homo est christus, qua gratia ab initio fidei quicumque homo est christianus. ' sed alii homines sunt christiani per gratiam adoptionis. ergo et ille homo est christus per adoptionem. et ita videtur esse filius adoptivus.
ag3 ' Praeterea, christus, secundum quod homo, est servus. sed dignius est esse filium adoptivum quam servum. ergo multo magis christus, secundum quod homo, est filius adoptivus.
sc * Sed contra est quod ambrosius dicit, in libro de incarnat., ° adoptivum filium non dicimus filium esse natura, sed eum dicimus natura esse filium qui verus est filius. ' christus autem verus et naturalis est filius dei, *secundum illud i ioan. ult., ° ut simus in vero filio eius, iesu christo. ' ergo christus, secundum quod homo, non est filius adoptivus.
co ' Respondeo dicendum quod filiatio proprie convenit hypostasi vel personae, non autem naturae, unde * in prima parte dictum est quod ' filiatio est proprietas personalis. in christo autem non est alia persona vel hypostasis quam increata, cui convenit esse filium per naturam. * dictum est autem supra quod ' filiatio adoptionis est participata similitudo filiationis naturalis. non autem dicitur aliquid participative quod per se dicitur. et ideo christus, qui est filius dei naturalis, nullo modo potest dici filius adoptivus. * secundum autem illos qui ponunt " in christo duas personas, vel duas hypostases, seu duo supposita, nihil rationabiliter prohibet christum hominem dici filium adoptivum.
ra1 ' Ad primum ergo dicendum quod, sicut filiatio non proprie convenit naturae, ita nec adoptio. " et ideo, cum dicitur quod carnis humanitas adoptatur, impropria est locutio, et accipitur ibi adoptio pro unione humanae naturae ad personam filii.
ra2 * Ad secundum dicendum quod similitudo illa augustini est intelligenda " quantum ad principium, quia scilicet, sicut sine meritis habet quilibet homo ut sit christianus, ita ille homo sine meritis habuit ut esset christus. est tamen differentia quantum ad terminum, quia scilicet christus per gratiam unionis est filius naturalis; alius autem per gratiam habitualem est filius adoptivus. ' gratia autem habitualis in christo non facit de nonfilio filium adoptivum, sed est quidam effectus filiationis in anima christi, * secundum illud ioan. i, ° vidimus gloriam eius quasi unigeniti a patre, plenum gratiae et veritatis.
ra3 ' Ad tertium dicendum quod esse creaturam, et etiam servitus vel subiectio ad deum, non solum respicit personam, sed etiam naturam, quod non potest dici de filiatione. et ideo non est similis ratio.

010 ST4 qu24 ar

pr ' Deinde considerandum est de praedestinatione christi. et circa hoc quaeruntur quatuor. primo, utrum sit praedestinatus. secundo, utrum sit praedestinatus secundum quod homo. tertio, utrum eius praedestinatio sit exemplar praedestinationis nostrae. quarto, utrum sit causa praedestinationis nostrae.

010 ST4 qu24 ar1

ag1 ' Ad primum sic proceditur. videtur quod christo non conveniat praedestinatum esse. terminus enim cuiuslibet praedestinationis videtur esse adoptio filiorum, * secundum illud ephes. i, ° praedestinavit nos in adoptionem filiorum. ' sed christo non convenit esse filium adoptivum, *ut dictum est. ' ergo christo non convenit praedestinatum esse.
ag2 ' Praeterea, in christo duo est considerare, scilicet naturam humanam, et personam. sed non potest dici quod christus est praedestinatus ratione naturae humanae, quia haec est falsa, humana natura est filius dei. similiter etiam neque ratione personae, quia illa persona non habet ex gratia quod sit filius dei, sed ex natura; praedestinatio autem est eorum quae sunt ex gratia, * ut in prima parte dictum est. ' ergo christus non est praedestinatus filius dei.
ag3 ' Praeterea, sicut illud quod est factum non semper fuit, ita et illud quod fuit praedestinatum, eo quod praedestinatio antecessionem quandam importat. sed, quia christus semper fuit deus et filius dei, non proprie dicitur quod homo ille sit factus filius dei. ergo, pari ratione, non debet dici quod christus sit praedestinatus filius dei.
sc * Sed contra est quod apostolus dicit, rom. i, de christo loquens, ° qui praedestinatus est filius dei in virtute.
co ' Respondeo dicendum quod, * sicut patet ex his quae in prima parte dicta sunt, ' praedestinatio, proprie accepta, est quaedam divina praeordinatio ab aeterno de his quae per gratiam dei sunt fienda in tempore. est autem hoc in tempore factum per gratiam unionis a deo, ut homo esset deus et deus esset homo. nec potest dici quod deus ab aeterno non praeordinaverit hoc se facturum in tempore, quia sequeretur quod divinae menti aliquid accideret de novo. et oportet dicere quod ipsa unio naturarum in persona christi cadat sub aeterna dei praedestinatione. et ratione huius christus dicitur esse praedestinatus.
ra1 * Ad primum ergo dicendum quod apostolus ibi loquitur " de praedestinatione qua nos praedestinamur ut simus filii adoptivi. sicut autem christus singulari modo prae aliis est dei filius naturalis, ita quodam singulari modo est praedestinatus.
ra2 * Ad secundum dicendum quod, sicut dicit glossa rom. i, " quidam dixerunt praedestinationem illam intelligendam esse de natura, non de persona, quia scilicet humanae naturae facta est haec gratia ut uniretur filio dei in unitate personae. sed secundum hoc locutio apostoli est impropria, propter duo. primo quidem, ratione communi. non enim dicimus naturam alicuius praedestinari, sed personam, quia praedestinari est dirigi in salutem, quod quidem est suppositi agentis propter beatitudinis finem. secundo, ratione speciali. quia esse filium dei non convenit humanae naturae, est enim haec falsa, natura humana est filius dei. nisi forte quis velit sic exponere, extorta expositione, qui praedestinatus est filius dei in virtute, idest, praedestinatum est ut humana natura uniretur filio dei in persona. ' relinquitur ergo quod praedestinatio attribuatur personae christi, non quidem secundum se, vel secundum quod subsistit in divina natura; sed secundum quod subsistit in humana natura. * unde, cum praedixisset apostolus, ° qui factus est ei ex semine david secundum carnem, * subiunxit, ° qui praedestinatus est filius dei in virtute, " ut daret intelligere quod, secundum hoc quod est factus ex semine david secundum carnem, est praedestinatus filius dei in virtute. |25| ' quamvis enim sit naturale illi personae secundum se consideratae quod sit filius dei in virtute, non tamen est ei naturale secundum naturam humanam, secundum quam hoc sibi competit per gratiam unionis.
ra3 * Ad tertium dicendum quod origenes, super epistolam ad rom., " dicit hanc esse litteram apostoli, qui destinatus est filius dei in virtute, ita quod non designetur aliqua antecessio. * et sic nihil habet difficultatis. alii vero " antecessionem quae designatur in hoc participio praedestinatus, referunt, non ad id quod est esse filius dei, sed ad eius manifestationem, secundum illum consuetum modum loquendi in scripturis quo res dicuntur fieri quando innotescunt, ut sit sensus quod christus praedestinatus est manifestari filius dei. ' sed sic non proprie praedestinatio accipitur. nam aliquis dicitur proprie praedestinari secundum quod dirigitur in finem beatitudinis. beatitudo autem christi non dependet ex nostra cognitione. et ideo melius dicendum est quod illa antecessio quam importat hoc participium praedestinatus, non refertur ad personam secundum seipsam, sed ratione humanae naturae, quia scilicet persona illa etsi ab aeterno fuerit filius dei, hoc tamen non fuit semper, quod subsistens in natura humana fuerit filius dei. * unde dicit augustinus, in libro de praedest. sanct., ° praedestinatus est iesus ut qui futurus erat secundum carnem filius david, esset tamen in virtute filius dei. |25| ' et est considerandum quod, licet hoc participium praedestinatus importet antecessionem, sicut et hoc participium factus, aliter tamen et aliter. nam fieri pertinet ad ipsam rem secundum quod in se est, praedestinari autem pertinet ad aliquem secundum quod est in apprehensione alicuius praeordinantis. id autem quod subest alicui formae vel naturae secundum rem, potest apprehendi vel prout est sub forma illa, vel etiam absolute. et quia absolute non convenit personae christi quod incoeperit esse filius dei, convenit autem ei secundum quod intelligitur vel apprehenditur ut in natura humana existens, quia scilicet hoc aliquando incoepit esse quod in natura humana existens esset filius dei, ideo magis est haec vera, christus est praedestinatus filius dei, quam ista, christus est factus filius dei.

010 ST4 qu24 ar2

ag1 ' Ad secundum sic proceditur. videtur quod haec sit falsa, christus, secundum quod homo, est praedestinatus esse filius dei. hoc enim est unusquisque secundum aliquod tempus quod est praedestinatus esse, eo quod praedestinatio dei non fallitur. si ergo christus, secundum quod homo, est praedestinatus filius dei, videtur sequi quod sit filius dei secundum quod homo. hoc autem est falsum. ergo et primum.
ag2 ' Praeterea, illud quod convenit christo secundum quod homo, convenit cuilibet homini, eo quod ipse est unius speciei cum aliis hominibus. si ergo christus, secundum quod homo, est praedestinatus esse filius dei, sequetur quod cuilibet homini hoc conveniat. hoc autem est falsum. ergo et primum.
ag3 ' Praeterea, hoc ab aeterno praedestinatur quod est aliquando fiendum in tempore. sed magis est haec vera, filius dei factus est homo, quam ista, homo factus est filius dei. ergo magis est haec vera, christus, secundum quod filius dei, est praedestinatus esse homo, quam e converso, christus, secundum quod homo, praedestinatus est esse filius dei.
sc * Sed contra est quod dicit augustinus, in libro de praedest. sanct., ° ipsum dominum gloriae, inquantum homo factus est dei filius, praedestinatum esse dicimus.
co ' Respondeo dicendum quod in praedestinatione duo possunt considerari. unum quidem ex parte ipsius praedestinationis aeternae, et secundum hoc importat antecessionem quandam respectu eius quod sub praedestinatione cadit. alio modo potest considerari secundum effectum temporalem, qui quidem est aliquod gratuitum dei donum. dicendum est ergo

quod secundum utrumque istorum attribuitur praedestinatio christo ratione solius humanae naturae, nam humana natura non semper fuit verbo unita; et ei etiam per gratiam hoc est collatum, ut filio dei in persona uniretur. et ideo solum ratione naturae humanae praedestinatio competit christo. * unde augustinus dicit, in libro de praedest. sanct., ° praedestinata est ista humanae naturae tanta et tam celsa et summa subvectio, ut quo attolleretur altius non haberet. ' hoc autem dicimus convenire alicui secundum quod homo, quod convenit ei ratione humanae naturae. et ideo dicendum est quod christus, secundum quod homo, est praedestinatus esse filius dei.

ra1 ' Ad primum ergo dicendum quod, cum dicitur, christus, secundum quod homo, est praedestinatus esse filius dei, haec determinatio secundum quod homo potest referri ad actum significatum per participium dupliciter. uno modo, ex parte eius quod materialiter cadit sub praedestinatione. et hoc modo est falsa. est enim sensus quod praedestinatum sit ut christus, secundum quod homo, sit filius dei. et in hoc sensu procedit obiectio. alio modo, potest referri ad ipsam propriam rationem actus, prout scilicet praedestinatio importat in sui ratione antecessionem et effectum gratuitum. et hoc modo convenit christo praedestinatio ratione humanae naturae, * ut dictum est. ' et secundum hoc dicitur praedestinatus secundum quod homo.

ra2 ' Ad secundum dicendum quod aliquid potest convenire alicui homini ratione humanae naturae dupliciter. uno modo, sic quod humana natura sit causa illius, sicut esse risibile convenit socrati ratione humanae naturae, ex cuius principiis causatur. et hoc modo praedestinatio non convenit nec christo nec alteri homini ratione humanae naturae. et in hoc sensu procedit obiectio. alio modo dicitur aliquid convenire alicui ratione humanae naturae, cuius humana natura est susceptiva. et sic dicimus christum esse praedestinatum ratione humanae naturae, quia praedestinatio refertur ad exaltationem humanae naturae in ipso, * sicut dictum est.

ra3 ' Ad tertium dicendum quod, * sicut augustinus dicit, in libro de praedest. sanct., ° ipsa est illa ineffabiliter facta hominis a deo verbo susceptio singularis, ut filius hominis simul propter susceptum hominem, et filius dei propter suscipientem unigenitum deum, veraciter et proprie diceretur. " et ideo, quia illa susceptio sub praedestinatione cadit tanquam gratuita, ' utrumque potest dici, quod et filius dei praedestinatus sit esse homo, et filius hominis praedestinatus sit esse filius dei. quia tamen gratia non est facta filio dei ut esset homo, sed potius humanae naturae ut filio dei uniretur, magis proprie potest dici quod christus, secundum quod homo, est praedestinatus esse filius dei, quam quod christus, secundum quod filius dei, sit praedestinatus esse homo.

010 ST4 qu24 ar3

ag1 ' Ad tertium sic proceditur. videtur quod christi praedestinatio non sit exemplar nostrae praedestinationis. exemplar enim praeexistit exemplato. nihil autem praeexistit aeterno. cum ergo praedestinatio nostra sit aeterna, videtur quod praedestinatio christi non sit exemplar nostrae praedestinationis.

ag2 ' Praeterea, exemplar ducit in cognitionem exemplati. sed non oportuit quod deus duceretur in cognitionem nostrae praedestinationis ex aliquo alio, * cum dicatur rom. viii, ° quos praescivit, hos et praedestinavit. ' ergo praedestinatio christi non est exemplar nostrae praedestinationis.

ag3 ' Praeterea, exemplar est conforme exemplato. sed alterius rationis videtur esse praedestinatio christi quam praedestinatio nostra, quia nos praedestinamur in filios adoptivos, " christus autem est praedestinatus filius dei in virtute, * ut dicitur rom. i. ' ergo eius praedestinatio non est exemplar nostrae praedestinationis.

sc * Sed contra est quod dicit augustinus, in libro de praedest. sanct., ° est praeclarissimum lumen praedestinationis et gratiae ipse salvator, ipse mediator dei et hominum, homo christus iesus. " dicitur autem lumen praedestinationis et gratiae inquantum per eius praedestinationem et gratiam manifestatur nostra praedestinatio, ' quod videtur ad rationem exemplaris pertinere. ergo praedestinatio christi est exemplar nostrae praedestinationis.

co ' Respondeo dicendum quod praedestinatio dupliciter potest considerari. uno modo, secundum ipsum actum praedestinantis. et sic praedestinatio christi non potest dici exemplar nostrae praedestinationis, uno enim modo, et eodem actu aeterno, praedestinavit deus nos et christum. alio modo potest praedestinatio considerari secundum id ad quod aliquis praedestinatur, quod est praedestinationis terminus et effectus. et secundum hoc praedestinatio christi est exemplar nostrae praedestinationis. et hoc dupliciter. primo quidem, quantum ad bonum ad quod praedestinamur. ipse enim praedestinatus est ad hoc quod esset dei filius naturalis, nos autem praedestinamur ad filiationem adoptionis, quae est quaedam participata similitudo filiationis naturalis. * unde dicitur rom. viii, ° quos praescivit, hos et praedestinavit conformes fieri imaginis filii eius. ' alio modo, quantum ad modum consequendi istud bonum, quod est per gratiam. quod quidem in christo est manifestissimum, quia natura humana in ipso, nullis suis praecedentibus meritis, unita est filio dei. ° et de plenitudine gratiae eius nos omnes accepimus, * ut dicitur ioan. i.

ra1 ' Ad primum ergo dicendum, quod illa ratio procedit ex parte ipsius actus praedestinantis.

ra2 ' Et similiter dicendum ad secundum.

ra3 ' Ad tertium dicendum quod non est necessarium quod exemplatum exemplari quantum ad omnia conformetur, sed sufficit quod aliqualiter exemplatum imitetur suum exemplar.

010 ST4 qu24 ar4

ag1 ' Ad quartum sic proceditur. videtur quod praedestinatio christi non sit causa nostrae praedestinationis. aeternum enim non habet causam. sed praedestinatio nostra est aeterna. ergo praedestinatio christi non est causa nostrae praedestinationis.

ag2 ' Praeterea, illud quod dependet ex simplici dei voluntate, non habet aliam causam nisi dei voluntatem. sed praedestinatio nostra ex simplici voluntate dei dependet, * dicitur enim ephes. i, ° praedestinati secundum propositum eius, qui omnia operatur secundum consilium voluntatis suae. ' ergo praedestinatio christi non est causa nostrae praedestinationis.

ag3 ' Praeterea, remota causa, removetur effectus. sed, remota praedestinatione christi, non removetur nostra praedestinatio, quia " etiam si filius dei non incarnaretur, erat alius modus possibilis nostrae salutis, * ut augustinus dicit, in libro de trin.. ' praedestinatio ergo christi non est causa nostrae praedestinationis.

sc * Sed contra est quod dicitur ephes. i, ° praedestinavit nos in adoptionem filiorum per iesum christum.

co ' Respondeo dicendum quod, si consideretur praedestinatio secundum ipsum praedestinationis actum, praedestinatio christi non est causa praedestinationis nostrae, cum uno et eodem actu deus praedestinaverit christum et nos. si autem consideretur praedestinatio secundum terminum praedestinationis, sic praedestinatio christi est causa nostrae praedestinationis, sic enim deus praeordinavit nostram salutem, ab aeterno praedestinando, ut per iesum christum compleretur. sub praedestinatione enim aeterna non solum cadit id quod est fiendum in tempore, sed etiam modus et ordo secundum quod est complendum ex tempore.

ra1 ' Ad primum ergo et secundum dicendum quod rationes illae procedunt de praedestinatione secundum praedestinationis actum.

ra3 ' Ad tertium dicendum quod, si christus non fuisset incarnandus, deus praeordinasset homines salvari per aliam causam. sed quia praeordinavit incarnationem christi, simul cum hoc praeordinavit ut esset causa nostrae salutis.

010 ST4 qu25 ar

pr ' Deinde considerandum est de his quae pertinent ad christum in comparatione ad nos. et primo, de adoratione christi, qua scilicet nos eum adoramus; secundo, de hoc quod est mediator noster ad deum. circa primum quaeruntur sex. primo, utrum una et eadem adoratione sit adoranda divinitas christi et eius humanitas. secundo, utrum caro eius sit adoranda adoratione latriae. tertio, utrum adoratio latriae sit exhibenda imagini christi. quarto, utrum sit exhibenda cruci christi. quinto, utrum sit exhibenda matri eius. sexto, de adoratione reliquiarum sanctorum.

010 ST4 qu25 ar1

ag1 ' Ad primum sic proceditur. videtur quod non eadem adoratione adoranda sit humanitas christi et eius divinitas. divinitas enim christi est adoranda, quae est communis patri et filio, * unde dicitur ioan. v, ° omnes honorificent filium sicut honorificant patrem. ' sed humanitas christi non est communis ei et patri. ergo non eadem adoratione adoranda est humanitas christi et eius divinitas.

ag2 " Praeterea, honor est proprie praemium virtutis, * ut philosophus dicit, in iv ethic.. ' meretur autem virtus praemium suum per actum. cum igitur in christo sit alia operatio divinae et humanae naturae, * ut supra habitum est, ' videtur quod alio honore sit adoranda humanitas christi, et alio eius divinitas.

ag3 ' Praeterea, anima christi, si non esset verbo unita, esset veneranda propter excellentiam sapientiae et gratiae quam habet. sed nihil dignitatis est ei subtractum per hoc quod est unita verbo. ergo natura humana est quadam propria veneratione adoranda, praeter venerationem quae exhibetur divinitati ipsius.

sc * Sed contra est quod in capitulis quintae synodi sic legitur, ° si quis in duabus naturis adorari dicit christum, ex quo duae adorationes introducuntur, sed non una adoratione deum verbum incarnatum cum propria ipsius carne adorat, sicut ab initio dei ecclesiae traditum est, talis anathema sit.

co ' Respondeo dicendum quod in eo qui honoratur, duo possumus considerare, scilicet eum cui honor exhibetur, et causam honoris. proprie autem honor exhibetur toti rei subsistenti, non enim dicimus quod manus hominis honoretur, sed quod homo honoretur. et si quandoque contingat quod dicatur honorari manus vel pes alicuius, hoc non dicitur ea ratione quod huiusmodi partes secundum se honorentur, sed quia in istis partibus honoratur totum. per quem etiam modum aliquis homo potest honorari in aliquo exteriori, puta in veste, aut in imagine, aut in nuntio. causa autem honoris est id ex quo ille qui honoratur habet aliquam excellentiam, nam honor est reverentia alicui exhibita propter sui excellentiam, * ut in secunda parte dictum est. ' et ideo, si in uno homine sunt plures causae honoris, puta praelatio, scientia et virtus, erit quidem illius hominis unus honor ex parte eius qui honoratur, plures tamen secundum causas honoris, homo enim est qui honoratur et propter scientiam, et propter virtutem. cum igitur in christo una sit tantum persona divinae et humanae naturae, et etiam una hypostasis et unum suppositum, est quidem una eius adoratio et unus honor ex parte eius qui adoratur, sed ex parte causae qua honoratur, possunt dici esse plures adorationes, ut scilicet alio honore honoretur propter sapientiam increatam, et propter sapientiam creatam. si autem ponerentur in christo plures personae seu hypostases, |25| sequeretur quod simpliciter essent plures adorationes. et hoc est quod in synodis reprobatur. * dicitur enim in capitulis cyrilli, ° si quis audet dicere assumptum hominem coadorari oportere deo verbo, quasi alterum alteri, et non magis una adoratione honorificat emmanuelem, secundum quod factum est caro verbum, anathema sit.

ra1 ' Ad primum ergo dicendum quod in trinitate sunt tres qui honorantur, sed una est causa honoris. in mysterio autem incarnationis est e converso. et ideo alio modo est unus honor trinitatis, et alio modo est unus honor christi.

ra2 ' Ad secundum dicendum quod operatio non est quae honoratur, sed est ratio honoris. et ideo per hoc quod in christo sunt duae operationes, non ostenditur quod sint duae adorationes, sed quod sint duae adorationis causae.

ra3 ' Ad tertium dicendum quod anima christi, si non esset unita dei verbo esset id quod est principalissimum in homine illo. et ideo sibi praecipue deberetur honor, quia " homo est quod est potissimum in eo. ' sed quia anima christi est unita personae digniori, illi personae praecipue debetur honor cui anima christi unitur. nec per hoc tamen diminuitur dignitas animae christi, sed augetur * ut supra dictum est.

010 ST4 qu25 ar2

ag1 ' Ad secundum sic proceditur. videtur quod humanitas christi non sit adoranda adoratione latriae. quia * super illud psalmi, ° adorate scabellum pedum eius quoniam sanctum est, * dicit glossa, ° caro a verbo dei assumpta sine impietate adoratur a nobis, quia nemo spiritualiter carnem eius manducat nisi prius adoret; non illa dico adoratione quae latria est, quae soli creatori debetur. ' caro autem est pars humanitatis. ergo humanitas christi non est adoranda adoratione latriae.

ag2 ' Praeterea, cultus latriae nulli creaturae debetur, ex hoc enim " reprobantur gentiles quod coluerunt et servierunt creaturae, * ut dicitur rom. i. ' sed humanitas christi est creatura. ergo non est adoranda adoratione latriae.

ag3 ' Praeterea, adoratio latriae debetur deo in recognitionem maximi dominii, * secundum illud deut. vi, ° dominum deum tuum adorabis, et illi soli servies. ' sed christus, secundum quod homo, est minor patre. ergo humanitas eius non est adoratione latriae adoranda.

sc * Sed contra est quod damascenus dicit, in iv libro, ° adoratur autem caro christi, incarnato deo verbo, non propter seipsam, sed propter unitum ei secundum hypostasim verbum dei. * et super illud psalmi, ° adorate scabellum pedum eius, * dicit glossa, ° qui adorat corpus christi, non terram intuetur, sed illum potius cuius scabellum est, in cuius honore scabellum adorat. ' sed verbum incarnatum adoratur adoratione latriae. ergo etiam corpus eius, sive eius humanitas.

co * Respondeo dicendum quod, sicut supra dictum est, ' honor adorationis debetur hypostasi subsistenti, tamen ratio honoris potest esse aliquid non subsistens, propter quod honoratur persona cui illud inest. adoratio igitur humanitatis christi dupliciter potest intelligi. uno modo, ut sit eius sicut rei adoratae. et sic adorare carnem christi nihil est aliud quam adorare verbum dei incarnatum, sicut adorare vestem regis nihil est aliud quam adorare regem vestitum. et secundum hoc, adoratio humanitatis christi est adoratio latriae. alio modo potest intelligi adoratio humanitatis christi quae fit ratione humanitatis christi perfectae omni munere gratiarum. et sic adoratio humanitatis christi non est adoratio latriae, sed adoratio duliae. ita scilicet quod una et eadem persona christi adoretur adoratione latriae propter suam divinitatem et adoratione duliae propter perfectionem humanitatis. nec hoc est inconveniens. quia ipsi deo patri debetur honor latriae propter divinitatem, et honor duliae propter dominium quo creaturas gubernat. unde * super illud psalmi, ° domine deus meus in te speravi, * dicit glossa, ° domine omnium per potentiam, cui debetur dulia. deus omnium per creationem, cui debetur latria.

ra1 ' Ad primum ergo dicendum quod glossa illa

“ non est sic intelligenda quasi seorsum adoretur caro christi ab eius divinitate, ‘ hoc enim posset contingere solum hoc modo, si esset alia hypostasis dei et hominis. sed quia, * ut dicit damascenus, ° si dividas subtilibus intelligentiis quod videtur ab eo quod intelligitur, inadorabilis est ut creatura, “ scilicet adoratione latriae. ‘ et tunc sic intellectae ut separatae a dei verbo, debetur sibi adoratio duliae, non cuiuscumque, puta quae communiter exhibetur aliis creaturis; sed quadam excellentiori, quam hyperduliam vocant.
ra2 ‘ Et per hoc etiam patet responsio ad secundum et tertium. quia adoratio latriae non exhibetur humanitati christi ratione sui ipsius, sed ratione divinitatis cui unitur, secundum quam christus non est minor patre.

010 ST4 qu25 ar3

ag1 ‘ Ad tertium sic proceditur. videtur quod imago christi non sit adoranda adoratione latriae. * dicitur enim exod. xx, ° non facies tibi sculptile, neque omnem similitudinem. ‘ sed nulla adoratio est facienda contra dei praeceptum. ergo imago christi non est adoranda adoratione latriae.
ag2 “ Praeterea, operibus gentilium non debemus communicare, * ut apostolus dicit, ephes. v. ‘ sed gentiles de hoc praecipue inculpantur, quia ° commutaverunt gloriam incorruptibilis dei in similitudinem imaginis corruptibilis hominis, * ut dicitur rom. i. ‘ ergo imago christi non est adoranda adoratione latriae.
ag3 ‘ Praeterea, christo debetur adoratio latriae ratione divinitatis, non ratione humanitatis. sed imagini divinitatis eius, quae animae rationali est impressa, non debetur adoratio latriae. ergo multo minus imagini corporali, quae repraesentat humanitatem ipsius christi.
ag4 ‘ Praeterea, nihil videtur in cultu divino faciendum nisi quod est a deo institutum, * unde et apostolus, i cor. xi, traditurus doctrinam de sacrificio ecclesiae, dicit, ° ego accepi a domino quod et tradidi vobis. ‘ sed nulla traditio in scriptura invenitur de adorandis imaginibus. ergo imago christi non est adoratione latriae adoranda.
sc * Sed contra est quod damascenus inducit “ basilium dicentem, imaginis honor ad prototypum pervenit, idest exemplar. ‘ sed ipsum exemplar, scilicet christus, est adorandus adoratione latriae. ergo et eius imago.
co * Respondeo dicendum quod, sicut philosophus dicit, in libro de mem. et remin., ‘ duplex est motus animae in imaginem, unus quidem in imaginem ipsam secundum quod est res quaedam; alio modo, in imaginem inquantum est imago alterius. et inter hos motus est haec differentia, quia primus motus, quo quis movetur in imaginem prout est res quaedam, est alius a motu qui est in rem, secundus autem motus, qui est in imaginem inquantum est imago, est unus et idem cum illo qui est in rem. sic igitur dicendum est quod imagini christi inquantum est res quaedam, puta lignum sculptum vel pictum, nulla reverentia exhibetur, quia reverentia debetur non nisi rationali naturae. relinquitur ergo quod exhibeatur ei reverentia solum inquantum est imago. et sic sequitur quod eadem reverentia exhibeatur imagini christi et ipsi christo. cum igitur christus adoretur adoratione latriae, consequens est quod eius imago sit adoratione latriae adoranda.
ra1 “ Ad primum ergo dicendum quod non prohibetur illo praecepto facere quamcumque sculpturam vel similitudinem, sed facere ad adorandum, * unde subdit ° non adorabis ea neque coles. * et quia, sicut dictum est, ‘ idem est motus in imaginem et in rem, eo modo prohibetur adoratio quo prohibetur adoratio rei cuius est imago. * unde ibi intelligitur “ prohiberi adoratio imaginum quas gentiles faciebant in venerationem deorum suorum, idest daemonum, * ideoque praemittitur, ° non habebis deos alienos coram me. ‘ ipsi autem deo vero, cum sit incorporeus, nulla imago corporalis poterat poni, * quia, ut damascenus dicit, ° insipientiae summae est et impietatis figurare quod est divinum. ‘ sed quia in novo testamento deus factus est homo, potest in sua imagine corporali adorari.
ra2 * Ad secundum dicendum quod apostolus “ prohibet communicare operibus infructuosis gentilium, communicare autem eorum utilibus operibus apostolus non prohibet. ‘ adoratio autem imaginum est inter infructuosa opera computanda quantum ad duo. primo quidem, quantum ad hoc quod quidam eorum adorabant ipsas imagines ut res quasdam, credentes in eis aliquid numinis esse, propter responsa quae daemones in eis dabant, et alios mirabiles huiusmodi effectus. secundo, propter res quarum erant imagines, statuebant enim imagines aliquibus creaturis, quas in eis veneratione latriae venerabantur. nos autem adoramus adoratione latriae imaginem christi, qui est verus deus, non propter ipsam imaginem, sed propter rem cuius imago est, * ut dictum est.
ra3 ‘ Ad tertium dicendum quod creaturae rationali debetur reverentia propter seipsam. et ideo, si creaturae rationali, in qua est imago, exhiberetur adoratio latriae posset esse erroris occasio, ut scilicet motus adorantis in homine sisteret inquantum est res quaedam, et non ferretur in deum, cuius est imago. quod non potest contingere de imagine sculpta vel picta in materia insensibili.
ra4 ‘ Ad quartum dicendum quod apostoli, familiari instinctu spiritus sancti, quaedam ecclesiis tradiderunt servanda quae non reliquerunt in scriptis, sed in observatione ecclesiae per successionem fidelium sunt ordinata. * unde ipse dicit, ii thess. ii, “ state, et tenete traditiones quas didicistis, sive per sermonem, scilicet ab ore prolatum, sive per epistolam, scilicet scripto transmissam. ‘ et inter huiusmodi traditiones est imaginum christi adoratio. unde et beatus lucas dicitur depinxisse imaginem christi, quae romae habetur.

010 ST4 qu25 ar4

ag1 ‘ Ad quartum sic proceditur. videtur quod crux christi non sit adoranda adoratione latriae. nullus enim pius filius veneratur contumeliam patris sui, puta flagellum quo flagellatus est, vel lignum in quo erat suspensus, sed magis illud abhorret. christus autem in ligno crucis est opprobriosissimam mortem passus, * secundum illud sap. ii, ° morte turpissima condemnemus eum. ‘ ergo non debemus crucem venerari, sed magis abhorrere.
ag2 ‘ Praeterea, humanitas christi adoratione latriae adoratur inquantum est unita filio dei in persona. quod de cruce dici non potest. ergo crux christi non est adoranda adoratione latriae.
ag3 ‘ Praeterea, sicut crux christi fuit instrumentum passionis eius et mortis, ita etiam et multa alia, puta clavi, corona et lancea, quibus tamen non exhibemus latriae cultum. ergo videtur quod crux christi non sit adoratione latriae adoranda.
sc ‘ Sed contra, illi exhibemus adorationem latriae in quo ponimus spem salutis. sed in cruce christi ponimus spem, * cantat enim ecclesia, ° o crux, ave, spes unica, hoc passionis tempore, auge piis iustitiam, reisque dona veniam. ‘ ergo crux christi est adoranda adoratione latriae.
co * Respondeo dicendum quod, sicut supra dictum est, ‘ honor seu reverentia non debetur nisi rationali creaturae, creaturae autem insensibili non debetur honor vel reverentia nisi ratione naturae rationalis. et hoc dupliciter, uno modo, inquantum repraesentat naturam rationalem; alio modo, inquantum ei quocumque modo coniungitur. primo modo consueverunt homines venerari regis imaginem, secundo modo, eius vestimentum. utrumque autem venerantur homines eadem veneratione qua venerantur et regem. si ergo loquamur de ipsa cruce in qua christus crucifixus est, utroque modo est a nobis veneranda, uno modo scilicet inquantum repraesentat nobis figuram christi extensi in ea; alio modo, ex contactu ad membra christi, et ex hoc quod eius sanguine est perfusa. unde utroque modo adoratur eadem adoratione cum christo, scilicet adoratione latriae. et propter hoc etiam crucem alloquimur et deprecamur, quasi ipsum crucifixum. si vero loquamur de effigie crucis christi in quacumque alia materia, puta lapidis vel ligni, argenti vel auri, sic veneramur crucem tantum ut imaginem christi, quam veneramur adoratione latriae, * ut supra dictum est.
ra1 ‘ Ad primum ergo dicendum quod in cruce christi, quantum ad opinionem vel intentionem infidelium, consideratur opprobrium christi, sed quantum ad effectum nostrae salutis, consideratur virtus divina ipsius, qua de hostibus triumphavit, * secundum illud coloss. ii, ° ipsum tulit de medio, affigens illud cruci, et spolians principatus et potestates, traduxit confidenter, palam triumphans illos in semetipso. * et ideo dicit apostolus, i cor. i, ° verbum crucis pereuntibus quidem stultitia est, his autem qui salvi fiunt, idest nobis, virtus dei est.
ra2 ‘ Ad secundum dicendum quod crux christi, licet non fuerit unita verbo dei in persona, fuit tamen ei unita aliquo alio modo, scilicet per repraesentationem et contactum. et hac sola ratione exhibetur ei reverentia.
ra3 ‘ Ad tertium dicendum quod, quantum ad rationem contactus membrorum christi, adoramus non solum crucem, sed etiam omnia quae sunt christi. * unde damascenus dicit, in iv libro, ° pretiosum lignum, ut sanctificatum contactu sancti corporis et sanguinis, decenter adorandum; clavos, indumenta, lanceam; et sacra eius tabernacula. ‘ ista tamen non repraesentant imaginem christi, sicut crux, “ quae dicitur signum filii hominis, quod apparebit in caelo, * ut dicitur matth. xxiv. ideoque mulieribus dixit angelus, ° iesum quaeritis nazarenum crucifixum, “ non dixit, lanceatum, sed, crucifixum. ‘ et inde est quod imaginem crucis christi veneramur in quacumque materia, non autem imaginem clavorum, vel quorumcumque huiusmodi.

010 ST4 qu25 ar5

ag1 ‘ Ad quintum sic proceditur. videtur quod mater dei sit adoranda adoratione latriae. videtur enim idem honor exhibendus esse matri regis et regi, * unde dicitur iii reg. ii quod ° positus est thronus matri regis, quae sedit ad dexteram eius. * et augustinus dicit, in sermone de assumpt., ° thronum dei, thalamum domini caeli, atque tabernaculum christi, dignum est ibi esse ubi est ipse. ‘ sed christus adoratur adoratione latriae. ergo et mater eius.
ag2 * Praeterea, damascenus dicit, in iv libro, “ quod honor matris refertur ad filium. ‘ sed filius adoratur adoratione latriae. ergo et mater.
ag3 ‘ Praeterea, coniunctior est christo mater eius quam crux. sed crux adoratur adoratione latriae. ergo et mater eadem adoratione est adoranda.
sc ‘ Sed contra est quod mater dei est pura creatura. non ergo ei debetur adoratio latriae.
co ‘ Respondeo dicendum quod, quia latria soli deo debetur, non debetur creaturae prout creaturam secundum se veneramur. licet autem creaturae insensibiles non sint capaces venerationis secundum seipsas, creatura tamen rationalis est capax venerationis secundum seipsam. et ideo nulli purae creaturae rationali debetur cultus latriae. cum ergo beata virgo sit pure creatura rationalis, non debetur ei adoratio latriae, sed solum veneratio duliae, eminentius tamen quam ceteris creaturis, inquantum ipsa est mater dei. et ideo dicitur quod debetur ei, non qualiscumque dulia, sed hyperdulia.
ra1 ‘ Ad primum ergo dicendum quod matri regis non debetur aequalis honor honori qui debetur regi. debetur tamen ei quidam honor consimilis, ratione cuiusdam excellentiae. et hoc significant auctoritates inductae.
ra2 “ Ad secundum dicendum quod honor matris refertur ad filium, ‘ quia ipsa mater est propter filium honoranda. non tamen eo modo quo honor imaginis refertur ad exemplar, quia ipsa imago, prout in se consideratur ut res quaedam, nullo modo est veneranda.
ra3 ‘ Ad tertium dicendum quod crux, prout ipsa in se consideratur, * ut dictum est, ‘ non est capax honoris. sed beata virgo est secundum seipsam capax venerationis. et ideo non est similis ratio.

010 ST4 qu25 ar6

ag1 ‘ Ad sextum sic proceditur. videtur quod sanctorum reliquiae nullo modo sint adorandae. non enim est aliquid faciendum quod possit esse erroris occasio. sed adorare mortuorum reliquias videtur ad errorem gentilium pertinere, qui mortuis hominibus honorificentiam impendebant. ergo non sunt sanctorum reliquiae honorandae.
ag2 ‘ Praeterea, stultum videtur rem insensibilem venerari. sed sanctorum reliquiae sunt insensibiles. ergo stultum est eas venerari.
ag3 ‘ Praeterea, corpus mortuum non est eiusdem speciei cum corpore vivo, et per consequens non videtur esse numero idem. ergo videtur quod post mortem alicuius sancti, corpus eius non sit adorandum.
sc * Sed contra est quod dicitur in libro de ecclesiast. dogmat., ° sanctorum corpora, et praecipue beatorum martyrum reliquias, ac si christi membra, sincerissime adoranda “ (scilicet, credimus). * et postea subdit, ° si quis contra hanc sententiam velit esse, non christianus, sed eunomianus et vigilantius creditur.
co ‘ Respondeo dicendum quod, * sicut augustinus dicit, in libro de civ. dei, ° si paterna vestis et anulus, ac si quid huiusmodi est, tanto carius est posteris quanto erga parentes est maior affectus, nullo modo ipsa spernenda sunt corpora, quae utique multo familiarius atque coniunctius quam quaelibet indumenta gestamus, haec enim ad ipsam naturam hominis pertinent. ‘ ex quo patet quod qui habet affectum ad aliquem, etiam ipsa quae de ipso post mortem relinquuntur veneratur, non solum corpus aut partes corporis eius, sed etiam aliqua exteriora, puta vestes et similia. manifestum est autem quod sanctos dei in veneratione debemus habere, tanquam membra christi, dei filios et amicos, et intercessores, nostros. et ideo eorum reliquias qualescumque honore congruo in eorum memoriam venerari debemus, et praecipue eorum corpora, quae fuerunt templum spiritus sancti, et organa spiritus sancti in eis habitantis et operantis, et sunt corpori christi configuranda per gloriam resurrectionis. unde et ipse deus huiusmodi reliquias convenienter honorat, in eorum praesentia miracula faciendo.
ra1 * Ad primum ergo dicendum quod haec fuit ratio vigilantii, cuius verba introducit hieronymus in libro quem contra eum scripsit, dicentis, ° prope ritum gentilium videmus sub praetextu religionis introductum, pulvisculum nescio quem in modico vasculo, pretioso linteamine circumdatum, osculantes adorant. * contra quem hieronymus dicit, in epistola ad riparium, ° nos, non dico martyrum reliquias, sed nec solem nec lunam nec angelos adoramus, “ scilicet adoratione latriae. ° honoramus autem reliquias martyrum, ut eum cuius sunt martyres adoremus, honoramus servos, ut honor servorum redundet ad dominum. ‘ sic ergo honorando reliquias sanctorum non incidimus in errorem gentilium, qui cultum latriae mortuis hominibus exhibebant.
ra2 ‘ Ad secundum dicendum quod corpus insensibile non adoramus propter seipsum, sed propter animam, quae ei fuit unita, quae nunc fruitur deo; et propter deum, cuius fuerunt ministri.
ra3 ‘ Ad tertium dicendum quod corpus mortuum alicuius sancti non est idem numero quod primo fuerit dum viveret, propter diversitatem formae, quae est anima, est tamen idem identitate materiae, quae est iterum suae formae unienda.

010 ST4 qu26 ar

pr ‘ Deinde considerandum est de hoc quod christus dicitur mediator dei et hominum. et circa hoc quaeruntur duo. primo, utrum esse mediatorem dei et hominum sit proprium christo. secundo, utrum hoc conveniat ei secundum humanam naturam.

010 ST4 qu26 ar1

ag1 ‘ Ad primum sic proceditur. videtur quod esse mediatorem dei et hominum non sit proprium christo. sacerdos enim et propheta videtur esse mediator inter deum et homines, * secundum illud deut. v, ° ego illo tempore sequester et medius fui inter vos et deum. ‘ sed esse prophetam et sacerdotem non est proprium christo. ergo nec etiam esse mediatorem.
ag2 ‘ Praeterea, illud quod convenit angelis bonis et malis, non potest dici esse proprium christo. “ sed esse medium inter deum et homines convenit angelis bonis, * ut dicit dionysius, iv cap. de div. nom.. ‘ convenit etiam angelis malis, idest daemonibus, “ habent enim quaedam communia cum deo, scilicet immortalitatem; quaedam autem habent communia cum hominibus, scilicet quod sunt animo passivi, et per consequens miseri; * ut patet per augustinum, in lib. ix de civ. dei. ‘ ergo esse mediatorem dei et hominum non est proprium christo.
ag3 ‘ Praeterea, ad officium mediatoris pertinet interpellare ad unum eorum inter quos est mediator, pro altero. sed spiritus sanctus, * sicut dicitur rom. viii, ° interpellat pro nobis ad deum gemitibus inenarrabilibus. ‘ ergo spiritus sanctus est mediator inter deum et homines. ergo non est proprium christo.
sc * Sed contra est quod dicitur i tim. ii, ° unus est mediator dei et hominum, homo christus iesus.
co ‘ Respondeo dicendum quod mediatoris officium proprie est coniungere eos inter quos est mediator, nam extrema uniuntur in medio. unire autem homines deo perfective quidem convenit christo, per quem homines reconciliantur deo, * secundum illud ii cor. v, ° deus erat in christo mundum reconcilians sibi. ‘ et ideo solus christus est perfectus dei et hominum mediator, inquantum per suam mortem humanum genus deo reconciliavit. unde, * cum apostolus dixisset, ° mediator dei et hominum homo christus iesus, * subiunxit, ° qui dedit semetipsum redemptionem pro omnibus. ‘ nihil tamen prohibet aliquos alios secundum quid dici mediatores inter deum et hominem, prout scilicet cooperantur ad unionem hominum cum deo dispositive vel ministerialiter.
ra1 ‘ Ad primum ergo dicendum quod prophetae et sacerdotes veteris legis dicti sunt mediatores inter deum et homines dispositive et ministerialiter, inquantum scilicet praenuntiabant et praefigurabant verum et perfectum dei et hominum mediatorem. sacerdotes vero novae legis possunt dici mediatores dei et hominum inquantum sunt ministri veri mediatoris, vice ipsius salutaria sacramenta hominibus exhibentes.
ra2 “ Ad secundum dicendum quod angeli boni, * ut augustinus dicit, in ix de civ. dei, “ non recte possunt dici mediatores inter deum et homines. ° cum enim utrumque habeant cum deo, et beatitudinem et immortalitatem, nihil autem horum cum hominibus miseris et mortalibus, quomodo non potius remoti sunt ab hominibus, deoque coniuncti, quam inter utrosque medii constituti? * dionysius tamen dicit “ eos esse medios, quia, secundum gradum naturae, sunt infra deum et supra homines constituti. ‘ et mediatoris officium exercent, non quidem principaliter et perfective, sed ministerialiter et dispositive, * unde matth. iv dicitur quod “ accesserunt angeli et ministrabant ei, scilicet christo. ‘ daemones autem habent quidem cum deo immortalitatem, cum hominibus vero miseriam. ° ad hoc ergo se interponit medius daemon immortalis et miser, ut ad immortalitatem beatam transire non sinat, ‘ sed perducat ad miseriam immortalem. unde est sicut ° malus medius, qui separat amicos. ‘ christus autem habuit cum deo communem beatitudinem, |25| cum hominibus autem mortalitatem. et ideo ° ad hoc se interposuit medium ut, mortalitate transacta, ex mortuis faceret immortales, quod in se resurgendo monstravit; et ex miseris beatos efficeret, unde nunquam ipse discessit. “ et ideo ipse est bonus mediator, qui reconciliat inimicos.
ra3 ‘ Ad tertium dicendum quod spiritus sanctus, cum sit per omnia deo aequalis, non potest dici medius vel mediator inter deum et homines, sed solus christus, qui, “ licet secundum divinitatem aequalis sit patri, tamen secundum humanitatem minor est patre, * ut dictum est. * unde, super illud galat. iii, ° christus est mediator, * dicit glossa, ° non pater vel spiritus sanctus. * dicitur autem “ spiritus sanctus interpellare pro nobis, quia ipse interpellare nos facit.

010 ST4 qu26 ar2

ag1 ‘ Ad secundum sic proceditur. videtur quod christus non sit mediator dei et hominum secundum quod homo. * dicit enim augustinus, in libro contra felicianum, ° una est christi persona, ne sit non unus christus, non una substantia; ne, mediatoris dispensatione submota, aut dei tantum aut hominis dicatur filius. ‘ sed non est dei et hominis filius secundum quod homo, sed simul secundum quod deus et homo. ergo neque dicendum est quod sit mediator dei et hominum solum secundum quod homo.
ag2 ‘ Praeterea, sicut christus, inquantum est deus, convenit cum patre et spiritu sancto, ita, inquantum est homo, convenit cum hominibus. sed propter hoc quod, inquantum est deus, convenit cum patre et spiritu sancto, non potest dici mediator inquantum est deus, * quia super illud i tim. ii, ° mediator dei et hominum, * dicit glossa, ° inquantum est verbum, non medius est, quia aequalis est deo, et deus apud deum, et simul unus deus. ‘ ergo nec etiam inquantum homo, potest dici mediator, propter convenientiam quam cum hominibus habet.
ag3 ‘ Praeterea, christus dicitur mediator inquantum reconciliavit nos deo, quod quidem fecit auferendo peccatum, quod nos separabat a deo. sed auferre peccatum convenit christo non inquantum est homo, sed inquantum est deus. ergo christus, inquantum est homo, non est mediator, sed inquantum est deus.
sc * Sed contra est quod augustinus dicit, in lib. ix, de civ. dei, ° non ob hoc est mediator christus, quia est verbum. maxime quippe immortale et maxime beatum verbum longe a mortalibus miseris. sed mediator est secundum quod homo.
co ‘ Respondeo dicendum quod in mediatore duo possumus considerare, primo quidem, rationem medii; secundo, officium coniungendi. est autem de ratione medii quod distet ab utroque extremorum, coniungit autem mediator per hoc quod ea quae unius sunt, defert ad alterum. neutrum autem horum potest convenire christo secundum quod deus, sed solum secundum quod homo. nam secundum quod deus, non differt a patre et spiritu sancto in natura et potestate dominii, nec etiam pater et spiritus sanctus aliquid habent quod non sit filii, ut sic possit id quod est patris vel spiritus sancti, quasi quod est aliorum, ad alios deferre. sed utrumque convenit ei inquantum est homo. quia, secundum quod est homo, distat et a deo in natura, et ab hominibus in dignitate et gratiae et gloriae. inquantum etiam est homo, competit ei coniungere homines deo, praecepta et dona hominibus exhibendo, et pro hominibus ad deum satisfaciendo et interpellando. et ideo verissime dicitur mediator secundum quod homo.
ra1 ‘ Ad primum ergo dicendum quod, si subtrahatur divina natura a christo, subtrahitur per consequens ab eo singularis plenitudo gratiarum, “ quae convenit ei inquantum est unigenitus a patre, * ut dicitur ioan. i. ‘ ex qua quidem plenitudine habet ut sit super omnes homines constitutus, et propinquius ad deum accedens.
ra2 ‘ Ad secundum dicendum quod christus, secundum quod deus, est per omnia aequalis patri. sed etiam in humana natura excedit alios homines. et ideo, secundum quod homo, potest esse mediator, non autem secundum quod deus.
ra3 ‘ Ad tertium dicendum quod, licet auctoritative peccatum auferre conveniat christo secundum quod est deus, tamen satisfacere pro peccato humani generis convenit ei secundum quod homo. et secundum hoc dicitur dei et hominum mediator.

010 ST4 qu27 ar

pr ‘ Post praedicta, in quibus de unione dei et hominis et de his quae unionem sequuntur, tractatum est, restat considerandum de his quae filius dei incarnatus in natura humana sibi unita fecit vel passus est. quae quidem consideratio quadripartita erit. nam primo, considerabimus de his quae pertinent ad ingressum eius in mundum; secundo, de his quae pertinent ad processum vitae ipsius in hoc mundo; tertio, de exitu ipsius ab hoc mundo; quarto, de his quae pertinent ad exaltationem ipsius post hanc vitam. circa primum quatuor consideranda occurrunt, primo quidem, de conceptione christi; secundo, de eius nativitate; tertio, de eius circumcisione; quarto, de eius baptismo. circa conceptionem autem eius, oportet aliqua considerare primo, quantum ad matrem concipientem; secundo, quantum ad modum conceptionis; tertio, quantum ad perfectionem prolis conceptae. ex parte autem matris occurrunt quatuor consideranda, primo quidem, de sanctificatione eius; secundo, de virginitate eius; tertio, de desponsatione eius; quarto, de annuntiatione ipsius, vel de praeparatione ipsius ad concipiendum. circa primum quaeruntur sex. primo, utrum beata virgo mater dei fuerit sanctificata ante nativitatem ex utero. secundo, utrum fuerit sanctificata ante animationem. tertio, utrum per huiusmodi sanctificationem fuerit sibi totaliter sublatus fomes peccati. quarto, utrum per huiusmodi sanctificationem fuerit consecuta ut nunquam peccaret. quinto, utrum per huiusmodi sanctificationem adepta fuerit plenitudinem gratiarum. sexto, |25| utrum sic fuisse sanctificata fuerit proprium sibi.

010 ST4 qu27 ar1

ag1 ‘ Ad primum sic proceditur. videtur quod beata virgo non fuerit sanctificata ante nativitatem ex utero. * dicit enim apostolus, i cor. xv, ° non prius quod spirituale est, sed quod animale, deinde quod est spirituale. ‘ sed per gratiam sanctificantem nascitur homo spiritualiter in filium dei, * secundum illud ioan. i, ° ex deo nati sunt. ‘ nativitas autem ex utero est nativitas animalis. non ergo beata virgo fuit prius sanctificata quam ex utero nasceretur.
ag2 * Praeterea, augustinus dicit, in epistola ad dardanum, ° sanctificatio, qua efficimur templum dei, non nisi renatorum est. ‘ nemo autem renascitur nisi prius nascatur. ergo beata virgo non fuit prius sanctificata quam ex utero nasceretur.
ag3 ‘ Praeterea, quicumque est sanctificatus per gratiam, est mundatus a peccato originali et actuali. si ergo beata virgo fuit sanctificata ante nativitatem ex utero, consequens est quod fuerit tunc emundata ab originali peccato. sed solum originale peccatum poterat eam impedire ab introitu regni caelestis. si ergo tunc mortua fuisset, videtur quod ianuam regni caelestis introisset. quod tamen fieri non potuit ante passionem christi, * iuxta illud apostoli, ° habemus enim fiduciam in introitum sanctorum per sanguinem eius, * ut dicitur heb. x. ‘ videtur ergo quod beata virgo non fuerit sanctificata antequam ex utero nasceretur.
ag4 ‘ Praeterea, peccatum originale ex origine contrahitur, sicut peccatum actuale ex actu. sed quandiu aliquis est in actu peccandi, non potest a peccato actuali mundari. ergo etiam nec beata virgo a peccato originali mundari potuit dum esset adhuc in ipso actu originis, in materno utero existens.
sc ‘ Sed contra est quod ecclesia celebrat nativitatem beatae virginis. non autem celebratur festum in ecclesia nisi pro aliquo sancto. ergo beata virgo in ipsa sui nativitate fuit sancta. fuit ergo in utero sanctificata.
co * Respondeo dicendum quod de sanctificatione beatae mariae, quod “ scilicet fuerit sanctificata in utero, * nihil in scriptura canonica traditur, “ quae etiam nec de eius nativitate mentionem facit. ‘ sed sicut augustinus, de assumptione ipsius virginis, * rationabiliter argumentatur “ quod cum corpore sit assumpta in caelum, * quod tamen scriptura non tradit; ‘ ita etiam rationabiliter argumentari possumus quod fuerit sanctificata in utero. rationabiliter enim creditur quod illa quae genuit ° unigenitum a patre, plenum gratiae et veritatis, ‘ prae omnibus aliis maiora gratiae privilegia accepit, * unde legitur, luc. i, quod “ angelus ei dixit, ave, gratia plena. ‘ invenimus autem quibusdam aliis hoc privilegialiter esse concessum ut in utero sanctificarentur, sicut ieremias, * cui dictum est, ierem. i, ° antequam exires de vulva, sanctificavi te ‘ et sicut ioannes baptista, |25| * de quo dictum est, luc. i, ° spiritu sancto replebitur adhuc ex utero matris suae. ‘ unde rationabiliter creditur quod beata virgo sanctificata fuerit antequam ex utero nasceretur.
ra1 “ Ad primum ergo dicendum quod etiam in beata virgine prius fuit animale, et post id quod est spirituale, ‘ quia prius fuit secundum carnem concepta, et postea secundum spiritum sanctificata.
ra2 * Ad secundum dicendum quod augustinus loquitur “ secundum legem communem, secundum quam per sacramenta non regenerantur aliqui nisi prius nati. ‘ sed deus huic legi sacramentorum potentiam suam non alligavit, quin aliquibus ex speciali privilegio gratiam suam conferre possit antequam nascantur ex utero.
ra3 ‘ Ad tertium dicendum quod beata virgo sanctificata fuit in utero a peccato originali quantum ad maculam personalem, non tamen fuit liberata a reatu quo tota natura tenebatur obnoxia, “ ut scilicet non intraret in paradisum nisi per christi hostiam; * sicut etiam de sanctis patribus dicitur qui fuerunt ante christum.
ra4 ‘ Ad quartum dicendum quod peccatum originale trahitur ex origine inquantum per eam communicatur humana natura, quam respicit proprie peccatum originale. quod quidem fit quando proles concepta animatur. unde post animationem nihil prohibet prolem conceptam sanctificari, postea enim non manet in materno utero ad accipiendam humanam naturam, sed ad aliqualem perfectionem eius quod iam accepit.

010 ST4 qu27 ar2

ag1 ‘ Ad secundum sic proceditur. videtur quod beata virgo sanctificata fuit ante animationem. quia, * ut dictum est, ‘ plus gratiae est collatum virgini matri dei quam alicui sanctorum. sed quibusdam videtur esse concessum quod sanctificarentur ante animationem. * quia dicitur ierem. i, ° priusquam te formarem in utero, novi te, ‘ non autem infunditur anima ante corporis formationem. * similiter etiam de ioanne baptista dicit ambrosius, super luc., quod ° nondum inerat ei spiritus vitae, et iam inerat ei spiritus gratiae. ‘ ergo multo magis beata virgo ante animationem sanctificari potuit.
ag2 * Praeterea, conveniens fuit, sicut anselmus dicit, in libro de conceptu virginali, ° ut illa virgo ea puritate niteret qua maior sub deo nequit intelligi, * unde et in cant. iv dicitur, ° tota pulchra es, amica mea, et macula non est in te. ‘ sed maior puritas fuisset beatae virginis si nunquam fuisset inquinata contagio originalis peccati. ergo hoc ei praestitum fuit quod, antequam animaretur caro eius, sanctificaretur.
ag3 * Praeterea, sicut dictum est, ‘ non celebratur festum nisi de aliquo sancto. sed quidam celebrant festum conceptionis beatae virginis. ergo videtur quod in ipsa sua conceptione fuerit sancta. et ita videtur quod ante animationem fuerit sanctificata.

ag4 * Praeterea, apostolus dicit, rom. xi, ° si radix sancta, et rami. ' radix autem filiorum sunt parentes eorum. potuit ergo beata virgo sanctificari etiam in suis parentibus, ante animationem.

sc ' Sed contra est quod ea quae fuerunt in veteri testamento, sunt figura novi, * secundum illud i cor. x, ° omnia in figura contingebant illis. " per sanctificationem autem tabernaculi, * de qua dicitur in psalmo, " sanctificavit tabernaculum suum altissimus, videtur significari sanctificatio matris dei, quae tabernaculum dei dicitur, * secundum illud psalmi, ° in sole posuit tabernaculum suum. * de tabernaculo autem dicitur, exod. ult., ° postquam cuncta perfecta sunt, operuit nubes tabernaculum testimonii, et gloria domini implevit illud. ' ergo et beata virgo non fuit sanctificata nisi postquam cuncta eius perfecta sunt, scilicet corpus et anima.

co ' Respondeo dicendum quod sanctificatio beatae virginis non potest intelligi ante eius animationem, duplici ratione. primo quidem, quia sanctificatio de qua loquimur, non est nisi emundatio a peccato originali, " sanctitas enim est perfecta munditia, * ut dionysius dicit, xii cap. de div. nom.. ' culpa autem non potest emundari nisi per gratiam, cuius subiectum est sola creatura rationalis. et ideo ante infusionem animae rationalis beata virgo sanctificata non fuit. secundo quia, cum sola creatura rationalis sit susceptiva culpae, ante infusionem animae rationalis proles concepta non est culpae obnoxia. et sic, quocumque modo ante animationem beata virgo sanctificata fuisset, nunquam incurrisset maculam originalis culpae, et ita non indiguisset redemptione et salute quae est per christum, * de quo dicitur matth. i, ° ipse salvum faciet populum suum a peccatis eorum. * hoc autem est inconveniens, quod christus non sit ° salvator omnium hominum, * ut dicitur i tim. iv. ' unde relinquitur quod sanctificatio beatae virginis fuerit post eius animationem.

ra1 " Ad primum ergo dicendum quod dominus dicit ante formationem in utero ieremiam novisse, notitia scilicet praedestinationis, sed sanctificasse se dicit eum, non ante formationem, sed antequam exiret de ventre, etc.. * quod autem dicit ambrosius, quod " ioanni baptistae nondum inerat spiritus vitae cum iam haberet spiritum gratiae, non est intelligendum secundum quod spiritus vitae dicitur anima vivificans, sed secundum quod spiritus dicitur aer exterius respiratus. vel potest dici quod nondum inerat ei spiritus vitae, idest anima, quantum ad manifestas et completas operationes ipsius.

ra2 ' Ad secundum dicendum quod, si nunquam anima beatae virginis fuisset contagio originalis peccati inquinata, hoc derogaret dignitati christi, secundum quam est universalis omnium salvator. et ideo sub christo, qui salvari non indiguit, tanquam universalis salvator, maxima fuit beatae virginis puritas. nam christus nullo modo contraxit originale peccatum, sed in ipsa sui conceptione fuit sanctus, * secundum illud luc. i, ° quod ex te nascetur sanctum vocabitur filius dei. ' sed beata virgo contraxit quidem originale peccatum, sed ab eo fuit mundata antequam ex utero nasceretur. * et hoc significatur iob iii, " ubi de nocte originalis peccati dicitur, exspectet lucem, idest christum, et non videat (quia nihil inquinatum intravit in illam, * ut dicitur sap. vii), " nec ortum surgentis aurorae, idest beatae virginis, quae in suo ortu a peccato originali fuit immunis.

ra3 ' Ad tertium dicendum quod, licet romana ecclesia conceptionem beatae virginis non celebret, tolerat tamen consuetudinem aliquarum ecclesiarum illud festum celebrantium. unde talis celebritas non est totaliter reprobanda. nec tamen per hoc festum conceptionis celebratum datur intelligi quod in sua conceptione fuerit sancta. sed, quia quo tempore sanctificata fuerit ignoratur, celebratur festum sanctificationis eius, potius quam conceptionis, in die conceptionis ipsius.

ra4 ' Ad quartum dicendum quod duplex est sanctificatio. una quidem totius naturae, inquantum scilicet tota natura humana ab omni corruptione culpae et poenae liberatur. et haec erit in resurrectione. alia vero est sanctificatio personalis, quae non transit in prolem carnaliter genitam, quia talis sanctificatio non respicit carnem, sed mentem. et ideo, etsi parentes beatae virginis fuerunt mundati a peccato originali, nihilominus beata virgo contraxit peccatum originale, cum fuerit concepta secundum carnis concupiscentiam et ex commixtione maris et feminae, * dicit enim augustinus, in libro de nuptiis et concupiscentia, ° omnem quae de concubitu nascitur, carnem esse peccati.

010 ST4 qu27 ar3

ag1 ' Ad tertium sic proceditur. videtur quod beata virgo non fuerit emundata ab infectione fomitis. sicut enim poena originalis peccati est fomes, qui consistit in inferiorum virium rebellione ad rationem, ita etiam poena originalis peccati est mors, et ceterae poenalitates corporales. sed beata virgo fuit subiecta huiusmodi poenalitatibus. ergo etiam fomes ab ea totaliter remotus non fuit.

ag2 * Praeterea, ii cor. xii dicitur, " virtus in infirmitate perficitur, et loquitur de infirmitate fomitis, secundum quam patiebatur stimulum carnis. ' sed nihil quod pertinet ad perfectionem virtutis, fuit beatae virgini subtrahendum. ergo non fuit beatae virgini totaliter subtrahendus fomes.

ag3 * Praeterea, damascenus dicit quod " in beata virgine supervenit spiritus sanctus purgans eam, ante conceptionem filii dei. quod non potest intelligi nisi de purgatione a fomite, nam peccatum non fecit, * ut augustinus dicit, in libro de natura et gratia. ' ergo per sanctificationem in utero non fuit libere mundata a fomite.

sc * Sed contra est quod dicitur cant. iv, ° tota pulchra es, amica mea, et macula non est in te. ' fomes autem ad maculam pertinet, saltem carnis. ergo in beata virgine fomes non fuit.

co ' Respondeo dicendum quod circa hoc sunt diversae opiniones. * quidam enim dixerunt quod " in ipsa sanctificatione beatae virginis, qua fuit sanctificata in utero, totaliter fuit ei fomes subtractus. * quidam vero dicunt quod " remansit fomes quantum ad hoc quod facit difficultatem ad bonum, sublatus tamen fuit quantum ad hoc quod facit pronitatem ad malum. * alii vero dicunt " quod sublatus fuit fomes inquantum pertinet ad corruptionem personae, prout impellit ad malum et difficultatem facit ad bonum, remansit tamen inquantum pertinet ad corruptionem naturae, prout scilicet est causa traducendi originale peccatum in prolem. * alii vero dicunt quod " in prima sanctificatione remansit fomes secundum essentiam, sed ligatus fuit, in ipsa autem conceptione filii dei fuit totaliter sublatus. ' ad horum autem intellectum, oportet considerare quod fomes nihil aliud est quam inordinata concupiscentia sensibilis appetitus, habitualis tamen, quia actualis concupiscentia est motus peccati. dicitur autem concupiscentia sensualitatis esse inordinata, inquantum repugnat rationi, quod quidem fit inquantum inclinat ad malum, vel difficultatem facit ad bonum. et ideo ad ipsam rationem fomitis pertinet quod inclinet ad malum, vel difficultatem facit in bono. unde ponere quod remanserit fomes in beata virgine non inclinans ad malum, est ponere duo opposita. similiter etiam videtur oppositionem implicare quod remanserit fomes inquantum pertinet ad corruptionem naturae, non autem inquantum pertinet ad corruptionem personae. * nam secundum augustinum, in libro de nuptiis et concupiscentia, " libido est quae peccatum originale transmittit in prolem. ' libido autem importat inordinatam concupiscentiam, quae non totaliter subditur rationi. et ideo, si totaliter fomes subtraheretur inquantum pertinet ad corruptionem personae, non posset remanere inquantum pertinet ad corruptionem naturae. restat igitur ut dicamus quod vel totaliter fomes fuerit ab ea sublatus per primam sanctificationem, vel quod fuerit ligatus. posset tamen intelligi quod totaliter fuit sublatus fomes hoc modo, quod praestitum fuerit beatae virgini, ex abundantia gratiae descendentis in ipsam, ut talis esset dispositio virium animae in ipsa quod inferiores vires nunquam moverentur sine arbitrio rationis, * sicut dictum est, ' fuisse in christo, quem constat peccati fomitem non habuisse; et sicut fuit in adam ante peccatum per originalem iustitiam; ita quod, quantum ad hoc, gratia sanctificationis in virgine habuit vim originalis iustitiae. et quamvis haec positio ad dignitatem virginis matris pertinere videatur, derogat tamen in aliquo dignitati christi, absque cuius virtute nullus a prima damnatione liberatus est. et quamvis per fidem christi aliqui ante christi incarnationem sint secundum spiritum ab illa damnatione liberati, tamen quod secundum carnem aliquis ab illa damnatione liberetur, non videtur fieri debuisse nisi post incarnationem eius in qua primo debuit immunitas damnationis apparere. et ideo, sicut ante immortalitatem carnis christi resurgentis nullus adeptus fuit carnis immortalitatem, ita inconveniens etiam videtur dicere quod ante carnem christi, in qua nullum fuit peccatum, caro virginis matris eius, vel cuiuscumque alterius, fuerit absque fomite, " qui dicitur lex carnis, sive membrorum. ' et ideo melius videtur dicendum quod per sanctificationem in utero non fuit sublatus virgini fomes secundum essentiam, sed remansit ligatus, non quidem per actum rationis suae, sicut in viris sanctis, quia non statim habuit usum liberi arbitrii adhuc in ventre matris existens, hoc enim speciale privilegium christi fuit; sed per gratiam abundantem quam in sanctificatione recepit, et etiam perfectius per divinam providentiam sensualitatem eius ab omni inordinato motu prohibentem. postmodum vero, in ipsa conceptione carnis christi, in qua primo debuit refulgere peccati immunitas, credendum est quod ex prole redundaverit in matrem totaliter a fomite subtractio. * et hoc significatur ezech. xliii, ubi dicitur, " ecce, gloria dei israel ingrediebatur per viam orientalem, idest per beatam virginem, et terra, idest caro ipsius, splendebat a maiestate eius, scilicet christi.

ra1 ' Ad primum ergo dicendum quod mors et huiusmodi poenalitates de se non inclinant ad peccatum. unde etiam christus, licet assumpserit huiusmodi poenalitates, fomitem tamen non assumpsit. unde etiam in beata virgine, ut filio conformaretur, " de cuius plenitudine gratiam accipiebat, ' primo quidem fuit ligatus fomes, et postea sublatus, non autem fuit liberata a morte et aliis huiusmodi poenalitatibus.

ra2 ' Ad secundum dicendum quod infirmitas carnis ad fomitem pertinens est quidem in sanctis viris perfectae virtutis occasio, non tamen causa sine qua perfectio haberi non possit. sufficit autem in beata virgine ponere perfectam virtutem et abundantiam gratiae, nec in ea oportet ponere omnem occasionem perfectionis.

ra3 " Ad tertium dicendum quod spiritus sanctus in beata virgine duplicem purgationem fecit. unam quidem quasi praeparatoriam ad christi conceptionem, quae non fuit ab aliqua impuritate culpae vel fomitis, sed mentem eius magis in unum colligens et a multitudine sustollens. nam et angeli purgari dicuntur, in quibus nulla impuritas invenitur, * ut dionysius dicit, vi cap. eccles. hier.. " aliam vero purgationem operatus est in ea spiritus sanctus mediante conceptione christi, quae fuit opus spiritus sancti. et secundum hoc potest dici quod purgavit eam totaliter a fomite.

010 ST4 qu27 ar4

ag1 ' Ad quartum sic proceditur. videtur quod per sanctificationem in utero non fuerit beata virgo praeservata ab omni peccato actuali. quia, * ut dictum est, ' post primam sanctificationem fomes peccati remansit in virgine. " motus autem fomitis, etiam si rationem praeveniat, est peccatum veniale, licet levissimum, * ut augustinus dicit, in libro de trin.. ' ergo in beata virgine fuit aliquod peccatum veniale.

ag2 * Praeterea, super illud luc. ii, ° tuam ipsius animam pertransibit gladius, * dicit augustinus, in libro de quaest. novi et veteris test., quod " beata virgo in morte domini stupore quodam dubitavit. ' sed dubitare de fide est peccatum. ergo beata virgo non fuit praeservata immunis ab omni peccato.

ag3 * Praeterea, chrysostomus, super matth., exponens illud, ° ecce mater tua et fratres tui foris stant quaerentes te, * dicit, ° manifestum est quoniam solum ex vana gloria hoc faciebant. * et ioan. ii, super illud, ° vinum non habent, * dicit idem chrysostomus quod ° volebat illis ponere gratiam, et seipsam clariorem facere per filium; et fortassis quid humanum patiebatur, quemadmodum et fratres eius dicentes, manifesta teipsum mundo. * et post pauca subdit, ° nondum enim quam oportebat de eo opinionem habebat. ' quod totum constat esse peccatum. ergo beata virgo non fuit praeservata immunis ab omni peccato.

sc * Sed contra est quod augustinus dicit, in libro de natura et gratia, ° de sancta virgine maria, propter honorem christi, nullam prorsus, cum de peccatis agitur, habere volo quaestionem. inde enim scimus quod ei plus gratiae collatum fuerit ad vincendum ex omni parte peccatum, quod concipere et parere meruit eum quem constat nullum habuisse peccatum.

co ' Respondeo dicendum quod illos quos deus ad aliquid eligit, ita praeparat et disponit ut ad id ad quod eliguntur inveniantur idonei, * secundum illud ii cor. iii, ° idoneos nos fecit ministros novi testamenti. ' beata autem virgo fuit electa divinitus ut esset mater dei. et ideo non est dubitandum quod deus per suam gratiam eam ad hoc idoneam reddidit, secundum quod angelus ad eam dicit, ° invenisti gratiam apud deum, ecce, concipies, ' etc.. non autem fuisset idonea mater dei, si peccasset aliquando. tum quia honor parentum redundat in prolem, * secundum illud prov. xvii, ° gloria filiorum patres eorum. ' unde et, per oppositum, ignominia matris ad filium redundasset. tum etiam quia singularem affinitatem habuit ad christum, qui ab ea carnem accepit. * dicitur autem ii cor. vi, ° quae conventio christi ad belial? ' tum etiam quia singulari modo dei filius, qui est dei sapientia, in ipsa habitavit, non solum in anima, sed in utero. * dicitur autem sap. i, ° in malevolam animam non intrabit sapientia, nec habitabit in corpore subdito peccatis. ' et ideo simpliciter fatendum est quod beata virgo nullum actuale peccatum commisit, nec mortale nec veniale, * ut sic impleatur quod dicitur cant. iv, ° tota pulchra es, amica mea, et macula non est in te, etc..

ra1 ' Ad primum ergo dicendum quod in beata virgine, post sanctificationem in utero, remansit quidem fomes, sed ligatus, ne scilicet prorumperet in aliquem motum inordinatum, qui rationem praeveniret. et licet ad hoc operaretur gratia sanctificationis, non tamen ad hoc sufficiebat, alioquin, virtute illius gratiae hoc ei fuisset praestitum ut nullus motus posset esse in sensualitate eius non ratione praeventus, et sic fomitem non habuisset, * quod est contra supra dicta. ' unde oportet dicere quod complementum illius ligationis fuit ex divina providentia, quae non permittebat aliquem motum inordinatum ex fomite provenire.

ra2 * Ad secundum dicendum quod illud verbum simeonis origenes, et quidam alii doctores, exponunt " de dolore quem passa est in christi passione. * ambrosius autem per gladium dicit significari ° prudentiam mariae, non ignaram mysterii caelestis. vivum enim est verbum dei et validum, acutius omni gladio ancipiti. * quidam vero gladium dubitationem intelligunt. " quae tamen non est intelligenda dubitatio infidelitatis, sed admirationis et discussionis. * dicit enim basilius, in epistola ad optimum, quod ° beata virgo, assistens cruci et aspiciens singula, post testimonium gabrielis, post ineffabilem divinae conceptionis notitiam, post ingentem miraculorum ostensionem, animo fluctuabat, " ex una scilicet parte vi-

dens eum pati abiecta, et ex alia parte considerans eius mirifica.
ra3 * Ad tertium dicendum quod in verbis illis chrysostomus excessit. ' possunt tamen exponi ut intelligatur in ea dominum cohibuisse, non inordinatum inanis gloriae motum quantum ad ipsam, sed id quod ab aliis posset existimari.

010 ST4 qu27 ar5

ag1 ' Ad quintum sic proceditur. videtur quod beata virgo per sanctificationem in utero non obtinuerit gratiae plenitudinem, sive perfectionem. hoc enim videtur pertinere ad privilegium christi, * secundum illud ioan. i, ° vidimus eum, quasi unigenitum a patre, plenum gratiae et veritatis. ' sed ea quae sunt propria christi, non sunt alteri attribuenda. ergo beata virgo plenitudinem gratiarum non accepit in sanctificatione.
ag2 ' Praeterea, ei quod est plenum et perfectum, non restat aliquid addendum, quia ° perfectum est cui nihil deest, * ut dicitur in iii physic.. ' sed beata virgo postmodum additionem gratiae suscepit, quando christum concepit, * dictum est enim ei, luc. i, ° spiritus sanctus superveniet in te. ' et iterum, quando in gloriam est assumpta. ergo videtur quod non habuerit in sua prima sanctificatione plenitudinem gratiarum.
ag3 " Praeterea, deus non facit aliquid frustra, * ut dicitur in i de coelo et mundo. ' frustra autem habuisset quasdam gratias, cum earum usum nunquam exercuerit, non enim legitur eam docuisse, quod est actus sapientiae; aut miracula fecisse, quod est actus gratiae gratis datae. non ergo habuit plenitudinem gratiarum.
sc * Sed contra est quod angelus ad eam dixit, ° ave, gratia plena. * quod exponens hieronymus, in sermone de assumptione, dicit, ° bene, gratia plena, quia ceteris per partes praestatur; mariae vero se totam simul infudit gratiae plenitudo.
co ' Respondeo dicendum quod, quanto aliquid magis appropinquat principio in quolibet genere, tanto magis participat effectum illius principii, * unde dicit dionysius, iv cap. cael. hier., quod " angeli, qui sunt deo propinquiores, magis participant de bonitatibus divinis quam homines. ' christus autem est principium gratiae, secundum divinitatem quidem auctoritative, secundum humanitatem vero instrumentaliter, * unde et ioan. i dicitur, ° gratia et veritas per iesum christum facta est. ' beata autem virgo maria propinquissima christo fuit secundum humanitatem, quia ex ea accepit humanam naturam. et ideo prae ceteris maiorem debuit a christo plenitudinem gratiae obtinere.
ra1 ' Ad primum ergo dicendum quod unicuique a deo datur gratia secundum hoc ad quod eligitur. et quia christus, inquantum est homo, ad hoc fuit praedestinatus et electus ut esset ° praedestinatus filius dei in virtute sanctificationis, ' hoc fuit proprium sibi, ut haberet talem plenitudinem gratiae quod redundaret in omnes, * secundum quod dicitur ioan. i, ° de plenitudine eius nos omnes accepimus. ' sed beata virgo maria tantam gratiae obtinuit plenitudinem ut esset propinquissima auctori gratiae, ita quod eum qui est plenus omni gratia, in se reciperet; et, eum pariendo, quodammodo gratiam ad omnes derivaret.
ra2 ' Ad secundum dicendum quod in rebus naturalibus primo quidem est perfectio dispositionis, puta cum materia est perfecte ad formam disposita. secundo autem est perfectio formae, quae est potior, nam et ipse calor est perfectior qui provenit ex forma ignis, quam ille qui ad formam ignis disponebat. tertio autem est perfectio finis, sicut cum ignis habet perfectissime suas qualitates, cum ad locum suum pervenerit. et similiter in beata virgine fuit triplex perfectio gratiae. prima quidem quasi dispositiva, per quam reddebatur idonea ad hoc quod esset mater christi, et haec fuit perfectio sanctificationis. secunda autem perfectio gratiae fuit in beata virgine ex praesentia filii dei in eius utero incarnati. tertia autem perfectio est finis, quam habet in gloria. quod autem secunda perfectio sit potior quam prima, et tertia quam secunda, patet quidem, uno modo, per liberationem a malo. nam primo, in sua sanctificatione fuit liberata a culpa originali; secundo, in conceptione filii dei fuit totaliter mundata a fomite; tertio vero, in sui glorificatione fuit liberata etiam ab omni miseria. alio modo, per ordinem ad bonum. nam primo, in sua sanctificatione adepta est gratiam inclinantem eam ad bonum; in conceptione autem filii dei consummata est ei gratia confirmans eam in bono; in sui vero glorificatione consummata est eius gratia perficiens eam in fruitione omnis boni.
ra3 ' Ad tertium dicendum quod non est dubitandum quin beata virgo acceperit excellenter et donum sapientiae, et gratiam virtutum, et etiam gratiam prophetiae, sicut habuit christus. non tamen accepit ut haberet omnes usus harum et similium gratiarum, sicut habuit christus, sed secundum quod conveniebat conditioni ipsius. habuit enim usum sapientiae in contemplando, * secundum illud luc. ii, ° maria autem conservabat omnia verba haec, conferens in corde suo. ' non autem habuit usum sapientiae quantum ad docendum, eo quod hoc non conveniebat sexui muliebri, * secundum illud i tim. ii, ° docere autem mulieri non permitto. ' miraculorum autem usus sibi non competebat dum viveret, quia tunc temporis confirmanda erat doctrina christi miraculis; et ideo soli christo et eius discipulis, qui erant baiuli doctrinae christi, conveniebat miracula facere. * propter quod etiam de ioanne baptista dicitur, ioan. x, quod ° signum fecit nullum, ' ut scilicet omnes in christo intenderent. usum autem prophetiae habuit, * ut patet in cantico quod fecit, ° magnificat anima mea dominum.

010 ST4 qu27 ar6

ag1 ' Ad sextum sic proceditur. videtur quod sanctificari in utero, post christum, proprium fuerit beatae virginis. * dictum est enim ' quod propter hoc beata virgo in utero fuit sanctificata, ut redderetur idonea ad hoc ut esset mater dei. sed hoc est proprium sibi. ergo ipsa sola fuit sanctificata in utero.
ag2 ' Praeterea, aliqui videntur propinquius accessisse ad christum quam ieremias et ioannes baptista, qui dicuntur sanctificati in utero. nam christus specialiter dicitur filius david et abraham, propter promissionem eis specialiter factam de christo. isaias etiam expressissime de christo prophetavit. apostoli etiam cum ipso christo conversati sunt. nec tamen leguntur sanctificati in utero. ergo etiam neque ieremiae et ioanni baptistae convenit sanctificari in utero.
ag3 * Praeterea, iob de seipso dicit, iob xxxi, ° ab infantia crevit mecum miseratio, et de utero egressa est mecum. ' et tamen propter hoc non dicimus eum sanctificatum in utero. ergo etiam neque ioannem baptistam et ieremiam cogimur dicere sanctificatos in utero.
sc * Sed contra est quod de ieremia dicitur, ierem. i, ° antequam exires de ventre, sanctificavi te. * et de ioanne baptista dicitur, luc. i, ° spiritu sancto replebitur adhuc ex utero matris suae.
co * Respondeo dicendum quod augustinus, in epistola ad dardanum, " dubie videtur loqui de horum sanctificatione in utero. potuit enim exsultatio ioannis in utero, ut ipse dicit, esse significatio rei tantae, scilicet quod mulier esset mater dei, a maioribus cognoscendae, non a parvulo cognitae. ° unde in evangelio non dicitur, credidit infans in utero eius, sed, exsultavit, videmus autem exsultationem non solum parvulorum, sed etiam pecorum esse. sed haec inusitata extitit, quia in utero. et ideo, sicut solent miracula fieri, facta est divinitus in infante, non humanitus ab infante. quamquam, etiam si usque adeo est in illo puero acceleratus usus rationis et voluntatis ut intra viscera materna iam posset agnoscere, credere et consentire, ad quod in aliis parvulis aetas expectatur ut possint, et hoc in miraculis habendum puto divinae potentiae. * sed quia expresse in evangelio dicitur quod ° spiritu sancto replebitur adhuc ex utero matris suae; * et de ieremia expresse dicitur, ° antequam exires de vulva, sanctificavi te; ' asserendum videtur eos sanctificatos in utero, quamvis in utero usum liberi arbitrii non haberunt * (de quo augustinus quaestionem movet); ' sicut etiam pueri qui sanctificantur per baptismum, non statim habent usum liberi arbitrii. nec est |25| credendum aliquos alios sanctificatos esse in utero, de quibus scriptura mentionem non facit. quia huiusmodi privilegia gratiae, quae dantur aliquibus praeter legem communem, ordinantur ad utilitatem aliorum, * secundum illud i cor. xii, ° unicuique datur manifestatio spiritus ad utilitatem, ' quae nulla proveniret ex sanctificatione aliquorum in utero, nisi ecclesiae innotesceret. et quamvis iudiciorum dei non possit ratio assignari, quare scilicet huic et non alii hoc munus gratiae conferat, conveniens tamen videtur fuisse utrumque istorum sanctificari in utero, ad praefigurandam sanctificationem per christum fiendam. primo quidem, per eius passionem, * secundum illud heb. ult., ° iesus, ut sanctificaret per suum sanguinem populum, extra portam passus est. ' quam quidem passionem ieremias verbis et mysteriis apertissime praenuntiavit, et suis passionibus expressissime praefiguravit. secundo, per baptismum, * i cor. vi, ° sed abluti estis, sed sanctificati estis. ' ad quem quidem baptismum ioannes suo baptismo homines praeparavit.
ra1 ' Ad primum ergo dicendum quod beata virgo, quae fuit a deo electa in matrem, ampliorem sanctificationis gratiam obtinuit quam ioannes baptista et ieremias, qui sunt electi ut speciales praefiguratores sanctificationis christi. cuius signum est quod beatae virgini praestitum est ut de cetero non peccaret mortaliter nec venialiter, aliis autem sanctificatis creditur praestitum esse ut de cetero non peccarent mortaliter, divina eos gratia protegente.
ra2 ' Ad secundum dicendum quod quantum ad alia potuerunt sancti esse christo coniunctiores quam ieremias et ioannes baptista. qui tamen fuerunt ei coniunctissimi quantum ad expressam figuram sanctificationis ipsius, * ut dictum est.
ra3 ' Ad tertium dicendum quod miseratio de qua iob loquitur, " non significat virtutem infusam, sed quandam inclinationem naturalem ad actum huius virtutis.

010 ST4 qu28 ar

pr ' Deinde considerandum est de virginitate matris dei. et circa hoc quaeruntur quatuor. primo, utrum fuerit virgo in concipiendo. secundo, utrum fuerit virgo in partu. tertio, utrum permanserit virgo post partum. quarto, utrum votum virginitatis emiserit.

010 ST4 qu28 ar1

ag1 ' Ad primum sic proceditur. videtur quod mater dei non fuerit virgo in concipiendo christum. nulla enim proles quae habet patrem et matrem, ex virgine matre concipitur. sed christus non solum dicitur habere matrem, sed etiam patrem, * dicitur enim luc. ii, ° erant pater et mater eius mirantes super his quae dicebantur de illo. * et infra eodem dicit, ° ecce, ego et pater tuus dolentes quaerebamus te. ' ergo christus non est conceptus ex virgine matre.
ag2 * Praeterea, matth. i probatur quod " christus fuerit filius abrahae et david, per hoc quod ioseph ex david descendit. ' quae quidem probatio nulla videtur esse si ioseph pater christi non fuisset. ergo videtur quod mater christi eum ex semine ioseph conceperit. et ita non videtur fuisse virgo in concipiendo.
ag3 * Praeterea, dicitur galat. iv, ° misit deus filium suum factum ex muliere. ' mulier autem, consueto modo loquendi, dicitur quae est viro cognita. ergo christus non fuit conceptus ex virgine matre.
ag4 ' Praeterea, eorum quae sunt eiusdem speciei, est idem modus generationis, quia generatio recipit speciem a termino, sicut et ceteri motus. sed christus fuit eiusdem speciei cum aliis hominibus, * secundum illud philipp. ii, ° in similitudinem hominum factus, et habitu inventus ut homo. ' cum ergo alii homines generentur ex commixtione maris et feminae, videtur quod etiam christus simili modo fuerit generatus. et ita non videtur fuisse conceptus ex virgine matre.
ag5 ' Praeterea, quaelibet forma naturalis habet materiam sibi determinatam, extra quam esse non potest. materia autem formae humanae videtur esse semen maris et feminae. si ergo corpus christi non fuerit conceptum ex semine maris et feminae, non vere fuisset corpus humanum, quod est inconveniens. videtur igitur non fuisse conceptus ex virgine matre.
sc * Sed contra est quod dicitur isaiae vii, ° ecce, virgo concipiet.
co ' Respondeo dicendum quod simpliciter confitendum est matrem christi virginem concepisse, * contrarium enim pertinet ad haeresim ebionitarum et cerinthi, " qui christum purum hominem arbitrantur, et de utroque sexu eum natum putaverunt. ' quod christus sit conceptus ex virgine, conveniens est propter quatuor. primo, propter mittentis patris dignitatem conservandam. cum enim christus sit verus et naturalis dei filius, non fuit conveniens quod alium patrem haberet quam deum, ne dei dignitas transferretur ad alium. secundo, hoc fuit conveniens proprietati ipsius filii, qui mittitur. qui quidem est verbum dei. verbum autem absque omni corruptione cordis concipitur, quinimmo cordis corruptio perfecti verbi conceptionem non patitur. quia igitur caro sic fuit a verbo dei assumpta ut esset caro verbi dei, conveniens fuit quod etiam ipsa sine corruptione matris conciperetur. tertio, hoc fuit conveniens dignitati humanitatis christi, in qua locum peccatum habere non debuit, per quam peccatum mundi tollebatur, * secundum illud ioan. i, " ecce, agnus dei, scilicet innocens, qui tollit peccatum mundi. ' non poterat autem esse quod in natura iam corrupta ex concubitu caro nasceretur sine infectione originalis peccati. unde * augustinus dicit, in libro de nuptiis et concupiscentia, ° solus nuptialis concubitus ibi non fuit, |25| " scilicet in matrimonio mariae et ioseph, ° quia in carne peccati fieri non poterat sine ulla carnis concupiscentia, quae accidit ex peccato, sine qua concipi voluit qui futurus erat sine peccato. ' quarto, propter ipsum finem incarnationis christi, qui ad hoc fuit ut homines renascerentur in filios dei, ° non ex voluntate carnis, neque ex voluntate viri, sed ex deo, " idest ex dei virtute. ' cuius rei exemplar apparere debuit in ipsa conceptione christi. * unde augustinus, in libro de sancta virginitate, ° oportebat caput nostrum, insigni miraculo, secundum corpus nasci de virgine, ut significaret membra sua de virgine ecclesia secundum spiritum nascitura.
ra1 * Ad primum ergo dicendum quod, sicut beda dicit, super luc., ° pater salvatoris appellatur ioseph, non quod vere, iuxta photinianos, pater fuerit ei, sed quod, ad famam mariae conservandam, pater sit ab hominibus existimatus. * unde et luc. iii dicitur, ° ut putabatur, filius ioseph. * vel, sicut augustinus dicit, in libro de bono coniugali, " eo modo pater christi dicitur ioseph quo et ° vir mariae intelligitur, sine commixtione carnis, ipsa copulatione coniugii, multo videlicet coniunctius quam si esset aliunde adoptatus. neque enim propterea non erat appellandus ioseph pater christi quia non eum concumbendo genuerat, quandoquidem pater esset etiam ei quem, non ex sua coniuge procreatum, aliunde adoptasset.
ra2 * Ad secundum dicendum quod, sicut hieronymus dicit, super matth., ° cum ioseph non sit pater domini salvatoris, ordo generationis eius usque ad ioseph deducitur, primo quidem, quia non est consuetudinis scripturarum ut mulierum in generationibus ordo texatur. deinde, ex una tribu fuit maria et ioseph. unde ex lege eam accipere cogebatur ut pro-

pinquam. * et, ut augustinus dicit, in libro de nuptiis et concupiscentia, ° fuit generationum series usque ad ioseph perducenda, ne in illo coniugio virili sexui, utique potiori, fieret iniuria, cum veritati nihil deperiret, quia ex semine david et ioseph erat et maria.

ra3 * Ad tertium dicendum quod, sicut glossa dicit ibidem, ° mulierem pro femina posuit, more locutionis hebraeorum. usus enim hebraeae locutionis mulieres dicit, non virginitate corruptas, sed feminas.

ra4 ‘ Ad quartum dicendum quod ratio illa habet locum in his quae procedunt in esse per viam naturae, eo quod natura, sicut est determinata ad unum effectum, ita est etiam determinata ad unum modum producendi illum. sed cum virtus supernaturalis divina possit in infinita, sicut non est determinata ad unum effectum, ita non est determinata ad modum producendi quemcumque effectum. et ideo, sicut virtute divina fieri potuit ut primus homo de limo terrae formaretur, ita etiam fieri potuit ut divina virtute corpus christi formaretur de virgine absque virili semine.

ra5 ‘ Ad quintum dicendum quod, * secundum philosophum, in libro de generat. animal., “ semen maris non est sicut materia in conceptione animalis, sed solum sicut agens, sola autem femina materiam subministrat in conceptu. ‘ unde per hoc quod semen maris defuit in conceptione corporis christi, non sequitur quod defuerit ei debita materia. si tamen semen maris esset materia fetus concepti in animalibus, manifestum tamen est quod non est materia permanens in eadem forma, sed materia transmutata. et quamvis virtus naturalis non possit transmutare ad certam formam nisi determinatam materiam, virtus tamen divina, quae est infinita, potest transmutare omnem materiam in quamcumque formam. unde, sicut transmutavit limum terrae in corpus adae, ita in corpus christi transmutare potuit materiam a matre ministratam, etiam si non esset sufficiens materia ad naturalem conceptum.

010 ST4 qu28 ar2

ag1 ‘ Ad secundum sic proceditur. videtur quod mater christi non fuerit virgo in partu. * dicit enim ambrosius, super luc., ° qui vulvam sanctificavit alienam ut nasceretur propheta, hic est qui aperuit matris suae vulvam ut immaculatus exiret. ‘ sed apertio vulvae virginitatem excludit. ergo mater christi non fuit virgo in partu.

ag2 ‘ Praeterea, nihil in mysterio christi esse debuit per quod corpus eius phantasticum appareret. sed hoc non videtur vero corpori, sed phantastico convenire, ut possit per clausa transire, “ eo quod duo corpora simul esse non possunt. ‘ non igitur debuit ex matris utero clauso corpus christi prodire. et ita non decuit quod esset virgo in partu.

ag3 * Praeterea, sicut gregorius dicit, in homilia octavarum paschae, “ per hoc quod, ianuis clausis, ad discipulos post resurrectionem intravit dominus, ostendit corpus suum esse eiusdem naturae et alterius gloriae, ‘ et sic per clausa transire videtur ad gloriam corporis pertinere. sed corpus christi in sua conceptione non fuit gloriosum, sed passibile, “ habens similitudinem carnis peccati, * ut apostolus dicit, rom. viii. ‘ non ergo exivit per virginis uterum clausum.

sc * Sed contra est quod in quodam sermone ephesini concilii dicitur, ° natura post partum nescit ulterius virginem. gratia vero et parientem ostendit, et matrem fecit, et virginitati non nocuit. ‘ fuit ergo mater christi virgo etiam in partu.

co ‘ Respondeo dicendum quod absque omni dubio asserendum est matrem christi etiam in partu virginem fuisse, * nam propheta non solum dicit, “ ecce, virgo concipiet; sed addit, et pariet filium. ‘ et hoc quidem conveniens fuit propter tria. primo quidem, quia hoc competebat proprietati eius qui nascebatur, quod est verbum dei. nam verbum non solum in corde absque corruptione concipitur, sed etiam absque corruptione ex corde procedit. unde, ut ostenderetur quod illud corpus esset ipsius verbi dei, conveniens fuit ut de incorrupto virginis utero nasceretur. * unde in sermone quodam ephesini concilii legitur, ° quae parit carnem puram, a virginitate cessat. sed quia natum est carne verbum, deus custodit virginitatem, seipsum ostendens per hoc verbum. neque enim nostrum verbum, cum paritur, corrumpit mentem, neque deus verbum substantiale, partum eligens, peremit virginitatem. ‘ secundo, hoc est conveniens quantum ad effectum incarnationis christi. nam ad hoc venit ut nostram corruptionem tolleret. unde non fuit conveniens ut virginitatem matris nascendo corrumperet. unde * augustinus dicit, in quodam sermone de nativitate domini, ° fas non erat ut per eius adventum violaretur integritas, qui venerat sanare corrupta. |25| ‘ tertio fuit conveniens, ne matris honorem nascendo diminueret qui parentes praeceperat honorandos.

ra1 * Ad primum ergo dicendum quod ambrosius dicit hoc exponens illud quod evangelista de lege induxit, ° omne masculinum adaperiens vulvam sanctum domino vocabitur. * quod quidem, ut beda dicit, ° consuetae nativitatis more loquitur, non quod dominus sacri ventris hospitium, quod ingressus sanctificaverat, egressus devirginasse credendus sit. ‘ unde illa aperitio non significat reserationem claustri pudoris virginei, sed solum exitum prolis de utero matris.

ra2 ‘ Ad secundum dicendum quod ita christus voluit veritatem sui corporis demonstrare quod etiam simul eius divinitas declararetur. et ideo permiscuit mira humilibus. unde, ut corpus eius verum ostenderetur, nascitur ex femina. sed ut ostenderetur eius divinitas, nascitur ex virgine, “ talis enim partus decet deum, * ut ambrosius dicit, in hymno nativitatis.

ra3 * Ad tertium dicendum quod quidam dixerunt “ christum in sua nativitate dotem subtilitatis assumpsisse, quando exivit de clauso virginis utero; et quando ambulavit siccis pedibus super mare, dicunt eum assumpsisse dotem agilitatis. * sed hoc non convenit his quae supra determinata sunt. ‘ huiusmodi enim dotes corporis gloriosi proveniunt ex redundantia gloriae animae ad corpus, * ut infra dicetur, cum tractabitur de corporibus gloriosis. dictum est autem supra quod ‘ christus ante passionem ° permittebat carni suae agere et pati quae propria, ‘ nec fiebat talis redundantia gloriae ab anima ad corpus. et ideo dicendum est quod omnia ista facta sunt miraculose per virtutem divinam. * unde augustinus, super ioan., ° moli corporis ubi divinitas erat, ostia clausa non obstiterunt. ille quippe, non eis apertis, intrare potuit, quo nascente virginitas matris inviolata permansit. * et dionysius dicit, in quadam epistola, quod ° christus super hominem operabatur ea quae sunt hominis, et hoc |25| monstrat virgo supernaturaliter concipiens, et aqua instabilis terrenorum pedum sustinens gravitatem.

010 ST4 qu28 ar3

ag1 ‘ Ad tertium sic proceditur. videtur quod mater christi non permanserit virgo post partum. * dicitur enim matth. i, ° antequam convenirent ioseph et maria, inventa est in utero habens de spiritu sancto. non autem evangelista hoc diceret, antequam convenirent, nisi certus esset de conventuris, quia nemo dicit de non pransuro, antequam pranderet. ‘ ergo videtur quod beata virgo quandoque convenit carnali copula cum ioseph. et ita non permansit virgo post partum.

ag2 * Praeterea, ibidem subditur, ex verbis angeli loquentis ad ioseph, ° ne timeas accipere mariam coniugem tuam. ‘ coniugium autem consummatur per carnalem copulam. ergo videtur quod quandoque carnalis copula intervenit inter mariam et ioseph. et ita videtur quod non permansit virgo post partum.

ag3 * Praeterea, ibidem post pauca subditur, ° et accepit coniugem suam, et non cognoscebat eam donec peperit filium suum primogenitum. hoc autem adverbium donec consuevit determinatum tempus signare, quo completo, fiat id quod usque ad illud tempus non fiebat. verbum autem cognoscendi ibi ad coitum refertur, * sicut et gen. iv dicitur quod ° adam cognovit uxorem suam. ‘ ergo videtur quod post partum beata virgo fuit a ioseph cognita. ergo videtur quod non permanserit virgo post partum.

ag4 ‘ Praeterea, primogenitus non potest dici nisi qui habeat fratres subsequentes, * unde rom. viii, ° quos praescivit, et praedestinavit conformes fieri imaginis filii sui, ut sit ipse primogenitus in multis fratribus. ‘ sed evangelista nominat christum primogenitum matris eius. ergo alios filios habuit post christum. et ita videtur quod mater christi non fuerit virgo post partum.

ag5 * Praeterea, ioan. ii dicitur, “ post haec descendit capharnaum ipse, scilicet christus, et mater et fratres eius. ‘ sed fratres dicuntur qui ex eodem parente geniti sunt. ergo videtur quod beata virgo habuerit alios filios post christum.

ag6 * Praeterea, matth. xxvii dicitur, “ erant ibi, scilicet iuxta crucem christi, mulieres multae a longe, ° quae secutae erant iesum a galilaea, ministrantes ei, inter quas erat maria magdalene, et maria iacobi et ioseph mater, et mater filiorum zebedaei. ‘ videtur autem haec maria quae hic dicitur iacobi et ioseph mater, esse etiam mater christi, * dicitur enim ioan. xix quod ° stabat iuxta crucem iesu maria, mater eius. ‘ ergo videtur quod mater christi non permanserit virgo post partum.

sc * Sed contra est quod dicitur ezech. xliv, ° porta haec clausa erit, et non aperietur, et vir non transibit per eam, quoniam dominus deus israel ingressus est per eam. * quod exponens augustinus, in quodam sermone, dicit, ° quid est porta in domo domini clausa, nisi quod maria semper erit intacta? et quid est, homo non transibit per eam, nisi quod ioseph non cognoscet eam? et quid est, dominus solus intrat et egreditur per eam, nisi quod spiritus sanctus impraegnabit eam, et angelorum dominus nascetur per eam? et quid est, clausa erit in aeternum, nisi quod maria virgo est ante partum, et virgo in partu, et virgo post partum?

co ‘ Respondeo dicendum quod absque omni dubio detestandus est * error helvidii, qui dicere praesumpsit “ matrem christi a ioseph post partum esse carnaliter cognitam, et alios filios genuisse. ‘ hoc enim, primo, derogat christi perfectioni, “ qui, sicut secundum divinam naturam unigenitus est patris, tanquam perfectus per omnia filius eius, ‘ ita etiam decuit ut esset unigenitus matris, tanquam perfectissimum germen eius. secundo, hic error iniuriam facit spiritui sancto, cuius sacrarium fuit uterus virginalis, in quo carnem christi formavit, unde non decebat ut de cetero violaretur per commixtionem virilem. tertio, hoc derogat dignitati et sanctitati matris dei, quae ingratissima videretur si tanto filio contenta non esset; et si virginitatem, quae in ea miraculose conservata fuerat, sponte perdere vellet per carnis concubitum. quarto, etiam ipsi ioseph esset ad maximam praesumptionem imputandum, si eam quam, revelante angelo, de spiritu sancto deum concepisse cognoverat, polluere attentasset. et ideo simpliciter est asserendum quod mater dei, “ sicut virgo concepit et virgo peperit, ita etiam virgo post partum in sempiternum permanserit.

ra1 ‘ Ad primum ergo dicendum quod, * sicut hieronymus dicit, in libro contra helvidium, ° intelligendum est quod haec praepositio ante, licet saepe consequentia indicet, tamen nonnunquam ea tantum quae prius cogitabantur, ostendit, nec est necesse ut cogitata fiant, cum ideo aliud intervenerit, ne ea quae cogitata sunt, fierent. sicut, si aliquis dicat, antequam in portu pranderem, navigavi, non intelligitur quod in portu prandeat postquam navigaverit, sed quia cogitabatur in portu pransurus. * et similiter evangelista dicit, “ antequam convenirent, inventa est maria in utero habens de spiritu sancto, non quia postea convenerint, sed quia, dum viderentur conventuri, praevenit conceptio per spiritum sanctum, ex quo factum est ut ulterius non convenirent.

ra2 ‘ Ad secundum dicendum quod, * sicut augustinus dicit, in libro de nuptiis et concupiscentia, ° coniux vocatur mater dei ex prima desponsationis fide, quam concubitu non cognoverat, nec fuerat cogniturus. * ut enim ambrosius dicit, super luc., ° non virginitatis ereptio, sed coniugii testificatio nuptiarum celebratio declaratur.

ra3 * Ad tertium dicendum quod quidam dixerunt “ hoc non esse intelligendum de cognitione carnis, sed de cognitione notitiae. * dicit enim chrysostomus quod ° non cognovit eam ioseph, antequam pareret, cuius fuerit dignitatis, sed, postquam peperit, tunc cognovit eam. quia per ipsius prolem speciosior et dignior facta fuerat quam totus mundus, quia quem totus mundus capere non poterat, in angusto uteri sui sola suscepit. * quidam vero hoc referunt “ ad notitiam visus. sicut enim moysi cum deo colloquentis glorificata est facies, ° ut non possent intendere in eum filii israel; “ sic maria, claritate virtutis altissimi obumbrata, cognosci non poterat a ioseph, donec pareret. post partum autem a ioseph agnita invenitur, specie faciei, non tactu libidinis. * hieronymus autem concedit “ hoc esse intelligendum de cognitione coitus. sed dicit quod usque, vel donec, in scripturis dupliciter potest intelligi. quandoque enim designat certum tempus, * secundum illud galat. iii, ° propter transgressionem lex posita est, |25| donec veniret semen cui promiserat. “ quandoque vero signat infinitum tempus, * secundum illud psalmi, ° oculi nostri ad dominum deum nostrum, donec misereatur nostri; “ ex quo non est intelligendum quod post impetratam misericordiam oculi avertantur a deo. et secundum hunc modum loquendi, significantur ea ° de quibus posset dubitari si scripta non fuissent, cetera vero nostrae intelligentiae derelinquuntur. et secundum hoc, evangelista dicit matrem dei non esse cognitam a viro usque ad partum, ut multo magis intelligamus cognitam non fuisse post partum.

ra4 ‘ Ad quartum dicendum quod mos divinarum scripturarum est ut primogenitum vocent non solum eum quem fratres sequuntur, sed eum qui primus natus sit. ° alioquin, si non est primogenitus nisi quem sequuntur fratres, tandiu secundum legem primogenita non debentur, quandiu et alia fuerint procreata. “ quod patet esse falsum, cum infra unum mensem primogenita redimi mandentur secundum legem.

ra5 * Ad quintum dicendum quod quidam, sicut dicit hieronymus, super matth., ° de alia uxore ioseph fratres domini suspicantur. nos autem fratres domini, non filios ioseph, sed consobrinos salvatoris, mariae materterae filios intelligimus. “ quatuor enim modis in scriptura fratres dicuntur, scilicet natura, gente, cognatione et affectu. unde fratres domini dicti sunt, non secundum naturam, quasi ab eadem matre nati, sed secundum cognationem, quasi consanguinei eius existentes. ioseph autem, * sicut hieronymus dicit, contra helvidium, “ magis credendus est virgo permansisse, quia aliam uxorem habuisse non scribitur, et fornicatio in sanctum virum non cadit.

ra6 ‘ Ad sextum dicendum quod maria quae dicitur iacobi et ioseph mater, non intelligitur esse mater domini, quae in evangelio non consuevit nominari nisi cum cognominatione huius dignitatis, quod sit mater iesu. haec autem maria intelligitur esse uxor alphaei, cuius filius est iacobus minor, qui dictus est frater domini.

010 ST4 qu28 ar4

ag1 ‘ Ad quartum sic proceditur. videtur quod mater dei virginitatem non voverit. * dicitur enim deut. vii, ° non erit apud te sterilis utriusque sexus. ‘ sterilitas autem sequitur virginitatem. ergo servatio virginitatis erat contra praeceptum veteris legis. sed adhuc lex vetus habebat statum antequam christus nasceretur. ergo non potuit licite beata virgo virginitatem vovere pro tempore illo.

ag2 * Praeterea, apostolus, i cor. vii, dicit, ° de virginibus autem praeceptum domini non habeo, consilium autem do. “ sed perfectio consiliorum a christo debuit inchoari, qui est finis legis, * ut apostolus dicit. rom. x. ‘ non ergo conveniens fuit quod virgo votum virginitatis emitteret.

ag3 * Praeterea, glossa hieronymi dicit, i tim. v, quod ° voventibus virginitatem non solum nubere, sed etiam velle nubere damnabile est. ‘ sed mater christi nullum peccatum damnabile commisit, * ut supra habitum est. ‘ cum ergo desponsata fuerit, * ut habetur luc. i, ‘ videtur quod ipsa virginitatis votum non emiserit.

sc * Sed contra est quod augustinus dicit, in libro de sancta virginitate, ° annuntianti angelo maria respondit, quomodo fiet istud, quoniam virum non cognosco? quod profecto non diceret, nisi se virginem deo ante vovisset.

co * Respondeo dicendum quod, sicut in secunda parte habitum est, ‘ perfectionis opera magis sunt laudabilia si ex voto celebrantur. virginitas autem in matre dei praecipue debuit pollere, * ut ex supra dictis rationibus patet. ‘ et ideo conveniens fuit ut virginitas eius ex voto esset deo consecrata. verum quia tempore legis oportebat generationi insistere tam mulieres quam viros, quia secundum carnis originem cultus dei propagabatur antequam ex illo populo christus nasceretur, mater dei non creditur, antequam desponsaretur ioseph, absolute virginitatem vovisse, licet eam in desiderio habuerit, super hoc tamen voluntatem suam divino commisit arbitrio. postmodum vero, accepto sponso, secundum quod mores illius temporis exigebant, simul cum eo votum virginitatis emisit.

ra1 ‘ Ad primum ergo dicendum quod, quia videbatur esse lege prohibitum non dare operam ad relinquendum semen super terram, ideo non simpliciter virginitatem vovit dei genitrix, sed sub conditione, si deo placeret. postquam autem ei innotuit hoc esse deo acceptum, absolute vovit, antequam ab angelo annuntiaretur.

ra2 ‘ Ad secundum dicendum quod, sicut gratiae plenitudo perfecte quidem fuit in christo, et tamen aliqua eius inchoatio praecessit in matre; ita etiam observatio consiliorum, quae per gratiam dei fit, perfecte quidem incoepit in christo, sed aliquo modo fuit inchoata in virgine matre eius.

ra3 * Ad tertium dicendum quod verbum illud apostoli est intelligendum “ de illis qui absolute castitatem vovent. ‘ quod quidem mater dei non fecit antequam ioseph desponsaretur. sed post desponsationem, ex communi voluntate, simul cum sponso suo votum virginitatis emisit.

010 ST4 qu29 ar

pr ‘ Deinde considerandum est de desponsatione matris dei. et circa hoc quaeruntur duo. primo, utrum christus debuerit de desponsata nasci. secundo, utrum fuerit verum matrimonium inter matrem domini et ioseph.

010 ST4 qu29 ar1

ag1 ‘ Ad primum sic proceditur. videtur quod christus non debuerit de virgine desponsata nasci. desponsatio enim ad carnalem copulam ordinatur. sed mater domini nunquam voluit carnali viri copula uti, quia hoc derogaret virginitati mentis ipsius. ergo non debuit esse desponsata.

ag2 ‘ Praeterea, quod christus ex virgine nasceretur, miraculum fuit, * unde augustinus dicit, in epistola ad volusianum, ° ipsa dei virtus per inviolata matris virginea viscera membra infantis eduxit, quae per clausa ostia membra iuvenis introduxit. huius si ratio quaeritur, non erit mirabile, si exemplum poscitur, non erit singulare. ‘ sed miracula, quae fiunt ad confirmationem fidei, debent esse manifesta. cum igitur per desponsationem hoc miraculum fuerit obumbratum, videtur non fuisse conveniens quod christus de desponsata nasceretur.

ag3 * Praeterea, ignatius martyr, ut dicit hieronymus, super matth., “ hanc causam assignat desponsationis matris dei, ° ut partus eius celaretur diabolo, dum eum putat non de virgine, sed de uxore generatum. ‘ quae quidem causa nulla esse videtur. tum quia diabolus ea quae corporaliter fiunt perspicacitate sensus cognoscit. tum quia per multa evidentia signa postmodum daemones aliqualiter christum cognoverunt, * unde dicitur marc. i, quod ° homo in spiritu immundo exclamavit, dicens, quid nobis et tibi, iesu nazarene? venisti perdere nos? scio quia sis sanctus dei. ‘ non ergo videtur conveniens fuisse quod mater dei fuisset desponsata.

ag4 * Praeterea, aliam rationem assignat hieronymus, ° ne lapidaretur mater dei a iudaeis sicut adultera. ‘ haec autem ratio nulla esse videtur, si enim non esset desponsata, non posset de adulterio condemnari. et ita non videtur rationabile fuisse quod christus de desponsata nasceretur.

sc * Sed contra est quod dicitur matth. i, ° cum esset desponsata mater eius maria ioseph; * et luc. i, ° missus est gabriel angelus ad mariam, virginem desponsatam viro cui nomen erat ioseph.

co ‘ Respondeo dicendum quod conveniens fuit christum de desponsata virgine nasci, tum propter ipsum; tum propter matrem; tum etiam propter nos. propter ipsum quidem christum, quadruplici ratione. primo quidem, ne ab infidelibus tamquam illegitime natus abiiceretur. * unde ambrosius dicit, super luc., ° quid iudaeis, quid herodi posset adscribi, si natum viderentur ex adulterio persecuti? ‘ secundo, ut consueto modo eius genealogia per virum describeretur. * unde dicit ambrosius, super luc., ° qui in saeculum venit, saeculi debuit more describi. viri autem persona quaeritur, qui in senatu et reliquis curiis civitatum generis asserit dignitatem. consuetudo etiam nos instruit scripturarum, quae semper viri originem quaerit. ‘ tertio, ad tutelam pueri nati, ne diabolus contra eum vehementius nocumenta procurasset. * et ideo ignatius dicit “ ipsam fuisse desponsatam ut partus eius diabolo celaretur. ‘ quarto, ut a ioseph nutriretur. unde et pater eius dictus est, quasi nutritius. fuit etiam conveniens ex parte virginis. primo quidem, quia per hoc redditur immunis a poena, ° ne scilicet lapidaretur a iudaeis tanquam adultera, * ut hieronymus dicit. |25| ‘ secundo, ut per hoc ab infamia liberaretur. * unde dicit ambrosius super luc., quod ° desponsata est ne temeratae virginitatis adureretur infamia, cui gravis alvus corruptelae videretur insigne praeferre. “ tertio, ut ei a ioseph ministerium exhiberetur, * ut hieronymus dicit. ‘ ex parte etiam nostra hoc fuit conveniens. primo quidem, quia testimonio ioseph comprobatum est christum ex virgine natum. * unde ambrosius dicit, super luc., ° locupletior testis pudoris maritus adhibetur, qui posset et dolere iniuriam et vindicare opprobrium si non agnosceret sacramentum. ‘ secundo, quia ipsa verba virginis magis credibilia redduntur, suam virginitatem asserentis. * unde ambrosius dicit, super luc., ° fides mariae verbis magis asseritur, et mendacii causa removetur. videtur enim culpam obumbrare voluisse mendacio innupta praegnans, causam autem mentiendi desponsata non habuit, cum coniugii praemium et gratia nuptiarum partus sit feminarum. ‘ quae quidem duo pertinent ad firmitatem fidei nostrae. tertio, ut tolleretur excusatio virginibus quae, propter incautelam suam, non vitant infamiam. * unde ambrosius dicit, ° non decuit virginibus sinistra opinione viventibus velamen |50| excusationis relinqui, quod infamia mater quoque domini ureretur. ‘ quarto, quia per hoc significatur universa ecclesia, quae, ° cum virgo sit, desponsata tamen est uni viro christo, * ut augustinus dicit, in libro de sancta virginitate. ‘ potest etiam quinta ratio esse quia, quod mater domini fuit desponsata et virgo, in persona ipsius et virginitas et matrimonium honoratur, contra haereticos alteri horum detrahentes.

ra1 ‘ Ad primum ergo dicendum quod beata virgo mater dei ex familiari instinctu spiritus sancti credenda est desponsari voluisse, confidens de divino auxilio quod nunquam ad carnalem copulam perveniret, hoc tamen divino commisit arbitrio. unde nullum passa est virginitatis detrimentum.

ra2 * Ad secundum dicendum quod, sicut ambrosius dicit, super luc., ° maluit dominus aliquos de suo ortu quam de matris pudore dubitare. sciebat enim teneram esse virginis verecundiam, et lubricam famam pudoris, nec putavit ortus sui fidem matris iniuriis adstruendam. ‘ sciendum tamen quod miraculorum dei quaedam sunt de quibus est fides, sicut miraculum virginei partus, et resurrectionis domini, et etiam sacramenti altaris. et ideo dominus voluit ista occultiora esse, ut fides eorum magis meritoria esset. quaedam vero miracula sunt ad fidei comprobationem. et ista debent esse manifesta.

ra3 * Ad tertium dicendum quod, sicut augustinus dicit, in iii de trin., “ diabolus multa potest virtute suae naturae, a quibus tamen prohibetur virtute divina. ‘ et hoc modo potest dici quod virtute suae naturae diabolus cognoscere poterat matrem dei non fuisse corruptam, sed virginem, prohibebatur tamen a deo cognoscere modum partus divini. quod autem postmodum eum aliqualiter cognovit diabolus esse filium dei, non obstat, quia iam tempus erat ut christus suam virtutem contra diabolum ostenderet, et persecutionem ab eo concitatam pateretur. sed in infantia oportebat impediri malitiam diaboli, ne eum acrius persequeretur, quando christus nec pati disposuerat, nec virtutem suam ostendere, sed in omnibus aliis infantibus se similem exhibebat. * unde leo papa, in sermone de epiphania, dicit quod ° magi invenerunt puerum iesum quantitate parvum, alienae opis indigentem, fandi impotentem, et in nullo ab humanae infantiae generalitate discretum. * ambrosius tamen, super luc., videtur magis referre “ ad membra diaboli. * praemissa enim hac ratione, scilicet de fallendo principem mundi, subdit, ° sed tamen magis fefellit principes saeculi. daemonum enim malitia facile etiam occulta deprehendit, at vero qui saecularibus vanitatibus occupantur, scire divina non possunt.

ra4 ‘ Ad quartum dicendum quod iudicio adulterorum lapidabatur secundum legem non solum illa quae iam erat desponsata vel nupta, sed etiam illa quae in domo patris custodiebatur ut virgo quandoque nuptura. * unde dicitur deut. xxii, ° si non est in puella inventa virginitas, lapidibus obruent eam viri civitatis illius, et morietur, quia fecit nefas in israel, ut fornicaretur in domo patris sui. * vel potest dici, secundum quosdam, quod “ beata virgo erat de stirpe sive parentela aaron, unde erat cognata elisabeth, * ut dicitur luc. i. ‘ virgo autem de genere sacerdotali propter stuprum occidebatur, * legitur enim levit. xxi, ° sacerdotis filia si deprehensa fuerit in stupro, et violaverit nomen patris sui, flammis exuretur. * quidam referunt verbum hieronymi ad lapidationem infamiae.

010 ST4 qu29 ar2

ag1 ‘ Ad secundum sic proceditur. videtur quod inter mariam et ioseph non fuerit verum matrimonium. * dicit enim hieronymus, contra helvidium, quod “ ioseph mariae custos fuit, potius quam maritus eius. ‘ sed si fuisset verum matrimonium, vere ioseph maritus eius fuisset. ergo videtur quod non fuerit verum matrimonium inter mariam et ioseph.

ag2 * Praeterea, super illud matth. i, ° iacob genuit ioseph virum mariae, * dicit hieronymus, ° cum virum audieris, suspicio tibi non subeat nuptiarum, sed recordare consuetudinis scripturarum, quod sponsi viri et sponsae vocantur uxores. ‘ sed verum matrimonium non efficitur ex sponsalibus, sed ex nuptiis. ergo non fuit verum matrimonium inter beatam virginem et ioseph.

ag3 * Praeterea, matth. i dicitur, ° ioseph, vir eius, cum esset iustus, et nollet eam traducere, “ idest, in domum suam ad cohabitationem assiduam, voluit eam occulte dimittere, idest, tempus nuptiarum mutare, * ut remigius exponit. ‘ ergo videtur quod, nondum nuptiis celebratis, nondum esset verum matrimonium, praesertim cum, post matrimonium contractum, non liceat alicui sponsam dimittere.

sc ‘ Sed contra est quod * augustinus dicit, in ii de consensu evangelist., ° non est fas ut ioseph ob hoc a coniugio mariae separandum evangelista putaret “ (cum dixit ioseph virum mariae), ° quod non ex eius concubitu, sed virgo peperit christum. hoc enim exemplo manifeste insinuatur fidelibus coniugatis, etiam servata pari consensu continentia, posse permanere vocarique coniugium, non permixto corporis sexu.

co ‘ Respondeo dicendum quod matrimonium sive coniugium dicitur verum ex hoc quod suam perfectionem attingit. duplex est autem rei perfectio, prima et secunda. prima quidem perfectio in ipsa forma rei consistit, ex qua speciem sortitur, secunda vero perfectio consistit in operatione rei, per quam res aliqualiter suum finem attingit. forma autem matrimonii consistit in quadam indivisibili coniunctione animorum, per quam unus coniugum indivisibiliter alteri fidem servare tenetur. finis autem matrimonii est proles generanda et educanda, ad quorum primum pervenitur per concubitum coniugalem; ad secundum, per alia opera viri et uxoris, quibus sibi invicem obsequuntur ad prolem nutriendam. sic igitur dicendum est quod, quantum ad primam perfectionem, omnino verum fuit matrimonium virginis matris dei et ioseph, quia uterque consensit in copulam coniugalem; non autem expresse in copulam carnalem, nisi sub conditione, si deo placeret. unde et angelus vocat mariam coniugem ioseph, * dicens ad ioseph, matth. i, ° noli timere accipere mariam coniugem tuam. * quod exponens augustinus, in libro de nuptiis et concupiscentia, dicit, ° coniux vocatur ex prima desponsationis fide, quam concubitu nec cognoverat, nec fuerat cogniturus. ‘ quantum vero ad secundam perfectionem, quae est per actum matrimonii, si hoc referatur ad carnalem concubitum, per quem |25| proles generatur, non fuit illud matrimonium consummatum. unde * ambrosius dicit, super luc., ° non te moveat quod mariam scriptura coniugem vocat. non enim virginitatis ereptio, sed coniugii testificatio nuptiarum celebratio declaratur. ‘ habuit tamen illud matrimonium etiam secundam perfectionem quantum ad prolis educationem. * unde augustinus dicit, in libro de nuptiis et concupiscentia, ° omne nuptiarum bonum impletum est in illis parentibus christi, proles, fides et sacramentum. prolem cognoscimus ipsum dominum iesum; fidem, quia nullum adulterium; sacramentum, quia nullum divortium. solus ibi nuptialis concubitus non fuit.

ra1 * Ad primum ergo dicendum quod hieronymus accipit ibi “ maritum ab actu matrimonii consummati.

ra2 “ Ad secundum dicendum quod nuptias * hieronymus vocat “ nuptialem concubitum.

ra3 * Ad tertium dicendum quod, sicut chrysostomus dicit, super matth., “ beata virgo sic fuit desponsata ioseph quod etiam esset domi habita. ° nam sicut in ea quae in domo viri concipit, intelligitur conceptio maritalis, sic in ea quae extra domum concipit, est suspecta coniunctio. “ et ita non esset sufficienter provisum famae beatae virginis per hoc quod fuit desponsata, nisi etiam fuisset domi habita. unde quod dicit, et nollet eam traducere, melius intelligitur, idest, nollet eam diffamare in publicum, quam quod intelligatur de traductione in domum. * unde et evangelista subdit quod “ voluit occulte dimittere eam. ‘ quamvis tamen esset domi habita propter primam desponsationis fidem, nondum tamen intervenerat solemnis celebratio nuptiarum, propter quod etiam nondum carnaliter convenerant. * unde, sicut chrysostomus dicit, ° non dicit evangelista, antequam duceretur in domum sponsi, etenim intus erat in domo. consuetudo enim erat veteribus multoties in domo desponsatas habere. * et ideo etiam angelus dicit ioseph, ° ne timeas accipere mariam coniugem tuam, “ idest, ne timeas nuptias eius solemniter celebrare. |25| * licet alii dicant quod “ nondum erat in domum introducta, sed solum desponsata. ‘ primum tamen magis consonat evangelio.

010 ST4 qu30 ar

pr ‘ Deinde considerandum est de annuntiatione beatae virginis. et circa hoc quaeruntur quatuor. primo, utrum conveniens fuerit ei annuntiari quod in ea generandum erat. secundo, per quem erat ei annuntiandum. tertio, per quem modum ei annuntiari debebat. quarto, de ordine annuntiationis.

010 ST4 qu30 ar1

ag1 ‘ Ad primum sic proceditur. videtur quod non fuerit necessarium beatae virgini annuntiari quod in ea fiendum erat. annuntiatio enim ad hoc solum necessarium videbatur ut virginis consensus haberetur. sed consensus eius non videtur necessarius fuisse, quia “ conceptus virginis praenuntiatus fuit prophetia praedestinationis quae sine nostro completur arbitrio, * ut dicit quaedam glossa, matth. i. ‘ non ergo necessarium fuit quod talis annuntiatio fieret.

ag2 ‘ Praeterea, beata virgo incarnationis fidem habebat, sine qua nullus esse poterat in statu salutis, * quia, ut dicitur rom. iii, ° iustitia dei est per fidem iesu christi. ‘ sed de eo quod aliquis per certitudinem credit, non indiget ulterius instrui. ergo beatae virgini non fuit necessarium ut ei incarnatio filii annuntiaretur.

ag3 ‘ Praeterea, sicut beata virgo corporaliter christum concepit, ita quaelibet sancta anima concipit ipsum spiritualiter, unde * apostolus dicit, galat. iv, ° filioli mei, quos iterum parturio, donec formetur christus in vobis. ‘ sed illis qui spiritualiter debent ipsum concipere, talis conceptio eis non annuntiatur. ergo nec beatae virgini fuit annuntiandum quod esset in utero conceptura filium dei.

sc * Sed contra est quod habetur luc. i, quod angelus dixit ei, ° ecce, concipies in utero et paries filium.

co ‘ Respondeo dicendum quod congruum fuit beatae virgini annuntiari quod esset christum conceptura. primo quidem, ut servaretur congruus ordo coniunctionis filii dei ad virginem, ut scilicet prius mens eius de ipso instrueretur quam carne eum conciperet. * unde augustinus dicit, in libro de virginitate, ° beatior maria est percipiendo fidem christi, quam concipiendo carnem christi. * et postea subdit, ° materna propinquitas nihil mariae profuisset, nisi felicius christum corde quam carne gestasset. ‘ secundo, ut posset esse certior testis huius sacramenti, quando super hoc divinitus erat instructa. tertio, ut voluntaria sui obsequii munera deo offerret, ad quod se promptam obtulit, * dicens, ° ecce ancilla domini. ‘ quarto, ut ostenderetur esse quoddam spirituale matrimonium inter filium dei et humanam naturam. et ideo per annuntiationem expetebatur consensus virginis loco totius humanae naturae.

ra1 “ Ad primum ergo dicendum quod prophetia praedestinationis completur sine nostro arbitrio causante, non tamen sine nostro arbitrio consentiente.

ra2 ‘ Ad secundum dicendum quod beata virgo expressam fidem habebat incarnationis futurae, sed, cum esset humilis, non tam alta de se sapiebat. et ideo super hoc erat instruenda.

ra3 ‘ Ad tertium dicendum quod spiritualem conceptionem christi, quae est per fidem, praecedit annuntiatio quae est per fidei praedicationem, secundum quod ° fides est ex auditu, * ut dicitur rom. x. ‘ nec tamen propter hoc aliquis pro certo scit se gratiam habere, sed scit veram fidem esse quam accipit.

010 ST4 qu30 ar2

ag1 ‘ Ad secundum sic proceditur. videtur quod beatae virgini non debuerit annuntiatio fieri per angelum. “ supremis enim angelis fit revelatio immediate a deo, * ut dicit dionysius, vii cap. cael. hier.. ‘ sed mater dei est super omnes angelos exaltata. ergo videtur quod immediate a deo debuerit sibi annuntiari incarnationis mysterium, et non per angelum.

ag2 ‘ Praeterea, si in hoc oportebat servari communem ordinem, secundum quem divina hominibus per angelos revelantur, similiter divina ad mulierem per virum deferuntur, unde * et apostolus dicit, i cor. xiv, ° mulieres in ecclesiis taceant, et si quid velint discere, domi viros suos interrogent. ‘ ergo videtur quod beatae virgini debuit annuntiari mysterium incarnationis per aliquem virum, praesertim quia ioseph, vir eius, super hoc fuit ab angelo instructus, * ut legitur matth. i.

ag3 ‘ Praeterea, nullus potest congrue annuntiare quod ignorat. sed supremi angeli non plene cognoverunt incarnationis mysterium, * unde dionysius vii cap. cael. hier., ex eorum persona dicit esse intelligendam quaestionem quae ponitur isaiae lxiii, ° quis est iste qui venit de edom? ‘ ergo videtur quod per nullum angelum potuit convenienter annuntiatio incarnationis fieri.

ag4 ‘ Praeterea, maiora sunt per maiores nuntios annuntianda. sed mysterium incarnationis est maximum inter omnia alia quae per angelos sunt hominibus annuntiata. ergo videtur quod, si per aliquem angelum annuntiari debuit, quod annuntiandum fuit per aliquem de supremo ordine. sed gabriel non est de supremo ordine, sed de ordine archangelorum, qui est penultimus, * unde cantat ecclesia, ° gabrielem archangelum scimus divinitus te esse affatum. ‘ non ergo huiusmodi annuntiatio per gabrielem archangelum convenienter facta est.

sc * Sed contra est quod dicitur luc. i, ° missus est gabriel angelus a deo, etc..

co ‘ Respondeo dicendum quod conveniens fuit matri dei annuntiari per angelum divinae incarnationis mysterium, propter tria. primo quidem, ut in hoc etiam servaretur divina ordinatio, secundum quam mediantibus angelis divina ad homines perveniunt. * unde dicit dionysius, iv cap. cael. hier., quod ° divinum iesu benignitatis mysterium angeli primum edocti sunt, postea per ipsos ad nos cognitionis gratia transivit. sic igitur divinissimus gabriel zachariam quidem docebat prophetam esse futurum ex ipso, mariam autem, quomodo in ipsa fieret thearchicum ineffabilis dei formationis mysterium. ‘ secundo, hoc fuit conveniens reparationi humanae, quae futura erat per christum. * unde beda dicit, in homilia, ° aptum humanae restaurationis principium ut angelus a deo mitteretur ad virginem partu consecrandam divino, quia prima perditionis humanae fuit causa cum serpens a diabolo mittebatur ad mulierem spiritu superbiae decipiendam. ‘ tertio, quia hoc congruebat virginitati matris dei. unde * hieronymus dicit in sermone assumptionis, ° bene angelus ad virginem mittitur, quia semper est angelis cognata virginitas. profecto in carne praeter carnem vivere non terrena vita est, sed caelestis.

ra1 ‘ Ad primum ergo dicendum quod mater dei superior erat angelis quantum ad dignitatem ad quam divinitus eligebatur. sed quantum ad statum praesentis vitae, inferior erat angelis. quia etiam ipse christus, ratione passibilis vitae, ° modico ab angelis minoratus est, * ut dicitur heb. ii. ‘ sed quia tamen christus fuit viator et comprehensor, quantum ad cognitionem divinorum non indigebat ab angelis instrui. sed mater dei nondum erat in statu comprehensorum. et ideo de divino conceptu per angelos instruenda erat.

ra2 * Ad secundum dicendum quod, sicut augustinus dicit, in sermone de assumptione, “ beata virgo maria vera existimatione ab aliquibus generalibus excipitur. quia nec conceptus multiplicavit, nec sub viri, idest mariti, potestate fuit, ° quae integerrimis visceribus de spiritu sancto christum suscepit. ‘ et ideo non debuit mediante viro instrui de mysterio incarnationis, sed mediante angelo. propter quod etiam ipsa prius est instructa quam ioseph, nam ipsa instructa est ante conceptum, ioseph autem post eius conceptum.

ra3 * Ad tertium dicendum quod, sicut patet ex auctoritate dionysii inducta, “ angeli incarnationis mysterium cognoverunt, sed tamen interrogant, perfectius scire cupientes a christo huius mysterii rationes, quae sunt incomprehensibiles omni creato intellectui. * unde maximus dicit quod ° utrum angeli cognoverint futuram incarnationem, ambigere non oportet. latuit autem eos investigabilis domini conceptio, atque modus qualiter totus in genitore, totus manebat in omnibus, nec non et in virginis cellula.

ra4 * Ad quartum dicendum quod quidam dicunt “ gabrielem fuisse de supremo ordine, * propter hoc quod gregorius dicit, ° summum angelum venire dignum fuerat, qui summum omnium nuntiabat. ‘ sed ex hoc non habetur quod fuerit summus inter omnes ordines, sed respectu angelorum, fuit enim de ordine archangelorum. * unde et ecclesia eum archangelum nominat, et gregorius ipse dicit, in homilia de centum ovibus, quod ° archangeli dicuntur qui summa annuntiant. ‘ satis est ergo credibile quod sit summus in ordine archangelorum. * et, sicut gregorius dicit, “ hoc nomen officio suo congruit, ° gabriel enim dei fortitudo nominatur. per dei ergo fortitudinem nuntiandum erat quia virtutum dominus et potens in praelio ad debellandas potestates aereas veniebat.

010 ST4 qu30 ar3

ag1 ‘ Ad tertium sic proceditur. videtur quod angelus annuntians non debuerit virgini apparere visione corporali. ° dignior enim est intellectualis visio quam corporalis, * ut augustinus dicit, xii super gen. ad litt., et ‘ praecipue ipsi angelo magis conveniens, nam visione intellectuali videtur angelus in sua substantia; visione autem corporali videtur in assumpta figura corporea. sed sicut ad annuntiandum conceptum divinum decebat venire summum nuntium, ita etiam videtur quod decuerit esse summum genus visionis. ergo videtur quod angelus annuntians apparuit virgini visione intellectuali.

ag2 ‘ Praeterea, visio imaginaria videtur etiam esse nobilior quam visio corporalis, sicut imaginatio est altior potentia quam sensus. “ sed angelus apparuit ioseph in somnis, secundum imaginariam visionem, * ut patet matth. i et ii. ‘ ergo videtur quod etiam apparere debuerit beatae virgini imaginaria visione, et non corporali.

ag3 ‘ Praeterea, corporalis visio spiritualis substantiae videntes stupefacit, * unde etiam de ipsa virgine cantatur, ° et expavescit virgo de lumine. ‘ sed melius fuisset quod a tali turbatione mens eius esset praeservata. non ergo fuit conveniens quod huiusmodi annuntiatio fieret per visionem corporalem.

sc * Sed contra est quod augustinus, in quodam sermone, inducit “ beatam virginem sic dicentem, ° venit ad me gabriel archangelus facie rutilans, veste coruscans, incessu mirabilis. ‘ sed haec non possunt pertinere nisi ad corpoream visionem. ergo corporea visione angelus annuntians beatae virgini apparuit.

co ‘ Respondeo dicendum quod angelus annuntians apparuit matri dei corporea visione. et hoc conveniens fuit, primo quidem, quantum ad id quod annuntiabatur. venerat enim angelus annuntiare incarnationem invisibilis dei. unde etiam conveniens fuit ut ad huius rei declarationem invisibilis creatura formam assumeret in qua visibiliter appareret, cum etiam omnes apparitiones veteris testamenti ad hanc apparitionem ordinentur, qua filius dei in carne apparuit. secundo, congruum fuit dignitati matris dei, quae non solum in mente, sed in corporeo ventre erat dei filium receptura. et ideo non solum mens eius, sed etiam sensus corporei erant visione angelica refovendi. tertio, congruit certitudini eius quod annuntiabatur. ea enim quae sunt oculis subiecta, certius apprehendimus quam ea quae imaginamur. * unde chrysostomus dicit, super matth., quod “ angelus non in somnis, immo visibiliter virgini astitit. ° nam quia magnam valde relationem ab angelo accipiebat, egebat ante tantae rei eventum visione solemni.

ra1 “ Ad primum ergo dicendum quod intellectualis visio est potior quam visio imaginaria vel corporalis si sit sola. * sed ipse augustinus dicit quod “ est excellentior prophetia quae habet simul intellectualem et imaginariam visionem, quam illa quae habet alterum tantum. ‘ beata autem virgo non solum percepit visionem corporalem, sed etiam intellectualem illuminationem. unde talis apparitio nobilior fuit. fuisset tamen nobilior si ipsum angelum intellectuali visione in sua substantia vidisset. sed hoc non patiebatur status hominis viatoris, quod angelum per essentiam videret.

ra2 ‘ Ad secundum dicendum quod imaginatio quidem est altior potentia quam sensus exterior, quia tamen principium humanae cognitionis est sensus, in eo consistit maxima certitudo; quia semper oportet quod principia cognitionis sint certiora. et ideo ioseph, cui angelus in somnis apparuit, non ita excellentem apparitionem habuit sicut beata virgo.

ra3 * Ad tertium dicendum quod, sicut ambrosius dicit, super luc., ° perturbamur et a nostro alienamur affectu, quando restringimur alicuius superioris potestatis occursu. ‘ et hoc non solum contingit in visione corporali, sed etiam in visione imaginaria. * unde gen. xv dicitur quod, ° cum sol occubuisset, sopor irruit super abraham, et horror magnus et tenebrosus invasit eum. ‘ talis tamen perturbatio hominis non tantum homini nocet ut propter eam debeat angelica apparitio praetermitti. primo quidem, quia ex hoc ipso quod homo supra seipsum elevatur, quod ad eius pertinet dignitatem, pars eius inferior debilitatur, ex quo provenit perturbatio praedicta, sicut etiam, calore naturali ad interiora reducto, exteriora tremunt. secundo quia, * sicut origenes dicit, super luc., ° angelus apparens, sciens hanc esse humanam naturam, primum perturbationi humanae medetur. * unde tam zachariae quam mariae, post turbationem, dixit, ° ne timeas. * et propter hoc, ut legitur in vita antonii, ° non difficilis est bonorum spirituum malorumque discretio. si enim post timorem successerit gaudium, a domino venisse sciamus |25| auxilium, quia securitas animae praesentis maiestatis indicium est. si autem incussa formido permanserit hostis est qui videtur. ‘ ipsa etiam turbatio virginis conveniens fuit verecundiae virginali. * quia, ut ambrosius dicit, super luc., ° trepidare virginum est, et ad omnes viri ingressus pavere, omnes viri affatus vereri. * quidam tamen dicunt quod, “ cum beata virgo assueta esset visionibus angelorum, non fuit turbata in visione angeli, sed in admiratione eorum quae ei ab angelo dicebantur, quia de se tam magnifica non cogitabat. * unde et evangelista non dicit quod “ turbata fuerit in visione angeli, sed, in sermone eius.

010 ST4 qu30 ar4

ag1 ‘ Ad quartum sic proceditur. videtur quod annuntiatio non fuerit convenienti ordine perfecta. dignitas enim matris dei dependet ex prole concepta. sed causa prius debet manifestari quam effectus. ergo primo debuit angelus virgini annuntiare conceptum prolis, quam eius dignitatem exprimere eam salutando.

ag2 ‘ Praeterea, probatio aut praetermitti debet, in his quae dubia non sunt, aut praemitti, in his quae dubia esse possunt. sed angelus primo videtur annuntiasse id de quo virgo dubitaret, et dubitando quaereret, dicens, quomodo fiet istud? et postea probationem adiunxit, tum ex exemplo elisabeth, tum ex dei omnipotentia. ergo inconvenienti ordine annuntiatio per angelum est effecta.

ag3 ‘ Praeterea, maius non potest sufficienter probari per minus. sed maius fuit virginem parere quam vetulam. ergo non fuit sufficiens probatio angeli probantis conceptum virginis ex conceptu senis.

sc * Sed contra est quod dicitur rom. xiii, “ quae a deo sunt, ordinata sunt. angelus autem missus est a deo ad hoc quod virgini annuntiaret, * ut dicitur luc.

i. ‘ ergo ordinatissime fuit annuntiatio per angelum completa.
co ‘ Respondeo dicendum quod annuntiatio congruo ordine per angelum est perfecta. tria enim angelus intendebat circa virginem. primo quidem, reddere mentem eius attentam ad tantae rei considerationem. quod quidem fecit eam salutando quadam nova et insolita salutatione. * unde origenes dicit, super luc., quod, ° si scivisset ad alium quempiam similem factum esse sermonem (utpote quae habebat legis scientiam), nunquam eam, quasi peregrina, talis salutatio terruisset. “ in qua quidem salutatione praemisit idoneitatem eius ad conceptum, in eo quod dixit, gratia plena; expressit conceptum, in eo quod dixit, dominus tecum; et praenuntiavit honorem consequentem, cum dixit, benedicta tu in mulieribus. secundo autem, intendebat eam instruere de mysterio incarnationis, quod in ea erat implendum. quod quidem fecit praenuntiando conceptum et partum, dicens, ecce, concipies in utero, etc.; et ostendendo dignitatem prolis conceptae, cum dixit, hic erit magnus; et etiam demonstrando modum conceptionis, cum dixit, spiritus sanctus superveniet in te. ‘ tertio, intendebat animum eius inducere ad consensum. quod quidem fecit exemplo elisabeth; et ratione ex divina omnipotentia sumpta.
ra1 ‘ Ad primum ergo dicendum quod animo humili nihil est mirabilius quam auditus suae excellentiae. admiratio autem maxime attentionem animi facit. et ideo angelus, volens mentem virginis attentam reddere ad auditum tanti mysterii, ab eius laude incoepit.
ra2 * Ad secundum dicendum quod ambrosius expresse dicit, super luc., “ quod beata virgo de verbis angeli non dubitavit. * dicit enim, ° temperatior est mariae responsio quam verba sacerdotis. haec ait, quomodo fiet istud? ille respondit, unde hoc sciam? negat ille se credere, qui negat se scire ista. non dubitat esse faciendum quod, quomodo fieri possit, inquirit. * augustinus tamen videtur dicere quod dubitaverit. dicit enim, in libro quaestionum veteris et novi test., ° ambigenti mariae de conceptu, possibilitatem angelus praedicat. ‘ sed talis dubitatio magis est admirationis quam incredulitatis. et ideo angelus probationem inducit, non ad auferendam infidelitatem, sed ad removendam eius admirationem.
ra3 * Ad tertium dicendum quod, sicut ambrosius dicit, in hexaemeron, ° ob hoc multae steriles praevenerunt, ut partus credatur virginis. ‘ et ideo conceptus elisabeth sterilis inducitur, non quasi sufficiens argumentum, sed quasi quoddam figurale exemplum. et ideo, ad confirmationem huius exempli, subditur argumentum efficax ex omnipotentia divina.

010 ST4 qu31 ar

pr ‘ Deinde considerandum est de ipsa conceptione salvatoris. et primo, quantum ad materiam de qua corpus eius conceptum est; secundo, quantum ad conceptionis auctorem; tertio, quantum ad modum et ordinem conceptionis. circa primum quaeruntur octo. primo, utrum caro christi fuerit sumpta ab adam. secundo, utrum fuerit sumpta de david. tertio, de genealogia christi quae in evangeliis ponitur. quarto, utrum decuerit christum nasci de femina quinto, utrum fuerit de purissimis sanguinibus virginis corpus eius formatum. sexto, utrum caro christi fuerit in antiquis patribus secundum aliquid signatum. septimo, utrum caro christi in patribus fuerit peccato obnoxia. octavo, utrum fuerit decimata in lumbis abrahae.

010 ST4 qu31 ar1

ag1 ‘ Ad primum sic proceditur. videtur quod caro christi non fuerit sumpta ex adam. * dicit enim apostolus, i cor. xv, ° primus homo de terra, terrenus, secundus homo de caelo, caelestis. ‘ primus autem homo est adam, secundus homo est christus. ergo christus non est ex adam, sed habet ab eo distinctam originem.
ag2 ‘ Praeterea, conceptio christi debuit esse maxime miraculosa. sed maius est miraculum formare corpus hominis ex limo terrae quam ex materia humana, quae de adam trahitur. ergo videtur quod non fuit conveniens christum ab adam carnem assumpsisse. ergo videtur quod corpus christi non debuit formari de massa humani generis derivata ab adam, sed de aliqua alia materia.
ag3 ° Praeterea, peccatum in hunc mundum intravit per hominem unum, “ scilicet adam, quia omnes in eo gentes originaliter peccaverunt, * ut patet rom. v. ‘ sed si corpus christi fuisset ab adam sumptum, ipse etiam in adam originaliter fuisset quando peccavit. ergo peccatum originale contraxisset. quod non decebat christi puritatem. non ergo corpus christi est formatum de materia sumpta ab adam.
sc * Sed contra est quod apostolus dicit, ad heb. ii, ° nusquam angelos apprehendit, “ scilicet filius dei, ° sed semen abrahae apprehendit. ‘ semen autem abrahae sumptum est ab adam. ergo corpus christi fuit formatum de materia ex adam sumpta.
co ‘ Respondeo dicendum quod christus humanam naturam assumpsit ut eam a corruptione purgaret. non autem purgatione indigebat humana natura nisi secundum quod infecta erat per originem vitiatam qua ex adam descendebat. et ideo conveniens fuit ut carnem sumeret ex materia ab adam derivata, ut ipsa natura per assumptionem curaretur.
ra1 “ Ad primum ergo dicendum quod secundus homo, idest christus, dicitur esse de caelo non quidem quantum ad materiam corporis, sed vel quantum ad virtutem formativam corporis; vel etiam quantum ad ipsam eius divinitatem. secundum autem materiam corpus christi fuit terrenum, sicut et corpus adae.
ra2 * Ad secundum dicendum quod, sicut supra dictum est, ‘ mysterium incarnationis christi est quiddam miraculosum, non sicut ordinatum ad confirmationem fidei, sed sicut articulus fidei. et ideo in mysterio incarnationis non requiritur quid sit maius miraculum, sicut in miraculis quae fiunt ad confirmationem fidei, sed quid sit divinae sapientiae convenientius, et magis expediens humanae saluti, quod requiritur in omnibus quae fidei sunt. vel potest dici quod in mysterio incarnationis non solum attenditur miraculum ex materia conceptus, sed magis ex modo conceptionis et partus, quia scilicet virgo concepit et peperit deum.
ra3 * Ad tertium dicendum quod, sicut supra dictum est, ‘ corpus christi fuit in adam secundum corpulentam substantiam, quia scilicet ipsa materia corporalis corporis christi derivata est ab adam, non autem fuit ibi secundum seminalem rationem, quia non est concepta ex virili semine. et ideo non contraxit originale peccatum sicut et ceteri, qui ab adam per viam virilis seminis derivantur.

010 ST4 qu31 ar2

ag1 ‘ Ad secundum sic proceditur. videtur quod christus non sumpserit carnem de semine david. matthaeus enim, genealogiam christi texens, eam ad ioseph perduxit. ioseph autem non fuit pater christi, * ut supra ostensum est. ‘ non ergo videtur quod christus de genere david descenderit.
ag2 ‘ Praeterea, aaron fuit de tribu levi, * ut patet exod. vi, “ maria autem, mater christi, cognata dicitur elisabeth, quae est filia aaron, * ut patet luc. i. ‘ cum ergo david de tribu iuda fuerit, * ut patet matth. i, ‘ videtur quod christus de semine david non descenderit.
ag3 * Praeterea, ierem. xxii dicitur de iechonia, ° scribe virum istum sterilem, nec enim erit de semine eius vir qui sedeat super solium david. * sed de christo dicitur isaiae ix, ° super solium david sedebit. ‘ ergo christus non fuit de semine iechoniae. et per consequens nec de genere david, quia matthaeus a david per iechoniam seriem generationis perducit.
sc * Sed contra est quod dicitur rom. i, ° qui factus est ei ex semine david secundum carnem.
co ‘ Respondeo dicendum quod christus specialiter duorum antiquorum patrum filius dicitur esse, abrahae scilicet et david, * ut patet matth. i. ‘ cuius est multiplex ratio. prima quidem, quia ad hos specialiter de christo repromissio facta est. * dictum est enim abrahae, gen. xxii, ° benedicentur in semine tuo omnes gentes terrae, * quod apostolus de christo exponit, dicens, galat. iii, ° abrahae dictae sunt promissiones, et semini eius. non dicit et seminibus, quasi in multis, sed, quasi in uno, et semini tuo, qui est christus. * ad david autem dictum est, ° de fructu ventris tui ponam super sedem tuam. * unde et populi iudaeorum, ut regem honorifice suscipientes, dicebant, matth. xxi, ° hosanna filio david. ‘ secunda ratio est quia christus futurus erat rex, propheta et sacerdos. abraham autem sacerdos fuit, * ut patet ex hoc quod dominus dixit ad eum, gen. xv, ° sume tibi vaccam triennem, etc.. ‘ fuit etiam propheta, * secundum id quod dicitur gen. xx, |25| ° propheta est, et orabit pro te. ‘ david autem rex fuit et propheta. tertia ratio est quia in abraham primo incoepit circumcisio, in david autem maxime manifestata est dei electio, * secundum illud quod dicitur i reg. xiii, ° quaesivit sibi dominus virum iuxta cor suum. ‘ et ideo utriusque filius christus specialissime dicitur, ut ostendatur esse in salutem circumcisioni et electioni gentilium.
ra1 * Ad primum ergo dicendum quod obiectio fuit fausti manichaei, volentis probare “ christum non esse filium david, quia non est conceptus ex ioseph, usque ad quem seriem generationis matthaeus perducit. * contra quod augustinus respondet, xxiii libro contra faustum, quod, ° cum idem evangelista dicat virum mariae esse ioseph, et christi matrem virginem esse, et christum ex semine david, quid restat nisi credere mariam non fuisse extraneam a cognatione david; et eam ioseph coniugem non frustra appellatam, propter animorum confoederationem, quamvis ei non fuerit carne commixtus; et quod potius propter dignitatem virilem ordo generationum ad ioseph perducitur? sic ergo nos credimus etiam mariam fuisse in cognatione david, quia scripturis credimus, quae utrumque dicunt, et christum ex semine david secundum carnem, et eius matrem mariam, non cum viro concumbendo, sed virginem. * ut enim dicit hieronymus, super matth., ° ex una tribu fuit ioseph et maria, unde et secundum legem eam accipere cogebatur ut propinquam. propter quod et simul censentur in bethlehem, quasi de una stirpe generati.
ra2 * Ad secundum dicendum quod huic obiectioni gregorius nazianzenus respondet dicens quod “ hoc nutu superno contigit, ut regium genus sacerdotali stirpi iungeretur, ut christus, qui rex est et sacerdos, ab utrisque nasceretur secundum carnem. unde et aaron, qui fuit primus sacerdos secundum legem, duxit ex tribu iudae coniugem elisabeth, filiam aminadab. sic ergo potuit fieri ut pater elisabeth aliquam uxorem habuerit de stirpe david, ratione cuius beata virgo maria, quae fuit de stirpe david, esset elisabeth cognata. vel potius e converso quod pater beatae mariae, de stirpe david existens, uxorem habuerit de stirpe aaron. * vel, sicut augustinus dicit, xxiii contra faustum, “ si ioachim, pater mariae, de stirpe aaron fuit * (ut faustus haereticus per quasdam scripturas apocryphas asserebat), “ credendum est quod mater ioachim fuerit de stirpe david, vel etiam uxor eius, ita quod per aliquem modum dicamus mariam fuisse de progenie david.
ra3 * Ad tertium dicendum quod per illam auctoritatem propheticam, sicut ambrosius dicit, super luc., ° non negatur ex semine iechoniae posteros nascituros. et ideo de semine eius christus est. et quod regnavit christus, non contra prophetiam est, non enim saeculari honore regnavit; ipse enim dixit, regnum meum non est de hoc mundo.

010 ST4 qu31 ar3

ag1 ‘ Ad tertium sic proceditur. videtur quod genealogia christi inconvenienter ab evangelistis texatur. * dicitur enim isaiae liii de christo, ° generationem eius quis enarrabit? ‘ ergo non fuit christi generatio enarranda.
ag2 ‘ Praeterea, impossibile est unum hominem duos patres habere. * sed matthaeus dicit quod ° iacob genuit ioseph, virum mariae, * lucas autem dicit “ ioseph fuisse filium heli. ‘ ergo contraria sibi invicem scribunt.
ag3 ‘ Praeterea, videntur in quibusdam a se invicem diversificari. * matthaeus enim, in principio libri “ incipiens ab abraham, descendendo usque ad ioseph, quadraginta duas generationes enumerat. * lucas autem “ post baptismum christi generationem christi ponit, incipiens a christo et perducens generationum numerum usque ad deum, ponens generationes septuaginta septem, utroque extremo computato. ‘ videtur ergo quod inconvenienter generationem christi describant.
ag4 * Praeterea, iv reg. viii legitur quod “ ioram genuit ochoziam; cui successit ioas, filius eius; huic autem successit filius eius amasias; postea regnavit filius eius azarias, qui appellatur ozias; cui successit ioathan, filius eius. * matthaeus autem dicit quod ° ioram genuit oziam. ‘ ergo videtur inconvenienter generationem christi describere, tres reges in medio praetermittens.
ag5 ‘ Praeterea, omnes qui in christi generatione describuntur patres habuerunt et matres, et plurimi etiam ex eis fratres habuerunt. * matthaeus autem “ in generatione christi tres tantum matres nominat scilicet thamar, ruth et uxorem uriae. fratres autem nominat iudae et iechoniae, et iterum phares et zaram. * quorum nihil posuit lucas. ‘ ergo videntur evangelistae inconvenienter genealogiam christi descripsisse.
sc * Sed contra est auctoritas scripturae.
co * Respondeo dicendum quod, sicut dicitur ii tim. iii, ° omnis scriptura sacra est divinitus inspirata. ‘ quae autem divinitus fiunt ordinatissime fiunt, * secundum illud rom. xiii, ° quae a deo sunt, ordinata sunt. ‘ unde convenienti ordine genealogia christi est ab evangelistis descripta.
ra1 * Ad primum ergo dicendum quod, sicut hieronymus dicit, super matth., isaias loquitur de generatione divinitatis christi. matthaeus “ autem enarrat generationem christi secundum humanitatem, non quidem explicans modum incarnationis, quia hoc etiam est ineffabile; sed enumerat patres ex quibus christus secundum carnem processit.
ra2 * Ad secundum dicendum quod ad hanc obiectionem, quam movit iulianus apostata, diversimode ab aliquibus respondetur. “ quidam enim, * ut gregorius nazianzenus dicit, “ dicunt eosdem esse quos uterque evangelista enumerat, sed sub diversis nominibus, quasi binomios. * sed hoc stare non potest, quia matthaeus ponit ‘ unum filiorum david scilicet salomonem, * lucas autem ponit “ alium, scilicet nathan, quos * secundum historiam libri regum “ constat fratres fuisse. * unde alii dixerunt quod “ matthaeus veram genealogiam christi tradidit, lucas autem putativam, unde incoepit, ut putabatur, filius ioseph. ‘ erant enim aliqui ex iudaeis qui, propter peccata regum iuda, credebant christum ex david non per reges, sed per aliam eius stirpem hominum privatorum, esse nasciturum. * alii vero dixerunt quod “ matthaeus posuit patres carnales, lucas autem posuit patres spirituales, scilicet iustos viros, qui |25| dicuntur patres propter similitudinem honestatis. * in libro vero de quaest. nov. et vet. test., respondetur quod “ non est intelligendum quod ioseph a luca dicatur esse filius heli, sed quia heli et ioseph fuerunt tempore christi diversimode a david descendentes. unde de christo dicitur quod putabatur filius ioseph, et quod ipse etiam christus fuit heli filius, quasi diceret quod christus ea ratione qua dicitur filius ioseph, potest dici filius heli, et omnium eorum qui ex stirpe

david descendunt; * sicut apostolus dicit, rom. ix, “ ex quibus, scilicet iudaeis, christus est secundum carnem. * augustinus vero, in libro de quaest. evang., tripliciter solvit, dicens, ° tres causae occurrunt, quarum aliquam evangelista secutus est. aut enim unus evangelista patrem ioseph a quo genitus est, nominavit, alter vero vel avum maternum, vel aliquem de cognatis maioribus posuit. aut unus erat ioseph naturalis pater, et alter eum adoptaverat. aut, more iudaeorum, cum sine filiis unus decessisset, eius uxorem propinquus accipiens, filium quem genuit propinquo mortuo deputavit, “ quod etiam quoddam genus adoptionis legalis est, * ut ipse augustinus dicit, in ii de consensu evang., et haec ultima causa est verior, quam etiam hieronymus, super matth., ponit; et eusebius caesariensis, in ecclesiastica historia, ab africano historiographo traditum asserit. dicunt enim quod |50| “ mathan et melchi diversis temporibus de una eademque uxore, estha nomine, singulos filios procrearunt. quia mathan, qui per salomonem descendit, uxorem eam primum ceperat, et, relicto filio uno, iacob nomine, defunctus est; post cuius obitum, quoniam lex viduam alii viro non vetat nubere, melchi, qui per nathan genus ducit, cum esset ex eadem tribu sed non ex eodem genere, relictam mathan accepit uxorem, ex qua et ipse suscepit filium, nomine heli; et sic ex diverso patrum genere efficiuntur iacob et heli uterini fratres. quorum alter, idest iacob, fratris sui heli, sine liberis defuncti, ex mandato legis accipiens uxorem, genuit ioseph, natura quidem generis suum filium, secundum vero legis praeceptum, heli efficitur filius. * et ideo matthaeus dicit, iacob genuit ioseph, sed lucas, quia legalem generationem describit, ‘ nullum nominat aliquem genuisse. * et quamvis damascenus dicat “ quod beata virgo maria ioseph attinebat secundum illam originem qua pater eius dicitur heli, quia dicit eam ex melchi descendisse, tamen credendum est quod etiam ex salomone originem duxerit, secundum aliquem modum, per illos patres quos enumerat matthaeus, qui carnalem christi generationem dicitur enarrare; * praesertim cum ambrosius dicat “ christum de semine iechoniae descendisse.

ra3 * Ad tertium dicendum quod, sicut augustinus dicit, in libro de consensu evang., ° matthaeus regiam in christo instituerat insinuare personam, lucas autem sacerdotalem. unde in generationibus matthaei significatur nostrorum susceptio peccatorum a domino iesu christo, “ inquantum scilicet per carnis originem similitudinem carnis peccati assumpsit. ° in generationibus autem lucae significatur nostrorum ablutio peccatorum, “ quae est per sacrificium christi. ° et ideo generationes matthaeus descendens enumerat, lucas autem ascendens. ‘ inde etiam est quod ° matthaeus ab ipso david per salomonem descendit, in cuius matre ille peccavit, lucas vero ad ipsum david per nathan ascendit per cuius nominis prophetam deus peccatum illius expiavit. ‘ et inde est etiam quod, quia ° matthaeus ad mortalitatem nostram christum descendentem voluit significare, ipsas generationes ab abraham usque ad ioseph, et usque ad ipsius christi nativitatem, descendendo commemoravit ab initio evangelii sui. lucas autem non ab initio, sed a baptismo christi generationem narrat, nec descendendo, sed ascendendo, tanquam sacerdotem in expiandis peccatis magis assignans ubi testimonium ioannes perhibuit, dicens, ecce qui tollit peccatum |25| mundi. ascendendo autem, transit abraham et pervenit ad deum, cui mundati et expiati reconciliamur. merito etiam adoptionis originem ipse suscepit, quia per adoptionem efficimur filii dei; per carnalem vero generationem filius dei filius hominis factus est. satis autem demonstravit non se ideo dixisse ioseph filium heli quod de illo sit genitus, sed quod ab illo fuerat adoptatus, cum et ipsum adam filium dei dixit, cum sit factus a deo. ‘ numerus etiam quadragenarius ad tempus praesentis vitae pertinet, propter quatuor partes mundi, in quo mortalem vitam ducimus sub christo regnante. quadraginta autem quater habent decem, et ipsa decem ab uno usque ad quatuor progrediente numero consummantur. posset etiam denarius ad decalogum referri, et quaternarius ad praesentem vitam; vel etiam ad quatuor evangelia, secundum quod christus regnat in nobis. et ideo ° matthaeus, regiam personam christi commendans, quadraginta personas posuit excepto ipso. * sed hoc intelligendum est “ si sit idem iechonias qui ponitur in fine secundi quaterdenarii et in principio tertii, * ut augustinus vult. quod dicit factum esse ad significandum quod ° in iechonia facta est quaedam deflexio ad extraneas gentes, quando in babyloniam transmigratum est, quod etiam praefigurabat christum a circumcisione ad praeputium migraturum. * hieronymus autem dicit |50| “ duos fuisse ioachim, idest iechonias, patrem scilicet et filium, quorum uterque in generatione christi assumitur, ut constet distinctio generationum, quas evangelista per tres quaterdenarios distinguit. quod ascendit ad quadraginta duas personas. ‘ qui etiam numerus convenit sanctae ecclesiae. hic enim numerus consurgit ex senario, qui significat laborem praesentis vitae, et septenario, qui significat quietem vitae futurae, sexies enim septem sunt quadraginta duo. ipse etiam quaterdenarius, qui ex denario et quaternario constituitur per aggregationem, ad eandem significationem pertinere potest quae attributa est quadragenario qui consurgit ex eisdem numeris secundum multiplicationem. numerus autem quo lucas utitur in generationibus christi, significat universitatem peccatorum. ° denarius enim, tanquam iustitiae numerus, in decem praeceptis legis ostenditur. peccatum autem est legis transgressio. denarii vero numeri transgressio est undenarius. “ septenarius autem significat universitatem, quia universum tempus septenario dierum numero volvitur. septies autem undecim sunt septuaginta septem. et ita per hoc significatur universitas peccatorum, quae per christum tolluntur.

ra4 * Ad quartum dicendum quod, sicut hieronymus, super matth., dicit, ° quia ioram rex generi se miscuerat impiissimae iezabel, idcirco usque ad tertiam generationem eius memoria tollitur, ne in sancto nativitatis ordine poneretur. * et ita, ut chrysostomus dicit, ° quanta benedictio facta est super iehu, qui vindictam fecerat super domum achab et iezabel, tanta est maledictio super domum ioram, propter filiam iniqui achab et iezabel, ut usque ad quartam generationem praecidantur filii eius de numero regum, * sicut scriptum est exod. xx, ° reddam peccatum parentum in filios usque ad tertiam et quartam generationem. ‘ est etiam attendendum quod et alii reges fuerunt peccatores, qui in genealogia christi ponuntur, sed non fuit eorum continua impietas. * nam, ut dicitur in libro quaest. novi et vet. test., ° salomon merito patris sui remissus in regno est, roboam merito asae, filii abiae, filii sui. horum autem trium continua fuit impietas.

ra5 * Ad quintum dicendum quod, sicut hieronymus dicit, super matth., ° in genealogia salvatoris nulla sanctarum mulierum assumitur, sed eas quas scriptura reprehendit, ut qui propter peccatores venerat, de peccatoribus nascens, omnium peccata deleret. ‘ unde ponitur thamar, quae reprehenditur de socerino concubitu; et rahab, quae fuit meretrix; et ruth, quae fuit alienigena; et bethsabee, uxor uriae, quae fuit adultera. quae tamen proprio nomine non ponitur, sed ex nomine viri designatur, tum propter peccatum ipsius, quia fuit adulterii et homicidii conscia; tum etiam ut, nominato viro, peccatum david ad memoriam revocetur. et quia lucas christum designare intendit ut peccatorum expiatorem, talium mulierum mentionem non facit. fratres autem iudae commemorat, ut ostendat eos ad dei populum pertinere, cum tamen ismael, frater isaac, et esau, frater iacob, a populo dei fuerint separati; propter quod in generatione christi non commemorantur. et etiam ut superbiam de nobilitate excludat, multi enim fratrum iudae ex ancillis nati fuerunt, sed omnes simul erant patriarchae et tribuum principes. phares autem et zaram simul nominantur, * ut ambrosius dicit, super luc., “ quia per eos gemina describitur vita populorum, una secundum legem, quae significatur per zaram; altera per fidem, quae significatur per phares. |25| ‘ fratres autem iechoniae ponit, quia omnes regnaverunt diversis temporibus, quod in aliis regibus non acciderat. vel quia eorum similis fuit et iniquitas et miseria.

010 ST4 qu31 ar4

ag1 ‘ Ad quartum sic proceditur. videtur quod materia corporis christi non debuit esse assumpta de femina. sexus enim masculinus est nobilior quam sexus femininus. sed maxime decuit ut christus assumeret id quod est perfectum in humana natura. ergo non videtur quod debuerit de femina carnem assumere, sed magis de viro, sicut heva de costa viri formata est.

ag2 ‘ Praeterea, quicumque ex femina concipitur, utero feminae includitur. sed deo, ° qui caelum et terram implet, * ut dicitur ierem. xxiii, ‘ non competit ut parvo feminae utero includatur. ergo videtur quod non debuit concipi de femina.

ag3 ‘ Praeterea, illi qui concipiuntur ex femina, quandam immunditiam patiuntur, * ut dicitur iob xxv, ° nunquid iustificari potest homo comparatus deo? aut apparere mundus natus de muliere? ‘ sed in christo nulla immunditia esse debuit, ipse enim est dei sapientia, * de qua dicitur, sap. vii, quod ° nihil inquinatum in illam incurrit. ‘ ergo non videtur quod debuerit carnem assumpsisse de femina.

sc * Sed contra est quod dicitur galat. iv, ° misit deus filium suum factum ex muliere.

co ‘ Respondeo dicendum quod, licet filius dei carnem humanam assumere potuerit de quacumque materia voluisset, convenientissimum tamen fuit ut de femina carnem acciperet. primo quidem, quia per hoc tota humana natura nobilitata est. * unde augustinus dicit, in libro octogintatrium quaest., ° hominis liberatio in utroque sexu debuit apparere. ergo, quia virum oportebat suscipere, qui sexus honorabilior est, conveniens erat ut feminei sexus liberatio hinc appareret quia ille vir de femina natus est. ‘ secundo, quia per hoc veritas incarnationis adstruitur. * unde ambrosius dicit, in libro de incarnatione, ° multa secundum naturam invenies, et ultra naturam. secundum conditionem etenim naturae in utero, “ feminei scilicet corporis, ° fuit; sed supra conditionem virgo concepit, virgo generavit, ut crederes quia deus erat qui innovabat naturam; et homo erat, qui secundum naturam nascebatur ex homine. * et augustinus dicit, in epistola ad volusianum, ° si omnipotens deus hominem, ubicumque formatum, non ex materno utero crearet, sed repentinum inferret aspectibus, nonne opinionem confirmaret erroris; nec hominem verum suscepisse ullo modo crederetur; et, dum omnia mirabiliter facit, auferret quod misericorditer fecit? nunc vero ita inter deum et hominem |25| mediator apparuit ut, in unitate personae copulans utramque naturam, et solita sublimaret insolitis, et insolita solitis temperaret. ‘ tertio, quia per hunc modum completur omnis diversitas generationis humanae. nam primus homo productus est ex limo terrae sine viro et femina; heva vero producta est ex viro sine femina; ceteri vero homines producuntur ex viro et femina. unde hoc quartum quasi christo proprium relinquebatur, ut produceretur ex femina sine viro.

ra1 ‘ Ad primum ergo dicendum quod sexus masculinus est nobilior quam femineus, ideo humanam naturam in masculino sexu assumpsit. ne tamen sexus femininus contemneretur, congruum fuit ut carnem assumeret de femina. * unde augustinus dicit, in libro de agone christiano, ° nolite vos ipsos contemnere, viri, filius dei virum suscepit. nolite vos ipsas contemnere, feminae, filius dei natus est ex femina.

ra2 * Ad secundum dicendum quod, sicut augustinus dicit, xxiii libro contra faustum, qui hac obiectione utebatur, ° non plane, inquit, catholica fides, quae christum, dei filium, natum secundum carnem credit ex virgine ullo modo eundem dei filium sic in utero mulieris includit quasi extra non sit, quasi caeli et terrae administrationem deseruerit, quasi a patre recesserit. sed vos, manichaei, corde illo quo nihil potestis nisi corporalia phantasmata cogitare, ista omnino non capitis. * ut enim dicit in epistola ad volusianum, ° hominum iste sensus est nihil nisi corpora valentium cogitare, quorum nullum potest esse ubique totum, quoniam per innumerabiles partes aliud alibi habeat necesse est. longe aliud est natura animae quam corporis. quanto magis dei, qui creator est animae et corporis. novit ubique totus esse, et nullo contineri loco; novit venire, non recedendo ubi erat; novit abire, non deserendo quo venerat.

ra3 ‘ Ad tertium dicendum quod in conceptione viri ex femina non est aliquid immundum inquantum est opus dei, * unde dicitur act. x, ° quod deus creavit, tu ne commune dixeris, “ idest immundum. ‘ est tamen aliqua ibi immunditia ex peccato proveniens, prout cum libidine aliquis concipitur ex commixtione maris et feminae. quod tamen in christo non fuit, * ut supra ostensum est. ‘ si tamen aliqua ibi esset immunditia, ex ea non inquinaretur dei verbum, quod nullo modo est mutabile. * unde augustinus dicit, in libro contra quinque haereses, ° dicit deus, creator hominis, quid est quod te permovet in mea nativitate? non sum libidinis conceptus cupiditate. ego matrem de qua nascerer, feci. si solis radius cloacarum sordes siccare novit, eis inquinari non novit multo magis splendor lucis aeternae quocumque radiaverit mundare potest, ipse pollui non potest.

010 ST4 qu31 ar5

ag1 ‘ Ad quintum sic proceditur. videtur quod caro christi non fuerit concepta ex purissimis sanguinibus virginis. * dicitur enim in collecta quod ° deus verbum suum de virgine carnem sumere voluit. ‘ sed caro differt a sanguine. ergo corpus christi non est sumptum de sanguine virginis.

ag2 ‘ Praeterea, sicut mulier formata est miraculose de viro, ita corpus christi miraculose formatum est de virgine. sed mulier non dicitur esse formata de sanguine viri, sed magis de carne et ossibus eius, * secundum illud quod dicitur gen. ii, ° hoc nunc os ex ossibus meis, et caro de carne mea. ‘ ergo videtur quod nec etiam corpus christi formari debuerit de sanguine virginis, sed de carnibus et ossibus eius.

ag3 ‘ Praeterea, corpus christi fuit eiusdem speciei cum corporibus aliorum hominum. sed corpora aliorum hominum non formantur ex purissimo sanguine, sed ex semine et sanguine menstruo. ergo videtur quod nec etiam corpus christi fuerit conceptum ex purissimis sanguinibus virginis.

sc * Sed contra est quod damascenus dicit, in iii libro, quod ° filius dei construxit sibi ipsi ex castis et purissimis sanguinibus virginis carnem animatam anima rationali.

co * Respondeo dicendum quod, sicut supra dictum est, ‘ in conceptione christi fuit secundum conditionem naturae quod est natus ex femina, sed supra conditionem naturae quod est natus ex virgine. habet autem hoc naturalis conditio, quod “ in generatione animalis femina materiam ministret, ex parte autem maris sit activum principium in generatione, * sicut probat philosophus, in libro de generat. animal.. ‘ femina autem quae ex mare concipit, non est virgo. et ideo ad supernaturalem modum generationis christi pertinet quod activum principium in generatione illa fuerit virtus supernaturalis divina, sed ad naturalem modum generationis eius pertinet quod materia de qua corpus eius conceptum est, sit conformis materiae quam aliae feminae subministrant ad conceptionem prolis. * haec autem materia, * secundum philosophum, in libro de generat. animal., “ est sanguis mulieris, non quicumque, sed perductus ad quandam ampliorem digestionem per virtutem generativam matris, ut sit materia apta ad conceptum.

' et ideo ex tali materia fuit corpus christi conceptum.
ra1 ' Ad primum ergo dicendum quod, cum beata virgo fuerit eiusdem naturae cum aliis feminis, consequens est quod habuerit carnem et ossa eiusdem naturae. carnes autem et ossa in aliis feminis sunt actuales corporis partes, ex quibus constituitur integritas corporis, et ideo subtrahi non possunt sine corruptione corporis vel deminutione. christus autem, qui venerat corrupta reparare, nullam corruptionem aut deminutionem integritati matris eius inferre debuit. et ideo non debuit corpus christi formari de carne vel ossibus virginis, sed de sanguine, " qui nondum est actu pars, sed est potentia totum, * ut dicitur in libro de generat. animal.. et ideo dicitur " carnem de virgine sumpsisse, non quod materia corporis fuerit actu caro, sed sanguis, qui est potentia caro.
ra2 * Ad secundum dicendum quod, sicut in prima parte dictum est, ' adam, quia institutus erat ut principium quoddam humanae naturae, habebat in suo corpore aliquid carnis et ossis quod non pertinebat ad integritatem personalem ipsius, sed solum inquantum erat naturae humanae principium. et de tali formata est mulier, absque viri detrimento. sed nihil tale fuit in corpore virginis, ex quo corpus christi posset formari sine corruptione materni corporis.
ra3 ' Ad tertium dicendum quod semen feminae non est generationi aptum, sed est quiddam imperfectum in genere seminis, quod non potuit produci ad perfectum seminis complementum, propter imperfectionem virtutis femineae. et " ideo tale semen non est materia quae de necessitate requiratur ad conceptum, * sicut philosophus dicit, in libro de generat. animal.. ' et ideo in conceptione christi non fuit, praesertim quia, licet sit imperfectum in genere seminis, tamen cum quadam concupiscentia resolvitur, sicut et semen maris; in illo autem conceptu virginali concupiscentia locum habere non potuit. * et ideo damascenus dicit quod " corpus christi non seminaliter conceptum est. ' sanguis autem menstruus, quem feminae per singulos menses emittunt, impuritatem quandam naturalem habet corruptionis, sicut et ceterae superfluitates, quibus natura non indiget, sed eas expellit. ex tali autem menstruo corruptionem habente, quod natura repudiat, non formatur conceptus, sed hoc est purgamentum quoddam illius puri sanguinis qui digestione quadam est praeparatus ad conceptum, quasi purior et perfectior alio sanguine. habet tamen impuritatem libidinis in conceptione aliorum |25| hominum, inquantum ex ipsa commixtione maris et feminae talis sanguis ad locum generationi congruum attrahitur. sed hoc in conceptione christi non fuit, quia operatione spiritus sancti talis sanguis in utero virginis adunatus est et formatus in prolem. " et ideo dicitur corpus christi ° ex castissimis et purissimis sanguinibus virginis formatum.

010 ST4 qu31 ar6

ag1 ' Ad sextum sic proceditur. videtur quod corpus christi fuerit secundum aliquid signatum in adam et in aliis patribus. * dicit enim augustinus, x super gen. ad litt., quod " caro christi fuit in adam et abraham secundum corpulentam substantiam. ' sed corpulenta substantia est quiddam signatum. ergo caro christi fuit in adam et abraham et in aliis patribus secundum aliquid signatum.
ag2 * Praeterea, rom. i dicitur quod ° christus factus est ex semine david secundum carnem. ' sed semen david fuit aliquid signatum in ipso. ergo christus fuit in david secundum aliquid signatum, et eadem ratione in aliis patribus.
ag3 ' Praeterea, christus ad humanum genus affinitatem habet inquantum ex humano genere carnem assumpsit. sed si caro illa non fuit secundum aliquid signatum in adam, nullam videtur habere affinitatem ad humanum genus, quod ex adam derivatur, sed magis ad alias res, unde materia carnis eius assumpta est. videtur ergo quod caro christi fuerit in adam et aliis patribus secundum aliquid signatum.
sc * Sed contra est quod augustinus dicit, x super gen. ad litt., " quocumque modo christus fuit in adam et abraham, alii homines ibi fuerunt, sed non convertitur. ' alii autem homines non fuerunt in adam et abraham secundum aliquam materiam signatam, sed solum secundum originem, * ut in prima parte habitum est. ' ergo neque christus fuit in adam et abraham secundum aliquid signatum, et, eadem ratione, nec in aliis patribus.
co * Respondeo dicendum quod, sicut supra dictum est, ' materia corporis christi non fuit caro et os beatae virginis, nec aliquid quod fuerit actu pars corporis eius, sed sanguis, qui est potentia caro. quidquid autem fuit in beata virgine a parentibus acceptum, fuit actu pars corporis beatae virginis. unde illud quod fuit in beata virgine a parentibus acceptum, non fuit materia corporis christi. et ideo dicendum est quod corpus christi non fuit in adam et aliis patribus secundum aliquid signatum, ita scilicet quod aliqua pars corporis adae, vel alicuius alterius, posset designari determinate, ut diceretur quod ex hac materia formabitur corpus christi, sed fuit ibi secundum originem, sicut et caro aliorum hominum. corpus enim christi habet relationem ad adam et alios patres mediante corpore matris eius. unde nullo alio modo fuit in patribus corpus christi quam corpus matris eius, quod non fuit in patribus secundum materiam signatam, sicut nec corpora aliorum hominum, * ut in prima parte dictum est.
ra1 " Ad primum ergo dicendum quod, cum dicitur christus fuisse in adam secundum corpulentam substantiam, non est intelligendum hoc modo, quod corpus christi in adam fuerit quaedam corpulenta substantia, sed quia corpulenta substantia corporis christi, idest materia quam sumpsit ex virgine, fuit in adam sicut in principio activo, non autem sicut in principio materiali; quia scilicet per virtutem generativam adae, et aliorum ab adam descendentium usque ad beatam virginem, factum est ut illa materia taliter praepararetur ad conceptum corporis christi. non autem fuit materia illa formata in corpus christi per virtutem seminis ab adam derivatam. et ideo christus dicitur fuisse in adam originaliter secundum corpulentam substantiam, non autem secundum seminalem rationem.
ra2 ' Ad secundum dicendum quod, quamvis corpus christi non fuerit in adam et in aliis patribus secundum seminalem rationem, et corpus tamen beatae virginis, quod ex semine maris est conceptum, fuit in adam et in aliis patribus secundum rationem seminalem. " et ideo, mediante beata virgine, christus secundum carnem dicitur esse ex semine david per modum originis.
ra3 ' Ad tertium dicendum quod christus habet affinitatem ad humanum genus secundum similitudinem speciei. similitudo autem speciei attenditur, non secundum materiam remotam, sed secundum materiam proximam, et secundum principium activum, quod generat sibi simile in specie. sic igitur affinitas christi ad humanum genus sufficienter conservatur per hoc quod corpus christi formatum est ex sanguinibus virginis, derivatis secundum originem ab adam et aliis patribus. nec refert ad hanc affinitatem undecumque materia illorum sanguinum sumpta fuerit, sicut nec hoc refert in generatione aliorum hominum, * sicut in prima parte dictum est.

010 ST4 qu31 ar7

ag1 ' Ad septimum sic proceditur. videtur quod caro christi in antiquis patribus peccato infecta non fuerit. * dicitur enim sap. vii " quod in divinam sapientiam nihil inquinatum incurrit. christus autem est dei sapientia, * ut dicitur i ad cor. i. ' ergo caro christi nunquam peccato inquinata fuit.
ag2 * Praeterea, damascenus dicit, in iii libro, quod ° christus primitias nostrae naturae assumpsit. ' sed in primo statu caro humana non erat peccato infecta. ergo caro christi non fuit infecta nec in adam nec in aliis patribus.
ag3 * Praeterea, augustinus dicit, x super gen. ad litt., quod ° natura humana semper habuit, cum vulnere, vulneris medicinam. ' sed id quod est infectum, non potest esse vulneris medicina, sed magis ipsum indiget medicina. ergo semper in natura humana fuit aliquid non infectum, ex quo postmodum est corpus christi formatum.
sc ' Sed contra est quod corpus christi non refertur ad adam et ad alios patres nisi mediante corpore beatae virginis, de qua carnem assumpsit. sed corpus beatae virginis totum fuit in originali conceptum, * ut supra dictum est, ' et ita etiam, secundum quod fuit in patribus, fuit peccato obnoxium. ergo caro christi, secundum quod fuit in patribus, fuit peccato obnoxia.
co ' Respondeo dicendum quod, cum dicimus christum, vel eius carnem, fuisse in adam et in aliis patribus, comparamus ipsum, vel carnem eius, ad adam et ad alios patres. manifestum est autem quod alia fuit conditio patrum, et alia christi, nam patres fuerunt subiecti peccato, christus autem fuit omnino a peccato immunis. dupliciter ergo in hac comparatione errare contingit. uno modo, ut attribuamus christo, vel carni eius, conditionem quae fuit in patribus, puta si dicamus quod christus in adam peccavit quia in eo aliquo modo fuit. quod falsum est, quia non eo modo in eo fuit ut ad christum peccatum adae pertineret; quia non derivatur ab eo secundum concupiscentiae legem, sive secundum rationem seminalem, * ut supra dictum est. " alio modo contingit errare, si attribuamus ei quod actu fuit in patribus, conditionem christi, vel carnis eius, ut scilicet, quia caro christi, secundum quod in christo fuit, non fuit peccato obnoxia, ita etiam in adam et in aliis patribus fuit aliqua pars corporis eius quae non fuit peccato obnoxia, ex qua postmodum corpus christi formaretur; * sicut quidam posuerunt. ' quod quidem esse non potest. primo, quia caro christi non fuit secundum aliquid signatum in adam et in aliis patribus, quod posset distingui a reliqua eius carne sicut purum ab impuro, * sicut iam supra dictum est. |25| ' secundo quia, cum caro humana peccato inficiatur ex hoc quod est per concupiscentiam concepta, sicut tota caro alicuius hominis per concupiscentiam concipitur, ita etiam tota peccato inquinatur. et ideo dicendum est quod tota caro antiquorum patrum fuit peccato obnoxia, nec fuit in eis aliquid a peccato immune, de quo postmodum corpus christi formaretur.
ra1 ' Ad primum ergo dicendum quod christus non assumpsit carnem humani generis subditam peccato, sed ab omni infectione peccati mundatam. et ideo ° in dei sapientiam nihil inquinatum incurrit.
ra2 " Ad secundum dicendum quod christus dicitur primitias nostrae naturae assumpsisse, quantum ad similitudinem conditionis, quia scilicet assumpsit carnem peccato non infectam, sicut fuerat caro hominis ante peccatum. non autem hoc intelligitur secundum continuationem puritatis, ita scilicet quod illa caro puri hominis servaretur a peccato immunis usque ad formationem corporis christi.
ra3 " Ad tertium dicendum quod in humana natura, ante christum, erat vulnus, idest infectio originalis peccati, in actu. medicina autem vulneris non erat ibi actu, sed solum secundum virtutem originis, prout ab illis patribus propaganda erat caro christi.

010 ST4 qu31 ar8

ag1 ' Ad octavum sic proceditur. videtur quod christus fuerit in lumbis abrahae decimatus. * dicit enim apostolus, ad heb. vii, " quod levi, pronepos abrahae, decimatus fuit in abraham, quia, eo decimas dante melchisedech, adhuc levi erat in lumbis eius. ' similiter christus erat in lumbis abrahae quando decimas dedit. ergo ipse etiam christus decimatus fuit in abraham.
ag2 ' Praeterea, christus est ex semine abrahae secundum carnem quam de matre accepit. sed mater eius fuit decimata in abraham. ergo, pari ratione, christus.
ag3 ° Praeterea, illud in abraham decimabatur quod indigebat curatione, * ut augustinus dicit, x super gen. ad litt.. ' curatione autem indigebat omnis caro peccato obnoxia. cum ergo caro christi fuerit peccato obnoxia, * sicut dictum est, ' videtur quod caro christi in abraham fuerit decimata.
ag4 ' Praeterea, hoc non videtur aliquo modo derogare dignitati christi. nihil enim prohibet, patre alicuius pontificis decimas dante alicui sacerdoti, filium eius pontificem maiorem esse simplici sacerdote. licet ergo dicatur christus decimatus, abraham decimas dante melchisedech, non tamen propter hoc excluditur quin christus sit maior quam melchisedech.
sc * Sed contra est quod augustinus dicit, x super gen. ad litt. " quod christus ibi, scilicet in abraham, ° decimatus non est, cuius caro inde non fervorem vulneris, sed materiam medicaminis traxit.
co * Respondeo dicendum quod, secundum intentionem apostoli, " oportet dicere quod christus in lumbis abrahae non fuerit decimatus. * probat enim apostolus " maius esse sacerdotium quod est secundum ordinem melchisedech, sacerdotio levitico, per hoc quod abraham decimas dedit melchisedech, adhuc levi existente in lumbis eius, ad quem pertinet legale sacerdotium. ' si autem christus etiam in abraham decimatus esset, eius sacerdotium non esset secundum ordinem melchisedech, sed minus sacerdotio melchisedech. et ideo dicendum est quod christus non est decimatus in lumbis abrahae, sicut levi. quia enim ille qui decimas dat, novem sibi retinet et decimum alii attribuit, quod est perfectionis signum, inquantum est quodammodo terminus omnium numerorum, qui procedunt usque ad decem; inde est quod ille qui decimas dat, protestatur se imperfectum et perfectionem alii attribuere. imperfectio autem humani generis est propter peccatum, quod indiget perfectione eius qui a peccato curat. curare autem a peccato est solius christi, " ipse enim est ° agnus qui tollit peccatum mundi, * ut dicitur ioan. i. ' figuram autem eius gerebat melchisedech, * ut apostolus probat, heb. vii. |25| ' per hoc ergo quod abraham melchisedech decimas dedit, praefiguravit se, velut in peccato conceptum, et omnes qui ab eo descensuri erant ea ratione ut peccatum originale contraherent, indigere curatione quae est per christum. isaac autem et iacob et levi, et omnes alii, sic fuerunt in abraham ut ex eo derivarentur non solum secundum corpulentam substantiam, sed etiam secundum rationem seminalem, per quam originale contrahitur. et ideo omnes in abraham sunt decimati, idest praefigurati indigere curatione quae est per christum. solus autem christus sic fuit in abraham ut ab eo derivaretur non secundum rationem seminalem, sed secundum corpulentam substantiam. " et ideo non fuit in abraham sicut curatione indigens, sed magis sicut vulneris medicina. ' et ideo non fuit in lumbis abrahae decimatus.
ra1 ' Et per hoc patet responsio ad primum.
ra2 ' Ad secundum dicendum quod, quia beata virgo fuit in originali concepta, fuit in abraham sicut curatione indigens. et ideo fuit ibi decimata, velut inde descendens secundum seminalem rationem. de corpore autem christi non est sic, * ut dictum est.
ra3 ' Ad tertium dicendum quod caro christi dicitur fuisse in antiquis patribus peccato obnoxia, secundum qualitatem quam habuit in ipsis parentibus, qui fuerunt decimati. non autem secundum qualitatem quam habet prout est actu in christo, qui non est decimatus.
ra4 ' Ad quartum dicendum quod sacerdotium leviticum secundum carnis originem derivabatur. unde non minus fuit in abraham quam in levi. unde per hoc quod abraham decimas dedit melchisedec tanquam maiori, ostenditur sacerdotium melchisedec, inquantum gerit figuram christi, esse maius sacerdo-

tio levitico. sacerdotium autem christi non sequitur carnis originem, sed gratiam spiritualem. et ideo potest esse quod pater dedit decimas alicui sacerdoti tanquam minor maiori, et tamen filius eius, si sit pontifex, est maior illo sacerdote, non propter carnis originem, sed propter gratiam spiritualem, quam habet a christo.

010 ST4 qu32 ar

pr ‘ Deinde considerandum est de principio activo in conceptione christi. et circa hoc quaeruntur quatuor. primo, utrum spiritus sanctus fuerit principium activum conceptionis christi. secundo, utrum possit dici quod christus sit conceptus de spiritu sancto. tertio, utrum possit dici quod spiritus sanctus sit pater christi secundum carnem. quarto, utrum beata virgo aliquid active egerit in conceptione christi.

010 ST4 qu32 ar1

ag1 ‘ Ad primum sic proceditur. videtur quod efficere conceptionem christi non debeat attribui spiritui sancto. * quia, ut augustinus dicit, in i de trin., ° indivisa sunt opera trinitatis, sicut et indivisa est essentia trinitatis. ‘ sed efficere conceptionem christi est quoddam opus divinum. ergo videtur quod non magis sit attribuendum spiritui sancto quam patri vel filio.
ag2 * Praeterea, apostolus dicit, galat. iv, ° cum venit plenitudo temporis, misit deus filium suum factum ex muliere, * quod exponens augustinus, iv de trin., dicit, ° eo utique missum, quo factum ex muliere. ‘sed missio filii attribuitur praecipue patri, * ut in prima parte habitum est. ‘ ergo et conceptio, secundum quam factus est ex muliere, debet praecipue patri attribui.
ag3 * Praeterea, proverb. ix dicitur, ° sapientia aedificavit sibi domum. ‘ est autem sapientia dei ipse christus, * secundum illud i cor. i, ° christum dei virtutem et dei sapientiam. ‘ domus autem huius sapientiae est corpus christi, quod etiam dicitur templum eius, * secundum illud ioan. ii, ° hoc autem dicebat de templo corporis sui. ‘ ergo videtur quod efficere conceptionem corporis christi debeat praecipue attribui filio. non ergo spiritui sancto.
sc * Sed contra est quod dicitur luc. i, ° spiritus sanctus superveniet in te, etc..
co ‘ Respondeo dicendum quod conceptionem corporis christi tota trinitas est operata, attribuitur tamen hoc spiritui sancto, triplici ratione. primo quidem, quia hoc congruit causae incarnationis quae consideratur ex parte dei. spiritus enim sanctus est amor patris et filii, * ut in prima parte habitum est. ‘ hoc autem ex maximo dei amore provenit, ut filius dei carnem sibi assumeret in utero virginali, * unde dicitur ioan. iii, ° sic deus dilexit mundum ut filium suum unigenitum daret. ‘ secundo, quia hoc congruit causae incarnationis ex parte naturae assumptae. quia per hoc datur intelligi quod humana natura assumpta est a filio dei in unitatem personae non ex aliquibus meritis, sed ex sola gratia, quae spiritui sancto attribuitur, * secundum illud i cor. xii, ° divisiones gratiarum sunt, idem autem spiritus. * unde augustinus dicit, in enchirid., ° iste modus quo est natus christus de spiritu sancto, insinuat nobis gratiam dei, qua homo, nullis praecedentibus meritis, ex ipso primo exordio naturae suae quo esse coepit, verbo dei copularetur in tantam unitatem personae ut idem ipse esset filius dei. ‘ tertio, quia hoc congruit termino incarnationis. ad hoc enim |25| terminata est incarnatio ut homo ille qui concipiebatur, esset sanctus et filius dei. utrumque autem horum attribuitur spiritui sancto. nam per ipsum efficiuntur homines filii dei, * secundum illud galat. iv, ° quoniam estis filii dei, misit deus spiritum filii sui in corda nostra, clamantem, abba, pater. ‘ ipse est etiam spiritus sanctificationis, * ut dicitur rom. i. ‘ sicut ergo alii per spiritum sanctum sanctificantur spiritualiter ut sint filii dei adoptivi, ita christus per spiritum sanctum est in sanctitate conceptus ut esset filius dei naturalis. * unde rom. i, secundum unam glossam, quod praemittitur, “ qui praedestinatus est filius dei in virtute, manifestatur per id quod immediate sequitur, secundum spiritum sanctificationis, idest, per hoc quod est conceptus de spiritu sancto. et ipse angelus annuntians, per hoc quod praemiserat, spiritus sanctus superveniet in te, concludit, ° ideoque et quod nascetur ex te sanctum, vocabitur filius dei.
ra1 ‘ Ad primum ergo dicendum quod opus conceptionis commune quidem est toti trinitati, secundum tamen modum aliquem attribuitur singulis personis. nam patri attribuitur auctoritas respectu personae filii, qui per huiusmodi conceptionem sibi assumpsit; filio autem attribuitur ipsa carnis assumptio; sed spiritui sancto attribuitur formatio corporis quod assumitur a filio. nam spiritus sanctus est spiritus filii, * secundum illud galat. iv, ° misit deus spiritum filii sui. ‘ sicut autem virtus animae quae est in semine, per spiritum qui in semine concluditur, format corpus in generatione aliorum hominum; ita virtus dei, quae est ipse filius, * secundum illud i ad cor. i, ° christum dei virtutem, ‘ per spiritum sanctum corpus formavit quod assumpsit. et hoc etiam verba angeli demonstrant dicentis, “ spiritus sanctus superveniet in te, quasi ad praeparandam et formandam materiam corporis christi; et virtus altissimi, idest christus, obumbrabit tibi, ° idest, corpus humanitatis in te accipiet incorporeum lumen divinitatis, umbra enim a lumine formatur et corpore, * ut gregorius dicit, xviii moral.. “ altissimus autem intelligitur pater, cuius virtus est filius.
ra2 ‘ Ad secundum dicendum quod missio refertur ad personam assumentem, quae a patre mittitur, sed conceptio refertur ad corpus assumptum, quod operatione spiritus sancti formatur. et ideo, licet missio et conceptio sint idem subiecto, quia tamen differunt ratione, missio attribuitur patri, efficere autem conceptionem spiritui sancto, sed carnem assumere filio attribuitur.
ra3 * Ad tertium dicendum quod, sicut augustinus dicit, in libro de quaest. vet. et nov. test., ° quaestio ista gemina ratione potest intelligi. primo enim domus christi ecclesia est, quam aedificavit sibi sanguine suo. deinde potest et corpus eius dici domus eius, sicut dicitur templum eius. factum autem spiritus sancti filii dei est, propter naturae et voluntatis unitatem.

010 ST4 qu32 ar2

ag1 ‘ Ad secundum sic proceditur. videtur quod christus non debeat dici conceptus de spiritu sancto. quia * super illud rom. xi, ° ex ipso et per ipsum et in ipso sunt omnia, * dicit glossa augustini, ° attendendum quod non ait de ipso, sed ex ipso. ex ipso enim caelum sunt et terra, quia fecit ea. non autem de ipso, quia non de substantia sua. ‘ sed spiritus sanctus non formavit corpus christi de substantia sua. ergo christus non debet dici conceptus de spiritu sancto.
ag2 ‘ Praeterea, principium activum de quo aliquid concipitur, se habet sicut semen in generatione. sed spiritus sanctus non se habuit sicut semen in conceptione christi. * dicit enim hieronymus, in exposit. catholicae fidei, ° non, sicut quidam sceleratissimi opinantur, spiritum sanctum dicimus fuisse pro semine, sed potentia et virtute creatoris dicimus esse operatum, “ idest formatum, ° corpus christi. ‘ non ergo debet dici quod christus sit conceptus de spiritu sancto.
ag3 ‘ Praeterea, nihil unum de duobus formatur nisi aliquo modo commixtis. sed corpus christi formatum est de virgine maria. si ergo christus dicatur conceptus de spiritu sancto, videtur quod facta sit commixtio quaedam spiritus sancti et materiae quam virgo ministravit, quod patet esse falsum. non ergo christus debet dici conceptus de spiritu sancto.
sc * Sed contra est quod dicitur matth. i, ° antequam convenirent, inventa est in utero habens de spiritu sancto.
co ‘ Respondeo dicendum quod conceptio non attribuitur soli corpori christi, sed etiam ipsi christo ratione ipsius corporis. in spiritu autem sancto duplex habitudo consideratur respectu christi. nam ad ipsum filium dei, qui dicitur esse conceptus, habet habitudinem consubstantialitatis, ad corpus autem eius habet habitudinem causae efficientis. haec autem praepositio de utramque habitudinem designat, sicut cum dicimus hominem aliquem de suo patre. et ideo convenienter dicere possumus christum esse conceptum de spiritu sancto, hoc modo quod efficacia spiritus sancti referatur ad corpus assumptum, consubstantialitas ad personam assumentem.
ra1 ‘ Ad primum ergo dicendum quod corpus christi, quia non est consubstantiale spiritui sancto, non proprie potest dici de spiritu sancto conceptum, sed magis ex spiritu sancto, * sicut ambrosius dicit, in libro de spiritu sancto, ° quod ex aliquo est, aut ex substantia aut ex potestate eius est, ex substantia, sicut filius, qui a patre est; ex potestate, sicut ex deo omnia, quo modo et in utero habuit maria ex spiritu sancto.
ra2 * Ad secundum dicendum quod super hoc videtur esse quaedam diversitas hieronymi ad quosdam alios doctores, qui asserunt “ spiritum sanctum in conceptione fuisse pro semine. * dicit enim chrysostomus, super matth., ° unigenito dei in virginem ingressuro praecessit spiritus sanctus, ut, praecedente spiritu sancto, in sanctificationem nascatur christus secundum corpus, divinitate ingrediente pro semine. * et damascenus dicit, in iii libro, ° obumbravit super ipsam dei sapientia et virtus, velut divinum semen. “ sed hoc de facili solvitur. quia secundum quod in semine intelligitur virtus activa, * sic chrysostomus et damascenus “ comparant semini spiritum sanctum, vel etiam filium, qui est virtus altissimi. secundum autem quod in semine intelligitur substantia corporalis quae in conceptione transmutatur, negat hieronymus spiritum sanctum fuisse pro semine.
ra3 * Ad tertium dicendum quod, sicut dicit augustinus, in enchirid., “ non eodem modo dicitur christus conceptus aut natus de spiritu sancto, et de maria virgine, nam de maria virgine materialiter, de spiritu sancto effective. ‘ et ideo non habuit hic locum commixtio.

010 ST4 qu32 ar3

ag1 ‘ Ad tertium sic proceditur. videtur quod spiritus sanctus debeat dici pater christi secundum humanitatem. * quia secundum philosophum, in libro de generat. animal., ° pater dat principium activum in generatione, mater vero ministrat materiam. ‘ sed beata virgo dicitur mater christi propter materiam quam in conceptione eius ministravit. ergo videtur quod etiam spiritus sanctus possit dici pater eius, propter hoc quod fuit principium activum in conceptione ipsius.
ag2 ‘ Praeterea, sicut mentes aliorum sanctorum formantur per spiritum sanctum, ita etiam corpus christi est per spiritum sanctum formatum. sed alii sancti, propter praedictam formationem, dicuntur filii totius trinitatis, et per consequens spiritus sancti. videtur ergo quod christus debeat dici filius spiritus sancti, inquantum corpus eius est spiritu sancto formatum.
ag3 ‘ Praeterea, deus dicitur pater noster secundum hoc quod nos fecit, * secundum illud deut. xxxii, ° nonne ipse est pater tuus, qui possedit et fecit et creavit te? ‘ sed spiritus sanctus fecit corpus christi, * ut dictum est. ‘ ergo spiritus sanctus debet dici pater christi secundum corpus ab ipso formatum.
sc * Sed contra est quod augustinus dicit, in enchirid., ° natus est christus de spiritu sancto non sicut filius, et de maria virgine sicut filius.
co ‘ Respondeo dicendum quod nomina paternitatis et maternitatis et filiationis generationem consequuntur, non tamen quamlibet, sed proprie generationem viventium, et praecipue animalium. non enim dicimus quod ignis generatus sit filius ignis generantis, nisi forte secundum metaphoram, sed hoc solum dicimus in animalibus quorum generatio est magis perfecta. nec tamen omne quod in animalibus generatur, filiationis accepit nomen, sed solum illud quod generatur in similitudine generantis. unde, * sicut augustinus dicit, “ non dicimus quod capillus qui nascitur ex homine, sit filius hominis; nec etiam dicimus quod homo qui nascitur sit filius seminis, quia nec capillus habet similitudinem hominis; nec homo qui nascitur habet similitudinem seminis, sed hominis generantis. ‘ et si quidem perfecta sit similitudo, erit perfecta filiatio, tam in divinis quam in humanis. si autem sit similitudo imperfecta, est etiam filiatio imperfecta. sicut in homine est quaedam similitudo dei imperfecta, et inquantum creatus est ad imaginem dei, et inquantum creatus est secundum similitudinem gratiae. et ideo utroque modo potest homo dici filius eius, et quia, scilicet, est creatus ad imaginem eius; et quia est ei assimilatus per gratiam. est autem considerandum quod illud quod de aliquo dicitur secundum perfectam rationem, non est dicendum de eo secundum rationem imperfectam, sicut, quia socrates dicitur naturaliter homo secundum propriam rationem hominis, nunquam |25| dicitur homo secundum illam significationem qua pictura hominis dicitur homo, licet forte ipse assimiletur alteri homini. christus autem est filius dei secundum perfectam rationem filiationis. unde, quamvis secundum humanam naturam sit creatus et iustificatus non tamen debet dici filius dei neque ratione creationis, neque ratione iustificationis, sed solum ratione generationis aeternae, secundum quam est filius patris solius. et ideo nullo modo debet dici christus filius spiritus sancti, nec etiam totius trinitatis.
ra1 ‘ Ad primum ergo dicendum quod christus conceptus est de maria virgine materiam ministrante in similitudinem speciei. et ideo dicitur filius eius. christus autem, secundum quod homo, conceptus est de spiritu sancto sicut de activo principio, non tamen secundum similitudinem speciei, sicut homo nascitur de patre suo. et ideo christus non dicitur filius spiritus sancti.
ra2 ‘ Ad secundum dicendum quod homines qui spiritualiter formantur a spiritu sancto, non possunt dici filii dei secundum perfectam rationem filiationis. et ideo dicuntur filii dei secundum filiationem imperfectam, quae est secundum similitudinem gratiae, quae est a tota trinitate. sed de christo est alia ratio, * ut dictum est.
ra3 ‘ Et similiter dicendum est ad tertium.

010 ST4 qu32 ar4

ag1 ‘ Ad quartum sic proceditur. videtur quod beata virgo aliquid active egerit in conceptione corporis christi. * dicit enim damascenus, in iii libro, quod ° spiritus sanctus supervenit virgini, purgans ipsam, et virtutem susceptivam verbi dei tribuens, simul autem et generativam. ‘ sed virtutem generativam passivam habebat a natura, sicut et quaelibet femina. ergo dedit ei virtutem generativam activam. et sic aliquid active egit in conceptione christi.
ag2 “ Praeterea, omnes virtutes animae vegetabilis sunt virtutes activae, * sicut commentator dicit, in ii de anima. ‘ sed potentia generativa, tam in mare quam in femina, pertinet ad animam vegetabilem. ergo, tam in mare quam in femina, active operatur ad conceptum prolis.
ag3 ‘ Praeterea, femina ad conceptionem prolis materiam ministrat ex qua naturaliter corpus prolis formatur. “ sed natura est principium motus intrinsecum. ‘ ergo videtur quod in ipsa materia quam beata virgo ministravit ad conceptum christi, fuit aliquod principium activum.
sc ‘ Sed contra est quod principium activum in generatione dicitur ratio seminalis. sed, * sicut augustinus dicit, x super gen. ad litt., ° corpus christi in sola materia corporali, per divinam conceptionis formationisque rationem, de virgine assumptum est, non autem secundum aliquam rationem seminalem humanam. ‘ ergo beata virgo nihil active fecit in con-

ceptione corporis christi.
co * Respondeo dicendum quod quidam dicunt " beatam virginem aliquid active esse operatam in conceptione christi, et naturali virtute, et supernaturali. naturali quidem virtute, quia ponunt quod in qualibet materia naturali est aliquod activum principium. alioquin, credunt quod non esset transmutatio naturalis. ' in quo decipiuntur. quia transmutatio dicitur naturalis propter principium intrinsecum non solum activum, sed etiam passivum, * expresse enim dicit philosophus, in viii physic., quod " in gravibus et levibus est principium passivum motus naturalis, et non activum. ' nec est possibile quod materia agat ad sui formationem, quia non est actu. " nec est etiam possibile quod aliquid moveat seipsum, nisi dividatur in duas partes, quarum una sit movens et alia sit mota, quod in solis animatis contingit, * ut probatur in viii physic.. " supernaturali autem virtute, quia dicunt ad matrem requiri quod non solum materiam ministret, quae est sanguis menstruus; sed etiam semen, quod, commixtum virili semini, habet virtutem activam in generatione. et quia in beata virgine nulla fuit facta resolutio seminis, propter integerrimam eius virginitatem, dicunt quod spiritus sanctus supernaturaliter ei tribuit virtutem activam in conceptione corporis christi, quam aliae matres habent per semen resolutum. |25| ' sed hoc non potest stare. quia, cum ° quaelibet res sit propter suam operationem, * ut dicitur ii de caelo; ' natura non distingueret ad opus generationis sexum maris et feminae, nisi esset distincta operatio maris ab operatione feminae. in generatione autem distinguitur operatio agentis et patientis. unde relinquitur quod tota virtus activa sit ex parte maris, passio autem ex parte feminae. propter quod in plantis, in quibus utraque vis commiscetur, non est distinctio maris et feminae. quia igitur beata virgo non hoc accepit ut esset pater christi, sed mater, consequens est quod non acceperit potentiam activam in conceptione christi, " sive aliquid egerit, ex quo sequitur ipsam patrem fuisse christi; sive nihil egerit, * ut quidam dicunt, " ex quo sequitur huiusmodi potentiam activam sibi frustra fuisse collatam. ' et ideo dicendum est quod in ipsa conceptione christi beata virgo nihil active operata est, sed solam materiam ministravit. operata tamen est ante conceptionem aliquid active, praeparando materiam ut esset apta conceptui.
ra1 ' Ad primum ergo dicendum quod illa conceptio tria privilegia habuit, scilicet, quod esset sine peccato originali; quod esset non puri hominis, sed dei et hominis; item quod esset conceptio virginis. et haec tria habuit a spiritu sancto. * et ideo dicit damascenus, quantum ad primum, quod " spiritus sanctus supervenit virgini purgans ipsam, idest, praeservans ne cum peccato originali conciperet. quantum ad secundum, dicit, et virtutem susceptivam verbi dei tribuens, idest, ut conciperet verbum dei. quantum autem ad tertium, dicit, simul et generativam, ut, scilicet, manens virgo posset generare, non quidem active sed passive, sicut aliae matres hoc consequuntur ex semine viri.
ra2 ' Ad secundum dicendum quod potentia generativa in femina est imperfecta respectu potentiae generativae quae est in mare. et ideo, " sicut in artibus ars inferior disponit materiam, ars autem superior inducit formam, * ut dicitur in ii physic.; ' ita etiam virtus generativa feminae praeparat materiam, virtus vero activa maris format materiam praeparatam.
ra3 ' Ad tertium dicendum quod ad hoc quod transmutatio sit naturalis, non requiritur quod in materia sit principium activum, sed solum passivum, * ut dictum est.

010 ST4 qu33 ar

pr ' Deinde considerandum est de modo et ordine conceptionis christi. et circa hoc quaeruntur quatuor. primo, utrum corpus christi in primo instanti conceptionis fuerit formatum. secundo, utrum in primo instanti conceptionis fuerit animatum. tertio, utrum in primo instanti conceptionis fuerit a verbo assumptum. quarto, utrum conceptio illa fuerit naturalis vel miraculosa.

010 ST4 qu33 ar1

ag1 ' Ad primum sic proceditur. videtur quod corpus christi non fuerit formatum in primo instanti conceptionis. * dicitur enim ioan. ii, ° quadraginta et sex annis aedificatum est templum hoc, * quod exponens augustinus, in iv de trin., dicit, ° hic numerus perfectioni dominici corporis aperte congruit. * et in libro octoginta trium quaest. dicit, ° non absurde quadraginta sex annis dicitur fabricatum esse templum, quod corpus eius figurabat, ut, quot anni fuerunt in fabricatione templi, tot dies fuerint in corporis dominici perfectione. ' non ergo in primo instanti conceptionis corpus christi fuit perfecte formatum.
ag2 ' Praeterea, ad formationem corporis christi requirebatur motus localis, quo purissimi sanguines de corpore virginis ad locum congruum generationi pervenirent. nullum autem corpus potest moveri localiter in instanti, eo quod tempus motus dividitur secundum divisionem mobilis, * ut probatur in vi physic.. ' ergo corpus christi non fuit in instanti formatum.
ag3 ' Praeterea, corpus christi formatum est ex purissimis sanguinibus virginis, * ut supra habitum est. ' non autem potuit esse materia illa in eodem instanti sanguis et caro, quia sic materia simul fuisset sub duabus formis. ergo aliud fuit instans in quo ultimo fuit sanguis, et aliud in quo primo fuit caro formata. sed inter quaelibet duo instantia est tempus medium. ergo corpus christi non fuit in instanti formatum, sed per aliquod tempus.
ag4 ' Praeterea, sicut potentia augmentativa requirit determinatum tempus in suo actu, ita etiam virtus generativa, utraque enim est potentia naturalis ad vegetabilem animam pertinens. sed corpus christi fuit determinato tempore augmentatum, sicut et aliorum hominum corpora, * dicitur enim luc. ii, quod ° proficiebat aetate et sapientia. ' ergo videtur quod, pari ratione, formatio corporis eius, quae pertinet ad vim generativam, non fuerit in instanti, sed determinato tempore quo aliorum hominum corpora formantur.
sc * Sed contra est quod gregorius dicit, xviii moral., ° angelo nuntiante, et spiritu adveniente, mox verbum in utero, mox intra uterum verbum caro.
co ' Respondeo dicendum quod in conceptione corporis christi tria est considerare, primo quidem, motum localem sanguinis ad locum generationis; secundo, formationem corporis ex tali materia; tertio, augmentum quo perducitur ad quantitatem perfectam. in quorum medio ratio conceptionis consistit, nam primum est conceptioni praeambulum; tertium autem conceptionem consequitur. primum autem non potuit esse in instanti, quia hoc est contra ipsam rationem motus localis corporis cuiuscumque, cuius partes successive subintrant locum. similiter et tertium oportet esse successivum. tum quia augmentum non est sine motu locali. tum etiam quia procedit ex virtute animae iam in corpore formato operantis, quae non operatur nisi in tempore. sed ipsa formatio corporis, in qua principaliter ratio conceptionis consistit, fuit in instanti, duplici ratione. primo quidem, propter virtutem agentis infinitam, scilicet spiritus sancti, per quem corpus christi est formatum, * ut supra dictum est. ' tanto enim aliquod agens citius potest materiam disponere, quanto fuerit maioris virtutis. unde agens infinitae virtutis potest in instanti materiam disponere ad debitam formam. secundo, ex parte personae filii, cuius corpus formabatur. non enim erat congruum ut corpus humanum assumeret nisi formatum. si autem ante formationem perfectam aliquod tempus conceptionis praecessisset, non posset tota conceptio attribui filio dei, quae non attribuitur ei nisi ratione assumptionis. et |25| ideo in primo instanti quo materia adunata pervenit ad locum generationis, fuit perfecte formatum corpus christi et assumptum. et per hoc dicitur ipse filius dei conceptus, quod aliter dici non posset.
ra1 * Ad primum ergo dicendum quod verbum augustini " utrobique non refertur ad solam formationem corporis christi, sed ad formationem simul cum determinato augmento usque ad tempus partus. unde secundum rationem illius numeri dicitur perfici tempus novem mensium, quo christus fuit in utero virginis.
ra2 ' Ad secundum dicendum quod motus ille localis non comprehenditur infra ipsam conceptionem, sed est conceptioni praeambulus.
ra3 ' Ad tertium dicendum quod non est assignare ultimum instans in quo materia illa fuit sanguis, sed est assignare ultimum tempus, quod continuatur, nullo interveniente medio, ad primum instans in quo fuit caro christi formata. et hoc instans fuit terminus temporis motus localis materiae ad locum generationis.
ra4 ' Ad quartum dicendum quod augmentum fit per potentiam augmentativam ipsius quod augetur, sed formatio corporis fit per potentiam generativam, non eius qui generatur, sed patris generantis ex semine, in quo operatur vis formativa ab anima patris derivata. corpus autem christi non fuit formatum ex semine viri, * sicut supra dictum est, ' sed ex operatione spiritus sancti. et ideo talis debuit esse formatio ut spiritum sanctum deceret. sed augmentum corporis christi fuit factum secundum potentiam augmentativam animae christi, quae cum sit specie conformis animae nostrae, eodem modo debuit corpus illud augmentari sicut et alia corpora hominum augmentantur, ut ex hoc ostenderetur veritas humanae naturae.

010 ST4 qu33 ar2

ag1 ' Ad secundum sic proceditur. videtur quod corpus christi non fuit animatum in primo instanti conceptionis. * dicit enim leo papa, in epistola ad iulianum, ° non alterius naturae erat caro christi quam nostrae, nec alio illi quam ceteris hominibus anima est inspirata principio. ' sed aliis hominibus non infunditur anima in primo instanti suae conceptionis. ergo neque corpori christi anima debuit infundi in primo instanti suae conceptionis.
ag2 ' Praeterea, anima, sicut quaelibet forma naturalis, requirit determinatam quantitatem in sua materia. sed in primo instanti conceptionis corpus christi non habuit tantam quantitatem quantam habent corpora aliorum hominum quando animantur, alioquin, si continue fuisset postmodum augmentatum, vel citius fuisset natum; vel in sua nativitate fuisset maioris quantitatis quam alii infantes. * quorum primum est contra augustinum, iv de trin., ubi probat " eum spatio novem mensium in utero virginis fuisse, * secundum autem est contra leonem papam, qui, in sermone epiphaniae, dicit, ° invenerunt puerum iesum in nullo ab humanae infantiae generalitate discretum. ' non ergo corpus christi fuit animatum in primo instanti suae conceptionis.
ag3 ' Praeterea, ubicumque est prius et posterius, oportet esse plura instantia. * sed secundum philosophum, in libro de generat. animal., " in generatione hominis requiritur prius et posterius, prius enim est vivum, et postea animal, et postea homo. ' ergo non potuit animatio christi perfici in primo instanti conceptionis.
sc * Sed contra est quod damascenus dicit, in iii libro, ° simul caro, simul dei verbi caro, simul caro animata anima rationali et intellectuali.
co ' Respondeo dicendum quod, ad hoc quod conceptio ipsi filio dei attribuatur, * ut in symbolo confitemur, dicentes, ° qui conceptus est de spiritu sancto; ' necesse est dicere quod ipsum corpus, dum conciperetur, esset a verbo dei assumptum. * ostensum est autem supra quod ' verbum dei assumpsit corpus mediante anima, et animam mediante spiritu, idest intellectu. unde oportuit quod in primo instanti conceptionis corpus christi esset animatum anima rationali.
ra1 " Ad primum ergo dicendum quod principium inspirationis animae potest considerari dupliciter. uno modo, secundum dispositionem corporis. et sic non ab alio principio inspirata est anima corpori christi, et corporibus aliorum hominum. sicut enim statim, formato corpore alterius hominis, infunditur anima, ita fuit in christo. alio modo potest considerari dictum principium solum secundum tempus. et sic, quia prius tempore formatum fuit perfecte corpus christi, prius tempore fuit etiam animatum.
ra2 ' Ad secundum dicendum quod anima requirit debitam quantitatem in materia cui infunditur, sed ista quantitas quandam latitudinem habet, quia et in maiori et minori quantitate salvatur. quantitas autem corporis quam habet cum primo sibi infunditur anima, proportionatur quantitati perfectae ad quam per augmentum perveniet, ita scilicet quod maiorum hominum maiorem quantitatem corpora habent in prima animatione. christus autem in perfecta aetate habuit decentem et mediocrem quantitatem, cui proportionabatur quantitas quam corpus eius habuit in tempore quo aliorum hominum corpora animantur; minorem tamen habuit in principio suae conceptionis. sed tamen illa parva quantitas non erat tam parva ut in ea non posset ratio animati corporis conservari, cum in tali quantitate quorundam parvorum hominum corpora animentur.
ra3 ' Ad tertium dicendum quod in generatione aliorum hominum locum habet * quod dicit philosophus, ' propter hoc quod successive corpus formatur et disponitur ad animam, unde primo, tanquam imperfecte dispositum, recipit animam imperfectam; et postmodum, quando perfecte est dispositum, recipit animam perfectam. sed corpus christi, propter infinitam virtutem agentis, fuit perfecte dispositum in instanti. unde statim in primo instanti recepit formam perfectam, idest animam rationalem.

010 ST4 qu33 ar3

ag1 ' Ad tertium sic proceditur. videtur quod caro christi prius fuit concepta, et postmodum assumpta. quod enim non est, non potest assumi. sed caro christi per conceptionem esse incoepit. ergo videtur quod fuerit assumpta a verbo dei postquam fuit concepta.
ag2 ' Praeterea, caro christi fuit assumpta a verbo dei mediante anima rationali. sed in termino conceptionis accepit animam rationalem. ergo in termino conceptionis fuit assumpta. sed in termino conceptionis dicitur iam concepta. ergo prius fuit concepta, et postmodum assumpta.
ag3 ' Praeterea, in omni generato prius tempore est id quod est imperfectum, eo quod est perfectum, * ut patet per philosophum, in ix metaphys.. ' sed corpus christi est quiddam generatum. ergo ad ultimam perfectionem, quae consistit in unione ad verbum dei, non statim in primo instanti conceptionis pervenit, sed primo fuit caro concepta, et postmodum assumpta.
sc * Sed contra est quod augustinus dicit, in libro de fide ad petrum, ° firmissime tene, et nullatenus dubites carnem christi non fuisse conceptam in utero virginis priusquam susciperetur a verbo.
co * Respondeo dicendum quod, sicut supra dictum est, ' proprie dicimus deum factum esse hominem, non autem proprie dicimus quod homo factus sit deus, quia scilicet deus assumpsit sibi id quod est hominis; non autem praeexstitit id quod est hominis, quasi per se subsistens, antequam susciperetur a verbo. si autem caro christi fuisset concepta antequam susciperetur a verbo, habuisset aliquando aliquam hypostasim praeter hypostasim verbi dei. quod est contra rationem incarnationis, secundum quam ponimus verbum dei esse unitum humanae naturae, et omnibus partibus eius, in unitate hypostasis, nec fuit conveniens quod hypostasim praeexistentem huma-

nae naturae, vel alicuius partis eius, verbum dei sua assumptione destrueret. et ideo contra fidem est dicere quod caro christi prius fuerit concepta, et postmodum assumpta a verbo dei.
ra1 ' Ad primum ergo dicendum quod, si caro christi non fuisset in instanti formata seu concepta, sed per temporis successionem, oporteret alterum duorum sequi, vel quod assumptum nondum esset caro; vel quod prius esset conceptio carnis quam eius assumptio. sed quia ponimus conceptionem in instanti esse perfectam, consequens est quod in illa carne simul fuit concipi et conceptum esse. * et sic, ut dicit augustinus, in libro de fide ad petrum, ° dicimus ipsum dei verbum suae carnis acceptione conceptum, ipsamque carnem verbi incarnatione conceptam.
ra2 ' Et per hoc patet responsio ad secundum. nam simul dum caro illa concipitur, concepta est et animatur.
ra3 " Ad tertium dicendum quod in mysterio incarnationis non consideratur ascensus, quasi alicuius praeexistentis proficientis usque ad unionis dignitatem, * sicut posuit photinus haereticus. sed potius ibi consideratur ' descensus, secundum quod perfectum dei verbum imperfectionem naturae nostrae sibi assumpsit; * secundum illud ioan. vi, ° descendi de caelo.

010 ST4 qu33 ar4

ag1 ' Ad quartum sic proceditur. videtur quod conceptio christi fuerit naturalis. secundum enim conceptionem carnis christus dicitur filius hominis. est autem verus et naturalis hominis filius, sicut et verus et naturalis dei filius. ergo eius conceptio fuit naturalis.
ag2 ' Praeterea, nulla creatura producit operationem miraculosam. sed conceptio christi attribuitur beatae virgini, quae est pura creatura, dicitur enim quod virgo christum concepit. ergo videtur quod non sit miraculosa, sed naturalis conceptio.
ag3 ' Praeterea, ad hoc quod aliqua transmutatio sit naturalis, sufficit quod principium passivum sit naturale, * ut supra habitum est. ' sed principium passivum ex parte matris in conceptione christi fuit naturale, * ut ex dictis patet. ' ergo conceptio christi fuit naturalis.
sc * Sed contra est quod dionysius dicit, in epistola ad caium monachum, ° super hominem operatur christus ea quae sunt hominis, et hoc monstrat virgo supernaturaliter concipiens.
co * Respondeo dicendum quod, sicut ambrosius dicit, in libro de incarnatione, ° multa in hoc mysterio et secundum naturam invenies, et ultra naturam. ' si enim consideremus id quod est ex parte materiae conceptus, quam mater ministravit, totum est naturale. si vero consideremus id quod est ex parte virtutis activae, totum est miraculosum. et quia unumquodque magis iudicatur secundum formam quam secundum materiam; et similiter secundum agens quam secundum patiens, inde est quod conceptio christi debet dici simpliciter miraculosa et supernaturalis, sed secundum aliquid naturalis.
ra1 ' Ad primum ergo dicendum quod christus dicitur naturalis filius hominis inquantum habet naturam humanam veram, per quam est filius hominis, licet eam miraculose habuerit, sicut caecus illuminatus videt naturaliter per potentiam visivam quam miraculose accepit.
ra2 ' Ad secundum dicendum quod conceptio attribuitur beatae virgini, non tanquam principio activo, sed quia ministravit materiam conceptui, et in eius utero est conceptio celebrata.
ra3 ' Ad tertium dicendum quod principium passivum naturale sufficit ad transmutationem naturalem quando naturali et consueto modo movetur a principio activo proprio. sed hoc in proposito non habet locum. et ideo conceptio illa non potest dici simpliciter naturalis.

010 ST4 qu34 ar

pr ' Deinde considerandum est de perfectione prolis conceptae. et circa hoc quaeruntur quatuor. primo, utrum in primo instanti conceptionis christus fuerit sanctificatus per gratiam. secundo, utrum in eodem instanti habuerit usum liberi arbitrii. tertio, utrum in eodem instanti potuerit mereri. quarto, utrum in eodem instanti fuerit plene comprehensor.

010 ST4 qu34 ar1

ag1 ' Ad primum sic proceditur. videtur quod christus non fuerit sanctificatus in primo instanti suae conceptionis. * dicitur enim i cor. xv, ° non prius quod spirituale est, sed quod animale, deinde quod spirituale. ' sed sanctificatio gratiae pertinet ad spiritualitatem. non ergo statim a principio suae conceptionis christus percepit gratiam sanctificationis, sed post aliquod spatium temporis.
ag2 ' Praeterea, sanctificatio videtur esse a peccato, * secundum illud i cor. vi, " et hoc quidem fuistis aliquando, scilicet peccatores, ° sed abluti estis, sed sanctificati estis. ' sed in christo nunquam fuit peccatum. ergo non convenit sibi sanctificari per gratiam.
ag3 " Praeterea, sicut per verbum dei omnia facta sunt, ' ita per verbum incarnatum sunt omnes homines sanctificati qui sanctificantur, * heb. ii, ° qui sanctificat et qui sanctificantur ex uno omnes. sed verbum dei, per quod facta sunt omnia, non est factum, * ut augustinus dicit, in i de trin.. ' ergo christus, per quem sanctificantur omnes, non est sanctificatus.
sc * Sed contra est quod dicitur luc. i, ° quod ex te nascetur sanctum, vocabitur filius dei. * et ioan. x, ° quem pater sanctificavit et misit in mundum.
co * Respondeo dicendum quod, sicut supra dictum est, ' abundantia gratiae sanctificantis animam christi derivatur ex ipsa verbi unione, * secundum illud ioan. i, ° vidimus gloriam eius quasi unigeniti a patre, plenum gratiae et veritatis. * ostensum est autem supra quod ' in primo instanti conceptionis corpus christi animatum fuit et a verbo dei assumptum. unde consequens est quod in primo instanti conceptionis christus habuit plenitudinem gratiae sanctificantis animam et corpus eius.
ra1 * Ad primum ergo dicendum quod ille ordo quem ponit ibi apostolus, " pertinet ad eos qui per profectum ad spiritualem statum perveniunt. ' in mysterio autem incarnationis magis consideratur descensus divinae plenitudinis in naturam humanam, quam profectus humanae naturae, quasi praeexistentis, in deum. et ideo in homine christo a principio fuit perfecta spiritualitas.
ra2 ' Ad secundum dicendum quod sanctificari est aliquid fieri sanctum. fit autem aliquid non solum ex contrario, sed etiam ex negative vel privative opposito, sicut album fit ex nigro, et etiam ex non albo. nos autem ex peccatoribus sancti efficimur, et ita sanctificatio nostra est ex peccato. sed christus quidem, secundum hominem, factus est sanctus, quia hanc gratiae sanctitatem non semper habuit, non tamen factus est sanctus ex peccatore, quia peccatum nunquam habuit; sed factus est sanctus ex non sancto secundum hominem, non quidem privative, ut scilicet aliquando fuerit homo et non fuerit sanctus, sed negative, quia scilicet, quando non fuit homo, non habuit sanctitatem humanam. et ideo simul factus fuit homo et sanctus homo. * propter quod angelus dixit, luc. i, ° quod nascetur ex te sanctum. * quod exponens gregorius, xviii moral., dicit, ° ad distinctionem nostrae sanctitatis, iesus sanctus nasciturus asseritur. nos quippe, si sancti efficimur, non tamen nascimur, quia ipsa naturae corruptibilis conditione constringimur. ille autem solus veraciter sanctus natus est, qui ex coniunctione carnalis copulae conceptus non est.
ra3 ' Ad tertium dicendum quod aliter operatur pater creationem rerum per filium, aliter tota trinitas sanctificationem hominum per hominem christum. nam verbum dei est eiusdem virtutis et operationis cum deo patre, unde pater non operatur per filium sicut per instrumentum, quod movet motum. humanitas autem christi est sicut instrumentum divinitatis, * sicut supra dictum est. ' et ideo humanitas christi est sanctificans et sanctificata.

010 ST4 qu34 ar2

ag1 ' Ad secundum sic proceditur. videtur quod christus, secundum hominem, non habuerit usum liberi arbitrii in primo instanti suae conceptionis. prius est enim esse rei quam agere vel operari. usus autem liberi arbitrii est quaedam operatio. cum ergo anima christi esse incoeperit in primo instanti conceptionis, * ut ex praedictis patet, ' videtur esse impossibile quod in primo instanti conceptionis habuit usum liberi arbitrii.
ag2 ' Praeterea, usus liberi arbitrii est electio. electio autem praesupponit deliberationem consilii, * dicit enim philosophus, in iii ethic., " quod electio est appetitus praeconsiliati. ' ergo videtur impossibile quod in primo instanti suae conceptionis christus habuerit usum liberi arbitrii.
ag3 ' Praeterea, liberum arbitrium est facultas voluntatis et rationis, * ut in prima parte habitum est, ' et ita usus liberi arbitrii est actus voluntatis et rationis, sive intellectus. sed actus intellectus praesupponit actum sensus, qui esse non potest sine convenientia organorum, quae non videtur fuisse in primo instanti conceptionis christi. ergo videtur quod christus non potuerit habere usum liberi arbitrii in primo instanti suae conceptionis.
sc * Sed contra est quod augustinus dicit, in libro de trin., ° mox ut verbum venit in uterum, servata veritate propriae naturae, factum est caro et perfectus homo. ' sed perfectus homo habet usum liberi arbitrii. ergo christus habuit in primo instanti suae conceptionis usum liberi arbitrii.
co * Respondeo dicendum quod, sicut supra dictum est, ' naturae humanae quam christus assumpsit, convenit spiritualis perfectio, in quam non profecit, sed eam statim a principio habuit. perfectio autem ultima non consistit in potentia vel in habitu, sed in operatione, * unde in ii de anima dicitur quod " operatio est actus secundus. ' et ideo dicendum est quod christus in primo instanti suae conceptionis habuit illam operationem animae quae potest in instanti haberi. talis autem est operatio voluntatis et intellectus, in qua consistit usus liberi arbitrii. subito enim et in instanti perficitur operatio intellectus et voluntatis, multo magis quam visio corporalis, " eo quod intelligere, velle et sentire non est motus qui sit actus imperfecti, quod successive perficitur; sed est actus iam perfecti, * ut dicitur in iii de anima. ' et ideo dicendum est quod christus in primo instanti suae conceptionis habuit usum liberi arbitrii.
ra1 ' Ad primum ergo dicendum quod esse est prius natura quam agere, non tamen est prius tempore, sed, simul cum agens habet esse perfectum, incipit agere, nisi sit aliquid impediens. sicut ignis, simul cum generatur, incipit calefacere et illuminare. sed calefactio non terminatur in instanti, sed per temporis successionem, illuminatio autem perficitur in instanti. et talis operatio est usus liberi arbitrii, * ut dictum est.
ra2 ' Ad secundum dicendum quod, simul cum terminatur consilium vel deliberatio, potest esse electio. illi autem qui deliberatione consilii indigent, in ipsa terminatione consilii primo habent certitudinem de eligendis, et ideo statim eligunt. ex quo patet quod deliberatio consilii non praeexigitur ad electionem nisi propter inquisitionem incerti. christus autem in primo instanti suae conceptionis, sicut habuit plenitudinem gratiae iustificantis ita habuit plenitudinem veritatis cognitae, * secundum illud, " plenum gratiae et veritatis. ' unde, quasi habens omnium certitudinem, potuit statim in instanti eligere.
ra3 ' Ad tertium dicendum quod intellectus christi, secundum scientiam infusam, poterat intelligere etiam non convertendo se ad phantasmata, * ut supra habitum est. ' unde poterat in eo esse operatio voluntatis et intellectus absque operatione sensus. sed tamen potuit in eo esse etiam operatio sensus in primo instanti suae conceptionis, " maxime quantum ad sensum tactus, quo sensu proles concepta sentit in matre etiam antequam animam rationalem obtineat, * ut dicitur in libro de generat. animal.. ' unde, cum christus in primo istanti suae conceptionis habuit animam rationalem, formato iam et organizato corpore eius, multo magis in eodem instanti poterat habere operationem sensus tactus.

010 ST4 qu34 ar3

ag1 ' Ad tertium sic proceditur. videtur quod christus in primo instanti suae conceptionis mereri non potuerit. sicut enim se habet liberum arbitrium ad merendum, ita ad demerendum. sed diabolus in primo instanti suae creationis non potuit peccare, * ut in prima parte habitum est. ' ergo neque anima christi in primo instanti suae creationis, quod fuit primum instans conceptionis christi, potuit mereri.
ag2 ' Praeterea, illud quod homo habet in primo instanti suae conceptionis, videtur ei esse naturale, quia hoc est ad quod terminatur sua generatio naturalis. sed naturalibus non meremur, * ut patet ex his quae dicta sunt in secunda parte. ' ergo videtur quod usus liberi arbitrii quem christus habuit secundum hominem in primo instanti suae conceptionis, non fuerit meritorius.
ag3 ' Praeterea, illud quod semel aliquis meruit, iam facit quodammodo suum, et ita non videtur quod iterum possit illud idem mereri, quia nullus meretur quod suum est. si ergo christus in primo instanti suae conceptionis meruit, sequitur quod postea nihil meruerit. quod patet esse falsum. non ergo christus in primo instanti suae conceptionis meruit.
sc * Sed contra est quod augustinus dicit, super exod., ° non habuit omnino christus, iuxta animae meritum, quo potuisset proficere. ' potuisset autem proficere in merito si in primo instanti suae conceptionis non meruisset. ergo in primo instanti suae conceptionis meruit christus.
co * Respondeo dicendum quod, sicut supra dictum est, ' christus in primo instanti conceptionis suae sanctificatus fuit per gratiam. est autem duplex sanctificatio, una quidem adultorum, qui secundum proprium actum sanctificantur; alia autem puerorum, qui non sanctificantur secundum proprium actum fidei, sed secundum fidem parentum vel ecclesiae. prima autem sanctificatio est perfectior quam secunda, sicut actus est perfectior quam habitus; et " quod est per se, eo quod est per aliud. ' cum ergo sanctificatio christi fuerit perfectissima, quia sic sanctificatus est ut esset aliorum sanctificator; consequens est quod ipse secundum proprium motum liberi arbitrii in deum fuerit sanctificatus. qui quidem motus liberi arbitrii est meritorius. unde consequens est quod in primo instanti suae conceptionis christus meruerit.
ra1 ' Ad primum ergo dicendum quod liberum arbitrium non eodem modo se habet ad bonum et ad malum, nam ad bonum se habet per se et naturaliter; ad malum autem se habet per modum defectus, et praeter naturam. * sicut autem philosophus dicit, in ii de caelo, ° posterius est quod est praeter naturam, eo quod est secundum naturam, quia id quod est praeter naturam, est quaedam excisio ab eo quod est secundum naturam. ' et ideo liberum arbitrium creaturae in primo instanti creationis potest moveri ad bonum merendo, non autem ad malum peccando, si tamen natura sit integra.
ra2 ' Ad secundum dicendum quod id quod homo habet in principio suae creationis secundum communem naturae cursum, est homini naturale, nihil tamen prohibet quin aliqua creatura in principio suae creationis aliquod beneficium gratiae a deo consequatur. et hoc modo anima christi in principio suae creationis consecuta est gratiam, qua posset mereri. et ea ratione gratia illa, secundum quandam similitudinem, dicitur fuisse illi homini naturalis, * ut patet per augustinum, in enchirid..

ra3 ' Ad tertium dicendum quod nihil prohibet idem esse alicuius ex diversis causis. et secundum hoc, christus gloriam immortalitatis, quam meruit in primo instanti suae conceptionis, potuit etiam posterioribus actibus et passionibus mereri, non quidem ut esset sibi magis debita; sed ut sibi ex pluribus causis deberetur.

010 ST4 qu34 ar4

ag1 ' Ad quartum sic proceditur. videtur quod christus non fuerit perfectus comprehensor in primo instanti suae conceptionis. meritum enim praecedit praemium, sicut et culpa poenam. sed christus in primo instanti suae conceptionis meruit, * sicut dictum est. ' cum ergo status comprehensoris sit principale praemium, videtur quod christus in primo instanti suae conceptionis non fuerit comprehensor.
ag2 * Praeterea, dominus dicit, luc. ult., ° haec oportuit christum pati, et ita intrare in gloriam suam. ' sed gloria pertinet ad statum comprehensionis. ergo christus non fuit in statu comprehensoris in primo instanti suae conceptionis, quando adhuc nullam sustinuit passionem.
ag3 ' Praeterea, illud quod non convenit nec homini nec angelo, videtur esse proprium deo, et ita non convenit christo secundum quod homo. sed semper esse beatum non convenit nec homini nec angelo, si enim fuissent conditi beati, postmodum non peccassent. ergo christus, secundum quod homo, non fuit beatus in primo instanti suae conceptionis.
sc * Sed contra est quod dicitur in psalmo, ° beatus quem elegisti et assumpsisti, * quod, secundum glossam, " refertur ad humanam naturam christi, quae ° assumpta est a verbo dei in unitatem personae. ' sed in primo instanti conceptionis fuit assumpta humana natura a verbo dei. ergo in primo instanti suae conceptionis christus, secundum quod homo, fuit beatus. quod est esse comprehensorem.
co * Respondeo dicendum quod, sicut ex dictis patet, ' non fuit conveniens ut christus in sua conceptione acciperet gratiam habitualem tantum absque actu. " accepit autem gratiam non ad mensuram, * ut supra habitum est. ' gratia autem viatoris, cum sit deficiens a gratia comprehensoris, habet mensuram minorem respectu comprehensoris. unde manifestum est quod christus in primo instanti suae conceptionis accepit non solum tantam gratiam quantam comprehensores habent, sed etiam omnibus comprehensoribus maiorem. et quia gratia illa non fuit sine actu, consequens est quod actu fuit comprehensor, videndo deum per essentiam clarius ceteris creaturis.
ra1 * Ad primum ergo dicendum quod, sicut supra dictum est, ' christus non meruit gloriam animae, secundum quam dicitur comprehensor, sed gloriam corporis, ad quam per suam passionem pervenit.
ra2 ' Unde patet responsio ad secundum.
ra3 ' Ad tertium dicendum quod christus, ex hoc quod fuit deus et homo, etiam in sua humanitate habuit aliquid prae ceteris creaturis, ut scilicet statim a principio esset beatus.

010 ST4 qu35 ar

pr ' Consequenter, post christi conceptionem, agendum est de eius nativitate. et primo, quantum ad ipsam nativitatem; secundo, quantum ad nati manifestationem. circa primum quaeruntur octo. primo, utrum nativitas sit naturae, vel personae. secundo, utrum christo sit attribuenda alia nativitas praeter aeternam. tertio, utrum secundum nativitatem temporalem beata virgo sit mater eius. quarto, utrum debeat dici mater dei. quinto, utrum christus secundum duas filiationes sit filius dei patris et virginis matris. sexto, de modo nativitatis. septimo, de loco. octavo, de tempore nativitatis.

010 ST4 qu35 ar1

ag1 ' Ad primum sic proceditur. videtur quod nativitas naturae conveniat magis quam personae. * dicit enim augustinus, in libro de fide ad petrum, ° natura aeterna atque divina non posset concipi et nasci ex humana natura, nisi secundum veritatem humanae naturae. ' sic igitur naturae divinae convenit concipi et nasci ratione humanae naturae. multo magis igitur convenit humanae naturae.
ag2 * Praeterea, secundum philosophum in v metaphys., " nomen naturae a nascendo sumptum est. ' sed denominationes fiunt secundum similitudinis convenientiam. ergo videtur quod nativitas magis pertineat ad naturam quam ad personam.
ag3 ' Praeterea, illud proprie nascitur quod per nativitatem incipit esse. sed per nativitatem christi non incoepit esse persona christi, sed eius natura humana. ergo videtur quod nativitas proprie pertineat ad naturam, non ad personam.
sc * Sed contra est quod dicit damascenus, in iii libro, ° nativitas hypostasis est, non naturae.
co ' Respondeo dicendum quod nativitas potest attribui alicui dupliciter, uno modo, sicut subiecto; alio modo, sicut termino. sicut subiecto quidem attribuitur ei quod nascitur. hoc autem proprie est hypostasis, non natura. cum enim nasci sit quoddam generari, sicut generatur aliquid ad hoc quod sit, ita nascitur aliquid ad hoc quod sit. esse autem proprie rei subsistentis est, nam forma quae non subsistit, dicitur esse solum quia ea aliquid est. persona autem, vel hypostasis, significatur per modum subsistentis, natura autem significatur per modum formae in qua aliquid subsistit. et ideo nativitas, tanquam subiecto proprie nascendi, attribuitur personae vel hypostasi, non naturae. sed sicut termino, attribuitur nativitas naturae. terminus enim generationis, et cuiuslibet nativitatis, est forma. natura autem per modum formae significatur. unde nativitas dicitur via in naturam, * ut patet per philosophum, ii physic., ' terminatur enim naturae intentio ad formam, seu naturam speciei.
ra1 ' Ad primum ergo dicendum quod, propter identitatem quae in divinis est inter naturam et hypostasim, quandoque natura ponitur pro persona vel hypostasi. * et secundum hoc dicit augustinus " naturam divinam esse conceptam et natam, quia scilicet persona filii est concepta et nata secundum humanam naturam.
ra2 ' Ad secundum dicendum quod nullus motus seu mutatio denominatur a subiecto quod movetur, sed a termino motus, a quo speciem habet. et propter hoc nativitas non denominatur a persona quae nascitur, sed a natura ad quam nativitas terminatur.
ra3 ' Ad tertium dicendum quod natura, proprie loquendo, non incipit esse sed magis persona incipit esse in aliqua natura. quia, * sicut dictum est, ' natura significatur ut quo aliquid est, persona vero significatur ut quae habet esse subsistens.

010 ST4 qu35 ar2

ag1 ' Ad secundum sic proceditur. videtur quod christo non sit attribuenda aliqua nativitas temporalis. ° nasci enim est sicut quidam motus rei non existentis antequam nascatur, id agens beneficio nativitatis, ut sit. ' sed christus ab aeterno fuit. ergo non potuit temporaliter nasci.
ag2 ' Praeterea, illud quod est in se perfectum, nativitate non indiget. sed persona filii dei ab aeterno fuit perfecta. ergo non indiget temporali nativitate. et ita videtur quod non sit temporaliter natus.
ag3 ' Praeterea, nativitas proprie personae convenit. sed in christo tantum est una persona. ergo in christo tantum est una nativitas.
ag4 ' Praeterea, quod duabus nativitatibus nascitur, bis nascitur. sed haec videtur esse falsa, christus est bis natus. quia nativitas eius qua de patre est natus, interruptionem non patitur, cum sit aeterna. quod tamen requiritur ad hoc adverbium bis, ille enim dicitur bis currere qui cum interruptione currit. ergo videtur quod in christo non sit ponenda duplex nativitas.
sc * Sed contra est quod damascenus dicit, in iii libro, ° confitemur christi duas nativitates, unam quae est ex patre, aeternam; et unam quae est in ultimis temporibus propter nos.
co * Respondeo dicendum quod, sicut dictum est, ' natura comparatur ad nativitatem sicut terminus ad motum vel mutationem. motus autem diversificatur secundum diversitatem terminorum, * ut patet per philosophum, in v physic.. ' in christo autem est duplex natura, quarum unam accepit ab aeterno a patre, alteram autem accepit temporaliter a matre. et ideo necesse est attribuere christo duas nativitates, unam qua aeternaliter natus est a patre, aliam qua temporaliter natus est a matre.
ra1 * Ad primum ergo dicendum quod haec fuit obiectio cuiusdam feliciani haeretici, quam augustinus, in libro contra felicianum, sic solvit. ° fingamus, inquit, sicut plerique volunt, esse in mundo animam generalem, quae sic ineffabili motu semina cuncta vivificet ut non sit concreta cum genitis, sed vitam praestet ipsa gignendis. nempe cum haec in uterum, passibilem materiam ad usus suos formatura, pervenerit, unam facit secum esse personam eius rei, quam non eandem constat habere substantiam, et fit, operante anima et patiente materia, ex duabus substantiis unus homo. sicque animam nasci fatemur ex utero, non quia, antequam nasceretur, quantum ad se attinet, ipsa penitus non fuisset. sic ergo, immo sublimius, natus est filius dei secundum hominem, eo pacto quo cum corpore nasci docetur et animus, non quia utriusque sit una substantia, sed quia ex utraque fit una persona. non tamen ab hoc incoepisse initio dicimus dei filium, ne temporalem credat aliquis divinitatem. non ab aeterno filii dei novimus carnem, ne non veritatem humani corporis, sed quandam eum suscepisse putemus imaginem.
ra2 * Ad secundum dicendum quod haec fuit ratio nestorii, quam solvit cyrillus, in quadam epistola, dicens, ° non dicimus quod filius dei indiguerit necessario propter se secunda nativitate, post eam quae ex patre est, est enim fatuum et indoctum existentem ante omnia saecula, et consempiternum patri, indigere dicere initio ut sit secundo. quoniam autem, propter nos, et propter nostram salutem, uniens sibi secundum subsistentiam quod est humanum, processit ex muliere, ob hoc dicitur nasci carnaliter.
ra3 ' Ad tertium dicendum quod nativitas est personae ut subiecti, naturae autem ut termini. possibile est autem uni subiecto plures transmutationes inesse, quas tamen necesse est secundum terminos variari. quod tamen non dicimus quasi aeterna nativitas sit transmutatio aut motus, sed quia significatur per modum mutationis aut motus.
ra4 ' Ad quartum dicendum quod christus potest dici bis natus, secundum duas nativitates. sicut enim dicitur bis currere qui currit duobus temporibus, ita potest dici bis nasci qui semel nascitur in aeternitate, et semel in tempore, quia aeternitas et tempus multo magis differunt quam duo tempora, cum tamen utrumque designet mensuram durationis.

010 ST4 qu35 ar3

ag1 ' Ad tertium sic proceditur. videtur quod secundum temporalem nativitatem christi beata virgo non possit dici mater eius. * ut enim supra dictum est, ' beata virgo maria nihil active in generatione christi operata est, sed solam materiam ministravit. sed hoc non videtur sufficere ad rationem matris, alioquin, lignum diceretur mater lecti aut scamni. ergo videtur quod beata virgo non possit dici mater christi.
ag2 ' Praeterea, christus ex beata virgine miraculose natus est. sed miraculosa generatio non sufficit ad rationem maternitatis vel filiationis, non enim dicimus hevam fuisse filiam adae. ergo videtur quod nec christus debeat dici filius beatae virginis.
ag3 ' Praeterea, ad matrem pertinere videtur decisio seminis. sed, * sicut damascenus dicit, in iii libro, ° corpus christi non seminaliter, sed conditive a spiritu sancto formatum est. ' ergo videtur quod beata virgo non debeat dici mater christi.
sc * Sed contra est quod dicitur matth. i, ° christi generatio sic erat. cum esset desponsata mater iesu maria ioseph, etc..
co ' Respondeo dicendum quod beata virgo maria est vera et naturalis mater christi. * sicut enim supra dictum est, " corpus christi non est de caelo allatum, * sicut valentinus haereticus posuit, ' sed de virgine matre sumptum, et ex purissimis sanguinibus eius formatum. et hoc solum requiritur ad rationem matris, * ut ex supra dictis patet. ' unde beata virgo vere est mater christi.
ra1 ' Ad primum ergo dicendum quod, * sicut supra dictum est, ' paternitas seu maternitas et filiatio non competunt in quacumque generatione sed in sola generatione viventium. et ideo, si aliqua inanimata ex aliqua materia fiant, non propter hoc consequitur in eis relatio maternitatis et filiationis, sed solum in generatione viventium, quae proprie nativitas dicitur.
ra2 * Ad secundum dicendum quod, sicut damascenus dicit, in iii libro, ' nativitas temporalis, qua christus est natus propter nostram salutem, est quodammodo secundum nos, ° quoniam natus est homo ex muliere, et tempore conceptionis debito, super nos autem, quoniam non ex semine, sed ex sancto spiritu et sancta virgine, super legem conceptionis. ' sic igitur ex parte matris nativitas illa fuit naturalis, sed ex parte operationis spiritus sancti fuit miraculosa. unde beata virgo est vera et naturalis mater christi.
ra3 * Ad tertium dicendum quod, sicut supra dictum est, ' resolutio seminis feminae non pertinet ad necessitatem conceptus. et ideo resolutio seminis non ex necessitate requiritur ad matrem.

010 ST4 qu35 ar4

ag1 ' Ad quartum sic proceditur. videtur quod beata virgo non debeat dici mater dei. non enim est dicendum circa divina mysteria nisi quod ex sacra scriptura habetur. * sed nunquam in sacra scriptura legitur quod " sit mater aut genitrix dei, sed quod sit mater christi, aut mater pueri, * ut patet matth. i. ' ergo non est dicendum quod beata virgo sit mater dei.
ag2 ' Praeterea, christus dicitur deus secundum divinam naturam. sed divina natura non accepit initium essendi ex virgine. ergo beata virgo non est dicenda mater dei.
ag3 ' Praeterea, hoc nomen deus communiter praedicatur de patre et filio et spiritu sancto. si ergo beata virgo est mater dei, videtur sequi quod beata virgo sit mater patris et filii et spiritus sancti, quod est inconveniens. non ergo beata virgo debet dici mater dei.
sc * Sed contra est quod in capitulis cyrilli, approbatis in ephesina synodo, legitur, ° si quis non confitetur deum esse secundum veritatem emmanuel, et propter hoc dei genitricem sanctam virginem, genuit enim carnaliter carnem factam ex deo verbum, anathema sit.
co * Respondeo dicendum quod, sicut supra dictum est, ' omne nomen significans in concreto naturam aliquam, potest supponere pro qualibet hypostasi illius naturae. cum autem unio incarnationis sit facta in hypostasi, * sicut supra dictum est, ' manifestum est quod hoc nomen deus potest supponere pro hypostasi habente humanam naturam et divinam. et ideo quidquid convenit divinae naturae et humanae, potest attribui illi personae, sive secundum quod pro ea supponit nomen significans divinam naturam; sive secundum quod pro ea supponit nomen significans humanam naturam. concipi autem et nasci personae attribuitur et hypostasi secundum naturam illam in qua concipitur et nascitur. cum igitur in ipso principio conceptionis fuerit humana natura assumpta a divina persona, * sicut praedictum est, ' consequens est quod vere posset dici deum esse conceptum et natum de virgine. ex hoc autem dicitur aliqua mulier alicuius mater, quod eum concepit et genuit. unde consequens est quod beata virgo vere dicatur mater dei. solum enim sic negari posset beatam virgi-

nem esse matrem dei, “si vel humanitas prius fuisset subiecta conceptioni et nativitati quam homo ille fuisset filius dei, *sicut photinus posuit, |25| “vel humanitas non fuisset assumpta in unitatem personae vel ‘hypostasis verbi dei, *sicut posuit nestorius. ‘utrumque autem horum est erroneum. unde haereticum est negare beatam virginem esse matrem dei.

ra1 * Ad primum ergo dicendum quod haec fuit obiectio nestorii. ‘quae quidem solvitur ex hoc quod, licet non inveniatur expresse in scriptura dictum quod beata virgo sit mater dei, invenitur tamen expresse in scriptura quod iesus christus est verus deus, * ut patet i ioan. ult.; ‘et quod beata virgo est mater iesu christi, *ut patet matth. i. ‘unde sequitur ex necessitate ex verbis scripturae quod sit mater dei. * dicitur etiam rom. ix, quod ° ex iudaeis est secundum carnem christus, qui est super omnia deus benedictus in saecula. ‘non autem est ex iudaeis nisi mediante beata virgine. “unde ille qui est super omnia deus benedictus in saecula, ‘est vere natus ex beata virgine sicut ex sua matre.

ra2 ‘ Ad secundum dicendum quod * illa est obiectio nestorii. sed cyrillus, in quadam epistola contra nestorium, eam solvit sic dicens, ° sicut hominis anima cum proprio corpore nascitur, et tanquam unum reputatur; et si voluerit dicere quispiam quia est genitrix carnis, non tamen et animae genitrix, nimis superflue loquitur, tale aliquid gestum percipimus in generatione christi. natum est enim ex dei patris substantia dei verbum, quia vero carnem assumpsit, necesse est confiteri quia natum est secundum carnem ex muliere. ‘dicendum est ergo quod beata virgo dicitur mater dei, non quia sit mater divinitatis, sed quia personae habentis divinitatem et humanitatem est mater secundum humanitatem.

ra3 ‘ Ad tertium dicendum quod hoc nomen deus, quamvis sit commune tribus personis, tamen quandoque supponit pro sola persona patris, quandoque pro sola persona filii vel spiritus sancti, *ut supra habitum est. ‘et ita, cum dicitur, beata virgo est mater dei hoc nomen deus supponit pro sola persona filii incarnata.

010 ST4 qu35 ar5

ag1 ‘Ad quintum sic proceditur. videtur quod in christo sint duae filiationes. nativitas enim est causa filiationis. sed in christo sunt duae nativitates. ergo etiam in christo sunt duae filiationes.

ag2 ‘ Praeterea, filiatio, qua quis dicitur filius alicuius ut matris vel patris, dependet aliqualiter ab ipso, “quia esse relationis est ad aliud aliqualiter se habere; unde et, interempto uno relativorum, interimitur aliud. ‘sed filiatio aeterna, qua christus est filius dei patris, non dependet a matre, quia nullum aeternum dependet a temporali. ergo christus non est filius matris filiatione aeterna. aut ergo nullo modo est filius eius, *quod est contra praedicta, ‘aut oportet quod sit filius eius quadam alia filiatione temporali. sunt ergo in christo duae filiationes.

ag3 “ Praeterea, unum relativorum ponitur in definitione alterius, ‘ex quo patet quod unum relativorum specificatur ex alio. sed unum et idem non potest esse in diversis speciebus. ergo impossibile videtur quod una et eadem relatio terminetur ad extrema omnino diversa. sed christus dicitur filius patris aeterni, et matris temporalis, qui sunt termini omnino diversi. ergo videtur quod non possit eadem relatione christus dici filius patris et matris. sunt ergo in christo duae filiationes.

sc * Sed contra est quod, sicut damascenus dicit, in iii libro, “ ea quae sunt naturae, multiplicantur in christo, non autem ea quae sunt personae. ‘sed filiatio maxime pertinet ad personam, est enim proprietas personalis, * ut patet ex his quae in prima parte dicta sunt. ‘ergo in christo est una tantum filiatio.

co ‘Respondeo dicendum quod circa hoc sunt diversae opiniones. “ quidam enim, attendentes ad causam filiationis, quae est nativitas, ponunt in christo duas filiationes, sicut et duas nativitates. alii vero, attendentes ad subiectum filiationis, quod est persona vel hypostasis, ponunt in christo tantum unam filiationem, sicut et unam hypostasim vel personam. ‘unitas enim relationis vel eius pluralitas non attenditur secundum terminos, sed secundum causam vel subiectum. si enim secundum terminos attenditur, oporteret quod quilibet homo in se duas filiationes haberet, unam qua refertur ad patrem, et aliam qua refertur ad matrem. sed recte consideranti apparet eadem relatione referri unumquemque ad suum patrem et matrem, propter unitatem causae. eadem enim nativitate homo nascitur ex patre et matre, unde eadem relatione ad utrumque refertur. et eadem ratio est de magistro qui docet multos discipulos eadem doctrina; et de domino qui gubernat diversos subiectos eadem potestate. si vero sint diversae causae specie differentes, ex consequenti videntur relationes specie differre. unde nihil prohibet plures tales relationes eidem inesse. sicut, si aliquis est aliquorum magister in grammatica et aliorum in logica, alia est ratio magisterii utriusque, et ideo diversis relationibus unus et idem homo potest esse magister vel diversorum vel eorundem secundum diversas doctrinas. contingit autem quandoque quod aliquis habet relationem ad plures secundum diversas causas, |25| eiusdem tamen speciei, sicut cum aliquis est pater diversorum filiorum secundum diversos generationis actus. unde paternitas non potest specie differre, cum actus generationum sint iidem specie. et quia plures formae eiusdem speciei non possunt simul inesse eidem subiecto, non est possibile quod sint plures paternitates in eo qui est pater plurium filiorum generatione naturali. secus autem esset si esset pater unius generatione naturali, et alterius per adoptionem. manifestum est autem quod non una et eadem nativitate christus est natus ex patre ab aeterno, et ex matre ex tempore. nec nativitas est unius speciei. unde, quantum ad hoc, oporteret dicere in christo esse diversas filiationes, unam temporalem et aliam aeternam. sed quia subiectum filiationis non est natura aut pars naturae, sed solum persona vel hypostasis; in christo autem non est hypostasis vel persona nisi aeterna, non potest in christo esse aliqua filiatio nisi quae sit in hypostasi aeterna. omnis autem relatio quae ex tempore de deo dicitur, non ponit in ipso deo aeterno aliquid secundum rem, sed secundum rationem tantum, * sicut in prima parte habitum est. ‘et ideo filiatio qua christus refertur ad matrem, non potest esse realis relatio, sed solum secundum rationem. * et sic quantum ad aliquid utraque opinio verum dicit. “ nam si attendamus ad perfectas rationes filiationis, oportet |50| dicere duas filiationes, secundum dualitatem nativitatum. si autem attendamus ad subiectum filiationis, quod non potest esse nisi suppositum aeternum, non potest in christo esse realiter nisi filiatio aeterna. ‘ dicitur tamen relative filius ad matrem relatione quae cointelligitur relationi maternitatis ad christum. sicut deus dicitur dominus relatione quae cointelligitur reali relationi qua creatura subiicitur deo. et quamvis relatio dominii non sit realis in deo, tamen realiter est dominus, ex reali subiectione creaturae ad ipsum. et similiter christus dicitur realiter filius virginis matris ex relatione reali maternitatis ad christum.

ra1 ‘ Ad primum ergo dicendum quod nativitas temporalis causaret in christo temporalem filiationem realem, si esset ibi subiectum huiusmodi filiationis capax. quod quidem esse non potest, ipsum enim suppositum aeternum non potest esse susceptivum relationis temporalis, * ut dictum est. ‘nec etiam potest dici quod sit susceptivum filiationis temporalis ratione humanae naturae, sicut etiam et temporalis nativitatis, quia oporteret naturam humanam aliqualiter esse subiectam filiationi, sicut est aliqualiter subiecta nativitati; cum enim aethiops dicitur albus ratione dentis, oportet quod dens aethiopis sit albedinis subiectum. natura autem humana nullo modo potest esse subiectum filiationis, quia haec relatio directe respicit personam.

ra2 ‘ Ad secundum dicendum quod filiatio aeterna non dependet a matre temporali, sed huic filiationi aeternae cointelligitur quidam respectus temporalis dependens a matre, secundum quem christus dicitur filius matris.

ra3 “ Ad tertium dicendum quod unum et ens se consequuntur, * ut dicitur in iv metaphys.. ‘ et ideo, sicut contingit quod in uno extremorum relatio sit quoddam ens, in alio autem non sit ens, sed ratio tantum, * sicut de scibili et scientia philosophus dicit, in v metaphys., ‘ita etiam contingit quod ex parte unius extremi est una relatio, ex parte autem alterius extremi sunt multae relationes. sicut in hominibus ex parte parentum invenitur duplex relatio, una paternitatis et alia maternitatis, quae sunt specie differentes, propter hoc quod alia ratione pater, et alia mater est generationis principium (si vero essent plures eadem ratione principium unius actionis, puta cum multi simul trahunt navem, in omnibus esset una et eadem relatio), ex parte autem prolis est una sola filiatio secundum rem, sed duplex secundum rationem, inquantum correspondet utrique relationi parentum secundum duos respectus intellectus. et sic etiam quantum ad aliquid in christo est tantum una filiatio realis, quae respicit patrem aeternum, est tamen ibi alius respectus temporalis, qui respicit matrem temporalem.

010 ST4 qu35 ar6

ag1 ‘Ad sextum sic proceditur. videtur quod christus non fuerit natus sine dolore matris. sicut enim mors hominum subsecuta est ex peccato primorum parentum, *secundum illud gen. ii, ° quacumque die comederitis, morte moriemini; ‘ ita etiam dolor partus, * secundum illud gen. iii, ° in dolore paries filios. ‘ sed christus mortem subire voluit. ergo videtur quod pari ratione eius partus esse debuerit cum dolore.

ag2 ‘Praeterea, finis proportionatur principio. sed finis vitae christi fuit cum dolore, * secundum illud isaiae liii, ° vere dolores nostros ipse tulit. ‘ergo videtur quod etiam in sua nativitate fuerit dolor partus.

ag3 * Praeterea, in libro de ortu salvatoris narratur quod “ ad christi nativitatem obstetrices occurrerunt, quae videntur necessariae parienti propter dolorem. ‘ ergo videtur quod beata virgo peperit cum dolore.

sc * Sed contra est quod augustinus dicit, in sermone de nativitate, alloquens virginem matrem, ° nec in conceptione, inquit, inventa es sine pudore, nec in partu inventa es cum dolore.

co ‘Respondeo dicendum quod dolor parientis causatur ex apertione meatuum per quos proles egreditur. * dictum est autem supra quod ‘ christus est egressus ex clauso utero matris, et sic nulla apertio meatuum ibi fuit. et propter hoc in illo partu nullus fuit dolor, sicut nec aliqua corruptio, sed fuit ibi maxima iucunditas, “ ex hoc quod homo deus natus est in mundum, * secundum illud isaiae xxxv, ° germinans germinabit sicut lilium, et exultabit laetabunda et laudans.

ra1 ‘ Ad primum ergo dicendum quod dolor partus consequitur in muliere commixtionem virilem. * unde gen. iii, postquam dictum est, “ in dolore paries, subditur, et sub viri potestate eris. sed, * sicut dicit augustinus, in sermone de assumptione beatae virginis, “ ab hac sententia excipitur virgo mater dei, quae, ° quia sine peccati colluvione et sine virilis admixtionis detrimento christum suscepit, sine dolore genuit, sine integritatis violatione, pudore virginitatis integra permansit. ‘christus autem mortem suscepit spontanea voluntate, ut pro nobis satisfaceret, non quasi ex necessitate illius sententiae, quia ipse mortis debitor non erat.

ra2 ‘ Ad secundum dicendum quod, sicut christus ° moriendo destruxit mortem nostram, ‘ita suo dolore nos a doloribus liberavit, et ita mori voluit cum dolore. sed dolor parientis matris non pertinebat ad christum, qui pro peccatis nostris satisfacere veniebat. et ideo non oportuit quod mater eius pareret cum dolore.

ra3 * Ad tertium dicendum quod luc. ii dicitur quod “ beata virgo ipsamet puerum, quem pepererat, pannis involvit et posuit in praesepio. * et ex hoc ostenditur narratio huius libri, qui est apocryphus, esse falsa. unde hieronymus dicit, contra helvidium, ° nulla ibi obstetrix, nulla muliercularum sedulitas intercessit. et mater et obstetrix fuit. pannis, inquit, involvit infantem, et posuit in praesepio. quae sententia apocryphorum deliramenta convincit.

010 ST4 qu35 ar7

ag1 ‘ Ad septimum sic proceditur. videtur quod christus non debuit in bethlehem nasci. * dicitur enim isaiae ii, ° de sion exibit lex, et verbum domini de ierusalem. ‘ sed christus est verbum dei. ergo de ierusalem debuit prodire in mundum.

ag2 * Praeterea, matth. ii dicitur “ scriptum esse de christo quod nazaraeus vocabitur, * quod sumitur ex eo quod scribitur isaiae xi, ° flos de radice eius ascendet; “ nazareth enim flos interpretatur. ‘sed maxime aliquis denominatur a loco suae nativitatis. ergo videtur quod in nazareth nasci debuerit, ubi etiam fuit conceptus et nutritus.

ag3 ‘ Praeterea, ad hoc dominus natus est in mundo ut veritatis fidem annuntiaret, * secundum illud ioan. xviii, ° in hoc natus sum, et ad hoc veni in mundum, ut testimonium perhibeam veritati. ‘sed hoc facilius fieri potuisset si natus fuisset in civitate romana, quae tunc dominatum orbis habebat, * unde et paulus, romanis scribens, dicit, rom. i, ° fides vestra annuntiatur universo mundo. ‘ ergo videtur quod non debuit nasci in bethlehem.

sc * Sed contra est quod dicitur mich. v, ° et tu, bethlehem ephrata, ex te mihi egredietur qui sit dominator in israel.

co ‘ Respondeo dicendum quod christus in bethlehem nasci voluit duplici ratione. primo quidem, quia ° factus est ex semine david secundum carnem, * ut dicitur rom. i, ‘cui etiam fuerat facta repromissio specialis de christo, * secundum illud ii reg. xxiii, ° dixit vir cui constitutum de christo dei iacob. ‘et ideo in bethlehem, de qua natus fuit david, nasci voluit, ut ex ipso loco nativitatis promissio ei facta impleta ostenderetur. * et hoc designat evangelista dicens, ° eo quod esset de domo et familia david. * secundo quia, ut gregorius dicit, in homilia, ° bethlehem domus panis interpretatur. ipse christus est qui ait, ego sum panis vivus, qui de caelo descendi.

ra1 ‘ Ad primum ergo dicendum quod, sicut david in bethlehem natus est, ita etiam ierusalem elegit ut in ea sedem regni constitueret, et templum dei ibi aedificaret, et sic ierusalem esset civitas simul regalis et sacerdotalis. sacerdotium autem christi, et eius regnum, praecipue consummatum est in eius passione. et ideo convenienter bethlehem elegit nativitati, ierusalem vero passioni. simul etiam per hoc hominum gloriam confutavit, qui gloriantur de hoc quod ex civitatibus nobilibus originem ducunt, in quibus etiam praecipue volunt honorari. christus autem e converso in civitate ignobili nasci voluit, et in civitate nobili pati opprobrium.

ra2 ‘ Ad secundum dicendum quod christus florere voluit secundum virtuosam conversationem, non secundum carnis originem. et ideo in civitate nazareth educari voluit et nutriri. in bethlehem autem voluit quasi peregre nasci, quia, * ut gregorius dicit, ° per humanitatem quam assumpserat, quasi in alieno nascebatur, non secundum potestatem, sed secundum naturam. * et, ut etiam beda dicit, ° per hoc quod in diversorio loco eget, nobis multas mansiones in domo patris sui praepararet.

ra3 ‘ Ad tertium dicendum quod, * sicut dicitur in quodam sermone ephesini concilii, ° si maximam romam elegisset civitatem, propter potentiam civium mutationem orbis terrarum putarent. si filius fuisset imperatoris, potestati utilitatem adscriberent. sed ut divinitas cognosceretur orbem transformasse terrarum, pauperculam elegit matrem, pauperiorem patriam. elegit autem deus infirma mundi ut confundat fortia, * sicut dicitur i cor. i. ' et ideo, ut suam potestatem magis ostenderet, in ipsa roma, quae caput orbis erat, statuit caput ecclesiae suae, in signum perfectae victoriae, ut exinde fides derivaretur ad universum mundum, * secundum illud isaiae xxvi, ° civitatem sublimem humiliabit, et conculcabit eam pes pauperis, " idest christi, gressus egenorum, idest apostolorum petri et pauli.

010 ST4 qu35 ar8

ag1 ' Ad octavum sic proceditur. videtur quod christus non fuerit congruo tempore natus. ad hoc enim christus venerat ut suos in libertatem revocaret. natus est autem tempore servitutis, quo scilicet totus orbis praecepto augusti describitur, quasi tributarius factus, * ut habetur luc. ii. ' ergo videtur quod non congruo tempore christus fuerit natus.
ag2 ' Praeterea, promissiones de christo nascituro non gentilibus fuerant factae, * secundum illud rom. ix, ° quorum sunt promissa. ' sed christus natus est tempore quo rex alienigena dominabatur, * sicut patet matth. ii, ° cum natus esset iesus in diebus herodis regis. ' ergo videtur quod non fuerit congruo tempore natus.
ag3 ' Praeterea, tempus praesentiae christi in mundo diei comparatur, propter id quod ipse est lux mundi, * unde ipse dicit, ioan. ix, ° me oportet operari opera eius qui misit me, donec dies est. ' sed in aestate sunt dies longiores quam in hieme. ergo, cum natus fuerit in profundo hiemis octo kalendas ianuarii, videtur quod non fuerit convenienti tempore natus.
sc * Sed contra est quod dicitur galat. iv, ° cum venit plenitudo temporis, misit deus filium suum, factum ex muliere, factum sub lege.
co ' Respondeo dicendum quod haec est differentia inter christum et alios homines, quod alii homines nascuntur subiecti necessitati temporis, christus autem, tanquam dominus et conditor omnium temporum, elegit sibi tempus in quo nasceretur, sicut et matrem et locum. et quia " quae a deo sunt ordinata sunt, et convenienter disposita, ' consequens est quod convenientissimo tempore christus nasceretur.
ra1 ' Ad primum ergo dicendum quod christus venerat nos in statum libertatis reducere de statu servitutis. et ideo, sicut mortalitatem nostram suscepit ut nos ad vitam reduceret, ita, * ut beda dicit, ° eo tempore dignatus est incarnari quo, mox natus, censu caesaris adscriberetur atque, ob nostri liberationem, ipse servitio subderetur. ' tempore etiam illo, quo totus orbis sub uno principe vivebat, maxime pax fuit in mundo. et ideo decebat ut illo tempore christus nasceretur, " qui est pax nostra, faciens utraque unum, * ut dicitur ephes. ii. unde hieronymus dicit, super isaiam, ° veteres revolvamus historias, et inveniemus usque ad vigesimum octavum annum caesaris augusti in toto orbe terrarum fuisse discordiam, orto autem domino, omnia bella cessaverunt, * secundum illud isaiae ii, ° non levabit gens contra gentem gladium. ' congruebat etiam ut illo tempore quo unus princeps dominabatur in mundo, christus nasceretur, " qui venerat suos ° congregare in unum, ut esset unum ovile et unus pastor, * ut dicitur ioan. x.
ra2 ' Ad secundum dicendum quod christus regis alienigenae tempore nasci voluit, ut impleretur prophetia iacob dicentis, * gen. penult., ° non auferetur sceptrum de iuda, et dux de femore eius, donec veniat qui mittendus est. * quia, ut chrysostomus dicit, super matth., ° quandiu iudaica gens sub iudaicis regibus, quamvis peccatoribus, tenebatur, prophetae mittebantur ad remedium eius. nunc autem, quando lex dei sub potestate regis iniqui tenebatur, nascitur christus, quia magna et desperabilis infirmitas medicum artificiosiorem quaerebat.
ra3 * Ad tertium dicendum quod, sicut dicitur in libro de quaest. novi et vet. test., ° tunc christus nasci voluit, quando lux diei crementum incipit accipere, ' ut ostenderetur quod ipse venerat ut homines crescerent in lucem divinam, * secundum illud luc. i, ° illuminare his qui in tenebris et umbra mortis sedent. ' similiter etiam asperitatem hiemis elegit ad nativitatem, ut ex tunc carnis afflictionem pateretur pro nobis.

010 ST4 qu36 ar

pr ' Deinde considerandum est de manifestatione christi nati. et circa hoc quaeruntur octo. primo, utrum nativitas christi debuerit omnibus esse manifesta. secundo, utrum debuerit aliquibus manifestari. tertio, quibus manifestari debuerit. quarto, utrum ipse se debuerit manifestare, vel potius manifestari per alios. quinto, per quae alia manifestari debuerit. sexto, de ordine manifestationum. septimo, de stella per quam manifestata fuit eius nativitas. octavo, de veneratione magorum, qui per stellam nativitatem christi cognoverunt.

010 ST4 qu36 ar1

ag1 ' Ad primum sic proceditur. videtur quod christi nativitas debuerit omnibus esse manifesta. impletio enim debet promissioni respondere. * sed de promissione adventus christi dicitur in psalmo, ° deus manifeste veniet. ' venit autem per carnis nativitatem. ergo videtur quod eius nativitas debuit esse toti mundo manifesta.
ag2 * Praeterea, i ad tim. i dicitur, ° christus in hunc mundum venit peccatores salvos facere. ' sed hoc non fit nisi inquantum eis gratia christi manifestatur, * secundum illud tit. ii, ° apparuit gratia salvatoris nostri dei omnibus hominibus, erudiens nos ut, abnegantes impietatem et saecularia desideria, sobrie et pie et iuste vivamus in hoc saeculo. ' ergo videtur quod christi nativitas debuerit esse omnibus manifesta.
ag3 ' Praeterea, deus super omnia pronior est ad miserendum, * secundum illud psalmi, ° miserationes eius super omnia opera eius. ' sed in secundo adventu, quo iustitias iudicabit, veniet omnibus manifestus, * secundum illud matth. xxiv, ° sicut fulgur exit ab oriente et paret usque in occidentem, ita erit adventus filii hominis. ' ergo multo magis primus, quo natus est in mundo secundum carnem, debuit omnibus esse manifestus.
sc * Sed contra est quod dicitur isaiae xlv, ° tu es deus absconditus, sanctus israel, salvator. * et isaiae liii, ° quasi absconditus est vultus eius et despectus.
co ' Respondeo dicendum quod nativitas christi non debuit omnibus communiter esse manifesta. primo quidem, quia per hoc impedita fuisset humana redemptio, quae per crucem eius peracta est, quia, * ut dicitur i ad cor. ii, ° si cognovissent, nunquam dominum gloriae crucifixissent. ' secundo, quia hoc diminuisset meritum fidei, per quam venerat homines iustificare, * secundum illud rom. iii, ° iustitia dei per fidem iesu christi. ' si enim manifestis indiciis, christo nascente, eius nativitas omnibus appareret, iam tolleretur ratio fidei, quae est ° argumentum non apparentium, * ut dicitur heb. xi. ' tertio, quia per hoc venisset in dubium veritas humanitatis ipsius. * unde augustinus dicit, in epistola ad volusianum, ° si nullas ex parvulo in iuventutem mutaret aetates, nullos cibos, nullos caperet somnos, nonne opinionem confirmaret erroris, nec hominem verum ullo modo suscepisse crederetur, et, dum omnia mirabiliter facit, auferret quod misericorditer fecit?
ra1 * Ad primum ergo dicendum quod auctoritas illa intelligitur ' de adventu christi ad iudicium, * secundum quod glossa ibidem exponit.
ra2 ' Ad secundum dicendum quod de gratia dei salvatoris erudiendi erant omnes homines ad salutem, non in principio nativitatis eius, sed postea, tempore procedente, postquam " operatus esset salutem in medio terrae. * unde, post passionem et resurrectionem suam, dixit discipulis, matth. ult., ° euntes, docete omnes gentes.
ra3 ' Ad tertium dicendum quod ad iudicium requiritur quod auctoritas iudicis cognoscatur, et propter hoc oportet quod adventus christi ad iudicium sit manifestus. sed primus adventus fuit ad omnium salutem, quae est per fidem, quae quidem est de non apparentibus. et ideo adventus christi primus debuit esse occultus.

010 ST4 qu36 ar2

ag1 ' Ad secundum sic proceditur. videtur quod nativitas christi nulli debuerit manifestari. quia, * ut dictum est, ' hoc erat congruum humanae saluti, ut primus christi adventus esset occultus. sed christus venerat ut omnes salvaret, * secundum illud i tim. iv, ° qui est salvator omnium hominum, maxime fidelium. ' ergo nativitas christi nulli debuit manifestari.
ag2 ' Praeterea, ante nativitatem christi, manifestata erat beatae virgini et ioseph futura christi nativitas. non ergo erat necessarium, christo nato, eandem aliis manifestari.
ag3 ' Praeterea, nullus sapiens manifestat id ex quo turbatio nascitur et detrimentum aliorum. sed, manifestata christi nativitate, subsecuta est turbatio, * dicitur enim matth. ii " quod, audiens rex herodes christi nativitatem, turbatus est, et omnis ierosolyma cum illo. ' cessit etiam hoc in detrimentum aliorum, quia ex hac occasione herodes ° occidit pueros in bethlehem et in finibus eius a bimatu et infra. ' ergo videtur quod non fuerit conveniens christi nativitatem aliquibus manifestari.
sc ' Sed contra est quod christi nativitas nulli fuisset proficua si omnibus esset occulta. sed oportebat christi nativitatem esse proficuam, alioquin frustra natus fuisset. ergo videtur quod aliquibus manifestari debuerit christi nativitas.
co * Respondeo dicendum quod, sicut apostolus dicit, rom. xiii, ° quae a deo sunt, ordinata sunt. ' pertinet autem ad divinae sapientiae ordinem ut dei dona, et secreta sapientiae eius, non aequaliter ad omnes, sed immediate ad quosdam perveniant, et per eos ad alios deriventur. unde et quantum ad resurrectionis mysterium dicitur, * act. x, " quod deus dedit christum resurgentem manifestum fieri, ° non omni populo, sed testibus praeordinatis a deo. ' unde hoc etiam debuit circa ipsius nativitatem observari, ut non omnibus christus manifestaretur, sed quibusdam, per quos posset ad alios devenire.
ra1 ' Ad primum ergo dicendum quod, sicut fuisset in praeiudicium salutis humanae si omnibus hominibus dei nativitas innotuisset, ita etiam et si nulli nota fuisset. utroque enim modo tollitur fides, tam scilicet per hoc quod aliquid est totaliter manifestum; quam etiam per hoc quod a nullo cognoscitur a quo possit testimonium audiri; " fides enim est ex auditu, * ut dicitur rom. x.
ra2 ' Ad secundum dicendum quod maria et ioseph instruendi erant de christi nativitate antequam nasceretur, quia ad eos pertinebat reverentiam habere prolis conceptae in utero, et obsequi nasciturae. eorum autem testimonium, propter hoc quod erat domesticum, fuisset habitum suspectum circa magnificentiam christi. et ideo oportuit ut aliis manifestaretur extraneis, quorum testimonium suspectum esse non posset.
ra3 ' Ad tertium dicendum quod ipsa turbatio subsecuta ex nativitate christi manifestata congruebat christi nativitati. primo quidem, quia per hoc manifestatur caelestis christi dignitas. * unde gregorius dicit, in homilia, ° caeli rege nato, rex terrae turbatur, quia nimirum terrena altitudo confunditur cum celsitudo caelestis aperitur. ' secundo, quia per hoc figurabatur iudiciaria christi potestas. * unde augustinus dicit, in quodam sermone epiphaniae, ° quid erit tribunal iudicantis, quando superbos reges cuna terrebat infantis? ' tertio, quia per hoc figurabatur deiectio regni diaboli. * quia, ut leo papa dicit, in sermone epiphaniae, ° non tantum herodes in semetipso turbatur, quantum diabolus in herode. herodes enim hominem aestimabat, sed diabolus deum. et uterque regni sui successorem timebat, diabolus caelestem, sed herodes terrenum. ' superflue tamen, quia christus non venerat regnum terrenum in terra habere, * ut leo papa dicit herodi loquens, ° non capit christum regia tua, nec mundi dominus potestatis tuae sceptri est contentus angustiis. ' quod autem iudaei turbantur, qui tamen magis gaudere debuerant, * aut hoc est quia, |25| ut chrysostomus dicit, ° de adventu iusti non poterant gaudere iniqui, ' aut volentes favere herodi, quem timebant; ° populus enim plus iusto favet eis quos crudeles sustinet. ' quod autem pueri ab herode sunt interfecti, non cessit in eorum detrimentum, sed in eorum profectum. * dicit enim augustinus, in sermone quodam de epiphania, ° absit ut, ad liberandos homines christus veniens, de illorum praemio qui pro eo interficerentur nihil egerit, qui, pendens in ligno, pro eis a quibus interficiebatur oravit.

010 ST4 qu36 ar3

ag1 ' Ad tertium sic proceditur. videtur quod non sunt convenienter electi illi quibus est christi nativitas manifestata. * dominus enim, matth. x, " mandavit discipulis, in viam gentium ne abieritis, ' ut scilicet prius manifestaretur iudaeis quam gentilibus. ergo videtur quod multo minus a principio fuerit revelanda christi nativitas gentibus, " qui ab oriente venerunt, * ut habetur matth. ii.
ag2 ' Praeterea, manifestatio divinae veritatis praecipue debet fieri ad dei amicos, * secundum illud iob xxxvii, ° annuntiat de ea amico suo. ' sed magi videntur esse dei inimici, * dicitur enim levit. xix, ° non declinetis ad magos, nec ab ariolis aliquid sciscitemini. ' non ergo debuit christi nativitas magis manifestari.
ag3 ' Praeterea, christus venerat mundum totum a potestate diaboli liberare, * unde dicitur malach. i, ° ab ortu solis usque ad occasum magnum est nomen meum in gentibus. ' non ergo solum in oriente positis manifestari debuit, sed etiam ubique terrarum debuit aliquibus manifestari.
ag4 ' Praeterea, omnia sacramenta veteris legis erant christi figura. sed sacramenta veteris legis dispensabantur per ministerium sacerdotum legalium. ergo videtur quod magis debuerit christi nativitas manifestari sacerdotibus in templo, quam pastoribus in agro.
ag5 ' Praeterea, christus ex virgine matre natus est, et aetate parvulus erat. convenientius ergo videtur fuisse quod christus manifestaretur iuvenibus et virginibus, quam senibus et coniugatis vel viduis, sicut simeoni et annae.
sc * Sed contra est quod dicitur ioan. xiii, ° ego scio quos elegerim. " quae autem fiunt secundum dei sapientiam, convenienter fiunt. ' ergo convenienter sunt electi illi quibus est manifestata christi nativitas.
co ' Respondeo dicendum quod salus quae erat futura per christum, ad omnem diversitatem hominum pertinebat, quia, * sicut dicitur coloss. iii, ° in christo non est masculus et femina, gentilis et iudaeus, servus et liber, " et sic de aliis huiusmodi. ' et ut hoc in ipsa christi nativitate praefiguraretur, omnibus conditionibus hominum est manifestatus. * quia, ut augustinus dicit, in sermone de epiphania, ° pastores erant israelitae, magi gentiles. illi prope, isti longe. utrique tanquam ad angularem lapidem concurrerunt. ' fuit etiam inter eos alia diversitas, nam magi fuerunt sapientes et potentes, pastores autem simplices et viles. manifestatus est etiam iustis, simeoni et annae, et peccatoribus, scilicet magis; manifestatus est etiam et viris et mulieribus, scilicet annae; ut per hoc ostenderet nullam conditionem hominum excludi a christi salute.
ra1 ' Ad primum ergo dicendum quod illa manifestatio nativitatis christi fuit quaedam praelibatio plenae manifestationis quae erat futura. et sicut in secunda manifestatione primo annuntiata est gratia christi per christum et eius apostolos iudaeis, et postea gentilibus; ita ad christum primo pervenerunt pa-

stores, qui erant primitiae iudaeorum, tanquam prope existentes; et postea venerunt magi a remotis, qui fuerunt primitiae gentium, * ut augustinus dicit.

ra2 ' Ad secundum dicendum quod, * sicut augustinus dicit, in sermone de epiphania, ° sicut praevalet imperitia in rusticitate pastorum, ita praevalet impietas in sacrilegiis magorum. utrosque tamen sibi ille lapis angularis attribuit, quippe qui venit stulta eligere ut confunderet sapientes, et non vocare iustos, sed peccatores; ut nullus magnus superbiret, nullus infirmus desperaret. * quidam tamen dicunt quod " isti magi non fuerunt malefici, sed sapientes astrologi, qui apud persas vel chaldaeos magi vocantur.

ra3 * Ad tertium dicendum quod, sicut chrysostomus dicit, ° ab oriente venerunt magi, quia, unde dies nascitur, inde initium fidei processit, quia fides lumen est animarum. vel, quia omnes qui ad christum veniunt, ab ipso et per ipsum veniunt, * unde dicitur zach. vi, ° ecce vir, oriens nomen eius. ' dicuntur autem ab oriente, ad litteram, venisse, vel quia de ultimis orientis partibus venerunt, secundum quosdam, vel quia de aliquibus vicinis partibus iudaeae venerunt, quae tamen sunt regioni iudaeorum ad orientem. credibile tamen est etiam in aliis partibus mundi aliqua indicia nativitatis christi apparuisse, sicut romae fluxit oleum; et in hispania apparuerunt tres soles paulatim in unum coeuntes.

ra4 * Ad quartum dicendum quod, sicut chrysostomus dicit, " angelus manifestans christi nativitatem non ivit ierosolymam, non requisivit scribas et pharisaeos, erant enim corrupti, et prae invidia cruciabantur. sed pastores erant sinceri, antiquam conversationem patriarcharum et moysen colentes. per hos etiam pastores significabantur doctores ecclesiae, quibus christi mysteria revelantur, quae latebant iudaeos.

ra5 * Ad quintum dicendum quod, sicut ambrosius dicit, ° generatio domini non solum a pastoribus, sed etiam a senioribus et iustis accipere debuit testimonium, ' quorum etiam testimonio, propter iustitiam, magis credebatur.

010 ST4 qu36 ar4

ag1 ' Ad quartum sic proceditur. videtur quod christus per seipsum suam nativitatem manifestare debuerit. ° causa enim quae est per se, semper est potior ea quae est per aliud, * ut dicitur in viii physic.. ' sed christus suam nativitatem manifestavit per alios, puta pastoribus per angelos et, magis per stellam. ergo multo magis per seipsum debuit suam nativitatem manifestare.

ag2 * Praeterea, eccli. xx dicitur, ° sapientia abscondita, et thesaurus invisus, quae utilitas in utrisque? ' sed christus a principio conceptionis suae plene habuit sapientiae et gratiae thesaurum. nisi ergo hanc plenitudinem manifestasset per opera et verba, fuisset frustra ei data sapientia et gratia. quod est inconveniens, quia ° deus et natura nihil frustra facit, * ut dicitur in i de caelo.

ag3 * Praeterea, in libro de infantia salvatoris legitur quod " christus in sua pueritia multa miracula fecit. ' et ita videtur quod suam nativitatem per seipsum manifestaverit.

sc * Sed contra est quod leo papa dicit, quod " magi invenerunt puerum iesum nulla ab infantiae humanae generalitate discretum. ' sed alii infantes non manifestant seipsos. ergo neque decuit quod christus per seipsum suam nativitatem manifestaret.

co ' Respondeo dicendum quod nativitas christi ad humanam salutem ordinabatur, quae quidem est per fidem. fides autem salutaris divinitatem et humanitatem christi confitetur. oportebat igitur ita manifestari nativitatem christi ut demonstratio divinitatis eius fidei humanitatis ipsius non praeiudicaret. hoc autem factum est dum christus in seipso similitudinem infirmitatis humanae exhibuit, et tamen per dei creaturas divinitatis virtutem in se monstravit. et ideo christus non per seipsum suam nativitatem manifestavit, sed per quasdam alias creaturas.

ra1 ' Ad primum ergo dicendum quod in via generationis et motus oportet per imperfecta ad perfectum perveniri. et ideo christus prius manifestatus est per alias creaturas, et postea manifestavit se per seipsum manifestatione perfecta.

ra2 ' Ad secundum dicendum quod, licet sapientia abscondita inutilis sit, non tamen ad sapientem pertinet ut quolibet tempore manifestet seipsum, sed tempore congruo, * dicitur enim eccli. xx, ° est tacens non habens sensum loquelae, et est tacens sciens tempus apti temporis. ' sic ergo sapientia christo data non fuit inutilis, quia seipsam tempore congruo manifestavit. et hoc ipsum quod tempore congruo abscondebatur, est sapientiae indicium.

ra3 ' Ad tertium dicendum quod liber ille de infantia salvatoris est apocryphus. * et chrysostomus, super ioan., dicit quod " christus non fecit miracula antequam aquam converteret in vinum, * secundum illud quod dicitur ioan. ii, ° hoc fecit initium signorum iesus. si enim secundum primam aetatem miracula fecisset, non indiguissent israelitae alio manifestante eum, cum tamen ioannes baptista dicat, * ioan. i, ° ut manifestetur israeli, propterea veni in aqua baptizans. decenter autem non incoepit facere signa in prima aetate. aestimassent enim phantasiam esse incarnationem, et ante opportunum tempus eum cruci tradidissent, livore liquefacti.

010 ST4 qu36 ar5

ag1 ' Ad quintum sic proceditur. videtur quod non debuerit manifestari per angelos christi nativitas. angeli enim sunt spirituales substantiae, * secundum illud psalmi, ° qui facit angelos suos spiritus. ' sed christi nativitas erat secundum carnem, non autem secundum spiritualem eius substantiam. ergo non debuit per angelos manifestari.

ag2 ' Praeterea, maior est affinitas iustorum ad angelos quam ad quoscumque alios, * secundum illud psalmi, ° immittet angelus domini in circuitu timentium eum, et eripiet eos. ' sed iustis, scilicet simeoni et annae, non est manifestata christi nativitas per angelos. ergo nec pastoribus per angelos manifestari debuit.

ag3 ' Item, videtur quod nec magis debuit manifestari per stellam. hoc enim videtur esse erroris occasio quantum ad illos qui existimant sidera nativitatibus hominum dominari. sed occasiones peccandi sunt hominibus auferendae. non ergo fuit conveniens quod per stellam christi nativitas manifestaretur.

ag4 ' Praeterea, signum oportet esse certum, ad hoc quod per ipsum aliquid manifestetur. sed stella non videtur esse signum certum nativitatis christi. ergo inconvenienter fuit christi nativitas per stellam manifestata.

sc * Sed contra est quod dicitur deut. xxxii, ° dei perfecta sunt opera. ' sed talis manifestatio fuit opus divinum. ergo per convenientia signa fuit effecta.

co ' Respondeo dicendum quod, sicut manifestatio syllogistica fit per ea quae sunt magis nota ei cui est aliquid manifestandum, ita manifestatio quae fit per signa, debet fieri per ea quae sunt familiaria illis quibus manifestatur. manifestum est autem quod viris iustis est familiare et consuetum interiori spiritus sancti edoceri instinctu, absque signorum sensibilium demonstratione, scilicet per spiritum propheticae. alii vero, corporalibus rebus dediti, per sensibilia ad intelligibilia adducuntur. iudaei tamen consueti erant divina responsa per angelos accipere, per quos etiam legem acceperant, * secundum illud act. vii, " acceptis legem in dispositione angelorum. ' gentiles vero, et maxime astrologi, consueti sunt stellarum cursus aspicere. et ideo iustis, scilicet simeoni et annae, manifestata est christi nativitas per interiorem instinctum spiritus sancti, * secundum illud luc. ii ° responsum accepit a spiritu sancto non visurum se mortem nisi prius videret christum domini. ' pastoribus autem et magis, tanquam rebus corporalibus deditis, manifestata est christi nativitas per apparitiones visibiles. et quia nativitas non erat pure terrena, sed quodammodo caelestis, ideo per signa caelestia utrisque nativitas christi revelatur, * ut enim augustinus dicit, in sermone de epiphania, |25| ° caelos angeli habitant, et sidera ornant, utrisque ergo caeli enarrant gloriam dei. ' rationabiliter autem pastoribus, tanquam iudaeis, apud quos frequenter factae sunt apparitiones angelorum, revelata est nativitas christi per angelos, magis autem, assuetis in consideratione caelestium corporum, manifestata est per signum stellae. * quia, ut chrysostomus dicit, ° per consueta eos dominus vocare voluit, eis condescendens. ' est autem et alia ratio. * quia, ut gregorius dicit, ° iudaeis, tanquam ratione utentibus, rationale animal, idest angelus, praedicare debuit. gentiles vero, qui uti ratione nesciebant ad cognoscendum deum, non per vocem, sed per signa perducuntur. et sicut dominum iam loquentem annuntiaverunt gentibus praedicatores loquentes, ita eum nondum loquentem elementa muta praedicaverunt. ' est autem et alia ratio. quia, * ut augustinus dicit, in sermone epiphaniae, ° abrahae innumerabilis erat promissa successio non carnis semine, sed fidei fecunditate generanda. et ideo stellarum multitudini est comparata, ut caelestis progenies speraretur. " et ideo gentiles, in sideribus designati, ortu novi sideris excitantur ut perveniant ad christum, per quem efficiuntur semen abrahae.

ra1 ' Ad primum ergo dicendum quod illud manifestatione indiget quod de se est occultum, non autem illud quod de se est manifestum. caro autem eius qui nascebatur erat manifesta, sed divinitas erat occulta. et ideo convenienter manifestata est illa nativitas per angelos, qui sunt dei ministri. unde et cum claritate angelus apparuit, ut ostenderetur quod " ille qui nascebatur erat splendor paternae gloriae.

ra2 ' Ad secundum dicendum quod iusti non indigebant visibili apparitione angelorum, sed eis sufficiebat interior instinctus spiritus sancti, propter eorum perfectionem.

ra3 ' Ad tertium dicendum quod stella quae nativitatem christi manifestavit, omnem occasionem erroris subtraxit. * ut enim augustinus dicit, contra faustum, ° nulli astrologi constituerunt ita nascentium hominum fata sub stellis, ut aliquam stellarum, homine aliquo nato, circuitus sui ordinem reliquisse, et ad eum qui natus est perrexisse asseverent, ' sicut accidit circa stellam quae demonstravit nativitatem christi. * et ideo per hoc non confirmatur error eorum qui ° sortem nascentium hominum astrorum ordini colligari arbitrantur, non autem credunt astrorum ordinem ad hominis nativitatem posse mutari. * similiter etiam, ut chrysostomus dicit, ° non est hoc astronomiae opus, a stellis scire eos qui nascuntur, sed ab hora nativitatis futura praedicere. magi autem tempus nativitatis non cognoverunt, ut, hinc sumentes initium, a stellarum motu futura cognoscerent, sed potius e converso.

ra4 * Ad quartum dicendum quod, sicut chrysostomus refert, in quibusdam scriptis apocryphis legitur quod " quaedam gens in extremo orientis, iuxta oceanum, quandam scripturam habebat, ex nomine seth, de hac stella et muneribus huiusmodi offerendis. quae gens diligenter observabat huius stellae exortum, positis exploratoribus duodecim, qui certis temporibus devote ascendebant in montem. in quo postmodum viderunt eam habentem in se quasi parvuli formam, et super se similitudinem crucis. * vel dicendum quod, sicut dicitur in libro de quaest. nov. et vet. test., ° magi illi traditionem balaam sequebantur, qui dixit, orietur stella ex iacob. unde, videntes stellam extra ordinem mundi, hanc esse intellexerunt quam balaam futuram indicem regis iudaeorum prophetaverat. * vel dicendum, sicut augustinus dicit, in sermone de epiphania, " quod ab angelis aliqua monitione revelationis audierunt magi quod stella christum natum significaret. et probabile videtur quod a bonis, quando in christo adorando salus eorum iam quaerebatur. * vel, sicut leo papa dicit, in sermone de epiphania, ° praeter illam speciem quae corporeum incitavit obtutum, fulgentior veritatis radius eorum corda perdocuit quod ad illuminationem fidei pertinebat.

010 ST4 qu36 ar6

ag1 ' Ad sextum sic proceditur. videtur quod inconvenienti ordine christi nativitas fuit manifestata. illis enim debuit primo manifestari christi nativitas qui christo propinquiores fuerunt, et qui magis christum desiderabant, * secundum illud sap. vi, ° praeoccupat eos qui se concupiscunt, ut se priorem illis ostendat. ' sed iusti propinquissimi erant christo per fidem, et maxime eius adventum desiderabant, * unde dicitur luc. ii de simeone quod ° erat homo iustus et timoratus, expectans redemptionem israel. ' ergo prius debuisset manifestari christi nativitas simeoni quam pastoribus et magis.

ag2 " Praeterea, magi fuerunt primitiae gentium christo crediturarum. ' sed primo plenitudo gentium intrat ad fidem, et postmodum omnis israel salvus fiet, * ut dicitur rom. xi. ' ergo primo debuit manifestari christi nativitas magis quam pastoribus.

ag3 * Praeterea, matth. ii dicitur quod ° herodes occidit omnes pueros qui erant in bethlehem et in omnibus finibus eius a bimatu et infra, secundum tempus quod exquisierat a magis, ' et sic videtur quod per duos annos post christi nativitatem magi ad christum pervenerunt. inconvenienter igitur post tantum tempus fuit gentilibus christi nativitas manifestata.

sc * Sed contra est quod dicitur dan. ii, ° ipse mutat tempora et aetates. ' et ita tempus manifestationis nativitatis christi videtur congruo ordine esse dispositum.

co ' Respondeo dicendum quod christi nativitas primo quidem manifestata est pastoribus, ipso die nativitatis christi. * ut enim dicitur luc. ii, ° erant pastores in eadem regione vigilantes et custodientes vigilias noctis super gregem suum. et, ut discesserunt ab eis angeli in caelum, loquebantur ad invicem, transeamus usque in bethlehem. et venerunt festinantes. ' secundo autem magi pervenerunt ad christum, tertiadecima die nativitatis eius, quo die festum epiphaniae celebratur. si enim revoluto anno, aut etiam duobus annis pervenissent, non invenissent eum in bethlehem, * cum scriptum sit luc. ii " quod, postquam perfecerunt omnia secundum legem domini, offerentes scilicet puerum iesum in templum, reversi sunt in galilaeam, in civitatem suam, scilicet nazareth. ' tertio autem manifestata est iustis in templo, quadragesimo die a nativitate, * ut habetur luc. ii. ' et huius ordinis ratio est quia per pastores significantur apostoli et alii credentes ex iudaeis, quibus primo manifestata est fides christi, " inter quos non fuerunt multi potentes nec multi nobiles, * ut dicitur i cor. i. ' secundo autem fides christi pervenit ad plenitudinem gentium, quae est praefigurata per magos. tertio autem |25| pervenit ad plenitudinem iudaeorum, quae est praefigurata per iustos. unde etiam in templo iudaeorum est eis christus manifestatus.

ra1 * Ad primum ergo dicendum quod, sicut apostolus dicit, rom. ix, ° israel, sectando legem iustitiae, in legem iustitiae non pervenit, " sed gentiles, qui non quaerebant iustitiam, iudaeos communiter in iustitia fidei praevenerunt. ' et in huius figuram, simeon, qui expectabat consolationem israel, ultimo christum natum cognovit, et praecesserunt eum magi et pastores, qui christi nativitatem non ita sollicite expectabant.

ra2 ' Ad secundum dicendum quod, licet plenitudo gentium prius intraverit ad fidem quam plenitudo iudaeorum, tamen primitiae iudaeorum praevenerunt in fide primitias gentium. et ideo pastoribus primo manifestata est christi nativitas quam magis.

ra3 ' Ad tertium dicendum quod de apparitione stellae quae apparuit magis, est duplex opinio. * chrysostomus enim dicit, super matth., et augustinus, in sermone epiphaniae, " stella magis apparuit per biennium ante christi nativitatem, et tunc primo, meditantes et se ad iter praeparantes, a remotissimis partibus orientis pervenerunt ad christum tertiadecima die a sua nativitate. unde et herodes statim post recessum magorum, videns se ab eis illusum, mandavit occidi pueros a bimatu et infra, dubitans ne tunc christus natus esset quando stella apparuit, secundum quod a magis audierat. * alii vero dicunt “ stellam apparuisse primo cum christus est natus, et statim magi visa stella iter arripientes, longissimum iter in tredecim diebus peregerunt, partim quidem adducti divina virtute, partim autem dromedariorum velocitate. ‘ et hoc dico, si venerunt ex extremis partibus orientis. * quidam tamen dicunt “ eos venisse de regione propinqua, unde fuerat balaam, cuius doctrinae successores fuerunt. dicuntur autem ab oriente venisse, quia terra illa est ad orientalem partem terrae iudaeorum. ‘ et secundum hoc, herodes non statim recedentibus magis, sed |25| post biennium interfecit pueros. “ vel quia dicitur interim accusatus romam ivisse, vel, aliquorum periculorum terroribus agitatus, a cura interficiendi puerum interim destitisse. vel quia potuit credere magos, ° fallaci stellae visione deceptos, postquam non invenerunt quem natum putaverunt, erubuisse ad se redire, * ut augustinus dicit, in libro de consensu evangelist.. ‘ ideo autem non solum bimos interfecit sed etiam infra, quia, * ut augustinus dicit, in quodam sermone innocentum, ° timebat ne puer cui sidera famulantur, speciem suam paulo super aetatem vel infra transformaret.

010 ST4 qu36 ar7

ag1 ‘ Ad septimum sic proceditur. videtur quod stella quae magis apparuit, fuerit una de caelestibus stellis. * dicit enim augustinus, in quodam sermone epiphaniae, ° dum pendet ad ubera et vilium patitur deus involumenta pannorum, repente novum de caelo sidus effulsit. ‘ fuit igitur stella caelestis quae magis apparuit.

ag2 * Praeterea, augustinus dicit, in sermone quodam epiphaniae, ° pastoribus angeli, magis stella christum demonstrat. utrisque loquitur lingua caelorum, quia lingua cessaverat prophetarum. ‘ sed angeli pastoribus apparentes fuerunt vere de caelestibus angelis. ergo et stella magis apparens fuit vere de caelestibus stellis.

ag3 ‘ Praeterea, stellae quae non sunt in caelo, sed in aere, dicuntur stellae comatae, quae non apparent in nativitatibus regum, sed magis sunt indicia mortis eorum. sed illa stella designabat regis nativitatem, * unde magi dicunt, matth. ii, ° ubi est qui natus est rex iudaeorum? vidimus enim stellam eius in oriente. ‘ ergo videtur quod fuerit de caelestibus stellis.

sc * Sed contra est quod augustinus dicit, in libro contra faustum, ° non ex illis erat stellis quae ab initio creaturae itinerum suorum ordinem sub creatoris lege custodiunt, sed, novo virginis partu, novum sidus apparuit.

co * Respondeo dicendum quod, sicut chrysostomus dicit, super matth., ‘ quod illa stella quae magis apparuit non fuerit una caelestium stellarum, multipliciter manifestum est. primo quidem, quia nulla alia stellarum hac via incedit. haec enim stella ferebatur a septentrione in meridiem, ita enim iacet iudaea ad persidem, unde magi venerunt. secundo, apparet hoc ex tempore. non enim solum apparebat in nocte, sed etiam in media die. quod non est virtutis stellae, sed nec etiam lunae. tertio, quia quandoque apparebat et quandoque occultabatur. cum enim intraverunt ierosolymam, occultavit seipsam, deinde, ubi herodem reliquerunt, monstravit seipsam. quarto, quia non habebat continuum motum, sed, cum oportebat ire magos, ibat; quando autem oportebat stare, stabat; sicut et de columna nubis erat in deserto. quinto, quia non sursum manens partum virginis demonstrabat, sed deorsum descendens hoc faciebat. * dicitur enim matth. ii quod ° stella quam viderant in oriente, antecedebat eos, usque dum veniens staret supra ubi erat puer. * ex quo patet quod verbum magorum dicentium, ° vidimus stellam eius in oriente, ‘ non est sic intelligendum quasi ipsis in oriente positis stella apparuerit existens in terra iuda, sed quia viderunt eam in oriente existentem, et praecessit eos usque in iudaeam (quamvis |25| hoc a quibusdam sub dubio relinquatur). non autem potuisset distincte domum demonstrare nisi esset terrae vicina. et, sicut ipse dicit, hoc non videtur proprium esse stellae, sed ° virtutis cuiusdam rationalis. unde videtur quod haec stella virtus invisibilis fuisset in talem apparentiam transformata. * unde quidam dicunt quod, “ sicut spiritus sanctus descendit super baptizatum dominum in specie columbae, ita apparuit magis in specie stellae. * alii vero dicunt quod “ angelus qui apparuit pastoribus in specie humana, apparuit magis in specie stellae. ‘ probabilius tamen videtur quod fuerit stella de novo creata, non in caelo, sed in aere vicino terrae, quae secundum dei voluntatem movebatur. * unde leo papa dicit, in sermone epiphaniae, ° tribus magis in regione orientis stella novae claritatis apparuit, quae, illustrior ceteris pulchriorque sideribus, in se intuentium oculos animosque converteret, ut confestim adverteretur non esse otiosum quod tam insolitum videbatur.

ra1 ‘ Ad primum ergo dicendum quod caelum in sacra scriptura quandoque dicitur aer, * secundum illud, ° volucres caeli et pisces maris.

ra2 ‘ Ad secundum dicendum quod ipsi caelestes angeli ex suo officio habent ut ad nos descendant, in ministerium missi. sed stellae caelestes suum situm non mutant. unde non est similis ratio.

ra3 ‘ Ad tertium dicendum quod, sicut stella non est secuta motum stellarum caelestium, ita nec stellarum comatarum, quae nec de die apparent, nec cursum suum ordinatum mutant. et tamen non omnino aberat significatio cometarum. “ quia caeleste regnum christi ° comminuit et consumpsit universa regna terrae, et ipsum stabit in aeternum, * ut dicitur dan. ii.

010 ST4 qu36 ar8

ag1 ‘ Ad octavum sic proceditur. videtur quod magi non convenienter venerunt ad christum adorandum et venerandum. unicuique enim regi reverentia debetur a suis subiectis. magi autem non erant de regno iudaeorum. ergo, cum ex visione stellae cognoverunt natum esse regem iudaeorum, videtur quod inconvenienter venerunt ad eum adorandum.

ag2 ‘ Praeterea, stultum est, vivente rege aliquo, extraneum regem annuntiare. sed in regno iudaeae regnabat herodes. ergo stulte fecerunt magi regis nativitatem annuntiantes.

ag3 ‘ Praeterea, certius est caeleste indicium quam humanum. sed magi ducatu caelestis indicii ab oriente venerant in iudaeam. stulte ergo egerunt praeter ducatum stellae humanum indicium requirendo, dicentes, ° ubi est qui natus est rex iudaeorum?

ag4 ‘ Praeterea, munerum oblatio, et adorationis reverentia, non debetur nisi regibus iam regnantibus. sed magi non invenerunt christum regia dignitate fulgentem. ergo inconvenienter ei munera et reverentiam regiam exhibuerunt.

sc * Sed contra est quod dicitur isaiae lx, ° ambulabunt gentes in lumine tuo, et reges in splendore ortus tui. ‘ sed qui divino lumine ducuntur, non errant. ergo magi absque errore christo reverentiam exhibuerunt.

co * Respondeo dicendum quod, sicut dictum est, ‘ magi sunt primitiae gentium in christo credentium, in quibus apparuit, sicut in quodam praesagio, fides et devotio gentium venientium a remotis ad christum. et ideo, sicut devotio et fides gentium est absque errore per inspirationem spiritus sancti, ita etiam credendum est magos, a spiritu sancto inspiratos, sapienter christo reverentiam exhibuisse.

ra1 ‘ Ad primum ergo dicendum quod, * sicut augustinus dicit, in sermone epiphaniae, ° cum multi reges iudaeorum nati fuissent atque defuncti, nullum eorum magi adorandum quaesierunt. non itaque regi iudaeorum quales illic esse solebant, hunc tam magnum honorem longinqui, alienigenae, et ab eodem regno prorsus extranei, a se deberi arbitrabantur. sed talem natum esse didicerunt in quo adorando se salutem quae secundum deum est consecuturos minime dubitarent.

ra2 ‘ Ad secundum dicendum quod per illam annuntiationem magorum praefigurabatur constantia gentium christum usque ad mortem confitentium. * unde chrysostomus dicit, super matth., quod, ° dum considerabant regem futurum, non timebant regem praesentem. adhuc non viderant christum, et iam parati erant pro eo mori.

ra3 ‘ Ad tertium dicendum quod, * sicut augustinus dicit, in sermone epiphaniae, ° stella quae magos perduxit ad locum ubi erat cum matre virgine deus infans, poterat eos ad ipsam perducere civitatem bethlehem, in qua natus est christus. sed tamen subtraxit se, donec de civitate in qua christus nasceretur, etiam iudaei testimonium perhiberent, “ ut sic, geminato testimonio confirmati, * sicut leo papa dicit, ° ardentiori fide expeterent quem et stellae claritas, et prophetiae manifestabat auctoritas. “ ita ipsi annuntiant christi nativitatem, et interrogant locum, ° credunt et quaerunt, tanquam significantes eos qui ambulant per fidem et desiderant speciem, * ut augustinus dicit, in sermone epiphaniae. ‘ iudaei autem, indicantes eis locum nativitatis christi, ° similes facti sunt fabris arcae noe, qui aliis ubi evaderent praestiterunt, et ipsi diluvio perierunt. audierunt et abierunt inquisitores, dixerunt et remanserunt doctores, similes lapidibus miliariis, qui viam ostendunt, nec ambulant. ‘ divino etiam nutu factum est ut, aspectu stellae subtracto, magi humano sensu irent in ierusalem, quaerentes in civitate regia regem natum, ut in ierusalem primo nativitas christi publice annuntiaretur, |25| * secundum illud isaiae ii, ° de sion exibit lex, et verbum domini de ierusalem, et ut etiam studio magorum de longe venientium damnaretur pigritia iudaeorum prope existentium.

ra4 * Ad quartum dicendum quod, sicut chrysostomus dicit, super matth., ° si magi regem terrenum quaerentes venissent, fuissent confusi, quia tanti itineris laborem sine causa suscepissent. “ unde nec adorassent, nec munera obtulissent. ° nunc autem, quia caelestem regem quaerebant, etsi nihil regalis excellentiae in eo viderunt, tamen, solius stellae testimonio contenti, adoraverunt, “ vident enim hominem, et agnoscunt deum. et offerunt munera dignitati christi congruentia, ° aurum quidem, quasi regi magno; thus, quod in dei sacrificio ponitur immolant ut deo; myrrha, qua mortuorum corpora condiuntur, praebetur tanquam pro salute omnium morituro. * et, ut gregorius dicit, ° instruimur ut nato regi aurum, per quod significatur sapientia, offeramus, in conspectu eius sapientiae lumine splendentes; “ thus autem, per quod exprimitur orationis devotio, offerimus deo si per orationum studia deo redolere valeamus; myrrham, quae significat mortificationem carnis, offerimus si carnis vitia per abstinentiam mortificamus.

010 ST4 qu37 ar

pr ‘ Deinde considerandum est de circumcisione christi. et quia circumcisio est quaedam professio legis observandae, * secundum illud galat. v, ° testificor omni homini circumcidenti se, quoniam debitor est universae legis faciendae. ‘ simul cum hoc quaerendum est de aliis legalibus circa puerum christum observatis. unde quaeruntur quatuor. primo, de eius circumcisione. secundo, de nominis impositione. tertio, de eius oblatione. quarto, de matris purgatione.

010 ST4 qu37 ar1

ag1 ‘ Ad primum sic proceditur. videtur quod christus non debuerit circumcidi. veniente enim veritate, cessat figura. sed circumcisio fuit abrahae praecepta in signum foederis quod erat de semine nascituro, * ut patet gen. xvii. ‘ hoc autem foedus fuit in christi nativitate completum. ergo circumcisio statim cessare debuit.

ag2 ° Praeterea, omnis christi actio nostra est instructio, * unde dicitur ioan. xiii, ° exemplum dedi vobis, ut, quemadmodum ego feci vobis, ita et vos faciatis. ‘ sed nos non debemus circumcidi, * secundum illud galat. v, ° si circumcidimini, christus vobis nihil proderit. ‘ ergo videtur quod nec christus debuit circumcidi.

ag3 ‘ Praeterea, circumcisio est ordinata in remedium originalis peccati. sed christus non contraxit originale peccatum, * ut ex supra dictis patet. ‘ ergo christus non debuit circumcidi.

sc * Sed contra est quod dicitur luc. ii, ° postquam consummati sunt dies octo, ut circumcideretur puer.

co ‘ Respondeo dicendum quod pluribus de causis christus debuit circumcidi. primo quidem, ut ostendat veritatem carnis humanae, * contra manichaeum, qui dixit “ eum habuisse corpus phantasticum; * et contra apollinarium, qui “ dixit corpus christi esse divinitati consubstantiale; et contra valentinum, qui dixit christum corpus de caelo attulisse. ‘ secundo, ut approbaret circumcisionem, quam olim deus instituerat. tertio, ut comprobaret se esse de genere abrahae, qui circumcisionis mandatum acceperat in signum fidei quam de ipso habuerat. quarto, ut iudaeis excusationem tolleret ne eum reciperent, si esset incircumcisus. quinto, ° ut obedientiae virtutem nobis suo commendaret exemplo. ‘ unde et octava die circumcisus est, sicut erat in lege praeceptum. ° sexto, ut qui in similitudinem carnis peccati advenerat, remedium quo caro peccati consueverat mundari, non respueret. ‘ septimo, ut, legis onus in se sustinens, alios a legis onere liberaret, * secundum illud galat. iv, ° misit deus filium suum factum sub lege, ut eos qui sub lege erant redimeret.

ra1 ‘ Ad primum ergo dicendum quod circumcisio, per remotionem carnalis pelliculae in membro generationis facta, significabat spoliationem vetustae generationis. a qua quidem vetustate liberamur per passionem christi. et ideo veritas huius figurae non fuit plene impleta in christi nativitate, sed in eius passione, ante quam circumcisio suam virtutem et statum habebat. et ideo decuit christum, ante suam passionem, tanquam filium abrahae, circumcidi.

ra2 ‘ Ad secundum dicendum quod christus circumcisionem suscepit eo tempore quo erat sub praecepto. et ideo sua actio in hoc est nobis imitanda, ut observemus ea quae sunt nostro tempore in praecepto. quia ° unicuique negotio est tempus et opportunitas, * ut dicitur eccle. viii. et praeterea, ut origenes dicit, ° sicut mortui sumus cum illo moriente, et consurreximus christo resurgenti, ita circumcisi sumus spirituali circumcisione per christum. et ideo carnali circumcisione non indigemus. * et hoc est quod apostolus dicit, coloss. ii, “ in quo, scilicet christo, circumcisi estis circumcisione non manu facta ° in exspoliatione corporis carnis, sed in circumcisione domini nostri iesu christi.

ra3 ‘ Ad tertium dicendum quod, sicut christus propria voluntate mortem nostram suscepit, quae est effectus peccati, nullum in se habens peccatum, ut nos a morte liberaret, et spiritualiter nos faceret mori peccato; ita etiam circumcisionem, quae est remedium originalis peccati, suscepit absque hoc quod haberet originale peccatum, ut nos a legis iugo liberaret, et ut in nobis spiritualem circumcisionem efficeret; ut scilicet, suscipiendo figuram, impleret veritatem.

010 ST4 qu37 ar2

ag1 ‘ Ad secundum sic proceditur. videtur quod inconvenienter fuerit christo nomen impositum. veritas enim evangelica debet praenuntiationi propheticae respondere. sed prophetae aliud nomen de christo praenuntiaverunt, * dicitur enim isaiae vii, ° ecce, virgo concipiet et pariet filium, et vocabitur nomen eius emmanuel; * et viii, ° voca nomen eius, accelera, spolia detrahe, festina praedari; * et ix, ° vocabitur nomen eius, admirabilis, consiliarius, deus, fortis, pater futuri saeculi, princeps pacis; * et zach. vi dicitur, ° ecce vir, oriens nomen eius. ' ergo inconvenienter vocatum est nomen eius iesus.

ag2 * Praeterea, isaiae lxii dicitur, ° vocabitur tibi nomen novum, quod os domini nominavit. ' sed hoc nomen iesus non est nomen novum, sed pluribus fuit in veteri testamento impositum, ut patet etiam ex ipsa genealogia christi, * luc. iii. ' ergo videtur quod inconvenienter vocatum est nomen eius iesus.

ag3 ' Praeterea, hoc nomen iesus salutem significat, * ut patet per id quod dicitur matth. i, ° pariet filium, et vocabis nomen eius iesum, ipse enim salvum faciet populum suum a peccatis eorum. " sed salus per christum non est facta solum in circumcisione, sed etiam in praeputio, * ut patet per apostolum, rom. iv. ' inconvenienter ergo hoc nomen fuit christo impositum in sua circumcisione.

sc * Sed contra est auctoritas scripturae, in qua dicitur, luc. ii, quod, ° postquam consummati sunt dies octo, ut circumcideretur puer, vocatum est nomen eius iesus.

co ' Respondeo dicendum quod nomina debent proprietatibus rerum respondere. et hoc patet in nominibus generum et specierum, * prout dicitur iv metaphys., ° ratio enim quam significat nomen, est definitio, " quae designat propriam rei naturam. ' nomina autem singularium hominum semper imponuntur ab aliqua proprietate eius cui nomen imponitur. vel a tempore, sicut imponuntur nomina aliquorum sanctorum his qui in eorum festis nascuntur. vel a cognatione, sicut cum filio imponitur nomen patris, vel alicuius de cognatione eius; " sicut propinqui ioannis baptistae volebant eum vocare nomine patris sui zachariam, non autem ioannem, quia nullus erat in cognatione eius qui vocaretur hoc nomine, * ut dicitur luc. i. ' vel etiam ab eventu, sicut ioseph ° vocavit primogenitum suum manassen, dicens, oblivisci me fecit deus omnium laborum meorum, * gen. xli. ' vel etiam ex aliqua qualitate eius cui nomen imponitur, * sicut gen. xxv dicitur quod, ° quia qui primo egressus est de utero matris, rufus erat, et totus in morem pellis hispidus, " vocatum est nomen eius esau, quod interpretatur rubeus. |25| ' nomina autem quae imponuntur divinitus aliquibus, semper significant aliquod gratuitum donum eis divinitus datum, sicut * gen. xvii dictum est abrahae, ° appellaberis abraham, quia patrem multarum gentium constitui te; * et matth. xvi dictum est petro, ° tu es petrus, et super hanc petram aedificabo ecclesiam meam. ' quia igitur homini christo hoc munus gratiae collatum erat ut per ipsum omnes salvarentur, ideo convenienter vocatum est nomen eius iesus, idest salvator, angelo hoc nomen praenuntiante non solum matri, sed etiam ioseph, quia erat futurus eius nutritius.

ra1 ' Ad primum ergo dicendum quod in omnibus illis nominibus quodammodo significatur hoc nomen iesus, quod est significativum salutis. nam " in hoc quod dicitur emmanuel, quod interpretatur, nobiscum deus, ' designatur causa salutis, quae est unio divinae et humanae naturae in persona filii dei, per quam factum est ut deus esset nobiscum. * per hoc autem quod dicitur, ° voca nomen eius, accelera, spolia detrahe, ' etc., designatur a quo nos salvaverit, quia a diabolo, cuius spolia abstulit, * secundum illud coloss. ii, ° exspolians principatus et potestates, traduxit confidenter. " in hoc autem quod dicitur, vocabitur nomen eius admirabilis, ' etc., designatur via et terminus nostrae salutis, inquantum scilicet " admirabili divinitatis consilio et virtute, ad haereditatem futuri saeculi perducimur, in quo erit pax perfecta filiorum dei, sub ipso principe deo. quod vero dicitur, ecce vir, oriens nomen eius, ad idem refertur ad quod primum, scilicet ad incarnationis mysterium, secundum quod exortum est in tenebris lumen rectis corde.

ra2 ' Ad secundum dicendum quod his qui fuerunt ante christum potuit convenire hoc nomen iesus secundum aliquam aliam rationem, puta quia aliquam particularem et temporalem salutem attulerunt. sed secundum rationem spiritualis et universalis salutis, hoc nomen est proprium christo. et secundum hoc dicitur esse novum.

ra3 * Ad tertium dicendum quod, sicut gen. xvii legitur, ' simul abraham suscepit impositionem nominis a deo, et circumcisionis mandatum. et ideo apud iudaeos consuetum erat ut ipso die circumcisionis nomina pueris imponerentur, quasi ante circumcisionem perfectum esse non habuerint, sicut etiam nunc pueris in baptismo nomina imponuntur. * unde super illud proverb. iv, ° ego filius fui patris mei, tenellus et unigenitus coram matre mea, * dicit glossa, ° quare salomon se unigenitum coram matre vocat, quem fratrem uterinum praecessisse scriptura testatur, nisi quia ille mox natus sine nomine, quasi nunquam esset, de vita decessit? ' et ideo christus, simul cum fuit circumcisus, nominis impositionem accepit.

010 ST4 qu37 ar3

ag1 ' Ad tertium sic proceditur. videtur quod inconvenienter fuerit christus in templo oblatus. * dicitur enim exod. xiii, ° sanctifica mihi omne primogenitum quod aperit vulvam in filiis israel. ' sed christus exivit de clauso virginis utero, et ita matris vulvam non aperuit. ergo christus ex hac lege non debuit in templo offerri.

ag2 ' Praeterea, illud quod est semper praesens alicui, non potest ei praesentari. sed christi humanitas semper fuit deo maxime praesens, utpote ei semper coniuncta in unitate personae. " ergo non oportuit quod coram domino sisteretur.

ag3 ' Praeterea, christus est hostia principalis, ad quam omnes hostiae veteris legis referuntur sicut figura ad veritatem. sed hostiae non debet esse alia hostia. ergo non fuit conveniens ut pro christo alia hostia offerretur.

ag4 ' Praeterea, inter legales hostias praecipue fuit agnus, qui erat iuge sacrificium, * ut habetur num. xxviii. ' unde etiam christus dicitur agnus, * ioan. i, " ecce agnus dei. ' magis ergo fuit conveniens quod pro christo offerretur agnus quam par turturum vel duo pulli columbarum.

sc * Sed in contrarium est auctoritas scripturae, quae hoc factum esse testatur, luc. ii.

co * Respondeo dicendum quod, sicut dictum est, " christus voluit sub lege fieri, ut eos qui sub lege erant redimeret, et ut iustificatio legis in suis membris spiritualiter impleretur. ' de prole autem nata duplex praeceptum in lege traditur. unum quidem generale quantum ad omnes, ut scilicet, completis diebus purificationis matris, offerretur sacrificium pro filio sive pro filia, * ut habetur levit. xii. ' et hoc quidem sacrificium erat et ad expiationem peccati, in quo proles erat concepta et nata, et etiam ad consecrationem quandam ipsius, quia tunc primo praesentabatur in templo. et ideo aliquid offerebatur in holocaustum, et aliquid pro peccato. " aliud autem praeceptum erat speciale in lege de primogenitis tam in hominibus quam in iumentis, sibi enim dominus deputaverat omne primogenitum in israel, pro eo quod, ad liberationem populi israel, percusserat primogenita aegypti ab homine usque ad pecus, primogenitis filiorum israel reservatis. * et hoc mandatum ponitur exod. xiii. " in quo etiam praefigurabatur christus, qui est primogenitus in multis fratribus, * ut dicitur rom. viii. ' quia igitur christus, ex muliere natus, |25| erat primogenitus; et voluit fieri sub lege, haec duo evangelista lucas circa eum fuisse observata ostendit. primo quidem, id quod pertinet ad primogenitos, * cum dicit, ° tulerunt illum in ierusalem, ut sisterent eum domino, sicut scriptum est in lege domini, quia omne masculinum adaperiens vulvam sanctum domino vocabitur. ' secundo, id quod pertinet communiter ad omnes, * cum dicit, ° et ut darent hostiam, secundum quod dictum erat in lege domini, par turturum aut duos pullos columbarum.

ra1 * Ad primum ergo dicendum quod, sicut gregorius nyssenus dicit, ° illud legis praeceptum in solo incarnato deo singulariter et ab aliis differenter impleri videtur. ipse namque solus, ineffabiliter conceptus ac incomprehensibiliter editus, virginalem uterum aperuit, non antea connubio reseratum, servans et post partum inviolabiliter signaculum castitatis. " unde quod dicit, aperiens vulvam, designat quod nihil antea inde intraverat vel exiverat. et per hoc etiam specialiter dicitur ° masculinus, quia nihil de femineitate culpae portavit. ' singulariter etiam sanctus, ° qui terrenae contagia corruptelae, immaculati partus novitate, non sensit.

ra2 " Ad secundum dicendum quod, sicut filius dei ° non propter seipsum factus est homo et circumcisus in carne, sed ut nos per gratiam faceret deos, et ut spiritualiter circumcidamur; sic propter nos sistitur domino, ut discamus deo praesentare nosipsos. ' et hoc post circumcisionem eius factum est, ut ostendat ° neminem nisi circumcisum vitiis, dignum esse divinis conspectibus.

ra3 ' Ad tertium dicendum quod propter hoc ipsum voluit hostias legales pro se offerri, qui erat vera hostia, ut figura veritati coniungeretur, et per veritatem figura approbaretur, " contra illos qui deum legis negant a christo fuisse in evangelio praedicatum. ° non enim putandum est, * ut origenes dicit, ° quod filium suum bonus deus sub lege inimici fecerit, quam ipse non dederat.

ra4 * Ad quartum dicendum quod levit. xii ° praecipitur ut qui possent, agnum pro filio aut filia, simul et turturem sive columbam offerrent, qui vero non sufficerent ad offerendum agnum, duos turtures aut duos columbae pullos offerrent. dominus ergo, qui, cum dives esset, propter nos egenus factus est, ut illius inopia divites essemus, * ut dicitur ii cor. viii, " pro se pauperum hostiam voluit offerri, sicut et in ipsa nativitate pannis involvitur et reclinatur in praesepio. ' nihilominus tamen huiusmodi aves figurae congruunt. turtur enim, quia est avis loquax, praedicationem et confessionem fidei significat; quia vero est animal castum, significat castitatem; quia vero est animal solitarium, significat contemplationem. columba vero est animal mansuetum et simplex, mansuetudinem et simplicitatem significans. est autem animal gregale, unde significat vitam activam. et ideo huiusmodi hostia significabat perfectionem christi et membrorum eius. ° utrumque autem animal, propter consuetudinem gemendi, praesentes sanctorum luctus designat, sed turtur, quae est solitaria, significat orationum lacrimas; columba vero, quae est gregalis, significat publicas orationes ecclesiae. " utrumque tamen animal duplicatum offertur, ut sanctitas sit non solum in anima, sed etiam in corpore.

010 ST4 qu37 ar4

ag1 ' Ad quartum sic proceditur. videtur quod inconvenienter mater dei purganda ad templum accesserit. purgatio enim non videtur esse nisi ab immunditia. sed in beata virgine nulla fuit immunditia, * ut ex supra dictis patet. ' ergo non debuit ut purganda ad templum accedere.

ag2 * Praeterea, levit. xii dicitur, ° mulier quae, suscepto semine, peperit masculum, immunda erit septem diebus, " et ideo ei praecipitur quod non ingrediatur sanctuarium, donec impleantur dies purgationis eius. ' sed beata virgo peperit masculum sine virili semine. non ergo debuit venire ad templum purganda.

ag3 ' Praeterea, purgatio ab immunditia non fit nisi per gratiam. sed sacramenta veteris legis gratiam non conferebant, sed ipsa potius secum gratiae auctorem habebat. non ergo conveniens fuit ut beata virgo ad templum purganda veniret.

sc * Sed contra est auctoritas scripturae, qua dicitur, luc. ii, quod ° impleti sunt dies purgationis mariae secundum legem moysi.

co ' Respondeo dicendum quod, sicut plenitudo gratiae a christo derivatur in matrem, ita decuit ut mater humilitati filii conformaretur, " humilibus enim deus dat gratiam, * ut dicitur iac. iv. ' et ideo, sicut christus, licet legi non esset obnoxius, voluit tamen circumcisionem et alia legis onera subire, ad demonstrandum humilitatis et obedientiae exemplum, et ut approbaret legem, et ut calumniae occasionem iudaeis tolleret; propter easdem rationes voluit et matrem suam implere legis observantias, quibus tamen non erat obnoxia.

ra1 ' Ad primum ergo dicendum quod, licet beata virgo nullam haberet immunditiam, voluit tamen purgationis observantiam implere, non propter indigentiam, sed propter legis praeceptum. * et ideo signanter evangelista dicit quod " completi sunt dies purgationis eius secundum legem, ipsa enim secundum se purgatione non indigebat.

ra2 ' Ad secundum dicendum quod signanter moyses videtur fuisse locutus, ad excipiendam ab immunditia matrem dei, quae " non peperit suscepto semine. ' et ideo patet quod non obligatur ad impletionem illius praecepti, sed voluntarie purgationis observantiam implevit, * ut dictum est.

ra3 ' Ad tertium dicendum quod legalia sacramenta non purgabant ab immunditia culpae, quod fit per gratiam, sed hanc purgationem praefigurabant, purgabant enim purgatione quadam carnali ab immunditia irregularitatis cuiusdam; * sicut in secunda parte dictum est. ' neutram tamen immunditiam beata virgo contraxerat. et ideo non indigebat purgari.

010 ST4 qu38 ar

pr ' Deinde considerandum est de baptismo quo christus baptizatus est. et quia christus baptizatus est baptismo ioannis, primo considerandum est de baptismo ioannis in communi; secundo, de baptizatione christi. circa primum quaeruntur sex. primo, utrum conveniens fuerit quod ioannes baptizaret. secundo, utrum ille baptismus fuerit a deo. tertio, utrum contulerit gratiam quarto, utrum alii praeter christum illo baptismo debuerint baptizari. quinto, utrum baptismus ille cessare debuerit, christo baptizato. sexto, utrum baptizati baptismo ioannis essent postea baptizandi baptismo christi.

010 ST4 qu38 ar1

ag1 ' Ad primum sic proceditur. videtur quod non fuerit conveniens ioannem baptizare. omnis enim ritus sacramentalis ad aliquam pertinet legem. sed ioannes non introduxit novam legem. ergo inconveniens fuit quod novum ritum baptizandi introduceret.

ag2 " Praeterea, ioannes fuit missus a deo in testimonium tanquam propheta, * secundum illud luc. i, ° tu, puer, propheta altissimi vocaberis. ' sed prophetae qui fuerunt ante christum, non introduxerunt novum ritum, sed ad observantiam legalium rituum inducebant, * ut patet malach. ult., ° mementote legis moysi, servi mei. ' ergo nec ioannes novum ritum baptizandi inducere debuit.

ag3 ' Praeterea, ubi est alicuius rei superfluitas, non est ad illud aliquid addendum. sed iudaei excedebant in superfluitate baptismatum, * dicitur enim marci vii, quod ° pharisaei, et omnes iudaei, nisi crebro lavent manus, non manducant; et a foro, nisi baptizentur, non comedunt; et alia multa quae tradita sunt illis servare, baptismata calicum et urceorum et aeramentorum et lectorum. ' ergo inconveniens fuit quod ioannes baptizaret.

sc * Sed contra est auctoritas scripturae, matth. iii, ubi, praemissa sanctitate ioannis, subditur quod " exibant ad eum multi, et baptizabantur in iordane.

co ' Respondeo dicendum quod conveniens fuit ioannem baptizare, propter quatuor. primo quidem, quia oportebat christum a ioanne baptizari, ut baptismum consecraret, * ut dicit augustinus, super ioan.. ' secundo, ut christus manifestaretur. * unde ipse ioannes baptista dicit, ioan. i, ° ut manifestetur, scilicet christus, in israel, propterea veni ego in aqua baptizans. " concurrentibus enim turbis annuntiabat christum, quod quidem facilius sic factum est quam si per singulos discurrisset, * ut chrysostomus dicit, super ioan.. ' tertio, ut suo baptismo assuefaceret homines ad baptismum christi. * unde gregorius dicit, in quadam homilia, quod " ideo baptizavit ioannes ° ut, praecursionis suae ordinem servans, qui nasciturum dominum nascendo praevenerat, baptizando quoque baptizaturum praeveniret. ' quarto ut, ad poenitentiam homines inducens, homines praepararet ad digne suscipiendum baptismum christi. * unde beda dicit quod, ° quantum catechumenis nondum baptizatis prodest doctrina fidei, tantum profuit baptisma ioannis ante baptisma christi. quia sicut ille praedicabat poenitentiam, et baptismum christi |25| praenuntiabat, et in cognitionem veritatis quae mundo apparuit attrahebat; sic ministri ecclesiae, qui primo erudiunt, postea peccata eorum redarguunt, deinde in baptismo christi remissionem promittunt.

ra1 ' Ad primum ergo dicendum quod baptismus ioannis non erat per se sacramentum, sed quasi quoddam sacramentale, disponens ad baptismum christi. et ideo aliqualiter pertinebat ad legem christi, non autem ad legem moysi.

ra2 " Ad secundum dicendum quod ioannes non fuit solum propheta, sed plus quam propheta, * ut dicitur matth. xi, ' fuit enim terminus legis et initium evangelii. et ideo magis pertinebat ad eum verbo et opere inducere homines ad legem christi quam ad observantiam veteris legis.

ra3 ' Ad tertium dicendum quod baptismata illa pharisaeorum erant inania, utpote ad solam munditiam carnis ordinata. sed baptismus ioannis ordinabatur ad munditiam spiritualem, inducebat enim homines ad poenitentiam, * ut dictum est.

010 ST4 qu38 ar2

ag1 ' Ad secundum sic proceditur. videtur quod baptismus ioannis non fuit a deo. nihil enim sacramentale quod est a deo, denominatur ab homine puro, sicut baptismus novae legis non dicitur petri vel pauli, sed christi. sed ille baptismus denominatur a ioanne, * secundum illud matth. xxi, ° baptismus ioannis e caelo erat? an ex hominibus? ' ergo baptismus ioannis non fuit a deo.

ag2 ' Praeterea, omnis doctrina de novo a deo procedens aliquibus signis confirmatur, unde et dominus, * exod. iv, ' dedit moysi potestatem signa faciendi, * et heb. ii dicitur quod ° cum fides nostra principium accepisset enuntiari a domino, per eos qui audierunt in nos confirmata est, contestante deo signis et prodigiis. * sed de ioanne baptista dicitur, ioan. x, ° ioannes signum fecit nullum. ' ergo videtur quod baptismus quo baptizavit, non esset a deo.

ag3 ' Praeterea, sacramenta quae sunt divinitus instituta, aliquibus sacrae scripturae praeceptis continentur. sed baptismus ioannis non praecipitur aliquo praecepto sacrae scripturae. ergo videtur quod non fuerit a deo.

sc * Sed contra est quod dicitur ioan. i, ° qui me misit baptizare in aqua, ille mihi dixit, super quem videris spiritum, etc..

co ' Respondeo dicendum quod in baptismo ioannis duo possunt considerari, scilicet ipse ritus baptizandi, et effectus baptismi. ritus quidem baptizandi non fuit ab hominibus, sed a deo, qui familiari spiritus sancti revelatione ioannem ad baptizandum misit. effectus autem illius baptismi fuit ab homine, quia nihil in illo baptismo efficiebatur quod homo facere non posset. unde non fuit a solo deo, nisi inquantum deus in homine operatur.

ra1 ' Ad primum ergo dicendum quod per baptismum novae legis homines interius per spiritum sanctum baptizantur, quod facit solus deus. per baptismum autem ioannis solum corpus mundabatur aqua. * unde dicitur matth. iii, ° ego baptizo vos in aqua, ille vos baptizabit in spiritu sancto. ' et ideo baptismus ioannis denominatur ab ipso, quia scilicet nihil in eo agebatur quod ipse non ageret. baptismus autem novae legis non denominatur a ministro, qui principalem baptismi effectum non agit, scilicet interiorem emundationem.

ra2 ' Ad secundum dicendum quod tota doctrina et operatio ioannis ordinabatur ad christum, qui multitudine signorum et suam doctrinam et ioannis confirmavit. si autem ioannes signa fecisset, homines ex aequo ioanni et christo attendissent. et ideo, ut homines principaliter christo attenderent, non est datum ioanni ut faceret signum. iudaeis tamen quaerentibus quare baptizaret, confirmavit suum officium auctoritate scripturae, dicens, ° ego vox clamantis in deserto, * etc., ut dicitur ioan. i. ' ipsa etiam austeritas vitae eius officium eius commendabat, * quia, ut chrysostomus dicit, super matth. ° mirabile erat in humano corpore tantam patientiam videre.

ra3 ' Ad tertium dicendum quod baptismus ioannis non fuit ordinatus a deo nisi ut modico tempore duraret, propter causas praedictas. et ideo non fuit commendatus aliquo praecepto communiter tradito in sacra scriptura, sed familiari quadam revelatione spiritus sancti, * ut dictum est.

010 ST4 qu38 ar3

ag1 ' Ad tertium sic proceditur. videtur quod in baptismo ioannis gratia daretur. * dicitur enim marci i, ° fuit ioannes in deserto baptizans, et praedicans baptismum poenitentiae in remissionem peccatorum. ' poenitentia autem et remissio peccatorum est per gratiam. ergo baptismus ioannis gratiam conferebat.

ag2 " Praeterea, baptizandi a ioanne confitebantur peccata sua, * ut habetur matth. iii et marci i. ' sed confessio peccatorum ordinatur ad remissionem, quae fit per gratiam. ergo in baptismo ioannis gratia conferebatur.

ag3 ' Praeterea, baptismus ioannis propinquior erat baptismo christi quam circumcisio. per circumcisionem autem remittebatur peccatum originale, quia, * ut beda dicit, ° idem salutiferae curationis auxilium circumcisio in lege contra originalis peccati vulnus agebat, quod nunc baptismus agere revelatae gratiae tempore consuevit. ' ergo multo magis baptismus ioannis remissionem peccatorum operabatur. quod sine gratia fieri non potest.

sc * Sed contra est quod matth. iii dicitur, ° ego quidem baptizo vos in aqua in poenitentiam. * quod exponens gregorius, in quadam homilia, dicit, ° ioannes non in spiritu, sed in aqua baptizat, quia peccata solvere non valebat. ' sed gratia est a spiritu sancto, et per eam peccata tolluntur. ergo baptismus ioannis gratiam non conferebat.

co * Respondeo dicendum quod, sicut dictum est, ' tota doctrina et operatio ioannis praeparatoria erat ad christum, sicut ministri et inferioris artificis est praeparare materiam ad formam, quam inducit principalis artifex. gratia autem conferenda erat hominibus per christum, * secundum illud ioan. i, ° gratia et veritas per iesum christum facta est. ' et ideo baptismus ioannis gratiam non conferebat, sed solum ad gratiam praeparabat, tripliciter. uno quidem modo, per doctrinam ioannis, inducentem homines ad fidem christi. alio modo, assuefaciendo homines ad ritum baptismi christi. tertio modo, per poenitentiam, praeparando homines ad suscipiendum effectum baptismi christi.

ra1 " Ad primum ergo dicendum quod in illis verbis, * ut beda dicit, " potest intelligi duplex baptismus poenitentiae. unus quidem, quem ioannes baptizando conferebat, qui scilicet baptismus dicitur poenitentiae, etc., quia scilicet ille baptismus erat quoddam inductivum ad poenitentiam, et quasi quaedam protestatio qua profitebantur homines se poenitentiam acturos. alius autem est baptismus christi, per quem peccata remittuntur, quem ioannes dare non poterat, sed solum praedicabat, dicens, ° ille vos baptizabit in spiritu sancto. " vel potest dici quod praedicabat baptismum poenitentiae, idest, inducentem ad poenitentiam, quae quidem poenitentia ducit homines in remissionem peccatorum. vel potest dici quod per baptismum christi, * ut hieronymus dicit, ° gratia datur, qua peccata gratis dimittuntur, quod autem consummatur per sponsum, initiatur per paranymphum, " scilicet per ioannem. unde dicitur quod baptizabat et praedicabat baptismum poenitentiae in remissionem peccatorum, non ideo quia hoc ipse perficeret, sed quia hoc inchoabat praeparando.

ra2 ' Ad secundum dicendum quod illa confessio peccatorum non fiebat ad remissionem peccatorum statim per baptismum ioannis exhibendam, sed consequendam per poenitentiam consequentem, et baptismum christi, ad quem poenitentia illa praeparabat.

ra3 ' Ad tertium dicendum quod circumcisio instituta erat in remedium originalis peccati. sed baptismus ioannis ad hoc non erat institutus, sed solum erat praeparatorius ad baptismum christi, * ut dictum est. ' sacramenta autem ex vi institutionis suum habent effectum.

010 ST4 qu38 ar4

ag1 ' Ad quartum sic proceditur. videtur quod baptismo ioannis solus christus debebat baptizari. quia, * sicut dictum est, ° ad hoc ioannes baptizavit ut christus baptizaretur, * sicut augustinus dicit, super ioan.. ' sed quod est proprium christo, non debet aliis convenire. ergo nulli alii debuerunt illo baptismo baptizari.

ag2 ' Praeterea, quicumque baptizatur, aut accipit aliquid a baptismo, aut baptismo aliquid confert. sed a baptismo ioannis nullus aliquid accipere poterat, quia in eo gratia non conferebatur, * ut dictum est ' nec aliquis baptismo aliquid conferre poterat nisi christus, qui ° tactu mundissimae suae carnis aquas sanctificavit. ' ergo videtur quod solus christus baptismo ioannis debuerit baptizari.

ag3 ' Praeterea, si alii illo baptismo baptizabantur, hoc non erat nisi ut praepararentur ad baptismum christi, et sic conveniens videbatur quod, sicut baptismus christi omnibus confertur, et magnis et parvis, et gentilibus et iudaeis, ita etiam et baptismus ioannis conferretur. sed non legitur quod ab eo pueri baptizarentur, nec etiam gentiles, * dicitur enim marci i, quod ° egrediebantur ad eum ierosolymitae universi, et baptizabantur ab illo. ' ergo videtur quod solus christus a ioanne debuit baptizari.

sc * Sed contra est quod dicitur luc. iii, ° factum est, cum baptizaretur omnis populus, et iesu baptizato et orante, aperti sunt caeli.

co ' Respondeo dicendum quod duplici de causa oportuit alios a christo baptizari baptismo ioannis. primo quidem, * ut augustinus dicit, super ioan., quia, ° si solus christus baptismo ioannis baptizatus esset, non defuissent qui dicerent baptismum ioannis, quo christus est baptizatus, digniorem esse baptismo christi, quo alii baptizantur. ' secundo, quia oportebat per baptismum ioannis alios ad baptismum christi praeparari, * sicut dictum est.

ra1 " Ad primum ergo dicendum quod non propter hoc solum fuit ioannis baptismus institutus ut christus baptizaretur, sed etiam propter alias causas, * ut dictum est. ' et tamen, si ad hoc solum esset institutus ut christus eo baptizaretur, oportebat praedictum inconveniens vitari, aliis hoc baptismo baptizatis.

ra2 ' Ad secundum dicendum quod alii qui ad baptismum ioannis accedebant, non poterant quidem baptismo aliquid conferre, nec tamen a baptismo gratiam accipiebant, sed solum poenitentiae signum.

ra3 ' Ad tertium dicendum quod ille baptismus erat poenitentiae, quae pueris non convenit, ideo pueri illo baptismo non baptizabantur. conferre autem gentibus viam salutis soli christo reservabatur, " qui est expectatio gentium. * ut dicitur gen. penult.. ' sed et ipse christus apostolis inhibuit gentibus evangelium praedicare, ante passionem et resurrectionem. unde multo minus conveniebat per ioannem gentiles ad baptismum admitti.

010 ST4 qu38 ar5

ag1 ' Ad quintum sic proceditur. videtur quod baptismus ioannis cessare debuerit postquam christus est baptizatus. * dicitur enim ioan. i, ° ut manifestetur israeli, propterea veni in aqua baptizans. ' sed, christo baptizato, sufficienter fuit manifestatus, tum per testimonium ioannis; tum per descensum columbae; tum etiam testimonio paternae vocis. ergo non videtur quod postea debuerit baptismus ioannis durare.

ag2 * Praeterea, augustinus dicit, super ioan., ° baptizatus est christus, et cessavit ioannis baptismus. ' ergo videtur quod ioannes, post christum baptizatum, non debuerit baptizare.

ag3 ' Praeterea, baptismus ioannis erat praeparatorius ad baptismum christi. sed baptismus christi incoepit statim christo baptizato, quia ° tactu suae mundissimae carnis vim regenerativam contulit aquis, * ut beda dicit. ' ergo videtur quod baptismus ioannis cessaverit, christo baptizato.

sc * Sed contra est quod dicitur ioan. iii, ° venit iesus in iudaeam terram et baptizabat, erat autem et ioannes baptizans. ' sed christus non baptizavit priusquam fuit baptizatus. ergo videtur quod, postquam fuit christus baptizatus, adhuc ioannes baptizabat.

co ' Respondeo dicendum quod baptismus ioannis cessare non debuit, christo baptizato. primo quidem quia, * ut chrysostomus dicit, " si cessasset ioannes baptizare, christo baptizato, existimaretur quod zelo vel ira faceret. secundo quia, si cessasset a baptismo, christo baptizante, discipulos suos in maiorem zelum misisset. ' tertio quia, persistens in baptizando, suos auditores mittebat ad christum. quarto quia, * ut beda dicit, " adhuc permanebat umbra veteris legis, nec debet praecursor cessare donec veritas manifestetur.

ra1 ' Ad primum ergo dicendum quod nondum christus erat plene manifestatus, eo baptizato. et ideo adhuc necessarium erat quod ioannes baptizaret.

ra2 ' Ad secundum dicendum quod, baptizato christo, cessavit baptismus ioannis, non tamen statim, sed eo incarcerato. * unde chrysostomus dicit, super ioan., ° aestimo propter hoc permissam esse mortem ioannis, et, eo sublato de medio, christum maxime praedicare coepisse, ut omnis multitudinis affectio ad christum transiret, et non ultra his quae de utroque erant sententiis scinderentur.

ra3 ' Ad tertium dicendum quod baptismus ioannis praeparatorius erat, non solum ad hoc quod christus baptizaretur, sed ad hoc quod alii ad christi baptismum accederent. quod nondum fuit impletum, christo baptizato.

010 ST4 qu38 ar6

ag1 ' Ad sextum sic proceditur. videtur quod baptizati baptismo ioannis non fuerint baptizandi baptismo christi. ioannes enim non fuit minor apostolis, * cum de eo scriptum sit, matth. xi, ° inter natos mulierum non surrexit maior ioanne baptista. ' sed illi qui baptizabantur ab apostolis, non rebaptizabantur iterum, sed solummodo addebatur eis impositio manuum, * dicitur enim act. viii, " quod aliqui tantum baptizati erant a philippo in nomine domini iesu, tunc apostoli, scilicet petrus et ioannes, ° imponebant manus super illos, et accipiebant spiritum sanctum. ' ergo videtur quod baptizati a ioanne non debuerint baptizari baptismo christi.

ag2 ' Praeterea, apostoli fuerunt baptizati baptismo ioannis, fuerunt enim quidam eorum discipuli ioannis, * ut patet ioan. i. ' sed apostoli non videntur baptizati baptismo christi, * dicitur enim ioan. iv, quod ° iesus non baptizabat, sed discipuli eius. ' ergo videtur quod baptizati baptismo ioannis non erant baptizandi baptismo christi.

ag3 ' Praeterea, minor est qui baptizatur quam qui baptizat. sed ipse ioannes non legitur baptizatus bap-

tismo christi. ergo multo minus illi qui a ioanne baptizabantur, indigebant baptismo christi baptizari.
ag4 * Praeterea, act. xix dicitur quod ° paulus invenit quosdam de discipulis, dixitque ad eos, si spiritum sanctum accepistis credentes? at illi dixerunt ad eum, sed neque si spiritus sanctus est, audivimus. ille vero ait, in quo baptizati estis? qui dixerunt, in ioannis baptismate. unde baptizati sunt iterum in nomine domini nostri iesu christi. ' sic ergo videtur quod, quia spiritum sanctum nesciebant, quod oportuerit eos iterum baptizari, * sicut hieronymus dicit, super ioelem, et in epistola de viro unius uxoris; et ambrosius, in libro de spiritu sancto. ' sed quidam fuerunt baptizati baptismo ioannis qui habebant plenam notitiam trinitatis. ergo non erant baptizandi iterum baptismo christi.
ag5 * Praeterea, rom. x, super illud, ° hoc est verbum fidei quod praedicamus, * dicit glossa augustini, ° unde est ista virtus aquae ut corpus tangat et cor abluat, nisi faciente verbo, non quia dicitur, sed quia creditur? ' ex quo patet quod virtus baptismi dependet ex fide. sed forma baptismi ioannis significavit fidem in qua nos baptizamur, * dicit enim paulus, act. xix, ° ioannes baptizabat baptismo poenitentiae populum, dicens in eum qui venturus est post ipsum ut crederent, hoc est, in iesum. ' ergo videtur quod non oportebat baptizatos baptismo ioannis iterum baptizari baptismo christi.
sc * Sed contra est quod augustinus dicit, super ioan., ° qui baptizati sunt baptismate ioannis, oportebat ut baptizarentur baptismate domini.
co ' Respondeo dicendum quod * secundum opinionem magistri, in iv sent., ° illi qui baptizati sunt a ioanne nescientes spiritum sanctum esse, ac spem ponentes in illius baptismo, postea baptizati sunt baptismo christi, illi vero qui spem non posuerunt in baptismo ioannis, et patrem et filium et spiritum sanctum credebant, non fuerunt postea baptizati, sed, impositione manuum ab apostolis super eos facta, spiritum sanctum receperunt. ' et hoc quidem verum est quantum ad primam partem, quod multis auctoritatibus confirmatur. sed quantum ad secundam partem, est penitus irrationabile quod dicitur. primo quidem, quia baptismus ioannis neque gratiam conferebat, neque characterem imprimebat, sed erat solum in aqua, * ut ipse dicit, matth. iii. ' unde baptizati fides vel spes quam habebat in christum, non poterat hunc defectum supplere. secundo quia, quando in sacramento omittitur quod est de necessitate sacramenti, non solum oportet suppleri quod fuerat omissum, sed oportet totaliter innovari. est autem de necessitate baptismi christi quod fiat non solum in aqua, sed etiam in spiritu sancto, * secundum illud ioan. iii, ° nisi quis renatus fuerit ex aqua et spiritu sancto, non potest introire in regnum dei. ' unde illis qui tantum in aqua baptizati erant baptismo ioannis, |25| non solum erat supplendum quod deerat, ut scilicet daretur eis spiritus sanctus per impositionem manuum, sed erant iterato totaliter baptizandi in aqua et spiritu sancto.
ra1 * Ad primum ergo dicendum quod, sicut augustinus dicit, super ioan., ° ideo post ioannem baptizatum est, quia non dabat baptisma christi, sed suum. quod autem dabatur a petro, et si quod datum est a iuda, christi erat. et ideo, si quos baptizavit iudas, non sunt iterum baptizandi, baptisma enim tale est qualis est ille in cuius potestate datur; non qualis ille cuius ministerio datur. ' et inde est etiam quod baptizati a philippo diacono, qui baptismum christi dabat, non sunt iterum baptizati, sed acceperunt manus impositionem per apostolos, sicut baptizati per sacerdotes confirmantur per episcopos.
ra2 * Ad secundum dicendum quod, sicut augustinus dicit, ad seleucianum, ° intelligimus discipulos christi fuisse baptizatos, sive baptismo ioannis, sicut nonnulli arbitrantur, sive, quod magis credibile est, baptismo christi. neque enim ministerio baptizandi defuit, ut haberet baptizatos servos per quos ceteros baptizaret, qui non defuit humilitatis ministerio quando eis pedes lavit.
ra3 * Ad tertium dicendum quod, sicut chrysostomus dicit, super matth., ° per hoc quod christus ioanni dicenti, ego a te debeo baptizari, respondit, sine modo, ostenditur quia postea christus baptizavit ioannem. * et hoc dicit " in quibusdam libris apocryphis manifeste scriptum esse. * certum tamen est, ut hieronymus dicit, super matth., quod, ° sicut christus baptizatus fuit in aqua a ioanne, ita ioannes a christo erat in spiritu baptizandus.
ra4 ' Ad quartum dicendum quod non est tota causa quare illi fuerunt baptizati post baptismum ioannis, quia spiritum sanctum non cognoverant, sed quia non erant baptismo christi baptizati.
ra5 * Ad quintum dicendum quod, sicut augustinus dicit, contra faustum, " sacramenta nostra sunt signa praesentis gratiae, sacramenta vero veteris legis fuerunt signa gratiae futurae. ' unde ex hoc ipso quod ioannes baptizavit in nomine venturi, datur intelligi quod non dabat baptismum christi, qui est sacramentum novae legis.

010 ST4 qu39 ar

pr ' Deinde considerandum est de baptizatione christi. et circa hoc quaeruntur octo. primo, utrum christus debuerit baptizari. secundo, utrum debuerit baptizari baptismo ioannis. tertio, de tempore baptismi. quarto, de loco. quinto, de hoc quod sunt ei caeli aperti. sexto, de spiritu sancto apparente in specie columbae. septimo, utrum illa columba fuerit verum animal. octavo, de voce paterni testimonii.

010 ST4 qu39 ar1

ag1 ' Ad primum sic proceditur. videtur quod non fuerit conveniens christum baptizari. baptizari enim est ablui. sed christo non convenit ablui, in quo nulla fuit impuritas. ergo videtur quod christum non decuerit baptizari.
ag2 ' Praeterea, christus circumcisionem suscepit ut impleret legem. sed baptismus non pertinebat ad legem. ergo non debebat baptizari.
ag3 " Praeterea, primum movens in quolibet genere est immobile secundum illum motum, sicut caelum, quod est primum alterans, non est alterabile. ' sed christus est primum baptizans, * secundum illud, ° super quem videris spiritum descendentem et manentem, hic est qui baptizat. ' ergo christum non decuit baptizari.
sc * Sed contra est quod dicitur matth. iii, quod ° venit iesus a galilaea in iordanem ad ioannem, ut baptizaretur ab eo.
co ' Respondeo dicendum quod conveniens fuit christum baptizari. primo quidem quia, * ut ambrosius dicit, super luc., ° baptizatus est dominus, non mundari volens, sed mundare aquas, ut, ablutae per carnem christi, quae peccatum non cognovit, baptismatis vim haberent, et ut sanctificatas relinqueret postmodum baptizandis, * sicut chrysostomus dicit. secundo, sicut chrysostomus dicit, super matth., ° quamvis christus non esset peccator, tamen naturam suscepit peccatricem, et similitudinem carnis peccati. propterea, etsi pro se baptismate non indigebat, tamen in aliis carnalis natura opus habebat. * et, sicut gregorius nazianzenus dicit, ° baptizatus est christus ut totum veteranum adam immergat aquae. ' tertio, baptizari voluit, * sicut augustinus dicit, in sermone de epiphania, ° quia voluit facere quod faciendum omnibus imperavit. * et hoc est quod ipse dicit, ° sic decet nos adimplere omnem iustitiam. * ut enim ambrosius dicit, super luc., ° haec est iustitia, ut quod alterum facere velis, prius ipse incipias, et tuo alios horteris exemplo.
ra1 ' Ad primum ergo dicendum quod christus non fuit baptizatus ut ablueretur, sed ut ablueret, * sicut dictum est.
ra2 ' Ad secundum dicendum quod christus non solum debebat implere ea quae sunt legis veteris, sed etiam inchoare ea quae sunt novae. et ideo non solum voluit circumcidi, sed etiam baptizari.
ra3 ' Ad tertium dicendum quod christus est primum baptizans spiritualiter. et sic non est baptizatus, sed solum in aqua.

010 ST4 qu39 ar2

ag1 ' Ad secundum sic proceditur. videtur quod christum non decuerit baptizari baptismo ioannis. baptismus enim ioannis fuit baptismus poenitentiae. sed poenitentia christo non convenit, quia nullum habuit peccatum. ergo videtur quod non debuit baptizari baptismo ioannis.
ag2 ' Praeterea, baptismus ioannis, * sicut dicit chrysostomus, ° medium fuit inter baptismum iudaeorum et baptismum christi. sed medium sapit naturam extremorum. ' cum ergo christus non fuerit baptizatus baptismate iudaico, nec etiam baptismate suo, videtur quod, pari ratione, baptismate ioannis baptizari non debuerit.
ag3 ' Praeterea, omne quod in rebus humanis est optimum, debet attribui christo. sed baptismus ioannis non tenet supremum locum inter baptismata. ergo non convenit christum baptizari baptismo ioannis.
sc * Sed contra est quod dicitur matth. iii, quod ° venit iesus in iordanem ut baptizaretur a ioanne.
co * Respondeo dicendum quod, sicut augustinus dicit, super ioan., ° baptizatus dominus baptizabat non baptismate quo baptizatus est. ' unde, cum ipse baptizaret baptismo proprio, consequens est quod non fuerit baptizatus suo baptismate, sed baptismate ioannis. et hoc fuit conveniens, primo quidem, propter conditionem baptismi ioannis, qui non baptizavit in spiritu, sed solum in aqua. christus autem spirituali baptismate non indigebat, qui a principio suae conceptionis gratia spiritus sancti repletus fuit, * ut patet ex dictis. * et haec est ratio chrysostomi. secundo, ut beda dicit, " baptizatus est baptismo ioannis, ut baptismo suo baptismum ioannis comprobaret. * tertio, sicut gregorius nazianzenus dicit, ° accedit iesus ad baptismum ioannis sanctificaturus baptismum.
ra1 * Ad primum ergo dicendum quod, sicut supra dictum est, ' christus baptizari voluit ut nos suo exemplo induceret ad baptismum. et ideo, ad hoc quod esset efficacior eius inductio, voluit baptizari baptismo quo manifeste non indigebat, ut homines ad baptismum accederent quo indigebant. * unde ambrosius dicit, super luc., ° nemo refugiat lavacrum gratiae, quando christus lavacrum poenitentiae non refugit.
ra2 ' Ad secundum dicendum quod baptismus iudaeorum in lege praeceptus, erat solum figuralis; baptismus autem ioannis aliqualiter erat realis, inquantum inducebat homines ad abstinendum a peccatis; baptismus autem christi habet efficaciam mundandi a peccato et gratiam conferendi. christus autem neque indigebat percipere remissionem peccatorum, quae in eo non erant; neque recipere gratiam, qua plenus erat. similiter etiam, cum ipse sit veritas, non competebat ei id quod in sola figura gerebatur. et ideo magis congruum fuit quod baptizaretur baptismo medio quam aliquo extremorum.
ra3 ' Ad tertium dicendum quod baptismus est quoddam spirituale remedium. quanto autem est aliquid magis perfectum, tanto minori remedio indiget. unde ex hoc ipso quod christus est maxime perfectus, conveniens fuit quod non baptizaretur perfectissimo baptismo, sicut ille qui est sanus, non indiget efficaci medicina.

010 ST4 qu39 ar3

ag1 ' Ad tertium sic proceditur. videtur quod non convenienti tempore christus fuerit baptizatus. ad hoc enim christus baptizatus est ut suo exemplo alios ad baptismum provocaret. sed fideles christi laudabiliter baptizantur, non solum ante trigesimum annum, sed etiam in infantili aetate. ergo videtur quod christus non debuit baptizari in aetate triginta annorum.
ag2 ' Praeterea, christus non legitur docuisse, vel miracula fecisse, ante baptismum. sed utilius fuisset mundo si pluri tempore docuisset, incipiens a vigesimo anno, vel etiam prius. ergo videtur quod christus, qui pro utilitate hominum venerat, ante trigesimum annum debuerat baptizari.
ag3 ' Praeterea, indicium sapientiae divinitus infusae maxime debuit manifestari in christo. est autem manifestatum in daniele tempore suae pueritiae, * secundum illud dan. xiii, ° suscitavit dominus spiritum sanctum pueri iunioris, cui nomen daniel. ' ergo multo magis christus in sua pueritia debuit baptizari vel docere.
ag4 ' Praeterea, baptismus ioannis ordinatur ad baptismum christi sicut ad finem. sed ° finis est prior in intentione, et postremum in executione. ' ergo vel debuit primus baptizari a ioanne, vel ultimus.
sc * Sed contra est quod dicitur luc. iii, ° factum est, cum baptizaretur omnis populus, et iesu baptizato et orante, * et infra, ° et ipse iesus erat incipiens quasi annorum triginta.
co ' Respondeo dicendum quod christus convenienter fuit in trigesimo anno baptizatus. primo quidem, quia christus baptizabatur quasi ex tunc incipiens docere et praedicare, ad quod requiritur perfecta aetas, qualis est triginta annorum. * unde et gen. xli legitur quod " triginta annorum erat ioseph quando suscepit regimen aegypti. * similiter etiam ii reg. v legitur de david quod ° triginta annorum erat cum regnare coepisset. " ezechiel etiam in anno trigesimo coepit prophetare, * ut habetur ezech. i. secundo quia, sicut chrysostomus dicit, super matth., ° futurum erat ut post baptismum christi lex cessare inciperet. et ideo hac aetate christus ad baptismum venit quae potest omnia peccata suscipere, ut, lege servata, nullus dicat quod ideo eam solvit quod implere non potuit. ' tertio, quia per hoc quod christus in aetate perfecta baptizatur, datur intelligi quod baptismus parit viros perfectos, * secundum illud ephes. iv, ° donec occurramus omnes in unitatem fidei et agnitionis filii dei, in virum perfectum, in mensuram aetatis plenitudinis christi. ' unde et ipsa proprietas numeri ad hoc pertinere videtur. consurgit enim tricenarius numerus ex ductu ternarii in denarium; per ternarium autem intelligitur fides trinitatis, per denarium autem impletio mandatorum legis; et in his duobus |25| perfectio vitae christianae consistit.
ra1 * Ad primum ergo dicendum quod, sicut gregorius nazianzenus dicit, " christus non est baptizatus ° quasi indigeret purgatione, nec aliquod illi imminere periculum differendo baptismum. sed cuivis alii non in parvum redundat periculum, si exeat ex hac vita non indutus veste incorruptionis, " scilicet gratia. ' et licet bonum sit post baptismum munditiam custodire, " potius tamen est, * ut ipse dicit, ° interdum paulisper maculari, quam gratia omnino carere.
ra2 ' Ad secundum dicendum quod utilitas quae a christo provenit hominibus praecipue est per fidem et humilitatem, ad quorum utrumque valet quod christus non in pueritia vel in adolescentia coepit docere, sed in perfecta aetate. ad fidem quidem, quia per hoc ostenditur in eo vera humanitas, quod per temporum incrementa corporaliter profecit, et ne huiusmodi profectus putaretur esse phantasticus, noluit suam sapientiam et virtutem manifestare ante perfectam corporis aetatem. ad humilitatem vero, ne ante perfectam aetatem aliquis praesumptuose praelationis gradum et docendi officium assumat.
ra3 ' Ad tertium dicendum quod christus proponebatur hominibus in exemplum omnium. et ideo oportuit in eo ostendi id quod competit omnibus secundum legem communem, ut scilicet in aetate perfecta doceret. sed, * sicut gregorius nazianzenus dicit, ° non est lex ecclesiae quod raro contingit, sicut nec una hirundo ver facit. ' aliquibus enim, ex quadam speciali dispensatione, secundum divinae sapientiae rationem, concessum est, praeter legem communem, ut ante perfectam aetatem officium vel praesi-

dendi vel docendi haberent, sicut salomon, daniel et ieremias.
ra4 ‘ Ad quartum dicendum quod christus nec primus nec ultimus debuit a ioanne baptizari. quia, * ut chrysostomus dicit, super matth., ° christus ad hoc baptizatur ut confirmaret praedicationem et baptismum ioannis; et ut testimonium acciperet a ioanne. ‘ non autem creditum fuisset testimonio ioannis nisi postquam multi fuerunt baptizati ab ipso. et ideo non debuit primus a ioanne baptizari. similiter etiam nec ultimus. quia, * sicut ipse ibidem subdit, ° sicut lux solis non expectat occasum luciferi, sed eo procedente egreditur, et suo lumine obscurat illius candorem; sic et christus non expectavit ut cursum suum ioannes impleret, sed, adhuc eo docente et baptizante, apparuit.

010 ST4 qu39 ar4

ag1 ‘ Ad quartum sic proceditur. videtur quod christus non debuerit baptizari in iordane. veritas enim debet respondere figurae. sed figura baptismi praecessit in transitu maris rubri, ubi aegyptii sunt submersi, sicut peccata delentur in baptismo. ergo videtur quod christus magis debuerit baptizari in mari quam in flumine iordanis.
ag2 ‘ Praeterea, iordanis interpretatur descensus. sed per baptismum aliquis plus ascendit quam descendit, * unde et matth. iii dicitur quod ° baptizatus iesus confestim ascendit de aqua. ‘ ergo videtur inconveniens fuisse quod christus in iordane baptizaretur.
ag3 ‘ Praeterea, transeuntibus filiis israel, aquae iordanis conversae sunt retrorsum, * ut legitur iosue iv, et sicut in psalmo dicitur. ‘ sed illi qui baptizantur, non retrorsum, sed in antea progrediuntur. non ergo fuit conveniens ut christus in iordane baptizaretur.
sc * Sed contra est quod dicitur marci i, quod ° baptizatus est iesus a ioanne in iordane.
co ‘ Respondeo dicendum quod fluvius iordanis fuit per quem filii israel in terram promissionis intraverunt. hoc autem habet baptismus christi speciale prae omnibus baptismatibus, quod introducit in regnum dei, quod per terram promissionis significatur, * unde dicitur ioan. iii, ° nisi quis renatus fuerit ex aqua et spiritu sancto, non potest introire in regnum dei. ‘ ad quod etiam pertinet quod elias divisit aquas iordanis, qui erat in curru igneo rapiendus in caelum, * ut dicitur iv reg. ii, ‘ quia scilicet transeuntibus per aquam baptismi, per ignem spiritus sancti patet aditus in caelum. et ideo conveniens fuit ut christus in iordane baptizaretur.
ra1 ‘ Ad primum ergo dicendum quod transitus maris rubri praefiguravit baptismum quantum ad hoc quod baptismus delet peccata. sed transitus iordanis quantum ad hoc quod aperit ianuam regni caelestis, qui est principalior effectus baptismi, et per solum christum impletus. et ideo convenientius fuit quod christus in iordane quam in mari baptizaretur.
ra2 ‘ Ad secundum dicendum quod in baptismo est ascensus per profectum gratiae, qui requirit humilitatis descensum, * secundum illud iac. iv, ° humilibus autem dat gratiam. ‘ et ad talem descensum referendum est nomen iordanis.
ra3 ‘ Ad tertium dicendum quod, * sicut augustinus dicit, in sermone de epiphania, ° sicut antea aquae iordanis retrorsum conversae fuerant, ita modo, christo baptizato, peccata retrorsum conversa sunt. ‘ vel etiam per hoc significatur quod, contra descensum aquarum, benedictionum fluvius sursum ferebatur.

010 ST4 qu39 ar5

ag1 ‘ Ad quintum sic proceditur. videtur quod christo baptizato non debuerunt caeli aperiri. illi enim aperiendi sunt caeli qui indiget intrare in caelum, quasi extra caelum existens. sed christus semper erat in caelo, * secundum illud ioan. iii, ° filius hominis qui est in caelo. ‘ ergo videtur quod non debuerint ei caeli aperiri.
ag2 ‘ Praeterea, apertio caelorum aut intelligitur corporaliter, aut spiritualiter. sed non potest intelligi corporaliter, quia corpora caelestia sunt impassibilia et infrangibilia, * secundum illud iob xxxvii, ° tu forsitan fabricatus es caelos, qui solidissimi quasi aere fusi sunt? ‘ similiter etiam nec potest intelligi spiritualiter, quia ante oculos filii dei caeli antea clausi non fuerant. ergo inconvenienter videtur dici quod baptizato christo aperti fuerunt caeli.
ag3 ‘ Praeterea, fidelibus caelum apertum est per christi passionem, * secundum illud heb. x, ° habemus fiduciam in introitum sanctorum in sanguine christi. ‘ unde etiam nec baptizati baptismo christi, si qui ante eius passionem decesserunt, caelos intrare potuerunt. ergo magis debuerunt aperiri caeli christo patiente, quam eo baptizato.
sc * Sed contra est quod dicitur luc. iii, ° iesu baptizato et orante, apertum est caelum.
co * Respondeo dicendum quod, sicut dictum est, ‘ christus baptizari voluit ut suo baptismo consecraret baptismum quo nos baptizaremur et ideo in baptismo christi ea demonstrari debuerunt quae pertinent ad efficaciam nostri baptismi. circa quam tria sunt consideranda. primo quidem, principalis virtus ex qua baptismus efficaciam habet, quae quidem est virtus caelestis. et ideo baptizato christo apertum est caelum, ut ostenderetur quod de cetero caelestis virtus baptismum sanctificaret. secundo, operatur ad efficaciam baptismi fides ecclesiae et eius qui baptizatur, unde et baptizati fidem profitentur, et baptismus dicitur fidei sacramentum. per fidem autem inspicimus caelestia, quae sensum et rationem humanam excedunt. et ad hoc significandum, christo baptizato aperti sunt caeli. tertio, quia per baptismum christi specialiter aperitur nobis introitus regni caelestis, qui primo homini praeclusus fuerat per peccatum. unde baptizato christo aperti sunt caeli, ut ostenderetur quod baptizatis patet via in caelum. post baptismum autem necessaria est homini iugis oratio, ad hoc quod caelum introeat, licet enim per baptismum remittantur peccata, remanet tamen fomes peccati nos impugnans interius, et mundus et daemones qui impugnant exterius. * et ideo signanter dicitur luc. iii quod, ° iesu baptizato et orante, apertum est caelum, ‘ quia scilicet fidelibus necessaria est oratio post baptismum. |25| vel ut detur intelligi quod hoc ipsum quod per baptismum caelum aperitur credentibus, est ex virtute orationis christi. unde * signanter dicitur, matth. iii, quod ° apertum est ei caelum, idest, omnibus propter eum, “ sicut si imperator alicui pro alio petenti dicat, ecce, hoc beneficium non illi do, sed tibi, idest, propter te illi; * ut chrysostomus dicit, super matth..
ra1 ‘ Ad primum ergo dicendum quod, * sicut chrysostomus dicit, super matth., ° sicut christus secundum dispensationem humanam baptizatus est, quamvis propter se baptismo non indigeret; sic secundum humanam dispensationem aperti sunt ei caeli, secundum autem naturam divinam semper erat in caelis.
ra2 * Ad secundum dicendum quod, sicut hieronymus dicit, super matth., ° caeli aperti sunt christo baptizato, non reseratione elementorum, sed spiritualibus oculis, sicut et ezechiel in principio voluminis sui caelos apertos esse commemorat. * et hoc probat chrysostomus, super matth., dicens quod, ° si ipsa creatura, scilicet caelorum, rupta fuisset, non dixisset, aperti sunt ei, quia quod corporaliter aperitur, omnibus est apertum. * unde et marci i expresse dicitur quod ° iesus statim ascendens de aqua, vidit caelos apertos, ‘ quasi ipsa apertio caelorum ad visionem christi referatur. * quod quidem aliqui referunt ad visionem corporalem, dicentes quod “ circa christum baptizatum tantus splendor fulsit in baptismo ut viderentur caeli aperti. ‘ potest etiam referri ad imaginariam visionem, per quem modum ezechiel vidit caelos apertos, formabatur enim ex virtute divina et voluntate rationis talis visio in imaginatione christi, ad significandum quod per baptismum caeli aditus hominibus aperitur. potest etiam ad visionem intellectualem referri, prout christus vidit, baptismo iam sanctificato, apertum esse caelum hominibus; quod tamen etiam ante viderat fiendum.
ra3 ‘ Ad tertium dicendum quod per passionem christi aperitur caelum hominibus sicut per causam communem apertionis caelorum. oportet tamen hanc causam singulis applicari, ad hoc quod caelum introeant. quod quidem fit per baptismum, * secundum illud rom. vi, ° quicumque baptizati sumus in christo iesu, in morte ipsius baptizati sumus. ‘ et ideo potius fit mentio de apertione caelorum in baptismo quam in passione. vel, * sicut chrysostomus dicit, super matth., ° baptizato christo caeli tantum sunt aperti, postquam vero tyrannum vicit per crucem, quia non erant portae necessariae caelo nunquam claudendo, non dicunt angeli, aperite portas, sed, tollite portas. * per quod dat intelligere chrysostomus quod ‘ obstacula quibus prius obsistentibus animae defunctorum introire non poterant caelos, sunt totaliter per passionem ablata, sed in baptismo christi sunt aperta, quasi manifestata iam via per quam homines in caelum erant intraturi.

010 ST4 qu39 ar6

ag1 ‘ Ad sextum sic proceditur. videtur quod inconvenienter spiritus sanctus super christum baptizatum dicatur in specie columbae descendisse. spiritus enim sanctus habitat in homine per gratiam. sed in homine christo fuit plenitudo gratiae a principio suae conceptionis, quo fuit unigenitus a patre, * ut ex supra dictis patet ‘ ergo non debuit spiritus sanctus ad eum mitti in baptismo.
ag2 ‘ Praeterea, christus dicitur in mundum descendisse per mysterium incarnationis, quando ° exinanivit semetipsum, formam servi accipiens. ‘ sed spiritus sanctus non est incarnatus. ergo inconvenienter dicitur quod spiritus sanctus descenderit super eum.
ag3 ‘ Praeterea, in baptismo christi ostendi debuit, sicut in quodam exemplari, id quod fit in nostro baptismo. sed in nostro baptismo non fit aliqua missio visibilis spiritus sancti. ergo nec in baptismo christi debuit fieri visibilis missio spiritus sancti.
ag4 ‘ Praeterea, spiritus sanctus a christo in omnes alios derivatur, * secundum illud ioan. i, ° de plenitudine eius nos omnes accepimus. ‘ sed super apostolos spiritus sanctus descendit, non in specie columbae, sed in specie ignis. ergo nec super christum in specie columbae descendere debuit, sed in specie ignis.
sc * Sed contra est quod dicitur luc. iii, ° descendit spiritus sanctus corporali specie sicut columba in ipsum.
co ‘ Respondeo dicendum quod hoc quod circa christum factum est in eius baptismo, * sicut chrysostomus dicit, super matth., ° pertinet ad mysterium omnium qui postmodum fuerant baptizandi. ‘ omnes autem qui baptismo christi baptizantur, spiritum sanctum recipiunt, nisi ficti accedant, * secundum illud matth. iii, ° ipse vos baptizabit in spiritu sancto. ‘ et ideo conveniens fuit ut super baptizatum dominum spiritus sanctus descenderet.
ra1 * Ad primum ergo dicendum quod, sicut augustinus dicit, xv de trin., ° absurdissimum est dicere quod christus, cum esset iam triginta annorum, accepisset spiritum sanctum, sed venit ad baptismum, sicut sine peccato, ita non sine spiritu sancto. si enim de ioanne scriptum est quod replebitur spiritu sancto ab utero matris suae, quid de homine christo dicendum est, cuius carnis ipsa conceptio non carnalis, sed spiritualis fuit? nunc ergo, idest in baptismo, corpus suum, idest ecclesiam, praefigurare dignatus est, in qua baptizati praecipue accipiunt spiritum sanctum.
ra2 * Ad secundum dicendum quod, sicut augustinus dicit, in ii de trin., “ spiritus sanctus descendisse dicitur super christum specie corporali sicut columba, non quia ipsa substantia spiritus sancti videretur, quae est invisibilis neque ita quod illa visibilis creatura in unitatem personae divinae assumeretur, neque enim dicitur quod spiritus sanctus sit columba, sicut dicitur quod filius dei est homo, ratione unionis. neque etiam hoc modo spiritus sanctus visus est in specie columbae sicut ioannes vidit agnum occisum in apocalypsi, * ut habetur apoc. v, ° illa enim visio facta fuit in spiritu per spirituales imagines corporum; de illa vero columba nullus unquam dubitavit quin oculis visa sit. ‘ nec etiam hoc modo in specie columbae spiritus sanctus apparuit * sicut dicitur, i cor. x, ° petra autem erat christus, illa enim iam erat in creatura, et per actionis modum nuncupata est nomine christi, quem significabat illa autem columba ad hoc tantum significandum repente extitit et postea cessavit, sicut flamma quae in rubo apparuit moysi. ‘ dicitur ergo spiritus sanctus descendisse super christum, non ratione unionis ad columbam, sed vel ratione ipsius columbae significantis spiritum sanctum, quae descendendo super christum venit; vel etiam ratione spiritualis gratiae, quae a deo per modum cuiusdam descensus in creaturam derivatur, |25| * secundum illud iac. i, ° omne datum optimum, et omne donum perfectum, desursum est, descendens a patre luminum.
ra3 ‘ Ad tertium dicendum quod, * sicut chrysostomus dicit, super matth., ° in principiis spiritualium rerum semper sensibiles apparent visiones, propter eos qui nullam intelligentiam incorporalis naturae suscipere possunt, ut, si postea non fiant, ex his quae semel facta sunt, recipiant fidem. ‘ et ideo circa christum baptizatum corporali specie spiritus sanctus visibiliter descendit, ut super omnes baptizatos postea invisibiliter credatur descendere.
ra4 ‘ Ad quartum dicendum quod spiritus sanctus in specie columbae apparuit super christum baptizatum, propter quatuor. primo quidem, propter dispositionem quae requiritur in baptizato, ut scilicet non fictus accedat, quia, * sicut dicitur sap. i, ° spiritus sanctus disciplinae effugiet fictum. ‘ columba enim est animal simplex, astutia et dolo carens, * unde dicitur matth. x, ° estote simplices sicut columbae. ‘ secundo, ad designandum septem dona spiritus sancti, quae columba suis proprietatibus significat. columba enim secus fluenta habitat, ut, viso accipitre, mergat se et evadat. quod pertinet ad donum sapientiae, per quam sancti secus scripturae divinae fluenta resident, ut incursum diaboli evadant. item columba meliora grana eligit. quod pertinet ad donum scientiae, qua sancti sententias sanas, quibus pascantur, eligunt. item columba alienos pullos nutrit. quod pertinet ad donum consilii, quo sancti homines, qui fuerunt pulli, idest imitatores, diaboli, doctrina nutriunt et exemplo. item columba non lacerat rostro. quod pertinet ad donum intellectus, quo sancti bonas sententias lacerando non pervertunt, haereticorum more. item columba felle caret. quod pertinet ad donum pietatis, per quam sancti ira irrationabili carent. item columba in cavernis petrae |25| nidificat. quod pertinet ad donum fortitudinis, qua sancti in plagis mortis christi, qui est petra firma, nidum ponunt, idest, suum refugium et spem. item columba gemitum pro cantu habet. quod pertinet ad donum timoris, quo sancti delectantur in gemitu pro peccatis. tertio, apparuit spiritus sanctus in specie columbae propter effectum proprium baptismi, qui est remissio peccatorum et reconciliatio ad deum, columba enim est animal mansuetum. et ideo, * sicut chrysostomus dicit, super matth., ° in diluvio apparuit hoc animal, ramum ferens olivae et communem orbis terrarum tranquillitatem annuntians, et nunc etiam columba apparet in baptismo, liberationem nobis demonstrans. ‘ quarto, apparuit spiritus sanctus in specie columbae super dominum baptizatum, ad designandum communem effectum baptismi, qui est constructio ecclesiasticae unitatis. * unde dicitur ephes. v, quod ° christus tradidit semetipsum ut exhiberet sibi gloriosam ecclesiam, non habentem maculam aut rugam aut aliquid huiusmodi, lavans eam lavacro aquae in verbo vitae. ‘ et ideo convenienter spiritus sanctus in baptismo demonstratus est in specie

columbae, quae est animal amicabile et gregale. * unde et cantic. vi dicitur de ecclesia, ° una est columba mea. ‘ super apostolos autem in specie ignis spiritus sanctus descendit, propter duo. primo quidem, ad ostendendum fervorem quo corda eorum erant commovenda, ad hoc quod christum ubicumque inter |50| pressuras praedicarent. et ideo etiam in igneis linguis apparuit. * unde augustinus dicit, super ioan., ° duobus modis ostendit visibiliter dominus spiritum sanctum, scilicet per columbam, super dominum baptizatum; per ignem, super discipulos congregatos. ibi simplicitas, hic fervor ostenditur. ergo, ne per spiritum sanctificati dolum habeant, in columba demonstratus est, et ne simplicitas frigida remaneat, in igne demonstratus est. nec moveat, quia linguae divisae sunt, unitatem in columba cognosce. ‘ secundo quia, * sicut chrysostomus dicit, “ cum oportebat delictis ignoscere, quod fit in baptismo, mansuetudo necessaria erat, quae demonstratur in columba. sed ubi adepti sumus gratiam, restat iudicii tempus, quod significatur per ignem.

010 ST4 qu39 ar7

ag1 ‘ Ad septimum sic proceditur. videtur quod illa columba in qua spiritus sanctus apparuit, non fuerit verum animal. illud enim videtur specie tenus apparere quod secundum similitudinem apparet * sed luc. iii dicitur quod ° descendit spiritus sanctus corporali specie sicut columba in ipsum. ‘ non ergo fuit vera columba, sed quaedam similitudo columbae.
ag2 “ Praeterea, sicut natura nihil facit frustra, ita nec deus, * ut dicitur in i de caelo. “ sed cum columba illa non advenerit nisi ut aliquid significaret atque praeteriret, * ut augustinus dicit, in ii de trin., ‘ frustra fuisset vera columba, quia hoc ipsum fieri poterat per columbae similitudinem. non ergo illa columba fuit verum animal.
ag3 ‘ Praeterea, proprietates cuiuslibet rei ducunt in cognitionem naturae illius rei. si ergo fuisset illa columba verum animal, proprietates columbae significassent naturam veri animalis, non autem effectus spiritus sancti. non ergo videtur quod illa columba fuerit verum animal.
sc ‘ Sed contra est quod * augustinus dicit, in libro de agone christiano, ° neque hoc ita dicimus ut dominum iesum christum dicamus solum verum corpus habuisse, spiritum autem sanctum fallaciter apparuisse oculis hominum, sed ambo illa corpora vera esse credimus.
co * Respondeo dicendum quod, sicut supra dictum est, ‘ non decebat ut filius dei, qui est veritas patris, aliqua fictione uteretur, et ideo non phantasticum, sed verum corpus accepit. et quia spiritus sanctus dicitur spiritus veritatis, * ut patet ioan. xvi, ‘ ideo etiam ipse veram columbam formavit in qua appareret, licet non assumeret ipsam in unitatem personae. unde * post praedicta verba augustinus subdit, ° sicut non oportebat ut homines falleret filius dei, sic etiam non oportebat ut falleret spiritus sanctus. sed omnipotenti deo, qui universam creaturam ex nihilo fabricavit, non erat difficile verum corpus columbae sine aliarum columbarum ministerio figurare, sicut non fuit ei difficile verum corpus in utero mariae sine virili semine fabricare, cum creatura corporea et in visceribus feminae ad formandum hominem, et in ipso mundo ad formandum columbam, imperio domini voluntatique serviret.
ra1 ‘ Ad primum ergo dicendum quod spiritus sanctus dicitur descendisse in specie vel similitudine columbae, non ad excludendam veritatem columbae, sed ad ostendendum quod non apparuit in specie suae substantiae.
ra2 ‘ Ad secundum dicendum quod non fuit superfluum formare veram columbam ut in ea spiritus sanctus appareret, quia per ipsam veritatem columbae significatur veritas spiritus sancti et effectuum eius.
ra3 ‘ Ad tertium dicendum quod proprietates columbae eodem modo ducunt ad significandam naturam columbae, et ad designandos effectus spiritus sancti. per hoc enim quod columba habet tales proprietates, contingit quod columba significat spiritum sanctum.

010 ST4 qu39 ar8

ag1 ‘ Ad octavum sic proceditur. videtur quod inconvenienter, christo baptizato, fuit vox patris audita filium protestantis. filius enim et spiritus sanctus, secundum hoc quod sensibiliter apparuerunt, dicuntur visibiliter esse missi. sed patri non convenit mitti, * ut patet per augustinum, in ii de trin.. ‘ ergo etiam nec apparere.
ag2 “ Praeterea, vox est significativa verbi in corde concepti. ‘ sed pater non est verbum. ergo inconvenienter manifestatur in voce.
ag3 “ Praeterea, homo christus non incoepit esse filius dei in baptismo, * sicut quidam haeretici putaverunt, ‘ sed a principio suae conceptionis fuit filius dei. magis ergo in nativitate debuit vox patris protestari christi divinitatem, quam in eius baptismo.
sc * Sed contra est quod dicitur matth. iii, ° ecce, vox de caelis dicens, hic est filius meus dilectus, in quo mihi complacui.
co * Respondeo dicendum quod, sicut supra dictum est, ‘ in baptismo christi, qui fuit exemplar nostri baptismi, demonstrari debuit quod in nostro baptismo perficitur. baptismus autem quo baptizantur fideles, consecratur in invocatione et virtute trinitatis, * secundum illud matth. ult., ° euntes, docete omnes gentes, baptizantes eos in nomine patris et filii et spiritus sancti. * et ideo in baptismo christi, ut hieronymus dicit, ° mysterium trinitatis demonstratur, dominus ipse in natura humana baptizatur; spiritus sanctus descendit in habitu columbae; patris vox testimonium filio perhibentis auditur. ‘ et ideo conveniens fuit ut in illo baptismo pater declararetur in voce.
ra1 ‘ Ad primum ergo dicendum quod missio visibilis addit aliquid super apparitionem, scilicet auctoritatem mittentis. et ideo filius et spiritus sanctus, qui sunt ab alio, dicuntur non solum apparere, sed etiam visibiliter mitti. pater autem, qui non est ab alio, apparere quidem potest, visibiliter autem mitti non potest.
ra2 ‘ Ad secundum dicendum quod pater non demonstratur in voce nisi sicut auctor vocis, vel loquens per vocem. et quia proprium est patri producere verbum, quod est dicere vel loqui, ideo convenientissime pater per vocem manifestatus est, quae significat verbum. unde et ipsa vox a patre emissa filiationem verbi protestatur. et sicut species columbae, in qua demonstratus est spiritus sanctus, non est natura spiritus sancti; nec species hominis, in qua demonstratus est ipse filius, est ipsa natura filii dei, ita etiam ipsa vox non pertinet ad naturam verbi vel patris loquentis. * unde ioan. v dominus dicit, ° neque vocem eius, idest patris, unquam audistis, neque speciem eius vidistis. * per quod, sicut chrysostomus dicit, super ioan., ° paulatim eos in philosophicum dogma inducens, ostendit quoniam neque vox circa deum est neque species, sed superior et figuris est et loquelis talibus. ‘ et sicut columbam, et etiam humanam naturam a christo assumptam, tota trinitas operata est, ita etiam formationem vocis, sed tamen in voce declaratur solus pater ut loquens, sicut naturam humanam solus filius assumpsit, et sicut in columba solus spiritus sanctus demonstratus est; * ut patet per augustinum, in libro de fide ad petrum.
ra3 ‘ Ad tertium dicendum quod divinitas christi non debuit omnibus in eius nativitate manifestari, sed magis occultari in defectibus infantilis aetatis. sed quando iam pervenit ad perfectam aetatem, in qua oportebat eum docere et miracula facere et homines ad se convertere, tunc testimonio patris erat eius divinitas indicanda, ut eius doctrina credibilior fieret. * unde et ipse dicit, ioan. v, ° qui misit me pater, ipse testimonium perhibet de me. ‘ et hoc praecipue in baptismo, per quem homines renascuntur in filios dei adoptivos, filii enim dei adoptivi instituuntur ad similitudinem filii naturalis, * secundum illud rom. viii, ° quos praescivit, hos et praedestinavit conformes fieri imaginis filii sui. * unde hilarius dicit, super matth., “ quod super iesum baptizatum descendit spiritus sanctus, et vox patris audita est dicentis, ° hic est filius meus dilectus, ut ex his quae consummabantur in christo, cognosceremus, post aquae lavacrum, et de caelestibus partibus sanctum in nos spiritum avolare, et paternae vocis adoptione dei filios fieri.

010 ST4 qu40 ar

pr ‘ Consequenter, post ea quae pertinent ad ingressum christi in mundum vel ad eius principium, considerandum restat de his quae pertinent ad progressum ipsius. et primo, considerandum est de modo conversationis ipsius; secundo, de tentatione eius; tertio, de doctrina; quarto, de miraculis. circa primum quaeruntur quatuor. primo, utrum christus debuerit solitariam vitam ducere, an inter homines conversari. secundo, utrum debuerit austeram vitam ducere in cibo et potu et vestitu, an aliis communem. tertio, utrum debuerit abiecte vivere in hoc mundo, an cum divitiis et honore. quarto, utrum debuerit secundum legem vivere.

010 ST4 qu40 ar1

ag1 ‘ Ad primum sic proceditur. videtur quod christus non debuerit inter homines conversari, sed solitariam agere vitam. oportebat enim quod christus sua conversatione non solum se hominem ostenderet, sed etiam deum. sed deum non convenit cum hominibus conversari, * dicitur enim dan. ii, ° exceptis diis, quorum non est cum hominibus conversatio; * et philosophus dicit, in i polit., quod “ ille qui solitarius vivit, aut est bestia, si scilicet propter saevitiam hoc faciat, aut est deus, si hoc faciat propter contemplandam veritatem. ‘ ergo videtur quod non fuerit conveniens christum inter homines conversari.
ag2 ‘ Praeterea, christus, dum in carne mortali vixit, debuit perfectissimam vitam ducere. perfectissima autem vita est contemplativa, * ut in secunda parte habitum est. ‘ ad vitam autem contemplativam maxime competit solitudo, * secundum illud osee ii, ° ducam eam in solitudinem, et loquar ad cor eius. ‘ ergo videtur quod christus debuerit solitariam vitam ducere.
ag3 ‘ Praeterea, conversatio christi debuit esse uniformis, quia semper in eo debuit apparere quod optimum est. sed quandoque christus solitaria loca quaerebat, turbas declinans, * unde remigius dicit, super matth., ° tria refugia legitur dominus habuisse, navim, montem et desertum, ad quorum alterum, quotiescumque a turbis comprimebatur, conscendebat. ‘ ergo et semper debuit solitariam vitam agere.
sc * Sed contra est quod dicitur baruch iii, ° post haec in terris visus est, et cum hominibus conversatus est.
co ‘ Respondeo dicendum quod conversatio christi talis debuit esse ut conveniret fini incarnationis, secundum quam venit in mundum. venit autem in mundum, primo quidem, ad manifestandum veritatem, * sicut ipse dicit, ioan. xviii, ° in hoc natus sum, et ad hoc veni in mundum, ut testimonium perhibeam veritati. ‘ et ideo non debebat se occultare, vitam solitariam agens, sed in publicum procedere, publice praedicando. unde, * luc. iv, dicit illis qui volebant eum detinere, ° quia et aliis civitatibus oportet me evangelizare regnum dei, quia ideo missus sum. ‘ secundo, venit ad hoc ut homines a peccato liberaret, * secundum illud i tim. i, ° christus iesus venit in hunc mundum peccatores salvos facere. * et ideo, ut chrysostomus dicit, ° licet in eodem loco manendo posset christus omnes ad se attrahere, ut eius praedicationem audirent, non tamen hoc fecit, praebens nobis exemplum ut perambulemus et requiramus pereuntes, sicut pastor ovem perditam, et medicus accedit ad infirmum. “ tertio, venit ut per ipsum habeamus accessum ad deum, * ut dicitur rom. v. ‘ et ita, familiariter cum hominibus |25| conversando, conveniens fuit ut hominibus fiduciam daret ad se accedendi. * unde dicitur matth. ix, ° factum est, discumbente eo in domo, ecce, multi publicani et peccatores venientes discumbebant cum iesu et discipulis eius. * quod exponens hieronymus dicit, ° viderant publicanum, a peccatis ad meliora conversum, locum invenisse poenitentiae, et ob id etiam ipsi non desperant salutem.
ra1 ‘ Ad primum ergo dicendum quod christus per humanitatem suam voluit manifestare divinitatem. et ideo, conversando cum hominibus, quod est proprium hominis, manifestavit omnibus suam divinitatem, praedicando et miracula faciendo, et innocenter et iuste inter homines conversando.
ra2 ‘ Ad secundum dicendum quod, * sicut in secunda parte dictum est, ‘ vita contemplativa simpliciter est melior quam activa quae occupatur circa corporales actus, sed vita activa secundum quam aliquis praedicando et docendo contemplata aliis tradit, est perfectior quam vita quae solum contemplatur, quia talis vita praesupponit abundantiam contemplationis. et ideo christus talem vitam elegit.
ra3 “ Ad tertium dicendum quod actio christi fuit nostra instructio. ‘ et ideo, ut daret exemplum praedicatoribus quod non semper se darent in publicum, ideo quandoque dominus se a turbis retraxit. quod quidem legitur fecisse propter tria. quandoque quidem propter corporalem quietem. * unde marci vi dicitur quod dominus dixit discipulis, ° venite seorsum in desertum locum, et requiescite pusillum. erant enim qui veniebant et redibant multi, et nec spatium manducandi habebant. ‘ quandoque vero causa orationis. * unde dicitur luc. vi, ° factum est in illis diebus, exiit in montem orare, et erat pernoctans in oratione dei. * ubi dicit ambrosius quod ° ad praecepta virtutis suo nos informat exemplo. ‘ quandoque vero ut doceat favorem humanum vitare. unde * super illud matth. v, ° videns iesus turbas ascendit in montem, * dicit chrysostomus, ° per hoc quod non in civitate et foro, sed in monte et solitudine sedit, erudivit nos nihil ad ostentationem facere, et a tumultibus abscedere, et maxime cum de necessariis disputare oporteat.

010 ST4 qu40 ar2

ag1 ‘ Ad secundum sic proceditur. videtur quod christum decuerit austeram vitam ducere in hoc mundo. christus enim multo magis praedicavit perfectionem vitae quam ioannes. sed ioannes austeram vitam duxit, ut suo exemplo homines ad perfectionem vitae provocaret, * dicitur enim, matth. iii, quod ° ipse ioannes habebat vestimentum de pilis camelorum, et zonam pelliceam circa lumbos suos, esca autem eius erant locustae et mel sylvestre; * quod exponens chrysostomus dicit, ° erat mirabile in humano corpore tantam patientiam videre, quod et iudaeos magis attrahebat. ‘ ergo videtur quod multo magis christum decuerit austeritas vitae.
ag2 ‘ Praeterea, abstinentia ad continentiam ordinatur, * dicitur enim osee iv, ° comedentes non saturabuntur, fornicati sunt, et non cessaverunt. ‘ sed christus continentiam et in se servavit, et aliis servandam proposuit, * cum dixit, matth. xix, ° sunt eunuchi qui se castraverunt propter regnum caelorum, qui potest capere, capiat. ‘ ergo videtur quod christus in se, et in suis discipulis, austeritatem vitae servare debuerit.
ag3 ‘ Praeterea, ridiculum videtur ut aliquis districtiorem vitam incipiat, et ab ea in laxiorem revertatur, * potest enim dici contra eum quod habetur luc. xiv, ° hic homo coepit aedificare, et non potuit consummare. ‘ christus autem districtissimam vitam incoepit post baptismum, manens in deserto et ieiunans quadraginta diebus et quadraginta noctibus. ergo videtur non fuisse congruum quod post tantam vitae districtionem ad communem vitam rediret.
sc * Sed contra est quod dicitur matth. xi, ° venit fi-

lius hominis manducans et bibens.
co * Respondeo dicendum quod sicut dictum est, ' congruum erat incarnationis fini ut christus non ageret solitariam vitam, sed cum hominibus conversaretur. qui autem cum aliquibus conversatur, convenientissimum est ut se eis in conversatione conformet, * secundum illud apostoli, i cor. ix, ° omnibus omnia factus sum. ' et ideo convenientissimum fuit ut christus in cibo et potu communiter se sicut alii haberet. unde * augustinus dicit, contra faustum, quod ° ioannes dictus est non manducans neque bibens, quia illo victu quo iudaei utebantur, non utebatur. hoc ergo dominus nisi uteretur, non in eius comparatione manducans bibensque diceretur.
ra1 ' Ad primum ergo dicendum quod dominus in sua conversatione exemplum perfectionis dedit in omnibus quae per se pertinent ad salutem. ipsa autem abstinentia cibi et potus non per se pertinet ad salutem, * secundum illud rom. xiv, ° non est regnum dei esca et potus. * et augustinus dicit, in libro de quaestionibus evang., exponens illud matth. xi, " iustificata est sapientia a filiis suis, quia scilicet sancti apostoli intellexerunt regnum dei non esse in esca et potu, sed in aequanimitate tolerandi, quos nec copia sublevat nec deprimit egestas. * et in iii de doct. christ., dicit quod ° in omnibus talibus non usus rerum, sed libido utentis in culpa est. ' utraque autem vita est licita et laudabilis, ut scilicet aliquis a communi consortio hominum segregatus abstinentiam servet; et ut in societate aliorum positus communi vita utatur. et ideo dominus voluit utriusque vitae exemplum dare hominibus. * ioannes autem, sicut chrysostomus dicit, super matth., ° nihil plus ostendit praeter vitam et iustitiam. christus autem et a miraculis testimonium habebat. dimittens ergo ioannem ieiunio fulgere, ipse contrariam incessit viam, ad mensam intrans |25| publicanorum, et manducans et bibens.
ra2 ' Ad secundum dicendum quod, sicut alii homines per abstinentiam consequuntur virtutem continendi, ita etiam christus, in se et suis per virtutem suae divinitatis carnem comprimebat. unde, * sicut legitur matth. ix, ° pharisaei et discipuli ioannis ieiunabant, non autem discipuli christi. * quod exponens beda dicit quod ° ioannes vinum et siceram non bibit, quia illi abstinentia meritum auget cui potentia nulla inerat naturae. dominus autem, cui naturaliter suppetebat delicta donare, cur eos declinaret quos abstinentibus poterat reddere puriores?
ra3 * Ad tertium dicendum quod, sicut chrysostomus dicit, super matth., ° ut discas quam magnum bonum est ieiunium, et qualiter scutum est adversus diabolum, et quoniam post baptismum non lasciviae, sed ieiunio intendere oportet, ipse ieiunavit, non eo indigens, sed nos instruens. non autem ultra processit ieiunando quam moyses et elias, ne incredibilis videretur carnis assumptio. " secundum mysterium autem, * ut gregorius dicit, " quadragenarius numerus exemplo christi in ieiunio custoditur, quia ° virtus decalogi per libros quatuor sancti evangelii impletur, denarius enim quater ductus in quadragenarium surgit. vel, quia in hoc mortali corpore ex quatuor elementis subsistimus, per cuius voluntatem praeceptis dominicis contraimus, quae per decalogum sunt accepta. * vel, secundum augustinum, in libro octogintatrium quaest., ° omnis sapientiae disciplina est creatorem creaturamque cognoscere. creator est trinitas, pater et filius et spiritus sanctus. creatura vero partim est invisibilis, sicut anima, cui ternarius numerus tribuitur, diligere enim deum tripliciter iubemur, ex toto corde, ex tota anima, ex tota mente, partim visibilis, sicut corpus, cui quaternarius debetur propter calidum, humidum, frigidum et siccum. denarius ergo numerus, qui totam |25| insinuat disciplinam, quater ductus, idest numero qui corpori tribuitur multiplicatus, quia per corpus administratio geritur, quadragenarium conficit numerum. et ideo tempus quo ingemiscimus et dolemus, quadragenario numero celebratur. ' nec tamen incongruum fuit ut christus post ieiunium et desertum ad communem vitam rediret. hoc enim convenit vitae secundum quam aliquis contemplata aliis tradit, quam christum dicimus assumpsisse, ut primo contemplationi vacet, et postea ad publicum actionis descendat aliis convivendo. unde * et beda dicit, super marc., ° ieiunavit christus, ne praeceptum declinares, manducavit cum peccatoribus, ut, gratiam cernens, agnosceres potestatem.

010 ST4 qu40 ar3

ag1 ' Ad tertium sic proceditur. videtur quod christus in hoc mundo non debuerit pauperem vitam ducere. christus enim debuit eligibilissimam vitam assumere. sed eligibilissima vita est quae est mediocris inter divitias et paupertatem, * dicitur enim proverb. xxx, ° mendicitatem et divitias ne dederis mihi, tribue tantum victui meo necessaria. ' ergo christus non debuit pauperem vitam ducere, sed moderatam.
ag2 ' Praeterea, exteriores divitiae ad usum corporis ordinantur quantum ad victum et vestitum. sed christus in victu et vestitu communem vitam duxit, secundum modum aliorum quibus convivebat. ergo videtur quod etiam in divitiis et paupertate communem modum vivendi servare debuit, et non uti maxima paupertate.
ag3 ' Praeterea, christus maxime homines invitavit ad exemplum humilitatis, * secundum illud matth. xi, ° discite a me, quia mitis sum et humilis. ' sed humilitas maxime commendatur in divitibus, * ut dicitur i ad tim. ult., ° divitibus huius saeculi praecipe non altum sapere. ' ergo videtur quod christus non debuit ducere pauperem vitam.
sc * Sed contra est quod dicitur matth. viii, ° filius hominis non habet ubi caput reclinet. * quasi dicat, secundum hieronymum, ° quid me propter divitias et saeculi lucra cupis sequi, cum tantae sim paupertatis ut nec hospitiolum quidem habeam, et tecto utar non meo? * et super illud matth. xvii, ° ut non scandalizemus eos vade ad mare, * dicit hieronymus, ° hoc, simpliciter intellectum, aedificat auditorem, dum audit tantae dominum fuisse paupertatis ut unde tributa pro se et apostolo redderet, non habuerit.
co ' Respondeo dicendum quod christum decuit in hoc mundo pauperem vitam ducere. primo quidem, quia hoc erat congruum praedicationis officio, propter quod venisse se dicit, * marc. i, ° eamus in proximos vicos et civitates, ut et ibi praedicem, ad hoc enim veni. ' oportet autem praedicatores verbi dei, ut omnino vacent praedicationi, omnino a saecularium rerum cura esse absolutos. quod facere non possunt qui divitias possident. * unde et ipse dominus, apostolos ad praedicandum mittens, dicit eis, ° nolite possidere aurum neque argentum. * et ipsi apostoli dicunt, act. vi, ° non est aequum nos relinquere verbum et ministrare mensis. ' secundo quia, sicut mortem corporalem assumpsit ut nobis vitam largiretur spiritualem, ita corporalem paupertatem sustinuit ut nobis spirituales divitias largiretur, * secundum illud ii cor. viii, ° scitis gratiam domini nostri iesu christi, quoniam propter nos egenus factus est, ut illius inopia divites essemus. ' tertio ne, si divitias haberet, cupiditati eius praedicatio adscriberetur. * unde hieronymus dicit, super matth., quod, " si discipuli divitias habuissent, videbantur non causa salutis hominum, sed causa lucri praedicasse. |25| ' et eadem ratio est de christo. quarto, ut tanto maior virtus divinitatis eius ostenderetur, quanto per paupertatem videbatur abiectior. * unde dicitur in quodam sermone ephesini concilii, ° omnia paupera et vilia elegit, omnia mediocria et plurimis obscura, ut divinitas cognosceretur orbem terrarum transformasse. propterea pauperculam elegit matrem, pauperiorem patriam, egens fit pecuniis. et hoc tibi exponat praesepe.
ra1 ' Ad primum ergo dicendum quod superabundantia divitiarum et mendicitas vitanda videntur ab his qui volunt vivere secundum virtutem, inquantum sunt occasiones peccandi, abundantia namque divitiarum est superbiendi occasio; mendicitas vero est occasio furandi et mentiendi, aut etiam periurandi. quia vero christus peccati capax non erat, propter hanc causam, ex qua salomon haec vitabat, christo vitanda non erant. neque tamen quaelibet mendicitas est furandi et periurandi occasio, * ut ibidem salomon subdere videtur, ' sed sola illa quae est contraria voluntati, ad quam vitandam homo furatur et periurat. sed paupertas voluntaria hoc periculum non habet. et talem paupertatem christus elegit.
ra2 ' Ad secundum dicendum quod communi vita uti quantum ad victum et vestitum potest aliquis non solum divitias possidendo, sed etiam a divitibus necessaria accipiendo. quod etiam circa christum factum est, * dicitur enim lucae viii, " quod mulieres quaedam sequebantur christum, quae ministrabant ei de facultatibus suis. * ut enim hieronymus dicit, contra vigilantium, ° consuetudinis iudaicae fuit, nec ducebatur in culpam, more gentis antiquo, ut mulieres de substantia sua victum et vestitum praeceptoribus suis ministrarent. hoc autem, quia scandalum facere poterat in nationibus, paulus se abiecisse commemorat. ' sic ergo communis victus poterat esse sine sollicitudine impediente praedicationis officium, non autem divitiarum possessio.
ra3 ' Ad tertium dicendum quod in eo qui ex necessitate pauper est, humilitas non multum commendatur. sed in eo qui voluntarie pauper est, sicut fuit christus, ipsa paupertas est maximae humilitatis indicium.

010 ST4 qu40 ar4

ag1 ' Ad quartum sic proceditur. videtur quod christus non fuerit conversatus secundum legem. lex enim praecipiebat ut nihil operis in sabbato fieret, sicut ° deus die septimo requievit ab omni opere quod patrarat. ' sed ipse in sabbato curavit hominem, et ei mandavit ut tolleret lectum suum. ergo videtur quod non fuerit secundum legem conversatus.
ag2 ' Praeterea, eadem christus fecit et docuit, * secundum illud act. i, ° coepit iesus facere et docere. * sed ipse docuit, matth. xv, quod ° omne quod intrat in os, non coinquinat hominem, ' quod est contra praeceptum legis, quae per esum et contactum quorundam animalium dicebat hominem immundum fieri, * ut patet levit. xi. ' ergo videtur quod ipse non fuerit secundum legem conversatus.
ag3 ' Praeterea, idem iudicium videtur esse facientis et consentientis, * secundum illud rom. i, ° non solum illi qui faciunt, sed qui consentiunt facientibus. ' sed christus consensit discipulis solventibus legem in hoc quod sabbato spicas vellebant, excusando eos, * ut habetur matth. xii. ' ergo videtur quod christus non conversatus fuerit secundum legem.
sc * Sed contra est quod dicitur matth. v, ° nolite putare quoniam veni solvere legem aut prophetas. * quod exponens chrysostomus dicit, ° legem implevit, primo quidem, nihil transgrediendo legalium; secundo, iustificando per fidem, quod lex per litteram facere non valebat.
co ' Respondeo dicendum quod christus in omnibus secundum legis praecepta conversatus est. in cuius signum, etiam voluit circumcidi, circumcisio enim est quaedam protestatio legis implendae, * secundum illud galat. v, ° testificor omni homini circumcidenti se, quoniam debitor est universae legis faciendae. ' voluit autem christus secundum legem conversari, primo quidem, ut legem veterem comprobaret. secundo, ut eam observando in seipso consummaret et terminaret, ostendens quod ad ipsum erat ordinata. tertio, ut iudaeis occasionem calumniandi subtraheret. quarto, ut homines a servitute legis liberaret, * secundum illud galat. iv, ° misit deus filium suum factum sub lege, ut eos qui sub lege erant redimeret.
ra1 ' Ad primum ergo dicendum quod dominus super hoc se excusat a transgressione legis tripliciter. uno quidem modo, quia per praeceptum de sanctificatione sabbati non interdicitur opus divinum, sed humanum opus, quamvis enim deus die septima cessaverit a novis creaturis condendis, semper tamen operatur in rerum conservatione et gubernatione. quod autem christus miracula faciebat, erat operis divini. * unde ipse dicit, ioan. v, ° pater meus usque modo operatur, et ego operor. ' secundo, excusat se per hoc quod illo praecepto non prohibentur opera quae sunt de necessitate salutis corporalis. * unde ipse dicit, luc. xiii, ° unusquisque vestrum non solvet sabbato bovem suum aut asinum a praesepio, et ducit adaquare? * et infra, xiv, ° cuius vestrum asinus aut bos in puteum cadit, et non continuo extrahet illum die sabbati? ' manifestum est autem quod opera miraculorum quae christus faciebat, ad salutem corporis et animae pertinebant. tertio, quia illo praecepto non prohibentur opera quae pertinent ad dei cultum * unde dicit, matth. xii, ° an non legistis in lege quia sabbatis sacerdotes in templo sabbatum violant, et sine crimine sunt? * et ioan. vii dicitur quod |25| ° circumcisionem accipit homo in sabbato. ' quod autem christus paralytico mandavit ut lectum suum sabbato portaret, ad cultum dei pertinebat, idest ad laudem virtutis divinae. et patet quod sabbatum non solvebat. * quamvis hoc ei iudaei falso obiicerent, dicentes, ioan. ix, ° non est hic homo a deo, qui sabbatum non custodit.
ra2 ' Ad secundum dicendum quod christus voluit ostendere per illa verba quod homo non redditur immundus secundum animam ex usu ciborum quorumcumque secundum suam naturam, sed solum secundum quandam significationem. quod autem in lege quidam cibi dicuntur immundi, hoc est propter quandam significationem. * unde augustinus dicit, contra faustum, ° si de porco et agno requiratur, utrumque natura mundum est, quia omnis creatura dei bona est, quadam vero significatione agnus mundus, porcus immundus est.
ra3 ' Ad tertium dicendum quod etiam discipuli, quando esurientes spicas sabbato vellebant, a transgressione legis excusantur propter necessitatem famis, sicut et david non fuit transgressor legis quando, propter necessitatem famis, comedit panes quos ei edere non licebat.

010 ST4 qu41 ar

pr ' Deinde considerandum est de tentatione christi. et circa hoc quaeruntur quatuor. primo, utrum fuerit conveniens christum tentari. secundo, de loco tentationis. tertio, de tempore. quarto, de modo et ordine tentationum.

010 ST4 qu41 ar1

ag1 ' Ad primum sic proceditur. videtur quod christo tentari non conveniebat. tentare enim est experimentum sumere. quod quidem non fit nisi de re ignota. sed virtus christi erat nota etiam daemonibus, * dicitur enim luc. iv, quod ° non sinebat daemonia loqui, quia sciebant eum esse christum. ' ergo videtur quod non decuerit christum tentari.
ag2 ' Praeterea, christus ad hoc venerat ut opera diaboli dissolveret, * secundum illud i ioan. iii, ° in hoc apparuit filius dei, ut dissolvat opera diaboli. ' sed non est eiusdem dissolvere opera alicuius, et ea pati. et ita videtur inconveniens fuisse quod christus pateretur se tentari a diabolo.
ag3 ' Praeterea, triplex est tentatio, scilicet a carne, a mundo, a diabolo. sed christus non fuit tentatus nec a carne nec a mundo. ergo nec etiam debuit tentari a diabolo.
sc * Sed contra est quod dicitur matth. iv, ° ductus est iesus a spiritu in desertum, ut tentaretur a diabolo.
co ' Respondeo dicendum quod christus tentari voluit, primo quidem, ut nobis contra tentationes auxilium ferret. * unde gregorius dicit, in homilia, ° non erat indignum redemptori nostro quod tentari voluit, qui venerat et occidi, ut sic tentationes nostras suis tentationibus vinceret, sicut mortem nostram sua morte superavit. ' secundo, propter nostram cau-

telam, ut nullus, quantumcumque sanctus, se existimet securum et immunem a tentatione. unde etiam post baptismum tentari voluit, quia, * sicut hilarius dicit, super matth., ° in sanctificatis maxime diaboli tentamenta grassantur, quia victoria magis est ei exoptanda de sanctis. * unde et eccli. ii dicitur, ° fili, accedens ad servitutem dei, sta in iustitia et timore, et praepara animam tuam ad tentationem. ‘ tertio, propter exemplum, ut scilicet nos instrueret qualiter diaboli tentationes vincamus. * unde augustinus dicit, in iv de trin. ° quod christus diabolo se tentandum praebuit, ut ad superandas tentationes eius mediator esset, non solum per adiutorium, verum etiam per exemplum. ‘ quarto, ut nobis fiduciam de sua misericordia largiretur. * unde dicitur heb. iv, ° non habemus pontificem qui non possit compati infirmitatibus nostris, tentatum autem per omnia, pro similitudine, absque peccato.

ra1 ‘ Ad primum ergo dicendum quod, * sicut augustinus dicit, in ix de civ. dei, ° christus tantum innotuit daemonibus quantum voluit, non per id quod est vita aeterna, sed per quaedam temporalia suae virtutis effecta, ‘ ex quibus quandam coniecturam habebant christum esse filium dei. sed quia rursus in eo quaedam signa humanae infirmitatis videbant, non pro certo cognoscebant eum esse filium dei. et ideo eum tentare voluit. * et hoc significatur matth. iv, ubi dicitur quod “ postquam esuriit, accessit tentator ad eum, * quia, ut hilarius dicit, ° tentare christum diabolus non fuisset ausus, nisi in eo, per esuritionis infirmitatem, quae sunt hominis recognosceret. ‘ et hoc etiam patet ex ipso modo tentandi, * cum dixit, ° si filius dei es. * quod exponens gregorius dicit, ° quid sibi vult talis sermonis exorsus, nisi quia cognoverat dei filium esse venturum, sed venisse per infirmitatem corporis non putabat?

ra2 ‘ Ad secundum dicendum quod christus venerat dissolvere opera diaboli, non potestative agendo, sed magis ab eo et eius membris patiendo, ut sic diabolum vinceret iustitia, non potestate, * sicut augustinus dicit, xiii de trin., quod ° diabolus non potentia dei, sed iustitia superandus fuit. ‘ et ideo circa tentationem christi considerandum est quod propria voluntate fecit, et quod a diabolo passus fuit. quod enim tentatori se offerret, fuit propriae voluntatis. * unde dicitur matth. iv, ° ductus est iesus in desertum a spiritu, ut tentaretur a diabolo, * quod gregorius intelligendum dicit “ de spiritu sancto, ut scilicet illuc eum spiritus suus duceret, ubi eum ad tentandum spiritus malignus inveniret. sed a diabolo passus est quod assumeretur vel supra pinnaculum templi, vel etiam in montem excelsum valde. nec est mirum, * ut gregorius dicit, “ si se ab illo permisit in montem duci, qui se permisit a membris ipsius crucifigi. intelligitur autem a diabolo assumptus, non quasi ex necessitate, sed quia, * ut origenes dicit, super luc., ° sequebatur eum ad tentationem quasi athleta sponte procedens.

ra3 * Ad tertium dicendum quod, sicut apostolus dicit, ° christus in omnibus tentari voluit, absque peccato. ‘ tentatio autem quae est ab hoste, potest esse sine peccato, quia fit per solam exteriorem suggestionem. tentatio autem quae est a carne, non potest esse sine peccato, quia haec tentatio fit per delectationem et concupiscentiam; et, * sicut augustinus dicit, ° nonnullum peccatum est cum caro concupiscit adversus spiritum. ‘ et ideo christus tentari voluit ab hoste, sed non a carne.

010 ST4 qu41 ar2

ag1 ‘ Ad secundum sic proceditur. videtur quod christus non debuit tentari in deserto. christus enim tentari voluit propter exemplum nostrum, * ut dictum est. ‘ sed exemplum debet manifeste proponi illis qui sunt per exemplum informandi. non ergo debuit in deserto tentari.

ag2 * Praeterea, chrysostomus dicit, super matth., quod ° tunc maxime instat diabolus ad tentandum, cum viderit solitarios. unde et in principio mulierem tentavit sine viro eam inveniens. ‘ et sic videtur, per hoc quod in desertum ivit ut tentaretur, quod tentationi se exposuit. cum ergo eius tentatio sit nostrum exemplum, videtur quod etiam alii debeant se ingerere ad tentationes suscipiendas. quod tamen videtur esse periculosum, cum magis tentationum occasiones vitare debeamus.

ag3 * Praeterea, matth. iv ponitur secunda christi tentatio qua ° diabolus christum assumpsit in sanctam civitatem, et statuit eum super pinnaculum templi, ‘ quod quidem non erat in deserto. non ergo tentatus est solum in deserto.

sc * Sed contra est quod dicitur marc. i, quod ° erat iesus in deserto quadraginta diebus et quadraginta noctibus, et tentabatur a satana.

co * Respondeo dicendum quod, sicut dictum est, ‘ christus propria voluntate se diabolo exhibuit ad tentandum, sicut etiam propria voluntate se membris eius exhibuit ad occidendum, alioquin diabolus eum advenire non auderet. diabolus autem magis attentat aliquem cum est solitarius, quia, * ut dicitur eccle. iv, ° si quispiam praevaluerit contra unum, duo resistunt ei. ‘ et inde est quod christus in desertum exivit, quasi ad campum certaminis, ut ibi a diabolo tentaretur. * unde ambrosius dicit, super luc., quod ° christus agebatur in desertum consilio, ut diabolum provocaret. “ nam nisi ille certasset, scilicet diabolus, non iste vicisset, idest christus. addit autem et alias rationes, dicens hoc christum fecisse mysterio, ut adam de exilio liberaret, qui scilicet de paradiso in desertum eiectus est; exemplo, ut ostenderet nobis diabolum ad meliora tendentibus invidere.

ra1 ‘ Ad primum ergo dicendum quod christus proponitur omnibus in exemplum per fidem, * secundum illud heb. xii, ° aspicientes in auctorem fidei et consummatorem, iesum. ‘ fides autem, * ut dicitur rom. x, ‘ est ex auditu, non autem ex visu, * quinimmo dicitur, ioan. xx, ° beati qui non viderunt et crediderunt. ‘ et ideo, ad hoc quod tentatio christi esset nobis in exemplum, non oportet quod ab hominibus videretur, sed sufficiens fuit quod hominibus narraretur.

ra2 ‘ Ad secundum dicendum quod duplex est tentationis occasio. una quidem ex parte hominis, puta cum aliquis se peccato propinquum facit, occasiones peccandi non evitans. et talis occasio tentationis est vitanda, * sicut dictum est lot, gen. xix, ° ne steteris in omni regione circa sodomam. ‘ alia vero tentationis occasio est ex parte diaboli, qui semper invidet ad meliora tendentibus, * ut ambrosius dicit. ‘ et talis tentationis occasio non est vitanda. * unde dicit chrysostomus, super matth., quod ° non solum christus ductus est in desertum a spiritu, sed omnes filii dei habentes spiritum sanctum. non enim sunt contenti sedere otiosi, sed spiritus sanctus urget eos aliquod magnum apprehendere opus, quod est esse in deserto quantum ad diabolum, quia non est ibi iniustitia, in qua diabolus delectatur. omne etiam bonum opus est desertum quantum ad carnem et mundum, quia non est secundum voluntatem carnis et mundi. ‘ talem autem occasionem tentationis dare diabolo non est periculosum, quia maius est auxilium spiritus sancti, qui est perfecti operis auctor, quam impugnatio diaboli invidentis.

ra3 * Ad tertium dicendum quod quidam dicunt “ omnes tentationes factas fuisse in deserto. * quorum quidam dicunt “ quod christus ductus est in sanctam civitatem, non realiter, sed secundum imaginariam visionem. * quidam autem dicunt quod “ etiam ipsa civitas sancta, idest ierusalem, desertum dicitur, quia erat derelicta a deo. ‘ sed hoc non erat necessarium. quia * marcus dicit quod “ in deserto tentabatur a diabolo, non autem dicit quod solum in deserto.

010 ST4 qu41 ar3

ag1 ‘ Ad tertium sic proceditur. videtur quod tentatio christi non debuit esse post ieiunium. * dictum est enim supra quod ‘ christum non decebat conversationis austeritas. sed maximae austeritatis fuisse videtur quod quadraginta diebus et quadraginta noctibus nihil comederit, sic enim intelligitur ° quadraginta diebus et quadraginta noctibus ieiunasse, “ quia scilicet in illis diebus nullum omnino cibum sumpsit, * ut gregorius dicit. ‘ ergo non videtur quod debuerit huiusmodi ieiunium tentationi praemittere.

ag2 * Praeterea, marci i dicitur quod ° erat in deserto quadraginta diebus et quadraginta noctibus, et tentabatur a satana. ‘ sed quadraginta diebus et quadraginta noctibus ieiunavit. ergo videtur quod non post ieiunium, sed simul dum ieiunaret, sit tentatus a diabolo.

ag3 ‘ Praeterea, christus non legitur nisi semel ieiunasse. sed non solum semel fuit tentatus a diabolo, * dicitur enim luc. iv, quod, ° consummata omni tentatione, diabolus recessit ab illo “ usque ad tempus. ‘ sicut igitur secundae tentationi non praemisit ieiunium, ita nec primae praemittere debuit.

sc * Sed contra est quod dicitur matth. iv, ° cum ieiunasset quadraginta diebus et quadraginta noctibus, “ postea esuriit, et tunc accessit ad eum tentator.

co ‘ Respondeo dicendum quod convenienter christus post ieiunium tentari voluit. primo quidem, propter exemplum. quia, cum omnibus, * sicut dictum est, ‘ immineat se contra tentationes tueri; per hoc quod ipse ante tentationem futuram ieiunavit, docuit quod per ieiunium nos oportet contra tentationes armari. unde inter arma iustitiae apostolus ieiunia connumerat, * ii cor. vi. ‘ secundo, ut ostenderet quod etiam ieiunantes diabolus aggreditur ad tentandum, sicut alios qui bonis operibus vacant. et ideo, sicut post baptismum, ita post ieiunium christus tentatur. unde * chrysostomus dicit, super matth., ° ut discas quam magnum bonum est ieiunium, et qualiter scutum est adversus diabolum; et quoniam post baptismum non lasciviae, sed ieiunio intendere oportet; christus ieiunavit, non ieiunio indigens, sed nos instruens. ‘ tertio, quia post ieiunium secuta est esuries, quae dedit diabolo audaciam eum aggrediendi, * sicut dictum est. ° cum autem esuriit dominus, * ut hilarius dicit, super matth., ° non fuit ex subreptione inediae, sed naturae suae hominem dereliquit. non enim erat a deo diabolus, sed a carne vincendus. * unde etiam, ut chrysostomus dicit, ° non ultra processit in ieiunando quam moyses et elias, ne incredibilis videretur carnis assumptio.

ra1 ‘ Ad primum ergo dicendum quod christum non decuit conversatio austerioris vitae, ut se communem exhiberet illis quibus praedicavit. nullus autem debet assumere praedicationis officium, nisi prius fuerit purgatus et in virtute perfectus, * sicut et de christo dicitur, act. i, quod ° coepit iesus facere et docere. ‘ et ideo christus statim post baptismum austeritatem vitae assumpsit, ut doceret post carnem edomitam oportere alios ad praedicationis officium transire, * secundum illud apostoli, ° castigo corpus meum et in servitutem redigo, ne forte, aliis praedicans, ipse reprobus efficiar.

ra2 * Ad secundum dicendum quod verbum illud marci potest sic intelligi quod “ erat in deserto quadraginta diebus et quadraginta noctibus, quibus scilicet ieiunavit, * quod autem dicitur, “ et tentabatur a satana, intelligendum est, non in illis quadraginta diebus et quadraginta noctibus, sed post illos; * eo quod matthaeus dicit quod, “ cum ieiunasset quadraginta diebus et quadraginta noctibus, postea esuriit, ‘ ex quo sumpsit tentator occasionem accedendi ad ipsum. * unde et quod subditur, ° et angeli ministrabant ei, ‘ consecutive intelligendum esse ostenditur * ex hoc quod matth. iv dicitur, “ tunc reliquit eum diabolus, scilicet post tentationem, et ecce, angeli accesserunt et ministrabant ei. * quod vero interponit marcus, ° eratque cum bestiis, * inducitur, secundum chrysostomum, “ ad ostendendum quale erat desertum, quia scilicet erat invium hominibus et bestiis plenum. * tamen secundum expositionem bedae, “ dominus tentatur quadraginta diebus et quadraginta noctibus. sed hoc intelligendum est, non de illis tentationibus visibilibus * quas narrant matthaeus et lucas, “ quae factae sunt post ieiunium, sed de quibusdam aliis impugnationibus quas forte illo ieiunii tempore christus est a diabolo passus.

ra3 * Ad tertium dicendum quod, sicut ambrosius dicit, super luc., “ recessit diabolus a christo usque ad tempus, quia postea, non tentaturus, sed aperte pugnaturus advenit, tempore scilicet passionis. ‘ et tamen per illam impugnationem videbatur christum tentare de tristitia et odio proximorum, sicut in deserto de delectatione gulae et contemptu dei per idololatriam.

010 ST4 qu41 ar4

ag1 ‘ Ad quartum sic proceditur. videtur quod non fuerit conveniens tentationis modus et ordo. tentatio enim diaboli ad peccandum inducit. sed si christus subvenisset corporali fami convertendo lapides in panes, non peccasset, sicut non peccavit cum panes multiplicavit, quod non fuit minus miraculum, ut turbae esurienti subveniret. ergo videtur quod nulla fuerit illa tentatio.

ag2 ‘ Praeterea, nullus persuasor convenienter persuadet contrarium eius quod intendit. sed diabolus, statuens christum supra pinnaculum templi, intendebat eum de superbia seu vana gloria tentare. ergo inconvenienter persuadet ei ut se mittat deorsum, quod est contrarium superbiae vel vanae gloriae, quae semper quaerit ascendere.

ag3 ‘ Praeterea, una tentatio conveniens est ut sit de uno peccato. sed in tentatione quae fuit in monte, duo peccata persuasit, scilicet cupiditatem et idololatriam. non ergo conveniens videtur fuisse tentationis modus.

ag4 ‘ Praeterea, tentationes ad peccata ordinantur. sed septem sunt vitia capitalia, * ut in secunda parte habitum est. ‘ non autem tentat nisi de tribus, scilicet gula et vana gloria et cupiditate. non ergo videtur sufficiens tentatio.

ag5 ‘ Praeterea, post victoriam omnium vitiorum, remanet homini tentatio superbiae vel vanae gloriae, quia ° superbia etiam bonis operibus insidiatur, ut pereant, * sicut dicit augustinus. ‘ inconvenienter ergo matthaeus ultimam ponit tentationem cupiditatis in monte, mediam autem inanis gloriae in templo, praesertim cum lucas ordinet e converso.

ag6 * Praeterea, hieronymus dicit, super matth., quod ° propositum christi fuit diabolum humilitate vincere, non potestate. ‘ ergo non imperiose obiurgando eum repellere debuit, ° vade retro, satana.

ag7 ‘ Praeterea, narratio evangelii videtur falsum continere. non enim videtur possibile quod christus supra pinnaculum templi statui potuerit quin ab aliis videretur. neque aliquis mons tam altus invenitur ut inde totus mundus inspici possit, ut sic ex eo potuerint christo omnia regna mundi ostendi. inconvenienter igitur videtur descripta christi tentatio.

sc * Sed contra est scripturae auctoritas.

co “ Respondeo dicendum quod tentatio quae est ab hoste, fit per modum suggestionis, * ut gregorius dicit. ‘ non autem eodem modo potest aliquid omnibus suggeri, sed unicuique suggeritur aliquid ex his circa quae est affectus. et ideo diabolus hominem spiritualem non statim tentat de gravibus peccatis, sed paulatim a levioribus incipit, ut postmodum ad graviora perducat. * unde gregorius, xxxi moral., exponens illud iob xxxix, ° procul odoratur bellum, exhortationem ducum et ululatum exercitus, dicit, bene duces exhortari dicti sunt, exercitus ululare. quia prima vitia deceptae menti quasi sub quadam ratione se ingerunt, sed innumera quae sequuntur, dum hanc ad omnem insaniam pertrahunt, quasi bestiali clamore confundunt. ‘ et hoc idem diabolus observavit in tentatione primi hominis. nam primo sollicitavit mentem primi hominis de ligni vetiti esu, * dicens, gen. iii, ° cur praecepit vobis deus ut non comederetis de omni ligno paradisi? ‘ secundo, de inani gloria, * cum dixit, ° aperientur oculi vestri. ‘ tertio, perduxit tentationem ad extremam superbiam, * cum dixit, ° eritis sicut dii, scientes bonum et malum. |25| ' et hunc etiam tentandi ordinem servavit in christo. nam primo tentavit ipsum de eo quod appetunt quantumcumque spirituales viri, scilicet de sustentatione corporalis naturae per cibum. secundo, processit ad id in quo spirituales viri quandoque deficiunt, ut scilicet aliqua ad ostentationem operentur, quod pertinet ad inanem gloriam. tertio, perduxit tentationem ad id quod iam non est spiritualium virorum, sed carnalium, scilicet ut divitias et gloriam mundi concupiscant usque ad contemptum dei. et ideo in primis duabus tentationibus dixit, si filius dei es non autem in tertia, quae non potest spiritualibus convenire viris, qui sunt per adoptionem filii dei, sicut et duae primae. his autem tentationibus christus restitit testimoniis legis, non potestate virtutis, ° ut hoc ipso et hominem plus honoraret, et adversarium plus puniret, cum hostis generis humani non quasi a deo, sed quasi ab homine vinceretur, * sicut dicit leo papa.

ra1 ' Ad primum ergo dicendum quod uti necessariis ad sustentationem non est peccatum gulae, sed quod ex desiderio huius sustentationis homo aliquid inordinatum faciat, ad vitium gulae pertinere potest. est autem inordinatum quod aliquis, ubi potest haberi recursus ad humana subsidia, pro solo corpore sustentando miraculose sibi cibum quaerere velit. unde et dominus filiis israel miraculose manna praebuit in deserto, ubi aliunde cibus haberi non potuit. et similiter christus in deserto turbas pavit miraculose, ubi aliter cibi haberi non poterant. sed christus ad subveniendum fami poterat aliter sibi providere quam miracula faciendo, sicut et ioannes baptista fecit, * ut legitur matth. iii; ' vel etiam ad loca proxima properando. et ideo reputabat diabolus quod christus peccaret, si ad subveniendum fami miracula facere attentaret, si esset purus homo.

ra2 ' Ad secundum dicendum quod per humiliationem exteriorem frequenter quaerit aliquis gloriam qua exaltetur circa spiritualia bona. * unde augustinus dicit, in libro de sermone domini in monte, ° animadvertendum est non in solo rerum corporearum nitore atque pompa, sed etiam in ipsis sordibus luctuosis esse posse iactantiam. ' et ad hoc significandum, diabolus christo suasit ut, ad quaerendum gloriam spiritualem, corporaliter mitteret se deorsum.

ra3 ' Ad tertium dicendum quod divitias et honores mundi appetere peccatum est, quando huiusmodi inordinate appetuntur. hoc autem praecipue manifestatur ex hoc quod pro huiusmodi adipiscendis homo aliquid inhonestum facit. et ideo non fuit contentus diabolus persuadere cupiditatem divitiarum et honorum, sed induxit ad hoc quod propter huiusmodi adipiscenda christus eum adoraret, quod est maximum scelus, et contra deum. nec solum dixit, si adoraveris me, sed addidit, si cadens, quia, * ut dicit ambrosius, ° habet ambitio domesticum periculum, ut enim dominetur aliis, prius servit; et curvatur obsequio ut honore donetur; et, dum vult esse sublimior, fit remissior. ' et similiter etiam in praecedentibus tentationibus ex appetitu unius peccati in aliud peccatum inducere est conatus, sicut ex desiderio cibi conatus est inducere in vanitatem sine causa miracula faciendi; et ex cupiditate gloriae conatus est ducere ad tentandum deum per praecipitium.

ra4 * Ad quartum dicendum quod, sicut dicit ambrosius, super luc., ° non dixisset scriptura quod, consummata omni tentatione, diabolus recessit ab illo, nisi in tribus praemissis esset omnium materia delictorum. quia causae tentationum causae sunt cupiditatum, scilicet carnis oblectatio, spes gloriae, et aviditas potentiae.

ra5 ' Ad quintum dicendum quod, * sicut augustinus dicit, in libro de consensu evang., ° incertum est quid prius factum sit, utrum regna terrae prius demonstrata sint ei, et postea in pinnaculum templi locatus sit; aut hoc prius, et illud postea. nihil tamen ad rem, dum omnia facta esse manifestum sit. ' videntur autem evangelistae diversum ordinem tenuisse, quia quandoque ex inani gloria venitur ad cupiditatem, quandoque e converso.

ra6 ' Ad sextum dicendum quod christus, cum passus fuisset tentationis iniuriam, * dicente sibi diabolo, ° si filius dei es, mitte te deorsum, ' non est turbatus, nec diabolum increpavit. quando vero diabolus dei usurpavit sibi honorem, * dicens, ° haec omnia tibi dabo si cadens adoraveris me, ' exasperatus est et repulit eum, dicens, vade, satanas, ut nos illius discamus exemplo nostras quidem iniurias magnanimiter sustinere, dei autem iniurias nec usque ad auditum sufferre.

ra7 * Ad septimum dicendum quod, sicut chrysostomus dicit, " diabolus sic christum assumebat (in pinnaculum templi) ° ut ab omnibus videretur, ipse autem, nesciente diabolo, sic agebat ut a nemine videretur. * quod autem dicit, " ostendit ei omnia regna mundi et gloriam eorum, ° non est intelligendum quod videret ipsa regna vel civitates vel populos, vel aurum vel argentum, sed partes in quibus unumquodque regnum vel civitas posita est, diabolus christo digito demonstrabat, et uniuscuiusque regni honores et statum verbis exponebat. * vel, secundum origenem, ° ostendit ei quomodo ipse per diversa vitia regnabat in mundo.

010 ST4 qu42 ar

pr ' Deinde considerandum est de doctrina christi. et circa hoc quaeruntur quatuor. primo, utrum christus debuerit praedicare solum iudaeis, vel etiam gentibus. secundo, utrum in sua praedicatione debuerit turbationes iudaeorum vitare. tertio, utrum debuerit praedicare publice, vel occulte. quarto, utrum solum debuerit docere verbo, vel etiam scripto. de tempore autem quo docere incoepit, supra dictum est, cum de baptismo eius ageretur.

010 ST4 qu42 ar1

ag1 ' Ad primum sic proceditur. videtur quod christus non solum iudaeis, sed etiam gentibus debuerit praedicare. * dicitur enim isaiae xlix, ° parum est ut sis mihi servus ad suscitandas tribus israel et faeces iacob convertendas, dedi te in lucem gentium, ut sis salus mea usque ad extrema terrae. ' sed lumen et salutem christus praebuit per suam doctrinam. ergo videtur parum fuisse si solum iudaeis, et non gentibus praedicavit.

ag2 * Praeterea, sicut dicitur matth. vii, ° erat docens eos sicut potestatem habens. ' sed maior potestas doctrinae ostenditur in instructione illorum qui penitus nihil audierunt, quales erant gentiles, * unde apostolus dicit, rom. xv, ° sic praedicavi evangelium, non ubi nominatus est christus, ne super alienum fundamentum aedificarem. ' ergo multo magis christus praedicare debuit gentilibus quam iudaeis.

ag3 ' Praeterea, utilior est instructio multorum quam unius. sed christus aliquos gentilium instruxit, sicut mulierem samaritanam, * ioan. iv, ' et chananaeam, * matth. xv. ' ergo videtur quod, multo fortius, christus debuerit multitudini gentium praedicare.

sc * Sed contra est quod dominus dicit, matth. xv, ° non sum missus nisi ad oves quae perierunt domus israel. * sed rom. x dicitur, ° quomodo praedicabunt nisi mittantur? ' ergo christus non debuit praedicare gentibus.

co ' Respondeo dicendum quod conveniens fuit praedicationem christi, tam per ipsum quam per apostolos, a principio solis iudaeis exhiberi. primo quidem, ut ostenderet per suum adventum impleri promissiones antiquitus factas iudaeis, non autem gentilibus. * unde apostolus dicit, rom. xv, ° dico christum ministrum fuisse circumcisionis, " idest apostolum et praedicatorem iudaeorum, ° propter veritatem dei, ad confirmandas promissiones patrum. ' secundo, ut eius adventus ostenderetur esse a deo. " quae enim a deo sunt, ordinata sunt, * ut dicitur rom. xiii. ' hoc autem debitus ordo exigebat, ut iudaeis, qui deo erant propinquiores per fidem et cultum unius dei, prius quidem doctrina christi proponeretur, et per eos transmitteretur ad gentes, sicut etiam et in caelesti hierarchia per superiores angelos ad inferiores divinae illuminationes deveniunt. * unde super illud matth. xv, ° non sum missus nisi ad oves quae perierunt domus israel, * dicit hieronymus, ° non hoc dicit quin ad gentes missus sit, sed quod primum ad israel missus est. * unde et isaiae ult. dicitur, " mittam ex eis qui salvati fuerint, scilicet ex iudaeis, ad gentes, |25| et annuntiabunt gloriam meam gentibus. ' tertio, ut iudaeis auferret calumniandi materiam. * unde super illud matth. x, ° in viam gentium ne abieritis, * dicit hieronymus, ° oportebat primum adventum christi nuntiari iudaeis, ne iustam haberent excusationem, dicentes ideo se dominum reiecisse, quia ad gentes et samaritanos apostolos miserit. ' quarto, quia christus per crucis victoriam meruit potestatem et dominium super gentes. * unde dicitur apoc. ii, ° qui vicerit, dabo ei potestatem super gentes, sicut et ego accepi a patre meo. * et philipp. ii, quod, quia ° factus est obediens usque ad mortem crucis, deus exaltavit illum, ut in nomine iesu omne genu flectatur, et omnis lingua ei confiteatur. ' et ideo ante passionem suam noluit gentibus praedicari suam doctrinam, * sed post passionem suam dixit discipulis, matth. ult., " euntes, docete omnes gentes. * propter quod, ut legitur ioan. xii, " cum, imminente passione, |50| quidam gentiles vellent videre iesum, respondit, ° nisi granum frumenti cadens in terram mortuum fuerit, ipsum solum manet, si autem mortuum fuerit, multum fructum affert. * et, sicut augustinus dicit ibidem, ° se dicebat granum mortificandum in infidelitate iudaeorum, multiplicandum in fide populorum.

ra1 " Ad primum ergo dicendum quod christus fuit in lumen et salutem gentium per discipulos suos, quos ad praedicandum gentibus misit.

ra2 ' Ad secundum dicendum quod non est minoris potestatis, sed maioris, facere aliquid per alios, quam per seipsum. et ideo in hoc maxime potestas divina in christo monstrata est, quod discipulis suis tantam virtutem contulit in docendo, ut gentes, quae nihil de christo audierant, converterent ad ipsum. potestas autem christi in docendo attenditur et quantum ad miracula, per quae doctrinam suam confirmabat; et quantum ad efficaciam persuadendi; et quantum ad auctoritatem loquentis, quia loquebatur quasi dominium habens super legem, * cum diceret, " ego autem dico vobis; ' et etiam quantum ad virtutem rectitudinis quam in sua conversatione monstrabat, sine peccato vivendo.

ra3 ' Ad tertium dicendum quod, sicut christus non debuit a principio indifferenter gentilibus suam doctrinam communicare, ut iudaeis tanquam primogenito populo deditus observaretur; ita etiam non debuit gentiles omnino repellere, ne spes salutis eis praecluderetur. et propter hoc aliqui gentilium particulariter sunt admissi, propter excellentiam fidei et devotionis eorum.

010 ST4 qu42 ar2

ag1 ' Ad secundum sic proceditur. videtur quod christus debuerit iudaeis sine eorum offensione praedicare. quia, * ut augustinus dicit, in libro de agone christiano, ° in homine iesu christo se nobis ad exemplum vitae praebuit filius dei. ' sed nos debemus vitare offensionem, non solum fidelium, sed etiam infidelium, * secundum illud i cor. x, ° sine offensione estote iudaeis et gentibus et ecclesiae dei. ' ergo videtur quod etiam christus in sua doctrina offensionem iudaeorum vitare debuerit.

ag2 ' Praeterea, nullus sapiens debet facere unde effectum sui operis impediat. sed per hoc quod sua doctrina christus iudaeos turbavit, impediebatur effectus doctrinae eius, * dicitur enim luc. xi, " quod, cum dominus pharisaeos et scribas reprehenderet, ° coeperunt graviter insistere, et os eius opprimere de multis, insidiantes ei et quaerentes aliquid capere ex ore eius ut accusarent eum. ' non ergo videtur conveniens fuisse quod eos in sua doctrina offenderet.

ag3 * Praeterea, apostolus dicit, i tim. v, ° seniorem ne increpaveris, sed obsecra ut patrem. ' sed sacerdotes et principes iudaeorum erant illius populi seniores. ergo videtur quod non fuerint duris increpationibus arguendi.

sc ' Sed contra est quod * isaiae viii " fuerat prophetatum quod christus esset ° in lapidem offensionis et petram scandali duabus dominus israel.

co ' Respondeo dicendum quod salus multitudinis est praeferenda paci quorumcumque singularium hominum. et ideo, quando aliqui sua perversitate multitudinis salutem impediunt, non est timenda eorum offensio a praedicatore vel doctore, ad hoc quod multitudinis saluti provideat. scribae autem et pharisaei et principes iudaeorum sui malitia plurimum impediebant populi salutem, tum quia repugnabant christi doctrinae, per quam solam poterat esse salus; tum etiam quia pravis suis moribus vitam populi corrumpebant. et ideo dominus, non obstante offensione eorum, publice veritatem docebat, quam illi odiebant, et eorum vitia arguebat. * et ideo dicitur, matth. xv, quod, discipulis domino dicentibus, ° scis quia iudaei, audito hoc verbo, scandalizati sunt? " respondit, sinite illos. caeci sunt duces caecorum. ° si caecus caeco ducatum praestet, ambo in foveam cadunt.

ra1 " Ad primum ergo dicendum quod homo sic debet esse sine offensione omnibus ut nulli det suo facto vel dicto minus recto occasionem ruinae. ° si tamen de veritate scandalum oritur, magis est sustinendum scandalum quam veritas relinquatur, * ut gregorius dicit.

ra2 ' Ad secundum dicendum quod per hoc quod christus publice scribas et pharisaeos arguebat, non impedivit, sed magis promovit effectum suae doctrinae. quia cum eorum vitia populo innotescebant, minus avertebatur a christo propter verba scribarum et pharisaeorum, qui semper doctrinae christi obsistebant.

ra3 * Ad tertium dicendum quod illud verbum apostoli est intelligendum " de illis senioribus qui non solum aetate vel auctoritate, sed etiam honestate sunt senes, * secundum illud num. xi, ° congrega mihi septuaginta viros de senioribus israel, quos tu nosti quod senes populi sint. ' si autem auctoritatem senectutis in instrumentum malitiae vertant publice peccando, sunt manifeste et acriter arguendi, * sicut et daniel dixit, dan. xiii, ° inveterate dierum malorum, etc..

010 ST4 qu42 ar3

ag1 ' Ad tertium sic proceditur. videtur quod christus non omnia publice docere debuit. legitur enim multa seorsum discipulis dixisse, sicut patet in sermone caenae. * unde et matth. x dixit, ° quod in aure audistis in cubilibus, praedicabitur in tectis. ' non ergo omnia publice docuit.

ag2 ' Praeterea, profunda sapientiae non sunt nisi perfectis exponenda, * secundum illud i cor. ii, ° sapientiam loquimur inter perfectos. ' sed doctrina christi continebat profundissimam sapientiam. non ergo erat imperfectae multitudini communicanda.

ag3 ' Praeterea, idem est veritatem aliquam occultare silentio, et obscuritate verborum. sed christus veritatem quam praedicabat, occultabat turbis obscuritate verborum, ° quia sine parabolis non loquebatur ad eos, * ut dicitur matth. xiii. ' ergo pari ratione poterat occultari silentio.

sc * Sed contra est quod ipse dicit, ioan. xviii, ° in occulto locutus sum nihil.

co ' Respondeo dicendum quod doctrina alicuius potest esse in occulto tripliciter. uno modo, quantum ad intentionem docentis, qui intendit suam doctrinam non manifestare multis, sed magis occultare. quod quidem contingit dupliciter. quandoque ex invidia docentis, qui vult per suam scientiam excellere, et ideo scientiam suam non vult aliis communicare. quod in christo locum non habuit, * ex cuius persona dicitur, sap. vii, ° quam sine fictione didici, et sine invidia communico, et honestatem illius non abscondo. ‘ quandoque vero hoc contingit propter inhonestatem eorum quae docentur, * sicut augustinus dicit, super ioan., “ quod quaedam sunt mala ° quae portare non potest qualiscumque pudor humanus. * unde de doctrina haereticorum dicitur, prov. ix, “ aquae furtivae dulciores sunt. doctrina autem christi non est neque de errore neque de immunditia. * et ideo dominus dicit, marci iv, “ nunquid venit lucerna, idest vera et honesta doctrina, ut sub modio ponatur? ‘ alio modo aliqua doctrina est in occulto, quia paucis proponitur. et sic etiam christus nihil docuit in occulto, quia omnem doctrinam suam vel turbae toti proposuit, vel omnibus suis |25| discipulis in communi. * unde augustinus dicit, super ioan., ° quis in occulto loquitur, cum coram tot hominibus loquitur? praesertim si hoc loquitur paucis, quod per eos velit innotescere multis? ‘ tertio modo aliqua doctrina est in occulto, quantum ad modum docendi. et sic christus quaedam turbis loquebatur in occulto, parabolis utens ad annuntianda spiritualia mysteria, ad quae capienda non erant idonei vel digni. et tamen melius erat eis vel sic, sub tegumento parabolarum, spiritualium doctrinam audire, quam omnino ea privari. harum tamen parabolarum apertam et nudam veritatem dominus discipulis exponebat, per quos deveniret ad alios, qui essent idonei, * secundum illud ii tim. ii, ° quae audisti a me per multos testes, haec commenda fidelibus hominibus, qui idonei erunt et alios docere. ‘ et hoc significatum est * num. iv, ‘ ubi mandatur quod filii aaron involverent vasa sanctuarii, quae levitae involuta portarent.

ra1 ‘ Ad primum ergo dicendum quod, * sicut hilarius dicit, super matth., exponens illud verbum inductum, ° non legimus dominum solitum fuisse noctibus sermocinari, et doctrinam in tenebris tradidisse, sed hoc dicit, quia omnis sermo eius carnalibus tenebrae sunt, et verbum eius infidelibus nox est. itaque quod ab eo dictum est, inter infideles cum libertate fidei et confessionis est loquendum. * vel, secundum hieronymum, comparative loquitur, “ quia videlicet erudiebat eos in parvo iudaeae loco, respectu totius mundi, in quo erat per apostolorum praedicationem doctrina christi publicanda.

ra2 ‘ Ad secundum dicendum quod dominus non omnia profunda suae sapientiae sua doctrina manifestavit, non solum turbis, sed nec etiam discipulis, quibus dixit, * ioan. xvi, ° adhuc habeo vobis multa dicere, quae non potestis portare modo. ‘ sed tamen quaecumque dignum duxit aliis tradere de sua sapientia, non in occulto, sed palam proposuit, licet non ab omnibus intelligeretur. * unde augustinus dicit, super ioan., ° intelligendum est ita dixisse dominum, palam locutus sum mundo, ac si dixisset, multi me audierunt. et rursus non erat palam, quia non intelligebant.

ra3 ‘ Ad tertium dicendum quod turbis dominus in parabolis loquebatur, * sicut dictum est, ‘ quia non erant digni nec idonei nudam veritatem accipere, quam discipulis exponebat. “ quod autem dicitur quod sine parabolis non loquebatur eis, * secundum chrysostomum “ intelligendum est quantum ad illum sermonem, quamvis alias et sine parabolis multa turbis locutus fuerit. * vel, secundum augustinum, in libro de quaest. evang., ° hoc dicitur, non quia nihil proprie locutus est, sed quia nullum fere sermonem explicavit ubi non per parabolam aliquid significaverit, quamvis in eo aliqua proprie dixerit.

010 ST4 qu42 ar4

ag1 ‘ Ad quartum sic proceditur. videtur quod christus doctrinam suam debuerit scripto tradere. scriptura enim inventa est ad hoc quod doctrina commendetur memoriae in futurum. sed doctrina christi duratura erat in aeternum, * secundum illud luc. xxi, ° caelum et terra transibunt, verba autem mea non transibunt. ‘ ergo videtur quod christus doctrinam suam debuerit scripto mandare.

ag2 ‘ Praeterea, lex vetus in figura christi praecessit, * secundum illud heb. x, ° umbram habet lex futurorum bonorum. ‘ sed lex vetus a deo fuit descripta, * secundum illud exod. xxiv, ° dabo tibi duas tabulas lapideas, et legem ac mandata quae scripsi. ‘ ergo videtur quod etiam christus doctrinam suam scribere debuerit.

ag3 ‘ Praeterea, ad christum, qui venerat ° illuminare his qui in tenebris et in umbra mortis sedent, * ut dicitur luc. i, ‘ pertinebat erroris occasionem excludere, et viam fidei aperire. sed hoc fecisset doctrinam suam scribendo, * dicit enim augustinus, in i de consens. evang., quod ° solet nonnullos movere cur ipse dominus nihil scripserit, ut aliis de illo scribentibus necesse sit credere. hoc enim illi vel maxime pagani quaerunt qui christum culpare aut blasphemare non audent, eique tribuunt excellentissimam sapientiam, sed tamen tanquam homini. discipulos vero eius dicunt magistro suo amplius tribuisse quam erat, ut eum filium dei dicerent, et verbum dei, per quod facta sunt omnia. * et postea subdit, ° videntur parati fuisse hoc de illo credere quod de se ipse scripsisset, non quod alii de illo pro suo arbitrio praedicassent. ‘ ergo videtur quod christus ipse doctrinam suam scripto tradere debuerit.

sc ‘ Sed contra est quod nulli libri ab eo scripti habentur in canone scripturae.

co ‘ Respondeo dicendum conveniens fuisse christum doctrinam suam non scripsisse. primo quidem, propter dignitatem ipsius. excellentiori enim doctori excellentior modus doctrinae debetur. et ideo christo, tanquam excellentissimo doctori, hic modus competebat, ut doctrinam suam auditorum cordibus imprimeret. * propter quod dicitur matth. vii, quod ° erat docens eos sicut potestatem habens. ‘ unde etiam apud gentiles pythagoras et socrates, qui fuerunt excellentissimi doctores, nihil scribere voluerunt. scripta enim ordinantur ad impressionem doctrinae in cordibus auditorum sicut ad finem. secundo, propter excellentiam doctrinae christi, quae litteris comprehendi non potest, * secundum illud ioan. ult., ° sunt et alia multa quae fecit iesus, quae si scribantur per singula, nec ipsum arbitror mundum capere eos qui scribendi sunt libros. * quos, sicut augustinus dicit, ° non spatio locorum credendum est mundum capere non posse, sed capacitate legentium comprehendi non posse. ‘ si autem christus scripto suam doctrinam mandasset, nihil altius de eius doctrina homines existimarent quam quod scriptura contineret. tertio, ut ordine quodam ab ipso doctrina ad omnes perveniret, dum ipse scilicet discipulos suos immediate docuit, |25| qui postmodum alios verbo et scripto docuerunt. si autem ipsemet scripsisset, eius doctrina immediate ad omnes pervenisset. * unde et de sapientia dicitur, prov. ix, quod “ misit ancillas suas vocare ad arcem. * sciendum tamen est, sicut augustinus dicit, in i de consens. evang., “ aliquos gentiles existimasse christum quosdam libros scripsisse continentes quaedam magica, quibus miracula faciebat, quae disciplina christiana condemnat. ° et tamen illi qui christi libros tales se legisse affirmant, nulla talia faciunt qualia illum de libris talibus fecisse mirantur. divino etiam iudicio sic errant ut eosdem libros ad petrum et paulum dicant tanquam epistolari titulo praenotatos, eo quod in pluribus locis simul eos cum christo pictos viderunt. nec mirum si a pingentibus fingentes decepti sunt. toto enim tempore quo christus in carne mortali cum suis discipulis vixit, nondum erat paulus discipulus eius.

ra1 ‘ Ad primum ergo dicendum quod, * sicut augustinus dicit, in eodem libro, ° omnibus discipulis suis tanquam membris sui corporis christus caput est. itaque, cum illi scripserunt quae ille ostendit et dixit, nequaquam dicendum est quod ipse non scripserit. quandoquidem membra eius id operata sunt quod, dictante capite, cognoverunt. quidquid enim ille de suis factis et dictis nos legere voluit, hoc scribendum illis tanquam suis manibus imperavit.

ra2 ‘ Ad secundum dicendum quod, quia lex vetus in sensibilibus figuris dabatur, ideo etiam convenienter sensibilibus signis scripta fuit. “ sed doctrina christi, quae est lex spiritus vitae, scribi debuit, ° non atramento, sed spiritu dei vivi, non in tabulis lapideis, sed in tabulis cordis carnalibus, * ut apostolus dicit, ii cor. iii.

ra3 ‘ Ad tertium dicendum quod illi qui scripturae apostolorum de christo credere nolunt, nec ipsi christo scribenti credidissent, de quo opinabantur quod magicis artibus fecisset miracula.

010 ST4 qu43 ar

pr ‘ Deinde considerandum est de miraculis a christo factis. et primo, in generali; secundo, in speciali de singulis miraculorum generibus; tertio, in particulari de transfiguratione ipsius. circa primum quaeruntur quatuor. primo, utrum christus debuerit miracula facere. secundo, utrum fecerit ea virtute divina. tertio, quo tempore incoeperit miracula facere. quarto, utrum per miracula fuerit sufficienter ostensa eius divinitas.

010 ST4 qu43 ar1

ag1 ‘ Ad primum sic proceditur. videtur quod christus miracula facere non debuit. factum enim christi verbo ipsius debuit concordare. * sed ipse dixit, matth. xvi, ° generatio mala et adultera signum quaerit, et signum non dabitur ei, nisi signum ionae prophetae. ‘ ergo non debuit miracula facere.

ag2 ‘ Praeterea, sicut christus in secundo adventu venturus est in virtute magna et maiestate, * ut dicitur matth. xxiv; ‘ ita in primo adventu venit in infirmitate, * secundum illud isaiae liii, ° virum dolorum et scientem infirmitatem. ‘ sed operatio miraculorum magis pertinet ad virtutem quam ad infirmitatem. ergo non fuit conveniens ut in primo adventu miracula faceret.

ag3 ‘ Praeterea, christus venit ad hoc ut per fidem homines salvaret, * secundum illud heb. xii, ° aspicientes in auctorem fidei et consummatorem, iesum. ‘ sed miracula diminuunt meritum fidei, * unde dominus dicit, ioan. iv, ° nisi signa et prodigia videritis, non creditis. ‘ ergo videtur quod christus non debuerit miracula facere.

sc * Sed contra est quod ex persona adversariorum dicitur, ioan. xi, ° quid facimus, quia hic homo multa signa facit?

co ‘ Respondeo dicendum quod divinitus conceditur homini miracula facere, propter duo. primo quidem, et principaliter, ad confirmandam veritatem quam aliquis docet. quia enim ea quae sunt fidei humanam rationem excedunt, non possunt per rationes humanas probari, sed oportet quod probentur per argumentum divinae virtutis, ut, dum aliquis facit opera quae solus deus facere potest, credantur ea quae dicuntur esse a deo; sicut, cum aliquis defert litteras anulo regis signatas, creditur ex voluntate regis processisse quod in illis continetur. secundo, ad ostendendum praesentiam dei in homine per gratiam spiritus sancti, ut dum scilicet homo facit opera dei, credatur deus habitare in eo per gratiam. * unde dicitur, galat. iii, ° qui tribuit vobis spiritum, et operatur virtutes in vobis. ‘ utrumque autem circa christum erat hominibus manifestandum, scilicet quod deus esset in eo per gratiam, non adoptionis, sed unionis; et quod eius supernaturalis doctrina esset a deo. et ideo convenientissimum fuit ut miracula faceret. * unde ipse dicit, ioan. x, ° si mihi non vultis credere, operibus credite. * et ioan. v, ° opera quae dedit mihi pater ut faciam, ipsa sunt quae testimonium perhibent de me.

ra1 * Ad primum ergo dicendum quod hoc quod dicit, ° signum non dabitur ei nisi signum ionae, * sic intelligendum est, ut chrysostomus dicit, quod “ tunc non acceperunt tale signum quale petebant, scilicet de caelo, non quod nullum signum eis dederit. vel, quia signa faciebat, non propter eos, quos sciebat lapideos esse, sed ut alios emundaret. et ideo non eis, sed aliis illa signa dabantur.

ra2 “ Ad secundum dicendum quod, licet christus venerit in infirmitate carnis, quod manifestatur per passiones, venit tamen in virtute dei. quod erat manifestandum per miracula.

ra3 ‘ Ad tertium dicendum quod miracula intantum diminuunt meritum fidei, inquantum per hoc ostenditur duritia eorum qui nolunt credere ea quae scripturis divinis probantur, nisi per miracula. et tamen melius est eis ut vel per miracula convertantur ad fidem quam quod omnino in infidelitate permaneant. * dicitur enim i cor. xiv, “ quod signa data sunt infidelibus, ut scilicet convertantur ad fidem.

010 ST4 qu43 ar2

ag1 ‘ Ad secundum sic proceditur. videtur quod christus non fecerit miracula virtute divina. virtus enim divina est omnipotens. sed videtur quod christus non fuerit omnipotens in miraculis faciendis, * dicitur enim marci vi, “ quod non poterat ibi, scilicet in patria sua, ullam virtutem facere. ‘ ergo videtur quod non fecerit miracula virtute divina.

ag2 ‘ Praeterea, dei non est orare. sed christus aliquando in miraculis faciendis orabat, ut patet in suscitatione lazari, * ioan. xi; ‘ et in multiplicatione panum, * ut patet matth. xiv. ‘ ergo videtur quod non fecerit miracula virtute divina.

ag3 ‘ Praeterea, ea quae virtute divina fiunt, non possunt virtute alicuius creaturae fieri. sed ea quae christus faciebat, poterant etiam fieri virtute alicuius creaturae, * unde et pharisaei dicebant quod ° in beelzebub, principe daemoniorum, eiiciebat daemonia. ‘ ergo videtur quod christus non fecerit miracula virtute divina.

sc * Sed contra est quod dominus dicit, ioan. xiv, ° pater, in me manens, ipse facit opera.

co * Respondeo dicendum quod, sicut in prima parte habitum est, ‘ vera miracula sola virtute divina fieri possunt, quia solus deus potest mutare naturae ordinem, quod pertinet ad rationem miraculi. * unde leo papa dicit, in epistola ad flavianum, “ quod, cum in christo sint duae naturae, una earum est, scilicet divina, quae fulget miraculis; altera, scilicet humana, quae succumbit iniuriis; et tamen una earum agit cum communicatione alterius, ‘ inquantum scilicet humana natura est instrumentum divinae actionis, et actio humana virtutem accepit a natura divina, * sicut supra habitum est.

ra1 * Ad primum ergo dicendum quod hoc quod dicitur, “ non poterat ibi ullam virtutem facere, non est referendum ad potentiam absolutam, sed ad id quod potest fieri congruenter, non enim congruum erat ut inter incredulos operaretur miracula. * unde subditur, ° et mirabatur propter incredulitatem eorum. * secundum quem modum dicitur gen. xviii, ° non celare potero abraham quae gesturus sum; * et xix, ° non potero facere quidquam donec ingrediaris illuc.

ra2 ‘ Ad secundum dicendum quod, * sicut chrysostomus dicit, super illud matth. xiv, ° acceptis quinque panibus et duobus piscibus aspiciens in caelum benedixit et fregit, oportebat, inquit, credi de christo quoniam a patre est, et quoniam ei aequalis est. et ideo, ut utrumque ostendat, nunc quidem cum potestate, nunc autem orans miracula facit. et in minoribus quidem respicit in caelum, puta in multiplicatione panum, in maioribus autem, quae sunt solius dei, cum potestate agit, puta quando peccata dimisit, mortuos suscitavit. * quod autem dicitur ioan. xi, quod “ in suscitatione lazari oculos sursum levavit, non propter necessitatem suffragii, sed propter exemplum hoc fecit. unde dicit, ° propter populum qui circumstat dixi, ut credant quia tu me misisti.

ra3 ‘ Ad tertium dicendum quod christus alio modo expellebat daemones quam virtute daemonum expellantur. nam virtute superiorum daemonum ita daemones a corporibus expelluntur quod tamen remanet dominium eorum quantum ad animam, non enim contra regnum suum diabolus agit. sed christus daemones expellebat non solum a corpore, sed multo magis ab anima. et ideo dominus blasphemiam iudaeorum dicentium eum in virtute daemonum daemonia eiicere, reprobavit, primo quidem, per hoc quod satanas contra seipsum non dividitur. secundo, exemplo aliorum, qui daemonia eiiciebant per spiritum dei. tertio, quia daemonium expellere non posset nisi ipsum vicisset virtute divina. quarto, quia nulla convenientia in operibus nec in effectu erat sibi et satanae, cum satanas dispergere cuperet quos christus colligebat.

010 ST4 qu43 ar3

ag1 ' Ad tertium sic proceditur. videtur quod christus non incoeperit miracula facere in nuptiis, mutando aquam in vinum. * legitur enim in libro de infantia salvatoris, " quod christus in sua pueritia multa miracula fecit. ' sed miraculum de conversione aquae in vinum fecit in nuptiis trigesimo vel trigesimoprimo anno suae aetatis. ergo videtur quod non incoeperit tunc miracula facere.

ag2 ' Praeterea, christus faciebat miracula secundum virtutem divinam. sed virtus divina fuit in eo a principio suae conceptionis, ex tunc enim fuit deus et homo. ergo videtur quod a principio miracula fecerit.

ag3 ' Praeterea, christus post baptismum et tentationem coepit discipulos congregare, * ut legitur matth. iv et ioan. i. ' sed discipuli praecipue congregati sunt ad ipsum propter miracula, * sicut dicitur luc. v, quod " petrum vocavit obstupescentem propter miraculum quod fecerat in captura piscium. ' ergo videtur quod ante miraculum quod fecit in nuptiis, fecerit alia miracula.

sc * Sed contra est quod dicitur ioan. ii, ° hoc fecit initium signorum iesus in cana galilaeae.

co ' Respondeo dicendum quod miracula facta sunt a christo propter confirmationem eius doctrinae, et ad ostendendum virtutem divinam in ipso. et ideo, quantum ad primum, non debuit ante miracula facere quam docere inciperet. non autem debuit incipere docere ante perfectam aetatem, * ut supra habitum est, cum de baptismo eius ageretur. ' quantum autem ad secundum, sic debuit per miracula divinitatem ostendere ut crederetur veritas humanitatis ipsius. * et ideo, sicut dicit chrysostomus, super ioan., ° decenter non incoepit signa facere ex prima aetate, existimassent enim phantasiam esse incarnationem, et ante opportunum tempus cruci eum tradidissent.

ra1 * Ad primum ergo dicendum quod, sicut chrysostomus dicit, super ioan., ex verbo ioannis baptistae dicentis, ° ut manifestetur in israel, propterea veni ego in aqua baptizans, manifestum est quod illa signa quae quidam dicunt in pueritia a christo facta, mendacia et fictiones sunt. si enim a prima aetate miracula fecisset christus, nequaquam neque ioannes eum ignorasset, neque reliqua multitudo indiguisset magistro ad manifestandum eum.

ra2 ' Ad secundum dicendum quod divina virtus operabatur in christo secundum quod erat necessarium ad salutem humanam, propter quam carnem assumpserat. et ideo sic miracula fecit virtute divina ut fidei de veritate carnis eius praeiudicium non fieret.

ra3 " Ad tertium dicendum quod hoc ipsum ad laudem discipulorum pertinet, quod christum secuti sunt cum nulla eum miracula facere vidissent, * sicut gregorius dicit, in quadam homilia. et, ut chrysostomus dicit, ° maxime tunc signa necessarium erat facere, quando discipuli iam congregati erant et devoti, et attendentes his quae fiebant. unde subditur, et crediderunt in eum discipuli eius, " non quia tunc primum crediderunt; sed quia tunc diligentius et perfectius crediderunt. vel discipulos vocat eos qui futuri erant discipuli, * sicut exponit augustinus, in libro de consensu evangelistarum.

010 ST4 qu43 ar4

ag1 ' Ad quartum sic proceditur. videtur quod miracula quae christus fecit, non fuerunt sufficientia ad ostendendam divinitatem ipsius. esse enim deum et hominem proprium est christo. sed miracula quae christus fecit, etiam ab aliis sunt facta. ergo videtur quod non fuerint sufficientia ad ostendendam divinitatem ipsius.

ag2 ' Praeterea, virtute divinitatis nihil est maius. sed aliqui fecerunt maiora miracula quam christus, * dicitur enim ioan. xiv, ° qui credit in me, opera quae ego facio, et ipse faciet, et maiora horum faciet. ' ergo videtur quod miracula quae christus fecit, non fuerint sufficientia ad ostendendum divinitatem ipsius.

ag3 ' Praeterea, ex particulari non sufficienter ostenditur universale. sed quodlibet miraculorum christi fuit quoddam particulare opus. ergo ex nullo eorum potuit manifestari sufficienter divinitas christi, ad quam pertinet universalem virtutem habere de omnibus.

sc * Sed contra est quod dominus dicit, ioan. v, ° opera quae dedit mihi pater ut faciam, ipsa testimonium perhibent de me.

co ' Respondeo dicendum quod miracula quae christus fecit, sufficientia erant ad manifestandum divinitatem ipsius, secundum tria. primo quidem, secundum ipsam speciem operum, quae transcendebant omnem potestatem creatae virtutis, et ideo non poterant fieri nisi virtute divina. * et propter hoc caecus illuminatus dicebat, ioan. ix ° a saeculo non est auditum quia aperuit quis oculos caeci nati. nisi esset hic a deo, non posset facere quidquam. ' secundo, propter modum miracula faciendi, quia scilicet quasi propria potestate miracula faciebat, non autem orando, sicut alii. * unde dicitur luc. vi, quod ° virtus de illo exibat et sanabat omnes. * per quod ostenditur, sicut cyrillus dicit, quod ° non accipiebat alienam virtutem, sed, cum esset naturaliter deus, propriam virtutem super infirmos ostendebat. et propter hoc etiam innumerabilia miracula faciebat. * unde super illud matth. viii, ° eiiciebat spiritus verbo, et omnes male habentes curavit, * dicit chrysostomus, ° intende quantam multitudinem curatam transcurrunt evangelistae, non unumquemque curatum enarrantes, sed uno verbo pelagus ineffabile miraculorum inducentes. ' et ex hoc ostendebatur quod haberet virtutem coaequalem deo patri, |25| * secundum illud ioan. v, ° quaecumque pater facit, haec et filius similiter facit; * et ibidem, ° sicut pater suscitat mortuos et vivificat, sic et filius quos vult vivificat. ' tertio, ex ipsa doctrina qua se deum dicebat, quae nisi vera esset, non confirmaretur miraculis divina virtute factis. * et ideo dicitur marci i, ° quaenam doctrina haec nova? quia in potestate spiritibus immundis imperat, et obediunt ei?

ra1 * Ad primum ergo dicendum quod haec erat obiectio gentilium. unde augustinus dicit, in epistola ad volusianum, ° nulla, inquiunt, competentibus signis tantae maiestatis indicia claruerunt. quia larvalis illa purgatio, " qua scilicet daemones effugabat, ° debilium cura, reddita vita defunctis, si et alia considerentur, deo parva sunt. * et ad hoc respondet augustinus, ° fatemur et nos talia quidem fecisse prophetas. sed et ipse moyses et ceteri prophetae dominum iesum prophetaverunt, et ei gloriam magnam dederunt. qui propterea talia et ipse facere voluit, ne esset absurdum, quod per illos fecerat, si ipse non faceret. sed tamen et aliquid proprium facere debuit, nasci de virgine, resurgere a mortuis, in caelum ascendere. hoc deo qui parum putat, quid plus expectet ignoro. num, homine assumpto, alium mundum facere debuit, ut eum esse crederemus per quem factus est mundus? sed nec maior mundus, nec isti aequalis in hoc fieri posset, si autem minorem faceret infra istum, similiter hoc quoque parum putaretur. ' quae tamen alii fecerunt, christus excellentius fecit. * unde super ioan. xv, ° si opera non fecissem in eis quae nemo alius fecit, * etc., dicit augustinus, ° nulla in operibus christi videntur esse maiora quam suscitatio |25| mortuorum, quod scimus etiam antiquos fecisse prophetas. fecit tamen aliqua christus quae nemo alius fecit. sed respondetur nobis et alios fecisse quae nec ipse, nec alius fecit. sed quod tam multa vitia et malas valetudines vexationesque mortalium tanta potestate sanaret, nullus omnino legitur antiquorum fecisse. ut enim taceatur quod iubendo, sicut occurrebant, salvos singulos fecit, marcus dicit, quocumque introibat in vicos aut in villas aut in civitates, in plateis ponebant infirmos, et deprecabantur eum ut vel fimbriam vestimenti eius tangerent, et quotquot tangebant eum, salvi fiebant. haec nemo alius fecit in eis. sic enim intelligendum est quod ait, in eis, non inter eos, aut coram eis, sed prorsus in eis, quia sanavit eos. nec tamen alius fecit, quicumque in eis talia opera fecit, quoniam quisquis alius homo aliquid eorum fecit, ipso faciente fecit; haec autem ipse, non illis facientibus, fecit.

ra2 ' Ad secundum dicendum quod * augustinus, exponens illud verbum ioannis, inquirit, " quae sunt ista opera maiora, quae credentes in eum erant facturi? ° an forte quod aegros, ipsis transeuntibus, etiam eorum umbra sanabat? maius est enim quod sanet umbra, quam fimbria. veruntamen, quando ista christus dicebat, verborum suorum facta et opera commendabat. cum enim dixit, pater in me manens ipse facit opera, quae opera tunc dicebat, nisi verba quae loquebatur? et eorundem verborum fructus erat fides illorum. veruntamen, evangelizantibus discipulis, non tam pauci quam illi erant, sed gentes etiam crediderunt. nonne ab ore ipsius dives ille tristis abscessit, et tamen postea, quod ab illo auditum non fecit unus, fecerunt multi cum per discipulos loqueretur? ecce, maiora fecit praedicatus a credentibus, quam locutus audientibus. verum hoc adhuc movet, quod haec maiora per apostolos fecit, non autem ipsos tantum significans ait, qui credit in me. audi ergo, qui credit in me, opera quae ego facio, et ipse faciet. prius ego facio, deinde et ipse faciet, quia facio ut faciat. quae opera, nisi ut ex impio iustus fiat? quod utique in illo, sed non sine illo christus operatur. prorsus maius hoc esse dixerim quam creare caelum et terram, caelum enim et terra transibunt, praedestinatorum autem salus et iustificatio permanebit. sed in caelis angeli opera sunt christi. nunquid his operibus maiora |25| facit qui cooperatur christo ad suam iustificationem? iudicet qui potest utrum maius sit iustos creare, quam impios iustificare. certe, si aequalis est utrumque potentiae, hoc maioris est misericordiae. sed omnia opera christi intelligere ubi ait, maiora horum faciet, nulla nos necessitas cogit. horum enim forsitan dixit quae illa hora faciebat. tunc autem verba fidei faciebat, et utique minus est verba praedicare iustitiae, quod fecit praeter nos, quam impium iustificare, quod ita facit in nobis ut faciamus et nos.

ra3 ' Ad tertium dicendum quod, quando aliquod particulare opus proprium est alicuius agentis, tunc per illud particulare opus probatur tota virtus agentis, sicut, cum ratiocinari sit proprium hominis, ostenditur aliquis esse homo ex hoc ipso quod ratiocinatur circa quodcumque particulare propositum. et similiter cum propria virtute miracula facere sit solius dei, sufficienter ostensum est christum esse deum ex quocumque miraculo quod propria virtute fecit.

010 ST4 qu44 ar

pr ' Deinde considerandum est de singulis miraculorum speciebus. et primo, de miraculis quae fecit circa spirituales substantias. secundo, de miraculis quae fecit circa caelestia corpora. tertio, de miraculis quae fecit circa homines. quarto, de miraculis quae fecit circa creaturas irrationales.

010 ST4 qu44 ar1

ag1 ' Ad primum sic proceditur. videtur quod miracula quae christus fecit circa spirituales substantias, non fuerint convenientia. inter spirituales enim substantias, sancti angeli praepollent daemonibus, quia, * ut augustinus dicit, in iii de trin., ° spiritus vitae rationalis desertor atque peccator regitur per spiritum vitae rationalem pium et iustum. ' sed christus non legitur aliqua miracula fecisse circa angelos bonos. ergo neque etiam circa daemones aliqua miracula facere debuit.

ag2 ' Praeterea, miracula christi ordinabantur ad manifestandum divinitatem ipsius. sed divinitas christi non erat daemonibus manifestanda, quia per hoc impeditum fuisset mysterium passionis eius, * secundum illud i cor. ii, ° si cognovissent, nunquam dominum gloriae crucifixissent. ' ergo non debuit circa daemones aliqua miracula fecisse.

ag3 ' Praeterea, miracula christi ad gloriam dei ordinabantur, * unde dicitur matth. ix, quod " videntes turbae paralyticum sanatum a christo, timuerunt et glorificaverunt deum, qui dedit potestatem talem hominibus. ' sed ad daemones non pertinet glorificare deum, quia ° non est speciosa laus in ore peccatoris, * ut dicitur eccli. xv. unde et, sicut dicitur marci i et luc. iv, ° non sinebat daemonia loqui " ea quae ad gloriam ipsius pertinebant. ' ergo videtur non fuisse conveniens quod circa daemones aliqua miracula faceret.

ag4 ' Praeterea, miracula a christo facta ad salutem hominum ordinantur. sed quaedam daemonia ab hominibus eiecta fuerunt cum hominum detrimento. quandoque quidem corporali, * sicut dicitur marci ix, " quod daemon, ad praeceptum christi, ° exclamans et multum discerpens hominem exiit ab homine, et factus est sicut mortuus, ita ut multi dicerent, quia mortuus est. ' quandoque etiam cum damno rerum, sicut quando daemones, ad eorum preces, misit in porcos, quos praecipitaverunt in mare; " unde cives illius regionis ° rogaverunt eum ut transiret a finibus eorum, * sicut legitur matth. viii. ' ergo videtur inconvenienter fecisse huiusmodi miracula.

sc ' Sed contra est quod * zach. xiii hoc praenuntiatum fuerat, ubi dicitur, ° spiritum immundum auferam de terra.

co ' Respondeo dicendum quod miracula quae christus fecit, argumenta quaedam fuerunt fidei quam ipse docebat. futurum autem erat ut per virtutem divinitatis eius excluderet daemonum potestatem ab hominibus credituris in eum, * secundum illud ioan. xii, ° nunc princeps huius mundi eiicietur foras. ' et ideo conveniens fuit ut, inter alia miracula, etiam obsessos a daemonibus liberaret.

ra1 ' Ad primum ergo dicendum quod homines, sicut per christum erant a potestate daemonum liberandi, ita per eum erant angelis consociandi, * secundum illud coloss. i, ° pacificans per sanguinem crucis eius quae in caelis et quae in terris sunt. ' et ideo circa angelos alia miracula hominibus demonstrare non conveniebat, nisi ut angeli hominibus apparerent, quod quidem factum est in nativitate ipsius, et in resurrectione et in ascensione.

ra2 * Ad secundum dicendum quod, sicut augustinus dicit, ix de civit. dei, ° christus tantum innotuit daemonibus quantum voluit, tantum autem voluit quantum oportuit. sed innotuit eis, non sicut angelis sanctis, per id quod est vita aeterna, sed per quaedam temporalia suae virtutis effecta. ' et primo quidem, videntes christum esurire post ieiunium, aestimaverunt eum non esse filium dei. * unde, super illud luc. iv, ° si filius dei es * etc., dicit ambrosius, ° quid sibi vult talis sermonis exorsus, nisi quia cognoverat dei filium esse venturum, sed venisse per infirmitatem corporis non putavit? ' sed postmodum, visis miraculis, ex quadam suspicatione coniecturavit eum esse filium dei. * unde super illud marci i, ° scio quia sis sanctus dei, * dicit chrysostomus quod ° non certam aut firmam adventus dei habebat notitiam. " sciebat tamen ipsum esse christum in lege promissum, * unde dicitur luc. iv, ° quia sciebant ipsum esse christum. ' quod autem ipsum confitebantur esse filium dei, magis erat ex suspicione quam ex certitudine. |25| * unde beda dicit, super luc., ° daemonia filium dei confitentur, et, sicut postea dicitur, sciebant eum esse christum. quia, cum ieiunio fatigatum eum diabolus videret, verum hominem intellexit, sed, quia tentando non praevaluit utrum filius dei esset, dubitabat. nunc autem, per signorum potentiam, vel intellexit, vel potius suspicatus est esse filium dei. non ideo igitur iudaeis eum crucifigere persuasit, quia christum sive dei filium non esse putavit, sed quia se morte illius non praevidit esse damnandum. de hoc enim mysterio a saeculis abscondito dicit apostolus quod nemo principum huius saeculi cognovit, si enim cognovissent, nunquam dominum gloriae crucifixissent.

ra3 ‘Ad tertium dicendum quod miracula in expulsione daemonum non fecit christus propter utilitatem daemonum, sed propter utilitatem hominum, ut ipsi eum glorificarent. et ideo prohibuit eos loqui ea quae ad laudem ipsius pertinebant, primo quidem, propter exemplum. * quia, ut dicit athanasius, ° compescebat eius sermonem, quamvis vera fateretur, ut nos assuefaciat ne curemus de talibus, etiam si vera loqui videantur. nefas est enim ut, cum adsit nobis scriptura divina, instruamur a diabolo, “ est enim hoc periculosum, quia veritati frequenter daemones immiscent mendacia. * vel, sicut chrysostomus dicit, ° non oportebat eos subripere officii apostolici gloriam. nec decebat christi mysterium lingua fetida publicari, quia non est speciosa laus in ore peccatoris. * tertio quia, ut beda dicit, quia ° nolebat ex hoc invidiam accendere iudaeorum. unde etiam ipsi apostoli iubentur reticere de ipso, ne, divina maiestate praedicata, passionis dispensatio differatur.

ra4 ‘ Ad quartum dicendum quod christus specialiter venerat docere et miracula facere propter utilitatem hominum, principaliter quantum ad animae salutem. et ideo permisit daemones quos eiiciebat hominibus aliquod nocumentum inferre, vel in corpore vel in rebus, propter animae humanae salutem, ad hominum scilicet instructionem. * unde chrysostomus dicit, super matth., quod ° christus permisit daemonibus in porcos ire, non quasi a daemonibus persuasus, sed primo quidem, ut instruat magnitudinem nocumenti daemonum qui hominibus insidiantur; secundo, ut omnes discerent quoniam neque adversus porcos audent aliquid facere, nisi ipse concesserit; tertio, ut ostenderet quod graviora in illos homines operati essent quam in illos porcos, nisi essent divina providentia adiuti. ‘ et propter easdem etiam causas permisit eum qui a daemonibus liberabatur, ad horam gravius affligi, a qua tamen afflictione eum continuo liberavit. * per hoc etiam ostenditur, ut beda dicit, quod ° saepe, dum converti ad deum post peccata conamur, maioribus novisque antiqui hostis pulsamur insidiis. quod facit vel ut odium virtutis incutiat, vel expulsionis suae vindicet iniuriam. ‘ factus est etiam homo sanatus velut mortuus, * ut hieronymus dicit, ° quia sanatis dicitur, mortui estis, et vita vestra abscondita |25| est cum christo in deo.

010 ST4 qu44 ar2

ag1 ‘ Ad secundum sic proceditur. videtur quod inconvenienter fuerint a christo facta miracula circa caelestia corpora. * ut enim dionysius dicit, iv cap. de div. nom., ° divinae providentiae non est naturam corrumpere, sed salvare. “ corpora autem caelestia secundum suam naturam sunt incorruptibilia et inalterabilia, * ut probatur in i de caelo. ‘ ergo non fuit conveniens ut per christum fieret aliqua mutatio circa ordinem caelestium corporum.

ag2 ‘ Praeterea, secundum motum caelestium corporum temporum cursus designatur, * secundum illud gen. i, ° fiant luminaria in firmamento caeli, et sint in signa et tempora et dies et annos. ‘ sic ergo, mutato cursu caelestium corporum, mutatur temporum distinctio et ordo. sed non legitur hoc esse perceptum ab astrologis, ° qui contemplantur sidera et computant menses, * ut dicitur isaiae xlvii. ‘ ergo videtur quod per christum non fuerit aliqua mutatio facta circa cursum caelestium corporum.

ag3 ‘ Praeterea, magis competebat christo facere miracula vivens et docens quam moriens, tum quia, * ut dicitur ii ad cor. ult., ° crucifixus est ex infirmitate, sed vivit ex virtute dei, “ secundum quam miracula faciebat; ‘ tum etiam quia eius miracula confirmativa erant doctrinae ipsius. sed in vita sua non legitur christus aliquod miraculum circa caelestia corpora fecisse, quinimmo pharisaeis petentibus ab eo signum de caelo, dare renuit, * ut habetur matth. xii et xvi. ‘ ergo videtur quod nec in morte circa caelestia corpora aliquod miraculum facere debuit.

sc * Sed contra est quod dicitur luc. xxiii, ° tenebrae factae sunt in universa terra usque ad horam nonam, et obscuratus est sol.

co * Respondeo dicendum quod, sicut supra dictum est, ‘ miracula christi talia esse debebant ut sufficienter eum deum esse ostenderent. hoc autem non ita evidenter ostenditur per transmutationes corporum inferiorum, quae etiam ab aliis causis moveri possunt, sicut per transmutationem cursus caelestium corporum, quae a solo deo sunt immobiliter ordinata. * et hoc est quod dionysius dicit, in epistola ad polycarpum, ° cognoscere oportet non aliter aliquando posse aliquid perverti caelestis ordinationis et motus, nisi causam haberet ad hoc moventem qui facit omnia et mutat secundum suum sermonem. ‘ et ideo conveniens fuit ut christus miracula faceret etiam circa caelestia corpora.

ra1 ‘ Ad primum ergo dicendum quod, sicut corporibus inferioribus naturale est moveri a caelestibus corporibus, quae sunt superiora secundum naturae ordinem; ita etiam naturale est cuilibet creaturae ut transmutetur a deo secundum eius voluntatem. * unde augustinus dicit, xxvi contra faustum, et habetur in glossa rom. xi, super illud, ° contra naturam insertus es etc., deus, creator et conditor omnium naturarum, nihil contra naturam facit, quia id est cuique rei natura, quod facit. ‘ et ita non corrumpitur natura caelestium corporum cum eorum cursus immutatur a deo, corrumperetur autem si ab aliqua alia causa immutaretur.

ra2 ‘ Ad secundum dicendum quod per miraculum a christo factum non est perversus ordo temporum. nam * secundum quosdam, ‘ illae tenebrae, vel solis obscuratio, quae in passione christi accidit, fuit propter hoc quod sol suos radios retraxit, nulla immutatione facta circa motum caelestium corporum, secundum quem tempora mensurantur. * unde hieronymus dicit, super matth., ° videtur luminare maius retraxisse radios suos, ne aut pendentem videret dominum, aut impii blasphemantes sua luce fruerentur. ‘ talis autem retractio radiorum non est sic intelligenda quasi sol in sua potestate habeat radios emittere vel retrahere, non enim ex electione, sed ex natura radios emittit, * ut dicit dionysius, iv cap. de div. nom.. ‘ sed sol dicitur retrahere radios, inquantum divina virtute factum est ut solis radii ad terram non pervenirent. * origenes autem dicit “ hoc accidisse per interpositionem nubium. * unde, super matth., dicit, ° consequens est intelligere quasdam tenebrosissimas nubes multas et magnas concurrisse super ierusalem et terram iudaeae; et ideo factae sunt tenebrae profundae a sexta hora usque ad nonam. arbitror ergo, sicut et cetera signa quae facta sunt in passione, |25| scilicet quod velum est scissum, quod terra tremuit, etc., in ierusalem tantummodo facta sunt, ita et hoc, aut si latius voluerit quis extendere ad terram iudaeae, propter hoc quod dicitur quod tenebrae factae sunt in universa terra; quod intelligitur de terra iudaea, sicut in iii libro regum dixit abdias ad eliam, vivit deus tuus, si est gens aut regnum ubi non miserit dominus meus quaerere te, ostendens quod eum quaesiverunt in gentibus quae sunt circa iudaeam. ‘ sed circa hoc magis est credendum dionysio, qui oculata fide inspexit hoc accidisse per interpositionem lunae inter nos et solem. * dicit enim, in epistola ad polycarpum, ° inopinabiliter soli lunam incidentem videbamus, * in aegypto scilicet existentes, ut ibidem dicitur. et designat ibi “ quatuor miracula. quorum primum est quod naturalis eclipsis solis per interpositionem lunae nunquam accidit nisi tempore coniunctionis solis et lunae. tunc autem erat luna in oppositione ad solem, quintadecima existens, quia erat pascha iudaeorum. * unde dicit, ° non enim erat conventus tempus. “ secundum miraculum est quod, cum circa horam sextam luna visa fuisset simul cum sole in medio caeli, in vesperis apparuit in suo loco, idest in oriente, opposita soli. unde dicit, et rursus ipsam vidimus, scilicet lunam, a nona hora, scilicet in qua recessit a sole, cessantibus tenebris, |50| ° usque ad vesperam, supernaturaliter restitutam ad diametrum solis, “ id est ut diametraliter esset soli opposita. ‘ et sic patet quod non est turbatus consuetus temporum cursus, quia divina virtute factum est et quod ad solem supernaturaliter accederet praeter debitum tempus, et quod, a sole recedens, in locum proprium restitueretur tempore debito. “ tertium miraculum est quod naturaliter eclipsis solis semper incipit ab occidentali parte et pervenit usque ad orientalem, et hoc ideo quia luna secundum proprium motum, quo movetur ab occidente in orientem, est velocior sole in suo proprio motu; et ideo luna, ab occidente veniens, attingit solem et pertransit ipsum ad orientem tendens. sed tunc luna iam pertransiverat solem, et distabat ab eo per medietatem circuli, in oppositione existens. unde oportuit quod reverteretur ad orientem versus solem, et attingeret ipsum primo ex parte orientali, procedens ‘ versus occidentem. * et hoc est quod dicit, ° eclipsim etiam ipsam ex oriente vidimus inchoatam et usque ad solarem terminum venientem, “ quia totum solem eclipsavit, postea hinc regredientem. quartum miraculum fuit quod in naturali eclipsi ex eadem parte incipit sol prius reapparere ex qua parte incipit prius obscurari, quia scilicet luna, se soli subiiciens, naturali suo motu solem pertransit versus orientem, et ita partem occidentalem solis, quam primo occupat, primo etiam derelinquit. sed tunc luna, miraculose ab |75| oriente versus occidentem rediens, non pertransivit solem, ut esset eo occidentalior, sed, postquam pervenit ad terminum solis, reversa est versus orientem, et ita partem solis quam ultimo occupaverat, primo etiam dereliquit. et sic ex parte orientali inchoata fuit eclipsis, sed in parte occidentali prius incoepit claritas apparere. * et hoc est quod dicit, “ et rursus vidimus non ex eodem, idest, non ex eadem parte solis, ° et defectum et repurgationem, sed e contra secundum diametrum factam. * quintum miraculum addit chrysostomus, super matth., dicens quod ° tribus horis tunc tenebrae permanserunt, cum eclipsis solis in momento pertranseat, non enim habet moram, ut sciunt illi qui consideraverunt. ‘ unde datur intelligi quod luna quieverit sub sole. nisi forte velimus dicere quod tempus tenebrarum computatur ab instanti quo incoepit sol obscurari, usque ad instans in quo sol totaliter fuit repurgatus. * sed, sicut origenes dicit, super matth., ° adversus hoc filii saeculi huius dicunt, quomodo hoc factum tam mirabile nemo graecorum aut barbarorum scripsit? * et dicit quod ° quidam nomine phlegon in chronicis suis |100| scripsit hoc in principatu tiberii caesaris factum, sed non significavit quod fuerit in luna plena. ‘ potuit ergo hoc contingere quia astrologi ubique terrarum tunc temporis existentes, non sollicitabantur de observanda eclipsi, quia tempus non erat, sed illam obscuritatem ex aliqua passione aeris putaverunt accidere. sed in aegypto, ubi raro nubes apparent propter aeris serenitatem, permotus est dionysius, et socii eius, ut praedicta circa illam obscuritatem observarent.

ra3 ‘ Ad tertium dicendum quod tunc praecipue oportebat per miracula divinitatem christi ostendere, quando in eo maxime apparebat infirmitas secundum humanam naturam. et ideo in christi nativitate stella nova in caelo apparuit. unde * maximus dicit, in sermone nativitatis, ° si praesepe despicis, erige paulisper oculos, et novam in caelo stellam, protestantem mundo nativitatem dominicam, contuere. ‘ in passione autem adhuc maior infirmitas circa humanitatem christi apparuit. et ideo oportuit ut maiora miracula ostenderentur circa principalia mundi luminaria. et, * sicut chrysostomus dicit, super matth., ° hoc est signum quod petentibus promittebat dare, dicens, generatio prava et adultera signum quaerit, et signum non dabitur ei, nisi signum ionae prophetae, crucem significans et resurrectionem. etenim multo mirabilius est in eo qui crucifixus erat hoc fieri, quam ambulante eo super terram.

010 ST4 qu44 ar3

ag1 ‘ Ad tertium sic proceditur. videtur quod inconvenienter circa homines christus miracula fecit. in homine enim potior est anima quam corpus. sed circa corpora multa miracula fecit christus, circa animas vero nulla miracula legitur fecisse, nam neque aliquos incredulos ad fidem virtuose convertit, sed admonendo et exteriora miracula ostendendo; neque etiam aliquos fatuos legitur sapientes fecisse. ergo videtur quod non convenienter sit circa homines miracula operatus.

ag2 * Praeterea, sicut supra dictum est, ‘ christus faciebat miracula virtute divina, cuius proprium est subito operari, et perfecte, et absque adminiculo alicuius. sed christus non semper subito curavit homines quantum ad corpus, * dicitur enim marci viii quod, ° apprehensa manu caeci, eduxit eum extra vicum, et exspuens in oculos eius, impositis manibus suis, interrogavit eum si aliquid videret. et aspiciens ait, video homines velut arbores ambulantes. deinde iterum imposuit manus super oculos eius, et coepit videre, et restitutus est ita ut videret clare omnia. ‘ et sic patet quod non subito eum curavit, sed primo quidem imperfecte, et per sputum. ergo videtur non convenienter circa homines miracula fecisse.

ag3 ‘ Praeterea, quae se invicem non consequuntur, non oportet quod simul tollantur. sed aegritudo corporalis non semper ex peccato causatur, * ut patet per illud quod dominus dicit, ioan. ix, ° neque hic peccavit, neque parentes eius, ut caecus nasceretur. ‘ non ergo oportuit ut hominibus corporum curationem quaerentibus peccata dimitteret, sicut legitur fecisse circa paralyticum, * matth. ix, ‘ praesertim quia sanatio corporalis, cum sit minus quam remissio peccatorum, non videtur esse sufficiens argumentum quod possit peccata dimittere.

ag4 ‘ Praeterea, miracula christi facta sunt ad confirmationem doctrinae ipsius, et testimonium divinitatis eius, * ut supra dictum est. ‘ sed nullus debet impedire finem sui operis. ergo videtur inconvenienter christus quibusdam miraculose curatis praecepisse ut nemini dicerent, * ut patet matth. ix et marci viii, ‘ praesertim quia quibusdam aliis mandavit ut miracula circa se facta publicarent, * sicut marci v legitur quod ‘ dixit ei quem a daemonibus liberaverat, ° vade in domum tuam ad tuos, et nuntia eis quanta dominus tibi fecerit.

sc * Sed contra est quod dicitur marci vii, ° bene omnia fecit, et surdos fecit audire, et mutos loqui.

co ‘ Respondeo dicendum quod ea quae sunt ad finem, debent fini esse proportionata. christus autem ad hoc in mundum venerat et docebat, ut homines salvos faceret, * secundum illud ioan. iii, ° non enim misit deus filium suum in mundum ut iudicet mundum, sed ut salvetur mundus per ipsum. ‘ et ideo conveniens fuit ut christus, particulariter homines miraculose curando, ostenderet se esse universalem et spiritualem omnium salvatorem.

ra1 ‘ Ad primum ergo dicendum quod ea quae sunt ad finem, distinguuntur ab ipso fine. miracula autem a christo facta ordinabantur, sicut ad finem, ad rationalis partis salutem, quae consistit in sapientiae illustratione et hominum iustificatione. quorum primum praesupponit secundum, quia, * ut dicitur sap. i, ° in malevolam animam non intrabit sapientia, nec habitabit in corpore subdito peccatis. ‘ iustificare autem homines non conveniebat nisi eis volentibus, hoc enim esset et contra rationem iustitiae, quae rectitudinem voluntatis importat; et etiam contra rationem humanae naturae, quae libero arbitrio ad bonum ducenda est, non autem per coactionem. christus ergo virtute divina interius hominem iustificavit, non tamen eis invitis. nec hoc ad miracula pertinet, sed ad miraculorum finem. similiter etiam virtute divina simplicibus discipulis sapientiam infudit, *unde dicit eis, luc. xxi ° ego dabo vobis os et sapientiam cui non poterunt resistere et contradicere omnes adversarii vestri. ‘ quod quidem, quantum ad interiorem illuminationem, inter visibilia miracula non numeratur, sed solum quantum ad exteriorem actum, inquantum scilicet videbant homines eos qui fuerant illiterati et simplices, tam sapienter et constanter loqui. * unde dicitur act. iv, |25| ° videntes iudaei petri constantiam et ioannis, comperto quod homines essent sine litteris et idiotae, admirabantur. ‘ et tamen huiusmodi spirituales effectus, etsi a miraculis visibilibus distinguantur, sunt tamen quaedam testimonia doctrinae et virtutis christi, * secundum illud heb. ii, ° contestante deo signis et portentis et variis virtutibus, et spiritus sancti distributionibus. ‘ sed tamen circa animas hominum, maxime quantum ad immutandas inferiores vires, christus aliqua miracula fecit. unde * hieronymus, super illud matth. ix, ° surgens secutus est eum, * dicit, ° fulgor ipse et maiestas divinitatis occultae, quae etiam in facie relucebat humana, videntes ad se trahere poterat ex primo aspectu. * et super illud matth. xxi, ° eiiciebat omnes vendentes et ementes, * dicit idem hieronymus, ° mihi inter omnia signa quae fecit dominus hoc videtur esse mirabilius, quod unus homo, et illo tempore contemptibilis, potuerit ad unius flagelli verbera, tantam eiicere multitudinem. igneum enim quiddam atque sidereum radiabat ex oculis eius, et divinitatis maiestas lucebat in facie. * et origenes dicit, super ioan., |50| ° hoc esse maius miraculum eo quo aqua conversa est in vinum, eo quod illic subsistit inanimata materia, hic vero tot millium hominum domantur ingenia. * et super illud ioan. xviii, ° abierunt retrorsum et ceciderunt in terram, * dicit augustinus, ° una vox turbam odiis ferocem armisque terribilem, sine telo ullo, percussit, repulit, stravit, deus enim latebat in carne. * et ad idem pertinet quod dicitur luc. iv, quod iesus ° transiens per medium illorum ibat, * ubi dicit chrysostomus quod ° stare in medio insidiantium et non apprehendi, divinitatis eminentiam ostendebat. * et quod dicitur ioan. viii, ° iesus abscondit se et exivit de templo, * ubi augustinus dicit, ° non abscondit se in angulo templi quasi timens, vel post murum aut columnam divertens, sed, caelica potestate se invisibilem insidiantibus constituens, per medium illorum exivit. ‘ ex quibus omnibus patet quod christus, quando voluit, virtute divina animas hominum immutavit, non solum iustificando et sapientiam infundendo, quod pertinet ad miraculorum finem, sed etiam exterius alliciendo vel terrendo vel stupefaciendo, quod pertinet ad ipsa miracula.

ra2 ‘ Ad secundum dicendum quod christus venerat salvare mundum non solum virtute divina, sed per mysterium incarnationis ipsius. et ideo frequenter in sanatione infirmorum non sola potestate divina utebatur, curando per modum imperii, sed etiam aliquid ad humanitatem ipsius pertinens apponendo. * unde super illud luc. iv, “ singulis manus imponens curabat omnes, * dicit cyrillus, ° quamvis, ut deus, potuisset omnes verbo pellere morbos, tangit tamen eos, ostendens propriam carnem efficacem ad praestanda remedia. * et super illud marci viii, ° exspuens in oculos eius impositis manibus * etc., dicit chrysostomus, ° spuit quidem et manus imponit caeco, volens ostendere quod verbum divinum, operationi adiunctum, mirabilia perficit, manus enim operationis est ostensiva, sputum sermonis ex ore prolati. * et super illud ioan. ix, ° fecit lutum ex sputo et linivit lutum super oculos caeci, * dicit augustinus, ° de saliva sua lutum fecit, quia verbum caro factum est. “ vel etiam ad significandum quod ipse erat qui ex limo terrae hominem formaverat, * ut chrysostomus dicit. |25| ‘ est etiam circa miracula christi considerandum quod communiter perfectissima opera faciebat. * unde super illud ioan. ii, ° omnis homo primum bonum vinum ponit, * dicit chrysostomus, ° talia sunt christi miracula ut multo his quae per naturam fiunt, speciosiora et utiliora fiant. ‘ et similiter in instanti infirmis perfectam sanitatem conferebat. * unde super illud matth. viii, ° surrexit et ministrabat illis, * dicit hieronymus, ° sanitas quae confertur a domino, tota simul redit. “ specialiter autem in illo caeco contrarium fuit propter infidelitatem ipsius, * ut chrysostomus dicit. vel, sicut beda dicit, ° quem uno verbo totum simul curare poterat, paulatim curat, ut magnitudinem humanae caecitatis ostendat, quae vix, et quasi per gradus ad lucem redeat, et gratiam suam nobis indicet, per quam singula perfectionis incrementa adiuvat.

ra3 * Ad tertium dicendum quod, sicut supra dictum est, ‘ christus miracula faciebat virtute divina. ° dei autem perfecta sunt opera, * ut dicitur deut. xxxii. ‘ non est autem aliquid perfectum, si finem non consequatur. finis autem exterioris curationis per christum factae est curatio animae. et ideo non conveniebat christo ut alicuius corpus curaret, nisi eius curaret animam. unde * super illud ioan. vii, ° totum hominem sanum feci in sabbato, * dicit augustinus, ° quia curatus est, ut sanus esset in corpore; et credidit, ut sanus esset in anima. “ specialiter autem paralytico dicitur, dimittuntur tibi peccata, * quia, ut hieronymus dicit, super matth., ° datur ex hoc nobis intelligentia propter peccata plerasque evenire corporum debilitates, et ideo forsitan prius dimittuntur peccata, ut, causis debilitatis ablatis, sanitas restituatur. * unde et ioan. v dicitur, ° iam noli peccare, ne deterius tibi aliquid contingat. * ubi, ut dicit chrysostomus, ° discimus quod ex peccato nata erat ei aegritudo. * quamvis autem, ut chrysostomus dicit, super matth., |25| ° quanto anima est potior corpore, tanto peccatum dimittere maius sit quam corpus sanare, quia tamen illud non est manifestum, facit minus quod est manifestius, ut demonstraret maius et non manifestum.

ra4 * Ad quartum dicendum quod, super illud matth. ix, ° videte ne quis sciat, * dicit chrysostomus ° non esse hoc contrarium quod hic dicitur, ei quod alteri dicit, vade et annuntia gloriam dei. erudit enim nos prohibere eos qui volunt nos propter nos laudare. si autem ad deum gloria refertur, non debemus prohibere, sed magis iniungere ut hoc fiat.

010 ST4 qu44 ar4

ag1 ‘ Ad quartum sic proceditur. videtur quod inconvenienter fecerit christus miracula circa creaturas irrationales. bruta enim animalia sunt nobiliora plantis. sed christus fecit aliquod miraculum circa plantas, puta cum ad verbum eius est siccata ficulnea, * ut dicitur matth. xxi. ‘ ergo videtur quod christus etiam circa animalia bruta miracula facere debuisset.

ag2 ‘ Praeterea, poena non iuste infertur nisi pro culpa. sed non fuit culpa ficulneae quod in ea christus fructum non invenit, quando non erat tempus fructuum. ergo videtur quod inconvenienter eam siccaverit.

ag3 ‘ Praeterea, aer et aqua sunt in medio caeli et terrae. sed christus aliqua miracula fecit in caelo, * sicut supra dictum est. ‘ similiter etiam in terra, quando in eius passione terra mota est. ergo videtur quod etiam in aere et aqua aliqua miracula facere debuerit, ut mare dividere, sicut fecit moyses; vel etiam flumen, sicut fecerunt iosue et elias; et ut fierent in aere tonitrua, sicut factum est in monte sinai quando lex dabatur, et sicut elias fecit, * iii reg. xviii.

ag4 ‘ Praeterea, opera miraculosa pertinent ad opus gubernationis mundi per divinam providentiam. hoc autem opus praesupponit creationem. inconveniens ergo videtur quod christus in suis miraculis usus est creatione, quando scilicet multiplicavit panes. non ergo convenientia videntur fuisse eius miracula circa irrationales creaturas.

sc ‘ Sed contra est quod christus est dei sapientia, * de qua dicitur, sap. viii, quod ° disponit omnia suaviter.

co * Respondeo dicendum quod, sicut supra dictum est, ‘ miracula christi ad hoc ordinabantur quod virtus divinitatis cognosceretur in ipso ad hominum salutem. pertinet autem ad virtutem divinitatis ut omnis creatura sit ei subiecta. et ideo in omnibus creaturarum generibus miracula eum facere oportuit, et non solum in hominibus, sed etiam in irrationabilibus creaturis.

ra1 ‘ Ad primum ergo dicendum quod animalia bruta propinque se habent secundum genus ad hominem, unde et in eodem die cum homine facta sunt. et quia circa corpora humana multa miracula fecerat, non oportebat quod circa corpora brutorum animalium aliqua miracula faceret, praesertim quia, quantum ad naturam sensibilem et corporalem, eadem ratio est de hominibus et animalibus, praecipue terrestribus. pisces autem, cum vivant in aqua, magis a natura hominum differunt, unde et alio die sunt facti. in quibus miraculum christus fecit in copiosa piscium captura, * ut legitur luc. v et ioan. ult., ‘ et etiam in pisce quem petrus coepit et in eo invenit staterem. quod autem porci in mare praecipitati sunt, non fuit operatio divini miraculi, sed operatio daemonum ex permissione divina.

ra2 ‘ Ad secundum dicendum quod, * sicut chrysostomus dicit, super matth., ° cum in plantis vel brutis aliquid tale dominus operatur, non quaeras qualiter iuste siccata est ficus, si tempus non erat, hoc enim quaerere est ultimae dementiae, “ quia scilicet in talibus non invenitur culpa et poena, ° sed miraculum inspice, et admirare miraculi factorem. ‘ nec facit creator iniuriam possidenti, si creatura sua suo arbitrio utatur ad aliorum salutem, sed magis, * ut hilarius dicit, super matth., ° in hoc bonitatis divinae argumentum reperimus. nam ubi afferre voluit procuratae per se salutis exemplum, virtutis suae potestatem in humanis corporibus exercuit, ubi vero in contumaces formam severitatis constituebat, futuri speciem damno arboris indicavit. * et praecipue, ut chrysostomus dicit, “ in ficulnea, quae est humidissima, ut miraculum maius appareat.

ra3 ‘ Ad tertium dicendum quod christus etiam in aqua et in aere fecit miracula quae sibi conveniebant, quando scilicet, * ut legitur matth. viii, ° imperavit ventis et mari, et facta est tranquillitas magna. ‘ non autem conveniebat ei qui omnia in statum pacis et tranquillitatis revocare venerat, ut vel turbationem aeris, vel divisionem aquarum faceret. * unde apostolus dicit, heb. xii, ° non accessistis ad tractabilem et accessibilem ignem, et turbinem et caliginem et procellam. “ circa passionem tamen, divisum est velum, ad ostendendum reserationem mysteriorum legis; aperta sunt monumenta, ad ostendendum quod per eius mortem mortuis vita daretur; terra mota est et petrae scissae, ad ostendendum quod lapidea hominum corda per eius passionem emollirentur, et quod totus mundus virtute passionis eius erat in melius commutandus.

ra4 ‘ Ad quartum dicendum quod multiplicatio panum non est facta per modum creationis, sed per additionem extraneae materiae in panes conversae. * unde augustinus dicit, super ioan., ° unde multiplicat de paucis granis segetes, inde in manibus suis multiplicavit quinque panes. ‘ manifestum est autem quod per conversionem grana multiplicantur in segetes.

010 ST4 qu45 ar

pr ‘ Deinde considerandum est de transfiguratione christi. et circa hoc quaeruntur quatuor. primo, utrum conveniens fuerit christum transfigurari. secundo, utrum claritas transfigurationis fuerit claritas gloriosa. tertio, de testibus transfigurationis. quarto, de testimonio paternae vocis.

010 ST4 qu45 ar1

ag1 ‘ Ad primum sic proceditur. videtur quod non fuerit conveniens christum transfigurari. non enim competit vero corpori ut in diversas figuras mutetur, sed corpori phantastico. corpus autem christi non fuit phantasticum, sed verum, * ut supra habitum est. ‘ ergo videtur quod transfigurari non debuit.

ag2 ‘ Praeterea, figura est in quarta specie qualitatis, claritas autem est in tertia, cum sit sensibilis qualitas. assumptio ergo claritatis a christo transfiguratio dici non debet.

ag3 ‘ Praeterea, corporis gloriosi sunt quatuor dotes, * ut infra dicetur, ‘ scilicet impassibilitas, agilitas, subtilitas et claritas. non ergo magis debuit transfigurari secundum assumptionem claritatis, quam secundum assumptionem aliarum dotium.

sc * Sed contra est quod dicitur matth. xvii, quod ‘ iesus transfiguratus est ante tres discipulorum suorum.

co ‘ Respondeo dicendum quod dominus discipulos suos, praenuntiata sua passione, induxerat eos ad suae passionis sequelam. oportet autem ad hoc quod aliquis directe procedat in via, quod finem aliqualiter praecognoscat, sicut sagittator non recte iaciet sagittam nisi prius signum prospexerit in quod iaciendum est. unde * et thomas dixit, ioan. xiv, ° domine, nescimus quo vadis, et quomodo possumus viam scire? ‘ et hoc praecipue necessarium est quando via est difficilis et aspera, et iter laboriosum, finis vero iucundus. christus autem per passionem ad hoc pervenit ut gloriam obtineret, non solum animae, quam habuit a principio suae conceptionis, sed etiam corporis, * secundum illud luc. ult., ° haec oportuit christum pati, et ita intrare in gloriam suam. ‘ ad quam etiam perducit eos qui vestigia suae passionis sequuntur, * secundum illud act. xiv, ° per multas tribulationes oportet nos intrare in regnum caelorum. ‘ et ideo conveniens fuit ut discipulis suis gloriam suae claritatis ostenderet (quod est ipsum transfigurari), cui suos configurabit, * secundum illud philipp. iii, ° reformabit corpus humilitatis nostrae, configuratum corpori claritatis suae. * unde beda dicit, super marcum, |25| ° pia provisione factum est ut, contemplatione semper manentis gaudii ad breve tempus delibata fortius adversa tolerarent.

ra1 * Ad primum ergo dicendum quod, sicut hieronymus dicit, super matth., “ nemo putet christum per hoc quod transfiguratus dicitur, ° pristinam formam et faciem perdidisse, vel amisisse corporis veritatem et assumpsisse corpus spirituale vel aereum. sed quomodo transformatus sit, evangelista demonstrat, dicens, resplenduit facies eius sicut sol, vestimenta autem eius facta sunt alba sicut nix. ubi splendor faciei ostenditur, et candor describitur vestium, non substantia tollitur, sed gloria commutatur.

ra2 ‘ Ad secundum dicendum quod figura circa extremitatem corporis consideratur, est enim figura ° quae termino vel terminis comprehenditur. ‘ et ideo omnia illa quae circa extremitatem corporis considerantur ad figuram quodammodo pertinere videntur. sicut autem color, ita et claritas corporis non transparentis in eius superficie attenditur. et ideo assumptio claritatis transfiguratio dicitur.

ra3 ‘ Ad tertium dicendum quod, inter praedictas quatuor dotes, sola claritas est qualitas ipsius personae in seipsa, aliae vero tres dotes non percipiuntur nisi in aliquo actu vel motu, seu passione. ostendit igitur christus in seipso aliqua illarum trium dotium indicia, puta agilitatis, cum supra undas maris ambulavit; subtilitatis, quando de clauso utero virginis exivit; impassibilitatis, quando de manibus iudaeorum, vel praecipitare vel lapidare eum volentium, illaesus evasit. nec tamen propter illas transfiguratus dicitur, sed propter solam claritatem, quae pertinet ad aspectum personae ipsius.

010 ST4 qu45 ar2

ag1 ‘ Ad secundum sic proceditur. videtur quod illa claritas non fuit claritas gloriosa. * dicit enim quae-

dam glossa bedae, super illud matth. xvii, ° transfiguratus est coram eis, in corpore, inquit, mortali ostendit, non immortalitatem, sed claritatem similem futurae immortalitati. ‘ sed claritas gloriae est claritas immortalitatis. non ergo illa claritas quam christus discipulis ostendit, fuit claritas gloriae.
ag2 * Praeterea, super illud luc. ix, ° non gustabunt mortem nisi videant regnum dei, * dicit glossa bedae, ° idest, glorificationem corporis in imaginaria repraesentatione futurae beatitudinis. ‘ sed imago alicuius rei non est ipsa res. ergo claritas illa non fuit claritas beatitudinis.
ag3 ‘ Praeterea, claritas gloriae non est nisi in corpore humano. sed claritas illa transfigurationis apparuit non solum in corpore christi, sed etiam in vestimentis eius, et in nube lucida quae discipulos obumbravit. ergo videtur quod illa claritas non fuit claritas gloriae.
sc * Sed contra est quod, super illud matth. xvii, ° transfiguratus est ante eos, * dicit hieronymus, ° qualis futurus est tempore iudicii, talis apostolis apparuit. * et super illud matth. xvi, ° donec videant filium hominis venientem in regno suo, * dicit chrysostomus, ° volens monstrare quid est illa gloria in qua postea venturus est, eis in praesenti vita revelavit, sicut possibile erat eos discere, ut neque in domini morte iam doleant.
co ‘ Respondeo dicendum quod claritas illa quam christus in transfiguratione assumpsit, fuit claritas gloriae quantum ad essentiam, non tamen quantum ad modum essendi. “ claritas enim corporis gloriosi derivatur ab animae claritate, * sicut augustinus dicit, in epistola ad dioscorum. “ et similiter claritas corporis christi in transfiguratione derivata est a divinitate ipsius, * ut damascenus dicit, “ et a gloria animae eius. ‘ quod enim a principio conceptionis christi gloria animae non redundaret ad corpus, ex quadam dispensatione divina factum est, ut in corpore passibili nostrae redemptionis expleret mysteria, * sicut supra dictum est. ‘ non tamen per hoc adempta est potestas christo derivandi gloriam animae ad corpus. et hoc quidem fecit, quantum ad claritatem, in transfiguratione, aliter tamen quam in corpore glorificato. nam ad corpus glorificatum redundat claritas ab anima sicut quaedam qualitas permanens corpus afficiens. unde fulgere corporaliter non est miraculosum in corpore glorioso. sed ad corpus christi in transfiguratione derivata est claritas a divinitate et anima eius, non per modum qualitatis immanentis et afficientis ipsum corpus, sed magis per modum passionis transeuntis, sicut cum aer illuminatur a sole. unde ille fulgor tunc in corpore christi |25| apparens miraculosus fuit, sicut et hoc ipsum quod ambulavit super undas maris. * unde dionysius dicit, in epistola iv, ad caium, ° super hominem operatur christus ea quae sunt hominis, et hoc monstrat virgo supernaturaliter concipiens, et aqua instabilis materialium et terrenorum pedum sustinens gravitatem. * unde non est dicendum, sicut hugo de sancto victore dixit, quod “ christus assumpserit dotes claritatis in transfiguratione, agilitatis ambulando super mare, et subtilitatis egrediendo de clauso utero virginis, ‘ quia dos nominat quandam qualitatem immanentem corpori glorioso. sed miraculose habuit ea quae pertinent ad dotes. et est simile, quantum ad animam, de visione qua paulus vidit deum in raptu, * ut in secunda parte dictum est.
ra1 * Ad primum ergo dicendum quod ex illo verbo non ostenditur “ quod claritas christi non fuerit claritas gloriae, sed quod non fuit claritas corporis gloriosi, quia corpus christi nondum erat immortale. ‘ sicut enim dispensative factum est ut in christo gloria animae non redundaret ad corpus, ita fieri potuit dispensative ut redundaret quantum ad dotem claritatis, et non quantum ad dotem impassibilitatis.
ra2 “ Ad secundum dicendum quod illa claritas dicitur imaginaria fuisse, non quin esset vera claritas gloriae, sed quia erat quaedam imago repraesentans illam gloriae perfectionem secundum quam corpus erit gloriosum.
ra3 ‘ Ad tertium dicendum quod, sicut claritas quae erat in corpore christi repraesentabat futuram claritatem corporis eius, ita claritas vestimentorum eius designat futuram claritatem sanctorum, quae superabitur a claritate christi, sicut candor nivis superatur a candore solis. * unde gregorius dicit, xxxii moral., quod ° vestimenta christi facta sunt splendentia, quia in supernae claritatis culmine sancti omnes ei luce iustitiae fulgentes adhaerebunt. vestium enim nomine iustos, quos sibi adiunget, significat, * secundum illud isaiae xlix, ° his omnibus velut ornamento vestieris. “ nubes autem lucida significat spiritus sancti gloriam, vel virtutem paternam, * ut origenes dicit, “ per quam sancti in futura gloria protegentur. ‘ quamvis etiam convenienter significare posset claritatem mundi innovati, quae erit sanctorum tabernaculum. unde, petro disponente tabernacula facere, nubes lucida discipulos obumbravit.

010 ST4 qu45 ar3

ag1 ‘ Ad tertium sic proceditur. videtur quod non convenienter inducti fuerint testes transfigurationis. unusquisque enim maxime perhibere potest testimonium de notis. sed qualis esset futura gloria, tempore transfigurationis christi nulli homini per experimentum erat adhuc notum, sed solis angelis. ergo testes transfigurationis magis debuerunt esse angeli quam homines.
ag2 ‘ Praeterea, testes veritatis non decet aliqua fictio, sed veritas. moyses autem et elias non ibi vere affuerunt, sed imaginarie, * dicit enim quaedam glossa super illud luc. ix, ° erant autem moyses et elias etc., sciendum est, inquit, non corpus vel animas moysi vel eliae ibi apparuisse, sed in subiecta creatura illa corpora fuisse formata. potest etiam credi ut angelico ministerio hoc factum esset, ut angeli eorum personas assumerent. ‘ non ergo videtur quod fuerint convenientes testes.
ag3 * Praeterea, act. x dicitur quod christo ° omnes prophetae testimonium perhibent. ‘ ergo non soli moyses et elias debuerunt adesse tanquam testes, sed etiam omnes prophetae.
ag4 ‘ Praeterea, gloria christi fidelibus omnibus repromittitur, quos per suam transfigurationem ad illius gloriae desiderium accendere voluit. non ergo solos petrum et iacobum et ioannem in testimonium suae transfigurationis assumere debuit, sed omnes discipulos.
sc * In contrarium est evangelicae scripturae auctoritas.
co ‘ Respondeo dicendum quod christus transfigurari voluit ut gloriam suam hominibus ostenderet, et ad eam desiderandam homines provocaret, * sicut supra dictum est. ‘ ad gloriam autem aeternae beatitudinis adducuntur homines per christum, non solum qui post eum fuerunt, sed etiam qui eum praecesserunt, “ unde, eo ad passionem properante, tam ° turbae quae sequebantur, quam quae praecedebant ei, clamabant, hosanna, * ut dicitur matth. xxi, ‘ quasi salutem ab eo petentes. et ideo conveniens fuit ut de praecedentibus ipsum testes adessent, scilicet moyses et elias; et de sequentibus, scilicet petrus, iacobus et ioannes; ut ° in ore duorum vel trium testium staret hoc verbum.
ra1 ‘ Ad primum ergo dicendum quod christus per suam transfigurationem manifestavit discipulis corporis gloriam, quae ad solos homines pertinet. et ideo convenienter non angeli, sed homines pro testibus ad hoc inducuntur.
ra2 ‘ Ad secundum dicendum quod * illa glossa dicitur esse sumpta ex libro qui intitulatur de mirabilibus sacrae scripturae, qui non est liber authenticus, sed falso adscribitur augustino. et ideo illi glossae non est standum. dicit enim hieronymus, super matth., ° considerandum est quod scribis et pharisaeis de caelo signa poscentibus, dare noluit, hic vero, ut apostolorum augeat fidem, dat signum de caelo, elia inde descendente quo conscenderat, et moyse ab inferis resurgente. “ quod non est sic intelligendum quasi anima moysi suum corpus resumpserit, sed quod anima eius apparuit per aliquod corpus assumptum, sicut angeli apparent. elias autem apparuit in proprio corpore, non quidem de caelo empyreo allatus, sed de aliquo eminenti loco, in quem fuerat in curru igneo raptus.
ra3 * Ad tertium dicendum quod, sicut chrysostomus dicit, super matth., “ moyses et elias in medium adducuntur propter multas rationes. prima est haec. quia enim turbae dicebant eum esse eliam vel ieremiam aut unum ex prophetis, capita prophetarum secum ducit, ut saltem hinc appareat differentia servorum et domini. secunda ratio est, quia moyses legem dedit, elias pro gloria domini aemulator fuit. unde per hoc quod simul cum christo apparent, excluditur calumnia iudaeorum accusantium christum tanquam transgressorem legis, et blasphemum dei sibi gloriam usurpantem. tertia ratio est, ut ostendat se habere potestatem mortis et vitae, et esse iudicem mortuorum et vivorum, per hoc quod moysen iam mortuum, et eliam adhuc viventem, secum ducit. quarta ratio est quia, * sicut lucas dicit, “ loquebantur cum eo ° de excessu, quem completurus erat in ierusalem, “ idest de passione et morte sua. et ideo, ut super hoc discipulorum animos confirmaret, inducit eos in medium qui se morti exposuerunt pro deo, nam moyses cum periculo mortis se obtulit pharaoni, elias vero regi achab. quinta ratio est, quia volebat ut discipuli eius aemularentur moysi mansuetudinem, et zelum eliae. * sextam rationem addit hilarius, “ ut ostenderet scilicet se per legem, quam dedit moyses, et per prophetas, inter quos fuit |25| elias praecipuus, esse praedicatum.
ra4 ‘ Ad quartum dicendum quod alta mysteria non sunt omnibus exponenda immediate, sed per maiores suo tempore ad alios debent devenire. * et ideo, ut chrysostomus dicit, ° assumpsit tres tanquam potiores. ‘ nam petrus excellens fuit in dilectione quam habuit ad christum et iterum in potestate sibi commissa; ioannes vero in privilegio amoris quo a christo diligebatur propter suam virginitatem, et iterum propter praerogativam evangelicae doctrinae; iacobus autem propter praerogativam martyrii. et tamen hos ipsos noluit hoc quod viderant aliis annuntiare ante resurrectionem, * ne, ut hieronymus dicit, ° incredibile esset, pro rei magnitudine; et, post tantam gloriam, sequens crux scandalum faceret; vel etiam totaliter impediretur a populo; et ut, cum essent spiritu sancto repleti, tunc gestorum spiritualium testes essent.

010 ST4 qu45 ar4

ag1 ‘ Ad quartum sic proceditur. videtur quod inconvenienter additum fuerit testimonium paternae vocis dicentis, ° hic est filius meus dilectus. * quia, ut dicitur iob xxxiii, ° semel loquitur deus, et secundo idipsum non repetit. ‘ sed in baptismo hoc ipsum paterna vox fuerat protestata. non ergo fuit conveniens quod hoc iterum protestaretur in transfiguratione
ag2 ‘ Praeterea, in baptismo, simul cum voce paterna, affuit spiritus sanctus in specie columbae. quod in transfiguratione factum non fuit. non ergo conveniens videtur fuisse patris protestatio.
ag3 ‘ Praeterea, christus docere incoepit post baptismum. et tamen in baptismo vox patris ad eum audiendum homines non induxerat. ergo nec in transfiguratione inducere debuit.
ag4 ‘ Praeterea, non debent aliquibus dici ea quae ferre non possunt, * secundum illud ioan. xvi, ° adhuc habeo vobis multa dicere, quae non potestis portare modo. ‘ sed discipuli vocem patris ferre non potuerunt, * dicitur enim matth. xvii quod ° audientes discipuli ceciderunt in faciem suam et timuerunt valde. ‘ ergo non debuit vox paterna ad eos fieri.
sc * In contrarium est auctoritas evangelicae scripturae.
co ‘ Respondeo dicendum quod adoptio filiorum dei est per quandam conformitatem imaginis ad dei filium naturalem. quod quidem fit dupliciter, primo quidem, per gratiam viae, quae est conformitas imperfecta; secundo, per gloriam, quae est conformitas perfecta; * secundum illud i ioan. iii, ° nunc filii dei sumus, et nondum apparuit quid erimus, scimus quoniam, cum apparuerit, similes ei erimus, quoniam videbimus eum sicuti est. ‘ quia igitur gratiam per baptismum consequimur, in transfiguratione autem praemonstrata est claritas futurae gloriae, ideo tam in baptismo quam in transfiguratione conveniens fuit manifestare naturalem christi filiationem testimonio patris, quia solus est perfecte conscius illius perfectae generationis, simul cum filio et spiritu sancto.
ra1 ‘ Ad primum ergo dicendum quod illud verbum referendum est ad aeternam dei locutionem, qua deus pater verbum unicum protulit sibi coaeternum. et tamen potest dici quod idem corporali voce deus bis protulerit, non tamen propter idem, sed ad ostendendum diversum modum quo homines participare possunt similitudinem filiationis aeternae.
ra2 ‘ Ad secundum dicendum quod sicut in baptismo, ubi declaratum fuit mysterium primae regenerationis, ostensa est operatio totius trinitatis, per hoc quod fuit ibi filius incarnatus, apparuit spiritus sanctus in specie columbae, et pater fuit ibi declaratus in voce; ita etiam in transfiguratione, quae est sacramentum secundae regenerationis, tota trinitas apparuit, pater in voce, filius in homine, spiritus sanctus in nube clara; quia sicut in baptismo dat innocentiam, quae per simplicitatem columbae designatur, ita in resurrectione dabit electis suis claritatem gloriae et refrigerium ab omni malo, quae designantur in nube lucida.
ra3 ‘ Ad tertium dicendum quod christus venerat gratiam actualiter dare, gloriam vero verbo promittere. et ideo convenienter in transfiguratione inducuntur homines ut ipsum audiant, non autem in baptismo.
ra4 ‘ Ad quartum dicendum quod conveniens fuit discipulos voce paterna terreri et prosterni, ut ostenderetur quod excellentia illius gloriae quae tunc demonstrabatur, excedit omnem sensum et facultatem mortalium, * secundum illud exod. xxxiii, ° non videbit me homo et vivet. * et hoc est quod hieronymus dicit, super matth., quod ° humana fragilitas conspectum maioris gloriae ferre non sustinet. ‘ ab hac autem fragilitate sanantur homines per christum, eos in gloriam adducendo. * quod significatur per hoc quod dixit eis, ° surgite, nolite timere.

010 ST4 qu46 ar

pr ‘ Consequenter considerandum est de his quae pertinent ad exitum christi de mundo. et primo, de passione eius; secundo, de morte; tertio, de sepultura; quarto, de descensu ad inferos. circa passionem occurrit triplex consideratio, prima, de ipsa passione; secunda, de causa efficiente passionis; tertia, de fructu passionis. circa primum quaeruntur duodecim. primo, utrum necesse fuerit christum pati pro liberatione hominum. secundo, utrum fuerit alius modus possibilis liberationis humanae. tertio, utrum iste modus fuerit convenientior. quarto, utrum fuerit conveniens quod in cruce pateretur. quinto, de generalitate passionis eius. sexto, utrum dolor quem in passione sustinuit, fuerit maximus. septimo, utrum tota anima eius pateretur. octavo, utrum passio eius impediverit gaudium fruitionis. nono, de tempore passionis. decimo, de loco. undecimo, utrum conveniens fuerit ipsum cum latronibus crucifigi. duodecimo, utrum passio ipsius christi sit divinitati attribuenda.

010 ST4 qu46 ar1

ag1 ‘ Ad primum sic proceditur. videtur quod non fuerit necessarium christum pati pro humani generis liberatione. humanum enim genus liberari non poterat nisi a deo, * secundum illud isaiae xlv, ° nunquid

non ego dominus, et non est ultra deus absque me? deus iustus et salvans non est praeter me. ‘ in deum autem non cadit aliqua necessitas, quia hoc repugnaret omnipotentiae ipsius. ergo non fuit necessarium christum pati.
ag2 ‘ Praeterea, necessarium voluntario opponitur. sed christus propria voluntate est passus, * dicitur enim isaiae liii, ° oblatus est quia ipse voluit. ‘ ergo non necessarium fuit eum pati.
ag3 * Praeterea, sicut in psalmo dicitur, ° universae viae domini misericordia et veritas. ‘ sed non videtur necessarium quod pateretur ex parte misericordiae divinae, quae, sicut gratis dona tribuit, ita videtur quod gratis debita relaxet, absque satisfactione. neque etiam ex parte divinae iustitiae, secundum quam homo aeternam damnationem meruerat. ergo videtur non fuisse necessarium quod christus pro liberatione hominum pateretur.
ag4 “ Praeterea, angelica natura est excellentior quam humana, * ut patet per dionysium, iv cap. de div. nom.. ‘ sed pro reparatione angelicae naturae, quae peccaverat, christus non est passus. ergo videtur quod nec etiam fuerit necessarium eum pati pro salute humani generis.
sc * Sed contra est quod dicitur ioan. iii, ° sicut moyses exaltavit serpentem in deserto, sic oportet exaltari filium hominis, ut omnis qui credit in eum non pereat, sed habeat vitam aeternam. “ quod quidem de exaltatione in cruce intelligitur. ergo videtur quod christum oportuerit pati.
co * Respondeo dicendum quod, sicut philosophus docet in v metaphys., “ necessarium multipliciter dicitur. uno quidem modo, quod secundum sui naturam impossibile est aliter se habere. ‘ et sic manifestum est quod non fuit necessarium christum pati, neque ex parte dei, neque ex parte hominis. “ alio modo dicitur aliquid necessarium ex aliquo exteriori. quod quidem si sit causa efficiens vel movens, facit necessitatem coactionis, utpote cum aliquis non potest ire propter violentiam detinentis ipsum. si vero illud exterius quod necessitatem inducit, sit finis, dicetur aliquid necessarium ex suppositione finis, quando scilicet finis aliquis aut nullo modo potest esse, aut non potest esse convenienter, nisi tali fine praesupposito. ‘ non fuit ergo necessarium christum pati necessitate coactionis, neque ex parte dei, qui christum definivit pati; neque etiam ex parte ipsius christi, qui voluntarie passus est. fuit autem necessarium necessitate finis. qui quidem potest tripliciter intelligi. primo quidem, ex parte nostra, qui per eius passionem liberati sumus, * secundum illud ioan. iii, ° oportet exaltari filium hominis, ut omnis qui credit in eum non pereat, sed habeat vitam aeternam. ‘ secundo, ex parte ipsius christi, qui per humilitatem passionis meruit gloriam exaltationis. * et ad hoc pertinet quod dicitur luc. ult., |25| ° haec oportuit christum pati, et sic intrare in gloriam suam. ‘ tertio, ex parte dei, cuius definitio est circa passionem christi praenuntiatam in scripturis et praefiguratam in observantia veteris testamenti. * et hoc est quod dicitur luc. xxii, ° filius hominis secundum quod definitum est vadit; * et luc. ult., ° haec sunt verba quae locutus sum ad vos cum adhuc essem vobiscum, quoniam necesse est impleri omnia quae scripta sunt in lege moysi et prophetis et psalmis de me; et, quoniam scriptum est quoniam oportebat christum pati et resurgere a mortuis.
ra1 ‘ Ad primum ergo dicendum quod ratio illa procedit de necessitate coactionis ex parte dei.
ra2 ‘ Ad secundum dicendum quod ratio illa procedit de necessitate coactionis ex parte hominis christi.
ra3 ‘ Ad tertium dicendum quod hominem liberari per passionem christi, conveniens fuit et misericordiae et iustitiae eius. iustitiae quidem, quia per passionem suam christus satisfecit pro peccato humani generis, et ita homo per iustitiam christi liberatus est. misericordiae vero, quia, cum homo per se satisfacere non posset pro peccato totius humanae naturae, * ut supra habitum est, ‘ deus ei satisfactorem dedit filium suum, * secundum illud rom. iii, ° iustificati gratis per gratiam ipsius, per redemptionem quae est in christo iesu, quem proposuit deus propitiatorem per fidem ipsius. ‘ et hoc fuit abundantioris misericordiae quam si peccata absque satisfactione dimisisset. * unde dicitur ephes. ii, ° deus, qui dives est in misericordia, propter nimiam caritatem qua dilexit nos, cum essemus mortui peccatis, convivificavit nos in christo.
ra4 ‘ Ad quartum dicendum quod peccatum angeli non fuit remediabile, sicut peccatum hominis, * ut ex supra dictis in prima parte patet.

010 ST4 qu46 ar2

ag1 ‘ Ad secundum sic proceditur. videtur quod non fuit possibilis alius modus liberationis humanae naturae quam per passionem christi. * dixit enim dominus, ioan. xii, ° nisi granum frumenti cadens in terram mortuum fuerit, ipsum solum manet, si autem mortuum fuerit, multum fructum affert, * ubi dicit augustinus quod ° seipsum granum dicebat. ‘ nisi ergo mortem passus esset, aliter fructum nostrae liberationis non fecisset.
ag2 * Praeterea, matth. xxvi dominus dicit ad patrem, ° pater mi, si non potest iste calix transire nisi bibam illum, fiat voluntas tua. “ loquitur autem ibi de calice passionis. ‘ ergo passio christi praeterire non poterat. * unde et hilarius dicit, ° ideo calix transire non potest nisi illum bibat, quia reparari nisi ex eius passione non possumus.
ag3 ‘ Praeterea, iustitia dei exigebat ut homo a peccato liberaretur, christo per passionem suam satisfaciente. sed christus suam iustitiam praeterire non potest. * dicitur enim ii ad tim. ii, ° si non credimus, ille fidelis permanet, negare seipsum non potest. ‘ seipsum autem negaret si iustitiam suam negaret, cum ipse sit iustitia. ergo videtur quod non fuerit possibile alio modo hominem liberari quam per passionem christi.
ag4 ‘ Praeterea, fidei non potest subesse falsum. sed antiqui patres crediderunt christum passurum. ergo videtur quod non potuerit esse quin christus pateretur.
sc * Sed contra est quod augustinus dicit, xiii de trin., ° istum modum quo nos per mediatorem dei et hominum, hominem christum iesum, deus liberare dignatur, asserimus bonum et divinae dignitati congruum, verum etiam ostendamus alium modum possibilem deo fuisse, cuius potestati cuncta aequaliter subiacent.
co ‘ Respondeo dicendum quod aliquid potest dici possibile vel impossibile dupliciter, uno modo, simpliciter et absolute; alio modo, ex suppositione. simpliciter igitur et absolute loquendo, possibile fuit deo alio modo hominem liberare quam per passionem christi, ° quia non est impossibile apud deum omne verbum, * ut dicitur luc. i. ‘ sed ex aliqua suppositione facta, fuit impossibile. quia enim impossibile est dei praescientiam falli et eius voluntatem sive dispositionem cassari, supposita praescientia et praeordinatione dei de passione christi, non erat simul possibile christum non pati, et hominem alio modo quam per eius passionem liberari. et est eadem ratio de omnibus his quae sunt praescita et praeordinata a deo, * ut in prima parte habitum est.
ra1 ‘ Ad primum ergo dicendum quod dominus ibi loquitur supposita praescientia et praeordinatione dei, secundum quam erat ordinatum ut fructus humanae salutis non sequeretur nisi christo patiente.
ra2 * Et similiter intelligendum est quod secundo obiicitur, ° si non potest hic calix transire nisi bibam illum, “ scilicet, propter hoc quod et tu ita disposuisti. * unde subdit, ° fiat voluntas tua.
ra3 ‘ Ad tertium dicendum quod haec etiam iustitia dependet ex voluntate divina ab humano genere satisfactionem pro peccato exigente. alioquin, si voluisset absque omni satisfactione hominem a peccato liberare, contra iustitiam non fecisset. ille enim iudex non potest, salva iustitia, culpam sive poenam dimittere, qui habet punire culpam in alium commissam, puta vel in alium hominem, vel in totam rempublicam, sive in superiorem principem. sed deus non habet aliquem superiorem, sed ipse est supremum et commune bonum totius universi. et ideo, si dimittat peccatum, quod habet rationem culpae ex eo quod contra ipsum committitur, nulli facit iniuriam, sicut quicumque homo remittit offensam in se commissam absque satisfactione, misericorditer, et non iniuste agit. * et ideo david, misericordiam petens, dicebat, “ tibi soli peccavi, quasi dicat, potes sine iniustitia mihi dimittere.
ra4 ‘ Ad quartum dicendum quod fides humana, et etiam scripturae divinae, quibus fides instruitur, innituntur praescientiae et ordinationi divinae. et ideo eadem ratio est de necessitate quae provenit ex suppositione eorum, et de necessitate quae provenit ex praescientia et voluntate divina.

010 ST4 qu46 ar3

ag1 ‘ Ad tertium sic proceditur. videtur quod alius modus convenientior fuisset liberationis humanae quam per passionem christi. natura enim in sua operatione imitatur opus divinum, utpote a deo mota et regulata. sed natura non facit per duo quod per unum potest facere. cum ergo deus potuerit hominem liberare sola propria voluntate, non videtur conveniens fuisse quod ad liberationem humani generis christi passio adderetur.
ag2 ‘ Praeterea, ea quae fiunt per naturam, convenientius fiunt quam ea quae per violentiam fiunt, “ quia violentum est quaedam excisio, seu casus, ab eo quod est secundum naturam, * ut dicitur in libro de caelo. ‘ sed passio christi mortem violentam induxit. ergo convenientius fuisset quod christus naturali morte moriendo hominem liberaret, quam quod pateretur.
ag3 ‘ Praeterea, convenientissimum videtur quod ille qui violenter et iniuste detinet, per superioris potentiam spolietur, unde et * isaiae lii dicitur, ° gratis venundati estis, et sine argento redimemini. ‘ sed diabolus nullum ius in homine habebat, quem per fraudem deceperat, et per quandam violentiam servituti subiectum detinebat. ergo videtur convenientissimum fuisse quod christus diabolum per solam potentiam spoliaret, absque sua passione.
sc * Sed contra est quod augustinus dicit, xiii de trin., ° sanandae nostrae miseriae convenientior modus alius non fuit “ quam per christi passionem.
co ‘ Respondeo dicendum quod tanto aliquis modus convenientior est ad assequendum finem, quanto per ipsum plura concurrunt quae sunt expedientia fini. per hoc autem quod homo per christi passionem est liberatus, multa occurrerunt ad salutem hominis pertinentia, praeter liberationem a peccato. primo enim, per hoc homo cognoscit quantum deus hominem diligat, et per hoc provocatur ad eum diligendum, in quo perfectio humanae salutis consistit. * unde apostolus dicit, rom. v, ° commendat suam caritatem deus in nobis quoniam, cum inimici essemus, christus pro nobis mortuus est. ‘ secundo, quia per hoc dedit nobis exemplum obedientiae, humilitatis, constantiae, iustitiae, et ceterarum virtutum in passione christi ostensarum, quae sunt necessariae ad humanam salutem * unde dicitur i pet. ii, ° christus passus est pro nobis, nobis relinquens exemplum, ut sequamur vestigia eius. ‘ tertio, quia christus per passionem suam non solum hominem a peccato liberavit, sed etiam gratiam iustificantem et gloriam beatitudinis ei promeruit, * ut infra dicetur. ‘ quarto, quia per hoc est homini indicta maior necessitas se immunem a peccato conservandi, * secundum illud i cor. vi, |25| ° empti estis pretio magno, glorificate et portate deum in corpore vestro. ‘ quinto, quia hoc ad maiorem dignitatem cessit, ut, sicut homo victus fuerat et deceptus a diabolo, ita etiam homo esset qui diabolum vinceret; et sicut homo mortem meruit, ita homo moriendo mortem superaret; * ut dicitur i cor. xv, ° deo gratias, qui dedit nobis victoriam per iesum christum. ‘ et ideo convenientius fuit quod per passionem christi liberaremur, quam per solam dei voluntatem.
ra1 ‘ Ad primum ergo dicendum quod natura etiam, ut aliquid convenientius faciat, plura ad unum assumit, sicut duos oculos ad videndum. et idem patet in aliis.
ra2 * Ad secundum dicendum quod, sicut chrysostomus dicit, ° christus non sui mortem, quam non habebat, cum sit vita, sed hominum mortem venerat consumpturus. unde non propria morte corpus deposuit, sed ab hominibus illatam sustinuit. sed et, si aegrotavisset corpus eius et in conspectu omnium solveretur, inconveniens erat eum qui aliorum languores sanaret, habere proprium corpus affectum languoribus. sed et, si absque aliquo morbo seorsum alicubi corpus deposuisset ac deinde se offerret, non crederetur ei de resurrectione disserenti. quomodo enim pateret christi in morte victoria, nisi, coram omnibus eam patiens, per incorruptionem corporis probasset extinctam?
ra3 ‘ Ad tertium dicendum quod, licet diabolus iniuste invaserit hominem, tamen homo propter peccatum iuste erat sub servitute diaboli derelictus a deo. et ideo conveniens fuit ut per iustitiam homo a servitute diaboli liberaretur, christo satisfaciente pro ipso per suam passionem. fuit etiam hoc conveniens ad vincendam superbiam diaboli, ° qui est desertor iustitiae et amator potentiae, ut christus diabolum vinceret et hominem liberaret, non per solam potentiam divinitatis, sed etiam per iustitiam et humilitatem passionis, * ut augustinus dicit, xiii de trinitate.

010 ST4 qu46 ar4

ag1 ‘ Ad quartum sic proceditur. videtur quod christus non debuerit pati in cruce. veritas enim debet respondere figurae. sed in figuram christi praecesserunt omnia sacrificia veteris testamenti, in quibus animalia gladio necabantur, et postmodum igni cremabantur. ergo videtur quod christus non debuerit pati in cruce, sed magis gladio vel igne.
ag2 * Praeterea, damascenus dicit quod “ christus non debuit assumere detractibiles passiones. sed mors crucis videtur maxime detractibilis et ignominiosa, * unde dicitur sap. ii, ° morte turpissima condemnemus eum. ‘ ergo videtur quod christus non debuit pati mortem crucis.
ag3 “ Praeterea, de christo dicitur, ° benedictus qui venit in nomine domini, * ut patet matth. xxi. ‘ sed mors crucis erat mors maledictionis, * secundum illud deut. xxi, ° maledictus a deo est qui pendet in ligno. ‘ ergo videtur quod non fuit conveniens christum crucifigi.
sc * Sed contra est quod dicitur philipp. ii, ° factus est obediens usque ad mortem, mortem autem crucis.
co ‘ Respondeo dicendum quod convenientissimum fuit christum pati mortem crucis. primo quidem, propter exemplum virtutis. * dicit enim augustinus, in libro octoginta trium quaest., ° sapientia dei hominem, ad exemplum quo recte viveremus, suscepit. pertinet autem ad vitam rectam ea quae non sunt metuenda, non metuere. sunt autem homines qui, quamvis mortem ipsam non timeant, genus tamen mortis horrescunt. ut ergo nullum genus mortis recte viventi homini metuendum esset, illius hominis cruce ostendendum fuit, nihil enim erat, inter omnia genera mortis, illo genere execrabilius et formidabilius. ‘ secundo, quia hoc genus mortis maxime conveniens erat satisfactioni pro peccato primi parentis, quod fuit ex eo quod, contra mandatum dei, pomum ligni vetiti sumpsit. et ideo conveniens fuit quod christus, ad satisfaciendum pro peccato illo, seipsum pateretur ligno affigi, quasi restituens quod adam sustulerat, * secundum illud psalmi, ° quae non rapui, tunc exsolvebam. * unde augustinus dicit, in quodam sermone de passione, ° contemsit adam praeceptum, accipiens ex arbore, sed quidquid adam per-

didit, christus in cruce invenit. * tertia ratio est quia, ut chrysostomus dicit, in sermone de passione, |25| ° in excelso ligno, et non sub tecto passus est, ut etiam ipsius aeris natura mundetur. sed et ipsa terra simile beneficium sentiebat, decurrentis de latere sanguinis stillatione mundata. * et super illud ioan. iii, ° oportet exaltari filium hominis, exaltari audiens, suspensionem intelligas in altum, ut sanctificaret aerem qui sanctificaverat terram ambulando in ea. " quarta ratio est quia, per hoc quod in ea moritur, ascensum nobis parat in caelum, * ut chrysostomus dicit. et inde est quod ipse dicit, ioan. xii, ° ego, si exaltatus fuero a terra, omnia traham ad meipsum. ' quinta ratio est quia hoc competit universali salvationi totius mundi. * unde gregorius nyssenus dicit quod ° figura crucis, a medio contactu in quatuor extrema partita, significat virtutem et providentiam eius qui in ea pependit, ubique diffusam. * chrysostomus etiam dicit quod in cruce, ° expansis manibus, moritur, ut altera manu veterem populum, altera eos qui ex gentibus sunt, trahat. ' sexta ratio est quia per hoc genus mortis diversae virtutes designantur. unde * augustinus dicit, in libro de gratia vet. et novi test., ° non frustra tale genus mortis elegit, ut latitudinis et altitudinis et longitudinis et profunditatis, |50| * de quibus apostolus loquitur, ° magister existeret. nam latitudo est in eo ligno quod transversum desuper figitur; hoc ad bona opera pertinet, quia ibi extenduntur manus. longitudo in eo quod ab ipso ligno usque ad terram conspicuum est, ibi enim quodammodo statur, idest, persistitur et perseveratur; quod longanimitati tribuitur. altitudo est in ea ligni parte quae ab illa quae transversa figitur, sursum versus relinquitur, hoc est, ad caput crucifixi, quia bene sperantium superna expectatio est. iam vero illud ex ligno quod fixum occultatur, unde totum illud exurgit, significat profunditatem gratuitae gratiae. * et, sicut augustinus dicit, super ioan., ° lignum in quo fixa erant membra patientis, etiam cathedra fuit magistri docentis. ' septima ratio est quia hoc genus mortis plurimis figuris respondet. * ut enim augustinus dicit, in sermone de passione, " de diluvio aquarum humanum genus arca lignea liberavit; de aegypto dei populo recedente, moyses mare virga divisit, et pharaonem prostravit, et populum dei redemit; idem moyses lignum in aquam misit et amaram aquam in dulcedinem commutavit; ex lignea virga de spirituali petra salutaris unda profertur; et, ut amalec vinceretur, contra virgam moyses expansis manibus extenditur; et lex dei arcae testamenti creditur ligneae; ut his omnibus ad lignum crucis, quasi per quosdam gradus, veniatur.

ra1 ' Ad primum ergo dicendum quod altare holocaustorum, in quo sacrificia animalium offerebantur, erat factum de lignis, * ut habetur exod. xxvii, ' et quantum ad hoc veritas respondet figurae. ° non autem oportet quod quantum, ad omnia, quia iam non esset similitudo, sed veritas, * ut damascenus dicit, in iii libro. specialiter tamen, ut chrysostomus dicit, ° non caput ei amputatur, ut ioanni; neque sectus est, ut isaias, ut corpus integrum et indivisibile morti servet, et non fiat occasio volentibus ecclesiam dividere. ' loco autem materialis ignis, fuit in holocausto christi ignis caritatis.

ra2 ' Ad secundum dicendum quod christus detractibiles passiones assumere renuit quae pertinebant ad defectum scientiae vel gratiae, aut etiam virtutis. non autem illas quae pertinent ad iniuriam ab exteriori illatam, quinimmo, * ut dicitur heb. xii, ° sustinuit crucem confusione contempta.

ra3 ' Ad tertium dicendum quod, * sicut augustinus dicit, xiv contra faustum, " peccatum maledictum est et per consequens mors et mortalitas ex peccato proveniens, ° caro autem christi mortalis fuit, similitudinem habens carnis peccati. ' et propter hoc moyses eam nominat maledictum, sicut et apostolus nominat eam peccatum, * dicens, ii cor. v, ° eum qui non noverat peccatum, pro nobis peccatum fecit, " scilicet per poenam peccati. ° nec ideo maior invidia est, quia dixit, maledictus est a deo. nisi enim deus peccatum odisset, non ad eam suscipiendam atque tollendam filium suum mitteret. confitere ergo maledictum suscepisse pro nobis, quem confiteris mortuum esse pro nobis. * unde et galat. iii dicitur, ° christus nos redemit de maledicto legis, factus pro nobis maledictum.

010 ST4 qu46 ar5

ag1 ' Ad quintum sic proceditur. videtur quod christus omnes passiones sustinuerit. * dicit enim hilarius, in x de trin., ° unigenitus dei, ad peragendum mortis suae sacramentum, consummasse in se omne humanarum genus passionum testatur, cum, inclinato capite, emisit spiritum. ' videtur ergo quod omnes passiones humanas sustinuerit.

ag2 * Praeterea, isaiae lii dicitur, ° ecce, intelliget servus meus, et exaltabitur, et elevabitur, et sublimis erit valde. sicut obstupuerunt super eum multi, sic inglorius erit inter viros aspectus eius, et forma eius inter filios hominum. ' sed christus est exaltatus secundum hoc quod habuit omnem gratiam et omnem scientiam, pro quo super eo multi admirantes obstupuerunt. ergo videtur quod inglorius fuerit sustinendo omnem passionem humanam.

ag3 ' Praeterea, passio christi ordinata est ad liberationem hominis a peccato, * ut supra dictum est. ' sed christus venit liberare homines ab omni peccatorum genere. ergo debuit pati omne genus passionum.

sc * Sed contra est quod dicitur ioan. xix, quod ° milites primi quidem fregerunt crura et alterius qui crucifixus est cum eo, ad iesum autem cum venissent, non fregerunt eius crura. ' non ergo passus est omnem humanam passionem.

co ' Respondeo dicendum quod passiones humanae possunt considerari dupliciter. uno modo, quantum ad speciem. et sic non oportuit christum omnem humanam passionem pati, quia multae passionum species sibi invicem contrariantur, sicut combustio in igne et submersio in aqua. loquimur enim nunc de passionibus ab extrinseco illatis, quia passiones ab intrinseco causatas, sicut sunt aegritudines corporales, non decuit eum pati, * ut supra dictum est. ' sed secundum genus, passus est omnem passionem humanam. quod quidem potest considerari tripliciter. uno modo, ex parte hominum. passus est enim aliquid et a gentilibus, et a iudaeis; a masculis et feminis, ut patet de ancillis accusantibus petrum. passus est etiam a principibus, et a ministris eorum, et popularibus, * secundum illud psalmi, ° quare fremuerunt gentes, et populi meditati sunt inania? astiterunt reges terrae, et principes convenerunt in unum, adversus dominum et adversus christum eius. ' passus est etiam a familiaribus et notis, sicut patet de iuda eum prodente, et petro ipsum negante. alio modo patet idem ex parte eorum in quibus homo potest pati. passus est enim christus in suis amicis eum deserentibus; in fama per blasphemias contra eum dictas; in honore et gloria per irrisiones et contumelias ei illatas; in rebus per hoc quod etiam vestibus spoliatus est; in |25| anima per tristitiam, taedium et timorem; in corpore per vulnera et flagella. tertio potest considerari quantum ad corporis membra. passus est enim christus in capite pungentium spinarum coronam; in manibus et pedibus fixionem clavorum; in facie alapas et sputa; et in toto corpore flagella. fuit etiam passus secundum omnem sensum corporeum, secundum tactum quidem, flagellatus et clavis confixus; secundum gustum, felle et aceto potatus; secundum olfactum, in loco fetido cadaverum mortuorum, qui dicitur calvariae, appensus patibulo; secundum auditum, lacessitus vocibus blasphemantium et irridentium; secundum visum, videns matrem et discipulum quem diligebat flentes.

ra1 * Ad primum ergo dicendum quod verbum illud hilarii est ' intelligendum quantum ad omnia genera passionum, non autem quantum ad omnes species.

ra2 ' Ad secundum dicendum quod similitudo * ibi attenditur, ' non quantum ad numerum passionum et gratiarum, sed quantum ad magnitudinem utriusque, quia sicut sublimatus est in donis gratiarum super alios, ita deiectus est infra alios per ignominiam passionis.

ra3 ' Ad tertium dicendum quod, secundum sufficientiam, una minima passio christi suffecit ad redimendum genus humanum ab omnibus peccatis. sed secundum convenientiam, sufficiens fuit quod pateretur omnia genera passionum, * sicut iam dictum est.

010 ST4 qu46 ar6

ag1 ' Ad sextum sic proceditur. videtur quod dolor passionis christi non fuerit maior omnibus aliis doloribus. dolor enim patientis augetur secundum gravitatem et diuturnitatem passionis. sed quidam martyres graviores passiones et diuturniores sustinuerunt quam christus, sicut patet de laurentio, qui est assatus in craticula; et de vincentio, cuius carnes sunt ungulis ferreis laceratae. ergo videtur quod dolor christi patientis non fuerit maximus.

ag2 ' Praeterea, virtus mentis est mitigativa doloris, * in tantum quod stoici posuerunt ° tristitiam in animo sapientis non cadere. * et aristoteles posuit quod " virtus moralis medium tenet in passionibus. ' sed in christo fuit perfectissima virtus mentis. ergo videtur quod in christo fuerit minimus dolor.

ag3 ' Praeterea, quanto aliquod patiens est magis sensibile, tanto maior sequitur dolor passionis. sed anima est sensibilior quam corpus, cum corpus sentiat ex anima. adam etiam in statu innocentiae videtur corpus sensibilius habuisse quam christus, qui assumpsit corpus humanum cum naturalibus defectibus. ergo videtur quod dolor animae patientis in purgatorio vel in inferno, vel etiam dolor adae si passus fuisset, maior fuisset quam dolor passionis christi.

ag4 ' Praeterea, maioris boni amissio causat maiorem dolorem. sed peccator peccando amittit maius bonum quam christus patiendo, quia vita gratiae est melior quam vita naturae. christus etiam, qui amisit vitam post triduum resurrecturus, minus aliquid videtur amisisse quam illi qui amittunt vitam permansuri in morte. ergo videtur quod dolor christi non fuerit maximus dolor.

ag5 ' Praeterea, innocentia patientis diminuit dolorem passionis. sed christus innocenter est passus, * secundum illud ierem. xi, ° ego autem quasi agnus mansuetus qui portatur ad victimam. ' ergo videtur quod dolor passionis christi non fuerit maximus.

ag6 ' Praeterea, in his quae christi sunt, nihil fuit superfluum. sed minimus dolor christi suffecisset ad finem salutis humanae, habuisset enim infinitam virtutem ex persona divina. ergo superfluum fuisset assumere maximum dolorem.

sc * Sed contra est quod habetur thren. i ex persona christi, ° attendite, et videte si est dolor sicut dolor meus.

co * Respondeo dicendum quod, sicut supra dictum est cum de defectibus assumptis a christo ageretur, ' in christo patiente fuit verus dolor et sensibilis, qui causatur ex corporali nocivo; et dolor interior, qui causatur ex apprehensione alicuius nocivi, qui tristitia dicitur. uterque autem dolor in christo fuit maximus inter dolores praesentis vitae. quod quidem contingit propter quatuor. primo quidem, propter causas doloris. nam doloris sensibilis causa fuit laesio corporalis. quae acerbitatem habuit, tum propter generalitatem passionis, * de qua dictum est, ' tum etiam ex genere passionis. quia mors confixorum in cruce est acerbissima, quia configuntur in locis nervosis et maxime sensibilibus, scilicet in manibus et pedibus; et ipsum pondus corporis pendentis continue auget dolorem; et cum hoc etiam est doloris diuturnitas, quia non statim moriuntur, sicut hi qui sunt gladio interfecti. doloris autem interioris causa fuit, primo quidem, omnia peccata humani generis, pro quibus satisfaciebat patiendo, unde ea quasi sibi adscribit, * dicens in psalmo, ° verba delictorum meorum. ' secundo, specialiter casus iudaeorum et aliorum in eius mortem delinquentium, et praecipue discipulorum, qui scandalum passi |25| fuerant in christi passione. tertio etiam amissio vitae corporalis, quae naturaliter est horribilis humanae naturae. secundo potest magnitudo considerari ex perceptibilitate patientis. nam et secundum corpus erat optime complexionatus, cum corpus eius fuerit formatum miraculose operatione spiritus sancti, sicut et alia quae per miracula facta sunt, sunt aliis potiora, * ut chrysostomus dicit " de vino in quod christus aquam convertit in nuptiis. ' et ideo in eo maxime viguit sensus tactus, ex cuius perceptione sequitur dolor. anima etiam, secundum vires interiores, efficacissime apprehendit omnes causas tristitiae. tertio magnitudo doloris christi patientis potest considerari ex doloris puritate. nam in aliis patientibus mitigatur tristitia interior, et etiam dolor exterior, ex aliqua consideratione rationis, per quandam derivationem seu redundantiam a superioribus viribus ad inferiores. quod in christo patiente non fuit, " unicuique enim virium permisit agere quod est sibi proprium, * sicut damascenus dicit. ' quarto potest considerari magnitudo doloris christi patientis ex hoc quod passio illa et dolor a christo fuerunt assumpta voluntarie, propter finem liberationis hominum a peccato. et ideo tantam quantitatem doloris assumpsit quae esset proportionata magnitudini fructus qui inde sequebatur. ex his igitur omnibus causis simul consideratis manifeste apparet quod |50| dolor christi fuit maximus.

ra1 ' Ad primum ergo dicendum quod ratio illa procedit ex uno tantum praedictorum, scilicet ex laesione corporali, quae est causa sensibilis doloris. sed ex aliis causis multo magis dolor christi patientis augetur, * ut dictum est.

ra2 ' Ad secundum dicendum quod virtus moralis aliter mitigat tristitiam interiorem, et aliter exteriorem dolorem sensibilem. tristitiam enim interiorem diminuit directe, in ea medium constituendo sicut in propria materia. medium autem in passionibus virtus moralis constituit, * ut in secunda parte habitum est, ' non secundum quantitatem rei, sed secundum quantitatem proportionis, ut scilicet passio non excedat regulam rationis. * et quia stoici reputabant quod " nulla tristitia esset ad aliquid utilis, ideo credebant quod totaliter a ratione discordaret, et per consequens quod totaliter esset sapienti vitanda. sed secundum rei veritatem, tristitia aliqua laudabilis est, * ut augustinus probat, in xiv de civ. dei, " quando scilicet procedit ex sancto amore, ut puta cum aliquis tristatur de peccatis propriis vel alienis. ' assumitur etiam ut utilis ad finem satisfactionis pro peccato, * secundum illud ii cor. vii, ° quae secundum deum est tristitia, poenitentiam in salutem stabilem operatur. ' et ideo christus, ut satisfaceret pro peccatis omnium hominum, assumpsit tristitiam maximam quantitate absoluta, non tamen excedentem regulam rationis. dolorem autem exteriorem sensus virtus moralis directe non minuit, quia talis dolor non obedit |25| rationi, sed sequitur corporis naturam. diminuit tamen ipsum indirecte per redundantiam a superioribus viribus in inferiores. quod in christo non fuit, * ut dictum est.

ra3 ' Ad tertium dicendum quod dolor animae separatae patientis pertinet ad statum futurae damnationis, qui excedit omne malum huius vitae, sicut sanctorum gloria excedit omne bonum praesentis vitae. unde, cum diximus christi dolorem esse maximum, non comparamus ipsum dolori animae separatae. corpus autem adae pati non poterat, nisi peccaret et sic fieret mortale et passibile. et minus doleret patiens quam corpus christi, propter rationes praedictas. ex quibus etiam apparet quod etiam si, per impossibile, ponatur quod adam in statu innocentiae passus fuisset, minor fuisset eius dolor quam christi.

ra4 ' Ad quartum dicendum quod christus non solum doluit pro amissione vitae corporalis propriae, sed etiam pro peccatis omnium aliorum. qui dolor in christo excessit omnem dolorem cuiuslibet contriti. tum quia ex maiori sapientia et caritate processit, ex quibus dolor contritionis augetur. tum etiam quia pro omnium peccatis simul doluit, * secundum illud isaiae liii, ° vere dolores nostros ipse tulit. ‘ vita autem corporalis christi fuit tantae dignitatis, et praecipue propter divinitatem unitam, quod de eius amissione etiam ad horam, magis esset dolendum quam de amissione alterius hominis per quantumcumque tempus. * unde et philosophus dicit, in iii ethic., “ quod virtuosus plus diligit vitam suam quanto scit eam esse meliorem, et tamen eam exponit propter bonum virtutis. ‘ et similiter christus vitam suam maxime dilectam exposuit propter bonum caritatis, * secundum illud ierem. xii, ° dedi dilectam animam meam in manibus inimicorum eius.

ra5 ‘ Ad quintum dicendum quod innocentia patientis minuit dolorem passionis quantum ad numerum, quia, dum nocens patitur, dolet non solum de poena, sed etiam de culpa; innocens autem solum de poena. qui tamen dolor in eo augetur ex innocentia, inquantum apprehendit nocumentum illatum ut magis indebitum. unde etiam et alii magis sunt reprehensibiles si eis non compatiuntur, * secundum illud isaiae lvii, ° iustus autem perit, et non est qui recogitet in corde suo.

ra6 ‘ Ad sextum dicendum quod christus voluit genus humanum a peccatis liberare, non sola potestate, sed etiam iustitia. et ideo non solum attendit quantam virtutem dolor eius haberet ex divinitate unita, sed etiam quantum dolor eius sufficeret secundum naturam humanam, ad tantam satisfactionem.

010 ST4 qu46 ar7

ag1 ‘ Ad septimum sic proceditur. videtur quod christus non fuerit passus secundum totam animam. anima enim patitur, patiente corpore, per accidens, inquantum est corporis actus. sed anima non est actus corporis secundum quamlibet partem eius, “ nam intellectus nullius corporis actus est, * ut dicitur in iii de anima. ‘ ergo videtur quod christus non fuerit passus secundum totam animam.

ag2 ‘ Praeterea, quaelibet potentia animae patitur a suo obiecto. “ sed superioris partis rationis obiectum sunt rationes aeternae, quibus inspiciendis et consulendis intendit, * ut augustinus dicit, xii de trin.. ‘ ex rationibus autem aeternis nullum potuit christus pati nocumentum, cum in nullo ei contrariarentur. ergo videtur quod non fuerit passus secundum totam animam.

ag3 ‘ Praeterea, quando passio sensibilis usque ad rationem pertingit, tunc dicitur completa passio. “ quae in christo non fuit, * ut hieronymus dicit, “ sed solum propassio. * unde et dionysius dicit, in epistola ad ioannem evangelistam, quod ° passiones sibi illatas patiebatur secundum iudicare solum. ‘ non ergo videtur quod christus secundum totam animam pateretur.

ag4 ‘ Praeterea, passio dolorem causat. sed in intellectu speculativo non est dolor, quia ° delectationi quae est ab eo quod est considerare, nulla tristitia opponitur, * ut philosophus dicit, i topic.. ‘ ergo videtur quod christus non pateretur secundum totam animam.

sc * Sed contra est quod in psalmo dicitur, ex persona christi, ° repleta est malis anima mea, * glossa, ° non vitiis, sed doloribus, quibus anima carni compatitur, vel malis, scilicet pereuntis populi, compatiendo. ‘ non autem fuisset anima eius his malis repleta, si non secundum totam animam passus esset. ergo christus secundum totam animam passus est.

co ‘ Respondeo dicendum quod totum dicitur respectu partium. partes autem animae dicuntur potentiae eius. sic ergo dicitur anima tota pati, inquantum patitur secundum suam essentiam, vel inquantum secundum omnes suas potentias patitur. sed considerandum est quod aliqua potentia animae potest pati dupliciter. uno modo, passione propria, quae quidem est secundum quod patitur a suo obiecto, sicut si visus patiatur ex superabundantia visibilis. alio modo patitur aliqua potentia passione subiecti super quod fundatur, sicut visus patitur patiente sensu tactus in oculo, super quem fundatur visus; puta cum oculus pungitur, aut etiam distemperatur per calorem. sic igitur dicendum quod, si intelligamus totam animam ratione suae essentiae, sic manifestum est totam animam christi passam esse. nam tota essentia animae coniungitur corpori ita quod ° tota est in toto, et tota in qualibet parte eius. ‘ et ideo, corpore patiente et disposito ad separationem ab anima, tota anima patiebatur. si vero intelligamus totam animam secundum omnes potentias eius, sic, loquendo de passionibus propriis potentiarum, patiebatur quidem secundum omnes vires inferiores, quia in singulis viribus inferioribus animae, quae circa temporalia operantur, inveniebatur aliquid quod erat causa doloris christi, * sicut ex supra dictis patet. ‘ sed secundum hoc superior ratio non patiebatur in christo ex parte sui obiecti, |25| scilicet dei, qui non erat animae christi causa doloris, sed delectationis et gaudii. secundum autem illum modum passionis quo potentia aliqua dicitur pati ex parte sui subiecti, sic omnes potentiae animae christi patiebantur. omnes enim potentiae animae christi radicantur in essentia eius, ad quam perveniebat passio, passo corpore, cuius est actus.

ra1 ‘ Ad primum ergo dicendum quod, licet intellectus, secundum quod est potentia quaedam, non sit corporis actus; essentia tamen animae est corporis actus, in qua radicatur potentia intellectiva, * ut in prima parte habitum est.

ra2 ‘ Ad secundum dicendum quod illa ratio procedit de passione quae est ex parte proprii obiecti, secundum quam superior ratio in christo passa non fuit.

ra3 ‘ Ad tertium dicendum quod dolor tunc dicitur esse passio perfecta, per quam anima perturbatur, quando passio sensitivae partis pertingit usque ad immutandam rationem a rectitudine sui actus, ut scilicet sequatur passionem, et non habeat liberum arbitrium super eam. sic autem passio sensitivae partis non pervenit in christo usque ad rationem, sed ex parte subiecti, * ut dictum est.

ra4 ‘ Ad quartum dicendum quod intellectus speculativus non potest habere dolorem vel tristitiam ex parte sui obiecti, quod est verum absolute consideratum, quod est perfectio eius. potest tamen ad ipsum pertinere dolor, vel causa doloris, * per modum iam dictum.

010 ST4 qu46 ar8

ag1 ‘ Ad octavum sic proceditur. videtur quod anima christi, in articulo illius passionis, non tota frueretur fruitione beata. impossibile est enim simul dolere et gaudere, cum dolor et gaudium sint contraria. sed anima christi tota patiebatur dolorem in tempore passionis, * ut supra habitum est. ‘ non ergo poterat esse ut tota frueretur.

ag2 * Praeterea, philosophus dicit, in vii ethic., quod “ tristitia, si sit vehemens, non solum impedit delectationem contrariam, sed quamcumque, et e converso. ‘ dolor autem passionis christi fuit maximus, * ut ostensum est, ‘ et similiter delectatio fruitionis est maxima, * ut in primo secundae partis habitum est. ‘ non ergo potuit esse quod anima christi tota simul pateretur et frueretur.

ag3 “ Praeterea, fruitio beata est secundum cognitionem et amorem divinorum, * ut patet per augustinum, in i de doct. christ.. ‘ sed non omnes vires animae attingunt ad cognoscendum et amandum deum. non ergo tota anima christi fruebatur.

sc ‘ Sed contra est quod * damascenus dicit, in iii libro, quod ° divinitas christi permisit carni agere et pati quae propria. ‘ ergo, pari ratione, cum proprium esset animae christi, inquantum erat beata, quod frueretur, passio eius fruitionem non impediebat.

co * Respondeo dicendum quod, sicut dictum est prius, ‘ tota anima potest intelligi et secundum essentiam, et secundum omnes eius potentias. si autem intelligatur secundum essentiam, sic tota anima fruebatur, inquantum est subiectum superioris partis animae, cuius est frui divinitate, ut, sicut passio ratione essentiae attribuitur superiori parti animae, ita e converso fruitio ratione superioris partis animae attribuatur essentiae. si vero accipiamus totam animam ratione omnium potentiarum eius, sic non tota anima fruebatur, nec directe quidem, quia fruitio non potest esse actus cuiuslibet partis animae; nec per redundantiam, quia, dum christus erat viator, non fiebat redundantia gloriae a superiori parte in inferiorem, nec ab anima in corpus. sed quia nec e converso superior pars animae non impediebatur circa id quod est sibi proprium, per inferiorem, consequens est quod superior pars animae perfecte fruebatur, christo patiente.

ra1 ‘ Ad primum ergo dicendum quod gaudium fruitionis non contrariatur directe dolori passionis, quia non sunt de eodem. nihil enim prohibet contraria eidem inesse non secundum idem. et sic gaudium fruitionis potest pertinere ad superiorem partem rationis per proprium actum, dolor autem passionis secundum suum subiectum. ad essentiam vero animae pertinet dolor passionis ex parte corporis, cuius est forma, gaudium vero fruitionis ex parte potentiae, cui subiicitur.

ra2 * Ad secundum dicendum quod verbum illud philosophi ‘ habet veritatem ratione redundantiae quae naturaliter fit ab una potentia animae in aliam. sed hoc in christo non fuit, * ut supra dictum est.

ra3 ‘ Ad tertium dicendum quod ratio illa procedit de totalitate animae quantum ad eius potentias.

010 ST4 qu46 ar9

ag1 ‘ Ad nonum sic proceditur. videtur quod christus non fuerit convenienti tempore passus. passio enim christi figurabatur per immolationem agni paschalis, * unde et apostolus dicit, i cor. v, ° pascha nostrum immolatus est christus. “ sed agnus paschalis immolabatur quartadecima die ad vesperam, * ut dicitur exod. xii. ‘ ergo videtur quod christus tunc debuerit pati. quod patet esse falsum, nam tunc pascha cum suis discipulis celebravit, * secundum illud marc. xiv, ° prima die azymorum, quando pascha immolabant; ‘ sequenti autem die passus fuit.

ag2 ‘ Praeterea, passio christi dicitur eius exaltatio, * secundum illud ioan. iii, ° oportet exaltari filium hominis. “ ipse autem christus dicitur sol iustitiae, * ut patet malach. ultimo. ‘ ergo videtur quod debuit pati hora sexta, quando sol est in maxima sua exaltatione. cuius * contrarium videtur per id quod dicitur marc. xv, ° erat autem hora tertia, et crucifixerunt eum.

ag3 ‘ Praeterea, sicut sol in hora sexta maxime exaltatur quolibet die, ita in solstitio aestivali maxime exaltatur quolibet anno. debuit ergo christus magis pati circa tempus solstitii aestivalis, quam circa tempus aequinoctii vernalis.

ag4 ‘ Praeterea, per praesentiam christi in mundo mundus illuminabatur, * secundum illud ioan. ix, ° quandiu sum in mundo, lux mundi sum. ‘ conveniens igitur fuisset humanae saluti ut diutius in hoc mundo vixisset, ita quod non pateretur in iuvenili aetate, sed magis in senili.

sc * Sed contra est quod dicitur ioan. xiii, ° sciens iesus quod venit hora eius ut transeat de hoc mundo ad patrem. * et ioan. ii dicit, ° nondum venit hora mea. * ubi dicit augustinus, ° ubi tantum fecit quantum sufficere iudicavit, venit hora eius, non necessitatis, sed voluntatis; non conditionis, sed potestatis. ‘ convenienti igitur tempore passus est.

co * Respondeo dicendum quod, sicut supra dictum est, ‘ passio christi subiecta erat eius voluntati. voluntas autem eius regebatur divina sapientia, “ quae omnia convenienter et suaviter disponit, * ut dicitur sap. viii. ‘ et ideo dicendum est quod convenienti tempore passio christi celebrata est. * unde et in libro quaest. nov. et vet. test., dicitur, ° omnia propriis locis et temporibus gessit salvator.

ra1 * Ad primum ergo dicendum quod quidam dicunt “ christum fuisse passum quartadecima luna, quando iudaei pascha immolabant. * unde et ioan. xviii dicitur quod “ iudaei non introierunt in praetorium pilati ipso die passionis, ut non contaminarentur, sed ut manducarent pascha. * ubi chrysostomus dicit quod ° tunc iudaei faciebant pascha, ipse vero ante unam diem celebravit pascha, reservans suam occisionem sextae feriae, quando vetus pascha fiebat. * cui videtur consonare quod dicitur ioan. xiii, quod ° ante diem festum paschae, christus, facta cena, pedes discipulorum lavit. * sed contra hoc videtur esse quod dicitur matth. xxvi, quod ° prima die azymorum accesserunt discipuli ad iesum dicentes, ubi vis paremus tibi comedere pascha? ex quo patet, cum primus dies azymorum dicatur quartusdecimus dies mensis primi, quando agnus immolabatur et luna plenissima est, * ut hieronymus dicit, ‘ quartadecima luna christum cenam fecisse, et quintadecima eum passum fuisse. * et hoc expressius manifestatur per id quod dicitur marc. xiv, ° primo die azymorum, quando pascha immolabant, ‘ etc.; |25| * et luc. xxii, ° venit dies azymorum, in quo necesse erat occidi pascha. * et ideo quidam dicunt quod “ christus die convenienti, idest quartadecima luna, pascha cum discipulis suis manducavit, ° demonstrans quod usque ad ultimum diem non erat contrarius legi, * ut chrysostomus dicit, super matth., “ sed iudaei, occupati circa procurationem mortis christi, contra legem celebrationem paschae in crastinum distulerunt. et propter hoc de his dicitur quod in die passionis christi noluerunt intrare praetorium, ° ut non contaminarentur, sed manducarent pascha. * sed nec illud videtur esse consonum verbis marci dicentis, ° primo die azymorum, quando pascha immolabant. ‘ simul ergo christus et iudaei vetus pascha celebraverunt. * et, sicut beda dicit, super marc., ° licet christus, qui est pascha nostrum, sit crucifixus sequenti die, hoc est quintadecima luna; attamen nocte qua agnus immolabatur, corporis sanguinisque sui discipulis tradens mysteria celebranda, et a iudaeis tentus et alligatus, ipsius immolationis, hoc est passionis suae, sacravit exordium. * cum autem dicitur, ioan. xiii, ‘ ante diem festum paschae, intelligitur hoc fuisse quartadecima luna, quod tunc evenit feria quinta, nam, luna existente quintadecima, erat dies solemnissimus |50| paschae apud iudaeos. et sic eundem diem quem ioannes nominat ante diem festum paschae, propter distinctionem naturalem dierum, matthaeus nominat primam diem azymorum, quia, secundum ritum iudaicae festivitatis, solemnitas incipiebat a vespera praecedentis diei. quod autem dicitur eos comesturos esse pascha in quintadecima luna, intelligendum est quod ibi pascha non dicitur agnus paschalis, qui immolatus fuerat decimaquarta luna, sed dicitur cibus paschalis, idest azymi panes, quos oportebat comedi a mundis. * unde chrysostomus ibi aliam expositionem ponit, “ quod pascha potest accipi pro toto festo iudaeorum, quod septem diebus agebatur.

ra2 ‘ Ad secundum dicendum quod, * sicut augustinus dicit, in libro de consensu evang., ° hora erat quasi sexta, cum traditus esset dominus crucifigendus a pilato, ut ioannes dicit, non enim erat plena sexta, sed quasi sexta, idest, peracta quinta, et aliquid de sexta esse coeperat, donec, completa sexta, christo pendente in cruce, tenebrae fierent. intelligitur autem fuisse hora tertia cum clamaverunt iudaei ut dominus crucifigeretur, et veracissime demonstratur tunc eos crucifixisse quando clamaverunt. ergo, ne quisquam cogitationem tanti criminis a iudaeis aversus in milites converteret, erat, inquit, hora tertia, et crucifixerunt eum, ut illi potius eum crucifixisse inveniantur cui hora tertia ut crucifigeretur clamaverunt. quanquam non desint qui parasceve, quam ioannes commemorat, dicens, erat autem parasceve hora quasi sexta, horam diei tertiam velint intelligi.

parasceve quippe interpretatur praeparatio. verum autem pascha, quod in passione domini celebratur, incoepit praeparari ab hora noctis nona, quando scilicet omnes principes sacerdotum dixerunt, reus est mortis. ab illa ergo hora noctis usque ad christi crucifixionem occurrit hora parasceve sexta, secundum ioannem; et hora diei tertia, secundum marcum. * quidam tamen dicunt quod " haec diversitas ex peccato scriptoris contingit apud graecos, nam figurae quibus tria et sex |25| repraesentantur, satis sunt propinquae apud eos.

ra3 ' Ad tertium dicendum quod, * sicut dicitur in libro de quaest. nov. et vet. test., ° tunc voluit dominus passione sua mundum redimere et reformare, quando eum creaverat, idest in aequinoctio. et tunc dies super noctem increscit, quia per passionem salvatoris a tenebris ad lucem perducimur. ' et quia perfecta illuminatio erit in secundo adventu christi, ideo tempus secundi adventus aestati comparatur, * matth. xxiv, ubi dicitur, ° cum ramus eius iam tener fuerit et folia nata, scitis quia prope est aestas. ita et vos, cum videritis haec omnia, scitote quia prope est et in ianuis. ' et tunc etiam erit maxima christi exaltatio.

ra4 ' Ad quartum dicendum quod christus in iuvenili aetate pati voluit propter tria. primo quidem, ut ex hoc magis suam dilectionem commendaret, quod vitam suam pro nobis dedit quando erat in perfectissimo statu. secundo, quia non conveniebat ut in eo appareret naturae diminutio, sicut nec morbus, * ut supra dictum est. ' tertio ut, in iuvenili aetate moriens et resurgens, futuram resurgentium qualitatem in seipso christus praemonstraret. * unde dicitur ephes. iv, ° donec occurramus omnes in unitatem fidei et agnitionis filii dei, in virum perfectum, in mensuram aetatis plenitudinis christi.

010 ST4 qu46 ar10

ag1 ' Ad decimum sic proceditur. videtur quod non convenienti loco christus passus fuerit. christus enim passus est secundum carnem humanam, quae quidem concepta fuit ex virgine in nazareth, et nata in bethlehem. ergo videtur quod non in ierusalem, sed in nazareth vel in bethlehem pati debuerit.

ag2 ' Praeterea, veritas debet respondere figurae. sed passio christi figurabatur per sacrificia veteris legis. sed huiusmodi sacrificia offerebantur in templo. ergo et christus in templo pati debuit, et non extra portam civitatis.

ag3 ' Praeterea, medicina debet morbo respondere. sed passio christi fuit medicina contra peccatum adae. adam autem non fuit sepultus in ierusalem, sed in hebron, * dicitur enim iosue xiv, ° nomen hebron antea vocabatur cariath arbe, adam maximus ibi in terra enacim situs erat.

sc * Sed contra est quod dicitur luc. xiii, ° non capit prophetam perire extra ierusalem. ' convenienter igitur in ierusalem passus est.

co ' Respondeo dicendum quod, * sicut dicitur in libro octoginta trium quaest., ° omnia propriis locis et temporibus gessit salvator, ' quia, sicut omnia sunt in manu eius, ita etiam omnia loca. et ideo, sicut convenienti tempore christus passus est, ita etiam convenienti loco.

ra1 ' Ad primum ergo dicendum quod christus convenientissime in ierusalem passus est. primo quidem, quia ierusalem erat locus a deo electus ad sacrificia sibi offerenda. quae quidem figuralia sacrificia figurabant christi passionem, quod est verum sacrificium, * secundum illud ephes. v, ° tradidit semetipsum hostiam et oblationem in odorem suavitatis. * unde beda dicit, in quadam homilia, quod ° appropinquante hora passionis, dominus appropinquare voluit loco passionis, ' scilicet in ierusalem, quo pervenit ante quinque dies paschae, sicut agnus paschalis ante quinque dies paschae, idest decima luna, secundum praeceptum legis, ad locum immolationis ducebatur. secundo, quia virtus passionis eius ad totum mundum diffundenda erat, in medio terrae habitabilis pati voluit, idest in ierusalem. * unde dicitur in psalmo, ° deus autem, rex noster ante saecula, operatus est salutem in medio terrae, " idest in ierusalem, quae dicitur esse terrae umbilicus. ' tertio, quia hoc maxime conveniebat humilitati eius, ut scilicet, sicut turpissimum genus mortis elegit, ita etiam ad eius humilitatem pertinuit quod in loco tam celebri confusionem pati non recusavit. |25| * unde leo papa dicit, in sermone quodam epiphaniae, ° qui servi susceperat formam, bethlehem praeelegit nativitati, ierusalem passioni. ' quarto, ut ostenderet a principibus populi exortam esse iniquitatem occidentium ipsum. et ideo in ierusalem, ubi principes morabantur, voluit pati. * unde dicitur act. iv, ° convenerunt in ista civitate adversus puerum sanctum tuum iesum, quem unxisti, herodes et pontius pilatus, cum gentibus et populis israel.

ra2 ' Ad secundum dicendum quod christus non in templo aut in civitate, sed extra portam passus est, propter tria. primo quidem, ut veritas responderet figurae. nam vitulus et hircus, qui solemnissimo sacrificio ad expiationem totius multitudinis offerebantur, extra castra comburebantur, * ut praecipitur levit. xvi. unde dicitur heb. xiii, ° quorum animalium infertur sanguis pro peccato in sancta per pontificem, horum corpora cremantur extra castra. propter quod et iesus, ut sanctificaret suum populum, extra portam passus est. ' secundo, ut per hoc daret exemplum nobis exeundi a mundana conversatione. * unde ibidem subditur, ° exeamus igitur ad eum extra castra, improperium eius portantes. * tertio, ut chrysostomus dicit, in sermone de passione, ° noluit dominus pati sub tecto, non in templo iudaico, ne iudaei subtraherent sacrificium salutare, ne putares pro illa tantum plebe oblatum. et ideo foras civitatem, foras muros, ut scias sacrificium esse commune quod totius terrae est oblatio, quod communis est purificatio.

ra3 * Ad tertium dicendum quod, sicut hieronymus dicit, super matth., ° quidam exposuit calvariae locum, in quo sepultus est adam, et ideo sic appellatum quia ibi antiqui hominis sit conditum caput. favorabilis interpretatio, et mulcens aures populi, nec tamen vera. extra urbem enim et foris portam, loca sunt in quibus truncantur capita damnatorum; et calvariae, idest decollatorum, sumpsere nomen. propterea autem ibi crucifixus est iesus, ut ubi prius erat area damnatorum, ibi erigerentur vexilla martyrii. adam vero sepultum iuxta hebron, in libro iesu filii nave legimus. ' magis autem christus crucifigendus erat in loco communi damnatorum quam iuxta sepulcrum adae, ut ostenderetur quod crux christi non solum erat in remedium contra peccatum personale adae, sed etiam contra peccatum totius mundi.

010 ST4 qu46 ar11

ag1 ' Ad undecimum sic proceditur. videtur quod non fuerit conveniens christum cum latronibus crucifigi. * dicitur enim ii cor. vi, ° quae participatio iustitiae cum iniquitate? sed christus factus est nobis iustitia a deo; ' iniquitas autem pertinet ad latrones. non ergo fuit conveniens ut christus simul cum latronibus crucifigeretur.

ag2 * Praeterea, super illud matth. xxvi, ° si oportuerit me mori tecum, non te negabo, * dicit origenes, ° mori cum iesu pro omnibus moriente, hominum non erat. * et ambrosius dicit, super illud luc. xxii, ° paratus sum tecum et in carcerem et in mortem ire, passio, inquit, domini aemulos habet, pares non habet. ' multo igitur minus conveniens videtur quod christus simul cum latronibus pateretur.

ag3 * Praeterea, matth. xxvii dicitur quod ° latrones qui crucifixi erant, improperabant ei. * sed luc. xxiii dicitur quod " unus eorum qui crucifixi erant cum christo, ei dicebat, ° memento mei, domine, cum veneris in regnum tuum. ' ergo videtur quod, praeter latrones blasphemantes, fuerit cum eo crucifixus alius non blasphemans. et sic videtur inconvenienter ab evangelistis narratum quod christus fuerit cum latronibus crucifixus.

sc * Sed contra est quod isaiae liii fuerat prophetatum, ° et cum sceleratis reputatus est.

co ' Respondeo dicendum quod christus inter latrones crucifixus est, alia quidem ratione quantum ad intentionem iudaeorum, alia vero quantum ad dei ordinationem. " quantum enim ad intentionem iudaeorum, duos latrones utrinque crucifixerunt, * sicut dicit chrysostomus, ° ut eorum suspicionis fieret particeps. sed non ita evenit. nam de illis nil dicitur, huius autem ubique crux honoratur. reges, diademata deponentes, assumunt crucem, in purpuris, in diadematibus, in armis, in mensa sacrata, ubique terrarum crux emicat. " quantum vero ad dei ordinationem, christus cum latronibus crucifixus est, quia, * ut hieronymus dicit, super matth., ° sicut pro nobis maledictum crucis factus est christus, sic, pro omnium salute, inter noxios quasi noxius crucifigitur. * secundo, ut dicit leo papa, in sermone de passione, ° duo latrones unus ad dexteram alius ad sinistram crucifiguntur, ut in ipsa patibuli specie demonstraretur illa quae in iudicio ipsius omnium hominum facienda est discretio. * et augustinus dicit, super ioan., ° ipsa crux, si attendas, tribunal fuit. in medio enim iudice constituto, unus, qui credidit, liberatus; alius, qui insultavit, damnatus est. iam significabat quid facturus est de vivis et mortuis, alios positurus ad dextram et alios ad sinistram. * tertio, secundum hilarium, |25| ° duo latrones laevae ac dextrae affiguntur, omnem humani generis diversitatem vocari ad sacramentum passionis domini ostendentes. sed quia per diversitatem fidelium atque infidelium fit omnium secundum dextram et sinistram divisio, unus ex duobus, ad dextram situs, fidei iustificatione salvatur. * quarto quia, ut beda dicit, super marc., ° latrones qui cum domino crucifixi sunt, significant eos qui, sub fide et confessione christi, vel agonem martyrii vel quaelibet arctioris disciplinae instituta subeunt. sed qui hoc pro aeterna gloria gerunt, dextri latronis fide designantur, qui vero humanae laudis intuitu, sinistri latronis mentem imitantur et actus.

ra1 ' Ad primum ergo dicendum quod, sicut christus debitum mortis non habuit, sed mortem voluntarie subiit ut sua virtute vinceret mortem, ita etiam non habuit meritum ut cum latronibus poneretur, sed voluit cum iniquis deputari ut sua virtute iniquitatem destrueret. * unde chrysostomus dicit, super ioan., quod ° latronem in cruce convertere et in paradisum inducere, non minus fuit quam concutere petras.

ra2 ' Ad secundum dicendum quod non conveniebat quod cum christo aliquis alius pateretur ex eadem causa. * unde origenes ibidem subdit, ° omnes fuerant in peccatis, et omnes opus habebant ut pro eis alius moreretur, non ipsi pro aliis.

ra3 ' Ad tertium dicendum quod, * sicut augustinus dicit, in libro de consensu evang., " possumus intelligere matthaeum posuisse pluralem numerum pro singulari, cum dixit, latrones improperabant ei. * vel potest dici, secundum hieronymum, quod ° primum uterque blasphemaverit; deinde, visis signis, unus eorum crediderit.

010 ST4 qu46 ar12

ag1 ' Ad duodecimum sic proceditur. videtur quod passio christi sit eius divinitati attribuenda. * dicitur enim i cor. ii, ° si cognovissent, nunquam dominum gloriae crucifixissent. ' sed dominus gloriae est christus secundum divinitatem. ergo passio christi competit ei secundum divinitatem.

ag2 ' Praeterea, principium salutis humanae est ipsa divinitas, * secundum illud psalmi, ° salus autem iustorum a domino. ' si ergo passio christi ad eius divinitatem non pertineret, videtur quod non posset esse nobis fructifera.

ag3 ' Praeterea, iudaei puniti sunt pro peccato occisionis christi tanquam homicidae ipsius dei, quod magnitudo poenae demonstrat. hoc autem non esset, si passio ad divinitatem non pertineret. ergo passio christi ad divinitatem pertinuit.

sc * Sed contra est quod athanasius dicit, in epistola ad epictetum, ° natura deus manens verbum est impassibile. ' sed impassibile non potest pati. passio ergo christi non pertinebat ad eius divinitatem.

co * Respondeo dicendum quod, sicut supra dictum est, ' unio humanae naturae et divinae facta est in persona et hypostasi et supposito, manente tamen distinctione naturarum, ut scilicet sit eadem persona et hypostasis divinae et humanae naturae, salva tamen utriusque naturae proprietate. et ideo, * sicut supra dictum est, ' supposito divinae naturae attribuenda est passio, non ratione divinae naturae, quae est impassibilis, sed ratione humanae naturae. unde * in epistola synodali cyrilli dicitur, ° si quis non confitetur dei verbum passum carne et crucifixum carne, anathema sit. ' pertinet ergo passio christi ad suppositum divinae naturae ratione naturae passibilis assumptae, non autem ratione divinae naturae impassibilis.

ra1 " Ad primum ergo dicendum quod dominus gloriae dicitur crucifixus, non secundum quod dominus est gloriae, sed secundum quod erat homo passibilis.

ra2 ' Ad secundum dicendum quod, * sicut dicitur in quodam sermone ephesini concilii, quod " mors christi, tanquam facta mors dei, scilicet per unionem in persona, destruxit mortem, quoniam deus et homo erat qui patiebatur. non enim natura dei laesa est, nec mutatione sua suscepit passiones.

ra3 * Ad tertium dicendum quod, sicut subditur ibidem, ° non purum hominem crucifixerunt iudaei, sed deo intulerunt praesumptiones. pone enim principem loqui per verbum, et hoc formari per litteras in charta aliqua, et dirigi civitatibus, et aliquis inobediens chartam disrumpat. ad mortis sententiam deducetur, non tanquam chartam discerpens, sed tanquam verbum imperiale disrumpens. non ergo securus sit iudaeus, tanquam purum hominem crucifigens. quod enim videbat, quasi charta erat, quod autem in ea celabatur, imperiale verbum erat, natum ex natura, non prolatum per linguam.

010 ST4 qu47 ar

pr ' Deinde considerandum est de causa efficiente passionis christi. et circa hoc quaeruntur sex. primo, utrum christus fuerit ab aliis occisus, vel a seipso. secundo, ex quo motivo seipsum passioni tradiderit. tertio, utrum pater tradiderit eum ad patiendum. quarto, utrum fuerit conveniens ut per manus gentium pateretur, vel potius a iudaeis. quinto, utrum occisores eius eum cognoverint. sexto, de peccato eorum qui christum occiderunt.

010 ST4 qu47 ar1

ag1 ' Ad primum sic proceditur. videtur quod christus non fuerit ab alio occisus, sed a seipso. * dicit enim ipse, ioan. x, ° nemo a me tollit animam meam, sed ego pono eam. ' ille autem dicitur aliquem occidere qui animam eius tollit. non est ergo christus ab aliis occisus, sed a seipso.

ag2 ' Praeterea, illi qui ab aliis occiduntur, paulatim, debilitata natura, deficiunt. et maxime hoc apparet in crucifixis, * ut enim dicit augustinus, in iv de trin., ° longa morte cruciabantur ligno suspensi. ' in christo autem non hoc accidit, nam ° clamans voce magna emisit spiritum, * ut dicitur matth. xxvii. ' non ergo christus est ab aliis occisus, sed a seipso.

ag3 ' Praeterea, illi qui ab aliis occiduntur, per violentiam moriuntur, et ita non voluntarie, quia violentum opponitur voluntario. * sed augustinus dicit, in iv de trin., quod ° spiritus christi non deseruit carnem invitus, sed quia voluit, quando voluit, et quomodo voluit. ' non ergo christus est ab aliis occisus, sed a seipso.

sc * Sed contra est quod dicitur luc. xviii, ° postquam flagellaverint, occident eum.

co ' Respondeo dicendum quod aliquid potest esse causa alicuius effectus dupliciter. uno modo, directe ad illud agendo. et hoc modo persecutores christi eum occiderunt, quia sufficientem causam mortis ei intulerunt, cum intentione occidendi ipsum et effectu subsequente; quia scilicet ex illa causa est mors subsecuta. alio modo dicitur aliquis causa alicuius indirecte, scilicet quia non impedit, cum impedire possit, sicut si dicatur aliquis alium perfundere quia non claudit fenestram, per quam imber ingreditur. et hoc modo ipse christus fuit causa passionis et mortis. poterat enim suam passionem et mortem impedire. primo quidem, adversarios reprimendo, ut eum aut non vellent, aut non possent interficere. secundo, quia spiritus eius habebat potestatem conservandi naturam carnis suae, ne a quocumque laesivo inflicto opprimeretur. quod quidem habuit anima christi quia erat " verbo dei coniuncta in unitate personae, * ut augustinus dicit, in iv de trin.. ' quia ergo anima christi non repulit a proprio corpore nocumentum illatum, sed voluit quod natura corporalis illi nocumento succumberet, dicitur suam animam posuisse, vel voluntarie mortuus esse.

ra1 " Ad primum ergo dicendum quod, cum dicitur, nemo tollit animam meam a me, intelligitur, me invito. quod enim aliquis ab invito aufert, qui resistere non potest, id proprie dicitur tolli.

ra2 ' Ad secundum dicendum quod, ut christus ostenderet quod passio illata per violentiam eius animam non eripiebat, naturam corporalem in eius fortitudine conservavit, ut etiam in extremis positus voce magna clamaret. quod inter alia miracula mortis eius computatur. * unde dicitur marci xv, ° videns autem centurio qui ex adverso stabat, quia sic clamans exspirasset, ait, vere homo hic filius dei erat. ' fuit etiam et mirabile in christi morte quod velocius mortuus fuit aliis qui simili poena afficiebantur. * unde dicitur ioan. xix, quod ' eorum qui cum christo erant fregerunt crura, ut cito morerentur, ° ad iesum autem cum venissent, invenerunt eum mortuum, unde non fregerunt eius crura. * et marci xv dicitur quod ° pilatus mirabatur si iam obiisset. ' sicut enim eius voluntate natura corporalis conservata est in suo vigore usque ad extremum, sic etiam, quando voluit, subito cessit nocumento illato.

ra3 ' Ad tertium dicendum quod christus simul et violentiam passus est, ut moreretur, et tamen voluntarie mortuus fuit, quia violentia corpori eius illata est, quae tamen tantum corpori eius praevaluit quantum ipse voluit.

010 ST4 qu47 ar2

ag1 ' Ad secundum sic proceditur. videtur quod christus non fuerit ex obedientia mortuus. obedientia enim respicit praeceptum. sed non legitur christo fuisse praeceptum quod ipse pateretur. non ergo ex obedientia passus fuit.

ag2 ' Praeterea, illud dicitur ex obedientia aliquis facere quod facit ex necessitate praecepti. christus autem non ex necessitate, sed voluntarie passus fuit. non ergo passus est ex obedientia.

ag3 ' Praeterea, caritas est excellentior virtus quam obedientia. sed christus legitur ex caritate passus, * secundum illud ephes. v, ° ambulate in dilectione, sicut et christus dilexit nos, et tradidit semetipsum pro nobis. ' ergo passio christi magis debet attribui caritati quam obedientiae.

sc * Sed contra est quod dicitur philipp. ii, ° factus est obediens patri usque ad mortem.

co ' Respondeo dicendum quod convenientissimum fuit quod christus ex obedientia pateretur. primo quidem, quia hoc conveniebat iustificationi humanae, ut, ° sicut per unius hominis inobedientiam peccatores constituti sunt multi, ita per unius hominis obedientiam iusti constituantur multi, * ut dicitur rom. v. ' secundo, hoc fuit conveniens reconciliationi dei ad homines, * secundum illud rom. v, ° reconciliati sumus deo per mortem filii eius, ' inquantum scilicet ipsa mors christi fuit quoddam sacrificium acceptissimum deo, * secundum illud ephes., ° tradidit semetipsum pro nobis oblationem et hostiam deo in odorem suavitatis. " obedientia vero omnibus sacrificiis antefertur, * secundum illud i reg. xv, ° melior est obedientia quam victimae. ' et ideo conveniens fuit ut sacrificium passionis et mortis christi ex obedientia procederet. tertio, hoc conveniens fuit eius victoriae, qua de morte et auctore mortis triumphavit. non enim miles vincere potest nisi duci obediat. et ita homo christus victoriam obtinuit per hoc quod deo fuit obediens, * secundum illud proverb. xxi, ° vir obediens loquitur victorias.

ra1 ' Ad primum ergo dicendum quod christus mandatum accepit a patre ut pateretur, * dicitur enim ioan. x, ° potestatem habeo ponendi animam meam, et potestatem habeo iterum sumendi eam, et hoc mandatum accepi a patre meo, " scilicet ponendi animam et sumendi. * ex quo, ut chrysostomus dicit, non est intelligendum quod ° prius expectaverit audire, et opus fuerit ei discere, sed voluntarium monstravit processum, et contrarietatis ad patrem suspicionem destruxit. ' quia tamen in morte christi lex vetus consummata est, secundum illud quod ipse moriens dixit, * ioan. xix, ° consummatum est; ' potest intelligi quod patiendo omnia veteris legis praecepta implevit. moralia quidem, quae in praeceptis caritatis fundantur, implevit inquantum passus est et ex dilectione patris, * secundum illud ioan. xiv, ° ut cognoscat mundus quia diligo patrem, et sicut mandatum dedit mihi pater sic facio, surgite, eamus hinc, " scilicet ad locum passionis, ' et etiam ex dilectione proximi, * secundum illud galat. ii ° dilexit me, et tradidit semetipsum pro me. |25| ' caeremonialia vero praecepta legis, quae ad sacrificia et oblationes praecipue ordinantur, implevit christus sua passione inquantum omnia antiqua sacrificia figurae fuerunt illius veri sacrificii quod christus obtulit moriendo pro nobis. unde * dicitur coloss. ii, ° nemo vos iudicet in cibo aut in potu, aut in parte diei festi aut neomeniae, quae sunt umbra futurorum, corpus autem christi, ' eo scilicet quod christus comparatur ad illa sicut corpus ad umbram. praecepta vero iudicialia legis, quae praecipue ordinantur ad satisfaciendum iniuriam passis, implevit christus sua passione, quoniam, * ut in psalmo dicitur, ° quae non rapuit, tunc exsolvit, ' permittens se ligno affigi pro pomo quod de ligno homo rapuerat contra dei mandatum.

ra2 ' Ad secundum dicendum quod obedientia, etsi importet necessitatem respectu eius quod praecipitur, tamen importat voluntatem respectu impletionis praecepti. et talis fuit obedientia christi. nam ipsa passio et mors, secundum se considerata, naturali voluntati repugnabat, volebat tamen christus dei voluntatem circa hoc implere, * secundum illud psalmi, ° ut facerem voluntatem tuam, deus meus, volui. * unde dicebat, matth. xxvi, ° si non potest transire a me calix iste nisi bibam illum, fiat voluntas tua.

ra3 ' Ad tertium dicendum quod eadem ratione christus passus est ex caritate, et obedientia, quia etiam praecepta caritatis nonnisi ex obedientia implevit; et obediens fuit ex dilectione ad patrem praecipientem.

010 ST4 qu47 ar3

ag1 ' Ad tertium sic proceditur. videtur quod deus pater non tradiderit christum passioni. iniquum enim et crudele esse videtur quod innocens passioni et morti tradatur. sed, * sicut dicitur deut. xxxii ° deus fidelis et absque ulla iniquitate. ' ergo christum innocentem non tradidit passioni et morti.

ag2 ' Praeterea, non videtur quod aliquis a seipso, et ab alio morti tradatur. sed ° christus tradidit semetipsum pro nobis, * secundum quod dicitur isaiae liii, ° tradidit in mortem animam suam. ' non ergo videtur quod deus pater eum tradiderit.

ag3 ' Praeterea, iudas vituperatur ex eo quod tradidit christum iudaeis, * secundum illud ioan. vi, ° unus ex vobis diabolus est, quod dicebat propter iudam, qui eum erat traditurus. ' similiter etiam vituperantur iudaei, qui eum tradiderunt pilato, * secundum quod ipse dicit, ioan. xviii, ° gens tua et pontifices tui tradiderunt te mihi. " pilatus autem tradidit ipsum ut crucifigeretur, * ut habetur ioan. xix, ° non est autem conventio iustitiae cum iniquitate, * ut dicitur ii cor. vi. ' ergo videtur quod deus pater christum non tradiderit passioni.

sc * Sed contra est quod dicitur rom. viii, ° proprio filio suo non pepercit deus, sed pro nobis omnibus tradidit illum.

co * Respondeo dicendum quod, sicut dictum est, ' christus passus est voluntarie ex obedientia patris. unde secundum tria deus pater tradidit christum passioni. uno quidem modo, secundum quod sua aeterna voluntate praeordinavit passionem christi ad humani generis liberationem, * secundum illud quod dicitur isaiae liii, ° dominus posuit in eo iniquitatem omnium nostrum; * et iterum, ° dominus voluit conterere eum in infirmitate. ' secundo, inquantum inspiravit ei voluntatem patiendi pro nobis, infundendo ei caritatem. * unde ibidem sequitur, ° oblatus est quia voluit. ' tertio, non protegendo eum a passione, sed exponendo persequentibus. * unde, ut legitur matth. xxvii, " pendens in cruce christus dicebat, deus meus, ut quid dereliquisti me? quia scilicet potestati persequentium eum exposuit, * ut augustinus dicit.

ra1 ' Ad primum ergo dicendum quod innocentem hominem passioni et morti tradere contra eius voluntatem, est impium et crudele. sic autem deus pater christum non tradidit, sed inspirando ei voluntatem patiendi pro nobis. 'in quo ostenditur et dei severitas, qui peccatum sine poena dimittere noluit, * quod significat apostolus dicens, ° proprio filio suo non pepercit, et bonitas eius, ' in eo quod, cum homo sufficienter satisfacere non posset per aliquam poenam quam pateretur, ei satisfactorem dedit, * quod significavit apostolus dicens, ° pro nobis omnibus tradidit illum. * et rom. iii dicit, ° quem, scilicet christum, per fidem propitiatorem proposuit deus in sanguine ipsius.

ra2 ' Ad secundum dicendum quod christus, secundum quod deus, tradidit semetipsum in mortem eadem voluntate et actione qua et pater tradidit eum. sed inquantum homo, tradidit semetipsum voluntate a patre inspirata. unde non est contrarietas in hoc quod pater tradidit christum, et ipse tradidit semetipsum.

ra3 ' Ad tertium dicendum quod eadem actio diversimode iudicatur in bono vel in malo, secundum quod ex diversa radice procedit. pater enim tradidit christum, et ipse seipsum, ex caritate, et ideo laudantur. iudas autem tradidit ipsum ex cupiditate, iudaei ex invidia, pilatus ex timore mundano, quo timuit caesarem, et ideo ipsi vituperantur.

010 ST4 qu47 ar4

ag1 ' Ad quartum sic proceditur. videtur quod non fuerit conveniens christum pati a gentilibus. quia enim per mortem christi homines erant a peccato liberandi, conveniens videretur ut paucissimi in morte eius peccarent. peccaverunt autem in morte eius iudaei, * ex quorum persona dicitur, matth. xxi, ° hic est heres; venite, occidamus eum. ' ergo videtur conveniens fuisse quod in peccato occisionis christi gentiles non implicarentur.

ag2 ' Praeterea, veritas debet respondere figurae. sed figuralia sacrificia veteris legis non gentiles, sed iudaei offerebant. ergo neque passio christi, quae fuit verum sacrificium impleri debuit per manus gentilium.

ag3 * Praeterea, sicut dicitur ioan. v, ° iudaei quaerebant christum interficere, non solum quia solvebat sabbatum, sed etiam quia patrem suum dicebat deum, aequalem se deo faciens. ' sed haec videbantur esse solum contra legem iudaeorum, * unde et ipsi dicunt, ioan. xix, ° secundum legem debet mori, quia filium dei se fecit. ' videtur ergo conveniens fuisse quod christus non a gentilibus, sed a iudaeis pateretur, et falsum esse quod dixerunt, ° nobis non licet interficere quemquam, ' cum multa peccata secundum legem morte puniantur, * ut patet levit. xx.

sc * Sed contra est quod ipse dominus dicit, matth. xx, ° tradent eum gentibus ad illudendum et flagellandum et crucifigendum.

co ' Respondeo dicendum quod in ipso modo passionis christi praefiguratus est effectus ipsius. primo enim passio christi effectum salutis habuit in iudaeis, quorum plurimi in morte christi baptizati sunt, * ut patet act. ii et iv. ' secundo vero, iudaeis praedicantibus, effectus passionis christi transivit ad gentes. et ideo conveniens fuit ut christus a iudaeis pati inciperet, et postea, iudaeis tradentibus, per manus gentilium eius passio finiretur.

ra1 ' Ad primum ergo dicendum quod, quia christus, ad ostendendam abundantiam caritatis suae, ex qua patiebatur, in cruce positus veniam persecutoribus postulavit; ut huius petitionis fructus ad iudaeos et gentiles perveniret, voluit christus ab utrisque pati.

ra2 ' Ad secundum dicendum quod passio christi fuit sacrificii oblatio inquantum christus propria voluntate mortem sustinuit ex caritate. inquantum autem a persecutoribus est passus, non fuit sacrificium, sed peccatum gravissimum.

ra3 * Ad tertium dicendum quod, sicut augustinus dicit, iudaei dicentes, ° nobis non licet interficere quemquam, intellexerunt non sibi licere interficere quemquam propter festi diei sanctitatem, quam celebrare iam coeperant. * vel hoc dicebant, ut chrysostomus dicit, " quia volebant eum occidi, non tanquam transgressorem legis, sed tanquam publicum hostem, quia regem se fecerat, de quo non erat eorum iudicare. vel quia non licebat eis crucifigere, quod cupiebant, sed lapidare, quod in stephano fecerunt. ' vel melius dicendum est quod per romanos, quibus erant subiecti, erat eis potestas occidendi interdicta.

010 ST4 qu47 ar5

ag1 ' Ad quintum sic proceditur. videtur quod persecutores christi eum cognoverunt. * dicitur enim matth. xxi, quod ° agricolae, videntes filium, dixerunt intra se, hic est heres, venite, occidamus eum. * ubi dicit hieronymus, ° manifestissime dominus probat his verbis iudaeorum principes non per ignorantiam, sed per invidiam dei filium crucifixisse. intellexerunt enim esse illum cui pater per prophetam dicit, postula a me, et dabo tibi gentes hereditatem tuam. ' ergo videtur quod cognoverunt eum esse christum, vel filium dei.

ag2 * Praeterea, ioan. xv dominus dixit, ° nunc autem et viderunt et oderunt et me et patrem meum. ' quod autem videtur, manifeste cognoscitur. ergo iudaei, cognoscentes christum, ex causa odii ei passionem intulerunt.

ag3 * Praeterea, in quodam sermone ephesini concilii dicitur, ° sicut qui chartam imperialem disrumpit, tanquam imperatoris disrumpens verbum, ad mortem adducitur, sic crucifigens iudaeus quem viderat, poenas dabit tanquam in ipsum deum verbum praesumptiones iniiciens. ' hoc autem non esset si eum dei filium esse non cognoverunt, quia ignorantia eos excusasset. ergo videtur quod iudaei crucifigentes christum cognoverunt eum esse filium dei.

sc * Sed contra est quod dicitur i cor. ii, ° si cognovissent, nunquam dominum gloriae crucifixissent. * et act. iii dicit petrus, iudaeis loquens, ° scio quod per ignorantiam fecistis sicut et principes vestri. * et dominus, in cruce pendens, dixit, ° pater, dimitte illis, non enim sciunt quid faciunt.

co ' Respondeo dicendum quod apud iudaeos quidam erant maiores, et quidam minores. maiores quidem, qui eorum principes dicebantur, cognoverunt, * ut dicitur in libro quaest. nov. et vet. test., ' sicut et daemones cognoverunt, ° eum esse christum promissum in lege, omnia enim signa videbant in eo quae dixerant futura prophetae. mysterium autem divinitatis eius ignorabant, * et ideo apostolus dixit quod, ° si cognovissent, nunquam dominum gloriae crucifixissent. ' sciendum tamen quod eorum ignorantia non eos excusabat a crimine, quia erat quodammodo ignorantia affectata. videbant enim evidentia signa ipsius divinitatis, sed ex odio et invidia christi ea pervertebant, et verbis eius, quibus se dei filium fatebatur, credere noluerunt. * unde ipse de eis dicit, ioan. xv, ° si non venissem, et locutus eis non fuissem, peccatum non haberent, nunc autem excusationem non habent de peccato suo. * et postea subdit, ° si opera non fecissem in eis quae nemo alius fecit, peccatum non haberent. * et sic ex persona eorum accipi potest quod dicitur iob xxi, ° dixerunt deo, recede a nobis, scientiam viarum tuarum nolumus. ' minores vero, idest populares, qui mysteria scripturae non |25| noverant, non plene cognoverunt ipsum esse nec christum nec filium dei, licet aliqui eorum etiam in eum crediderint. multitudo tamen non credidit. et si aliquando dubitarent an ipse esset christus, propter signorum multitudinem, et efficaciam doctrinae, * ut habetur ioan. vii, ' tamen postea decepti fuerunt a suis principibus ut eum non crederent neque filium dei neque christum. * unde et petrus eis dixit, ° scio quod per ignorantiam hoc fecistis, sicut et principes vestri, ' quia scilicet per principes seducti erant.

ra1 * Ad primum ergo dicendum quod illa verba dicuntur ' ex persona colonorum vineae, per quos significantur rectores illius populi, qui eum cognoverunt esse heredem, inquantum cognoverunt eum esse christum promissum in lege. sed contra hanc responsionem videtur esse quod " illa verba psalmi, ° postula a me et dabo tibi gentes hereditatem tuam, " eidem dicuntur cui dicitur, filius meus es tu, ego hodie genui te. ' si ergo cognoverunt eum esse illum cui dictum est, ° postula a me et dabo tibi gentes hereditatem tuam, ' sequitur quod cognoverunt eum esse filium dei. * chrysostomus etiam, ibidem, dicit quod ° cognoverunt eum esse filium dei. * beda etiam dicit, super illud luc. xxiii, ° quia nesciunt quid faciunt, notandum, inquit, quod non pro eis orat qui, quem filium dei intellexerunt, crucifigere quam confiteri maluerunt. ' sed ad hoc potest responderi quod cognoverunt eum esse filium dei non per naturam, sed per excellentiam gratiae singularis. possumus tamen dicere quod etiam verum dei filium cognovisse dicuntur, quia evidentia signa huius rei habebant, quibus tamen assentire propter odium et invidiam noluerunt, ut eum cognoscerent esse filium dei.

ra2 * Ad secundum dicendum quod ante illa verba praemittitur, ° si opera non fecissem in eis quae nemo alius fecit, peccatum non haberent, * et postea subditur, ° nunc autem viderunt, et oderunt et me et patrem meum. ' per quod ostenditur quod, videntes opera christi mirifica, ex odio processit quod eum filium dei non cognoverunt.

ra3 ' Ad tertium dicendum quod ignorantia affectata non excusat a culpa sed magis videtur culpam aggravare, ostendit enim hominem sic vehementer esse affectum ad peccandum quod vult ignorantiam incurrere ne peccatum vitet. et ideo iudaei peccaverunt, non solum hominis christi, sed tanquam dei crucifixores.

010 ST4 qu47 ar6

ag1 ' Ad sextum sic proceditur. videtur quod peccatum crucifigentium christum non fuerit gravissimum. non enim est gravissimum peccatum quod excusationem habet. sed ipse dominus excusavit peccatum crucifigentium eum, dicens, ° pater, ignosce illis, quia nesciunt quid faciunt. ' non ergo peccatum eorum fuit gravissimum.

ag2 * Praeterea, dominus dixit pilato, ioan. xix, ° qui tradidit me tibi, maius peccatum habet. ' ipse autem pilatus fecit christum crucifigi per suos ministros. ergo videtur fuisse maius peccatum iudae proditoris peccato crucifigentium christum.

ag3 * Praeterea, secundum philosophum, in v ethic., ° nullus patitur iniustum volens, * et, sicut ipse ibidem dicit, ° nullo patiente iniustum, nullus facit iniustum. ' ergo volenti nullus facit iniustum. sed christus voluntarie est passus, * ut supra habitum est. ' non ergo iniustum fecerunt crucifixores christi. et ita eorum peccatum non est gravissimum.

sc * Sed contra est quod super illud matth. xxiii, ° et vos implete mensuram patrum vestrorum, * dicit chrysostomus, ° quantum ad veritatem, excesserunt mensuram patrum suorum. illi enim homines occiderunt, isti deum crucifixerunt.

co * Respondeo dicendum quod, sicut dictum est, ' principes iudaeorum cognoverunt christum, et si aliqua ignorantia fuit in eis, fuit ignorantia affectata, quae eos non poterat excusare. et ideo peccatum eorum fuit gravissimum, tum ex genere peccati; tum ex malitia voluntatis. minores autem iudaei gravissime peccaverunt quantum ad genus peccati, in aliquo tamen diminuebatur eorum peccatum propter eorum ignorantiam. unde * super illud luc. xxiii, nesciunt quid faciunt, dicit beda, ° pro illis rogat qui nescierunt quod fecerunt, zelum dei habentes, sed non secundum scientiam. ' multo autem magis fuit excusabile peccatum gentilium per quorum manus christus crucifixus est, qui legis scientiam non habebant.

ra1 ' Ad primum ergo dicendum quod excusatio illa domini non refertur ad principes iudaeorum, sed ad minores de populo, * sicut dictum est.

ra2 ' Ad secundum dicendum quod iudas tradidit christum, non pilato, sed principibus sacerdotum, qui tradiderunt eum pilato, * secundum illud ioan. xviii, ° gens tua et pontifices tui tradiderunt te mihi. ' horum tamen omnium peccatum fuit maius quam pilati, qui timore caesaris christum occidit; et etiam quam peccatum militum, qui mandato praesidis christum crucifixerunt; non ex cupiditate, sicut iudas, nec ex invidia et odio, sicut principes sacerdotum.

ra3 ' Ad tertium dicendum quod christus voluit quidem suam passionem, sicut et deus eam voluit, iniquam tamen actionem iudaeorum noluit. et ideo occisores christi ab iniustitia non excusantur. et tamen ille qui occidit hominem, iniuriam facit non solum homini, sed etiam deo et reipublicae, sicut etiam et ille qui occidit seipsum, * ut philosophus dicit, in v ethic.. " unde david damnavit illum ad mortem qui ° non timuerat mittere manum ut occideret christum domini, " quamvis eo petente, * ut legitur ii reg. i.

010 ST4 qu48 ar

pr ' Deinde considerandum est de effectu passionis christi. et primo, de modo efficiendi; secundo, de ipso effectu. circa primum quaeruntur sex. primo, utrum passio christi causaverit nostram salutem per modum meriti. secundo, utrum per modum satisfactionis. tertio, utrum per modum sacrificii. quarto, utrum per modum redemptionis. quinto, utrum esse redemptorem sit proprium christi. sexto, utrum causaverit effectum nostrae salutis per modum efficientiae.

010 ST4 qu48 ar1

ag1 ' Ad primum sic proceditur. videtur quod passio christi non causaverit nostram salutem per modum meriti. passionum enim principia non sunt in nobis. nullus autem meretur vel laudatur nisi per id cuius principium est in ipso. ergo passio christi nihil est operata per modum meriti.

ag2 ' Praeterea, christus ab initio suae conceptionis meruit et sibi et nobis, * ut supra dictum est. ' sed superfluum est iterum mereri id quod alias meruerat. ergo christus per suam passionem non meruit nostram salutem.

ag3 ' Praeterea, radix merendi est caritas. sed caritas christi non fuit magis augmentata in passione quam ante. ergo non magis meruit salutem nostram patiendo quam ante fecerat.

sc * Sed contra est quod, super illud philipp. ii, ° propter quod et deus exaltavit illum * etc., dicit augustinus, ° humilitas passionis claritatis est meritum, claritas humilitatis est praemium. ' sed ipse clarificatus est non solum in seipso, sed etiam in suis fidelibus, * ut ipse dicit, ioan. xvii. ' ergo videtur quod ipse meruit salutem suorum fidelium.

co * Respondeo dicendum quod, sicut supra dictum est, ' christo data est gratia non solum sicut singulari personae, sed inquantum est caput ecclesiae, ut scilicet ab ipso redundaret ad membra. et ideo opera christi hoc modo se habent tam ad se quam ad sua membra, sicut se habent opera alterius hominis in gratia constituti ad ipsum. manifestum est autem quod quicumque in gratia constitutus propter iustitiam patitur, ex hoc ipso meretur sibi salutem, * secundum illud matth. v, ° beati qui persecutionem patiuntur propter iustitiam. ' unde christus non solum per suam passionem sibi, sed etiam omnibus suis membris meruit salutem.

ra1 ' Ad primum ergo dicendum quod passio inquantum huiusmodi, habet principium ab exteriori. sed secundum quod eam aliquis voluntarie sustinet, habet principium ab interiori.

ra2 ' Ad secundum dicendum quod christus a principio suae conceptionis meruit nobis salutem aeternam, sed ex parte nostra erant impedimenta quaedam, quibus impediebamur consequi effectum praecedentium meritorum. unde, ad removendum illa impedimenta, oportuit christum pati, * ut supra dictum est.

ra3 ' Ad tertium dicendum quod passio christi habuit aliquem effectum quem non habuerunt praecedentia merita, non propter maiorem caritatem, sed propter genus operis, quod erat conveniens tali effectui, * ut patet ex rationibus supra inductis de convenientia passionis christi.

010 ST4 qu48 ar2

ag1 ' Ad secundum sic proceditur. videtur quod passio christi non causaverit nostram salutem per modum satisfactionis. eiusdem enim videtur esse satisfacere cuius est peccare, sicut patet in aliis poenitentiae partibus; eiusdem enim est conteri et confiteri cuius est peccare. sed christus non peccavit, * secundum illud i pet. ii, ° qui peccatum non fecit. ' ergo ipse non satisfecit propria passione.

ag2 ' Praeterea, nulli satisfit per maiorem offensam. sed maxima offensa fuit perpetrata in christi passione, quia gravissime peccaverunt qui eum occiderunt, * ut supra dictum est. ' ergo videtur quod per passionem christi non potuit deo satisfieri.

ag3 ' Praeterea, satisfactio importat aequalitatem quandam ad culpam, cum sit actus iustitiae. sed passio christi non videtur esse aequalis omnibus peccatis humani generis, quia christus non est passus secundum divinitatem, sed secundum carnem, * secundum illud i pet. iv, " christo igitur passo in carne; ' anima autem, in qua est peccatum, potior est quam caro. non ergo christus sua passione satisfecit pro peccatis nostris.

sc * Sed contra est quod ex persona eius dicitur in psalmo, ° quae non rapui, tunc exsolvebam. ' non autem exsolvit qui perfecte non satisfecit. ergo videtur quod christus patiendo satisfecerit perfecte pro peccatis nostris.

co ' Respondeo dicendum quod ille proprie satisfacit pro offensa qui exhibet offenso id quod aeque vel magis diligit quam oderit offensam. christus autem, ex caritate et obedientia patiendo, maius aliquid deo exhibuit quam exigeret recompensatio totius offensae humani generis. primo quidem, propter magnitudinem caritatis ex qua patiebatur. secundo, propter dignitatem vitae suae, quam pro satisfactione ponebat, quae erat vita dei et hominis. tertio, propter generalitatem passionis et magnitudinem doloris assumpti, * ut supra dictum est. ' et ideo passio christi non solum sufficiens, sed etiam superabundans satisfactio fuit pro peccatis humani generis, * secundum illud i ioan. ii, ° ipse est propitiatio pro peccatis nostris, non pro nostris autem tantum, sed etiam pro totius mundi.

ra1 ' Ad primum ergo dicendum quod caput et membra sunt quasi una persona mystica. et ideo satisfactio christi ad omnes fideles pertinet sicut ad sua membra. inquantum etiam duo homines sunt unum in caritate, unus pro alio satisfacere potest, * ut infra patebit. ' non autem est similis ratio de confessione et contritione, quia satisfactio consistit in actu exteriori, ad quem assumi possunt instrumenta; inter quae computantur etiam amici.

ra2 ' Ad secundum dicendum quod maior fuit caritas christi patientis quam malitia crucifigentium. et ideo plus potuit christus satisfacere sua passione quam crucifixores offendere occidendo, in tantum quod passio christi sufficiens fuit, et superabundans, ad satisfaciendum pro peccatis crucifigentium ipsum.

ra3 ' Ad tertium dicendum quod dignitas carnis christi non est aestimanda solum secundum carnis naturam, sed secundum personam assumentem, inquantum scilicet erat caro dei, ex quo habebat dignitatem infinitam.

010 ST4 qu48 ar3

ag1 ' Ad tertium sic proceditur. videtur quod passio christi non fuerit operata per modum sacrificii. veritas enim debet respondere figurae. sed in sacrificiis veteris legis, quae erant figurae christi, nunquam offerebatur caro humana, quinimmo haec sacrificia nefanda habebantur, * secundum illud psalmi, ° effuderunt sanguinem innocentem, sanguinem filiorum suorum et filiarum, quas sacrificaverunt sculptilibus chanaan. ' ergo videtur quod passio christi sacrificium dici non possit.

ag2 * Praeterea, augustinus dicit, in x de civ. dei, quod ° sacrificium visibile invisibilis sacrificii sacramentum, idest sacrum signum, est. ' sed passio christi non est signum, sed magis significatum per alia signa. ergo videtur quod passio christi non sit sacrificium.

ag3 ' Praeterea, quicumque offert sacrificium, aliquid sacrum facit, ut ipsum nomen sacrificii demonstrat. illi autem qui christum occiderunt, non fecerunt aliquod sacrum, sed magnam malitiam perpetraverunt. ergo passio christi magis fuit maleficium quam sacrificium.

sc * Sed contra est quod apostolus dicit, ephes. v, ° tradidit semetipsum pro nobis oblationem et hostiam deo in odorem suavitatis.

co ' Respondeo dicendum quod sacrificium proprie dicitur aliquid factum in honorem proprie deo debitum, ad eum placandum. * et inde est quod augustinus dicit, in x de civ. dei, ° verum sacrificium est omne opus quod agitur ut sancta societate deo inhaereamus, relatum scilicet ad illum finem boni quo veraciter beati esse possumus. christus autem, * ut ibidem subditur, ° seipsum obtulit in passione pro nobis, ' et hoc ipsum opus, quod voluntarie passionem sustinuit, fuit deo maxime acceptum, utpote ex caritate proveniens. unde manifestum est quod passio christi fuit verum sacrificium. et, * sicut ipse postea subdit in eodem libro, ° huius veri sacrificii multiplicia variaque signa erant sacrificia prisca sanctorum, cum hoc unum per multa figuraretur, tanquam verbis multis res una diceretur, ut sine fastidio multum commendaretur; et, cum quatuor considerentur in omni sacrificio, * ut augustinus dicit in iv de trin., scilicet ° cui offeratur, a quo offeratur, quid offeratur, pro quibus offeratur, idem ipse qui unus verusque mediator per sacrificium pacis reconciliat nos deo, unum cum illo maneret cui offerebat, unum in se faceret pro quibus offerebat, unus ipse esset qui offerebat, et quod offerebat.

ra1 ' Ad primum ergo dicendum quod, licet veritas respondeat figurae quantum ad aliquid, non tamen quantum ad omnia, quia oportet quod veritas figuram excedat. et ideo convenienter figura huius sacrificii, quo caro christi offertur pro nobis, fuit caro, non hominum, sed aliorum animalium significantium carnem christi. quae est perfectissimum sacrificium. primo quidem quia, ex eo quod est humanae naturae caro, congrue pro hominibus offertur, et ab eis sumitur sub sacramento. secundo quia, ex eo quod erat passibilis et mortalis, apta erat immolationi. tertio quia, ex hoc quod erat sine peccato, efficax erat ad emundanda peccata. quarto quia, ex eo quod erat caro ipsius offerentis, erat deo accepta propter caritatem suam carnem offerentis. * unde augustinus dicit, in iv de trin., ° quid tam congruenter ab hominibus sumeretur quod pro eis offerretur, quam humana caro? et quid tam aptum huic immolationi quam caro mortalis? et quid tam mundum pro mundandis vitiis mortalium quam sine contagione carnalis concupiscentiae caro nata in utero et ex utero virginali? et quid tam grate offerri et suscipi posset quam caro sacrificii nostri, corpus effectum sacerdotis nostri?

ra2 * Ad secundum dicendum quod augustinus ibi loquitur ' de sacrificiis visibilibus figuralibus. et tamen ipsa passio christi, licet sit aliquid significatum per alia sacrificia figuralia, est tamen signum alicuius rei observandae a nobis, * secundum illud i pet. iv, ° christo igitur passo in carne, et vos eadem cogitatione armamini, quia qui passus est in carne, desiit a peccatis; ut iam non hominum desideriis, sed voluntati dei, quod reliquum est in carne vivat temporis.

ra3 ' Ad tertium dicendum quod passio christi ex parte occidentium ipsum fuit maleficium, sed ex parte ipsius ex caritate patientis fuit sacrificium. unde hoc sacrificium ipse christus obtulisse dicitur, non autem illi qui eum occiderunt.

010 ST4 qu48 ar4

ag1 ' Ad quartum sic proceditur. videtur quod passio christi non fuerit operata nostram salutem per modum redemptionis. nullus enim emit vel redimit quod suum esse non desiit. sed homines nunquam desierunt esse dei, * secundum illud psalmi, ° domini est terra et plenitudo eius, orbis terrarum et universi qui habitant in eo. ' ergo videtur quod christus non redemerit nos sua passione.

ag2 * Praeterea, sicut augustinus dicit, xiii de trin., ° diabolus a christo iustitia superandus fuit. ' sed hoc exigit iustitia, ut ille qui invasit dolose rem alienam, debeat privari, quia ° fraus et dolus nemini debet patrocinari, * ut etiam iura humana dicunt. ' cum ergo diabolus creaturam dei, scilicet hominem, dolose deceperit et sibi subiugaverit, videtur quod non debuit homo per modum redemptionis ab eius eripi potestate.

ag3 ' Praeterea, quicumque emit aut redimit aliquid, pretium solvit ei qui possidebat. sed christus non solvit sanguinem suum, qui dicitur esse pretium redemptionis nostrae, diabolo, qui nos captivos tenebat. non ergo christus sua passione nos redemit.

sc * Sed contra est quod dicitur i pet. i, ° non corruptibilibus auro vel argento redempti estis de vana vestra conversatione paternae traditionis, sed pretioso sanguine, quasi agni immaculati et incontaminati, christi. * et galat. iii dicitur, ° christus nos redemit de maledicto legis, factus pro nobis maledictum. " dicitur autem pro nobis factus maledictum, inquantum pro nobis passus est in ligno, * ut supra dictum est. ' ergo per passionem suam nos redemit.

co ' Respondeo dicendum quod per peccatum dupliciter homo obligatus erat. primo quidem, servitute peccati, quia ° qui facit peccatum, servus est peccati, * ut dicitur ioan. viii; et ii pet. ii, ° a quo quis superatus est, huic et servus addictus est. ' quia igitur diabolus hominem superaverat inducendo eum ad peccatum, homo servituti diaboli addictus erat. secundo, quantum ad reatum poenae, quo homo erat obligatus secundum dei iustitiam. et haec est servitus quaedam, ad servitutem enim pertinet quod aliquis patiatur quod non vult, cum liberi hominis sit uti seipso ut vult. igitur, quia passio christi fuit sufficiens et superabundans satisfactio pro peccato et reatu generis humani, eius passio fuit quasi quoddam pretium, per quod liberati sumus ab utraque obligatione. nam ipsa satisfactio qua quis satisfacit sive pro se sive pro alio, pretium quoddam dicitur quo se redimit a peccato et poena, * secundum illud dan. iv, ° peccata tua eleemosynis redime. ' christus autem satisfecit, non quidem pecuniam dando aut aliquid huiusmodi, sed dando id quod fuit maximum, seipsum, pro nobis. et ideo passio christi dicitur esse nostra redemptio.

ra1 ' Ad primum ergo dicendum quod homo dicitur esse dei dupliciter. uno modo, inquantum subiicitur potestati eius. et hoc modo nunquam homo desiit dei esse, * secundum illud dan. iv, ° dominatur excelsus in regno hominum, et cuicumque voluerit, dabit illud. ' alio modo, per unionem caritatis ad eum, * secundum quod dicitur rom. viii, ° si quis spiritum christi non habet, hic non est eius. ' primo igitur modo, nunquam homo desiit esse dei. secundo modo, desiit esse dei per peccatum. et ideo, inquantum fuit a peccato liberatus, christo passo satisfaciente, dicitur per passionem christi esse redemptus.

ra2 ' Ad secundum dicendum quod homo peccando obligatus erat et deo et diabolo. quantum enim ad culpam, deum offenderat, et diabolo se subdiderat, ei consentiens. unde ratione culpae non erat factus servus dei, sed potius, a dei servitute recedens, diaboli servitutem incurrerat, deo iuste hoc permittente propter offensam in se commissam. sed quantum ad poenam, principaliter homo erat deo obligatus, sicut summo iudici, diabolo autem tanquam tortori, * secundum illud matth. v, ° ne forte tradat te adversarius tuus iudici, et iudex tradat te ministro, " idest angelo poenarum crudeli, * ut chrysostomus dicit. ' quamvis igitur diabolus iniuste, quantum in ipso erat, hominem, sua fraude deceptum, sub servitute teneret, et quantum ad culpam et quantum ad poenam, iustum tamen erat hoc hominem pati, deo hoc permittente quantum ad culpam, et ordinante quantum ad poenam. et ideo per respectum ad deum iustitia exigebat quod homo redimeretur, non autem per respectum ad diabolum.

ra3 ' Ad tertium dicendum quod, quia redemptio requirebatur ad hominis liberationem per respectum ad deum, non autem per respectum ad diabolum; non erat pretium solvendum diabolo, sed deo. et ideo christus sanguinem suum, qui est pretium nostrae redemptionis, non dicitur obtulisse diabolo, sed deo.

010 ST4 qu48 ar5

ag1 ' Ad quintum sic proceditur. videtur quod esse redemptorem non sit proprium christi. * dicitur enim in psalmo, ° redemisti me, domine deus veritatis. ' sed esse dominum deum veritatis convenit toti trinitati. non ergo est proprium christo.

ag2 ' Praeterea, ille dicitur redimere qui dat pretium redemptionis. sed deus pater dedit filium suum redemptionem pro peccatis nostris, * secundum illud psalmi, ° redemptionem misit dominus populo suo; * glossa, ° idest christum, qui dat redemptionem captivis. ' ergo non solum christus, sed etiam deus pater nos redemit.

ag3 ' Praeterea, non solum passio christi, sed etiam aliorum sanctorum, proficua fuit ad nostram salutem, * secundum illud coloss. i, ° gaudeo in passionibus pro vobis, et adimpleo ea quae desunt passionum christi in carne mea pro corpore eius, " quod est ecclesia. ' ergo non solum christus debet dici redemptor, sed etiam alii sancti.

sc * Sed contra est quod dicitur galat. iii, ° christus nos redemit de maledicto legis, factus pro nobis maledictum. ' sed solus christus factus est pro nobis maledictum. ergo solus christus debet dici noster redemptor.

co ' Respondeo dicendum quod ad hoc quod aliquis redimat, duo requiruntur, scilicet actus solutionis, et pretium solutum. si enim aliquis solvat pro redemptione alicuius rei pretium, si non est suum, sed alterius, non dicitur ipse redimere principaliter, sed magis ille cuius est pretium. pretium autem redemptionis nostrae est sanguis christi, vel vita eius corporalis quae est in sanguine, quam ipse christus exsolvit. unde utrumque istorum ad christum pertinet immediate inquantum est homo, sed ad totam trinitatem sicut ad causam primam et remotam, cuius erat et ipsa vita christi sicut primi auctoris, et a qua inspiratum fuit ipsi homini christo ut pateretur pro nobis. et ideo esse immediate redemptorem est proprium christi inquantum est homo, quamvis ipsa redemptio possit attribui toti trinitati sicut primae causae.

ra1 * Ad primum ergo dicendum quod glossa sic exponit, ° tu, deus veritatis, redemisti me in christo clamante, in manus tuas, domine, commendo spiritum meum. ' et sic redemptio immediate pertinet ad hominem christum, principaliter autem ad deum.

ra2 ' Ad secundum dicendum quod pretium redemptionis nostrae homo christus solvit immediate, sed de mandato patris sicut primordialis auctoris.

ra3 ' Ad tertium dicendum quod passiones sanctorum proficiunt ecclesiae, non quidem per modum redemptionis, sed per modum exhortationis et exempli, * secundum illud ii cor. i, ° sive tribulamur pro vestra exhortatione et salute.

010 ST4 qu48 ar6

ag1 ' Ad sextum sic proceditur. videtur quod passio christi non fuerit operata nostram salutem per modum efficientiae. causa enim efficiens nostrae salutis est magnitudo divinae virtutis, * secundum illud isaiae lix, ° ecce, non est abbreviata manus eius, ut salvare non possit. " christus autem crucifixus est ex infirmitate, * ut dicitur ii cor. xiii. ' non ergo passio christi efficienter operata est salutem nostram.

ag2 ' Praeterea, nullum agens corporale efficienter agit nisi per contactum, unde etiam et christus tangendo mundavit leprosum, ° ut ostenderet carnem suam salutiferam virtutem habere, * sicut chrysostomus dicit. ' sed passio christi non potuit contingere omnes homines. ergo non potuit efficienter operari omnium hominum salutem.

ag3 ' Praeterea, non videtur eiusdem esse operari per modum meriti, et per modum efficientiae, quia ille qui meretur, expectat effectum ab alio. sed passio christi operata est nostram salutem per modum meriti. non ergo per modum efficientiae.

sc * Sed contra est quod dicitur i cor. i, quod ° verbum crucis his qui salvi fiunt est virtus dei. ' sed virtus dei efficienter operatur nostram salutem. ergo passio christi in cruce efficienter operata est nostram salutem.

co ' Respondeo dicendum quod duplex est efficiens, principale, et instrumentale. efficiens quidem principale humanae salutis deus est. quia vero humanitas christi est divinitatis instrumentum, * ut supra dictum est, ' ex consequenti omnes actiones et passiones christi instrumentaliter operantur, in virtute divinitatis, ad salutem humanam. et secundum hoc, passio christi efficienter causat salutem humanam.

ra1 ' Ad primum ergo dicendum quod passio christi, relata ad christi carnem, congruit infirmitati assumptae, relata vero ad divinitatem, consequitur ex ea infinitam virtutem, * secundum illud i cor. i, ° quod infirmum est dei, fortius est hominibus; ' quia scilicet ipsa infirmitas christi, inquantum est dei, habet virtutem excedentem omnem virtutem humanam.

ra2 ' Ad secundum dicendum quod passio christi, licet sit corporalis, habet tamen spiritualem virtutem ex divinitate unita. et ideo per spiritualem contactum efficaciam sortitur, scilicet per fidem et fidei sacramenta, * secundum illud apostoli, ° quem proposuit propitiatorem per fidem in sanguine eius.

ra3 ' Ad tertium dicendum quod passio christi, secundum quod comparatur ad divinitatem eius, agit per modum efficientiae; inquantum vero comparatur ad voluntatem animae christi, agit per modum meriti; secundum vero quod consideratur in ipsa carne christi, agit per modum satisfactionis, inquantum per eam liberamur a reatu poenae; per modum vero redemptionis, inquantum per eam liberamur a servitute culpae; per modum autem sacrificii, inquantum per eam reconciliamur deo, * ut infra dicetur.

010 ST4 qu49 ar

pr ' Deinde considerandum est de ipsis effectibus passionis christi. et circa hoc quaeruntur sex. primo, utrum per passionem christi simus liberati a peccato. secundo, utrum per eam simus liberati a potestate diaboli. tertio, utrum per eam simus liberati a reatu poenae. quarto, utrum per eam simus deo reconciliati. quinto, utrum per eam sit nobis aperta ianua caeli. sexto, utrum per eam christus adeptus fuerit exaltationem.

010 ST4 qu49 ar1

ag1 ' Ad primum sic proceditur. videtur quod per passionem christi non simus liberati a peccato. liberare enim a peccato est proprium dei * secundum illud isaiae xliii, ° ego sum qui deleo iniquitates tuas propter me. ' christus autem non est passus secundum quod deus, sed secundum quod homo. ergo passio christi non liberavit nos a peccato.

ag2 ' Praeterea, corporale non agit in spirituale. sed passio christi corporalis est, peccatum autem non est nisi in anima, quae est spiritualis creatura. ergo passio christi non potuit nos mundare a peccato.

ag3 ' Praeterea, nullus potest liberari a peccato quod nondum commisit, sed quod in posterum est commissurus. cum igitur multa peccata post christi passionem sint commissa, et tota die committantur, videtur quod per passionem christi non simus liberati a peccato.

ag4 ' Praeterea, posita causa sufficienti, nihil aliud requiritur ad effectum inducendum. requiruntur autem adhuc alia ad remissionem peccatorum, scilicet baptismus et poenitentia. ergo videtur quod passio christi non sit sufficiens causa remissionis peccatorum.

ag5 * Praeterea, proverb. x dicitur, ° universa delicta operit caritas; * et xv dicitur, ° per misericordiam et fidem purgantur peccata. ' sed multa sunt alia de quibus habemus fidem, et quae sunt provocativa caritatis. ergo passio christi non est propria causa remissionis peccatorum.

sc * Sed contra est quod dicitur apoc. i, ° dilexit nos, et lavit nos a peccatis nostris in sanguine suo.

co ' Respondeo dicendum quod passio christi est propria causa remissionis peccatorum, tripliciter. primo quidem, per modum provocantis ad caritatem. quia, * ut apostolus dicit, rom. v, ° commendat deus suam caritatem in nobis, quoniam, cum inimici essemus, christus pro nobis mortuus est. ' per caritatem autem consequimur veniam peccatorum, * secundum illud luc. vii, ° dimissa sunt ei peccata multa, quoniam dilexit multum. ' secundo, passio christi causat remissionem peccatorum per modum redemptionis. quia enim ipse est caput nostrum, per passionem suam, quam ex caritate et obedientia sustinuit, liberavit nos, tanquam membra sua, a peccatis, quasi per pretium suae passionis, sicut si homo per aliquod opus meritorium quod manu exerceret, redimeret se a peccato quod pedibus commisisset. sicut enim naturale corpus est unum, ex membrorum diversitate consistens, ita tota ecclesia, quae est mysticum corpus christi, computatur quasi una persona cum suo capite, quod est christus. tertio, per modum efficientiae, inquantum caro, secundum quam christus passionem sustinuit, est instrumentum divinitatis, ex quo eius passiones et actiones operantur in virtute divina ad expellendum peccatum.

ra1 ' Ad primum ergo dicendum quod, licet christus non sit passus secundum quod deus, tamen caro eius est divinitatis instrumentum. et ex hoc passio eius habet quandam divinam virtutem ad expellendum peccatum, * ut dictum est.

ra2 ' Ad secundum dicendum quod passio christi, licet sit corporalis, sortitur tamen quandam spiritualem virtutem ex divinitate, cuius caro ei unita est instrumentum. secundum quam quidem virtutem passio christi est causa remissionis peccatorum.

ra3 ‘ Ad tertium dicendum quod christus sua passione a peccatis nos liberavit causaliter, idest, instituens causam nostrae liberationis, ex qua possent quaecumque peccata quandocumque remitti, vel praeterita vel praesentia vel futura, sicut si medicus faciat medicinam ex qua possint etiam quicumque morbi sanari, etiam in futurum.
ra4 ‘ Ad quartum dicendum quod, quia passio christi praecessit ut causa quaedam universalis remissionis peccatorum, * sicut dictum est, ‘ necesse est quod singulis adhibeatur ad deletionem propriorum peccatorum. hoc autem fit per baptismum et poenitentiam et alia sacramenta, quae habent virtutem ex passione christi, * ut infra patebit.
ra5 ‘ Ad quintum dicendum quod etiam per fidem applicatur nobis passio christi ad percipiendum fructum ipsius, * secundum illud rom. iii, ° quem proposuit deus propitiatorem per fidem in sanguine eius. ‘ fides autem per quam a peccato mundamur, non est fides informis, quae potest esse etiam cum peccato, sed est fides formata per caritatem, ut sic passio christi nobis applicetur non solum quantum ad intellectum, sed etiam quantum ad affectum. et per hunc etiam modum peccata dimittuntur ex virtute passionis christi.

010 ST4 qu49 ar2

ag1 ‘ Ad secundum sic proceditur. videtur quod per passionem christi non simus liberati a potestate diaboli. ille enim non habet potestatem super aliquos, in quibus nihil sine permissione alterius facere potest. sed diabolus nunquam potuit aliquid in nocumentum hominum facere nisi ex permissione divina, * sicut patet iob i et ii quod, ‘ potestate divinitus accepta, eum primo in rebus, et postea in corpore laesit. * et similiter matth. viii dicitur quod ‘ daemones, nisi christo concedente, non potuerunt porcos intrare. ergo diabolus nunquam habuit in hominibus potestatem. et ita per passionem christi non sumus a potestate diaboli liberati.
ag2 ‘ Praeterea, diabolus potestatem suam in hominibus exercet tentando et corporaliter vexando. sed hoc adhuc in hominibus operatur, post christi passionem. ergo non sumus per passionem christi ab eius potestate liberati.
ag3 ‘ Praeterea, virtus passionis christi in perpetuum durat, * secundum illud heb. x, ° una oblatione consummavit sanctificatos in sempiternum. ‘ sed liberatio a potestate diaboli nec est ubique, quia in multis partibus mundi adhuc sunt idololatrae, nec etiam erit semper, quia tempore antichristi maxime suam potestatem exercebit in hominum nocumentum, * de quo dicitur, ii ad thess. ii, quod ° eius adventus erit secundum operationem satanae in omni virtute et signis et prodigiis mendacibus, et in omni seductione iniquitatis. ‘ ergo videtur quod passio christi non sit causa liberationis humani generis a potestate diaboli.
sc * Sed contra est quod dominus dicit, ioan. xii, passione imminente, ° nunc princeps huius mundi eiicietur foras, et ego, si exaltatus fuero a terra, omnia traham ad meipsum. ‘ est autem exaltatus a terra per crucis passionem. ergo per eius passionem diabolus est a potestate hominum eiectus.
co ‘ Respondeo dicendum quod circa potestatem quam diabolus in homines exercebat ante christi passionem, tria sunt consideranda. primum quidem est ex parte hominis, qui suo peccato meruit ut in potestatem traderetur diaboli, per cuius tentationem fuerat superatus. aliud autem est ex parte dei, quem homo peccando offenderat, qui, per suam iustitiam, hominem reliquerat potestati diaboli. tertium autem est ex parte ipsius diaboli, qui sua nequissima voluntate hominem a consecutione salutis impediebat. quantum igitur ad primum, homo est a potestate diaboli liberatus per passionem christi, inquantum passio christi est causa remissionis peccatorum, * ut dictum est. ‘ quantum autem ad secundum, dicendum quod passio christi nos a potestate diaboli liberavit, inquantum nos deo reconciliavit, * ut infra dicetur. ‘ quantum vero ad tertium, passio christi nos a diabolo liberavit, inquantum in passione christi excessit modum potestatis sibi traditae a deo, machinando in mortem christi, qui non habebat meritum mortis, cum esset absque peccato. * unde augustinus dicit, in xiii de trin., ° iustitia christi diabolus victus est, quia, cum in eo nihil morte dignum inveniret, occidit eum tamen; et utique iustum est ut debitores quos tenebat, liberi dimittantur, |25| in eum credentes quem sine ullo debito occidit.
ra1 ‘ Ad primum ergo dicendum quod non dicitur sic diabolus in homines potestatem habuisse quasi posset eis nocere deo non permittente. sed quia iuste permittebatur nocere hominibus, quos tentando ad suum consensum perduxerat.
ra2 ‘ Ad secundum dicendum quod diabolus etiam nunc quidem potest, deo permittente, homines tentare quantum ad animam, et vexare quantum ad corpus, sed tamen praeparatum est homini remedium ex passione christi, quo se potest tueri contra hostis impugnationes, ne deducatur in interitum mortis aeternae. et quicumque ante passionem christi diabolo resistebant, per fidem passionis christi hoc facere poterant, licet, passione christi nondum peracta, quantum ad aliquid nullus potuerit diaboli manus evadere, ut scilicet non descenderet in infernum. a quo, post passionem christi, se possunt homines eius virtute tueri.
ra3 ‘ Ad tertium dicendum quod deus permittit diabolo posse decipere homines certis personis, temporibus et locis, secundum occultam rationem iudiciorum suorum. semper tamen per passionem christi est paratum hominibus remedium se tuendi contra nequitias daemonum, etiam tempore antichristi. sed si aliqui hoc remedio uti negligant, nil deperit efficaciae passionis christi.

010 ST4 qu49 ar3

ag1 ‘ Ad tertium sic proceditur. videtur quod per passionem christi non fuerunt homines liberati a poena peccati. praecipua enim poena peccati est aeterna damnatio. sed illi qui damnati erant in inferno pro suis peccatis, non sunt per christi passionem liberati, quia ° in inferno nulla est redemptio. ‘ ergo videtur quod passio christi non liberavit homines a poena.
ag2 ‘ Praeterea, illis qui sunt liberati a reatu poenae, non est aliqua poena iniungenda. sed poenitentibus iniungitur poena satisfactoria. non ergo per passionem christi sunt homines liberati a reatu poenae.
ag3 ‘ Praeterea, mors est poena peccati, * secundum illud rom. vi, “ stipendia peccati mors. ‘ sed adhuc post passionem christi homines moriuntur. ergo videtur quod per passionem christi non sumus a reatu poenae liberati.
sc * Sed contra est quod dicitur isaiae liii, ° vere languores nostros ipse tulit, et dolores nostros ipse portavit.
co ‘ Respondeo dicendum quod per passionem christi liberati sumus a reatu poenae dupliciter. uno modo, directe, inquantum scilicet passio christi fuit sufficiens et superabundans satisfactio pro peccatis totius humani generis. exhibita autem satisfactione sufficienti, tollitur reatus poenae. alio modo, indirecte, inquantum scilicet passio christi est causa remissionis peccati, in quo fundatur reatus poenae.
ra1 ‘ Ad primum ergo dicendum quod passio christi sortitur effectum suum in illis quibus applicatur per fidem et caritatem, et per fidei sacramenta. et ideo damnati in inferno, qui praedicto modo passioni christi non coniunguntur, effectum eius percipere non possunt.
ra2 * Ad secundum dicendum quod, sicut dictum est, ‘ ad hoc quod consequamur effectum passionis christi, oportet nos ei configurari. configuramur autem ei in baptismo sacramentaliter, * secundum illud rom. vi, ° consepulti sumus ei per baptismum in mortem. ‘ unde baptizatis nulla poena satisfactoria imponitur, quia sunt totaliter liberati per satisfactionem christi. quia vero ° christus semel tantum pro peccatis nostris mortuus est, * ut dicitur i pet. iii, ‘ ideo non potest homo secundario configurari morti christi per sacramentum baptismi. unde oportet quod illi qui post baptismum peccant, configurentur christo patienti per aliquid poenalitatis vel passionis quam in seipsis sustineant. quae tamen multo minor sufficit quam esset condigna peccato, cooperante satisfactione christi.
ra3 ‘ Ad tertium dicendum quod satisfactio christi habet effectum in nobis inquantum incorporamur ei ut membra capiti, * sicut supra dictum est. ‘ membra autem oportet capiti esse conformia. et ideo, sicut christus primo quidem habuit gratiam in anima cum passibilitate corporis, et per passionem ad gloriam immortalitatis pervenit; ita et nos, qui sumus membra eius, per passionem ipsius liberamur quidem a reatu cuiuslibet poenae, ita tamen quod primo recipimus in anima “ spiritum adoptionis filiorum, ‘ quo adscribimur ad hereditatem gloriae immortalitatis, adhuc corpus passibile et mortale habentes; postmodum vero, “ configurati passionibus et morti christi, ‘ in gloriam immortalem perducimur; * secundum illud apostoli, rom. viii, ° si filii dei, et heredes, heredes quidem dei, coheredes autem christi, si tamen compatimur, ut simul glorificemur.

010 ST4 qu49 ar4

ag1 ‘ Ad quartum sic proceditur. videtur quod per passionem christi non simus deo reconciliati. reconciliatio enim non habet locum inter amicos. sed deus semper dilexit nos, * secundum illud sap. xi, ° diligis omnia quae sunt, et nihil odisti eorum quae fecisti. ‘ ergo passio christi non reconciliavit nos deo.
ag2 ‘ Praeterea, non potest idem esse principium et effectus, unde gratia, quae est principium merendi, non cadit sub merito. sed dilectio dei est principium passionis christi, * secundum illud ioan. iii, ° sic deus dilexit mundum ut filium suum unigenitum daret. ‘ non ergo videtur quod per passionem christi simus reconciliati deo, ita quod de novo nos amare inciperet.
ag3 ‘ Praeterea, passio christi impleta est per homines christum occidentes, qui ex hoc graviter deum offenderunt. ergo passio christi magis est causa indignationis quam reconciliationis dei.
sc * Sed contra est quod apostolus dicit, rom. v, ° reconciliati sumus deo per mortem filii eius.
co ‘ Respondeo dicendum quod passio christi est causa reconciliationis nostrae ad deum dupliciter. uno modo, inquantum removet peccatum, per quod homines constituuntur inimici dei, * secundum illud sap. xiv, ° similiter odio sunt deo impius et impietas eius; * et in psalmo, ° odisti omnes qui operantur iniquitatem. ‘ alio modo, inquantum est deo sacrificium acceptissimum. est enim hoc proprie sacrificii effectus, ut per ipsum placetur deus, sicut cum homo offensam in se commissam remittit propter aliquod obsequium acceptum quod ei exhibetur. * unde dicitur i reg. xxvi, ° si dominus incitat te adversum me, odoretur sacrificium. ‘ et similiter tantum bonum fuit quod christus voluntarie passus est, quod propter hoc bonum in natura humana inventum, deus placatus est super omni offensa generis humani, quantum ad eos qui christo passo coniunguntur secundum modum praemissum.
ra1 ‘ Ad primum ergo dicendum quod deus diligit omnes homines quantum ad naturam, quam ipse fecit. odit tamen eos quantum ad culpam, quam contra eum homines committunt, * secundum illud eccli. xii, ° altissimus odio habet peccatores.
ra2 ‘ Ad secundum dicendum quod christus non dicitur quantum ad hoc nos deo reconciliasse, quod de novo nos amare inciperet, * cum scriptum sit, ierem. xxxi, ° in caritate perpetua dilexi te. ‘ sed quia per passionem christi est sublata odii causa, tum propter ablutionem peccati; tum propter recompensationem acceptabilioris boni.
ra3 ‘ Ad tertium dicendum quod, sicut occisores christi homines fuerunt, ita et christus occisus. maior autem fuit caritas christi patientis quam iniquitas occisorum. et ideo passio christi magis valuit ad reconciliandum deum toti humano generi, quam ad provocandum iram.

010 ST4 qu49 ar5

ag1 ‘ Ad quintum sic proceditur. videtur quod christus sua passione non aperuerit nobis ianuam caeli. * dicitur enim proverb. xi, ° seminanti iustitiam merces fidelis. ‘ sed merces iustitiae est introitus regni caelestis. ergo videtur quod sancti patres, qui operati sunt opera iustitiae, fideliter consecuti essent introitum regni caelestis, etiam absque christi passione. non ergo passio christi est causa apertionis ianuae regni caelestis.
ag2 ‘ Praeterea, ante passionem christi, elias raptus est in caelum, * ut dicitur iv reg. ii. ‘ sed effectus non praecedit causam. ergo videtur quod apertio ianuae caelestis non sit effectus passionis christi.
ag3 * Praeterea, sicut legitur matth. iii, “ christo baptizato aperti sunt caeli. ‘ sed baptismus praecessit passionem. ergo apertio caeli non est effectus passionis christi.
ag4 * Praeterea, mich. ii dicitur, ° ascendit pandens iter ante eos. ‘ sed nihil aliud videtur pandere iter caeli quam eius ianuam aperire. ergo videtur quod ianua caeli sit nobis aperta, non per passionem, sed per ascensionem christi.
sc * Sed contra est quod apostolus dicit, heb. x, ° habemus fiduciam in introitu sanctorum, “ scilicet caelestium, in sanguine christi.
co ‘ Respondeo dicendum quod clausio ianuae est obstaculum quoddam prohibens homines ab ingressu. prohibebantur autem homines ab ingressu regni caelestis propter peccatum, quia, * sicut dicitur isaiae xxxv, ° via illa sancta vocabitur, et non transibit per eam pollutus. ‘ est autem duplex peccatum impediens ab ingressu regni caelestis. unum quidem commune totius humanae naturae, quod est peccatum primi parentis. et per hoc peccatum praecludebatur homini aditus regni caelestis, * unde legitur gen. iii quod, “ post peccatum primi hominis, ° collocavit deus cherubim, et flammeum gladium atque versatilem, ad custodiendam viam ligni vitae. ‘ aliud autem est peccatum speciale uniuscuiusque personae, quod per proprium actum committitur uniuscuiusque hominis. per passionem autem christi liberati sumus non solum a peccato communi totius humanae naturae, et quantum ad culpam et quantum ad reatum poenae, ipso solvente pretium pro nobis, sed etiam a peccatis propriis singulorum qui communicant eius passioni per fidem et caritatem et fidei sacramenta. et ideo per passionem christi aperta est nobis ianua regni caelestis. * et hoc est quod apostolus dicit, heb. ix, quod ° christus, assistens pontifex futurorum bonorum, per proprium sanguinem introivit semel in sancta, aeterna redemptione inventa. |25| * et hoc significatur num. xxxv, ubi dicitur quod “ homicida manebit ibi, scilicet in civitate refugii, ° donec sacerdos magnus, qui oleo sancto unctus est, moriatur, ‘ quo mortuo, poterit in domum suam redire.
ra1 ‘ Ad primum ergo dicendum quod sancti patres, operando opera iustitiae, meruerunt introitum regni caelestis per fidem passionis christi, * secundum illud heb. xi, ° sancti per fidem vicerunt regna, operati sunt iustitiam, ‘ per quam etiam unusquisque a peccato purgabatur quantum pertinet ad emundationem propriae personae. non tamen alicuius fides vel iustitia sufficiebat ad removendum impedimentum quod erat per reatum totius humanae creaturae. quod quidem remotum est pretio sanguinis christi. et ideo ante passionem christi nullus intrare poterat regnum caeleste, adipiscendo scilicet beatitudinem aeternam, quae consistit in plena dei fruitione.
ra2 ‘ Ad secundum dicendum quod elias sublevatus est in caelum aereum, non autem in caelum empy-

reum, qui est locus beatorum. et similiter nec henoch, sed raptus est ad paradisum terrestrem, ubi cum elia simul creditur vivere usque ad adventum antichristi.
ra3 * Ad tertium dicendum quod, sicut supra dictum est, ‘ christo baptizato aperti sunt caeli, non propter ipsum christum, cui semper caelum patuit, sed ad significandum quod caelum aperitur baptizatis baptismo christi, qui habet efficaciam ex passione ipsius.
ra4 ‘ Ad quartum dicendum quod christus sua passione meruit nobis introitum regni caelestis, et impedimentum removit, sed per suam ascensionem nos quasi in possessionem regni caelestis introduxit. * et ideo dicitur quod ° ascendens pandit iter ante eos.

010 ST4 qu49 ar6

ag1 ‘ Ad sextum sic proceditur. videtur quod christus per suam passionem non meruit exaltari. sicut enim cognitio veritatis est proprium deo, ita et sublimitas, * secundum illud psalmi, ° excelsus super omnes gentes dominus, et super caelos gloria eius. ‘ sed christus, secundum quod homo, habuit cognitionem omnis veritatis non ex aliquo merito praecedenti, sed ex ipsa unione dei et hominis, * secundum illud ioan. i, ° vidimus gloriam eius quasi unigeniti a patre, plenum gratiae et veritatis. ‘ ergo neque exaltationem habuit ex merito passionis, sed ex sola unione.
ag2 ‘ Praeterea, christus meruit sibi a primo instanti suae conceptionis, * ut supra habitum est. ‘ non autem maior caritas fuit in eo tempore passionis quam ante. cum ergo caritas sit merendi principium, videtur quod non magis meruit per passionem suam exaltationem quam ante.
ag3 “ Praeterea, gloria corporis resultat ex gloria animae, * ut augustinus dicit, in epistola ad dioscorum. ‘ sed christus per passionem suam non meruit exaltationem quantum ad gloriam animae, quia anima eius fuit beata a primo instanti suae conceptionis. ergo neque etiam per passionem meruit exaltationem quantum ad gloriam corporis.
sc * Sed contra est quod dicitur philipp. ii, ° factus est obediens usque ad mortem, mortem autem crucis, propter quod et deus exaltavit illum.
co ‘ Respondeo dicendum quod meritum importat quandam aequalitatem iustitiae, * unde apostolus dicit, ° ei qui operatur, merces imputatur secundum debitum. ‘ cum autem aliquis ex sua iniusta voluntate sibi attribuit plus quam debeatur, iustum est ut diminuatur etiam quantum ad id quod sibi debebatur, sicut, ° cum furatur quis unam ovem, reddet quatuor, * ut dicitur exod. xxii. ‘ et hoc dicitur mereri, inquantum per hoc punitur cuius est iniqua voluntas. ita etiam, cum aliquis sibi ex iusta voluntate subtrahit quod debebat habere, meretur ut sibi amplius aliquid superaddatur, quasi merces iustae voluntatis. et inde est quod, * sicut dicitur luc. xiv, ° qui se humiliat, exaltabitur. ‘ christus autem in sua passione seipsum humiliavit infra suam dignitatem, quantum ad quatuor. primo quidem, quantum ad passionem et mortem, cuius debitor non erat. secundo, quantum ad locum, quia corpus eius positum est in sepulcro, anima in inferno. tertio, quantum ad confusionem et opprobria quae sustinuit. quarto, quantum ad hoc quod est traditus humanae potestati, * secundum quod ipse dicit pilato, ioan. xix, |25| ° non haberes in me potestatem, nisi datum tibi fuisset desuper. ‘ et ideo per suam passionem meruit exaltationem quantum ad quatuor. primo quidem, quantum ad resurrectionem gloriosam. * unde dicitur in psalmo, ° tu cognovisti sessionem meam, “ idest humilitatem meae passionis, ° et resurrectionem meam. ‘ secundo, quantum ad ascensionem in caelum. * unde dicitur ephes. iv, ° descendit primo in inferiores partes terrae, qui autem descendit, ipse est et qui ascendit super omnes caelos. ‘ tertio, quantum ad consessum paternae dexterae, et manifestationem divinitatis ipsius, * secundum illud isaiae lii, ° exaltabitur et elevabitur, et sublimis erit valde, sicut obstupuerunt super eum multi, sic inglorius erit inter viros aspectus eius. * et philipp. ii dicitur, ° factus est obediens usque ad mortem, mortem autem crucis, propter quod et deus exaltavit illum, et dedit illi nomen quod est super omne nomen, “ ut scilicet ab omnibus nominetur deus, ‘ et omnes sibi reverentiam exhibeant sicut deo. * et hoc est quod subditur, ° ut in nomine iesu omne genu flectatur, caelestium, terrestrium et infernorum. |50| ‘ quarto, quantum ad iudiciariam potestatem. * dicitur enim iob xxxvi, ° causa tua quasi impii iudicata est, iudicium causamque recipies.
ra1 ‘ Ad primum ergo dicendum quod principium merendi est ex parte animae, corpus autem est instrumentum meritorii actus. et ideo perfectio animae christi, quae fuit merendi principium, non debuit in eo acquiri per meritum, sicut perfectio corporis, quod fuit passioni subiectum, et per hoc fuit ipsius meriti instrumentum.
ra2 ‘ Ad secundum dicendum quod per priora merita christus meruit exaltationem ex parte ipsius animae, cuius voluntas caritate et aliis virtutibus informabatur. sed in passione meruit suam exaltationem, per modum cuiusdam recompensationis, etiam ex parte corporis, iustum enim est ut corpus, quod fuerat ex caritate passioni subiectum, acciperet recompensationem in gloria.
ra3 ‘ Ad tertium dicendum quod dispensatione quadam factum est in christo ut gloria animae, ante passionem, non redundaret ad corpus, ad hoc quod gloriam corporis honorabilius obtineret, quando eam per passionem meruisset. gloriam autem animae differri non conveniebat, quia anima immediate uniebatur verbo, unde decens erat ut gloria repleretur ab ipso verbo. sed corpus uniebatur verbo mediante anima.

010 ST4 qu50 ar

pr ‘ Deinde considerandum est de morte christi. et circa hoc quaeruntur sex. primo, utrum conveniens fuerit christum mori. secundo, utrum per mortem fuerit separata unio divinitatis et carnis. tertio, utrum fuerit separata unio divinitatis et animae. quarto, utrum christus in triduo mortis fuerit homo. quinto, utrum corpus eius fuerit idem numero vivum et mortuum. sexto, utrum mors eius aliquid sit operata ad nostram salutem.

010 ST4 qu50 ar1

ag1 ‘ Ad primum sic proceditur. videtur quod non fuerit conveniens christum mori. illud enim quod est primum principium in aliquo genere, non disponitur per id quod est contrarium illi generi, sicut ignis, qui est principium caloris, nunquam potest esse frigidus. sed filius dei est principium et fons omnis vitae, * secundum illud psalmi, ° apud te est fons vitae. ‘ ergo videtur quod non fuerit conveniens christum mori.
ag2 ‘ Praeterea, maior est defectus mortis quam morbi, quia per morbum pervenitur ad mortem. “ sed non fuit conveniens christum aliquo morbo languescere, * ut chrysostomus dicit. ‘ ergo etiam non fuit conveniens christum mori.
ag3 * Praeterea, dominus dicit, ioan. x, ° ego veni ut vitam habeant, et abundantius habeant. ‘ sed oppositum non perducit ad oppositum. ergo videtur quod non fuit conveniens christum mori.
sc * Sed contra est quod dicitur ioan. xi, ° expedit ut moriatur unus homo pro populo, ut non tota gens pereat, * quod quidem caiphas prophetice dixit, ut evangelista testatur.
co ‘ Respondeo dicendum quod conveniens fuit christum mori. primo quidem, ad satisfaciendum pro humano genere, quod erat morti adiudicatum propter peccatum, * secundum illud gen. ii, ° quacumque die comederitis, morte moriemini. ‘ est autem conveniens satisfaciendi pro alio modus cum aliquis se subiicit poenae quam alius meruit. et ideo christus mori voluit, ut, moriendo, pro nobis satisfaceret, * secundum illud i pet. iii, ° christus semel pro peccatis nostris mortuus est. ‘ secundo, ad ostendendum veritatem naturae assumptae. * sicut enim eusebius dicit, ° si aliter, post conversationem cum hominibus, evanescens subito evolaret fugiens mortem, ab omnibus compararetur phantasmati. ‘ tertio ut, moriendo, nos a timore mortis liberaret. * unde dicitur heb. ii, quod ° communicavit carni et sanguini, ut per mortem destrueret eum qui habebat mortis imperium, et liberaret eos qui timore mortis per totam vitam obnoxii erant servituti. ‘ quarto ut, corporaliter moriendo similitudini peccati, idest poenalitati, daret nobis exemplum moriendi spiritualiter peccato. * unde dicitur rom. vi, ° quod enim mortuus est peccato, mortuus est semel, |25| quod autem vivit, vivit deo. ita et vos existimate mortuos esse peccato, viventes autem deo. ‘ quinto ut, a mortuis resurgendo, virtutem suam ostenderet, qua mortem superavit, et nobis spem resurgendi a mortuis daret. * unde apostolus dicit, i cor. xv, ° si christus praedicatur quod resurrexit a mortuis, quomodo quidam in vobis dicunt quod resurrectio mortuorum non erit?
ra1 ‘ Ad primum ergo dicendum quod christus est fons vitae secundum quod deus, non autem secundum quod homo. mortuus autem est non secundum quod deus, sed secundum quod homo. * unde augustinus dicit, contra felicianum, ° absit ut christus sic senserit mortem ut, quantum est in se vita, vitam perdiderit. si enim hoc ita esset, vitae fons aruisset. sensit igitur mortem participatione humani affectus, quem sponte susceperat, non naturae suae perdidit potentiam, per quam cuncta vivificat.
ra2 ‘ Ad secundum dicendum quod christus non sustinuit mortem ex morbo provenientem, ne videretur ex necessitate mori propter infirmitatem naturae. sed sustinuit mortem ab exteriori illatam, cui se spontaneum obtulit, ut mors eius voluntaria ostenderetur.
ra3 ‘ Ad tertium dicendum quod unum oppositorum per se non ducit ad aliud, sed quandoque per accidens, sicut frigidum quandoque per accidens calefacit. et hoc modo christus per suam mortem nos perduxit ad vitam, quia de sua morte mortem nostram destruxit, sicut ille qui poenam pro alio sustinet, removet poenam eius.

010 ST4 qu50 ar2

ag1 ‘ Ad secundum sic proceditur. videtur quod in morte christi fuerit separata divinitas a carne. * ut enim dicitur matth. xxvii, ‘ dominus, in cruce pendens, clamavit, ° deus, deus meus, ut quid me dereliquisti? * quod exponens ambrosius, dicit, ° clamat homo separatione divinitatis moriturus. nam, cum divinitas morte libera sit, utique mors ibi esse non poterat nisi vita discederet, quia vita divinitas est. ‘ et sic videtur quod in morte christi sit divinitas separata a carne.
ag2 ‘ Praeterea, remoto medio, separantur extrema. sed divinitas unita est carni mediante anima, * ut supra habitum est. ‘ ergo videtur quod cum in morte christi anima sit separata a carne, quod per consequens divinitas sit a carne separata.
ag3 ‘ Praeterea, maior est virtus vivificativa dei quam animae. sed corpus mori non poterat nisi anima separata. ergo videtur quod multo minus mori poterat nisi separata divinitate.
sc ‘ Sed contra, ea quae sunt humanae naturae, non dicuntur de filio dei nisi ratione unionis, * ut supra habitum est. ‘ sed de filio dei dicitur id quod convenit corpori christi post mortem, scilicet esse sepultum, * ut patet in symbolo fidei, ubi dicitur quod ° filius dei conceptus est et natus ex virgine, passus, mortuus et sepultus. ‘ ergo corpus christi non fuit separatum in morte a divinitate.
co ‘ Respondeo dicendum quod id quod per gratiam dei conceditur, nunquam absque culpa revocatur, * unde dicitur rom. xi, quod ° sine poenitentia sunt dona dei et vocatio. ‘ multo autem maior est gratia unionis, per quam divinitas unita est carni christi in persona, quam gratia adoptionis, qua alii sanctificantur, et etiam magis permanens ex sui ratione, quia haec gratia ordinatur ad unionem personalem, gratia autem adoptionis ad quandam unionem affectualem. et tamen videmus quod gratia adoptionis nunquam perditur sine culpa. cum igitur in christo nullum fuerit peccatum, impossibile fuit quod solveretur unio divinitatis a carne ipsius. et ideo, sicut ante mortem caro christi unita fuit secundum personam et hypostasim verbo dei, ita et remansit unita post mortem, ut scilicet non esset alia hypostasis verbi dei et carnis christi post mortem, * ut damascenus dicit, in iii libro.
ra1 “ Ad primum ergo dicendum quod derelictio illa non est referenda ad solutionem unionis personalis, sed ad hoc quod deus pater eum exposuit passioni. unde derelinquere ibi non est aliud quam non protegere a persequentibus. vel dicit se derelictum quantum ad illam orationem qua dixerat, ° pater, si fieri potest, transeat a me calix iste, * ut augustinus exponit, in libro de gratia novi testamenti.
ra2 ‘ Ad secundum dicendum quod verbum dei dicitur esse unitum carni mediante anima, inquantum caro per animam pertinet ad humanam naturam, quam filius dei assumere intendebat, non autem ita quod anima sit quasi medium ligans unita. habet autem caro ab anima quod pertineat ad humanam naturam, etiam postquam anima separatur ab ea, inquantum scilicet in carne mortua remanet, ex divina ordinatione, quidam ordo ad resurrectionem. et ideo non tollitur unio divinitatis ad carnem.
ra3 ‘ Ad tertium dicendum quod anima habet vim vivificandi formaliter. et ideo, ea praesente et unita formaliter, necesse est corpus esse vivum. divinitas autem non habet vim vivificandi formaliter, sed effective, non enim potest esse corporis forma. et ideo non est necesse quod, manente unione divinitatis ad carnem, caro sit viva, quia deus non ex necessitate agit, sed ex voluntate.

010 ST4 qu50 ar3

ag1 ‘ Ad tertium sic proceditur. videtur quod in morte christi fuerit separatio divinitatis ab anima. * dicit enim dominus, ioan. x, ° nemo tollit animam meam a me, sed ego pono eam, et iterum sumo eam. ‘ non autem videtur quod corpus animam ponere possit, eam a se separando, quia anima non subiicitur potestati corporis, sed potius e converso. et sic videtur quod christo secundum quod est verbum dei, conveniat animam suam ponere. hoc autem est eam a se separare. ergo per mortem anima eius fuit a divinitate separata.
ag2 * Praeterea, athanasius dicit ° maledictum qui totum hominem quem assumpsit dei filius, denuo assumptum vel liberatum, tertia die a mortuis resurrexisse non confitetur. ‘ sed non potuit totus homo denuo assumi, nisi aliquando fuerit totus homo a dei verbo separatus. totus autem homo componitur ex anima et corpore. ergo aliquando fuit facta separatio divinitatis et a corpore et ab anima.
ag3 ‘ Praeterea, propter unionem ad totum hominem filius dei vere dicitur homo. si igitur, soluta unione animae et corporis per mortem, verbum dei remansit unitum animae, sequeretur quod vere dici potuisset filium dei esse animam. hoc autem est falsum, quia, cum anima sit forma corporis, sequeretur quod verbum dei fuerit corporis forma, quod est impossibile. ergo in morte christi anima fuit a verbo dei separata.
ag4 ‘ Praeterea, anima et corpus, ab invicem separata, non sunt una hypostasis, sed duae. si igitur verbum dei remansit unitum tam animae quam corpori christi, separatis eis ab invicem per mortem christi, videtur sequi quod verbum dei, durante morte christi, fuerit duae hypostases. quod est inconveniens. non ergo post mortem christi remansit anima verbo unita.
sc * Sed contra est quod dicit damascenus, in iii libro, ° etsi christus mortuus est ut homo, et sancta eius anima ab incontaminato divisa est corpore; sed

divinitas inseparabilis ab utrisque permansit, ab anima dico et corpore.
co ' Respondeo dicendum quod anima unita est verbo dei immediatius et per prius quam corpus, cum corpus unitum sit verbo dei mediante anima, * ut supra dictum est. ' cum igitur verbum dei non sit separatum in morte a corpore, multo minus separatum est ab anima. unde, sicut de filio dei praedicatur id quod convenit corpori ab anima separato, scilicet esse sepultum; * ita de eo in symbolo dicitur quod ' descendit ad inferos, quia anima eius, a corpore separata, descendit ad inferos.
ra1 * Ad primum ergo dicendum quod augustinus, exponens illud verbum ioannis, inquirit, ° cum christus sit verbum et anima et caro, utrum ex eo quod est verbum, ponat animam; an ex eo quod est anima; an iterum ex eo quod est caro. * et dicit quod, ° si dixerimus quod verbum dei animam posuit, sequeretur quod aliquando anima illa separata est a verbo. quod est falsum. mors enim corpus ab anima separavit, a verbo autem animam separatam non dico. si vero dixerimus quod anima ipsa se ponat, sequitur quod ipsa a se separatur. quod est absurdissimum. " relinquitur ergo quod ipsa caro animam suam ponit et iterum eam ° sumit, non potestate sua, sed potestate verbi inhabitantis carnem, * quia, sicut supra dictum est, ' per mortem non est separata divinitas verbi a carne.
ra2 * Ad secundum dicendum quod in verbis illis athanasius non " intellexit quod totus homo denuo sit assumptus, idest, omnes partes eius, quasi verbum dei partes humanae naturae deposuerit per mortem. sed quod iterato totalitas naturae assumptae sit in resurrectione redintegrata per iteratam unionem animae et corporis.
ra3 ' Ad tertium dicendum quod verbum dei, propter unionem humanae naturae, non dicitur humana natura, sed dicitur homo, quod est habens humanam naturam. anima autem et corpus sunt partes essentiales humanae naturae. unde propter unionem verbi ad utrumque eorum non sequitur quod verbum dei sit anima vel corpus, sed quod est habens animam vel corpus.
ra4 * Ad quartum dicendum quod, sicut damascenus dicit, in iii libro, ° quod in morte christi est separata anima a carne, non est una hypostasis in duas hypostases divisa. et corpus enim et anima secundum idem ex principio in verbi hypostasi habuerunt existentiam, et in morte, invicem divisa, singula eorum manserunt unam hypostasim verbi habens. quare una verbi hypostasis verbi et animae et corporis extitit hypostasis. nunquam enim neque anima neque corpus propriam habuerunt hypostasim, praeter verbi hypostasim. una enim semper verbi hypostasis, et nunquam duae.

010 ST4 qu50 ar4

ag1 ' Ad quartum sic proceditur. videtur quod christus in triduo mortis fuerit homo. * dicit enim augustinus, in i de trin., ° talis erat illa susceptio, quae deum hominem faceret et hominem deum. ' sed illa susceptio non cessavit per mortem. ergo videtur quod per mortem non desiit esse homo.
ag2 * Praeterea, philosophus dicit, in ix ethic., quod ° unusquisque homo est suus intellectus. ' unde et, post mortem animam petri alloquentes, dicimus, ° sancte petre, ora pro nobis. ' sed post mortem filius dei non fuit separatus ab anima intellectuali. ergo in illo triduo filius dei fuit homo.
ag3 ' Praeterea, omnis sacerdos est homo. sed in illo triduo mortis christus fuit sacerdos, * aliter enim non verum esset quod dicitur in psalmo, ° tu es sacerdos in aeternum. ' ergo christus in illo triduo fuit homo.
sc ' Sed contra, remoto superiori, removetur inferius. sed vivum, sive animatum, est superius ad animal et ad hominem, nam animal est substantia animata sensibilis. sed in illo triduo mortis corpus christi non fuit vivum neque animatum. ergo non fuit homo.
co ' Respondeo dicendum quod christum vere fuisse mortuum est articulus fidei. unde asserere omne id per quod tollitur veritas mortis christi, est error contra fidem. * propter quod in epistola synodali cyrilli dicitur, ° si quis non confitetur dei verbum passum carne, et crucifixum carne, et quod mortem gustavit carne, anathema sit. ' pertinet autem ad veritatem mortis hominis vel animalis quod per mortem desinat esse homo vel animal, mors enim hominis vel animalis provenit ex separatione animae, quae complet rationem animalis vel hominis. et ideo dicere christum in triduo mortis hominem fuisse, simpliciter et absolute loquendo, erroneum est. potest tamen dici quod christus in triduo fuit homo mortuus. * quidam tamen confessi sunt " christum in triduo hominem fuisse, * dicentes quidem verba erronea, sed sensum erroris non habentes in fide, sicut hugo de sancto victore, qui ea ratione dixit " christum in triduo mortis fuisse hominem, quia dicebat animam esse hominem. ' quod tamen est falsum, * ut in prima parte ostensum est. * magister etiam sententiarum, in xxii distinctione iii libri, " posuit quod christus in triduo mortis fuit homo, alia ratione, quia credidit quod unio animae et carnis non esset de ratione hominis, sed sufficit ad hoc quod aliquid sit homo, quod habeat |25| animam humanam et corpus, sive coniuncta sive non coniuncta. ' quod etiam patet esse falsum * ex his quae dicta sunt in prima parte, et ex his quae dicta sunt circa modum unionis.
ra1 ' Ad primum ergo dicendum quod verbum dei suscepit animam et carnem unitam, et ideo illa susceptio fecit deum hominem et hominem deum. non autem cessavit illa susceptio per separationem verbi ab anima vel a carne, cessavit tamen unio carnis et animae.
ra2 " Ad secundum dicendum quod homo dicitur esse suus intellectus, ' non quia intellectus sit totus homo, sed quia intellectus est principalior pars hominis, in quo virtualiter existit tota dispositio hominis, sicut si rector civitatis dicatur tota civitas, quia in eo consistit tota dispositio civitatis.
ra3 ' Ad tertium dicendum quod esse sacerdotem convenit homini ratione animae, in qua est ordinis character. unde per mortem homo non perdit ordinem sacerdotalem. et multo minus christus, qui est totius sacerdotii origo.

010 ST4 qu50 ar5

ag1 ' Ad quintum sic proceditur. videtur quod non fuit idem numero corpus christi viventis et mortui. christus enim vere mortuus fuit, sicut et alii homines moriuntur. sed corpus cuiuscumque alterius hominis non est simpliciter idem numero mortuum et vivum quia differunt essentiali differentia. ergo neque corpus christi est idem numero mortuum et vivum simpliciter.
ag2 * Praeterea, secundum philosophum, in v metaphys., " quaecumque sunt diversa specie, sunt diversa etiam numero. ' sed corpus christi vivum et mortuum fuit diversum specie, " quia non dicitur oculus aut caro mortui nisi aequivoce, * ut patet per philosophum, et in ii de anima et vii metaphys.. ' ergo corpus christi non fuit simpliciter idem numero vivum et mortuum.
ag3 ' Praeterea, mors est corruptio quaedam. sed illud quod corrumpitur corruptione substantiali, postquam corruptum est, iam non est, quia corruptio est mutatio de esse in non esse. corpus igitur christi, postquam mortuum fuit, non remansit idem numero, cum mors sit substantialis corruptio.
sc * Sed contra est quod athanasius dicit, in epistola ad epictetum, ° circumciso corpore, et potato et manducante et laborante, et in ligno affixo, erat impassibile et incorporeum dei verbum, hoc erat in sepulcro positum. ' sed corpus christi vivum fuit circumcisum et in ligno affixum, corpus autem christi mortuum fuit positum in sepulcro. ergo hoc idem corpus quod fuit vivum, fuit et mortuum.
co ' Respondeo dicendum quod hoc quod dico simpliciter, potest dupliciter accipi. uno modo, quod simpliciter idem est quod absolute, sicut ° simpliciter dicitur quod nullo addito dicitur, * ut philosophus dicit. ' et hoc modo corpus christi mortuum et vivum simpliciter fuit idem numero. dicitur enim aliquid esse idem numero simpliciter, quia est supposito idem. corpus autem christi vivum et mortuum fuit supposito idem, quia non habuit aliam hypostasim vivum et mortuum, praeter hypostasim dei verbi, * ut supra dictum est. ' et hoc modo loquitur athanasius in auctoritate inducta. alio modo, simpliciter idem est quod omnino vel totaliter. et sic corpus christi mortuum et vivum non fuit simpliciter idem numero. quia non fuit totaliter idem, cum vita sit aliquid de essentia corporis viventis, est enim praedicatum essentiale, non accidentale; unde consequens est quod corpus quod desinit esse vivum, non totaliter idem remaneat. " si autem diceretur quod corpus christi mortuum totaliter idem remaneret, sequeretur quod non esset corruptum, corruptione dico mortis. * quod est haeresis gaianitarum, ut isidorus dicit, et habetur in decretis, xxiv, qu. iii. et damascenus dicit, in iii libro quod |25| ° corruptionis nomen duo significat, uno modo, separationem animae a corpore, et alia huiusmodi; alio modo, perfectam dissolutionem in elementa. ergo incorruptibile dicere corpus domini, secundum iulianum et gaianum, secundum primum corruptionis modum, ante resurrectionem, est impium, quia corpus christi non esset consubstantiale nobis; nec in veritate mortuum esset; nec secundum veritatem salvati essemus. secundo autem modo, corpus christi fuit incorruptum.
ra1 ' Ad primum ergo dicendum quod corpus mortuum cuiuscumque alterius hominis non remanet unitum alicui hypostasi permanenti, sicut corpus mortuum christi. et ideo corpus mortuum cuiuscumque alterius hominis non est idem simpliciter, sed secundum quid, quia est idem secundum materiam, non autem idem secundum formam. corpus autem christi remanet idem simpliciter, propter identitatem suppositi, * ut dictum est.
ra2 ' Ad secundum dicendum quod, quia idem numero dicitur aliquid secundum suppositum, idem autem specie est idem secundum formam, ubicumque suppositum subsistit in una sola natura, oportet quod, sublata unitate speciei, auferatur unitas numeralis. sed hypostasis verbi dei subsistit in duabus naturis. et ideo, quamvis in aliis non remaneat corpus idem secundum speciem humanae naturae, remanet tamen in christo idem numero secundum suppositum verbi dei.
ra3 ' Ad tertium dicendum quod corruptio et mors non competit christo ratione suppositi, secundum quod suppositum attenditur unitas numeralis, sed ratione naturae humanae, secundum quam invenitur in corpore christi differentia mortis et vitae.

010 ST4 qu50 ar6

ag1 ' Ad sextum sic proceditur. videtur quod mors christi nihil operata fuerit ad nostram salutem. mors enim est privatio quaedam, est enim privatio vitae. sed privatio, cum non sit res aliqua, non habet aliquam virtutem agendi. ergo non potuit aliquid operari ad nostram salutem.
ag2 ' Praeterea, passio christi operata est ad nostram salutem per modum meriti. sic autem non potuit operari mors christi, nam in morte separatur anima a corpore, quae est merendi principium. ergo mors christi non est operata aliquid ad nostram salutem.
ag3 ' Praeterea, corporale non est causa spiritualis. sed mors christi fuit corporalis. non ergo potuit esse causa spiritualis nostrae salutis.
sc * Sed contra est quod augustinus dicit, in iv de trin., " una mors nostri salvatoris, scilicet corporalis, duabus mortibus nostris, idest animae et corporis, saluti fuit.
co ' Respondeo dicendum quod de morte christi dupliciter loqui possumus, uno modo, secundum quod est in fieri; alio modo, secundum quod est in facto esse. dicitur autem mors esse in fieri, quando aliquis per aliquam passionem, vel naturalem vel violentam, tendit in mortem. et hoc modo, idem est loqui de morte christi et de passione ipsius. et ita, secundum hunc modum, mors christi est causa salutis nostrae, * secundum illud quod de passione supra dictum est. ' sed in facto esse mors consideratur secundum quod iam facta est separatio corporis et animae. et sic nunc loquimur de morte christi. hoc autem modo mors christi non potest esse causa salutis nostrae per modum meriti, sed solum per modum efficientiae, inquantum scilicet nec per mortem divinitas separata est a carne christi, et ideo quidquid contigit circa carnem christi, etiam anima separata, fuit nobis salutiferum virtute divinitatis unitae. considerratur autem proprie alicuius causae effectus secundum similitudinem causae. unde, quia mors est quaedam privatio vitae propriae, effectus mortis christi attenditur circa remotionem eorum quae contrariantur nostrae saluti, quae quidem sunt mors animae et mors corporis. et ideo per mortem christi dicitur esse destructa in nobis et mors animae, quae est per peccatum, * secundum illud rom. iv, |25| " traditus est, scilicet in mortem, propter delicta nostra; ' et mors corporis, quae consistit in separatione animae, * secundum illud i cor. xv, ° absorpta est mors in victoria.
ra1 ' Ad primum ergo dicendum quod mors christi est operata salutem nostram ex virtute divinitatis unitae, et non ex sola ratione mortis.
ra2 ' Ad secundum dicendum quod mors christi, secundum quod consideratur in facto esse, etsi non fuerit ad nostram salutem operata per modum meriti, fuit tamen operata per modum efficientiae, * ut dictum est.
ra3 ' Ad tertium dicendum quod mors christi fuit quidem corporalis, sed corpus illud fuit instrumentum divinitatis sibi unitae, operans in virtute eius etiam mortuum.

010 ST4 qu51 ar

pr ' Deinde considerandum est de sepultura christi. et circa hoc quaeruntur quatuor. primo, utrum conveniens fuerit christum sepeliri. secundo, de modo sepulturae eius. tertio, utrum corpus eius fuerit in sepulcro resolutum. quarto, de tempore quo iacuit in sepulcro.

010 ST4 qu51 ar1

ag1 ' Ad primum sic proceditur. videtur quod non fuerit conveniens christum sepeliri. * de christo enim dicitur in psalmo, ° factus est sicut homo sine adiutorio, inter mortuos liber. ' sed in sepulcro includuntur corpora mortuorum, quod videtur libertati esse contrarium. ergo non videtur fuisse conveniens quod corpus christi sepeliretur.
ag2 ' Praeterea, nihil circa christum fieri debuit quod non esset salutiferum nobis. sed in nullo videtur ad salutem hominum pertinere quod christus fuit sepultus. ergo non fuit conveniens christum sepeliri.
ag3 ' Praeterea, inconveniens esse videtur quod deus, qui est super caelos excelsos, in terra sepeliretur. sed illud quod convenit corpori christi mortuo, attribuitur deo, ratione unionis. ergo inconveniens videtur christum fuisse sepultum.
sc * Sed contra est quod dominus dicit, matth. xxvi, de muliere quae eum inunxit, ° opus bonum operata est in me, * et postea subdit, ° mittens unguentum hoc in corpus meum, ad sepeliendum me fecit.
co ' Respondeo dicendum quod conveniens fuit christum sepeliri. primo quidem, ad comprobandum veritatem mortis, non enim aliquis in sepulcro ponitur, nisi quando iam de veritate mortis constat. unde * et marci xv legitur quod ' pilatus, antequam concederet christum sepeliri, diligenti inquisitione cognovit eum mortuum esse. secundo, quia per hoc quod christus de sepulcro resurrexit, datur spes resurgendi per

ipsum his qui sunt in sepulcro, * secundum illud ioan. v, ° omnes qui in monumentis sunt, audient vocem filii dei, et qui audierint, vivent. ‘ tertio, ad exemplum eorum qui per mortem christi spiritualiter moriuntur peccatis, qui scilicet “ absconduntur a conturbatione hominum. unde * dicitur coloss. iii, ° mortui estis, et vita vestra abscondita est cum christo in deo. ‘ unde et baptizati, qui per mortem christi moriuntur peccatis, quasi consepeliuntur christo per immersionem, * secundum illud rom. vi, ° consepulti sumus cum christo per baptismum in mortem.

ra1 “ Ad primum ergo dicendum quod christus etiam sepultus ostendit se inter mortuos liberum fuisse, in hoc quod per inclusionem sepulcri non potuit impediri quin ab eo resurgendo exiverit.

ra2 ‘ Ad secundum dicendum quod, sicut christi mors efficienter operata est nostram salutem, ita etiam et eius sepultura. * unde hieronymus dicit, super marc., ° sepultura christi resurgimus. * et isaiae liii, super illud, ° dabit impios pro sepultura, * dicit glossa, ° idest, gentes, quae sine pietate erant, deo patrique dabit, quia mortuus et sepultus eos acquisivit.

ra3 ‘ Ad tertium dicendum quod, * sicut dicitur in quodam sermone concilii ephesini, ° nihil horum quae salvant homines, iniuriam deo facit, quae ostendunt eum, non passibilem, sed clementem. * et in alio sermone eiusdem concilii legitur, ° nihil putat iniuriam deus quod est occasio salutis hominibus. tu quidem non ita vilem dei naturam arbitreris, tanquam quae aliquando subiecta possit esse iniuriis.

010 ST4 qu51 ar2

ag1 ‘ Ad secundum sic proceditur. videtur non convenienti modo christum fuisse sepultum. sepultura enim eius respondet morti ipsius. sed christus fuit passus morte abiectissimam, * secundum illud sap. ii, ° morte turpissima condemnemus eum. ‘ ergo inconveniens videtur fuisse quod christo exhibita fuit honorabilis sepultura, inquantum a magnatibus fuit tumulatus, scilicet a ioseph ab arimathaea, qui erat nobilis decurio, * ut habetur marci xv, ‘ et a nicodemo, qui erat princeps iudaeorum, * ut habetur ioan. iii.

ag2 ‘ Praeterea, circa christum non debuit aliquid fieri quod esset superfluitatis exemplum. videtur autem superfluitatis fuisse quod ad sepeliendum christum ° nicodemus venit ferens mixturam myrrhae et aloes quasi libras centum, * ut dicitur ioan. xix, ° praesertim cum mulier praevenerit corpus eius ungere in sepulturam, * ut dicitur marci xiv. ‘ non ergo fuit hoc convenienter circa christum factum.

ag3 ‘ Praeterea, non est conveniens ut aliquod factum sibi ipsi dissonum sit. sed sepultura christi fuit simplex ex una parte, quia scilicet ° ioseph involvit corpus eius in sindone munda, * ut dicitur matth. xxvii, “ non autem auro aut gemmis aut serico, * ut hieronymus ibidem dicit, ‘ ex alia vero parte videtur fuisse ambitiosa, inquantum eum cum aromatibus sepelierunt. ergo videtur non fuisse conveniens modus sepulturae christi.

ag4 “ Praeterea, quaecumque scripta sunt, et praecipue de christo, ° ad nostram doctrinam scripta sunt, * ut dicitur rom. xv. ‘ sed quaedam scribuntur in evangeliis circa sepulcrum quae in nullo videntur ad nostram doctrinam pertinere, sicut quod fuit sepultus “ in horto, quod in monumento alieno, et novo, et exciso in petra. ‘ inconveniens igitur fuit modus sepulturae christi.

sc * Sed contra est quod dicitur isaiae xi, ° et erit sepulcrum eius gloriosum.

co ‘ Respondeo dicendum quod modus sepulturae christi ostenditur esse conveniens quantum ad tria. primo quidem, quantum ad confirmandam fidem mortis et resurrectionis ipsius. secundo, ad commendandam pietatem eorum qui eum sepelierunt. * unde augustinus dicit, in i de civ. dei, ° laudabiliter commemorantur in evangelio qui corpus eius, de cruce acceptum, diligenter atque honorifice tegendum sepeliendumque curarunt. ‘ tertio, quantum ad mysterium, per quod informantur illi qui ° christo consepeliuntur in mortem.

ra1 ‘ Ad primum ergo dicendum quod, circa mortem christi, commendantur patientia et constantia ipsius qui mortem est passus, et tanto magis, quanto mors fuit abiectior. sed in sepultura honorifica consideratur virtus morientis, qui, contra intentionem occidentium, etiam mortuus honorifice sepelitur, et praefiguratur devotio fidelium, qui erant christo mortuo servituri.

ra2 * Ad secundum dicendum quod in hoc quod evangelista dicit quod “ sepelierunt eum sicut mos est iudaeis sepelire, * sicut augustinus dicit, super ioan., ° admonuit in huiusmodi officiis quae mortuis exhibentur, morem cuiusque gentis esse servandum. erat autem illius gentis consuetudo ut mortuorum corpora variis aromatibus condirentur, ut diutius servarentur illaesa. * unde et in iii de doct. christ. dicitur quod ° in omnibus talibus non usus rerum, sed libido utentis in culpa est. * et postea subdit, ° quod in aliis personis plerumque flagitium est, in divina vel prophetica persona magnae cuiusdam rei signum est. ‘ myrrha enim et aloes, propter sui amaritudinem, significant poenitentiam, per quam aliquis in seipso christum conservat absque corruptione peccati. odor autem aromatum significat bonam famam.

ra3 ‘ Ad tertium dicendum quod myrrha et aloes adhibebantur corpori christi ut immune a corruptione servaretur, quod videbatur ad quandam necessitatem pertinere. unde datur nobis exemplum ut licite possimus aliquibus pretiosis uti medicinaliter pro necessitate nostri corporis conservandi. sed involutio corporis pertinebat ad solam quandam decentiam honestatis. et in talibus, simplicibus debemus esse contenti. per hoc tamen significabatur, * ut hieronymus dicit, ‘ quod ille ° in sindone munda involvit iesum, qui mente pura eum susceperit. * et hinc, ut beda dicit, super marc., ° ecclesiae mos obtinuit ut sacrificium altaris non in serico neque in panno tincto, sed in lino terreno celebretur, sicut corpus domini est in sindone munda sepultum.

ra4 ‘ Ad quartum dicendum quod christus sepelitur in horto, ad significandum quod per mortem et sepulturam ipsius liberamur a morte, quam incurrimus per peccatum adae in horto paradisi commissum. “ ideo autem salvator in aliena ponitur sepultura, * ut augustinus dicit, in quodam sermone, ° quia pro aliorum moriebatur salute, sepulcrum autem mortis “ est habitaculum. ‘ per hoc etiam considerari potest paupertatis abundantia pro nobis susceptae. nam qui domum in vita non habuit, post mortem quoque in alieno sepulcro reconditur, et nudus existens a ioseph operitur. in novo autem ponitur monumento, * ut hieronymus dicit, ° ne, post resurrectionem, ceteris corporibus remanentibus, surrexisse alius fingeretur. potest autem et novum sepulcrum mariae virginalem uterum demonstrare. ‘ per hoc etiam datur intelligi quod per christi sepulturam omnes innovamur, morte et corruptione destructa. in monumento autem deciso in petra conditus est, * ut hieronymus dicit, ° ne, si ex multis lapidibus aedificatum fuisset, tumuli fundamentis suffossis, sublatus furto diceretur. unde et saxum magnum quod appositum fuit, ostendit non absque auxilio plurimorum sepulcrum potuisse reserari. si etiam sepultus |25| fuisset in terra, dicere poterant, suffoderunt terram, et furati sunt eum, * sicut augustinus dicit. ‘ significatur autem mystice per hoc, * ut hilarius dicit, ‘ quod ° per apostolorum doctrinam in pectus duritiae gentilis, quodam doctrinae opere excisum, christus infertur, rude scilicet ac novum, nullo antea ingressu timori dei pervium. et quia nihil oporteat praeter eum in pectora nostra penetrare, lapis ostio advolvitur. * et, sicut origenes dicit, ° non fortuito scriptum est, ioseph involvit corpus christi sindone munda, et posuit in monumento novo, et quod advolvit lapidem magnum, quia omnia quae sunt circa corpus iesu, munda sunt, et nova, et valde magna.

010 ST4 qu51 ar3

ag1 ‘ Ad tertium sic proceditur. videtur quod corpus christi in sepulcro fuerit incineratum. sicut enim mors est poena peccati primi parentis, ita etiam incineratio, dictum est enim primo homini post peccatum, ° pulvis es, et in pulverem reverteris, * ut dicitur gen. iii. ‘ sed christus mortem sustinuit ut nos a morte liberaret. ergo etiam incinerari debuit corpus eius, ut nos ab incineratione liberaret.

ag2 ‘ Praeterea, corpus christi fuit eiusdem naturae cum corporibus nostris. sed corpora nostra statim post mortem resolvi incipiunt et ad putrefactionem disponuntur, quia, exhalante calido naturali, supervenit calor extraneus, qui putrefactionem causat. ergo videtur quod similiter in corpore christi acciderit.

ag3 * Praeterea, sicut dictum est, ‘ christus sepeliri voluit ut daret hominibus spem resurgendi etiam de sepulcris. ergo etiam incinerationem pati debuit, ut spem resurgendi incineratis post incinerationem daret.

sc * Sed contra est quod in psalmo dicitur, ° non dabis sanctum tuum videre corruptionem, * quod damascenus exponit, in iii libro, de corruptione “ quae est per resolutionem in elementa.

co ‘ Respondeo dicendum quod non fuit conveniens corpus christi putrefieri, vel quocumque modo incinerari. quia putrefactio cuiuscumque corporis provenit ex infirmitate naturae illius corporis, quae non potest amplius corpus continere in unum. mors autem christi, * sicut supra dictum est, ‘ non debuit esse cum infirmitate naturae, ne crederetur non esse voluntaria. et ideo non ex morbo, sed ex passione illata voluit mori, cui se obtulit sponte. et ideo christus, ne mors eius naturae infirmitati adscriberetur, noluit corpus suum qualitercumque putrefieri, aut qualitercumque resolvi, sed, ad ostensionem virtutis divinae, voluit corpus illud incorruptum permanere. * unde chrysostomus dicit quod, ° viventibus aliis hominibus, his scilicet qui egerunt strenue, arrident propria gesta, his autem pereuntibus, pereunt. sed in christo est totum contrarium, nam ante crucem, omnia sunt maesta et infirma; ut autem crucifixus est, omnia clariora sunt facta, ut noscas non purum hominem crucifixum.

ra1 ‘ Ad primum ergo dicendum quod christus, cum non esset subiectus peccato, neque morti erat obnoxius neque incinerationi. voluntarie tamen mortem sustinuit propter nostram salutem, * propter rationes supra dictas. ‘ si autem corpus eius fuisset putrefactum vel resolutum, magis hoc fuisset in detrimentum humanae salutis, dum non crederetur in eo esse virtus divina. * unde ex persona eius in psalmo dicitur, ° quae utilitas in sanguine meo dum descendo in corruptionem? * quasi dicat, ° si corpus meum putrescat, perdetur effusi sanguinis utilitas.

ra2 ‘ Ad secundum dicendum quod corpus christi, quantum ad conditionem naturae passibilis, putrefactibile fuit, licet non quantum ad meritum putrefactionis, quod est peccatum. sed virtus divina corpus christi a putrefactione reservavit, sicut et resuscitavit a morte.

ra3 ‘ Ad tertium dicendum quod christus de sepulcro resurrexit virtute divina, quae nullis terminis coarctatur. et ideo hoc quod a sepulcro surrexit, sufficiens argumentum fuit quod homines erant resuscitandi virtute divina non solum de sepulcris, sed etiam de quibuscumque cineribus.

010 ST4 qu51 ar4

ag1 ‘ Ad quartum sic proceditur. videtur quod christus non fuerit in sepulcro solum una die et duabus noctibus. * dicit enim ipse, matth. xii, ° sicut fuit ionas in ventre ceti tribus diebus et tribus noctibus, ita filius hominis erit in corde terrae tribus diebus et tribus noctibus. ‘ sed in corde terrae fuit in sepulcro existens. non ergo fuit in sepulcro solum una die et duabus noctibus.

ag2 * Praeterea, gregorius dicit, in homilia paschali, quod ° sicut samson abstulit media nocte portas gazae, ita christus media nocte, auferens portas inferni, resurrexit. ‘ sed postquam resurrexit, non fuit in sepulcro. ergo non fuit in sepulcro duabus noctibus integris.

ag3 ‘ Praeterea, per mortem christi lux praevaluit tenebris. sed nox ad tenebras pertinet, dies autem ad lucem. ergo convenientius fuit quod corpus christi fuerit in sepulcro duabus diebus et una nocte, quam e converso.

sc * Sed contra est quod, sicut augustinus dicit, in iv de trin., ° a vespere sepulturae usque ad diluculum resurrectionis triginta sex horae sunt, idest, nox tota cum die tota et nocte tota.

co ‘ Respondeo dicendum quod ipsum tempus quo christus in sepulcro mansit, effectum mortis eius repraesentat. * dictum est enim supra ‘ quod per mortem christi liberati sumus a duplici morte, scilicet a morte animae et a morte corporis. et hoc significatur per duas noctes quibus christus in sepulcro permansit. mors autem eius, quia non fuit ex peccato proveniens sed ex caritate suscepta, non habuit rationem noctis, sed diei. et ideo significatur per diem integram qua christus fuit in sepulcro. et sic conveniens fuit quod christus una die et duabus noctibus esset in sepulcro.

ra1 ‘ Ad primum ergo dicendum quod, * sicut augustinus dicit, in libro de consensu evang., ° quidam, modum scripturae nescientes, noctem voluerunt animadvertere tres illas horas, a sexta usque ad nonam, quibus sol obscuratus est; et diem, tres horas alias quibus iterum terris est redditus, idest a nona usque ad eius occasum. sequitur enim nox futura sabbati, qua cum suo die computata, erunt iam duae noctes et duo dies. post sabbatum autem, sequitur nox primae sabbati, idest illucescentis diei dominici, in qua tunc dominus resurrexit. et ita adhuc non constabit ratio trium dierum et trium noctium. restat ergo ut hoc inveniatur illo scripturarum usitato loquendi modo quo a parte totum intelligitur, ‘ ita scilicet quod unam noctem et unam diem accipiamus pro uno die naturali. et sic primus dies computatur ab extrema parte sui, qua christus in sexta feria est mortuus et sepultus; secunda autem dies est integra cum viginti quatuor horis nocturnis et diurnis; nox autem sequens pertinet ad tertium diem. ° sicut enim primi dies, propter futurum hominis lapsum, a luce in noctem; ita isti, propter hominis reparationem, a tenebris computantur in lucem.

ra2 * Ad secundum dicendum quod, sicut augustinus dicit, in iv de trin., ‘ christus in diluculo resurrexit, in quo aliquid lucis apparet, et adhuc tamen aliquid remanet tenebrarum noctis, * unde de mulieribus dicitur, ioan. xx, quod ° cum tenebrae adhuc essent, venerunt ad monumentum. ‘ ratione ergo harum tenebrarum, gregorius dicit christum media nocte surrexisse, non quidem divisa nocte in duas partes aequales, sed infra illam noctem. illud enim diluculum et pars noctis et pars diei dici potest, propter communicantiam quam habet cum utroque.

ra3 ‘ Ad tertium dicendum quod in tantum lux in morte christi praevaluit, quod significatur per unam diem, quod tenebras duarum noctium, idest duplicis mortis nostrae, removit, * ut dictum est.

010 ST4 qu52 ar

pr ‘ Deinde considerandum est de descensu christi ad inferos. et circa hoc quaeruntur octo. primo, utrum conveniens fuerit christum ad inferos descendere. secundo, in quem infernum descenderit. tertio, utrum totus fuerit in inferno. quarto, utrum aliquam moram ibi contraxerit. quinto, utrum sanctos patres ab inferno liberaverit. sexto, utrum ab inferno liberaverit damnatos. septimo, utrum liberaverit pueros in peccato originali defunctos. octavo, utrum liberaverit homines de purgatorio.

010 ST4 qu52 ar1

ag1 ‘ Ad primum sic proceditur. videtur quod non

fuerit conveniens christum ad infernum descendere. * dicit enim augustinus, in epistola ad evodium, ° nec ipsos quidem inferos uspiam scripturarum in bono appellatos “ potui reperire. ‘ sed anima christi non descendit ad aliquod malum, quia nec animae iustorum ad aliquod malum descendunt. ergo videtur quod non fuerit conveniens christum ad inferos descendere.

ag2 ‘ Praeterea, descendere ad inferos non potest christo convenire secundum divinam naturam, quae est omnino immobilis, sed solum convenire potest ei secundum naturam assumptam. ea vero quae christus fecit vel passus est in natura assumpta, ordinantur ad humanam salutem. ad quam non videtur necessarium fuisse quod christus descenderit ad inferos, quia per passionem suam, quam in hoc mundo sustinuit, nos liberavit a culpa et poena, * ut supra dictum est. ‘ non igitur fuit conveniens quod christus ad infernum descenderet.

ag3 ‘ Praeterea, per mortem christi separata est anima a corpore eius, quod quidem positum fuerat in sepulcro, * ut supra habitum est. ‘ non videtur autem quod secundum animam solam ad infernum descenderit, quia anima, cum sit incorporea, non videtur quod localiter possit moveri; hoc enim est corporum, * ut probatur in vi physic.; ‘ descensus autem motum corporalem importat. non ergo fuit conveniens quod christus ad infernum descenderet.

sc * Sed contra est quod dicitur in symbolo, ° descendit ad inferos. * et apostolus dicit, ephes. iv, ° quod autem ascendit, quid est nisi quia descendit primum ad inferiores partes terrae? * glossa, ° idest ad inferos.

co ‘ Respondeo dicendum quod conveniens fuit christum ad infernum descendere. primo quidem, quia ipse venerat poenam nostram portare, ut nos a poena eriperet, * secundum illud isaiae liii, ° vere languores nostros ipse tulit, et dolores nostros ipse portavit. ‘ ex peccato autem homo incurrerat non solum mortem corporis, sed etiam descensum ad inferos. et ideo, sicut fuit conveniens eum mori ut nos liberaret a morte, ita conveniens fuit eum descendere ad inferos ut nos a descensu ad inferos liberaret. * unde dicitur osee xiii, ° ero mors tua, o mors. ero morsus tuus, inferne. ‘ secundo, quia conveniens erat ut, victo diabolo per passionem, vinctos eius eriperet, qui detinebantur in inferno, * secundum illud zach. ix, ° tu quoque in sanguine testamenti tui vinctos tuos emisisti de lacu. * et coloss. ii dicitur, ° exspolians principatus et potestates, traduxit confidenter. ‘ tertio ut, sicut potestatem suam ostendit in terra vivendo et moriendo, ita etiam potestatem suam ostenderet in inferno, ipsum visitando et illuminando; * unde dicitur in psalmo, ° attollite portas, principes, vestras, |25| * glossa, ° idest, principes inferni, auferte potestatem vestram, qua usque nunc homines in inferno detinebatis; “ et sic in nomine iesu omne genu flectatur, non solum caelestium, sed etiam infernorum, * ut dicitur philipp. ii.

ra1 “ Ad primum ergo dicendum quod nomen infernorum sonat in malum poenae, non autem in malum culpae. ‘ unde decuit christum in infernum descendere, non tanquam ipse esset debitor poena, sed ut eos qui erant poenae obnoxii, liberaret.

ra2 ‘ Ad secundum dicendum quod passio christi fuit quaedam causa universalis humanae salutis, tam vivorum quam mortuorum. causa autem universalis applicatur ad singulares effectus per aliquid speciale. unde, sicut virtus passionis christi applicatur viventibus per sacramenta configurantia nos passioni christi, ita etiam applicata est mortuis per descensum christi ad inferos. * propter quod signanter dicitur zach. ix, quod ° eduxit vinctos de lacu in sanguine testamenti sui, “ idest per virtutem passionis suae.

ra3 ‘ Ad tertium dicendum quod anima christi non descenderit ad inferos eo genere motus quo corpora moventur, sed eo genere motus quo angeli moventur, * sicut in prima parte habitum est.

010 ST4 qu52 ar2

ag1 ‘ Ad secundum sic proceditur. videtur quod christus descenderit etiam ad infernum damnatorum. * dicitur enim ex ore divinae sapientiae, eccli. xxiv, ° penetrabo omnes inferiores partes terrae. ‘ sed inter partes inferiores terrae computatur etiam infernus damnatorum, * secundum illud psalmi, ° introibunt in inferiora terrae. ‘ ergo christus, qui est dei sapientia, etiam usque ad infernum damnatorum descendit.

ag2 * Praeterea, act. ii dicit petrus quod ° deus christum suscitavit, solutis doloribus inferni, iuxta quod impossibile erat teneri illum ab eo. ‘ sed dolores non sunt in inferno patrum, neque etiam in inferno puerorum, qui non puniuntur poena sensus propter peccatum actuale, sed solum poena damni propter peccatum originale. ergo christus descendit in infernum damnatorum, vel etiam in purgatorium, ubi homines puniuntur poena sensus pro peccatis actualibus.

ag3 * Praeterea, i pet. iii dicitur quod ° christus his qui in carcere conclusi erant, spiritu veniens praedicavit, qui increduli fuerant aliquando, * quod, sicut athanasius dicit, in epistola ad epictetum, intelligitur de descensu christi ad inferos. dicit enim quod ° corpus christi fuit in sepulcro positum, quando ipse perrexit praedicare his qui in custodia erant spiritibus, sicut dixit petrus. ‘ constat autem quod increduli erant in inferno damnatorum. ergo christus ad infernum damnatorum descendit.

ag4 * Praeterea, augustinus dicit, in epistola ad evodium, ° si in illum abrahae sinum christum mortuum venisse sacra scriptura dixisset non nominato inferno eiusque doloribus, miror si quisquam eum ad inferos descendisse asserere auderet. sed quia evidentia testimonia et infernum commemorant et dolores, nulla causa occurrit cur illo credatur venisse salvator, nisi ut ab eisdem doloribus salvos faceret. ‘ sed locus dolorum est infernus damnatorum. ergo christus in infernum damnatorum descendit.

ag5 * Praeterea, sicut augustinus dicit, in quodam sermone de passione, “ christus ad infernum descendens ° omnes iustos qui originali peccato adstricti tenebantur, absolvit. ‘ sed inter illos erat etiam iob, * qui de seipso dicit, iob xvii, ° in profundissima inferni descendent omnia mea. ‘ ergo christus etiam usque ad profundissimum inferni descendit.

sc * Sed contra est quod de inferno damnatorum dicitur, iob x, ° antequam vadam, et non revertar, ad terram tenebrosam et opertam mortis caligine, etc.. “ nulla autem est conventio lucis ad tenebras, * ut dicitur ii cor. vi. ‘ ergo christus, qui est lux, ad illum infernum damnatorum non descendit.

co ‘ Respondeo dicendum quod dupliciter dicitur aliquid alicubi esse. uno modo, per suum effectum. et hoc modo christus in quemlibet infernum descendit, aliter tamen et aliter. nam in infernum damnatorum habuit hunc effectum quod, descendens ad inferos, eos de sua incredulitate et malitia confutavit. illis vero qui detinebantur in purgatorio, spem gloriae consequendae dedit. sanctis autem patribus, qui pro solo peccato originali detinebantur in inferno, lumen aeternae gloriae infudit. alio modo dicitur aliquid esse alicubi per suam essentiam. et hoc modo anima christi descendit solum ad locum inferni in quo iusti detinebantur, ut quos ipse per gratiam interius visitabat secundum divinitatem, eos etiam secundum animam visitaret et loco. sic autem in una parte inferni existens, effectum suum aliqualiter ad omnes inferni partes derivavit, sicut, in uno loco terrae passus, totum mundum sua passione liberavit.

ra1 “ Ad primum ergo dicendum quod christus, qui est dei sapientia, penetravit omnes inferiores partes terrae, non localiter, secundum animam omnes circumeundo; sed effectum suae potentiae aliqualiter ad omnes extendendo. ita tamen quod ‘ solos iustos illuminavit, * sequitur enim, ° et illuminabo omnes sperantes in domino.

ra2 ‘ Ad secundum dicendum quod duplex est dolor. unus de passione poenae, quam patiuntur homines pro peccato actuali, * secundum illud psalmi, ° dolores inferni circumdederunt me. ‘ alius autem dolor est de dilatione speratae gloriae, * secundum illud proverb. xiii, ° spes quae differtur, affligit animam. ‘ quem quidem dolorem etiam patiebantur sancti patres in inferno. * ad quod significandum augustinus, in sermone de passione, dicit quod ° lacrymabili obsecratione christum orabant. ‘ utrosque autem dolores christus solvit ad infernum descendens, aliter tamen et aliter. nam dolores poenarum solvit praeservando ab eis, sicut medicus dicitur solvere morbum a quo praeservat per medicinam. dolores autem causatos ex dilatione gloriae actualiter solvit, gloriam praebendo.

ra3 * Ad tertium dicendum quod illud quod ibi dicit petrus, a quibusdam refertur ad descensum christi ad inferos, sic exponentes verbum illud, “ his qui in carcere conclusi erant, idest in inferno, spiritu, idest secundum animam, ° christus veniens praedicavit, qui increduli fuerant aliquando. * unde et damascenus dicit, in iii libro, quod, ° sicut his qui in terra sunt evangelizavit, ita et his qui in inferno, “ non quidem ut incredulos ad fidem converteret, sed ut eorum infidelitatem confutaret. ‘ quia et ipsa praedicatio nihil aliud intelligi potest quam manifestatio divinitatis eius, quae manifestata est infernalibus per virtuosum descensum christi ad inferos. * augustinus tamen melius exponit, in epistola ad evodium, “ ut referatur, non ad descensum christi ad inferos, sed ad operationem divinitatis eius, quam exercuit a principio mundi. ut sit sensus quod his qui in carcere conclusi erant, viventes scilicet in corpore mortali, quod est quasi quidam carcer animae, spiritu suae divinitatis veniens praedicavit, per internas inspirationes, et etiam exteriores admonitiones per ora iustorum, his, inquam, praedicavit qui increduli fuerant aliquando, noe scilicet praedicanti, quando expectabant dei patientiam, per quam differebatur poena diluvii. * unde subdit, |25| “ in diebus noe, cum fabricaretur arca.

ra4 “ Ad quartum dicendum quod sinus abrahae potest secundum duo considerari. ‘ uno modo, secundum quietem quae ibi erat a poena sensibili. et quantum ad hoc non competit ei nec nomen inferni, nec sunt ibi aliqui dolores. alio modo potest considerari quantum ad privationem gloriae speratae. et secundum hoc habet rationem inferni et doloris. et ideo nunc dicitur sinus abrahae illa requies beatorum, non tamen dicitur infernus, nec dicuntur nunc in sinu abrahae esse dolores.

ra5 * Ad quintum dicendum quod, sicut gregorius ibidem dicit, ° ipsa superiora loca inferni profundissimum infernum vocat. si enim, quantum ad celsitudinem caeli, aer iste caliginosus infernus est; quantum ad eiusdem aeris altitudinem, terra, quae inferius iacet, et infernus intelligi, et profundum potest. quantum vero ad eiusdem terrae altitudinem, illa loca inferni quae superiora sunt aliis receptaculis inferni, hoc modo inferni profundissimi appellatione significantur.

010 ST4 qu52 ar3

ag1 ‘ Ad tertium sic proceditur. videtur quod christus non fuit totus in inferno. corpus enim christi est aliqua pars eius. sed corpus christi non fuit in inferno. ergo totus christus non fuit in inferno.

ag2 ‘ Praeterea, nihil cuius partes ab invicem separatae sunt, potest dici totum. sed corpus et anima, quae sunt partes humanae naturae, fuerunt ab invicem separata post mortem, * ut supra dictum est. ‘ descendit autem ad infernum mortuus existens. non ergo potuit esse totus in inferno.

ag3 “ Praeterea, illud totum dicitur esse in loco cuius nihil est extra locum illum. ‘ sed aliquid christi erat extra infernum, quia et corpus erat in sepulcro, et divinitas ubique. ergo christus non fuit totus in inferno.

sc * Sed contra est quod augustinus dicit, in libro de symbolo, ° totus filius apud patrem, totus in caelo, totus in terra, totus in utero virginis, totus in cruce, totus in inferno, totus in paradiso quo latronem introduxit.

co ‘ Respondeo dicendum quod, * sicut patet ex his quae in prima parte dicta sunt, ‘ masculinum genus refertur ad hypostasim vel personam, neutrum autem genus pertinet ad naturam. in morte autem christi, licet anima fuerit separata a corpore, neutrum tamen fuit separatum a persona filii dei, * ut supra dictum est. ‘ et ideo, in illo triduo mortis christi, dicendum est quod totus christus fuit in sepulcro, quia tota persona fuit ibi per corpus sibi unitum; et similiter totus fuit in inferno, quia tota persona christi fuit ibi ratione animae sibi unitae; totus etiam christus tunc erat ubique, ratione divinae naturae.

ra1 ‘ Ad primum ergo dicendum quod corpus quod tunc erat in sepulcro, non est pars personae increatae, sed naturae assumptae. et ideo per hoc quod corpus christi non fuit in inferno, non excluditur quin totus christus fuerit, sed ostenditur quod non fuit ibi totum quod pertinet ad humanam naturam.

ra2 ‘ Ad secundum dicendum quod ex anima et corpore unitis constituitur totalitas humanae naturae, non autem totalitas divinae personae. et ideo, soluta unione animae et corporis per mortem, remansit totus christus, sed non remansit humana natura in sua totalitate.

ra3 ‘ Ad tertium dicendum quod persona christi est tota in quolibet loco, sed non totaliter, quia nullo loco circumscribitur. sed nec omnia loca simul accepta eius immensitatem comprehendere possunt. quinimmo ipse sua immensitate omnia comprehendit. hoc autem locum habet in his quae corporaliter et circumscriptive sunt in loco, quod, si totum sit alicubi, nihil eius sit extra. sed hoc in deo locum non habet. * unde augustinus dicit, in sermone de symbolo, ° non per diversa tempora vel loca dicimus ubique christum esse totum, ut modo ibi totus sit, et alio tempore alibi totus, sed ut semper ubique sit totus.

010 ST4 qu52 ar4

ag1 ‘ Ad quartum sic proceditur. videtur quod christus nullam moram contraxit in inferno. christus enim ad hoc in infernum descendit ut ex eo homines liberaret. sed hoc statim ab eo factum est in ipso suo descensu, ° facile enim est in conspectu dei subito honestare pauperem, * ut dicitur eccli. xi. ‘ ergo videtur quod nullam moram in inferno contraxit.

ag2 * Praeterea, augustinus dicit, in sermone de passione, quod ° sine aliqua mora, ad imperium domini ac salvatoris, omnes ferrei confracti sunt vectes. ‘ unde ex persona angelorum concomitantium christum dicitur, ° tollite portas, principes, vestras. ‘ ad hoc autem christus illuc descendit ut vectes inferni confringeret. ergo christus in inferno nullam moram contraxit.

ag3 * Praeterea, luc. xxiii dicitur quod ‘ dominus, in cruce pendens, dixit latroni, ° hodie mecum eris in paradiso, ‘ ex quo patet quod eadem die christus fuit in paradiso. non autem secundum corpus, quod positum fuit in sepulcro. ergo secundum animam, quae ad infernum descenderat. et ita videtur quod non contraxit moram in inferno.

sc * Sed contra est quod petrus dicit, act. ii, ° quem deus suscitavit, solutis doloribus inferni, iuxta quod impossibile erat teneri illum ab eo. ‘ ergo videtur quod usque ad horam resurrectionis mansit in inferno.

co ‘ Respondeo dicendum quod sicut christus, ut nostras poenas in se susciperet, voluit corpus suum in sepulcro poni, ita etiam voluit animam suam ad infernum descendere. corpus autem eius mansit in sepulcro per diem integrum et duas noctes ad comprobandum veritatem mortis suae. unde etiam tantundem credendum est animam eius fuisse in inferno, ut simul anima eius educeretur de inferno, et corpus de sepulcro.

ra1 ‘ Ad primum ergo dicendum quod christus, ad infernum descendens, sanctos ibi existentes liberavit, non quidem statim educendo eos de loco inferni, sed in ipso inferno eos luce gloriae illustrando. et tamen conveniens fuit ut tandiu anima eius remaneret in inferno quandiu corpus manebat in sepulcro.
ra2 “ Ad secundum dicendum quod vectes inferni dicuntur impedimenta quibus sancti patres de inferno exire prohibebantur, reatu culpae primi parentis. ‘ quos christus statim descendens ad inferos, virtute suae passionis et mortis confregit. et tamen voluit in inferno aliquandiu remanere, propter rationem praedictam.
ra3 “ Ad tertium dicendum quod illud verbum domini est intelligendum, non de paradiso terrestri corporeo, sed de paradiso spirituali, in quo esse dicuntur quicumque divina gloria perfruuntur. unde latro loco quidem cum christo ad infernum descendit, ut cum christo esset, quia dictum est ei, mecum eris in paradiso, sed praemio in paradiso fuit, quia ibi divinitate christi fruebatur, sicut et alii sancti.

010 ST4 qu52 ar5

ag1 ‘ Ad quintum sic proceditur. videtur quod christus, descendens ad inferos, sanctos patres inde non liberaverit. * dicit enim augustinus, in epistola ad evodium, ° illis iustis qui in sinu erant abrahae cum christus in inferna descenderet, nondum quid contulisset inveni, a quibus eum, secundum beatificam praesentiam suae divinitatis, nunquam video recessisse. ‘ multum autem eis contulisset si eos ab inferis liberasset. non ergo videtur quod christus sanctos patres ab inferis liberaverit.
ag2 ‘ Praeterea, nullus in inferno detinetur nisi propter peccatum. sed sancti patres, dum adhuc viverent, per fidem christi iustificati fuerant a peccato. ergo non indigebant liberari ab inferno, ad inferos christo descendente.
ag3 ‘ Praeterea, remota causa, removetur effectus. sed causa descendendi ad inferos est peccatum, quod fuit remotum per passionem christi, * ut supra dictum est. ‘ non ergo per descensum christi ad inferos sancti patres sunt de inferno educti.
sc * Sed contra est quod augustinus dicit, in sermone de passione, “ quod christus, quando ad inferna descendit, ° portam inferni et vectes ferreos confregit, et omnes iustos, qui originali peccato adstricti tenebantur, absolvit.
co ‘ Respondeo dicendum quod, * sicut supra dictum est, ‘ christus, descendens ad inferos, operatus est in virtute suae passionis. per passionem autem christi liberatum est genus humanum, non solum a peccato, sed etiam a reatu poenae, * ut supra dictum est. ‘ dupliciter autem homines reatu poenae erant adstricti. uno modo, pro peccato actuali, quod quilibet in sua persona commiserat. alio modo, pro peccato totius humanae naturae, quod a primo parente in omnes originaliter devenit, * ut dicitur rom. v. ‘ cuius quidem peccati poena est mors corporalis et exclusio a vita gloriae, * ut patet ex his quae dicuntur gen. ii et iii, ‘ nam deus hominem de paradiso post peccatum eiecit, cui ante peccatum mortem fuerat comminatus si peccaret. et ideo christus, descendens ad inferos, virtute suae passionis ab hoc reatu sanctos absolvit, quo erant a vita gloriae exclusi, ut non possent deum per essentiam videre, in quo consistit perfecta hominis beatitudo, * ut in secunda parte dictum est. ‘ per hoc autem sancti patres |25| detinebantur in inferno, quod eis ad vitam gloriae, propter peccatum primi parentis, aditus non patebat. et sic christus, descendens ad inferos, sanctos patres ab inferis liberavit. et * hoc est quod dicitur zach. ix, ° tu vero in sanguine testamenti tui eduxisti vinctos de lacu in quo non erat aqua. * et coloss. ii dicitur quod, ° exspolians principatus et potestates, scilicet infernales, auferendo isaac et iacob et ceteros iustos, traduxit eos, idest, longe ab hoc regno tenebrarum ad caelum duxit, * ut glossa ibidem dicit.
ra1 * Ad primum ergo dicendum quod augustinus ibi loquitur contra quosdam qui aestimabant “ antiquos iustos, ante adventum christi, in inferno doloribus poenarum fuisse subiectos. * unde, parum ante verba inducta, praemittit dicens, ° addunt quidam hoc beneficium antiquis etiam sanctis fuisse concessum, ut, dominus cum in infernum venisset, ab illis doloribus solverentur. sed quonam modo intelligatur abraham, in cuius sinum pius etiam pauper ille susceptus est, in illis fuisse doloribus, ego quidem non video. * et ideo, cum postea subdit “ se nondum invenisse ° quid descensus christi ad inferos antiquis iustis contulerit, “ intelligendum est quantum ad absolutionem a doloribus poenarum. ‘ contulit tamen eis quantum ad adeptionem gloriae, et per consequens solvit eorum dolorem quem patiebantur ex dilatione gloriae. ex cuius tamen spe magnum gaudium habebant, * secundum illud ioan. viii, ° abraham, pater vester, exultavit ut videret diem meum. * et ideo subdit, ° a quibus eum, secundum beatificam praesentiam suae divinitatis, nunquam video recessisse, ‘ inquantum scilicet, etiam ante adventum christi, erant beati in spe, licet nondum essent perfecte beati in re.
ra2 ‘ Ad secundum dicendum quod sancti patres, dum adhuc viverent, liberati fuerunt per fidem christi ab omni peccato tam originali quam actuali, et reatu poenae actualium peccatorum, non tamen a reatu poenae originalis peccati, per quem excludebantur a gloria, nondum soluto pretio redemptionis humanae. sicut etiam nunc fideles christi liberantur per baptismum a reatu actualium peccatorum, et a reatu originalis quantum ad exclusionem a gloria, remanent tamen adhuc obligati reatu originalis peccati quantum ad necessitatem corporaliter moriendi; quia renovantur secundum spiritum, sed nondum secundum carnem, * secundum illud rom. viii, ° corpus quidem mortuum est propter peccatum, spiritus vero vivit propter iustificationem.
ra3 ‘ Ad tertium dicendum quod statim, christo mortem patiente, anima eius ad infernum descendit, et suae passionis fructum exhibuit sanctis in inferno detentis, quamvis ex loco illo non exierint, christo apud inferos commorante, quia ipsa christi praesentia pertinebat ad cumulum gloriae.

010 ST4 qu52 ar6

ag1 ‘ Ad sextum sic proceditur. videtur quod christus aliquos damnatos ab inferno liberavit. * dicitur enim isaiae xxiv, ° congregabuntur congregatione unius fascis in lacum, et claudentur in carcerem, et post multos dies visitabuntur. * loquitur autem ibi de damnatis, qui militiam caeli adoraverant. ‘ ergo videtur quod etiam damnati, christo descendente ad inferos, sunt visitati. quod ad eorum liberationem videtur pertinere.
ag2 * Praeterea, super illud zach. ix, ° tu autem in sanguine testamenti tui eduxisti vinctos de lacu in quo non erat aqua, * dicit glossa, ° tu eos liberasti qui tenebantur vincti carceribus, ubi nulla misericordia eos refrigerabat, quam dives ille petebat. ‘ sed soli damnati includuntur carceribus absque misericordia. ergo christus liberavit aliquos de inferno damnatorum.
ag3 ‘ Praeterea, potentia christi non fuit minor in inferno quam in hoc mundo, utrobique enim operatus est per potentiam suae divinitatis. sed in hoc mundo de quolibet statu aliquos liberavit. ergo etiam in inferno liberavit aliquos etiam de statu damnatorum.
sc * Sed contra est quod dicitur osee xiii, ° ero mors tua, o mors. morsus tuus, inferne. * glossa, ° electos educendo, reprobos vero ibidem relinquendo. ‘ sed soli reprobi sunt in inferno damnatorum. ergo per descensum christi ad inferos non sunt aliqui de inferno damnatorum liberati.
co * Respondeo dicendum quod, sicut supra dictum est, ‘ christus, descendens ad inferos, operatus est in virtute suae passionis. et ideo eius descensus ad inferos illis solis liberationis contulit fructum qui fuerunt passioni christi coniuncti per fidem caritate formatam, per quam peccata tolluntur. illi autem qui erant in inferno damnatorum, aut penitus fidem passionis christi non habuerant, sicut infideles, aut, si fidem habuerant, nullam conformitatem habebant ad caritatem christi patientis. unde nec a peccatis suis erant mundati. et propter hoc descensus christi ad inferos non contulit eis liberationem a reatu poenae infernalis.
ra1 ‘ Ad primum ergo dicendum quod, christo descendente ad inferos, omnes qui erant in quacumque parte inferni, sunt aliqualiter visitati, sed quidam ad suam consolationem et liberationem; quidam autem ad suam confutationem et confusionem, scilicet damnati. * unde ibidem subditur, ° et erubescet luna, et confundetur sol, etc.. ‘ potest etiam hoc referri ad visitationem qua visitabuntur in die iudicii, non ut liberentur, sed ut condemnentur amplius, * secundum illud sophon. i, ° visitabo super viros defixos in faecibus suis.
ra2 * Ad secundum dicendum quod, cum dicitur in glossa, ° ubi nulla misericordia eos refrigerabat, ‘ intelligendum est quantum ad refrigerium perfectae liberationis. quia sancti patres ab illis inferni carceribus ante christi adventum non poterant liberari.
ra3 ‘ Ad tertium dicendum quod non fuit propter christi impotentiam quod non sunt aliqui liberati de quolibet statu infernalium, sicut de quolibet statu mundanorum, sed propter diversam utrorumque conditionem. nam homines quandiu hic vivunt, possunt ad fidem et caritatem converti, quia in hac vita non sunt homines confirmati in bono vel in malo, sicut post exitum ab hac vita.

010 ST4 qu52 ar7

ag1 ‘ Ad septimum sic proceditur. videtur quod pueri qui cum originali peccato decesserant, fuerint per descensum christi liberati. non enim tenebantur in inferno nisi pro peccato originali, sicut et sancti patres. sed sancti patres sunt ab inferno liberati per christum, * ut supra dictum est. ‘ ergo et pueri similiter per christum sunt ab inferno liberati.
ag2 * Praeterea, apostolus dicit, rom. v, ° si unius delicto multi mortui sunt, multo magis gratia dei et donum, in gratia unius hominis iesu christi, in plures abundavit. ‘ sed propter peccatum primi parentis pueri cum solo peccato originali decedentes in inferno detinentur. ergo multo magis per gratiam christi sunt ab inferno liberati.
ag3 ‘ Praeterea, sicut baptismus operatur in virtute passionis christi, ita et descensus christi ad inferos, * ut ex dictis patet. ‘ sed pueri per baptismum liberantur a peccato originali et ab inferno. ergo similiter liberati sunt per descensum christi ad inferos.
sc * Sed contra est quod apostolus dicit, rom. iii, quod ° deus proposuit christum propitiatorem per fidem in sanguine eius. ‘ sed pueri qui cum solo peccato originali decesserant, nullo modo fuerant participes fidei. ergo non perceperunt fructum propitiationis christi, ut per ipsum ab inferno liberarentur.
co * Respondeo dicendum quod, sicut supra dictum est, ‘ descensus christi ad inferos in illis solis effectum habuit qui per fidem et caritatem passioni christi coniungebantur in cuius virtute descensus christi ad inferos liberatorius erat. pueri autem qui cum originali decesserant, nullo modo fuerant coniuncti passioni christi per fidem et dilectionem, neque enim fidem propriam habere potuerant, quia non habuerant usum liberi arbitrii; neque per fidem parentum aut per aliquod fidei sacramentum fuerant a peccato originali mundati. et ideo descensus christi ad inferos huiusmodi pueros non liberavit ab inferno. et praeterea per hoc sancti patres ab inferno sunt liberati quia sunt ad gloriam divinae visionis admissi, ad quam nullus potest pervenire nisi per gratiam, * secundum illud rom. vi, ° gratia dei vita aeterna. ‘ cum igitur pueri cum originali decedentes gratiam non habuerint, non fuerunt ab inferno liberati.
ra1 ‘ Ad primum ergo dicendum quod sancti patres, etsi adhuc tenerentur adstricti reatu originalis peccati inquantum respicit humanam naturam, tamen liberati erant per fidem christi ab omni macula peccati, et ideo capaces erant illius liberationis quam christus attulit descendens ad inferos. sed hoc de pueris dici non potest, * ut ex supra dictis patet.
ra2 * Ad secundum dicendum quod, cum apostolus dicit, ° gratia dei in plures abundavit, “ ly plures non est accipiendum comparative, quasi plures numero sint salvati per gratiam christi quam damnati per peccatum adae, sed absolute, ac si diceret quod gratia unius christi abundavit in multos, sicut et peccatum unius adae pervenit ad multos. sed ‘ sicut peccatum adae ad eos tantum pervenit qui per seminalem rationem carnaliter ab eo descenderunt, ita gratia christi ad illos tantum pervenit qui spirituali regeneratione eius membra sunt facti. quod non competit pueris decedentibus cum originali peccato.
ra3 ‘ Ad tertium dicendum quod baptismus adhibetur hominibus in hac vita, in qua homo potest transmutari de culpa in gratiam. sed descensus christi ad inferos exhibitus fuit animabus post hanc vitam, ubi non sunt capaces transmutationis praedictae. et ideo per baptismum pueri liberantur a peccato originali et ab inferno, non autem per descensum christi ad inferos.

010 ST4 qu52 ar8

ag1 ‘ Ad octavum sic proceditur. videtur quod christus suo descensu ad inferos liberaverit animas a purgatorio. * dicit enim augustinus, in epistola ad evodium, ° quia evidentia testimonia et infernum commemorant et dolores, nulla causa occurrit cur illo credatur venisse salvator, nisi ut ab eisdem doloribus salvos faceret. sed utrum omnes quos in eis invenit, an quosdam, quos illo beneficio dignos iudicavit, adhuc requiro. tamen venisse christum apud inferos, et in eorum doloribus constitutis hoc beneficium praestitisse, non dubito. ‘ non autem praestitit beneficium liberationis damnatis, * sicut supra dictum est. ‘ praeter eos autem nulli sunt in doloribus poenalibus constituti nisi illi qui sunt in purgatorio. ergo christus animas de purgatorio liberavit.
ag2 ‘ Praeterea, ipsa animae christi praesentia non minorem effectum habuit quam sacramenta ipsius. sed per sacramenta christi liberantur animae a purgatorio, et praecipue per eucharistiae sacramentum, * ut infra dicetur. ‘ ergo multo magis per praesentiam christi ad inferos descendentis sunt animae a purgatorio liberatae.
ag3 ‘ Praeterea, christus quoscumque curavit in hac vita, totaliter curavit, * ut augustinus dicit, in libro de poenitentia. et ioan. vii dominus dicit, ° totum hominem salvum feci in sabbato. ‘ sed christus eos qui in purgatorio erant, liberavit a reatu poenae damni, quo excludebantur a gloria. ergo etiam liberavit eos a reatu poenae purgatorii.
sc * Sed contra est quod gregorius dicit, xiii moral., ° dum conditor ac redemptor noster, claustra inferni penetrans, electorum exinde animas eduxit, nos illo ire non patitur, unde iam alios descendendo liberavit. ‘ patitur autem nos ire ad purgatorium. ergo, descendens ad inferos, animas a purgatorio non liberavit.
co * Respondeo dicendum quod, sicut saepe dictum est, ‘ descensus christi ad inferos liberatorius fuit in virtute passionis ipsius. passio autem eius non habuit temporalem virtutem et transitoriam sed sempiternam, * secundum illud heb. x, ° una oblatione consummavit sanctificatos in sempiternum. ‘ et sic patet quod non habuit tunc maiorem efficaciam passio christi quam habeat nunc. et ideo illi qui fuerunt tales quales nunc sunt qui in purgatorio detinentur, non fuerunt a purgatorio liberati per descensum christi ad inferos. si qui autem inventi sunt ibi tales quales etiam nunc virtute passionis christi a purgatorio liberantur, tales nihil prohibet per descensum christi ad inferos a purgatorio esse liberatos.
ra1 * Ad primum ergo dicendum quod ex illa auctoritate augustini “ non potest concludi quod omnes illi

qui in purgatorio erant, fuerint a purgatorio liberati, sed quod aliquibus eorum fuerit hoc beneficium collatum, illis scilicet qui iam sufficienter purgati erant; vel etiam qui, dum adhuc viverent, meruerunt per fidem et dilectionem, et devotionem ad mortem christi, ut, eo descendente, liberarentur a temporali purgatorii poena.
ra2 ‘ Ad secundum dicendum quod virtus christi operatur in sacramentis per modum sanationis et expiationis cuiusdam. unde sacramentum eucharistiae liberat homines a purgatorio inquantum est quoddam sacrificium satisfactorium pro peccato. descensus autem christi ad inferos non fuit satisfactorius. operabatur tamen in virtute passionis, quae fuit satisfactoria, * ut supra habitum est, ‘ sed erat satisfactoria in generali, cuius virtutem oportebat applicari ad unumquemque per aliquid specialiter ad ipsum pertinens. et ideo non oportet quod per descensum christi ad inferos omnes fuerint a purgatorio liberati.
ra3 ‘ Ad tertium dicendum quod illi defectus a quibus christus simul in hoc mundo homines liberabat, erant personales, proprie ad unumquemque pertinentes. sed exclusio a gloria dei erat quidam defectus generalis pertinens ad totam humanam naturam. et ideo nihil prohibet eos qui erant in purgatorio, per christum esse liberatos ab exclusione a gloria, non autem a reatu poenae purgatorii, qui pertinet ad proprium defectum. sicut e converso sancti patres, ante christi adventum, liberati sunt a propriis defectibus, non autem a defectu communi, * sicut supra dictum est.

010 ST4 qu53 ar

pr ‘ Consequenter considerandum est de his quae pertinent ad exaltationem christi. et primo, de eius resurrectione; secundo, de eius ascensione; tertio, de sessione ad dexteram patris; quarto, de iudiciaria potestate. circa primum occurrit quadruplex consideratio, quarum prima est de ipsa christi resurrectione; secunda, de qualitate resurgentis; tertia, de manifestatione resurrectionis; quarta, de eius causalitate. circa primum quaeruntur quatuor. primo, de necessitate resurrectionis eius. secundo, de tempore. tertio, de ordine. quarto, de causa.

010 ST4 qu53 ar1

ag1 ‘ Ad primum sic proceditur. videtur quod non fuerit necessarium christum resurgere. * dicit enim damascenus, in iv libro, ° resurrectio est secunda eius quod dissolutum est et cecidit animalis surrectio. ‘ sed christus non cecidit per peccatum, nec corpus eius est dissolutum, * ut ex supra dictis patet. ‘ non ergo proprie convenit sibi resurgere.
ag2 ‘ Praeterea, quicumque resurgit, ad aliquid altius promovetur, quia surgere est sursum moveri. sed corpus christi remansit post mortem divinitati unitum, et ita non potuit in aliquid altius promoveri. ergo non competebat sibi resurgere.
ag3 ‘ Praeterea, ea quae circa humanitatem christi sunt acta, ad nostram salutem ordinantur. sed sufficiebat ad salutem nostram passio christi, per quam sumus liberati a culpa et poena, * ut ex supra dictis patet. ‘ non ergo fuit necessarium quod christus a mortuis resurgeret.
sc * Sed contra est quod dicitur luc. ult., ° oportebat christum pati et resurgere a mortuis.
co ‘ Respondeo dicendum quod necessarium fuit christum resurgere, propter quinque. primo quidem, ad commendationem divinae iustitiae, ad quam pertinet exaltare illos qui se propter deum humiliant, * secundum illud luc. i, ° deposuit potentes de sede, et exaltavit humiles. ‘ quia igitur christus, propter caritatem et obedientiam dei, se humiliavit usque ad mortem crucis, oportebat quod exaltaretur a deo usque ad gloriosam resurrectionem. * unde ex eius persona dicitur in psalmo, ° tu cognovisti, idest approbasti, sessionem meam, idest humilitatem et passionem, et resurrectionem meam, idest glorificationem in resurrectione, * sicut glossa exponit. ‘ secundo, ad fidei nostrae instructionem. quia per eius resurrectionem confirmata est fides nostra circa divinitatem christi, quia, * ut dicitur ii cor. ult., ° etsi crucifixus est ex infirmitate nostra, sed vivit ex virtute dei. * et ideo i cor. xv dicitur, ° si christus non resurrexit, inanis est praedicatio nostra, inanis est et fides nostra. * et in psalmo, ° quae utilitas erit in sanguine meo, idest in effusione |25| sanguinis mei, dum descendo, quasi per quosdam gradus malorum, in corruptionem? quasi dicat, nulla. si enim statim non resurgo, corruptumque fuerit corpus meum, nemini annuntiabo, nullum lucrabor * ut glossa exponit. ‘ tertio, ad sublevationem nostrae spei. quia, dum videmus christum resurgere, qui est caput nostrum, speramus et nos resurrecturos. * unde dicitur i cor. xv, ° si christus praedicatur quod resurrexit a mortuis, quomodo quidam dicunt in vobis quoniam resurrectio mortuorum non est? * et iob xix dicitur, “ scio, scilicet per certitudinem fidei, quod redemptor meus, idest christus, vivit, a mortuis resurgens, et ideo in novissimo die ° de terra surrecturus sum, reposita est haec spes mea in sinu meo. ‘ quarto, ad informationem vitae fidelium, * secundum illud rom. vi, ° quomodo christus resurrexit a mortuis per gloriam patris, ita et nos in novitate vitae ambulemus. * et infra, ° christus resurgens ex mortuis iam non moritur, ita et vos existimate mortuos esse peccato, viventes autem deo. ‘ quinto, ad complementum nostrae salutis. quia sicut propter hoc mala sustinuit moriendo ut nos liberaret a malis, ita glorificatus est resurgendo ut nos promoveret ad bona, * secundum illud rom. iv, |50| ° traditus est propter delicta nostra, et resurrexit propter iustificationem nostram.
ra1 ‘ Ad primum ergo dicendum quod, licet christus non ceciderit per peccatum, cecidit tamen per mortem, quia sicut peccatum est casus a iustitia, ita mors est casus a vita. * unde ex persona christi potest intelligi quod dicitur mich. vii, ° ne laeteris, inimica mea, super me, quia cecidi, consurgam. ‘ similiter etiam, licet corpus christi non fuerit dissolutum per incinerationem, ipsa tamen separatio animae a corpore dissolutio quaedam fuit.
ra2 ‘ Ad secundum dicendum quod divinitas erat carni christi post mortem unita unione personali, non autem unione naturae, sicut anima unitur corpori ut forma ad constituendam humanam naturam. et ideo per hoc quod corpus eius unitum est animae, promotum est in altiorem statum naturae, non autem in altiorem statum personae.
ra3 ‘ Ad tertium dicendum quod passio christi operata est nostram salutem, proprie loquendo, quantum ad remotionem malorum, resurrectio autem quantum ad inchoationem et exemplar bonorum.

010 ST4 qu53 ar2

ag1 ‘ Ad secundum sic proceditur. videtur quod non fuerit conveniens christum tertia die resurgere. membra enim debent capiti conformari. sed nos, qui sumus membra christi, non resurgimus a morte tertia die, sed nostra resurrectio differtur usque ad finem mundi. ergo videtur quod christus, qui est caput nostrum, non debuit tertia die resurgere, sed debuit eius resurrectio differri usque ad finem mundi.
ag2 * Praeterea, act. ii dicit petrus quod ° impossibile erat christum detineri ab inferno et morte. ‘ sed quandiu aliquis est mortuus, detinetur a morte. ergo videtur quod christi resurrectio non debuerit differri usque ad tertiam diem, sed statim eodem die resurgere, praecipue * cum glossa super inducta dicat ° nullam esse utilitatem in effusione sanguinis christi si non statim resurgeret.
ag3 ‘ Praeterea, dies incipere videtur ab ortu solis, qui sua praesentia diem causat. sed ante ortum solis christus resurrexit, * dicitur enim ioan. xx, quod ° una sabbati maria magdalene venit mane, cum adhuc tenebrae essent, ad monumentum, * et tunc christus iam resurrexerat, quia sequitur, ° et vidit revolutum lapidem a monumento. ‘ ergo non resurrexit christus tertia die.
sc * Sed contra est quod dicitur matth. xx, ° tradent eum gentibus ad illudendum et flagellandum et crucifigendum, et tertia die resurget.
co * Respondeo dicendum quod, sicut dictum est, ‘ resurrectio christi necessaria fuit ad instructionem fidei nostrae. est autem fides nostra et de divinitate et de humanitate christi, non enim sufficit alterum sine altero credere, * ut ex praedictis patet. ‘ et ideo, ad hoc quod confirmaretur fides divinitatis ipsius, oportuit quod cito resurgeret, et eius resurrectio non differretur usque ad finem mundi, ad hoc autem quod confirmaretur fides de veritate humanitatis et mortis eius, oportuit moram esse inter mortem et resurrectionem; si enim statim post mortem resurrexisset videri posset quod eius mors vera non fuerit, et per consequens nec resurrectio vera. ad veritatem autem mortis christi manifestandam, sufficiebat quod usque ad tertiam diem eius resurrectio differretur, quia non contingit quin infra hoc tempus, in homine qui mortuus videtur cum vivat, appareant aliqua indicia vitae. per hoc etiam quod tertia die resurrexit, commendatur perfectio ternarii, qui est “ numerus omnis rei, utpote habens principium, medium et finem, * ut dicitur in i de caelo. ‘ ostenditur etiam, secundum mysterium, “ quod christus una sua morte, quae fuit lux propter iustitiam, corporali scilicet, duas nostras mortes destruxit, scilicet corporis et animae, quae sunt tenebrosae propter peccatum, et ideo |25| una die integra et duabus noctibus permansit in morte, * ut augustinus dicit, in iv de trin.. ‘ per hoc etiam significatur quod per resurrectionem christi tertium tempus incipiebat. nam primum fuit ante legem; secundum sub lege; tertium sub gratia. incipit etiam in christi resurrectione tertius status sanctorum. nam primus fuit sub figuris legis; secundus, sub veritate fidei; tertius erit in aeternitate gloriae, quam christus resurgendo inchoavit.
ra1 ‘ Ad primum ergo dicendum quod caput et membra conformantur in natura, sed non in virtute, excellentior est enim virtus capitis quam membrorum. et ideo, ad demonstrandam excellentiam virtutis christi, conveniens fuit ipsum tertia die resurgere, aliorum resurrectione dilata usque ad finem mundi.
ra2 ‘ Ad secundum dicendum quod detentio coactionem quandam importat. christus autem nulla necessitate mortis tenebatur adstrictus, sed erat inter mortuos liber. et ideo aliquandiu in morte mansit, non quasi detentus, sed propria voluntate, quandiu iudicavit hoc esse necessarium ad instructionem fidei nostrae. dicitur autem statim fieri quod fit brevi interposito tempore.
ra3 * Ad tertium dicendum quod, sicut supra dictum est, ‘ christus resurrexit circa diluculum, illucescente iam die, ad significandum quod per suam resurrectionem nos ad lucem gloriae inducebat, sicut mortuus est advesperascente iam die et tendente in tenebras, ad ostendendum quod per suam mortem destrueret tenebras culpae et poenae. et tamen dicitur tertia die resurrexisse, accipiendo diem pro die naturali, quae continet spatium viginti quatuor horarum. * et, sicut dicit augustinus, in iv de trin., ° nox usque ad diluculum quo domini resurrectio declarata est, ad tertium pertinet diem. quia deus, qui dixit de tenebris lumen clarescere, ut per gratiam novi testamenti et participationem resurrectionis christi audiremus, fuistis aliquando tenebrae, nunc autem lux in domino, insinuat nobis quodammodo quod a nocte dies sumat initium. sicut enim primi dies, propter futurum hominis lapsum, a luce in noctem, ita isti, propter hominis reparationem, a tenebris ad lucem computantur. ‘ et ita patet quod, etiam si media nocte surrexisset, posset dici die tertia eum surrexisse, intelligendo de die naturali. nunc autem, cum in diluculo surrexerit, potest dici quod die tertia surrexit, etiam accipiendo diem artificialem, quae causatur ex praesentia solis, quia iam sol incipiebat aerem illustrare. * unde et marci ult. dicitur quod |25| “ mulieres venerunt ad monumentum, orto iam sole. * quod non est contrarium ei quod ioannes dicit, ° cum adhuc tenebrae essent, * ut augustinus dicit, in libro de consensu evang., ° quia, die surgente, reliquiae tenebrarum tanto magis extenuantur, quanto magis oritur lux; * quod autem dicit marcus, ° orto iam sole, non sic accipiendum est tanquam iam sol ipse videretur super terram, sed tanquam eo proximo veniente in has partes.

010 ST4 qu53 ar3

ag1 ‘ Ad tertium sic proceditur. videtur quod christus non primo resurrexit. nam in veteri testamento per eliam et elisaeum aliqui resuscitati leguntur, * secundum illud heb. xi, ° acceperunt mulieres de resurrectione mortuos suos. ‘ similiter etiam christus, ante passionem suam, tres mortuos suscitavit. non ergo christus fuit primus resurgentium.
ag2 * Praeterea, matth. xxvii, ‘ inter alia miracula quae in passione christi acciderunt, * narratur quod ‘ monumenta aperta sunt, ° et multa corpora sanctorum qui dormierant, surrexerunt. ‘ non ergo christus fuit primus resurgentium.
ag3 ‘ Praeterea, sicut christus per suam resurrectionem est causa nostrae resurrectionis, ita per suam gratiam est causa nostrae gratiae, * secundum illud ioan. i, ° de plenitudine eius omnes accepimus. ‘ sed alii prius tempore gratiam habuerunt quam christus, sicut omnes patres veteris testamenti. ergo etiam aliqui prius ad resurrectionem corporalem pervenerunt quam christus.
sc * Sed contra est quod dicitur i cor. xv, ° christus resurrexit a mortuis primitiae dormientium, * glossa, ° quia prius tempore et dignitate surrexit.
co ‘ Respondeo dicendum quod resurrectio est reparatio a morte in vitam. dupliciter autem aliquis eripitur a morte. uno modo, solum a morte in actu, ut scilicet aliquis vivere incipiat qualitercumque postquam mortuus fuerat. alio modo, ut aliquis liberetur non solum a morte, sed etiam a necessitate et, quod plus est, a possibilitate moriendi. et haec est vera et perfecta resurrectio. quia quandiu aliquis vivit subiectus necessitati moriendi, quodammodo mors ei dominatur, * secundum illud rom. viii, ° corpus quidem mortuum est propter peccatum. ‘ illud etiam quod possibile est esse, secundum quid dicitur esse, idest potentialiter. et sic patet quod illa resurrectio qua quis eripitur solum ab actuali morte, est resurrectio imperfecta. loquendo ergo de resurrectione perfecta, christus est primus resurgentium, quia ipse resurgendo primo pervenit ad vitam penitus immortalem; * secundum illud rom. vi, ° christus, resurgens ex mortuis, iam non moritur. ‘ sed resurrectione imperfecta quidam alii surrexerunt ante christum, ad praemonstrandum quasi in quodam signo resurrectionem ipsius.
ra1 ‘ Et sic patet responsio ad primum. quia et illi qui suscitati sunt in veteri testamento, et illi qui suscitati sunt a christo, sic redierunt ad vitam ut iterum morerentur.
ra2 * Ad secundum dicendum quod de illis qui resurrexerunt cum christo, duplex est opinio. quidam enim asserunt quod “ redierunt ad vitam tanquam non iterum morituri, quoniam maius illis esset tormentum si iterum morerentur, quam si non resurgerent. et secundum hoc, intelligendum erit, * sicut hieronymus dicit, super matth., ° quod non ante resurrexerunt quam resurgeret dominus. * unde et evangelista dicit quod, ° exeuntes de monumentis post resurrectionem eius, venerunt in sanctam civitatem et apparuerunt multis. * sed augustinus, in epistola ad evodium, hanc opinionem commemorans, dicit, ° scio quibusdam videri morte domini christi iam talem resurrectionem praestitam iustis, qualis nobis in fine promittitur quod si non iterum, repositis corporibus, dormierunt, videndum est quomodo intelligatur christus primogenitus a mortuis, si eum in illam resurrectionem tot praecesserunt. quod si respondetur hoc dictum esse per anticipationem, ut monumenta illo terrae motu aperta intelligantur cum chri-

stus in cruce penderet, resurrexisse autem iustorum corpora non tunc, sed cum ille prior resurrexisset, sed adhuc restat quod moveat quomodo petrus non de david sed de christo asseruit fuisse praedictum carnem eius non vidisse corruptionem, scilicet per |25| hoc quod apud eos erat monumentum david; et sic illos non convincebat, si corpus david ibi iam non erat; quia, etsi ante in recenti sua morte resurrexisset, nec caro eius vidisset corruptionem, posset monumentum illud manere. durum autem videtur ut david non fuerit in illa resurrectione iustorum, si eis iam aeterna donata est, cuius christus ex semine commendatur. periclitabitur etiam illud quod ad hebraeos de iustis antiquis dicitur, ne sine nobis perficerentur, si iam in illa resurrectionis incorruptione constituti sunt quae nobis perficiendis in fine promittitur. * sic ergo augustinus sentire videtur quod resurrexerint iterum morituri. ad quod etiam videtur pertinere quod hieronymus dicit, super matth., quod, ° sicut lazarus resurrexit, sic et multa corpora sanctorum resurrexerunt, ut dominum ostenderent resurgentem. * quamvis hoc in sermone de assumptione sub dubio relinquat. ' rationes tamen augustini multo efficaciores videntur.

ra3 ' Ad tertium dicendum quod, sicut ea quae praecesserunt christi adventum, fuerunt praeparatoria ad christum, ita gratia est dispositio ad gloriam. et ideo ea quae sunt gloriae, sive quantum ad animam, sicut perfecta dei fruitio, sive quantum ad corpus, sicut resurrectio gloriosa, prius tempore debuit esse in christo, sicut in auctore gloriae. gratiam vero conveniebat prius esse in his quae ordinabantur ad christum.

010 ST4 qu53 ar4

ag1 ' Ad quartum sic proceditur. videtur quod christus non fuerit causa suae resurrectionis. quicumque enim suscitatur ab alio, non est suae resurrectionis causa. sed christus est suscitatus ab alio, * secundum illud act. ii, ° quem deus suscitavit, solutis doloribus inferni; * et rom. viii, ° qui suscitavit iesum christum a mortuis, vivificabit et mortalia corpora nostra, 'etc.. ergo christus non est causa suae resurrectionis.

ag2 ' Praeterea, nullus dicitur mereri, vel ab alio petit, aliquid cuius ipse est causa. sed christus sua passione meruit resurrectionem, * sicut augustinus dicit, super ioan., quod ° humilitas passionis meritum est gloriae resurrectionis. ipse etiam petit a patre se resuscitari, * secundum illud psalmi, ° tu autem, domine, miserere mei et resuscita me. ' ergo christus non fuit causa suae resurrectionis.

ag3 * Praeterea, sicut damascenus probat, in iv libro, ' resurrectio non est animae, sed corporis, quod per mortem cadit. corpus autem non potuit sibi animam unire, quae est eo nobilior. ergo id quod resurrexit in christo, non potuit esse causa suae resurrectionis.

sc * Sed contra est quod dominus dicit, ioan. x, ° nemo tollit animam meam a me, sed ego pono eam et iterum sumo eam. ' sed nihil est aliud resurgere quam iterato animam sumere. ergo videtur quod christus propria virtute resurrexit.

co * Respondeo dicendum quod, sicut supra dictum est, ' per mortem non fuit separata divinitas nec ab anima christi, nec ab eius carne. potest igitur tam anima christi mortui, quam eius caro, considerari dupliciter, uno modo, ratione divinitatis; alio modo, ratione ipsius naturae creatae. secundum igitur unitae divinitatis virtutem, et corpus resumpsit animam, quam deposuerat; et anima resumpsit corpus, quod dimiserat. * et hoc est quod de christo dicitur ii cor. ult., quod, ° etsi crucifixus est ex infirmitate nostra, sed vivit ex virtute dei. ' si autem consideremus corpus et animam christi mortui secundum virtutem naturae creatae, sic non potuerunt sibi invicem reuniri, sed oportuit christum resuscitari a deo.

ra1 ' Ad primum ergo dicendum quod eadem est divina virtus et operatio patris et filii. unde haec duo sese consequuntur, quod christus sit suscitatus divina virtute patris, et sui ipsius.

ra2 ' Ad secundum dicendum quod christus orando petiit et meruit suam resurrectionem, inquantum homo, non autem inquantum deus.

ra3 ' Ad tertium dicendum quod corpus secundum naturam creatam non est potentius anima christi, est tamen ea potentius secundum virtutem divinam. quae etiam rursus, secundum divinitatem unitam, est potentior corpore secundum naturam creatam. et ideo secundum virtutem divinam corpus et anima mutuo se resumpserunt, non autem secundum virtutem naturae creatae.

010 ST4 qu54 ar

pr ' Deinde considerandum est de qualitate christi resurgentis. et circa hoc quaeruntur quatuor. primo, utrum post resurrectionem christus habuerit verum corpus. secundo, utrum resurrexit cum corporis integritate. tertio, utrum corpus eius fuerit gloriosum. quarto, de eius cicatricibus in corpore apparentibus.

010 ST4 qu54 ar1

ag1 ' Ad primum sic proceditur. videtur quod christus post resurrectionem non habuerit verum corpus. verum enim corpus non potest simul esse cum alio corpore in eodem loco. sed corpus christi post resurrectionem fuit simul cum alio corpore in eodem loco, intravit enim ad discipulos ianuis clausis, * ut dicitur ioan. xx. ' ergo videtur quod christus post resurrectionem non habuerit verum corpus.

ag2 ' Praeterea, verum corpus non evanescit ab aspectu intuentium, nisi forte corrumpatur. sed corpus christi evanuit ab oculis discipulorum eum intuentium, * ut dicitur luc. ult.. ' ergo videtur quod christus post resurrectionem non habuerit verum corpus.

ag3 ' Praeterea, cuiuslibet veri corporis est determinata figura. sed corpus christi apparuit discipulis in alia effigie, * ut patet marci ult.. ' ergo videtur quod christus post resurrectionem non habuerit verum corpus humanum.

sc * Sed contra est quod dicitur luc. ult., quod " christo discipulis apparente, ° conturbati et conterriti, existimabant se spiritum videre, " scilicet ac si non haberet verum corpus, sed phantasticum. * ad quod removendum, ipse postea subdit, ° palpate et videte, quia spiritus carnem et ossa non habet, sicut me videtis habere. ' non ergo habuit corpus phantasticum, sed verum.

co * Respondeo dicendum quod, sicut damascenus dicit, in iv libro, ° illud resurgere dicitur quod cecidit. ' corpus autem christi per mortem cecidit, inquantum scilicet fuit ab eo anima separata, quae erat eius formalis perfectio. unde oportuit, ad hoc quod esset vera christi resurrectio, ut idem corpus christi iterato eidem animae uniretur. et quia veritas naturae corporis est ex forma, consequens est quod corpus christi post resurrectionem et verum corpus fuerit, et eiusdem naturae cuius fuerat prius. si autem eius corpus fuisset phantasticum, non fuisset vera resurrectio, sed apparens.

ra1 ' Ad primum ergo dicendum quod corpus christi post resurrectionem, non ex miraculo, sed ex conditione gloriae, sicut quidam dicunt, clausis ianuis ad discipulos introivit, simul cum alio corpore in eodem loco existens. sed utrum hoc facere possit corpus gloriosum ex aliqua proprietate sibi indita, ut simul cum alio corpore in eodem loco existat, * inferius discutietur, ubi agetur de resurrectione communi. ' nunc autem, quantum ad propositum sufficit, dicendum est quod non ex natura corporis, sed potius ex virtute divinitatis unitae, illud corpus ad discipulos, licet verum esset, ianuis clausis introivit. unde * augustinus dicit, in quodam sermone paschali, quod quidam sic disputant, ° si corpus erat, si hoc surrexit de sepulcro quod pependit in ligno, quomodo per ostia clausa intrare potuit? * et respondet, ° si comprehendis modum, non est miraculum. ubi deficit ratio, ibi est fidei aedificatio. * et super ioan., dicit, ° moli corporis ubi divinitas erat, ostia clausa non obstiterunt, ille quippe non eis apertis intrare potuit, quo nascente virginitas matris inviolata permansit. * et idem dicit gregorius, in quadam homilia de octava paschae.

ra2 * Ad secundum dicendum quod, sicut dictum est, ' christus resurrexit ad immortalem gloriae vitam. haec est autem dispositio corporis gloriosi, ut sit spirituale, idest subiectum spiritui, * ut apostolus dicit, i cor. xv. ' ad hoc autem quod sit omnino corpus subiectum spiritui, requiritur quod omnis actio corporis subdatur spiritus voluntati. quod autem aliquid videatur, fit per actionem visibilis in visum, * ut patet per philosophum, in ii de anima. ' et ideo quicumque habet corpus glorificatum, in potestate sua habet videri quando vult, et, quando non vult, non videri. hoc tamen christus habuit non solum ex conditione corporis gloriosi, sed etiam ex virtute divinitatis, per quam fieri potest ut etiam corpora non gloriosa miraculose non videantur; sicut praestitum fuit miraculose beato bartholomaeo, ut, ° si vellet, videretur, non autem videretur si non vellet. ' dicitur ergo quod christus ab oculis discipulorum evanuit, non quia corrumperetur aut resolveretur in aliqua invisibilia, sed quia sua voluntate desiit ab eis videri, vel eo praesente, vel etiam eo abscedente per dotem agilitatis.

ra3 ' Ad tertium dicendum quod, * sicut severianus dicit in sermone paschali, ° nemo putet christum sua resurrectione sui vultus effigiem commutasse. ' quod est intelligendum quantum ad lineamenta membrorum, quia nihil inordinatum et deforme fuerat in corpore christi, per spiritum sanctum concepto, quod in resurrectione corrigendum esset. accepit tamen in resurrectione gloriam claritatis. * unde idem subdit, ° sed mutatur effigies dum efficitur ex mortali immortalis, ut hoc sit acquisivisse vultus gloriam, non vultus substantiam perdidisse. ' nec tamen illis discipulis in specie gloriosa apparuit, sed, sicut in potestate eius erat ut corpus suum videretur vel non videretur, ita in potestate eius erat ut ex eius aspectu formaretur in oculis intuentium vel forma gloriosa, vel non gloriosa, aut etiam commixta, vel qualitercumque se habens. modica tamen differentia sufficit ad hoc quod aliquis videatur in aliena effigie apparere.

010 ST4 qu54 ar2

ag1 ' Ad secundum sic proceditur. videtur quod corpus christi non resurrexerit gloriosum. corpora enim gloriosa sunt fulgentia, * secundum illud matth. xiii, ° fulgebunt iusti sicut sol in regno patris eorum. ' sed corpora fulgida videntur secundum rationem lucis, non autem secundum rationem coloris. cum ergo corpus christi visum fuerit sub coloris specie, sicut et prius videbatur, videtur quod non fuerit gloriosum.

ag2 ' Praeterea, corpus gloriosum est incorruptibile. sed corpus christi non videtur fuisse incorruptibile. fuit enim palpabile, * sicut ipse dicit, luc. ult., ° palpate et videte. * dicit autem gregorius, in quadam homilia, quod ° corrumpi necesse est quod palpatur, et palpari non potest quod non corrumpitur. ' non ergo corpus christi fuit gloriosum.

ag3 " Praeterea, corpus gloriosum non est animale, sed spirituale, * ut patet i cor. xv. ' sed corpus christi videtur animale fuisse post resurrectionem, quia cum discipulis manducavit et bibit, * ut legitur luc. ult., et ioan. ult.. ' ergo videtur quod corpus christi non fuerit gloriosum.

sc * Sed contra est quod apostolus dicit, philipp. iii, ° reformabit corpus humilitatis nostrae, configuratum corpori claritatis suae.

co ' Respondeo dicendum quod corpus christi in resurrectione fuit gloriosum. et hoc apparet triplici ratione. primo quidem, quia resurrectio christi fuit exemplar et causa nostrae resurrectionis, * ut habetur i cor. xv. ' sancti autem in resurrectione habebunt corpora gloriosa, * sicut dicitur ibidem, ° seminatur in ignobilitate, surget in gloria. ' unde, cum causa sit potior causato et exemplar exemplato, multo magis corpus christi resurgentis fuit gloriosum. secundo, quia per humilitatem passionis meruit gloriam resurrectionis. * unde et ipse dicebat, ° nunc anima mea turbata est, ' quod pertinet ad passionem, * et postea subdit, ° pater, clarifica nomen tuum, ' in quo petit gloriam resurrectionis. * tertio quia, sicut supra habitum est, ' anima christi a principio suae conceptionis fuit gloriosa per fruitionem divinitatis perfectam. est autem dispensative factum, * sicut supra dictum est, ' ut ab anima gloria non redundaret in corpus, ad hoc quod mysterium nostrae redemptionis sua passione impleret |25| et ideo, peracto hoc mysterio passionis et mortis christi, anima christi statim in corpus, in resurrectione resumptum, suam gloriam derivavit. et ita factum est corpus illud gloriosum.

ra1 ' Ad primum ergo dicendum quod omne quod recipitur in aliquo, recipitur in eo secundum modum recipientis. quia igitur gloria corporis derivatur ab anima, * ut augustinus dicit in epistola ad dioscorum, ' fulgor seu claritas corporis gloriosi est secundum colorem humano corpori naturalem, sicut vitrum diversimode coloratum recipit splendorem ex illustratione solis secundum modum sui coloris. sicut autem in potestate hominis glorificati est ut corpus eius videatur vel non videatur, * sicut dictum est; ' ita in potestate eius est quod claritas eius videatur vel non videatur. unde potest in suo colore sine aliqua claritate videri. et hoc modo christus discipulis post resurrectionem suam apparuit.

ra2 ' Ad secundum dicendum quod corpus aliquod dicitur esse palpabile, non solum ratione resistentiae, sed ratione spissitudinis suae. ad rarum autem et spissum sequuntur grave et leve, calidum et frigidum, et alia huiusmodi contraria, quae sunt principia corruptionis corporum elementarium. unde corpus quod est palpabile humano tactu, est naturaliter corruptibile. si autem sit aliquod corpus resistens tactui quod non sit dispositum secundum praedictas qualitates, quae sunt propria obiecta tactus humani, sicut est corpus caeleste, tale corpus non potest dici palpabile. corpus autem christi vere post resurrectionem fuit ex elementis compositum, habens in se tangibiles qualitates, secundum quod requirit natura corporis humani, et ideo naturaliter erat palpabile. et si nihil aliud habuisset supra corporis humani naturam, fuisset etiam corruptibile. habuit autem aliquid aliud quod ipsum incorruptibile reddidit, non quidem naturam caelestis corporis, * ut quidam dicunt, * de quo infra magis inquiretur; ' sed gloriam redundantem ab anima beata; * quia, ut augustinus dicit, ad dioscorum, ° tam potenti natura deus fecit animam ut ex eius plenissima beatitudine redundet in corpus plenitudo sanitatis, idest incorruptionis vigor. |25| * et ideo, sicut dicit gregorius, ibidem, ° ostenditur corpus christi post resurrectionem fuisse eiusdem naturae, sed alterius gloriae.

ra3 * Ad tertium dicendum quod, sicut augustinus dicit, xiii de civ. dei, ° salvator noster, post resurrectionem, iam quidem in spirituali carne, sed tamen vera, cibum ac potum cum discipulis sumpsit, non alimentorum indigentia, sed ea qua hoc poterat potestate. * ut enim beda dicit, super luc., ° aliter absorbet aquam terra sitiens, aliter solis radius calens, illa indigentia, iste potentia. ' manducavit ergo post resurrectionem, ° non quasi cibo indigens, sed ut eo modo naturam corporis resurgentis adstrueret. ' et propter hoc, non sequitur quod fuerit eius corpus animale, quod est indigens cibo.

010 ST4 qu54 ar3

ag1 ' Ad tertium sic proceditur. videtur quod corpus christi non resurrexerit integrum. sunt enim de integritate humani corporis caro et sanguis. quae christus non videtur habuisse, * dicitur enim i cor. xv, ° caro et sanguis regnum dei non possidebunt. ' christus autem resurrexit in gloria regni dei. ergo videtur quod non habuerit carnem et sanguinem.

ag2 ' Praeterea, sanguis est unus de quatuor humoribus. si ergo christus habuit sanguinem, pari ratione

habuit alios humores, ex quibus causatur corruptio in corporibus animalium. sic ergo sequeretur quod corpus christi fuerit corruptibile. quod est inconveniens. non igitur habuit carnem et sanguinem.
ag3 ' Praeterea, corpus christi quod resurrexit, in caelum ascendit. sed aliquid de sanguine eius in quibusdam ecclesiis reservatur pro reliquiis. non ergo resurrexit christi corpus cum integritate omnium suarum partium.
sc * Sed contra est quod dominus dicit, luc. ult., post resurrectionem discipulis loquens, ° spiritus carnem et ossa non habet, sicut me videtis habere.
co * Respondeo dicendum quod, sicut supra dictum est, ' corpus christi in resurrectione fuit eiusdem naturae, sed alterius gloriae. unde quidquid ad naturam corporis humani pertinet, totum fuit in corpore christi resurgentis. manifestum est autem quod ad naturam corporis humani pertinent carnes et ossa et sanguis, et alia huiusmodi. et ideo omnia ista in corpore christi resurgentis fuerunt. et etiam integraliter, absque omni diminutione, alioquin non fuisset perfecta resurrectio, si non fuisset redintegratum quidquid per mortem ceciderat. * unde et dominus fidelibus suis promittit dicens, matth. x, ° vestri autem et capilli capitis omnes numerati sunt. * et luc. xxi dicitur, ° capillus de capite vestro non peribit. " dicere autem quod corpus christi carnem et ossa non habuerit, et alias huiusmodi partes humano corpori naturales, * pertinet ad errorem eutychii, constantinopolitanae urbis episcopi, qui dicebat quod ° corpus nostrum in illa resurrectionis gloria erit impalpabile, et ventis aereque subtilius; et quod dominus, post confirmata corda discipulorum palpantium, omne illud quod in eo palpari potuit, in subtilitatem aliquam redegit. * quod ibidem improbat gregorius, ' quia corpus christi post |25| resurrectionem immutatum non fuit, * secundum illud rom. vi, ° christus resurgens ex mortuis iam non moritur. ' unde et ille quae dixerat, in morte retractavit. " si enim inconveniens est ut christus alterius naturae corpus in sua conceptione acciperet, puta caeleste, * sicut valentinus asseruit; ' multo magis inconveniens est quod in resurrectione alterius naturae corpus reassumpserit, quia corpus in resurrectione resumpsit ad vitam immortalem, quod in conceptione acceperat ad vitam mortalem.
ra1 " Ad primum ergo dicendum quod caro et sanguis ibi non accipitur pro natura carnis et sanguinis, sed vel pro culpa carnis et sanguinis, * sicut gregorius dicit, in xiv moral.; " vel pro corruptione carnis et sanguinis, quia, * ut augustinus dicit, ad consentium, de resurrectione carnis, ° non ibi erit corruptio et mortalitas carnis et sanguinis. ' caro ergo secundum substantiam possidet regnum dei, * secundum quod dictum est, ° spiritus carnem et ossa non habet, sicut me videtis habere. ' caro autem cum secundum corruptionem intelligitur, non possidebit. * unde continuo additum est in verbis apostoli, ° neque corruptio incorruptelam.
ra2 * Ad secundum dicendum quod, sicut augustinus dicit, in eodem libro, ° fortassis, accepta occasione sanguinis, urgebit nos molestior " persecutor, et dicet, si sanguis in corpore christi resurgentis fuit, cur non et pituita, idest phlegma; cur non et fel flavum, idest cholera, et fel nigrum, idest melancholia; ° quibus quatuor humoribus naturam carnis temperari etiam medicinae disciplina testatur? sed, quodlibet quisque addat, corruptionem addere caveat, ne suae fidei sanitatem castitatemque corrumpat. valet enim divina potentia de ista visibili atque tractabili natura corporum, quibusdam manentibus, auferre quas voluerit qualitates, ut absit labes, scilicet corruptionis, adsit effigies; adsit motio, absit fatigatio; adsit vescendi potestas, absit esuriendi necessitas.
ra3 ' Ad tertium dicendum quod totus sanguis qui de corpore christi fluxit, cum ad veritatem humanae naturae pertineat, in christi corpore resurrexit. et eadem ratio est de omnibus particulis ad veritatem et integritatem humanae naturae pertinentibus. sanguis autem ille qui in quibusdam ecclesiis pro reliquiis observatur, non fluxit de latere christi, sed miraculose dicitur effluxisse de quadam imagine christi percussa.

010 ST4 qu54 ar4

ag1 ' Ad quartum sic proceditur. videtur quod corpus christi cum cicatricibus resurgere non debuerit. * dicitur enim i cor. xv, quod ° mortui resurgent incorrupti. ' sed cicatrices et vulnera ad quandam corruptionem pertinent et defectum. non ergo fuit conveniens ut christus, qui resurrectionis auctor est, cum cicatricibus resurgeret.
ag2 ' Praeterea, corpus christi integrum resurrexit, * sicut dictum est. ' sed aperturae vulnerum contrariantur integritati corporis, quia per eas discontinuatur corpus. non ergo videtur fuisse conveniens quod in christi corpore aperturae vulnerum remanerent, etsi remanerent ibi quaedam vulnerum insignia, quae sufficiebant ad aspectum, ad quem thomas credidit, * cui dictum est, ° quia vidisti me, thoma, credidisti.
ag3 * Praeterea, damascenus dicit, in iv libro, quod ° post resurrectionem de christo dicuntur quaedam vere quidem, non autem secundum naturam, sed secundum dispensationem, ad certificandum quod ipsum quod passum est corpus resurrexit, ut cicatrices. ' cessante autem causa, cessat effectus. ergo videtur quod, certificatis discipulis de sua resurrectione, cicatrices ulterius non habuit. sed non conveniebat immutabilitati gloriae quod aliquid assumeret quod in eo perpetuo non remaneret. videtur ergo quod non debuerit corpus cum cicatricibus in resurrectione resumere.
sc * Sed contra est quod dominus dicit thomae, ioan. xx, ° infer digitum tuum huc, et vide manus meas, et affer manum tuam et mitte in latus meum.
co ' Respondeo dicendum quod conveniens fuit animam christi in resurrectione corpus cum cicatricibus resumere. primo quidem, propter gloriam ipsius christi. * dicit enim beda, super luc., quod " non ex impotentia curandi cicatrices servavit, sed ° ut in perpetuum victoriae suae circumferat triumphum. * unde et augustinus dicit, in xxii de civ. dei, quod ° fortassis in illo regno in corporibus martyrum videbimus vulnerum cicatrices quae pro christi nomine pertulerunt, non enim deformitas in eis, sed dignitas erit; et quaedam, quamvis in corpore, non corporis, sed virtutis pulchritudo fulgebit. ' secundo, ad confirmandum corda discipulorum circa fidem suae resurrectionis. ° tertio, ut patri, pro nobis supplicans, quale genus mortis pro homine pertulerit, semper ostendat. quarto, ut sua morte redemptis quam misericorditer sint adiuti, propositis eiusdem mortis indiciis, insinuet. postremo, ut in iudicio quam iuste damnentur, ibidem annuntiet. * unde, sicut augustinus dicit, in libro de symbolo, ° sciebat christus quare cicatrices in suo corpore servaret. sicut enim demonstravit thomae non credenti nisi tangeret et videret, ita etiam inimicis vulnera demonstraturus est sua, ut convincens eos veritas dicat, ecce hominem quem crucifixistis. videtis vulnera quae infixistis. agnoscitis latus quod pupugistis. |25| quoniam per vos, et propter vos apertum est, nec tamen intrare voluistis.
ra1 ' Ad primum ergo dicendum quod cicatrices illae quae in corpore christi permanserunt, non pertinent ad corruptionem vel defectum, sed ad maiorem cumulum gloriae, inquantum sunt quaedam virtutis insignia. et in illis locis vulnerum quidam specialis decor apparebit.
ra2 ' Ad secundum dicendum quod illa apertura vulnerum, quamvis sit cum quadam solutione continuitatis, totum tamen hoc recompensatur per maiorem decorem gloriae, ut corpus non sit minus integrum, sed magis perfectum. thomas autem non solum vidit, sed etiam vulnera tetigit, quia, * ut dicit leo papa, ° sufficit sibi ad fidem propriam vidisse quod viderat; sed nobis operatus est ut tangeret quem videbat.
ra3 ' Ad tertium dicendum quod christus in suo corpore voluit cicatrices vulnerum remanere, non solum ad certificandum discipulorum fidem, sed etiam propter alias rationes. ex quibus apparet quod semper in eius corpore cicatrices illae remanebunt. * quia, ut augustinus dicit, ad consentium de resurrectione carnis, ° domini corpus in caelo esse credo ut erat quando ascendit in caelum. * et gregorius, xiv moral., dicit quod, ° si quid in corpore christi post resurrectionem potuit immutari, contra veridicam pauli sententiam, post resurrectionem dominus rediit in mortem. quod quis dicere vel stultus praesumat, nisi qui veram carnis resurrectionem denegat? ' unde patet quod cicatrices quas christus post resurrectionem in suo corpore ostendit, nunquam postmodum ab illo corpore sunt remotae.

010 ST4 qu55 ar

pr ' Deinde considerandum est de manifestatione resurrectionis. et circa hoc quaeruntur sex. primo, utrum resurrectio christi omnibus hominibus manifestari debuerit, an solum quibusdam specialibus hominibus. secundo, utrum fuisset conveniens quod, eis videntibus, resurgeret. tertio, utrum post resurrectionem debuerit cum suis discipulis conversari. quarto, utrum fuerit conveniens quod suis discipulis in aliena effigie appareret. quinto, utrum resurrectionem suam argumentis manifestare debuerit. sexto, de sufficientia illorum argumentorum.

010 ST4 qu55 ar1

ag1 ' Ad primum sic proceditur. videtur quod resurrectio christi debuerit omnibus manifestari. sicut enim publico peccato debetur poena publica, * secundum illud i tim. v, ° peccantem coram omnibus argue; ' ita merito publico debetur praemium publicum. sed ° claritas resurrectionis est praemium humilitatis passionis, * ut augustinus dicit, super ioan.. ' cum ergo passio christi fuerit omnibus manifestata, eo publice patiente, videtur quod gloria resurrectionis ipsius omnibus manifestari debuerit.
ag2 ' Praeterea, sicut passio christi ordinatur ad nostram salutem, ita et eius resurrectio, * secundum illud rom. iv, ° resurrexit propter iustificationem nostram. ' sed illud quod ad communem utilitatem pertinet, omnibus debet manifestari. ergo resurrectio christi omnibus debuit manifestari, et non specialiter quibusdam.
ag3 ' Praeterea, illi quibus manifestata est resurrectio, fuerunt resurrectionis testes, * unde dicitur act. iii, ° quem deus suscitavit a mortuis, cuius nos testes sumus. ' hoc autem testimonium ferebant publice praedicando. quod quidem non convenit mulieribus, * secundum illud i cor. xiv, ° mulieres in ecclesiis taceant; * et i tim. ii, ° docere mulieri non permitto. ' ergo videtur quod inconvenienter resurrectio christi manifestata fuerit primo mulieribus quam hominibus communiter.
sc * Sed contra est quod dicitur act. x, ° quem deus suscitavit tertia die, et dedit eum manifestum fieri, non omni populo, sed testibus praeordinatis a deo.
co ' Respondeo dicendum quod eorum quae cognoscuntur, quaedam cognoscuntur communi lege naturae; quaedam autem cognoscuntur ex speciali munere gratiae, sicut ea quae divinitus revelantur. quorum quidem, * ut dionysius dicit, in libro caelest. hier., " haec est lex divinitus instituta, ut a deo immediate superioribus revelentur, quibus mediantibus deferantur ad inferiores, sicut patet in ordinatione caelestium spirituum. ' ea vero quae pertinent ad futuram gloriam, communem hominum cognitionem excedunt, * secundum illud isaiae lxiv, ° oculus non vidit, deus, absque te, quae preparasti diligentibus te. ' et ideo huiusmodi ab homine non cognoscuntur nisi divinitus revelata, * sicut apostolus dicit, i cor. ii, ° nobis revelavit deus per spiritum suum. ' quia igitur christus resurrexit gloriosa resurrectione, ideo eius resurrectio non omni populo manifestata est, sed quibusdam, quorum testimonio deferretur in aliorum notitiam.
ra1 ' Ad primum ergo dicendum quod passio christi peracta est in corpore adhuc habente naturam passibilem, quae communi lege nota est omnibus. et ideo passio christi omni populo immediate manifestari potuit. " resurrectio autem christi facta est per gloriam patris, * ut apostolus dicit, rom. vi. ' et ideo immediate manifestata est, non omnibus, sed quibusdam. quod autem publice peccantibus publica poena imponitur, intelligendum est de poena praesentis vitae. et similiter publica merita publice praemiari oportet, ut alii provocentur. sed poenae et praemia futurae vitae non publice omnibus manifestantur, sed specialiter illis qui ad hoc praeordinati sunt a deo.
ra2 ' Ad secundum dicendum quod resurrectio christi, sicut est ad communem omnium salutem, ita in notitiam omnium pervenit, non quidem sic quod immediate omnibus manifestaretur; sed quibusdam, per quorum testimonium deferretur ad omnes.
ra3 ' Ad tertium dicendum quod mulieri non permittitur publice docere in ecclesia, permittitur autem ei privatim domestica aliquos admonitione instruere. et ideo, * sicut ambrosius dicit, super luc., ° ad eos femina mittitur qui domestici sunt, ' non autem mittitur ad hoc quod resurrectionis testimonium ferat ad populum. ideo autem primo mulieribus apparuit, ut mulier, quae primo initium mortis ad hominem detulit, primo etiam initia resurgentis christi in gloria nuntiaret. * unde cyrillus dicit, ° femina, quae quondam fuit mortis ministra, venerandum resurrectionis mysterium prima percepit et nuntiat. adeptum est igitur femineum genus et ignominiae absolutionem, et maledictionis repudium. ' simul etiam per hoc ostenditur quod, quantum ad statum gloriae pertinet, nullum detrimentum patietur sexus femineus, sed, si maiori caritate fervebunt, maiori etiam gloria ex visione divina potientur, eo quod mulieres, quae dominum arctius amaverunt, in tantum ut ab eius sepulcro, ° discipulis etiam recedentibus, non recederent, ' primo viderunt dominum in gloriam resurgentem.

010 ST4 qu55 ar2

ag1 ' Ad secundum sic proceditur. videtur conveniens fuisse quod discipuli viderent christum resurgere. ad discipulos enim pertinebat resurrectionem christi testificari, * secundum illud act. iv, ° virtute magna reddebant apostoli testimonium resurrectionis iesu christi, domini nostri. ' sed certissimum est testimonium de visu. ergo conveniens fuisset ut ipsam resurrectionem christi viderent.
ag2 ' Praeterea, ad certitudinem fidei habendam, discipuli ascensionem christi viderunt, * secundum illud act. i, ° videntibus illis, elevatus est. ' sed similiter oporteret de resurrectione christi certam fidem habere. ergo videtur quod, discipulis videntibus, debuerit christus resurgere.
ag3 ' Praeterea, resurrectio lazari quoddam indicium fuit futurae resurrectionis christi. sed, discipulis videntibus, dominus lazarum suscitavit. ergo videtur quod etiam christus resurgere debuerit, discipulis videntibus.
sc * Sed contra est quod dicitur marci ult., ° resurgens dominus mane prima sabbati, apparuit primo mariae magdalenae. ' sed maria magdalena non vidit eum resurgere, sed, cum eum quaereret in sepulcro, audivit ab angelo, ° surrexit dominus, non est hic. ' ergo nullus vidit eum resurgere.
co * Respondeo dicendum quod, sicut apostolus dicit, rom. xiii, ° quae a deo sunt, ordinata sunt. ' est autem hic ordo divinitus institutus, ut ea quae supra homines sunt, hominibus per angelos revelentur, * ut patet per dionysium, iv cap. cael. hier.. ' christus autem resurgens non rediit ad vitam communiter omnibus notam, sed ad vitam quandam immortalem et deo conformem, * secundum illud rom. vi, ° quod enim vivit, vivit deo. ' et ideo ipsa christi resurrectio non debuit immediate ab hominibus vide-

ri, sed eis ab angelis nuntiari. * unde hilarius dicit, super matth., quod ° ideo angelus prior resurrectionis est index, ut quodam famulatu paternae voluntatis resurrectio nuntiaretur.

ra1 ' Ad primum ergo dicendum quod apostoli potuerunt testificari christi resurrectionem etiam de visu, quia christum post resurrectionem viventem oculata fide viderunt, quem mortuum sciverant. sed sicut ad visionem beatam pervenitur per auditum fidei, ita ad visionem christi resurgentis pervenerunt homines per ea quae prius ab angelis audierunt.

ra2 ' Ad secundum dicendum quod ascensio christi, quantum ad terminum a quo, non transcendebat hominum communem notitiam, sed solum quantum ad terminum ad quem. et ideo discipuli potuerunt videre ascensionem christi quantum ad terminum a quo, idest secundum quod elevabatur a terra. non autem viderunt ipsam quantum ad terminum ad quem, quia non viderunt quomodo reciperetur in caelo. sed resurrectio christi transcendebat communem notitiam et quantum ad terminum a quo, secundum quod anima rediit ab inferis et corpus de sepulcro clauso exivit; et quantum ad terminum ad quem, secundum quod est adeptus vitam gloriosam. et ideo non debuit resurrectio fieri sic quod ab homine videretur.

ra3 ' Ad tertium dicendum quod lazarus resuscitatus est ut rediret ad vitam qualem prius habuerat, quae communem notitiam hominum non transcendit. et ideo non est similis ratio.

010 ST4 qu55 ar3

ag1 ' Ad tertium sic proceditur. videtur quod christus post resurrectionem debuerit continue cum discipulis conversari. ad hoc enim christus discipulis post resurrectionem apparuit, ut eos de fide resurrectionis certificaret, et consolationem perturbatis afferret, * secundum illud ioan. xx, ° gavisi sunt discipuli, viso domino. ' sed magis fuissent certificati et consolati si eis continue suam praesentiam exhibuisset. ergo videtur quod continue cum eis debuerit conversari.

ag2 ' Praeterea, christus resurgens a mortuis non statim ascendit in caelum, sed post dies quadraginta, * ut habetur act. i. ' illo autem tempore intermedio in nullo alio loco potuit convenientius esse quam ubi discipuli eius erant pariter congregati. ergo videtur quod continue cum eis conversari debuerit.

ag3 ' Praeterea, ipso die resurrectionis dominicae quinquies christus apparuisse legitur, * ut augustinus dicit, in libro de consensu evang., ° primo quidem, mulieribus ad monumentum; secundo, eisdem regredientibus a monumento in itinere; tertio, petro; quarto, duobus euntibus in castellum; quinto, pluribus in ierusalem, ubi non erat thomas. ' ergo etiam videtur quod et aliis diebus ante suam ascensionem ad minus pluries debuit apparere.

ag4 * Praeterea, dominus ante passionem eis dixerat, matth. xxvi, ° postquam resurrexero, praecedam vos in galilaeam. ' quod etiam angelus, et ipsemet dominus, post resurrectionem mulieribus dixit. et tamen antea in ierusalem ab eis visus est, et ipsa die resurrectionis, * ut dictum est, ' et etiam die octava, * ut legitur ioan. xx. ' non ergo videtur quod convenienti modo post resurrectionem cum discipulis fuerit conversatus.

sc * Sed contra est quod ioan. xx dicitur, quod ' post dies octo christus discipulis apparuit. non ergo continue conversabatur cum eis.

co ' Respondeo dicendum quod circa resurrectionem christi duo erant discipulis declaranda, scilicet ipsa veritas resurrectionis; et gloria resurgentis. ad veritatem autem resurrectionis manifestandam, sufficit quod pluries apparuit, et cum eis familiariter est locutus, et comedit et bibit, et se eis palpandum praebuit. ad gloriam autem resurrectionis manifestandam, noluit continue conversari cum eis, sicut prius fecerat, ne videretur ad talem vitam resurrexisse qualem prius habuerat. * unde luc. ult. dicit eis, ° haec sunt verba quae locutus sum ad vos cum adhuc essem vobiscum. ' tunc quidem erat cum eis praesentia corporali, sed ante cum eis fuerat, non solum corporali praesentia, sed etiam per similitudinem mortalitatis. * unde beda, supradicta verba exponens, dicit, ° cum adhuc essem vobiscum, idest, cum adhuc essem in carne mortali, in qua estis et vos. tunc quidem in eadem carne resuscitatus erat, sed cum illis in eadem mortalitate non erat.

ra1 ' Ad primum ergo dicendum quod frequens christi apparitio sufficiebat ad certificandum discipulos de veritate resurrectionis, conversatio autem continua eos potuisset ducere in errorem, si ad similem vitam eum resurrexisse crederent quam prius habuerat. consolationem autem de continua sui praesentia eis in alia vita repromisit, * secundum illud ioan. xvi, ° iterum videbo vos, et gaudebit cor vestrum, et gaudium vestrum nemo tollet a vobis.

ra2 ' Ad secundum dicendum quod christus non ideo non continue conversabatur cum discipulis quia reputaret se alibi convenientius esse, sed quia hoc discipulis instruendis convenientius iudicabat, si non continue conversaretur cum eis, ratione praedicta. incognitum autem est quibus in locis intermedio tempore corporaliter esset, cum hoc scriptura non tradat, et ° in omni loco sit dominatio eius.

ra3 ' Ad tertium dicendum quod ideo prima die frequentius apparuit, quia per plura indicia erant admonendi, ut a principio fidem resurrectionis reciperent. postquam autem iam eam receperant, non oportebat eos, iam certificatos, tam frequentibus apparitionibus instrui. unde in evangelio non legitur quod post primum diem eis apparuit nisi quinquies. * ut enim augustinus dicit, in libro de consensu evang., ' post primas quinque apparitiones, sexto eis apparuit ° ubi vidit eum thomas; septimo, ad mare tiberiadis, in captione piscium; octavo, in monte galilaeae, secundum matthaeum; nono, quod dicit marcus, novissime recumbentibus, quia iam non erant in terra cum eo convivaturi; decimo, in ipso die, non iam in terra, sed elevatum in nube, cum in caelum ascenderet. sed non omnia scripta sunt, sicut ioannes fatetur. crebra enim erat eius cum illis conversatio, priusquam ascendisset in caelum, ' et hoc ad consolationem ipsorum. * unde et i cor. xv dicitur quod ° visus est plus quam quingentis fratribus simul, deinde visus est iacobo, ' de quibus apparitionibus in evangelio non habetur mentio.

ra4 * Ad quartum dicendum quod, sicut chrysostomus dicit, exponens illud quod dicitur matth. xxvi, ° postquam resurrexero, praecedam vos in galilaeam, non, inquit, in longinquam quandam regionem, ut eis appareat, vadit, sed in ipsa gente, et in ipsis fere " regionibus in quibus cum eo plurimum fuerant conversati, ° ut et hinc crederent quoniam qui crucifixus est, ipse est et qui resurrexit. propter hoc etiam in galilaeam se ire dicit, ut a timore iudaeorum liberarentur. * sic ergo, ut ambrosius dicit, super luc., ° dominus mandaverat discipulis ut in galilaea eum viderent, sed illis ob metum intra conclave residentibus primum ipse se obtulit. nec hoc est promissi transgressio, sed potius festinata ex benignitate impletio. postea vero, confirmatis animis, illos galilaeam petisse. vel nihil obstat si dicamus pauciores intra conclave, quamplures in monte fuisse. * ut enim eusebius dicit, ° duo evangelistae, scilicet lucas et ioannes, solis undecim hunc scribunt apparuisse in ierusalem, ceteri vero duo in galilaeam properare non solum undecim, sed universis discipulis et fratribus dixerunt angelum et salvatorem iussisse. * de quibus paulus meminit, dicens, ° deinde apparuit plus quam quingentis fratribus simul. est autem verior solutio quod prius in ierusalem latitantibus |25| semel aut bis visus est, ad eorum consolationem. in galilaea vero non clam, aut semel aut bis, sed cum multa potestate ostensionem sui fecit, praebens se eis viventem, post passionem in signis multis, ut lucas testatur in actibus. * vel, sicut dicit augustinus, in libro de consensu evang., ° quod ab angelo et domino dictum est, quod praecederet eos in galilaeam, prophetice accipiendum est. in galilaea enim, secundum transmigrationis significationem, intelligendum occurrit quia de populo israel transmigraturi erant ad gentes, quibus apostoli praedicantes non crederentur, nisi ipse viam in cordibus hominum praepararet. et hoc intelligitur, praecedet vos in galilaeam. secundum autem illud quod galilaea interpretatur revelatio, non iam in forma servi intelligendum est, sed in illa in qua aequalis est patri, quam promisit dilectoribus suis, quo nos praecedens non deseruit.

010 ST4 qu55 ar4

ag1 ' Ad quartum sic proceditur. videtur quod christus non debuerit discipulis in alia effigie apparere. non enim potest apparere secundum veritatem nisi quod est. sed in christo non fuit nisi una effigies. si ergo christus in alia apparuit, non fuit apparitio vera, sed ficta. hoc autem est inconveniens, quia, * ut augustinus dicit, in libro octoginta trium quaest., ° si fallit, veritas non est; est autem veritas christus. ' ergo videtur quod christus non debuit discipulis in alia effigie apparere.

ag2 ' Praeterea, nihil potest in alia effigie apparere quam habeat, nisi oculi intuentium aliquibus praestigiis detineantur. huiusmodi autem praestigia, cum fiant magicis artibus, non conveniunt christo, * secundum illud ii cor. vi, ° quae conventio christi ad belial? ' ergo videtur quod non debuit in alia effigie apparere.

ag3 ' Praeterea, sicut per sacram scripturam nostra fides certificatur, ita discipuli certificati sunt de fide resurrectionis per christi apparitiones. * sed, sicut augustinus dicit, in epistola ad hieronymum " si vel unum mendacium in sacra scriptura recipiatur, infirmabitur tota sacrae scripturae auctoritas. ' ergo, si vel in una apparitione christus discipulis apparuit aliter quam esset, infirmabitur quidquid post resurrectionem viderunt in christo. quod est inconveniens. non ergo debuit in alia effigie apparere.

sc * Sed contra est quod dicitur marci ult., ° post haec, duobus ex eis ambulantibus ostensus est in alia effigie, euntibus in villam.

co * Respondeo dicendum quod, sicut dictum est, ' resurrectio christi manifestanda fuit hominibus per modum quo eis divina revelantur. innotescunt autem divina hominibus secundum quod diversimode sunt affecti. nam illi qui habent mentem bene dispositam, secundum veritatem divina percipiunt. illi autem qui habent mentem non bene dispositam, divina percipiunt cum quadam confusione dubietatis vel erroris, ° animalis enim homo non percipit ea quae sunt spiritus dei, * ut dicitur i cor. ii. ' et ideo christus quibusdam, ad credendum dispositis, post resurrectionem apparuit in sua effigie. illis autem in alia effigie apparuit qui iam videbantur circa fidem tepescere, unde dicebant, ° nos sperabamus quia ipse esset redempturus israel. * unde gregorius dicit, in homilia, quod ° talem se eis exhibuit in corpore qualis apud illos erat in mente. quia enim adhuc in eorum cordibus peregrinus erat a fide, " ire se longius finxit, scilicet ac si esset peregrinus.

ra1 ' Ad primum ergo dicendum quod, * sicut augustinus dicit, in libro de quaestionibus evang., ° non omne quod fingimus, mendacium est. sed quando id fingimus quod nihil significat, tunc est mendacium. cum autem fictio nostra refertur ad aliquam significationem, non est mendacium, sed aliqua figura veritatis. alioquin omnia quae a sapientibus et sanctis viris, vel etiam ab ipso domino, figurate dicta sunt, mendacia reputabuntur, quia, secundum usitatum intellectum, non consistit veritas in talibus dictis. sicut autem dicta, ita etiam finguntur facta sine mendacio, ad aliquam rem significandam. ' et ita factum est hic, * ut dictum est.

ra2 ' Ad secundum dicendum quod, * sicut augustinus dicit, in libro de consensu evang., ° dominus poterat transformare carnem suam, ut alia re vera esset effigies ab illa quam solebant intueri, quandoquidem et ante passionem suam transformatus est in monte, ut facies eius claresceret sicut sol. sed non ita nunc factum est. non enim incongruenter accipimus hoc impedimentum in oculis eorum a satana fuisse, ne agnosceretur iesus. * unde luc. ult. dicitur quod ° oculi eorum tenebantur, ne eum agnoscerent.

ra3 ' Ad tertium dicendum quod ratio illa sequeretur si ab alienae effigiei aspectu non fuissent reducti ad vere videndum christi effigiem. * sicut enim augustinus ibidem dicit, ' tantum a christo facta est permissio, ut scilicet praedicto modo oculi eorum tenerentur, usque ad sacramentum panis, ° ut, unitate corporis eius participata, removeri intelligatur impedimentum inimici, ut christus possit agnosci. * unde ibidem subditur quod ° aperti sunt oculi eorum et cognoverunt eum, non quod ante clausis oculis ambularent; sed inerat aliquid quo non sinerentur agnoscere quod videbant, quod scilicet caligo et aliquis humor solet efficere.

010 ST4 qu55 ar5

ag1 ' Ad quintum sic proceditur. videtur quod christus veritatem resurrectionis non debuerit argumentis declarare. * dicit enim ambrosius, ° tolle argumenta ubi fides quaeritur. ' sed circa resurrectionem christi quaeritur fides. non ergo habent locum argumenta.

ag2 * Praeterea, gregorius dicit, ° fides non habet meritum cui humana ratio praebet experimentum. ' sed ad christum non pertinebat meritum fidei evacuare. ergo ad eum non pertinebat resurrectionem per argumenta confirmare.

ag3 ' Praeterea, christus in mundum venit ut per eum homines beatitudinem adipiscantur, * secundum illud ioan. x, ° ego veni ut vitam habeant, et abundantius habeant. ' sed per huiusmodi ostensiones argumentorum videtur humanae beatitudini impedimentum praestari, * dicitur enim ioan. xx, ex ore ipsius domini, ° beati qui non viderunt, et crediderunt. ' ergo videtur quod christus non debuerit per aliqua argumenta resurrectionem suam manifestare.

sc * Sed contra est quod dicitur act. i, quod ° apparuit discipulis christus per dies quadraginta in multis argumentis, loquens de regno dei.

co ' Respondeo dicendum quod argumentum dupliciter dicitur. quandoque dicitur argumentum quaecumque ratio rei dubiae faciens fidem. quandoque autem dicitur argumentum aliquod sensibile signum quod inducitur ad alicuius veritatis manifestationem, * sicut etiam aristoteles aliquando in libris suis utitur nomine argumenti. ' primo igitur modo accipiendo argumentum, christus non probavit discipulis suam resurrectionem per argumenta. quia talis probatio argumentativa procedit ex aliquibus principiis, quae si non essent nota discipulis, nihil per ea eis manifestaretur, quia ex ignotis non potest aliquod fieri notum. si autem essent eis nota, non transcenderent rationem humanam, et ideo non essent efficacia ad fidem resurrectionis adstruendam, quae rationem humanam excedit; " oportet enim principia ex eodem genere assumi, * ut dicitur in i posteriorum. ' probavit autem eis resurrectionem suam per auctoritatem sacrae scripturae, quae est fidei fundamentum, * cum dixit, ° oportet impleri omnia quae scripta sunt in lege et psalmis et prophetis de me, * ut habetur luc. ult.. ' si autem accipiatur secundo modo |25| argumentum, sic christus dicitur suam resurrectionem argumentis declarasse, inquantum per quaedam evidentissima signa se vere resurrexisse ostendit. * unde et in graeco, ubi nos habemus in multis argumentis, loco argumenti ponitur " tekmerium, quod est signum evidens ad probandum. ' quae quidem signa resurrectionis christus ostendit discipulis propter duo. primo quidem, quia non erant corda eorum disposita ad hoc quod de facili fidem resurrectionis acciperent. * unde ipse dicit eis, luc. ult., ° o stulti, et tardi corde ad credendum. * et marci ult., ° exprobravit incredulitatem eorum et duritiam cordis. ' secundo, ut per huiusmodi signa eis ostensa effi-

cacius eorum testimonium redderetur, * secundum illud i ioan. i, ° quod vidimus et audivimus, et manus nostrae contractaverunt, hoc testamur.
ra1 * Ad primum ergo dicendum quod ambrosius ibi loquitur ‛ de argumentis secundum rationem humanam procedentibus, quae invalida sunt ad ea quae sunt fidei ostendenda, * sicut ostensum est.
ra2 ‛ Ad secundum dicendum quod meritum fidei est ex hoc quod homo ex mandato dei credit quod non videt. unde illa sola ratio meritum excludit quae facit videri per scientiam id quod credendum proponitur. et talis est ratio demonstrativa. huiusmodi autem rationes christus non induxit ad resurrectionem suam declarandam.
ra3 ‛ Ad tertium dicendum quod, * sicut dictum est, ‛ meritum beatitudinis quod causat fides, non totaliter excluditur nisi homo nollet credere nisi ea quae videt, sed quod aliquis ea quae non videt, credat per aliqua signa visa, non totaliter fidem evacuat nec meritum eius. sicut et thomas, * cui dictum est, ° quia vidisti me, credidisti, aliud vidit, et aliud credidit, ‛ vidit vulnera, et credidit deum. est autem perfectioris fidei qui non requirit huiusmodi auxilia ad credendum. unde, ad arguendum defectum fidei in quibusdam, * dominus dicit, ioan. iv, ° nisi signa et prodigia videritis, non creditis. ‛ et secundum hoc, potest intelligi quod illi qui sunt tam prompti animi ut credant deo etiam signis non visis, sunt beati per comparationem ad illos qui non crederent nisi talia viderent.

010 ST4 qu55 ar6

ag1 ‛ Ad sextum sic proceditur. videtur quod argumenta quae christus induxit, non sufficienter manifestaverunt veritatem resurrectionis eius. nihil enim ostendit christus discipulis post resurrectionem quod etiam angeli, hominibus apparentes, vel non ostenderint, vel non ostendere potuerint. nam angeli frequenter in humana effigie se hominibus ostenderunt, et cum eis loquebantur et conversabantur et comedebant, ac si essent homines veri, sicut patet * gen. xviii, ‛ de angelis quos abraham suscepit hospitio; * et in libro tobiae, ‛ de angelo qui eum duxit et reduxit. et tamen angeli non habent vera corpora naturaliter sibi unita, quod requiritur ad resurrectionem. non ergo signa quae christus discipulis exhibuit, fuerunt sufficientia ad resurrectionem eius manifestandam.
ag2 ‛ Praeterea, christus resurrexit resurrectione gloriosa, idest, habens simul humanam naturam cum gloria. sed quaedam christus ostendit discipulis quae videntur esse contraria naturae humanae, sicut quod ab oculis eorum evanuit, et quod ad eos ianuis clausis intravit, quaedam autem videntur fuisse contraria gloriae, puta quod manducavit et bibit, quod etiam habuit vulnerum cicatrices. ergo videtur quod illa argumenta non fuerunt sufficientia, neque convenientia, ad fidem resurrectionis ostendendam.
ag3 ‛ Praeterea, corpus christi non erat tale post resurrectionem ut tangi deberet ab homine mortali, * unde ipse dixit magdalenae, ioan. xx, ° noli me tangere, nondum enim ascendi ad patrem meum. ‛ non ergo fuit conveniens quod, ad manifestandam veritatem suae resurrectionis, seipsum discipulis palpabile exhibuerit.
ag4 ‛ Praeterea, inter dotes glorificati corporis praecipua videtur esse claritas. quam tamen in resurrectione nullo argumento ostendit. ergo videtur quod insufficientia fuerint illa argumenta ad manifestandam qualitatem resurrectionis christi.
sc “ Sed contra est quod christus, qui est dei sapientia, suaviter et convenienter disponit omnia, * ut dicitur sap. viii.
co ‛ Respondeo dicendum quod christus resurrectionem suam dupliciter manifestavit, scilicet testimonio; et argumento seu signo. et utraque manifestatio in suo genere fuit sufficiens. est enim usus duplici testimonio ad manifestandam suam resurrectionem discipulis, quorum neutrum potest refelli. quorum primum est testimonium angelorum, qui mulieribus resurrectionem annuntiaverunt, ut patet per omnes evangelistas. aliud autem est testimonium scripturarum, quas ipse proposuit ad ostensionem suae resurrectionis, * ut dicitur luc. ult.. ‛ argumenta etiam fuerunt sufficientia ad ostendendam veram resurrectionem, et etiam gloriosam. quod autem fuerit vera resurrectio, ostendit uno modo ex parte corporis. circa quod tria ostendit. primo quidem, quod esset corpus verum et solidum, non corpus phantasticum, vel rarum, sicut est aer. et hoc ostendit per hoc quod corpus suum palpabile praebuit. * unde ipse dicit, luc. ult., ° palpate et videte, quia spiritus carnem et ossa non habet, sicut me videtis habere. ‛ secundo, ostendit quod esset corpus humanum, ostendendo eis veram effigiem, quam oculis intuerentur. tertio, ostendit eis quod esset idem numero corpus quod prius habuerat, ostendendo eis vulnerum cicatrices. |25| * unde legitur luc. ult., ° dixit eis, videte manus meas et pedes meos, quia ego ipse sum. ‛ alio modo ostendit eis veritatem suae resurrectionis ex parte animae iterato corpori unitae. et hoc ostendit per opera triplicis vitae. primo quidem, per opus vitae nutritivae, in hoc quod cum discipulis manducavit et bibit, * ut legitur luc. ult.. ‛ secundo, per opera vitae sensitivae, in hoc quod discipulis ad interrogata respondebat, et praesentes salutabat, in quo ostendebat se et videre et audire. tertio, per opera vitae intellectivae, in hoc quod cum eo loquebantur, et de scripturis disserebant. et ne quid deesset ad perfectionem manifestationis, ostendit etiam se habere divinam naturam, per miraculum quod fecit in piscibus capiendis; et ulterius per hoc quod, eis videntibus, ascendit in caelum; quia, * ut dicitur ioan. iii, ° nemo ascendit in caelum nisi qui descendit de caelo, filius hominis, qui est in caelo. ‛ gloriam etiam suae resurrectionis ostendit discipulis, per hoc quod ad eos ianuis clausis intravit, * secundum quod gregorius dicit, in homilia, ° palpandam carnem dominus praebuit, quam clausis ianuis introduxit, ut esse post resurrectionem ostenderet corpus suum et eiusdem naturae, et alterius gloriae. ‛ similiter etiam ad proprietatem gloriae pertinebat quod subito |50| ab oculis discipulorum evanuit, * ut dicitur lucae ultimo, ‛ quia per hoc ostendebatur quod in potestate eius erat videri et non videri quod pertinet ad conditionem corporis gloriosi, * ut supra dictum est.
ra1 ‛ Ad primum ergo dicendum quod singula argumentorum non sufficerent ad manifestandam christi resurrectionem, omnia tamen simul accepta perfecte christi resurrectionem manifestant; maxime propter scripturae testimonium, et angelorum dicta, et ipsius christi assertionem miraculis confirmatam. angeli autem apparentes non asserebant se homines esse, sicut asseruit christus vere se hominem esse. et tamen aliter christus manducavit, et aliter angeli. nam quia corpora ab angelis assumpta non erant corpora viva vel animata, non erat vera comestio, licet esset vera cibi contritio et traiectio in interiorem partem corporis assumpti, * unde et angelus dixit, tobiae xii, ° cum essem vobiscum, videbar quidem manducare et bibere vobiscum, sed ego cibo invisibili utor. ‛ sed quia corpus christi vere fuit animatum, vera fuit eius comestio. * ut enim augustinus dicit, xiii de civ. dei, ° non potestas, sed egestas edendi corporibus resurgentium auferetur. * unde, sicut beda dicit, ° christus manducavit potestate, non egestate.
ra2 * Ad secundum dicendum quod, sicut dictum est, ‛ argumenta quaedam inducebantur a christo ad probandum veritatem humanae naturae; quaedam vero ad probandum gloriam resurgentis. conditio autem naturae humanae, secundum quod in se consideratur, quantum scilicet ad statum praesentem, contrariatur conditioni gloriae, * secundum illud i cor. xv, ° seminatur in infirmitate, et surget in virtute. ‛ et ideo ea quae inducuntur ad ostendendam conditionem gloriae, videntur habere contrarietatem ad naturam, non simpliciter, sed secundum statum praesentem; et e converso. * unde gregorius dicit, in homilia, quod ° duo mira, et iuxta humanam rationem sibi valde contraria, dominus ostendit, dum post resurrectionem corpus suum et incorruptibile, et tamen palpabile demonstravit.
ra3 ‛ Ad tertium dicendum quod, * sicut augustinus dicit, super ioan., quod ° hoc dominus dixit, noli me tangere, nondum enim ascendi ad patrem meum, ut in illa femina figuraretur ecclesia de gentibus, quae in christum non credidit nisi cum ascendisset ad patrem. aut sic in se credi voluit iesus, hoc est, sic se spiritualiter tangi, quod ipse et pater unum sunt. eius quippe intimis sensibus quodammodo ascendit ad patrem, qui sic in eo profecerit ut patri agnoscat aequalem. haec autem carnaliter adhuc in eum credebat, quem sicut hominem flebat. * quod autem maria alibi legitur christum tetigisse, quando simul cum aliis mulieribus ° accessit et tenuit pedes, quaestionem non facit, * ut severianus dicit. ° siquidem illud de figura est, hoc de sexu, illud de divina gratia, hoc de humana natura. * vel, sicut chrysostomus dicit, ° volebat haec mulier adhuc cum christo conversari sicut et ante passionem. prae gaudio nihil magnum cogitabat, quamvis caro christi multo melior fuerit facta resurgendo. * et ideo dixit, ° nondum ascendi ad patrem meum, * quasi dicat, ° non aestimes me iam terrenam vitam agere. quod enim |25| in terris me vides, hoc est quia nondum ascendi ad patrem meum, sed in promptu est quod ascendam. * unde subdit, ° ascendo ad patrem meum et patrem vestrum.
ra4 * Ad quartum dicendum quod, sicut augustinus dicit, ad orosium, ° clarificata carne dominus resurrexit, sed noluit in ea clarificatione discipulis suis apparere, quia non possent oculis talem claritatem perspicere. si enim, antequam moreretur pro nobis et resurgeret, quando transfiguratus est in monte, discipuli sui eum videre non potuerunt; quanto magis, clarificata carne domini, eum videre non potuerunt. ‛ est etiam considerandum quod post resurrectionem dominus hoc praecipue volebat ostendere, quod idem ipse esset qui mortuus fuerat. quod multum poterat impedire si eis sui corporis claritatem ostenderet. nam immutatio quae fit secundum aspectum, maxime ostendit diversitatem eius quod videtur, quia sensibilia communia, inter quae est unum et multa, vel idem et diversum, maxime diiudicat visus. sed ante passionem, ne infirmitatem passionis eius discipuli despicerent, maxime intendebat christus eis gloriam maiestatis suae ostendere, quam maxime demonstrat claritas corporis. et ideo, ante passionem, gloriam suam praemonstravit discipulis per claritatem, post resurrectionem autem, per alia indicia.
ra5 ‛ Ad quintum dicendum quod, * sicut augustinus dicit, in libro de consensu evang., ° possumus intelligere unum angelum visum a mulieribus, et secundum matthaeum et secundum marcum, ut eas ingressas in monumentum accipiamus, in aliquod scilicet spatium quod erat aliqua maceria communitum, atque ibi vidisse angelum sedentem supra lapidem revolutum a monumento, sicut dicit matthaeus; ut hoc sit sedentem a dextris, quod dicit marcus. deinde, dum introspicerent locum in quo iacebat corpus domini, visos ab eis duos angelos, primo quidem sedentes, ut dicit ioannes; et post eis assurrexisse, ut stantes viderentur, ut dicit lucas.

010 ST4 qu56 ar

pr ‛ Deinde considerandum est de causalitate resurrectionis christi. et circa hoc quaeruntur duo. primo, utrum resurrectio christi sit causa nostrae resurrectionis. secundo, utrum sit causa nostrae iustificationis.

010 ST4 qu56 ar1

ag1 ‛ Ad primum sic proceditur. videtur quod resurrectio christi non sit causa resurrectionis corporum. posita enim causa sufficienti, necesse est effectum poni. si ergo resurrectio christi est causa sufficiens resurrectionis corporum, statim, eo resurgente, omnes mortui resurgere debuerunt.
ag2 ‛ Praeterea, causa resurrectionis mortuorum est divina iustitia; ut scilicet corpora simul praemientur vel puniantur cum animabus, sicut communicaverunt in merito vel peccato; * ut dicit dionysius, ult. cap. eccles. hier., et etiam damascenus, in iv libro. ‛ sed iustitiam dei necesse esset impleri, etiam si christus non resurrexisset. ergo, etiam christo non resurgente, mortui resurgerent. non ergo resurrectio christi est causa resurrectionis corporum.
ag3 ‛ Praeterea, si resurrectio christi sit causa resurrectionis corporum, aut esset causa exemplaris; aut causa effectiva; aut causa meritoria. sed non est causa exemplaris. quia resurrectionem corporum deus operabitur, * secundum illud ioan. v, ° pater suscitat mortuos. ‛ deus autem non indiget inspicere ad aliquod exemplar extra se. similiter etiam non est causa effectiva. quia causa efficiens non agit nisi per contactum, vel spiritualem vel corporalem. manifestum est autem quod resurrectio christi non agit per contactum corporalem ad mortuos qui resurgent, propter distantiam temporis et loci. similiter etiam nec per contactum spiritualem, qui est per fidem et caritatem, quia etiam infideles et peccatores resurgent. neque etiam est causa meritoria. quia christus resurgens iam non erat viator, et ita non erat in statu merendi. et ita nullo modo resurrectio christi videtur esse causa nostrae resurrectionis.
ag4 ‛ Praeterea, cum mors sit privatio vitae, nihil videtur esse aliud destruere mortem quam reducere vitam, quod pertinet ad resurrectionem. sed christus moriendo mortem nostram destruxit. ergo mors christi est causa nostrae resurrectionis. non ergo eius resurrectio.
sc * Sed contra est quod, super illud i cor. xv, ° si christus praedicatur quod resurrexit a mortuis * etc., dicit glossa, ° qui est efficiens causa nostrae resurrectionis.
co “ Respondeo dicendum quod illud quod est primum in quolibet genere, est causa omnium eorum quae sunt post, * ut dicitur in ii metaphys.. ‛ primum autem in genere nostrae resurrectionis fuit resurrectio christi, * sicut ex supra dictis patet. ‛ unde oportet quod resurrectio christi sit causa nostrae resurrectionis. * et hoc est quod apostolus dicit, i cor. xv, ° christus resurrexit a mortuis primitiae dormientium, quoniam quidem per hominem mors, et per hominem resurrectio mortuorum. ‛ et hoc rationabiliter. nam principium humanae vivificationis est verbum dei, * de quo dicitur in psalmo, ° apud te est fons vitae, * unde et ipse dicit, ioan. v, ° sicut pater suscitat mortuos et vivificat, sic et filius quos vult vivificat. ‛ habet autem hoc naturalis ordo rerum divinitus institutus, ut quaelibet causa primo operetur in id quod est sibi propinquius, et per id operetur in alia magis remota, sicut ignis primo calefacit aerem propinquum, per quem calefacit corpora distantia; |25| “ et ipse deus primo illuminat substantias sibi propinquas, per quas illuminat magis remotas, * ut dionysius dicit, xiii cap. cael. hier.. ‛ et ideo verbum dei primo attribuit vitam immortalem corpori sibi naturaliter unito, et per ipsum operatur resurrectionem in omnibus aliis.
ra1 * Ad primum ergo dicendum quod, sicut dictum est, ‛ resurrectio christi causa est nostrae resurrectionis per virtutem verbi uniti. quod quidem operatur secundum voluntatem. et ideo non oportet quod statim sequatur effectus, sed secundum dispositionem verbi dei, ut scilicet primo conformemur christo patienti et morienti in hac vita passibili et mortali, deinde perveniamus ad participandum similitudinem resurrectionis.
ra2 ‛ Ad secundum dicendum quod iustitia dei est causa prima resurrectionis nostrae, resurrectio autem christi est causa secundaria, et quasi instrumentalis. licet autem virtus principalis agentis non determinetur ad hoc instrumentum determinate, tamen,

ex quo per hoc instrumentum operatur, instrumentum illud est causa effectus. sic igitur divina iustitia, quantum est de se, non est obligata ad resurrectionem nostram causandam per resurrectionem christi, potuit enim alio modo nos deus liberare quam per christi passionem et resurrectionem, * ut supra dictum est. ' ex quo tamen decrevit hoc modo nos liberare, manifestum est quod resurrectio christi est causa nostrae resurrectionis.

ra3 ' Ad tertium dicendum quod resurrectio christi non est, proprie loquendo, causa meritoria nostrae resurrectionis, sed est causa efficiens et exemplaris. efficiens quidem, inquantum humanitas christi, secundum quam resurrexit, est quodammodo instrumentum divinitatis ipsius, et operatur in virtute eius, * ut supra dictum est. ' et ideo, sicut alia quae christus in sua humanitate fecit vel passus est, ex virtute divinitatis eius sunt nobis salutaria, * ut supra dictum est; ' ita et resurrectio christi est causa efficiens nostrae resurrectionis virtute divina, cuius proprium est mortuos vivificare. quae quidem virtus praesentialiter attingit omnia loca et tempora. et talis contactus virtualis sufficit ad rationem huius efficientiae. et quia, * ut dictum est, ' primordialis causa resurrectionis humanae est divina iustitia, " ex qua christus habet ° potestatem iudicium facere inquantum filius hominis est, ' virtus effectiva resurrectionis eius se extendit non solum ad bonos, sed etiam ad malos, qui sunt eius iudicio subiecti. sicut autem resurrectio corporis christi, ex eo quod corpus illud est personaliter verbo unitum, " est prima tempore, ita etiam est prima dignitate et perfectione, * ut glossa dicit, i cor. xv. ' semper autem id quod est perfectissimum, est exemplar quod imitantur minus perfecta secundum suum modum. et ideo resurrectio christi est exemplar nostrae resurrectionis. quod quidem necessarium est, non ex parte resuscitantis, qui non indiget exemplari, sed ex parte resuscitatorum, quos oportet illi resurrectioni conformari, * secundum illud philipp. iii, ° reformabit corpus humilitatis nostrae, configuratum corpori claritatis suae. ' licet autem efficientia resurrectionis christi se extendat ad resurrectionem tam bonorum quam malorum, exemplaritas tamen eius se extendit proprie solum ad bonos, qui sunt facti conformes filiationis ipsius, * ut dicitur rom. viii.

ra4 ' Ad quartum dicendum quod, secundum rationem efficientiae, quae dependet ex virtute divina, communiter tam mors christi quam etiam resurrectio est causa tam destructionis mortis quam reparationis vitae. sed secundum rationem exemplaritatis, mors christi, per quam recessit a vita mortali, est causa destructionis mortis nostrae, resurrectio vero eius, per quam inchoavit vitam immortalem, est causa reparationis vitae nostrae. passio tamen christi est insuper causa meritoria, * ut supra dictum est.

010 ST4 qu56 ar2

ag1 ' Ad secundum sic proceditur. videtur quod resurrectio christi non sit causa resurrectionis animarum. * dicit enim augustinus, super ioan., quod ° corpora resurgunt per dispensationem humanam, sed animae resurgunt per substantiam dei. ' sed resurrectio christi non pertinet ad substantiam dei, sed ad dispensationem humanam. ergo resurrectio christi, etsi sit causa resurrectionis corporum, non tamen videtur esse causa resurrectionis animarum.

ag2 ' Praeterea, corpus non agit in spiritum. sed resurrectio christi pertinet ad corpus eius, quod cecidit per mortem. ergo resurrectio christi non est causa resurrectionis animarum.

ag3 ' Praeterea, quia resurrectio christi est causa resurrectionis corporum, omnium corpora resurgent, * secundum illud i cor. xv, " omnes quidem resurgemus. sed non omnium animae resurgent, quia quidam ibunt in supplicium aeternum, * ut dicitur matth. xxv. ' ergo resurrectio christi non est causa resurrectionis animarum.

ag4 ' Praeterea, resurrectio animarum fit per remissionem peccatorum. sed hoc factum est per christi passionem, * secundum illud apoc. i, ° lavit nos a peccatis nostris in sanguine suo. ' ergo resurrectionis animarum magis est causa christi passio quam eius resurrectio.

sc * Sed contra est quod apostolus dicit, rom. iv, ° resurrexit propter iustificationem nostram, ' quae nihil aliud est quam resurrectio animarum. * et super illud psalmi, ° ad vesperum demorabitur fletus, * dicit glossa quod ° resurrectio christi causa est resurrectionis nostrae et animae in praesenti, et corporis in futuro.

co * Respondeo dicendum quod, sicut dictum est, ' resurrectio christi agit in virtute divinitatis. quae quidem se extendit non solum ad resurrectionem corporum, sed etiam ad resurrectionem animarum, a deo enim est et quod anima vivit per gratiam, et quod corpus vivit per animam. et ideo resurrectio christi habet instrumentaliter virtutem effectivam non solum respectu resurrectionis corporum, sed etiam respectu resurrectionis animarum. similiter autem habet rationem exemplaritatis respectu resurrectionis animarum. quia christo resurgenti debemus etiam secundum animam conformari, ut sicut, * secundum apostolum, rom. vi, ° christus resurrexit a mortuis per gloriam patris, ita et nos in novitate vitae ambulemus; et sicut ipse resurgens ex mortuis iam non moritur, ita et nos existimemus nos mortuos esse peccato, ut iterum nos vivamus cum illo.

ra1 * Ad primum ergo dicendum quod augustinus dicit " resurrectionem animarum fieri per dei substantiam, quantum ad participationem, quia scilicet participando divinam bonitatem animae fiunt iustae et bonae, non autem participando quamcumque creaturam. * unde, cum dixisset, ° animae resurgunt per substantiam dei, * subdit, ° participatione enim dei fit anima beata, non participatione animae sanctae. ' sed participando gloriam corporis christi, efficientur corpora nostra gloriosa.

ra2 ' Ad secundum dicendum quod efficacia resurrectionis christi pertingit ad animas, non per propriam virtutem ipsius corporis resurgentis, sed per virtutem divinitatis, cui personaliter unitur.

ra3 ' Ad tertium dicendum quod resurrectio animarum pertinet ad meritum quod est effectus iustificationis, sed resurrectio corporum ordinatur ad poenam vel praemium, quae sunt effectus iudicantis. ad christum autem non pertinet iustificare omnes, sed iudicare. et ideo omnes resuscitat secundum corpus, sed non secundum animam.

ra4 ' Ad quartum dicendum quod in iustificatione animarum duo concurrunt, scilicet remissio culpae, et novitas vitae per gratiam. quantum ergo ad efficaciam, quae est per virtutem divinam, tam passio christi quam resurrectio est causa iustificationis quoad utrumque. sed quantum ad exemplaritatem, proprie passio et mors christi est causa remissionis culpae, per quam morimur peccato, resurrectio autem est causa novitatis vitae, quae est per gratiam sive iustitiam. * et ideo apostolus dicit, rom. iv, " quod traditus est, scilicet in mortem, propter delicta nostra, scilicet tollenda, et resurrexit propter iustificationem nostram. ' sed passio christi est etiam causa meritoria, * ut dictum est.

010 ST4 qu57 ar

pr ' Deinde considerandum est de ascensione christi. et circa hoc quaeruntur sex. primo, utrum fuerit conveniens christum ascendere. secundo, secundum quam naturam conveniat sibi ascensio. tertio, utrum propria virtute ascenderit. quarto, utrum ascenderit super omnes caelos corporeos. quinto, utrum ascenderit super omnes spirituales creaturas. sexto, de effectu ascensionis.

010 ST4 qu57 ar1

ag1 ' Ad primum sic proceditur. videtur quod non fuerit conveniens christum ascendere. * dicit enim philosophus, in ii de caelo, quod ° illa quae optimo modo se habent, possident suum bonum sine motu. ' sed christus optime se habuit, quia et secundum naturam divinam est summum bonum; et secundum humanam naturam est summe glorificatus. ergo suum bonum habet sine motu. sed ascensio est quidam motus. ergo non fuit conveniens quod christus ascenderet.

ag2 ' Praeterea, omne quod movetur, movetur propter aliquid melius. sed christo non fuit melius esse in caelo quam in terra, nihil enim accrevit sibi per hoc quod fuit in caelo, neque quantum ad animam neque quantum ad corpus. ergo videtur quod christus non debuit in caelum ascendere.

ag3 ' Praeterea, filius dei humanam naturam assumpsit ad nostram salutem. sed magis fuisset salutare hominibus quod semper conversaretur nobiscum in terris, * ut ipse dixit discipulis suis, luc. xvii, ° venient dies quando desideretis videre unum diem filii hominis, et non videbitis. ' videtur ergo quod non fuerit conveniens christum ascendere in caelum.

ag4 * Praeterea, sicut gregorius dicit, in xiv moral., " corpus christi in nullo mutatum fuit post resurrectionem. ' sed non immediate post resurrectionem ascendit in caelum, * quia ipse dicit post resurrectionem, ioan. xx, ° nondum ascendi ad patrem meum. ' ergo videtur quod nec post quadraginta dies ascendere debuerit.

sc * Sed contra est quod dominus dicit, ioan. xx, ° ascendo ad patrem meum et patrem vestrum.

co ' Respondeo dicendum quod locus debet esse proportionatus locato. christus autem per resurrectionem vitam immortalem et incorruptibilem inchoavit. locus autem in quo nos habitamus, est locus generationis et corruptionis, sed locus caelestis est locus incorruptionis. et ideo non fuit conveniens quod christus post resurrectionem remaneret in terris, sed conveniens fuit quod ascenderet in caelum.

ra1 ' Ad primum ergo dicendum quod " illud optime se habens quod sine motu possidet suum bonum, est deus, qui est omnino immutabilis, * secundum illud malach. iii, ° ego dominus, et non mutor. ' quaelibet autem creatura est aliquo modo mutabilis, * ut patet per augustinum, viii super gen. ad litt.. ' et quia natura assumpta a filio dei remansit creata, * ut patet ex his quae supra dicta sunt, ' non est inconveniens si ei aliquis motus attribuatur.

ra2 ' Ad secundum dicendum quod per hoc quod christus ascendit in caelum, nihil ei accrevit quantum ad ea quae sunt de essentia gloriae, sive secundum corpus sive secundum animam, tamen accrevit ei aliquid quantum ad loci decentiam, quod est ad bene esse gloriae. non quod corpori eius aliquid aut perfectionis aut conservationis acquireretur ex corpore caelesti, sed solummodo propter quandam decentiam. hoc autem aliquo modo pertinebat ad eius gloriam. et de hac decentia gaudium quoddam habuit, non quidem quod tunc de novo de hoc gaudere inciperet quando in caelum ascendit; sed quia novo modo de hoc gavisus est, sicut de re impleta. * unde super illud psalmi, ° delectationes in dextera tua usque in finem, * dicit glossa, ° delectatio et laetitia erit mihi in consessu tuo humanis obtutibus subtracto.

ra3 ' Ad tertium dicendum quod, licet praesentia corporalis christi fuerit subtracta fidelibus per ascensionem, praesentia tamen divinitatis ipsius semper adest fidelibus, * secundum quod ipse dicit, matth. ult., ° ecce, ego vobiscum sunt omnibus diebus usque ad consummationem saeculi. qui enim ascendit in caelos, non deserit adoptatos, * ut leo papa dicit. ' sed ipsa ascensio christi in caelum, qua corporalem suam praesentiam nobis subtraxit, magis fuit utilis nobis quam praesentia corporalis fuisset. primo quidem, propter fidei augmentum, quae est de non visis. unde * ipse dominus dicit ioan. xvi, quod " spiritus sanctus adveniens arguet mundum de iustitia, scilicet eorum qui credunt, * ut augustinus dicit, super ioan., ° ipsa quippe fidelium comparatio infidelium est vituperatio. * unde subdit, ° quia ad patrem vado, et iam non videbitis me, beati enim qui non vident, et credunt. erit itaque nostra iustitia de qua mundus arguitur, quoniam in me, quem non videbitis, credetis. ' secundo, ad spei sublevationem. * unde ipse dicit, ioan. xiv, ° si abiero et praeparavero vobis locum, iterum veniam, et accipiam vos ad meipsum, ut ubi ego sum, et vos sitis. ' per hoc enim quod christus humanam naturam assumptam in caelo collocavit, dedit nobis spem illuc perveniendi, quia ° ubi fuerit corpus, illuc congregabuntur et aquilae, * ut dicitur matth. xxiv. unde et mich. ii dicitur, ° ascendit pandens iter ante eos. ' tertio, ad erigendum caritatis affectum in caelestia. * unde dicit apostolus, coloss. iii, ° quae sursum sunt quaerite, ubi christus est in dextera dei sedens, quae sursum sunt sapite, non quae super terram. * ut enim dicitur matth. vi, ° ubi est thesaurus tuus, ibi est et cor tuum. ' et quia spiritus sanctus est amor nos in caelestia rapiens, * ideo dominus dicit discipulis, ioan. xvi, ° expedit vobis ut ego vadam. si enim non abiero, paraclitus non veniet ad vos, si autem abiero, mittam eum ad vos. * quod exponens augustinus, super ioan., dicit, ° non potestis capere spiritum quandiu secundum carnem nosse persistitis christum. christo autem discedente corporaliter, non solum spiritus sanctus, sed et pater et filius illis affuit spiritualiter.

ra4 ' Ad quartum dicendum quod, licet christo resurgenti in vitam immortalem congrueret locus caelestis, tamen ascensionem distulit, ut veritas resurrectionis comprobaretur. * unde dicitur act. i, quod ° post passionem suam praebuit seipsum vivum discipulis in multis argumentis per dies quadraginta. * ubi dicit glossa quaedam quod, ° quia quadraginta horas mortuus fuerat, quadraginta diebus se vivere confirmat. vel per quadraginta dies tempus praesentis saeculi, quo christus in ecclesia conversatur, potest intelligi, secundum quod homo constat ex quatuor elementis, et eruditur contra transgressionem decalogi.

010 ST4 qu57 ar2

ag1 ' Ad secundum sic proceditur. videtur quod ascendere in caelum conveniat christo secundum naturam divinam. * dicitur enim in psalmo, ° ascendit deus in iubilatione; * et deut. xxxiii, ° ascensor caeli auxiliator tuus. ' sed ista dicuntur de deo etiam ante christi incarnationem. ergo christo convenit ascendere in caelum secundum quod deus.

ag2 ' Praeterea, eiusdem est ascendere in caelum cuius est descendere de caelo, * secundum illud ioan. iii, ° nemo ascendit in caelum nisi qui de caelo descendit; * et ephes. iv, ° qui descendit, ipse est et qui ascendit. ' sed christus descendit de caelo, non secundum quod homo, sed secundum quod deus, non enim humana eius natura ante in caelo fuerat, sed divina. ergo videtur quod christus ascendit in caelum secundum quod deus.

ag3 ' Praeterea, christus sua ascensione ascendit ad patrem. sed ad patris aequalitatem non pervenit secundum quod homo, * sic enim dicit, ° maior me est, * ut habetur ioan. xiv. ' ergo videtur quod christus ascendit secundum quod deus.

sc * Sed contra est quod, ephes. iv, super illud, ° quod autem ascendit, quid est nisi quia descendit, * dicit glossa, ° constat quod secundum humanitatem christus descendit et ascendit.

co ' Respondeo dicendum quod ly secundum quod duo potest notare, scilicet conditionem ascendentis, et causam ascensionis. et si quidem designet conditionem ascendentis, tunc ascendere non potest convenire christo secundum conditionem divinae naturae. tum quia nihil est deitate altius, quo possit ascendere. tum etiam quia ascensio est motus localis, qui divinae naturae non competit, quae est immobilis et inlocalis. sed per hunc modum ascensio competit christo secundum humanam naturam, quae continetur loco, et motui subiici potest. unde sub hoc sensu poterimus dicere quod christus ascendit in caelum secundum quod homo, non secundum quod deus. si vero ly secundum quod designet causam ascensionis, cum etiam christus ex virtute divinitatis in caelum ascenderit, non autem ex virtute humanae naturae, dicendum erit quod christus ascendit in caelum, non secundum quod homo, sed secundum quod deus. * unde augustinus dicit, in sermone de ascensione, ° de nostro fuit quod filius dei pependit in cruce, de suo quod ascendit.

ra1 * Ad primum ergo dicendum quod auctoritates illae prophetice dicuntur ' de deo secundum quod erat incarnandus. potest tamen dici quod ascendere, etsi non proprie conveniat divinae naturae, potest tamen ei metaphorice convenire, prout scilicet dicitur in corde hominis ascendere, quando cor hominis se subiicit et humiliat deo. et eodem modo metaphorice dicitur ascendere respectu cuiuslibet creaturae, ex eo quod eam subiicit sibi.

ra2 ' Ad secundum dicendum quod ipse idem est qui ascendit et qui descendit. * dicit enim augustinus, in libro de symbolo, ° quis est qui descendit? deus homo. quis est qui ascendit? idem ipse deus homo. ' descensus tamen duplex attribuitur christo. unus quidem, quo dicitur descendisse de caelo. qui quidem attribuitur deo homini secundum quod deus. non enim est iste descensus intelligendus secundum motum localem, " sed secundum exinanitionem, qua, cum in forma dei esset, servi formam suscepit. ' sicut enim dicitur exinanitus, non ex eo quod suam plenitudinem amitteret, sed ex eo quod nostram parvitatem suscepit; ita dicitur descendisse de caelo, non quia caelum deseruerit, sed quia naturam terrenam assumpsit in unitatem personae. alius autem est " descensus quo descendit in inferiores partes terrae, * ut dicitur ephes. iv. ' qui quidem est descensus localis. unde competit christo secundum conditionem humanae naturae.

ra3 ' Ad tertium dicendum quod christus dicitur ad patrem ascendere, inquantum ascendit ad consessum paternae dexterae. quod quidem convenit christo aliqualiter secundum divinam naturam, aliqualiter autem secundum humanam, * ut infra dicetur.

010 ST4 qu57 ar3

ag1 ' Ad tertium sic proceditur. videtur quod christus non ascenderit propria virtute. * dicitur enim marci ult. quod ° dominus iesus, postquam locutus est discipulis, assumptus est in caelum. * et act. i dicitur quod, ° videntibus illis, elevatus est, et nubes suscepit eum ab oculis eorum. ' sed illud quod assumitur et elevatur, ab alio videtur moveri. ergo christus non propria virtute, sed aliena, ferebatur in caelum.

ag2 ' Praeterea, corpus christi fuit terrenum, sicut et corpora nostra. corpori autem terreno contra naturam est ferri sursum. nullus autem motus est propria virtute eius quod contra naturam movetur. ergo christus non ascendit in caelum propria virtute.

ag3 ' Praeterea, propria virtus christi est virtus divina. sed motus ille non videtur fuisse ex virtute divina, quia, cum virtus divina sit infinita, motus ille fuisset in instanti; " et sic non potuisset videntibus discipulis elevari in caelum, * ut dicitur act. i. ' ergo videtur quod christus non ascenderit propria virtute.

sc * Sed contra est quod dicitur isaiae lxiii, ° iste formosus in stola sua, gradiens in multitudine fortitudinis suae. * et gregorius dicit, in homilia ascensionis, ° notandum est quod elias in curru legitur ascendisse, ut videlicet aperte demonstraretur quia homo purus adiutorio indigebat alieno. redemptor autem noster non curru, non angelis sublevatus legitur, quia qui fecerat omnia, super omnia sua virtute ferebatur.

co ' Respondeo dicendum quod in christo est duplex natura, divina scilicet et humana. unde secundum utramque naturam potest accipi propria virtus eius. sed secundum humanam naturam potest accipi duplex virtus christi. una quidem naturalis, quae procedit ex principiis naturae. et tali virtute manifestum est quod christus non ascendit. alia autem virtus in humana natura est virtus gloriae. secundum quam christus in caelum ascendit. * cuius quidem virtutis rationem quidam accipiunt " ex natura quintae essentiae, quae est lux, * ut dicunt, " quam ponunt esse de compositione humani corporis, et per eam elementa contraria conciliari in unum. ita quod in statu huius mortalitatis natura elementaris in corporibus humanis dominatur, et ideo, secundum naturam elementi praedominantis, corpus humanum naturali virtute deorsum fertur. in statu autem gloriae praedominabitur natura caelestis, secundum cuius inclinationem et virtutem corpus christi, et alia sanctorum corpora, feruntur in caelum. * sed de hac opinione et in prima parte habitum est; et infra magis agetur, in tractatu de resurrectione communi. * hac autem opinione praetermissa, alii assignant " rationem praedictae virtutis ex parte animae glorificatae, ex cuius redundantia glorificabitur corpus, |25| * ut augustinus dicit, ad dioscorum. ' erit enim tanta obedientia corporis gloriosi ad animam beatam ut, * sicut augustinus dicit, xxii de civ. dei, ° ubi volet spiritus, ibi erit protinus corpus, nec volet aliquid quod nec spiritum possit decere nec corpus. ' decet autem corpus gloriosum et immortale esse in loco caelesti, * sicut dictum est. ' et ideo ex virtute animae volentis corpus christi ascendit in caelum. sicut autem corpus efficitur gloriosum, ita, * ut augustinus dicit, super ioan., ° participatione dei fit anima beata. ' unde prima origo ascensionis in caelum est virtus divina. sic igitur christus ascendit in caelum propria virtute, primo quidem, virtute divina; secundo, virtute animae glorificatae moventis corpus prout vult.

ra1 ' Ad primum ergo dicendum quod, sicut christus dicitur propria virtute surrexisse, et tamen est suscitatus a patre, eo quod est eadem virtus patris et filii; ita etiam christus propria virtute ascendit in caelum, et tamen a patre est elevatus et assumptus.

ra2 ' Ad secundum dicendum quod ratio illa probat quod christus non ascenderit in caelum propria virtute quae est humanae naturae naturalis. ascendit tamen in caelum propria virtute quae est virtus divina; et propria virtute quae est animae beatae. et licet ascendere sursum sit contra naturam humani corporis secundum statum praesentem, in quo corpus non est omnino subiectum spiritui non tamen erit contra naturam neque violentum corpori glorioso, cuius tota natura est omnino subiecta spiritui.

ra3 ' Ad tertium dicendum quod, etsi virtus divina sit infinita, et infinite operetur quantum est ex parte operantis, tamen effectus virtutis eius recipitur in rebus secundum earum capacitatem, et secundum dei dispositionem. corpus autem non est capax ut in instanti localiter moveatur, quia oportet quod commetiatur se spatio, secundum cuius divisionem dividitur tempus, * ut probatur vi physic.. ' et ideo non oportet quod corpus motum a deo moveatur in instanti, sed movetur ea velocitate qua deus disponit.

010 ST4 qu57 ar4

ag1 ' Ad quartum sic proceditur. videtur quod christus non ascenderit super omnes caelos. * dicitur enim in psalmo, ° dominus in templo sancto suo, dominus, in caelo sedes eius. ' quod autem est in caelo, non est supra caelum. ergo christus non ascendit super omnes caelos.

ag2 ' Praeterea, duo corpora non possunt esse in eodem loco. cum igitur non sit transitus de extremo in extremum nisi per medium, videtur quod christus non potuisset ascendere super omnes caelos nisi caelum divideretur. quod est impossibile.

ag3 * Praeterea, act. i dicitur quod ° nubes suscepit eum ab oculis eorum. ' sed nubes non possunt elevari supra caelum. ergo christus non ascendit super omnes caelos.

ag4 ' Praeterea, ibi credimus christum in perpetuum permansurum quo ascendit. sed quod contra naturam est, non potest esse sempiternum, quia id quod est secundum naturam, est ut in pluribus et frequentius. cum ergo contra naturam sit corpori terreno esse supra caelum, videtur quod corpus christi supra caelum non ascenderit.

sc * Sed contra est quod dicitur ephes. iv, ° ascendit super omnes caelos, ut adimpleret omnia.

co ' Respondeo dicendum quod, quanto aliqua corpora perfectius participant bonitatem divinam, tanto sunt superiora corporali ordine, qui est ordo localis. unde videmus quod corpora quae sunt magis formalia, sunt naturaliter superiora, * ut patet per philosophum, in iv physic., et in ii de caelo, ' per formam enim unumquodque corpus participat divinum esse, * ut patet in i physic.. ' plus autem participat de divina bonitate corpus per gloriam quam quodcumque corpus naturale per formam suae naturae. et inter cetera corpora gloriosa, manifestum est quod corpus christi maiori refulget gloria. unde convenientissimum est sibi quod sit supra omnia corpora constitutum in alto. et ideo, * super illud ephes. iv, ° ascendens in altum, * dicit glossa, ° loco et dignitate.

ra1 ' Ad primum ergo dicendum quod sedes dei dicitur esse in caelo, non sicut in continente, sed magis sicut in contento. unde non oportet aliquam partem caeli eo superiorem esse, sed ipsum esse super omnes caelos, * sicut et in psalmo dicitur, ° elevata est magnificentia tua super caelos, deus.

ra2 ' Ad secundum dicendum quod, quamvis de natura corporis non sit quod possit esse in eodem loco cum alio corpore, tamen potest hoc deus facere per miraculum quod in eodem loco possint esse, sicut et fecit ° corpus christi ut de clauso utero beatae virginis exiret, et quod intravit ianuis clausis, * sicut dicit beatus gregorius. ' corpori ergo christi convenire potest esse cum alio corpore in eodem loco, non ex proprietate corporis, sed per virtutem divinam assistentem et hoc operantem.

ra3 ' Ad tertium dicendum quod nubes illa non praebuit adminiculum christo ascendenti per modum vehiculi, sed apparuit in signum divinitatis, secundum quod gloria dei israel apparebat super tabernaculum in nube.

ra4 ' Ad quartum dicendum quod corpus gloriosum non habet ex principiis suae naturae quod possit in caelo aut supra caelum esse, sed habet hoc ex anima beata, ex qua recipit gloriam. et sicut motus gloriosi corporis sursum non est violentus, ita nec quies violenta. unde nihil prohibet eam esse sempiternam.

010 ST4 qu57 ar5

ag1 ' Ad quintum sic proceditur. videtur quod corpus christi non ascenderit super omnem creaturam spiritualem. eorum enim quae non dicuntur secundum rationem unam, non potest convenienter fieri comparatio. sed locus non eadem ratione attribuitur corporibus et spiritualibus creaturis, * ut patet ex his quae dicta sunt in prima parte. ' ergo videtur quod non possit dici corpus christi ascendisse super omnem creaturam spiritualem.

ag2 * Praeterea, augustinus dicit, in libro de vera relig., " quod omni corpori spiritus praefertur. ' sed nobiliori rei sublimior debetur locus. ergo videtur quod christus non ascenderit super omnem spiritualem creaturam.

ag3 ' Praeterea, in omni loco est aliquod corpus, cum nihil sit vacuum in natura. si ergo nullum corpus obtinet altiorem locum quam spiritus in ordine naturalium corporum, nullus locus erit supra omnem spiritualem creaturam. non ergo corpus christi potuit ascendere super omnem spiritualem creaturam.

sc * Sed contra est quod dicitur ephes. i, ° constituit illum super omnem principatum et potestatem, et supra omne nomen quod nominatur sive in hoc saeculo sive in futuro.

co ' Respondeo dicendum quod tanto alicui rei debetur altior locus, quanto est nobilior, sive debeatur ei locus per modum contactus corporalis, sicut corporibus; sive per modum contactus spiritualis, sicut spiritualibus substantiis. exinde enim spiritualibus substantiis debetur secundum quandam congruentiam locus caelestis, qui est supremus locorum, quia illae substantiae sunt supremae in ordine substantiarum. corpus autem christi, licet, considerando conditionem naturae corporeae, sit infra spirituales substantias; considerando tamen dignitatem unionis qua est personaliter deo coniunctum, excellit dignitatem omnium spiritualium substantiarum. et ideo, secundum praedictae congruentiae rationem, debetur sibi locus altior ultra omnem creaturam etiam spiritualem. * unde et gregorius dicit, in homilia ascensionis, quod ° qui fecerat omnia, super omnia sua virtute ferebatur.

ra1 ' Ad primum ergo dicendum quod, licet alia ratione attribuatur locus corporali et spirituali substantiae, tamen hoc est in utraque ratione commune, quod digniori rei attribuitur superior locus.

ra2 ' Ad secundum dicendum quod ratio illa procedit de corpore christi secundum conditionem naturae corporeae, non autem secundum rationem unionis.

ra3 ' Ad tertium dicendum quod comparatio ista potest attendi vel secundum rationem locorum, et sic nullus locus est tam altus quod excedat dignitatem spiritualis substantiae; secundum quod procedit obiectio. vel secundum dignitatem eorum quibus attribuitur locus. et sic corpori christi debetur ut sit supra spirituales creaturas.

010 ST4 qu57 ar6

ag1 ' Ad sextum sic proceditur. videtur quod ascensio christi non sit causa nostrae salutis. christus enim fuit causa nostrae salutis inquantum salutem nostram meruit. sed per ascensionem nihil nobis meruit, quia ascensio pertinet ad praemium exaltationis eius; non est autem idem meritum et praemium, sicut nec via et terminus. ergo videtur quod ascensio christi non fuit causa nostrae salutis.

ag2 ' Praeterea, si ascensio christi est causa nostrae salutis, maxime hoc videtur quantum ad hoc quod ascensio eius sit causa nostrae ascensionis. sed hoc collatum est nobis per eius passionem, * quia, ut dicitur heb. x, ° habemus fiduciam in introitu sanctorum per sanguinem ipsius. ' ergo videtur quod ascensio christi non fuit causa nostrae salutis.

ag3 ' Praeterea, salus per christum nobis collata est sempiterna, * secundum illud isaiae li, ° salus autem mea in sempiternum erit. ' sed christus non ascendit in caelum ut ibi in sempiternum esset, * dicitur enim act. i, ° quemadmodum vidistis eum ascendentem in caelum, ita veniet. ' legitur etiam multis sanctis se demonstrasse in terris post suam ascensionem, * sicut de paulo legitur act. ix. ' ergo videtur quod eius ascensio non sit causa nostrae salutis.

sc * Sed contra est quod ipse dicit, ioan. xvi, " expedit vobis ut ego vadam, idest, ut recedam a vobis per ascensionem.

co ' Respondeo dicendum quod ascensio christi est causa nostrae salutis dupliciter, uno modo, ex parte nostra; alio modo, ex parte ipsius. ex parte quidem nostra, inquantum per christi ascensionem mens nostra movetur in ipsum. quia per eius ascensionem, * sicut supra dictum est, ' primo quidem datur locus fidei; secundo, spei; tertio, caritati. quarto etiam, per hoc reverentia nostra augetur ad ipsum, dum iam non existimamus eum sicut hominem terrenum, sed sicut deum caelestem, sicut * et apostolus dicit, ii cor. v, ° etsi cognovimus secundum carnem christum, idest, mortalem, per quod putavimus eum tantum hominem, * ut glossa exponit, ° sed nunc iam non novimus. ' ex parte autem sua, quantum ad ea quae ipse fecit ascendens propter nostram salutem. et primo quidem, viam nobis praeparavit ascendendi in caelum, * secundum quod ipse dicit, ioan. xiv, ° vado parare vobis locum; * et mich. ii, ° ascendit pandens iter ante eos. ' quia enim ipse est caput nostrum, oportet illuc sequi membra quo caput praecessit, * unde dicitur ioan. xiv, |25| ° ut ubi sum ego, et vos sitis. ' et in huius signum, animas sanctorum quas de inferno eduxerat, in caelum traduxit, * secundum illud psalmi, ° ascendens in altum captivam duxit captivitatem, ' quia scilicet eos qui fuerant a diabolo captivati, secum duxit in caelum, quasi in locum peregrinum humanae naturae, bona captione captivos, utpote per victoriam acquisitos. secundo quia, sicut pontifex in veteri testamento intrabat sanctuarium ut assisteret deo pro populo, ita et christus intravit in caelum ° ad interpellandum pro nobis, * ut dicitur heb. vii. ' ipsa enim repraesentatio sui ex natura humana, quam in caelum intulit, est " quaedam interpellatio pro nobis, ' ut, ex quo deus humanam naturam sic exaltavit in christo, etiam eorum misereatur pro quibus filius dei humanam naturam assumpsit. tertio ut, in caelorum sede quasi deus et dominus constitutus, exinde divina dona hominibus mitteret, * secundum illud ephes. iv, ° ascendit super omnes caelos ut adimpleret omnia, " scilicet donis suis, * secundum glossam.

ra1 ' Ad primum ergo dicendum quod ascensio christi est causa nostrae salutis, non per modum meriti, sed per modum efficientiae, * sicut supra de resurrectione dictum est.

ra2 ' Ad secundum dicendum quod passio christi est causa nostrae ascensionis in caelum, proprie loquendo, per remotionem peccati prohibentis, et per modum meriti. ascensio autem christi est directe causa ascensionis nostrae, quasi inchoando ipsam in capite nostro, cui oportet membra coniungi.

ra3 ' Ad tertium dicendum quod christus, semel ascendens in caelum, adeptus est sibi et nobis in perpetuum ius et dignitatem mansionis caelestis. cui tamen dignitati non derogat si ex aliqua dispensatione christus quandoque corporaliter ad terram descendat, vel ut ostendat se omnibus, sicut in iudicio; vel ut ostendat se alicui specialiter, sicut paulo, * ut habetur act. ix. ' et ne aliquis credat hoc factum fuisse, non christo ibi corporaliter praesente, sed aliqualiter apparente, * contrarium apparet per hoc quod ipse apostolus dicit, i cor. xv, ad confirmandam resurrectionis fidem, ° novissime omnium, tanquam abortivo, visus est et mihi, ' quae quidem visio veritatem resurrectionis non probaret nisi ipsum verum corpus visum fuisset ab eo.

010 ST4 qu58 ar

pr ' Deinde considerandum est de sessione christi ad dexteram patris. et circa hoc quaeruntur quatuor. primo, utrum christus sedeat ad dexteram patris. secundo, utrum hoc conveniat sibi secundum divinam naturam. tertio, utrum conveniat sibi secundum humanam. quarto, utrum hoc sit proprium christi.

010 ST4 qu58 ar1

ag1 ' Ad primum sic proceditur. videtur quod christo non conveniat sedere ad dexteram dei patris. dextera enim et sinistra sunt differentiae positionum corporalium. sed nihil corporale convenit deo, quia ° deus spiritus est, * ut habetur ioan. iv. ' ergo videtur quod christus non sedeat ad dexteram patris.

ag2 ' Praeterea, si aliquis sedet ad dexteram alicuius, ille sedet ad sinistram eius. si ergo christus sedet ad dexteram patris, sequitur quod pater sedeat ad sinistram filii. quod est inconveniens.

ag3 ' Praeterea, sedere et stare videntur oppositionem habere. * sed stephanus dicit, act. vii, ° ecce, video caelos apertos, et filium hominis stantem a dextris virtutis dei. ' ergo videtur quod christus non sedeat ad dexteram patris.

sc * Sed contra est quod dicitur marci ult., ° dominus quidem iesus, postquam locutus est eis, ascendit in caelum, et sedet a dextris dei.

co ' Respondeo dicendum quod in nomine sessionis duo possumus intelligere, videlicet quietem, * secundum illud luc. ult., " sedete hic in civitate; ' et etiam regiam vel iudiciariam potestatem, * secundum illud proverb. xx, ° rex qui sedet in solio iudicii, dissipat omne malum intuitu suo. ' utroque igitur modo christo convenit sedere ad dexteram patris. uno quidem modo, inquantum aeternaliter manet incorruptibilis in beatitudine patris, quae eius dextera dicitur, * secundum illud psalmi, ° delectationes in dextera tua usque in finem. * unde augustinus dicit, in libro de symbolo, ° sedet ad dexteram patris, sedere habitare intelligite, quomodo dicimus de quocumque homine, in illa patria sedit per tres annos. sic ergo credite christum habitare in dextera dei patris, beatus enim est, et ipsius beatitudinis nomen est dextera patris. ' alio modo dicitur christus sedere in dextera patris, inquantum patri conregnat, et ab eo habet iudiciariam potestatem, sicut ille qui considet regi ad dexteram, assidet ei in regnando et iudicando. * unde augustinus dicit, in alio sermone de symbolo, ° ipsam dexteram intelligite potestatem quam accepit ille homo susceptus a deo, ut veniat iudicaturus |25| qui prius venerat iudicandus.

ra1 * Ad primum ergo dicendum quod, sicut damascenus dicit, in iv libro, ° non localem dexteram patris dicimus. qualiter enim qui incircumscriptibilis est, localem adipiscetur dexteram? dextera enim et sinistra eorum quae circumscribuntur sunt. dexteram autem patris dicimus gloriam et honorem divinitatis.

ra2 ' Ad secundum dicendum quod ratio illa procedit secundum quod sedere ad dexteram intelligitur corporaliter. unde * augustinus dicit, in quodam sermone de symbolo, ° si carnaliter acceperimus quod christus sedet ad dexteram patris, ille erit ad sinistram. ibi autem, " idest in aeterna beatitudine, ° omnis dextera est, quia nulla ibi est miseria.

ra3 ' Ad tertium dicendum quod, * sicut gregorius dicit, in homilia ascensionis, ° sedere iudicantis est, stare vero pugnantis vel adiuvantis. stephanus ergo, in labore certaminis positus, stantem vidit quem adiutorem habuit. sed hunc post ascensionem marcus sedere describit, quia post assumptionis suae gloriam, iudex in fine videbitur.

010 ST4 qu58 ar2

ag1 ' Ad secundum sic proceditur. videtur quod sedere ad dexteram dei patris non conveniat christo secundum quod deus. christus enim, secundum quod est deus, est dextera patris. sed non videtur idem esse dextera alicuius, et ille qui sedet ad dexteram eius. ergo christus, secundum quod est deus, non sedet ad dexteram patris.

ag2 * Praeterea, marci ult. dicitur quod ° dominus iesus assumptus est in caelum, et sedet a dextris dei. ' christus autem non est assumptus in caelum secundum quod deus. ergo etiam neque secundum quod deus, sedet a dextris dei.

ag3 ' Praeterea, christus, secundum quod deus, est aequalis patri et spiritui sancto. si ergo christus, secundum quod deus, sedet ad dexteram patris, pari ratione et spiritus sanctus sedebit ad dexteram patris et filii, et ipse pater ad dexteram filii. quod nusquam invenitur.

sc * Sed contra est quod damascenus dicit, quod ° dexteram patris dicimus gloriam et honorem divinitatis, in qua dei filius exstitit ante saecula ut deus et patri consubstantialis.

co * Respondeo dicendum quod, sicut ex praedictis patet, " nomine dexterae tria intelligi possunt, * uno modo, secundum damascenum, " gloria divinitatis; * alio modo, secundum augustinum, " beatitudo patris; * tertio modo, secundum eundem, " iudiciaria potestas. ' sessio autem, * ut dictum est, ' vel habitationem, vel regiam vel iudiciariam dignitatem designat. unde sedere ad dexteram patris nihil aliud est quam simul cum patre habere gloriam divinitatis, et beatitudinem, et iudiciariam potestatem, et hoc immutabiliter et regaliter. hoc autem convenit filio secundum quod deus. unde manifestum est quod christus, secundum quod deus, sedet ad dexteram patris, ita tamen quod haec praepositio ad, quae transitiva est, solam distinctionem personalem importat et originis ordinem, non autem gradum naturae vel dignitatis, qui nullus est in divinis personis, * ut in prima parte habitum est.

ra1 " Ad primum ergo dicendum quod filius dicitur dextera patris appropriate, per modum quo etiam dicitur virtus patris. ' sed dextera patris secundum tres significationes praedictas est aliquid commune tribus personis.

ra2 ' Ad secundum dicendum quod christus, secundum quod homo, assumptus est ad divinum honorem, qui in praedicta sessione designatur. sed tamen ille honor divinus convenit christo, inquantum est deus, non per aliquam assumptionem, sed per aeternam originem.

ra3 ' Ad tertium dicendum quod nullo modo potest dici quod pater sedeat ad dexteram filii vel spiritus sancti, quia filius et spiritus sanctus trahunt originem a patre, et non e converso. sed spiritus sanctus proprie potest dici sedere ad dexteram patris vel filii secundum sensum praedictum, licet secundum quandam appropriationem attribuatur filio, cui appropriatur aequalitas, * sicut augustinus dicit quod ° in patre est unitas, in filio aequalitas, in spiritu sancto unitatis aequalitatisque connexio.

010 ST4 qu58 ar3

ag1 ' Ad tertium sic proceditur. videtur quod sedere ad dexteram patris non conveniat christo secundum quod homo. * ut enim damascenus dicit ° dexteram patris dicimus gloriam et honorem divinitatis. ' sed honor et gloria divinitatis non convenit christo secundum quod homo. ergo videtur quod christus, secundum quod homo, non sedeat ad dexteram patris.

ag2 ' Praeterea, sedere ad dexteram regnantis subiectionem excludere videtur, quia qui sedet ad dexteram regnantis, quodammodo illi conregnat. " christus autem, secundum quod homo, est subiectus patri, * ut dicitur i cor. xv. ' ergo videtur quod christus, secundum quod homo, non sit ad dexteram patris.

ag3 * Praeterea, rom. viii, super illud, ° qui est ad dexteram dei, * exponit glossa, ° idest, aequalis patri in honore quo deus pater est; vel, ad dexteram patris, idest in potioribus bonis dei. * et super illud heb. i, ° sedet ad dexteram dei in excelsis, * glossa, ° idest, ad aequalitatem patris, super omnia et loco et dignitate. ' sed esse aequalem deo non convenit christo secundum quod homo, * nam secundum hoc ipse dicit, ioan. xiv, ° pater maior me est. ' ergo videtur quod sedere ad dexteram patris non conveniat christo secundum quod homo.

sc * Sed contra est quod augustinus dicit, in sermone de symbolo, ° ipsam dexteram intelligite potestatem quam accepit ille homo susceptus a deo, ut veniat iudicaturus qui prius venerat iudicandus.

co * Respondeo dicendum quod, sicut dictum est, " nomine dexterae patris intelligitur vel ipsa gloria divinitatis ipsius, vel beatitudo aeterna eius, vel potestas iudiciaria et regalis. ' haec autem praepositio ad quendam ad dexteram accessum designat, in quo designatur convenientia cum quadam distinctione, * ut supra dictum est. ' quod quidem potest esse tripliciter. uno modo, ut sit convenientia in natura et distinctio in persona. et sic christus, secundum quod filius dei, sedet ad dexteram patris, quia habet eandem naturam cum patre. unde praedicta conveniunt essentialiter filio sicut et patri. " et hoc est esse in aequalitate patris. ' alio modo, secundum gratiam unionis, quae importat e converso distinctionem naturae et unitatem personae. et secundum hoc christus, secundum quod homo, est filius dei, et per consequens sedens ad dexteram patris, ita tamen quod ly secundum quod non designet conditionem naturae, sed unitatem suppositi, * ut supra expositum est. ' tertio modo potest praedictus accessus intelligi secundum gratiam habitualem, quae abundantior est in christo prae omnibus aliis creaturis, in tantum quod ipsa natura humana in christo est beatior ceteris creaturis, et super |25| omnes alias creaturas habens regiam et iudiciariam potestatem. sic igitur, si ly secundum quod designet conditionem naturae, christus, secundum quod deus, " sedet ad dexteram patris, idest in aequalitate patris. secundum autem quod homo, sedet ad dexteram patris, idest in bonis paternis potioribus prae ceteris creaturis, idest in maiori beatitudine, et habens iudiciariam potestatem. ' si vero ly secundum quod designet unitatem suppositi, sic etiam, secundum quod homo, sedet ad dexteram patris " secundum aequalitatem honoris, ' inquantum scilicet eodem honore veneramur ipsum filium dei cum eadem natura assumpta, * ut supra dictum est.

ra1 ' Ad primum ergo dicendum quod humanitas christi, secundum conditiones suae naturae, non habet gloriam vel honorem deitatis, quem tamen habet ratione personae cui unitur. * unde ibidem damascenus subdit, ° in qua, " scilicet gloria deitatis, ° dei filius existens ante saecula ut deus et patri consubstantialis sedet, conglorificata ei carne eius. adoratur enim una hypostasis una adoratione cum carne eius, ab omni creatura.

ra2 ' Ad secundum dicendum quod christus, secundum quod homo, subiectus est patri prout ly secundum quod designat conditionem naturae. et secundum hoc, non competit ei sedere ad dexteram patris secundum rationem aequalitatis, secundum quod est homo. sic autem competit ei sedere ad dexteram patris secundum quod per hoc designatur excellentia beatitudinis, et iudiciaria potestas super omnem creaturam.

ra3 " Ad tertium dicendum quod esse in aequalitate patris ' non pertinet ad ipsam naturam humanam christi, sed solum ad personam assumentem. sed esse in potioribus bonis dei, secundum quod importat excessum aliarum creaturarum, convenit etiam ipsi naturae assumptae.

010 ST4 qu58 ar4

ag1 ' Ad quartum sic proceditur. videtur quod sedere ad dexteram patris non sit proprium christi. * dicit enim apostolus, ephes. ii, quod ° resuscitavit nos, et consedere fecit in caelestibus in christo iesu. ' sed resuscitari non est proprium christi. ergo pari ratione " etiam nec sedere ad dexteram dei in excelsis.

ag2 * Praeterea, sicut augustinus dicit, in libro de symbolo, ° christum sedere ad dexteram patris, hoc est habitare in eius beatitudine. ' sed hoc multis aliis convenit. ergo videtur quod sedere ad dexteram patris non sit proprium christi.

ag3 * Praeterea, ipse dicit, apoc. iii, ° qui vicerit, dabo ei sedere mecum in throno meo, sicut et ego vici, et sedi cum patre meo in throno eius. ' sed per hoc sedet christus ad dexteram patris, quod sedet in throno eius. ergo etiam et alii qui vincunt, sedent ad dexteram patris.

ag4 * Praeterea, matth. xx dominus dicit, ° sedere ad dexteram vel sinistram meam, non est meum dare vobis, sed quibus paratum est a patre meo. ' hoc autem frustra diceretur nisi esset aliquibus paratum. non ergo sedere ad dexteram soli christo convenit.

sc * Sed contra est quod dicitur ad heb. i, ° ad quem aliquando dixit angelorum, sede a dextris meis, idest, in potioribus meis, vel mihi secundum divinitatem aequalis? ' quasi dicat, ad nullum. sed angeli sunt superiores aliis creaturis. ergo multo minus ulli alii convenit sedere ad dexteram patris quam christo.

co * Respondeo dicendum quod, sicut dictum est, ' christus dicitur sedere ad dexteram patris, inquantum secundum divinam naturam est in aequalitate patris, secundum autem humanam naturam in excellenti possessione divinorum bonorum prae ceteris aliis creaturis. utrumque autem soli christo convenit. unde nulli alii, nec angelo nec homini, convenit sedere ad dexteram patris, nisi soli christo.

ra1 ' Ad primum ergo dicendum quod, quia christus est caput nostrum, illud quod collatum est christo, est etiam nobis in ipso collatum. et propter hoc, quia ipse iam resuscitatus est, " dicit apostolus quod deus nos quodammodo ei conresuscitavit, ' qui tamen in nobis ipsis nondum sumus resuscitati, sed resuscitandi, * secundum illud rom. viii, ° qui suscitavit iesum christum a mortuis, vivificabit et mortalia corpora nostra. * et secundum eundem modum lo-

quendi subdit apostolus quod " consedere nos fecit in caelestibus, scilicet in hoc ipso quod caput nostrum, quod est christus, ibi sedet.
ra2 ' Ad secundum dicendum quod, quia dextera est divina beatitudo, sedere in dextera non significat simpliciter esse in beatitudine, sed habere beatitudinem cum quadam dominativa potestate, et quasi propriam et naturalem. quod soli christo convenit, nulli autem alii creaturae. potest tamen dici quod omnis sanctus qui est in beatitudine, est ad dexteram dei constitutus. * unde et dicitur matth. xxv, quod ° statuet oves a dextris.
ra3 " Ad tertium dicendum quod per thronum significatur iudiciaria potestas, quam christus habet a patre. et secundum hoc, dicitur sedere in throno patris. alii autem sancti habent eam a christo. et secundum hoc, dicuntur in throno christi sedere, * secundum illud matth. xix, ° sedebitis et vos super sedes duodecim iudicantes duodecim tribus israel.
ra4 * Ad quartum dicendum quod, sicut chrysostomus dicit, super matth., ° locus ille, " idest consessus dexterae, ° invius est omnibus non solum hominibus, sed etiam angelis. sicut enim praecipuum unigeniti ponit paulus, dicens, ad quem autem angelorum dixit unquam, sede a dextris meis? " dominus ergo, non quasi existentibus quibusdam qui sessuri sint, ° sed condescendens interrogantium supplicationi, respondit. hoc enim unum solum quaerebant, prae aliis stare apud ipsum. ' potest tamen dici quod petebant filii zebedaei excellentiam habere prae aliis in participando iudiciariam potestatem eius. unde non petebant quod sederent ad dexteram vel sinistram patris, sed ad dexteram vel sinistram christi.

010 ST4 qu59 ar

pr ' Deinde considerandum est de iudiciaria potestate christi. et circa hoc quaeruntur sex. primo, utrum iudiciaria potestas sit attribuenda christo. secundo, utrum conveniat sibi secundum quod est homo. tertio, utrum fuerit eam ex merito adeptus. quarto, utrum eius potestas iudiciaria sit universalis respectu omnium hominum. quinto, utrum, praeter iudicium quod agit in hoc tempore, sit expectandus ad universale iudicium futurum. sexto, utrum eius iudiciaria potestas etiam ad angelos se extendat. de executione autem finalis iudicii convenientius agetur cum considerabimus de his quae pertinent ad finem mundi. nunc autem sufficit ea sola tangere quae pertinent ad christi dignitatem.

010 ST4 qu59 ar1

ag1 ' Ad primum sic proceditur. videtur quod iudiciaria potestas non sit specialiter attribuenda christo. iudicium enim aliquorum videtur pertinere ad dominum, * unde dicitur rom. xiv, ° tu quis es, qui iudicas alienum servum? ' sed esse dominum creaturarum est commune toti trinitati. non ergo debet christo specialiter attribui iudiciaria potestas.
ag2 * Praeterea, daniel vii dicitur, " antiquus dierum sedit; et postea subditur, iudicium sedit et libri aperti sunt. sed antiquus dierum intelligitur pater, * quia, ut hilarius dicit, " in patre est aeternitas. ' ergo iudiciaria potestas magis est attribuenda patri quam christo.
ag3 ' Praeterea, eiusdem videtur iudicare cuius est arguere. sed arguere pertinet ad spiritum sanctum, * dicit enim dominus, ioan. xvi, " cum autem venerit ille, scilicet spiritus sanctus, ° arguet mundum de peccato et de iustitia et de iudicio. ' ergo iudiciaria potestas magis debet attribui spiritui sancto quam christo.
sc * Sed contra est quod dicitur act. x de christo, ° hic est qui constitutus est a deo iudex vivorum et mortuorum.
co ' Respondeo dicendum quod ad iudicium faciendum tria requiruntur. primo quidem, potestas subditos coercendi, * unde dicitur eccli. vii, ° noli quaerere fieri iudex, nisi valeas virtute rumpere iniquitates. ' secundo, requiritur rectitudinis zelus, ut scilicet aliquis non ex odio vel livore, sed ex amore iustitiae iudicium proferat, * secundum illud proverb. iii, ° quem enim diligit dominus, corripit, et quasi pater in filio complacet sibi. ' tertio, requiritur sapientia, secundum quam formatur iudicium, * unde dicitur eccli. x, ° iudex sapiens iudicabit populum suum. ' prima autem duo praeexiguntur ad iudicium, sed proprie tertium est secundum quod accipitur forma iudicii, quia ipsa ratio iudicii est lex sapientiae vel veritatis, secundum quam iudicatur. et quia filius est sapientia genita, et veritas a patre procedens et ipsum perfecte repraesentans, ideo proprie iudiciaria potestas attribuitur filio dei. * unde augustinus dicit, in libro de vera relig., ° haec est incommutabilis illa veritas quae lex omnium artium recte dicitur, et ars omnipotentis artificis. ut autem nos, et omnes animae rationales, secundum veritatem de inferioribus recte iudicamus, sic de nobis, quando eidem cohaeremus, sola ipsa veritas iudicat. de ipsa vero nec pater, non enim minus est quam |25| ipse. et ideo quae pater iudicat, per ipsam iudicat. * et postea concludit, ° pater ergo non iudicat quemquam, sed omne iudicium dedit filio.
ra1 ' Ad primum ergo dicendum quod ex illa ratione probatur quod iudiciaria potestas sit communis toti trinitati, quod et verum est. sed tamen per quandam appropriationem iudiciaria potestas attribuitur filio, * ut dictum est.
ra2 * Ad secundum dicendum quod, sicut augustinus dicit, in vi de trin., " patri attribuitur aeternitas propter commendationem principii, quod etiam importatur in ratione aeternitatis. * ibidem etiam augustinus dicit quod " filius est ars patris. ' sic igitur auctoritas iudicandi attribuitur patri inquantum est principium filii; sed ipsa ratio iudicii attribuitur filio, " qui est ars et sapientia patris, ' ut scilicet, sicut pater fecit omnia per filium suum inquantum est ars eius, ita etiam iudicat omnia per filium suum inquantum est sapientia et veritas eius. * et hoc significatur in daniele, ubi primo dicitur quod ° antiquus dierum sedit, * et postea subditur quod ° filius hominis pervenit usque ad antiquum dierum, et dedit ei potestatem et honorem et regnum, ' per quod datur intelligi quod auctoritas iudicandi est apud patrem, a quo filius accepit potestatem iudicandi.
ra3 * Ad tertium dicendum quod, sicut augustinus dicit, super ioan., ita " dixit christus quod spiritus sanctus ° arguet mundum de peccato, tanquam diceret, ille diffundet in cordibus vestris caritatem. sic enim, timore depulso, arguendi habebitis libertatem. ' sic ergo spiritui sancto attribuitur iudicium, non quantum ad rationem iudicii, sed quantum ad affectum iudicandi quem homines habent.

010 ST4 qu59 ar2

ag1 ' Ad secundum sic proceditur. videtur quod iudiciaria potestas non conveniat christo secundum quod est homo. * dicit enim augustinus, in libro de vera relig., quod " iudicium attribuitur filio inquantum est ipsa lex primae veritatis. ' sed hoc pertinet ad christum secundum quod est deus. ergo iudiciaria potestas non convenit christo secundum quod est homo, sed secundum quod est deus.
ag2 ' Praeterea, ad iudiciariam potestatem pertinet praemiare bene agentes, sicut et punire malos. sed praemium bonorum operum est beatitudo aeterna, quae non datur nisi a deo, * dicit enim augustinus, super ioan., quod ° participatione dei fit anima beata, non autem participatione animae sanctae. ' ergo videtur quod iudiciaria potestas non conveniat christo secundum quod est homo, sed secundum quod est deus.
ag3 ' Praeterea, ad iudiciariam christi potestatem pertinet iudicare occulta cordium, * secundum illud i ad cor. iv, ° nolite ante tempus iudicare, quousque veniat dominus, qui et illuminabit abscondita tenebrarum et manifestabit consilia cordium. ' sed hoc pertinet ad solam virtutem divinam, * secundum illud ierem. xvii, ° pravum est cor hominis et inscrutabile, quis cognoscet illud? ego dominus, scrutans corda et probans renes, qui do unicuique iuxta viam suam. ' ergo iudiciaria potestas non convenit christo secundum quod est homo, sed secundum quod est deus.
sc * Sed contra est quod dicitur ioan. v, ° potestatem dedit ei iudicium facere, quia filius hominis est.
co * Respondeo dicendum quod chrysostomus, super ioan., sentire videtur quod " iudiciaria potestas non conveniat christo secundum quod est homo, sed solum secundum quod est deus. * unde auctoritatem ioannis inductam sic exponit, ° potestatem dedit ei iudicium facere. quia filius hominis est, nolite mirari hoc. non enim propterea suscepit iudicium quoniam homo est, sed quia ineffabilis dei filius est, propterea iudex est. quia vero ea quae dicebantur erant maiora quam secundum hominem, ideo, hanc opinionem solvens, dixit, ne miremini quia filius hominis est, etenim ipse est etiam filius dei. * quod quidem probat per resurrectionis effectum, unde subdit, ° quia venit hora in qua omnes qui in monumentis sunt, audient vocem filii dei. ' sciendum tamen quod, quamvis apud deum remaneat primaeva auctoritas iudicandi, hominibus tamen committitur a deo iudiciaria potestas respectu eorum qui eorum iurisdictioni subiiciuntur. * unde dicitur deut. i, ° quod iustum est iudicate, * et postea subditur, " quia dei est iudicium, cuius scilicet auctoritate vos iudicatis. * dictum est autem supra quod ' christus, etiam in |25| natura humana, est caput totius ecclesiae, et quod " sub pedibus eius deus omnia subiecit. ' unde et ad eum pertinet, etiam secundum naturam humanam, habere iudiciariam potestatem. * propter quod videtur auctoritatem praedictam evangelii sic esse intelligendam, ° potestatem dedit ei iudicium facere quia filius hominis est, ' non quidem propter conditionem naturae, " quia sic omnes homines huiusmodi potestatem haberent, * ut chrysostomus obiicit, ' sed hoc pertinet ad gratiam capitis, quam christus in humana natura accepit. competit autem christo hoc modo secundum humanam naturam iudiciaria potestas, propter tria. primo quidem, propter convenientiam et affinitatem ipsius ad homines. sicut enim deus per causas medias, tanquam propinquiores effectibus, operatur; ita iudicat per hominem christum homines, ut sit suavius iudicium hominibus. * unde apostolus dicit, heb. iv, ° non habemus pontificem qui non possit compati infirmitatibus nostris, tentatum per omnia per similitudinem, absque peccato. adeamus ergo cum fiducia ad thronum gratiae eius. ' secundo, quia ° in finali iudicio, * ut augustinus dicit, super ioan., ° erit resurrectio corporum mortuorum, quae suscitat deus per filium hominis, " sicut per eundem christum suscitat |50| animas inquantum est filius dei. * tertio quia, ut augustinus dicit, in libro de verbis domini, ° rectum erat ut iudicandi viderent iudicem. iudicandi autem erant boni et mali. restabat ut in iudicio forma servi et bonis et malis ostenderetur, forma dei solis bonis servaretur.
ra1 ' Ad primum ergo dicendum quod iudicium pertinet ad veritatem sicut ad regulam iudicii, sed ad hominem qui est veritate imbutus pertinet secundum quod est unum quodammodo cum ipsa veritate, " quasi quaedam lex et quaedam iustitia animata. * unde et ibidem augustinus introduxit quod dicitur i cor. ii, " spiritualis iudicat omnia. ' anima autem christi prae ceteris creaturis magis fuit unita veritati et magis ea repleta, * secundum illud ioan. i, ° vidimus eum plenum gratiae et veritatis. ' et secundum hoc, ad animam christi maxime pertinet omnia iudicare.
ra2 ' Ad secundum dicendum quod " solius dei est sui participatione animas beatas facere. ' sed adducere homines ad beatitudinem, inquantum est caput et auctor salutis eorum, christi est, * secundum illud heb. ii, ° qui multos filios in gloriam adduxerat, auctorem salutis eorum per passionem consummari.
ra3 ' Ad tertium dicendum quod cognoscere occulta cordium et diiudicare per se quidem pertinet ad solum deum, sed ex refluentia divinitatis ad animam christi, convenit ei etiam cognoscere et diiudicare occulta cordium, * ut supra dictum est, cum de scientia christi ageretur. * et ideo dicitur rom. ii, ° in die cum iudicabit deus occulta hominum per iesum christum.

010 ST4 qu59 ar3

ag1 ' Ad tertium sic proceditur. videtur quod christus non ex meritis fuerit adeptus iudiciariam potestatem. iudiciaria enim potestas assequitur regiam dignitatem, * secundum illud proverb. xx, ° rex qui sedet in solio iudicii, dissipat omne malum intuitu suo. ' sed regiam dignitatem christus obtinuit absque meritis, competit enim ei ex hoc ipso quod est unigenitus dei; * dicitur enim luc. i, ° dabit ei dominus deus sedem david, patris eius, et regnabit in domo iacob in aeternum. ' ergo christus iudiciariam potestatem non obtinuit ex meritis.
ag2 * Praeterea, sicut dictum est, ' iudiciaria potestas competit christo inquantum est caput nostrum. sed gratia capitis non competit christo ex meritis, sed consequitur personalem unionem divinae et humanae naturae, * secundum illud, ° vidimus gloriam eius, quasi unigeniti a patre, plenum gratiae et veritatis, et de plenitudine eius nos omnes accepimus, ' quod pertinet ad rationem capitis. ergo videtur quod christus non habuerit ex meritis iudiciariam potestatem.
ag3 * Praeterea, apostolus dicit, i cor. ii, ° spiritualis iudicat omnia. ' sed homo efficitur spiritualis per gratiam, quae non est ex meritis, ° alioquin iam non esset gratia, * ut dicitur rom. xi. ' ergo videtur quod iudiciaria potestas non conveniat nec christo nec aliis ex meritis, sed ex sola gratia.
sc * Sed contra est quod dicitur iob xxxvi, ° causa tua quasi impii iudicata est, iudicium causamque recipies. * et augustinus dicit, in libro de verbis domini, ° sedebit iudex qui stetit sub iudice, damnabit veros reos qui falso factus est reus.
co ' Respondeo dicendum quod nihil prohibet unum et idem deberi alicui ex causis diversis, sicut gloria corporis resurgentis debita fuit christo non solum propter congruentiam divinitatis et propter gloriam animae, sed etiam ex merito humilitatis passionis. et similiter dicendum est quod iudiciaria potestas homini christo competit et propter divinam personam, et propter capitis dignitatem, et propter plenitudinem gratiae habitualis, et tamen etiam ex merito eam obtinuit, ut scilicet, secundum dei iustitiam, iudex esset qui pro dei iustitia pugnavit et vicit, et iniuste iudicatus est. * unde ipse dicit, apoc. iii, ° ego vici, et sedi in throno patris mei. ' in throno autem intelligitur iudiciaria potestas, * secundum illud psalmi, ° sedet super thronum, et iudicat iustitiam.
ra1 ' Ad primum ergo dicendum quod ratio illa procedit de iudiciaria potestate secundum quod debetur christo ex ipsa unione ad verbum dei.
ra2 ' Ad secundum dicendum quod ratio illa procedit ex parte gratiae capitis.
ra3 ' Ad tertium dicendum quod ratio illa procedit ex parte gratiae habitualis, quae est perfectiva animae christi. per hoc tamen quod his modis debetur christo iudiciaria potestas, non excluditur quin debeatur ei ex merito.

010 ST4 qu59 ar4

ag1 ' Ad quartum sic proceditur. videtur quod ad christum non pertineat iudiciaria potestas quantum ad omnes res humanas. * ut enim legitur luc. xii, cum quidam de turba diceret, ° dic fratri meo ut dividat mecum hereditatem, ille respondit, homo, quis me constituit iudicem aut divisorem super vos? ' non ergo habet iudicium super omnes res humanas.
ag2 ' Praeterea, nullus habet iudicium nisi super ea quae sunt sibi subiecta. " sed christo nondum videmus omnia esse subiecta, * ut dicitur heb. ii. ' ergo videtur quod christus non habeat super omnes res humanas iudicium.
ag3 * Praeterea, augustinus dicit, xx de civ. dei, quod " ad iudicium divinum pertinet hoc quod interdum

boni affliguntur in hoc mundo et interdum prosperantur, et similiter mali. ' sed hoc fuit etiam ante christi incarnationem. ergo non omnia iudicia dei circa res humanas pertinent ad potestatem iudiciariam christi.
sc * Sed contra est quod dicitur ioan. v, ° pater omne iudicium dedit filio.
co ' Respondeo dicendum quod, si de christo loquamur secundum divinam naturam, manifestum est quod omne iudicium patris pertinet ad filium, sicut enim pater facit omnia verbo suo, ita et omnia iudicat verbo suo. si vero loquamur de christo secundum humanam naturam, sic etiam manifestum est quod omnes res humanae subduntur eius iudicio. et hoc manifestum est, primo quidem, si consideremus habitudinem animae christi ad verbum dei. " si enim spiritualis iudicat omnia, * ut dicitur i cor. ii, ' inquantum mens eius verbo dei inhaeret; multo magis anima christi, quae plena est veritate verbi dei, super omnia iudicium habet. secundo, apparet idem ex merito mortis eius. * quia, ut dicitur rom. xiv, ° in hoc christus mortuus est et resurrexit, ut vivorum et mortuorum dominetur. ' et ideo super omnes habet iudicium. * propter quod et apostolus ibi subdit quod " omnes stabimus ante tribunal christi, * et daniel vii, quod ° dedit ei potestatem et honorem et regnum, et omnes populi, tribus et linguae servient ei. ' tertio, apparet idem ex comparatione rerum humanarum ad finem |25| humanae salutis. cuicumque enim committitur principale, committitur et accessorium. omnes autem res humanae ordinantur in finem beatitudinis, quae est salus aeterna, ad quam homines admittuntur, vel etiam repelluntur, iudicio christi, * ut patet matth. xxv. ' et ideo manifestum est quod ad iudiciariam potestatem christi pertinent omnes res humanae.
ra1 * Ad primum ergo dicendum quod, sicut dictum est, ' iudiciaria potestas consequitur regiam dignitatem. christus autem, quamvis rex esset constitutus a deo, non tamen in terris vivens terrenum regnum temporaliter administrare voluit, * unde ipse dicit, ioan. xviii, ° regnum meum non est de hoc mundo. ' et similiter etiam iudiciariam potestatem exercere noluit super res temporales, qui venerat homines ad divina transferre, * ut ambrosius, ibidem, dicit, ° bene terrena declinat qui propter divina descenderat, nec iudex dignatur esse litium et arbiter facultatum, vivorum habens mortuorumque iudicium, arbitriumque meritorum.
ra2 ' Ad secundum dicendum quod christo omnia sunt subiecta quantum ad potestatem, quam a patre super omnia accepit, * secundum illud matth. ult., ° data est mihi omnis potestas in caelo et in terra. " nondum tamen sunt ei omnia subiecta quantum ad executionem suae potestatis. ' quod quidem erit in futuro, quando de omnibus voluntatem suam adimplebit, quosdam quidem salvando, quosdam puniendo.
ra3 ' Ad tertium dicendum quod ante incarnationem huiusmodi iudicia exercebantur per christum inquantum est verbum dei, cuius potestatis facta est particeps per incarnationem anima ei personaliter unita.

010 ST4 qu59 ar5

ag1 ' Ad quintum sic proceditur. videtur quod post iudicium quod in praesenti tempore agitur, non restat aliud iudicium generale. post ultimam enim retributionem praemiorum et poenarum, frustra adhiberetur iudicium. sed in hoc praesenti tempore fit retributio praemiorum et poenarum, * dixit enim dominus latroni in cruce, luc. xxiii, ° hodie mecum eris in paradiso; * et luc. xvi dicitur quod ° mortuus est dives et sepultus in inferno. ' ergo frustra expectatur finale iudicium.
ag2 * Praeterea, nahum i dicitur, secundum aliam litteram, ° non iudicabit deus bis in idipsum. ' sed in hoc tempore dei iudicium exercetur et quantum ad temporalia et quantum ad spiritualia. ergo videtur quod non sit expectandum aliud finale iudicium.
ag3 ' Praeterea, praemium et poena respondent merito et demerito. sed meritum et demeritum non pertinent ad corpus nisi inquantum est animae instrumentum. ergo nec praemium seu poena debetur corpori nisi per animam. non ergo requiritur aliud iudicium in fine, ad hoc quod homo praemietur aut puniatur in corpore, praeter illud quo nunc puniuntur aut praemiantur animae.
sc * Sed contra est quod dicitur ioan. xii, ° sermo quem locutus sum vobis, ille vos iudicabit in novissimo die. ' erit ergo quoddam iudicium in novissimo die, praeter iudicium quod nunc agitur.
co ' Respondeo dicendum quod iudicium de aliqua re mutabili perfecte dari non potest ante eius consummationem. sicut iudicium de aliqua actione qualis sit, perfecte dari non potest antequam sit consummata et in se et in suis effectibus, quia multae actiones videntur esse utiles, quae ex effectibus demonstrantur nocivae. et similiter de homine aliquo iudicium perfecte dari non potest quandiu eius vita terminetur, eo quod multipliciter potest mutari de bono in malum aut e converso, vel de bono in melius, aut de malo in peius. * unde apostolus dicit, heb. ix, quod ° hominibus statutum est semel mori, post hoc autem, iudicium. ' sciendum tamen quod, licet per mortem vita hominis temporalis terminetur secundum se, remanet tamen ex futuris secundum quid dependens. uno quidem modo, secundum quod adhuc vivit in memoriis hominum, in quibus quandoque contra veritatem remanet bonae famae vel malae. alio modo in filiis, qui sunt quasi aliquid patris, * secundum illud eccli. xxx, ° mortuus est pater illius, et quasi non est mortuus, similem enim reliquit sibi post se. ' et tamen multorum bonorum sunt mali filii, et e converso. tertio modo, quantum ad effectum suorum operum, sicut ex deceptione arii et aliorum seductorum pullulat infidelitas usque ad finem mundi; et usque tunc proficit fides ex praedicatione apostolorum. |25| quarto modo, quantum ad corpus, quod quandoque honorifice traditur sepulturae, quandoque vero relinquitur insepultum, et tandem incineratum resolvitur omnino. quinto modo, quantum ad ea in quibus homo suum affectum defixit, puta in quibuscumque temporalibus rebus, quorum quaedam citius finiuntur, quaedam diutius durant. omnia autem haec subduntur existimationi divini iudicii. et ideo de his omnibus perfectum et manifestum iudicium haberi non potest quandiu huius temporis cursus durat. et propter hoc oportet esse finale iudicium in novissimo die, in quo perfecte id quod ad unumquemque hominem pertinet quocumque modo, perfecte et manifeste diiudicetur.
ra1 * Ad primum ergo dicendum quod opinio quorundam fuit quod " animae sanctorum non praemiantur in caelo, nec animae damnatorum puniuntur in inferno, usque ad diem iudicii. * quod apparet falsum ex hoc quod apostolus, ii cor. v, dicit, ° audemus, et bonam voluntatem habemus, peregrinari a corpore et praesentes esse ad dominum, " quod est iam non ambulare per fidem, sed per speciem, * ut patet ex his quae subsequuntur. ' hoc autem est videre deum per essentiam, in quo consistit vita aeterna, * ut patet ioan. xvii. ' unde manifestum est animas a corporibus separatas esse in vita aeterna. et ideo dicendum est quod post mortem, quantum ad ea quae sunt animae, homo sortitur quendam immutabilem statum. et ideo, quantum ad praemium animae, non oportet ulterius differri iudicium. sed quia quaedam alia sunt ad hominem pertinentia quae toto temporis cursu aguntur, quae non sunt aliena a divino iudicio, oportet iterum in fine temporis omnia haec in iudicium adduci. licet enim homo secundum haec non mereatur neque demereatur, tamen pertinent ad aliquod eius praemium vel poenam. unde oportet haec omnia existimari in finali iudicio.
ra2 " Ad secundum dicendum quod deus non iudicabit bis in idipsum, idest secundum idem. sed secundum diversa non est inconveniens deum bis iudicare.
ra3 ' Ad tertium dicendum quod, licet praemium vel poena corporis dependeat ex praemio vel poena animae, tamen, quia anima non est mutabilis nisi per accidens propter corpus, separata statim a corpore habet statum immutabilem, et accipit suum iudicium. sed corpus remanet mutabilitati subiectum usque ad finem temporis. et ideo oportet quod tunc recipiat suum praemium vel poenam in finali iudicio.

010 ST4 qu59 ar6

ag1 ' Ad sextum sic proceditur. videtur quod potestas christi iudiciaria non se extendat ad angelos. angeli enim, tam boni quam mali, iudicati sunt a principio mundi, quando, quibusdam cadentibus per peccatum, alii sunt in beatitudine confirmati. sed illi qui iudicati sunt, non iterum indigent iudicari. ergo potestas iudiciaria christi non se extendit ad angelos.
ag2 ' Praeterea, non est eiusdem iudicare et iudicari. sed angeli venient cum christo iudicaturi, * secundum illud matth. xxv, ° cum venerit filius hominis in maiestate sua, et omnes angeli eius cum eo. ' ergo videtur quod angeli non sint iudicandi a christo.
ag3 ' Praeterea, angeli sunt superiores aliis creaturis. si ergo christus est iudex non solum hominum, sed etiam angelorum, pari ratione erit iudex omnium creaturarum. quod videtur esse falsum, cum hoc sit proprium providentiae dei, * unde dicitur iob xxxiv, ° quem constituit alium super terram? aut quem posuit super orbem quem fabricatus est? ' non ergo christus est iudex angelorum.
sc * Sed contra est quod apostolus dicit, i cor. vi, ° an nescitis quoniam angelos iudicabimus? ' sed sancti non iudicabunt nisi auctoritate christi. ergo multo magis christus habet iudiciariam potestatem super angelos.
co ' Respondeo dicendum quod angeli subsunt iudiciariae potestati christi, non solum quantum ad divinam naturam, prout est verbum dei, sed etiam ratione humanae naturae. quod patet ex tribus. primo quidem, ex propinquitate naturae assumptae ad deum, quia, * ut dicitur heb. ii, ° nusquam angelos apprehendit, sed semen abrahae apprehendit. ' et ideo anima christi magis est repleta veritate verbi dei quam aliquis angelorum. " unde et angelos illuminat, * sicut dionysius dicit, vii cap. cael. hier.. ' unde et eis habet iudicare. secundo, quia per humilitatem passionis humana natura in christo meruit exaltari super angelos, ita quod, * sicut dicitur philipp. ii, ° in nomine iesu omne genu flectatur, caelestium, terrestrium et infernorum. ' et ideo christus habet iudiciariam potestatem etiam super angelos bonos et malos. * in cuius signum dicitur, apoc. vii, quod ° omnes angeli stabant in circuitu throni. ' tertio, ratione eorum quae circa homines operantur, quorum christus speciali quodam modo est caput. * unde dicitur heb. i, ° omnes sunt administratorii spiritus, in ministerium missi |25| propter eos qui hereditatem capiunt salutis. ' subsunt autem iudicio christi, uno quidem modo, quantum ad dispensationem eorum quae per ipsos aguntur. quae quidem dispensatio fit etiam per hominem christum, cui angeli ministrabant, * ut dicitur matth. iv; ' et a quo daemones petebant ut in porcos mitterentur, * ut dicitur matth. viii. ' secundo, quantum ad alia accidentalia praemia bonorum angelorum, quae sunt gaudia quae habent de salute hominum, * secundum illud luc. xv, ° gaudium est angelis dei super uno peccatore poenitentiam agente. et ' etiam quantum ad poenas accidentales daemonum, quibus torquentur vel hic, vel recluduntur in inferno. et hoc etiam pertinet ad hominem christum. * unde marci i dicitur quod daemon clamavit, ° quid nobis et tibi, iesu nazarene? venisti perdere nos? ' tertio, quantum ad praemium essentiale beatorum angelorum, quod est beatitudo aeterna, et quantum ad poenam essentialem malorum, quae est damnatio aeterna. sed hoc factum est per christum inquantum est verbum dei, a principio mundi.
ra1 ' Ad primum ergo dicendum quod ratio illa procedit de iudicio quantum ad praemium essentiale et poenam principalem.
ra2 ' Ad secundum dicendum quod, * sicut dicit augustinus, in libro de vera relig., " licet spiritualis iudicet omnia, tamen iudicatur ab ipsa veritate. ' et ideo, licet angeli, ex eo quod sunt spirituales, iudicent, iudicantur tamen a christo, inquantum est veritas.
ra3 ' Ad tertium dicendum quod christus habet iudicium non solum super angelos, sed etiam super administrationem totius creaturae. si enim, * ut augustinus dicit, in iii de trin., " inferiora quodam ordine reguntur a deo per superiora, ' oportet dicere quod omnia regantur per animam christi, quae est super omnem creaturam. * unde et apostolus dicit, heb. ii, ° non enim angelis subiecit deus orbem terrae futurum, " scilicet subiectum ei de quo loquimur, idest christo. ' nec tamen propter hoc alium constituit deus super terram, quia unus et idem est deus et homo dominus iesus christus. de cuius incarnationis mysterio ad praesens dicta sufficiant.

010 ST4 qu60 ar

pr ' Post considerationem eorum quae pertinent ad mysteria verbi incarnati, considerandum est de ecclesiae sacramentis, quae ab ipso verbo incarnato efficaciam habent. et prima consideratio erit de sacramentis in communi; secunda de unoquoque sacramentorum in speciali. circa primum quinque consideranda sunt, primo, quid sit sacramentum; secundo, de necessitate sacramentorum; tertio, de effectibus sacramentorum; quarto, de causa eorum; quinto, de numero. circa primum quaeruntur octo. primo, utrum sacramentum sit in genere signi. secundo, utrum omne signum rei sacrae sit sacramentum. tertio, utrum sacramentum sit signum unius rei tantum, vel plurium. quarto, utrum sacramentum sit signum quod est res sensibilis. quinto, utrum ad sacramentum requiratur determinata res sensibilis. sexto, utrum ad sacramentum requiratur significatio quae est per verba. septimo, utrum requirantur determinata verba. octavo, utrum illis verbis possit aliquid addi vel subtrahi.

010 ST4 qu60 ar1

ag1 ' Ad primum sic proceditur. videtur quod sacramentum non sit in genere signi. videtur enim sacramentum dici a sacrando, sicut medicamentum a medicando. sed hoc magis videtur pertinere ad rationem causae quam ad rationem signi. ergo sacramentum magis est in genere causae quam in genere signi.
ag2 ' Praeterea, sacramentum videtur occultum aliquid significare, * secundum illud tob. xii, ° sacramentum regis abscondere bonum est; * et ephes. iii, ° quae sit dispensatio sacramenti absconditi a saeculis in deo. ' sed id quod est absconditum, videtur esse contra rationem signi, nam ° signum est quod, praeter speciem quam sensibus ingerit, facit aliquid aliud in cognitionem venire, * ut patet per augustinum, in ii de doct. christ.. ' ergo videtur quod sacramentum non sit in genere signi.
ag3 ' Praeterea, iuramentum quandoque sacramentum nominatur, * dicitur enim in decretis, xxii caus., qu. v, ° parvuli qui sine aetate rationabili sunt, non cogantur iurare, et qui semel periuratus fuerit, nec testis sit post hoc, nec ad sacramentum, " idest ad iuramentum, ° accedat. ' sed iuramentum non pertinet ad rationem signi. ergo videtur quod sacramentum non sit in genere signi.
sc * Sed contra est quod augustinus dicit, in x de civ. dei, ° sacrificium visibile invisibilis sacrificii sacramentum, idest sacrum signum, est.
co ' Respondeo dicendum quod omnia quae habent ordinem ad unum aliquid, licet diversimode, ab illo denominari possunt, sicut a sanitate quae est in animali, denominatur sanum non solum animal, quod est sanitatis subiectum, sed dicitur medicina sana inquantum est sanitatis effectiva, diaeta vero inquantum est conservativa eiusdem, et urina inquantum est significativa ipsius. sic igitur sacramentum potest

aliquid dici vel quia in se habet aliquam sanctitatem occultam, et secundum hoc sacramentum idem est quod sacrum secretum, vel quia habet aliquem ordinem ad hanc sanctitatem, vel causae vel signi vel secundum quamcumque aliam habitudinem. specialiter autem nunc loquimur de sacramentis secundum quod important habitudinem signi. et secundum hoc sacramentum ponitur in genere signi.

ra1 ' Ad primum ergo dicendum quod, quia medicina se habet ut causa effectiva sanitatis, inde est quod omnia denominata a medicina dicuntur per ordinem ad unum primum agens, et per hoc, medicamentum importat causalitatem quandam. sed sanctitas, a qua denominatur sacramentum, non significatur per modum causae efficientis, sed magis per modum causae formalis vel finalis. et ideo non oportet quod sacramentum semper importet causalitatem.

ra2 ' Ad secundum dicendum quod ratio illa procedit secundum quod sacramentum idem est quod sacrum secretum. dicitur autem non solum dei secretum, sed etiam regis, esse sacrum et sacramentum. quia secundum antiquos sancta vel sacrosancta dicebantur quaecumque violari non licebat, sicut etiam muri civitatis, et personae in dignitatibus constitutae. et ideo illa secreta, sive divina sive humana, quae non licet violari quibuslibet publicando, dicuntur sacra vel sacramenta.

ra3 ' Ad tertium dicendum quod etiam iuramentum habet quandam habitudinem ad res sacras, inquantum scilicet est quaedam contestatio facta per aliquod sacrum. et secundum hoc dicitur esse sacramentum, non eadem ratione qua nunc loquimur de sacramentis; non tamen aequivoce sumpto nomine sacramenti, sed analogice, scilicet secundum diversam habitudinem ad aliquid unum, quod est res sacra.

010 ST4 qu60 ar2

ag1 ' Ad secundum sic proceditur. videtur quod non omne signum rei sacrae sit sacramentum. omnes enim creaturae sensibiles sunt signa rerum sacrarum, * secundum illud rom. i, ° invisibilia dei per ea quae facta sunt intellecta conspiciuntur. ' nec tamen omnes res sensibiles possunt dici sacramenta. non ergo omne signum rei sacrae est sacramentum.

ag2 ' Praeterea, omnia quae in veteri lege fiebant, christum figurabant, qui est sanctus sanctorum, * secundum illud i cor. x, ° omnia in figura contingebant illis, * et coloss. ii, ° quae sunt umbra futurorum, corpus autem christi. ' nec tamen omnia gesta patrum veteris testamenti, vel etiam omnes caeremoniae legis, sunt sacramenta, sed quaedam specialiter, * sicut in secunda parte habitum est. ' ergo videtur quod non omne signum sacrae rei sit sacramentum.

ag3 ' Praeterea, etiam in novo testamento multa geruntur in signum alicuius rei sacrae, quae tamen non dicuntur sacramenta, sicut aspersio aquae benedictae, consecratio altaris, et consimilia. non ergo omne signum rei sacrae est sacramentum.

sc ' Sed contra est quod definitio convertitur cum definito. sed * quidam definiunt sacramentum per hoc quod est sacrae rei signum, et hoc etiam videtur ex auctoritate augustini supra inducta. ' ergo videtur quod omne signum rei sacrae sit sacramentum.

co ' Respondeo dicendum quod signa dantur hominibus, quorum est per nota ad ignota pervenire. et ideo proprie dicitur sacramentum quod est signum alicuius rei sacrae ad homines pertinentis, ut scilicet proprie dicatur sacramentum, secundum quod nunc de sacramentis loquimur, quod est signum rei sacrae inquantum est sanctificans homines.

ra1 ' Ad primum ergo dicendum quod creaturae sensibiles significant aliquid sacrum, scilicet sapientiam et bonitatem divinam, inquantum sunt in seipsis sacra, non autem inquantum nos per ea sanctificamur. et ideo non possunt dici sacramenta secundum quod nunc loquimur de sacramentis.

ra2 ' Ad secundum dicendum quod quaedam ad vetus testamentum pertinentia significabant sanctitatem christi secundum quod in se sanctus est. quaedam vero significabant sanctitatem eius inquantum per eam nos sanctificamur, sicut immolatio agni paschalis significabat immolationem christi, qua sanctificati sumus. et talia dicuntur proprie veteris legis sacramenta.

ra3 ' Ad tertium dicendum quod res denominantur a fine et complemento. dispositio autem non est finis, sed perfectio. et ideo ea quae significant dispositionem ad sanctitatem, non dicuntur sacramenta, de quibus procedit obiectio; sed solum ea quae significant perfectionem sanctitatis humanae.

010 ST4 qu60 ar3

ag1 ' Ad tertium sic proceditur. videtur quod sacramentum non sit signum nisi unius rei. id enim quo multa significantur, est signum ambiguum, et per consequens fallendi occasio, sicut patet de nominibus aequivocis. sed omnis fallacia debet removeri a christiana religione, * secundum illud coloss. ii, ° videte ne quis vos seducat per philosophiam et inanem fallaciam. ' ergo videtur quod sacramentum non sit signum plurium rerum.

ag2 * Praeterea, sicut dictum est, ' sacramentum significat rem sacram inquantum est humanae sanctificationis causa. sed una sola est causa sanctificationis humanae, scilicet sanguis christi, * secundum illud heb. ult., ° iesus, ut sanctificaret per suum sanguinem populum, extra portam passus est. ' ergo videtur quod sacramentum non significet plura.

ag3 * Praeterea, dictum est quod ' sacramentum proprie significat ipsum finem sanctificationis. sed finis sanctificationis est vita aeterna, * secundum illud rom. vi, ° habetis fructum vestrum in sanctificatione, finem vero vitam aeternam. ' ergo videtur quod sacramenta non significent nisi unam rem, scilicet vitam aeternam.

sc ' Sed contra est quod in sacramento altaris est duplex res significata, scilicet corpus christi verum et mysticum, * ut augustinus dicit, in libro sententiarum prosperi.

co * Respondeo dicendum quod, sicut dictum est, ' sacramentum proprie dicitur quod ordinatur ad significandam nostram sanctificationem. in qua tria possunt considerari, videlicet ipsa causa sanctificationis nostrae, quae est passio christi; et forma nostrae sanctificationis, quae consistit in gratia et virtutibus; et ultimus finis nostrae sanctificationis, qui est vita aeterna. et haec omnia per sacramenta significantur. unde sacramentum est et signum rememorativum eius quod praecessit, scilicet passionis christi; et demonstrativum eius quod in nobis efficitur per christi passionem, scilicet gratiae; et prognosticum, idest praenuntiativum, futurae gloriae.

ra1 ' Ad primum ergo dicendum quod tunc est signum ambiguum, praebens occasionem fallendi, quando significat multa quorum unum non ordinatur ad aliud. sed quando significat multa secundum quod ex eis quodam ordine efficitur unum, tunc non est signum ambiguum, sed certum, sicut hoc nomen homo significat animam et corpus prout ex eis constituitur humana natura. et hoc modo sacramentum significat tria praedicta secundum quod quodam ordine sunt unum.

ra2 ' Ad secundum dicendum quod sacramentum, in hoc quod significat rem sanctificantem, oportet quod significet effectum, qui intelligitur in ipsa causa sanctificante prout est causa sanctificans.

ra3 ' Ad tertium dicendum quod sufficit ad rationem sacramenti quod significet perfectionem quae est forma, nec oportet quod solum significet perfectionem quae est finis.

010 ST4 qu60 ar4

ag1 ' Ad quartum sic proceditur. videtur quod sacramentum non semper sit aliqua res sensibilis. * quia secundum philosophum, in libro priorum, ' omnis effectus suae causae signum est. sed sicut sunt quidam effectus sensibiles, ita etiam sunt quidam effectus intelligibiles, sicut scientia est effectus demonstrationis. ergo non omne signum est sensibile. sufficit autem ad rationem sacramenti quod sit signum alicuius rei sacrae inquantum homo per eam sanctificatur, * ut supra dictum est. ' non ergo requiritur ad sacramentum quod sit aliqua res sensibilis.

ag2 ' Praeterea, sacramenta pertinent ad regnum dei et cultum dei. sed res sensibiles non videntur pertinere ad cultum dei, * dicitur enim ioan. iv, ° spiritus est deus, et eos qui adorant eum, in spiritu et veritate adorare oportet; * et rom. xiv, ° non est regnum dei esca et potus. ' ergo res sensibiles non requiruntur ad sacramenta.

ag3 * Praeterea, augustinus dicit, in libro de lib. arbit., quod ° res sensibiles sunt minima bona, sine quibus homo recte vivere potest. ' sed sacramenta sunt de necessitate salutis humanae, * ut infra patebit, ' et ita sine eis homo recte vivere non potest. non ergo res sensibiles requiruntur ad sacramenta.

sc * Sed contra est quod augustinus dicit, super ioan., ° accedit verbum ad elementum, et fit sacramentum. ' et loquitur ibi de elemento sensibili, quod est aqua. ergo res sensibiles requiruntur ad sacramenta.

co ' Respondeo dicendum quod divina sapientia unicuique rei providet secundum suum modum, * et propter hoc dicitur, sap. viii, quod ° suaviter disponit omnia. * unde et matth. xxv dicitur quod ° dividit unicuique secundum propriam virtutem. ' est autem homini connaturale ut per sensibilia perveniat in cognitionem intelligibilium. signum autem est per quod aliquis devenit in cognitionem alterius. unde, cum res sacrae quae per sacramenta significantur, sint quaedam spiritualia et intelligibilia bona quibus homo sanctificatur, consequens est ut per aliquas res sensibiles significatio sacramenti impleatur, sicut etiam per similitudinem sensibilium rerum in divina scriptura res spirituales nobis describuntur. et inde est quod ad sacramenta requiruntur res sensibiles, * ut etiam dionysius probat, in i cap. caelestis hierarchiae.

ra1 ' Ad primum ergo dicendum quod unumquodque praecipue denominatur et definitur secundum illud quod convenit ei primo et per se, non autem per id quod convenit ei per aliud. effectus autem sensibilis per se habet quod ducat in cognitionem alterius, quasi primo et per se homini innotescens, quia omnis nostra cognitio a sensu initium habet. effectus autem intelligibiles non habent quod possint ducere in cognitionem alterius nisi inquantum sunt per aliud manifestati, idest per aliqua sensibilia. et inde est quod primo et principaliter dicuntur signa quae sensibus offeruntur, * sicut augustinus dicit, in ii de doct. christ., quod ° signum est quod, praeter speciem quam ingerit sensibus, facit aliquid aliud in cognitionem venire. ' effectus autem intelligibiles non habent rationem signi nisi secundum quod sunt manifestati per aliqua signa. et per hunc etiam modum quaedam quae non sunt sensibilia, dicuntur quodammodo sacramenta, inquantum sunt significata per aliqua sensibilia, * de quibus infra agetur.

ra2 ' Ad secundum dicendum, quod res sensibiles, prout in sua natura considerantur, non pertinent ad cultum vel regnum dei, sed solum secundum quod sunt signa spiritualium rerum, in quibus regnum dei consistit.

ra3 * Ad tertium dicendum quod augustinus ibi loquitur " de rebus sensibilibus secundum quod in sua natura considerantur, non autem secundum quod assumuntur ad significandum spiritualia, quae sunt maxima bona.

010 ST4 qu60 ar5

ag1 ' Ad quintum sic proceditur. videtur quod non requirantur determinatae res ad sacramenta. res enim sensibiles requiruntur in sacramentis ad significandum, * ut dictum est. ' sed nihil prohibet diversis rebus sensibilibus idem significari, sicut in sacra scriptura deus aliquando metaphorice significatur per lapidem, quandoque per leonem, quandoque per solem, aut aliquid huiusmodi. ergo videtur quod diversae res possint congruere eidem sacramento. non ergo determinatae res in sacramentis requiruntur.

ag2 ' Praeterea, magis necessaria est salus animae quam salus corporis. sed in medicinis corporalibus, quae ad salutem corporis ordinantur, potest una res pro alia poni in eius defectu. ergo multo magis in sacramentis, quae sunt medicinae spirituales ad salutem animae ordinatae, poterit una res assumi pro alia quando illa defuerit.

ag3 ' Praeterea, non est conveniens ut hominum salus arctetur per legem divinam, et praecipue per legem christi, qui venit omnes salvare. sed in statu legis naturae non requirebantur in sacramentis aliquae res determinatae, sed ex voto assumebantur, * ut patet gen. xxviii, ubi se iacob vovit deo decimas et hostias pacificas oblaturum. ' ergo videtur quod non debuit arctari homo, et praecipue in nova lege, ad alicuius rei determinatae usum in sacramentis.

sc * Sed contra est quod dominus dicit, ioan. iii, ° nisi quis renatus fuerit ex aqua et spiritu sancto, non potest introire in regnum dei.

co ' Respondeo dicendum quod in usu sacramentorum duo possunt considerari, scilicet cultus divinus, et sanctificatio hominis, quorum primum pertinet ad hominem per comparationem ad deum, secundum autem e converso pertinet ad deum per comparationem ad hominem. non autem pertinet ad aliquem determinare quod est in potestate alterius, sed solum illud quod est in sua potestate. quia igitur sanctificatio hominis est in potestate dei sanctificantis, non pertinet ad hominem suo iudicio assumere res quibus sanctificetur, sed hoc debet esse ex divina institutione determinatum. et ideo in sacramentis novae legis, quibus homines sanctificantur, * secundum illud i cor. vi, ° abluti estis, sanctificati estis, ' oportet uti rebus ex divina institutione determinatis.

ra1 ' Ad primum ergo dicendum quod, si idem possit per diversa signa significari, determinare tamen quo signo sit utendum ad significandum, pertinet ad significantem. deus autem est qui nobis significat spiritualia per res sensibiles in sacramentis, et per verba similitudinaria in scripturis. et ideo, sicut iudicio spiritus sancti determinatum est quibus similitudinibus in certis scripturae locis res spirituales significentur, ita etiam debet esse divina institutione determinatum quae res ad significandum assumantur in hoc vel in illo sacramento.

ra2 ' Ad secundum dicendum quod res sensibiles habent naturaliter sibi inditas virtutes conferentes ad corporalem salutem, et ideo non refert, si duae earum eandem virtutem habeant, qua quis utatur. sed ad sanctificationem non ordinantur ex aliqua virtute naturaliter indita, sed solum ex institutione divina. et ideo oportuit divinitus determinari quibus rebus sensibilibus sit in sacramentis utendum.

ra3 * Ad tertium dicendum quod, sicut augustinus dicit, xix contra faust., " diversa sacramenta diversis temporibus congruunt, sicut etiam diversis verbis significantur diversa tempora, scilicet praesens, praeteritum et futurum. ' et ideo, sicut in statu legis naturae homines, nulla lege exterius data, solo interiori instinctu movebantur ad deum colendum, ita etiam ex interiori instinctu determinabatur eis quibus rebus sensibilibus ad dei cultum uterentur. postmodum vero necesse fuit etiam exterius legem dari, tum propter obscurationem legis naturae ex peccatis hominum; tum etiam ad expressiorem significationem gratiae christi, per quam humanum genus sanctificatur. et ideo etiam necesse fuit res determinari quibus homines uterentur in sacramentis. nec propter hoc arctatur via salutis, quia res quarum usus est necessarius in sacramentis, vel communiter habentur, vel parvo studio adhibito haberi possunt.

010 ST4 qu60 ar6

ag1 ' Ad sextum sic proceditur. videtur quod in significatione sacramentorum non requirantur verba. * dicit enim augustinus, contra faustum, libro xix, ° quid sunt aliud quaeque corporalia sacramenta nisi quasi quaedam verba visibilia? ' et sic videtur quod addere verba rebus sensibilibus in sacramentis sit addere verba verbis. sed hoc est superfluum. non ergo requiruntur verba cum rebus sensibilibus in sacramentis.

ag2 ' Praeterea, sacramentum est aliquid unum. ex his autem quae sunt diversorum generum, non videtur posse aliquid unum fieri. cum igitur res sensibiles et verba sint diversorum generum, quia res sensibiles sunt a natura, verba autem a ratione; videtur quod in sacramentis non requirantur verba cum rebus sensibilibus.

ag3 " Praeterea, sacramenta novae legis succedunt sacramentis veteris legis, quia, illis ablatis, ista sunt instituta, * ut augustinus dicit, xix contra faustum. ' sed in sacramentis veteris legis non requirebatur aliqua forma verborum. ergo nec in sacramentis novae legis.

sc * Sed contra est quod apostolus dicit, ephes. v, ° christus dilexit ecclesiam, et tradidit semetipsum pro ea, ut illam sanctificaret, mundans eam lavacro aquae in verbo vitae. * et augustinus dicit, super ioan., ° accedit verbum ad elementum, et fit sacramentum.

co ' Respondeo dicendum quod sacramenta, * sicut dictum est, ' adhibentur ad hominum sanctificationem sicut quaedam signa. tripliciter ergo considerari possunt, et quolibet modo congruit eis quod verba rebus sensibilibus adiungantur. primo enim possunt considerari ex parte causae sanctificantis, quae est verbum incarnatum, cui sacramentum quodammodo conformatur in hoc quod rei sensibili verbum adhibetur, sicut in mysterio incarnationis carni sensibili est verbum dei unitum. secundo possunt considerari sacramenta ex parte hominis qui sanctificatur, qui componitur ex anima et corpore, cui proportionatur sacramentalis medicina, quae per rem visibilem corpus tangit, et per verbum ab anima creditur. * unde augustinus dicit, super illud ioan. xv, ° iam vos mundi estis propter sermonem etc., unde ista est tanta virtus aquae ut corpus tangat et cor abluat, nisi faciente verbo, non quia dicitur, sed quia creditur? ' tertio potest considerari ex parte ipsius significationis sacramentalis. * dicit autem augustinus, in ii de doct. christ., quod ° verba inter homines obtinuerunt principatum significandi, ' quia verba diversimode formari possunt ad significandos diversos conceptus mentis, et propter hoc per verba magis distincte possumus exprimere quod mente concipimus. et ideo ad perfectionem |25| significationis sacramentalis necesse fuit ut significatio rerum sensibilium per aliqua verba determinaretur. aqua enim significare potest et ablutionem propter, suam humiditatem, et refrigerium propter suam frigiditatem, sed cum dicitur, ego te baptizo, manifestatur quod aqua utimur in baptismo ad significandam emundationem spiritualem.

ra1 ' Ad primum ergo dicendum quod res visibiles sacramentorum dicuntur verba per similitudinem quandam, inquantum scilicet participant quandam vim significandi, quae principaliter est in ipsis verbis, * ut dictum est. ' et ideo non est superflua ingeminatio verborum cum in sacramentis rebus visibilibus verba adduntur, quia unum eorum determinatur per aliud, * ut dictum est.

ra2 ' Ad secundum dicendum quod, quamvis verba et aliae res sensibiles sint in diverso genere quantum pertinet ad naturam rei, conveniunt tamen ratione significandi. quae perfectius est in verbis quam in aliis rebus. et ideo ex verbis et rebus fit quodammodo unum in sacramentis sicut ex forma et materia, inquantum scilicet per verba perficitur significatio rerum, * ut dictum est. ' sub rebus autem comprehenduntur etiam ipsi actus sensibiles, puta ablutio et unctio et alia huiusmodi, quia in his est eadem ratio significandi et in rebus.

ra3 * Ad tertium dicendum quod, sicut augustinus dicit, contra faustum, " alia debent esse sacramenta rei praesentis, et alia rei futurae. ' sacramenta autem veteris legis praenuntia erant christi venturi. et ideo non ita expresse significabant christum sicut sacramenta novae legis, quae ab ipso christo effluunt, et quandam similitudinem ipsius in se habent, * ut dictum est. ' utebantur tamen in veteri lege aliquibus verbis in his quae ad cultum dei pertinent, tam sacerdotes, qui erant sacramentorum illorum ministri, * secundum illud num. vi, ° sic benedicetis filiis israel, et dicetis eis, benedicat tibi dominus, ' etc.; quam etiam illi qui illis sacramentis utebantur, * secundum illud deut. xxvi, ° profiteor hodie coram domino deo tuo, etc..

010 ST4 qu60 ar7

ag1 ' Ad septimum sic proceditur. videtur quod non requirantur determinata verba in sacramentis. * ut enim philosophus dicit, ° voces non sunt eaedem apud omnes. ' sed salus, quae per sacramentum quaeritur, est eadem apud omnes. ergo non requiruntur aliqua determinata verba in sacramentis.

ag2 ' Praeterea, verba requiruntur in sacramentis inquantum sunt principaliter significativa, * sicut supra dictum est. ' sed contingit per diversa verba idem significari. ergo non requiruntur determinata verba in sacramentis.

ag3 ' Praeterea, corruptio cuiuslibet rei variat eius speciem. sed quidam corrupte verba proferunt, nec tamen propter hoc impediri creditur sacramentorum effectus, alioquin illiterati et balbi qui sacramenta conferunt, frequenter defectum in sacramentis inducerent. ergo videtur quod non requirantur in sacramentis determinata verba.

sc ' Sed contra est quod dominus determinata verba protulit in consecratione sacramenti eucharistiae, * dicens, matth. xxvi, ° hoc est corpus meum. ' similiter etiam mandavit discipulis ut sub determinata forma verborum baptizarent, * dicens, matth. ult., ° euntes, docete omnes gentes, baptizantes eos in nomine patris et filii et spiritus sancti.

co * Respondeo dicendum quod, sicut dictum est, ' in sacramentis verba se habent per modum formae, res autem sensibiles per modum materiae. in omnibus autem compositis ex materia et forma principium determinationis est ex parte formae, quae est quodammodo finis et terminus materiae. et ideo principalius requiritur ad esse rei determinata forma quam determinata materia, materia enim determinata quaeritur ut sit proportionata determinatae formae. cum igitur in sacramentis requirantur determinatae res sensibiles, quae se habent in sacramentis sicut materia, multo magis requiritur in eis determinata forma verborum.

ra1 * Ad primum ergo dicendum quod, sicut augustinus dicit, super ioan., " verbum operatur in sacramentis, non quia dicitur, idest, non secundum exteriorem sonum vocis, sed quia creditur, secundum sensum verborum qui fide tenetur. ' et hic quidem sensus est idem apud omnes, licet non eaedem voces quantum ad sonum. et ideo, cuiuscumque linguae verbis proferatur talis sensus, perficitur sacramentum.

ra2 ' Ad secundum dicendum quod, licet in qualibet lingua contingat diversis vocibus idem significari, semper tamen aliqua illarum vocum est qua principalius et communius homines illius linguae utuntur ad hoc significandum. et talis vox assumi debet in significatione sacramenti. sicut etiam inter res sensibiles illa assumitur ad significationem sacramenti cuius usus est communior ad actum per quem sacramenti effectus significatur, sicut aqua communius utuntur homines ad ablutionem corporalem, per quam spiritualis ablutio significatur; et ideo aqua assumitur ut materia in baptismo.

ra3 ' Ad tertium dicendum quod ille qui corrupte profert verba sacramentalia, si hoc ex industria facit, non videtur intendere facere quod facit ecclesia, et ita non videtur perfici sacramentum. si autem hoc faciat ex errore vel lapsu linguae, si sit tanta corruptio quae omnino auferat sensum locutionis, non videtur perfici sacramentum. et hoc praecipue contingit quando fit corruptio ex parte principii dictionis, puta si, loco eius quod est in nomine patris, dicat, in nomine matris. si vero non totaliter auferatur sensus locutionis per huiusmodi corruptelam, nihilominus perficitur sacramentum. et hoc praecipue contingit quando fit corruptio ex parte finis, puta si aliquis dicat patrias et filias. quamvis enim huiusmodi verba corrupte prolata nihil significent ex virtute impositionis, accipiuntur tamen ut significantia ex accommodatione usus. et ideo, licet mutetur sonus sensibilis, remanet tamen idem sensus. quod autem dictum est de differentia corruptionis circa principium vel finem dictionis, rationem habet quia apud nos variatio dictionis ex parte principii mutat significationem, variatio autem ex fine dictionis ut plurimum non mutat significationem. quae tamen apud graecos variatur etiam secundum principium dictionis in declinatione verborum. magis tamen videtur attendenda quantitas corruptionis ex parte dictionis. quia ex utraque parte potest esse tam parva quod non aufert sensum verborum, et tam magna, quod aufert. sed unum horum facilius accidit ex parte |25| principii, aliud ex parte finis.

010 ST4 qu60 ar8

ag1 ' Ad octavum sic proceditur. videtur quod nihil liceat addere verbis in quibus consistit forma sacramentorum. non enim minoris sunt necessitatis huiusmodi verba sacramentalia quam verba sacrae scripturae. sed verbis sacrae scripturae nihil licet addere vel minuere, * dicitur enim deut. iv, ° non addetis ad verbum quod vobis loquor, nec auferetis ab eo; * et apoc. ult., ° contestor omni audienti verba prophetiae libri huius, si quis apposuerit ad haec, apponet super eum deus plagas scriptas in libro isto; et si quis diminuerit, auferet deus partem eius de libro vitae. ' ergo videtur quod neque in formis sacramentorum liceat aliquid addere vel minuere.

ag2 ' Praeterea, verba se habent in sacramentis per modum formae, * ut dictum est. ' sed in formis quaelibet additio vel subtractio variat speciem, sicut et in numeris, * ut dicitur in viii metaphys.. ' ergo videtur quod, si aliquid addatur vel subtrahatur a forma sacramenti, non erit idem sacramentum.

ag3 ' Praeterea, sicut ad formam sacramenti determinatus numerus dictionum requiritur, ita etiam requiritur determinatus ordo verborum, et etiam orationis continuitas. si ergo additio vel subtractio non aufert sacramenti veritatem, videtur quod pari ratione nec transpositio verborum, aut etiam interpolatio pronuntiationis.

sc ' Sed contra est quod in formis sacramentorum quaedam apponuntur a quibusdam quae ab aliis non ponuntur, sicut latini baptizant sub hac forma, ego te baptizo in nomine patris et filii et spiritus sancti; graeci autem sub ista, baptizatur servus christi n. in nomine patris, etc.. et tamen utrique verum conferunt sacramentum. ergo in formis sacramentorum licet aliquid addere vel minuere.

co ' Respondeo dicendum quod circa omnes istas mutationes quae possunt in formis sacramentorum contingere, duo videntur esse consideranda. unum quidem ex parte eius qui profert verba, cuius intentio requiritur ad sacramentum, * ut infra dicetur. ' et ideo, si intendat per huiusmodi additionem vel diminutionem alium ritum inducere qui non sit ab ecclesia receptus, non videtur perfici sacramentum, quia non videtur quod intendat facere id quod facit ecclesia. aliud autem est considerandum ex parte significationis verborum. cum enim verba operentur in sacramentis quantum ad sensum quem faciunt, * ut supra dictum est, ' oportet considerare utrum per talem mutationem tollatur debitus sensus verborum, quia sic manifestum est quod tollitur veritas sacramenti. manifestum est autem quod, si diminuatur aliquid eorum quae sunt de substantia formae sacramentalis, tollitur debitus sensus verborum, et ideo non perficitur sacramentum. * unde didymus dicit, in libro de spiritu sancto, ° si quis ita baptizare conetur ut unum de praedictis nominibus praetermittat, " scilicet patris et filii et spiritus sancti, ° sine perfectione baptizabit. ' si autem subtrahatur aliquid quod non sit de substantia formae, |25| talis diminutio non tollit debitum sensum verborum, et per consequens nec sacramenti perfectionem. sicut in forma eucharistiae, quae est, hoc est enim corpus meum, ly enim sublatum non tollit debitum sensum verborum, et ideo non impedit perfectionem sacramenti, quamvis possit contingere quod ille qui praetermittit, peccet ex negligentia vel contemptu. circa additionem etiam contingit aliquid apponi quod est corruptivum debiti sensus, puta si aliquis dicat, ° ego te baptizo in nomine patris maioris et filii minoris, * sicut ariani baptizabant. ' et ideo talis additio tollit veritatem sacramenti. si vero sit talis additio quae non auferat debitum sensum, non tollitur sacramenti veritas. nec refert utrum talis additio fiat in principio, medio vel fine. ut, si aliquis dicat, ego te baptizo in nomine dei patris omnipotentis, et filii eius unigeniti, et spiritus sancti paracleti, erit verum baptisma. et similiter, si quis dicat, ego te baptizo in nomine patris et filii et spiritus sancti, et beata virgo te adiuvet, erit verum baptisma. forte autem si diceret, ego te baptizo in nomine patris et filii et spiritus sancti et beatae virginis mariae, non esset baptismus, * quia dicitur i cor. i, ° nunquid paulus pro vobis crucifixus est? aut in nomine pauli baptizati estis? ' sed hoc verum est si sic intelligatur in nomine beatae virginis |50| baptizari sicut in nomine trinitatis, quo baptismus consecratur, talis enim sensus esset contrarius verae fidei, et per consequens tolleret veritatem sacramenti. si vero sic intelligatur quod additur, et in nomine beatae virginis, non quasi nomen beatae virginis aliquid operetur in baptismo, sed ut eius intercessio prosit baptizato ad conservandam gratiam baptismalem, non tollitur perfectio sacramenti.

ra1 ' Ad primum ergo dicendum quod verbis sacrae scripturae non licet aliquid apponere quantum ad sensum, sed quantum ad expositionem sacrae scripturae, multa verba eis a doctoribus apponuntur. non tamen licet etiam verba sacrae scripturae apponere ita quod dicantur esse de integritate sacrae scripturae, quia hoc esset vitium falsitatis. et similiter si quis diceret aliquid esse de necessitate formae quod non est.

ra2 ' Ad secundum dicendum quod verba pertinent ad formam sacramenti ratione sensus significati. et ideo, quaecumque fiat additio vel subtractio vocum quae non addat aliquid aut subtrahat debito sensui, non tollitur species sacramenti.

ra3 ' Ad tertium dicendum quod, si sit tanta interruptio verborum quod intercipiatur intentio pronuntiantis, tollitur sensus sacramenti, et per consequens veritas eius. non autem tollitur quando est parva interruptio proferentis, quae intentionem et intellectum non aufert. et idem etiam dicendum est de transpositione verborum. quia, si tollit sensum locutionis, non perficitur sacramentum, sicut patet de negatione praeposita vel postposita signo. si autem sit talis transpositio quae sensum locutionis non variat, non tollitur veritas sacramenti, * secundum quod philosophus dicit quod ° nomina et verba transposita idem significant.

010 ST4 qu61 ar

pr ' Deinde considerandum est de necessitate sacramentorum. et circa hoc quaeruntur quatuor. primo, utrum sacramenta sint necessaria ad salutem humanam. secundo, utrum fuerint necessaria in statu ante peccatum. tertio, utrum fuerint necessaria in statu post peccatum ante christum. quarto, utrum fuerint necessaria post christi adventum.

010 ST4 qu61 ar1

ag1 ' Ad primum sic proceditur. videtur quod sacramenta non fuerint necessaria ad humanam salutem. * dicit enim apostolus, i ad tim. iv, ° corporalis exercitatio ad modicum utilis est. ' sed usus sacramentorum pertinet ad corporalem exercitationem, eo quod sacramenta perficiuntur in significatione sensibilium rerum et verborum, * ut dictum est. ' ergo sacramenta non sunt necessaria ad humanam salutem.
ag2 * Praeterea, ii cor. xii, apostolo dicitur, ° sufficit tibi gratia mea. ' non autem sufficeret si sacramenta essent necessaria ad salutem. non sunt ergo sacramenta saluti humanae necessaria.
ag3 ' Praeterea, posita causa sufficienti, nihil aliud videtur esse necessarium ad effectum. sed passio christi est sufficiens causa nostrae salutis, * dicit enim apostolus, ad rom. v, ° si, cum inimici essemus, reconciliati sumus deo per mortem filii eius, multo magis, reconciliati, salvi erimus in vita ipsius. ' non ergo requiruntur sacramenta ad salutem humanam.
sc * Sed contra est quod augustinus dicit, xix contra faust., ° in nullum nomen religionis, seu verum seu falsum, coadunari homines possunt, nisi aliquo signaculorum vel sacramentorum visibilium consortio colligentur. ' sed necessarium est ad humanam salutem homines adunari in unum verae religionis nomen. ergo sacramenta sunt necessaria ad humanam salutem.
co ' Respondeo dicendum quod sacramenta sunt necessaria ad humanam salutem triplici ratione. quarum prima sumenda est ex conditione humanae naturae, cuius proprium est ut per corporalia et sensibilia in spiritualia et intelligibilia deducatur. pertinet autem ad divinam providentiam ut unicuique rei provideat secundum modum suae conditionis. et ideo convenienter divina sapientia homini auxilia salutis confert sub quibusdam corporalibus et sensibilibus signis, quae sacramenta dicuntur. secunda ratio sumenda est ex statu hominis, qui peccando se subdidit per affectum corporalibus rebus. ibi autem debet medicinale remedium homini adhiberi ubi patitur morbum. et ideo conveniens fuit ut deus per quaedam corporalia signa hominibus spiritualem medicinam adhiberet, nam, si spiritualia nuda ei proponerentur, eius animus applicari non posset, corporalibus deditus. tertia ratio sumenda est ex studio actionis humanae, quae praecipue circa corporalia versatur. ne igitur esset homini durum si totaliter a corporalibus actibus abstraheretur, proposita sunt ei corporalia exercitia in sacramentis, quibus salubriter exerceretur, ad evitanda superstitiosa exercitia, quae consistunt in cultu daemonum, vel qualitercumque noxia, quae consistunt in actibus peccatorum. sic igitur per sacramentorum institutionem homo convenienter suae naturae eruditur per sensibilia; humiliatur, se corporalibus subiectum recognoscens, dum sibi per corporalia subvenitur; praeservatur etiam a noxiis |25| corporalibus per salubria exercitia sacramentorum.
ra1 ' Ad primum ergo dicendum quod corporalis exercitatio, inquantum est corporalis, non multum utilis est. sed exercitatio per usum sacramentorum non est pure corporalis, sed quodammodo est spiritualis, scilicet per significationem et causalitatem.
ra2 ' Ad secundum dicendum quod gratia dei est sufficiens causa humanae salutis. sed deus dat hominibus gratiam secundum modum eis convenientem. et ideo necessaria sunt hominibus sacramenta ad gratiam consequendam.
ra3 ' Ad tertium dicendum quod passio christi est causa sufficiens humanae salutis. nec propter hoc sequitur quod sacramenta non sint necessaria ad humanam salutem, quia operantur in virtute passionis christi, et passio christi quodammodo applicatur hominibus per sacramenta, * secundum illud apostoli, rom. vi, ° quicumque baptizati sumus in christo iesu, in morte ipsius baptizati sumus.

010 ST4 qu61 ar2

ag1 ' Ad secundum sic proceditur. videtur quod ante peccatum fuerint homini necessaria sacramenta. * quia, sicut dictum est, ' sacramenta sunt necessaria homini ad gratiam consequendam. sed etiam in statu innocentiae homo indigebat gratia, * sicut in prima parte habitum est. ' ergo etiam in statu illo erant necessaria sacramenta.
ag2 ' Praeterea, sacramenta sunt convenientia homini secundum conditione humanae naturae, * sicut dictum est. ' sed eadem est natura hominis ante peccatum et post peccatum. ergo videtur quod ante peccatum homo indiguerit sacramentis.
ag3 ' Praeterea, matrimonium est quoddam sacramentum, * secundum illud ephes. v, ° sacramentum hoc magnum est, ego autem dico in christo et ecclesia. ' sed matrimonium fuit institutum ante peccatum, * ut dicitur gen. ii. ' ergo sacramenta erant necessaria homini ante peccatum.
sc ' Sed contra est quod medicina non est necessaria nisi aegroto, * secundum illud matth. ix, ° non est opus sanis medicus. ' sed sacramenta sunt quaedam spirituales medicinae, quae adhibentur contra vulnera peccati. ergo non fuerunt necessaria ante peccatum.
co ' Respondeo dicendum quod in statu innocentiae sacramenta necessaria non fuerunt. cuius ratio accipi potest ex rectitudine status illius, in quo superiora inferioribus dominabantur, et nullo modo dependebant ab eis, sicut enim mens suberat deo, ita menti suberant inferiores animae vires, et ipsi animae corpus. contra hunc autem ordinem esset si anima perficeretur, vel quantum ad scientiam vel quantum ad gratiam, per aliquid corporale, quod fit in sacramentis. et ideo in statu innocentiae homo sacramentis non indigebat, non solum inquantum sacramenta ordinantur in remedium peccati, sed etiam inquantum ordinantur ad animae perfectionem.
ra1 ' Ad primum ergo dicendum quod homo in statu innocentiae gratia indigebat, non tamen ut consequeretur gratiam per aliqua sensibilia signa, sed spiritualiter et invisibiliter.
ra2 ' Ad secundum dicendum quod eadem est natura hominis ante peccatum et post peccatum, non tamen est idem naturae status. nam post peccatum anima, etiam quantum ad superiorem partem, indiget accipere aliquid a corporalibus rebus ad sui perfectionem quod in illo statu homini necesse non erat.
ra3 ' Ad tertium dicendum quod matrimonium fuit institutum in statu innocentiae, non secundum quod est sacramentum, sed secundum quod est in officium naturae. ex consequenti tamen aliquid significabat futurum circa christum et ecclesiam, sicut et omnia alia in figura christi praecesserunt.

010 ST4 qu61 ar3

ag1 ' Ad tertium sic proceditur. videtur quod post peccatum, ante christum, sacramenta non debuerunt esse. * dictum est enim quod ' per sacramenta passio christi hominibus applicatur, et sic passio christi comparatur ad sacramenta sicut causa ad effectum. sed effectus non praecedit causam. ergo sacramenta non debuerunt esse ante christi adventum.
ag2 ' Praeterea, sacramenta debent esse convenientia statui humani generis, * ut patet per augustinum, xix contra faustum. ' sed status humani generis non fuit mutatus post peccatum usque ad reparationem factam per christum. ergo nec sacramenta debuerunt immutari, ut, praeter sacramenta legis naturae, alia statuerentur in lege moysi.
ag3 ' Praeterea, quanto magis est aliquid propinquum perfecto, tanto magis debet ei assimilari. sed perfectio salutis humanae per christum facta est, cui propinquiora fuerunt sacramenta veteris legis quam ea quae fuerunt ante legem. ergo debuerunt esse similiora sacramentis christi. cuius tamen contrarium apparet, ex eo quod sacerdotium christi praedicitur esse futurum ° secundum ordinem melchisedech, et non secundum ordinem aaron, * ut habetur heb. vii. ' non ergo convenienter fuerunt disposita ante christum sacramenta.
sc * Sed contra est quod augustinus dicit, xix contra faust., quod ° prima sacramenta, quae celebrabantur et observabantur ex lege, praenuntia erant christi venturi. ' sed necessarium erat ad humanam salutem ut adventus christi praenuntiaretur. ergo necessarium erat ante christum sacramenta quaedam disponi.
co ' Respondeo dicendum quod sacramenta necessaria sunt ad humanam salutem inquantum sunt quaedam sensibilia signa invisibilium rerum quibus homo sanctificatur. nullus autem sanctificari potest post peccatum nisi per christum, ° quem proposuit deus propitiatorem per fidem in sanguine ipsius, ad ostensionem iustitiae suae, ut sit ipse iustus et iustificans eum qui ex fide est iesu christi. ' et ideo oportebat ante christi adventum esse quaedam signa visibilia quibus homo fidem suam protestaretur de futuro salvatoris adventu. et huiusmodi signa sacramenta dicuntur. et sic patet quod ante christi adventum necesse fuit quaedam sacramenta institui.
ra1 ' Ad primum ergo dicendum quod passio christi est causa finalis veterum sacramentorum, quae scilicet ad ipsam significandam sunt instituta. causa autem finalis non praecedit tempore, sed solum in intentione agentis. et ideo non est inconveniens aliqua sacramenta ante christi passionem fuisse.
ra2 ' Ad secundum dicendum quod status humani generis post peccatum et ante christum dupliciter potest considerari. uno modo, secundum fidei rationem. et sic semper unus et idem permansit, quia scilicet iustificabantur homines per fidem futuri christi adventus. alio modo potest considerari secundum intensionem et remissionem peccati, et expressae cognitionis de christo. nam per incrementa temporum et peccatum coepit in homine magis dominari, in tantum quod, ratione hominis per peccatum obtenebrata, non sufficerent homini ad recte vivendum praecepta legis naturae, sed necesse fuit determinari praecepta in lege scripta; et cum his quaedam fidei sacramenta. oportebat etiam ut per incrementa temporum magis explicaretur cognitio fidei, * quia, ut gregorius dicit, ° per incrementa temporum crevit divinae cognitionis augmentum. ' et ideo etiam necesse fuit quod in veteri lege etiam quaedam sacramenta fidei quam habebant de christo venturo, determinarentur quae quidem comparantur ad sacramenta quae fuerunt ante legem sicut determinatum ad indeterminatum; quia scilicet ante legem non fuit determinate praefixum homini quibus sacramentis uteretur, sicut fuit per legem. quod erat necessarium et propter obtenebrationem legis naturalis; et ut esset determinatior fidei significatio.
ra3 ' Ad tertium dicendum quod sacramentum melchisedech, quod fuit ante legem, magis assimilatur sacramento novae legis in materia, inquantum scilicet obtulit panem et vinum, * ut habetur gen. xiv, ' sicut etiam sacrificium novi testamenti oblatione panis et vini perficitur. sacramenta tamen legis mosaicae magis assimilantur rei significatae per sacramentum, scilicet passioni christi, ut patet de agno paschali et aliis huiusmodi. et hoc ideo ne, propter continuitatem temporis, si permaneret eadem sacramentorum species, videretur esse sacramenti eiusdem continuatio.

010 ST4 qu61 ar4

ag1 ' Ad quartum sic proceditur. videtur quod post christum non debuerint esse aliqua sacramenta. veniente enim veritate, debet cessare figura. sed ° gratia et veritas per iesum christum facta est, * ut dicitur ioan. i. ' cum igitur sacramenta sint veritatis signa sive figurae, videtur quod post christi passionem sacramenta esse non debuerint.
ag2 ' Praeterea, sacramenta in quibusdam elementis consistunt, * ut ex supra dictis patet. * sed apostolus dicit, galat. iv, quod, ° cum essemus parvuli, sub elementis mundi eramus servientes, ' nunc autem, temporis plenitudine veniente, iam non sumus parvuli. ergo videtur quod non debeamus deo servire sub elementis huius mundi, corporalibus sacramentis utendo.
ag3 ' Praeterea, ° apud deum non est transmutatio nec vicissitudinis obumbratio, * ut dicitur iac. i. ' sed hoc videtur ad quandam mutationem divinae voluntatis pertinere, quod alia sacramenta nunc exhibeat hominibus ad sanctificationem tempore gratiae, et alia ante christum. ergo videtur quod post christum non debuerunt institui alia sacramenta.
sc * Sed contra est quod augustinus dicit, contra faust. xix, " quod sacramenta veteris legis ° sunt ablata, quia impleta, et alia sunt instituta virtute maiora, utilitate meliora, actu faciliora, numero pauciora.
co ' Respondeo dicendum quod, sicut antiqui patres salvati sunt per fidem christi venturi, ita et nos salvamur per fidem christi iam nati et passi. sunt autem sacramenta quaedam signa protestantia fidem qua homo iustificatur. oportet autem aliis signis significari futura, praeterita seu praesentia, * ut enim augustinus dicit, xix contra faust., ° eadem res aliter annuntiatur facienda, aliter facta, sicut ipsa verba passurus et passus non similiter sonant. ' et ideo oportet quaedam alia sacramenta in nova lege esse, quibus significentur ea quae praecesserunt in christo, praeter sacramenta veteris legis, quibus praenuntiabantur futura.
ra1 ' Ad primum ergo dicendum quod, * sicut dionysius dicit, in v cap. eccl. hier., ' status novae legis medius est inter statum veteris legis, cuius figurae implentur in nova lege; et inter statum gloriae, in qua omnis nude et perfecte manifestabitur veritas. et ideo tunc nulla erunt sacramenta. nunc autem, quandiu " per speculum in aenigmate cognoscimus, * ut dicitur i cor. xiii, ' oportet nos per aliqua sensibilia signa in spiritualia devenire. quod pertinet ad rationem sacramentorum.
ra2 " Ad secundum dicendum quod sacramenta veteris legis * apostolus vocat " egena et infirma elementa, quia gratiam nec continebant, nec causabant. et ideo utentes illis sacramentis dicit apostolus sub elementis mundi deo servisse, ' quia scilicet nihil erant aliud quam elementa huius mundi. nostra autem sacramenta gratiam continent et causant. et ideo non est de eis similis ratio.
ra3 ' Ad tertium dicendum quod, sicut paterfamilias non ex hoc habere monstratur mutabilem voluntatem quod diversa praecepta familiae suae proponit pro temporum varietate, non eadem praecipiens hieme et aestate; ita non ostenditur aliqua mutatio esse circa deum ex hoc quod alia sacramenta instituit post christi adventum, et alia tempore legis; quia illa fuerunt congrua gratiae praefigurandae, haec autem sunt congrua gratiae praesentialiter demonstrandae.

010 ST4 qu62 ar

pr ' Deinde considerandum est de effectu sacramentorum. et primo, de effectu eius principali, qui est gratia; secundo de effectu secundario, qui est character. circa primum quaeruntur sex. primo, utrum sacramenta novae legis sint causa gratiae. secundo, utrum gratia sacramentalis aliquid addat super gratiam virtutum et donorum. tertio, utrum sacramenta contineant gratiam. quarto, utrum sit in eis aliqua virtus ad causandum gratiam. quinto, utrum talis virtus in sacramentis derivetur a passione christi. sexto, utrum sacramenta veteris legis gratiam causarent.

010 ST4 qu62 ar1

ag1 ' Ad primum sic proceditur. videtur quod sacramenta non sint causa gratiae. non enim idem videtur esse signum et causa, eo quod ratio signi videtur magis effectui competere. sed sacramentum est signum gratiae. non igitur est causa eius.
ag2 ' Praeterea, nullum corporale agere potest in rem spiritualem, " eo quod agens est honorabilius patiente, * ut augustinus dicit, xii super gen. ad litt..

‘ sed subiectum gratiae est mens hominis, quae est res spiritualis. non ergo sacramenta possunt gratiam causare.
ag3 ‘ Praeterea, illud quod est proprium dei, non debet alicui creaturae attribui. sed causare gratiam est proprium dei, * secundum illud psalmi, ° gratiam et gloriam dabit dominus. ‘ cum ergo sacramenta consistant in quibusdam verbis et rebus creatis, non videtur quod possint gratiam causare.
sc * Sed contra est quod augustinus dicit, super ioan., quod “ aqua baptismalis corpus tangit et cor abluit. ‘ sed cor non abluitur nisi per gratiam. ergo causat gratiam, et pari ratione alia ecclesiae sacramenta.
co ‘ Respondeo dicendum quod necesse est dicere sacramenta novae legis per aliquem modum gratiam causare. manifestum est enim quod per sacramenta novae legis homo christo incorporatur, sicut * de baptismo dicit apostolus, galat. iii, ° quotquot in christo baptizati estis, christum induistis. ‘ non autem efficitur homo membrum christi nisi per gratiam. * quidam tamen dicunt quod “ non sunt causa gratiae aliquid operando, sed quia deus, sacramentis adhibitis, in anima gratiam operatur. et ponunt exemplum de illo qui, afferens denarium plumbeum, accipit centum libras ex regis ordinatione, non quod denarius ille aliquid operetur ad habendum praedictae pecuniae quantitatem; sed hoc operatur sola voluntas regis. unde * et bernardus dicit, in quodam sermone in cena domini, ° sicut investitur canonicus per librum, abbas per baculum, episcopus per anulum, sic divisiones gratiarum diversae sunt traditae sacramentis. ‘ sed si quis recte consideret, iste modus non transcendit rationem signi. nam denarius plumbeus non est nisi quoddam signum regiae ordinationis de hoc quod pecunia recipiatur ab isto. similiter liber est quoddam signum quo designatur traditio canonicatus. secundum hoc igitur sacramenta novae legis nihil plus essent quam signa gratiae, cum tamen ex multis sanctorum auctoritatibus habeatur quod sacramenta novae legis non |25| solum significant, sed causant gratiam. et ideo aliter dicendum, quod duplex est causa agens, principalis et instrumentalis. principalis quidem operatur per virtutem suae formae, cui assimilatur effectus, sicut ignis suo calore calefacit. et hoc modo non potest causare gratiam nisi deus, quia gratia nihil est aliud quam quaedam participata similitudo divinae naturae, * secundum illud ii pet. i, ° magna nobis et pretiosa promissa donavit, ut divinae simus consortes naturae. ‘ causa vero instrumentalis non agit per virtutem suae formae, sed solum per motum quo movetur a principali agente. unde effectus non assimilatur instrumento, sed principali agenti, sicut lectus non assimilatur securi, sed arti quae est in mente artificis. et hoc modo sacramenta novae legis gratiam causant, adhibentur enim ex divina ordinatione ad gratiam in eis causandam. * unde augustinus dicit, xix contra faust., “ haec omnia, scilicet sacramentalia, fiunt et transeunt, virtus tamen, scilicet dei, quae per ista operatur, iugiter manet. ‘ hoc autem proprie dicitur instrumentum, per quod aliquis operatur. * unde et tit. iii dicitur, ° salvos nos fecit per lavacrum regenerationis.
ra1 ‘ Ad primum ergo dicendum quod causa principalis non proprie potest dici signum effectus, licet occulti, etiam si ipsa sit sensibilis et manifesta. sed causa instrumentalis, si sit manifesta, potest dici signum effectus occulti, eo quod non solum est causa, sed quodammodo effectus, inquantum movetur a principali agente. et secundum hoc, sacramenta novae legis simul sunt causa et signa. et inde est quod, sicut communiter dicitur, efficiunt quod figurant. ex quo etiam patet quod habent perfecte rationem sacramenti, inquantum ordinantur ad aliquid sacrum non solum per modum signi, sed etiam per modum causae.
ra2 ‘ Ad secundum dicendum quod instrumentum habet duas actiones, unam instrumentalem, secundum quam operatur non in virtute propria, sed in virtute principalis agentis; aliam autem habet actionem propriam, quae competit sibi secundum propriam formam; sicut securi competit scindere ratione suae acuitatis, facere autem lectum inquantum est instrumentum artis. non autem perficit actionem instrumentalem nisi exercendo actionem propriam; scindendo enim facit lectum. et similiter sacramenta corporalia per propriam operationem quam exercent circa corpus, quod tangunt, efficiunt operationem instrumentalem ex virtute divina circa animam, sicut aqua baptismi, abluendo corpus secundum propriam virtutem, abluit animam inquantum est instrumentum virtutis divinae; nam ex anima et corpore unum fit. * et hoc est quod augustinus dicit, quod “corpus tangit et cor abluit.
ra3 ‘ Ad tertium dicendum quod ratio illa procedit de eo quod est causa gratiae per modum principalis agentis, hoc enim est proprium dei, * ut dictum est.

010 ST4 qu62 ar2

ag1 ‘ Ad secundum sic proceditur. videtur quod gratia sacramentalis non addat aliquid supra gratiam virtutum et donorum. per gratiam enim virtutum et donorum perficitur anima sufficienter et quantum ad essentiam animae, et quantum ad eius potentias, * ut patet ex his quae in secunda parte dicta sunt. ‘ sed gratia ordinatur ad animae perfectionem. ergo gratia sacramentalis non potest aliquid addere super gratiam virtutum et donorum.
ag2 ‘ Praeterea, defectus animae ex peccatis causantur. sed omnia peccata sufficienter excluduntur per gratiam virtutum et donorum, quia nullum est peccatum quod non contrarietur alicui virtuti. gratia ergo sacramentalis, cum ordinetur ad defectus animae tollendos, non potest aliquid addere super gratiam virtutum et donorum.
ag3 “ Praeterea, omnis additio vel subtractio in formis variat speciem, * ut dicitur in viii metaphys.. ‘ si igitur gratia sacramentalis addat aliquid super gratiam virtutum et donorum, sequitur quod aequivoce dicatur gratia. et sic nihil certum ostenditur ex hoc quod sacramenta dicuntur gratiam causare.
sc ‘ Sed contra est quod, si gratia sacramentalis non addit aliquid super gratiam donorum et virtutum, frustra sacramenta habentibus et dona et virtutes conferrentur. in operibus autem dei nihil est frustra. ergo videtur quod gratia sacramentalis aliquid addat super gratiam virtutum et donorum.
co * Respondeo dicendum quod, sicut in secunda parte dictum est, ‘ gratia, secundum se considerata, perficit essentiam animae, inquantum participat quandam similitudinem divini esse. et sicut ab essentia animae fluunt eius potentiae, ita a gratia fluunt quaedam perfectiones ad potentias animae, quae dicuntur virtutes et dona, quibus potentiae perficiuntur in ordine ad suos actus. ordinantur autem sacramenta ad quosdam speciales effectus necessarios in vita christiana, sicut baptismus ordinatur ad quandam spiritualem regenerationem, qua homo moritur vitiis et fit membrum christi; qui quidem effectus est aliquid speciale praeter actus potentiarum animae. et eadem ratio est in aliis sacramentis. sicut igitur virtutes et dona addunt super gratiam communiter dictam quandam perfectionem determinate ordinatam ad proprios actus potentiarum, ita gratia sacramentalis addit super gratiam communiter dictam, et super virtutes et dona, quoddam divinum auxilium ad consequendum sacramenti finem. et per hunc modum gratia sacramentalis addit super gratiam virtutum et donorum.
ra1 ‘ Ad primum ergo dicendum quod gratia virtutum et donorum sufficienter perficit essentiam et potentias animae quantum ad generalem ordinationem actuum. sed quantum ad quosdam effectus speciales qui requiruntur in christiana vita, requiritur sacramentalis gratia.
ra2 ‘ Ad secundum dicendum quod per virtutes et dona sufficienter excluduntur vitia et peccata quantum ad praesens et futurum, inquantum scilicet impeditur homo per virtutes et dona a peccando. sed quantum ad praeterita peccata, quae transeunt actu et permanent reatu, adhibetur homini remedium specialiter per sacramenta.
ra3 ‘ Ad tertium dicendum quod ratio sacramentalis gratiae se habet ad gratiam communiter dictam sicut ratio speciei ad genus. unde, sicut non aequivoce dicitur animal communiter dictum et pro homine sumptum, ita non aequivoce dicitur gratia communiter sumpta et gratia sacramentalis.

010 ST4 qu62 ar3

ag1 ‘ Ad tertium sic proceditur. videtur quod sacramenta novae legis non contineant gratiam. contentum enim videtur esse in continente. sed gratia non est in sacramento, neque sicut in subiecto, quia subiectum gratiae non est corpus sed spiritus; neque sicut in vase, quia “ vas est locus mobilis, * ut dicitur in iv physic., ‘ esse autem in loco non convenit accidenti. ergo videtur quod sacramenta novae legis non contineant gratiam.
ag2 ‘ Praeterea, sacramenta ordinantur ad hoc quod homines per ea gratiam consequantur. sed gratia, cum sit accidens, non potest transire de subiecto in subiectum. ergo pro nihilo esset gratia in sacramentis.
ag3 ‘ Praeterea, spirituale non continetur a corporali, etiam si in eo sit, non enim anima continetur a corpore, sed potius continet corpus. ergo videtur quod gratia, cum sit quoddam spirituale, non contineatur in sacramento corporali.
sc * Sed contra est quod hugo de sancto victore dicit, quod ° sacramentum ex sanctificatione invisibilem gratiam continet.
co ‘ Respondeo dicendum quod multipliciter dicitur aliquid esse in alio, inter quos duplici modo gratia est in sacramentis. uno modo, sicut in signis, nam sacramentum est signum gratiae. alio modo, sicut in causa. nam, * sicut dictum est, ‘ sacramentum novae legis est instrumentalis gratiae causa. unde gratia est in sacramento novae legis, non quidem secundum similitudinem speciei, sicut effectus est in causa univoca; neque etiam secundum aliquam formam propriam et permanentem proportionatam ad talem effectum, sicut sunt effectus in causis non univocis, puta res generatae in sole; sed secundum quandam instrumentalem virtutem, quae est fluens et incompleta in esse naturae, * ut infra dicetur.
ra1 ‘ Ad primum ergo dicendum quod gratia non dicitur esse in sacramento sicut in subiecto; neque sicut in vase prout vas est locus quidam, sed prout vas dicitur instrumentum alicuius operis faciendi, * secundum quod dicitur ezech. ix, ° unusquisque vas interfectionis habet in manu sua.
ra2 ‘ Ad secundum dicendum quod, quamvis accidens non transeat a subiecto in subiectum, transit tamen a causa per instrumentum aliqualiter in subiectum, non ut eodem modo sit in eis, sed in unoquoque secundum propriam rationem.
ra3 ‘ Ad tertium dicendum quod spirituale existens perfecte in aliquo, continet ipsum, et non continetur ab eo. sed gratia est in sacramento secundum esse fluens et incompletum. et ideo non inconvenienter sacramentum dicitur gratiam continere.

010 ST4 qu62 ar4

ag1 ‘ Ad quartum sic proceditur. videtur quod in sacramentis non sit aliqua virtus gratiae causativa. virtus enim gratiae causativa est virtus spiritualis. sed in corpore non potest esse virtus spiritualis, neque ita quod sit propria ei, quia virtus fluit ab essentia rei, et ita non potest eam transcendere; neque ita quod recipiat eam ab alio, quia quod recipitur ab aliquo, est in eo per modum recipientis. ergo in sacramentis non potest esse aliqua virtus gratiae causativa.
ag2 ‘ Praeterea, omne quod est, reducitur ad aliquod genus entis, et ad aliquem gradum boni. sed non est dare in quo genere entis sit talis virtus, ut patet discurrenti per singula. nec etiam potest reduci ad aliquem gradum bonorum, neque enim est inter minima bona, quia sacramenta sunt de necessitate salutis; neque etiam inter media bona, cuiusmodi sunt potentiae animae, quae sunt quaedam potentiae naturales; neque inter maxima bona, quia nec est gratia nec virtus mentis. ergo videtur quod in sacramentis nulla sit virtus gratiae causativa.
ag3 ‘ Praeterea, si talis virtus est in sacramentis, non causatur in eis nisi per creationem a deo. sed inconveniens videtur quod tam nobilis creatura statim esse desinat sacramento perfecto. ergo videtur quod nulla virtus sit in sacramentis ad gratiam causandam.
ag4 ‘ Praeterea, idem non potest esse in diversis. sed ad sacramenta concurrunt diversa, scilicet verba et res, unius autem sacramenti non potest esse nisi una virtus. ergo videtur quod in sacramentis nulla sit virtus.
sc * Sed contra est quod augustinus dicit, super ioan., ° quae tanta vis aquae ut corpus tangat et cor abluat? * et beda dicit quod ° dominus tactu suae mundissimae carnis vim regenerativam contulit aquis.
co * Respondeo dicendum quod illi qui ponunt quod “ sacramenta non causant gratiam nisi per quandam concomitantiam, ponunt quod in sacramento non sit aliqua virtus quae operetur ad sacramenti effectum, est tamen virtus divina sacramento coassistens, quae sacramentalem effectum operatur. ‘ sed ponendo quod sacramentum est instrumentalis causa gratiae, necesse est simul ponere quod in sacramento sit quaedam virtus instrumentalis ad inducendum sacramentalem effectum. et haec quidem virtus proportionatur instrumento. unde comparatur ad virtutem absolutam et perfectam alicuius rei sicut comparatur instrumentum ad agens principale. instrumentum enim, * ut dictum est, ‘ non operatur nisi inquantum est motum a principali agente, quod per se operatur. et ideo virtus principalis agentis habet permanens et completum esse in natura, virtus autem instrumentalis habet esse transiens ex uno in aliud, et incompletum; sicut et motus est actus imperfectus ab agente in patiens.
ra1 ‘ Ad primum ergo dicendum quod virtus spiritualis non potest esse in re corporea per modum virtutis permanentis et completae, sicut ratio probat. nihil tamen prohibet in corpore esse virtutem spiritualem instrumentalem, inquantum scilicet corpus potest moveri ab aliqua substantia spirituali ad aliquem effectum spiritualem inducendum; sicut etiam in ipsa voce sensibili est quaedam vis spiritualis ad excitandum intellectum hominis, inquantum procedit a conceptione mentis. et hoc modo vis spiritualis est in sacramentis, inquantum ordinantur a deo ad effectum spiritualem.
ra2 ‘ Ad secundum dicendum quod, sicut motus, eo quod est actus imperfectus, non proprie est in aliquo genere, sed reducitur ad genus actus perfecti, sicut alteratio ad qualitatem, ita virtus instrumentalis non est, proprie loquendo, in aliquo genere, sed reducitur ad genus et speciem virtutis perfectae.
ra3 ‘ Ad tertium dicendum quod, sicut virtus instrumentalis acquiritur instrumento ex hoc ipso quod movetur ab agente principali, ita et sacramentum consequitur spiritualem virtutem ex benedictione christi et applicatione ministri ad usum sacramenti. * unde augustinus dicit, in quodam sermone de epiphania, ° nec mirum quod aquam, hoc est substantiam corporalem, ad purificandam animam dicimus pervenire. pervenit plane, et penetrat conscientiae universa latibula. quamvis enim ipsa sit subtilis et tenuis, benedictione tamen christi subtilior, occultas vitae causas ad secreta mentis subtili rore pertransit.
ra4 ‘ Ad quartum dicendum quod, sicut eadem vis principalis agentis instrumentaliter invenitur in omnibus instrumentis ordinatis ad effectum, prout sunt

quodam ordine unum; ita etiam eadem vis sacramentalis invenitur in verbis et rebus, prout ex verbis et rebus perficitur unum sacramentum.

010 ST4 qu62 ar5

ag1 ‘ Ad quintum sic proceditur. videtur quod sacramenta novae legis non habeant virtutem ex passione christi. virtus enim sacramentorum est ad gratiam causandam in anima, per quam spiritualiter vivit. * sed, sicut augustinus dicit, super ioan., ° verbum prout erat in principio apud deum, vivificat animas, secundum autem quod est caro factum, vivificat corpora. ‘ cum igitur passio christi pertineat ad verbum secundum quod est caro factum, videtur quod non possit causare virtutem sacramentorum.

ag2 ‘ Praeterea, virtus sacramentorum videtur ex fide dependere, quia, * sicut augustinus dicit, super ioan., “ verbum dei perficit sacramentum, non quia dicitur, sed quia creditur. ‘ sed fides nostra non solum respicit passionem christi, sed etiam alia mysteria humanitatis ipsius, et principalius etiam divinitatem eius. ergo videtur quod sacramenta non habeant specialiter virtutem a passione christi.

ag3 ‘ Praeterea, sacramenta ordinantur ad hominum iustificationem, * secundum illud i cor. vi, ° abluti estis, et iustificati estis. ‘ sed iustificatio attribuitur resurrectioni, * secundum illud rom. iv, ° resurrexit propter iustificationem nostram. ‘ ergo videtur quod sacramenta magis habeant virtutem a resurrectione christi quam ab eius passione.

sc * Sed contra est quod, super illud rom. v, ° in similitudinem praevaricationis adae * etc., dicit glossa, ° ex latere christi dormientis fluxerunt sacramenta, per quae salvata est ecclesia. ‘ sic ergo videntur sacramenta virtutem habere ex passione christi.

co * Respondeo dicendum quod, sicut dictum est, ‘ sacramentum operatur ad gratiam causandam per modum instrumenti. est autem duplex instrumentum, unum quidem separatum, ut baculus; aliud autem coniunctum, ut manus. per instrumentum autem coniunctum movetur instrumentum separatum, sicut baculus per manum. principalis autem causa efficiens gratiae est ipse deus, ad quem comparatur humanitas christi sicut instrumentum coniunctum, sacramentum autem sicut instrumentum separatum. et ideo oportet quod virtus salutifera derivetur a divinitate christi per eius humanitatem in ipsa sacramenta. gratia autem sacramentalis ad duo praecipue ordinari videtur, videlicet ad tollendos defectus praeteritorum peccatorum, inquantum transeunt actu et remanent reatu; et iterum ad perficiendum animam in his quae pertinent ad cultum dei secundum religionem christianae vitae. manifestum est autem * ex his quae supra dicta sunt, quod ‘ christus liberavit nos a peccatis nostris praecipue per suam passionem, non solum efficienter et meritorie, sed etiam satisfactorie. similiter etiam per suam passionem initiavit ritum christianae religionis, ° offerens seipsum oblationem et hostiam deo, * ut dicitur ephes. v. ‘ unde manifestum est quod sacramenta |25| ecclesiae specialiter habent virtutem ex passione christi, cuius virtus quodammodo nobis copulatur per susceptionem sacramentorum. in cuius signum, de latere christi pendentis in cruce fluxerunt aqua et sanguis, quorum unum pertinet ad baptismum, aliud ad eucharistiam, quae sunt potissima sacramenta.

ra1 ‘ Ad primum ergo dicendum quod verbum prout erat in principio apud deum, vivificat animas sicut agens principale, caro tamen eius, et mysteria in ea perpetrata, operantur instrumentaliter ad animae vitam. ad vitam autem corporis non solum instrumentaliter, sed etiam per quandam exemplaritatem, * ut supra dictum est.

ra2 “ Ad secundum dicendum quod per fidem christus habitat in nobis, * ut dicitur ephes. iii. ‘ et ideo virtus christi copulatur nobis per fidem. virtus autem remissiva peccatorum speciali quodam modo pertinet ad passionem ipsius. et ideo per fidem passionis eius specialiter homines liberantur a peccatis, * secundum illud rom. iii, ° quem proposuit deus propitiatorem per fidem in sanguine eius. ‘ et ideo virtus sacramentorum, quae ordinatur ad tollendum peccata, praecipue est ex fide passionis christi.

ra3 ‘ Ad tertium dicendum quod iustificatio attribuitur resurrectioni ratione termini ad quem, qui est novitas vitae per gratiam. attribuitur tamen passioni ratione termini a quo, scilicet quantum ad dimissionem culpae.

010 ST4 qu62 ar6

ag1 ‘ Ad sextum sic proceditur. videtur quod sacramenta veteris legis gratiam causarent. * quia sicut dictum est, ‘ sacramenta novae legis habent efficaciam ex fide passionis christi. sed fides passionis christi fuit in veteri lege, sicut et in nova, ° habemus enim eundem spiritum fidei, * ut habetur ii cor. iv. ‘ sicut ergo sacramenta novae legis conferunt gratiam, ita etiam sacramenta veteris legis gratiam conferebant.

ag2 ‘ Praeterea, sanctificatio non fit nisi per gratiam. sed per sacramenta veteris legis homines sanctificabantur, * dicitur enim levit. viii, “ cumque sanctificasset eos, moyses scilicet aaron et filios eius, in vestitu suo, etc.. ‘ ergo videtur quod sacramenta veteris legis gratiam conferebant.

ag3 * Praeterea, beda dicit, in homilia circumcisionis, ° idem salutiferae curationis auxilium circumcisio in lege contra originalis peccati vulnus agebat quod baptismus agere revelatae tempore gratiae consuevit. ‘ sed baptismus nunc confert gratiam. ergo circumcisio gratiam conferebat. et pari ratione alia sacramenta legalia, quia sicut baptismus est ianua sacramentorum novae legis, ita circumcisio erat ianua sacramentorum veteris legis; * propter quod apostolus dicit, galat. v, ° testificor omni circumcidenti se, quoniam debitor est universae legis faciendae.

sc * Sed contra est quod dicitur galat. iv, ° convertimini iterum ad infirma et egena elementa? * glossa, ° idest ad legem, quae dicitur infirma, quia perfecte non iustificat. ‘ sed gratia perfecte iustificat. ergo sacramenta veteris legis gratiam non conferebant.

co ‘ Respondeo dicendum quod non potest dici quod sacramenta veteris legis conferrent gratiam iustificantem per seipsa, idest propria virtute, quia sic non fuisset necessaria passio christi, * secundum illud galat. ii, ° si ex lege est iustitia, christus gratis mortuus est. ‘ sed nec potest dici quod ex passione christi virtutem haberent conferendi gratiam iustificandi. * sicut enim ex praedictis patet, ‘ virtus passionis christi copulatur nobis per fidem et sacramenta, differenter tamen, nam continuatio quae est per fidem, fit per actum animae; continuatio autem quae est per sacramenta, fit per usum exteriorum rerum. nihil autem prohibet id quod est posterius tempore, antequam sit, movere, secundum quod praecedit in actu animae, sicut finis, qui est posterior tempore, movet agentem secundum quod est apprehensus et desideratus ab ipso. sed illud quod nondum est in rerum natura, non movet secundum usum exteriorum rerum. unde causa efficiens non potest esse posterior in esse, ordine durationis, sicut causa finalis. sic igitur manifestum est quod a passione christi, quae est causa humanae iustificationis, convenienter derivatur virtus iustificativa ad sacramenta novae legis, non autem ad sacramenta veteris legis. et tamen per fidem passionis christi iustificabantur antiqui patres, sicut et nos. sacramenta autem veteris legis erant quaedam illius fidei protestationes, |25| inquantum significabant passionem christi et effectus eius. sic ergo patet quod sacramenta veteris legis non habebant in se aliquam virtutem qua operarentur ad conferendam gratiam iustificantem, sed solum significabant fidem, per quam iustificabantur.

ra1 ‘ Ad primum ergo dicendum quod antiqui patres habebant fidem de passione christi futura, quae, secundum quod erat in apprehensione animae, poterat iustificare. sed nos habemus fidem de passione christi praecedenti, quae potest iustificare etiam secundum realem usum sacramentalium rerum, * ut dictum est.

ra2 ‘ Ad secundum dicendum quod illa sanctificatio erat figuralis, per hoc enim sanctificari dicebantur quod applicabantur cultui divino secundum ritum veteris legis, qui totus ordinabatur ad figurandum passionem christi.

ra3 * Ad tertium dicendum quod de circumcisione multiplex fuit opinio. quidam enim dixerunt quod “ per circumcisionem non conferebatur gratia, sed solum auferebatur peccatum. ‘ sed hoc non potest esse, quia homo non iustificatur a peccato nisi per gratiam, * secundum illud rom. iii, ° iustificati gratis per gratiam ipsius. * et ideo alii dixerunt quod “ per circumcisionem conferebatur gratia quantum ad effectus remotivos culpae, sed non quantum ad effectus positivos. ‘ sed hoc etiam videtur esse falsum. quia per circumcisionem dabatur pueris facultas perveniendi ad gloriam, quae est ultimus effectus positivus gratiae. et praeterea, secundum ordinem causae formalis, priores sunt naturaliter effectus positivi quam privativi, licet secundum ordinem causae materialis sit e converso, forma enim non excludit privationem nisi informando subiectum. * et ideo alii dicunt quod “ circumcisio conferebat gratiam etiam quantum ad aliquem effectum positivum, qui est facere dignum vita aeterna, non tamen quantum ad hoc quod est reprimere concupiscentiam impellentem ad peccandum. |25| * quod aliquando mihi visum est. ‘ sed diligentius consideranti apparet hoc etiam non esse verum, quia minima gratia potest resistere cuilibet concupiscentiae et mereri vitam aeternam. et ideo melius dicendum videtur quod circumcisio erat signum fidei iustificantis, * unde apostolus dicit, rom. iv, quod ° abraham accepit signum circumcisionis, signaculum iustitiae fidei. ‘ et ideo in circumcisione conferebatur gratia inquantum erat signum passionis christi futurae, * ut infra patebit.

010 ST4 qu63 ar

pr ‘ Deinde considerandum est de alio effectu sacramentorum, qui est character. et circa hoc quaeruntur sex. primo, utrum ex sacramentis causetur character aliquis in anima. secundo, quid sit ille character. tertio, cuius sit character. quarto, in quo sit sicut in subiecto. quinto, utrum insit indelebiliter. sexto, utrum omnia sacramenta imprimant characterem.

010 ST4 qu63 ar1

ag1 ‘ Ad primum sic proceditur. videtur quod sacramentum non imprimat aliquem characterem in anima. character enim significare videtur quoddam signum distinctivum. sed distinctio membrorum christi ab aliis fit per aeternam praedestinationem, quae non ponit aliquid in praedestinato, sed solum in deo praedestinante, * ut in prima parte habitum est, * dicitur enim ii ad tim. ii, ° firmum fundamentum dei stat, habens signaculum hoc, novit dominus qui sunt eius. ‘ ergo sacramenta non imprimunt characterem in anima.

ag2 ‘ Praeterea, character signum est distinctivum. “ signum autem, * ut augustinus dicit, in ii de doct. christ., ° est quod, praeter speciem quam ingerit sensibus, facit aliquid aliud in cognitionem venire. ‘ nihil autem est in anima quod aliquam speciem sensibus ingerat. ergo videtur quod in anima non imprimatur aliquis character per sacramenta.

ag3 ‘ Praeterea, sicut per sacramenta novae legis distinguitur fidelis ab infideli, ita etiam per sacramenta veteris legis. sed sacramenta veteris legis non imprimebant aliquem characterem, “ unde et dicuntur iustitiae carnis, * secundum apostolum, ad heb. ix. ‘ ergo videtur quod nec sacramenta novae legis.

sc * Sed contra est quod apostolus dicit, ii cor. i, ° qui unxit nos, deus est, et qui signavit nos, et dedit pignus spiritus in cordibus nostris. ‘ sed nihil aliud importat character quam quandam signationem. ergo videtur quod deus per sacramenta nobis suum characterem imprimat.

co * Respondeo dicendum quod, sicut ex praedictis patet, ‘ sacramenta novae legis ad duo ordinantur, videlicet ad remedium contra peccata; et ad perficiendum animam in his quae pertinent ad cultum dei secundum ritum christianae vitae. quicumque autem ad aliquid certum deputatur, consuevit ad illud consignari, sicut milites qui adscribebantur ad militiam antiquitus solebant aliquibus characteribus corporalibus insigniri, eo quod deputabantur ad aliquid corporale. et ideo, cum homines per sacramenta deputentur ad aliquid spirituale pertinens ad cultum dei, consequens est quod per ea fideles aliquo spirituali charactere insigniantur. unde * augustinus dicit, in ii contra parmenianum, ° si militiae characterem in corpore suo non militans pavidus exhorruerit, et ad clementiam imperatoris confugerit, ac, prece fusa et venia impetrata, militare iam coeperit, nunquid, homine liberato atque correcto, character ille repetitur, ac non potius agnitus approbatur? an forte minus haerent sacramenta christiana quam corporalis haec nota?

ra1 ‘ Ad primum ergo dicendum quod fideles christi ad praemium quidem futurae gloriae deputantur signaculo praedestinationis divinae. sed ad actus convenientes praesenti ecclesiae deputantur quodam spirituali signaculo eis insignito, quod character nuncupatur.

ra2 ‘ Ad secundum dicendum quod character animae impressus habet rationem signi inquantum per sensibile sacramentum imprimitur, per hoc enim scitur aliquis baptismali charactere insignitus, quod est ablutus aqua sensibili. nihilominus tamen character, vel signaculum, dici potest per quandam similitudinem omne quod figurat alicui, vel distinguit ab alio, etiam si non sit sensibile, sicut “ christus dicitur figura vel character paternae substantiae, * secundum apostolum, heb. i.

ra3 * Ad tertium dicendum quod, sicut supra dictum est, ‘ sacramenta veteris legis non habebant in se spiritualem virtutem ad aliquem spiritualem effectum operantem. et ideo in illis sacramentis non requirebatur aliquis spiritualis character, sed sufficiebat ibi corporalis circumcisio, * quam apostolus signaculum nominat, rom. iv.

010 ST4 qu63 ar2

ag1 ‘ Ad secundum sic proceditur. videtur quod character non sit spiritualis potestas. character enim idem videtur esse quod figura, * unde ad heb. i, ubi dicitur, “ figura substantiae eius, * in graeco habetur loco figurae character. ‘ sed figura est in quarta specie qualitatis, et ita differt a potestate, quae est in secunda specie qualitatis. character ergo non est spiritualis potestas.

ag2 * Praeterea, dionysius dicit, ii cap. eccles. hier., quod ° divina beatitudo accedentem ad beatitudinem in sui participationem recipit, et proprio lumine, quasi quodam signo, ipsi tradit suam participationem. ‘ et sic videtur quod character sit quoddam lumen. sed lumen pertinet magis ad tertiam speciem qualitatis. non ergo character est potestas, quae videtur ad secundam speciem qualitatis pertinere.

ag3 * Praeterea, a quibusdam character sic definitur, ° character est signum sanctum communionis fidei et sanctae ordinationis, datum a hierarcha. ‘ signum autem est in genere relationis, non autem in genere potestatis. non ergo character est spiritualis potestas.

ag4 ‘ Praeterea, potestas habet rationem causae et principii, * ut patet in v metaphys.. ‘ sed signum, quod ponitur in definitione characteris, magis pertinet ad rationem effectus. character ergo non est spiritualis potestas.

sc * Sed contra, philosophus dicit, in ii ethic., ° tria sunt in anima, potentia, habitus et passio. ‘ sed character non est passio, quia passio cito transit, character autem indelebilis est, * ut infra dicetur. ‘ similiter etiam non est habitus. quia nullus habitus est qui se possit ad bene et male habere. character autem ad utrumque se habet, utuntur enim eo quidam bene, alii vero male. quod in habitibus non contingit, nam habitu virtutis nullus utitur male, habitu malitiae nullus bene. ergo relinquitur quod character sit potentia.

co * Respondeo dicendum quod, sicut dictum est, ‘ sacramenta novae legis characterem imprimunt inquantum per ea deputamur ad cultum dei secundum ritum christianae religionis. * unde dionysius, in ii cap. eccles. hier., “ cum dixisset quod deus quodam signo tradit sui participationem accedenti, subiungit, perficiens eum divinum et communicatorem divinorum. ‘ divinus autem cultus consistit vel in recipiendo aliqua divina, vel in tradendo aliis. ad utrumque autem horum requiritur quaedam potentia, nam ad tradendum aliquid aliis, requiritur potentia activa; ad recipiendum autem requiritur potentia passiva. et ideo character importat quandam potentiam spiritualem ordinatam ad ea quae sunt divini cultus. sciendum tamen quod haec spiritualis potentia est instrumentalis, * sicut supra dictum est de virtute quae est in sacramentis. ‘ habere enim sacramenti characterem competit ministris dei, “ minister autem habet se per modum instrumenti, * ut philosophus dicit, in i polit.. ‘ et ideo, sicut virtus quae est in sacramentis, non est in genere per se, sed per reductionem, eo quod est quiddam fluens et incompletum; ita etiam character non proprie est in genere vel specie, sed reducitur ad secundam speciem qualitatis.

ra1 ‘ Ad primum ergo dicendum quod figuratio est quaedam terminatio quantitatis. unde, proprie loquendo, non est nisi in rebus corporeis, in spiritualibus autem dicitur metaphorice. non autem ponitur aliquid in genere vel specie nisi per id quod de eo proprie praedicatur. et ideo character non potest esse in quarta specie qualitatis, * licet hoc quidam posuerint.

ra2 ‘ Ad secundum dicendum quod in tertia specie qualitatis non sunt nisi sensibiles passiones, vel sensibiles qualitates. character autem non est lumen sensibile. et ita non est in tertia specie qualitatis, * ut quidam dixerunt.

ra3 ‘ Ad tertium dicendum quod relatio quae importatur in nomine signi, oportet quod super aliquid fundetur. non autem relatio huius signi quod est character, potest fundari immediate super essentiam animae, quia sic conveniret omni animae naturaliter. et ideo oportet aliquid poni in anima super quod fundetur talis relatio. et hoc est essentia characteris. unde non oportebit quod sit in genere relationis, * sicut quidam posuerunt.

ra4 ‘ Ad quartum dicendum quod character habet rationem signi per comparationem ad sacramentum sensibile a quo imprimitur. sed secundum se consideratus, habet rationem principii, * per modum iam dictum.

010 ST4 qu63 ar3

ag1 ‘ Ad tertium sic proceditur. videtur quod character sacramentalis non sit character christi. * dicitur enim ephes. iv, ° nolite contristare spiritum sanctum dei, in quo signati estis. ‘ sed consignatio importatur in ratione characteris. ergo character sacramentalis magis debet attribui spiritui sancto quam christo.

ag2 ‘ Praeterea, character habet rationem signi. est autem signum gratiae quae per sacramentum confertur. gratia autem infunditur animae a tota trinitate, * unde dicitur in psalmo, ° gratiam et gloriam dabit dominus. ‘ ergo videtur quod character sacramentalis non debeat specialiter attribui christo.

ag3 ‘ Praeterea, ad hoc aliquis characterem accipit ut eo a ceteris distinguatur. sed distinctio sanctorum ab aliis fit per caritatem, quae ° sola distinguit inter filios regni et filios perditionis, * ut augustinus dicit, xv de trin., “ unde et ipsi perditionis filii characterem bestiae habere dicuntur, * ut patet apoc. xiii. ‘ caritas autem non attribuitur christo, sed magis spiritui sancto, * secundum illud rom. v, ° caritas dei diffusa est in cordibus nostris per spiritum sanctum, qui datus est nobis; ‘ vel etiam patri, * secundum illud ii cor. ult., ° gratia domini nostri iesu christi et caritas dei. ‘ ergo videtur quod character sacramentalis non sit attribuendus christo.

sc * Sed contra est quod quidam sic definiunt characterem, ° character est distinctio a charactere aeterno impressa animae rationali, secundum imaginem consignans trinitatem creatam trinitati creanti et recreanti, et distinguens a non configuratis, secundum statum fidei. ‘ sed character aeternus est ipse christus, * secundum illud heb. i, ° qui cum sit splendor gloriae et figura, “ vel character, ° substantiae eius. ‘ ergo videtur quod character proprie sit attribuendus christo.

co * Respondeo dicendum quod, sicut ex supra dictis patet, ‘ character proprie est signaculum quoddam quo aliquid insignitur ut ordinandum in aliquem finem, sicut charactere insignitur denarius ad usum commutationum, et milites charactere insigniuntur quasi ad militiam deputati. homo autem fidelis ad duo deputatur. primo quidem, et principaliter, ad fruitionem gloriae. et ad hoc insigniuntur signaculo gratiae, * secundum illud ezech. ix, ° signa thau super frontes virorum gementium et dolentium; * et apoc. vii, ° nolite nocere terrae et mari neque arboribus, quoadusque signemus servos dei nostri in frontibus eorum. ‘ secundo autem deputatur quisque fidelis ad recipiendum vel tradendum aliis ea quae pertinent ad cultum dei. et ad hoc proprie deputatur character sacramentalis. totus autem ritus christianae religionis derivatur a sacerdotio christi. et ideo manifestum est quod character sacramentalis specialiter est character christi, cuius sacerdotio configurantur fideles secundum sacramentales characteres, qui nihil aliud sunt quam quaedam participationes sacerdotii christi, ab ipso christo derivatae.

ra1 * Ad primum ergo dicendum quod apostolus ibi loquitur de “ configuratione secundum quam aliquis deputatur ad futuram gloriam, quae fit per gratiam. quae spiritui sancto attribuitur, inquantum ex amore procedit quod deus nobis aliquid gratis largiatur, quod ad rationem gratiae pertinet, spiritus autem sanctus amor est. * unde et i ad cor. xii dicitur, ° divisiones gratiarum sunt, idem autem spiritus.

ra2 ‘ Ad secundum dicendum quod character sacramentalis est res respectu sacramenti exterioris, et est sacramentum respectu ultimi effectus. et ideo dupliciter potest aliquid characteri attribui. uno modo, secundum rationem sacramenti. et hoc modo est signum invisibilis gratiae, quae in sacramento confertur. alio modo, secundum characteris rationem. et hoc modo signum est configurativum alicui principali, apud quem residet auctoritas eius ad quod aliquis deputatur, sicut milites, qui deputantur ad pugnam, insigniuntur signo ducis, quo quodammodo ei configurantur. et hoc modo illi qui deputantur ad cultum christianum, cuius auctor est christus, characterem accipiunt quo christo configurantur. unde proprie est character christi.

ra3 ‘ Ad tertium dicendum quod charactere distinguitur aliquis ab alio per comparationem ad aliquem finem in quem ordinatur qui characterem accipit, * sicut dictum est de charactere militari, ‘ quo in ordine ad pugnam distinguitur miles regis a milite hostis. et similiter character fidelium est quo distinguuntur fideles christi a servis diaboli, vel in ordine ad vitam aeternam, vel in ordine ad cultum praesentis ecclesiae. quorum primum fit per caritatem et gratiam, ut obiectio procedit, “ secundum autem fit per characterem sacramentalem. ‘ unde et character bestiae intelligi potest, per oppositum, vel obstinata malitia, qua aliqui deputantur ad poenam aeternam; vel professio illiciti cultus.

010 ST4 qu63 ar4

ag1 ‘ Ad quartum sic proceditur. videtur quod character non sit in potentiis animae sicut in subiecto. character enim dicitur esse dispositio ad gratiam. sed gratia est in essentia animae sicut in subiecto, * ut in secunda parte dictum est. ‘ ergo videtur quod character sit in essentia animae, non autem in potentiis.

ag2 ‘ Praeterea, potentia animae non videtur esse subiectum alicuius nisi habitus vel dispositionis. sed character, * ut supra dictum est, ‘ non est habitus vel dispositio, sed magis potentia, cuius subiectum non est nisi essentia animae. ergo videtur quod character non sit sicut in subiecto in potentia animae, sed magis in essentia ipsius.

ag3 ‘ Praeterea, potentiae animae rationalis distinguuntur per cognitivas et appetitivas. sed non potest dici quod character sit tantum in potentia cognoscitiva, nec etiam tantum in potentia appetitiva, quia non ordinatur neque ad cognoscendum tantum, neque ad appetendum. similiter etiam non potest dici quod sit in utraque, quia idem accidens non potest esse in diversis subiectis. ergo videtur quod character non sit in potentia animae sicut in subiecto, sed magis in essentia.

sc ‘ Sed contra est quod, sicut in praemissa definitione characteris continetur, character imprimitur animae rationali secundum imaginem. sed imago trinitatis in anima attenditur secundum potentias. ergo character in potentiis animae existit.

co * Respondeo dicendum quod, sicut dictum est, ‘ character est quoddam signaculum quo anima insignitur ad suscipiendum vel aliis tradendum ea quae sunt divini cultus. divinus autem cultus in quibusdam actibus consistit. ad actus autem proprie ordinantur potentiae animae, sicut essentia ordinatur ad esse. et ideo character non est sicut in subiecto in essentia animae, sed in eius potentia.

ra1 ‘ Ad primum ergo dicendum quod subiectum alicui accidenti attribuitur secundum rationem eius ad quod propinque disponit, non autem secundum rationem eius ad quod disponit remote vel indirecte. character autem directe quidem et propinque disponit animam ad ea quae sunt divini cultus exequenda, et quia haec idonee non fiunt sine auxilio gratiae, quia, * ut dicitur ioan. iv, ° eos qui adorant deum, in spiritu et veritate adorare oportet, ‘ ex consequenti divina largitas recipientibus characterem gratiam largitur, per quam digne impleant ea ad quae deputantur. et ideo characteri magis est attribuendum subiectum secundum rationem actuum ad divinum cultum pertinentium, quam secundum rationem gratiae.

ra2 ‘ Ad secundum dicendum quod essentia animae est subiectum potentiae naturalis, quae ex principiis essentiae procedit. talis autem potentia non est character, sed est quaedam spiritualis potentia ab extrinseco adveniens. unde, sicut essentia animae, per quam est naturalis vita hominis, perficitur per gratiam, qua anima spiritualiter vivit; ita potentia naturalis animae perficitur per spiritualem potentiam, quae est character. habitus enim et dispositio pertinent ad potentiam animae, eo quod ordinantur ad actus, quorum potentiae sunt principia. et eadem ratione omne quod ad actum ordinatur, est potentiae tribuendum.

ra3 * Ad tertium dicendum quod, sicut dictum est, ‘ character ordinatur ad ea quae sunt divini cultus. qui quidem est quaedam fidei protestatio per exteriora signa. et ideo oportet quod character sit in cognitiva potentia animae, in qua est fides.

010 ST4 qu63 ar5

ag1 ‘ Ad quintum sic proceditur. videtur quod character non insit animae indelebiliter. quanto enim aliquod accidens est perfectius, tanto firmius inhaeret. sed gratia est perfectior quam character, quia character ordinatur ad gratiam sicut ad ulteriorem finem. gratia autem amittitur per peccatum. ergo multo magis character.

ag2 ‘ Praeterea, per characterem aliquis deputatur divino cultui, * sicut dictum est. ‘ sed aliqui a cultu divino transeunt ad contrarium cultum per apostasiam a fide. ergo videtur quod tales amittant characterem sacramentalem.

ag3 ‘ Praeterea, cessante fine, cessare debet et id quod est ad finem, alioquin frustra remaneret, sicut post resurrectionem non erit matrimonium, quia cessabit generatio, ad quam matrimonium ordinatur. cultus autem exterior, ad quem character ordinatur, non remanebit in patria, in qua nihil agetur in figura, sed totum in nuda veritate. ergo character sacramentalis non remanet in perpetuum in anima. et ita non inest indelebiliter.

sc * Sed contra est quod augustinus dicit, in ii contra parmenianum, “ non minus haerent sacramenta christiana quam corporalis nota militiae. sed character militaris non repetitur, sed agnitus approbatur, in eo qui veniam meretur ab imperatore post culpam. ‘ ergo nec character sacramentalis deleri potest.

co * Respondeo dicendum quod, sicut dictum est, ‘ character sacramentalis est quaedam participatio sacerdotii christi in fidelibus eius, ut scilicet, sicut christus habet plenam spiritualis sacerdotii potestatem, ita fideles eius ei configurentur in hoc quod participant aliquam spiritualem potestatem respectu sacramentorum et eorum quae pertinent ad divinum cultum. et propter hoc etiam christo non competit habere characterem, sed potestas sacerdotii eius comparatur ad characterem sicut id quod est plenum et perfectum ad aliquam sui participationem. sacerdotium autem christi est aeternum, * secundum illud psalmi, ° tu es sacerdos in aeternum secundum ordinem melchisedech. ‘ et inde est quod omnis sanctificatio quae fit per sacerdotium eius, est perpetua, re consecrata manente. quod patet etiam in rebus inanimatis, nam ecclesiae vel altaris manet consecratio semper, nisi destruatur. cum igitur anima sit subiectum characteris secundum intellectivam partem, in qua est fides, * ut dictum est; ‘ manifestum est quod, sicut intellectus perpetuus est et incorruptibilis, ita character indelebiliter manet in anima.

ra1 ‘ Ad primum ergo dicendum quod aliter est in anima gratia, et aliter character. nam gratia est in anima sicut quaedam forma habens esse completum in ea, character autem est in anima sicut quaedam virtus instrumentalis, * ut supra dictum est. ‘ forma autem completa est in subiecto secundum conditionem subiecti. et quia anima est mutabilis secundum liberum arbitrium quamdiu est in statu viae, consequens est quod insit animae mutabiliter. sed virtus instrumentalis magis attenditur secundum conditionem principalis agentis. et ideo character indelebiliter inest animae, non propter sui perfectionem, sed propter perfectionem sacerdotii christi, a quo derivatur character sicut quaedam instrumentalis virtus.

ra2 * Ad secundum dicendum quod, sicut ibidem augustinus dicit, ° nec ipsos apostatas videmus carere baptismate, quibus per poenitentiam redeuntibus non restituitur, et ideo amitti non potuisse iudicatur. ‘ et huius ratio est quia character est virtus instrumentalis, * ut dictum est, ‘ ratio autem instrumenti consistit in hoc quod ab alio moveatur, non autem in hoc quod ipsum se moveat, quod pertinet ad voluntatem. et ideo, quantumcumque voluntas moveatur in contrarium, character non removetur, propter immobilitatem principalis moventis.

ra3 ‘ Ad tertium dicendum quod, quamvis post hanc vitam non remaneat exterior cultus, remanet tamen finis illius cultus. et ideo post hanc vitam remanet character, et in bonis ad eorum gloriam, et in malis ad eorum ignominiam, sicut etiam militaris character remanet in militibus post adeptam victoriam, et in his qui vicerunt ad gloriam, et in his qui sunt victi ad poenam.

010 ST4 qu63 ar6

ag1 ‘ Ad sextum sic proceditur. videtur quod per omnia sacramenta novae legis imprimatur character. per omnia enim sacramenta novae legis fit aliquis particeps sacerdotii christi. sed character sacramentalis nihil est aliud quam participatio sacerdotii christi, * ut dictum est. ‘ ergo videtur quod per omnia sa-

cramenta novae legis imprimatur character.
ag2 ‘ Praeterea, character se habet ad animam in qua est, sicut consecratio ad res consecratas. sed per quodlibet sacramentum novae legis homo recipit gratiam sanctificantem, * ut supra dictum est. ‘ ergo videtur quod per quodlibet sacramentum novae legis imprimatur character.
ag3 ‘ Praeterea, character est res et sacramentum. sed in quolibet sacramento novae legis est aliquid quod est res tantum, et aliquid quod est sacramentum tantum, et aliquid quod est res et sacramentum. ergo per quodlibet sacramentum novae legis imprimitur character.
sc ‘ Sed contra est quod sacramenta in quibus imprimitur character, non reiterantur, eo quod character est indelebilis, * ut dictum est. ‘ quaedam autem sacramenta iterantur, sicut patet de poenitentia et matrimonio. ergo non omnia sacramenta imprimunt characterem.
co * Respondeo dicendum quod, sicut supra dictum est, ‘ sacramenta novae legis ad duo ordinantur, scilicet in remedium peccati, et ad cultum divinum. est autem omnibus sacramentis commune quod per ea exhibetur aliquod remedium contra peccatum, per hoc quod gratiam conferunt. non autem omnia sacramenta ordinantur directe ad divinum cultum, sicut patet de poenitentia, per quam homo liberatur a peccato, non autem per hoc sacramentum exhibetur homini aliquid de novo pertinens ad divinum cultum, sed restituitur in statum pristinum. pertinet autem aliquod sacramentum ad divinum cultum tripliciter, uno modo, per modum ipsius actionis; alio modo, per modum agentis; tertio modo, per modum recipientis. per modum quidem ipsius actionis pertinet ad divinum cultum eucharistia, in qua principaliter divinus cultus consistit, inquantum est ecclesiae sacrificium. et per hoc idem sacramentum non imprimitur homini character, quia per hoc sacramentum non ordinatur homo ad aliquid aliud ulterius agendum vel recipiendum in sacramentis, cum potius sit ° finis et consummatio omnium sacramentorum, * ut dionysius dicit, iii cap. eccles. hier.. ‘ continet tamen in seipso christum, in quo non est character, sed tota sacerdotii plenitudo. sed ad agentes in sacramentis pertinet sacramentum ordinis, quia per hoc sacramentum deputantur homines ad sacramenta aliis tradenda. sed ad recipientes pertinet sacramentum baptismi, per quod homo accipit |25| potestatem recipiendi alia ecclesiae sacramenta, unde baptismus dicitur esse ianua sacramentorum. ad idem etiam ordinatur quodammodo confirmatio, * ut infra suo loco dicetur. ‘ et ideo per haec tria sacramenta character imprimitur, scilicet baptismum, confirmationem et ordinem.
ra1 ‘ Ad primum ergo dicendum quod per omnia sacramenta fit homo particeps sacerdotii christi, utpote percipiens aliquem effectum eius, non tamen per omnia sacramenta aliquis deputatur ad agendum aliquid vel recipiendum quod pertineat ad cultum sacerdotii christi. quod quidem exigitur ad hoc quod sacramentum characterem imprimat.
ra2 ‘ Ad secundum dicendum quod per omnia sacramenta sanctificatur homo, propter hoc quod sanctitas importat munditiam a peccato, quod fit per gratiam. sed specialiter per quaedam sacramenta, quae characterem imprimunt, homo sanctificatur quadam consecratione, utpote deputatus ad divinum cultum, sicut etiam res inanimatae sanctificari dicuntur inquantum divino cultui deputantur.
ra3 ‘ Ad tertium dicendum quod, licet character sit res et sacramentum, non tamen oportet id quod est res et sacramentum, esse characterem. quid autem sit res et sacramentum in aliis sacramentis, * infra dicetur.

010 ST4 qu64 ar

pr ‘ Deinde considerandum est de causis sacramentorum, sive per auctoritatem sive per ministerium. et circa hoc quaeruntur decem. primo, utrum solus deus interius operetur in sacramentis. secundo, utrum institutio sacramentorum sit solum a deo. tertio, de potestate quam christus habuit in sacramentis. quarto, utrum illam potestatem potuerit aliis communicare. quinto, utrum potestas ministerii in sacramentis conveniat malis. sexto, utrum mali peccent dispensando sacramenta. septimo, utrum angeli possint esse ministri sacramentorum. octavo, utrum intentio ministri requiratur in sacramentis. nono, utrum requiratur ibi recta fides; ita scilicet quod infidelis non possit tradere sacramentum. decimo, utrum requiratur ibi recta intentio.

010 ST4 qu64 ar1

ag1 ‘ Ad primum sic proceditur. videtur quod non solus deus, sed etiam minister, interius operetur ad effectum sacramenti. interior enim effectus sacramenti est ut homo purgetur a peccatis, et illuminetur per gratiam. sed ad ministros ecclesiae pertinet “ purgare, illuminare et perficere, * ut patet per dionysium, in v cap. coel. hier.. ‘ ergo videtur quod non solus deus, sed etiam ministri ecclesiae operentur ad sacramenti effectum.
ag2 ‘ Praeterea, in collatione sacramentorum quaedam orationum suffragia proponuntur. sed orationes iustorum sunt magis apud deum exaudibiles quam quorumcumque, * secundum illud ioan. ix, ° si quis dei cultor est, et voluntatem dei facit, hunc deus exaudit. ‘ ergo videtur quod maiorem effectum sacramenti consequitur ille qui recipit illum a bono ministro. sic ergo minister operatur aliquid ad interiorem effectum, et non solus deus.
ag3 ‘ Praeterea, dignior est homo quam res inanimata. sed res inanimata aliquid operatur ad effectum interiorem, ° nam aqua corpus tangit et cor abluit, * ut augustinus dicit, super ioan.. ‘ ergo homo aliquid operatur ad interiorem effectum sacramenti, et non solus deus.
sc * Sed contra est quod dicitur rom. viii, ° deus qui iustificat. ‘ cum igitur interior effectus omnium sacramentorum sit iustificatio, videtur quod solus deus operetur interiorem effectum sacramenti.
co ‘ Respondeo dicendum quod operari aliquem effectum contingit dupliciter, uno modo, per modum principalis agentis; alio modo, per modum instrumenti. primo igitur modo solus deus operatur interiorem effectum sacramenti. tum quia solus deus illabitur animae, in qua sacramenti effectus consistit. non autem potest aliquid immediate operari ubi non est. tum quia gratia, quae est interior sacramenti effectus, est a solo deo, * ut in secunda parte habitum est. ‘ character etiam, qui est interior quorundam sacramentorum effectus, est virtus instrumentalis, quae manat a principali agente, quod est deus. secundo autem modo homo potest operari ad interiorem effectum sacramenti, inquantum operatur per modum ministri. nam eadem ratio est ministri et instrumenti, utriusque enim actio exterius adhibetur, sed sortitur effectum interiorem ex virtute principalis agentis, quod est deus.
ra1 ‘ Ad primum ergo dicendum quod purgatio, secundum quod attribuitur ministris ecclesiae, non est a peccato, sed dicuntur diaconi purgare, inquantum vel immundos eiiciunt a coetu fidelium, vel eos sacris admonitionibus disponunt ad sacramentorum receptionem. similiter etiam sacerdotes illuminare dicuntur sacrum populum, non quidem gratiam infundendo, sed sacramenta gratiae tradendo, * ut patet per dionysium ibidem.
ra2 ‘ Ad secundum dicendum quod orationes quae dicuntur in sacramentorum collatione, proponuntur deo non ex parte singularis personae, sed ex parte totius ecclesiae, cuius preces sunt apud deum exaudibiles, * secundum illud matth. xviii, ° si duo ex vobis consenserint super terram de omni re quamcumque petierint, fiet eis a patre meo. ‘ nihil tamen prohibet quin devotio viri iusti ad hoc aliquid operetur. illud tamen quod est sacramenti effectus, non impetratur oratione ecclesiae vel ministri, sed ex merito passionis christi, cuius virtus operatur in sacramentis, * ut dictum est. ‘ unde effectus sacramenti non datur melior per meliorem ministrum. aliquid tamen annexum impetrari potest recipienti sacramentum per devotionem ministri, nec tamen minister operatur illud, sed impetrat operandum a deo.
ra3 ‘ Ad tertium dicendum quod res inanimatae non operantur ad interiorem effectum nisi instrumentaliter, * ut dictum est. ‘ et similiter homines non operantur ad sacramentorum effectum nisi per modum ministerii, * ut dictum est.

010 ST4 qu64 ar2

ag1 ‘ Ad secundum sic proceditur. videtur quod sacramenta non sint solum ex institutione divina. ea enim quae sunt divinitus instituta, traduntur nobis in sacra scriptura. sed quaedam aguntur in sacramentis de quibus nulla fit mentio in sacra scriptura, puta de chrismate quo homines confirmantur, et de oleo quo sacerdotes inunguntur, et de multis aliis, tam verbis quam factis, quibus utimur in sacramentis. non ergo sacramenta sunt solum ex institutione divina.
ag2 ‘ Praeterea, sacramenta sunt quaedam signa. res autem sensibiles naturaliter quaedam significant. nec potest dici quod deus quibusdam significationibus delectetur, et non aliis, quia ipse omnia quae fecit approbat. hoc autem proprium videtur esse daemonum, ut quibusdam signis ad aliquid alliciantur, * dicit enim augustinus, xxi de civ. dei, ° illiciuntur daemones per creaturas, quas non ipsi, sed deus condidit, delectabilibus pro sua diversitate diversis, non ut animalia cibis, sed ut spiritus signis. ‘ non ergo videtur quod sacramenta indigeant esse ex institutione divina.
ag3 ‘ Praeterea, apostoli vicem dei gesserunt in terris, * unde apostolus dicit, ii cor. ii, ° nam et ego quod donavi, si quid donavi, propter vos in persona christi, “ idest, ac si ipse christus donasset. ‘ sic ergo videtur quod apostoli, et eorum successores, possint nova sacramenta instituere.
sc ‘ Sed contra est quod ille instituit aliquid qui dat ei robur et virtutem, sicut patet de institutoribus legum. sed virtus sacramenti est a solo deo, * ut ex dictis patet. ‘ ergo solus deus potest instituere sacramentum.
co * Respondeo dicendum quod, sicut ex supra dictis patet, ‘ sacramenta instrumentaliter operantur ad spirituales effectus. instrumentum autem habet virtutem a principali agente. agens autem respectu sacramenti est duplex, scilicet instituens sacramentum; et utens sacramento instituto, applicando scilicet ipsum ad inducendum effectum. virtus autem sacramenti non potest esse ab eo qui utitur sacramento, quia non operatur nisi per modum ministerii. unde relinquitur quod virtus sacramenti sit ab eo qui instituit sacramentum. cum igitur virtus sacramenti sit a solo deo, consequens est quod solus deus sit sacramentorum institutor.
ra1 ‘ Ad primum ergo dicendum quod illa quae aguntur in sacramentis per homines instituta, non sunt de necessitate sacramenti, sed ad quandam solemnitatem, quae adhibetur sacramentis ad excitandam devotionem et reverentiam in his qui sacramenta suscipiunt. ea vero quae sunt de necessitate sacramenti, sunt ab ipso christo instituta, qui est deus et homo. et licet non omnia sint tradita in scripturis, habet tamen ea ecclesia ex familiari apostolorum traditione, * sicut apostolus dicit, i cor. xi, ° cetera cum venero disponam.
ra2 ‘ Ad secundum dicendum quod res sensibiles aptitudinem quandam habent ad significandum spirituales effectus ex sui natura, sed ista aptitudo determinatur ad specialem significationem ex institutione divina. * et hoc est quod hugo de sancto victore dicit, quod ° sacramentum ex institutione significat. ‘ praeelegit tamen deus quasdam res aliis ad significationes sacramentales, non quia ad eas contrahatur eius affectus, sed ut sit convenientior significatio.
ra3 ‘ Ad tertium dicendum quod apostoli, et eorum successores, sunt vicarii dei quantum ad regimen ecclesiae institutae per fidem et fidei sacramenta. unde, sicut non licet eis constituere aliam ecclesiam, ita non licet eis tradere aliam fidem, neque instituere alia sacramenta, sed per ° sacramenta quae de latere christi pendentis in cruce fluxerunt, * dicitur esse fabricata ecclesia christi.

010 ST4 qu64 ar3

ag1 ‘ Ad tertium sic proceditur. videtur quod christus, secundum quod homo, habuit potestatem operandi interiorem effectum sacramentorum * dicit enim ioannes baptista, ut habetur ioan. i, ° qui me misit baptizare in aqua, ille mihi dixit, super quem videris spiritum descendentem et manentem super eum, hic est qui baptizat in spiritu sancto. ‘ sed baptizare in spiritu sancto est interius gratiam spiritus sancti conferre. spiritus autem sanctus descendit super christum inquantum homo, non inquantum deus, quia sic ipse dat spiritum sanctum. ergo videtur quod christus, secundum quod homo, habuit potestatem interiorem effectum sacramentorum causandi.
ag2 * Praeterea, matth. ix dominus dicit, ° sciatis quod filius hominis habet in terra potestatem dimittendi peccata. ‘ sed remissio peccatorum est interior effectus sacramenti. ergo videtur quod christus, secundum quod homo, interiorem effectum sacramentorum operatur.
ag3 ‘ Praeterea, institutio sacramentorum pertinet ad eum qui tanquam principale agens operatur ad interiorem sacramenti effectum. manifestum est autem quod christus sacramenta instituit. ergo ipse est qui interius operatur sacramentorum effectum.
ag4 ‘ Praeterea, nullus potest sine sacramento effectum sacramenti conferre, nisi propria virtute sacramenti effectum operetur. sed christus sine sacramento contulit sacramenti effectum, ut patet in magdalena, * cui dixit, ° dimittuntur tibi peccata. ‘ ergo videtur quod christus, secundum quod homo, operetur interiorem sacramenti effectum.
ag5 ‘ Praeterea, illud in cuius virtute sacramentum operatur, est principale agens ad interiorem effectum. sed sacramenta habent virtutem ex passione christi et invocatione nominis eius, * secundum illud i cor. i, ° nunquid paulus pro vobis crucifixus est? aut in nomine pauli baptizati estis? ‘ ergo christus, inquantum homo, operatur interiorem sacramenti effectum.
sc * Sed contra est quod augustinus dicit, ° in sacramentis divina virtus secretius operatur salutem. ‘ divina autem virtus est christi secundum quod est deus, non autem secundum quod est homo. ergo christus non operatur interiorem sacramenti effectum secundum quod est homo, sed secundum quod est deus.
co ‘ Respondeo dicendum quod interiorem sacramentorum effectum operatur christus et secundum quod est deus, et secundum quod est homo, aliter tamen et aliter. nam secundum quod est deus, operatur in sacramentis per auctoritatem. secundum autem quod est homo, operatur ad interiores effectus sacramentorum meritorie, et efficienter, sed instrumentaliter. * dictum est enim quod ‘ passio christi, quae competit ei secundum humanam naturam, causa est nostrae iustificationis et meritorie, et effective, non quidem per modum principalis agentis, sive per auctoritatem, sed per modum instrumenti, inquantum humanitas est instrumentum divinitatis eius, * ut supra dictum est. ‘ sed tamen, quia est instrumentum coniunctum divinitati in persona, habet quandam principalitatem et causalitatem respectu instrumentorum extrinsecorum, qui sunt ministri ecclesiae et ipsa sacramenta, * ut ex supra dictis patet. ‘ et ideo, sicut christus, inquantum deus, habet potestatem auctoritatis in sacramentis, ita, inquantum homo, habet potestatem ministerii principalis, sive potestatem excellentiae. quae quidem consistit in quatuor.

primo quidem, in hoc quod meritum et virtus passionis eius operatur in sacramentis, |25| * ut supra dictum est. ' et quia virtus passionis copulatur nobis per fidem, * secundum illud rom. iii, ° quem proposuit deus propitiatorem per fidem in sanguine eius, ' quam fidem per invocationem nominis christi protestamur, ideo, secundo, ad potestatem excellentiae quam christus habet in sacramentis, pertinet quod in eius nomine sacramenta sanctificantur. et quia ex institutione sacramenta virtutem obtinent, inde est quod, tertio, ad excellentiam potestatis christi pertinet quod ipse, qui dedit virtutem sacramentis, potuit instituere sacramenta. et quia causa non dependet ab effectu, sed potius e converso, quarto, ad excellentiam potestatis christi pertinet quod ipse potuit effectum sacramentorum sine exteriori sacramento conferre.
ra1 ' Et per hoc patet responsio ad obiecta, utraque enim pars obiectionum vera est, * ut dictum est, ' secundum aliquid.

010 ST4 qu64 ar4

ag1 ' Ad quartum sic proceditur. videtur quod christus potestatem suam quam habuit in sacramentis, non potuerit ministris communicare. * ut enim argumentatur augustinus, contra maximinum, ° si potuit et non voluit, invidus fuit. ' sed invidia longe fuit a christo, in quo fuit summa plenitudo caritatis. ergo, cum christus non communicaverit suam potestatem ministris, videtur quod non potuerit communicare.
ag2 * Praeterea, super illud ioan. xiv, ° maiora horum faciet, * dicit augustinus, " prorsus maius hoc esse dixerim, scilicet ut ex impio iustus fiat, quam creare caelum et terram. ' sed christus non potuit communicare suis discipulis quod crearent caelum et terram. ergo neque quod iustificent impium. cum igitur iustificatio impii fiat per potestatem christi quam habet in sacramentis, videtur quod potestatem suam quam habet in sacramentis, non potuerit ministris communicare.
ag3 ' Praeterea, christo inquantum est caput ecclesiae, competit ut ab ipso gratia derivetur ad alios, * secundum illud ioan. i, ° de plenitudine eius omnes accepimus. ' sed hoc non fuit aliis communicabile, quia sic ecclesia esset monstruosa, multa capita habens. ergo videtur quod christus suam potestatem non potuerit ministris communicare.
sc * Sed contra est quod, super illud ioan. i, ° ego nesciebam eum, * dicit augustinus quod ° non noverat potestatem baptismi ipsum dominum habiturum et sibi retenturum. ' hoc autem non ignorasset ioannes si talis potestas communicabilis non esset. potuit ergo potestatem suam christus ministris communicare.
co * Respondeo dicendum quod, sicut dictum est, ' christus in sacramentis habuit duplicem potestatem. unam auctoritatis, quae competit ei secundum quod deus. et talis potestas nulli creaturae potuit communicari, sicut nec divina essentia. aliam potestatem habuit excellentiae, quae competit ei secundum quod homo. et talem potestatem potuit ministris communicare, dando scilicet eis tantam gratiae plenitudinem ut eorum meritum operaretur ad sacramentorum effectum; ut ad invocationem nominum ipsorum sanctificarentur sacramenta; et ut ipsi possent sacramenta instituere; et sine ritu sacramentorum effectum conferre solo imperio. potest enim instrumentum coniunctum, quanto fuerit fortius, tanto magis virtutem suam instrumento separato tribuere, sicut manus baculo.
ra1 ' Ad primum ergo dicendum quod christus non ex invidia praetermisit potestatem excellentiae ministris communicare, sed propter fidelium utilitatem, ne in homine spem ponerent, et essent diversa sacramenta, ex quibus divisio in ecclesia oriretur; sicut apud illos qui dicebant, ° ego sum pauli, ego autem apollo, ego vero cephae, * ut dicitur i cor. i.
ra2 ' Ad secundum dicendum quod obiectio illa procedit de potestate auctoritatis, quae convenit christo secundum quod est deus. licet et potestas excellentiae possit auctoritas nominari per comparationem ad alios ministros. * unde super illud i cor. i, ° divisus est christus? * dicit glossa quod ° potuit eis dare auctoritatem baptismi, quibus contulit ministerium.
ra3 ' Ad tertium dicendum quod ad hoc inconveniens evitandum, ne scilicet multa capita in ecclesia essent, christus noluit potestatem suae excellentiae ministris communicare. si tamen communicasset, ipse esset caput principaliter, alii vero secundario.

010 ST4 qu64 ar5

ag1 ' Ad quintum sic proceditur. videtur quod per malos ministros sacramenta conferri non possint. sacramenta enim novae legis ordinantur ad emundationem culpae et collationem gratiae. sed mali, cum sint immundi, non possunt alios a peccato mundare, * secundum illud eccli. xxxiv, ° ab immundo quis mundabitur? ' et etiam, cum gratiam non habeant, non videtur quod gratiam conferre possint, quia nullus dat quod non habet. non ergo videtur quod per malos sacramenta conferri possint.
ag2 ' Praeterea, tota virtus sacramentorum derivatur a christo, * ut dictum est. ' sed mali sunt praecisi a christo, quia non habent caritatem, per quam membra capiti uniuntur, * secundum illud i ioan. iv, ° qui manet in caritate, in deo manet, et deus in eo. ' ergo videtur quod per malos sacramenta conferri non possint.
ag3 ' Praeterea, si desit aliquid horum quae debitum est esse in sacramentis, non perficitur sacramentum, sicut si desit debita forma vel materia. sed debitus minister sacramenti est ille qui caret macula peccati, * secundum illud levit. xxi, ° homo de semine tuo per familias qui habuit maculam, non offeret panes deo tuo, nec accedet ad ministerium eius. ' ergo videtur quod, si minister sit malus, nihil efficiatur in sacramento.
sc * Sed contra est quod augustinus dicit, super illud ioan. i, ° super quem videris spiritum etc., quod non noverat ioannes potestatem baptismi ipsum dominum habiturum et sibi retenturum, sed ministerium plane transiturum in bonos et malos. quid tibi facit malus minister, ubi bonus est dominus?
co * Respondeo dicendum quod, sicut dictum est, ' ministri ecclesiae instrumentaliter operantur in sacramentis, eo quod quodammodo eadem est ratio ministri et instrumenti. * sicut autem supra dictum est, ' instrumentum non agit secundum propriam formam, sed secundum virtutem eius a quo movetur. et ideo accidit instrumento, inquantum est instrumentum, qualemcumque formam vel virtutem habeat, praeter id quod exigitur ad rationem instrumenti, sicut quod corpus medici, quod est instrumentum animae habentis artem, sit sanum vel infirmum; et sicut quod fistula per quam transit aqua, sit argentea vel plumbea. unde ministri ecclesiae possunt sacramenta conferre etiam si sint mali.
ra1 ' Ad primum ergo dicendum quod ministri ecclesiae neque a peccatis mundant homines ad sacramenta accedentes, neque gratiam conferunt, sua virtute, sed hoc facit christus sua potestate per eos sicut per quaedam instrumenta. et ideo effectus consequitur in suscipientibus sacramenta non secundum similitudinem ministrorum, sed secundum configurationem ad christum.
ra2 ' Ad secundum dicendum quod per caritatem membra christi uniuntur suo capiti ut ab eo vitam recipiant, quia, * ut dicitur i ioan. iii, ° qui non diligit, manet in morte. ' potest autem aliquis operari per instrumentum carens vita, et a se separatum quantum ad corporis unionem, dummodo sit coniunctum per quandam motionem, aliter enim operatur artifex per manum, et aliter per securim. sic igitur christus operatur in sacramentis et per malos, tanquam per instrumenta carentia vita; et per bonos, tanquam per membra viventia.
ra3 ' Ad tertium dicendum quod aliquid est debitum esse in sacramento dupliciter. uno modo, sicut existens de necessitate sacramenti. quod quidem si desit, non perficitur sacramentum, sicut si desit debita forma vel debita materia. alio modo est aliquid debitum esse in sacramento secundum quandam decentiam. et hoc modo debitum est ut ministri sacramentorum sint boni.

010 ST4 qu64 ar6

ag1 ' Ad sextum sic proceditur. videtur quod mali ministrantes sacramenta non peccent. sicut enim ministratur deo in sacramentis, ita per opera caritatis, * unde dicitur heb. ult., ° beneficentiae et communionis nolite oblivisci, talibus enim hostiis promeretur deus. ' sed mali non peccant si ministrent deo in operibus caritatis, quinimmo hoc est consulendum, * secundum illud dan. iv, ° consilium meum regi placeat, peccata tua eleemosynis redime. ' ergo videtur quod mali non peccent in sacramentis ministrando.
ag2 ' Praeterea, quicumque communicat alicui in peccato, etiam ipse est reus peccati, * secundum illud rom. i, ° dignus est morte non solum qui peccatum agit, sed etiam qui consentit facientibus. ' sed si mali ministri peccent sacramenta ministrando, illi qui ab eis sacramenta recipiunt, eis in peccato communicant. ergo etiam ipsi peccarent. quod videtur inconveniens.
ag3 ' Praeterea, nullus videtur esse perplexus, quia sic homo cogeretur desperare, quasi non posset peccatum evadere. sed si mali peccarent sacramenta tradendo, essent perplexi, quia etiam quandoque peccarent si sacramenta non traderent, puta cum eis ex officio incumbit necessitas; * dicitur enim i cor. ix, ° vae mihi est si non evangelizavero, necessitas enim mihi incumbit. ' quandoque etiam propter periculum, sicut si puer, in periculo mortis existens, offeratur alicui peccatori baptizandus. ergo videtur quod mali non peccent sacramenta ministrando.
sc * Sed contra est quod dionysius dicit, i cap. eccles. hier., quod ° malis non est fas neque tangere symbola, " idest sacramentalia signa. * et in epistola ad demophilum dicit, ° talis, scilicet peccator, audax videtur sacerdotalibus manum imponens; et non timet neque verecundatur, divina praeter dignitatem exequens, et deum putans ignorare quod ipse in seipso cognovit; et decipere existimat falso nomine patrem ab ipso appellatum; et audet immundas infamias non dicam orationes, super divina signa christiformiter enuntiare.
co ' Respondeo dicendum quod aliquis in agendo peccat ex hoc quod operatur non secundum quod oportet, * ut patet per philosophum, in libro ethicorum. * dictum est autem ' conveniens esse ut sacramentorum ministri sint iusti, quia ministri debent domino conformari, * secundum illud levit. xix, ° sancti eritis, quoniam ego sanctus sum; * et eccli. x, ° secundum iudicem populi, sic et ministri eius. ' et ideo non est dubium quin mali exhibentes se ministros dei et ecclesiae in dispensatione sacramentorum, peccent. et quia hoc peccatum pertinet ad irreverentiam dei et contaminationem sanctorum, quantum est ex parte ipsius hominis peccatoris, licet sancta secundum seipsa incontaminabilia sint, consequens est quod tale peccatum ex genere suo est mortale.
ra1 ' Ad primum ergo dicendum quod opera caritatis non sunt aliqua consecratione sanctificata, sed ipsa pertinent ad iustitiae sanctitatem sicut quaedam iustitiae partes. et ideo homo qui se exhibet deo ministrum in operibus caritatis, si sit iustus, amplius sanctificabitur, si vero sit peccator, per hoc ad sanctitatem disponitur. sed sacramenta in seipsis sanctificationem quandam habent per mysticam consecrationem. et ideo praeexigitur in ministro sanctitas iustitiae, ut congruat suo ministerio. et ideo incongrue agit et peccat, si in peccato existens ad tale ministerium accedat.
ra2 ' Ad secundum dicendum quod ille qui ad sacramenta accedit, suscipit quidem sacramentum a ministro ecclesiae, non inquantum est talis persona, sed inquantum est ecclesiae minister. et ideo, quandiu ab ecclesia toleratur in ministerio, ille qui ab eo suscipit sacramentum, non communicat peccato eius, sed communicat ecclesiae, quae eum tanquam ministrum exhibet. si vero ab ecclesia non toleretur, puta cum degradatur vel excommunicatur vel suspenditur, peccat qui ab eo accipit sacramentum, quia communicat peccato ipsius.
ra3 ' Ad tertium dicendum quod ille qui est in peccato mortali, non est perplexus simpliciter, si ex officio ei incumbat sacramenta dispensare, quia potest poenitere de peccato et licite ministrare. non est autem inconveniens quod sit perplexus supposito quodam, scilicet quod velit remanere in peccato. in articulo tamen necessitatis non peccaret baptizando in casu in quo etiam posset laicus dispensare. sic enim patet quod non exhibet se ministrum ecclesiae, sed subvenit necessitatem patienti. secus autem est in aliis sacramentis, quae non sunt tantae necessitatis sicut baptismus, * ut infra patebit.

010 ST4 qu64 ar7

ag1 ' Ad septimum sic proceditur. videtur quod angeli possent sacramenta ministrare. quidquid enim potest minister inferior, potest et superior, sicut quidquid potest diaconus, potest et sacerdos, sed non convertitur. sed angeli sunt superiores ministri in ordine hierarchico quam etiam quicumque homines, * ut patet per dionysium, in libro cael. hier.. ' ergo, cum homines possint ministrare in sacramentis, videtur quod multo magis angeli.
ag2 ' Praeterea, homines sancti assimilantur angelis in caelo, * ut dicitur matth. xxii. ' sed aliqui sancti in caelo existentes possunt ministrare in sacramentis, quia character sacramentalis est indelebilis, * ut dictum est. ' ergo videtur quod etiam angeli in sacris possint ministrare.
ag3 * Praeterea, sicut supra dictum est, ' diabolus est caput malorum, et mali sunt membra eius. sed per malos possunt dispensari sacramenta. ergo videtur quod etiam per daemones.
sc * Sed contra est quod dicitur heb. v, ° omnis pontifex, ex hominibus assumptus, pro hominibus constituitur in his quae sunt ad deum. ' sed angeli boni vel mali non sunt ex hominibus. ergo ipsi non constituuntur ministri in his quae sunt ad deum, idest in sacramentis.
co * Respondeo dicendum quod, sicut supra dictum est, ' tota virtus sacramentorum a passione christi derivatur, quae est christi secundum quod homo. cui in natura conformantur homines, non autem angeli, sed potius secundum passionem dicitur modico ab angelis minoratus, * ut patet heb. ii. ' et ideo ad homines pertinet dispensare sacramenta et in eis ministrare, non autem ad angelos. sciendum tamen quod, sicut deus virtutem suam non alligavit sacramentis quin possit sine sacramentis effectum sacramentorum conferre, ita etiam virtutem suam non alligavit ecclesiae ministris, quin etiam angelis possit virtutem tribuere ministrandi in sacramentis. et quia boni angeli sunt nuntii veritatis, si aliquod sacramentale ministerium a bonis angelis perficeretur, esset ratum habendum, quia deberet constare hoc fieri voluntate divina, sicut quaedam templa dicuntur angelico ministerio consecrata. si vero daemones, qui sunt spiritus mendacii, aliquod sacramentale ministerium exhiberent, non esset ratum habendum.
ra1 ' Ad primum ergo dicendum quod illud quod faciunt homines inferiori modo, scilicet per sacramenta sensibilia, quae sunt proportionata naturae ipsorum, faciunt angeli, tanquam superiores ministri, superiori modo, " scilicet invisibiliter purgando, illuminando et perficiendo.
ra2 ' Ad secundum dicendum quod sancti qui sunt in caelo, sunt similes angelis quantum ad participationem gloriae, non autem quantum ad conditionem naturae. et per consequens neque quantum ad sacramenta.
ra3 ' Ad tertium dicendum quod mali homines non

habent quod possint ministrare in sacramentis ex hoc quod per malitiam sunt membra diaboli. et ideo non sequitur quod diabolus, qui est eorum caput, magis hoc possit.

010 ST4 qu64 ar8

ag1 ' Ad octavum sic proceditur. videtur quod intentio ministri non requiratur ad perfectionem sacramenti. minister enim in sacramento instrumentaliter operatur. sed actio non perficitur secundum intentionem instrumenti, sed secundum intentionem principalis agentis. ergo intentio ministri non requiritur ad perfectionem sacramenti.
ag2 ' Praeterea, non potest homini esse nota intentio alterius. si igitur intentio ministri requiratur ad perfectionem sacramenti, non posset homini ad sacramentum accedenti esse notum quod sacramentum suscepisset. et ita non posset habere certitudinem salutis, praecipue cum quaedam sacramenta sint de necessitate salutis, * ut infra dicetur.
ag3 ' Praeterea, intentio hominis non potest esse ad id circa quod non est attentus. sed aliquando illi qui in sacramentis ministrant, non attendunt ad ea quae dicunt vel faciunt, alia cogitantes. ergo, secundum hoc, non perficitur sacramentum, propter intentionis defectum.
sc ' Sed contra est quod ea quae sunt praeter intentionem, sunt casualia. quod non est dicendum de operatione sacramentorum. ergo sacramenta requirunt intentionem ministri.
co ' Respondeo dicendum quod, quando aliquid se habet ad multa, oportet quod per aliquid determinetur ad unum, si illud effici debeat. ea vero quae in sacramentis aguntur, possunt diversimode agi, sicut ablutio aquae, quae fit in baptismo, potest ordinari et ad munditiam corporalem, et ad sanitatem corporalem, et ad ludum et ad multa alia huiusmodi. et ideo oportet quod determinetur ad unum, idest ad sacramentalem effectum, per intentionem abluentis. et haec intentio exprimitur per verba quae in sacramentis dicuntur, puta cum dicit, ego te baptizo in nomine patris, etc..
ra1 ' Ad primum ergo dicendum quod instrumentum inanimatum non habet aliquam intentionem respectu effectus, sed loco intentionis est motus quo movetur a principali agente. sed instrumentum animatum, sicut est minister, non solum movetur, sed etiam quodammodo movet seipsum, inquantum sua voluntate movet membra ad operandum. et ideo requiritur eius intentio, qua se subiiciat principali agenti, ut scilicet intendat facere quod facit christus et ecclesia.
ra2 * Ad secundum dicendum quod circa hoc est duplex opinio. quidam enim dicunt quod " requiritur mentalis intentio in ministro, quae si desit, non perficitur sacramentum. sed hunc defectum in pueris, qui non habent intentionem accedendi ad sacramentum, supplet christus, qui interius baptizat. in adultis autem, quia intendunt sacramenta suscipere, supplet illum defectum fides et devotio. ' sed hoc satis posset dici quantum ad ultimum effectum, qui est iustificatio a peccatis, sed quantum ad effectum qui est res et sacramentum, scilicet quantum ad characterem, non videtur quod per devotionem accedentis possit suppleri; quia character nunquam imprimitur nisi per sacramentum. * et ideo alii melius dicunt quod " minister sacramenti agit in persona totius ecclesiae, cuius est minister; in verbis autem quae proferuntur, exprimitur intentio ecclesiae; quae sufficit ad perfectionem sacramenti, nisi contrarium exterius exprimatur ex parte ministri et recipientis sacramentum.
ra3 ' Ad tertium dicendum quod, licet ille qui aliud cogitat, non habeat actualem intentionem, habet tamen habitualem, quae sufficit ad perfectionem sacramenti, puta si, cum sacerdos accedit ad baptizandum, intendit facere circa baptizandum quod facit ecclesia. unde, si postea in ipso exercitio actus cogitatio eius ad alia rapiatur, ex virtute primae intentionis perficitur sacramentum. quamvis studiose curare debeat sacramenti minister ut etiam actualem intentionem adhibeat. sed hoc non totaliter est positum in hominis potestate, quia praeter intentionem, cum homo vult multum intendere, incipit alia cogitare; * secundum illud psalmi, ° cor meum dereliquit me.

010 ST4 qu64 ar9

ag1 ' Ad nonum sic proceditur. videtur quod fides ministri sit de necessitate sacramenti. * sicut enim dictum est, ' intentio ministri est necessaria ad sacramenti perfectionem. sed " fides intentionem dirigit, * ut augustinus dicit, contra iulianum. ' ergo, si desit vera fides in ministro, non perficitur sacramentum.
ag2 ' Praeterea, si minister ecclesiae veram fidem non habeat, videtur esse haereticus. sed haeretici, ut videtur, non possunt sacramenta conferre. * dicit enim cyprianus, in epistola contra haereticos, ° omnia quaecumque faciunt haeretici, carnalia sunt et inania et falsa, ita ut nihil eorum quae illi gesserint, a nobis debeat probari. * et leo papa dicit, in epistola ad leonem augustum, ° manifestum est per crudelissimam et insanissimam vesaniam in alexandrina sede omnium caelestium sacramentorum lumen extinctum. intercepta est sacrificii oblatio, defecit chrismatis sanctificatio, et paricidalibus manibus impiorum omnia sese subtraxere mysteria. ' ergo vera fides ministri est de necessitate sacramenti.
ag3 ' Praeterea, illi qui non habent veram fidem, videntur esse per excommunicationem ab ecclesia separati, * dicitur enim in secunda canonica ioannis, ° si quis venit ad vos et hanc doctrinam non affert, nolite recipere eum in domum, nec ave dixeritis ei; * et tit. iii, ° haereticum hominem, post primam et secundam correctionem, devita. ' sed excommunicatus non videtur conferre posse ecclesiae sacramentum, cum sit ab ecclesia separatus, ad cuius ministerium pertinet sacramentorum dispensatio. ergo videtur quod vera fides ministri sit de necessitate sacramenti.
sc ' Sed contra est quod * augustinus dicit, contra petilianum donatistam, ° mementote sacramentis dei nihil obesse mores malorum hominum, quod illa vel non sint, vel minus sancta sint.
co * Respondeo dicendum quod, sicut supra dictum est, quia ' minister in sacramentis instrumentaliter operatur, non agit in virtute propria, sed in virtute christi. sicut autem pertinet ad propriam virtutem hominis caritas, ita et fides. unde, sicut non requiritur ad perfectionem sacramenti quod minister sit in caritate, sed possunt etiam peccatores sacramenta conferre, * ut supra dictum est; ' ita non requiritur fides eius, sed infidelis potest verum sacramentum praebere, dummodo cetera adsint quae sunt de necessitate sacramenti.
ra1 ' Ad primum ergo dicendum quod potest contingere quod aliquis patiatur defectum fidei circa aliquid aliud, et non circa veritatem sacramenti quod exhibet, puta si aliquis credat iuramentum esse in omni casu illicitum, et tamen credat baptismum efficaciam habere ad salutem. et sic talis infidelitas non impedit intentionem conferendi sacramentum. si vero patiatur fidei defectum circa ipsum sacramentum quod exhibet, licet credat per id quod agitur exterius nullum sequi interiorem effectum, non tamen ignorat quod ecclesia catholica intendit per huiusmodi quae exterius aguntur, sacramentum praebere. unde, non obstante infidelitate, potest intendere facere id quod facit ecclesia, licet existimet id nihil esse. et talis intentio sufficit ad sacramentum, quia, * sicut supra dictum est, ' minister sacramenti agit in persona totius ecclesiae, ex cuius fide suppletur id quod deest fidei ministro.
ra2 ' Ad secundum dicendum quod haereticorum quidam in collatione sacramentorum formam ecclesiae non servant. et tales neque sacramentum conferunt, neque rem sacramenti. quidam vero servant ecclesiae formam. et tales conferunt quidem sacramentum, sed non conferunt rem sacramenti. et hoc dico, si sunt manifeste ab ecclesia praecisi. quia ex hoc ipso quod aliquis accipit sacramenta ab eis, peccat, et per hoc impeditur ne effectum sacramenti consequatur. * unde augustinus dicit, in libro de fide ad petrum, ° firmissime tene, et nullatenus dubites, extra ecclesiam baptizatis, si ad ecclesiam non redierint, baptismo cumulari perniciem. * et per hunc modum dicit leo papa ° in sede alexandrina sacramentorum lumen esse extinctum, " scilicet, quantum ad rem sacramenti, non autem quantum ad ipsum sacramentum. * cyprianus autem " nec sacramentum conferre haereticos credebat, * sed in hoc eius sententia non tenetur. unde augustinus dicit, ° martyrem cyprianum, qui apud haereticos vel schismaticos datum baptismum nolebat cognoscere, tanta merita, usque ad triumphum martyrii, secuta sunt, ut caritatis qua excellebat luce obumbratio illa fugaretur, et, si quid purgandum erat, |25| passionis falce tolleretur.
ra3 ' Ad tertium dicendum quod potestas ministrandi sacramenta pertinet ad spiritualem characterem, qui indelebilis est, * ut ex supra dictis patet. ' et ideo per hoc quod aliquis ab ecclesia suspenditur vel excommunicatur, vel etiam degradatur, non amittit potestatem conferendi sacramentum, sed licentiam utendi hac potestate. et ideo sacramentum quidem confert, sed tamen peccat conferendo. et similiter ille qui ab eo accipit sacramentum, et sic non percipit rem sacramenti, nisi forte per ignorantiam excusetur.

010 ST4 qu64 ar10

ag1 ' Ad decimum sic proceditur. videtur quod intentio recta ministri requiratur ad perfectionem sacramenti. intentio enim ministri debet conformari intentioni ecclesiae, * ut ex dictis patet. ' sed intentio ecclesiae semper est recta. ergo de necessitate ad sacramenti perfectionem requiritur intentio recta ministri.
ag2 ' Praeterea, perversa intentio deterior esse videtur quam intentio iocosa. sed intentio iocosa tollit sacramentum, puta si aliquis non serio, sed ludo aliquem baptizaret. ergo multo magis perversa intentio aufert sacramentum, puta si aliquis aliquem baptizaret ut postmodum eum occideret.
ag3 ' Praeterea, perversa intentio facit totum opus vitiosum, * secundum illud luc. xi, ° si oculus tuus fuerit nequam, totum corpus tuum tenebrosum erit. " sed sacramenta christi non possunt inquinari per malos homines, * sicut augustinus dicit, contra petilianum. ' ergo videtur quod, si sit perversa intentio ministri, non sit ibi verum sacramentum.
sc ' Sed contra est quod perversa intentio pertinet ad malitiam ministri. sed malitia ministri non tollit sacramentum. ergo nec perversa intentio.
co ' Respondeo dicendum quod intentio ministri potest perverti dupliciter. uno modo, respectu ipsius sacramenti, puta cum aliquis non intendit sacramentum conferre, sed delusorie aliquid agere. et talis perversitas tollit veritatem sacramenti, praecipue quando suam intentionem exterius manifestat. alio modo potest perverti intentio ministri quantum ad id quod sequitur sacramentum, puta si sacerdos intendat aliquam feminam baptizare ut abutatur ea; vel si intendat conficere corpus christi ut eo ad veneficia utatur. et quia prius non dependet a posteriori, inde est quod talis intentionis perversitas veritatem sacramenti non tollit, sed ipse minister ex tali intentione graviter peccat.
ra1 ' Ad primum ergo dicendum quod ecclesiae intentio recta est et quantum ad sacramenti perfectionem, et quantum ad sacramenti usum, sed prima rectitudo perficit sacramentum, secunda operatur ad meritum. et ideo minister qui conformat intentionem suam ecclesiae quantum ad primam rectitudinem, non autem quantum ad secundam, perficit quidem sacramentum, sed non est sibi ad meritum.
ra2 ' Ad secundum dicendum quod intentio ludicra vel iocosa excludit primam rectitudinem intentionis, per quam perficitur sacramentum. et ideo non est similis ratio.
ra3 ' Ad tertium dicendum quod perversa intentio pervertit opus intendentis, non autem opus alterius. et ideo ex perversa intentione ministri pervertitur id quod agit in sacramentis inquantum est opus eius, non inquantum est opus christi, cuius est minister. et est simile si minister alicuius hominis prava intentione deferret pauperibus eleemosynam, quam dominus recta intentione mandaret.

010 ST4 qu65 ar

pr ' Deinde considerandum est de numero sacramentorum. et circa hoc quaeruntur quatuor. primo, utrum sint septem sacramenta. secundo, de ordine eorum ad invicem. tertio, de comparatione eorum. quarto, utrum omnia sint de necessitate salutis.

010 ST4 qu65 ar1

ag1 ' Ad primum sic proceditur. videtur quod non debeant esse septem sacramenta. sacramenta enim efficaciam habent ex virtute divina, et ex virtute passionis christi. sed una est virtus divina, et una est christi passio, ° una enim oblatione consummavit sanctificatos in sempiternum, * ut dicitur heb. x. ' ergo non debuit esse nisi unum sacramentum.
ag2 ' Praeterea, sacramentum ordinatur contra defectum peccati. hic autem est duplex, scilicet poena et culpa. ergo sufficeret esse duo sacramenta.
ag3 ' Praeterea, sacramenta pertinent ad actiones ecclesiasticae hierarchiae, * ut patet per dionysium. sed, sicut ipse dicit, " tres sunt actiones hierarchicae, purgatio, illuminatio et perfectio. ' ergo non debent esse nisi tria sacramenta.
ag4 * Praeterea, augustinus dicit, xix contra faustum, " sacramenta novae legis sunt numero pauciora quam sacramenta veteris legis. ' sed in veteri lege non erat aliquod sacramentum quod responderet confirmationi et extremae unctioni. ergo neque debent numerari inter sacramenta novae legis.
ag5 ' Praeterea, luxuria non est gravius inter cetera peccata, * ut patet ex his quae in secunda parte dicta sunt. ' sed contra alia peccata non instituitur aliquod sacramentum. ergo neque contra luxuriam debuit institui sacramentum matrimonii.
sc1 ' Sed contra, videtur quod sint plura sacramenta. sacramenta enim dicuntur quaedam sacra signa. sed multae aliae sanctificationes fiunt in ecclesia secundum sensibilia signa, sicut aqua benedicta, consecratio altaris, et alia huiusmodi. ergo sunt plura sacramenta quam septem.
sc2 * Praeterea, hugo de sancto victore dicit quod " sacramenta veteris legis fuerunt oblationes, decimae et sacrificia. ' sed sacrificium ecclesiae est unum sacramentum, quod dicitur eucharistia. ergo etiam oblationes et decimae debent dici sacramenta.
sc3 ' Praeterea, tria sunt genera peccatorum, originale, mortale et veniale. sed contra originale peccatum ordinatur baptismus; contra mortale autem poenitentia. ergo deberet esse aliud, praeter septem, quod ordinetur contra veniale.
co * Respondeo dicendum quod, sicut supra dictum est, ' ordinantur sacramenta ecclesiae ad duo, scilicet, ad perficiendum hominem in his quae pertinent ad cultum dei secundum religionem christianae vitae; et etiam in remedium contra defectum peccati. utroque autem modo convenienter ponuntur septem sacramenta. vita enim spiritualis conformitatem aliquam habet ad vitam corporalem, sicut et cetera corporalia similitudinem quandam spiritualium habent. in vita autem corporali dupliciter aliquis perficitur, uno modo, quantum ad personam propriam; alio modo, per respectum ad totam communitatem societatis in qua vivit, quia homo naturaliter est animal sociale. respectu autem sui ipsius perficitur homo in vita corporali dupliciter, uno modo, per se, acquirendo scilicet aliquam vitae perfectionem; alio modo, per accidens, scilicet removendo impedimenta vitae, puta aegritudines, vel aliquid huiusmodi. per se au-

tem perficitur corporalis vita tripliciter. primo quidem, per generationem, per quam homo incipit esse et vivere. et loco huius in spirituali vita est baptismus, qui est spiritualis regeneratio, * secundum illud ad tit. iii, ° per lavacrum regenerationis, ‘etc.. secundo, per augmentum, quo aliquis perducitur ad perfectam quantitatem et virtutem. et loco huius in spirituali vita est confirmatio, in qua datur spiritus sanctus ad robur. unde dicitur discipulis iam baptizatis, |25| * luc. ult., ° sedete in civitate quousque induamini virtute ex alto. ‘ tertio, per nutritionem, qua conservatur in homine vita et virtus. et loco huius in spirituali vita est eucharistia. * unde dicitur ioan. vi, ° nisi manducaveritis carnem filii hominis et biberitis eius sanguinem, non habebitis vitam in vobis. ‘ et hoc quidem sufficeret homini si haberet et corporaliter et spiritualiter impassibilem vitam, sed quia homo incurrit interdum et corporalem infirmitatem et spiritualem, scilicet peccatum, ideo necessaria est homini curatio ab infirmitate. quae quidem est duplex. una quidem est sanatio, quae sanitatem restituit. et loco huius in spirituali vita est poenitentia, * secundum illud psalmi, ° sana animam meam, quia peccavi tibi. ‘ alia autem est restitutio valetudinis pristinae per convenientem diaetam et exercitium. et loco huius in spirituali vita est extrema unctio, quae removet peccatorum reliquias, et hominem paratum reddit ad finalem gloriam. * unde dicitur iac. v, ° et si in peccatis sit, dimittetur ei. ‘ perficitur autem homo in ordine ad totam communitatem dupliciter. uno modo, per hoc quod accipit potestatem regendi multitudinem, et exercendi actus publicos. et loco huius in spirituali vita est sacramentum ordinis, |50| * secundum illud heb. vii, “ quod sacerdotes hostias offerunt non solum pro se, sed etiam pro populo. ‘ secundo, quantum ad naturalem propagationem. quod fit per matrimonium, tam in corporali quam in spirituali vita, eo quod est non solum sacramentum, sed naturae officium. ex his etiam patet sacramentorum numerus secundum quod ordinantur contra defectum peccati. nam baptismus ordinatur contra carentiam vitae spiritualis; confirmatio contra infirmitatem animi quae in nuper natis invenitur; eucharistia contra labilitatem animi ad peccandum; poenitentia contra actuale peccatum post baptismum commissum; extrema unctio contra reliquias peccatorum, quae scilicet non sunt sufficienter per poenitentiam sublatae, aut ex negligentia aut ex ignorantia; ordo contra dissolutionem multitudinis; matrimonium in remedium contra concupiscentiam personalem, et contra defectum multitudinis qui per mortem accidit. * quidam vero accipiunt “ numerum sacramentorum per quandam adaptationem ad virtutes, et ad defectus culparum et poenalitatum, dicentes quod fidei respondet baptismus, et ordinatur contra culpam originalem; spei extrema unctio, et ordinatur contra culpam venialem; caritati eucharistia, et ordinatur contra poenalitatem malitiae; prudentiae ordo, et ordinatur contra ignorantiam; iustitiae poenitentia, et ordinatur |75| contra peccatum mortale; temperantiae matrimonium, et ordinatur contra concupiscentiam; fortitudini confirmatio, et ordinatur contra infirmitatem.

ra1 ‘ Ad primum ergo dicendum quod idem agens principale utitur diversis instrumentis ad diversos effectus, secundum congruentiam operum. et similiter virtus divina et passio christi operatur in nobis per diversa sacramenta quasi per diversa instrumenta.

ra2 ‘ Ad secundum dicendum quod culpa et poena diversitatem habent et secundum speciem, inquantum sunt diversae species culparum et poenarum; et secundum diversos hominum status et habitudines. et secundum hoc oportuit multiplicari sacramenta, * ut ex dictis patet.

ra3 ‘ Ad tertium dicendum quod in actionibus hierarchicis considerantur et agentes, et recipientes, et actiones. agentes autem sunt ministri ecclesiae. ad quos pertinet ordinis sacramentum. recipientes autem sunt illi qui ad sacramenta accedunt. qui producuntur per matrimonium. “ actiones autem sunt purgatio, illuminatio et perfectio. ‘ sed sola purgatio non potest esse sacramentum novae legis, quod gratiam confert, sed pertinet ad quaedam sacramentalia, quae sunt catechismus et exorcismus. “ purgatio autem et illuminatio simul, * secundum dionysium, “ pertinet ad baptismum, et, propter recidivum, secundario pertinet ad poenitentiam et extremam unctionem. ‘ perfectio autem, quantum ad virtutem quidem, quae est quasi perfectio formalis, pertinet ad confirmationem, quantum autem ad consecutionem finis, pertinet ad eucharistiam.

ra4 ‘ Ad quartum dicendum quod in sacramento confirmationis datur plenitudo spiritus sancti ad robur; in extrema autem unctione praeparatur homo ut recipiat immediate gloriam; quorum neutrum competit veteri testamento. et ideo nihil potuit his sacramentis in veteri lege respondere. nihilominus tamen sacramenta veteris legis fuerunt plura numero, propter diversitatem sacrificiorum et caeremoniarum.

ra5 ‘ Ad quintum dicendum quod contra concupiscentiam venereorum oportuit specialiter remedium adhiberi per aliquod sacramentum, primo quidem, quia per huiusmodi concupiscentiam non solum vitiatur persona, sed etiam natura; secundo, propter vehementiam eius, qua rationem absorbet.

ra6 ‘ Ad sextum dicendum quod aqua benedicta et aliae consecrationes non dicuntur sacramenta, quia non perducunt ad sacramenti effectum, qui est gratiae consecutio. sed sunt dispositiones quaedam ad sacramenta, vel removendo prohibens, sicut aqua benedicta ordinatur contra insidias daemonum, et contra peccata venialia; vel idoneitatem quandam faciendo ad sacramenti perceptionem, sicut consecratur altare et vasa propter reverentiam eucharistiae.

ra7 ‘ Ad septimum dicendum quod oblationes et decimae erant, tam in lege naturae quam in lege moysi, ordinatae non solum in subsidium ministrorum et pauperum, sed etiam in figuram, et ideo erant sacramenta. nunc autem non remanserunt inquantum sunt figuralia, et ideo non sunt sacramenta.

ra8 ‘ Ad octavum dicendum quod ad deletionem venialis peccati non requiritur infusio gratiae. unde, cum in quolibet sacramento novae legis gratia infundatur, nullum sacramentum novae legis instituitur directe contra veniale; quod tollitur per quaedam sacramentalia, puta per aquam benedictam, et alia huiusmodi. * quidam tamen dicunt “ extremam unctionem contra veniale peccatum ordinari. * sed de hoc suo loco dicetur.

010 ST4 qu65 ar2

ag1 ‘ Ad secundum sic proceditur. videtur quod inconvenienter sacramenta ordinentur secundum modum praedictum. * ut enim apostolus dicit, i cor. xv, ° prius est quod est animale, deinde quod spirituale. ‘ sed per matrimonium generatur homo prima generatione, quae est animalis, per baptismum autem regeneratur homo secunda generatione quae est spiritualis. ergo matrimonium debet praecedere baptismum.

ag2 ‘ Praeterea, per sacramentum ordinis aliquis accipit potestatem agendi actiones sacramentales. sed agens est prior sua actione. ergo ordo debet praecedere baptismum et alia sacramenta.

ag3 ‘ Praeterea, eucharistia est spirituale nutrimentum, confirmatio autem comparatur augmento. nutrimentum autem est causa augmenti, et per consequens prius. ergo eucharistia est prior confirmatione.

ag4 ‘ Praeterea, poenitentia praeparat hominem ad eucharistiam. sed dispositio praecedit perfectionem. ergo poenitentia debet praecedere eucharistiam.

ag5 ‘ Praeterea, quod est propinquius fini ultimo, est posterius. sed extrema unctio, inter omnia sacramenta, propinquior est ultimo fini beatitudinis. ergo debet habere ultimum locum inter sacramenta.

sc ‘ In contrarium est quod communiter ordinantur ab omnibus sacramenta * sicut dictum est.

co ‘ Respondeo dicendum quod ratio ordinis sacramentorum apparet * ex his quae supra dicta sunt. ‘ nam sicut unum est prius quam multitudo, ita sacramenta quae ordinantur ad perfectionem unius personae, naturaliter praecedunt ea quae ordinantur ad perfectionem multitudinis. et ideo ultimo inter sacramenta ponuntur ordo et matrimonium, quae ordinantur ad multitudinis perfectionem, matrimonium tamen post ordinem, eo quod minus participat de ratione spiritualis vitae, ad quam ordinantur sacramenta. inter ea vero quae ordinantur ad perfectionem unius personae, naturaliter sunt priora illa quae per se ordinantur ad perfectionem spiritualis vitae, quam illa quae ordinantur per accidens, scilicet ad removendum nocivum accidens superveniens, cuiusmodi sunt poenitentia et extrema unctio. posterior tamen est naturaliter extrema unctio, quae conservat sanationem quam poenitentia inchoat. inter alia vero tria, manifestum est quod baptismus, qui est spiritualis regeneratio, est primum; et deinde confirmatio, quae ordinatur ad formalem perfectionem virtutis; et postmodum eucharistia, quae ordinatur ad perfectionem finis.

ra1 ‘ Ad primum ergo dicendum quod matrimonium, secundum quod ordinatur ad animalem vitam, est naturae officium. sed secundum quod habet aliquid spiritualitatis, est sacramentum. et quia minimum habet de spiritualitate, ultimo ponitur inter sacramenta.

ra2 ‘ Ad secundum dicendum quod, ad hoc quod aliquid sit agens, praesupponitur quod sit in se perfectum. et ideo priora sunt sacramenta quibus aliquis in seipso perficitur, quam sacramentum ordinis, in quo aliquis constituitur perfector aliorum.

ra3 ‘ Ad tertium dicendum quod nutrimentum et praecedit augmentum, sicut causa eius; et subsequitur augmentum, sicut conservans hominem in perfecta quantitate et virtute. et ideo potest eucharistia praemitti confirmationi, * ut dionysius facit, in libro eccl. hier., ‘ et potest postponi, * sicut magister facit, in iv sententiarum.

ra4 ‘ Ad quartum dicendum quod ratio illa recte procederet si poenitentia ex necessitate requireretur ut praeparatoria ad eucharistiam. sed hoc non est verum, nam si aliquis esset sine peccato mortali, non indigeret poenitentia ad sumptionem eucharistiae. et sic patet quod per accidens poenitentia praeparat ad eucharistiam, scilicet, supposito peccato. * unde dicitur ii paral. ult., ° tu, domine iustorum, non posuisti poenitentiam iustis.

ra5 ‘ Ad quintum dicendum quod extrema unctio, propter rationem inductam, est ultimum inter sacramenta quae ordinantur ad perfectionem unius personae.

010 ST4 qu65 ar3

ag1 ‘ Ad tertium sic proceditur. videtur quod sacramentum eucharistiae non sit potissimum inter sacramenta. “ bonum enim commune potius est quam bonum unius, * ut dicitur i ethic.. ‘ sed matrimonium ordinatur ad bonum commune speciei humanae per viam generationis. sacramentum autem eucharistiae ordinatur ad bonum proprium sumentis. ergo non est potissimum sacramentorum.

ag2 ‘ Praeterea, digniora sacramenta esse videntur quae per maiorem ministrum conferuntur. sed sacramentum confirmationis et sacramentum ordinis non conferuntur nisi per episcopum, qui est maior minister quam simplex minister, qui est sacerdos, per quem confertur eucharistiae sacramentum. ergo illa sacramenta sunt potiora.

ag3 ‘ Praeterea, sacramenta tanto sunt potiora quanto maiorem virtutem habent. sed quaedam sacramenta imprimunt characterem, scilicet baptismus, confirmatio et ordo, quod non facit eucharistia. ergo illa sacramenta sunt potiora.

ag4 ‘ Praeterea, illud videtur esse potius ex quo alia dependent et non e converso. sed ex baptismo dependet eucharistia, non enim potest aliquis eucharistiam accipere nisi fuerit baptizatus. ergo baptismus est potior eucharistia.

sc * Sed contra est quod dionysius dicit, iii cap. eccles. hier., quod ° non contingit aliquem perfici perfectione hierarchica nisi per divinissimam eucharistiam. ‘ ergo hoc sacramentum potissimum et perfectivum est omnium aliorum.

co ‘ Respondeo dicendum quod, simpliciter loquendo, sacramentum eucharistiae est potissimum inter alia sacramenta. quod quidem tripliciter apparet. primo quidem, ex eo quod in eo continetur ipse christus substantialiter, in aliis autem sacramentis continetur quaedam virtus instrumentalis participata a christo, * ut ex supra dictis patet. ‘ semper autem quod est per essentiam, potius est eo quod est per participationem. secundo hoc apparet ex ordine sacramentorum ad invicem, nam omnia alia sacramenta ordinari videntur ad hoc sacramentum sicut ad finem. manifestum est enim quod sacramentum ordinis ordinatur ad eucharistiae consecrationem. sacramentum vero baptismi ordinatur ad eucharistiae receptionem. in quo etiam perficitur aliquis per confirmationem, ut non vereatur se subtrahere a tali sacramento. per poenitentiam etiam et extremam unctionem praeparatur homo ad digne sumendum corpus christi. matrimonium autem saltem sua significatione attingit hoc sacramentum, inquantum significat coniunctionem christi et ecclesiae, cuius unitas per sacramentum eucharistiae figuratur, * unde et apostolus dicit, ephes. v, ° sacramentum hoc magnum est, ego autem dico in christo et in ecclesia. ‘ tertio hoc apparet ex ritu sacramentorum. “ nam fere omnia sacramenta in eucharistia consummantur, |25| * ut dicit dionysius, iii cap. eccles. hier., ‘ sicut patet quod ordinati communicant, et etiam baptizati si sint adulti. aliorum autem sacramentorum comparatio ad invicem potest esse multipliciter. nam in via necessitatis, baptismus est potissimum sacramentorum; in via autem perfectionis, sacramentum ordinis; medio autem modo se habet sacramentum confirmationis. sacramentum vero poenitentiae et extremae unctionis sunt inferioris gradus a praedictis sacramentis, quia, * sicut dictum est, ‘ ordinantur ad vitam christianam non per se, sed quasi per accidens, scilicet in remedium supervenientis defectus. inter quae tamen extrema unctio comparatur ad poenitentiam sicut confirmatio ad baptismum, ita scilicet quod poenitentia est maioris necessitatis, sed extrema unctio est maioris perfectionis.

ra1 ‘ Ad primum ergo dicendum quod matrimonium ordinatur ad bonum commune corporaliter. sed bonum commune spirituale totius ecclesiae continetur substantialiter in ipso eucharistiae sacramento.

ra2 ‘ Ad secundum dicendum quod per ordinem et confirmationem deputantur fideles christi ad aliqua specialia officia, quod pertinet ad officium principis. et ideo tradere huiusmodi sacramenta pertinet ad solum episcopum, qui est quasi princeps in ecclesia. per sacramentum vero eucharistiae non deputatur homo ad aliquod officium, sed magis hoc sacramentum est finis omnium officiorum, * ut dictum est.

ra3 ‘ Ad tertium dicendum quod character sacramentalis, * sicut supra dictum est, ‘ quaedam participatio est sacerdotii christi. unde sacramentum quod ipsum christum coniungit homini, est dignius sacramento quod imprimit christi characterem.

ra4 ‘ Ad quartum dicendum quod ratio illa procedit ex parte necessitatis. sic enim baptismus, cum sit maximae necessitatis, est potissimum sacramentorum. sicut ordo et confirmatio habent quandam excellentiam ratione ministerii; et matrimonium ratione significationis. nihil enim prohibet aliquid esse secundum quid dignius, quod tamen non est dignius simpliciter.

010 ST4 qu65 ar4

ag1 ‘ Ad quartum sic proceditur. videtur quod omnia

sacramenta sunt de necessitate salutis. id enim quod non est necessarium, videtur esse superfluum. sed nullum sacramentum est superfluum, quia deus nihil facit frustra. ergó omnia sacramenta sunt de necessitate salutis.
ag2 * Praeterea, sicut de baptismo dicitur, ° nisi quis renatus fuerit ex aqua et spiritu sancto, non potest introire in regnum dei, * ita de eucharistia dicitur, ioan. vi, ° nisi manducaveritis carnem filii hominis et biberitis eius sanguinem, non habebitis vitam in vobis. ‘ ergo, sicut baptismus est sacramentum necessitatis, ita et eucharistia.
ag3 ‘ Praeterea, sine sacramento baptismi potest aliquis salvus fieri, dummodo non contemptus religionis, sed necessitas sacramentum excludat, * ut infra dicetur. ‘ sed in quolibet sacramento contemptus religionis impedit hominis salutem. ergo, pari ratione, omnia sacramenta sunt de necessitate salutis.
sc ‘ Sed contra est quod pueri salvantur per solum baptismum, sine aliis sacramentis.
co ‘ Respondeo dicendum quod necessarium respectu finis, de quo nunc loquimur, dicitur aliquid dupliciter. uno modo, sine quo non potest esse finis, sicut cibus est necessarius vitae humanae. et hoc est simpliciter necessarium ad finem. alio modo dicitur esse necessarium id sine quo non habetur finis ita convenienter, sicut equus necessarius est ad iter. hoc autem non est simpliciter necessarium ad finem. primo igitur modo necessitatis sunt tria sacramenta necessaria. duo quidem personae singulari, baptismus quidem simpliciter et absolute; poenitentia autem, supposito peccato mortali post baptismum. sacramentum autem ordinis est necessarium ecclesiae, quia, ° ubi non est gubernator, populus corruet, * ut dicitur proverb. xi. ‘ sed secundo modo sunt necessaria alia sacramenta. nam confirmatio perficit baptismum quodammodo; extrema unctio poenitentiam; matrimonium vero ecclesiae multitudinem per propagationem conservat.
ra1 ‘ Ad primum ergo dicendum quod ad hoc quod aliquid non sit superfluum, sufficit necessarium primo vel secundo modo. et sic sunt necessaria sacramenta, * ut dictum est.
ra2 “ Ad secundum dicendum quod illud verbum domini est intelligendum de spirituali manducatione, et non de sola sacramentali, * ut augustinus exponit, super ioannem.
ra3 ‘ Ad tertium dicendum quod, licet omnium sacramentorum contemptus sit saluti contrarius, non tamen est contemptus sacramenti ex hoc quod aliquis non curat accipere sacramentum quod non est de necessitate salutis. alioquin qui non accipiunt ordinem, et qui non contrahunt matrimonium, contemnerent huiusmodi sacramenta.

010 ST4 qu66 ar

pr ‘ Deinde considerandum est de singulis sacramentis in speciali. et primo, de baptismo; secundo, de confirmatione; tertio, de eucharistia; quarto, de poenitentia; quinto, de extrema unctione; sexto, de ordine; septimo, de matrimonio. circa primum occurrit duplex consideratio, prima, de ipso baptismo; secunda, de praeparatoriis baptismi. circa primum quatuor consideranda occurrunt, primo, de his quae pertinent ad sacramentum baptismi; secundo, de ministro huius sacramenti; tertio, de recipientibus hoc sacramentum; quarto, de effectu huius sacramenti. circa primum quaeruntur duodecim. primo, quid sit baptismus, utrum sit ablutio. secundo, de institutione huius sacramenti. tertio, utrum aqua sit propria materia huius sacramenti. quarto, utrum requiratur aqua simplex. quinto, utrum haec sit conveniens forma huius sacramenti, ego te baptizo in nomine patris et filii et spiritus sancti. sexto, utrum sub hac forma possit aliquis baptizari, ego te baptizo in nomine christi. septimo, utrum immersio sit de necessitate baptismi. octavo, utrum requiratur trina immersio. nono, utrum baptismus possit iterari. decimo, de ritu baptismi. undecimo, de distinctione baptismatum. duodecimo, de comparatione baptismatum.

010 ST4 qu66 ar1

ag1 ‘ Ad primum sic proceditur. videtur quod baptismus non sit ipsa ablutio. ablutio enim corporalis transit. baptismus autem permanet. ergo baptismus non est ipsa ablutio, sed potius ° regeneratio et sigillum et custodia et illuminatio, * ut damascenus dicit, in iv libro.
ag2 * Praeterea, hugo de sancto victore dicit quod ° baptismus est aqua diluendis criminibus sanctificata per verbum dei. ‘ aqua autem non est ipsa ablutio, sed ablutio est quidam usus aquae.
ag3 * Praeterea, augustinus dicit, super ioan., ° accedit verbum ad elementum et fit sacramentum. ‘ elementum autem est ipsa aqua. ergo baptismus est ipsa aqua, non autem ablutio.
sc * Sed contra est quod dicitur eccli. xxxiv, ° qui baptizatur a mortuo et iterum tangit mortuum, quid proficit lotio eius? ‘ videtur ergo quod baptismus sit ipsa ablutio, sive lotio.
co ‘ Respondeo dicendum quod in sacramento baptismi est tria considerare, aliquid scilicet quod est sacramentum tantum; aliquid autem quod est res et sacramentum; aliquid autem quod est res tantum. sacramentum autem tantum est aliquid visibile exterius existens, quod scilicet est signum interioris effectus, hoc enim pertinet ad rationem sacramenti. exterius autem suppositum sensui est et ipsa aqua, et usus eius, qui est ablutio. * quidam ergo existimaverunt quod “ ipsa aqua sit sacramentum. * quod quidem sonare videntur verba hugonis de sancto victore. “ nam ipse in communi definitione sacramenti dicit quod est materiale elementum, et in definitione baptismi dicit quod est aqua. ‘ sed hoc non est verum. cum enim sacramenta novae legis sanctificationem quandam operentur, ibi perficitur sacramentum ubi perficitur sanctificatio. in aqua autem non perficitur sanctificatio, sed est ibi quaedam sanctificationis virtus instrumentalis, non permanens, sed fluens in hominem, qui est verae sanctificationis subiectum. et ideo sacramentum non perficitur in ipsa aqua, sed in applicatione aquae ad hominem, quae est ablutio. * et ideo magister, in iii dist. iv sent., dicit quod ° baptismus est ablutio corporis exterior facta sub forma praescripta verborum. |25| ‘ res autem et sacramentum est character baptismalis, qui est res significata per exteriorem ablutionem, et est signum sacramentale interioris iustificationis. quae est res tantum huius sacramenti, scilicet, significata et non significans.
ra1 ‘ Ad primum ergo dicendum quod id quod est sacramentum et res, scilicet character, et id quod est res tantum, scilicet interior iustificatio, permanent, sed character permanet indelebiliter, * ut supra dictum est; ‘ iustificatio autem permanet, sed amissibiliter. * damascenus ergo baptismum definivit, “ non quantum ad id quod exterius agitur, quod est sacramentum tantum, sed quantum ad id quod est interius. unde posuit duo pertinentia ad characterem, scilicet sigillum et custodiam, inquantum ipse character, qui sigillum dicitur, quantum est de se, custodit animam in bono. duo etiam ponit pertinentia ad ultimam rem sacramenti, scilicet regenerationem, quae ad hoc pertinet quod per baptismum homo inchoat novam vitam iustitiae; et illuminationem, quae pertinet specialiter ad fidem, per quam homo spiritualem vitam accipit, * secundum illud habacuc ii, ° iustus autem ex fide vivit; ‘ baptismus autem est quaedam fidei protestatio. unde dicitur fidei sacramentum. et similiter * dionysius baptismum definivit per ordinem ad alia sacramenta, dicens, ii cap. eccles. hier., quod ° est |25| quoddam principium sanctissimorum mandatorum sacrae actionis, ad eorum susceptivam opportunitatem formans nostros animales habitus. “ et iterum in ordine ad caelestem gloriam, quae est universalis finis sacramentorum, cum subdit, ad supercaelestis quietis anagogen nostrum iter faciens. et iterum quantum ad principium spiritualis vitae, per hoc quod subdit, sacrae et divinissimae nostrae regenerationis traditio.
ra2 * Ad secundum dicendum quod, sicut dictum est, * opinionem hugonis de sancto victore in hac parte sequi non oportet. ‘ potest tamen verificari ut baptismus dicatur aqua esse, quia aqua est materiale baptismi principium. et sic erit praedicatio per causam.
ra3 ‘ Ad tertium dicendum quod, accedente verbo ad elementum fit sacramentum, non quidem in ipso elemento, sed in homine, cui adhibetur elementum per usum ablutionis. et hoc etiam significat ipsum verbum quod accedit ad elementum, cum dicitur, ego te baptizo, etc..

010 ST4 qu66 ar2

ag1 ‘ Ad secundum sic proceditur. videtur quod baptismus fuerit institutus post christi passionem. causa enim praecedit effectum. sed passio christi operatur in sacramentis novae legis. ergo passio christi praecedit institutionem sacramentorum novae legis. et praecipue institutionem baptismi, * cum apostolus dicat, rom. vi, ° quicumque baptizati sumus in christo iesu, in morte ipsius baptizati sumus, etc..
ag2 ‘ Praeterea, sacramenta novae legis efficaciam habent ex mandato christi. sed christus mandatum baptizandi dedit discipulis post passionem et resurrectionem suam, ° dicens, euntes, docete omnes gentes, baptizantes eos in nomine patris, ‘ etc., * ut habetur matth. ult.. ‘ ergo videtur quod post passionem christi baptismus fuerit institutus.
ag3 ‘ Praeterea, baptismus est sacramentum necessitatis, * ut supra dictum est, ‘ et ita videtur quod ex quo baptismus institutus fuit, homines obligarentur ad baptismum. sed ante passionem christi homines non obligabantur ad baptismum, quia adhuc circumcisio suam virtutem habebat, in cuius loco successit baptismus. ergo videtur quod baptismus non fuerit institutus ante passionem christi.
sc ‘ Sed contra est quod * augustinus dicit, in quodam sermone epiphaniae, ° ex quo christus in aquis immergitur, ex eo omnium peccata abluit aqua. ‘ sed hoc fuit ante christi passionem. ergo baptismus ante christi passionem fuit institutus.
co * Respondeo dicendum quod, sicut dictum est supra, ‘ sacramenta ex sui institutione habent quod conferant gratiam. unde tunc videtur aliquod sacramentum institui, quando accipit virtutem producendi suum effectum. hanc autem virtutem accepit baptismus quando christus est baptizatus. unde tunc vere baptismus institutus fuit, quantum ad ipsum sacramentum. sed necessitas utendi hoc sacramento indicta fuit hominibus post passionem et resurrectionem. tum quia in passione christi terminata sunt figuralia sacramenta, quibus succedit baptismus et alia sacramenta novae legis. tum etiam quia per baptismum configuratur homo passioni et resurrectioni christi, inquantum moritur peccato et incipit novam iustitiae vitam. et ideo oportuit christum pati prius et resurgere quam hominibus indiceretur necessitas se configurandi morti et resurrectioni eius.
ra1 ‘ Ad primum ergo dicendum quod etiam ante passionem christi baptismus habebat efficaciam a christi passione, inquantum eam praefigurabat, aliter tamen quam sacramenta veteris legis. nam illa erant figurae tantum, baptismus autem ab ipso christo virtutem habebat iustificandi, per cuius virtutem etiam ipsa passio salutifera fuit.
ra2 ‘ Ad secundum dicendum quod homines non debebant multiplicibus figuris arctari per christum, qui venerat sua veritate figuras impletas auferre. et ideo ante passionem suam baptismum institutum non posuit sub praecepto, sed voluit ad eius exercitium homines assuefieri; et praecipue in populo iudaeorum, apud quem omnia facta figuralia erant, * ut augustinus dicit, contra faustum. ‘ post passionem vero et resurrectionem, non solum iudaeis, sed etiam gentilibus suo praecepto necessitatem baptismi imposuit, dicens, ° euntes, docete omnes gentes.
ra3 ‘ Ad tertium dicendum quod sacramenta non sunt obligatoria nisi quando sub praecepto ponuntur. quod quidem non fuit ante passionem, * ut dictum est. * quod enim dominus ante passionem nicodemo dixit, ioan. iii, ° nisi quis renatus fuerit ex aqua et spiritu sancto, non potest introire in regnum dei, “ magis videtur ad futurum respicere quam ad praesens tempus.

010 ST4 qu66 ar3

ag1 ‘ Ad tertium sic proceditur. videtur quod aqua non sit propria materia baptismi. “ baptismus enim, * secundum dionysium et damascenum, “ habet vim illuminativam. ‘ sed illuminatio maxime competit igni. ergo baptismus magis debet fieri in igne quam in aqua, * praesertim cum ioannes baptista, praenuntians christi baptismum, dicat, ° ille vos baptizabit in spiritu sancto et igni.
ag2 ‘ Praeterea, in baptismo significatur ablutio peccatorum. sed multa alia sunt ablutiva quam aqua, sicut vinum et oleum et alia huiusmodi. ergo etiam in his potest fieri baptismus. non ergo aqua est propria materia baptismi.
ag3 ‘ Praeterea, sacramenta ecclesiae fluxerunt de latere christi pendentis in cruce, * ut supra dictum est. ‘ sed inde fluxit non solum aqua, sed etiam sanguis. ergo videtur quod etiam in sanguine possit fieri baptismus. quod etiam magis videtur convenire cum effectu baptismi, * quia dicitur apoc. i, ° lavit nos a peccatis nostris in sanguine suo.
ag4 * Praeterea, sicut augustinus et beda dicunt, ° christus tactu suae mundissimae carnis vim regenerativam et purgativam contulit aquis. ‘ sed non omnis aqua continuatur cum aqua iordanis, quam christus tetigit sua carne. ergo videtur quod non in omni aqua possit fieri baptismus. et ita aqua, inquantum huiusmodi, non est propria materia baptismi.
ag5 ‘ Praeterea, si aqua secundum se esset propria baptismi materia, non oporteret aliquid aliud fieri circa aquam, ad hoc quod in ea baptismus fieret. sed in solemni baptismo aqua in qua debet celebrari baptismus, exorcizatur et benedicitur. ergo videtur quod aqua secundum se non sit propria materia baptismi.
sc * Sed contra est quod dominus dicit, ioan. iii, ° nisi quis renatus fuerit ex aqua et spiritu sancto, non potest introire in regnum dei.
co ‘ Respondeo dicendum quod ex institutione divina aqua est propria materia baptismi. et hoc convenienter. primo quidem, quantum ad ipsam rationem baptismi, qui est regeneratio in spiritualem vitam, quod maxime congruit aquae. unde et semina, ex quibus generantur omnia viventia, scilicet plantae et animalia, humida sunt, et ad aquam pertinent. * propter quod quidam philosophi posuerunt “ aquam omnium rerum principium. ‘ secundo, quantum ad effectus baptismi, quibus competunt aquae proprietates. quae sua humiditate lavat, ex quo conveniens est ad significandum et causandum ablutionem peccatorum. sua frigiditate etiam temperat superfluitatem caloris, et ex hoc competit ad mitigandum concupiscentiam fomitis. sua diaphanitate est luminis susceptiva, unde competit baptismo inquantum est fidei sacramentum. tertio, quia convenit ad repraesentandum mysteria christi, quibus iustificamur. * ut enim dicit chrysostomus, super illud ioan., ° nisi quis renatus fuerit etc., sicut in quodam sepulcro, in aqua, submergentibus nobis capita, vetus homo sepelitur, et submersus deorsum occultatur, et deinde novus rursus ascendit. ‘ quarto, quia ratione suae communitatis et abundantiae est conveniens materia necessitati huius sacramenti, potest enim ubique de facili haberi.
ra1 ‘ Ad primum ergo dicendum quod illuminatio pertinet ad ignem active. ille autem qui baptizatur, non efficitur illuminans, sed illuminatus per fidem, quae est ex auditu, * ut dicitur rom. x. ‘ et ideo magis competit aqua baptismo quam ignis. quod autem dicitur, baptizabit vos in spiritu sancto et igni, potest per ignem, * ut hieronymus dicit, ‘ intelligi spiritus

sanctus, qui super discipulos in igneis linguis apparuit, * ut dicitur act. ii. ' vel per ignem potest intelligi tribulatio, * ut chrysostomus dicit, super matth., ' quia tribulatio peccata purgat, et concupiscentiam diminuit. * vel quia, ut hilarius dicit, super matth., ° baptizatis in spiritu sancto reliquum est consummari igne iudicii.

ra2 ' Ad secundum dicendum quod vinum et oleum communiter non sumuntur ad usum ablutionis, sicut aqua. nec etiam ita perfecte abluunt, quia ex illorum ablutione remanet aliqua infectio quantum ad odorem, quod non contingit de aqua. illa etiam non ita communiter et abundanter habentur sicut aqua.

ra3 ' Ad tertium dicendum quod ex latere christi fluxit aqua ad abluendum, sanguis autem ad redimendum. et ideo sanguis competit sacramento eucharistiae, aqua autem sacramento baptismi. qui tamen habet vim ablutivam ex virtute sanguinis christi.

ra4 ' Ad quartum dicendum quod virtus christi derivata est ad omnem aquam, non propter continuitatem loci, sed propter similitudinem speciei, * ut dicit augustinus, in quodam sermone epiphaniae, ° quae de salvatoris baptismate benedictio fluxit, tanquam fluvius spiritalis, omnium gurgitum tractus, universorum fontium venas implevit.

ra5 ' Ad quintum dicendum quod illa benedictio quae adhibetur aquae, non est de necessitate baptismi, sed pertinet ad quandam solemnitatem, per quam excitatur devotio fidelium, et impeditur astutia daemonis, ne impediat baptismi effectum.

010 ST4 qu66 ar4

ag1 ' Ad quartum sic proceditur. videtur quod ad baptismum non requiratur aqua simplex. aqua enim quae apud nos est, non est aqua pura, " quod praecipue apparet de aqua maris, in qua plurimum admiscetur de terrestri, * ut patet per philosophum, in libro meteorol.. ' et tamen in tali aqua potest fieri baptismus. ergo non requiritur aqua simplex et pura ad baptismum.

ag2 ' Praeterea, in solemni celebratione baptismi aquae infunditur chrisma. sed hoc videtur impedire puritatem et simplicitatem aquae. ergo aqua pura et simplex non requiritur ad baptismum.

ag3 ' Praeterea, aqua fluens de latere christi pendentis in cruce fuit significativa baptismi, * ut dictum est. ' sed aqua illa non videtur fuisse aqua pura, eo quod in corpore mixto, cuiusmodi fuit corpus christi, non sunt elementa in actu. ergo videtur quod non requiratur aqua pura vel simplex ad baptismum.

ag4 ' Praeterea, lixivium non videtur esse aqua pura, habet enim contrarias proprietates aquae, scilicet calefaciendi et desiccandi. et tamen in lixivio videtur posse fieri baptismus, sicut et in aquis balneorum, quae transeunt per venas sulphureas, sicut et lixivium colatur per cineres. ergo videtur quod aqua simplex non requiratur ad baptismum.

ag5 ' Praeterea, aqua rosacea generatur per sublimationem a rosis, sicut etiam aquae alchimicae generantur per sublimationem ab aliquibus corporibus. sed in his aquis, ut videtur, potest fieri baptismus, sicut et in aquis pluvialibus, quae per sublimationem vaporum generantur. cum igitur huiusmodi aquae non sint purae et simplices, videtur quod aqua pura et simplex non requiratur ad baptismum.

sc ' Sed contra est quod propria materia baptismi est aqua, * ut dictum est. ' sed speciem aquae non habet nisi aqua simplex. ergo aqua pura et simplex ex necessitate requiritur ad baptismum.

co ' Respondeo dicendum quod aqua suam puritatem et simplicitatem potest amittere dupliciter, uno modo, per mixtionem alterius corporis; alio modo, per alterationem. utrumque autem horum contingit fieri dupliciter, scilicet per artem, et per naturam. ars autem deficit ab operatione naturae, quia natura dat formam substantialem, quod ars facere non potest, sed omnes formae artificiales sunt accidentales; nisi forte apponendo proprium agens ad propriam materiam, sicut ignem combustibili, per quem modum a quibusdam quaedam animalia per putrefactionem generantur. quaecumque igitur transmutatio circa aquam facta est per artem, sive commiscendo sive alterando, non transmutatur species aquae. unde in tali aqua potest fieri baptismus, nisi forte aqua admisceatur per artem in tam parva quantitate alicui corpori quod compositum magis sit aliud quam aqua; sicut lutum magis est terra quam aqua, et vinum lymphatum magis est vinum quam aqua. sed transmutatio quae fit a natura, quandoque quidem speciem aquae solvit, et hoc fit quando aqua efficitur per naturam de substantia alicuius corporis mixti; sicut aqua conversa in liquorem uvae est vinum, unde non habet speciem aquae. aliquando autem fit per naturam transmutatio aquae sine solutione speciei, et hoc tam per alterationem, sicut patet de aqua calefacta a sole; quam etiam per mixtionem, sicut patet de aqua fluminis turbida ex permixtione terrestrium partium. sic igitur dicendum est quod in qualibet |25| aqua, qualitercumque transmutata, dummodo non solvatur species aquae, potest fieri baptismus. si autem solvatur species aquae, non potest fieri baptismus.

ra1 ' Ad primum ergo dicendum quod transmutatio facta in aqua maris, et in aliis aquis quae penes nos sunt, non est tanta quae solvat speciem aquae. et ideo in huiusmodi aquis potest fieri baptismus.

ra2 ' Ad secundum dicendum quod admixtio chrismatis non solvit speciem aquae. sicut nec etiam aqua decoctionis carnium, aut aliorum huiusmodi, nisi forte sit facta tanta resolutio corporum lixatorum in aqua quod liquor plus habeat de aliena substantia quam de aqua; quod ex spissitudine perspici potest. si tamen ex liquore sic inspissato exprimatur aqua subtilis, potest in ea fieri baptismus, sicut et in aqua quae exprimitur ex luto, licet in luto baptismus fieri non possit.

ra3 " Ad tertium dicendum quod aqua fluens de latere christi pendentis in cruce non fuit humor phlegmaticus, * ut quidam dixerunt. ' in tali enim humore non posset fieri baptismus, sicut nec in sanguine animalis, aut in vino, aut in quocumque liquore alicuius plantae. fuit autem aqua pura miraculose egrediens a corpore mortuo, sicut et sanguis, ad comprobandam veritatem dominici corporis, contra manichaeorum errorem, ut scilicet per aquam, quae est unum quatuor elementorum, ostenderetur corpus christi vere fuisse compositum ex quatuor elementis; per sanguinem vero ostenderetur esse compositum ex quatuor humoribus.

ra4 ' Ad quartum dicendum quod in lixivio, et in aquis sulphureorum balneorum, potest fieri baptismus, quia tales aquae non incorporantur per artem vel naturam aliquibus corporibus mixtis, sed solum alterationem quandam recipiunt ex hoc quod transeunt per aliqua corpora.

ra5 ' Ad quintum dicendum quod aqua rosacea est liquor rosae resolutus. unde in ea non potest fieri baptismus. et, eadem ratione, nec in aquis alchimicis, sicut in vino. nec est eadem ratio de aquis pluvialibus, quae generantur ex maiori parte ex subtiliatione vaporum resolutorum ex aquis, minimum autem ibi est de liquoribus corporum mixtorum, qui tamen per huiusmodi sublimationem, virtute naturae, quae est fortior arte, resolvuntur in veram aquam, quod ars facere non potest. unde aqua pluvialis nullam proprietatem retinet alicuius corporis mixti, quod de aquis rosaceis et de aquis alchimicis dici non potest.

010 ST4 qu66 ar5

ag1 ' Ad quintum sic proceditur. videtur quod haec non sit conveniens forma baptismi, ° ego te baptizo in nomine patris et filii et spiritus sancti. ' actus enim magis debet attribui principali agenti quam ministro. sed in sacramento minister agit ut instrumentum, * ut supra dictum est, ' principale autem agens in baptismo est christus, * secundum illud ioan. i, ° super quem videris spiritum descendentem et manentem, hic est qui baptizat. " inconvenienter ergo minister dicit, ego te baptizo, praesertim quia in hoc quod dicitur baptizo, intelligitur ego, et sic videtur superflue apponi.

ag2 ' Praeterea, non oportet quod ille qui aliquem actum exercet, de actu exercito faciat mentionem, sicut ille qui docet, non oportet quod dicat, ego vos doceo. dominus autem simul tradidit praeceptum baptizandi et docendi, * dicens, ° euntes, docete omnes gentes, ' etc.. ergo non oportet quod in forma baptismi fiat mentio de actu baptismi.

ag3 ' Praeterea, ille qui baptizatur, quandoque non intelligit verba, puta si sit surdus aut puer. frustra autem ad talem sermo dirigitur, * secundum illud eccli., ° ubi non est auditus, non effundas sermonem. " ergo inconvenienter dicitur, ego te baptizo, sermone directo ad eum qui baptizatur.

ag4 ' Praeterea, contingit simul plures baptizari a pluribus, sicut apostoli baptizaverunt una die tria millia, et alia die quinque millia, * ut dicitur act. ii et iv. ' non ergo debet forma baptismi determinari in singulari numero, ut dicatur, " ego te baptizo, sed potest dici, nos vos baptizamus.

ag5 ' Praeterea, baptismus virtutem habet a passione christi. sed per formam baptismus sanctificatur. ergo videtur quod in forma baptismi debeat fieri mentio de passione christi.

ag6 ' Praeterea, nomen designat proprietatem rei. sed tres sunt proprietates personales divinarum personarum, * ut in prima parte dictum est. ' non ergo debet dici, in nomine patris et filii et spiritus sancti, sed, in nominibus.

ag7 ' Praeterea, persona patris non solum significatur nomine patris, sed etiam nomine innascibilis et genitoris; filius etiam significatur nomine verbi et imaginis et geniti; spiritus etiam sanctus potest significari nomine doni et amoris, et nomine procedentis. ergo videtur quod etiam his nominibus utendo perficitur baptismus.

sc * Sed contra est quod dominus dicit, matth. ult., ° euntes, docete omnes gentes, baptizantes eos in nomine patris et filii et spiritus sancti.

co ' Respondeo dicendum quod baptismus per suam formam consecratur, * secundum illud ephes. v, ° mundans eam lavacro aquae in verbo vitae, * et augustinus dicit, in libro de unico baptismo, quod ° baptismus verbis evangelicis consecratur. ' et ideo oportet quod in forma baptismi exprimatur causa baptismi. est autem eius duplex causa, una quidem principalis, a qua virtutem habet, quae est sancta trinitas; alia autem est instrumentalis, scilicet minister, qui tradit exterius sacramentum. et ideo debet in forma baptismi de utraque fieri mentio. " minister autem tangitur cum dicitur, ego te baptizo, causa autem principalis, cum dicitur, in nomine patris et filii et spiritus sancti. ' unde haec est conveniens forma baptismi, ° ego te baptizo in nomine patris et filii et spiritus sancti.

ra1 ' Ad primum ergo dicendum quod actio attribuitur instrumento sicut immediate agenti, attribuitur autem principali agenti sicut in cuius virtute instrumentum agit. et ideo in forma baptismi convenienter significatur minister ut exercens actum baptismi, * per hoc quod dicitur, " ego te baptizo, et ipse dominus baptizandi actum attribuit ministris, dicens, baptizantes eos, etc.. ' causa autem principalis significatur ut in cuius virtute sacramentum agitur, * per hoc quod dicitur, ° in nomine patris et filii et spiritus sancti, ' non enim christus baptizat sine patre et spiritu sancto. * graeci autem non attribuunt actum baptismi ministris, ad evitandum antiquorum errorem, qui " virtutem baptismi baptistis attribuebant, dicentes, ° ego sum pauli, et ego cephae. * et ideo dicunt, ° baptizetur servus christi talis in nomine patris, etc.. ' et quia exprimitur actus exercitus per ministrum cum invocatione trinitatis, verum perficitur sacramentum. quod autem additur ego in forma nostra, non est de substantia formae, sed ponitur ad maiorem expressionem intentionis.

ra2 ' Ad secundum dicendum quod, quia ablutio hominis in aqua propter multa fieri potest, oportet quod determinetur in verbis formae ad quid fiat. quod quidem non fit per hoc quod dicitur, ° in nomine patris et filii et spiritus sancti, ' quia omnia in tali nomine facere debemus, * ut habetur coloss. iii. ' et ideo, si non exprimatur actus baptismi, vel per modum nostrum vel per modum graecorum, non perficitur sacramentum, * secundum illam decretalem alexandri iii, ° si quis puerum ter in aquam merserit in nomine patris et filii et spiritus sancti amen, et non dixerit, ego te baptizo in nomine patris et filii et spiritus sancti amen, non est puer baptizatus.

ra3 ' Ad tertium dicendum quod verba quae proferuntur in formis sacramentorum, non pronuntiantur solum causa significandi, sed etiam causa efficiendi, inquantum habent efficaciam ab illo verbo per quod facta sunt omnia. et ideo convenienter diriguntur non solum ad homines, sed etiam ad creaturas insensibiles, * ut cum dicitur, ° exorcizo te, creatura salis.

ra4 ' Ad quartum dicendum quod plures simul non possunt unum baptizare, quia actus multiplicatur secundum multiplicationem agentium, si perfecte ab unoquoque agatur. et sic, si convenirent duo quorum unus esset mutus, qui non posset proferre verba, et alius carens manibus, qui non posset exercere actum, non possent ambo simul baptizare, uno dicente verba et alio exercente actum. possunt autem, si necessitas exigit, plures simul baptizari, quia nullus eorum recipiet nisi unum baptismum. sed tunc oportebit dicere, ego baptizo vos. nec erit mutatio formae, quia vos nihil aliud est quam te et te. quod autem dicitur nos, non est idem quod ego et ego, sed, ego et tu, et sic iam mutaretur forma. similiter autem mutaretur forma si diceretur, ego baptizo me. et ideo nullus potest baptizare seipsum. propter quod etiam christus a ioanne voluit baptizari, * ut dicitur extra, de baptismo et eius effectu, cap. debitum.

ra5 ' Ad quintum dicendum quod passio christi, etsi sit principalis causa respectu ministri, est tamen causa instrumentalis respectu sanctae trinitatis. et ideo potius commemoratur trinitas quam passio christi.

ra6 ' Ad sextum dicendum quod, etsi sint tria nomina personalia trium personarum, est tamen unum nomen essentiale. virtus autem divina, quae operatur in baptismo, ad essentiam pertinet. " et ideo dicitur in nomine, et non in nominibus.

ra7 ' Ad septimum dicendum quod, sicut aqua sumitur ad baptismum quia eius usus est communior ad abluendum, ita ad significandum tres personas in forma baptismi assumuntur illa nomina quibus communius consueverunt nominari personae in illa lingua. nec in aliis nominibus perficitur sacramentum.

010 ST4 qu66 ar6

ag1 ' Ad sextum sic proceditur. videtur quod in nomine christi possit dari baptismus. sicut enim ° una est fides, et unum baptisma, * ut dicitur ephes. iv. sed act. viii dicitur quod ° in nomine iesu christi baptizabantur viri et mulieres. ' ergo etiam nunc potest dari baptismus in nomine christi.

ag2 * Praeterea, ambrosius dicit, ° si christum dicas, et patrem, a quo unctus est, et ipsum qui unctus est, filium, et spiritum, quo unctus est, designasti. ' sed in nomine trinitatis potest fieri baptismus. ergo et in nomine christi.

ag3 * Praeterea nicolaus papa, ad consulta bulgarorum respondens, dicit, ° qui in nomine sanctae trinitatis, vel tantum in nomine christi, sicut in actibus apostolorum legitur, baptizati sunt, unum quippe idemque est, ut sanctus ait ambrosius, rebaptizari non debent. ' rebaptizarentur autem si in hac forma baptizati sacramentum baptismi non reciperent. ergo potest consecrari baptismus in nomine christi sub hac forma, ego te baptizo in nomine christi.

sc * Sed contra est quod pelagius papa scribit gaudentio episcopo, ° si hi qui in locis dilectionis tuae vicinis commorari dicuntur, se solummodo in nomine

domini baptizatos fuisse confitentur, sine cuiusquam dubitationis ambiguo, eos ad fidem catholicam venientes in sanctae trinitatis nomine baptizabis. * didymus etiam dicit, in libro de spiritu sancto, ° licet quis possit existere mentis alienae qui ita baptizaret ut unum de praedictis nominibus, scilicet trium personarum, praetermittat, sine perfectione baptizabit.
co * Respondeo dicendum quod, sicut supra dictum est, ' sacramenta habent efficaciam ab institutione christi. et ideo, si praetermittatur aliquid eorum quae christus instituit circa aliquod sacramentum, efficacia caret, nisi ex speciali dispensatione eius, qui virtutem suam sacramentis non alligavit. christus autem instituit sacramentum baptismi dari cum invocatione trinitatis. et ideo quidquid desit ad invocationem plenam trinitatis, tollit integritatem baptismi. nec obstat quod in nomine unius personae intelligitur alia, sicut in nomine patris intelligitur filius; aut quod ille qui nominat unam solam personam, potest habere rectam fidem de tribus. quia ad sacramentum, sicut requiritur materia sensibilis, ita et forma sensibilis. unde non sufficit intellectus vel fides trinitatis ad perfectionem sacramenti, nisi sensibilibus verbis trinitas exprimatur. unde et in baptismo christi, ubi fuit origo sanctificationis nostri baptismi, affuit trinitas sensibilibus, scilicet pater in voce, filius in humana natura, spiritus sanctus in columba.
ra1 ' Ad primum ergo dicendum quod ex speciali christi revelatione apostoli in primitiva ecclesia in nomine christi baptizabant, ut nomen christi, quod erat odiosum iudaeis et gentibus, honorabile redderetur, per hoc quod ad eius invocationem spiritus sanctus dabatur in baptismo.
ra2 ' Ad secundum dicendum quod ambrosius assignat rationem quare convenienter talis dispensatio fieri potuit in primitiva ecclesia, quia scilicet in nomine christi tota trinitas intelligitur; et ideo servabatur ad minus integritate intelligibili forma quam christus tradidit in evangelio.
ra3 ' Ad tertium dicendum quod nicolaus papa dictum suum confirmat ex duobus praemissis. et ideo eius responsio patet ex primis duabus solutionibus.

010 ST4 qu66 ar7

ag1 ' Ad septimum sic proceditur. videtur quod immersio in aqua sit de necessitate baptismi. * ut enim dicitur ephes. iv, ° una fides, unum baptisma. ' sed apud multos communis modus baptizandi est per immersionem. ergo videtur quod non possit esse baptismus sine immersione.
ag2 * Praeterea, apostolus dicit, rom. vi, ° quicumque baptizati sumus in christo iesu, in morte ipsius baptizati sumus, consepulti enim sumus cum illo per baptismum in morte. ' sed hoc fit per immersionem, * dicit enim chrysostomus, super illud ioan. iii, ° nisi quis renatus fuerit ex aqua et spiritu sancto, etc., sicut in quodam sepulcro, in aqua, submergentibus nobis capita, vetus homo sepelitur, et submersus deorsum occultatur, deinde novus rursus ascendit. ' ergo videtur quod immersio sit de necessitate baptismi.
ag3 ' Praeterea, si sine immersione totius corporis posset fieri baptismus, sequeretur quod pari ratione sufficeret quamlibet partem aqua perfundi. sed hoc videtur inconveniens, quia originale peccatum, contra quod praecipue datur baptismus, non est in una tantum corporis parte. ergo videtur quod requiratur immersio ad baptismum, et non sufficiat sola aspersio.
sc * Sed contra est quod heb. x dicitur, ° accedamus ad eum vero corde in plenitudine fidei, aspersi corda a conscientia mala, et abluti corpus aqua munda.
co ' Respondeo dicendum quod aqua assumitur in sacramento baptismi ad usum ablutionis corporalis, per quam significatur interior ablutio peccatorum. ablutio autem fieri potest per aquam non solum per modum immersionis, sed etiam per modum aspersionis vel effusionis. et ideo, quamvis tutius sit baptizare per modum immersionis, quia hoc habet communior usus; potest tamen fieri baptismus per modum aspersionis; vel etiam per modum effusionis, * secundum illud ezech. xxxvi, ° effundam super vos aquam mundam, * sicut et beatus laurentius legitur baptizasse. ' et hoc praecipue propter necessitatem. vel quia est magna multitudo baptizandorum, * sicut patet act. ii et iv, ubi dicitur quod " crediderunt una die tria millia, et alia quinque millia. ' quandoque autem potest imminere necessitas propter paucitatem aquae; vel propter debilitatem ministri, qui non potest sustentare baptizandum; vel propter debilitatem baptizandi, cui posset imminere periculum mortis ex immersione. et ideo dicendum est quod immersio non est de necessitate baptismi.
ra1 ' Ad primum ergo dicendum quod ea quae sunt per accidens, non variant substantiam rei. per se autem requiritur ad baptismum corporalis ablutio per aquam, unde et baptismus lavacrum nominatur, * secundum illud ephes. v, ° mundans eam lavacro aquae in verbo vitae. ' sed quod fiat ablutio hoc vel illo modo, accidit baptismo. et ideo talis diversitas non tollit unitatem baptismi.
ra2 ' Ad secundum dicendum quod in immersione expressius repraesentatur figura sepulturae christi, et ideo hic modus baptizandi est communior et laudabilior. sed in aliis modis baptizandi repraesentatur aliquo modo, licet non ita expresse, nam, quocumque modo fiat ablutio, corpus hominis, vel aliqua pars eius, aquae supponitur, sicut corpus christi fuit positum sub terra.
ra3 ' Ad tertium dicendum quod principalis pars corporis, praecipue quantum ad exteriora membra, est caput, in quo vigent omnes sensus et interiores et exteriores. et ideo, si totum corpus aqua non possit perfundi, propter aquae paucitatem vel propter aliquam aliam causam, oportet caput perfundere, in quo manifestatur principium animalis vitae. et licet per membra quae generationi deserviunt peccatum originale traducatur, non tamen sunt membra illa potius aspergenda quam caput, quia per baptismum non tollitur transmissio originalis in prolem per actum generationis, sed liberatur anima a macula et reatu peccati quod incurrit. et ideo debet praecipue lavari illa pars corporis in qua manifestantur opera animae. in veteri tamen lege remedium contra originale peccatum institutum erat in membro generationis, quia adhuc ille per quem originale erat amovendum, nasciturus erat ex semine abrahae, cuius fidem circumcisio significabat, * ut dicitur rom. iv.

010 ST4 qu66 ar8

ag1 ' Ad octavum sic proceditur. videtur quod trina immersio sit de necessitate baptismi. * dicit enim augustinus, in quodam sermone de symbolo ad baptizatos, ° recte tertio mersi estis, quia accepistis baptismum in nomine trinitatis. recte tertio mersi estis, quia accepistis baptismum in nomine iesu christi, qui tertia die resurrexit a mortuis. illa enim tertio repetita immersio typum dominicae exprimit sepulturae, per quam christo consepulti estis in baptismo. ' sed utrumque videtur ad necessitatem baptismi pertinere, scilicet et quod significetur in baptismo trinitas personarum; et quod fiat configuratio ad sepulturam christi. ergo videtur quod trina immersio sit de necessitate baptismi.
ag2 ' Praeterea, sacramenta ex mandato christi efficaciam habent. sed trina immersio est ex mandato christi, * scripsit enim pelagius papa gaudentio episcopo, ° evangelicum praeceptum, ipso domino deo et salvatore nostro iesu christo tradente, nos admonet in nomine trinitatis, trina etiam immersione, sanctum baptismum unicuique tribuere. ' ergo, sicut baptizare in nomine trinitatis est de necessitate baptismi, ita baptizare trina immersione videtur esse de necessitate baptismi.
ag3 ' Praeterea, si trina immersio non sit de necessitate baptismi, ergo ad primam immersionem aliquis baptismi consequitur sacramentum. si vero addatur secunda et tertia, videtur quod secundo vel tertio baptizetur, quod est inconveniens. non ergo una immersio sufficit ad sacramentum baptismi, sed trina videtur esse de necessitate ipsius.
sc * Sed contra est quod gregorius scribit leandro episcopo, ° reprehensibile esse nullatenus potest infantem in baptismate vel tertio vel semel immergere, quoniam et in tribus immersionibus personarum trinitas, et una potest divinitatis singularitas designari.
co * Respondeo dicendum quod, sicut prius dictum est, ' ad baptismum per se requiritur ablutio aquae, quae est de necessitate sacramenti, modus autem ablutionis per accidens se habet ad sacramentum. * et ideo, sicut ex praedicta auctoritate gregorii patet, ' quantum est de se, utrumque licite fieri potest, scilicet et semel et ter immergere, quia unica immersione significatur unitas mortis christi, et unitas deitatis; per trinam autem immersionem significatur triduum sepulturae christi, et etiam trinitas personarum. sed diversis ex causis, secundum ordinationem ecclesiae, quandoque institutus est unus modus, quandoque alius. quia enim a principio nascentis ecclesiae quidam de trinitate male sentiebant, christum purum hominem aestimantes, nec dici filium dei et deum nisi per meritum eius, quod praecipue fuit in morte, ideo non baptizabant in nomine trinitatis, sed in commemorationem mortis christi, et una immersione. quod reprobatum fuit in primitiva ecclesia. * unde in canonibus apostolorum legitur, ° si quis presbyter aut episcopus non trinam immersionem unius ministerii, sed semel mergat in baptismate, quod dari a quibusdam dicitur in morte domini, deponatur, non enim nobis dixit dominus, in morte mea baptizate, sed, in nomine patris et filii et spiritus sancti. * postmodum vero inolevit quorundam schismaticorum et |25| haereticorum error homines rebaptizantium, sicut de donatistis augustinus narrat, super ioan.. et ideo, in detestationem erroris eorum, fuit statutum in concilio toletano quod fieret una sola immersio, ubi sic legitur, ° propter vitandum schismatis scandalum, vel haeretici dogmatis usum, simplam teneamus baptismi immersionem. ' sed, cessante tali causa, communiter observatur in baptismo trina immersio. et ideo graviter peccaret aliter baptizans, quasi ritum ecclesiae non observans. nihilominus tamen esset baptismus.
ra1 ' Ad primum ergo dicendum quod trinitas est sicut agens principale in baptismo. similitudo autem agentis pervenit ad effectum secundum formam, et non secundum materiam. et ideo significatio trinitatis fit in baptismo per verba formae. nec est de necessitate quod significetur trinitas per usum materiae, sed hoc fit ad maiorem expressionem. similiter etiam mors christi figuratur sufficienter in unica immersione. triduum autem sepulturae non est de necessitate nostrae salutis, quia etiam si una die fuisset sepultus vel mortuus, suffecisset ad perficiendam nostram redemptionem; sed triduum illud ordinatur ad manifestandam veritatem mortis, * ut supra dictum est. ' et ideo patet quod trina immersio nec ex parte trinitatis, nec ex parte passionis christi, est de necessitate sacramenti.
ra2 * Ad secundum dicendum quod pelagius papa intelligit " trinam immersionem esse ex mandato christi in suo simili, in hoc scilicet quod christus praecepit baptizari ° in nomine patris et filii et spiritus sancti. ' non tamen est similis ratio de forma et de usu materiae, * ut dictum est.
ra3 * Ad tertium dicendum quod, sicut supra dictum est, ' intentio requiritur ad baptismum. et ideo ex intentione ministri ecclesiae, qui intendit unum baptismum dare trina immersione, efficitur unum baptisma. unde * hieronymus dicit, super epistolam ad philipp., ° licet ter baptizetur, idest immergatur, propter mysterium trinitatis, tamen unum baptisma reputatur. ' si vero intenderet ad unamquamque immersionem unum baptisma dare, ad singulas immersiones repetens verba formae, peccaret, quantum in se est, pluries baptizans.

010 ST4 qu66 ar9

ag1 ' Ad nonum sic proceditur. videtur quod baptismus possit iterari. baptismus enim videtur institutus ad ablutionem peccatorum. sed peccata iterantur. ergo multo magis baptismus debet iterari, quia misericordia christi transcendit hominis culpam.
ag2 ' Praeterea, ioannes baptista praecipue fuit a christo commendatus, * cum de eo dictum sit, matth. xi, ° inter natos mulierum non surrexit maior ioanne baptista. ' sed baptizati a ioanne iterum rebaptizantur, * ut habetur act. xix, ' ubi dicitur quod paulus baptizavit eos qui erant baptizati baptismo ioannis. ergo multo fortius illi qui sunt baptizati ab haereticis vel peccatoribus, sunt rebaptizandi.
ag3 * Praeterea, in nicaeno concilio statutum est, ° si quis confugeret ad ecclesiam catholicam de paulianistis et cataphrygis, baptizari eos debere. ' videtur autem esse eadem ratio de haereticis aliis. ergo baptizati ab haereticis debent esse rebaptizati.
ag4 ' Praeterea, baptismus est necessarius ad salutem. sed de quibusdam baptizatis aliquando dubitatur an sint baptizati. ergo videtur quod debeant iterum rebaptizari.
ag5 ' Praeterea, eucharistia est perfectius sacramentum quam baptismus, * ut supra dictum est. ' sed sacramentum eucharistiae iteratur. ergo multo magis baptismus potest iterari.
sc * Sed contra est quod dicitur ephes. iv, ° una fides, unum baptisma.
co ' Respondeo dicendum quod baptismus iterari non potest. primo quidem, quia baptismus est quaedam spiritualis regeneratio, prout scilicet aliquis moritur veteri vitae, et incipit novam vitam agere. * unde dicitur ioan. iii, ° nisi quis renatus fuerit ex aqua et spiritu sancto, non potest videre regnum dei. ' unius autem non est nisi una generatio. et ideo non potest baptismus iterari, sicut nec carnalis generatio. * unde augustinus dicit, super illud ioan. iii, ° nunquid potest in ventrem matris suae iterato introire et renasci, sic tu, inquit, intellige nativitatem spiritus, quo modo intellexit nicodemus nativitatem carnis. quo modo enim uterus non potest repeti, sic nec baptismus. ' secundo, quia in morte christi baptizamur, per quam morimur peccato et resurgimus in novitatem vitae. christus autem semel tantum mortuus est. et ideo nec baptismus iterari debet. * propter quod, heb. vi, contra quosdam rebaptizari volentes dicitur, ° rursus crucifigentes sibimetipsis filium dei, * ubi glossa dicit, ° una christi mors unum baptisma consecravit. ' tertio, quia baptismus imprimit characterem, qui est indelebilis, et cum quadam consecratione datur. unde, sicut aliae consecrationes non iterantur in ecclesia, ita nec baptismus. |25| * et hoc est quod augustinus dicit, in ii contra epistolam parmeniani, quod ° character militaris non repetitur; et quod non minus haeret sacramentum christi quam corporalis haec nota, cum videamus nec apostatas carere baptismate, quibus utique per poenitentiam redeuntibus non restituitur. ' quarto, quia baptismus principaliter datur contra originale peccatum. et ideo, sicut originale peccatum non iteratur, ita etiam nec baptismus iteratur, quia, * ut dicitur rom. v, ° sicut per unius delictum in omnes homines in condemnationem, sic per unius iustitiam in omnes homines in iustificationem vitae.
ra1 ' Ad primum ergo dicendum quod baptismus operatur in virtute passionis christi, * sicut supra dictum est. ' et ideo, sicut peccata sequentia virtutem passionis christi non auferunt, ita etiam non auferunt baptismum, ut necesse sit ipsum iterari, sed, poenitentia superveniente, tollitur peccatum, quod impediebat effectum baptismi.
ra2 ' Ad secundum dicendum quod, * sicut augustinus dicit, super illud ioan. i, ° sed ego nesciebam eum, ecce, post ioannem baptizatum est, post homicidam non est baptizatum, quia ioannes dedit baptismum suum, homicida dedit baptismum christi; quia sacramentum tam sanctum est ut nec homicida mini-

strante polluatur.
ra3 * Ad tertium dicendum quod pauliani et cataphrygae non baptizabant in nomine trinitatis. unde gregorius dicit, scribens quirico episcopo, ° hi haeretici qui in trinitatis nomine minime baptizantur, sicut sunt bonosiani et cataphrygae, * qui scilicet idem sentiebant cum paulianis, ° quia et isti christum deum non credunt, * existimantes scilicet ipsum esse purum hominem, ° et isti, scilicet cataphrygae, spiritum sanctum perverso sensu esse purum hominem, montanum scilicet, credunt, qui cum ad sanctam ecclesiam veniunt, baptizantur, quia baptisma non fuit quod, in errore positi, sanctae trinitatis nomine minime perceperunt. * sed, sicut in regulis ecclesiasticis dicitur, ° si qui apud illos haereticos baptizati sunt qui in sanctae trinitatis confessione baptizant, et veniunt ad catholicam fidem, recipiantur ut baptizati.
ra4 * Ad quartum dicendum quod, sicut dicit decretalis alexandri iii, ° de quibus dubium est an baptizati fuerint, baptizentur his verbis praemissis, si baptizatus es, non te rebaptizo, sed si non baptizatus es, ego te baptizo, etc.. non enim videtur iterari quod nescitur esse factum.
ra5 ' Ad quintum dicendum quod utrumque sacramentum, scilicet baptismi et eucharistiae, est repraesentativum dominicae mortis et passionis, aliter tamen et aliter. nam in baptismo commemoratur mors christi inquantum homo christo commoritur ut in novam vitam regeneretur. sed in sacramento eucharistiae commemoratur mors christi inquantum ipse christus passus exhibetur nobis quasi paschale convivium, * secundum illud i cor. v, ° pascha nostrum immolatus est christus, itaque epulemur. ' et quia homo semel nascitur, multoties autem cibatur, semel tantum datur baptismus, multoties autem eucharistia.

010 ST4 qu66 ar10

ag1 ' Ad decimum sic proceditur. videtur quod non sit conveniens ritus quo ecclesia utitur in baptizando. * ut enim dicit chrysostomus, ° nunquam aquae baptismi purgare peccata credentium possent, nisi tactu dominici corporis sanctificatae fuissent. ' hoc autem factum fuit in baptismo christi, qui celebratur in festo epiphaniae. ergo magis deberet celebrari solemnis baptismus in festo epiphaniae quam in vigilia paschae et in vigilia pentecostes.
ag2 ' Praeterea, ad idem sacramentum non videtur pertinere diversarum materierum usus. sed ab baptismum pertinet ablutio aquae. inconvenienter igitur ille qui baptizatur bis inungitur oleo sancto, primum in pectore, deinde inter scapulas, tertio, chrismate in vertice.
ag3 ° Praeterea, in christo iesu non est masculus neque femina, barbarus et scytha, " et eadem ratione nec aliquae aliae huiusmodi differentiae. ' multo igitur minus diversitas vestium aliquid operatur in fide christi. inconvenienter ergo baptizatis traditur candida vestis.
ag4 ' Praeterea, sine huiusmodi observantiis potest baptismus celebrari. haec igitur quae dicta sunt, videntur esse superflua, et ita inconvenienter ab ecclesia instituta esse in ritu baptismi.
sc ' Sed contra est quod ecclesia regitur spiritu sancto, qui nihil inordinatum operatur.
co ' Respondeo dicendum quod in sacramento baptismi aliquid agitur quod est de necessitate sacramenti, et aliquid est quod ad quandam solemnitatem sacramenti pertinet. de necessitate quidem sacramenti est et forma, quae designat principalem causam sacramenti; et minister, qui est causa instrumentalis; et usus materiae, scilicet ablutio in aqua, quae designat principalem sacramenti effectum. cetera vero omnia quae in ritu baptizandi observat ecclesia, magis pertinent ad quandam solemnitatem sacramenti. quae quidem adhibentur sacramento propter tria. primo quidem, ad excitandam devotionem fidelium, et reverentiam ad sacramentum. si enim simpliciter fieret ablutio in aqua, absque solemnitate, de facili ab aliquibus aestimaretur quasi quaedam communis ablutio. secundo, ad fidelium instructionem. simplices enim, qui litteris non erudiuntur, oportet erudire per aliqua sensibilia signa, puta per picturas, et aliqua huiusmodi. et per hunc modum per ea quae in sacramentis aguntur, vel instruuntur, vel sollicitantur ad quaerendum de his quae per huiusmodi sensibilia signa significantur. et ideo, quia, praeter principalem sacramenti effectum, oportet quaedam alia scire circa baptismum, conveniens fuit ut etiam quibusdam exterioribus signis repraesentarentur. tertio, quia per orationes et benedictiones et alia huiusmodi cohibetur vis daemonis ab impedimento sacramentalis effectus.
ra1 ' Ad primum ergo dicendum quod christus in epiphania baptizatus est baptismo ioannis, * ut supra dictum est, ' quo quidem baptismo non baptizantur fideles, sed potius baptismo christi. qui quidem habet efficaciam ex passione christi, * secundum illud rom. vi, ° quicumque baptizati sumus in christo iesu, in morte ipsius baptizati sumus; et ex spiritu sancto, * secundum illud ioan. iii, ° nisi quis renatus fuerit ex aqua et spiritu sancto. ' et ideo solemnis baptismus agitur in ecclesia et in vigilia paschae, quando fit commemoratio dominicae sepulturae, et resurrectionis eiusdem; propter quod et dominus post resurrectionem praeceptum de baptismo discipulis dedit, * ut habetur matth. ult., ' et in vigilia pentecostes, quando incipit celebrari solemnitas spiritus sancti; * unde et apostoli leguntur " ipso die pentecostes, quo spiritum sanctum receperant, tria millia baptizasse.
ra2 ' Ad secundum dicendum quod usus aquae adhibetur in baptismo quasi pertinens ad substantiam sacramenti, sed usus olei vel chrismatis adhibetur ad quandam solemnitatem. nam primo, baptizandus inungitur oleo sancto et in pectore et in scapulis, quasi athleta dei, * ut ambrosius dicit, in libro de sacramentis, ' sicut pugiles inungi consueverunt. * vel, sicut innocentius dicit, in quadam decretali de sacra unctione, ° baptizandus in pectore inungitur, ut spiritus sancti donum recipiat, errorem abiiciat et ignorantiam, et fidem rectam suscipiat, quia iustus ex fide vivit; inter scapulas autem inungitur, ut spiritus sancti gratiam induat, exuat negligentiam et torporem, et bonam operationem exerceat; ut per fidei sacramentum sit munditia cogitationum in pectore, et fortitudo laborum in scapulis. * post baptismum vero, ut rabanus dicit, ° statim signatur in cerebro a presbytero cum sacro chrismate, sequente simul et oratione, ut christi regni particeps fiat, et a christo christianus possit vocari. * vel, sicut ambrosius dicit, " unguentum super caput effunditur, quia ° sapientis sensus in capite eius, ut scilicet sit paratus omni petenti de fide reddere rationem.
ra3 ' Ad tertium dicendum quod vestis illa candida traditur baptizato, non quidem ea ratione quod non liceat ei aliis vestibus uti, sed in signum gloriosae resurrectionis, ad quam homines per baptismum regenerantur; et ad designandam puritatem vitae, quam debent post baptismum observare, * secundum illud rom. vi, ° in novitate vitae ambulemus.
ra4 ' Ad quartum dicendum quod ea quae pertinent ad solemnitatem sacramenti, etsi non sint de necessitate sacramenti, non tamen sunt superflua, quia sunt ad bene esse sacramenti, * ut supra dictum est.

010 ST4 qu66 ar11

ag1 ' Ad undecimum sic proceditur. videtur quod inconvenienter describantur tria baptismata, scilicet aquae, sanguinis et flaminis, scilicet spiritus sancti. * quia apostolus dicit, ephes. iv, ° una fides, unum baptisma. ' sed non est nisi una fides. ergo non debent tria baptismata esse.
ag2 ' Praeterea, baptismus est quoddam sacramentum, * ut ex supra dictis patet. ' sed solum baptismus aquae est sacramentum. ergo non debent poni alii duo baptismi.
ag3 * Praeterea, damascenus, in iv libro, " determinat plura alia genera baptismatum. ' non ergo solum debent poni tria baptismata.
sc ' Sed contra est quod, * super illud heb. vi, baptismatum doctrinae, dicit glossa, ° pluraliter dicit, quia est baptismus aquae, poenitentiae, et sanguinis.
co * Respondeo dicendum quod, sicut supra dictum est, ' baptismus aquae efficaciam habet a passione christi, cui aliquis configuratur per baptismum; et ulterius, sicut a prima causa, a spiritu sancto. licet autem effectus dependeat a prima causa, causa tamen superexcedit effectum, nec dependet ab effectu. et ideo, praeter baptismum aquae, potest aliquis consequi sacramenti effectum ex passione christi, inquantum quis ei conformatur pro christo patiendo. * unde dicitur apoc. vii, ° hi sunt qui venerunt ex tribulatione magna, et laverunt stolas suas et dealbaverunt eas in sanguine agni. ' eadem etiam ratione aliquis per virtutem spiritus sancti consequitur effectum baptismi, non solum sine baptismo aquae, sed etiam sine baptismo sanguinis, inquantum scilicet alicuius cor per spiritum sanctum movetur ad credendum et diligendum deum, et poenitendum de peccatis; unde etiam dicitur baptismus poenitentiae. * et de hoc dicitur isaiae iv, ° si abluerit dominus sordes filiarum sion, et sanguinem ierusalem laverit de medio eius, in spiritu iudicii et spiritu ardoris. ' sic igitur utrumque aliorum baptismatum nominatur baptismus, inquantum supplet vicem baptismi. * unde dicit augustinus, in iv libro de unico baptismo parvulorum, [25] ° baptismi vicem aliquando implere passionem, de latrone illo cui non baptizato dictum est, hodie mecum eris in paradiso, beatus cyprianus non leve documentum assumit. quod etiam atque etiam considerans, invenio non tantum passionem pro nomine christi id quod ex baptismo deerat posse supplere, sed etiam fidem conversionemque cordis, si forte ad celebrandum mysterium baptismi in angustiis temporum succurri non potest.
ra1 ' Ad primum ergo dicendum quod alia duo baptismata includuntur in baptismo aquae, qui efficaciam habet et ex passione christi et ex spiritu sancto. et ideo per hoc non tollitur unitas baptismatis.
ra2 * Ad secundum dicendum quod, sicut supra dictum est, ' sacramentum habet rationem signi. alia vero duo conveniunt cum baptismo aquae, non quidem quantum ad rationem signi, sed quantum ad effectum baptismatis. et ideo non sunt sacramenta.
ra3 " Ad tertium dicendum quod damascenus ponit quaedam baptismata figuralia. sicut diluvium, quod fuit signum nostri baptismi quantum ad salvationem fidelium in ecclesia, sicut ° tunc paucae animae salvae factae sunt in arca, * ut dicitur i petr. iii. ponit etiam transitum maris rubri, " qui significat nostrum baptisma quantum ad liberationem a servitute peccati; * unde apostolus dicit, i cor. x, quod ° omnes baptizati sunt in nube et in mari. * ponit etiam ablutiones diversas quae fiebant in veteri lege, " praefigurantes nostrum baptisma quantum ad purgationem * peccatorum. ponit etiam baptismum ioannis, " qui fuit praeparatorius ad nostrum baptisma.

010 ST4 qu66 ar12

ag1 ' Ad duodecimum sic proceditur. videtur quod baptismus sanguinis non sit potissimus inter tria baptismata. baptismus enim aquae imprimit characterem. quod quidem baptismus sanguinis non facit. ergo baptismus sanguinis non est potior quam baptismus aquae.
ag2 ' Praeterea, baptismus sanguinis non valet sine baptismo flaminis, qui est per caritatem, * dicitur enim i cor. xiii, ° si tradidero corpus meum ita ut ardeam, caritatem autem non habuero, nihil mihi prodest. ' sed baptismus flaminis valet sine baptismo sanguinis, non enim soli martyres salvantur. ergo baptismus sanguinis non est potissimus.
ag3 ' Praeterea, sicut baptismus aquae habet efficaciam a passione christi, cui, * secundum praedicta, ' respondet baptismus sanguinis, ita passio christi efficaciam habet a spiritu sancto, * secundum illud heb. ix, ° sanguis christi, qui per spiritum sanctum obtulit semetipsum pro nobis, emundabit conscientias nostras ab operibus mortuis, ' etc.. ergo baptismus flaminis potior est quam baptismus sanguinis. non ergo baptismus sanguinis est potissimus.
sc * Sed contra est quod augustinus, ad fortunatum, loquens de comparatione baptismatum, dicit, ° baptizatus confitetur fidem suam coram sacerdote, martyr coram persecutore. ille post confessionem suam aspergitur aqua, hic sanguine. ille per impositionem manus pontificis recipit spiritum sanctum, hic templum efficitur spiritus sancti.
co * Respondeo dicendum quod, sicut dictum est, ' effusio sanguinis pro christo, et operatio interior spiritus sancti, dicuntur baptismata inquantum efficiunt effectum baptismi aquae. baptismus autem aquae efficaciam habet a passione christi et a spiritu sancto, * ut dictum est. ' quae quidem duae causae operantur in quolibet horum trium baptismatum, excellentissime autem in baptismo sanguinis. nam passio christi operatur quidem in baptismo aquae per quandam figuralem repraesentationem; in baptismo autem flaminis vel poenitentiae per quandam affectionem; sed in baptismo sanguinis per imitationem operis. similiter etiam virtus spiritus sancti operatur in baptismo aquae per quandam virtutem latentem; in baptismo autem poenitentiae per cordis commotionem; sed in baptismo sanguinis per potissimum dilectionis et affectionis fervorem, * secundum illud ioan. xv, ° maiorem hac dilectionem nemo habet, ut animam suam ponat quis pro amicis suis.
ra1 ' Ad primum ergo dicendum quod character est res et sacramentum. non autem dicimus quod baptismus sanguinis praeeminentiam habeat secundum rationem sacramenti, sed quantum ad sacramenti effectum.
ra2 ' Ad secundum dicendum quod effusio sanguinis non habet rationem baptismi si sit sine caritate. ex quo patet quod baptismus sanguinis includit baptismum flaminis, et non e converso. unde ex hoc probatur perfectior.
ra3 ' Ad tertium dicendum quod baptismus sanguinis praeeminentiam habet non solum ex parte passionis christi, sed etiam ex parte spiritus sancti, * ut dictum est.

010 ST4 qu67 ar

pr ' Deinde considerandum est de ministris per quos traditur sacramentum baptismi. et circa hoc quaeruntur octo. primo, utrum ad diaconum pertineat baptizare. secundo, utrum pertineat ad presbyterum, vel solum ad episcopum. tertio, utrum laicus possit sacramentum baptismi conferre. quarto, utrum hoc possit facere mulier. quinto, utrum non baptizatus possit baptizare. sexto, utrum plures possint simul baptizare unum et eundem. septimo, utrum necesse sit esse aliquem qui baptizatum de sacro fonte recipiat. octavo, utrum suscipiens aliquem de sacro fonte obligetur ad eius instructionem.

010 ST4 qu67 ar1

ag1 ' Ad primum sic proceditur. videtur quod ad officium diaconi pertineat baptizare. simul enim iniungitur a domino officium praedicandi et baptizandi, * secundum illud matth. ult., ° euntes, docete omnes gentes, baptizantes eos, ' etc.. sed ad officium diaconi pertinet evangelizare. ergo videtur quod etiam ad officium diaconi pertineat baptizare.
ag2 * Praeterea, secundum dionysium, v cap. eccl. hier., ' purgare pertinet ad officium diaconi. sed purgatio a peccatis maxime fit per baptismum, * secundum illud ephes. v, ° mundans eam lavacro aquae in verbo vitae. ' ergo videtur quod baptizare pertineat ad diaconem.
ag3 * Praeterea de beato laurentio legitur quod, " cum ipse esset diaconus, plurimos baptizabat. ' ergo videtur quod ad diacones pertinet baptizare.
sc ' Sed contra est quod * gelasius papa dicit, et habe-

tur in decretis, xciii dist., ° diacones propriam constituimus observare mensuram. * et infra, ° absque episcopo vel presbytero baptizare non audeant, nisi, praedictis ordinibus longius constitutis, necessitas extrema compellat.

co " Respondeo dicendum quod, sicut caelestium ordinum proprietates et eorum officia ex eorum nominibus accipiuntur, * ut dicit dionysius, vii cap. cael. hier.; ' ita etiam ex nominibus ecclesiasticorum ordinum accipi potest quid ad unumquemque pertineat ordinem. dicuntur autem diacones quasi ministri, quia videlicet ad diacones non pertinet aliquod sacramentum principaliter et quasi ex proprio officio praebere, sed ministerium adhibere aliis maioribus in sacramentorum exhibitione. et sic ad diaconem non pertinet quasi ex proprio officio tradere sacramentum baptismi, sed in collatione huius sacramenti et aliorum assistere et ministrare maioribus. * unde isidorus dicit, ° ad diaconum pertinet assistere et ministrare sacerdotibus in omnibus quae aguntur in sacramentis christi, in baptismo scilicet, in chrismate, in patena et calice.

ra1 ' Ad primum ergo dicendum quod ad diaconum pertinet recitare evangelium in ecclesia, et praedicare ipsum per modum catechizantis, unde * et dionysius dicit quod " diaconi habent officium super immundos, inter quos ponit catechumenos. sed docere, id est exponere evangelium, pertinet proprie ad episcopum, cuius actus est perficere, * secundum dionysium, v cap. eccl. hier.; ' perficere autem idem est quod docere. unde non sequitur quod ad diacones pertineat officium baptizandi.

ra2 ' Ad secundum dicendum quod, * sicut dionysius dicit, ii cap. eccl. hier., " baptismus non solum habet vim purgativam, sed etiam illuminativam virtutem. ' et ideo excedit officium diaconi, ad quem pertinet solum purgare, scilicet vel repellendo immundos, vel disponendo eos ad sacramenti susceptionem.

ra3 ' Ad tertium dicendum quod, quia baptismus est sacramentum necessitatis, permittitur diaconibus, necessitate urgente in absentia maiorum, baptizare, * sicut patet ex auctoritate gelasii super inducta. ' et hoc modo beatus laurentius, diaconus existens, baptizavit.

010 ST4 qu67 ar2

ag1 ' Ad secundum sic proceditur. videtur quod baptizare non pertineat ad officium presbyterorum, sed solum episcoporum. quia, * sicut dictum est, ' sub eodem praecepto iniungitur, * matth. ult., ' officium docendi et baptizandi. sed docere, quod est perficere, pertinet ad officium episcopi, * ut patet per dionysium, v et vi cap. eccl. hier.. ' ergo et baptizare pertinet tantum ad officium episcopi.

ag2 ' Praeterea, per baptismum annumeratur aliquis populo christiano, quod quidem videtur ad officium solius principis pertinere. sed principatum in ecclesia tenent episcopi, * ut dicitur in glossa luc. x, ' qui etiam tenent locum apostolorum, * de quibus dicitur in psalmo, ° constitues eos principes super omnem terram. ' ergo videtur quod baptizare pertineat solum ad officium episcopi.

ag3 * Praeterea, isidorus dicit quod ° ad episcopum pertinet basilicarum consecratio, unctio altaris, et confectio chrismatis, ipse ordines ecclesiasticos distribuit, et sacras virgines benedicit. ' sed his omnibus maius est sacramentum baptismi. ergo videtur quod multo magis ad officium solius episcopi pertinet baptizare.

sc * Sed contra est quod isidorus dicit, in libro de officiis, ° constat baptisma solis sacerdotibus esse traditum.

co ' Respondeo dicendum quod sacerdotes ad hoc consecrantur ut sacramentum corporis christi conficiant, * sicut supra dictum est. ' illud autem est sacramentum ecclesiasticae unitatis, * secundum illud apostoli, i cor. x, ° unus panis et unum corpus multi sumus, omnes qui de uno pane et de uno calice participamus. ' per baptismum autem aliquis fit particeps ecclesiasticae unitatis, unde et accipit ius accedendi ad mensam domini. et ideo, sicut ad sacerdotem pertinet consecrare eucharistiam, ad quod principaliter ordinatur sacerdotium, ita ad proprium officium sacerdotis pertinet baptizare, eiusdem enim videtur esse operari totum, et partem in toto disponere.

ra1 ' Ad primum ergo dicendum quod utrumque officium, scilicet docendi et baptizandi, dominus apostolis iniunxit, quorum vicem gerunt episcopi, aliter tamen et aliter. nam officium docendi commisit eis christus ut ipsi per se illud exercerent, tanquam principalissimum, * unde et ipsi apostoli dixerunt, act. vi, ° non est aequum nos relinquere verbum dei et ministrare mensis. ' officium autem baptizandi commisit apostolis ut per alios exercendum, * unde et apostolus dicit, i cor. i, ° non misit me christus baptizare, sed evangelizare. ' et hoc ideo quia in baptizando nihil operatur meritum et sapientia ministri, sicut in docendo, * ut patet ex supra dictis. ' in cuius etiam signum, nec ipse dominus baptizavit, sed discipuli eius, * ut dicitur ioan. iv. ' nec tamen per hoc excluditur quin episcopi possint baptizare, quia quod potest potestas inferior, potest et superior. * unde et apostolus ibidem dicit " se quosdam baptizasse.

ra2 ' Ad secundum dicendum quod in qualibet republica ea quae sunt minora, pertinent ad minora officia, maiora vero maioribus reservantur, * secundum illud exod. xviii, ° quidquid maius fuerit, referent ad te, et ipsi tantummodo minora iudicent. ' et ideo ad minores principes civitatis pertinet disponere de infimo populo, ad summos autem pertinet disponere ea quae pertinent ad maiores civitatis. per baptismum autem non adipiscitur aliquis nisi infimum gradum in populo christiano. et ideo baptizare pertinet ad minores principes ecclesiae, idest presbyteros, qui tenent locum septuaginta duorum discipulorum christi, * ut dicit glossa luc. x.

ra3 * Ad tertium dicendum quod, sicut supra dictum est, ' sacramentum baptismi est potissimum necessitate, sed quantum ad perfectionem, sunt quaedam alia potiora, quae episcopis reservantur.

010 ST4 qu67 ar3

ag1 ' Ad tertium sic proceditur. videtur quod laicus baptizare non possit. baptizare enim, * sicut dictum est, ' proprie pertinet ad ordinem sacerdotalem. sed ea quae sunt ordinis, non possunt committi non habenti ordinem. ergo videtur quod laicus, qui non habet ordinem, baptizare non possit.

ag2 ' Praeterea, maius est baptizare quam alia sacramentalia baptismi perficere, sicut catechizare et exorcizare et aquam baptismalem benedicere. sed haec non possunt fieri a laicis, sed solum a sacerdotibus. ergo videtur quod multo minus laici possint baptizare.

ag3 ' Praeterea, sicut baptismus est sacramentum necessitatis, ita et poenitentia. sed laicus non potest absolvere in foro poenitentiali. ergo neque potest baptizare.

sc * Sed contra est quod gelasius papa et isidorus dicunt, quod ° baptizare, necessitate imminente, laicis christianis plerumque conceditur.

co ' Respondeo dicendum quod ad misericordiam eius qui ° vult omnes homines salvos fieri, ' pertinet ut in his quae sunt de necessitate salutis, homo de facili remedium inveniat. inter omnia autem alia sacramenta maximae necessitatis est baptismus, qui est regeneratio hominis in vitam spiritualem, quia pueris aliter subveniri non potest; et adulti non possunt aliter quam per baptismum plenam remissionem consequi et quantum ad culpam et quantum ad poenam. et ideo, ut homo circa remedium tam necessarium defectum pati non possit, institutum est ut et materia baptismi sit communis, scilicet aqua, quae a quolibet haberi potest; et minister baptismi etiam sit quicumque, etiam non ordinatus; ne propter defectum baptismi homo salutis suae dispendium patiatur.

ra1 ' Ad primum ergo dicendum quod baptizare pertinet ad ordinem sacerdotalem secundum quandam convenientiam et solemnitatem, non autem hoc est de necessitate sacramenti. unde etiam si extra necessitatis articulum laicus baptizet, peccat quidem, tamen sacramentum baptismi confert, nec est rebaptizandus ille qui sic est baptizatus.

ra2 ' Ad secundum dicendum quod illa sacramentalia baptismi pertinent ad solemnitatem, non autem ad necessitatem baptismi. et ideo fieri non debent nec possunt a laico, sed solum a sacerdote, cuius est solemniter baptizare.

ra3 * Ad tertium dicendum quod, sicut supra dictum est, ' poenitentia non est tantae necessitatis sicut baptismus, potest enim per contritionem suppleri defectus sacerdotalis absolutionis quae non liberat a tota poena, nec etiam pueris adhibetur. et ideo non est simile de baptismo, cuius effectus per nihil aliud suppleri potest.

010 ST4 qu67 ar4

ag1 ' Ad quartum sic proceditur. videtur quod mulier non possit baptizare. * legitur enim in carthaginensi concilio, ° mulier, quamvis docta et sancta, viros in conventu docere, vel alios baptizare non praesumat. ' sed nullo modo licet mulieri docere in conventu, * secundum illud i cor. xiv, ° turpe est mulieri in ecclesia loqui. ' ergo videtur quod nec etiam aliquo modo liceat mulieri baptizare.

ag2 ' Praeterea, baptizare pertinet ad officium praelationis, unde a sacerdotibus habentibus curam animarum debet accipi baptismus. sed hoc non potest competere feminae, * secundum illud i tim. ii, ° docere mulieri non permitto, nec dominari in viros, sed subditam esse. ' ergo mulier baptizare non potest.

ag3 ' Praeterea, in spirituali regeneratione videtur aqua habere locum materni uteri, * ut augustinus dicit, super illud ioan. iii, ° nunquid homo potest in ventrem matris suae iterato introire et renasci? ' ille autem qui baptizat, videtur magis habere patris officium. sed hoc non competit mulieri. ergo mulier baptizare non potest.

sc ' Sed contra est quod * urbanus papa dicit, et habetur in decretis, xxx, qu. iii, ° super quibus consuluit nos tua dilectio, hoc videtur nobis hac sententia respondendum, ut baptismus sit si, necessitate instante, femina puerum in nomine trinitatis baptizaverit.

co ' Respondeo dicendum quod christus est qui principaliter baptizat, * secundum illud ioan. i, ° super quem videris spiritum descendentem et manentem, hic est qui baptizat. * dicitur autem coloss. iii quod ° in christo non est masculus neque femina. ' et ideo, sicut masculus laicus potest baptizare, quasi minister christi, ita etiam et femina. quia tamen ° caput mulieris est vir, et caput viri christus, * ut dicitur i cor. xi; ' non debet mulier baptizare si adsit copia viri. sicut nec laicus praesente clerico, nec clericus praesente sacerdote. qui tamen potest baptizare praesente episcopo, eo quod hoc pertinet ad officium sacerdotis.

ra1 ' Ad primum ergo dicendum quod, sicut mulieri non permittitur publice docere, potest tamen privata doctrina vel monitione aliquem instruere; ita non permittitur publice et solemniter baptizare, sed tamen potest baptizare in necessitatis articulo.

ra2 ' Ad secundum dicendum quod, quando baptismus solemniter et ordinate celebratur, debet aliquis sacramentum baptismi suscipere a presbytero curam animarum habente, vel ab aliquo vice eius. hoc tamen non requiritur in articulo necessitatis, in quo potest mulier baptizare.

ra3 ' Ad tertium dicendum quod in generatione carnali masculus et femina operantur secundum virtutem propriae naturae, et ideo femina non potest esse principium generationis activum, sed passivum tantum. sed in generatione spirituali neuter operatur virtute propria, sed instrumentaliter tantum per virtutem christi. et ideo eodem modo potest et vir et mulier in casu necessitatis baptizare. si tamen mulier extra casum necessitatis baptizaret, non esset rebaptizandus, * sicut et de laico dictum est. ' peccaret tamen ipsa baptizans, et alii qui ad hoc cooperarentur, vel baptismum ab ea suscipiendo, vel ei baptizandum aliquem offerendo.

010 ST4 qu67 ar5

ag1 ' Ad quintum sic proceditur. videtur quod ille qui non est baptizatus, non possit sacramentum baptismi conferre. nullus enim dat quod non habet. sed nonbaptizatus non habet sacramentum baptismi. ergo non potest ipsum conferre.

ag2 ' Praeterea, sacramentum baptismi confert aliquis inquantum est minister ecclesiae. sed ille qui non est baptizatus, nullo modo pertinet ad ecclesiam, scilicet nec re nec sacramento. ergo non potest sacramentum baptismi conferre.

ag3 ' Praeterea, maius est sacramentum conferre quam suscipere. sed nonbaptizatus non potest alia sacramenta suscipere. ergo multo minus potest aliquod sacramentum conferre.

sc * Sed contra est quod isidorus dicit, ° romanus pontifex non hominem iudicat qui baptizat, sed spiritum dei subministrare gratiam baptismi, licet paganus sit qui baptizat. ' sed ille qui est baptizatus, non dicitur paganus. ergo non baptizatus potest conferre sacramentum baptismi.

co ' Respondeo dicendum quod hanc quaestionem augustinus indeterminatam reliquit. * dicit enim, in ii contra epistolam parmeniani, ° haec quidem alia quaestio est, utrum et ab his qui nunquam fuerunt christiani, possit baptismus dari, nec aliquid hinc temere affirmandum est, sine auctoritate tanti sacri concilii quantum tantae rei sufficit. ' postmodum vero per ecclesiam determinatum est quod nonbaptizati, sive sint iudaei sive pagani, possunt sacramentum baptismi conferre, dummodo in forma ecclesiae baptizent. * unde nicolaus papa respondet ad consulta bulgarorum, ° a quodam nescitis christiano an pagano, multos in patria vestra baptizatos asseritis. hi si in nomine trinitatis baptizati sunt, rebaptizari non debent. ' si autem forma ecclesiae non fuerit observata, sacramentum baptismi non confertur. * et sic intelligendum est quod gregorius ii scribit bonifacio episcopo, ° quos a paganis baptizatos asseruisti, " scilicet ecclesiae forma non servata, ° ut de novo baptizes in nomine trinitatis, mandamus. ' et huius ratio est quia, sicut ex parte materiae, quantum ad necessitatem sacramenti, sufficit quaecumque aqua, ita etiam sufficit ex parte ministri quicumque homo. et ideo etiam |25| nonbaptizatus in articulo necessitatis baptizare potest. ut sic duo nonbaptizati se invicem baptizent, dum prius unus baptizaret alium, et postea baptizaretur ab eodem, et consequeretur uterque non solum sacramentum, sed etiam rem sacramenti. si vero extra articulum necessitatis hoc fieret, uterque graviter peccaret, scilicet baptizans et baptizatus, et per hoc impediretur baptismi effectus, licet non tolleretur ipsum sacramentum.

ra1 ' Ad primum ergo dicendum quod homo baptizans adhibet tantum exterius ministerium, sed christus est qui interius baptizat, qui potest uti omnibus hominibus ad quodcumque voluerit. et ideo nonbaptizati possunt baptizare, * quia, ut nicolaus papa dicit, " baptismus non est illorum, scilicet baptizantium, sed eius, scilicet christi.

ra2 ' Ad secundum dicendum quod ille qui non est baptizatus, quamvis non pertineat ad ecclesiam re vel sacramento, potest tamen ad eam pertinere intentione et similitudine actus, inquantum scilicet intendit facere quod facit ecclesia, et formam ecclesiae servat in baptizando, et sic operatur ut minister christi, qui virtutem suam non alligavit baptizatis, sicut nec etiam sacramentis.

ra3 ' Ad tertium dicendum quod alia sacramenta non sunt tantae necessitatis sicut baptismus. et ideo magis conceditur quod nonbaptizatus possit baptizare, quam quod possit alia sacramenta suscipere.

010 ST4 qu67 ar6

ag1 ‘ Ad sextum sic proceditur. videtur quod plures possint simul baptizare. in multitudine enim continetur unum, sed non convertitur. unde videtur quod quidquid potest facere unus, possint facere multi, et non e converso, sicut multi trahunt navem quam unus trahere non posset. sed unus homo potest baptizare. ergo et plures possunt simul unum baptizare.
ag2 ‘ Praeterea, difficilius est quod unum agens agat in plura quam quod plures agentes agant simul in unum. sed unus homo potest simul baptizare plures. ergo multo magis plures possunt simul unum baptizare.
ag3 ‘ Praeterea, baptismus est sacramentum maximae necessitatis. sed in aliquo casu videtur esse necessarium quod plures simul unum baptizarent, puta si aliquis parvulus esset in articulo mortis, et adessent duo quorum alter esset mutus, et alter manibus et brachiis careret; tunc enim oporteret quod mutilatus verba proferret, et mutus baptismum exerceret. ergo videtur quod plures possint simul unum baptizare.
sc ‘ Sed contra est quod unius agentis una est actio. si ergo plures unum baptizarent, videretur sequi quod essent plures baptismi. * quod est contra id quod dicitur ephes. iv, ° una fides, unum baptisma.
co ‘ Respondeo dicendum quod sacramentum baptismi praecipue habet virtutem ex forma, * quam apostolus nominat “ verbum vitae, * ephes. v. ‘ et ideo considerare oportet, si plures unum simul baptizarent, qua forma uterentur. “ si enim dicerent, nos te baptizamus in nomine patris et filii et spiritus sancti, * dicunt quidam quod “ non conferretur sacramentum baptismi eo quod non servaretur forma ecclesiae, quae sic habet, ° ego te baptizo in nomine patris et filii et spiritus sancti. ‘ sed hoc excluditur per formam baptizandi qua utitur ecclesia graecorum. * possent enim dicere, ° baptizatur servus christi n. in nomine patris et filii et spiritus sancti, ‘ sub qua forma graeci baptismum suscipiunt, quae tamen forma multo magis dissimilis est formae qua nos utimur, quam si diceretur, nos te baptizamus. sed considerandum est quod ex tali forma, nos te baptizamus, exprimitur talis intentio quod plures conveniunt ad unum baptismum conferendum. quod quidem videtur esse contra rationem ministerii, homo enim non baptizat nisi ut minister christi et vicem eius gerens; unde, sicut unus est |25| christus, ita oportet esse unum ministrum qui christum repraesentet. * propter quod signanter apostolus dicit, ephes. iv, ° unus dominus, una fides, unum baptisma. ‘ et ideo contraria intentio videtur excludere baptismi sacramentum. si vero uterque diceret, ° ego te baptizo in nomine patris et filii et spiritus sancti, ‘ uterque exprimeret suam intentionem quasi ipse singulariter baptismum conferret. quod posset contingere in eo casu in quo contentiose uterque aliquem baptizare conaretur. et tunc manifestum est quod ille qui prius verba proferret, daret baptismi sacramentum. alius vero, quantumcumque ius baptizandi haberet, etsi verba pronuntiare praesumeret, esset puniendus tanquam rebaptizator. si autem omnino simul verba proferrent et hominem immergerent aut aspergerent, essent puniendi de inordinato modo baptizandi, et non de iteratione baptismi, quia uterque intenderet nonbaptizatum baptizare, et uterque, quantum est in se, baptizaret. nec traderent aliud et aliud sacramentum, sed christus, qui est unus interius baptizans, unum sacramentum per utrumque conferret.
ra1 ‘ Ad primum ergo dicendum quod ratio illa locum habet in his quae agunt propria virtute. sed homines non baptizant propria virtute, sed virtute christi, qui, cum sit unus, per unum ministrum perficit suum opus.
ra2 ‘ Ad secundum dicendum quod in casu necessitatis unus posset simul plures baptizare sub hac forma, ego vos baptizo, puta si immineret ruina aut gladius aut aliquid huiusmodi, quod moram omnino non pateretur, si singillatim omnes baptizarentur. nec per hoc diversificaretur forma ecclesiae, quia plurale non est nisi singulare geminatum, praesertim cum pluraliter dicatur, * matth. ult., ‘ baptizantes eos, etc.. nec est simile de baptizante et baptizato. quia christus, qui principaliter baptizat, est unus, sed multi per baptismum efficiuntur unum in christo.
ra3 * Ad tertium dicendum quod, sicut supra dictum est, ‘ integritas baptismi consistit in forma verborum et in usu materiae. et ideo neque ille qui tantum verba profert baptizat, neque ille qui immergit. et ideo, si unus verba proferat et alius immergit, nulla forma verborum poterit esse conveniens. neque enim poterit dici, ego te baptizo, cum ipse non immergat, et per consequens non baptizet. neque etiam poterit dicere, nos te baptizamus, cum neuter baptizet. si enim duo sint quorum unus unam partem libri scribat et alius aliam, non est propria locutio, nos scripsimus librum istum, sed synecdochica, inquantum totum ponitur pro parte.

010 ST4 qu67 ar7

ag1 ‘ Ad septimum sic proceditur. videtur quod in baptismo non requiratur aliquis qui baptizatum de sacro fonte levet. baptismus enim noster per baptismum christi consecratur, et ei conformatur. sed christus baptizatus non est ab aliquo de fonte susceptus, * sed, sicut dicitur matth. iii, ° baptizatus iesus confestim ascendit de aqua. ‘ ergo videtur quod nec in aliorum baptismo requiratur aliquis qui baptizatum de sacro fonte suscipiat.
ag2 ‘ Praeterea, baptismus est spiritualis regeneratio, * ut supra dictum est. ‘ sed in carnali generatione non requiritur nisi principium activum, quod est pater, et principium passivum, quod est mater. “ cum igitur in baptismo locum patris obtineat ille qui baptizat, locum autem matris ipsa aqua baptismi, * ut augustinus dicit, in quodam sermone epiphaniae; ‘ videtur quod non requiratur aliquis alius qui baptizatum de sacro fonte levet.
ag3 ‘ Praeterea, in sacramentis ecclesiae nihil derisorium fieri debet. sed hoc derisorium videtur, quod adulti baptizati, qui seipsos sustentare possunt et de sacro fonte exire, ab alio suscipiantur. ergo videtur quod non requiratur aliquis, praecipue in baptismo adultorum, qui baptizatum de sacro fonte levet.
sc * Sed contra est quod dionysius dicit, ii cap. eccl. hier., quod ° sacerdotes, assumentes baptizatum, tradunt adductionis susceptori et duci.
co ‘ Respondeo dicendum quod spiritualis regeneratio, quae fit per baptismum, assimilatur quodammodo generationi carnali, * unde dicitur i pet. ii, ° sicut modo geniti infantes rationabiles sine dolo lac concupiscite. ‘ in generatione autem carnali parvulus nuper natus indiget nutrice et paedagogo. unde et in spirituali generatione baptismi requiritur aliquis qui fungatur vice nutricis et paedagogi, informando et instruendo eum qui est novitius in fide, de his quae pertinent ad fidem et ad vitam christianam, ad quod praelati ecclesiae vacare non possunt, circa communem curam populi occupati, parvuli enim et novitii indigent speciali cura praeter communem. et ideo requiritur quod aliquis suscipiat baptizatum de sacro fonte quasi in suam instructionem et tutelam. * et hoc est quod dionysius dicit, ult. cap. eccl. hier., ° divinis nostris ducibus, idest apostolis, ad mentem venit et visum est suscipere infantes secundum istum modum quod parentes pueri traderent puerum cuidam docto in divinis paedagogo, et reliquum sub ipso puer ageret, sicut sub divino patre et salvationis sanctae susceptore.
ra1 ‘ Ad primum ergo dicendum quod christus non est baptizatus ut ipse regeneraretur, sed ut alios regeneraret. et ideo ipse post baptismum non indiguit paedagogo tanquam parvulus.
ra2 ‘ Ad secundum dicendum quod in generatione carnali non requiritur ex necessitate nisi pater et mater, sed ad facilem partum, et educationem pueri convenientem, requiritur obstetrix et nutrix et paedagogus. quorum vicem implet in baptismo ille qui puerum de sacro fonte levat. unde non est de necessitate sacramenti, sed unus solus potest in aqua baptizare, necessitate imminente.
ra3 ‘ Ad tertium dicendum quod baptizatus non suscipitur a patrino de sacro fonte propter imbecillitatem corporalem, sed propter imbecillitatem spiritualem, * ut dictum est.

010 ST4 qu67 ar8

ag1 ‘ Ad octavum sic proceditur. videtur quod ille qui suscipit aliquem de sacro fonte, non obligetur ad eius instructionem. quia nullus potest instruere nisi instructus. sed etiam quidam non instructi sed simplices admittuntur ad aliquem de sacro fonte suscipiendum. ergo ille qui suscipit baptizatum, non obligatur ad eius instructionem.
ag2 ‘ Praeterea, filius magis a patre instruitur quam ab alio extraneo, “ nam filius habet a patre, esse et nutrimentum et disciplinam, * ut philosophus dicit, viii ethic.. ‘ si ergo ille qui suscipit baptizatum, tenetur eum instruere, magis esset conveniens quod pater carnalis filium suum de baptismo susciperet quam alius. quod tamen videtur esse prohibitum, * ut habetur in decretis, xxx, qu. i, cap. pervenit et dictum est.
ag3 ‘ Praeterea, plures magis possunt instruere quam unus solus. si ergo ille qui suscipit aliquem baptizatum, teneretur eum instruere, magis deberent plures suscipere quam unus solus. * cuius contrarium habetur in decreto leonis papae, ° non plures, inquit, ad suscipiendum de baptismo infantem quam unus accedant, sive vir sive mulier.
sc * Sed contra est quod augustinus dicit, in quodam sermone paschali, ° vos ante omnia, tam viros quam mulieres, qui filios in baptismate suscepistis, moneo ut vos cognoscatis fideiussores apud deum exstitisse pro illis quos visi estis de sacro fonte suscipere.
co ‘ Respondeo dicendum quod unusquisque obligatur ad exequendum officium quod accipit. * dictum est autem quod ‘ ille qui suscipit aliquem de sacro fonte, assumit sibi officium paedagogi. et ideo obligatur ad habendam curam de ipso, si necessitas immineret, sicut eo tempore et loco in quo baptizati inter infideles nutriuntur. sed ubi nutriuntur inter catholicos christianos, satis possunt ab hac cura excusari, praesumendo quod a suis parentibus diligenter instruantur. si tamen quocumque modo sentirent contrarium, tenerentur secundum suum modum saluti spiritualium filiorum curam impendere.
ra1 ‘ Ad primum ergo dicendum quod, “ ubi immineret periculum, oporteret esse aliquem doctum in divinis, * sicut dionysius dicit, “ qui baptizandum de sacro fonte susciperet. ‘ sed ubi hoc periculum non imminet, propter hoc quod pueri nutriuntur inter catholicos, admittuntur quicumque ad hoc officium, quia ea quae pertinent ad christianam vitam et fidem, publice omnibus nota sunt. et tamen ille qui non est baptizatus non potest suscipere baptizatum, * ut est declaratum in concilio maguntino, ‘ licet nonbaptizatus possit baptizare, quia persona baptizantis est de necessitate sacramenti, non autem persona suscipientis, * sicut dictum est.
ra2 ‘ Ad secundum dicendum quod, sicut est alia generatio spiritualis a carnali, ita etiam debet esse alia disciplina, * secundum illud heb. xii, ° patres quidem carnis nostrae habuimus eruditores, et reverebamur eos. non multo magis obtemperabimus patri spirituum, et vivemus? ‘ et ideo alius debet esse pater spiritualis a patre carnali, nisi necessitas contrarium exigat.
ra3 ‘ Ad tertium dicendum quod confusio disciplinae esset nisi esset unus principalis instructor. et ideo in baptismo unus debet esse principalis susceptor. alii tamen possunt admitti quasi coadiutores.

010 ST4 qu68 ar

pr ‘ Deinde considerandum est de suscipientibus baptismum. et circa hoc quaeruntur duodecim. primo, utrum omnes teneantur ad suscipiendum baptismum. secundo, utrum aliquis possit salvari sine baptismo. tertio, utrum baptismus sit differendus. quarto, utrum peccatores sint baptizandi. quinto, utrum peccatoribus baptizatis sint imponenda opera satisfactoria. sexto, utrum requiratur confessio peccatorum. septimo, utrum requiratur intentio ex parte baptizati. octavo, utrum requiratur fides. nono, utrum pueri sint baptizandi. decimo, utrum pueri iudaeorum sint baptizandi invitis parentibus. undecimo, utrum aliqui sint baptizandi in maternis uteris existentes. duodecimo, utrum furiosi et amentes sint baptizandi.

010 ST4 qu68 ar1

ag1 ‘ Ad primum sic proceditur. videtur quod non teneantur omnes ad susceptionem baptismi. per christum enim non est hominibus arctata via salutis. sed ante christi adventum poterant homines salvari sine baptismo. ergo etiam post christi adventum.
ag2 ‘ Praeterea, baptismus maxime videtur esse institutus in remedium peccati originalis. sed ille qui est baptizatus, cum non habeat originale peccatum, non videtur quod possit transfundere in prolem. ergo filii baptizatorum non videntur esse baptizandi.
ag3 ‘ Praeterea, baptismus datur ad hoc quod aliquis per gratiam a peccato mundetur. sed hoc consequuntur illi qui sunt sanctificati in utero, sine baptismo. ergo non tenentur ad suscipiendum baptismum.
sc * Sed contra est quod dicitur ioan. iii, ° nisi quis renatus fuerit ex aqua et spiritu sancto, non potest introire in regnum dei. * et in libro de ecclesiasticis dogmatibus dicitur, ° baptizatis tantum iter salutis esse credimus.
co ‘ Respondeo dicendum quod ad illud homines tenentur sine quo salutem consequi non possunt. manifestum est autem quod nullus salutem potest consequi nisi per christum, * unde et apostolus dicit, rom. v, ° sicut per unius delictum in omnes homines in condemnationem sic et per unius iustitiam in omnes homines in iustificationem vitae. ‘ ad hoc autem datur baptismus ut aliquis, per ipsum regeneratus, incorporetur christo, factus membrum ipsius, * unde dicitur gal. iii, ° quicumque in christo baptizati estis, christum induistis. ‘ unde manifestum est quod omnes ad baptismum tenentur; et sine eo non potest esse salus hominibus.
ra1 ‘ Ad primum ergo dicendum quod nunquam homines potuerunt salvari, etiam ante christi adventum, nisi fierent membra christi, * quia, ut dicitur act. iv, ° non est aliud nomen datum hominibus in quo oporteat nos salvos fieri. ‘ sed ante adventum christi, homines christo incorporabantur per fidem futuri adventus, cuius fidei signaculum erat circumcisio, * ut apostolus dicit, rom. iv. ‘ ante vero quam circumcisio institueretur, sola fide, * ut gregorius dicit, ‘ cum sacrificiorum oblatione, quibus suam fidem antiqui patres profitebantur, homines christo incorporabantur. post adventum etiam christi, homines per fidem christo incorporantur, * secundum illud ephes. iii ° habitare christum per fidem in cordibus vestris. ‘ sed alio signo manifestatur fides rei iam praesentis quam demonstrabatur quando erat futura, sicut aliis verbis significatur praesens, praeteritum et futurum. et ideo, licet ipsum sacramentum baptismi non semper fuerit necessarium ad salutem, fides tamen, cuius baptismus sacramentum est, semper necessaria fuit.
ra2 * Ad secundum dicendum quod, sicut in secunda parte dictum est, ‘ illi qui baptizantur, renovantur per baptismum secundum spiritum, corpus tamen remanet subiectum vetustati peccati, * secundum illud rom. viii, ° corpus quidem mortuum est propter peccatum, spiritus vero vivit propter iustificationem. * unde augustinus probat, in libro contra iulianum, quod ° non baptizatur in homine quidquid in eo est. ‘ manifestum est autem quod homo non generat generatione carnali secundum spiritum, sed secundum carnem. et ideo filii baptizatorum cum peccato originali nascuntur. unde indigent baptizari.

ra3 ‘ Ad tertium dicendum quod illi qui sunt sanctificati in utero, consequuntur quidem gratiam emundantem a peccato originali, non tamen ex hoc ipso consequuntur characterem, quo christo configurentur. et propter hoc, si aliqui nunc sanctificarentur in utero, necesse esset eos baptizari, ut per susceptionem characteris aliis membris christi conformarentur.

010 ST4 qu68 ar2

ag1 ‘ Ad secundum sic proceditur. videtur quod sine baptismo nullus possit salvari. * dicit enim dominus, ioan. iii, ° nisi quis renatus fuerit ex aqua et spiritu sancto, non potest introire in regnum dei. ‘ sed illi soli salvantur qui regnum dei intrant. ergo nullus potest salvari sine baptismo, quo aliquis regeneratur ex aqua et spiritu sancto.
ag2 * Praeterea, in libro de ecclesiasticis dogmatibus dicitur, ° nullum catechumenum, quamvis in bonis operibus defunctum, aeternam vitam habere credimus, excepto martyrio, ubi tota sacramenta baptismi complentur. ‘ sed si aliquis sine baptismo possit salvari, maxime hoc haberet locum in catechumenis bona opera habentibus, qui videntur habere fidem per dilectionem operantem. videtur ergo quod sine baptismo nullus possit salvari.
ag3 * Praeterea, sicut supra dictum est, ‘ baptismi sacramentum est de necessitate salutis. “ necessarium autem est sine quo non potest aliquid esse, * ut dicitur in v metaphys.. ‘ ergo videtur quod sine baptismo nullus possit consequi salutem.
sc * Sed contra est quod augustinus dicit, super levit., ° invisibilem sanctificationem quibusdam affuisse et profuisse sine visibilibus sacramentis, visibilem vero sanctificationem, quae fit sacramento visibili, sine invisibili posse adesse, sed non prodesse. ‘ cum ergo sacramentum baptismi ad visibilem sanctificationem pertineat, videtur quod sine sacramento baptismi aliquis possit salutem consequi per invisibilem sanctificationem.
co ‘ Respondeo dicendum quod sacramentum baptismi dupliciter potest alicui deesse. uno modo, et re et voto, quod contingit in illis qui nec baptizantur nec baptizari volunt. quod manifeste ad contemptum sacramenti pertinet, quantum ad illos qui habent usum liberi arbitrii. et ideo hi quibus hoc modo deest baptismus, salutem consequi non possunt, quia nec sacramentaliter nec mentaliter christo incorporantur, per quem solum est salus. alio modo potest sacramentum baptismi alicui deesse re, sed non voto, sicut cum aliquis baptizari desiderat, sed aliquo casu praevenitur morte antequam baptismum suscipiat. talis autem sine baptismo actuali salutem consequi potest, propter desiderium baptismi, quod procedit ex fide per dilectionem operante, per quam deus interius hominem sanctificat, cuius potentia sacramentis visibilibus non alligatur. unde * ambrosius dicit de valentiniano, qui catechumenus mortuus fuit, ° quem regeneraturus eram, amisi, veruntamen ille gratiam quam poposcit, non amisit.
ra1 * Ad primum ergo dicendum quod, sicut dicitur i reg. xvi, ° homines vident ea quae parent, dominus autem intuetur cor. ‘ ille autem qui desiderat per baptismum regenerari ex aqua et spiritu sancto, corde quidem regeneratus est, licet non corpore, * sicut et apostolus dicit, rom. ii, quod ° circumcisio cordis est in spiritu, non in littera; cuius laus non ex hominibus, sed ex deo est.
ra2 ‘ Ad secundum dicendum quod nullus pervenit ad vitam aeternam nisi absolutus ab omni culpa et reatu poenae. quae quidem universalis absolutio fit in perceptione baptismi, et in martyrio, propter quod dicitur quod in martyrio omnia sacramenta baptismi complentur, scilicet quantum ad plenam liberationem a culpa et poena. si quis ergo catechumenus sit habens desiderium baptismi (quia aliter in bonis operibus non moreretur, quae non possunt esse sine fide per dilectionem operante), talis decedens non statim pervenit ad vitam aeternam, sed patietur poenam pro peccatis praeteritis, ° ipse tamen salvus erit sic quasi per ignem, * ut dicitur i cor. iii.
ra3 ‘ Ad tertium dicendum quod pro tanto dicitur sacramentum baptismi esse de necessitate salutis, quia non potest esse hominis salus nisi saltem in voluntate habeatur, quae “ apud deum reputatur pro facto.

010 ST4 qu68 ar3

ag1 ‘ Ad tertium sic proceditur. videtur quod baptismus sit differendus. * dicit enim leo papa, ° duo tempora, idest pascha et pentecoste, ad baptizandum a romano pontifice legitima praefixa sunt. unde dilectionem vestram monemus ut nullos alios dies huic observationi misceatis. ‘ videtur ergo quod oporteat non statim aliquos baptizari, sed usque ad praedicta tempora baptismum differri.
ag2 * Praeterea, in concilio agathensi legitur, ° iudaei, quorum perfidia frequenter ad vomitum redit, si ad leges catholicas venire voluerint, octo menses inter catechumenos ecclesiae limen introeant, et, si pura fide venire noscantur, tunc demum baptismi gratiam mereantur. ‘ non ergo statim sunt homines baptizandi, sed usque ad certum tempus est differendum baptisma.
ag3 * Praeterea, sicut dicitur isaiae xxvii, ° iste est omnis fructus, ut auferatur peccatum. ‘ sed magis videtur auferri peccatum, vel etiam diminui, si baptismus differatur. primo quidem, quia peccantes post baptismum gravius peccant, * secundum illud heb. x, ° quanto magis putatis deteriora mereri supplicia qui sanguinem testamenti pollutum duxerit, in quo sanctificatus est, “ scilicet per baptismum? ‘ secundo, quia baptismus tollit peccata praeterita, non autem futura, unde, quanto baptismus magis differtur, tanto plura peccata tollet. videtur ergo quod baptismus debeat diu differri.
sc * Sed contra est quod dicitur eccli. v, ° ne tardes converti ad dominum, et ne differas de die in diem. ‘ sed perfecta conversio ad deum est eorum qui regenerantur in christo per baptismum. non ergo baptismus debet differri de die in diem.
co ‘ Respondeo dicendum quod circa hoc distinguendum est utrum sint baptizandi pueri vel adulti. si enim pueri sint baptizandi, non est differendum baptisma. primo quidem, quia non expectatur in eis maior instructio, aut etiam plenior conversio. secundo, propter periculum mortis, quia non potest alio remedio subveniri nisi per sacramentum baptismi. adultis vero subveniri potest per solum baptismi desiderium, * ut supra dictum est. ‘ et ideo adultis non statim cum convertuntur, est sacramentum baptismi conferendum, sed oportet differre usque ad aliquod certum tempus. primo quidem, propter cautelam ecclesiae, ne decipiatur, ficte accedentibus conferens, * secundum illud i ioan. iv, ° nolite omni spiritui credere, sed probate spiritus si ex deo sunt. ‘ quae quidem probatio sumitur de accedentibus ad baptismum, quando per aliquod spatium eorum fides et mores examinantur. secundo, hoc est necessarium ad utilitatem eorum qui baptizantur, quia aliquo temporis spatio indigent ad hoc quod plene instruantur de fide, et exercitentur in his quae pertinent ad vitam christianam. tertio, hoc est necessarium ad quandam reverentiam sacramenti, dum in solemnitatibus praecipuis, scilicet paschae et pentecostes, homines ad baptismum admittuntur, et ita devotius sacramentum suscipiunt. haec tamen dilatio est |25| praetermittenda duplici ratione. primo quidem, quando illi qui sunt baptizandi, apparent perfecte instructi in fide et ad baptismum idonei, sicut philippus statim baptizavit eunuchum, * ut habetur act. viii; ‘ et petrus cornelium et eos qui cum ipso erant, * ut habetur act. x. ‘ secundo, propter infirmitatem, aut aliquod periculum mortis. * unde leo papa dicit, ° hi qui necessitate mortis, aegritudinis, obsidionis et persecutionis et naufragii, urgentur, omni tempore debent baptizari. ‘ si tamen aliquis praeveniatur morte, articulo necessitatis sacramentum excludente, dum expectat tempus ab ecclesia institutum, salvatur, licet per ignem, * ut supra dictum est. ‘ peccat autem si ultra tempus ab ecclesia statutum differret accipere baptismum, nisi ex causa necessaria et licentia praelatorum ecclesiae. sed tamen et hoc peccatum cum aliis deleri potest per succedentem contritionem, quae supplet vicem baptismi, * ut supra dictum est.
ra1 * Ad primum ergo dicendum quod illud mandatum leonis papae “ de observandis duobus temporibus in baptismo, intelligendum est, ‘ excepto tamen periculo mortis (quod semper in pueris est timendum), * ut dictum est.
ra2 ‘ Ad secundum dicendum quod illud de iudaeis est statutum ad ecclesiae cautelam, ne simplicium fidem corrumpant, si non fuerint plene conversi. et tamen, * ut ibidem subditur, ° si infra tempus praescriptum aliquod periculum infirmitatis incurrerint, debent baptizari.
ra3 ‘ Ad tertium dicendum quod baptismus per gratiam quam confert non solum removet peccata praeterita, sed etiam impedit peccata futura ne fiant. hoc autem considerandum est, ut homines non peccent, secundarium est ut levius peccent, vel etiam ut eorum peccata mundentur; * secundum illud i ioan. ii, ° filioli mei, haec scribo vobis ut non peccetis. sed et si quis peccaverit, advocatum habemus apud patrem iesum christum iustum, et ipse est propitiatio pro peccatis nostris.

010 ST4 qu68 ar4

ag1 ‘ Ad quartum sic proceditur. videtur quod peccatores sint baptizandi. * dicitur enim zach. xiii, ° in die illa erit fons patens domui david et habitantibus ierusalem in ablutionem peccatoris et menstruatae, “ quod quidem intelligitur de fonte baptismali. ‘ ergo videtur quod sacramentum baptismi sit etiam peccatoribus exhibendum.
ag2 * Praeterea, dominus dicit, matth. ix, ° non est opus valentibus medicus, sed male habentibus. ‘ male autem habentes sunt peccatores. cum igitur spiritualis medici, scilicet christi, medicina sit baptismus, videtur quod peccatoribus sacramentum baptismi sit exhibendum.
ag3 ‘ Praeterea, nullum subsidium peccatoribus debet subtrahi. sed peccatores baptizati ex ipso charactere baptismali spiritualiter adiuvantur, cum sit quaedam dispositio ad gratiam. ergo videtur quod sacramentum baptismi sit peccatoribus exhibendum.
sc * Sed contra est quod augustinus dicit, ° qui creavit te sine te, non iustificabit te sine te. ‘ sed peccator, cum habeat voluntatem non dispositam, non cooperatur deo. ergo frustra adhibetur sibi baptismus ad iustificationem.
co ‘ Respondeo dicendum quod aliquis potest dici peccator dupliciter. uno modo, propter maculam et reatum praeteritum. et sic peccatoribus est sacramentum baptismi conferendum, quia est ad hoc specialiter institutum ut per ipsum peccatorum sordes mundentur, * secundum illud ephes. v, ° mundans eam, scilicet ecclesiam, lavacro aquae in verbo vitae. ‘ alio modo potest dici aliquis peccator ex voluntate peccandi et proposito persistendi in peccato. et sic peccatoribus non est sacramentum baptismi conferendum. primo quidem, quia per baptismum homines christo incorporantur, * secundum illud galat. iii, ° quicumque in christo baptizati estis, christum induistis. ‘ quandiu autem aliquis habet voluntatem peccandi, non potest esse christo coniunctus, * secundum illud ii cor. vi, ° quae participatio iustitiae cum iniquitate? * unde et augustinus dicit, in libro de poenitentia, quod ° nullus suae voluntatis arbiter constitutus potest novam vitam inchoare, nisi eum veteris vitae poeniteat. ‘ secundo, quia in operibus christi et ecclesiae nihil debet fieri frustra. frustra autem est quod non pertingit ad finem ad quem est ordinatum. nullus autem habens voluntatem peccandi simul potest a peccato mundari, ad quod ordinatur baptismus, quia hoc |25| esset ponere contradictoria esse simul. tertio, quia in sacramentalibus signis non debet esse aliqua falsitas. est autem signum falsum cui res significata non respondet. ex hoc autem quod aliquis lavandum se praebet per baptismum, significatur quod se disponat ad interiorem ablutionem. quod non contingit de eo qui habet propositum persistendi in peccato. unde manifestum est quod talibus sacramentum baptismi non est conferendum.
ra1 * Ad primum ergo dicendum quod illud verbum est intelligendum “ de peccatoribus qui habent voluntatem recedendi a peccato.
ra2 ‘ Ad secundum dicendum quod spiritualis medicus, scilicet christus, dupliciter operatur. uno modo, interius per seipsum, et sic praeparat voluntatem hominis ut bonum velit et malum odiat. alio modo operatur per ministros, exterius adhibendo sacramenta, et sic operatur perficiendo id quod est exterius inchoatum. et ideo sacramentum baptismi non est exhibendum nisi ei in quo interioris conversionis aliquod signum apparet, sicut nec medicina corporalis adhibetur infirmo nisi in eo aliquis motus vitalis appareat.
ra3 “ Ad tertium dicendum quod baptismus est fidei sacramentum. fides autem informis non sufficit ad salutem, nec ipsa est fundamentum, sed sola fides formata, quae per dilectionem operatur, * ut augustinus dicit, in libro de fide et operibus. ‘ unde nec sacramentum baptismi salutem conferre potest cum voluntate peccandi, quae fidei formam excludit. non autem est per impressionem characteris baptismalis aliquis disponendus ad gratiam, quandiu apparet in eo voluntas peccandi, “ quia, deus neminem ad virtutem compellit, * sicut damascenus dicit.

010 ST4 qu68 ar5

ag1 ‘ Ad quintum sic proceditur. videtur quod peccatoribus baptizatis sint opera satisfactoria imponenda. hoc enim ad iustitiam dei pertinere videtur, ut pro quolibet peccato aliquis puniatur, * secundum illud eccle. ult., ° cuncta quae fiunt adducet deus in iudicium. ‘ sed opera satisfactoria imponuntur peccatoribus in poenam praeteritorum peccatorum. ergo videtur quod peccatoribus baptizatis sint opera satisfactoria imponenda.
ag2 ‘ Praeterea, per opera satisfactoria exercitantur peccatores de novo conversi ad iustitiam, et subtrahuntur occasiones peccandi, nam ° satisfacere est peccatorum causas excidere et peccatis aditum non indulgere. ‘ sed hoc maxime necessarium est nuper baptizatis. ergo videtur quod opera satisfactoria sint baptizatis iniungenda.
ag3 ‘ Praeterea, non minus debitum est ut homo deo satisfaciat quam proximo. sed nuper baptizatis iniungendum est quod satisfaciant proximis, si eos laeserunt. ergo etiam est eis iniungendum ut deo satisfaciant per opera poenitentiae.
sc * Sed contra est quod ambrosius, super rom. xi, ° sine poenitentia sunt dona dei et vocatio, * dicit, ° gratia dei in baptismo non requirit gemitum neque planctum, vel etiam opus aliquod, sed solam fidem, et omnia gratis condonat.
co * Respondeo dicendum quod, sicut apostolus dicit, rom. vi, ° quicumque baptizati sumus in christo iesu, in morte ipsius baptizati sumus, consepulti enim sumus ei per baptismum in mortem, ‘ ita scilicet quod homo per baptismum incorporatur ipsi morti christi. * manifestum est autem ex supra dictis quod ‘ mors christi satisfactoria fuit sufficienter pro peccatis, ° non solum nostris, sed etiam totius mundi, * ut dicitur i ioan. ii. ‘ et ideo ei qui baptizatur pro quibuscumque peccatis non est aliqua satisfactio iniungenda, hoc autem esset iniuriam facere passioni et morti christi, quasi ipsa non esset sufficiens ad plenariam satisfactionem pro peccatis baptizandorum.
ra1 ‘ Ad primum ergo dicendum quod, * sicut augustinus dicit, in libro de baptismo parvulorum, ° ad hoc baptismus valet ut baptizati christo incorporentur ut membra eius. ‘ unde ipsa poena christi fuit satisfacto-

ria pro peccatis baptizandorum, sicut et poena unius membri potest esse satisfactoria pro peccato alterius membri. * unde isaiae liii dicitur, ° vere languores nostros ipse tulit, et dolores nostros ipse portavit.
ra2 ' Ad secundum dicendum quod nuper baptizati exercitandi sunt ad iustitiam, non per opera poenalia, sed per opera facilia, ° ut quasi quodam lacte facilis exercitii promoveantur ad perfectiora, * ut glossa dicit, super illud psalmi, ° sicut ablactatus super matre sua. ' unde et dominus discipulos suos de novo conversos a ieiunio excusavit, * ut patet matth. ix. et hoc est quod dicitur i pet. ii, ° sicut modo geniti infantes lac concupiscite, ut in eo crescatis in salutem.
ra3 ' Ad tertium dicendum quod restituere male ablata proximis, et satisfacere de iniuriis illatis, est cessare a peccando, quia hoc ipsum quod est detinere aliena et proximum non placare, est peccatum. et ideo peccatoribus baptizatis iniungendum est quod satisfaciant proximis, sicut et quod desistant a peccato. non est autem eis iniungendum quod pro peccatis praeteritis aliquam poenam patiantur.

010 ST4 qu68 ar6

ag1 ' Ad sextum sic proceditur. videtur quod peccatores ad baptismum accedentes teneantur sua peccata confiteri. * dicitur enim matth. iii quod ° baptizabantur multi a ioanne in iordane, confitentes peccata sua. ' sed baptismus christi est perfectior quam baptismus ioannis. ergo videtur quod multo magis illi qui sunt baptizandi baptismo christo, debeant sua peccata confiteri.
ag2 * Praeterea, prov. xxviii dicitur, ° qui abscondit scelera sua, non dirigetur, qui autem confessus fuerit et reliquerit ea, misericordiam consequetur. ' sed ad hoc aliqui baptizantur ut de peccatis suis misericordiam consequantur. ergo baptizandi debent sua peccata confiteri.
ag3 ' Praeterea, poenitentia requiritur ante baptismum, * secundum illud act. ii, ° agite poenitentiam, et baptizetur unusquisque vestrum. ' sed confessio est pars poenitentiae. ergo videtur quod confessio peccatorum requiratur ante baptismum.
sc ' Sed contra est quod confessio peccatorum debet esse cum fletu, * ut dicit augustinus, in libro de poenitentia, ° omnis ista varietas consideranda est et deflenda. * sed, sicut ambrosius dicit, ° gratia dei in baptismo non requirit gemitum neque planctum. ' ergo a baptizandis non est requirenda confessio peccatorum.
co ' Respondeo dicendum quod duplex est peccatorum confessio. una quidem interior, quae fit deo. et talis confessio peccatorum requiritur ante baptismum, ut scilicet homo, peccata sua recogitans, de eis doleat, ° non enim potest inchoare novam vitam, nisi poeniteat eum veteris vitae, * ut augustinus dicit, in libro de poenitentia. ' alia vero est confessio peccatorum exterior, quae fit sacerdoti. et talis confessio non requiritur ante baptismum. primo quidem, quia talis confessio, cum respiciat personam ministri, pertinet ad poenitentiae sacramentum, quod non requiritur ante baptismum, qui est ianua omnium sacramentorum. secundo, quia confessio exterior, quae fit sacerdoti, ordinatur ad hoc quod sacerdos confitentem absolvat a peccatis, et liget ad opera satisfactoria, quae baptizatis non sunt imponenda, * ut supra dictum est. ' nec etiam baptizati indigent remissione peccatorum per claves ecclesiae, quibus omnia remittuntur per baptismum. tertio, quia ipsa particularis confessio homini facta est poenosa, propter verecundiam confitentis. baptizato autem nulla exterior poena imponitur. et ideo a baptizatis non requiritur specialis confessio peccatorum, sed sufficit generalis, quam faciunt cum, secundum ritum ecclesiae, |25| abrenuntiant satanae et omnibus operibus eius. et hoc modo * dicit quaedam glossa matth. iii, quod ° in baptismo ioannis exemplum datur baptizandis confitendi peccata et promittendi meliora. ' si qui tamen baptizandi ex devotione sua peccata confiteri vellent, esset eorum confessio audienda, non ad hoc quod satisfactio eis imponeretur; sed ad hoc quod contra peccata consueta eis spiritualis vitae informatio tradatur.
ra1 ' Ad primum ergo dicendum quod in baptismo ioannis non remittebantur peccata, sed erat baptismus poenitentiae. et ideo accedentes ad illud baptisma convenienter confitebantur peccata, ut secundum qualitatem peccatorum eis poenitentia determinaretur. " sed baptismus christi est sine exteriori poenitentia, * ut ambrosius dicit. ' unde non est similis ratio.
ra2 ' Ad secundum dicendum quod baptizatis sufficit confessio interior deo facta, et etiam exterior generalis, ad hoc quod dirigantur et misericordiam consequantur, nec requiritur confessio specialis exterior, * ut dictum est.
ra3 ' Ad tertium dicendum quod confessio est pars poenitentiae sacramentalis, quae non requiritur ante baptismum, * ut dictum est, ' sed requiritur interioris poenitentiae virtus.

010 ST4 qu68 ar7

ag1 ' Ad septimum sic proceditur. videtur quod ex parte baptizati non requiratur intentio suscipiendi sacramentum baptismi. baptizatus enim se habet sicut patiens in sacramento. intentio autem non requiritur ex parte patientis, sed ex parte agentis. ergo videtur quod ex parte baptizati non requiratur intentio suscipiendi baptismum.
ag2 ' Praeterea, si praetermittatur id quod requiritur ad baptismum, homo est denuo baptizandus, sicut cum praetermittitur invocatio trinitatis, * sicut supra dictum est. ' sed ex hoc non videtur aliquis denuo baptizandus quod intentionem non habebat suscipiendi baptismum, alioquin, cum de intentione baptizati non constet, quilibet posset petere se denuo baptizari propter intentionis defectum. non videtur ergo quod intentio requiratur ex parte baptizati ut suscipiat sacramentum.
ag3 ' Praeterea, baptismus contra peccatum originale datur. sed originale peccatum contrahitur sine intentione nascentis. ergo baptismus, ut videtur, intentionem non requirit ex parte baptizati.
sc ' Sed contra est quod, secundum ritum ecclesiae, baptizandi profitentur se petere ab ecclesia baptismum. per quod profitentur suam intentionem de susceptione sacramenti.
co ' Respondeo dicendum quod per baptismum aliquis moritur veteri vitae peccati, et incipit quandam vitae novitatem, * secundum illud rom. vi, ° consepulti sumus christo per baptismum in mortem, ut, quomodo christus resurrexit a mortuis, ita et nos in novitate vitae ambulemus. ' et ideo, sicut ad hoc quod homo moriatur veteri vitae, requiritur, * secundum augustinum, ' in habente usum liberi arbitrii, voluntas qua eum veteris vitae poeniteat; ita requiritur voluntas qua intendat vitae novitatem, cuius principium est ipsa susceptio sacramenti. et ideo ex parte baptizati requiritur voluntas, sive intentio, suscipiendi sacramentum.
ra1 ' Ad primum ergo dicendum quod in iustificatione, quae fit per baptismum, non est passio coacta, sed voluntaria. et ideo requiritur intentio recipiendi id quod ei datur.
ra2 ' Ad secundum dicendum quod, si in adulto deesset intentio suscipiendi sacramentum, esset rebaptizandus. si tamen hoc non constaret, esset dicendum, " si non es baptizatus, ego te baptizo.
ra3 ' Ad tertium dicendum quod baptismus ordinatur non solum contra originale peccatum, sed etiam contra actualia, quae per voluntatem et intentionem causantur.

010 ST4 qu68 ar8

ag1 ' Ad octavum sic proceditur. videtur quod fides requiratur ex parte baptizati. sacramentum enim baptismi a christo est institutum. sed christus, formam baptismi tradens, fidem baptismo praemittit, * dicens, marc. ult., ° qui crediderit et baptizatus fuerit, salvus erit. ' ergo videtur quod, nisi sit fides, non possit esse sacramentum baptismi.
ag2 ' Praeterea, nihil frustra in sacramentis ecclesiae agitur. sed secundum ritum ecclesiae, qui accedit ad baptismum de fide interrogatur, * cum dicitur, ° credis in deum patrem omnipotentem? ' ergo videtur quod fides ad baptismum requiratur.
ag3 ' Praeterea, ad baptismum requiritur intentio suscipiendi sacramentum. sed hoc non potest esse sine recta fide, cum baptismus sit rectae fidei sacramentum, per eum enim incorporantur homines christo, * ut augustinus dicit, in libro de baptismo parvulorum; " hoc autem esse non potest sine recta fide, * secundum illud ephes. iii, ° habitare christum per fidem in cordibus vestris. ' ergo videtur quod ille qui non habet rectam fidem, non possit suscipere sacramentum baptismi.
ag4 ' Praeterea, infidelitas est gravissimum peccatum, * ut in secunda parte habitum est. ' sed permanentes in peccato non sunt baptizandi. ergo nec etiam permanentes in infidelitate.
sc * Sed contra est quod gregorius, scribens quirico episcopo, dicit, ° ab antiqua patrum institutione didicimus ut qui apud haeresim in trinitatis nomine baptizantur, cum ad sanctam ecclesiam redeunt, aut unctione chrismatis, aut impositione manus, aut sola professione fidei, ad sinum matris ecclesiae revocentur. ' hoc autem non esset, si fides ex necessitate requireretur ad susceptionem baptismi.
co * Respondeo dicendum quod, sicut ex dictis patet, ' duo efficiuntur in anima per baptismum, scilicet character et gratia. dupliciter ergo aliquid ex necessitate requiritur ad baptismum. uno modo, sine quo gratia haberi non potest, quae est ultimus effectus sacramenti. et hoc modo recta fides ex necessitate requiritur ad baptismum, quia, * sicut dicitur rom. iii, ° iustitia dei est per fidem iesu christi. ' alio modo requiritur aliquid ex necessitate ad baptismum, sine quo character baptismi imprimi non potest. et sic recta fides baptizati non requiritur ex necessitate ad baptismum, sicut nec recta fides baptizantis, dummodo adsint cetera quae sunt de necessitate sacramenti. non enim sacramentum perficitur per iustitiam hominis dantis vel suscipientis baptismum, sed per virtutem dei.
ra1 " Ad primum ergo dicendum quod dominus loquitur ibi de baptismo secundum quod perducit homines ad salutem secundum gratiam iustificantem, quod quidem sine recta fide esse non potest. * et ideo signanter dicit, ° qui crediderit et baptizatus fuerit, salvus erit.
ra2 ' Ad secundum dicendum quod ecclesia intendit homines baptizare ut emundentur a peccato, * secundum illud isaiae xxvii, ° hic est omnis fructus, ut auferatur peccatum. ' et ideo, quantum est de se, non intendit dare baptismum nisi habentibus rectam fidem, sine qua non est remissio peccatorum. et propter hoc interrogat ad baptismum accedentes, an credant. si tamen sine recta fide aliquis baptismum suscipiat extra ecclesiam, non percipit illud ad suam salutem. * unde augustinus dicit, ° ecclesia paradiso comparata indicat nobis posse quidem baptismum eius homines etiam foris accipere, sed salutem beatitudinis extra eam neminem percipere vel tenere.
ra3 ' Ad tertium dicendum quod etiam non habens rectam fidem circa alios articulos, potest habere rectam fidem circa sacramentum baptismi, et ita non impeditur quin possit habere intentionem suscipiendi sacramentum baptismi. si tamen etiam circa hoc sacramentum non recte sentiat, sufficit ad perceptionem sacramenti generalis intentio qua intendit suscipere baptismum sicut christus instituit, et sicut ecclesia tradit.
ra4 ' Ad quartum dicendum quod, sicut sacramentum baptismi non est conferendum ei qui non vult ab aliis peccatis recedere, ita nec etiam ei qui non vult infidelitatem deserere. uterque tamen suscipit sacramentum si ei conferatur, licet non ad salutem.

010 ST4 qu68 ar9

ag1 ' Ad nonum sic proceditur. videtur quod pueri non sint baptizandi. in eo enim qui baptizatur requiritur intentio suscipiendi sacramentum, * ut supra dictum est. ' huiusmodi autem intentionem non possunt pueri habere, cum non habeant usum liberi arbitrii. ergo videtur quod non possint suscipere sacramentum baptismi.
ag2 ' Praeterea, baptismus est fidei sacramentum, * ut supra dictum est. ' sed pueri non habent fidem, quae consistit in credentium voluntate, * ut augustinus dicit, super ioan.. ' nec etiam potest dici quod salventur in fide parentum, quia quandoque parentes sunt infideles, et sic magis per eorum infidelitatem damnarentur. ergo videtur quod pueri non possint baptizari.
ag3 * Praeterea, i pet. iii dicitur quod ° homines salvos facit baptisma, non carnis depositio sordium, sed conscientiae bonae interrogatio in deum. ' sed pueri neque conscientiam habent bonam vel malam, cum non habeant usum rationis, neque etiam convenienter ipsi interrogantur, cum non intelligant. ergo non debent pueri baptizari.
sc * Sed contra est quod dionysius dicit, ult. cap. eccl. hier., ° divini nostri duces, scilicet apostoli, probaverunt infantes recipi ad baptismum.
co * Respondeo dicendum quod, sicut apostolus dicit, rom. v, ° si unius delicto mors regnavit per unum, scilicet per adam, multo magis abundantiam gratiae et donationis et iustitiae accipientes in vita regnabunt per unum, iesum christum. ' pueri autem ex peccato adae peccatum originale contrahunt, quod patet ex hoc quod sunt mortalitati subiecti, " quae per peccatum primi hominis in omnes pertransiit, * ut ibidem apostolus dicit. ' unde multo magis pueri possunt per christum gratiam suscipere, ut regnent in vita aeterna. * ipse autem dominus dicit, ioan. iii, ° nisi quis renatus fuerit ex aqua et spiritu sancto, non potest introire in regnum dei. ' unde necessarium fuit pueros baptizare, ut, sicut per adam damnationem incurrerunt nascendo, ita per christum salutem consequantur renascendo. fuit etiam conveniens pueros baptizari ut a pueritia nutriti in his quae sunt christianae vitae, firmius in ea perseverent, * iuxta illud prov. xxii, ° adolescens iuxta viam suam, etiam cum senuerit, non recedet ab ea. * et hanc rationem assignat dionysius, ult. cap. eccl. hier..
ra1 ' Ad primum ergo dicendum quod regeneratio spiritualis, quae fit per baptismum, quodammodo similis est nativitati carnali, quantum ad hoc quod, sicut pueri in maternis uteris constituti non per seipsos nutrimentum accipiunt, sed ex nutrimento matris sustentantur, ita etiam pueri non habentes usum rationis, quasi in utero matris ecclesiae constituti, non per seipsos, sed per actum ecclesiae salutem suscipiunt. * unde augustinus dicit, in libro de peccatorum meritis et remiss., ° mater ecclesia os maternum parvulis praebet, ut sacris mysteriis imbuantur, quia nondum possunt corde proprio credere ad iustitiam, nec ore proprio confiteri ad salutem. si autem propterea recte fideles vocantur quoniam fidem per verba gestantium quodammodo profitentur, cur etiam non poenitentes habeantur, cum per eorundem verba gestantium diabolo et huic saeculo abrenuntiare monstrentur? ' et eadem ratione possunt dici intendentes, non per actum propriae intentionis, cum ipsi quandoque contranitantur et plorent, sed per actum eorum a quibus offeruntur.
ra2 ' Ad secundum dicendum quod, * sicut augustinus, scribens bonifacio, dicit, ° in ecclesia salvatoris parvuli per alios credunt, sicut ex aliis quae in baptismo remittuntur peccata traxerunt. ' nec impeditur eorum salus si parentes sint infideles, * quia, sicut augustinus dicit, eidem bonifacio scribens, ° offeruntur parvuli ad percipiendam spiritualem gratiam, non tam ab eis quorum gestantur manibus (quamvis et ab ipsis, si et ipsi boni fideles sunt), quam ab univer-

sa societate sanctorum atque fidelium. ab omnibus namque offerri recte intelliguntur, quibus placet quod offeruntur, et quorum caritate ad communionem sancti spiritus adiunguntur. ' infidelitas autem propriorum parentum, etiam si eos post baptismum daemoniorum sacrificiis imbuere conentur, pueris non nocet. * quia, ut ibidem augustinus dicit, ° puer semel generatus per aliorum voluntatem, deinceps non potest vinculo alienae iniquitatis obstringi, ubi nulla sua voluntate consentit, secundum illud, ezech. xviii, sicut anima patris mea est, et anima filii, anima quae peccaverit, ipsa morietur. sed ideo ex adam traxit quod sacramenti illius gratia solveretur, quia nondum erat anima separata vivens. ' fides autem unius, immo totius ecclesiae, parvulo prodest per operationem spiritus sancti, qui unit ecclesiam |25| et bona unius alteri communicat.
ra3 ' Ad tertium dicendum quod, sicut puer, cum baptizatur, non per seipsum, sed per alios credit; ita non per seipsum, sed per alios interrogatur, et interrogati confitentur fidem ecclesiae in persona pueri, qui huic fidei aggregatur per fidei sacramentum. conscientiam autem bonam consequitur puer etiam in seipso, non quidem actu, sed habitu, per gratiam iustificantem.

010 ST4 qu68 ar10

ag1 ' Ad decimum sic proceditur. videtur quod pueri iudaeorum vel aliorum infidelium sint baptizandi, etiam invitis parentibus. magis enim debet homini subveniri contra periculum mortis aeternae quam contra periculum mortis temporalis. sed puero in periculo mortis temporalis existenti est subveniendum, etiam si parentes per malitiam contraniterentur. ergo multo magis est subveniendum pueris infidelium filiis contra periculum mortis aeternae, etiam invitis parentibus.
ag2 ' Praeterea, filii servorum sunt servi, et in potestate dominorum. sed iudaei sunt servi regum et principum, et quicumque etiam alii infideles. ergo absque omni iniuria possunt principes iudaeorum filios, vel aliorum servorum infidelium, facere baptizari.
ag3 ' Praeterea, quilibet homo est magis dei, a quo habet animam, quam patris carnalis, a quo habet corpus. non est ergo iniustum si pueri infidelium filii parentibus carnalibus auferantur, et deo per baptismum consecrentur.
sc ' Sed contra est quod * in decretis, dist. xlv, ex concilio toletano, sic dicitur, ° de iudaeis praecepit sancta synodus nemini deinceps ad credendum vim inferre, non enim tales inviti salvandi sunt, sed volentes, ut integra sit forma iustitiae.
co ' Respondeo dicendum quod pueri infidelium filii aut habent usum rationis, aut non habent. si autem habent, iam, quantum ad ea quae sunt iuris divini vel naturalis, incipiunt suae potestatis esse. et ideo propria voluntate, invitis parentibus, possunt baptismum suscipere, sicut et matrimonium contrahere. et ideo tales licite moneri possunt et induci ad suscipiendum baptismum. si vero nondum habent usum liberi arbitrii, secundum ius naturale sunt sub cura parentum, quandiu ipsi sibi providere non possunt. * unde etiam et de pueris antiquorum dicitur quod " salvabantur in fide parentum. ' et ideo contra iustitiam naturalem esset si tales pueri, invitis parentibus, baptizarentur, sicut etiam si aliquis habens usum rationis baptizaretur invitus. esset etiam periculosum taliter filios infidelium baptizare, quia de facili ad infidelitatem redirent, propter naturalem affectum ad parentes. et ideo non habet hoc ecclesiae consuetudo, quod filii infidelium, invitis parentibus, baptizentur.
ra1 ' Ad primum ergo dicendum quod a morte corporali non est aliquis eripiendus contra ordinem iuris civilis, puta, si aliquis a suo iudice condemnetur ad mortem, nullus debet eum violenter a morte eripere. unde nec aliquis debet irrumpere ordinem iuris naturae, quo filius est sub cura patris, ut eum liberet a periculo mortis aeternae.
ra2 ' Ad secundum dicendum quod iudaei sunt servi principum servitute civili, quae non excludit ordinem iuris naturalis vel divini.
ra3 ' Ad tertium dicendum quod homo ordinatur ad deum per rationem, per quam deum cognoscere potest. unde puer, antequam usum rationis habeat, naturali ordine ordinatur in deum per rationem parentum, quorum curae naturaliter subiacet, et secundum eorum dispositionem sunt circa ipsum divina agenda.

010 ST4 qu68 ar11

ag1 ' Ad undecimum sic proceditur. videtur quod in maternis uteris existentes possint baptizari. efficacius est enim donum christi ad salutem quam peccatum adae ad damnationem, * ut apostolus dicit, rom. v. ' sed pueri in maternis uteris existentes damnantur propter peccatum adae. ergo multo magis salvari possunt per donum christi. quod quidem fit per baptismum. ergo pueri in maternis uteris existentes possunt baptizari.
ag2 ' Praeterea, puer in utero matris existens aliquid matris esse videtur. sed, baptizata matre, baptizatur quidquid est eius intra ipsam existens. ergo videtur quod, baptizata matre, baptizetur puer in utero eius existens.
ag3 ' Praeterea, mors aeterna peior est quam mors corporalis. sed de duobus malis minus malum eligendum est. si ergo puer in utero matris existens baptizari non potest, melius esset quod mater aperiretur et puer vi eductus baptizaretur, quam quod puer aeternaliter damnaretur, absque baptismo decedens.
ag4 ' Praeterea, contingit quandoque quod aliqua pars pueri prius egreditur, * sicut legitur gen. xxxviii quod, pariente thamar, ° in ipsa effusione infantium, unus protulit manum, in qua obstetrix ligavit coccinum, dicens, iste egredietur prior. illo vero manum retrahente, egressus est alter. ' quandoque autem in tali casu imminet periculum mortis. ergo videtur quod illa pars debeat baptizari, puero adhuc in materno utero existente.
sc * Sed contra est quod augustinus, in epistola ad dardanum, dicit, ° nemo renascitur nisi primo nascatur. ' sed baptismus est quaedam spiritualis regeneratio. non ergo debet aliquis baptizari priusquam ex utero nascatur.
co ' Respondeo dicendum quod de necessitate baptismi est quod corpus baptizandi aliquo modo aqua abluatur, cum baptismus sit quaedam ablutio, * ut supra dictum est. ' corpus autem infantis, antequam nascatur ex utero, non potest aliquo modo ablui aqua, nisi forte dicatur quod ablutio baptismalis qua corpus matris lavatur, ad filium in ventre existentem perveniat. sed hoc non potest esse, tum quia anima pueri, ad cuius sanctificationem ordinatur baptismus, distincta est ab anima matris; tum quia corpus puerperii animati iam est formatum, et per consequens a corpore matris distinctum. et ideo baptismus quo mater baptizatur, non redundat in prolem in utero existentem. * unde augustinus dicit, contra iulianum, ° si ad matris corpus id quod in ea concipitur pertinet, ita ut eius pars imputetur, non baptizaretur infans cuius mater baptizata est, aliquo mortis urgente periculo, cum gestaret in utero. nunc vero, cum etiam ipse, scilicet infans, baptizetur, non utique ad maternum corpus, cum esset in utero, pertinebat. ' et ita relinquitur quod nullo modo existentes in maternis uteris baptizari possunt.
ra1 ' Ad primum ergo dicendum quod pueri in maternis uteris existentes nondum prodierunt in lucem, ut cum aliis hominibus vitam ducant. unde non possunt subiici actioni humanae, ut per eorum ministerium sacramenta recipiant ad salutem. possunt tamen subiici operationi dei, apud quem vivunt, ut quodam privilegio gratiae sanctificationem consequantur, sicut patet de sanctificatis in utero.
ra2 ' Ad secundum dicendum quod membrum interius matris est aliquid eius per continuationem et unionem materialis partis ad totum. puer autem in utero matris existens est aliquid eius per quandam colligationem corporum distinctorum. unde non est similis ratio.
ra3 ' Ad tertium dicendum quod ° non sunt facienda mala ut veniant bona, * ut dicitur rom. iii. ' et ideo non debet homo occidere matrem ut baptizet puerum. si tamen mater mortua fuerit vivente puero in utero, aperiri debet, ut puer baptizetur.
ra4 ' Ad quartum dicendum quod expectanda est totalis egressio pueri ex utero ad baptismum, nisi mors immineat. si tamen primo caput egrediatur, in quo fundatur sensus, debet baptizari, periculo imminente, et non est postea rebaptizandus, si eum perfecte nasci contigerit. et videtur idem faciendum quaecumque alia pars egrediatur, periculo imminente. quia tamen in nulla partium exteriorum integritas ita consistit sicut in capite, videtur quibusdam quod, propter dubium, quacumque alia parte corporis abluta, puer post perfectam nativitatem sit baptizandus sub hac forma, " si non es baptizatus, ego te baptizo, etc..

010 ST4 qu68 ar12

ag1 ' Ad duodecimum sic proceditur. videtur quod furiosi et amentes non debeant baptizari. ad susceptionem enim baptismi requiritur intentio in eo qui baptizatur, * ut supra dictum est. ' sed furiosi et amentes, cum careant usu rationis, non possunt habere nisi inordinatam intentionem. ergo non debent baptizari.
ag2 ' Praeterea, homo bruta animalia superexcedit in hoc quod habet rationem. sed furiosi et amentes non habent usum rationis, et quandoque etiam in eis non expectatur, sicut expectatur in pueris. ergo videtur quod, sicut bruta animalia non baptizantur, ita etiam nec tales furiosi et amentes debeant baptizari.
ag3 ' Praeterea, magis ligatus est usus rationis in furiosis vel amentibus quam in dormientibus. sed baptismus non consuevit dari dormientibus. ergo non debet dari amentibus et furiosis.
sc * Sed contra est quod augustinus dicit, iv confess., " de amico suo, qui, cum desperaretur, baptizatus est. ' et tamen in ipso baptismus efficaciam habuit. unde et carentibus usu rationis aliquando baptismus dari debet.
co ' Respondeo dicendum quod circa amentes et furiosos est distinguendum. quidam enim sunt a nativitate tales, nulla habentes lucida intervalla, in quibus etiam nullus usus rationis apparet. et de talibus, quantum ad baptismi susceptionem, videtur esse idem iudicium et de pueris, qui baptizantur in fide ecclesiae, * ut supra dictum est. ' alii vero sunt amentes qui ex sana mente quam habuerunt prius, in amentiam inciderunt. et tales sunt iudicandi secundum voluntatem quam habuerunt dum sanae mentis existerent. et ideo, si tunc apparuit in eis voluntas suscipiendi baptismum, debet exhiberi eis in furia vel amentia constitutis, etiam si tunc contradicant. alioquin, si nulla voluntas suscipiendi baptismum in eis apparuit dum sanae mentis essent, non sunt baptizandi. quidam vero sunt qui, etsi a nativitate fuerint furiosi et amentes, habent tamen aliqua lucida intervalla, in quibus recta ratione uti possunt. unde, si tunc baptizari voluerint, baptizari possunt etiam in amentia constituti. et debet eis sacramentum tunc conferri si periculum timeatur, alioquin melius est ut tempus expectetur in quo sint sanae mentis ad hoc quod devotius suscipiant sacramentum. si autem tempore lucidi intervalli non appareat in eis voluntas baptismum suscipiendi, baptizari non debent in amentia constituti. quidam vero sunt qui, etsi non omnino sanae mentis existant, in tantum |25| tamen ratione utuntur quod possunt de sua salute cogitare, et intelligere sacramenti virtutem. et de talibus idem est iudicium sicut de his qui sanae mentis existunt, qui baptizantur volentes, non inviti.
ra1 ' Ad primum ergo dicendum quod amentes qui nunquam habuerunt nec habent usum rationis, baptizantur ex intentione ecclesiae, sicut ex ritu ecclesiae credunt et poenitent, * sicut supra de pueris dictum est. ' illi vero qui aliquo tempore habuerunt vel habent usum rationis, secundum propriam intentionem baptizantur, quam habent vel habuerunt tempore sanae mentis.
ra2 ' Ad secundum dicendum quod furiosi vel amentes carent usu rationis per accidens, scilicet propter aliquod impedimentum organi corporalis, non autem propter defectum animae rationalis, sicut bruta animalia. unde non est de eis similis ratio.
ra3 ' Ad tertium dicendum quod dormientes non sunt baptizandi nisi periculum mortis immineat. in quo casu baptizari debent si prius voluntas apparuit in eis suscipiendi baptismum, * sicut et de amentibus dictum est, * sicut augustinus narrat, in iv libro confess., de amico suo, " qui baptizatus est nesciens, propter periculum mortis.

010 ST4 qu69 ar

pr ' Deinde considerandum est de effectibus baptismi. et circa hoc quaeruntur decem. primo, utrum per baptismum auferantur omnia peccata. secundo, utrum per baptismum liberetur homo ab omni poena. tertio, utrum baptismus auferat poenalitatem huius vitae. quarto, utrum per baptismum conferantur homini gratiae et virtutes quinto, de effectibus virtutum qui per baptismum conferuntur. sexto, utrum etiam parvuli in baptismo gratias et virtutes accipiant. septimo, utrum per baptismum aperiatur baptizatis ianua regni caelestis. octavo, utrum baptismus aequalem effectum habeat in omnibus baptizatis. nono, utrum fictio impediat effectum baptismi. decimo, utrum, recedente fictione, baptismus obtineat suum effectum.

010 ST4 qu69 ar1

ag1 ' Ad primum sic proceditur. videtur quod per baptismum non tollantur omnia peccata. baptismus enim est quaedam spiritualis regeneratio, quae contraponitur generationi carnali. sed per generationem carnalem homo contrahit solum originale peccatum. ergo per baptismum solvitur solum originale peccatum.
ag2 ' Praeterea, poenitentia est sufficiens causa remissionis actualium peccatorum. sed ante baptismum in adultis requiritur poenitentia, * secundum illud act. ii, ° poenitentiam agite, et baptizetur unusquisque vestrum. ' ergo baptismus nihil operatur circa remissionem peccatorum actualium.
ag3 ' Praeterea, diversorum morborum diversae sunt medicinae, quia, * sicut hieronymus dicit, ° non sanat oculum quod sanat calcaneum. ' sed peccatum originale, quod per baptismum tollitur, est aliud genus peccati a peccato actuali. ergo non omnia peccata remittuntur per baptismum.
sc * Sed contra est quod dicitur ezech. xxxvi, ° effundam super vos aquam mundam, et mundabimini ab omnibus inquinamentis vestris.
co * Respondeo dicendum quod, sicut apostolus dicit, rom. vi, ° quicumque baptizati sumus in christo iesu, in morte ipsius baptizati sumus. * et postea concludit, ° ita et vos existimate mortuos quidem esse peccato, viventes autem deo in christo iesu domino nostro. ' ex quo patet quod per baptismum homo moritur vetustati peccati, et incipit vivere novitati gratiae. omne autem peccatum pertinet ad pristinam vetustatem. unde consequens est quod omne peccatum per baptismum tollatur.
ra1 * Ad primum ergo dicendum quod, sicut apostolus dicit, rom. v, ' peccatum adae non tantum potest quantum donum christi, quod in baptismo percipitur, ° nam iudicium ex uno in condemnationem, gratia autem ex multis delictis in iustificationem. * unde et augustinus dicit, in libro de baptismo parvulorum, quod, ° generante carne, tantummodo trahitur peccatum originale, regenerante autem spiritu, non solum originalis, sed etiam voluntariorum fit remissio

peccatorum.
ra2 ' Ad secundum dicendum quod nullius peccati remissio fieri potest nisi per virtutem passionis christi, * unde et apostolus dicit, heb. ix, quod ° sine sanguinis effusione non fit remissio. ' unde motus voluntatis humanae non sufficeret ad remissionem culpae, nisi adesset fides passionis christi et propositum participandi ipsam, vel suscipiendo baptismum, vel subiiciendo se clavibus ecclesiae. et ideo, quando aliquis adultus poenitens ad baptismum accedit, consequitur quidem remissionem omnium peccatorum ex proposito baptismi, perfectius autem ex reali susceptione baptismi.
ra3 ' Ad tertium dicendum quod ratio illa procedit de particularibus medicinis. baptismus autem operatur in virtute passionis christi, quae est universalis medicina omnium peccatorum, et per baptismum omnia peccata solvuntur.

010 ST4 qu69 ar2

ag1 ' Ad secundum sic proceditur. videtur quod per baptismum non liberetur homo ab omni reatu peccati. * dicit enim apostolus, rom. xiii, ° quae a deo sunt, ordinata sunt. ' sed culpa non ordinatur nisi per poenam, * ut augustinus dicit. ' ergo per baptismum non tollitur reatus poenae praecedentium peccatorum.
ag2 ' Praeterea, effectus sacramenti aliquam similitudinem habet cum ipso sacramento, quia sacramenta novae legis efficiunt quod figurant, * ut supra dictum est. ' sed ablutio baptismalis habet quidem aliquam similitudinem cum ablutione maculae, nullam autem similitudinem habere videtur cum subtractione reatus poenae. non ergo per baptismum tollitur reatus poenae.
ag3 ' Praeterea, sublato reatu poenae, aliquis non remanet dignus poena, et ita iniustum esset eum puniri. si igitur per baptismum tollitur reatus poenae, iniustum esset post baptismum suspendere latronem, qui antea homicidium commisit. et ita per baptismum tolleretur rigor humanae disciplinae, quod est inconveniens. non ergo per baptismum tollitur reatus poenae.
sc * Sed contra est quod ambrosius dicit, super illud rom. xi, ° sine poenitentia sunt dona dei et vocatio, ' gratia, * inquit, ' dei in baptismo omnia gratis condonat.
co * Respondeo dicendum quod, sicut supra dictum est, ' per baptismum aliquis incorporatur passioni et morti christi, * secundum illud rom. vi, ° si mortui sumus cum christo, credimus quia etiam simul vivemus cum christo. ' ex quo patet quod omni baptizato communicatur passio christi ad remedium ac si ipse passus et mortuus esset. passio autem christi, * sicut supra dictum est, ' est sufficiens satisfactio pro omnibus peccatis omnium hominum. et ideo ille qui baptizatur liberatur a reatu omnis poenae sibi debitae pro peccatis, ac si ipse sufficienter satisfecisset pro omnibus peccatis suis.
ra1 ' Ad primum ergo dicendum quod, quia poena passionis christi communicatur baptizato, inquantum fit membrum christi, ac si ipse poenam illam sustinuisset, eius peccata remanent ordinata per poenam passionis christi.
ra2 ' Ad secundum dicendum quod aqua non solum abluit, sed etiam refrigerat. et ita suo refrigerio significat subtractionem reatus poenae, sicut sua ablutione significat emundationem a culpa.
ra3 ' Ad tertium dicendum quod in poenis quae iudicio humano inferuntur, non solum attenditur qua poena sit homo dignus quoad deum, sed etiam in quo sit obligatus quoad homines, qui sunt laesi et scandalizati per peccatum alicuius. et ideo, licet homicida per baptismum liberetur a reatu poenae quoad deum, remanet tamen adhuc obligatus quoad homines, quos iustum est aedificari de poena, sicut sunt scandalizati de culpa. pie tamen talibus princeps posset poenam indulgere.

010 ST4 qu69 ar3

ag1 ' Ad tertium sic proceditur. videtur quod per baptismum debeant auferri poenalitates praesentis vitae. * ut enim apostolus dicit, rom. v, " donum christi potentius est quam peccatum adae. sed per peccatum adae, * ut ibidem apostolus dicit, ° mors in hunc mundum intravit, ' et per consequens omnes aliae poenalitates praesentis vitae. ergo multo magis per donum christi, quod in baptismo percipitur, homo a poenalitatibus praesentis vitae debet liberari.
ag2 ' Praeterea, baptismus aufert et culpam originalem et actualem, * sicut supra dictum est. ' sic autem aufert actualem culpam quod liberat ab omni reatu poenae consequentis actualem culpam. ergo etiam liberat a poenalitatibus praesentis vitae, quae sunt poena originalis peccati.
ag3 ' Praeterea, remota causa, removetur effectus. sed causa harum poenalitatum est peccatum originale, quod tollitur per baptismum. ergo non debent huiusmodi poenalitates remanere.
sc * Sed contra est quod, super illud rom. vi, ° destruatur corpus peccati, * dicit glossa, ° per baptismum id agitur ut vetus homo crucifigatur et corpus peccati destruatur, non ita ut in ipsa vivente carne concupiscentia respersa et innata repente absumatur et non sit, sed ne obsit mortuo quae inerat nato. ' ergo pari ratione nec aliae poenalitates per baptismum tolluntur.
co ' Respondeo dicendum quod baptismus habet virtutem auferendi poenalitates praesentis vitae, non tamen eas aufert in praesenti vita, sed eius virtute auferentur a iustis in resurrectione, ° quando mortale hoc induet immortalitatem, * ut dicitur i cor. xv. ' et hoc rationabiliter. primo quidem, quia per baptismum homo incorporatur christo et efficitur membrum eius, * ut supra dictum est. ' et ideo conveniens est ut id agatur in membro incorporato quod est actum in capite. christus autem a principio suae conceptionis fuit plenus gratia et veritate, habuit tamen corpus passibile, quod per passionem et mortem est ad vitam gloriosam resuscitatum. unde et christianus in baptismo gratiam consequitur quantum ad animam, habet tamen corpus passibile, in quo pro christo possit pati; sed tandem resuscitabitur ad impassibilem vitam. * unde apostolus dicit, rom. viii, ° qui suscitavit iesum christum a mortuis, vivificabit et mortalia corpora nostra, propter inhabitantem spiritum eius in nobis. * et infra eodem, ° heredes quidem dei, coheredes autem christi, si tamen compatimur, ut et simul glorificemur. |25| ' secundo, hoc est conveniens propter spirituale exercitium, ut videlicet contra concupiscentiam et alias passibilitates pugnans homo victoriae coronam acciperet. * unde super illud rom. vi, ° ut destruatur corpus peccati, * dicit glossa, ° si post baptismum vixerit homo in carne, habet concupiscentiam cum qua pugnet, eamque, adiuvante deo, superet. * in cuius figura dicitur iudic. iii, ° hae sunt gentes quas dominus dereliquit ut erudiret in eis israelem, et postea discerent filii eorum certare cum hostibus, et habere consuetudinem praeliandi. ' tertio, hoc fuit conveniens ne homines ad baptismum accederent propter impassibilitatem praesentis vitae, et non propter gloriam vitae aeternae. * unde et apostolus dicit, i cor. xv, ° si in hac vita tantum sperantes sumus in christo, miserabiliores sumus omnibus hominibus.
ra1 ' Ad primum ergo dicendum quod, * sicut glossa dicit, rom. vi, super illud, ° ut ultra non serviamus peccato, sicut aliquis capiens hostem atrocissimum non statim interficit eum, sed patitur eum cum dedecore et dolore aliquantulum vivere; ita et christus prius poenam alligavit, in futuro autem perimet.
ra2 * Ad secundum dicendum quod, sicut ibidem dicit glossa, ° duplex est poena peccati, gehennalis et temporalis. gehennalem prorsus delevit christus, ut eam non sentiant baptizati et vere poenitentes. temporalem vero nondum penitus tulit, manet enim fames sitis et mors. sed regnum et dominium eius deiecit, " ut scilicet haec homo non timeat, et tandem in novissimo eam penitus exterminabit.
ra3 * Ad tertium dicendum quod, sicut in secunda parte dictum est, ' peccatum originale hoc modo processit quod primo persona infecit naturam, postmodum vero natura infecit personam. christus vero converso ordine prius reparat id quod personae est, postmodum simul in omnibus reparabit id quod naturae est. et ideo culpam originalis peccati, et etiam poenam carentiae visionis divinae, quae respiciunt personam, statim per baptismum tollit ab homine. sed poenalitates praesentis vitae, sicut mors, fames, sitis et alia huiusmodi, respiciunt naturam, ex cuius principiis causantur, prout est destituta originali iustitia. et ideo isti defectus non tollentur nisi in ultima reparatione naturae per resurrectionem gloriosam.

010 ST4 qu69 ar4

ag1 ' Ad quartum sic proceditur. videtur quod per baptismum non conferantur homini gratia et virtutes. quia, * sicut supra dictum est, ' sacramenta novae legis efficiunt quod figurant. sed per ablutionem baptismi significatur emundatio animae a culpa, non autem informatio animae per gratiam et virtutes. videtur igitur quod per baptismum non conferantur homini gratia et virtutes.
ag2 ' Praeterea, illud quod iam aliquis adeptus est, non indiget iterum suscipere. sed aliqui accedunt ad baptismum iam habentes gratiam et virtutes; * sicut act. x legitur, ° vir quidam erat in caesarea, nomine cornelius, centurio cohortis " quae dicitur italica, religiosus et timens deum; ' qui tamen postea a petro baptizatus est. non ergo per baptismum conferuntur gratia et virtutes.
ag3 ' Praeterea, virtus est habitus, ad cuius rationem pertinet quod sit qualitas difficile mobilis, per quam aliquis faciliter et delectabiliter operetur. sed post baptismum remanet in hominibus pronitas ad malum, per quod tollitur virtus; et consequitur difficultatem quis ad bonum, quod est actus virtutis. ergo per baptismum non consequitur homo gratiam et virtutes.
sc * Sed contra est quod, ad tit. iii, dicit apostolus, ° salvos nos fecit per lavacrum regenerationis, idest per baptismum, et renovationis spiritus sancti, quem effudit in nos abunde, idest ad remissionem peccatorum et copiam virtutum, * ut glossa ibidem exponit. ' sic ergo in baptismo datur gratia spiritus sancti et copia virtutum.
co ' Respondeo dicendum quod, * sicut augustinus dicit, in libro de baptismo parvulorum, ° ad hoc baptismus valet, ut baptizati christo incorporentur ut membra eius. ' a capite autem christo in omnia membra eius gratiae et virtutis plenitudo derivatur, * secundum illud ioan. i, ° de plenitudine eius nos omnes accepimus. ' unde manifestum est quod per baptismum aliquis consequitur gratiam et virtutes.
ra1 ' Ad primum ergo dicendum quod, sicut aqua baptismi per suam ablutionem significat emundationem culpae, et per suum refrigerium significat liberationem a poena, ita per naturalem claritatem significat splendorem gratiae et virtutum.
ra2 * Ad secundum dicendum quod, sicut dictum est, ' remissionem peccatorum aliquis consequitur ante baptismum secundum quod habet baptismum in voto, vel explicite vel implicite et tamen, cum realiter suscipit baptismum, fit plenior remissio, quantum ad liberationem a tota poena. ita etiam ante baptismum cornelius et alii similes consequuntur gratiam et virtutes per fidem christi et desiderium baptismi, implicite vel explicite, postmodum tamen in baptismo maiorem copiam gratiae et virtutum consequuntur. * unde super illud psalmi, ° super aquam refectionis educavit me, * dicit glossa, ° per augmentum virtutis et bonae operationis educavit in baptismo.
ra3 ' Ad tertium dicendum quod difficultas ad bonum et pronitas ad malum inveniuntur in baptizatis, non propter defectum habitus virtutum, sed propter concupiscentiam, quae non tollitur in baptismo. sicut tamen per baptismum diminuitur concupiscentia, ut non dominetur, ita etiam diminuitur utrumque istorum, ne homo ab his superetur.

010 ST4 qu69 ar5

ag1 ' Ad quintum sic proceditur. videtur quod inconvenienter attribuantur baptismo pro effectibus quidam actus virtutum, scilicet, incorporatio ad christum, illuminatio, fecundatio. non enim baptismus datur adulto nisi fideli, * secundum illud marc. ult., ° qui crediderit et baptizatus fuerit, salvus erit. ' sed per fidem aliquis incorporatur christo, * secundum illud ephes. iii, ° habitare christum per fidem in cordibus vestris. ' ergo nullus baptizatur nisi iam christo incorporatus. non ergo est effectus baptismi incorporari christo.
ag2 ' Praeterea, illuminatio fit per doctrinam, * secundum illud ephes. iii ° mihi omnium minimo data est gratia haec, illuminare omnes, ' etc.. sed doctrina praecedit baptismum in catechismo. non ergo est effectus baptismi.
ag3 ' Praeterea, fecunditas pertinet ad generationem activam. sed per baptismum aliquis regeneratur spiritualiter. ergo fecunditas non est effectus baptismi.
sc ' Sed contra est quod * augustinus dicit, in libro de baptismo parvulorum, quod ° ad hoc valet baptismus ut baptizati christo incorporentur. * dionysius etiam, ii cap. eccl. hier., illuminationem attribuit baptismo. et super illud psalmi, ° super aquam refectionis educavit, * dicit glossa quod ° anima peccatorum, ariditate sterilis, fecundatur per baptismum.
co ' Respondeo dicendum quod per baptismum aliquis regeneratur in spiritualem vitam, quae est propria fidelium christi, * sicut apostolus dicit, galat. ii, ° quod autem nunc vivo in carne, in fide vivo filii dei. ' vita autem non est nisi membrorum capiti unitorum, a quo sensum et motum suscipiunt. et ideo necesse est quod per baptismum aliquis incorporetur christo quasi membrum ipsius. sicut autem a capite naturali derivatur ad membra sensus et motus, ita a capite spirituali, quod est christus, derivatur ad membra eius sensus spiritualis, qui consistit in cognitione veritatis, et motus spiritualis, qui est per gratiae instinctum. * unde ioan. i dicitur, ° vidimus eum plenum gratiae et veritatis, et de plenitudine eius omnes accepimus. ' et ideo consequens est quod baptizati illuminentur a christo circa cognitionem veritatis, et fecundentur ab eo fecunditate bonorum operum per gratiae infusionem.
ra1 ' Ad primum ergo dicendum quod adulti prius credentes in christum sunt ei incorporati mentaliter. sed postmodum, cum baptizantur, incorporantur ei quodammodo corporaliter, scilicet per visibile sacramentum, sine cuius proposito nec mentaliter incorporari potuissent.
ra2 ' Ad secundum dicendum quod doctor illuminat exterius per ministerium catechizando, sed deus illuminat interius baptizatos, praeparans corda eorum ad recipiendam doctrinam veritatis, * secundum illud ioan. vi, ° scriptum est in prophetis, erunt omnes docibiles dei.
ra3 ' Ad tertium dicendum quod effectus baptismi ponitur fecunditas qua aliquis producit bona opera, non autem fecunditas qua aliquis generat alios in christo, * sicut apostolus dicit, i cor. iv, ° in christo iesu per evangelium ego vos genui.

010 ST4 qu69 ar6

ag1 ' Ad sextum sic proceditur. videtur quod pueri in baptismo non consequantur gratiam et virtutes. gratia enim et virtutes non habentur sine fide et caritate. sed ° fides, * ut augustinus dicit, ° consistit in credentium voluntate, ' et similiter etiam caritas consistit in diligentium voluntate, cuius usum pueri non habent, et sic non habent fidem et caritatem. ergo pueri in baptismo non recipiunt gratiam et virtutes.
ag2 * Praeterea, super illud ioan. xiv, ° maiora horum faciet, * dicit augustinus quod " ut ex impio iu-

stus fiat, ° in illo, sed non sine illo christus operatur. ‘ sed puer, cum non habeat usum liberi arbitrii, non cooperatur christo ad suam iustificationem, immo quandoque pro posse renititur. ergo non iustificatur per gratiam et virtutes.
ag3 * Praeterea, rom. iv dicitur, ° ei qui non operatur, credenti autem in eum qui iustificat impium, reputabitur fides eius ad iustitiam, secundum propositum gratiae dei. “ sed puer non est credens in eum qui iustificat impium. ‘ ergo non consequitur gratiam iustificantem neque virtutes.
ag4 ‘ Praeterea, quod ex carnali intentione agitur, non videtur habere spiritualem effectum. sed quandoque pueri ad baptismum deferuntur carnali intentione, ut scilicet corporaliter sanentur. non ergo consequuntur spiritualem effectum gratiae et virtutum.
sc * Sed contra est quod augustinus dicit, in enchirid., ° parvuli renascendo moriuntur illi peccato quod nascendo contraxerunt, et per hoc ad illos etiam pertinet quod dicitur, consepulti sumus cum illo per baptismum in mortem, (subditur autem) ut, quomodo resurrexit christus a mortuis per gloriam patris ita et nos in novitate vitae ambulemus. ‘ sed novitas vitae est per gratiam et virtutes. ergo pueri consequuntur in baptismo gratiam et virtutes.
co * Respondeo dicendum quod quidam antiqui posuerunt quod “ pueris in baptismo non dantur gratia et virtutes, sed imprimitur eis character christi, cuius virtute, cum ad perfectam aetatem venerint, consequuntur gratiam et virtutes. ‘ sed hoc patet esse falsum dupliciter. primo quidem, quia pueri, sicut et adulti, in baptismo efficiuntur membra christi. unde necesse est quod a capite recipiant influxum gratiae et virtutis. secundo, quia secundum hoc pueri decedentes post baptismum non pervenirent ad vitam aeternam, * quia, ut dicitur rom. vi, ° gratia dei est vita aeterna. ‘ et ita nihil profuisset eis ad salutem baptizatos fuisse. “ causa autem erroris fuit quia nescierunt distinguere inter habitum et actum. et sic, videntes pueros inhabiles ad actus virtutum, crediderunt eos post baptismum nullatenus virtutem habere. ‘ sed ista impotentia operandi non accidit pueris ex defectu habituum, sed ex impedimento corporali, sicut etiam dormientes, quamvis habeant habitus virtutum, impediuntur tamen ab actibus propter somnum.
ra1 ‘ Ad primum ergo dicendum quod fides et caritas consistunt in voluntate hominum, ita tamen quod habitus harum et aliarum virtutum requirunt potentiam voluntatis, quae est in pueris; sed actus virtutum requirunt actum voluntatis, qui non est in pueris. * et hoc modo augustinus dicit, in libro de baptismo parvulorum, quod ° parvulum, etsi nondum illa fides quae in credentium voluntate consistit, iam tamen ipsius fidei sacramentum, “ quod scilicet causat habitum fidei, fidelem facit.
ra2 ‘ Ad secundum dicendum quod, * sicut augustinus dicit, in libro de caritate, ° nemo ex aqua et spiritu sancto renascitur nisi volens. “ quod non de parvulis, sed de adultis intelligendum est. et similiter de adultis intelligendum est quod homo a christo sine ipso non iustificatur. quod autem parvuli baptizandi, prout viribus possunt, reluctantur, non eis imputatur, ° quia in tantum nesciunt quid faciunt, ut nec facere videantur, * ut augustinus dicit, in libro de praesentia dei ad dardanum.
ra3 * Ad tertium dicendum quod, sicut augustinus dicit, ° parvulis mater ecclesia aliorum pedes accommodat ut veniant, aliorum cor ut credant, aliorum linguam ut fateantur. ‘ et ita pueri credunt, non per actum proprium, sed per fidem ecclesiae, quae eis communicatur. et huius fidei virtute conferuntur eis gratia et virtutes.
ra4 ‘ Ad quartum dicendum quod carnalis intentio deferentium pueros ad baptismum nihil eis nocet, sicut nec culpa unius nocet alteri, nisi consentiat. * unde augustinus dicit, in epistola ad bonifacium, ° non illud te moveat quod quidam non ea fide ad baptismum percipiendum parvulos ferunt ut gratia spirituali ad vitam regenerentur aeternam, sed hoc eos putant remedio corporalem retinere vel recipere sanitatem. non enim propterea illi non regenerantur, quia non ab istis hac intentione offeruntur.

010 ST4 qu69 ar7

ag1 ‘ Ad septimum sic proceditur. videtur quod effectus baptismi non sit apertio ianuae regni caelestis. illud enim quod est apertum, non indiget apertione. sed ianua regni caelestis est aperta per passionem christi, * unde apoc. iv dicitur, ° post haec vidi ostium magnum apertum in caelo. ‘ non est ergo effectus baptismi apertio ianuae regni caelestis.
ag2 ‘ Praeterea, baptismus omni tempore ex quo institutus fuit, habet suum effectum. sed quidam baptizati sunt baptismo christi ante eius passionem, * ut habetur ioan. iii, ‘ quibus, si tunc decessissent, introitus regni caelestis non patebat, in quod nullus ante christum introivit, * secundum illud mich. ii, ° ascendit pandens iter ante eos. ‘ non est ergo effectus baptismi apertio ianuae regni caelestis.
ag3 ‘ Praeterea, baptizati adhuc sunt obnoxii morti et aliis poenalitatibus vitae praesentis, * ut supra dictum est. ‘ sed nulli est apertus aditus regni caelestis quandiu est obnoxius poenae, sicut patet de illis qui sunt in purgatorio. non ergo est effectus baptismi apertio ianuae regni caelestis.
sc * Sed contra est quod super illud luc. iii, ° apertum est caelum, * dicit glossa bedae, ° virtus hic baptismatis ostenditur, de quo quisque cum egreditur, ei regni caelestis ianua aperitur.
co ‘ Respondeo dicendum quod aperire ianuam regni caelestis est amovere impedimentum quo aliquis impeditur regnum caeleste intrare. hoc autem impedimentum est culpa et reatus poenae. * ostensum est autem supra quod ‘ per baptismum totaliter omnis culpa et etiam omnis reatus poenae tollitur. unde consequens est quod effectus baptismi sit apertio regni caelestis.
ra1 ‘ Ad primum ergo dicendum quod baptismus intantum aperit baptizato ianuam regni caelestis, inquantum incorporat eum passioni christi, virtutem eius homini applicando.
ra2 ‘ Ad secundum dicendum quod, quando passio christi nondum erat realiter perfecta sed solum in fide credentium, baptismus proportionaliter causabat ianuae apertionem, non quidem in re, sed in spe. baptizati enim tunc decedentes ex certa spe introitum regni caelestis expectabant.
ra3 ‘ Ad tertium dicendum quod baptizatus non est obnoxius morti et poenalitatibus vitae praesentis propter reatum personae, sed propter statum naturae. et ideo propter hoc non impeditur ab introitu regni caelestis, quando anima separatur a corpore per mortem, quasi iam persoluto eo quod naturae debebatur.

010 ST4 qu69 ar8

ag1 ‘ Ad octavum sic proceditur. videtur quod baptismus non habeat in omnibus aequalem effectum. effectus enim baptismi est remotio culpae. sed in quibusdam plura peccata tollit quam in aliis, nam in pueris tollit solum peccatum originale; in adultis autem etiam actualia, in quibusdam plura, in quibusdam vero pauciora. non ergo aequalem effectum habet baptismus in omnibus.
ag2 ‘ Praeterea, per baptismum conferuntur homini gratia et virtutes. sed quidam post baptismum videntur habere maiorem gratiam et perfectiorem virtutem quam alii baptizati. non ergo baptismus habet aequalem effectum in omnibus.
ag3 ‘ Praeterea, natura perficitur per gratiam sicut materia per formam. sed forma recipitur in materia secundum eius capacitatem. cum ergo in quibusdam baptizatis, etiam pueris, sit maior capacitas naturalium quam in aliis, videtur quod quidam maiorem gratiam consequantur quam alii.
ag4 ‘ Praeterea, quidam in baptismo consequuntur non solum spiritualem salutem, sed etiam corporalem, sicut patet de constantino, qui in baptismo mundatus est a lepra. non autem omnes infirmi corporalem salutem consequuntur in baptismo. ergo non habet aequalem effectum in omnibus.
sc * Sed contra est quod dicitur ephes. iv, ° una fides, unum baptisma. ‘ uniformis autem causae est uniformis effectus. ergo baptismus habet aequalem effectum in omnibus.
co ‘ Respondeo dicendum quod duplex est effectus baptismi, unus per se, et alius per accidens. per se quidem effectus baptismi est id ad quod baptismus est institutus, scilicet ad generandum homines in spiritualem vitam. unde, quia omnes pueri aequaliter se habent ad baptismum, quia non in fide propria, sed in fide ecclesiae baptizantur, omnes aequalem effectum percipiunt in baptismo. adulti vero, qui per propriam fidem ad baptismum accedunt, non aequaliter se habent ad baptismum, quidam enim cum maiori, quidam cum minori devotione ad baptismum accedunt. et ideo quidam plus, quidam minus de gratia novitatis accipiunt, sicut etiam ab eodem igne accipit plus caloris qui plus ei appropinquat, licet ignis, quantum est de se, aequaliter ad omnes suum calorem effundat. effectus autem baptismi per accidens est ad quem baptismus non est ordinatus, sed divina virtus hoc in baptismo miraculose operatur, * sicut super illud rom. vi, ° ut ultra non serviamus peccato, * dicit glossa, ° non hoc praestatur in baptismo, nisi forte miraculo ineffabili creatoris, ut lex peccati, quae est in membris, prorsus extinguatur. ‘ et tales effectus non aequaliter suscipiuntur ab omnibus baptizatis, etiam si cum aequali devotione accedant, sed dispensantur huiusmodi effectus secundum ordinem providentiae divinae.
ra1 ‘ Ad primum ergo dicendum quod minima gratia baptismalis sufficiens est ad delendum cuncta peccata. unde hoc non est propter maiorem efficaciam baptismi quod in quibusdam plura, in quibusdam pauciora peccata solvit, sed propter conditionem subiecti, quia in quolibet solvit quodcumque invenerit.
ra2 ‘ Ad secundum dicendum quod hoc quod in baptizatis maior vel minor gratia apparet, potest dupliciter contingere. uno modo, quia unus in baptismo percipit maiorem gratiam quam alius propter maiorem devotionem, * ut dictum est. ‘ alio modo quia, etiam si aequalem gratiam percipiant, non aequaliter ea utuntur, sed unus studiosius in ea proficit, alius per negligentiam gratiae dei deest.
ra3 ‘ Ad tertium dicendum quod diversa capacitas in hominibus non est ex diversitate mentis, quae per baptismum renovatur, cum omnes homines, eiusdem speciei existentes, in forma conveniant, sed ex diversa dispositione corporum. secus autem est in angelis, qui differunt specie. et ideo angelis dantur dona gratuita secundum diversam capacitatem naturalium, non autem hominibus.
ra4 ‘ Ad quartum dicendum quod sanitas corporalis non est per se effectus baptismi, sed est quoddam miraculosum opus providentiae divinae.

010 ST4 qu69 ar9

ag1 ‘ Ad nonum sic proceditur. videtur quod fictio non impediat effectum baptismi. * dicit enim apostolus, galat. iii, ° quicumque in christo baptizati estis, christum induistis. ‘ sed omnes qui baptismum christi suscipiunt, baptizantur in christo. ergo omnes induunt christum. quod est percipere baptismi effectum. et ita fictio non impedit baptismi effectum.
ag2 ‘ Praeterea, in baptismo operatur virtus divina, quae potest voluntatem hominis mutare in bonum. sed effectus causae agentis non potest impediri per id quod ab illa causa potest auferri. ergo fictio non potest impedire baptismi effectum.
ag3 ‘ Praeterea, baptismi effectus est gratia, cui peccatum opponitur. sed multa sunt alia peccata graviora quam fictio, de quibus non dicitur quod effectum baptismi impediant. ergo neque fictio impedit effectum baptismi.
sc * Sed contra est quod dicitur sap. i, ° spiritus sanctus disciplinae effugiet fictum. ‘ sed effectus baptismi est a spiritu sancto. ergo fictio impedit effectum baptismi.
co * Respondeo dicendum quod, sicut damascenus dicit, ° deus non cogit hominem ad iustitiam. ‘ et ideo ad hoc quod aliquis iustificetur per baptismum, requiritur quod voluntas hominis amplectatur et baptismum et baptismi effectum. dicitur autem aliquis fictus per hoc quod voluntas eius contradicit vel baptismo, vel eius effectui. * nam secundum augustinum, “ quatuor modis dicitur aliquis fictus, uno modo, ille qui non credit, cum tamen baptismus sit fidei sacramentum; alio modo, per hoc quod contemnit ipsum sacramentum; tertio modo, per hoc quod aliter celebrat sacramentum, non servans ritum ecclesiae; quarto, per hoc quod aliquis indevote accedit. ‘ unde manifestum est quod fictio impedit effectum baptismi.
ra1 “ Ad primum ergo dicendum quod baptizari in christo potest intelligi dupliciter. uno modo, in christo, idest, in christi conformitate. et sic quicumque baptizantur in christo conformati ei per fidem et caritatem, induunt christum per gratiam. alio modo dicuntur aliqui baptizari in christo, inquantum accipiunt christi sacramentum. et sic omnes induunt christum per configurationem characteris, non autem per conformitatem gratiae.
ra2 ‘ Ad secundum dicendum quod, quando deus voluntatem hominis de malo in bonum mutat, tunc homo non accedit fictus. sed non semper hoc deus facit. nec ad hoc sacramentum ordinatur, ut de ficto fiat aliquis non fictus, sed ut non fictus aliquis accedens iustificetur.
ra3 ‘ Ad tertium dicendum quod fictus dicitur aliquis ex eo quod demonstrat se aliquid velle quod non vult. quicumque autem accedit ad baptismum, ex hoc ipso ostendit se rectam fidem christi habere, et hoc sacramentum venerari, et velle se ecclesiae conformare, et velle a peccato recedere. unde cuicumque peccato vult homo inhaerere, si ad baptismum accedit, fictus accedit, quod est indevote accedere. sed hoc intelligendum est de peccato mortali, quod gratiae contrariatur, non autem de peccato veniali. unde fictio hic quodammodo includit omne peccatum.

010 ST4 qu69 ar10

ag1 ‘ Ad decimum sic proceditur. videtur quod, fictione recedente, baptismus suum effectum non consequatur. opus enim mortuum, quod est sine caritate, non potest unquam vivificari. sed ille qui fictus accedit ad baptismum, recipit sacramentum sine caritate. ergo nunquam potest vivificari hoc modo ut gratiam conferat.
ag2 ‘ Praeterea, fictio videtur esse fortior quam baptismus, cum impediat eius effectum. sed fortius non tollitur a debiliori. ergo peccatum fictionis non potest tolli per baptismum fictione impeditum. et sic baptismus non consequetur suum effectum, qui est remissio omnium peccatorum.
ag3 ‘ Praeterea, contingit quod aliquis ficte accedit ad baptismum, et post baptismum multa peccata committit. quae tamen per baptismum non tollentur, quia baptismus tollit peccata praeterita, non futura. ergo baptismus talis nunquam consequetur suum effectum, qui est remissio omnium peccatorum.
sc * Sed contra est quod augustinus dicit, in libro de baptismo, ° tunc valere incipit ad salutem baptismus, cum illa fictio veraci confessione recesserit, quae, corde in malitia vel sacrilegio perseverante, peccatorum ablutionem non sinebat fieri.
co * Respondeo dicendum quod, sicut supra dictum est, ‘ baptismus est quaedam spiritualis regeneratio. cum autem aliquid generatur, simul cum forma recipit effectum formae, nisi sit aliquid impediens; quo remoto, forma rei generatae perficit suum effectum,

sicut simul cum corpus grave generatur, movetur deorsum, nisi sit aliquid prohibens; quo remoto, statim incipit moveri deorsum. et similiter quando aliquis baptizatur, accipit characterem, quasi formam, et consequitur proprium effectum, qui est gratia remittens omnia peccata. impeditur autem quandoque per fictionem. unde oportet quod, ea remota per poenitentiam, baptismus statim consequatur suum effectum.
ra1 ' Ad primum ergo dicendum quod sacramentum baptismi est opus dei, et non hominis. et ideo non est mortuum in ficto, qui sine caritate baptizatur.
ra2 ' Ad secundum dicendum quod fictio non removetur per baptismum, sed per poenitentiam, qua remota, baptismus aufert omnem culpam et reatum omnium peccatorum praecedentium baptismum, et etiam simul existentium cum baptismo. * unde augustinus dicit, in libro de baptismo, ° solvitur hesternus dies, et quidquid superest solvitur, et ipsa hora momentumque ante baptismum et in baptismo. deinceps autem continuo reus esse incipit. ' et sic ad effectum baptismi consequendum concurrit baptismus et poenitentia, sed baptismus sicut causa per se agens; poenitentia sicut causa per accidens, idest removens prohibens.
ra3 ' Ad tertium dicendum quod effectus baptismi non est tollere peccata futura, sed praesentia vel praeterita. et ideo, recedente fictione, peccata sequentia remittuntur quidem, sed per poenitentiam, non per baptismum. unde non remittuntur quantum ad totum reatum, sicut peccata praecedentia baptismum.

010 ST4 qu70 ar

pr ' Deinde considerandum est de praeparatoriis ab baptismum. et primo quidem, de praeparatorio quod praecessit baptismum, scilicet de circumcisione; secundo, de praeparatoriis quae currunt simul cum baptismo, scilicet de catechismo et exorcismo. circa primum quaeruntur quatuor. primo, utrum circumcisio fuerit praeparatoria et figurativa baptismi. secundo, de institutione ipsius. tertio, de ritu eius. quarto, de effectu ipsius.

010 ST4 qu70 ar1

ag1 ' Ad primum sic proceditur. videtur quod circumcisio non fuerit praeparatoria et figurativa baptismi. omnis enim figura habet aliquam similitudinem cum suo figurato. sed circumcisio nullam habet similitudinem cum baptismo. ergo videtur quod non fuerit praeparativa et figurativa baptismi.
ag2 * Praeterea, apostolus dicit, i cor. x, de antiquis patribus loquens, ° quod omnes in nube et in mari baptizati sunt, " non autem dicit quod in circumcisione baptizati sint. ergo protectio columnae nubis, et transitus maris rubri, magis fuerunt praeparatoria ad baptismum et figurativa ipsius quam circumcisio.
ag3 * Praeterea, supra dictum est quod ' baptismus ioannis fuit praeparatorius ad baptismum christi. si ergo circumcisio fuit praeparatoria et figurativa baptismi christi, videtur quod baptismus ioannis fuit superfluus. quod est inconveniens. non ergo circumcisio fuit praeparatoria et figurativa baptismi.
sc * Sed contra est quod apostolus dicit, coloss. ii, ° circumcisi estis circumcisione non manu facta in exspoliatione corporis carnis, sed circumcisione iesu christi, consepulti ei in baptismo.
co ' Respondeo dicendum quod baptismus dicitur sacramentum fidei, inquantum scilicet in baptismo fit quaedam fidei professio, et per baptismum aggregatur homo congregationi fidelium. eadem autem est fides nostra et antiquorum patrum, * secundum illud apostoli, ii cor. iv, ° habentes eundem spiritum fidei credimus. ' circumcisio autem erat quaedam protestatio fidei, unde et per circumcisionem antiqui congregabantur collegio fidelium. unde manifestum est quod circumcisio fuerit praeparatoria ad baptismum et praefigurativa ipsius, " secundum quod antiquis patribus omnia in figura futuri contingebant, * ut dicitur i cor. x, ' sicut et fides eorum erat de futuro.
ra1 ' Ad primum ergo dicendum quod circumcisio habebat similitudinem cum baptismo quantum ad spiritualem effectum baptismi. nam sicut per circumcisionem auferebatur quaedam carnalis pellicula, ita per baptismum homo exspoliatur a carnali conversatione.
ra2 ' Ad secundum dicendum quod protectio columnae nubis, et transitus maris rubri, fuerunt quidem figurae nostri baptismi, quo renascimur ex aqua, significata per mare rubrum, et spiritu sancto, significato per columnam nubis, non tamen per haec fiebat aliqua professio fidei, sicut per circumcisionem. et ideo praedicta duo erant tantum figurae, et non sacramenta. circumcisio autem erat sacramentum, et praeparatorium ad baptismum, minus tamen expresse figurans baptismum, quantum ad exteriora, quam praedicta. et ideo apostolus potius fecit mentionem de praedictis quam de circumcisione.
ra3 ' Ad tertium dicendum quod baptismus ioannis fuit praeparatorius ad baptismum christi quantum ad exercitium actus. sed circumcisio quantum ad professionem fidei, quae requiritur in baptismo, * sicut dictum est.

010 ST4 qu70 ar2

ag1 ' Ad secundum sic proceditur. videtur quod circumcisio fuerit inconvenienter instituta. * sicut enim dictum est, ' in circumcisione fiebat quaedam professio fidei. sed a peccato primi hominis nullus unquam salvari potuit nisi per fidem passionis christi, * secundum illud rom. iii, ° quem proposuit deus propitiatorem per fidem in sanguine ipsius. ' ergo statim post peccatum primi hominis circumcisio institui debuit, et non tempore abrahae.
ag2 ' Praeterea, in circumcisione profitebatur homo observantiam veteris legis, sicut in baptismo profitetur observantiam novae legis, * unde apostolus dicit, galat. v, ° testificor omni homini circumcidenti se quoniam debitor est universae legis faciendae. ' sed legalis observantia non est tradita tempore abrahae, sed magis tempore moysi. ergo inconvenienter instituta est circumcisio tempore abrahae.
ag3 ' Praeterea, circumcisio fuit figurativa et praeparativa baptismi. sed baptismus exhibetur omnibus populis, * secundum illud matth. ult., ° euntes, docete omnes gentes, baptizantes eos. ' ergo circumcisio non debuit institui ut observanda tantum ab uno populo iudaeorum, sed ab omnibus populis.
ag4 ' Praeterea, carnalis circumcisio debet respondere spirituali sicut figura figurato. sed spiritualis circumcisio, quae fit per christum, indifferenter convenit utrique sexui, quia ° in christo iesu non est masculus neque femina, * ut dicitur coloss. iii. ' ergo inconvenienter est circumcisio instituta, quae competit solum maribus.
sc * Sed contra est quod, sicut legitur gen. xvii, " circumcisio est instituta a deo, cuius perfecta sunt opera.
co * Respondeo dicendum quod, sicut dictum est, ' circumcisio erat praeparatoria ad baptismum inquantum erat quaedam professio fidei christi, quam et nos in baptismo profitemur. inter antiquos autem patres, primus abraham promissionem accepit de christo nascituro, * cum dictum est ei, gen. xxii, ° in semine tuo benedicentur omnes gentes terrae. ' et ipse etiam primus se a societate infidelium segregavit, * secundum mandatum domini dicentis sibi, ° egredere de terra tua et de cognatione tua. ' et ideo convenienter circumcisio fuit instituta in abraham.
ra1 ' Ad primum ergo dicendum quod immediate post peccatum primi parentis, propter doctrinam ipsius adae, qui plene instructus fuerat de divinis, adhuc fides et ratio naturalis vigebat in homine in tantum quod non oportebat determinari hominibus aliqua signa fidei et salutis, sed unusquisque pro suo libitu fidem suam profitentibus signis protestabatur. sed circa tempus abrahae diminuta erat fides, plurimis ad idololatriam declinantibus. obscurata etiam erat ratio naturalis per augmentum carnalis concupiscentiae usque ad peccata contra naturam. et ideo convenienter tunc, et non ante, fuit instituta circumcisio, ad profitendum fidem et minuendum carnalem concupiscentiam.
ra2 ' Ad secundum dicendum quod legalis observantia tradi non debuit nisi populo iam congregato, quia lex ordinatur ad bonum publicum, * ut in secunda parte dictum est. ' populus autem fidelium congregandus erat aliquo signo sensibili, quod est necessarium ad hoc quod homines in quacumque religione adunentur, * sicut augustinus dicit, contra faustum. ' et ideo oportuit prius institui circumcisionem quam lex daretur. illi autem patres qui fuerunt ante legem, familias suas instruxerunt de rebus divinis per modum paternae admonitionis. * unde et dominus dicit de abraham, ° scio quod praecepturus sit filiis suis et domui suae post se ut custodiant viam domini.
ra3 ' Ad tertium dicendum quod baptismus in se continet perfectionem salutis, ad quam deus omnes homines vocat, * secundum illud i tim. ii ° qui vult omnes homines salvos fieri. ' et ideo baptismus omnibus populis proponitur. circumcisio autem non continebat perfectionem salutis, sed significabat ipsam ut fiendam per christum, qui erat ex iudaeorum populo nasciturus. et ideo illi soli populo data est circumcisio.
ra4 ' Ad quartum dicendum quod circumcisionis institutio est ut signum fidei abrahae, qui credidit se patrem futurum christi sibi repromissi, et ideo convenienter solis maribus competebat. peccatum etiam originale, contra quod specialiter circumcisio ordinabatur, a patre trahitur, non a matre, * ut in secunda parte dictum est. ' sed baptismus continet virtutem christi, qui est universalis salutis causa omnium, et remissio omnium peccatorum.

010 ST4 qu70 ar3

ag1 ' Ad tertium sic proceditur. videtur quod ritus circumcisionis non fuerit conveniens. circumcisio enim, * ut dictum est, ' fidei quaedam professio est. sed fides in vi apprehensiva existit, cuius operationes maxime apparent in capite. ergo magis debuit signum circumcisionis dari in capite quam in membro generationis.
ag2 ' Praeterea, ad usum sacramentorum sumimus ea quorum est communior usus, sicut aqua ad abluendum, et panem ad reficiendum. sed ad incidendum communius utimur cultello ferreo quam petrino. ergo circumcisio non debuit fieri cultello petrino.
ag3 ' Praeterea, sicut baptismus instituitur in remedium originalis peccati, ita et circumcisio, * sicut beda dicit. ' sed nunc baptismus non differtur usque ad octavum diem, ne pueris periculum damnationis immineat propter originale peccatum, si non baptizati decedant. quandoque etiam tardatur baptismus post octavum diem. ergo etiam circumcisioni non debuit determinari octavus dies, sed debebat quandoque praeveniri, sicut etiam quandoque tardabatur.
sc * Sed contra est quod rom. iv, super illud, ° et signum accepit circumcisionis, * determinatur in glossa praedictus circumcisionis ritus.
co * Respondeo dicendum quod, sicut dictum est, ' circumcisio quoddam signum fidei est institutum a deo, ° cuius sapientiae non est numerus. ' determinare autem convenientia signa est sapientiae opus. et ideo concedendum est quod ritus circumcisionis fuit conveniens.
ra1 ' Ad primum ergo dicendum quod circumcisio convenienter fiebat in membro generationis. primo quidem, quia erat signum fidei qua abraham credidit christum ex suo semine nasciturum. secundo, quia erat in remedium peccati originalis, quod per actum generationis traducitur. tertio, quia ordinabatur ad diminutionem carnalis concupiscentiae, quae praecipue in membris illis viget, propter abundantiam delectationis venereorum.
ra2 ' Ad secundum dicendum quod cultellus lapideus non erat de necessitate circumcisionis. unde non invenitur tale instrumentum praecepto divino determinatum; neque communiter tali instrumento iudaei utebantur ad circumcidendum; sed neque modo utuntur. leguntur tamen aliquae circumcisiones famosae cultello lapideo factae, * sicut legitur exod. iv, quod ° tulit sephora acutissimam petram et circumcidit praeputium filii sui; * et iosue v dicitur, ° fac tibi cultros lapideos, et circumcide secundo filios israel. ' per quod figurabatur circumcisionem spiritualem esse faciendam per christum, * de quo dicitur, i cor. x, ° petra autem erat christus.
ra3 ' Ad tertium dicendum quod octavus dies determinatus erat circumcisioni, tum propter mysterium, quia in octava aetate, quae est aetas resurgentium, quasi in octavo die, perficietur per christum spiritualis circumcisio, quando auferet ab electis non solum culpam, sed etiam omnem poenalitatem. tum etiam propter teneritudinem infantis ante octavum diem. * unde etiam de aliis animalibus levit. xxii praecipitur, ° bos, ovis et capra, cum generata fuerint, septem diebus erunt sub ubere matris suae, die autem octavo et deinceps offerri poterunt domino. ' erat autem octavus dies de necessitate praecepti, ita scilicet quod octavum diem praetermittentes peccabant, etiam si esset sabbatum; * secundum illud ioan. vii, ° circumcisionem accipit homo in sabbato, ut non solvatur lex moysi. ' non tamen erat de necessitate sacramenti, quia, si aliqui essent omittentes octavum diem, postea poterant circumcidi. * quidam etiam dicunt quod, " propter periculum imminentis mortis, poterat octavus dies praeveniri. ' sed hoc nec ex auctoritate scripturae, nec ex consuetudine iudaeorum haberi potest. unde melius est dicendum, * sicut etiam hugo de sancto victore dicit, quod |25|
" octavus dies nulla necessitate praeveniebatur. * unde super illud prov. iv, ° unigenitus eram coram matre mea, * dicit glossa quod " alius bersabee parvulus non computabatur, quia, ante octavum diem mortuus, nominatus non fuit; et per consequens nec circumcisus.

010 ST4 qu70 ar4

ag1 ' Ad quartum sic proceditur. videtur quod circumcisio non conferebat gratiam iustificantem. * dicit enim apostolus, galat. ii, ° si ex lege est iustitia, christus gratis mortuus est, " idest sine causa. ' sed circumcisio erat quaedam obligatio legis implendae, * secundum illud galat. v, ° testificor omni homini circumcidenti se quoniam debitor est universae legis faciendae. ' ergo, si ex circumcisione est iustitia, christus gratis, idest sine causa, mortuus est. sed hoc est inconveniens. non ergo ex circumcisione erat gratia iustificans a peccato.
ag2 ' Praeterea, ante institutionem circumcisionis sola fides ad iustificationem sufficiebat, * dicit enim gregorius, in moral., ° quod apud nos valet aqua baptismatis, hoc egit apud veteres pro parvulis sola fides. ' sed virtus fidei non est imminuta propter mandatum circumcisionis. ergo sola fides parvulos iustificabat, et non circumcisio.
ag3 * Praeterea, iosue v legitur quod ° populus qui natus est in deserto per quadraginta annos, incircumcisus fuit. ' si ergo per circumcisionem auferebatur peccatum originale, videtur quod omnes qui in deserto mortui sunt, tam parvuli quam adulti, fuerint damnati. et eadem obiectio est de pueris qui moriebantur ante octavum diem circumcisionis, qui praeveniri non debebat, * sicut dictum est.
ag4 ' Praeterea, nihil impedit introitum regni caelestis nisi peccatum. sed circumcisi ante passionem impediebantur ab introitu regni caelestis. non ergo per circumcisionem homines iustificabantur a peccato.
ag5 ' Praeterea, peccatum originale non dimittitur sine actuali, quia ° impium est a deo dimidiam sperare veniam, * ut augustinus dicit. ' sed nunquam legitur quod per circumcisionem remitteretur actuale peccatum. ergo neque etiam originale per eam dimit-

tebatur.

sc * Sed contra est quod augustinus dicit, ad valerium contra iulianum, ° ex quo instituta est circumcisio in populo dei, quod erat signaculum iustitiae fidei, ad sanctificationem purgationis valebat parvulis originalis veterisque peccati, sicut etiam baptismus ex illo coepit valere tempore ad innovationem hominis, ex quo institutus est.

co ' Respondeo dicendum quod ab omnibus communiter ponitur quod in circumcisione originale peccatum remittebatur. * quidam tamen dicebant quod " non conferebatur gratia, sed solum remittebatur peccatum. * quod magister ponit in i dist. iv sent., et rom. iv in glossa. ' sed hoc non potest esse, quia culpa non remittitur nisi per gratiam, * secundum illud rom. iii, ° iustificati gratis per gratiam ipsius, etc.. * et ideo alii dixerunt quod " per circumcisionem conferebatur gratia quantum ad effectus remissionis culpae, sed non quantum ad effectus positivos, ne dicere cogerentur quod gratia in circumcisione collata sufficiebat ad implendum mandata legis, et ita superfluus fuit adventus christi. ' sed etiam haec positio stare non potest. primo quidem, quia per circumcisionem dabatur pueris facultas suo tempore perveniendi ad gloriam, quae est ultimus effectus positivus gratiae. secundo, quia priores sunt naturaliter, secundum ordinem causae formalis, effectus positivi quam privativi, licet secundum ordinem causae materialis sit e converso, forma enim non excludit privationem nisi informando subiectum. * et ideo alii dixerunt quod " in circumcisione conferebatur gratia etiam quantum ad aliquem |25| effectum positivum, qui est facere dignum vita aeterna, sed non quantum ad omnes effectus, quia non sufficiebat reprimere concupiscentiam fomitis, nec etiam ad implendum mandata legis. * quod etiam aliquando mihi visum est. ' sed diligenter consideranti apparet quod non est verum. quia minima gratia potest resistere cuilibet concupiscentiae, et vitare omne peccatum mortale, quod committitur in transgressione mandatorum legis, minima enim caritas plus diligit deum quam cupiditas millia auri et argenti. et ideo dicendum quod in circumcisione conferebatur gratia quantum ad omnes gratiae effectus, aliter tamen quam in baptismo. nam in baptismo confertur gratia ex virtute ipsius baptismi, quam habet inquantum est instrumentum passionis christi iam perfectae. circumcisio autem conferebat gratiam inquantum erat signum fidei passionis christi futurae, ita scilicet quod homo qui accipiebat circumcisionem, profitebatur se suscipere talem fidem; vel adultus pro se, vel alius pro parvulis. * unde et apostolus dicit, rom. iv, quod ° abraham accepit signum circumcisionis, signaculum iustitiae fidei, ' quia scilicet iustitia ex fide erat significata, non ex circumcisione significante. et quia baptismus operatur instrumentaliter in virtute passionis christi, non autem circumcisio, ideo baptismus imprimit characterem incorporantem hominem christo, et copiosiorem gratiam confert quam circumcisio, |50| maior enim est effectus rei iam praesentis quam spei.

ra1 ' Ad primum ergo dicendum quod ratio illa procederet si ex circumcisione esset iustitia aliter quam per fidem passionis christi.

ra2 ' Ad secundum dicendum quod, sicut ante institutionem circumcisionis fides christi futuri iustificabat tam pueros quam adultos, ita et circumcisione data. sed antea non requirebatur aliquod signum protestativum huius fidei, quia nondum homines fideles seorsum ab infidelibus coeperant adunari ad cultum unius dei. probabile tamen est quod parentes fideles pro parvulis natis, et maxime in periculo existentibus, aliquas preces deo funderent, vel aliquam benedictionem eis adhiberent, quod erat quoddam signaculum fidei, sicut adulti pro seipsis preces et sacrificia offerebant.

ra3 ' Ad tertium dicendum quod populus in deserto praetermittens mandatum circumcisionis excusabatur, tum quia nesciebant quando castra movebantur; * tum quia, ut damascenus dicit, " non necesse erat eos aliquod signum distinctionis habere quando seorsum ab aliis populis habitabant. * et tamen, ut augustinus dicit, " inobedientiam incurrebant qui ex contemptu praetermittebant. ' videtur tamen quod nulli incircumcisi mortui fuerint in deserto, * quia in psalmo dicitur, ° non erat in tribubus eorum infirmus, ' sed illi soli videntur mortui in deserto qui fuerant in aegypto circumcisi. si tamen aliqui ibi incircumcisi mortui sunt, eadem ratio est de his et de his qui moriebantur ante circumcisionis institutionem. quod etiam intelligendum est de pueris qui moriebantur ante octavum diem tempore legis.

ra4 ' Ad quartum dicendum quod in circumcisione auferebatur originale peccatum ex parte personae, remanebat tamen impedimentum intrandi in regnum caelorum ex parte totius naturae, quod fuit sublatum per passionem christi. et ideo etiam baptismus ante passionem christi non introducebat in regnum. sed circumcisio, si haberet locum post passionem christi, introduceret in regnum.

ra5 ' Ad quintum dicendum quod adulti, quando circumcidebantur, consequebantur remissionem non solum originalis, sed etiam actualium peccatorum, non tamen ita quod liberarentur ab omni reatu poenae, sicut in baptismo, in quo confertur copiosior gratia.

010 ST4 qu71 ar

pr ' Deinde considerandum est de praeparatoriis quae simul currunt cum baptismo. et circa hoc quaeruntur quatuor. primo, utrum catechismus debeat praecedere baptismum. secundo, utrum baptismum debeat praecedere exorcismus. tertio, utrum ea quae aguntur in catechismo et exorcismo aliquid efficiant, vel solum significent. quarto, utrum baptizandi debeant catechizari vel exorcizari per sacerdotes.

010 ST4 qu71 ar1

ag1 ' Ad primum sic proceditur. videtur quod catechismus non debeat praecedere baptismum. per baptismum enim regenerantur homines ad vitam spiritualem. sed prius accipit homo vitam quam doctrinam. non ergo prius debet homo catechizari, idest doceri, quam baptizari.

ag2 ' Praeterea, baptismus exhibetur non solum adultis, sed etiam pueris, qui non sunt doctrinae perceptibiles, eo quod non habent usum rationis. ergo ridiculum est eos catechizari.

ag3 ' Praeterea, in catechismo confitetur catechizatus suam fidem. confiteri autem fidem suam non potest puer, neque per seipsum, neque etiam aliquis alius pro eo, tum quia nullus potest alium ad aliquid obligare; tum quia non potest aliquis scire utrum puer, cum ad legitimam aetatem pervenerit, assentiat fidei. non ergo debet catechismus praecedere baptismum.

sc * Sed contra est quod rabanus, de institutione clericorum, dicit, ° ante baptismum, catechizandi debet hominem praevenire officium, ut fidei primum catechumenus accipiat rudimentum.

co * Respondeo dicendum quod, sicut supra dictum est, ' baptismus est fidei sacramentum, cum sit quaedam professio fidei christianae. ad hoc autem quod aliquis fidem accipiat, requiritur quod de fide instruatur, * secundum illud rom. x, ° quomodo credent quem non audierunt? quomodo autem audient sine praedicante? ' et ideo ante baptismum convenienter praecedit catechismus. unde et dominus, praeceptum baptizandi discipulis tradens, praemittit doctrinam baptismo, * dicens, ° euntes, docete omnes gentes, baptizantes eos, etc..

ra1 ' Ad primum ergo dicendum quod vita gratiae, in qua regeneratur aliquis, praesupponit vitam naturae rationalis, in qua potest homo particeps esse doctrinae.

ra2 ' Ad secundum dicendum quod, sicut mater ecclesia, * ut supra dictum est, ' accommodat pueris baptizandis ° aliorum pedes ut veniant, et aliorum cor ut credant, ' ita etiam accommodat eis aliorum aures ut audiant, et intellectum ut per alios instruantur. et ideo eadem ratione sunt catechizandi qua sunt baptizandi.

ra3 ' Ad tertium dicendum quod ille qui pro puero baptizato respondet, credo, non praedicit puerum crediturum cum ad legitimos annos pervenerit, alioquin diceret, credet, sed profitetur fidem ecclesiae in persona pueri, cui communicatur, cuius sacramentum ei attribuitur, et ad quam obligatur per alium. non est enim inconveniens quod aliquis obligetur per alium in his quae sunt de necessitate salutis. similiter etiam patrinus pro puero respondens promittit se operam daturum ad hoc quod puer credat. quod tamen non sufficeret in adultis usum rationis habentibus.

010 ST4 qu71 ar2

ag1 ' Ad secundum sic proceditur. videtur quod exorcismus non debeat praecedere baptismum. exorcismus enim est contra energumenos, idest arreptitios, ordinatus. sed non omnes sunt tales. ergo exorcismus non debet praecedere baptismum.

ag2 ' Praeterea, quandiu homo subiacet peccato, diabolus in eo potestatem habet, * ut dicitur ioan. viii, ° qui facit peccatum, servus est peccati. ' sed peccatum tollitur per baptismum. non ergo ante baptismum sunt homines exorcizandi.

ag3 ' Praeterea, ad arcendum daemonum potestatem est introducta aqua benedicta. non ergo ad hoc oportebat aliud remedium adhiberi per exorcismos.

sc * Sed contra est quod caelestinus papa dicit, ° sive parvuli sive iuvenes ad regenerationis veniant sacramentum, non prius fontem vitae adeant quam exorcismis et exsufflationibus clericorum spiritus immundus ab eis abiiciatur.

co ' Respondeo dicendum quod quicumque opus aliquod sapienter facere proponit, prius removet impedimenta sui operis, * unde dicitur ierem. iv, ° novate vobis novale, et nolite serere super spinas. ' diabolus autem hostis est humanae salutis, quae homini per baptismum acquiritur; et habet potestatem aliquam in homine ex hoc ipso quod subditur originali peccato, vel etiam actuali. unde etiam convenienter ante baptismum expelluntur daemones per exorcismos, ne salutem hominis impediant. quam quidem expulsionem significat exsufflatio. benedictio autem, cum manus impositione, praecludit expulso viam ne redire possit. sal autem in os missum, et narium et aurium sputo linitio, significat receptionem doctrinae fidei quantum ad aures, et approbationem quantum ad nares, et confessionem quantum ad os. olei vero inunctio significat aptitudinem hominis ad pugnandum contra daemones.

ra1 ' Ad primum ergo dicendum quod energumeni dicuntur quasi interius laborantes extrinseca operatione diaboli. et quamvis non omnes accedentes ad baptismum corporaliter ab eo vexentur, omnes tamen non baptizati potestati daemonum subiiciuntur, saltem propter reatum originalis peccati.

ra2 ' Ad secundum dicendum quod in baptismo per ablutionem excluditur potestas daemonis ab homine quantum ad hoc quod impedit eum a perceptione gloriae. sed exorcismi excludunt potestatem daemonis inquantum impedit hominem a perceptione sacramenti.

ra3 ' Ad tertium dicendum quod aqua benedicta datur contra impugnationes daemonum quae sunt ab exteriori. sed exorcismus ordinatur contra impugnationes daemonum quae sunt ab interiori, unde, energumeni dicuntur, quasi interius laborantes, illi qui exorcizantur. vel dicendum quod, sicut remedium contra peccatum secundo datur poenitentia, quia baptismus non iteratur; ita in remedium contra impugnationes daemonum secundo datur aqua benedicta, quia exorcismi baptismales non iterantur.

010 ST4 qu71 ar3

ag1 ' Ad tertium sic proceditur. videtur quod ea quae aguntur in exorcismo non efficiant aliquid, sed solum significent. si enim puer post exorcismos moriatur ante baptismum, salutem non consequitur. sed ad hoc ordinatur effectus eorum quae in sacramentis aguntur, ut homo consequatur salutem, * unde et marc. ult. dicitur, ° qui crediderit et baptizatus fuerit, salvus erit. ' ergo ea quae aguntur in exorcismo nihil efficiunt, sed solum significant.

ag2 ' Praeterea, hoc solum requiritur ad sacramentum novae legis ut sit signum et causa, * sicut supra dictum est. ' si ergo ea quae aguntur in exorcismo aliquid efficiant, videtur quod singula sint quaedam sacramenta.

ag3 ' Praeterea, sicut exorcismus ordinatur ad baptismum, ita, si aliquid in exorcismo efficitur, ordinatur ad effectum baptismi. sed dispositio ex necessitate praecedit formam perfectam, quia forma non recipitur nisi in materia disposita. sequeretur ergo quod nullus posset consequi effectum baptismi nisi prius exorcizatus, quod patet esse falsum. non ergo ea quae aguntur in exorcismis aliquem effectum habent.

ag4 ' Praeterea, sicut quaedam aguntur in exorcismo ante baptismum, ita etiam quaedam aguntur post baptismum, sicut quod sacerdos baptizatum ungit in vertice. sed ea quae post baptismum aguntur non videntur aliquid efficere, quia secundum hoc, effectus baptismi esset imperfectus. ergo nec ea quae ante baptismum aguntur in exorcismo.

sc * Sed contra est quod augustinus dicit, in libro de symbolo, ° parvuli exsufflantur et exorcizantur, ut pellatur ab eis diaboli potestas inimica, quae decepit hominem. ' nihil autem agitur frustra per ecclesiam. ergo per huiusmodi exsufflationes hoc agitur ut daemonum potestas expellatur.

co * Respondeo dicendum quod quidam dicunt ea " quae in exorcismo aguntur nihil efficere, sed solum significare. ' sed hoc patet esse falsum, per hoc quod ecclesia in exorcismis imperativis verbis utitur ad expellendum daemonis potestatem, puta cum dicit, ° ergo, maledicte diabole, exi ab eo, etc.. ' et ideo dicendum est quod aliquem effectum habent, differenter tamen ab ipso baptismo. nam per baptismum datur homini gratia ad plenam remissionem culparum. per ea vero quae in exorcismo aguntur, excluditur duplex impedimentum gratiae salutaris percipiendae. quorum unum est impedimentum extrinsecum, prout daemones salutem hominis impedire conantur. et hoc impedimentum excluditur per exsufflationes, quibus potestas daemonis repellitur, * ut patet ex inducta auctoritate augustini, ' quantum scilicet ad hoc quod non praestet impedimentum sacramento suscipiendo. manet tamen potestas daemonis in homine quantum ad maculam peccati et reatum poenae, quousque peccatum per baptismum tollatur. * et secundum hoc cyprianus dicit, ° scias diaboli nequitiam posse remanere usque ad aquam salutarem, in baptismo autem omnem nequitiam amittere. ' aliud autem impedimentum est intrinsecum, prout scilicet homo ex infectione originalis peccati habet sensus |25| praeclusos ad percipienda salutis mysteria. * unde rabanus, de institutione clericorum, dicit quod ° per salivam typicam et sacerdotis tactum sapientia et virtus divina salutem catechumenis operatur, ut aperiantur eis nares ad recipiendum odorem notitiae dei, ut aperiantur aures ad audiendum mandata dei, ut aperiantur illis sensus in intimo corde ad respondendum.

ra1 ' Ad primum ergo dicendum quod per ea quae aguntur in exorcismo non tollitur culpa, propter quam homo punitur post mortem, sed solum tolluntur impedimenta recipiendi remissionem culpae per sacramentum. unde post mortem exorcismus non valet sine baptismo. * praepositinus autem dicit quod " pueri exorcizati, si moriantur ante baptismum, minores tenebras patientur. ' sed hoc non videtur verum, quia tenebrae illae sunt carentia divinae visionis, quae non recipit magis et minus.

ra2 ‘ Ad secundum dicendum quod de ratione sacramenti est quod perficiat principalem effectum, qui est gratia remittens culpam, vel supplens aliquem hominis defectum. quod quidem non fit per ea quae aguntur in exorcismo, sed solum huiusmodi impedimenta tolluntur. et ideo non sunt sacramenta, sed sacramentalia quaedam.
ra3 ‘ Ad tertium dicendum quod dispositio sufficiens ad suscipiendam gratiam baptismalem est fides et intentio, vel propria eius qui baptizatur, si sit adultus, vel ecclesiae, si sit parvulus. ea vero quae aguntur in exorcismo, ordinantur ad removendum impedimenta. et ideo sine eis potest aliquis consequi effectum baptismi. non tamen sunt huiusmodi praetermittenda, nisi in necessitatis articulo. et tunc, cessante periculo, debent suppleri, ut servetur uniformitas in baptismo. nec frustra supplentur post baptismum, quia, sicut impeditur effectus baptismi antequam percipiatur, ita potest impediri postquam fuerit perceptus.
ra4 ‘ Ad quartum dicendum quod eorum quae aguntur post baptismum circa baptizatum, aliquid est quod non solum significat, sed efficit, puta inunctio quae fit in vertice, quae operatur conservationem gratiae baptismalis. aliquid autem est quod nihil efficit, sed solum significat, sicut quod datur eis vestis candida, ad significandam novitatem vitae.

010 ST4 qu71 ar4

ag1 ‘ Ad quartum sic proceditur. videtur quod non sit sacerdotis catechizare et exorcizare baptizandum. “ ad officium enim ministrorum pertinet habere operationem super immundos, * ut dionysius, v cap. eccl. hier., dicit. “ sed catechumeni, qui instruuntur in catechismo, et energumeni, qui purgantur in exorcismo, computantur inter immundos, * ut dionysius ibidem dicit. ‘ ergo catechizare et exorcizare non pertinet ad officium sacerdotis, sed potius ministrorum.
ag2 ‘ Praeterea, catechumeni instruuntur de fide per sacram scripturam, quae in ecclesia per ministros recitatur, sicut enim per lectores in ecclesia legitur vetus testamentum, ita etiam per diacones et subdiacones legitur novum. et sic ad ministros pertinet catechizare. similiter etiam et exorcizare, ut videtur, ad ministros pertinet. * dicit enim isidorus, in quadam epistola, ° ad exorcistam pertinet exorcismos memoriter retinere, manusque super energumenos et catechumenos in exorcismo imponere. ‘ non ergo pertinet ad officium sacerdotis catechizare et exorcizare.
ag3 ‘ Praeterea, catechizare idem est quod docere, et hoc idem est quod “ perficere. quod ad officium episcoporum pertinet, * ut dicit dionysius, v cap. eccl. hier.. ‘ non ergo pertinet ad officium sacerdotis.
sc * Sed contra est quod nicolaus papa dicit, ° catechismi baptizandorum a sacerdotibus uniuscuiusque ecclesiae fieri possunt. * gregorius etiam, super ezech., dicit, ° sacerdotes, cum per exorcismi gratiam manum credentibus imponunt, quid aliud faciunt nisi quod daemonia eiiciuntur.
co ‘ Respondeo dicendum quod minister comparatur ad sacerdotem sicut secundarium et instrumentale agens ad principale, ut indicat ipsum nomen ministri. agens autem secundarium non agit sine principali agente in operando. quanto autem operatio est potior, tanto principale agens indiget potioribus instrumentis. potior autem est operatio sacerdotis inquantum confert ipsum sacramentum, quam in praeparatoriis ad sacramentum. et ideo supremi ministri, qui dicuntur diacones, cooperantur sacerdoti in ipsa collatione sacramentorum, * dicit enim isidorus quod ° ad diaconum pertinet assistere sacerdotibus et ministrare in omnibus quae aguntur in sacramentis christi, in baptismo scilicet, in chrismate, patena et calice. ‘ inferiores autem ministri cooperantur sacerdoti in his quae sunt praeparatoria ad sacramenta, sicut lectores in catechismo, exorcistae in exorcismo.
ra1 ‘ Ad primum ergo dicendum quod super immundos ministri habent operationem ministerialem et quasi instrumentalem, sed sacerdos principalem.
ra2 ‘ Ad secundum dicendum quod lectores et exorcistae habent officium catechizandi et exorcizandi, non quidem principaliter, sed sicut in his sacerdoti ministrantes.
ra3 ‘ Ad tertium dicendum quod multiplex est instructio. una conversiva ad fidem. * quam dionysius attribuit episcopo, in ii cap. eccl. hier., ‘ et potest competere cuilibet praedicatori, vel etiam cuilibet fideli. secunda est instructio qua quis eruditur de fidei rudimentis, et qualiter se debeat habere in susceptione sacramentorum. et haec pertinet secundario quidem ad ministros, principaliter autem ad sacerdotes. tertia est instructio de conversatione christianae vitae. et haec pertinet ad patrinos. quarta est instructio de profundis mysteriis fidei, et perfectione christianae vitae. et haec ex officio pertinet ad episcopos.

010 ST4 qu72 ar

pr ‘ Consequenter considerandum est de sacramento confirmationis. et circa hoc quaeruntur duodecim. primo, utrum confirmatio sit sacramentum. secundo, de materia eius. tertio, utrum sit de necessitate sacramenti quod chrisma fuerit prius per episcopum consecratum. quarto, de forma ipsius. quinto, utrum imprimat characterem. sexto, utrum character confirmationis praesupponat characterem baptismalem. septimo, utrum conferat gratiam. octavo, cui competat recipere hoc sacramentum. nono, in qua parte. decimo, utrum requiratur aliquis qui teneat confirmandum. undecimo, utrum hoc sacramentum per solos episcopos detur. duodecimo, de ritu eius.

010 ST4 qu72 ar1

ag1 ‘ Ad primum sic proceditur. videtur quod confirmatio non sit sacramentum. sacramenta enim ex divina institutione efficaciam habent, * sicut supra dictum est. ‘ sed confirmatio non legitur a christo instituta. ergo non est sacramentum.
ag2 ‘ Praeterea, sacramenta novae legis in veteri praefigurata fuerunt, * ut apostolus dicit, i cor. x, quod ° omnes in moyse baptizati sunt in nube et in mari, et omnes eandem spiritualem escam manducaverunt, et omnes eundem potum spiritualem biberunt. ‘ sed confirmatio non fuit praefigurata in veteri testamento. ergo non est sacramentum.
ag3 ‘ Praeterea, sacramenta ordinantur ad hominum salutem. sed sine confirmatione potest esse salus, nam pueri baptizati sine confirmatione decedentes salvantur. ergo confirmatio non est sacramentum.
ag4 ‘ Praeterea, per omnia sacramenta ecclesiae homo christo conformatur, qui est sacramentorum auctor. sed per confirmationem homo christo conformari non potest, qui non legitur esse confirmatus.
sc ‘ Sed contra est quod * melchiades papa scribit hispaniarum episcopis, ° de his super quibus rogastis nos vos informari, idest, utrum maius sit sacramentum manus impositio episcoporum an baptismus, scitote utrumque magnum esse sacramentum.
co ‘ Respondeo dicendum quod sacramenta novae legis ordinantur ad speciales gratiae effectus, et ideo, ubi occurrit aliquis specialis effectus gratiae, ibi ordinatur speciale sacramentum. quia vero sensibilia et corporalia gerunt spiritualium et intelligibilium similitudinem, ex his quae in vita corporali aguntur, percipere possumus quid in spirituali vita speciale existat. manifestum est autem quod in vita corporali specialis quaedam perfectio est quod homo ad perfectam aetatem perveniat, et perfectas actiones hominis agere possit, * unde et apostolus dicit, i cor. xiii, ° cum autem factus sum vir, evacuavi quae erant parvuli. ‘ et inde etiam est quod, praeter motum generationis, quo aliquis accipit vitam corporalem, est motus augmenti, quo aliquis perducitur ad perfectam aetatem. sic igitur et vitam spiritualem homo accipit per baptismum, qui est spiritualis regeneratio. in confirmatione autem homo accipit quasi quandam aetatem perfectam spiritualis vitae. * unde melchiades papa dicit, ° spiritus sanctus, qui super aquas baptismi salutifero descendit lapsu, in fonte plenitudinem tribuit ad innocentiam, in confirmatione augmentum praestat ad gratiam. in baptismo regeneramur ad vitam, post baptismum roboramur. ‘ et ideo manifestum est quod confirmatio est speciale sacramentum.
ra1 ‘ Ad primum ergo dicendum quod circa institutionem huius sacramenti est triplex opinio. * quidam enim dixerunt quod “ hoc sacramentum non fuit institutum nec a christo nec ab apostolis, sed postea processu temporis in quodam concilio. * alii vero dixerunt quod “ fuit institutum ab apostolis. ‘ sed hoc non potest esse, quia instituere novum sacramentum pertinet ad potestatem excellentiae, quae competit soli christo. et ideo dicendum quod christus instituit hoc sacramentum, non exhibendo, sed promittendo, * secundum illud ioan. xvi, ° nisi ego abiero, paraclitus non veniet ad vos, si autem abiero, mittam eum ad vos. ‘ et hoc ideo quia in hoc sacramento datur plenitudo spiritus sancti, quae non erat danda ante christi resurrectionem et ascensionem, * secundum illud ioan. vii, ° nondum erat spiritus datus, quia iesus nondum erat glorificatus.
ra2 ‘ Ad secundum dicendum quod confirmatio est sacramentum plenitudinis gratiae, et ideo non potuit habere aliquid respondens in veteri lege, quia ° nihil ad perfectum adduxit lex, * ut dicitur heb. vii.
ra3 * Ad tertium dicendum quod, sicut supra dictum est, ‘ omnia sacramenta sunt aliqualiter necessaria ad salutem, sed quaedam sine quibus non est salus, quaedam vero sicut quae operantur ad perfectionem salutis. et hoc modo confirmatio est de necessitate salutis, quamvis sine ea possit esse salus, dummodo non praetermittatur ex contemptu sacramenti.
ra4 ‘ Ad quartum dicendum quod illi qui confirmationem accipiunt, quae est sacramentum plenitudinis gratiae, christo conformantur inquantum ipse a primo instanti suae conceptionis fuit ° plenus gratiae et veritatis, * ut dicitur ioan. i. ‘ quae quidem plenitudo declarata est in baptismo, quando ° spiritus sanctus descendit corporali specie super eum. * unde et luc. iv dicitur quod ° iesus plenus spiritus sancto regressus est a iordane. ‘ non autem conveniebat dignitati christi, qui est sacramentorum auctor, ut a sacramento plenitudinem gratiae acciperet.

010 ST4 qu72 ar2

ag1 ‘ Ad secundum sic proceditur. videtur quod chrisma non sit conveniens materia huius sacramenti. hoc enim sacramentum, * ut dictum est, ‘ institutum est a christo promittente discipulis spiritum sanctum. sed ipse misit eis spiritum sanctum absque chrismatis unctione. ipsi etiam apostoli hoc sacramentum conferebant per solam manus impositionem, absque chrismate, * dicitur enim act. viii quod ° apostoli imponebant manus super baptizatos, et accipiebant spiritum sanctum. ‘ ergo chrisma non est materia huius sacramenti, quia materia est de necessitate sacramenti.
ag2 ‘ Praeterea, confirmatio quodammodo perficit sacramentum baptismi, * sicut supra dictum est, ‘ et ita debet ei conformari sicut perfectio perfectibili. sed in baptismo est materia simplex elementum, scilicet aqua. ergo huius sacramenti non est conveniens materia chrisma, quod conficitur ex oleo et balsamo.
ag3 ‘ Praeterea, oleum assumitur in materia huius sacramenti ad inungendum. sed quolibet oleo potest fieri inunctio, puta oleo quod fit ex nucibus, et ex quibuscumque aliis rebus. non ergo solum oleum olivarum debet assumi ad huiusmodi sacramentum.
ag4 * Praeterea, supra dictum est quod ‘ aqua assumitur ut materia ad baptizandum quia ubique de facili invenitur. sed oleum olivarum non ubique invenitur, et multo minus balsamum. non ergo chrisma, quod ex his conficitur, est conveniens materia huius sacramenti.
sc * Sed contra est quod gregorius dicit, in registro, ° presbyteri baptizatos infantes signare in frontibus sacro chrismate non praesumant. ‘ ergo chrisma est materia huius sacramenti.
co ‘ Respondeo dicendum quod chrisma est conveniens materia huius sacramenti. * sicut enim dictum est, ‘ in hoc sacramento datur plenitudo spiritus sancti ad robur spirituale, quod competit perfectae aetati. homo autem, cum ad perfectam aetatem pervenerit, incipit iam communicare actiones suas ad alios, antea vero quasi singulariter sibi ipsi vivit. gratia vero spiritus sancti in oleo designatur, unde christus dicitur esse, unctus oleo laetitiae, propter plenitudinem spiritus sancti quam habuit. et ideo oleum competit materiae huius sacramenti. admiscetur autem balsamum propter fragrantiam odoris, quae redundat ad alios, * unde et apostolus dicit, ii cor. ii, ° christi bonus odor sumus, ‘ etc.. et licet multa alia sint odorifera, tamen praecipue accipitur balsamum, propter hoc quod habet praecipuum odorem, et quia etiam incorruptionem praestat, * unde eccli. xxiv dicitur, ° quasi balsamum non mixtum odor meus.
ra1 ‘ Ad primum ergo dicendum quod christus ex potestate quam habet in sacramentis, contulit apostolis rem huius sacramenti, idest plenitudinem spiritus sancti, sine sacramento, eo quod ipsi ° primitias spiritus sancti acceperunt, * sicut dicitur rom. viii. ‘ nihilominus tamen aliquid conforme materiae huius sacramenti exhibitum fuit apostolis sensibiliter in collatione spiritus sancti. quod enim spiritus sanctus sensibiliter super eos descendit in specie ignis, ad eandem significationem refertur ad quam refertur oleum, nisi quod ignis habet vim activam, oleum autem vim passivam, inquantum est materia et fomentum ignis. et hoc satis competebat, nam per apostolos gratia spiritus sancti erat ad alios derivanda. super apostolos etiam spiritus sanctus descendit in figura linguae. quod ad idem refertur significandum quod significat balsamum, nisi quod lingua per locutionem est communicativa ad alterum, balsamum vero per odorem; quia scilicet apostoli replebantur spiritu sancto ut fidei doctores, alii vero fideles ut operatores eorum quae pertinent ad aedificationem fidelium. similiter etiam ad impositionem manus apostolorum, et etiam ad eorum praedicationem, descendebat plenitudo spiritus sancti super fideles sub visibilibus signis, sicut a principio descenderat super apostolos, * unde petrus dicit, act. xi, ° cum coepissem loqui, cecidit spiritus |25| sanctus super eos, sicut et in nos in initio. ‘ et ideo non erat necessaria sensibilis materia sacramentalis, ubi sensibilia signa miraculose exhibebantur divinitus. utebantur tamen apostoli communiter chrismate in exhibitione sacramenti, quando huiusmodi visibilia signa non exhibebantur. * dicit enim dionysius, iv cap. eccl. hier., ° est quaedam perfectiva operatio, quam duces nostri, idest apostoli, chrismatis hostiam nominant.
ra2 ‘ Ad secundum dicendum quod baptismus datur ad spiritualem vitam simpliciter consequendam, et ideo competit illi sacramento materia simplex. sed hoc sacramentum datur ad plenitudinem consequendam spiritus sancti, cuius est multiformis operatio, * secundum illud sap. vii, ° est autem in illa spiritus sanctus, unicus, multiplex, * et i cor. xii dicitur, ° divisiones gratiarum sunt, idem autem spiritus. ‘ et ideo convenienter huius sacramenti est materia composita.
ra3 ‘ Ad tertium dicendum quod proprietates olei quibus significatur spiritus sanctus, magis inveniuntur in oleo olivarum quam in quocumque alio oleo. unde et ipsa oliva, semper frondibus virens, virorem et misericordiam spiritus sancti significat. hoc etiam oleum proprie dicitur oleum, et maxime habetur in usu ubi haberi potest. quilibet autem alius liquor ex similitudine huius oleum nominatur, nec est in usu communi, nisi in supplementum apud eos quibus deest oleum olivarum. et ideo hoc oleum solum assumitur in usum huius et quorundam aliorum sacramentorum.
ra4 ‘ Ad quartum dicendum quod baptismus est sacramentum absolutae necessitatis, et ideo eius mate-

ria debet ubique inveniri. sufficit autem quod materia huius sacramenti, quod non est tantae necessitatis, possit de facili ad omnia loca terrarum deferri.

010 ST4 qu72 ar3

ag1 ' Ad tertium sic proceditur. videtur quod non sit de necessitate huius sacramenti quod chrisma, quod est materia huius sacramenti, fuerit prius per episcopum consecratum. baptismus enim, in quo fit plena remissio peccatorum, non est minoris efficaciae quam hoc sacramentum. sed, licet quaedam sanctificatio adhibeatur aquae baptismali ante baptismum, non tamen est de necessitate sacramenti, quia in articulo necessitatis praeteriri potest. ergo nec est de necessitate huius sacramenti quod chrisma fuerit per episcopum consecratum.

ag2 ' Praeterea, idem non debet bis consecrari. sed materia sacramenti sanctificatur in ipsa collatione sacramenti per formam verborum qua confertur sacramentum, * unde et augustinus dicit, super ioan., ° accedit verbum ad elementum et fit sacramentum. ' non ergo debet prius chrisma consecrari quam hoc sacramentum tradatur.

ag3 ' Praeterea, omnis consecratio quae fit in sacramentis, ad consecutionem gratiae ordinatur. sed materia sensibilis confecta ex oleo et balsamo non est capax gratiae. ergo non debet ei aliqua consecratio adhiberi.

sc * Sed contra est quod innocentius papa dicit, ° presbyteris, cum baptizant, ungere baptizatos chrismate liceat, quod ab episcopo fuerat consecratum, non tamen frontem ex eodem oleo signare, quod solis debetur episcopis, cum tradunt paraclitum; ' quod quidem fit in hoc sacramento. ergo ad hoc sacramentum requiritur quod materia huius sacramenti prius per episcopum consecretur.

co ' Respondeo dicendum quod tota sacramentorum sanctificatio a christo derivatur, * ut supra dictum est. ' est autem considerandum quod quibusdam sacramentis habentibus materiam corpoream christus est usus, scilicet baptismo et etiam eucharistia. et ideo ex ipso usu christi materiae horum sacramentorum aptitudinem acceperunt ad perfectionem sacramenti. * unde chrysostomus dicit quod ° nunquam aquae baptismi purgare peccata credentium possent, nisi tactu dominici corporis sanctificatae fuissent. " et ipse similiter dominus, accipiens panem, benedixit, similiter autem et calicem, * ut habetur matth. xxvi et luc. xxii. ' et propter hoc non est de necessitate horum sacramentorum quod materia prius benedicatur, quia sufficit benedictio christi. si qua vero benedictio adhibeatur, pertinet ad solemnitatem sacramenti, non autem ad necessitatem. unctionibus autem visibilibus christus non est usus, ne fieret iniuria invisibili unctioni qua est unctus prae consortibus suis. et ideo tam chrisma quam oleum sanctum et oleum infirmorum prius benedicuntur quam adhibeantur ad usum sacramenti.

ra1 * Ad primum ergo patet responsio ex dictis.

ra2 ' Ad secundum dicendum quod utraque consecratio chrismatis non refertur ad idem. sicut enim instrumentum virtutem instrumentalem acquirit dupliciter, scilicet quando accipit formam instrumenti, et quando movetur a principali agente ita etiam materia sacramenti duplici sanctificatione indiget, per quarum unam fit propria materia sacramenti, per aliam vero applicatur ad effectum.

ra3 ' Ad tertium dicendum quod materia corporalis non est capax gratiae quasi gratiae subiectum, sed solum sicut gratiae instrumentum, * ut supra dictum est. ' et ad hoc materia sacramenti consecratur, vel ab ipso christo, vel ab episcopo, qui gerit in ecclesia personam christi.

010 ST4 qu72 ar4

ag1 ' Ad quartum sic proceditur. videtur quod haec non sit conveniens forma huius sacramenti, ° consigno te signo crucis, confirmo te chrismate salutis, in nomine patris et filii et spiritus sancti, amen. ' usus enim sacramentorum a christo et ab apostolis derivatur. sed neque christus hanc formam instituit, nec apostoli ea usi leguntur. ergo haec non est conveniens forma huius sacramenti.

ag2 ' Praeterea, sicut sacramentum est idem apud omnes, ita et forma debet esse eadem, quia quaelibet res habet unitatem, sicut et esse, a sua forma. sed hac forma non omnes utuntur, * quidam enim dicunt, ° confirmo te chrismate sanctificationis. ' ergo haec non est conveniens forma huius sacramenti.

ag3 ' Praeterea, sacramentum hoc debet conformari baptismo sicut perfectio perfectibili, * ut supra dictum est. ' sed in forma baptismi non fit mentio de consignatione characteris; nec etiam de cruce christi, cum tamen per baptismum homo christo commoriatur, * ut apostolus dicit, rom. vi; ' nec etiam fit mentio de effectu salutis, cum tamen baptismus sit de necessitate salutis. in forma etiam baptismi ponitur unus actus tantum; et exprimitur persona baptizantis, * cum dicitur, " ego te baptizo; ' cuius contrarium apparet in forma praedicta. non ergo est conveniens forma huius sacramenti.

sc ' Sed contra est auctoritas ecclesiae, quae hac forma communiter utitur.

co ' Respondeo dicendum quod praedicta forma est conveniens huic sacramento. sicut enim forma rei naturalis dat ei speciem, ita forma sacramenti continere debet quidquid pertinet ad speciem sacramenti. * sicut autem ex supra dictis patet, ' in hoc sacramento datur spiritus sanctus ad robur spiritualis pugnae. et ideo in hoc sacramento tria sunt necessaria, quae continentur in forma praedicta. quorum primum est causa conferens plenitudinem roboris spiritualis, quae est sancta trinitas. * quae exprimitur cum dicitur, " in nomine patris etc.. ' secundum est ipsum robur spirituale, quod homini confertur per sacramentum materiae visibilis ad salutem. * quod quidem tangitur cum dicitur, " confirmo te chrismate salutis. ' tertium est signum quod pugnatori datur, sicut et in pugna corporali, sicut milites signis ducum insigniuntur. * et quantum ad hoc dicitur, " consigno te signo crucis, in quo scilicet ° rex noster triumphavit, [25] * ut dicitur coloss. ii.

ra1 * Ad primum ergo dicendum quod, sicut supra dictum est, ' per ministerium apostolorum quandoque dabatur effectus huius sacramenti, scilicet plenitudo spiritus sancti, quibusdam visibilibus signis miraculose a deo confectis, qui potest effectum sacramenti sine sacramento conferre. et tunc non erat necessaria nec materia nec forma huius sacramenti. quandoque autem tanquam ministri sacramentorum hoc sacramentum praebebant. et tunc, sicut materia, ita et forma ex mandato christi utebantur. multa enim servabant apostoli in sacramentorum collatione quae in scripturis communiter propositis non sunt tradita. * unde dionysius dicit, in fine eccl. hier., ° consummativas invocationes, " idest verba quibus perficiuntur sacramenta, ° non est iustum scripturas interpretantibus, neque mysticum earum, aut in ipsis operatas ex deo virtutes, ex occulto ad commune adducere, sed nostra sacra traditio sine pompa, idest occulte, edocet eas. * unde et apostolus dicit, loquens de celebratione eucharistiae, i cor. xi, ° cetera cum venero disponam.

ra2 ' Ad secundum dicendum quod sanctitas est salutis causa. * et ideo in idem redit quod dicitur " chrismate salutis, et sanctificationis.

ra3 ' Ad tertium dicendum quod baptismus est regeneratio in spiritualem vitam, qua homo vivit in seipso. et ideo non ponitur in forma baptismi nisi ipse actus ad ipsum hominem pertinens sanctificandum. sed hoc sacramentum non solum ordinatur ad hoc quod homo sanctificetur in seipso, sed exponitur cuidam pugnae exteriori. et ideo non solum fit mentio de interiori sanctificatione, * cum dicitur, " confirmo te chrismate salutis, ' sed etiam consignatur homo exterius, quasi vexillo crucis, ad pugnam exteriorem spiritualem, * quod significatur cum dicitur, " consigno te signo crucis. ' in ipso autem verbo baptizandi, quod ablutionem significat, potest intelligi et materia, quae est aqua abluens, et effectus salutis. quae non intelliguntur in verbo confirmandi, et ideo oportuit haec ponere. * dictum est autem supra quod ' hoc quod dicitur, ego, non est de necessitate formae baptismalis, quia intelligitur in verbo primae personae. apponitur tamen ad exprimendam intentionem. quod non est ita necessarium in confirmatione, quae non exhibetur nisi ab excellenti ministro, * ut infra dicetur.

010 ST4 qu72 ar5

ag1 ' Ad quintum sic proceditur. videtur quod sacramentum confirmationis non imprimat characterem. character enim importat quoddam signum distinctivum. sed per sacramentum confirmationis non distinguitur homo ab infidelibus, hoc enim fit per baptismum, nec etiam ab aliis fidelibus, quia hoc sacramentum ordinatur ad pugnam spiritualem, quae omnibus fidelibus indicitur. non ergo in hoc sacramento imprimitur aliquis character.

ag2 * Praeterea, supra dictum est quod ' character est quaedam potentia spiritualis. potentia autem non est nisi activa vel passiva. potentia autem activa in sacramentis confertur per sacramentum ordinis, potentia autem passiva, sive receptiva, per sacramentum baptismi. ergo per sacramentum confirmationis nullus character imprimitur.

ag3 ' Praeterea, in circumcisione, quae est character corporalis, non imprimitur aliquis spiritualis character. sed in hoc sacramento imprimitur quidam character corporalis, dum scilicet homo chrismate signatur signo crucis in fronte. non ergo imprimitur in hoc sacramento character spiritualis.

sc ' Sed contra, in omni sacramento quod non iteratur, imprimitur character. sed hoc sacramentum non iteratur, * dicit enim gregorius, ° de homine qui a pontifice confirmatus fuerit denuo, talis iteratio prohibenda est. ' ergo in confirmatione imprimitur character.

co * Respondeo dicendum quod, sicut supra dictum est, ' character est quaedam spiritualis potestas ad aliquas sacras actiones ordinata. * dictum est autem supra quod, ' sicut baptismus est quaedam spiritualis generatio in vitam christianam, ita etiam confirmatio est quoddam spirituale augmentum promovens hominem in spiritualem aetatem perfectam. manifestum est autem ex similitudine corporalis vitae quod alia est actio hominis statim nati, et alia actio competit ei cum ad perfectam aetatem pervenerit. et ideo per sacramentum confirmationis datur homini potestas spiritualis ad quasdam actiones alias sacras, praeter illas ad quas datur ei potestas in baptismo. nam in baptismo accipit potestatem ad ea agenda quae ad propriam pertinent salutem, prout secundum seipsum vivit, sed in confirmatione accipit potestatem ad agendum ea quae pertinent ad pugnam spiritualem contra hostes fidei. sicut patet exemplo apostolorum, qui, antequam plenitudinem spiritus sancti acciperent, erant in cenaculo perseverantes in oratione; postmodum autem egressi non verebantur fidem publice fateri, etiam coram inimicis fidei christianae. et ideo manifestum est quod in sacramento confirmationis imprimitur character.

ra1 ' Ad primum ergo dicendum quod pugna spiritualis contra hostes invisibiles omnibus competit. sed contra hostes visibiles, idest contra persecutores fidei pugnare, nomen christi confitendo, est confirmatorum, qui iam sunt perducti spiritualiter ad virilem aetatem, * secundum quod dicitur i ioan. ii, ° scribo vobis, iuvenes, quoniam fortes estis, et verbum dei in vobis manet, et vicistis malignum. ' et ideo character confirmationis est signum distinctivum, non infidelium a fidelibus, sed spiritualiter provectorum * ab his quibus dicitur, ° sicut modo geniti infantes.

ra2 ' Ad secundum dicendum quod omnia sacramenta sunt quaedam fidei protestationes. sicut igitur baptizatus accipit potestatem spiritualem ad protestandum fidem per susceptionem aliorum sacramentorum; ita confirmatus accipit potestatem publice fidem christi verbis profitendi, quasi ex officio.

ra3 ' Ad tertium dicendum quod " sacramenta veteris legis dicuntur iustitia carnis, * ut patet heb. ix, " quia scilicet interius nihil efficiebant. ' et ideo in circumcisione imprimebatur character solum in corpore, non autem in anima. sed in confirmatione cum charactere corporali imprimitur simul character spiritualis, eo quod est sacramentum novae legis.

010 ST4 qu72 ar6

ag1 ' Ad sextum sic proceditur. videtur quod character confirmationis non praesupponat ex necessitate characterem baptismalem. sacramentum enim confirmationis ordinatur ad confitendum publice fidem christi. sed multi etiam ante baptismum sunt fidem christi publice confessi, sanguinem fundentes pro fide. ergo character confirmationis non praesupponit characterem baptismalem.

ag2 ' Praeterea, de apostolis non legitur quod fuerint baptizati, * praesertim cum dicatur, ioan. iv, quod ° ipse christus non baptizabat, sed discipuli eius. ' et tamen postea fuerunt confirmati per adventum spiritus sancti. ergo similiter alii possunt confirmari antequam baptizentur.

ag3 * Praeterea, act. x dicitur quod, ° adhuc loquente petro, cecidit spiritus sanctus super omnes qui audiebant verbum, et audiebant eos loquentes linguis, " et postea iussit eos baptizari. ' ergo pari ratione possunt alii prius confirmari quam baptizentur.

sc * Sed contra est quod rabanus dicit, de institut. cleric., ° novissime a summo sacerdote per impositionem manus paraclitus traditur baptizato, ut roboretur per spiritum sanctum ad praedicandum.

co ' Respondeo dicendum quod character confirmationis ex necessitate praesupponit characterem baptismalem, ita scilicet quod, si aliquis non baptizatus confirmaretur, nihil reciperet, sed oporteret ipsum iterato confirmari post baptismum. cuius ratio est quia sic se habet confirmatio ad baptismum sicut augmentum ad generationem, * ut ex supra dictis patet. ' manifestum est autem quod nullus potest promoveri in aetatem perfectam nisi primo fuerit natus. et similiter, nisi aliquis primo fuerit baptizatus, non potest sacramentum confirmationis accipere.

ra1 ' Ad primum ergo dicendum quod virtus divina non est alligata sacramentis. unde potest conferri homini spirituale robur ad confitendum publice fidem christi absque sacramento confirmationis, sicut etiam potest consequi remissionem peccatorum sine baptismo. tamen, sicut nullus consequitur effectum baptismi sine voto baptismi, ita nullus consequitur effectum confirmationis sine voto ipsius. quod potest haberi etiam ante susceptionem baptismi.

ra2 * Ad secundum dicendum quod, sicut augustinus dicit, ex hoc quod dominus dicit, ioan. xiii, ° qui lotus est, non indiget nisi ut pedes lavet, intelligimus petrum et alios christi discipulos fuisse baptizatos, sive baptismo ioannis, sicut nonnulli arbitrantur; sive, quod magis credibile est, baptismo christi. neque enim renuit ministerium baptizandi, ut haberet servos per quos ceteros baptizaret.

ra3 ' Ad tertium dicendum quod audientes praedicationem petri acceperunt effectum confirmationis miraculose, non tamen sacramentum confirmationis. * dictum est autem quod ' effectus confirmationis potest alicui conferri ante baptismum, non autem sacramentum confirmationis. sicut enim effectus confirmationis, qui est robur spirituale, praesupponit effectum baptismi, qui est iustificatio, ita sacramentum confirmationis praesupponit sacramentum baptismi.

010 ST4 qu72 ar7

ag1 ' Ad septimum sic proceditur. videtur quod per hoc sacramentum gratia gratum faciens non conferatur. gratia enim gratum faciens ordinatur contra culpam. sed hoc sacramentum, * sicut dictum est, ' non

exhibetur nisi baptizatis, qui sunt a culpa mundati. ergo per hoc sacramentum gratia gratum faciens non confertur.
ag2 ' Praeterea, peccatores maxime indigent gratia gratum faciente, per quam solam iustificari possunt. si ergo per hoc sacramentum gratia gratum faciens confertur, videtur quod deberet dari hominibus in peccato existentibus. quod tamen non est verum.
ag3 ' Praeterea, gratia gratum faciens specie non differt, cum ad unum effectum ordinetur. sed duae formae eiusdem speciei non possunt esse in eodem subiecto. cum ergo gratia gratum faciens conferatur homini per baptismum, videtur quod per sacramentum confirmationis, quod non exhibetur nisi baptizato, gratia gratum faciens non conferatur.
sc * Sed contra est quod melchiades papa dicit, ° spiritus sanctus in fonte baptismi plenitudinem tribuit ad innocentiam, in confirmatione augmentum praestat ad gratiam.
co ' Respondeo dicendum quod in hoc sacramento, * sicut dictum est, ' datur baptizato spiritus sanctus ad robur, sicut apostolis datus est in die pentecostes, * ut legitur act. ii; ' et sicut dabatur baptizatis per impositionem manus apostolorum, * ut dicitur act. viii. * ostensum est autem in prima parte quod ' missio seu datio spiritus sancti non est nisi cum gratia gratum faciente. unde manifestum est quod gratia gratum faciens confertur in hoc sacramento.
ra1 ' Ad primum ergo dicendum quod gratiae gratum facientis est remissio culpae, habet tamen et alios effectus, quia sufficit ad hoc quod promoveat hominem per omnes gradus usque in vitam aeternam. * unde et paulo dictum est, ii cor. xii, ° sufficit tibi gratia mea, * et ipse de se dicit, i cor. xv, ° gratia dei sum id quod sum. ' et ideo gratia gratum faciens non solum datur ad remissionem culpae, sed etiam ad augmentum et firmitatem iustitiae. et sic confertur in hoc sacramento.
ra2 ' Ad secundum dicendum quod, sicut ex ipso nomine apparet, hoc sacramentum datur ad confirmandum quod prius invenerit. et ideo non debet dari his qui non habent gratiam. et propter hoc, sicut non datur non baptizatis, ita non debet dari adultis peccatoribus, nisi per poenitentiam reparatis. * unde dicitur in aurelianensi concilio, ° ut ieiuni ad confirmationem veniant, ut moneantur confessionem facere prius, ut mundi donum spiritus sancti valeant accipere. ' et tunc per hoc sacramentum perficitur poenitentiae effectus, sicut et baptismi, quia per gratiam collatam in hoc sacramento consequetur poenitens pleniorem remissionem peccati. et si aliquis adultus in peccato existens cuius conscientiam non habet, vel si etiam non perfecte contritus accedat, per gratiam collatam in hoc sacramento consequetur remissionem peccatorum.
ra3 * Ad tertium dicendum quod, sicut dictum est, ' gratia sacramentalis addit super gratiam gratum facientem communiter sumptam aliquid effectivum specialis effectus, ad quod ordinatur sacramentum. si ergo consideretur gratia in hoc sacramento collata quantum ad id quod est commune, sic per hoc sacramentum non confertur aliqua alia gratia quam per baptismum, sed quae prius inerat, augetur. si autem consideretur quantum ad illud speciale quod superadditur, sic non est eiusdem speciei cum ipsa.

010 ST4 qu72 ar8

ag1 ' Ad octavum sic proceditur. videtur quod hoc sacramentum non sit omnibus exhibendum. hoc enim sacramentum ad quandam excellentiam datur, * ut dictum est. ' sed id quod ad excellentiam pertinet, non competit omnibus. ergo hoc sacramentum non debet omnibus dari.
ag2 ' Praeterea, per hoc sacramentum augetur aliquis spiritualiter in perfectam aetatem. sed perfecta aetas repugnat aetati puerili. ergo ad minus pueris dari non debet.
ag3 * Praeterea, sicut melchiades papa dicit, ° post baptismum confirmamur ad pugnam. ' sed pugnare non competit mulieribus, propter fragilitatem sexus. ergo nec mulieribus hoc sacramentum debet dari.
ag4 * Praeterea, melchiades papa dicit, ° quamvis continuo transituris sufficiant regenerationis beneficia, victuris tamen confirmationis beneficia necessaria sunt. confirmatio armat et instruit ad agones mundi huius et praelia reservandos. qui autem post baptismum cum acquisita innocentia immaculatus pervenerit ad mortem, confirmatur morte, quia iam non potest peccare post mortem. ' ergo statim morituris non debet hoc sacramentum conferri. et sic non debet omnibus dari.
sc * Sed contra est quod dicitur act. ii, quod " spiritus sanctus veniens replevit totam domum, per quam significatur ecclesia, et postea subditur quod repleti sunt omnes spiritu sancto. ' sed ad illam plenitudinem consequendam hoc sacramentum datur. ergo omnibus qui sunt in ecclesia exhibendum.
co * Respondeo dicendum quod, sicut dictum est, ' per hoc sacramentum promovetur homo spiritualiter in aetatem perfectam. hoc autem est de intentione naturae, ut omnis qui corporaliter nascitur, ad perfectam aetatem perveniat, sed hoc quandoque impeditur propter corruptibilitatem corporis, quod morte praevenitur. multo autem magis de intentione dei est omnia ad perfectionem perducere, ex cuius imitatione hoc natura participat, * unde et deut. xxxii dicitur, ° dei perfecta sunt opera. ' anima autem, ad quam pertinet spiritualis nativitas et spiritualis aetatis perfectio, immortalis est, et potest, sicut tempore senectutis spiritualem nativitatem consequi, ita tempore iuventutis et pueritiae consequi perfectam aetatem; quia huiusmodi corporales aetates animae non praeiudicant. et ideo hoc sacramentum debet omnibus exhiberi.
ra1 ' Ad primum ergo dicendum quod hoc sacramentum datur ad quandam excellentiam, non quidem unius hominis ad alium, sicut sacramentum ordinis, sed hominis ad seipsum, sicut idem, perfectus vir existens, habet excellentiam ad se puerum.
ra2 * Ad secundum dicendum quod, sicut dictum est, ' corporalis aetas non praeiudicat animae. unde etiam in puerili aetate homo potest consequi perfectionem spiritualis aetatis, * de qua dicitur sap. iv, ° senectus venerabilis est non diuturna, neque numero annorum computata. ' et inde est quod multi in puerili aetate, propter robur spiritus sancti perceptum, usque ad sanguinem fortiter certaverunt pro christo.
ra3 ' Ad tertium dicendum quod, * sicut chrysostomus dicit, in homilia de machabaeis, ° in mundanis agonibus aetatis et formae generisque dignitas requiritur, et ideo servis ac mulieribus, senibus ac pueris, ad eos aditus denegatur. in caelestibus autem omni personae et aetati et sexui indiscreta facultate stadium patet. * et in homilia de militia spirituali dicit, ° apud deum femineus etiam militat sexus, multae namque feminae animo virili spiritualem militiam gesserunt. quaedam enim interioris hominis virtute viros aequaverunt in agonibus martyrum, quaedam etiam fortiores viris exstiterunt. ' et ideo mulieribus hoc sacramentum conferendum est.
ra4 * Ad quartum dicendum quod, sicut dictum est, ' anima, ad quam pertinet spiritualis aetas, immortalis est. et ideo morituris hoc sacramentum dandum est, ut in resurrectione perfecti appareant, * secundum illud ephes. iv, ° donec occurramus in virum perfectum, in mensuram aetatis plenitudinis christi. * et ideo hugo de sancto victore dicit, ° omnino periculosum esset, si ab hac vita sine confirmatione migrare contingeret, ' non quia damnaretur, nisi forte per contemptum; sed quia detrimentum perfectionis pateretur. unde etiam pueri confirmati decedentes maiorem gloriam consequuntur, sicut et hic maiorem obtinent gratiam. * auctoritas autem illa intelligitur ' quantum ad hoc, quod morituris non est necessarium hoc sacramentum propter periculum pugnae praesentis.

010 ST4 qu72 ar9

ag1 ' Ad nonum sic proceditur. videtur quod hoc sacramentum non sit conferendum homini in fronte. hoc enim sacramentum est perfectivum baptismi, * ut supra dictum est. ' sed sacramentum baptismi confertur homini in toto corpore. ergo hoc sacramentum non debet conferri solum in fronte.
ag2 ' Praeterea, hoc sacramentum datur ad robur spirituale, * ut supra dictum est. ' sed spirituale robur maxime consistit in corde. ergo hoc sacramentum magis debet conferri supra cor quam in fronte.
ag3 ' Praeterea, hoc sacramentum datur homini ad hoc quod libere fidem christi confiteatur. sed ° ore fit confessio ad salutem, * ut dicitur rom. x. ' ergo hoc sacramentum magis debet conferri circa os quam in fronte.
sc * Sed contra est quod rabanus dicit, in libro de institut. cleric., ° signatur baptizatus chrismate in summitate capitis per sacerdotem, per pontificem vero in fronte.
co * Respondeo dicendum quod, sicut supra dictum est, ' in hoc sacramento homo accipit spiritum sanctum ad robur spiritualis pugnae, ut fortiter etiam inter adversarios fidei fidem christi confiteatur. unde convenienter signatur chrismate signo crucis in fronte, propter duo. primo quidem, quia insignitur signo crucis sicut miles signo ducis, quod quidem debet esse evidens et manifestum. inter omnia autem loca corporis humani maxime manifestus est frons, qui quasi nunquam obtegitur. et ideo linitur confirmatus chrismate in fronte, ut in manifesto demonstraret se esse christianum, sicut et apostoli post receptum spiritum sanctum se manifestaverunt, qui prius in cenaculo latebant. secundo, quia aliquis impeditur a libera confessione nominis christi propter duo, scilicet propter timorem, et propter verecundiam. utriusque autem horum signum maxime manifestatur in fronte, propter propinquitatem imaginationis, et propter hoc quod spiritus a corde directe ad frontem ascendunt, unde ° verecundati erubescunt, timentes autem pallescunt, * ut dicitur in iv ethic.. ' et ideo in fronte signatur chrismate, ut neque propter timorem neque propter erubescentiam nomen christi confitere praetermittat.
ra1 ' Ad primum ergo dicendum quod per baptismum regeneramur ad vitam spiritualem, quae ad totum hominem pertinet. sed in confirmatione roboramur ad pugnam, cuius signum ferendum est in fronte, quasi in evidenti loco.
ra2 ' Ad secundum dicendum quod principium fortitudinis est in corde, sed signum apparet in fronte, * unde dicitur ezech. iii, ° ecce, dedi frontem tuam duriorem frontibus eorum. ' et ideo sacramentum eucharistiae, quo homo in seipso confirmatur, pertinet ad cor, * secundum illud psalmi, ° panis cor hominis confirmet. ' sed sacramentum confirmationis requiritur in signum fortitudinis ad alios. et ideo exhibetur in fronte.
ra3 ' Ad tertium dicendum quod hoc sacramentum datur ad libere confitendum, non autem ad confitendum simpliciter, quia hoc fit etiam in baptismo. et ideo non debet dari in ore, sed in fronte, ubi apparent signa passionum quibus libera confessio impeditur.

010 ST4 qu72 ar10

ag1 ' Ad decimum sic proceditur. videtur quod ille qui confirmatur non debet ab alio teneri ad confirmationem. hoc enim sacramentum non solum pueris, sed etiam adultis exhibetur. adulti autem per seipsos stare possunt. ergo ridiculum est quod ab alio teneantur.
ag2 ' Praeterea, ille qui iam est de ecclesia, liberum habet accessum ad ecclesiae principem, qui est episcopus. sed hoc sacramentum, * sicut dictum est, ' non exhibetur nisi baptizato, qui iam est membrum ecclesiae. ergo videtur quod non debeat per alium exhiberi episcopo ad hoc sacramentum recipiendum.
ag3 ' Praeterea, hoc sacramentum datur ad robur spirituale. quod magis viget in viris quam in mulieribus, * secundum illud prov. ult., ° mulierem fortem quis inveniet? ' ergo ad minus mulier non debet tenere virum ad confirmationem.
sc ' Sed contra est quod * innocentius papa dicit, et habetur in decretis, xxx, qu. iv, ° si quis ex coniugio filium aut filiam alterius de sacro fonte susceperit, aut ad chrisma tenuerit, ' etc.. ergo, sicut requiritur quod aliquis baptizatum de sacro fonte levet, ita debet aliquis teneri ad sacramentum confirmationis accipiendum.
co * Respondeo dicendum quod, sicut dictum est, ' hoc sacramentum exhibetur homini ad robur pugnae spiritualis. sicut autem aliquis de novo natus indiget instructore in his quae pertinent ad conversationem vitae, * secundum illud heb. xii, ° patres quidem carnis nostrae habuimus eruditores, et obtemperabamus eis; ' ita illi qui assumuntur ad pugnam, indigent eruditoribus a quibus instruantur de his quae pertinent ad modum certaminis; et ideo in bellis materialibus constituuntur duces et centuriones, per quos alii gubernentur. et propter hoc etiam ille qui accipit hoc sacramentum, ab alio tenetur, quasi per alium in pugna erudiendus. similiter etiam, quia per hoc sacramentum confertur homini perfectio spiritualis aetatis, * sicut dictum est; ' ideo ille qui ad hoc sacramentum accedit, sustentatur, quasi adhuc spiritualiter imbecillis et puer.
ra1 ' Ad primum ergo dicendum quod, licet ille qui confirmatur sit adultus corporaliter, nondum tamen est adultus spiritualiter.
ra2 ' Ad secundum dicendum quod, licet baptizatus sit effectus membrum ecclesiae, nondum tamen est adscriptus militiae christianae. et ideo episcopo, tanquam duci exercitus, per alium exhibetur iam militiae christianae adscriptum. non enim debet alium ad confirmationem tenere qui nondum est confirmatus.
ra3 * Ad tertium dicendum quod, sicut dicitur coloss. iii, ° in christo iesu non est masculus neque femina. ' et ideo non differt utrum masculus vel femina teneat aliquem in confirmatione.

010 ST4 qu72 ar11

ag1 ' Ad undecimum sic proceditur. videtur quod non solus episcopus hoc sacramentum conferre possit. * gregorius enim, scribens ianuario episcopo, dicit, ° pervenit ad nos quosdam scandalizatos fuisse quod presbyteros chrismate tangere eos qui baptizati sunt, prohibuimus. et nos quidem secundum veterem usum nostrae ecclesiae fecimus, sed si omnino hac de re aliqui contristantur, ubi episcopi desunt, ut presbyteri etiam in frontibus baptizatos chrismate tangere debeant, concedimus. ' sed illud quod pertinet ad necessitatem sacramentorum, non est propter vitandum scandalum immutandum. ergo videtur quod non sit de necessitate huius sacramenti quod ab episcopo conferatur.
ag2 ' Praeterea, sacramentum baptismi videtur esse maioris efficaciae quam sacramentum confirmationis, quia per baptismum fit plena remissio peccatorum et quantum ad culpam et quantum ad poenam, quod non fit in hoc sacramento. sed simplex sacerdos ex suo officio potest tradere sacramentum baptismi, et in necessitate quilibet, etiam non ordinatus, potest baptizare. ergo non est de necessitate huius sacramenti quod ab episcopo conferatur.
ag3 ' Praeterea, summitas capitis, ubi secundum medicos est locus rationis (scilicet particularis, quae dicitur virtus cogitativa), est nobilior fronte, ubi est locus imaginativae virtutis. sed simplex sacerdos potest baptizatos chrismate ungere in vertice. ergo multo magis potest eos chrismate signare in fronte, quod pertinet ad hoc sacramentum.
sc * Sed contra est quod eusebius papa dicit, ° manus impositionis sacramentum magna veneratione tenendum est, quod ab aliis perfici non potest nisi a sum-

mis sacerdotibus. nec tempore apostolorum ab aliis quam ab ipsis apostolis legitur aut scitur peractum esse, nec ab aliis quam qui eorum locum tenent, unquam perfici potest, aut fieri debet. nam si aliter praesumptum fuerit, irritum habeatur et vacuum, nec inter ecclesiastica unquam reputabitur sacramenta. ‘ est igitur de necessitate huius sacramenti, quod dicitur sacramentum manus impositionis, quod ab episcopo tradatur.

co ‘ Respondeo dicendum quod in quolibet opere ultima consummatio supremae arti aut virtuti reservatur, sicut praeparatio materiae pertinet ad inferiores artifices, superior autem dat formam, supremus autem est ad quem pertinet usus, qui est finis artificiatorum; et epistola quae a notario scribitur, a domino signatur. fideles autem christi sunt quoddam divinum opus, * secundum illud i cor. iii, ° dei aedificatio estis, “ sunt etiam quasi quaedam epistola spiritu dei scripta, * sicut dicitur ii cor. iii. ‘ hoc autem confirmationis sacramentum est quasi ultima consummatio sacramenti baptismi, ita scilicet quod per baptismum aedificatur homo in domum spiritualem, et conscribitur quasi quaedam spiritualis epistola; sed per sacramentum confirmationis, quasi domus aedificata, dedicatur in templum spiritus sancti; et quasi epistola conscripta, signatur signo crucis. et ideo collatio huius sacramenti episcopis reservatur, qui obtinent summam potestatem in ecclesia, sicut in primitiva ecclesia per impositionem manus apostolorum, quorum vicem gerunt episcopi, plenitudo spiritus sancti dabatur, * ut habetur act. viii. unde urbanus papa dicit, ° omnes fideles per manus impositionem episcoporum |25| spiritum sanctum post baptismum accipere debent, ut pleni christiani inveniantur.

ra1 ‘ Ad primum ergo dicendum quod papa in ecclesia habet plenitudinem potestatis, ex qua potest quaedam quae sunt superiorum ordinum, committere inferioribus quibusdam, sicut presbyteris concedit conferre minores ordines, quod pertinet ad potestatem episcopalem. et ex hac plenitudine potestatis concessit beatus gregorius papa quod simplices sacerdotes conferrent hoc sacramentum, quandiu scandalum tolleretur.

ra2 ‘ Ad secundum dicendum quod sacramentum baptismi est efficacius quam hoc sacramentum quantum ad remotionem mali, eo quod est spiritualis generatio, quae est mutatio de non esse in esse. hoc autem sacramentum est efficacius ad proficiendum in bono, quia est quoddam spirituale augmentum de esse imperfecto ad esse perfectum. et ideo hoc sacramentum digniori ministro committitur.

ra3 ‘ Ad tertium dicendum quod, * sicut rabanus dicit, in libro de institut. cleric., ° signatur baptizatus chrismate in summitate capitis per sacerdotem, per pontificem vero in fronte, ut priori unctione significetur super ipsum spiritus sancti descensio ad habitationem deo consecrandam, in secunda quoque ut eiusdem spiritus sancti septiformis gratia, cum omni plenitudine sanctitatis et scientiae et virtutis, venire in hominem declaretur. ‘ non ergo propter digniorem partem, sed propter potiorem effectum, haec unctio episcopis reservatur.

010 ST4 qu72 ar12

ag1 ‘ Ad duodecimum sic proceditur. videtur quod ritus huius sacramenti non sit conveniens. sacramentum enim baptismi est maioris necessitatis quam hoc sacramentum, * ut supra dictum est. ‘ sed baptismo deputantur certa tempora, scilicet pascha et pentecoste. ergo etiam huic sacramento aliquod certum tempus debet praefigi.

ag2 ‘ Praeterea, sicut hoc sacramentum requirit devotionem et dantis et recipientis, ita etiam et sacramentum baptismi. sed in sacramento baptismi non requiritur quod a ieiunis sumatur vel conferatur. * ergo videtur inconvenienter statutum in aurelianensi concilio, ° ut ieiuni ad confirmationem veniant; * et in concilio meldensi ° ut episcopi non nisi ieiuni per impositionem manus spiritum sanctum tradant.

ag3 ‘ Praeterea, chrisma est quoddam signum plenitudinis spiritus sancti, * ut supra dictum est. ‘ sed plenitudo spiritus sancti data est fidelibus christi in die pentecostes, * ut habetur act. ii. ‘ magis ergo deberet chrisma confici et benedici in festo pentecostes quam in cena domini.

sc ‘ Sed contra est usus ecclesiae, quae a spiritu sancto gubernatur.

co ‘ Respondeo dicendum quod * dominus, matth. xviii, fidelibus suis promisit dicens, ° ubi fuerint duo vel tres congregati in nomine meo, ibi sum in medio eorum. ‘ et ideo firmiter tenendum est quod ordinationes ecclesiae dirigantur secundum sapientiam christi. et propter hoc certum esse debet ritus quos ecclesia observat in hoc et in aliis sacramentis, esse convenientes.

ra1 * Ad primum ergo dicendum quod, sicut melchiades papa dicit, ° ita coniuncta sunt haec duo sacramenta, scilicet baptismi et confirmationis, ut ab invicem nisi morte praeveniente nullatenus possint segregari, et unum sine altero rite perfici non possit. ‘ et ideo eadem tempora sunt praefixa baptismo solemniter celebrando et huic sacramento. sed quia hoc sacramentum a solis episcopis datur, qui non sunt semper praesentes ubi presbyteri baptizant, oportuit, quantum ad communem usum, sacramentum confirmationis etiam in alia tempora differri.

ra2 ‘ Ad secundum dicendum quod “ ab illa prohibitione excipiuntur infirmi et morte periclitantes, * sicut in statuto meldensis concilii legitur. ‘ et ideo, propter multitudinem fidelium, et propter pericula imminentia, sustinetur ut hoc sacramentum, quod non nisi ab episcopis dari potest, etiam a non ieiunis detur vel accipiatur, quia unus episcopus, praecipue in magna dioecesi, non sufficeret ad omnes confirmandos, si ei tempus arctaretur. ubi tamen congrue observari potest, convenientius est ut a ieiunis detur et accipiatur.

ra3 ‘ Ad tertium dicendum quod, * sicut ex concilio martini papae habetur, ° omni tempore licebat chrisma conficere. ‘ sed quia solemnis baptismus, ad quem requiritur usus chrismatis, in vigilia paschae celebratur, * congrue ordinatum est ‘ ut per biduum ante ab episcopo chrisma benedicatur, ut possit per dioecesim destinari. dies etiam ille satis congruit ad materias sacramentorum benedicendas, in quo fuit eucharistiae sacramentum institutum, ad quod omnia alia sacramenta quodammodo ordinantur, * sicut dictum est.

010 ST4 qu73 ar

pr ‘ Consequenter considerandum est de sacramento eucharistiae. et primo, de ipso sacramento; secundo, de materia; tertio, de forma; quarto, de effectu; quinto, de recipientibus hoc sacramentum; sexto, de ministro; septimo, de ritu. circa primum quaeruntur sex. primo, utrum eucharistia sit sacramentum. secundo, utrum sit unum vel plura. tertio, utrum sit de necessitate salutis. quarto, de nominibus eius. quinto, de institutione ipsius. sexto, de figuris eius.

010 ST4 qu73 ar1

ag1 ‘ Ad primum sic proceditur. videtur quod eucharistia non sit sacramentum. ad idem enim non debent ordinari duo sacramenta, quia unumquodque sacramentum efficax est ad suum effectum producendum. cum ergo ad perfectionem ordinetur confirmatio et eucharistia, * ut dionysius dicit, iv cap. eccl. hier., ‘ videtur eucharistia non esse sacramentum, cum confirmatio sit sacramentum, * ut prius habitum est.

ag2 ‘ Praeterea, in quolibet sacramento novae legis id quod visibiliter subiicitur sensui, efficit invisibilem effectum sacramenti, sicut ablutio aquae causat et characterem baptismalem et ablutionem spiritualem, * ut supra dictum est. ‘ sed species panis et vini, quae subiiciuntur sensui in hoc sacramento, non efficiunt neque ipsum corpus christi verum, quod est res et sacramentum, neque corpus mysticum, quod est res tantum in eucharistia. ergo videtur quod eucharistia non sit sacramentum novae legis.

ag3 ‘ Praeterea, sacramenta novae legis habentia materiam in usu materiae perficiuntur, sicut baptismus in ablutione, et confirmatio in chrismatis consignatione. si ergo eucharistia sit sacramentum, perficeretur in usu materiae, non in consecratione ipsius materiae. quod patet esse falsum, quia forma huius sacramenti sunt verba quae in consecratione materiae dicuntur, * ut infra patebit. ‘ ergo eucharistia non est sacramentum.

sc * Sed contra est quod in collecta dicitur, ° hoc tuum sacramentum non sit nobis reatus ad poenam.

co ‘ Respondeo dicendum quod sacramenta ecclesiae ordinantur ad subveniendum homini in vita spirituali. vita autem spiritualis vitae corporali conformatur, eo quod corporalia spiritualium similitudinem gerunt. manifestum est autem quod, sicut ad vitam corporalem requiritur generatio, per quam homo vitam accipit, et augmentum, quo homo perducitur ad perfectionem vitae; ita etiam requiritur alimentum, quo homo conservatur in vita. et ideo, sicut ad vitam spiritualem oportuit esse baptismum, qui est spiritualis generatio, et confirmationem, quae est spirituale augmentum; ita oportuit esse sacramentum eucharistiae, quod est spirituale alimentum.

ra1 ‘ Ad primum ergo dicendum quod duplex est perfectio. una quae est in ipso homine, ad quam perducitur per augmentum. et talis perfectio competit confirmationi. alia autem est perfectio quam homo consequitur ex adiunctione cibi vel indumenti, vel alicuius huiusmodi. et talis perfectio competit eucharistiae, quae est spiritualis refectio.

ra2 ‘ Ad secundum dicendum quod aqua baptismi non causat aliquem spiritualem effectum propter ipsam aquam, sed propter virtutem spiritus sancti in aqua existentem, * unde chrysostomus dicit, super illud ioan. v, ° angelus domini secundum tempus etc., in baptizatis non simpliciter aqua operatur, sed, cum spiritus sancti susceperit gratiam, tunc omnia solvit peccata. ‘ sicut autem se habet virtus spiritus sancti ad aquam baptismi, ita se habet corpus christi verum ad species panis et vini. unde species panis et vini non efficiunt aliquid nisi virtute corporis christi veri.

ra3 ‘ Ad tertium dicendum quod sacramentum dicitur ex eo quod continet aliquid sacrum. potest autem aliquid esse sacrum dupliciter, scilicet absolute, et in ordine ad aliud. haec est autem differentia inter eucharistiam et alia sacramenta habentia materiam sensibilem, quod eucharistia continet aliquid sacrum absolute, scilicet ipsum christum, aqua vero baptismi continet aliquid sacrum in ordine ad aliud, scilicet virtutem ad sanctificandum, et eadem ratio est de chrismate et similibus. et ideo sacramentum eucharistiae perficitur in ipsa consecratione materiae, alia vero sacramenta perficiuntur in applicatione materiae ad hominem sanctificandum. et ex hoc etiam consequitur alia differentia. nam in sacramento eucharistiae id quod est res et sacramentum, est in ipsa materia; id autem quod est res tantum, est in suscipiente, scilicet gratia quae confertur. in baptismo autem utrumque est in suscipiente, et character, qui est res et sacramentum; et gratia remissionis peccatorum, quae est res tantum. et eadem ratio est de aliis sacramentis.

010 ST4 qu73 ar2

ag1 ‘ Ad secundum sic proceditur. videtur quod eucharistia non sit unum sacramentum, sed plura. * dicitur enim in collecta, ° purificent nos, quaesumus, domine, sacramenta quae sumpsimus, “ quod quidem dicitur propter eucharistiae sumptionem. ‘ ergo eucharistia non est unum sacramentum, sed plura.

ag2 ‘ Praeterea, impossibile est, multiplicato genere, non multiplicari speciem, sicut quod unus homo sit plura animalia. sed signum est genus sacramenti, * ut supra dictum est. ‘ cum igitur in eucharistia sint plura signa, scilicet panis et vini, videtur consequens esse quod sint plura sacramenta.

ag3 ‘ Praeterea, hoc sacramentum perficitur in consecratione materiae, * sicut dictum est. ‘ sed in hoc sacramento est duplex materiae consecratio. ergo est duplex sacramentum.

sc * Sed contra est quod apostolus dicit, i cor. x, ° unus panis et unum corpus multi sumus, omnes qui de uno pane et uno calice participamus. ‘ ex quo patet quod eucharistia sit sacramentum ecclesiasticae unitatis. sed sacramentum similitudinem gerit rei cuius est sacramentum. ergo eucharistia est unum sacramentum.

co * Respondeo dicendum quod, sicut dicitur v metaphys., “ unum dicitur non solum quod est indivisibile vel quod est continuum, sed etiam quod est perfectum, sicut cum dicitur una domus, et unus homo. ‘ est autem unum perfectione ad cuius integritatem concurrunt omnia quae requiruntur ad finem eiusdem, sicut homo integratur ex omnibus membris necessariis operationi animae, et domus ex partibus quae sunt necessariae ad inhabitandum. et sic hoc sacramentum dicitur unum. ordinatur enim ad spiritualem refectionem, quae corporali conformatur. ad corporalem autem refectionem duo requiruntur, scilicet cibus, qui est alimentum siccum; et potus, qui est alimentum humidum. et ideo etiam ad integritatem huius sacramenti duo concurrunt, scilicet spiritualis cibus et spiritualis potus, * secundum illud ioan. vi, ° caro mea vere est cibus, et sanguis meus vere est potus. ‘ ergo hoc sacramentum multa quidem materialiter est, sed unum formaliter et perfective.

ra1 ‘ Ad primum ergo dicendum quod * in collecta eadem et pluraliter dicitur primo, ° purificent nos sacramenta quae sumpsimus; * et postea singulariter subditur, ° hoc tuum sacramentum non sit nobis reatus ad poenam, ‘ ad ostendendum quod hoc sacramentum quodammodo est multa, simpliciter autem unum.

ra2 ‘ Ad secundum dicendum quod panis et vinum materialiter quidem sunt plura signa, formaliter vero et perfective unum, inquantum ex eis perficitur una refectio.

ra3 ‘ Ad tertium dicendum quod ex hoc quod est duplex consecratio huius sacramenti, non potest plus haberi nisi quod hoc sacramentum materialiter est multa, * ut dictum est.

010 ST4 qu73 ar3

ag1 ‘ Ad tertium sic proceditur. videtur quod hoc sacramentum sit de necessitate salutis. * dicit enim dominus, ioan. vi, ° nisi manducaveritis carnem filii hominis et biberitis eius sanguinem, non habebitis vitam in vobis. ‘ sed in hoc sacramento manducatur caro christi et bibitur sanguis eius. ergo sine hoc sacramento non potest homo habere salutem spiritualis vitae.

ag2 ‘ Praeterea, hoc sacramentum est quoddam spirituale alimentum. sed alimentum corporale est de necessitate corporalis salutis. ergo etiam hoc sacramentum est de necessitate salutis spiritualis.

ag3 ‘ Praeterea, sicut baptismus est sacramentum dominicae passionis, sine qua non est salus, ita et eucharistia, * dicit enim apostolus, i cor. xi, ° quotiescumque manducaveritis panem hunc et calicem biberitis, mortem domini annuntiabitis, donec veniat. ‘ ergo, sicut baptismus est de necessitate salutis, ita hoc sacramentum.

sc ‘ Sed contra est quod * scribit augustinus bonifacio, contra pelagianos, ° nec id cogitetis, parvulos vitam habere non posse, qui sunt expertes corporis et sanguinis christi.

co ‘ Respondeo dicendum quod in hoc sacramento duo est considerare, scilicet ipsum sacramentum, et rem sacramenti. * dictum est autem quod ‘ res sacramenti est unitas corporis mystici, sine qua non potest esse salus, nulli enim patet aditus salutis extra ecclesiam, sicut nec in diluvio absque arca noe, quae significat ecclesiam, * ut habetur i petr. iii. * dictum est autem supra quod ‘res alicuius sacramenti haberi potest ante perceptionem sacramenti, ex ipso voto sacramenti percipiendi. unde ante perceptionem huius sacramenti, potest homo habere salutem ex voto percipiendi hoc sacramentum, sicut et ante baptismum ex voto baptismi, * ut supra dictum est. ‘tamen est differentia quantum ad duo. primo quidem, quia baptismus est principium spiritualis vitae, et ianua sacramentorum. eucharistia vero est quasi consummatio spiritualis vitae, et omnium sacramentorum finis, * ut supra dictum est, ‘per sanctificationes enim omnium sacramentorum fit praeparatio ad suscipiendam vel consecrandam eucharistiam. et ideo perceptio baptismi est necessaria ad inchoandam spiritualem vitam, perceptio autem |25| eucharistiae est necessaria ad consummandam ipsam, non ad hoc quod simpliciter habeatur, sed sufficit eam habere in voto, sicut et finis habetur in desiderio et intentione. alia differentia est, quia per baptismum ordinatur homo ad eucharistiam. et ideo ex hoc ipso quod pueri baptizantur, ordinantur per ecclesiam ad eucharistiam. et sic, sicut ex fide ecclesiae credunt, sic ex intentione ecclesiae desiderant eucharistiam, et per consequens recipiunt rem ipsius. sed ad baptismum non ordinantur per aliud praecedens sacramentum. et ideo, ante susceptionem baptismi, non habent pueri aliquo modo baptismum in voto, sed soli adulti. unde rem sacramenti percipere non possunt sine perceptione sacramenti. et ideo hoc sacramentum non hoc modo est de necessitate salutis sicut baptismus.

ra1 ‘Ad primum ergo dicendum quod, * sicut augustinus dicit, exponens illud verbum ioannis, “ hunc cibum et potum, scilicet carnis suae et sanguinis, ° societatem vult intelligi corporis et membrorum suorum, quod est ecclesia, in praedestinatis et vocatis et iustificatis et glorificatis sanctis et fidelibus eius. * unde, sicut ipse dicit, in epistola ad bonifacium, ° nulli est aliquatenus ambigendum tunc unumquemque fidelium corporis sanguinisque domini participem fieri, quando in baptismate membrum corporis christi efficitur, nec alienari ab illius panis calicisque consortio, etiam si, antequam panem illum comedat et calicem bibat, de hoc saeculo in unitate corporis christi constitutus abscedat.

ra2 ‘Ad secundum dicendum quod haec est differentia inter alimentum corporale et spirituale, quod alimentum corporale convertitur in substantiam eius qui nutritur, et ideo non potest homini valere ad vitae conservationem alimentum corporale nisi realiter sumatur. sed alimentum spirituale convertit hominem in seipsum, * secundum illud quod augustinus dicit, in libro confess., quod ° quasi audivit vocem christi dicentis, nec tu me mutabis in te, sicut cibum carnis tuae, sed tu mutaberis in me. ‘potest autem aliquis in christum mutari et ei incorporari voto mentis, etiam sine huius sacramenti perceptione. et ideo non est simile.

ra3 ‘Ad tertium dicendum quod baptismus est sacramentum mortis et passionis christi prout homo regeneratur in christo virtute passionis eius. sed eucharistia est sacramentum passionis christi prout homo perficitur in unione ad christum passum. unde, sicut baptismus dicitur sacramentum fidei, quae est fundamentum spiritualis vitae; “ ita eucharistia dicitur sacramentum caritatis, quae est vinculum perfectionis, * ut dicitur coloss. iii.

010 ST4 qu73 ar4

ag1 ‘Ad quartum sic proceditur. videtur quod inconvenienter hoc sacramentum pluribus nominibus nominetur. nomina enim debent respondere rebus. sed hoc sacramentum est unum, * ut dictum est. ‘ ergo non debet pluribus nominibus nominari.

ag2 ‘Praeterea, species non notificatur convenienter per id quod est commune toti generi. sed eucharistia est sacramentum novae legis. omnibus autem sacramentis commune est quod in eis confertur gratia, quod significat nomen eucharistiae, quod est idem quod bona gratia. omnia etiam sacramenta remedium nobis afferunt in via praesentis vitae, quod pertinet ad rationem viatici. in omnibus etiam sacramentis fit aliquid sacrum, quod pertinet ad rationem sacrificii. et per omnia sacramenta sibi invicem fideles communicant, quod significat hoc nomen synaxis in graeco, vel communio in latino. ergo haec nomina non convenienter adaptantur huic sacramento.

ag3 ‘Praeterea, hostia videtur idem esse quod sacrificium. sicut ergo non proprie dicitur sacrificium, ita nec proprie dicitur hostia.

sc ‘Sed contra est quod usus fidelium habet.

co ‘Respondeo dicendum quod hoc sacramentum habet triplicem significationem. unam quidem respectu praeteriti, inquantum scilicet est commemorativum dominicae passionis, quae fuit verum sacrificium, * ut supra dictum est. ‘et secundum hoc nominatur sacrificium. aliam autem significationem habet respectu rei praesentis, scilicet ecclesiasticae unitatis, cui homines congregantur per hoc sacramentum. et secundum hoc nominatur communio vel synaxis, * dicit enim damascenus, iv libro, quod ° dicitur communio, quia communicamus per ipsam christo; et quia participamus eius carne et deitate; et quia communicamus et unimur ad invicem per ipsam. ‘ tertiam significationem habet respectu futuri, inquantum scilicet hoc sacramentum est praefigurativum fruitionis dei, quae erit in patria. et secundum hoc dicitur viaticum, quia hoc praebet nobis viam illuc perveniendi. et secundum hoc etiam dicitur eucharistia, idest bona gratia, quia ° gratia dei est vita aeterna, * ut dicitur rom. vi; ‘ vel quia realiter continet christum, qui est plenus gratia. dicitur etiam in graeco metalepsis, idest assumptio, * quia, ut damascenus dicit, |25| ° per hoc filii deitatem assumimus.

ra1 ‘Ad primum ergo dicendum quod nihil prohibet idem pluribus nominibus nominari secundum diversas proprietates vel effectus.

ra2 ‘Ad secundum dicendum quod id quod est commune omnibus sacramentis, attribuitur antonomastice ei, propter eius excellentiam.

ra3 ‘Ad tertium dicendum quod hoc sacramentum dicitur sacrificium, inquantum repraesentat ipsam passionem christi. dicitur autem hostia, inquantum continet ipsum christum, qui est “ hostia suavitatis, * ut dicitur ephes. v.

010 ST4 qu73 ar5

ag1 ‘ Ad quintum sic proceditur. videtur quod non fuerit conveniens institutio istius sacramenti. * ut enim philosophus dicit, in ii de generat., ° ex eisdem nutrimur ex quibus sumus. ‘ sed per baptismum, qui est spiritualis regeneratio, accipimus esse spirituale, * ut dionysius dicit, ii cap. eccles. hier.. ‘ ergo per baptismum etiam nutrimur. non ergo fuit necessarium instituere hoc sacramentum quasi spirituale nutrimentum.

ag2 ‘ Praeterea, per hoc sacramentum homines christo uniuntur sicut membra capiti. sed christus est caput omnium hominum, etiam qui fuerunt ab initio mundi, * ut supra dictum est. ‘ergo non debuit institutio huius sacramenti differri usque ad cenam domini.

ag3 ‘Praeterea, hoc sacramentum dicitur esse memoriale dominicae passionis, * secundum illud matth. xxvi, ° hoc facite in meam commemorationem. ‘ sed memoria est praeteritorum. ergo hoc sacramentum non debuit institui ante christi passionem.

ag4 ‘ Praeterea, per baptismum aliquis ordinatur ad eucharistiam, quae non nisi baptizatis dari debet. sed baptismus institutus fuit post christi passionem et resurrectionem, * ut patet matth. ult.. ‘ ergo inconvenienter hoc sacramentum fuit ante passionem christi institutum.

sc ‘Sed contra est quod hoc sacramentum institutum est a christo, * de quo dicitur marc. vii, ° bene omnia fecit.

co ‘Respondeo dicendum quod convenienter hoc sacramentum institutum fuit in cena, in qua scilicet christus ultimo cum discipulis suis fuit conversatus. primo quidem, ratione continentiae huius sacramenti. continetur enim ipse christus in eucharistia sicut in sacramento. et ideo, quando ipse christus in propria specie a discipulis discessurus erat, in sacramentali specie seipsum eis reliquit, sicut in absentia imperatoris exhibetur veneranda eius imago. * unde eusebius dicit, ° quia corpus assumptum ablaturus erat ab oculis et illaturus sideribus, necesse erat ut die cenae sacramentum corporis et sanguinis sui consecraret nobis, ut coleretur iugiter per mysterium quod semel offerebatur in pretium. ‘ secundo, quia sine fide passionis christi nunquam potuit esse salus, * secundum illud rom. iii, ° quem proposuit deus propitiatorem per fidem in sanguine ipsius. ‘ et ideo oportuit omni tempore apud homines esse aliquod repraesentativum dominicae passionis. cuius in veteri quidem testamento praecipuum sacramentum erat agnus paschalis, * unde et apostolus dicit, i cor. v, ° pascha nostrum immolatus est christus. ‘ successit autem ei in novo testamento eucharistiae sacramentum, quod est rememorativum praeteritae passionis, sicut |25| et illud fuit praefigurativum futurae. et ideo conveniens fuit, imminente passione, celebrato priori sacramento, novum sacramentum instituere, * ut leo papa dicit. ‘tertio, quia ea quae ultimo dicuntur, maxime ab amicis recedentibus, magis memoriae commendantur, praesertim quia tunc magis inflammatur affectus ad amicos, ea vero ad quae magis afficimur, profundius animo imprimuntur. quia igitur, * ut beatus alexander papa dicit, ° nihil in sacrificiis maius esse potest quam corpus et sanguis christi, nec ulla oblatio hac potior est, ‘ideo, ut in maiori veneratione haberetur, dominus in ultimo discessu suo a discipulis hoc sacramentum instituit. * et hoc est quod augustinus dicit, in libro responsionum ad ianuarium, ° salvator, quo vehementius commendaret mysterii illius altitudinem, ultimum hoc voluit infigere cordibus et memoriae discipulorum, a quibus ad passionem discessurus erat.

ra1 “ Ad primum ergo dicendum quod ex eisdem nutrimur ex quibus sumus, ‘ non tamen eodem modo nobis advenientibus. nam ea ex quibus sumus, nobis adveniunt per generationem, eadem autem, inquantum ex eis nutrimur, nobis adveniunt per manducationem. unde et, sicut per baptismum regeneramur in christo, ita per eucharistiam manducamus christum.

ra2 ‘Ad secundum dicendum quod eucharistia est sacramentum perfectum dominicae passionis, tanquam continens ipsum christum passum. et ideo non potuit institui ante incarnationem, sed tunc habebant locum sacramenta quae erant tantum praefigurativa dominicae passionis.

ra3 ‘ Ad tertium dicendum quod sacramentum illud fuit institutum in cena ut in futurum esset memoriale dominicae passionis, ea perfecta. * unde signanter dicit, ° haec quotiescumque feceritis, * de futuro loquens.

ra4 ‘ Ad quartum dicendum quod institutio respondet ordini intentionis. sacramentum autem eucharistiae, quamvis sit posterius baptismo in perceptione, est tamen prius in intentione. et ideo debuit prius institui. vel potest dici quod baptismus iam erat institutus in ipso christi baptismo. unde et iam aliqui ipso christi baptismo erant baptizati, * ut legitur ioan. iii.

010 ST4 qu73 ar6

ag1 ‘ Ad sextum sic proceditur. videtur quod agnus paschalis non fuerit praecipua figura huius sacramenti. “ christus enim dicitur sacerdos secundum ordinem melchisedech, propter hoc quod melchisedech gessit figuram sacrificii christi, offerens panem et vinum. ‘ sed expressio similitudinis facit quod unum ab alio denominetur. ergo videtur quod oblatio melchisedech fuerit potissima figura huius sacramenti.

ag2 ‘Praeterea, transitus maris rubri fuit figura baptismi, * secundum illud i cor. x, ° omnes baptizati sunt in nube et in mari. ‘sed immolatio agni paschalis praecessit transitum maris rubri, quem subsecutum est manna, sicut eucharistia sequitur baptismum. ergo manna est expressior figura huius sacramenti quam agnus paschalis.

ag3 ‘Praeterea, potissima virtus huius sacramenti est quod introducit nos in regnum caelorum, sicut quoddam viaticum. sed hoc maxime figuratum fuit in sacramento expiationis, quando ° pontifex intrabat semel in anno cum sanguine in sancta sanctorum, * sicut apostolus probat, heb. ix. ‘ ergo videtur quod illud sacrificium fuerit expressior figura huius sacramenti quam agnus paschalis.

sc * Sed contra est quod apostolus dicit, i cor. v, ° pascha nostrum immolatus est christus. itaque epulemur in azymis sinceritatis et veritatis.

co ‘ Respondeo dicendum quod in hoc sacramento tria considerare possumus, scilicet id quod est sacramentum tantum, scilicet panis et vinum; et id quod est res et sacramentum, scilicet corpus christi verum; et id quod est res tantum, scilicet effectus huius sacramenti. quantum igitur ad id quod est sacramentum tantum potissima figura fuit huius sacramenti oblatio melchisedech, qui obtulit panem et vinum. quantum autem ad ipsum christum passum, qui continetur in hoc sacramento, figurae eius fuerunt omnia sacrificia veteris testamenti; et praecipue sacrificium expiationis, quod erat solemnissimum. quantum autem ad effectum, fuit praecipua eius figura manna, quod ° habebat in se omnis saporis suavitatem, * ut dicitur sap. xvi, ‘sicut et gratia huius sacramenti quantum ad omnia reficit mentem. sed agnus paschalis quantum ad haec tria praefigurabat hoc sacramentum. quantum enim ad primum, quia manducabatur cum panibus azymis, * secundum illud exod. xii, ° edent carnes et azymos panes. ‘ quantum vero ad secundum, quia immolabatur ab omni multitudine filiorum israel quartadecima luna, quod fuit figura passionis christi, qui propter innocentiam dicitur agnus. quantum vero ad effectum, quia per sanguinem agni paschalis protecti sunt |25| filii israel a devastante angelo, et educti de aegyptiaca servitute. et quantum ad hoc, ponitur figura huius sacramenti praecipua agnus paschalis, quia secundum omnia eam repraesentat.

ra ‘Et per hoc patet responsio ad obiecta.

010 ST4 qu74 ar

pr ‘ Deinde considerandum est de materia huius sacramenti. et primo, de specie materiae; secundo, de conversione panis et vini in corpus christi; tertio, de modo existendi corporis christi in hoc sacramento; quarto, de accidentibus panis et vini quae in hoc sacramento remanent. circa primum quaeruntur octo. primo, utrum panis et vinum sint materia huius sacramenti. secundo, utrum ad materiam huius sacramenti requiratur determinata quantitas. tertio, utrum materia huius sacramenti sit panis triticeus. quarto, utrum sit panis azymus, vel fermentatus. quinto, utrum materia huius sacramenti sit vinum de vite. sexto, utrum sit admiscenda aqua. septimo, utrum aqua sit de necessitate huius sacramenti. octavo, de quantitate aquae quae apponitur.

010 ST4 qu74 ar1

ag1 ‘ Ad primum sic proceditur. videtur quod materia huius sacramenti non sit panis et vinum. hoc enim sacramentum perfectius debet repraesentare passionem christi quam sacramenta veteris legis. sed carnes animalium, quae erant materia sacramentorum veteris legis, expressius repraesentant passionem christi quam panis et vinum. ergo materia huius sacramenti magis debent esse carnes animalium quam panis et vinum.

ag2 ‘ Praeterea, hoc sacramentum est ubique celebrandum. sed in multis terris non invenitur panis, et in multis non invenitur vinum. ergo panis et vinum non est conveniens materia huius sacramenti.

ag3 ' Praeterea, hoc sacramentum competit sanis et infirmis. sed vinum nocet quibusdam infirmis. ergo videtur quod vinum non debeat esse materia huius sacramenti.

sc * Sed contra est quod alexander papa dicit, ° in sacramentorum oblationibus panis tantum et vinum aqua permixtum in sacrificium offerantur.

co ' Respondeo dicendum quod circa materiam huius sacramenti aliqui * multipliciter erraverunt. quidam enim, qui dicuntur artotyritae, ut augustinus dicit, in libro de haeresibus, ° offerunt panem et caseum in hoc sacramento, dicentes a primis hominibus oblationes de fructibus terrae et ovium fuisse celebratas. * alii vero, scilicet cataphrygae et pepuziani, ° de infantis sanguine, quem de toto eius corpore minutis punctionum vulneribus extorquent, quasi eucharistiam suam conficere perhibentur, miscendo eum farinae, panem inde facientes. * quidam vero, qui dicuntur aquarii, aquam solam, sub specie sobrietatis, in hoc sacramento offerunt. omnes autem hi errores, et similes, excluduntur per hoc quod christus hoc sacramentum sub specie panis et vini instituit, sicut patet matth. xxvi. ' unde panis et vinum sunt materia conveniens huius sacramenti. et hoc rationabiliter. primo quidem, quantum ad usum huius sacramenti, qui est manducatio. sicut enim aqua assumitur in sacramento baptismi ad usum spiritualis ablutionis quia corporalis ablutio communiter fit in aqua, ita panis et vinum, quibus communius homines reficiuntur, assumuntur in hoc sacramento ad usum spiritualis manducationis. secundo, quantum ad passionem christi, in qua sanguis a corpore est separatus. et ideo in hoc sacramento, quod est memoriale |25| dominicae passionis, seorsum sumitur panis ut sacramentum corporis, et vinum ut sacramentum sanguinis. tertio, quantum ad effectum consideratum in unoquoque sumentium. quia, * ut ambrosius dicit, super epistolam ad corinthios, " hoc sacramentum valet ad tuitionem corporis et animae, et ideo caro christi sub specie panis pro salute corporis, sanguis vero sub specie vini pro salute animae offertur, * sicut dicitur levit. xvii, quod ' animalis anima in sanguine est. quarto, quantum ad effectum respectu totius ecclesiae, quae constituitur ex diversis fidelibus, sicut ° panis conficitur ex diversis granis, et vinum fluit ex diversis uvis, * ut dicit glossa super illud i cor. x, ° multi unum corpus sumus, etc..

ra1 ' Ad primum ergo dicendum quod, licet carnes animalium occisorum expresse repraesentent christi passionem, tamen minus competunt ad communem usum huius sacramenti, et ad ecclesiasticam unitatem significandam.

ra2 ' Ad secundum dicendum quod, licet non in omnibus terris nascatur triticum et vinum, tamen de facili ad omnes terras deferri potest quantum sufficit ad usum huius sacramenti. nec propter defectum alterius, est unum tantum sine altero consecrandum, quia non esset perfectum sacrificium.

ra3 ' Ad tertium dicendum quod vinum in modica quantitate sumptum non potest aegrotanti multum nocere. et tamen, si nocumentum timeatur, non est necesse quod omnes accipientes corpus christi, etiam sanguinem accipiant, * ut infra dicetur.

010 ST4 qu74 ar2

ag1 ' Ad secundum sic proceditur. videtur quod requiratur determinata quantitas panis et vini ad materiam huius sacramenti. effectus enim gratiae non sunt minus ordinati quam effectus naturae. * sed, sicut dicitur in ii de anima, ° omnium natura constantium positus est terminus et ratio magnitudinis et augmenti. ' ergo multo magis in hoc sacramento, quod dicitur eucharistia, idest bona gratia, requiritur determinata quantitas panis et vini.

ag2 ' Praeterea, ministris ecclesiae non est a christo data potestas ad ea quae pertinent ad irrisionem fidei et sacramentorum eius, * secundum illud ii cor. x, ° secundum potestatem quam dedit mihi deus in aedificationem, et non in destructionem. 'sed hoc esset ad irrisionem sacramenti, si sacerdos vellet consecrare totum panem qui venditur in foro, et totum vinum quod est in cellario. ergo hoc facere non potest.

ag3 ' Praeterea, si aliquis baptizetur in mari, non tota aqua maris sanctificatur per formam baptismi, sed sola illa aqua qua corpus baptizati abluitur. ergo nec in hoc sacramento superflua quantitas panis consecrari potest.

sc ' Sed contra est quod multum opponitur pauco, et magnum parvo. sed nulla est ita parva quantitas panis aut vini quae non possit consecrari. ergo nulla est ita magna quae consecrari non possit.

co * Respondeo dicendum quod quidam dixerunt quod " sacerdos non posset consecrare immensam quantitatem panis aut vini, puta totum panem qui venditur in foro, aut totum vinum quod est in dolio. 'sed hoc non videtur esse verum. quia in omnibus habentibus materiam, ratio determinationis materiae sumitur ex ordine ad finem, sicut materia serrae est ferrum, ut sit apta sectioni. finis autem huius sacramenti est usus fidelium. unde oportet quod quantitas materiae huius sacramenti determinetur per comparationem ad usum fidelium. non autem potest esse quod determinetur per comparationem ad usum fidelium qui nunc occurrunt, alioquin sacerdos habens paucos parochianos, non posset consecrare multas hostias. unde relinquitur quod materia huius sacramenti determinetur per comparationem ad usum fidelium absolute. numerus autem fidelium est indeterminatus. unde non potest dici quod quantitas materiae huius sacramenti sit determinata.

ra1 ' Ad primum ergo dicendum quod cuiuslibet rei naturalis materia accipit determinatam quantitatem secundum comparationem ad formam determinatam. sed numerus fidelium, ad quorum usum ordinatur hoc sacramentum, est indeterminatus. unde non est simile.

ra2 ' Ad secundum dicendum quod potestas ministrorum ecclesiae ad duo ordinatur, primo quidem, ad effectum proprium; secundo, ad finem effectus. secundum autem non tollit primum. unde, si sacerdos intendat consecrare corpus christi propter aliquem malum finem, puta ut irrideat vel veneficia faciat, propter intentionem mali finis peccat, nihilominus tamen, propter potestatem sibi datam, perficit sacramentum.

ra3 ' Ad tertium dicendum quod baptismi sacramentum perficitur in usu materiae. et ideo per formam baptismi non plus de aqua sanctificatur quam quantum venit in usum. sed hoc sacramentum perficitur in consecratione materiae. et ideo non est simile.

010 ST4 qu74 ar3

ag1 ' Ad tertium sic proceditur. videtur quod non requiratur ad materiam huius sacramenti quod sit panis triticeus. hoc enim sacramentum est rememorativum dominicae passionis. sed magis videtur esse consonum dominicae passioni panis hordeaceus, qui est asperior, et de quo etiam turbas pavit in monte, * ut dicitur ioan. vi, ' quam panis triticeus. ergo non est propria materia huius sacramenti panis triticeus.

ag2 ' Praeterea, figura est signum speciei in rebus naturalibus. sed quaedam frumenta sunt quae habent similem figuram grano tritici, sicut far et spelta, de qua etiam in quibusdam locis panis conficitur ad usum huius sacramenti. ergo panis triticeus non est propria materia huius sacramenti.

ag3 ' Praeterea, permixtio speciem solvit. sed vix invenitur farina triticea quae alterius frumenti permixtionem non habeat, nisi forte electis granis studiose fiat. non ergo videtur quod panis triticeus sit propria materia huius sacramenti.

ag4 ' Praeterea, illud quod est corruptum, videtur esse alterius speciei. sed aliqui conficiunt ex pane corrupto, qui iam non videtur esse panis triticeus. ergo videtur quod talis panis non sit propria materia huius sacramenti.

sc ' Sed contra est quod in hoc sacramento continetur christus, qui se grano frumenti comparat, * ioan. xii, dicens, ° nisi granum frumenti, cadens in terram, mortuum fuerit, ipsum solum manet. ' ergo panis frumentinus, sive triticeus, est materia huius sacramenti.

co * Respondeo dicendum quod, sicut dictum est, ' ad usum sacramentorum assumitur talis materia quae communius apud homines in talem usum venit. inter alios autem panes communius homines utuntur pane triticeo, nam alii panes videntur esse introducti in huius panis defectum. et ideo christus creditur in huius panis specie hoc sacramentum instituisse. qui etiam panis confortat hominem, et ita convenientius significat effectum huius sacramenti. et ideo propria materia huius sacramenti est panis triticeus.

ra1 ' Ad primum ergo dicendum quod panis hordeaceus competit ad significandum duritiem veteris legis. tum propter duritiem panis. tum quia etiam, * ut augustinus dicit, in libro octogintatrium quaestionum, ° hordei medulla, quae tenacissima palea tegitur, vel ipsam legem significat, quae ita data erat ut in ea vitale animae alimentum corporalibus sacramentis obtegeretur, vel ipsum populum, nondum exspoliatum carnali desiderio, quod tanquam palea cordi eius inhaerebat. ' hoc autem sacramentum pertinet ad suave iugum christi, et ad veritatem iam manifestatam, et ad populum spiritualem. unde non esset materia conveniens huius sacramenti panis hordeaceus.

ra2 ' Ad secundum dicendum quod generans generat sibi simile in specie, fit tamen aliquando aliqua dissimilitudo generantis ad genitum quantum ad accidentia, vel propter materiam, vel propter debilitatem virtutis generativae. et ideo, si qua frumenta sunt quae ex semine tritici generari possunt, sicut ex grano seminato in malis terris nascitur siligo, ex tali frumento panis confectus potest esse materia huius sacramenti. quod tamen non videtur habere locum neque in hordeo, neque in spelta, neque etiam in farre, quod inter omnia est grano tritici similius. similitudo autem figurae in talibus magis videtur significare propinquitatem quam identitatem speciei, sicut ex similitudine figurae manifestatur quod canis et lupus sunt propinquae speciei, non autem eiusdem. unde ex talibus frumentis, quae nullo modo possunt ex semine grani generari, non potest confici panis qui sit debita materia huius sacramenti.

ra3 ' Ad tertium dicendum quod modica permixtio non solvit speciem, quia id quod est modicum, quodammodo absumitur a plurimo. et ideo, si sit modica admixtio alterius frumenti ad multo maiorem quantitatem tritici, poterit exinde confici panis qui est materia huius sacramenti. si vero sit magna permixtio, puta ex aequo vel quasi, talis commixtio speciem mutat. unde panis inde confectus non erit materia debita huius sacramenti.

ra4 ' Ad quartum dicendum quod aliquando est tanta corruptio panis quod solvitur species panis, sicut cum continuitas solvitur, et sapor et color et alia accidentia mutantur. unde ex tali materia non potest confici corpus christi. aliquando vero non est tanta corruptio quae speciem solvat, sed est aliqua dispositio ad corruptionem, quod declarat aliqualis immutatio saporis. et ex tali pane potest confici corpus christi, sed peccat conficiens, propter irreverentiam sacramenti. et quia amidum est ex tritico corrupto, non videtur quod panis ex eo confectus possit fieri corpus christi, * quamvis quidam contrarium dicant.

010 ST4 qu74 ar4

ag1 ' Ad quartum sic proceditur. videtur quod hoc sacramentum non debeat confici ex pane azymo. debemus enim in hoc sacramento imitari institutionem christi. sed christus videtur hoc sacramentum instituisse in pane fermentato, * quia, sicut legitur exod. xii, ' iudaei secundum legem incipiebant uti azymis in die paschae, quod celebratur quartadecima luna; christus autem instituit hoc sacramentum in cena, quam celebravit ante diem paschae, * ut habetur ioan. xiii. ' ergo et nos debemus hoc sacramentum celebrare in pane fermentato.

ag2 ' Praeterea, legalia non sunt observanda tempore gratiae. sed uti azymis fuit quaedam legalis caeremonia, * ut patet exod. xii. ' ergo in hoc sacramento gratiae non debemus azymis uti.

ag3 * Praeterea, sicut supra dictum est, ' eucharistia est sacramentum caritatis, sicut baptismus fidei. sed fervor caritatis significatur per fermentum, * ut patet in glossa, super illud matth. xiii, ° simile est regnum caelorum fermento ' etc.. ergo hoc sacramentum debet confici de pane fermentato.

ag4 ' Praeterea, azymum et fermentatum sunt accidentia panis, non variantia eius speciem. sed in materia baptismi nulla discretio adhibetur circa differentiam accidentium aquae, puta si sit salsa vel dulcis, calida vel frigida. ergo in hoc sacramento aliqua discretio adhiberi non debet utrum panis sit azymus vel fermentatus.

sc ' Sed contra est quod * extra, de celebrat. missar., cap. litteras, punitur sacerdos qui ° in pane fermentato et scypho ligneo missarum solemnia celebrare praesumpsit.

co ' Respondeo dicendum quod circa materiam huius sacramenti duo possunt considerari, scilicet quid sit necessarium, et quid conveniens. necessarium quidem est ut sit panis triticeus, * sicut dictum est, ' sine quo non perficitur sacramentum. non est autem de necessitate sacramenti quod sit azymus vel fermentatus, quia in utroque confici potest. conveniens autem est ut unusquisque servet ritum suae ecclesiae in celebratione sacramenti. super hoc autem sunt diversae ecclesiarum consuetudines. * dicit enim beatus gregorius, in registro, ° romana ecclesia offert azymos panes, propterea quod dominus sine ulla commixtione suscepit carnem. sed ceterae ecclesiae offerunt fermentatum, pro eo quod verbum patris indutum est carne, sicut et fermentum miscetur farinae. ' unde, sicut peccat sacerdos in ecclesia latinorum celebrans de pane fermentato, ita peccaret presbyter graecus in ecclesia graecorum celebrans de azymo pane, quasi pervertens ecclesiae suae ritum. et tamen consuetudo de pane azymo celebrandi rationabilior est. primo quidem, propter institutionem christi, qui hoc sacramentum instituit prima die azymorum, * ut habetur matth. xxvi, et marc. xiv, et luc. xxii, ' qua die nihil fermentatum |25| in domibus iudaeorum esse debebat, * ut habetur exod. xii. ' secundo, quia panis est proprie sacramentum corporis christi, quod sine corruptione conceptum est, magis quam divinitatis ipsius, * ut infra patebit. ' tertio, quia hoc magis competit sinceritati fidelium, quae requiritur ad usum huius sacramenti, * secundum illud i cor. v, ° pascha nostrum immolatus est christus, itaque epulemur in azymis sinceritatis et veritatis. ' habet tamen haec consuetudo graecorum aliquam rationem, et propter significationem, * quam tangit gregorius; ' et in detestationem * haeresis nazaraeorum, qui legalia evangelio miscebant.

ra1 * Ad primum ergo dicendum quod, sicut legitur exod. xii, ' solemnitas paschalis incipiebat a vesperis quartaedecimae lunae. et tunc christus, post immolationem agni paschalis, hoc sacramentum instituit. unde hic dies a ioanne dicitur praecedere sequentem diem paschae, et a tribus aliis evangelistis dicitur prima dies azymorum, quando fermentatum in domibus iudaeorum non inveniebatur, * ut dictum est. et de hoc supra notatum est plenius in tractatu dominicae passionis.

ra2 ' Ad secundum dicendum quod conficientes ex azymo non intendunt caeremonias legis servare, sed conformare se institutioni christi. et ideo non iudaizant. alioquin et celebrantes in pane fermentato iudaizarent, quia iudaei panes primitiarum fermentatos offerebant.

ra3 ‘ Ad tertium dicendum quod fermentum significat caritatem propter aliquem effectum, quia scilicet panem facit sapidiorem et maiorem. sed corruptionem significat ex ipsa ratione suae speciei.
ra4 ‘ Ad quartum dicendum quod, quia fermentum habet aliquid corruptionis, et ex pane corrupto non potest confici hoc sacramentum, * ut dictum est; ‘ ideo magis attenditur circa panem differentia azymi et fermentati quam circa aquam baptismi differentia calidi et frigidi. posset enim tanta esse corruptio fermenti quod ex eo non posset fieri sacramentum.

010 ST4 qu74 ar5

ag1 ‘ Ad quintum sic proceditur. videtur quod non sit propria materia huius sacramenti vinum vitis. sicut enim aqua est materia baptismi, ita vinum est materia huius sacramenti. sed in qualibet aqua potest fieri baptismus. ergo in quolibet vino, puta malorum granatorum vel mororum aut huiusmodi, potest confici hoc sacramentum, praesertim cum in quibusdam terris vites non crescant.
ag2 “ Praeterea, acetum est quaedam species vini quod de vite sumitur, * ut isidorus dicit. ‘ sed de aceto non potest confici hoc sacramentum. ergo videtur quod vinum vitis non sit propria materia huius sacramenti.
ag3 ‘ Praeterea, sicut de vite sumitur vinum depuratum, ita et agresta et mustum. sed de his non videtur confici posse hoc sacramentum, * secundum illud quod in sexta synodo legitur, ° didicimus quod in quibusdam ecclesiis sacerdotes sacrificio oblationis coniungunt uvas, et sic simul utrumque populo dispensant. praecipimus igitur ut nullus sacerdos hoc ulterius faciat. * et iulius papa reprehendit quosdam qui ° expressum vinum in sacramento dominici calicis offerunt. ‘ ergo videtur quod vinum vitis non sit propria materia huius sacramenti.
sc ‘ Sed contra est quod, sicut dominus comparavit se grano frumenti, ita etiam se comparavit viti, * dicens, ioan. xv, ° ego sum vitis vera. ‘ sed solus panis de frumento est materia huius sacramenti, * ut dictum est. ‘ ergo solum vinum de vite est propria materia huius sacramenti.
co ‘ Respondeo dicendum quod de solo vino vitis potest confici hoc sacramentum. primo quidem, propter institutionem christi, qui in vino vitis hoc sacramentum instituit, * ut patet ex eo quod ipse dicit, luc. xxii, “ circa institutionem huius sacramenti, ° amodo non bibam de hoc genimine vitis. ‘ secundo quia, * sicut dictum est, ‘ ad materiam sacramentorum assumitur id quod proprie et communiter habet talem speciem. proprie autem vinum dicitur quod de vite sumitur, alii autem liquores vinum dicuntur secundum quandam similitudinem ad vinum vitis. tertio, quia vinum vitis magis competit ad effectum huius sacramenti, qui est spiritualis laetitia, * quia scriptum est quod ° vinum laetificat cor hominis.
ra1 ‘ Ad primum ergo dicendum quod illi liquores non dicuntur proprie vinum, sed secundum similitudinem. potest autem verum vinum ad terras illas deferri in quibus vites non crescunt, quantum sufficit ad hoc sacramentum.
ra2 ‘ Ad secundum dicendum quod vinum fit acetum per corruptionem, unde non fit reditus de aceto in vinum, * ut dicitur viii metaphys.. ‘ et ideo, sicut de pane totaliter corrupto non potest confici hoc sacramentum, ita nec de aceto potest confici. potest tamen confici de vino acescenti, sicut de pane qui est in via ad corruptionem, licet peccet conficiens, * ut prius dictum est.
ra3 ‘ Ad tertium dicendum quod agresta est in via generationis, et ideo nondum habet speciem vini. et propter hoc de ea non potest confici hoc sacramentum. mustum autem iam habet speciem vini, nam eius dulcedo attestatur digestioni, quae est ° completio a naturali calore, * ut dicitur in iv meteor.. ‘ et ideo de musto potest confici hoc sacramentum. non tamen debent uvae integrae huic sacramento misceri, quia iam esset ibi aliquid praeter vinum. prohibetur etiam ne mustum statim expressum de uva in calice offeratur, quia hoc est indecens, propter impuritatem musti. potest tamen in necessitate fieri, * dicitur enim ab eodem iulio papa, ° si necesse fuerit, botrus in calicem prematur.

010 ST4 qu74 ar6

ag1 ‘ Ad sextum sic proceditur. videtur quod aqua non sit vino permiscenda. sacrificium enim christi figuratum fuit per oblationem melchisedech, qui, * gen. xiv, ‘ non legitur obtulisse nisi panem et vinum. ergo videtur quod in hoc sacramento non debeat adiungi aqua.
ag2 ‘ Praeterea, diversorum sacramentorum diversae sunt materiae. sed aqua est materia baptismi. ergo non debet ad materiam assumi huius sacramenti.
ag3 ‘ Praeterea, panis et vinum sunt materia huius sacramenti. sed pani nihil adiungitur. ergo nec vino debet aliquid adiungi.
sc * Sed contra est quod alexander papa scribit, ° in sacramentorum oblationibus quae inter missarum solemnia domino offeruntur, panis tantum et vinum aqua permixtum in sacrificium offerantur.
co ‘ Respondeo dicendum quod vino quod offertur in hoc sacramento debet aqua misceri. primo quidem, propter institutionem. probabiliter enim creditur quod dominus hoc sacramentum instituerit in vino aqua permixto, secundum morem terrae illius, * unde et proverb. ix dicitur, ° bibite vinum quod miscui vobis. ‘ secundo, quia hoc convenit repraesentationi dominicae passionis. * unde dicit alexander papa, ° non debet in calice domini aut vinum solum, aut aqua sola offerri, sed utrumque permixtum, quia utrumque ex latere christi in passione sua profluxisse legitur. ‘ tertio, quia hoc convenit ad significandum effectum huius sacramenti, qui est unio populi christiani ad christum, * quia, ut iulius papa dicit, ° videmus in aqua populum intelligi, in vino vero ostendi sanguinem christi. ergo, cum in calice vino aqua miscetur, christo populus adunatur. ‘ quarto, quia hoc competit ad ultimum effectum huius sacramenti, qui est introitus ad vitam aeternam. * unde ambrosius dicit, in libro de sacramentis, ° redundat aqua in calicem, et salit in vitam aeternam.
ra1 * Ad primum ergo dicendum quod, sicut ambrosius dicit ibidem, ‘ sicut sacrificium christi significatum est per oblationem melchisedech, ita etiam significatum est per aquam quae in eremo fluxit de petra, * secundum illud i cor. x, ° bibebant autem de spirituali consequente eos petra.
ra2 ‘ Ad secundum dicendum quod aqua sumitur in baptismo ad usum ablutionis. in hoc autem sacramento assumitur ad usum refectionis, * secundum illud psalmi, ° super aquam refectionis educavit me.
ra3 ‘ Ad tertium dicendum quod panis ex aqua et farina conficitur. et ideo, cum vino aqua miscetur, neutrum sine aqua existit.

010 ST4 qu74 ar7

ag1 ‘ Ad septimum sic proceditur. videtur quod permixtio aquae sit de necessitate huius sacramenti. * dicit enim cyprianus, ad caecilium, ° sic calix domini non est aqua sola et vinum solum, nisi utrumque misceatur, quomodo nec corpus domini potest esse farina sola, nisi utrumque, scilicet farina et aqua, fuerit adunatum. ‘ sed admixtio aquae ad farinam est de necessitate huius sacramenti ergo, pari ratione, admixtio aquae ad vinum.
ag2 ‘ Praeterea, in passione domini, cuius hoc sacramentum est memoriale, sicut, de latere eius exivit sanguis, ita et aqua. sed vinum, quod est sacramentum sanguinis, est de necessitate huius sacramenti. ergo, pari ratione, et aqua.
ag3 ‘ Praeterea, si aqua non esset de necessitate huius sacramenti, non referret quaecumque aqua huic sacramento apponeretur, et ita posset apponi aqua rosacea, vel quaecumque alia huiusmodi aqua. quod non habet usus ecclesiae. aqua ergo est de necessitate huius sacramenti.
sc * Sed contra est quod cyprianus dicit, ° si quis de antecessoribus nostris ignoranter vel simpliciter non observavit, “ ut scilicet aquam vino misceret in sacramento, ° potest simplicitati eius venia concedi. ‘ quod non esset si aqua esset de necessitate sacramenti, sicut est vinum vel panis. non ergo aquae admixtio est de necessitate sacramenti.
co ‘ Respondeo dicendum quod iudicium de signo sumendum est ex eo quod significatur. appositio autem aquae ad vinum refertur ad significandum participationem huius sacramenti a fidelibus, quantum ad hoc quod per aquam mixtam vino significatur populus adunatus christo, * ut dictum est. ‘ sed et hoc ipsum quod de latere christi pendentis in cruce aqua profluxit, ad idem refertur, quia per aquam significabatur ablutio peccatorum, quae fiebat per passionem christi. * dictum est autem supra quod ‘ hoc sacramentum perficitur in consecratione materiae, usus autem fidelium non est de necessitate sacramenti, sed est aliquid consequens ad sacramentum. et ideo consequens est quod appositio aquae non sit de necessitate sacramenti.
ra1 * Ad primum ergo dicendum quod verbum illud cypriani est intelligendum secundum quod dicitur “ illud esse non posse quod convenienter esse non potest. et sic similitudo illa attenditur quantum ad illud quod debet fieri, non autem quantum ad necessitatem, nam aqua est de essentia panis, non autem de essentia vini.
ra2 ‘ Ad secundum dicendum quod effusio sanguinis directe pertinebat ad ipsam christi passionem, est enim naturale corpori humano vulnerato quod ex eo profluat sanguis. sed effusio aquae non fuit de necessitate passionis, sed ad demonstrandum effectum, qui est ablutio a peccatis et refrigerium contra ardorem concupiscentiae. et ideo aqua non seorsum offertur a vino in hoc sacramento, sicut vinum seorsum offertur a pane, sed aqua offertur vino permixta, ut ostendatur quod vinum per se pertinet ad hoc sacramentum, tanquam de eius necessitate existens, aqua autem secundum quod adiungitur vino.
ra3 ‘ Ad tertium dicendum quod, quia admixtio aquae ad vinum non est de necessitate sacramenti, non refert, quantum ad necessitatem sacramenti, quaecumque aqua misceatur vino, sive naturalis sive artificialis, ut rosacea. quamvis, quantum ad convenientiam sacramenti, peccet qui aliam aquam miscet nisi naturalem et veram, quia de latere christi pendentis in cruce vera aqua profluxit, non humor phlegmaticus, * ut quidam dixerunt, ‘ ad ostendendum quod corpus christi erat vere compositum ex quatuor elementis; sicut per sanguinem fluentem ostendebatur quod erat compositum ex quatuor humoribus; * ut innocentius iii dicit in quadam decretali. ‘ quia vero admixtio aquae ad farinam est de necessitate huius sacramenti, utpote constituens substantiam panis; si farinae admisceretur aqua rosacea, vel quicumque alius liquor quam vera aqua, non posset ex eo confici sacramentum, quia non est vere panis.

010 ST4 qu74 ar8

ag1 ‘ Ad octavum sic proceditur. videtur quod debeat aqua in magna quantitate apponi. sicut enim sanguis de latere christi sensibiliter fluxit, ita et aqua, * unde dicitur ioan. xix, ° qui vidit, testimonium perhibuit. ‘ sed aqua non posset sensibiliter esse in hoc sacramento nisi in magna quantitate poneretur. ergo videtur quod aqua debeat apponi in magna quantitate.
ag2 ‘ Praeterea, parva aqua multo vino admixta corrumpitur. quod autem corruptum est, non est. ergo idem est apponere parum de aqua in hoc sacramento, et nihil apponere. sed non licet nihil apponere. ergo non licet parum apponere.
ag3 ‘ Praeterea, si sufficeret parum apponere, per consequens esset sufficiens quod gutta aquae in totum dolium proiiceretur. sed hoc videtur ridiculum. ergo non sufficit quod parva quantitas ponatur.
sc * Sed contra est quod extra, de celebrat. missar., dicitur, ° perniciosus in tuis partibus inolevit abusus, videlicet quod in maiori quantitate de aqua ponitur in sacrificio quam de vino, cum, secundum rationabilem consuetudinem ecclesiae generalis, plus in ipso sit de vino quam de aqua ponendum.
co ‘ Respondeo dicendum quod circa aquam adiunctam vino, * ut innocentius iii dicit, in quadam decretali, ‘ triplex est opinio. * quidam enim dicunt quod “ aqua adiuncta vino per se manet, vino converso in sanguinem. ‘ sed haec opinio omnino stare non potest. quia in sacramento altaris, post consecrationem, nihil est nisi corpus et sanguis christi, * sicut ambrosius dicit, in libro de officiis, ° ante benedictionem alia species nominatur, post benedictionem corpus significatur. ‘ alioquin non adoraretur veneratione latriae. * et ideo alii dixerunt quod, “ sicut vinum convertitur in sanguinem, ita aqua convertitur in aquam quae de latere christi fluxit. ‘ sed hoc non rationabiliter dici potest. quia secundum hoc, aqua seorsum consecraretur a vino, sicut vinum a pane. * et ideo, sicut ipse dicit, “ aliorum opinio probabilior est, qui dicunt aquam converti in vinum, et vinum in sanguinem. ‘ hoc autem fieri non posset nisi adeo modicum apponeretur de aqua quod converteretur in vinum. et ideo semper tutius est parum de aqua apponere, et praecipue si vinum sit debile, quia, [25] si tanta fieret appositio aquae quod solveretur species vini, non posset perfici sacramentum. * unde iulius papa reprehendit quosdam qui ° pannum lineum musto intinctum per totum annum servant, et in tempore sacrificii aqua partem eius lavant, et sic offerunt.
ra1 ‘ Ad primum ergo dicendum quod sufficit ad significationem huius sacramenti quod sentiatur aqua dum apponitur vino, non autem oportet quod sit sensibilis post mixtionem.
ra2 ‘ Ad secundum dicendum quod, si aqua omnino non apponeretur, totaliter excluderetur significatio, sed, cum aqua in vinum convertitur, significatur quod populus christo incorporatur.
ra3 ‘ Ad tertium dicendum quod, si aqua apponeretur dolio, non sufficeret ad significationem huius sacramenti, sed oportet aquam vino apponi circa ipsam celebrationem sacramenti.

010 ST4 qu75 ar

pr ‘ Deinde considerandum est de conversione panis et vini in corpus et sanguinem christi. et circa hoc quaeruntur octo. primo, utrum substantia panis et vini remaneat in hoc sacramento post consecrationem. secundo, utrum annihiletur. tertio, utrum convertatur in corpus et sanguinem christi. quarto, utrum remaneant ibi accidentia post conversionem. quinto, utrum remaneat ibi forma substantialis. sexto, utrum conversio ista fiat subito. septimo, utrum sit miraculosior omni alia mutatione. octavo, quibus verbis convenienter exprimi possit.

010 ST4 qu75 ar1

ag1 ‘ Ad primum sic proceditur. videtur quod in hoc sacramento non sit corpus christi secundum veritatem, sed solum secundum figuram, vel sicut in signo. * dicitur enim ioan. vi quod, cum dominus dixisset, ° nisi manducaveritis carnem filii hominis et biberitis eius sanguinem, etc., multi ex discipulis eius audientes dixerunt, durus est hic sermo, quibus ipse, spiritus est qui vivificat, caro non prodest quidquam. * quasi dicat, secundum expositionem augustini, super quartum psalmum, ° spiritualiter intellige quae locutus sum. non hoc corpus quod videtis manducaturi estis, et bibituri illum sanguinem quem fusuri sunt qui me crucifigent. sacramentum aliquod vobis commendavi spiritualiter intellectum vivificabit vos, caro autem non prodest quidquam.
ag2 * Praeterea, dominus dicit, matth. ult., ° ecce, ego vobiscum sum omnibus diebus usque ad consummationem saeculi, * quod exponens augustinus dicit,

° donec saeculum finiatur, sursum est dominus, sed tamen et hic nobiscum est veritas dominus. corpus enim in quo resurrexit, uno in loco esse oportet, veritas autem eius ubique diffusa est. ‘ non ergo secundum veritatem est corpus christi in hoc sacramento, sed solum sicut in signo.
ag3 ‘ Praeterea, nullum corpus potest esse simul in pluribus locis, cum nec angelo hoc conveniat, eadem enim ratione posset esse ubique. sed corpus christi est verum corpus, et est in caelo. ergo videtur quod non sit secundum veritatem in sacramento altaris, sed solum sicut in signo.
ag4 ‘ Praeterea, sacramenta ecclesiae ad utilitatem fidelium ordinantur. * sed secundum gregorium, in quadam homilia, “ regulus reprehenditur ° quia quaerebat corporalem christi praesentiam. ‘ apostoli etiam impediebantur recipere spiritum sanctum propter hoc quod affecti erant ad eius praesentiam corporalem, * ut augustinus dicit, super illud ioan. xvi, ° si non abiero, paraclitus non veniet ad vos. ‘ non ergo christus secundum praesentiam corporalem est in sacramento altaris.
sc * Sed contra est quod hilarius dicit, in viii de trin., ° de veritate carnis et sanguinis christi non est relictus ambigendi locus. nunc et ipsius domini professione, et fide nostra, caro eius vere est cibus et sanguis eius vere est potus. * et ambrosius dicit, vi de sacramentis, ° sicut verus est dei filius dominus iesus christus, ita vera christi caro est quam accipimus, et verus sanguis eius est potus.
co ‘ Respondeo dicendum quod verum corpus christi et sanguinem esse in hoc sacramento, non sensu deprehendi potest, sed sola fide, quae auctoritati divinae innititur. * unde super illud luc. xxii, ° hoc est corpus meum quod pro vobis tradetur, * dicit cyrillus, ° non dubites an hoc verum sit, sed potius suscipe verba salvatoris in fide, cum enim sit veritas, non mentitur. ‘ hoc autem conveniens est, primo quidem, perfectioni novae legis. sacrificia enim veteris legis illud verum sacrificium passionis christi continebant solum in figura, * secundum illud heb. x, ° umbram habens lex futurorum bonorum, non ipsam rerum imaginem. ‘ et ideo oportuit ut aliquid plus haberet sacrificium novae legis a christo institutum, ut scilicet contineret ipsum passum, non solum in significatione vel figura, sed etiam in rei veritate. et ideo hoc sacramentum, quod ipsum christum realiter continet, * ut dionysius dicit, iii cap. eccles. hierar., “ est perfectivum omnium sacramentorum aliorum, in quibus virtus christi participatur. ‘ secundo, hoc competit caritati christi, ex qua pro salute nostra corpus verum nostrae naturae assumpsit. et quia maxime proprium amicitiae est, convivere amicis, |25| * ut philosophus dicit, ix ethic., ‘ sui praesentiam corporalem nobis repromittit in praemium, * matth. xxiv, ° ubi fuerit corpus, illuc congregabuntur et aquilae. ‘ interim tamen nec sua praesentia corporali in hac peregrinatione destituit, sed per veritatem corporis et sanguinis sui nos sibi coniungit in hoc sacramento. * unde ipse dicit, ioan. vi, ° qui manducat meam carnem et bibit meum sanguinem, in me manet et ego in eo. ‘ unde hoc sacramentum est maximae caritatis signum, et nostrae spei sublevamentum, ex tam familiari coniunctione christi ad nos. tertio, hoc competit perfectioni fidei, quae, sicut est de divinitate christi, ita est de eius humanitate, * secundum illud ioan. xiv, ° creditis in deum, et in me credite. ‘ et quia fides est invisibilium, sicut divinitatem suam nobis exhibet christus invisibiliter, ita et in hoc sacramento carnem suam nobis exhibet invisibili modo. * quae quidam non attendentes, posuerunt “ corpus et sanguinem christi non esse in hoc sacramento nisi sicut in signo. * quod est tanquam haereticum abiiciendum, utpote verbis christi contrarium. unde et berengarius, qui primus inventor huius erroris fuerat, postea coactus est suum errorem revocare, |50| et veritatem fidei confiteri.
ra1 * Ad primum ergo dicendum quod ex hac auctoritate praedicti haeretici occasionem errandi sumpserunt, male verba augustini intelligentes. cum enim augustinus dicit, ° non hoc corpus quod videtis manducaturi estis, * non intendit excludere veritatem corporis christi, sed quod “ non erat manducandum in hac specie in qua ab eis videbatur. * per hoc autem quod subdit, ° sacramentum vobis aliquod commendavi, spiritualiter intellectum vivificabit vos, * non intendit quod “ corpus christi sit in hoc sacramento solum secundum mysticam significationem, sed spiritualiter dici, idest, invisibiliter et per virtutem spiritus. * unde, super ioan., exponens illud quod dicitur, ° caro non prodest quidquam, * dicit, ° sed, quo modo illi intellexerunt. carnem quippe sic intellexerunt manducandam, quo modo in cadavere dilaniatur aut in macello venditur, non quo modo spiritu vegetatur. accedat spiritus ad carnem, et prodest plurimum, nam, si caro nihil prodesset, verbum caro non fieret, ut habitaret in nobis.
ra2 ‘ Ad secundum dicendum quod * verbum illud augustini, et omnia similia, sunt intelligenda “ de corpore christi secundum quod videtur in propria specie, * secundum quod etiam ipse dominus dixit, matth. xxvi, ° me autem non semper habebitis. ‘ invisibiliter tamen sub speciebus huius sacramenti est ubicumque hoc sacramentum perficitur.
ra3 ‘ Ad tertium dicendum quod corpus christi non est eo modo in sacramento sicut corpus in loco, quod suis dimensionibus loco commensuratur, sed quodam speciali modo, qui est proprius huic sacramento. unde dicimus quod corpus christi est in diversis altaribus, non sicut in diversis locis, sed sicut in sacramento. per quod non intelligimus quod christus sit ibi solum sicut in signo, licet sacramentum sit in genere signi, sed intelligimus corpus christi esse ibi, * sicut dictum est, ‘ secundum modum proprium huic sacramento.
ra4 ‘ Ad quartum dicendum quod ratio illa procedit de praesentia corporis christi prout est praesens per modum corporis, idest prout est in sua specie visibili, non autem prout spiritualiter, idest invisibiliter, modo et virtute spiritus. * unde augustinus dicit, super ioan., ° si intellexisti spiritualiter verba christi de carne sua, spiritus et vita tibi sunt, si intellexisti carnaliter, etiam spiritus et vita sunt, sed tibi non sunt.

010 ST4 qu75 ar2

ag1 ‘ Ad secundum sic proceditur. videtur quod in hoc sacramento remaneat substantia panis et vini post consecrationem. * dicit enim damascenus, in libro iv, ° quia consuetudo est hominibus comedere panem et vinum, coniugavit eis deitatem, et fecit ea corpus et sanguinem suum. * et infra, ° panis communicationis non panis simplex est, sed unitus deitati. ‘ sed coniugatio est rerum actu existentium. ergo panis et vinum simul sunt in hoc sacramento cum corpore et sanguine christi.
ag2 ‘ Praeterea, inter ecclesiae sacramenta debet esse conformitas. sed in aliis sacramentis substantia materiae manet, sicut in baptismo substantia aquae, et in confirmatione substantia chrismatis. ergo et in hoc sacramento substantia panis et vini manet.
ag3 ‘ Praeterea, panis et vinum assumitur in hoc sacramento inquantum significat ecclesiasticam unitatem, prout ° unus panis fit ex multis granis, et unum vinum ex multis racemis, * ut augustinus dicit, in libro de symbolo. ‘ sed hoc pertinet ad ipsam substantiam panis et vini. ergo substantia panis et vini remanet in hoc sacramento.
sc * Sed contra est quod ambrosius dicit, in libro de sacramentis, ° licet figura panis et vini videatur, nihil tamen aliud quam caro christi et sanguis post consecrationem credenda sunt.
co * Respondeo dicendum quod quidam posuerunt “ post consecrationem substantiam panis et vini in hoc sacramento remanere. * sed haec positio stare non potest. ‘ primo quidem, quia per hanc positionem tollitur veritas huius sacramenti, ad quam pertinet ut verum corpus christi in hoc sacramento existat. quod quidem ibi non est ante consecrationem. non autem aliquid potest esse alicubi ubi prius non erat, nisi per loci mutationem, vel per alterius conversionem in ipsum, sicut in domo aliqua de novo incipit esse ignis aut quod illuc defertur, aut quod ibi generatur. manifestum est autem quod corpus christi non incipit esse in hoc sacramento per motum localem. primo quidem, quia sequeretur quod desineret esse in caelo, non enim quod localiter movetur, pervenit de novo ad aliquem locum, nisi deserat priorem. secundo, quia omne corpus localiter motum pertransit omnia media, quod hic dici non potest. tertio, quia impossibile est quod unus motus eiusdem corporis localiter moti terminetur simul ad diversa loca, cum tamen in pluribus locis corpus christi sub hoc sacramento simul esse incipiat. et propter hoc relinquitur quod non possit aliter corpus christi incipere esse de novo in hoc sacramento nisi per conversionem substantiae panis in ipsum. quod autem convertitur in aliquid, facta conversione, non manet. unde relinquitur quod, salva veritate huius sacramenti, | 25 | substantia panis post consecrationem remanere non possit. secundo, quia haec positio contrariatur formae huius sacramenti, * in qua dicitur, “ hoc est corpus meum. ‘ quod non esset verum si substantia panis ibi remaneret, nunquam enim substantia panis est corpus christi. sed potius esset dicendum, hic est corpus meum. tertio, quia contrariaretur venerationi huius sacramenti, si aliqua substantia esset ibi quae non posset adorari adoratione latriae. quarto, quia contrariaretur ritui ecclesiae, secundum quem post corporalem cibum non licet sumere corpus christi, cum tamen post unam hostiam consecratam liceat sumere aliam. * unde haec positio vitanda est tanquam haeretica.
ra1 ‘ Ad primum ergo dicendum quod deus coniugavit divinitatem suam, idest divinam virtutem, pani et vino, non ut remaneant in hoc sacramento, sed ut faciat inde corpus et sanguinem suum.
ra2 ‘ Ad secundum dicendum quod in aliis sacramentis non est ipse christus realiter, sicut in hoc sacramento. et ideo in sacramentis aliis manet substantia materiae, non autem in isto.
ra3 ‘ Ad tertium dicendum quod species quae remanent in hoc sacramento, * ut infra dicetur, ‘ sufficiunt ad significationem huius sacramenti, nam per accidentia cognoscitur ratio substantiae.

010 ST4 qu75 ar3

ag1 ‘ Ad tertium sic proceditur. videtur quod substantia panis, post consecrationem huius sacramenti, annihiletur, aut in pristinam materiam resolvatur. quod enim est aliquid corporale, oportet alicubi esse. sed substantia panis, quae est quiddam corporale, non manet in hoc sacramento, * ut dictum est, ‘ nec etiam est dare aliquem locum ubi sit. ergo non est aliquid post consecrationem. igitur aut est annihilata, aut in praeiacentem materiam resoluta.
ag2 ‘ Praeterea, illud quod est terminus a quo in qualibet mutatione, non remanet, nisi forte in potentia materiae, sicut, quando ex aere fit ignis, forma aeris non manet nisi in potentia materiae; et similiter quando ex albo fit nigrum. sed in hoc sacramento substantia panis et vini se habet sicut terminus a quo corpus autem vel sanguis christi sicut terminus ad quem, * dicit enim ambrosius, in libro de officiis, ° ante benedictionem alia species nominatur, post benedictionem corpus significatur. ‘ ergo, facta consecratione, substantia panis vel vini non manet, nisi forte resoluta in suam materiam.
ag3 ‘ Praeterea, oportet alterum contradictoriorum esse verum. sed haec est falsa, facta consecratione, substantia panis vel vini est aliquid. ergo haec est vera, substantia panis vel vini est nihil.
sc ‘ Sed contra est quod * augustinus dicit, in libro octogintatrium quaestionum, ° deus non est causa tendendi in non esse. ‘ sed hoc sacramentum divina virtute perficitur. ergo in hoc sacramento non annihilatur substantia panis aut vini.
co ‘ Respondeo dicendum quod, quia substantia panis vel vini non manet in hoc sacramento, * quidam, impossibile reputantes quod “ substantia panis vel vini in corpus vel sanguinem christi convertatur, posuerunt quod per consecrationem substantia panis vel vini vel resolvitur in praeiacentem materiam, vel quod annihiletur. ‘ praeiacens autem materia in quam corpora mixta resolvi possunt, sunt quatuor elementa, non enim potest fieri resolutio in materiam primam, ita quod sine forma existat, quia materia sine forma esse non potest. cum autem post consecrationem nihil sub speciebus sacramenti remaneat nisi corpus et sanguis, oportebit dicere quod elementa in quae resoluta est substantia panis et vini, inde discedant per motum localem. quod sensu perciperetur. similiter etiam substantia panis vel vini manet usque ad ultimum instans consecrationis. in ultimo autem instanti consecrationis iam est ibi substantia vel corporis vel sanguinis christi, sicut in ultimo instanti generationis iam inest forma. unde non erit dare aliquod instans in quo sit ibi praeiacens materia. non enim potest dici quod paulatim substantia panis vel vini resolvatur in praeiacentem materiam, vel successive egrediatur de loco specierum. quia, si hoc inciperet fieri in ultimo instanti suae consecrationis, simul sub aliqua parte hostiae esset corpus christi cum substantia panis, |25| * quod est contra praedicta. ‘ si vero incipiat fieri ante consecrationem, erit dare aliquod tempus in quo sub aliqua parte hostiae neque erit substantia panis, neque erit corpus christi, quod est inconveniens. * et hoc ipsimet perpendisse videntur. unde posuerunt “ aliud sub disiunctione, scilicet quod annihiletur. ‘ sed nec hoc potest esse. quia non erit dare aliquem modum quo corpus christi verum incipiat esse in hoc sacramento, nisi per conversionem substantiae panis in ipsum, quae quidem conversio tollitur, posita vel annihilatione panis, vel resolutione in praeiacentem materiam. similiter etiam non est dare unde talis resolutio vel annihilatio in hoc sacramento causetur, cum effectus sacramenti significetur per formam; neutrum autem horum significatur per haec verba formae, ° hoc est corpus meum. * unde patet praedictam positionem esse falsam.
ra1 ‘ Ad primum ergo dicendum quod substantia panis vel vini, facta consecratione, neque sub speciebus sacramenti manet, neque alibi. non tamen sequitur quod annihiletur, convertitur enim in corpus christi. sicut non sequitur, si aer ex quo generatus est ignis, non sit ibi vel alibi, quod sit annihilatus.
ra2 ‘ Ad secundum dicendum quod forma quae est terminus a quo, non convertitur in aliam formam, sed una forma succedit alteri in subiecto, et ideo prima forma non remanet nisi in potentia materiae. sed hic substantia panis convertitur in corpus christi, * ut supra dictum est. ‘ unde ratio non sequitur.
ra3 ‘ Ad tertium dicendum quod, licet post consecrationem haec sit falsa substantia panis est aliquid; id tamen in quod substantia panis conversa est, est aliquid. et ideo substantia panis non est annihilata.

010 ST4 qu75 ar4

ag1 ‘ Ad quartum sic proceditur. videtur quod panis non possit converti in corpus christi. conversio enim quaedam mutatio est. sed in omni mutatione oportet esse aliquod subiectum, quod prius est in potentia et postea est in actu, * ut enim dicitur in iii physic., ° motus est actus existentis in potentia. ‘ non est autem dare aliquod subiectum substantiae panis et corporis christi, “ quia de ratione substantiae est quod non sit in subiecto, * ut dicitur in praedicamentis. ‘ non ergo potest esse quod tota substantia panis convertatur in corpus christi.
ag2 ‘ Praeterea, forma illius in quod aliquid convertitur, de novo incipit esse in materia eius quod in ipsum convertitur, sicut, cum aer convertitur in ignem prius non existentem, forma ignis incipit de novo esse in materia aeris; et similiter, cum cibus convertitur in hominem prius non existentem, forma homi-

nis incipit esse de novo in materia cibi. si ergo panis convertitur in corpus christi, necesse est quod forma corporis christi de novo incipiat esse in materia panis, quod est falsum. non ergo panis convertitur in substantiam corporis christi.
ag3 ‘ Praeterea, quae sunt secundum se divisa, nunquam unum eorum fit alterum, sicut albedo nunquam fit nigredo, “ sed subiectum albedinis fit subiectum nigredinis, * ut dicitur in i physic.. ‘ sed, sicut duae formae contrariae sunt secundum se divisae, utpote principia formalis differentiae existentes; ita duae materiae signatae sunt secundum se divisae, utpote existentes principium materialis divisionis. ergo non potest esse quod haec materia panis fiat haec materia qua individuatur corpus christi. et ita non potest esse quod substantia huius panis convertatur in substantiam corporis christi.
sc * Sed contra est quod eusebius emesenus dicit, ° novum tibi et impossibile esse non debet quod in christi substantiam terrena et mortalia convertuntur.
co * Respondeo dicendum quod, sicut supra dictum est, ‘ cum in hoc sacramento sit verum corpus christi, nec incipiat ibi esse de novo per motum localem; cum etiam nec corpus christi sit ibi sicut in loco, * ut ex dictis patet, ‘ necesse est dicere quod ibi incipiat esse per conversionem substantiae panis in ipsum. haec tamen conversio non est similis conversionibus naturalibus, sed est omnino supernaturalis, sola dei virtute effecta. * unde ambrosius dicit, in libro de sacramentis, ° liquet quod praeter naturae ordinem virgo generavit. et hoc quod conficimus, corpus ex virgine est. quid igitur quaeris naturae ordinem in christi corpore, cum praeter naturam sit ipse dominus iesus partus ex virgine? * et super illud ioan. vi, ° verba quae ego locutus sum vobis, “ scilicet de hoc sacramento, spiritus et vita sunt, * dicit chrysostomus, ° idest, spiritualia sunt, nihil habentia carnale neque consequentiam naturalem, sed eruta sunt ab omni tali necessitate quae in terra, et a legibus quae hic positae sunt. ‘ manifestum est enim quod omne agens agit inquantum est actu. quodlibet autem agens creatum est determinatum in suo actu, cum sit determinati generis et speciei. et ideo cuiuslibet |25| agentis creati actio fertur super aliquem determinatum actum. determinatio autem cuiuslibet rei in esse actuali est per eius formam. unde nullum agens naturale vel creatum potest agere nisi ad immutationem formae. et propter hoc omnis conversio quae fit secundum leges naturae, est formalis. sed deus est infinitus actus, * ut in prima parte habitum est. ‘ unde eius actio se extendit ad totam naturam entis. non igitur solum potest perficere conversionem formalem, ut scilicet diversae formae sibi in eodem subiecto succedant, sed conversionem totius entis, ut scilicet tota substantia huius convertatur in totam substantiam illius. et hoc agitur divina virtute in hoc sacramento. nam tota substantia panis convertitur in totam substantiam corporis christi, et tota substantia vini in totam substantiam sanguinis christi. unde haec conversio non est formalis, sed substantialis. nec continetur inter species motus naturalis, sed proprio nomine potest dici transubstantiatio.
ra1 ‘ Ad primum ergo dicendum quod obiectio illa procedit de mutatione formali, quia formae proprium est in materia vel subiecto esse. non autem habet locum in conversione totius substantiae. unde, cum haec conversio substantialis importet quendam ordinem substantiarum quarum una convertitur in alteram, est sicut in subiecto in utraque substantia, sicut ordo et numerus.
ra2 ‘ Ad secundum dicendum quod etiam illa obiectio procedit de conversione formali, seu mutatione, quia oportet, * sicut dictum est, ‘ formam esse in materia vel subiecto. non autem habet locum in conversione totius substantiae, cuius non est accipere aliquod subiectum.
ra3 ‘ Ad tertium dicendum quod virtute agentis finiti non potest forma in formam mutari, nec materia in materiam. sed virtute agentis infiniti, quod habet actionem in totum ens, potest talis conversio fieri, quia utrique formae et utrique materiae est communis natura entis; et id quod entitatis est in una, potest auctor entis convertere ad id quod est entitatis in altera, sublato eo per quod ab illa distinguebatur.

010 ST4 qu75 ar5

ag1 ‘ Ad quintum sic proceditur. videtur quod in hoc sacramento non remaneant accidentia panis et vini. remoto enim priori, removetur posterius. sed substantia est naturaliter prior accidente, * ut probatur vii metaphys.. ‘ cum ergo, facta consecratione, non remaneat substantia panis in hoc sacramento, videtur quod non possint remanere accidentia eius.
ag2 ‘ Praeterea, in sacramento veritatis non debet esse aliqua deceptio. sed per accidentia iudicamus de substantia. videtur ergo quod decipiatur humanum iudicium, si, remanentibus accidentibus, substantia panis non remaneat. non ergo hoc est conveniens huic sacramento.
ag3 ‘ Praeterea, quamvis fides non sit subiecta rationi, non tamen est contra rationem, sed supra ipsam, * ut in principio huius operis dictum est. ‘ sed ratio nostra habet ortum a sensu. ergo fides nostra non debet esse contra sensum, dum sensus noster iudicat esse panem, et fides nostra credit esse substantiam corporis christi. non ergo hoc est conveniens huic sacramento, quod accidentia panis subiecta sensibus maneant, et substantia panis non maneat.
ag4 ‘ Praeterea, illud quod manet, conversione facta, videtur esse subiectum mutationis. si ergo accidentia panis manent conversione facta, videtur quod ipsa accidentia sint conversionis subiectum. quod est impossibile, nam accidentis non est accidens. non ergo in hoc sacramento debent remanere accidentia panis et vini.
sc ‘ Sed contra est quod * augustinus dicit, in libro sententiarum prosperi, ° nos in specie panis et vini, quam videmus, res invisibiles, idest carnem et sanguinem, honoramus.
co ‘ Respondeo dicendum quod sensu apparet, facta consecratione, omnia accidentia panis et vini remanere. quod quidem rationabiliter per divinam providentiam fit. primo quidem, quia non est consuetum hominibus, sed horribile, carnem hominis comedere et sanguinem bibere, proponitur nobis caro et sanguis christi sumenda sub speciebus illorum quae frequentius in usum hominis veniunt, scilicet panis et vini. secundo, ne hoc sacramentum ab infidelibus irrideretur, si sub specie propria dominum nostrum manducemus. tertio ut, dum invisibiliter corpus et sanguinem domini nostri sumimus, hoc proficiat ad meritum fidei.
ra1 * Ad primum ergo dicendum quod, sicut dicitur in libro de causis, “ effectus plus dependet a causa prima quam a causa secunda. ‘ et ideo virtute dei, qui est causa prima omnium, fieri potest ut remaneant posteriora, sublatis prioribus.
ra2 ‘ Ad secundum dicendum quod in hoc sacramento nulla est deceptio, sunt enim secundum rei veritatem accidentia, quae sensibus diiudicantur. “ intellectus autem, cuius est proprium obiectum substantia, * ut dicitur in iii de anima, “ per fidem a deceptione praeservatur.
ra3 ‘ Et sic patet responsio ad tertium. nam fides non est contra sensum, sed est de eo ad quod sensus non attingit.
ra4 ‘ Ad quartum dicendum quod haec conversio non proprie habet subiectum, * ut dictum est. ‘ sed tamen accidentia, quae remanent, habent aliquam similitudinem subiecti.

010 ST4 qu75 ar6

ag1 ‘ Ad sextum sic proceditur. videtur quod, facta consecratione, remaneat in hoc sacramento forma substantialis panis. * dictum est enim quod, ‘ facta consecratione, remaneant accidentia. sed, cum panis sit quiddam artificiale, etiam forma eius est accidens. ergo remanet, facta consecratione.
ag2 ‘ Praeterea, forma corporis christi est anima, * dicitur enim in ii de anima, quod ° anima est actus corporis physici potentia vitam habentis. ‘ sed non potest dici quod forma substantialis panis convertatur in animam. ergo videtur quod remaneat, facta consecratione.
ag3 ‘ Praeterea, propria operatio rei sequitur formam substantialem eius. sed illud quod remanet in hoc sacramento, nutrit, et omnem operationem facit quam faceret panis existens. ergo forma substantialis panis remanet in hoc sacramento, facta consecratione.
sc ‘ Sed contra, forma substantialis panis est de substantia panis. sed substantia panis convertitur in corpus christi, * sicut dictum est. ‘ ergo forma substantialis panis non manet.
co * Respondeo dicendum quod quidam posuerunt quod, “ facta consecratione, non solum remanent accidentia panis, sed etiam forma substantialis eius. ‘ sed hoc esse non potest. primo quidem quia, si forma substantialis remaneret, nihil de pane converteretur in corpus christi nisi sola materia. et ita sequeretur quod non converteretur in corpus christi totum, sed in eius materiam. quod repugnat formae sacramenti, * qua dicitur, ° hoc est corpus meum. ‘ secundo quia, si forma substantialis panis remaneret, aut remaneret in materia, aut a materia separata. primum autem esse non potest. quia, si remaneret in materia panis, tunc tota substantia panis remaneret, * quod est contra praedicta. ‘ in alia autem materia remanere non posset, quia propria forma non est nisi in propria materia. si autem remaneret a materia separata, iam esset forma intelligibilis actu, et etiam intellectus, nam omnes formae a materia separatae sunt tales. tertio, esset inconveniens huic sacramento. nam accidentia panis in hoc sacramento remanent ut sub eis videatur corpus christi, non autem sub propria specie, * sicut supra dictum est. ‘ et ideo dicendum est quod forma substantialis panis non manet.
ra1 ‘ Ad primum ergo dicendum quod nihil prohibet arte fieri aliquid cuius forma non est accidens, sed forma substantialis, sicut arte possunt produci ranae et serpentes. talem enim formam non producit ars virtute propria, sed virtute naturalium principiorum. et hoc modo producit formam substantialem panis, virtute ignis decoquentis materiam ex farina et aqua confectam.
ra2 ‘ Ad secundum dicendum quod anima est forma corporis dans ei totum ordinem esse perfecti, scilicet esse, et esse corporeum, et esse animatum, et sic de aliis. convertitur igitur forma panis in formam corporis christi secundum quod dat esse corporeum, non autem secundum quod dat esse animatum tali anima.
ra3 ‘ Ad tertium dicendum quod operationum panis quaedam consequuntur ipsum ratione accidentium, sicut immutare sensum. et tales operationes inveniuntur in speciebus panis post consecrationem, propter ipsa accidentia, quae remanent. quaedam autem operationes consequuntur panem vel ratione materiae, sicut quod convertitur in aliquid; vel ratione formae substantialis, sicut est operatio consequens speciem eius, puta quod confirmat cor hominis. et tales operationes inveniuntur in hoc sacramento, non propter formam vel materiam quae remaneat, sed quia miraculose conferuntur ipsis accidentibus, * ut infra dicetur.

010 ST4 qu75 ar7

ag1 ‘ Ad septimum sic proceditur. videtur quod ista conversio non fiat in instanti, sed fiat successive. in hac enim conversione prius est substantia panis, et postea substantia corporis christi. non ergo utrumque est in eodem instanti, sed in duobus instantibus. sed inter quaelibet duo instantia est tempus medium. ergo oportet quod haec conversio fiat secundum successionem temporis quod est inter ultimum instans quo est ibi panis, et primum instans quo est ibi corpus christi.
ag2 ‘ Praeterea, in omni conversione est fieri et factum esse. sed haec duo non sunt simul, quia quod fit, non est; quod autem factum est, iam est. ergo in hac conversione est prius et posterius. et ita oportet quod non sit instantanea, sed successiva.
ag3 * Praeterea, ambrosius dicit, in libro de sacram., quod “ istud sacramentum christi sermone conficitur. ‘ sed sermo christi successive profertur. ergo haec conversio fit successive.
sc ‘ Sed contra est quod haec conversio perficitur virtute infinita, cuius est subito operari.
co ‘ Respondeo dicendum quod aliqua mutatio est instantanea triplici ratione. uno quidem modo, ex parte formae, quae est terminus mutationis. si enim sit aliqua forma quae recipiat magis aut minus, successive acquiritur subiecto, sicut sanitas. et ideo, quia forma substantialis non recipit magis et minus, inde est quod subito fit eius introductio in materia. alio modo, ex parte subiecti, quod quandoque successive praeparatur ad susceptionem formae, et ideo aqua successive calefit. quando vero ipsum subiectum est in ultima dispositione ad formam, subito recipit ipsam, sicut diaphanum subito illuminatur. tertio, ex parte agentis, quod est infinitae virtutis, unde statim potest materiam ad formam disponere. * sicut dicitur marc. vii, quod, cum christus dixisset, ° ephphetha, quod est adaperire, statim apertae sunt aures hominis, et solutum est vinculum linguae eius. ‘ et his tribus rationibus haec conversio est instantanea. primo quidem, quia substantia corporis christi, ad quam terminatur ista conversio, non suscipit magis neque minus. secundo, quia in hac conversione non est aliquod subiectum, quod successive praeparetur. tertio, quia agitur dei virtute infinita.
ra1 * Ad primum ergo dicendum quod quidam non simpliciter concedunt “ quod inter quaelibet duo instantia sit tempus medium. dicunt enim quod hoc habet locum in duobus instantibus quae referuntur ad eundem motum, non autem in duobus instantibus quae referuntur ad diversa. unde inter instans quod mensurat finem quietis, et aliud instans quod mensurat principium motus, non est tempus medium. ‘ sed in hoc decipiuntur. quia unitas temporis et instantis, vel etiam pluralitas eorum, non accipitur secundum quoscumque motus, sed secundum primum motum caeli, qui est mensura omnis motus et quietis. * et ideo alii hoc concedunt “ in tempore quod mensurat motum dependentem ex motu caeli. ‘ sunt autem quidam motus ex motu caeli non dependentes, nec ab eo mensurati, * sicut in prima parte dictum est de motibus angelorum. ‘ unde inter duo instantia illis motibus respondentia, non est tempus medium. sed hoc non habet locum in proposito. quia, quamvis ista conversio secundum se non habeat ordinem ad motum caeli, consequitur tamen prolationem verborum, quam necesse est motu caeli mensurari. et ideo necesse est inter quaelibet duo instantia circa istam conversionem signata esse tempus medium. * quidam ergo dicunt quod |25| “ instans in quo ultimo est panis, et instans in quo primo est corpus christi, sunt quidem duo per comparationem ad mensurata, sed sunt unum per comparationem ad tempus mensurans, sicut, cum duae lineae se contingunt, sunt duo puncta ex parte duarum linearum, unum autem punctum ex parte loci continentis. ‘ sed hoc non est simile. quia instans et tempus particularibus motibus non est mensura intrinseca, sicut linea et punctus corporibus, sed solum extrinseca, sicut corporibus locus. * unde alii dicunt quod “ est idem instans re, sed aliud ratione. ‘ sed secundum hoc sequeretur quod realiter opposita essent simul. nam diversitas rationis non variat aliquid ex parte rei. et ideo dicendum est quod haec conversio, * sicut dictum est, ‘ perficitur per verba christi, quae a sacerdote proferuntur, ita quod ultimum instans prolationis verborum est primum instans in quo est in sacramento corpus chri-

sti, in toto autem tempore praecedente est ibi substantia panis. cuius temporis non est accipere aliquod instans proximo praecedens ultimum, quia tempus non componitur ex instantibus consequenter se habentibus, * ut probatur in vi physic.. ‘ et ideo est quidem dare instans in quo est corpus christi, non est autem dare ultimum instans in quo sit substantia panis, sed est dare ultimum tempus. et idem est |50| in mutationibus naturalibus, * ut patet per philosophum, in viii physicorum.

ra2 ‘ Ad secundum dicendum quod in mutationibus instantaneis simul est fieri et factum esse, sicut simul est illuminari et illuminatum esse. dicitur enim in talibus factum esse secundum quod iam est, fieri autem, secundum quod ante non fuit.

ra3 ‘ Ad tertium dicendum quod ista conversio, * sicut dictum est, ‘ fit in ultimo instanti prolationis verborum, tunc enim completur verborum significatio, quae est efficax in sacramentorum formis. et ideo non sequitur quod ista conversio sit successiva.

010 ST4 qu75 ar8

ag1 ‘ Ad octavum sic proceditur. videtur quod haec sit falsa, ex pane fit corpus christi. omne enim id ex quo fit aliquid, est id quod fit illud, sed non convertitur, dicimus enim quod ex albo fit nigrum, et quod album fit nigrum; et licet dicamus quod homo fiat niger, non tamen dicimus quod ex homine fiat nigrum * ut patet in i physic.. ‘ si ergo verum est quod ex pane fiat corpus christi, verum erit dicere quod panis fiat corpus christi. quod videtur esse falsum, quia panis non est subiectum factionis, sed magis est terminus. ergo non vere dicitur quod ex pane fiat corpus christi.

ag2 ‘ Praeterea, fieri terminatur ad esse, vel ad factum esse. sed haec nunquam est vera, panis est corpus christi, vel, panis est factus corpus christi, vel etiam, panis erit corpus christi. ergo videtur quod nec haec sit vera, ex pane fit corpus christi.

ag3 ‘ Praeterea, omne id ex quo fit aliquid, convertitur in id quod fit ex eo. sed haec videtur esse falsa, panis convertitur in corpus christi, quia haec conversio videtur esse miraculosior quam creatio; in qua tamen non dicitur quod non ens convertatur in ens. ergo videtur quod etiam haec sit falsa, ex pane fit corpus christi.

ag4 ‘ Praeterea, illud ex quo fit aliquid, potest esse illud. sed haec est falsa, panis potest esse corpus christi. ergo etiam haec est falsa, ex pane fit corpus christi.

sc * Sed contra est quod ambrosius dicit, in libro de sacramentis, ° ubi accedit consecratio, de pane fit corpus christi.

co ‘ Respondeo dicendum quod haec conversio panis in corpus christi, quantum ad aliquid convenit cum creatione et cum transmutatione naturali, et quantum ad aliquid differt ab utroque. est enim commune his tribus ordo terminorum, scilicet ut post hoc sit hoc, in creatione enim est esse post non esse, in hoc sacramento corpus christi post substantiam panis, in transmutatione naturali album post nigrum vel ignis post aerem; et quod praedicti termini non sint simul. convenit autem conversio de qua nunc loquimur cum creatione, quia in neutra earum est aliquod commune subiectum utrique extremorum. cuius contrarium apparet in omni transmutatione naturali. convenit vero haec conversio cum transmutatione naturali in duobus, licet non similiter. primo quidem, quia in utraque unum extremorum transit in aliud, sicut panis in corpus christi, et aer in ignem, non autem non ens convertitur in ens. aliter tamen hoc accidit utrobique. nam in hoc sacramento tota substantia panis transit in totum corpus christi, sed in transmutatione naturali materia unius suscipit formam alterius, priori forma deposita. secundo conveniunt in hoc, quod utrobique remanet aliquid idem, quod non accidit in creatione. differenter tamen, nam in transmutatione naturali remanet eadem materia vel subiectum; in hoc autem sacramento remanent eadem accidentia. et ex his accipi potest qualiter differenter in talibus loqui |25| debeamus. quia enim in nullo praedictorum trium extrema sunt simul ideo in nullo eorum potest unum extremum de alio praedicari per verbum substantivum praesentis temporis, non enim dicimus, non ens est ens, vel, panis est corpus christi, vel, aer est ignis aut album nigrum. propter ordinem vero extremorum, possumus uti in omnibus hac praepositione ex, quae ordinem designat. possumus enim vere et proprie dicere quod ex non ente fit ens, et ex pane corpus christi, et ex aere ignis vel ex albo nigrum. quia vero in creatione unum extremorum non transit in alterum, non possumus in creatione uti verbo conversionis, ut dicamus quod non ens convertitur in ens. quo tamen verbo uti possumus in hoc sacramento, sicut et in transmutatione naturali. sed quia in hoc sacramento tota substantia in totam mutatur, propter hoc haec conversio proprie transubstantiatio vocatur. rursus, quia huius conversionis non est accipere aliquod subiectum, ea quae verificantur in conversione naturali ratione subiecti, non sunt concedenda in hac conversione. et primo quidem, manifestum est quod potentia ad oppositum consequitur subiectum, ratione cuius dicimus quod album potest esse nigrum, vel aer potest esse ignis. licet haec non sit ita propria sicut prima, nam subiectum albi, in quo est potentia ad nigredinem, est tota substantia albi, non enim albedo est pars eius; subiectum autem formae aeris est pars eius; unde, cum dicitur, aer potest esse ignis, verificatur ratione partis per synecdochen. sed in hac conversione et similiter in creatione, quia nullum est subiectum, non dicitur |50| quod unum extremum possit esse aliud, sicut quod non ens possit esse ens, vel quod panis possit esse corpus christi. et eadem ratione non potest proprie dici quod de non ente fiat ens, vel quod de pane fiat corpus christi, quia haec praepositio de designat causam consubstantialem; quae quidem consubstantialitas extremorum in transmutationibus naturalibus attenditur penes convenientiam in subiecto. et simili ratione non conceditur quod panis erit corpus christi, vel quod fiat corpus christi, sicut neque conceditur in creatione quod non ens erit ens, vel quod non ens fiat ens, quia hic modus loquendi verificatur in transmutationibus naturalibus ratione subiecti, puta cum dicimus quod album fit nigrum, vel album erit nigrum. quia tamen in hoc sacramento, facta conversione, aliquid idem manet, scilicet accidentia panis, * ut supra dictum est, ‘ secundum quandam similitudinem aliquae harum locutionum possunt concedi, scilicet quod panis sit corpus christi, vel, panis erit corpus christi, vel, de pane fit corpus christi; ut nomine panis non intelligatur substantia panis, sed in universali hoc quod sub speciebus panis continetur, sub quibus prius continetur substantia panis, et postea corpus christi.

ra1 ‘ Ad primum ergo dicendum quod illud ex quo aliquid fit, quandoque quidem importat simul subiectum cum uno extremorum transmutationis, sicut cum dicitur, ex albo fit nigrum. quandoque vero importat solum oppositum, vel extremum, sicut cum dicitur, ex mane fit dies. et sic non conceditur quod hoc fiat illud, idest quod mane fiat dies. et ita etiam in proposito, licet proprie dicatur quod ex pane fiat corpus christi, non tamen proprie dicitur quod panis fiat corpus christi, nisi secundum quandam similitudinem, * ut dictum est.

ra2 ‘ Ad secundum dicendum quod illud ex quo fit aliquid, quandoque erit illud, propter subiectum quod importatur. et ideo, cum huius conversionis non sit aliquod subiectum, non est similis ratio.

ra3 ‘ Ad tertium dicendum quod in hac conversione sunt plura difficilia quam in creatione, in qua hoc solum difficile est, quod aliquid fit ex nihilo, quod tamen pertinet ad proprium modum productionis primae causae, quae nihil aliud praesupponit. sed in hac conversione non solum est difficile quod hoc totum convertitur in illud totum, ita quod nihil prioris remaneat, quod non pertinet ad communem modum productionis alicuius causae, sed etiam habet hoc difficile, quod accidentia remanent corrupta substantia, et multa alia, * de quibus in sequentibus agetur. ‘ tamen verbum conversionis recipitur in hoc sacramento, non autem in creatione, * sicut dictum est.

ra4 * Ad quartum dicendum quod, sicut dictum est, ‘ potentia pertinet ad subiectum, quod non est accipere in hac conversione. et ideo non conceditur quod panis possit esse corpus christi, non enim haec conversio fit per potentiam passivam creaturae, sed per solam potentiam activam creatoris.

010 ST4 qu76 ar

pr ‘ Deinde considerandum est de modo quo christus existit in hoc sacramento. et circa hoc quaeruntur octo. primo, utrum totus christus sit sub hoc sacramento. secundo, utrum totus christus sit sub utraque specie sacramenti. tertio, utrum totus christus sit sub qualibet parte specierum. quarto, utrum dimensiones corporis christi totae sint in hoc sacramento. quinto, utrum corpus christi sit in hoc sacramento localiter. sexto, utrum corpus christi moveatur ad motum hostiae vel calicis post consecrationem. septimo, utrum corpus christi sub hoc sacramento possit ab aliquo oculo videri. octavo, utrum verum corpus christi remaneat in hoc sacramento quando miraculose apparet sub specie pueri vel carnis.

010 ST4 qu76 ar1

ag1 ‘ Ad primum sic proceditur. videtur quod non totus christus contineatur sub hoc sacramento. christus enim incipit esse in hoc sacramento per conversionem panis et vini. sed manifestum est quod panis et vinum non possunt converti neque in divinitatem christi, neque in eius animam. cum ergo christus existat ex tribus substantiis, scilicet divinitate, anima et corpore, * ut supra habitum; ‘ videtur quod christus totus non sit in hoc sacramento.

ag2 ‘ Praeterea, christus est in hoc sacramento secundum quod competit refectioni fidelium, quae in cibo et potu consistit, * sicut supra dictum est. * sed dominus dicit, ioan. vi, ° caro mea vere est cibus, et sanguis meus vere est potus. ‘ ergo solum caro et sanguis christi continetur in hoc sacramento. sunt autem multae aliae partes corporis christi, puta nervi et ossa et alia huiusmodi. non ergo totus christus continetur sub hoc sacramento.

ag3 ‘ Praeterea, corpus maioris quantitatis non potest totum contineri sub minoris quantitatis mensura. sed mensura panis et vini consecrati est multo minor quam propria mensura corporis christi. non potest ergo esse quod totus christus sit sub hoc sacramento.

sc * Sed contra est quod ambrosius dicit, in libro de offic., ° in illo sacramento christus est.

co ‘ Respondeo dicendum quod omnino necesse est confiteri secundum fidem catholicam quod totus christus sit in hoc sacramento. sciendum tamen quod aliquid christi est in hoc sacramento dupliciter, uno modo, quasi ex vi sacramenti; alio modo, ex naturali concomitantia. ex vi quidem sacramenti, est sub speciebus huius sacramenti id in quod directe convertitur substantia panis et vini praeexistens, prout significatur per verba formae, quae sunt effectiva in hoc sacramento sicut et in ceteris, * puta cum dicitur, ° hoc est corpus meum, hic est sanguis meus. ‘ ex naturali autem concomitantia est in hoc sacramento illud quod realiter est coniunctum ei in quod praedicta conversio terminatur. si enim aliqua duo sunt realiter coniuncta, ubicumque est unum realiter, oportet et aliud esse, sola enim operatione animae discernuntur quae realiter sunt coniuncta.

ra1 ‘ Ad primum ergo dicendum quod, quia conversio panis et vini non terminatur ad divinitatem vel animam christi, consequens est quod divinitas vel anima christi non sit in hoc sacramento ex vi sacramenti, sed ex reali concomitantia. quia enim divinitas corpus assumptum nunquam deposuit, ubicumque est corpus christi, necesse est et eius divinitatem esse. et ideo in hoc sacramento necesse est esse divinitatem christi concomitantem eius corpus. * unde in symbolo ephesino legitur, ° participes efficimur corporis et sanguinis christi, non ut communem carnem percipientes, nec viri sanctificati et verbo coniuncti secundum dignitatis unitatem, sed vere vivificatricem, et ipsius verbi propriam factam. ‘ anima vero realiter separata fuit a corpore, * ut supra dictum est. ‘ et ideo, si in illo triduo mortis fuisset hoc sacramentum celebratum, non fuisset ibi anima, nec ex vi sacramenti nec ex reali concomitantia. sed quia ° christus resurgens ex mortuis iam non moritur, * ut dicitur rom. vi, ‘ anima eius semper est realiter corpori unita. et ideo in hoc sacramento corpus quidem christi est ex vi sacramenti, anima autem ex reali concomitantia.

ra2 ‘ Ad secundum dicendum quod ex vi sacramenti sub hoc sacramento continetur, quantum ad species panis, non solum caro, sed totum corpus christi, idest ossa et nervi et alia huiusmodi. et hoc apparet ex forma huius sacramenti, in qua non dicitur, haec est caro mea, sed, ° hoc est corpus meum. * et ideo, cum dominus dixit, ioan. vi, ° caro mea vere est cibus, ‘ caro ponitur ibi pro toto corpore, quia, secundum consuetudinem humanam, videtur esse magis manducationi accommodata, prout scilicet homines carnibus animalium vescuntur communiter, non ossibus vel aliis huiusmodi.

ra3 * Ad tertium dicendum quod, sicut dictum est, ‘ facta conversione panis in corpus christi vel vini in sanguinem, accidentia utriusque remanent. ex quo patet quod dimensiones panis vel vini non convertuntur in dimensiones corporis christi, sed substantia in substantiam. et sic substantia corporis christi vel sanguinis est in hoc sacramento ex vi sacramenti, non autem dimensiones corporis vel sanguinis christi. unde patet quod corpus christi est in hoc sacramento per modum substantiae, et non per modum quantitatis. propria autem totalitas substantiae continetur indifferenter in parva vel magna quantitate, sicut tota natura aeris in magno vel parvo aere, et tota natura hominis in magno vel parvo homine. unde et tota substantia corporis christi et sanguinis continetur in hoc sacramento post consecrationem, sicut ante consecrationem continebatur ibi substantia panis et vini.

010 ST4 qu76 ar2

ag1 ‘ Ad secundum sic proceditur. videtur quod non sub utraque specie huius sacramenti totus christus contineatur. hoc enim sacramentum ad salutem fidelium ordinatur, non virtute specierum, sed virtute eius quod sub speciebus continetur, quia species erant etiam ante consecrationem, ex qua est virtus huius sacramenti. si ergo nihil continetur sub una specie quod non contineatur sub alia, et totus christus continetur sub utraque, videtur quod altera illarum superfluat in hoc sacramento.

ag2 * Praeterea, dictum est quod ‘ sub nomine carnis omnes aliae partes corporis continentur, sicut ossa, nervi et alia huiusmodi. sed sanguis est una partium humani corporis, * sicut patet per aristotelem, in libro animalium. ‘ si ergo sanguis christi continetur sub specie panis, sicut continentur ibi aliae partes corporis, non deberet seorsum sanguis consecrari, sicut neque seorsum consecratur alia pars corporis.

ag3 ‘ Praeterea, quod iam factum est, iterum fieri non potest. sed corpus christi iam incoepit esse in hoc sacramento per consecrationem panis. ergo non potest esse quod denuo incipiat esse per consecrationem vini. et ita sub specie vini non continebitur corpus christi; et per consequens nec totus christus. non ergo sub utraque specie totus christus continetur.

sc * Sed contra est quod, i cor. xi, super illud, calicem, dicit glossa “ quod sub utraque specie, scilicet panis et vini, idem sumitur. ‘ et ita videtur quod sub utraque specie totus christus sit.

co ‘ Respondeo dicendum certissime * ex supra dictis ‘ tenendum esse quod sub utraque specie sacramenti totus est christus, aliter tamen et aliter. nam sub speciebus panis est quidem corpus christi ex vi sacramenti, sanguis autem ex reali concomitantia, * sicut supra dictum est de anima et divinitate christi. ‘ sub speciebus vero vini est quidem sanguis christi ex vi sacramenti, corpus autem christi ex reali concomitantia, sicut anima et divinitas, eo quod nunc sanguis christi non est ab eius corpore separatus, sicut fuit tempore passionis et mortis. unde, si tunc fuisset hoc sacramentum celebratum, sub speciebus panis fuisset corpus christi sine sanguine, et sub specie vini sanguis sine corpore, sicut erat in rei veritate.

ra1 ‘ Ad primum ergo dicendum quod, quamvis totus christus sit sub utraque specie, non tamen frustra. nam primo quidem, hoc valet ad repraesentandam passionem christi, in qua seorsum sanguis fuit a corpore. unde et in forma consecrationis sanguinis fit mentio de eius effusione. secundo, hoc est conveniens usui huius sacramenti, ut seorsum exhibeatur fidelibus corpus christi in cibum, et sanguis in potum. tertio, quantum ad effectum, * secundum quod supra dictum est quod ° corpus exhibetur pro salute corporis, sanguis pro salute animae.

ra2 ‘ Ad secundum dicendum quod in passione christi, cuius hoc sacramentum est memoriale, non fuerunt aliae partes corporis ab invicem separatae, sicut sanguis, sed corpus indissolutum permansit, * secundum quod legitur exod. xii, ° os non comminuetis ex eo. ‘ et ideo in hoc sacramento seorsum consecratur sanguis a corpore, non autem alia pars ab alia.

ra3 * Ad tertium dicendum quod, sicut dictum est, ‘ corpus christi non est sub specie vini ex vi sacramenti, sed ex reali concomitantia. et ideo per consecrationem vini non fit ibi corpus christi per se, sed concomitanter.

010 ST4 qu76 ar3

ag1 ‘ Ad tertium sic proceditur. videtur quod non sit totus christus sub qualibet parte specierum panis vel vini. species enim illae dividi possunt in infinitum. si ergo christus totus est sub qualibet parte specierum praedictarum, sequeretur quod infinities esset in hoc sacramento. quod est inconveniens, nam infinitum non solum repugnat naturae, sed etiam gratiae.

ag2 ‘ Praeterea, corpus christi, cum sit organicum, habet partes determinate distantes, est enim de ratione organici corporis determinata distantia singularum partium ad invicem, sicut oculi ab oculo, et oculi ab aure. sed hoc non posset esse si sub qualibet parte specierum esset totus christus, oporteret enim quod sub qualibet parte esset quaelibet pars; et ita, ubi esset una pars, esset et alia. non ergo potest esse quod totus christus sit sub qualibet parte hostiae vel vini contenti in calice.

ag3 ‘ Praeterea, corpus christi semper veram retinet corporis naturam, nec unquam mutatur in spiritum. “ sed de ratione corporis est ut sit quantitas positionem habens, * ut patet in praedicamentis. ‘ sed ad rationem huius quantitatis pertinet quod diversae partes in diversis partibus loci existant. non ergo potest esse, ut videtur, quod totus christus sit sub qualibet parte specierum.

sc * Sed contra est quod augustinus dicit, in quodam sermone, ° singuli accipiunt christum dominum, et in singulis portionibus totus est, nec per singulas minuitur, sed integrum se praebet in singulis.

co * Respondeo dicendum quod, sicut ex supra dictis patet, ‘ quia in hoc sacramento substantia corporis christi est ex vi sacramenti, quantitas autem dimensiva ex vi realis concomitantiae, corpus christi est in hoc sacramento per modum substantiae, idest, per modum quo substantia est sub dimensionibus, non autem per modum dimensionum, idest, non per illum modum quo quantitas dimensiva alicuius corporis est sub quantitate dimensiva loci. manifestum est autem quod natura substantiae tota est sub qualibet parte dimensionum sub quibus continetur, sicut sub qualibet parte aeris est tota natura aeris, et sub qualibet parte panis est tota natura panis. et hoc indifferenter sive dimensiones sint actu divisae, sicut cum aer dividitur vel panis secatur, vel etiam sint actu indivisae, divisibiles vero potentia. et ideo manifestum est quod christus totus est sub qualibet parte specierum panis, etiam hostia integra manente, et non solum cum frangitur, * sicut quidam dicunt, “ ponentes exemplum de imagine quae apparet in speculo, quae una apparet in speculo integro, infracto autem speculo apparent singulae in singulis partibus. ‘ quod quidem non est omnino simile. quia multiplicatio huiusmodi imaginum accidit in speculo fracto propter diversas reflexiones ad diversas partes speculi, hic autem non est nisi una consecratio propter quam corpus christi est in sacramento.

ra1 ‘ Ad primum ergo dicendum quod numerus sequitur divisionem. et ideo, quandiu quantitas manet indivisa actu, neque substantia alicuius rei est pluries sub dimensionibus propriis, neque corpus christi sub dimensionibus panis. et per consequens neque infinities, sed toties in quot partes dividitur.

ra2 ‘ Ad secundum dicendum quod illa determinata distantia partium in corpore organico fundatur super quantitatem dimensivam ipsius, ipsa autem natura substantiae praecedit etiam quantitatem dimensivam. et quia conversio substantiae panis directe terminatur ad substantiam corporis christi, secundum cuius modum proprie et directe est in hoc sacramento corpus christi, talis distantia partium est quidem in ipso corpore christi vero, sed non secundum hanc distantiam comparatur ad hoc sacramentum, sed secundum modum suae substantiae, * ut dictum est.

ra3 ‘ Ad tertium dicendum quod ratio illa procedit de natura corporis quam habet secundum quantitatem dimensivam. * dictum est autem quod ‘ corpus christi non comparatur ad hoc sacramentum ratione quantitatis dimensivae, sed ratione substantiae, * ut dictum est.

010 ST4 qu76 ar4

ag1 ‘ Ad quartum sic proceditur. videtur quod non tota quantitas dimensiva corporis christi sit in hoc sacramento. * dictum est enim quod ‘ totum corpus christi continetur sub qualibet parte hostiae consecratae. sed nulla quantitas dimensiva tota continetur in aliquo toto et in qualibet parte eius. est ergo impossibile quod tota quantitas dimensiva corporis christi contineatur in hoc sacramento.

ag2 ‘ Praeterea, impossibile est duas quantitates dimensivas esse simul, etiam si una sit separata et alia in corpore naturali, * ut patet per philosophum, in iii metaphys.. ‘ sed in hoc sacramento remanet quantitas dimensiva panis, ut sensu apparet. non ergo est ibi quantitas dimensiva corporis christi.

ag3 ‘ Praeterea, si duae quantitates dimensivae inaequales iuxta se ponantur, maior extenditur ultra minorem. sed quantitas dimensiva corporis christi est multo maior quam quantitas dimensiva hostiae eius consecratae, secundum omnem dimensionem. si ergo in hoc sacramento sit quantitas dimensiva corporis christi cum quantitate dimensiva hostiae, quantitas dimensiva corporis christi extendetur ultra quantitatem hostiae. quae tamen non est sine substantia corporis christi. ergo substantia corporis christi erit in hoc sacramento etiam praeter species panis. quod est inconveniens, cum substantia corporis christi non sit in hoc sacramento nisi per consecrationem panis, * ut dictum est. ‘ impossibile est ergo quod tota quantitas corporis christi sit in hoc sacramento.

sc ‘ Sed contra est quod quantitas dimensiva corporis alicuius non separatur secundum esse a substantia eius. sed in hoc sacramento est tota substantia corporis christi, * ut supra habitum est. ‘ ergo tota quantitas dimensiva corporis christi est in hoc sacramento.

co * Respondeo dicendum quod, sicut supra dictum est, ‘ dupliciter aliquid christi est in hoc sacramento, uno modo, ex vi sacramenti; alio modo, ex naturali concomitantia. ex vi quidem sacramenti quantitas dimensiva corporis christi non est in hoc sacramento. ex vi enim sacramenti est in hoc sacramento illud in quod directe conversio terminatur. conversio autem quae fit in hoc sacramento, terminatur directe ad substantiam corporis christi, non autem ad dimensiones eius. quod patet ex hoc quod quantitas dimensiva remanet facta consecratione, sola substantia panis transeunte. quia tamen substantia corporis christi realiter non denudatur a sua quantitate dimensiva et ab aliis accidentibus, inde est quod, ex vi realis concomitantiae, est in hoc sacramento tota quantitas dimensiva corporis christi, et omnia alia accidentia eius.

ra1 ‘ Ad primum ergo dicendum quod modus existendi cuiuslibet rei determinatur secundum illud quod est ei per se, non autem secundum illud quod est ei per accidens, sicut corpus est in visu secundum quod est album, non autem secundum quod est dulce, licet idem corpus sit album et dulce. unde et dulcedo est in visu secundum modum albedinis, et non secundum modum dulcedinis. quia igitur ex vi sacramenti huius est in altari substantia corporis christi, quantitas autem dimensiva eius est ibi concomitanter et quasi per accidens, ideo quantitas dimensiva corporis christi est in hoc sacramento, non secundum proprium modum, ut scilicet sit totum in toto et singulae partes in singulis partibus; sed per modum substantiae, cuius natura est tota in toto et tota in qualibet parte.

ra2 ‘ Ad secundum dicendum quod duae quantitates dimensivae non possunt naturaliter simul esse in eodem ita quod utraque sit secundum proprium modum quantitatis dimensivae. in hoc autem sacramento quantitas dimensiva panis est secundum proprium modum, scilicet secundum commensurationem quandam, non autem quantitas dimensiva corporis christi, sed est ibi per modum substantiae, * ut dictum est.

ra3 ‘ Ad tertium dicendum quod quantitas dimensiva corporis christi non est in hoc sacramento secundum modum commensurationis, qui est proprius quantitati, ad quem pertinet quod maior quantitas extendatur ultra minorem, * sed est ibi per modum iam dictum.

010 ST4 qu76 ar5

ag1 ‘ Ad quintum sic proceditur. videtur quod corpus christi sit in hoc sacramento sicut in loco. esse enim in aliquo definitive vel circumscriptive est pars eius quod est esse in loco. sed corpus christi videtur esse definitive in hoc sacramento, quia ita est ubi sunt species panis vel vini, quod non est in alio loco altaris. videtur etiam ibi esse circumscriptive, quia ita continetur superficie hostiae consecratae quod nec excedit nec exceditur. ergo corpus christi est in hoc sacramento sicut in loco.

ag2 ‘ Praeterea, locus specierum panis non est vacuus, natura enim non patitur vacuum. nec est ibi substantia panis, * ut supra habitum est, ‘ sed est ibi solum corpus christi. ergo corpus christi replet locum illum. sed omne quod replet locum aliquem, est in eo localiter. ergo corpus christi est in hoc sacramento localiter.

ag3 ‘ Praeterea, in hoc sacramento, * sicut dictum est, ‘ corpus christi est cum sua quantitate dimensiva et cum omnibus suis accidentibus. sed esse in loco est accidens corporis, unde et ubi connumeratur inter novem genera accidentium. ergo corpus christi est in hoc sacramento localiter.

sc ‘ Sed contra est quod oportet locum et locatum esse aequalia, * ut patet per philosophum, in iv physic.. ‘ sed locus ubi est hoc sacramentum, est multo minor quam corpus christi. ergo corpus christi non est in hoc sacramento sicut in loco.

co * Respondeo dicendum quod, sicut iam dictum est, ‘ corpus christi non est in hoc sacramento secundum proprium modum quantitatis dimensivae, sed magis secundum modum substantiae. omne autem corpus locatum est in loco secundum modum quantitatis dimensivae, inquantum scilicet commensuratur loco secundum suam quantitatem dimensivam. unde relinquitur quod corpus christi non est in hoc sacramento sicut in loco, sed per modum substantiae, eo scilicet modo quo substantia continetur a dimensionibus. succedit enim substantia corporis christi in hoc sacramento substantiae panis. unde, sicut substantia panis non erat sub suis dimensionibus localiter, sed per modum substantiae, ita nec substantia corporis christi. non tamen substantia corporis christi est subiectum illarum dimensionum, sicut erat substantia panis. et ideo panis ratione suarum dimensionum localiter erat ibi, quia comparabatur ad locum mediantibus propriis dimensionibus. substantia autem corporis christi comparatur ad locum illum mediantibus dimensionibus alienis, ita quod e converso dimensiones propriae corporis christi comparantur ad locum illum mediante substantia. quod est contra rationem corporis locati. unde nullo modo corpus christi est in hoc sacramento localiter.

ra1 ‘ Ad primum ergo dicendum quod corpus christi non est in hoc sacramento definitive, quia sic non esset alibi quam in hoc altari ubi conficitur hoc sacramentum; cum tamen sit et in caelo in propria specie, et in multis aliis altaribus sub specie sacramenti. similiter etiam patet quod non est in hoc sacramento circumscriptive, quia non est ibi secundum commensurationem propriae quantitatis, * ut dictum est. ‘ quod autem non est extra superficiem sacramenti, nec est in alia parte altaris, non pertinet ad hoc quod sit ibi definitive vel circumscriptive, sed ad hoc quod incoepit ibi esse per consecrationem et conversionem panis et vini, * ut supra dictum est.

ra2 ‘ Ad secundum dicendum quod locus ille in quo est corpus christi, non est vacuus. neque tamen proprie est repletus substantia corporis christi, quae non est ibi localiter, * sicut dictum est. ‘ sed est repletus speciebus sacramentorum, quae habent replere locum vel propter naturam dimensionum; vel saltem miraculose, sicut et miraculose subsistunt per modum substantiae.

ra3 ‘ Ad tertium dicendum quod accidentia corporis christi sunt in hoc sacramento, * sicut supra dictum est, ‘ secundum realem concomitantiam. et ideo illa accidentia corporis christi sunt in hoc sacramento quae sunt ei intrinseca. esse autem in loco est accidens per comparationem ad extrinsecum continens. et ideo non oportet quod christus sit in hoc sacramento sicut in loco.

010 ST4 qu76 ar6

ag1 ‘ Ad sextum sic proceditur. videtur quod corpus christi sit mobiliter in hoc sacramento. * dicit enim philosophus, in ii topic., quod, ° moventibus nobis, moventur ea quae in nobis sunt. ‘ quod quidem verum est etiam de spirituali substantia animae. sed christus est in hoc sacramento, * ut supra habitum est. ‘ ergo movetur ad motum ipsius.

ag2 ‘ Praeterea, veritas debet respondere figurae. sed de agno paschali, qui erat figura huius sacramenti, ° non remanebat quidquam usque mane, * sicut praecipitur exod. xii. ‘ ergo neque etiam, si hoc sacramentum reservetur in crastinum, erit ibi corpus christi. et ita non est immobiliter in hoc sacramento.

ag3 ‘ Praeterea, si corpus christi remaneat sub hoc sacramento etiam in crastino, pari ratione remanebit et per totum sequens tempus, non enim potest dici quod desinat ibi esse cessantibus speciebus, quia esse corporis christi non dependet a speciebus illis. non autem remanet sub hoc sacramento christus per totum tempus futurum. videtur ergo quod statim in crastino, vel post modicum tempus, desinat esse sub hoc sacramento. et ita videtur quod christus mobiliter sit in hoc sacramento.

sc ‘ Sed contra, impossibile est idem esse motum et

quietum, quia sic contradictoria verificarentur de eodem. sed corpus christi in caelo quietum residet. non ergo est mobiliter in hoc sacramento.
co ‘ Respondeo dicendum quod, cum aliquid est unum subiecto et multiplex secundum esse, nihil prohibet secundum aliquid moveri et secundum aliud immobile permanere, sicut corpori aliud est esse album, et aliud est esse magnum, unde potest moveri secundum albedinem, et permanere immobile secundum magnitudinem. christo autem non est idem esse secundum se, et esse sub sacramento, quia per hoc ipsum quod dicimus ipsum esse sub sacramento, significatur quaedam habitudo eius ad hoc sacramentum. secundum igitur hoc esse non movetur christus per se secundum locum, sed solum per accidens. quia christus non est in hoc sacramento sicut in loco, * sicut praedictum est, ‘ quod autem non est in loco, non movetur per se in loco, sed solum ad motum eius in quo est. similiter autem neque per se movetur, secundum esse quod habet in hoc sacramento, quacumque alia mutatione, puta quantum ad hoc quod desinat esse sub hoc sacramento. quia illud quod de se habet esse indeficiens, non potest esse deficiendi principium, sed, alio deficiente, hoc desinit esse in eo; sicut deus, cuius esse est indeficiens et immortale, desinit esse in aliqua creatura corruptibili per hoc quod creatura corruptibilis desinit esse. et hoc modo, cum christus habeat esse indeficiens et incorruptibile, non desinit esse sub sacramento neque per hoc quod ipsum desinat esse, neque etiam per motum localem sui, |25| * ut ex dictis patet, ‘ sed solum per hoc quod species huius sacramenti desinunt esse. unde patet quod christus, per se loquendo, immobiliter est in hoc sacramento.
ra1 ‘ Ad primum ergo dicendum quod ratio illa procedit de motu per accidens, quo ad motum nostri moventur ea quae in nobis sunt. aliter tamen ea quae per se possunt esse in loco, sicut corpora, et aliter ea quae per se non possunt esse in loco, sicut formae et spirituales substantiae. ad quem modum potest reduci quod dicimus christum moveri per accidens secundum esse quod habet in hoc sacramento, in quo non est sicut in loco.
ra2 * Ad secundum dicendum quod hac ratione moti videntur fuisse quidam ponentes quod “ corpus christi non remanet sub hoc sacramento si in crastinum reservetur. * contra quos cyrillus dicit, ° insaniunt quidam dicentes mysticam benedictionem a sanctificatione cessare si quae reliquiae remanserint eius in diem subsequentem. non enim mutabitur sacrosanctum corpus christi, sed virtus benedictionis et vivificativa gratia iugis in eo est. ‘ sicut et omnes aliae consecrationes immobiliter manent, permanentibus rebus consecratis, propter quod non iterantur. veritas autem licet figurae respondeat, tamen figura non potest eam adaequare.
ra3 ‘ Ad tertium dicendum quod corpus christi remanet in hoc sacramento non solum in crastinum, sed etiam in futurum, quousque species sacramentales manent. quibus cessantibus, desinit esse corpus christi sub eis, non quia ab eis dependeat, sed quia tollitur habitudo corporis christi ad illas species. per quem modum deus desinit esse dominus creaturae desinentis.

010 ST4 qu76 ar7

ag1 ‘ Ad septimum sic proceditur. videtur quod corpus christi prout est in hoc sacramento, possit videri ab aliquo oculo, saltem glorificato. oculus enim noster impeditur a visione corporis christi in hoc sacramento existentis, propter species sacramentales ipsum circumvelantes. sed oculus glorificatus non potest ab aliquo impediri, quin corpora quaelibet videat prout sunt. ergo oculus glorificatus potest videre corpus christi prout est in hoc sacramento.
ag2 “ Praeterea, corpora gloriosa sanctorum erunt ° configurata corpori claritatis christi, * ut dicitur philipp. iii. ‘ sed oculus christi videt seipsum prout est in hoc sacramento. ergo pari ratione quilibet alius oculus glorificatus potest ipsum videre.
ag3 ‘ Praeterea, sancti in resurrectione erunt aequales angelis, * ut dicitur luc. xx. ‘ sed angeli vident corpus christi prout est in hoc sacramento, quia etiam daemones inveniuntur huic sacramento reverentiam exhibere, et ipsum timere. ergo pari ratione oculus glorificatus potest ipsum videre prout est in hoc sacramento.
sc ‘ Sed contra, nihil idem existens potest simul ab eodem videri in diversis speciebus. sed oculus glorificatus semper videt christum prout est in sua specie, * secundum illud isaiae xxxiii, ° regem in decore suo videbunt. ‘ ergo videtur quod non videat christum prout est sub specie huius sacramenti.
co ‘ Respondeo dicendum quod duplex est oculus, scilicet corporalis, proprie dictus; et intellectualis, qui per similitudinem dicitur. a nullo autem oculo corporali corpus christi potest videri prout est in hoc sacramento. primo quidem, quia corpus visibile per sua accidentia immutat medium. accidentia autem corporis christi sunt in hoc sacramento mediante substantia, ita scilicet quod accidentia corporis christi non habent immediatam habitudinem neque ad hoc sacramentum, neque ad corpora quae ipsum circumstant. et ideo non possunt immutare medium, ut sic ab aliquo corporali oculo videri possint. secundo quia, * sicut supra dictum est, ‘ corpus christi est in hoc sacramento per modum substantiae. substantia autem, inquantum huiusmodi, non est visibilis oculo corporali, neque subiacet alicui sensui, neque imaginationi, sed soli intellectui, cuius obiectum est quod quid est, * ut dicitur in iii de anima. ‘ et ideo, proprie loquendo, corpus christi, secundum modum essendi quem habet in hoc sacramento, neque sensu neque imaginatione perceptibile est, sed solo intellectu, qui dicitur oculus spiritualis. percipitur autem diversimode a diversis intellectibus. quia enim modus essendi quo christus est in hoc sacramento, |25| est penitus supernaturalis, a supernaturali intellectu, scilicet divino, secundum se visibilis est, et per consequens ab intellectu beato vel angeli vel hominis, qui secundum participatam claritatem divini intellectus videt ea quae supernaturalia sunt, per visionem divinae essentiae. ab intellectu autem hominis viatoris non potest conspici nisi per fidem, sicut et cetera supernaturalia. sed nec etiam intellectus angelicus, secundum sua naturalia, sufficit ad hoc intuendum. unde daemones non possunt videre per intellectum christum in hoc sacramento, nisi per fidem, cui non voluntate assentiunt, sed ad eam signorum evidentia convincuntur, * prout dicitur, iac. ii, quod ° daemones credunt et contremiscunt.
ra1 ‘ Ad primum ergo dicendum quod oculus noster corporeus per species sacramentales impeditur a visione corporis christi sub eis existentis, non solum per modum tegumenti, sicut impedimur videre id quod est velatum quocumque corporali velamine, sed quia corpus christi non habet habitudinem ad medium quod circumstat hoc sacramentum mediantibus propriis accidentibus sed mediantibus speciebus sacramentalibus.
ra2 ‘ Ad secundum dicendum quod oculus corporalis christi videt seipsum sub sacramento existentem, non tamen potest videre ipsum modum essendi quo est sub sacramento, quod pertinet ad intellectum. nec tamen est simile de alio oculo glorioso, quia et ipse oculus christi est sub hoc sacramento; in quo non conformatur ei alius oculus gloriosus.
ra3 ‘ Ad tertium dicendum quod angelus bonus vel malus non potest aliquid videre oculo corporeo, sed solum oculo intellectuali. unde non est similis ratio, * ut ex dictis patet.

010 ST4 qu76 ar8

ag1 ‘ Ad octavum sic proceditur. videtur quod, quando in hoc sacramento miraculose apparet vel caro vel puer, quod non sit ibi vere corpus christi. corpus enim christi desinit esse sub hoc sacramento quando desinunt esse species sacramentales, * ut dictum est. ‘ sed quando apparet caro vel puer, desinunt esse species sacramentales. ergo non est ibi vere corpus christi.
ag2 ‘ Praeterea, ubicumque est corpus christi, vel est ibi sub specie propria, vel sub specie sacramenti. sed quando tales apparitiones fiunt, manifestum est quod non est ibi christus sub specie propria, quia in hoc sacramento totus christus continetur, qui permanet integer in forma qua ascendit in caelum; cum tamen id quod miraculose apparet in hoc sacramento, quandoque videatur ut quaedam parva caro, quandoque autem ut parvus puer. manifestum est etiam quod non est ibi sub specie sacramenti, quae est species panis vel vini. ergo videtur quod corpus christi nullo modo sit ibi.
ag3 ‘ Praeterea, corpus christi incipit esse in hoc sacramento per consecrationem et conversionem, * ut supra dictum est. ‘ sed caro aut sanguis miraculose apparens non sunt consecrata, nec conversa in verum corpus et sanguinem christi. non ergo sub his speciebus est corpus vel sanguis christi.
sc ‘ Sed contra est quod, tali apparitione facta, eadem reverentia exhibetur ei quod apparet, quae et prius exhibebatur. quod quidem non fieret si non vere esset ibi christus, cui reverentiam latriae exhibemus. ergo, etiam tali apparitione facta, christus est sub hoc sacramento.
co ‘ Respondeo dicendum quod dupliciter contingit talis apparitio, qua quandoque in hoc sacramento miraculose videtur caro aut sanguis, aut etiam aliquis puer. quandoque enim hoc contingit ex parte videntium, quorum oculi immutantur tali immutatione ac si expresse viderent exterius carnem aut sanguinem vel puerum, nulla tamen immutatione facta ex parte sacramenti. et hoc quidem videtur contingere quando uni videtur sub specie carnis vel pueri, aliis tamen videtur, sicut et prius, sub specie panis; vel quando eidem ad horam videtur sub specie carnis vel pueri, et postmodum sub specie panis. nec tamen hoc pertinet ad aliquam deceptionem, sicut accidit in magorum praestigiis, quia talis species divinitus formatur in oculo ad aliquam veritatem figurandam, ad hoc scilicet quod manifestetur vere corpus christi esse sub hoc sacramento; sicut etiam christus absque deceptione apparuit discipulis euntibus in emmaus. * dicit enim augustinus, in libro de quaestionibus evangelii, quod, ° cum fictio nostra refertur ad aliquam significationem, non est mendacium, sed aliqua figura veritatis. ‘ et quia per hunc modum nulla immutatio fit ex parte sacramenti, manifestum est quod non desinit esse christus sub hoc sacramento, tali apparitione facta. quandoque vero contingit talis apparitio non per solam immutationem videntium, sed specie quae videtur realiter |25| exterius existente. et hoc quidem videtur esse quando sub tali specie ab omnibus videtur; et non ad horam, sed per longum tempus ita permanet. * et in hoc casu quidam dicunt quod “ est propria species corporis christi. nec obstat quod quandoque non videtur ibi totus christus, sed aliqua pars carnis; vel etiam videtur non in specie iuvenili, sed in effigie puerili, quia in potestate est corporis gloriosi, * ut infra dicetur, “ quod videatur ab oculo non glorificato vel secundum totum vel secundum partem, et in effigie vel propria vel aliena, * ut infra dicetur. ‘ sed hoc videtur esse inconveniens. primo quidem, quia corpus christi non potest in propria specie videri nisi in uno loco, in quo definitive continetur. unde, cum videatur in propria specie et adoretur in caelo, sub propria specie non videtur in hoc sacramento. secundo, quia corpus gloriosum, quod apparet ut vult, post apparitionem cum voluerit disparet, * sicut dicitur, luc. ult., quod ° dominus ab oculis discipulorum evanuit. ‘ hoc autem quod sub specie carnis in hoc sacramento apparet, diu permanet, quinimmo quandoque legitur esse inclusum, et multorum episcoporum consilio in pixide reservatum; quod nefas |50| est de christo sentire secundum propriam speciem. et ideo dicendum quod, manentibus dimensionibus quae prius fuerunt, fit miraculose quaedam immutatio circa alia accidentia, puta figuram et colorem et alia huiusmodi, ut videatur caro vel sanguis, aut etiam puer. et, * sicut prius dictum est, ‘ hoc non est deceptio, quia fit in figuram cuiusdam veritatis, scilicet ad ostendendum per hanc miraculosam apparitionem quod in hoc sacramento est vere corpus christi et sanguis. et sic patet quod, remanentibus dimensionibus, quae sunt fundamenta aliorum accidentium, * ut infra dicetur, ‘ remanet vere corpus christi in hoc sacramento.
ra1 ‘ Ad primum ergo dicendum quod, facta tali apparitione, species sacramentales quandoque quidem totaliter manent in seipsis, quandoque autem secundum illud quod est principale in eis, * ut dictum est.
ra2 ‘ Ad secundum dicendum quod in huiusmodi apparitionibus, * sicut dictum est, ‘ non videtur propria species christi, sed species miraculose formata vel in oculis intuentium, vel etiam in ipsis sacramentalibus dimensionibus, * ut dictum est.
ra3 ‘ Ad tertium dicendum quod dimensiones panis et vini consecrati manent, immutatione circa eas miraculose facta quantum ad alia accidentia, * ut dictum est.

010 ST4 qu77 ar

pr ‘ Deinde considerandum est de accidentibus remanentibus in hoc sacramento. et circa hoc quaeruntur octo. primo, utrum accidentia quae remanent, sint sine subiecto. secundo, utrum quantitas dimensiva sit subiectum aliorum accidentium. tertio, utrum huiusmodi accidentia possint immutare aliquod corpus extrinsecum. quarto, utrum possint corrumpi. quinto, utrum ex eis possit aliquid generari. sexto, utrum possint nutrire. septimo, de fractione panis consecrati. octavo, utrum vino consecrato possit aliquid admisceri.

010 ST4 qu77 ar1

ag1 ‘ Ad primum sic proceditur. videtur quod accidentia non remaneant in hoc sacramento sine subiecto. nihil enim inordinatum aut fallax debet esse in hoc sacramento veritatis. sed accidentia esse sine subiecto est contra rerum ordinem, quem deus naturae indidit. videtur etiam ad quandam fallaciam pertinere, cum accidentia sint signa naturae subiecti. ergo in hoc sacramento non sunt accidentia sine subiecto.
ag2 ‘ Praeterea, fieri non potest, etiam miraculose, quod definitio rei ab ea separetur; vel quod uni rei conveniat definitio alterius, puta quod homo, manens homo, sit animal irrationale. ad hoc enim sequeretur contradictoria esse simul, ° hoc enim quod significat nomen rei, est definitio, * ut dicitur in iv metaphys.. ‘ sed ad definitionem accidentis pertinet quod sit in subiecto, ad definitionem vero substantiae, quod per se subsistat non in subiecto. non potest ergo miraculose fieri quod in hoc sacramento sint accidentia sine subiecto.
ag3 ‘ Praeterea, accidens individuatur ex subiecto. si ergo accidentia remanent in hoc sacramento sine subiecto, non erunt individua, sed universalia. quod patet esse falsum, quia sic non essent sensibilia, sed intelligibilia tantum.
ag4 ‘ Praeterea, accidentia per consecrationem huius sacramenti non adipiscuntur aliquam compositionem. sed ante consecrationem non erant composita neque ex materia et forma, neque ex quo est et quod est. ergo etiam post consecrationem non sunt composita altero horum modorum. quod est inconveniens, quia sic essent simpliciora quam angeli; cum tamen haec accidentia sint sensibilia. non ergo accidentia remanent in hoc sacramento sine subiecto.
sc * Sed contra est quod gregorius dicit, in homilia paschali, quod ° species sacramentales sunt illarum rerum vocabula quae ante fuerunt, scilicet panis et vini. ‘ et ita, cum non remaneat substantia panis et vini, videtur quod huiusmodi species sint sine subiec-

to.

co ‛ Respondeo dicendum quod accidentia panis et vini, quae sensu deprehenduntur in hoc sacramento remanere post consecrationem, non sunt sicut in subiecto in substantia panis et vini, quae non remanet, * ut supra habitum est. ‛ neque etiam in forma substantiali, quae non manet; et, si remaneret, subiectum esse non posset, * ut patet per boetium, in libro de trin.. ‛ manifestum est etiam quod huiusmodi accidentia non sunt in substantia corporis et sanguinis christi sicut in subiecto, quia substantia humani corporis nullo modo potest his accidentibus affici; neque etiam est possibile quod corpus christi, gloriosum et impassibile existens, alteretur ad suscipiendas huiusmodi qualitates. * dicunt autem quidam quod " sunt, sicut in subiecto, in aere circumstante. ‛ sed nec hoc esse potest. primo quidem, quia aer non est huiusmodi accidentium susceptivus. secundo, quia huiusmodi accidentia non sunt ubi est aer. quinimmo ad motum harum specierum aer depellitur. tertio, quia accidentia non transeunt de subiecto in subiectum, ut scilicet idem accidens numero quod primo fuit in uno |25| subiecto, postmodum fiat in alio. accidens enim numerum accipit a subiecto. unde non potest esse quod, idem numero manens, sit quandoque in hoc, quandoque in alio subiecto. quarto quia, cum aer non spolietur accidentibus propriis, simul haberet accidentia propria et aliena. nec potest dici quod hoc fiat miraculose virtute consecrationis, quia verba consecrationis hoc non significant; quae tamen non efficiunt nisi significatum. et ideo relinquitur quod accidentia in hoc sacramento manent sine subiecto. quod quidem virtute divina fieri potest. cum enim effectus magis dependeat a causa prima quam a causa secunda, potest deus, qui est prima causa substantiae et accidentis, per suam infinitam virtutem conservare in esse accidens subtracta substantia, per quam conservabatur in esse sicut per propriam causam, sicut etiam alios effectus naturalium causarum potest producere sine naturalibus causis; sicut corpus humanum formavit in utero virginis sine virili semine.

ra1 ‛ Ad primum ergo dicendum quod nihil prohibet aliquid esse ordinatum secundum communem legem naturae, cuius tamen contrarium est ordinatum secundum speciale privilegium gratiae, ut patet in resuscitatione mortuorum, et in illuminatione caecorum, prout etiam in rebus humanis quaedam aliquibus conceduntur ex speciali privilegio praeter communem legem. et ita, licet sit secundum communem naturae ordinem quod accidens sit in subiecto, ex speciali tamen ratione, secundum ordinem gratiae, accidentia sunt in hoc sacramento sine subiecto, * propter rationes supra inductas.

ra2 ‛ Ad secundum dicendum quod, cum ens non sit genus, hoc ipsum quod est esse, non potest esse essentia vel substantiae vel accidentis. non ergo definitio substantiae est ens per se sine subiecto, nec definitio accidentis ens in subiecto sed quidditati seu essentiae substantiae competit habere esse non in subiecto; quidditati autem sive essentiae accidentis competit habere esse in subiecto. in hoc autem sacramento non datur accidentibus quod ex vi suae essentiae sint sine subiecto, sed ex divina virtute sustentante. et ideo non desinunt esse accidentia, quia nec separatur ab eis definitio accidentis, nec competit eis definitio substantiae.

ra3 ‛ Ad tertium dicendum quod huiusmodi accidentia acquisierunt esse individuum in substantia panis et vini, qua conversa in corpus et sanguinem christi, remanent virtute divina accidentia in illo esse individuato quod prius habebant. unde sunt singularia et sensibilia.

ra4 ‛ Ad quartum dicendum quod accidentia huiusmodi, manente substantia panis et vini, non habebant ipsa esse nec alia accidentia, sed substantia eorum habebat huiusmodi esse per ea; sicut nix est alba per albedinem. sed post consecrationem ipsa accidentia quae remanent, habent esse. unde sunt composita ex esse et quod est, * sicut in prima parte de angelis dictum est. ‛ et cum hoc, habent compositionem partium quantitativarum.

010 ST4 qu77 ar2

ag1 ‛ Ad secundum sic proceditur. videtur quod in hoc sacramento quantitas dimensiva panis vel vini non sit aliorum accidentium subiectum. accidentis enim non est accidens, nulla enim forma potest esse subiectum, cum subiici pertineat ad proprietatem materiae. sed quantitas dimensiva est quoddam accidens. ergo quantitas dimensiva non potest esse subiectum aliorum accidentium.

ag2 ‛ Praeterea, sicut quantitas individuatur ex substantia, ita etiam et alia accidentia. si ergo quantitas dimensiva panis aut vini remanet individuata secundum esse prius habitum, in quo conservatur, pari ratione et alia accidentia remanent individuata secundum esse quod prius habebant in substantia. non ergo sunt in quantitate dimensiva sicut in subiecto, cum omne accidens individuetur per suum subiectum.

ag3 ‛ Praeterea, inter alia accidentia panis et vini quae remanent, deprehenduntur etiam sensu rarum et densum. quae non possunt esse in quantitate dimensiva praeter materiam existente, " quia rarum est quod habet parum de materia sub dimensionibus magnis; densum autem quod habet multum de materia sub dimensionibus parvis, * ut dicitur in iv physic.. ‛ ergo videtur quod quantitas dimensiva non possit esse subiectum accidentium quae remanent in hoc sacramento.

ag4 ‛ Praeterea, quantitas a subiecto separata videtur esse quantitas mathematica, quae non est subiectum qualitatum sensibilium. cum ergo accidentia quae remanent in hoc sacramento sint sensibilia, videtur quod non possint esse in hoc sacramento sicut in subiecto in quantitate panis et vini remanente post consecrationem.

sc ‛ Sed contra est quod qualitates non sunt divisibiles nisi per accidens, scilicet ratione subiecti. dividuntur autem qualitates remanentes in hoc sacramento per divisionem quantitatis dimensivae, sicut patet ad sensum. ergo quantitas dimensiva est subiectum accidentium quae remanent in hoc sacramento.

co ‛ Respondeo dicendum quod necesse est dicere accidentia alia quae remanent in hoc sacramento, esse sicut in subiecto in quantitate dimensiva panis vel vini remanente. primo quidem, per hoc quod ad sensum apparet aliquod quantum esse ibi coloratum et aliis accidentibus affectum, nec in talibus sensus decipitur. secundo, quia prima dispositio materiae est quantitas dimensiva, * unde et plato posuit " primas differentias materiae magnum et parvum. ‛ et quia primum subiectum est materia, consequens est quod omnia alia accidentia referantur ad subiectum mediante quantitate dimensiva, sicut et primum subiectum coloris dicitur superficies esse, * ratione cuius quidam posuerunt " dimensiones esse substantias corporum, * ut dicitur in iii metaphys.. ‛ et quia, subtracto subiecto, remanent accidentia secundum esse quod prius habebant, consequens est quod omnia accidentia remanent fundata super quantitatem dimensivam. tertio quia, cum subiectum sit principium individuationis accidentium, oportet id quod ponitur aliquorum accidentium subiectum esse, aliquo modo esse individuationis principium. est enim de ratione individui quod non possit in pluribus esse. |25| quod quidem contingit dupliciter. uno modo, quia non est natum in aliquo esse, et hoc modo formae immateriales separatae, per se subsistentes, sunt etiam per seipsas individuae. alio modo, ex eo quod forma substantialis vel accidentalis est quidem nata in aliquo esse, non tamen in pluribus, sicut haec albedo, quae est in hoc corpore. quantum igitur ad primum, materia est individuationis principium omnibus formis inhaerentibus, quia, cum huiusmodi formae, quantum est de se, sint natae in aliquo esse sicut in subiecto, ex quo aliqua earum recipitur in materia, quae non est in alio, iam nec ipsa forma sic existens potest in alio esse. quantum autem ad secundum, dicendum est quod individuationis principium est quantitas dimensiva. ex hoc enim aliquid est natum esse in uno solo, quod illud est in se indivisum et divisum ab omnibus aliis. " divisio autem accidit substantiae ratione quantitatis, * ut dicitur in i physic.. ‛ et ideo ipsa quantitas dimensiva est quoddam individuationis principium huiusmodi formis, inquantum scilicet diversae formae numero sunt in diversis partibus materiae. unde ipsa quantitas dimensiva secundum se habet quandam individuationem, ita quod possumus imaginari plures lineas eiusdem speciei differentes positione, quae cadit in ratione quantitatis huius; convenit enim dimensioni quod sit quantitas positionem habens. et ideo potius quantitas dimensiva potest esse subiectum aliorum accidentium quam e converso.

ra1 ‛ Ad primum ergo dicendum quod accidens per se non potest esse subiectum alterius accidentis, quia non per se est. secundum vero quod est in alio, unum accidens dicitur esse subiectum alterius, inquantum unum accidens recipitur in subiecto alio mediante, sicut superficies dicitur esse subiectum coloris. unde, quando accidenti datur divinitus ut per se sit, potest etiam per se alterius accidentis esse subiectum.

ra2 ‛ Ad secundum dicendum quod alia accidentia, etiam secundum quod erant in substantia panis, individuabantur mediante quantitate dimensiva, * sicut dictum est. ‛ et ideo potius quantitas dimensiva est subiectum aliorum accidentium remanentium in hoc sacramento quam e converso.

ra3 ‛ Ad tertium dicendum quod rarum et densum sunt quaedam qualitates consequentes corpora ex hoc quod habent multum vel parum de materia sub dimensionibus, sicut etiam omnia alia accidentia consequuntur ex principiis substantiae. et sicut, subtracta substantia, divina virtute conservantur alia accidentia; ita, subtracta materia, divina virtute conservantur qualitates materiam consequentes, sicut rarum et densum.

ra4 " Ad quartum dicendum quod quantitas mathematica non abstrahit a materia intelligibili, sed a materia sensibili, * ut dicitur vii metaphys.. ‛ dicitur autem materia sensibilis ex hoc quod subiicitur sensibilibus qualitatibus. et ideo manifestum est quod quantitas dimensiva quae remanet in hoc sacramento sine subiecto, non est quantitas mathematica.

010 ST4 qu77 ar3

ag1 ‛ Ad tertium sic proceditur. videtur quod species quae remanent in hoc sacramento, non possint immutare aliquod extrinsecum. * probatur enim in vii metaphysic. " quod formae quae sunt in materia, fiunt a formis quae sunt in materia, non autem a formis quae sunt sine materia, eo quod simile agit sibi simile. ‛ sed species sacramentales sunt species sine materia, quia remanent sine subiecto, * ut ex dictis patet. ‛ non ergo possunt immutare materiam exteriorem, inducendo aliquam formam.

ag2 ‛ Praeterea, cessante actione primi agentis, necesse est quod cesset actio instrumenti, sicut, quiescente fabro, non movetur martellus. sed omnes formae accidentales agunt instrumentaliter in virtute formae substantialis tanquam principalis agentis. cum ergo in hoc sacramento non remaneat forma substantialis panis et vini, * sicut supra habitum est, ‛ videtur quod formae accidentales remanentes agere non possunt ad immutationem exterioris materiae.

ag3 ‛ Praeterea, nihil agit extra suam speciem, quia effectus non potest esse potior causa. sed species sacramentales omnes sunt accidentia. non ergo possunt exteriorem materiam immutare, ad minus ad formam substantialem.

sc ‛ Sed contra est quod, si non possent immutare exteriora corpora, non possent sentiri, " sentitur enim aliquid per hoc quod immutatur sensus a sensibili, * ut dicitur ii de anima.

co ‛ Respondeo dicendum quod, quia unumquodque agit inquantum est ens actu, consequens est quod unumquodque, sicut se habet ad esse, ita se habet ad agere. quia igitur, * secundum praedicta, ‛ speciebus sacramentalibus datum est divina virtute ut remaneant in suo esse quod habebant substantia panis et vini existente, consequens est quod etiam remaneant in suo agere. et ideo omnem actionem quam poterant agere substantia panis et vini existente, possunt etiam agere substantia panis et vini transeunte in corpus et sanguinem christi. unde non est dubium quod possunt immutare exteriora corpora.

ra1 ‛ Ad primum ergo dicendum quod species sacramentales, licet sint formae sine materia existentes, retinent tamen idem esse quod habebant prius in materia. et ideo secundum suum esse assimilantur formis quae sunt in materia.

ra2 ‛ Ad secundum dicendum quod ita actio formae accidentalis dependet ab actione formae substantialis, sicut esse accidentis dependet ab esse substantiae. et ideo, sicut divina virtute datur speciebus sacramentalibus ut possint esse sine substantia, ita datur eis ut possint agere sine forma substantiali, virtute dei, a quo sicut a primo agente dependet omnis actio formae et substantialis et accidentalis.

ra3 ‛ Ad tertium dicendum quod immutatio quae est ad formam substantialem, non fit a forma substantiali immediate, sed mediantibus qualitatibus activis et passivis, quae agunt in virtute formae substantialis. haec autem virtus instrumentalis conservatur in speciebus sacramentalibus divina virtute sicut et prius erat. et ideo possunt agere ad formam substantialem instrumentaliter, per quem modum aliquid potest agere ultra suam speciem, non quasi virtute propria, sed virtute principalis agentis.

010 ST4 qu77 ar4

ag1 ‛ Ad quartum sic proceditur. videtur quod species sacramentales corrumpi non possunt. corruptio enim accidit per separationem formae a materia. sed materia panis non remanet in hoc sacramento, * ut ex supra dictis patet. ‛ ergo huiusmodi species non possunt corrumpi.

ag2 ‛ Praeterea, nulla forma corrumpitur nisi per accidens, corrupto subiecto, unde formae per se subsistentes incorruptibiles sunt, sicut patet in substantiis spiritualibus. sed species sacramentales sunt formae sine subiecto. ergo corrumpi non possunt.

ag3 ‛ Praeterea, si corrumpuntur, aut hoc erit naturaliter, aut miraculose. sed non naturaliter, quia non est ibi assignare aliquod corruptionis subiectum, quod maneat corruptione terminata. similiter etiam nec miraculose, quia miracula quae sunt in hoc sacramento, fiunt virtute consecrationis, per quam species sacramentales conservantur; non est autem idem causa conservationis et corruptionis. ergo nullo modo species sacramentales corrumpi possunt.

sc ‛ Sed contra est quod sensu deprehenditur hostias consecratas putrefieri et corrumpi.

co ‛ Respondeo dicendum quod corruptio est motus ex esse in non esse. * dictum est autem supra quod ‛ species sacramentales retinent idem esse quod prius habebant substantia panis et vini existente. et ideo, sicut esse horum accidentium poterat corrumpi substantia panis et vini existente, ita etiam potest corrumpi illa substantia abeunte. poterant autem huiusmodi accidentia primo corrumpi dupliciter, uno modo, per se; alio modo, per accidens. per se quidem, sicut per alterationem qualitatum, et augmentum vel diminutionem quantitatis, non quidem per modum augmenti vel diminutionis, qui invenitur in solis corporibus animatis, qualia non sunt substantia panis et vini, sed per additionem vel divisionem; * nam, sicut dicitur in iii metaphys., " per divisionem una dimensio corrumpitur et fiunt duae, per additionem autem e converso ex duabus fit una. ‛ et per hunc modum manifeste possunt corrumpi huiusmodi accidentia post consecrationem, quia et ipsa quantitas dimensiva remanens potest divisionem et additionem recipere; et, cum sit subiectum qualitatum sensibilium, * sicut dictum est, ' potest etiam esse subiectum alterationis eorum, puta si alteretur color aut sapor panis aut vini. |25| alio modo poterant corrumpi per accidens, per corruptionem subiecti. et hoc modo possunt corrumpi etiam post consecrationem. quamvis enim subiectum non remaneat, remanet tamen esse quod habebant huiusmodi accidentia in subiecto, quod quidem est proprium et conforme subiecto. et ideo huiusmodi esse potest corrumpi a contrario agente, sicut corrumpebatur substantia panis vel vini, quae etiam non corrumpebatur nisi praecedente alteratione circa accidentia. distinguendum tamen est inter utramque praedictarum corruptionum. quia, cum corpus christi et sanguis succedant in hoc sacramento substantiae panis et vini, si fiat talis immutatio ex parte accidentium quae non suffecisset ad corruptionem panis et vini, propter talem immutationem non desinit corpus et sanguis christi esse sub hoc sacramento, sive fiat immutatio ex parte qualitatis, puta cum modicum immutatur color aut sapor vini aut panis; sive ex parte quantitatis, sicut cum dividitur panis aut vinum in tales partes quod adhuc in eis possit salvari natura panis aut vini. si vero fiat tanta immutatio quod fuisset corrupta substantia panis aut vini, non remanent corpus et sanguis christi sub hoc sacramento. et hoc tam ex parte qualitatum, sicut cum ita immutatur color et sapor et aliae qualitates panis aut vini quod nullo modo posset compati natura panis aut vini, sive etiam ex parte quantitatis, puta si pulverizetur panis, vel vinum in minimas partes dividatur, ut iam non remaneant species panis vel vini.

ra1 ' Ad primum ergo dicendum quod, quia ad corruptionem per se pertinet quod auferatur esse rei inquantum esse alicuius formae est in materia, consequens est quod per corruptionem separetur forma a materia. si vero huiusmodi esse non esset in materia, simile tamen ei quod est in materia, posset per corruptionem auferri etiam materia non existente, sicut accidit in hoc sacramento, * ut ex dictis patet.

ra2 ' Ad secundum dicendum quod species sacramentales, licet sint formae non in materia, habent tamen esse quod prius in materia habebant.

ra3 ' Ad tertium dicendum quod corruptio illa specierum non est miraculosa, sed naturalis, praesupponit tamen miraculum quod est factum in consecratione, scilicet quod illae species sacramentales retineant esse sine subiecto quod prius habebant in subiecto; sicut et caecus miraculose illuminatus naturaliter videt.

010 ST4 qu77 ar5

ag1 ' Ad quintum sic proceditur. videtur quod ex speciebus sacramentalibus nihil possit generari. omne enim quod generatur, ex aliqua materia generatur, ex nihilo enim nihil generatur, quamvis ex nihilo fiat aliquid per creationem. sed speciebus sacramentalibus non subest aliqua materia nisi corporis christi, quod est incorruptibile. ergo videtur quod ex speciebus sacramentalibus nihil possit generari.

ag2 ' Praeterea, ea quae non sunt unius generis, non possunt ex invicem fieri, non enim ex albedine fit linea. sed accidens et substantia differunt genere. cum ergo species sacramentales sint accidentia, videtur quod ex eis non possit aliqua substantia generari.

ag3 ' Praeterea, si ex eis generatur aliqua substantia corporea, non erit sine accidente. si ergo ex speciebus sacramentalibus generatur aliqua substantia corporea, oportet quod ex accidente generetur substantia et accidens, duo scilicet ex uno, quod est impossibile. ergo impossibile est quod ex speciebus sacramentalibus aliqua substantia corporea generetur.

sc ' Sed contra est quod ad sensum videri potest ex speciebus sacramentalibus aliquid generari, vel cinerem, si comburantur; vel vermes, si putrefiant; vel pulverem, si conterantur.

co ' Respondeo dicendum quod, ° cum corruptio unius sit generatio alterius, * ut dicitur in i de generat., ' necesse est quod ex speciebus sacramentalibus aliquid generetur, cum corrumpantur, * ut dictum est. ' non enim sic corrumpuntur ut omnino dispareant, quasi in nihilum redigantur, sed manifeste aliquid sensibile eis succedit. quomodo autem ex eis aliquid generari possit, difficile est videre. manifestum est enim quod ex corpore et sanguine christi, quae ibi veraciter sunt, non generatur aliquid, cum sint incorruptibilia. si autem substantia panis aut vini remaneret in hoc sacramento, vel eorum materia, " facile esset assignare quod ex eis generatur illud sensibile quod succedit, * ut quidam posuerunt. ' sed hoc est falsum, * ut supra habitum est. * et ideo quidam dixerunt quod " ea quae generantur, non fiunt ex speciebus sacramentalibus, sed ex aere circumstante. ' quod quidem multipliciter apparet esse impossibile. primo quidem, quia ex eo generatur aliquid quod prius alteratum et corruptum apparet. nulla autem alteratio et corruptio prius |25| apparuit in aere circumstante. unde ex eo vermes aut cineres non generantur. secundo, quia natura aeris non est talis quod ex eo per tales alterationes talia generentur. tertio, quia potest contingere in magna quantitate hostias consecratas comburi vel putrefieri, nec esset possibile tantum de corpore terreo ex aere generari, nisi magna et etiam valde sensibili inspissatione aeris facta. quarto, quia idem potest accidere corporibus solidis circumstantibus, puta ferro aut lapidibus, quae integra remanent post praedictorum generationem. unde haec positio stare non potest, quia contrariatur ei quod ad sensum apparet. * et ideo alii dixerunt quod " redit substantia panis et vini in ipsa corruptione specierum, et sic ex substantia panis et vini redeunte generantur cineres aut vermes aut aliquid huiusmodi. ' sed haec positio non videtur esse possibilis. primo quidem quia, si substantia panis et vini conversa est in corpus et sanguinem, * ut supra habitum est, ' non potest substantia panis vel vini redire nisi corpore aut sanguine christi iterum converso in substantiam panis et vini, quod est impossibile, sicut, si aer sit conversus in ignem, non potest aer redire nisi iterum ignis convertatur in aerem. si vero substantia panis aut vini sit annihilata, non potest iterum redire, quia quod in nihilum decidit, non redit idem numero, nisi forte dicatur redire praedicta substantia, quia deus de novo creat novam substantiam loco primae. |50| secundo videtur hoc esse impossibile, quia non est dare quando substantia panis redeat. * manifestum est enim ex supra dictis quod, ' manentibus speciebus panis et vini, manet corpus et sanguis christi, quae non sunt simul cum substantia panis et vini in hoc sacramento, * secundum praehabita. ' unde substantia panis et vini non potest redire, speciebus sacramentalibus manentibus. similiter etiam nec eis cessantibus, quia iam substantia panis et vini esset sine propriis accidentibus, quod est impossibile. nisi forte dicatur quod in ipso ultimo instanti corruptionis specierum redit, non quidem substantia panis et vini, quia illud idem instans est in quo primo habent esse substantiae generatae ex speciebus, sed materia panis et vini magis quasi de novo creata diceretur quam rediens, proprie loquendo. et secundum hoc, posset sustineri praedicta positio. verum, quia non rationabiliter videtur dici quod miraculose aliquid accidit in hoc sacramento nisi ex ipsa consecratione, ex qua non est quod materia creetur vel redeat; melius videtur dicendum quod in ipsa consecratione miraculose datur quantitati dimensivae panis et vini quod sit primum subiectum subsequentium formarum. hoc autem est proprium materiae. et ideo ex consequenti datur praedictae quantitati dimensivae omne id quod ad materiam pertinet. et ideo quidquid posset generari ex |75| materia panis si esset, totum potest generari ex praedicta quantitate dimensiva panis vel vini, non quidem novo miraculo, sed ex vi miraculi prius facti.

ra1 ' Ad primum ergo dicendum quod, quamvis non sit ibi materia ex qua aliquid generetur, quantitas tamen dimensiva supplet vicem materiae, * ut dictum est.

ra2 ' Ad secundum dicendum quod illae species sacramentales sunt quidem accidentia, habent tamen actum et vim substantiae, * ut dictum est.

ra3 ' Ad tertium dicendum quod quantitas dimensiva panis et vini et retinet naturam propriam, et accipit miraculose vim et proprietatem substantiae. et ideo potest transire in utrumque, idest in substantiam et dimensionem.

010 ST4 qu77 ar6

ag1 ' Ad sextum sic proceditur. videtur quod species sacramentales non possint nutrire. * dicit enim ambrosius, in libro de sacramentis, ° non iste panis est qui vadit in corpus, sed panis vitae aeternae, qui animae nostrae substantiam fulcit. ' sed omne quod nutrit, vadit in corpus. ergo panis iste non nutrit. et eadem ratio est de vino.

ag2 * Praeterea, sicut dicitur in libro de generat., ° ex eisdem nutrimur ex quibus sumus. ' species autem sacramentales sunt accidentia, ex quibus homo non constat, non enim accidens est pars substantiae. ergo videtur quod species sacramentales nutrire non possunt.

ag3 * Praeterea, philosophus dicit, in ii de anima, quod ° alimentum nutrit prout est quaedam substantia, auget autem prout est aliquid quantum. ' sed species sacramentales non sunt substantia. ergo non possunt nutrire.

sc ' Sed contra est quod * apostolus, i cor. xi, loquens de hoc sacramento, dicit, ° alius quidem esurit, alius autem ebrius est, * ubi dicit glossa quod ° notat illos qui, post celebrationem sacri mysterii et consecrationem panis et vini, suas oblationes vindicabant, et, aliis non communicantes, sibi solis sumebant, ita ut inde etiam inebriarentur. ' quod quidem non potest contingere si sacramentales species non nutrirent. ergo species sacramentales nutriunt.

co ' Respondeo dicendum quod haec quaestio difficultatem non habet, * praecedenti quaestione soluta. " ex hoc enim, * ut dicitur in ii de anima, " cibus nutrit, quod convertitur in substantiam nutriti. * dictum est autem quod ' species sacramentales possunt converti in substantiam aliquam quae ex eis generatur. per eandem autem rationem possunt converti in corpus humanum, per quam possunt converti in cineres vel in vermes. et ideo manifestum est quod nutriunt. * quod autem quidam dicunt, quod " non vere nutriunt, quasi in corpus humanum convertantur, sed reficiunt et confortant quadam sensuum immutatione, sicut homo confortatur ex odore cibi et inebriatur ex odore vini, * ad sensum patet esse falsum. ' talis enim refectio non diu sufficit homini, cuius corpus, propter continuam deperditionem, restauratione indiget. et tamen homo diu sustentari posset, si hostias et vinum consecratum sumeret in magna quantitate. * similiter etiam non potest stare quod quidam dicunt, quod " species sacramentales nutriunt per formam substantialem panis |25| et vini, quae remanet. ' tum quia non remanet, * ut supra habitum est. ' tum quia non est actus formae nutrire, sed magis materiae, quae accipit formam nutriti, recedente forma nutrimenti. * unde dicitur in ii de anima, quod " nutrimentum in principio est dissimile, in fine autem simile.

ra1 ' Ad primum ergo dicendum quod, facta consecratione, dupliciter potest dici panis in hoc sacramento. uno modo, ipsae species panis, quae retinent nomen prioris substantiae, * ut gregorius dicit, in homilia paschali. ' alio modo, potest dici panis ipsum corpus christi, quod est panis mysticus de caelo descendens. * ambrosius ergo, cum dicit quod ° iste panis non transit in corpus, " accipit panem secundo modo, quia scilicet corpus christi non convertitur in corpus hominis, sed reficit mentem eius. non autem loquitur de pane primo modo dicto.

ra2 ' Ad secundum dicendum quod species sacramentales, etsi non sint ea ex quibus corpus hominis constat, tamen in ea convertuntur, * sicut dictum est.

ra3 ' Ad tertium dicendum quod species sacramentales, quamvis non sint substantia, habent tamen virtutem substantiae, * ut dictum est.

010 ST4 qu77 ar7

ag1 ' Ad septimum sic proceditur. videtur quod species sacramentales non frangantur in hoc sacramento. * dicit enim philosophus, in iv meteor., quod " corpora dicuntur frangibilia propter determinatam dispositionem pororum. ' quod non potest attribui sacramentalibus speciebus. ergo sacramentales species non possunt frangi.

ag2 ' Praeterea, fractionem sequitur sonus. sed species sacramentales non sunt sonabiles, * dicit enim philosophus, ii de anima, quod " sonabile est corpus durum habens superficiem levem. ' ergo species sacramentales non franguntur.

ag3 ' Praeterea, eiusdem videtur esse frangi et masticari. sed verum corpus christi est quod manducatur, * secundum illud ioan. vi, ° qui manducat meam carnem et bibit meum sanguinem. ' ergo corpus christi est quod frangitur et masticatur. * unde et in confessione berengarii dicitur, ° consentio sanctae romanae ecclesiae, et corde et ore profiteor panem et vinum quae in altari ponuntur, post consecrationem verum corpus et sanguinem christi esse, et in veritate manibus sacerdotum tractari, frangi et fidelium dentibus atteri. ' non ergo fractio debet attribui sacramentalibus speciebus.

sc ' Sed contra est quod fractio fit per divisionem quanti. sed nullum quantum ibi dividitur nisi species sacramentales, quia neque corpus christi, quod est incorruptibile; neque substantia panis, quae non manet. ergo species sacramentales franguntur.

co ' Respondeo dicendum quod * apud antiquos circa hoc multiplex fuit opinio. quidam enim dixerunt quod " non erat in hoc sacramento fractio secundum rei veritatem, sed solum secundum aspectum intuentium. ' sed hoc non potest stare. quia in hoc sacramento veritatis sensus non decipitur circa ea quorum iudicium ad ipsum pertinet, inter quae est fractio, per quam ex uno fiunt multa, quae quidem sunt sensibilia communia, * ut patet in libro de anima. unde alii dixerunt quod " erat ibi vera fractio sine substantia existente. ' sed hoc etiam sensui contradicit. apparet enim in hoc sacramento aliquod quantum, prius unum existens, postea in multa partitum, quod quidem oportet esse subiectum fractionis. non autem potest dici quod ipsum corpus christi verum frangatur. primo quidem, quia est incorruptibile et impassibile. secundo, quia est totum sub qualibet parte, * ut supra habitum est, ' quod est quidem contra rationem eius quod frangitur. unde relinquitur quod fractio sit sicut in subiecto in quantitate dimensiva panis, sicut et alia accidentia. et sicut species sacramentales sunt sacramentum corporis christi veri, ita fractio huiusmodi specierum est sacramentum dominicae passionis, |25| quae fuit in corpore christi vero.

ra1 ' Ad primum ergo dicendum quod, sicut in speciebus sacramentalibus remanet rarum et densum, * ut supra dictum est, ' ita etiam remanet ibi porositas, et per consequens frangibilitas.

ra2 ' Ad secundum dicendum quod densitatem sequitur duritia. et ideo, ex quo in speciebus sacramentalibus remanet densitas, consequens est quod remaneat ibi duritia, et per consequens sonabilitas.

ra3 ' Ad tertium dicendum quod illud quod manducatur in propria specie, ipsummet frangitur et masticatur in sua specie. corpus autem christi non manducatur in sua specie, sed in specie sacramentali. * unde super illud ioannis vi, ° caro non prodest quidquam, * dicit augustinus, ° hoc est intelligendum secundum illos qui carnaliter intelligebant carnem quippe sic intellexerunt quo modo in cadavere dilaniatur, aut in macello venditur. ' et ideo ipsum corpus christi non frangitur, nisi secundum speciem sacramentalem. * et hoc modo intelligenda est confessio berengarii, ut " fractio et contritio dentium referatur ad speciem sacramentalem, sub qua vere est corpus christi.

010 ST4 qu77 ar8

ag1 ' Ad octavum sic proceditur. videtur quod vino consecrato non possit aliquis liquor misceri. omne enim quod miscetur alicui, recipit qualitatem ipsius. sed nullus liquor potest recipere qualitatem sacramentalium specierum, quia accidentia illa sunt sine subiecto, * ut dictum est. ' ergo videtur quod nullus liquor possit permisceri speciebus sacramentalibus vini.

ag2 ' Praeterea, si aliquis liquor permisceatur illis speciebus, oportet quod ex his fiat aliquod unum. sed non potest fieri aliquod unum neque ex liquore, qui est substantia, et speciebus sacramentalibus, quae sunt accidentia; neque ex liquore et sanguine christi, qui, ratione suae incorruptibilitatis, neque additionem recipit neque diminutionem. ergo nullus liquor potest admisceri vino consecrato.

ag3 ' Praeterea, si aliquis liquor admisceatur vino consecrato, videtur quod etiam ipsum efficiatur consecratum, sicut aqua quae admiscetur aquae benedictae, efficitur etiam benedicta. sed vinum consecratum est vere sanguis christi. ergo etiam liquor permixtus esset sanguis christi. et ita aliquid fieret sanguis christi aliter quam per consecrationem, quod est inconveniens. non ergo vino consecrato potest aliquis liquor permisceri.

ag4 " Praeterea, si duorum unum totaliter corrumpatur, non erit mixtio, * ut dicitur in i de generat.. ' sed ad permixtionem cuiuscumque liquoris videtur corrumpi species sacramentalis vini, ita quod sub ea desinat esse sanguis christi. tum quia magnum et parvum sunt differentiae quantitatis et diversificant ipsam, sicut album et nigrum colorem. tum etiam quia liquor permixtus, cum non habeat obstaculum, videtur undique diffundi per totum, et ita desinit ibi esse sanguis christi, qui non est ibi simul cum alia substantia. non ergo aliquis liquor potest permisceri vino consecrato.

sc ' Sed contra est quod ad sensum patet alium liquorem vino permisceri posse post consecrationem, sicut et ante.

co ' Respondeo dicendum quod * istius quaestionis veritas manifesta est ex praemissis. dictum est enim supra quod ' species in hoc sacramento permanentes, sicut adipiscuntur virtute consecrationis modum essendi substantiae, ita etiam adipiscuntur modum agendi et patiendi, ut scilicet agere et pati possint quidquid ageret vel pateretur substantia si ibi praesens existeret. manifestum est autem quod, si esset ibi substantia vini, liquor aliquis posset ei permisceri. huius tamen permixtionis diversus esset effectus et secundum formam liquoris, et secundum quantitatem. si enim permisceretur aliquis liquor in tanta quantitate quod posset diffundi per totum vinum, totum fieret permixtum. quod autem est commixtum ex duobus, neutrum miscibilium est, sed utrumque transit in quoddam tertium ex his compositum. unde sequeretur quod vinum prius existens non remaneret, si liquor permixtus esset alterius speciei. si autem esset eiusdem speciei liquor adiunctus, puta si vinum permisceretur vino, remaneret quidem eadem species, sed non remaneret idem numero vinum. quod declarat diversitas accidentium, puta si unum vinum esset album, et aliud rubeum. si vero liquor adiunctus esset tam parvae quantitatis quod non posset perfundi per totum, non fieret totum vinum permixtum, sed aliqua pars eius. quae quidem non remaneret eadem numero, propter permixtionem extraneae materiae. remaneret tamen eadem specie, non |25| solum si parvus liquor permixtus esset eiusdem speciei, sed etiam si esset alterius speciei, quia " gutta aquae multo vino permixta transit in speciem vini, * ut dicitur in i de generatione. * manifestum est autem ex praedictis quod ' corpus et sanguis christi remanent in hoc sacramento quandiu illae species manent eaedem in numero, consecratur enim hic panis et hoc vinum. unde si fiat tanta permixtio liquoris cuiuscumque quod pertingat ad totum vinum consecratum et fiat permixtum, et erit aliud numero, et non remanebit ibi sanguis christi. si vero fiat tam parva alicuius liquoris adiunctio quod non possit diffundi per totum, sed usque ad aliquam partem specierum, desinet esse sanguis christi sub illa parte vini consecrati, remanebit tamen sub alia.

ra1 ' Ad primum ergo dicendum quod * innocentius iii dicit, in quadam decretali, quod ° ipsa accidentia vinum appositum videntur afficere, quia, si aqua fuerit apposita, vini saporem assumeret. contingit igitur accidentia mutare subiectum, sicut et subiectum contingit accidentia permutare. cedit quippe natura miraculo, et virtus supra consuetudinem operatur. ' hoc tamen non est sic intelligendum quasi idem numero accidens quod prius fuit in vino ante consecrationem, postmodum fiat in vino apposito, sed talis permutatio fit per actionem. nam accidentia vini remanentia retinent actionem substantiae, * secundum praedicta, ' et ita immutando afficiunt liquorem appositum.

ra2 ' Ad secundum dicendum quod liquor appositus vino consecrato nullo modo miscetur substantiae sanguinis christi. miscetur tamen speciebus sacramentalibus, ita tamen quod, permixtione facta, corrumpuntur praedictae species, vel in toto vel in parte, * secundum modum quo supra dictum est quod ' ex speciebus illis potest aliquid generari. et si quidem corrumpantur in toto, nulla iam remanet quaestio, quia iam totum erit uniforme. si autem corrumpantur in parte, erit quidem una dimensio secundum continuitatem quantitatis, non tamen una secundum modum essendi, quia una pars eius est sine subiecto, alia erit in subiecto; sicut, si aliquod corpus constituatur ex duobus metallis, erit unum corpus secundum rationem quantitatis, non tamen unum secundum speciem naturae.

ra3 ' Ad tertium dicendum quod, * sicut innocentius iii dicit, in decretali praedicta, ° si post calicis consecrationem aliud vinum mittatur in calicem, illud quidem non transit in sanguinem, neque sanguini commiscetur, sed, accidentibus prioris vini commixtum, corpori quod sub eis latet undique circumfunditur, non madidans circumfusum. " quod quidem intelligendum est quando non fit tanta permixtio liquoris extranei quod sanguis christi desinat esse sub toto. tunc enim undique dicitur circumfundi, non quia tangat sanguinem christi secundum eius proprias dimensiones, sed secundum dimensiones sacramentales, sub quibus continetur. ' nec est simile de aqua benedicta, quia illa benedictio nullam immutationem facit circa substantiam aquae, sicut facit consecratio vini.

ra4 * Ad quartum dicendum quod quidam posuerunt quod, " quantumcumque parva fiat extranei liquoris permixtio, substantia sanguinis christi desinet esse sub toto. et hoc ratione inducta. ' quae tamen non cogit. quia magnum et parvum diversificant quantitatem dimensivam non quantum ad eius essentiam, sed quantum ad determinationem mensurae. similiter etiam liquor appositus adeo potest esse parvus quod sua parvitate impeditur ne diffundatur per totum, et non solum dimensionibus, quae, licet sint sine subiecto, tamen obstant alteri liquori sicut et substantia si ibi esset, * secundum ea quae praemissa sunt.

010 ST4 qu78 ar

pr ' Deinde considerandum est de forma huius sacramenti. et circa hoc quaeruntur sex. primo, quae sit forma huius sacramenti. secundo, utrum sit conveniens forma consecrationis panis. tertio, utrum sit conveniens forma consecrationis sanguinis. quarto, de virtute utriusque formae. quinto, de veritate locutionis. sexto, de comparatione unius formae ad aliam.

010 ST4 qu78 ar1

ag1 ' Ad primum sic proceditur. videtur quod haec non sit forma huius sacramenti, ° hoc est corpus meum, et, hic est calix sanguinis mei. ' illa enim verba videntur pertinere ad formam sacramenti quibus christus corpus suum et sanguinem consecravit. * sed christus ante benedixit panem acceptum, et postea dixit, ° accipite et comedite, hoc est corpus meum, * ut habetur matth. xxvi; " et similiter fecit de calice. ' ergo praedicta verba non sunt forma huius sacramenti.

ag2 * Praeterea, eusebius emesenus dicit quod ° invisibilis sacerdos visibiles creaturas in suum corpus convertit, dicens, accipite et comedite, hoc est corpus meum. ' ergo totum hoc videtur pertinere ad formam sacramenti. et eadem ratio est de verbis pertinentibus ad sanguinem.

ag3 ' Praeterea, in forma baptismi exprimitur persona ministri et actus eius, * cum dicitur, " ego te baptizo. ' sed in praemissis verbis nulla fit mentio de persona ministri, nec de actu eius. ergo non est conveniens forma sacramenti.

ag4 ' Praeterea, forma sacramenti sufficit ad perfectionem sacramenti, unde sacramentum baptismi quandoque perfici potest solis verbis formae prolatis, et omnibus aliis praetermissis. si ergo praedicta verba sunt forma huius sacramenti, videtur quod aliquando possit hoc sacramentum perfici his solis verbis prolatis, et omnibus aliis praetermissis quae in missa dicuntur. quod tamen videtur esse falsum, quia, ubi verba alia praetermitterentur, praedicta verba acciperentur ex persona sacerdotis proferentis, in cuius corpus et sanguinem panis et vinum non convertuntur. non ergo praedicta verba sunt forma huius sacramenti.

sc * Sed contra est quod ambrosius dicit, in libro de sacramentis, ° consecratio fit verbis et sermonibus domini iesu. nam per reliqua omnia quae dicuntur, laus deo defertur, oratione petitur pro populo, pro regibus, pro ceteris. ubi autem sacramentum conficitur, iam non suis sermonibus sacerdos utitur, sed utitur sermonibus christi. ergo sermo christi hoc conficit sacramentum.

co ' Respondeo dicendum quod hoc sacramentum ab aliis sacramentis differt in duobus. primo quidem quantum ad hoc, quod hoc sacramentum perficitur in consecratione materiae, alia vero sacramenta perficiuntur in usu materiae consecratae. secundo, quia in aliis sacramentis consecratio materiae consistit solum in quadam benedictione, ex qua materia consecrata accipit instrumentaliter quandam spiritualem virtutem, quae per ministrum, qui est instrumentum animatum, potest ad instrumenta inanimata procedere. sed in hoc sacramento consecratio materiae consistit in quadam miraculosa conversione substantiae, quae a solo deo perfici potest. unde minister in hoc sacramento perficiendo non habet alium actum nisi prolationem verborum. et quia forma debet esse conveniens rei, ideo forma huius sacramenti differt a formis aliorum sacramentorum in duobus. primo quidem, quia formae aliorum sacramentorum important usum materiae, puta baptizationem vel consignationem, sed forma huius sacramenti importat solam consecrationem materiae, quae in transubstantiatione consistit; * puta cum dicitur, ° hoc est corpus meum, vel, hic est calix sanguinis mei. ' secundo, quia formae aliorum sacramentorum proferuntur ex persona ministri, sive per modum exercentis actum, * sicut cum dicitur, ° ego te baptizo, vel, ego te confirmo; ' sive per modum imperantis, sicut in sacramento ordinis * dicitur, " accipe potestatem, etc.; |25| ' sive per modum deprecantis, sicut cum in sacramento extremae unctionis * dicitur, ° per istam unctionem et nostram intercessionem, ' etc.. sed forma huius sacramenti profertur ex persona ipsius christi loquentis, ut detur intelligi quod minister in perfectione huius sacramenti nihil agit nisi quod profert verba christi.

ra1 ' Ad primum ergo dicendum quod * circa hoc est multiplex opinio. quidam enim dixerunt quod " christus, qui habebat potestatem excellentiae in sacramentis, absque omni forma verborum hoc sacramentum perfecit; et postea verba protulit sub quibus alii postea consecrarent. * quod videntur sonare verba innocentii iii dicentis, ° sane dici potest quod christus virtute divina confecit, et postea formam expressit sub qua posteri benedicerent. * sed contra hoc expresse sunt verba evangelii, in quibus dicitur " quod christus benedixit. quae quidem benedictio aliquibus verbis facta est. unde praedicta verba innocentii sunt opinative magis dicta quam determinative. * quidam autem dixerunt quod " benedictio illa facta est quibusdam aliis verbis nobis ignotis. ' sed nec hoc stare potest. quia benedictio consecrationis nunc perficitur per recitationem eorum quae tunc acta sunt. unde, si tunc per haec verba non est facta consecratio, nec modo fieret. * et ideo alii dixerunt quod " illa benedictio eisdem etiam verbis facta est quibus modo fit, sed christus ea bis protulit, primo quidem secreto, ad consecrandum; secundo manifeste, ad instruendum. ' sed nec hoc stare potest. quia sacerdos consecrat proferens haec verba, non ut a christo in occulta benedictione dicta, sed ut publice prolata. unde, cum non habeant vim huiusmodi verba nisi |25| ex christi prolatione, videtur quod etiam christus manifeste ea proferens consecraverit. * et ideo alii dixerunt quod " evangelistae non semper eundem ordinem in recitando servaverunt quo res sunt gestae, * ut patet per augustinum, in libro de consensu evangelistarum. " unde intelligendum est ordinem rei gestae sic exprimi posse, ° accipiens panem, benedixit dicens, hoc est corpus meum, et deinde fregit et dedit discipulis suis. ' sed idem sensus potest esse in verbis evangelii non mutatis. " nam hoc participium dicens concomitantiam quandam importat verborum prolatorum ad ea quae praecedunt. non autem oportet quod haec concomitantia intelligatur solum respectu verbi ultimi prolati, quasi christus tunc ista verba protulerit quando dedit discipulis suis, sed potest intelligi concomitantia respectu totius praecedentis, ut sit sensus, dum benediceret et frangeret et daret discipulis suis, haec verba dixit, accipite etc..

ra2 " Ad secundum dicendum quod in his verbis, accipite et comedite, intelligitur usus materiae consecratae, qui non est de necessitate huius sacramenti, * ut supra habitum est. ' et ideo nec haec verba sunt de substantia formae. quia tamen ad quandam perfectionem sacramenti pertinet materiae consecratae usus, sicut operatio non est prima, sed secunda perfectio rei; ideo per omnia haec verba exprimitur tota perfectio huius sacramenti. et hoc modo eusebius intellexit his verbis confici sacramentum, quantum ad primam et secundam perfectionem ipsius.

ra3 ' Ad tertium dicendum quod in sacramento baptismi minister aliquem actum exercet circa usum materiae, qui est de essentia sacramenti, quod non est in hoc sacramento. et ideo non est similis ratio.

ra4 * Ad quartum dicendum quod quidam dixerunt " hoc sacramentum perfici non posse praedictis verbis prolatis et aliis praetermissis, praecipue quae sunt in canone missae. * sed hoc patet esse falsum. tum ex verbis ambrosii supra inductis. ' tum etiam quia canon missae non est idem apud omnes, nec secundum omnia tempora, sed diversa sunt a diversis apposita. unde dicendum est quod, si sacerdos sola verba praedicta proferret cum intentione conficiendi hoc sacramentum, perficeretur hoc sacramentum, quia intentio faceret ut haec verba intelligerentur quasi ex persona christi prolata, etiam si verbis praecedentibus hoc non recitaretur. graviter tamen peccaret sacerdos sic conficiens hoc sacramentum, utpote ritum ecclesiae non servans. nec est simile de baptismo, quod est sacramentum necessitatis, defectum autem huius sacramenti potest supplere spiritualis manducatio, * ut augustinus dicit.

010 ST4 qu78 ar2

ag1 ‘ Ad secundum sic proceditur. videtur quod haec non sit conveniens forma consecrationis panis, ° hoc est corpus meum. ‘ per formam enim sacramenti debet exprimi sacramenti effectus. sed effectus qui fit in consecratione panis, est conversio substantiae panis in corpus christi, quae magis exprimitur per hoc verbum fit, quam per hoc verbum est. ergo in forma consecrationis deberet dici, hoc fit corpus meum.
ag2 * Praeterea, ambrosius dicit, in libro de sacramentis, ° sermo christi hoc conficit sacramentum. quis sermo christi? hic quo facta sunt omnia, iussit dominus et facta sunt caeli et terra. ‘ ergo et forma huius sacramenti convenientior esset per verbum imperativum, ut diceretur, hoc sit corpus meum.
ag3 ‘ Praeterea, per subiectum huius locutionis importatur illud quod convertitur, sicut per praedicatum importatur conversionis terminus. sed, sicut est determinatum id in quod fit conversio, non enim fit conversio nisi in corpus christi; ita est determinatum id quod convertitur, non enim convertitur in corpus christi nisi panis. ergo, sicut ex parte praedicati ponitur nomen, ita ex parte subiecti debet poni nomen, ut dicatur, hic panis est corpus meum.
ag4 ‘ Praeterea, sicut id in quod terminatur conversio est determinatae naturae, quia est corpus; ita etiam est determinatae personae. ergo, ad determinandam personam, debet dici, hoc est corpus christi.
ag5 ‘ Praeterea, in verbis formae non debet poni aliquid quod non sit de substantia eius. inconvenienter ergo additur in quibusdam libris haec coniunctio enim, quae non est de substantia formae.
sc ‘ Sed contra est quod dominus hac forma in consecrando est usus, * ut patet matth. xxvi.
co ‘ Respondeo dicendum quod haec est conveniens forma consecrationis panis. * dictum est enim quod ‘ haec consecratio consistit in conversione substantiae panis in corpus christi. oportet autem formam sacramenti significare id quod in sacramento efficitur. unde et forma consecrationis panis debet significare ipsam conversionem panis in corpus christi. in qua tria considerantur, scilicet ipsa conversio, et terminus a quo, et terminus ad quem. conversio autem potest considerari dupliciter, uno modo, ut in fieri; alio modo, ut in facto esse. non autem debuit significari conversio in hac forma ut in fieri, sed ut in facto esse. primo quidem, quia haec conversio non est successiva, * ut supra habitum est, ‘ sed instantanea, in huiusmodi autem mutationibus fieri non est nisi factum esse. secundo, quia ita se habent formae sacramentales ad significandum effectum sacramenti, sicut se habent formae artificiales ad repraesentandum effectum artis. forma autem artificialis est similitudo ultimi effectus in quem fertur intentio artificis, sicut forma artis in mente aedificatoris est forma domus aedificatae principaliter, aedificationis autem per consequens. unde et in hac forma debet exprimi conversio ut in facto esse, ad quod fertur intentio. |25| et quia ipsa conversio exprimitur in hac forma ut in facto esse, necesse est quod extrema conversionis significentur ut se habent in facto esse conversionis. tunc autem terminus in quem habet propriam naturam suae substantiae, sed terminus a quo non manet secundum suam substantiam, sed solum secundum accidentia, quibus sensui subiacet, et ad sensum determinari potest. unde convenienter terminus conversionis a quo exprimitur per pronomen demonstrativum relatum ad accidentia sensibilia, quae manent. terminus autem ad quem exprimitur per nomen significans naturam eius in quod fit conversio, quod quidem est totum corpus christi, et non sola caro eius, * ut dictum est. ‘ unde haec forma est convenientissima, ° hoc est corpus meum.
ra1 ‘ Ad primum ergo dicendum quod fieri non est ultimus effectus huius consecrationis, sed factum esse * ut dictum est. ‘ et ideo hoc potius exprimi debet in forma.
ra2 ‘ Ad secundum dicendum quod sermo dei operatus est in creatione rerum, qui etiam operatur in hac consecratione, aliter tamen et aliter. nam hic operatur sacramentaliter, idest secundum vim significationis. et ideo oportet in hoc sermone significari ultimum effectum consecrationis per verbum substantivum indicativi modi et praesentis temporis. sed in creatione rerum operatus est solum effective, quae quidem efficientia est per imperium suae sapientiae. et ideo in creatione rerum exprimitur sermo dominicus per verbum imperativi modi, * secundum illud gen. i, ° fiat lux, et facta est lux.
ra3 ‘ Ad tertium dicendum quod terminus a quo in ipso facto esse conversionis non retinet naturam suae substantiae, sicut terminus ad quem. et ideo non est simile.
ra4 “ Ad quartum dicendum quod per hoc pronomen meum, quod includit demonstrationem primae personae, quae est persona loquentis, sufficienter exprimitur persona christi, ex cuius persona haec proferuntur, * ut dictum est.
ra5 “ Ad quintum dicendum quod haec coniunctio enim apponitur in hac forma secundum consuetudinem romanae ecclesiae a beato petro apostolo derivatam. et hoc propter continuationem ad verba praecedentia. et ideo non est de forma, sicut nec praecedentia formam.

010 ST4 qu78 ar3

ag1 ‘ Ad tertium sic proceditur. videtur quod haec non sit conveniens forma consecrationis vini, ° hic est calix sanguinis mei, novi et aeterni testamenti, mysterium fidei, qui pro vobis et pro multis effundetur in remissionem peccatorum. ‘ sicut enim panis convertitur in corpus christi ex vi consecrationis, ita et vinum in sanguinem christi, * sicut ex praedictis patet. ‘ sed in forma consecrationis panis ponitur in recto corpus christi, nec aliquid aliud additur. inconvenienter ergo in hac forma ponitur sanguis christi in obliquo, et additur calix in recto, * cum dicitur, ° hic est calix sanguinis mei.
ag2 ‘ Praeterea, non sunt maioris efficaciae verba quae proferuntur in consecratione panis quam ea quae proferuntur in consecratione vini, cum utraque sint verba christi. “ sed statim dicto, hoc est corpus meum, est perfecta consecratio panis. ergo statim cum dictum est, hic est calix sanguinis mei, est perfecta consecratio sanguinis. ‘ et ita ea quae consequuntur non videntur esse de substantia formae, praesertim cum pertineant ad proprietates huius sacramenti.
ag3 ‘ Praeterea, testamentum novum pertinere videtur ad internam inspirationem, * ut patet ex hoc quod apostolus, ad heb. viii, introducit verba quae habentur in ierem. xxxi, ° consummabo super domum israel testamentum novum, dando leges meas in mentibus eorum. ‘ sacramentum autem exterius visibiliter agitur. inconvenienter ergo in forma sacramenti dicitur, “ novi testamenti.
ag4 ‘ Praeterea, novum dicitur aliquid ex eo quod est prope principium sui esse. aeternum autem non habet principium sui esse. “ ergo inconvenienter dicitur novi et aeterni, quia videtur contradictionem implicare.
ag5 ‘ Praeterea, occasiones erroris sunt hominibus subtrahendae, * secundum illud isaiae lvii, ° auferte offendicula de via populi mei. * sed quidam erraverunt aestimantes “ mystice solum esse corpus et sanguinem christi in hoc sacramento. ergo in hac forma inconvenienter ponitur mysterium fidei.
ag6 * Praeterea, supra dictum est quod, ‘ sicut baptismus est sacramentum fidei, ita eucharistia est sacramentum caritatis. ergo in hac forma magis debuit poni caritas quam fides.
ag7 ‘ Praeterea, totum hoc sacramentum, et quantum ad corpus et quantum ad sanguinem, est memoriale dominicae passionis, * secundum illud i cor. xi, ° quotiescumque manducabitis panem hunc et calicem bibetis, mortem domini annuntiabitis. ‘ non ergo magis debuit in forma consecrationis sanguinis fieri mentio de passione christi et de eius fructu, quam in forma consecrationis corporis, * praesertim cum, luc. xxii, dominus dixerit, ° hoc est corpus meum, quod pro vobis tradetur.
ag8 ‘ Praeterea, passio christi, * ut supra habitum est, ‘ ad sufficientiam profuit omnibus, quantum vero ad efficaciam profuit multis. “ debuit ergo dici quod effundetur pro omnibus, aut pro multis, sine hoc quod adderetur pro vobis.
ag9 ‘ Praeterea, verba quibus hoc sacramentum conficitur, efficaciam habent ex institutione christi. sed nullus evangelista recitat christum haec omnia verba dixisse. ergo non est conveniens forma consecrationis vini.
sc ‘ Sed contra est quod ecclesia, ab apostolis instructa, utitur hac forma in consecratione vini.
co ‘ Respondeo dicendum quod circa hanc formam est duplex opinio. * quidam enim dixerunt quod “ de substantia formae huius est hoc solum quod dicitur, hic est calix sanguinis mei, non autem ea quae sequuntur. ‘ sed hoc videtur inconveniens, quia ea quae sequuntur, sunt quaedam determinationes praedicati, idest sanguinis christi; unde pertinent ad integritatem locutionis. * et propter hoc sunt alii qui melius dicunt quod “ omnia sequentia sunt de substantia formae, usque ad hoc quod postea sequitur, hoc quotiescumque feceritis, quae pertinent ad usum huius sacramenti, unde non sunt de substantia formae. et inde est quod sacerdos eodem ritu et modo, scilicet tenendo calicem in manibus, omnia haec verba profert. * lucae etiam xxii interponuntur verba sequentia verbis primis, cum dicitur, ° hic calix novum testamentum est in sanguine meo. ‘ dicendum est ergo quod omnia praedicta verba sunt de substantia formae, sed per prima verba, “ hic est calix sanguinis mei, ‘ significatur ipsa conversio vini in sanguinem, eo modo quo dictum est in forma consecrationis panis; per verba autem sequentia designatur virtus sanguinis effusi in passione, quae operatur in hoc sacramento. quae quidem |25| ad tria ordinatur. primo quidem, et principaliter, ad adipiscendam aeternam hereditatem, * secundum illud heb. x, ° habemus fiduciam in introitu sanctorum per sanguinem eius. * et ad hoc designandum dicitur, “ novi testamenti et aeterni. ‘ secundo, ad iustitiam gratiae, quae est per fidem, * secundum illud rom. iii, ° quem proposuit deus propitiatorem per fidem in sanguine eius, ut sit ipse iustus, et iustificans eum qui ex fide est iesu christi. * et quantum ad hoc subditur, ° mysterium fidei. ‘ tertio autem, ad removendum impedimenta utriusque praedictorum, scilicet peccata, * secundum illud heb. ix, ° sanguis christi emundabit conscientias nostras ab operibus mortuis, “ idest a peccatis. * et quantum ad hoc subditur, ° qui pro vobis et pro multis aliis effundetur in remissionem peccatorum.
ra1 * Ad primum ergo dicendum quod, cum dicitur, ° hic est calix sanguinis mei, “ est locutio figurativa, et potest dupliciter intelligi. uno modo, secundum metonymiam, quia ponitur continens pro contento, ut sit sensus, hic est sanguis meus contentus in calice. ‘ de quo fit hic mentio, quia sanguis christi in hoc sacramento consecratur inquantum est potus fidelium, quod non importatur in ratione sanguinis, et ideo oportuit hic designari per vas huic usui accommodatum. “ alio modo potest intelligi secundum metaphoram, prout per calicem similitudinarie intelligitur passio christi, quae ad similitudinem calicis inebriat, * secundum illud thren. iii, ° replevit me amaritudinibus, inebriavit me absynthio, ‘ unde et ipse dominus passionem suam calicem nominat, * matth. xxvi, dicens, ° transeat a me calix iste; “ ut sit sensus, hic est calix passionis meae. de qua fit mentio in sanguine seorsum a corpore consecrato, quia separatio sanguinis a corpore fuit per passionem.
ra2 * Ad secundum dicendum quod quia, ut dictum est, ‘ sanguis seorsum consecratus expresse passionem christi repraesentat, ideo potius in consecratione sanguinis fit mentio de effectu passionis quam in consecratione corporis, quod est passionis subiectum. “ quod etiam designatur in hoc quod dominus dicit, quod pro vobis tradetur, quasi dicat, quod pro vobis passioni subiicietur.
ra3 ‘ Ad tertium dicendum quod testamentum est dispositio hereditatis. hereditatem autem caelestem deus disposuit hominibus dandam per virtutem sanguinis iesu christi, * quia, ut dicitur heb. ix, ° ubi est testamentum, mors necesse est intercedat testatoris. ‘ sanguis autem christi dupliciter est hominibus exhibitus. primo quidem, in figura, quod pertinet ad vetus testamentum. * et ideo apostolus ibidem concludit, ° unde nec primum testamentum sine sanguine dedicatum est, * quod patet ex hoc quod, sicut dicitur exod. xxiv, ° lecto omni mandato legis a moyse, omnem populum aspersit, dicens, hic est sanguis testamenti quod mandavit ad vos deus. ‘ secundo autem est exhibitus in rei veritate, quod pertinet ad novum testamentum. * et hoc est quod apostolus ibidem praemittit, dicens, ° ideo novi testamenti mediator est christus, ut, morte intercedente, repromissionem accipiant qui vocati sunt aeternae hereditatis. “ dicitur ergo hic sanguis novi testamenti, quia iam non in figura, sed in veritate exhibetur. unde subditur, qui pro vobis effundetur. ‘ interna autem inspiratio ex sanguinis virtute procedit secundum quod passione christi iustificamur.
ra4 ‘ Ad quartum dicendum quod hoc testamentum est novum ratione exhibitionis. dicitur autem aeternum, tam ratione aeternae dei praeordinationis; quam etiam ratione aeternae hereditatis, quae per hoc testamentum disponitur. ipsa etiam persona christi, cuius sanguine testamentum disponitur, est aeterna.
ra5 ‘ Ad quintum dicendum quod mysterium hic ponitur, non quidem ad excludendum rei veritatem, sed ad ostendendum occultationem. quia et ipse sanguis christi occulto modo est in hoc sacramento; et ipsa passio christi occulte fuit figurata in veteri testamento.
ra6 ‘ Ad sextum dicendum quod dicitur sacramentum fidei, quasi fidei obiectum, quia quod sanguis christi secundum rei veritatem sit in hoc sacramento, sola fide tenetur. ipsa etiam passio christi per fidem iustificat. baptismus autem dicitur sacramentum fidei quia est quaedam fidei protestatio. hoc autem est sacramentum caritatis quasi figurativum et effectivum.
ra7 * Ad septimum dicendum quod, sicut dictum est, ‘ sanguis seorsum consecratus a corpore expressius repraesentat passionem christi. et ideo in consecratione sanguinis fit mentio de passione christi et fructu ipsius, potius quam in consecratione corporis.
ra8 ‘ Ad octavum dicendum quod sanguis passionis christi non solum habet efficaciam in iudaeis electis, quibus exhibitus est sanguis veteris testamenti, sed etiam in gentilibus; nec solum in sacerdotibus, qui hoc efficiunt sacramentum, vel aliis qui sumunt, sed etiam in illis pro quibus offertur. “ et ideo signanter dicit, pro vobis iudaeis, et pro multis, scilicet gentilibus, vel, pro vobis manducantibus, et pro multis pro quibus offertur.
ra9 ‘ Ad nonum dicendum quod evangelistae non intendebant tradere formas sacramentorum, quas in primitiva ecclesia oportebat esse occultas, * ut dicit dionysius, in fine ecclesiasticae hierarchiae. ‘ sed intenderunt historiam de christo texere. et tamen omnia haec verba fere ex diversis scripturae locis accipi possunt. “ nam quod dicitur, hic est calix, * habetur luc. xxii et i cor. xi. matthaei autem xxvi dicitur, ° hic est sanguis meus novi testamenti, qui pro multis effundetur in remissionem peccatorum. “ quod autem additur, aeterni, et iterum, mysterium fidei, ex traditione domini habetur, quae ad ecclesiam per apostolos pervenit, * secundum illud i cor. xi, ° ego accepi a domino quod et tradidi vobis.

010 ST4 qu78 ar4

ag1 ‘ Ad quartum sic proceditur. videtur quod prae-

dictis verbis formarum non insit aliqua vis creata effectiva consecrationis. * dicit enim damascenus, in iv libro, ° sola virtute spiritus sancti fit conversio panis in corpus christi. ' sed virtus spiritus sancti est virtus increata. ergo nulla virtute creata horum verborum conficitur sacramentum hoc.
ag2 ' Praeterea, opera miraculosa non fiunt aliqua virtute creata, sed sola virtute divina, * ut in prima parte habitum est. ' sed conversio panis et vini in corpus et sanguinem christi est opus non minus miraculosum quam creatio rerum, vel etiam formatio corporis christi in utero virginali, quae quidem nulla virtute creata fieri potuerunt. ergo neque hoc sacramentum consecratur virtute creata aliqua dictorum verborum.
ag3 ' Praeterea, praedicta verba non sunt simplicia, sed ex multis composita; nec simul, sed successive proferuntur. conversio autem praedicta, * ut supra dictum est, ' fit in instanti, unde oportet quod fiat per simplicem virtutem. non ergo fit per virtutem horum verborum.
sc * Sed contra est quod ambrosius dicit, in libro de sacramentis, ° si tanta est vis in sermone domini iesu ut inciperet esse quod non erat, quanto magis operativus est ut sint quae erant, et in aliud commutentur? et sic quod erat panis ante consecrationem, iam corpus christi est post consecrationem, quia sermo christi creaturam mutat.
co * Respondeo dicendum quod quidam dixerunt " nullam virtutem creatam esse nec in praedictis verbis ad transubstantiationem faciendam, nec etiam in aliis sacramentorum formis, vel etiam in ipsis sacramentis ad inducendos sacramentorum effectus. ' quod, * sicut supra dictum est, ' et dictis sanctorum repugnat, et derogat dignitati sacramentorum novae legis. unde, cum hoc sacramentum sit prae ceteris dignius, * sicut supra dictum est, ' consequens est quod in verbis formalibus huius sacramenti sit quaedam virtus creata ad conversionem huius sacramenti faciendam, instrumentalis tamen, sicut et in aliis sacramentis, * sicut supra dictum est. ' cum enim haec verba ex persona christi proferantur, ex eius mandato consequuntur virtutem instrumentalem a christo, sicut et cetera eius facta vel dicta habent instrumentaliter salutiferam virtutem, * ut supra habitum est.
ra1 ' Ad primum ergo dicendum quod, cum dicitur sola virtute spiritus sancti panem in corpus christi converti, non excluditur virtus instrumentalis quae est in forma huius sacramenti, sicut, cum dicitur quod solus faber facit cultellum, non excluditur virtus martelli.
ra2 ' Ad secundum dicendum quod opera miraculosa nulla creatura potest facere quasi agens principale, potest tamen ea facere instrumentaliter, sicut ipse tactus manus christi sanavit leprosum. et per hunc modum verba eius convertunt panem in corpus christi. quod quidem non potuit in conceptione corporis christi, qua corpus christi formabatur, ut aliquid a corpore christi procedens haberet instrumentaliter virtutem ad ipsius corporis formationem. in creatione etiam non fuit aliquod extremum in quod instrumentalis actio creaturae posset terminari. unde non est simile.
ra3 ' Ad tertium dicendum quod praedicta verba quibus fit consecratio, sacramentaliter operantur. unde vis conversiva quae est in formis horum sacramentorum, sequitur significationem, quae in prolatione ultimae dictionis terminatur. et ideo in ultimo instanti prolationis verborum praedicta verba consequuntur hanc virtutem, in ordine tamen ad praecedentia. et haec virtus est simplex ratione significati, licet in ipsis verbis exterius prolatis fit quaedam compositio.

010 ST4 qu78 ar5

ag1 ' Ad quintum sic proceditur. videtur quod praedictae locutiones non sunt verae. * cum enim dicitur, " hoc est corpus meum, ly hoc est demonstrativum substantiae. ' sed * secundum praedicta, ' quando profertur hoc pronomen hoc, adhuc est substantia panis, quia transubstantiatio fit in ultimo prolationis verborum. sed haec est falsa, panis est corpus christi. ergo etiam haec est falsa, hoc est corpus meum.
ag2 ' Praeterea, hoc pronomen hoc facit demonstrationem ad sensum. sed species sensibiles quae sunt in hoc sacramento neque sunt ipsum corpus christi, neque sunt accidentia corporis christi. ergo haec locutio non potest esse vera, ° hoc est corpus meum.
ag3 ' Praeterea, haec verba, * sicut supra dictum est, ' sua significatione efficiunt conversionem panis in corpus christi. sed causa effectiva praeintelligitur effectui. ergo significatio horum verborum praeintelligitur conversioni panis in corpus christi. sed ante conversionem haec est falsa, " hoc est corpus meum. ergo simpliciter est iudicandum quod sit falsa. et eadem ratio est de hac locutione, hic est calix sanguinis mei etc..
sc ' Sed contra est quod haec verba proferuntur ex persona christi, * qui de se dicit, ioan. xiv, ego sum veritas.
co ' Respondeo dicendum quod * circa hoc multiplex fuit opinio. quidam enim dixerunt quod " in hac locutione, hoc est corpus meum, haec dictio hoc importat demonstrationem ut conceptam, non ut exercitam, quia tota ista locutio sumitur materialiter, cum recitative proferatur; recitat enim sacerdos christum dixisse, hoc est corpus meum. ' sed hoc stare non potest. quia secundum hoc, verba non applicarentur ad materiam corporalem praesentem, et ita non perficeretur sacramentum, * dicit enim augustinus, super ioan., ° accedit verbum ad elementum et fit sacramentum. ' et ex hoc totaliter non evitatur difficultas huius quaestionis, quia eaedem rationes manent circa primam prolationem qua christus haec verba protulit; quia manifestum est quod non materialiter, sed significative sumebantur. et ideo dicendum est quod etiam quando proferuntur a sacerdote, significative, et non tantum materialiter accipiuntur. nec obstat quod sacerdos etiam recitative profert quasi a christo dicta. quia propter infinitam virtutem christi, sicut ex contactu carnis suae vis regenerativa pervenit non solum ad illas aquas quae christum tetigerunt, sed ad omnes ubique terrarum per omnia futura saecula; ita etiam ex prolatione ipsius christi haec verba virtutem consecrativam sunt consecuta a quocumque sacerdote dicantur, ac si christus ea praesentialiter proferret. |25| * et ideo alii dixerunt quod " haec dictio hoc in hac locutione facit demonstrationem, non ad sensum, sed ad intellectum, ut sit sensus, hoc est corpus meum, idest, significatum per hoc est corpus meum. ' sed nec hoc stare potest. quia, cum in sacramentis hoc efficiatur quod significatur, non fieret per hanc formam ut corpus christi sit in hoc sacramento secundum veritatem, sed solum sicut in signo. quod est haereticum, * ut supra dictum est. * et ideo alii dixerunt quod " haec dictio hoc facit demonstrationem ad sensum, sed intelligitur haec demonstratio non pro illo instanti locutionis quo profertur haec dictio, sed pro ultimo instanti locutionis, sicut, cum aliquis dicit, nunc taceo, hoc adverbium nunc facit demonstrationem pro instanti immediate sequenti locutionem; est enim sensus, statim dictis his verbis, taceo. ' sed nec hoc stare potest. quia secundum hoc, huius locutionis est sensus, corpus meum est corpus meum. quod praedicta locutio non facit, quia hoc fuit etiam ante prolationem verborum. unde neque hoc praedicta locutio significat. * et ideo aliter dicendum est quod, sicut praedictum est, ' haec locutio habet virtutem factivam conversionis panis in corpus christi. et ideo comparatur ad alias locutiones, quae |50| habent solum vim significativam et non factivam, sicut comparatur conceptio intellectus practici, quae est factiva rei, conceptioni intellectus nostri speculativi, quae est accepta a rebus, nam ° voces sunt signa intellectuum, * secundum philosophum. ' et ideo, sicut conceptio intellectus practici non praesupponit rem conceptam, sed facit eam, ita veritas huius locutionis non praesupponit rem significatam, sed facit eam, sic enim se habet verbum dei ad res factas per verbum. haec autem conversio non fit successive, sed in instanti, * sicut dictum est. ' et ideo oportet quidem intelligere praedictam locutionem secundum ultimum instans prolationis verborum, non tamen ita quod praesupponatur ex parte subiecti id quod est terminus conversionis, scilicet quod corpus christi sit corpus christi; neque etiam illud quod fuit ante conversionem, scilicet panis; sed id quod communiter se habet quantum ad utrumque, scilicet contentum in generali sub istis speciebus. non enim faciunt haec verba quod corpus christi sit corpus christi; neque quod panis sit corpus christi; sed quod contentum sub his speciebus, quod prius erat panis, sit corpus christi. " et ideo signanter non dicit dominus, hic panis est corpus meum, |75| quod esset secundum intellectum secundae opinionis; neque, hoc corpus meum est corpus meum, quod esset secundum intellectum tertiae; sed in generali, hoc est corpus meum, nullo nomine apposito ex parte subiecti, sed solo pronomine, quod significat substantiam in communi sine qualitate, idest forma determinata.
ra1 ' Ad primum ergo dicendum quod haec dictio hoc demonstrat substantiam, sed absque determinatione propriae naturae, * sicut dictum est.
ra2 ' Ad secundum dicendum quod hoc pronomen hoc non demonstrat ipsa accidentia, sed substantiam sub accidentibus contentam, quae primo fuit panis, et postea est corpus christi, quod, licet non informetur his accidentibus, tamen sub eis continetur.
ra3 ' Ad tertium dicendum quod significatio huius locutionis praeintelligitur rei significatae ordine naturae, sicut causa naturaliter est prior effectu, non tamen ordine temporis, quia haec causa simul habet secum suum effectum. et hoc sufficit ad veritatem locutionis.

010 ST4 qu78 ar6

ag1 ' Ad sextum sic proceditur. videtur quod forma consecrationis panis non consequatur effectum suum quousque perficiatur forma consecrationis vini. sicut enim per consecrationem panis incipit esse corpus christi sub hoc sacramento, ita per consecrationem vini incipit esse sanguis. si ergo verba consecrationis panis haberent effectum suum ante consecrationem vini, sequeretur quod in hoc sacramento inciperet esse corpus christi exsangue. quod est inconveniens.
ag2 ' Praeterea, unum sacramentum unum habet complementum, unde, licet in baptismo sint tres immersiones, non tamen prima immersio consequitur suum effectum quousque tertia fuerit terminata. sed totum hoc sacramentum est unum, * ut supra dictum est. ' ergo verba quibus consecratur panis, non consequuntur suum effectum sine verbis sacramentalibus quibus consecratur vinum.
ag3 ' Praeterea, in ipsa forma consecrationis panis sunt plura verba, quorum prima non consequuntur effectum nisi prolato ultimo, * sicut dictum est. ' ergo, pari ratione, nec verba quibus consecratur corpus christi habent effectum, nisi prolatis verbis quibus sanguis christi consecratur.
sc ' Sed contra est quod, statim dictis verbis consecrationis panis, hostia consecrata proponitur populo adoranda. quod non fieret si non esset ibi corpus christi, quia hoc ad idololatriam pertineret. ergo verba consecrationis suum effectum consequuntur antequam proferantur verba consecrationis vini.
co * Respondeo dicendum quod quidam antiqui doctores dixerunt quod " hae duae formae, scilicet consecrationis panis et vini, se invicem expectant in agendo, ita scilicet quod prima non perficit suum effectum antequam secunda proferatur. ' sed hoc stare non potest. * quia, sicut dictum est, ' ad veritatem huius locutionis, hoc est corpus meum, requiritur, propter verbum praesentis temporis, quod res significata simul tempore sit cum ipsa significatione locutionis, alioquin, si in futurum expectaretur res significata, apponeretur verbum futuri temporis, non autem verbum praesentis; " ita scilicet quod non diceretur, hoc est corpus meum, sed, hoc erit corpus meum. ' significatio autem huius locutionis completur statim completa prolatione horum verborum. et ideo oportet rem significatam statim adesse, quae quidem est effectus huius sacramenti, alioquin locutio non esset vera. est etiam haec positio contra ritum ecclesiae, quae statim post prolationem verborum corpus christi adorat. unde dicendum est quod prima forma non expectat secundam in agendo, sed statim habet suum effectum.
ra1 ' Ad primum ergo dicendum quod * ex hac ratione videntur fuisse decepti illi qui praedictam positionem posuerunt. ' unde intelligendum est quod, facta consecratione panis, est quidem corpus christi ibi ex vi sacramenti, et sanguis ex reali concomitantia; sed postmodum, post consecrationem vini, fit ibi e converso sanguis christi ex vi sacramenti, corpus autem christi ex reali concomitantia; ita quod totus christus est sub utraque specie, * sicut supra dictum est.
ra2 ' Ad secundum dicendum quod hoc sacramentum est unum perfectione, * sicut supra dictum est, ' inquantum scilicet constituitur ex duobus, scilicet ex cibo et potu, quorum utrumque per se habet suam perfectionem. sed tres immersiones baptismi ordinantur ad unum simplicem effectum. et ideo non est simile.
ra3 ' Ad tertium dicendum quod diversa verba quae sunt in forma consecrationis panis, constituunt veritatem unius locutionis, non autem verba diversarum formarum. et ideo non est simile.

010 ST4 qu79 ar

pr ' Deinde considerandum est de effectibus huius sacramenti. et circa hoc quaeruntur octo. primo, utrum hoc sacramentum conferat gratiam. secundo, utrum effectus huius sacramenti sit adeptio gloriae. tertio, utrum effectus huius sacramenti sit remissio peccati mortalis. quarto, utrum per hoc sacramentum remittatur peccatum veniale. quinto, utrum per hoc sacramentum tota poena peccati remittatur. sexto, utrum hoc sacramentum hominem praeservet a peccatis futuris. septimo, utrum hoc sacramentum prosit aliis quam sumentibus. octavo, de impedimentis effectus huius sacramenti.

010 ST4 qu79 ar1

ag1 ' Ad primum sic proceditur. videtur quod per hoc sacramentum non conferatur gratia. hoc enim sacramentum est nutrimentum spirituale. nutrimentum autem non datur nisi viventi. cum ergo vita spiritualis sit per gratiam, non competit hoc sacramentum nisi iam habenti gratiam. non ergo per hoc sacramentum confertur gratia ut primo habeatur. similiter etiam nec ad hoc quod augeatur, quia augmentum spirituale pertinet ad sacramentum confirmationis, * ut dictum est. ' non ergo per hoc sacramentum gratia confertur.
ag2 ' Praeterea, hoc sacramentum assumitur ut quaedam spiritualis refectio. sed refectio spiritualis magis videtur pertinere ad usum gratiae quam ad gratiae consecutionem. ergo videtur quod per hoc sacramentum gratia non conferatur.
ag3 * Praeterea, sicut supra dictum est, ° in hoc sacramento corpus christi offertur pro salute corporis, sanguis autem pro salute animae. ' sed corpus non est subiectum gratiae, sed anima, * ut in secunda parte habitum est. ' ergo ad minus quantum ad corpus per hoc sacramentum gratia non confertur.
sc * Sed contra est quod dominus dicit, ioan. vi, ° panis quem ego dabo, caro mea est pro mundi vita. ' sed vita spiritualis est per gratiam. ergo per hoc sacramentum gratia confertur.
co ' Respondeo dicendum quod effectus huius sacramenti debet considerari, primo quidem et principaliter, ex eo quod in hoc sacramento continetur, quod est christus. qui sicut, in mundum visibiliter veniens,

contulit mundo vitam gratiae, * secundum illud ioan. i, ° gratia et veritas per iesum christum facta est; ‘ ita, in hominem sacramentaliter veniens, vitam gratiae operatur, * secundum illud ioan. vi, ° qui manducat me, vivit propter me. * unde et cyrillus dicit, ° vivificativum dei verbum, uniens seipsum propriae carni, fecit ipsam vivificativam. decebat ergo eum nostris quodammodo uniri corporibus per sacram eius carnem et pretiosum sanguinem, quae accipimus in benedictione vivificativa in pane et vino. ‘ secundo consideratur ex eo quod per hoc sacramentum repraesentatur, quod est passio christi, * sicut supra dictum est. ‘ et ideo effectum quem passio christi fecit in mundo, hoc sacramentum facit in homine. * unde super illud ioan. xix, ° continuo exivit sanguis et aqua, * dicit chrysostomus, ° quia hinc suscipiunt principium sacra mysteria, cum accesseris ad tremendum calicem, vel ab ipsa bibiturus christi |25| costa, ita accedas. * unde et ipse dominus dicit, matth. xxvi, ° hic est sanguis meus, qui pro vobis effundetur in remissionem peccatorum. ‘ tertio consideratur effectus huius sacramenti ex modo quo traditur hoc sacramentum, quod traditur per modum cibi et potus. et ideo omnem effectum quem cibus et potus materialis facit quantum ad vitam corporalem, quod scilicet sustentat, auget, reparat et delectat, hoc totum facit hoc sacramentum quantum ad vitam spiritualem. * unde ambrosius dicit, in libro de sacramentis, ° iste panis est vitae aeternae, qui animae nostrae substantiam fulcit. * et chrysostomus dicit, supra ioan., ° praestat se nobis desiderantibus et palpare et comedere et amplecti. * unde et ipse dominus dicit, ioan. vi, ° caro mea vere est cibus, et sanguis meus vere est potus. ‘ quarto consideratur effectus huius sacramenti ex speciebus in quibus hoc traditur sacramentum. * unde et augustinus, ibidem, dicit, ° dominus noster corpus et sanguinem suum in eis rebus commendavit quae ad unum aliquod rediguntur ex multis, namque aliud, scilicet panis, ex multis granis in unum constat, aliud, scilicet vinum, ex multis racemis confluit. |50| * et ideo ipse alibi dicit, super ioan., ° o sacramentum pietatis, o signum unitatis, o vinculum caritatis. ‘ et quia christus et eius passio est causa gratiae, et spiritualis refectio et caritas sine gratia esse non potest, * ex omnibus praemissis manifestum est ‘ quod hoc sacramentum gratiam confert.

ra1 ‘ Ad primum ergo dicendum quod hoc sacramentum ex seipso virtutem habet gratiam conferendi, nec aliquis habet gratiam ante susceptionem huius sacramenti nisi ex aliquali voto ipsius, vel per seipsum, sicut adulti, vel voto ecclesiae, sicut parvuli, sicut supra dictum est. unde ex efficacia virtutis ipsius est quod etiam ex voto ipsius aliquis gratiam consequatur, per quam spiritualiter vivificetur. restat igitur ut, cum ipsum sacramentum realiter sumitur, gratia augeatur, et vita spiritualis perficiatur. aliter tamen quam per sacramentum confirmationis, in quo augetur et perficitur gratia ad persistendum contra exteriores impugnationes inimicorum christi. per hoc autem sacramentum augetur gratia, et perficitur spiritualis vita, ad hoc quod homo in seipso perfectus existat per coniunctionem ad deum.

ra2 ‘ Ad secundum dicendum quod hoc sacramentum confert gratiam spiritualiter, cum virtute caritatis. * unde damascenus comparat hoc sacramentum carboni quem isaias vidit, isaiae vi, ° carbo enim lignum simplex non est, sed unitum igni, ita et panis communionis non simplex panis est, sed unitus divinitati. * sicut autem gregorius dicit, in homilia pentecostes, ° amor dei non est otiosus, magna enim operatur, si est. ‘ et ideo per hoc sacramentum, quantum est ex sui virtute, non solum habitus gratiae et virtutis confertur, sed etiam excitatur in actum, * secundum illud ii cor. v, ° caritas christi urget nos. ‘ et inde est quod ex virtute huius sacramenti anima spiritualiter reficitur, per hoc quod anima delectatur, et quodammodo inebriatur dulcedine bonitatis divinae, * secundum illud cant. v, ° comedite, amici, et bibite; et inebriamini, carissimi.

ra3 ‘ Ad tertium dicendum quod, quia sacramenta operantur secundum similitudinem per quam significant, ideo per quandam assimilationem dicitur “ quod in hoc sacramento ° corpus offertur pro salute corporis, et sanguis pro salute animae, ‘ quamvis utrumque ad salutem utriusque operetur, cum sub utroque totus sit christus, * ut supra dictum est. ‘ et licet corpus non sit immediatum subiectum gratiae, ex anima tamen redundat effectus gratiae ad corpus, “ dum in praesenti ° membra nostra exhibemus arma iustitiae deo, * ut habetur rom. vi; ‘ et in futuro corpus nostrum sortietur incorruptionem et gloriam animae.

010 ST4 qu79 ar2

ag1 ‘ Ad secundum sic proceditur. videtur quod effectus huius sacramenti non sit adeptio gloriae. effectus enim proportionatur suae causae. sed hoc sacramentum competit viatoribus, unde et viaticum dicitur. cum igitur viatores nondum sint capaces gloriae, videtur quod hoc sacramentum non causet adeptionem gloriae.

ag2 ‘ Praeterea, posita causa sufficienti, ponitur effectus. sed multi accipiunt hoc sacramentum qui nunquam pervenient ad gloriam, * ut patet per augustinum, xxi de civ. dei. ‘ non ergo hoc sacramentum est causa adeptionis gloriae.

ag3 ‘ Praeterea, maius non efficitur a minori, quia nihil agit ultra suam speciem. sed minus est percipere christum sub specie aliena, quod fit in hoc sacramento, quam frui eo in specie propria, quod pertinet ad gloriam. ergo hoc sacramentum non causat adeptionem gloriae.

sc * Sed contra est quod dicitur ioan. vi, ° si quis manducaverit ex hoc pane, vivet in aeternum. ‘ sed vita aeterna est vita gloriae. ergo effectus huius sacramenti est adeptio gloriae.

co ‘ Respondeo dicendum quod in hoc sacramento potest considerari et id ex quo habet effectum, scilicet ipse christus contentus, et passio eius repraesentata; et id per quod habet effectum, scilicet usus sacramenti et species eius. et quantum ad utrumque competit huic sacramento quod causet adeptionem vitae aeternae. nam ipse christus per suam passionem aperuit nobis aditum vitae aeternae, * secundum illud heb. ix, ° novi testamenti mediator est, ut, morte intercedente, qui vocati sunt accipiant repromissionem aeternae hereditatis. * unde et in forma huius sacramenti dicitur, ° hic est calix sanguinis mei novi et aeterni testamenti. ‘ similiter etiam refectio spiritualis cibi, et unitas significata per species panis et vini, habentur quidem in praesenti sed imperfecte, perfecte autem in statu gloriae. * unde augustinus dicit, super illud ioan. vi, ° caro mea vere est cibus, cum cibo et potu id appetant homines ut non esuriant neque sitiant, hoc veraciter non praestat nisi iste cibus et potus, qui eos a quibus sumitur immortales et incorruptibiles facit in societate sanctorum, ubi pax erit et unitas plena atque perfecta.

ra1 ‘ Ad primum ergo dicendum quod, sicut passio christi, ex cuius virtute hoc sacramentum operatur, est quidem causa sufficiens gloriae, non tamen ita quod statim per ipsam introducamur in gloriam, “ sed oportet ut prius simul compatiamur, ut postea simul glorificemur, * sicut dicitur rom. viii, ‘ ita hoc sacramentum non statim nos in gloriam introducit, sed dat nobis virtutem perveniendi ad gloriam. et ideo viaticum dicitur. * in cuius figuram, legitur iii reg. xix, quod ° elias comedit et bibit, et ambulavit in fortitudine cibi illius quadraginta diebus et quadraginta noctibus, usque ad montem dei horeb.

ra2 ‘ Ad secundum dicendum quod, sicut passio christi non habet suum effectum in his qui se ad eam non habent ut debent, ita et per hoc sacramentum non adipiscuntur gloriam qui indecenter ipsum suscipiunt. * unde augustinus dicit, super ioan., exponens illa verba, ° aliud est sacramentum, aliud virtus sacramenti. multi de altari accipiunt, et accipiendo moriuntur. panem ergo caelestem spiritualiter manducate, innocentiam ad altare apportate. ‘ unde non est mirum si illi qui innocentiam non servant, effectum huius sacramenti non consequuntur.

ra3 ‘ Ad tertium dicendum quod hoc quod christus sub aliena specie sumitur, pertinet ad rationem sacramenti, quod instrumentaliter agit. nihil autem prohibet causam instrumentalem producere potiorem effectum, * ut ex supra dictis patet.

010 ST4 qu79 ar3

ag1 ‘ Ad tertium sic proceditur. videtur quod effectus huius sacramenti sit remissio peccati mortalis. * dicitur enim in quadam collecta, ° sit hoc sacramentum ablutio scelerum. ‘ sed scelera dicuntur peccata mortalia. ergo per hoc sacramentum peccata mortalia abluuntur.

ag2 ‘ Praeterea, hoc sacramentum agit in virtute passionis christi, sicut et baptismus. sed per baptismum dimittuntur peccata mortalia, * ut supra dictum est. ‘ ergo et per hoc sacramentum, * praesertim cum in forma huius sacramenti dicatur, ° qui pro multis effundetur in remissionem peccatorum.

ag3 ‘ Praeterea, per hoc sacramentum gratia confertur, * ut dictum est. ‘ sed per gratiam iustificatur homo a peccatis mortalibus, * secundum illud rom. iii, ° iustificati gratis per gratiam ipsius. ‘ ergo per hoc sacramentum remittuntur peccata mortalia.

sc * Sed contra est quod dicitur i cor. xi, ° qui manducat et bibit indigne, iudicium sibi manducat et bibit. * dicit autem glossa ibidem quod ° ille manducat et bibit indigne qui in crimine est, vel irreverenter tractat, et talis manducat et bibit sibi iudicium, idest damnationem. ‘ ergo ille qui est in peccato mortali, per hoc quod accipit hoc sacramentum, magis accumulat sibi peccatum, quam remissionem sui peccati consequatur.

co ‘ Respondeo dicendum quod virtus huius sacramenti potest considerari dupliciter. uno modo, secundum se. et sic hoc sacramentum habet virtutem ad remittendum quaecumque peccata, ex passione christi, quae est fons et causa remissionis peccatorum alio modo potest considerari per comparationem ad eum qui recipit hoc sacramentum, prout in eo invenitur vel non invenitur impedimentum percipiendi hoc sacramentum. quicumque autem habet conscientiam peccati mortalis, habet in se impedimentum percipiendi effectum huius sacramenti, eo quod non est conveniens susceptor huius sacramenti, tum quia non vivit spiritualiter, et ita non debet spirituale nutrimentum suscipere, quod non est nisi viventis; tum quia non potest uniri christo, quod fit per hoc sacramentum, dum est in affectu peccandi mortaliter. * et ideo, ut dicitur in libro de ecclesiasticis dogmat., ° si mens in affectu peccandi est, gravatur magis eucharistiae perceptione quam purificetur. ‘ unde hoc sacramentum in eo qui ipsum percipit cum conscientia peccati mortalis, non operatur remissionem peccati. potest tamen hoc sacramentum operari remissionem peccati dupliciter. uno modo, non perceptum actu, sed voto, sicut cum quis primo iustificatur a peccato. alio modo, etiam perceptum ab eo qui est in peccato mortali, cuius conscientiam et affectum non habet. forte enim primo non fuit sufficienter contritus, sed, devote et reverenter accedens, consequetur per hoc sacramentum gratiam caritatis, |25| quae contritionem perficiet et remissionem peccati.

ra1 ‘ Ad primum ergo dicendum quod petimus quod illud sacramentum “ nobis sit ablutio scelerum, vel eorum quorum conscientiam non habemus, * secundum illud psalmi, ° ab occultis meis munda me, domine; ‘ vel ut contritio in nobis perficiatur ad scelerum remissionem; vel etiam ut robur nobis detur contra scelera vitanda.

ra2 ‘ Ad secundum dicendum quod baptismus est spiritualis generatio, quae est mutatio de non esse spirituali in esse spirituale; et datur per modum ablutionis. et ideo, quantum ad utrumque, non inconveniens ter accedit ad baptismum qui habet conscientiam peccati mortalis. sed per hoc sacramentum homo sumit in se christum per modum spiritualis nutrimenti, quod non competit mortuo in peccatis. et ideo non est similis ratio.

ra3 ‘ Ad tertium dicendum quod gratia est sufficiens causa remissionis peccati mortalis, non tamen actu remittit peccatum mortale nisi cum primo datur peccatori. sic autem non datur in hoc sacramento. unde ratio non sequitur.

010 ST4 qu79 ar4

ag1 ‘ Ad quartum sic proceditur. videtur quod per hoc sacramentum non remittantur peccata venialia. “ hoc enim sacramentum, * ut augustinus dicit, super ioan., “ est sacramentum caritatis. ‘ sed venialia peccata non contrariantur caritati, * ut in secunda parte habitum est. ‘ cum ergo contrarium tollatur per suum contrarium, videtur quod peccata venialia per hoc sacramentum non remittantur.

ag2 ‘ Praeterea, si peccata venialia per hoc sacramentum remittantur, qua ratione unum remittitur, et omnia remittentur. sed non videtur quod omnia remittantur, quia sic frequenter aliquis esset absque omni peccato veniali, * quod est contra id quod dicitur i ioan. i, ° si dixerimus quoniam peccatum non habemus, nos ipsos seducimus. ‘ non ergo per hoc sacramentum remittitur aliquod peccatum veniale.

ag3 ‘ Praeterea, contraria mutuo se expellunt. sed peccata venialia non prohibent a perceptione huius sacramenti, * dicit enim augustinus, super illud ioan. vi, ° si quis ex ipso manducaverit, non morietur in aeternum, innocentiam, inquit, ad altare apportate, peccata, etsi sint quotidiana, non sint mortifera. ‘ ergo neque peccata venialia per hoc sacramentum tolluntur.

sc * Sed contra est quod innocentius iii dicit, quod “ hoc sacramentum veniale delet et cavet mortalia.

co ‘ Respondeo dicendum quod in hoc sacramento duo possunt considerari, scilicet ipsum sacramentum, et res sacramenti. et ex utroque apparet quod hoc sacramentum habet virtutem ad remissionem venialium peccatorum. nam hoc sacramentum sumitur sub specie cibi nutrientis. nutrimentum autem cibi necessarium est corpori ad restaurandum id quod quotidie deperditur ex calore naturali. spiritualiter autem quotidie in nobis aliquid deperditur ex calore concupiscentiae per peccata venialia, quae diminuunt fervorem caritatis, * ut in secunda parte habitum est. ‘ et ideo competit huic sacramento ut remittat peccata venialia. * unde et ambrosius dicit, in libro de sacramentis, quod “ iste panis quotidianus sumitur in remedium quotidianae infirmitatis. ‘ res autem huius sacramenti est caritas, non solum quantum ad habitum, sed etiam quantum ad actum, qui excitatur in hoc sacramento, per quod peccata venialia solvuntur. unde manifestum est quod virtute huius sacramenti remittuntur peccata venialia.

ra1 ‘ Ad primum ergo dicendum quod peccata venialia, etsi non contrarientur caritati quantum ad habitum, contrariantur tamen ei quantum ad fervorem actus, qui excitatur per hoc sacramentum. ratione cuius peccata venialia tolluntur.

ra2 ‘ Ad secundum dicendum quod illud verbum non est intelligendum quin aliqua hora possit homo esse absque omni reatu peccati venialis, sed quia vitam istam sancti non ducunt sine peccatis venialibus.

ra3 ‘ Ad tertium dicendum quod maior est virtus caritatis, cuius est hoc sacramentum, quam venialium peccatorum, nam caritas tollit per suum actum peccata venialia, quae tamen non possunt totaliter impedire actum caritatis. et eadem ratio est de hoc sacramento.

010 ST4 qu79 ar5

ag1 ‘ Ad quintum sic proceditur. videtur quod per hoc sacramentum tota poena peccati remittatur. homo enim per hoc sacramentum suscipit in se effectum passionis christi, * ut dictum est, ‘ sicut et per

baptismum. sed per baptismum percipit homo remissionem omnis poenae virtute passionis christi, quae sufficienter satisfecit pro omnibus peccatis, * ut ex supra dictis patet. ' ergo videtur quod per hoc sacramentum homini remittatur totus reatus poenae.
ag2 * Praeterea, alexander papa dicit, ° nihil in sacrificiis maius esse potest quam corpus et sanguis christi. ' sed per sacrificia veteris legis homo satisfaciebat pro peccatis suis, * dicitur enim levit. iv et v, " si peccaverit homo, offeret (hoc vel illud) pro peccato suo, et remittetur ei. ' ergo multo magis hoc sacramentum valet ad remissionem omnis poenae.
ag3 ' Praeterea, constat quod per hoc sacramentum aliquid de reatu poenae dimittitur, unde et in satisfactione quibusdam iniungitur quod pro se faciant missas celebrare. sed qua ratione una pars poenae dimittitur, eadem ratione et alia, cum virtus christi, quae in hoc sacramento continetur, sit infinita. ergo videtur quod per hoc sacramentum tota poena tollatur.
sc ' Sed contra est quod, secundum hoc, non esset homini alia poena iniungenda, sicut nec baptizato iniungitur.
co ' Respondeo dicendum quod hoc sacramentum simul est et sacrificium et sacramentum, sed rationem sacrificii habet inquantum offertur; rationem autem sacramenti inquantum sumitur. et ideo effectum sacramenti habet in eo qui sumit, effectum autem sacrificii in eo qui offert, vel in his pro quibus offertur. si igitur consideretur ut sacramentum, habet duplicitem effectum, uno modo, directe ex vi sacramenti; alio modo, quasi ex quadam concomitantia; * sicut et circa continentiam sacramenti dictum est. ' ex vi quidem sacramenti, directe habet illum effectum ad quem est institutum. non est autem institutum ad satisfaciendum, sed ad spiritualiter nutriendum per unionem ad christum et ad membra eius, sicut et nutrimentum unitur nutrito. sed quia haec unitas fit per caritatem, ex cuius fervore aliquis consequitur remissionem non solum culpae, sed etiam poenae; inde est quod ex consequenti, per quandam concomitantiam ad principalem effectum, homo consequitur remissionem poenae; non quidem totius, sed secundum modum suae devotionis et fervoris. inquantum vero est sacrificium, habet vim satisfactivam. sed in satisfactione magis attenditur affectus offerentis quam quantitas oblationis, * unde et dominus dixit, luc. xxi, de vidua quae obtulit duo aera, quod " plus omnibus misit. |25| ' quamvis igitur haec oblatio ex sui quantitate sufficiat ad satisfaciendum pro omni poena, tamen fit satisfactoria illis pro quibus offertur, vel etiam offerentibus, secundum quantitatem suae devotionis, et non pro tota poena.
ra1 ' Ad primum ergo dicendum quod sacramentum baptismi directe ordinatur ad remissionem culpae et poenae, non autem eucharistia, quia baptismus datur homini quasi commorienti christo; eucharistia autem quasi nutriendo et perficiendo per christum. unde non est similis ratio.
ra2 ' Ad secundum dicendum quod alia sacrificia et oblationes non operabantur remissionem totius poenae, neque quantum ad quantitatem oblati, sicut hoc sacrificium; neque quantum ad devotionem hominis, ex qua contingit quod etiam hic non tollitur tota poena.
ra3 ' Ad tertium dicendum quod hoc quod tollitur pars poenae et non tota per hoc sacramentum, non contingit ex defectu virtutis christi, sed ex defectu devotionis humanae.

010 ST4 qu79 ar6

ag1 ' Ad sextum sic proceditur. videtur quod per hoc sacramentum non praeservetur homo a peccatis futuris. multi enim digne sumentes hoc sacramentum postea in peccatum cadent. quod non accideret si hoc sacramentum praeservaret a peccatis futuris. non ergo effectus huius sacramenti est a peccatis futuris praeservare.
ag2 ' Praeterea, eucharistia est sacramentum caritatis, * ut supra dictum est. ' sed caritas non videtur praeservare a peccatis futuris, quia semel habita potest amitti per peccatum, * ut in secunda parte habitum est. ' ergo videtur quod nec hoc sacramentum praeservet hominem a peccato.
ag3 ' Praeterea, origo peccati in nobis est ° lex peccati, quae est in membris nostris, * ut patet per apostolum, rom. vii. ' sed mitigatio fomitis, qui est lex peccati, non ponitur effectus huius sacramenti, sed magis baptismi. ergo praeservare a peccatis futuris non est effectus huius sacramenti.
sc * Sed contra est quod dominus dicit, ioan. vi, ° hic est panis de caelo descendens, ut, si quis ex eo manducaverit, non moriatur. ' quod quidem manifestum est non intelligi de morte corporali. ergo intelligitur quod hoc sacramentum praeservet a morte spirituali, quae est per peccatum.
co ' Respondeo dicendum quod peccatum est quaedam mors spiritualis animae. unde hoc modo praeservatur aliquis a peccato futuro, quo praeservatur corpus a morte futura. quod quidem fit dupliciter. uno modo, inquantum natura hominis interius roboratur contra interiora corruptiva, et sic praeservatur a morte per cibum et medicinam. alio modo, per hoc quod munitur contra exteriores impugnationes, et sic praeservatur per arma, quibus munitur corpus. utroque autem modo hoc sacramentum praeservat a peccato. nam primo quidem, per hoc quod christo coniungit per gratiam, roborat spiritualem vitam hominis, tanquam spiritualis cibus et spiritualis medicina, * secundum illud psalmi, ° panis cor hominis confirmat. * et augustinus dicit, super ioan., ° securus accede, panis est, non venenum. ' alio modo, inquantum signum est passionis christi, per quam victi sunt daemones, repellit enim omnem daemonum impugnationem. * unde chrysostomus dicit, super ioan., ° ut leones flammam spirantes, sic ab illa mensa discedimus, terribiles effecti diabolo.
ra1 ' Ad primum ergo dicendum quod effectus huius sacramenti recipitur in homine secundum hominis conditionem, sicut contingit de qualibet causa activa quod eius effectus recipitur in materia secundum modum materiae. homo autem in statu viae est huius conditionis quod liberum arbitrium eius potest flecti in bonum et in malum. unde, licet hoc sacramentum, quantum est de se habeat virtutem praeservativam a peccato, non tamen aufert homini possibilitatem peccandi.
ra2 ' Ad secundum dicendum quod etiam caritas, quantum est de se, praeservat hominem a peccato, * secundum illud rom. xiii, ° dilectio proximi malum non operatur. ' sed ex mutabilitate liberi arbitrii contingit quod aliquis post habitam caritatem peccat, sicut et post susceptionem huius sacramenti.
ra3 ' Ad tertium dicendum quod, licet hoc sacramentum non directe ordinetur ad diminutionem fomitis, diminuit tamen fomitem ex quadam consequentia, inquantum auget caritatem, * quia, sicut augustinus dicit, in libro octogintatrium quaestionum, ° augmentum caritatis est diminutio cupiditatis. ' directe autem confirmat cor hominis in bono. per quod etiam praeservatur homo a peccato.

010 ST4 qu79 ar7

ag1 ' Ad septimum sic proceditur. videtur quod hoc sacramentum non prosit nisi sumenti. hoc enim sacramentum est unius generis cum aliis sacramentis, utpote aliis condivisum. sed alia sacramenta non prosunt nisi sumentibus, sicut effectum baptismi non suscipit nisi baptizatus. ergo nec hoc sacramentum prodest aliis nisi sumenti.
ag2 ' Praeterea, effectus huius sacramenti est adeptio gratiae et gloriae, et remissio culpae, ad minus venialis. si ergo hoc sacramentum haberet effectum in aliis quam in sumentibus, posset contingere quod aliquis adipisceretur gloriam et gratiam et remissionem culpae absque actione et passione propria, alio offerente vel sumente hoc sacramentum.
ag3 ' Praeterea, multiplicata causa, multiplicatur effectus. si ergo hoc sacramentum prodest aliis quam sumentibus, sequeretur quod magis prodesset alicui si sumeret hoc sacramentum in multis hostiis in una missa consecratis, quod non habet ecclesiae consuetudo, ut scilicet multi communicent pro alicuius salute. non ergo videtur quod hoc sacramentum prosit nisi sumenti.
sc ' Sed contra est quod in celebratione huius sacramenti fit pro multis aliis deprecatio. quod frustra fieret nisi hoc sacramentum aliis prodesset. ergo hoc sacramentum non solum sumentibus prodest.
co * Respondeo dicendum quod, sicut prius dictum est, ' hoc sacramentum non solum est sacramentum, sed etiam est sacrificium. inquantum enim in hoc sacramento repraesentatur passio christi, " qua christus obtulit se hostiam deo, * ut dicitur ephes. v, ' habet rationem sacrificii, inquantum vero in hoc sacramento traditur invisibiliter gratia sub visibili specie, habet rationem sacramenti. sic igitur hoc sacramentum sumentibus quidem prodest per modum sacramenti et per modum sacrificii, quia pro omnibus sumentibus offertur, * dicitur enim in canone missae, ° quotquot ex hac altaris participatione sacrosanctum corpus et sanguinem filii tui sumpserimus, omni benedictione caelesti et gratia repleamur. ' sed aliis, qui non sumunt, prodest per modum sacrificii, inquantum pro salute eorum offertur, * unde et in canone missae dicitur, ° memento, domine, famulorum famularumque tuarum, pro quibus tibi offerimus, vel qui tibi offerunt, hoc sacrificium laudis, pro se suisque omnibus, pro redemptione animarum suarum, pro spe salutis et incolumitatis suae. * et utrumque modum dominus exprimit, dicens, matth. xxvi, " qui pro vobis, scilicet sumentibus, et pro multis aliis, |25| effundetur in remissionem peccatorum.
ra1 ' Ad primum ergo dicendum quod hoc sacramentum prae aliis habet quod est sacrificium. et ideo non est similis ratio.
ra2 ' Ad secundum dicendum quod, sicut passio christi prodest quidem omnibus ad remissionem culpae et adeptionem gratiae et gloriae, sed effectum non habet nisi in illis qui passioni christi coniunguntur per fidem et caritatem; ita etiam hoc sacrificium, quod est memoriale dominicae passionis, non habet effectum nisi in illis qui coniunguntur huic sacramento per fidem et caritatem. * unde et augustinus dicit, ad renatum, ° quis offerat corpus christi nisi pro his qui sunt membra christi? ' unde et in canone missae non oratur pro his qui sunt extra ecclesiam. illis tamen prodest plus vel minus, secundum modum devotionis eorum.
ra3 ' Ad tertium dicendum quod sumptio pertinet ad rationem sacramenti, sed oblatio pertinet ad rationem sacrificii. et ideo ex hoc quod aliquis sumit corpus christi, vel etiam plures, non accrescit aliis aliquod iuvamentum. similiter etiam neque ex hoc quod sacerdos plures hostias consecrat in una missa, non multiplicatur effectus huius sacramenti, quia non est nisi unum sacrificium, nihil enim virtutis plus est in multis hostiis consecratis quam in una, cum sub omnibus et sub una non sit nisi totus christus. unde nec si aliquis simul in una missa multas hostias consecratas sumat, participabit maiorem effectum sacramenti. in pluribus vero missis multiplicatur sacrificii oblatio. et ideo multiplicatur effectus sacrificii et sacramenti.

010 ST4 qu79 ar8

ag1 ' Ad octavum sic proceditur. videtur quod per veniale peccatum non impediatur effectus huius sacramenti. * dicit enim augustinus, super illud ioan. vi, ° si quis ex ipso manducaverit etc., panem caelestem spiritualiter manducate; innocentiam ad altare portate; peccata, etsi sint quotidiana, non sint mortifera. ' ex quo patet quod quotidiana peccata, quae dicuntur venialia, spiritualem manducationem non impediunt. sed spiritualiter manducantes effectum huius sacramenti percipiunt. ergo peccata venialia non impediunt effectum huius sacramenti.
ag2 ' Praeterea, hoc sacramentum non est minoris virtutis quam baptismus. sed effectum baptismi, * sicut supra dictum est, ' impedit sola fictio, ad quam non pertinent peccata venialia, * quia, sicut sap. i dicitur, ° spiritus sanctus disciplinae effugiet fictum, ' qui tamen per peccata venialia non fugatur. ergo neque effectum huius sacramenti impediunt peccata venialia.
ag3 ' Praeterea, nihil quod removetur per actionem alicuius causae, potest impedire eius effectum. sed peccata venialia tolluntur per hoc sacramentum. ergo non impediunt eius effectum.
sc * Sed contra est quod damascenus dicit, in iv libro, ° ignis eius quod in nobis est desiderii, assumens eam quae ex carbone, idest hoc sacramento, ignitionem, comburet nostra peccata, et illuminabit nostra corda, ut participatione divini ignis igniamur et deificemur. ' sed ignis nostri desiderii vel amoris impeditur per peccata venialia, quae impediunt fervorem caritatis, * ut in secunda parte habitum est. ' ergo peccata venialia impediunt effectum huius sacramenti.
co ' Respondeo dicendum quod peccata venialia dupliciter accipi possunt, uno modo, prout sunt praeterita; alio modo, prout sunt actu exercita. primo quidem modo, peccata venialia nullo modo impediunt effectum huius sacramenti. potest enim contingere quod aliquis post multa peccata commissa venialia, devote accedat ad hoc sacramentum, et plenarie huius sacramenti consequetur effectum. secundo autem modo, peccata venialia non ex toto impediunt effectum huius sacramenti, sed in parte. * dictum est enim quod ' effectus huius sacramenti non solum est adeptio habitualis gratiae vel caritatis, sed etiam quaedam actualis refectio spiritualis dulcedinis. quae quidem impeditur si aliquis accedat ad hoc sacramentum mente distracta per peccata venialia. non autem tollitur augmentum gratiae habitualis vel caritatis.
ra1 ' Ad primum ergo dicendum quod ille qui cum actu venialis peccati ad hoc sacramentum accedit, habitualiter quidem manducat spiritualiter, sed non actualiter. et ideo habitualem effectum huius sacramenti percipit, non autem actualem.
ra2 ' Ad secundum dicendum quod baptismus non ita ordinatur ad actualem effectum, idest ad fervorem caritatis, sicut hoc sacramentum. nam baptismus est spiritualis regeneratio, per quam acquiritur prima perfectio, quae est habitus vel forma, hoc autem sacramentum est spiritualis manducatio, quae habet actualem delectationem.
ra3 ' Ad tertium dicendum quod illa ratio procedit de venialibus praeteritis, quae per hoc sacramentum tolluntur.

010 ST4 qu80 ar

pr ' Deinde considerandum est de usu sive sumptione huius sacramenti. et primo, in communi; secundo, quomodo christus est usus hoc sacramento. circa primum quaeruntur duodecim. primo, utrum sint duo modi manducandi hoc sacramentum, scilicet sacramentaliter et spiritualiter. secundo, utrum soli homini conveniat manducare spiritualiter. tertio, utrum solius hominis iusti sit manducare sacramentaliter. quarto, utrum peccator manducans sacramentaliter peccet. quinto, de quantitate huius peccati. sexto, utrum peccator accedens ad hoc sacramentum sit repellendus. septimo, utrum nocturna pollutio impediat hominem a sumptione huius sacramenti. octavo, utrum sit solum a ieiunis sumendum. nono, utrum sit exhibendum non habentibus usum rationis. decimo, utrum sit quotidie sumendum. undecimo, utrum liceat omnino abstinere. duodecimo, utrum liceat percipere corpus sine sanguine.

010 ST4 qu80 ar1

ag1 ' Ad primum sic proceditur. videtur quod non debeant distingui duo modi manducandi corpus christi, scilicet spiritualiter et sacramentaliter. sicut enim baptismus est spiritualis regeneratio, * secundum illud ioan. iii, ° nisi quis renatus fuerit ex aqua et spiritu sancto ‘ etc., ita etiam hoc sacramentum est cibus spiritualis, * unde dominus, loquens de hoc sacramento, dicit, ioan. vi, ° verba quae ego locutus sum vobis, spiritus et vita sunt. ‘ sed circa baptismum non distinguitur duplex modus sumendi, scilicet sacramentalis et spiritualis. ergo neque circa hoc sacramentum debet haec distinctio adhiberi.

ag2 ‘ Praeterea, ea quorum unum est propter alterum, non debent ad invicem dividi, quia unum ab alio speciem trahit. sed sacramentalis manducatio ordinatur ad spiritualem sicut ad finem. non ergo debet sacramentalis manducatio contra spiritualem dividi.

ag3 ‘ Praeterea, ea quorum unum non potest esse sine altero, non debent contra se dividi. sed videtur quod nullus possit manducare spiritualiter nisi etiam sacramentaliter manducet, alioquin antiqui patres hoc sacramentum spiritualiter manducassent. frustra etiam esset sacramentalis manducatio, si sine ea spiritualis esse posset. non ergo convenienter distinguitur duplex manducatio, scilicet sacramentalis et spiritualis.

sc * Sed contra est quod, super illud i cor. xi, ° qui manducat et bibit indigne * etc., dicit glossa, ° duos dicimus esse modos manducandi, unum sacramentalem, et alium spiritualem.

co ‘ Respondeo dicendum quod in sumptione huius sacramenti duo sunt consideranda, scilicet ipsum sacramentum, et effectus ipsius, * de quorum utroque supra iam dictum est. ‘ perfectus igitur modus sumendi hoc sacramentum est quando aliquis ita hoc sacramentum suscipit quod percipit eius effectum. contingit autem quandoque, * sicut supra dictum est, ‘ quod aliquis impeditur a percipiendo effectum huius sacramenti, et talis sumptio huius sacramenti est imperfecta. sicut igitur perfectum contra imperfectum dividitur, ita sacramentalis manducatio, per quam sumitur solum sacramentum sine effectu ipsius, dividitur contra spiritualem manducationem, per quam aliquis percipit effectum huius sacramenti quo spiritualiter homo christo coniungitur per fidem et caritatem.

ra1 ‘ Ad primum ergo dicendum quod etiam circa baptismum, et alia huiusmodi sacramenta, similis distinctio adhibetur, nam quidam suscipiunt tantum sacramentum, quidam vero sacramentum et rem sacramenti. hic tamen differt quia, cum alia sacramenta perficiantur in usu materiae, percipere sacramentum est ipsa perfectio sacramenti, hoc autem sacramentum perficitur in consecratione materiae, et ideo uterque usus est consequens hoc sacramentum. in baptismo autem, et aliis sacramentis characterem imprimentibus, illi qui accipiunt sacramentum, recipiunt aliquem spiritualem effectum, scilicet characterem, quod non accidit in hoc sacramento. et ideo magis in hoc sacramento distinguitur usus sacramentalis a spirituali quam in baptismo.

ra2 ‘ Ad secundum dicendum quod sacramentalis manducatio quae pertingit ad spiritualem, non dividitur contra spiritualem, sed includitur ab ea. sed illa sacramentalis manducatio contra spiritualem dividitur quae effectum non consequitur, sicut imperfectum quod non pertingit ad perfectionem speciei, dividitur contra perfectum.

ra3 * Ad tertium dicendum quod, sicut supra dictum est, ‘ effectus sacramenti potest ab aliquo percipi, si sacramentum habeatur in voto, quamvis non habeatur in re. et ideo, sicut aliqui baptizantur baptismo flaminis, propter desiderium baptismi, antequam baptizentur baptismo aquae; ita etiam aliqui manducant spiritualiter hoc sacramentum antequam sacramentaliter sumant. sed hoc contingit dupliciter. uno modo, propter desiderium sumendi ipsum sacramentum, et hoc modo dicuntur baptizari et manducare spiritualiter et non sacramentaliter, illi qui desiderant sumere haec sacramenta iam instituta. alio modo, propter figuram, * sicut dicit apostolus, i cor. x, quod antiqui patres ° baptizati sunt in nube et in mari, et quod spiritualem escam manducaverunt et spiritualem potum biberunt. ‘ nec tamen frustra adhibetur sacramentalis manducatio, quia plenius inducit sacramenti effectum ipsa sacramenti susceptio quam solum desiderium, * sicut supra circa baptismum dictum est.

010 ST4 qu80 ar2

ag1 ‘ Ad secundum sic proceditur. videtur quod non solius hominis sit hoc sacramentum sumere spiritualiter, sed etiam angelorum. * quia super illud psalmi, ° panem angelorum manducavit homo, * dicit glossa, ° idest, corpus christi, qui est vere cibus angelorum. ‘ sed hoc non esset si angeli spiritualiter christum non manducarent. ergo angeli spiritualiter christum manducant.

ag2 * Praeterea, augustinus dicit, super ioan., ° hunc cibum et potum societatem vult intelligi corporis et membrorum suorum, quod est ecclesia in praedestinatis. ‘ sed ad istam societatem non solum pertinent homines, sed etiam sancti angeli. ergo etiam sancti angeli spiritualiter manducant.

ag3 * Praeterea, augustinus, in libro de verbis domini, dicit, ° spiritualiter manducandus est christus, quomodo ipse dicit, qui manducat meam carnem et bibit meum sanguinem, in me manet et ego in eo. ‘ sed hoc convenit non solum hominibus, sed etiam sanctis angelis, in quibus per caritatem est christus, et ipsi in eo. ergo videtur quod spiritualiter manducare non solum sit hominum, sed etiam angelorum.

sc * Sed contra est quod augustinus dicit, super ioan., ° panem de altari spiritualiter manducate, innocentiam ad altare portate. ‘ sed angelorum non est accedere ad altare, tanquam aliquid inde sumpturi. ergo angelorum non est spiritualiter manducare.

co ‘ Respondeo dicendum quod in hoc sacramento continetur ipse christus, non quidem in specie propria, sed in specie sacramenti. dupliciter ergo contingit manducare spiritualiter. uno modo, ipsum christum prout in sua specie consistit. et hoc modo angeli spiritualiter manducant ipsum christum, inquantum ei uniuntur fruitione caritatis perfectae et visione manifesta (quem panem expectamus in patria), non per fidem, sicut nos hic ei unimur. alio modo contingit spiritualiter manducare christum prout est sub speciebus huius sacramenti, inquantum scilicet aliquis credit in christum cum desiderio sumendi hoc sacramentum. et hoc non solum est manducare christum spiritualiter, sed etiam spiritualiter manducare hoc sacramentum. quod non competit angelis. et ideo angeli, etsi spiritualiter manducent christum, non convenit tamen eis spiritualiter manducare hoc sacramentum.

ra1 ‘ Ad primum ergo dicendum quod sumptio christi sub hoc sacramento ordinatur, sicut ad finem, ad fruitionem patriae, qua angeli eo fruuntur. et quia ea quae sunt ad finem, derivantur a fine, inde est quod ista manducatio christi qua eum sumimus sub hoc sacramento, quodammodo derivatur ab illa manducatione qua angeli fruuntur christo in patria. et ideo dicitur homo manducare panem angelorum, quia primo et principaliter est angelorum, qui eo fruuntur in propria specie; secundario autem est hominum, qui christum sub sacramento accipiunt.

ra2 ‘ Ad secundum dicendum quod ad societatem corporis mystici pertinent quidem et homines per fidem, angeli autem per manifestam visionem. sacramenta autem proportionantur fidei, per quam veritas “ videtur in speculo et in aenigmate. ‘ et ideo hic, proprie loquendo, non angelis, sed hominibus proprie convenit manducare spiritualiter hoc sacramentum.

ra3 ‘ Ad tertium dicendum quod christus manet in hominibus secundum praesentem statum per fidem, sed in angelis beatis est per manifestam visionem. et ideo non est simile, * sicut dictum est.

010 ST4 qu80 ar3

ag1 ‘ Ad tertium sic proceditur. videtur quod nullus possit manducare christum sacramentaliter nisi homo iustus. * dicit enim augustinus, in libro de remedio poenitentiae ° ut quid paras dentem et ventrem? crede, et manducasti. credere enim in eum, hoc est panem vivum manducare. ‘ sed peccator non credit in eum, quia non habet fidem formatam, ad quam pertinet credere in deum, * ut in secunda parte habitum est. ‘ ergo peccator non potest manducare hoc sacramentum, qui est panis vivus.

ag2 ‘ Praeterea, hoc sacramentum dicitur esse maxime sacramentum caritatis, * ut supra dictum est. ‘ sed, sicut infideles privantur fide, ita omnes peccatores sunt privati caritate. infideles autem non videntur sacramentaliter posse sumere hoc sacramentum, cum in forma huius sacramenti dicatur, “ mysterium fidei. ‘ ergo, pari ratione, nec aliquis peccatorum potest corpus christi sacramentaliter manducare.

ag3 ‘ Praeterea, peccator magis est abominabilis deo quam creatura irrationalis, * dicitur enim in psalmo de homine peccatore, ° homo, cum in honore esset, non intellexit, comparatus est iumentis insipientibus, et similis factus est illis. ‘ sed animal brutum, puta mus aut canis, non potest sumere hoc sacramentum, sicut etiam non potest sumere sacramentum baptismi. ergo videtur quod, pari ratione, neque peccatores hoc sacramentum manducent.

sc * Sed contra est quod super illud ioan. vi, ° ut si quis manducaverit non moriatur, * dicit augustinus, ° multi de altari accipiunt, et accipiendo moriuntur, unde dicit apostolus, iudicium sibi manducat et bibit. ‘ sed non moriuntur sumendo nisi peccatores. ergo peccatores corpus christi sacramentaliter manducant, et non solum iusti.

co ‘ Respondeo dicendum quod * circa hoc quidam antiqui erraverunt, dicentes quod “ corpus christi nec etiam a peccatoribus sacramentaliter sumitur, sed, quam cito labiis peccatoris figitur, tam cito sub speciebus sacramentalibus desinit esse corpus christi. ‘ sed hoc est erroneum. derogat enim veritati huius sacramenti, ad quam pertinet, * sicut supra dictum est, quod, ‘ manentibus speciebus corpus christi sub eis esse non desinat. species autem manent quandiu substantia panis maneret si ibi adesset, * ut supra dictum est. ‘ manifestum est autem quod substantia panis assumpta a peccatore non statim esse desinit, sed manet quandiu per calorem naturalem digeratur. unde tandiu corpus christi sub speciebus sacramentalibus manet a peccatoribus sumptis. unde dicendum est quod peccator sacramentaliter corpus christi manducare potest, et non solum iustus.

ra1 “ Ad primum ergo dicendum quod verba illa, et similia, sunt intelligenda de spirituali manducatione, quae peccatoribus non convenit. * et ideo ex pravo intellectu horum verborum videtur praedictus error processisse, “ dum nescierunt distinguere inter corporalem et spiritualem manducationem.

ra2 ‘ Ad secundum dicendum quod etiam si infidelis sumat species sacramentales, corpus christi sub sacramento sumit. unde manducat christum sacramentaliter, si ly sacramentaliter determinat verbum ex parte manducati. si autem ex parte manducantis, tunc, proprie loquendo, non manducat sacramentaliter, quia non utitur eo quod accipit ut sacramento, sed ut simplici cibo. nisi forte infidelis intenderet recipere id quod ecclesia confert, licet non haberet fidem veram circa alios articulos, vel circa hoc sacramentum.

ra3 ‘ Ad tertium dicendum quod, etiam si mus aut canis hostiam consecratam manducet, substantia corporis christi non desinet esse sub speciebus quandiu species illae manent, hoc est, quandiu substantia panis maneret, sicut etiam si proiiceretur in lutum. nec hoc vergit in detrimentum dignitatis christi, qui voluit a peccatoribus crucifigi absque diminutione suae dignitatis, praesertim cum mus aut canis non tangat ipsum corpus christi secundum propriam speciem, sed solum secundum species sacramentales. * quidam autem dixerunt quod, “ statim cum sacramentum tangitur a mure vel cane, desinit ibi esse corpus christi. ‘ quod etiam derogat veritati sacramenti, * sicut supra dictum est. ‘ nec tamen dicendum est quod animal brutum sacramentaliter corpus christi manducet, quia non est natum uti eo ut sacramento. unde non sacramentaliter, sed per accidens corpus christi manducat sicut manducaret ille qui sumeret hostiam consecratam quia nesciens eam esse consecratam. et quia id quod est per accidens non cadit in divisione alicuius generis, ideo hic modus manducandi corpus christi non ponitur tertius, praeter sacramentalem et spiritualem.

010 ST4 qu80 ar4

ag1 ‘ Ad quartum sic proceditur. videtur quod peccator sumens corpus christi sacramentaliter non peccet. non enim est maioris dignitatis christus sub specie sacramenti quam sub specie propria. sed peccatores tangentes corpus christi in substantia propria non peccabant, quin immo veniam peccatorum consequebantur, sicut * legitur luc. vii de muliere peccatrice; et matth. xiv dicitur, ° quicumque tetigerunt fimbriam vestimenti eius, salvi facti sunt. ‘ ergo non peccant, sed magis salutem consequuntur, sacramentum corporis christi sumendo.

ag2 ‘ Praeterea, hoc sacramentum, sicut et alia, est quaedam spiritualis medicina. sed medicina datur infirmis ad salutem, * secundum illud matth. ix, ° non est opus valentibus medicus, sed male habentibus. ‘ infirmi autem vel male habentes spiritualiter sunt peccatores. ergo hoc sacramentum sumi potest absque culpa.

ag3 ‘ Praeterea, hoc sacramentum, cum in se christum contineat, est de maximis bonis. maxima autem bona sunt, * secundum augustinum, in libro de lib. arbit., ° quibus nullus male potest uti. ‘ nullus autem peccat nisi per abusum alicuius rei. ergo nullus peccator sumens hoc sacramentum peccat.

ag4 ‘ Praeterea, sicut hoc sacramentum sentitur gustu et tactu, ita et visu. si ergo peccator peccet ex eo quod sumit hoc sacramentum gustu et tactu, videtur quod etiam peccaret videndo. quod patet esse falsum, cum ecclesia omnibus hoc sacramentum videndum et adorandum proponat. ergo peccator non peccat ex hoc quod manducat hoc sacramentum.

ag5 ‘ Praeterea, contingit quandoque quod aliquis peccator non habet conscientiam sui peccati. nec tamen talis peccare videtur corpus christi sumendo, quia, secundum hoc, omnes peccarent qui sumunt, quasi periculo se exponentes; * cum apostolus dicit, i cor. iv, ° nihil mihi conscius sum, sed non in hoc iustificatus sum. ‘ non ergo videtur quod peccatori cedat in culpam si hoc sacramentum sumat.

sc * Sed contra est quod apostolus dicit, i cor. xi, ° qui manducat et bibit indigne, iudicium sibi manducat et bibit. * dicit autem glossa ibidem, ° indigne manducat et bibit qui in crimine est, vel irreverenter tractat. ‘ ergo qui est in peccato mortali, si hoc sacramentum accipiat, damnationem acquirit, mortaliter peccans.

co ‘ Respondeo dicendum quod in hoc sacramento, sicut in aliis, id quod est sacramentum est signum eius quod est res sacramenti. duplex autem est res huius sacramenti, * sicut supra dictum est, ‘ una quidem quae est significata et contenta, scilicet ipse christus; alia autem est significata et non contenta, scilicet corpus christi mysticum, quod est societas sanctorum. quicumque ergo hoc sacramentum sumit, ex hoc ipso significat se esse christo unitum et membris eius incorporatum. quod quidem fit per fidem formatam, quam nullus habet cum peccato mortali. et ideo manifestum est quod quicumque cum peccato mortali hoc sacramentum sumit, falsitatem in hoc sacramento committit. et ideo incurrit sacrilegium, tanquam sacramenti violator. et propter hoc mortaliter peccat.

ra1 ‘ Ad primum ergo dicendum quod christus in propria specie apparens non exhibebat se tangendum hominibus in signum spiritualis unionis ad ipsum, sicut exhibetur sumendus in hoc sacramento. et ideo peccatores eum in propria specie tangentes non incurrebant crimen falsitatis circa divina, sicut peccatores sumentes hoc sacramentum. “ et praeterea christus adhuc gerebat similitudinem carnis peccati, ‘ et ideo convenienter se peccatoribus tangendum exhibebat. sed, remota similitudine carnis peccati per gloriam resurrectionis se tangi prohibuit a muliere, quae defectum fidei circa ipsum patiebatur, * secundum illud ioan. xx, ° noli me tangere, nondum enim ascendi ad patrem meum, “ scilicet in corde tuo, * ut augustinus exponit. ‘ et ideo peccatores, qui defectum fidei patiuntur formatae circa ipsum, repelluntur a contactu huius sacramenti.

ra2 ‘ Ad secundum dicendum quod non quaelibet medicina competit secundum quemlibet statum. nam medicina quae datur iam liberatis a febre ad confortationem, noceret si daretur adhuc febricitantibus. ita etiam baptismus et poenitentia sunt medicinae purgativae, quae dantur ad tollendam febrem peccati. hoc autem sacramentum est medicina confortativa, quae non debet dari nisi liberatis a peccato.

ra3 * Ad tertium dicendum quod maxima bona ibi intelligit augustinus “ virtutes animae, quibus nullus male utitur quasi principiis mali usus. ‘ utitur tamen eis aliquis male quasi obiectis mali usus, ut patet in his qui de virtutibus superbiunt. ita et hoc sacramentum, quantum est ex se, non est principium mali usus, sed obiectum. * unde augustinus dicit, ° multi indigne accipiunt corpus domini, per quod docemur quam cavendum sit male accipere bonum. ecce enim, factum est malum dum male accipitur bonum, sicut e contra apostolo factum est bonum cum bene accipitur malum, scilicet cum stimulus satanae patienter portatur.

ra4 ‘ Ad quartum dicendum quod per visum non accipitur ipsum corpus christi, sed solum sacramentum eius, quia scilicet non pertingit visus ad substantiam corporis christi, sed solum ad species sacramentales, * ut supra dictum est. ‘ sed ille qui manducat, non solum sumit species sacramentales, sed etiam christum, qui est sub eis. et ideo a visione corporis christi nullus prohibetur qui sit sacramentum christi consecutus, scilicet baptismum, nonbaptizati autem non sunt admittendi etiam ad inspectionem huius sacramenti, * ut patet per dionysium, in libro eccles. hier.. ‘ sed ad manducationem non sunt admittendi nisi soli illi qui non solum sacramentaliter, sed etiam realiter sunt christo coniuncti.

ra5 ‘ Ad quintum dicendum quod hoc quod non habet aliquis conscientiam sui peccati, potest contingere dupliciter. uno modo, per culpam suam, vel quia per ignorantiam iuris, quae non excusat, reputat non esse peccatum quod est peccatum, puta si aliquis fornicator reputaret simplicem fornicationem non esse peccatum mortale; vel quia negligens est in examinatione sui ipsius, * contra id quod apostolus dicit, i cor. xi, ° probet autem seipsum homo, et sic de pane illo edat et de calice bibat. ‘ et sic nihilominus peccat peccator sumens corpus christi, licet non habeat conscientiam peccati, quia ipsa ignorantia est ei peccatum. alio modo potest contingere sine culpa ipsius, puta, cum doluit de peccato, sed non est sufficienter contritus. et in tali casu non peccat sumendo corpus christi, quia homo per certitudinem scire non potest utrum sit vere contritus. sufficit tamen si in se signa contritionis inveniat, puta ut doleat de praeteritis et proponat cavere de futuris. si vero ignorat hoc quod fecit esse actum peccati propter ignorantiam facti, quae excusat, puta si accessit ad non suam quam credebat esse suam, non est ex hoc dicendus peccator. similiter etiam, si totaliter est peccatum oblitus, sufficit ad eius deletionem generalis contritio, * ut infra dicetur. |25| ‘ unde iam non est dicendus peccator.

010 ST4 qu80 ar5

ag1 ‘ Ad quintum sic proceditur. videtur quod accedere ad hoc sacramentum cum conscientia peccati sit gravissimum omnium peccatorum. * dicit enim apostolus, i cor. xi, ° quicumque manducaverit panem et biberit calicem domini indigne, reus erit corporis et sanguinis domini, * glossa ibidem, ° ac si christum occiderit, punietur. ‘ sed peccatum christum occidentium videtur fuisse gravissimum. ergo et hoc peccatum, quo aliquis cum conscientia peccati ad mensam domini accedit, videtur esse gravissimum.

ag2 * Praeterea, hieronymus dicit, in quadam epistola, ° quid tibi cum feminis, qui ad altare cum domino fabularis? dic, sacerdos, dic, clerice, qualiter cum eisdem labiis filium dei oscularis quibus osculatus es filiam meretricis. o iuda, osculo filium hominis tradis. ‘ et sic videtur fornicator ad mensam christi accedens peccare sicut iudas peccavit, cuius peccatum fuit gravissimum. sed multa alia peccata sunt graviora quam peccatum fornicationis, et praecipue peccatum infidelitatis. ergo cuiuslibet peccatoris ad mensam christi accedentis peccatum est gravissimum.

ag3 ‘ Praeterea, magis est abominabilis deo immunditia spiritualis quam corporalis. sed si quis proiiceret corpus christi in lutum vel sterquilinium, gravissimum reputaretur esse peccatum. ergo gravius peccat si ipsum sumat cum peccato, quod est immunditia spiritualis. ergo hoc peccatum est gravissimum.

sc * Sed contra est quod, super illud ioan. xv, ° si non venissem, et locutus eis non fuissem, peccatum non haberent, * dicit augustinus “ hoc esse intelligendum de peccato infidelitatis, quo retinentur cuncta peccata. ‘ et ita videtur hoc peccatum non esse gravissimum, sed magis peccatum infidelitatis.

co * Respondeo dicendum quod, sicut in secunda parte habitum est, ‘ dupliciter aliquod peccatum potest dici gravius alio, uno modo, per se; alio modo, per accidens. per se quidem, secundum rationem suae speciei, quae attenditur ex parte obiecti. et secundum hoc, quanto id contra quod peccatur est maius, tanto peccatum est gravius. et quia divinitas christi est maior humanitate ipsius; et ipsa humanitas est potior quam sacramenta humanitatis, inde est quod gravissima peccata sunt quae committuntur in ipsam divinitatem, sicut est peccatum infidelitatis et blasphemiae. secundario autem sunt gravia peccata quae committuntur in humanitatem christi, * unde matth. xii dicitur, ° qui dixerit verbum contra filium hominis, remittetur ei, qui autem dixerit verbum contra spiritum sanctum, non remittetur ei neque in hoc saeculo neque in futuro. ‘ tertio autem loco sunt peccata quae committuntur contra sacramenta, quae pertinent ad humanitatem christi. et post hoc sunt alia peccata, contra puras creaturas. per accidens autem unum peccatum est gravius alio ex parte peccantis, puta, peccatum quod est ex ignorantia vel infirmitate, est levius peccato quod est ex contemptu vel ex certa scientia; et eadem ratio est de aliis circumstantiis. et secundum hoc, illud peccatum in quibusdam potest esse gravius, sicut in his qui ex actuali contemptu cum conscientia peccati ad hoc sacramentum |25| accedunt; in quibusdam vero minus grave, puta in his qui ex quodam timore ne deprehendantur in peccato, cum conscientia peccati ad hoc sacramentum accedunt. sic igitur patet quod hoc peccatum est multis aliis gravius secundum suam speciem, non tamen omnium gravissimum.

ra1 ‘ Ad primum ergo dicendum quod peccatum indigne sumentium hoc sacramentum comparatur peccato occidentium christum secundum similitudinem, quia utrumque committitur contra corpus christi, non tamen secundum criminis quantitatem. peccatum enim occidentium christum fuit multo gravius. primo quidem, quia illud peccatum fuit contra corpus christi in sua specie propria, hoc autem est contra corpus christi in specie sacramenti. secundo, quia illud peccatum processit ex intentione nocendi christo, non autem hoc peccatum.

ra2 ‘ Ad secundum dicendum quod fornicator accipiens corpus christi comparatur iudae christum osculanti, quantum ad similitudinem criminis, quia uterque ex signo caritatis christum offendit, non tamen quantum ad criminis quantitatem, * sicut et prius dictum est. ‘ haec tamen similitudo non minus competit aliis peccatoribus quam fornicatoribus, nam et per alia peccata mortalia agitur contra caritatem christi, cuius signum est hoc sacramentum; et tanto magis quanto peccata sunt graviora. secundum quid tamen peccatum fornicationis magis reddit hominem ineptum ad perceptionem huius sacramenti, inquantum scilicet per hoc peccatum spiritus maxime carni subiicitur, et ita impeditur fervor dilectionis, qui requiritur in hoc sacramento. plus tamen ponderat impedimentum ipsius caritatis quam fervoris eius. unde etiam peccatum infidelitatis, quod funditus separat hominem ab ecclesiae unitate, simpliciter loquendo, maxime hominem ineptum reddit ad susceptionem huius sacramenti, quod est sacramentum ecclesiasticae unitatis, * ut dictum est. ‘ unde et gravius peccat infidelis accipiens hoc sacramentum quam peccator fidelis; et magis contemnit christum secundum quod est sub hoc sacramento, praesertim si non credat christum vere sub hoc sacramento esse, quia, quantum est in se, diminuit sanctitatem huius sacramenti, et virtutem christi operantis |25| in hoc sacramento, quod est contemnere ipsum sacramentum in seipso. fidelis autem qui cum conscientia peccati sumit, contemnit hoc sacramentum non in seipso, sed quantum ad usum, indigne accipiens. * unde et apostolus, i cor. xi, assignans rationem huius peccati, dicit, “ non diiudicans corpus domini, idest, non discernens ipsum ab aliis cibis, ‘ quod maxime facit ille qui non credit christum esse sub hoc sacramento.

ra3 ‘ Ad tertium dicendum quod ille qui proiiceret hoc sacramentum in lutum, gravius peccaret quam ille qui cum conscientia peccati mortalis ad hoc sacramentum accedit. primo quidem, quia ille hoc faceret ex intentione iniuriam inferendi huic sacramento, quod non intendit peccator indigne corpus christi accipiens. secundo, quia homo peccator capax est gratiae, unde etiam magis est aptus ad suscipiendum hoc sacramentum quam quaecumque alia irrationalis creatura. unde maxime inordinate uteretur hoc sacramento qui proiiceret ipsum canibus ad manducandum, vel qui proiiceret in lutum conculcandum.

010 ST4 qu80 ar6

ag1 ‘ Ad sextum sic proceditur. videtur quod sacerdos debeat denegare corpus christi peccatori petenti. non est enim faciendum contra christi praeceptum propter vitandum scandalum, neque propter vitandum infamiam alicuius. * sed dominus praecepit, matth. vii, ° nolite sanctum dare canibus. ‘ maxime autem datur sanctum canibus cum hoc sacramentum peccatoribus exhibetur. ergo neque propter vitandum scandalum, neque propter vitandam infamiam alicuius, debet hoc sacramentum peccatori petenti dari.

ag2 ‘ Praeterea, de duobus malis est minus malum eligendum. sed minus malum esse videtur si peccator infametur, vel etiam si ei hostia non consecrata detur, quam si sumens corpus christi mortaliter peccet. ergo videtur hoc potius eligendum, quod vel infametur peccator petens corpus christi, vel etiam detur ei hostia non consecrata.

ag3 ‘ Praeterea, corpus christi interdum datur suspectis de crimine ad eorum manifestationem, * legitur enim in decretis, i, qu. iv, ° saepe contingit ut in monasteriis monachorum furta perpetrentur. idcirco statuimus ut, quando ipsi fratres de talibus expurgare se debent, missa ab abbate celebretur vel ab aliquo ex praesentibus fratribus, et sic, expleta missa, omnes communicent in haec verba, corpus christi sit tibi hodie ad probationem. * et infra, ° si episcopo vel presbytero aliquod maleficium fuerit imputatum, in singulis missa celebrari debet et communicari, et de singulis sibi imputatis innocentem se ostendere. ‘ sed peccatores occultos non oportet manifestari, “ quia, si frontem verecundiae abiecerint, liberius peccabunt, * ut augustinus dicit, in libro de verbis domini. ‘ ergo peccatoribus occultis non est corpus christi dandum, etiam si petant.

sc * Sed contra est quod, super illud psalmi, ° manducaverunt et adoraverunt omnes pingues terrae, * dicit augustinus, ° non prohibeat dispensator pingues terrae, “ idest peccatores, mensam domini manducare.

co ‘ Respondeo dicendum quod circa peccatores distinguendum est. quidam enim sunt occulti, quidam vero manifesti; scilicet per evidentiam facti, sicut publici usurarii aut publici raptores; vel etiam per aliquod iudicium ecclesiasticum vel saeculare. manifestis ergo peccatoribus non debet, etiam petentibus, sacra communio dari. * unde cyprianus scribit ad quendam, ° pro dilectione tua consulendum me existimasti quid mihi videatur de histrionibus, et mago illo qui, apud vos constitutus, adhuc in artis suae dedecore perseverat, an talibus sacra communio cum ceteris christianis debeat dari. puto nec maiestati divinae, nec evangelicae disciplinae congruere ut pudor et honor ecclesiae tam turpi et infami contagione foedetur. ‘ si vero non sunt manifesti peccatores sed occulti, non potest eis petentibus sacra communio denegari. cum enim quilibet christianus, ex hoc ipso quod est baptizatus, sit admissus ad mensam dominicam, non potest eis ius suum tolli nisi pro aliqua causa manifesta. * unde super illud i cor. v, ° si is qui frater inter vos nominatur * etc., dicit glossa augustini, ° nos a communione quemquam prohibere non possumus, nisi aut sponte confessum, aut in aliquo iudicio vel ecclesiastico vel saeculari nominatum atque convictum. ‘ potest tamen sacerdos qui est conscius criminis, occulte monere |25| peccatorem occultum, vel etiam in publico generaliter omnes, ne ad mensam domini accedant antequam poeniteant et ecclesiae reconcilientur. nam post poenitentiam et reconciliationem, etiam publicis peccatoribus non est communio deneganda, praecipue in mortis articulo. * unde in concilio carthaginensi legitur, ° scenicis atque histrionibus ceterisque huiusmodi personis, vel apostatis, conversis ad deum reconciliatio non negetur.

ra1 ‘ Ad primum ergo dicendum quod sancta prohibentur dari canibus, idest peccatoribus manifestis. sed occulta non possunt publice puniri, sed sunt divino iudicio reservanda.

ra2 ‘ Ad secundum dicendum quod, licet peius sit peccatori occulto peccare mortaliter sumendo corpus christi quam infamari, tamen sacerdoti ministranti corpus christi peius est peccare mortaliter infamando iniuste peccatorem occultum, quam quod ille mortaliter peccet, quia nullus debet peccatum mortale committere ut alium liberet a peccato. * unde augustinus dicit, in libro quaestionum super gen., ° periculosissime admittitur haec compensatio, ut nos faciamus aliquid mali, ne alius gravius malum faciat. ‘ peccator tamen occultus potius deberet eligere infamari quam indigne ad mensam christi accedere. hostia tamen non consecrata nullo modo debet dari loco consecratae, quia sacerdos hoc faciens, quantum est in se, facit idololatrare illos qui credunt hostiam consecratam, sive alios praesentes, sive etiam ipsum sumentem; * quia, ut augustinus dicit, ° nemo carnem christi manducet nisi prius adoret. * unde extra, de celebratione missarum, cap. de homine, dicitur, ° licet is qui pro sui criminis conscientia reputat se indignum, peccet graviter si se ingerat, tamen gravius videtur offendere qui fraudulenter illud praesumpserit simulare.

ra3 * Ad tertium dicendum quod decreta illa sunt abrogata per contraria documenta romanorum pontificum. dicit enim stephanus papa, ° ferri candentis vel aquae ferventis examinatione confessionem extorqueri a quolibet sacri canones non concedunt. spontanea enim confessione, vel testium approbatione publicata, delicta commissa sunt regimini nostro iudicare, occulta vero et incognita illi sunt relinquenda qui solus novit corda filiorum hominum. * et idem habetur extra, de purgationibus, cap. ex tuarum. ‘in omnibus enim talibus videtur dei esse tentatio, unde sine peccato fieri non possunt. et gravius videretur si in hoc sacramento, quod est institutum ad remedium salutis, aliquis incurreret iudicium mortis. unde nullo modo corpus christi debet dari alicui suspecto de crimine quasi ad examinationem.

010 ST4 qu80 ar7

ag1 ‘ Ad septimum sic proceditur. videtur quod nocturna pollutio non impediat aliquem a sumptione corporis christi. nullus enim impeditur a sumptione corporis christi nisi propter peccatum. sed nocturna pollutio accidit sine peccato, * dicit enim augustinus, xii super gen. ad litt., ° ipsa phantasia quae fit in cogitatione sermocinantis, cum expressa fuerit in visione somniantis, ut inter illam et veram coniunctionem corporum non discernatur, continue movetur caro et sequitur quod eum motum sequi solet, cum hoc tam sine peccato fiat quam sine peccato a vigilantibus dicitur quod, ut diceretur, procul dubio cogitatum est. ‘ergo nocturna pollutio non impedit hominem ab huius sacramenti perceptione.

ag2 ‘ Praeterea, * gregorius dicit, in epistola ad augustinum episcopum anglorum, ° si quis sua coniuge, non cupidine voluptatis raptus, sed tantum creandorum liberorum gratia utitur, ille profecto, sive de ingressu ecclesiae seu de sumendo corporis dominici mysterio, suo est iudicio relinquendus, quia prohiberi a nobis non debet accipere qui, in igne positus, nescit ardere. ‘ ex quo patet quod carnalis pollutio etiam vigilantis, si sit sine peccato, non prohibet hominem a sumptione corporis christi. multo igitur minus prohibet nocturna pollutio dormientis.

ag3 ‘ Praeterea, nocturna pollutio videtur solam immunditiam corporalem habere. sed aliae immunditiae corporales, quae secundum legem impediebant ab ingressu sanctorum, in nova lege non impediunt a sumptione corporis christi, sicut “ de muliere pariente, vel menstruata, vel fluxum sanguinis patiente, * scribit beatus gregorius augustino anglorum episcopo. ‘ ergo videtur quod neque etiam nocturna pollutio impediat hominem a sumptione huius sacramenti.

ag4 ‘ Praeterea, peccatum veniale non impedit hominem a sumptione huius sacramenti, sed nec etiam peccatum mortale post poenitentiam sed, dato quod nocturna pollutio provenerit ex aliquo peccato praecedenti sive crapulae sive turpium cogitationum, plerumque tale peccatum est veniale, et, si aliquando sit mortale, potest contingere quod de mane poenitet et peccatum suum confitetur. ergo videtur quod non debeat impediri a sumptione huius sacramenti.

ag5 ‘ Praeterea, gravius peccatum est homicidii quam fornicationis. sed si aliquis de nocte somniet homicidium perpetrare aut furtum, vel quodcumque aliud peccatum, non propter hoc impeditur a sumptione corporis christi. ergo videtur quod multo minus fornicatio somniata, cum pollutione subsequente, impediat a susceptione huius sacramenti.

sc * Sed contra est quod levit. xv dicitur, ° vir a quocumque egreditur semen coitus, immundus erit usque ad vesperam. ‘ sed immundis non patet aditus ad sacramenta. ergo videtur quod propter pollutionem nocturnam aliquis impeditur a sumptione huius sacramenti, quod est maximum sacramentum.

co ‘ Respondeo dicendum quod circa pollutionem nocturnam duo possunt considerari, unum quidem ratione cuius ex necessitate impedit hominem a sumptione huius sacramenti; aliud autem ratione cuius non ex necessitate impedit hominem, sed ex quadam congruentia. ex necessitate quidem impedit hominem ab huius sacramenti perceptione solum mortale peccatum. et quamvis ipsa nocturna pollutio, secundum se considerata, peccatum mortale esse non possit, nihilominus tamen, ratione suae causae, quandoque habet peccatum mortale annexum. et ideo consideranda est causa pollutionis nocturnae. quandoque enim provenit ex causa extrinseca spirituali, scilicet daemonum illusione, qui, * sicut in prima parte habitum est, ‘ phantasmata commovere possunt, ex quorum apparitione pollutio interdum subsequitur. quandoque vero provenit pollutio ex causa intrinseca spirituali, scilicet ex praecedentibus cogitationibus. aliquando autem ex causa intrinseca corporali, seu ex superfluitate sive debilitate naturae; seu etiam ex superfluitate cibi et potus. quaelibet autem harum trium causarum potest et sine peccato, et cum peccato veniali vel mortali existere. et si quidem sit sine peccato, vel cum peccato veniali, non ex necessitate impedit sumptionem huius sacramenti, ita scilicet quod homo sumendo sit reus corporis et sanguinis domini. si vero sit cum peccato mortali impedit ex necessitate. illusio enim daemonum quandoque provenit ex praecedenti negligentia praeparationis ad devotionem, quae potest esse vel mortale vel veniale peccatum. quandoque vero provenit ex sola nequitia daemonum volentium impedire hominem a sumptione huius sacramenti. * unde legitur in collationibus patrum quod, “ cum quidam pollutionem pateretur semper in festis in quibus erat communicandum, seniores, comperto quod nulla causa ab ipso praecesserat, decreverunt quod propter hoc a communione non cessaret, et ita cessavit illusio daemonum. ‘ similiter etiam praecedentes cogitationes lascivae quandoque possunt esse omnino sine peccato, puta cum aliquis causa lectionis vel disputationis cogitur de talibus cogitare. et si hoc sit sine concupiscentia et delectatione, non erunt cogitationes immundae, sed honestae, ex quibus tamen pollutio sequi potest, * sicut patet ex auctoritate augustini inducta. ‘ quandoque vero praecedentes cogitationes sunt cum concupiscentia et delectatione et, si adsit consensus, peccatum mortale erit, sin autem, veniale. similiter etiam et causa corporalis quandoque est sine peccato, puta cum est ex infirmitate naturae, unde et quidam vigilando absque peccato fluxum seminis patiuntur; vel etiam si sit ex superfluitate naturae, sicut enim contingit sanguinem superfluere absque peccato, ita et semen, quod est superfluitas sanguinis, * secundum philosophum. ‘ quandoque vero est cum peccato, puta cum provenit ex superfluitate cibi vel potus. et hoc etiam potest esse peccatum veniale vel mortale, licet frequentius peccatum mortale accidat circa turpes cogitationes, propter facilitatem consensus, quam circa sumptionem cibi et potus. * unde gregorius, scribens augustino anglorum episcopo, dicit “ cessandum esse a communione quando ex turpibus cogitationibus provenit, non autem quando provenit ex superfluitate cibi et potus, praesertim si necessitas adsit. sic igitur ex causa pollutionis considerari potest utrum nocturna pollutio ex necessitate impediat sumptionem huius sacramenti. ‘ ex quadam vero congruentia impedit quantum ad duo. quorum unum semper accidit, scilicet quaedam foeditas corporalis, cum qua, propter reverentiam sacramenti, non decet ad altare accedere, unde et volentes tangere aliquid sacrum manus lavant; nisi forte talis immunditia perpetua sit vel diuturna, sicut est lepra vel fluxus sanguinis vel aliquid huiusmodi. aliud autem est evagatio mentis, quae sequitur pollutionem nocturnam, praecipue quando cum turpi imaginatione contingit. hoc tamen impedimentum quod ex congruitate provenit, postponi debet propter aliquam necessitatem, puta, * ut gregorius dicit, ° cum fortasse aut festus dies exigit, aut exhibere ministerium, pro eo quod sacerdos alius deest, ipsa necessitas compellit.

ra1 ‘ Ad primum ergo dicendum quod ex necessitate quidem non impeditur homo a sumptione huius sacramenti nisi propter peccatum mortale, sed ex quadam congruentia potest homo impediri propter alias causas, * sicut dictum est.

ra2 ‘ Ad secundum dicendum quod coitus coniugalis, si sit sine peccato, puta si fiat causa prolis generandae vel causa reddendi debitum, non alia ratione impedit sumptionem sacramenti nisi * sicut dictum est ‘de pollutione nocturna quae accidit sine peccato scilicet propter immunditiam corporalem et mentis distractionem. * ratione cuius hieronymus dicit, super matth., ° si panes propositionis ab his qui uxores tetigerant comedi non poterant, quanto magis panis qui de caelo descendit, non potest ab his qui coniugalibus paulo ante haesere amplexibus, violari atque contingi. non quod nuptias condemnemus, sed quod, eo tempore quo carnes agni manducaturi sumus, vacare a carnalibus operibus debeamus. ‘ sed quia hoc secundum congruitatem, et non secundum necessitatem est intelligendum, * gregorius dicit quod talis ° est suo iudicio relinquendus. si vero non amor procreandae sobolis sed voluptas dominatur in opere, * ut ibidem gregorius subdit, ‘tunc prohiberi debet ne accedat ad hoc sacramentum.

ra3 * Ad tertium dicendum quod, sicut gregorius dicit, in epistola supra dicta ad augustinum anglorum episcopum, “ in veteri testamento aliqui polluti dicebantur figuraliter, quod populus novae legis spiritualiter intelligit. ‘unde huiusmodi corporales immunditiae, si sint perpetuae vel diuturnae, non impediunt sumptionem huius sacramenti salutaris sicut impediebant accessum ad sacramenta figuralia. si vero cito transeunt, sicut immunditia pollutionis nocturnae, ex quadam congruentia impedit sumptionem huius sacramenti per illum diem quo hoc accidit. * unde et deut. xxiii dicitur, ° si fuerit inter vos homo qui nocturno pollutus sit somnio, egredietur extra castra, et non revertetur priusquam ad vesperam lavetur aqua.

ra4 ‘ Ad quartum dicendum quod, licet per contritionem et confessionem auferatur reatus culpae, non tamen aufertur corporalis immunditia et distractio mentis ex pollutione consecuta.

ra5 ‘ Ad quintum dicendum quod somnium homicidii non inducit corporalem immunditiam, nec etiam tantam distractionem mentis sicut fornicatio, propter intensionem delectationis. si tamen somnium homicidii proveniat ex causa quae est peccatum, praesertim mortale, impedit a sumptione huius sacramenti ratione suae causae.

010 ST4 qu80 ar8

ag1 ‘ Ad octavum sic proceditur. videtur quod cibus vel potus praeassumptus non impediat sumptionem huius sacramenti. hoc enim sacramentum est a domino institutum in cena. sed dominus, postquam cenavit, hoc sacramentum discipulis tradidit, * sicut patet luc. xxii et i cor. xi. ‘ergo videtur quod etiam post alios cibos assumptos nos debeamus sumere hoc sacramentum.

ag2 * Praeterea, i cor. xi dicitur, ° cum convenitis ad manducandum, “ scilicet corpus domini, ° invicem expectate, si quis autem esurit, domi manducet. ‘ et ita videtur quod, postquam aliquis domi manducavit, possit in ecclesia corpus christi manducare.

ag3 ‘ Praeterea, * in concilio carthaginensi legitur, et habetur de consecr., dist. i, ° sacramenta altaris non nisi a ieiunis hominibus celebrentur, excepto uno die anniversario quo cena domini celebratur. ‘ ergo saltem illo die potest corpus christi aliquis post alios cibos sumere.

ag4 ‘ Praeterea, sumptio aquae vel medicinae, vel alterius cibi vel potus in minima quantitate, vel etiam reliquiarum cibi in ore remanentium, neque ieiunium ecclesiae solvit, neque sobrietatem tollit, quae exigitur ad hoc quod aliquis reverenter hoc sacramentum sumat. ergo per praedicta non impeditur aliquis a sumptione huius sacramenti.

ag5 ‘ Praeterea, quidam de nocte profunda comedunt aut bibunt, aut forte totam noctem insomnem ducentes, de mane percipiunt sacra mysteria, nondum plene digesti. minus autem impediretur sobrietas hominis si in mane parum comederet, et postea circa nonam sumeret hoc sacramentum, cum etiam sit quandoque maior distantia temporis. ergo videtur quod talis cibi praeassumptio non impediat hominem ab hoc sacramento.

ag6 ‘ Praeterea, non minor reverentia debetur huic sacramento iam sumpto quam ante sumptionem. sed, sumpto sacramento, licet cibum aut potum sumere. ergo et ante sumptionem.

sc ‘ Sed contra est quod * augustinus dicit, in libro responsionum ad ianuarium, ° placuit spiritui sancto ut, in honorem tanti sacramenti, prius in os christiani dominicum corpus intraret quam ceteri cibi.

co ‘ Respondeo dicendum quod aliquid impedit sumptionem huius sacramenti dupliciter. uno modo, secundum se, sicut peccatum mortale, quod habet repugnantiam ad significatum huius sacramenti, * ut supra dictum est. ‘ alio modo, propter prohibitionem ecclesiae. et sic impeditur aliquis a sumptione huius sacramenti post cibum vel potum assumptum, triplici ratione. * primo quidem, sicut augustinus dicit, ‘ in honorem huius sacramenti, ut scilicet in os hominis intret nondum aliquo cibo vel potu infectum. secundo, propter significationem, ut scilicet detur intelligi quod christus, qui est res huius sacramenti, et caritas eius, debet primo fundari in cordibus nostris; * secundum illud matth. vi, ° primo quaerite regnum dei. ‘ tertio, propter periculum vomitus et ebrietatis, quae quandoque contingunt ex hoc quod homines inordinate cibis utuntur, * sicut et apostolus dicit, i cor. xi, ° alius quidem esurit, alius vero ebrius est. ‘ ab hac tamen generali regula excipiuntur infirmi, qui statim communicandi sunt, etiam post cibum, si de eorum periculo dubitetur ne sine communione decedant, quia necessitas legem non habet. * unde dicitur de consecr., dist. ii, ° presbyter infirmum statim communicet, ne sine communione moriatur.

ra1 ‘ Ad primum ergo dicendum quod, * sicut augustinus in eodem libro dicit, ° neque, quia post cibum dominus dedit, propterea pransi aut cenati fratres ad hoc sacramentum accipiendum convenire debeant, aut mensis suis miscere, sicut faciebant quos apostolus arguit et emendat. namque salvator, quo vehementius commendaret mysterii illius altitudinem, ultimum hoc voluit infigere cordibus et memoriae discipulorum. et ideo non praecepit ut deinceps tali ordine sumeretur, ut apostolis, per quos ecclesias dispositurus erat, servaret hunc locum.

ra2 * Ad secundum dicendum quod illud verbum in glossa sic exponitur, ° si quis esurit, et impatiens non vult expectare alios, manducet domi suos cibos, idest, pane terreno pascatur, nec post eucharistiam sumat.

ra3 ‘ Ad tertium dicendum quod capitulum illud loquitur secundum consuetudinem aliquando apud aliquos observatam, ut, in repraesentationem dominicae cenae, illo die a non ieiunis corpus christi sumeretur. sed nunc hoc est abrogatum. * nam, sicut augustinus in libro praedicto dicit, ° per universum orbem mos iste servatur, “ ut scilicet corpus christi a ieiunis sumatur.

ra4 * Ad quartum dicendum quod, sicut in secunda parte habitum est, ‘ duplex est ieiunium. primum est ieiunium naturae, quod importat privationem cuiuscumque praeassumpti per modum cibi vel potus. et tale ieiunium requiritur ad hoc sacramentum, * propter praedicta. ‘ et ideo neque post assumptionem aquae vel alterius cibi aut potus vel etiam medicinae, in quantumcumque parva quantitate, licet accipere hoc sacramentum. nec refert utrum aliquid huiusmodi nutriat vel non nutriat, aut per se aut cum aliis, dummodo sumatur per modum cibi vel potus. reliquiae tamen cibi remanentes in ore, si casualiter transglutiantur, non impediunt sumptionem huius sacramenti, quia non traiiciuntur per modum cibi, sed per modum salivae. et eadem ratio est de reliquiis aquae vel vini quibus os abluitur, dummodo traiiciantur non in magna quantitate, sed permixtae salivae, quod vitari non potest. aliud autem est ieiunium ecclesiae, quod instituitur ad carnis macerationem. et tale ieiunium per praedicta non impeditur, quia praedicta non multum nutriunt, sed magis ad alterandum sumuntur.

ra5 * Ad quintum dicendum quod, cum dicitur, ° hoc

sacramentum prius quam alii cibi debet mitti in os christiani, * non est intelligendum " absolute respectu totius temporis, alioquin qui semel comedisset et bibisset, nunquam postea posset hoc sacramentum accipere. * sed est intelligendum " quantum ad eundem diem. ' et licet principium diei secundum diversos diversimode sumatur, nam quidam a meridie, quidam ab occasu, quidam a media nocte, quidam ab ortu solis diem incipiunt; ecclesia tamen, secundum romanos, diem a media nocte incipit. et ideo, si post mediam noctem aliquis sumpserit aliquid per modum cibi vel potus, non potest eadem die hoc sumere sacramentum, potest vero si ante mediam noctem. nec refert utrum post cibum vel potum dormierit, aut etiam digestus sit, quantum ad rationem praecepti. refert autem quantum ad perturbationem mentis quam patiuntur homines propter insomnietatem vel indigestionem, ex quibus si mens multum perturbetur, homo redditur ineptus ad sumptionem huius sacramenti.

ra6 ' Ad sextum dicendum quod maxima devotio requiritur in ipsa sumptione sacramenti, quia tunc percipitur sacramenti effectus. quae quidem devotio magis impeditur per praecedentia quam per sequentia. et ideo magis est institutum quod homines ieiunent ante sumptionem huius sacramenti quam post. debet tamen esse aliqua mora inter sumptionem huius sacramenti et reliquos cibos. unde et in missa oratio gratiarum actionis post communionem dicitur; et communicantes etiam suas privatas orationes dicunt. * secundum tamen antiquos canones statutum fuit a papa clemente, ut habetur de consecr., dist. ii, ° si mane dominica portio editur, usque ad sextam ieiunent ministri qui eam sumpserunt, et si tertia vel quarta acceperint, ieiunent usque ad vesperum. ' antiquitus enim rarius missarum solemnia celebrabantur, et cum maiori praeparatione. nunc autem, quia oportet frequentius sacra mysteria celebrare, non posset de facili observari. et ideo per contrariam consuetudinem est abrogatum.

010 ST4 qu80 ar9

ag1 ' Ad nonum sic proceditur. videtur quod non habentes usum rationis non debeant hoc sacramentum accipere. requiritur enim quod aliquis ad hoc sacramentum cum devotione et praecedenti sui examinatione accedat, * secundum illud i cor. xi, ° probet autem seipsum homo, et sic de pane illo edat et de calice bibat. ' sed hoc non potest esse in his qui carent usu rationis. ergo non debet eis hoc sacramentum dari.

ag2 ' Praeterea, inter alios qui carent usu rationis, sunt etiam arreptitii, qui energumeni dicuntur. sed tales etiam ab inspectione huius sacramenti arcentur, * secundum dionysium, in libro eccles. hier.. ' ergo carentibus usu rationis hoc sacramentum dari non debet.

ag3 ' Praeterea, inter alios carentes usu rationis maxime pueri videntur esse innocentes. sed pueris hoc sacramentum non exhibetur. ergo multo minus aliis carentibus usu rationis.

sc ' Sed contra est quod * legitur in concilio arausico, et habetur in decretis, xxvi, qu. vi, ° amentibus quaecumque sunt pietatis, sunt conferenda. ' et ita est conferendum hoc sacramentum, quod est sacramentum pietatis.

co ' Respondeo dicendum quod aliqui dicuntur non habere usum rationis dupliciter. uno modo, quia habent debilem usum rationis, sicut dicitur non videns qui male videt. et quia tales possunt aliquam devotionem concipere huius sacramenti, non est eis hoc sacramentum denegandum. alio modo dicuntur aliqui non habere totaliter usum rationis. aut igitur nunquam habuerunt usum rationis, sed sic a nativitate permanserunt, et sic talibus non est hoc sacramentum exhibendum, quia in eis nullo modo praecessit huius sacramenti devotio. aut non semper caruerunt usu rationis. et tunc, si prius, quando erant suae mentis compotes, apparuit in eis huius sacramenti devotio, debet eis in articulo mortis hoc sacramentum exhiberi, nisi forte timeatur periculum vomitus vel exspuitionis. * unde legitur in concilio carthaginensi iv, et habetur in decretis, xxvi, qu. vi, ° is qui in infirmitate poenitentiam petit, si casu, dum ad eum invitatus sacerdos venit, oppressus infirmitate obmutuerit, vel in phrenesim conversus fuerit, dent testimonium qui eum audierunt, et accipiat poenitentiam, et, si continuo creditur moriturus, reconcilietur per manus impositionem et infundatur ori eius eucharistia.

ra1 ' Ad primum ergo dicendum quod carentes usu rationis possunt devotionem ad sacramentum habere, quantum ad aliquos quidem praesentem, quantum ad alios autem praeteritam.

ra2 * Ad secundum dicendum quod dionysius loquitur ibi " de energumenis nondum baptizatis, in quibus scilicet nondum est vis daemonis extincta, quae viget in eis per originale peccatum. ' sed de baptizatis qui corporaliter ab immundis spiritibus vexantur, est eadem ratio et de aliis amentibus. * unde cassianus dicit, " eis, qui ab immundis vexantur spiritibus, ° communionem sacrosanctam a senioribus nostris nunquam meminimus interdictam.

ra3 ' Ad tertium dicendum quod eadem ratio est de pueris recenter natis et de amentibus qui nunquam habuerunt usum rationis. unde talibus non sunt sacra mysteria danda, quamvis quidam graeci contrarium faciant, * propter hoc quod dionysius, ii cap. eccles. hier., dicit " baptizatis esse sacram communionem dandam, non * intelligentes quod dionysius ibi loquitur de baptismo adultorum. ' nec tamen per hoc aliquod detrimentum vitae patiuntur, * propter hoc quod dominus dicit, ioan. vi, ° nisi manducaveritis carnem filii hominis et biberitis eius sanguinem, non habebitis vitam in vobis, * quia, sicut augustinus scribit bonifacio, ° tunc unusquisque fidelium corporis et sanguinis domini particeps fit, scilicet spiritualiter, quando in baptismate membrum corporis christi efficitur. ' sed quando iam pueri incipiunt aliqualem usum rationis habere, ut possint devotionem concipere huius sacramenti, tunc potest eis hoc sacramentum conferri.

010 ST4 qu80 ar10

ag1 ' Ad decimum sic proceditur. videtur quod non liceat quotidie hoc sacramentum suscipere. sicut enim baptismus repraesentat dominicam passionem, ita et hoc sacramentum. sed non licet pluries baptizari, sed semel tantum, " quia christus semel tantum pro peccatis nostris mortuus est, * ut dicitur i pet. iii. ' ergo videtur quod non liceat hoc sacramentum quotidie suscipere.

ag2 ' Praeterea, veritas debet respondere figurae. sed agnus paschalis, qui fuit figura praecipua huius sacramenti, * ut supra dictum est, ' non manducabatur nisi semel in anno. sed ecclesia semel in anno celebrat christi passionem, cuius hoc sacramentum est memoriale. ergo videtur quod non licet quotidie sumere hoc sacramentum, sed semel in anno.

ag3 ' Praeterea, huic sacramento, in quo totus christus continetur, maxima reverentia debetur. ad reverentiam autem pertinet quod aliquis ab hoc sacramento abstineat, unde et laudatur centurio, * qui dixit, matth. viii, ° domine, non sum dignus ut intres sub tectum meum; ' et petrus, * qui dixit, luc. v, ° exi a me, domine, quia homo peccator ego sum. ' ergo non est laudabile quod homo quotidie hoc sacramentum suscipiat.

ag4 ' Praeterea, si laudabile esset frequenter hoc sacramentum suscipere quanto frequentius sumeretur, tanto esset laudabilius. sed maior esset frequentia si homo pluries in die sumeret hoc sacramentum. ergo esset laudabile quod homo pluries in die communicaret. quod tamen non habet ecclesiae consuetudo. non ergo videtur esse laudabile quod aliquis quotidie hoc sacramentum accipiat.

ag5 ' Praeterea, ecclesia intendit suis statutis fidelium utilitati providere. sed ex statuto ecclesiae fideles tenentur solum semel communicare in anno, * unde dicitur extra, de poenit. et remiss., ° omnis utriusque sexus fidelis suscipiat reverenter ad minus in pascha eucharistiae sacramentum, nisi forte, de proprii sacerdotis consilio, ob aliquam rationabilem causam, ad tempus ab eius perceptione duxerit abstinendum. ' non ergo est laudabile quod quotidie hoc sacramentum sumatur.

sc * Sed contra est quod augustinus dicit, in libro de verbis domini, ° iste panis quotidianus est, accipe quotidie quod quotidie tibi prosit.

co ' Respondeo dicendum quod circa usum huius sacramenti duo possunt considerari. unum quidem ex parte ipsius sacramenti, cuius virtus est hominibus salutaris. et ideo utile est quotidie ipsum suscipere, ut homo quotidie eius fructum percipiat. * unde ambrosius dicit, in libro de sacramentis, ° si quoties effunditur sanguis christi, in remissionem peccatorum effunditur, debeo semper accipere, qui semper pecco, debeo semper habere medicinam. ' alio modo potest considerari ex parte sumentis, in quo requiritur quod cum magna devotione et reverentia ad hoc sacramentum accedat. et ideo, si aliquis se quotidie ad hoc paratum inveniat, laudabile est quod quotidie sumat. * unde augustinus, cum dixisset, ° accipe quod quotidie tibi prosit, * subiungit, ° sic vive ut quotidie merearis accipere. ' sed quia multoties in pluribus hominum multa impedimenta huius devotionis occurrunt, propter corporis indispositionem vel animae, non est utile omnibus hominibus quotidie ad hoc sacramentum accedere, sed quotiescumque se homo ad illud paratum invenerit. * unde in libro de ecclesiasticis dogmat. dicitur, ° quotidie eucharistiae communionem accipere nec laudo nec vitupero.

ra1 ' Ad primum ergo dicendum quod per sacramentum baptismi configuratur homo morti christi, in se suscipiens eius characterem, et ideo, sicut christus semel mortuus est, ita solum semel debet homo baptizari. sed per hoc sacramentum non recipit homo christi characterem, sed ipsum christum, cuius virtus manet in aeternum, * unde, ad heb. x, ° una oblatione consummavit sanctificatos in sempiternum. ' et ideo, quia quotidie homo indiget salutifera christi virtute, quotidie potest laudabiliter hoc sacramentum percipere. et quia praecipue baptismus est spiritualis regeneratio, ideo, sicut homo semel carnaliter nascitur, ita debet semel spiritualiter renasci per baptismum, * ut augustinus dicit, super illud ioan. iii, ° quomodo potest homo nasci cum sit senex? ' sed hoc sacramentum est cibus spiritualis, unde, sicut cibus corporalis quotidie sumitur, ita et hoc sacramentum quotidie sumere laudabile est. * unde dominus, luc. xi, docet petere, ° panem nostrum quotidianum da nobis hodie, * in cuius expositione augustinus dicit, in libro de verbis domini, " si quotidie acceperis, scilicet hoc sacramentum, ° quotidie tibi est hodie, tibi christus quotidie resurgit, hodie enim est quando christus resurgit.

ra2 ' Ad secundum dicendum quod agnus paschalis praecipue fuit figura huius sacramenti quantum ad passionem christi, quae repraesentatur per hoc sacramentum. et ideo semel tantum in anno sumebatur, quia christus semel mortuus est. et propter hoc etiam ecclesia semel in anno celebrat memoriam passionis christi. sed in hoc sacramento traditur nobis memoriale passionis christi per modum cibi, qui quotidie sumitur. et ideo quantum ad hoc significatur per manna, quod quotidie populo dabatur in deserto.

ra3 ' Ad tertium dicendum quod reverentia huius sacramenti habet timorem amori coniunctum, unde timor reverentiae ad deum dicitur timor filialis, * ut in secunda parte dictum est. ' ex amore enim provocatur desiderium sumendi, ex timore autem consurgit humilitas reverendi. et ideo utrumque pertinet ad reverentiam huius sacramenti, et quod quotidie sumatur, et quod aliquando abstineatur. * unde augustinus dicit, ° si dixerit quispiam non quotidie accipiendam eucharistiam, alius affirmat quotidie, faciat unusquisque quod secundum fidem suam pie credit esse faciendum. neque enim litigaverunt inter se zacchaeus et ille centurio, cum alter eorum gaudens susceperit dominum, alter dixerit, non sum dignus ut intres sub tectum meum, ambo salvatorem honorificantes, quamvis non uno modo. ' amor tamen et spes, ad quae semper scriptura nos provocat, praeferuntur timori, * unde et, cum petrus dixisset, ° exi a me, domine, quia peccator homo ego sum, " respondit iesus, noli timere.

ra4 * Ad quartum dicendum quod, quia dominus dicit, ° panem nostrum quotidianum da nobis hodie, ' non est pluries in die communicandum, ut saltem per hoc quod aliquis semel in die communicat, repraesentetur unitas passionis christi.

ra5 ' Ad quintum dicendum quod, secundum statum diversum ecclesiae, diversa circa hoc statuta emanarunt. nam in primitiva ecclesia, quando magis vigebat devotio fidei christianae, statutum fuit ut quotidie fideles communicarent. * unde anacletus papa dicit, ° peracta consecratione, omnes communicent qui noluerint ecclesiasticis carere liminibus, sic enim et apostoli statuerunt, et sancta romana tenet ecclesia. * postmodum vero, diminuto fidei fervore, fabianus papa indulsit ° ut, si non frequentius, saltem ter in anno omnes communicent, " scilicet in pascha, in pentecoste et in nativitate domini. * soter etiam papa " in cena domini dicit esse communicandum, * ut habetur in decretis, de consecr., dist. ii. ° postmodum vero, propter iniquitatis abundantiam refrigescente caritate multorum, * statuit innocentius iii " ut saltem semel in anno, scilicet in pascha, fideles communicent. * consulitur tamen in libro de ecclesiasticis dogmat., ° omnibus diebus dominicis communicandum.

010 ST4 qu80 ar11

ag1 ' Ad undecimum sic proceditur. videtur quod liceat cessare omnino a communione. laudatur enim centurio de hoc quod dicit, * matth. viii ° domine, non sum dignus ut intres sub tectum meum. ' cui comparatur ille qui reputat sibi a communione esse abstinendum, * ut dictum est. ' cum ergo nunquam legatur christum in eius domum venisse, videtur quod liceat alicui toto tempore vitae suae a communione abstinere.

ag2 ' Praeterea, cuilibet licet abstinere ab his quae non sunt de necessitate salutis. sed hoc sacramentum non est de necessitate salutis, * ut supra dictum est. ' ergo licet a susceptione huius sacramenti omnino cessare.

ag3 ' Praeterea, peccatores non tenentur communicare, unde * fabianus papa, cum dixisset, ° ter in anno omnes communicent, * adiunxit ° nisi forte quis maioribus criminibus impediatur. ' si ergo illi qui non sunt in peccato, tenentur communicare, videtur quod melioris conditionis sint peccatores quam iusti, quod est inconveniens. ergo videtur quod etiam iustis liceat a communione cessare.

sc * Sed contra est quod dominus dicit, ioan. vi, ° nisi manducaveritis carnem filii hominis et biberitis eius sanguinem non habebitis vitam in vobis.

co * Respondeo dicendum quod, sicut supra dictum est, ' duplex est modus percipiendi hoc sacramentum, spiritualis scilicet et sacramentalis. manifestum est autem quod omnes tenentur saltem spiritualiter manducare, quia hoc est christo incorporari, * ut supra dictum est. ' spiritualis autem manducatio includit votum seu desiderium percipiendi hoc sacramentum, * ut supra dictum est. ' et ideo sine voto percipiendi hoc sacramentum non potest homini esse salus. frustra autem esset votum nisi impleretur quando opportunitas adesset. et ideo manifestum est quod homo tenetur hoc sacramentum sumere, non solum ex statuto ecclesiae, sed etiam ex mandato domini, * dicentis, matth. xxvi, ° hoc facite in meam commemorationem. ' ex statuto autem ecclesiae sunt determinata tempora exequendi christi praecep-

tum.
ra1 * Ad primum ergo dicendum quod, sicut gregorius dicit, in pastorali, ° illa est vera humilitas, cum ad respuendum hoc quod utiliter praecipitur, pertinax non est. ' et ideo non potest esse laudabilis humilitas si contra praeceptum christi et ecclesiae aliquis a communione abstineat. neque enim centurioni praeceptum fuit ut christum in sua domo reciperet.
ra2 ' Ad secundum dicendum quod hoc sacramentum dicitur non esse necessitatis sicut baptismus, quantum ad pueros, quibus potest esse salus sine hoc sacramento, non autem sine sacramento baptismi. quantum vero ad adultos, utrumque est necessitatis.
ra3 ' Ad tertium dicendum quod peccatores magnum detrimentum patiuntur ex hoc quod repelluntur a perceptione huius sacramenti, unde per hoc non sunt melioris conditionis. et licet in peccatis permanentes non excusentur propter hoc a transgressione praecepti, " poenitens tamen, qui, * ut innocentius dicit, " secundum consilium sacerdotis abstinet, excusatur.

010 ST4 qu80 ar12

ag1 ' Ad duodecimum sic proceditur. videtur quod non liceat sumere corpus domini sine sanguine. * dicit enim gelasius papa, et habetur de consecrat., dist. ii, ° comperimus quod quidam, sumpta tantummodo corporis sacri portione, a calice sacrati cruoris abstinent. qui procul dubio, quoniam nescio qua superstitione docentur adstringi, aut integra sacramenta percipiant, aut ab integris arceantur. ' non ergo licet corpus christi sumere sine sanguine.
ag2 ' Praeterea, ad perfectionem huius sacramenti concurrit manducatio corporis et potatio sanguinis, * ut supra habitum est. ' si ergo sumatur corpus sine sanguine, erit sacramentum imperfectum. quod ad sacrilegium pertinere videtur. * unde ibidem gelasius subdit, ° quia divisio unius eiusdemque mysterii sine grandi sacrilegio non potest provenire.
ag3 ' Praeterea, hoc sacramentum celebratur in memoriam dominicae passionis, * ut supra habitum est, ' et sumitur pro animae salute. sed passio christi magis exprimitur in sanguine quam in corpore, sanguis etiam pro salute animae offertur, * ut supra habitum est. ' ergo potius esset abstinendum a sumptione corporis quam a sumptione sanguinis. non ergo accedentes ad hoc sacramentum debent sumere corpus sine eius sanguine.
sc ' Sed contra est multarum ecclesiarum usus, in quibus populo communicanti datur corpus christi sumendum, non autem sanguis.
co ' Respondeo dicendum quod circa usum huius sacramenti duo possunt considerari, unum ex parte ipsius sacramenti; aliud ex parte sumentium. ex parte ipsius sacramenti convenit quod utrumque sumatur, scilicet et corpus et sanguis, quia in utroque consistit perfectio sacramenti. et ideo, quia ad sacerdotem pertinet hoc sacramentum consecrare et perficere, nullo modo debet corpus christi sumere sine sanguine. ex parte autem sumentium requiritur summa reverentia, et cautela ne aliquid accidat quod vergat in iniuriam tanti mysterii. quod praecipue posset accidere in sanguinis sumptione, qui quidem, si incaute sumeretur, de facili posset effundi. et quia, crescente multitudine populi christiani, in qua continentur senes et iuvenes et parvuli, quorum quidam non sunt tantae discretionis ut cautelam debitam circa usum huius sacramenti adhiberent, ideo provide in quibusdam ecclesiis observatur ut populo sanguis sumendus non detur, sed solum a sacerdote sumatur.
ra1 * Ad primum ergo dicendum quod gelasius papa loquitur " quantum ad sacerdotes, qui, sicut totum consecrant sacramentum, ita etiam toti communicare debent. * ut enim legitur in concilio toletano, ° quale erit sacrificium, ubi nec ipse sacrificans esse dignoscitur?
ra2 ' Ad secundum dicendum quod perfectio huius sacramenti non est in usu fidelium, sed in consecratione materiae. et ideo nihil derogat perfectioni huius sacramenti si populus sumat corpus sine sanguine, dummodo sacerdos consecrans sumat utrumque.
ra3 ' Ad tertium dicendum quod repraesentatio dominicae passionis agitur in ipsa consecratione huius sacramenti, in qua non debet corpus sine sanguine consecrari. potest autem a populo corpus sine sanguine sumi, nec exinde aliquod sequitur detrimentum. quia sacerdos in persona omnium sanguinem offert et sumit, et sub utraque specie totus christus continetur, * ut supra habitum est.

010 ST4 qu81 ar

pr ' Deinde considerandum est de usu huius sacramenti quo christus usus est in prima sui institutione. et circa hoc quaeruntur quatuor. primo, utrum ipse christus sumpserit corpus et sanguinem suum. secundo, utrum iudae dederit. tertio, quale corpus sumpserit aut dederit, scilicet passibile vel impassibile. quarto, quomodo se habuisset christus sub hoc sacramento si fuisset in triduo mortis reservatum, aut etiam consecratum.

010 ST4 qu81 ar1

ag1 ' Ad primum sic proceditur. videtur quod christus non sumpserit corpus suum et sanguinem. non enim de factis christi et dictis asseri debet quod auctoritate sacrae scripturae non traditur. sed in evangeliis non habetur quod christus corpus suum manducaverit aut sanguinem biberit. non ergo est hoc asserendum.
ag2 ' Praeterea, nihil potest esse in seipso, nisi forte ratione partium, prout scilicet una pars eius est in alia, * ut habetur in iv physic. ' sed illud quod manducatur et bibitur, est in manducante et bibente. cum ergo totus christus sit in utraque specie sacramenti, videtur impossibile fuisse quod ipse sumpserit hoc sacramentum.
ag3 ' Praeterea, duplex est assumptio huius sacramenti, scilicet spiritualis et sacramentalis. sed spiritualis non competebat christo, quia nihil a sacramento accepit. et per consequens nec sacramentalis, quae sine spirituali est imperfecta, * ut supra habitum est. ' ergo christus nullo modo hoc sacramentum sumpsit.
sc * Sed contra est quod hieronymus dicit, ad heldibiam, ° dominus iesus ipse conviva et convivium, ipse comedens et qui comeditur.
co * Respondeo dicendum quod quidam dixerunt quod " christus in cena corpus et sanguinem suum discipulis tradidit, non tamen ipse sumpsit. ' sed hoc non videtur convenienter dici. quia christus ea quae ab aliis observanda instituit, ipse primitus observavit, unde et ipse prius baptizari voluit quam aliis baptismum imponeret, * secundum illud act. i, ° coepit iesus facere et docere. ' unde et ipse primo corpus suum et sanguinem sumpsit, et postea discipulis suis tradidit sumendum. * et hoc est quod, ruth iii, super illud, ° cumque comedisset et bibisset * etc., dicit glossa, quod ° christus comedit et bibit in cena, cum corporis et sanguinis sui sacramentum discipulis tradidit. unde, quia pueri communicaverunt carni et sanguini, et ipse participavit eisdem.
ra1 * Ad primum ergo dicendum quod in evangeliis legitur quod " christus accepit panem et calicem. non est autem intelligendum quod acceperit solum in manibus, * ut quidam dicunt, " sed eo modo accepit quo aliis accipiendum tradidit. unde, cum discipulis dixerit, accipite et comedite, et iterum, accipite et bibite, intelligendum est quod ipse dominus accipiens comederit et biberit. * unde et quidam metrice dixerunt, ° rex sedet in cena, turba cinctus duodena, se tenet in manibus, se cibat ipse cibus.
ra2 * Ad secundum dicendum quod, sicut supra dictum est, ' christus, secundum quod est sub hoc sacramento, comparatur ad locum non secundum proprias dimensiones, sed secundum dimensiones specierum sacramentalium, ita quod in quocumque loco ubi sunt illae species, est ipse christus. et quia species illae potuerunt esse in manibus et in ore christi, ipse totus christus potuit esse in suis manibus et in suo ore. non autem potuisset hoc esse secundum quod comparatur ad locum secundum proprias species.
ra3 * Ad tertium dicendum quod, sicut supra dictum est, ' effectus huius sacramenti est non solum augmentum habitualis gratiae, sed etiam actualis delectatio spiritualis dulcedinis. quamvis autem christo gratia non fuerit augmentata ex susceptione huius sacramenti, habuit tamen quandam spiritualem delectationem in nova institutione huius sacramenti, * unde ipse dicebat, luc. xxii, ° desiderio desideravi manducare hoc pascha vobiscum, * quod eusebius exponit " de novo mysterio huius novi testamenti quod tradebat discipulis. ' et ideo spiritualiter manducavit, et similiter sacramentaliter, inquantum corpus suum sub sacramento sumpsit, quod sacramentum sui corporis intellexit et disposuit. aliter tamen quam ceteri sacramentaliter et spiritualiter sumant, qui augmentum gratiae suscipiunt, et sacramentalibus signis indigent ad veritatis perceptionem.

010 ST4 qu81 ar2

ag1 ' Ad secundum sic proceditur. videtur quod christus iudae non dederit corpus suum. * ut enim legitur matth. xxvi, ' postquam dominus dederat corpus suum et sanguinem discipulis, dixit eis, ° non bibam amodo de hoc genimine vitis usque in diem illum cum illud bibam vobiscum novum in regno patris mei. ' ex quo videtur quod illi quibus corpus suum et sanguinem dederat, cum eo essent iterum bibituri. sed iudas postea cum ipso non bibit. ergo non accepit cum aliis discipulis corpus christi et sanguinem.
ag2 ' Praeterea, dominus implevit quod praecepit, * secundum illud act. i, ° coepit iesus facere et docere. * sed ipse praecepit, matth. vii, ° nolite sanctum dare canibus. ' cum ergo ipse cognosceret iudam peccatorem esse, videtur quod ei corpus suum et sanguinem non dederit.
ag3 " Praeterea, christus specialiter legitur iudae panem intinctum porrexisse, * ioan. xiii. si ergo corpus suum ei dederit, videtur quod sub buccella ei dederit, praecipue cum legatur ibidem, ° et post buccellam introivit in eum satanas; * ubi augustinus dicit, ° hinc nos docemur quam sit cavendum male accipere bonum. si enim corripitur qui non diiudicat, idest, non discernit corpus domini a ceteris cibis, quomodo damnabitur qui ad eius mensam, fingens se amicum, accedit inimicus? " sed cum buccella intincta non accepit corpus christi, * ut augustinus dicit, super illud ioan. xiii, ° cum intinxisset panem, dedit iudae simonis iscariotis, non, ut putant quidam negligenter legentes, tunc iudas solus corpus christi accepit. ' ergo videtur quod iudas corpus christi non acceperit.
sc * Sed contra est quod chrysostomus dicit, ° iudas, particeps existens mysteriorum, conversus non est. unde fit scelus eius utrinque immanius, tum quia tali proposito imbutus adiit mysteria; tum quia adiens melior factus non fuit, nec metu nec beneficio nec honore.
co * Respondeo dicendum quod hilarius posuit, super matth., quod " christus iudae corpus suum et sanguinem non dedit. ' et hoc quidem conveniens fuisset, considerata malitia iudae. sed quia christus debuit nobis esse exemplum iustitiae, non conveniebat eius magisterio ut iudam, occultum peccatorem, sine accusatore et evidenti probatione, ab aliorum communione separaret, ne per hoc daretur exemplum praelatis ecclesiae similia faciendi; et ipse iudas, inde exasperatus, sumeret occasionem peccandi. et ideo dicendum est quod iudas cum aliis discipulis corpus domini et sanguinem suscepit, * ut dicit dionysius in libro eccles. hier., et augustinus, super ioannem.
ra1 * Ad primum ergo dicendum quod illa est ratio hilarii " ad ostendendum quod iudas corpus christi non sumpsit. ' non tamen cogit. quia christus loquitur discipulis, a quorum collegio iudas se separavit, non autem christus eum exclusit. et ideo christus, quantum est in se, etiam cum iuda vinum in regno dei bibit, sed hoc convivium ipse iudas repudiavit.
ra2 ' Ad secundum dicendum quod christo nota erat iudae iniquitas sicut deo, non autem erat sibi nota per modum quo hominibus innotescit. et ideo christus iudam non repulit a communione, ut daret exemplum tales peccatores occultos non esse ab aliis sacerdotibus repellendos.
ra3 ' Ad tertium dicendum quod sine dubio iudas sub pane intincto corpus christi non sumpsit, sed simplicem panem. significatur autem fortassis, * ut augustinus dicit ibidem, ° per panis intinctionem fictio iudae, ut enim inficiantur, nonnulla tinguntur. si autem bonum aliquod hic significat tinctio, " scilicet dulcedinem bonitatis divinae, quia panis ex intinctione sapidior redditur, eidem bono ingratum non immerito secuta est damnatio. et propter hanc ingratitudinem id quod est bonum, factum est ei malum, sicut accidit circa sumentes corpus christi indigne. * et, sicut augustinus dicit ibidem, ° intelligendum est quod dominus iam antea distribuerat omnibus discipulis suis sacramentum corporis et sanguinis sui, ubi et ipse iudas erat, sicut lucas narrat. ac deinde ad hoc ventum est, ubi, secundum narrationem ioannis, dominus per buccellam tinctam atque porrectam suum exprimit proditorem.

010 ST4 qu81 ar3

ag1 ' Ad tertium sic proceditur. videtur quod christus sumpserit et dederit corpus suum discipulis impassibile. * quia super illud matth. xvii, ° transfiguratus est ante illos, * dicit quaedam glossa, ° illud corpus quod habuit per naturam, dedit discipulis in cena, non mortale et passibile. * et levit. ii, super illud, ° si oblatio tua fuerit de sartagine, * dicit glossa, ° crux, super omnia fortis, carnem christi, quae ante passionem non videbatur esui apta, post aptam fecit. ' sed christus dedit corpus suum ut aptum ad manducandum. ergo dedit tale quale habuit post passionem, scilicet impassibile et immortale.
ag2 ' Praeterea, omne corpus passibile per contactum et manducationem patitur. si ergo corpus christi erat passibile, per contactum et comestionem discipulorum passum fuisset.
ag3 ' Praeterea, verba sacramentalia non sunt modo maioris virtutis quando proferuntur a sacerdote in persona christi, quam tunc quando fuerunt prolata ab ipso christo. sed nunc virtute verborum sacramentalium in altari consecratur corpus christi impassibile et immortale. ergo multo magis tunc.
sc * Sed contra est quod, sicut innocentius iii dicit, ° tale corpus tunc dedit discipulis quale habuit. ' habuit autem tunc corpus passibile et mortale. ergo corpus passibile et mortale discipulis dedit.
co * Respondeo dicendum quod hugo de sancto victore posuit quod " christus ante passionem diversis temporibus quatuor dotes corporis glorificati assumpsit, scilicet subtilitatem in nativitate, quando exivit de clauso utero virginis; agilitatem, quando siccis pedibus super mare ambulavit; claritatem, in transfiguratione; impassibilitatem, in cena, quando corpus suum tradidit discipulis ad manducandum. et secundum hoc, dedit discipulis suis corpus impassibile et immortale. ' sed, quidquid sit de aliis, * de quibus supra dictum est ' quid sentiri debeat, circa impassibilitatem tamen impossibile est esse quod dicitur. manifestum est enim quod idem verum corpus christi erat quod a discipulis tunc in propria specie videbatur, et in specie sacramenti sumebatur. non autem erat impassibile secundum quod in propria specie videbatur, quinimmo erat passioni paratum. unde nec ipsum corpus quod in specie sacramenti dabatur, impassibile erat. impassibili tamen modo erat sub specie sacramenti quod in se erat passibile, sicut invisibiliter quod in se erat visibile. sicut enim visio requirit contactum corporis quod videtur ad circumstans

medium visionis, ita passio requirit contactum corporis quod patitur ad ea quae agunt. corpus autem christi, secundum quod est sub sacramento, * ut supra dictum est, [25] ‘ non comparatur ad ea quae circumstant mediantibus propriis dimensionibus, quibus corpora se tangunt, sed mediantibus dimensionibus specierum panis et vini. et ideo species illae sunt quae patiuntur et videntur, non autem ipsum corpus christi.

ra1 ‘ Ad primum ergo dicendum quod christus dicitur non dedisse in cena corpus suum mortale et passibile, quia non dedit corporali et passibili modo. crux autem facit carnem christi aptam manducationi, inquantum hoc sacramentum repraesentat passionem christi.

ra2 ‘ Ad secundum dicendum quod ratio illa procederet si corpus christi sicut erat passibile, ita passibili modo fuisset sub sacramento.

ra3 * Ad tertium dicendum quod, sicut supra dictum est, ‘ accidentia corporis christi sunt in hoc sacramento ex reali concomitantia, non autem ex vi sacramenti, ex qua est ibi substantia corporis christi. et ideo virtus verborum sacramentalium ad hoc se extendit ut sit sub hoc sacramento corpus, christi scilicet, quibuscumque accidentibus realiter in eo existentibus.

010 ST4 qu81 ar4

ag1 ‘ Ad quartum sic proceditur. videtur quod, si hoc sacramentum tempore mortis christi fuisset servatum in pyxide, vel ab aliquo apostolorum consecratum, non ibi moreretur. mors enim christi accidit per eius passionem. sed christus impassibili modo etiam tunc erat in hoc sacramento. ergo non poterat mori in hoc sacramento.

ag2 ‘ Praeterea, in morte christi separatus fuit sanguis eius a corpore. sed in hoc sacramento simul est corpus christi et sanguis. ergo christus in hoc sacramento non moreretur.

ag3 ‘ Praeterea, mors accidit per separationem animae a corpore. sed in hoc sacramento continetur tam corpus christi quam anima. ergo in hoc sacramento non poterat christus mori.

sc ‘ Sed contra est quod idem christus qui erat in cruce, fuisset in sacramento. sed in cruce moriebatur. ergo et in sacramento conservato moreretur.

co ‘ Respondeo dicendum quod corpus christi idem in substantia est in hoc sacramento et in propria specie, sed non eodem modo, nam in propria specie contingit circumstantia corpora per proprias dimensiones, non autem prout est in hoc sacramento, * ut supra dictum est. ‘ et ideo quidquid pertinet ad christum secundum quod est in se, potest attribui ei et in propria specie et in sacramento existenti, sicut vivere, mori, dolere, animatum vel inanimatum esse, et cetera huiusmodi. quaecumque vero conveniunt ei per comparationem ad corpora extrinseca, possunt ei attribui in propria specie existenti, non autem prout est in sacramento, sicut irrideri, conspui, crucifigi, flagellari, et cetera huiusmodi. * unde quidam metrice dixerunt, ° pyxide servato poteris sociare dolorem innatum, sed non illatus convenit illi.

ra1 * Ad primum ergo dicendum quod, sicut dictum est, ‘ passio convenit corpori passo per comparationem ad agens extrinsecum. et ideo christus, secundum quod est sub sacramento, pati non potest. potest tamen mori.

ra2 * Ad secundum dicendum quod, sicut supra dictum est, ‘ sub specie panis est corpus christi ex vi consecrationis, sanguis autem sub specie vini. sed nunc quidem, quando realiter sanguis christi non est separatus ab eius corpore, ex reali concomitantia et sanguis christi est sub specie panis simul cum corpore, et corpus sub specie vini simul cum sanguine. sed, si in tempore passionis christi, quando realiter sanguis fuit separatus a corpore, fuisset hoc sacramentum consecratum, sub specie panis fuisset solum corpus, et sub specie vini fuisset solus sanguis.

ra3 * Ad tertium dicendum quod, sicut supra dictum est, ‘ anima christi est in hoc sacramento ex reali concomitantia, quia non est sine corpore, non autem ex vi consecrationis. et ideo, si tunc fuisset hoc sacramentum consecratum vel servatum quando anima erat a corpore realiter separata, non fuisset anima christi sub hoc sacramento, non propter defectum virtutis verborum sed propter aliam dispositionem rei.

010 ST4 qu82 ar

pr ‘ Deinde considerandum est de ministro huius sacramenti. et circa hoc quaeruntur decem. primo, utrum consecrare hoc sacramentum sit proprium sacerdotis. secundo, utrum plures sacerdotes simul possent eandem hostiam consecrare. tertio, utrum dispensatio huius sacramenti pertineat ad solum sacerdotem. quarto, utrum liceat sacerdoti consecranti a communione abstinere. quinto, utrum liceat sacerdoti omnino a celebratione abstinere. sexto, utrum sacerdos peccator possit conficere hoc sacramentum. septimo, utrum missa mali sacerdotis minus valeat quam boni. octavo, utrum haeretici, schismatici vel excommunicati possint conficere hoc sacramentum. nono, utrum degradati. decimo, utrum peccent a talibus communionem recipientes.

010 ST4 qu82 ar1

ag1 ‘ Ad primum sic proceditur. videtur quod consecratio huius sacramenti non proprie sit sacerdotis. * dictum est enim supra quod ‘ hoc sacramentum consecratur virtute verborum quae sunt forma huius sacramenti. sed illa verba non mutantur sive dicantur a sacerdote sive a quocumque alio. ergo videtur quod non solus sacerdos, sed etiam quilibet alius possit hoc sacramentum consecrare.

ag2 ‘ Praeterea, sacerdos hoc sacramentum conficit in persona christi. sed laicus sanctus est unitus christo per caritatem. ergo videtur quod etiam laicus possit hoc sacramentum conficere. * unde et chrysostomus dicit, super matth., quod ° omnis sanctus est sacerdos.

ag3 ‘ Praeterea, sicut baptismus ordinatur ad hominum salutem, ita et hoc sacramentum, * ut ex supra dictis patet. ‘ sed etiam laicus potest baptizare, * ut supra habitum est. ‘ ergo non est proprium sacerdotis conficere hoc sacramentum.

ag4 ‘ Praeterea, hoc sacramentum perficitur in consecratione materiae. sed alias materias consecrare, scilicet chrisma et oleum sanctum et oleum benedictum, pertinet ad solum episcopum, quarum tamen consecratio non est tantae dignitatis sicut consecratio eucharistiae, in qua est totus christus. ergo non est proprium sacerdotis, sed solius episcopi, hoc sacramentum conficere.

sc * Sed contra est quod isidorus dicit, in quadam epistola, et habetur in decretis, dist. xxv, ° ad presbyterum pertinet sacramentum corporis et sanguinis domini in altari dei conficere.

co * Respondeo dicendum quod, sicut supra dictum est, ‘ hoc sacramentum tantae est dignitatis quod non conficitur nisi in persona christi. quicumque autem aliquid agit in persona alterius, oportet hoc fieri per potestatem ab illo concessam. sicut autem baptizato conceditur a christo potestas sumendi hoc sacramentum, ita sacerdoti, cum ordinatur, confertur potestas hoc sacramentum consecrandi in persona christi, per hoc enim ponitur in gradu eorum * quibus dictum est a domino, ° hoc facite in meam commemorationem. ‘ et ideo dicendum est quod proprium est sacerdotum conficere hoc sacramentum.

ra1 ‘ Ad primum ergo dicendum quod virtus sacramentalis in pluribus consistit, et non in uno tantum, sicut virtus baptismi consistit et in verbis et in aqua. unde et virtus consecrativa non solum consistit in ipsis verbis, sed etiam in potestate sacerdoti tradita in sua consecratione vel ordinatione, cum ei dicitur ab episcopo, ° accipe potestatem offerendi sacrificium in ecclesia tam pro vivis quam pro mortuis. ‘ nam et virtus instrumentalis in pluribus instrumentis consistit, per quae agit principale agens.

ra2 ‘ Ad secundum dicendum quod laicus iustus unitus est christo unione spirituali per fidem et caritatem, non autem per sacramentalem potestatem. et ideo habet spirituale sacerdotium ad offerendum spirituales hostias, * de quibus dicitur in psalmo, ° sacrificium deo spiritus contribulatus, * et rom. xii, ° exhibeatis corpora vestra hostiam viventem. * unde et i petri ii dicitur, ° sacerdotium sanctum offerre spirituales hostias.

ra3 ‘ Ad tertium dicendum quod perceptio huius sacramenti non est tantae necessitatis sicut perceptio baptismi, * ut ex supra dictis patet. ‘ et ideo, licet in necessitatis articulo laicus possit baptizare, non tamen potest hoc sacramentum conficere.

ra4 ‘ Ad quartum dicendum quod episcopus accipit potestatem ut agat in persona christi supra corpus eius mysticum, idest super ecclesiam, quam quidem potestatem non accipit sacerdos in sua consecratione, licet possit eam habere ex episcopi commissione. et ideo ea quae non pertinent ad dispositionem corporis mystici, non reservantur episcopo, sicut consecratio huius sacramenti. ad episcopum vero pertinet non solum tradere populo, sed etiam sacerdotibus, ea ex quibus possunt propriis officiis uti. et quia benedictio chrismatis et olei sancti et olei infirmorum, et aliorum quae consecrantur, puta altaris, ecclesiae, vestium et vasorum, praestat quandam idoneitatem ad sacramenta perficienda quae pertinent ad officium sacerdotum, ideo tales consecrationes episcopo reservantur, tanquam principi totius ecclesiastici ordinis.

010 ST4 qu82 ar2

ag1 ‘ Ad secundum sic proceditur. videtur quod plures sacerdotes non possunt unam et eandem hostiam consecrare. * dictum est enim supra quod ‘ plures non possunt unum baptizare. sed non minor vis est sacerdotis consecrantis quam hominis baptizantis. ergo etiam non possunt simul plures unam hostiam consecrare.

ag2 ‘ Praeterea, quod potest fieri per unum, superflue fit per multos. in sacramentis autem christi nihil debet esse superfluum. cum igitur unus sufficiat ad consecrandum, videtur quod plures non possunt unam hostiam consecrare.

ag3 * Praeterea, sicut augustinus dicit, super ioan., ‘ hoc sacramentum est sacramentum unitatis. sed contrarium unitati videtur esse multitudo. ergo non videtur conveniens esse huic sacramento quod plures sacerdotes eandem hostiam consecrent.

sc ‘ Sed contra est quod, secundum consuetudinem quarundam ecclesiarum, sacerdotes, cum de novo ordinantur, concelebrant episcopo ordinanti.

co * Respondeo dicendum quod, sicut supra dictum est, ‘ sacerdos, cum ordinatur, constituitur in gradu eorum qui a domino acceperunt potestatem consecrandi in cena. et ideo, secundum consuetudinem quarundam ecclesiarum, sicut apostoli christo cenanti concenaverunt, ita novi ordinati episcopo ordinanti concelebrant. nec per hoc iteratur consecratio super eandem hostiam, * quia, sicut innocentius iii dicit, “ omnium intentio debet ferri ad idem instans consecrationis.

ra1 ‘ Ad primum ergo dicendum quod christus non legitur simul baptizasse cum apostolis quando iniunxit eis officium baptizandi. et ideo non est similis ratio.

ra2 ‘ Ad secundum dicendum quod, si quilibet sacerdotum operaretur in virtute propria, superfluerent alii celebrantes, uno sufficienter celebrante. sed quia sacerdos non consecrat nisi in persona christi, multi autem sunt unum in christo, ideo non refert utrum per unum vel per multos hoc sacramentum consecraretur, nisi quod oportet ritum ecclesiae servari.

ra3 ‘ Ad tertium dicendum quod eucharistia est sacramentum unitatis ecclesiasticae, quae attenditur secundum hoc quod multi sunt unum in christo.

010 ST4 qu82 ar3

ag1 ‘ Ad tertium sic proceditur. videtur quod non pertineat solum ad sacerdotem dispensatio huius sacramenti. sanguis enim christi non minus pertinet ad hoc sacramentum quam corpus. sed sanguis christi dispensatur per diacones, * unde et beatus laurentius dixit beato sixto, ° experire utrum idoneum ministrum elegeris, cui commisisti dominici sanguinis dispensationem. ‘ ergo, pari ratione, dispensatio dominici corporis non pertinet ad solos sacerdotes.

ag2 ‘ Praeterea, sacerdotes constituuntur ministri sacramentorum. sed hoc sacramentum perficitur in consecratione materiae, non in usu, ad quem pertinet dispensatio. ergo videtur quod non pertineat ad sacerdotem corpus domini dispensare.

ag3 * Praeterea, dionysius dicit, in libro eccles. hier., quod “ hoc sacramentum habet perfectivam virtutem, sicut et chrisma. ‘ sed signare chrismate baptizatos non pertinet ad sacerdotem, sed ad episcopum. ergo etiam dispensare hoc sacramentum pertinet ad episcopum, non ad sacerdotem.

sc * Sed contra est quod dicitur de consecr., dist. ii, ° pervenit ad notitiam nostram quod quidam presbyteri laico aut feminae corpus domini tradunt ad deferendum infirmis. ergo interdicit synodus ne talis praesumptio ulterius fiat, sed presbyter per semetipsum infirmos communicet.

co ‘ Respondeo dicendum quod ad sacerdotem pertinet dispensatio corporis christi, propter tria. primo quidem quia, * sicut dictum est, ‘ ipse consecrat in persona christi. ipse autem christus, sicut consecravit corpus suum in cena, ita et aliis sumendum dedit. unde, sicut ad sacerdotem pertinet consecratio corporis christi, ita ad eum pertinet dispensatio. secundo, quia sacerdos constituitur medius inter deum et populum. unde, sicut ad eum pertinet dona populi deo offerre, ita ad eum pertinet dona sanctificata divinitus populo tradere. tertio quia, in reverentiam huius sacramenti, a nulla re contingitur nisi consecrata, unde et corporale et calix consecrantur, similiter et manus sacerdotis, ad tangendum hoc sacramentum. unde nulli alii tangere licet, nisi in necessitate puta si caderet in terram, vel in aliquo alio necessitatis casu.

ra1 ‘ Ad primum ergo dicendum quod diaconus, quasi propinquus ordini sacerdotali, aliquid participat de eius officio, ut scilicet dispenset sanguinem, non autem corpus, nisi in necessitate, iubente episcopo vel presbytero. primo quidem, quia sanguis christi continetur in vase. unde non oportet quod tangatur a dispensante, sicut tangitur corpus christi. secundo, quia sanguis designat redemptionem a christo in populum derivatam, unde et sanguini admiscetur aqua, quae significat populum. et quia diaconi sunt inter sacerdotem et populum, magis convenit diaconibus dispensatio sanguinis quam dispensatio corporis.

ra2 ‘ Ad secundum dicendum quod eiusdem est hoc sacramentum dispensare et consecrare, * ratione iam dicta.

ra3 ‘ Ad tertium dicendum quod, sicut diaconus in aliquo participat illuminativam virtutem sacerdotis, inquantum dispensat sanguinem; ita sacerdos participat perfectivam dispensationem episcopi, inquantum dispensat hoc sacramentum, quo perficitur homo secundum se per coniunctionem ad christum. aliae autem perfectiones, quibus homo perficitur per comparationem ad alios, episcopo reservantur.

010 ST4 qu82 ar4

ag1 ‘ Ad quartum sic proceditur. videtur quod sacerdos consecrans non teneatur sumere hoc sacramentum. in aliis enim consecrationibus ille qui consecrat materiam, non utitur ea, sicut episcopus consecrans chrisma non linitur eodem. sed hoc sacramentum consistit in consecratione materiae. ergo sacerdos perficiens hoc sacramentum non necesse habet uti eodem, sed potest licite a sumptione eius abstinere.

ag2 ‘ Praeterea, in aliis sacramentis minister non praebet sacramentum sibi ipsi, nullus enim baptiza-

re seipsum potest, * ut supra habitum est. ' sed, sicut baptismus ordinate dispensatur, ita et hoc sacramentum. ergo sacerdos perficiens hoc sacramentum non debet ipsum sumere a seipso.
ag3 ' Praeterea, contingit quandoque quod miraculose corpus christi in altari apparet sub specie carnis, et sanguis sub specie sanguinis. quae non sunt apta cibo vel potui, unde, * sicut supra dictum est, ' propter hoc sub alia specie traduntur, ne sint horrori sumentibus. ergo sacerdos consecrans non semper tenetur sumere hoc sacramentum.
sc * Sed contra est quod in concilio toletano legitur, et habetur de consecr., dist. ii, cap. relatum, ° modis omnibus tenendum est ut, quotiescumque sacrificans corpus et sanguinem domini nostri iesu christi in altario immolat, toties perceptione corporis et sanguinis participem se praebeat.
co * Respondeo dicendum quod, sicut supra dictum est, ' eucharistia non solum est sacramentum, sed etiam sacrificium. quicumque autem sacrificium offert, debet fieri sacrificii particeps. quia exterius sacrificium quod offert, signum est interioris sacrificii quo quis seipsum offert deo, * ut augustinus dicit, x de civ. dei. ' unde per hoc quod participat sacrificio, ostendit ad se sacrificium interius pertinere. similiter etiam per hoc quod sacrificium populo dispensat, ostendit se esse dispensatorem divinorum populo. quorum ipse primo debet esse particeps, * sicut dionysius dicit, in libro eccles. hier.. ' et ideo ipse ante sumere debet quam populo dispenset. * unde in praedicto capite legitur, ° quale est sacrificium cui nec ipse sacrificans particeps esse dignoscitur? ' per hoc autem fit particeps quod de sacrificio sumit, * secundum illud apostoli, i cor. x, ° nonne qui edunt hostias, participes sunt altaris? ' et ideo necesse est quod sacerdos, quotiescumque consecrat, sumat hoc sacramentum integre.
ra1 ' Ad primum ergo dicendum quod consecratio chrismatis, vel cuiuscumque alterius materiae, non est sacrificium, sicut consecratio eucharistiae. et ideo non est similis ratio.
ra2 ' Ad secundum dicendum quod sacramentum baptismi perficitur in ipso usu materiae. et ideo nullus potest baptizare seipsum, quia in sacramento non potest esse idem agens et patiens. unde nec in hoc sacramento sacerdos consecrat seipsum, sed panem et vinum, in qua consecratione conficitur hoc sacramentum. usus autem sacramenti est consequenter se habens ad hoc sacramentum. et ideo non est simile.
ra3 ' Ad tertium dicendum quod, si miraculose corpus christi in altari sub specie carnis appareat, aut sanguis sub specie sanguinis, non est sumendum. * dicit enim hieronymus, super levit., ° de hac quidem hostia quae in christi commemoratione mirabiliter fit, de illa vero quam christus in ara crucis obtulit secundum se, nulli edere licet. ' nec propter hoc sacerdos transgressor efficitur, quia ea quae miraculose fiunt, legibus non subduntur. consulendum tamen esset sacerdoti quod iterato corpus et sanguinem domini consecraret et sumeret.

010 ST4 qu82 ar5

ag1 ' Ad quintum sic proceditur. videtur quod malus sacerdos eucharistiam consecrare non possit. * dicit enim hieronymus, super sophoniam, ° sacerdotes, qui eucharistiae serviunt et sanguinem domini dividunt, impie agunt in legem christi, putantes eucharistiam precantis facere verba, non vitam; et necessariam esse solemnem orationem, et non sacerdotis merita. de quibus dicitur, sacerdos, in quocumque fuerit macula, non accedat offerre oblationes domino. ' sed sacerdos peccator, cum sit maculosus, nec vitam habet nec merita huic convenientia sacramento. ergo sacerdos peccator non potest consecrare eucharistiam.
ag2 * Praeterea, damascenus dicit, in iv libro, quod ° panis et vinum, per adventum sancti spiritus, supernaturaliter transit in corpus domini et sanguinem. * sed gelasius papa dicit, et habetur in decretis, i, qu. i, cap. sacrosancta, ° quomodo ad divini mysterii consecrationem caelestis spiritus invocatus adveniet, si sacerdos qui eum adesse deprecatur, criminosis plenus actionibus comprobetur? ' ergo per malum sacerdotem non potest eucharistia consecrari.
ag3 ' Praeterea, hoc sacramentum sacerdotis benedictione consecratur. sed benedictio sacerdotis peccatoris non est efficax ad consecrationem huius sacramenti, * cum scriptum sit, ° maledicam benedictionibus vestris. * et dionysius dicit, in epistola ad demophilum monachum, ° perfecte cecidit a sacerdotali ordine qui non est illuminatus, et audax quidem mihi videtur talis, sacerdotalibus manum apponens; et audet immundas infamias, non enim dicam orationes, super divina symbola christiformiter enuntiare.
sc * Sed contra est quod augustinus dicit, in libro de corpore domini, ° intra ecclesiam catholicam, in mysterio corporis et sanguinis domini, nihil a bono maius, nihil a malo minus perficitur sacerdote, quia non in merito consecrantis, sed in verbo perficitur creatoris, et in virtute spiritus sancti.
co * Respondeo dicendum quod, sicut supra dictum est, ' sacerdos consecrat hoc sacramentum non in virtute propria, sed sicut minister christi, in cuius persona consecrat hoc sacramentum. non autem ex hoc ipso desinit aliquis esse minister christi quod est malus, habet enim dominus bonos et malos ministros seu servos. * unde, matth. xxiv, dominus dicit, ° quis, putas, est fidelis servus et prudens, ' etc.; * et postea subdit, ° si autem dixerit malus ille servus in corde suo, ' etc.. * et apostolus dicit, i cor. iv, ° sic nos existimet homo ut ministros christi, * et tamen postea subdit, ° nihil mihi conscius sum, sed non in hoc iustificatus sum. ' erat ergo certus se esse ministrum christi, non tamen erat certus se esse iustum. potest ergo aliquis esse minister christi etiam si iustus non sit. et hoc ad excellentiam christi pertinet, cui, sicut vero deo, serviunt non solum bona, sed etiam mala, quae per ipsius providentiam in eius gloriam ordinantur. unde manifestum est quod sacerdotes, etiam si non sint iusti, sed peccatores, possunt eucharistiam consecrare.
ra1 * Ad primum ergo dicendum quod hieronymus per illa verba " improbat errorem sacerdotum qui credebant se digne posse eucharistiam consecrare ex hoc solo quod sunt sacerdotes, etiam si sint peccatores. quod improbat hieronymus per hoc quod maculosi ad altare accedere prohibentur. ' non tamen removetur quin, si accesserint, sit verum sacrificium quod offerunt.
ra2 ' Ad secundum dicendum quod * ante illa verba gelasius papa praemittit, ° sacrosancta religio, quae catholicam continet disciplinam, tantam sibi reverentiam vindicat ut ad eam quilibet nisi pura conscientia non audeat pervenire. * ex quo manifeste apparet eius intentionis esse quod " peccator sacerdos non debet accedere ad hoc sacramentum. * unde per hoc quod subdit, ° quomodo caelestis spiritus advocatus adveniet, ' intelligi oportet quod non advenit ex merito sacerdotis, sed ex virtute christi, cuius verba profert sacerdos.
ra3 ' Ad tertium dicendum quod, sicut eadem actio, inquantum fit ex prava intentione ministri, potest esse mala, bona autem inquantum fit ex bona intentione domini; ita benedictio sacerdotis peccatoris, inquantum ab ipso indigne fit, est maledictione digna, et quasi infamia seu blasphemia, et non oratio reputatur; inquantum autem profertur ex persona christi, est sancta et efficax. * unde signanter dicitur, ° maledicam benedictionibus vestris.

010 ST4 qu82 ar6

ag1 ' Ad sextum sic proceditur. videtur quod missa sacerdotis mali non minus valeat quam missa sacerdotis boni. * dicit enim gregorius, in registro, ° heu, in quam magnum laqueum incidunt qui divina et occulta mysteria plus ab aliis sanctificata fieri posse credunt, cum unus idemque spiritus sanctus ea mysteria occulte atque invisibiliter operando sanctificet. ' sed haec occulta mysteria celebrantur in missa. ergo missa mali sacerdotis non minus valet quam missa boni.
ag2 ' Praeterea, sicut baptismus traditur a ministro in virtute christi, qui baptizat, ita et hoc sacramentum, quod in persona christi consecratur. sed non melior baptismus datur a meliori ministro, * ut supra habitum est. ' ergo neque etiam melior missa est quae celebratur a meliori sacerdote.
ag3 ' Praeterea, sicut merita sacerdotum differunt per bonum et melius, ita etiam differunt per bonum et malum. si ergo missa melioris sacerdotis est melior, sequitur quod missa mali sacerdotis sit mala. quod est inconveniens, " quia malitia ministrorum non potest redundare in christi mysteria; * sicut augustinus dicit, in libro de baptismo. ' ergo neque missa melioris sacerdotis est melior.
sc * Sed contra est quod habetur i, qu. i, ° quanto sacerdotes fuerint digniores, tanto facilius in necessitatibus pro quibus clamant, exaudiuntur.
co ' Respondeo dicendum quod in missa duo est considerare; scilicet ipsum sacramentum, quod est principale; et orationes quae in missa fiunt pro vivis et mortuis. quantum ergo ad sacramentum, non minus valet missa mali sacerdotis quam boni, quia utrobique idem conficitur sacramentum. oratio etiam quae fit in missa, potest considerari dupliciter. uno modo, inquantum habet efficaciam ex devotione sacerdotis orantis. et sic non est dubium quod missa melioris sacerdotis magis est fructuosa. alio modo, inquantum oratio in missa profertur a sacerdote in persona totius ecclesiae, cuius sacerdos est minister. quod quidem ministerium etiam in peccatoribus manet, * sicut supra dictum est de ministerio christi. ' unde quantum ad hoc, est fructuosa non solum oratio sacerdotis peccatoris in missa, sed etiam omnes aliae eius orationes quas facit in ecclesiasticis officiis, in quibus gerit personam ecclesiae. sed orationes eius privatae non sunt fructuosae, * secundum illud proverb. xxviii, ° qui declinat aurem suam ne audiat legem, oratio eius erit execrabilis.
ra1 ' Ad primum ergo dicendum quod * gregorius loquitur ibi ' quantum ad sanctitatem divini sacramenti.
ra2 ' Ad secundum dicendum quod in sacramento baptismi non fiunt solemnes orationes pro omnibus fidelibus, sicut in missa. et ideo quantum ad hoc non est simile. est autem simile quantum ad effectum sacramenti.
ra3 ' Ad tertium dicendum quod propter virtutem spiritus sancti, qui per unitatem caritatis communicat invicem bona membrorum christi, fit quod bonum privatum quod est in missa sacerdotis boni, est fructuosum aliis. malum autem privatum unius hominis non potest alteri nocere, nisi per aliqualem consensum, * ut augustinus dicit, in libro contra parmenianum.

010 ST4 qu82 ar7

ag1 ' Ad septimum sic proceditur. videtur quod haeretici et schismatici et excommunicati consecrare non possunt. * dicit enim augustinus quod ° extra ecclesiam catholicam non est locus veri sacrificii. * et leo papa dicit, et habetur in decretis, i, qu. i, " aliter, (scilicet quam in ecclesia, quae corpus christi est) ° nec rata sunt sacerdotia, nec vera sacrificia. ' sed haeretici, schismatici et excommunicati sunt ab ecclesia separati. ergo non possunt verum sacrificium conficere.
ag2 * Praeterea, sicut legitur ibidem, innocentius papa dicit, ° arianos, ceterasque huiusmodi pestes, quia laicos eorum sub imagine poenitentiae suscipimus, non videntur clerici eorum cum sacerdotii aut cuiuspiam mysterii suscipiendi dignitate esse, quibus solum baptisma ratum esse permittimus. ' sed non potest aliquis consecrare eucharistiam nisi sit cum sacerdotii dignitate. ergo haeretici, et ceteri huiusmodi, non possunt eucharistiam conficere.
ag3 ' Praeterea, ille qui est extra ecclesiam, non videtur aliquid posse agere in persona totius ecclesiae. sed sacerdos consecrans eucharistiam hoc agit in persona totius ecclesiae, quod patet ex hoc quod omnes orationes proponit in persona ecclesiae. ergo videtur quod illi qui sunt extra ecclesiam, scilicet haeretici et schismatici et excommunicati, non possunt consecrare eucharistiam.
sc * Sed contra est quod augustinus dicit, in ii contra parmen., " sicut baptismus in eis, scilicet haereticis, schismaticis et excommunicatis, ita ordinatio mansit integra. ' sed ex vi ordinationis sacerdos potest consecrare eucharistiam. ergo haeretici, schismatici et excommunicati, cum in eis maneat ordinatio integra, videtur quod possint consecrare eucharistiam.
co * Respondeo dicendum quod quidam dixerunt quod " haeretici, schismatici et excommunicati, quia sunt extra ecclesiam, non possunt conficere hoc sacramentum. * sed in hoc decipiuntur. quia, sicut augustinus dicit, in ii contra parmen., ° aliud est aliquid omnino non habere, aliud autem non recte habere, et similiter est etiam aliud non dare, et aliud non recte dare. ' illi igitur qui, intra ecclesiam constituti, receperunt potestatem consecrandi in ordinatione sacerdotii, recte quidem habent potestatem, sed non recte ea utuntur, si postmodum per haeresim aut schisma vel excommunicationem ab ecclesia separentur. qui autem sic separati ordinantur, nec recte habent potestatem, nec recte utuntur. quod tamen utrique potestatem habeant, per hoc patet quod, * sicut augustinus ibidem dicit, " cum redeunt ad unitatem ecclesiae, non reordinantur, sed recipiuntur in suis ordinibus. ' et quia consecratio eucharistiae est actus consequens ordinis potestatem, illi qui sunt ab ecclesia separati per haeresim aut schisma vel excommunicationem, possunt quidem consecrare eucharistiam, quae ab eis consecrata verum corpus |25| christi et sanguinem continet, non tamen recte hoc faciunt, sed peccant facientes. et ideo fructum sacrificii non percipiunt, quod est sacrificium spirituale.
ra1 * Ad primum ergo dicendum quod auctoritas illa et similes ' intelligendae sunt quantum ad hoc quod non recte extra ecclesiam sacrificium offertur. unde extra ecclesiam non potest esse spirituale sacrificium, quod est verum veritate fructus, licet sit verum veritate sacramenti, * sicut etiam supra dictum est quod ' peccator sumit corpus christi sacramentaliter, sed non spiritualiter.
ra2 ' Ad secundum dicendum quod solus baptismus permittitur esse ratus haereticis et schismaticis, quia possunt licite baptizare in articulo necessitatis. in nullo autem casu licite possunt eucharistiam consecrare, vel alia sacramenta conferre.
ra3 ' Ad tertium dicendum quod sacerdos in missa in orationibus quidem loquitur in persona ecclesiae, in cuius unitate consistit. sed in consecratione sacramenti loquitur in persona christi, cuius vicem in hoc gerit per ordinis potestatem. et ideo, si sacerdos ab unitate ecclesiae praecisus missam celebret, quia potestatem ordinis non amittit, consecrat verum corpus et sanguinem christi, sed quia est ab ecclesiae unitate separatus, orationes eius efficaciam non habent.

010 ST4 qu82 ar8

ag1 ' Ad octavum sic proceditur. videtur quod sacerdos degradatus non possit hoc sacramentum conficere. nullus enim conficit hoc sacramentum nisi per potestatem consecrandi quam habet. ° sed degradatus non habet potestatem consecrandi, licet habeat potestatem baptizandi, * ut dicit canon. ' ergo videtur quod presbyter degradatus non possit eucharistiam consecrare.
ag2 ' Praeterea, ille qui aliquid dat, potest etiam auferre. sed episcopus dat presbytero potestatem consecrandi ordinando ipsum. ergo etiam potest ei auferre degradando ipsum.
ag3 ' Praeterea, sacerdos per degradationem aut a-

mittit potestatem consecrandi, aut solam executionem. sed non solam executionem, quia sic non plus amitteret degradatus quam excommunicatus, qui executione caret. ergo videtur quod amittit potestatem consecrandi. et ita videtur quod non possit conficere hoc sacramentum.
sc * Sed contra est quod augustinus, in ii contra parmen., probat quod "apostatae a fide non carent baptismate, per hoc quod ° per poenitentiam redeuntibus non restituitur, et ideo non posse amitti iudicatur. ' sed similiter degradatus, si reconcilietur, non est iterum ordinandus. ergo non amisit potestatem consecrandi. et ita sacerdos degradatus potest conficere hoc sacramentum.
co ' Respondeo dicendum quod potestas consecrandi eucharistiam pertinet ad characterem sacerdotalis ordinis. character autem quilibet, quia cum quadam consecratione datur, indelebilis est, * ut supra dictum est, ' sicut et quarumcumque rerum consecrationes perpetuae sunt, nec amitti nec reiterari possunt. unde manifestum est quod potestas consecrandi non amittitur per degradationem. * dicit enim augustinus, in ii contra parmen., "utrumque, scilicet baptismus et ordo, sacramentum est, ° et quadam consecratione utrumque homini datur, et illud cum baptizatur, et illud cum ordinatur. ideo non licet a catholicis utrumque iterari. ' et sic patet quod sacerdos degradatus potest conficere hoc sacramentum.
ra1 * Ad primum ergo dicendum quod canon ille non loquitur assertive, sed inquisitive, sicut ex circumstantia litterae haberi potest.
ra2 ' Ad secundum dicendum quod episcopus non dat potestatem sacerdotalis ordinis propria virtute, sed instrumentaliter, sicut minister dei, cuius effectus per hominem tolli non potest, * secundum illud matth. xix, ° quos deus coniunxit, homo non separet. ' et ideo episcopus non potest hanc potestatem auferre, sicut nec ille qui baptizat potest auferre characterem baptismalem.
ra3 ' Ad tertium dicendum quod excommunicatio est medicinalis. et ideo excommunicatis non aufertur executio sacerdotalis potestatis quasi in perpetuum, sed ad correctionem, usque ad tempus. degradatis autem aufertur executio quasi in perpetuum condemnatis.

010 ST4 qu82 ar9

ag1 ' Ad nonum sic proceditur. videtur quod aliquis licite possit communionem recipere a sacerdotibus haereticis vel excommunicatis, vel etiam peccatoribus, et ab eis missam audire. * sicut enim augustinus, contra petilianum, dicit, ° neque in homine bono neque in homine malo aliquis dei fugiat sacramenta. ' sed sacerdotes, quamvis sint peccatores et haeretici vel excommunicati, verum conficiunt sacramentum. ergo videtur quod non sit vitandum ab eis communionem accipere vel eorum missam audire.
ag2 ' Praeterea, corpus christi verum figurativum est corporis mystici, * sicut supra dictum est. ' sed a praedictis sacerdotibus verum corpus christi consecratur. ergo videtur quod illi qui sunt de corpore mystico, possint eorum sacrificiis communicare.
ag3 ' Praeterea, multa peccata sunt graviora quam fornicatio. sed non est prohibitum audire missas sacerdotum aliter peccantium. ergo etiam non debet esse prohibitum audire missas sacerdotum fornicariorum.
sc * Sed contra est quod canon dicit, xxxii dist., ° nullus audiat missam sacerdotis quem indubitanter concubinam novit habere. * et gregorius dicit, in iii dialog., quod ° pater perfidus arianum episcopum misit ad filium, ut ex eius manu sacrilegae consecrationis communionem acciperet, sed vir deo devotus ariano episcopo venienti exprobravit ut debuit.
co * Respondeo dicendum quod, sicut supra dictum est, ' sacerdotes, si sint haeretici vel schismatici vel excommunicati, vel etiam peccatores, quamvis habeant potestatem consecrandi eucharistiam, non tamen ea recte utuntur, sed peccant utentes. quicumque autem communicat alicui in peccato, ipse particeps peccati efficitur, unde * et in secunda canonica ioannis legitur quod "qui dixerit ei, ave, scilicet haeretico, ° communicat operibus illius malignis. ' et ideo non licet a praedictis communionem accipere aut eorum missam audire. differt tamen inter praedictas sectas. nam haeretici et schismatici et excommunicati sunt per sententiam ecclesiae executione consecrandi privati. et ideo peccat quicumque eorum missam audit vel ab eis accipit sacramenta. sed non omnes peccatores sunt per sententiam ecclesiae executione huius potestatis privati. et sic, quamvis sint suspensi quantum est ex sententia divina, non tamen quantum ad alios ex sententia ecclesiae. et ideo, usque ad sententiam ecclesiae, licet ab eis communionem accipere et eorum missam audire. * unde super illud i cor. v, ° cum huiusmodi nec cibum sumere, * dicit glossa augustini, ° hoc dicendo, noluit hominem ab homine iudicari ex arbitrio |25| suspicionis, vel etiam extraordinario usurpato iudicio, sed potius ex lege dei, secundum ordinem ecclesiae, sive ultro confessum, vel accusatum et convictum.
ra1 ' Ad primum ergo dicendum quod in hoc quod refugimus audire talium sacerdotum missam aut ab eis communionem recipere, non refugimus dei sacramenta, sed potius ea veneramur, unde hostia a talibus sacerdotibus consecrata est adoranda, et, si reservetur, licite potest sumi a sacerdote legitimo. sed refugimus culpam indigne ministrantium.
ra2 ' Ad secundum dicendum quod unitas corporis mystici est fructus corporis veri percepti. illi autem qui indigne percipiunt vel ministrant, privantur fructu, * ut supra dictum est. ' et ideo non est sumendum ex eorum dispensatione sacramentum ab eis qui sunt in unitate ecclesiae.
ra3 ' Ad tertium dicendum quod, licet fornicatio non sit gravior ceteris peccatis, tamen ad eam sunt homines proniores, propter carnis concupiscentiam. et ideo specialiter hoc peccatum a sacerdotibus prohibitum est ab ecclesia, ne aliquis audiat missam concubinarii sacerdotis. sed hoc intelligendum est de notorio, " vel per sententiam quae fertur in convictum, vel confessionem in iure factam, vel quando non potest peccatum aliqua tergiversatione celari.

010 ST4 qu82 ar10

ag1 ' Ad decimum sic proceditur. videtur quod liceat sacerdoti omnino a consecratione eucharistiae abstinere. sicut enim ad officium sacerdotis pertinet eucharistiam consecrare, ita etiam baptizare et in aliis sacramentis ministrare. sed sacerdos non tenetur ministrare in aliis sacramentis, nisi propter curam animarum susceptam. ergo videtur quod nec etiam teneatur eucharistiam consecrare, si curam non habeat animarum.
ag2 ' Praeterea, nullus tenetur facere quod sibi non licet, alioquin esset perplexus. sed sacerdoti peccatori, vel etiam excommunicato, non licet eucharistiam consecrare, * ut ex supra dictis patet. ' ergo videtur quod tales non teneantur ad celebrandum. et ita nec alii, alioquin ex sua culpa commodum reportarent.
ag3 ' Praeterea, dignitas sacerdotalis non perditur per subsequentem infirmitatem, * dicit enim gelasius papa, et habetur in decretis, dist. lv, ° praecepta canonum sicut non patiuntur venire ad sacerdotium debiles corpore, ita, si quis in eo fuerit constitutus ac tunc fuerit sauciatus, amittere non potest quod tempore suae sinceritatis accepit. ' contingit autem quandoque quod ordinati in sacerdotes incurrunt aliquos defectus ex quibus a celebratione impediuntur, sicut est lepra, vel morbus caducus, vel aliquid huiusmodi. non ergo videtur quod sacerdotes ad celebrandum teneantur.
sc * Sed contra est quod ambrosius dicit, in quadam oratione, ° grave est quod ad mensam tuam mundo corde et manibus innocentibus non venimus, sed gravius est si, dum peccata metuimus, etiam sacrificium non reddamus.
co * Respondeo dicendum quod quidam dixerunt quod "sacerdos potest omnino licite a consecratione abstinere, nisi teneatur ex cura sibi commissa celebrare pro populo et sacramenta praebere. ' sed hoc irrationabiliter dicitur. quia unusquisque tenetur uti gratia sibi data cum fuerit opportunum, * secundum illud ii cor. vi, ° hortamur vos ne in vacuum gratiam dei recipiatis. ' opportunitas autem sacrificium offerendi non solum attenditur per comparationem ad fideles christi, quibus oportet sacramenta ministrari, sed principaliter per comparationem ad deum, cui in consecratione huius sacramenti sacrificium offertur. unde sacerdoti, etiam si non habeat curam animarum, non licet omnino a celebratione cessare, sed saltem videtur quod celebrare tenetur in praecipuis festis, et maxime in illis diebus in quibus fideles communicare consueverunt. * et hinc est quod ii machab. iv dicitur contra quosdam sacerdotes quod ° iam non circa altaris officia dediti erant, contempto templo et sacrificiis neglectis.
ra1 ' Ad primum ergo dicendum quod alia sacramenta perficiuntur in usu fidelium. et ideo in illis ministrare non tenetur nisi ille qui super fideles suscipit curam. sed hoc sacramentum perficitur in consecratione eucharistiae, in qua sacrificium deo offertur, ad quod sacerdos obligatur ex ordine iam suscepto.
ra2 ' Ad secundum dicendum quod sacerdos peccator, si per sententiam ecclesiae sit executione ordinis privatus vel simpliciter vel ad tempus, redditus est impotens ad sacrificium offerendum, et ideo obligatio tollitur. hoc autem cedit sibi in detrimentum spiritualis fructus, magis quam in emolumentum. si vero non sit privatus potestate celebrandi, non solvitur obligatio. nec tamen est perplexus, quia potest de peccato poenitere et celebrare.
ra3 ' Ad tertium dicendum quod debilitas vel aegritudo superveniens ordini sacerdotali ordinem non tollit, executionem tamen ordinis impedit quantum ad consecrationem eucharistiae. quandoque quidem propter impossibilitatem executionis, sicut si privetur oculis aut digitis, aut usu linguae. quandoque autem propter periculum, sicut patet de eo qui patitur morbum caducum, vel etiam quamcumque alienationem mentis. quandoque propter abominationem, sicut patet de leproso, qui non debet publice celebrare. potest tamen dicere missam occulte, nisi lepra adeo invaluerit quod per corrosionem membrorum eum ad hoc reddiderit impotentem.

010 ST4 qu83 ar

pr ' Deinde considerandum est de ritu huius sacramenti. et circa hoc quaeruntur sex. primo, utrum in celebratione huius mysterii christus immoletur. secundo, de tempore celebrationis. tertio, de loco, et aliis quae pertinent ad apparatum huius celebrationis. quarto, de his quae in celebratione huius mysterii dicuntur. quinto, de his quae circa celebrationem huius mysterii fiunt. sexto, de defectibus qui circa celebrationem huius sacramenti occurrunt.

010 ST4 qu83 ar1

ag1 ' Ad primum sic proceditur. videtur quod in celebratione huius sacramenti christus non immoletur. * dicitur enim hebr. x, quod ° christus una oblatione consummavit in sempiternum sanctificatos. ' sed illa oblatio fuit eius immolatio. ergo christus non immolatur in celebratione huius sacramenti.
ag2 ' Praeterea, immolatio christi facta est in cruce, in qua ° tradidit semetipsum oblationem et hostiam deo in odorem suavitatis, * ut dicitur ephes. v. ' sed in celebratione huius mysterii christus non crucifigitur. ergo nec immolatur.
ag3 * Praeterea, sicut augustinus dicit, iv de trin., "in immolatione christi idem est sacerdos et hostia. ' sed in celebratione huius sacramenti non est idem sacerdos et hostia. ergo celebratio huius sacramenti non est christi immolatio.
sc ' Sed contra est quod * augustinus dicit, in libro sententiarum prosperi, ° semel immolatus est in semetipso christus, et tamen quotidie immolatur in sacramento.
co ' Respondeo dicendum quod duplici ratione celebratio huius sacramenti dicitur christi immolatio. * primo quidem quia, sicut augustinus dicit, ad simplicianum, ° solent imagines earum rerum nominibus appellari quarum imagines sunt, sicut cum, intuentes tabulam aut parietem pictum, dicimus, ille cicero est, ille sallustius. ' celebratio autem huius sacramenti, * sicut supra dictum est, ' imago est quaedam repraesentativa passionis christi, quae est vera immolatio. * unde ambrosius dicit, super epistolam ad heb., ° in christo semel oblata est hostia ad salutem sempiternam potens. quid ergo nos? nonne per singulos dies offerimus ad recordationem mortis eius? ' alio modo, quantum ad effectum passionis, quia scilicet per hoc sacramentum participes efficimur fructus dominicae passionis. * unde et in quadam dominicali oratione secreta dicitur, ° quoties huius hostiae commemoratio celebratur, opus nostrae redemptionis exercetur. ' quantum igitur ad primum modum, poterat christus dici immolari etiam in figuris veteris testamenti, * unde et in apoc. xiii dicitur, ° quorum nomina non sunt scripta in libro vitae agni, qui occisus est ab origine mundi. |25| ' sed quantum ad modum secundum, proprium est huic sacramento quod in eius celebratione christus immoletur.
ra1 * Ad primum ergo dicendum quod, sicut ambrosius ibidem dicit, "una est hostia, quam scilicet christus obtulit et nos offerimus, ° et non multae, quia semel oblatus est christus, hoc autem sacrificium exemplum est illius. sicut enim quod ubique offertur unum est corpus et non multa corpora, ita et unum sacrificium.
ra2 ' Ad secundum dicendum quod, sicut celebratio huius sacramenti est imago repraesentativa passionis christi, ita altare est repraesentativum crucis ipsius, in qua christus in propria specie immolatus est.
ra3 ' Ad tertium dicendum quod, per eandem rationem, etiam sacerdos gerit imaginem christi, in cuius persona et virtute verba pronuntiat ad consecrandum, * ut ex supra dictis patet. ' et ita quodammodo idem est sacerdos et hostia.

010 ST4 qu83 ar2

ag1 ' Ad secundum sic proceditur. videtur quod inconvenienter sit determinatum tempus celebrationis huius mysterii. hoc enim sacramentum est repraesentativum dominicae passionis, * ut dictum est. ' sed commemoratio dominicae passionis fit in ecclesia semel in anno, * dicit enim augustinus, super psalmos, ° quoties pascha celebratur, nunquid toties christus occiditur? sed tamen anniversaria recordatio repraesentat quod olim factum est, et sic nos facit moveri tanquam videamus dominum in cruce praesentem. ' ergo hoc sacramentum non debet celebrari nisi semel in anno.
ag2 ' Praeterea, passio christi commemoratur in ecclesia sexta feria ante pascha, non autem in festo natalis. cum ergo hoc sacramentum sit commemorativum dominicae passionis, videtur inconveniens quod in die natalis ter celebratur hoc sacramentum, in parasceve autem totaliter intermittitur.
ag3 ' Praeterea, in celebratione huius sacramenti ecclesia debet imitari institutionem christi. sed christus consecravit hoc sacramentum hora serotina. ergo videtur quod tali hora debeat hoc sacramentum celebrari.
ag4 * Praeterea, sicut habetur de consecr., dist. i, leo papa scribit dioscoro alexandrino episcopo, quod "in prima parte diei missas celebrare licet. ' sed dies incipit a media nocte, * ut supra dictum est. ' ergo videtur quod etiam post mediam noctem liceat celebrare.
ag5 * Praeterea, in quadam dominicali oratione secreta dicitur, ° concede nobis, domine, quaesumus, haec frequentare mysteria. ' sed maior erit frequentia si etiam pluribus horis in die sacerdos celebret. ergo videtur quod non debeat prohiberi sacerdos plu-

ries celebrare in die.
sc ‘Sed in contrarium est consuetudo quam servat ecclesia secundum canonum statuta.
co * Respondeo dicendum quod, sicut dictum est, ‘ in celebratione huius mysterii attenditur et repraesentatio dominicae passionis, et participatio fructus eius. et secundum utrumque oportuit determinare tempus aptum celebrationi huius sacramenti. quia enim fructu dominicae passionis quotidie indigemus propter quotidianos defectus, quotidie in ecclesia regulariter hoc sacramentum offertur. * unde et dominus nos petere docet, luc. xi, ° panem nostrum quotidianum da nobis hodie, * quod exponens augustinus, in libro de verbis domini, dicit, ° si quotidianus est panis, cur post annum illum sumas, quemadmodum graeci in oriente facere consueverunt? accipe quotidie quod quotidie tibi prosit. ‘quia vero dominica passio celebrata est a tertia hora usque ad nonam, ideo regulariter in illa parte diei solemniter celebratur in ecclesia hoc sacramentum.
ra1 ‘ Ad primum ergo dicendum quod in hoc sacramento recolitur passio christi secundum quod eius effectus ad fideles derivatur. sed tempore passionis recolitur passio christi solum secundum quod in ipso capite nostro fuit perfecta. quod quidem factum est semel, quotidie autem fructum dominicae passionis fideles percipiunt. et ideo sola commemoratio fit semel in anno, hoc autem quotidie, et propter fructum et propter iugem memoriam.
ra2 ‘ Ad secundum dicendum quod, veniente veritate, cessat figura. hoc autem sacramentum est figura quaedam et exemplum passionis dominicae, * sicut dictum est. ‘ et ideo in die quo ipsa passio domini recolitur prout realiter gesta est, non celebratur consecratio huius sacramenti. ne tamen ecclesia eo etiam die sit sine fructu passionis per hoc sacramentum nobis exhibito, corpus christi consecratum in die praecedenti reservatur sumendum in illa die. non autem sanguis, propter periculum, et quia sanguis specialius est imago dominicae passionis, * ut supra dictum est. * nec etiam verum est, quod quidam dicunt, quod “ per immissionem particulae corporis in vinum, convertatur vinum in sanguinem. ‘ hoc enim aliter fieri non potest quam per consecrationem factam sub debita forma verborum. in die autem nativitatis plures missae celebrantur, propter triplicem christi nativitatem. quarum una est aeterna, quae, quantum ad nos, est occulta. et ideo una missa cantatur in nocte, * in cuius introitu dicitur, ° dominus dixit ad me, filius meus es tu, ego hodie genui te. ‘ alia autem est temporalis, sed spiritualis, qua scilicet christus |25| ° oritur tanquam lucifer in cordibus nostris, * ut dicitur ii pet. i. ‘ et propter hoc cantatur missa in aurora, * in cuius introitu dicitur, ° lux fulgebit super nos. ‘ tertia est christi nativitas temporalis et corporalis, secundum quam visibilis nobis processit ex utero virginali carne indutus. et ob hoc cantatur tertia missa in plena luce, * in cuius introitu dicitur, ° puer natus est nobis. ‘licet e converso posset dici quod nativitas aeterna, secundum se, est in plena luce, et ob hoc in evangelio tertiae missae fit mentio de nativitate aeterna. secundum autem nativitatem corporalem, ad litteram, natus est de nocte, in signum quod veniebat ad tenebras infirmitatis nostrae, unde et in missa nocturna dicitur evangelium de corporali christi nativitate. sicut etiam et in aliis diebus in quibus occurrunt plura christi beneficia vel recolenda vel expetenda, plures missae celebrantur in die, puta una pro festo, et alia pro ieiunio vel pro mortuis.
ra3 * Ad tertium dicendum quod, sicut supra dictum est, ‘christus voluit ultimo hoc sacramentum discipulis tradere, ut fortius eorum cordibus imprimeretur. et ideo post cenam et in fine diei hoc sacramentum consecravit et discipulis tradidit. a nobis autem celebratur hora dominicae passionis, scilicet vel in diebus festis in tertia, quando crucifixus est linguis iudaeorum, * ut dicitur marc. xv, ‘ et quando spiritus sanctus descendit super discipulos; vel diebus profestis in sexta, quando crucifixus est manibus militum, * ut habetur ioan. xix; ‘ vel diebus ieiuniorum in nona, quando ° voce magna clamans emisit spiritum, * ut dicitur matth. xxvii. ‘potest tamen tardari, maxime quando sunt ordines faciendi, et praecipue in sabbato sancto; tum propter prolixitatem officii; tum etiam quia ordines pertinent ad diem dominicum, * ut habetur in decretis, dist. lxxv, cap. quod a patribus. “ possunt tamen etiam missae celebrari in prima parte diei propter aliquam necessitatem, * ut habetur de consecr., dist. i, cap. necesse est etc..
ra4 ‘ Ad quartum dicendum quod regulariter missa debet celebrari in die, et non in nocte, quia ipse christus est praesens in hoc sacramento, * qui dicit, ioan. ix, ° me oportet operari opera eius qui misit me, donec dies est. venit nox, quando nemo potest operari. quandiu in mundo sum, lux sum mundi. ‘ ita tamen quod principium diei sumatur non a media nocte; nec etiam ab ortu solis, idest quando substantia solis apparet super terram; sed quando incipit apparere aurora. tunc enim quodammodo dicitur sol ortus, inquantum claritas radiorum eius apparet. * unde et marc. xvi dicitur quod “ mulieres venerunt ad monumentum orto iam sole; cum tamen venerint, cum adhuc tenebrae essent, ad monumentum, * ut dicitur ioan. xx; sic enim hanc contrarietatem solvit augustinus, in libro de consensu evangelistarum. ‘ specialiter tamen in nocte natalis missa celebratur, propter hoc quod dominus nocte natus est, * ut habetur de consecr., dist. i, cap. nocte etc.. ‘et similiter etiam in sabbato sancto circa noctis principium, propter hoc quod dominus nocte surrexit, idest, cum adhuc tenebrae essent, ante manifestum solis ortum.
ra5 ‘ Ad quintum dicendum quod, * sicut habetur de consecr., dist. i, ex decreto alexandri papae, ° sufficit sacerdoti in die unam missam celebrare, quia christus semel passus est et totum mundum redemit; et valde felix est qui unam digne celebrare potest. quidam tamen pro defunctis unam faciunt et alteram diei, si necesse est. qui vero pro pecunia aut adulationibus saecularium uno die praesumunt plures celebrare missas, non aestimo evadere damnationem. * et extra, de celebr., dicit innocentius iii quod, ° excepto die nativitatis dominicae, nisi causa necessitatis suaderet, sufficit sacerdoti semel in die unam missam solummodo celebrare.

010 ST4 qu83 ar3

ag1 ‘ Ad tertium sic proceditur. videtur quod non oporteat hoc sacramentum celebrare in domo et vasis sacris. hoc enim sacramentum est repraesentativum dominicae passionis. sed christus non est passus in domo, sed extra portam civitatis, * secundum illud heb. ult., ° iesus, ut per suum sanguinem sanctificaret populum, extra portam passus est. ‘ ergo videtur quod hoc sacramentum non debeat celebrari in domo, sed magis sub divo.
ag2 ‘ Praeterea, in celebratione huius sacramenti debet ecclesia imitari morem christi et apostolorum. sed domus in qua christus primo hoc sacramentum confecit, non fuit consecrata, sed fuit quoddam commune cenaculum a quodam patrefamilias praeparatum, * ut habetur luc. xxii. legitur etiam act. ii quod ° apostoli erant perdurantes unanimiter in templo; et frangentes circa domos panem, sumebant cum exultatione. ‘ ergo nec modo oportet domos esse consecratas in quibus hoc sacramentum celebratur.
ag3 ‘ Praeterea, nihil fieri frustra in ecclesia debet, quae spiritu sancto gubernatur. sed frustra videtur adhiberi consecratio ecclesiae vel altari, et huiusmodi rebus inanimatis, quae non sunt susceptiva gratiae vel spiritualis virtutis. inconvenienter igitur huiusmodi consecrationes in ecclesia fiunt.
ag4 ‘ Praeterea, solum divina opera debent recoli cum quadam solemnitate, * secundum illud psalmi, ° in operibus manuum tuarum exultabo. ‘ sed ecclesia vel altare opere humano consecratur, sicut et calix et ministri et alia huiusmodi. sed horum consecrationes non recoluntur celebriter in ecclesia. ergo neque consecratio ecclesiae vel altaris cum solemnitate recoli debet.
ag5 ‘ Praeterea, veritas debet respondere figurae. sed in veteri testamento, quod gerebat figuram novi, non fiebat altare de lapidibus sectis, * dicitur enim exod. xx, ° altare de terra facietis mihi. quod si altare lapideum feceritis mihi, non aedificabitis illud de sectis lapidibus. * exodi etiam xxvii ‘ mandatur fieri altare de lignis settim, vestitis aere; vel etiam auro, * ut habetur exod. xxv. ‘ ergo videtur inconvenienter observari in ecclesia quod altare fiat solum de lapidibus.
ag6 ‘ Praeterea, calix cum patena repraesentat sepulcrum christi. quod fuit excisum in petra, * ut in evangeliis habetur. ‘ ergo calix debet de petra fieri, et non solum de argento vel auro, vel etiam de stanno.
ag7 ‘ Praeterea, sicut aurum pretiosius est inter materias vasorum, ita panni serici pretiosiores sunt inter alios pannos. ergo, sicut calix fit de auro, ita pallae altaris debent fieri de serico, et non solum de panno lineo.
ag8 ‘ Praeterea, dispensatio sacramentorum et ordinatio eorum ad ministros ecclesiae pertinet, sicut dispensatio rerum temporalium subiacet ordinationi principum saecularium, * unde apostolus dicit, i cor. iv, ° sic nos existimet homo ut ministros christi et dispensatores mysteriorum dei. ‘ sed si circa dispensationem rerum temporalium aliquid fieret contra statuta principum, habetur irritum. ergo, si haec quae dicta sunt, convenienter sunt statuta per praelatos ecclesiae, videtur quod sine his confici non possit. et sic videtur sequi quod verba christi non sint sufficientia ad hoc sacramentum conficiendum, quod est inconveniens. non ergo videtur conveniens fuisse quod haec circa celebrationem sacramenti statuerentur.
sc ‘ Sed contra est quod ea quae per ecclesiam statuuntur, ab ipso christo ordinantur, qui dicit, * matth. xviii, ° ubicumque fuerint duo vel tres congregati in nomine meo, ibi sum in medio eorum.
co ‘ Respondeo dicendum quod in his quae circumstant hoc sacramentum, duo considerantur, quorum unum pertinet ad repraesentationem eorum quae circa dominicam passionem sunt acta; aliud autem pertinet ad reverentiam huius sacramenti, in quo christus secundum veritatem continetur, et non solum sicut in figura. unde et consecrationes adhibentur his rebus quae veniunt in usum huius sacramenti, tum propter reverentiam sacramenti; tum ad repraesentandum effectum sanctitatis qui ex passione christi provenit, * secundum illud heb. ult., ° iesus, ut sanctificaret per suum sanguinem populum, etc..
ra1 ‘ Ad primum ergo dicendum quod regulariter hoc sacramentum celebrari debet in domo, per quam significatur ecclesia, * secundum illud i tim. iii, ° scias quomodo oporteat te in domo dei conversari, quae est ecclesia dei vivi. “ extra ecclesiam enim locus non est veri sacrificii, * ut augustinus dicit. ‘ et quia ecclesia non erat concludenda sub finibus gentis iudaicae, sed erat in universo mundo fundanda, ideo passio christi non est celebrata infra civitatem iudaeorum, sed sub divo, ut sic totus mundus haberet se ad passionem christi ut domus. et tamen, * ut dicitur de consecr., dist. i, cap. concedimus, ° in itinere positis, si ecclesia defuerit, sub divo vel sub tentorio, si tabula consecrata ceteraque sacra mysteria ad id officium pertinentia ibi affuerint, missarum solennia celebrari concedimus.
ra2 ‘ Ad secundum dicendum quod, quia domus in qua hoc sacramentum celebratur, ecclesiam significat, sicut et ecclesia nominatur, convenienter consecratur, tum ad repraesentandum sanctificationem quam ecclesia consecuta est per passionem christi; tum etiam ad significandum sanctitatem quae requiritur in his qui hoc sacramentum suscipere debent. per altare autem significatur ipse christus, * de quo dicit apostolus, heb. ult., ° per ipsum offeramus hostiam laudis deo. ‘ unde et consecratio altaris significat sanctitatem christi, * de qua dicitur luc. i, ° quod ex te nascetur sanctum, vocabitur filius dei. * unde de consecr., dist. i, dicitur, ° altaria placuit non solum unctione chrismatis, sed etiam sacerdotali benedictione sacrari. ‘ et ideo regulariter non licet celebrare hoc sacramentum nisi in domibus consecratis. * unde sic habetur de consecr., dist. i, ° nullus presbyter missam celebrare praesumat nisi in sacratis ab episcopo locis. ‘ propter quod etiam, quia pagani non sunt de ecclesia nec alii infideles, * ideo eadem distinctione legitur, ° ecclesiam in qua cadavera mortuorum infidelium sepeliuntur, |25| sanctificare non licet, sed, si apta videtur ad consecrandum, inde evulsis corporibus, et rasis parietibus vel tignis eius loci, reaedificetur. sed si haec consecrata prius fuerit, missas in ea celebrare licet, tamen si fideles fuerunt qui in ea sepulti sunt. ‘ propter necessitatem tamen potest hoc sacramentum peragi in domibus non consecratis, vel violatis, sed tamen de consensu episcopi. * unde in eadem distinctione legitur, ° missarum solennia non ubicumque, sed in locis ab episcopo consecratis, vel ubi ipse permiserit, celebranda censemus. ‘ non tamen sine altari portatili consecrato, * unde in eadem distinctione legitur, ° concedimus, si ecclesiae fuerint incensae vel combustae, in capellis, cum tabula consecrata, missas celebrare. ‘ quia enim sanctitas christi fons est totius sanctitatis ecclesiasticae, ideo in necessitate sufficit ad peragendum hoc sacramentum altare sanctificatum. propter quod etiam ecclesia nunquam sine altari consecratur, tamen sine ecclesia quandoque consecratur altare, cum reliquiis sanctorum, quorum ° vita abscondita est cum christo in deo. * unde in eadem distinctione legitur, ° placuit ut altaria in quibus nullum corpus aut reliquiae martyris conditae comprobantur, ab episcopis qui eisdem locis praesunt, si fieri potest, evertantur.
ra3 ‘ Ad tertium dicendum quod ecclesia et altare et alia huiusmodi inanimata consecrantur, non quia sint gratiae susceptiva, sed quia ex consecratione adipiscuntur quandam spiritualem virtutem per quam apta redduntur divino cultui, ut scilicet homines devotionem quandam exinde percipiant, ut sint paratiores ad divina, nisi hoc propter irreverentiam impediatur. * unde et in ii machab. iii dicitur, ° vere dei virtus quaedam est in loco, nam ipse qui habet in caelis habitationem, visitator et adiutor est loci illius. ‘ et inde est quod huiusmodi ante consecrationem emundantur et exorcizantur, ut exinde virtus inimici pellatur. et eadem ratione ecclesiae ° quae sanguinis effusione aut cuiuscumque semine pollutae fuerint, ‘ reconcilientur, quia per peccatum ibi commissum apparet ibi aliqua operatio inimici. * propter quod etiam in eadem distinctione legitur, ° ecclesias arianorum ubicumque inveneritis, catholicas ecclesias divinis precibus et operibus absque ulla mora consecrate. * unde et quidam probabiliter dicunt quod “ per ingressum ecclesiae consecratae homo consequitur remissionem peccatorum venialium, sicut et per aspersionem aquae benedictae, |25| * inducentes quod in psalmo dicitur, ° benedixisti, domine, terram tuam, remisisti iniquitatem plebis tuae. ‘ et ideo, propter virtutem quam ex consecratione acquirit, consecratio ecclesiae non iteratur. * unde in eadem distinctione, ex concilio nicaeno, legitur, ° ecclesiis semel deo consecratis non debet iterum consecratio adhiberi, nisi aut ab igne exustae, aut sanguinis effusione, aut cuiusquam semine pollutae fuerint, quia, sicut infans a qualicumque sacerdote in nomine patris et filii et spiritus sancti semel baptizatus, non debet iterum baptizari, ita nec locus deo dedicatus est iterum consecrandus, nisi propter causas quas superius nominavimus; si tamen fidem sanctae trinitatis tenuerunt qui consecraverunt. ‘ alioquin, qui sunt extra ecclesiam, consecrare non possunt. * sed, sicut in eadem distinctione legitur, ° ecclesiae vel altaria quae ambigua sunt de consecratione, consecrentur. ‘propter hoc etiam quod aliquam spiritua-

lem virtutem adipiscuntur per consecrationem, * in eadem distinctione legitur statutum, ° ligna ecclesiae dedicatae non debent ad aliud opus iungi, nisi ad aliam ecclesiam, vel igni comburenda, vel ad profectum in monasterio fratribus, in laicorum autem opera non debent admitti. * et ibidem legitur, ° altaris palla, cathedra, candelabrum et velum, si fuerint |50| vetustate consumpta, incendio dentur, cineres quoque eorum in baptisterio inferantur, aut in pariete aut in fossis pavimentorum iactentur, ne introeuntium pedibus inquinentur.

ra4 ' Ad quartum dicendum quod, quia consecratio altaris repraesentat sanctitatem christi, consecratio vero domus sanctitatem totius ecclesiae, ideo convenientius recolitur cum solemnitate consecratio ecclesiae vel altaris. propter quod etiam octo diebus solemnitas dedicationis agitur, ad significandam beatam resurrectionem christi et membrorum ecclesiae. nec est opus solius hominis consecratio ecclesiae et altaris, cum habeat spiritualem virtutem. * unde de consecr., distinctione eadem, dicitur, ° solemnitates ecclesiarum dedicationum per singulos annos solemniter sunt celebrandae. quod autem octo diebus encaenia sint celebranda, iii libro regum, perlecta dedicatione templi, reperies, * scilicet viii.

ra5 * Ad quintum dicendum quod, sicut legitur de consecr., dist. i, ° altaria, si non sint lapidea, chrismatis unctione non consecrentur. ' quod quidem competit et significationi huius sacramenti, tum quia altare significat christum, * dicitur autem i cor. x, ° petra autem erat christus; ' tum etiam quia corpus christi in sepulcro lapideo fuit reconditum. competit etiam quoad usum sacramenti, lapis enim et solidus est, et de facili potest inveniri ubique. quod non erat necessarium in veteri lege, ubi fiebat in uno loco altare. quod autem mandatur altare fieri de terra vel de lapidibus insectis, fuit ad idololatriam removendam.

ra6 ' Ad sextum dicendum quod, * sicut in distinctione eadem dicitur, cap. vasa, ° quondam sacerdotes non aureis, sed ligneis calicibus utebantur; zephyrinus autem papa patenis vitreis missas celebrari instituit; deinde urbanus omnia fecit argentea. * postmodum autem statutum est ° ut calix domini, cum patena, sive ex auro sive ex argento fiat, vel saltem stanneus calix habeatur. de aere autem aut ex aurichalco non fiat, quia hoc vini virtute aeruginem, pariter et vomitum provocat. nullus autem in ligneo seu vitreo calice cantare praesumat missam, ' quia scilicet lignum porosum est, et sanguis consecratus in eo remaneret; vitrum autem fragile est, et posset fractionis periculum imminere. et eadem ratio est de lapide. et ideo, propter reverentiam sacramenti, statutum est ut ex praedictis materiis calix fiat.

ra7 ' Ad septimum dicendum quod, ubi potuit sine periculo fieri, ecclesia statuit circa hoc sacramentum id quod expressius repraesentat passionem christi. non autem erat tantum periculum circa corpus, quod ponitur in corporali, sicut circa sanguinem, qui continetur in calice. et ideo, licet calix non fiat de petra, corporale tamen fit de panno lineo, quo corpus christi fuit involutum. * unde in epistola silvestri papae, in eadem distinctione, legitur, ° consulto omnium constituimus ut sacrificium altaris non in serico panno, aut intincto quisquam celebrare praesumat missam, sed in puro lineo ab episcopo consecrato, sicut corpus christi in sindone linea munda sepultum fuit. ' competit etiam pannus lineus, propter sui munditiam, ad significandum conscientiae puritatem; et, propter multiplicem laborem quo talis pannus praeparatur, ad significandam passionem christi.

ra8 ' Ad octavum dicendum quod dispensatio sacramentorum pertinet ad ministros ecclesiae, sed consecratio eorum est ab ipso deo. et ideo ministri ecclesiae non habent aliquid statuere circa formam consecrationis, sed circa usum sacramenti et modum celebrandi. et ideo, si sacerdos verba consecrationis proferat super materia debita cum intentione consecrandi, absque omnibus praedictis, scilicet domo et altari, calice et corporali consecratis, et ceteris huiusmodi per ecclesiam institutis, consecrat quidem in rei veritate corpus christi, peccat tamen graviter, ritum ecclesiae non servans.

010 ST4 qu83 ar4

ag1 ' Ad quartum sic proceditur. videtur quod inconvenienter ordinentur ea quae circa hoc sacramentum dicuntur. hoc enim sacramentum verbis christi consecratur, * ut ambrosius dicit, in libro de sacramentis. ' non ergo debent aliqua alia in hoc sacramento dici quam verba christi.

ag2 ' Praeterea, verba et facta christi nobis per evangelium innotescunt. sed quaedam dicuntur circa consecrationem huius sacramenti quae in evangeliis non ponuntur. non enim legitur in evangelio quod christus in institutione huius sacramenti oculos ad caelum levaverit; * similiter etiam in evangeliis dicitur, " accipite et comedite, nec ponitur omnes, cum in celebratione huius sacramenti dicatur, elevatis oculis in caelum, et iterum, accipite et manducate ex hoc omnes. ' inconvenienter ergo huiusmodi verba dicuntur in celebratione huius sacramenti.

ag3 ' Praeterea, omnia alia sacramenta ordinantur ad salutem omnium fidelium. sed in celebratione aliorum sacramentorum non fit communis oratio pro salute omnium fidelium et defunctorum. ergo inconvenienter fit in hoc sacramento.

ag4 ' Praeterea, baptismus dicitur specialiter fidei sacramentum. ea ergo quae pertinent ad instructionem fidei, magis debent circa baptismum tradi quam circa hoc sacramentum, sicut doctrina apostolica et evangelica.

ag5 ' Praeterea, in omni sacramento exigitur devotio fidelium. non ergo magis in hoc sacramento quam in aliis deberet devotio fidelium excitari per laudes divinas et per admonitiones, " puta cum dicitur, sursum corda.

ag6 ' Praeterea, minister huius sacramenti est sacerdos, * ut dictum est. ' omnia ergo quae in hoc sacramento dicuntur, a sacerdote dici deberent, et non quaedam a ministris, quaedam a choro.

ag7 ' Praeterea, hoc sacramentum per certitudinem operatur virtus divina. superflue igitur sacerdos petit huius sacramenti perfectionem, * cum dicit, ° quam oblationem tu, deus, in omnibus, etc..

ag8 ' Praeterea, sacrificium novae legis multo est excellentius quam sacrificium antiquorum patrum. inconvenienter ergo sacerdos petit quod hoc sacrificium habeatur sicut sacrificium abel, abrahae et melchisedech.

ag9 ' Praeterea, corpus christi, sicut non incoepit esse in hoc sacramento per loci mutationem, * ut supra dictum est, ' ita etiam nec esse desinit. * inconvenienter ergo sacerdos petit, ° iube haec perferri per manus sancti angeli tui in sublime altare tuum.

sc * Sed contra est quod dicitur de consecr., dist. i, ° iacobus frater domini secundum carnem, et basilius caesariensis episcopus, ediderunt missae celebrationem. ' ex quorum auctoritate patet convenienter singula circa hoc dici.

co ' Respondeo dicendum quod, quia in hoc sacramento totum mysterium nostrae salutis comprehenditur, ideo prae ceteris sacramentis cum maiori solemnitate agitur. * et quia scriptum est eccle. iv, ° custodi pedem tuum ingrediens domum domini, * et eccli. xviii, ° ante orationem praepara animam tuam, ' ideo ante celebrationem huius mysterii, primo quidem praemittitur praeparatio quaedam ad digne agenda ea quae sequuntur. cuius praeparationis prima pars est laus divina, quae fit in introitu, * secundum illud psalmi, ° sacrificium laudis honorificabit me, et illic iter quo ostendam illi salutare dei. ' et sumitur hoc, ut pluries, de psalmis, vel saltem cum psalmo cantatur, * quia, ut dionysius dicit, in iii cap. eccles. hier., " psalmi comprehendunt per modum laudis quidquid in sacra scriptura continetur. ' secunda pars continet commemorationem praesentis miseriae, dum misericordia petitur, dicendo " kyrie eleison ter pro persona patris; ter pro persona filii, cum dicitur christe eleison; et ter pro persona spiritus sancti, cum subditur kyrie eleison; contra triplicem miseriam ignorantiae, |25| culpae et poenae; ' vel ad significandum quod omnes personae sunt in se invicem. tertia autem pars commemorat caelestem gloriam, ad quam tendimus post praesentem miseriam, dicendo, " gloria in excelsis deo. ' quae cantatur in festis, in quibus commemoratur caelestis gloria, intermittitur autem in officiis luctuosis, quae ad commemorationem miseriae pertinent. quarta autem pars continet orationem, quam sacerdos pro populo facit, ut digni habeantur tantis mysteriis. secundo autem praemittitur instructio fidelis populi, quia hoc sacramentum est mysterium fidei, * ut supra habitum est. ' quae quidem instructio dispositive quidem fit per doctrinam prophetarum et apostolorum, quae in ecclesia legitur per lectores et subdiacones. post quam lectionem, cantatur a choro graduale, quod significat profectum vitae; et alleluia, quod significat spiritualem exultationem; vel tractus, in officiis luctuosis, qui significat spiritualem gemitum. haec enim consequi debent in populo ex praedicta doctrina. perfecte autem populus instruitur per doctrinam christi in evangelio contentam, quae a summis ministris legitur, scilicet a diaconibus. et quia christo credimus tanquam divinae veritati, * secundum illud ioan. viii, |50| ° si veritatem dico vobis, quare vos non creditis mihi?, ' lecto evangelio, symbolum fidei cantatur, in quo populus ostendit se per fidem doctrinae christi assentire. cantatur autem hoc symbolum in festis de quibus fit aliqua mentio in hoc symbolo, sicut in festis christi et beatae virginis, et apostolorum, qui hanc fidem fundaverunt, et in aliis huiusmodi. sic igitur populo praeparato et instructo, acceditur ad celebrationem mysterii. quod quidem et offertur ut sacrificium, et consecratur et sumitur ut sacramentum, primo enim peragitur oblatio; secundo, consecratio materiae oblatae; tertio, perceptio eiusdem. circa oblationem vero duo aguntur, scilicet laus populi, in cantu offertorii, per quod significatur laetitia offerentium; et oratio sacerdotis, qui petit ut oblatio populi sit deo accepta. * unde, i paralip., dixit david, ° ego in simplicitate cordis mei obtuli universa haec, et populum tuum qui hic repertus est, vidi cum ingenti gaudio tibi offerre donaria, " et postea orat, dicens, domine deus, custodi hanc voluntatem. ' deinde, circa consecrationem, quae supernaturali virtute agitur, primo excitatur populus ad devotionem in praefatione, " unde et monetur sursum corda habere ad dominum. et ideo, finita praefatione, populus cum devotione laudat divinitatem christi cum angelis, dicens, sanctus, sanctus, sanctus; et humanitatem cum pueris, dicens, benedictus qui venit. ' deinde sacerdos secreto commemorat, |75| primo quidem, illos pro quibus hoc sacrificium offertur, scilicet pro universali ecclesia, et pro his qui in sublimitate sunt constituti, * i tim. ii; " et specialiter quosdam qui offerunt vel pro quibus offertur. secundo, commemorat sanctos, quorum patrocinia implorat pro praedictis, * cum dicit, " communicantes et memoriam venerantes, etc.. tertio, petitionem concludit, * cum dicit, " hanc igitur oblationem etc. ut fiat oblatio pro quibus offertur salutaris. deinde accedit ad ipsam consecrationem. in qua primo petit consecrationis effectum, * cum dicit, " quam oblationem tu deus. secundo, consecrationem peragit per verba salvatoris, * cum dicit, " qui pridie, etc.. tertio, excusat praesumptionem per obedientiam ad mandatum christi, * cum dicit, " unde et memores. quarto, petit hoc sacrificium peractum esse deo acceptum, * cum dicit, |100| " supra quae propitio, etc.. quinto, petit huius sacrificii et sacramenti effectum, primo quidem, quantum ad ipsos sumentes, * cum dicit, " supplices te rogamus; secundo, quantum ad mortuos, qui iam sumere non possunt, * cum dicit, " memento etiam, domine, etc.; tertio, specialiter quantum ad ipsos sacerdotes offerentes, * cum dicit, " nobis quoque peccatoribus etc.. deinde agitur de perceptione sacramenti. et primo quidem, praeparatur populus ad percipiendum. primo quidem, per orationem communem totius populi, quae est oratio dominica, in qua petimus panem nostrum quotidianum nobis dari; et etiam privatam, quam specialiter sacerdos pro populo offert, * cum dicit, " libera nos, quaesumus, domine. secundo, praeparatur populus per pacem, quae datur * dicendo, " agnus dei, est enim hoc sacramentum unitatis et pacis, * ut supra dictum est. ' in missis autem defunctorum, in quibus hoc sacrificium offertur |125| non pro pace praesenti, sed pro requie mortuorum, pax intermittitur. deinde sequitur perceptio sacramenti, primo percipiente sacerdote, et postmodum aliis dante; * quia, ut dicit dionysius, iii cap. eccles. hier., " qui aliis divina tradit, primo debet ipse particeps esse. ' ultimo autem tota missae celebratio in gratiarum actione terminatur, populo exultante pro sumptione mysterii, quod significat cantus post communionem; et sacerdote per orationem gratias offerente, sicut et christus, celebrata cena cum discipulis, hymnum dixit, * ut dicitur matth. xxvi.

ra1 ' Ad primum ergo dicendum quod consecratio solis verbis christi conficitur. alia vero necesse fuit addere ad praeparationem populi sumentis, * ut dictum est.

ra2 * Ad secundum dicendum quod, sicut dicitur ioan. ult., " multa sunt a domino facta vel dicta quae evangelistae non scripserunt. ' inter quae fuit hoc quod dominus oculos levavit in caelum in cena, quod tamen ecclesia ex traditione apostolorum habuit. rationabile enim videtur ut qui in suscitatione lazari, * ut habetur ioan. xi, ' et in oratione quam pro discipulis fecit, * ioan. xvii, ' oculos levavit ad patrem, in huius sacramenti institutione multo magis hoc fecerit, tanquam in re potiori. " quod autem dicitur manducate, et non comedite, non differt quantum ad sensum. ' nec multum refert quid dicatur, praesertim cum verba illa non sint de forma, * ut supra dictum est. " quod autem additur omnes, intelligitur in verbis evangelii, licet non exprimatur, * quia ipse dixerat, ioan. vi, ° nisi manducaveritis carnem filii hominis, non habebitis vitam in vobis.

ra3 ' Ad tertium dicendum quod eucharistia est sacramentum totius ecclesiasticae unitatis. et ideo specialiter in hoc sacramento, magis quam in aliis, debet fieri mentio de omnibus quae pertinent ad salutem totius ecclesiae.

ra4 ' Ad quartum dicendum quod duplex est instructio. una, quae fit noviter imbuendis, scilicet catechumenis. et talis instructio fit circa baptismum. alia autem est instructio in qua instruitur fidelis populus, qui communicat huic mysterio. et talis instructio fit in hoc sacramento. et tamen ab hac instructione non repelluntur etiam catechumeni et infideles. * unde dicitur de consecr., dist. i, ° episcopus nullum prohibeat ecclesiam ingredi et audire verbum dei, sive gentilem sive haereticum sive iudaeum, usque ad missam catechumenorum, ' in qua scilicet continetur instructio fidei.

ra5 ' Ad quintum dicendum quod in hoc sacramento maior devotio requiritur quam in aliis sacramentis, propter hoc quod in hoc sacramento totus christus continetur. et etiam communior, quia in hoc sacramento requiritur devotio totius populi, pro quo sacrificium offertur, et non solum percipientium sacramentum, sicut in aliis sacramentis. et ideo, * sicut cyprianus dicit, ° sacerdos, praefatione praemissa, parat fratrum mentes, dicendo, sursum corda, ut, dum respondet plebs, habemus ad dominum, admoneatur nihil aliud se cogitare quam deum.

ra6 ' Ad sextum dicendum quod in hoc sacramento, * sicut dictum est, ' tanguntur ea quae pertinent ad totam ecclesiam. et ideo quaedam dicuntur a choro, quae pertinent ad populum. quorum quaedam chorus totaliter prosequitur, quae scilicet toti populo inspirantur. quaedam vero populus prosequitur, sacerdote inchoante, qui personam dei gerit, in signum quod talia pervenerunt ad populum ex revelatione divina, sicut fides et gloria caelestis. et ideo sacerdos inchoat symbolum fidei et " gloria in excelsis deo. ' quaedam vero dicuntur per ministros, sicut doctrina novi et veteris testamenti, in signum quod per ministros a deo missos est haec doctrina populis nuntiata. quaedam vero sacerdos solus prosequitur, quae scilicet ad proprium officium sacerdotis pertinent, " ut scilicet dona et preces offerat pro populo, * sicut dicitur heb. v. ' in his tamen quaedam dicit publice, quae scilicet pertinent et ad sacerdotem et ad populum, sicut sunt orationes communes. quaedam vero pertinent ad solum sacerdotem, sicut oblatio et consecratio. et ideo quae circa haec sunt dicenda occulte a sacerdote dicuntur. in utrisque tamen excitat attentionem populi, * dicendo, |25| " dominus vobiscum; et expectat assensum * dicentium, " amen. et ideo in his quae secreto dicuntur, publice praemittit, dominus vobiscum, * et subiungit, " per omnia saecula saeculorum. ' vel secrete aliqua sacerdos dicit in signum quod, circa christi passionem, discipuli non nisi occulte christum confitebantur.

ra7 ' Ad septimum dicendum quod efficacia verborum sacramentalium impediri potest per intentionem sacerdotis. nec tamen est inconveniens quod a deo petamus id quod certissime scimus ipsum facturum, sicut christus, * ioan. xvii, ' petiit suam clarificationem. non tamen ibi videtur sacerdos orare ut consecratio impleatur, sed ut nobis fiat fructuosa, * unde signanter dicit, " ut nobis corpus et sanguis fiat. * et hoc significant verba quae praemittit dicens, " hanc oblationem facere digneris benedictam, * secundum augustinum, " idest, per quam benedicimur, scilicet per gratiam; adscriptam, idest, per quam in caelo adscribimur; ratam, idest, per quam visceribus christi censeamur; rationabilem, idest, per quam a bestiali sensu exuamur; acceptabilem, idest, ut, qui nobis ipsis displicemus, per hanc acceptabiles eius unico filio simus.

ra8 ' Ad octavum dicendum quod, licet hoc sacrificium ex seipso praeferatur omnibus antiquis sacrificiis, tamen sacrificia antiquorum fuerunt deo acceptissima ex eorum devotione. petit ergo sacerdos ut hoc sacrificium acceptetur deo ex devotione offerentium, sicut illa accepta fuerunt deo.

ra9 ' Ad nonum dicendum quod sacerdos non petit quod species sacramentales deferantur in caelum; neque corpus christi verum, quod ibi esse non desinit. sed petit hoc pro corpore mystico, quod scilicet in hoc sacramento significatur, ut scilicet orationes et populi et sacerdotis angelus assistens divinis mysteriis deo repraesentet; * secundum illud apoc. viii, ° ascendit fumus incensorum de oblationibus sanctorum de manu angeli. ' sublime autem altare dei dicitur vel ipsa ecclesia triumphans, in quam transferri petimus, vel ipse deus, cuius participationem petimus; * de hoc enim altari dicitur exod. xx, ° non ascendes ad altare meum per gradus, idest, in trinitate gradus non facies. ' vel per angelum intelligitur ipse christus, qui est " magni consilii angelus, ' qui corpus suum mysticum deo patri coniungit et ecclesiae triumphanti. et propter hoc etiam missa nominatur. quia per angelum sacerdos preces ad deum mittit, sicut populus per sacerdotem. vel quia christus est hostia nobis missa. unde et in fine missae diaconus in festis diebus populum licentiat, dicens, |25| " ite, missa est, ' scilicet hostia ad deum per angelum, ut scilicet sit deo accepta.

010 ST4 qu83 ar5

ag1 ' Ad quintum sic proceditur. videtur quod ea quae in celebratione huius sacramenti aguntur, non sunt convenientia. hoc enim sacramentum ad novum testamentum pertinet, ut ex forma ipsius apparet. in novo autem testamento non sunt observandae caeremoniae veteris testamenti. ad quas pertinebat quod sacerdos et ministri aqua lavabantur quando accedebant ad offerendum, * legitur enim exod. xxx, ° lavabunt aaron et filii eius manus suas ac pedes quando ingressuri sunt ad altare. ' non est ergo conveniens quod sacerdos lavet manus suas inter missarum solemnia.

ag2 * Praeterea, ibidem dominus mandavit quod ' sacerdos adoleret incensum suave fragrans super altare quod erat ante propitiatorium. quod etiam pertinebat ad caeremoniam veteris testamenti. inconvenienter ergo sacerdos in missa thurificatione utitur.

ag3 ' Praeterea, ea quae in sacramentis ecclesiae aguntur, non sunt iteranda. inconvenienter ergo sacerdos iterat crucesignationes super hoc sacramentum.

ag4 * Praeterea, apostolus dicit, heb. vii, ° sine ulla contradictione, quod minus est a maiori benedicitur. ' sed christus, qui est in hoc sacramento post consecrationem, est multo maior sacerdote. inconvenienter igitur sacerdos post consecrationem benedicit hoc sacramentum cruce signando.

ag5 ' Praeterea, in sacramento ecclesiae nihil debet fieri quod ridiculosum videatur. videtur autem ridiculosum gesticulationes facere, ad quas pertinere videtur quod sacerdos quandoque brachia extendit, manus iungit, digitos complicat, et seipsum incurvat. ergo hoc non debet fieri in hoc sacramento.

ag6 ' Praeterea, ridiculosum etiam videtur quod sacerdos multoties se ad populum vertit, multoties etiam populum salutat. non ergo debent haec fieri in celebratione huius sacramenti.

ag7 ' Praeterea, * apostolus, i cor. i, ' pro inconvenienti habet quod christus sit divisus. sed post consecrationem christus est in hoc sacramento. inconvenienter igitur hostia frangitur a sacerdote.

ag8 ' Praeterea, ea quae in hoc sacramento aguntur, passionem christi repraesentant. sed in passione christi corpus fuit divisum in locis quinque vulnerum. ergo corpus christi in quinque partes frangi debet, magis quam in tres.

ag9 ' Praeterea, totum corpus christi in hoc sacramento seorsum consecratur a sanguine. inconvenienter igitur una pars eius sanguini miscetur.

ag10 ' Praeterea, sicut corpus christi proponitur in hoc sacramento ut cibus, ita et sanguis christi ut potus. sed sumptioni corporis christi non adiungitur in celebratione missae alius corporalis cibus. inconvenienter igitur sacerdos, post sumptionem sanguinis christi, vinum non consecratum sumit.

ag11 ' Praeterea, veritas debet respondere figurae. sed de agno paschali, qui fuit figura huius sacramenti, * mandatur quod ° non remaneret ex eo quidquam usque mane. ' inconvenienter ergo hostiae consecratae reservantur, et non statim sumuntur.

ag12 ' Praeterea, sacerdos pluraliter loquitur audientibus, * puta cum dicit, dominus vobiscum, et, gratias agamus. ' sed inconveniens videtur pluraliter loqui uni soli, et maxime minori. ergo inconveniens videtur quod sacerdos, uno tantum ministro praesente, celebret missam. sic igitur videtur quod inconvenienter aliqua agantur in celebratione huius sacramenti.

sc ' Sed in contrarium est ecclesiae consuetudo, quae errare non potest, utpote spiritu sancto instructa.

co * Respondeo dicendum quod, sicut supra dictum est, ' in sacramentis aliquid dupliciter significatur, scilicet verbis et factis, ad hoc quod sit perfectior significatio. significantur autem verbis in celebratione huius sacramenti quaedam pertinentia ad passionem christi, quae repraesentatur in hoc sacramento; vel etiam ad corpus mysticum, quod significatur in hoc sacramento; et quaedam pertinentia ad usum sacramenti, qui debet esse cum devotione et reverentia. et ideo in celebratione huius mysterii quaedam aguntur ad repraesentandum passionem christi; vel etiam dispositionem corporis mystici; et quaedam aguntur pertinentia ad devotionem et reverentiam usus huius sacramenti.

ra1 ' Ad primum ergo dicendum quod ablutio manuum fit in celebratione missae propter reverentiam huius sacramenti. et hoc dupliciter. primo quidem, quia aliqua pretiosa tractare non consuevimus nisi manibus ablutis. unde indecens videtur quod ad tantum sacramentum aliquis accedat manibus, etiam corporaliter, inquinatis. secundo, propter significationem. * quia, ut dionysius dicit, iii cap. eccles. hier., " extremitatum ablutio significat emundationem etiam a minimis peccatis, * secundum illud ioan. xiii, ° qui lotus est, non indiget nisi ut pedes lavet. ' et talis emundatio requiritur ab eo qui accedit ad hoc sacramentum. quod etiam significatur per confessionem quae fit ante introitum missae. " et hoc idem significabat ablutio sacerdotum in veteri lege, * ut ibidem dionysius dicit. ' nec tamen ecclesia hoc servat tanquam caeremoniale veteris legis praeceptum, sed quasi ab ecclesia institutum, sicut quiddam secundum se conveniens. et ideo non eodem modo observatur sicut tunc. praetermittitur enim pedum ablutio, et servatur ablutio manuum, quae potest fieri magis in promptu, et quae sufficit ad significandam perfectam munditiam. cum enim manus sit organum organorum, * ut dicitur in iii de anima, |25| ' omnia opera attribuuntur manibus. * unde et in psalmo dicitur, ° lavabo inter innocentes manus meas.

ra2 ' Ad secundum dicendum quod thurificatione non utimur quasi caeremoniali praecepto legis, sed sicut ecclesiae statuto. unde non eodem modo utimur sicut in veteri lege erat statutum. pertinet autem ad duo. primo quidem, ad reverentiam huius sacramenti, ut scilicet per bonum odorem depellatur si quid corporaliter pravi odoris in loco fuerit, quod posset provocare horrorem. secundo, pertinet ad repraesentandum effectum gratiae, qua, sicut bono odore, christus plenus fuit, * secundum illud gen. xxvii, ° ecce, odor filii mei sicut odor agri pleni; ' et a christo derivatur ad fideles officio ministrorum, * secundum illud ii cor. ii, ° odorem notitiae suae spargit per nos in omni loco. ' et ideo, undique thurificato altari, per quod christus designatur, thurificantur omnes per ordinem.

ra3 ' Ad tertium dicendum quod sacerdos in celebratione missae utitur crucesignatione ad exprimendam passionem christi, quae ad crucem est terminata. est autem passio christi quibusdam quasi gradibus peracta. nam primo fuit christi traditio, quae facta est a deo, a iuda, et a iudaeis. * quod significat trina crucesignatio super illa verba, ° haec dona, haec munera, haec sancta sacrificia illibata. ' secundo fuit christi venditio. est autem venditus sacerdotibus, scribis et pharisaeis. * ad quod significandum fit iterum trina crucesignatio super illa verba, ° benedictam, adscriptam, ratam. ' vel ad ostendendum pretium venditionis, scilicet triginta denarios. additur autem et duplex * super illa verba, ° ut nobis corpus et sanguis, etc., ' ad designandam personam iudae venditoris et christi venditi. tertio autem fuit praesignatio passionis christi facta in cena. ad quod designandum, fiunt tertio duae cruces, una in consecratione corporis, alia in consecratione sanguinis, ubi utrobique dicitur benedixit. quarto autem fuit ipsa passio christi. unde, ad repraesentandum quinque plagas, fit quarto quintuplex crucesignatio |25| * super illa verba, ° hostiam puram, hostiam sanctam, hostiam immaculatam, panem sanctum vitae aeternae, et calicem salutis perpetuae. ' quinto, repraesentatur extensio corporis, et effusio sanguinis, et fructus passionis, per trinam crucesignationem * quae fit super illis verbis, ° corpus et sanguinem sumpserimus, omni benedictione ' etc.. sexto, repraesentatur triplex oratio quam fecit in cruce, unam pro persecutoribus, * cum dixit, ° pater, ignosce illis; ' secundam pro liberatione a morte, cum dixit, ° deus, deus meus, ut quid dereliquisti me? ' tertia pertinet ad adeptionem gloriae, cum dixit, ° pater, in manus tuas commendo spiritum meum. ' et ad hoc significandum, fit trina crucesignatio * super illa verba, ° sanctificas, vivificas, benedicis, ' etc.. septimo, repraesentantur tres horae quibus pependit in cruce, scilicet a sexta hora usque ad nonam. et ad hoc significandum, fit iterum trina crucesignatio * ad illa verba, ° per ipsum, et cum ipso, et in ipso. ' octavo autem, repraesentatur separatio animae a corpore, per duas cruces subsequentes extra calicem factas. nono autem, |50| repraesentatur resurrectio tertia die facta, per tres cruces quae fiunt * ad illa verba, ° pax domini sit semper vobiscum. ' potest autem brevius dici quod consecratio huius sacramenti, et acceptio sacrificii, et fructus eius, procedit ex virtute crucis christi. et ideo, ubicumque fit mentio de aliquo horum, sacerdos crucesignatione utitur.

ra4 ' Ad quartum dicendum quod sacerdos post consecrationem non utitur crucesignatione ad benedicendum et consecrandum, sed solum ad commemorandum virtutem crucis et modum passionis christi, * ut ex dictis patet.

ra5 ' Ad quintum dicendum quod ea quae sacerdos in missa facit, non sunt ridiculosae gesticulationes, fiunt enim ad aliquid repraesentandum. quod enim sacerdos brachia extendit post consecrationem, significat extensionem brachiorum christi in cruce. levat etiam manus orando, ad designandum quod oratio eius pro populo dirigitur ad deum, * secundum illud thren. iii, ° levemus corda nostra cum manibus ad deum in caelum. * et exod. xvii dicitur quod, ° cum levaret moyses manus, vincebat israel. ' quod autem manus interdum iungit, et inclinat se, suppliciter et humiliter orans, designat humilitatem et obedientiam christi, ex qua passus est. digitos autem iungit post consecrationem, scilicet pollicem cum indice, quibus corpus christi consecratum tetigerat, ut, si qua particula digitis adhaeserat, non dispergatur. quod pertinet ad reverentiam sacramenti.

ra6 ' Ad sextum dicendum quod quinquies se sacerdos vertit ad populum, ad designandum quod dominus die resurrectionis quinquies se manifestavit, * ut supra dictum est in tractatu de resurrectione christi. ' salutat autem septies populum, scilicet quinque vicibus quando se convertit ad populum, et bis quando se non convertit, scilicet ante praefationem * cum dicit, ° dominus vobiscum, * et cum dicit, ° pax domini sit semper vobiscum, ' ad designandum septiformem gratiam spiritus sancti. episcopus autem celebrans in festis * in prima salutatione dicit, ° pax vobis, ' quod post resurrectionem dixit dominus, cuius personam repraesentat episcopus praecipue.

ra7 ' Ad septimum dicendum quod fractio hostiae tria significat, primo quidem, ipsam divisionem corporis christi, quae facta est in passione; secundo, distinctionem corporis mystici secundum diversos status; tertio, distributionem gratiarum procedentium ex passione christi, * ut dionysius dicit, iii cap. eccles. hier.. ' unde talis fractio non inducit divisionem christi.

ra8 ' Ad octavum dicendum quod, sicut * sergius papa dicit, et habetur in decretis, de consecr., dist. ii, ° triforme est corpus domini. pars oblata in calicem missa corpus christi quod iam resurrexit, demonstrat, ' scilicet ipsum christum, et beatam virginem, vel si qui alii sancti cum corporibus sunt in gloria. ° pars comesta ambulans adhuc super terram, ' quia scilicet viventes in terra sacramento uniuntur; et passionibus conteruntur, sicut panis comestus atteritur dentibus. ° pars in altari usque ad finem missae remanens est corpus christi in sepulcro remanens, quia usque in finem saeculi corpora sanctorum in sepulcris erunt, ' quorum tamen animae sunt vel in purgatorio vel in caelo. hic tamen ritus non servatur modo, ut scilicet una pars servetur usque in finem missae. manet tamen eadem significatio partium. * quam quidam metrice expresserunt, dicentes, ° hostia dividitur in partes, tincta beatos plene, sicca notat vivos, servata sepultos. * quidam tamen dicunt quod " pars in calicem missa significat eos qui vivunt in hoc mundo; pars autem extra calicem servata significat plene beatos quantum ad animam et corpus; pars autem comesta significat ceteros.

ra9 ' Ad nonum dicendum quod per calicem duo possunt significari. uno modo, ipsa passio, quae repraesentatur in hoc sacramento. et secundum hoc, per partem in calicem missam significantur illi qui adhuc sunt participes passionum christi. alio modo, potest significari fruitio beata, quae etiam in hoc sacramento praefiguratur. et ideo illi quorum corpora iam sunt in plena beatitudine, significantur per partem in calicem missam. et est notandum quod pars in calicem missa non debet populo dari in supplementum communionis, quia panem intinctum non porrexit christus nisi iudae proditori.

ra10 ' Ad decimum dicendum quod vinum, ratione suae humiditatis, est ablutivum. et ideo sumitur post perceptionem huius sacramenti, ad abluendum os, ne aliquae reliquiae remaneant, quod pertinet ad reverentiam sacramenti. * unde extra, de celebrat. miss., cap. ex parte, ° sacerdos vino os perfundere debet postquam totum percepit sacramentum, nisi cum eodem die missam aliam debuerit celebrare, ne, si forte vinum perfusionis acciperet, celebrationem aliam impediret. ' et eadem ratione perfundit vino digitos quibus corpus christi tetigerat.

ra11 ' Ad undecimum dicendum quod veritas quantum ad aliquid debet respondere figurae, quia scilicet non debet pars hostiae consecratae de qua sacerdos et ministri, vel etiam populus communicat, in crastinum reservari. * unde, ut habetur de consecr., dist. ii, clemens papa statuit, ° tanta holocausta in altario offerantur, quanta populo sufficere debeant. quod si remanserint, in crastinum non reserventur, sed cum timore et tremore clericorum diligentia consumantur. ' quia tamen hoc sacramentum quotidie sumendum est, non autem agnus paschalis quotidie sumebatur; ideo oportet alias hostias consecratas pro infirmis conservare. * unde in eadem distinctione legitur, ° presbyter eucharistiam semper habeat paratam, ut, quando quis infirmatus fuerit, statim eum communicet, ne sine communione moriatur.

ra12 ' Ad duodecimum dicendum quod in solemni celebratione missae plures debent adesse. * unde soter papa dicit, ut habetur de consecr., dist. i, ° hoc quoque statutum est, ut nullus presbyterorum missarum solemnia celebrare praesumat, nisi, duobus praesentibus sibique respondentibus, ipse tertius habeatur, quia, cum pluraliter ab eo dicitur, dominus vobiscum, et illud in secretis, orate pro me, apertissime convenit ut ipsi respondeatur salutationi. * unde et, ad maiorem solemnitatem, ibidem statutum legitur quod " episcopus cum pluribus missarum solemnia peragat. ' in missis tamen privatis sufficit unum habere ministrum, qui gerit personam totius populi catholici, ex cuius persona sacerdoti pluraliter respondet.

010 ST4 qu83 ar6

ag1 ' Ad sextum sic proceditur. videtur quod non possit sufficienter occurri defectibus qui circa celebrationem huius sacramenti occurrunt, statuta ecclesiae observando. contingit enim quandoque quod sacerdos, ante consecrationem vel post, moritur vel alienatur, vel aliqua alia infirmitate praepeditur ne sacramentum sumere possit et missam perficere. ergo videtur quod non possit impleri statutum ecclesiae quo praecipitur quod sacerdos consecrans suo sacrificio communicet.

ag2 ' Praeterea, contingit quandoque quod sacerdos, ante consecrationem vel post, recolit se aliquid comedisse vel bibisse, vel alicui mortali peccato subiacere, vel etiam excommunicationi, cuius prius memoriam non habebat. necesse est ergo quod ille qui est in tali articulo constitutus, peccet mortaliter contra statutum ecclesiae faciens, sive sumat sive non sumat.

ag3 ' Praeterea, contingit quandoque quod in calicem musca aut aranea vel aliquod animal venenosum cadit post consecrationem; vel etiam cognoscit sacerdos calici venenum esse immissum ab aliquo malevolo causa occidendi ipsum. in quo casu, si sumat, videtur peccare mortaliter, se occidendo vel deum tentando. similiter, si non sumat, peccat, contra statutum ecclesiae faciens. ergo videtur esse perplexus et subiectus necessitati peccandi. quod est inconveniens.

ag4 ' Praeterea, contingit quod per negligentiam ministri aut aqua non ponitur in calice, aut etiam nec vinum, et hoc sacerdos advertit. ergo in hoc etiam casu videtur esse perplexus, sive sumat corpus sine sanguine, quasi imperfectum faciens sacrificium; sive non sumens nec corpus nec sanguinem.

ag5 ' Praeterea, contingit quod sacerdos non recolit se dixisse verba consecrationis, vel etiam alia quae in consecratione huius sacramenti dicuntur. videtur ergo peccare in hoc casu, sive reiteret verba super eandem materiam, quae forte iam dixerat; sive utatur pane et vino non consecratis quasi consecratis.

ag6 ' Praeterea, contingit quandoque, propter frigus, quod sacerdoti dilabitur hostia in calicem, sive ante fractionem sive post. in hoc ergo casu non poterit sacerdos implere ritum ecclesiae vel de ipsa fractione, vel etiam de hoc quod sola tertia pars mittatur in calicem.

ag7 ' Praeterea, contingit quandoque quod per negligentiam sacerdotis sanguis christi effunditur; vel etiam quod sacerdos sacramentum sumptum vomit; aut quod etiam hostiae consecratae tandiu conserventur quod putrefiant; vel etiam quod a muribus corrodantur; vel etiam qualitercumque perdantur. in quibus casibus non videtur posse huic sacramento debita reverentia exhiberi secundum ecclesiae statuta. non videtur ergo quod his defectibus seu periculis occurri possit, salvis ecclesiae statutis.

sc ' Sed contra est quod, sicut deus, sic ecclesia non praecipit aliquid impossibile.

co ' Respondeo dicendum quod periculis seu defectibus circa hoc sacramentum evenientibus dupliciter potest occurri. uno modo, praeveniendo, ne scilicet periculum accidat. alio modo, subsequendo, ut scilicet id quod accidit emendetur, vel adhibendo remedium, vel saltem per poenitentiam eius qui negligenter egit circa hoc sacramentum.

ra1 ' Ad primum ergo dicendum quod, si sacerdos morte aut infirmitate gravi occupetur ante consecrationem corporis et sanguinis domini, non oportet ut per alium suppleatur. si vero post incoeptam consecrationem hoc acciderit, puta consecrato corpore ante consecrationem sanguinis, vel etiam consecrato utroque, debet missae celebritas per alium expleri. * unde, ut habetur in decretis, vii, qu. i, cap. ° nihil, * in toletano concilio legitur, ° censuimus convenire ut, cum a sacerdotibus missarum tempore sacra mysteria consecrantur, si aegritudinis accidit cuiuslibet eventus quo coeptum nequeat expleri mysterium, sit liberum episcopo vel presbytero alteri consecrationem exequi incoepti officii. non enim aliud competit ad supplementum initiatis mysteriis quam aut incipientis aut subsequentis benedictione sint completa sacerdotis, quia nec perfecta videri possunt nisi perfecto ordine compleantur. cum enim omnes simus unum in christo, nihil contrarium diversitas personarum format, ubi efficaciam prosperitatis unitas fidei repraesentat. nec tamen quod naturae languoris causa consulitur, in praesumptionis perniciem convertatur. nullus, absque patenti proventu molestiae, minister vel sacerdos, cum coeperit, imperfecta officia praesumat omnino relinquere. si quis hoc temerarie praesumpserit, |25| excommunicationis sententiam sustinebit.

ra2 ' Ad secundum dicendum quod, ubi difficultas occurrit, semper est accipiendum illud quod habet minus de periculo. maxime autem periculosum circa hoc sacramentum est quod est contra perfectionem ipsius sacramenti, quia hoc est immane sacrilegium. minus autem est illud quod pertinet ad qualitatem sumentis. et ideo, si sacerdos, post consecrationem incoeptam, recordetur aliquid comedisse vel bibisse, nihilominus debet perficere sacrificium et sumere sacramentum. similiter, si recordetur se peccatum aliquod commisisse, debet poenitere cum proposito confitendi et satisfaciendi, et sic non indigne, sed fructuose sumere sacramentum. et eadem ratio est si se meminerit excommunicationi cuicumque subiacere. debet enim assumere propositum absolutionem petendi, et sic per invisibilem pontificem, iesum christum, absolutionem consequitur quantum ad hunc actum, quod peragat divina mysteria. si vero ante consecrationem alicuius praedictorum sit memor, tutius reputarem, maxime in casu manducationis et excommunicationis, quod missam incoeptam desereret, nisi grave scandalum timeretur.

ra3 ' Ad tertium dicendum quod, si musca vel aranea in calicem ante consecrationem ceciderit, aut etiam venenum deprehenderit esse immissum, debet effundi, et, abluto calice, denuo aliud vinum poni consecrandum. si vero aliquid horum post consecrationem acciderit, debet animal caute capi, et diligenter lavari, et comburi, et ablutio, simul cum cineribus, in sacrarium mitti. si vero venenum ibi adesse deprehenderit immissum, nullo modo debet sumere nec alii dare ne calix vitae vertatur in mortem, sed debet diligenter in aliquo vasculo ad hoc apto cum reliquiis conservari. et, ne sacramentum remaneat imperfectum, debet vinum apponere in calice, et denuo resumere a consecratione sanguinis, et sacrificium perficere.

ra4 ' Ad quartum dicendum quod, si sacerdos, ante consecrationem sanguinis et post consecrationem corporis, percipiat aut vinum aut aquam non esse in calice, debet statim apponere et consecrare. si vero hoc post consecrationis verba perceperit, quod aqua desit, debet nihilominus procedere, quia appositio aquae, * ut supra dictum est, ' non est de necessitate sacramenti. debet tamen puniri ille ex cuius negligentia hoc contingit. nullo autem modo debet aqua vino iam consecrato misceri, quia sequeretur corruptio sacramenti pro aliqua parte, * ut supra dictum est. ' si vero percipiat post verba consecrationis quod vinum non fuerit positum in calice, si quidem hoc percipiat ante sumptionem corporis, debet, deposita aqua si ibi fuerit, imponere vinum cum aqua, et resumere a verbis consecrationis sanguinis. si vero hoc perceperit post sumptionem corporis, debet apponere aliam hostiam iterum simul consecrandam cum sanguine. quod ideo dico quia, si diceret sola verba consecrationis sanguinis, non servaretur debitus ordo consecrandi, * et, sicut dicitur in praedicto capitulo toletani concilii, ° perfecta videri non possunt sacrificia nisi perfecto ordine compleantur. ' si vero inciperet a consecratione sanguinis et repeteret |25| omnia verba consequentia, non competerent nisi adesset hostia consecrata, cum in verbis illis occurrant quaedam dicenda et fienda non solum circa sanguinem, sed etiam circa corpus et debet in fine sumere hostiam iterum consecratam et sanguinem, non obstante etiam si prius sumpserit aquam quae erat in calice, quia praeceptum de perfectione sacramenti maioris est ponderis quam praeceptum quod hoc sacramentum a ieiunis sumatur, * ut supra dictum est.

ra5 ' Ad quintum dicendum quod, licet sacerdos non recolat se dixisse aliqua eorum quae dicere debuit, non tamen debet ex hoc mente perturbari. non enim qui multa dicit, recolit omnium quae dixit, nisi forte in dicendo aliquid apprehenderit sub ratione iam dicti sic enim aliquid efficitur memorabile. unde, si aliquis attente cogitet illud quod dicit, non tamen cogitet se dicere illud, non multum recolit postea se dixisse. " sic enim fit aliquid obiectum memoria, inquantum accipitur sub ratione praeteriti, * sicut dicitur in libro de memoria. ' si tamen sacerdoti probabiliter constet se aliqua omisisse, si quidem non sunt de necessitate sacramenti, non aestimo quod propter hoc debeat resumere immutando ordinem sacrificii, sed debet ulterius procedere. si vero certificetur se omisisse aliquid eorum quae sunt de necessitate sacramenti, scilicet formam consecrationis, cum forma sit de necessitate sacramenti sicut et materia, idem videtur faciendum quod dictum est in defectu materiae, ut scilicet resumatur a forma consecrationis, et cetera per ordinem reiterentur, ne mutetur ordo sacrificii.

ra6 ' Ad sextum dicendum quod fractio hostiae consecratae, et quod pars una sola mittatur in calicem, respicit corpus mysticum, sicut et admixtio aquae significat populum. et ideo horum praetermissio non facit imperfectionem sacrificii, ut propter hoc sit necesse aliquid reiterare circa celebrationem huius sacramenti.

ra7 ' Ad septimum dicendum quod, * sicut legitur de consecr., dist. ii, ex decreto pii papae, ° si per negligentiam aliquid stillaverit de sanguine in tabula quae terrae adhaeret, lingua lambetur et tabula radetur. si vero non fuerit tabula, terra radetur, et igni comburetur, et cinis intra altare condetur. et sacerdos quadraginta dies poeniteat. si autem super altare stillaverit calix, sorbeat minister stillam. et tribus diebus poeniteat. si super linteum altaris, et ad aliud stilla pervenerit, quatuor diebus poeniteat. si usque ad tertium, novem diebus poeniteat. si usque ad quartum, viginti diebus poeniteat. et linteamina quae stilla tetigit tribus vicibus lavet minister, calice subtus posito, et aqua ablutionis sumatur et iuxta altare recondatur. ' posset etiam sumi in potu a ministro, nisi propter abominationem dimitteretur. quidam autem ulterius partem illam linteaminum incidunt et comburunt, et cinerem in altario vel sacrario reponunt. * subditur autem ibidem, ex poenitentiali bedae presbyteri, ° si quis per ebrietatem vel voracitatem eucharistiam evomuerit, quadraginta diebus poeniteat; clerici vel monachi, seu diaconi vel presbyteri, sexaginta diebus; episcopus nonaginta. si autem infirmitatis causa evomuerit, septem diebus poeniteat. * et in eadem distinctione legitur, ex concilio aurelianensi, ° qui non bene custodierit sacrificium, et mus vel aliquod aliud |25| animal in ecclesia comederit, quadraginta diebus poeniteat. qui autem perdiderit illud in ecclesia, aut pars eius ceciderit et non inventa fuerit, triginta diebus poeniteat. ' et eadem poenitentia videtur dignus sacerdos per cuius negligentiam hostiae consecratae putrefiunt. praedictis autem diebus debet poenitens ieiunare et a communione cessare. pensatis tamen conditionibus negotii et personae, potest minui vel addi ad poenitentiam praedictam. hoc tamen observandum est, quod, ubicumque species integrae inveniuntur, sunt reverenter observandae, vel etiam sumendae, quia, manentibus speciebus, manet ibi corpus christi, * ut supra dictum est. ' ea vero in quibus inveniuntur, comburenda sunt si commode fieri potest, cinere in sacrario recondito, * sicut de rasura tabulae dictum est.

010 ST4 qu84 ar

pr ' Consequenter considerandum est de sacramento poenitentiae. circa quod primo considerandum est de ipsa poenitentia; secundo, de effectu ipsius; tertio, de partibus eius; quarto, de suscipientibus hoc sacramentum; quinto, de potestate ministrorum; sexto, de solemni ritu huius sacramenti. circa primum duo sunt consideranda, primo, de poenitentia secundum quod est sacramentum; secundo, de poenitentia secundum quod est virtus. circa primum quaeruntur decem. primo, utrum poenitentia sit sacramentum. secundo, de propria materia eius. tertio, de forma ipsius. quarto, utrum impositio manus requiratur ad hoc sacramentum. quinto, utrum hoc sacramentum sit de necessitate salutis. sexto, de ordine eius ad alia sacramenta. septimo, de institutione eius. octavo, de duratione ipsius. nono, de continuitate eius. decimo, utrum possit iterari.

010 ST4 qu84 ar1

ag1 ' Ad primum sic proceditur. videtur quod poenitentia non sit sacramentum. * gregorius enim dicit, et habetur in decretis, i, qu. i, ° sacramenta sunt baptisma, chrisma, corpus et sanguis christi, quae ob id sacramenta dicuntur quia sub tegumento corporalium rerum divina virtus secretius operatur salutem. ' sed hoc non contingit in poenitentia, quia non adhi-

bentur aliquae res corporales sub quibus divina virtus operetur salutem. ergo poenitentia non est sacramentum.
ag2 ‘ Praeterea, sacramenta ecclesiae a ministris christi exhibentur, * secundum illud i cor. iv, ° sic nos existimet homo ut ministros christi et dispensatores mysteriorum dei. ‘ sed poenitentia non exhibetur a ministris christi, sed interius a deo hominibus inspiratur, * secundum illud ierem. xxxi, ° postquam convertisti me, egi poenitentiam. ‘ ergo videtur quod poenitentia non sit sacramentum.
ag3 ‘ Praeterea, in sacramentis * de quibus supra diximus, ‘ est aliquid quod est sacramentum tantum, aliquid quod est res et sacramentum, aliquid vero quod est res tantum, * ut ex praemissis patet. ‘ sed hoc non invenitur in poenitentia. ergo poenitentia non est sacramentum.
sc ‘ Sed contra est quod, sicut baptismus adhibetur ad purificandum a peccato, ita et poenitentia, * unde et petrus dixit simoni, act. viii, ° poenitentiam age ab hac nequitia tua. ‘ sed baptismus est sacramentum, * ut supra dictum est. ‘ ergo pari ratione et poenitentia.
co ‘ Respondeo dicendum quod, * sicut gregorius dicit, in capite supra dicto, ° sacramentum est in aliqua celebratione, cum res gesta ita fit ut aliquid significative accipiamus quod sancte accipiendum est. ‘ manifestum est autem quod in poenitentia ita res gesta fit quod aliquid sanctum significatur, tam ex parte peccatoris poenitentis, quam ex parte sacerdotis absolventis, nam peccator poenitens per ea quae agit et dicit, significat cor suum a peccato recessisse; similiter etiam sacerdos per ea quae agit et dicit circa poenitentem, significat opus dei remittentis peccatum. unde manifestum est quod poenitentia quae in ecclesia agitur, est sacramentum.
ra1 ‘ Ad primum ergo dicendum quod nomine corporalium rerum intelliguntur large etiam ipsi exteriores actus sensibiles, qui ita se habent in hoc sacramento sicut aqua in baptismo vel chrisma in confirmatione. est autem attendendum quod in illis sacramentis in quibus confertur excellens gratia, quae superabundat omnem facultatem humani actus, adhibetur aliqua corporalis materia exterius; sicut in baptismo, ubi fit plena remissio peccatorum et quantum ad culpam et quantum ad poenam; et in confirmatione, ubi datur spiritus sancti plenitudo; et in extrema unctione, ubi confertur perfecta sanitas spiritualis; quae provenit ex virtute christi quasi ex quodam extrinseco principio. unde si qui actus humani sunt in talibus sacramentis, non sunt de essentia materiae sacramentorum, sed dispositive se habent ad sacramenta. in illis autem sacramentis quae habent effectum correspondentem humanis actibus, ipsi actus humani sensibiles sunt loco materiae, ut accidit in poenitentia et matrimonio. sicut etiam in medicinis corporalibus quaedam sunt res exterius adhibitae, sicut emplastra et electuaria; quaedam vero sunt actus sanandorum, puta exercitationes quaedam.
ra2 ‘ Ad secundum dicendum quod in sacramentis quae habent corporalem materiam, oportet quod illa materia adhibeatur a ministro ecclesiae, qui gerit personam christi, in signum quod excellentia virtutis in sacramento operantis est a christo. in sacramento autem poenitentiae, * sicut dictum est, ‘ sunt actus humani pro materia, qui proveniunt ex inspiratione interna. unde materia non adhibetur a ministro, sed a deo interius operante, sed complementum sacramenti exhibet minister, dum poenitentem absolvit.
ra3 ‘ Ad tertium dicendum quod etiam in poenitentia est aliquid quod est sacramentum tantum, scilicet actus exercitus tam per peccatorem poenitentem, quam etiam per sacerdotem absolventem. res autem et sacramentum est poenitentia interior peccatoris. res autem tantum et non sacramentum est remissio peccati. quorum primum totum simul sumptum est causa secundi; primum autem et secundum sunt causa tertii.

010 ST4 qu84 ar2

ag1 ‘ Ad secundum sic proceditur. videtur quod peccata non sint propria materia huius sacramenti. materia enim in aliis sacramentis per aliqua verba sanctificatur, et sanctificata effectum sacramenti operatur. peccata autem non possunt sanctificari, eo quod contrariantur effectui sacramenti, qui est gratia remittens peccata. ergo peccata non sunt materia propria huius sacramenti.
ag2 * Praeterea, augustinus dicit, in libro de poenitentia, ° nullus potest inchoare novam vitam nisi eum veteris vitae poeniteat. ‘ sed ad vetustatem vitae pertinent non solum peccata, sed etiam poenalitates praesentis vitae. non ergo peccata sunt propria materia poenitentiae.
ag3 ‘ Praeterea, peccatorum quoddam est originale, quoddam mortale, quoddam veniale. sed poenitentiae sacramentum non ordinatur contra originale peccatum, quod tollitur per baptismum; neque etiam contra veniale, quod tollitur per tunsionem pectoris, et aquam benedictam, et alia huiusmodi. ergo peccata non sunt propria materia poenitentiae.
sc * Sed contra est quod apostolus dicit, ii cor. xii, ° non egerunt poenitentiam super immunditia et fornicatione et impudicitia quam gesserunt.
co ‘ Respondeo dicendum quod duplex est materia, scilicet proxima et remota, sicut statuae proxima materia est metallum, remota vero aqua. * dictum est autem quod ‘ proxima materia huius sacramenti sunt actus poenitentis, cuius materia sunt peccata, de quibus dolet, et quae confitetur, et pro quibus satisfacit. unde relinquitur quod remota materia poenitentiae sunt peccata, non attentanda, sed detestanda et destruenda.
ra1 ‘ Ad primum ergo dicendum quod ratio illa procedit de proxima materia sacramenti.
ra2 ‘ Ad secundum dicendum quod vetus et mortalis vita est obiectum poenitentiae, non ratione poenae, sed ratione culpae annexae.
ra3 ‘ Ad tertium dicendum quod poenitentia quodammodo est de quolibet peccatorum genere, non tamen eodem modo. nam de peccato actuali mortali est poenitentia proprie et principaliter, proprie quidem, quia proprie dicimur poenitere de his quae nostra voluntate commisimus; principaliter autem, quia ad deletionem peccati mortalis hoc sacramentum est institutum. de peccatis autem venialibus est quaedam poenitentia proprie, inquantum sunt nostra voluntate facta, non tamen contra haec principaliter est hoc sacramentum institutum. de peccato vero originali poenitentia nec principaliter est, quia contra ipsum non ordinatur hoc sacramentum, sed magis baptismus, nec etiam proprie, quia peccatum originale non est nostra voluntate peractum; nisi forte inquantum voluntas adae reputatur nostra, * secundum modum loquendi quo apostolus dicit, rom. v, ° in quo omnes peccaverunt. ‘ inquantum tamen accipitur poenitentia large pro quacumque detestatione rei praeteritae, potest dici poenitentia de peccato originali, * sicut loquitur augustinus in libro de poenitentia.

010 ST4 qu84 ar3

ag1 ‘ Ad tertium sic proceditur. videtur quod haec non sit forma huius sacramenti, “ ego te absolvo. ‘ formae enim sacramentorum ex institutione christi et usu ecclesiae habentur. sed christus non legitur hanc formam instituisse. neque etiam in communi usu habetur, quinimmo in quibusdam absolutionibus quae in ecclesia publice fiunt, sicut in prima et completorio et in cena domini, absolvens non utitur oratione indicativa, ut dicat, “ ego vos absolvo, sed oratione deprecativa, cum dicit, misereatur vestri omnipotens deus, vel, absolutionem tribuat vobis omnipotens deus. ergo haec non est forma huius sacramenti, ego te absolvo.
ag2 * Praeterea, leo papa dicit, ° indulgentia dei nisi supplicationibus sacerdotum nequit obtineri. ‘ loquitur autem de indulgentia dei quae praestatur poenitentibus. ergo forma huius sacramenti debet esse per modum deprecationis.
ag3 ‘ Praeterea, idem est absolvere a peccato quod peccatum remittere. sed ° solus deus peccatum remittit, qui etiam solus interius a peccato mundat, * ut augustinus dicit, super ioan.. ‘ ergo videtur quod solus deus a peccato absolvat. * non ergo debet dicere sacerdos, “ ego te absolvo, * sicut non dicit, “ ego tibi peccata remitto.
ag4 ‘ Praeterea, sicut dominus dedit potestatem discipulis absolvendi a peccatis, ita etiam dedit eis potestatem curandi infirmitates, scilicet ° ut daemonia eiicerent et ut languores curarent, * ut habetur matth. x et luc. ix. ‘ sed sanando infirmos apostoli non utebantur his verbis, “ ego te sano, sed, sanet te dominus iesus christus. ‘ ergo videtur quod sacerdotes, habentes potestatem apostolis a christo traditam, non debeant uti hac forma verborum, “ ego te absolvo, sed, absolutionem praebeat tibi christus.
ag5 * Praeterea, quidam hac forma utentes sic eam exponunt, ° ego te absolvo, idest, absolutum ostendo. ‘ sed neque hoc sacerdos facere potest, nisi ei divinitus reveletur. * unde, ut legitur matth. xvi, antequam petro diceretur, ° quodcumque solveris super terram, erit ‘ etc., * dictum est ei, ° beatus es, simon bar iona, quia caro et sanguis non revelavit tibi, sed pater meus, qui in caelis est. ‘ ergo videtur quod sacerdos cui non est facta revelatio, “ praesumptuose dicat, ego te absolvo, etiam si exponatur, idest, absolutum ostendo.
sc * Sed contra est quod, sicut dominus dixit discipulis, matth. ult., ° euntes, docete omnes gentes, baptizantes eos, * ita dixit petro, matth. xvi, ° quodcumque solveris. ‘ sed sacerdos, auctoritate illorum verborum christi fretus, dicit, “ ego te baptizo. ergo, eadem auctoritate, dicere debet in hoc sacramento, ego te absolvo.
co ‘ Respondeo dicendum quod in qualibet re perfectio attribuitur formae. * dictum est autem supra quod ‘ hoc sacramentum perficitur per ea quae sunt ex parte sacerdotis. unde oportet quod ea quae sunt ex parte poenitentis, sive sint verba sive facta, sint quaedam materia huius sacramenti, ea vero quae sunt ex parte sacerdotis, se habent per modum formae. cum autem sacramenta novae legis efficiant quod figurant, * ut supra dictum est; ‘ oportet quod forma sacramenti significet id quod in sacramento agitur, proportionaliter materiae sacramenti. “ unde forma baptismi est, ego te baptizo, et forma confirmationis, ° consigno te signo crucis et confirmo te chrismate salutis, ‘ eo quod huiusmodi sacramenta perficiuntur in usu materiae. in sacramento autem eucharistiae, quod consistit in ipsa consecratione materiae, exprimitur veritas consecrationis, * cum dicitur, ° hoc est corpus meum. ‘ hoc autem sacramentum, scilicet poenitentiae, non consistit in consecratione alicuius materiae, nec in usu alicuius materiae sanctificatae, sed magis in remotione cuiusdam materiae, scilicet peccati, prout peccata |25| dicuntur esse materia poenitentiae, * ut ex supra dictis patet. ‘ talis autem remotio significatur a sacerdote * cum dicitur, “ ego te absolvo, ‘ nam peccata sunt quaedam vincula, * secundum illud proverb. v, ° iniquitates suae capiunt impium, et funibus peccatorum suorum quisque constringitur. ‘ unde patet quod haec est convenientissima forma huius sacramenti, “ ego te absolvo.
ra1 ‘ Ad primum ergo dicendum quod * ista forma sumitur ex ipsis verbis christi quibus petro dixit, ° quodcumque solveris super terram, ‘ etc.. et tali forma utitur ecclesia in sacramentali absolutione. huiusmodi autem absolutiones in publico factae non sunt sacramentales, sed sunt orationes quaedam ordinatae ad remissionem venialium peccatorum. “ unde in sacramentali absolutione non sufficeret dicere, misereatur tui omnipotens deus, vel, absolutionem et remissionem tribuat tibi deus, ‘ quia per haec verba sacerdos absolutionem non significat fieri, sed petit ut fiat. praemittitur tamen etiam in sacramentali absolutione talis oratio, ne impediatur effectus sacramenti ex parte poenitentis, cuius actus materialiter se habent in hoc sacramento, non autem in baptismo vel in confirmatione.
ra2 ‘ Ad secundum dicendum quod verbum leonis papae est intelligendum quantum ad deprecationem quae praemittitur absolutioni. non autem removet quin sacerdotes absolvant.
ra3 ‘ Ad tertium dicendum quod solus deus per auctoritatem et a peccato absolvit et peccata remittit. sacerdotes autem utrumque faciunt per ministerium, inquantum scilicet verba sacerdotis in hoc sacramento instrumentaliter operantur, sicut etiam in aliis sacramentis; nam virtus divina est quae interius operatur in omnibus sacramentalibus signis, sive sint res sive sint verba, * sicut ex supra dictis patet. * unde et dominus utrumque expressit, nam matth. xvi dixit petro, ° quodcumque solveris super terram, * etc.; et ioan. xx dixit discipulis, ° quorum remiseritis peccata, remittuntur eis. ‘ ideo tamen sacerdos potius dicit, “ ego te absolvo, quam, ego tibi peccata remitto, ‘ quia hoc magis congruit verbis quae dominus dixit virtutem clavium ostendens, per quas sacerdotes absolvunt. quia tamen sacerdos sicut minister absolvit, convenienter apponitur aliquid quod pertineat ad primam auctoritatem dei, scilicet ut dicatur, ° ego te absolvo in nomine patris et filii et spiritus sancti, “ vel, per virtutem passionis christi, vel, auctoritate dei, * sicut dionysius exponit, xiii cap. caelest. hier.. ‘ quia tamen hoc non est determinatum ex verbis christi, sicut in baptismo, talis appositio relinquitur arbitrio sacerdotis.
ra4 ‘ Ad quartum dicendum quod apostolis non est data potestas ut ipsi sanarent infirmos, sed ut ad eorum orationem infirmi sanarentur. est autem eis collata potestas operandi instrumentaliter, sive ministerialiter, in sacramentis. et ideo magis possunt in formis sacramentalibus exprimere actum suum quam in sanationibus infirmitatum. in quibus tamen non semper utebantur modo deprecativo, sed quandoque etiam modo indicativo et imperativo, * sicut act. iii legitur quod petrus dixit claudo, ° quod habeo, hoc tibi do. in nomine iesu christi, surge et ambula.
ra5 ‘ Ad quintum dicendum quod ista expositio, ° ego te absolvo, idest, absolutum ostendo, ‘ quantum ad aliquid quidem vera est, non tamen est perfecta. sacramenta enim novae legis non solum significant, sed etiam faciunt quod significant. unde sicut sacerdos, baptizando aliquem, ostendit hominem interius ablutum per verba et facta, non solum significative, sed etiam effective; * ita etiam cum dicit, “ ego te absolvo, ‘ ostendit hominem absolutum non solum significative, sed etiam effective. nec tamen loquitur quasi de re incerta. quia sicut alia sacramenta novae legis habent de se certum effectum ex virtute passionis christi, licet possit impediri ex parte recipientis, ita etiam est et in hoc sacramento. * unde augustinus dicit, in libro de adult. coniug., ° non est turpis nec difficilis post patrata et purgata adulteria reconciliatio coniugii, ubi per claves regni caelorum non dubitatur fieri remissio peccatorum. ‘ unde nec sacerdos indiget speciali revelatione sibi facta, sed sufficit generalis revelatio fidei, per quam remittuntur peccata. unde revelatio fidei dicitur petro facta fuisse. esset autem perfectior expositio, “ ego te absolvo, idest, sacramentum absolutionis tibi impendo.

010 ST4 qu84 ar4

ag1 ‘ Ad quartum sic proceditur. videtur quod impositio manuum sacerdotis requiratur ad hoc sacramentum. * dicitur enim marc. ult., ° super aegros manus imponent, et bene habebunt. ‘ aegri autem spiritualiter sunt peccatores, qui recipiunt bonam habitudinem per hoc sacramentum. ergo in hoc sacramento est manus impositio facienda.
ag2 ‘ Praeterea, in sacramento poenitentiae recuperat homo spiritum sanctum amissum, * unde ex per-

sona poenitentis dicitur in psalmo, ° redde mihi laetitiam salutaris tui, et spiritu principali confirma me. ‘ sed spiritus sanctus datur per impositionem manuum, * legitur enim act. viii, quod ° apostoli imponebant manus super illos, et accipiebant spiritum sanctum; * et matth. xix dicitur quod ° oblati sunt domino parvuli ut eis manus imponeret. ‘ ergo in hoc sacramento est manus impositio facienda.

ag3 ‘ Praeterea, verba sacerdotis in hoc sacramento non sunt maioris efficaciae quam in aliis sacramentis. sed in aliis sacramentis non sufficiunt verba ministri, nisi aliquem actum exerceret, sicut in baptismo, simul cum hoc quod dicit sacerdos, “ ego te baptizo, requiritur corporalis ablutio. ergo etiam, simul cum hoc quod dicit sacerdos, ego te absolvo, oportet quod aliquem actum exerceat circa poenitentem, imponendo ei manus.

sc * Sed contra est quod dominus dixit petro, ° quodcumque solveris super terram, erit ‘ etc., nullam mentionem de manus impositione faciens. neque etiam * cum omnibus apostolis simul dixit, ° quorum remiseritis peccata, remittuntur eis. ‘ non ergo ad hoc sacramentum requiritur impositio manuum.

co ‘ Respondeo dicendum quod impositio manuum in sacramentis ecclesiae fit ad designandum aliquem copiosum effectum gratiae, quo illi quibus manus imponitur, quodammodo continuantur per quandam similitudinem ministris, in quibus copia esse debet. et ideo manus impositio fit in sacramento confirmationis, in quo confertur plenitudo spiritus sancti; et in sacramento ordinis, in quo confertur quaedam excellentia potestatis in divinis ministeriis; * unde et ii tim. i dicitur, ° resuscites gratiam dei quae est in te per impositionem manuum mearum. ‘ sacramentum autem poenitentiae non ordinatur ad consequendum aliquam excellentiam gratiae, sed ad remissionem peccatorum. et ideo ad hoc sacramentum non requiritur impositio, sicut etiam nec ad baptismum, in quo tamen fit plenior remissio peccatorum.

ra1 ‘ Ad primum ergo dicendum quod illa manus impositio non est sacramentalis, sed ordinatur ad miracula facienda, ut scilicet per contactum manus hominis sanctificati etiam corporalis infirmitas tollatur. * sicut etiam legitur de domino, marci vi, quod ° infirmos impositis manibus curavit; * et matth. viii legitur quod ‘ per contactum leprosum mundavit.

ra2 ‘ Ad secundum dicendum quod non quaelibet acceptio spiritus sancti requirit manus impositionem, quia etiam in baptismo accipit homo spiritum sanctum, nec tamen fit ibi manus impositio. sed acceptio spiritus sancti cum plenitudine requirit manus impositionem, quod pertinet ad confirmationem.

ra3 ‘ Ad tertium dicendum quod in sacramentis quae perficiuntur in usu materiae, minister habet aliquem corporalem actum exercere circa eum qui suscipit sacramentum, sicut in baptismo et confirmatione et extrema unctione. sed hoc sacramentum non consistit in usu alicuius materiae exterius appositae, sed loco materiae se habent ea quae sunt ex parte poenitentis. unde, sicut in eucharistia sacerdos sola prolatione verborum super materiam perficit sacramentum, ita etiam sola verba sacerdotis absolventis super poenitentem perficiunt absolutionis sacramentum. et si aliquis actus corporalis esset ex parte sacerdotis, non minus competeret crucesignatio, quae adhibetur in eucharistia, quam manus impositio, in signum quod per sanguinem crucis christi remittuntur peccata. et tamen non est de necessitate sacramenti, sicut nec de necessitate eucharistiae.

010 ST4 qu84 ar5

ag1 ‘ Ad quintum sic proceditur. videtur quod hoc sacramentum non sit de necessitate salutis. * quia super illud psalmi, ° qui seminant in lacrimis * etc., dicit glossa, ° noli esse tristis, si adsit tibi bona voluntas, unde metitur pax. ‘ sed tristitia est de ratione poenitentiae, * secundum illud ii cor. vii, ° quae secundum deum est tristitia, poenitentiam in salutem stabilem operatur. ‘ ergo bona voluntas, sine poenitentia, sufficit ad salutem.

ag2 * Praeterea, proverb. x dicitur, ° universa delicta operit caritas; * et infra, xv, ° per misericordiam et fidem purgantur peccata. ‘ sed hoc sacramentum non est nisi ad purgandum peccata. ergo, habendo caritatem et fidem et misericordiam, potest quisque salutem consequi, etiam sine poenitentiae sacramento.

ag3 ‘ Praeterea, sacramenta ecclesiae initium habent ab institutione christi. * sed, sicut legitur ioan. viii, ‘ christus mulierem adulteram absolvit absque poenitentia. ergo videtur quod poenitentia non sit de necessitate salutis.

sc * Sed contra est quod dominus dicit, luc. xiii, ° si poenitentiam non egeritis, omnes simul peribitis.

co ‘ Respondeo dicendum quod aliquid est necessarium ad salutem dupliciter, uno modo, absolute; alio modo, ex suppositione. absolute quidem necessarium est illud sine quo nullus salutem consequi potest, sicut gratia christi, et sacramentum baptismi, per quod aliquis in christo renascitur. ex suppositione autem est necessarium sacramentum poenitentiae, quod quidem necessarium non est omnibus, sed peccato subiacentibus; * dicitur enim in ii paralip. ult., ° et tu, domine iustorum, non posuisti poenitentiam iustis, abraham, isaac et iacob, his qui tibi non peccaverunt. peccatum autem, cum consummatum fuerit, generat mortem, * ut dicitur iac. i. ‘ et ideo necessarium est ad salutem peccatoris quod peccatum removeatur ab eo. quod quidem fieri non potest sine poenitentiae sacramento, in quo operatur virtus passionis christi per absolutionem sacerdotis simul cum opere poenitentis, qui cooperatur gratiae ad destructionem peccati, * sicut enim dicit augustinus, super ioan., ° qui creavit te sine te, non iustificabit te sine te. ‘ unde patet quod sacramentum poenitentiae est necessarium ad salutem post peccatum, sicut medicatio corporalis postquam homo in morbum periculosum inciderit.

ra1 * Ad primum ergo dicendum quod glossa illa videtur intelligenda “ de eo cui adest bona voluntas sine interpolatione quae fit per peccatum, tales autem non habent tristitiae causam. sed ex quo bona voluntas tollitur per peccatum, non potest restitui sine tristitia, qua quis dolet de peccato praeterito, quod pertinet ad poenitentiam.

ra2 ‘ Ad secundum dicendum quod ex quo aliquis peccatum incurrit, caritas et fides et misericordia non liberant hominem a peccato sine poenitentia. requirit enim caritas quod homo doleat de offensa in amicum commissa, et quod amico homo reconciliari studeat. requirit etiam ipsa fides ut per virtutem passionis christi, quae in sacramentis ecclesiae operatur, quaerat iustificari a peccatis. requirit etiam ipsa misericordia ordinata ut homo subveniat poenitendo suae miseriae, quam per peccatum incurrit, * secundum illud proverb. xiv, ° miseros facit populos peccatum, * unde et eccli. xxx dicitur, ° miserere animae tuae placens deo.

ra3 ‘ Ad tertium dicendum quod ad potestatem excellentiae, quam solus christus habuit, * ut supra dictum est, ‘ pertinuit quod christus effectum sacramenti poenitentiae, qui est remissio peccatorum, contulit mulieri adulterae sine poenitentiae sacramento, licet non sine interiori poenitentia, quam ipse in ea per gratiam est operatus.

010 ST4 qu84 ar6

ag1 ‘ Ad sextum sic proceditur. videtur quod poenitentia non sit secunda tabula post naufragium. * quia super illud isaiae iii, ° peccatum suum sicut sodoma praedicaverunt, * dicit glossa, ° secunda tabula post naufragium est peccata abscondere. ‘ poenitentia autem non abscondit peccata, sed magis ea revelat. ergo poenitentia non est secunda tabula.

ag2 ‘ Praeterea, fundamentum in aedificio non tenet secundum, sed primum locum. poenitentia autem in spirituali aedificio est fundamentum, * secundum illud heb. vi, ° non rursum iacientes fundamentum poenitentiae ab operibus mortuis. ‘ unde et praecedit ipsum baptismum, * secundum illud act. ii, ° poenitentiam agite, et baptizetur unusquisque vestrum. ‘ ergo poenitentia non debet dici secunda tabula.

ag3 ‘ Praeterea, omnia sacramenta sunt quaedam tabulae, idest remedia contra peccatum. sed poenitentia non tenet secundum locum inter sacramenta, sed magis quartum, * ut ex supra dictis patet. ‘ ergo poenitentia non debet dici secunda tabula post naufragium.

sc * Sed contra est quod hieronymus dicit quod ° secunda tabula post naufragium est poenitentia.

co ‘ Respondeo dicendum quod id quod est per se, naturaliter prius est eo quod est per accidens, sicut et substantia prior est accidente. sacramenta autem quaedam per se ordinantur ad salutem hominis, sicut baptismus, qui est spiritualis generatio, et confirmatio, quae est spirituale augmentum, et eucharistia, quae est spirituale nutrimentum. poenitentia autem ordinatur ad salutem hominis quasi per accidens, supposito quodam, scilicet ex suppositione peccati. nisi enim homo peccaret actualiter, poenitentia non indigeret, indigeret tamen baptismo et confirmatione et eucharistia, sicut et in vita corporali non indigeret homo medicatione nisi infirmaretur, indiget autem homo per se ad vitam generatione, augmento et nutrimento. et ideo poenitentia tenet secundum locum respectu status integritatis, qui confertur et conservatur per sacramenta praedicta. * unde metaphorice dicitur “ secunda tabula post naufragium. ‘ nam primum remedium mare transeuntibus est ut conserventur in navi integra, secundum autem remedium est, post navim fractam, ut aliquis tabulae adhaereat. ita etiam primum remedium in mari huius vitae est quod homo integritatem servet, secundum autem remedium est, si per peccatum integritatem perdiderit, quod per poenitentiam redeat.

ra1 ‘ Ad primum ergo dicendum quod abscondere peccata contingit dupliciter. uno modo, dum ipsa peccata fiunt. est autem peius peccare publice quam occulte, tum quia peccator publicus videtur ex contemptu maiori peccare; tum etiam quia peccat cum scandalo aliorum. et ideo est quoddam remedium in peccatis quod aliquis in occulto peccet. * et secundum hoc dicit glossa quod ° secunda tabula post naufragium est peccata abscondere, ‘ non quod per hoc tollatur peccatum, sicut per poenitentiam; sed quia per hoc peccatum fit minus. alio modo, aliquis abscondit peccatum prius factum per negligentiam confessionis. et hoc contrariatur poenitentiae. et sic abscondere peccatum non est secunda tabula, sed magis contrarium tabulae, * dicitur enim proverb. xxviii, ° qui abscondit scelera sua, non dirigetur.

ra2 ‘ Ad secundum dicendum quod poenitentia non potest dici fundamentum spiritualis aedificii simpliciter, idest in prima aedificatione, sed est fundamentum in secunda reaedificatione, quae fit post destructionem peccati; nam primo redeuntibus ad deum occurrit poenitentia. apostolus tamen ibi loquitur de fundamento spiritualis doctrinae. poenitentia autem quae baptismum praecedit, non est poenitentiae sacramentum.

ra3 ‘ Ad tertium dicendum quod tria praecedentia sacramenta pertinent ad navem integram, idest ad statum integritatis, respectu cuius poenitentia dicitur secunda tabula.

010 ST4 qu84 ar7

ag1 ‘ Ad septimum sic proceditur. videtur quod hoc sacramentum non fuerit convenienter institutum in nova lege. ea enim quae sunt de iure naturali, institutione non indigent. sed poenitere de malis quae quis gessit, est de iure naturali, non enim potest aliquis bonum diligere quin de contrario doleat. ergo non est poenitentia convenienter instituta in nova lege.

ag2 ‘ Praeterea, illud quod fuit in veteri lege, instituendum non fuit. sed etiam in veteri lege fuit poenitentia, * unde et dominus conqueritur, ierem. viii, dicens, ° nullus est qui agat poenitentiam super peccato suo, dicens, quid feci? ‘ ergo poenitentia non debuit institui in nova lege.

ag3 ‘ Praeterea, poenitentia consequenter se habet ad baptismum, cum sit secunda tabula, * ut supra dictum est. ‘ sed poenitentia videtur a domino instituta ante baptismum, * nam in principio praedicationis suae legitur dominus dixisse, matth. iv, ° poenitentiam agite, appropinquabit enim regnum caelorum. ‘ ergo hoc sacramentum non fuit convenienter institutum in nova lege.

ag4 ‘ Praeterea, sacramenta novae legis institutionem habent a christo, ex cuius virtute operantur, * ut supra dictum est. ‘ sed christus non videtur instituisse hoc sacramentum, cum ipse non sit usus eo, sicut aliis sacramentis quae ipse instituit. ergo hoc sacramentum non fuit convenienter institutum in nova lege.

sc * Sed contra est quod dominus dicit, luc. ult., ° oportebat christum pati, et resurgere a mortuis die tertia, et praedicari in nomine eius poenitentiam et remissionem peccatorum in omnes gentes.

co * Respondeo dicendum quod, sicut dictum est, ‘ in hoc sacramento actus poenitentis se habet sicut materia; id autem quod est ex parte sacerdotis, qui operatur ut minister christi, se habet ut formale et completivum sacramenti. materia vero, etiam in aliis sacramentis, praeexistit a natura, ut aqua, vel ab aliqua arte, ut panis, sed quod talis materia ad sacramentum assumatur, indiget institutione hoc determinante. sed forma sacramenti, et virtus ipsius, totaliter est ex institutione christi, ex cuius passione procedit virtus sacramentorum. sic igitur materia praeexistit a natura, ex naturali enim ratione homo movetur ad poenitendum de malis quae fecit, sed quod hoc vel illo modo homo poenitentiam agat, est ex institutione divina unde et dominus, in principio praedicationis suae, indixit hominibus ut non solum poeniterent, sed etiam poenitentiam agerent, significans determinatos modos actuum qui requiruntur ad hoc sacramentum. sed id quod pertinet ad officium ministrorum, * determinavit matth. xvi, ubi dixit petro, ° tibi dabo claves regni caelorum, ‘ etc.. efficaciam autem huius sacramenti, et originem virtutis eius, manifestavit post resurrectionem, * luc. ult., ubi dixit quod ° oportebat praedicari in nomine eius poenitentiam et remissionem peccatorum in omnes gentes, ‘ praemisso de passione et resurrectione, virtute enim nominis iesu |25| christi patientis et resurgentis hoc sacramentum efficaciam habet ad remissionem peccatorum. et sic patet convenienter hoc sacramentum in nova lege fuisse institutum.

ra1 ‘ Ad primum ergo dicendum quod de iure naturali est quod aliquis poeniteat de malis quae fecit, quantum ad hoc quod doleat se fecisse, et doloris remedium quaerat per aliquem modum, et quod etiam aliqua signa doloris ostendat, sicut ninivitae fecerunt, * ut legitur ionae iii. ‘ in quibus tamen aliquid fuit adiunctum fidei quam ceperant ex praedicatione ionae, ut scilicet hoc agerent sub spe veniae consequendae a deo, * secundum illud quod legitur ibi, ° quis scit si convertatur et ignoscat deus, et revertatur a furore irae suae, et non peribimus? ‘ sed, sicut alia quae sunt de iure naturali determinationem acceperunt ex institutione legis divinae, * ut in secunda parte dictum est, ‘ ita etiam et poenitentia.

ra2 ‘ Ad secundum dicendum quod ea quae sunt iuris naturalis diversimode determinationem accipiunt in veteri et nova lege, secundum quod congruit imperfectioni veteris legis et perfectioni novae. unde et poenitentia in veteri lege aliquam determinationem habuit. quantum quidem ad dolorem, ut esset magis in corde quam in exterioribus signis, * secundum illud ioel ii, ° scindite corda vestra, et non vestimenta vestra. ‘ quantum autem ad remedium doloris quaerendum, ut aliquo modo ministris dei peccata sua confiterentur, ad minus in generali, * unde dominus, levit. v, dicit, ° anima quae peccaverit per ignorantiam, offeret arietem immaculatum de gregibus sacerdoti, iuxta mensuram aestimationemque peccati, qui orabit pro eo quod nesciens fecerit, et dimittetur ei; ' in hoc enim ipso quod oblationem faciebat aliquis pro peccato suo, quodammodo peccatum suum sacerdoti confitebatur; * et secundum hoc dicitur proverb. xxviii, ° qui abscondit scelera sua, non dirigetur, qui autem confessus fuerit et reliquerit ea, misericordiam consequetur. ' nondum autem instituta erat potestas clavium, quae a passione christi derivatur. et per consequens nondum erat institutum quod aliquis doleret de peccato cum proposito subiiciendi se per confessionem et satisfactionem clavibus ecclesiae, sub spe consequendae veniae virtute passionis christi.

ra3 ' Ad tertium dicendum quod, si quis recte consideret ea quae dominus dixit de necessitate baptismi, * ioan. iii, ' tempore praecesserunt ea quae dixit, * matth. iv, ' de necessitate poenitentiae. nam id quod dixit nicodemo de baptismo, fuit ante incarcerationem ioannis, de quo postea subditur quod baptizabat, illud vero quod de poenitentia dixit, * matth. iv, ' fuit post incarcerationem ioannis. si tamen prius ad poenitentiam induxisset quam ad baptismum, hoc ideo esset quia ante baptismum etiam requiritur quaedam poenitentia, * sicut et petrus dixit, act. ii, ° poenitentiam agite, et baptizetur unusquisque vestrum.

ra4 ' Ad quartum dicendum quod christus non est usus baptismo quem ipse instituit, sed est baptizatus baptismo ioannis, * ut supra dictum est. ' sed nec active usus est suo ministerio, " quia ipse non baptizabat communiter, sed discipuli eius, * ut dicitur ioan. iv; ' quamvis credendum videtur quod discipulos baptizaverit, * ut augustinus dicit, ad seleucianum. ' usus autem huius sacramenti, ab eo instituti, nullo modo competebat, neque quantum ad hoc quod ipse poeniteret, in quo peccatum non fuit; neque quantum ad hoc quod hoc sacramentum aliis praeberet, quia, ad ostendendum misericordiam et virtutem suam, effectum huius sacramenti sine sacramento praebebat, * ut supra dictum est. ' sacramentum autem eucharistiae et ipse sumpsit, et aliis dedit. tum ad commendandam excellentiam huius sacramenti. tum quia hoc sacramentum est memoriale suae passionis, inquantum christus est sacerdos et hostia.

010 ST4 qu84 ar8

ag1 ' Ad octavum sic proceditur. videtur quod poenitentia non debeat durare usque ad finem vitae. poenitentia enim ordinatur ad deletionem peccati. sed poenitens statim consequitur remissionem peccatorum, * secundum illud ezech. xviii, ° si poenitentiam egerit impius ab omnibus peccatis suis quae operatus est, vita vivet et non morietur. ' ergo non oportet ulterius poenitentiam protendi.

ag2 ' Praeterea, agere poenitentiam pertinet ad statum incipientium. sed homo de hoc statu debet procedere ad statum proficientium, et ulterius ad statum perfectorum. ergo non debet homo poenitentiam agere usque ad finem vitae.

ag3 ' Praeterea, sicut in aliis sacramentis homo debet conservare statuta ecclesiae, ita et in hoc sacramento. sed secundum canones determinata sunt tempora poenitendi, ut scilicet ille qui hoc vel illud peccatum commiserit, tot annis poeniteat. ergo videtur quod non sit poenitentia extendenda usque ad finem vitae.

sc * Sed contra est quod dicit augustinus, in libro de poenitentia, ° quid restat nobis nisi dolere in vita? ubi enim dolor finitur, deficit poenitentia. si vero poenitentia finitur, quid derelinquitur de venia?

co ' Respondeo dicendum quod duplex est poenitentia, scilicet interior, et exterior. interior quidem poenitentia est qua quis dolet de peccato commisso. et talis poenitentia debet durare usque ad finem vitae. semper enim debet homini displicere quod peccavit, si enim ei placeret peccasse, iam ex hoc ipso peccatum incurreret, et fructus veniae perderet. displicentia autem dolorem causat in eo qui est susceptivus doloris, qualis est homo in hac vita. post hanc vitam autem sancti non sunt susceptivi doloris. unde displicebunt eis peccata praeterita sine omni tristitia, * secundum illud isaiae lxv, ° oblivioni traditae sunt angustiae priores. ' poenitentia vero exterior est qua quis exteriora signa doloris ostendit, et verbotenus confitetur peccata sua sacerdoti absolventi, et iuxta eius arbitrium satisfacit. et talis poenitentia non oportet quod duret usque ad finem vitae, sed usque ad determinatum tempus, secundum mensuram peccati.

ra1 ' Ad primum ergo dicendum quod vera poenitentia non solum removet peccata praeterita, sed etiam praeservat eum a peccatis futuris. quamvis igitur homo in primo instanti verae poenitentiae remissionem consequatur praeteritorum peccatorum, oportet tamen in homine perseverare poenitentiam, ne iterum incidat in peccatum.

ra2 ' Ad secundum dicendum quod agere poenitentiam interiorem simul et exteriorem pertinet ad statum incipientium, qui scilicet de novo redeunt a peccato. sed poenitentia interior habet locum etiam in proficientibus et perfectis, * secundum illud psalmi, ° ascensiones in corde suo disposuit in valle lacrimarum. * unde et ipse paulus dicebat, i cor. xv, ° non sum dignus vocari apostolus, quoniam persecutus sum ecclesiam dei.

ra3 ' Ad tertium dicendum quod illa tempora praefiguntur poenitentibus quantum ad actionem exterioris poenitentiae.

010 ST4 qu84 ar9

ag1 ' Ad nonum sic proceditur. videtur quod poenitentia non possit esse continua. * dicitur enim ierem. xxxi, ° quiescat vox tua a ploratu, et oculi tui a lacrimis. ' sed hoc esse non posset si poenitentia continuaretur, quae consistit in ploratu et lacrimis. ergo poenitentia non potest continuari.

ag2 ' Praeterea, de quolibet bono opere debet homo gaudere, * secundum illud psalmi, ° servite domino in laetitia. ' sed agere poenitentiam est bonum opus. ergo de hoc ipso debet homo gaudere. sed ° non potest homo simul tristari et gaudere, * ut patet per philosophum, ix ethic.. ' ergo non potest esse quod poenitens simul tristetur de peccatis praeteritis, quod pertinet ad rationem poenitentiae.

ag3 ' Praeterea, * ii ad cor. ii, apostolus dicit, ° consolemini, " scilicet poenitentem, ° ne forte abundantiori tristitia absorbeatur qui est huiusmodi. ' sed consolatio depellit tristitiam, quae pertinet ad rationem poenitentiae. ergo poenitentia non debet esse continua.

sc * Sed contra est quod augustinus dicit, in libro de poenitentia, ° dolor in poenitentia continue custodiatur.

co ' Respondeo dicendum quod poenitere dicitur dupliciter, scilicet secundum actum, et secundum habitum. actu quidem impossibile est quod homo continue poeniteat, quia necesse est quod actus poenitentis, sive interior sive exterior, interpoletur, ad minus somno et aliis quae ad necessitatem corporis pertinent. alio modo dicitur poenitere secundum habitum. et sic oportet quod homo continue poeniteat, et quantum ad hoc quod homo nunquam aliquid contrarium faciat poenitentiae, per quod habitualis dispositio poenitentis tollatur; et quantum ad hoc quod debet in proposito gerere quod semper sibi peccata praeterita displiceant.

ra1 ' Ad primum ergo dicendum quod ploratus et lacrimae ad actum exterioris poenitentiae pertinent, qui non solum non debet esse continuus, sed nec etiam oportet quod duret usque ad finem vitae, * ut dictum est. * unde et signanter ibi subditur quod " est merces operi tuo. ' est autem merces operis poenitentis plena remissio peccati et quantum ad culpam et quantum ad poenam, post cuius consecutionem non est necesse quod homo ulterius exteriorem poenitentiam agat. per hoc tamen non excluditur continuitas poenitentiae * qualis dicta est.

ra2 ' Ad secundum dicendum quod de dolore et gaudio dupliciter loqui possumus. uno modo, secundum quod sunt passiones appetitus sensitivi. et sic nullo modo possunt esse simul, eo quod sunt omnino contrariae, vel ex parte obiecti, puta cum sunt de eodem; vel saltem ex parte motus cordis, nam gaudium est cum dilatatione cordis, tristitia vero cum constrictione. * et hoc modo loquitur philosophus in ix ethicorum. ' alio modo loqui possumus de gaudio et tristitia secundum quod consistunt in simplici actu voluntatis, cui aliquid placet vel displicet. et secundum hoc, non possunt habere contrarietatem nisi ex parte obiecti, puta cum sunt de eodem et secundum idem. et sic non possunt simul esse gaudium et tristitia, quia non potest simul idem secundum idem placere et displicere. si vero gaudium et tristitia sic accepta non sint de eodem et secundum idem, sed vel de diversis vel de eodem secundum diversa, sic non est contrarietas gaudii et tristitiae. unde nihil prohibet hominem simul gaudere et tristari, puta, si videamus iustum affligi, simul placet nobis eius iustitia, et displicet afflictio. et hoc modo potest alicui displicere quod peccavit, et placere quod hoc ei displicet cum spe veniae, ita quod ipsa tristitia sit materia gaudii. * unde et augustinus dicit, in libro de poenitentia, ° semper doleat poenitens, et de dolore gaudeat. ' si tamen tristitia nullo modo compateretur sibi gaudium, per hoc |25| non tolleretur habitualis continuitas poenitentiae, sed actualis.

ra3 * Ad tertium dicendum quod, secundum philosophum, in ii ethic., " ad virtutem pertinet tenere medium in passionibus. ' tristitia autem quae in appetitu poenitentis sensitivo consequitur ex displicentia voluntatis, passio quaedam est. unde moderanda est secundum virtutem, et eius superfluitas est vitiosa, quia inducit in desperationem. * quod significat apostolus ibidem dicens, ° ne maiori tristitia absorbeatur qui eiusmodi est. ' et sic consolatio de qua ibi apostolus loquitur, est moderativa tristitiae, non autem totaliter ablativa.

010 ST4 qu84 ar10

ag1 ' Ad decimum sic proceditur. videtur quod sacramentum poenitentiae non debeat iterari. * dicit enim apostolus, heb. vi, ° impossibile est eos qui semel illuminati sunt, et gustaverunt donum caeleste, et participes facti sunt spiritus sancti, et prolapsi sunt, rursus renovari ad poenitentiam. ' sed quicumque poenituerunt, sunt illuminati, et acceperunt donum spiritus sancti. ergo quicumque peccat post poenitentiam, non potest iterato poenitere.

ag2 * Praeterea, ambrosius dicit, in libro de poenitentia, ° reperiuntur qui saepius agendam poenitentiam putant. qui luxuriantur in christo. nam, si vere poenitentiam agerent, iterandam postea non putarent, quia, sicut unum est baptisma, ita una poenitentia. ' sed baptismus non iteratur. ergo nec poenitentia.

ag3 ' Praeterea, miracula quibus dominus infirmitates corporales sanavit, significant sanationes spiritualium infirmitatum, quibus scilicet homines liberantur a peccatis. sed non legitur quod dominus aliquem caecum bis illuminaverit, vel aliquem leprosum bis mundaverit, aut aliquem mortuum bis suscitaverit. ergo videtur quod nec alicui peccatori bis per poenitentiam veniam largiatur.

ag4 * Praeterea, gregorius dicit, in homilia quadragesimae, ° poenitentia est anteacta peccata deflere, et flenda iterum non committere. * et isidorus dicit, in libro de summo bono, ° irrisor est, et non poenitens, qui adhuc agit quod poenitet. ' si ergo aliquis vere poeniteat, iterum non peccabit. ergo non potest quod poenitentia iteretur.

ag5 ' Praeterea, sicut baptismus habet efficaciam ex passione christi, ita et poenitentia. sed baptismus non iteratur, propter unitatem passionis et mortis christi. ergo pari ratione et poenitentia non iteratur.

ag6 * Praeterea, gregorius dicit, ° facilitas veniae incentivum praebet delinquendi. ' si ergo deus frequenter veniam praebet per poenitentiam, videtur quod ipse incentivum praebeat hominibus delinquendi, et sic videtur delectari in peccatis. quod eius bonitati non congruit. non ergo potest poenitentia iterari.

sc ' Sed contra est quod homo inducitur ad misericordiam exemplo divinae misericordiae, * secundum illud luc. vi, ° estote misericordes, sicut et pater vester misericors est. ' sed dominus hanc misericordiam discipulis imponit, ut saepius remittant fratribus contra se peccantibus, * unde, sicut dicitur matth. xviii, petro quaerenti, ° quoties peccaverit in me frater meus, dimittam ei usque septies? * respondit iesus, ° non dico tibi usque septies, sed usque septuagesies septies. ' ergo etiam deus saepius per poenitentiam veniam peccantibus praebet, * praesertim cum doceat nos petere, ° dimitte nobis debita nostra sicut et nos dimittimus debitoribus nostris.

co * Respondeo dicendum quod circa poenitentiam erraverunt quidam dicentes " non posse hominem per poenitentiam secundo consequi veniam peccatorum. * quorum quidam, scilicet novatiani, " hoc in tantum extenderunt quod dixerunt post primam poenitentiam quae agitur in baptismo, peccantes non posse per poenitentiam iterato restitui. * alii vero fuerunt haeretici, ut augustinus dicit, in libro de poenitentia, " qui post baptismum dicebant quidem esse utilem poenitentiam, non tamen pluries, sed semel tantum. ' videntur autem huiusmodi errores ex duobus processisse. primo quidem, ex eo quod errabant circa rationem verae poenitentiae. " cum enim ad veram poenitentiam caritas requiratur, sine qua non delentur peccata, credebant quod caritas semel habita non posset amitti, et per consequens quod poenitentia, si sit vera, nunquam per peccatum tollatur, ut sit necesse eam iterari. * sed hoc improbatum est in secunda parte, ubi ostensum est quod ' caritas semel habita, propter libertatem arbitrii, potest amitti; et per consequens post veram poenitentiam potest aliquis peccare mortaliter. secundo, ex eo quod errabant circa aestimationem gravitatis |25| peccati. " putabant enim adeo grave esse peccatum quod aliquis committit post veniam impetratam, quod non sit possibile ipsum remitti. ' in quo quidem errabant et ex parte peccati, quod, etiam post remissionem consecutam, potest esse et gravius et levius etiam quam fuerit ipsum primum peccatum remissum, et multo magis contra infinitatem divinae misericordiae, quae est super omnem numerum et magnitudinem peccatorum, * secundum illud psalmi, ° miserere mei, deus, secundum magnam misericordiam tuam, et secundum multitudinem miserationum tuarum, dele iniquitatem meam. * unde reprobatur verbum caini dicentis, genes. iv, ° maior est iniquitas mea quam ut veniam merear. ' et ideo misericordia dei peccantibus per poenitentiam veniam praebet absque ullo termino. * unde dicitur ii paralip. ult., ° immensa et investigabilis misericordia promissionis tuae super malitias hominum. ' unde manifestum est quod poenitentia est pluries iterabilis.

ra1 ' Ad primum ergo dicendum quod, quia apud iudaeos erant secundum legem quaedam lavacra instituta, quibus pluries se ab immunditiis purgabant, credebant aliqui iudaeorum quod etiam per lavacrum baptismi aliquis pluries purificari possit. * ad quod excludendum, apostolus scribit hebraeis quod " impossibile est eos qui semel sunt illuminati, scilicet per baptismum, rursum renovari ad poenitentiam, scilicet per baptismum, qui est ° lavacrum regenerationis et renovationis spiritus sancti, * ut dicitur ad tit. iii. ' et rationem assignat ex hoc quod per baptismum homo christo commoritur, * unde sequitur, ° rursum crucifigentes in semetipsis filium dei.

ra2 * Ad secundum dicendum quod ambrosius loquitur de poenitentia solemni, quae in ecclesia non iteratur, * ut infra dicetur.

ra3 ' Ad tertium dicendum quod, * sicut augustinus dicit, in libro de poenitentia, ° multos caecos in diverso tempore dominus illuminavit, et multos debiles confortavit, ostendens in diversis illis eadem saepe peccata dimitti, ut quem prius sanavit leprosum, alio tempore illuminat caecum. ideo enim tot sanavit caecos, claudos et aridos, ne desperet saepe peccator. ideo non scribitur aliquem nisi semel sanasse, ut quisque timeat se iungi peccato. medicum se vocat, et non sanis, sed male habentibus opportunum, sed qualis hic medicus qui malum iteratum nesciret curare? medicorum enim est centies infirmum centies curare. qui ceteris minor esset, si alii possibilia ignoraret.

ra4 ' Ad quartum dicendum quod poenitere est anteacta peccata deflere et flenda non committere simul dum flet, vel actu vel proposito. ille enim est irrisor et non poenitens qui, simul dum poenitet, agit quod poenitet, proponit enim iterum se facturum quod gessit, vel etiam actualiter peccat eodem vel alio genere peccati. quod autem aliquis postea peccat, vel actu vel proposito, non excludit quin prima poenitentia vera fuerit. nunquam enim veritas prioris actus excluditur per actum contrarium subsequentem, sicut enim vere cucurrit qui postea sedet, ita vere poenituit qui postea peccat.

ra5 ' Ad quintum dicendum quod baptismus habet virtutem ex passione christi sicut quaedam spiritualis regeneratio, cum spirituali morte praecedentis vitae. " statutum est autem hominibus semel mori, et semel nasci. ' et ideo semel tantum debet homo baptizari. sed poenitentia habet virtutem ex passione christi sicut spiritualis medicatio, quae frequenter iterari potest.

ra6 ' Ad sextum dicendum quod * augustinus, in libro de poenitentia, dicit quod ° constat deo multum displicere peccata, qui semper praesto est ea destruere, ne solvatur quod creavit, ne corrumpatur quod amavit, " scilicet per desperationem.

010 ST4 qu85 ar

pr ' Deinde considerandum est de poenitentia secundum quod est virtus. et circa hoc quaeruntur sex. primo, utrum poenitentia sit virtus. secundo, utrum sit virtus specialis. tertio, sub qua specie virtutis contineatur. quarto, de subiecto eius. quinto, de causa ipsius. sexto, de ordine eius ad alias virtutes.

010 ST4 qu85 ar1

ag1 ' Ad primum sic proceditur. videtur quod poenitentia non sit virtus. poenitentia enim est quoddam sacramentum aliis sacramentis connumeratum, * ut ex supra dictis patet. ' sed nullum aliud sacramentorum est virtus. ergo neque poenitentia est virtus.

ag2 * Praeterea, secundum philosophum, in iv ethic., " verecundia non est virtus, tum quia est passio habens corporalem immutationem; tum etiam quia non est dispositio perfecti, cum sit de turpi acto, quod non habet locum in homine virtuoso. ' sed similiter poenitentia est quaedam passio habens corporalem immutationem, scilicet ploratum, * sicut gregorius dicit quod ° poenitere est peccata praeterita plangere. ' est etiam de turpibus factis, scilicet de peccatis, quae non habent locum in homine virtuoso. ergo poenitentia non est virtus.

ag3 * Praeterea, secundum philosophum, in iv ethic., ° nullus est stultus eorum qui sunt secundum virtutem. ' sed stultum videtur dolere de commisso praeterito, quod non potest non esse, quod tamen pertinet ad poenitentiam. ergo poenitentia non est virtus.

sc ' Sed contra est quod praecepta legis dantur de actibus virtutum, " quia legislator intendit cives facere virtuosos, * ut dicitur in ii ethic.. ' sed praeceptum divinae legis est de poenitentia, * secundum illud matth. iii, " poenitentiam agite, etc.. ' ergo poenitentia est virtus.

co * Respondeo dicendum quod, sicut ex dictis patet, ' poenitere est de aliquo a se prius facto dolere. * dictum est autem supra quod ' dolor vel tristitia dupliciter dicitur. uno modo, secundum quod est passio quaedam appetitus sensitivi. et quantum ad hoc, poenitentia non est virtus, sed passio alio modo, secundum quod consistit in voluntate. et hoc modo est cum quadam electione. quae quidem si sit recta, necesse est quod sit actus virtutis, * dicitur enim in ii ethic. quod ° virtus est habitus electivus secundum rationem rectam. ' pertinet autem ad rationem rectam quod aliquis doleat de quo dolendum est. quod quidem observatur in poenitentia de qua nunc loquimur, nam poenitens assumit moderatum dolorem de peccatis praeteritis, cum intentione removendi ea. unde manifestum est quod poenitentia de qua nunc loquimur, vel est virtus, vel actus virtutis.

ra1 * Ad primum ergo dicendum quod, sicut dictum est, ' in sacramento poenitentiae materialiter se habent actus humani, quod non contingit in baptismo vel confirmatione. et ideo, cum virtus sit principium alicuius actus, potius poenitentia est virtus, vel cum virtute, quam baptismus vel confirmatio.

ra2 ' Ad secundum dicendum quod poenitentia, secundum quod est passio, non est virtus, * ut dictum est. ' sic autem habet corporalem transmutationem adiunctam. est autem virtus secundum quod habet ex parte voluntatis electionem rectam. quod tamen magis potest dici de poenitentia quam de verecundia. nam verecundia respicit turpe factum ut praesens, poenitentia vero respicit turpe factum ut praeteritum. est autem contra perfectionem virtutis quod aliquis in praesenti habeat turpe factum, de quo oporteat eum verecundari. non autem est contra perfectionem virtutis quod aliquis prius commiserit turpia facta, de quibus oporteat eum poenitere, cum ex vitioso fiat aliquis virtuosus.

ra3 ' Ad tertium dicendum quod dolere de eo quod prius factum est cum hac intentione conandi ad hoc quod factum non fuerit, esset stultum. hoc autem non intendit poenitens, sed dolor eius est displicentia seu reprobatio facti praeteriti cum intentione removendi sequelam ipsius, scilicet offensam dei et reatum poenae. et hoc non est stultum.

010 ST4 qu85 ar2

ag1 ' Ad secundum sic proceditur. videtur quod poenitentia non sit specialis virtus. eiusdem enim rationis videtur esse gaudere de bonis prius actis, et dolere de malis perpetratis. sed gaudium de bono prius facto non est specialis virtus, " sed est quidam affectus laudabilis ex caritate proveniens, * ut patet per augustinum, xiv de civ. dei, unde et apostolus, i cor. xiii, dicit quod ° caritas non gaudet super iniquitate, congaudet autem veritati. ' ergo pari ratione poenitentia, quae est dolor de peccatis praeteritis, non est specialis virtus, sed est quidam affectus ex caritate proveniens.

ag2 ' Praeterea, quaelibet virtus specialis habet materiam specialem, quia habitus distinguuntur per actus, et actus per obiecta. sed poenitentia non habet materiam specialem, sunt enim eius materia peccata praeterita circa quamcumque materiam. ergo poenitentia non est specialis virtus.

ag3 ' Praeterea, nihil expellitur nisi a suo contrario. sed poenitentia expellit omnia peccata. ergo contrariatur omnibus peccatis. non est ergo specialis virtus.

sc ' Sed contra est quod de ea datur speciale legis praeceptum, * ut supra habitum est.

co * Respondeo dicendum quod, sicut in secunda parte habitum est, ' species habituum distinguuntur secundum species actuum, et ideo ubi occurrit specialis actus laudabilis, ibi necesse est ponere specialem habitum virtutis. manifestum est autem quod in poenitentia invenitur specialis ratio actus laudabilis, scilicet operari ad destructionem peccati praeteriti inquantum est dei offensa, quod non pertinet ad rationem alterius virtutis. unde necesse est ponere quod poenitentia sit specialis virtus.

ra1 ' Ad primum ergo dicendum quod a caritate derivatur aliquis actus dupliciter. uno modo, sicut ab ea elicitus. et talis actus virtuosus non requirit aliam virtutem praeter caritatem, sicut diligere bonum et gaudere de eo, et tristari de opposito. alio modo aliquis actus a caritate procedit quasi a caritate imperatus. et sic, quia ipsa imperat omnibus virtutibus, utpote ordinans eas ad finem suum, actus a caritate procedens potest etiam ad aliam virtutem specialem pertinere. si ergo in actu poenitentis consideretur sola displicentia peccati praeteriti, hoc immediate ad caritatem pertinet, sicut et gaudere de bonis praeteritis. sed intentio operandi ad deletionem peccati praeteriti requirit specialem virtutem sub caritate.

ra2 ' Ad secundum dicendum quod poenitentia habet quidem realiter generalem materiam, inquantum respicit omnia peccata, sed tamen sub ratione speciali, inquantum sunt emendabilia per actum hominis cooperantis deo ad suam iustificationem.

ra3 ' Ad tertium dicendum quod quaelibet virtus specialis expellit habitum vitii oppositi, sicut albedo expellit nigredinem ab eodem subiecto. sed poenitentia expellit omne peccatum effective, inquantum operatur ad destructionem peccati, prout est remissibile ex divina gratia homine cooperante. unde non sequitur quod sit virtus generalis.

010 ST4 qu85 ar3

ag1 ' Ad tertium sic proceditur. videtur quod virtus poenitentiae non sit species iustitiae. iustitia enim non est virtus theologica sed moralis, * ut in secunda parte patet. ' poenitentia autem videtur virtus esse theologica, quia habet deum pro obiecto, satisfacit enim deo, cui etiam reconciliat peccatorem. ergo videtur quod poenitentia non sit pars iustitiae.

ag2 ' Praeterea, iustitia, cum sit virtus moralis, consistit in medio. sed poenitentia non consistit in medio, sed in quodam excessu, * secundum illud ierem. vi, ° luctum unigeniti fac tibi, planctum amarum. ' ergo poenitentia non est species iustitiae.

ag3 " Praeterea, duae sunt species iustitiae, * ut dicitur in v ethic., " scilicet distributiva et commutativa. ' sed sub neutra videtur poenitentia contineri. ergo videtur quod poenitentia non sit species iustitiae.

ag4 * Praeterea, super illud luc. vi, ° beati qui nunc fletis, * dicit glossa, ° ecce prudentia, per quam ostenditur quam haec terrena sint misera, et quam beata caelestia. ' sed flere est actus poenitentiae. ergo poenitentia magis est prudentiae quam iustitiae.

sc * Sed contra est quod augustinus dicit, in libro de poenitentia, ° poenitentia est quaedam dolentis vindicta, semper puniens in se quod dolet se commisisse. ' sed facere vindictam pertinet ad iustitiam, * unde tullius, in sua rhetorica, ponit " vindicativam unam speciem iustitiae. ' ergo videtur quod poenitentia sit species iustitiae.

co * Respondeo dicendum quod, sicut supra dictum est, ' poenitentia non habet quod sit virtus specialis ex hoc solo quod dolet de malo perpetrato, ad hoc enim sufficeret caritas, sed ex eo quod poenitens dolet de peccato commisso inquantum est offensa dei, cum emendationis proposito. emendatio autem offensae contra aliquem commissae fit non per solam cessationem offensae, sed exigitur ulterius quaedam recompensatio, quae habet locum in offensis in alterum commissis sicut et retributio, nisi quod recompensatio est ex parte eius qui offendit, ut puta cum satisfactione; retributio autem est ex parte eius in quem fuit offensa commissa. utrumque autem ad materiam iustitiae pertinet, quia utrumque est commutatio quaedam. unde manifestum est quod poenitentia, secundum quod est virtus, est pars iustitiae. * sciendum tamen quod, secundum philosophum, in v ethic., " dupliciter dicitur iustum, scilicet simpliciter, et secundum quid. simpliciter quidem iustum est inter aequales, eo quod iustitia est aequalitas quaedam. quod ipse vocat iustum politicum vel civile, eo quod omnes cives aequales sunt, quantum ad hoc quod immediate sunt sub principe, sicut liberi existentes. iustum autem secundum quid dicitur quod est inter illos quorum unus est sub potestate alterius, sicut servus sub domino, filius sub patre, uxor sub viro. ' et tale iustum consideratur in poenitentia. unde poenitens recurrit ad deum, cum emendationis proposito, sicut servus |25| ad dominum, * secundum illud psalmi, ° sicut oculi servorum in manibus dominorum suorum, ita oculi nostri ad dominum deum nostrum, donec misereatur nostri; ' et sicut filius ad patrem, * secundum illud luc. xv, ° pater, peccavi in caelum et coram te; ' et sicut uxor ad virum, * secundum illud ierem. iii, ° fornicata es cum amatoribus multis, tamen revertere ad me, dicit dominus.

ra1 * Ad primum ergo dicendum quod, sicut in v ethic. dicitur, " iustitia est ad alterum. ' ille autem ad quem est iustitia, non dicitur esse materia iustitiae, sed magis res quae distribuuntur vel commutantur. unde et materia poenitentiae non est deus, sed actus humani quibus deus offenditur vel placatur, sed deus se habet sicut ille ad quem est iustitia. ex quo patet quod poenitentia non est virtus theologica, quia non habet deum pro materia vel pro obiecto.

ra2 " Ad secundum dicendum quod medium iustitiae est aequalitas quae constituitur inter illos inter quos est iustitia, * ut dicitur in v ethic.. ' in quibusdam autem non potest perfecta aequalitas constitui, propter alterius excellentiam, " sicut inter filium et patrem, inter hominem et deum, * ut philosophus dicit, in viii ethic.. ' unde in talibus ille qui est deficiens, debet facere quidquid potest, nec tamen hoc erit sufficiens, sed solum secundum acceptationem superioris. et hoc significatur per excessum qui attribuitur poenitentiae.

ra3 ' Ad tertium dicendum quod, sicut est commutatio quaedam in beneficiis, cum scilicet aliquis pro beneficio recepto gratiam rependit, ita etiam est commutatio in offensis, cum aliquis pro offensa in alterum commissa vel invitus punitur, quod pertinet ad vindicativam iustitiam; vel voluntarie recompensat emendam, quod pertinet ad poenitentiam, quae respicit personam peccatoris sicut iustitia vindicativa personam iudicis. unde manifestum est quod utraque sub iustitia commutativa continetur.

ra4 ' Ad quartum dicendum quod poenitentia, licet directe sit species iustitiae, comprehendit tamen quodammodo ea quae pertinent ad omnes virtutes. inquantum enim est iustitia quaedam hominis ad deum, oportet quod participet ea quae sunt virtutum theologicarum, quae habent deum pro obiecto. unde poenitentia est cum fide passionis christi, per quam iustificamur a peccatis; et cum spe veniae; et cum odio vitiorum, quod pertinet ad caritatem inquantum vero est virtus moralis, participat aliquid prudentiae, quae est directiva omnium virtutum moralium. sed ex ipsa ratione iustitiae non solum habet id quod iustitiae est, sed etiam ea quae sunt temperantiae et fortitudinis, inquantum scilicet ea quae delectationem causant ad temperantiam pertinentem, vel terrorem incutiunt, quem fortitudo moderatur, in commutationem iustitiae veniunt. et secundum hoc ad iustitiam pertinet et abstinere a delectabilibus, quod pertinet ad temperantiam; et sustinere dura, quod pertinet ad fortitudinem.

010 ST4 qu85 ar4

ag1 ' Ad quartum sic proceditur. videtur quod subiectum poenitentiae non sit proprie voluntas. poenitentia enim est tristitiae species. sed tristitia est in concupiscibili, sicut et gaudium. ergo poenitentia est in concupiscibili.

ag2 " Praeterea, poenitentia est vindicta quaedam, * ut augustinus dicit, in libro de poenitentia. ' sed vindicta videtur ad irascibilem pertinere, quia ira est appetitus vindictae. ergo videtur quod poenitentia sit in irascibili.

ag3 " Praeterea, praeteritum est proprium obiectum memoriae, * secundum philosophum, in libro de memoria. ' sed poenitentia est de praeterito, * ut dictum est. ' ergo poenitentia est in memoria sicuti in subiecto.

ag4 ' Praeterea, nihil agit ubi non est. sed poenitentia excludit peccata ab omnibus viribus animae. ergo poenitentia est in qualibet vi animae, et non in voluntate tantum.

sc ‘ Sed contra, poenitentia est sacrificium quoddam, * secundum illud psalmi, ° sacrificium deo spiritus contribulatus. ‘ sed offerre sacrificium est actus voluntatis, * secundum illud psalmi, ° voluntarie sacrificabo tibi. ‘ ergo poenitentia est in voluntate.
co ‘ Respondeo dicendum quod de poenitentia dupliciter loqui possumus. uno modo, secundum quod est passio quaedam. et sic, cum sit species tristitiae, est in concupiscibili sicut in subiecto. alio modo, secundum quod est virtus. et sic, * sicut dictum est, ‘ est species iustitiae. iustitia autem, * ut in secunda parte dictum est, ‘ habet pro subiecto appetitum rationis, qui est voluntas. unde manifestum est quod poenitentia, secundum quod est virtus, est in voluntate sicut in subiecto. et proprius eius actus est propositum emendandi deo quod contra eum commissum est.
ra1 ‘ Ad primum ergo dicendum quod ratio illa procedit de poenitentia secundum quod est passio.
ra2 ‘ Ad secundum dicendum quod vindictam expetere ex passione de alio pertinet ad irascibilem. sed appetere vel facere vindictam ex ratione de se vel de alio, pertinet ad voluntatem.
ra3 ‘ Ad tertium dicendum quod memoria est vis apprehensiva praeteriti. poenitentia autem non pertinet ad vim apprehensivam, sed ad appetitivam, quae praesupponit actum apprehensivae. unde poenitentia non est in memoria, sed supponit eam.
ra4 ‘ Ad quartum dicendum quod voluntas, * sicut in prima parte habitum est, ‘ movet omnes alias potentias animae. et ideo non est inconveniens si poenitentia, in voluntate existens, aliquid in singulis potentiis animae operatur.

010 ST4 qu85 ar5

ag1 ‘ Ad quintum sic proceditur. videtur quod principium poenitentiae non sit ex timore. poenitentia enim incipit in displicentia peccatorum. sed hoc pertinet ad caritatem, * ut supra dictum est. ‘ ergo poenitentia magis oritur ex amore quam ex timore.
ag2 ‘ Praeterea, ad poenitentiam homines provocantur per expectationem regni caelestis, * secundum illud matth. iv, ° poenitentiam agite, appropinquabit enim regnum caelorum. ‘ sed regnum caelorum est obiectum spei. ergo poenitentia magis procedit ex spe quam ex timore.
ag3 ‘ Praeterea, timor est interior actus hominis. poenitentia autem non videtur esse ex opere hominis, sed ex opere dei, * secundum illud ierem. xxxi, ° postquam convertisti me, egi poenitentiam. ‘ ergo poenitentia non procedit ex timore.
sc * Sed contra est quod isaiae xxvi dicitur, ° sicut quae concipit, cum appropinquaverit ad partum, dolens clamat in doloribus suis, sic facti sumus, “ scilicet per poenitentiam, * et postea subditur, secundum aliam litteram, ° a timore tuo, domine, concepimus, et parturivimus, et peperimus spiritum salutis, “ idest poenitentiae salutaris, * ut per praemissa patet. ‘ ergo poenitentia procedit ex timore.
co ‘ Respondeo dicendum quod de poenitentia loqui possumus dupliciter. uno modo, quantum ad habitum. et sic immediate a deo infunditur, sine nobis principaliter operantibus, non tamen sine nobis dispositive cooperantibus per aliquos actus. alio modo possumus loqui de poenitentia quantum ad actus quibus deo operanti in poenitentia cooperamur. quorum actuum primum principium est dei operatio convertentis cor, * secundum illud thren. ult., ° converte nos, domine, ad te, et convertemur. ‘ secundus actus est motus fidei. tertius actus est motus timoris servilis, quo quis timore suppliciorum a peccatis retrahitur. quartus actus est motus spei, quo quis, sub spe veniae consequendae, assumit propositum emendandi. quintus actus est motus caritatis, quo alicui peccatum displicet secundum seipsum, et non iam propter supplicia. sextus actus est motus timoris filialis, quo, propter reverentiam dei, aliquis emendam deo voluntarius offert. sic igitur patet quod actus poenitentiae a timore servili procedit sicut a primo motu affectus ad hoc ordinante, a timore autem filiali sicut ab immediato et proximo principio.
ra1 ‘ Ad primum ergo dicendum quod peccatum prius incipit homini displicere, maxime peccatori, propter supplicia, quae respicit timor servilis, quam propter dei offensam vel peccati turpitudinem, quod pertinet ad caritatem.
ra2 “ Ad secundum dicendum quod in regno caelorum appropinquante intelligitur adventus regis non solum praemiantis, sed etiam punientis. * unde et, matth. iii, ioannes baptista dicebat, ° progenies viperarum, quis demonstravit vobis fugere a ventura ira?
ra3 ‘ Ad tertium dicendum quod etiam ipse motus timoris procedit ex actu dei convertentis cor, * unde dicitur deuteron. v, ° quis det eos talem habere mentem ut timeant me? ‘ et ideo per hoc quod poenitentia a timore procedit, non excluditur quin procedat ex actu dei convertentis cor.

010 ST4 qu85 ar6

ag1 ‘ Ad sextum sic proceditur. videtur quod poenitentia sit prima virtutum. * quia super illud matth. iii, ° poenitentiam agite, * dicit glossa, ° prima virtus est per poenitentiam punire veterem hominem et vitia odire.
ag2 ‘ Praeterea, recedere a termino prius esse videtur quam accedere ad terminum. sed omnes aliae virtutes pertinere videntur ad accessum ad terminum, quia per omnes homo ordinatur ad bonum agendum. poenitentia autem videtur ordinari ad recessum a malo. ergo poenitentia videtur prior esse omnibus aliis virtutibus.
ag3 ‘ Praeterea, ante poenitentiam est peccatum in anima. sed simul cum peccato nulla virtus animae inest. ergo nulla virtus est ante poenitentiam, sed ipsa videtur esse prima, quae aliis aditum aperit excludendo peccatum.
sc ‘ Sed contra est quod poenitentia procedit ex fide, spe et caritate, * sicut iam dictum est. ‘ non ergo poenitentia est prima virtutum.
co ‘ Respondeo dicendum quod in virtutibus non attenditur ordo temporis quantum ad habitus, quia, cum virtutes sint connexae, * ut in secunda parte habitum est, ‘ omnes simul incipiunt esse in anima. sed dicitur una earum esse prior altera ordine naturae, qui consideratur ex ordine actuum, secundum scilicet quod actus unius virtutis praesupponit actum alterius virtutis. secundum hoc ergo dicendum est quod actus quidam laudabiles etiam tempore praecedere possunt actum et habitum poenitentiae, sicut actus fidei et spei informium, et actus timoris servilis. actus autem et habitus caritatis simul sunt tempore cum actu et habitu poenitentiae, et cum habitibus aliarum virtutum, nam, * sicut in secunda parte habitum est, ‘ in iustificatione impii simul est motus liberi arbitrii in deum, qui est actus fidei per caritatem formatus, et motus liberi arbitrii in peccatum, qui est actus poenitentiae. horum tamen duorum actuum primus naturaliter praecedit secundum, nam actus poenitentiae virtutis est contra peccatum ex amore dei, unde primus actus est ratio et causa secundi. sic igitur poenitentia non est simpliciter prima virtutum, nec ordine temporis nec ordine naturae, quia ordine naturae simpliciter praecedunt ipsam virtutes theologicae. sed quantum ad aliquid est prima inter ceteras virtutes ordine temporis, quantum ad actum eius qui primus occurrit in |25| iustificatione impii. sed ordine naturae videntur esse aliae virtutes priores, sicut quod est per se prius est eo quod est per accidens, nam aliae virtutes per se videntur esse necessariae ad bonum hominis, poenitentia autem supposito quodam, scilicet peccato praeexistenti; * sicut etiam dictum est circa ordinem sacramenti poenitentiae ad alia sacramenta praedicta.
ra1 * Ad primum ergo dicendum quod glossa illa loquitur quantum “ ad hoc quod actus poenitentiae primus est tempore inter actus aliarum virtutum.
ra2 ‘ Ad secundum dicendum quod in motibus successivis recedere a termino est prius tempore quam pervenire ad terminum; et prius natura quantum est ex parte subiecti, sive secundum ordinem causae materialis. sed secundum ordinem causae agentis et finalis, prius est pervenire ad terminum, hoc enim est quod primo agens intendit. “ et hic ordo praecipue attenditur in actibus animae, * ut dicitur in ii physicorum.
ra3 ‘ Ad tertium dicendum quod poenitentia aperit aditum virtutibus expellendo peccatum per virtutem fidei et caritatis, quae sunt naturaliter priores. ita tamen aperit eis aditum quod ipsae simul intrant cum ipsa, nam in iustificatione impii simul cum motu liberi arbitrii in deum et in peccatum, est remissio culpae et infusio gratiae, cum qua simul infunduntur omnes virtutes, * ut in secunda parte habitum est.

010 ST4 qu86 ar

pr ‘ Deinde considerandum est de effectu poenitentiae. et primo, quantum ad remissionem peccatorum mortalium; secundo, quantum ad remissionem peccatorum venialium; tertio, quantum ad reditum peccatorum dimissorum; quarto, quantum ad restitutionem virtutum. circa primum quaeruntur sex. primo, utrum peccata mortalia per poenitentiam auferantur. secundo, utrum possint sine poenitentia tolli. tertio, utrum possit remitti unum sine alio. quarto, utrum poenitentia auferat culpam remanente reatu. quinto, utrum remaneant reliquiae peccatorum. sexto, utrum auferre peccatum sit effectus poenitentiae inquantum est virtus, vel inquantum est sacramentum.

010 ST4 qu86 ar1

ag1 ‘ Ad primum sic proceditur. videtur quod per poenitentiam non removeantur omnia peccata. * dicit enim apostolus, heb. xii, quod ° esau non invenit locum poenitentiae, quamvis cum lacrimis inquisisset eam, * glossa, ° idest, non invenit locum veniae et benedictionis per poenitentiam. * et ii machab. ix dicitur de antiocho, ° orabat scelestus ille dominum, a quo non erat misericordiam consecuturus. ‘ non ergo videtur quod per poenitentiam omnia peccata tollantur.
ag2 * Praeterea, dicit augustinus, in libro de sermone dom. in monte, quod ° tanta est labes illius peccati (scilicet, cum post agnitionem dei per gratiam christi, oppugnat aliquis fraternitatem, et adversus ipsam gratiam invidiae facibus agitatur), ut deprecandi humilitatem subire non possit, etiam si peccatum suum mala conscientia agnoscere et annuntiare cogatur. ‘ non ergo omne peccatum potest per poenitentiam tolli.
ag3 * Praeterea, dominus dicit, matth. xii, ° qui dixerit contra spiritum sanctum verbum, non remittetur ei neque in hoc saeculo neque in futuro. ‘ non ergo omne peccatum remitti potest per poenitentiam.
sc * Sed contra est quod dicitur ezech. xviii, ° omnium iniquitatum eius quas operatus est, non recordabor amplius.
co ‘ Respondeo dicendum quod hoc quod aliquod peccatum per poenitentiam tolli non possit, posset contingere dupliciter, uno modo, quia aliquis de peccato poenitere non posset; alio modo, quia poenitentia non posset delere peccatum. et primo quidem modo, non possunt deleri peccata daemonum, et etiam hominum damnatorum, quia affectus eorum sunt in malo confirmati, ita quod non potest eis displicere peccatum inquantum est culpa, sed solum displicet eis inquantum est poena quam patiuntur; ratione cuius aliquam poenitentiam, sed infructuosam habent, * secundum illud sap. v, ° poenitentiam agentes, et prae angustia spiritus gementes. ‘ unde talis poenitentia non est cum spe veniae, sed cum desperatione. tale autem non potest esse peccatum aliquod hominis viatoris, cuius liberum arbitrium flexibile est ad bonum et ad malum. unde dicere quod aliquod peccatum sit in hac vita de quo aliquis poenitere non possit, est erroneum. primo quidem, quia per hoc tolleretur libertas arbitrii. secundo, quia derogaretur virtuti gratiae, per quam moveri potest cor cuiuscumque peccatoris ad poenitendum, * secundum illud proverb. xxi ° cor regis in manu dei, et quocumque voluerit vertet illud. ‘ quod autem secundo modo non possit per veram poenitentiam aliquod peccatum remitti, est etiam erroneum. primo quidem, quia repugnat divinae misericordiae, |25| * de qua dicitur, ioel ii, quod ° benignus et misericors est, et multae misericordiae, et praestabilis super malitia. ‘ vinceretur quodammodo enim deus ab homine, si homo peccatum vellet deleri, quod deus delere non vellet. secundo, quia hoc derogaret virtuti passionis christi, per quam poenitentia operatur, sicut et cetera sacramenta, * cum scriptum sit, i ioan. ii, ° ipse est propitiatio pro peccatis nostris, non solum nostris, sed etiam totius mundi. ‘ unde simpliciter dicendum est quod omne peccatum in hac vita per poenitentiam deleri potest.
ra1 ‘ Ad primum ergo dicendum quod esau non vere poenituit. * quod patet ex hoc quod dixit, ° venient dies luctus patris mei, et occidam iacob fratrem meum. ‘ similiter etiam nec antiochus vere poenituit. dolebat enim de culpa praeterita non propter offensam dei, sed propter infirmitatem corporalem quam patiebatur.
ra2 * Ad secundum dicendum quod illud verbum augustini sic est intelligendum, “ tanta est labes illius peccati ut deprecandi humilitatem subire non possit, scilicet, de facili, secundum quod dicitur ille non posse sanari qui non potest de facili sanari. potest tamen hoc fieri per virtutem divinae gratiae, quae etiam interdum in profundum maris convertit, * ut dicitur in psalmo.
ra3 “ Ad tertium dicendum quod illud verbum vel blasphemia contra spiritum sanctum est finalis impoenitentia, * ut augustinus dicit, in libro de verbis domini, ‘ quae penitus irremissibilis est, quia post finem huius vitae non est remissio peccatorum. “ vel, si intelligatur per blasphemiam spiritus sancti peccatum quod fit ex certa malitia, vel etiam ipsa blasphemia spiritus sancti, dicitur non remitti, scilicet de facili, quia tale non habet in se causam excusationis; vel quia pro tali peccato punitur aliquis et in hoc saeculo et in futuro; * ut in secunda parte expositum est.

010 ST4 qu86 ar2

ag1 ‘ Ad secundum sic proceditur. videtur quod sine poenitentia peccatum remitti possit. non enim est minor virtus dei circa adultos quam circa pueros. sed pueris peccata dimittit sine poenitentia. ergo etiam et adultis.
ag2 “ Praeterea, deus virtutem suam sacramentis non alligavit. ‘ sed poenitentia est quoddam sacramentum. ergo virtute divina possunt peccata sine poenitentia dimitti.
ag3 ‘ Praeterea, maior est misericordia dei quam misericordia hominis. sed homo interdum remittit offensam suam homini etiam non poenitenti, * unde et ipse dominus mandat, matth. v, ° diligite inimicos vestros, benefacite his qui oderunt vos. ‘ ergo multo magis deus dimittit offensam suam hominibus non poenitentibus.
sc * Sed contra est quod dominus dicit, ierem. xviii, ° si poenitentiam egerit gens illa a malo quod fecit, agam et ego poenitentiam a malo quod cogitavi ut facerem ei. ‘ et sic e converso videtur quod, si homo poenitentiam non agat, quod deus ei non remittat offensam.
co ‘ Respondeo dicendum quod impossibile est peccatum actuale mortale sine poenitentia remitti, loquendo de poenitentia quae est virtus. cum enim peccatum sit dei offensa, eo modo deus peccatum remittit quo remittit offensam in se commissam. offensa autem directe opponitur gratiae, ex hoc enim dicitur aliquis alteri esse offensus, quod repellit eum a gratia sua. * sicut autem habitum est in secunda parte, ‘ hoc interest inter gratiam dei et gratiam hominis,

quod gratia hominis non causat, sed praesupponit bonitatem, veram vel apparentem, in homine grato, sed gratia dei causat bonitatem in homine grato, eo quod bona voluntas dei, quae in nomine gratiae intelligitur, est causa boni creati. unde potest contingere quod homo remittat offensam qua offensus est alicui, absque aliqua immutatione voluntatis eius, non autem potest contingere quod deus remittat offensam alicui absque immutatione voluntatis eius. offensa autem peccati mortalis procedit ex hoc quod voluntas hominis est aversa a deo per conversionem ad aliquod bonum commutabile. unde requiritur ad remissionem divinae offensae quod voluntas hominis sic immutetur quod convertatur ad deum, cum detestatione praedictae conversionis et proposito emendae. quod pertinet ad rationem poenitentiae secundum quod est virtus. et ideo impossibile est quod peccatum alicui remittatur sine poenitentia secundum quod est virtus. sacramentum autem poenitentiae, |25| * sicut supra dictum est, ‘ perficitur per officium sacerdotis ligantis et solventis. sine quo potest deus peccatum remittere, sicut remisit christus mulieri adulterae, * ut legitur ioan. viii, ‘ et peccatrici, * ut legitur luc. vii. ‘ quibus tamen non remisit peccata sine virtute poenitentiae; * nam, sicut gregorius dicit, in homilia, “ per gratiam traxit intus, scilicet ad poenitentiam, ° quam per misericordiam suscepit foris.

ra1 ‘ Ad primum ergo dicendum quod in pueris non est nisi peccatum originale, quod non consistit in actuali deordinatione voluntatis, sed in quadam habituali deordinatione naturae, * ut in secunda parte habitum est. ‘ et ideo remittitur eis peccatum cum habituali immutatione per infusionem gratiae et virtutum, non autem cum actuali. sed adulto in quo sunt actualia peccata, quae consistunt in deordinatione actuali voluntatis, non remittuntur peccata, etiam in baptismo, sine actuali immutatione voluntatis, quod fit per poenitentiam.

ra2 ‘ Ad secundum dicendum quod ratio illa procedit de poenitentia secundum quod est sacramentum.

ra3 ‘ Ad tertium dicendum quod misericordia dei est maioris virtutis quam misericordia hominis in hoc, quod immutat voluntatem hominis ad poenitendum, quod misericordia hominis facere non potest.

010 ST4 qu86 ar3

ag1 ‘ Ad tertium sic proceditur. videtur quod possit per poenitentiam unum peccatum sine alio remitti. * dicitur enim amos iv, ° plui super unam civitatem, et super alteram non plui, pars una compluta est, et pars super quam non plui, aruit. * quod exponens gregorius, super ezech., dicit, ° cum ille qui proximum odit ab aliis vitiis se corrigit, una et eadem civitas ex parte compluitur, et ex parte arida manet, quia sunt qui, cum quaedam vitia resecant, in aliis graviter perdurant. ‘ ergo potest unum peccatum per poenitentiam remitti sine alio.

ag2 * Praeterea, ambrosius dicit, super beati immaculati, ° prima consolatio est, quia non obliviscitur misereri deus, secunda per punitionem, ubi, et si fides desit, poena satisfacit et relevat. ‘ potest ergo aliquis relevari ab aliquo peccato manente peccato infidelitatis.

ag3 ‘ Praeterea, eorum quae non necesse est esse simul, unum potest auferri sine alio. sed peccata, * ut in secunda parte habitum est, ‘ non sunt connexa, et ita unum eorum potest esse sine alio. ergo unum eorum potest remitti sine alio per poenitentiam.

ag4 ‘ Praeterea, peccata sunt debita quae nobis relaxari petimus “ cum dicimus in oratione dominica, dimitte nobis debita nostra. ‘ sed homo quandoque dimittit debitum unum sine alio. ergo etiam deus per poenitentiam dimittit unum peccatum sine alio.

ag5 ‘ Praeterea, per dilectionem dei relaxantur hominibus peccata, * secundum illud ierem. xxxi, ° in caritate perpetua dilexi te, ideo attraxi te miserans. ‘ sed nihil prohibet quin deus diligat hominem quantum ad unum, et sit ei offensus quantum ad aliud, sicut peccatorem diligit quantum ad naturam, odit autem quantum ad culpam. ergo videtur possibile quod deus per poenitentiam remittat unum peccatum sine alio.

sc * Sed contra est quod augustinus dicit, in libro de poenitentia, ° sunt plures quos poenitet peccasse, sed non omnino, reservantes sibi quaedam in quibus delectentur, non animadvertentes dominum simul mutum et surdum a daemonio liberasse, per hoc docens nos nunquam nisi de omnibus sanari.

co ‘ Respondeo dicendum quod impossibile est per poenitentiam unum peccatum sine alio remitti. primo quidem, quia peccatum remittitur inquantum tollitur dei offensa per gratiam, * unde in secunda parte habitum est quod ‘ nullum peccatum potest remitti sine gratia. omne autem peccatum mortale contrariatur gratiae, et excludit eam. unde impossibile est quod unum peccatum sine alio remittatur. secundo quia, * sicut ostensum est, ‘ peccatum mortale non potest sine vera poenitentia remitti, ad quam pertinet deserere peccatum inquantum est contra deum. quod quidem est commune omnibus peccatis mortalibus. ubi autem eadem ratio est et idem effectus. unde non potest esse vere poenitens qui de uno peccato poenitet et non de alio. si enim displiceret ei illud peccatum quia est contra deum super omnia dilectum, quod requiritur ad rationem verae poenitentiae, sequeretur quod de omnibus peccatis poeniteret. unde sequitur quod impossibile sit unum peccatum remitti sine alio. tertio, quia hoc esset contra perfectionem misericordiae dei, cuius perfecta sunt opera, * ut dicitur deut. xxxii. ‘ unde cuius miseretur, totaliter miseretur. * et hoc est quod augustinus dicit, in libro de poenitentia, ° quaedam impietas infidelitatis est ab illo qui iustus |25| et iustitia est, dimidiam sperare veniam.

ra1 * Ad primum ergo dicendum quod verbum illud gregorii “ non est intelligendum quantum ad remissionem culpae, sed quantum ad cessationem ab actu, quia interdum ille qui plura peccata consuevit committere, deserit unum, non tamen aliud. quod quidem fit auxilio divino, quod tamen non pertingit usque ad remissionem culpae.

ra2 * Ad secundum dicendum quod in verbo illo ambrosii “ fides non potest accipi qua creditur in christum, * quia, ut augustinus dicit, super illud ioan. xv, ° si non venissem et locutus eis non fuissem, peccatum non haberent, “ scilicet infidelitatis, ° hoc enim est peccatum quo tenentur cuncta peccata. “ sed accipitur fides pro conscientia, quia interdum per poenas quas quis patienter sustinet, consequitur remissionem peccati cuius conscientiam non habet.

ra3 ‘ Ad tertium dicendum quod peccata, quamvis non sint connexa quantum ad conversionem ad bonum commutabile, sunt tamen connexa quantum ad aversionem a bono incommutabili, in qua conveniunt omnia peccata mortalia. et ex hac parte habent rationem offensae, quam oportet per poenitentiam tolli.

ra4 ‘ Ad quartum dicendum quod debitum exterioris rei, puta pecuniae, non contrariatur amicitiae, ex qua debitum remittitur. et ideo potest unum dimitti sine alio. sed debitum culpae contrariatur amicitiae. et ideo una culpa vel offensa non remittitur sine altera. ridiculum etiam videretur quod aliquis ab homine veniam peteret de una offensa et non de alia.

ra5 ‘ Ad quintum dicendum quod dilectio qua deus diligit hominis naturam, non ordinatur ad bonum gloriae, a qua impeditur homo per quodlibet mortale peccatum. sed dilectio gratiae, per quam fit remissio peccati mortalis, ordinat hominem ad vitam aeternam, * secundum illud rom. vi, ° gratia dei vita aeterna. ‘ unde non est similis ratio.

010 ST4 qu86 ar4

ag1 ‘ Ad quartum sic proceditur. videtur quod, remissa culpa per poenitentiam, non remaneat reatus poenae. remota enim causa, removetur effectus. sed culpa est causa reatus poenae, ideo enim est aliquis dignus poena quia culpam commisit. ergo, remissa culpa, non potest remanere reatus poenae.

ag2 * Praeterea, sicut apostolus dicit, rom. v, ‘ donum christi est efficacius quam peccatum. sed peccando homo simul incurrit culpam et poenae reatum. ergo multo magis per donum gratiae simul remittitur culpa et tollitur poenae reatus.

ag3 ‘ Praeterea, remissio peccatorum fit in poenitentia per virtutem passionis christi, * secundum illud rom. iii, ° quem proposuit deus propitiatorem per fidem in sanguine ipsius, propter remissionem praecedentium delictorum. ‘ sed passio christi sufficienter est satisfactoria pro omnibus peccatis, * ut supra habitum est. ‘ non ergo post remissionem culpae remanet aliquis reatus poenae.

sc * Sed contra est quod, ii reg. xii, dicitur quod, “ cum david poenitens dixisset ad nathan, peccavi domino, dixit nathan ad illum, ° dominus quoque transtulit peccatum tuum, non morieris. veruntamen filius qui natus est tibi, morte morietur, “ quod fuit in poenam praecedentis peccati, * ut ibidem dicitur. ‘ ergo, remissa culpa, remanet reatus alicuius poenae.

co * Respondeo dicendum quod, sicut in secunda parte habitum est, ‘ in peccato mortali sunt duo, scilicet aversio ab incommutabili bono, et conversio ad commutabile bonum inordinata. ex parte igitur aversionis ab incommutabili bono, consequitur peccatum mortale reatus poenae aeternae, ut qui contra aeternum bonum peccavit, in aeternum puniatur. ex parte etiam conversionis ad bonum commutabile, inquantum est inordinata, consequitur peccatum mortale reatus alicuius poenae, quia inordinatio culpae non reducitur ad ordinem iustitiae nisi per poenam; iustum est enim ut qui voluntati suae plus indulsit quam debuit, contra voluntatem suam aliquid patiatur, sic enim erit aequalitas; * unde et apoc. xviii dicitur, ° quantum glorificavit se et in deliciis fuit, tantum date illi tormentum et luctum. ‘ quia tamen conversio ad bonum commutabile finita est, non habet ex hac parte peccatum mortale quod debeatur ei poena aeterna. unde, si sit inordinata conversio ad bonum commutabile sine aversione a deo, sicut est in peccatis venialibus, non debetur peccato poena aeterna, sed temporalis. quando igitur per gratiam remittitur culpa, tollitur aversio animae a deo, inquantum per gratiam anima deo coniungitur. unde et per consequens simul tollitur reatus poenae aeternae. potest tamen remanere reatus alicuius poenae temporalis.

ra1 ‘ Ad primum ergo dicendum quod culpa mortalis utrumque habet, et aversionem a deo et conversionem ad bonum creatum, sed, * sicut in secunda parte habitum est, ‘ aversio a deo est ibi sicut formale, conversio autem ad bonum creatum est ibi sicut materiale. remoto autem formali cuiuscumque rei, tollitur species, sicut, remoto rationali, tollitur species humana. et ideo ex hoc ipso dicitur culpa mortalis remitti, quod per gratiam tollitur aversio mentis a deo, simul cum reatu poenae aeternae. remanet tamen id quod est materiale, scilicet inordinata conversio ad bonum creatum. pro qua debetur reatus poenae temporalis.

ra2 * Ad secundum dicendum quod, sicut in secunda parte habitum est, ‘ ad gratiam pertinet operari in homine iustificando a peccato, et cooperari homini ad recte operandum. remissio igitur culpae et reatus poenae aeternae pertinet ad gratiam operantem, sed remissio reatus poenae temporalis pertinet ad gratiam cooperantem, inquantum scilicet homo, cum auxilio divinae gratiae, patienter poenas tolerando, absolvitur etiam a reatu poenae temporalis. sicut igitur prius est effectus gratiae operantis quam cooperantis, ita etiam prius est remissio culpae et poenae aeternae quam plena absolutio a poena temporali, utrumque enim est a gratia, sed primum a gratia sola, secundum ex gratia et ex libero arbitrio.

ra3 ‘ Ad tertium dicendum est quod passio christi de se sufficiens est ad tollendum omnem reatum poenae non solum aeternae, sed etiam temporalis, et secundum modum quo homo participat virtutem passionis christi, percipit etiam absolutionem a reatu poenae. in baptismo autem homo participat totaliter virtutem passionis christi, utpote per aquam et spiritum christo commortuus peccato et in eo regeneratus ad novam vitam. et ideo in baptismo homo consequitur remissionem reatus totius poenae. in poenitentia vero consequitur virtutem passionis christi secundum modum propriorum actuum, qui sunt materia poenitentiae, sicut aqua baptismi, * ut supra dictum est. ‘ et ideo non statim per primum actum poenitentiae, quo remittitur culpa, solvitur reatus totius poenae, sed completis omnibus poenitentiae actibus.

010 ST4 qu86 ar5

ag1 ‘ Ad quintum sic proceditur. videtur quod, remissa culpa mortali, tollantur omnes reliquiae peccati. * dicit enim augustinus, in libro de poenitentia, ° nunquam dominus aliquem sanavit quem omnino non liberavit, totum enim hominem sanavit in sabbato, quia corpus ab omni infirmitate, et animam ab omni contagione. ‘ sed reliquiae peccati pertinent ad infirmitatem peccati. ergo non videtur possibile quod, remissa culpa, remaneant reliquiae peccati.

ag2 * Praeterea, secundum dionysium, iv cap. de div. nom., “ bonum est efficacius quam malum, quia malum non agit nisi in virtute boni. ‘ sed homo peccando simul totam infectionem peccati contrahit. ergo multo magis poenitendo liberatur etiam ab omnibus peccati reliquiis.

ag3 ‘ Praeterea, opus dei est efficacius quam opus hominis. sed per exercitium humanorum operum ad bonum tolluntur reliquiae peccati contrarii. ergo multo magis tolluntur per remissionem culpae, quae est opus dei.

sc * Sed contra est quod marci viii legitur quod ‘ caecus illuminatus a domino, primo restitutus est ad imperfectum visum, unde ait, ° video homines velut arbores ambulare; “ deinde restitutus est perfecte, ita ut videret clare omnia. ‘ illuminatio autem caeci significat liberationem peccatoris. post primam ergo remissionem culpae, qua peccator restituitur ad visum spiritualem, adhuc remanent in eo reliquiae aliquae peccati praeteriti.

co ‘ Respondeo dicendum quod peccatum mortale ex parte conversionis inordinatae ad bonum commutabile quandam dispositionem causat in anima; vel etiam habitum, si actus frequenter iteretur. * sicut autem dictum est, ‘ culpa mortalis peccati remittitur inquantum tollitur per gratiam aversio mentis a deo. sublato autem eo quod est ex parte aversionis, nihilominus remanere potest id quod est ex parte conversionis inordinatae, cum hanc contingat esse sine illa, * sicut prius dictum est. ‘ et ideo nihil prohibet quin remissa culpa, remaneant dispositiones ex praecedentibus actibus causatae, quae dicuntur peccati reliquiae. remanent tamen debilitatae et diminutae, ita quod homini non dominentur. et hoc magis per modum dispositionum quam per modum habituum, sicut etiam remanet fomes post baptismum.

ra1 ‘ Ad primum ergo dicendum quod deus totum hominem perfecte curat, sed quandoque subito, sicut socrum petri statim restituit perfectae sanitati, ita ut surgens ministraret ei, * ut legitur luc. iv; ‘ quandoque autem successive, * sicut dictum est de caeco illuminato, marci viii. ‘ et ita etiam spiritualiter quandoque tanta commotione convertit cor hominis ut subito perfecte consequatur sanitatem spiritualem, non solum remissa culpa, sed sublatis omnibus peccati reliquiis, * ut patet de magdalena, luc. vii. ‘ quandoque autem prius remittit culpam per gratiam operantem, et postea per gratiam cooperantem successive tollit peccati reliquias.

ra2 ‘ Ad secundum dicendum quod peccatum etiam quandoque statim inducit debilem dispositionem, utpote per unum actum causatam, quandoque autem fortiorem, causatam per multos actus.

ra3 ‘ Ad tertium dicendum quod uno actu humano non tolluntur omnes reliquiae peccati, quia, * ut dicitur in praedicamentis, ° pravus, ad meliores exercitationes deductus, ad modicum aliquid proficiet, ut melior sit, ‘ multiplicato autem exercitio, ad hoc pervenit ut sit bonus virtute acquisita. hoc autem multo efficacius facit divina gratia, sive uno sive pluribus actibus.

010 ST4 qu86 ar6

ag1 ‘ Ad sextum sic proceditur. videtur quod remissio culpae non sit effectus poenitentiae secundum quod est virtus. dicitur enim poenitentia virtus secundum quod est principium humani actus. sed humani actus non operantur ad remissionem culpae, quae est effectus gratiae operantis. ergo remissio culpae non est effectus poenitentiae secundum quod est virtus.

ag2 ‘ Praeterea, quaedam aliae virtutes sunt excellentiores poenitentia. sed remissio culpae non dicitur effectus alicuius alterius virtutis. ergo etiam non est effectus poenitentiae secundum quod est virtus.

ag3 ‘ Praeterea, remissio culpae non est nisi ex virtute passionis christi, * secundum illud heb. ix, ° sine sanguinis effusione non fit remissio. ‘ sed poenitentia inquantum est sacramentum, operatur in virtute passionis christi, sicut et cetera sacramenta, * ut ex supra dictis patet. ‘ ergo remissio culpae non est effectus poenitentiae inquantum est virtus, sed inquantum est sacramentum.

sc ‘ Sed contra, illud est proprie causa alicuius sine quo esse non potest, omnis enim effectus dependet a sua causa. sed remissio culpae potest esse a deo sine poenitentiae sacramento, non autem sine poenitentia secundum quod est virtus, * ut supra dictum est. ‘ unde et ante sacramenta novae legis poenitentibus deus peccata remittebat. ergo remissio culpae est effectus poenitentiae secundum quod est virtus.

co ‘ Respondeo dicendum quod poenitentia est virtus secundum quod est principium quorundam actuum humanorum. actus autem humani qui sunt ex parte peccatoris, materialiter se habent in sacramento poenitentiae. omne autem sacramentum producit effectum suum non solum virtute formae, sed etiam virtute materiae, ex utroque enim est unum sacramentum, * ut supra habitum est. ‘ unde, sicut remissio culpae fit in baptismo non solum virtute formae, ex qua et ipsa aqua virtutem recipit; ita etiam remissio culpae est effectus poenitentiae, principalius quidem ex virtute clavium, quam habent ministri, ex quorum parte accipitur id quod est formale in hoc sacramento, * ut supra dictum est; ‘ secundario autem ex vi actuum poenitentis pertinentium ad virtutem poenitentiae, tamen prout hi actus aliqualiter ordinantur ad claves ecclesiae. et sic patet quod remissio culpae est effectus poenitentiae secundum quod est virtus, principalius tamen secundum quod est sacramentum.

ra1 ‘ Ad primum ergo dicendum quod effectus gratiae operantis est iustificatio impii, * ut in secunda parte dictum est. ‘ in qua, * ut ibidem dictum est, ‘ non solum est gratiae infusio et remissio culpae, sed etiam motus liberi arbitrii in deum, qui est actus fidei formatae, et motus liberi arbitrii in peccatum, qui est actus poenitentiae. hi tamen actus humani sunt ibi ut effectus gratiae operantis simul producti cum remissione culpae. unde remissio culpae non fit sine actu poenitentiae virtutis, licet sit effectus gratiae operantis.

ra2 ‘ Ad secundum dicendum quod in iustificatione impii non solum est actus poenitentiae, sed etiam actus fidei, * ut dictum est. ‘ et ideo remissio culpae non ponitur effectus solum poenitentiae virtutis, sed principalius fidei et caritatis.

ra3 ‘ Ad tertium dicendum quod ad passionem christi ordinatur actus poenitentiae virtutis et per fidem et per ordinem ad claves ecclesiae. et ideo utroque modo causat remissionem culpae virtute passionis christi.

ra4 ‘ Ad id autem quod in contrarium obiicitur, dicendum est quod actus poenitentiae virtutis habet quod sine eo non possit fieri remissio culpae, inquantum est inseparabilis effectus gratiae, per quam principaliter culpa remittitur, quae etiam operatur in omnibus sacramentis. et ideo per hoc non potest concludi nisi quod gratia est principalior causa remissionis culpae quam poenitentiae sacramentum. sciendum tamen quod etiam in veteri lege et in lege naturae erat aliqualiter sacramentum poenitentiae, * ut supra dictum est.

010 ST4 qu87 ar

pr ‘ Deinde considerandum est de remissione venialium peccatorum. et circa hoc quaeruntur quatuor. primo, utrum sine poenitentia peccatum veniale possit dimitti. secundo, utrum possit dimitti sine gratiae infusione. tertio, utrum peccata venialia remittantur per aspersionem aquae benedictae, et tunsionem pectoris, et orationem dominicam, et alia huiusmodi. quarto, utrum veniale possit dimitti sine mortali.

010 ST4 qu87 ar1

ag1 ‘ Ad primum sic proceditur. videtur quod veniale peccatum possit remitti sine poenitentia. pertinet enim, * ut supra dictum est, ‘ ad rationem verae poenitentiae quod non solum homo doleat de peccato praeterito, sed etiam proponat cavere de futuro. sed sine tali proposito peccata venialia dimittuntur, cum certum sit homini quod sine peccatis venialibus praesentem vitam ducere non possit. ergo peccata venialia possunt remitti sine poenitentia.

ag2 ‘ Praeterea, poenitentia non est sine actuali displicentia peccatorum. sed peccata venialia possunt dimitti sine displicentia eorum, sicut patet in eo qui dormiens occideretur propter christum; statim enim evolaret, quod non contingit manentibus peccatis venialibus. ergo peccata venialia possunt remitti sine poenitentia.

ag3 ‘ Praeterea, peccata venialia opponuntur fervori caritatis, * ut in secunda parte dictum est. ‘ sed unum oppositorum tollitur per aliud. ergo per fervorem caritatis, quem contingit esse sine actuali displicentia peccati venialis, fit remissio peccatorum venialium.

sc * Sed contra est quod augustinus dicit, in libro de poenitentia, quod ° est quaedam poenitentia quae quotidie agitur in ecclesia pro peccatis venialibus. ‘ quae frustra esset si sine poenitentia peccata venialia possunt dimitti.

co ‘ Respondeo dicendum quod remissio culpae, * sicut dictum est, ‘ fit per coniunctionem ad deum, a quo aliqualiter separat culpa. sed haec separatio perfecte quidem fit per peccatum mortale, imperfecte autem per peccatum veniale, nam per peccatum mortale mens omnino a deo avertitur, utpote contra caritatem agens; per peccatum autem veniale retardatur affectus hominis ne prompte in deum feratur. et ideo utrumque peccatum per poenitentiam quidem remittitur, quia per utrumque deordinatur voluntas hominis per immoderatam conversionem ad bonum creatum, sicut enim peccatum mortale remitti non potest quandiu voluntas peccato adhaeret, ita etiam nec peccatum veniale, quia, manente causa, manet effectus. exigitur autem ad remissionem peccati mortalis perfectior poenitentia, ut scilicet homo actualiter peccatum mortale commissum detestetur quantum in ipso est, ut scilicet diligentiam adhibeat ad rememorandum singula peccata mortalia, ut singula detestetur. sed hoc non requiritur ad remissionem venialium peccatorum. non tamen sufficit habitualis displicentia, quae habetur per habitum caritatis vel poenitentiae virtutis, quia sic caritas non compateretur peccatum veniale, quod patet esse falsum. unde sequitur quod requiratur quaedam virtualis displicentia, puta cum aliquis fertur hoc modo secundum affectum in deum et res divinas ut quidquid ei occurrat quod eum ab hoc motu |25| retardaret, displiceret ei, et doleret se hoc commisisse, etiam si actu de illo non cogitaret. quod tamen non sufficit ad remissionem peccati mortalis, nisi quantum ad peccata oblita post diligentem inquisitionem.

ra1 ‘ Ad primum ergo dicendum quod homo in gratia constitutus potest vitare omnia peccata mortalia et singula; potest etiam vitare singula peccata venialia, sed non omnia; * ut patet ex his quae in secunda parte dicta sunt. ‘ et ideo poenitentia de peccatis mortalibus requirit quod homo proponat abstinere ab omnibus et singulis peccatis mortalibus. sed ad poenitentiam peccatorum venialium requiritur quod proponat abstinere a singulis, non tamen ab omnibus, quia hoc infirmitas huius vitae non patitur. debet tamen habere propositum se praeparandi ad peccata venialia minuenda, alioquin esset ei periculum deficiendi, cum desereret appetitum proficiendi, seu tollendi impedimenta spiritualis profectus, quae sunt peccata venialia.

ra2 ‘ Ad secundum dicendum quod passio pro christo suscepta, * sicut supra dictum est, ‘ obtinet vim baptismi. et ideo purgat ab omni culpa et mortali et veniali, nisi actualiter voluntatem peccato invenerit inhaerentem.

ra3 ‘ Ad tertium dicendum quod fervor caritatis virtualiter implicat displicentiam venialium peccatorum, * ut supra dictum est.

010 ST4 qu87 ar2

ag1 ‘ Ad secundum sic proceditur. videtur quod ad remissionem venialium peccatorum requiratur gratiae infusio. effectus enim non est sine propria causa. sed propria causa remissionis peccatorum est gratia, non enim ex meritis propriis hominis peccata propria remittuntur; * unde dicitur ephes. ii, ° deus, qui dives est in misericordia, propter nimiam caritatem qua dilexit nos, cum essemus mortui peccatis, convivificavit nos in christo, cuius gratia salvati estis. ‘ ergo peccata venialia non remittuntur sine gratiae infusione.

ag2 ‘ Praeterea, peccata venialia non remittuntur sine poenitentia. sed in poenitentia infunditur gratia, sicut et in aliis sacramentis novae legis. ergo peccata venialia non remittuntur sine gratiae infusione.

ag3 ‘ Praeterea, peccatum veniale maculam quandam animae infert. sed macula non aufertur nisi per gratiam, quae est spiritualis animae decor. ergo videtur quod peccata venialia non remittantur sine gratiae infusione.

sc ‘ Sed contra est quod peccatum veniale adveniens non tollit gratiam, neque etiam diminuit eam, * ut in secunda parte habitum est. ‘ ergo, pari ratione, ad hoc quod peccatum veniale remittatur, non requiritur novae gratiae infusio.

co ‘ Respondeo dicendum quod unumquodque tollitur per suum oppositum. peccatum autem veniale non contrariatur habituali gratiae vel caritati, sed retardat actum eius, inquantum nimis haeret homo bono creato, licet non contra deum, * ut in secunda parte habitum est. ‘ et ideo ad hoc quod peccatum tollatur, non requiritur aliqua habitualis gratia, sed sufficit aliquis motus gratiae vel caritatis ad eius remissionem. quia tamen in habentibus usum liberi arbitrii, in quibus solum possunt esse peccata venialia, non contingit esse infusionem gratiae sine actuali motu liberi arbitrii in deum et in peccatum; ideo, quandocumque de novo gratia infunditur, peccata venialia remittuntur.

ra1 ‘ Ad primum ergo dicendum quod etiam remissio peccatorum venialium est effectus gratiae, per actum scilicet quem de novo elicit, non autem per aliquid habituale de novo animae infusum.

ra2 ‘ Ad secundum dicendum quod veniale peccatum nunquam remittitur sine aliquali actu poenitentiae virtutis, explicito scilicet vel implicito, * ut supra dictum est. ‘ potest tamen remitti veniale peccatum sine poenitentiae sacramento, quod in absolutione sacerdotis formaliter perficitur, * ut supra dictum est. ‘ et ideo non sequitur quod ad remissionem venialis requiratur gratiae infusio, quae licet sit in quolibet sacramento, non tamen in quolibet actu virtutis.

ra3 ‘ Ad tertium dicendum quod, sicut in corpore contingit esse maculam dupliciter, uno modo per privationem eius quod requiritur ad decorem, puta debiti coloris aut debitae proportionis membrorum, alio modo per superinductionem alicuius impedientis decorem, puta luti aut pulveris; ita etiam in anima inducitur macula uno modo per privationem decoris gratiae per peccatum mortale, alio modo per inclinationem inordinatam affectus ad aliquid temporale; et hoc fit per peccatum veniale. et ideo ad tollendam maculam mortalis peccati requiritur infusio gratiae, sed ad tollendam maculam peccati venialis, requiritur aliquis actus procedens a gratia per quem removeatur inordinata adhaesio ad rem temporalem.

010 ST4 qu87 ar3

ag1 ‘ Ad tertium sic proceditur. videtur quod peccata venialia non remittantur per aspersionem aquae benedictae, et episcopalem benedictionem, et alia huiusmodi. peccata enim venialia non remittuntur sine poenitentia, * ut dictum est. ‘ sed poenitentia per se sufficit ad remissionem venialium peccatorum. ergo ista nihil operantur ad huiusmodi remissionem.

ag2 ‘ Praeterea, quodlibet istorum relationem habet ad unum peccatum veniale, et ad omnia. si ergo per aliquod istorum remittitur peccatum veniale, sequetur quod pari ratione remittantur omnia. et ita per unam tunsionem pectoris, vel per unam aspersionem aquae benedictae, redderetur homo immunis ab omnibus peccatis venialibus. quod videtur inconveniens.

ag3 ‘ Praeterea, peccata venialia inducunt reatum alicuius poenae, licet temporalis, * dicitur enim, i cor. iii, de eo qui ° superaedificat lignum, faenum et stipulam, quod salvus erit, sic tamen quasi per ignem. ‘ sed huiusmodi per quae dicitur peccatum veniale remitti, vel nullam vel minimam poenam in se habent. ergo non sufficiunt ad plenam remissionem venialium peccatorum.

sc * Sed contra est quod augustinus dicit, in libro de poenitentia, “ quod pro levibus peccatis pectora nostra tundimus, ° et dicimus, dimitte nobis debita nostra. ‘ et ita videtur quod tunsio pectoris et oratio dominica causent remissionem peccatorum. et eadem ratio videtur esse de aliis.

co * Respondeo dicendum quod, sicut dictum est, ‘ ad remissionem venialis peccati non requiritur novae gratiae infusio, sed sufficit aliquis actus procedens ex gratia quo homo detestetur peccatum vel explicite, vel saltem implicite, sicut cum aliquis ferventer movetur in deum. et ideo triplici ratione aliqua causant remissionem venialium peccatorum. uno modo, inquantum in eis infunditur gratia, quia per infusionem gratiae tolluntur peccata venialia, * ut supra dictum est. ‘ et hoc modo per eucharistiam et extremam unctionem, et universaliter per omnia sacramenta novae legis, in quibus confertur gratia, peccata venialia remittuntur. secundo, inquantum sunt cum aliquo motu detestationis peccatorum. et hoc modo confessio generalis, tunsio pectoris, et oratio dominica operantur ad remissionem venialium peccatorum, nam in oratione dominica petimus, “ dimitte nobis debita nostra. ‘ tertio, inquantum sunt cum aliquo motu reverentiae in deum et ad res divinas. et hoc modo benedictio episcopalis, aspersio aquae benedictae, quaelibet sacramentalis unctio, oratio in ecclesia dedicata, et si qua alia sunt huiusmodi, operantur ad remissionem peccatorum.

ra1 ‘ Ad primum ergo dicendum quod omnia ista causant remissionem peccatorum venialium inquantum inclinant animam ad motum poenitentiae, qui est detestatio peccatorum, vel implicite vel explicite.

ra2 ‘ Ad secundum dicendum quod omnia ista, quantum est de se, operantur ad remissionem omnium venialium peccatorum. potest tamen impediri remissio quantum ad aliqua peccata venialia, quibus mens actualiter inhaeret, sicut etiam per fictionem impedi-

tur aliquando effectus baptismi.
ra3 ‘ Ad tertium dicendum quod per praedicta tolluntur quidem peccata venialia quantum ad culpam, tum virtute alicuius sanctificationis, tum etiam virtute caritatis, cuius motus per praedicta excitatur. non autem per quodlibet praedictorum semper tollitur totus reatus poenae, quia sic qui esset omnino immunis a peccato mortali, aspersus aqua benedicta statim evolaret. sed reatus poenae remittitur per praedicta secundum motum fervoris in deum, qui per praedicta excitatur quandoque magis, quandoque minus.

010 ST4 qu87 ar4

ag1 ‘ Ad quartum sic proceditur. videtur quod veniale peccatum possit remitti sine mortali. * quia super illud ioan. viii, ° qui sine peccato est vestrum, primus in illam lapidem mittat, * dicit quaedam glossa quod ° omnes illi erant in peccato mortali, venialia enim eis dimittebantur per caeremonias. ‘ ergo veniale peccatum potest remitti sine mortali.
ag2 ‘ Praeterea, ad remissionem peccati venialis non requiritur gratiae infusio. requiritur autem ad remissionem mortalis. ergo veniale peccatum potest remitti sine mortali.
ag3 ‘ Praeterea, plus distat veniale peccatum a mortali quam ab alio veniali. sed unum veniale potest dimitti sine alio, * ut dictum est. ‘ ergo veniale potest dimitti sine mortali.
sc * Sed contra est quod dicitur matth. v, “ non exibis inde, scilicet de carcere, in quem introducitur homo pro peccato mortali, donec reddas novissimum quadrantem, per quem significatur veniale peccatum. ‘ ergo veniale peccatum non remittitur sine mortali.
co * Respondeo dicendum quod, sicut supra dictum est, ‘ remissio culpae cuiuscumque nunquam fit nisi per virtutem gratiae, * quia, ut apostolus dicit, rom. iv, ‘ ad gratiam dei pertinet quod deus alicui non imputat peccatum, * quod glossa ibi exponit de veniali. ‘ ille autem qui est in peccato mortali, caret gratia dei. unde nullum peccatum veniale sibi remittitur.
ra1 “ Ad primum ergo dicendum quod venialia ibi dicuntur irregularitates sive immunditiae quas contrahebant secundum legem.
ra2 ‘ Ad secundum dicendum quod, licet ad remissionem peccati venialis non requiratur nova infusio habitualis gratiae, requiritur tamen aliquis gratiae actus. qui non potest esse in eo qui subiacet peccato mortali.
ra3 ‘ Ad tertium dicendum quod peccatum veniale non excludit omnem actum gratiae, per quem possunt omnia peccata venialia dimitti. sed peccatum mortale excludit totaliter habitum gratiae, sine quo nullum peccatum mortale vel veniale remittitur. et ideo non est similis ratio.

010 ST4 qu88 ar

pr ‘ Deinde considerandum est de reditu peccatorum post poenitentiam dimissorum. et circa hoc quaeruntur quatuor. primo, utrum peccata per poenitentiam dimissa redeant simpliciter per sequens peccatum. secundo, utrum aliquo modo per ingratitudinem redeant specialius secundum quaedam peccata. tertio, utrum redeant in aequali reatu. quarto, utrum illa ingratitudo per quam redeunt, sit speciale peccatum.

010 ST4 qu88 ar1

ag1 ‘ Ad primum sic proceditur. videtur quod peccata dimissa redeant per sequens peccatum. * dicit enim augustinus, in libro i de baptismo, ° redire dimissa peccata ubi fraterna caritas non est, apertissime dominus in evangelio docet in illo servo a quo dimissum debitum dominus petiit eo quod ille conservo suo debitum nollet dimittere. ‘ sed fraterna caritas tollitur per quodlibet peccatum mortale. ergo per quodlibet sequens mortale peccatum redeunt peccata prius per poenitentiam dimissa.
ag2 * Praeterea, super illud luc. xi, ° revertar in domum meam unde exivi, * dicit beda, ° timendus est ille versiculus, non exponendus, ne culpa quam in nobis extinctam credebamus, per incuriam nos vacantes opprimat. ‘ hoc autem non esset nisi rediret. ergo culpa per poenitentiam dimissa redit.
ag3 * Praeterea, ezech. xviii dominus dicit, ° si averterit se iustus a iustitia sua et fecerit iniquitatem, omnes iustitiae eius quas fecerat, non recordabuntur amplius. ‘ sed inter alias iustitias quas fecit, etiam praecedens poenitentia concurrit, * cum supra dictum sit ‘ poenitentiam esse partem iustitiae. ergo, postquam poenitens peccat, non imputatur ei praecedens poenitentia, per quam consecutus est veniam peccatorum. redeunt ergo illa peccata.
ag4 ‘ Praeterea, peccata praeterita per gratiam teguntur, * ut patet per apostolum, rom. iv, inducentem illud psalmi, ° beati quorum remissae sunt iniquitates et quorum tecta sunt peccata. ‘ sed per peccatum mortale sequens gratia tollitur. ergo peccata quae fuerant prius commissa, remanent detecta. et ita videtur quod redeant.
sc1 * Sed contra est quod apostolus dicit, rom. xi, ° sine poenitentia sunt dona dei, et vocatio. ‘ sed peccata poenitentis sunt remissa per donum dei. ergo per peccatum sequens non redeunt dimissa peccata, quasi deus de dono remissionis poeniteat.
sc2 * Praeterea, augustinus dicit, in libro responsionum prosperi, ° qui recedit a christo et alienatus a gratia finit hanc vitam, quid nisi in perditionem vadit? sed non in id quod dimissum est recidit, nec pro originali peccato damnabitur.
co * Respondeo dicendum quod, sicut supra dictum est, ‘ in peccato mortali sunt duo, scilicet aversio a deo, et conversio ad bonum creatum. quidquid autem est aversionis in peccato mortali secundum se consideratum, est commune omnibus peccatis mortalibus, quia per quodlibet peccatum mortale homo avertitur a deo. unde et per consequens macula, quae est per privationem gratiae, et reatus poenae aeternae, communia sunt omnibus peccatis mortalibus. * et secundum hoc intelligitur id quod dicitur iac. ii, ° qui offendit in uno, factus est omnium reus. ‘ sed ex parte conversionis, peccata mortalia sunt diversa, et interdum contraria. unde manifestum est quod ex parte conversionis peccatum mortale sequens non facit redire peccata mortalia prius abolita. alioquin sequeretur quod homo per peccatum prodigalitatis reduceretur in habitum vel dispositionem avaritiae prius abolitae et sic contrarium esset causa sui contrarii, quod est impossibile. sed considerando in peccatis mortalibus id quod est ex parte aversionis absolute, per peccatum mortale sequens homo privatur gratia et fit reus poenae aeternae, sicut et prius erat. verum, quia aversio in peccato mortali ex conversione quodammodo diversitatem induit per comparationem ad diversas conversiones sicut ad diversas causas, ita quod sit alia aversio et alia macula et alius reatus prout consurgit ex alio actu peccati mortalis, hoc ergo in quaestionem vertitur, utrum macula et reatus poenae |25| aeternae, secundum quod causabantur ex actibus peccatorum prius dimissorum, redeant per peccatum mortale sequens. * quibusdam igitur visum est quod simpliciter hoc modo redeant. ‘ sed hoc non potest esse. quia opus dei per opus hominis irritari non potest. remissio autem priorum peccatorum est opus divinae misericordiae. unde non potest irritari per sequens peccatum hominis, * secundum illud rom. iii, ° nunquid incredulitas illorum fidem dei evacuavit? * et ideo alii, ponentes peccata redire, dixerunt quod “ deus non remittit peccata poenitenti postmodum peccaturo secundum praescientiam, sed solum secundum praesentem iustitiam. praescit enim eum pro his peccatis aeternaliter puniendum, et tamen per gratiam facit eum praesentialiter iustum. ‘ sed nec hoc stare potest. quia, si causa absolute ponatur, et effectus ponitur absolute. si ergo absolute non fieret peccatorum remissio, sed cum quadam conditione in futurum dependente, per gratiam et gratiae sacramenta, sequeretur quod gratia et gratiae sacramenta non essent sufficiens causa remissionis peccatorum. quod est erroneum, utpote derogans gratiae dei. et ideo nullo modo potest esse quod macula et reatus praecedentium peccatorum redeant secundum quod ex talibus actibus causabantur. contingit autem quod sequens actus peccati virtualiter continet |50| reatum prioris peccati, inquantum scilicet aliquis secundo peccans ex hoc ipso videtur gravius peccare quam prius peccaverat; * secundum illud rom. ii, ° secundum duritiam tuam et cor impoenitens thesaurizas tibi iram in die irae, “ ex hoc solo scilicet quod contemnitur dei bonitas, quae ad poenitentiam expectat; ‘ multo autem magis contemnitur dei bonitas si, post remissionem prioris peccati, secundo peccatum iteretur; quanto maius est beneficium peccatum remittere quam sustinere peccatorem. sic igitur per peccatum sequens poenitentiam redit quodammodo reatus peccatorum prius dimissorum, non inquantum causabatur ex illis peccatis prius dimissis, sed inquantum causatur ex peccato ultimo perpetrato, quod aggravatur ex peccatis prioribus. et hoc non est peccata dimissa redire simpliciter, sed secundum quid, inquantum scilicet virtualiter in peccato sequenti continentur.
ra1 “ Ad primum ergo dicendum quod illud verbum augustini videtur esse intelligendum de reditu peccatorum quantum ad reatum poenae aeternae in se consideratum, quia scilicet post poenitentiam peccans incurrit reatum poenae aeternae sicut et prius; non tamen omnino propter eandem rationem. unde * augustinus, in libro de responsionibus prosperi, cum dixisset quod ° non in id quod remissum est recidit, nec pro originali peccato damnabitur, * subdit, ° qui tamen ea morte afficitur quae ei propter peccata dimissa debebatur, ‘ quia scilicet incurrit mortem aeternam, quam meruerat per peccata praeterita.
ra2 * Ad secundum dicendum quod in illis verbis non intendit beda dicere quod “ culpa prius dimissa hominem opprimat per reditum praeteriti reatus, sed per iterationem actus.
ra3 ‘ Ad tertium dicendum quod per sequens peccatum iustitiae priores oblivioni traduntur inquantum erant meritoriae vitae aeternae, non tamen inquantum erant impeditivae peccati. unde, si aliquis peccet mortaliter postquam restituit debitum, non efficitur reus quasi debitum non reddidisset. et multo minus traditur oblivioni poenitentia prius acta quantum ad remissionem culpae, cum remissio culpae magis sit opus dei quam hominis.
ra4 ‘ Ad quartum dicendum quod gratia simpliciter tollit maculam et reatum poenae aeternae, tegit autem actus peccati praeteritos, ne scilicet propter eos deus hominem gratia privet et reum habeat poenae aeternae. et quod gratia semel facit, perpetuo manet.

010 ST4 qu88 ar2

ag1 ‘ Ad secundum sic proceditur. videtur quod peccata dimissa non redeant per ingratitudinem quae specialiter est secundum quatuor genera peccatorum, scilicet secundum odium fraternum, apostasiam a fide, contemptum confessionis, et dolorem de poenitentia habita, * secundum quod quidam metrice dixerunt, ° fratres odit, apostata fit, spernitque fateri, poenituisse piget, pristina culpa redit. ‘ tanto enim est maior ingratitudo quanto gravius est peccatum quod quis contra deum committit post beneficium remissionis peccatorum. sed quaedam alia peccata sunt his graviora, sicut blasphemia contra deum, et peccatum in spiritum sanctum. ergo videtur quod peccata dimissa non redeant magis secundum ingratitudinem commissam secundum haec peccata, quam secundum alia.
ag2 * Praeterea, rabanus dicit, ° nequam servum tradidit deus tortoribus quoadusque redderet universum debitum, quia non solum peccata quae post baptismum homo egit reputabuntur ei ad poenam, sed originalia, quae ei sunt dimissa in baptismo. ‘ sed etiam inter debita peccata venialia computantur, pro quibus dicimus, ° dimitte nobis debita nostra. ‘ ergo ipsa etiam redeunt per ingratitudinem. et pari ratione videtur quod per peccata venialia redeant peccata prius dimissa, et non solum per praedicta peccata.
ag3 ‘ Praeterea, tanto est maior ingratitudo quanto post maius beneficium acceptum aliquis peccat. sed beneficium dei est etiam ipsa innocentia, qua peccatum vitamus, * dicit enim augustinus, in ii confess., ° gratiae tuae deputo quaecumque peccata non feci. ‘ maius autem donum est innocentia quam etiam remissio omnium peccatorum. ergo non minus est ingratus deo qui primo peccat post innocentiam, quam qui peccat post poenitentiam. et ita videtur quod per ingratitudinem quae fit secundum peccata praedicta, non maxime redeant peccata dimissa.
sc * Sed contra est quod gregorius dicit, xviii moral., ° ex dictis evangelicis constat quia, si quod in nos delinquitur ex corde non dimittimus, et illud rursus exigetur quod nobis iam per poenitentiam dimissum fuisse gaudebamus. ‘ et ita propter odium fraternum specialiter peccata dimissa redeunt per ingratitudinem. et eadem ratio videtur de aliis.
co * Respondeo dicendum quod, sicut supra dictum est, ‘ peccata dimissa per poenitentiam redire dicuntur inquantum reatus eorum, ratione ingratitudinis, virtualiter continetur in peccato sequenti. ingratitudo autem potest committi dupliciter. uno modo, ex eo quod aliquid fit contra beneficium. et hoc modo per omne peccatum mortale quo deum offendit, redditur homo ingratus deo, qui peccata remisit. et sic per quodlibet peccatum mortale sequens redeunt peccata prius dimissa, ratione ingratitudinis. alio modo committitur ingratitudo non solum faciendo contra ipsum beneficium, sed etiam faciendo contra formam beneficii praestiti. quae quidem forma, si attendatur ex parte benefactoris, est remissio debitorum. unde contra hanc formam facit qui fratri petenti veniam non remittit, sed odium tenet. si autem attendatur ex parte poenitentis, qui recipit hoc beneficium, invenitur duplex motus liberi arbitrii. quorum primus est motus liberi arbitrii in deum, qui est actus fidei formatae, et contra hoc facit homo apostatando a fide, secundus autem, motus liberi arbitrii in peccatum, qui est actus poenitentiae. ad quam primo pertinet, * ut supra dictum est, ‘ quod homo detestetur peccata praeterita, et contra hoc facit ille qui dolet se poenituisse. secundo pertinet ad actum poenitentiae ut poenitens proponat se subiicere clavibus ecclesiae per confessionem, |25| * secundum illud psalmi, ° dixi, confitebor adversum me iniustitiam meam domino, et ut remisisti impietatem peccati mei. ‘ et contra hoc facit ille qui contemnit confiteri, secundum quod proposuerat. et ideo dicitur quod specialiter ingratitudo horum peccatorum facit redire peccata prius dimissa.
ra1 ‘ Ad primum ergo dicendum quod hoc non dicitur specialiter de istis peccatis quia sint ceteris graviora, sed quia directius opponuntur beneficio remissionis peccatorum.
ra2 ‘ Ad secundum dicendum quod etiam peccata venialia et peccatum originale redeunt * modo praedicto, ‘ sicut et peccata mortalia, inquantum contemnitur dei beneficium quo haec peccata sunt remissa. non tamen per peccatum veniale aliquis incurrit ingratitudinem, quia homo, peccando venialiter, non facit contra deum, sed praeter ipsum. et ideo per peccata venialia nullo modo peccata dimissa redeunt.
ra3 ‘ Ad tertium dicendum quod beneficium aliquod habet pensari dupliciter. uno modo, ex quantitate ipsius beneficii. et secundum hoc, innocentia est maius dei beneficium quam poenitentia, quae dicitur “ secunda tabula post naufragium. ‘ alio modo potest pensari beneficium ex parte recipientis, qui minus est dignus, et sic magis sibi fit gratia. unde et ipse magis est ingratus si contemnat. et hoc modo be-

neficium remissionis culpae est maius, inquantum praestatur totaliter indigno. et ideo ex hoc sequitur maior ingratitudo.

010 ST4 qu88 ar3

ag1 ‘ Ad tertium sic proceditur. videtur quod per ingratitudinem peccati sequentis consurgat tantus reatus quantus fuerat peccatorum prius dimissorum. quia secundum magnitudinem peccati est magnitudo beneficii quo peccatum remittitur; et per consequens magnitudo ingratitudinis qua hoc beneficium contemnitur. sed secundum quantitatem ingratitudinis est quantitas reatus consequentis. ergo tantus reatus surgit ex ingratitudine sequentis peccati quantus fuit reatus omnium praecedentium peccatorum.
ag2 ‘ Praeterea, magis peccat qui offendit deum quam qui offendit hominem. sed servus manumissus ab aliquo domino reducitur in eandem servitutem a qua prius fuerat liberatus, vel etiam in graviorem. ergo multo magis ille qui contra deum peccat post liberationem a peccato, reducitur in tantum reatum poenae quantum primo habuerat.
ag3 * Praeterea, matth. xviii dicitur quod “ iratus dominus tradidit eum, cui replicantur peccata dimissa propter ingratitudinem, tortoribus, quoadusque redderet universum debitum. ‘ sed hoc non esset nisi consurgeret ex ingratitudine tantus reatus quantus fuit omnium praeteritorum peccatorum. ergo aequalis reatus per ingratitudinem redit.
sc * Sed contra est quod dicitur deuteron. xxv, ° pro mensura peccati erit et plagarum modus. ‘ ex quo patet quod ex parvo peccato non consurgit magnus reatus. sed quandoque mortale peccatum sequens est multo minus quolibet peccatorum prius dimissorum. non ergo ex peccato sequenti redit tantus reatus quantus fuit peccatorum prius dimissorum.
co * Respondeo dicendum quod quidam dixerunt quod “ ex peccato sequenti, propter ingratitudinem, consurgit tantus reatus quantus fuit reatus omnium peccatorum prius dimissorum, supra reatum proprium huius peccati. ‘ sed hoc non est necesse. * quia supra dictum est quod ‘ reatus praecedentium peccatorum non redit per peccatum sequens inquantum sequebatur ex actibus praecedentium peccatorum, sed inquantum consequitur actum sequentis peccati. et ita oportet quod quantitas reatus redeuntis sit secundum gravitatem peccati subsequentis. potest autem contingere quod gravitas peccati subsequentis adaequat gravitatem omnium praecedentium peccatorum, sed hoc non semper est necesse, sive loquamur de gravitate eius quam habet ex sua specie, cum quandoque peccatum sequens sit simplex fornicatio, peccata vero praeterita fuerunt homicidia vel adulteria seu sacrilegia; sive etiam loquamur de gravitate quam habet ex ingratitudine annexa. non enim oportet quod quantitas ingratitudinis sit absolute aequalis quantitati beneficii suscepti, cuius quantitas attenditur secundum quantitatem peccatorum prius dimissorum. contingit enim quod contra idem beneficium unus est multum ingratus, vel secundum intensionem contemptus beneficii, vel secundum gravitatem culpae contra benefactorem commissae; alius autem parum, vel quia minus contemnit, vel quia minus contra |25| benefactorem agit. sed proportionaliter quantitas ingratitudinis adaequatur quantitati beneficii, supposito enim aequali contemptu beneficii, vel offensa benefactoris, tanto erit gravior ingratitudo quanto beneficium fuit maius. unde manifestum est quod non est necesse quod propter ingratitudinem semper per peccatum sequens redeat tantus reatus quantus fuit praecedentium peccatorum, sed necesse est quod proportionaliter, quanto peccata prius dimissa fuerunt plura et maiora, tanto redeat maior reatus per qualecumque sequens peccatum mortale.
ra1 ‘ Ad primum ergo dicendum quod beneficium remissionis culpae recipit quantitatem absolutam secundum quantitatem peccatorum dimissorum. sed peccatum ingratitudinis non recipit quantitatem absolutam secundum quantitatem beneficii, sed secundum quantitatem contemptus vel offensae, * ut dictum est. ‘ et ideo ratio non sequitur.
ra2 ‘ Ad secundum dicendum quod servus manumissus non reducitur in pristinam servitutem pro qualicumque ingratitudine, sed pro aliqua gravi.
ra3 ‘ Ad tertium dicendum quod illi cui peccata dimissa replicantur propter subsequentem ingratitudinem, redit universum debitum, inquantum quantitas peccatorum praecedentium proportionaliter invenitur in ingratitudine subsequenti, non autem absolute, * ut dictum est.

010 ST4 qu88 ar4

ag1 ‘ Ad quartum sic proceditur. videtur quod ingratitudo ratione cuius sequens peccatum facit redire peccata prius dimissa, sit speciale peccatum. “ retributio enim gratiarum pertinet ad contrapassum, quod requiritur in iustitia, * ut patet per philosophum, in v ethic.. ‘ sed iustitia est specialis virtus. ergo ingratitudo est speciale peccatum.
ag2 * Praeterea, tullius, in ii rhetoric., ponit quod “ gratia est specialis virtus. ‘ sed ingratitudo opponitur gratiae. ergo ingratitudo est speciale peccatum.
ag3 ‘ Praeterea, specialis effectus a speciali causa procedit. sed ingratitudo habet specialem effectum, scilicet quod facit aliqualiter redire peccata prius dimissa. ergo ingratitudo est speciale peccatum.
sc ‘ Sed contra est. id quod sequitur omnia peccata, non est speciale peccatum. sed per quodcumque peccatum mortale aliquis efficitur deo ingratus, * ut ex praemissis patet. ‘ ergo ingratitudo non est speciale peccatum.
co ‘ Respondeo dicendum quod ingratitudo peccantis quandoque est speciale peccatum; quandoque non, sed est circumstantia generaliter consequens omne peccatum mortale quod contra deum committitur. peccatum enim speciem recipit ex intentione peccantis, * unde, ut philosophus dicit, in v ethic., ° ille qui moechatur ut furetur, magis est fur quam moechus. ‘ si igitur aliquis peccator in contemptum dei et suscepti beneficii aliquod peccatum committit, illud peccatum trahitur ad speciem ingratitudinis, et haec ingratitudo peccantis est speciale peccatum. si vero aliquis intendens aliquod peccatum committere, puta homicidium aut adulterium, non retrahatur ab hoc propter hoc quod pertinet ad dei contemptum, ingratitudo non erit speciale peccatum, sed trahe retur ad speciem alterius peccati sicut circumstantia quaedam. * ut autem augustinus dicit, in libro de natura et gratia, “ non omne peccatum est ex contemptu, et tamen in omni peccato deus contemnitur in suis praeceptis. ‘ unde manifestum est quod ingratitudo peccantis quandoque est speciale peccatum, sed non semper.
ra1 ‘ Et per hoc patet responsio ad obiecta. nam primae rationes concludunt quod ingratitudo secundum se sit quaedam species peccati. ultima autem ratio concludit quod ingratitudo secundum quod invenitur in omni peccato, non sit speciale peccatum.

010 ST4 qu89 ar

pr ‘ Deinde considerandum est de recuperatione virtutum per poenitentiam. et circa hoc quaeruntur sex. primo, utrum per poenitentiam restituantur virtutes. secundo, utrum restituantur in aequali quantitate. tertio, utrum restituatur poenitenti aequalis dignitas. quarto, utrum opera virtutum per peccatum mortificentur. quinto, utrum opera mortificata per peccatum per poenitentiam reviviscant. sexto, utrum opera mortua, idest absque caritate facta, per poenitentiam vivificentur.

010 ST4 qu89 ar1

ag1 ‘ Ad primum sic proceditur. videtur quod per poenitentiam virtutes non restituantur. non enim possent virtutes amissae per poenitentiam restitui nisi poenitentia virtutes causaret. sed poenitentia, cum sit virtus, non potest esse causa omnium virtutum, praesertim cum quaedam virtutes sint naturaliter priores poenitentia, * ut supra dictum est. ‘ ergo per poenitentiam non restituuntur.
ag2 ‘ Praeterea, poenitentia in quibusdam actibus poenitentis consistit. sed virtutes gratuitae non causantur ex actibus nostris, * dicit enim augustinus, in libro de lib. arbit., “ quod virtutes deus in nobis sine nobis operatur. ‘ ergo videtur quod per poenitentiam non restituantur virtutes.
ag3 ‘ Praeterea, habens virtutem sine difficultate et delectabiliter actus virtutum operatur, * unde philosophus dicit, in i ethic., quod ° non est iustus qui non gaudet iusta operatione. ‘ sed multi poenitentes adhuc difficultatem patiuntur in operando actus virtutum. non ergo per poenitentiam restituuntur virtutes.
sc ‘ Sed contra est quod, * luc. xv, ‘ pater mandavit quod filius poenitens indueretur stola prima, quae, * secundum ambrosium, ‘ est amictus sapientiae, quam simul consequuntur omnes virtutes, * secundum illud sap. viii, ° sobrietatem et iustitiam docet, prudentiam et virtutem, quibus in vita nihil est utilius hominibus. ‘ ergo per poenitentiam omnes virtutes restituuntur.
co ‘ Respondeo dicendum quod per poenitentiam, * sicut dictum est supra, ‘ remittuntur peccata. remissio autem peccatorum non potest esse nisi per infusionem gratiae. unde relinquitur quod per poenitentiam gratia homini infundatur. ex gratia autem consequuntur omnes virtutes gratuitae, sicut ex essentia animae fluunt omnes potentiae, * ut in secunda parte habitum est. ‘ unde relinquitur quod per poenitentiam omnes virtutes restituantur.
ra1 ‘ Ad primum ergo dicendum quod eodem modo poenitentia restituit virtutes per quem modum est causa gratiae, * ut iam dictum est. ‘ est autem causa gratiae inquantum est sacramentum, nam inquantum est virtus, est magis gratiae effectus. et ideo non oportet quod poenitentia, secundum quod est virtus, sit causa omnium aliarum virtutum, sed quod habitus poenitentiae simul cum habitibus aliarum virtutum per sacramentum causetur.
ra2 ‘ Ad secundum dicendum quod in sacramento poenitentiae actus humani se habent materialiter, sed formalis vis huius sacramenti dependet ex virtute clavium. et ideo virtus clavium effective causat gratiam et virtutes, instrumentaliter tamen. sed actus primus poenitentis se habet ut ultima dispositio ad gratiam consequendam, scilicet contritio, alii vero sequentes actus poenitentiae procedunt iam ex gratia et virtutibus.
ra3 * Ad tertium dicendum quod, sicut supra dictum est, ‘ quandoque post primum actum poenitentiae, qui est contritio, remanent quaedam reliquiae peccatorum, scilicet dispositiones ex prioribus actibus peccatorum causatae, ex quibus praestatur difficultas quaedam poenitenti ad operandum opera virtutum, sed quantum est ex ipsa inclinatione caritatis et aliarum virtutum, poenitens opera virtutum delectabiliter et sine difficultate operatur; sicut si virtuosus per accidens difficultatem pateretur in executione actus virtutis propter somnum aut aliquam corporis dispositionem.

010 ST4 qu89 ar2

ag1 ‘ Ad secundum sic proceditur. videtur quod post poenitentiam resurgat homo in aequali virtute. * dicit enim apostolus, rom. viii, ° diligentibus deum omnia cooperantur in bonum, * ubi dicit glossa augustini quod hoc adeo verum est ° ut, si qui horum devient et exorbitent, hoc ipsum deus faciat eis in bonum proficere. ‘ sed hoc non esset si homo resurgeret in minori virtute.
ag2 * Praeterea, ambrosius dicit quod ° poenitentia optima res est, quae omnes defectus revocat ad perfectum. ‘ sed hoc non esset nisi virtutes in aequali quantitate recuperarentur. ergo per poenitentiam semper recuperatur aequalis virtus.
ag3 * Praeterea, super illud genes. i, ° factum est vespere et mane dies unus, * dicit glossa, ° vespertina lux est a qua quis cecidit, matutina in qua resurgit. ‘ sed lux matutina est maior quam vespertina. ergo aliquis resurgit in maiori gratia vel caritate quam prius habuerat. * quod etiam videtur per id quod apostolus dicit, rom. v, ° ubi abundavit delictum, superabundavit et gratia.
sc ‘ Sed contra, caritas proficiens vel perfecta maior est quam caritas incipiens. sed quandoque aliquis cadit a caritate proficiente, resurgit autem in caritate incipiente. ergo semper resurgit homo in minori etiam virtute.
co * Respondeo dicendum quod, sicut dictum est, ‘ motus liberi arbitrii qui est in iustificatione impii, est ultima dispositio ad gratiam, unde in eodem instanti est gratiae infusio cum praedicto motu liberi arbitrii, * ut in secunda parte habitum est. ‘ in quo quidem motu comprehenditur actus poenitentiae, * ut supra dictum est. ‘ manifestum est autem quod formae quae possunt recipere magis et minus, intenduntur et remittuntur secundum diversam dispositionem subiecti, * ut in secunda parte habitum est. ‘ et inde est quod, secundum quod motus liberi arbitrii in poenitentia est intensior vel remissior, secundum hoc poenitens consequitur maiorem vel minorem gratiam. contingit autem intensionem motus poenitentis quandoque proportionatam esse maiori gratiae quam illa a qua cecidit per peccatum; quandoque vero aequali; quandoque vero minori. et ideo poenitens quandoque resurgit in maiori gratia quam prius habuerat; quandoque autem in aequali; quandoque etiam in minori. et eadem ratio est de virtutibus, quae ex gratia consequuntur.
ra1 ‘ Ad primum ergo dicendum quod non omnibus diligentibus deum cooperatur in bonum hoc ipsum quod per peccatum a dei amore cadunt, quod patet in his qui cadunt et nunquam resurgunt, vel qui resurgunt iterum casuri, sed in ° his qui secundum propositum vocati sunt sancti, “ scilicet praedestinatis, qui, quotiescumque cadunt, finaliter tamen resurgunt. ‘ cedit igitur eis in bonum hoc quod cadunt, non quia semper in maiori gratia resurgant, sed quia resurgunt in permanentiori gratia, non quidem ex parte ipsius gratiae, quia, quanto gratia est maior, tanto de se est permanentior; sed ex parte hominis, qui tanto stabilius in gratia permanet quanto est cautior et humilior. * unde et glossa ibidem subdit quod “ ideo proficit eis in bonum quod cadunt, quia humiliores redeunt, et quia doctiores fiunt.
ra2 ‘ Ad secundum dicendum quod poenitentia, quantum est de se, habet virtutem reparandi omnes defectus ad perfectum, et etiam promovendi in ulteriorem statum, sed hoc quandoque impeditur ex parte hominis, qui remissius movetur in deum et in detestationem peccati. sicut etiam in baptismo aliqui adulti consequuntur maiorem vel minorem gratiam, secundum quod diversimode se disponunt.
ra3 ‘ Ad tertium dicendum quod illa assimilatio utriusque gratiae ad lucem vespertinam et matutinam fit propter similitudinem ordinis, quia post lucem vespertinam sequuntur tenebrae noctis, post lucem autem matutinam sequitur lux diei, non autem propter maiorem vel minorem similitudinem quantitatis. * illud etiam verbum apostoli intelligitur “ de gratia, quae exsuperat omnem abundantiam humanorum peccatorum. ‘ non autem hoc est verum in omnibus, quod quanto abundantius peccavit, tanto abundantiorem gratiam consequatur, pensata quantitate habitualis gratiae. est tamen superabundans gratia quantum ad ipsam gratiae rationem, quia magis gratis beneficium remissionis magis peccatori confertur. quamvis quandoque abundanter peccantes abundanter dolent, et sic abundantiorem habitum gratiae et virtutum consequuntur, sicut patet in magdalena.
ra4 ‘ Ad id vero quod in contrarium obiicitur, dicendum quod una et eadem gratia maior est proficiens quam incipiens, sed in diversis hoc non est necesse. unus enim incipit a maiori gratia quam alius habeat in statu profectus, * sicut gregorius dicit, in ii dia-

log., ° praesentes et secuturi omnes cognoscant, benedictus puer a quanta perfectione conversionis gratiam incoepisset.

010 ST4 qu89 ar3

ag1 ' Ad tertium sic proceditur. videtur quod per poenitentiam non restituatur homo in pristinam dignitatem. * quia super illud amos v, ° virgo israel cecidit, * dicit glossa, ° non negat ut resurgat, sed ut resurgere virgo possit, quia semel oberrans ovis, etsi reportetur in humeris pastoris, non habet tantam gloriam quantam quae nunquam erravit. ' ergo per poenitentiam non recuperat homo pristinam dignitatem.

ag2 * Praeterea, hieronymus dicit, ° quicumque dignitatem divini gradus non custodiunt, contenti fiant animam salvare, reverti enim in pristinum gradum difficile est. * et innocentius papa dicit quod ° apud nicaeam constituti canones poenitentes etiam ab infimis clericorum officiis excludunt. ' non ergo per poenitentiam homo recuperat pristinam dignitatem.

ag3 ' Praeterea, ante peccatum potest aliquis ad maiorem gradum ascendere. non autem hoc post peccatum conceditur poenitenti, * dicitur enim ezech. xliv, ° levitae qui recesserunt a me, nunquam appropinquabunt mihi, ut sacerdotio fungantur. * et, sicut habetur in decretis, dist. l, in hilerdensi concilio legitur, ° hi qui sancto altario deserviunt, si subito flenda debilitate carnis corruerint, et, domino respiciente, poenituerint, officiorum suorum loca recipiant, nec possint ad altiora officia ulterius promoveri. ' non ergo poenitentia restituit hominem in pristinam dignitatem.

sc * Sed contra est quod, sicut in eadem distinctione legitur, gregorius, scribens secundino, dixit, ° post dignam satisfactionem, credimus hominem posse redire ad suum honorem. * et in concilio agathensi legitur, ° contumaces clerici, prout dignitatis ordo permiserit, ab episcopis corrigantur, ita ut, cum eos poenitentia correxerit, gradum suum dignitatemque recipiant.

co ' Respondeo dicendum quod homo per peccatum duplicem dignitatem amittit, unam quantum ad deum, aliam vero quantum ad ecclesiam. quantum autem ad deum, amittit duplicem dignitatem. unam principalem, qua scilicet computatus erat inter filios dei per gratiam. et hanc dignitatem recuperat per poenitentiam. * quod significatur luc. xv de filio prodigo, ' cui pater poenitenti iussit restitui stolam primam et anulum et calceamenta. aliam vero dignitatem amittit secundariam, scilicet innocentiam, de qua, * sicut ibidem legitur, ' gloriabatur filius senior, * dicens, ° ecce, tot annis servio tibi, et nunquam mandatum tuum praeterivi. ' et hanc dignitatem poenitens recuperare non potest. recuperat tamen quandoque aliquid maius. * quia, ut gregorius dicit, in homilia de centum ovibus, ° qui errasse a deo se considerant, damna praecedentia lucris sequentibus recompensant. maius ergo gaudium de eis fit in caelo, quia et dux in praelio plus eum militem diligit qui post fugam reversus hostem fortiter premit, quam illum qui nunquam terga praebuit et nunquam aliquid fortiter fecit. ' dignitatem autem ecclesiasticam homo per peccatum perdit, qui indignum se reddit ad ea quae competunt dignitati ecclesiasticae |25| exercenda. quam quidem recuperare prohibentur, uno modo, quia non poenitent. * unde isidorus ad misianum episcopum scribit, sicut in eadem distinctione legitur, cap. domino, ° illos ad pristinos gradus canones redire praecipiunt quos poenitentiae praecessit satisfactio, vel condigna peccatorum confessio. at contra hi qui a vitio corruptionis non emendantur, nec gradum honoris, nec gratiam recipiunt communionis. ' secundo, quia poenitentiam negligenter agunt. * unde in eadem distinctione, cap. si quis diaconus, dicitur, ° cum in aliquibus nec compunctio humilitatis, nec instantia orandi appareat, nec ieiuniis vel lectionibus eos vacare videamus, possumus agnoscere, si ad pristinos honores redirent, cum quanta negligentia permanerent. ' tertio, si commisit aliquod peccatum habens irregularitatem aliquam admixtam. * unde in eadem distinctione, ex concilio martini papae, dicitur, ° si quis viduam, vel ab alio relictam duxerit, non admittatur ad clerum. quod si irrepserit, deiiciatur. similiter si homicidii aut facto aut praecepto aut consilio aut defensione, post baptismum, conscius fuerit. ' sed hoc non est ratione peccati, sed ratione irregularitatis. quarto, propter scandalum. * unde in eadem distinctione legitur, cap. de his vero, ° rabanus dicit, |50| hi qui deprehensi vel capti fuerint publice in periurio, furto aut fornicatione, et ceteris criminibus, secundum canonum sacrorum instituta a proprio gradu decidant, quia scandalum est populo dei tales personas superpositas habere. qui autem de praedictis peccatis absconse a se commissis sacerdoti confitentur, si se per ieiunia et eleemosynas vigiliasque et sacras orationes purgaverint, his etiam, gradu proprio servato, spes veniae de misericordia dei promittenda est. * et hoc etiam dicitur extra, de qualitate ordinand., cap. quaesitum, ° si crimina ordine iudiciario comprobata, vel alias notoria non fuerint, praeter reos homicidii, post poenitentiam in susceptis vel iam suscipiendis ordinibus impedire non possunt.

ra1 ' Ad primum ergo dicendum quod eadem ratio est de recuperatione virginitatis et de recuperatione innocentiae, quae pertinet ad secundariam dignitatem quoad deum.

ra2 * Ad secundum dicendum quod hieronymus in verbis illis non dicit " esse impossibile, sed dicit esse difficile hominem recuperare post peccatum pristinum gradum, ' quia hoc non conceditur nisi perfecte poenitenti, * ut dictum est. * ad statuta autem canonum qui hoc prohibere videntur, respondet augustinus, bonifacio scribens, ° ut constitueretur in ecclesia ne quisquam post alicuius criminis poenitentiam clericatum accipiat, vel ad clericatum redeat, vel in clericatu maneat, non desperatione indulgentiae, sed rigore factum est disciplinae. alioquin contra claves datas ecclesiae disputabitur, de quibus dictum est, quaecumque solveritis super terram, erunt soluta et in caelo. * et postea subdit, ° nam et sanctus david de criminibus egit poenitentiam, et tamen in honore suo perstitit. et beatum petrum, quando amarissimas lacrimas fudit, utique dominum negasse poenituit, et tamen apostolus permansit. sed non ideo putanda est supervacua posteriorum diligentia, qui, ubi saluti nihil detrahebatur, humilitati aliquid addiderunt, experti, ut credo, aliquorum fictas poenitentias per affectatas honorum potentias.

ra3 " Ad tertium dicendum quod illud statutum intelligitur de illis qui publicam poenitentiam agunt, qui postmodum non possunt ad maiorem provehi gradum. ' nam et petrus post negationem pastor ovium christi constitutus est, * ut patet ioan. ult.. ubi dicit chrysostomus quod ° petrus post negationem et poenitentiam ostendit se habere maiorem fiduciam ad christum. qui enim in cena non audebat interrogare, sed ioanni interrogationem commisit, huic postea et praepositura fratrum credita est, et non solum non committit alteri interrogare quae ad ipsum pertinent, sed de reliquo ipse pro ioanne magistrum interrogat.

010 ST4 qu89 ar4

ag1 ' Ad quartum sic proceditur. videtur quod opera virtutum in caritate facta mortificari non possunt. quod enim non est, immutari non potest. sed mortificatio est quaedam mutatio de vita in mortem. cum ergo opera virtutum, postquam facta sunt, iam non sint, videtur quod ulterius mortificari non possunt.

ag2 ' Praeterea, per opera virtutis in caritate facta homo meretur vitam aeternam. sed subtrahere mercedem merenti est iniustitia, quae non cadit in deum. ergo non potest esse quod opera virtutum in caritate facta per peccatum sequens mortificentur.

ag3 ' Praeterea, fortius non corrumpitur a debiliori. sed opera caritatis sunt fortiora quibuslibet peccatis, * quia, ut dicitur proverb. x, ° universa delicta operit caritas. ' ergo videtur quod opera in caritate facta per sequens mortale peccatum mortificari non possunt.

sc * Sed contra est quod dicitur ezech. xviii, ° si averterit se iustus a iustitia sua, omnes iustitiae eius quas fecerat, non recordabuntur.

co ' Respondeo dicendum quod res viva per mortem perdit operationem vitae, unde per quandam similitudinem dicuntur res mortificari quando impediuntur a proprio suo effectu vel operatione. effectus autem operum virtuosorum quae in caritate fiunt, est perducere ad vitam aeternam. quod quidem impeditur per peccatum mortale sequens, quod gratiam tollit. et secundum hoc, opera in caritate facta dicuntur mortificari per sequens peccatum mortale.

ra1 ' Ad primum ergo dicendum quod, sicut opera peccatorum transeunt actu et manent reatu, ita opera in caritate facta, postquam transeunt actu, manent merito in dei acceptatione. et secundum hoc mortificantur, inquantum impeditur homo ne consequatur suam mercedem.

ra2 ' Ad secundum dicendum quod sine iniustitia potest subtrahi merces merenti quando ipse reddiderit se indignum mercede per culpam sequentem. nam et ea quae homo iam accepit, quandoque iuste propter culpam perdit.

ra3 ' Ad tertium dicendum quod non est propter fortitudinem operum peccati quod mortificantur opera prius in caritate facta, sed est propter libertatem voluntatis, quae potest a bono in malum deflecti.

010 ST4 qu89 ar5

ag1 ' Ad quintum sic proceditur. videtur quod opera mortificata per peccatum per poenitentiam non reviviscant. sicut enim per poenitentiam subsequentem remittuntur peccata praeterita, ita etiam per peccatum sequens mortificantur opera prius in caritate facta. sed peccata dimissa per poenitentiam non redeunt, * ut supra dictum est. ' ergo videtur quod etiam opera mortificata per caritatem non reviviscant.

ag2 ' Praeterea, opera dicuntur mortificari ad similitudinem animalium quae moriuntur, * ut dictum est. ' sed animal mortuum non potest iterum vivificari. ergo nec opera mortificata possunt iterum per poenitentiam reviviscere.

ag3 ' Praeterea, opera in caritate facta merentur gloriam secundum quantitatem gratiae vel caritatis. sed quandoque per poenitentiam homo resurgit in minori gratia vel caritate. ergo non consequetur gloriam secundum merita priorum operum. et ita videtur quod opera mortificata per peccatum non reviviscant.

sc * Sed contra est quod, super illud ioel ii, ° reddam vobis annos quos comedit locusta, * dicit glossa, ° non patiar perire ubertatem quam cum perturbatione animi amisistis. ' sed illa ubertas est meritum bonorum operum, quod fuit perditum per peccatum. ergo per poenitentiam reviviscunt opera meritoria prius facta.

co * Respondeo dicendum quod quidam dixerunt quod " opera meritoria per peccatum sequens mortificata non reviviscunt per poenitentiam sequentem, considerantes quod opera illa non remanent, ut iterum vivificari possent. ' sed hoc impedire non potest quin vivificentur. non enim habent vim perducendi in vitam aeternam, quod pertinet ad eorum vitam, solum secundum quod actu existunt, sed etiam postquam actu esse desinunt secundum quod remanent in acceptatione divina. sic autem remanent, quantum est de se, etiam postquam per peccatum mortificantur, quia semper deus illa opera, prout facta fuerunt, acceptabit, et sancti de eis gaudebunt, * secundum illud apoc. iii, ° tene quod habes, ne alius accipiat coronam tuam. ' sed quod isti qui ea fecit non sint efficacia ad ducendum ad vitam aeternam, provenit ex impedimento peccati supervenientis, per quod ipse redditur indignus vita aeterna. hoc autem impedimentum tollitur per poenitentiam, inquantum per eam remittuntur peccata. unde restat quod opera prius mortificata per poenitentiam recuperant efficaciam perducendi eum qui fecit ea in vitam aeternam, quod est ea reviviscere. et ita patet quod opera mortificata per poenitentiam reviviscunt.

ra1 ' Ad primum ergo dicendum quod opera peccati per poenitentiam abolentur secundum se, ita scilicet quod ex eis ulterius, deo indulgente, nec macula nec reatus inducitur. sed opera ex caritate facta non abolentur a deo, in cuius acceptatione remanent, sed impedimentum accipiunt ex parte hominis operantis. et ideo, remoto impedimento quod est ex parte hominis, deus implet ex parte sua illud quod opera merebantur.

ra2 ' Ad secundum dicendum quod opera in caritate facta non mortificantur secundum se, * sicut dictum est, ' sed solum per impedimentum superveniens ex parte operantis. animalia autem moriuntur secundum se, inquantum privantur principio vitae. et ideo non est simile.

ra3 ' Ad tertium dicendum quod ille qui per poenitentiam resurgit in minori caritate, consequetur quidem praemium essentiale secundum quantitatem caritatis in qua invenitur, habebit tamen gaudium maius de operibus in prima caritate factis quam de operibus quae in secunda fecit. quod pertinet ad praemium accidentale.

010 ST4 qu89 ar6

ag1 ' Ad sextum sic proceditur. videtur quod per poenitentiam subsequentem etiam opera mortua, quae scilicet non sunt in caritate facta, vivificentur. difficilius enim videtur quod ad vitam perveniat illud quod fuit mortificatum, quod nunquam fit secundum naturam, quam illud quod nunquam fuit vivum, vivificetur, quia ex non vivis secundum naturam viva aliqua generantur. sed opera mortificata per poenitentiam vivificantur, * ut dictum est. ' ergo multo magis opera mortua vivificantur.

ag2 ' Praeterea, remota causa, removetur effectus. sed causa quare opera de genere bonorum sine caritate facta non fuerunt viva, fuit defectus caritatis et gratiae. sed iste defectus tollitur per poenitentiam. ergo per poenitentiam opera mortua vivificantur.

ag3 * Praeterea, hieronymus dicit, ° si quando videris inter multa opera peccatorum facere quemquam aliqua quae iusta sunt, non est tam iniustus deus ut propter multa mala obliviscatur paucorum bonorum. ' sed hoc videtur maxime quando mala praeterita per poenitentiam tolluntur. ergo videtur quod post poenitentiam deus remuneret priora bona in statu peccati facta, quod est ea vivificari.

sc * Sed contra est quod apostolus dicit, i cor. xiii, ° si distribuero in cibos pauperum omnes facultates meas, et si tradidero corpus meum ita ut ardeam, caritatem autem non habuero, nihil mihi prodest. ' hoc autem non esset si saltem per poenitentiam subsequentem vivificarentur. non ergo poenitentia vivificat opera prius mortua.

co ' Respondeo dicendum quod opus aliquod dicitur mortuum dupliciter. uno modo, effective, quia scilicet est causa mortis. et secundum hoc, opera peccati dicuntur opera mortua, * secundum illud heb. ix, ° sanguis christi emundabit conscientias nostras ab operibus mortuis. ' haec igitur opera mortua non vivificantur per poenitentiam, sed magis abolentur, * secundum illud heb. vi, ° non rursus iacientes fundamentum poenitentiae ab operibus mortuis. ' alio modo dicuntur opera mortua privative, scilicet quia carent vita spirituali, quae est ex caritate, per quam anima deo coniungitur, ex quo vivit sicut corpus per animam. et per hunc modum etiam fides quae est sine caritate, dicitur mortua, * secundum illud iac. ii, ° fides sine operibus mortua est. ' et per hunc etiam modum omnia opera quae sunt bona ex genere, si sine caritate fiant, dicuntur mortua, inquantum scilicet non procedunt ex principio vitae; sicut si dicamus sonum citharae vocem mortuam dare. sic igitur differentia mortis et vitae in operibus est secundum comparationem ad principium a quo procedunt. opera autem non possunt iterum a principio procedere, quia transeunt, et iterum eadem numero assumi non possunt. |25| unde impossibile est quod opera mortua iterum fiant viva per poenitentiam.

ra1 ' Ad primum ergo dicendum quod in rebus naturalibus tam mortua quam mortificata carent principio vitae. sed opera dicuntur mortificata non ex parte principii a quo processerunt, sed ex parte impedimenti extrinseci. mortua autem dicuntur ex parte principii. et ideo non est similis ratio.

ra2 ' Ad secundum dicendum quod opera de genere bonorum sine caritate facta dicuntur mortua propter defectum caritatis et gratiae sicut principii. hoc autem non praestatur eis per poenitentiam subsequentem, ut ex tali principio procedant. unde ratio non sequitur.

ra3 ' Ad tertium dicendum quod deus recordatur bonorum quae quis facit in statu peccati, non ut remuneret ea in vita aeterna, quod debetur solis operibus vivis, idest ex caritate factis, sed remunerat temporali remuneratione. * sicut gregorius dicit, in homilia de divite et lazaro, quod, ° nisi dives ille aliquod bonum egisset et in praesenti saeculo remunerationem accepisset, nequaquam ei abraham diceret, recepisti bona in vita tua. ' vel hoc etiam potest referri ad hoc quod patietur tolerabilius iudicium. * unde dicit augustinus, in libro de patientia, ° non possumus dicere schismatico melius fuisse ei ut, christum negando, nihil eorum pateretur quae passus est confitendo, ut illud quod ait apostolus, si tradidero corpus meum ita ut ardeam, caritatem autem non habuero, nihil mihi prodest, intelligatur ad regnum caelorum obtinendum, non ad extremi iudicii supplicium tolerabilius subeundum.

010 ST4 qu90 ar

pr ' Deinde considerandum est de partibus poenitentiae. et primo, in generali; secundo, in speciali de singulis. circa primum quaeruntur quatuor. primo, utrum poenitentia habeat partes. secundo, de numero partium. tertio, quales partes sint. quarto, de divisione eius in partes subiectivas.

010 ST4 qu90 ar1

ag1 ' Ad primum sic proceditur. videtur quod poenitentiae non debent partes assignari. " sacramenta enim sunt in quibus divina virtus secretius operatur salutem. ' sed virtus divina est una et simplex. non ergo poenitentiae, cum sit sacramentum, debent partes assignari.

ag2 ' Praeterea, poenitentia est virtus, et est sacramentum. sed ei inquantum est virtus, non assignantur partes, cum virtus sit habitus quidam, qui est simplex qualitas mentis. similiter etiam ei poenitentiae inquantum est sacramentum, non videtur quod partes sint assignandae, quia baptismo et aliis sacramentis non assignantur partes. ergo poenitentiae nullae debent partes assignari.

ag3 ' Praeterea, poenitentiae materia est peccatum, * ut supra dictum est. ' sed peccato non assignantur partes. ergo etiam nec poenitentiae sunt partes assignandae.

sc ' Sed contra est quod partes sunt ex quibus perfectio alicuius integratur. sed poenitentiae perfectio integratur ex pluribus, scilicet ex contritione, confessione et satisfactione. ergo poenitentia habet partes.

co ' Respondeo dicendum quod partes rei sunt in quas materialiter totum dividitur, habent enim se partes ad totum sicut materia ad formam; * unde in ii physic. " partes ponuntur in genere causae materialis, totum autem in genere causae formalis. ' ubicumque igitur ex parte materiae invenitur aliqua pluralitas, ibi est invenire partium rationem. * dictum est autem supra quod ' in sacramento poenitentiae actus humani se habent per modum materiae. et ideo, cum plures actus humani requirantur ad perfectionem poenitentiae, scilicet contritio, confessio et satisfactio, * ut infra patebit, ' consequens est quod sacramentum poenitentiae habeat partes.

ra1 ' Ad primum ergo dicendum quod quodlibet sacramentum habet simplicitatem ratione virtutis divinae, quae in eo operatur. sed virtus divina, propter sui magnitudinem, operari potest et per unum et per multa, ratione quorum alicui sacramento possunt partes assignari.

ra2 ' Ad secundum dicendum quod poenitentiae secundum quod est virtus, non assignantur partes, actus enim humani, qui multiplicantur in poenitentia, non comparantur ad habitum virtutis sicut partes, sed sicut effectus. unde relinquitur quod partes assignentur poenitentiae inquantum est sacramentum, ad quod actus humani comparantur ut materia. in aliis autem sacramentis materia non sunt actus humani, sed aliqua res exterior, una quidem simplex, ut aqua vel oleum; sive composita, ut chrisma. et ideo aliis sacramentis non assignantur partes.

ra3 ' Ad tertium dicendum quod peccata sunt materia remota poenitentiae, inquantum scilicet sunt ut materia vel obiectum humanorum actuum, qui sunt propria materia poenitentiae prout est sacramentum.

010 ST4 qu90 ar2

ag1 ' Ad secundum sic proceditur. videtur quod inconvenienter assignentur partes poenitentiae contritio, confessio et satisfactio. contritio enim est in corde, et sic pertinet ad interiorem poenitentiam. confessio autem est in ore, et satisfactio in opere, et sic duo ultima pertinent ad poenitentiam exteriorem. poenitentia autem interior non est sacramentum, sed sola poenitentia exterior, quae sensui subiacet. non ergo convenienter assignantur hae partes sacramento poenitentiae.

ag2 ' Praeterea, in sacramento novae legis confertur gratia, * ut supra habitum est. ' sed in satisfactione non confertur aliqua gratia. ergo satisfactio non est pars sacramenti.

ag3 ' Praeterea, non est idem fructus rei et pars. sed satisfactio est fructus poenitentiae, * secundum illud luc. iii, ° facite vobis dignos fructus poenitentiae. ' ergo non est pars poenitentiae.

ag4 ' Praeterea, poenitentia ordinatur contra peccatum. sed peccatum potest perfici solum in corde per consensum, * ut in secunda parte habitum est. ' ergo et poenitentia. non ergo debent poenitentiae partes poni confessio oris et satisfactio operis.

sc ' Sed contra, videtur quod debeant poni plures partes poenitentiae. pars enim hominis ponitur non solum corpus, quasi materia, sed etiam anima, quae est forma. sed tria praedicta, cum sint actus poenitentis, se habent sicut materia, absolutio autem sacerdotis se habet per modum formae. ergo absolutio sacerdotis debet poni quarta pars poenitentiae.

co " Respondeo dicendum quod duplex est pars, * ut dicitur in v metaphys. " scilicet pars essentiae, et pars quantitatis. ' partes quidem essentiae sunt, naturaliter quidem, forma et materia, logice autem, genus et differentia. hoc autem modo quodlibet sacramentum distinguitur in materiam et formam sicut in partes essentiae, * unde et supra dictum est quod ' sacramenta consistunt in rebus et verbis. sed quia quantitas se tenet ex parte materiae, partes quantitatis sunt partes materiae. et hoc modo sacramento poenitentiae specialiter assignantur partes, * ut supra dictum est, ' quantum ad actus poenitentis, qui sunt materia huius sacramenti. * dictum est autem supra quod ' alio modo fit recompensatio offensae in poenitentia, et in vindicativa iustitia. nam in vindicativa iustitia fit recompensatio secundum arbitrium iudicis, non secundum voluntatem offendentis vel offensi, sed in poenitentia fit recompensatio offensae secundum voluntatem peccantis, et secundum arbitrium dei, in quem peccatur; quia hic non quaeritur sola reintegratio aequalitatis iustitiae, sicut in iustitia vindicativa, sed magis reconciliatio amicitiae, quod fit dum offendens recompensat secundum voluntatem eius quem offendit. |25| sic igitur requiritur ex parte poenitentis, primo quidem, voluntas recompensandi, quod fit per contritionem; secundo, quod se subiiciat arbitrio sacerdotis loco dei, quod fit in confessione; tertio, quod recompenset secundum arbitrium ministri dei, quod fit in satisfactione. et ideo contritio, confessio et satisfactio ponuntur partes poenitentiae.

ra1 ' Ad primum ergo dicendum quod contritio secundum essentiam quidem est in corde, et pertinet ad interiorem poenitentiam, virtualiter autem pertinet ad poenitentiam exteriorem, inquantum scilicet implicat propositum confitendi et satisfaciendi.

ra2 ' Ad secundum dicendum quod satisfactio confert gratiam prout est in proposito, et auget eam prout est in executione, sicut baptismus in adultis, * ut supra dictum est.

ra3 ' Ad tertium dicendum quod satisfactio est pars poenitentiae sacramenti; fructus autem poenitentiae virtutis.

ra4 " Ad quartum dicendum quod plura requiruntur ad bonum, quod procedit ex integra causa, quam ad malum, quod procedit ex singularibus defectibus, * secundum dionysium, iv cap. de div. nom.. ' et ideo, licet peccatum perficiatur in consensu cordis, ad perfectionem tamen poenitentiae requiritur et contritio cordis, et confessio oris, et satisfactio operis.

ra5 ' Ad contrarium patet solutio per ea quae dicta sunt.

010 ST4 qu90 ar3

ag1 ' Ad tertium sic proceditur. videtur quod praedicta tria non sint partes integrales poenitentiae. poenitentia enim, * ut dictum est, ' contra peccatum ordinatur. sed peccatum cordis, oris et operis sunt partes subiectivae peccati, et non partes integrales, quia peccatum de quolibet horum praedicatur. ergo etiam in poenitentia contritio cordis et confessio oris et satisfactio operis non sunt partes integrales.

ag2 ' Praeterea, nulla pars integralis in se continet aliam sibi condivisam. sed contritio continet in se confessionem et satisfactionem in proposito. ergo non sunt partes integrales.

ag3 ' Praeterea, ex partibus integralibus simul et aequaliter constituitur totum, sicut linea ex suis partibus. sed hoc non contingit hic. ergo praedicta non sunt partes integrales poenitentiae.

sc ' Sed contra, illae dicuntur partes integrales ex quibus integratur perfectio totius. sed ex tribus praedictis integratur perfectio poenitentiae. ergo sunt partes integrales poenitentiae.

co * Respondeo dicendum quod quidam dixerunt " haec tria esse partes subiectivas poenitentiae. ' sed hoc non potest esse. quia partibus subiectivis singulis adest tota virtus totius, et simul, et aequaliter, sicut tota virtus animalis, inquantum est animal, salvatur in qualibet specie animalis, quae simul et aequaliter dividunt animal. sed hoc non est in proposito. * et ideo alii dixerunt quod " sunt partes potentiales. ' sed nec hoc iterum esse potest. quia singulis partibus potentialibus adest totum secundum totam essentiam, sicut tota essentia animae adest cuilibet eius potentiae. sed hoc non est in proposito. unde relinquitur quod praedicta tria sint partes integrales poenitentiae, ad quarum rationem exigitur ut totum non adsit singulis partibus neque secundum totam virtutem eius, neque secundum totam essentiam, sed omnibus simul.

ra1 ' Ad primum ergo dicendum quod peccatum, quia rationem mali habet, potest in uno tantum perfici, * ut dictum est. ' et ideo peccatum quod in solo corde perficitur, est una species peccati. alia vero species est peccatum quod perficitur in corde et ore. tertia vero species est peccatum quod perficitur in corde et opere. et huius peccati partes quasi integrales sunt quod est in corde, et quod est in ore, et quod est in opere. et ideo poenitentiae, quae in his tribus perficitur, haec tria sunt partes integrales.

ra2 ' Ad secundum dicendum quod una pars integralis potest continere totum, licet non secundum essentiam, fundamentum enim quodammodo virtute continet totum aedificium. et hoc modo contritio continet virtute totam poenitentiam.

ra3 ' Ad tertium dicendum quod omnes partes integrales habent ordinem quendam ad invicem. sed quaedam habent ordinem tantum in situ, sive consequenter se habeant, sicut partes exercitus; sive se tangant, sicut partes acervi; sive etiam colligentur, sicut partes domus; sive etiam continuentur, sicut partes lineae. quaedam vero habent insuper ordinem virtutis, sicut partes animalis, quarum prima virtute est cor, et aliae quodam ordine virtutis dependent ab invicem. tertio modo ordinantur ordine temporis, sicut partes temporis et motus. partes igitur poenitentiae habent ad invicem ordinem virtutis et temporis, quia sunt actus; non autem ordinem situs, quia non habent positionem.

010 ST4 qu90 ar4

ag1 ' Ad quartum sic proceditur. videtur quod inconvenienter dividatur poenitentia in poenitentiam ante baptismum, et poenitentiam mortalium, et poenitentiam venialium. " poenitentia enim est secunda tabula post naufragium, * ut supra dictum est, ' baptismus autem prima. illud ergo quod est ante baptismum, non debet poni species poenitentiae.

ag2 ' Praeterea, quod potest destruere maius, potest etiam destruere minus. sed mortale est maius peccatum quam veniale. illa vero poenitentia quae est de mortalibus, eadem etiam est de venialibus. non ergo debent poni diversae species poenitentiae.

ag3 ' Praeterea, sicut post baptismum peccatur venialiter et mortaliter, ita etiam ante baptismum. si ergo post baptismum distinguitur poenitentia venialium et mortalium, pari ratione debet distingui ante baptismum. non ergo convenienter distinguitur poenitentia per has species.

sc * Sed contra est quod augustinus, in libro de poenitentia, " ponit praedictas tres species poenitentiae.

co ' Respondeo dicendum quod haec divisio est poenitentiae secundum quod est virtus. est autem considerandum quod quaelibet virtus operatur secundum congruentiam temporis, sicut et secundum alias debitas circumstantias. unde et virtus poenitentiae actum suum habet in hoc tempore secundum quod convenit novae legi pertinet autem ad poenitentiam ut detestetur peccata praeterita, cum proposito immutandi vitam in melius, quod est quasi poenitentiae finis. et quia moralia recipiunt speciem secundum finem, * ut in secunda parte habitum est; ' consequens est quod diversae species poenitentiae accipiantur secundum diversas immutationes quas poenitens intendit. est autem triplex immutatio a poenitente intenta. prima quidem per regenerationem in novam vitam. et haec pertinet ad poenitentiam quae est ante baptismum. secunda autem immutatio est per reformationem vitae praeteritae iam corruptae. et haec pertinet ad poenitentiam mortalium post baptismum. tertia autem immutatio est in perfectiorem operationem vitae. et haec pertinet ad poenitentiam venialium, quae remittuntur per aliquem ferventem actum caritatis, * ut supra dictum est.

ra1 ' Ad primum ergo dicendum quod poenitentia quae est ante baptismum, non est sacramentum, sed est actus virtutis disponens ad sacramentum baptismi.

ra2 ' Ad secundum dicendum quod poenitentia quae delet peccata mortalia delet etiam venialia, sed non convertitur. et ideo hae duae poenitentiae se habent sicut perfectum et imperfectum.

ra3 ' Ad tertium dicendum quod ante baptismum non sunt peccata venialia sine mortalibus. et quia veniale sine mortali dimitti non potest, * ut supra dictum est; ' ideo ante baptismum non distinguitur poenitentia mortalium et venialium.

TABULAE

1. "TITULI" ii sunt, sed abbreviati, quos editiones praemittunt partibus textus, quales sunt quaestiones et articuli, libri et lectiones etc. Non omnia opera habent titulos suarum partium: quare prorsus absunt a vol. 5.

2. Tabula "ERRATA CORRECTA" enumerat non quidem errores adhuc corrigendos, sed illos quos ipsi in textibus iam correximus, iudicantes eos esse mere typographicos.
In his propterea locis noster textus differt a suo fonte. In tabula autem non referuntur omnes quos reperimus, sed illi tantum qui produxerant vocem non in se impossibilem. Elenchus vero omnium asservatur in nostro archivo, communicabilis requirentibus.
Lectio errata tenet primum locum, alterum lectio correcta.
Littera indicat fontem lectionis correctae:

A = apparatus vel textus super quem fit commentum
B = Bulletin Thomiste
F = textus parmensis editionis Fiaccadori
G = P. - M. Gils OP, vide 006 ADL
L = Leonini Patres OP in editionibus aut in ad me epistolis
P = Piana editio 1570
R = redactores nostri proprio iudicio
V = Vulgata editio S. Scripturae.

3. Tabula "TEXTUS ISAIAE" ostendit in quibus locis textus leoninus Expositionis super Isaiam editus anno 1974 differat a praecedenti quem dactyloscriptum Leonini Patres nobis communicaverant anno 1969. Textus enim 1969 et non textus 1974 recensetur in Indice Thomistico et hic editur.
Differentiae textus definitivi tenent in tabula alterum locum,
indicatis pagina et linea editionis leoninae ubi occurrunt vel initium sumunt. Haec tabula adest in solo vol. 5

4. Tabula "NUMERI CONTINUI" praebet correspondentiam inter nostras ubicationes et numeros illos paragraphorum in quos dividuntur quaedam opera in quibusdam editionibus et iuxta quos interdum citationes fiunt. Hi autem numeri faciunt unam continuam seriem ab initio operis usque ad finem. Haec tabula adest in singulis voluminibus, excepto primo.

5. Tabula "LINEAE MULTAE" distribuit per paginas et columnas editionis unde sunt desumptae, illas lineas quarum numeri in pluries centenos crescunt. Haec tabula adest in solo vol. 7.

TITULI

005 SCG CONTRA GENTILES

LIBER PRIMUS

1 quod sit officium sapientis
2 quae sit in hoc opere auctoris intentio
3 quis modus sit possibilis divinae veritatis manifestandae
4 quod veritas divinorum ad quam naturalis ratio pertingit convenienter hominibus credenda proponitur
5 quod ea quae ratione investigari non possunt convenienter fide tenenda hominibus proponuntur
6 quod assentire his quae sunt fidei non est levitatis quamvis supra rationem sint
7 quod veritati fidei christianae non contrariatur veritas rationis
8 qualiter se habeat humana ratio ad veritatem fidei
9 de ordine et modo procedendi in hoc opere
10 de opinione dicentium quod deum esse demonstrari non potest cum sit per se notum
11 reprobatio praemissae opinionis et solutio rationum praemissarum
12 de opinione dicentium quod deum esse demonstrari non potest sed sola fide tenetur
13 rationes ad probandum deum esse
14 quod ad cognitionem dei oportet uti via remotionis
15 quod deus sit aeternus
16 quod in deo non est potentia passiva
17 quod in deo non est materia
18 quod in deo nulla est compositio
19 quod in deo nihil est violentum neque praeter naturam
20 quod deus non est corpus
21 quod deus est sua essentia
22 quod in deo idem est esse et essentia
23 quod in deo non est accidens
24 quod divinum esse non potest designari per additionem alicuius differentiae substantialis
25 quod deus non est in aliquo genere
26 quod deus non est esse formale omnium
27 quod deus non sit forma alicuius corporis
28 de perfectione divina
29 de similitudine creaturarum
30 quae nomina de deo possint praedicari
31 quod divina perfectio et pluralitas nominum divinorum divinae simplicitati non repugnant
32 quod nihil de deo et rebus aliis univoce praedicatur
33 quod non omnia nomina dicuntur de deo et creaturis pure aequivoce
34 quod ea quae dicuntur de deo et creaturis dicuntur analogice
35 quod plura nomina dicta de deo non sunt synonyma
36 qualiter intellectus noster de deo propositionem formet
37 quod deus est bonus
38 quod deus est ipsa bonitas
39 quod in deo non potest esse malum
40 quod deus est omnis boni bonum
41 quod deus sit summum bonum
42 quod deus est unus
43 quod deus est infinitus
44 quod deus est intelligens
45 quod intelligere dei est sua essentia
46 quod deus per nihil aliud intelligit quam per suam essentiam
47 quod deus intelligit perfecte seipsum
48 quod deus primo et per se solum seipsum cognoscit
49 quod deus cognoscit alia a se
50 quod deus habet propriam cognitionem de omnibus rebus
51-52 rationes ad inquirendum qualiter multitudo intellectorum sit in intellectu divino
53 solutio praemissae dubitationis
54 qualiter divina essentia una et simplex sit propria similitudo omnium intelligibilium
55 quod deus omnia simul intelligit
56 quod cognitio dei non est habitualis
57 quod cognitio dei non est discursiva
58 quod deus non intelligit componendo et dividendo
59 quod a deo non excluditur veritas enuntiabilium
60 quod deus est veritas
61 quod deus est purissima veritas
62 quod divina veritas est prima et summa veritas
63 rationes volentium subtrahere deo cognitionem singularium
64 ordo dicendorum circa divinam cognitionem
65 quod deus singularia cognoscat
66 quod deus cognoscit ea quae non sunt
67 quod deus cognoscit singularia contingentia futura
68 quod deus cognoscit motus voluntatis
69 quod deus cognoscit infinita
70 quod deus vilia cognoscit
71 quod deus cognoscit mala
72 quod deus est volens
73 quod voluntas dei est eius essentia
74 quod principale volitum dei est divina essentia
75 quod deus, volendo se, vult etiam alia
76 quod deus uno actu voluntatis se et alia velit
77 quod volitorum multitudo divinae simplicitati non repugnat
78 quod divina voluntas ad singula bonorum se extendit
79 quod deus vult etiam ea quae nondum sunt
80 quod deus de necessitate vult suum esse et suam bonitatem
81 quod deus non de necessitate vult alia a se
82 rationes ducentes ad inconveniens si deus alia a se non necessario velit
83 quod deus vult aliquid aliud a se necessitate suppositionis
84 quod voluntas dei non est impossibilium secundum se
85 quod divina voluntas non tollit contingentiam a rebus, neque eis necessitatem absolutam imponit
86 quod divinae voluntatis potest ratio assignari
87 quod divinae voluntatis nihil potest esse causa
88 quod in deo est liberum arbitrium
89 quod in deo non sunt passiones affectuum
90 quod in deo sit delectatio et gaudium, non tamen repugnat divinae perfectioni
91 quod in deo sit amor
92 quomodo in deo ponantur esse virtutes
93 quod in deo sunt virtutes morales quae sunt circa actiones
94 quod in deo sunt virtutes contemplativae
95 quod deus non potest velle malum
96 quod deus nihil odit, nec odium alicuius rei ei convenire potest
97 quod deus est vivens
98 quod deus est sua vita
99 quod vita dei est sempiterna
100 quod deus est beatus
101 quod deus sit sua beatitudo
102 quod beatitudo divina perfecta et singularis est excedens omnem aliam beatitudinem

LIBER SECUNDUS

1 continuatio sequentium ad praecedentia
2 quod consideratio creaturarum utilis est ad fidei instructionem
3 quod cognoscere naturam creaturarum valet ad destruendum errores qui sunt circa deum
4 quod aliter considerat de creaturis philosophus et theologus
5 ordo dicendorum
6 quod deo competit ut sit aliis principium essendi
7 quod in deo sit potentia activa
8 quod dei potentia sit eius substantia
9 quod dei potentia sit eius actio
10 qualiter potentia in deo dicatur
11 quod de deo dicitur aliquid relative ad creaturas
12 quod relationes dictae de deo ad creaturas non sunt realiter in deo
13-14 quomodo praedictae relationes de deo dicantur
15 quod deus sit omnibus causa essendi
16 quod deus ex nihilo produxit res in esse
17 quod creatio non est motus neque mutatio
18 quomodo solvantur ea quae contra creationem obiiciuntur
19 quod in creatione non sit successio
20 quod nullum corpus potest creare
21 quod solius dei est creare
22 quod deus omnia possit
23 quod deus non agat ex necessitate naturae
24 quod deus agit secundum suam sapientiam
25 qualiter omnipotens dicatur quaedam non posse
26 quod divinus intellectus non coartatur ad determinatos effectus
27 quod divina voluntas ad determinatos effectus non artatur
28-29 qualiter in rerum productione debitum inveniatur
30 qualiter in rebus creatis esse potest necessitas absoluta
31 quod non est necessarium creaturas semper fuisse
32 rationes volentium probare aeternitatem mundi ex parte dei acceptae
33 rationes volentium probare aeternitatem mundi sumptae ex parte creaturarum
34 rationes ad probandum aeternitatem mundi ex parte factionis
35 solutio rationum supra positarum et primo earum quae sumebantur ex parte dei
36 solutio rationum quae sumuntur ex parte rerum factarum
37 solutio rationum quae sumebantur ex parte factionis rerum
38 rationes quibus quidam conantur ostendere mundum non esse aeternum
39 quod distinctio rerum non est a casu
40 quod materia non est prima causa distinctionis rerum
41 quod distinctio rerum non est propter contrarietatem agentium
42 quod causa prima distinctionis rerum non est secundorum agentium ordo
43 quod rerum distinctio non est per aliquem de secundis agentibus inducentem in materiam diversas formas
44 quod distinctio rerum non processit ex meritorum vel demeritorum diversitate
45 quae sit prima causa distinctionis rerum secundum veritatem
46 quod oportuit ad perfectionem universi aliquas creaturas intellectuales esse
47 quod substantiae intellectuales sunt volentes
48 quod substantiae intellectuales sunt liberi arbitrii in agendo
49 quod substantia intellectualis non sit corpus
50 quod substantiae intellectuales sunt immateriales
51 quod substantia intellectualis non sit forma materialis
52 quod in substantiis intellectualibus creatis differt esse et quod est
53 quod in substantiis intellectualibus creatis est actus et potentia
54 quod non est idem componi ex substantia et esse, et materia et forma
55 quod substantiae intellectuales sunt incorruptibiles
56 per quem modum substantia intellectualis possit corpori uniri
57 positio platonis de unione animae intellectualis ad corpus
58 quod nutritiva, sensitiva et intellectiva non sunt in homine tres animae
59 quod intellectus possibilis hominis non est substantia separata
60 quod homo non sortitur speciem per intellectum passivum, sed per intellectum possibilem
61 quod praedicta positio est contra sententiam aristotelis
62 contra opinionem alexandri de intellectu possibili
63 quod anima non sit complexio, ut posuit galenus
64 quod anima non sit harmonia
65 quod anima non sit corpus
66 contra ponentes intellectum et sensum esse idem
67 contra ponentes intellectum possibilem esse imaginationem
68 qualiter substantia intellectualis possit esse forma corporis
69 solutio rationum quibus supra probatur quod substantia intellectualis non potest uniri corpori ut forma
70 quod secundum dicta aristotelis oportet ponere intellectum uniri corpori ut formam
71 quod anima immediate unitur corpori
72 quod anima sit tota in toto et tota in qualibet parte
73 quod intellectus possibilis non est unus in omnibus hominibus
74 de opinione avicennae, qui posuit formas intelligibiles non conservari in intellectu possibili
75 solutio rationum quibus videtur probari unitas intellectus possibilis
76 quod intellectus agens non sit substantia separata, sed aliquid animae
77 quod non est impossibile intellectum possibilem et agentem in una substantia animae convenire
78 quod non fuit sententia aristotelis de intellectu agente quod sit substantia separata, sed magis quod sit aliquid animae
79 quod anima humana, corrupto corpore, non corrumpitur
80-81 rationes probantes animam corrumpi corrupto corpore et solutio ipsarum
82 quod animae brutorum animalium non sunt immortales
83 quod anima humana incipiat cum corpore
84 solutio rationum praemissarum
85 quod anima non sit de substantia dei
86 quod anima humana non traducatur cum semine
87 quod anima humana producatur in esse a deo per creationem
88 rationes ad probandum quod anima humana causetur ex semine
89 solutio rationum praemissarum
90 quod nulli alii corpori nisi humano unitur substantia intellectualis ut forma
91 quod sunt aliquae substantiae intellectuales corporibus non unitae
92 de multitudine substantiarum separatarum
93 quod in substantiis separatis non sunt multae unius speciei
94 quod substantia separata et anima non sunt unius speciei
95 quomodo accipiatur genus et species in substantiis separatis
96 quod substantiae separatae non accipiunt cognitionem a sensibilibus
97 quod intellectus substantiae separatae semper intelligit actu
98 quomodo una substantia separata intelligit aliam
99 quod substantiae separatae cognoscunt materialia
100 quod substantiae separatae cognoscunt singularia
101 utrum substantiae separatae naturali cognitione cognoscant omnia simul

LIBER TERTIUS

1 prooemium
2 quod omne agens agit propter finem
3 quod omne agens agit propter bonum
4 quod malum est praeter intentionem in rebus
5-6 rationes quibus videtur probari quod malum non sit praeter intentionem. (et solutio ipsarum)
7 quod malum non est aliqua essentia
8-9 rationes quibus videtur probari quod malum sit natura vel res aliqua. (et solutio ipsarum)
10 quod causa mali est bonum
11 quod malum fundatur in bono
12 quod malum non totaliter consumit bonum
13 quod malum habet aliquo modo causam
14 quod malum est causa per accidens
15 quod non est summum malum
16 quod finis cuiuslibet rei est bonum
17 quod omnia ordinantur in unum finem, qui est deus
18 quomodo deus sit finis rerum
19 quod omnia intendunt assimilari deo
20 quomodo res imitentur divinam bonitatem
21 quod res intendunt naturaliter assimilari deo in hoc quod est causa
22 quomodo diversimode res ordinantur in suos fines
23 quod motus caeli est a principio intellectivo
24 quomodo appetunt bonum etiam quae cognitione carent
25 quod intelligere deum est finis omnis intellectualis substantiae
26 utrum felicitas consistat in actu voluntatis
27 quod felicitas humana non consistit in delectationibus carnalibus
28 quod felicitas non consistit in honoribus
29 quod felicitas hominis non consistit in gloria
30 quod felicitas hominis non consistit in divitiis
31 quod felicitas non consistit in potentia mundana
32 quod felicitas non consistit in bonis corporis
33 quod felicitas humana non consistit in sensu
34 quod ultima hominis felicitas non consistit in actibus virtutum moralium
35 quod ultima felicitas non sit in actu prudentiae
36 quod felicitas non consistit in operatione artis
37 quod ultima felicitas hominis consistit in contemplatione dei
38 quod felicitas humana non consistit in cognitione dei quae communiter habetur a pluribus
39 quod felicitas humana non consistit in cognitione dei quae habetur per demonstrationem
40 quod felicitas humana non consistit in cognitione dei quae est per fidem
41 utrum in hac vita homo possit intelligere substantias separatas per studium et inquisitionem scientiarum speculativarum
42 quod non possumus in hac vita intelligere substantias separatas sicut ponit alexander
43 quod non possumus in hac vita intelligere substantias separatas sicut ponit averroes
44 quod ultima felicitas hominis non consistit in cognitione substantiarum separatarum qualem praedictae opiniones fingunt
45 quod non possumus in hac vita intelligere substantias separatas
46 quod anima in hac vita non intelligit seipsam per seipsam

47 quod non possumus in hac vita videre deum per essentiam
48 quod ultima hominis felicitas non sit in hac vita
49 quod substantiae separatae non vident deum per essentiam ex hoc quod cognoscunt eum per suam essentiam
50 quod in naturali cognitione quam habent substantiae separatae de deo non quiescit earum naturale desiderium
51 quomodo deus per essentiam videatur
52 quod nulla creata substantia potest sua naturali virtute pervenire ad videndum deum per essentiam
53 quod intellectus creatus indiget aliqua influentia divini luminis ad hoc quod deum per essentiam videat
54 rationes quibus videtur probari quod deus non possit videri per essentiam, et solutiones earum
55 quod intellectus creatus non comprehendit divinam substantiam
56 quod nullus intellectus creatus, videndo deum, videt omnia quae in eo videri possunt
57 quod omnis intellectus, cuiuscumque gradus, particeps esse potest divinae visionis
58 quod unus alio perfectius deum videre potest
59 quomodo videntes divinam substantiam omnia videant
60 quod videntes deum omnia simul videant in ipso
61 quod per visionem dei aliquis fit particeps vitae aeternae
62 quod videntes deum in perpetuum eum videbunt
63 qualiter in illa ultima felicitate omne desiderium hominis completur
64 quod deus sua providentia gubernat res
65 quod deus conservat res in esse
66 quod nihil dat esse nisi inquantum agit in virtute divina
67 quod deus est causa operandi omnibus operantibus
68 quod deus est ubique
69 de opinione eorum qui rebus naturalibus proprias subtrahunt actiones
70 quomodo idem effectus sit a deo et a natura agente
71 quod divina providentia non excludit totaliter malum a rebus
72 quod divina providentia non excludit contingentiam a rebus
73 quod divina providentia non excludit arbitrii libertatem
74 quod divina providentia non excludit fortunam et casum
75 quod providentia dei sit singularium contingentium
76 quod providentia dei sit omnium singularium immediate
77 quod executio divinae providentiae fit mediantibus causis secundis
78 quod mediantibus creaturis intellectualibus aliae creaturae reguntur a deo
79 quod substantiae intellectivae inferiores reguntur per superiores
80 de ordinatione angelorum ad invicem
81 de ordinatione hominum ad invicem et ad alia
82 quod inferiora corpora reguntur a deo per corpora caelestia
83 epilogus praedictorum
84 quod corpora caelestia non imprimant in intellectus nostros
85 quod corpora caelestia non sunt causae voluntatum et electionum nostrarum
86 quod corporales effectus in istis inferioribus non sequuntur ex necessitate a corporibus caelestibus
87 quod motus caelestis corporis non sit causa electionum nostrarum ex virtute animae moventis, ut quidam dicunt
88 quod substantiae separatae creatae non possunt esse causa directe electionum et voluntatum nostrarum, sed solus deus
89 quod motus voluntatis causatur a deo, et non solum potentia voluntatis
90 quod electiones et voluntates humanae subduntur divinae providentiae
91 quomodo res humanae ad superiores causas reducantur
92 quomodo dicitur aliquis bene fortunatus, et quomodo adiuvetur homo ex superioribus causis
93 de fato: an sit, et quid sit
94 de certitudine divinae providentiae
95-96 quod immobilitas divinae providentiae utilitatem orationis non excludit
97 quomodo dispositio providentiae habeat rationem
98 quomodo deus possit facere praeter ordinem suae providentiae, et quomodo non
99 quod deus potest operari praeter ordinem rebus inditum, producendo effectus absque causis proximis
100 quod ea quae deus facit praeter naturae ordinem non sunt contra naturam
101 de miraculis
102 quod solus deus facit miracula
103 quomodo substantiae spirituales aliqua mirabilia operantur, quae tamen non sunt vere miracula
104 quod opera magorum non sunt solum ex impressione caelestium corporum
105 unde magorum operationes efficaciam habeant
106 quod substantia intellectualis quae praestat efficaciam magicis operibus, non est bona secundum virtutem
107 quod substantia intellectualis cuius auxilio magicae artes utuntur, non est mala secundum suam naturam
108 rationes quibus probari videtur quod in daemonibus non possit esse peccatum
109 quod in daemonibus possit esse peccatum, et qualiter
110 solutio praemissarum rationum
111 quod speciali quadam ratione creaturae rationales divinae providentiae subduntur
112 quod creaturae rationales gubernantur propter seipsas, aliae vero in ordine ad eas
113 quod rationalis creatura dirigitur a deo ad suos actus non solum secundum ordinem ad speciem, sed etiam secundum quod congruit individuo
114 quod divinitus hominibus leges dantur
115 quod lex divina principaliter hominem ordinat in deum
116 quod finis legis divinae est dilectio dei
117 quod divina lege ordinamur ad dilectionem proximi
118 quod per divinam legem homines ad rectam fidem obligantur
119 quod per quaedam sensibilia mens nostra dirigitur in deum
120 quod latriae cultus soli deo est exhibendus
121 quod divina lex ordinat hominem secundum rationem circa corporalia et sensibilia
122 qua ratione fornicatio simplex secundum legem divinam sit peccatum: et quod matrimonium sit naturale
123 quod matrimonium debet esse indivisibile
124 quod matrimonium debeat esse unius ad unam
125 quod matrimonium non debet fieri inter propinquos
126 quod non omnis carnalis commixtio est peccatum
127 quod nullius cibi usus est peccatum secundum se
128 quomodo secundum legem dei homo ordinatur ad proximum
129 quod in actibus humanis sunt aliqua recta secundum naturam, et non solum quasi lege posita
130 de consiliis quae dantur in lege divina
131 de errore impugnantium voluntariam paupertatem
132 de modis vivendi eorum qui voluntariam paupertatem sequuntur
133 quomodo paupertas sit bona
134 solutio rationum supra inductarum contra paupertatem
135 solutio eorum quae obiiciebantur contra diversos modos vivendi eorum qui assumunt voluntariam paupertatem
136-137 de errore eorum qui perpetuam continentiam impugnant
138 contra eos qui vota impugnant
139 quod neque merita neque peccata sint paria
140 quod actus hominis puniuntur vel praemiantur a deo
141 de differentia et ordine poenarum
142 quod non omnia praemia et poenae sunt aequales
143 de poena quae debetur peccato mortali et veniali per respectum ad ultimum finem
144 quod per peccatum mortale ultimo fine aliquis in aeternum privatur
145 quod peccata puniuntur etiam per experientiam alicuius nocivi
146 quod iudicibus licet poenas inferre
147 quod homo indiget divino auxilio ad beatitudinem consequendam
148 quod per auxilium divinae gratiae homo non cogitur ad virtutem
149 quod divinum auxilium homo promereri non potest
150 quod praedictum divinum auxilium gratia nominatur, et quid sit gratia gratum faciens
151 quod gratia gratum faciens causat in nobis dilectionem dei
152 quod divina gratia causat in nobis fidem
153 quod divina gratia causat in nobis spem
154 de donis gratiae gratis datae; in quo de divinationibus daemonum
155 quod homo indiget auxilio gratiae ad perseverandum in bono
156 quod ille qui decidit a gratia per peccatum, potest iterum per gratiam reparari
157 quod homo a peccato liberari non potest nisi per gratiam
158 qualiter homo a peccato liberatur
159 quod rationabiliter homini imputatur si ad deum non convertatur, quamvis hoc sine gratia non possit
160 quod homo in peccato existens sine gratia peccatum vitare non potest
161 quod deus aliquos a peccato liberat, et aliquos in peccato relinquit
162 quod deus nemini est causa peccandi
163 de praedestinatione, reprobatione, et electione divina

LIBER QUARTUS

1 prooemium
2 quod sit generatio, paternitas et filiatio in divinis
3 quod filius dei sit deus
4 quid opinatus sit photinus de filio dei, et eius improbatio
5 opinio sabellii de filio dei, et eius improbatio
6 de opinione arii circa filium dei
7 improbatio opinionis arii de filio dei
8 solutio ad auctoritates quas arius pro se inducebat
9 solutio ad auctoritates photini et sabellii
10 rationes contra generationem et processionem divinam
11 quomodo accipienda sit generatio in divinis, et quae de filio dei dicuntur in scripturis
12 quomodo filius dei dicatur dei sapientia
13 quod non est nisi unus filius in divinis
14 solutio ad rationes supra inductas contra generationem divinam
15 de spiritu sancto, quod sit in divinis
16 rationes ex quibus aliqui spiritum sanctum existimaverunt esse creaturam
17 quod spiritus sanctus sit verus deus
18 quod spiritus sanctus sit subsistens persona
19 quomodo intelligenda sunt quae de spiritu sancto dicuntur
20 de effectibus attributis spiritui sancto in scripturis respectu totius creaturae
21 de effectibus attributis spiritui sancto in sacra scriptura respectu rationalis creaturae, quantum ad ea quae deus nobis largitur
22 de effectibus attributis spiritui sancto secundum quod movet creaturam in deum
23 solutio rationum supra inductarum contra divinitatem spiritus sancti
24 quod spiritus sanctus procedat a filio
25 rationes ostendere volentium quod spiritus sanctus non procedat a filio, et solutio ipsarum
26 quod non sunt nisi tres personae in divinis: pater, filius et spiritus sanctus
27 de incarnatione verbi secundum traditionem sacrae scripturae
28 de errore photini circa incarnationem
29 de errore manichaeorum circa incarnationem
30 de errore valentini circa incarnationem
31 de errore apollinaris circa corpus christi
32 de errore arii et apollinaris circa animam christi
33 de errore apollinaris dicentis animam rationalem non fuisse in christo, et de errore origenis dicentis animam christi ante mundum fuisse creatam
34 de errore theodori mopsuesteni et nestorii circa unionem verbi ad hominem
35 contra errorem eutychetis
36 de errore macarii antiocheni ponentis unam tantum voluntatem in christo
37 contra eos qui dixerunt ex anima et corpore non esse aliquid unum constitutum in christo
38 contra eos qui ponunt duo supposita vel duas hypostases in una persona christi
39 quid catholica fides sentiat de incarnatione christi
40 obiectiones contra fidem incarnationis
41 quomodo oporteat intelligere incarnationem filii dei
42 quod assumptio humanae naturae maxime competebat verbo dei
43 quod humana natura assumpta a verbo non praeexstitit assumptioni, sed in ipsa conceptione fuit assumpta
44 quod natura humana assumpta a verbo in ipsa conceptione fuit perfecta quantum ad animam et corpus
45 quod christum decuit nasci ex virgine
46 quod christus natus est de spiritu sancto
47 quod christus non fuit filius spiritus sancti secundum carnem
48 quod non sit dicendum christum esse creaturam
49 solutio rationum contra incarnationem superius positarum
50 quod peccatum originale traducatur a primo parente in posteros
51 obiectiones contra peccatum originale
52 solutio obiectionum positarum
53 rationes quibus videtur probari quod non fuit conveniens deum incarnari
54 quod conveniens fuit deum incarnari
55 solutio rationum supra positarum contra convenientiam incarnationis
56 de necessitate sacramentorum
57 de distinctione sacramentorum veteris et novae legis
58 de numero sacramentorum novae legis
59 de baptismo
60 de confirmatione
61 de eucharistia
62 de errore infidelium circa sacramentum eucharistiae
63 solutio praemissarum difficultatum, et primo quoad conversionem panis in corpus christi
64 solutio eorum quae obiiciebantur ex parte loci
65 solutio eorum quae obiiciebantur ex parte accidentium
66 solutio eorum quae obiiciebantur ex parte actionis et passionis
67 solutio eorum quae obiciebantur ex parte fractionis
68 solutio auctoritatis inductae
69 ex quali pane et vino debet confici hoc sacramentum
70 de sacramento poenitentiae, et primo, quod homines post gratiam sacramentalem acceptam peccare possunt
71 quod homo peccans post sacramentorum gratiam potest converti per gratiam
72 de necessitate poenitentiae et partium eius
73 de sacramento extremae unctionis
74 de sacramento ordinis
75 de distinctione ordinum
76 de episcopali potestate: et quod in ea unus sit summus
77 quod per malos ministros sacramenta dispensari possunt
78 de sacramento matrimonii
79 quod per christum resurrectio corporum sit futura
80 obiectiones contra resurrectionem
81 solutio praemissarum obiectionum
82 quod homines resurgent immortales
83 quod in resurgentibus non erit usus ciborum neque venereorum
84 quod corpora resurgentium erunt eiusdem naturae
85 quod corpora resurgentium erunt alterius dispositionis
86 de qualitate corporum glorificatorum
87 de loco corporum glorificatorum
88 de sexu et aetate resurgentium
89 de qualitate corporum resurgentium in damnatis
90 quomodo substantiae incorporeae patiantur ab igne corporeo
91 quod animae statim post separationem a corpore poenam vel praemium consequuntur
92 quod animae sanctorum post mortem habent voluntatem immutabilem in bono
93 quod animae malorum post mortem habent voluntatem immutabilem in malo
94 de immutabilitate voluntatis in animabus in purgatorio detentis
95 de immutabilitate voluntatis communiter in omnibus animabus post separationem a corpore
96 de finali iudicio
97 de statu mundi post iudicium

007 ST1
SUMMAE THEOLOGIAE
PRIMA PARS

«Utrum...»

1 DE SACRA DOCTRINA

1 sit necessarium, praeter philosophicas disciplinas, aliam doctrinam haberi
2 sacra doctrina sit scientia
3 sacra doctrina sit una scientia
4 sacra doctrina sit scientia practica
5 sacra doctrina sit dignior aliis scientiis
6 haec doctrina sit sapientia
7 deus sit subiectum huius scientiae
8 haec doctrina sit argumentativa
9 sacra scriptura debeat uti metaphoris
10 sacra scriptura sub una littera habeat plures sensus

2 DE DEO, AN DEUS SIT

1 deum esse sit per se notum
2 deum esse sit demonstrabile

3 deus sit

3 DE DEI SIMPLICITATE

1 deus sit corpus
2 in deo sit compositio formae et materiae
3 sit idem deus quod sua essentia vel natura
4 in deo sit idem essentia et esse
5 deus sit in genere aliquo
6 in deo sint aliqua accidentia
7 deus sit omnino simplex
8 deus in compositionem aliorum veniat

4 DE DEI PERFECTIONE

1 deus sit perfectus
2 in deo sint perfectiones omnium rerum
3 aliqua creatura possit esse similis deo

5 DE BONO IN COMMUNI

1 bonum differat secundum rem ab ente
2 bonum secundum rationem sit prius quam ens
3 omne ens sit bonum
4 bonum habeat rationem causae finalis
5 ratio boni consistat in modo, specie et ordine
6 convenienter dividatur bonum per honestum, utile et delectabile

6 DE BONITATE DEI

1 esse bonum deo conveniat
2 deus sit summum bonum
3 esse bonum per essentiam sit proprium dei
4 omnia sint bona bonitate divina

7 DE INFINITATE DEI

1 deus sit infinitus
2 aliquid aliud quam deus possit esse infinitum per essentiam
3 possit esse aliquid infinitum actu secundum magnitudinem
4 possit esse infinitum in rebus secundum multitudinem

8 DE EXISTENTIA DEI IN REBUS

1 deus sit in omnibus rebus
2 deus sit ubique
3 deus sit ubique per essentiam, praesentiam et potentiam
4 esse ubique sit proprium dei

9 DE DEI IMMUTABILITATE

1 deus sit omnino immutabilis
2 esse immutabile sit dei proprium

10 DE DEI AETERNITATE

1 convenienter definiatur aeternitas
2 deus sit aeternus
3 esse aeternum sit proprium dei
4 aeternitas differat a tempore
5 de differentia aevi et temporis
6 sit unum aevum tantum

11 DE UNITATE DEI

1 unum addat aliquid supra ens
2 unum et multa opponantur
3 deus sit unus
4 deus sit maxime unus

12 QUOMODO DEUS A NOBIS COGNOSCATUR

1 aliquis intellectus creatus possit deum videre per essentiam
2 essentia dei ab intellectu creato per aliquam similitudinem videatur
3 essentia dei videri possit oculis corporalibus
4 aliquis intellectus creatus per sua naturalia divinam essentiam videre possit
5 intellectus creatus ad videndum dei essentiam aliquo creato lumine indigeat
6 videntium essentiam dei unus alio perfectius videat
7 videntes deum ipsum comprehendant
8 omnia in deo videant
9 ea quae videntur in deo per aliquas similitudines videantur
10 videntes deum per essentiam simul videant omnia
11 aliquis in hac vita possit videre deum per essentiam
12 per rationem naturalem deum in hac vita cognoscere possimus
13 per gratiam habeatur altior cognitio dei quam per rationem naturalem

13 DE NOMINIBUS DEI

1 aliquod nomen deo conveniat
2 aliquod nomen dicatur de deo substantialiter
3 aliquod dicatur proprie
4 nomina de deo sint synonyma
5 ea quae de deo dicuntur et creaturis, univoce dicantur de ipsis
6 nomina per prius dicantur de creaturis quam de deo
7 nomina quae important relationem ad creaturas, dicantur de deo ex tempore
8 hoc nomen deus sit nomen naturae
9 sit communicabile
10 univoce dicatur de deo
11 nomen qui est sit maxime nomen dei proprium
12 propositiones affirmativae possint formari de deo

14 DE SCIENTIA DEI

1 in deo sit scientia
2 deus intelligat se
3 deus comprehendat seipsum
4 ipsum intelligere dei sit eius substantia
5 deus cognoscat alia a se
6 propria cognitione
7 scientia dei sit discursiva
8 sit causa rerum
9 deus habeat scientiam non entium
10 deus cognoscat mala
11 singularia
12 infinita
13 scientia dei sit futurorum contingentium
14 deus cognoscat enuntiabilia
15 scientia dei sit variabilis
16 deus de rebus habeat scientiam speculativam

15 DE IDEIS

1 ideae sint
2 sint plures ideae
3 omnium quae cognoscit deus, sint ideae

16 DE VERITATE

1 veritas sit tantum in intellectu
2 sit in intellectu componente et dividente
3 verum et ens convertantur
4 bonum secundum rationem sit prius quam verum
5 deus sit veritas
6 sit una sola veritas, secundum quam omnia sunt vera
7 veritas creata sit aeterna
8 veritas sit immutabilis

17 DE FALSITATE

1 falsitas sit in rebus
2 in sensu sit falsitas
3 falsitas sit in intellectu
4 verum et falsum sint contraria

18 DE VITA DEI

1 omnium naturalium rerum sit vivere
2 vita sit quaedam operatio
3 deo conveniat vita
4 omnia sint vita in deo

19 DE VOLUNTATE DEI

1 in deo sit voluntas
2 deus velit alia a se
3 quidquid deus vult, ex necessitate velit
4 voluntas dei sit causa rerum
5 voluntatis divinae sit assignare aliquam causam
6 voluntas dei semper impleatur
7 voluntas dei sit mutabilis
8 voluntas dei necessitatem rebus volitis imponat
9 voluntas dei sit malorum
10 deus habeat liberum arbitrium
11 sit distinguenda in deo voluntas signi
12 convenienter circa divinam voluntatem ponantur quinque signa

20 DE AMORE DEI

1 amor sit in deo
2 deus omnia amet
3 deus aequaliter diligat omnia
4 deus magis diligat meliora

21 DE IUSTITIA ET MISERICORDIA DEI

1 in deo sit iustitia
2 iustitia dei sit veritas
3 misericordia competat deo
4 in omnibus operibus dei sit misericordia et iustitia

22 DE PROVIDENTIA DEI

1 providentia deo conveniat
2 omnia sint subiecta divinae providentiae
3 deus immediate omnibus provideat
4 providentia rebus provisis necessitatem imponat

23 DE PRAEDESTINATIONE

1 homines praedestinentur a deo
2 praedestinatio aliquid ponat in praedestinato
3 deus aliquem hominem reprobet
4 praedestinati eligantur a deo
5 praescientia meritorum sit causa praedestinationis
6 praedestinatio sit certa
7 numerus praedestinatorum sit certus
8 praedestinatio possit iuvari precibus sanctorum

24 DE LIBRO VITAE

1 liber vitae sit idem quod praedestinatio
2 liber vitae sit solum respectu vitae gloriae praedestinatorum
3 aliquis deleatur de libro vitae

25 DE DIVINA POTENTIA

1 in deo sit potentia
2 potentia dei sit infinita
3 deus sit omnipotens
4 deus possit facere quod praeterita non fuerint
5 deus possit facere quae non facit
6 deus possit meliora facere ea quae facit

26 DE DIVINA BEATITUDINE

1 beatitudo deo competat
2 deus dicatur beatus secundum intellectum
3 deus sit beatitudo cuiuslibet beati
4 in dei beatitudine omnis beatitudo includatur

27 DE PROCESSIONE DIVINARUM PERSONARUM

1 processio sit in divinis
2 aliqua processio in divinis generatio dici possit
3 sit in divinis alia processio a generatione verbi
4 processio amoris in divinis sit generatio
5 sint plures processiones in divinis quam duae

28 DE RELATIONIBUS DIVINIS

1 in deo sint aliquae relationes reales
2 relatio in deo sit idem quod sua essentia
3 relationes quae sunt in deo, realiter ab invicem distinguantur
4 in deo sint tantum quatuor relationes reales

29 DE PERSONIS DIVINIS

1 de definitione personae
2 persona sit idem quod hypostasis, subsistentia et essentia
3 nomen personae sit ponendum in divinis
4 hoc nomen persona significet relationem

30 DE PLURALITATE PERSONARUM IN DIVINIS

1 sit ponere plures personas in divinis
2 in deo sint plures personae quam tres
3 termini numerales ponant aliquid in divinis
4 hoc nomen persona possit esse commune tribus personis

31 DE HIS QUAE AD UNITATEM VEL PLURALITATEM PERTINENT IN DIVINIS

1 sit trinitas in divinis
2 filius sit alius a patre
3 dictio exclusiva solus sit addenda termino essentiali
4 dictio exclusiva possit adiungi termino personali

32 DE DIVINARUM PERSONARUM COGNITIONE

1 trinitas divinarum personarum possit per naturalem rationem cognosci
2 sint ponendae notiones in divinis
3 sint quinque notiones
4 liceat contrarie opinari de notionibus

33 DE PERSONA PATRIS

1 competat patri esse principium
2 hoc nomen pater sit nomen proprie divinae personae
3 hoc nomen pater dicatur in divinis per prius secundum quod personaliter sumitur
4 esse ingenitum sit patri proprium

34 DE PERSONA FILII

1 verbum in divinis sit nomen personale
2 verbum sit proprium nomen filii
3 in nomine verbi importetur respectus ad creaturam

35 DE IMAGINE

1 imago in divinis dicatur personaliter
2 nomen imaginis sit proprium filii

36 DE PERSONA SPIRITUS SANCTI

1 hoc nomen spiritus sanctus sit proprium nomen divinae personae
2 spiritus sanctus procedat a filio
3 spiritus sanctus procedat a patre per filium
4 pater et filius sint unum principium spiritus sancti

37 DE NOMINE SPIRITUS SANCTI QUOD EST AMOR

1 amor sit proprium nomen spiritus sancti
2 pater et filius diligant se spiritu sancto

38 DE NOMINE SPIRITUS SANCTI QUOD EST DONUM

1 donum sit nomen personale
2 donum sit proprium nomen spiritus sancti

39 DE PERSONIS AD ESSENTIAM RELATIS

1 in divinis essentia sit idem quod persona
2 sit dicendum tres personas esse unius essentiae
3 nomina essentialia praedicentur singulariter de tribus personis
4 nomina essentialia concreta possint supponere pro persona
5 nomina essentialia in abstracto significata possint supponere pro persona
6 personae possint praedicari de nominibus essentialibus
7 nomina essentialia sint approprianda personis
8 convenienter a sacris doctoribus sint essentialia personis attributa

40 DE PERSONIS IN COMPARATIONE AD RELATIONES SIVE PROPRIETATES

1 relatio sit idem quod persona
2 personae distinguantur per relationes
3 abstractis per intellectum relationibus a personis, adhuc remaneant hypostases
4 actus notionales praeintelligantur proprietatibus

41 DE PERSONIS IN COMPARATIONE AD ACTUS NOTIONALES

1 actus notionale sint attribuendi personis
2 actus notionales sint voluntarii
3 actus notionale sint de aliquo
4 in divinis sit potentia respectu actuum notionalium
5 potentia generandi significet relationem, et non essentiam
6 actus notionalis ad plures personas terminari possit

42 DE AEQUALITATE ET SIMILITUDINE PERSONARUM AD INVICEM

1 aequalitas locum habeat in divinis
2 persona procedens sit coaeterna suo principio, ut filius patri
3 in divinis personis sit ordo naturae
4 filius sit aequalis patri secundum magnitudinem
5 filius sit in patre, et e converso
6 filius sit aequalis patri secundum potentiam

43 DE MISSIONE PERSONARUM

1 alicui personae divinae conveniat mitti
2 missio sit aeterna, vel temporalis tantum
3 missio invisibilis divinae personae sit solum secundum donum gratiae gratum facientis
4 patri conveniat mitti
5 filio conveniat invisibiliter mitti
6 missio invisibilis fiat ad omnes qui sunt participes gratiae
7 spiritui sancto conveniat visibiliter mitti
8 nulla persona divina mittatur nisi ab ea a qua procedit aeternaliter

44 DE PROCESSIONE CREATURARUM A DEO

1 sit necessarium omne ens esse creatum a deo
2 materia prima sit creata a deo
3 causa exemplaris sit aliquid praeter deum
4 deus sit causa finalis omnium

45 DE MODO EMANATIONIS RERUM A PRIMO PRINCIPIO

1 creare sit ex nihilo aliquid facere
2 deus possit aliquid creare
3 creatio sit aliquid in creatura
4 creari sit proprium compositorum et subsistentium
5 solius dei sit creare
6 creare sit proprium alicuius personae
7 in creaturis sit necesse inveniri vestigium trinitatis
8 creatio admisceatur in operibus naturae et artis

46 DE PRINCIPIO DURATIONIS RERUM CREATARUM

1 universitas creaturarum semper fuerit
2 mundum incoepisse sit articulus fidei
3 creatio rerum fuerit in principio temporis

47 DE DISTINCTIONE RERUM IN COMMUNI

1 rerum multitudo et distinctio sit a deo
2 inaequalitas rerum sit a deo
3 sit unus mundus tantum

48 DE DISTINCTIONE RERUM IN SPECIALI

1 malum sit natura quaedam
2 inveniatur in rebus
3 sit in bono sicut in subiecto
4 corrumpat totum bonum
5 sufficienter dividatur per poenam et culpam
6 habeat plus de ratione mali poena quam culpa

49 DE CAUSA MALI

1 bonum possit esse causa mali
2 summum bonum sit causa mali
3 sit unum summum malum, causa omnis mali

50 DE SUBSTANTIA ANGELORUM ABSOLUTE

1 angelus sit omnino incorporeus
2 angelus sit compositus ex materia et forma
3 angeli sint in aliquo magno numero
4 differant specie
5 sint incorruptibiles

51 DE COMPARATIONE ANGELORUM AD CORPORA

1 angeli habeant corpora naturaliter sibi unita
2 assumant corpora
3 in corporibus assumptis opera vitae exerceant

52 DE COMPARATIONE ANGELORUM AD LOCA

1 angelus sit in loco
2 possit esse in pluribus locis simul
3 plures angeli possint simul esse in eodem loco

53 DE MOTU LOCALI ANGELORUM

1 angelus possit moveri localiter
2 transeat per medium
3 motus angeli sit in instanti

54 DE COGNITIONE ANGELORUM

1 intelligere angeli sit eius substantia
2 sit eius esse
3 potentia intellectiva angeli sit eius essentia
4 in angelo sit intellectus agens et possibilis
5 in angelis sit sola intellectiva cognitio

55 DE MEDIO COGNITIONIS ANGELICAE

1 angeli cognoscant omnia per suam substantiam
2 angeli intelligant per species a rebus acceptas
3 superiores angeli intelligant per species magis universales quam inferiores

56 DE COGNITIONE ANGELORUM EX PARTE RERUM IMMATERIALIUM

1 angelus cognoscat seipsum
2 unus angelus alium cognoscat
3 angeli per sua naturalia deum cognoscere possint

57 DE ANGELORUM COGNITIONE RESPECTU RERUM MATERIALIUM

1 angeli cognoscant res materiales
2 angelus cognoscat singularia
3 angeli cognoscant futura
4 cogitationes cordium
5 mysteria gratiae

58 DE MODO COGNITIONIS ANGELICAE

1 intellectus angeli quandoque sit in potentia, quandoque in actu
2 angelus simul possit multa intelligere
3 angelus cognoscat discurrendo
4 angeli intelligant componendo et dividendo
5 in intellectu angeli possit esse falsitas
6 in angelis sit cognitio matutina et vespertina
7 una sit cognitio matutina et vespertina

59 DE VOLUNTATE ANGELORUM

1 in angelis sit voluntas
2 in angelis voluntas differat ab intellectu et natura
3 in angelis sit liberum arbitrium
4 in angelis sit irascibilis et concupiscibilis

60 DE AMORE ANGELORUM

1 in angelo sit amor
2 in angelis sit dilectio electiva
3 angelus diligat seipsum dilectione naturali et electiva
4 unus angelus naturali dilectione diligat alium sicut seipsum
5 angelus naturali dilectione diligat deum plus quam seipsum

61 DE PRODUCTIONE ANGELORUM

1 angeli habeant causam sui esse
2 angelus sit productus a deo ab aeterno
3 angeli sint creati ante mundum corporeum
4 angeli sint creati in caelo empyreo

62 DE PERFECTIONE ANGELORUM

1 angeli fuerint in sua creatione beati
2 angelus indiguerit gratia ad hoc quod converteretur in deum
3 angeli sint creati in gratia
4 angelus beatus suam beatitudinem meruerit
5 angelus statim post unum actum meriti beatitudinem habuerit
6 angeli sint consecuti gratiam et gloriam secundum quantitatem suorum naturalium
7 in angelis beatis remaneat cognitio et dilectio naturalis
8 angelus beatus peccare possit
9 angeli beati in beatitudine possint proficere

63 DE ANGELORUM MALITIA

1 malum culpae possit esse in angelis
2 in angelis possit esse tantum peccatum superbiae et invidiae
3 diabolus appetierit esse ut deus
4 aliqui daemones sint naturaliter mali
5 diabolus fuerit malus in primo instanti suae creationis per culpam propriae voluntatis
6 aliqua mora fuerit inter creationem et lapsum angeli
7 angelus supremus inter peccantes, fuerit supremus inter omnes
8 peccatum primi angeli fuerit aliis causa peccandi
9 tot peccaverunt, quot permanserunt

64 DE POENA DAEMONUM

1 intellectus daemonis sit obtenebratus per privationem cognitionis omnis veritatis
2 voluntas daemonum sit obstinata in malo
3 dolor sit in daemonibus
4 aer iste sit locus poenalis daemonum

65 DE OPERE CREATIONIS CORPORALIS

1 creatura corporalis sit a deo
2 creatura corporalis sit facta propter dei bonitatem
3 creatura corporalis sit producta a deo mediantibus angelis
4 formae corporum sint ab angelis

66 DE ORDINE CREATIONIS AD DISTINCTIONEM

1 informitas materiae tempore praecesserit formationem ipsius
2 una sit materia informis omnium corporalium
3 caelum empyreum sit concreatum materiae informi
4 tempus sit concreatum materiae informi

67 DE OPERE DISTINCTIONIS SECUNDUM SE

1 lux proprie in spiritualibus dicatur
2 lux sit corpus
3 lux sit qualitas
4 convenienter lucis productio in prima die ponatur

68 DE OPERE SECUNDAE DIEI

1 firmamentum sit factum secunda die
2 aquae sint supra firmamentum
3 firmamentum dividat aquas ab aquis
4 sit unum caelum tantum

69 DE OPERE TERTIAE DIEI

1 aquarum congregatio convenienter dicatur facta tertia die
2 plantarum productio convenienter tertia die facta legatur

70 DE OPERE ORNATUS AD QUARTAM DIEM

1 luminaria debuerint produci quarta die
2 convenienter causa productionis luminarium describatur
3 luminaria caeli sint animata

71 DE OPERE QUINTAE DIEI

72 DE OPERE SEXTAE DIEI

73 DE IIS QUAE PERTINENT AD SEPTIMUM DIEM

1 completio divinorum operum debeat septimo diei adscribi
2 deus septima die requievit ab omni opere suo
3 benedictio et sanctificatio debeatur diei septimae

74 DE OMNIBUS SEPTEM DIEBUS

1 sufficienter isti dies enumerentur
2 omnes isti dies sint unus dies
3 scriptura utatur convenientibus verbis ad exprimendum opera sex dierum

75 DE HOMINE

1 anima sit corpus
2 anima humana sit aliquid subsistens
3 animae brutorum animalium sint subsistentes
4 anima sit homo
5 anima sit composita ex materia et forma
6 anima humana sit corruptibilis
7 anima et angelus sint unius speciei

76 DE UNIONE ANIMAE AD CORPUS

1 intellectivum principium uniatur corpori ut forma
2 intellectivum principium multiplicetur secundum multiplicationem corporum
3 praeter animam intellectivam sint in homine aliae animae
4 in homine sit alia forma praeter animam
5 anima intellectiva convenienter tali corpori uniatur
6 anima uniatur corpori mediantibus dispositionibus
7 uniatur corpori animalis mediante aliquo corpore
8 anima sit tota in qualibet parte corporis

77 QUAE PERTINENT AD POTENTIAS ANIMAE IN GENERALI

1 ipsa essentia animae sit eius potentia
2 sint plures potentiae animae
3 potentiae distinguantur per actus et obiecta
4 in potentiis animae sit ordo
5 omnes potentiae animae sint in anima sicut in subiecto
6 potentiae animae fluant ab eius essentia
7 una potentia animae oriatur ab alia
8 omnes potentiae animae remaneant in anima a corpore separata

78 DE POTENTIIS ANIMAE IN SPECIALI

1 quinque genera potentiarum animae sint distinguenda
2 convenienter partes vegetativae assignentur
3 convenienter distinguantur quinque sensus exteriores
4 interiores sensus convenienter distinguantur

79 DE POTENTIIS INTELLECTIVIS

1 intellectus sit aliqua potentia animae
2 intellectus sit potentia passiva
3 sit ponere intellectum agentem
4 intellectus agens sit aliquid animae
5 intellectus agens sit unus in omnibus
6 memoria sit in parte intellectiva animae
7 alia potentia sit memoria intellectiva, et alia intellectus
8 ratio sit alia potentia ab intellectu
9 ratio superior et inferior sint diversae potentiae
10 intelligentia sit alia potentia ab intellectu
11 intellectus speculativus et practicus sint diversae potentiae
12 synderesis sit quaedam specialis potentia ab aliis distincta
13 conscientia sit quaedam potentia

80 DE POTENTIIS APPETITIVIS IN COMMUNI

1 appetitus sit aliqua specialis animae potentia
2 appetitus sensitivus et intellectivus sint diversae potentiae

81 DE SENSUALITATE

1 sensualitas solum sit appetitiva
2 appetitus sensitivus distinguatur in irascibilem et concupiscibilem
3 irascibilis et concupiscibilis obediant rationi

82 DE VOLUNTATE

1 voluntas aliquid ex necessitate appetat
2 voluntas ex necessitate omnia velit quaecumque vult
3 voluntas sit altior potentia quam intellectus
4 voluntas moveat intellectum
5 irascibilis et concupiscibilis distingui debeant in appetitu superiori

83 DE LIBERO ARBITRIO

1 homo sit liberi arbitrii
2 liberum arbitrium sit potentia
3 liberum arbitrium sit potentia appetitiva
4 liberum arbitrium sit alia potentia a voluntate

84 *QUOMODO ANIMA INTELLIGAT QUAE SUNT INFRA IPSAM*

1 anima cognoscat corpora per intellectum
2 anima per essentiam suam corporalia intelligat
3 anima intelligat omnia per species sibi naturaliter inditas
4 species intelligibiles effluant in animam ab aliquibus formis separatis
5 anima intellectiva cognoscat res materiales in rationibus aeternis
6 intellectiva cognitio accipiatur a rebus sensibilibus
7 intellectus possit actu intelligere non convertendo se ad phantasmata
8 iudicium intellectus impediatur per ligamentum sensus

85 DE MODO ET ORDINE INTELLIGENDI

1 intellectus noster intelligat res corporeas per abstractionem a phantasmatibus
2 species intelligibiles abstractae, se habeant ad intellectum sicut id quod intelligitur
3 magis universalia sint priora in nostra cognitione
4 possimus multa simul intelligere
5 intellectus noster intelligat componendo et dividendo
6 intellectus possit esse falsus
7 unam et eandem rem unus alio melius intelligere possit
8 intellectus per prius intelligat indivisibile quam divisibile

86 QUID INTELLECTUS NOSTER IN MATERIALIBUS COGNOSCAT

1 intellectus noster cognoscat singularia
2 intellectus noster possit cognoscere infinita
3 intellectus ist cognoscitivus contingentium
4 intellectus noster cognoscat futura

87 QUOMODO ANIMA INTELLECTIVA SEIPSAM, ET EA QUAE SUNT IN IPSA, COGNOSCAT

1 anima intellectiva seipsam cognoscat per suam essentiam

2 intellectus noster cognoscat habitus animae per essentiam eorum
3 intellectus cognoscat proprium actum
4 intellectus intelligat actum voluntatis

88 QUOMODO ANIMA HUMANA COGNOSCAT EA QUAE SUPRA SE SUNT

1 anima possit intelligere substantias immateriales per seipsas
2 intellectus per cognitionem materialium possit pervenire ad intelligendum immateriales
3 deus sit primum quod a mente humana cognoscitur

89 DE COGNITIONE ANIMAE SEPARATAE

1 anima separata aliquid intelligere possit
2 anima separata intelligat substantias separatas
3 anima separata omnia naturalia cognoscat
4 anima separata cognoscat singularia
5 habitus scientiae hic acquisitae remaneat in anima separata
6 actus scientiae hic acquisitae maneat in anima separata
7 distantia localis impediat cognitionem animae separatae
8 animae separatae cognoscant ea quae hic aguntur

90 DE PRIMA HOMINIS PRODUCTIONE QUANTUM AD ANIMAM

1 anima sit facta, vel sit de substantia dei
2 anima sit producta in esse per creationem
3 anima rationalis sit producta a deo immediate
4 anima humana fuerit producta ante corpus

91 DE PRODUCTIONE CORPORIS PRIMI HOMINIS

1 corpus primi hominis sit factum de limo terrae
2 corpus humanum sit immediate a deo productum
3 corpus hominis habuerit convenientem dispositionem
4 convenienter corporis humani productio in scriptura describatur

92 DE PRODUCTIONE MULIERIS

1 mulier debuerit produci in prima rerum productione
2 mulier debuerit fieri ex viro
3 mulier debuerit formari de costa viri
4 mulier fuerit immediate formata a deo

93 DE FINE PRODUCTIONIS HOMINIS

1 imago dei sit in homine
2 imago dei inveniatur in irrationalibus creaturis
3 angelus sit magis ad imaginem dei quam homo
4 imago dei inveniatur in quolibet homine
5 in homine sit imago dei quantum ad trinitatem personarum
6 imago dei sit in homine solum secundum mentem
7 imago dei inveniatur in anima secundum actus
8 imago divinae trinitatis sit in anima
9 similitudo ab imagine convenienter distinguatur

94 DE CONDITIONE PRIMI HOMINIS QUANTUM AD INTELLECTUM

1 primus homo per essentiam deum viderit
2 adam in statu innocentiae angelos per essentiam viderit
3 primus homo habuerit scientiam omnium
4 homo in primo statu decipi potuisset

95 DE GRATIA ET IUSTITIA PRIMI HOMINIS

1 primus homo fuerit creatus in gratia
2 in primo homine fuerint animae passiones
3 adam habuerit omnes virtutes
4 opera primi hominis fuerint minus efficacia ad merendum

96 DE DOMINIO IN STATU INNOCENTIAE

1 adam in statu innocentiae animalibus dominaretur
2 homo habuisset dominium super omnes alias creaturas
3 homines in statu innocentiae fuissent aequales
4 homo in statu innocentiae homini dominabatur

97 DE HIS QUAE AD INDIVIDUI CONSERVATIONEM

1 homo in statu innocentiae esset immortalis
2 passibilis
3 indigebat cibis
4 per lignum vitae immortalitatem consecutus fuisset

98 DE PERTINENTIBUS AD CONSERVATIONEM SPECIEI

1 in statu innocentiae fuisset generatio
2 fuisset generatio per coitum

99 DE CONDITIONE PROLIS QUANTUM AD CORPUS

1 pueri, mox nati, virtutem perfectam habuissent ad motum membrorum
2 in primo statu feminae natae fuissent

100 DE CONDITIONE PROLIS QUANTUM AD IUSTITIAM

1 homines fuissent nati cum iustitia
2 pueri in statu innocentiae nati fuissent in iustitia confirmati

101 DE CONDITIONE PROLIS QUANTUM AD SCIENTIAM

1 in statu innocentiae pueri nati fuissent in scientia perfecti
2 pueri mox nati habuissent perfectum usum rationis

102 DE LOCO HOMINIS, QUI EST PARADISUS

1 paradisus sit locus corporeus
2 paradisus fuerit locus conveniens habitationi humanae
3 homo sit positus in paradiso ut operaretur et custodiret illum
4 homo factus fuerit in paradiso

103 DE GUBERNATIONE RERUM IN COMMUNI

1 mundus gubernetur ab aliquo
2 finis gubernationis mundi sit aliquid extra mundum
3 mundus gubernetur ab uno
4 effectus gubernationis sit unus tantum, et non plures
5 omnia divinae gubernationi subdantur
6 omnia immediate gubernentur a deo
7 aliquid praeter ordinem divinae gubernationis contingere possit
8 aliquid possit reniti contra ordinem gubernationis divinae

104 DE EFFECTIBUS DIVINAE GUBERNATIONIS IN SPECIALI

1 creaturae indigeant ut a deo conserventur
2 deus immediate omnem creaturam conservet
3 deus possit aliquid in nihilum redigere
4 aliquid in nihilum redigatur

105 DE MUTATIONE CREATURARUM A DEO

1 deus possit immediate movere materiam ad formam
2 deus possit immediate movere aliquod corpus
3 deus moveat immediate intellectum creatum
4 deus possit movere voluntatem creatam
5 deus operetur in omni operante
6 deus possit facere aliquid praeter ordinem rebus inditum
7 omnia quae deus facit praeter ordinem naturalem rerum, sint miracula
8 unum miraculum sit maius alio

106 QUOMODO UNA CREATURA MOVEAT ALIAM

1 unus angelus illuminet alium
2 unus angelus possit movere voluntatem alterius
3 angelus inferior superiorem illuminare possit
4 angelus superior illuminet inferiorem de omnibus sibi notis

107 DE LOCUTIONIBUS ANGELORUM

1 unus angelus alteri loquatur
2 inferior angelus superiori loquatur
3 angelus deo loquatur
4 localis distantia operetur aliquid in locutione angelica
5 locutionem unius angeli ad alterum omnes cognoscant

108 DE ORDINATIONE ANGELORUM

1 omnes angeli sint unius hierarchiae
2 in una hierarchia sint plures ordines
3 in uno ordine sint plures angeli
4 distinctio hierarchiarum et ordinum sit a natura in angelis
5 ordines angelorum convenienter nominentur
6 convenienter gradus ordinum assignentur
7 ordines remanebunt post diem iudicii
8 homines assumantur ad ordines angelorum

109 DE ORDINATIONE MALORUM ANGELORUM

1 ordines sint in daemonibus
2 in daemonibus sit praelatio
3 in daemonibus sit illuminatio
4 boni angeli habeant praelationem super malos

110 DE PRAESIDENTIA ANGELORUM SUPER CREATURAM CORPORALEM

1 creatura corporalis administretur per angelos
2 materia corporalis obediat angelis ad nutum
3 corpora obediant angelis ad motum localem
4 angeli possint facere miracula

111 DE ACTIONE ANGELORUM IN HOMINES

1 angelus possit illuminare hominem
2 angeli possint immutare voluntatem hominis
3 angelus possit immutare imaginationem hominis
4 angelus possit immutare sensum humanum

112 DE MISSIONE ANGELORUM

1 angeli in ministerium mittantur
2 omnes angeli in ministerium mittantur
3 angeli qui mittuntur, assistant
4 angeli secundae hierarchiae omnes mittantur

113 DE CUSTODIA BONORUM ANGELORUM

1 homines custodiantur ab angelis
2 singuli homines a singulis angelis custodiantur
3 custodire homines pertineat solum ad infimum ordinem angelorum
4 omnibus hominibus angeli ad custodiam deputentur
5 angelus deputetur homini ad custodiam a sua nativitate
6 angelus custos quandoque deserat hominem
7 angeli doleant de malis eorum quos custodiunt
8 inter angelos possit esse pugna seu discordia

114 DE DAEMONUM IMPUGNATIONE

1 homines impugnentur a daemonibus
2 tentare sit proprium diaboli
3 omnia peccata procedant ex tentatione diaboli
4 daemones possint homines seducere per aliqua miracula vera
5 daemon qui superatur ab aliquo, propter hoc ab impugnatione arceatur

115 DE ACTIONE CORPORALIS CREATURAE

1 aliquod corpus sit activum
2 in materia corporali sint aliquae rationes seminales
3 corpora caelestia sint causa eorum quae in corporibus fiunt
4 corpora caelestia sint causa humanorum actuum
5 corpora caelestia possint imprimere in ipsos daemones
6 corpora caelestia imponant necessitatem

116 DE FATO

1 fatum sit aliquid
2 fatum sit in rebus creatis
3 fatum sit immobile
4 omnia fato subdantur

117 DE HIS QUAE PERTINENT AD ACTIONEM HOMINIS

1 unus homo possit alium docere
2 homines possint docere angelos
3 homo per virtutem animae possit corporalem materiam immutare
4 anima hominis separata possit corpora saltem localiter movere

118 DE TRADUCTIONE HOMINIS EX HOMINE QUANTUM AD ANIMAM

1 anima sensitiva traducatur cum semine
2 anima intellectiva causetur ex semine
3 animae humanae fuerint creatae simul a principio mundi

119 DE PROPAGATIONE HOMINIS QUANTUM AD CORPUS

1 aliquid de alimento convertatur in veritatem humane naturae
2 semen sit de superfluo alimenti

008 ST2
PRIMA SECUNDAE

«Utrum...»

1 DE ULTIMO FINE HOMINIS

1 homini conveniat agere propter finem
2 agere propter finem sit proprium rationalis naturae
3 actus hominis recipiant speciem ex fine
4 sit aliquis ultimus finis humanae vitae
5 unius hominis possint esse plures ultimi fines
6 homo omnia quae vult, velit propter ultimum finem
7 sit unus ultimus finis omnium hominum
8 in illo ultimo fine aliae creaturae conveniant

2 IN QUIBUS HOMINIS BEATITUDO CONSISTIT

1 beatitudo hominis consistat in divitiis
2 in honoribus
3 in fama, sive gloria
4 in potestate
5 in aliquo corporis bono
6 in voluptate
7 in aliquo bono animae
8 in aliquo bono creato

3 QUID SIT BEATITUDO

1 beatitudo sit aliquid increatum
2 beatitudo sit operatio
3 beatitudo sit operatio partis intellectivae tantum
4 intellectus, an voluntatis
5 intellectus speculativi, an practici
6 beatitudo consistat in consideratione scientiarum speculativarum
7 in cognitione angelorum
8 in visione divinae essentiae

4 DE HIS QUAE AD BEATITUDINEM EXIGUNTUR

1 delectatio requiratur ad beatitudinem
2 in beatitudine sit principalius visio quam delectatio
3 ad beatitudinem requiratur comprehensio
4 rectitudo voluntatis
5 corpus
6 perfectio corporis
7 exteriora bona
8 societas amicorum

5 DE ADEPTIONE BEATITUDINIS

1 homo possit consequi beatitudinem
2 unus homo possit esse beatior altero
3 aliquis in hac vita possit esse beatus
4 beatitudo habita possit amitti
5 homo per sua naturalia possit acquirere beatitudinem
6 homo consequatur beatitudinem per actionem alicuius superioris creaturae
7 requirantur aliqua opera bona ad hoc quod homo beatitudinem consequatur a Deo
8 omnis homo appetat beatitudinem

6 DE VOLUNTARIO ET INVOLUNTARIO

1 in humanis actibus inveniatur voluntarium
2 voluntarium inveniatur in animalibus brutis
3 voluntarium possit esse absque omni actu

4 violentia voluntati possit inferri
5 violentia causet involuntarium
6 metus causet involuntarium simpliciter
7 concupiscentia causet involuntarium
8 ignorantia causet involuntarium

7 DE CIRCUMSTANTIIS HUMANORUM ACTUUM

1 circumstantia sit accidens actus humani
2 circumstantiae humanorum actuum sint considerandae a theologo
3 convenienter enumerentur circumstantiae
4 sint principales circumstantiae

8 DE VOLUNTATE, QUORUM SIT

1 voluntas sit tantum boni
2 voluntas sit tantum finis
3 voluntas eodem actu moveatur in finem, et in id quod est ad finem

9 DE MOTIVO VOLUNTATIS

1 voluntas moveatur ab intellectu
2 voluntas moveatur ab appetitu sensitivo
3 voluntas moveat seipsam
4 voluntas moveatur ab aliquo exteriori principio
5 voluntas moveatur a corpore caelesti
6 voluntas moveatur a deo solo sicut ab exteriori principio

10 DE MODO QUO VOLUNTAS MOVETUR

1 voluntas ad aliquid naturaliter moveatur
2 voluntas moveatur de necessitate a suo obiecto
3 voluntas moveatur de necessitate ab inferiori appetitu
4 voluntas moveatur de necessitate ab exteriori motivo quod est deus

11 DE FRUITIONE, QUAE EST ACTUS VOLUNTATIS

1 frui sit actus appetitivae potentiae
2 frui conveniat tantum rationali creaturae
3 fruitio sit tantum ultimi finis
4 fruitio sit solum finis habiti

12 DE INTENTIONE

1 intentio sit actus intellectus, vel voluntatis
2 intentio sit tantum ultimi finis
3 aliquis possit simul duo intendere
4 intentio finis sit idem actus cum voluntate eius quod est ad finem
5 intentio conveniat brutis animalibus

13 DE ELECTIONE EORUM QUAE SUNT AD FINEM

1 electio sit actus voluntatis, vel rationis
2 conveniat brutis animalibus
3 sit solum eorum quae sunt ad finem
4 sit tantum eorum quae per nos aguntur
5 sit solum possibilium
6 homo ex necessitate eligat, vel libere

14 DE CONSILIO, QUOD ELECTIONEM PRAECEDIT

1 consilium sit inquisitio
2 sit solum de his quae sunt ad finem
3 sit solum de his quae a nobis aguntur
4 sit de omnibus quae a nobis aguntur
5 procedat ordine resolutorio
6 procedat in infinitum

15 DE CONSENSU

1 consensus sit actus appetitivae, vel apprehensivae virtutis
2 conveniat brutis animalibus
3 sit de fine, vel de his quae sunt ad finem
4 consensus in actum pertineat solum ad superiorem animae partem

16 DE USU

1 uti sit actus voluntatis
2 conveniat brutis animalibus
3 usus possit esse etiam ultimi finis
4 usus praecedat electionem

17 DE ACTIBUS IMPERATIS A VOLUNTATE

1 imperare sit actus rationis, vel voluntatis
2 pertineat ad animalia bruta
3 usus praecedat imperium
4 imperium et actus imperatus sint actus unus
5 actus voluntatis imperetur
6 actus rationis imperetur
7 actus appetitus sensitivi imperetur
8 actus animae vegetabilis imperetur
9 actus exteriorum membrorum imperentur

18 DE BONITATE ET MALITIA ACTUUM IN GENERALI

1 omnis humana actio sit bona
2 actio hominis habeat bonitatem vel malitiam ex obiecto
3 sit bona vel mala ex circumstantia
4 sit bona vel mala ex fine
5 aliqua actio humana sit bona vel mala in sua specie
6 actus habeat speciem boni vel mali ex fine
7 species quae est ex fine, contineatur sub specie quae est ex obiecto, vel e converso
8 aliquis actus sit indifferens secundum suam speciem
9 sit indifferens secundum individuum
10 aliqua circumstantia constituat actum moralem in specie boni vel mali
11 omnis circumstantia augens bonitatem vel malitiam, constituat actum moralem in specie boni vel mali

19 DE BONITATE ET MALITIA ACTUS INTERIORIS

1 bonitas voluntatis dependeat ex obiecto
2 ex solo obiecto
3 ex ratione
4 ex lege aeterna
5 voluntas discordans a ratione errante, sit mala
6 voluntas concordans rationi erranti, sit bona
7 voluntatis bonitas in his quae sunt ad finem, dependeat ex intentione finis
8 quantitas bonitatis vel malitiae in voluntate, sequatur quantitatem boni vel mali in intentione
9 bonitas voluntatis dependeat ex conformitate ad voluntatem divinam
10 necessarium sit voluntatem humanam conformari voluntati divinae in volito, ad hoc quod sit bona

20 DE BONITATE ET MALITIA EXTERIORUM ACTUUM

1 bonitas vel malitia per prius sit in actu voluntatis, vel in actu exteriori
2 tota bonitas et malitia exterioris actus dependeat ex bonitate voluntatis
3 bonitas et malitia sit eadem exterioris et interioris actus
4 actus exterior aliquid addat de bonitate et malitia
5 eventus sequens aliquid addat de bonitate vel malitia
6 idem actus exterior possit esse bonus et malus

21 DE IIS QUAE CONSEQUUNTUR ACTUS BONITATIS ET MALITIAE

1 actus, inquantum bonus vel malus, habeat rationem rectitudinis vel peccati
2 habeat rationem laudabilis vel culpabilis
3 habeat rationem meriti vel demeriti
4 habeat rationem meriti vel demeriti apud Deum

22 DE SUBIECTO PASSIONUM ANIMAE

1 aliqua passio sit in anima
2 passio magis sit in parte appetitiva quam in apprehensiva
3 passio sit magis in appetitu sensitivo quam intellectivo

23 DE DIFFERENTIA PASSIONUM AB INVICEM

1 passiones in concupiscibili, sint diversae ab his quae in irascibili
2 contrarietas passionum irascibilis sit secundum boni et mali
3 sit aliqua passio animae non habens contrarium
4 sint passiones differentes in eadem potentia, non contrariae

24 DE BONO ET MALO IN ANIMAE PASSIONIBUS

1 bonum et malum morale possit in passionibus animae inveniri
2 omnis passio animae sit mala moraliter
3 passio addat, vel diminuat, ad bonitatem vel malitiam actus
4 aliqua passio sit bona vel mala ex sua specie

25 DE ORDINE PASSIONUM AD INVICEM

1 passiones irascibilis sint priores concupiscibilis
2 amor sit prima passionum concupiscibilis
3 spes sit prima inter passiones irascibilis
4 sint quatuor principales gaudium, tristitia, spes et timor

26 DE PASSIONIBUS ANIMAE IN SPECIALI. ET PRIMO, DE AMORE

1 amor sit in concupiscibili
2 sit passio
3 sit idem quod dilectio
4 convenienter dividatur in amicitiae et concupiscentiae

27 DE CAUSA AMORIS

1 bonum sit sola causa amoris
2 cognitio sit causa amoris
3 similitudo sit causa amoris
4 alia passionum sit causa amoris

28 DE EFFECTIBUS AMORIS

1 unio sit effectus amoris
2 mutua inhaesio sit effectus amoris
3 extasis
4 zelus
5 amor sit passio laesiva amantis
6 amor sit causa omnium quae amans agit

29 DE ODIO

1 causa et obiectum odii sit malum
2 odium causetur ex amore
3 odium sit fortius quam amor
4 aliquis possit habere odio seipsum
5 aliquis possit odio habere veritatem
6 aliquid possit haberi odio in universali

30 DE CONCUPISCENTIA

1 concupiscentia sit tantum in appetitu sensitivo
2 concupiscentia sit passio specialis
3 sint concupiscentiae naturales, et non naturales
4 concupiscentia sit infinita

31 DE DELECTATIONE SECUNDUM SE

1 delectatio sit passio
2 sit in tempore
3 differat a gaudio
4 sit in appetitu intellectivo
5 delectationes corporales sint maiores spiritualibus
6 delectationes tactus sint maiores
7 aliqua delectatio sit non naturalis
8 delectatio possit esse delectationi contraria

32 DE CAUSA DELECTATIONIS

1 operatio sit causa propria delectationis
2 motus
3 spes et memoria
4 tristitia
5 actiones aliorum
6 benefacere alteri
7 similitudo
8 admiratio

33 DE EFFECTIBUS DELECTATIONIS

1 delectationis sit dilatare
2 delectatio causet sui sitim
3 impediat usum rationis
4 perficiat operationem

34 DE BONITATE ET MALITIA DELECTATIONUM

1 omnis delectatio sit mala
2 omnis sit bona
3 aliqua sit optimum
4 delectatio sit mensura secundum quam iudicetur bonum vel malum

35 DE DOLORE SECUNDUM SE

1 dolor sit passio animae
2 tristitia sit idem quod dolor
3 tristitia sit contraria delectationi
4 omnis omni
5 delectationi contemplationis sit aliqua tristitia contraria
6 magis sit fugienda tristitia, quam delectatio appetenda
7 dolor exterior sit maior quam interior
8 sint tantum quatuor species tristitiae

36 DE CAUSIS DOLORIS

1 causa doloris sit bonum amissum, vel malum coniunctum
2 concupiscentia sit causa doloris
3 appetitus unitatis sit causa doloris
4 potestas cui non potest resisti, sit causa doloris

37 DE EFFECTIBUS DOLORIS

1 dolor auferat facultatem addiscendi
2 aggravatio animi sit effectus doloris
3 tristitia debilitet omnem operationem
4 tristitia magis noceat corpori quam aliae passiones

38 DE REMEDIIS DOLORIS

1 dolor mitigetur per quamlibet delectationem
2 per fletum
3 per compassionem amicorum
4 per contemplationem veritatis
5 per somnum et balnea

39 DE BONITATE ET MALITIA DOLORIS

1 omnis tristitia sit mala
2 tristitia possit esse bonum honestum
3 bonum utile
4 dolor corporis sit summum malum

40 DE PASSIONIBUS IRASCIBILIS, ET PRIMO, DE SPE ET DESPERATIONE

1 spes sit idem quod desiderium
2 spes sit in vi apprehensiva, an in appetitiva
3 spes sit in brutis
4 spei contrarietur desperatio
5 causa spei sit experientia
6 in iuvenibus et in ebriosis abundet spes
7 spes sit causa amoris
8 spes conferat ad operationem vel impediat

41 DE TIMORE SECUNDUM SE

1 timor sit passio animae
2 sit specialis passio
3 sit aliquis timor naturalis
4 convenienter assignentur species timoris

42 DE OBIECTO TIMORIS

1 obiectum timoris sit bonum, vel malum
2 malum naturae sit obiectum timoris
3 timor sit de malo culpae
4 timor ipse timeri possit
5 repentina magis timeantur
6 ea contra quae non est remedium, magis timeantur

43 DE CAUSA TIMORIS

1 causa timoris sit amor
2 causa timoris sit defectus

44 DE EFFECTIBUS TIMORIS

1 timor faciat contractionem
2 faciat consiliativos
3 faciat tremorem
4 impediat operationem

45 DE AUDACIA

1 audacia sit contraria timori
2 consequatur spem
3 defectus aliquis sit causa audaciae
4 audaces sint promptiores in principio quam in periculis

46 DE IRA SECUNDUM SE

1 ira sit specialis passio
2 obiectum irae sit bonum, vel malum
3 ira sit in concupiscibili
4 cum ratione
5 naturalior quam concupiscentia
6 gravior quam odium
7 ad illos solum ad quos est iustitia
8 convenienter assignentur species irae

47 DE CAUSA EFFECTIVA IRAE, ET DE REMEDIIS EIUS

1 semper motivum irae sit aliquid factum contra eum qui irascitur
2 sola parvipensio vel despectio sit motivum irae
3 excellentia irascentis sit causa irae
4 defectus alicuius sit causa ut contra eum facilius irascamur

48 DE EFFECTIBUS IRAE

1 ira causet delectationem
2 maxime causet fervorem in corde
3 impediat rationis usum
4 causet taciturnitatem

49 DE HABITIBUS IN GENERALI, QUOAD EORUM SUBSTANTIAM

1 habitus sit qualitas
2 habitus sit determinata species qualitatis
3 habitus importet ordinem ad actum
4 sit necessarium esse habitum

50 DE SUBIECTO HABITUUM

1 in corpore sit aliquis habitus
2 anima sit subiectum habitus secundum essentiam, vel potentiam
3 in potentiis sensitivae partis possit esse habitus
4 in intellectu sit habitus
5 in voluntate sit habitus
6 in angelis sit habitus

51 DE CAUSA HABITUUM QUANTUM AD GENERATIONEM IPSORUM

1 aliquis habitus sit a natura
2 aliquis habitus causetur ex actibus
3 per unum actum possit generari habitus
4 aliqui habitus sint hominibus infusi a Deo

52 DE AUGMENTO HABITUUM

1 habitus augeantur
2 per additionem
3 quilibet actus augeat habitum

53 DE CORRUPTIONE ET DIMINUTIONE HABITUUM

1 habitus corrumpi possit
2 possit diminui
3 per solam cessationem ab opere

54 DE DISTINCTIONE HABITUUM

1 multi habitus possint esse in una potentia
2 habitus distinguantur secundum obiecta
3 secundum bonum et malum
4 unus habitus ex multis habitibus constituatur

55 DE VIRTUTIBUS, QUANTUM AD SUAS ESSENTIAS

1 virtus humana sit habitus
2 sit habitus operativus
3 sit habitus bonus
4 virtus convenienter definiatur

56 DE SUBIECTO VIRTUTIS

1 virtus sit in potentia animae
2 una virtus possit esse in pluribus potentiis
3 intellectus possit esse subiectum virtutis
4 irascibilis et concupiscibilis
5 vires apprehensivae sensitivae
6 voluntas

57 DE DISTINCTIONE VIRTUTUM INTELLECTUALIUM

1 habitus intellectuales speculativi sint virtutes
2 sint tantum tres
3 habitus intellectualis qui est ars, sit virtus
4 prudentia sit virtus distincta ab arte
5 prudentia sit virtus necessaria homini
6 eubulia, synesis et gnome sint adiunctae prudentiae

58 DE DISTINCTIONE VIRTUTUM MORALIUM AB INTELLECTUALIBUS

1 omnis virtus sit moralis
2 virtus moralis distinguatur ab intellectuali
3 sufficienter virtus dividatur per moralem et intellectualem
4 moralis virtus possit esse sine intellectuali
5 intellectualis virtus possit esse sine morali

59 DE COMPARATIONE VIRTUTIS MORALIS AD PASSIONEM

1 virtus moralis sit passio
2 possit esse cum passione
3 possit esse cum tristitia
4 omnis sit circa passiones
5 aliqua possit esse absque passione

60 DE DISTINCTIONE VIRTUTUM MORALIUM AD INVICEM

1 sit una tantum virtus moralis
2 quae circa operationes, distinguantur ab his quae circa passiones
3 circa operationes sit tantum una virtus
4 circa diversas passiones diversae sint virtutes
5 virtutes distinguantur secundum obiecta passionum

61 DE VIRTUTIBUS CARDINALIBUS

1 virtutes morales debeant dici cardinales, vel principales
2 sint quatuor
3 aliae magis debeant dici principales quam istae
4 quatuor cardinales differant ab invicem
5 cardinales convenienter dividantur

62 DE VIRTUTIBUS THEOLOGICIS

1 sint aliquae virtutes theologicae
2 distinguantur ab intellectualibus et moralibus
3 convenienter fides, spes et caritas ponantur
4 fides sit prior spe, et spes caritate

63 DE CAUSA VIRTUTUM

1 virtus insit nobis a natura
2 aliqua virtus causetur ex assuetudine operum
3 aliquae sint per infusionem
4 virtus quam acquirimus ex assuetudine, sit eiusdem speciei cum infusa

64 DE MEDIO VIRTUTUM

1 virtutes morales sint in medio
2 medium sit rei, vel rationis
3 virtutes intellectuales consistant in medio
4 virtutes theologicae consistant in medio

65 DE CONNEXIONE VIRTUTUM

1 virtutes morales sint ad invicem connexae
2 morales possint esse sine caritate
3 caritas possit esse sine moralibus
4 fides et spes possint esse sine caritate
5 caritas possit esse sine fide et spe

66 DE AEQUALITATE VIRTUTUM

1 virtus possit esse maior vel minor
2 omnes virtutes simul in eodem existentes, sint aequales
3 virtutes morales praeemineant intellectualibus
4 iustitia sit praecipua
5 sapientia sit maxima
6 caritas sit maxima

67 DE DURATIONE VIRTUTUM POST HANC VITAM

1 virtutes maneant post hanc vitam
2 intellectuales maneant post hanc vitam
3 fides maneat
4 spes maneat
5 aliquid fidei vel spei remaneat in gloria
6 remaneat caritas in gloria

68 DE DONIS

1 dona differant a virtutibus
2 dona sint necessaria homini ad salutem
3 dona spiritus sancti sint habitus
4 convenienter septem dona enumerentur
5 dona sint connexa
6 dona remaneant in patria
7 dignitas donorum attendatur
8 virtutes sint praeferendae donis

69 DE BEATITUDINIBUS

1 beatitudines distinguantur a virtutibus et donis
2 praemia quae attribuuntur beatitudinibus, ad hanc vitam pertineant
3 convenienter enumerentur beatitudines
4 praemia beatitudinum convenienter enumerentur

70 DE FRUCTIBUS SPIRITUS SANCTI

1 fructus spiritus sancti sint actus
2 fructus a beatitudinibus differant
3 fructus convenienter enumerentur
4 fructus contrarientur operibus carnis

71 DE VITIIS ET PECCATIS SECUNDUM SE

1 vitium contrarietur virtuti
2 sit contra naturam
3 sit peius quam actus vitiosus
4 peccatum simul possit esse cum virtute
5 in quolibet peccato sit aliquis actus
6 convenienter definiatur peccatum

72 DE DISTINCTIONE PECCATORUM

1 peccata differant specie secundum obiecta
2 convenienter distinguantur peccata spiritualia a carnalibus
3 peccata distinguantur specie secundum causas
4 peccatum convenienter distinguatur in peccatum in deum, in seipsum, et in proximum
5 divisio peccatorum quae est secundum reatum, diversificet speciem
6 peccatum commissionis et omissionis differant specie
7 convenienter dividatur peccatum in cordis, oris, et operis
8 superabundantia et defectus diversificent species peccatorum
9 peccata diversificentur specie secundum circumstantias

73 DE COMPARATIONE PECCATORUM AD INVICEM

1 omnia peccata sint connexa
2 omnia sint paria
3 gravitas peccatorum varietur secundum obiecta
4 differat secundum dignitatem virtutum quibus opponuntur
5 peccata carnalia sint minoris culpae quam spiritualia
6 gravitas peccatorum attendatur secundum causam peccati
7 circumstantia aggravet peccatum
8 gravitas peccati augeatur secundum maius nocumentum
9 peccatum aggravetur ratione personae in quam peccatur
10 magnitudo personae peccantis aggravet peccatum

74 DE SUBIECTO PECCATORUM

1 voluntas sit subiectum peccati
2 sola voluntas sit subiectum peccati
3 in sensualitate possit esse peccatum
4 in sensualitate possit esse peccatum mortale
5 peccatum possit esse in ratione
6 peccatum morosae delectationis sit in ratione
7 peccatum consensus in actum sit in ratione superiori
8 consensus in delectationem sit peccatum mortale
9 in superiori ratione possit esse peccatum veniale, secundum quod directiva
10 secundum seipsam

75 DE CAUSIS PECCATORUM IN GENERALI

1 peccatum habeat causam
2 habeat causam interiorem
3 habeat causam exteriorem
4 sit causa peccati

76 DE CAUSIS PECCATI IN SPECIALI

1 ignorantia possit esse causa peccati
2 sit peccatum
3 excuset ex toto a peccato
4 diminuat peccatum

77 DE CAUSA PECCATI EX PARTE APPETITUS SENSITIVI

1 voluntas moveatur a passione appetitus sensitivi
2 ratio possiti superari a passione contra suam scientiam
3 peccatum quod est ex passione, debeat dici ex infirmitate
4 amor sui sit principium omnis peccati
5 convenienter ponantur causae peccatorum
6 peccatum allevietur propter passionem
7 passio totaliter excuset a peccato
8 peccatum quod est ex passione, possit esse mortale

78 DE CAUSA PECCATI QUAE EST MALITIA

1 aliquis peccet ex certa malitia
2 quicumque peccet ex habitu, peccet ex certa malitia
3 ille qui peccat ex certa malitia, peccet ex habitu
4 ille qui peccat ex certa malitia, gravius peccet quam qui ex passione

79 DE CAUSIS EXTERIORIBUS PECCATI ET PRIMO EX PARTE DEI

1 deus sit causa peccati
2 actus peccati sit a deo
3 deus sit causa excaecationis et indurationis
4 excaecatio et obduratio semper ordinentur ad salutem

80 DE CAUSA PECCATI EX PARTE DIABOLI

1 diabolus sit homini directe causa peccandi
2 diabolus possit inducere ad peccandum interius instigando
3 diabolus possit necessitatem inferre ad peccandum
4 omnia peccata hominum sint ex suggestione diaboli

81 DE CAUSA PECCATI EX PARTE HOMINIS

1 primum peccatum primi parentis traducatur per originem
2 etiam alia peccata primi parentis traducantur
3 peccatum primi parentis transeat per originem in omnes
4 si aliquis ex humana carne formaretur miraculose, contraheret originale peccatum
5 si adam non peccasset, eva peccante, filii originale peccatum contraherent

82 DE ORIGINALI PECCATO QUANTUM AD SUAM ESSENTIAM

1 originale peccatum sit habitus
2 in uno homine sint multa originalia peccata
3 originale peccatum sit concupiscentia
4 peccatum originale sit aequaliter in omnibus

83 DE SUBIECTO ORIGINALIS PECCATI

1 originale peccatum sit magis in carne quam in anima
2 sit per prius in essentia animae
3 per prius inficiat voluntatem
4 praefatae potentiae sint magis infectae quam aliae

84 DE CAUSA PECCATI SECUNDUM QUOD UNUM PECCATUM ALTERIUS PECCATI CAUSA EST

1 cupiditas sit radix omnium peccatorum
2 superbia sit initium omnis peccati
3 alia peccata dici debeant capitalia
4 convenienter dicantur septem vitia capitalia

85 DE EFFECTIBUS PECCATI, ET PRIMO, DE CORRUPTIONE BONI NATURAE

1 peccatum diminuat bonum naturae
2 totum bonum humanae naturae possit auferri per peccatum
3 convenienter ponantur vulnera naturae ex peccato
4 privatio modi, speciei et ordinis, sit effectus peccati
5 mors et alii defectus sint effectus peccati
6 sint naturales homini

86 DE MACULA PECCATI

1 peccatum causet aliquam maculam in anima
2 macula maneat post actum peccati

87 DE REATU POENAE

1 reatus poenae sit effectus peccati
2 peccatum possit esse poena peccati
3 aliquod peccatum inducat reatum aeternae poenae
4 peccato debeatur poena infinita secundum quantitatem
5 omne peccatum inducat reatum poenae aeternae
6 reatus poenae remaneat post peccatum
7 omnis poena sit propter aliquam culpam
8 aliquis puniatur pro peccato alterius

88 DE PECCATO VENIALI ET MORTALI

1 veniale peccatum convenienter dividatur contra mortale
2 mortale et veniale differant genere
3 veniale sit dispositio ad mortale
4 veniale possit fieri mortale

5 circumstantia possit facere de veniali mortale
6 mortale possiti fieri veniale

89 DE PECCATO VENIALI SECUNDUM SE

1 veniale causet maculam in anima
2 convenienter venialia per lignum, faenum et stipulam designentur
3 homo in statu innocentiae potuerit peccare venialiter
4 angelus bonus vel malus possit peccare venialiter
5 primi motus sensualitatis in infidelibus sint peccata mortalia
6 peccatum veniale possit esse in aliquo cum solo originali

90 DE ESSENTIA LEGIS

1 lex sit aliquid rationis
2 lex ordinetur semper ad bonum commune
3 ratio cuiuslibet sit factiva legis
4 promulgatio sit de ratione legis

91 DE LEGUM DIVERSITATE

1 sit aliqua lex aeterna
2 sit in nobis aliqua lex naturalis
3 sit aliqua lex humana
4 fuerit necessarium esse aliquam legem divinam
5 lex divina sit una tantum
6 sit aliqua lex fomitis

92 DE EFFECTIBUS LEGIS

1 effectus legis sit facere homines bonos
2 legis actus convenienter assignentur

93 DE LEGE AETERNA

1 lex aeterna sit summa ratio in deo existens
2 sit omnibus nota
3 omnis lex a lege aeterna derivetur
4 necessaria et aeterna subiiciantur legi aeternae
5 naturalia contingentia subsint legi aeternae
6 omnes res humanae subiiciantur legi aeternae

94 DE LEGE NATURALI

1 lex naturalis sit habitus
2 contineat plura praecepta
3 omnes actus virtutum sint de lege naturae
4 lex naturae sit una apud omnes
5 mutari possit
6 possit a corde hominis aboleri

95 DE LEGE HUMANA

1 fuerit utile leges poni ab hominibus
2 lex humanitus posita a lege naturali derivetur
3 isidorus convenienter qualitatem legis positivae describat
4 convenienter ponat divisionem humanarum legum

96 DE POTESTATE LEGIS HUMANAE

1 lex humana debeat poni in communi magis quam in particulari
2 ad legem humanam pertineat omnia vitia cohibere
3 lex humana praecipiat actus omnium virtutum
4 imponat homini necessitatem in foro conscientiae
5 omnes subiiciantur legi
6 ei qui subditur legi, liceat praeter verba legis agere

97 DE MUTATIONE LEGUM

1 lex humana debeat aliquo modo mutari
2 lex humana sit mutanda, quando occurrit melius
3 consuetudo possit obtinere vim legis
4 rectores multitudinis possint in legibus humanis dispensare

98 DE LEGE VETERI

1 lex vetus fuerit bona
2 fuerit a deo
3 data fuerit per angelos
4 dari debuerit soli populo iudaeorum
5 omnes homines obligarentur ad observandam veterem legem
6 lex vetus convenienter data fuerit tempore moysi

99 DE PRAECEPTIS VETERIS LEGIS

1 in lege veteri contineatur solum unum praeceptum
2 lex vetus contineat praecepta moralia
3 praecepta caeremonialia, praeter moralia
4 etiam praecepta iudicialia
5 aliqua alia praecepta
6 lex vetus debuerit inducere ad observantiam per temporales promissiones et comminationes

100 DE PRAECEPTIS MORALIBUS VETERIS LEGIS

1 omnia praecepta moralia pertineant ad legem naturae
2 praecepta moralia legis sint de omnibus actibus virtutum
3 reducantur ad decem praecepta decalogi
4 praecepta decalogi convenienter distinguantur
5 convenienter enumerentur
6 convenienter ordinentur
7 convenienter tradantur
8 sint dispensabilia
9 modus virtutis cadat sub praecepto legis
10 modus caritatis cadat sub praecepto
11 convenienter distinguantur alia praecepta praeter decalogum
12 praecepta veteris legis iustificarent

101 DE PRAECEPTIS CAEREMONIALIBUS

1 ratio caeremonialium quod pertinent ad cultum dei
2 praecepta caeremonialia sint figuralia
3 debuerint esse multa
4 convenienter dividantur

102 DE CAEREMONIALIUM CAUSIS

1 caeremonialia praecepta habeant causam
2 causam litteralem, vel figuralem tantum
3 ratio caeremoniarum quae ad sacrificia pertinent
4 quae ad sacra pertinent
5 sacramentorum veteris legis conveniens causa
6 rationabilis causa observantiarum caeremonialium

103 DE DURATIONE CAEREMONIALIUM

1 caeremoniae legis fuerint ante legem
2 habuerint virtutem iustificandi tempore legis
3 cessaverint in adventu christi
4 post passionem christi possint servari sine peccato mortali

104 DE PRAECEPTIS IUDICIALIBUS

1 ratio quod sunt ordinantia ad proximum
2 praecepta iudicialia aliquid figurent
3 perpetuam obligationem habeant
4 possint habere certam divisionem

105 DE RATIONE IUDICIALIUM

1 convenienter lex vetus de principibus ordinaverit
2 convenienter quantum ad popularium convictum
3 quantum ad extraneos
4 circa domesticas personas

106 DE LEGE EVANGELICA, QUAE DICITUR LEX NOVA

1 lex nova sit lex scripta
2 iustificet
3 debuerit dari a principio mundi
4 sit duratura usque ad finem mundi

107 DE COMPARATIONE LEGIS NOVAE AD VETEREM

1 lex nova sit alia a veteri
2 veterem impleat
3 in lege veteri contineatur
4 sit gravior quam vetus

108 DE HIS QUAE CONTINENTUR IN LEGE NOVA

1 lex nova aliquos exteriores actus debeat praecipere vel prohibere
2 lex nova sufficienter exteriores actus ordinaverit
3 lex nova hominem circa interiores actus sufficienter ordinaverit
4 convenienter in lege nova consilia quaedam determinata sint proposita

109 DE NECESSITATE GRATIAE

1 homo sine gratia verum cognoscere possit
2 velle et facere bonum
3 diligere deum super omnia
4 legis praecepta implere
5 mereri vitam aeternam
6 seipsum ad gratiam praeparare
7 resurgere a peccato
8 non peccare
9 qui iam consecutus est gratiam, possit operari bonum et vitare peccatum, absque alio auxilio gratiae
10 in gratia constitutus indigeat auxilio gratiae ad perseverandum

110 DE GRATIA DEI

1 gratia ponat aliquid in anima
2 sit qualitas animae
3 sit idem quod virtus
4 sit in essentia animae

111 DE DIVISIONE GRATIAE

1 convenienter dividatur per gratum facientem et gratis datam
2 per operantem et cooperantem
3 in praevenientem et subsequentem
4 gratis data convenienter ab apostolo dividatur
5 sit dignior quam gratum faciens

112 DE CAUSA GRATIAE

1 solus deus sit causa gratiae
2 requiratur praeparatio ex parte hominis
3 necessario detur gratia se praeparanti
4 gratia sit maior in uno quam in alio
5 homo possit scire se habere gratiam

113 DE EFFECTIBUS GRATIAE

1 iustificatio impii sit remissio peccatorum
2 ad remissionem culpae requiratur gratiae infusio
3 requiratur motus liberi arbitrii
4 requiratur motus fidei
5 requiratur motus liberi arbitrii in peccatum
6 remissio peccatorum debeat numerari inter ea quae requiruntur ad iustificationem
7 iustificatio fiat in instanti
8 gratiae infusio sit prima inter quae requiruntur ad iustificationem
9 iustificatio impii sit maximum opus dei
10 sit opus miraculosum

114 DE MERITO

1 homo possit aliquid mereri a deo
2 sine gratia possit mereri vitam aeternam
3 in gratia possit mereri vitam aeternam ex condigno
4 gratia sit principium meriti principalius per caritatem
5 homo possit sibi mereri primam gratiam
6 alteri
7 homo possit sibi mereri reparationem post lapsum
8 augmentum gratiae
9 perseverantiam
10 temporalia bona cadant sub merito

009 ST3
SECUNDA SECUNDAE

«Utrum...»

1 DE OBIECTO FIDEI

1 obiectum fidei sit veritas prima
2 obiectum fidei sit aliquid complexum per modum enuntiabilis
3 fidei possit subesse falsum
4 obiectum fidei possit esse aliquid visum
5 ea quae sunt fidei possint esse scita
6 credibilia sint per certos articulos distinguenda
7 articuli fidei secundum successionem temporum creverint
8 articuli fidei convenienter enumerentur
9 convenienter articuli fidei in symbolo ponantur
10 ad summum pontificem pertineat fidei symbolum ordinare

2 DE ACTU INTERIORI FIDEI

1 credere sit cum assensione cogitare
2 convenienter distinguatur actus fidei
3 credere aliquid supra rationem naturalem sit necessarium ad salutem
4 credere ea quae ratione naturali probari possunt sit necessarium
5 homo teneatur ad credendum aliquid explicite
6 omnes aequaliter teneantur ad habendum fidem explicitam
7 explicite credere mysterium christi sit de necessitate salutis apud omnes
8 explicite credere trinitatem sit de necessitate salutis
9 credere sit meritorium
10 ratio inducta ad ea quae sunt fidei diminuat meritum fidei

3 DE EXTERIORI ACTU FIDEI

1 confessio sit actus fidei
2 confessio fidei sit necessaria ad salutem

4 DE IPSA FIDEI VIRTUTE

1 sit competens fidei definitio
2 fides sit in intellectu sicut in subiecto
3 caritas sit forma fidei
4 fides informis possit fieri formata, vel e converso
5 fides sit virtus
6 fides sit una
7 fides sit prima inter virtutes
8 fides sit certior scientia et aliis virtutibus intellectualibus

5 DE HABENTIBUS FIDEM

1 angelus aut homo in sua prima conditione habuerit fidem
2 in daemonibus sit fides
3 haereticus qui discredit unum articulum fidei possit habere fidem informem de aliis articulis
4 fides possit esse maior in uno quam in alio

6 DE CAUSA FIDEI

1 fides sit homini a deo infusa
2 fides informis sit donum dei

7 DE EFFECTIBUS FIDEI

1 timor sit effectus fidei
2 purificatio cordis sit effectus fidei

8 DE DONO INTELLECTUS

1 intellectus sit donum spiritus sancti
2 donum intellectus possit simul esse cum fide
3 intellectus qui est donum sit speculativus tantum, an etiam practicus
4 donum intellectus insit omnibus habentibus gratiam
5 donum intellectus inveniatur etiam in non habentibus gratiam gratum facientem
6 donum intellectus distinguatur ab aliis donis
7 dono intellectus respondeat sexta beatitudo
8 in fructibus fides respondeat dono intellectus

9 DE DONO SCIENTIAE

1 scientia sit donum
2 scientiae donum sit circa res divinas
3 scientiae donum sit scientia practica
4 dono scientiae respondeat tertia beatitudo

10 DE INFIDELITATE IN COMMUNI

1 infidelitas sit peccatum
2 infidelitas sit in intellectu sicut in subiecto
3 infidelitas sit maximum peccatorum
4 omnis actio infidelis sit peccatum
5 sint plures infidelitatis species
6 infidelitas gentilium seu paganorum sit ceteris gravior
7 sit cum infidelibus publice disputandum
8 infideles compellendi sint ad fidem
9 cum infidelibus possit communicari
10 infideles possint habere praelationem seu dominium supra fideles
11 infidelium ritus sint tolerandi
12 pueri iudaeorum et aliorum infidelium sint invitis parentibus baptizandi

11 DE HAERESI

1 haeresis sit infidelitatis species
2 haeresis sit proprie circa ea quae sunt fidei
3 haeretici sint tolerandi
4 revertentes ab haeresi sint ab ecclesia recipiendi

12 DE APOSTASIA

1 apostasia pertineat ad infidelitatem
2 princeps propter apostasiam a fide amittat dominium in subditos

13 DE BLASPHEMIA IN GENERALI

1 blasphemia opponatur confessioni fidei
2 blasphemia semper sit peccatum mortale
3 peccatum blasphemiae sit maximum peccatum
4 damnati blasphement

14 DE BLASPHEMIA IN SPIRITUM SANCTUM

1 peccatum in spiritum sanctum sit idem quod peccatum ex certa malitia
2 convenienter assignentur sex species peccati in spiritum sanctum
3 peccatum in spiritum sanctum sit irremissibile
4 homo possit primo peccare in spiritum sanctum, non praesuppositis aliis peccatis

15 DE CAECITATE MENTIS ET HEBETUDINE SENSUS

1 caecitas mentis sit peccatum
2 hebetudo sensus sit aliud a caecitate mentis
3 caecitas mentis et hebetudo sensus oriantur ex peccatis carnalibus

16 DE PRAECEPTIS FIDEI, SCIENTIAE ET INTELLECTUS

1 in veteri lege debuerint dari praecepta credendi
2 in veteri lege convenienter tradantur praecepta pertinentia ad scientiam et intellectum

17 DE SPE

1 spes sit virtus
2 beatitudo aeterna sit obiectum proprium spei
3 aliquis possit sperare alteri beatitudinem aeternam
4 aliquis possit licite sperare in homine
5 spes sit virtus theologica
6 spes sit virtus distincta ab aliis virtutibus theologicis
7 spes praecedat fidem
8 caritas sit prior spe

18 DE SUBIECTO SPEI

1 spes sit in voluntate sicut in subiecto
2 spes sit in beatis
3 spes sit in damnatis
4 spes viatorum habeat certitudinem

19 DE DONO TIMORIS

1 deus possit timeri
2 timor convenienter dividatur in filialem, initialem, servilem et mundanum
3 timor mundanus sit semper malus
4 timor servilis sit bonus
5 timor servilis sit idem in substantia cum timore filiali
6 timor servilis remaneat cum caritate
7 timor sit initium sapientiae
8 timor initialis differat secundum substantiam a timore filiali
9 timor sit donum spiritus sancti
10 crescente caritate diminuatur timor
11 timor remaneat in patria
12 paupertas spiritus sit beatitudo respondens dono timoris

20 DE DESPERATIONE

1 desperatio sit peccatum
2 desperatio sine infidelitate esse possit
3 desperatio sit maximum peccatorum
4 desperatio ex acedia oriatur

21 DE PRAESUMPTIONE

1 praesumptio innitatur deo, an propriae virtuti
2 praesumptio sit peccatum
3 praesumptio magis opponatur timori quam spei
4 praesumptio causetur ex inani gloria

22 DE PRAECEPTIS PERTINENTIBUS AD SPEM ET TIMOREM

1 de spe debeat dari aliquod praeceptum
2 de timore fuerit dandum aliquod praeceptum

23 DE CARITATE SECUNDUM SE

1 caritas sit amicitia
2 caritas sit aliquid creatum in anima
3 caritas sit virtus
4 caritas sit virtus specialis
5 caritas sit una virtus
6 caritas sit excellentissima virtutum
7 sine caritate possit esse aliqua vera virtus
8 caritas sit forma virtutum

24 DE CARITATIS SUBIECTO

1 voluntas sit subiectum caritatis
2 caritas causetur in nobis ex infusione
3 caritas infundatur secundum quantitatem naturalium
4 caritas augeri possit
5 caritas augeatur per additionem
6 quolibet actu caritatis caritas augeatur
7 caritas augeatur in infinitum
8 caritas in hac vita possit esse perfecta
9 convenienter distinguantur tres gradus caritatis
10 caritas possit diminui
11 caritas semel habita possit amitti
12 caritas amittatur per unum actum peccati mortalis

25 DE OBIECTO CARITATIS

1 dilectio caritatis sistat in deo, an se extendat etiam ad proximum
2 caritas sit ex caritate diligenda
3 etiam creaturae irrationales sint ex caritate diligendae
4 homo debeat seipsum ex caritate diligere
5 homo debeat corpus suum ex caritate diligere
6 peccatores sint ex caritate diligendi
7 peccatores diligant seipsos
8 sit de necessitate caritatis ut inimici diligantur
9 sit de necessitate caritatis quod aliquis signa et effectus dilectionis inimico exhibeat
10 debeamus angelos ex caritate diligere
11 debeamus daemones ex caritate diligere
12 convenienter enumerentur quatuor ex caritate diligenda

26 DE ORDINE CARITATIS

1 in caritate sit ordo
2 deus sit magis diligendus quam proximus
3 homo debeat ex caritate plus deum diligere quam seipsum
4 homo ex caritate magis debeat diligere seipsum quam proximum
5 homo magis debeat diligere proximum quam corpus proprium
6 unus proximus sit magis diligendus quam alius
7 magis debeamus diligere meliores quam nobis coniunctiores
8 sit maxime diligendus ille qui est nobis coniunctus secundum carnalem originem
9 homo ex caritate magis debeat diligere filium quam patrem
10 homo magis debeat diligere matrem quam patrem
11 homo plus debeat diligere uxorem quam patrem et matrem
12 homo magis debeat diligere benefactorem quam beneficiatum
13 ordo caritatis remaneat in patria

27 DE PRINCIPALI ACTU CARITATIS, QUI EST DILECTIO

1 caritatis sit magis proprium amari quam amare
2 amare, secundum quod est actus caritatis, sit idem quod benevolentia
3 deus sit propter seipsum ex caritate diligendus
4 deus in hac vita possit immediate amari
5 deus possit totaliter amari
6 divinae dilectionis sit aliquis modus habendus
7 sit magis meritorium diligere inimicum quam amicum
8 sit magis meritorium diligere proximum quam diligere deum

28 DE GAUDIO

1 gaudium sit effectus caritatis in nobis
2 gaudium spirituale quod ex caritate causatur recipiat admixtionem tristitiae
3 spirituale gaudium quod ex caritate causatur possit in nobis impleri
4 gaudium sit virtus

29 DE PACE

1 pax sit idem quod concordia
2 omnia appetant pacem
3 pax sit proprius effectus caritatis
4 pax sit virtus

30 DE MISERICORDIA

1 malum sit proprie motivum ad misericordiam
2 defectus sit ratio miserendi ex parte miserentis
3 misericordia sit virtus
4 misericordia sit maxima virtutum

31 DE BENEFICIENTIA

1 beneficentia sit actus caritatis
2 sit omnibus benefaciendum
3 sit magis benefaciendum his qui sunt nobis magis coniuncti
4 beneficentia sit virtus specialis

32 DE ELEEMOSYNA

1 dare eleemosynam sit actus caritatis
2 convenienter eleemosynarum genera distinguantur
3 eleemosynae corporales sint potiores quam spirituales
4 eleemosynae corporales habeant effectum spiritualem
5 dare eleemosynam sit in praecepto
6 aliquis debeat dare eleemosynam de necessario
7 possit fieri eleemosyna de iniuste acquisitis
8 ille qui est in potestate alterius constitutus possit eleemosynam facere
9 sit magi propinquioribus eleemosyna facienda
10 eleemosyna sit abundanter facienda

33 DE CORRECTIONE FRATERNA

1 fraterna correctio sit actus caritatis
2 correctio fraterna sit in praecepto
3 correctio fraterna pertineat solum ad praelatos
4 aliquis teneatur corrigere praelatum suum
5 peccator debeat corrigere delinquentem
6 aliquis debeat a correctione cessare propter timorem ne ille fiat deterior
7 in correctione fraterna debeat, ex necessitate praecepti, admonitio secreta praecedere denuntiationem
8 testium inductio debeat praecedere publicam denuntiationem

34 DE ODIO

1 aliquis possit deum odio habere
2 odium dei sit maximum peccatorum
3 omne odium proximi sit peccatum
4 odium proximi sit gravissimum peccatorum in proximum
5 odium sit vitium capitale
6 odium oriatur ex invidia

35 DE ACEDIA

1 acedia sit peccatum
2 acedia sit speciale vitium
3 acedia sit peccatum mortale
4 acedia debeat poni vitium capitale

36 DE INVIDIA

1 invidia sit tristitia
2 invidia sit peccatum
3 invidia sit peccatum mortale
4 invidia sit vitium capitale

37 DE DISCORDIA

1 discordia sit peccatum
2 discordia sit filia inanis gloriae

38 DE CONTENTIONE

1 contentio sit peccatum mortale
2 contentio sit filia inanis gloriae

39 DE SCHISMATE

1 schisma sit peccatum speciale
2 schisma sit gravius peccatum quam infidelitas
3 schismatici habeant aliquam potestatem
4 sit conveniens poena schismaticorum ut excommunicentur

40 DE BELLO

1 bellare semper sit peccatum
2 clericis et episcopis sit licitum pugnare
3 sit licitum in bellis uti insidiis
4 in diebus festis liceat bellare

41 DE RIXA

1 rixa semper sit peccatum
2 rixa sit filia irae

42 DE SEDITIONE

1 seditio sit speciale peccatum ab aliis distinctum
2 seditio semper sit peccatum mortale

43 DE SCANDALO

1 scandalum convenienter definiatur
2 scandalum sit peccatum
3 scandalum sit speciale peccatum
4 scandalum sit peccatum mortale
5 scandalum passivum possit etiam in perfectos cadere
6 scandalum activum possit inveniri in viris perfectis
7 bona spiritualia sint propter scandalum dimittenda
8 temporalia sint dimittenda propter scandalum

44 DE PRAECEPTIS CARITATIS

1 de caritate debeat dari aliquod praeceptum
2 de caritate fuerint danda duo praecepta
3 sufficiant duo praecepta caritatis
4 convenienter mandetur quod deus diligatur ex toto corde
5 super hoc, diliges dominum ex toto corde convenienter addatur, et ex tota anima
6 praeceptum de dilectione dei possit in via impleri
7 convenienter detur praeceptum de dilectione proximi
8 ordo caritatis cadat sub praecepto

45 DE DONO SAPIENTIAE

1 sapientia debeat inter dona spiritus sancti computari
2 sapientia sit in intellectu sicut in subiecto
3 sapientia sit speculativa tantum, an etiam practica
4 sapientia possit esse sine gratia, cum peccato mortali
5 sapientia sit in omnibus habentibus gratiam
6 septima beatitudo respondeat dono sapientiae

46 DE STULTITIA

1 stultitia opponatur sapientiae
2 stultitia sit peccatum
3 stultitia sit filia luxuriae

47 DE PRUDENTIA SECUNDUM SE

1 prudentia sit in vi cognoscitiva, an in appetitiva
2 prudentia pertineat solum ad rationem practicam, an etiam ad speculativam
3 prudentia sit cognoscitiva singularium
4 prudentia sit virtus
5 prudentia sit virtus specialis
6 prudentia praestituat finem virtutibus moralibus
7 ad prudentiam pertineat invenire medium in virtutibus moralibus
8 praecipere sit principalis actus prudentiae
9 sollicitudo pertineat ad prudentiam
10 prudentia se extendat ad regimen multitudinis
11 prudentia respectu boni proprii sit eadem specie cum ea quae ad bonum commune
12 prudentia sit in subditis, an solum in principibus
13 prudentia possit esse in peccatoribus
14 prudentia sit in omnibus habentibus gratiam
15 prudentia insit nobis a natura
16 prudentia possit amitti per oblivionem

48 DE PARTIBUS PRUDENTIAE

49 DE SINGULIS PRUDENTIAE PARTIBUS QUASI INTEGRALIBUS

1 memoria sit pars prudentiae
2 intellectus sit pars prudentiae
3 docilitas debeat poni pars prudentiae
4 solertia sit pars prudentiae
5 ratio debeat poni pars prudentiae
6 providentia debeat poni pars prudentiae
7 circumspectio debeat poni pars prudentiae
8 cautio debeat poni pars prudentiae

50 DE PARTIBUS SUBIECTIVIS PRUDENTIAE

1 regnativa debeat poni species prudentiae
2 politica convenienter ponatur pars prudentiae
3 oeconomica debeat poni species prudentiae
4 militaris debeat poni species prudentiae

51 DE PARTIBUS POTENTIALIBUS PRUDENTIAE

1 eubulia sit virtus
2 eubulia sit virtus distincta a prudentia
3 synesis sit virtus
4 gnome sit specialis virtus

52 DE DONO CONSILII

1 consilium debeat poni inter dona spiritus sancti
2 donum consilii respondeat virtuti prudentiae
3 donum consilii maneat in patria
4 quinta beatitudo respondeat dono consilii

53 DE IMPRUDENTIA

1 imprudentia sit peccatum
2 imprudentia sit speciale peccatum
3 praecipitatio sit peccatum sub imprudentia contentum
4 inconsideratio sit speciale peccatum sub imprudentia contentum
5 inconstantia sit vitium sub imprudentia contentum
6 praedicta vitia oriantur ex luxuria

54 DE NEGLIGENTIA

1 negligentia sit peccatum speciale
2 negligentia opponatur prudentiae
3 negligentia possit esse peccatum mortale

55 DE VITIIS OPPOSITIS PRUDENTIAE QUAE HABENT SIMILITUDINEM CUM IPSA

1 prudentia carnis sit peccatum
2 prudentia carnis sit peccatum mortale
3 astutia sit speciale peccatum
4 dolus sit peccatum ad astutiam pertinens
5 fraus ad astutiam pertineat
6 licitum sit sollicitudinem habere de temporalibus
7 aliquis debeat esse sollicitus in futurum
8 huiusmodi vitia oriantur ex avaritia

56 DE PRAECEPTIS AD PRUDENTIAM PERTINENTIBUS

1 de prudentia fuerit dandum praeceptum
2 in veteri lege fuerint convenienter praecepta prohibitiva de vitiis oppositis prudentiae

57 DE IURE

1 ius sit obiectum iustitiae
2 ius convenienter dividatur in ius naturale et ius positivum
3 ius gentium sit idem cum iure naturali
4 debeat specialiter distingui ius paternum et dominativum

58 DE IUSTITIA

1 convenienter definiatur iustitia
2 iustitia semper sit ad alterum
3 iustitia sit virtus
4 iustitia sit in voluntate
5 iustitia sit virtus generalis
6 iustitia generalis sit idem cum omni virtute
7 sit aliqua iustitia particularis
8 habeat materiam specialem
9 iustitia sit circa passiones
10 medium iustitiae sit medium rei
11 actus iustitiae sit reddere unicuique suum
12 iustitia praemineat inter virtutes

59 DE INIUSTITIA

1 iniustitia sit vitium speciale
2 aliquis dicatur iniustus ex hoc quod facit iniustum
3 aliquis possit pati iniustum volens
4 quicumque facit iniustum peccet mortaliter

60 DE IUDICIO

1 iudicium sit actus iustitiae
2 sit licitum iudicare
3 iudicium ex suspicione procedens sit illicitum
4 dubia sint in meliorem partem interpretanda
5 sit semper secundum leges scriptas iudicandum
6 iudicium per usurpationem reddatur perversum

61 DE PARTIBUS IUSTITIAE

1 convenienter ponantur duae iustitiae, distributiva et commutativa
2 medium eodem modo accipiatur in distributiva et commutativa
3 materia utriusque sit diversa
4 iustum sit idem quod contrapassum

62 DE RESTITUTIONE

1 restitutio sit actus iustitiae commutativae
2 sit necessarium ad salutem quod fiat restitutio
3 sufficiat restituere simplum quod iniuste ablatum est
4 aliquis debeat restituere quod non abstulit
5 oporteat restitutionem facere semper ei a quo acceptum est aliquid
6 teneatur semper restituere ille qui accepit
7 illi qui non acceperunt teneantur restituere
8 teneatur aliquis statim restituere, an licite possit differre

63 DE ACCEPTIONE PERSONARUM

1 personarum acceptio sit peccatum
2 in dispensatione spiritualium locum habeat personarum acceptio
3 in exhibitione honoris et reverentiae locum habeat
4 in iudiciis locum habeat

64 DE HOMICIDIO

1 occidere quaecumque viventia sit illicitum
2 sit licitum occidere homines peccatores
3 occidere hominem peccatorem liceat privatae personae
4 occidere malefactores liceat clericis
5 alicui liceat seipsum occidere
6 liceat in aliquo casu interficere innocentem
7 alicui liceat occidere aliquem se defendendo
8 casualiter occidens incurrat homicidii reatum

65 DE ALIIS INIURIIS QUAE IN PERSONA COMMITTUNTUR

1 mutilare aliquem possit esse licitum
2 liceat patribus verberare filios, aut dominis servos
3 liceat aliquem hominem incarcerare
4 peccatum aggravetur ex hoc quod praedictae iniuriae inferuntur in personas aliis coniunctas

66 DE FURTO ET RAPINA

1 naturalis sit homini possessio exteriorum rerum
2 liceat alicui rem aliquam quasi propriam possidere
3 sit de ratione furti occulte accipere rem alienam
4 furtum et rapina sint peccata differentia
5 furtum semper sit peccatum
6 sit peccatum mortale
7 liceat alicui furari propter necessitatem
8 rapina possit fieri sine peccato
9 furtum sit gravius peccatum quam rapina

67 DE INIUSTITIA IUDICIS IN IUDICANDO

1 aliquis possit iuste iudicare eum qui non est sibi subiectus
2 iudici liceat iudicare contra veritatem quam novit, propter ea quae in contrarium proponuntur
3 iudex possit aliquem iudicare etiam si non sit alius accusator
4 iudex licite possit poenam relaxare

68 DE HIS QUAE PERTINENT AD INIUSTAM ACCUSATIONEM

1 homo teneatur accusare
2 sit necessarium accusationem in scriptis fieri
3 accusatio reddatur iniusta per calumniam, praevaricationem et tergiversationem
4 accusator qui in probatione defecerit teneatur ad poenam talionis

69 DE PECCATIS QUAE SUNT CONTRA IUSTITIAM EX PARTE REI

1 absque peccato mortali possit accusatus veritatem negare per quam condemnaretur
2 accusato liceat calumniose se defendere
3 reo liceat iudicium declinare per appellationem
4 liceat condemnato ad mortem se defendere, si possit

70 DE INIUSTITIA PERTINENTE AD PERSONAM TESTIS

1 homo teneatur ad testimonium ferendum
2 sufficiat duorum vel trium testimonium
3 alicuius testimonium sit repellendum absque eius culpa
4 falsum testimonium semper sit peccatum mortale

71 DE INIUSTITIA QUAE FIT IN IUDICIO EX PARTE ADVOCATORUM

1 advocatus teneatur patrocinium praestare causae pauperum
2 convenienter aliqui secundum iura arceantur ab officio advocandi
3 advocatum peccet si iniustam causam defendat
4 advocato liceat pro suo patrocinio pecuniam accipere

72 DE CONTUMELIA

1 contumelia consistat in verbis
2 contumelia sit peccatum mortale
3 aliquis debeat contumelias sibi illatas sustinere
4 contumelia oriatur ex ira

73 DE DETRACTIONE

1 detractio sit denigratio alienae famae per occulta verba
2 sit peccatum mortale
3 sit gravius peccatis quae in proximum
4 audiens qui tolerat detrahentem graviter peccet

74 DE SUSURRATIONE

1 susurratio sit peccatum distinctum a detractione
2 detractio sit gravius peccatum

75 DE DERISIONE

1 derisio sit speciale peccatum
2 possit esse peccatum mortale

76 DE MALEDICTIONE

1 liceat maledicere aliquem
2 liceat creaturam irrationalem maledicere
3 maledicere sit peccatum mortale
4 maledicere sit gravius peccatum

77 DE FRAUDULENTIA QUAE COMMITTITUR IN EMPTIONIBUS ET VENDITIONIBUS

1 aliquis licite possit vendere rem plus quam valeat
2 venditio reddatur iniusta propter defectum rei venditae
3 venditor teneatur dicere vitium rei venditae
4 liceat aliquid carius vendere quam emere

78 DE PECCATO USURAE

1 accipere usuram pro pecunia mutuata sit peccatum
2 aliquis possit pro pecunia mutuata aliquam aliam commoditatem expetere
3 quidquid aliquis de pecunia usuraria lucratus fuerit, reddere teneatur
4 liceat pecuniam accipere mutuo sub usura

79 DE PARTIBUS QUASI INTEGRALIBUS IUSTITIAE

1 declinare a malo et facere bonum sint partes iustitiae
2 transgressio sit speciale peccatum
3 omissio sit speciale peccatum
4 peccatum omissionis sit gravius quam transgressionis

80 DE PARTIBUS POTENTIALIBUS IUSTITIAE

1 convenienter assignentur virtutes iustitiae annexae

81 DE RELIGIONE

1 religio ordinet hominem solum ad deum
2 religio sit virtus
3 sit una virtus
4 sit specialis virtus distincta
5 sit virtus theologica
6 sit praeferenda aliis virtutibus
7 latria habeat exteriorem actum
8 religio sit idem sanctitati

82 DE DEVOTIONE

1 devotio sit specialis actus
2 sit actus religionis
3 contemplatio sit devotionis causa
4 laetitia sit devotionis effectus

83 DE ORATIONE

1 oratio sit actus appetitivae virtutis
2 sit conveniens orare
3 oratio sit actus religionis
4 solus deus debeat orari
5 in oratione aliquid determinate a deo petere debeamus
6 homo debeat temporalia petere
7 pro aliis orare
8 pro inimicis orare
9 convenienter septem petitiones orationis dominicae assignentur
10 orare sit proprium rationalis creaturae
11 sancti orent pro nobis
12 oratio debeat esse vocalis
13 attenta
14 diuturna
15 sit meritoria
16 peccatores orando impetrent
17 convenienter dicantur orationis partes

84 DE ADORATIONE

1 adoratio sit actus latriae religionis
2 importet actum corporalem
3 requirat determinatum locum

85 DE SACRIFICIIS

1 offerre sacrificium deo sit de lege naturae
2 soli deo sit sacrificium offerendum
3 oblatio sacrificii sit specialis actus virtutis
4 omnes teneantur ad sacrificia

86 DE OBLATIONIBUS ET PRIMITIIS

1 homines teneantur ad oblationes ex necessitate praecepti
2 oblationes solum sacerdotibus debeantur
3 homo possit oblationes facere de omnibus rebus licite possessis
4 ad primitias solvendas homines teneantur

87 DE DECIMIS

1 homines teneantur dare decimas
2 de omnibus teneantur decimas dare
3 decimae sint clericis dandae
4 etiam clerici teneantur decimas dare

88 DE VOTO

1 votum consistat in solo proposito voluntatis
2 votum semper debeat fieri de meliori bono
3 omne votum obliget ad sui observationem
4 expediat aliquid vovere
5 votum sit actus latriae
6 magis sit laudabile facere aliquid sine voto quam ex voto
7 votum solemnizetur per susceptionem ordinis et per professionem
8 illi qui sunt subiecti impediantur a vovendo
9 pueri possint voto se obligare ad religionis ingressum
10 in voto dispensari possit
11 in voto solemni continentiae possit fieri dispensatio
12 ad dispensationem voti requiratur praelati auctoritas

89 DE IURAMENTO

1 iurare sit testem deum invocare
2 sit licitum iurare
3 convenienter ponantur tres comites iuramenti
4 iurare sit actus religionis
5 iuramentum sit appetendum et frequentandum
6 liceat per creaturas iurare
7 iuramentum habeat vim obligandi
8 maior sit obligatio iuramenti quam voti
9 aliquis possit dispensare in iuramento
10 iuramentum impediatur per aliquam conditionem

90 DE ASSUMPTIONE DIVINI NOMINIS PER MODUM ADIURATIONIS

1 liceat hominem adiurare
2 daemones adiurare
3 adiurare irrationalem creaturam

91 DE ASSUMTIONE DIVINI NOMINIS AD INVOCANDUM PER LAUDEM

1 deus sit ore laudandus
2 cantus sint assumendi

92 DE SUPERSTITIONE

1 superstitio sit vitium religioni contrarium

2 sint diversae superstitionis species

93 DE SUPERSTITIONE INDEBITI CULTUS VERI DEI

1 in cultu veri dei possit esse aliquid perniciosum
2 in cultu dei possit esse aliquid superfluum

94 DE IDOLOLATRIA

1 idololatria recte ponatur specie superstitionis
2 idololatria sit peccatum
3 gravissimum
4 causa idololatriae fuerit ex parte hominis

95 DE SUPERSTITIONE DIVINATIVA

1 divinatio sit peccatum
2 species superstitionis
3 plures divinationis species
4 divinatio quae fit per invocationes daemonum sit illicita
5 quae fit per astra
6 quae fit per somnia
7 quae est per auguria et omina et huiusmodi
8 divinatio sortium

96 DE SUPERSTITIONIBUS OBSERVANTIARUM

1 uti observantiis artis notoriae sit illicitum
2 observationes ordinatae ad corporum immutationem sint licitae
3 quae ordinantur ad praecognoscenda fortunia vel infortunia, sint illicitae
4 suspendere divina verba ad collum sit illicitum

97 DE TENTATIONE DEI

1 tentatio dei consistat in factis in quibus solius divinae potestatis expectatur effectus
2 tentare deum sit peccatum
3 opponatur virtuti religionis
4 sit gravius peccatum

98 DE PERIURIO

1 falsitas eius quod iuramento confirmatur requiratur ad periurium
2 omne periurium sit peccatum
3 mortale
4 peccet ille qui iniungit iuramentum ei qui periurat

99 DE SACRILEGIO

1 sacrilegium sit sacrae rei violatio
2 sit speciale peccatum
3 species sacrilegii distinguantur secundum res
4 poena sacrilegii debeat esse pecuniaria

100 DE SIMONIA

1 simonia sit voluntas emendi et vendendi spirituale
2 semper sit illicitum pro sacramentis pecuniam dare
3 licitum sit dare et accipere pecuniam pro spiritualibus actibus
4 licitum sit pecuniam accipere pro his quae sunt spiritualibus annexa
5 liceat spiritualia dare pro munere quod est ab obsequio vel a lingua
6 sit conveniens simoniaci poena ut privetur eo quod per simoniam acquisivit

101 DE PIETATE

1 pietas se extendat ad determinatas personas aliquorum hominum
2 pietas exhibeat parentibus sustentationem
3 pietas sit specialis virtus ab aliis distincta
4 occasione religionis sint praetermittenda officia in parentes

102 DE OBSERVANTIA

1 observantia sit specialis virtus ab aliis distincta
2 ad observantiam pertineat exhibere cultum et honorem his qui in dignitate
3 observantia sit potior virtus quam pietas

103 DE DULIA

1 honor importet aliquid corporale
2 honor proprie debeatur superioribus
3 dulia sit specialis virtus a latria distincta
4 dulia habeat diversas species

104 DE OBEDIENTIA

1 unus homo teneatur alii obedire
2 obedientia sit specialis virtus
3 obedientia sit maxima virtutum
4 in omnibus sit deo obediendum
5 subditi teneantur suis superioribus in omnibus obedire
6 christiani teneantur saecularibus potestatibus obedire

105 DE INOBEDIENTIA

1 inobedientia sit peccatum mortale
2 inobedientia sit gravissimum peccatum

106 DE GRATIA SIVE GRATITUDINE

1 gratia sit virtus specialis
2 magis teneatur ad gratias reddendas deo innocens quam poenitens
3 homo teneatur ad gratiarum actiones omni homini benefacienti
4 homo debeat statim beneficium recompensare
5 beneficiorum recompensatio sit secundum affectum an effectum
6 oporteat aliquem plus exhibere in recompensatione quam susceperit in beneficio

107 DE INGRATITUDINE

1 ingratitudo semper sit peccatum
2 sit speciale peccatum
3 sit peccatum mortale
4 ingratis sint beneficia subtrahenda

108 DE VINDICATIONE

1 vindicatio sit licita
2 sit specialis virtus
3 debeat fieri per poenas consuetas
4 sit exercenda in eos qui involuntarie peccaverunt

109 DE VERITATE

1 veritas sit virtus
2 sit specialis virtus
3 sit pars iustitiae
4 virtus veritatis declinet in minus

110 DE VITIIS OPPOSITIS VERITATI

1 mendacium semper opponatur veritati
2 mendacium sufficienter dividatur
3 omne mendacium sit peccatum
4 sit peccatum mortale

111 DE SIMULATIONE ET HYPOCRISI

1 omnis simulatio sit peccatum
2 hypocrisis sit idem quod simulatio
3 opponatur virtuti veritatis
4 sit peccatum mortale

112 DE IACTANTIA

1 iactantia opponatur virtuti veritatis
2 iactantia sit peccatum mortale

113 DE IRONIA

1 ironia sit peccatum
2 sit minus peccatum quam iactantia

114 DE AMICITIA SEU AFFABILITATE

1 amicitia sit specialis virtus
2 sit pars iustitiae

115 DE ADULATIONE

1 adulatio sit peccatum
2 sit peccatum mortale

116 DE LITIGIO

1 litigium opponatur virtuti amicitiae
2 sit gravius peccatum

117 DE LIBERALITATE

1 liberalitas sit virtus
2 sit circa pecunias
3 uti pecunia sit actus liberalitatis
4 ad liberalem maxime pertineat dare
5 liberalitas sit pars iustitiae
6 sit maxima virtutum

118 DE AVARITIA

1 avaritia sit peccatum
2 sit speciale peccatum
3 opponatur liberalitati
4 sit peccatum mortale
5 sit maximum peccatorum
6 sit peccatum spirituale
7 sit vitium capitale
8 sint avaritiae filiae

119 DE PRODIGALITATE

1 prodigalitas opponatur avaritiae
2 sit peccatum
3 sit gravius peccatum

120 DE EPIEIKEIA

1 epieikeia sit virtus
2 sit pars iustitiae

121 DE DONO PIETATIS

1 pietas sit donum
2 dono pietatis respondeat secunda beatitudo

122 DE PRAECEPTIS IUSTITIAE

1 pracepta decalogi sint praecepta iustitiae
2 primum convenienter tradatur
3 secundum
4 tertium
5 quartum
6 alia sex convenienter tradantur

123 DE FORTITUDINE

1 fortitudo sit virtus
2 sit specialis virtus
3 sit circa timores et audacias
4 solum sit circa pericula mortis
5 proprie circa pericula in bello
6 sustinere sit principalis actus fortitudinis
7 fortis operetur propter bonum proprii habitus
8 delectetur in suo actu
9 fortitudo maxime consistat in repentinis
10 fortis utatur ira
11 fortitudo sit virtus cardinalis
12 praecellat inter omnes virtutes

124 DE MARTYRIO

1 martyrium sit actus virtutis
2 sit actus fortitudinis
3 sit actus maximae perfectionis
4 mors sit de ratione martyrii
5 sola fides sit causa martyrii

125 DE TIMORE

1 timor sit peccatum
2 peccatum timoris opponatur fortitudini
3 timor sit peccatum mortale
4 timor excuset a peccato

126 DE VITIO INTIMIDITATIS

1 intimiditas sit peccatum
2 esse impavidum opponatur fortitudini

127 DE AUDACIA

1 audacia sit peccatum
2 audacia opponatur fortitudini

128 DE PARTIBUS FORTITUDINIS

129 DE MAGNANIMITATE

1 magnanimitas sit circa honores
2 sit circa magnum honorem
3 sit virtus
4 sit virtus specialis
5 pars fortitudinis
6 fiducia pertineat ad magnanimitatem
7 securitas ad magnanimitatem pertineat
8 bona fortunae conferant ad magnanimitatem

130 DE PRAESUMPTIONE

1 praesumptio sit peccatum
2 opponatur magnanimitati

131 DE AMBITIONE

1 ambitio sit peccatum
2 opponatur magnanimitati

132 DE INANI GLORIA

1 appetitus gloriae sit peccatum
2 inanis gloria magnanimitati opponatur
3 inanis gloria sit peccatum mortale
4 sit vitium capitale
5 convenienter assignentur filiae inanis gloriae

133 DE PUSILLANIMITATE

1 pusillanimitas sit peccatum
2 opponatur magnanimitati

134 DE MAGNIFICENTIA

1 magnificentia sit virtus
2 sit specialis virtus
3 materia magnificentiae sint sumptus
4 magnificentia sit pars fortitudinis

135 DE VITIIS OPPOSITIS MAGNIFICENTIAE

1 parvificentia sit vitium
2 parvificentiae aliquod vitium opponatur

136 DE PATIENTIA

1 patientia sit virtus
2 sit potissima virtutum
3 possit haberi sine gratia
4 sit pars fortitudinis
5 sit idem quod longanimitas

137 DE PERSEVERANTIA

1 perseverantia sit virtus
2 sit pars fortitudinis
3 constantia pertineat ad perseverantiam
4 perseverantia indigeat auxilio gratiae

138 DE VITIIS OPPOSITIS PERSEVERANTIAE

1 mollities opponatur perseverantiae
2 pertinacia opponatur perseverantiae

139 DE DONO FORTITUDINIS

1 fortitudo sit donum
2 quarta beatitudo respondeat dono fortitudinis

140 DE PRAECEPTIS FORTITUDINIS

1 convenienter in lege divina praecepta fortitudinis tradantur
2 convenienter tradantur de partibus fortitudinis

141 DE TEMPERANTIA

1 temperantia sit virtus
2 sit specialis virtus
3 sit solum circa concupiscentias et delectationes
4 solum sit circa delectationes tactus
5 circa delectationes gustus sit temperantia
6 regula temperantiae sit secundum necessitatem vitae
7 temperantia sit virtus cardinalis
8 sit maxima virtutum

142 DE VITIIS OPPOSITIS TEMPERANTIAE

1 insensibilitas sit vitium
2 intemperantia sit puerile peccatum
3 timiditas sit maius vitium
4 peccatum intemperantiae sit maxime exprobrabile

143 DE PARTIBUS TEMPERANTIAE IN GENERALI

144 DE VERECUNDIA

1 verecundia sit virtus
2 sit de turpi actu
3 homo magis verecundetur a personis coniunctis
4 etiam in virtuosis possit esse verecundia

145 DE HONESTATE

1 honestum sit idem virtuti
2 sit idem quod decorum
3 differat ab utili et delectabili
4 honestas debeat poni pars temperantiae

146 DE ABSTINENTIA

1 abstinentia sit virtus
2 sit specialis virtus

147 DE IEIUNIO

1 ieiunium sit actus virtutis
2 sit actus abstinentiae
3 sit in praecepto
4 omnes ad ieiunia ecclesiae teneantur
5 convenienter determinentur tempora ieiunii
6 requiratur ad ieiunium quod homo semel tantum comedat

7 hora nona convenienter taxetur ad comedendum
8 convenienter indicetur abstinentia a carnibus et ovis et lacticiniis

148 DE GULA

1 gula sit peccatum
2 sit peccatum mortale
3 sit maximum peccatorum
4 convenienter gulae species distinguantur
5 gula sit vitium capitale
6 convenienter assignentur gulae quinque filiae

149 DE SOBRIETATE

1 materia propria sobrietatis sit potus
2 sobrietas sit specialis virtus
3 usus vini totaliter sit illicitus
4 sobrietas magis requiratur in maioribus personis

150 DE EBRIETATE

1 ebrietas sit peccatum
2 sit peccatum mortale
3 sit gravissimum peccatorum
4 excuset a peccato

151 DE CASTITATE

1 castitas sit virtus
2 sit virtus generalis
3 sit virtus distincta
4 pudicitia pertineat ad castitatem

152 DE VIRGINITATE

1 virginitas consistat in integritate carnis
2 sit illicita
3 sit virtus
4 sit excellentior matrimonio
5 sit maxima virtutum

153 DE VITIO LUXURIAE

1 materia luxuriae sit solum delectationes venereae
2 actus venereus possit esse sine peccato
3 circa actus venereos possit esse peccatum
4 luxuria sit vitium capitale
5 convenienter assignentur filiae luxuriae

154 DE SPECIEBUS LUXURIAE

1 convenienter assignentur sex species luxuriae
2 fornicatio simplex sit peccatum mortale
3 sit gravissimum peccatum
4 in tactibus et osculis consistat peccatum mortale
5 nocturna pollutio sit peccatum
6 stuprum debeat poni una species luxuriae
7 raptus sit species luxuriae distincta
8 adulterium sit determinata species luxuriae
9 incestus sit species luxuriae
10 sacrilegium sit species luxuriae
11 vitium contra naturam sit species luxuriae
12 sit maximum peccatum

155 DE CONTINENTIA

1 continentia sit virtus
2 materia continentiae sint concupiscentiae tactus
3 subiectum continentiae sit vis concupiscibilis
4 continentia sit melior quam temperantia

156 DE INCONTINENTIA

1 incontinentia pertineat ad animam
2 sit peccatum
3 incontinens plus peccet quam intemperatus
4 incontinens irae sit peior quam incontinens concupiscentiae

157 DE CLEMENTIA ET MANSUETUDINE

1 clementia et mansuetudo sint idem
2 tam clementia quam mansuetudo sit virtus
3 sint partes temperantiae
4 sint potissimae virtutes

158 DE IRACUNDIA

1 irasci possit esse licitum
2 ira sit peccatum
3 sit peccatum mortale
4 sit gravissimum peccatum
5 species iracundiae convenienter determinentur
6 ira debeat poni inter vitia capitalia
7 convenienter assignentur sex filiae irae
8 sit aliquod vitium ex defectu irae

159 DE CRUDELITATE

1 crudelitas opponatur clementiae
2 crudelitas a saevitia differat

160 DE MODESTIA

1 modestia sit pars temperantiae
2 sit solum circa exteriores actiones

161 DE HUMILITATE

1 humilitas sit virtus
2 consistat circa appetitum
3 homo debeat se omnibus subiicere
4 humilitas sit pars temperantiae
5 sit potissima virtutum
6 convenienter distinguantur duodecim gradus humilitatis

162 DE SUPERBIA

1 superbia sit peccatum
2 sit speciale peccatum
3 sit in irascibili
4 convenienter assignentur quatuor superbiae species
5 superbia sit peccatum mortale
6 sit gravissimum peccatorum
7 sit primum peccatorum
8 debeat poni vitium capitale

163 DE PECCATO PRIMI HOMINIS

1 superbia fuerit primi hominis peccatum
2 superbia primi hominis appetierit divinam similitudinem
3 peccatum primorum parentum fuerit ceteris gravius
4 peccatum adae fuerit gravius quam evae

164 DE POENA PRIMI PECCATI

1 mors sit poena peccati primorum parentum
2 convenienter particulares poenae primorum parentum determinentur

165 DE TENTATIONE PRIMORUM PARENTUM

1 fuerit conveniens ut homo a diabolo tentaretur
2 fuerit conveniens modus et ordo primae tentationis

166 DE STUDIOSITATE

1 materia studiositatis sit proprie cognitio
2 studiositas sit temperantiae pars

167 DE CURIOSITATE

1 circa cognitionem intellectivam possit esse curiositas
2 vitium curiositatis sit circa sensitivam cognitionem

168 DE MODESTIA IN MOTIBUS CORPORIS

1 in exterioribus motibus corporis sit aliqua virtus
2 in ludis possit esse aliqua virtus
3 in superfluitate ludi possit esse peccatum
4 in defectu ludi consistat aliquod peccatum

169 DE MODESTIA IN EXTERIORI APPARATU

1 circa exteriorem ornatum possit esse virtus et vitium
2 ornatus mulierum sit sine peccato mortali

170 DE PRAECEPTIS TEMPERANTIAE

1 praecepta temperantiae convenienter in lege divina tradantur
2 convenienter tradantur de virtutibus annexis temperantiae

171 DE PROPHETIA

1 prophetia pertineat ad cognitionem
2 sit habitus
3 sit solum futurorum contingentium
4 propheta per inspirationem cognoscat omnia
5 propheta discernat quid dicat per spiritum proprium, et quid per spiritum prophetiae
6 quae prophetice annuntiantur possint esse falsa

172 DE CAUSA PROPHETIAE

1 prophetia possit esse naturalis
2 fiat per angelos
3 requiratur dispositio naturalis
4 bonitas morum requiratur
5 aliqua prophetia sit a daemonibus
6 prophetae daemonum aliquando vera praedicant

173 DE MODO COGNITIONIS PROPHETICAE

1 prophetae dei essentiam videant
2 imprimantur prophetae novae species vel solum novum lumen
3 semper fiat cum abstractione a sensibus
4 prophetae semper cognoscant ea quae prophetant

174 DE DIVISIONE PROPHETIAE

1 convenienter dividatur prophetia
2 excellentior quae habet visionem intellectualem et imaginariam, quam quae intellectualem tantum
3 gradus prophetiae possint distingui secundum imaginariam
4 moyses fuerit excellentior omnibus prophetis
5 gradus prophetiae sit in beatis
6 gradus prophetiae varientur secundum temporis processum

175 DE RAPTU

1 anima hominis rapiatur ad divina
2 raptus magis pertineat ad vim appetitivam
3 paulus in raptu viderit dei essentiam
4 fuerit alienatus a sensibus
5 anima pauli in statu illo fuerit totaliter a corpore separata
6 paulus ignoraverit an eius anima fuerit separata

176 DE GRATIA LINGUARUM

1 loquebantur omnibus linguis
2 donum linguarum sit excellentius quam gratia prophetiae

177 DE GRATIA GRATIS DATA QUAE CONSISTIT IN SERMONE

1 in sermone consistat aliqua gratia gratis data
2 gratia sermonis sapientiae et scientiae pertineat etiam ad mulieres

178 DE GRATIA MIRACULORUM

1 aliqua gratia gratis data ordinetur ad miracula facienda
2 mali possint miracula facere

179 DE DIVISIONE VITAE PER ACTIVAM ET CONTEMPLATIVAM

1 vita convenienter dividatur per activam et contemplativam
2 sufficienter dividatur

180 DE VITA CONTEMPLATIVA

1 vita contemplativa habeat totum in intellectu
2 virtutes pertineant ad contemplativam
3 pertineant diversi actus
4 contemplativa solum consistat in contemplatione dei
5 secundum statum huius vitae, possit pertingere ad visionem divinae essentiae
6 operatio contemplationis distinguatur per tres motus
7 contemplatio delectationem habeat
8 vita contemplativa sit diuturna

181 DE VITA ACTIVA

1 omnes actus virtutum pertineant ad vitam activam
2 prudentia pertineat ad vitam activam
3 docere sit actus vitae activae
4 vita activa maneat post hanc vitam

182 DE COMPARATIONE VITAE ACTIVAE AD CONTEMPLATIVAM

1 activa sit potior quam contemplativa
2 sit maioris meriti
3 contemplativa impediatur per activam
4 activa sit prior quam contemplativa

183 DE OFFICIIS ET STATIBUS HOMINUM IN GENERALI

1 status importet conditionem libertatis vel servitutis
2 in ecclesia diversitas officiorum
3 officia distinguantur per actus
4 differentia secundum incipientes, proficientes et perfectos

184 DE STATU PERFECTIONIS IN COMMUNI

1 perfectio attendatur specialiter secundum caritatem
2 aliquis in hac vita possit esse perfectus
3 perfectio in praeceptis, an in consiliis
4 quicumque perfectus in statu perfectionis
5 praelati et religiosi sint in statu perfectionis
6 omnes praelati sint in statu perfectionis
7 religiosorum sit perfectior quam status praelatorum
8 presbyteri curati sint maioris perfectionis quam religiosi

185 DE HIS QUAE PERTINENT AD STATUM EPISCOPORUM

1 liceat episcopatum appetere
2 liceat episcopatum recusare
3 oporteat eum qui ad episcopatum assumitur, esse ceteris meliorem
4 episcopus licite ad religionem se transferat
5 liceat episcopo propter persecutionem deserere gregem
6 episcopo liceat aliquid proprium possidere
7 episcopi mortaliter peccent si bona ecclesiastica pauperibus non largiantur
8 religiosi qui promoventur in episcopos, teneantur ad observantias

186 DE HIS IN QUIBUS PRINCIPALITER CONSISTIT RELIGIONIS STATUS

1 religio importet statum perfectionis
2 quilibet religiosus teneatur ad omnia consilia
3 paupertas requiratur ad perfectionem religionis
4 perpetua continentia
5 obedientia
6 quod paupertas, continentia et obedientia cadant sub voto
7 convenienter dicatur in his tribus votis consistere religionis perfectionem
8 votum obedientiae sit potissimum
9 religiosus semper peccet mortaliter transgrediendo ea quae in regula
10 religiosus eodem genere peccati gravius peccet quam saecularis

187 DE HIS QUAE COMPETUNT RELIGIOSIS

1 religiosis liceat praedicare, et alia huiusmodi
2 liceat saecularia negotia tractare
3 religiosi manibus operari teneantur
4 religiosis liceat de eleemosynis vivere
5 mendicare
6 vilioribus vestibus uti

188 DE DIFFERENTIA RELIGIONUM

1 sit una tantum religio
2 aliqua religio institui debeat ad opera activae vitae
3 ad militandum
4 ad praedicandum vel confessiones audiendum
5 ad studendum
6 quae vitae contemplativae, sit potior ea quae vitae activae
7 habere aliquid in communi diminuat perfectionem religionis
8 perfectior religio in societate viventium quam agentium solitariam vitam

189 DE INGRESSU RELIGIONIS

1 non debeant religionem ingredi nisi qui sunt in praeceptis exercitati
2 debeant aliqui voto obligari ad religionis ingressum
3 obligatus voto teneatur intrare
4 qui vovet religionem ingredi, teneatur perpetuo permanere
5 pueri sint recipiendi in religione
6 propter obsequium parentum debeant aliqui retrahi ab ingressu religionis
7 presbyteri curati possint licite religionem ingredi
8 liceat de una religione transire ad aliam
9 aliquis debeat alios inducere ad religionem intrandum
10 sit laudabile quod aliquis religionem ingrediatur absque consilio et deliberatione

010 ST4
TERTIA PARS

«*Utrum...*»

1 DE CONVENIENTIA INCARNATIONIS

1 fuerit conveniens deum incarnari
2 fuerit necessarium ad reparationem humani generis
3 si homo non peccasset, nihilominus deus incarnatus fuisset
4 deus principalius incarnatus fuerit in remedium actualium peccatorum quam originalis
5 conveniens fuisset deum incarnari a principio humani generis
6 differri debuerit usque in finem mundi

2 DE MODO UNIONIS VERBI INCARNATI

1 unio verbi incarnati sit facta in una natura
2 sit facta in persona
3 sit facta in supposito
4 persona christi sit composita
5 in christo fuerit unio animae et corporis
6 humana natura fuerit unita verbo accidentaliter
7 unio divinae et humane naturae sit aliquid creatum
8 idem sit unio quod assumptio
9 unio duarum naturarum sit maxima
10 unio incarnationis sit per gratiam
11 fuerit aliqua merita subsecuta
12 fuerit christo homini naturalis

3 DE UNIONE EX PARTE ASSUMENTIS

1 personae divinae conveniat assumere naturam creatam
2 naturae divinae conveniat assumere
3 abstracta personalitate natura possit assumere
4 una persona possit assumere alia non assumente
5 alia persona potuerit humanam naturam assumere
6 duae personae divinae possint assumere eandem numero naturam
7 una persona divina possit assumere duas naturas humanas
8 fuerit magis conveniens filium incarnari quam patrem vel spiritum sanctum

4 DE UNIONE EX PARTE ASSUMPTI

1 humana natura fuerit magis assumptibilis quam quaelibet alia
2 filius dei assumpserit personam
3 persona divina assumpserit hominem
4 debuerit assumere naturam humanam abstractam ab individuis
5 debuerit in omnibus individuis
6 fuerit conveniens naturam assumeret ex stirpe adae

5 DE ASSUMPTIONE PARTIUM

1 filius dei assumpserit verum corpus
2 christus habuerit corpus carnale
3 animam assumpserit
4 assumpserit mentem humanam

6 DE ORDINE ASSUMPTIONIS

1 assumpserit carnem mediante anima
2 animam mediante spiritu
3 anima fuerit prius assumpta quam caro
4 caro fuerit prius assumpta quam animae unita
5 assumpserit totam naturam humanam mediantibus partibus
6 naturam mediante gratia

7 DE GRATIA CHRISTI SECUNDUM QUOD HOMO

1 in anima assumpta fuerit gratia habitualis
2 fuerint virtutes
3 fides
4 spes
5 dona
6 donum timoris
7 gratiae gratis datae
8 prophetia
9 gratiae plenitudo
10 plenitudo gratiae sit propria christi
11 gratia christi sit infinita
12 potuerit augeri
13 gratia habitualis in christo subsequatur unionem

8 DE GRATIA CHRISTI SECUNDUM QUOD CAPUT ECCLESIAE

1 christo competat esse caput ecclesiae
2 sit caput hominum quantum ad corpora
3 sit caput omnium hominum
4 sit caput angelorum
5 sit eadem gratia qua est caput cum gratia singulari hominis
6 esse caput ecclesiae sit proprium christo
7 diabolus sit caput malorum
8 antichristus sit caput malorum

9 DE SCIENTIA CHRISTI

1 in christo fuerit aliqua scientia praeter divinam
2 fuerit scientia beatorum
3 sit alia scientia indita, praeter beatam
4 fuerit scientia experimentalis acquisita

10 DE SCIENTIA BEATA ANIMAE CHRISTI

1 anima christi comprehendat divinam essentiam
2 in verbo cognoscat omnia
3 possit cognoscere infinita in verbo
4 perfectius videat verbum quam quaelibet creatura

11 DE SCIENTIA INFUSA ANIMAE CHRISTI

1 secundum scientiam inditam vel infusam christus cognoverit omnia
2 potuerit intelligere non convertendo se ad phantasmata
3 habuerit scientiam infusam per modum collationis
4 in christo scientia indita fuerit minor quam in angelis
5 scientia infusa in christo fuerit habitualis
6 fuerit distincta secundum diversos habitus

12 DE SCIENTIA ANIMAE CHRISTI ACQUISITA

1 secundum scientiam experimentalem christus omnia cognoverit
2 secundum scientiam acquisitam christus profecerit
3 aliquid ab hominibus didicerit
4 ab angelis scientiam acceperit

13 DE POTENTIA ANIMAE CHRISTI

1 anima christi habuerit omnipotentiam
2 habeat omnipotentiam respectu immutationis creaturarum
3 respectu proprii corporis
4 respectu executionis propriae voluntatis

14 DE DEFECTIBUS CORPORIS QUOS CHRISTUS ASSUMPSIT

1 debuerit assumere naturam cum corporis defectibus
2 ex necessitate defectibus subiacuerit
3 defectus corporales contraxerit
4 omnes defectus corporales hominum assumere debuerit

15 DE DEFECTIBUS PERTINENTIBUS AD ANIMAM QUOS CHRISTUS ASSUMPSIT

1 in christo fuerit peccatum
2 fomes peccati
3 ignorantia
4 anima christi fuerit passibilis
5 in christo fuerit dolor sensibilis
6 tristitia
7 timor
8 admiratio
9 ira
10 christus fuerit simul viator et comprehensor

16 DE HIS QUAE CONVENIUNT CHRISTO SECUNDUM ESSE ET FIERI

1 haec sit vera: deus est homo
2 haec sit vera: homo est deus
3 christus possit dici homo dominicus
4 quae sunt humanae naturae de deo dici possint
5 possint dici de natura divina
6 haec sit vera: deus factus est homo
7 haec sit vera: homo factus est deus
8 haec sit vera: christus est creatura
9 ille homo, demonstrato christo, incoeperit esse
10 haec sit vera: christus, secundum quod homo, est creatura
11 christus, secundum quod homo, sit deus
12 christus, secundum quod homo, sit persona

17 DE UNITATE CHRISTI QUANTUM AD ESSE

1 christus sit unum vel duo
2 in christo sit tantum unum esse

18 DE UNITATE CHRISTI QUANTUM AD VOLUNTATEM

1 in christo sint duae voluntates
2 in christo fuerit voluntas sensualitatis praeter rationis
3 fuerint duae voluntates quantum ad rationem
4 fuerit liberum arbitrium
5 voluntas humana in christo voluerit aliud quam quod deus vult
6 christo fuerit contrarietas voluntatum

19 DE UNITATE OPERATIONIS CHRISTI

1 in christo sit tantum una operatio
2 sint plures humanae operationes
3 actio humana christi potuerit ei esse meritoria
4 christus aliis mereri potuerit

20 DE SUBIECTIONE CHRISTI AD PATREM

1 dicendum christum esse subiectum patri
2 sit sibi ipsi subiectus

21 DE ORATIONE CHRISTI

1 christo competat orare
2 conveniat orare secundum suam sensualitatem
3 conveniens fuerit pro se orare
4 christi oratio fuerit semper exaudita

22 DE SACERDOTIO CHRISTI

1 christo conveniat esse sacerdotem
2 christus fuerit simul sacerdos et hostia
3 effectus sacerdotii christi sit expiatio peccatorum
4 effectus sacerdotii christi pertinuerit etiam ad ipsum
5 sacerdotium christi permaneat in aeternum
6 fuerit secundum ordinem melchisedech

23 DE ADOPTIONE, AN CHRISTO CONVENIAT

1 deo conveniat filios adoptare
2 adoptare conveniat toti trinitati
3 adoptari sit proprium rationalis creaturae
4 christus, secundum quod homo, sit filius dei adoptivus

24 DE PRAEDESTINATIONE CHRISTI

1 christo conveniat praedestinatum esse
2 haec sit falsa: christus homo est praedestinatus filius dei
3 christi praedestinatio sit exemplar nostrae
4 sit causa nostrae

25 DE ADORATIONE CHRISTI

1 eadem adoratione adoranda humanitas christi et divinitas
2 humanitas adoranda adoratione latriae
3 imago christi adoranda adoratione latriae
4 crux christi
5 mater dei
6 sanctorum reliquiae aliquo modo sint adorandae

26 CHRISTUS MEDIATOR DEI ET HOMINUM

1 esse mediatorem dei et hominum sit proprium christo
2 christus sit mediator secundum quod homo

27 DE SANCTIFICATIONE BEATAE VIRGINIS

1 beata virgo fuerit sanctificata ante nativitatem
2 ante animationem
3 fuerit emundata ab infectione fomitis
4 praeservata ab omni peccato actuali
5 obtinuerit gratiae plenitudinem
6 sanctificari in utero, post christum, proprium fuerit beatae virginis

28 DE VIRGINITATE MATRIS DEI

1 mater dei fuerit virgo in concipiendo christum
2 in partu
3 post partum
4 virginitatem voverit

29 DE DESPONSATIONE MATRIS DEI

1 christus debuerit de desponsata nasci
2 inter mariam et ioseph fuerit verum matrimonium

30 DE ANNUNTIATIONE BEATAE VIRGINIS

1 fuerit necessarium annuntiari quod in ea fiendum erat
2 per angelum
3 corporali visione
4 convenienti ordine

31 DE MATERIA DE QUA CORPUS SALVATORIS CONCEPTUM EST

1 caro christi fuerit sumpta ex adam
2 de semine david
3 genealogia christi convenienter texatur
4 materia corporis christi debuerit esse assumpta de femina
5 ex purissimis sanguinibus virginis
6 secundum aliquid signatum in adam et patribus
7 caro christi in patribus peccato infecta fuerit
8 christus fuerit in lumbis abrahae decimatus

32 DE PRINCIPIO ACTIVO IN CONCEPTIONE CHRISTI

1 efficere conceptionem christi debeat attribui spiritui sancto
2 christus debeat dici conceptus de spiritu sancto
3 spiritus sanctus debeat dici pater christi secundum humanitatem
4 beata virgo aliquid active egerit

33 DE MODO ET ORDINE CONCEPTIONIS

1 corpus christi fuerit formatum in primo instanti conceptionis
2 animatum in primo instanti conceptionis
3 caro christi prius fuerit concepta, et postmodum assumpta
4 conceptio christi fuerit naturalis

34 DE PERFECTIONE PROLIS

1 christus fuerit sanctificatus in primo instanti conceptionis
2 habuerit usum liberi arbitrii in primo instanti
3 in primo instanti mereri potuerit
4 fuerit perfectus comprehensor

35 DE NATIVITATE CHRISTI

1 nativitas naturae conveniat magis quam personae
2 christo sit attribuenda nativitas temporalis
3 beata virgo possit dici mater eius
4 debeat dici mater dei
5 in christo sin duae filiationes
6 christus fuerit natus sine dolore matris
7 debuerit in bethlehem nasci
8 fuerit congruo tempore natus

36 DE MANIFESTATIONE

1 christi nativitas debuerit esse manifesta
2 aliquibus
3 convenienter electi illi quibus est manifestata
4 christus per seipsum suam nativitatem manifestare debuerit
5 nativitas christi debuerit per angelos et stellam manifestari
6 convenienti ordine fuerit manifestata
7 stella fuerit una de caelestibus
8 magi convenienter venerint

37 DE CIRCUMCISIONE CHRISTI

1 christus debuerit circumcidi
2 convenienter fuerit christo nomen impositum
3 convenienter in templo oblatus
4 convenienter mater dei purganda

38 DE BAPTISMO IOANNIS

1 fuerit conveniens ioannem baptizare
2 baptismus ioannis fuerit à deo
3 in baptismo ioannis gratia daretur
4 baptismo ioannis solus christus debuerit baptizari
5 baptismus ioannis cessare debuerit postquam christus est baptizatus

6 baptizati baptismo ioannis fuerint baptizandi baptismo christi

39 DE BAPTIZATIONE

1 fuerit conveniens christum baptizari
2 baptismo ioannis
3 convenienti tempore
4 in iordane
5 christo baptizato debuerint caeli aperiri
6 spiritus sanctus in specie columbae descendisse
7 columba fuerit verum animal
8 convenienter vox patris audita

40 DE MODO CONVERSATIONIS

1 christus debuerit inter homines conversari
2 austeram vitam ducere
3 pauperem vitam
4 secundum legem

41 DE TENTATIONE

1 christo tentari conveniens fuerit
2 in deserto
3 post ieiunium
4 conveniens tentationis modus et ordo

42 DE DOCTRINA

1 christus non solum iudaeis, sed etiam gentibus debuerit praedicare
2 debuerit iudaeis sine eorum offensione praedicare
3 omnia publice docere
4 doctrinam suam scripto tradere

43 DE MIRACULIS A CHRISTO FACTIS

1 christus miracula facere debuerit
2 fecerit miracula virtute divina
3 incoeperit miracula facere in nuptiis
4 miracula fuerint sufficientia ad ostendendam divinitatem

44 DE MIRACULORUM SPECIEBUS

1 circa spirituales substantias
2 circa caelestia corpora
3 circa homines
4 circa creaturas irrationales

45 DE TRANSFIGURATIONE

1 fuerit conveniens christum transfigurari
2 illa claritas fuerit gloriosa
3 convenienter inducti testes
4 convenienter testimonium paternae vocis

46 DE PASSIONE

1 fuerit necessarium christum pati pro humani generis liberatione
2 fuerit possibilis alius modus
3 alius modus convenientior fuisset
4 christus debuerit pati in cruce
5 omnes passiones sustinuerit
6 dolor passionis fuerit maior omnibus
7 christus passus secundum totum animam
8 anima christi tota frueretur fruitione beata
9 convenienti tempore passus
10 convenienti loco
11 conveniens cum latronibus
12 passio christi sit divinitati attribuenda

47 DE CAUSA EFFICIENTE PASSIONIS

1 christus fuerit ab alio occisus, an a seipso
2 ex obedientia mortuus
3 pater tradiderit christum passioni
4 conveniens pati a gentilibus
5 persecutores christi eum cognoverint
6 peccatum crucifigentium fuerit gravissimum

48 DE MODO EFFICIENDI PASSIONIS

1 passio christi causaverit nostram salutem per modum meriti
2 per modum satisfactionis
3 per modum sacrificii
4 per modum redemptionis
5 esse redemptorem sit proprium christi
6 passio fuerit operata nostram salutem per modum efficientiae

49 DE EFFECTIBUS PASSIONIS

1 per passionem simus liberati a peccato
2 a potestate diaboli
3 a poena peccati
4 per passionem christi simus deo reconciliati
5 christus sua passione aperuerit nobis ianuam caeli
6 meruerit exaltari

50 DE MORTE CHRISTI

1 fuerit conveniens christum mori
2 fuerit separata divinitas a carne
3 fuerit separatio divinitatis ab anima
4 christus in triduo mortis fuerit homo
5 fuerit idem numero corpus christi viventis et mortui
6 mors christi aliquid operata fuerit ad nostram salutem

51 DE SEPULTURA

1 fuerit conveniens christum sepeliri
2 convenienti modo sepultus
3 in sepulcro fuerit incineratus
4 fuerit in sepulcro solum una die et duabus noctibus

52 DE DESCENSU AD INFEROS

1 fuerit conveniens christum ad infernum descendere
2 etiam ad infernum damnatorum
3 fuerit totus in inferno
4 aliquam moram contraxerit in inferno
5 sanctos patres inde liberaverit
6 aliquos damnatos liberaverit
7 pueri qui cum originali decesserant, fuerint liberati
8 liberaverit animas a purgatorio

53 DE RESURRECTIONE

1 fuerit necessarium christum resurgere
2 fuerit conveniens
3 christus primo resurrexerit
4 fuerit causa suae resurrectionis

54 DE QUALITATE RESURGENTIS

1 christus post resurrectionem habuerit verum corpus
2 corpus resurrexerit gloriosum
3 integrum
4 cum cicatricibus

55 DE MANIFESTATIONE RESURRECTIONIS

1 resurrectio christi debuerit manifestari
2 conveniens quod discipuli viderent christum resurgere
3 christus post resurrectionem debuerit continue cum discipulis conversari
4 in alia effigie apparere
5 veritatem resurrectionis argumentis declarare
6 argumenta sufficienter manifestaverint veritatem resurrectionis

56 DE CAUSALITATE RESURRECTIONIS

1 resurrectio christi sit causa resurrectionis corporum
2 sit causa resurrectionis animarum

57 DE ASCENSIONE

1 fuerit conveniens christum ascendere
2 conveniat christo secundum naturam divinam
3 ascenderit propria virtute
4 super omnes caelos
5 corpus ascenderit super omnem creaturam spiritualem
6 ascensio christi sit causa nostrae salutis

58 DE SESSIONE AD DEXTERAM PATRIS

1 christo conveniat sedere ad dexteram patris
2 secundum quod deus
3 secundum quod homo
4 sedere ad dexteram patris sit proprium christi

59 DE IUDICIARIA POTESTATE

1 iudiciaria potestas specialiter attribuenda christo
2 secundum quod homo
3 christus ex meritis fuerit adeptus iudiciariam potestatem
4 iudiciaria potestas quantum ad omnes res humanas
5 post iudicium quod in praesenti agitur restet aliud iudicium generale
6 potestas christi iudiciaria se extendat ad angelos

60 QUID SIT SACRAMENTUM

1 sacramentum sit in genere signi
2 omne signum rei sacrae sit sacramentum
3 sacramentum sit signum unius rei tantum
4 sacramentum semper sit res sensibilis
5 requirantur determinatae res
6 verba
7 determinata verba
8 aliquid liceat addere verbis sacramentorum

61 DE NECESSITATE SACRAMENTORUM

1 sacramenta fuerint necessaria ad humanam salutem
2 ante peccatum fuerint necessaria
3 post peccatum, ante christum debuerint esse
4 post christum debuerint esse

62 DE EFFECTU QUI EST GRATIA

1 sacramenta sint causa gratiae
2 gratia sacramentalis addat aliquid supra gratiam virtutum et donorum
3 sacramenta novae legis contineant gratiam
4 in sacramentis sit aliqua virtus gratiae causativa
5 ex passione christi
6 sacramenta veteris legis gratiam causarent

63 DE ALIO EFFECTU QUI EST CHARACTER

1 sacramentum imprimat aliquem characterem in anima
2 character sit spiritualis potestas
3 sit character christi
4 sit in potentiis animae
5 insit indelebiliter
6 per omnia sacramenta imprimatur

64 DE CAUSIS SACRAMENTORUM

1 solus deus, vel etiam minister, interius operetur
2 sacramenta sint solum ex institutione divina
3 christus homo habuerit potestatem operandi interiorem effectum sacramentorum
4 potestatem suam potuerit ministris communicare
5 per malos ministros sacramenta conferri possint
6 mali ministrantes sacramenta peccent
7 angeli possent sacramenta ministrare
8 intentio ministri requiratur
9 fides ministri
10 intentio recta ministri requiratur

65 DE NUMERO SACRAMENTORUM

1 debeant esse septem sacramenta
2 convenienter ordinentur
3 sacramentum eucharistiae sit potissimum
4 omnia sint de necessitate salutis

66 DE SACRAMENTO BAPTISMI

1 baptismus sit ipsa ablutio
2 baptismus fuerit institutus post christi passionem
3 aqua sit propria materia
4 aqua simplex
5 sit conveniens forma baptismi
6 in nomine christi possit dari baptismus
7 immersio in aqua sit de necessitate
8 trina immersio
9 baptismus possit iterari
10 conveniens ritus
11 tria baptismata, aquae, sanguinis et flaminis
12 baptismus sanguinis sit potissimus

67 DE MINISTRIS BAPTISMI

1 ad officium diaconi pertineat baptizare
2 ad officium presbyterorum, vel solum episcoporum
3 laicus baptizare possit
4 mulier
5 non baptizatus possit
6 plures possint simul
7 requiratur qui baptizatum de fonte levet
8 qui obligetur ad eius instructionem

68 DE SUSCIPIENTIBUS BAPTISMUM

1 teneantur omnes ad susceptionem baptismi
2 sine baptismo aliquis possit salvari
3 baptismus sit differendus
4 peccatores sint baptizandi
5 peccatoribus baptizatis sint opera satisfactoria imponenda
6 peccatores ad baptismum accedentes teneantur peccata confiteri
7 ex parte baptizati requiratur intentio
8 fides requiratur
9 pueri sint baptizandi
10 pueri iudaeorum vel infidelium sint baptizandi invitis parentibus
11 in uteris existentes possint baptizari
12 furiosi et amentes

69 DE EFFECTIBUS BAPTISMI

1 per baptismum tollantur omnia peccata
2 liberetur homo ab omni reatu peccati
3 per baptismum debeant auferri poenalitates praesentis vitae
4 conferantur gratia et virtutes
5 convenienter attribuantur baptismo quidam actus
6 pueri consequantur gratiam et virtutes
7 effectus baptismi sit apertio ianuae regni caelestis
8 baptismus habeat in omnibus aequalem effectum
9 fictio impediat effectum baptismi
10 fictione recedente, baptismus effectum consequatur

70 DE CIRCUMCISIONE

1 circumcisio fuerit praeparatoria baptismi
2 convenienter instituta
3 ritus conveniens
4 circumcisio conferret gratiam

71 DE CATECHISMO ET EXORCISMO

1 catechismus debeat praecedere baptismum
2 exorcismus
3 ea quae in exorcismo efficiant, vel solum significent
4 sit sacerdotis catechizare et exorcizare baptizandum

72 DE SACRAMENTO CONFIRMATIONIS

1 confirmatio sit sacramentum
2 chrisma sit conveniens materia
3 de necessitate prius per episcopum consecratum
4 conveniens forma
5 sacramentum confirmationis imprimat characterem
6 praesupponat characterem baptismalem
7 per hoc sacramentum gratia conferatur
8 hoc sacramentum sit omnibus exhibendum
9 conferendum in fronte
10 ille qui confirmatur debeat teneri ab alio
11 solus episcopus hoc sacramentum conferre possit
12 ritus huius sacramenti sit conveniens

73 DE SACRAMENTO EUCHARISTIAE

1 eucharistia sit sacramentum
2 unum vel plura
3 sit de necessitate salutis
4 convenienter pluribus nominibus nominetur
5 conveniens institutio
6 agnus paschalis fuerit praecipua figura

74 DE MATERIA

1 materia huius sacramenti si panis et vinum
2 requiratur determinata quantitas
3 quod sit panis triticeus
4 ex pane azymo
5 vinum vitis
6 aqua vino permiscenda
7 permixtio sit de necessitate sacramenti
8 in magna quantitate

75 DE CONVERSIONE PANIS ET VINI IN CORPUS ET SANGUINEM CHRISTI

1 sit corpus christi secundum veritatem, vel solum in signo
2 remaneat substantia panis et vini
3 substantia panis annihiletur
4 panis possit converti in corpus christi
5 remaneant accidentia panis et vini
6 remaneat forma substantialis panis
7 conversio fiat in instanti, vel successive
8 haec sit vera: ex pane fit corpus christi

76 DE MODO QUO CHRISTUS EXISTIT IN HOC SACRAMENTO

1 totus christus contineatur sub hoc sacramento
2 sub utraque specie
3 totus christus sub qualibet parte
4 tota quantitas dimensiva corporis christi
5 sicut in loco
6 mobiliter
7 possit videri ab oculo glorificato
8 quando miraculose apparet vel caro vel puer, sit ibi vere corpus christi

77 DE ACCIDENTIBUS REMANENTIBUS

1 accidentia remaneant in hoc sacramento sine subiecto
2 quantitas panis vel vini sit aliorum accidentium subiectum

3 species possint immutare aliquod extrinsecum
4 corrumpi possint
5 ex speciebus aliquid possit generari
6 species possint nutrire
7 species frangantur
8 vino consecrato possit aliquis liquor misceri

78 DE FORMA HUIUS SACRAMENTI

1 haec sit forma sacramenti
2 conveniens forma, hoc est corpus meum
3 conveniens forma, hic est calix etc.
4 praedictis verbis insit vis creata effectiva consecrationis
5 praedictae locutiones sint verae
6 forma panis consequatur effectum suum antequam perficiatur forma vini

79 DE EFFECTIBUS HUIUS SACRAMENTI

1 per hoc sacramentum conferatur gratia
2 adeptio gloriae
3 remissio peccati mortalis
4 remittantur peccata venialia
5 tota poena peccati remittatur
6 praeservetur homo a peccatis futuris
7 prosit aliis quam sumentibus
8 per veniale peccatum impediatur effectus huius sacramenti

80 DE SUMPTIONE HUIUS SACRAMENTI

1 duo modi manducandi corpus christi, spiritualiter et sacramentaliter
2 solius hominis sit sumere spiritualiter, vel etiam angelorum
3 solus homo iustus possit manducare sacramentaliter
4 peccator sumens sacramentaliter peccet
5 accedere ad hoc cum conscientia peccati sit gravissimum peccatorum
6 sacerdos debeat denegare peccatori petenti
7 nocturna pollutio impediat a sumptione
8 cibus vel potus praeassumptus impediat
9 non habentes usum rationis debeant accipere
10 liceat quotidie suscipere
11 liceat cessare omnino a communione
12 liceat sumere corpus sine sanguine

81 DE HUIUS SACRAMENTI PRIMA INSTITUTIONE

1 christus sumpserit suum corpus et sanguinem
2 iudae dederit
3 sumpserit et dederit corpus impassibile
4 si tempore mortis fuisset servatum in pyxide ibi moreretur

82 DE MINISTRO HUIUS SACRAMENTI

1 consecratio proprie sit sacerdotis
2 plures possint unam et eandem hostiam consecrare
3 pertineat solum ad sacerdotem dispensatio sacramenti
4 consecrans teneatur sumere
5 malus sacerdos consecrare possit
6 missa sacerdotis mali minus valeat quam boni
7 haeretici et excommunicati consecrare possint
8 sacerdos degradatus possit
9 aliquis licite possit communionem recipere a sacerdotibus haereticis
10 liceat sacerdoti omnino a consecratione abstinere

83 DE RITU HUIUS SACRAMENTI

1 in celebratione christus immoletur
2 convenienter sit determinatum tempus
3 oporteat celebrare in domo et vasis sacris
4 convenienter ordinentur ea quae circa hoc dicuntur
5 quae in celebratione aguntur, sint convenientia
6 possit sufficienter occurri defectibus statuta ecclesiae observando

84 DE POENITENTIA SECUNDUM QUOD SACRAMENTUM

1 poenitentia sit sacramentum
2 peccata sint propria materia huius sacramenti
3 haec sit forma huius sacramenti
4 impositio manuum sacerdotis requiratur
5 hoc sacramentum sit de necessitate salutis
6 sit secunda tabula post naufragium
7 convenienter institutum in nova lege
8 poenitentia debeat durare usque ad finem vitae
9 possit esse continua
10 sacramentum poenitentiae debeat iterari

85 DE POENITENTIA SECUNDUM QUOD VIRTUS

1 poenitentia sit virtus
2 sit specialis virtus
3 sit species iustitiae
4 subiectum poenitentiae sit proprie voluntas
5 principium poenitentiae sit ex timore
6 poenitentia sit prima virtutum

86 DE REMISSIONE PECCATORUM MORTALIUM

1 per poenitentiam removeantur omnia peccata
2 sine poenitentia peccatum remitti possit
3 possit per poenitentiam unum peccatum sine alio remitti
4 remissa culpa per poenitentiam, remaneat reatus poenae
5 remissa culpa mortali, tollantur omnes reliquiae peccati
6 remissio culpae sit effectus poenitentiae secundum quod est virtus

87 DE REMISSIONE VENIALIUM PECCATORUM

1 veniale peccatum possit remitti sine poenitentia
2 ad remissionem venialium requiratur gratiae infusio
3 venialia remittantur per aspersionem aquae benedictae et alia huiusmodi
4 veniale possit remitti sine mortali

88 DE REDITU PECCATORUM DIMISSORUM

1 peccata dimissa redeant per sequens peccatum
2 peccata dimissa redeant per ingratitudinem
3 per ingratitudinem peccati sequentis consurgat tantus reatus quantus fuerat prius
4 talis ingratitudo sit speciale peccatum

89 DE RECUPERATIONE VIRTUTUM PER POENITENTIAM

1 per poenitentiam virtutes restituantur
2 post poenitentiam resurgat homo in aequali virtute
3 restituatur in pristinam dignitatem
4 opera virtutum in caritate facta mortificari possint
5 opera mortificata per peccatum per poenitentiam reviviscant
6 per poenitentiam subsequentem etiam opera mortua vivificentur

90 DE PARTIBUS POENITENTIAE IN GENERALI

1 poenitentiae debeant partes assignari
2 contritio, confessio et satisfactio
3 praedicta sint partes integrales poenitentiae
4 convenienter dividatur poenitentia

= = = = = = = = = =

ERRATA CORRECTA

= = = = = = = = = =

005 SCG
C. GENTILES

1 13 18 1.0014 (018a l. 40)
B fieri // ferri
1 13 19 1.0025 (018b l. 27)
B ad primum // ad primam
1 13 20 1.0002 (018b l. 36)
B aliquo // ab alio
1 20 11 1.0004 (027b l. 17)
B minor tempore // minor in tempore
1 20 11 1.0004 (027b l. 18)
B maior tempore // maior in tempore
1 20 23 1.0004 (029a l. 28)
B secundum sui rationem // de sui ratione
1 28 07 1.0010 (041a l. 36)
B unam causam // unam primam
1 40 04 1.0008 (049b l. 16)
L probatur // probabitur
1 42 02 1.0002 (050a l. 30)
L superabundantia // superabundantiam
1 42 07 1.0009 (050b l. 42)
B distinguerentur. // disiungerentur
1 48 06 1.0005 (060b l. 40)
P cum quod // cum eo quod
1 50 10 1.0005 (063b l. 01)
B ipsum // eum
1 51 03 1.0002 (063b l. 41)
B intelligibiles // intelligibilia
1 62 05 1.0016 (073b l. 03)
P mensuratur // mensuretur
1 65 11 1.0007 (076a l. 49)
L meis // mei
1 66 04 1.0007 (076b l. 43)
P terminata // terminatam
1 72 09 1.0017 (087b l. 40)
P se finem. // se finem,
1 79 08 1.0007 (092b l. 20)
P vult quod // vult secundum quod
1 82 01 1.0001 (094a l. 55)
L videtur // videntur
2 04 04 1.0002 (117b l. 17)
L superaltissimam // super altissimam
2 19 07 1.0002 (128a l. 41)
L creatione // creationem
2 49 04 1.0016 (170a l. 33)
P intelliget // intelligit
2 73 14 1.0018 (210a l. 26)
P in quod // id quod
2 83 19 1.0003 (242b l. 10)
L infirma // infima
2 85 10 1.0005 (247a l. 25)
L ponebat // ponebant
3 33 03 1.0001 (041b l. 37)
P delectationum // delectationes
3 65 10 1.0017 (089b l. 28)
L dicunt res // dicunt quod res
3 74 06 1.0013 (104b l. 29)
L agitur // igitur
3 75 12 1.0015 (106b l. 18)
P actu // actum
3 80 15 1.0004 (114b l. 10)
P utilia // utile
3 83 02 1.0016 (118b l. 16)
L ipsa // ipsam
3 85 14 1.0013 (123a l. 20)
L modus // modos
3 88 06 1.0013 (128b l. 16)
B causet // causaret
3 92 09 1.0011 (135b l. 45)
B psalmis // psalmo
3 97 04 1.0011 (147a l. 16)
B si sint // si sunt
3 99 05 1.0002 (151b l. 09)
B praexcogitatus // praecogitatus
3 03 02 1.0030 (155b l. 11)
B impressionum. // impressionis.
3 03 03 1.0014 (155b l. 30)
B invenitur // invenietur
3 12 02 1.0013 (171a l. 15)
P ipsa // ipsas
3 12 04 1.0010 (171a l. 44)
P ipsa // ipsas
3 12 07 1.0017 (171b l. 34)
P alia // aliae
3 15 05 1.0008 (174b l. 15)
P adhaeret. // adhaereat.
3 19 07 1.0001 (177b l. 12)
P hic // hinc
4 01 11 1.0031 (243b l. 31)
L capiendas // capienda
4 35 04 1.0027 (319a l. 31)
L se // sed
4 77 07 1.0004 (386b l. 34)
L dici // dicit

006 ADL
AUTOGR. DELETA

3S 19 12 1.0021 (219- l. 21)
R adhunc // adhuc
G1
006A 1.0038 (006a l. 38)
R moto quem // motu quem
G1
006B 1.0023 (006b l. 23)
B quod potest // et sic potest
G1
006B 1.0026 (006b l. 26)
B hoc est // non est
G1
006B 1.0026 (006b l. 26)
B movens non // movens contra
G1
007A 1.0041 (007a l. 41)
B etiam si // quod secundi
G1
007A 1.0042 (007a l. 42)
B superiores // posteriores
G1
007A 1.0065 (007a l. 65)
B sunt per // insunt per
G1
007A 1.0070 (007a l. 70)
B subiiciatur // subiacet
G1
007B 1.0055 (007b l. 55)
B nam in // et ideo in
G1
008B 1.0030 (008b l. 30)
B inclinationem // inductionem
G1
009A 1.0049 (009a l. 49)
B nomina // et ideo omnia
G1
009B 1.0050 (009b l. 50)
B generata seu originata // ex putrefactione generata
G1
010B 1.0025 (010b l. 25)
B ratio // positio
G1
010B 1.0029 (010b l. 29)
B hoc nomen omnino // huiusmodi nomina
G1
010B 1.0030 (010b l. 30)
B praedicatur // praedicantur
G1
010B 1.0048 (010b l. 48)
B fieri // inferri
G1
011A 1.0060 (011a l. 60)
B rebus // elementis
G1
011B 1.0003 (011b l. 03)
B convincitur // contradicit
G1
012B 1.0066 (012b l. 66)
B unde motus ipsi // cui motus quasi
G1
013A 1.0009 (013a l. 09)
B per motum // per modum
G1
013A 1.0024 (013a l. 24)
B desiderantis // deferentis
G1
013A 1.0025 (013a l. 25)
B desideratum // delatum
G1
013A 1.0025 (013a l. 25)
B - - - // motus
G1
013A 1.0026 (013a l. 26)
B desideratum // delatum
G1
013A 1.0027 (013a l. 27)
B quae sit per se prima // quod non tu-
G1
013A 1.0027 (013a l. 27)
B - - - // motus
G1
013A 1.0028 (013a l. 28)
B desideratum // delatum
G1
013A 1.0028 (013a l. 28)
B circularis // orbis
G1
013A 1.0029 (013a l. 29)
B - - - per // nobis per
G1
013A 1.0029 (013a l. 29)
B cor- - - // corporis numquam autem
G1
013A 1.0029 (013a l. 29)
B corporum- - - // corporum quos videmus
G1
013A 1.0030 (013a l. 30)
B aliquis- - - // aliquis motus
G1
013A 1.0030 (013a l. 30)
B motum- - - // motum primi
G1
013A 1.0042 (013a l. 42)
B - - - // vel ad sic
G1
013A 1.0058 (013a l. 58)
B aliquam ad // ad id quod estimant
G1
013A 1.0064 (013a l. 64)
B distinctum // discretum
G1
013B 1.0002 (013b l. 02)
B distinctum // discretum
G1
013B 1.0033 (013b l. 33)
B ex natura primi // concomitantia praedicta
G1
013B 1.0034 (013b l. 34)
B primi // praedicta
G1
013B 1.0043 (013b l. 43)
B quodl- // que
G1
013B 1.0048 (013b l. 48)
B sic // praeter
G1
013B 1.0049 (013b l. 49)
B complens // completum
G1
014A 1.0007 (014a l. 07)
B determinato // demonstrato
G1
014A 1.0014 (014a l. 15)
B determinato // demonstrato
G1
014B 1.0034 (014b l. 34)
B pro modo // per viam
G1

014B 1.0036 (014b l. 36)
B aliquid // aliud

G1
015A 1.0014 (015a l. 14)
B notabat // narrabat

G1
015B 1.0009 (015b l. 09)
B ita quidem // ita quis

G1
015B 1.0019 (015b l. 19)
B delectio // delectatio

G1
015B 1.0020 (015b l. 20)
B dicatur // detur

G1
017A 1.0046 (017a l. 46)
B ut primum // nec primum

G1
019B 1.0044 (019b l. 44)
B prima // propria

G1
020B 1.0064 (020b l. 64)
B ignorata // ignota

G1
021A 1.0030 (021a l. 30)
B in aliud // in aliquid

G1
021A 1.0038 (021a l. 38)
B divino, neque ut // divino, ut

G1
021A 1.0049 (021a l. 49)
B scitorum // obiectorum

G2
055A 1.0033 (055a l. 33)
R indicatur // iudicatur

G2
057A 1.0012 (057a l. 12)
R rarefiefactis // rarefactis

G3
028B 1.0053 (028b l. 53)
R necessariam // necessarium

G3
029B 1.0073 (029b l. 73)
R caelestim // caelestium

G3
032A 1.0019 (032a l. 19)
B superioris // superiorum

BT
233- 1.0011 (233- l. 11)
B si non intelligam // si intelligam

007 ST1
PRIMA PARS

002 03 co -- 1.0042 (031b l. 29)
B sunt talia, semper esse // sunt, talia esse

006 04 co -- 1.0013 (070b l. 04)
B per se ens // per se bonum

006 04 co -- 1.0014 (070b l. 05)
B summum bonum. et quia bonum converti-tur cum ente, sicut et unum, ipsum per se bonum dicebat esse deum // summum deum

006 04 co -- 1.0021 (070b l. 13)
B quod aliquid est primum, quod per suam essentiam est ens et bonum // quod est aliquod unum per essentiam suam bonum

012 01 co -- 1.0015 (115a l. 02)
B quod // quia

029 -- pr -- 1.0010 (327b l. 02)
B similitudo // solitudo

032 01 ra 01 1.0006 (350a l. 33)
R principium // principum

076 02 ag 03 1.0001 (360a l. 22)
R intellecto // intellectu

076 02 ag 03 1.0005 (360a l. 26)
R intellecto // intellectu

085 08 ra 01 1.0008 (346b l. 09)
B principia // principiata

088 01 co -- 1.0065 (365a l. 55)
B speculativis // speculatis

105 08 ag 01 1.0006 (501a l. 15)
B dei. // dei,

117 01 co -- 1.0015 (548b l. 22)
L discipulis // discipulus

117 02 ag 03 1.0002 (549b l. 47)
L quidem // quidam

001 08 ra -- 1.0001 (008b l. 26)
B obiecta, nam beatitudo nominat adeptionem ultimi finis. - qu. 2 - deinde considerandum // obiecta. - qu. 2 - deinde considerandum est de beatitudine, nam beatitudo nominat adeptionem ultimi finis.

013 01 ra 03 1.0001 (067a l. 32)
L lectionis // electionis

019 10 co -- 1.0010 (104b l. 44)
L non occidi // non vult occidi

024 01 co -- 1.0015 (121b l. 22)
L voluntarie // voluntariae

032 06 co -- 1.0005 (156a l. 22)
L homo // bono

050 06 co -- 1.0007 (225b l. 11)
L dici // dicit

050 06 co -- 1.0032 (225b l. 39)
L materiam // materia

063 01 sc -- 1.0004 (276b l. 26)
L in cap. // in iv cap.

066 04 ra 01 1.0010 (292a l. 55)
B supplementum // complementum

068 07 co -- 1.0012 (307a l. 36)
P sapientia et intellectus // sapientia intellectui

068 07 co -- 1.0013 (307a l. 36)
P scientia prudentia // scientia prudentiae

072 04 co -- 1.0013 (327a l. 34)
B primus continet secundum // secundus continet primum

095 04 ra 01 1.0007 (446b l. 13)
B commune // communis

097 01 co -- 1.0011 (452b l. 37)
L communitatis // communitati

105 01 ag 02 1.0005 (515b l. 20)
B gubernat a principio. igitur // gubernat. a principio igitur

023 02 co -- 1.0023 (165a l. 27)
B instrumentum, quod // instrumentum quo

047 06 ag 02 1.0004 (353a l. 28)
B se habet homo ad creaturas irrationales // se habent creaturae irrationales ad hominem

058 05 ra 03 1.0002 (013b l. 31)
R ab bonum // ad bonum

105 02 co -- 1.0026 (394b l. 09)
B oportet secundum diversos // oportet diversos

107 01 ag 03 1.0001 (404a l. 25)
B recompensare // peccare

154 05 ra 02 1.0002 (230b l. 11)
R sommo // somno

180 04 co -- 1.0038 (428a l. 26)
B quartum vero contemplativum // quarto vero completivum

06 06 ag 02 1.0003 (104a l. 10)
B per animam. ergo // per animam, ut dictum est. ergo et anima redditur congrua ad assumpionem per gratiam. ergo

27 04 ra 03 1.0004 (296b l. 43)
R gloria // gloriae

= = = = = = = = = =

NUMERI CONTINUI

= = = = = = = = = =

005 SCG
C. GENTILES

1	1 l.	1	=	1
1	2 l.	1	=	8
1	3 l.	1	=	13
1	4 l.	1	=	21
1	5 l.	1	=	28
1	6 l.	1	=	35
1	7 l.	1	=	42
1	8 l.	1	=	48
1	9 l.	1	=	51
1	10 l.	1	=	59
1	11 l.	1	=	66
1	12 l.	1	=	72
1	13 l.	1	=	81
1	14 l.	1	=	116
1	15 l.	1	=	120
1	16 l.	1	=	127
1	17 l.	1	=	134
1	18 l.	1	=	141
1	19 l.	1	=	148
1	20 l.	1	=	153
1	21 l.	1	=	196
1	22 l.	1	=	202
1	23 l.	1	=	213
1	24 l.	1	=	222
1	25 l.	1	=	227
1	26 l.	1	=	237
1	27 l.	1	=	250
1	28 l.	1	=	259
1	29 l.	1	=	269
1	30 l.	1	=	275
1	31 l.	1	=	279
1	32 l.	1	=	283
1	33 l.	1	=	290
1	34 l.	1	=	297
1	35 l.	1	=	299
1	36 l.	1	=	301
1	37 l.	1	=	303
1	38 l.	1	=	309
1	39 l.	1	=	316
1	40 l.	1	=	324
1	41 l.	1	=	329
1	42 l.	1	=	335
1	43 l.	1	=	356
1	44 l.	1	=	372
1	45 l.	1	=	382
1	46 l.	1	=	389
1	47 l.	1	=	395
1	48 l.	1	=	403
1	49 l.	1	=	411
1	50 l.	1	=	418
1	51 l.	1	=	429
1	53 l.	1	=	441
1	54 l.	1	=	446
1	55 l.	1	=	455
1	56 l.	1	=	465
1	57 l.	1	=	473
1	58 l.	1	=	485
1	59 l.	1	=	494
1	60 l.	1	=	500
1	61 l.	1	=	506
1	62 l.	1	=	515
1	63 l.	1	=	520
1	64 l.	1	=	528
1	65 l.	1	=	529
1	66 l.	1	=	541
1	67 l.	1	=	556
1	68 l.	1	=	567
1	69 l.	1	=	575
1	70 l.	1	=	592
1	71 l.	1	=	601
1	72 l.	1	=	617
1	73 l.	1	=	627
1	74 l.	1	=	632
1	75 l.	1	=	639
1	76 l.	1	=	647
1	77 l.	1	=	655
1	78 l.	1	=	660
1	79 l.	1	=	667
1	80 l.	1	=	676
1	81 l.	1	=	682
1	82 l.	1	=	689
1	83 l.	1	=	701
1	84 l.	1	=	706
1	85 l.	1	=	711
1	86 l.	1	=	717
1	87 l.	1	=	723
1	88 l.	1	=	729
1	89 l.	1	=	735
1	90 l.	1	=	749
1	91 l.	1	=	755
1	92 l.	1	=	768
1	93 l.	1	=	779
1	94 l.	1	=	791
1	95 l.	1	=	796
1	96 l.	1	=	804
1	97 l.	1	=	811
1	98 l.	1	=	816
1	99 l.	1	=	822
1	100 l.	1	=	828
1	101 l.	1	=	836
1	102 l.	1	=	841
2	1 l.	1	=	851
2	2 l.	1	=	858
2	3 l.	1	=	864
2	4 l.	1	=	871
2	5 l.	1	=	877
2	6 l.	1	=	878
2	7 l.	1	=	886
2	8 l.	1	=	892
2	9 l.	1	=	898
2	10 l.	1	=	903
2	11 l.	1	=	905
2	12 l.	1	=	912
2	13 l.	1	=	917
2	15 l.	1	=	922
2	16 l.	1	=	932
2	17 l.	1	=	946
2	18 l.	1	=	951
2	19 l.	1	=	955
2	20 l.	1	=	962
2	21 l.	1	=	969
2	22 l.	1	=	981
2	23 l.	1	=	989
2	24 l.	1	=	1002
2	25 l.	1	=	1009
2	26 l.	1	=	1034
2	27 l.	1	=	1043
2	28 l.	1	=	1046
2	30 l.	1	=	1063
2	31 l.	1	=	1080
2	32 l.	1	=	1086
2	33 l.	1	=	1096
2	34 l.	1	=	1105
2	35 l.	1	=	1111
2	36 l.	1	=	1120
2	37 l.	1	=	1129
2	38 l.	1	=	1135
2	39 l.	1	=	1151
2	40 l.	1	=	1160
2	41 l.	1	=	1167
2	42 l.	1	=	1181
2	43 l.	1	=	1193
2	44 l.	1	=	1203
2	45 l.	1	=	1219
2	46 l.	1	=	1229
2	47 l.	1	=	1236
2	48 l.	1	=	1241
2	49 l.	1	=	1247
2	50 l.	1	=	1259
2	51 l.	1	=	1268
2	52 l.	1	=	1273
2	53 l.	1	=	1282
2	54 l.	1	=	1287
2	55 l.	1	=	1297
2	56 l.	1	=	1313
2	57 l.	1	=	1326
2	58 l.	1	=	1342
2	59 l.	1	=	1353
2	60 l.	1	=	1370
2	61 l.	1	=	1396
2	62 l.	1	=	1403
2	63 l.	1	=	1416
2	64 l.	1	=	1422
2	65 l.	1	=	1426
2	66 l.	1	=	1436
2	67 l.	1	=	1442
2	68 l.	1	=	1448
2	69 l.	1	=	1460
2	70 l.	1	=	1471
2	71 l.	1	=	1479
2	72 l.	1	=	1482
2	73 l.	1	=	1488
2	74 l.	1	=	1527
2	75 l.	1	=	1544
2	76 l.	1	=	1560
2	77 l.	1	=	1580
2	78 l.	1	=	1585
2	79 l.	1	=	1597
2	80 l.	1	=	1613
2	82 l.	1	=	1630
2	83 l.	1	=	1650
2	84 l.	1	=	1685
2	85 l.	1	=	1692
2	86 l.	1	=	1706
2	87 l.	1	=	1714
2	88 l.	1	=	1722
2	89 l.	1	=	1735
2	90 l.	1	=	1759
2	91 l.	1	=	1772
2	92 l.	1	=	1783
2	93 l.	1	=	1795
2	94 l.	1	=	1801
2	95 l.	1	=	1806
2	96 l.	1	=	1811
2	97 l.	1	=	1821
2	98 l.	1	=	1827
2	99 l.	1	=	1846
2	100 l.	1	=	1853
2	101 l.	1	=	1858
3	1 l.	1	=	1861
3	2 l.	1	=	1868
3	3 l.	1	=	1878
3	4 l.	1	=	1889
3	5 l.	1	=	1895
3	7 l.	1	=	1910
3	8 l.	1	=	1921
3	10 l.	1	=	1934
3	11 l.	1	=	1952
3	12 l.	1	=	1958
3	13 l.	1	=	1965
3	14 l.	1	=	1970
3	15 l.	1	=	1976
3	16 l.	1	=	1985
3	17 l.	1	=	1989
3	18 l.	1	=	1999
3	19 l.	1	=	2004
3	20 l.	1	=	2009
3	21 l.	1	=	2017
3	22 l.	1	=	2024
3	23 l.	1	=	2034
3	24 l.	1	=	2046
3	25 l.	1	=	2055
3	26 l.	1	=	2071
3	27 l.	1	=	2093
3	28 l.	1	=	2104
3	29 l.	1	=	2110
3	30 l.	1	=	2117
3	31 l.	1	=	2124
3	32 l.	1	=	2130
3	33 l.	1	=	2134
3	34 l.	1	=	2138
3	35 l.	1	=	2144
3	36 l.	1	=	2149
3	37 l.	1	=	2152
3	38 l.	1	=	2161
3	39 l.	1	=	2167
3	40 l.	1	=	2174
3	41 l.	1	=	2180
3	42 l.	1	=	2191
3	43 l.	1	=	2202
3	44 l.	1	=	2212
3	45 l.	1	=	2217
3	46 l.	1	=	2227
3	47 l.	1	=	2238
3	48 l.	1	=	2246
3	49 l.	1	=	2263
3	50 l.	1	=	2275
3	51 l.	1	=	2284
3	52 l.	1	=	2290
3	53 l.	1	=	2297
3	54 l.	1	=	2304
3	55 l.	1	=	2318
3	56 l.	1	=	2324
3	57 l.	1	=	2331
3	58 l.	1	=	2337
3	59 l.	1	=	2346
3	60 l.	1	=	2353
3	61 l.	1	=	2358
3	62 l.	1	=	2364
3	63 l.	1	=	2377
3	64 l.	1	=	2384
3	65 l.	1	=	2397
3	66 l.	1	=	2407
3	67 l.	1	=	2415

3	68 l.	1	=	2422
3	69 l.	1	=	2431
3	70 l.	1	=	2460
3	71 l.	1	=	2467
3	72 l.	1	=	2479
3	73 l.	1	=	2487
3	74 l.	1	=	2494
3	75 l.	1	=	2501
3	76 l.	1	=	2517
3	77 l.	1	=	2528
3	78 l.	1	=	2535
3	79 l.	1	=	2541
3	80 l.	1	=	2546
3	81 l.	1	=	2565
3	82 l.	1	=	2572
3	83 l.	1	=	2580
3	84 l.	1	=	2583
3	85 l.	1	=	2597
3	86 l.	1	=	2617
3	87 l.	1	=	2631
3	88 l.	1	=	2637
3	89 l.	1	=	2644
3	90 l.	1	=	2652
3	91 l.	1	=	2661
3	92 l.	1	=	2667
3	93 l.	1	=	2680
3	94 l.	1	=	2686
3	95 l.	1	=	2702
3	97 l.	1	=	2723
3	98 l.	1	=	2740
3	99 l.	1	=	2746
3	100 l.	1	=	2756
3	101 l.	1	=	2763
3	102 l.	1	=	2767
3	103 l.	1	=	2776
3	104 l.	1	=	2785
3	105 l.	1	=	2799
3	106 l.	1	=	2811
3	107 l.	1	=	2821
3	108 l.	1	=	2832
3	109 l.	1	=	2840
3	110 l.	1	=	2850
3	111 l.	1	=	2855
3	112 l.	1	=	2856
3	113 l.	1	=	2869
3	114 l.	1	=	2876
3	115 l.	1	=	2882
3	116 l.	1	=	2888
3	117 l.	1	=	2894
3	118 l.	1	=	2901
3	119 l.	1	=	2908
3	120 l.	1	=	2918
3	121 l.	1	=	2942
3	122 l.	1	=	2947
3	123 l.	1	=	2959
3	124 l.	1	=	2969
3	125 l.	1	=	2977
3	126 l.	1	=	2987
3	127 l.	1	=	2993
3	128 l.	1	=	3001
3	129 l.	1	=	3009
3	130 l.	1	=	3020
3	131 l.	1	=	3026
3	132 l.	1	=	3034
3	133 l.	1	=	3064
3	134 l.	1	=	3068
3	135 l.	1	=	3076
3	136 l.	1	=	3101
3	138 l.	1	=	3119
3	139 l.	1	=	3128
3	140 l.	1	=	3145
3	141 l.	1	=	3154
3	142 l.	1	=	3163
3	143 l.	1	=	3170
3	144 l.	1	=	3176
3	145 l.	1	=	3187
3	146 l.	1	=	3193
3	147 l.	1	=	3201
3	148 l.	1	=	3210
3	149 l.	1	=	3217
3	150 l.	1	=	3225
3	151 l.	1	=	3234
3	152 l.	1	=	3242
3	153 l.	1	=	3249
3	154 l.	1	=	3255
3	155 l.	1	=	3280
3	156 l.	1	=	3290
3	157 l.	1	=	3299
3	158 l.	1	=	3305
3	159 l.	1	=	3312
3	160 l.	1	=	3314
3	161 l.	1	=	3320
3	162 l.	1	=	3323
3	163 l.	1	=	3331
4	1 l.	1	=	3335
4	2 l.	1	=	3350
4	3 l.	1	=	3355
4	4 l.	1	=	3358
4	5 l.	1	=	3374
4	6 l.	1	=	3387
4	7 l.	1	=	3402
4	8 l.	1	=	3427
4	9 l.	1	=	3440
4	10 l.	1	=	3446
4	11 l.	1	=	3461
4	12 l.	1	=	3480
4	13 l.	1	=	3485
4	14 l.	1	=	3497
4	15 l.	1	=	3512
4	16 l.	1	=	3513
4	17 l.	1	=	3526
4	18 l.	1	=	3549
4	19 l.	1	=	3557
4	20 l.	1	=	3569
4	21 l.	1	=	3575
4	22 l.	1	=	3584
4	23 l.	1	=	3591
4	24 l.	1	=	3605
4	25 l.	1	=	3621
4	26 l.	1	=	3626
4	27 l.	1	=	3635
4	28 l.	1	=	3639
4	29 l.	1	=	3646
4	30 l.	1	=	3660
4	31 l.	1	=	3670
4	32 l.	1	=	3676
4	33 l.	1	=	3687
4	34 l.	1	=	3694
4	35 l.	1	=	3725
4	36 l.	1	=	3739
4	37 l.	1	=	3749
4	38 l.	1	=	3760
4	39 l.	1	=	3771
4	40 l.	1	=	3774
4	41 l.	1	=	3787
4	42 l.	1	=	3801
4	43 l.	1	=	3804
4	44 l.	1	=	3810
4	45 l.	1	=	3816
4	46 l.	1	=	3824
4	47 l.	1	=	3829
4	48 l.	1	=	3833
4	49 l.	1	=	3836
4	50 l.	1	=	3850
4	51 l.	1	=	3861
4	52 l.	1	=	3875
4	53 l.	1	=	3894
4	54 l.	1	=	3922
4	55 l.	1	=	3932
4	56 l.	1	=	3962
4	57 l.	1	=	3966
4	58 l.	1	=	3969
4	59 l.	1	=	3975
4	60 l.	1	=	3982
4	61 l.	1	=	3985
4	62 l.	1	=	3989
4	63 l.	1	=	3998
4	64 l.	1	=	4010
4	65 l.	1	=	4015
4	66 l.	1	=	4022
4	67 l.	1	=	4033
4	68 l.	1	=	4037
4	69 l.	1	=	4039
4	70 l.	1	=	4045
4	71 l.	1	=	4055
4	72 l.	1	=	4066
4	73 l.	1	=	4081
4	74 l.	1	=	4091
4	75 l.	1	=	4098
4	76 l.	1	=	4102
4	77 l.	1	=	4111
4	78 l.	1	=	4119
4	79 l.	1	=	4126
4	80 l.	1	=	4138
4	81 l.	1	=	4146
4	82 l.	1	=	4161
4	83 l.	1	=	4172
4	84 l.	1	=	4195
4	85 l.	1	=	4212
4	86 l.	1	=	4218
4	87 l.	1	=	4224
4	88 l.	1	=	4227
4	89 l.	1	=	4232
4	90 l.	1	=	4237
4	91 l.	1	=	4246
4	92 l.	1	=	4257
4	93 l.	1	=	4266
4	94 l.	1	=	4271
4	95 l.	1	=	4272
4	96 l.	1	=	4281
4	97 l.	1	=	4285

= = = = = = = = = =

OPERA QUAE IN INDICEM THOMISTICUM SUNT REDACTA

001-118 OPERA OMNIA IPSIUS S. THOMAE

codices operis — constat vocabulis

001-019 OPERA MAIORA

001 1SN IN I SENTENTIARUM 268.965
002 2SN IN II SENTENTIARUM 296.307 △
003 3SN IN III SENTENTIARUM 334.431
004 4SN IN IV SENTENTIARUM 597.821
001-004 1.497.524 △
textus ex ed. Prima Americana t. VI, VII-1 et VII-2 New York, 1948 (reimpressio editionis Parmensis t. VI, 1856 et t. VII, 1858).

005 SCG# SUMMA CONTRA GENTILES. 325.820
textus Leoninus (t. XIII, XIV, XV: 1918, 1926, 1930) ex ed. Marietti 1961.

006 ADL# AUTOGRAPHI DELETA 70.763
Coadunat:
1. P.-M. Gils OP: Textes inédits de St. Thomas: Les premières rédactions du Scriptum super Tertio Sententiarum.
   in Revue des Sciences Philosophiques et Théologiques: XLV-2 (Avril 1961) pp. 201-228; XLVI-3 (Juillet 1962) pp. 445-462: XLVI-4 (Octobre 1962) pp. 609-628.
2. Summae contra Gentiles Primae Redactiones Libri Primi, Secundi et Tertii.
   in appendicibus editionis Leoninae, vol. XIII (1918) pp. 6-61 et XIV (1926) pp. 5-49.
3. Expositionis super Librum Boethii De Trinitate Liturae in Autographo, ed. B. Decker 2ª ed. Leiden 1959, pp. 230-234.

In nostris citationibus haec autographa repraesentantur respective symbolis 3S - G1, G2, G3 BT.

007 ST1 SUMMAE THEOLOGIAE PRIMA PARS 364.484 *
008 ST2 PRIMA SECUNDAE 358.954
009 ST3# SECUNDA SECUNDAE 513.890
010 ST4# TERTIA PARS 336.106
007 - 010 1.573.434 *
007: qu. 1-49, textus ed. Leoninae t. IV (1888) qu. 50 - finis, textus leoninus ex ed. Marietti 1948.
008: textus leoninus ex ed. Marietti 1948.
009: textus ed. Leoninae t. VIII (1895), IX (1897) et X (1899).
010: textus ed. Leoninae t. XI (1903) et XII (1905).

011 QDV# QU. DISP. DE VERITATE - 1° 287.113 *
Quaestio Disputata De Veritate, usque ad qu. XXII - art. 11 corpus, inclusive: textus Leonino aequiparatus, t. XXII (vol. 1 fasc. 2, vol. II fasc. 1 et 2: 1970-1972; reliqua ex plagulis leoninis de prelo emendatis).
N.B. Ex qu. VII articulus 9 excerptus est, utpote authentiae disputabilis, ut fieret nostrum 118 DLV: Utrum aliquid de libro vitae deleri possit.

012 QDV QU. DISP. DE VERITATE - 2° 114.991
Quaestio Disputata De Veritate, a qu. XXII art. 11 resp. ad 1m, usque ad finem: textus ex editione Marietti 1953.
011 - 012 402.104 *

013 QDP QU. DISP. DE POTENTIA 183.562
textus ed. Marietti 1953.
N.B. A qu. IV art. 2 corporis linea 61 (« Secundum vero alios Sanctos ») usque ad finem articuli, excerptum est nostrum 149 XQP Insertum in de Potentia, Vincentio de Castronovo OP tribuendum.

014 QDM QU. DISP. DE MALO 180.464
015 QDS QU. DISP. DE SPIRIT. CREATURIS 35.279
016 QDA QU. DISP. DE ANIMA 59.920
017 QDI QU. DISP. DE UNIONE VERBI 10.238

018 QDW QU. DISP. DE VIRTUTIBUS 80.068 *
textus ed Marietti 1953.
N.B. a Quaestione Unica De Virtutibus in Communi inde ab art. 2° resp. ad 9m usque ad finem articuli, excerptum est nostrum 150 XQW Insertum in De Virtutibus, Vincentio de Castronovo OP tribuendum.

019 QDL QUODLIBETA I - XI 134.152 *
textus ed. Marietti 1956.
N.B. Quodlibetum XII translatum est inter Reportationes: v. nostrum 077 RQD.
001 - 019 4.553.328 * △

020 - 049 OPUSCULA

020 OCE# CONTRA ERRORES GRAECORUM 16.602
021 OCG# DE RATIONIBUS FIDEI 9.446
022 OSF# DE FORMA ABSOLUTIONIS 3.698
023 OTS# DE SUBSTANTIIS SEPARATIS 21.615
024 O2D# SUPER DECRETALEM 7.420
textus leonino aequiparati, ed. Leoninae t. XL (1968).

025 OCI# CONTRA IMPUGNANTES 66.700 *
026 OAP# DE PERFECTIONE SPIRITUALIS VITAE 23.626
027 OCR# CONTRA DOCTRINAM RETRAHENTIUM 19.402
textus leonino aequiparati, ed. Leoninae t. XLI (1970).

028 OCA# DE UNITATE INTELLECTUS 14.452
textus. L. W. Keeler SJ, Roma 1936, ex ed. Marietti 1954.

029 OEE# DE ENTE ET ESSENTIA 7.318
textus L. Baur, Münster 1933, a J. Koch emendatus et nobis communicatus dactyloscriptus anno 1956: nec adhuc editus.

030 OPN# DE PRINCIPIIS NATURAE 4.335
031 OPC# DE MOTU CORDIS 1.729
032 OPX# DE MIXTIONE ELEMENTORUM 961
033 OPO# DE OCCULTIS OPERIBUS NATURAE 1.917
034 OCM# DE AETERNITATE MUNDI 2.188
035 OTR# DE SORTIBUS 5.203
036 OTE# DE JUDICIIS ASTRORUM 351
textus aequiparati textui leonino, qui nobis dactyloscriptus et adhuc non editus est communicatus a. 1972.

037 ORI DE REGIMINE JUDAEORUM 1.660
textus ed. Marietti 1954

038 ORP DE REGIMINE PRINCIPUM 13.504
textus ed. Marietti 1954
N.B. Continuatio operis, post libri II cap. 4 lineam 61, invenitur ut nostrum 147 XRP, Ptolomaeo Lucensi OP attributa.

039 OTT COMPENDIUM THEOLOGIAE 69.896
040 OSS DE ARTICULIS FIDEI ETC. 6.478
041 OPW DE EMPTIONE ET VENDITIONE 546
042 OS1 RESP. AD LECT. VENETUM DE ART. 30 2.147
043 OS2 RESP. AD LECT. VENETUM DE ART. 36 3.877
044 OS3 RESP. AD LECT. VERCELL. DE ART. 42 3.719
045 OS4 RESP. AD LECT. VERCELL. DE ART. 108 8.077
046 OS5 RESP. AD LECT. BISUNTINUM 773
textus ed. Marietti 1954.

047 OS6 RESPONSIO AD BERNARDUM 754
textus ed. Marietti 1954, integratus lineis 131-136 ex ed. A. Tosti OSB Montis Casini, 1875.

048 OTC PRINCIPIUM BIBLICUM 2.496
049 OTD BREVE PRINCIPIUM 1.271
textus ed. Marietti 1954.
020 - 049 322.161 *

050 - 076 COMMENTARIA

050 CCM#	IN LIBROS DE CAELO ET MUNDO textus ed. Leoninae t. III (1886). N.B. Continuatio operis, post libri III **lect.** 8 n. 9 lineam 17, ex ed. Parmensis t. XIX, 1865, invenitur ut nostrum 142 XCM, a Petro de Alvernia exarata.	108.691
051 CGC#	IN LIBROS DE GENER. ET CORRUPT. textus ed. Leoninae t. III (1886). N.B. Continuatio operis, post libri I lectionem 17, ex editionis Leoninae t III (1886), invenitur ut nostrum 153 XGC, ab ignoto auctore compilata.	21.979
052 CPY#	IN LIBROS PHYSICORUM textus leoninus (t. II, 1884) ex ed. Marietti 1954.	197.747
053 CTC#	SENTENTIA LIBRI ETHICORUM textus leonino aequiparatus, ex plagulis de prelo emendatis, ed. Leoninae t. XLVII (1969)	199.955
054 CTE#	TABULA LIBRI ETHICORUM textus ed. Leoninae. t. XLVIII (1971).	31.905
055 CPO#	SENTENTIA LIBRI POLITICORUM textus leonino aequiparatus, ex plagulis de prelo emendatis, ed. Leoninae t. XLVIII (1971). N.B. Continuatio operis, post libri III lect. 6, ex ed. Marietti 1951, invenitur ut nostrum 143 XPO, a Petro de Alvernia exarata.	56.192
056 CPA	IN LIBROS POSTER. ANALYT. textus ed. Leoninae t. I (1882).	86.684
057 CME	IN LIBROS METEOROLOGICORUM textus ed. Leoninae t. III (1886). N.B. Continuatio operis, post libri II lect. 10, ex ed. Leoninae eodem tomo, invenitur ut nostrum 154 XME, ab ignoto auctore conscripta.	34.673
058 CPE	IN LIBROS PERIHERMENEIAS textus leoninus (t. I, 1882) ex ed. Marietti 1955. N.B. Continuatio operis post libri II lect. 2, invenitur ut nostrum 152 XPE, a Caietano exarata.	31.750
059 CAN	IN LIBROS DE ANIMA II ET III textus ed. Marietti 1959. N.B. Operis liber I translatus est inter Reportationes: v. nostrum 078 RAN.	66.801 *
060 CSS	IN LIBROS DE SENSU ET SENSATO	33.118
061 CMR	IN LIBROS DE MEMORIA ET REMIN. textus ed. Marietti 1949.	10.629
062 CMP	IN LIBROS METAPHYSICORUM textus ed. Marietti 1950.	260.960
050 - 062		1.141.084 *
063 CDC#	IN LIBRUM DE CAUSIS textus a H. D. Saffrey OP editus, Fribourg - Louvain 1954.	29.665
064 CBT#	IN LIBRUM BOETHII DE TRINITATE textus a B. Decker editus, 2ª ed., Leiden 1959.	41.502
065 CBH	IN BOETHII DE HEBDOMADIBUS textus ed. Marietti 1954.	6.596
066 CDN	IN DIONYSII DE DIVINIS NOMINIBUS textus ed. Marietti 1950.	96.689
063 - 066		174.452
067 CIO#	IN JOB textus ed. Leoninae t. XXVI (1965).	115.239
068 CIS#	IN ISAIAM textus aequiparatus textui leonino, qui nobis dactyloscriptus communicatus est anno 1969.	100.322 *
069 CPH	IN HIEREMIAM	58.473
070 CTH	IN THRENOS HIEREMIAE textus ed. Parmensis, t. XIV, 1863.	12.147
071 CMT	CATENA AUREA IN MATTHAEUM	269.016
072 CMC	CATENA AUREA IN MARCUM	78.115
073 CLC	CATENA AUREA IN LUCAM	191.638
074 CJO	CATENA AUREA IN JOANNEM textus ed. Marietti 1953.	175.419
075 CRO	SUPER EP. AD ROMANOS textus ed. Marietti 1953.	131.357
076 C1C	SUPER I AD COR. I - VII L. 2. textus ed. Marietti 1953. N.B. Continuatio operis, post cap. VII lect. 2 lineam 29, (scilicet post medietatem n.i 337 in ed. Marietti: non vero ab initio n.i 347 ut Marietti indicat) invenitur in aliis duobus nostris operibus: exinde usque ad cap. X inclusive, ut nostrum 146 X1C, a Petro de Tarantasia OP et Nicolao de Gorran OP exarata; a cap. XI ad finem, ut nostrum 088 R1C, inter Reportationes translata. Et cfr. etiam 087 RIL.	38.215
067 - 076		1.169.941 *
050 - 076		2.485.477 *

077 - 100 REPORTATIONES.

077 RQD	QUODLIBETUM XII textus ed. Marietti 1956: vide 019 QDL.	8.300
078 RAN	IN ARISTOTELIS DE ANIMA L. I textus ed. Marietti 1959: vide 059 CAN.	23.798
079 RSV	IN SYMBOLUM APOSTOLORUM textus ed. Marietti 1954.	15.582
080 RSU	IN ORATIONEM DOMINICAM textus ed. Marietti 1954. N.B. Prima Petitio (Marietti nn. 1044-1050) inde excerpta est, utpote quae ab Aldobrandino de Toscanella inserta est, et invenitur ut nostrum 129 XSU.	8.254
081 RST	IN SALUTATIONEM ANGELICAM	1.668
082 RAC	DE DUOBUS PRAECEPTIS CHARITATIS textus ed. Marietti 1954.	16.437
083 RSR	SERMONES continet: 1. Puer Jesus. 2. Attendite a falsis. 3. Lux orta. textus ed. Parmensis t. XXIV, 1869. 4. Celum et terra. 5. Abjiciamus opera. 5. Homo quidam. 7. Beata gens. 8. Beatus vir. 9. Ecce ego. textus ed. Vivès t. XXXII, 1879. 10. Osanna Filio David. 11. Exiit qui seminat. 12. Beati qui habitant. textus Th. Kaeppeli OP: Archivum Fratrum Praedicatorum, XIII (1943) pp. 72ss., 75ss., 88ss. 13. Ecce Rex tuus venit. textus J. Leclercq OSB: Revue Thomiste, XLVI (1946) pp. 158ss. 14. Germinet terra. textus P.A. Uccelli: I Gigli a Maria, XII 2-3 (Marzo 1874) pp. 126ss. N.B. Alii sermones inveniuntur in nostris 113 DSR, 128 XAW, 173 XSR.	35.371
084 RPS	IN PSALMOS usque ad Ps. LI, textus ed. Parmensis t. XIV, 1863; Psalmorum LII, LIII et LIV, textus 2ae editionis P.A. Uccelli, Romae, 1880, pp. 243-254.	**193.567** △
085 REM	SUPER EVANGELIUM MATTHAEI textus ed. Marietti, 1951. N.B. Duo hinc excerpta sunt (1. a cap. V parte III ad cap. VI partem II inclusive: nn. 444-582; 2. cap. VI pars IV: nn. 603-610) quia a Petro de Scala inserta, et constituunt nostrum 144 XLM.	233.176
086 REI	SUPER EVANGELIUM JOHANNIS textus ed. Marietti 1952.	320.019

087 RIL	REPORTATIONES INEDITAE LEONINAE textus adhuc inediti leonini qui nobis dactyloscripti communicati sunt a. 1969. Sunt autem: 1. ex lectura super Matth.: V,10-22. 2. ex lectura super Matth.: VI,9-15. 3. ex Super Epistolam 1 ad Cor.: XI,1 - XIII,11. 4. ex Super Epistolam ad Hebraeos Prologus.	34.363
088 R1C	SUPER I AD COR. XI - XVI textus ed. Marietti 1953. Vide 076 C1C.	54.098
089 R2C	SUPER II AD COR.	65.409
090 RGL	SUPER AD GALATAS	48.078
091 REP	SUPER AD EPH.	48.331
092 RPL	SUPER AD PHILIP.	18.068
093 RCL	SUPER AD COLOSS.	19.190
094 R1T	SUPER AD THESS. I	12.341
095 R2T	SUPER AD THESS. II	8.456
096 RT1	SUPER AD TIM I	27.755
097 RT2	SUPER AD TIM II	16.816
098 RTT	SUPER AD TITUM	12.484
099 RPM	SUPER AD PHILEMONEM	3.082
100 RHE	SUPER AD HEBRAEOS textus ed. Marietti 1953.	100.965
077 - 100		**1.325.608** △

101 - 118 DUBIAE AUTHENTICITATIS

101 DTX	DE SECRETO	795
102 DTI	DE NATURA VERBI INTELLECTUS	2.912
103 DP5	DE INSTANTIBUS	4.622
104 DPM	DE NAT. MATERIAE ET DIM. INT.	9.030
105 DP9	DE PRINCIPIO INDIVIDUATIONIS	1.511
106 DPA	DE NATURA ACCIDENTIS	1.925
107 DPG	DE NATURA GENERIS	17.509
108 DP4	DE QUATUOR OPPOSITIS	6.839 △
109 DP3	DE FALLACIIS	9.820
110 DPP	DE PROPOSITIONIBUS MODALIBUS	753
111 DAS	EPISTOLA DE MODO STUDENDI	183
112 DSG	OFFICIUM DE FESTO CORPORIS CHRISTI textus ed. Marietti 1954.	2.144
113 DSR	SERMONES continet: 1. Hodiernae Festivitatis. textus ed. Vivès t. XXXII, 1879, qui etiam in ed. Parmensis t. XXIV pag. 230 reperitur. 2. Petite et accipietis. textus ed. Vivès t. XXXII, 1879. 3. Omnia parata. textus B. Hauréau: Notices et extraits de quelques manuscrits latins de la Bibliot. Nat., t. IV, Paris 1892. 4. Sapientia confortabit. 5. Adaperiat Deus. 6. Que autem in celis. textus A. Gardeil OP in Revue Thomiste I (1893) pp. 379-386. 7. Cecidit sors. textus G. Meersseman OP in Arch. Fratrum Praedicatorum XVIII (1948) pp. 159ss., a leoninis revisus.	6.249
114 DSP	PIAE PRECES textus ed. Parmensis t. XXIV, 1869.	2.050
115 DP2	DE CONCORDANTIIS SUIIPSIUS textus ed. Parmensis t. XVII, 1864.	7.290
116 DOA	UTRUM in CREATURIS SIT ORDO AGENDI textus H. Guillermin OP: Extrait de la Revue des Lettres Chrétiennes, Desclée, De Brower 1881.	457
117 DIA#	QU. DE IMMORTALITATE ANIMAE textus E. Gómez OP, Valencia 1935.	4.883
118 DLV#	UTRUM AL. DE LIBRO VITAE DELERI P. textus ed. Leoninae t. XXII vol. 1 fasc. 2 (1970). Vide 011 QDV.	2.302
101 - 118		**81.274** △
001 - 118		**8.767.848*** △

119-179 OPERA ALIORUM AUCTORUM

	Haimo Altissiodorensis OSB † 850	
119 XCC	IN CANTICUM EXP. I « Salomon inspiratus » textus ed. Parmensis t. XIV, 1863.	26.958
	Richardus de Wedinghausen OPraem † c. 1180	
120 XEM	EXPOSITIO MISSAE textus ed. Parmensis t. XVII, 1864.	3.087
	Adamus de Buckfield † 1285	
121 XSV	IN DE SOMNO ET VIGILIA	6.955
122 XSM	IN DE SOMNIIS	4.437
123 XDS	IN DE DIVINATIONE PER SOMNUM textus ed. Parmensis t. XX, 1866.	2.396
	Aegidius de Lessinia OP † c. 1278	
124 XTU	DE USURIS IN COMMUNI textus ed. Parmensis t. XVII, 1864.	21.951
	Aegidius de Roma OESA † 1316	
125 XC2	IN CANTICUM EXP. II « In Principio » textus ed. Parmensis t. XIV, 1863.	31.238
	Albertus Magnus OP † 1280	
126 XDP	DE PULCHRO ET BONO textus P.A. Uccelli, Napoli 1869.	9.154
127 XPZ	DE FATO textus ed. Parmensis t. XVI, 1864.	5.759
	Aldobrandinus de Cavalcantibus OP † 1279	
128 XAW	SERMONES PRO DOMINICIS ETC. textus ed. Parmensis t. XV, 1864.	86.146 *
	Aldobrandinus de Toscanella OP † 1292	
129 XSU	INSERTUM IN OPUSC. IN PATER textus ed. Marietti 1954. Vide 080 RSU.	565
	Guillelmus Peraldus OP † c. 1271	
130 XRE	DE ERUDITIONE PRINCIPUM textus ed. Parmensis t. XVI, 1864.	75.552
	Guillelmus Wheatley † post 1317	
131 XBC	IN BOETHII DE CONSOL. PHILOS.	116.582 *
132 XBD	IN BOETHII DE SCHOLARIUM DISC. textus ed. Parmensis t. XXIV, 1869.	56.040
	Helvicus Theutonicus OP † 1300	
133 XAO	DE DILECTIONE DEI ET PROXIMI textus ed. Parmensis t. XVII, 1864.	44.831
	(inc.) Hugo de S. Caro OP † 1263	
134 X1A	SUPER APOCALYPSIM - I « Vidit Jacob » textus ed Parmensis t. XXIII, 1869.	182.111 *
	Jacobus de Benevento OP † 1260/70	
135 XTA	DE ADVENTU ETC. ANTICHRISTI	12.527
136 XTP	DE PRAEAMBULIS AD JUDICIUM ETC. textus ed. Parmensis t. XVII, 1864.	16.420

		Johannis Michaelis OFM † c. 1320	
137	XDA	IN DANIELEM	55.605
138	XMB	IN LIBROS MACHABAEORUM	31.242
		textus ed. Parmensis t. XXIII, 1869.	
		Leonardus Pistoriensis OP † c. 1280	
139	XTZ	DE PRAESCIENTIA ET PRAEDESTIN.	9.204
		textus ed. Parmensis t. XXII, 1868.	
		Nicolaus de Cotrone † c. 1260	
140	XFT	LIBER DE FIDE TRINITATIS	27.330
		textus ed. Leoninae t. XL (1967).	
		Nicolaus de Gorran OP † 1295	
141	XEC	IN 7 EPISTOLAS CANONICAS	89.394 *
		textus ed. Parmensis t. XXIII, 1869.	
		Petrus de Alvernia † 1304	
142	XCM	IN DE CAELO ET MUNDO CONTIN.	29.267
		textus ed. Parmensis t. XIX, 1865. Vide 050 CCM.	
143	XPO	IN POLITICORUM CONTINUATIO	150.392
		textus ed. Marietti 1951. Vide 055 CPO.	
		Petrus de Scala OP † 1295	
144	XLM	INSERTA IN LECTURA SUPER MATTH.	14.066
		textus ed. Marietti 1951. Vide 085 REM.	
		Petrus Johannis Olivi OFM † 1298	
145	XGN	POSTILLA IN LIBRUM GENESEOS	128.398
		textus ed. Parmensis t. XXIII, 1869.	
		Petrus de Tarantasia OP † 1295 (Nicolaus de Gorran)	
146	X1C	POSTILLA IN I AD CORINTHIOS	23.711
		textus ed. Marietti 1953. Vide 076 C1C.	
		Ptolomaeus de Lucca OP † 1327	
147	XRP	DE REGIMINE PRINCIPUM CONTINUATIO	44.545
		textus ed. Marietti 1954. Vide 038 ORP.	
		Thomas de Sutton OP † c. 1315	
148	XPF	DE PLURALITATE FORMARUM	15.078
		textus primae et secundae partis est ed. Parmensis t. XVII, 1864; inde a tertia parte est P. Mandonnet OP, Paris 1927.	
		Matthaeus de Cracovia † 1410	
149	XSC	DE MODO CONFITENDI ET PUR. CONSC.	11.922
		textus ed. Parmensis t. XVII, 1864.	
		Vincentius de Castronovo OP † 1506	
150	XQP	INSERTUM IN QU. DISP. DE POTENTIA	11.962
		textus ed. Marietti 1953. Vide 013 QDP.	
151	XQW	INSERTUM IN QU. DISP. DE VIRTUTIBUS	1.951
		textus ed. Marietti 1953. Vide 018 QDW.	
		Card. Cajetanus OP † 1533	
152	XPE	IN PERIHERMENEIAS CONTINUATIO	30.203
		textus leoninus (t. I, 1882) ex ed. Marietti 1955. Vide 058 CPE.	
119 - 152			1.376.979 *

IGNOTI AUCTORIS.

153	XGC	IN DE GENER. ET CORR. CONTINUATIO	31.602
		textus ed. Leoninae t. III, 1886. Vide 051 CGC.	
154	XME	IN METEOROLOGICORUM CONTIN.	39.760
		textus ed. Leoninae t. III, 1886. Vide 057 CME.	
155	XPT	DE TEMPORE	5.240
156	XP6	DE NATURA LOCI	2.880
157	XPI	DE INTELLECTU ET INTELLIGIBILI	1.620
158	XP8	DE POTENTIIS ANIMAE	6.300
159	XPS	DE NATURA SYLLOGISMORUM	2.863
160	XPL	DE TOTIUS LOGICAE ARIST. SUMMA	55.779
161	XPV	DE INVENTIONE MEDII	555
162	XPU	DE UNIVERSALIBUS I: « Circa universalia »	3.272
163	XU2	DE UNIVERSALIBUS II: « Quoniam dicit »	2.688
164	XSA	DE VENER. SACRAMENTO ALTARIS	37.820
165	XSE	DE SACRAMENTO EUCHARISTIAE	7.285
166	XTH	DE HUMANITATE J.C.D.N.	44.809
167	XTM	DE DIVINIS MORIBUS	4.850
168	XTB	DE BEATITUDINE	13.743
169	XSO	DE OFFICIO SACERDOTIS	9.248
170	XAV	DE VITIIS ET VIRTUTIBUS	4.666
		textus ed. Parmensis t. XVII, 1864.	
171	X2A	SUPER APOCALYPSIM - II « Vox Domini ».	191.111 *
		textus ed. Parmensis t. XXIII, 1869.	
172	XPB	DE MOTORIBUS CORPORUM CAEL.	2.283
173	XSR	SERMO: « INTRAVIT REX ».	1.583
174	XSX	OFFICIUM DE FESTO S. AUGUSTINI	1.581
		textus ed. Parmensis t. XXIV, 1869.	
175	XPD	DE DEMONSTRATIONE	891
		textus ed. Marietti 1954.	
176	XNB	QU. DE NATURA BEATITUDINIS	1.371
		textus P. Mandonnet OP in Revue Thomiste, XXIII (1918) pp. 266-287 et 341-371.	
177	XUN	DE UNIVERSALIBUS: «Universale esse satis».	6.456
		textus C. Ottaviano, Roma 1932.	
178	XAM	DE ARTE MUSICA	1.866
		textus G. Amelli, Milano 1880.	
179	XM2	ARS MUSYCE	5.024
		textus M. Di Martino, Napoli 1933.	
153 - 179			487.146 *
119 - 179			1.864.125 *
001 - 179			10.631.973*△

Ipse forte iam animadvertisti, hoc signo # illorum S. Thomae operum symbola affici quorum textus adhibitus a nobis, critice editus iudicandus est. Aliorum vero auctorum opera tali signo discriminata non sunt, licet quaedam id mererentur, ut 140 XFT, 153 XGC, 154 XME et forte etiam 126 XDP atque 176 XNB.

Linea vero perpendiculari ad sui dexterum latus illa opera coniunguntur quorum summae in Conspectu Distributionis sive Lemmatum sive Formarum in unam consolidatae, spatii gratia, praebentur.

Juxta quae mihi Commissionis Leoninae Patres OP. benigne communicaverant, hunc operum indicem ordinaveram atque emendatum auctumque die 8 Decembris 1973 iterum edideram.

Posteriores quaedam mutationes in numeris vocabulorum, quae die 2 Februarii anni 1975 conclusae sunt, stellula consignatae inveniuntur.

Numeri vero qui mutati sunt annis 1975-1980 *indicantur signo* △.

Ut constat ex indicibus voluminum editionis leoninae 40, 41, 43 (**editorum**) *et* 42, 44 (*edendorum*), *hodie ex opusculis dubiae authenticitatis* 101-118, *solum* 101 DTX De secreto, 109 DP3 De fallaciis, 110 DPP De propositionibus modalibus *possunt annumerari inter scripta S. Thomae certo authentica.*

Animadvertes tandem opera S. Thomae hic ordinata esse, ut ita dicam, linguistice. Prius enim veniunt opera propria; dein commentaria stricto sensu, in quibus continue miscentur sermo et lexicon auctoris « commentantis et commentati »; tandem reportationes, in quibus praeterea scriba de ore loquentis Thomae reportans, aliquid sui forte in breviando interposuit. Alii vero auctores ordinantur iuxta saeculum atque intra saeculum alphabetice.

die 31 *Julii* 1980 *Robertus Busa SI*

DISTRIBUTIO OPERUM PER VOLUMINA